E　意味分野を示す略語

〔アラビア神〕　アラビア神話
〔医〕　医学・医療
〔イスラム神〕　イスラム神話
〔インド神〕　インド神話
〔印〕　印刷・出版
〔宇宙〕　宇宙工学
〔映〕　映画
〔泳〕　水泳
〔園〕　園芸・造園
〔化〕　化学・化学工業
〔海〕　海運・航海・海軍
〔解〕　解剖学・人体部位
〔楽〕　音楽
〔ギ神〕　ギリシア神話
〔切手〕　切手収集
〔魚〕　魚類
〔漁〕　漁業・水産
〔教〕　教育
〔金属〕　金属・冶金
〔空〕　航空・空軍
〔軍〕　軍事・戦闘
〔経〕　経済
〔劇〕　演劇
〔ゲルマン神〕　ゲルマン神話
〔建〕　建築
〔言〕　言語学・文法
〔工〕　工業・工学・機械
〔光〕　光学

〔坑〕　鉱山[illegible]
〔鉱〕　鉱物[illegible]
〔考古〕　考古[illegible]
〔史〕　史学・[illegible]
〔詩〕　詩学・韻律
〔紙〕　製紙
〔歯〕　歯科医学
〔社〕　社会学・社会機構
〔写〕　写真
〔狩〕　狩猟
〔宗〕　宗教
〔修辞〕　修辞学・文体論
〔商〕　商業・金融
〔醸〕　醸造
〔情報〕　情報処理
〔植〕　植物・植物学
〔織〕　紡績・繊維・織物
〔心〕　心理学
〔神〕　神学
〔人類〕　人類学・文化人類学
〔数〕　数学
〔生〕　生物学
〔政〕　政治学・政治機構
〔聖〕　聖書(凡例 10 参照)
〔生理〕　生理学
〔セム神〕　セム神話
〔染〕　染色工業
〔船〕　造船・船舶

[illegible]
[illegible]
[illegible]
[illegible]
〔哲〕　哲学
〔天〕　天文学
〔電〕　電気・電気工学
〔電算〕　電算機
〔動〕　動物・動物学
〔農〕　農業
〔美〕　美術・絵画
〔服飾〕　裁縫・装身具・服飾品
〔文芸〕　文学・文芸学
〔ペルシア神〕　ペルシア神話
〔簿〕　簿記
〔法〕　法律・法制・司法
〔蜂〕　養蜂
〔北欧神〕　北欧神話
〔民俗〕　民間信仰・習俗
〔紋〕　紋章・紋章学
〔薬〕　医薬・薬学
〔郵〕　郵便
〔ユダヤ神〕　ユダヤ神話
〔理〕　物理学
〔陸上〕　陸上競技・トラック競技
〔林〕　林産・林学
〔ロ神〕　ローマ神話
〔論〕　論理学

注）以上のほかに〔カトリック〕〔球技〕〔スポーツ〕〔鉄道〕〔土木〕など全書したものも多い．

F　語源欄での言語名

一般に語末の ..isch を省いた形のイタリック体で示し，例えば，arabisch, englisch, indisch, japanisch, persisch, romanisch, spanisch などの下線部を略語とした（すなわち arabisch は *arab.* となる）．

その他の略し方をしたものは，下記のとおりである（例えば ***a***lt***engl***isch は *aengl.* となる）：

Ainusprache
alt***engl***isch
alt***fränk***isch
alt***fr***anzösisch
alt***fries***isch
alt***h***och***d***eutsch
alt***ir***isch
alt***isländ***isch
alt***kelt***isch
alt***n***ie***d***er***d***eutsch
alt***nord***isch
alt***poln***isch
alt***port***ugiesisch
alt***preuß***isch
alt***provenzal***isch
alt***sächs***isch
alt***slaw***isch
alt***türk***isch
amerikanisch
angloamerikanisch
aramäisch
australisch
Bantusprache
brasilianisch
bretonisch
chaldäisch
deu***t***sch
europäisch
französisch
frühneu***h***och***d***eutsch
gemeingermanisch
germanisch
griechisch
hebräisch
hoch***d***eutsch
in***d***ogermanisch
italienisch
kirchenlateinisch
kirgisisch
lateinisch
mittel***d***eu***t***sch
mittel***engl***isch
mittel***fr***anzösisch
mittel***gr***iechisch
mittel***h***och***d***eutsch
mittel***lat***einisch
mittel***n***ie***d***er***d***eutsch
mittel***n***ie***d***er***l***ändisch
neu***gr***iechisch
neu***h***och***d***eutsch
neu***lat***einisch
nie***d***er***d***eutsch
nie***d***er***l***ändisch
norddeu***t***sch
nordgermanisch
norwegisch
ober***d***eu***t***sch
ostdeu***t***sch
österreichisch
ostgermanisch
ostmittel***d***eu***t***sch
portugiesisch
rotwelsch
sanskritisch
schweizerisch
skandinawisch
spätgriechisch
spätlateinisch
spätmittel***h***och***d***eutsch
südamerikanisch
süddeu***t***sch
Turksprache
vulgärlateinisch
westgermanisch
wienerisch
Zigeunersprache

GROSSES DEUTSCH-JAPANISCHES WÖRTERBUCH

独和大辞典

第2版　コンパクト版

編輯委員

国松孝二――東京大学名誉教授
岩﨑英二郎――慶応義塾大学名誉教授
橋本郁雄――学習院大学名誉教授
濱川祥枝――東京大学名誉教授
小野寺和夫――東京大学名誉教授
原田武雄――名古屋大学名誉教授
千石　喬――東京大学名誉教授
中島悠爾――東京都立大学名誉教授
平尾浩三――東京大学名誉教授
三城満禧――東京大学名誉教授
楢原良行――電気通信大学名誉教授
新田春夫――武蔵大学教授

Verlag
SHOGAKUKAN
TOKYO

GROSSES DEUTSCH-JAPANISCHES WÖRTERBUCH
ZWEITE AUFLAGE
独和大辞典 第二版
コンパクト版

装丁：菊地信義　地図：表現研究所
Printed in Japan

緒　言

本辞典を編纂するにあたって，私たちが最初に思い定めた目標は，なによりもまず，現代ドイツ人の生の言語生活をできるかぎり直接に反映した，その意味でもっとも今日的でアップツーデートな独和辞典を作りたいということであった．新しい独和辞典は，政治・経済・科学・思想・芸術・技術・産業などの諸分野にわたって，日本人がとりわけ現代ドイツと取り組むための有効なメディアとなるべきであり，この重要な役目を果たすためには，そこに直結する現代ドイツ語，カレント・ジャーマンにこそひときわ強く照明をあてるべきであると，そう私たちは考えたからである。ただ，独和辞典は，英和辞典や仏和辞典なども同じことだが，それが大辞典であればあるほど，現代語重視へ一方的に傾斜しきるわけにはいかないという事情をかかえている．小辞典ならばそうした偏向も許されるであろうが，大辞典であるからには，同時に，例えば100年前，150年前，200年前の文学や文献・資料を閲読し研究する人たちのためにも，その用を便じなければならないのである．すべて独和大辞典は一種の宿命のごとく，この厄介な重荷を負わされているわけだが，しかし，これは一見するほど扱いにくいものではない．ドイツ語には近世以後，少なくとも18世紀にドイツの標準語がほぼ確立して以来というものは，文法面においてはもとより，語彙・語形・語義・語法の点でも，もはやそれほど深い断層は見られないからである．日本語が，江戸時代の日本語はおろか，すでに明治時代の日本語が，現代の多くの日本人にとって，とりわけ若い世代にとって，これを読解するのにかなりの注釈を必要とするのとは，いささか事情を異にする．無論，それにしても言語推移が全然なかったわけではない．やはり，多かれ少なかれ新陳代謝が進行し，いわば定年を迎えて老衰してゆく語彙・語形・語義・語法が生ぜずにはいなかった．私たちは一方ではこれらを，ときには《古》(本辞典ではこれを▽で示す）として，ときには《雅》として，極力救い上げることに努めたのである．つまり，現代ドイツ語をその最新の状態においてとらえた，極めて鮮度の高い独和辞典，しかも同時に，近代ドイツ語の全容を視界のなかに収め入れた，パースペクティヴの相当深い独和辞典，そういう独和辞典を作ることが私たちの目差す目標であり，私たちを律する基本方針であったのである．

このことが，まず辞典の見出し語の選定に私たちが着手したときにも大前提となった．およそ辞典編纂は見出し語の選定からはじまるものであり，また始まらなければならないものであるから，私たちがドイツ内外の最新刊のドイツ語辞典数種をひとまず資料として，見出し語の選定から出発したのは当然であるが，その際選定の規準になったのが，上述したような私たちの基本方針であった．私たちは一方では広く近代ドイツ語の全域を視野のなかにとらえて，そこから見出し語を選定しつつも，生動する現代ドイツ語に強く焦点をしぼって，そこから見出し語を選定することに力を注いだのである．それにしても，現代ドイツないしドイツ語圏のアクチュアルな言語生活の先端に絶えず密着して見出し語の選定を進めることは，いつ終わるとも知れぬ作業であって，私たちにとってはまさにタンタロスの苦しみに似ていた．時あたかも，政治・経済・軍事上の東西の対立，それに伴う西独におけるアメリカ英語の，東独におけるロシア語の氾濫，科学・技術の目を見張る革新とそれにもとづくいわゆる新産業革命，そしてこれに連動する社会生活の急激な変貌，これらが言語生活の上に濃い影を落として，新しい語彙，新しい略語，そして新しい短縮語が続々と誕生し，加うるに既存の語彙に新語義が発生してやまなかったからである．この趨勢は今もなおやまず，恐らくドイツ語の歴史の上で未曾有の現象であるといっても過言ではなかろう．私たちは二十年に及ぶ原稿執筆の期間中はもとより，最後の校正に従事しているあいだも，常にこれらを追い求めて，適当と思われるものをスペースの許すかぎり採録することに腐心した．これによって本独和大辞典は，手前味噌をならべるようだが，例えばドイツの古典をひもとく人びとの要望に能く応え得る独和辞典でありながらも，同時に，例えば現下のドイツの文物にふれようとする人びとの使用に堪え得る斬新な独和辞典ともなりえたかと思うのである．座右におき，機に臨んで検索されるならば，これが我田引水を狙う徒らな浮誇の言でないことを，恐らく納得されるに相違ない．なお，私たちは大小の分綴点を使用して，見出し語の分綴個所をくまなく表示するとともに，独自の新しい符号を用いて，見出し語のアクセントの所在と母音の長短を明示するようにしたが，このことも是非言いそえておきたい．語を分綴しようとするときに抱く疑念も，これによって氷解するだろうし，ドイツ語に多少親しんだ人ならば，これだけで見出し語をほぼ正確に発音することができるだろう.

さて，見出し語という全体の枠組のなかで，すべての辞典は，それが独独辞典や英英辞典のような一か国語辞典であると，独英辞典や英独辞典のような二か国語辞典であるとを問わず，何はさておき語義辞典たろうと欲する．語義辞典たることこそ，あらゆる国の国語辞典のもっとも基本的な，そしてもっとも強い願望であろう．事実，語義辞典たることに終始する国語辞典は，わが国だけでなく，海外にも数少なくないのである．むしろ，それが辞典編纂の通例のあり方だといってよい．勿論，私たちの独和辞典もまた優れて語義辞典たることをもって，みずからの主たる念願としたのであり，私たちはそれの実現のために別して最深の配慮と最大の努力を払ったのである．尤も，語義を記述するには，通時的・歴史的な方法と共時的・論理的な方法との二種類の方法がある．ひとつの語が己れの持つ源義から，どのような歴史的過程を辿って，いくつかの語義を派生発展させてきたかを記述し，それにもとづいてその語の語義を分類し配列するのが，通時的・歴史的方法である．私たちがこれを Grimm, Heyne, Paul, Trübner などの独独辞典にゆだねて，共時的・論理的な記述方法を採用したのは，私たちがドイツ語の現状に大きな比重をかけていることからしても，今さら断るまでもあるまい．私たちは見出し語の持ついくつかの語義を共時的に分類して，それらを現在の時点におけるそれらの使用頻度の高低に従って配列したのである．そしてさらに，可能なかぎり，各語義のあいだに論理的な，ときに心理的な脈絡を探って，語義全体の構造連関を暗示し，これによって語義の記述が単に語義の機械的な羅列に終わることのないように努めたのである．しかし，それにしても，それ自身孤立した語の語義は，言うならば一種の抽象体にすぎない．語は他の語と結合関係にはいったとき，つまり，なんらかのコンテクストのなかに位置を占めたとき，初めて具体的に特定の語義に向かって収斂し結晶してゆくのである．しかも，この結合関係，このコンテクストは，ある程度「詩人の自由」が許容されるにしても，当該国語の言語習慣として，つまり語法として，ほぼ社会的に確立し定着しているのである．従って，句例や文例などの具体的な用例によって，こうした言語習慣としての語法を提示することが，語義辞典の第二の，むしろより重要な，そして不可欠な責務であろう．「国語の乱れ」も，語義辞典としての辞典がこの責務をなおざりにして，単なる語義辞典にとどまるところに胚胎する．語義辞典は語法辞典に脱皮することによって，初めて自己を完成するのである．本独和大辞典が語義辞典としてとりわけ力を傾注したのはこの点であって，私たちの当初の予想を遥かに上回る大冊の辞典となったのも，ここに起因するところが大である．もしも本辞典が，多方面にわたる，これまでにない豊富な用例を収載することによって，単純な語義辞典から，私たちの念願とする語法辞典にまで昇華しえた語義辞典へ，一歩でも二歩でも近づくことができたとしたら，私たちの欣びこれに過ぎるものはない．なお，これは語義・語法だけでなく語彙・語形にも関係することだが，広義のいわゆる位相差に私たちが絶えず注意を払ったことを，ここで強調しておきたい．広義の位相差とは，例えばこの語義は《俗》であるとか《古》(本辞典ではこれを ▽ で示す)であるとか，この語法は《雅》であるとか《スイス》であるとか，といったようなたぐいである．文体・修辞・社会層・職業・時代・地域・国別などに由来する，こうした語義・語法の，さらに語彙・語形の位相差は，ドイツ語を外国語とする日本人にとって特に判別しにくいものである．しかし，それだけに重要であると考えたので，私たちは文献を渉猟して得た知見をもとにして，控えめにではあるが，記号を用いてその旨を指示するようにした．大過なきを念じたい．

ところで，ドイツ語は言語学でいう屈折語のひとつである．しかも，未だに屈折語の性格を濃くとどめており，同じく屈折語でありながらも単純化の著しく進んだ英語などにくらべると，語形変化がかなり煩雑である．少なくとも，屈折語に慣れない日本人にとっては，それが実感であろう．従って，独和辞典は一様に，まず語義辞典たるとともに，まず語形辞典あるいは変化形辞典たろうと欲する．実をいえば，この両面を充足することが，独和辞典編纂の基本的条件である．ところが，日本人のドイツ語学習者が，独独辞典は無論のこと，独和辞典をひいても，例えば Bäume から Baum を，(dunkle, dunkler, dunkles などの) dunkl.. から dunkel を尋ねあぐねるのが偽らざる実状であろう．このことに鑑みて，本独和大辞典は名詞・代名詞・形容詞などから動詞・助動詞に至るまでの目ぼしい変化形を網羅して，これらをすべて見出し語として載録したので，優にひとつの独立した詳しい語形辞典の役目を果たすことができるだろう．そもそも私たちが思い描いたのは，ドイツ語に練達の人びとの常時の使用に堪える本格的な独和辞典でありながら，なおかつ他方では，ドイツ語に初心の人びとが学習時に参照して便利な独和辞典，そういう耐用度の高く広い独和辞典を編纂することであった．そのために私たちはさまざまな工夫をこらし処置を講じたが，独和辞典に語形辞典の性格を多分に持たせるようにしたことは，それのひとつの顕著な現われである．大辞典ではあるが，初学の人びとも机上に備えて随時参照すれば，思いもかけぬ，他に求められない便宜を得ることが多いだろう．

ドイツ語の辞典は通例ドイツでは，何よりもドイツ語の語義・語法を，ときに語形を知るために検索するものであるから，語形辞典の要素を加味した語義・語法辞典がすなわち国語辞典であるという状態が，当然，これまで永く続いてきた．そして今もなお根強く続いている．つまり，辞典の残余の面は，例えば発音は発音辞典に，語源は語源辞典にゆだねるという具合に，その他外来語・外国語も，類義語・反義語も，故事・諺・引用句も，略語・記号も，それぞれ専門の特殊辞典にまかせてしまうのである．この言ってみれば国語辞典の専門店式分業主義は，単にドイツに見られるだけでなく，多分広くヨーロッパのレキシコグラフィーの抜きがたい伝統であるといってよいであろう．確かに，この伝統には，完全主義に徹することができるという長所がある．しかし，特殊辞典を幾種類も手許に常備しておいて，それらをいちいち検索するのは，なんといっても煩わしくて不便であり，また不経済でもある．それよりは，語義・語法・語形辞典という辞典全体の中核をなす本体のなかに，各種特殊辞典の成果を集約し合体したような，言わば総合的な辞典の便利さを，辞典の利用者は要望するだろう．ましてや，それが独和辞典であればなおさらであろう．この点を顧慮して，私たちの独和辞典は単に語義・語法・語形辞典たることに甘んぜず，さらに進んで，上述したような，多面的な幅とふくらみを持った，総合的な語学辞典たることを志向した．つまり，総合的語学辞典としての独和辞典の編纂が，私たちの目差す第二段の目標となったのである．そのために，私たちは各種の優れた特殊辞典の成果を消化し要約して，これを独和辞典のなかに組み入れることに力をつくした．これによって本辞典は，語義・語法・語形辞典としての本体が補強されただけでなく，辞典利用者の多方面の要請にひとまず対応できるようになったのではないかと思う．それにしても，大辞典とはいえ，一冊本としての収載量には限界があるので，みすみす涙を呑んで割愛せざるをえなかった場合がまれではなかった．中でも残念だったのは，固有名詞・外来語・外国語の語源をも含む語源の記述である．当初の成稿はかなり詳細な興味深いものであったのだが，校正の段階に至り断腸の思いで大鉈を振るう破目になってしまった．尤も，ひそかにいささか自負しているところもあるので，思い切って言わせてもらえば，それはまず，近時頓に簇生しつつある略語の，今までかえりみられなかった読み方を示したことである．さらに，中国や韓国・北朝鮮の数多くの地理名・人名・書名などを初めて見出し語として採択して，それらの発音を示したことである．双方とも，度重なる私たちの執拗な質問にその都度快く返書を寄せられた Herr Prof. Dr. M. Mangold の教示のたまものであるが，いずれもドイツの辞典界においてさえ，大げさにいえば，これまで未踏の領域であっただけに，本独和大辞典のひとつの誇るべき特徴に数えて差し支えあるまい．

一言語を対象とする辞典が，各種の特殊辞典の成果を簡約化して吸収し，総合的な辞典たろうとする気運は，近来ドイツにおいても徐々に胎動してきた．1981 年に完結した Duden の 6 巻本のドイツ語大辞典 Das große Wörterbuch der deutschen Sprache (1976–81)――私たちが終始多大の恩恵をこうむってきたこの優れた独独大辞典は，こうした気運の先駆的な，しかも極めて大がかりな発現であると見なしてよいだろう．ただそこでは，いわゆる「事典（ことてん）」的な要素を極力排除して，飽くまでも「語典（ごてん）」たることに徹しようとする強い禁欲的な意志が，全体を筋金のごとく貫いている．確かに，辞典が「語典」としての己れの分を守り節を曲げまいとする，ヨーロッパの，特にドイツの伝統的な潔癖さは，みごとというほかはなく，心からこれに敬意を払うことに私たちはやぶさかではない．しかし独和辞典は，とりわけそれが大辞典であればあるほど，よしんばかりにその無節操を指弾されようとも，安易にこれに追従するわけにはいかないのである．このことは Langenscheidt 社の 2 巻本の独英大辞典，Enzyklopädisches Wörterbuch der englischen und deutschen Sprache 略称 Der neue Muret-Sanders の Teil II, Deutsch-Englisch (1974–75) が，依然旧版と同じように Enzyklopädie への，Reallexikon への志向を併せ持っていることによって，間接的ながら裏書きされるだろう．卑近な例をひとつ挙げてみよう．読み進んでいるドイツ語の書物のなかに未知の名詞が出てきた場合，それが百科語彙である固有名詞であることを知らなければ，いや，知っていても，日本人の読者はまず独和辞典をひくにちがいない．そんなとき，もしその名詞が見出し語に採録されていて，ドイツの町の名前であることが，あるいはヨーロッパの歴史上の人物であることが記載されているとしたら，そういう独和辞典はその事典としての効用性のゆえに，利用者によって評価され歓迎されるだろう．英和辞典や仏和辞典なども同様だが，独和辞典は独英辞典などとは比較にならないほど，事典としての役割が辞典の利用者によって要求されるのである．総じて，利用者である日本人の多くがドイツのこと，さらに広くヨーロッパのことに疎いのであるから，この要求は十分納得がいくだろう．このために私たちは，独和辞典に百科事典の要素を加えることを，編纂上の今ひとつの大きな目標とした．勿論，独和辞典は本来語学辞典であって百科事典ではないので，謂うところの百科項目や百科的注解を無制限に増大するわけにはいかなかったが，一巻本の辞典の収載量の許すかぎり，人名・地理名・専門語など，この面での充実をはかった．しかも，冒頭に述べた本辞典の主旨に添って，ここでも最新の鮮度を保つように最善をつくしたつもりである．なお，特に科学・技術その他の各分野の専門語については，それぞれの分野の専門家に訳語の検討・是正を乞うて正確を期した．これは独和辞典の世界では恐らく本辞典をもって嚆矢とするだろう．さらに，Brockhaus 社から譲りうけた図版おおよそ3000点を全巻にちりばめ，これによって本独和大辞典の事典としての面を視覚的・映像的に一段と増強したことも，自画自讃するようだが，独和辞典としては画期的な試みといってよいだろう．

以上縷々述べたような，しかし当初はまだ模糊としていた編纂上の抱負を模索すべく，本辞典が発足したのは，昭和39年１月であった．そのときは高橋義孝氏（当時九州大学教授）を主に菊盛英夫氏（当時中央大学教授）と登張正實氏（当時東京大学助教授），さらに岩崎と濱川が編輯メンバーとして名を列ねていたが，同年３月中旬高橋氏の慫慂によって国松が参画するとともに，高橋，菊盛の両氏は退き，同月末新たに橋本，小野寺，三城が参加した．こうして総勢７名によって，まず執筆要綱についての論議が活発につづけられて，いよいよ辞典編纂の仕事が本格的に開始された．翌40年７月には平尾が，41年４月には千石が加わったが，42年６月には登張氏が一身上の都合によって身を引くことになった．しかし翌43年12月には原田，中島が，さらに50年４月には新田が参加した．翌51年３月には，従前から発音の面にもっぱら関与してきた檜原が正規のメンバーに加わり，爾来私たち12名の者が編輯委員として直接編纂の仕事にたずさわることになったわけである．思えば発足以来二十有余年，私たちはそれぞれの主たる持場を定め，一致団結して，大聖堂の建設にも比すべき独和大辞典編纂の難事業と必死になって取り組んできた．気づいてみれば，曾ては国松をのぞいて全員が少壮気鋭であったのに，今はすでに岩崎・橋本・濱川の三名が耳順を過ぎ，国松に至っては喜寿を越えてしまった．それだけに，この間誰ひとり病に仆れることもなく，無事ここに竣成の日を迎えることができたことを，稀有の天祐として衷心から感謝せざるをえない．

勿論私たちは，多くの方々から寄せられた御厚情と御支援とを，決して忘れているわけではない．原稿の作製と校正に協力を惜しまれなかった同学の諸兄，おびただしい数の専門語について，その訳語の是正にあたられた各分野の専門家の諸賢に対しては，ここに厚く感謝の意を表するとともに，特に御芳名を別にかかげさせていただいた．Brockhaus 社が本辞典のために Der Sprach-Brockhaus の図版全部を一括譲渡することを厭わなかった好意もまた，私たちの記憶のなかに長く残って消えることがあるまい．さらに，Duden 編輯部が本独和大辞典の進行を常に温かい目をもって見守り，何かと無償の便宜を提供されたこと，Duden の発音辞典の編者である Herr Prof. Dr. M. Mangold が献身的な熱意をもって発音面での指導にあたられたことには，ただただ感謝するばかりで，御礼のことばを知らない．最後に，二十有余年の長きにわたり，終始理解と大度をもって本辞典の完成を支持しつづけられた株式会社小学館と，直接その衝に当たって日夜粉骨砕身された小学館独和辞典編集室の諸氏に，過ぎ去った歳月の思い出をこめて，心から感謝の微志を表明したい．それとともに，煩瑣な組版の仕事その他に鋭意苦心された共同印刷株式会社の諸彦にも，厚く御礼を申し上げたい．

今筆を擱くにあたって，わが国における独和辞典の歴史に大きな足跡を印した先達の方々の上に，おのずから思いが馳せ，尊敬と感謝の念が頻りに胸底を徂徠する．本独和大辞典も驥尾に付し，独和辞典の長い道程の，せめても一里塚として，より一層の前進を促すよすがとならんことを切に願ってやまない．そしてそのためにも，ぜひ諸家の斧正を仰ぎたいと思う．

昭和59年９月２日

編輯委員を代表して

国松　孝二

第二版まえがき

本辞典の初版が刊行されたのは1985年，いまからもう十数年も前のことである．その後，刷りを重ねるごとに，記述の不十分な箇所の見直し，誤りやミスプリントの訂正などを可能なかぎり行ってはきたが，本書の初版は，当時としては最善の選択に従って，熟練した植字工による手組みであったために，これらの訂正はいわゆる象嵌によるほかはなく，その制約から大規模な訂正は不可能であり，したがって新語の収録もままならなかった．このたび出版社が，困難な出版事情にもかかわらず，コンピューターによるCTS組版の採用に踏み切ったおかげで，ほぼ1万に近い新しい見出し語を含む本格的な改訂増補版の刊行にようやく漕ぎつけることができたことは，本辞典を最高の水準に少しでも近づけたいとつねづね念願している私たち編者としても，まことに有難くかつ喜ばしいことである．

辞書は刊行直後から改訂版の準備作業に着手すべきもの，とよく言われるが，本辞典の場合には，そのような一般論とは別に，早急な改訂増補を必要とする客観的な状況がいくつかあった．その第一は，ここ十数年間に起こったヨーロッパにおける政治的・経済的な著しい変化であり，その最たるものが，言うまでもなく東西両ドイツの再統一である．その第二は，院内感染(Krankenhausinfektion)，インターネット(Internet)，介護保険(Pflegeversicherung)，規制緩和(Deregulierung)，携帯電話(Handy)，自然食品店(Bioladen)，集中治療医学(Intensivmedizin)，消費文化(Konsumkultur)，政治不信(Politikverdrossenheit)，臓器移植(Organverpflanzung)，代理母(Leihmutter)，ビッグバン(Urknall)，ホームレス(Stadtstreicher)，免疫不全(Immunschwäche)等々の日本語にも反映しているような，目まぐるしいまでに急速な世の中の変化と，それに伴う新しい概念の激増である．もともと本辞典は，ドイツ語圏諸国の新聞や雑誌を不自由なく読めることもその目標の一つと考えていたし，その意味でも，これらの新語の大幅な収録には，当然それなりの努力を払ったつもりである．そして第三には，すでにドイツ・オーストリア・スイス三国のあいだで合意に達し，いまだに根強い批判があるにもかかわらず，近く段階的な手順を踏んで実施される予定のドイツ語正書法の改革である．当面これにいかに対応すべきかはなかなかむずかしい問題ではあるが，今回は見出し語にはあまり手を加えず，本文に先立ってその大要を解説するにとどめた．

しかし改訂はあくまで改訂にすぎず，第二版においても初版の編集方針がそのまま踏襲され，記述の大部分もそのままの形で残されていることは，いまさら言うまでもない．初版を愛用してくださった方々にも，引き続き本辞典第二版を御活用いただければ幸いである．

平成9年9月9日

「第二版」改訂担当

岩﨑英二郎

橋本　郁雄

中島　悠爾

編輯委員 Herausgeber

国松孝二	Kôji Kunimatsu	東京大学名誉教授
岩﨑英二郎	Eijirô Iwasaki	慶応義塾大学名誉教授
橋本郁雄	Ikuo Hashimoto	学習院大学名誉教授
濱川祥枝	Sakae Hamakawa	東京大学名誉教授
小野寺和夫	Kazuo Onodera	東京大学名誉教授
原田武雄	Takeo Harada	名古屋大学名誉教授
千石喬	Takashi Sengoku	東京大学名誉教授
中島悠爾	Yûji Nakajima	東京都立大学名誉教授
平尾浩三	Kôzô Hirao	東京大学名誉教授
三城満禧	Mitsuyoshi Mishiro	東京大学名誉教授
楢原良行	Yoshiyuki Narahara	電気通信大学名誉教授
新田春夫	Haruo Nitta	武蔵大学教授
発音監修	Dr. Max Mangold	元ザールブリュッケン大学教授

協力者 Mitarbeiter

◉ 執筆・校正協力

味村　登　静岡県立大学名誉教授
新井皓士　一橋大学名誉教授
諏訪　功　一橋大学名誉教授
野入逸彦　大阪市立大学名誉教授
福原嘉一郎　早稲田大学名誉教授
増田義男　東京医科歯科大学名誉教授
発音　重藤　実　東京大学教授

◉ 執筆協力

有泉泰男　日本大学教授
石井不二雄
石丸昭二　お茶の水女子大学名誉教授
植田兼義　元中央大学教授
大瀧敏夫　金沢大学教授
亀谷敬昭　獨協大学名誉教授
高木　実　元早稲田大学教授
信岡資生　成城大学名誉教授
平田好孝
吉本健一　静岡大学名誉教授
歴史年表　坂井榮八郎　東京大学名誉教授
固有名詞　関　楠生　東京大学名誉教授
　　　　　山口春樹　岩手大学教授
成句　伊藤　眞　筑波大学教授

◉ 専門語校閲

哲学・社会学	平井俊彦	生物	江原有信
論理学	磯江景孜	植物	山下貴司
	安井邦夫	生物・動物・生化学	荒木忠雄
心理学	吉村浩一	動物	渋谷達明
神話	吉田敦彦	昆虫	岡田朝雄
宗教・神学・カトリック	鈴木宣明	医学・遺伝	熊澤昭良
聖書・プロテスタント	西阪　盾	薬学・生理・遺伝	鈴木捷三
	佐藤　研	建築・土木	塩谷陽一
歴史	豊永泰子	紡織工業・繊維	平井東幸
紋章	森　護		湯村崇男
中国の固有名詞	伊藤敬一	服飾	石山　彰
政治・法律	新井　誠	農業・園芸・林業	横井政人
経済	渡辺　尚	交通・鉄道・印刷	藤田黎明
軍事	小林宏晨	美術・絵画	松井隆夫
統計・数学・物理	伊藤　彬	音楽	寺本まり子
天文・宇宙	的川泰宣	演劇・映画	岩淵達治
電算	保阪靖人	スポーツ・体育	大河内保雪

◉ 校正協力

石塚茂清　寺本襄二　福本義憲　安井啓雄 ／ 猪股和夫　株式会社現代企画
松村順子　神谷奈方子　樽井由紀子　海老塚冬衛　五嶋めぐみ　大田文子
浅野陽子　大沢絵美　青木夏海
（編集協力　佐藤正司）

◉ レイアウト

栗原靖子　㈲エディトリアルデザイン研究所　タナカデザイン
美計グラフィックデザイン

凡　　例

1 解説図

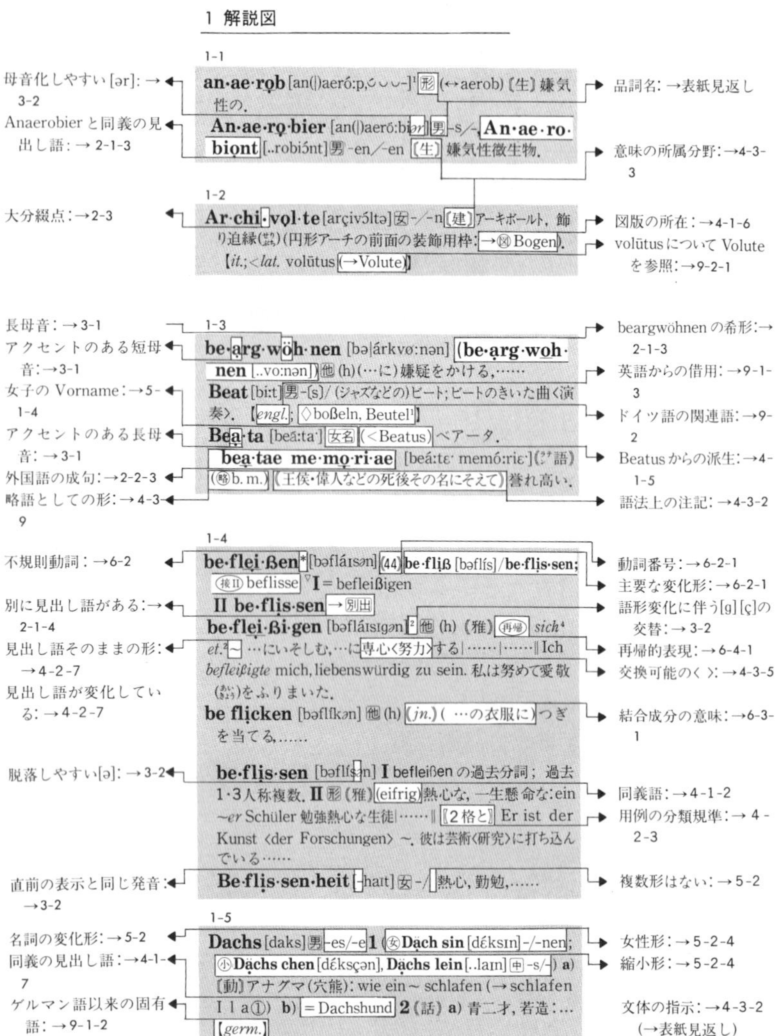

1-1
母音化しやすい[ər]: → 3-2
Anaerobierと同義の見出し語: → 2-1-3
an·ae·rob [an(|)aeró:p,◡◡◡⌣][1] 形 (↔aerob) 〔生〕嫌気性の.
An·ae·ro·bier [an(|)aeró:biər] 男 -s/-, An·ae·ro·biont [..robiɔ́nt] 男 -en/-en 〔生〕嫌気性微生物.
品詞名: →表紙見返し
意味の所属分野: →4-3-3
1-2
大分綴点: →2-3
Ar·chi·vol·te [arçivɔ́ltə] 女 -/-n 〔建〕アーキボールト, 飾り迫縁(せりぶち) (円形アーチの前面の装飾用枠: →図 Bogen).
【it.; < lat. volūtus (→Volute)】
図版の所在: →4-1-6
volūtusについてVoluteを参照: →9-2-1
1-3
長母音: → 3-1
アクセントのある短母音: →3-1
女子のVorname: →5-1-4
アクセントのある長母音: → 3-1
外国語の成句: →2-2-3
略語としての形: → 4-3-9
be·arg·wöh·nen [bə|árkvø:nən] (be·arg·woh·nen [..vo:nən]) 他 (h) (…に)嫌疑をかける, ……
Beat [bi:t] 男 -[s]/ (ジャズなどの)ビート; ビートのきいた曲〈演奏〉. 【engl.; ◇boßeln, Beutel[1]】
Be·a·ta [beá:ta·] 女名 (<Beatus) ベアータ.
be·a·tae me·mo·ri·ae [beá:tɛ· memó:riɛ·] (ラテン語) (略 b. m.) (王侯・偉人などの死後その名にそえて)誉れ高い.
beargwöhnenの希形: → 2-1-3
英語からの借用: →9-1-3
ドイツ語の関連語: →9-2
Beatusからの派生: →4-1-5
語法上の注記: →4-3-2
1-4
不規則動詞: →6-2
別に見出し語がある: → 2-1-4
見出し語そのままの形: → 4-2-7
見出し語が変化している: → 4-2-7
be·flei·ßen* [bəfláɪsən] (44) be·fliß [bəflís] / be·flis·sen; 接II beflisse ▽I = befleißigen
II be·flis·sen → 別出
be·flei·ßi·gen [bəfláɪsɪgən][2] 他 (h) 《雅》 再帰 sich[4] et.[2] ~ …にいそしむ, …に専心〈努力〉する | …… | …… ‖ Ich befleißigte mich, liebenswürdig zu sein. 私は努めて愛敬(あいきょう)をふりまいた.
be flicken [bəflíkən] 他 (h) (jn.) (…の衣服に)つぎを当てる, ……
動詞番号: → 6-2-1
主要な変化形: → 6-2-1
語形変化に伴う[g][ç]の交替: → 3-2
再帰的表現: → 6-4-1
交換可能の〈 〉: → 4-3-5
結合成分の意味: →6-3-1
脱落しやすい[ə]: → 3-2
be·flis·sen [bəflísən] I befleißenの過去分詞; 過去1・3人称複数. II 形 《雅》 (eifrig) 熱心な, 一生懸命な: ein ~er Schüler 勉強熱心な生徒 | …… ‖ 〖2格と〗 Er ist der Kunst 〈der Forschungen〉 ~. 彼は芸術〈研究〉に打ち込んでいる……
同義語: → 4-1-2
用例の分類規準: → 4-2-3
直前の表示と同じ発音: → 3-2
Be·flis·sen·heit [-haɪt] 女 -/ 熱心, 勤勉, ……
複数形はない: → 5-2
1-5
名詞の変化形: → 5-2
同義の見出し語: →4-1-7
ゲルマン語以来の固有語: → 9-1-2
Dachs [daks] 男 -es/-e 1 (女 Däch sin [déksɪn] -/-nen; 小 Dächs chen [déksçən], Dächs lein [..laɪn] 中 -s/-) a) 〔動〕アナグマ(穴熊): wie ein ~ schlafen (→ schlafen I 1 a①) b) = Dachshund 2 《話》 a) 青二才, 若造: …
【germ.】
女性形: → 5-2-4
縮小形: → 5-2-4
文体の指示: → 4-3-2 (→表紙見返し)

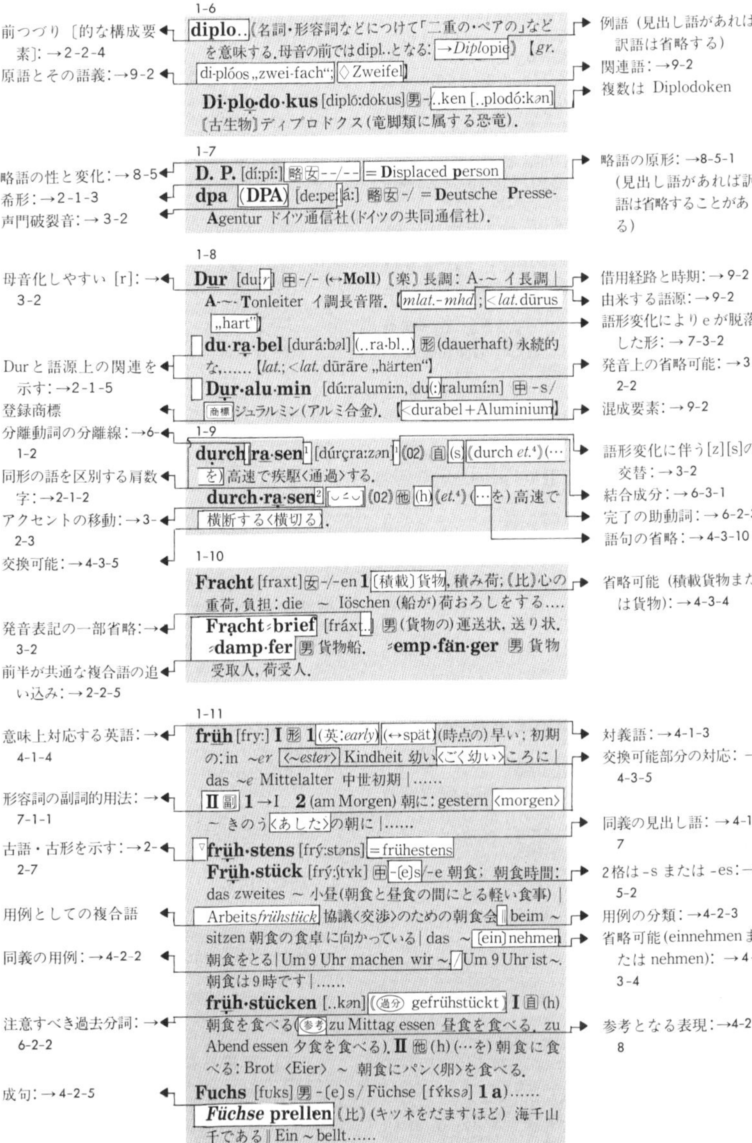

1-6

前つづり〔的な構成要素〕: →2-2-4
原語とその語義: →9-2

diplo..《名詞・形容詞などにつけて「二重の・ペアの」などを意味する. 母音の前ではdipl..となる: →*Diplopie*》【*gr.* di-plóos „zwei-fach"; ◇ Zweifel】
Di·plo·do·kus [diplṓ:dokus] 男 -/..ken [..plodó:kən]〔古生物〕ディプロドクス(竜脚類に属する恐竜).

例語（見出し語があれば訳語は省略する）
関連語: →9-2
複数は Diplodoken

1-7

略語の性と変化: →8-5
希形: →2-1-3
声門破裂音: → 3-2

D. P. [dí:pí:] 略 女 --/-- = **D**isplaced **p**erson
dpa (**DPA**) [de:pe:|á:] 略 女 -/ = **D**eutsche **P**resse-**A**gentur ドイツ通信社(ドイツの共同通信社).

略語の原形: →8-5-1（見出し語があれば訳語は省略することがある）

1-8

母音化しやすい [r]: →3-2
Dur と語源上の関連を示す: →2-1-5
登録商標

Dur [du:r] 中 -/- (↔**Moll**)〔楽〕長調: A-~ イ長調 | A-~-Tonleiter イ調長音階. 【*mlat.-mhd.*; <*lat.* dūrus „hart"】
du·ra·bel [durá:bəl] (..ra·bl..) 形 (dauerhaft) 永続的な,...... 【*lat.*; <*lat.* dūrāre „härten"】
Dur·alu·min [dú:ralumi:n, du(:)ralumí:n] 中 -s/ 商標 ジュラルミン(アルミ合金). 【<durabel+Aluminium】

借用経路と時期: → 9-2
由来する語源: →9-2
語形変化により e が脱落した形: → 7-3-2
発音上の省略可能: →3-2-2
混成要素: → 9-2

1-9

分離動詞の分離線: →6-1-2
同形の語を区別する肩数字: →2-1-2
アクセントの移動: →3-2-3
交換可能: →4-3-5

durch|ra·sen[1] [dúrçra:zən][1] 《02》 自 (s) 《durch *et.*[4]》(…を) 高速で疾駆〈通過〉する.
durch·ra·sen[2] [⌣–⌣] 《02》 他 (h) (*et.*[4]) (…を) 高速で横断する〈横切る〉.

語形変化に伴う [z] [s] の交替: → 3-2
結合成分: → 6-3-1
完了の助動詞: → 6-2-3
語句の省略: → 4-3-10

1-10

発音表記の一部省略: →3-2
前半が共通な複合語の追い込み: → 2-2-5

Fracht [fraxt] 女 -/-en **1**〔積載〕貨物, 積み荷;《比》心の重荷, 負担: die ~ löschen (船が) 荷おろしをする....
Fracht·brief [fráxt..] 男 (貨物の) 運送状, 送り状.
·damp·fer 男 貨物船. **·emp·fän·ger** 男 貨物受取人, 荷受人.

省略可能（積載貨物または貨物）: → 4-3-4

1-11

意味上対応する英語: →4-1-4
形容詞の副詞的用法: →7-1-1
古語・古形を示す: →2-2-7
用例としての複合語
同義の用例: → 4-2-2
注意すべき過去分詞: →6-2-2
成句: → 4-2-5

früh [fry:] **I** 形 **1** (英: *early*) (↔spät) (時点の) 早い; 初期の: in ~*er* 〈~*ester*〉 Kindheit 幼い〈ごく幼い〉ころに | das ~*e* Mittelalter 中世初期 | ......
II 副 **1** →I **2** (am Morgen) 朝に: gestern 〈morgen〉 ~ きのう〈あした〉の朝に | ......
▽**früh·stens** [frý:stəns] = frühestens
Früh·stück [frý:ʃtʏk] 中 -(e)s/-e 朝食; 朝食時間: das zweites ~ 小昼(朝食と昼食の間にとる軽い食事) | Arbeits*frühstück* 協議〈交渉〉のための朝食会 ‖ beim ~ sitzen 朝食の食卓に向かっている | das ~ (ein)nehmen 朝食をとる | Um 9 Uhr machen wir ~./Um 9 Uhr ist ~. 朝食は9時です | ......
früh·stücken [..kən] (過分 gefrühstückt) **I** 自 (h) 朝食を食べる(参考 zu Mittag essen 昼食を食べる, zu Abend essen 夕食を食べる). **II** 他 (h) (…を) 朝食に食べる: Brot 〈Eier〉 ~ 朝食にパン〈卵〉を食べる.
Fuchs [fuks] 男 -(e)s/Füchse [fʏ́ksə] **1 a**) ......
***Füchse* prellen**《比》(キツネをだますほど) 海千山千である ‖ Ein ~ bellt......

対義語: → 4-1-3
交換可能部分の対応: →4-3-5
同義の見出し語: → 4-1-7
2格は -s または -es: → 5-2
用例の分類: →4-2-3
省略可能 (einnehmen または nehmen): → 4-3-4
参考となる表現: →4-2-8

2　見出し語

2-1　見出し語の配列は，人名・地名・略語・記号なども含めて，すべてドイツ語の Abc 順に従っている．

☆　ギリシア文字・シンボル記号は，それぞれ巻末にまとめてある：→付録「字母一覧」「記号の読み方」

2-1-1　ドイツ語特有の文字は ä, ö, ü, ß は，それぞれ a, o, u, ss の次とし，例えば，**fal·len－fäl·len, Mas·se－Ma·ße** の順になっている．

2-1-2　同じつづりの語では，かしら文字の小文字のものを前とし，例えば，**arm－Arm** の順になっている．

かしら文字も同じ語は，肩番号[1] [2]で区分してある：→1-9

2-1-3　コンマで並べられた見出し語は，正書法の揺れなどによる，同義のものである：→1-1

丸括弧（　）で添えられた見出し語は，比較的希形とされているもので，検索上の支障がない限り，Abc 順が多少破られていることがある：→1-3

見出し語の中で角括弧〔　〕で囲んだ部分は，それが欠けた形もありうることを示し，例えば，**Hel·le·gat〔t〕** の場合は，Hellegat, Hellegatt の両形がある．

2-1-4　大番号 **I II III** による「中見出し」は，品詞転用などによるもので，検索上の支障がない限り，上記の配列規準が多少破られていることがある：

Abend [á:bənt][1] **I** 男 -s/-e … **II abend** 副…
fol·gen [fɔ́lgən][1] **I** 自… **II fol·gend** 現分 形…

記号 別出 を添えられたものは，Abc 順による別の個所に，独立の見出し語として配置されている：→1-4

矢印→で検索すべき「親見出し」を示すこともある：

Al·te →alt II──alt IIに「中見出し」がある．

2-1-5　「頭出し」をしていない見出し語は，先行する(「頭出し」をした）見出し語との間に，派生・複合など多少とも関連をもつことを示唆する：→1-8

2-2　見出し語の語形は，主として Duden の正書法辞典によっている．

2-2-1　形容詞変化の名詞（形容詞・分詞の名詞的用法）は，弱変化単数1格の形で掲げた：→5-2-2

2-2-2　数詞・代名詞は，形容詞の場合に準じて，なるべく格語尾を省いた形で掲げた：

acht[1] [axt] **I**《基数》…**II**《序数》…

2-2-3　外国語による慣用句の類は，2語以上からなるものも，そのままの形で見出し語とした：→1-3

2-2-4　部分省略符..を前または後に添えた見出し語は，それぞれ後つづり・前つづりの類を示す：→1-6

☆　この種のものは，便宜上すべて小文字を用いた．

2-2-5　分割符 ≠ を入れた複合語は，その前半が共通の複合語が続くことを示し，後続の語は，後半部だけを「追い込み見出し」としてある：→1-10

2-2-6　見出し語に用いたハイフン - は，正書法上で認められるものである：**Ich-Laut**

2-2-7　見出し語の頭の▽印は，古語・古形または希語・希形・希用であることを表す：→1-11

2-3　見出し語の分綴できる個所は，分綴点·で示した．

大きな分綴点•は，語構成上の区切りと一致する個所であるが，ふつう1個所だけにとどめた：→1-2

2-3-1　複合語の分割符（→2-2-5)，正字法上のハイフン（→2-2-6)，複合動詞の分離線（→6-1-2）も，本来は大きな分綴点に相当する．

2-3-2　語形変化に伴う分綴個所の変動がありうる．詳細は別記の「分綴法」を参照されたい．

3　発音の表示

3-1　見出し語に添えた発音符号は，ドイツ語の一般的発音規準による，おおよその発音を示す：→1-3

_　長母音
.　アクセントのある短母音
_̣　アクセントのある長母音および二重母音

3-2　音標文字による表示は，大筋において国際音声表記（IPA）によったが，若干の工夫を試みた．

[ə]　脱落することもある [ə]：→1-4
[r]　母音化して [ɐ] になりやすい [r]：→1-8
[ər]　母音化して [ɐ] になりやすい [ər]：→1-1
[|]　IPA の [ʔ] に当たり，次の母音は先行の音とはっきり区切って発音される：→1-7（または「発音解説」4-2)
[-]　二音が破擦音 [pf] [ts] [tʃ] [dʒ] や二重母音でなく，別々に発音される：→「発音解説」4-7，3-6
[·]　アクセントのない語末の半長音：→「発音解説」3-8
[´]　アクセント記号で，母音の真上に添えてある．特に第二アクセントを示す必要があれば[`]を用いた．
[－]　直前の語と同一であることを示す：→1-4
[..]　表記の一部を，直前の語や複合語の基礎語などにゆだねて省略していることを示す：→1-10
[　][1]　語形変化に伴う有声子音・無声子音の交替（[b] [p], [d] [t], [g] [k], [z] [s], [v] [f]）を示す：→1-9
[　][2]　語形変化に伴う子音 [g][ç] の交替を示す：→1-4

3-2-1　いくつかの表記がある語では，最も普通とされるものを優先してある：→1-8

何らかの限定があるときは，適宜その旨を注記した：

Che·mie [çemí：；オースト リア・スイス：kemí:]
da·bei [dabáɪ；指示的強調：dá:baɪ]

外国語や外国の人名・地名で，ドイツ語ふうの発音もあるときは，一般にそれを優先してある：

Shake·speare [ʃé:kspi:r, ʃéɪkspiə]

3-2-2　丸括弧で囲んだ部分は，省略できる：→1-8

見出し語の省略可能部分に対応することがある：

fluß·ab〔·wärts〕 [flʊs|áp(vɛrts)]

3-2-3　略語法 [◡⁻́◡] のような形は，直前の表記とのアクセントの違いだけを示すもので，短母音の音節を [◡]，長母音・二重母音の音節を [－] で示している：→1-9

3-3　略語・記号についても，原形に復して読まれるもの以外は，つとめて発音を明示した：→1-7

4　語義と用例

4-1　語義の分類記述には，個々の語義の相互的関連に配慮しながら，つとめて現代の普通の語義を優先した．

4-1-1　語義番号には一般に **1 2 3** を用い，ときに **a) b) c)** で小区分を施したが，特に必要な場合は ① ② ③で細分したものもある．

同じ語義番号内のセミコロンは，語義のやや大きな隔たりを示す：→1-10，1-11

大番号 **I II III** は，動詞における自動詞・他動詞の別，名詞化した不定詞，形容詞化した分詞や，形容詞・分詞の名詞的用法，名詞の性の違いなど，一般に品詞レベルに準じた大区分に用いている：→1-4

特に記事の多い語では，bei や gehen などのように，冒頭に「目次」を設けて，全般的展望と検索を助けた．

4-1-2　語義の前に（　）で挙げたドイツ語は，語義理解に

役立つと思われる同義語を示す：→1-4, 1-8

4-1-3 語義の前に（↔ ）で挙げたドイツ語は，語義理解に役立つと思われる対義語を示す→1-1, 1-11

4-1-4 語義の前に（英: ）で挙げたイタリック体は，語義理解に役立つと思われる英語の対応語を示す：→1-11

これは必ずしも完全に同義とは言えないことがある．また，記事の少ない語では，同根の英語形を，語源欄の関連語として挙げるにとどめることも多い．

4-1-5 語義の前に（< ）で挙げたドイツ語は，短縮語その他の派生関係について，その原形を示す：→1-3

4-1-6 語義の後の（→ 図）の指示は，図版が添えられていることを示し，他の見出し語の図版を指示するときは，その見出し語を添えてある：→1-2

4-1-7 等号＝は，語義の等しい他の見出し語〔の語義番号〕を指示する：→1-5, 1-11

4-1-8 すぐ近くに配列されている見出し語からの派生語では，次のような簡略な記述にとどめることがある：

Ạb•mes·ser [ápmɛsər] 男 -s/- abmessen する人.
Bọ̈s·wil·lig·keit [..kaɪt] 女 -/ böswillig なこと.
Ẹin·flọ̈·ßung [..sʊŋ] 女 -/-en einflößen すること.

4-2 用例は，語義区分ごとにまとめて掲げた．

4-2-1 個々の用例は｜で区分し，それぞれ訳文を添えた．

訳文の間のコンマは同種のものの，セミコロンはやや異種のものの区切りを意味し，場合によりi）ii）iii）で区分することもある．

4-2-2 用例の間の / は，その前後のものが同義であることを示し，訳文は後のものに続けてある：→1-11

4-2-3 用例は ‖ で分類し，特に必要なときは ▌ で大別することがある．

用例分類の添えた〘 〙は，分類規準を示す：→1-4

同じ分類に属する用例は，特に記事の多い語では，分類上のキーワードの Abc 順に配列し，また必要に応じてボールド体も用いて，検索の便を図った．

4-2-4 用例の途中または末尾の（＝ ）は，他の見出し語による同義の表現を，参考までに掲げたものである：

ạn·ders [ándərs] 副 ... | jemand ～ （＝jemand anderer）als er 彼以外のだれかが | ...

4-2-5 成句は原則として最も関係の深い見出し語のところでボールド体で示した．

4-2-6 訳文の代わりに（→ ）で掲げたものは，同形の用例が他の見出し語・語義番号にあることを示す：

Flạm·me [flámə] 女 -/-n ... | Feuer und ～ speien （→Feuer 1）... ──Feuer 1に訳文がある．

訳文の後にある（→ ）は，そこに何かの関連した情報がありうることを示す．

4-2-7 用例中の ～ は，見出し語をそのままの形で代理する．内部が変わる場合，かしら文字の大小が変わる場合はイタリック体で全書した：→1-4

名詞・形容詞などが語尾をもつだけの場合には ～*er*, ～*en* などとし，名詞の格を明示するときは～^{3}, ～^{4}のように記した．動詞は不定詞だけを～とした．

4-2-8 訳文の後の（参考 ）（誤 ）は，それぞれ参考となる，誤りとされる語法である：→1-11

4-2-9 用例中の－は，対話の応答を示す：

lạ·lạ [lálá] 間... | Wie geht's dir?－So ～. ご機嫌いかがーまあまあね | ...

4-2-10 用例を囲む《 》は，書名・作品名を示し，訳文は『 』で囲んである：

ạl·so [álzọ] 副... | 《*Also* sprach Zarathustra》『ツァラトゥストラはこう言った』| ...

4-3 語義・用例の補足記号には，次のようなものがある．

4-3-1 語義番号・用例の前の$^{▽}$印は，古義・古形または希語・希形・希用とされるものを示す：→1-4

4-3-2 語義・用例欄の《 》は，広く文法上・文体上の情報を提供する：→1-3, 1-5

位相・方言に関する指示（→表紙見返しの「略語表」D）は，多少とも正常なレベルから離れていることを表しているので，使用の場面には十分な注意を要する．

4-3-3 語義・用例欄の〘 〙は，その所属分野（→表紙見返しの「略語表」E）を示すが，これは必ずしも専門術語とは限らず，訳語の補足に当たることも多い：→1-1

☆ 聖書に由来するものは〘聖〙とし，その篇名は10に掲げた略称によっている．

4-3-4 角括弧〔 〕は，省略可能の部分を示す：→1-10

用例・訳文で対応していることがある：

frạ·gen$^{(*)}$ [frá:gən]... |〔*jn.*〕um *et.*^{4} ～〔…に〕…を求める | ... ──um *et.*^{4} ～ …を求める, *jn.* um *et.*^{4} ～ …に…を求める

4-3-5 三角括弧〈 〉は，先行する部分との交換可能を示す：→1-4

用例・訳文で対応していることがある：→1-11

4-3-6 《 》や〈 〉内での / は，その前後が交換可能であることを示す．対応する和文では・を用いる：

ạch·ten [áxtən]...《*et.*^{4} für *et.*^{4} / $^{▽}$*et.*^{4}*et.*^{4}》（…を…と）見なす，思う...

Bẹi·spiel [báɪʃpi:l]... | ein konkretes 〈treffendes / typisches〉 ～ 具体的な〈適切な・典型的な〉例...

4-3-7 イタリック体の記号的使用は，次の四種がある：

一般的に人を示す個所は，1格 *jd.*，2格 *js.*，3格 *jm.*，4格 *jn.*で表した．

☆ *js.* の場合は2格形のほか所有代名詞も使えることがある．

一般的に事物を示す個所は，1格 *et.*^{1}，2格 *et.*^{2}，3格 *et.*^{3}，4格 *et.*^{4} で表した．

再帰代名詞は，3格 *sich*^{3}，4格 *sich*^{4}で表した．

主語・目的語に対応して「自分の」を表す所有代名詞は，*sein* で代表させた．

4-3-8 記事末尾の☆★は，語義・用法についての包括的補注を表す．このうち☆はその語義区分内について，★はより広範囲に，そこまでの数個の語義区分，しばしば見出し語全般について述べるときに用いた．

4-3-9 略 記号 に続く形は，その語句のそれぞれ略語・記号の形を示す：→1-3

4-3-10 点線…は語句の省略を示し，欧文では...，和文では…とした：→1-9

4-3-11 用例中の名詞の肩数字は，特にまぎらわしい場合の格を示す．

5 名 詞

5-1 品詞名は，性別などの表示で兼ねてある．

5-1-1 男 女 中 はそれぞれ男性名詞・女性名詞・中性名詞を示し，性に揺れがあるものは併記した．また一方がまれなとき，限定があるときは（ ）で示した：

Drịt·tel [drítəl] 中（スイス: 男）-s/- ...

略語についても，つとめて性別を明示した：→1-7

5-1-2 複 は複数名詞を示す：**Fẹ·ri·en** [fé:riən] 複...

5-1-3 人名 は特定の人物名・神名を示し，必要に応じてフルネームを注記した：

Hẹi·ne [háɪnə] 人名 Heinrich ～ ハインリヒ ハイネ...

女性扱いのものは，補足説明で示唆してある：

De·mẹ·ter [demé:tər; オーストリア: dé:metər] 人名〘ギ神〙デメーテル(農産の女神...)

5-1-4 男名 女名 は姓名の名に当たる：→1-3

5-1-5 地名は山・川などを含む地名で，性が示されていなければ中性であり，単独では無冠詞で用いる：

Mün·chen [mʏ́nçən] 地名 ミュンヒェン…

その他の地名には性・変化を示した．つねに必要な定冠詞は，見出し語に添えておいた：der **Rhein** [raɪn] 地名 男 -〔e〕s / ライン…

5-2 語形変化の斜線 / は，前後にそれぞれ単数 2 格・複数 1 格を示す：→1-5

斜線の右側が空白のときは，複数形を欠く：→1-4

複合語では一般に変化指示を省略したが，複数形が普通なとき，基礎語からの類推が困難なときなど，必要に応じて明示してある．

5-2-1 コンマで並記した変化形は，それぞれの形がありうることを示すが，希形とされるとき，限定のあるときは（ ）で囲んだ：

Kli·ma [klíːma·] 中 -s/-s, -te [klimáːtə]

Kind [kɪnt][1] 中 -es(-s)/-er …

Bo·gen [bóːgən] 男 -s/-(南部: Bögen [bǿːgən])…

変化形の中の〔 〕は省略可能を示す：→1-11

部分省略符..は語幹の一部を含むことを示す：→1-6

..loge に終わる名詞の（→..loge）という注記は，古くは..log に終わる形があり，その場合は -en/-en となることを表す．

5-2-2 《形容詞変化》は形容詞変化の名詞（形容詞・分詞の名詞的用法）で，見出し語は弱変化単数 1 格の形である：**Be·am·te** [bə|ámtə] 男《形容詞変化》…

中性のものは，単数形だけを用いる．

5-2-3 注記（単位: -/-）は，単位として数詞とともに用いるときは無変化であることを示す：

Grad [graːt][1] 男 -es(-s)/-e(単位: -/-)

注記（種類: ）は，種類を言うときの複数形を示す：

Sand [zant][1] 男 -es(-s)/(種類: -e)

5-2-4 小 女 に続くボールド体は，それぞれ縮小形・女性形を示し，原則として発音・性・変化を示した：→1-5

女性形は性の表示を省略した．

まれに 男 によって男性形を示した．

これらの形の語としての独立性が強いときは，特に独立の見出し語とし，そこに記事を掲げた．

6 動 詞

6-1 品詞名は，種類の表示で兼ねてある．

6-1-1 自 他 はそれぞれ自動詞・他動詞を示し，両用のものは，原則として大番号 **I** **II** で区別した：→6-5

現分 過分 は，ぞれぞれ現在分詞・過去分詞を示し，形容詞化したものは 現分 形 などとした：→2-1-4

6-1-2 見出し語の分離線 | は，分離動詞の前つづりが分離する個所を示す：→1-9

6-2 見出し語の星印 * は，不規則変化を示し，規則変化形が含まれるものでは (*) とした：→1-4

語義・用法により変化方式が違うときは，それぞれの個所に《規則変化》《ふつう不規則変化》などと注記した．

6-2-1 不規則動詞に添えた《 》内の11-220の数字は，付録「動詞変化番号表」の動詞番号に対応する：→1-4

基礎動詞と，基礎動詞を欠く複合動詞では，念のため変化形を「過去 / 過去分詞」の形によりボールド体で掲げ，必要に応じて，現 命 接II により直接法現在・命令法単数・接続法第二式現在の形も示した：→1-4

6-2-2 規則動詞に添えた《 》内の01-06の数字は，付録「動詞変化番号表」の動詞番号に対応し，音便的な破格をもつものである：→1-9

過去・過去分詞の注意すべき形は，過 過分 により《 》内に特に注記した：→1-11

6-2-3 丸括弧（ ）内の h,s は，完了の助動詞として，それぞれ haben, sein を用いることを示す：→1-9

双方とも用いられるときは（s, h）のように併記し，一方が明らかに優先的なときは（h, まれに s）などとした．

6-3 語義・用例に添えた《 》には，広く語法上の注記を施してある．

6-3-1 *et.*[4], *jm.* など（→4-3-7）による格支配指示は，ふつう語義・用例訳の（ ）による補足と対応する：→1-4

《量を示す 4 格と》《様態を示す語句と》など，日本語によって結合関係を示すことも多い：

an|kom·men* [ánkɔmən]《80》**I** 自 (s) **1 a)**《(方向ではなく)場所を示す語句と》(…に)着く,到着する…

6-3-2 《不定詞で》《受動態なし》など，用法上の限定を示すこともある．

6-4 いわゆる非人称動詞・再帰動詞は，自動詞・他動詞の非人称的・再帰的用法とみなした． 「した：→1-4

6-4-1 再帰 は再帰的用法を表し，再帰代名詞の格を明示

6-4-2 非人称 は非人称的用法を表し，《 》でそのパターンを示した：

reg·nen [réːgnən]《01》自 (h) 非人称《es regnet》雨が降る〈降っている〉．

6-5 自動詞・他動詞の別は，4 格の目的語をもつものを他動詞としたが，語義記述の関係で多少の例外がある．

6-5-1 いわゆる同族目的語や結果を示す語句中に 4 格が現れる表現は，自動詞の項で扱うことが多い：

ge·hen* [géːən]《53》… **I** 自(s) **I** …**b)** (h)《結果を示す語句と》歩きすぎて…の結果となる…

6-5-2 他動詞の絶対的用法は，ふつう自動詞としない：

es·sen* [ɛ́sən]《36》… **I** 他 (h)…;《目的なしで》食事をする…

7 形容詞・副詞

7-1 品詞名を 形 としたものは，一般に副詞としても用いられることを示す．

用法に限定のある形容詞は，《 》で注記した．

heu·tig [hɔ́ʏtɪç][2] 形 **1**《付加語的》きょうの…

7-1-1 大番号で 副 としたものは，副詞としての独自の語義用法もあることを示す：→1-11

7-1-2 ..weise に終わる副詞で（→..weise ★）の注記があるものは，まれに付加語的形容詞として用いられることを表す．

7-1-3 言語名に関する形容詞で，用例欄に →deutsch とあるものは，特に名詞的用法が同様なことを示す．

7-1-4 名詞的用法は，一般に大番号による「中見出し」として掲げ，変化様式を示した：

dun·kel [dʊ́ŋkəl] **I** (dunk·l..) 形 **1** ……**II Dun·kel** 中 -s/ **1**……**III Dunk·le** [dʊ́ŋklə] 中《形容詞変化》……

Abc 順が離れるときは，「から見出し」を設けてある：

Dunk·le [dʊ́ŋklə]→dunkel III

7-2 斜線 / の前後のボールド体は，不規則な比較級・最上級の形を示す：

jung [jʊŋ] **jün·ger** [jʏ́ŋər] / **jüngst** **I** 形 (英: *young*)…

gern [gɛrn] (**ger·ne** [gɛ́rnə]) **lie·ber** [líːbər] / **am lieb·sten** [am líːpstən] 副 **1 a)** (freudig)喜んで…

意味上は比較変化がありそうで，しかも比較級・最上級を欠くものは，特に注記してある：

fẹr·tig [fέrtɪç][2] 形《比較変化なし》**1 a**) 完成した…

7-3　形容詞の特殊な語尾変化は，次のように注記した．

7-3-1　注記《無変化》は，付加語的用法で格語尾をもたないことを示す．

7-3-2　丸括弧で（..ta·bl..）のような形の注記は，原級の格変化と比較級をつくるときに，語幹末の e が脱落することを示す：→1-8

ただし e が脱落しないこともあるものでは，次のように省略可能の〔　〕を用いて示した：

ẹi·gen [áigən] **I** (eig〔e〕·n..) 形**1**(英: *own*)…

☆　この場合，e が落ちれば，eig·ne，落ちなければ ei·ge·ne のように分綴点が入ることになる．

8　その他の品詞

8-1　前 は前置詞を表し，格支配その他の特性を《　》で注記した．

8-2　接 は接続詞を表し，並列・従属の別その他の特性を《　》で注記した．

8-3　間 は間投詞を表し，感情や音源などを（　）で注記して，訳語を補足した．

8-4　冠詞・代名詞・数詞は品詞記号によらず，その種別を直接《　》で記し，それぞれの特性に応じた解説を加えたが，いわゆる分類数は副詞扱いとした．

数詞の一般的用法は，fünf との派生語の項に示し，個々の数詞には，それぞれの特殊用例だけを挙げた．

8-5　略 は略語を表し，原形に復して読まれるものを除いて発音を示すとともに，名詞的性質のものには，性・変化を挙げてある：→1-7

8-5-1　原形のボールド体は，略語に生かされた文字を示し，原形がそのまま見出し語となっているときは，訳語を省略した：→1-7

8-5-2　原形の挙がっている個所では，(略　) で略語形を示した：→1-3

8-6　記号 は記号を表し，発音を示した：

Au[2] [aː|úː, gɔlt] 記号 (Aurum)〘化〙金(＝Gold).

8-6-1　原形の挙がっている個所では，(記号　) で記号形を示した．

8-6-2　シンボル記号などは巻末にまとめた：→付録「記号の読み方」

9　語　源

9-1　語源は **[　]** で囲んで語義・用例の後に示し，併せて関連語により語義的知識の拡充に資した．

9-1-1　語源欄のイタリック体は，解説用の言語名で，一般に ..isch を省いた形で略記した．その他の略記形は，表紙見返しの「略語表」**F** に掲げてある．

9-1-2　語源欄の最初に *germ.*, *westgerm.*, *ahd.*, *mhd.*, および *mndd.* としてあるものは，それぞれゲルマン語・西ゲルマン語・古高ドイツ語・中高ドイツ語・中低ドイツ語（→付録「ドイツ語の歴史」）にまで遡りうる固有語（土着語）であることを示す：→1-5

9-1-3　語源欄の最初がその他の言語であるときは，その言語からの借用語（外来語）であることを示す：→1-3

9-2　語源の記号には，次のものがある：

－　外来語の借用経路を示し，例えば *gr.*－*lat.*－*fr.* はギリシア語からラテン語・フランス語を経てドイツ語に入ったことを表す．

経路の最後が9-1-2に挙げた言語名となっているときは，ドイツ語ないしゲルマン語への借用時期をも示唆する：→1-8

<　派生・複合などの基礎となった語形を示し，例えば **ạl·tern**…… [<Alter]は，altern が（alt から直接ではなく）Alter から派生したことを表す．

外来語では，原語における派生源などを表していることが多い：→1-8

＋　複合・混成の構成要素を並列する：→1-8

◇　語源的に同根・同系など，関連のある語を挙げるのに用い，特に英語との対応に意を用いた：→1-3

„ “　原義を示し，古形や外国語の語形に添えてあるときは，その語の代表的意味に当たる現代ドイツ語を掲げてある：→1-6

9-2-1　語源欄の語形に（→　）で添えた語は，それが見出し語となっている個所の語源欄に，その語形についての記述があり，その意味で両者の関連があることを示す：→1-2

9-2-2　語源欄で（◇　）で掲げた語は，語源上多少の関連があるというほどの意味を表す．

9-3　語源上で何らかのつながりのある見出し語が連続するときは，先頭の語以外は頭出しをしないで相互の連関を示唆してある（→2-1-5，1-8）ので，語源欄は原則として最も基礎的な語に設けた．

10　聖書篇名の略称　（°印は旧約，その他は新約；括弧内は共同訳の名称）

略称	篇名
哀	°哀歌
アモ	°アモス書
イザ	°イザヤ書
エス	°エステル記
エズ	°エズラ記
エゼ	°エザキエル書
エペ	°エペソ人(エフェソの信徒)への手紙
エレ	°エレミヤ書
I王	°列王紀上
II王	°列王紀下
オバ	°オバデヤ書
雅	°雅歌
ガラ	ガラテア人への手紙
Iコリ	コリント人への第一の手紙
IIコリ	コリント人への第二の手紙
コロ	コロサイ人への手紙
Iサム	°サムエル記上
IIサム	°サムエル記下
士	°士師記
使	使徒行伝
詩	°詩篇
出	°出エジプト記
申	°申命記
箴	°箴言
ゼカ	°ゼカリア書
ゼパ	°ゼパニヤ書（ゼファニヤ書）
創	°創世記
I代	°歴代志上
II代	°歴代志下
ダニ	°ダニエル書
Iテサ	テサロニケ人への第一の手紙
IIテサ	テサロニケ人への第二の手紙
テト	テトスへの手紙
Iテモ	テモテへの第一の手紙
IIテモ	テモテへの第二の手紙
伝	°伝道の書
ナホ	°ナホム書
ネヘ	°ネヘミヤ記
ハガ	°ハガイ書
ハバ	°ハバクク書
ピリ	ピリピ人(フィリピの信徒)への手紙
ピレ	ピレモン（フィレモン）への手紙
Iペテ	ペテロの第一の手紙
IIペテ	ペテロの第二の手紙
ヘブ	ヘブル人への手紙
ホセ	°ホセア書
マコ	マルコによる福音書
マタ	マタイによる福音書
マラ	°マラキ書
ミカ	°ミカ書
民	°民数記
黙	ヨハネの黙示録
ヤコ	ヤコブ書
ユダ	ユダの手紙
ヨエ	°ヨエル書
ヨシ	°ヨシュア記
ヨナ	°ヨナ書
ヨハ	ヨハネによる福音書
Iヨハ	ヨハネの第一の手紙
IIヨハ	ヨハネの第二の手紙
IIIヨハ	ヨハネの第三の手紙
ヨブ	°ヨブ記
ルカ	ルカによる福音書
ルツ	°ルツ記
レビ	°レビ記
ロマ	ローマ人への手紙

発 音 解 説

1 ドイツ標準語の発音

方言分化の著しいドイツ語にあっても，現在の標準ドイツ語（Hochdeutsch）は18世紀末には文章語としてはほぼ統一を見たと言われている（付録「ドイツ語の歴史および現況」参照）．しかし，発音に関してはまだかなりの地域差があった．文章語と自己の方言との隔たりが大きかった北ドイツでは，文章語を文字どおりに読むことが推奨され，これが各地にひろまったので，これによって逆に標準語には，低地ドイツ語の音を含め各地の方言音が取り入れられた．19世紀になると文章語の口頭での使用頻度が増し，その発音の統一の要求も高まった．また，音声学の発達によって発音を体系的に記述することが可能となり，1885年に Wilhelm Viëtor（1850-1918），1898年には Theodor Siebs（1862-1941）らによって発音辞典が刊行され，これらは文章語の発音に規準を与えることに貢献した．発音辞典の編纂に際して彼らは，各地で行われている標準語の発音を参考にしたことはもちろんであるが，舞台での俳優の発音も模範とした．これは19世紀初頭に Goethe が古典劇に地方なまりのない純粋な発音を要求していることからもわかるように，演劇の世界では発音についての関心が高く，その統一に熱心であったためである．このようにドイツ標準語の発音は，東京方言に基礎を置く日本の標準語やロンドンを中心とする上流階級の発音に拠っている英国の容認発音などとはややその成立の経緯を異にしている．

その後，標準語の発音は学校教育に取り入れられ，マスコミュニケーションでも使用されたので，方言や日常語の上に立ってあらゆる公的な場所で用いられる，通用範囲の最も広い用語として確固たる地位を占めるに至った．

一方，標準語は日常語などとの絶えざる交流によってそれらの影響も受けていること，標準語の模範とされた舞台での発話は当然マイクロフォンの前での発話とはその性質を異にするものであること，r 音に舌先のふるえ音を要求するなど，当初の規準には現実にそぐわないものもあったこと，標準語の発音にも発話の場面や速度によってかなり変動の幅があることなどから，しだいに標準語の発音の規準の改訂が試みられるようになった．その点で目立つのは，旧東ドイツの発音辞典《Wörterbuch der deutschen Aussprache, 1964》である．同書では俳優やアナウンサーなど標準語の職業的な話し手の発話の分析に基づいて，従来の規準では認められていなかった音の弱化や同化を許容している．その後，旧西ドイツで刊行された発音辞典《Siebs, Deutsche Aussprache 第19版，1969》や《Duden Aussprachewörterbuch 第2版，1974》（以下 Duden²と略称）でも，標準語の発音の規準が大幅にゆるめられている．これは標準語の発音に変化が生じていることを示すものであろう．本辞典の発音表記は最初 Max Mangold 教授と Duden 編集部編の《Duden Aussprachewörterbuch 第1版，1962》に拠っていたが，その後，両ドイツで前述のような発音辞典の刊行や改訂が続いたので，Duden² はじめ，新しい資料も参考にした．

わが国では相良守峯編『大独和辞典』で，信貴辰喜氏が日本人学習者を考慮に入れて，例えば，消えやすい音をイタリック体で表すなど，独和辞典に適した発音表記の方法を考案されたが，これはその後のドイツの発音辞典にも影響を与えているほどである．本書ではこれも参考にした．

オーストリアとスイスのドイツ語圏にはそれぞれ地域的な標準発音の規準があり，それがドイツの標準発音とは異なることもある．このような場合，本書ではオーストリアまたはスイスの発音の変種の前にその国名を付している．同じ発音が隣接の南独でも行われていることもあるが，その指示は省略した．

外来語や外国語の固有名詞はふつうドイツ語化して発音されるが，そのドイツ語化の程度はその語のドイツ語への同化の程度によって異なるため，外来語には発音の変種が多い．本書では，ドイツ語化発音を優先しているが，原語に近い発音も随時示した．その際，その国語名は省略している．

Mangold 教授からは，文献では解決できなかった個々の語の発音を教えていただいたほか，中国語と朝鮮語の固有名詞および略語と記号に関しては，全面的な指導監修をいただいた．中国語の固有名詞については，従来の見出し語と拼音（pīnyīn）の見出し語の両者を示し，前者にドイツ語化発音，後者には中国語の標準発音と四声を示している．両者のつづり字が同じ場合には，ドイツ語化音と中国語音をこの順で併記している．Mangold 教授によると拼音はドイツでも普及する傾向にあるが，その発音はまだ動揺しているという．

略語と記号については，これまで，ドイツでも体系的に取り扱われたことはなかったが，本辞典では個々の語についてそれが字母の名称で読まれるか（㊞ **SPD**[ɛspe:dé:]），頭字語であるのか（㊞ **UNO**[ú:noˑ]），あるいは略さずに読まれるか（㊞ **z.B.** ＝zum Beispiel）を明記している．ただし，Mangold 教授の補足説明によれば，略語の読み方は場合によって変わることがあり，例えば BI は世間一般では Bibliographisches Institut（文献編纂所）と読まれるが，所内では［be:|í:］と言われるという．また，BWV 20 は放送でも音楽専門家の間でも Bachwerkeverzeichnis 20（バッハ作品目録20）と略さずに読まれるが，BWV 130, BWV 135 ... などと列挙される場合は［be:ve:fáʊ..］と字母の名称で読まれる．また，略語が数字に添えられるか語に添えられるかによっても読み方が異なり，例えば，B 40［bé: fírtsɪç］（国道40号線）に対して B Saarbrücken-Frankfurt は Bundesstraße ...（国道…線）と略さずに読まれるという．

2 音声器官

図 1 は人間の音声器官の略図である．音の生成にはふつう呼気が利用されるから，気管支・肺なども音声器官の一部と言える．喉頭にある声門から上唇または鼻孔までの管状の部分を声道（Ansatzrohr）と呼ぶが，我々はこの部分の形状を適当に変えることによって，さまざまな言語音を生成する．

調音音声学では声道内の比較的自由に動かせる器官，例えば，下唇・下顎・舌の各部分などを下部調音器官と呼び，口腔の上側の上歯・歯茎・口蓋や咽頭壁など受動的に調音にあずかる部分を上部調音器官と呼んでいる．上部調音器官と下部調音器官が組み合わされて調音位置がきまる．そして，調音位置と調音様式（例えば閉鎖，狭窄など）に基づいて言語音を分類している．声道内の空気を振動させ，口や鼻孔から言語音を発するためには音源が必要である．声門の声帯の周期的な振動はその代表的なものであるが，声道内に他の音源が生ずることもある．以下，言語音の種類別に，音の生成過程と音響的な性質について略述する．

2-1 母 音（Vokal）

声道の途中に閉鎖や極端な狭めがないのが特徴である．母音の種類によって喉頭の位置・下顎の開き・舌の位置と形・唇の形などが異なり，それによって各母音に特有な声道の形状ができる．音源は声帯振動であるが，これは呼気が声門を通過する際にひきおこす声帯の断続的な動きであり，これによって周期性のパルス波が発生する．その周波数スペクトルは基本周波数成分とその整数倍の多数の倍音の周波数成分から成り，高い周波数成分ほど弱い．声道はその形の相違に応じてそれぞれ独自の共鳴特性（伝達特性）をもつので，声帯波が声道を通過する際に，その倍音のうちで声道の共鳴

図1　音声器官

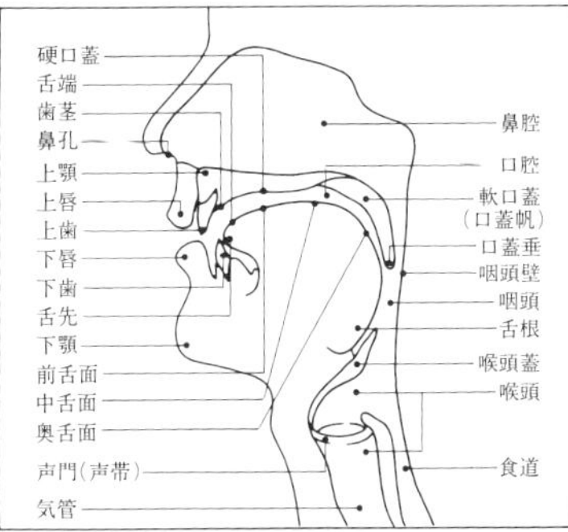

周波数に近いものが強調され，いくつかのピークをもつようになる．このピークをフォルマント（Formant）と言い，低い方から F_1, F_2, F_3 ... と呼ぶ．フォルマントの位置によって母音の音質はおおむね決定される．ドイツ語の母音の測定例では［i:］（F_1＝250 Hz, F_2＝2400 Hz），［a:］（F_1＝686 Hz, F_2＝1213 Hz），［u:］（F_1＝250 Hz, F_2＝668 Hz）などである（図2参照）．

このように母音の音色を決定するのは，声道の伝達特性であって，声帯振動ではない．しかし，声帯振動の基本振動数は声道を通って口から放射される音波の基本周波数であるので，声帯振動数を変えることによって音声に高低の変化（抑揚）をつけることができる．

2-2　鳴　音（**Sonor**）

鼻音・側音・ふるえ音などがこれに属する．声帯を音源としていて，声道の一部に狭めまたは閉鎖があっても，口または鼻孔から呼気が自由に抜け出せる通路が何らかの形で確保されている点で母音に似ている．例えば鼻音［m］は口が閉じているので口腔は行き止まりの分岐管となっているが，口蓋垂が下がっているから呼気は鼻腔を通って流出できる．このような形の声道では共鳴は母音と同様に起こるが，同時に反共鳴がある．つまり，特定の周波数成分が弱められるために全体としての共鳴は母音ほど強くない．

2-3　障害音（**Obstruent**）

摩擦音・破裂音・破擦音などがこれに属する．

摩擦音　声道の途中に狭窄があり，呼気がこれを通過する際に乱流が生じ，雑音源となる．狭窄の位置や形状と声道の形により各摩擦音に特有の音色が生じる．例えば［s］と［ʃ］を比べると［s］は［ʃ］よりも高い周波数成分を含む．

破裂音　声道のある個所が閉鎖される．閉鎖中は無音であるが，閉鎖の破裂による呼気圧の変動が音源となる．破裂音の種類によって，例えば［p］は唇，［k］は軟口蓋など閉鎖の位置が異なるので，次の母音へ移行する際の声道の形の変化の仕方も相違する．これが各破裂音に独特の音色を与えている．破裂音の閉鎖が徐々に解かれ，その際に同じ調音位置の摩擦音を伴う音は破擦音と呼ばれる．

有声と無声　このように障害音には声道内のどこかに音源があるが，これに声帯振動を伴うのが有声子音，それがないのが無声子音である．例えば，［b］と［p］は閉鎖の位置は同じでも，前者には声帯振動があるが，後者にはない．

3　母　音

ドイツ語の母音には単母音と二重母音がある．表1は単母音を調音上の特徴に基づいて分類したものである．二重母音としては［aɪ］,［aʊ］,［ɔʏ］がある．

［i］,［e］,［y］,［ø］,［u］,［o］は古典語系外来語の学校発音（㊝ **Epitheton**［epíteton］）やオーストリアの発音（㊝ **Rubrik**［rubrík］）などを除けば，非アクセント位置にのみあらわれるので，これらはそれぞれ長母音［i:］,［e:］,［y:］,［ø:］,［u:］,［o:］の非アクセント位置の変種と考えてよい．

短母音［ɪ］,［ɛ］,［ʏ］,［œ］,［ʊ］,［ɔ］は調音的にはそれぞれ対応する長母音（例えば，［ɪ］は［i:］）よりも舌の位置が低く，口の開きがやや大きいので，前者を短開母音，後者を長閉母音と呼んでいる．また，調音の際の緊張感の相違から短開母音と長閉母音は「ゆるみ（ungespannt）」と「はり（gespannt）」の対立としてもとらえられる．

表1　ドイツ語の母音

舌	前後		前舌		中舌	奥舌
高低	唇の形／開口度		非円唇	円唇	非円唇	円唇
高	狭	閉	i: i	y: y		u: u
		開	ɪ	ʏ		ʊ
中高	半狭	閉	e: e	ø: ø	ə	o: o
中低	半広	開	ɛ: ɛ	œ		ɔ
低	広			a a:		

図2は Arsen Rausch の資料に基づいて Hans Walter Wodarz & Klara Wodarz-Magdics* が作製した標準ドイツ語の母音のF_1/F_2フォルマント図で，長母音を●印，短母音を○印で示し，それぞれ実線と破線で結んである．図から明らかなように，短母音は図の中央に寄っている．これは各短母音の音色が対応する長母音のそれよりも，中舌音に近づくことを示している．（**Phonetica 24*, 1971）

長閉母音は開音節にも閉音節にもあらわれるが，短開母音は主として閉音節にあらわれ，その際，後続の子音と密接な結び付き（fester Anschluß）を示す．

低舌母音についても，これを前寄りの調音の［a］と奥寄りの調音の［ɑ:］,［ɑ］に分類することもあるが，その質的な相違は他の母音の対に見られるほど顕著ではないので，本書では［a］,［a:］と表記し，量によってのみ区別している．［ɛ:］は唯一の長開母音である．

図2　Wodarz / Wodarz-Magdics によるドイツ語の母音の F_1/F_2 フォルマント図

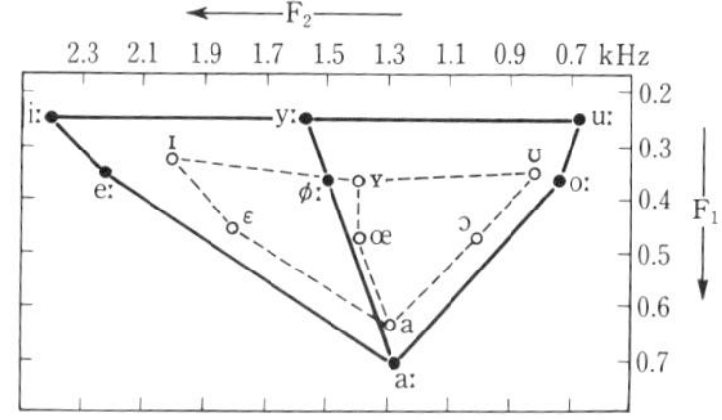

そのほかに，本書では［ə］を除く語尾の非アクセント位置の母音に半長音符［ˑ］をつけている（→3-8）．

次に表1の分類に従って，各母音とその例語を示す．

3-1　非円唇前舌母音

舌は前上方硬口蓋の方向に持ち上げられ，唇は横に開かれる．［i:］,［e:］の舌の位置はそれぞれほぼ Daniel Jones (1881-1967)*の基本母音［i］,［e］に相当する．［ɛ:］,［ɛ］のそれは基本母音［ɛ］よりやや高いと言われる．（**An Outline of English Phonetics* [9]1960）

［i:］　口の開きは最も小さく，唇は横に張り，舌は硬口蓋に最

も接近している: ***ih**r* [iːr], **b*ie*ten** [bíːtən], **V*ieh*** [fiː]

[i], [i·] ***I*deal** [ideáːl], **P*i*lot** [pilóːt], **Pull*i*** [púli·]

[ɪ] 舌の前上方への高まりは [iː] ほどではない. 唇は横に開くが, その緊張はゆるんでいる. 音色は [iː] よりも [eː] に近い: ***i*rre** [írə], **b*i*tten** [bítən]

[eː] 唇は横に張っている. 口を開きすぎて [ɛː] にならないよう注意を要する: ***Eh*re**[éːrə], **b*e*ten** [béːtən], **T*ee*** [teː]

[e], [e·] [i] と同様, 非アクセント位置の開音節に多い: ***e*gal** [egáːl], **l*e*bendig** [lebéndɪç], **Alo*e*** [áːloe·]

[ɛ] [eː] に対応するゆるみ母音で, [eː]よりも口の開きがかなり大きい. 音色は日本語の「エ」に似ている: ***E*rbe** [ɛ́rbə], **b*e*tten** [bɛ́tən]

[ɛ·] **Uvul*ae*** [úːvulɛ·]

[ɛː] ***Äh*re** [ɛ́ːrə], **b*ä*ten** [bɛ́ːtən], **j*äh*** [jɛː]

3-2 円唇奥舌母音

舌は奥上方ないし後方に持ち上げられ, 唇は円められる.

[uː], [oː], [ɔ] の舌の位置はそれぞれ基本母音 [u], [o], [ɔ] とだいたい一致する.

[uː] 舌は奥上方, 軟口蓋の方へ持ち上げられる. 口の開きは最小, 唇の円めも最も強い. その点で日本語の「ウ」とは異なる: ***Uh*r** [uːr], **B*u*de** [búːdə], **K*uh*** [kuː]

[u], [u·] ***U*ran** [uráːn], **M*u*sik** [muzíːk], **Kakad*u*** [kákadu·]

[ʊ] [uː] に対応するゆるみ母音, 舌は [uː] ほど高くないが, より奥である. 口の開きも [uː] より大: ***U*rteil** [ʊ́rtaɪl], **B*u*tter** [bʊ́tər]

[oː] 舌は奥上方, 咽頭壁の方向に強く高められる. 唇の円めは強い: ***Oh*r** [oːr], **B*o*te** [bóːtə], **r*oh*** [roː]

[o], [o·] ***o*ral** [oráːl], **p*o*tent** [potɛ́nt], **dest*o*** [dɛ́sto·]

[ɔ] [oː]に対応するゆるみ母音. 奥舌母音中で奥舌面が咽頭壁に最も近づく. 口の開きも最大: ***O*rt** [ɔrt], **M*o*tte** [mɔ́tə]

3-3 円唇前舌母音

舌の位置は対応する非円唇前舌母音とだいたい同じで硬口蓋の方向に高められるが, 円唇奥舌母音と同様に唇が円められて突き出される. このため対応する非円唇前舌母音よりも F_2, F_3 の周波数値がかなり低い.

[yː] 舌の位置は [iː], 口の開きと唇の形は [uː] に類似: ***ü*ber** [ýːbər], **B*ü*dner** [býːdnər], **fr*üh*** [fryː]

[y], [y·] **B*ü*ro** [byróː], **Grosz*y*** [grɔ́ʃy·]

[ʏ] 舌の位置は [ɪ], 口の開きと唇の形は [ʊ] に類似: ***Y*psilon** [ʏ́psilɔn], **B*ü*tte** [bʏ́tə]

[øː] 舌の位置は [eː], 口の開きと唇の形は [oː] に類似: ***Öh*r** [øːr], **B*ö*den** [bøːdən], **B*ö*** [bøː]

[ø], [ø·] ***Ö*kologie** [økologíː], **m*ö*bliert** [møblíːrt], **Malm*ö*** [málmø·]

[œ] 舌の位置は [ɛ], 口の開きと唇の形は [ɔ] に類似: ***Ö*rtchen** [œ́rtçən], **G*ö*tter** [gœ́tər]

3-4 低舌母音

標準語の [a], [aː] の舌の位置は基本母音の [a] と [ɑ] の中間である. 舌面は比較的平らなので平舌母音とも言われる. 口の開きは中ないし大で唇に円めはない. 音色は日本語の「ア」に近い. 地方差はかなりある.

[aː] ***a*rtig** [áːrtɪç], **b*a*den** [báːdən], **n*ah*** [naː]

[a] ***A*rm** [arm], **b*a*cken** [bákən]

[a·] **Them*a*** [téːma·]

3-5 中舌母音

3-5-1 あいまい母音 [ə] とその脱落

口は軽く開かれ唇や舌の形は静止状態に近い. 非アクセント位置にのみあらわれる.

語末または子音の前の [əm], [ən], [əl] ではしばしば [ə] が脱落し [m], [n], [l] が音節主音 (→ 5. 詳しい表記では [m̩], [n̩], [l̩]) になる. また, [ə] の脱落によって破裂音と鼻音または側音の連音 (例えば [dn], [tl]) が生ずると, 破裂音の破裂は鼻音的破裂 (口蓋帆が咽頭壁から離れる) や側音的破裂 (舌の側面のみ開く) になる. 一方, 鼻音の調音位置はしばしば先行の破裂音に同化される: **leben** [léːbən] → [léːbn̩] → [léːbm̩], **Balken** [bálkən] → [bálkn̩] → [bálkŋ̍]

本書では Duden[2] に従って, 次に示す環境の [ə] を脱落しやすい [ə] としてイタリック体 [*ə*] で示す.

[əm] が摩擦音 [f, v, s, z, ʃ, ʒ, ç, x] または破擦音 [pf, ts, tʃ, dʒ] の後にあるとき: **koch*e*m** [kɔ́xəm]

[ən] が同上の摩擦音・破擦音または破裂音 [p, b, t, d, k, g] の後にあるとき. ただし, 直前の音節に [..ən] がある場合と縮小辞 ..chen を除く: **fast*e*n** [fástən]

[əl] が同上の摩擦音・破擦音・破裂音または鼻音 [m, n, ŋ] の後にあるとき: **Ins*e*l** [ínzəl]

[ə], [*ə*] **b*e*kannt** [bəkánt], **bitt*e*n** [bítən], **bitt*e*** [bítə]

語尾変化によって音声環境が変わると [*ə*] が脱落しなくなったり, 逆に [ə] が脱落可能になる場合がある: **verschied*e*n** [fɛrʃíːdən] しかし **verschied*e*nes** [fɛrʃíːdənəs]; **Sipp*e*** [zípə] しかし **Sipp*e*n** [zípən]. 本書では個々の語についてこれを示していない.

3-5-2 母音化 [*ər*] と [*r*]

次に示す音声環境で [ər] と [r] はしばしば母音化する. 母音化 [ər], [r] は [ə] よりも舌の位置が低い中舌母音で, 近年のドイツ語発音辞典ではしばしば [ɐ], [ɐ̯] (または [ᵄ]) で表記されている. [ɐ] が単母音, [ɐ̯] が音節副音の母音であって, 両者の質的な差はあまりない. 本書では母音化しやすい [ər], [r] をイタリック体 [*ər*], [*r*] で示す.

[*ər*] 語尾または子音の前の er (まれに r): **bitt*er*** [bítər], **öft*er*s** [œ́ftərs], **Bau*er*** [báʊər], **Kentau*r*** [kɛntáʊər] (ただし, 子音的発音は [kɛntáʊr])

[*r*] 長母音 [iː, eː, ɛː, uː, oː, yː, øː, aː] に続く語尾または子音の前の r. ただし, [aː] の後の [r] は母音化しにくいと言われている. 両者の音質が似ているためかも知れない: **vo*r*** [foːr], **Pfe*r*d** [pfeːrt]

前つづり er.., her.., ver.., zer.. の r: **he*r*bei** [hɛrbáɪ], **ze*r*ackern** [tsɛr|ákərn]

母音で始まる変化語尾がつくと語末の r は次音節の初頭音 (→ 5) となり, [*ər*], [*r*] は母音化しない: **bess*er*** [bɛ́sər] しかし **bess*ere*** [..sərə]; **Tü*r*** [tyːr] しかし **Tü*re*** [týːrə]. 本書では個々の語での表記は省略した.

3-6 二重母音 (**Diphthong**)

[aɪ], [aʊ], [ɔʏ] の三種の二重母音がある. いずれも第一要素が音節主音, 第二要素が音節副音を成す下降二重母音 (fallender Diphthong) である (→ 5). ドイツ語の二重母音には英語の二重母音に見られるような第一要素の長音化はなく, 第一要素も第二要素もほぼ同じ長さである.

[aɪ] ***ei*tel** [áɪtəl], **l*ei*ten** [láɪtən], **H*ai*** [haɪ]

[aʊ] ***Au*to** [áʊto·], **l*au*ten** [láʊtən], **B*au*** [baʊ]

[ɔʏ] 英語の [ɔɪ] と異なり, 最後まで唇の円めを失わない: ***Eu*ter** [ɔ́ʏtər], **l*äu*ten** [lɔ́ʏtən], **H*eu*** [hɔʏ]

二重母音を構成する母音と同じ音標文字で表される二つの母音が母音接続 (Hiatus) を成している場合は, 本書では母音間にハイフンを入れてこれを二重母音と区別している: **volt*ai*sch** [vɔ́lta-ɪʃ], **Emm*au*s** [ɛ́ma-ʊs]

間投詞 **pf*ui*** [pfʊɪ] の [ʊɪ] も下降二重母音である.

3-7 [i], [u], [y] などの半母音化

本書では一部の外来語を除いて改変記号 [̆] による音節

副音の母音の表示を行っていない．しかし，高舌母音［i］，［u］，［y］が他の母音の直前にあるとき，これらの母音が半母音化して次の母音と共に一音節に発音されることがかなりある．この傾向が特に顕著なのが［i］で，後続の母音が［i］，［ɪ］以外であれば半母音化する可能性がある．特に［s］，［z］，［ts］に続く［i］がアクセントのある［o:］の前にあるときには［i］は半母音化（または半子音化）する：**Vis*i*on**［viziǒ:n］，**Nat*i*on**［natsǐó:n］．［ə］または［ən］の前の［i］もしばしば半母音化する：**Famil*ie***［famí:liə, famí:lǐə］

［u］，［y］については**Ling*u*ist**［lɪŋgǔíst］，**event*u*ell**［evɛntuɛ́l, evɛntǔɛ́l］；**Et*ui***［etyí:, etY̆í:］など．

中舌母音［e］，［o］の半母音化はまれであるが，［o］についてはフランス語系外来語に例がある：**Mem*o*iren**［memoá:rən, memŏá:rən］

半母音化は発話の速さとも関係するのでその範囲を規定するのはむずかしい．

3-8　半長母音

語末の半長音の母音に限り半長音符［·］をつけたのは，これらの母音が他の長母音のように十分に長く発音されるのを避けるためでもあるが，変化語尾の付加・複合語の形成などによる音声環境の変化によって，半長母音が量的変化をおこすからである．例えば，これらの母音は子音の前では長母音化する：**Aut*o***［áʊto·］→ **Aut*o*s**［áʊto:s］；**ech*o*！**［ɛ́ço·］→ **ech*o*t**［ɛ́ço:t］；**Dilemm*a***［dilɛ́ma·］→ **Dilemm*a*s**［dilɛ́ma:s, ..mas］（ただしこの例に示すように［a·］は短母音化することもある）．一方，これらの母音は一音節以上から成る要素の前ではむしろ短母音化する：**Aut*o*bus**［áʊtobʊs］，**Dilemm*a*ta**［dilɛ́mata·］

本書では語尾変化に伴う母音の量的変化を，原則として複合語についてのみ，少なくとも追い込みの最初の語に発音を入れるなどしてこれを示す．

3-9　鼻母音

本来のドイツ語には鼻母音はないが，外来語では鼻母音が聞かれる．ふつうアクセント位置では長音，非アクセント位置では短音，ただし，語末では半長音である．さらにドイツ語化がすすむと，鼻母音は母音+鼻音になる：**B*o*nb*o*n**［bɔŋbɔ́ŋ, bɔ̃bɔ̃́:］，**Garnis*o*n**［garnizó:n］

以下，フランス語からの外来語の鼻母音とその例を示す．

［ã:］，［ã］　***En*semble**［ãsã́:bəl］，**Departem*ent***［depart(ə)mã́:］

［ɛ̃:］，［ɛ̃］　***Im*promptu**［ɛ̃prɔ̃tý:］，**po*in*tieren**［poɛ̃tí:rən］，**Te*int***［tɛ̃:］

［ɔ̃:］，［ɔ̃］，［ɔ̃·］　***om*briert**［ɔ̃brí:ɐt］，**K*om*plet**［kɔ̃plé:］，**F*on*d**［fɔ̃:］，**Pavill*on***［pávɪljɔ̃·］

［œ̃:］，［œ̃］　**Parf*um***［parfœ̃́:］，**Verd*un***［vɛrdœ̃́(:)］

他の外国語や外来語の母音は発音記号表を参照のこと．

4　子　音

表2は調音位置と調音様式に基づくドイツ語の子音の分類表である．

4-1　硬音（**Fortis**）と軟音（**Lenis**）

破裂音・摩擦音・破擦音には硬音と軟音の区別がある．これはおおむね無声音と有声音の区別に対応するが，軟音はその持続時間全体にわたって有声であるとは限らない．音声環境によってはほとんど声音を失うこともある．例えば，硬音の後，母音の前の軟音はしばしば無声化する．詳しい表記では［˚］［̥］を付して無声化を示す：**aus*g*eben**［áʊsg̊e:bən］，**Auf*s*icht**［áʊfz̥ɪçt］．しかし［g̊］，［z̥］は軟音であることには変わりなく，それぞれ硬音［k］，［s］とは区別される．硬音は軟音よりも閉鎖や狭窄の背後の口腔内の呼気圧が高く，持続時間が長く，かつ閉鎖や狭窄の程度も強いといわれている．特に注意すべきは破裂音の破裂の時点と声帯振動の開始時点（Voice Onset Time; ㊙ VOT）との関係である．図3は破裂音に母音が続く場合の調音器官の破裂とVOTとの時間関係を示したもので，VOT＝0ならば無声無気音，VOTが正ならば無声有気音，つまり，破裂から声帯振動の開始までに気音（Aspiration）が聞かれる．例えば，Tage と Lippe は詳しく表記すると［tʰá:gə］，［lɪ́pʻə］となる．ただし，［ʰ］は強い気音，［ʻ］は弱い気音を示す．これが典型的な硬音である．VOTが負ならば有声無気音であり，これが軟音である．軟音の有声の期間の絶対的な長さはあまり問題ではない．すなわち，それがきわめて短いか零であっても，同一音声環境にある硬音よりも声帯振動の開始が相対的に早ければ軟音は硬音と区別されるといわれている．

4-2　破裂音（**Plosiv**）別名：閉鎖音（**Verschlußlaut**）

両唇音（**Bilabial**）　両唇の閉鎖の破裂によって生じる音．無声の［p］と有声の［b］がある．

［p］　***p*acken**［pákən］，**La*pp*en**［lápən］，**Gra*b***［gra:p］

［b］　***b*acken**［bákən］，**La*bb*e**［lábə］

歯茎音（**Alveolar**）　上の前歯の歯茎の前部に舌先を

表2　ドイツ語の子音

調音様式＼調音位置			両唇音	唇歯音	歯～歯茎音	硬口蓋歯茎音	硬口蓋音	軟口蓋音	口蓋垂音	声門音
障害音	無声破裂音（硬音）		p		t			k		|
	有声破裂音（軟音）		b		d			g		
鳴音	鼻音		m		n			ŋ		
	流音	側音			l					
		ふるえ音			r				ʀ	
		はじき音			ɾ				ʀ	
障害音	無声摩擦音（硬音）			f	s	ʃ	ç	x		h
	有声摩擦音（軟音）			v	z	(ʒ)	j		ʁ	
	無声破擦音（硬音）		pf		ts	tʃ				
	有声破擦音（軟音）					(dʒ)				

注：括弧内は外来語にあらわれる音である．

つけて閉鎖を形成．この調音位置は日本語の「タ，ダ」の子音より後，英語の [t], [d] より前である．無声 [t], 有声 [d]

[t] ***T**akt* [takt], La***tt**e* [látə], Ba***d*** [ba:t]

[d] ***D**achs* [daks], la***d**en* [lá:dən]

軟口蓋音（**Velar**） 硬口蓋の後部ないし軟口蓋と奥舌面で閉鎖を形成．無声 [k], 有声[g]

[k] ***K**anne* [kánə], la***ck**en* [lákən], Ta***g*** [ta:k]

[g] ***G**ans* [gans], la***g**en* [lá:gən]

声門音（**Glottal**） 声門がいったん閉じて声門下の呼気圧が高くなり，呼気が声門を押し開けて流出する際に生ずる破裂音（IPA の記号 [ʔ]）．語頭の母音および語中でも特に形態素の頭の母音の前に聞かれる．「はっきりした声立て」（fester Einsatz）という．本書では語頭の場合は表記せず，語中ではこれを [|] で示す．

[|] 語頭で: **Anna** [ána·]（詳しく表記すれば [|ána·]）；語中で: **verachten** [fɛɐ|áxtən]

声門破裂音で区切られるために **hinab** [hɪnáp], **heraus** [hɛráʊs] のような連声（Liaison）は少ない．

図 3 破裂音と母音の連続における破裂と声帯振動の関係

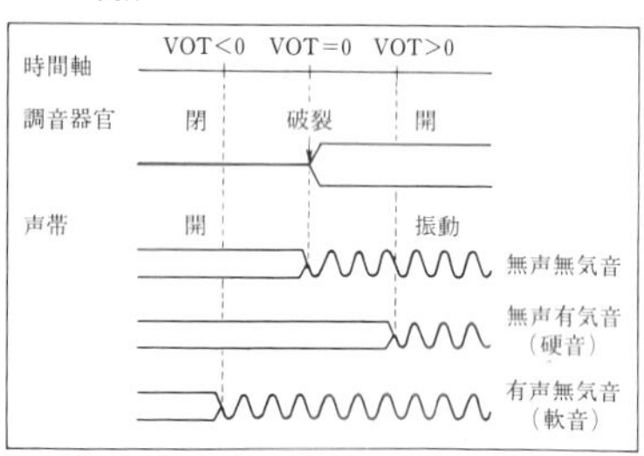

4-3 鼻 音（**Nasal**）

口腔内の閉鎖の位置が [p], [t], [k] のそれとそれぞれ一致する三種の鼻音 [m], [n], [ŋ] があり，有声である．音節主音の鼻音 [m̩], [n̩], [ŋ̍] については 3-5-1 参照．

[m] ***M**ann* [man], sa***mm**eln* [záməln], Sta***mm*** [ʃtam]

[n] ***n**ackt* [nakt], Ta***nn**e* [tánə], wa***nn*** [van]

[ŋ] 語中，語末に生ずる: **Wa*ng*e** [váŋə], **Schra*n*k** [ʃraŋk], **Ga*ng*** [gaŋ]. ng は語末や子音または弱母音（[ə] および ..ig, ..ung など後つづりの [ɪ], [ʊ]）の前では [ŋ] と発音されるが，その他の母音の前では [ŋg] となる: **abhä*ng*ig** [áphɛŋɪç]. ただし **Ta*ng*ens** [táŋgɛns]

4-4 側 音（**Lateral**）

[l] [t], [d] より口の開きが大きく，舌先も [t], [d] よりやや後，前上歯の歯茎につく．舌は中央が盛り上がって両側に呼気の通路ができる．ドイツ語の [l] は明るい l であって，英語に見られるような暗い l [ɫ] はない．奥舌面はつねに下がっている．音節主音の [l̩] については 3-5-1 参照: ***L**and* [lant], scha***ll**en* [ʃálən], Scha***ll*** [ʃal]

4-5 ふるえ音（**Vibrant**）

[r] ドイツ語のふるえ音には，歯茎に向けられた舌先が呼気によって振動する舌先のふるえ音 [r] と，盛り上がった奥舌面に対して呼気によって口蓋垂が振動する口蓋垂のふるえ音 [ʀ] の二種がある．また，振動が一回限りの舌先のはじき音 [ɾ]もある．ふるえ音のほかに，盛り上がった奥舌面と軟口蓋最後部の狭窄によって生ずる摩擦音[ʁ]もある．これらは自由変異の異音と考えてよい．例えば，rot の r は [r], [ʀ], [ɾ], [ʁ] のいずれでもよい．本書では r の音を便宜上 [r] に統一しているが，舌先のふるえ音の優勢を意味するものではない．むしろ舌先のふるえ音の使用は，現在では声楽や舞台に限られているという．母音化しやすい r については 3-5-2 参照: ***R**and* [rant], scha***rr**en* [ʃárən], sta***rr*** [ʃtar]

4-6 摩擦音（**Frikativ**）

唇歯音（**Labiodental**） 上の前歯を下唇の内側の縁にあてて狭めを形成，日本語の「フ」の子音（両唇摩擦音 [ɸ]）とは異なる．無声 [f], 有声 [v]

[f] ***F**all* [fal], scha***ff**en* [ʃáfən], Okta***v*** [ɔktá:f]

[v] ***W**all* [val], Kla***v**ier* [klaví:ɐ]

歯茎音（**Alveolar**） 歯裏ないし歯茎と舌端または歯茎と舌先によって形成される狭めとその背後の前舌面の細長い溝によって生ずる音．無声 [s], 有声 [z]．日本語の「ザ」行音の子音は語頭ではふつう破擦音 [dz] であるから，[z] の発音には注意を要する．

[s] ***S**kizze* [skítsə], la***ss**en* [lásən], la***s*** [la:s], na***ß*** [nas]

[z] ***S**and* [zant], la***s**en* [lá:zən]

硬口蓋歯茎音（**Palatoalveolar**） 舌は [s] よりも後ろに引かれる．歯茎ないし硬口蓋前部と舌端の間に狭めを形成．前舌の溝は [s] よりも幅が広い．唇は円めて突き出される．[s] より鈍い音色．無声 [ʃ], 有声 [ʒ]．日本語の「シ」の子音のような口蓋化はない．

[ʃ] ***Sch**ande* [ʃándə], wa***sch**en* [váʃən], ra***sch*** [raʃ]

[ʒ] 外来語のみ: ***G**enie* [ʒení:], Gara***g**e* [gará:ʒə]

硬口蓋音（**Palatal**） 硬口蓋と前舌面の間に狭めを形成．無声 [ç], 有声 [j]．日本語の「ヒ」の子音が [ç] に相当．[j] は弱い摩擦音であるが，英語の [j] のようにわたり音ではなく持続音．

[ç] 語頭の例はおおむね外来語で前舌母音の前に生ずる．語中，語末については [x] 参照: ***Ch**emie* [çemí:], wei***ch**en* [váɪçən], wei***ch*** [vaɪç], Köni***g*** [kø:nɪç]

[j] ***J**acke* [jákə], Ka***j**ak* [ká:jak]

軟口蓋音（**Velar**） 奥舌面と軟口蓋で狭めを形成，標準語では無声の [x] のみ．

[x] 語頭の例は少なく，外来語のみである: ***Ch**assidismus* [xasidísmʊs], la***ch**en* [láxən], a***ch*** [ax]

語中，語末では [x] と [ç] はおおむね相補的分布を示す．すなわち，[a:], [a], [aʊ] と奥舌母音の後では [x], その他の音の後では [ç] があらわれる．このため語形変化に伴って同じつづり字 ch が [x] とも [ç] とも発音される: **spre*ch*en** [ʃprɛ́çən] / **spra*ch*** [ʃpra:x] / **sprä*ch*e** [ʃprɛ́:çə]

声門音（**Glottal**） 喉頭付近の雑音源から出る音．ただし，声道は後続母音の調音の構えをとる．無声 [h]．「はっきりした声立て」（→4-2）に対して [h] で始まる語は「気音を伴った声立て」（gehauchter Einsatz）を持つと言える．破裂音に伴う気音も [h] の一種である（→4-1）．

[h] ***H**anna* [hána·], U***h**u* [ú:hu·]

4-7 破擦音（**Affrikata**）

調音については 2-3 参照．[pf], [ts] は頻繁にあらわれるが，英語に多い [tʃ], 特に [dʒ] はドイツ語ではまれである．

[pf] ***Pf**anne* [pfánə], A***pf**el* [ápfəl], Na***pf*** [napf]

[ts] ***Z**acke* [tsákə], Ka***tz**e* [kátsə], Sa***tz*** [zats]

[tʃ] ***Tsch**ako* [tʃáko·], Kla***tsch**e* [klátʃə], Ma***tsch*** [matʃ]

[dʒ] ***Dsch**ungel* [dʒʊ́ŋəl], Bü***dg**et* [bʏdʒé:]

破擦音を構成する要素と同じ破裂音と摩擦音が連続していても，その間に明らかに音節の境界が認められる場合，本書では破裂音と摩擦音の間にハイフンを入れて破擦音と区別する: **A*bf*ahrt** [áp-fa:ɐt], **Ra*tsch*lag** [rá:t-ʃla:k]. ただし **em*pf*inden** [ɛmpfíndən]（形態素の境界は emp-f..）

4-8 語末音の無声化（硬音化）（**Auslautverhärtung**）

Werk（仕事）と Werg（麻くず）は，いずれも発音は［vɛrk］で同音異義語である．しかし，後者の語末の g は **Werges**［vέrgəs］や形容詞の **wergen**［vέrgən］では［g］となる．これは **Werg**.. の基礎形式を［vɛrg..］と仮定して，これに語末音の無声化の法則——語末の有声の障害音が無声化する——が適用され，**Werg**［vɛrk］が生じたと説明される．**Werggarn**［vέrkgarn］や **Wergs**［vɛrks］でも［g］→［k］の変化が生じているから，上述の法則は形態素末や語尾音節末尾の子音結合内の有声の障害音にも適用されていることがわかる．このように語末音無声化の法則によって見出し語とその変化形の間では障害音の有声（軟音）・無声（硬音）の交替が頻繁におこっているが，本書ではこの有声/無声の交替，すなわち［b］/［p］,［d］/［t］,［g］/［k］,［v］/［f］,［z］/［s］,［dʒ］/［tʃ］（これは managen など少数例のみ）の交替を，見出し語の発音に肩数字[1]をつけて示すこととしている．例えば **kleben**［klé:bən］[1]（変化例: **klebt**［kle:pt］），**Land**［lant］[1]（変化例: **Landes**［lándəs］）．なお，**versklaven**［fɛrsklá:vən[1], ..fən］のように肩数字を発音括弧内につけた例もある．これは第 1 の発音の［v］にのみこの交替が生ずるからである．

有声/無声の交替のほかに調音様式の変化（破裂/摩擦）を伴う［g］/［ç］の交替は肩数字[2]によって示している: **befriedigen**［bəfrí:dɪgən］[2]（変化例: **befriedigt**［bəfrí:dɪçt］），**König**［kø:nɪç］[2]（変化例: **Könige**［kø:nɪgə］）．なお，**befriedigen**［bəfrí:dɪjən］→ **befriedigt**［bəfrí:dɪçt］のように［j］と［ç］，つまり，他の音の対と同様，単に有声/無声の交替となっている地方もある．

他の外国語や外来語の子音は発音記号表を参照のこと．

5 音　節

単語の発音を聞くと，それがいくつかの山から成っていることがわかる．例えば，Buch には一つの山，binden には二つの山が聞かれる．この山が音節と呼ばれるものである．音節の生成には諸説があるが，声道の開閉説に従えば音の種類によって声道の開きに差があり，最も声道の開きが大きいのが母音，次いで鳴音，最も小さいのが障害音である．母音の中では［a］など低舌母音が最も広く，［i］など高舌母音が最も狭い．ドイツ語には **eben**［é:bən］の［e:］のように母音一つで音節の山を構成している場合もあるが，複数の音が集まって音節を形成している例が多い．その際，一つの音節を構成する音の配列は声道の開きの序列とだいたい一致している．例えば **blank**［blaŋk］では声道の開きは［b］<［l］<［a］>［ŋ］>［k］である．この例では音節の山の頂点に立つ音は開口度の最も大きい［a］であり，これを音節の核（Nukleus）または主音，核の前の音（上例の［bl］）を音節初頭音（Kopf），核の後の音（上例の［ŋk］）を音節末尾音（Koda）と呼んでいる．下降二重母音（［aɪ］,［aʊ］,［ɔʏ］）では声道の開きの大きい第一の母音が音節核となるが（→3-6），**Nation**［natsió:n］の［i］のように高舌母音がより広い母音の直前にあるときは，しばしば［i］は半母音化して次音節に融合する（→3-7）．母音以外の音が音節核となる例としては鼻音や側音の音節主音化（→3-5-1）があり，間投詞 **brr**［br］, **hm**［hm］, **pst**［pst］の［r］,［m］,［s］も音節核と言える．

ドイツ語の音韻論ないし音声学上の制約との関係で音節の境界を特定しにくい場合がある．例えば Ebbe［ɛ́bə］のように開母音と有声障害音が並ぶ語では，開母音［ɛ］は閉音節を形成する（→3）のだから，［ɛ́-bə］と音節を区切ることはできない．また有声障害音［b］は音節末では無声化する（→4-8）ので，［ɛ́b-ə］とも区切れない．Theo Vennemann* はこの制約を考慮して，［ɛ́bə］の［b］の中に音節の境界があるとし，これを接合音(Gelenk)と呼んだ．しかし Duden[2] は開母音を閉音節に限っていない．これに従えば［ɛ́-bə］と区切れる．重藤**は，音韻論の立場で 1 つの音の内部に音節の境界を置くと，「音が 1 つ以上線状に並ぶことによって音節が構成される」という音と音節との整合性がくずれてしまう．むしろ Duden[2] のように音節を区切り，必要なら，音声学の規則によって音節の境界を音の内部に移すことを提案している．（* "Zur Silbenstruktur der deutschen Standardsprache",1982;**『言語の構成単位とドイツ語の音節』,1986）

6 アクセント

ドイツ語の単語の発音を聞くと，ある特定の音節が周囲の音節よりも大きく聞こえる．このような社会習慣的に定まった音節の強めを強さアクセントという．しかし，強さアクセントは音響的な音の強さと必ずしも明白には対応せず，音の高低・持続時間などとも関係があるという．

ドイツ語には **August**［aʊgʊ́st］（8 月）と男名 **August**［áʊgʊst］のようにアクセントの位置によってのみ区別される語があるから，アクセントは音韻論的に有意味であると言えるが，一般的には本来のドイツ語では語幹に，外来語では後つづりにアクセントが置かれる例が多い．

語のアクセントには強さの段階がある．本書では原則として 2 音節以上の語の第 1 アクセントのみを［ ´ ］で示し，単音節語にはアクセント符をつけていない．しかし，例えば，Dank と dankbar の第 1 音節には同程度の強さが認められるから，単音節語にも第 1 アクセントがあると考えてよい．複合語を構成する二つの要素の一方に統一的なアクセントが置かれると，他の要素の第 1 アクセントは弱められて第 2 アクセントになる．これはふつう［ ` ］で表す: **Heizofen**［háɪts|ò:fən］．第 2 アクセントの位置は通例自明なので，本書では若干の例外を除き，これを省略している．

複合語以外の多音節語には第 2 アクセントはない．例えば，英語の bibliography［◡◡◡́◡◡］では第 1 音節に第 2 アクセントがあるが，ドイツ語の Bibliographie では最後の音節を除いて非アクセント音節が並び，［◡◡◡◡–́］となる．厳密にはこの例の第 1 音節［bi］のようにアクセント音節から遠い語頭（または第 2）音節が他の弱音節よりもやや強く発音されるが，これは第 2 アクセントと言えるほど強くはない（以下第 1 アクセントを単にアクセントと呼ぶ）．

6-1 単一語・派生語のアクセント

本来のドイツ語では接辞よりも語幹に，しかも語幹の第 1 音節にアクセントが置かれる語が多い: **Lọ̈ffel**, **Blụme**, **rụfen**, **berụfen**, **Tụgend**, **tụgendhaft**（つづり字の下の（.）または（‿）はアクセントを示す．以下同様に適宜，発音記号を省略し，アクセントのみ示す）．

外来語の場合は原語のアクセント位置などの影響もあり，最後または後から 2 番目の音節にアクセントが置かれる語が多い．また，後つづりにアクセントがある語も多い: **Bureau**［byró:］, **Epọche**, **Realitạ̈t**

接辞とアクセント

前つづり　be.., emp.., ent.., er.., ge.., ver.., zer.. にはアクセントは置かれない: **verka͜ufen**, **Verka͜uf**. durch.., hinter.., über.., um.., unter.., wider.., wieder.. などは非分離動詞の前つづりとしてはアクセントを持たないが，同形異義の分離動詞をはじめとしてアクセントを持つ場合もある: **unterhạlten**（養う），**Ụnterhalt**（扶養），**ụnterhalten**（下に保持する）．miß.., un.. を冠した語についてもアクセントの位置はかなり流動的である: **mißfạllen, Mịßfallen, mịßbilden; unerhört**［◡◡́–］（聞き入れられない），［◡◡–́］（聞いたことのない）．

後つづり　..ei, ..eien, ..ieren はアクセントを持つ: **Büchere͜i, propheze͜ien, studi͜eren**. しかし，これらを除けばドイツ語本来の後つづり ..bar, ..chen, ..er, ..haft, ..

ig, ..in, ..isch, ..ling, ..los, ..nis, ..sam, ..schaft, ..tum, ..ung などや変化語尾は原則としてアクセントを持たない．しかし，これら後つづりの付加によってアクセントが移動することがある： **Eurọpa** [ɔʏróːpaˑ] → **europạ̈isch** [ɔʏropɛ́ːɪʃ], **Itạlien** [itáːliən] → **Italiẹner** [ita-liéːnər], **Lẹben** [léːbən] → **lebẹndig** [lebɛ́ndɪç]；単数→複数： **Dọktor** [dɔ́ktɔr] → **Doktọren** [dɔktóːrən]．アクセントの移動と共にしばしば母音の量や質が変化する．

外来の後つづりにはアクセントを持つものが多い： ..aner: **Indiạner**; ..ett〔e〕: **Etikẹtt〔e〕**; ..eur [..øːr]: **Ingenieur** [ɪnʒeniǿːr]; ..ie [..iː]: **Phantasịe**; ..ion: **Natiọn**; ..ismus: **Sozialịsmus**; ..ös: **nervọ̈s**; ..ur: **Muskulatụr**

外来語であってもドイツ語本来のアクセントの影響を受けて語頭にアクセントが移動する傾向も見られる： **Akkusativ** [◡́◡◡–, ◡◡◡–́], **Antithese** [◡◡–́◡, ◡́◡–◡]

6-2　複合語のアクセント

複合語には，1）アクセントが第 1 要素にある語，2）アクセントが第 2 要素以下にある語，3）アクセントが複数の要素にある語のおおよそ三通りのパターンがある．以下に若干の例を示す．ただし [–] は複合語の要素を示す．

1）が最も多く，規定語と基礎語から成る複合語はこのパターンを示すことが多い： **Hạustür** [–́–]．三要素以上の語は語構造によって第 2 アクセントの位置が異なる．**Hạuptbahnhof** [–́–̀–]（中央駅），**Hạuptmannsrang** [–́–̀–́]（大尉の位）；**ạbnehmen** [–́–]; **blutarm** [–́–]（貧血の）．ただし意味の強調の場合はこの例は[–́–́]（赤貧の）となり，**kọhlrạbenschwạrz** [–́–́–́]（真っ黒な）などと同様に 3）のパターンを示す．

合接語（Zusammenrückung）は文アクセント（→7）にならって 2）のパターンを示す： **Hohe〔r〕priẹster, Lebewọhl**

対照的な意味を示す語群も第 2 要素にアクセントが置かれる： **Jahrzẹhnt, Jahrhụndert, Jahrtạusend.** 以上いずれも [–́–]

要素の連立の場合は，連立要素の最後の要素または連立要素のそれぞれにアクセントが置かれ，2）または 3）のアクセントパターンになることが多い： **Maul- und Klauenseuche** [–́ ʊnt –́–, – ʊnt –́–]；同格要素の連立 **Thomas Mạnn-Fest** [––́–]；略語 **DDR** [––́–]；三色旗の色 **schwạrzrọtgọld** [–́–́–́]．ただし **schwạrzbraun** [–́–]（黒褐色の）．

複合的な数詞も 3）のパターンを示す： **viẹrundeinhạlb, viẹrundzwạnzig**．いずれも [–́––́]．しかし，非常に長い数詞では最終要素にのみアクセントが置かれる．

名詞を基礎語とする複合副詞も 3）のパターンを示す語が多い： **schlẹchterdịng, versprọchenerwẹise**.いずれも [–́–́]．しかし，..weise で第 1 要素が名詞の場合は weise にはアクセントは置かれず，従って 1）のパターンになる： **grụppenweise** [–́–]．

7　イントネーション

話し言葉には声の高さの変化による音調（Melodie）がある．これをイントネーション（Intonation）という．イントネーションには統語論的機能と感情表現の機能がある．イントネーションのパターンは主として文アクセント（Satzakzent）の位置と卓立の方法および発話の段落末尾の音調の型によって決定される．文アクセントとは発話内の意味伝達上最も重要な語（のアクセント音節）が声の強さ，高さ，テンポなどによって際立たされることである．段落末尾の音調の型については学者によって意見が分かれるが，Hans-Heinrich Wängler* に従えば降り音調，昇り音調，平板音調に分類される．以下，同書の例文に拠って手短にイントネーションの型とその統語論的な機能との関係を示す．ただし，(–) は音節（その位置によって高さを示す），(|) は中間休止，(ˊ) は文（の主）アクセント，(ˋ) は文の副アクセント，↘は降り音調，↗は昇り音調，→は平板音調をそれぞれ示している．(* *Grundriß einer Phonetik des Deutschen* ²1967)

降り音調　文アクセント音節が頂点となり，中―高―低―下降のパターンを示す．これに属するのは叙述文，補足疑問文，要求文である：

1）Sie hat Blụmen gepflückt.（叙述文）
　– – ˊ – – ↘

2）Wann kommt sie wiẹder?（補足疑問文）
　– – – ˊ ↘

3）Komm hiẹrher!（要求文）
　– ˊ ↘

昇り音調　決定疑問文のほか，補足疑問文でも照会の場合はこれになる．この型では文アクセント音節の高さを上げるよりもむしろ下げる方が効果的であるという：

4）Kommst du morgen?　または
　ˊ – – ↗
　Kọmmst du morgen?（決定疑問文）
　ˊ – – ↗

5）Wann kommt sie wieder?（照会の疑問文）
　ˊ – – – ↗

5）では 2）と異なり，文アクセントが疑問詞にある．

平板音調　イントネーションが中間休止によっていくつかの段落に区切られるとき，途中の段落末尾にあらわれる音調の型であって，その段落が孤立したものではなく，より大きな脈絡の中にあることを示す．この段落内にはたいてい副アクセントがあり，文の主アクセントは後続の段落にある．降り音調や昇り音調が文の完結を示すのに対して，平板音調は文の継続を示している．なお，後続の段落の最初の音節は先行の段落末尾の音節と同じ高さで始まるのがふつうである：

6）Als ich endlich ankam | war keiner zu Hạuse.
　– – – – ˋ → | ˙ – – – – ˊ ↘

文アクセントは発話の場面に応じて文中のほとんどすべての語に置かれうるが，一般的に言えば，一つの発話は題目の設定の部分と情報伝達の部分から成ると言えるから，文アクセントはふつう後者の焦点的な要素に置かれる．従って，文アクセントは主語よりも述語に，また，述語内では動詞そのものよりも目的語や副詞的規定語に置かれることが多い．代名詞や付加語に文アクセントが置かれることは比較的まれであるが，これは前者はたいてい既知概念を示すからであり，後者はなるほど名詞を規定してはいるが，文全体から見れば名詞にウェートがあるからである．以下，若干の例を示す：

7）ⓐ Er gewöhnte sich das Ráuchen ab.　ⓑ Er gewöhnte es sich áb.　ⓒ Er gewöhnte es sich schnéll ab.

8）ⓐ Er wohnt im zweiten Stóck.　ただし ⓑ Er wohnt nicht im dritten Stock, sondern im zwéiten Stock.

発 音 記 号 表

母 音

単母音

非円唇前舌母音

[iː]	gib, bieten
[i]/[i·]	Natrium / Pulli
[ɪ]	bitten
[eː]	beten, gehen
[e]/[e·]	lebendig / Aloe
[ɛ]	betten, fällen
[ɛ·]	Uvulae
[ɛː]	bäte, zählen

円唇前舌母音

[yː]	süß, fühlen
[y]/[y·]	Büro / Groszy
[ʏ]	füllen, Mystik
[øː]	töricht, Höhle
[ø]/[ø·]	Ökonomie / Malmö
[œ]	Hölle

低舌母音

[aː]	raten, Bahn
[a]/[a·]	Ratte / Aula

円唇奥舌母音

[uː]	Schule, Buhle
[u]/[u·]	Musik / Kakadu
[ʊ]	Bulle
[oː]	Ofen, roh
[o]/[o·]	potent / desto
[ɔ]	offen

中舌母音

[ə]/[ə]	bitte / bitten
[ər]/[r]	bitter / vor

二重母音

[aɪ]	leiten, Hai
[aʊ]	lauten
[ɔʏ]	läuten, heute

鼻母音

[ãː]/[ã]	Nuance / pensee
[ɛ̃ː]/[ɛ̃]	Teint / pointieren
[ɔ̃]	Fond
[ɔ̃]/[ɔ̃·]	Komplet / Pavillon
[œ̃ː]/[œ̃]	Parfum / Verdun

子 音

破裂音

[p]	packen, halb
[b]	backen
[t]	Teich, Wind
[d]	Deich
[k]	Kabel, Weg
[g]	Gabel
[ǀ]	Verein [fɛr ǀ áɪn]

鼻 音

[m]	Macht, kommen
[n]	Nacht, sinnen
[ŋ]	Schrank, bang

側 音

[l]	Land, Wille

ふるえ音

[r]	Rand, Wirre

摩擦音

[f]	Fall, aktiv
[v]	Wall, Vase
[s]	reißen, lassen
[z]	Saal
[ʃ]	Stadt, haschen
[ʒ]	Genie
[ç]	Chemie, ich
[j]	Jugend
[x]	Tuch
[h]	hier

破擦音

[pf]	Pferd
[ts]	Zahl, Nation
[tʃ]	Tscheche
[dʒ]	Dschungel

その他の外国語音

母 音

（語例とその由来）　（備 考）

単母音

[ɨ]	Zhuangzi [dʒŭāŋdzɨ̀] *chines.*	張唇中舌狭母音
[æ]	Shag [ʃæg] *engl.*	
[ɑː]	Scotland Yard [skɔ́tlənd jɑ́ːd] *engl.*	
[ɑ]	Schiedam [sxiːdɑ́m] *niederl.*	
[əː]	Girl [gəːl] *engl.*	
[ʌ]	Plunger [plʌ́ndʒə] *engl.*	
[ɔː]	Squaw [skwɔː] *engl.*	
[ɐ]	Scholochow [ʃɔ́lɐxɐf] *russ.*	非円唇中舌半広母音
[ɐ̃]	São Paulo [sɐ̃ŭmpáŭlu·] *brasil.*	[ɐ] の鼻音化音

二重母音

[eɪ]	Cape [keɪp] *engl.*
[oʊ]	Poe [poʊ] *engl.*
[ɪə]	Lear [lɪə] *engl.*
[ɛə]	Mary Jane [mɛ́əri· dʒéɪn] *engl.*

半母音

[ĭ]	Alitalia [alitáːlĭa·] *it.*	
[ĩ]	Gdańsk [gdaĩsk] *poln.*	[i] の鼻音化音．音節副音
[ŭ]	Chihuahua [tʃiŭáŭa·] *span.*	
[y̆]	Taiyuan [tàĭy̆ǽn] *chines.*	
[ɥ]	à la suite [alasɥít] *fr.*	両唇硬口蓋音
[w]	Goodwill [gʊ́dwɪl] *engl.* bon voyage [bɔ̃vwajáːʒ] *fr.*	両唇軟口蓋音

子 音

[ʎ]	Magalhães [mɐɣɐʎɐ̃ĩʃ] *span.*	硬口蓋側音
[ɲ]	Bretagne [brətáɲ] *fr.*	硬口蓋鼻音
[β]	Sevilla [seβíʎa·] *span.*	有声両唇摩擦音
[θ]	Asunción [asunθĭɔ́n] *span.* Cloth [klɔ(ː)θ] *engl.*	無声歯摩擦音
[ð]	Cádiz [káðiθ] *span.*	[θ] の有声音
[ɕ]	Xiamen [ɕĭàmə́n] *chines.*	無声歯茎硬口蓋摩擦音
[dʑ]	Jilin [dʑílín] *chines.*	有声歯茎硬口蓋破擦音
[ɣ]	Málaga [málaɣa·] *span.*	有声軟口蓋摩擦音

アクセント

[´]	第 1 アクセント	Kanal [kanáːl]
[`]	第 2 アクセント	abklabastern [ápklabàstərn]

中国語の四声

[¯]	陰平（第一声）	Qing [tɕĩŋ]
[´]	陽平（第二声）	Qin [tɕín]
[ˇ]	上声（第三声）	Wudi [ǔdì]
[`]	去声（第四声）	Song [sòŋ]

ハイフン

[-]	voltaisch [vɔ́lta-ɪʃ]	発音解説 3-6 参照
	Abfahrt [áp-faːrt]	発音解説 4-7 参照
	Tian'anmen [tĭæn-ānmə́n]	中国語の隔音符号を示す

ドイツ語の新正書法について
(特に本辞典の利用のために)

1996年7月，ドイツ・オーストリア・スイス3国の間で，ドイツ語の「新正書法」制定に関する協定が結ばれた．もっとも，1901年以来の現行正書法を，ほぼ百年ぶりに改めるには，それなりの措置が必要で，ドイツでは1998年8月から発効，それから7年間の移行期間をへて，2005年8月から完全に実施されるという．オーストリア・スイスの場合は多少早まるとしても，移行期間中は現行正書法も誤りとはされず，またその後も従前の文書・印刷物等に接する機会は少なくないことを考え，本書では，新旧両方式による見出し語の検索ができるよう配慮をした．

以下に「新正書法」の概要と「検索上の留意事項」(★印) を掲げる．なお分綴法の改定についても，別項で解説した．

1.つづり字の変更:

1-1 [ssとß] 短母音の後はss，長母音・二重母音の後はß: daß → dass, mißlingen → misslingen, Kongreß → Kongress (lassenは人称変化しても*er* läßt → lässt; ただし過去は長母音なので*er* ließ, *wir* ließen).

Fuß, Gruß, reißen (人称変化しても *er* reißt. ただし過去は短母音なので*er* riss, *wir* rissen).

★本書の見出し語配列は ß, ss を同等に扱っているので，短母音の後のßをssと読み替えればよい．なお長母音と(アクセントのある) 二重母音には下線が添えてある．

1-2 [複合語での3連子音字]を認める: Ballettänzer(<Ballett+Tänzer)→ Balletttänzer, Schiffahrt(<Schiff+ Fahrt)→Schifffahrt

またBaßstimmeはBaßが前項1-1によってBassとなり，Bassstimmeと書かれる．ただし読み取りやすさに配慮してBallett-Tänzer, Schiff-Fahrt, Bass-Stimme のように，ハイフンで繋ぐことも認められる．

なお母音字の3連続の場合は，従来もseeerfahren (<See+erfahren)のように書かれていたが，名詞の場合はKaffee-Ernteのようにハイフンで繋ぐ習慣があった．今後は読みにくさは別としてKaffeeernte も認められる．

ただしdennoch(<denn+noch), drittel(<dritt+tel), Mittag(<Mitt+Tag)は例外として従来どおり．

1-3 [語源や同類の語との関連]で，つづり字を合理化する: Stengel(<Stange)→Stängel, numerieren(<Nummer)→nummerieren, placieren/plazieren(<Platz) →platzieren ; Roheit(<roh+heit)→Rohheit ; rauh (-au に終わる形容詞 blau, grau などの類推で)→rau, Känguruh(動物名Kakadu, Emuなどの類推で)→Känguru, Zierat(Verrat, Vorratなどの類推で)→Zierrat

ただしHoheit(<hoch+heit)は従来どおり．

なお解釈が分かれうる語では2様の書き方を認める: Albtraum/Alptraum(<Alb, Alp), selbständig/selbstständig(<selb, selbst), aufwändig/aufwendig(<Aufwand, aufwenden)

1-4 [一般化した外来語のドイツ語式つづり]を推進し，多くの語でph→f, th→t, gh→g, rh→r; é→ee; tial→ zial, tiell→ziellなどの書き換えを広めるが，従来どおりの書き方も引き続き認められる:

Delphin/Delfin, Panther/Panter, Joghurt/Jogurt, Katarrh/Katarr, Exposé/Exposee, Potential/Potenzial, differentiell/differenziell

★本書では1-2，1-3，1-4について例えばSchiffahrtとSchifffahrt, rauとrauh, StängelとStengel, Delfin とDelphinの両方の見出し語を掲げて，どちらからも検索できるようにしてある．

2.大文字書きと小文字書き:

2-1 [名詞は大文字書き]の原則を尊重する．

2-1-1 vorgestern, gestern, heute, morgen, übermorgenの後の副詞とみなされてきた「朝・昼・晩」など: vorgestern Abend, gestern Vormittag, heute Morgen, morgen Mittag, übermorgen Nacht

慣用句で小文字書きしてきた名詞的な語も同様: in bezug auf→in Bezug auf, im voraus→im Voraus

★本書では従来どおり小文字扱いのままとしてある．

2-1-2 ハイフンで繋いだ複合語の名詞部分 (⇨1-2) : Round-table-Konferenz→Round-Table-Konferenz

なおseeerfahrenなどの形容詞も読みやすくハイフンを入れると名詞Seeは大文字でSee-erfahrenとなる．

2-1-3 分かち書きされた場合の名詞部分 (⇨2) : radfahren→Rad fahren, eislaufen→Eis laufen; holzverarbeitend→Holz verarbeitend

特に外来語で分かち書きする場合 (⇨5) : Alma mater→Alma Mater, Common sense→Common Sense

ハイフンで繋いだ場合も同様: Sauerstoff-Flasche

★外来語は検索上の支障がないので従来の形によった．

2-1-4 名詞的用法の形容詞・分詞:

2-1-4-1 格語尾をもつ場合: und ähnliches →und Ähnliches, das folgende→das Folgende, im dunkeln tappen → im Dunkeln tappen, nicht das geringste → nicht das Geringste

ただしohne weiteres は例外．また冠詞を伴い，かつ前出または後出の名詞を示唆する場合は小文字: alle Krawatten, besonders die gestreiften

2-1-4-2 無変化で対句をつくる場合: für jung und alt→für Jung und Alt, bei arm und reich→bei Arm und Reich

2-2 [名詞以外は小文字書き]とする:

2-2-1 手紙などで大文字書きしてきたdu, ihrとその所有代名詞dein, euerはつねに小文字書きする．

ただし「敬称」のSieとその所有代名詞Ihrは大文字．

2-2-2 人名に由来する形容詞はつねに小文字: die Goetheschen Werke→die goetheschen Werke

ただしアポストロフィを用いると大文字: die Goethe'schen Werke

2-3 [大文字・小文字いずれも可]とする場合:

2-3-1 aufs ..steの形のいわゆる絶対的最上級:
Er erschrak aufs äußerste ⟨aufs Äußerste⟩.
2-3-2 定冠詞+所有代名詞:
Jedem das seine ⟨das Seine⟩!
2-3-3 単位名詞的なhundert, tausend, Dutzend:
hunderte ⟨Hunderte⟩ von Menschen
★大文字・小文字の別は，個々の語で当面は揺れが残りかねないので，本書ではほぼ従来の方式に従った.

3.分かち書き: 複合語の過度の繋ぎ書きは避ける.

3-1 分かち書きをする場合
3-1-1 動詞の場合:
3-1-1-1 副詞+動詞の形のうち次の場合:
(a) 副詞+sein: dasein→da sein (dagewesen→da gewesen), hinübersein→hinüber sein
(b) -ig, -isch, -lichで終わる副詞+動詞: müßiggehen→müßig gehen, heimlichtun→heimlich tun
(c) -einander, -wärtsで終わる副詞+動詞: aneinanderfügen→aneinander fügen, abwärtsgehen→abwärts gehen
(d) anheim, fürlieb, überhand, vorliebのような複合副詞+動詞: anheimfallen→anheim fallen, vorliebnehmen→vorlieb nehmen
(e) dahinter, darin, darüber, darunter, davor+動詞: darunterstehen→darunter stehen ただし口語的なdrauf, drin, drüber, drunterは前つづり扱い: drunterstehen
(f) voll+動詞で分離動詞とされてきたもの:
vollessen→voll essen, volltanken→voll tanken
3-1-1-2 分詞+動詞:
gefangennehmen→gefangen nehmen, verlorengehen→verloren gehen
3-1-1-3 動詞(の不定詞)+動詞:
spazierengehen→spazieren gehen, sitzenbleiben→sitzen bleiben (分かち書きか否かによる意味の区別はなくなる)
3-1-1-4 名詞+動詞 (名詞が原義を保持する場合):
radfahren→Rad fahren, eislaufen→Eis laufen
3-1-1-5 形容詞+動詞 (形容詞が比較変化する場合):
leichtfallen→leicht fallen (leichter fallen)
3-1-2 形容詞・分詞の場合:
3-1-2-1 名詞+分詞 (前置詞や冠詞が想定されない場合):
notleidend→Not leidend, holzverarbeitend→Holz verarbeitend
3-1-2-2 形容詞+分詞:
langgestreckt→lang gestreckt, wildlebend→wild lebend
3-1-2-3 分詞+形容詞 (従来もふつう分かち書き):
kochendheiß→kochend heiß, lebendgebärend→lebend gebärend
3-1-2-4 -ig, -isch, -lichに終わる形容詞+形容詞 (従来もふつう分かち書き): riesig groß
3-1-2-5 比較変化しうる形容詞+形容詞:
schwerverständlich→schwer verständlich (schwerer verständlich)
3-1-3 名詞+副詞を慣習上名詞と扱ってきたもの:
Armvoll→Arm voll, Zeitlang→*eine* Zeitlang→*eine* Zeit lang
3-2 分かち書きしない場合
3-2-1 単に意味を強めまたは弱める複合形容詞:
bitterkalt, halbamtlich, dunkelrot, superklug
3-2-2 冠詞・前置詞が省かれた名詞+形容詞・分詞:
mondbeschienen (<vom Mond beschienen)
3-3 どちらでもよい場合
3-3-1 前置詞+名詞が副詞・前置詞と意識される場合:
auf Seiten / aufseiten, mit Hilfe 〔der Werkzeuge〕 / mithilfe 〔der Werkzeuge〕, zu Grunde 〔gehen〕 / zugrunde 〔gehen〕, zu Lande / zulande, zu Hause / zuhause
ただしanstatt, inmitten, zuliebeなどは1語とされる.
3-3-2 分かち書きか否かに迷う場合:
eine wohltuende ⟨wohl tuende⟩ Massage, nichteheliche ⟨nicht eheliche⟩ Kinder, sodass / so dass
★分かち書きの規準は，個々の語については紛らわしい場合が残り，当面は揺れが続きかねないので，本書では一般に従来の形によった. 一般に分かち書きされるのは，複合語を構成要素に分けて理解できるケースであるが，検索に当たっては，念のため双方の可能性を考慮していただきたい.

なおabwärts gehenとabwärtsgehen, sitzen bleibenとsitzenbleibenなどに見られた意味上の差異は消滅することになるので，とくに注意されたい.

4.ハイフン:

4-1 複合語では原則としてハイフンは不要:
Berufsberatungsstelle, Durchschnittseinkommen, schwarzrotgolden
ただし読み取りに配慮してハイフンを入れてもよい:
Berufsberatungs-Stelle, Durchschnitts-Einkommen, schwarz-rot-golden
これによりIchsucht/Ich-Sucht, Sollbestand/Soll-Bestandの両形が認められるので，従来のIch-RomanとIchsucht, Soll-BestandとSollseiteのような区別が回避されることになる.
4-2 数字と複合する場合はハイフンを入れる:
5prozentig→5-prozentig, 10tonner→10-Tonner
4-3 3連字を含む複合語の場合: ⇨1-2
★ハイフンの有無は，見出し語の配列に影響しないので，本書では従来の方式によった.

5.英語系外来語の扱い:

5-1 英和辞典でいわゆる2語見出し，またはこれに類するものも，一概念とみなされる限り，ふつう1語に書く:
Big Business → Bigbusiness, Cold Cream → Coldcream, Common sense→Commonsense
これによりBrain-Drain→Braindrain, Brain-Trust→BraintrustとなってBrainstormingと統一される.
5-2 読み取りに配慮して分かち書き・ハイフン入りも可:
5-2-1 前半が形容詞のときは分かち書きも許される:

Bluejeans/Blue Jeans, Cornedbeef/Corned Beef, Hotdog/Hot Dog, Missinglink/Missing Link

この場合，従来はjeans, beef, linkを小文字で書いたが，名詞なので大文字で書く（⇒2-1）．

5-2-2 後半が名詞以外は，ハイフンを入れて小文字:
Comeback/Come-back, Countdown/Count-down, Handout/Hand-out, Kickoff/Kick-off

5-2-3 前半が略語・短縮形のときはハイフン:
US-amerikanisch, Pop-Art（旧: Pop-art:⇒2-1）

5-3 あまり長くなるときは，適宜ハイフンを入れてよい:
Cornedbeefbüchse/Corned-Beef-Büchse

★外来語の場合も見出し語の配列には影響しないので，一般に従来の形によった．

6.コンマの用法:

6-1 読みやすさを損なわない範囲で省略できる:
Er sank〔, 〕zu Tode getroffen〔, 〕zu Boden.
Wir versuchen〔, 〕die Torte mit Sahne zu verzieren.
Ich mag ihn gern, ausgenommen〔, 〕wenn er schlechter Laune ist.
Sie fragte mich, ob ich mitfahren wolle〔, 〕und ob sie mich abholen könne.

6-2 同等の文がund, oderで結ばれるときは不要:
Es wurde immer kälter und der Wind türmte Wolken um den Gipfel.

分　綴　法

紙幅の関係から，行末の語を途中で切ってハイフンを添え，残りを次行に送る「分綴」には，一定の基準がある．本書の見出し語には，それぞれ分綴可能な個所を分綴点（•）その他の符号で示してあるが，現実の文では，名詞・形容詞・動詞などの語形変化で分綴可能な個所が変わりうる（→5）．

なお1996年7月の正書法改革の合意により，分綴法も一部改められたので，該当部分については，★印で注記した．

1.分綴の基本原則

1-1 複合語（合成語・派生語）の分綴は，まずその「構成要素」による:Kinder-garten,Halte-stelle;wunder-bar; über-morgen;Besitz-tum / Be-sitztum

1-2 単純語は，ゆっくり発音するときに自然に区切られる「音節」による:
Gar-ten, Hal-te, mor-gen, Fän-ger, Wun-der; ar-beiten / arbei-ten

☆単音節の場合は，字数が多くても分綴できない: Herbst, Strumpf

2.複合語の分綴…1-1の細則

2-1 複雑な複合語では，できれば最上位の構成要素で分けることが望ましい: Bus-haltestelle, Fremd-wörterbuch

☆必要なら，より下位の構成要素で分綴することもできる: Bushalte-stelle, Fremdwörter-buch

本書では大分綴点(•)のほか，つねに必要なハイフン(-),分離動詞の分離線(|)や追い込み見出し語の分割符(≈)が構成要素の目安となり，これらは大分綴点より優先する: Ent•weder≈oder, Haus•halt〔s〕≈ge•setz, her•aus|be•kom·men

大分綴点が一つだけの見出し語で，その下位の構成要素を知るには，その部分が別に見出し語となっている個所を見られたい: Deutsch•un·ter·richt→Un·ter•richt

★先行要素末尾と後続要素冒頭に同じ文字が三つ並ぶと，これまではその一字を省くことがあり，ここで分綴するには本来の字数に復元することになっていたが，今回の改定では，つねに三字で綴られ，この手続きは不要になった: 旧）Bettuch[1]（分綴Bett·tuch）→ 新）Bett•tuch

2-2 派生語では，前つづり・後つづりと基幹部分との間での分綴が望ましい: unter-halten, könig-lich, Erkennt-nis / Er-kenntnis

☆母音で始まる後つづりは，基幹部分末尾の子音と音節を作ることが多く，ここでは音節による分綴が適用される: Lan-d*ung*, japa-n*isch*, gewal-t*ig*, Studen-t*in*, Perso-n*al*; brei-*ig*, Europä-*er*

2-3 構成要素だけでは処置できない場合は，音節による分綴も許されるが，読み取りにくさは否めない: Kinder-garten →Kin-dergarten / Kindergar-ten, Halte-stelle→ Hal-testelle / Haltestel-le

☆とくにSpargelder（貯金）をSpar-gelderでなくSpargel-derとするのは読者が行末でSpargel（アスパラガス）を予想しがちで好ましくないとされる．

2-4 複合語でも，本来の構成要素が意識されないものは，音節による分綴が認められている: al-lein（語源上はall-ein），den-noch（語源上はdenn-noch）

★今回の改定で許容範囲はかなり拡大され，とくに語構成の知識を要する外来語について大幅に緩和された: her-unter / he-runter, war-um / wa-rum, ein-ander / ei-nander; Inter-esse / Inte-resse, Examen / Exa-men

ただし本書では，これら新たな許容範囲については，両形が認められるので，本来の分綴方式を示してある

3.音節での子音字…1-2の細則

3-1 音節の切れ目に一つの子音字があるときは，その子音字で次の音節が始まる:

blei-ben, Ku-gel, Stra-ße, Ta-xi

☆母音の後の発音されないh（延音・無音のh）も，分綴上は子音字とみなす:

ste-hen, frü-her, Rei-he

3-2 音節の切れ目に二つ以上の子音字があるときは，その最後の子音字で次の音節が始まる: Feh-ler, Kap-sel, Erb-se; Ap-fel, lot-sen, sit-zen

★これまで分綴不可とされたstも今回の改定で同様に扱う: 旧）Schwe-ster→ 新）Schwes-ter（ただしBe-standのような複合語に注意: →2-1, 2-2）

本書では煩を避けて従来の方式による分綴点を入れてある

3-3 発音上は単子音を表すng, dtや, ff, ll, mm, nn, pp, rr, ss, ttなどの子音字重複は，字面どおり二字に扱う: An-gel, Städ-ter; of-fen, Ham-mer, bit-ten（ただしAng-ler, öff-nen →3-2）

★キーボードの都合などで ßの代わりに用いたssは，従来は分綴しなかったが，これからは発音の切れ目では分綴できる: grü-ßen / grüs-sen

3-4 発音上は単子音を表すch, ck, sch や外来語の[f][r][ʃ][t]を表すph, rh, sh, thは特に一子音字に扱う: si-cher, wa-chen, De-ckel, Wä-sche, peit-schen; Nym-phe, Myr-rhe, Bu-shel, My-thos

★従来はckをkkとみなし,例えばDe-ckelを分綴するとDek-kel となったので k-kをckに戻して読む必要があった．本書では煩を避けてckの部分の分綴点は省略してある．

3-5 外来語では，伝統的に子音+l, n, rを音節の先頭で一子音字なみに扱う習慣がある: Zy-klus, Si-gnal, Hy-drant

★本書では一般に伝統的な分綴点を示してあるが，今回の改定では3-1～4による分綴も許容される: Zyk-lus, Sig-nal, Hyd-rant

4.音節での母音字の扱い…1-1の細則

4-1 字面上は音節でも，母音字が発音されないものは分綴できない: Bou-tiq*ue*[butíːk], De-cart*es*[dekárt]

☆quはつねに一字とみなす: Fre-quenz[frekvénts]

4-2 母音字が連続して一つの短母音・長母音・二重母音を表すときは，その途中では分綴しない: Chaus-see[ʃoséː], Frie-den[fríːdən], Fräu-lein[frɔ́ʏlaɪn]

☆キーボードの都合や固有名でウムラウトを表すためのae（ä），oe（ö），ue(ü) も一母音字なみに扱う: Raet-sel（Rät-sel），traeu-men（träu-men），Koe-nig(Kö-nig)，lue-gen(lü-gen)

☆連続する母音字で，発音上の区切りが曖昧なものでは，分綴を控えた方が安全なので，本書では此の個所の分綴点は省略した: Na-tion, natio-nal（必要ならNati-on, nati-onalも可）．

4-3 母音字は一字だけでも音節を作りうるが，語の末尾のものは分綴せずに，その行に収める: Ma-ria（Mari-aは不可）．

★従来は語頭でも分綴不可とされたが，今回の改定で分綴できることとなった: a-ber, I-gel, o-ben, ü-ber

5.語形変化に伴う分綴点の移動・増減

5-1 名詞が格変化する場合:

単数 1 格 Baum
　2 格 Bau-m*es* / Baum*s*
　3 格 Baum / Bau-m*e*
　4 格 Baum
複数 1 格 Bäu-m*e*
　2 格 Bäu-m*e*
　3 格 Bäu-m*en*
　4 格 Bäu-m*e*

☆後つづり-nis, -in をもつもの:

Kennt-nis　複数 Kennt-nis-*se*
Ärz-tin　複数 Ärz-tin-*nen*

語末に子音連続がある語:

Schiff　複数 Schif-f*e*
Kunst　複数 Küns-t*e*（旧 Kün-st*e*）

5-2 形容詞が格変化・比較変化する場合:

格変化: ein　al-t*er*　Wagen
　eines　al-t*en*　Wagens
　einem　al-t*en*　Wagen
　einen　al-t*en*　Wagen

比較変化: alt ― äl-t*er* ― äl-t*est*

☆原形が ..el, ..em, ..enに終わるもの:

dunkel―dunk-l*e* Farbe
dunkel―dunk-l*er*―dun-kel*st*

★形容詞で..abel, ..ibelの形のものも格変化・比較級で弱音eが落ちるが，従来はblを一子音字なみに扱った（→3-5）ので，本書でも(..ra•bl..)などと注記してあるが，今回の改定ではblを分綴できる:

ku-rabel / kura-bel ― ku-ra-bl*e* / kurab-l*e*

5-3 動詞が人称・時称変化する場合:

不定詞: fra-g*en*
現　在: ich　fra-g*e*
　du　frag*st*
　er　frag*t*
過　去: ich　frag-*te*
過去分詞: ge-frag*t*

☆..eln型の動詞（不定詞 lä-chel*n*）

現　在: ich　läch-l*e*
　du　lä-chel*st*
　er　lä-chel*t*
過　去: ich　lächel-*te* / lä-chel*te*

本辞典前付けの内容

a^{1}[aː], **A**^{1}[−] 中 -/- **1** ドイツ語のアルファベットの第１字(母音字); a の音: das *a* in Land Land という語の a の音〈字〉| *A* wie Anton (通話語略) Anton の A〔の字〕(わが国の「朝日のア」などに当る. 国際通話では *A* wie Amsterdam) | ein großes *A* 大文字の A | ein kleines *a* 小文字の a | ein langes *a* 〈*A*〉 長音の a | ein kurzes *a* 〈*A*〉 短音の a.
2 《比》(Anfang) 初め, 最初〔のもの〕, 発端; 初歩: **das *A* und** 〔**das**〕 **O** 始めと終わり(ギリシア語アルファベットの第１字 Alpha と最終字 Omega; 聖書: 黙 1, 8); 《比》最重要事, 核心, 真髄 | **von *A* bis Z** 始めから終わりまで, 例外なくすべて, いっさい, 完全に | Das ist von *A* bis Z erfunden 〈erlogen〉. それは何もかもでっち上げ〈うそっぱち〉だ | Er ist noch im großen *A*. 彼は全くの初心者だ | **Wer *A* sagt, muß auch B sagen.** 《諺》乗りかかった舟(A を言う人は B をも言わねばならぬ) ‖ eins *a* / Ia[áɪns áː] 〔商〕《話》すばらしい, 極上の(＝prima) | Das ist eins *a*. それはとびきり上等だ | Ia Kaffee 〔商〕極上コーヒー.

★ 2 格および複数はそれぞれ des A, die A であるが, 話しことばでは -s をつけて des As[aːs], die As[aːs] ということもある. これは S, X 以外の他の字母についても同様である.

a^{2} **I** [aː] 中 -/- 〔楽〕イ音(→A^{2} I): das eingestrichene 〈zweigestrichene〉 *a* 1 点〈2 点〉イ音 | auf dem Klavier das *a* anschlagen ピアノでイ音を出す ‖ *a*-Moll イ短調(ただし: A-Dur →A^{2} I). **II** 記号 **1** [aː] (a-Moll) 〔楽〕イ短調(ドイツ語では短調を小文字で, 長調を大文字で表す): in *a* イ短調で | Das Stück steht in *a*. この作品はイ短調の曲だ. **2** [aːr] (Ar) アール. **3** (atto..) アト.

a^{3} 《ラテン語》→*a* d., *a* dato, *a* limine, *a* posteriori, *a* potiori, *a* priori

a^{4} 《イタリア語》→*a* battuta, *a* c., *a* cappella, *a* conto, *a* fresco, *a* metà, *a* piacere, *a* prima vista, *a* secco, *a* tempo, *a* v., *a* vista

a..^{1} 《名詞・形容詞などにつけて「否定・反対」などを意味する. 母音および h の前では an.., rh の前では ar.. となる》: *A*moralismus 無道徳主義 | *a*tonal 〔楽〕無調の | *an*onym 匿名の | *An*hydrid 〔化〕無水石膏(せっこう) | *Ar*rhythmie 〔医〕不整脈. [*gr.*; ◇in.., un..]

a..^{2} →ab..^{2}

a. 略 **1** ＝am, an: Frankfurt *a.* (＝am) Main マイン河畔のフランクフルト ‖ 〔女性の河川名の前で〕Frankfurt *a.* d. (＝an der) Oder オーデル河畔のフランクフルト. **2** →A. 1 **3** 《スイス》＝alt

★ auch, auf, aus; all, ander などもしばしば a. と略す.

A^{2} **I** [aː] 中 -/- 〔楽〕イ音(→a^{2} I): das eingestrichene 〈zweigestrichene〉 *A* 1 点〈2 点〉イ音 | auf dem Klavier das *A* anschlagen ピアノでイ音を出す ‖ *A*-Dur イ長調(ただし: a-Moll →a^{2} I).

II 記号 **1** [aː] (A-Dur) 〔楽〕イ長調(→a^{2} II 1): in *A* イ長調で | Das Stück steht in *A*. この作品はイ長調の曲だ. **2** (硬貨表面で)ベルリン(造幣局を表す刻印. オーストリアではウィーン, フランスではパリを表す). **3** (国名略号:) オーストリア (Austria＝Österreich) (国際自動車標識や郵便番号の前などに用いる): *A*-5020 Salzburg 〔郵〕オーストリア5020ザルツブルク. **4** [avɑ̃ːsə, aváŋsə] (↔R) (Avance) (時計の調速盤で)速. **5** [ampéːr, ..pɛ́ːr] (Ampere) 〔電〕アンペア. ▽**6** ＝Å **7** [fʏ́nftáʊzənt] (ローマ数字の) 5000(→付録).

III 略 **1** (ローマ人の男名: A. とも略す) **a)** ＝**Aulus**[áʊlʊs] アウルス. **b)** ＝**Augustus** アウグストゥス. **2** ＝**Ausgabe** (↔E) 〔電算〕アウトプット, 出力. **3** ＝**Autobahn**

A. 略 **1** ＝Anno(a. とも略す): *A.* 1912 西暦1912年に. **2** ＝Akkusativ **3** ＝A^{2} III 1

à **I** [a·] 前 《4 格支配》(zu 〔je〕) 〔商〕《話》それぞれ…の, 単価…の: 5 Schachteln Zigaretten *à* 11 Stück 11本入りのタバコ 5 箱 | 3 Briefmarken *à* 30 Pfennig 30ペニヒの郵便切手 3 枚.

II 《フランス語》→*à* c., *à* condition, *à* deux mains, *à* discrétion, *à* fonds perdu, *à* gogo, *à* jour, *à* la baisse, *à* la bonne heure, *à* la carte, *à* la hausse, *à* la jardinière, *à* la longue, *à* la maison, *à* la mode, *à* la suite, *à* tout prix [*fr.*; ◇ad]

ä[ɛː], **Ä**[−] 中 -/- (→a^{1}, A^{1} ★) a 〈A〉のウムラウト(→Umlaut): →a^{1}, A^{1} 1 | *Ä* wie Ärger (通話略語) Ärger の Ä〔の字〕.

★ ときに ae, Ae ともつづる(特に大文字の場合).

Å[ɔː, ɔ́ŋstrøːm] 記号 (Ångström) オングストローム.

a. a. 略 ＝**ad acta**

Aa^{1}[a|á] 中 -〔s〕/ 《幼児語》**～ machen** うんこをする.

Aa^{2}[aː] 女 -/-en ＝Ache

AA[aː|áː, áʊsvɛrtɪgəs ámt] 略 ＝**Auswärtiges Amt** 「外務省.」

Aach[aːx] 女 -/-en ＝Ache

A̲a·chen[áːxən] 地名 アーヘン(ドイツ Nordrhein-Westfalen 州の工業都市で, 工業大学の所在地. 古来温泉地としても知られている. ドイツ屈指の古都. Karl 大帝の宮廷礼拝堂が大聖堂の一部として現存する). [„(zu den) Wassern (＝Heilquellen)“; ＜*ahd.* aha (→Ache)]

A̲a·che·ner[..nər] **I** 男 -s/- アーヘンの人. **II** 形 《無変化》アーヘンの: das ～ Münster アーヘン大聖堂.

Aal[aːl] 男 -〔e〕s/-e (小 **Äl·chen** → 別出) (英: *eel*) 〔魚〕ウナギ(鰻): ein geräucherter 〈grüner〉 ～ 燻製〈なま〉のウナギ | ein warmer ～ 《卑》陰茎, 男根 ‖ **glatt wie ein ～ sein** うなぎのように捕らえどころがない, うまいこと言い抜ける〈窮地を脱する〉才がある | ***sich***^{4} **wie ein ～ krümmen** 〈〔**drehen und**〕 **winden**〉 《比》なんだかんだと言い抜けようとする ‖ **den ～ beim Schwanz fassen** 《話》物事の手順をあやまる, あべこべなことをする. [*germ.*; ◇ *engl.* eel]

a̲al·ar·tig[áːl..] 形 うなぎのような.

A̲al≈bee·re ＝Ahlbeere **≈butt** 男 ＝Aalraupe

a̲a·len[áːlən] **I** 他 (h) 再帰 ***sich***^{4} ～《話》(日なたなどでのんびりと)寝そべる, のらくらする. **II** 自 (h) うなぎをとる.

A̲al·fang[áːl..] 男 -〔e〕s/ うなぎ漁.

a̲al·för·mig 形 うなぎの〔ような〕形をした.

a̲al·glatt[áːlglát] (▽**a̲a·lig**[áːlɪç]^{2}) 形 うなぎのようにぬるぬるした; 《比》ぬらりくらりした, 捕らえどころのない, ずるい.

A̲al≈mut·ter[áːl..] 女 -/-n 〔魚〕ゲンゲ(玄華). **≈quap·pe** 女, **≈rau·pe** 女 〔魚〕カワメンタイ(タラ科の淡水魚). **≈reu·se** 女 うなぎとり用の筌(うけ). **≈rut·te** 女 ＝Aalraupe **≈tier·chen** 中 (Älchen) 〔動〕線虫類.

a. a. O. 略 **1** ＝am angeführten 〈angegebenen〉 **Ort** 上述の個所で, 前掲書〈論文〉〔で〕: vgl. ～, S. 15 前掲書〈論文〉15ページ参照. ▽**2** ＝an anderen **Orten** 他の個所で.

Aap[aːp] 男 -s/-e 《北部》**1** (Affe) サル(猿). **2** 〔海〕三角帆. [*ndl.*; ◇Affe]

Aar[aːr] 男 -〔e〕s/-e 《雅》(Adler) 〔鳥〕ワシ(鷲), オジロワシ(尾白鷲). [*germ.*; ◇Ornis; *engl.* erne]

die **A̲a·re**[áːrə] 地名 女 -/ アーレ (Rhein 川のスイスにおける最大の支流). [*kelt.*]

der **A̲ar·gau**[áːrgaʊ] 地名 男 -s/ アールガウ(スイスの北部の州).

A̲a·ron[áːrɔn] 人名 〔聖〕アロン, アハロン (Moses の兄). [*hebr.*－*gr.*]

A

Aas[a:s][1] 中 **1** -es/-e《ふつう単数で》(動物, 特に獣の, ときに軽蔑的に人間の〔腐りかけている・腐った〕)死体, 死骸(㋛ㇺ), むくろ; 屍肉(㋛ㇰ), 腐肉〔としての死体〕;《比》残骸: Hyänen fielen über das ~ her. ハイエナどもがその死骸に襲いかかった | wie 〔ein〕 ~ stinken 腐肉のようなにおいを出す, 死臭を放つ | Wo ein ~ ist, da sammeln sich die Geier. 死体のあるところにはハゲタカが集まるものである(聖書: マタ24,28;「利のあるところには人が集まる」の意味で諺としても用いられ, このときは Geier の代わりに Adler や Raben も使われる).

☆ 古くは複数形として Äser もよく使われた: wie Geier sich um *Äser* sammeln ハゲタカどもが腐肉に群がるように (Goethe) | ..., daneben (lagen) die *Äser* der Pferde. …かたわらには馬の死骸が(横たわっていた) (Heine).

2 -es/Äser[ɛ́:zər]《話》(軽蔑の念, ときに親愛・同情・称賛の念をこめて人間を, ときに動物を指して)やつ, 野郎, あま, 下種(㋘), 畜生, (…)漢〈もの・屋〉: Raben*aas* わる賢いやつ |〖ふつう性状を示す付加語形容詞を伴って〗ein faules ~ 怠け者, さぼりや | ein feines ~ だて男, しゃれ者 | ein freches ~ 厚かましいやつ〈女〉| ein schlaues ~ ずるいやつ, 狡猾(㋙ㇺ)漢 | ein tolles ~ すごい〈どえらい〉やつ, 大物 | Du armes ~! まあかわいそうに | Du gemeines ~! この卑劣漢め ‖〖付加語形容詞なしで〗Ihr 〔seid〕 *Äser*! この下種(㋘)どもめ | Der ist aber ein ~! あいつ なんてひどいやつだ | So ein ~! なんたる〈あきれた〉やつだ | Das ~ bockt schon wieder.(家畜などを指して)あん畜生 もうまたさかりがついた | **ein ~ auf der Baßgeige sein**《話》したたか者〈海千山千〉である | **kein ~** だれも…ない | Kein ~ ließ sich sehen. 人っ子ひとり見えなかった.

ᐯ**3** -es/ **a)** (狩りや釣りのおとり用の)えさ: ~ legen (わななどに)えさをしかける | ein ~ an den Angel stecken 釣り針にえさをつける. **b)** (獣の生皮の裏側から削り落とした)くず肉. **c)** (鳥獣の)餌(㋓), えさ, 飼料; (一般に)食べ物.

[*ahd.* ās „Futter“; ◇essen, äsen]

Aas·blu·me[á:s..] 女 スタペリア(花に腐肉臭のあるアフリカ原産ガガイモ科の多肉植物).

aa·sen[á:zən][1]《02》**I** 自 (h) **1** 屍肉(㋛ㇰ)〈腐肉〉を食べる. **2**《北部》《話》《mit *et.*[3]》(…を)むだに遣う, 浪費する; (…を)だめにする: mit Geld ~ 金を浪費する | mit einer Arbeit ~ ぞんざい〈不手際〉な仕事をする | Er hat mit seinen Kräften *geaast*. 彼はがむしゃらに働いた.

ᐯ**II** 他 (h) **1** das Fell ~ 獣皮の肉を削り取る. **2**《*jn.*》からかう; ののしる. **3**《話》再帰 *sich*[4] voll ~ 泥にまみれる, 体を汚す.

Aas·flie·ge[á:s..] 女〖虫〗フンバエ(糞蠅)科の昆虫.

aas·fres·send 形 (野獣などが)屍肉(㋛ㇰ)にたかる, 腐肉を常食とする.

Aas≈gei·er 男 (腐肉にたかる)ハゲタカの類;《比》(死者や弱者にたかって利益をむさぼる)搾取者. **≈ge·ruch** 男 -〔e〕s/ , **≈ge·stank** 男 腐肉臭.

aa·sig[á:zıç][2] **I** 形 腐肉のような, 腐敗した;《比》胸のむかつくような, 不快な; いやしい, 卑劣〈低劣〉な. **II** 副 **1** →I **2**《俗》(sehr) ひどく, はなはだ: Es ist ~ kalt. ひどく寒い.

Aas≈jä·ger[á:s..] 男 密猟者. **≈jä·ge·rei**[また: ––⌣–́] 女 密猟. **≈kä·fer** 男〖虫〗**1** シデムシ(埋葬虫). **2** シデムシ科の昆虫. **≈kerl** 男 =Aas 2 **≈krä·he** 女〖鳥〗ハシボソガラス. **≈sei·te** 女 (↔Haarseite)(獣皮の)内側(肉に面している側).

Aast[a:st] 中 -es(-s)/Äster[ɛ́:stər]《方》=Aas 2

Aas·vo·gel[á:s..] 男 腐肉を常食とする鳥.

ab[1]《ﾗﾃﾝ語》→*ab* ovo 〔usque ad mala〕, *ab* urbe condita [◇ab[2]]

ab[2][ap] **I** 副 **1** 離れて, 遠くに; 去って; 取れて, 切れて, 折れて(→absein): fern*ab* 遠く離れて ‖ Wir sind **vom** rechten Wege ~. 我々は道に迷った | Ich bin ~ von ihm. 私は彼との仲を絶った ‖ Der Knopf ist ~. ボタンが取れた | Die Bleistiftspitze ist ~. 鉛筆の先が折れた | Der Fleck will nicht ~. このしみはなかなか落ちない ‖ Hamlet ~.〖劇〗ハムレット退場(ト書き) | *Ab* die Post! (→Post 2 a) | *Ab* durch die Mitte! (→Mitte 1 a) | *Ab* nach Kassel! (→Kassel) | *Ab* mit Volldampf!《話》とっととうせろ. **2** (↔an)(駅や空港などの時刻表で)…発(→6): Frankfurt ~: 17[00] Uhr, München an: 18[00] Uhr フランクフルト発17時ミュンヒェン着 18時. **3** 下へ: berg*ab* 山を下って | Gewehr ~!〖軍〗立て銃(㋡)(号令) | Hut ~! 脱帽; シャッポを脱ぐよ, やあおみごと | Hut ~ vor ihm 〈vor seiner Leistung〉! 彼〈彼の業績〉に敬意を払おう | Kopf ~! 首をはねろ, 斬首(㋞ㇺ)刑だ. **4**《話》疲れた; だめになった(→absein): Ich bin völlig ~. 私はへとへとだ | Er ist ~ als 〔ein〕 Politiker. 政治家としての彼の生命は終わった. **5**《他の副詞と対句をつくって》**ab und an**《北部》ときどき, ときたま ‖ **ab und zu** ときどき, ときたま, あちこち; 出たりはいったり | ~ und zu laufen (忙しそうに)あちこち走り回る | Ich treffe ihn ~ und zu. 私はときおり彼に会う ‖ auf und ab (→auf II 1). **6**《前置詞 von に呼応して場所や時間の起点を表して》(…から)(→2): von München ~ ミュンヒェンから | von heute 〈Ostern〉 ~ 本日〈復活祭〉以降.

★ 1, 3, 4の意味で動詞と用いる場合はふつう分離の前つづりとみなされる. ただし: →absein

II 前《3格または4格支配. ただし格支配の意識は弱く, 時・場所を表す副詞や無冠詞の名詞とともに多く用いられ, 副詞的性格が強い. 商業用語・鉄道用語・西南部方言・口語体などで使われ, ふつうは von 〔...ab〕の形が用いられる: →I 6》**1** (ある時点)から, 以降: ~ morgen 〈acht Uhr〉 あす(8時)から | ~ sofort いまこの瞬間から | ~ Dienstag 〈Ostern〉 火曜日〈復活祭〉以降 ‖ ~ erstem 〈ersten〉 Mai 5月1日以後 | ~ nächster 〈nächste〉 Ausgabe 次回刊行の版から. **2**《3格支配》(ある場所)から: ~ dort あそこから | ~ Lager 〈Werk〉〖商〗倉庫〈工場〉渡しで | ~ Frankfurt〖鉄道・空〗フランクフルト発(→I 2) ‖ ~ allen japanischen Flughäfen 日本中のすべての空港から. **3** (ある数量・等級など)から: ~ 40 Exemplaren 〈Exemplare〉 40個(以上)の場合には(割引するなど) | Jugendliche ~ 18 Jahren 〈Jahre〉 18歳以上の若者. [*germ.*; ◇apo.., Ufer; *engl.* of, off]

ab..[1]《主として分離動詞の前つづり. つねにアクセントをもつ》**1**《「ある物・場所などから離れる・引き離す動作」を意味する》**a)**《出発・由来》: *ab*fahren (乗り物で)出発する | *ab*stammen (…に)由来する ‖ *Ab*fahrt (乗り物での)出発 | *Ab*stammung 由来. **b)**《離脱・逸脱》: *ab*fallen (…から離れて)落ちる | *ab*arten 変種する ‖ *Ab*gott 偶像. **c)**《自分の身体・手元などから引き離す・手離す動作》: *ab*schicken 発送する | *ab*legen (衣類を)脱ぐ. **d)**《分離・除去》: *ab*hauen 切り取る | *ab*schaffen 廃止する | *Ab*gas 排気ガス. **e)**《遮断》: *ab*sperren (…の通行を)遮断する. **f)**《誘導》: *ab*raten 思いとどまるよう勧告する. **g)**《獲得・奪取》: *ab*kaufen 買い取る | *ab*schmeicheln へつらって手に入れる. **h)**《模写》: *ab*bilden 模写する ‖ *Ab*bild 模写. **2**《下への方向》: *ab*stürzen 墜落する ‖ *Ab*grund 深淵(㋛ㇺ) ‖ *ab*wärts 下方へ. **3**《終末・終結》**a)**《終止》: *ab*leben 息絶える. **b)**《完遂》: *ab*sitzen (刑期を)勤め終える. **c)**《徹底》: *ab*nutzen 使い古す. **d)**《漸次的消滅・減少》: *ab*sterben (徐々に)死滅する | *ab*trocknen 干上がる. **e)**《シーズン最後の行事》: *ab*segeln〖ｽﾎﾟ〗帆走〈滑空〉納めをする. **4**《取り消し》: *ab*bestellen (注文を)取り消す. **5**《変化》: *ab*wechseln 交代する. **6**《実施》: *ab*stimmen 投票〈票決〉する. **7**《反対概念》: *Ab*gunst ねたみ.

ab..[2]《名詞・形容詞などにつけて「脱落・逸脱・離脱」などを意味する. t および z の前では abs.. となり, h 以外の子音の前では a.. となることもある》: *ab*norm 変則の ‖ *ab*strakt 抽象的な | *Abs*zeß〖医〗膿瘍(㋔ㇼ) | *A*version 反感, 嫌悪. [*lat.*]

A. B. 略 =Augsburger Bekenntnis (→Augsburger II)

Aba[abá:] 女 -/-s アバ(ラクダ・ヤギなどの毛で織った布; アラビア人のそでなし外衣). [*arab.*]

ᐯ**ab|aa·sen**[áp|a:zən][1]《02》=aasen II 1

Abae·lar·dus[abɛlárdʊs] →Abälard

Aba·ka[abá(:)ka·] 男 -s/ (Manilahanf) マニラ麻. [*indones.*]

Aba·kus[á:bakʊs, ába..] 男 -/- **1** (古代の一種の)そろばん. **2**〖建〗アバクス, 板頂(柱頭の冠板: → ⑳ Kapitell).

[*gr.* ábax „Brett“－*lat.*]

Abä·lard[abɛlár(t), ◡◡◡] 人名 Peter ～ ピエール アベラール(1079―1142; フランスのスコラ哲学者. ラテン語形 Petrus Abaelardus, フランス語形 Pierre Abélard).

Ab·alie·na·tion[ap|alienatsió:n, aba..] 女 -/-en abalienieren すること. [*lat.*]

ab·alie·nie·ren[..ní:rən] 他 (h) **1** 疎遠にさせる, 疎隔〈疎外〉する. **2** 〖法〗譲渡する. **3** 〖法〗横領する. [*lat.*]

Aba·lo·ne[abaló:nə] 女 -/-n 〖貝〗アワビ(鮑). [*amerik.－span.*]

ab·än·der·bar[áp|ɛndərba:r] 形 変えることのできる, 変更〈修正〉可能な, 可変の.

Ab·än·der·bar·keit[－kaɪt] 女 -/ abänderbar なこと.

ab·än·der·lich[..lɪç] ＝abänderbar

Ab·än·der·lich·keit[..kaɪt] 女 -/ abänderlich なこと.

ab|än·dern[áp|ɛndərn] 《05》 **I** 他 (h) **1** (すでにでき上がったものを部分的に)変える, 変更〈修正〉する, 改正〈改良〉する: das Gesetz ～ 法律を改正する | das Programm ～ プログラムを変更する ‖ die *abgeänderte* Fassung 改訂〈修正〉版, 改訂稿. ▽**2** (変更・修正して)除去する. ▽**3** (flektieren) 〖言〗〔語形〕変化させる. **II** 自 (h) 〖生〗(部分的に)変わる, 変化する.

Ab·än·de·rung[..dəruŋ] 女 -/-en (abändern すること. 例えば:) **1** (部分的な)変更, 修正: eine wichtige ～ vornehmen 重要な変更を行う. ▽**2** (Flexion) 〖言〗〔語形〕変化.

Ab·än·de·rungs·an·trag 男 修正動議.

ab·än·de·rungs·fä·hig ＝abänderbar

Ab·än·de·rungs≠kla·ge 女 〖法〗(賠償などの)変更の訴. **≠kün·di·gung** 女 〖法〗変更解約告知. **≠pa·tent** 中 (改良発明の)依存特許. **≠vor·schlag** 男 修正提案.

Aban·don[abãdɔ̃:] 男 -s/-s 〖法〗委付, 保険〈免責〉委付. [*fr.*; ◇ad.., Bann]

Aban·don·er·klä·rung[abãdɔ̃:..] 女 〖法〗委付宣言.

Aban·don·ne·ment[abãdɔn(ə)mã́:] 中 -s/-s ＝Abandon [*fr.*]

aban·don·nie·ren[..ní:rən] 他 (h) (権利・財産などを)放棄する; 〖法〗委付する. [*fr.*]

ab|äng·sti·gen[áp|ɛŋstɪgən][2] (▽**ab|äng·sten**[áp|ɛŋstən] 《01》) 他 (h) **1** 《*jn.*》苦しめる, 悩ます: 再帰 *sich*[4] um *et.*[4] ～ …のことで思い悩む〈不安に苦しむ〉. **2** 《*jm. et.*[4]》(…から…を)脅し〈ゆすり〉取る.

Ab·äng·sti·gung[..gʊŋ] 女 -/-en 〔sich〕 abängstigen すること.

ab|ar·bei·ten[áp|arbaɪtən] 《01》 **I** 他 (h) **1** 働かせて疲れさせる, 使ってだめにする, 酷使する: *seine* Kraft ～ 働いて全力を使い果たす | *sich*[3] die Finger ～ (→Finger 1) ‖ 再帰 *sich*[4] ～ 働き疲れる, くたくたになるまで働く, ひどく骨を折る ‖ ein *abgearbeitetes* Werkzeug 使い古した道具. **2** (負債・責務・課題・仕事などを)働いて取り除く〈支払う・果たす〉: *sein* Tagewerk ～ 働いて日課を果たす | *seine* Überfahrt ～ 渡航費代わりに船内で働く. **3** (手を加えて不ぞろい・でこぼこなどを)ざっと取り除く: die Unebenheiten ～ でこぼこをならす. **4** 〖海〗(座礁した船を)浮上〈離礁〉させる: 再帰 *sich*[4] ～ 離礁する. ▽**5** (手本に従って)模作する.

▽**II** 自 (h) (酒が)十分に発酵する.

III ab·ge·ar·bei·tet → 別出

Ab·ar·bei·tung[..tʊŋ] 女 -/ 〔sich〕 abarbeiten すること.

ab|är·gern[áp|ɛrgərn] 《05》 他 (h) **1** 《*jn.*》怒らせて消耗させる, むしゃくしゃさせる: 再帰 *sich*[4] mit *jm.* 〈*et.*[3]〉 ～ …について憤慨してくたくたになる, …に業(ごう)を煮やす. **2** 《*jm. et.*[4]》(…から…を)怒らせて奪い取る. **3** 再帰 *sich*[4] ～ 怒りが静まる, 機嫌を直す.

Ab·art[áp|a:rt] 女 -/-en **1** 変種, 変わり種; (Varietät) 〖園〗変種. ▽**2** 退化〔した種類〕.

ab|ar·ten[áp|a:rtən] 《01》 自 (s) 《von *et.*[3]》(…から)逸脱する, 変種として生じる, (種類・性質が…と)異なったものとなる; 《in *et.*[4]》(…に)変種〈変質〉する. [*lat.* dē-generāre (◇degenerieren) の翻訳借用]

ab·ar·tig[..tɪç][2] 形 変種の, 変質した; (特に性的に)正常でない, 変態的な.

Ab·ar·tig·keit[..kaɪt] 女 -/-en abartig なこと.

Ab·art·ling[áp|a:rtlɪŋ] 男 -s/-e 変種; 変質者.

Ab·ar·tung[..tʊŋ] 女 -/-en abarten すること.

ab|äschern[áp|ɛʃərn] 《05》 他 (h) **1** 再帰 *sich*[4] ～ (仕事をしすぎて)へとへとに疲れる. **2** 灰でこすって洗う.

ab|äsen[áp|ɛ:zən][1] 《02》 他 (h) 〖狩〗 **1** (野獣がある地域の)えさを食い尽くす. **2** (えさを)食い尽くす.

Aba·sie[abazí:] 女 -/-n[..zí:ən] 〖医〗失歩, 歩行不能〔症〕. [<a..[1]+*gr.* básis (→Basis)]

ab|asten[áp|astən] 《01》 他 (h) 《話》 **1** *sich*[4] 〔mit *et.*[3]〕 einen ～ 〔…(重いものなど)を持って〕さんざん苦労する. **2** 再帰 *sich*[4] mit *et.*[3] ～ …でさんざん苦労する.

ab|ästen[áp|ɛstən] 《01》 他 (h) (樹木の)大枝を切り落とす; (果樹・植木などを)刈り込む, 剪定(せんてい)する.

Aba·ta Abaton の複数.

Aba·te[abá:tə] 男 -〔n〕/-n (..ti[..ti·]) 〖カトリック〗師(イタリア・スペインで教区付き司祭の称号). [*roman.*; ◇Abt]

aba·tisch[abá:tɪʃ] 形 〖医〗歩行不能性の. [<Abasie]

ab|at·men[áp|a:tmən] 《01》 他 (h) (呼気と共に)吐き出す.

Aba·ton[á(:)batɔn] 中 -s/..ta[..ta·] (ギリシア正教会の)内陣. [*gr.*; <a..[1]+*gr.* batós „zugänglich“]

a bat·tu·ta[a batú:ta·] 《イタリア語》 〖楽〗(ふたたび)拍子に正確に合わせて. [◇Batterie]

ab|ät·zen[áp|ɛtsən] 《02》 他 (h) 腐食させて取り除く, 腐食剤で洗浄する; 〖医〗腐食剤で焼き取る.

ab|äu·geln[áp|ɔʏgəln] 《06》 (**ab|äu·gen**[..|ɔʏgən][1]) 他 (h) **1** 《*jm. et.*[4]》見てとる, 看取する; (見よう見まねで)模倣する. **2** 《*jm. et.*[4]》(…から…を)色じかけで〈こびを示して〉奪い取る. **3** 〖狩〗(猟獣の)足跡を探す.

Abb. 略 ＝**Abbildung** さし絵, 図解.

Ab·ba[ába·] 男 -/ 《ふつう呼びかけとして》(新約聖書で神に対して)アッバ(「父よ」の意; マコ14,36など); (ギリシア正教会で聖職者に対して)師. [*aram.－gr.*; ◇Abbé, Abt]

ab|backen[(*)] [ápbakən] 《11》 **I** 他 (h) (パンなどを)焼き上げる〈終える〉.

II ab·ge·backen → 別出

ab|ba·den[ápba:dən][1] 《01》 他 (h) **1** 《*et.*[4]》(入浴してよごれなどを)洗い落とす. **2** 《*jn.*》(入浴させて…の)体を洗ってやる: die Kinder ～ 子供たちにお湯をつかわせる ‖ 再帰 *sich*[4] tüchtig ～ 体をごしごし洗う.

ab|ba·ken[ápba:kən] 他 (h) 〖海〗(水路を)標識〈浮標〉で示す.

ab|bal·gen[ápbalgən][1] 他 (h) **1** 〖狩〗(獣の)皮をはぐ; (豆類の)さやをむく. **2** 再帰 *sich*[4] ～ 格闘して疲れ果てる. **3** 《*jm. et.*[4]》(…から…を)格闘して〈腕ずくで〉奪い取る.

ab|ban·gen[ápbaŋən] 他 (h) **1** 《*jm. et.*[4]》(…から…を)おどし取る. **2** 再帰 *sich*[4] ～ 不安に苦しむ: *sich*[4] nach *jm.* ～ …に思いこがれる.

ab|ban·nen[ápbanən] 他 (h) 《*jn.*》(教会から破門するといって)おどす.

ab|ba·sten[ápbastən] 《01》 他 (h) (樹木の)靭皮(じんぴ)をはぐ.

Ab·bau[ápbaʊ] 男 **1** 〖坑〗 **a)** -〔e〕s/ 採掘: der ～ der Kohle 採炭 ‖ ～ treiben 採掘する | eine Grube in ～ nehmen 鉱坑の埋蔵資源を採掘する | Das Kali unterliegt dem ～. カリ塩が採掘される. **b)** -〔e〕s/-e (-ten[-tən]) 採掘場, 切羽(きりは). **2** -〔e〕s/ **a)** (↔Aufbau) 解体, 撤去, 取り払い: der ～ der Tribünen 〈der Buden〉 桟敷〈露店〉の取り払い | der ～ des Zeltes テントの撤去 | der ～ einer Maschine 機械の解体 ‖ der ～ der vordersten Stellung 最前線陣地の撤退〈放棄〉. **b)** 〖化〗分解, 崩壊, 腐敗; (有機化合物の)減成; (原子の)変脱; 〖地〗低変; 〖医〗分解, 解構. **c)** 〖生理〗異化作用. **3** -〔e〕s/-e **a)** 人員整理〈削減〉: der ～ der Verwaltung 〈des Personals〉 行政〈人員〉整理. **b)** (統制・管理などの)緩和, 縮小: der ～ eines Betriebes 事業の縮小. **c)** (賃金・価格の)切り下げ; (費用の)削減: der ～ der Löhne 賃金の引き下げ. **4** -〔e〕s/ **a)** 体力の減退; 〖スポーツ〗落後. **b)** 〖農〗(作物の)収穫力の減退; (耕地の)荒廃, 疲弊, 衰弱: den Boden in ～

A

bringen 土地をやせさせる. **5** -〔e〕s/-ten[-tən]《北部》集落から離れた農家; 散村, 離れ集落.

ab|bau·en[ápbauən] **I** 他 (h) **1 a)** (↔aufbauen)(組み立てたものなどを)解体する,(幕舎などを)撤去する: ein Zelt 〈ein Faltboot〉 ~ テント〈折りたたみボート〉をたたむ | ein Gerüst ~ 足場を取り払う | den Markt ~ 市場の露店をたたむ | eine Maschine ~ 機械を解体する | eine Pyramide ~〘体操〙ピラミッドを解く ‖ die vorderste Stellung ~ 最前線陣地を撤退する. **b)**〘化〙分解する, 崩壊させる, 腐敗させる; (有機化合物を)減成する,(原子を)変脱させる. **c)**〘生理〙異化させる. **2**〘坑〙**a)** (石炭・鉱石などを)採掘する. **b)** 採掘し尽くす: ein *abgebauter* Schacht 採掘され尽くした立坑, 廃坑. **3 a)** (herabsetzen)(賃金・価格などを)切り下げる; (費用を)削減する: Löhne ~ 賃金を引き下げる. **b)** (人員を)整理〈削減〉する: Ein großer Teil der Angestellten wurde *abgebaut*. 従業員の相当数が解雇された. **c)** (vermindern)(統制・管理などを)緩和する, 縮小する,(徐々に)撤廃する: den Betrieb ~ 事業を縮小する | Vorrechte ~ 特権を制限する | den Haß ~ 憎悪を和らげる. **4** (農地を)放棄する, 荒廃させる: ein *abgebautes* Feld 休閑地.
II 自 (h) **1** (schlapp werden) 体力が衰える;〘スポーツ〙力尽き〔て戦いを放棄す〕る: Er hat in der dritten Runde *abgebaut*. 彼は第3ラウンドでダウンした〈第3周めで落後した〉. **2**〘農〙(作物の)収穫力が減退する. **3** (待たずに)立ち去る; 退却する.

Ab·bau≈feld[ápbau..] 中〘坑〙採掘場〈領域〉;〘農〙休閑地. **≈ge·rech·tig·keit** 女〘坑〙採掘権. **≈ham·mer** 男〘坑〙コールピック(→ 図).

Abbauhammer

ab|bau·men[ápbaumən] 自 (h, s)〘狩〙(野鳥が)木から飛び去る,(野獣が)木から跳び去る.

ab|bäu·men[ápbɔymən] 他 (h) **1** (織物を)織機から取りはずす. **2** (船を)さおで岸から離す.

Ab·bau≈me·tho·de[ápbau..] 女〘坑〙採掘法〈方式〉. **≈pro·dukt** 中〘化〙分解産物 ;〘生〙代謝産物. **≈recht** 中〘坑〙採掘権. **≈strecke** 女〘坑〙採炭〈採鉱〉坑道.

Ab·bau·ten Abbau 1 b, 5 の複数

Ab·bau·ver·fah·ren 中〘坑〙採掘法.

ab·bau·wür·dig 形〘坑〙採掘する価値のある,(採掘して)採算の取れる.

Ab·be[ábe˙, ábə, abé:] 人名 Ernst ~ エルンスト アッベ(1840–1905; ドイツの物理学者・光学技術者で, Zeiss の協力者).

Ab·bé[abé:] 男 -s/-s **1**〘カトリック〙師(特にフランス語圏で教区聖職者の敬称). ▽**2** (Abt) 修道院長. [*aram.* abbā–*gr.* –*kirchenlat.* abbās–*fr.*; ◇Abba, Abt]

ab|be·din·gen*[ápbədɪŋən]《30》他 (h)〘法〙失効させる, 廃止する.

ab|bee·ren[ápbe:rən] 他 (h)《方》**1** (漿果(しょうか)を)摘み取る. **2** (…の)漿果を摘み取る〈尽くす〉.

▽**Ab·be·fehl**[ápbəfe:l] 男 -〔e〕s/-e 反対〈取消し〉命令; 命令の取り消し.

ab|be·feh·len*[ápbəfe:lən]《41》他 (h) **1** (命令を)取り消す. **2**《*jn.*》(任務から)呼び戻す, 召還する.

ab|be·för·dern[ápbəfœrdərn]《05》他 (h)《*et.*[4]》運び去る, 撤去する;《*jn.*》立ち退かせる.

ab|be·geh·ren[ápbəge:rən] 他 (h)《*jm. et.*[4]》(…に…を)ねだる, 要求する.

ab|be·hal·ten*[ápbəhaltən]《65》他 (h)(帽子・衣服などを)脱いだままでいる.

ab|bei·ßen*[ápbaɪsən]《13》他 (h) **1** かみ切る, かみ取る, 食いちぎる: die Spitze von der Zigarre ~ 葉巻の先端をかみ取る | Da〔von〕*beißt* die Maus keinen Faden *ab*. (→Maus 1) ‖ *jm. et.*[4] ~ …から…をかみ切る〈かみ取る〉| *sich*[3] die Zunge ~ 舌をかみ切る | *sich*[3] eher 〈lieber〉 die Zunge ~ (→Zunge 1 a) ‖ vom Brot ~ パンをかじる. **2** **einen ~**《話》《特に北部》(酒を)一杯やる.

ab|bei·zen[ápbaɪtsən]《02》他 (h) **1**《*et.*[4]》(薬品で…の)汚れ〈塗装〉を落とす; 酸洗いする;〘金属〙希薄酸で洗う;〘医〙焼灼(しょうしゃく)する. **2** (皮革を)なめす.

Ab·beiz·mit·tel 中 よごれ落とし剤; 酸洗い剤.

ab|be·kom·men*[ápbəkɔmən]《80》他 (h) **1** (分け前として一部を)取得する, 分けてもらう: *et.*[4] bei der Verteilung 〈von der Erbschaft〉 ~ 分配に際して〈遺産のなかから〉…を受け取る. **2**《比》(損害・罰などを)受ける: etwas ~ 損害を被る, 負傷する, ひどい目にあう | Ich habe eins *abbekommen*. 私はガンと一発やられた. **3** (苦心して)取りはずす, 取り除く(→ab[2] I 1): die Briefmarke ~ 切手をはがす | den Verschluß von der Flasche ~ やっとのことで瓶のふたをとる | Den Schmutz *bekommt* man nicht *ab*. この汚れはどうしても落ちない.

ab|be·ru·fen*[ápbəru:fən]《121》他 (h) **1**《*jn.*》(任地などから)呼び戻す;《比》(神が)あの世へ召す: *jn.* von *seinem* Amt ~ …(外交官など)を召還する〈解任する〉‖〔aus dem Leben〕*abberufen* werden《雅》神のみもとに召される, 死去する | in die Ewigkeit *abberufen* werden (→Ewigkeit 2). ▽**2** 控訴〈上告〉する.

Ab·be·ru·fung[..fʊŋ] 女 -/-en **1** 召還, 解任;《比》(神に)あの世へ召されること, 死去. ▽**2** 控訴, 上告.

ab|be·stel·len[ápbəʃtɛlən] 他 (h) **1** (予約・注文などを)取り消す, キャンセルする: ein Taxi ~ (予約してあった)タクシーを断る. **2**《*jn.*》(…に対する)予約〈注文〉を取り消す,(…との)契約を解除する: den Elektriker ~ (頼んであった)電気屋を断る.

Ab·be·stel·lung[..lʊŋ] 女 -/-en abbestellen すること.

ab|be·ten[ápbe:tən]《01》他 (h) **1** (祈りの文句を)早口に唱える;《比》機械的〈単調〉にまくしたてる: den Rosenkranz ~ 数珠をくりながら祈る. **2** 祈って除こうとする: eine Sünde ~ 祈って罪を償う | eine Krankheit ~ 病気の回復を祈る ‖ dem Teufel eine Seele ~ 祈って霊魂を悪魔の手から救う.

ab|bet·teln[ápbɛtəln]《06》他 (h) **1**《話》《*jm. et.*[4]》(…から…を)請い受ける, せがんでもらい受ける; (…に…を)せびってやってもらう: Er hat mir zehn Mark *abgebettelt*. 彼は私から10マルクせびり取った. **2**《*et.*[4]》(ある場所を)物ごいして回る: die Häuser ~ 家々を回って物ごいする.

ab|beu·teln[ápbɔytəln]《06》他 (h)《南部・オーストリア》(abschütteln) 揺すぶって〈揺り動かして〉落とす, 払い落とす.

Ab·be·vil·lien[abəvɪliɛ̃:] 中 -〔s〕/〘人類〙アブヴィル文化期(西ヨーロッパの前期旧石器時代の初頭). [＜Abbeville (北フランスの出土地名); ◇*engl.* Abbevillian]

ab|be·zah·len[ápbətsa:lən] 他 (h) **1**《*et.*[4]》(…の代金を)分割払いで支払う. **2** (負債などを)皆済する.

Ab·be·zah·lung[..lʊŋ] 女 -/-en 分割払い; 皆済.

ab|bie·gen*[ápbi:gən][1]《16》**I** 自 (s) (人・車などが)わきへ方向を変える, 曲がる; (道・川などが)折れ曲がる, 分岐する;〘狩〙(鳥が弧を描いて)飛ぶ方向を変える: **nach** links 〈rechts〉 ~ 左〈右〉に折れる | **vom** Wege 〈von einer Gedankenrichtung〉 ~ 道〈考えの筋道〉からそれる. **II** 他 (h) **1** 折り曲げる, 湾曲させる: mit *abgebogenen* Knien ひざをかがめて. **2**《話》わきへそらす, 回避する: ein Gespräch ~ 話題をそらす | einen Streit ~ 争いを避ける. **3** die Zweige ~〘園〙取り木する. **4** (flektieren)〘言〙語形変化させる. **5**《俗》(stehlen) 盗む.

Ab·bie·ge·spur 女 (交差点などの)分岐〈右左折〉車線.

Ab·bie·gung[..gʊŋ] 女 -/-en **1** (abbiegen すること. 例えば:) 屈折, 分岐:〘園〙取り木;〘言〙語形変化;〘地〙背斜撓曲(とうきょく). **2** (道の)分岐点, 曲がり角.

Ab·bild[ápbɪlt][1] 中 -〔e〕s/-er 模写, 複写, 写し, コピー; 肖像, 似姿: Er ist das vollkommene ~ seines Vaters. 彼は父親に生き写しだ.

ab|bil·den[ápbɪldən][1]《01》(**ab|bil·dern**[..dərn]《05》) 他 (h) **1** 模写する, 写生する; 複写〈コピー〉する; (絵画・彫刻・文章などで)描写〈表現〉する;《*jn.*》(…の)肖像画を描く, 写真をとる: Sie ist in der Zeitung *abgebildet*. 彼女の写真〈肖像〉が新聞に出ている. **2** 再帰 *sich*[4] ~ 描かれる, かたどられる, 反映する.

Ab·bild·theo·rie[ápbɪlt..] 女〘哲〙模写説.

Ab·bil·dung[ápbɪldʊŋ] 女 -/-en **1** 模写, 写生; 描写, 表現;〘数〙写像, 射影;〘地〙投影図;〘理〙結像. **2** (略 Abb.) さし絵, 付図, 図解, カット, イラスト: ein Buch mit

~*en* versehen 本にさし絵〈図版〉を入れる. **3** 写生画, 肖像画.

A̱b·bil·dungs·frei·heit 女 -/ (新聞・雑誌などの)著名人肖像画〈写真〉掲載の自由.

a̱b|bim·sen[ápbɪmzən]^1《02》他 (h) **1** 軽石で磨く. **2** 《方》(abschreiben)(生徒が)カンニングする, 引き写しをする.

a̱b|bin·den*[ápbɪndən]^1《18》**I** 他 (h) **1** (↔anbinden)(結んであるものを)ほどく, ゆるめる: *sich*^{3} die Krawatte ~ ネクタイをゆるめる〈はずす〉| den Bären ~ (→Bär 1). **2** 〘医〙(血管などを)結紮(けっさつ)する, 結紮して除去する: die Ader ~ 血管を結紮する | den Nabel ~ へその緒を結紮して取る. **3** 結んで〈縛って〉止血する: die Wunde ~ 傷に止血帯を施す. **4** 〘畜〙(家畜の子を)乳離れさせる. **5** 結び〈組み立て〉終わる: ein Faß ~ 樽(たる)にたがをはめる | ein Gebäude ~ 建物の骨組み〈木組み〉を終わる. **6** 〘料理〙濃縮する. **7** 《スイ》さっさと片づける.

II 自 (h)(石灰・セメントなどが)凝結硬化する: Der Beton hat gut *abgebunden*. コンクリートがよく固まった ‖ langsam 〈schnell〉 *abbindender* Zement 乾きの遅い〈早い〉セメント.

A̱b·biß[ápbɪs] 男 ..bisses/..bisse **1** abbeißen すること. **2** (abbeißen されたもの・個所. 例えば:) かみ傷; 〘狩〙猟獣にかじり取られた若芽〈若枝〉. **3** =Teufelsabbiß

A̱b·bit·te[ápbɪtə] 女 -/-n《ふつう単数で》陳謝, 謝罪: *jm.* ~ leisten 〈tun〉/bei *jm.* ~ leisten 〈tun〉 …に許しを請う, …に陳謝する | *Abbitte* ist die beste Buße.《諺》謝罪は最上の贖罪.

a̱b|bit·ten*[ápbɪtən]《19》他 (h) **1** 《*jm. et.*^{4}》(…に非礼・不正などを)陳謝する, わびる: *jm.* eine Lüge ~ …にうそをついたことをわびる. **2** 《*jm. et.*^{4}》(…から…を)請い受ける. **3** 《*et.*^{4}》(祈りや懇願によって)避ける, 免れる, 防ぐ.

A̱b·bla·se≠druck[ápbla:zə..] 男 -[e]s/..drücke〘工〙(蒸気・ガスなどの)排気圧. **≠hahn** 男〘工〙吹き出しコック.

a̱b|bla·sen*[ápbla:zən]^1《20》他 (h) **1** 吹き払う; 吹いてほこりを払う: den Staub ~ ほこりを吹きとばす | die Tischplatte ~ テーブルの表面からほこりを吹き払う. **2** (圧力を加えて蒸気などを)放出する, 噴き出す; (気体の圧力によって)清掃する: einen Dampfkessel ~ (掃除のために)ボイラーの蒸気を抜く | den Dampf aus dem Kessel ~ ボイラーから蒸気を出す〈抜く〉| Giftgas ~〘軍〙毒ガスを放射する | die Kanone ~ (少量の火薬で発砲して)砲身を清掃する. **3** (↔anblasen)《*et.*^{4}》(角笛・らっぱなどを吹いて…の)終了を告げる;《比》(計画などを)中止する: die Jagd ~ 狩りの終了の合図を吹く | den Streik 〈die Versammlung〉 ~ ストライキ〈集会〉を中止する | Die ganze Sache ist *abgeblasen*.《比》この件はすべてとりやめになった. **4** 〘楽〙(楽譜を見ながら管楽器を)吹く, 初見(しょけん)で吹く.

A̱b·bla·se·ven·til[ápbla:zə..] 中〘工〙吹き出し弁.

a̱b|blas·sen[ápblasən]《03》**I** 自 (s) 色あせる; (記憶などが)薄れる; (内容が)希薄になる. **II** **a̱b·ge·blaßt** → 別出

a̱b|blat·ten[ápblatən]《01》他 (h)《*et.*^{4}》(収穫前に飼料用として…の)葉を摘み取る; (獣が…の)葉をむしる.

a̱b|blät·tern[ápblɛtərn]《05》**I** 他 (h)《*et.*^{4}》(…の)葉を落とす〈取り除く〉; (表皮・被膜などを)剝離(はくり)させる.

II 自 (s) 葉〈花弁〉が落ちる; (表皮・被膜などが)剝離する: Die Farbe 〈Der Kalk〉 *blättert ab*. 塗料〈しっくい〉がはげ落ちる.

A̱b·blät·te·rung[..tərʊŋ] 女 -/-en **1** abblättern すること. **2** (表皮・被膜などの)剝離(はくり)した薄片.

a̱b|blei·ben*[ápblaɪbən]^1《21》自 (s)《話》《特に北部》離れた〈遠ざかった〉ままである(→ab^2 I 1): im Krieg ~ 戦死する | Wo bist du heute nacht *abgeblieben*? 君は昨夜はどこに泊まったのか.

a̱b|blei·chen$^{(*)}$[ápblaɪçən]《22》**I** 自 (s)《不規則変化》色あせる. **II** 他 (h)《規則変化》**1** 漂白する, さらす. **2** 〘園〙(日光をさえぎって植物を)白くする.

A̱b·blen·de[ápblɛndə] 女 -/〘映〙溶暗, フェードアウト.

a̱b|blen·den[ápblɛndən]^1《01》**I** 他 (h) (↔**aufblenden**) **1** (灯火・窓などを)光がもれぬよう遮蔽(しゃへい)する; (ヘッドライトを)減光する: *abgeblendet* 〈mit *abgeblendeten* Scheinwerfern〉 fahren (車が)ヘッドライトを減光して走る. **2** 〘映・劇〙溶暗〈フェードアウト〉する.

II 自 (h) **1** 〘写〙レンズをしぼる: auf Blende 8 ~ 絞りを8にする. **2** 〘映〙撮影を打ち切る. **3** (灯火が)消える.

A̱b·blend≠kap·pe[ápblɛnt..] 女 (ヘッドライトの)減光用フード. **≠licht** 中 -[e]s/ (ヘッドライトの)減光した光. **≠schal·ter** 男 (ヘッドライトの)減光スイッチ.

A̱b·blen·dung[..dʊŋ] 女 -/-en abblenden すること.

a̱b|blit·zen[ápblɪtsən]《02》自 **1** (s) $^▽$**a**) (銃・火薬が)不発に終わる. **b**)《話》(事柄が)うまくゆかない, 成功しない, (要求・願いが)拒否〈拒絶〉される: *jn.* ~ lassen …の要求をはねつける, …にひじ鉄砲をくわせる | bei einer Frau ~ 女にひじ鉄をくう | Er ist mit seinem Gesuch *abgeblitzt*. 彼の願いはかなえられなかった. **2** (h) 非人称《es blitzt [sich] ab》稲光がやむ.

a̱b|blocken[ápblɔkən] 他 (h)〘スポ〙(相手方の攻撃を)ブロックする, 防ぐ.

a̱b|blü·hen[ápbly:ən] 自 (h, s) 花期を過ぎる, (花が盛りを過ぎて)しぼむ, 枯れる;《比》全盛期を過ぎる, 凋落(ちょうらく)する: eine *abgeblühte* Schönheit 盛りを過ぎた美人, うば桜.

a̱b|boh·ren[ápbo:rən] 他 (h) **1** 〘工〙ボーリングして取り去る. **2** 〘坑・地〙(ある区域を)ボーリング調査する. **3** 《話》(abschreiben) 盗作〈カンニング〉する.

a̱b|bor·gen[ápbɔrgən]^1 他 (h)《*jm. et.*^{4}》(…から…を)[せびって]借りる.

a̱b|bö·schen[ápbœʃən]《04》他 (h)《*et.*^{4}》(…に)傾斜をつける, (不ぞろいな勾配(こうばい)をならし, 芝を植えたりして堤防などに)規則的な斜面を造成する.

A̱b·bö·schung[..ʃʊŋ] 女 -/-en **1** 《単数で》abböschen すること. **2** 勾配(こうばい), 傾斜; (堤防などの)斜面.

A̱b·brand[ápbrant]^1 男 -[e]s/..brände[..brɛndə] **1** 燃焼[による減少・消滅]; (核燃料の)減衰; (ロケットの固体推薬の)燃焼; 〘工〙(金属の)焼き減り. **2** 〘金属〙焙焼(ばいしょう)残滓(ざんし). [<abbrennen]

A̱b·brand·ler[ápbrantlər] (**A̱b·bränd·ler** [ápbrɛnt..]) 男 -s/- 《オーストリア》火事の被災者, 焼け出された人.

a̱b|bras·sen[ápbrasən]《03》他 (h)〘海〙(帆げたを)転桁(てんこう)索でぴんと張る.

a̱b|bra·ten*[ápbra:tən]《23》他 (h) (肉などを)十分に焼く〈あぶる〉: gut *abgebraten* よく焼けた, 中まで火の通った.

a̱b|brau·chen[ápbraʊxən] 他 (h) 使い古す〈へらす〉: Schuhe ~ 靴を履き古す ‖ 再帰 *sich*^{4} ~ 使い古される, すりへる ‖ *abgebrauchte* Schlagwörter 陳腐なスローガン.

a̱b|brau·nen[ápbraʊnən] 自 (s) 褐色が薄れる〈あせる〉.

a̱b|bräu·nen[ápbrɔʏnən] 他 (h) 褐色にする; 〘料理〙(小麦粉などを)褐色に焦がす: 再帰 *sich*^{4} ~ 褐色になる.

a̱b|brau·sen[ápbraʊzən]^1《02》**I** 他 (h) **1** 《*jn.*》(…に)シャワーで水をかける〈洗う〉: 再帰 *sich*^{4} ~ シャワーを浴びる. **2** (楽曲を)勢いよく演奏し終える. **II** 自 **1** (s)《話》ごう音とともに走り去る; 急いで立ち去る. **2** (h, s) ざわめきがやむ.

a̱b|bre·chen*[ápbrɛçən]《24》**I** 他 (h) **1** (ポキンと)折り取る: einen Ast vom Baum ~ 木から枝を折り取る | Blumen ~《雅》花を摘む | die Nadel ~ 針[の先]を折る | dem Angriff die Spitze ~《比》攻撃のほこ先をくじく | ein Wort ~〘印〙(行末で)語を分綴(ぶんてつ)する | *sich*^{3} einen Zahn ~ 歯を折る ‖ ***sich***^{3} **einen ~**《話》i) 上品ぶる, 気取る; ii) めちゃくちゃに頑張る; iii) 不器用に振舞う; iv) (言動が)もたつく | ***Brich* dir nur keinen** 〈keine Verzierung〉 ***ab*** !《話》そんなに気取るな〈もったいぶるな〉‖ ein Messer mit *abgebrochener* Spitze 刃先の折れたナイフ.

2 a) (建造物などを)取り壊す, 取り払う; (陣営などを)撤去する: eine Brücke 〈eine Ruine〉 ~ 橋〈廃墟(はいきょ)〉を取り壊す | alle Brücken hinter *sich*^{3} ~ (→Brücke 1) | eine Bude ~ (市場の)露店をたたむ | ein Gerüst ~ 足場を取り外す | ein Lager ~ 陣を撤収する | die 〈*seine*〉 Zelte ~ (→Zelt^2) ‖ ein *abgebrochenes* Haus 取り壊された家.

b) einem Pferd die Eisen ~ 馬の蹄鉄(ていてつ)を外す.

3 (関係を)断つ, (仕事・談話・交渉などを)突然中止する, (作業・操作などを)中断する, 打ち切る: das Gefecht 〈den Streik〉 ~ 戦闘〈ストライキ〉を中止する | die Kur 〈die Reise〉 ~ 療養〈旅行〉を打ち切る | den Umgang 〈den Verkehr〉 mit *jm.* ~ …との交際を断つ, …と絶交する ‖ Er

brach 〔das Gespräch〕 jäh *ab*. 彼は突然話をやめた | Die diplomatischen Beziehungen wurden *abgebrochen*. 外交関係が断絶した.

4 《南部》(abziehen) 減らす, 差し引く: *jm.* 〔etwas〕 am 〈vom〉 Lohn ～ …の賃金を〔なにがしか〕差し引く | *sich*³ 〔etwas〕 am 〈vom〉 Munde ～ 自分の食い分を〔いくぶんか〕切りつめる.

5 かきまわす: das Bier ～〔醸〕(冷却器中で)ビールを攪拌(かくはん)する.

II 自 **1** (s) (ポキンと)折れる: Die Bleistiftspitze ist *abgebrochen*. 鉛筆のしんが折れた | ein *abgebrochener* Riese (→Riese¹ 1).

2 (h) 関係を断つ; 突然やむ, 中止する; 話を中断する(→I 3): mit *jm.* ～ …と絶交する(→I 3) | in der Rede ～ 談話を中止する ‖ Die Musik *brach* plötzlich *ab*. 音楽が突然やんだ | Hier *bricht* der Bericht *ab*. ここで報告はとぎれている.

3 (h) zu zweien ～〔軍〕(隊列を解いて) 2 列縦隊をつくる.

▽**4** (h) 《*et.*³/*jm.*》(…に)損害を与える,(…を)傷つける.

III **ab·ge·bro·chen** → 別出

Ab·bre·chung[ápbrɛçʊŋ] 女 -/-en (abbrechen I すること. 例えば:) 突然の中止, 中断; (家屋などの)取り壊し; 〔印〕(行末における語の)分割, 分綴(ぶんてつ).

ab|brem·sen[ápbrɛmzən]¹ 《02》 他 (h) **1** 《*et.*⁴》ブレーキをかけて減速〈停止〉させる; 《比》(…に)ブレーキをかける, 抑制〈制御〉する, 阻止する: die Produktion ～ 生産量を抑える ‖ 〖目的語なしで〗scharf ～ 急ブレーキをかける. **2** 〔空〕(エンジンを)車輪にブレーキをかけたままテストをする.

Ab·brems·klotz[ápbrɛms..] ＝Bremsklotz

Ab·brem·sung[..brɛmzʊŋ] 女 -/-en abbremsen すること.

Ab·brems·vor·rich·tung[ápbrɛms..] 女 制動装置.

ab|bren·nen*[ápbrɛnən] 《25》 **I** 他 (h) **1** 焼き払う, 焼却する: ein Gebäude 〈*jm.* Haus und Hof〉 ～ 建物〈…の家屋敷〉を焼き払う | den Acker ～ (雑草を除くために)畑を焼く | den Wald ～ (耕地を作るために)森を焼く. **2** (火薬に)火をつける; (鉄砲を)発射する; (花火を)打ち上げる. **3** (れんが・陶器などを)焼き上げる. **4** 〔金属〕熱処理する; (abbeizen) (真鍮(しんちゅう)などを)酸で洗う; (ガラスに)硬度を持たせる. **5** 《オーストリア》日焼けさせる.

II 自 (s) **1** 焼失する, 焼け落ちる: Das Haus ist bis auf den Grund *abgebrannt*. その建物は全焼した. **2** (ろうそく・マッチなどが)燃え尽きる. **3** (人が火事で)焼け出される, 丸焼けにあう: Dreimal umgezogen ist 〔so gut 〈schlimm〉 wie〕 einmal *abgebrannt*. (→umziehen¹ I).

III **ab·ge·brannt** → 別出

Ab·brenn·ling[ápbrɛnlɪŋ] 男 -s/-e ＝Abbrandler

Ab·brenn·schwei·ßung 女 〔工〕火花〔突き合わせ〕溶接, フラッシュバット溶接.

Ab·bren·nung[..nʊŋ] 女 -/-en (abbrennen すること. 例えば:) 焼却; 焼失; 大火災; 〔化〕突燃; 〔金属〕熱処理.

Ab·bre·via·tion[abreviatsió:n] 女 -/-en ＝Abbreviatur [*spätlat.*]

Ab·bre·via·tions·spra·che ＝ Abkürzungssprache

Ab·bre·via·tor[..viá:tɔr, ..to:r] 男 -s/-en[..viató:rən] (ローマ教皇庁の)略文書作成官(1908年廃止).

Ab·bre·via·tur[..viatú:r] 女 -/-en (Abkürzung) **1** 短縮, 省略, 簡約. **2** 〔言〕略語; 〔楽〕略記法. [＜..ur]

Ab·bre·via·tur·spra·che 女 **1** 《ふつう単数で》＝Abkürzungssprache **2** (Ellipse) 〔言〕省略〔文〕(例 Stimmt.＜Das stimmt. そのとおりだ).

ab·bre·vi·ie·ren[abrevií:rən] 他 (h) (abkürzen) 短縮する, 省略〈簡約〉する. [*spätlat.*; ＜*lat.* brevis (→Breve); ◇*engl.* abbreviate, abridge]

ab|brin·gen*[ápbrɪŋən] 《26》 他 (h) **1** 《*jn.* von *et.*³》(…に…を)やめさせる,(…の気持ちを…から)そらす: *jn.* von einem Entschluß 〈vom Müßiggang〉 ～ …の決心を変えさせる〈怠惰を改めさせる〉| *jn.* vom rechten Weg ～ (→Weg 1) ‖ *sich*⁴ von *et.*³ nicht ～ lassen …をやめようとしない, …に固執する | Er läßt sich von seiner Meinung nicht ～. 彼は自分の意見を翻そうとしない. **2** (付着したものを)取り除く, 取り去る; (ある場所から)移す, 片づける: einen Fleck ～ よごれを落とす. **3** 〔海〕(座礁した船を)離礁させる. **4** 処分する; 廃止する: die Waren ～ 商品を売りさばく.

Ab·brin·gung[..ŋʊŋ] 女 -/-en abbringen すること.

ab|bröckeln[ápbrœkəln] 《06》 **I** 自 (s, h) **1** 《von *et.*³》(土壌・岩石・しっくい・ペンキなどが…から)ぼろぼろ(破片となって)落ちる, はがれる; 《比》(グループなどから)脱落〈離脱〉する. **2** 〔商〕(株・通貨などの)相場が徐々に下がる〈崩れる〉. **II** 他 (h) 破片にする, ぼろぼろに砕く.

Ab·bröcke·lung[..brœkəlʊŋ] (**Ab·bröck·lung**[..klʊŋ]) 女 -/ abbröckeln すること.

ab|brocken[ápbrɔkən] 他 (h) 《南部・オーストリア》(花・実などを)摘み取る.

Ab·bruch[ápbrʊx] 男 -[e]s/..brüche[..brʏçə] **1 a)** 取り壊し; 撤去: der ～ des Gebäudes 建物の取り壊し | der ～ des Lagers 陣営の撤去 | *et.*⁴ **auf ～ verkaufen** …を廃材の値段で売る | *jn.* **auf ～ heiraten** 《戯》…と遺産目あての結婚をする. **b)** (Trümmer) (取り壊された建造物などの)破片, 残骸(ざんがい); スクラップ; (氷河の)砕屑(さいせつ). **c)** (海岸などの)浸食〔個所〕; 山崩れ〔の斜面〕. **2** 《ふつう単数で》突然の中止, 中断; 〔スポーツ〕レフェリーストップ: der ～ der Rede 〈der Reise〉 談話〈旅行〉の中断 | der ～ der diplomatischen Beziehungen 外交関係の断絶. **3** (Schaden) 毀傷(きしょう), 損害: 〖ふつう次の形で〗*jm.* 〈*et.*³〉 **～ tun** 〈machen〉 …に損害を与える, …を傷つける | Der Streit soll unserer Freundschaft 〈unserer Liebe〉 keinen ～ tun. けんかのために我々の友情〈愛情〉にひびが入ってはならない | Er tat mir in meiner Ehre ～. 彼は私の名誉を傷つけた ‖ ～ leiden 〈erleiden / erfahren〉 《雅》損害を被る.

Ab·bruch≠ar·beit[ápbrʊx..] 女 -/-en 《ふつう複数で》(建物などの)撤去〈取り壊し・解体〉作業. ≠**ar·bei·ter** 男 撤去〈取り壊し〉作業員. ≠**fir·ma** 女 建物解体会社. ≠**ham·mer** 男 (破砕用の)圧縮空気ハンマー. ≠**hö·he** 女 瓦礫(がれき)の山.

ab·brü·chig[ápbrʏçɪç]² 形 **1** (岸などが)浸食されやすい, もろい. ▽**2** 不完全な, きずものの.

ab·bruch·reif[ápbrʊx..] 形 (建物などが)取り壊しの時期に達した; 《スイス》(schrottreif) (自動車が)スクラップ同然の.

Ab·bruchs·ar·beit 《オーストリア》＝Abbrucharbeit

Ab·bruch≠sie·ger 男 〔ボクシング〕相手側の試合放棄(ドクターストップ・レフェリーストップなど)による勝者. ≠**un·ter·neh·mer** 男 建物解体業者. ≠**wert** 男 (金属製品などの)スクラップとしての価値.

Ab·brücken[ápbrʏkən] 中 -s/ 橋の撤去.

ab|brü·hen[ápbry:ən] **I** 他 (h) **1** (blanchieren) 〔料理〕《*et.*⁴》(肉・野菜などを)さっと熱湯を通す〈ゆがく〉. **2** 熱湯消毒する. **3** ゆで上げる. **II** **ab·ge·brüht** → 別出

ab|brum·men[ápbrʊmən] **I** 他 (h) **1** 《話》(…の)服役をすます: zwei Jahre 〈eine zweijährige Strafe〉 ～ 2 年の刑期を務め上げる. **2** うなる,(口の中で)もぐもぐ言う. **II** 自 (s) 《話》(車などが)うなりをあげて走り去る.

ab|bu·chen[ápbu:xən] 他 (h) **1** 〔商〕帳簿から消す,(借金などを)棒引き〈帳消し〉にする; 《比》《*et.*⁴》(…の)削減〈消失〉を確認する: die Hoffnung ～ 《比》希望を捨てる. ▽**2** 〔商〕借方に記入する.

Ab·bu·chung[..xʊŋ] 女 -/-en abbuchen すること.

ab|bücken[ápbʏkən] 自 (h) 〔体操〕屈身飛びで降りる〈終わる〉.

ab|bü·geln[ápby:gəln] 《06》 **I** 他 (h) 《*et.*⁴》 **1** 〔服飾〕(…に)アイロン仕上げをする. **2** 《話》拒否する. **II** 自 (h) (スキーリフトの)握り棒をはなす.

ab|bum·meln[ápbʊməln] 《06》 《話》＝abfeiern 1

ab|bür·sten[ápbʏrstən] 《01》 **I** 他 (h) **1 a)** 《*et.*⁴》(…に)ブラシをかける. **b)** 《話》《*jn.*》(きびしい調子で)しかりつける. **2** (ちりなどを)ブラシで払う: *sich*³ die Haare von der Jacke ～ 上着についた髪の毛をブラシで払う.

II 自 (h) 《卑》(masturbieren) 手淫(しゅいん)〈オナニー〉をする.

ab|bus·seln[ápbʊsəln] 《06》 《オーストリア》＝abküssen

ab|bü·ßen[ápby:sən] 《02》 他 (h) (罪などを)十分にあがな

う〈償う〉: eine Schuld ～ 罪を償う | eine Strafe ～ 罰を受け終える; 刑期を務めあげる | *et.*[4] mit Geld ～ …の罰金〈償金〉を払う | Er hat es schwer ～ müssen.《話》彼はそのために手ひどい報いを受けた.

Ab·bü·ßung[..sʊŋ] 女 -/-en《ふつう単数で》abbüßen すること: nach ～ der Strafe 刑期を終えてから.

Abc[a:be:tsé:, abetsé:] 中 -/-《ふつう単数で》**1** アルファベット, いろは: das ～ lernen アルファベットを習う | nach dem ～ ordnen アルファベット順に並べる | das ～ vergessen 口が利けない, 度を失う. **2**《比》初歩, 基本, 入門: das ～ der Chemie 化学のいろは | noch ganz im ～ stecken 〈sein〉 まだほんの初歩の段階にとどまっている.

Abc≠-Bub[a(:)be(:)tsé:..] 男《オーストリア》= Abc-Schütze **≠-Buch** 中 (Fibel) 入門書. **≠-Code**[..ko:t] 男 -s/ (英語による)国際電信略号簿.

ab|checken[áptʃɛkən] 他 (h) チェックして確認〈点検〉する; (…に)照合済みの印を付ける.

ABC≠-Kampf·mit·tel[a(:)be(:)tsé:..] 複 = ABC-Waffen **≠-Krieg·füh·rung** 女 ABC-Waffen 使用作戦.

abc·lich[abetsé:lɪç] = abecelich

Abc≠-Schü·ler[a(:)be(:)tsé:..] 男, **≠-Schüt·ze** 男 (いろはを習い始める)小学1年生;《比》初学者, 初心者.

ABC≠-Staa·ten[a(:)be(:)tsé:..] 複 ABC 三国 (Argentinien, Brasilien, Chile; 1914年アメリカ・メキシコ間の紛争を調停した). **≠-Waf·fen** 複 (<atomare, biologische und chemische Waffen) ABC 兵器(原子兵器・生物兵器・化学兵器の総称).

abc·wei·se[abetsé:vaɪzə] = abeceweise

Ab·dach[ápdax] 中 -[e]s/..dächer[..dɛçər] **1** 軒(のき), ひさし; 差し掛け(片流れ)屋根. **2** (塀・手すりの)かさ木〈石〉.

ab|da·chen[ápdaxən] 他 (h) **1**《*et.*[4]》(…に)勾配(こうばい)〈傾斜〉をつける: 再帰 *sich*[4] ～ (なだらかな)勾配〈下り坂〉をなす | eine sich sanft *abdachende* Wiese なだらかに傾斜した草地. **2**《*et.*[4]》(…に)屋根をつける, かさ木〈石〉をのせる. **3**《*et.*[4]》(…から)屋根を取り去る.

ab·da·chig[ápdaxɪç][2] 形, **ab·dä·chig**[..dɛçɪç][2] 形 斜面になった, 勾配(こうばい)のある.

Ab·da·chung[ápdaxʊŋ] 女 -/-en **1** 傾斜, 下り斜面〈勾配(こうばい)〉(→ 図 Berg A). **2** (塀などの)かさ木〈石〉.

Ab·da·chungs·win·kel 男 傾斜角.

ab|däm·men[ápdɛmən] 他 (h) **1** (川などを)せき止める;《比》くい止める, はばむ, 阻止する: eine Entwicklung ～ 発展をはばむ. **2** (土地を)堤防で囲む;〘電〙絶縁する.

Ab·däm·mung[..mʊŋ] 女 -/-en **1** abdämmen すること. **2** 堤防; 防音装置.

Ab·dampf[ápdampf] 男 -[e]s/..dämpfe[..dɛmpfə] 廃蒸気, 排気.

Ab·dampf≠ap·pa·rat 男〘工・化〙蒸発器, 蒸発装置. **≠aus·tritt** 男〘工〙蒸気コック.

ab|damp·fen[ápdampfən] **I** 自 (s) **1 a)** 蒸発する, 気化する. **b)**〘料理〙(冷えて)湯気が出なくなる. **2**《話》(汽車・汽船などが)出発〈出帆〉する; (人が)出発する; 逃げ出す, ずらかる. **II** 他 (h) **1** 蒸発〈気化〉させる. **2**〘料理〙蒸す.

ab|dämp·fen[ápdɛmpfən] 他 (h) **1** (音響・色彩・強い印象・興奮などを)やわらげる, 弱める, ぼかす, (光沢を)取る. **2**〘服飾〙湿った布を当ててアイロンをかける. **3**〘料理〙湯気が出なくなるまで冷やす〈さます〉.

Ab·dampf≠ener·gie[ápdampf..] 女〘工〙排気エネルギー, 蒸発エネルギー. **≠hei·zung** 女 排気暖房〔装置〕. **≠kes·sel** 男 蒸発がま. **≠lei·tung** 女 (蒸気機関の)排気管. **≠pfan·ne** 女 蒸発ざら〈パン〉. **≠rohr** 中 排気管. **≠rück·stand** 男〘化〙蒸発残渣(ざんさ). **≠scha·le** 女 蒸発ざら. **≠tur·bi·ne** 女 蒸気タービン.

Ab·damp·fung[ápdampfʊŋ] 女 -/-en abdampfen すること.

Ab·dämp·fung[..dɛmpfʊŋ] 女 -/-en abdämpfen すること.

Ab·dampf≠vor·rich·tung[ápdampf..] 女 蒸発装置. **≠wär·me** 女 -/ 蒸発熱.

ab|dan·ken[ápdaŋkən] **I** 自 (h) **1** 退職〈辞任〉する, 退官〈退位〉する: freiwillig ～ 自発的に退職〈辞任〉する. **2**《スイス》葬儀を行なう.

▽**II** 他 (h) 解職〈解任〉する, 解雇する; 見限る: ein Heer ～ 軍隊を解散する | ein Schiff ～ 廃船にする | das Reich ～ (皇帝が)退位する ‖〖今日ではもっぱら過去分詞で〗ein *abgedankter* Offizier 退役士官 | ein *abgedankter* Freund 〈Mantel〉《比》見限られた友人〈着なくなったコート〉.

Ab·dan·kung[..kʊŋ] 女 -/-en **1** 退職, 辞任, 退官, 退位. ▽**2** 解職, 解任, 解雇. **3**《スイス》葬儀, 告別式.

ab|dar·ben[ápdarbən][1] 他 (h) 再帰 *sich*[3] *et.*[4] ～ …を(無理して)節約〈倹約〉する | Er *darbte* sich[3] jeden Pfennig [am 〈vom〉 Munde] *ab.* 彼は〔食うものも食わずに〕金をためた.

ab|dar·ren[ápdarən] = darren 1

ab|das·seln[ápdasəln]《06》他 (h) (家畜から)ウシバエ(牛蠅)〔の幼虫〕を取ってやる. [◇Dasselfliege]

Ab·das·se·lung[ápdasəlʊŋ] (**Ab·daß·lung**[..slʊŋ]) 女 -/-en abdasseln すること.

Ab·deck≠blech[ápdɛk..] 中 (機械などの)金属板製のカバー. **≠blen·de** 女 よろい戸, シャッター.

ab|decken[ápdɛkən] 他 (h) **1**《*et.*[4]》(…から)おおい〈外被〉を取り除く, (…の)カバーをはずす, (覆(おお)っているものを)取り除く: das Bett ～ (就寝のために)ベッドカバーをはずす | ein Haus 〈ein Gebäude〉 ～ 建物の屋根をはがす | den Tisch 〈die Tafel〉 ～ テーブルクロスを取り除く; 食事のあと片づけをする | die Bettdecke ～ 掛けぶとんをはぐ | ▽das Pferd ～ (死んだ)馬の皮をはぐ, 死んだ馬を始末する ‖ 再帰 Das Kind *deckt* sich[4] immer *ab.* 子供はしょっちゅう掛けぶとんをはねのける. **2** (保護するために)おおう; (…に)被膜をつける: ein Beet ～ 苗床におおいをする | eine Mauer mit Platten ～ 塀〈囲壁〉にかさ木〈石〉をつける. **3**〘スポーツ・チェス〙防御する, ガード〈カバー〉する: den gegnerischen Spieler ～ 相手の選手をマークする ‖ den Turm mit der Dame ～ ルークをクイーンで防御する. **4**〘商〙**a)** (需要などを)満たす; (負債を)返済する, (損失を)カバーする. **b)** 支配する: den Markt ～ 市場を支配する. **5**《話》ぶちのめす.

Ab·decker[ápdɛkər] 男 -s/- 皮はぎ人, 獣皮加工業者.

Ab·decke·rei[apdɛkəráɪ] 女 -/-en 皮はぎ業〈場〉.

Ab·deck≠pla·ne[ápdɛk..] 女 (貨物などの)シートカバー, 防水布. **≠plat·te** 女 おおい〈ふた〉板, カバープレート(→ 図 Herd);〘建〙(塀などの)かさ木〈石〉. **≠stein** 男〘建〙かさ石.

Ab·deckung[ápdɛkʊŋ] 女 -/-en **1** abdecken すること. **2** おおい, カバー;〘建〙かさ木〈石〉.

ab|dei·chen[ápdaɪçən] = abdämmen

Ab·de·ra[apdé:ra·] 地名 アブデラ(エーゲ海北岸 Thrakien の古代ギリシア人の町. 市民の心の狭さで知られる).

Ab·de·rit[apderí:t] 男 -en/-en アブデラ市民;《比》小市民, 愚人. [*gr.*–*lat.*]

ab·de·ri·tisch[..tɪʃ] 形 アブデラ市民の;《比》小市民的な, 愚かな.

ab|de·stil·lie·ren[ápdɛstili:rən] 他 (h)〘化〙分留する.

ab|dich·ten[ápdɪçtən]《01》他 (h)《*et.*[4]》(…を)密閉する, (…の)すきまをなくす;〘海〙(船に)詰め物をして水もれを防ぐ: ein Leck ～ 水もれの個所をふさぐ | *et.*[4] gegen Luft 〈Wasser〉 ～ …を気密〈水密〉にする | ein Zimmer gegen Geräusche ～ 部屋に防音設備を施す ‖ das Fundament 〈den Damm〉 ～ 基礎〈堤防〉に防水工事をする | Schrauben ～ ねじを締める.

Ab·dich·tung[..tʊŋ] 女 -/-en **1**《単数で》abdichten すること. **2** 充填(じゅうてん)材, パッキング〈シーリング〉材料.

Ab·dich·tungs≠ma·te·rial 中 = Abdichtung 2 **≠ring** 男 (ねじの)ワッシャー.

ab|dicken[ápdɪkən] 他 (h)〘料理〙(スープなどを)濃くする; 煮つめる. [<dick]

ab|die·len[ápdi:lən] 他 (h) **1** (部屋などに)床板を張る, 板張りにする. **2** (部屋などを)仕切る.

ab|die·nen[ápdi:nən] 他 (h) **1** (一定の年季・勤務〈義成〉期間などを)勤めあげる: *sein* Jahr beim Militär ～ 兵役を済ませる. ▽**2** (負債・負い目を労働・奉仕などによって)償う, 清算する: eine Schuld ～ 奉公して〈働いて〉借金を返済する.

▽**Ab·di·ka·tion**[apdikatsió:n] 女 -/-en **1** (Abdankung) 退位; 辞任. **2** (権利・権益などの)放棄, 譲渡. [*lat.*; < *lat.* abdicāre (→abdizieren)]

ab·ding·bar[ápdɪŋbaːr] 形 折衝によって変更の余地のある; 〘法〙(規定・契約などが)合意によって変更(排除)しうる.

Ab·ding·bar·keit[−kaɪt] 女 -/ abdingbar なこと.

ab|din·gen(*)[ápdɪŋən] 《30》 他 (h) **1** 《*jm. et.*[4]》 (…から…を)交渉(折衝)して手に入れる, 値切って買う; 〘法〙(規定・契約などを)合意によって排除する: Dieses Recht kann mir keiner ~. この権利はだれにも譲るわけにゆかない | Davon läßt sich nichts ~. それはびた一文まけられない.
2 《*jn.*》(他社の社員などを)引き抜く, スカウトする.

▽**ab·di·zie·ren**[apditsíːrən] **I** 自 (h) (王侯が)退位する. **II** 他 (h) (王位などを)捨てる; (権利・権益を)放棄する. [*lat.* ab-dicāre „los-sagen"; ◇Diktion; *engl.* abdicate]

ab|docken[ápdɔkən] 他 (h) (糸を)かせから外す; 〘狩〙(猟犬のひもを)たぐり出す, ゆるめる.

Ab·do·men[apdóːmən, ..mɛn] 中 -s/-, ..mina[..minaˑ] (Unterleib) 〘解〙〔下〕腹部, 腹腔(ふくこう); 〘虫〙腹部. [*lat.*]

ab·do·mi·nal[apdominá:l] 形〔下〕腹部の, 腹腔(ふくこう)の: ~*e* Atmung 〘医〙腹式呼吸.

Ab·do·mi·nal≠auf·trei·bung 女〘医〙腹部膨満. **≠mus·kel** 女〘解〙腹筋. **≠schwan·ger·schaft** 女〘医〙腹腔(ふくこう)妊娠. **≠ty·phus** 男〘医〙腸チフス.

Ab·do·mi·no·sko·pie[apdominoskopíː, ..nɔs..] 女 -/ 〘医〙腹腔(ふくこう)鏡検査〔法〕.

ab|don·nern[ápdɔnərn] 《05》 自 **1** (s) 《話》爆音をとどろかせて走り(飛び)去る. **2** (h) 非人称 《es donnert 〔sich〕 ab》雷鳴がやむ.

ab|dor·ren[ápdɔrən] **I** 自 (s) 《雅》(植物などが)枯れる, 枯死する; ひからびる. **II** 他 (h) (人工的に)乾燥させる.

ab|dör·ren[ápdœrən] 他 (h) 干す, 乾燥させる; 〘金属〙焙焼(ばいしょう)精錬する.

Ab·draht[ápdraːt] 男 -〔e〕s/..drähte[..drɛːtə] (木・金属などの)削りくず.

ab|drän·gen[ápdrɛŋən] 他 (h) **1** わきへ押しやる, 押しのける; (風が船舶・飛行機などを)航路からそらせる: *sich*[4] nicht von *seinem* Recht ~ lassen 自分の権利に固執する. ▽**2** 《*jm. et.*[4]》(…に…を)せがむ, 強要する.

ab|drech·seln[ápdrɛksəln] 《06》 **I** 他 (h) 旋盤(ろくろ)で仕上げる; かたどる. **II ab·ge·drech·selt** → 別出

ab|dre·hen[ápdreːən] **I** 他 (h) **1** (↔andrehen) (栓・スイッチなどを)回して(ひねって)止める; (…の)スイッチを切る: das Licht (das Radio) ~ 電灯(ラジオ)のスイッチを切る | das Gas (das Wasser) ~ ガス(水道)の栓を締める | den Hahn ~ 栓をひねって止める | *jm.* den Geldhahn ~ (→Geldhahn). **2** ねじ切る: den Schlüsselbart ~ 鍵(かぎ)の歯をねじ切ってしまう | dem Huhn den Kopf ~ 鶏の首をひねって殺す | *jm.* den Hals ~ (→Hals 1 a) | *jm.* die Luft ~ (→Luft 2). **3** (…の)向きをかえる: das Gesicht ~/ 再帰 *sich*[4] ~ わきを向く. **4** 〘工〙旋盤で仕上げる. **5** 〘映〙撮影し終える.
II 自 (h) 向きを変える, 針路を変更する: Das Flugzeug *drehte* nach Westen *ab.* 飛行機は西に針路を向けた.
III ab·ge·dreht → 別出

Ab·dreh≠ma·schi·ne[ápdreː..] 女 旋盤, 仕上げ機. **≠spä·ne** 複 旋盤の削りくず. **≠spin·del** 女 旋盤スピンドル. **≠stahl** 男 旋盤用のみ. **≠werk·zeug** 中 〘工〙ドレッサー, 目直し機.

ab|dre·schen*[ápdrɛʃən] 《31》 **I** 他 (h) (刈りとった穀物を)からざおで打つ, 脱穀する. **II ab·ge·dro·schen** → 別出

Ab·drift[ápdrɪft] 女 -/-en 《ふつう単数で》 **1** 〘海・空〙(針路からの)偏流; 偏流角. **2** 〘電〙ドリフト.

Ab·drift·an·zei·ger 男〘空〙偏流計.

ab|drif·ten[ápdrɪftən] 《01》 自 (s) 〘海・空〙(船舶・航空機などが)針路をそれる; コースを外れる, テーマを逸脱する.

Ab·drift·mes·ser 男〘空〙偏流計.

ab|drin·gen*[ápdrɪŋən] 《33》 他 (h) 《*jm. et.*[4]》(…に…を)せがむ, 強要する; (…から…を)ゆすり取る.

ab|dros·seln[ápdrɔsəln] 《06》 他 (h) (栓・しぼり弁などを調節してガス・蒸気・空気・水などの流通・供給を)おさえる, しぼる, 止める; 《比》制限(抑止)する: den Motor ~ エンジンへのスロットルをしぼる | den Gashahn ~ ガス栓をひねって止める | den Verkehr ~ 《比》交通量を減らす ‖ *jm.* die Luftröhre ~ …の首を絞める.

Ab·dros·se·lung[ápdrɔsəlʊŋ] (**Ab·droß·lung**[..slʊŋ]) 女 -/ abdrosseln すること.

Ab·druck[ápdrʊk] 男 **1** -〔e〕s/-e **a)** 《単数で》(原稿などの)活字化, 印刷; (書物の)再印刷, 復刻; (絵画・写真などの)複製: Der ~ des Aufsatzes erfolgt im nächsten Heft. この論文は次号に掲載いたします | ~ nur mit Genehmigung 許可なくして転載(復刻・複製)を禁じる. **b)** 活字化されたもの, 印刷されたもの; 復刻(複製)物: der zweite ~ der dritten Auflage 第3版第2刷 | Von dem Bild wurden mehrere ~*e* hergestellt. この絵から数種類の複製が作られた.
2 -〔e〕s/..drücke[..drʏkə] **a)** 《単数で》(ろう・石膏(せっこう)などで)型を取ること: einen ~ in Gips (in Wachs) veranlassen 石膏(ろう)で型を取る. **b)** 押型; 刻印, スタンプ: einen ~ von *et.*[3] machen (abnehmen/herstellen) …の〔押〕型を取る ‖ ein ~ von Pflanzen in Stein 石に残された植物の痕跡(こんせき).
3 -〔e〕s/ (銃の)引き金を引くこと.

ab|drucken[ápdrʊkən] 他 (h) **1** (原稿などを)活字化する, 印刷する; (書物を)再印刷する, 復刻する; (絵画・写真などを)複製する: ein Buch wieder ~ 書物を重版する | einen Roman in der Zeitung ~ 小説を新聞に掲載する. **2** 印刷し終える. **3** 《*et.*[4]》(…の)型を取る.

ab|drücken[ápdrʏkən] 他 (h) **1** (押して)発射する, (銃の)引き金をひく; 〘サッカー〙(ゴールに向かって)シュートする; das Gewehr ~ 銃の引き金を引く, 発砲する | einen Pfeil ~ (いしゆみの)矢を放つ ‖〘目的語なしで〙auf *jn.* ~ …に向かって発砲する. **2** 《*jn.* (*et.*[4]) 〔von *et.*[3]〕》(…を〔…から〕)押して引き離す, 押しのける: das Boot vom Ufer ~ ボートを岸から押し出す ‖ 再帰 *sich*[4] von *et.*[3] ~ 突っぱって…から体を離す. **3** 《*jm. et.*[4]》(…の…を)押しつぶす, 押して流通を妨げる: *jm.* die Ader (die Arterie) ~ …の血管(動脈)を強くおさえる(止血のために) | *jm.* das Herz ~ (→Herz 1 a) | Die Erregung *drückte* ihr die Luft *ab.* 興奮のあまり彼女は息がつまりそうだった | *jm.* die Luft ~ (→Luft 2). **4** 《*et.*[4] in *et.*[4]》(型を取るためなどに…を…に)押しつける(→Abdruck 2): einen Schlüssel in Wachs ~ ろうで鍵(かぎ)の型をとる ‖ 再帰 *sich*[4] ~ 跡を残す | Die Fußspur hatte sich im Erdboden *abgedrückt.* 足跡が地面に残されていた | Auf seinem Gesicht *drückte* sich der Schmerz *ab.* 彼の顔には苦悩が刻まれていた. **5** 《俗》《*jn.*》強く抱きしめる. **6** 《俗》 再帰 *sich*[4] ~ 逃げ出す, ずらかる.

Ab·druck〔s〕≠pa·pier[ápdrʊk(s)..] 中 印刷用紙. **≠recht** 中 版権, 復刻(複製)権.

abds. 略 =abends

ab|ducken[ápdʊkən] 自 (h) 〘ボクシング〙(攻撃をかわすために)頭(上体)を沈める, ダッキングをする.

Ab·duk·tion[apdʊktsióːn] 女 -/-en (↔Adduktion) 〘生理〙外転. [< *lat.* abdūcere (→abduzieren)]

Ab·duk·tions·schie·ne 女〘医〙外転副子(ふくし).

Ab·duk·tor[..dʊ́ktɔr, ..toːr] 男 -s/-en[..dʊktóːrən] (↔Adduktor) 〘解〙外転筋; 〘動〙(節足動物の)伸筋.

ab|dun·keln[ápdʊŋkəln] 《06》 **I** 他 (h) **1** 暗くする; 暗色にする; (部屋などに)暗幕をはる; 〘劇〙(舞台の一部の照明を)落とす: die Lampe ~ (かさなどで)ランプの光を暗くする | ein Fenster ~ (暗幕などで)窓を暗くする. **2** eine alte Schallplatte ~ (高音をカットするなどして)古いレコードの雑音を除く. **II** 自 (s, h) 暗くなる; (色が)濃くなる.

ab|dun·sten[ápdʊnstən] 《01》 自 (s) 蒸発する.

ab|dün·sten[ápdʏnstən] 《01》 他 (h) **1** 蒸発(気化)させる. **2** 〘料理〙蒸す; とろ火で煮る.

Ab·dün·stungs≠bad[ápdʏnstʊŋs..] 中 蒸しぶろ, 蒸気浴. **≠haus** 中 製塩所.

ab|du·schen[ápduʃən, ..du:ʃən]《04》他 (h)《*jn.*》(…に)シャワーをかける, シャワーで洗う: 再帰 *sich*⁴ ～ シャワーを浴びる.

ab·du·zie·ren[apdutsí:rən] 他 (h) (英: *abduct*)〘生理〙外転させる. [*lat.* ab-dūcere „weg-führen"; ◇Duc]

Abé (Abe)[abé:, ábe·] 男 中 -s/-s《話》《婉曲に》便所. [Abort²のフランス語めかした短縮形]

ab|eb·ben[áp|ɛbən]¹ 自 (s) 潮が引く;《比》(争い・興奮などが)治まる, 静まる: Der Lärm 〈Die Krankheit〉 *ebbte* langsam *ab.* 騒音はしだいに静まった〈病状はしだいに落ち着いた〉.

Abe·ce[a(:)be(:)tsé:] 中 -/- ＝Abc

Abe·ce·buch ＝Abc-Buch

Abe·ce-Code[..ko:t] ＝Abc-Code

Abe·ce·da·ri·en Abecedarium の複数.

Abe·ce·da·ri·er[abetsedá:riər] 男 -s/- (Anfänger) 初学〈初心〉者; (小学校の) 1 年生.

Abe·ce·da·rii Abecedarius の複数.

Abe·ce·da·rium[..rium] 中 -s/..rien[..riən] **1** (14-15世紀のドイツ法典の) ABC 順の索引. ᵛ**2** ＝Abc-Buch ᵛ**3** ＝Abecedarius 3 [*mlat.*]

Abe·ce·da·rius[..rius] 男 -/..rii[..rii·] **1** ＝Abecedarier **2** 初歩教授者; (小学校の) 1 年生担当教員. **3** 行〈節〉の頭字が ABC 順になっている詩〔形〕.

abe·ce·die·ren[abetsedí:rən] 自 (h) ABC を言う;〘楽〙ABC の音名で歌う.

abe·ce·lich[abetsé:lıç] 形 アルファベット順の.

Abe·ce·ling[..lıŋ] 男 -s/-e ＝Abc-Schütze

Abe·ce≤schü·ler[a(:)be(:)tsé:..] ＝ Abc-Schüler ≤**schüt·ze** ＝Abc-Schütze

abe·ce·wei·se[abetsé:vaızə] 副 アルファベット順に.

ab|ecken[áp|ɛkən] 他 (h) **1**《*et.*⁴》(…の)かどを取る. **2**《*et.*⁴》(…に)かどをつける: *et.*⁴ nach dem rechten Winkel ～ …を直角にする.

Abee[abé:, ábe·] 男 中 -s/-s ＝Abé

ab|eg·gen[áp|ɛgən]¹ 他 (h) **1** (畑を)まぐわですきならす. **2** (雑草などを)すき取る.

ab|ei·chen[áp|aıçən] 他 (h) 計測〈計量〉する.

ab|ei·fern[áp|aıfərn]《05》他 (h) 再帰 *sich*⁴ ～ 熱中しすぎて疲れる.

ab|ei·len[áp|aılən] **I** 自 (s)〘劇〙(舞台から)急いで立ち去る〈退場する〉. **II** 他 (h) 再帰 *sich*⁴ ～ 奔命に疲れる.

ab|ei·sen[áp|aızən]¹《02》他 (h)《ｵｰｽﾄﾘｱ》(氷・雪などを)溶かす: den Kühlschrank ～ 冷蔵庫の霜取りをする.

..abel[..a:bəl]《形容詞をつくる. ..ibel となることもある》**1**《ふつう ..ieren に終わる動詞につけて「…可能な」を意味する》: respekt*abel* 尊敬すべき | explos*ibel* 爆発性の. **2**《名詞につけて「…のある」を意味する》: profit*abel* 有利な, もうかる | komfort*abel* 快適な. [*lat.*; ◇habil; *engl.* ..able]

Abel[á:bəl] 人名〘聖〙アベル, ヘベル (Adam の次男で, 兄 Kain に殺された. 創4,1-9). [*hebr.*]

Abé·lard[abelá:r] →Abälard

Abel·baum[á:bəl..] 男, **Abe·le**[abé:lə] 女 -/-n〘植〙ポプラ. [*afr.*; <*lat.* albus (→Albus); ◇Alber]

Abel·mo·schus[a(:)bəlmɔ́ʃus, á:bəlmɔʃus] 男 -(-ses [..ʃusəs])/-se[..ʃusə]〘植〙トロロアオイ属(オクラ・トロロアオイなど). [*arab.*; ◇Moschus; *engl.* abelmosk]

abe·nand[abənánt] 副《ｽｲｽ》(entzwei) ふたつに〔分かれて〕, まっぷたつに; 別々にわかれて. [<ab²+einander]

Abend[á:bənt]¹ **I** 男 -s/-e **1** (英: *evening*)晩, 宵, 夕方: Es wird ～. 晩になる, 日が暮れる ‖ ein kalter 〈stiller〉 ～ 寒い〈静かな〉晩 | **Guten ～!** (晩のあいさつ)今晩は; いらっしゃいませ, お帰りなさい; ただいま; さようなら, 行ってまいります, 行ってらっしゃい (Gott gebe dir 〈euch/Ihnen〉 einen guten ～! の略. 口語調では guten を略して 'n ～! となることがある: →gut I 5 a) | *seinen* guten ～ haben (晩に)調子がよい, 上機嫌である ‖〘4 格で副詞的に: →II〙alle ～*e* 毎晩 | diesen 〈jeden〉 ～ 今〈毎〉晩 | den ganzen ～ 一晩じゅう ‖〘2 格で副詞的に: →abends〙des ～*s* 晩に | eines 〔schönen〕 ～*s* いつかある晩に ‖〘前置詞と〙**am ～** 〔vorher〕〔前の〕晩に | *jd.* **kann mich am ～ besuchen**《話》…なんかくそくらえだ | **durch den ～ fallen**《話》夜どおし飲み〈騒ぎ〉明かす | **～ für ～** 毎晩 | **gegen ～** 晩近くに, 夕方ごろに (→5) | Man soll den Tag nicht vor dem ～ loben 〈tadeln〉. (→Tag 1 a) | **zu ～ essen** 夕食をとる | vom Morgen bis zum ～ 朝から晩まで.

☆ Abend と Nacht の境界は厳密には決められないが, だいたい日暮れ時から就寝時(10時か11時ごろ)までが Abend で, それ以後日の出時までが Nacht であると考えてよいだろう.

2 晩の催し, 夜会, (…の) 夕べ;〘劇〙上演〔当夜〕: Mozart-～/Mozart*abend* モーツァルトの夕べ | für *jn.* einen ～ geben …のために夜会を催す.

3《比》終末, 末期: am ～ des Lebens 〈des vergangenen Jahrhunderts〉 晩年〈前世紀の末期〉に | **Es ist noch nicht aller Tage ～.**《諺》いまだ事の成否が決まったわけではない, まだ希望がもてる(いまだすべての日々の終末ではない).

4 (英: *eve*) (Vorabend) (祭りの)前の晩, 前夜; 前日: **der Heilige ～** クリスマス=イブ(＝der Heiligabend).

5《単数で》《雅》(Westen) 西: gen 〈gegen〉 ～ 西方に向かって | Der Wind kommt von ～ her. 風は西から吹いてくる.

6《南西部》(Nachmittag) 午後.

II abend 副《特定の日を示す語のあとにつけて: →abends》(…の日の)晩に: heute ～ 今晩 | gestern ～ 昨晩 | morgen ～ 明晩 | Sonntag ～ 日曜日の晩に.
[*germ.*; ◇epi..; ◇*engl.* evening]

Abend≤an·dacht[á:bənt..] 女 夕べの礼拝〈祈禱(きとう)〉. ≤**an·zug** 男 (男子の)夜会服. ≤**auf·füh·rung** 女 (劇場などの)夜間公演. ≤**aus·ga·be** 女 (新聞の)夕刊. ≤**blatt** 中 夕刊〔新聞〕, 夕刊紙(朝刊紙に対して). ≤**bör·se** 女 (証券取引の)後場. ≤**brot** 中 -〔e〕s/ ＝Abendessen ≤**däm·me·rung** 女 夕暮れ, 薄暮, たそがれ. ≤**dun·kel** 中 夕やみ.

aben·de·lang[á:bəndəlaŋ] 形《述語的用法なし》数晩の, 幾晩にもわたる.

Abend≤es·sen[á:bənt..] 中 (Abendbrot) 夕食, 晩飯: *jn.* zum ～ einladen …を夕飯に招待する. ≤**fal·ter** 男〘虫〙**1** スズメガ(雀蛾). **2** スズメガ科のガ. ≤**frie·den** 男 -s/ 晩の静けさ.

abend·fül·lend[á:bəntfʏlənt]¹ 形 一晩かかる: ein ～*er* Film (それ 1 本だけで一晩かかる)長編映画 | ein ～*es* Stück〘劇〙一晩ものの戯曲.

Abend≤ge·bet[á:bənt..] 中〘宗〙夕べの祈り, 晩禱(ばんとう). ≤**ge·gend** 女《雅》西方. ≤**ge·läut** 中, ≤**ge·läu·te** 中 晩鐘. ≤**ge·sang** 男 (教会の)晩の賛美歌. ≤**ge·sell·schaft** 女 夜会, 夜の催し. ≤**glanz** 男 夕焼け, 夕ばえ. ≤**glocke** 女 晩鐘. ≤**glut** 女 夕焼け, 夕ばえ. ≤**got·tes·dienst** 男 **1** ＝Abendgebet **2**〘ｶﾄﾘｯｸ〙晩課, 夕べの典礼. ≤**grau·en** 中 -s/ 夕暮れ, 薄暮. ≤**gym·na·sium** 中 夜間ギムナジウム(3 年半で大学入学資格を与える成人学校). ≤**hauch** 男《雅》夕べのそよ風. ≤**him·mel** 男 夕空. ≤**hoch·schu·le** 女 夜間大学. ≤**im·biß** 男 (軽い)夜食. ≤**kas·se** 女〘劇〙(夕方開く)当日券売り場. ≤**kleid** 中 (女性の)夜会服, イブニングドレス. ≤**klei·dung** 女 夜会用の服装. ≤**küh·le** 女 晩の冷気. ≤**kurs** 男, ≤**kur·sus** 男 夜間講座. ≤**land** 中 -〔e〕s/ (↔Morgenland) 西洋(主としてヨーロッパ): der Untergang des ～*es* 西洋の没落. ≤**län·der**[..lɛndər] 男 -s/- (女≤**län·de·rin**[..dərın]-/-nen) 西洋人(主としてヨーロッパ人).

abend·län·disch[á:bəntlɛndıʃ] 形 西洋(主としてヨーロッパ)の: die ～*e* Kultur ヨーロッパ文化 | die ～*e* Kirche 西方教会(東方教会に対してローマ=カトリック教会をいう).

Abend·läu·ten 中 -s/ 晩鐘〔の響き〕.

abend·lich[á:bəntlıç] **I** 形《ふつう比較変化なし; 述語的用法なし》**1** 晩〈夕方〉の; 晩〈夕方〉らしい: der ～*e* Himmel 夕空. **2**《雅》西〈西方〉の. **II** 副 **1** 晩〈夕方〉めいて, 晩〈夕方〉らしく. ᵛ**2** 晩に.

Abend≤licht[á:bənt..] 中 -〔e〕s/ 夕ばえ, 夕べの薄明かり. ≤**licht·nel·ke** 女〘植〙マツヨイセンノウ(待宵仙翁).

⸗**lied** 中 夕べの歌. ⸗**luft** 女 晩の冷気. ⸗**mahl** 中 -[e]s/-e **1**《単数で》(キリストの)最後の晩餐(ばんさん). **2** das [heilige] ~〘新教〙聖餐(せいさん)[式]; 〘カトリック〙最後の晩餐 | das ~ empfangen 聖餐を受ける | **auf** *et.*⁴ **das ~ nehmen** …を神に誓って保証する | Darauf will ich das ~ nehmen.《比》それは誓って大丈夫だ, それは間違いない. ▽**3**《南部》(Abendbrot) 夕食.

Abend·mahls⸗brot 中〘新教〙聖餐(せいさん)式のパン. ⸗**bul·le** 女 (教皇の)破門勅令集. ⸗**fei·er** 女 聖餐式. ⸗**gän·ger**[..gɛŋər] 男 -s/-, ⸗**gast** 男 -[e]s/..gäste 聖餐を受ける人. ⸗**kelch** 男〘新教〙聖餐杯. ⸗**wein** 男《ふつう単数で》聖餐用ぶどう酒.

Abend⸗mahl·zeit[á:bənt..] 女 夕食, 晩餐. ⸗**ma·tu·ra·kurs** 男《オーストリア》= Abendgymnasium ⸗**mel·dun·gen** 複〘放送〙晩のニュース. ⸗**mensch** 男 夜型の人. ⸗**mes·se** 女, ⸗**met·te** 女〘カトリック〙晩課, 夕べの典礼. ⸗**mu·sik** 女 小夜(さよ)曲, セレナード. ⸗**nach·rich·ten** 複 = Abendmeldungen ⸗**pfau·en·au·ge** 中〘虫〙ヨーロッパウチスズメ(欧州内雀蛾). ⸗**punkt** 男 -[e]s/ (Westpunkt)〘天〙西点, 正西, 真西. ⸗**rot** 中 -s/ (雅: ⸗**rö·te** 女 -/) 夕焼け: *Abendrot* Gutwetterbot'.《諺》夕焼けの翌日は天気が良い.

abends[á:bənts] 副 (略 abds.)《特定の日とは関係なく: →abend》晩に: früh 〈spät〉 ~ 晩早く〈遅く〉| Dienstag ~ 火曜日の晩に | ~ um 8 Uhr 晩の8時に | von morgens bis ~ 朝から晩まで.

Abend⸗schein[á:bənt..] 男 -[e]s/ 夕日の光〈輝き〉, 残照. ⸗**schicht** 女 (昼夜交代制の)夜勤; (三交代制で晩にかかる)二番勤. ⸗**schim·mer** 男 = Abendschein ⸗**schop·pen** 男 = Abendtrunk ⸗**schu·le** 女 夜間学校; 夜間授業〈課程〉. ⸗**schü·ler** 男 夜学校の生徒. ⸗**se·gen** 男〘キリスト教〙(短い)夕べの祈り. ⸗**seg·ler** 男〘動〙アシナガコウモリ. ▽⸗**sei·te** 女《雅》西側. ⸗**son·ne** 女 -/ 夕日. ⸗**ständ·chen** 中 = Abendmusik ⸗**stern** 男 夕空の星,(特に:) 宵の明星(金星).

abend·still[á:bənt..] 形 日が暮れて静かになった; 日暮れどきのように静まりかえった.

Abend⸗stun·de 女 -/-n《ふつう複数で》夕刻, 晩の〈暗くなった〉時間. ⸗**täsch·chen** 中〘服飾〙イブニングバッグ. ⸗**tau** 男 夜露; 〘気象〙天泣(てんきゅう)(熱帯地方で日没後晴れた空から降る細かな雨). ⸗**tisch** 男 夕食[の食卓]. ⸗**toi·let·te**[..toalɛtə] 女 **1** 夜会服. **2** 晩(寝る前)の化粧〈身づくろい〉. ⸗**trunk** 男 晩酌. ⸗**um·hang** 男〘服飾〙(夜会服の上にはおる)イブニング=ラップ. ⸗**un·ter·hal·tung** 女 夕べ〈晩〉のだんらん; 晩の娯楽; 夜の催し(演劇・音楽・朗読など). ⸗**un·ter·richt** 男 夜間授業. ⸗**ver·an·stal·tung** 女 晩の催し. ⸗**vi·si·te** 女 (病院での)夕方〈午後〉の回診. ⸗**vo·gel** 男〘虫〙ガ(蛾);《比》夜遊びする人. ⸗**völ·ker** 複 西欧諸民族. ⸗**vor·stel·lung** 女 (劇場の)夜の公演〈興行〉. ⸗**wa·che** 女〘海〙薄暮直(16-20時の当直).

abend·wärts[á:bəntvɛrts] 副《雅》西方へ.

Abend⸗wind 男 **1** 夕風. **2**《雅》西風. ⸗**zeit** 女 -/ 夕刻: zur ~ 夕方に. ⸗**zei·tung** 女 = Abendblatt ⸗**zug** 男 晩に出発〈到着〉する列車.

Aben·teu·er[á:bəntɔʏər] 中 -s/- **1** (英: *adventure*) 冒険; (危険な)体験, (異常な)できごと: ein gefahrvolles ~ 危険に富んだ冒険 | das große ~ 大冒険; 渇望していたできごと ‖ ein ~ erleben 冒険〈異常なできごと〉を体験する | ~ suchen 冒険〈スリル〉を求める. **2** (政治・軍事・商売などでの)冒険的な企て, 投機的な仕事: auf ~⁴ arbeiten (注文によらずに)見込みで作る〈商いをする〉. **3** 恋の冒険, アバンチュール, 色ごと: ein galantes ~ 艶(つや)ごと. ▽**4** (中世騎士の)遍歴, 冒険[の旅]; (旅の途中であう)危険なできごと; 騎士物語[の一章]: ein ~ bestehen 冒険をやってのける, 危険を克服する | auf ~⁴ ausziehen 武者修業に出る, 冒険を求めて旅に出る. ▽**5** 怪物, 妖怪(ようかい). [*afr.* aventure (→Aventüre) – *mhd.*; ◇ *engl.* adventure]

Aben·teue·rin Abenteurer 1 の女性形.

aben·teu·er·lich[á:bəntɔʏərlıç] 形 冒険的な, 危険な; 怪奇〈珍奇〉な, 風変わりな; ありそうもない: ein ~*es* Leben führen 波瀾(はらん)万丈の生活を送る;《比》やりくりして暮らす.

Aben·teu·er·lich·keit[–kaıt] 女 -/-en **1**《単数で》abenteuerlich なこと. **2** abenteuerlich な言動.

Aben·teu·er·lust 女 -/ 冒険心.

aben·teu·er·lu·stig 形 冒険心に富んだ.

aben·teu·ern[á:bəntɔʏərn]《05》自 (h, s) 冒険を求めて出かける, 冒険を求める: *abenteuernde* Jugend 冒険心のさかんな若者たち〈青春〉.

Aben·teu·er⸗ro·man 男 騎士〈冒険〉小説; 伝奇小説; 悪漢小説, ピカレスク=ロマン. ⸗**spiel·platz** 男 (廃品などで子供が創意を生かせる)冒険児童遊園.

Aben·teu·rer[á:bəntɔʏrər] 男 -s/- **1** (女 **Aben·teue·rin**[..tɔʏərın], **Aben·teu·re·rin**[..tɔʏrərın] -/-nen) **a)** 冒険家, 冒険好きな〈向こう見ずな〉人. **b)** 山師, いかさま師. **2** 武者修業者, 遍歴騎士.

Aben·teu·rer·lust = Abenteuerlust

Aben·teu·rer·tum[..tu:m] 中 -s/ 冒険好きな〈波瀾(はらん)万丈の〉生活[態度].

aber[á:bər] **I** 接《並列; ただし文と文を結ぶ場合には必ずしも文頭に置かれず文成分間のいずれの個所にも挿入されうる》

1《矛盾・対照・対立: しばしば doch, dennoch, nun などを伴う》(英: *but*) しかし, だが, けれども, ところが, それにしても, ただし, もっとも: Hans ist reich, ~ sein Bruder ist arm./ Hans ist reich, sein Bruder ist ~ arm 〈sein Bruder ~ ist arm〉. ハンスは金持ちだが彼の兄〈弟〉は貧乏だ | In Berlin gehe ich ins Schauspiel, ~ in München in die Oper. 私はベルリンでは芝居に行くが ミュンヒェンではオペラに行く ‖〘先行の内容に制限・留保を加えて〙Er ist arm, ~ nicht unglücklich. 彼は貧乏であるが不幸なわけではない | das alte, ~ schöne Haus 古いけれども美しい家 | in einem ärmlichen, ~ sauberen Anzug みすぼらしくはあるが小ざっぱりした身なりで ‖ Sie ist keine Schönheit, ~ doch recht anziehend. 彼女は美人ではないが しかしなかなかチャーミングだ | Er ist **nicht** klug, **wohl aber** fleißig. 彼は頭はよくないがしかし勤勉だ | Ich kenne ihn nicht, ~ seinen Sohn. 私は彼とは知り合いでないものの 彼の息子とは知り合いだ | Es hat nicht geregnet, ~ die Sonne hat auch nicht oft geschienen. 雨は降らなかったとはいえ 晴れ間もそんなに多くはなかった ‖ Er fährt nicht mit dem Auto, ~ mit der Straßenbahn. 彼は自動車は使わないものの市電は使う(→sondern²) | Er erschrak, ~ ohne darum zu versagen. 彼はびっくりはしたものの だからといってしりごみをしたわけではない | Er hat die Schweiz mehrmals besucht, ~ in Bern ist er noch nicht gewesen. 彼は幾度もスイスを訪れたが ベルンには行ったことがない ‖〘抗議の口調で〙Er hat es nicht absichtlich getan.—*Aber* warum entschuldigt er sich dann nicht? 彼はわざとそうしたわけではないんだよ — でもそれならそれでなぜ謝らないのだ ‖〘前文の内容の実現を妨げるような事情を表して〙Wie gern würde ich Sie begleiten, ~ ich bin hier unentbehrlich. 喜んでお供いたすところですが 私はどうしてもここにいなければならないのです ‖〘zwar, freilich, wohl, schon などと呼応して〙Er hat **zwar** graue Haare, **aber** er fühlt sich noch jung. 彼は髪こそ白いが気はまだ若い | Er hat es zwar versprochen, dann hat er es ~ doch nicht getan. 彼はそう約束はしたものの 実行したわけではない ‖〘**oder aber** の形で〙Er muß die Miete bezahlen oder ~ das Zimmer räumen. 彼は部屋代を払うか さもなければ部屋を明け渡さなければならない ‖〘**aber auch** の形で先行の内容を強調して: → 2 c〙Du kommst allein, ~ auch ganz allein! ひとりで来るんだぞ それもまったくひとりで来るんだぞ | Ich habe nichts, ~ auch nichts gesagt. 私は何も ほんとうに何一つ言わなかったよ.

☆ aber, allein, jedoch, doch の違い: いずれも逆接(矛盾・対照・対立)を示すが, 並列接続詞として文と文を結ぶとき, allein と doch はつねに文頭に置かれるのに対し, aber や jedoch は文頭に限らず, いずれの文成分間にも挿入されうる. 一方 aber と allein には, 文頭に置かれたとき動詞がすぐ後に続くという副詞的用法はない.

2《文中でのアクセントなしで; 話し手の主観的心情を反映して》

a) 《驚きを表して》*Aber* das ist doch nicht nötig. おやおやそんなことは必要ないのに | Du spielst ～ gut! 君の演奏はなんと上手なんだろう | Die ist ～ dick! あの女はそれにしてもなんてでぶなんだろう | *Aber* wie siehst du aus! 君はいったい何てかっこうをしてるんだ | *Aber* Karl! まあカールったら何ですよ(そんなことを言って) ‖ ***Aber***, **～!** まあまあ何てことを. **b**) 《意味を強めて》*Aber* ja! もちろんですとも | *Aber* gern! 大喜びで〔そうします〕| *Aber* natürlich ⟨sicher⟩! もちろんですとも | *Aber* nein! そんなばかな | *Aber* schnell! はやくしろってば. **c**) 《**aber auch** の形で; 非難・不満を表して: →1》Das ist ～ auch zu ärgerlich. そいつは〔それにしても〕ひどすぎるね.

3 《聖書・物語・論文などで aber の意味が薄れて単に接続を示して》すると, そこで, ところで: Als es ～ dunkel wurde, machten sie Rast. ところで日が暮れると彼らは休んだ.

ᵛ**II** 副 (wieder) もう一度, 再び: 〚ふつう次の成句で〛**～ und abermals** 幾度も幾度も | tausend und ～ tausend 幾千もの.

III Ạber 中 -s/-〔s〕 異議, 抗議; 疑念; 難点, 差しつかえ: Es ist ein ～ dabei./Die Sache hat ihr ～. この件にはちょっとひっかかるところがある | Kein Mensch ist ohne ～. 欠点のない人はない ‖ Wenn und ～ (→Wenn III).

[*germ.* „später“; *ahd.* abur „wieder“; ＜ab²]

aber.. **1** 《名詞・形容詞などにつけて「迷誤・虚偽・劣等」などを意味する》: *Aber*glaube 迷信 | *Aber*könig 偽王 ‖ *aber*witzig 狂気の. **2** 《雅》《名詞・数詞などにつけて「反復」を意味する》: *Aber*saat 〘農〙二番播種(はしゅ) ‖ *aber*mals 再び | *aber*tausend 何千もの.

Ạber≠acht[á:bər..] 女 -/ 〘史〙重追放. **≠ahn** 男 祖父の祖父, 高祖父. **≠bann** 男 =Aberacht

ạb|er·ben[áp|ɛrbən]¹ 他 (h) 《*jn.*》(…の)遺産を相続する.

Ạber≠glau·be[á:bər..] (**≠glau·ben**) 男 迷信; (一般に)盲信, 思い込み, 偏見: im *Aberglauben* befangen sein 迷信にとらわれている.

ᵛ**ạber·gläu·big**[..glɔʏbɪç]² =abergläubisch

Ạber·gläu·big·keit[..kaɪt] 女 -/ 迷信深いこと.

ạber·gläu·bisch[..glɔʏbɪʃ] 形 迷信的な, 迷信深い.

ạber·hụn·dert[á:bərhʊ́ndərt, ⏑⏑⏑⏑] **I** 《不定数詞》何百もの: 〔hundert und〕 ～ Sterne 何百という星々.

II Ạber·hụn·der·te 複 何百もの物, 何百人もの人: 〔Hunderte und〕 ～ kleiner Vögel 何百羽もの小鳥たち.

ạb|er·ken·nen*[áp|ɛrkɛnən; まれ: ⏑⏑⏑⏑] 《73》《現在・過去ではまれに非分離》他 (h) (↔zuerkennen) 《*jm. et.*⁴》〘法〙(判決によって・法的に…から…を)剥奪(はくだつ)する, (…に対して…を)否認⟨拒否⟩する: Das Gericht *erkannte* ihm die bürgerlichen Ehrenrechte *ab.* 法廷は彼に公民権剥奪の判決を下した.

Ạb·er·ken·nung[..nʊŋ] 女 -/-en (判決・法律による権利・財産などの)剥奪(はくだつ), 否認, 拒否: die ～ des Doktortitels ⟨des Wahlrechts⟩ 学位⟨選挙権⟩剥奪.

Ạber·klaue[á:bər..] 女 (イヌなどの)上づめ; (シカなどの)仮蹄(かてい).

ạber·klug 形 知ったかぶりの, りこうぶった.

Ạber·kö·nig 男 偽王; 王位をねらう者.

ᵛ**ạber·mal**[á:bərma:l] =abermals

ạber≠ma·lig[..ma:lɪç]² 形 《付加語的》再度の. **≠mals**[..ma:ls] 副 再び, もう一度, 重ねて: Er hat ～ verloren. 彼はまたしても負けた | aber und ～ (→aber II).

Ạber·mil·lio·nen[á:bərmɪlió:nən, ⏑⏑⏑⏑⏑⏑] 複 数百万.

ạb|ern·ten[áp|ɛrntən] 《01》 **I** 他 (h) 収穫する. **II** 自 (h) 取り入れを終える.

ạb|er·obern[áp|ɛr|o:bərn] 《05》他 (h) 《*jm. et.*⁴》(…から…を)征服して奪い取る, 略奪する.

Ab·er·ra·tion[ap|ɛratsió:n, abɛ..] 女 -/-en (Abirrung) **1** 常軌逸脱, 倒錯; 〘生〙(発育などの)異常. **2** 〘天〙光行差. **3** 〘光〙(レンズなどの)収差: chromatische ～ 色収差. [*lat.*; ◇Erratum]

Ab·er·ra·tions·kon·stan·te 女 〘天〙光行差常数.

Ạber≠saat[á:bər..] 女 〘農〙二番播種(はしゅ). **≠sinn** 男 -〔e〕s/ =Aberwitz

ạber·tau·send[á:bərtáuzənt, ⏑⏑⏑⏑]¹ **I** 《不定数詞》何千もの: 〔tausend und〕 ～ Menschen 何千人もの人々.

II Ạber·tau·sen·de 複 何千もの物, 何千人もの人: 〔Tausende und〕～ dicker Bücher 何千冊という厚い本.

Ạber≠wahl[á:bər..] 女 《スイ》〘法〙異議申し立ての権利. **≠wil·le** 男 《単数で》《スイ》反感, 嫌悪. **≠witz** 男 -es/ (Unsinn) ナンセンス, 不条理; 妄想; 無知, 愚かさ.

ạber·wit·zig 形 ばかげた, 狂気の.

ạb|er·zie·hen*[áp|ɛrtsi:ən] 《219》他 (h) (↔anerziehen) 《*jm. et.*⁴》(…に…を)やめるよう教育⟨しつけ⟩をする.

ạb|es·sen*[áp|ɛsən] 《36》 **I** 他 (h) 食べ尽くす: den Teller ⟨die Suppe〔vom Teller〕⟩ ～ 皿の食物を(〔皿から〕スープを)平らげる | den Knochen ⟨das Fleisch〔vom Knochen〕⟩ ～ 骨についた肉をしゃぶり取る | *sein* Geld ～ 《話》食って金をつかい果たす. **II** 自 (h) 食事を終える: **bei *jm. abgegessen* haben** 《話》…にもはや愛想をつかされている | Der hat bei uns *abgegessen.* 《話》《特に東中部》うちにはあいつにやるものはもう何もない, あいつと付き合うのはもうたくさんだ.

Ạb·es·ser[áp|ɛsər] 男 -s/- (Schmarotzer) 寄食者; 〘生〙寄生生物.

Abes·si̱·ni·en[abɛsí:niən] 地名 アビシニア (Äthiopien の別名; 今日では国名としてではなく, 地理的名称としてのエチオピアに限って用いられる). [*arab.*; ◇*engl.* Abyssinia]

Abes·si̱·ni·er[..niər] 男 -s/- アビシニア⟨エチオピア⟩人.

abes·si̱·nisch[..nɪʃ] 形 アビシニア⟨エチオピア⟩の.

Abf. 略 **1** =**Abfahrt** (↔Ank.) 発車⟨出航⟩時刻. **2** =**Abfertigung** (税関での)検査済み, 検了, 通関.

ABF[a:be:|ɛ́f] 略 女 -/-〔s〕= **Arbeiter-und-Bauern-Fakultät**

ạb|fa·chen[áp-faxən] 他 (h) 区画⟨区分⟩する; 分類する.

Ạb·fa·chung[..xʊŋ] 女 -/ 区画, 区分; 分類.

ạb|fackeln[áp-fakəln] 《06》他 (h) (余分のガスなどを)燃やして処分する.

ạb|fä·deln[áp-fɛ:dəln] 《06》他 (h) **1** (↔auffädeln) (数珠つなぎにしたものから)糸⟨ひも⟩を抜き取る: Perlen ～ 真珠を糸から抜き取る. **2** 《*et.*⁴》(…の)繊維を取り除く: Bohnen ～ 豆のさやのすじを取る.

ạb·fahr·be·reit[áp-fa:r..] =abfahrtbereit

ạb|fah·ren*[áp-fa:rən] 《37》 **I** 自 (s) **1** (乗り物が・乗り物で)出発する, 発車⟨出帆⟩する: Der Zug ⟨Der Bus⟩ *fährt ab.* 列車⟨バス⟩が発車する | Er ist um 7 Uhr morgens 〔mit dem Zug〕 *abgefahren.* 彼は午前 7 時に〔列車で〕出発した | **Dieser Zug ist *abgefahren.*** 《話》このチャンスはふいになってしまった. **2** 《話》 **a**) 立ち去る: *Fahr ab!* とっとと失(う)せろ. **b**) (sterben) 死ぬ: Ohne diesen Arzt wäre ich längst *abgefahren.* この医者がいなかったら 私はとっくにあの世へ行っていただろう. **3** 《話》 **a**) (abblitzen) (要求・願いが)拒否⟨拒絶⟩される: *jn.* ～ lassen …の要求をはねつける, …にひじ鉄砲をくわせる. **b**) mit *jm.* ～ …に対してひどい扱いをする. **4** (abgleiten) 滑り落ちる; 〘スキ〙滑降する. **5** vom Wege ～ 道からそれる. **6** (s, h) 巡回⟨パトロール⟩する; くまなく巡回⟨旅行⟩する(→abgehen II ☆): die Baustellen ⟨die Strecke⟩ ～ 建築現場⟨線路⟩を見回る | die Vetternstraße ～ 《戯》親類筋をつぎつぎに居候して⟨たかって⟩歩く | Wir sind ⟨haben⟩ die ganze Schweiz *abgefahren.* 我々はスイスじゅうを旅行した.

II 他 (h) **1** (車で)運び去る, 運び出す, 搬出する: Müll ⟨Heu⟩ ～ ごみ⟨干し草⟩を運ぶ. **2** (車が)ひいて切断する, 轢断(れきだん)する: Bei einem Autounfall wurden ihm beide Beine *abgefahren.* 自動車事故で彼は両脚を失った. **3** (走行によって)減らす, 損じる: 再帰 Der Reifen hat sich⁴ stark *abgefahren.* タイヤはひどくすり減った ‖ ein *abgefahrener* Reifen ⟨Wagen⟩ すり減ったタイヤ⟨乗り古した車⟩. **4** 《話》(回数券などを)〔むだにしないで〕使い切る. **5** (s, h)→I 6

Ạb·fahrt[áp-fa:rt] 女 -/-en **1** (↔Ankunft) **a**) 発車, 出帆, 出航, 出発; (Abreise) 出立: das Zeichen zur ～ geben 発車⟨出航⟩の合図を出す. **b**) (略 Abf.) 発車⟨出航⟩時刻. **2 a**) 〘スキ〙滑降; 〘登山〙グリセード. **b**) 〘スキ〙滑降路, 斜面, スロープ. **3** (Ausfahrt) (高速自動車道路の)出口. **4** 《話》あの世への旅立ち, 死去. **5** =Abfuhr 1

A

ab·fahrt·be·reit 形 出発〈出航〉準備の完了した: *sich*⁴ ~ halten すぐにでも出発できる態勢にある.

Ab·fahrt〔s〕≠bahn·hof[áp-fa:rt(s)..] 男 出発〈始発〉駅. ≠**bahn·steig** 男〘鉄道〙発車ホーム. ≠**flag·ge** 女〘海〙出帆旗;〘スポーツ〙スタート合図の旗. ≠**gleis** 中〘鉄道〙発車線. ≠**ha·fen** 男〘海〙出帆港.

Ab·fahrts≠lauf 男〘スキー〙滑降〔競技〕. ≠**läu·fer** 男〘スキー〙滑降競技者. ≠**pi·ste** 女〘スキー〙滑降コース. ≠**ren·nen** 中 -s/ **1**〘スキー〙滑降〔競技〕. **2**〘カヌー〙旗門のない川下り, ワイルドウォーター.

Ab·fahrt〔s〕·si·gnal 中 発車信号;〘海〙出帆旗.

Ab·fahrts·strecke 女〘スキー〙滑降コース.

Ab·fahrt〔s〕≠ta·fel 女 (駅などの)発車時刻表〈掲示板〉. ≠**zei·chen** 中 出発〈発車〉の合図, 発車信号. ≠**zeit** 女 出発〈発車・出航〉時刻.

Ab·fall[áp-fal] 男 -s(-es)/..fälle[..fɛlə] **1**《ふつう複数で》ごみ, くず, 塵芥(じんかい), 廃棄物: radioaktive *Abfälle* 放射性廃棄物 | Eisen*abfälle* 鉄くず | Holz*abfälle* 木くず | Küchen*abfälle* 厨芥(ちゅうかい) | Papier*abfälle* 紙くず ‖ *Abfälle* verwerten 廃物を利用する. **2**《単数で》**a)** (…からの)離反, 背反: der ~ der Niederlande〔von Spanien〕〘史〙〔スペインからの〕ネーデルランドの離反(統治権からの離脱を意味する点で Aufstand, Empörung と異なる) | der ~ von einer Partei 離党, 脱党 | der ~ vom Glauben〈vom geistlichen Stande〉棄教〈還俗(げんぞく)〉| der ~ zum Feinde 投降. **b)** der ~ von einer Regel〘論〙例外, 変則. **3** (Abhang) 傾斜; 斜面: ein steiler〈sanfter〉~ des Berges 山の急な〈なだらかな〉斜面. **4**《単数で》(葉・実などの)落下; (土地の)沈下. **5**《単数で》**a)** (Abnahme) 減少, 減退, 低下;〘坑〙鉱石含有量の減少;〘農〙(作物の)減収; (家畜などの)目方の減少: der ~ an Gewicht 重量の減少 | der ~ der Geschwindigkeit 減速 | der ~ der Temperatur 温度の降下. **b)** (品質の)下落, 悪化, 衰退: in ~ kommen 衰える. **6** (↔Beifall) 不評. **7** 差異, 対照; (Abstufung) ニュアンスの差: *Abfälle* zwischen einer Habichts- und Stumpfnase わし鼻とだんご鼻の相違 | Welcher ~ gegen früher! 以前に比べて何という違いだろう. **8**〘理〙(放射性原子核の)崩壊. **9**〘海〙偏流.

Ab·fallau·ge[áp-fallaʊɡə] 女 -/-n (工場などの)廃液.

Ab·fall≠be·häl·ter[áp-fal..] 男 ごみ箱, くず入れ. ≠**berg** 男 ごみの山. ≠**brenn·stoff** 男 廃棄物燃料.

Ab·fäl·le Abfall の複数.

Ab·fall≠ei·mer[áp-fal..] 男 ごみバケツ. ≠**ei·sen** 中 くず鉄, 鉄くず.

ab|fal·len*[áp-falən]《38》**I** 自 (s) **1**《von *et.*³》(…から離れて)落ちる: Die meisten Blätter〈Äpfel〉sind vom Baum *abgefallen.* 葉〈リンゴ〉は大部分木から落ちた | Mörtel *fällt* von der Wand *ab.* モルタルが壁からはげ落ちる ‖ Alle Sorge〈Anspannung〉ist von mir *abgefallen.*《比》心配〈緊張〉がすべて私から消えた. **2**《von *et.*³》(…から)離反する, そむき去る: von einer Partei ~ 離党〈脱党〉する | von dem Glauben ~ 信仰をすてる ‖ ein *abgefallener* Priester 還俗(げんぞく)した司祭 | der〈die〉*Abgefallene* 背教者, 裏切り者. **3** 傾斜する: Das Gelände *fällt* sanft gegen den See *ab.* 土地は湖の方へなだらかに傾斜している | das sanft〈steil〉*abfallende* Dach ゆるやかな〈急な〉傾斜の屋根. **4** (くずが)出る, 落ちる;《比》《für *jn.*》(…にとって)もうけになる, (…の)手に帰する: Bei diesem Handel ist für mich nicht viel *abgefallen.* この取引では私はあまりもうけがなかった. **5 a)** あてがはずれる; 不評である: bei *jm.* ~ …にはねつけられる | *jn.* ~ lassen …をはねつける. **b)**《gegen *jn.*》(…に比べて)劣る: Er *fällt* gegen seinen Vorgänger *ab.* 彼は前任者に劣る. **6 a)** 減少する; (品質・速度・目方などが)落ちる, 低下する;〘坑〙(鉱石の)含有量が減る: an Gewicht ~ 重量が減る | Das Flugzeug *fällt ab.* 飛行機の速度が落ちる. **b)** (abmagern) 肉が落ちる, やせる: Er ist sehr *abgefallen.* 彼はげっそりやせた ‖ *abgefallene* Wangen こけたほお. **c)**〘劇〙(上演中に役者が)ばててくる, (芝居の)迫力がなくなってくる. **7** (↔anluven)〘海〙針路を風下に転じる. **8**〘狩〙**a)** von der Fährte ~ 臭跡(においあと)を失う. **b)** (abbaumen) (野鳥が)木から飛び去る.

II 他 (h) *sich*³ ein Bein ~ 落ちて足をくじく.

Ab·fall≠ener·gie[áp-fal..] 女 損失エネルギー. ≠**er·zeug·nis** 中 =Abfallprodukt 1 ≠**faß** 中 ごみバケツ〈おけ〉. ≠**gru·be** 女 ごみ捨て穴;〘考古〙(広義の)貝塚. ≠**händ·ler** 男 くず屋, 廃品売買業者. ≠**hau·fen** 男 ごみの山, ごみ集積場;〘史〙(広義の)貝塚. ≠**holz** 中 くず材; 吹き倒れの木〈枝〉.

ab·fäl·lig[áp-fɛlɪç]² 形 **1** 不賛成の, 否定的な; 軽蔑的な, けなすような: eine ~*e* Kritik 否定的な批判, 酷評 ‖〘副詞的に〙*sich*⁴ über *jn.*〈*et.*⁴〉~ äußern〈aussprechen〉…について否定的な見解を表明する, …のことをけなす | *jn.*〈*et.*⁴〉~ beurteilen / über *jn.*〈*et.*⁴〉~ urteilen …を酷評する, …をこきおろす, …をけなす | *jn.* ~ bescheiden …を拒絶する. **2**〘植〙落葉性の; (果実などが)落ちかかった. **3** (土地などが)傾斜した. **4** 品質の劣った, くずの. **5**《方》(restlich) 残った, 余った. ᵛ**6** (abtrünnig) 離反した; 不信の, 不実の; 背教の:〔von〕*jm.* ~ werden …に背く.

Ab·fäl·lig·keit[−kaɪt] 女 -/ (abfällig なこと. 例えば:)〘植〙落葉性.

Ab·fall≠koh·le[áp-fal..] 女 くず石炭. ≠**korb** 男 くずかご. ≠**kü·bel** 男 ごみバケツ. ≠**lau·ge** =Abfallauge ≠**ma·te·rial** 中 (工場などで生産過程で生じる)廃棄物. ≠**pa·pier** 中 紙くず, ほご紙. ≠**pro·dukt** 中 **1** 再生〈リサイクル〉製品. **2** (生産過程で生じる)廃棄物;〘生〙老廃物. ≠**quo·te** 女 廃棄物生成率. ≠**rohr** 中 排水管; 雨どい; 吸い込み管. ≠**spin·ne·rei** 女 くず糸織り〈紡績〉. ≠**stof·fe** 複 =Abfallmaterial ≠**stück** 中 くず物; 裁ちくず. ≠**ton·ne** 女 (大型の)ごみバケツ. ≠**ver·wer·tung** 女 -/ 廃棄物利用. ≠**wär·me** 女 -/ 廃熱, 余熱. ≠**was·ser** 中 -s/..wässer 廃水, 下水.

ab|fäl·schen[áp-fɛlʃən]《04》他 (h)〘球技〙(ボールを)別な方向に飛ばす, カットする; インターセプトする.

ab|fal·zen[áp-faltsən]《02》=aasen II 1

ab|fan·gen*[áp-faŋən]《39》他 (h) **1**《*jn.*》(待ちかまえて)つかまえる; (敵を)迎え撃つ, 迎撃する;《*et.*⁴》(途中で)横取りする: den Einbrecher ~ 押し込み強盗を張り込んで逮捕する | ein feindliches Flugzeug ~ 敵機を迎え撃つ ‖ einen Brief ~ (他人あての)手紙を横取りする | ein Telegramm ~ 電信を傍受する | den Ball ~〘球技〙(ゴール前などで)ボールを奪回する | *jm.* die Kunden ~ …の顧客を奪う | *jm.* das Wasser ~ …の水を自分の方へ引く. **2** (倒れないように)ささえる; (攻撃などを)くい止める, 受けながす, そらす: ein baufälliges Haus ~ 倒壊しかかった家に支えをする ‖ ein schleuderndes Auto ~ 横すべりする自動車をコントロールする | das Flugzeug ~ (急降下する)飛行機を水平位に引き起こす | den Gegner ~〘スポーツ〙相手の攻撃を封じる | einen Stoß ~〘フェンシング〙(相手の)突きをそらす. **3** *jn.*〔kurz vor dem Ziel〕~〘スポーツ〙…を〔ゴール寸前で〕追い抜く. **4** einen Hirsch ~〘狩〙(撃ち倒した)シカに猟刀でとどめを刺す.

Ab·fang≠jä·ger[áp-faŋ..] 男〘軍〙迎撃戦闘機, 要撃機. ≠**ra·ke·te** 女〘軍〙迎撃ミサイル. ≠**sa·tel·lit** 男〘軍〙(敵の衛星を破壊する)迎撃衛星. ≠**vor·rich·tung** 女〘空〙(急降下からの)引き起こし装置.

ab|fär·ben[áp-fɛrbən]¹ **I** 自 (h) **1** 色がさめる, 退色する. **2**《比》《auf *jn.*》(…に)影響を与える: Sein Beruf hat auf ihn *abgefärbt.* 彼の職業が彼〔の人柄〕に影響を与えている. **II** 他 (h) 染め上げる〈終える〉.

ab|fa·sen[áp-fa:zən]¹《02》他 (h) (木材・石材などの)かどを落とす, 面取りする(→ 図 Kante).〔<Fase〕

ab|fa·sern[áp-fa:zərn]《05》他 (h) **1** (繊維などを)ほぐす, ほどく: 再帰 *sich*⁴ ~ ほぐれる, ほどける. **2**《*et.*⁴》(…の)繊維を取り除く: Bohnen ~ 豆のさやのすじを取る.

ab|fas·sen[áp-fasən]《03》他 (h) **1** (文書などを)起草〈作成〉する; (小説・詩などを)書く, 執筆する: ein Manifest ~ 宣言文を起草する ‖ ein höflich〈kurz〉*abgefaßter* Brief 丁重〈簡略〉な手紙. **2**《*jn.*〔bei *et.*³〕》(…の〔犯行などの〕)現場をおさえる, (…を)つかまえる, 逮捕〈拘引〉する. **3** =abfangen 1

Ab·fas·ser[..sər] 男 -s/- (文書の)起草者;〔執〕筆者.

Ab·fas·sung[..sʊŋ] 女 -/ **1** (文書の)起草, 作成; 執筆: die ~ des Urteils 判決文の作成. **2** 逮捕, 拘引.

ab|fa·sten[áp-fastən] ((01)) 他 (h) **1** (罪を)断食してあがなう. **2** 再帰 *sich*⁴ ~ (長く)断食して衰弱する.

ab|fau·len[áp-faʊlən] 自 (s) (木の葉・果実などが)腐朽して落ちる(取れる).

ᵛ**ab|fech·ten***[áp-fɛçtən] ((40)) 他 (h) ((*jm. et.*⁴)) (…から…を)戦い取る.

ab|fe·dern[áp-fe:dərn] ((05)) **I** 他 (h) **1** (…に)スプリング〈緩衝装置〉をつける: ein gut 〈schlecht〉 *abgefederter* Wagen ばねのよくきいた〈悪い〉車. **2** (衝撃を)ばねをきかせて受け止める. **3** (…の)羽毛をむしる. **II** 自 (h) **1** (鳥の)羽毛が抜けかわる. **2** 〘スポ〙(腕・脚で)はずみをつけて跳び上がる.

Ab·fe·de·rung[..dərʊŋ] 女 -/-en **1** ((単数で)) abfedern すること. **2** スプリング〈緩衝〉装置.

ab|fe·gen[áp-fe:gən]¹ **I** 他 (h) **1** (ちりなどを)掃き取る; (本・机などの)ちりを払う. **2** 〘狩〙(シカなどが角を)とぐ. **II** 自 (s) ((話)) さっと走り去る: mit dem Motorrad ~ オートバイで走り去る.

ab|fei·ern[áp-faɪərn] ((05)) 他 (h) ((話)) **1** Überstunden ~ 超過勤務時間分だけ仕事を休む. **2** ((*jn.*)) (…の)歓送会をする.

ab|fei·len[áp-faɪlən] 他 (h) **1** やすりで削り取る〈切り取る〉; やすりで磨く; ((比)) (文章などに)磨きをかける. **2** ((話)) (abschreiben) 盗作〈カンニング〉する.

ᵛ**Ab·fei·licht**[..lɪçt] 中 -s/ やすりくず.

ab|feil·schen[áp-faɪlʃən] ((04)) 他 (h) **1** ((*et.*⁴)) (…の額を)値切る: zehn Mark vom Preis ~ 10マルク値切る. **2** ((*jm. et.*⁴)) (…から…を)値切って買う.

ab|fei·men[áp-faɪmən] ᵛ**I** 他 (h) ((*et.*⁴)) (…から)泡〈浮きかす〉をすくいとる, (浮いている)不純物を取り除く. **II** **ab·ge·feimt** → 別出 [<Feim¹]

ab|fer·keln[áp-fɛrkəln] ((06)) 自 (h) (豚が)子を産む.

ab|fer·ti·gen[áp-fɛrtɪgən]² 他 (h) **1** (列車・船などの)出発準備を整える, 発車〈出航〉準備を完了する, チェックインする; (郵便物・貨物の)発送手続きを完了する, 発送する; (仕事を)片づける: Zollgüter ~ 貨物の関税手続きを済ます | einen Zug ~ 列車を出発させる. **2** ((*jn.*)) (窓口などで担当者が…の)用件を処理する, (…のために)所定の手続きを片づける, (…を)さばく. **3** ((話)) ((*jn.*)) 無愛想〈つっけんどん〉にあしらう, (…の意向を)はねつける: *jn.* mit Geld ~ …の要求をかねで片づける | *jn.* an 〈vor〉 der Tür ~ …に門前払いを食わせる | So lasse ich mich nicht ~! そんなことではおれは引っ込まないぞ. **4** 〘スポ〙(相手を)あっさり〈圧倒的に〉打ち負かす.

Ab·fer·ti·gung[..gʊŋ] 女 -/-en **1** abfertigen すること: Hier keine ~! (窓口などで)ここは締め切りです, ここでは受け付けておりません | *jm.* eine ~ erteilen ((話)) …をつっけんどんにあしらう. **2** (略 Abf.) (税関での)検査済み, 検了, 通関.

Ab·fer·ti·gungs≠be·am·te 男 (窓口などの)担当職員; 〘鉄道〙(手荷物・貨物などの)発送係; 運賃計算員. **≠dienst** 男 (発送・通関など所定の手続きの)処理業務. **≠ge·bühr** 女 (手続き処理のための)手数料; 通関料. **≠schal·ter** 男 発送〈通関〉窓口. **≠schein** 男 通関許可証, 関税申告書. **≠stel·le** 女 〘鉄道〙発送貨物取扱所. **≠zeit** 女 -/ (発送・通関手続きなどの)受付〈取扱〉時間.

Ab·fett[áp-fɛt] 中 -〔e〕s/-e 脂肪の浮きかす.

ab|fet·ten[áp-fɛtən] ((01)) **I** 他 (h) **1** 〘料理〙(…の)脂肪の浮きかすをすくい取る〈取り除く〉. **2** (機械などに)グリースを塗る. **II** 自 (h) ((auf *et.*⁴)) (…に)あぶらのしみをつける.

ab|fet·zen[áp-fɛtsən] ((02)) 他 (h) ぼろぼろ〈ずたずた〉にする: *sich*³ die Haut ~ 皮膚をすりむく.

ab|feu·ern[áp-fɔʏərn] ((05)) **I** 他 (h) (銃砲・弾丸などを)発射する; 〘サッカー〙シュートする: eine Ehrensalve ~ 礼砲を撃つ | eine Rakete ~ ミサイルを発射する | eine Kanone ~ 大砲を撃つ ‖ einen Schuß aufs Tor ~ ゴールに向かってシュートする. **II** 自 (h) **1** (炉・ボイラーなどの)火を落とす. **2** 発砲する.

Ab·feue·rung[..fɔʏərʊŋ] 女 -/-en **1** (abfeuern すること. 例えば:) 発射, 発砲. **2** =Abfeuervorrichtung

Ab·feu·er·vor·rich·tung[áp-fɔʏər..] 女 発射装置, 引き金.

ab|fie·deln[áp-fi:dəln] ((06)) 他 (h) **1** (曲を)だらだらと〈へたに〉ヴァイオリンで弾く. **2** ((方)) (パンなどを)ごしごしと切る.

ab|fie·ren[áp-fi:rən] 他 (h) 〘海〙ロープでおろす.

ab|fie·seln[áp-fi:zəln] ((06)) 他 (h) ((南部)) かみ切る. [<*mhd.* viselen „nagen"]

ab|fil·men[áp-fɪlmən] 他 (h) 映画化する.

ab|fil·tern[áp-fɪltərn] ((05)) (**ab|fil·trie·ren**[..fɪltri:rən]) 他 (h) (フィルター・濾過(ろか)装置で)濾別(ろべつ)する.

ab|fin·den*[áp-fɪndən]¹ ((42)) 他 (h) **1** ((*jn.* mit *et.*³)) (…の要求を…によって)満足してもらう, うまく片をつける; (…と…で)示談にする; (…に…を)〔退職〕一時金として支給する: *jn.* mit Geld 〈〔in〕 bar〉 ~ …の要求をかね〈現金〉で片づける | Ich ließ mich mit dieser Bemerkung nicht ~. 私はこんな言葉でごまかされはしなかった | Die Gläubiger wurden mit einer kleinen Summe *abgefunden.* 債権者たちはわずかの金で示談に応じさせられた. **2** 再帰 *sich*⁴ mit *et.*³ 〈*jm.*〉 ~ …で我慢する, …と折り合う | Du mußt dich mit deinem Schicksal 〈mit deinen Nachbarn〉 ~. 君は運命に従うほかはない〈隣人となんとか折り合うほかはない〉 | Ich habe mich damit *abgefunden,* daß ... 私は…という事態を受け入れた | Er *findet* sich mit seinem Gewissen *ab.* 彼は自分の良心を納得させる. **3** ((*jn.*)) (…に)遺産相続分を与える; (王侯に)年金〈采邑(さいゆう)〉を与える. **4** ((方)) 再帰 *sich*⁴ 〔für *et.*⁴〕 ~ 〔…の〕返礼〈お返し〉をすませてしまう | Er hat sich bei ihr 〔für ihre Mühe〕 mit einem Blumenstrauß *abgefunden.* 彼は彼女〔の労苦〕に対するお返しを花束一つですませてしまった.

Ab·fin·dung[áp-fɪndʊŋ] 女 -/-en **1** (abfinden すること. 例えば:) 賠償, 補償; 示談, 妥協; 〔退職〕一時金支給; 遺産分与. **2** =Abfindungsgeld

Ab·fin·dungs≠geld 中 補償〈示談〉金; 〔退職〕一時金. **≠sum·me** 女 補償〈示談〉額. **≠ver·trag** 男 示談〔協定〕.

ab|fin·gern[áp-fɪŋərn] ((05)) 他 (h) 指で触れる〈さぐる〉, 指で数える; (ギターなどを)つまびく: Das kann ich mir bald ~. ((話)) それは私にはすぐわかる | *sich*³ *et.*⁴ am Arsch ~ können (→Arsch 1 a).

ab|fi·schen[áp-fɪʃən] ((04)) 他 (h) **1** ((*et.*⁴)) (…の)魚をとり尽くす: einen Teich nach *et.*³ ~ …を求めて池をあさる. **2** つり上げる; ((*jm. et.*⁴)) (…から…を)だまし取る, 巻き上げる: das Beste von *et.*³ ~ …のいちばんいいところを独占する.

ab|fla·chen[áp-flaxən] **I** 他 (h) 平坦(へいたん)〈扁平(へんぺい)〉にする, (…の)傾斜〈斜面〉をゆるやかにする; (…の)面を取る: 再帰 *sich*⁴ ~ 平坦〈扁平〉になる ‖ ein *abgeflachtes* Dach 傾斜のゆるやかな屋根. **II** 自 (s) (水位が)下がる; ((比)) (水準・能率・成績などが)低下する.

ab|flä·chen[áp-flɛçən] 他 (h) 〘工〙表面仕上げをする; 斜めに切る.

Ab·fla·chung[áp-flaxʊŋ] 女 -/-en **1** ゆるい斜面; 平坦(へいたん)地. **2** abflachen すること.

ab|flam·men[áp-flamən] 他 (h) (布などを)けば焼きする; (鳥を)毛焼きする.

ab|fläm·men[áp-flɛmən] 他 (h) 〘農〙(雑草などを除去するために, 畑地・草地などを)焼く.

ab|flat·tern[áp-flatərn] ((05)) 自 (s) ((話)) 急いで〈ばたばたと〉立ち去る; (兵隊が)死ぬ.

ab|flau·en[áp-flaʊən] **I** 自 (s) **1** (風・あらしなどが)弱まる, 衰える; ((比)) (緊張・活気・情熱などが)衰える, 薄らぐ: Sein Interesse *flaute* schnell *ab.* 彼の興味は急速に衰えた. **2** 〘商〙(価格・相場が)下がる; (商いが)不振になる. **II** 他 (h) (布などを)洗う, すすぐ; 〘坑〙洗鉱する.

ab|flech·ten*[áp-flɛçtən] ((43)) 他 (h) (編んだものを)解く, (…の)よりを戻す.

ab|flei·schen[áp-flaɪʃən] ((04)) 他 (h) (骨・皮などから)肉をはぎ取る.

ab|flie·gen*[áp-fli:gən]¹ ((45)) **I** 自 (s) 飛び去る, (帽子などが)吹き飛ぶ, (木の葉が)散る; 〘空〙離陸する; ((比)) 飛行機で出発する: Er *flog* nach Hamburg *ab.* 彼はハンブルクに向かって飛び立った. **II** 他 (h) **1** (人員などを)空輸する. **2** (あ

る地域を）飛びながら偵察〈視察〉する, 查察〈索敵〉飛行する.

ab|flie·ßen*[áp-fli:sən]《47》自（s）**1** 流れ去る: Geschehnisse *fließen* an ihm *ab.* 数々の出来ごとが彼のそばを流れ去って行く（彼に何の影響も与えずに）. **2** 流れ出る, 流れ落ちる;（資本・労働力などが）国外に流出する;《in *et.*⁴》（…に）流れ込む;（水・潮流などが）ひく: *abfließendes* Wasser 下水. **3**（…の中の）水が〔すっかり〕はける.

ab|flit·zen[áp-flɪtsən]《02》自（s）《話》（車などで）さっと立ち去る.

ab|flö·hen[áp-flø:ən] 他（h）《話》《*jn.*》（…に）金をたかる.

ab|flö·ßen[áp-flø:sən]《02》他（h） いかだに組んで流す.

ab|fluch·ten[áp-flʊxtən]《01》他（h）《*et.*⁴》〔建〕（…の）建築基準線を設定する〈そろえる〉;〔工〕（部品の）心合わせをする.

Ab·flug[áp-flu:k]¹ 男 -[e]s/..flüge[..fly:gə]（abfliegen すること. 例えば:）（飛行機での）出発;（わたり鳥の）旅立ち;〔空〕離陸, 離水;〔植〕（種子の）飛散.

Ab·flug·deck 中（空母の）飛行甲板;（飛行機の）前部室, 操縦室. **≈ge·schwin·dig·keit** 女〔空〕離陸速度. **≈ge·wicht** 中《ふつう単数で》〔空〕離陸重量. **≈kurs** 男〔空〕離陸方向〈コース〉. **≈strecke** 女〔空〕離陸滑走距離. **≈tag** 男〔空〕出発日. **≈zeit** 女〔空〕出発時刻.

Ab·fluß[áp-flʊs] 男 ..flusses/..flüsse[..flʏsə] **1**《単数で》（液体・気体の）流出, 排出, 排水; 干潮;（資本・労働力などの）流出;〔地〕表面流出;〔電〕放電: dem Wasser ~ verschaffen 放水〈排水〉する. **2** 流出〈排水〉口, 排水〈放水〉路（→ ⊛ Talsperre）; とい, みぞ; 河床. **3** 下水.

Ab·fluß·ge·biet 中〔地〕集水地域, 流域. **≈gra·ben** 男 排水〈下水〉溝. **≈hahn** 男 排水〈放出〉コック. **≈ka·nal** 男 放水路;（貯水池などの）水吐き口. **≈lei·tung** 女 排水〔配〕管（→ ⊛ Wasser）. **≈loch** 中 排水〈放出〉口.

ab·fluß·los[áp-flʊslo:s]¹ 形 流出口のない;（河川が）海に注がない: ~*e* Gebiete〔地〕内陸流域.

Ab·fluß·men·ge 女〔土木〕（ダムなどの）流出量,（川の）流量. **≈rohr** 中, **≈röh·re** 女 排水〈吐き出し〉管, とい. **≈ven·til** 中〔工〕排気〈吹き出し〉弁, 逃がし弁. **≈was·ser** 中 -s/..wässer 下水; 吐き水, 廃水, 廃液.

ab|foh·len[áp-fo:lən] 自（h）（馬が）子を産む.

Ab·fol·ge[áp-fɔlgə] 女 -/-n 連続; 順序: in rascher ~ 矢つぎばやに | in chronologischer ~ 年代順に.

ab|for·dern[áp-fɔrdərn]《05》他（h）**1**《*jm. et.*⁴》（…に…を）要求〈請求〉する: *jm.* den Paß ~ …に身分証明書の呈示を求める. **2**《*jn.*》呼び出す, 呼び寄せる; 召喚〈召還〉する: von der Welt *abgefordert* werden《雅》神に召される, 死ぬ.

Ab·for·de·rung[..dərʊŋ] 女 -/-en abfordern すること.

Ab·for·de·rungs·brief 男, **≈schrei·ben** 中 召喚〈召還〉状.

ab|for·men[áp-fɔrmən] 他（h）《*et.*⁴》（…の）型をとる, 型をとって造る, 模造〈鋳造〉する: *et.*⁴ in Gips ~ 石膏（せっこう）で…の型をとる.

Ab·form·mas·se 女 鋳造〈塑像〉材料.

ab|for·sten[áp-fɔrstən]《01》他（h）（森を）伐採する.

ab|fo·to·gra·fie·ren[áp-fotografi:rən] 他（h） 写真に撮る: Laß dich ~!《俗》ばかを言え, 顔を洗って出直せ.

ab|fra·gen[áp-fra:gən]¹ 他（h）**1 a)**《*jn.* 〈*jm.*〉 *et.*⁴》（教師が…に…を）試問〈質問〉する, 試験する: einen Schüler 〈einem Schüler〉 die Vokabeln ~ 生徒に単語のテストをする ‖ das Einmaleins ~ 九九の試験をする | die Klasse ~ クラスを試験する. **ᵛb)**《*jm. et.*⁴》（…から…を）ことば巧みに聞き出す: *jm. seine* Geheimnisse ~ …から秘密を聞き出す. **2 a)**《*et.*⁴》〔電算〕（…について）応答を求める. **b)** eine Leitung ~ 電話して回線が正常かどうかを確かめる.

ab|frä·sen[áp-frɛ:zən]¹《02》他（h）〔工〕フライス盤で仕上げ加工する.

ab|fres·sen*[áp-frɛsən]《49》他（h）（動物が）食い尽くす;《話》（人が）むさぼり食う;（酸などが）腐食する;〔地〕浸食する;《比》むしばむ: Der Gram *fraß* ihm das Herz *ab.* 悲しみが彼の心をさいなんだ.

ab|fret·ten[áp-frɛtən]《01》他（h）《南部・オーストリア》《話》再帰 *sich*⁴ ~ さんざん苦労する, 悪戦苦闘する.

ab|frie·ren*[áp-fri:rən]《50》**I** 自（s） 凍傷にかかる; 凍傷で失われる;（植物が）霜で枯れる: Ihm sind die Ohren *abgefroren.* 彼は耳を凍傷にやられた. **II** 他（h）《*et.*⁴》（…を）凍傷で失う;（…が）凍傷にかかる: Er hat sich³ einen Finger *abgefroren.* 彼は凍傷で指をなくした〈指に凍傷ができた〉| *sich*³ **einen ~**《話》ひどく凍える〈寒い思いをする〉.

ab|frot·tie·ren[áp-frɔti:rən] 他（h）（タオルなどで）ごしごしこする: *sich*³ den Rücken ~ 背中をごしごし摩擦する.

ab|füh·len[áp-fy:lən] 他（h）**1**《*jm. et.*³》（…から…を）感じ取る;（…の気持・考えを）察知する, 読み取る. **2**〔医〕触診する;〔電〕走査する.

Ab·fuhr[áp-fu:r] 女 -/-en **1**（↔Anfuhr） 運び去る〈出す〉こと, 搬出（→abfahren II 1）: die ~ von Müll 〈Holz〉 ごみ〈材木〉の運び出し. **2 a)**《学生語》（決闘の）負け（傷を負って決闘場から連れ去られること）: bis zur ~ kämpfen 〈fechten〉（決闘で）負傷して敗れ去るまで戦う. **b)**《比》すげない〈冷ややかな〉拒絶: eine ~ erhalten/*sich*³ eine ~ holen/eine ~ erleiden 〈erfahren〉 i）はねつけられる, けんつくをくう; ii）〔スポ〕惨敗を喫する | *jm.* eine ~ erteilen/《雅》*jm.* eine ~ zuteil werden lassen i）…〔の要求・申し出〕をはねつける, …にけんつくをくらわす; ii）〔スポ〕…をやっつける | Ich habe mir bei ihr eine ~ geholt. 私は彼女にひじ鉄砲をくった.

ab|füh·ren[áp-fy:rən] 他（h）**1** 連れ去る, 運び去る: **a)**（festnehmen）《*jn.*》拘引する, 拘留する: *jn.* ~ lassen …を拘引させる | Der Ruhestörer wurde *abgeführt.* 治安妨害者は拘留された. **b)**（ableiten） わきへ導く〈そらせる〉: *jn.* vom rechten Weg ~ …を道に迷わせる〈邪道に導く〉| Das *führt* 〔uns〕 zu weit vom Thema *ab.* それは本題からあまりに離れすぎる | das Wasser aus einem Teich ~ 池の水をはかせる | An dieser Stelle *führt* der Weg von der Hauptstraße *ab.* ここで道は大通りから分岐する ‖ eine *abführende* Strecke〔鉄道〕支線区間 | ein *abführender* Graben 排水溝. **c)**《学生語》（決闘のさい介添人が負傷者を）決闘場から連れ去る; ᵛ《比》（abweisen） はねつける（→Abfuhr 2 b）. **ᵛd)** 再帰 *sich*⁴ ~ 立ち去る; 死ぬ. **2**（abliefern）《*et.*⁴ an *jn.*》（かね・税・利子などを…に）引き渡す, 支払う;（gutschreiben）（…を…の）貸方に記入する: den Beitrag ~ 会費を払う | das Geld an die Bank ~ かねを銀行に払い込む. **3**《ふつう目的語なしで》便通〈下痢〉を催させる: Feigen *führen ab.*/Feigen wirken *abführend.*/Feigen haben *abführende* Wirkung. いちじくは通じをつける | ein 〔milde〕 *abführendes* Mittel 〔緩〕下剤. **4**（abrichten）〔狩〕（犬を）仕込む. **5** Draht ~（金属をのばして）針金を作る. **6**（↔anführen）〔印〕（語・句・文などを）引用符で閉じる, 引用を終了する.

Ab·fuhr·kar·ren[áp-fu:r..] 男（小型の）ごみ運搬車. **≈ko·sten** 複 ごみ運搬〈処理〉費, 清掃料金. **≈lohn** 男 清掃員への謝金.

Ab·führ·mit·tel[áp-fy:r..] 中 下剤, 便通薬. **≈tee** 男 通じつけの茶剤〈せんじ薬〉.

Ab·füh·rung[áp-fy:rʊŋ] 女 -/-en **1** abführen すること. **2**（引用の終わり・閉じを示す）引用終了符（“）.

Ab·füh·rungs·mit·tel ＝Abführmittel

Ab·fuhr·wa·gen[áp-fu:r..] 男 ごみ運搬車.

Ab·füll·an·la·ge[áp-fʏl..] 女 瓶詰〈袋詰〉施設, 瓶詰〈袋詰〉工場. **≈au·to·mat** 男 自動瓶詰〈袋詰〉装置.

ab|fül·len[áp-fʏlən] 他（h）**1**（他の〔より小さな〕容器に）注ぎ移す, 移し詰める: Bier in 〈auf〉 Fässer ~ ビールをたるに詰める | Wein 〔auf Flaschen〕 ~ ぶどう酒を瓶詰にする | Gas in einen Ballon ~ 気球をガスで満たす. **2**（容器を）満たす: Flaschen mit Bier ~ 瓶にビールを詰める. **3**《話》《*jn.*》泥酔させる.

Ab·füll·hahn 男（瓶詰機械などの）つぎ口, 注入コック. **≈ma·schi·ne** 女 瓶詰〈袋詰〉機. **≈pum·pe** 女（瓶詰の際などの）注入ポンプ. **≈raum** 男 瓶詰作業室. **≈sta·tion** 女 給油所. **≈trich·ter** 男 注入じょうご.

Ab·fül·lung[áp-fʏlʊŋ] 女 -/-en abfüllen すること.
Ab·füll·waa·ge 女 計量注入(瓶詰)装置.
ab|fur·chen[áp-fʊrçən] 他 (h) **1** みぞ(あぜすじ)で区分する. **2** 再帰 *sich*[4] ~ 〘生〙(受精卵が)卵割(らんかつ)する.
ab|füt·tern[1][áp-fʏtərn] 《05》 他 (h) (家畜などに)えさ〈飼料〉を与える; 《俗》(〔多数の〕人々に)食べ物を与える, 腹いっぱい食べさせる. [<Futter[1]]
ab|füt·tern[2][–] 《05》 他 (h) 《*et.*[4]》(服などに)裏地をつける. [<Futter[2]]
Ab·füt·te·rung[1][..tərʊŋ] 女 -/-en abfüttern[2]すること.
Ab·füt·te·rung[2][–] 女 -/-en abfüttern[1]すること.
Abg. 略 =Abgeordnete
Ab·ga·be[ápga:bə] 女 -/-n **1 a)** (Ablieferung) (あて先の決まったものの)引き渡し, 手交, 交付: die ~ der bestellten Waren 注文品の引き渡し | die ~ des Gepäcks 手荷物の預け入れ〈引き渡し〉| die ~ der Leihbücher 貸出図書の返却. **b)** 《南部》(Gepäckausgabe) (駅などの手荷物預かり所の)引き渡し所〈窓口〉(→Annahme 1 b). **2** (Mitteilung) (意見などの)発表, 伝達: die ~ der Stimmen 投票 | die ~ des Urteils 判決言い渡し. **3** 《ふつう複数で》税, 公課, (公共施設の)使用料; 〘聖〙貢(みつぎ), 供物: Kommunal*abgaben* 地方税 | Zoll*abgaben* 関税 ‖ direkte 〈indirekte〉 ~*n* 直接〈間接〉税 | die ~*n* auf Tabak タバコ消費税 ‖ die ~*n* eintreiben 〈zahlen〉 徴税〈納税〉する. **4 a)** (Verkauf) 売り渡し, 販売; 〘商〙(株の)売り: die ~ von Eiern im Einzelhandel 卵の小売り. **b)** 《南部》(Verkaufsstelle) 販売所. **5** (Tratte) 〘商〙為替手形. **6 a)** 〘球技〙パス. **b)** (Ausströmen) (ガス・エネルギーなどの)放散, 放出. **c)** (Abfeuern) 発砲, 発射. **d)** 〘法〙(訴訟事件の)移送.
Ab·ga·be≈meß·vor·rich·tung[ápga:bə..] 女 〘工〙(タンクの)送り出しゲージ〈計量器〉. ≈**nach·richt** 女 文書提出予定報告〈計画〉書.
ab·ga·ben·frei[ápga:bən..] 形 無〔関〕税の, 免税の.
Ab·ga·ben≈frei·heit 女 -/ 公課免除, 免税. ≈**pflicht** 女 納税義務.
ab·ga·ben·pflich·tig 形 納税義務のある, 課税対象と「なる.」
Ab·ga·ben≈ver·tei·lung 女 税額の査定. ≈**we·sen** 中 -s/ 税制.
Ab·ga·be≈preis[ápga:bə..] 男 引き渡し価格. ≈**satz** 男 課税率. ≈**soll** 中 -〔s〕/-〔s〕 生産品引き渡し〈供出〉義務量. ≈**ter·min** 男 引き渡し期限.
Ab·gang[ápgaŋ] 男 -〔e〕s/..gänge[..gɛŋə] **1** 立ち去ること, 退去; 〘劇〙(舞台からの)退場, 引っ込み; (Abfahrt) 出発, 発車, 出帆: **keinen ~ finden** 《話》立ち去る〈席を立つ〉決心がつかない(→3). **2 a)** 退職, 退官, 辞任, 退陣; 卒業: beim ~ aus dem Amt 退官の際に | nach dem ~ von der Schule 学校を卒業したあと | ***sich***[3] **einen guten ~ verschaffen** (引退・卒業などの際, 多くは予期に反して)引け際が見事である, 引退の花道を飾る; 要領よく切り抜ける, うまく逃げ出す. **b)** (Tod) 死去. **3** (Absatz) 〘商〙売れ行き: guten 〈keinen〉 ~ finden 売れ行きがよい〈さっぱりはけない〉. **4 a)** (Schwund) 〘商〙(貨物取り扱い中の)減量, ロス, 目減り; 《オーストリア》欠損〔額〕: Im Gemüsehandel gibt es viel ~. 野菜取引にはロスが多い. **b)** (Abfall) 衰退, 衰微: in ~ kommen 〈geraten〉 (流行などが)すたれる; 使われなくなる, (法律などが)行われなくなる. **c)** (Verlust) 〘軍〙損害, 死傷者. **5** (Abfälle) くず, 廃物; (Kot) 汚物. **6 a)** (Absendung) (郵便物・商品の)発送. **b)** (Abschuß) 発射, 発砲. **c)** (Ausscheidung) (血液・うみ・結石などの)流出, 排出, 排泄(はいせつ); 〘医〙流産. **7** 下り道, 下り坂; (駅の)降り口, 下り階段; (駅の)出口.
Ab·gän·ger[ápgɛŋər] 男 -s/- 《官》卒業〈修了〉資格者.
ab·gän·gig[ápgɛŋɪç][2] 形 **1** 〘商〙売れ行きのよい: Die Ware ist ~. この商品はよくはける. **2** (verschwunden) 紛失した; 《オーストリア》行方不明の: Der Ausweis ist ~. 身分証明書が紛失した. **3** (abgenutzt) 使い損じた, 使い古しの; (肉などが)いたんだ: ~*e* Kleidung 古着. **4** 《南部》結婚適齢期の.
Ab·gän·gig·keits·an·zei·ge[ápgɛŋɪçkaɪts..] 女 《オーストリア》(行方不明者の)捜索願.

Ab·gangs≈dampf[ápgaŋs..] 男 排気. ≈**ex·amen** 中 卒業試験. ≈**ha·fen** 男 通関手続き港. ≈**klas·se** 女 卒業〈最終〉学級. ≈**prü·fung** 女 卒業試験. ≈**punkt** 男 出発点. ≈**schü·ler** 男 卒業生. ≈**sta·tion** 女 発信局; 発送駅. ≈**zeit** 女 出発時刻; 発信時刻. ≈**zeug·nis** 中 卒業〈修了〉証書.
Ab·gas[ápga:s][1] 中 -es/-e 《ふつう複数で》排気, 排気ガス: die ~*e* der Motoren エンジンの排気ガス.
ab·gas·arm 形 排気〈排気ガス〉の少ない.
Ab·gas·ent·gif·tung 女 〘工〙排気浄化.
ab·gas·frei 形 排気〈排気ガス〉の出ない: ein ~*es* Fahrzeug 排気ガスを出さない乗り物(電車・自転車など).
Ab·gas≈füh·rung 女 〘工〙排気〔装置〕. ≈**ka·nal** 男 〘工〙排気道〈管〉, 排路. ≈**ka·ta·ly·sa·tor** 男 (自動車の)触媒式排気ガス浄化装置. ≈**rei·ni·gungs·an·la·ge** 女 〘工〙排気ガス浄化装置. ≈**schall·dämp·fer** 男 (エンジンの)消音器, マフラー. ≈**son·der·un·ter·su·chung** 女 (車検のさいの)排ガス規制テスト(略 ASU). ≈**tur·bi·ne** 女 〘工〙排気ガスタービン. ≈**tur·bo·la·der** 男 〘工〙排気ガスタービン式過給器. ≈**ven·til** 中 排気弁. ≈**ver·wer·tung** 女 -/ 〘工〙排気利用.
ab|gat·tern[ápgatərn] 《05》 他 (h) さく〈垣根〉で区切る.
▽**ab|gau·keln**[ápgaʊkəln] 《06》 =abgaunern
ab|gau·nern[ápgaʊnərn] 《05》 他 (h) 《話》《*jm.* *et.*[4]》(…から…を)だまし取る.
ABGB[a:be:ge:bé:] 略 中 -〔s〕/ =Allgemeines Bürgerliches Gesetzbuch (オーストリアの)民法典.
ab·ge·ar·bei·tet[ápgəlarbaɪtət] **I** abarbeiten の過去分詞. **II** 形 疲れきった, やつれた; 使い古しの.
ab·ge·backen[ápgəbakən] **I** abbacken の過去分詞. **II** 形 焼けすぎの: ~*es* Brot 焼けすぎて皮のはがれたパン.
ab·ge·baut[ápgəbaʊt] abbauen の過去分詞.
ab|ge·ben*[ápge:bən][1] 《52》 **I** 他 (h) **1 a)** (あて先の決められた物を直接または他人を介してある場所で)〔引き〕渡す, 手渡す, 手交〈交付〉する: *et.*[4] eigenhändig ~ …を手渡す | *seine* Karte bei *jm.* ~ …に名刺を通じる | einen Brief auf der Post ~ 手紙を郵便局に出す〈投函(とうかん)する〉| ein Paket in dem Geschäft ~ 小荷物を店に引き渡す | den Koffer an der Gepäckaufbewahrung ~ トランクを手荷物預かり所に預ける | einen Anzug in der Reinigung ~ 背広を洗濯屋に出す | die Prüfungsarbeit ~ 試験答案を提出する | die Leihbücher ~ 貸出図書を返却する ‖ ***jm.* eins ~** 《話》…に一発くらわす, …を殴りつける〈どなりつける〉. **b)** 〘球技〙〔den Ball〕 an *jn.* ~ ボールを…にパスする | einen Satz ~ 〘テニス〙1セット失う. **c)** einen Wechsel über 1 000 Mark auf *jn.* ~ 〘商〙1000マルクの為替を…あてに振り出す.
2 a) (verkaufen) 売り渡す; (vermieten) 貸与する; (überschreiben) 譲渡〈譲与〉する: eine Ware billig ~ 商品を安く売る | Wie teuer *geben* Sie den Meter *ab*? 1メートルいくらでお売りですか ‖ ein Zimmer an *jn.* ~ 部屋を…に貸す | Laden *abzugeben* (新聞広告などで)貸店舗 ‖ *seinem* Sohn das Gut ~ むすこに財産を譲渡する. **b)** 納付する: viel an Steuern 〈Beiträgen〉 ~ 多額の税〈寄付〉を納める. **c)** 《*jn.*》差し向ける, つかわす: einen Mitarbeiter ~ 協力者を差し向ける.
3 《*jm.* *et.*[4]》(…に…を)分け与える(→II 1): Kannst du mir eine Zigarette ~? タバコを1本分けてくれないか.
4 (mitteilen) (意見などを)発表する: eine Erklärung 〈sein Gutachten〉 ~ 説明〈鑑定〉する | *seine* Stimme für 〈gegen〉 *jn.* ~ …に賛成〈反対〉の投票をする | ein Urteil ~ 判断を下す | ein Warnzeichen ~ 警報を出す.
5 《ふつう受動態なし》《*et.*[4]》(舞台で…の役を)演じる; 《比》(…の)役を務める, (…に)なる, (…で)ある: eine gute 〈schlechte / klägliche / komische〉 Figur ~ (→Figur 1) | Er *gibt* einen guten Vater *ab*. 彼はよき父親である | Er wird einen tüchtigen Kaufmann ~. 彼は有能な商人になるだろう | Das *gibt* ein gutes Vorbild *ab*. それはりっぱな手本だ ‖ 非人称 Es wird heute Schnee ~. きょうは雪になりそうだ | Es *gibt* was 〈etwas〉 *ab*. 《俗》なにかよくな

いこと(叱責(しっせき)・打擲(ちょうちゃく)・悪天候など)が起こる.
6 [再帰] *sich*^{4} mit *jm.* ⟨*et.*^{3}⟩ ～《話》…とかかわり合う, …と関係する | *sich*^{4} gern mit Kindern ～ よく子供の面倒を見る⟨相手をする⟩ | Mit solchen Kleinigkeiten ⟨solchen Leuten⟩ kann ich mich nicht ～. 私はこんなささいなこと⟨こんな連中⟩にかかわっているわけにはいかない.
7 (niederlegen) やめる, 放棄する: ein Amt ～ 辞任⟨退官⟩する | das Kommando ～ 指揮権を放棄する | eine Rolle ～〘劇〙役をおりる⟨辞退する⟩.
8 放つ, 発する: Wärme ⟨Energie⟩ ～ 熱⟨エネルギー⟩を放出する | einen Schuß ～ 発砲する.
II [自] (h) **1**《*jm.* von *et.*^{3}》(…に…の一部を)分け与える(→I 3). **2** (↔angeben)〘トランプ〙最後の回の札を配る; 最後の回の親をつとめる. **3**《an *jn.*》〘球技〙(…に)パスをする(→I 1 b). **4**〘狩〙(犬が)追跡をやめる.

ab·ge·blaßt[ápgəblast] **I** abblassen の過去分詞. **II** [形] 色あせた; (記憶などの)薄れた; 内容の希薄になった, 陳腐な: ～*e* Erinnerungen 色あせた思い出.
ab·ge·blitzt[ápgəblɪtst] abblitzen の過去分詞.
ab·ge·blüht[ápgəbly:t] abblühen の過去分詞.
ab·ge·brannt[ápgəbrant] **I** abbrennen の過去分詞. **II** [形] **1** 焼失した, 燃え尽きた. **2** (人が火事などで)焼け出された; 《比》無一文の. **3**《オーストリア》日焼けした. **III Ab·ge·brann·te** [男][女]《形容詞変化》**1** 焼け出された人; 《比》無一文の人, 素寒貧. **2**《オーストリア》日焼けした人.
ab·ge·braucht[ápgəbraʊxt] abbrauchen の過去分詞.
ab·ge·bro·chen[ápgəbrɔxən] **I** abbrechen の過去分詞. **II** [形] とぎれとぎれの, 脈絡のない; 未完の: ～*e* Worte とぎれとぎれの言葉, かたこと.
ab·ge·brüht[ápgəbry:t] **I** abbrühen の過去分詞. **II** [形]《話》(道義的に)無感覚⟨無神経⟩な, 恥しらずな; 冷淡な: ein ～*er* Bursche すれっからしの若者.
Ab·ge·brüht·heit[−haɪt] [女] −/ abgebrüht なこと.
ab·ge·dankt[ápgədaŋkt] abdanken の過去分詞.
ab·ge·drech·selt[ápgədrɛksəlt] **I** abdrechseln の過去分詞. **II** [形] (礼儀の)堅苦しい; もったいぶった, 気取った.
ab·ge·dreht[ápgədre:t] **I** abdrehen の過去分詞. **II** [形]《南部》良心のない, 非道な.
ab·ge·dro·schen[ápgədrɔʃən] **I** abdreschen の過去分詞. **II** [形]《話》(冗談などが)使い古された, 陳腐な: eine ～*e* Redensart 言い古された⟨月並みな⟩言いまわし.
Ab·ge·dro·schen·heit[−haɪt] [女] −/ abgedroschen なこと.
ab·ge·fah·ren[ápgəfa:rən] abfahren の過去分詞.
ab·ge·fal·len[ápgəfalən] abfallen の過去分詞.
ab·ge·fan·gen[ápgəfaŋən] abfangen の過去分詞.
ab·ge·feimt[ápgəfaɪmt] **I** abfeimen の過去分詞. **II** [形] 狡猾(こうかつ)な: ein ～*er* Schurke 海千山千の悪党.
Ab·ge·feimt·heit[−haɪt] [女] −/−en **1**《単数で》abgefeimt なこと. **2** abgefeimt な言動.
ab·ge·fro·ren[ápgəfro:rən] abfrieren の過去分詞.
ab·ge·gan·gen[ápgəgaŋən] abgehen の過去分詞.
ab·ge·ge·ben[ápgəge:bən] abgeben の過去分詞.
ab·ge·gol·ten[ápgəgɔltən] **I** abgelten の過去分詞. **II** [形] 弁済⟨清算⟩ずみの; 補償ずみの.
ab·ge·grast[ápgəgra:st] abgrasen の過去分詞.
ab·ge·grif·fen[ápgəgrɪfən] **I** abgreifen の過去分詞. **II** [形] 使い古された; 月並みな, 陳腐な: Das Buch ist sehr ～. この本はひどく古びている ‖ ein ～*er* Ausdruck 月並みな文句.
ab·ge·hackt[ápgəhakt] **I** abhacken の過去分詞. **II** [形] (文章・リズム・話し方などが)きれぎれの, とつとつとした.
ab·ge·hal·ten[ápgəhaltən] abhalten の過去分詞.
ab·ge·han·gen[ápgəhaŋən] **I** abhangen の過去分詞. **II** abhängen の過去分詞.
ab·ge·härmt[ápgəhɛrmt] abhärmen の過去分詞.
ab·ge·här·tet[ápgəhɛrtət] abhärten の過去分詞.
ab·ge·haust[ápgəhaʊst] abhausen の過去分詞.
ab|ge·hen*[ápge:ən]《53》**I** [自] (s) **1** (歩いて)立ち去る; (abfahren)(乗り物が)出発する, 発車⟨出帆⟩する; 発送される: *geht ab*〘劇〙(ト書きで)退場([参考] tritt auf 登場) | *Geh* endlich *ab*!《話》いい加減にうせろ | mit [dem] Tod ～ (→Tod 1) | einen Brief ～ lassen 手紙を発送する | Der Zug ⟨Die Post⟩ ist schon *abgegangen*. すでに列車は発車した⟨郵便物は発送された⟩.
2 a)《von *et.*^{3}》(職場などを)去る: von der Bühne [für ewig] ～ [永久に]舞台を去る, 俳優をやめる | von der Schule ～ 卒業する | aus dem Amt ～ 退官する ‖ ein *abgegangener* Beamter 退職官吏 ‖ *abgegangen* werden《話》くびになる; 放校処分を受ける. **b)** (sterben) 世を去る.
3《von *et.*^{3}》(…から)離れる, それる: vom Thema ～ 本題を離れる | vom rechten Weg ～ 道に迷う; 正道を踏みはずす ‖ von *seiner* Gewohnheit ⟨*seinem* Plan⟩ ～ 習慣⟨計画⟩をやめる | von *seiner* Meinung ⟨*seinem* Entschluß⟩ ～ 意見⟨決心⟩を変える | Ich kann davon nicht ～. 私はそれをやめるわけにはいかない⟨それに固執せざるをえない⟩.
4 分岐する: Der Weg *geht* von der Landstraße ⟨[nach] links⟩ *ab*. 道は国道から⟨左へ⟩分かれる.
5 (sich ablösen) 離れ落ちる: Der Knopf ⟨Der Nagel⟩ *geht ab*. ボタンが取れる⟨つめがはがれる⟩ | Das Rad ⟨Die Farbe⟩ ist *abgegangen*. 車輪がはずれた⟨ペンキが落ちた⟩ | Der Fleck will nicht ～. よごれがなかなか落ちない.
6 (ablaufen)《様態を示す語句と》(ことがらが)運ぶ, 経過⟨進行⟩する: gut ⟨übel⟩ ～ うまく⟨まずく⟩事が運ぶ | Die Sitzung *ging* glatt *ab*. 会議はスムーズに進んだ | Es ist nicht ohne Streit ⟨ohne Blut⟩ *abgegangen*. それはけんかにならずには ⟨血を見ずには⟩ おさまらなかった.
7〘商〙**a)** 売れる: gut ⟨reißend⟩ ～ よく⟨飛ぶように⟩売れる. **b)** 差し引かれる, 割引⟨値引き⟩される; 目減りする: etwas vom Preise ～ lassen 若干値引きする | Bei Barzahlung *gehen* 8 v. H. *ab*. 現金払いの場合は8%割引される ‖ 3 Kilo *gingen ab*. 3キロ目減りした.
8 (fehlen)《*jm.*》**a)** (物が…に)欠けている, 足りない: Dafür *geht* ihm jeder Sinn *ab*. 彼はとんとそれに理解がない | Er läßt *sich*^{3} nichts ～. 彼は何一つ不自由なく暮らしている | Es *geht* ihm nichts *ab*. 彼には何一つ欠けるものがない | Mir *geht* eine Zigarette *ab*. 私はタバコが切れてつらい. **b)** (人が…にとって)いなくて寂しい, いないことが身にこたえる: Sie *geht* mir sehr *ab*. 彼女がいなくてとても寂しい.
9 (abfließen)(血・うみ・結石などが)流出⟨排出⟩する; (寄生虫が)下る; 流産する: Es ist ihm viel Blut *abgegangen*. 彼は多量に出血した.
10 発射される: Geschütze ～ lassen 発砲する | einen ～ lassen《俗》一発屁(へ)を放つ | ***jm.* geht einer ab**《卑》…が射精する.
II [他] (s, まれに h) 見回る, 巡視する: Der General ist ⟨hat⟩ die Front der angetretenen Soldaten *abgegangen*. 将軍は整列した兵隊を閲兵した.
☆ 完了形に sein も用いられることから自動詞の特殊な用法とも解される.

ab·ge·hetzt[ápgəhɛtst] abhetzen の過去分詞.
ab·ge·hun·gert[ápgəhʊŋərt] **I** abhungern の過去分詞. **II** [形] 飢えきった.
ᵛ**ab|gei·len**[ápgaɪlən] [他] (h) (abbetteln)《話》《*jm. et.*^{4}》(…から…を)せがみ取る.
ab|gei·zen[ápgaɪtsən]《02》[他] (h)《*sich*^{3} *et.*^{4}》けちけち節約してためる, わずかの金も惜しんで手に入れる.
ab·ge·kämpft[ápgəkɛmpft] **I** abkämpfen の過去分詞. **II** [形] 戦い疲れた; 疲れきった: ein ～*es* Gesicht 疲労困憊(こんぱい)した顔つき | Er ist völlig ～. 彼はすっかりへばっている.
ab·ge·kar·tet[ápgəkartət] abkarten の過去分詞.
ab·ge·klap·pert[ápgəklapərt] **I** abklappern の過去分詞. **II** [形] (古くなって)がたの来た, よぼよぼの; 古くさい, 言い古された: ～*e* Phrasen 陳腐なきまり文句.
ab·ge·klärt[ápgəklɛ:rt] **I** abklären の過去分詞. **II** [形] (人生経験を経て)心の澄み切った, 円熟の境地に達した; (文体の)明晰(めいせき)な: ein ～*er* Mensch 円熟した人間.
Ab·ge·klärt·heit[−haɪt] [女] −/ (abgeklärt なこと. 例えば:) (文体の)明晰(めいせき)さ; 《雅》(心の)平静さ: die ～ des

Alters 老年の落ち着き, 円熟.

ab·ge·knickt[ápgəknɪkt] abknicken の過去分詞.

ab·ge·kom·men[ápgəkɔmən] abkommen の過去分詞.

ab·ge·kürzt[ápgəkʏrtst] abkürzen の過去分詞.

ab·ge·la·gert[ápgəla:gərt] ablagern の過去分詞.

ab·ge·latscht[ápgəla:tʃt] ablatschen の過去分詞.

ab·ge·lau·fen[ápgəlaufən] ablaufen の過去分詞.

Ab·geld[ápgɛlt][1] 中 -[e]s/-er＝Disagio

ab·ge·lebt[ápgəle:pt] I ableben の過去分詞. II 形《雅》**1** ふけこんだ, 老衰した. **2** 過ぎ去った; 時代〈流行〉遅れの: in ～*en* Zeiten 過ぎし昔に｜ein ～*er* Gassenhauer 昔の流行歌.

Ab·ge·lebt·heit[–haɪt] 女 -/ abgelebt なこと.

ab·ge·le·dert[ápgəle:dərt] I abledern の過去分詞. II 形 すり切れた, 使い古された; (服装などの)みすぼらしい, 落ちぶれた: ～*e* Schuhe はき古しの靴.

ab·ge·le·gen[ápgəle:gən] I abliegen の過去分詞. II 形 **1** 人里離れた, へんぴな: eine ～*e* Stelle へんぴな場所｜eine ～*e* Rede《比》本題とは関係のない話. **2** ～*er* Wein 熟成したワイン.

Ab·ge·le·gen·heit[–haɪt] 女 -/ abgelegen なこと.

ab·ge·legt[ápgəle:kt] ablegen の過去分詞.

ab·ge·lei·ert[ápgəlaɪərt] I ableiern の過去分詞. II 形 (表現などが)使い古された, 陳腐な.

ab·ge·lei·tet[ápgəlaɪtət] ableiten の過去分詞.

ab|gel·ten*[ápgɛltən]《54》I 他 (h)《*et.*[4] durch *et.*[4]》(負債・負い目などをこれに見合う金品・奉仕などによって)償う, 支払う, 清算する, 補償する: Überstunden ～ 超過勤務時間に相応する代休を与える｜Ich *gelte* seine damalige Hilfe jetzt durch meine Mithilfe an seiner Arbeit *ab.* 当時の彼の助力に対して いま私は彼の仕事に協力することで借りを返している. II **ab·ge·gol·ten** → 別出

Ab·gel·tung[..tʊŋ] 女 -/-en abgelten すること.

ab·ge·macht[ápgəmaxt] abmachen の過去分詞.

ab·ge·ma·gert[ápgəma:gərt] abmagern の過去分詞.

ab·ge·mel·det[ápgəmɛldət] I abmelden の過去分詞. II 形《もっぱら次の成句で》〔**bei** *jm.*〕～ **sein**《話》〔…に〕愛想をつかされている,〔…に〕もはや相手にされない｜Bei mir bist du ～. 君と付き合うのはもうごめんだ.

ab·ge·mer·gelt[ápgəmɛrgəlt] abmergeln の過去分詞.

ab·ge·mes·sen[ápgəmɛsən] I abmessen の過去分詞. II 形 きちんと測定された, 精確な; きちんとした, 適確な, 節度のある, 落ち着いた, 慎重な: eine genaue und ～*e* Lebensweise 規則正しい生活｜streng ～*e* Bewegungen 計算し尽くされた〈落ち着きはらった〉身のこなし.

Ab·ge·mes·sen·heit[–haɪt] 女 -/ abgemessen なこと.

ab·ge·neigt[ápgənaɪkt] I abneigen の過去分詞. II 形 **1**《ふつう述語的》《*jm./et.*[3]》好意を抱いていない, (…が)好きでない: einem Plan ～ sein 計画に乗り気でない｜Sie ist ihm nicht ～. 彼女は彼がきらいではない(好きなのだ)‖〖zu 不定詞〔句〕と〗Er ist völlig ～, nachzugeben. 彼は譲歩するのが大きらいだ｜Sie ist gar nicht ～, mitzukommen. 彼女はむしろ同行したがっている‖〖付加語的に〗die ihm ～*en* Leute 彼を好まぬ人たち. **2**〖地〗(地形が)ゆるく傾斜した.

Ab·ge·neigt·heit[–haɪt] 女 -/ (abgeneigt なこと. 例えば:) 反感, 反発, 嫌悪.

ab·ge·nom·men[ápgənɔmən] abnehmen の過去分詞.

ab·ge·nutzt[ápgənʊtst] abnutzen の過去分詞.

ab·ge·ord·net[ápgəlɔrdnət] I abordnen の過去分詞. II 形〔代表として〕派遣された, 全権を委任された. III **Ab·ge·ord·ne·te** 男 女《形容詞変化》(略 Abg.) 代表, 委員; (特に:) 議員, 代議士: als *Abgeordneter* 〈*Abgeordnete*〉 gewählt werden 代議士に選ばれる｜die Immunität der Parlaments*abgeordneten* 国会議員の不可侵特権.

Ab·ge·ord·ne·ten⸗bank 女 -/..bänke (議会の)議〔員〕席. ⸗**haus** 中 **1** 議会; 下院, 衆議院. **2** 議事堂. ⸗**kam·mer** 女〔衆〕議院. ⸗**wahl** 女 議員選挙.

ab·ge·paßt[ápgəpast] abpassen の過去分詞.

ab·ge·plat·tet[ápgəplatət] abplatten の過去分詞.

ab|ge·ra·ten[1]*[ápgəra:tən]《113》自 (s)《von *et.*[3]》(知らぬまに…から)わき道にそれる.

ab·ge·ra·ten[2][–] I abraten の過去分詞. II abgeraten[1]の過去分詞.

[▽]**ab|ger·ben**[ápgɛrbən][1] 他 (h) **1** (皮革を)十分になめす. **2**《話》《*jn.*》したたか殴る. **3**《南部》脱穀する.

ab·ge·rech·net[ápgərɛçnət] abrechnen の過去分詞.

ab·ge·rie·ben[ápgəri:bən] I abreiben の過去分詞. II 形 **1** すり切れた; 磨滅した. **2**《比》すれっからしの, ずる賢い.

ab·ge·ris·sen[ápgərɪsən] I abreißen の過去分詞. II 形 **1** (服などが)ぼろぼろの; みすぼらしい. **2** 脈絡のない: ～*e* Worte 支離滅裂な言葉‖～ sprechen とぎれとぎれに話す.

Ab·ge·ris·sen·heit[–haɪt] 女 -/ abgerissen なこと.

ab·ge·run·det[ápgərʊndət] abrunden の過去分詞.

ab·ge·sagt[ápgəza:kt] I absagen の過去分詞. II 形 断固とした: Er ist ein ～*er* Feind aller Feierlichkeiten. 彼は儀式ばったことが一切大きらいだ.

ab·ge·sandt[ápgəzant] I absenden の過去分詞. II **Ab·ge·sand·te** 男 女《形容詞変化》使者; 外交使節(大使・公使など).

Ab·ge·sang[ápgəzaŋ] 男 -[e]s/..sänge[..zɛŋə] **1**〖詩〗(Minnesang や Meistergesang で歌節 Strophe の)結びの部分, 後節(→Aufgesang). **2**《比》最後の調べ, 最後の作品.

ab·ge·schabt[ápgəʃa:pt] I abschaben の過去分詞. II 形 使い古された, 着古した.

ab·ge·schie·den[ápgəʃi:dən] I abscheiden の過去分詞. II 形《雅》**1** (entlegen) 隔絶した, ぽつんと離れた: ein ～*es* Dorf へんぴな村. **2** (tot) 死亡した: ～*e* Seelen 死者たちの魂｜die *Abgeschiedenen* 故人たち.

Ab·ge·schie·den·heit[–haɪt] 女 -/ 隔絶して〈人里離れて〉いること; 世間から遠ざかった生活, 隠棲(いんせい): in der ～ der Wälder (人跡絶えた)森の寂寥(せきりょう)の中で｜in ～ leben ひとり寂しく〈静かに〉暮らす, 隠棲する.

ab·ge·schla·gen[ápgəʃla:gən] I abschlagen の過去分詞. II 形 **1** (beschädigt) (器物が)傷のついた. **2**〖スポ〗敗れた, 完敗した. **3**《方》(erschöpft) 疲れきった.

Ab·ge·schla·gen·heit[–haɪt] 女 -/《方》疲労困憊(こんぱい).

ab·ge·schlif·fen[ápgəʃlɪfən] I abschleifen の過去分詞. II 形《比》洗練された, 磨きのかかった.

Ab·ge·schlif·fen·heit[–haɪt] 女 -/ abgeschliffen なこと.

ab·ge·schlos·sen[ápgəʃlɔsən] I abschließen の過去分詞. II 形 **1** 完結した, 完成した, まとまった: ein ～*es* Werk 完結した〈完成度の高い〉作品. **2** 孤立した, 孤独な: ein ～*es* Leben führen 孤独な生活を送る.

Ab·ge·schlos·sen·heit[–haɪt] 女 -/ abgeschlossen なこと.

[▽]**Ab·ge·schmack**[ápgəʃmak] 男 -[e]s/ 悪趣味.

ab·ge·schmackt[..ʃmakt] 形 悪趣味な; ばかげた, 愚かしい; 味気ない, 平凡な, つまらない. [＜*mhd.* ā-smec „geschmack-los"]

Ab·ge·schmackt·heit[..haɪt] 女 -/-en **1**《単数で》abgeschmackt なこと. **2** abgeschmackt な言動.

ab·ge·schnit·ten[ápgəʃnɪtən] abschneiden の過去分詞.

ab·ge·schwo·ren[ápgəʃvo:rən] I abschwören の過去分詞. II 形 断固たる: ein ～*er* Feind 不倶戴天(ふぐたいてん)の敵.

ab·ge·se·hen[ápgəze:ən] I absehen の過去分詞. II 副《von *jm.* 〈*et.*[3]〉》(…を)除いて, (…を)問わず, (…は)別として(→absehen II 2): von dir 〈vom Preis〉 ～ 君〈値段の点〉は別として｜～ davon/davon ～ それは別として｜～〔davon〕, daß ... …は別として.

ab·ge·son·dert[ápgəzɔndərt] absondern の過去分詞.

ab·ge·spannt[ápgəʃpant] I abspannen の過去分詞. II 形 (緊張で)疲れた, 疲労した, やつれた: Er macht einen ～*en* Eindruck. 彼は疲れた様子をしている.

Ab·ge·spannt·heit[–haɪt] 女 -/ 疲労, 困憊(こんぱい); (緊張が解けたのちの)無気力〈脱力〉状態.

ab·ge·spielt[ápgəʃpi:lt] abspielen の過去分詞.

[▽]**Ab·ge·stalt**[ápgəʃtalt] 女 -/-en (Mißgestalt) 奇形; 奇形の人, 身体障害者.

ab·ge·stan·den[ápgəʃtandən] **I** abstehen の過去分詞. **II** 形 (schal) (長く放置したため) 鮮度の落ちた, 気の抜けた, 古くなった (→abstehen I 3); 《比》古臭い, つまらない: ~*es* Bier 気の抜けたビール | ~*e* Luft よどんだ空気 | eine ~*e* Redensart 陳腐な〈古臭い〉言い回し.

Ab·ge·stan·den·heit[–haɪt] 女 -/ abgestanden なこと.

ab·ge·stor·ben[ápgəʃtɔrbən] absterben の過去分詞.

ab·ge·sto·ßen[ápgəʃto:sən] abstoßen の過去分詞.

ab·ge·straft[ápgəʃtra:ft] **I** abstrafen の過去分詞. **II** 形《オーストリア》前科のある.

ab·ge·stuft[ápgəʃtu:ft] abstufen の過去分詞.

ab·ge·stumpft[ápgəʃtʊmpft] **I** abstumpfen の過去分詞. **II** 形 鈍磨した, 鈍い: ein ~*es* Gewissen 麻痺(まひ)した良心 | gegen Vorwürfe ~ sein 非難に対して鈍感〈無感覚〉になっている.

Ab·ge·stumpft·heit[–haɪt] 女 -/ 鈍感, 無感動, 無関心.

ab·ge·stutzt[ápgəʃtʊtst] abstutzen の過去分詞.

ab·ge·sun·gen[ápgəzʊŋən] absingen の過去分詞.

ab·ge·ta·kelt[ápgəta:kəlt] abtakeln の過去分詞.

ab·ge·tan[ápgəta:n] **I** abtun の過去分詞. **II** 形 (erledigt) すっかり片づいた; 用済みの, 時代遅れの: ein~*er* Mann 敗残者 ‖ Wir wollen es ~ sein lassen. それはもう片づいたものとしよう | Mit ein paar Worten ist die Sache nicht ~. 一言二言では事は片づかない | Er ist für mich ~. 私は彼にはもう用がない.

ab·ge·tra·gen[ápgətra:gən] **I** abtragen の過去分詞. **II** 形 すり切れた, 使い古された; 《比》老朽の; 陳腐な: ein ~*er* Mantel 着古したコート | ein alter, ~*er* Mann 老いぼれた男 | ein ~*er* Witz 陳腐なしゃれ ‖ Dieser Anzug ist schon zu ~. この背広はもうひどくくたびれている.

ab·ge·tre·ten[ápgətre:tən] abtreten の過去分詞.

ab·ge·trie·ben[ápgətri:bən] **I** abtreiben の過去分詞. **II** 形 (駆りたてられて) 疲れきった: ein ~*er* Klepper くたびれはてたおいぼれ馬.

ab·ge·wandt[ápgəvant] **I** abwenden の過去分詞. **II** 形 そっぽを向いた: mit ~*em* Gesicht 顔をそむけて | ~*en* Geistes sein 放心状態である ‖ dem praktischen Leben ~ sein 世間離れしている.

ab·ge·wet·tert[ápgəvɛtərt] **I** abwettern の過去分詞. **II** 形 風雨にさらされた; あらしに耐えぬいた.

ab·ge·wichst[ápgəvɪkst] **I** abwichsen の過去分詞. **II** 形《俗》(schlau) ずる賢い, すれっからしの, 海千山千の; (heruntergekommen) 落ちぶれた; (kraftlos) 衰弱しきった, 精も根も尽き果てた.

ab|ge·win·nen*[ápgəvɪnən] 《213》 他 (h) **1** 《*jm.* 〈*et.*[3]〉 *et.*[4]》(…から…を) 力ずくで〈苦心して・巧みに〉勝ち取る, 手に入れる: dem Feind eine Schlacht 〈den Sieg〉 ~ 敵との戦いに勝つ | dem Sumpf Ackerland ~ (苦労して) 沼地を耕地に変える | dem Kranken ein Lächeln ~ 病人からほほえみを引き出す | den Dingen die gute Seite ~ 事柄のよい面を見いだす | *jm.* einen Vorsprung ~ …よりも優位に立つ | *et.*[3] Geschmack ~ (→Geschmack 1 b). **2** 《*sich*[3] *et.*[4]》(むずかしいこと・いやなことを) 克己〈自制〉して行う: Er *gewann* sich die Zeit *ab*, Bücher zu lesen. 彼はなんとか読書の時間を作った.

ab·ge·wirt·schaf·tet[ápgəvɪrt-ʃaftət] **I** abwirtschaften の過去分詞. **II** 形 破産〈破滅〉した; 使い古された: ~*er* Boden (地味の) やせ細った土地.

ab·ge·wo·gen[ápgəvo:gən] **I** **1** abwägen の過去分詞. **2** 形 均衡〈つり合い〉のとれた; 慎重に比較考量された, 熟考された: wohl ~*e* Worte 十分に考え抜かれた言葉 | streng ~*e* Neutralität 厳密に計算された中立性. **II** abwiegen の過去分詞.

Ab·ge·wo·gen·heit[–haɪt] 女 -/ abgewogen I 2 なこと.

ab|ge·wöh·nen[ápgəvø:nən] 他 (h) **1** (↔angewöhnen) 《*jm.* *et.*[4]》(…に…の) 習慣をやめさせる, くせ〈習癖〉を改めさせる: *jm.* die Unpünktlichkeit ~ …の時間にルーズなくせを改めさせる ‖ *sich*[3] *et.*[4] ~ (努力して) …の習慣をやめる, …のくせ〈習癖〉を改める | Ich kann mir das Rauchen nicht ~. 私はタバコがやめられない ‖ Noch ein 〔letztes〕 Glas zum *Abgewöhnen*! 《戯》これで最後だ もう1杯. **2** 《*jn.* von *jm.*》遠ざける, (…を…と) 仲たがいさせる.

Ab·ge·wöh·nung[..nʊŋ] 女 -/ 〔sich〕 abgewöhnen すること.

ab·ge·wrackt[ápgəvrakt] abwracken の過去分詞.

ab·ge·wun·ken[ápgəvʊŋkən] abgewinkt (abwinken の過去分詞) の方言形.

ab·ge·zehrt[ápgətse:rt] abzehren の過去分詞.

ab·ge·zir·kelt[ápgətsɪrkəlt] **I** abzirkeln の過去分詞. **II** 形 きちんとした, きちょうめんな; 杓子(しゃくし)定規の: ~ grüßen 四角四面なあいさつをする | wie ~ schreiben 活字のような字を書く.

ab·ge·zo·gen[ápgətso:gən] **I** abziehen の過去分詞. **II** 形 派生的な; 抽象的な

Ab·ge·zo·gen·heit[–haɪt] 女 -/ abgezogen なこと.

ab|gie·ren[ápgi:rən] **I** 自 (h) 《海》針路を変える. **II** 他 (h) 《*jm.* *et.*[4]》(…から…を) せがんで手に入れる, せしめる.

ab|gie·ßen*[ápgi:sən] 《56》 他 (h) **1 a)** (余分の液体を) 注ぎ捨てる; (ゆで汁などを) 注ぎあける: das Wasser von dem Gemüse 〈von den Kartoffeln〉 ~ 野菜〈ジャガイモ〉をゆでこぼす (→b). **b)** 《*et.*[4]》(…から) 〔余分の〕液体を注ぎ捨てる; (…の) ゆで汁を注ぎあける: den Eimer ~ バケツの水をあける | das Gemüse ~ 野菜をゆでこぼす (→a) | 〔die〕 Kartoffeln ~ (→Kartoffel 1 b). **2 a)** 《工》(鋳型などに) 金属の溶液を流し込む. **b)** (…の) 型を取る: eine Büste in Gips ~ 石膏(せっこう)で胸像の型を取る. **3** 再帰 *sich*[4] ~ シャワーを浴びる.

Ab·gie·ßer[..sər] 男 -s/- 鋳型師, 鋳造者.

Ab·gie·ßung[..sʊŋ] 女 -/ abgießen すること.

Ab·glanz[ápglants] 男 -es/ 反照, 反映; 《比》なごり, 余韻; 写し絵: der ~ der Abendröte 夕映え | ein ~ des einstigen Ruhmes かつての名声のなごり | Die Poesie ist der verklärte ~ des Lebens. 文学は人生の美しい写し絵である.

ab|glan·zen[ápglantsən] 《02》 他 (h) 《*et.*[4]》(…の) 光沢を取る, つやを消す.

ab|glät·ten[ápglɛtən] 《01》 他 (h) 滑らかにする; (…に) アイロンをかける; 《比》(…に) 磨きをかける.

Ab·gleich[ápglaɪç] 男 -〔e〕s/-e 《ふつう単数で》《電》調整, トラッキング; 《工》心(しん)合わせ.

ab|glei·chen*[ápglaɪçən] 《58》 他 (h) **1** (平らに) ならす, 水平〈平ら〉にする; (勘定を) 清算する. **2** (度量衡器を) 正しく合わせる, 検定する; 《電》調整する; 《工》心合わせをする; 《医》(めがねの両眼を) 調節する: einen Empfänger ~ 受信機を調整する.

Ab·gleich∤feh·ler[ápglaɪç..] 男 《電》トラッキング誤差; 《工》測定誤差. ∤**kon·den·sa·tor** 男 《電》調整コンデンサー. ∤**mit·tel** 中 《電》調整装置.

Ab·glei·chung[..çʊŋ] 女 -/-en abgleichen すること.

Ab·gleich∤waa·ge 女 (造幣用の) 検量はかり. ∤**zir·kel** 男 両脚規, 分割コンパス.

ab|glei·ten*[ápglaɪtən] 《60》 自 (s) **1** 滑り落ちる, 滑ってそれる; (車が) スリップする: Alle Mahnungen *gleiten* an ihm *ab*. どんな警告も彼には馬耳東風である. **2** 《比》(正規の軌道から) 外れる; 横道へそれる: von der Bahn der Tugend ~ 美徳の正道を踏み外す ‖ *abgeglittene* Jugendliche 道を踏み外した若者たち. **3** (相場・貨幣価値などが) 下がる, 下落する. **4** (質的に) 低下する; 堕落する: Der Schüler ist in seinen Leistungen *abgeglitten*. その生徒は成績が下がった.

ab|glie·dern[ápgli:dərn] 《05》 他 (h) (構成要素に) 分割する, 区分する.

Ab·glie·de·rung[..dərʊŋ] 女 -/-en abgliedern すること.

ab|glim·men[(*)][ápglɪmən] 《61》 自 (s) (光・火などが) しだいに消える, 消滅する.

ab|glit·schen[ápglɪtʃən] 《04》 自 (s) 《話》滑り落ちる.

ab|glü·hen[ápgly:ən] **I** 他 (h) **1** 灼熱(しゃくねつ)させる, 焼きなます. **2** (香料を入れて) 酒を温める. **II** 自 (s) 灼熱がやむ,

しだいに冷却する.

ab|gon·deln[ápgɔndəln]《06》自 (s)《話》ゆっくり〈ぶらぶらと〉立ち去る.

Ab·gott[ápgɔt] 男 -[e]s/..götter[..gœtər] (女 **Ab·göt·tin**[..gœtɪn]-/-nen) **1** 偶像, 邪神. **2**《比》崇拝〈熱愛〉の対象, アイドル: Er ist der ~ aller Frauen. 彼はあらゆる女性のアイドルである | Das Kind ist sein ~. 彼はその子を溺愛(できあい)している.

Ab·gott≈an·be·ter 男 偶像崇拝者. **≈dienst** 男 偶像礼拝〈崇拝〉.

Ab·göt·te·rei[apgœtəráɪ] 女 -/ 偶像崇拝; 盲目的崇拝, 心酔: mit *jm.* 〈*et.*[3]〉 ~ treiben …を偶像視する, …を盲目的に崇拝する, …を溺愛(できあい)する.

Ab·göt·tin Abgott の女性形.

ab·göt·tisch[ápgœtɪʃ] 形 偶像崇拝の; 偶像崇拝的な, 盲目的な: mit ~*er* Liebe an *jm.* hängen …を盲目的に熱愛する | *jn.* ~ verehren …を熱烈に崇拝する, …に心酔する.

Ab·gott[s]·schlan·ge[ápgɔt(s)..] 女 (Königsschlange)〘動〙オウヘビ(王蛇), コモンボア.

ab|gra·ben*[ápgra:bən][1]《62》他 (h) **1** (丘・土手などを)掘りくずす, 掘り除く. **2**《*et.*[4]》(…に)溝を掘る(境界線として): das Feld ~ 畑の周りに溝を巡らす. **3** (堀を掘って)水を他へ導く: einen Bach ~ 掘割を作って川の水を他へ導く | einen Teich ~ 池を干す | einer Stadt[3] das Wasser ~ 町の水路を断つ; ᵛ町に水をひく | *jm.* das Wasser ~ (→Wasser 2).

ab|grä·men[ápgrɛ:mən] 他 (h)《*jn.*》ひどく悩ませる: 再帰 *sich*[4] ~ 悩みやつれる ‖ *abgegrämt* aussehen やつれ果てて見える.

ab|gra·sen[ápgra:zən][1]《02》他 (h) **1**《*et.*[4]》(動物が…の)草を食い尽くす. **2**《比》くまなく捜す, あさり尽くす: die ganze Stadt [nach *et.*[3]] ~ [・・・を求めて]町じゅうくまなく探索する | ein Forschungsgebiet ~ ある研究分野を研究し尽くす.

ab|gra·ten[ápgra:tən]《01》他 (h)《*et.*[4]》(…の)かどを取る〈削る〉. [<Grat]

ab|grät·schen[ápgrɛ:tʃən]《04》自 (s)〘体操〙開脚でとびおりる(→Grätsche).

ab|grei·fen*[ápgraɪfən]《63》**I** 他 (h) **1** (すみずみまで)つかんで〈触れて〉みる. **2** 使い古す. **3** (2本の指先などで)つまむようにして測る: *et.*[4] mit den Fingern 〈mit dem Zirkel〉 ~ …を指〈コンパス〉で測る | die Problematik eines Themas ~《比》あるテーマの問題の大きさを見きわめる. **4** eine Spannung ~ 電圧をタップで下げる. **5**〘工〙(…に)雌ねじを切る. **II ab·ge·grif·fen** → 別出

ab|gren·zen[ápgrɛntsən]《02》他 (h) **1** (土地などに)境界をつける, 区切る: *et.*[4] vom Nachbargrundstück ~ …を隣接する地所から仕切る. **2**《*et.*[4]》(…の)輪郭をはっきりさせる; (任務・概念などを)限定〈局限〉する: Befugnisse klar 〈scharf〉 ~ 権限の範囲をはっきり定める. **3** 再帰 *sich*[4] von *et.*[3] ~ …と一線を画する, …と別な立場を取る | Er *grenzt* sich von dieser Auffassung *ab.* 彼はこの見解には与(くみ)しない.

Ab·gren·zung[..tsʊŋ] 女 -/-en **1** abgrenzen すること. **2** 境界, 限界; 輪郭.

Ab·grund[ápgrʊnt][1] 男 -[e]s/..gründe[..gryndə] (断崖(だんがい)・絶壁に画された)深い谷間, 深淵(しんえん), 奈落(ならく);《比》底知れぬ深み; 破滅の淵(ふち); 越えがたい溝: ein ~ von Elend 悲惨の極み | ein ~ von Gemeinheit 信じられぬほどの卑劣さ | die *Abgründe* der menschlichen Seele 人間の魂の深淵 ‖ in den ~ stürzen 奈落の底に落ちる | am Rand des ~*s* stehen《比》破滅寸前である | *jn.* an den Rand des ~*s* bringen …を破滅寸前に追いやる | *Abgründe* trennen uns./*Abgründe* liegen zwischen uns. 我々の間には越えがたい隔たりがある.

ab·grund·häß·lich 形 ひどく醜い, 恐ろしく醜悪な.

ab·grün·dig[ápgryndɪç][2] 形 底知れぬ, 計り知れぬ, 深奥〈深遠〉な; 途方もない: ein ~*es* Geheimnis 深い秘密 | eine ~*e* Wut 底知れぬ憤り ‖ ~ lächeln なぞめいた微笑を浮かべる | ~ frech sein 途方もなく厚かましい.

ab·grund·tief[ápgrʊnttí:f] 形 計り知れぬほど深い: ~*e* Verachtung 底深い軽蔑 ‖ *jn.* ~ hassen …をひどく憎む.

ab|gucken[ápgʊkən] **I** 他 (h)《[bei] *jm.* *et.*[4]》(…から…を)盗み見る, (ひそかに)見てとる, 見習う: *jm.* einen Kniff ~ …の策略を見破る; …のこつを見て取る | **Ich guck' dir nichts ab!**《話》(他人の前で脱衣することを恥ずかしがる子供などに向かって)恥ずかしがらなくていいんだ, 遠慮なくおやり. **II** 自 (h)《bei 〈von〉 *jm.*》(…から)カンニングする.

Ab·gunst[ápgʊnst] 女 -/《雅》(Mißgunst) ねたみ; 悪意.

ab·gün·stig[..gʏnstɪç][2] 形《雅》ねたみ深い; 悪意のある.

ab|gur·geln[ápgʊrgəln]《06》他 (h)《*jn.*》(…の)のど笛をかき切る, くびり殺す.

ab|gür·ten[ápgʏrtən]《01》他 (h) (…の)帯を解く, (…を)ベルトから外す: das Schwert ~ 剣を剣帯から外す.

Ab·guß[ápgʊs] 男 ..gusses/..güsse[..gʏsə] **1** 鋳物, 鋳造物;〘印〙ステロ版: ein ~ in Bronze ブロンズ像. **2**《方》排水路; 配水管.

Abh. 略 =**Ab**handlung 論文.

ab|haa·ren[ápha:rən] **I** 他 (h)《*jn.*》(…の)毛〈毛髪〉を抜く. **II** 自 (h) 毛〈毛髪〉が抜ける.

ab|ha·ben*[ápha:bən][1]《64》他 (h)《話》**1** (分け前として一部を)もらう: Er kann davon ~. 彼にもその一部を分けてやろう | Er *hat* sein Teil *ab.*《比》彼は応分の報いを受けた ‖ **einen ~**《話》i) 酔っぱらっている; ii) 頭がいかれている. **2** 脱いでいる; 外して〈取り除いて〉しまっている(→ab[2] I 1): weil er die Krawatte 〈den Hut〉 *abhatte* 彼はネクタイを外して〈帽子を脱いで〉いたので | *Hast* du den Fleck *ab*? しみはうまく落とせたかい | ein Rad ~ (→Rad 2 a).

ab|hacken[áphakən] **I** 他 (h) (おの・なたなどで)切り落とす: dem Huhn den Kopf ~ 鶏の首をはねる | Zweige vom Baum ~ 木の枝をはらう ‖ Ich würde mir lieber die Finger 〈die Hand〉 ~, als mich dazu hergeben. そんなことにかかわり合うくらいなら私は指〈手〉を切り落とされたほうがましだ, そんなことにかかわってたまるか | *sich*[3] die Hand für *jn.* 〈*et.*[4]〉 ~ lassen (→Hand 1) | Dafür lasse ich mir den Kopf ~! そのことには私の首をかけてもいい.

II ab·ge·hackt → 別出

ab|ha·geln[ápha:gəln]《06》他 (h) **1**《ふつう過去分詞で》Die Blüten sind *abgehagelt.* 花はひょう〈あられ〉にやられた. **2** 再帰・非人称 Es hat sich *abgehagelt.* ひょう〈あられ〉がやんだ.

ab|ha·gern[ápha:gərn]《05》自 (s) やせ衰える.

ab|hä·keln[áphɛ:kəln]《06》他 (h)〘手芸〙(模様を)かぎ針で刺しゅうする.

ab|ha·ken[ápha:kən] 他 (h) **1**《*et.*[4]》(…の)フック〈掛け金・留め鉤(かぎ)・留め環〉をはずす: Fensterläden ~ [掛け金をはずして]窓のよろい戸をあける. **2** 鉤からはずす: den Mantel ~ コートを[洋服掛けの]フックからはずす | den Hörer ~ 受話器をはずす. **3**《*et.*[4]》(リスト[の項目]などに)処理済みの鉤印(かぎじるし)をつける;《比》(問題・案件などを)片づける, 処理する: Tage im Kalender ~ カレンダーの(特定の)日に鉤印をつける. **4**〘園〙取り木する.

ab|half·tern[áphalftərn]《05》他 (h) **1** (馬などから)端綱(はづな)を解く. **2**《話》《*jn.*》解雇する, くびにする. **3** 再帰 *sich*[3] *et.*[4] ~ …からのがれる, …を免れる.

Ab·half·te·rung[..tərʊŋ] 女 -/ abhalftern すること.

ab|hal·sen[áphalzən][1]《02》他 (h) **1** *sich*[3] *et.*[4] ~ …(自分の負担になることなど)を厄介払いする. **2** (↔anhalsen)〘狩〙den Hund ~ 猟犬の首から綱をはずす. **3**《*jn.*》(…と)抱き合う.

ab|hal·ten*[áphaltən]《65》**I** 他 (h) **1**《*jn.* von *et.*[3]》(…の…を)妨げる: *jn.* von der Arbeit ~ …の仕事のじゃまをする | *jn.* von einer Dummheit ~ …にばかなまねをさせないようにする | *jn.* davon ~, *et.*[4] zu tun (⊛..., nicht *et.*[4] zu tun) …に…させないようにする | Ich *hielt* ihn davon *ab,* Lärm zu machen. 私は彼が騒々しくしないようにさせた | Dringende Geschäfte haben mich leider *abgehalten,* der Feier beizuwohnen. 急用のため私は残念ながら式典に

出られなかった | Er wurde gestern *abgehalten.* 彼は昨日はさしつかえがあった | Lassen Sie sich^4 〔dadurch〕 nicht ~! 〔それには〕どうぞお構いなく. **2** (verhüten) (風雨寒暑などを)防ぐ,(音・光線などを)さえぎる; (abwehren) 寄せつけない, 防御する: den Regen 〈den Schnee〉 ~ 雨〈雪〉を防ぐ | den Lärm ~ 騒音を防止する | Ich brauche einen Vorhang, der die Sonnenstrahlen *abhält.* 私は日よけのカーテンが入用だ ‖ 〔von〕 dem schlafenden Kind die Fliegen ~ 眠っている子供にたかるハエを追い払う. **3** (veranstalten) 催す, とり行う: eine Sitzung ~ 会議を開く | Unterricht 〈eine Prüfung〉 ~ 授業〈試験〉を行う | den Gottesdienst ~ 礼拝式を挙げる | Es wird Markt *abgehalten.* 市(いち)が開かれる. **4** (aushalten) 耐える, 持ちこたえる: Der Stoff 〈Das Kind〉 *hält* nicht viel *ab.* この布地〈子〉はあまり丈夫でない. **5** ein Kind ~ 幼児を支えて用便させる.

II 自 (h) 〘海〙 針路を転じる: vom Lande ~ 離岸針路をとる | vom Wind ~ 追い風を受けるように〈風下に〉針路を転じる.

Ạb·hal·tung[áphaltʊŋ] 女 -/-en (abhalten すること. 例えば:) **1** 妨げ, 支障, 用事, 要件: ~*en* haben さしつかえ〈用事〉がある. **2** 《単数で》 挙行, 開催: die ~ einer Sitzung 会議の開催.

ạb|häm·mern[ápheməʀn] 《05》 他 (h) ハンマーでたたき落とす.

ạb|ham·peln[áphampəln] 《06》 他 (h) 再帰 *sich*^{4} ~ 《話》 (働いて)疲れはてる.

ạb|han·deln[áphandəln] 《06》 他 (h) **1** 論じる,(学問的に)取り扱う; 討議〈談合〉する; 申し合わせる: *et.*^{4} gründlich ~ …を徹底的に論じる.
2 《*jm. et.*^{4}》 **a)** (…から…を)交渉して買い取る. **b)** (…に…の額を)値引きさせる, 値切る; 譲歩させる: *jm.* zehn Mark ~ …に10マルクまけさせる | *sich*^{3} nichts ~ lassen 一文もまけない; 《比》 一歩も譲らない.

ab·hạn·den[aphándən] 副 《ふつう次の成句で》 〔***jm.***〕 **~ kommen** 〔…にとって〕失われる〈紛失する〉| Der Ring ist 〔ihr〕 ~ gekommen. 〔彼女は〕指輪をなくした | der ~ gekommene Ring なくなった指輪. 【*ahd.* aba hantum „von den Händen (weg)“】

Ab·hạn·den·kom·men 中 -s/ (abhanden kommen すること. 例えば:) 紛失.

Ạb·hand·lung[áphandlʊŋ] 女 -/-en **1** abhandeln すること. **2** (略 Abh.) 論文: eine ~ schreiben 〈verfassen〉 論文を書く.

Ạb·hang[áphaŋ] 男 -〔e〕s/..hänge[..hɛŋə] 傾斜面, 山腹(→ 図 Berg A): ein steiler ~ 急斜面 | ein sanfter ~ ゆるやかな斜面 | am südlichen ~ des Hügels 丘の南斜面に.

ạb|han·gen*[áphaŋən] 《66》 abhängen I の古形・方言形.

ạb|hän·gen(*)[áphɛŋən] 《66》 **I** 自 《不規則変化》 **1** (h) 《von *jm.* 〈*et.*^{3}〉》 (…に)よる, 左右される, 依存する: Das *hängt* von seiner Antwort *ab.* それは彼の返事しだいだ | Es *hängt* von Ihnen *ab,* ob ... …かどうかはあなたしだいだ | Es *hängt* davon *ab,* wieviel Geld er hat. それは彼がどれだけ金を持っているかによる | Er *hängt* finanziell von niemandem *ab.* 彼は金銭的にはだれのやっかいにもなっていない. **2** (s) (つるした肉が)柔らかく〔食べごろに〕なる(→II 4): Das Fleisch ist gut *abgehangen.* 肉は十分柔らかくなった. **3** (h) 《von *et.*^{3}》 (…から離れて)つり下がる,(塀などから外へ)たれ下がる. **4** (h) 傾斜する, 下り坂になる.

II 他 (h) 《規則変化》 **1** (掛けてあるものを)取りはずす, 降ろす: das Bild von der Wand ~ 壁から絵を降ろす. **2 a)** (↔ anhängen) (車両などを)切り離す: Der Speisewagen wird in Frankfurt *abgehängt.* 食堂車はフランクフルトで切り離しになる. **b)** 《話》《*jn.*》 (共同者などを)追い出す,(…と)縁を切る: Sie hat ihn *abgehängt.* 彼女は彼を振った. **c)** 〔den Hörer〕 ~ (受話器を掛けて)電話を切る. **3** 〘スポ〙 (他の競走者を)〔はるか後方に〕引き離す, 振り切る; 《話》 (競争相手・ライバルを凌駕して)引き離す: Du wirst bald deinen Bruder in Mathematik ~. 君はやがて兄さんを数学では追い抜くよ. **4** das Fleisch ~ 肉をつるして柔らかくする(→I 2).

ạb·hän·gig[áphɛŋɪç]^2 **I** 形 **1** 《von *jm.* 〈*et.*^{3}〉》 (…に)頼っている, 左右された, 依存した: von *jm.* 〔finanziell〕 ~ sein 〔財政的に〕…のやっかいになっている | Alles ist vom Wetter 〈von deiner Entscheidung〉 ~. すべては天候〈君の決心〉しだいだ | Er ist von seinen Eltern ~. 彼は親がかりだ ‖ *et.*^{4} (A) von *et.*^{3} (B) ~ machen A を B に従属させる〈まかせる〉| Er machte von diesem Entscheid sein ganzes Lebensglück ~. 彼はこの決定に人生のすべての幸福をかけた | *sich*^{4} von *jm.* ~ machen …を頼りにする, …の言いなりになる, …の子分になる | Das ist davon ~, wie ... それはいかに…であるかによる. **2** 従属的な: in ~*er* Stellung sein 従属的な立場にある | ~*e* Fälle 〘言〙 従属格, 斜格(主格・呼格以外の総称. ギリシアの文法家は主格を垂直線とし他の格を主格の傾斜した形として斜線で図示した: →3) | die ~*e* (＝indirekte) Rede 〘言〙 間接話法〈説話〉| ein ~*er* Satz 〘言〙 従属文〈節〉| eine ~*e* Gesellschaft 〘法〙 従属会社. **3** 傾斜した: eine ~*e* Straße 下り坂になっている街路.

II Ạb·hän·gi·ge 男 女 《形容詞変化》 (abhängig な人. 例えば:) 〘法〙 被保護者.

..abhängig[..aphɛŋɪç]^2 《名詞などにつけて「…に依存する」を意味する形容詞をつくる》: alkohol*abhängig* アルコール依存症の | drogen*abhängig* 麻薬中毒の | kontext*abhängig* 文脈しだいの.

Ạb·hän·gig·keit[áphɛŋɪçkaɪt] 女 -/-en **1** 《von *jm.* 〈*et.*^{3}〉》 (…への)依存〈従属〉関係; 〘哲〙 依存, 依属: in ~^{4} von *jm.* geraten …に依存〈従属〉するようになる. **2** 傾斜〔していること〕.

Ạb·hän·gig·keits∤ge·biet 中 属領, 隷属国. **∤ge·fühl** 中 依頼心, 隷属感情. **∤gram·ma·tik** 女 -/ (Dependenzgrammatik) 〘言〙 依存関係文法. **∤ver·hält·nis** 中 《zu *jm.* 〈*et.*^{3}〉》 (…への) 依存〈従属〉関係.

Ạb·häng·ling[áphɛŋlɪŋ] 男 -s/-e 〘建〙 **1** ペンダント(天井・屋根から懸垂した飾り: → 図). **2** 要石(かなめいし).

Abhängling

ạb|har·ken[áphaʀkən] 他 (h) 《北部》 熊手〈レーキ〉で掃いて取り除く〈掃き清める〉.

ạb|här·men[áphɛʀmən] 他 (h) 再帰 *sich*^{4} ~ (悩みごとなどで)憔悴(しょうすい)する. やつれる: *abgehärmt* aussehen やつれ果てた様子をしている.

ạb|här·ten[áphɛʀtən] 《01》 他 (h) 堅く〈強く〉する; 鍛える, 鍛錬する,(…に)抵抗力をつける; (鋼に)焼きを入れる: 再帰 *sich*^{4} gegen *et.*^{4} ~ …に対して体を鍛える〈抵抗力をつける〉| *sich*^{4} 〈*seinen* Körper〉 durch Sport ~ スポーツによって体を鍛える ‖ Ich bin gegen Erkältung *abgehärtet.* 私は風邪に対して抵抗力が強い ‖ Sämlinge ~ 苗を寒気に慣らす.

Ạb·här·tung[..tʊŋ] 女 -/ abhärten すること.

ạb|ha·schen[áphaʃən] 《04》 他 (h) 《*jm. et.*^{4}》 (…から…を)ひったくる.

ạb|has·peln[áphaspəln] 《06》 他 (h) **1** (糸を)糸巻き車から繰り取る. **2** (詩・スピーチなどを)機械的に〈早口で〉唱える, せかせかしゃべる. **3** 再帰 *sich*^{4} ~ 《方》 せかせか働いて疲れる.

ạb|ha·sten[áphastən] 《01》 他 (h) **1** さっさと〈ぞんざいに〉やる. **2** 再帰 *sich*^{4} ~ ひどく急ぐ.

ạb|hau·en(*)[áphaʊən] 《67》 **I** 他 (h) **1** (おの・なたなどで)切り取る, 切り落とす: den Busch ~ やぶを切り払う | *jm.* den Kopf ~ …の首を切り落とす | Gras ~ 《方》 草を刈る. **2** (過 haute ab) 《*et.*^{4} 〔von *jm.*〕》 《俗》 (〔…から〕答案などを)不正に写し取る, カンニングする. **3** (↔aufhauen) 〘坑〙 掘り下げる.

II 自 (s) (過 haute ab) 《話》 (ひそかに)姿を消す, 逃亡する, ずらかる: *Hau ab!* 逃げろ; うせろ.

ạb|hau·sen[áphaʊzən]^1 《02》 **I** 他 (h) 住み荒らす. **II** 自 (h) 零落〈破産〉する: ein *abgehauster* Kerl 零落した男.

ạb|häu·teln[áphɔʏtəln] 《06》 《オーストリア》 **I** 他 (h) = abhäuten **II** 自 (h) (日焼けなどで)皮がむける.

ab|häu·ten[áphɔʏtən]《01》他 (h)《*et.*⁴》(…の)皮をむく〈はぐ〉: einen Hasen ～ ウサギの皮をはぐ.

Ab·he·be≈ga·bel[áphe:bə..] 女 (電話の)受話器受け〔金具〕. **≈ge·schwin·dig·keit** 女〘空〙離陸〈浮揚〉速度.

ab|he·ben*[áphe:bən]¹《68》**I** 他 (h) **1** (持ち上げて)取り外す, 取り去る: den Deckel ～ ふたを取る | Geld von der Bank ～ かねを銀行から下ろす | den Hörer ～ 受話器を取り上げる | Karten ～〘ﾄﾗﾝﾌﾟ〙(上下を入れかえて)一山のカードをカットする | Maschen ～ 編み目を減らす | den Rahm von der Milch ～ 牛乳の脂肪分をすくい取る ‖ *Abheben* spielen あやとり遊びをする. **2** 再帰 *sich*⁴ von *et.*³ 〈gegen *et.*⁴〉 ～ …から〈…に対して〉際だつ | Der Kirchturm *hob* sich vom Abendhimmel 〈gegen den Abendhimmel〉 *ab.* 教会の塔が夕空にくっきりと浮かび上がっていた | Er *hebt* sich von den anderen durch seinen Fleiß *ab.* 彼はその勤勉さによって他の人たちから際だっている. **II** 自 (h) **1**〘空〙離陸〈浮揚〉する. **2**《方》《auf *et.*⁴》(…を)目ざす, 目標とする; (…に)注意を向けさせる, (…を)指摘する.

ab|he·bern[áphe:bərn]《05》他 (h) (液体を)サイホン〈ピペット・スポイト〉で吸い出す: Wein ～ きき酒をする. [＜Heber]

Ab·he·bung[áphe:bʊŋ] 女 -/-en abheben すること.

Ab·he·bungs·be·fug·nis 女 預金引き出し権.

ab|hech·ten[áphɛçtən]《01》自 (h)〘体操〙伸身飛びで降りる〈終わる〉.

ab|hef·ten[áphɛftən]《01》他 (h) **1** (書類とじ・ファイルなどに)とじ込み整理する. **2** ピンでとめる; 仮縫いする.

ab|hei·len[áphaɪlən] 自 (s) (傷・吹き出物などが)治癒する.

Ab·hei·lung[..lʊŋ] 女 -/-en 治癒.

ab|hei·schen[áphaɪʃən]《04》他 (h)《*jm. et.*⁴》(…から…を)せびり取る, (…に…を)強要する.

ab|hel·fen*[áphɛlfən]《71》自 (h) **1**《*et.*³》(手を貸して弊害などを)除去する, (…への)対策を講じる: einem Fehler ～ 誤りを正す | Dem ist nicht mehr *abzuhelfen.* この事態にはもはや手の打ちようがない. **2**《*jm.* von *et.*³》(…を馬などから)助け降ろす. [◇Abhilfe]

ab·her[áphe:r, ⌣⌣́]副《南部・ｵｰｽﾄﾘｱ》(herab) (こちらの)下の方へ.

ab·her|schau·en 自 (h)《ｵｰｽﾄﾘｱ》見下ろす.

ab|her·zen[áphɛrtsən]《02》他 (h)《*jn.*》抱きしめてキスを浴びせる.

ab|het·zen[áphɛtsən]《02》他 (h) (馬・犬・野獣などを)狩り立てて〈追い回して〉疲れきらせる; 《比》こき使う, 酷使する: 再帰 *sich*⁴ ～ (せわしい思いなどをして)へとへとになる, (多忙で)疲れきる, 奔命に疲れる ‖ ein *abgehetztes* Gesicht 疲れきった顔.

Ab·het·ze·rei[aphɛtsəráɪ] (**Ab·het·zung**[áphɛtsʊŋ]) 女 -/-en 〔sich〕abhetzen すること.

ab|heu·cheln[áphɔʏçəln]《06》他 (h)《*jm. et.*⁴》(口車に乗せて…から…を)だまし取る.

ab|heu·ern[áphɔʏərn]《05》(↔anheuern) **I** 他 (h) **1**〘海〙(乗組員を)解雇する. **2**《〔*jm.*〕*jn.*》(〔…に雇われていた〕…を)スカウトする, 引き抜く. **II** 自 (h)〘海〙(乗組員が)退職〈下船〉する.

ab·hier[aphí:r] 副〘商〙当地より: frei ～ 送料無料〈当方負担〉.

Ab·hil·fe[áphɪlfə] 女 -/ (弊害などの)除去〔対策〕: ～ für einen Fehler 誤りの訂正〈除去〉‖ für *et.*⁴ ～ sorgen …の対策を講じる. [＜abhelfen]

ab·hin 副 **1** [áphɪn, ⌣⌣́]《南部・ｵｰｽﾄﾘｱ》(hinab) (あちらの)下の方へ. **2** [⌣⌣́]《ｽｲｽ》《官》先般, 過日: am 9. August ～ 去る8月9日に.

ab·hin≈|dre·hen[áphɪn.., aphín..] 他 (h)《ｵｰｽﾄﾘｱ》《*jn.*》やっつける; 落第させる. **≈|sto·ßen***《188》他 (h)《ｵｰｽﾄﾘｱ》突き落とす; 一気に飲みほす.

Ab·hit·ze[áphɪtsə] 女 -/ 廃熱.

Ab·hit·ze·ver·wer·tung 女 -/ 廃熱利用.

ab|ho·beln[ápho:bəln]《06》他 (h) **1** (…に)かんなをかける, かんなで滑らかにする; 《比》(…に)磨きをかける: 再帰 *sich*⁴ ～《比》磨きがかかる, 洗練される. **2** かんなで削り取る.

ab|hocken[áphɔkən] 自 (s)〘体操〙抱え込みの姿勢で飛び降りる; 〘ｽｷｰ〙(ジャンプ踏み切りの前などに)かがみこむ.

ab·hold[áphɔlt]¹ 形《ふつう述語的》《雅》*jm.* 〈*et.*³〉 ～ **sein** …が嫌いである, …に反感をもつ(→unhold) | Sie ist 〔den〕 Männern ～. 彼女は男嫌いである | Er ist dem Bier〔trinken〕 nicht ～. 彼はビールが嫌いではない ‖〘付加語的に〙ein der Kunst ～*er* Mann 芸術を敵視している男.

ab|ho·len[ápho:lən] 他 (h) **1**《*et.*⁴》(あらかじめ用意された物などを)受け取りに行く, 取ってくる; (郵便ポストから郵便物を)取り集める: Theaterkarten ～ (予約しておいた)芝居の切符を取りに行く〈取ってくる〉| *jn.* ein Paket von der Post ～ lassen …に郵便局から小包を受け取って来てもらう. **2**《*jn.*》**a)** (約束の場所に)迎えに行く, (約束の場所から)連れてくる: *jn.* am Bahnhof 〈vom Bahnhof/von der Bahn〉 ～ …を駅に出迎える | *jn.* zum Essen 〈Spaziergang〉 ～ …を食事〈散歩〉に行くために迎えに行く | Er hat uns mit dem Wagen *abgeholt.* 彼は車で我々を迎えに来た | wie bestellt und nicht *abgeholt* (→bestellen 2 a). **b)** (verhaften) (自宅などに出向いて)逮捕する. **3**〘海〙(座礁した船を)離礁させる.

Ab·ho·ler[ápho:lər] 男 -s/- (abholen する人. 特に:) (郵便物の)取り集め人.

Ab·ho·lung[..lʊŋ] 女 -/-en (abholen すること. 例えば:) (郵便ポストからの郵便物の)取り集め.

ᵛ**Ab·holz**[áphɔlts] 中 -es/..hölzer[..hœltsər] **1**《単数で》木くず, 木片. **2** 朽ち木.

ab|hol·zen[áphɔltsən]《02》他 (h) **1** (木を)切り倒す; (森林を)開墾〈伐採〉する: einen Wald völlig ～ 森の樹木をすっかり切り倒す. **2** (木の)下ばえ〈下草〉を除去する.

ab·hol·zig[..tsɪç]² 形 (樹木の幹が)急激に先細りになっている(→vollholzig).

Ab·hol·zung[..tsʊŋ] 女 -/-en abholzen すること.

Ab·hör·ap·pa·rat[áphø:r..] 男 ＝Abhörgerät

ab|hor·chen[áphɔrçən] 他 (h) **1**《*jn.*/*et.*⁴》耳をすませて(…の)音を聞き出す〈探る〉; (聴音器などで)探知する: *jn.* 〈das Herz〉 ～〘医〙…を〈心臓を〉聴診する. **2 a)**《*et.*⁴》盗聴する: ein Telefongespräch ～ 電話を盗聴する. **b)**《*jm. et.*⁴》(…から…を)盗み聞きして探り出す.

Ab·horch·trich·ter 男 (らっぱ形の)聴音器.

Ab·hör≈dienst[áphø:r..] 男 **1** 盗聴〈傍受〉機関. **2**〘放送・映〙モニター〈ミキサー〉業務. **≈ein·rich·tung** 女 盗聴装置.

ab|hö·ren[áphø:rən] 他 (h) **1 a)**《*jn.* 〔*et.*⁴〕》(…に〔…を〕)質問して答えさせる, (…に)試問する; 《〔*jm.*〕*et.*⁴》(〔…に〕…を)試問する: *jm.* 〈*jn.*〉 die Vokabeln ～ …に単語について試問する | das Einmaleins ～ 九九算を言わせる. **b)** (verhören)《*jn.*》尋問する. **2**〘医〙聴診する: *jn.* 〈die Herztöne〉 ～ …を〈心音を〉聴診する. **3 a)** ひそかに〈こっそり〉聞く, 盗聴する: ausländische Sender ～ ひそかに外国の放送を聞く | ein Telefon 〈die Konferenz〉 ～ 電話〈会議〉を盗聴する. **b)** 試しに聞いてみる, 試聴する: eine Aufnahme 〈ein Band/eine Schallplatte〉 ～ 録音〈テープ・レコード〉を試聴する. **4**《*jm. et.*⁴》(…から…を)盗み聞きして探り出す; 聞き出す.

Ab·hö·rer[..rər] 男 -s/- (abhören する人. 例えば:) (録音などの)調整技師, モニター; 盗聴〈傍受〉者.

Ab·hör≈ge·rät[áphø:r..] 中 **1** 盗聴器, 隠しマイク. **2** (録音などの)調整器, モニター. **≈ka·bi·ne** 女, **≈raum** 男 (録音などの)調整室.

ab·hor·rent[aphɔrɛ́nt] 形 嫌悪を催させる, 忌まわしい.

Ab·hor·renz[..rɛ́nts] 女 -/-en 嫌悪, 忌避. [*lat.*]

ab·hor·res·zie·ren[aphɔrɛstsí:rən], (**ab·hor·rie·ren**[..rí:rən]) 他 (h) 忌みきらう, 嫌悪する. [*lat.* ab-horrēre „ab-schrecken"]

ab·hör·si·cher[áphø:r..] 形 盗聴される恐れのない, 盗聴防止の.

Ab·hör·tisch 男〘放送・映〙テープ〈フィルム〉編集台.

Ab·hö·rung[..rʊŋ] 女 -/-en abhören すること.

Ab·hör·wan·ze 女《俗》小型盗聴器.

Ab·hub[áphu:p]¹ 男 -〔e〕s/ **1** (Rest) 残り物, くず; 〘金属〙かなくそ, ドロス, 浮きかす: ～ der Tafel 残飯 | übelster

A

～ der Gesellschaft 社会の最低のくず(人間). **2** 〘美〙コントラスト. **[<abheben]**

ᐁ**Ab·hül·fe**[áphʏlfə] 女 -/ ＝Abhilfe

ab|hül·sen[áphʏlzən][1] ⦅02⦆ 他 (h) (豆などの)殻(さや)を「とる.」

ab|hun·gern[áphʊŋərn] ⦅05⦆ **I** 他 (h) **1** ⦅sich[3] et.[4]⦆ (金額・費用などを)食うものも食わずに節約して浮かす. **2** 再帰 *sich*[4] ～ 飢えて弱りきる. **II ab·ge·hun·gert** → 別出

ab|hun·zen[áphʊntsən] ⦅02⦆ 他 (h) 再帰 *sich*[4] ～ ⦅南部⦆ さんざん苦労する.

ab|hu·sten[áphu:stən] ⦅01⦆ 他 (h) せきをして吐き出す.

abi[ábi·] ⦅南部・オーストリア⦆ ＝abhin 1

Abi[ábi·] 中 -s/-s ⦅ふつう単数で⦆ ⦅話⦆ ＝Abitur

ABI[a:be:|í:] 略 女 -/ ＝ Arbeiter-und-Bauern-Inspektion

Abies[á:biɛs] 女 -/ (Tanne) 〘植〙モミ(樅), シラビソ(白檜曽). **[*lat.*]**

Abie·tin[abietí:n] 中 -s/ 〘化〙アビエチン(モミの樹脂).

Abie·tin·säu·re 女 -/ 〘化〙アビエチン酸.

ab|imp·fen[áp|ɪmpfən] 他 (h) ⦅et.[4]⦆ (…の)注射素材を採取する.

Abio·ge·ne·se[abiogené:zə] 女 -/ (Urzeugung) 〘生〙自然発生, 偶然発生.

Abio·lo·gie[..logí:] 女 -/ 生命学.

Abio·se[abió:zə] 女 -/ 生活(生命)力欠如, 早期老衰.

abio·tisch[..tɪʃ] 形 生活(生命)力欠如の; 非生物の, 非生物的な: eine ～*e* Umgebung 〘生〙非生物的環境.

Abio·tro·phie[abiotrofí:] 女 -/-n[..fí:ən] 〘医〙(細胞・組織などの)無生活力. **[<a..[1]+bio..(+tropho..)]**

ab|ir·ren[áp|ɪrən] 自 (s) ⦅von et.[3]⦆ (誤って…から)それる, あらぬ方へさまよう: vom Thema ～ 主題から離れる.

Ab·ir·rung[..rʊŋ] 女 -/-en abirren すること; 過ち.

ab|iso·lie·ren[áp|izoli:rən] 他 (h) ⦅et.[4]⦆ (…の)絶縁材を取り除く.

Ab·itur[abitú:r] 中 -s/-e ⦅ふつう単数で⦆ 高校卒業(大学入学)資格試験(㊥ Abi): das ～ machen/das ～ ablegen ⟨話: bauen⟩ Abitur を受け〔て合格す〕る | das ～ bestehen Abitur に合格する | durchs ～ fallen Abitur に落第する | ins ～ steigen ⦅話⦆ Abitur を受ける | Er hat kein ～〔gemacht〕. 彼は Abitur をすませていない. **[<*lat.* ab-īre „fort-gehen"]**

Ab·itu·ri·en Abiturium の複数.

Ab·itu·ri·ent[abituriɛ́nt] 男 -en/-en (㊛ **Ab·itu·rien·tin**[..tɪn]-/-nen) Abitur 受験(合格)者.

Ab·itu·rien·ten≠ex·amen 中 ＝ Abitur **≠kurs** 男 ⦅オーストリア⦆ (小学校教員資格・商業専門学校卒業資格を得るための1年制の)高校補習課程. **≠prü·fung** 女 ＝Abitur **≠zeug·nis** 中 Abitur 合格証書.

Ab·itu·rien·tin Abiturient の女性形.

Ab·itu·rium[abitú:riʊm] 中 -s/..rien[..riən]＝Abitur

Ab·itur·zei·tung[abitú:r..] 女 (教師・同級生を題材にした)高校卒業記念文集.

ab|ja·gen[ápja:gən][1] **I** 他 (h) **1** ⦅jm. et.[4]⦆ (追いつめて…から…を)奪い取る: dem Dieb die Beute wieder ～ どろぼうから盗品を取り返す. **2** (abhetzen) かり立てて(追い回して)疲れきらせる: 再帰 *sich*[4] tüchtig ～ へとへとになるほど働く(走り回る). **3** 〘狩〙(森などを)しらみつぶしに狩り尽くす.

II 自 (h) 〘狩〙狩り終える.

ᐁ**Ab·ju·di·ka·tion**[apjudikatsió:n] 女 -/-en (Aberkennung) 〘法〙剝奪(はくだつ), 否認.

ᐁ**ab·ju·di·zie·ren**[..tsí:rən] 他 (h) ⦅jm. et.[4]⦆ 〘法〙(…から…を)剝奪する, (…の…を)否認する. **[*lat.*]**

ᐁ**Ab·ju·ra·tion**[apjuratsió:n] 女 -/-en (Abschwörung) 〘宗〙(破門を解かれるときの)異端放棄の宣誓, 誓絶. **[*mlat.*; ◇Juror]**

ᐁ**ab·ju·rie·ren**[..rí:rən] 他 (h) ⦅et.[4]⦆ (…の)放棄を誓「う. **[*lat.*]**」

Abk. 略 ＝**Abkürzung** 略語.

ab|kal·ben[ápkalbən][1] 自 (h) (牛が)子を産む.

ab|käm·men[ápkɛmən] 他 (h) **1** くしですき取る(取り除く): *jm. et.*[4] vom Haar ～ くしですいて…の髪から…を取り除く. **2** ⦅et.[4]〔nach *jm.*〕⦆ (〔…を求めて〕…を)くまなく捜査する: den Wald nach *jm.* ～ …を求めて森の中をしらみつぶしに捜し回る.

ab|kämp·fen[ápkɛmpfən] **I** 他 (h) **1** ⦅jm. et.[4]⦆ (…から…を)戦い取る, 苦労してかち取る(手に入れる): *jm. seine* Zustimmung ～ …からやっとの思いで同意を取りつける. **2** 再帰 *sich*[4] ～ 戦って疲れ果てる. **3** 〘狩〙(雄のシカが発情期に競争相手を)追い払う. **II ab·ge·kämpft** → 別出

ab|kan·ten[ápkantən] ⦅01⦆ 他 (h) **1** ⦅et.[4]⦆ (…の)かどを落とす, 面取りする(→ 図 Kante): ein Blech ～ 金属板の縁(切り口)を折り曲げ〔て危険でなくす〕る. **2** (…に)かどをつける. **3** 〘海〙(風向きに応じて船の針路を)正しく向ける.

Ab·kant≠ma·schi·ne 女, **≠pres·se** 女 〘工〙(金属板の)折り曲げプレス機.

ab|kan·zeln[ápkantsəln] ⦅06⦆ 他 (h) ⦅話⦆ ⦅jn.⦆ (頭ごなしに)しかりつける.

Ab·kan·ze·lung[..kantsəlʊŋ] (**Ab·kanz·lung**[..tslʊŋ]) 女 -/-en ⦅話⦆ 叱責(しっせき).

ab|ka·pi·teln[ápkapɪtəln] ⦅06⦆ ＝abkanzeln

ab|kap·pen[ápkapən] 他 (h) **1** (…の)先端を切る; (木を)刈り込む; (綱を)切り詰める; 〘理〙限定する. **2** ⦅南部⦆ ⦅jn.⦆ しかりつける.

ab|kap·seln[ápkapsəln] ⦅06⦆ 他 (h) カプセルに入れる(詰める); (外界から隔絶して)閉じ込める: 再帰 *sich*[4] vom Leben ⟨im Büro⟩ ～ 世間から離れて(事務所に)閉じこもる ‖ *abgekapselte* Geschwülste 〘医〙被包性腫瘍(しゅよう).

Ab·kap·se·lung[..kapsəlʊŋ] (**Ab·kaps·lung**[..slʊŋ]) 女 -/-en (〔sich〕abkapseln すること. 例えば:) 被包; 隔離; 孤独.

ab|kar·gen[ápkargən][1] 他 (h) ⦅雅⦆ ⦅sich[3] et.[4]〔von et.[3]〕⦆ (…を〔…から〕切り詰めて・節約して)手に入れる: *sich*[3] *et.*[4] vom Munde ～ 食べるものを節約して…を手に入れる.

ab|kar·ren[ápkarən] 他 (h) (土砂などを)車で運び去る.

ab|kar·ten[ápkartən] ⦅01⦆ 他 (h) ⦅話⦆ ⦅et.[4] mit *jm.*⦆ (…を…と)示し合わせる: ein *abgekartetes* Spiel ⟨eine *abgekartete* Sache⟩ treiben 八百長をやる.

ab|kas·sie·ren[ápkasi:rən] 他 (h) 集金する; ⦅jn.⦆ (…から)金を徴収する: die Fahrgäste ～ (車掌が)乗客から運賃を集めて回る.

ab|kau·en[ápkaʊən] 他 (h) **1 a)** かみ切る, かみ取る: *sich*[3] gewohnheitsmäßig die Nägel ～ (くせで)つめをかむ. **b)** (歯などを)かむことによってすり減らす. **2** ⦅卑⦆ ＝ablutschen 3

Ab·kauf[ápkaʊf] 男 -〔e〕s/..käufe[..kɔʏfə] abkaufen すること.

ab|kau·fen[ápkaʊfən] 他 (h) **1** ⦅jm. et.[4]⦆ **a)** (…から…を)買い取る: *jm.* ein Haus ⟨ein Patent⟩ ～ …から家(特許権)を買う | *jm.* das Schweigen ～ …に口止め料を払う | *jm.* die Courage ⟨den Mut⟩ ～ (→Courage 1 a, → Mut 1) | Man muß ihm jedes Wort ～. ⦅比⦆ 彼は口が重い(無口だ) ‖ 再帰 *sich*[4] von der Strafe ～ 罰金で(金を払って罰を)許してもらう. **b)** ⦅話⦆ (…の…を)信用する, 真(ま)に受ける: Diese Behauptung *kauft* dir niemand *ab.* 君のこの主張はだれも信用しない. **2** (購入券などを)使い果たす. **3** ⦅jn.⦆ (…に)賠償(示談)金を払う, (…と)金で決着をつける.

Ab·käu·fer[..kɔʏfər] 男 -s/- 買い手, 買い主.

ab·käuf·lich[..kɔʏflɪç] 形 買い取り可能な; (罪などが)金であがない得る.

ab|keh·len[ápke:lən] 他 (h) **1** (動物などを)のどを切って殺す. **2** (材木に)溝を彫る.

Ab·kehr[ápke:r] 女 -/ (〔sich〕abkehren[1]すること. 例えば:) 方向転換, 転向; 離反; 放棄; 〘坑〙(他坑・他業への)転出: eine ～ von der Welt 遁世(とんせい) ‖ eine ～ beantragen ⟨bekommen⟩ 〘坑〙転出を願い出る(認められる).

ab|keh·ren[1][ápke:rən] **I** 他 (h) (目・顔などを)わきに向ける, そむける, そらす: den Blick ～ 視線をそらす ‖ 再帰 *sich*[4] von *et.*[3] ～ …に背を向ける; ⦅比⦆ …を見限る; …から離反する | *sich*[4] von *seinem* Kind ～ 子供をほったらかしにする | *sich*[4] vom Glauben ～ 信仰を捨てる ‖ die uns *abgekehrte* Seite des Mondes 月の裏側(地球から見て). **II** 自 (s)

〘坑〙(坑夫が他坑または他業へ)転出する.

ạb|kẹh·ren^2[−] 他 (h) **1** (abfegen) 掃き取る; 掃き清める: das Zimmer ~ 部屋を掃く | den Staub von der Treppe ~ 階段のちりを掃き落とす. **2** (ほうきなどを)使い減らす.

Ạb·kẹh·rer[..rər] 男 -s/- 清掃員.

Ạb·kẹh·richt[..rɪçt] 男 中 -s/ (掃きよせた)ごみ, ちり.

Ạb·kehr·schein[ápke:r..] 男 (坑夫の)転出証明〔書〕.

ạb|ket·teln[ápkɛtəln] 《06》《方》=abketten 2

ạb|ket·ten[ápkɛtən] 《01》他 (h) **1** (動物などを)鎖から解き放つ. **2** (編み目を)留める, 固定する.

ạb|kip·pen[ápkɪpən] **I** 他 (h) **1** (トロッコ・ダンプカーなどから土砂を)空ける, ぶちまける. **2** (パタンと)下方に倒す. **II** 自 (s) (突然)下に落ちる, 落下する; 〘海・空〙船首〈機首〉が下方に揺れる.

ạb|kla·ba·stern[ápklabàstərn] 《05》《過分 abklabastert》他 (h) 《方》順次に訪れる, 歴訪する; 次々に目を通す.

ạb|klam·mern[ápklamərn] 《05》他 (h) 《*et.*^{4}》(…の)クリップ〈かすがい〉をはずす.

ạb|klap·pen[ápklapən] 他 (h) (家具などの折り畳み式の部分を)パタンと下に降ろす〈倒す〉.

ạb|klap·pern[ápklapərn] 《05》 **I** 他 (h) 《話》(場所・人を)次々に訪れる, 歩き〈走り〉回る: alles ~ くまなく捜し回る | die ganze Stadt nach *et.*^{3} ~ …を求めて町じゅうかけずり回る. **II ạb·ge·klap·pert** → 別出

ạb|klä̱·ren[ápklɛ:rən] **I** 他 (h) **1** 澄ませる, (…の)濁りを除く: *abgeklärter* Wein (清澄過程を経た)練れたワイン ‖ 再帰 *sich*^{4} ~ 澄む, 濁りが取れる. **2** 《スイ》明らかにする, 解明する: die Ursache ~ 原因を解明する ‖ 再帰 *sich*^{4} ~ 明らかになる, 解明される. **II ạb·ge·klärt** → 別出

Ạb·klä̱·rung[..ruŋ] 女 -/-en abklären すること.

Ạb·klatsch[ápklatʃ] 男 -[e]s/-e **1** (単なる)模倣, 模造; 模造品; 似姿: Das ist ein bloßer ~ Goethes. それはゲーテの作品の焼き直しにすぎない. **2** 〘印〙校正刷り, ゲラ刷り; 〘美〙(彫刻などの)押し型, 拓本; 〘切手〙(不注意による郵便切手の)表裏逆さ刷り.

ạb·klat·schen[ápklatʃən] 《04》他 (h) **1** (彫刻などの)押し型をとる; 拓本をとる; 《軽蔑的に》まねる; 〘印〙ゲラ刷りする. **2** 《*jn.*》〘ダンス〙手を打って(…の)パートナーを引き継ぐ; 〘劇・映〙(特にけいこなどで)手を打って(…の)演技をとめる. **3** 《*jn.*》〘医〙(血行を良くするために…の背中を)ぬれたタオルを当ててたたく. **4** 〘球技〙平手で受け止める.

Ạb·klat·scher[..tʃər] 男 -s/- 〘球技〙平手で受け止めたボール.

Ạb·klat·schung[..tʃuŋ] 女 -/-en abklatschen すること.

Ạb·klatsch·wal·zer 男 拍手の合図で踊り手の交代するワルツ(→abklatschen 2).

ạb|klau·ben[ápklaubən]^1 他 (h) 《話》摘み取る, むしり取る: den Knochen ~ 骨についた肉をそぎ取る.

ạb|kla·vie·ren[ápklavi:rən] 他 (h) (たどたどしく)ピアノでひく: *sich*^{3} *et.*^{4} am Arsch ~ können (→Arsch 1 a) | Das kann ich mir an 〔den〕 fünf 〈zehn〉 Fingern ~. 《話》それは私にはすぐに察しのつくことだ. [<Klavier]

ạb|klei·den[ápklaɪdən]^1 《01》他 (h) **1** 隔壁〈被覆〉で保護する; 〘電〙絶縁する. **2** das Tau ~ 〘海〙索具のカバーをはずす.

Ạb·klei·dung[..duŋ] 女 -/-en **1** 《単数で》abkleiden すること. **2** 隔壁, 被覆; 絶縁体.

ạb|klem·men[ápklɛmən] 他 (h) **1** はさんで止める | 結紮(けっさつ)する: die Blutgefäße ~ 血管を縛って血を止める | eine Stromleitung ~ 電流を止める ‖ *sich*^{3} den Finger an der Tür ~ ドアに指をはさまれる. **2** 切り離して流れ〈接続〉を止める: das Telefon 〔von der Leitung〕 ~ 電話機を回線からはずす. **3** 《スイ》(交渉・活動などを)中断する, やめる: Beziehung 〈eine Unterredung〉 ~ 関係〈話し合い〉を中絶する | ein Geschäft ~ 商売〈仕事〉をやめる.

ạb|klie·ren[ápkli:rən] 他 (h) 《話》(他人の答案などを)書き写す, カンニングする.

ạb|klim·pern[ápklɪmpərn] 《05》他 (h) (曲を)〔ピアノで〕ポツンポツンとひく.

ạb|klin·geln[ápklɪŋəln] 《06》自 (h) **1** 発車のベルを鳴らす. ▽**2** (通話を終えたのちに)ベルを鳴らして通話の終了を知らせる(旧式の電話機で).

ạb|klin·gen*[ápklɪŋən] 《77》自 (s) (音が)しだいに弱まる〈消える〉; 《比》(興奮・騒動などが)鎮静する; 〘理〙減衰する: Die Entzündung 〈Der Streik〉 ist im *Abklingen.* 炎症〈ストライキ〉は収まりつつある ‖ *abgeklungene* Liebe 《雅》さめた恋.

Ạb·kling·kon·stan·te 女 〘理〙減衰定数.

ạb|klop·fen[ápklɔpfən] **I** 他 (h) **1 a)** はたき落とす, たたいて取り除く: die Asche der Zigarre ~ 葉巻の灰を落とす | *sich*^{3} den Schnee 〈den Staub〉 vom Mantel ~ コートから雪〈ほこり〉をはたき落とす | den Kesselstein ~ (ボイラーの)湯あかをたたき落とす. **b)** (…のよごれを)はたき落とす, たたいてきれいにする: den Hut 〈den Mantel〉 ~ 帽子〈コート〉のほこりを払う | den Tisch mit einer Serviette ~ テーブルのごみをナプキンで払い落とす. **2** たたいて調べる: den Kranken 〈die Brust des Patienten〉 ~ (医者が)病人〈患者の胸部〉を打診する | eine Wand nach Hohlräumen ~ 壁をトントンたたいて空洞を探す. **3** 《話》(場所・建物などを)訪ね回る; 物乞いして歩く: die ganze Stadt ~ 町じゅうを訪ねて〈捜して〉回る. **4** (動物などを手のひらで)軽くたたいて愛撫(あいぶ)する: den Hals eines Pferdes ~ 馬の首すじを軽くたたいてやる. **5** 〘料理〙(肉などを)十分にたたく; 《話》《*jn.*》たたきのめす. **6** 〘楽〙(演奏を)指揮棒で譜面台をたたいて中止させる(→II 1). **7** 〘印〙(組み版を)平らにならす; (校正刷りを)刷る.

II 自 (h) **1** 指揮棒で譜面台をたたいて演奏を中止させる(→I 6). **2** 〘柔道〙手のひらで床〈相手の身体〉を2度以上たたいて試合放棄の意思表示をする.

ạb|klop·pen[ápklɔpən] 他 (h) 《方》**1** =abklopfen 3 **2** カンニングする.

ạb|knab·bern[ápknabərn] 《05》他 (h) 《話》かじり取る; ぽりぽりかじる: das Brot ~ パンをかじる | den Knochen 〈das Fleisch vom Knochen〉 ~ 骨から肉をしゃぶり取る.

ạb|knal·len[ápknalən] 他 (h) **1** 《話》(冷酷に)撃ち殺す, 射殺する. **2** 発射する, 発砲する.

ạb|knap·sen[ápknapsən] 《02》(方: **ạb|knap·pen** [..knapən]) 他 (h) 《話》《*jm. et.*^{4}》(…から…を)つまみ取る; しぼり取る; (費用の一部などを削って)捻出(ねんしゅつ)する: *jm.* 5 Mark 〔von *seinem* Lohn〕 ~ …〔の給金〕から5マルク巻き上げる | 〔*sich*^{3}〕 Extraausgaben von *seinem* Haushaltsgeld ~ 家計を切りつめて特別出費分を浮かす.

ạb|knei·fen*[ápknaɪfən] 《78》他 (h) **1** つまみ〈はさみ〉取る; 〘園〙(芽などを)摘みとる. **2** einem Schiff den Wind ~ 〘海〙船の風上に回る.

ạb|knei·pen(*)[ápknaɪpən] 《79》《方》=abkneifen 1

ạb|knicken[ápknɪkən] **I** 他 (h) **1** ぽっきり折る; 〘医〙屈折骨折させる. **2** 折り取る. **II** 自 (s) ぽっきり折れる: in der Hüfte ~ 〘スポ〙腰をかがめる.

Ạb·knickung[..kuŋ] 女 -/-en **1** 《単数で》abknicken すること. **2** 折れ曲がった道.

ạb|knip·pen[ápknɪpən] =abknipsen

ạb|knip·sen[ápknɪpsən] 《02》他 (h) **1** パチンと切り取る; 《話》撃ち殺す. **2** 使い切る: einen Film ~ フィルムを1本撮り終える | Meine Wochenkarte ist *abgeknipst.* 私の週間定期券は全部パンチがはいった(期限が切れた).

ạb|kno̱·beln[ápkno:bəln] 《06》他 (h) 《話》《*jm. et.*^{4}》(…から…を)だまし取る.

ạb|knöp·feln[ápknœpfəln] 《06》《話》=abknöpfen 1

ạb|knöp·fen[ápknœpfən] 他 (h) **1** (↔anknöpfen) (ボタンで留めてあるものを)はずす: den Kragen ~ カラーをボタンからはずす | *sich*^{3} die Hosenträger ~ ズボンつりをボタンから取りはずす. **2** 《話》《*jm. et.*^{4}》(…から…を)巻き上げる, だまし取る: *jm.* Geld ~ …から金(かね)を巻き上げる.

ạb|knu̱·deln[ápknu:dəln] 《06》他 (h) 《話》《*jn.*》抱き締める.

ạb|knüp·fen[ápknʏpfən] 他 (h) (結び目を解いて)ほどく.

ạb|knu̱t·schen[ápknu:tʃən] 《04》他 (h) 《話》《*jn.*》(激しく)抱き締める, 抱き締めて愛撫(あいぶ)〈接吻(せっぷん)〉する.

ạb|ko·chen[ápkɔxən] **I** 他 (h) **1** 《*et.*^{4}》▽**a)** 十分に煮る〈ゆでる〉: Kartoffeln ~ ジャガイモをゆでる. **b)** 煮沸〔消毒〕

する: Instrumente ～ 器具を煮沸消毒する. **c)** (薬草などを)煎(せ)じる. **2** 《俗》《*jn.*》 **a)** (精神的・肉体的に)消耗(困憊(こんぱい))させる, (くたくたにさせて…に)やる気をなくさせる. **b)** (…から)金をしぼり取る〈巻き上げる〉. **3** Gewicht 〈Pfund〉 ～ 〘ボクシング〙(試合前に)減量する. **II** 自 (h) 野外で炊事をする.

Ab·ko·chung[..xʊŋ] 女 -/-en **1** 《単数で》 abkochen すること. **2** 煎(せ)じ汁, 煎じ薬.

ab|kom·man·die·ren[ápkɔmandi:rən] 他 (h) 《*jn.*》 〘軍〙(…を特定の場所へ)行けと命じる, 派遣する; 配属〈配置換え〉する: *jn.* an die Front 〈zum Stab〉 ～ …を前線〈本部〉勤務にする | *jn.* zur Küchenarbeit ～ …に炊事係を命じる.

Ab·kom·man·die·rung[..rʊŋ] 女 -/-en abkommandieren すること.

Ab·kom·me[ápkɔmə] 男 -n/-n 《雅》 (Nachkomme) 子孫, 後裔(こうえい).

ab|kom·men*[ápkɔmən] 《80》 **I** 自 (s) **1** 《von *et.*³》 (本来の方向から気づかずに)離れる, それる: vom Weg〔e〕 ～ 道に迷う | vom Kurs ～ 針路をあやまる ‖ vom Thema ～ 本題からはずれる | von einem 〈*seinem*〉 Gedanken ～ 考えを変える | Er ist von seinem Vorhaben *abgekommen.* 彼は計画を捨てた. **2** (勤務・仕事などから)抜け出す, 手を離す: Ich kann heute nicht ～. 私はきょうは都合がつかない〈手が離せない〉 | Könnten Sie wohl auf 〈für〉 einige Minuten ～? 二三分都合をつけてくださいませんか. **3** すたれる: Diese Sitte ist heute *abgekommen.* この風習は今日ではすたれた. **4 a)** 〘競輪〙スタートする: gut 〔vom Start〕 ～ うまくスタートする. **b)** 〘射撃〙照準して発射する; 照準がずれる: Wie ist der Schütze *abgekommen*? 射手のねらい〈照準のずれ〉はどうだったか | Zehn tief links *abgekommen*! (発射瞬間における照準ずれの報告) 10左下. **5** 《von *et.*³》 (…から)離れる: von der Sandbank ～ 離礁する | vom Boden ～ (飛行機が)離陸する. **6** 《北部》 (abmagern) やせ〔衰え〕る. ▽**7** ＝abstammen

II Ab·kom·men 中 -s/- **1** 《単数で》 (abkommen すること. 例えば:) 〘競輪〙スタート; 〘射撃〙発射時の照準〈ねらい〉; ▽(Abstammung) 素性: das ～ melden 照準〔のずれ〕を報告する | ▽von gutem ～ sein 素性がよい. **2** (特に国家間の)協定, 取り決め: ein geheimes 〈politisches〉 ～ 秘密〈政治〉協定 | Kultur*abkommen* 文化協定 ‖ ein ～ mit *jm.* schließen 〈treffen〉 …と協定を結ぶ〈協定する〉 | ein ～ einhalten 〈brechen〉 協定を守る〈破る〉.

▽**Ab·kom·men·schaft**[ápkɔmənʃaft] 女 -/ 《集合的に》子孫, 後裔(こうえい).

ab·kömm·lich[ápkœmlɪç] 形 (勤務・仕事などから)抜け出せる, 手が離せる, いなくてもよい: Er ist für eine Stunde ～. 彼は1時間ぐらいなら仕事を抜けられる.

Ab·kömm·ling[..lɪŋ] 男 -s/-e **1** 《雅》 (Nachkomme) 子孫, 後裔(こうえい): Er ist der ～ eines Bauerngeschlechtes. 彼は農民の血を引いている. **2** (Derivat) 〘化〙誘導体.

ab|kön·nen*[ápkœnən] 《81》 他 (h) 《北部》《話》 (vertragen) 耐えられる, 我慢できる: 〖ふつう不定詞と〗 Ich *kann* keinen Hund *ab.* 私は犬が好きになれない | Wie kommt es, daß er so wenig *abkann*? 彼がそんなに酒が弱いのはどういうわけだ.

▽**ab|kon·ter·fei·en**[ápkɔntərfàɪən] 《過分 abkonterfeit》 他 (h) (abmalen) 模写〈写生〉する; 《*jn.*》 (…の)肖像を描く: *sich*⁴ vom Fotografen ～ lassen 《戯》 写真家に写真をとってもらう.

ab|köp·fen[ápkœpfən] 他 (h) **1** 《*jn.*》 (…の)首を切る. **2** 《*et.*⁴》 (…の)先端を切る, (木の)こずえを切る.

ab|kop·peln[ápkɔpəln] 《06》 他 (h) **1** (犬・馬などを)引き綱から解き放す; (剣を)剣帯からはずす. **2** ＝abkuppeln

ab|kra·geln[ápkra:gəln] 《06》 他 (h) 《オーストリア》 (鶏などを)首をひねって殺す, くびる. [＜Kragen 2]

ab|kra·gen[ápkra:gən]¹ 他 (h) 《*et.*⁴》 (…に)斜角をつける, 斜めに切る; 〘工〙面取りする. [◇Kragstein]

Ab·kratz≈bür·ste[ápkrats..] 女 (泥などをかき落とす)硬いブラシ, ワイヤブラシ. **≈ei·sen** 中 かき〈こそぎ〉落とすための鉄製の道具(→Abkratzer).

ab|krat·zen[ápkratsən] 《02》 **I** 他 (h) **1** (表面に付着したものを)かき落とす, こそぎ落とす: das Preisschild ～ (はりつけられた)値札をひっかいてはがす | den Schmutz von den Schuhen ～ 靴の泥をこそぎ落とす | *sich*³ den Bart ～ 《話》ひげをそる. **2** 《*et.*⁴》 (…から)よごれをかき〈こそぎ〉落とす: die Schuhe ～ 靴の泥をこそぎ落とす. **II** 自 (s) **1** 《俗》 (abhauen) (ひそかに)逃亡する, ずらかる. **2** 《話》 (sterben) 死ぬ, くたばる: am *Abkratzen* sein 死にかけている.

Ab·krat·zer[..tsər] 男 -s/- (玄関口などの)靴の泥落とし.

ab|krie·gen[ápkri:gən]¹ 《話》 ＝abbekommen

ab|kucken[ápkʊkən] 《北部》 ＝abgucken

Ab·kühl·ap·pa·rat[ápky:l..] 男 冷却器〈装置〉, クーラー; 冷凍機.

ab|küh·len[ápky:lən] **I** 他 (h) **1** 冷やす, 冷却する; 《比》 (愛情・熱意・興奮などを)さます: *et.*⁴ mit 〈in〉 Eis ～ …を氷で〈氷の中に入れて〉冷やす. **2** 再帰 *sich*⁴ ～ i) 体を冷やす; 気持の高ぶりを静める; ii) ＝ II **II** 自 (s) 冷える, 冷却する; 《比》 (愛情・熱意・興奮などが)さめる: Die Luft ist merklich *abgekühlt.* 空気がぐんと冷え込んだ | Inzwischen war seine Wut *abgekühlt.* その間に彼の怒りは治まっていた.

Ab·küh·ler[..lər] 男 -s/- ＝Abkühlapparat

Ab·kühl·faß 中 〘工〙冷却槽.

Ab·küh·lung[..lʊŋ] 女 -/-en 《ふつう単数で》 (〔sich〕 abkühlen すること. 例えば:) 冷却; (陽気の)冷え込み: eine ～ der Beziehungen 〔友好〕関係の冷却 | Morgen ist eine merkliche ～ zu erwarten. あすはだいぶ冷え込みそうだ.

Ab·küh·lungs≈flä·che 女 冷却面. **≈grö·ße** 女 冷却能力. **≈mit·tel** 中 **1** 冷却剤〈液〉; 清涼剤. **2** 〘医〙解熱剤; 寒剤. **≈raum** 男 冷却〈冷凍〉室; (ガラス製造用の)焼鈍炉.

▽**ab|küm·mern**[ápkʏmərn] 《05》 **I** 自 (s) 悲しみにやつれる. **II** 他 (h) 再帰 *sich*⁴ ～ ＝ I

ab|kün·di·gen[ápkʏndɪgən]² 他 (h) **1** (牧師が教会の壇上から出生・死亡・結婚などを)告示〈公示〉する: ein Brautpaar ～ 一組の男女の結婚を予告する(異議のないことを確認するための手続き). **2** (absagen) (約束などを)取り消す: eine Einladung ～ 招待を取り消す | *jm.* die Freundschaft ～ …と絶交する.

Ab·kün·di·gung[..gʊŋ] 女 -/-en abkündigen すること.

Ab·kunft[ápkʊnft] 女 -/..künfte[..kʏnftə] **1** 《単数で》 (Abstammung) 素性, 血筋, 家系: Leute von hoher 〈niedriger〉 ～ 高貴の〈卑しい〉生まれの人々 | Einwanderer slawischer ～ スラブ系の移住者. **2** ＝Abkommen 2

ab|kup·fern[ápkʊpfərn] 《05》 他 (h) 《話》 《*et.*⁴ aus *et.*³》 (…を…から許可なく)ひき写す, カンニングする, 盗作する. [＜Kupferstich]

ab|kup·peln[ápkʊpəln] 《06》 他 (h) (↔ ankuppeln) (連結している車両・機械の部分などを)はずす; 〘鉄道〙(車両の)連結を解く, (車両を)解放する; (クラッチなどの)連動を断つ.

ab|kur·beln[ápkʊrbəln] 《06》 他 (h) (映画〔のシーン〕を)撮影する.

ab|kür·zen[ápkʏrtsən] 《02》 **I** 他 (h) **1** 短縮する; 簡略化〈要約〉する; 〘数〙約分する: den Weg ～ 近道をする(→II) | ein Wort ～ 単語を短縮〈略語化〉する | den Aufenthalt um zwei Tage ～ 滞在を予定より2日早く切りあげる ‖ eine *abgekürzte* Ausgabe 簡約版 | ein *abgekürztes* Verfahren 簡便な〈略式の〉やり方. **2** (金額などを)削減する: *jm.* etwas am Lohn ～ …の賃金をいくらか減らす. **II** 自 (h) 近道になる: Dieser Pfad *kürzt* beträchtlich *ab.* この小道を行けばずいぶん近道になる.

Ab·kürz·sä·ge 女 横びき鋸(のこぎり).

Ab·kür·zung[ápkʏrtsʊŋ] 女 -/-en **1** 《単数で》 (abkürzen すること. 例えば:) 短縮, 省略, 略記, 要約; 削減. **2** (略 Abk.) 略語, 省略形; 〘楽〙略記法. **3** 近道.

Ab·kür·zungs≈li·ste 女 略語表. **≈spra·che** 女 《ふつう単数で》〘言〙略語〔文〕体(略語・短縮語・頭文字を多

用した文体) (⇨ Aküsprache). ≈**ver·zeich·nis** 中 略語表. ≈**weg** 男 近道. ≈**zei·chen** 中 省略記号.

ab|küs·sen[ápkʏsən] 《03》 他 (h) **1** 《*jn.*》 (…に)繰り返しキスをする. **2** *jm.* die Tränen ～ …の涙をキスでぬぐい取る.

Abl. 略 = Ablativ

Ab·lad[ápla:t] 男 -s/ 《ｽｲｽ》 abladen すること.

Ab·la·de≈ge·bühr[ápla:də..] 女 荷下ろし〈陸揚げ〉料金. ≈**gleis** 中 〘鉄道〙 荷下ろし線.

ab|la·den*[ápla:dən][1] 《86》 他 (h) **1 a)** (↔aufladen) (車・船などから荷を)下ろす, 荷下ろしをする: Kohle 〔vom Schiff〕 ～ 石炭を〔船から〕下ろす | Wo kann ich Sie ～? 《戯》 (車の同乗者に向かって)あなたをどこで降ろしましょうか. **b)** 《*et.*[4] auf *jn.*》 (責任などを…に)なすりつける: eine Pflicht auf *jn.* ～ …に義務を押しつける | eine Schuld auf *jn.* ～ …に罪を着せる. **c)** 《俗》 《*et.*[4] bei *jm.*》 (悩みなどを…に)ぶちまける: *seinen* Kummer im Wirtshaus ～ 飲み屋でうさ晴らしする ‖ 〘目的語なしで〙 Er hat bei mir *abgeladen.* 彼は私にうっぷんをぶちまけた. **d)** 《俗》 (金を)払う, 渡す: 〔*sein* Geld〕 am Zahltag gleich ～ müssen 稼いだ金を給料日にたちまち(女房に)取られてしまう | Nun *lad* mal *ab*! さあ払ってくれ. **2** 《*et.*[4]》 (…から)積み荷を下ろす: einen Wagen ～ 車の荷を下ろす. **3** (船に)荷を積む: Das Schiff kann nicht mehr voll *abgeladen* werden. この船はもう貨物を満載はできない.

Ab·la·de·platz[ápla:də..] 男 **1** 荷下ろし〈陸揚げ〉場. **2** (ごみなどの)捨て場所: der ～ für Müll ごみ捨て場.

Ab·la·der[ápla:dər] (ᐁ**Ab·lä·der**[..lɛ:dər]) 男 -s/- **1** 荷揚げ労務者, 仲仕; はしけ; 積み下ろし機. **2** (船の)荷主; 回漕(かいそう)業者; 海運会社, 船会社.

Ab·la·dung[ápla:dʊŋ] 女 -/-en abladen すること.

Ab·la·dungs·boot 中 はしけ.

Ab·la·ge[ápla:gə] 女 -/-n **1** 《単数で》 **a)** (一時的に)置くこと; 保管させる〈預ける〉こと. **b)** 〘動〙 (卵を)産むこと, 産卵. **2 a)** (一時的な)置き場; 荷物置きの棚; (書類の)保管所, 保存棚, 整理箱〈かご〉; (衣類・携帯品の)一時預かり所; 倉庫; 〘林〙 貯木場. **b)** 〘動〙 産卵場所. **c)** 《ｽｲｽ》 出張所, 代理店. **3** 《ふつう複数で》 保管品; 保存文書〈記録〉, とじ込み書類. [<ablegen]

ᐁ**Ab·la·ger**[ápla:gər] 中 -s/- 宿舎; 巣窟(そうくつ), 寝ぐら; 寝床; 〘史〙 (領民の家での領主の)休憩権.

ab|la·gern[ápla:gərn] 《05》 **I** 他 (h) **1** 沈積〈沈殿〉させる: *abgelagerte* Massen 沈殿物 ‖ 再帰 *sich*[4] ～ 沈殿する; 〘地〙 (土砂などが)堆積(たいせき)〈沈積〉する. **2** 置き場〈積み場〉を移す; (不要物を)廃棄する: Mist ～ ごみを運んで捨てる. **3** (品質をよくするために)貯蔵しておく, 寝かせる: Wein ～ ワインを熟成させる | Holz ～ 木材をからす ‖ *abgelagertes* Obst 長く倉庫に入れてあった果物. **II** 自 (s, h) (貯蔵されて)品質がよくなる: *et.*[4] ～ lassen (ワインなどを)寝かせる(→I 3).

Ab·la·ge·rung[ápla:gərʊŋ] 女 -/-en **1 a)** 沈殿; 〘地〙 堆積(たいせき); 沈積, 〘医〙 沈着. **b)** 沈殿物; 〘地〙 堆積〈沈積〉物. **2** 置き場の移動; (不要物の)廃棄. **3** (品質をよくするための)貯蔵: die ～ von Wein ワインの熟成.

Ab·la·ge·rungs≈flä·che 女 〘地〙 (堆積(たいせき)岩の)層〔理〕面. ≈**ge·biet** 中 〘地〙 堆積〈沈積〉地. ≈**platz** 男, ≈**stel·le** 女 **1** (不要物などの)廃棄場, がらくた置き場, ごみ捨て場. **2** (ワイン・木材などの)貯蔵所.

ab|lai·chen[áplaiçən] 自 (h) (魚などが)産卵する.

Ab·lak·ta·tion[aplaktatsió:n, abl..] 女 -/-en ᐁ**1** 離乳, 乳離れ. **2** 〘園〙 呼び〈寄せ〉つぎ. [*spätlat.*; ◇lakto..]

ab·lak·tie·ren[..tí:rən] 他 (h) ᐁ**1** (abstillen) 《*jn.*》 離乳させる. **2** 〘園〙 (木に)呼び〈寄せ〉つぎする. [*spätlat.*]

ab·lan·dig[áplandıç][2] 形 (↔auflandig) 〘海〙 陸から海に向かっての: Der Wind steht ～. 風は陸から吹いている. [<Land]

ab|län·gen[áplɛŋən] 他 (h) (角材などの)長さを短くする.

Ab·läng·sä·ge 女 横びき鋸(のこぎり).

Ab·laß[áplas] 男 ..lasses/..lässe[..lɛsə] **1** 〘ｶﾄﾘｯｸ〙 免償: ein vollkommener 〈unvollkommener〉 ～ 全〈部分〉免償. **2 a)** 排気, 排水. **b)** 排気〈排水〉口, 排気〈排水〉管. **3** 〘商〙 値引き, 割引: *jm.* ～ 〔vom Preise〕 gewähren …に値引きをしてやる. ᐁ**4** 中止, 中断: ohne ～ 間断なく, ひっきりなしに(=unablässig).

Ab·laß≈brief 男 〘史〙 (中世の)贖宥(しょくゆう)状, 免罪符. ≈**druck** 男 -〔e〕s/..drücke 〘工〙 排気圧, 噴き出し圧.

ab|las·sen*[áplasən] 《88》 **I** 他 (h) **1 a)** 《*et.*[4] 〔aus *et.*[3]〕》 (気体・液体を〔…から〕)排出する, 抜き取る: Dampf ～ (→Dampf 1) | die Luft aus einem Reifen ～ タイヤの空気を抜く | Wasser aus der Wanne ～ 水槽の水を抜く. **b)** 《*et.*[4]》 (…の中身を)抜き取る, (…を)からにする: einen Kessel ～ かまの蒸気を抜く | einen Teich ～ 池の水を抜く. **2 a)** 放つ, 発進させる: einen Ballon 〈eine Brieftaube〉 ～ 風船〈伝書バト〉を飛ばす | einen Boten ～ 使いを出す | eine Rakete ～ ロケットを発射する | ein Schiff vom Stapel ～ 船を進水させる | einen Zug ～ 列車を発車させる. ᐁ**b)** (郵便を)出す, (電報を)打つ. **3** 《*jm. et.*[4]》 (好意的に)手放す, (安い値段で)譲渡する: Ich habe ihm das Buch billig 〈für 10 Mark〉 *abgelassen.* 私は彼にその本を安く〈10マルクで〉譲った. **4** 〘商〙 値引きする, まける: Er *ließ* 〔mir〕 ein paar Mark *ab.* 彼は〔私のために〕数マルク値段をまけてくれた. **5** 《話》 はずした〈脱いだ〉ままにしておく(→ab[2] I 1): Darf ich den Schlips ～? ネクタイを取ったままでいいですか.

II 自 (h) **1** 《von *et.*[3]》 (…を)やめる, (…を)断念〈中止〉する: von einer Gewohnheit ～ 習慣をやめる | von einem Vorhaben ～ 計画を中止する | mit Bitten nicht ～ しつこく頼み続ける | *Laß* 〔davon〕 *ab*! 〔そんなことは〕やめろ. **2** 《von *jm.*》 (…を)相手にすることをやめる, (…に)かまうことをやめる: von dem Fliehenden ～ 逃げる者を追いかけることをやめる.

Ab·laß≈geld[áplas..] 中 〘史〙 (中世の)贖宥(しょくゆう)献金. ≈**gra·ben** 男 排水溝, 放水路. ≈**hahn** 男 〘工〙 排気〈排水〉コック, ドレーンコック. ≈**han·del** 男 -s/, ≈**kram** 男 〘史〙 免罪符販売. ≈**krä·mer** 男 〘史〙 免罪符販売人. ≈**pre·di·ger** 男 〘史〙 贖宥(しょくゆう)説教師. ≈**rohr** 中 〘工〙 排気〈排水〉管, ドレーン〔管〕. ≈**schrau·be** 女 〘工〙 排気〈排水〉栓, ドレーンプラグ. ≈**ven·til** 中 〘工〙 排出〈ドレーン〉弁. ≈**vor·rich·tung** 女 排気〈排水〉設備. ≈**zet·tel** 男 = Ablaßbrief

Ab·la·tion[aplatsió:n, abl..] 女 -/-en **1** 〘医〙 (手術などによる)除去, 切除; (細胞・組織などの病的な)剝離(はくり). **2** 〘地〙 (風水による土地・岩石などの)削磨; (氷や雪の)融除. **3** 〘宇宙〙 (ロケット・ミサイルなどの頭部の)融除, 溶発, アブレーション. [*spätlat.*; < *lat.* ab-lātus „fort-getragen"]

Ab·la·tiv[áblati:f, ápl.., ◡◡⊥] 男 -s/-e (略 Abl.) 〘言〙 奪格, (ラテン語の) 6 格(「…から, …によって」などの意を表す): absoluter ～ = Ablativus absolutus

ab·la·ti·visch[..ti:vıʃ, ◡◡⊥◡] 形 〘言〙 奪格〈6 格〉の.

Ab·la·tiv·satz[..ti:f.., ◡◡⊥◡] 男, **Ab·la·ti·vus ab·so·lu·tus**[..vʊs apzolú:tʊs, ◡◡⊥◡ ◡◡⊥◡] 男 --/..vi ..ti[..vi· ..ti·] 〘言〙 (ラテン語などの)絶対的〈独立〉奪格 (奪格による〔分詞〕句で主文と意味上の主語を異にする従属文相当の機能をもつ).

ab|lat·schen[ápla:tʃən] 《04》 《俗》 **I** 他 (h) **1** (靴などを)すりへらす: Das habe ich mir längst an den Schuhsohlen *abgelatscht.* 《比》 そんなことは私はとうの昔に知っている ‖ *abgelatschte* Stiefel すりへった長靴. **2** alle Geschäfte ～ 店という店をかけずり回る. **II** 自 (s) 足をひきずりながら〈のそのそと〉立ち去る.

ab|lau·ern[áplauərn] 《05》 他 (h) 《雅》 《*jm. et.*[4]》 待ち伏せして〈様子をうかがって〉(…から…を)さぐり出す.

Ab·lauf[áplauf] 男 -〔e〕s/..läufe[..lɔyfə] **1 a)** 《単数で》 (水などの)流出: der ～ der Flut 引き潮. **b)** (Gosse) 流出口, 排水口〈管〉(→ 図 Haus B); (道路の側溝などの)雨水升(ます): der ～ der Badewanne 浴槽の排水口. **2** 《単数で》 (Start〔platz〕) 〘陸上・馬術〙 スタート〔地点〕; (Stapellauf) 〘海〙 進水; 〘鉄道〙 (ハンプからの)発走: Acht Pferde waren am ～. 8頭の馬がスタートラインに並んでいた. **3** (事柄の)経過, 進行, 進展: die geschichtlichen *Abläufe* 歴史的経過 | für den glatten ～ des Programms sorgen プログラムが順調に進行するように配慮する | das Stück im ～

spielen〘劇〙(けいこで)劇を止めないで〈流して〉演じる. **4**《単数で》(時間が)過ぎ去ること; (期間の)満了, 満潮: nach ～ von 3 Jahren 3年たったあとで | vor ～ der gesetzten Frist 期限満了以前に. **5**〘建〙柱頭の下開き〈小えぐり〉(→ 図).

Ablauf

A̲b·lauf≠bahn 女〘海〙(船台から海面への)傾斜路; 〘空〙滑走路; 〘ｽｷｰ〙(ジャンプ台の)助走路. **≠berg** 男〘鉄道〙ハンプ(操車場に設けられた操車用の丘状地: → 図 Bahnhof B). **≠brett** 中 (台所の流しなどの)水切り台.

a̲b|lau·fen*[áplaufən]《89》**I** 自 (s) **1 a)** (水などが)流れ去る, 流出する; 流れ落ちる: Die Flut *läuft ab.* 潮が引く | das Wasser aus der Wanne 〈aus dem Waschbecken〉 ～ lassen 浴槽〈洗面台〉の水を落とす | Der Regen *läuft* vom Schirm 〈am Mantel〉 *ab.* 雨が傘から〈コートを伝って〉したたり落ちる | Alle Vorhaltungen *laufen* ihm *ab.*《比》どんな訓戒も彼には蛙(かえる)の面(つら)に水だ ‖ *ablaufendes* Wasser 引き潮, 下げ潮. **b)** (容器から)水が引く; 水気が取れる, 乾く: Die Badewanne *läuft* schlecht *ab.* この浴槽は排水が悪い | das Geschirr ～ lassen 食器の水気を切る. **2 a)** 歩き〈走り〉去る, 立ち去る. **b)**〘陸上・馬術〙スタートする. **c)**〘海〙進水する. **d)**〘鉄道〙(貨車がハンプから)発走する(→Ablaufberg). **3 a)** (糸・ケーブル・フィルム・テープなど, 巻いてあるものが)〔終わりまで〕繰り出される, 巻き切れる: das Tonband ～ lassen 録音テープを終わりまで回転させる | Die Uhr 〈Das Spielzeug〉 ist *abgelaufen.* (ぜんまいが伸び切って)時計〈おもちゃ〉が止まった | *js.* Uhr ist *abgelaufen* (→Uhr 1) | Die Schallplatte *läuft ab.* レコードが〔終わりまで〕かけられる. **b)** (時間が)過ぎ去る, (期限が)切れる, 満了する: Der Vertrag *läuft* am 30.Juni *ab.* この契約は6月30日に期限が切れる | Der Reisepaß ist längst *abgelaufen.* この旅券は有効期限がとうに切れている | Seine Zeit 〈Seine Lebensuhr〉 ist *abgelaufen.* 彼の寿命は尽きた(→ a). **4**《様態を示す語句と》(事柄が)運ぶ, 経過〈進行〉する: Alles ist gut *abgelaufen.* すべてがうまく運んだ | Wie wird die Sache ～? この件は今後どう進展するだろうか. **5** *jn.* **～ lassen**《話》…を冷たくあしらう, …の頼みをはねつける. **6** (道などが)それる, 分岐する. **7 a)** 下り勾配(こうばい)をもつ. **b)**〘建〙(柱などが)先細りになる. **8** (s, h) (調査などの目的で一定区間を)歩き通す; くまなく歩き回る(→abgehen II ☆): alle Läden 〈die ganze Stadt〉 nach *et.*[3] ～ …を求めてすべての店〈町じゅう〉をかけずり回る.

II 他 (h) **1 a)** (靴底などを)歩いてすり減らす: *sich*[3] die Absätze ～ 靴のかかとをすり減らす | *sich*[3] die Hörner ～ (→Horn 1 a) | *sich*[3] die Beine 〈die Füße〉 nach *et.*[3] ～ (→Bein 1 a, →Fuß 1 a) | Das habe ich mir längst an den Schuhsohlen *abgelaufen.*《比》そんなことは私はとうの昔に知っている ‖ 再帰 *sich*[4] ～ (靴底などが)すり減る | Mit der Zeit *lief* sich die Neugier *ab.*《比》時がたつにつれて好奇心も薄れた. **b)** 再帰 *sich*[4] ～《話》歩き回ってへとへとに疲れる. **2**《*jm. et.*[4]》(…に)先んじて(…を)奪い取る: *jm.* den Preis ～ …を出し抜いて賞を獲得する | *jm.* den Rang ～ (→Rang 2) | *jm.* den Weg ～ …に先んじる. **3** (s, h)→ I 8

A̲b·lauf≠form[áplauf..] 女 =Partizip Präsens (→ Partizip). **≠frist** 女 (支払いなどの)期限, 満期; (契約・条約などの)期限〔満了時〕. **≠ge·rüst** 中〘船〙(海面に向かって傾斜した)船台. **≠gleis** 中〘鉄道〙(ハンプの)転落線 (→ Ablaufberg). **≠här·tung** 女〘金属〙焼き入れ. **≠ka·na̲l** 男 放水路; 下水道. **≠loch** 中 排水孔, 水落とし. **≠pla̲n** 男〘放送〙(番組の)進行計画. **≠rin·ne** 女 **1** 排水溝; 樋(とい). **2**〘ﾎﾞｳﾘﾝｸﾞ〙ガター. **≠ro̲hr** 中, **≠rö̲h·re** 女 排水〈下水〉管. **≠schleu·se** 女 (ダムなどの)放流水門. **≠stel·lung** 女〘陸上〙スタート姿勢. **≠ter·mi̲n** 男, **≠zeit** 女 =Ablauffrist

A̲b·lau·ge[áplaugə] 女 -/-n (使用済みの)灰汁(あく); 廃液.

a̲b|lau·gen[áplaugən][1] 他 (h) 灰汁(あく)で処理する; (汚れ・塗料などを)灰汁で洗い落とす.

a̲b|lau·schen[áplauʃən]《04》他 (h)《雅》《*jm. et.*[4]》(…から…を注意ぶかく・耳をすませて)聞き取る, 聞き覚える; 盗み聞き〈盗聴〉する;《比》(…から…を)学び取る: Die Szene ist dem Leben *abgelauscht.* この場面は実生活から写し取ったものだ.

a̲b|lau·sen[áplauzən][1]《02》他 (h)《話》**1**《*jn.*》(…の)しらみを取る. **2**《*jm. et.*[4]》(…の…から)しらみを取る;《比》(…から…を少しずつ)だまし取る: *jm.* alle *seine* Moneten ～ …のあり金を全部巻き上げる.

A̲b·laut[áplaut] 男 -[e]s/-e〘言〙アプラウト, 母音交替〈変差・転換〉, 転母音(語源上の関連語〔形〕間, 特に動詞の強変化に見られる語幹母音の規則的な量的・質的変化): qualitativer ～ 音質的アプラウト(例 binden–band–gebunden) | quantitativer ～ 音量的アプラウト(例 schneiden (< 中高ドイツ語: schnīden)–schnitt; ラテン語: edo „ich esse"–ēdi „ich aß").

a̲b|lau·ten[áplautən]《01》自 (h)〘言〙Ablaut する: ein *ablautendes* Verb 強変化動詞.

a̲b|läu·ten[áplɔytən]《01》**I** 他 (h) **1**《*et.*[4]》(…の)発車〈出航〉のベルを鳴らす, 出発をベルで知らせる: den Zug ～ 列車の発車をベルで次の駅に通告する. **2** (↔anläuten)《*et.*[4]》(…の)終了〈中止〉のベル〈鐘〉を鳴らす: ein Rennen ～ (自転車競走などで)レース終了〈中止〉のベルを鳴らす. **II** 自 (h) **1** =abklingeln 1 ▽**2** =abklingeln 2

a̲b|läu·tern[áplɔytərn]《05》他 (h) 鈍化する; (砂糖などを)精製する;〘化〙濾過(ろか)する;〘坑〙洗鉱する.

A̲b·laut[s]·rei·he[áplaut(s)..] 女〘言〙Ablaut 系列.

a̲b|le·ben[áple:bən][1]《雅》**I** 他 (h) **1** (一定の期間を)生き通す, 過ごす. **2** 再帰 *sich*[4] ～ 時代遅れの存在になる. **II** 自 (s) (sterben) 息絶える, 死ぬ. **III A̲b·le̲·ben** 中 -s/ (Tod) 死. **IV a̲b·ge·le̲bt** → 別出

A̲b·le̲·ben[s]·ver·si·che·rung 女 死亡保険.

a̲b|lecken[áplɛkən] 他 (h) なめて取り除く, なめてきれいにする: den Teller ～ 皿をきれいになめる | *sich*[3] die Zunge nach *et.*[3] ～《比》…が欲しくて舌なめずりをする.

a̲b|le̲·dern[áple:dərn]《05》**I** 他 (h) **1**《話》(窓ガラス・家具・自動車の車体などを)シャミ〈セーム革〉で磨く. **2** (革製の品物を)使い古す. ▽**3** (…の)皮をはぐ. **4**《話》《*jn.*》したたかに殴る. **II a̲b·ge·le̲·dert** → 別出

a̲b|lee·ren[áple:rən] 他 (h) からにする: *abgeleerte* Felder 収穫のすんだ田畑.

A̲b·le̲·ge≠korb[áple:gə..] 男 (卓上の)書状〈書類〉かご, レタートレー. **≠map·pe** 女 書状ばさみ, レターファイル.

a̲b|le̲·gen[áple:gən][1] **I** 他 (h) **1 a)** (身につけたものを)脱ぐ, 取りのける, 取り去る; (不用になって)脱ぎすてる: Bitte, *legen* Sie 〔den Hut/den Mantel〕 *ab!*〔帽子・コートを〕どうぞお脱ぎください | die Last ～ 重荷を下ろす | den Bart ～ ひげをそり落とす | alte Kleider ～ 古着をお払い箱にする | die Trauer ～ 喪服を脱ぐ, 喪を終える | die sterbliche Hülle ～《雅》身まかる | Er hat die Kinderschuhe *abgelegt.*《比》彼はもう子供ではない ‖ *abgelegte* Kleider 着古して不用になった衣服 | die *abgelegte* Braut《話》婚約を解消したフィアンセ. **b)** 片づける: die Akten 〈die Post〉 in den Ordner ～ 書類〈郵便物〉をファイルに整理する | die Lettern 〈die Schrift〉〔in die Schriftkästchen〕 ～〘印〙活字を箱に納める | den Satz 〈die Form〉 ～〘印〙解版する. **2** (悪習などを)やめる, 捨てる, 脱する: eine Gewohnheit 〈ein Vorurteil〉 ～ ある習慣〈偏見〉を捨てる | *seine* Fehler ～ 欠点を改める | allen Zwang ～ あらゆる束縛を振り捨てる. **3** (重大な行為を)なす, 行う, 果たす: einen Beweis ～ 証明をする | einen Eid ～ 宣誓をする | ein Gelübde ～ 誓いをたてる | ein Geständnis ～ 自白をする | eine Probe *seines* Könnens ～ 自分の能力のあかしをたてる | eine Prüfung ～ 試験を受ける | Rechenschaft ～ (→Rechenschaft) | Zeugnis ～ 証言をする. **4**《非人称の es を目的語とする言い回しで》ねらう: es auf *et.*[4] ～ (=absehen) …をねらう(めざす) | Er *legt* es darauf *ab,* mich zu kränken. 彼のねらいは私の気持を傷つけることにある. **5** 産む: die Eier ～〘動〙(魚などが)卵を産みつける | ein Kind ～《俗》子供を産む. **6**〘ﾄﾗﾝﾌﾟ〙(特別の札を)わきへ取りのける. **7**〘狩〙(犬を)伏せさせる. **II** 自 (h) **1** (↔anlegen) (船が)岸を離れる, 出航する: Nach drei Stunden hat das Schiff wieder *abgelegt.* 3時間

後船は再び出航した. **2** 《中部》衰弱する: Er hat 〈Seine Augen haben〉 in letzter Zeit sehr *abgelegt.* 彼〈彼の視力〉は最近ひどく衰えた. **3** さし木する; さし木によって増える.

Ab·le·ger[áple:gər] 男 -s/- **1** (Senker) 〖園〗取り木〈圧条〉〔のための若枝〕. **2** 支店, 支社. **3** 〖印〗解版工; 解版器. **4** 《戯》(Sohn) 息子.

Ab·le·ge·satz[áple:gə..] 男 〖印〗(再版されることなく解版あるいは溶解待ちの)廃版.

Ab·le·gung[..gʊŋ] 女 -/-en《ふつう単数で》ablegen 「すること.」

ab·lehn·bar[áple:nba:r] 形 拒絶〈拒否〉できる.

ab|leh·nen[áple:nən] 他 (h) 拒絶〈拒否〉する, 断る, はねつける; 受け入れない, 認めない; 〖法〗忌避する: ein Geschenk ～ 贈り物を断る | ein Gesuch ～ 申請を却下する | *js.* Einladung ～ …の招待を断る | ein Amt ～ 〔公〕職につくことを断る | eine Wahl ～ (選出された人が)当選を辞退する | einen Antrag 〔durch Abstimmung〕 ～ 動議を〔投票で〕否決する | eine Erbschaft ～ 相続権を放棄する | die Zustimmung 〈die Zahlung von Kosten〉 ～ 同意〈費用の支払い〉を拒む | Er *lehnte* es *ab,* den Vertrag zu unterschreiben. 彼は契約に署名することを拒否した | einen Richter 〔als befangen/wegen Befangenheit〕 ～ 裁判官を〔予断ありとして〕忌避する | *jn.* als Philosophen ～ …を哲学者と認めない | Ich *lehne* einen solchen Film *ab.* 私はこのような映画を認めることはできない ‖ eine *ablehnende* Antwort 断りの返事 | *et.*[3] *ablehnend* gegenüberstehen …に対して消極的〈不賛成〉である.

Ab·leh·nung[áple:nʊŋ] 女 -/-en 拒絶, 拒否, 却下; 〖法〗忌避: die ～ einer Erbschaft 相続権の放棄 | Er stieß 〔mit seinem Vorschlag〕 auf höfliche 〈schroffe〉 ～. 彼〔の提案〕はいんぎんに〈ぴしゃりと〉断られた.

Ab·leh·nungs≈ge·such 中 〖法〗忌避申し立て. **≈grund** 男 〖法〗忌避理由.

▽**ab|lei·ben**[áplaɪbən][1] 自 (s) (sterben) 死ぬ.

ab|lei·ern[áplaɪərn] 《05》 **I** 他 (h) **1** 単調に演奏する; 《比》(herunterleiern) (暗記した文句などを)べらべらと〈機械的に〉唱える, 棒読みする; (わかりきったことなどを)何度も繰り返す. **2** (糸を)繰り出す. **II ab·ge·lei·ert** → 別出

ab|lei·sten[áplaɪstən] 《01》 他 (h) **1** (leisten) 行う: einen Eid ～ 宣誓する. **2** (勤め・ノルマなどを)果たす, 勤めあげる: die Wehrpflicht ～ 兵役の義務を果たす | den Einführungskurs ～ 入門課程を終える.

Ab·lei·stung[..tʊŋ] 女 -/-en ableisten すること.

ab·leit·bar[áplaɪtba:r] 形 ableiten できる.

ab|lei·ten[áplaɪtən] 《01》 他 (h) **1** 他の方向へ導く, わきへそらす, 他に転じる; (ablenken) 《*jn.*》(…の)気を転じる〈わきへそらす〉, 気を晴らす, 気分転換させる: den Rauch 〈das Wasser〉 ～ 煙〈水〉をわきへ導き出す | *seinen* Zorn auf andere ～ 怒りのはけ口を他人に向ける | *jn.* vom rechten Weg ～ …を正道から踏みはずさせる | Wärme 〈Elektrizität〉 ～ 熱〈電気〉を伝導する. **2** 《*et.*[4] aus 〈von〉 *et.*[3]》(…を…から)導き出す; (…から…の結果を)引き出す, (…から…を)推論〈演繹(えんえき)〉する; 〖理・医〗(…から…を)誘導する; 〖言〗(ある語から別の語を)派生させる: ein Gesetz aus den Versuchen ～ 実験の結果から法則を導き出す | Lehren aus der Geschichte ～ 歴史から教訓を引き出す | ein Adjektiv vom Substantiv ～ 名詞から形容詞をつくる | *seine* Herkunft von *jm.* ～ 自分の素性を…に由来するものと考える ‖ 再帰 *sich*[4] aus 〈von〉 *et.*[3] ～ …から導き出される; 〖言〗…に由来する | Das Wort *leitet* sich aus dem 〈vom〉 Griechischen *ab.* この語はギリシア語に由来する ‖ 〖分詞で〗 ein *ableitendes* Mittel 〖医〗誘導剤 ‖ die *abgeleitete* Einheit 〖理〗誘導単位 | eine *abgeleitete* Funktion 〖数〗導関数 | *abgeleitete* Verben 〖言〗派生動詞.

Ab·lei·ter[áplaɪtər] 男 -s/- **1** (ableiten するもの. 例えば:) (熱・電気などの)導体; 導線; (Blitzableiter) 避雷針; 〖工〗(内燃機関の)逃し弁. **2** =Ableitungssilbe

Ab·leit≈kon·den·sa·tor[áplaɪt..] 男 〖電〗バイパスコンデンサー, パスコン. **≈strom** =Ableitungsstrom

Ab·lei·tung[áplaɪtʊŋ] 女 -/-en **1 a)** (わきへ)そらす〈導く〉こと; 排出; 〖電〗漏電, リーク, アース; 〖医〗誘導〔法〕(刺激による毒素の排出). **b)** (熱・電気の)伝導. **c)** 排出路〈管〉; (高炉の)ガスぬき管(→ 図 Hochofen); 〖電〗アース〈引込〉線, 分路. **2 a)** 誘導; 〖論〗推論, 演繹(えんえき). **b)** 由来, 素性. **c)** 〖数〗導関数. **3** 〖言〗 **a)** (Derivation) (語構成上の)派生. **b)** (Derivativum) 派生語.

Ab·lei·tungs≈draht 男 〖電〗誘導線; アース. **≈gra·ben** 男 排水溝, 下水道. **≈ka·nal** 男 放水路. **≈kur** 女 〖医〗誘導〈転向〉療法. **≈mor·phem** 中 〖言〗派生用形態素(語や他の形態素に付随して派生語をつくる. 例 Wahr*heit,* *Un*glück). **≈rin·ne** 女 下水〈排水〉溝, とい. **≈rohr** 中 (下水本管などへの)誘導〈連絡〉支管. **≈sil·be** 女 〖言〗派生用つづり(接頭辞・接尾辞など). **≈strom** 男 〖電〗漏れ〈リーク〉電流. **≈suf·fix** 中 〖言〗派生用接尾辞. **≈wi·der·stand** 男 〖電〗リーク抵抗〔器〕. **≈wort** 中 -〔e〕s/..wörter 〖言〗派生語.

ab·lenk·bar[áplɛŋkba:r] 形 (ablenken できる. 例えば:) わきへそらし得る; 〖理〗偏向可能の: ein leicht ～*es* Kind 気の散りやすい子.

ab|len·ken[áplɛŋkən] **I** 他 (h) **1** 《*et.*[4]》(…の)方向〈針路〉を変える, わきへそらす; 〖理〗偏向〈回折〉させる; 〖鉄道〗転線する: Der Wind hat den Ball *abgelenkt.* 風でボールがそれた | Das Schiff wurde vom Kurs *abgelenkt.* 船は針路をそれた. **2** 《*et.*[4]》(注意・関心などを)他に転じる, わきへそらす; 《*jn.*》(…の)気をそらす; 気分転換させる, (…の)気を晴らす: *js.* Aufmerksamkeit 〈Interesse〉 〔von *et.*[3]〕 ～ …の注意〈関心〉を〔…から〕そらす | einen Verdacht von *sich*[3] ～ (自分にかけられた)嫌疑をそらす | das Gespräch vom Hauptthema ～ 話題を本筋からそらす(→II) ‖ *jn.* vom rechten Weg ～ …を正道から踏みはずさせる | einen Traurigen ～ 悲しんでいる人の気分を晴らしてやる ‖ 再帰 *sich*[4] ～ 気散じをする, 気分を晴らす. **II** 自 (h) 〔vom Thema〕 ～ 話題をわきへそらす: Als er merkte, daß das Thema sie langweilte, *lenkte* er schnell *ab.* 彼女がこの話題に退屈しているのに気がつくと彼は急いで話題を変えた.

Ab·lenk≈plat·te[áplɛŋk..] = Ablenkungsplatte **≈spu·le** 女 〖電〗偏向コイル.

Ab·len·kung[áplɛŋkʊŋ] 女 -/-en (〔sich〕 ablenken すること. 例えば:) **1** 気晴らし, 気分転換: 〔eine〕～ suchen 気分転換〈気晴らし〉を求める. **2** 〖理〗偏向, 回折; 〖医〗転向.

Ab·len·kungs≈an·griff 男 陽動〈牽制(けんせい)〉攻撃. **≈elek·tro·de** 女 〖電〗(ブラウン管などの)偏向板. **≈ma·nö·ver** 中 〖軍〗陽動作戦: auf ein ～ hereinfallen 陽動作戦にひっかかる; 《比》ぺてんにひっかかる. **≈mi·ni·mum** 中 〖理〗(プリズムによる光の)最小偏角. **≈phä·no·men** 中 〖医〗〔補佐〕転向現象. **≈plat·te** 女 **1** 〖工〗転向〈そらせ〉板. **2** =Ablenkungselektrode **≈spu·le** 女 〖電〗偏向コイル. **≈win·kel** 男 〖理〗(光の)偏角.

▽**Ablep·sie**[ablɛpsí:] 女 -/ (Erblindung) 〖医〗失明, 盲, 視覚消失〔症〕. [*spätlat.*; <a..[1]+*gr.* blépsis „Hinblick"]

ab|ler·nen[áplɛrnən] 他 (h) 《*jm. et.*[4]》(…から…を)学び取る, (…の…を)見習う: *jm.* Handgriffe ～ (見よう見まねで)…からこつを習い覚える.

ab·les·bar[áple:sba:r] 形 (ablesen できる. 例えば:) 読み取り得る.

Ab·le·se≈feh·ler[áple:zə..] 男 (計器類の)読み取りの誤差. **≈fen·ster** 中 (計器類の)指針読み取り窓. **≈ge·nau·ig·keit** 女 (計器類の)読み取りの精度.

ab|le·sen*[áple:zən][1] 《92》 他 (h) **1** (原稿・テキストなどを見ながら)読み上げる: eine Rede 〔vom Blatt〕 ～ 草稿を見ながらスピーチをする. **2** 《*et.*[4]》(計器類などの)目盛りを読み取る, (…を)検針する; (計器類の目盛りから…の)量を読み取る: die Gasuhr 〈den Stromzähler〉 ～ ガスメーター〈積算電力計〉を検針する | Gas 〈Strom〉 ～ (計器の目盛りを見て)ガス〈電気〉の消費量を読み取る. **3 a)** 《*jm. et.*[4]》(…から…を)読み取る, 察知する: *jm. et.*[4] vom Gesicht 〈von den Augen〉 ～ …の顔〈目〉を見て…を察知する | *jm.* die Worte von 〈an〉 den Lippen ～ (耳の聞こえない人が)唇の動きを見て…のことばを読み取る. **b)** 《*et.*[4] aus *et.*[3]》(…を…から)察知〈推察・推論〉する: *et.*[4] aus den Statistiken ～ 統計資料から…

を推論する. **4 a)** (一つずつていねいに)摘み取る: Raupen 〔vom Kohl〕 ~〔キャベツから〕青虫をつまみ取る. **b)** 《*et.*[4]》(…から)果実〈花〉を摘み取る: den Kirschbaum ~ サクランボの収穫をする.

Ab·le·ser[áple:zər] 男 -s/- ablesen する人: Gas*ableser* ガスメーターの検針員.

Ab·le·se·strich[áple:zə..] 男 (計器の)目盛り線.

Ab·le·sung[..zʊŋ] 女 -/-en ablesen すること.

ab|leuch·ten[áplɔʏçtən] 《01》他 (h) 灯火で照らして点検〈調査〉する; 《比》探査する, 明らかにする: einen Winkel 〔mit einer Taschenlampe〕 ~ すみを〔懐中電灯で〕照らして調べる.

Ab·leucht·lam·pe 女 点検灯.

ab|leug·nen[áplɔʏgnən] 《01》他 (h) (特定の事実を)否定する, 否認する: eine Tat 〈ein Verbrechen〉 ~ ある行為〈犯罪行為〉を否認する | *seine* Schuld ~ 自分に罪〈責任〉があることを否定する | Er *leugnete ab*, gegen die Vorschrift verstoßen zu haben. 彼は規則に違反したことを認めなかった.

Ab·leug·nung[..nʊŋ] 女 -/-en 否定, 否認.

ab|lich·ten[áplɪçtən] 《01》他 (h) (fotokopieren) 写真複写〈複製〉する, (…の)コピーをとる; 《比》(コピーするのと同じように)そのまますっかり模倣する.

Ab·lich·tung[..tʊŋ] 女 -/-en 写真複写〈複製〉; 写し, コピー: von *et.*[3] eine ~ machen 〈anfertigen〉 …のコピーを作る.

▽**ab|lie·beln**[ápli:bəln] 《06》他 (h) (犬などを)かわいがってなでる.

Ab·lie·fe·rer[ápli:fərər] 男 -s/- abliefern する人.

ab|lie·fern[ápli:fərn] 《05》他 (h) **1** 《*jm. et.*[4]》(しかるべき相手に)引き渡す, 送り届ける; (郵便物・荷物・商品などを)配達する: eine Ware zum versprochenen Termin ~ 品物を約束の期限に引き渡す. **2** 《*jn.*》(しかるべき所へ…を)連れてゆく, 届ける, 渡す: den Einbrecher auf der Polizeiwache ~ 押し入り強盗を交番に突き出す | das Kind 〔wieder〕 bei den Eltern ~ 子供を両親のもとに送り届ける.

Ab·lie·fe·rung[..fərʊŋ] 女 -/-en (abliefern すること. 例えば:) 引き渡し; 配達.

Ab·lie·fe·rungs≠frist 女 〘商〙引き渡し期間. **≠preis** 男 引き渡し価格. **≠schein** 男 (引き渡し前の)引き渡し証書; (引き渡し後の)受領証. **≠soll** 中 -〔s〕/-〔s〕(商品などの)引き渡し義務高, 引き渡し分. **≠ter·min** 男 引き渡し期限. **≠zeit** 女 引き渡し期間〈期日〉.

ab|lie·gen*[ápli:gən][1] 《93》 **I** 自 **1** (h) 遠く離れている: Das Dorf *liegt* weit *ab*. その村はへんぴな所にある | vom Thema ~ 主題からそれている ‖ *abliegende* Details 枝葉末節の事柄. **2** (s) 《南部・オーストリア》(ワインなどが)熟成する; (果物などが)保存中に熟する; (つるした肉が)柔らかくなる. **II ab·ge·le·gen** → 別出

ab|lin·sen[áplɪnzən][1] 《02》他 (h) 《話》(のぞき見して)カンニングする.

ab|li·sten[áplɪstən] 《01》他 (h) 《*jm. et.*[4]》(…から…を)策略によって手に入れる, だまし取る: *jm.* 100 Mark ~ …からまんまと100マルク巻き上げる | *jm.* ein Versprechen ~ …から巧みに約束をとりつける.

ab|lo·chen[áplɔxən] 他 (h) 〘電算〙パンチカードにとる.

Ab·lo·cher[..xər] 男 -s/- (女 **Ab·lo·che·rin**[..xərɪn] -/-nen) キーパンチャー.

ab|locken[áplɔkən] 他 (h) 《*jm. et.*[4]》(甘言・誘惑などによって…から…を)巧みに手に入れる: *jm.* Geld ~ …からまんまと金をせしめる | *jm.* ein Geständnis ~ …にことば巧みに本心を吐かせる.

ab|loh·nen[áplo:nən] (▽**ab|löh·nen**[..lø:nən]) 他 (h) **1** 《*jn.*》(…に)賃金〈給金〉を支払う. **2** 《*jn.*》賃金〈給金〉を払って(…を)解雇する.

Ab·loh·nung[..lo:nʊŋ] 女 -/-en ablohnen すること.

▽**Ab·lo·ka·tion**[aplokatsió:n, abl..] 女 -/-en (Vermietung) 〘法〙(不動産の)賃貸し. [◇ablozieren]

ab·lös·bar[áplø:sba:r] 形 ablösen できる.

ab|lö·schen[áplœʃən] 《04》他 (h) **1** (火などを)消す. **2** 冷却する, 冷やす; (鋼を)焼き戻す; (石灰を)消和する: Milch ~ (熱い)牛乳をよくかきまぜて冷やす. **3** 〘料理〙差し水をする, (焼いた肉などにワインなどを)注ぐ. **4** ぬぐい去る〈取る〉; (…に)吸い取り紙を当てる: die Wandtafel 〈die Schrift an der Wandtafel〉 ~ 黒板の字を消す | die Tinte ~ インクを吸い取り紙で乾かす. **5** (負債などを)皆済(かいさい)する.

Ab·lö·se[áplø:zə] 女 -/-n **1** 《オーストリア》(借家契約の)保証〈手付〉金: gegen ~ 保証金支払いの上で. **2** 《オーストリア・スイス》 = Ablösesumme ▽**3** = Ablösung 2 a

ab|lö·sen[áplø:zən][1] 《02》他 (h) **1** 《*et.*[4] 〔von *et.*[3]〕》(付着物を〔…から〕)はがす, はぎ取る: die Briefmarke vorsichtig ~ 切手を(破れないように)そっとはがす | die Tapete von der Wand ~ 壁紙をはがす | die Schale von einer Frucht ~ 果実の皮をむく ‖ 再帰 *sich*[4] 〔von *et.*[3]〕 ~ 〔…から〕はがれる, 剥離(はくり)する, はげ落ちる | Die Farbe *löst* sich *ab*. 塗料がはげる | Die Schuhsohle hat sich *abgelöst*. 靴底がはがれてしまった. **2** 《*et.*[4]》(仕事・勤務などを)引き継ぐ, 交代する; 《*jn.*》(…と仕事・勤務などを)交代する; 《*jn.* durch *jn.*》(…を…と)交代させる: die Wache ~ 見張りを交代する | *jn.* bei der Arbeit 〈im Dienst〉 ~ …と仕事〈勤務〉を交代する | Der Minister muß *abgelöst* werden. 大臣は更迭(こうてつ)されなければならない | Der Frühling *löst* den Winter *ab*. 冬が去って春が来る ‖ 再帰 *sich*[4] 〔gegenseitig〕 ~ たがいに交代し合う, 入れかわる | *sich*[4] bei der Arbeit ~ 交代し合って仕事をする | Glück und Unglück *lösen* sich *ab*. 幸運と不運がこもごも訪れる. **3** (一括して)弁済する, (一度に)償却〈償還〉する: ein Pfand ~ 質草を受け出す | Postgebühren ~ 郵便料金を〔一括〕別納する | Schulden ~ 負債を一度に返済する | eine Strafe ~ (実刑に代えて)罰金で償う.

Ab·lö·se·sum·me[áplø:zə..] 女 弁済〈償却・償還〉額; (職業スポーツ選手の)移籍料.

ab·lös·lich[áplø:slɪç] 形 (ablösen できる. 特に:) (負債などが)償却〈償還〉できる; 買いもどせる.

Ab·lö·sung[áplø:zʊŋ] 女 -/-en (〔sich〕 ablösen すること. 例えば:) **1** はがす〈はぎ取る〉こと; はがれること, 剥離(はくり): die ~ der Netzhaut 〘医〙網膜剥離. **2 a)** 交代; 更迭(こうてつ), 解任: die ~ der Jahreszeiten 四季の移り変わり. **b)** 交代要員, 交代部隊. **3** 一括払い, 弁済, 償却, 償還: die ~ der Schulden 負債の弁済 | frei durch ~ 〘切手〙(旧ドイツ帝国官庁の郵便物に押したスタンプで)料金別納.

Ab·lö·sungs≠an·lei·he 女 償還公債. **≠an·stalt** 女 (倒産企業の)整理会社. **≠fonds**[..fɔ̃:] 男 減債基金. **≠ge·setz** 中 -es/ 〘史〙(農民解放のための)償却令. **≠mann·schaft** 女 交代要員〈部隊〉. **≠recht** 中 〘法〙償却権. **≠sum·me** = Ablösesumme

ab|lo·ten[áplo:tən] 《01》他 (h) (測鉛で…の)深度を測る.

ab|lö·ten[áplø:tən] 《01》他 (h) (…の)はんだ〔付け〕をはがす.

ab|lot·sen[áplo:tsən] 《02》他 (h) 《俗》《*jm. et.*[4]》(巧みに…から…を)だまし取る, 巻きあげる.

▽**ab·lo·zie·ren**[aplotsí:rən, abl..] 他 (h) (vermieten) 〘法〙(不動産を)賃貸しする. [◇Ablokation]

ab|luch·sen[áplʊksən] 《02》他 (h) 《俗》《*jm. et.*[4]》(…から金などを)だまし取る; (…から秘密などを)探り出す; カンニングする.

Ab·luft[áplʊft] 女 -/ 汚れた空気; 〘工〙排気.

Ab·luft≠schlot 男 換気〈通風〉筒. **≠stut·zen** 男 (モーターなどの)通気口.

ab·lu·ie·ren[ablui:rən, apl..] 他 (h) 洗う, 洗浄する: den Meßkelch ~ 〘カトリック〙聖杯を洗い清める. [*lat.*]

Ab·lu·tion[..lutsió:n] 女 -/-en **1** 〘カトリック〙(宗教的儀式としての指・器などの)洗い清め. **2** 〘地〙浸食. [*lat.*; < *lat.* luere „spülen“ (◇lavieren[2])]

ab|lut·schen[áplʊtʃən] 《04》他 (h) **1** 《*et.*[4] 〔von *et.*[3]〕》しゃぶって〈なめて〉取る; 吸い取る. **2** 《*et.*[4]》すっかりしゃぶって〈なめて〉しまう. **3** 《卑》《*jn.*》(…に)フェラチオ〈クンニリングス〉をする: *jm.* einen ~ (男根を)なめて…の射精を促す.

ABM[a:be:|ɛ́m] 略 女 = **A**rbeits**b**eschaffungs**m**aßnahme

ab|ma·chen[ápmaxən] 他 (h) **1** 《*et.*[4] 〔von *et.*[3]〕》(…を〔…から〕)取り去る, 取り外す, 除去する; 《*jm. et.*[4]》(…から

…を)取り去る〈外す〉: das Schild〔von der Tür〕～〔戸口から〕表札を外す | den Schmutz von den Schuhen ～ 靴の汚れを落とす | *jm.* den Verband ～ …の包帯を外す | Das *mach* dir man (=nur) *ab!*《ﾍﾞﾙﾘﾝ》そんなことは忘れてしまえ〈いつまでも考えるな〉. **2**《*et.*⁴ mit *jm.*》(…を…と)申し合わせる, 協定する: den Preis〈den Termin〉mit *jm.* ～ …と価格を協定する〈期限を申し合わせる〉| Sie haben *abgemacht*, sich am Abend zu treffen. 彼らは晩に会う約束をした ‖〔過去分詞で〕*Abgemacht!* 決まった, それでよし, 承知した | *Abgemacht* ist *abgemacht.* 決まったことは決まったことだ(いまさら変更できない). **3**《*et.*⁴》(…の)かたをつける, 処理する, 解決する: *et.*⁴ mit *sich*³ selbst ～ …を自分ひとりで処理する | *et.*⁴ gütlich〈im guten〉～ …を穏便に解決する | eine Rechnung ～ 勘定を清算する | einen Streit ～ 争いを解決する | Wir wollen die Sache unter uns ～. この件は我々の間でかたをつけよう ‖ Das ist ein *Abmachen.*《話》それはいっぺんに片がついた. **4**《話》(年季・刑期などを)勤め上げる: zwei Jahre als Lehrling〈im Gefängnis〉～ 2年間の徒弟奉公〈刑期〉を済ませる. **5**《方》《*et.*⁴ mit *et.*³》(料理を…で)仕上げる: die Suppe mit einem Ei ～ スープに卵を1個落として仕上げる.

Ab·ma·chung[ápmaxʊŋ] 女 -/-en (abmachen すること. 例えば:) **1** 申し合わせ, 取り決め, 協定: eine geheime ～ 秘密協定 | eine vertragsmäßige ～ 契約による申し合わせ ‖ mit *jm.*〔über *et.*⁴〕eine ～ treffen …と〔…について〕申し合わせをする〈協定を結ぶ〉| eine ～〔ein〕halten/*sich*⁴ an eine ～ halten 申し合わせを守る. **2** 処理, 解決.

ab|ma·gern[ápma:gərn]《05》**I** 自 (s) やせ〔衰え〕る. **II** 他 (h) (…の)容積を小さくする, (…の)中身を薄める.

Ab·ma·ge·rung[..gərʊŋ] 女 -/-en abmagern すること.

Ab·ma·ge·rungs·kur 女 脱脂〈減量〉療法.

ab|mä·hen[ápmɛ:ən] 他 (h) (草・穀物などを)刈り取る; (畑・草地などを)刈りつくす;《比》(首を)はねる.

▽**ab|mah·len***[ápma:lən]《98》他 (h) **1** (穀物を臼(ｳｽ)などで)十分にひく, ひき終える. **2** (臼などを)すり減らす.

ab|mah·nen[ápma:nən] **I** 自 (h)《*jm.* von *et.*³》(…に…を)諫止(ｶﾝｼ)する, いさめて思いとどまらせようとする. **II** 他 (h) **1**〔法〕《*jn.*》《zu 不定詞〔句〕と》(…に…するよう)警告する. **2**《*jm. et*⁴》(…に)催促して(…を)手に入れる. **3** Gäste ～ (料理屋・酒場などで)客に帰宅を促す.

Ab·mah·nung[..nʊŋ] 女 -/-en abmahnen すること.

ab|ma·len[ápma:lən] 他 (h) **1** 描写する, 模写する; 模倣する: eine Pflanze〔nach dem Leben〕～ 植物を〔実物どおりに〕写生する | *sich*⁴ ～ lassen 自分の肖像を描かせる ‖ **Dort möchte ich nicht *abgemalt* sein!**《話》そこへ住むことになるのはごめんこうむりたいね. **2**《比》再帰 *sich*⁴ ～ 描き出される, 反映する: *sich*⁴ gegen *et.*⁴〈auf *et.*³〉～《雅》…に対してきわ立つ | In seinem Gesicht *malte* sich Verlegenheit *ab.* 彼の顔に当惑の色が浮かんだ.

ab|ma·ra·chen[ápmaraxən] 他 (h)《北部》再帰 *sich*⁴ ～ (働いて)へとへとになる, さんざん苦労する. 【不詳】

ab|mar·ken[ápmarkən] 他 (h)《官》《*et.*⁴》(…の)境界を標示する, 区画を定める.

ab|mark·ten[ápmarktən]《01》他 (h)《*jm. et.*⁴》(…から…を)値切る, 値切って手に入れる.

Ab·mar·kung[ápmarkʊŋ] 女 -/-en **1** abmarken すること. **2** 境界〈区画〉の標識.

Ab·marsch[ápmarʃ] 男 -〔e〕s/..märsche[..mɛrʃə]《ふつう単数で》(隊列を組んでの)出発, 発進: Befehl zum ～ 出発命令 | den ～ antreten 出発する.

ab·marsch·be·reit 形 出発準備のできた, いつでも進発できる: *sich*⁴ ～ machen〈halten〉出発の準備を整える.

ab|mar·schie·ren[ápmarʃi:rən] **I** 自 **1** (s) (↔anmarschieren) (隊列を組んで)出発〈進発〉する;《比》去る, 出発する. **2** (s, h) (ある地区を)〔隊列を組んで〕パトロールする(→abgehen II ☆). **II** 他 (s, h) →I 2

ab|mar·tern[ápmartərn]《05》他 (h) **1**《雅》ひどく苦しめる: *sich*³ den Kopf ～ さんざん頭を悩ます ‖ 再帰 *sich*⁴ mit *et.*³ ～ …で悩み苦しむ | *sich*⁴ mit einer Vorstellung unnötig ～ ある考えに取りつかれて不必要に悩む. **2**《*jm. et.*⁴》(…から…を)ゆすり取る.

Ab·maß[ápma:s] 中 -es/-e〔工〕規格落ち〈外れ〉.

ab|mat·ten[ápmatən]《01》**I** 他 (h) **1**《雅》《*jn.*》疲れさせる: völlig *abgemattet* sein くたくたに疲れきっている ‖ 再帰 *sich*⁴ ～ 疲れる, 疲労困憊(ｺﾝﾊﾟｲ)する. **2** (金属などの)光沢を消す. **II** 自 (s) **1** 疲れ果てる. **2** (金属の光沢が)くすむ.

Ab·mat·tung[..tʊŋ] 女 -/ abmatten すること.

ab|mau·ern[ápmaʊərn]《05》他 (h) 壁で隔てる.

ab|meh·ren[ápme:rən] 他 (h)《ｽｲｽ》**1** 挙手多数で否決する. **2** 挙手で表決する.

ab|mei·ern[ápmaɪərn]《05》他 (h) **1**〔史〕《*jn.*》(…から)荘園〈小作地〉を取り上げる〈没収する〉. **2**《話》《*jn.*》(…を)免職にする, 解任する.

Ab·meie·rung[..ərʊŋ] 女 -/-en abmeiern すること.

ab|mei·ßeln[ápmaɪsəln]《06》他 (h) **1** のみで削り取る. **2** (石などを)のみで削って小さくする. **3** (…の形を)のみで削って作る, 彫刻する.

Ab·mel·de·for·mu·lar[ápmɛldə..] 中 退去〈転出〉届用紙.

ab|mel·den[ápmɛldən]¹《01》**I** 他 (h) **1** (↔anmelden) **a)**《*jn.*〔von〈aus〉*et.*³〕》(…が〔…から〕)去ること(退去・退職・退学・退会・転出など)を告げる〈通告する・届け出る〉: *jn.* von der Schule ～ …の退学届を出す | *seine* Familie bei der Polizei ～ 家族の転出届を所轄警察署に出す ‖ 再帰 *sich*⁴ ～ 自分が去ることを通告する〈届け出る〉| *sich*⁴ polizeilich〈bei dem Verein〉～ 警察に転出届を〈協会に退会届を〉出す | *sich*⁴ von der Verpflegung ～ (→Verpflegung 1). **b)**《*et.*⁴》(所轄当局に…の)使用中止を届け出る: das Auto ～ 自動車の廃車届を出す. **2** (約束してあった訪問・出席などを)取り消す. **3**《話》(競技で相手を)制圧する, つぶす. **4**《*jn.* bei *jm.*》(…を…から)遠ざける, 閉め出す(→abgemeldet II). **II ab·ge·mel·det** → 別出

Ab·mel·de·schein 男 **1** 退去〈転出〉証明書. **2** =Abmeldeformular

Ab·mel·dung[..dʊŋ] 女 -/-en (〔sich〕abmelden すること. 例えば:) (退去・転出などの)届け出; (出席などの)取り消し.

Ab·melk·be·trieb[ápmɛlk..] 男 = Abmelkwirtschaft

ab|mel·ken(*)[ápmɛlkən]《100》他 (h)〔畜〕(…の)乳を搾る, 搾乳をする; (…の)乳をすっかり搾り取る: Die Kuh ist *abgemolken.* この雌牛は乳を搾りきっている.

Ab·mel·ke·rei[apmɛlkəráɪ] 女 -/-en, **Ab·melk·wirt·schaft**[ápmɛlk..] 女 搾乳〈酪農〉業; 搾乳〈酪農〉場.

ab|mer·geln¹[ápmɛrgəln]《06》他 (h)《方》再帰 *sich*⁴ ～ 疲れ果てる; やせ衰える: *abgemergelt* sein 疲れきって〈やせ衰えて〉いる. 【＜Mark³】

ab|mer·geln²[−]《06》他 (h)《*et.*⁴》〔農〕(…に)泥灰岩肥料を施す. 【＜Mergel】

ab|mer·ken[ápmɛrkən] 他 (h)《雅》《*jm.*〈*et.*³〉*et.*⁴》(…の…を)看取する, 見てとる.

ab|mes·sen*[ápmɛsən]《101》**I** 他 (h) **1** (量を)はかる, 測定する; 見積もる, 評価する: den Abstand〈die Länge〉～ 距離〈長さ〉を測る | *seine* Worte ～《比》一語一語おろそかにしない | Das Ausmaß der Schäden ist noch nicht *abzumessen.* 損害の程度はまだ見当がつかない ‖ *et.*⁴ nach *et.*³ ～ …を…の基準に合わせて測る〈評価する〉; …を…に合わせて調節する | zwei Dinge gegeneinander ～ 二つのものを比較〈調整〉する ‖ wie *abgemessen* passen (寸法を取ったように)ぴったり合う. **2** 測り分ける, 計量して取り分ける: ein Liter Milch〔von der Kanne〕～ 牛乳を1リットル〔ミルク缶から〕取り分ける | Das Band wird meterweise *abgemessen.* そのリボンはメートル単位で切り売りされる. **II ab·ge·mes·sen** → 別出

Ab·mes·ser[ápmɛsər] 男 -s/- abmessen する人.

Ab·mes·sung[..sʊŋ] 女 -/-en **1** (abmessen すること. 例えば:) 測定; 見積もり, 評価; 調節, 調整. **2**《ふつう複数で》寸法(長さ・幅・厚みなど): die vorgeschriebenen ～*en* einhalten 規定の寸法を守る.

ab|mie·ten[ápmi:tən]《01》他 (h)《*jm. et.*⁴》(…から…を)賃借りする: *jm.* ein Zimmer ～ …に部屋を借りる.

A

Ab·mie·ter[..tər] 男 -s/- 賃借人(借家人・小作人など).

ab|mil·dern[ápmɪldərn]《05》他 (h) 和らげる, 弱める, 緩和する: den Druck ～ 圧力を弱める ‖ 再帰 *sich*[4] ～ 和らぐ, 弱まる.

Ab·mil·de·rung[..dərʊŋ] 女 -/ 〔sich〕abmildern すること.

ab|min·dern[ápmɪndərn]《05》他 (h) 減らす, 減少させる, 軽減〈縮小〉する: den Schmerz ～ 痛みを和らげる.

Ab·min·de·rung[..dərʊŋ] 女 -/ abmindern すること.

ABM·ler[a:be:|ɛ́mlər] 男 -s/- (⊛ **ABM·le·rin**[..lərɪn] -/-nen)《話》ABM〔措置によって職場を得た〕被雇用者.

ab|mon·tie·ren[ápmɔnti:rən, ..mɔ̃t..] **I** 他 (h) (↔anmontieren) (器具・機械〔の一部〕などを)取り外す; (設備・装備などを)撤去する,(船の)艤装(ぎそう)を解く; (機械などを)分解〈解体〉する: die Lenkstange 〔vom Fahrrad〕 ～ 〔自転車の〕ハンドルを取り外す. **II** 自 (s)《空》(機体の一部が)空中分解する.

ABM-Stel·le[a:be:|ɛ́m..] 女 ABM〔措置による〕職場.

ab|mucken[ápmʊkən] 他 (h)《話》**1**《*jn.*》(相手を)沈黙させる. **2** = abmurksen

ab|mü·den[ápmy:dən][1]《01》他 (h)《雅》疲労させる, 疲れ果てさせる: 再帰 *sich*[4] ～ 疲れ果てる, へとへとになる ‖ ein *abgemüdetes* Gesicht くたびれ果てた顔.

ab|mü·hen[ápmy:ən] 他 (h) 再帰 *sich*[4] mit *et.*[3] ～ …に骨折る, …に精を出す | *sich*[4] vergeblich ～ いたずらに骨を折る.

ab|murk·sen[ápmʊrksən]《02》他 (h)《俗》(umbringen)《*jn.*》殺す, ばらす: den Motor ～《比》(へたな運転をして)エンストを起こす.

▽**ab|mü·ßi·gen**[ápmy:sɪgən][2] 他 (h)《*jm. et.*[4]》(…から…を)無理に奪う, 強引にかち取る: *jm.* eine Erklärung ～ …に声明を強制する | *seinen* Geschäften einen Augenblick ～ 仕事の合間にやっと一瞬の暇を見つけ出す ‖ *sich*[3] ein paar Stunden ～ 二三時間をひねり出す | Ich kann mir die Zeit nicht ～. その暇はありません.

ab|mu·stern[ápmʊstərn]《05》**I** 他 (h) **1** (↔anmustern)《海》(乗組員を)解雇する. ▽**2** (布に)模様を入れる. **II** 自 (h) **1** (↔anmustern)《海》(乗組員が)船の勤務を辞め〔て下船す〕る;《比》辞任する. **2**《海》(船が)風下へ向かう.

Ab·mu·ste·rung[..tərʊŋ] 女 -/-en **1**《海》(船員の)解雇, 乗組契約の解消. ▽**2**《織》模様織り込み; (布の)色の照合検査.

ab|na·beln[ápna:bəln]《06》**I** 他 (h) **1**《*jn.*》(出生児の)へその緒を切る. 臍帯(さいたい)を切断する. **2** 再帰 *sich*[4] von *et.*[3] ～ …から縁を切る, …から独立する. **II** 自 (h)《話》《von *et.*[3]》(…から)縁を切る,(…を)断念する: von den Eltern ～ 両親から独立する, 親離れする.

Ab·na·be·lung[..bəlʊŋ] (**Ab·nab·lung**[..blʊŋ]) 女 -/-en《ふつう単数で》abnabeln すること.

ab|na·gen[ápna:gən][1] 他 (h) かじ〔り取〕る: den Knochen 〈Fleisch vom Knochen〉 ～ 骨についている肉をかじる | Der Gram *nagt* ihm das Herz *ab.*《比》悲嘆が彼の胸をさいなむ.

ab|nä·hen[ápnɛ:ən] 他 (h) **1** (ひだをつけて服地の幅を)縫い縮める: einen Rock ～ スカートにダーツ〈タック〉を取る. **2**《*et.*[4]》(…に)ししゅうをする: einen Kragen rot ～ 襟に赤糸でししゅうをする. ▽**3** 再帰 *sich*[4] ～ 針仕事をしてくたくたになる.

Ab·nä·her[..ər] 男 -s/- (スカートなどの)ダーツ, タック.

Ab·nah·me[ápna:mə] 女 -/-n《ふつう単数で》**1** 受け入れ: **a**) (官庁が認可前に行う)検査, 検閲, 監査: die ～ eines Neubaues 〈einer Maschine〉 新築家屋の検査〈機械のテスト〉| die ～ einer Rechnung 会計監査. **b**) (おごそかな)受け入れ, 聴取: die ～ des Eides 〈des Versprechens〉 宣誓〈約束〉させること. **2**《商》**a**) (商品の)引き取り, 買い取り, 購入: bei ～ größerer Mengen 相当数〈量〉購入の場合〔には〕| *sich*[4] zur ～ aller Bände verpflichten 全巻購入の義務を負う. **b**) (Absatz) 売れ行き: gute ～ finden 売れ行きがよい | Die Ware findet reißende ～. この商品は飛ぶように売れ〔てい〕る. **3** (↔Zunahme) 減少, 減退; 衰弱, 衰退: die ～ der Bevölkerung 〈der Geburten〉 人口の減少〈出生の低下〉| die ～ der Kräfte 体力の減退 | die ～ des Mondes 月の欠け | die ～ der Spannung 電圧の低下 ‖ ～ zeigen《商》(売れ行きが)不振になる | in ～ kommen 衰退する. **4** 取り除く〈去る〉こと, 除去; 取りおろす〈外す〉こと: die ～ Christi vom Kreuze キリストの降架〔を題材とした美術品〕(=Kreuzabnahme) | die ～ des Verbandes 包帯の解除 | die ～ eines Gliedes 肢体の切除.
[*mhd.*; <abnehmen]

Ab·nah·me≠fahrt[ápna:mə..] 女 (車・船などの購入時の)試運転. **≠flug** 男 (購入時の)試験飛行. **≠in·ge·nieur**[..ɪnʒeniø:r] 男 購入品検査技師. **≠land** = Abnehmerland **≠pflicht** 女 (契約上の)引き取り義務. **≠prü·fung** 女 (購入品の)品質〈規格〉検査. **≠schein** 男《商》(品物の)受取証. **≠ver·wei·ge·rung** 女 引き取り拒否. **≠vor·schrift** 女 (購入品の引き取りにあたっての)品質規格〈仕様書〉.

▽**Ab·ne·ga·tion**[apnegatsió:n] 女 -/-en 《オーストリア》 (Gleichgültigkeit) 無関心, 平然たる態度.
[<*lat.* ab-negāre „versagen"]

ab·nehm·bar[ápne:mba:r] 形 取り外し可能の.

Ab·neh·me[ápne:mə] 女 -/-n《北部》= Altenteil

ab|neh·men*[ápne:mən]《104》**I** 他 (h) **1 a**)《*et.*[4] 〔von *et.*[3]〕》(…を〔…から〕)取り去る, 取り外す; 取り入れる: die Brille 〈den Hut〉 ～ 眼鏡を外す〈帽子を脱ぐ〉| den Deckel ～ ふたを取る | das Geschirr ～ (食卓から)食器を片づける, 食事のあと片づけをする | den Hörer ～ 受話器を取〔って答え〕る | das Obst ～ 果実を摘み取る〈収穫する〉| die Raupen ～ (木から)毛虫を駆除する ‖ Wäsche ～ 洗濯物を取り入れる | das Bild von der Wand ～ 絵を壁から外す | das Fett von der Brühe ～ 肉汁から脂肪をすくい取る. **b**)《*jm. et.*[4]》(…から…を)取り除く: *sich*[3] den Bart ～ lassen ひげをそり落としてもらう | *jm.* ein Bein ～ …の脚を切断する | *jm.* die Maske ～《比》…の仮面をはぐ | einem Pferd den Sattel ～ 馬から鞍(くら)を外す.
2 (abkaufen)《*jm. et.*[4]》(…から…を)引き取る, 買い取る, 購入する: *jm.* eine Ware ～ …から品物を買う.
3《*jm. et.*[4]》(…から重荷などを)引き受ける: *jm.* eine Arbeit 〈die Antwort〉 ～ …の〔すべき〕仕事〈返事〉をかわってする | *jm.* die Sorge 〈die Verpflichtung〉 ～ …の心配を除いて〈義務を免除して〉やる | Darf ich dir den Koffer ～? トランクを持ってあげようか.
4《*jm. et.*[4]》**a**) (…の…を)取り上げる, 差し押える; (abgewinnen) 巻き上げる; (rauben) 強奪する: *jm.* den Ausweis ～ …の身分証明書を取り上げる | *jm.* beim Spiel Geld ～ …から賭博(とばく)で金を巻き上げる. **b**) (abverlangen) (…からある金額を)要求して取る.
5 受け入れる: **a**) (許可の前に)検査〈検分〉する, 監査する: die Generalprobe ～《劇》ゲネプロ〈総げいこ〉を試見する | einen Neubau 〈eine Maschine〉 ～ 新築家屋を検分する〈機械をテストする〉. **b**) (おごそかに)聴取する: dem Zeugen den Eid ～ 証人に宣誓させる. **c**)《話》(glauben)《*jm. et.*[4]》信じる: So was *nimmt* dir keiner *ab.* 君がそんなことを言ったってだれも信じやしないよ.
6 a) (原型から)写し取る: *jm.* die Totenmaske 〈den Fingerabdruck〉 ～ …のデスマスク〈指紋〉を取る. **b**) (fotografieren) 写真を撮る.
7 (folgern) 引き出す, 推定〈察知〉する.
8《編物》Maschen ～ 目数を詰める〈減らす〉.
II 自 (h) **1** (↔zunehmen) 減少する; 軽く〈短く・細く〉なる; 弱まる, 低下する; (物価が)低落する: Der Vorrat *nimmt ab.* 蓄え〈在庫〉が減る | an Gewicht 〈Zahl〉 ～ 目方〈数量〉が減る | im Gesicht ～ 視力が衰える | Er hat zusehends 〈um zwei Kilo〉 *abgenommen.* 彼は目だって〈2キロ〉体重が減った | Der Mond *nimmt ab.* 月が欠ける | Die Tage *nehmen ab.* 日が短くなる | Das Gedächtnis 〈Das Fieber〉 *nimmt* allmählich *ab.* だんだん記憶力が衰える〈熱が下がる〉‖ *abnehmend*《楽》だんだん弱く(=diminuendo) | die *abnehmende* Flut 引き潮 | *abnehmender* Nutzen《経》逓減効用 | *abnehmende* Reihe《数》減少級数 | Wir haben *abnehmenden* Mond./Es ist *abnehmender*

Mond. いまは月が欠けていく時期である.
2 〖遊戯〗あや取りをする.

III Ab·neh·men 中 -s/ (abnehmen すること. 例えば:) 減少, 減退; 〖遊戯〗あや取り: im ～ 〔begriffen〕 sein 減少〈減退〉しつつある | Der Mond 〈Das Gedächtnis〉 ist im ～. 月が欠け〈記憶力が衰え〉つつある. [◇Abnahme]

Ab·neh·mer[ápne:mər] 男 -s/- (abnehmen する人. 例えば:) **1** (Käufer) 買い取り人, 購買者; 顧客: Diese Ware findet 〈Für diese Ware findet man〉 keine ～. この商品はさっぱり売れない〔だろう〕. **2** 果実採取者.

Ab·neh·mer≠arm 男 (路面電車などの)集電〈トロリー〉ポール. **≠kreis** 男 購買層, 得意先. **≠land** 中 -〔e〕s/ ..länder 購買〈輸入〉国, 輸出先〔の国〕: die *Abnehmerländer* für Baumwolle 木綿の購買諸国.

ab|nei·gen[ápnaɪgən][1] ▽**I** 他 (h) 傾ける; わきへそらす: 《雅》再帰 *sich*[4] von *et.*[3] ～ …に背を向ける〈背く〉. **II ab·ge·neigt** → 別出

Ab·nei·gung[..gʊŋ] 女 -/-en 《ふつう単数で》 (↔Zuneigung) 反感, 嫌悪: eine natürliche ～ 毛ぎらい ‖ gegen *jn.* 〈*et.*[4]〉 eine 〔unüberwindliche〕 ～ haben 〈empfinden/hegen〉 …に対して〔抑えがたい〕反感をいだく.

ab|nib·beln[ápnɪbəln] 《06》 自 (s) 《北部, 特に: ベルリン》 《話》 (sterben) 死ぬ. [<*jidd.* niwel „verwelkt"]

ab|nicken[ápnɪkən] 他 (h) 〖狩〗 (野獣を) 首筋〈後ろ首〉を刺して殺す. [<Genick]

ab|nie·ten[ápni:tən] 《01》 他 (h) 《*et.*[4]》 (…の) 鋲(びょう) 〈リベット〉を取り外す.

ab·norm[apnɔ́rm, ab..] 形 (↔normal) 正常〈ふつう〉でない, 並外れた, 変則の, 異常な; 病的〈アブノーマル〉な: ～*e* Anlagen haben 正常でない〈病的な〉素質をもつ ‖ ein ～ kalter Winter 異常に寒い冬 | Sie ist ～ dick. 彼女は異常なほど太っている. [*lat.*; <*lat.* nōrma (→Norm)]

ab·nor·mal[ápnɔrma:l, ⌣⌣⌣́] 《特に: オーストリア・スイス》 =abnorm

Ab·nor·mi·tät[apnɔrmitɛ́:t] 女 -/-en **1** 変則性, 異常性. **2** 奇形児, 肢体〈身体〉障害者. [*lat.*]

ab|nö·ti·gen[ápnø:tɪgən][2] 他 (h) 《*jm. et.*[4]》 (…から…を)むりに奪い取る, (…に…を) 強要する: *jm.* Geld ～ …から金をゆすり取る | *jm.* ein Geständnis ～ …に自白を強いる | *jm.* ein Lächeln ～ …を思わず微笑させる | Er *nötigt* mir Achtung *ab.* 私は彼を尊敬せざるをえない.

ab|nut·schen[ápnu:tʃən] 《04》 他 (h) 〖工〗 濾過(ろか)する, フィルターにかける.

Ab·nutz·bar·keit[ápnʊtsba:rkaɪt] 女 -/ 〖工〗 磨耗限界.

ab|nut·zen[ápnʊtsən] (**ab|nüt·zen**[..nʏtsən]) 《02》 他 (h) 使い古す〈損じる〉, 使用によって損耗〈消耗〉する: die Autoreifen ～ 自動車のタイヤを損耗する | Schuhe ～ 靴をはきつぶす ‖ 再帰 *sich*[4] ～ 使い古される, すり減る, すり切れる, 傷む ‖ eine *abgenutzte* Schallplatte すり減ったレコード | *abgenutzte* Worte 言い古された〈月並みな〉文句.

Ab·nut·zung (**Ab·nüt·zung**)[..tsʊŋ] 女 -/-en 《ふつう単数で》 (〔sich〕 abnutzen すること. 例えば:) (使用による) 損耗, 磨滅; 〖医〗 消耗: eine gewöhnliche 〈normale〉 ～ 自然損耗.

Ab·nut·zungs≠be·stän·dig·keit[ápnʊtsʊŋs..] 女 〖工〗 耐耗力〈性〉. **≠er·schei·nung** 女 消耗の現れ〈様子〉; 〖医〗 消耗の徴候. **≠ge·bühr** 女 損料, 使用料. **≠kampf** 男 〖軍〗 消耗戦. **≠krank·heit** 女 〖医〗 消耗性疾患. **≠krieg** 男 〖軍〗 消耗戦. **≠prü·fung** 女 〖工〗 損耗〈消耗〉テスト. **≠stra·te·gie** 女 〖軍〗 消耗作戦.

Abo[ábo·] 中 -s/-s 《話》 =Abonnement

Ab·öl[áp|ø:l] 中 -〔e〕s/-e 《ふつう単数で》 廃油.

ab·oli·ie·ren[abolí:rən] 他 (h) **1** (abschaffen) 廃止する. **2** (begnadigen) 《*jn.*》 恩赦する. [*lat.* ab-olēre „vernichten"; ◇*engl.* abolish]

Ab·oli·tion[..litsió:n] 女 -/-en **1** (特に奴隷制・売春制度などの) 廃止, 撤廃. **2** 〖法〗 免訴. [*lat.*]

Ab·oli·tio·nis·mus[..tsionísmʊs] 男 -/ 奴隷〈売春〉制度廃止論.

Ab·oli·tio·nist[..níst] 男 -en/-en 奴隷〈売春〉制度廃止論者.

A-Bom·be[á:bɔmbə] 女 (<Atombombe) 原子爆弾.

▽**ab·omi·na·bel**[abominá:bəl, ap|o..] (..na·bl..) 形 (abscheulich) いまわしい, 嫌悪すべき. [*lat.*－*fr.*]

▽**Ab·omi·na·tion**[..natsió:n] 女 -/-en 嫌悪〔すべき行為〕. [*spätlat.*; <*lat.* ab-ōminārī „verwünschen"; ◇Omen]

Abon·ne·ment[abɔn(ə)mã́:, ..mã́ŋ; オーストリア: ..nmã́:] 中 -s/-s (スイス: [..nəmɛ́nt]-〔e〕s/-e) (新聞・雑誌など定期刊行物の) 予約購読; (演劇・音楽会・劇場・映画館などの〔定期会員としての〕) 予約〔会員券〕; (食堂などの) 割引利用〔チケット〕; 定期〔乗車〕券; 《スイス》 (電話の) 加入申し込み (略 Abo): das ～ abbestellen 〈erneuern〉 定期予約を取り消す〈更新する〉 | ein ～ auf eine Zeitung nehmen/eine Zeitung im ～ beziehen 新聞を予約購読する | ein ～ auf die Fußballmeisterschaft haben サッカー選手権試合の定期入場券をもっている | ein ～ im Theater nehmen 〈haben〉 劇場の座席を定期予約する〈している〉 ‖ bei aufgehobenem ～ spielen (定期会員券の通用しない) 臨時〈特別〉公演をする | Der Eintrittspreis ist im ～ billiger. 定期予約の場合は入場料が割安になる. [*fr.*]

Abon·ne·ment〔**s**〕**≠bil·lett**[..mã́:(s)bɪ(l)jɛt] 中, **≠kar·te** 女 (演劇・音楽会などの) 予約〈定期〉会員券; (食堂の) 定期〔割引〕食券; 定期乗車回数券. **≠kon·zert** 中 (会員制による) 定期演奏会. **≠preis** 男 (予約購読者・定期会員などのための) 割引価格. **≠vor·stel·lung** 女 (会員制による) 定期興行〈公演〉.

Abon·nent[abɔnɛ́nt] 男 -en/-en (女 **Abon·nen·tin** [..tɪn]-/-nen) (定期刊行物の) 予約購読者; (演劇・音楽会などの) 予約〈定期〉会員; (食堂などの) 定期〔割引〕利用者; 《スイス》 (電話の) 加入者.

abon·nie·ren[abɔní:rən] **I** 他 (h) **1** (定期刊行物を) 予約購読する, (定期的な催しものの) 定期会員となる: eine Zeitung ～ 新聞を予約購読する | eine Konzertreihe ～ 定期演奏会の会員になる. **2** ▽**a)** 《*jn.* auf *et.*[4]》 (…を…の) 予約購読者〈定期利用者〉と〔して獲得〕する. **b) auf** *et.*[4] ***abonniert*** **sein** …の予約購読者〈定期会員〉である; 《話》 …の常連〈常習犯〉である | Ich bin auf die Zeitung *abonniert.* 私はこの新聞を予約購読している | Er ist auf Skandal *abonniert.* 《比》 彼はスキャンダルばかり引き起こしている.
II 自 (h) **1** 《ふつう場所を示す語句と》 (…の) 定期会員〈定期〔割引〕利用者〉になる: Wir haben im Theater *abonniert.* 我々はこの劇場の定期会員になった〈この劇場に会員席を持っている〉. **2** 《スイス》 《**auf** *et.*[4]》 (…の) 定期購読を申し込む. [*fr.*]

ab|ord·nen[áp|ɔrdnən] 《01》 **I** 他 (h) 《*jn.*》 (代表として) 派遣する: *jn.* in ein Komitee 〈zu einer Konferenz〉 ～ …を委員会〈会議〉に代表として出席させる. **II ab·ge·ord·net** → 別出

Ab·ord·nung[..nʊŋ] 女 -/-en **1** 《単数で》 (代表などの) 派遣. **2** 代表団, 派遣団; 〖軍〗 分遣隊.

Ab·ort[1][abɔ́rt] 男 -s/-e **1** (Fehlgeburt) 〖医〗 流産. **2** (宇宙船・ロケットの) 飛行中止. [*lat.* abortus〔－*engl.*〕; <*lat.* ab-orīrī „ab-gehen"]

Ab·ort[2][abɔ́rt, áp|ɔrt, ábɔrt] 男 -〔e〕s/-e 便所: auf den ～ gehen 便所へ行く. [<Ort]

Ab·ort≠an·la·ge 女 -/-n 《ふつう複数で》 《官》 便所. **≠bril·le** 女 《話》 (洋式便器の) 便座. **≠frau** 女 公衆便所の管理婦〈おばさん〉. **≠gru·be** 女 便槽, 便つぼ.

ab·or·tie·ren[abɔrtí:rən, ap|ɔ..] 自 (h) 流産する.

Ab·or·tion[..tsió:n] 女 -/-en 〖医〗 〔人工〕流産, 堕胎. [*lat.*]

ab·or·tiv[abɔrtí:f, ap|ɔ..][1] 形 流産の; 〖医〗 頓挫(とんざ)性の, 不全形の: ein ～*es* Mittel 堕胎薬. [*lat.*; ◇Abort[1]]

Ab·or·tiv≠kur 女 〖医〗 頓挫(とんざ)療法. **≠mit·tel** 中 堕胎薬.

Ab·or·tus[abɔ́rtʊs, ap|ɔ́..] 男 -/- =Abort[1] 1

Ab·ort·zan·ge[abɔ́rt..] 女 〖医〗 流産鉗子(かんし).

Abo·trit[abotrí:t] 男 -en/-en =Obotrit

ab ọvo 〔ụs·que ad mạ·la〕[ap ó:vo·(úskvə at má:la·)]《ﾗﾃﾝ語》(von Anfang 〔bis zu Ende〕) 始めから〔終わりまで〕, 最初から, そもそも. [„vom Ei (=Vorspeise)〔bis zu den Äpfeln (=Nachtisch)〕"]

ạb|pach·ten[áppaxtən]《01》他 (h)《*jm.* *et.*[4]》(…から小作地などを) 賃借りする.

Ạb·pach·ter[..tər] (**Ạb·päch·ter**[..pɛçtər]) 男 -s/- 賃借り人, 小作人.

ạb|packen[áppakən] 他 (h)〘商〙(商品を) 小分けして包装する: Seifen zu 6 Stück ～ せっけんを 6 個ずつ包装する | Zucker in Tüten ～ 砂糖を紙袋に分包する ‖ *abgepackte* Waren 袋(箱)詰め商品.

Ạb·packer[..kər] 男 -s/- abpacken する人(機械・装置).

Ạb·packung[..kʊŋ] 女 -/-en abpacken すること.

ạb|pad·deln[áppadəln]《06》**I** 自 (h) (↔anpaddeln)〘ｶﾇｰ〙(シーズン最後の) こぎ納めをする: Morgen ist *Abpaddeln.* あすはカヌーのこぎ納めがある. **II** 他 (h) (ある場所を) カヌーをこいで渡る(通る).

ạb|pa·rie·ren[áppari:rən] 他 (h)〘ﾌｪﾝｼﾝｸﾞ〙(相手の突きを) 払う.

ạb|par·ken[áppaɾkən] 他 (h) (前の人が払ったパーキングメーターの残り時間をうまく利用して) 便乗駐車する.

ạb|pa·schen[áppaʃən]《04》自 (s)《ｵｰｽﾄﾘｱ》《話》(こっそり・すごすごと) 立ち去る, ずらかる.

ạb|pas·sen[áppasən]《03》他 (h) **1**《*et.*[4]》(機会などを) 待ち受ける;《*jn.*》待ち受ける, 待ち伏せする: eine günstige Gelegenheit ～ 好機をうかがう. **2**《*et.*[4]》適合させる, 調整する; (…の寸法などを) 合わせる: die Schürze 〈den Vorhang〉 in der Länge ～ エプロン〈カーテン〉の丈を合わせる | den Fahrplan gut ～ (列車などの) ダイヤをうまく調整する (接続などがうまく行くように). [▽]**3** (織物に) 飾り縁をつける.

ạb|pas·sie·ren[áppasi:rən] 他 (h)〘料理〙(スープ・ソースなどを) 濾(こ)す.

ạb|pa·trouil·lie·ren[áppatrʊlji:rən, ..ruj..] 他 (h) (ある区域を) パトロールして回る.

ạb|pau·sen[áppaʊzən][1]《02》他 (h) (図面・模様などを) 透写する.

ạb|pel·len[áppɛlən] 他 (h)《北部》(じゃがいも・果物・ソーセージなどの) 皮をむく.

ạb|pel·zen[áppɛltsən]《02》他 (h) (獣の) 皮をはぐ;《話》たたきのめす.

ạb|per·len[áppɛrlən] 自 (s) (水などが粒状になって) したたり落ちる: an *et.*[3] ～ …の表面を伝ってしたたる.

ạb|pfäh·len[áppfɛ:lən] 他 (h) (地所などを) くい打ちして仕切る(区画する).

ạb|pfän·den[áppfɛndən][1]《01》他 (h)《*jm.* *et.*[4]》(…から…を) 抵当に取る;〘法〙(…の…を) 差し押える, (…の…に) 質権を設定する.

Ạb·pfän·dung[..dʊŋ] 女 -/-en abpfänden すること.

ạb|pfei·fen*[áppfaɪfən]《108》(↔ anpfeifen) **I** 他 (h) 笛を吹いて中止(終了)させる: Das Spiel 〈Die Filmaufnahme〉 wurde *abgepfiffen.* 笛の合図でゲーム〈撮影〉は打ち切られた | die Mannschaft ～〘海〙作業やめの笛を吹く. **II** 自 (h) 中止(終了)の笛を吹く.

Ạb·pfiff[áppfɪf] 男 -[e]s/-e (↔Anpfiff)〘ｽﾎﾟｰﾂ〙試合中断(終了)のホイッスル.

ạb|pflöcken[áppflœkən] 他 (h) (小さな) くいで仕切る(区画する).

ạb|pflücken[áppflʏkən] 他 (h) 摘み取る; 摘み尽くす: Blumen 〈Kirschen〉 ～ 花〈さくらんぼ〉を摘み取る | einen Wald ～ 森じゅうの花〈木の実〉をすっかり摘んでしまう.

ạb|pho·to·gra·phie·ren[áp-fotografi:rən] = abfotografieren

ạb|pin·nen[áppɪnən] 他 (h)《*et.*[4] von *jm.*》(…を…から) そっくり引き写す;《生徒語》カンニングする.

ạb|placken[ápplakən] 他 (h)《方》再帰 *sich*[4] 〔mit *et.*[3] 〈*jm.*〉〕～ 〔…で〕さんざん苦労する.

ạb|pla·gen[áppla:gən][1] 他 (h) 再帰 *sich*[4] ～ 苦労する; あくせく働く: Er hat sich sein ganzes Leben lang *abgeplagt.* 彼は一生涯苦労のしどおしだった ‖ *sich*[4] mit *et.*[3] 〈*jm.*〉 ～ …でさんざん苦労する, …に手こずる ‖ die *abgeplagten* Hände 苦労の刻まれた手.

ạb|plat·ten[ápplatən]《01》**I** 他 (h) **1** 平たく(扁平に)する: 再帰 *sich*[4] ～ 平たく(扁平に)なる. **2**〘工〙(…の) 角をおとす. **II** 自 (s) 平たく(扁平に)なる.

ạb|plät·ten[ápplɛtən]《01》他 (h) **1**〘手芸〙(写し型を) アイロンで布に写す. **2** (…に) アイロンをかける;〘工〙圧延する.

Ạb·plätt·mu·ster 中〘手芸〙写し型(模様).

Ạb·plat·tung[ápplatʊŋ] 女 -/-en **1** abplatten すること. **2** 扁平な状態;〘数〙扁平率.

ạb|plat·zen[ápplatsən]《02》自 (s) (ボタンなどが) はじけ飛ぶ; (しっくいなどが) はげ落ちる: Die Farbe ist *abgeplatzt.* 塗料が(ばりばりと) はげ落ちた.

ạb|plün·dern[áppl ʏndərn]《05》他 (h) **1**《*jm.* *et.*[4]》(…から…を) 略奪する. **2**《*jn.*》(…のものを) 略奪し尽くす;《*et.*[4]》(果樹などの) 実をもぎ尽くす.

ạb|po·chen[áppɔxən] 他 (h) **1**〘坑〙打ち砕く;〘工〙(金属を) 打ち延ばす. **2**《*jm.* *et.*[4]》(…から…を) 強奪する.

ạb|pol·stern[áppɔlstərn]《05》他 (h)《*et.*[4]》(…に衝撃・騒音を防ぐための) クッションを入れる.

ạb|prä·gen[áppɾɛ:gən][1] 他 (h) 刻み込む, 刻印する; (貨幣を) 鋳造する: 再帰 *sich*[4] in 〈auf〉 *et.*[3] ～ …に刻み込まれる, …に印象を残す | Es *prägt* sich in 〈auf〉 seinem Gesicht *ab.* それは彼の顔に刻みこまれている.

Ạb·prall[áppral] 男 -[e]s/-e《ふつう単数で》はね返り, 反跳; 反射, 反響.

ạb|pral·len[áppralən] 自 (s) (ぶつかって・はずんで) はね返る; 反射(反響)する; (攻撃などが) 撃退される: von 〈an〉 der Mauer ～ 壁に当たってはね返る | Alle Vorwürfe 〈Bitten〉 *prallten* an ihm *ab.* どんな非難も〈いくら頼んでも〉彼には効き目がなかった.

Ạb·pral·ler[..lər] 男 -s/- (弾丸の) 跳飛, 跳弾;〘球技〙リバウンド.

Ạb·prall·win·kel 男 はね返る角度, (光・熱などの) 反射角.

ạb|pres·sen[áppɾɛsən]《03》他 (h) **1**《*jm.* *et.*[4]》(…から…を) むりやり搾り(奪い)取る, (…に…を) 強要する: *jm.* Geld ～ …から金銭をゆすり(搾り)取る | *jm.* ein Versprechen ～ …にむりに約束させる | Der Schreck *preßte* mir einen Schrei 〈den Atem〉 *ab.* 恐ろしさで私は思わず叫んだ〈息がつまった〉. **2**〘工〙プレス加工(成形)する; 水圧テストする.

ạb|prot·zen[áppɾɔtsən]《02》**I** 他 (h) (↔aufprotzen)〘軍〙(火砲を) 前車から外して射撃位置につける. **II** 自 (h)《俗》大便をする. [＜Protze]

ạb|prü·geln[áppry:gəln]《06》他 (h)《*jn.*》さんざん殴る, 打ちのめす.

ạb|pum·pen[áppʊmpən] 他 (h) **1** ポンプで排出(排水)する. **2**《俗》《*jm.* *et.*[4]》(…から…を)〔せびって〕借りる.

Ạb·putz[áppʊts] 男 -es/-e《ふつう単数で》〘建〙**1** しっくい塗り, 化粧塗り; 塗り直し. **2** しっくい.

ạb|put·zen[áppʊtsən]《02》他 (h) **1** 汚れを落とす(ふき取る); きれいにする, みがく;〘建〙(荒仕上げの角材などを) 整える: Kartoffeln ～ じゃがいもの汚れをそぎ(払い)落とす | die Schuhe 〈den Schmutz von den Schuhen〉 ～ 靴のよごれを落とす | *sich*[3] den Mund mit der Serviette ～ ナプキンで口をぬぐう | ein Pferd ～ 馬にブラシをかける ‖ 再帰 Hast du dich gut *abgeputzt*? (排便をした子供に) ちゃんとおしりをふいたかい. **2** (家などを) しっくいで化粧塗りする(塗り直す). **3**《方》(クリスマスツリーの) 飾り付けを取り去る. **4**《話》《*jn.*》しかりつける.

Ạb·put·zer[..pʊtsər] 男 -s/- **1** しっくいを塗る人. **2**《話》お目玉: einen ～ bekommen お説教をくう, やりこめられる | *jm.* einen ～ erteilen …をしかりとばす(へこます).

ạb|quä·len[ápkvɛ:lən] 他 (h) **1** 再帰 *sich*[4] 〔mit *et.*[3]〕～ 〔…で〕さんざん苦労する, 〔…に〕手を焼く. **2**《*jm.* *et.*[4]》(…から…を) むりやり手に入れる: *jm.* eine Zusage ～ …を強引に承知させる | *sich*[3] ein Lächeln ～ 作り笑いを浮かべる | *sich*[3] eine Antwort ～ 苦しまぎれの返事をする. [▽]**3** さんざん苦しめる(悩ます).

ạb|qua·li·fi·zie·ren[ápkvalifitsi:rən] 他 (h) 低く評価する, おとしめる, けなす.

ạb|quet·schen[ápkvɛtʃən]《04》他 (h) **1** 押しつぶしてもぎ離す: *sich*[3] an 〈in〉 der Maschine einen Finger ～ 機械

にはさまれて指を切り取られる. **2** 《話》(*jm. et.*⁴)(…から…を)せびり取る.

ab|quir·len[ápkvɪrlən] 他 (h) 〘料理〙かきまぜる: eine Suppe mit Mehl ～ スープに小麦粉を入れてかきまぜる.

ab|rackern[áprakərn] 《05》 他 (h) 再帰 *sich*⁴ ～ 苦労する; あくせく働く | *sich*⁴ den ganzen Tag 〈*sein* Leben lang〉 ～ 一日中〈一生涯〉身を粉にして働く.

ab|rä·deln[áprɛ:dəln] 《06》 他 (h) **1** 〘料理〙ルレットで切り取る. **2** 〘服飾〙ルレットで写す.

ab|ra·die·ren[ápradi:rən] 他 (h) こすって〈消しゴムで〉消す.

ab|raf·fen[áprafən] 他 (h) **1** 〘農〙(刈った穀物・草などを)束ねる. **2** かっさらう.

Abra·ham[á:braham] **I** 男名 アーブラハム. **II** 人名〘聖〙アブラハム (Israel 人の祖, Isaak の父): so sicher wie in ～*s* Schoß 《比》この上なく安全に〔かくまわれて〕, なんの心配もなく | **wie in ～*s* Schoß** 《話》しっかり庇護されて | **noch in ～*s* Wurstkessel sein** 《話》まだ生まれていない. [*hebr.*]

Abra·ha·mit[abrahamí:t] 男 -en/-en 〘宗〙 **1** アブラハム派(9世紀 Syrien に起こりキリストの神性を否定した一派)の信者. **2** (18世紀中ごろから Böhmen に広まった Abraham の純粋信仰を唱える)アブラハム派の信奉者.

ab|rah·men[ápra:mən] 他 (h) **1** (牛乳から)乳脂〈クリーム〉をすくい取る〈取り除く〉: *abgerahmte* Milch 脱脂乳. **2** 《話》(最良の部分を)吸い上げる, せしめる, 甘い汁を吸う.

Abra·ka·da·bra[a:brakadá:bra, ⌣⌣⌣⌣⌣] 中 -s/ **1** アブラカダブラ(古代・中世に行われた魔よけの呪文(じゅもん)). **2** 《比》わけのわからぬ言葉, ちんぷんかんぷん, たわごと. [*spätlat.*]

Abra·sax[abrazáks] 男 -/ ＝Abraxas

ab|ra·sie·ren[ápraziːrən] 他 (h) (毛を)そり落とす; 《話》(市街などを)根こそぎ破壊する.

Ab·ra·sion[abrazió:n, apr..] 女 -/-en **1** 〘地〙海食〔海岸〕(→ 図 Küste). **2** 〘医〙(子宮の)掻爬(そうは)〔術〕. [*mlat.*; ＜ *lat.* ab-rādere „ab-scheren" (◇radieren)]

ab|ras·peln[áprаspəln] 《06》 他 (h) (やすりで)こすり取る; (…に)やすりをかける.

ab|ra·ten*[ápra:tən] 《113》 **I** 自 (h) (↔zuraten) (*jm.* von *et.*³) (…に…を)思いとどまるよう助言〈勧告・忠告〉する, いさめる(→II 1): *jm.* von der Heirat ～ …に結婚しないようすすめる | Er *riet* mir 〔davon〕 *ab,* das Buch zu kaufen (略... nicht zu kaufen). 彼は私にその本を買うなと言った | Laß dir 〔davon〕 ～! 〔それは〕よしたほうがいいよ ‖ Da half kein *Abraten.* どうにも思いとどまらせるすべはなかった.

II 他 (h) **1** (*jm. et.*⁴) (…に…を)思いとどまるよう助言〈勧告・忠告〉する, いさめる(→I): Das *rate* ich dir *ab.* それはよしたほうがいいよ. ▽**2** (*jm. et.*⁴) (…から…を)察知する: *jm. seine* Gedanken ～ …の考えを察知する. ▽**3** (*et.*⁴ mit *jm.*) (…を…と)相談して取り決める, 約定する.

ab|rau·chen[ápraʊxən] **I** 自 (s) 〘化〙蒸発する. **II** 他 (h) (実際に火をつけて紙巻きタバコの)品質検査をする.

Ab·rauch≠ma·schi·ne 女 (紙巻きタバコの)品質検査機. **≠scha·le** 女 〘化〙蒸発皿.

Ab·raum[ápraʊm] 男 -〔e〕s/ **1** 《方》(Abfall) ごみ, くず, 塵芥(じんかい), 廃物. **2** 〘坑〙廃石(→ 図 Tagebau); (有用鉱物を含まない)表土, 被覆岩.

ab|räu·men[áprɔʏmən] 他 (h) **1** 〔食卓から〕片づける, 取り払う: den Tisch 〈das Geschirr vom Tisch〉 ～ テーブルの食器を片づける ‖ das Frühstück ～ (食卓から)朝食を片づける ‖ Schutt 〔von der Baustelle〕 ～ 〔建築現場から〕瓦礫(がれき)〈がらくた〉を片づける | die Kegel ～ (九柱戯で)すべてのピンを倒す. **2** 〘坑〙表土〈被覆岩〉を取り除く(→Abraum 2).

Ab·räu·mer[..mər] 男 -s/- abräumen する人〈道具〉.

Ab·raum≠hal·de[ápraʊm..] 女 〘坑〙ぼた山(→ 図 Tagebau). **≠salz** 中 -es/-e 《ふつう複数で》(かつて岩塩坑で無価値な副産物とされた)カリ塩.

Ab·räu·mung[..rɔʏmʊŋ] 女 -/ abräumen すること.

Ab·raum·wa·gen[ápraʊm..] 男 〘坑〙露天掘り用貨車.

ab|rau·schen[ápraʊʃən] 《04》 自 (s) 《話》 **1** (自動車などで)さっと走り去る. **2** わざと人目を引く態度で立ち去る.

Abra·xas[abráksas] 男 -/ 《無冠詞で》アブラクサス (Gnosis 派の神の名; 護符に用いられた呪文(じゅもん)の文句); (一般に)魔法の言葉, 呪文. [*spätgr.*]

Abra·xas·stein 男 Abraxas の文字の刻まれた宝石製護符.

ab|rea·gie·ren[ápreagi:rən] 他 (h) 〘精神分析〙(緊張・興奮などを解除・解放反応によって)消散させる, 浄化する: *seinen* Ärger 〔an den Kindern〕 ～ 〔子供たちに当たり散らして〕怒りを発散させる ‖ 再帰 *sich*⁴ ～ (解除反応によって)気持が静まる.

Ab·reak·tion[..reaktsio:n] 女 -/-en 〘精神分析〙解除〈解放〉反応, 浄化作用.

ab|re·beln[ápre:bəln] 《06》 他 (h) 《オーストリア》(ぶどうなどを)一粒ずつ摘み取る.

ab|re·chen[áprɛçən] 他 (h) 《中部・南部》(落ち葉・芝生などを)レーキ〈くま手〉で掃く.

ab|rech·nen[áprɛçnən] 《01》 **I** 他 (h) **1** (*et.*⁴ 〔von *et.*³〕) (…を〔…から〕)差し引く, 引き去る, 控除する: die Steuern vom Lohn ～ 税金を給与から差し引く | die Unkosten 〔von der Gesamtrechnung〕 ～ 雑費を〔総計算額から〕差し引く ‖〘過去分詞で〙*et.*⁴ *abgerechnet* …を差し引いて; 《比》…を別として | die Tara *abgerechnet* 〘商〙風袋(ふうたい)ぬきで, 正味で | Das *abgerechnet,* bin ich einverstanden. そのことを別とすれば私に異存はない. **2** (*et.*⁴) 最終的に勘定する, 決算する(→II 1): die Kasse ～ 会計〈レジ〉の帳簿を締める, 最終計算をする | Das kann man an den Fingern ～. 《比》それはすぐわかる〈明白な〉ことだ.

II 自 (h) **1** 決算をする(→I 2): Am Ende jeden 〈jedes〉 Quartals wird *abgerechnet.* 四半期ごとに決算が行われる. **2** (mit *jm.*) (…と)貸し借りの精算をする; 《比》(…と)決着をつける(相手の倫理的責任を追及するなどして): Mit ihm muß ich noch ～. 彼とはまだこれから話をつけなければならない.

Ab·rech·nung[áprɛçnʊŋ] 女 -/-en **1** (abrechnen すること. 例えば:) **a)** 〘商〙差し引き, 控除: ***et.*⁴ in ～ bringen** …を差し引く, …を控除する | **in ～ kommen** 差し引かれる, 控除される | nach ～ der Unkosten 諸雑費を差し引いてから. **b)** 〘商〙決算; 手形交換: halbjährliche ～ 半年ごとの決算 | die ～ machen 決算をする. **c)** 《比》(倫理的責任の)決着, 報復: die Stunde der ～ 報復の時 | mit *jm.* 〈*et.*³〉 gründlich ～ halten …と徹底的に決着をつける, …の責任を追及する. **2** 決算書, 勘定書; 契約報告書.

Ab·rech·nungs≠stel·le 女 〘商〙手形交換所. **≠tag** 男 決算〈精算〉日. **≠ter·min** 男 決算〈精算〉期限. **≠ver·kehr** 男 (銀行間・国際間などの)精算取引.

Ab·rech·te[áprɛçtə] 女 -/ 〘織〙(生地の)裏. [＜ äbich〔t〕 „umgekehrt" (◇ab²)]

Ab·re·de[ápre:də] 女 -/-n 《ふつう単数で》 **1** 否定, 否認: ***et.*⁴ in ～ stellen** …を否定〈否認〉する. **2** 《雅》(Verabredung) 申し合わせ, 取り決め, 合意: eine stillschweigend getroffene ～ 暗黙の合意 | mit *jm.* eine ～ treffen …と申し合わせをする.

ab|re·den[ápre:dən]¹ 《01》 **I** 自 (h) (*jm.* von *et.*³) (…に…を)やめるよう説く〈説得する〉. **II** 他 (h) 《雅》(verabreden) (*et.*⁴ 〔mit *jm.*〕) (…を〔…と〕)取り決める, 申し合わせる: Tag und Stunde ～ 日時を打ち合わせる ‖ ein *abgeredetes* Spiel 示し合わせた行動, 八百長〔試合〕.

ab|re·gen[ápre:gən]¹ 他 (h) 《話》(*jn.*) (…の)気持をしずめる, 興奮をさまさせる: 再帰 *sich*⁴ ～ 気持がしずまる, 落ち着く.

ab|reg·nen[ápre:gnən] 《01》 他 (h) **1** (雨で)洗い流す: Die Blüten sind *abgeregnet* worden. 雨で花が散ってしまった. **2** 雨のように降らす; (飛行機などから)散布する, (毒ガスを)まく. **3** 再帰 Die Wolken *regnen* sich *ab.* 雲が雨を降らせる〈雨となって降る〉. **4** 非人称 Es hat 〔sich〕 *abgeregnet.* 雨がやんだ〈あがった〉.

ab|rei·ben*[ápraɪbən]¹ 《114》 **I** 他 (h) **1** こすって取る, こすり落とす: den Rost vom Messer ～ ナイフのさびをこすり落とす | Zitronen ～ おろし金でレモンの皮を削り取る. **2** こすってきれいにする; (ぬれたものを)ふいて乾かす: ein Messer ～ ナイフをとぐ〈みがく〉 | ein Pferd ～ 馬にブラシをかける. **3** (frottieren) こする, 摩擦する: *jm.* 〔mit dem Handtuch〕 den

Rücken ～ …の背中を〔タオルで〕こする ‖ 再帰 *sich*⁴ kalt 〈trocken〉 ～ 冷水〈乾布〉摩擦をする. **4** こすって〈使い古して〉すり切らす: 再帰 *sich*⁴ ～ すり切れる. **5** 《方》十分にかきまぜる, 攪拌する. **6** 《話》《*jn.*》さんざん殴りつける; しかりつける.

II ab·ge·rie·ben → 別出

Ab·rei·bung[..bʊŋ] 女 -/-en (abreiben すること. 例えば:) **1** 摩擦: eine kalte ～ 冷水摩擦. **2** 《話》殴打; 叱責: *jm.* eine ～ geben …をぶん殴る〈厳しくしかる〉. **3** 磨滅, 磨耗.

Ab·rei·bungs·fe·stig·keit 女 磨耗強度.

Ab·rei·se[áprаɪzə] 女 -/-n 《ふつう単数で》(↔Anreise) (旅行のための)出発, 旅立ち.

ab|rei·sen[ápraɪzən]¹ 《02》 自 (s) **1** 旅行に出る〈出発する〉: Er *reist* morgen nach Paris *ab.* 彼はあすパリへ旅立つ. **2** (旅先から)帰路につく.

Ab·reiß·block[ápraɪs..] 男 -〔e〕s/-s, ..blöcke はぎ取り式メモ用紙.

ab|rei·ßen*[ápraɪsən] 《115》 **I** 他 (h) **1** (建物などを)取り壊す. **2** ひきはがす, もぎ取る: den Kalender 〈ein Kalenderblatt〉 ～ カレンダーをめくり取る | ein Plakat 〔von der Wand〕 ～ ポスターを〔壁から〕はがす ‖ *jm.* nicht gleich den Kopf ～ (→Kopf 1) | *jm.* die Maske ～ …の仮面をひっぱがす. **3** 《話》(服などを)ぼろぼろにしてしまう. **4** 《話》(一定期間を)勤め上げる, 服役する: *seinen* Militärdienst ～ 兵役を終える | ein Jahr ～ 1年の刑期を終える | *et.*⁴ auf einer 〈auf der linken〉 Backe ～ (→Backe 2). **5** (建物などの)図面を引く, 略図をかく. **6** 《方》再帰 *sich*⁴ ～ 骨を折る, 苦労する. **II** 自 (s) **1** はがれる, 取れる. **2** (糸などがぷつんと)切れる; (話・連絡・関係などが急に)とぎれる: Die Geduld *reißt* ihm *ab.* 彼は堪忍袋の緒が切れる | Der Strom der Flüchtlinge *riß* nicht *ab.* 難民の列はひきもきらずに続いた. **III ab·ge·ris·sen** → 別出

Ab·reiß≠ka·len·der[ápraɪs..] 男 めくり暦, 日めくり. **≠lei·ne** 女 =Abreißschnur **≠no·tiz·block** =Abreißblock **≠schnur** 女 -/..schnüre (手榴弾(りゅうだん)の)発火〈点火〉コード; (パラシュートの)開き綱. **≠zün·dung** 女 摩擦点火〔装置〕.

ab|rei·ten[ápraɪtən] 《116》 **I** 自 **1** (s) (↔anreiten) 馬で立ち去る. **2** (s, h) (ある地域を)馬で見回る(→abgehen II ☆): Er hat 〈ist〉 die Front *abgeritten.* 彼は馬で前線を巡視した. **3** (s) 〘狩〙 (雷鳥・ワシなどが)飛び立つ. **4** (h) (↔anreiten) (乗馬のシーズンの終わりに)乗り納めをする.

II 他 (h) **1** (馬を)乗り疲れさせる: 再帰 *sich*⁴ ～ 馬に乗り疲れる. **2** (馬を)調教する. **3** einen Sturm ～ 〘海〙 荒天の静まるのを待つ. **4** (s, h)→I 2 「場.」

Ab·rei·te·platz 男 〘馬術〙 (競技場のわきの)練習用馬

ab|ren·nen*[áprɛnən] 《117》 **I** 自 **1** (s) 走り出す〈去る〉. **2** (s, h) 《nach *et.*³》(…を求めて)あちこち駆けずりまわる(→abgehen II ☆): Er hat 〈ist〉 die ganze Stadt danach *abgerannt.* 彼はそれを求めて町じゅうを駆けずりまわった. **II** 他 (h) **1** (靴底などを)歩いてすり減らす: *sich*³ die Beine 〈die Sohlen〉 nach *et.*³ ～ …を求めて駆けずりまわる | *sich*³ die Hörner ～ (→Horn 1 a). **2** (s, h)→I 2 **3** 再帰 *sich*⁴ ～ 走り疲れる.

Abri[abríː] 男 -s/-s (石器時代人の)岩窟(がんくつ); 《比》避難所, 隠れ場. [*fr.* „Unterschlupf"]

ab|rich·ten[áprɪçtən] 《01》 他 (h) **1** 《*jn.*》(動物・人間などを)調教〈訓練〉する, 仕込む, 馴(な)らす: einen Falken zur Beize ～ タカを鷹(たか)狩り用に仕込む | einen Hund auf 〈für〉 die Jagd ～ 犬を狩猟用に仕込む ‖ Rekruten ～ 新兵を訓練する. **2** 《*et.*⁴》(…に)適当な形〈方向・大きさ〉を与える, 整える, 調整する, まっすぐにする, (正しく)仕上げる. **3** 《方》den Tisch ～ 食卓を片づける.

Ab·rich·ter[..tər] 男 -s/- 調教〈訓練〉師.

Ab·richt≠ham·mer 男 〘工〙 整正ハンマー. **≠ma·schi·ne** 女 仕上げ平削り盤.

Ab·rich·tung[áprɪçtʊŋ] 女 -/-en (abrichten すること. 例えば:) 調教, 訓練.

Ab·rieb[ápriːp]¹ 男 -〔e〕s/-e **1** 《単数で》磨耗, 磨損. **2** (摩擦による)破片, ぼろぼろに崩れたもの. [<abreiben]

ab·rieb≠be·stän·dig 形 **, ≠fest** 形 (タイヤなどが)耐摩性の, 摩擦に対して強い〈抵抗力のある〉.

Ab·rieb·fe·stig·keit 女 耐摩性.

ab|rie·geln[ápriːgəln] 《06》 他 (h) (門・ドアなどを)かんぬきで閉じる〈閉める〉; (通行を)遮断する, (外部から)閉鎖〈隔離〉する: die Tür ～ ドアにかんぬきをかける | die Straße ～ 道路を閉鎖する ‖ 再帰 *sich*⁴ ～ (…の中に)閉じこもる.

Ab·rie·ge·lung[..gəlʊŋ] (**Ab·rieg·lung**[..glʊŋ]) 女 -/-en abriegeln すること.

Ab·rie·ge·lungs·feu·er 中 〘軍〙 弾幕〔を張ること〕.

ab|rif·feln[áprɪfəln] 《06》 他 (h) (亜麻を)こく.

ab|rin·den[áprɪndən]¹ 《01》 他 (h) (木・パンなどの)皮をむく. [<Rinde]

ab|rin·gen*[áprɪŋən] 《119》 他 (h) 《*jm.* 〈*et.*³〉 *et.*⁴》(…から…を)努力して〈苦労して〉手に入れる, むりやり奪い取る: *jm.* eine Erlaubnis 〈ein Versprechen〉 ～ …からやっとのことで許可〈約束〉を取りつける | *sich*³ eine Entscheidung 〈ein Lächeln〉 ～ やっとの思いで決断する〈むりに笑いを浮かべる〉 | dem Meer neues Land ～ 海を干拓して新しい土地を手に入れる. 「流れ去る.」

ab|rin·nen*[áprɪnən] 《120》 自 (s) **1** したたり落ちる. **2**

Ab·riß[áprɪs] 男 ..risses/..risse **1** 《単数で》(abreißen すること. 例えば:) (建物などの)取り壊し, 撤去: der ～ eines alten Hauses 古家の取り壊し. **2 a)** 梗概(こうがい), 粗筋(あらすじ), 概略: ein ～ der Geschichte Japans 日本史概説. ᐁ**b)** 略図, 見取り図. **3** (回数券などの)切り取り券片.

Ab·riß≠ar·bei·ten 複 (建物などの)解体〈撤去〉作業. **≠bir·ne** 女 家屋解体用の鉄球. **≠fir·ma** 女 家屋解体会社. **≠frak·tur** 女 〘医〙 裂離骨折. **≠punkt** 男 〘測量〙 水準点. **≠zün·dung** 女 (エンジンの)電路開閉点火.

Ab·ro·ga·tion[aprogatsióːn, abr..] 女 -/-en **1** (法令・慣習などの)廃止, 廃棄. **2** (約束・注文などの)取り消し.

ᐁ**ab·ro·gie·ren**[..gíːrən] 他 (h) **1** (法令・慣習などを)廃止〈廃棄〉する. **2** (約束・注文などを)取り消す. [*lat.*]

ab|rol·len[áprɔlən] **I** 自 (s) **1** (↔anrollen) (車両が)走り去る, 出発する: Der Zug ist *abgerollt.* 列車が発車した. **2 a)** (巻いてあるものが)ほどけて広がる. **b)** 《比》展開される, くり広げられる, 進行する, 行われる: Das Programm *rollte* ohne Störung *ab.* プログラムはとどこおりなく進行した. **3** 〘バレーボール〙 回転レシーブをする.

II 他 (h) **1** (巻いてあるものを)ほどいて広げる, 展開する: Papier 〈Stoff〉 ～ (巻いてある)紙〈布地〉を広げる ‖ 再帰 *sich*⁴ ～ 《比》展開される, くり広げられる. **2** (車に乗せて)運び去る.

ab|ro·sten[áprɔstən] 《01》 自 (s) (取っ手などが)さびて取れる〈はずれる〉.

ab|rub·beln[áprʊbəln] 《06》 他 (h) 《方》(ぬれたものを)ごしごしこすって乾かす〈ぬぐう〉.

ab|rücken[áprʏkən] **I** 他 (h) 《*et.*⁴ von *et.*³》(…を)押して(…から)離す〈ずらす〉: den Schreibtisch von der Wand ～ 机を壁ぎわから動かす.

II 自 (s) **1** 《von *et.*³》(…から)身をずらす, わきへ離れる; 《比》(…と)一線を画す: mit dem Stuhl vom Tisch ～ いすをずらして机から離れる | von *seinem* Ziel ～ 目標から外れる | von *jm.* 〈von *js.* Meinung〉 ～ …と意見を異にすることを表明する. **2** 〘軍〙 隊列を組んで出発する.

ab|ru·dern[ápruːdərn] 《05》 自 (h) (↔anrudern) 〘ボート〙 (シーズン最後の)こぎ納めをする: Morgen ist *Abrudern.* あすはボートのこぎ納めがある.

Ab·ruf[ápruːf] 男 -〔e〕s/-e 《ふつう単数で》(abrufen すること. 例えば:) **1** 呼び戻し, 召還; 解任, リコール: auf ～ (別命あるまで)待機中の. **2** 〘商〙 (購入した商品の)引き渡し請求; (預金の)引き出し: auf ～ 引き渡し請求にもとづいて, (請求あるごとに)少しずつ. **3** 〘商〙 (注文の)取り消し.

ab·ruf·bar[–baːr] 形 abrufen できる.

ab|ru·fen*[ápruːfən] 《121》 他 (h) **1 a)** 《*jn.*》呼び出す; 呼び戻す, 召還する: *jn.* aus der Sitzung 〈von der Arbeit〉 ～ …を会議の席から〈仕事中の…を〉呼び出す | *jn.* von *seinem* Posten ～ …の職を解く | den Botschafter ～ 大使を召還する | aus dem Leben *abgerufen* werden 《比》あの世に召される. **b)** (飛行機に)着陸を命じる. **c)** 〘電

算》(データを)呼び出す. **2** (商品などの)引き渡しを請求する; (預金を)引き出す: bestellte Waren ～ 注文品を送らせる | Geld von einem Konto ～ 預金を口座からおろす. **3** (時刻・駅名・発車などを)大声で知らせる: die Stunde 〈die Station〉 ～ (夜警が)時刻を〈(車掌が)駅名を〉大声で知らせる | einen Zug ～ (ホームなどで)列車の発車をアナウンスする. **4** 再帰 *sich*⁴ ～ 呼び疲れる.

▽**Ab·ru·fung**[áprU:fʊŋ] 女 -/-en abrufen すること.

ab|rüh·ren[ápry:rən] 他 (h) 〘料理〙十分にかきまわす.

ab|rum·peln[áprʊmpəln] ⦅06⦆ **I** 他 (h) ⦅東部⦆ = abrubbeln **II** 自 (s) (車が)ガタガタ走り去る.

ab|run·den[áprʊndən]¹ (▽**ab|rün·den**[..rʏndən]¹) ⦅01⦆ 他 (h) **1** ⦅*et.*⁴⦆ (…の角を取って)丸く〈滑らかに〉する: eine Ecke 〈einen Tisch an den Ecken〉 ～ 角〈机の角〉を丸くする(→ ⊛ Kante). **2 a)** (数値・金額などの)端数を丸める, 切り上げる, 切り捨てる: eine Zahl nach oben 〈unten〉 ～ 数を切り上げる〈切り捨てる〉. **b)** (↔aufrunden) (…の)端数を切り捨てる. **3** (文章・作品などを)完全なものに仕上げる: eine stilistisch *abgerundete* Erzählung 彫琢(ちょうたく)された文体の小説. **4** (耕地などを)整理〈交換分合〉する.

Ab·run·dung[..dʊŋ] 女 -/-en (abrunden すること. 例えば:) (数値・金額などの)切り上げ, 切り捨て; 仕上げ, 彫琢.

ab|rup·fen[áprʊpfən] 他 (h) (毛・草花などを)〔情け容赦なく〕むしり取る.

ab·rupt[aprʊ́pt, abr..] 形 **1** 急の, 突然の, 唐突な: ein Gespräch ～ abbrechen 話をだしぬけに打ち切る. **2** 脈絡のない, 支離滅裂の. **[**lat. ; < *lat.* ab-rumpere „ab-brechen"**]**

ab|rü·sten[áprʏstən] ⦅01⦆ **I** 自 (h) (↔aufrüsten) 軍備を縮小〈廃止〉する. **II** 他 (h) **1** (軍備を)縮小〈撤廃〉する; (軍隊を)武装解除する: die atomaren Waffen ～ 原子兵器を縮小〈廃棄〉する | ein *abgerüstetes* Heer 武装解除された軍隊. **2** (↔einrüsten) (建物などの)足場を取り外す.

Ab·rü·stung[..tʊŋ] 女 -/-en ⦅ふつう単数で⦆ **1** 軍備縮小〈廃止〉, 軍縮; 武装解除. **2** 足場の取り外し.

Ab·rü·stungs≈ab·kom·men 中 軍縮協定. **≈de·bat·te** 女 軍縮論議. **≈fra·ge** 女 軍縮問題. **≈kon·fe·renz** 女 軍縮会議. **≈pakt** 男 軍縮条約. **≈ver·hand·lung** 女 軍縮交渉. **≈ver·trag** 男 軍縮条約.

Ab·rutsch[áprʊtʃ] 男 -es/-e abrutschen すること: Erd*abrutsch* 地滑り.

ab|rut·schen[áprʊtʃən] ⦅04⦆ 自 (s) **1** 滑り落ちる; わきへ滑る; (なだれ・地滑り・山崩れなどで土砂や雪が)崩れ落ちる; 〘空・スキ〙横滑り〈サイドスリップ〉する: von der Böschung ～ 斜面から滑り落ちる | Das Messer *rutschte* mir *ab.* (手もとが狂って)ナイフが滑り落ちた | Das Flugzeug *rutschte* 〔über die Flügel〕*ab.* 飛行機が横滑りした ‖ das *Abrutschen* üben 横滑り〈サイドスリップ〉を練習する. **2** ⦅比⦆ (成績・性能などが)落ちる, 低下する; 落ちぶれる, 堕落する: Seine Leistungen *rutschen* immer mehr *ab.* 彼の仕事の成績〈能率〉は低下する一方だ. **3** ⦅話⦆ (abreisen) 旅に出る, 出発する.

abs.. →ab..²

Abs. 略 **1** = **Abs**atz (文章の)段落. **2** = **Abs**ender 発送〈発信〉人.

ABS[a:be:|ɛ́s] 略 = **Antiblockiersystem**

Ab·saat[ápza:t] 女 -/-en 〘農〙後作(あとさく)〔播種(はしゅ)〕.

ab|sä·beln[ápzɛ:bəln] ⦅06⦆ 他 (h) **1** (サーベルで)切り落とす; ⦅話⦆ (パン・ソーセージなどを)不器用〈不細工〉に切り取る. **2** ⦅話⦆ ⦅*jn.*⦆ (…の)権限を制限する.

ab|sacken¹[ápzakən] 自 (s) ⦅話⦆ **1** (地面などが)陥没する; (船が)沈没する; (飛行機が)がくんと高度を下げる; (人が失神して)がっくりくずおれる. **2** ⦅比⦆ (血圧が)下がる; (成績・能率・性能などが)がたんと落ちる; 堕落する.

ab|sacken²[−] 他 (h) **1** (袋に入れた)荷をおろす. **2** (穀物・穀粉などを分けて)袋に入れる. **3** 被包する: 再帰 *sich*⁴ ～ 〘生〙包嚢(ほうのう)に包まれる.

Ab·sackung¹[ápzakʊŋ] 女 -/-en **1** absacken¹すること. **2** 〘海〙流落.

Ab·sackung²[−] 女 -/-en **1** absacken²すること. **2** 〘生〙包嚢(ほうのう).

Ab·sa·ge[ápza:gə] 女 -/-n **1** 拒否, 拒絶, 却下; (↔Zusage) (勧誘・招待などに対する)断り; (約束などの)取り消し, 破棄: eine ～ bekommen 〈erhalten〉 拒否される, 断られる. **2** (↔Ansage) 番組〈放送〉終了を告げるアナウンス. ▽**3** 戦いの宣言, 挑戦.

Ab·sa·ge·brief 男 **1** (勧誘・招待などに対する)断りの手紙. **2** 絶交状; 挑戦状, 果たし状.

ab|sa·gen[ápza:gən]¹ **I** 他 (h) (計画されていたことを)取りやめにする, (通知・招待などを)取り消す: eine Sitzung 〈einen Vortrag〉 ～ 会議〈講演〉を取りやめる | einen Besuch 〈eine Einladung〉 ～ 訪問〈招待〉を取り消す ‖ *jm.* die Freundschaft ～ …と絶交する ‖ 〘目的語なしで〙Ich habe ～ lassen. 私は〔人を介して〕出席の取りやめを連絡した.

II 自 (h) **1** (勧誘などを)断る, 拒否する: auf eine Einladung ～ 招待を断る. **2** ⦅雅⦆ ⦅*jm./et.*³⦆ (…と)絶交〈絶縁〉する, (…と)手を切る: dem Teufel 〈dem Laster〉 ～ 悪魔〈悪い習慣〉と縁を切る | dem Alkohol 〈dem Rauchen〉 ～ 禁酒〈禁煙〉する. **3** (ラジオの)番組〈放送〉終了をアナウンスする.

III ab·ge·sagt → 別出

ab|sä·gen[ápzɛ:gən]¹ 他 (h) **1** (枝・木材などを)のこぎりで切り落とす: den Ast, auf dem man sitzt, ～ (→Ast 1) | einen ganzen Wald ～ (→Wald 1). **2** ⦅話⦆ ⦅*jn.*⦆ くびにする.

ab|sah·nen[ápza:nən] **I** 他 (h) ⦅*et.*⁴⦆ (牛乳などから)乳脂〈クリーム〉をすくい取る〈取り除く〉. **II** 自 (h) ⦅話⦆ (最良の部分を)吸い上げる, (不正に)甘い汁を吸う.

Ab·sah·ner 男 -s/- ⦅話⦆ 不当な利益を得る人, 甘い汁を吸う人.

Ab·sa·lom[ápsalɔm, ápz..] 人名 〘聖〙アブサロム (David の第 3 子). **[**hebr. „Vater des Friedens"; ◇Abba, Salam**]**

ab|sam·meln[ápzaməln] ⦅06⦆ 他 (h) **1 a)** 〔摘み取って〕集める: die Steine vom Acker ～ 畑から石ころを拾い集める. **b)** ⦅*et.*⁴⦆ (…の果実・害虫などを)取り尽くす. **2** ⦅南部⦆ 集金〈募金〉する.

ab|sat·teln[ápzatəln] ⦅06⦆ **I** 他 (h) ein Pferd ～ 馬の鞍(くら)〈荷〉をおろす. **II** 自 (h) 馬の鞍をおろす; ⦅比⦆ 仕事をやめる.

ab|sät·ti·gen[ápzɛtɪgən]² 他 (h) 〘化〙(溶液などを)飽和〈中和〉させる: *abgesättigt* sein 飽和〈中和〉状態にある.

Ab·sät·ti·gung[..gʊŋ] 女 -/-en 飽和; 中和.

Ab·satz[ápzats] 男 -es/..sätze[..zɛtsə] **1 a)** 中断: 〘ふつう次の形で〙ohne ～ 間をおかず, たて続けに, 一気に | in *Absätzen* 〔reden〕 ぽつりぽつりと〔語る〕. **b)** (↔Einsatz) 〘言〙(母音などの調音の際の)声止め. **2 a)** (⊛ Abs.) (Abschnitt) (文章の)一句切り, 段落; 節, パラグラフ; 詩節, 聯(れん); (条文の)項 (Artikel の下位分類): In diesem ～ behandelt der Verfasser, daß ... この節で著者の論じているところは…である. **b)** (Alinea) 〘印〙初行字下げ, 改行: einen ～ machen 改行する | ohne ～ schreiben 改行せずに書く. **3 a)** (Treppenabsatz) (階段の)踊り場. **b)** 〘建〙壁段. **c)** 〘地〙岩棚; 段丘. **4** (靴の)かかと: hohe 〈niedrige/flache〉 *Absätze* ハイ〈ロー〉ヒール | Sie hat flache *Absätze.* 彼女はローヒールをはいている ‖ ***sich***⁴ **auf dem ～ umdrehen/auf dem ～ kehrtmachen** かかとで回転する; ⦅比⦆ くるりと背を向け〔て立ち去〕る, くびすを返す | *sich*³ die *Absätze* ablaufen (靴の)かかとをすり減らす | Ich habe mir die *Absätze* danach abgelaufen 〈schiefgelaufen〉. ⦅比⦆ 私はそれを手に入れるためにずいぶん骨折った. **5** ⦅ふつう単数で⦆ (Umsatz) 〘商〙売れ行き: großer ～, kleiner Nutzen 薄利多売 | guten ～ haben 〈finden〉 売れ行きがよい. **6** (Ablagerung) (湯あか・かなごけなどの)沈殿, 堆積(たいせき). **7** (Entwöhnung) 〘畜〙(子牛・子豚などの)離乳.
[< absetzen**]**

Ab·satz·ei·sen[ápzats..] 中 (靴の)かかと金.

ab·satz·fä·hig 形 (商品が)需要〈市場性〉のある, 売れ行きのよい.

Ab·satz≈fä·hig·keit 女 -/ (商品の)市場性. **≈fer·kel** 中 離乳したばかりの子豚. **≈fleck** 男 (靴の)かかと革. **≈for·schung** 女 -/ 市場調査, マーケティング=リサーチ.

≈ge·biet 中 販売地域, 販路. **≈ge·fü·ge** 中 市場構造. **≈ge·nos·sen·schaft** 女 販売協同組合. **≈ge·stein** 中 沈積(堆積(たいせき))岩. **≈ho·no·rar** 中 (販売量に応じた)歩合制謝金,(特に:) 印税. **≈kalb** 中 離乳したばかりの子牛. **≈ko·sten** 複 販売経費. **≈kri·se** 女 販売危機, 売れ行き不振. **≈le·der** 中 (靴の)かかと革. **≈len·kung** 女 市場操作, マーケット=コントロール.

ab·satz·los[..lo:s][1] 形 (靴が)かかとのない.

Ab·satz≈markt 男 販売市場, 販路. **≈mög·lich·kei·ten** 複 市場性〈能力〉. **≈or·ga·ni·sa·tion** 女 市場〈販売〉組織. **≈po·li·tik** 女 販売政策. **≈pro·blem** 中 市場〈販路〉問題. **≈sor·gen** 複 販路〈市場〉不安. **≈sta·ti·stik** 女 販売〔量〕統計. **≈stei·ge·rung** 女 売れ行き〈販売量〉の上昇. **≈stockung** 女 売れ行き〈販売量〉の停滞. **≈stra·te·gie** 女 販売戦略. **≈teer** 男〘化〙副産タール. **≈weg** 男 販路.

ab·satz·wei·se 副 (→..weise ★) 断続的に; 段落ごとに.

Ab·satz·zei·chen 中〘印〙段落記号.

ᵛ**ab|säu·bern**[ápzɔʏbərn]《05》他 (h) きれいに〈掃除〉する.

ab|sau·en[ápzaʊən] 他 (h)《話》**1**《*jn.*》どなりつける. **2**《*et.*[4]》そんざいに書き写す.

ab|säu·ern[ápzɔʏərn]《05》他 (h)〘化〙酸性化する.

Ab·säue·rungs·bad[ápzɔʏərʊŋs..] 中〘工〙酸洗い.

ab|sau·fen*[ápzaʊfən]《123》自 (s) **1** (池などが)満水になる. **2** (浸水して)沈没する;〘空〙(グライダーが)降下する;《俗》おぼれ死ぬ. **3**《話》(エンジンが)オーバーフローを起こす.

ab|säu·geln[ápzɔʏgəln]《06》他 (h)〘園〙寄せつぎする.

ab|sau·gen(*)[ápzaʊgən][1]《124》他 (h) **1** 吸い出す, 吸引する;〘化〙吸引濾過(ろか)する;〘工〙乾燥させる. **2**《規則変化》(…の中身・ほこりなどを)吸い取ってきれいにする: den Teppich ～ じゅうたんに電気掃除機をかける.

ab|säu·gen[ápzɔʏgən][1] 他 (h) **1** ＝absäugeln **2** 離乳させる.

Ab·sau·ge·pum·pe[ápzaʊgə..] 女 真空〈吸い出し〉ポンプ.

ab|sau·sen[ápzaʊzən][1]《02》自 (s)《話》うなりを上げて走り〈飛び〉去る.

ab|scha·ben[ápʃa:bən][1] **I** 他 (h) **1** (表面から)削り〈こそぎ〉取る;〘医〙掻爬(そうは)する: die Farbe von der Wand ～ 壁の塗料をはがす | die Häute ～ (皮なめし工が)皮から毛をそぎ取る | *sich*[3] den Bart ～《話》ひげをそる. **2** 再帰 *sich*[4] ～ (衣服・調度品などが)すり切れる. **II ab·ge·schabt** → 別出

Ab·schab·sel[ápʃa:psəl] 中 -s/- 削りくず.

ab|scha·chern[ápʃaxərn]《05》他 (h)《*jm. et.*[4]》(…から…を)値切って買う, あこぎなやりかたで買い取る.

ab|schaf·fen[ápʃafən] 他 (h) **1** (法律・制度などを)廃止する, 撤廃する: die Todesstrafe 〈die Straßenbahn〉 ～ 死刑〈市電〉を廃止する. **2**《南部・スイス》再帰 *sich*[4] ～ あくせく働く, 働き疲れる(＝*sich*[4] abarbeiten). **3 a)** (↔anschaffen) (所有していたものを)手離す: den Hund ～ 飼い犬を手離す. **b)**《話》(entlassen) 解雇する: den Chauffeur ～ 運転手を解雇する. **c)**《オーストリア》＝abschieben I

Ab·schaf·fung[..fʊŋ] 女 -/-en《ふつう単数で》(abschaffen すること. 例えば:) 廃止, 撤廃;《オーストリア》追放.

ab|schä·kern[ápʃɛ:kərn]《05》他 (h)《*jm. et.*[4]》(…から…を)詐取する.

ab|schä·len[ápʃɛ:lən] 他 (h) **1** (皮・被覆などを)はぐ, むく: die Rinde ～ 樹皮をはぐ ‖ 再帰 *sich*[4] ～ (皮・被覆などが)むける, 剝落(はくらく)する | Die Haut *schält* sich *ab*. 皮がむける. **2**《*et.*[4]》(…の)皮〈被覆〉をはぐ: Apfelsinen ～ オレンジの皮をむく.

ab|schal·ten[ápʃaltən]《01》他 (h) **1** (↔anschalten) **a)** (電流などを)スイッチで切る: das Licht 〈die Musik〉 ～ (スイッチを切って)電灯を消す〈音楽をとめる〉. **b)**《*et.*[4]》(…の)スイッチを切る: den Motor 〈das Radio〉 ～ モーター〈ラジオ〉のスイッチを切る. **2**《目的語なしで》《話》(興味を失って)注意力が散漫になる: Die Zuhörer hatten längst *abgeschaltet*. 聴衆はとっくに聞くのをやめていた.

Ab·schal·tung[..tʊŋ] 女 -/-en abschalten すること.

ab|schar·ren[ápʃarən]《話》＝abkratzen I 1

ab|schat·ten[ápʃatən]《01》他 (h) **1** ＝abschattieren **2** 暗くする, 影にする. ᵛ**3**《*et.*[4]》(…の)輪郭〈シルエット〉を描く.

ab|schat·tie·ren[ápʃati:rən] 他 (h)《*et.*[4]》(…に)陰影〈濃淡〉をつけ〔て際だたせ〕る.

Ab·schat·tie·rung[..rʊŋ] 女 -/-en **1** abschattieren すること. **2** 陰影, 濃淡の差; ニュアンス: die ～ der Farben 色の濃淡.

Ab·schat·tung[ápʃatʊŋ] 女 -/-en **1** abschatten すること. ᵛ**2** 輪郭, シルエット.

ab·schätz·bar[ápʃɛtsba:*r*] 形 abschätzen できる.

ab|schät·zen[ápʃɛtsən]《02》他 (h) (数量・程度などを)見積もる, 査定〈評価〉する; (…の)価値を判断する,(…の)品定めをする: die Entfernung 〈den Preis eines Hauses〉～ 距離〈家屋の価格〉を見積もる | *jn.* nach *seinem* Vermögen ～ …をその財産で評価する.

Ab·schät·zer[..tsər] 男 -s/- 査定〈評価〉する人.

ab·schät·zig[..tsɪç][2] 形 軽蔑的な,(相手を)見下した: über *jn.* ～ urteilen …を軽蔑する〈見くびる〉.

Ab·schät·zig·keit[..kaɪt] 女 -/ abschätzig なこと〈態度〉.

Ab·schät·zung[..tsʊŋ] 女 -/-en abschätzen すること.

Ab·schät·zungs·be·am·te 男 査定官.

ab|schau·en[ápʃaʊən] 他 (h)《南部・オーストリア》(absehen)《*jm. et.*[4]》(…から…を)見てとる, 見覚える, 見習う.

ab|schau·feln[ápʃaʊfəln]《06》他 (h) シャベルですくい取る〈取り除く〉.

Ab·schaum[ápʃaʊm] 男 -〔e〕s/ (〔煮立った〕液体・溶解した金属などの表面の)泡, 浮きかす: der ～ der Menschheit《比》人間のくず.

ab|schäu·men[ápʃɔʏmən] 他 (h)〘料理〙(〔煮立った〕液体の表面の)泡〈浮きかす〉をすくい取る.

ab|schei·den*[ápʃaɪdən][1]《129》**I** 他 (h) 分離する, 隔離する;〘化〙分離〈析出〉する;〘生〙排出〈分泌・排泄〉する;〘数〙消去する;〘金属〙精錬する: aus der Lösung Silber ～ 溶液から銀を析出する ‖ 再帰 *sich*[4] ～ (…が)分離する, 析出する | *sich*[4] von der Gruppe ～ (動物が)群れから離れる | In der Lösung *scheidet* sich Kupfer *ab*. 溶液の中で銅が析出する. **II** 自 (s)《雅》(この世から)去る, 死ぬ: aus der Welt ～ この世を去る | nach dem *Abscheiden* des Vaters 父親の死後に. **III ab·ge·schie·den** → 別出

Ab·schei·der[..ʃaɪdər] 男 -s/-〘工〙分離器, 分離装置, 精錬装置.

Ab·schei·dung[..dʊŋ] 女 -/-en 〔sich〕abscheiden すること.

Ab·schein[ápʃaɪn] 男 -〔e〕s/《雅》(Abglanz) 照り返し.

ab|schei·teln[ápʃaɪtəln]《06》他 (h) (頭髪を)分ける.

ab|schel·fern[ápʃɛlfərn]《05》＝abschilfern

ab|sche·ren(*)[ápʃe:rən]《133》**I** 他 (h) **1**《不規則変化》はさみで切り〈刈り〉取る: die Haare ～ 髪〈毛〉を刈る | Schafe ～ 羊の毛を刈る ‖ ein *abgeschorener* Kopf 坊主頭. **2**《規則変化》〘工〙剪断(せんだん)する.

II 自 (s)《規則変化》〘工〙剪断される.

Ab·scher≈fe·stig·keit[ápʃe:*r*..] 女〘工〙剪断(せんだん)強度. **≈kupp·lung** 女〘工〙シャーピン継ぎ手.

Ab·sche·rung[..rʊŋ] 女 -/-en (abscheren すること. 例えば:)〘工〙剪断(せんだん).

Ab·scheu[ápʃɔʏ] 男 -〔e〕s/ (女 -/)嫌悪の念, 忌み嫌う気持: vor *jm.* 〈*et.*[3]〉 ～ haben/gegen *jn.* 〈*et.*[4]〉 ～ empfinden …に対して嫌悪の念を抱く | Sein Benehmen erregte ～ bei mir 〈in mir〉. 彼の振舞いは私に嫌悪の情を催させた.

ab|scheu·ern[ápʃɔʏərn]《05》他 (h) **1** こすって取る, こすり落とす; こすってきれいにする: den Boden ～ 床を磨く | vom Tisch den Schmutz ～ テーブルの汚れをこすり取る. **2** こすって〈使い古して〉すり切らす: 再帰 *sich*[4] ～ すり切れる.

ab·scheu·er·re·gend[ápʃɔʏ..] 形 嫌悪の念を起こさせる, 吐き気を催させるような.

ab·scheu·lich[apʃɔ́ʏlɪç] **I** 形 忌まわしい, 嫌悪すべき, いやな; けしからぬ, ひどい: ein ～*er* Geruch いやなにおい | eine ～*e* Tat 忌まわしい行為 ‖ Er benahm sich ～. 彼の振舞いはひどいものだった. **II** 副 **1** →I **2**《話》ひどく, ものすごく: Es

ist ~ kalt heute. きょうはやけに寒い | Das tat ~ weh. それはものすごく痛かった.

Ab·scheu·lich·keit[–kaɪt] 女 -/-en **1**《単数で》abscheulich なこと. **2** abscheulich な言動: Eine derartige ~ hätte ich ihm nicht zugetraut. まさか彼がそんなひどいことをするとは思わなかった.

ab|schich·ten[ápʃɪçtən]《01》他 (h) 層に分ける: *js.* Erbteil ~〘法〙…の相続分を分割する ‖ 再帰 *sich*⁴ ~ 成層する.

ab|schicken[ápʃɪkən] 他 (h)《*et.*⁴》(郵便・荷物などを) 発送する;《*jn.*》(使者などを) 派遣する: Waren ~ 商品を発送する.

Ab·schickung[..kʊŋ] 女 -/-en abschicken すること.

Ab·schie·be·haft[ápʃi:bə..] = Abschiebungshaft

ab|schie·ben*[ápʃi:bən][1]《134》**I** 他 (h) **1**《*et.*⁴ 〔von *et.*³〕》(…を〔…から〕) 押しやる, 押しのける: den Schrank von der Wand ~ 戸棚を壁ぎわから離す | die Schuld von *sich*³ auf einen anderen ~《比》自分の罪を他人になすりつける. **2**《*jn.*》《方向を示す語句と》(邪魔な・目ざわりな存在を…へ) 遠ざける, 追放する; (不法入国者などを) 国外に追放する: *jn.* aufs Altenteil ~ (→Altenteil) | die Mutter ins Altersheim ~ 母親を老人ホームに入れる | *jn.* in *sein* Heimatland 〈über die Grenze〉 ~ …を本国に送還する〈国外に追放する〉.

II 自 (s)《俗》ずらかる; 死ぬ: *Schieb ab!* うせろ.

Ab·schie·bung[..bʊŋ] 女 -/-en abschieben する〈される〉こと.

Ab·schie·bungs·haft 女 -/〘法〙退去〈追放〉のための拘留.

Ab·schied[ápʃi:t][1] 男 -[e]s/-e **1**《ふつう単数で》別れ, 別離; いとまごい: ein schwerer ~ つらい別れ | ein ~ für immer 永遠の別離, とわの別れ | der ~ vom Leben この世からの別れ ‖ 〔von *jm.*〕 **~ nehmen** 〔…に〕別れ〈いとま〉を告げる,〔…に〕別れのあいさつを述べる | 〔auf〕 französisch ~ nehmen (→französisch) ‖ *jn.* zum ~ küssen …にお別れのキスをする. **2**《単数で》《雅》解任, 免職, 罷免, 辞職: *jm.* den ~ erteilen 〈geben〉 …を免職にする, …を解任する | den ~ bekommen 〈erhalten〉 免職になる, 罷免される | *seinen* ~ einreichen 辞表を出す | 〔*seinen*〕 ~ nehmen 辞職する ‖ um *seinen* ~ ersuchen 解任を願い出る. **3**〘史〙(神聖ローマ帝国の国会の) 決議.

Ab·schieds≠abend[ápʃi:ts..] 男 別れの夕べ: einen ~ geben お別れパーティーをする. **≠an·spra·che** 女 別れの辞〈スピーチ〉. **≠auf·tritt** 男 (俳優などの) 告別〈引退〉公演. **≠be·such** 男 別れ〈いとまごい〉の訪問. **≠brief** 男 **1** 別れの手紙. **2** 解任状; 解雇証明書. **≠es·sen** 中 別れの食事, 送別の宴. **≠fei·er** 女 送別会, さよならパーティー. **≠ge·schenk** 中 餞別(せんべつ). **≠ge·such** 中 辞職願い: *sein* ~ einreichen 辞表を出す. **≠gruß** 男 別れのあいさつ. **≠kuß** 男 別れのキス. **≠par·ty** 女 送別会, さよならパーティー. **≠re·de** 女 別れの辞〈スピーチ〉. **≠schmaus** 男 -es/ 送別の宴. **≠schmerz** 男 -es/ 別れの悲しみ. **≠spiel** 中 (サッカーなどの) 引退試合. **≠stun·de** 女 別れの時. **≠sze·ne** 女 別れの場面. **≠trunk** 男 別れの杯. **≠vor·stel·lung** 女 引退興行, さよなら公演. **≠wor·te** 複 別れのことば, 告別の辞.

ab|schie·fern[ápʃi:fərn]《05》自 (s) (薄片状に) はげ落ちる, 剝落(はくらく)する.

ab|schie·ßen*[ápʃi:sən][1]《135》**I** 他 (h) **1** (鉄砲・弾丸・弓矢などを) 発射する, (花火・宇宙船などを) 打ち上げる: den Bogen ~ 弓を射る | einen Pfeil ~ 矢を放つ | die Pistole 〈eine Rakete〉 ~ ピストル〈ミサイル〉を発射する. **2** 射落とす, 射止める: ein Flugzeug 〈einen Panzer〉 ~ 飛行機を撃墜〈戦車を撃破〉する | Wild ~ 猟獣を射止める ‖ einen Korken ~ (→Korken 2) | den Vogel ~ (→Vogel 1 b) ‖ ein Veteran mit *abgeschossenem* Bein 砲弾で片足を失った老兵. **3**《話》《*jn.*》(策を用いて…を) その地位から追い落とす, (…の職を) やめさせる. **4**《*jn.*》〘ボクシング〙(…を) ノックアウトする.

II 自 (s) **1** (断崖・絶壁などが急傾斜に) 落ち込む, 切り立つ: eine *abschießende* Felswand 切り立った岩壁. **2** (水・涙・血などが) ほとばしり出る, 流れ出る〈去る〉. **3** 急いで走り去る, 一目散に逃げ出す. **4**《南部・オーストリア》(布地などが) 色あせる.

III Ab·schie·ßen 中 -s/ abschießen すること: **zum ~ aussehen** 〈**sein**〉《話》物笑いの種である, みじめったらしい. [◇Abschuß]

ᵛ**ab|schif·fen**[ápʃɪfən] **I** 他 (h) 船で運ぶ〈積み出す〉.

II 自 (s) 出港する.

ab|schil·dern[ápʃɪldərn]《05》他 (h) 写生する; 描写する.

Ab·schil·de·rung[..dərʊŋ] 女 -/-en 写生; 描写.

ab|schil·fern[ápʃɪlfərn]《05》自 (s) (うろこ状に) はげ落ちる, 落屑(らくせつ)する.

Ab·schil·fe·rung[..fərʊŋ] 女 -/-en 落屑, 鱗落(りんらく).

ab|schin·den⁽*⁾[ápʃɪndən][1]《136》他 (h) **1** こき使う, 疲れさせる: 再帰 *sich*⁴ 〔mit *et.*³〕 ~ 〔…で〕さんざん苦労する. **2**《*sich*³ *et.*⁴》すりむく: *abgeschundene* Knie すりむいたひざ. ᵛ**3**《*jm. et.*⁴》(…から皮を) はぎ取る;《比》(…から…を) ゆすり取る.

Ab·schirm≠be·cher[ápʃɪrm..] 男〘電〙(真空管などの) 遮蔽(しゃへい)キャップ. **≠dienst** 男〘軍〙防諜(ぼうちょう)機関: Militärischer ~ (略 MAD) (ドイツの) 軍事防諜機関.

ab|schir·men[ápʃɪrmən] 他 (h) **1** (schützen) 守る, 保護する: *et.*⁴ gegen *et.*⁴ 〈vor *et.*³〉 ~ …を…に対して〈…から〉守る ‖ 再帰 *sich*⁴ gegen *et.*⁴ ~ …に対して身を守る. **2** 遮蔽(しゃへい)する, 防ぐ: Licht 〈Lärm〉 ~ 光〈騒音〉をさえぎる.

Ab·schirm·hau·be 女 = Abschirmbecher

Ab·schir·mung[..mʊŋ] 女 -/-en abschirmen すること.

ab|schir·ren[ápʃɪrən] 他 (h) (↔anschirren) (馬車うまの) 馬具をはずす.

ab|schlach·ten[ápʃlaxtən]《01》他 (h) (病気の家畜などを) 殺す;《比》虐殺〈殺戮(さつりく)〉する; 解体する.

Ab·schlach·tung[..tʊŋ] 女 -/-en abschlachten すること.

ab|schlaf·fen[ápʃlafən] **I** 自 (s) (疲れて) だらける, のろくなる, ぐったりする. **II** 他 (h) 疲れさせる.

Ab·schlag[ápʃla:k][1] 男 -[e]s/..schläge[..ʃlɛ:gə] **1 a)** 賦(ふ)払い, 分割〈内金〉払い; 内金, 前払い金: ein ~ von 100 Mark 100マルクの内金 | auf ~⁴ 賦〈分割〉払いで; 内金として. **b)**《比》(Vorgeschmack) (大きな楽しみを) 前もって味わうこと. **2**〘商〙**a)** (↔Aufschlag) 値下がり: in ~ geraten 値下がりする, (相場が) 下落する. **b)** 値引き, 割引: mit einem ~ 額面価格以下で, 割引価格で | mit 10% ~ 1割引きで | ohne Zuschlag und ~ 割り増しも割引もなしで. **c)** = Disagio **3**〘サッカー〙ゴールキック, キーパーのキック;〘ゴルフ〙ティーグラウンド;〘ホッケー〙ブリー. **4**〘ビリヤード〙(球の) 突き出し. **5** (Prägung) (貨幣の) 鋳造; 鋳型: einen ~ herstellen 鋳型を作る. ᵛ**6** (Ablehnung) 拒絶, 却下. **7** 伐採; (伐採時の) 切りくず. **8** (Balz) (雷鳥などの) 交尾〔期〕. **9**《方》(Niederschlag) 沈殿, 沈積. **10** (製粉所などの) 排水〔溝〕, 分水〔路〕; 汚水. **11** 減退: der ~ der Hitze 〈der Kälte〉 暑さ〈寒さ〉のやわらぎ. **12**〘坑〙発破(はっぱ); 一発破〔掘進〕の長さ.

ab|schla·gen*[ápʃla:gən][1]《138》**I** 他 (h) **1** たたき落とす; 切り落とす; 伐採する: die Blätter 〈die Früchte〉 ~ (木から) 葉〈実〉をたたき落とす | *jm.* den Kopf ~ …の首をはねる | *sich*³ für *jn.* 〈*et.*⁴〉 die Hand ~ lassen (→Hand 1) | den Staub vom Kleid ~ 服からほこりをはたいて落とす | den Wald ~ 森を伐採する ‖ Die Glieder sind mir wie *abgeschlagen*. 私は疲れて手足が全然いうことをきかない. **2** 払いのける, 撃退する: den Gegner 〈den Angriff〉 ~ 敵〈攻撃〉を退ける | den Stoß ~ 突きを払いのける. **3**《*jm. et.*⁴》拒絶する, はねつける: *jm.* die Bitte rundweg 〈glatt〉 ~ …の願いをきっぱり断る | *jm.* das Gesuch ~ …の請願を却下する | *jm.* die Unterredung 〈den Urlaub〉 ~ …に話し合いを拒む〈休暇を与えない〉‖ Das kann ich ihm nicht gut ~. それをどうも私は彼に断れないのだ. **4** (↔aufschlagen) (組み立ててあるものを) 取りこわす, 撤去する, 取り払う: das Gerüst ~ 足場を取り払う | das Zelt ~ テントを畳む | ein Segel ~〘海〙帆を取り外す | das Format ~〘印〙版の締め付けをゆるめる. **5** (↔aufschlagen) (…だけ) 値引きする, 値下げする; 内払い〈分割払い〉する: 2% Skonto vom Preis ~ 2分値引き

する | 100 Mark von *seiner* Schuld ~ 借金のうち100マルクを内払いする. **6** 《話》放水する: *sein* Wasser 〈*sich*^{3} das Wasser〉 ~ (→Wasser 3). **7** (貨幣を)鋳造する, (メダルを)作製する. **8** 《しばしば目的語なしで》〔den Ball〕 ~ 《ゴルフ》ティーショットをする; 《サッカー》ゴールキックをする, キーパーがキックする; 《ホッケー》ブリーオフする. **9** (牛乳を十分に)かきまぜる. **10** 再帰 *sich*^{4} ~ 沈殿する, 沈積する(= *sich*^{4} niederschlagen). **11** 再帰 *sich*^{4} vom Wege ~ わき道にそれる.

II 自 **1** (h, s) (↔aufschlagen) (商品・価格が)値下がりする: Das Getreide hat 〈ist〉 *abgeschlagen*. 穀物が値下がりした. **2** (h) 《球技》球を打ち〈けり〉始める(→I 8). **3** (s) 《ビリヤード》球を突き出す. **4** (s) (質・量が)減じる, 低下する; (寒暑が)やわらぐ: Die Kuh 〈Der Wein〉 *schlägt ab*. 牛の乳量〈ぶどう酒の質〉が落ちる. **5** (h) 《軍》進発〈行軍開始〉の太鼓を打つ.

III **ab·ge·schla·gen** → 別出

ab·schlä·gig[ápʃlɛːgɪç]^2 形 拒絶の, 断りの: eine ~*e* Antwort/ein ~*er* Bescheid 謝絶の回答 ‖ *jm. et.*^{4} ~ bescheiden 《官》…の…を却下する | *jn.* ~ bescheiden …に拒絶の返事をする | Er ist auf sein Gesuch 〈Sein Gesuch ist〉 ~ beschieden worden. 彼の請願は却下された.

$^{\nabla}$**ab·schläg·lich**[ápʃlɛːklɪç] 形 **1** 内金の, 賦(ぶ)〈分割〉払いの: als ~*e* Zahlung 内金として ‖ *et.*^{4} ~ entrichten …を賦払いで弁済する. **2** =abschlägig

Ab·schlags⸗an·lei·he[ápʃlaːks..] 女 賦(ぶ)払い公債. ⸗**di·vi·den·de** 女 仮配当. ⸗**zah·lung** 女 -/ 賦払い, 分割〈内金〉払い(民法では Abschlagzahlung): *et.*^{4} auf ~ kaufen …を分割〈内金〉払いで買う.

ab|schläm·men[ápʃlɛmən] 他 (h) 《*et.*^{4}》 (…の)泥を落とす〈取り除く〉; (液の)上ずみを取る; 《坑》(洗鉱槽で)脱泥する, 水簸(すいひ)する.

Ab·schlämm·hahn 男 (ボイラーなどの)吹き出しコック.

ab|schlecken[ápʃlɛkən] 《南部・オーストリア》=ablecken

ab|schlei·fen*[ápʃlaɪfən] 《140》 **I** 他 (h) 研磨〈削磨〉する, 磨く, 研ぐ; 磨滅させる, すり減らす; (さび・かどなどを)研磨して取り除く; 《比》(態度・振舞いなどを)洗練する: ein Messer ~ ナイフを研ぐ | den Rost ~ さびを落とす | **seine Ecken und Kanten ~** 《比》(性格の)かどが取れる, 円満になる | *abgeschliffener* Reis 精製米 ‖ 再帰 *sich*^{4} ~ 研磨される, 磨かれる; 磨滅〈磨耗〉する, すり減る; 《比》洗練される, かどが取れて円満になる. **II** **ab·ge·schlif·fen** → 別出

Ab·schleif·sel[..zəl] 中 -s/- 磨きくず.

Ab·schlei·fung[..fʊŋ] 女 -/-en abschleifen すること.

ab|schlei·ßen*[ápʃlaɪsən] 《141》 他 (h) (衣類などを)着古す, すり減らす: ein *abgeschlissener* Mantel すり切れたコート.

Ab·schlepp·dienst[ápʃlɛp..] 男 故障〈事故〉車牽引(けんいん)業務, レッカーサービス.

ab|schlep·pen[ápʃlɛpən] 他 (h) **1** (故障車などを)牽引(けんいん)して運び去る; (難破船などを)曳航(えいこう)して運び去る; 《話》《*jn.*》むりやり連れて行く. **2** 《俗》再帰 *sich*^{4} mit *et.*^{3} 〈an *et.*^{3}〉 ~ …を持ち運ぶのに苦労する, 苦心さんたんして…を運ぶ. **3** (衣類などを)着古す. **4** 《農》(畑を農機具で)耕す.

Ab·schlepp⸗kran 男 レッカークレーン. ⸗**seil** 中 (自動車の)牽引(けんいん)ロープ. ⸗**wa·gen** 男 レッカー車.

ab|schleu·dern[ápʃlɔʏdərn] 《05》 他 (h) **1** 投げ飛ばす; (飛行機をカタパルトで)発射する. **2** 遠心分離機にかける.

ab·schließ·bar[ápʃliːsbaːr] 形 (abschließen できる. 例えば:) 錠のかかる.

ab|schlie·ßen*[ápʃliːsən] 《143》 **I** 他 (h) **1 a)** (ドア・部屋・戸棚などを)かぎをかけて閉める, 錠をおろす; 閉める, 閉ざす, 閉鎖する: die Haustür ~ 玄関口にかぎをかける | das Zimmer ~ 部屋のドアにかぎをかける, 部屋をしめ切る | den Schrank 〈den Koffer〉 ~ キャビネット〈スーツケース〉にかぎをかける. **b)** (金銭・貴重品を)〔かぎをかけて〕しまい込む. **2** 隔離する, 遮断する: den Dampf ~ スチームを止める | *et.*^{4} durch einen Vorhang ~ …をカーテンで仕切る | *et.*^{4} 〈*jn.*〉 von *et.*^{3} ~ …を…から遮断する〈締め出す〉 | *et.*^{4} von der Luft ~ …を密閉する. **3** 再帰 *sich*^{4} ~ (自分の部屋・殻などに)閉じこもる; 外部と没交渉で暮らす: *sich*^{4} in *seinem* Zimmer ~ 自室に閉じこもる | *sich*^{4} von 〈vor〉 der Welt ~ 世を捨てる, 隠棲(いんせい)する | *sich*^{4} gegen alle Einflüsse von außen ~ 外からの影響を一切受け付けない. **4** (beenden) 完結する, 完了する, 締めくくる, (…に)結末〈決着〉をつける; (…の)終わりとなる: die Arbeit 〈den Versuch〉 ~ 仕事〈実験〉を完了する | die Bücher ~ 《商》帳簿を締める | das Konto ~ 《商》決算する | den Streit ~ 争いを打ち切る | das Universitätsstudium mit dem Staatsexamen ~ 最後に国家試験を受けて大学の課程を修了する ‖ Tanz *schließt* das Fest *ab*. ダンスでお祭りは終わりを告げる ‖ ein *abschließendes* Urteil 最終判決 | *et.*^{4} *abschließend* sagen 最後に〈結論として〉…と言う, …と言って話を終わる. **5** (vereinbaren) 《*et.*^{4} 〔mit *jm.*〕》 (〔…と〕…の)契約〈協定〉を結ぶ, 締結する, 取り決める: eine Anleihe ~ (公社債を)起債する, 借款する, 貸し付けを受ける | einen Handel ~ 取引を結ぶ | eine Versicherung ~ 保険の契約を結ぶ | einen Vertrag ~ 契約〈条約〉を結ぶ | einen Waffenstillstand mit dem Gegner ~ 敵と停戦協定を結ぶ ‖ 《目的語なしで》 Der Sänger hat an die Staatsoper *abgeschlossen*. 歌手は国立歌劇場に出演の契約をした | mit *jm.* über *et.*^{4} 〈wegen *et.*^{2}〉 ~ …と…について〈…の件で〉協定する | Zu diesem Preis 〈Für diesen Preis〉 konnte ich nicht mit ihm ~. この値段では私は彼と折り合えなかった.

II 自 (h) **1** 《mit *et.*^{3}》 (…で)終わる: Das Finanzjahr *schließt* mit dem 31. März *ab*. 会計年度は3月31日をもって終わる. **2** 《mit *et.*^{3} 〈*jm.*〉》 (…との)関係を絶つ, 清算する: mit einem Saldo ~ 貸借勘定を清算する | mit der Vergangenheit ~ 自分の過去を清算する | mit der Welt ~ 世を捨てる | mit dem Leben ~ 人生に望みを断つ ‖ Er hat mit ihr *abgeschlossen*. 彼は彼女と手を切った. **3** mit *jm.* ~ (→I 5).

III **ab·ge·schlos·sen** → 別出

Ab·schlie·ßung[ápʃliːsʊŋ] 女 -/-en 《ふつう単数で》 (〔sich〕 abschließen すること. 例えば:) 隔離, 遮断.

Ab·schluß[ápʃlʊs] 男 ..schlusses/..schlüsse[..ʃlʏsə] **1 a)** (Beendigung) 終了, 完了, 完結: nach ~ der Prüfung 〈des Verfahrens〉 試験終了〈手続き完了〉後に ‖ *seinen* ~ finden (仕事などが)完結〈終了〉する | *seinen* ~ machen 《話》最終試験を受ける ‖ ***et.***^{4} **zum ~ bringen** …を終える〈終了する〉; …を落着させる〈解決する〉(=abschließen) (→2) | **zum ~ kommen 〈gelangen〉** (仕事・交渉などが)終わる, 終結する(→2) | mit *et.*^{3} zum ~ kommen …に決着をけつる, …を完了する; …と縁を絶つ, …から手を引く (→2). **b)** (Ende) 終わり, 最後〔のもの〕; 最終結果; 末端, はし, へり, 縁(ふち)〔飾り〕: der ~ der Tapete 壁紙〈壁布〉の縁飾り | zum ~ 最後に. **c)** 《商》(年度末の)決算: bei〔m〕 ~ der Bücher 帳簿の締め切り〈決算〉に当たって. **d)** 《電》(伝送系の)成端; 継ぎ手.

2 (Vereinbarung) (契約・交渉などの)成立, 締結; 《商》取引〈売買〉成立, 締約: der ~ des Friedens 〈eines Vertrags〉 講和〈契約・条約〉締結 | günstige *Abschlüsse* in Getreide^3 〈über Getreide^4〉 穀物の有利な取引の成立 ‖ *et.*^{4} zum ~ bringen …を取り決める(→1) | mit *jm.* zum ~ kommen …と交渉〈取引〉がまとまる(→1).

3 閉じること, 閉鎖; 隔離, 遮断; 《工》防水弁: der ~ von Infektionskranken 伝染病患者〔から〕の隔離 | der ~ gegen Feuchtigkeit 完全防湿.

4 《球技》(パスを組み立てて行う最後の)シュート, フィニッシュ.

Ab·schluß⸗bi·lanz[ápʃlʊs..] 女 《商》〔最終〕決算. ⸗**ex·amen** 中 (大学などの)修了試験. ⸗**ka·bel** 中 《電》終端〈防水〉ケーブル. ⸗**klas·se** 女 最終学年のクラス, 最終学級. ⸗**kom·mu·ni·qué**[..kɔmynikeː] 中 最終コミュニケ. ⸗**mel·dung** 女 最終報告〔書〕. ⸗**pro·vi·sion** 女 (仲介者に対する)締約手数料. ⸗**prü·fung** 女 **1** 卒業〈学年修了〉試験. **2** 会計監査〈検査〉. ⸗**rech·nung** 女 (年度末などの)決算. ⸗**sit·zung** 女 (ゼミナール・大会などの)最終会議, 打ち上げの集会. ⸗**zen·sur** 女 卒業〈学年修了〉成績. ⸗**zeug·nis** 中 卒業〈学年修了〉証明書.

$^{\nabla}$**Ab·schmack**[ápʃmak] 男 -〔e〕s/ =Nachgeschmack

ab|schmäl·zen[ápʃmɛltsən] 《オーストリア》: **ab|schmal·zen**

[..ʃmaltsən]) 《02》 他 (h) 〘料理〙 (焦がした玉ねぎ・パンくずなどと一緒に) 油でいためる.

ab|schmat·zen[ápʃmatsən] 《02》 他 (h) 《話》 《*jn.*》 (…に) チュッと音を立てて繰り返しキスをあびせる.

ab|schmecken[ápʃmɛkən] **I** 他 (h) **1** 《*et.*[4]》 (…の) 味をみる; 《比》 (言葉などを) じっくり味わう. **2** 《*et.*[4]》 (味見しながら…に) 味つけをする: die Suppe mit Salz ~ スープの味を塩でととのえる. [▽]**II ab·schmeckend** 現分 形 味が抜けて〈変わって〉まずくなった.

ab|schmei·cheln[ápʃmaɪçəln] 《06》 他 (h) 《*jm. et.*[4]》 (…に) 媚(こ)びて〈へつらって〉(…を) 手に入れる.

ab|schmei·ßen*[ápʃmaɪsən] 《145》 他 (h) 《話》 投げ落とす, 投げ捨てる; (馬が騎手を) 振り落とす.

Ab·schmei·ßer[..sər] 男 -s/- 《話》 はね馬, 荒馬.

ab|schmel·zen*[ápʃmɛltsən] 《146》 **I** 自 (s) 溶ける, 溶解〈融解〉する; (ヒューズが) 溶断する: Das Blei *schmilzt ab*. 鉛が溶ける | Der Schnee *schmilzt ab*. 雪が解ける.
II 他 (h) **1** 溶かす, 溶解〈融解〉させる. **2** 〘金属〙 溶錬する, 溶かして分離する, 吹き分ける.

Ab·schmelz≈schwei·ßung 女 火花〔突き合わせ〕溶接. **≈si·che·rung** 女 〘電〙 溶断〈安全〉ヒューズ, 可溶カットアウト. **≈strei·fen** 男 〘電〙 板〈つめ付き〉ヒューズ.

Ab·schmel·zung[..tsʊŋ] 女 -/-en abschmelzen すること.

ab|schmet·tern[ápʃmɛtərn] 《05》 他 (h) 《話》 激しく拒否する, はねつける.

ab|schmie·ren[ápʃmiːrən] **I** 他 (h) **1** 《話》 **a)** ぞんざいに書き写す. **b)** 《生徒語》 (他人の宿題などを) 引き写す, カンニングする. **2** (機械などに) 潤滑油〈グリース〉を塗る: die Achsen ~ 車軸に潤滑油をさす. **3** 《話》 《*jn.*》 (悪口を言って) けなす; さんざんに殴りつける. **II** 自 (s) 〘空〙 (平衡を失って) 墜落する; 《話》 (高所から) 墜落〈転落〉する.

Ab·schmier≈fett[ápʃmiːr..] 中 〘工〙 グリース, グリス. **≈nip·pel** 男 〘工〙 グリースニップル. **≈sta·tion** 女 (自動車の) グリース注入所.

Ab·schmin·ke[ápʃmɪŋkə] 女 -/-n 《ふつう単数で》 化粧落とし用の油性クリーム, クレンジングクリーム.

ab|schmin·ken[ápʃmɪŋkən] 他 (h) **1** (…の) 化粧〈メーキャップ〉を落とす: das Gesicht ~ 顔の化粧を落とす ‖ 再帰 *sich*[4] ~ (自分の) 化粧を落とす. **2** 《俗》 《*sich*[3] *et.*[4]》 捨てる, 放棄〈断念〉する: Das kannst du dir ~. そんなことを君は気にしなくていい.

ab|schmir·geln[ápʃmɪrgəln] 《06》 他 (h) 金剛砂〈エメリー〉で研磨する; (でこぼこなどを) 金剛砂でみがいて除く.

ab|schmö·kern[ápʃmøːkərn] 《05》 他 (h) 《話》 《*jm. et.*[4]》 (ひそかに) 書き写す, 剽窃(ひょうせつ)する.

ab|schmücken[ápʃmʏkən] 他 (h) 《*et.*[4]》 (…から) クリスマスの飾りを取り去る.

ab|schmu·len[ápʃmuːlən] 《方》 = abschmieren I 1 b

Abschn. 略 = **Abschnitt** 章, 節, 段落.

ab|schnacken[ápʃnakən] 他 (h) 《*jm. et.*[4]》 《話》 (…から…を) 説き伏せて手に入れる.

ab|schnal·len[ápʃnalən] **I** 他 (h) **1** (↔anschnallen) **a)** 《*et.*[4]》 (脱ぐ・取り外すために…の) 留め金〈バックル〉を外す: die Schlittschuhe ~ (バックルを外して) スケート靴を脱ぐ | *sich*[3] das Koppel ~ 剣帯を外す | den Tornister ~ 背嚢(はいのう)を下ろす. **b)** 再帰 *sich*[4] 〔vom Sitz〕 ~ 座席ベルトを外す. [▽]**2** 《*jm. et.*[4]》 (…から…を) せびり取る. **II** 自 (h) 《話》 (びっくりして) ぼうっとしている, 茫然自失している; (精神的に) へばっている, ついて行けない | **Da *schnallst* du *ab*!** 《話》 信じられないほどさ.

ab·schnal·ze·risch[ápʃnaltsərɪʃ] 形 《オーストリア》 (schnippisch) 小生意気な, こしゃくな. [<schnalzen]

ab|schnap·pen[ápʃnapən] **I** 他 (h) **1** 《話》 (錠などを) ぱちんと締める. **2** 《*jn.*》 (間一髪のところで) 捕まえる.
II 自 《話》 **1** (s) (錠などが) ぱちんと掛かってしまう. **2** (h, s) 突然中断〈終了〉する: Vor mir hat es gerade *abgeschnappt*. 私の前でちょうど番が終わってしまった. **3** (s) **a)** (ばねなどが) ゆるむ. **b)** 《俗》 くたばる, 死ぬ: Er war schon am *Abschnappen*. 彼はもう死にかかっていた. **4** (s) (反動などではじかれたように) 飛び去る, 後退する; 手を引く.

Ab·schnei·de≈li·nie[ápʃnaɪdəliːniə] 女 切り取り線. **≈ma·schi·ne** 女 切断機, カッター.

ab|schnei·den*[ápʃnaɪdən][1] 《148》 **I** 他 (h) **1 a)** 切り取る, 切り離す; 断ち切る, 切断する: ein Stück 〈eine Scheibe〉 Brot ~ パンを一きれ切り取る | *sich*[3] von *jm.* 〈*et.*[3]〉 eine Scheibe ~ (→Scheibe 1 b) | Kupons ~ 《比》 利息収入で暮らす (→Kuponabschneider) | *jm.* den Hals ~ (→Hals 1 a) | *jm.* den Lebensfaden ~ (→Lebensfaden). **b)** 短く切る〈刈る〉: *jm.* die Haare ~ …の髪を刈る | *sich*[3] die Nägel ~ (自分の) つめを切る | den alten Zopf 〈die alten Zöpfe〉 ~ (→Zopf 2). [▽]**c)** (schlachten) 屠(ほふ)る.
2 《〔*jm.*〕 *et.*[4]》 (〔…から〕…を) 断つ, 奪う, 遮断する, 阻止する, さえぎる: alle Einwände ~ 一切の反論を封じる | den Verkehr ~ 交通を遮断する ‖ *jm.* die Ehre ~ (→Ehre) | *jm.* die Flucht ~ …の逃亡を阻止する | *jm.* den Rückzug ~ …の退路を断つ | der Stadt die Zufuhr ~ 町の糧道を断つ (→3) | *jm.* das Wort 〈die Rede〉 ~ …の言葉をさえぎる | *jm.* den Weg ~ (→Weg 1) ‖ Die Möglichkeit zu Auslandsreisen war *abgeschnitten*. 外国旅行のできる見込みは断たれていた.
3 (外界から) 遮断する, 孤立させる: die Stadt von der Zufuhr ~ 町の糧道を断つ (→2) | Man lebt hier völlig von der Welt *abgeschnitten*. ここの生活は全く外界から隔絶している.
4 a) 斜めに切〔り縮め〕る: eine Ecke ~ 街角を斜めに突っ切る | den Weg ~ 近道する ‖ ein *abgeschnittener* Kegel 〘数〙 斜切頭円錐(すい). **b)** 《目的語なしで》 近道を通る: Wir *schneiden ab*, wenn wir hier gehen. ここを行けば近道だ | Dieser Waldweg *schneidet ab*. この林道が近道だ.
[▽]**5** 再帰 *sich*[4] gegen *et.*[4] ~ …に対してくっきり際だつ (→II 2).
II 自 (h) **1** 《様態を示す語句と》 (…の) 成果を収める: Er hat bei der Prüfung gut 〈schlecht〉 *abgeschnitten*. 彼は試験によい〈悪い〉成績を取った.
[▽]**2** 《gegen *et.*[4]》 (…に対して) くっきり際だつ (→I 5).

Ab·schnei·der[ápʃnaɪdər] 男 -s/- **1** (abschneiden する器具. 例えば:) 切断機〔の刃〕: Zigarren*abschneider* 葉巻の口切り具, シガーカッター. **2** 《話》 近道.

ab|schnel·len[ápʃnɛlən] **I** 他 (h) はじき飛ばす: den Pfeil ~ 矢を放つ ‖ 再帰 *sich*[4] ~ はじけ飛ぶ; (勢いをつけて) 飛び上がる (→II). **II** 自 (s) はじけ飛ぶ; (勢いをつけて) 飛び上がる.

ab|schnip·peln[ápʃnɪpəln] 《06》 他 (h) (ぎごちない手つきで) 小さく切り取る; (毛髪などを) 刈り込む.

Ab·schnitt[ápʃnɪt] 男 -〔e〕s/-e **1** (全体の一部を切断した) 部分, 断片, 切片: **a)** (略 Abschn.) (書物などの) 章; (文章の) 段落, 節: Das Buch zerfällt in drei ~*e*. この本は三つの章に分かれている. **b)** 区域, 地区; 区間; (旧東ドイツの) 地区, 居住区; 〘軍〙 戦区. **c)** (人生・歴史などの) 一時期, 一こま. **d)** (Segment) 〘数〙 (円の) 弓形 (→ 図 Kreis); (球の) 球欠 (→ 図 Kugel). **e)** (切符・証券・用紙などの) 切り取り部分, 半券, クーポン. **f)** (貨幣裏面の・意匠の下の) 半円 (鋳造年などが刻印される). **2** 小形の有価証券: Banknoten in kleinen ~*en* 小額紙幣. **3** 〘詩〙 中間休止. [▽]**4** 〘軍〙 塹壕(ざんごう).

Ab·schnitt·ling[−lɪŋ] 男 -s/-e 切りくず, 切れはし.

Ab·schnitts≈be·voll·mäch·tig·te 男 女 《形容詞変化》 (略 ABV) (旧東ドイツの) 地区専属の警官. **≈gra·ben** 男 (城壁内部, 特に本丸・外丸を遮断する) 遮断堀. **≈li·nie**[..niə] 女 切り取り線.

ab·schnitt〔s〕·wei·se 副 (→..weise ★) 「Abschnittごとに.」

Ab·schnit·zel[ápʃnɪtsəl] 中 -s/- 《南部・オーストリア》 削りくず; 切れはし; (肉の) こま切れ.

ab|schnü·ren[ápʃnyːrən] 他 (h) **1** (糸・ひもなどで縛って) くびり取る; (…の) 流通を断ち切る; 〘医〙 結紮(けっさつ)する; 《比》 締めつける, 封鎖する: die Ader ~ (止血のために) 血管を縛る | ein Gebiet ~ ある地域を切り離す | das Leben 〈den Handel〉 ~ 生活〈商売〉を圧迫する | *jm.* die Luft ~ (→

Luft 2) | die Straßen ～ 街路を遮断する. **2** ひもで測る〈区画する〉; 〖建〗墨打ちする. **3** (コルセットなどの)ひもをほどく〈ほどいて脱ぐ〉.

ab|schnur·ren[ápʃnʊrən] **I** 自 (s) (機械などが)ブンブン回転する. **II** 他 (h) 《話》(詩句・祈りの文句などを)一本調子に〈ぺらぺらと〉早口で唱える.

Ab·schnü·rung[ápʃnyːrʊŋ] 女 -/-en (abschnüren すること. 例えば:) 〖医〗(血管などの)結紮(けっさつ), 絞断, 狭窄(きょうさく).

ab|schöp·fen[ápʃœpfən] 他 (h) (液体表面の泡・脂肪などを)すくい取る; 《比》(利潤などを)吸い上げる: das Fett 〈den Rahm〉 ～ (→Fett 1, →Rahm) | einen Währungsüberhang ～ 〖経〗過剰通貨を流通から引き上げる.

Ab·schöp·fung[..pfʊŋ] 女 -/-en abschöpfen すること.

▽**Ab·schoß**[ápʃɔs] 男 ..schosses/..schosse 〖史〗(他国への)移住税; 遺産相続税.

ab|schot·ten[ápʃɔtən] 《01》 他 (h) 〖海〗(船に)〔水密〕隔壁〈仕切り〉を付ける; 《比》(外界から)隔絶させる. [＜Schott]

ab|schrä·gen[ápʃrɛːgən][1] 他 (h) 斜めに切る; 〖工〗面取りする; 斜めにする: 再帰 *sich*[4] ～ 斜めに傾斜する ‖ Das Dach ist *abgeschrägt*. 屋根は傾斜面がある.

Ab·schrä·gung[..gʊŋ] 女 -/-en **1** abschrägen すること. **2** 傾斜〔面〕.

ab|schram·men[ápʃramən] **I** 他 (h) 《話》＝ abschürfen **II** 自 (s) 《北部》 **1** 《話》(さっさと)立ち去る, 逃げ去る. **2** 《俗》死ぬ, くたばる.

ab|schran·ken[ápʃraŋkən] 他 (h) 柵(さく)で仕切る〈遮断する〉: eine Brücke ～ 柵を設けて橋の通行を遮断する.

Ab·schran·kung[..kʊŋ] 女 -/-en abschranken すること; (Sperre) 通行止め〔の柵(さく)〕.

ab·schraub·bar[ápʃraʊpbaːr] 形 abschrauben できる.

ab|schrau·ben[ápʃraʊbən][1] 他 (h) **1** (↔anschrauben) (ねじで留めてあるものを)ねじをゆるめて取り外す: das Türschild ～ ねじをゆるめてドアの標札を外す. **2** (↔aufschrauben) ねじって取り外す: den Deckel ～ ふたをねじって開ける.

ab|schrecken[ápʃrɛkən] **I** 他 (h) **1** 《*jn.*》ひるませる, 威嚇する; (武力で)抑止する: *jn.* von *et.*[3] ～ …を脅かして…をやめさせる | *sich*[4] durch nichts ～ lassen 何事にもひるまない ‖〖目的語なしで〗Die Strafe soll ～. この刑罰はみせしめ〈いましめ〉の効果をねらったものだ. **2** 《*et.*[4]》急激に冷やす; 〖料理〗(煮沸したあと水で)急激に冷やす; 〖金属〗焼き入れする: die gekochten Eier ～ ゆでた卵をいきなり水で冷やす.

II ab·schreckend 現分 形 **1** 威嚇的な, みせしめの: ein ～*es* Beispiel みせしめの例. **2** ぞっとするような, ひどい: ～ häßlich sein 恐ろしく醜悪である.

Ab·schreck·mit·tel ＝Abschreckungsmittel

Ab·schreckung[..kʊŋ] 女 -/-en (abschrecken すること. 例えば:) 威嚇; (武力での)抑止.

Ab·schreckungs≠flüs·sig·keit 女 急冷液. **≠mit·tel** 中 **1** 威嚇手段. **2** 急冷剤. **≠po·li·tik** 女 -/ 威嚇〈抑止〉政策. **≠stra·fe** 女 〖法〗威嚇刑. **≠theo·rie** 女 〖法〗刑罰威嚇説. **≠wir·kung** 女 威嚇〈みせしめ〉の効果; (武力の)抑止効果.

Ab·schrei·be·ge·bühr[ápʃraɪbə..] 女 筆耕料.

ab|schrei·ben*[ápʃraɪbən][1] 《152》 **I** 他 (h) **1 a)** 書き写す, (…の)写し〈コピー〉をとる; ▽模写する. **b)** 清書〈浄書〉する; (法的文書などを)正式に書き上げる. **2** (他人の書いたものを)不法に書き写す, 剽窃(ひょうせつ)する, 盗作〈カンニング〉する. **3** 〖商〗 **a)** (〔回収不能の〕金額などを)帳簿から消す, 帳消しにする; 《話》ないもの〈戻ってこないもの〉としてあきらめる: Das 〈Ihn〉 habe ich längst *abgeschrieben*. その〈彼の〉ことは私はとっくにあきらめている | Das verlorene Portemonnaie kannst du ～. なくした財布のことはあきらめたほうがいいよ. **b)** (必要経費として)帳簿から落とす; (固定資産・機械設備などを)減価償却する: Die Werbungskosten können von der Steuer *abgeschrieben* werden. 宣伝費は課税対象から控除される. **4 a)** (鉛筆などを)書くことによって損耗する〈磨滅させる〉, 書き減らす: Das Farbband ist *abgeschrieben*. このタイプライターのリボンは使い古されている ‖ 再帰 Der Bleistift *schreibt* sich[4] rasch 〈schnell〉 *ab*. この鉛筆は磨滅が早い. **b)** 《話》 *sich*[3] die Finger ～ (→Finger 1). **5** 〖商〗(注文などを)取り消す.

II 自 (h) (↔zuschreiben) 《*jm.*》(…に)書面で拒否の返事をする, 断りの手紙を出す: Ich muß Ihnen leider für morgen ～. 残念ながら明日は失礼させていただきます.

Ab·schrei·ber[ápʃraɪbər] 男 -s/- (abschreiben する人. 特に:) 書き写す〈浄書する〉人, 筆耕屋; 剽切(ひょうせつ)〈盗作〉者.

Ab·schrei·bung[..bʊŋ] 女 -/-en **1** (abschreiben すること. 例えば:) 書き写し, 清書, 浄書, 筆耕; 剽窃(ひょうせつ), 盗作; 〖商〗帳消し, 控除, 減価償却: ～*en* an Maschinen 〈auf Werkanlagen〉 機械〈工場設備〉の償却. **2** 帳消し〈控除〉額, 減価償却分.

Ab·schrei·bungs·satz 男 〖商〗減価償却率.

ab|schrei·en*[ápʃraɪən] 《153》 他 (h) **1** 《話》 再帰 *sich*[4] ～ 叫び〈どなり〉疲れる. **2 a)** *sich*[3] den Hals 〈die Kehle〉 ～ 叫びすぎてのどをつぶす. **b)** 《話》ein Lied ～ 歌をどなるように歌う. **3** 《*jm. et.*[4]》(…の…を)大声で反論〈否認〉する.

ab|schrei·ten*[ápʃraɪtən] 《154》 **I** 他 (h, s) **1** 歩測する: eine Entfernung ～ 距離を歩測する. **2** 《*et.*[4]》(査閲のために…に)沿って歩く, 閲兵する: die Front der Ehrenkompanie ～ 儀仗(ぎじょう)隊を閲兵する. **II** 自 (s) (悠然と)立ち去る.

Ab·schrift[ápʃrɪft] 女 -/-en 写し, コピー, 謄本; 《比》模写: eine ～ von *et.*[3] machen 〈anfertigen〉 …の写しを取る, …のコピーを作成する | eine ～ beifügen 〈beilegen〉 (手紙などに)コピーを添える | in ～ (原本ではなく)写しの形で.

ab·schrift·lich[-lɪç] **I** 形 写し〈コピー〉の. **II** 副 (原本ではなく)コピーの形で: *et.*[4] ～ beifügen …のコピーを添える〈同封する〉.

ab|schröp·fen[ápʃrœpfən] 他 (h) 吸い取る, しぼり取る; 《比》《*jn.*》搾取する, 疲弊させる: *jm.* Blut ～ (吸角(きゅうかく)〔子〕で)…の血を採る.

Ab·schrot[ápʃroːt] 男 -〔e〕s/-e 〖工〗金敷(かなしき)用のみ〈たがね〉(→ 図 Amboß).

ab|schro·ten*[ápʃroːtən] 《01》 他 (h) **1** (金属板などを)たがねで切断する. **2** (穀物などを)荒びきする, ひき割りにする.

Ab·schrö·ter[..ʃrøːtər] 男 -s/- 金敷(かなしき)用ハンマー.

ab|schrub·ben[ápʃrʊbən][1] 他 (h) **1** 《話》 **a)** (ブラシなどで)ごしごし磨く: *sich*[3] den Rücken ～ (自分の)背中をごしごし洗う | 再帰 *sich*[4] ～ 体をごしごし洗う. **b)** (汚れなどを)ごしごしこすり落とす. **2** 《話》(道のりを)あとにする, 進む.

Ab·schub[ápʃuːp][1] 男 -〔e〕s/-e 《ふつう単数で》(abschieben すること. 例えば:) (外国人の)国外追放; 〖軍〗撤退.

ab|schuf·ten[ápʃʊftən] 《01》 他 (h) 《話》 再帰 *sich*[4] ～ あくせく働く; さんざん苦労して疲れ果てる.

ab|schup·pen[ápʃʊpən] 他 (h) **1** (魚などの)うろこを落とす. **2** 再帰 *sich*[4] ～ うろこ状にはげる; 〖医〗落屑(らくせつ)する.

Ab·schup·pung[..pʊŋ] 女 -/-en (〔sich〕 abschuppen すること. 例えば:) 鱗剥(りんぱく), 落屑(らくせつ).

ab|schür·fen[ápʃʏrfən] 他 (h) こすってかき取る, すりむく: *sich*[3] die Knie 〈die Haut an den Knien〉 ～ ひざをすりむく.

Ab·schür·fung[..fʊŋ] 女 -/-en **1** 《単数で》abschürfen すること. **2** すり傷, 擦過傷.

Ab·schuß[ápʃʊs] 男 ..schusses/..schüsse[..ʃʏsə] **1** (銃砲・弾丸・弓矢などの)発射, 射出, (ロケット・宇宙船などの)打ち上げ: der ～ des Torpedos 魚雷の発射. **2** 撃ち落とす〈射止める〉こと; 〖軍〗撃墜, 撃破. **3** 〖狩〗(ふえすぎた鳥獣の)狩り込み; (狩猟期間に認められた)獲物の数, 捕獲量. ▽**4** 急傾斜, 絶壁. [*mhd.*; ◇abschießen]

Ab·schuß·ba·sis 女 (ロケットなどの)発射基地.

ab·schüs·sig[ápʃʏsɪç][2] 形 (道・断崖(だんがい)などが)急傾斜の, けわしい: ein ～*er* Hang 切り立った斜面 | auf die ～*e* Bahn geraten 《比》堕落する.

Ab·schüs·sig·keit[-kaɪt] 女 -/ abschüssig なこと.

Ab·schuß≠knopf[ápʃʊs..] 男 (ロケット・ミサイルなどの)発射ボタン. **≠ram·pe** 女 (ロケット・ミサイルなどの)発射台.

ạb|schüt·teln[ápʃʏtəln]《06》他 (h) **1 a**) 揺すぶって〈揺り動かして〉落とす; ふり落とす, 払い落とす: Früchte vom Baum ～ 果実を木から揺すぶり落とす | den Schnee vom Mantel ～ 雪をコートから払い落とす | ein Joch ～《比》(圧制の)くびきを払いのける. **b**)《比》(懸念・疑惑・眠気などを)払いのける; (追跡・妨害などを)振り切る: einen Verfolger ～ 追っ手を振り切る〈まく〉| Meine Sorgen lassen sich nicht ～. 私の心配はどうしても吹っ切れない.
2《*et.*[4]》(…の)汚れを払い落とす: das Tischtuch ～ テーブルクロスをはたいてほこり〈パンくず〉を払う.

Ạb·schüt·te·lung[..təlʊŋ] 女 -/ abschütteln すること.

ạb|schüt·ten[ápʃʏtən]《01》他 (h) **1** (〔余分の〕中身を)空ける: den Eimer 〈die Hälfte des Wassers aus dem Eimer〉 ～ バケツの中身を〈バケツの水を半分〉空ける | das 〈*sein*〉 Kartoffelwasser ～ (→Kartoffelwasser). **2** (…の)水分を切る: die Kartoffeln ～ じゃがいもをゆでこぼす.

ạb|schwä·chen[ápʃvɛçən] **I** 他 (h) **1** (力・印象・表現などを)弱める, 和らげる: die Wirkung ～ 効果を弱める | *seine* Äußerungen ～ 発言内容を和らげる ‖ 再帰 *sich*[4] ～ 弱まる, 和らぐ, 衰える | Das Interesse *schwächte* sich *ab.* 関心が弱まった | Das Hoch 〈Das Tief〉 *schwächt* sich allmählich *ab.* 高〈低〉気圧の勢力はしだいに衰えつつある. **2** (皮革を)柔軟にする;〘写〙(ネガの画像濃度を)薄める, 減力する; (相場などを)下げる.
II 自 (s) (相場などが)下がる, ゆるむ.

Ạb·schwä·cher[..çər] 男 -s/-〘写〙減力剤, 減力液;〘工〙ブレーキ, 制動機.

Ạb·schwä·chung[..çʊŋ] 女 -/-en (〔sich〕 abschwächen すること. 例えば:) (高・低気圧の)衰弱;〘通信〙(通話の声の)減衰;〘写〙減力;〘言〙(音声・意味の)弱化(特に古高ドイツ語から中高ドイツ語にかけてアクセントのない語尾音節の母音が弱音 e に退化した現象. 例 nam*e*＜nam*o* „Name“).

ạb|schwär·men[ápʃvɛrmən] 自 (h)〘蜂〙(ミツバチが)巣分かれ〈分封(ぶんぽう)〉を中止する; 群れになって飛び去る.

ạb|schwar·ten[ápʃvartən, ..ʃva:rtən]《01》他 (h) **1**〘狩〙(イノシシ・アナグマなどの)〔毛〕皮をはぐ. **2**〘製材〙(片側に樹皮のついた)背板を取り除く〈削り取る〉. **3**《方》《*jn.*》(verprügeln) さんざんに殴る.

ạb|schwat·zen[ápʃvatsən] (方: **ạb|schwät·zen** [..ʃvɛtsən])《02》他 (h)《*jm. et.*[4]》(…から…を)うまく口車に乗せてだまし取る: dem Teufel ein Ohr *abschwätzen* (→Ohr 1).

ạb|schwei·fen[ápʃvaifən] **I** 自 (s)《von *et.*[3]》(道・主題などから)それる, 外れる, 逸脱する;《比》正道を踏み外す: *abgeschweifte* Jugendliche ぐれた若者たち. **II** 他 (h) **1** (染色前に生糸などを)煮る, 練る. **2** Holz ～ 木材を枠鋸(わくのこ)で切る.

Ạb·schwei·fung[..fʊŋ] 女 -/-en (abschweifen すること. 例えば:) 逸脱, 脱線: eine ～ vom Thema 本題からの逸脱.

ạb|schwel·len*[ápʃvɛlən]《159》**I** 自 (s) (↔ anschwellen) (ふくらんだものが)しぼむ, 収縮する; (身体の一部のはれが)引く; (一般に)減少する, 弱まる; 水かさが減る, 減水する; (音などが)しだいに弱まる, 静まる: Die verletzte Hand *schwillt ab.* 負傷した手のはれが引く | Der Sturm *schwoll ab.* あらしは弱まった. **II Ạb·schwel·len** 中 -s/-〘楽〙漸次弱音(→decrescendo).

Ạb·schwel·lung[..lʊŋ] 女 -/-en abschwellen すること.

ạb|schwem·men[ápʃvɛmən] 他 (h) **1** (水の流れ・潮流などが)運び去る, 流し〈洗い〉去る. **2** 洗い清める, 洗浄する; (毛織物・皮革などを)洗いすすぐ.

Ạb·schwem·mung[..mʊŋ] 女 -/-en abschwemmen すること.

ạb|schwen·den[ápʃvɛndən][1]《01》他 (h) (耕地にするために森林などを)焼き払う.

ạb|schwen·ken[ápʃvɛŋkən] **I** 自 (s) 方向を転換する: links 〈rechts〉 ～ 左〈右〉に向きを変える | von einem Vorsatz ～ 志を変える | von der Partei ～ 他党へ転じる | Er ist von der Medizin *abgeschwenkt.* 彼は医学をやめて別の道へ進んだ. **II** 他 (h) (よごれなどを)すすぎ落とす; (しずくなどを)振って落とす; (…を)振ってきれいにする.

ạb|schwim·men*[ápʃvɪmən]《160》**I** 自 (s) 泳ぎ去る; 流れ去る;《俗》立ち去る: *Schwimm ab!*《俗》さっさとうせろ. **II** 他 (h) **1** (一定の時間を)泳ぎ続ける; (一定の距離・時間を)泳ぎ切る. **2** 再帰 *sich*[4] ～ 泳ぎ疲れる. **3** (体重などを)水泳をして減らす. **4** (プールなどの定期・回数入場券を)泳いで使い切る.

ạb|schwin·deln[ápʃvɪndəln]《06》他 (h)《*jm. et.*[4]》(…から…を)だまし取る, ごまかして巻き上げる.

ạb|schwin·gen*[ápʃvɪŋən]《162》**I** 自 (h) **1** (↔aufschwingen)〘体操〙(鉄棒・平行棒などから)はずみをつけて〈ひらりと〉飛び降りる(→II 1). **2**〘スキ〙(滑降の際〔速度を落とすために〕)ひらりと進行方向を変える. **3**〘ゴル〙(打球を終えて)クラブを振りぬく. **II** 他 (h) **1** 再帰 *sich*[4] ～＝ I 1 [v]**2**〘農〙(穀物・もみがらなどを)あおぎ分ける, 簸(ひ)る.

ạb|schwir·ren[ápʃvɪrən] 自 (s) (虫などが羽音をたてて)ブンブン飛び去る;《話》(weggehen) 立ち去る.

ạb|schwit·zen[ápʃvɪtsən]《02》他 (h) (脂肪分などを)発汗によって取り除く;〘スポ〙減量する.

ạb|schwö·ren*[ápʃvø:rən]《163》**I** 自 (h)《*jm.*》(…からの)離反を誓う, (…と)関係を断つ〔ことを誓う〕;《*et.*[3]》〔誓って〕(…を)やめる, 断念する: dem Alkohol ～ 酒を断つ | *seinem* Glauben ～ 信仰を捨てる | dem Teufel ～ 悪魔と手を切る. **II** 他 (h) **1** 誓って否認する, 断固として否定する: eine Mittäterschaft ～ 共犯の事実を否認する | *seine* Unterschrift ～ 自分の署名ではない〈自分は署名しなかった〉と誓う. [v]**2** 固く誓う, 誓約する. **III ạb·ge·schwo·ren** → 別出

Ạb·schwö·rung[..rʊŋ] 女 -/-en (abschwören すること. 例えば:)〘宗〙異端放棄の宣誓, 誓絶.

Ạb·schwung[ápʃvʊŋ] 男 -[e]s/..schwünge[..ʃvʏŋə] **1** (↔Aufschwung)〘体操〙(鉄棒・平行棒などからはずみをつけての)飛び降り. **2**〘ゴル・テニ・ボウ〙〘フ・ス・リング〙フォロースルー. **3**〘空〙(飛行中の機体の)左右傾斜, 急角度のバンク. **4**〘経〙景気後退.

ạb|se·geln[ápze:gəln]《06》**I** 他 (h) **1** (帆船・グライダーなどがある距離を)帆走〈滑空〉して渡る, 帆走〈滑空〉し通す; (…に沿って)帆走する. **2** 帆走〈滑空〉中に失う: den Mast ～ (ヨットが)帆走中にマストを失う. **II** 自 (↔ansegeln) **1** (s) (帆船・グライダーなどが)出発する; 帆走〈滑空〉して遠ざかる;《比》(鳥などが)すうっと飛び去る;《戯》(誇らしげに)立ち去る. **2** (h)〘スポ〙(シーズン最後の)ヨットの帆走納め〈グライダーの滑空納め〉をする: Gestern war *Absegeln.* きのうは帆走〈滑空〉納めがあった.

ạb|seg·nen[ápze:gnən]《01》他 (h)《話》(befürworten) 支持する; (genehmigen) 承認〈許可〉する.

ab·seh·bar[ápze:ba:r, ◡⊥─] 形 見きわめる〈見通す〉ことのできる, 察知できる, 予測可能な: in ～*er* Zeit 近いうちに | Die Folgen sind kaum ～. 結果はほとんど予測できない.

ạb|se·hen*[ápze:ən]《164》**I** 他 (h) **1** (voraussehen) (あらかじめ)察知する, 予測する: Das Ende des Prozesses ist noch nicht *abzusehen.* 訴訟はいつ〈どう〉終わるかまだ見当がつかない. **2 a**)《*jm. et.*[4]》(…から…を)見てとる, 見覚える, 見習う, (観察して)学び取る: *jm.* einen Kunstgriff ～ …から技巧〈こつ〉を習得する. **b**)《*jm. et.*[4] an *et.*[3]》(…の…を…から)見て取る, 読み取る: *jm.* den Wunsch an den Augen ～ …の目を見てその希望を察知する. **c**) (abgucken)《〔*et.*[4]〕 von 〈bei〉 *jm.*》《しばしば目的語なしで》(〔…を〕…から)のぞき見る, カンニングする. **d**)《しばしば目的語なしで》〔*et.*[4]〕 vom Mund ～ (〔…を〕唇の動きから)読み取る, 読唇(どくしん)する. **3**《話》《auf *et.*[4] 〈*jn.*〉》(…を)ねらう, めざす, (…に)目をつける: **a**)《es を目的語として; ふつう完了形で》**es auf *et.*[4] 〈*jn.*〉 ～** …にねらいをつける, …をめざす | Er hat es auf sie *abgesehen.* 彼は彼女が目当てだ, 彼は彼女を手に入れようとしている; 彼は彼女にあてつけて〈いやがらせをして〉いる | Er hat es darauf *abgesehen,* mich zu ärgern. 私を怒らせるのが彼のねらいだ. **b**)《事物を主語とした状態受動形で》Die Bemerkung war auf mich *abgesehen.* その言葉は私がねらいだった〈私にあてつけたのだ〉. **4** (übersehen) 見わたす, 見晴らす. [v]**5** (einsehen) 見抜く, 理解する.
II 自 (h)《von *et.*[3]》**1** (verzichten) (…を)思いとどまる, 見合わせる, やめる: von einem Besuch ～ 訪問を見合わせ

A

る | Von einer Bestrafung 〈einer Anzeige〉 wollen wir für diesmal ～. 今回は処罰〈届け出〉をしないことにしよう. **2** 度外視する, 問題にしない, 見のがす: von den Mängeln ～ 欠点を問わない. **3** →I 2 c, d

Ⅲ Ạb·se̱·hen 中 -s/ (absehen すること. 例えば:) **1** 《雅》 (Voraussicht) 見通し, 予想: allem ～ nach 多分, 十中八九. **2** 《方》 (Absicht) 意図, もくろみ: *sein* ～ auf *et.*⁴ haben 〈richten〉 …をめざす〈志す〉. **3** 《ｽｲｽ》 (Visier) (銃などの) 照尺. **Ⅳ ạb·ge·se̱·hen** → 別出

Ạb·se̱h·un·ter·richt[ápze:..] 男 -〔e〕s/ (聴力障害者に対する) 読唇(どくしん)の授業.

Ạb·sei·de[ápzaɪdə] 女 -/-n (製糸不能の) 繭の外側のけば, 生糸くず.

ạb|sei·fen[ápzaɪfən] 他 (h) **1** せっけんで洗う: *jm.* den Rücken ～ …の背中をせっけんで洗う ‖ 再帰 *sich*⁴ ～ せっけんで体を洗う. **2** 《俗》《*jn.*》 しかりつける; さんざんに殴る, ぶちのめす.

ạb|sei·gern[ápzaɪgərn] 《05》 他 (h) **1** einen Schacht ～ 測鉛で立坑の深さを測量する. **2** 〘金属〙 溶離〈溶出〉する, 絞吹(しぼりぶき)する.

Ạb·sei·ge·rung[..gərʊŋ] 女 -/-en **1** 〘坑〙 錘線(すいせん)測量. **2** 〘金属〙 絞吹(しぼりぶき), 溶離, 溶出.

Ạb·seih·beu·tel[ápzaɪ..] 男 漉(こ)し袋.

ạb|sei·hen[ápzaɪən] 他 (h) (ミルク・スープなどを) 濾過(ろか)する, 漉(こ)す; 〘坑〙 水簸(すいひ)する, 洗い分ける.

Ạb·sei·hung[..zaɪʊŋ] 女 -/-en abseihen すること.

ạb|sei·len[ápzaɪlən] 他 (h) **1** 綱〈ロープ・ザイル〉を使って降ろす: den Verletzten ～ 負傷者をザイルで降ろす ‖ 再帰 *sich*⁴ ～ (絶壁などを) ザイルを使って降りる. **2** 綱〈ロープ〉で仕切る, 縄張りする. **3** 《話》 再帰 *sich*⁴ ～ 姿を消す, ずらかる.

ạb|sein*[ápzaɪn] 《165》 **Ⅰ** 自 (s) 《話》 離れている; 取れている; 疲れている (→ab² I 1, 4): Die Hütte soll weit von der Stadt ～. その小屋は町からずっと離れたところにあるそうだ | Der Knopf *ist ab.* ボタンが取れてしまった.

☆ ふつう 2 語に書く: weil ich völlig *ab bin* 私は疲れきっているので.

Ⅱ Ạb·sein 中 -s/ 離れて〈取れて〉いること, 離隔; 疲労.

ab·se̱it[apzáɪt, ∪ー] 《ｵｰｽﾄﾘｱ》 **Ⅰ** ＝abseits I

Ⅱ Ab·se̱it 中 -/- ＝Abseits

Ạb·sei·te¹[ápzaɪtə] 女 -/-n (布の) 裏側; (建物の) 裏面, 北面; 裏壁面; (貨幣の) 裏面.

Ạb·sei·te²[–] 女 -/-n **1** (教会堂の) 後陣; (建物の) 翼, 側廊. **2** 《北部》 (屋根裏の) 納戸, 物置. [*gr.*–*mlat.*–*ahd.* absida; <*gr.* 〔h〕apís (→Apsis)]

ᐁ**ab·se̱i·ten**[apzáɪtən] ＝abseits II

Ạb·sei·ten≠ge·we·be[ápzaɪtən..] 中, **≠stoff** 男 〘服飾〙 リバーシブル, 表裏両用の服地.

ạb·sei·tig[ápzaɪtɪç]² 形 **1** 離れたところにある, わきに離れた: *et.*⁴ ～ stellen …をわきへどける. **2** わき道にそれた; 間違った, 的はずれの, 不適当な. **3** アブノーマルな; 病的な.

Ạb·sei·tig·keit[–kaɪt] 女 -/-en abseitig なこと.

ạb·seits[ápzaɪts] **Ⅰ** 副 わきに〔遠く〕離れて; (サッカーなどで) オフサイドに; 〘劇〙 傍白(ぼうはく)〔で〕: ～ vom Wege 道から離れて | von *et.*³ ～ stehen / *sich*⁴ von *et.*³ ～ halten …からわきに離れている; 《比》 …から超然としている | ～ geraten 〈sein/stehen〉 (サッカーなどで) オフサイドになる〈である〉. **Ⅱ** 前 《2 格支配》《雅》 (…から) わきに〔遠く〕離れて: ～ des Großstadtlärms 大都会の喧噪(けんそう)を離れて. **Ⅲ Ạb·seits** 中 -/- (サッカーなどの) オフサイド: ～ winken (線審が旗を振って) オフサイドを宣する | im ～ stehen オフサイドである.

Ạb·seits≠fal·le 女 〘球技〙 オフサイド＝トラップ. **≠li·ni̱e**[..niə] 女 〘球技〙 オフサイド＝ライン. **≠to̱r** 中 〘球技〙 オフサイドで無効になったゴール.

Ab·sence[apsã́:s] 女 -/-n[..sən] 〘医〙 (一時的) 失神, 欠神, 放心. [*lat.* absentia–*fr.*; ◇Absenz]

ạb|sen·den⁽*⁾[ápzɛndən]¹ 《166》 **Ⅰ** 他 (h) (郵便・荷物などを) 発送する; 《*jn.*》 (使者などを) 派遣する; 〘軍〙 分遣する: ein Telegramm an *jn.* ～ …あてに電報を打つ.

Ⅱ Ạb·ge·sand·te → 別出

Ạb·sen·der[..dər] 男 -s/- (↔ Empfänger) **1** (略 Abs.) 発送〈発信〉人; 荷主. **2** (郵便物に記された) 差出人〔の住所〕.

Ạb·sen·der·feld 中 (はがきの) 発信人名を書くスペース.

Ạb·sen·de·stel·le 女 発送〈発信〉局; 発送地.

Ạb·sen·dung[..zɛndʊŋ] 女 -/-en (absenden すること. 例えば:) 発送; 派遣.

Ạb·sen·dungs≠ort 男 -〔e〕s/-e (郵便・荷物などの) 発送〈発信〉地. **≠sta·tio̱n** 女 発送駅, 発信局.

ạb|sen·gen[ápzɛŋən] 他 (h) (焦がして) 焼き取る: Flaumfedern ～ 綿毛を焼き取る | ein Huhn ～ 鶏を毛焼きする.

ạb|sen·ken[ápzɛŋkən] 他 (h) **1** 沈下〈沈降〉させる: das Grundwasser ～ (人工的に) 地下水位を下げる | einen Senkkasten ～ 潜函(せんかん)を沈める | einen Schacht ～ 〘坑〙 立坑を掘り下げる ‖ 再帰 *sich*⁴ ～ 沈下〈沈降〉する; (土地が) 傾斜する, 下り坂になる. **2** 〘園〙 取り木する.

Ạb·sen·ker[..kər] 男 -/s- **1** 〘園〙 取り木用の枝. **2** 子孫, 末裔(まつえい); 分家. 「**2** 〘園〙 取り木.」

Ạb·sen·kung[..kʊŋ] 女 -/-en **1** 沈下, 沈降; 傾斜.

ᐁ**ab·se̱nt**[apzɛ́nt] 形 (↔präsent) (abwesend) 不在の, 欠席の. [*lat.*]

Ab·sen·tee[æbsəntí:] 男 -s/-s 〘史〙 不在地主. 「[*engl.*]」

absentia 《ﾗﾃﾝ語》 →in *absentia*

ᐁ**ab·sen·ti̱e·ren**[apzɛntí:rən] 他 (h) 再帰 *sich*⁴ ～ 席を離れる, いなくなる: *sich*⁴ von der Schule ～ 学校を休む. [*fr.*]

Ab·sen·ti̱s·mus[..tísmʊs] 男 -/..men[..mən] 《ふつう単数で》 (英: *absenteeism*) 〘史〙 (地主の) 長期不在, 不在地主制.

Ab·se̱nz[apzɛ́nts] 女 -/-en **1** (Abwesenheit) 不在, 欠席; 《ｵｰｽﾄﾘｱ・ｽｲｽ》 (学校での) 欠席. **2** ＝Absence [*lat.*]

ạb|ser·beln[ápzɛrbəln] 《06》 自 (s) 《ｽｲｽ》 衰弱する.

ạb|ser·vie·ren[ápzɛrvi:rən] 他 (h) **1** 《雅》 (食後に食器類を) 片づける: das Geschirr ～ 食器を下げる | den Tisch ～ 食卓を片づける. **2** 《俗》《*jn.*》 のけ者にする, 首にする; 始末する, 殺害する. **3** 《俗》 かすめ取る. **4** 〘ｽﾎﾟｰﾂ〙 圧勝〈一蹴(いっしゅう)〉する.

ạb·setz·ba̱r[ápzɛtsba:r] 形 (〔sich〕 absetzen できる. 例えば:) 解任〈罷免・免官〉できる; (商品が) 売れる, よくはける; (税に関して) 控除可能の.

Ạb·setz·bar·keit[–kaɪt] 女 -/ absetzbar なこと.

Ạb·setz≠bas·sin[..basɛ̃:] 中, **≠becken** 中 沈殿槽. **≠be·we·gung** 女 〘軍〙 戦線離脱, 撤退, 退却.

ạb|set·zen[ápzɛtsən] 《02》 **Ⅰ** 他 (h) **1** 下に置く, 下に降ろす: **a)** (荷物などを) 降ろす; (乗客を) 降ろす: den Koffer 〈das Kind〉 〔von *seinen* Schultern〕 ～ トランク〈子供〉を〔肩から〕降ろす | Fallschirmtruppen ～ 落下傘部隊を降下させる ‖ Der Wagen 〈Der Fahrer〉 *setzte* ihn vor dem Hotel *ab.* 車〈運転手〉は彼をホテルの前で降ろした. **b)** 《*jn.*》 (馬が) 振り落とす. **c)** (ablegen) (卵を) 産む. **2** (↔aufsetzen) (装着してあるものを) 取り外す, 取り去る: die Brille ～ めがねを外す | den Hut ～ 帽子を取る〈脱ぐ〉 ‖ das Geweih ～ 〘狩〙 (シカなどが) つのを落とす. **3** (↔ansetzen) (特定の目的で特定の場所に置かれた道具などを中途で) わきに置く, 離す; 中断する, 途中でやめる: den Becher 〈die Flöte〉 ～ 杯〈笛〉を口から離す | die Feder ～ ペンを置く | den Geigenbogen ～ ヴァイオリンをひく手をとめる | das Gewehr ～ 〘軍〙 銃を射撃姿勢から構えの姿勢にもどす | Seitengewehre ～ とれ剣をする ‖ 〘しばしば目的語なしで〙 in *seiner* Ansprache ～ 式辞を中断する | Er trank 〈schrieb〉, ohne *abzusetzen.* 彼は一気に飲んだ〈書いた〉 | *Setzt ab!* 〘軍〙 撃ち方やめ (号令). **4** (niederschlagen) 沈降させる, 沈積〈沈殿〉させる: Der Fluß *setzte* Sand *ab.* 川が砂を沈積した ‖ 〘目的語なしで〙 Die Flüssigkeit *setzt* 〔einen Niederschlag〕 *ab.* (おりが沈殿して) 液が澄む ‖ 再帰 *sich*⁴ ～ 沈降〈沈積・沈殿〉する | Auf dem Boden hat sich Eisen *abgesetzt.* 底に鉄分が沈殿した. **5** (verkaufen) (大量に) 売却する, 販売する: Diese Waren lassen sich leicht ～. これらの品はよくはける. **6** (↔einsetzen) 《*jn.*》 (特定の職・地位・身分などにある者を) 罷免する, 解任する: *jn.* vom Amt ～ …を解任する | den König ～ 国王を退位させる. **7** 削除する;

削減する; 帳消しにする; (税を)控除する: ein Stück vom Spielplan ~ ある劇を演目から外す | einen Posten von der Rechnung ~ ある項目を勘定から削る〈棒引きにする〉. **8 a**) 目立たせる, 浮き立たせる: ein rotes Kleid mit Weiß ~ 赤い服を白色で引き立たせる ‖ 再帰 *sich*⁴ gegen *et.*⁴ 〈von *et.*³〉 ~ (=abheben) …に対して〈…から〉際立つ | *sich*⁴ gegen den Himmel ~ 空にくっきりと浮き出る ‖〘しばしば過去分詞で〙mit Blau *abgesetzt* sein 青色でふちどられて〈アクセントがつけられて〉いる. **b**) 区切る: eine Zeile ~ 改行する. **c**) einen Kurs auf der Karte ~〘海〙針路を海図にマークする, 針路を定める. **9** 遠ざける, 引き離す: **a**) 再帰 *sich*⁴ ~ (危険などから)脱出する, 逃走する;〘軍〙退却〈撤退〉する;《比》離れる, 遠ざかる | *sich*⁴ ins Ausland 〈über die Grenze〉 ~ 外国へ〈国境を越えて国外へ〉逃亡する | *sich*⁴ nach dem Westen ~ 西〈西側の国〉へ逃げる | *sich*⁴ von einer Richtung ~ ある方向〈傾向〉から離れる. **b**) ein Boot vom Kai ~ (=abstoßen)〘海〙ボートを波止場から突き離す ‖〘目的語なしで〙vom Ufer ~ 岸から離れる. **10** (entwöhnen) (子牛・子豚などを)離乳〈断乳〉させる. **11** (amputieren)〘医〙(肢体を)切断する. **12**〘印〙活字に組む: ein Manuskript ~ 原稿から版をつくる, 原稿どおりに組み版する. **13** die Mauer ~〘建〙壁に段をつく〔って厚さを変え〕る, 壁を壁段(オフセット)に建てる. **14**〘楽〙断音で演奏する: *abgesetzt* スタッカートで(=staccato). **15**《話》非人称《es setzt *et.*⁴ ab》(騒ぎ・処罰などが)起こる, 行われる: **es *setzt* was *ab***《話》何かが起こるぞ, ひどいことになるぞ, げんこつの雨が降るぞ | Heute *setzt* es noch 〔et〕was *ab*! きょうはまだ何かあるぞ | Er dachte an den Lärm, den es ~ würde. 彼は起こるかもしれない騒ぎのことを考えた. ᵛ**16** (貨幣を)回収する, 流通を停止する: *abgesetzte* Wörter 廃語.

II 自 (h) **1** 中断する(→I 3). **2** 沈殿する(→I 4). **3** 岸から離れる(→I 9b). **4**〘坑〙(鉱脈が)尽きる. **5** (編隊飛行中に)機間隔が増す〈離れる〉. **6** (岩石が)もろくなる.

Ạb·set·zer[ápzɛtsər] 男 -s/- **1**〘坑〙(特に褐炭坑の)浚渫(しゅんせつ)装置. **2**〘軍〙(空挺(くうてい)隊の)降下指揮官.

Ạb·setz·ge·schwin·dig·keit 女 沈降速度.

Ạb·set·zung[..tsʊŋ] 女 -/-en (absetzen する〈される〉こと. 例えば:) 罷免, 解任, 廃位; 削除, 削減; 控除; (Amputation)〘医〙切断.

Ạb·setz·wa·gen 男 (Hubstapler) フォークリフト.

ạb|si·chern[ápzɪçərn]《05》他 (h)《*et.*⁴ gegen *et.*⁴》(…を…に対して)守る, 防護する: einen Tresor elektrisch ~ 金庫に電気防犯装置をつける | eine Straße durch ein Polizeiaufgebot ~ 警官を動員して街路を警備する ‖ 再帰 *sich*⁴ ~ 身を守る, (あらかじめ)自己防衛策を講じる.

Ạb·si·che·rung[..çərʊŋ] 女 -/-en absichern すること.

Ạb·sicht[ápzɪçt] 女 -/-en **1** 意図, もくろみ, 計画: eine böse 〈gute〉 ~ 悪意〈善意〉‖ *seine* ~ erreichen 目的を達する | **auf *jn.* 〔ernste〕 ~*en* haben**《話》…と結婚する気になっている | ᵛ**auf *et.*⁴ ~〔*en*〕 haben 〈richten〉** …を得ようとねらっている | eine ~ hegen ある魂胆を抱いている ‖ Es war nicht meine ~ 〈Ich hatte nicht die ~〉, ihn zu kränken. 私は彼を怒らせるつもりはなかった ‖ **aus** böser ~ 悪意から | **in** guter ~ 善意で | In welcher ~ kommt er? 彼が来た目的は何だろうか | **mit** 〔voller〕 ~ 故意に, わざと | mit 〈in〉 der ~, ihm zu helfen 彼を手伝おうと思って | ***sich*⁴ mit der ~ tragen**《zu 不定詞〔句〕と》(…する)つもりである | Ich trage mich mit der ~, mir einen neuen Personalcomputer zu kaufen. 私は新しいパソコンを買うつもりだ | **ohne** ~ その気もなしに, そのつもりでなく. ᵛ**2** (Hinsicht) 見地, 観点: in ~ auf *et.*⁴ …の点に関して; …のことを考えて〈考えると〉. [<absehen]

ạb·sicht·lich[ápzɪçtlɪç, ⌣⌣́⌣] 形 故意の, 意図的な: eine ~*e* Beleidigung 故意の侮辱 | ein ~*er* Mord 故殺 ‖〘副詞的に〙*jn.* ~ kränken …を故意に侮辱する | *et.*⁴ ~ überhören …をわざと聞き流す | Ich bin ~ gekommen, um Sie zu sehen. 私はわざわざあなたに会いに来たのです.

Ạb·sicht·lich·keit[..kaɪt, ⌣⌣́⌣–] 女 -/-en《ふつう単数で》(absichtlich なこと. 例えば:) 故意, 底意, 下心.

ạb·sichts·los[ápzɪçtsloːs]¹ 形 故意〈意図的〉でない, 意図しない.

Ạb·sichts·lo·sig·keit[..loːzɪçkaɪt] 女 -/ absichtslos なこと.

Ạb·sichts·satz 男 (Finalsatz)〘言〙目的文, 目的の文節.

ạb·sichts·voll 形 故意の, 意図的な.

ạb|sickern[ápzɪkərn]《05》自 (s) (水分が砂・土などに)しみ込む, しみ通る.

ạb|sie·ben[ápziːbən]¹ 他 (h) (穀物・粉などを)ふるい分ける.

ạb|sie·deln[ápziːdəln]《06》他 (h) **1**《*jn.*》(一地区の住民を)移住〈移転〉させる. **2**〘医〙(肉腫(にくしゅ)などを)転移させる: 再帰 *sich*⁴ ~ 転移する.

ạb|sie·den⁽*⁾[ápziːdən]¹《167》他 (h)《南部・オーストリア》ゆでる; 煮つめる, 煎(せん)じる: Eier ~ 卵をゆでる.

Ạb·sied·lung[ápziːdlʊŋ] 女 -/-en (〔sich〕 absiedeln すること. 特に:) (Metastase)〘医〙転移.

ạb|sin·gen*[ápzɪŋən]《168》他 (h) **1** (始めから終わりまで)歌い通す. **2** (初見で)譜を見ながら歌う. **3** (声を)歌いすぎてつぶす; (歌を)歌い古す: ein *abgesungenes* Lied 歌い古された歌. ᵛ**4** die Stunden ~ (夜警が)時刻を歌い告げる.

ạb|sin·ken*[ápzɪŋkən]《169》自 (s) **1** 沈む, 沈下する; 下降〈低下〉する;《比》減少する, 弱まる: Das Boot 〈Die Küste〉 *sinkt ab*. ボートが沈む〈海岸の地盤が沈下する〉| Die Temperatur 〈Das Niveau〉 ist *abgesunken*. 温度〈水準〉が下がった | in *seinen* Leistungen ~ 成績が下がる | Er ist auf den 8. Platz *abgesunken*. 彼は8位に落ちた | Das Interesse *sinkt* immer weiter *ab*. 関心は弱まる一方である ‖ das *Absinken* der Bildung 教養の低下. **2** 落ちぶれる, 零落する; 堕落する.

Ab·sịnth[apzínt] 男 -〔e〕s/-e アブサン(ニガヨモギで味つけした強い蒸留酒). [*gr.* apsínthion „Wermut"–*lat.*]

Ab·sin·thịn[apzɪntíːn] 中 -s/ アブシンチン(ニガヨモギのアルカロイド・苦味質). [<..in²]

Ab·sin·thịs·mus[..tísmʊs] 男 -/ アブサン中毒.

ạb|sit·zen*[ápzɪtsən]《171》**I** 自 **1** (s) (↔aufsitzen)《von *et.*³》**a**) (馬から)降りる: *Abgesessen!* 下馬(号令). **b**) (自転車・オートバイなどから)降りる. **2** (h)《von *et.*³》(…から)離れて座って〈住んで〉いる. **3** (s)《スイス》(*sich*⁴ hinsetzen) 腰を下ろす, 座る; (鳥・チョウなどが物に)とまる. ᵛ**4** (h)《bei *jm.*》(途中で…のもとに)立ち寄る, 訪ねる, 泊まる.

II 他 (h) **1** (一定期間を漫然と・いやいや)座って過ごす, 勤める: *seine* Schulzeit ~ 学業を終える | *seine* Schuld ~ 負債を(返済できずに)刑務所で償う | *seine* Strafe ~ 刑期を勤め終える | *seine* Zeit ~ 刑期を勤める; (用がなくてもいやいや)時間が来るまで机の前に座っている | *et.*⁴ auf einer 〈auf der linken〉 Backe ~ (→Backe 2). **2** (ズボンなどを)座ってすり減らす.

ạb|socken[ápzɔkən] 自 (s)《俗》(↔ansocken) 急いで立ち去る. [<socken „schnell laufen" (◇Socke)]

ab·so·lụt[apzolúːt] 形 **1** (↔relativ) 絶対の, 絶対的な; 他に制約されない, 無制限〈無条件〉の; 純粋な, 純然たる; 完全な, 全くの: ~*er* Alkohol〘化〙無水アルコール | ~*es* Gehör 絶対音感 | ein ~*er* Herrscher 専制君主, 独裁者 | ein ~*er* Komparativ 〈Superlativ〉〘言〙絶対比較級〈最上級〉| eine ~*e* Mehrheit 絶対多数 | die ~*e* Musik 絶対音楽 | der ~*e* Nullpunkt〘理〙絶対零度 | ~*e* Ruhe〘医〙絶対安静 | die ~*e* Temperatur〘理〙絶対温度 | der ~*e* Wert〘数〙絶対値 ‖ das *Absolute*〘哲・宗〙絶対〔者〕. **2** 全くの, 議論の余地のない: **eine ~*e* Null**《比》からっきしだめなやつ ‖ *jm.* ~*es* Vertrauen schenken …を無条件に信頼する | Das ist ~*er* Unsinn. それは全くばかげている ‖〘副詞的に〙Das ist ~ unmöglich. それは絶対に不可能だ | Das sehe ich ~ nicht ein. それは私には全然理解できない. [*lat.* absolūtus „losgelöst"; <*lat.* absolvere (→absolvieren)]

Ab·so·lụt·heit[apzolúːthaɪt] 女 -/ absolut なこと.

Ab·so·lu·tiọn[apzolutsióːn] 女 -/-en〘カトリック〙罪の許し, 赦罪; 赦免; ᵛ〘法〙免訴: *jm.* 〔die〕 ~ erteilen …に罪の許しを与える;《戯》…を許す. [*lat.*–*mlat.*–*mhd.*]

Ab·so·lu·tịs·mus[..tísmʊs] 男 -/ **1**〘哲〙絶対論, 絶対主義. **2**〘政〙絶対主義; 絶対王制, 専制君主制: der aufgeklärte ~〘史〙(18世紀の)啓蒙絶対王制.

Ab·so·lu·tist[..tíst] 男 -en/-en 絶対主義者; 専制君主.

ab·so·lu·ti·stisch[..tístɪʃ] 形 絶対主義の; 専制君主制の.

Ab·so·lu·to·rium[..tó:rium] 中 -s/..rien[..riən] ▽1 (義務などの)免除通知; 赦免(放免)状. 2 《ｵｰｽﾄﾘｱ》(大学での)規定学期数修了証明書.

Ab·sol·vent[apzɔlvɛ́nt] 男 -en/-en 卒業生, 修了者.

ab·sol·vie·ren[apzɔlví:rən] 他 (h) 1 a) (学校を)卒業する; (課題などを)修了する; (試験に)合格(及第)する: das Gymnasium ～ ギムナジウムを卒業する | die Lehrzeit ～ 年季を勤め上げる. b) (課題・つらい勤めなどを)やりとげる, 済ませる: ein Training ～ トレーニングをやりとげる. 2 《*jn.*》〘ｶﾄﾘｯｸ〙(…の)罪を許す, 赦罪する. [*lat.* ab-solvere „loslösen"]

Ab·sol·vie·rung[..rʊŋ] 女 -/ absolvieren すること.

ab·son·der·lich[apzɔ́ndərlɪç] I 形 普通とは違った, 並はずれた; 奇妙な, 突飛な: ein ～*er* Brauch 変わった風習 | Daran finde ich nichts *Absonderliches*. それには普通と違った変なところは少しもないと思う. II 副 (besonders) 特に, とりわけ.

Ab·son·der·lich·keit[–kaɪt] 女 -/-en (absonderlich I なこと. 例えば:) 奇癖.

▽**Ab·son·der·ling**[..lɪŋ] 男 -s/-e (Sonderling) 変わり者, 変人.

ab|son·dern[ápzɔndərn] 《05》他 (h) 1 分け隔てる, 隔離(疎隔)する; 〘法〙(破産法で)別除する; 〘化〙分離させる; 〘地〙裂開させる; 〘哲〙抽象する: die Kranken ～ 患者を隔離する ‖ 再帰 *sich*[4] von *jm.* ～ …から離れる, …と交渉を断つ ‖ *abgesondert* leben 引きこもって暮らす, 隠遁(いんとん)生活を送る. 2 〘生〙分泌する: Speichel ～ 唾液(だえき)を分泌する.

Ab·son·de·rung[..dərʊŋ] 女 -/-en 1 ([sich] absondern すること. 例えば:) 分離, 隔離, 疎隔, 隠匿(いんとく); 〘法〙(破産法による)別除; 〘化〙分凝固; 〘地〙裂開, 節理; 〘哲〙抽象; 〘生〙分泌. 2 〘生〙分泌物.

Ab·son·de·rungs·an·spruch 男 〘法〙(債権者の)別除請求.

ab·son·de·rungs·be·rech·tigt 形 〘法〙別除権のある.

Ab·son·de·rungs≈drü·se 女 〘生〙分泌腺. ≈**flüs·sig·keit** 女 〘生〙分泌液. ≈**ge·we·be** 中 〘生〙分泌組織. ≈**or·gan** 中 分泌器官. ≈**recht** 中 〘法〙(破産法による)別除権. ≈**stoff** 男 〘生〙分泌物. ≈**ver·mö·gen** 中 -s/ 〘哲〙抽象能力; 〘生·医〙分泌力.

ab·son·nig[ápzɔnɪç][2] 形 《園》日当たりの悪い, 日陰の.

Ab·sor·bens[apzɔ́rbɛns] 中 -/..benzien [..zɔrbɛ́ntsiən], ..bentia[..bɛ́ntsia·] 〘化〙吸収(吸着)剤; 〘理〙吸収体, 吸収材.

Ab·sor·ber[..bər] 男 -s/- 1 吸収装置. 2 = Absorbens [*engl.*]

ab·sor·bie·ren[apzɔrbí:rən] 他 (h) 1 吸い込む, 吸い上げる, 吸収する; 《比》吸収(同化)する; 合併(併合)する: Licht ⟨Wärme⟩ ～ 光(熱)を吸収する ‖ ein *absorbierendes* Mittel 吸収剤 | schall*absorbierend* 吸音性の. 2 (心・注意・精力などを)すっかり奪ってしまう, 熱中させる: Er hat meine Aufmerksamkeit ⟨Kräfte⟩ *absorbiert*. 彼のことが私の注意(精力)をすっかり奪ってしまった | Er war von der Arbeit ganz *absorbiert*. 彼はその仕事にすっかり忙殺されて(夢中になって)いた. [*lat.*; < *lat.* sorbēre „schlürfen"]

ab|sor·gen[ápzɔrgən][1] 他 (h) 再帰 *sich*[4] [um *jn.* ⟨*et.*[4]⟩] ～ [...のことで]大いに心を悩ます(ひどく心配する) | Wir haben uns sehr um dich *abgesorgt*. 君のことが心配で僕らはほんとにやせる思いだった.

Ab·sorp·tion[apzɔrptsió:n] 女 -/-en (absorbieren すること. 例えば:) 吸収; 《比》同化; 合併, 併合; 〘言〙[母音]吸収(子音[l][r][n][m] などが直前の母音を吸収してそれ自体が音節の担い手となること. 例 [ápfl] < [ápfəl]). [*spätlat.*; ◇ *absorbieren*]

Ab·sorp·tions≈fä·hig·keit 女 -/ 吸収力. ≈**ge·we·be** 中 〘生〙吸収組織. ≈**käl·te·ma·schi·ne** 女 吸収式冷却機. ≈**kan·te** 女 〘理〙吸収端. ≈**ko·ef·fi·zient**[..tsiɛnt] 男 〘理〙吸収係数. ≈**kraft** 女 -/ 吸収力. ≈**mit·tel** 中 吸収剤. ≈**spek·trum** 中 -/ 〘理〙吸収スペクトル. ≈**ver·mö·gen** 中 -s/ 〘理〙吸収能.

ab·sorp·tiv[apzɔrptí:f][1] I 形 吸収能力のある, 吸収性の. II **Ab·sorp·tiv** 中 -s/-e 吸収された物質.

ab|spal·ten[(*)][ápʃpaltən] 《173》他 (h) (縦に)割る, 裂く; 《*et.*[4] von *et.*[3]》(…を…から)分離(分裂)させる, 分割する; 〘化·理〙(分子などを)分裂させる: vom Klotz ein Stück Holz ～ 丸太から一辺を割って取る ‖ 再帰 *sich*[4] [von *et.*[3]] ～ [...から]分離(分裂)する | Eine kleine Gruppe *spaltete* sich von der Partei *ab*. 少数のグループが党から離反した.

Ab·spal·tung[..tʊŋ] 女 -/-en [sich] abspalten すること.

ab|spa·nen[ápʃpa:nən] (**ab|spä·nen**[1][..ʃpɛ:nən]) 他 (h) 〘工〙(金属を)削って仕上げる.

ab|spä·nen[2][ápʃpɛ:nən] 他 (h) 《方》《*jn.*》離乳(乳離れ)させる.

Ab·spann[ápʃpan] 男 -[e]s/-e (↔Vorspann) 〘映・ﾃﾚﾋﾞ〙終わりの字幕(タイトル)(プログラムが終わったのちに改めて配役などを文字で写し出す部分).

Ab·spann·draht 男 〘鉄道〙(カーブの架線を支える)バックボーン線.

ab|span·nen[ápʃpanən] I 他 (h) 1 (↔anspannen) (馬・牛など役畜を)車から外す; (車などから)役畜を外す: die Pferde ⟨den Wagen⟩ ～ 馬を車から解く, 繋駕(けいが)を外す | die Lokomotive ～ 《比》(列車から)機関車を切り離す. 2 (張りつめたものを)ゆるめる, (…の)緊張を解く: die Muskeln ～ 筋肉を弛緩(しかん)させる | die Nerven ～ 神経を休ませる | den Hahn ～ (銃の)打ち金(撃鉄)を安全装置にする ‖ 再帰 *sich*[4] ～ (人が)緊張を解く, くつろぐ. 3 《*jn.*》疲労させる, ぐったりさせる(→abgespannt II). 4 〘電〙(電圧を)下げる. 5 《*jm. jn.*》(…から…を)そむかせる, 疎隔する: Er hat mir meine Freundin *abgespannt*. 彼は私のガールフレンドを私から遠ざけた. 6 (煙突・マストなど高い建造物を)張り線やロープで支える(補強する). II **ab·ge·spannt** → 別出

Ab·spann≈iso·la·tor[ápʃpan..] 男 〘電〙引留碍子(がいし). ≈**klem·me** 女 〘電〙終端(耐張)クランプ. ≈**mast** 男 〘電〙引留(耐張)鉄塔; 〘鉄道〙(架線終端の)係柱.

Ab·span·nung[ápʃpanʊŋ] 女 -/-en 1 [sich] abspannen すること. 2 《単数で》(過労による肉体的・精神的な)疲れ, 疲労. 3 (高い建造物の)補強用張り線.

ab|spa·ren[ápʃpa:rən] 他 (h) 1 (金銭・衣食などを)切り詰める, 節約する: *sich*[3] jeden ⟨den letzten⟩ Bissen vom Mund[e] ～ (→Bissen 1) | *sich*[3] jeden Groschen [vom ⟨am⟩ Munde] ～ [食う物を]切り詰めて金をためる | *sich*[3] *et.*[4] am eigenen Leibe ～ (→Leib 1). 2 節約した金で買う: *sich*[3] *et.*[4] vom Taschengeld ⟨am eigenen Leibe⟩ ～ 小遣いをためて(衣食を切り詰めて)…を買う.

ab|specken[ápʃpɛkən] 自 (h) 《量を示す 4 格と》(…だけ)脂肪を減らす, (…だけ)減量する: 5 Kilogramm ～ 5キロ減量する. [< Speck]

Ab·speck·kur[ápʃpɛk..] 女 脱脂(減量)療法.

ab|spei·chern[ápʃpaɪçərn] 《05》他 (h) 〘電算〙(データを)保存する, セーブする.

ab|spei·sen[ápʃpaɪzən][1] 《02》《過分 ｽｲｽ: abgespiesen [ápgəʃpi:zən]》 I 他 (h) 1 《*jn.*》(…に)食べさせる, 食事を与える, 給食する: Täglich können hier tausend Personen *abgespeist* werden. ここでは日に1000人もの人に給食できる. 2 《話》《*jn.*》(うまいことを言って)丸めこむ, 引き下がらせる, 追い払う: *jn.* mit leeren Versprechungen ～ 空約束をして…を追い払う ‖ *sich*[4] nicht so [ohne weiteres] ～ lassen そう簡単には引き下がらない(丸めこまれない). II 自 (h) 《雅》食べ終わる, 食事を終える.

Ab·spei·sung[..zʊŋ] 女 -/-en (abspeisen すること. 例えば:) 給食.

ab·spen·stig[ápʃpɛnstɪç][2] 形 《述語的》《*jm.* / *et.*[3]》(…に)背いた, (…と)疎遠な: *jm.* ～ werden …から離反する, …を見かぎる | **jm. jn.** ⟨*et.*[4]⟩ **～ machen** …に…をそむかせる(手離させる) | einem Geschäft seine Kunden ～ machen ある店の顧客を奪う. [< *mhd.* abspannen „abwendig machen"; ◇ spannen, Gespenst]

ab|sper·ren[ápʃpɛrən] 他 (h) **1** ⟪*et.*[4]⟫ (…の通行を) 遮断する, 閉鎖する, (…への) 立ち入りを禁止する; ⟪*jn.*⟫ (病人などを) 隔離する: den Hafen ~ 港を閉鎖する | die Unfallstelle ~ 事故現場への立ち入りを禁じる ‖ 再帰 *sich*[4] von *et.*[3] ⟨gegen *et.*[4]⟩ ~ …から隔絶する, …から断絶する, …との交渉を断つ | *sich*[4] von der Welt ~ 世を捨てる | Japan hatte sich lange gegen die Fremden *abgesperrt*. 日本は長いこと外国人に対して国を閉ざしていた. **2** (ガス・水道・交通などの) 流れを止める; (機械などの) 機能を止める: den Dampf ~ 蒸気を止める | 〔*jm.*〕 das Telefon ~ (電話局が)〔…の〕電話を止める. **3** ⟪南部・ｵｰｽﾄﾘｱ⟫ (abschließen) **a**) (ドア・部屋・家・たんすなどに) かぎを掛けて閉める, 錠を下ろす: die Tür ⟨den Schrank⟩ ~ ドア⟨戸棚⟩にかぎを掛ける ‖〖目的語なしで〗 Ich habe vergessen *abzusperren*. 私はかぎを掛けるのを忘れた. **b**) 再帰 *sich*[4] ~ (自分の部屋・殻などに) 閉じこもる: *sich*[4] in *seiner* Wohnung ~ 家に閉じこもる. **4** (ベニヤ板などを) 張り合わせる, 合板する.

Ab·sperr≠hahn[ápʃpɛr..] 男 止めコック; (水道・ガスなどの) 元栓 (→ 図 Gas). **≠ket·te** 女 (警官などが並んで作る) 遮断〈非常〉線. **≠klap·pe** 女〖工〗止め弁. **≠kom·man·do** 中 (軍・警察の) 遮断担当班. **≠schie·ber** 男〖工〗堰(せき) 止め弁, 遮断〈仕切り・制流〉弁. **≠seil** 中 (事故現場などの) 立ち入り禁止〈通行止め〉の綱.

Ab·sper·rung[ápʃpɛrʊŋ] 女 -/-en **1** (〔sich〕 absperren すること. 例えば:) 遮断, 閉鎖: die ~ der Straße 道路の閉鎖 | die ~ der Einfuhr 輸入禁止. **2** 通行止め〈交通遮断〉の施設 (綱・鎖・バリケードなど: → 図 Straße); (警官などによる) 非常〔警戒〕線: die ~*en* durchbrechen 遮断装置〈非常線〉を突破する.

Ab·sperr≠ven·til 中〖工〗堰(せき) 止め弁, 遮断〈締め切り・制流〉弁. **≠vor·rich·tung** 女 遮断〈締め切り〉装置.

ab|spicken[ápʃpɪkən] 自 (h) ⟪生徒語⟫ ⟪von *jm.*⟫ (…から) カンニングする.

ab|spie·geln[ápʃpi:gəln] ⟪06⟫ 他 (h) ⟪*et.*[4]⟫ (…の) 像を映す, 反映させる: das ganze Dasein ~ ⟪比⟫ 全存在を映しだす ‖ 再帰 *sich*[4] ~ (像が) 映る, 反映する | Der Baum *spiegelt* sich im Wasser *ab*. 木の影が水に映る.

Ab·spie·ge·lung[..ʃpi:gəlʊŋ] (**Ab·spieg·lung**[..glʊŋ]) 女 -/-en 反映; 映った影, 映像.

Ab·spiel[ápʃpi:l] 中 -〔e〕s/〖球技〗パス (→abspielen 5 a).

ab|spie·len[ápʃpi:lən] 他 (h) **1 a**) (再生音を聞くためにレコード・録音テープなどを)〔始めから終わりまで〕回転させる, かける: Er *spielte* das Tonband bis zur Hälfte *ab*. 彼はそのテープを半分までかけた. **b**) (楽曲を)〔始めから終わりまで〕演奏する: die Nationalhymne ~ 国歌を演奏する. **c**)〖劇〗最後の上演を終える, 打ちあげる: Ist das Stück *abgespielt*? もうその芝居の再演はないのか. **2** (レコード・テープ・フィルム・楽器・運動具などを) たびたび使用して消耗〈破損〉する: *abgespielte* Karten 使い古しのトランプ | eine *abgespielte* Schallplatte 使い古しのレコード. **3** (楽曲を) 初見で演奏する: *et.*[4] vom Blatt ~ …を楽譜を見てすぐに (練習せずに) 演奏する. **4** 再帰 *sich*[4] ~ (劇的な事柄が) 演じられる, (出来事が) 起こる: Alles *spielte* sich vor seinen Augen *ab*. すべては彼の目の前で行われた | **Da ⟨Hier⟩ *spielt* sich nichts *ab*!** ⟪話⟫ それは全くの論外だ, そんなことは全然話にならない. **5 a**) ⟪しばしば目的語なしで⟫〖球技〗ボールをパスする: Er *spielte* 〔den Ball〕 an den Linksaußen *ab*. 彼は〔ボールを〕レフトウィングにパスした (→Abspiel). **b**)〖ﾋﾞﾘﾔｰﾄﾞ〗(球突き台の縁から球を別な球に) 突き出す.

Ab·spiel≠ge·rät[ápʃpi:l..] 中 (レコード・テープなどの) 再生装置. **≠kopf** 男 (録音器の) 再生ヘッド.

ab|spin·nen*[ápʃpɪnən] ⟪175⟫ 他 (h) (糸を) つむぐ; (すっかり) つむぎ終える: Wolle vom Rocken ~ 羊毛を糸巻きざおから糸につむぐ | *sein* Garn ~ ⟪比⟫ 長々と身の上話をする ‖ 再帰 *sich*[4] ~ (運命・事件・出来事などが) 繰り広げられる.

Ab·spliß[ápʃplɪs] 男 ..splisses/..splisse ⟪北部⟫〖海〗(索の) 撚(よ) り戻し.

ab|split·tern[ápʃplɪtərn] ⟪05⟫ **I** 他 (h) (裂片・破片状に) 引き裂く, 折り〈はぎ〉取る: Der Sturm hat Äste *abgesplittert*. あらしが樹木の大枝を引き裂いた ‖ 再帰 *sich*[4] ~ ⟪比⟫ 分裂する. **II** 自 (s) (裂片・破片状に) 裂ける, はがれ落ちる: Der Lack ist *abgesplittert*. ラッカー〈うるし〉が剝落(はくらく) した.

Ab·split·te·rung[..tərʊŋ] 女 -/-en absplittern すること.

Ab·spra·che[ápʃpra:xə] 女 -/-n 申し合わせ, 取り決め, 協定, 談合: eine ~ treffen 申し合わせをする, 談合する.

ab·spra·che·ge·mäß 形 申し合わせ〈取り決め〉どおりの, 協定による.

ab|spre·chen*[ápʃprɛçən] ⟪177⟫ **I** 他 (h) **1** ⟪*et.*[4] 〔mit *jm.*〕⟫ (…を〔…と〕) 申し合わせる, 取り決める, 協定する, 談合する: Wir müssen das noch mit ihm ~. これについてはまだ彼と話し合って決めなければならない ‖ 再帰 *sich*[4] mit *jm.* ~ …と話し合って取り決める, …と申し合わせをする | Sie hatten sich *abgesprochen*, nicht nachzugeben. 彼らは譲歩しないことを申し合わせていた. **2** (↔zusprechen) ⟪*jm. et.*[4]⟫ (審査・裁定などによって…の…を) 否認する: *jm.* das Leben ⟨das Haupt⟩ ~ ⟪雅⟫ …に死〔刑〕を宣告する | *jm.* das Recht ⟨den guten Willen⟩ ~ …の権利〈善意〉を認めない. **II** 自 (h) ⟪über *jn.* ⟨*et.*[4]⟩⟫ (…について) 否定的な見解を述べる, (…を) 非難する (→III). **III ab·spre·chend** 現分 形 (abfällig) 否定的な, 非難めいた: ein ~*es* Urteil 否定的判断〈宣告〉, 酷評 | *sich*[4] über *et.*[4] ~ ⟨in ~*er* Weise⟩ äußern …に否定的見解を述べる.

ab·spre·che·risch[..çərɪʃ] =absprechend

ab|sprei·zen[ápʃpraɪtsən] ⟪02⟫ 他 (h) **1** (手足・指などを)〔大きく〕広げる, 伸ばす. **2**〖建・坑〗(支柱で) 支える.

ab|spren·gen[ápʃprɛŋən] **I** 他 (h) **1** (爆破して) はね〈吹き〉飛ばす, 飛散させる: ein Stück von einem Felsblock ~ 岩塊の一部を爆薬ではね飛ばす. **2** (全体・本隊から) 切り離す; (鳥獣を群れから) 孤立させる: ein *Absprengen* von Erdschollen durch Frost 霜柱で地表が盛り上がること ‖ ein *abgesprengter* Zugvogel 群れからはぐれた渡り鳥. **II** 自 (s) (↔ansprengen) 馬を駆って急ぎ立ち去る.

ab|sprin·gen*[ápʃprɪŋən] ⟪179⟫ 自 (s) **1 a**) (↔aufspringen) (馬・乗り物などから) 飛び降りる: vom Pferd ⟨von der Straßenbahn⟩ ~ 馬〈市電〉から飛び降りる | mit dem Fallschirm ~ (飛行機から) 落下傘で飛び降りる. **b**)〖ｽﾎﾟｰﾂ〗(ジャンプの) 踏み切りをする. **2** ⟪von *et.*[3]⟫ (ボールなどが…から) はね返る. **3 a**) (固定してあったものが) はね飛ぶ, はじけ飛ぶ: Der Deckel *springt ab*. ふたがパチンと開く | Der Knopf ist *abgesprungen*. ボタンが取れてしまった. **b**) (塗料などが) はがれる, 剝落(はくらく) する: Die Vergoldung *springt ab*. 金箔(きんぱく) がはがれる. **4** ⟪von *et.*[3]⟫ (…から) 離脱〈脱落〉する, 離反する; 逸脱する: von einem Beruf ~ ある職業から離れる | von der Partei ~ 離党する | vom Thema ~ テーマからそれる | Manche Kunden sind schon *abgesprungen*. 何人かの顧客はすでに店から離れてしまった (他の店を利用するようになった).

ab|sprit·zen[ápʃprɪtsən] ⟪02⟫ **I** 他 (h) **1 a**) (ホースなどで) 水をかけて洗う: den Dreck ⟨den Wagen⟩ 〔mit dem Schlauch〕 ~ 〔ホースで水をかけて〕よごれを洗い落とす〈洗車する〉 ‖ 再帰 *sich*[4] ~ 水をはねかけて体を洗う〈冷やす〉. **b**) (植物などに薬剤の) 溶液をかける〈散布する〉. **2** ⟪*et.*[4]⟫〖料理〗(…に) 調味料をたらして味つけする. **3** ⟪*jn.*⟫ 注射で殺す. **II** 自 (s) **1** ⟪von *et.*[3]⟫ (水などが…から) はね返る: Die Tropfen *spritzten* von der Fensterscheibe *ab*. 水滴が窓ガラスに当たってはね飛んだ. **2** ⟪俗⟫ (↔anspritzen) 急いで立ち去る.

Ab·sprung[ápʃprʊŋ] 男 -〔e〕s/..sprünge[..ʃprʏŋə] (abspringen すること. 例えば:) 飛び降り;〖ｽﾎﾟｰﾂ〗(ジャンプの) 踏み切り; 離脱, 逸脱: der ~ vom Sprungturm〖泳〗高とび込み台からのとび込み.

Ab·sprung≠bal·ken 男 (走り幅跳び・三段跳びなどの) 踏切板. **≠bein** 中 (ジャンプの際の) きき足. **≠ge·biet** 中 (空挺(くうてい) 隊の) 降下地域. **≠ha·fen** 男 (軍用機の) 出撃基地. **≠hö·he** 女 (落下傘の) 降下高度. **≠li·nie**[..niə] 女 (ジャンプの) 踏切線. **≠punkt** 男 (競技・作戦などの) 出発点. **≠tisch** 男 (スキーの) ジャンプ台.

ab|spu·len[ápʃpu:lən] 他 (h) **1** (↔aufspulen) (糸・リボン・フィルムなどを) 巻き枠からはずす〈解く〉; ⟪話⟫ 単調に述べる〈唱える〉: 再帰 *sich*[4] von *et.*[3] ~ …(巻き枠など) からほどける.

2 映画に撮る. 3《話》(映画を)撮影する; 上映する.

ab|spü·len[ápʃpy:lən] 他 (h) すすぎ洗う; (よごれなどを)洗い落とす: einen Teller〔mit heißem Wasser〕~ 皿を〔熱湯で〕洗う ‖ den Staub ~ ほこりを洗い流す.

▽**Ab·spü·licht**[..lɪçt] =Spülicht

Ab·spü·lung[..lʊŋ] 女 -/-en (abspülen すること. 例えば:) すすぎ洗い;〚地〛雨食, 表面浸食.

ab|spun·den[ápʃpʊndən]《01》他 (h)〚工〛隔壁で仕切る.

▽**Ab·stamm**[ápʃtam] 男 -[e]s/ 1 =Abstammung 2 (Nachkommenschaft) 子孫, 後裔(こうえい).

ab|stam·men[ápʃtamən] 自 (s)《von *jm.* ⟨*et.*[3]⟩》(…の)系統をひく,(…に)由来する: Er *stammt* von einer adligen Familie *ab.* 彼は貴族の出である | Das Wort *stammt* vom Griechischen *ab.* この語はギリシア語に由来する.

▽**Ab·stämm·ling**[ápʃtɛmlɪŋ] 男 -s/-e 子孫, 後裔(こうえい).

Ab·stam·mung[ápʃtamʊŋ] 女 -/ 1 起源, 由来; 素性, 血筋, 家系: vornehmer ~[2] ⟨von vornehmer ~[3]⟩ sein 高貴の生まれである. 2〚動〛血統.

Ab·stam·mungs≠kla·ge 女〚法〛認知請求の訴え. **≠leh·re** 女 -/〚生〛進化論. **≠nach·weis** 男 (種畜などの)血統証明; 血統〔証明〕書. **≠ta·fel** 女〔家〕系図. **≠ur·kun·de** 女 (種畜などの)血統〔証明〕書.

Ab·stand[ápʃtant][1] 男 -[e]s/..stände[..ʃtɛndə] 1 (空間的・時間的な)隔たり, 間隔, 距離;《比》(対人関係などで)隔たり, 距離; (Unterschied) 差異, 懸隔: ein großer ~ im Alter 大きな年齢差 | der ~ der Erde von der Sonne ⟨zur Sonne⟩ 地球と太陽との距離 | ~ von ⟨zu⟩ *et.*[3] gewinnen《比》…に対して〔冷静に判断できるだけの〕心の余裕を得る, …から立ち直る | keinen ~ von *et.*[3] haben《比》…に対して〔正しく判断する〕ゆとりがない | von ⟨zu⟩ *jm.* ~ halten / von ⟨zu⟩ *jm.* ~ nehmen …と距離を保つ;《比》…と付き合わない, …を敬遠する | der ~ der Räder〔voneinander〕⟨**zwischen** den Rädern⟩ 車輪と車輪との間隔 | den ~ zwischen zwei Meinungen überbrücken 二つの意見のギャップを埋める ‖ **in** kurzen *Abständen* 次々と, 続けざまに | in *Abständen* von〔je〕10 Meter〔n〕⟨Minuten⟩ 10メートル⟨10分⟩ずつの間をおいて | Wir standen im weiten ~ um ihn herum. 私たちは彼を遠巻きに囲んで立っていた | *jm.* im ⟨in einem⟩ ~ von 5 Meter〔n〕folgen / *jm.* in ⟨**mit**⟩ 5 Meter ~ folgen 5メートルの距離をおいて…のあとに続く | **mit** ~ (差の大きさを強調して)はるかに | Er ist mit〔weitem〕~ der beste von ihnen. 彼は彼らの中でずばぬけていちばん優れている. 2《単数で》《官》取りやめ: **von** *et.*[3] **~ nehmen**《雅》…を断念⟨放棄・中止⟩する | von einem Plan ⟨einer Bestrafung⟩ ~ nehmen 計画⟨処罰⟩を取りやめる | Von Beileidsbesuchen bitten wir ~ zu nehmen. ご弔問の儀はご辞退申し上げます. 3《単数で》《話》(Abfindungsgeld) 賠償⟨補償⟩金; 違約金: 100 Mark als ~ verlangen ⟨zahlen⟩ 100マルクの補償を要求する⟨支払う⟩. [<abstehen]

▽**Ab·stän·der**[ápʃtɛndər] 男 -s/- 1〚林〛立ち枯れの木. 2 (Brackvieh)〚畜〛廃畜, 役に立たない家畜.

ab·stän·dig[..dɪç][2] 形 1〚林〛立ち枯れの, 枯死した. ▽2 (abgestanden) 鮮度の落ちた, 気の抜けた; 味気ない, 古臭い. ▽3 von *et.*[3] ~ werden …を取りやめる, …を放棄する.

Ab·stän·dig·keit[..kaɪt] 女 -/ abständig なこと.

Ab·stands≠geld[ápʃtants..] 中, **≠sum·me** 女 賠償⟨補償⟩金; 違約金. **≠ta·ste** 女 (Leertaste) (タイプライターの)スペース=バー.

ab|stat·ten[ápʃtatən]《01》他 (h)《機能動詞的に》する, 行う: *jm.* Bericht ~ …に報告する | *jm.* einen Besuch ~ …を訪問する | *jm.* *seinen* Dank ~ …に感謝する. [<Statt]

Ab·stat·tung[..tʊŋ] 女 -/ abstatten すること.

Ab·stau·be[ápʃtaʊbə] 女 -/ auf ~ leben《話》他人に生活費の面倒をみてもらって⟨いかがわしいやり方で⟩暮らしている.

ab|stau·ben[ápʃtaʊbən][1] **I** 他 (h) 1《*et.*[4]》(…の)ちり⟨ほこり⟩を払う. 2《俗》《*jn.*》(ひどく)ののしる, しかりとばす; むちで打つ. 3《俗》くすねる. 4 ein Tor ~〚球技〛(サッカーなどでラッキーなシュートで)ゴールを決める. 5《話》(車で)追い抜く. ▽**II** 自 (s) ちりとなって⟨ちりのように⟩飛散する.

ab|stäu·ben[ápʃtɔʏbən][1]《方》=abstauben I 1, 2

Ab·stau·ber[ápʃtaʊbər] 男 -s/- 1〚球技〛(ラッキーなシュートによって)ゴールを決めた人. 2 =Abstaubertor

Ab·stau·ber·tor 中 (幸運な偶然による)ゴールシュート.

Ab·stech·ei·sen[ápʃtɛç..] 中〚園〛移植ごて, 草とり小刀.

ab|ste·chen*[ápʃtɛçən]《180》**I** 他 (h) 1《*et.*[4]》(…の一部分を)刺して切り取る: Rasen ⟨Torf⟩ ~ (シャベルで)芝⟨泥炭⟩の一部を掘り取る. 2 (動物, 特に食肉用家畜を)刺し殺す, 畜殺する. 3《*jn.*》(フェンシングなどで相手を)打ち負かす; ▽(槍(やり)で馬から)突き落とす. 4 (ワインなどを樽(たる)の口から)流し出す; (溶鉄などを高炉の湯口から)流し出す, 湯出しする; (高炉などの)湯口⟨流出口⟩を開く. **II** 自 (h) 1《gegen *et.*[4] / von *et.*[3]》(…と)著しい対照をなす,(…から)際だつ: gegen *et.*[4] unvorteilhaft ~ …に比べて見劣りがする ‖ eine *abstechende* Farbe めだつ色. 2 vom Lande ~〚海〛出港する.

Ab·ste·cher[ápʃtɛçər] 男 -s/- (旅行途中の)寄り道;《比》逸脱: einen〔kurzen〕~ nach Heidelberg machen〔ちょっと〕ハイデルベルクへ寄り道する. [*ndl.*–*ndd.*]

Ab·stech·mes·ser[ápʃtɛç..] 中 畜殺刀.

ab|stecken[ápʃtɛkən] 他 (h) 1《*et.*[4]》(くい打ちなどして…の)境界線を画定する,(…の)区画を定める;《比》(計画・目標などの)輪郭を定める; 経始(けいし)する: einen Bauplatz ⟨den Kurs für ein Skirennen⟩ ~ 建設用地⟨スキー競技のコース⟩を画定する. 2〚服飾〛(仮縫いの際などに)体に合わせてピンで留める: ein Kleid ~ ドレスをピンで留めて体の寸法に合わせる. 3 (↔anstecken) (ピンなどで留めてあったものを)外す: eine Brosche ~ ブローチを外す | den Zopf ~ (ヘアピンを外して)お下げ髪を解く.

Ab·steck≠fähn·chen 中 測量旗. **≠lei·ne** 女〚建〛経始(けいし)縄. **≠li·nie**[..niə] 女〚建〛経始線. **≠na·del** 女〚服飾〛仮縫い用のピン. **≠pfahl** 男, **≠pflock** 男〚建〛経始杭, 標杭. **≠schnur** 女 -/..schnüre(-en) =Absteckleine

Ab·steckung[ápʃtɛkʊŋ] 女 -/-en abstecken すること.

ab|ste·hen*[ápʃte:ən]《182》**I** 自 1 (h) **a)**《von *et.*[3]》(…から)離れて立っている: Das Haus *steht* 50 m ⟨ein wenig⟩ von der Straße *ab.* 家は通りから50メートル⟨少し⟩離れた所にある | Der Stuhl *steht* zu weit vom Tisch *ab.* いすは机から離れすぎている. **b)** 離れてついている; わきへ突き⟨横に張り⟩出している: Die Ohren *stehen* ihm vom Kopf *ab.*/ Seine Ohren *stehen ab.*/Er hat *abstehende* Ohren. 彼の耳は出っ張っている. 2 (s, h) **a)**《雅》《von *et.*[3]》(…を)差し控える, とりやめる, 放棄する, 棄権する: von der Forderung ⟨dem Plan⟩ ~ 要求を引っ込める⟨計画を見合わせる⟩. **b)**《方》《von *jm.*》(…を)見捨てる. 3 (s) (schal werden) (長く放置して)鮮度が落ちる, 気が抜ける, 味が悪くなる (→abgestanden II): Das Bier ist *abgestanden.* このビールは気が抜けている. 4 (s) (abbaumen)〚狩〛(猟鳥が)木から飛び去る,(野獣が)木から跳び去る. 5 (s)《南西部》(absterben) (植物が)枯れる; (魚などが)死ぬ. **II** 他 (h) 1《話》(一定時間を)立って過ごす⟨勤める⟩: *seine* zwei Stunden Wache ~ 2時間の立哨(りっしょう)勤務を済ませる. 2《話》*sich*[3] die Beine ~ (→Bein 1 a). ▽3 (abtreten)《*jm.* *et.*[4]》(…に…を)譲渡する. **III ab·ge·stan·den** → 別出 [◇Abstand]

ab|steh·len*[ápʃte:lən]《183》他 (h)《*jm.* *et.*[4]》(…から…を)たくみに⟨苦心して⟩盗み取る: dem lieben Gott den Tag ~《比》のらくら日を過ごす | *sich*[3] die Zeit zu *et.*[3] ~ …のための時間をひねり出す.

ab|stei·fen[ápʃtaɪfən] 他 (h) (塀・坑道などを支柱で)補強する, しっかり支える; (襟などに)芯地(しんじ)を入れる; (洗濯物に)のりづけする.

Ab·stei·fung[..fʊŋ] 女 -/-en absteifen すること.

Ab·stei·ge[ápʃtaɪgə] 女 -/-n《話》=Absteigequartier

ab|stei·gen*[ápʃtaɪgən][1]《184》**I** 自 (s) 1 (↔aufsteigen) **a)** (馬・乗り物などから)降りる: vom Fahrrad ⟨von einer Leiter⟩ ~ 自転車⟨はしご⟩から降りる: **b)** (山などを)下りる: vom Gipfel ⟨ins Tal⟩ ~ 山頂から⟨谷へ⟩下りる.

c) 下降する: Der Weg *steigt ab.* 道は下り坂になっている. d) (地位・名声などが)下がる; 〖ｽﾎﾟｰﾂ〗(ランクが)下がる. **2** (旅館などに)投宿〈宿泊〉する: in einem Hotel ～ ホテルに投宿する〈泊まる〉. **II ab·stei·gend** 現分 形 下降する; 下り坂の: eine ～*e* Linie 下降線 | Verwandte ～*er* Linie 卑属 | ～*e* Tonleiter 〖楽〗下行音階 ‖ auf dem ～*en* Ast sein / *sich*[4] auf dem ～*en* Ast befinden (→Ast 1).

Ab·stei·ge·quar·tier (ｵｰｽﾄﾘｱ: **Ab·steig·quar·tier** [ápʃtaɪk..]) 中 **1** 旅館, 宿泊所. **2** ラブホテル, 連れ込み宿, 曖昧(あいまい)宿; 愛人と会うための別宅.

Ab·stei·ger [ápʃtaɪɡər] 男 -s/- (↔Aufsteiger) 〖ｽﾎﾟｰﾂ〗(下位リーグなどへの)陥落チーム.

Ab·stell·bahn·hof [ápʃtɛl..] 男 〖鉄道〗留置〈待避〉駅.

Ab·stel·le [ápʃtɛlə] 女 -/-n 《話》(屋根のある)自動車置き場, 簡易車庫, カーポート.

ab|stel·len [ápʃtɛlən] **I** 他 (h) **1** (手に持っていた荷物などを)下へ降ろす: *seinen* Koffer ～ トランクを下に置く | *sein* Glas auf der Fensterbank ～ (手にしていた)グラスを窓台の上に置く. **2** (不用のものなどを)わきへ置く; (一時的に)しまう, 格納する: das Fahrrad im Hof ～ 自転車を中庭にしまう | einen Zug ～ 〖鉄道〗列車を留置線に入れる. **3** 《*et.*[4] von *et.*[3]》(…を…から)少し離れた場所へ置く. **4** (↔anstellen) 《*et.*[4]》(栓をひねったり, スイッチを切ったりして〔…の〕)作動をとめる: das Gas ～ ガスを止める | das Licht ～ あかりを消す | das Radio ～ ラジオのスイッチを切る | den Wecker ～ 目ざまし時計のベルを止める | den Haupthahn ～ 元栓を止める. **5** (欠陥などを)除去する, (悪習などを)廃止する, やめる: einen Mißstand ～ 不都合を除去する | eine Unsitte ～ 悪習を廃する. **6** 《*jn.*》(ある勤務に)回す, 派遣する; 転勤させる; 〖ｽﾎﾟｰﾂ〗(ある選手を)協会チーム外の試合に出す: *jn.* für Außenarbeiten 〈zur Küchenarbeit〉 ～ …を屋外作業〈炊事場勤務〉に回す. **7** (einstellen) 《*et.*[4] auf *et.*[4]》(…を…に)適合〈順応〉させる, (…の焦点・照準を…に)合わせる: die Produktion auf den Publikumsgeschmack ～ (商品の)生産を大衆の好みに合わせる ‖ auf *et.*[4] *abgestellt* sein …をめざして〈…の効果をねらって〉いる.

II 自 (h) **1** 《auf *et.*[4]》(…に)焦点〈照準〉を合わせる, (…を)顧慮する, 考慮に入れる. **2** 《ｽｲｽ》立つ; (水中で)背が立つ.

Ab·stell≠gleis [ápʃtɛl..] (≠**ge·lei·se**) 中 〖鉄道〗留置〈待避〉線 (→ 図 Bahnhof B): ***jn.* aufs 〈auf das / auf ein〉 ～ schieben** 《話》…を左遷する; …をのけ者にする | ***et.*[4] aufs 〈auf das / auf ein〉 ～ schieben** 《話》…を棚上げする. ≠**hahn** 男 止めコック, (ガスなどの)元栓. ≠**kam·mer** 女 納戸, 物置べや. ≠**plat·te** 女 (アイロンなどの)置き台, 下敷き. ≠**platz** 男 駐車場; 〖空〗駐機場, エプロン. ≠**raum** 男 **1** ＝Abstellkammer **2** (劇場など大きな建物の中の)倉庫.

Ab·stel·lung [ápʃtɛlʊŋ] 女 -/-en (abstellen すること. 例えば:) (一時的)格納; 作動停止; 除去.

ab|stem·men [ápʃtɛmən] 他 (h) **1** のみ(たがね)で削る. **2** (力をこめて)押しのける〈上げる〉, つっぱる: 再帰 *sich*[4] vom Boden ～ 腕をつっぱって床から体を起こす.

ab|stem·peln [ápʃtɛmpəln] 《06》他 (h) **1** 《*et.*[4]》(…に)スタンプ〈公式の印〉を押す: einen Ausweis ～ 証明書に押印する | Briefmarken ～ 切手に消印を押す. **2** 《*jn.* 〈*et.*[4]〉 zu *et.*[3]/*jn.* 〈*et.*[4]〉 als *et.*[4]》(…に…の)烙印(らくいん)を押す, (…を…であると)決めつける: *jn.* zum Lügner 〈als Lügner〉 ～ …にうそつきの烙印を押す | eine Bewegung als reaktionär ～ ある運動に反動の烙印を押す.

Ab·stem·pe·lung [..pəlʊŋ] (**Ab·stemp·lung** [..plʊŋ]) 女 -/-en abstempeln すること.

▽**Ab·sten·tion** [apstɛntsió:n] 女 -/-en (Verzicht) (相続権などの)放棄. [*fr.*; < *lat.* abstinēre (→Abstinenz)]

ab|step·pen [ápʃtɛpən] 他 (h) 《*et.*[4]》〖服飾〗(…に)刺し子縫い〈キルティング〉をする.

ab|ster·ben* [ápʃtɛrbən][1] 《185》自 (s) **1 a)** (徐々に)死滅する; (器官・細胞などが)壊死(えし)する; (植物が)枯死する: Dieses alte Brauchtum *stirbt* allmählich *ab.* この古いしきたりは徐々に消滅してゆく. ▽**b)** (sterben) (人が)死ぬ. **2** (体の一部の)感覚が麻痺(まひ)する〈しびれる〉: Die Füße sind mir 〔wie〕 *abgestorben.* 足がしびれてしまった.

Ab·stich [ápʃtɪç] 男 -[e]s/-e **1** 《単数で》(abstechen すること. 例えば:) **a)** (芝・泥炭などの)掘り取り. **b)** (動物の)刺殺, 畜殺. **c)** (高炉の)湯口あけ, 湯出し. **2** 〖金属〗(高炉の)流出口, 湯口 (→ 図 Hochofen).

ab|stie·feln [ápʃti:fəln] 《06》自 (s) 《俗》(weggehen) 立ち去る.

Ab·stieg [ápʃti:k][1] 男 -[e]s/-e (↔Aufstieg) **1 a)** 下ること, 下降; 下山. **b)** 下り道, 下り坂: ein steiler ～ 急な下り坂. **2** 没落, 衰退; 〖ｽﾎﾟｰﾂ〗(下位リーグなどへの)陥落.

ab·stiegs·ge·fähr·det 形 〖ｽﾎﾟｰﾂ〗(下位リーグなどへ)陥落しそうな.

ab|stil·len [ápʃtɪlən] 他 (h) 《*jn.*》離乳〈乳離れ〉させる.

Ab·stimm≠an·zei·ge [ápʃtɪm..] 女 〖電〗(受信機などの)同調表示〈指示〉〔装置〕. ≠**au·to·ma·tik** 女 〖電〗自動同調装置.

ab|stim·men [ápʃtɪmən] **I** 自 (h) 賛否の意思表示をする, 投票する; 《über *et.*[4]》(…について)採決する, 表決〈票決〉する: geheim ～ 秘密投票をする | durch Handaufheben 〈mit Ja oder Nein〉 ～ 挙手によって〈イエスかノーで〉決をとる | über eine Gesetzesvorlage ～ 法案について採決する. **II** 他 (h) **1** (楽器などの)調子を合わせる; (受信機などを)波長に合わせる, 同調させる. **2** 《*et.*[4] auf *et.*[4]》(…を…に)調和〈適応〉させる, (…を…に適合するように)調整する: *seine* Rede auf die Zuhörer ～ スピーチの内容を聴衆に合わせる | Farben aufeinander ～ 色彩を互いに調和させる ‖ 再帰 *sich*[4] mit *jm.* ～ …と話し合って意見を調整する | Ich habe mich darüber 〈in dieser Frage〉 mit meinem Partner *abgestimmt.* 私はそれについて〈この問題で〉パートナーと意見の調整を図った. **3** 〖商〗(帳簿などをつき合わせて)検査〈監査〉する.

Ab·stimm≠knopf [ápʃtɪm..] 男 〖電〗同調つまみ, 選局ボタン. ≠**kreis** 男 〖電〗同調回路. ≠**schär·fe** 女 -/ 〖電〗同調〈共振〉の鋭さ, 選択度. ≠**ska·la** 女 〖電〗選局目盛り板〈ダイヤル〉. ≠**spu·le** 女 〖電〗同調コイル.

Ab·stim·mung [ápʃtɪmʊŋ] 女 -/-en (〔sich〕 abstimmen すること. 例えば:) **1** 投票; 採決, 表決, 票決: eine geheime ～ vornehmen 秘密〈無記名〉投票を行う | zur ～ kommen 〈gelangen〉 (議案などが)採決〈票決〉される. **2** (楽器などの)調子合わせ; (受信機を)波長に合わせること, 同調. **3** 調和〈適合〉させること, 調整: die ～ von Interessen 利害の調整.

Ab·stim·mungs≠er·geb·nis 中 採決〈投票〉結果. ≠**ge·biet** 中 〖史〗(第一次大戦後住民投票によって帰属を決定した)住民自決地区. ≠**recht** 中 表決〈投票〉権. ≠**zet·tel** 男 投票用紙.

ab·sti·nent [apstinɛ́nt] **I** 形 (enthaltsam) 禁欲的な; (特に:) 禁酒の: völlig ～ leben 絶対禁酒の生活をする. ▽**II Ab·sti·nent** 男 -en/-en ＝Abstinenzler

Ab·sti·nenz [..nɛ́nts] 女 -/ 節制, 禁欲; (特に:) 禁酒; 〖医〗禁断; 〖宗〗精進, 〖ｶﾄﾘｯｸ〗小斎: ～ üben 禁酒〈節制〉する. [*lat.*; < *lat.* abs-tinēre „ab-halten" (◇Tenor[1])]

Ab·sti·nenz·ler [..lər] 男 -s/- (女 **Ab·sti·nenz·le·rin** [..lərɪn]-/-nen) 禁酒主義者.

Ab·sti·nenz·tag 男 〖ｶﾄﾘｯｸ〗(肉食を控える)小斎日.

ab|stin·ken* [ápʃtɪŋkən] 《187》自 (s) 《話》(davongehen) 走り〈逃げ〉去る; 惨憺(さんたん)たる成績に終わる; くたばる.

▽**ab|stö·bern** [ápʃtø:bərn] 《05》他 (h) 捜しまわる: das ganze Haus nach *et.*[3] ～ …を求めて家じゅうを捜す.

ab|stop·peln [ápʃtɔpəln] 《06》他 (h) ein Feld ～ 畑の落ち穂を拾い集める.

ab|stop·pen [ápʃtɔpən] **I** 他 (h) **1** (進行中のものを)止める, 停止させる: den Wagen 〈die Produktion〉 ～ 車〈生産〉を止める. **2** (ストップウォッチで…の)時間を計る: den Flug 〈den Schwimmer〉 ～ 飛行時間〈泳者の所要タイム〉をストップウォッチで計る. **II** 自 (h) (進行中のものが)止まる, 停止する.

ab|stöp·seln [ápʃtœpsəln] 《06》他 (h) 《*et.*[4]》(…に)栓をする.

Ab·stoß [ápʃto:s] 男 -es/..stöße [..ʃtø:sə] (abstoßen すること. 特に:) 突き離し; (地面をけっての)飛び上がり; 〖ｻｯｶｰ〗ゴ

ールキック.

ab|sto·ßen* [ápʃto:sən] ⟪188⟫ **I** 他 (h) **1 a)** 突いて離す: ein Boot 〔vom Ufer〕 ~ (オールで)ボートを岸から突き離す ‖ 再帰 *sich*^{4} mit dem Ruder ~ オールで突いて岸を離れる | *sich*^{4} mit den Füßen vom Boden ~ 地をけって飛び出す〈上がる〉, スタートする. **b)** 突きのける, 払いのける; ⟪比⟫ (さっさと)売り払う, たたき売る; (負債を)支払う, さっさと返す: eine Krankheit ~ 病気をはねのける | Waren 〈Aktien〉 ~ (下落に先立ち)商品を売り払う〈持ち株を処分する〉. **2 a)** (しっくい・ワニスなどを)突いて〈たたいて・切って〉はがす; (食器・家具などを)破損する: den Putz von der Wand ~ 壁を突いて〈壁にぶつかって〉しっくいを崩す | die Ecken 〈die Kanten〉 von *et.*^{3} ~ …の角を破損する | die Schnauze von der Kanne ~ 水差しの口を欠く | *jm.* den Kopf 〈den Arm〉 ~ …の首〈腕〉を切り落とす | *sich*^{3} die Haut ~ 皮膚をすりむく ‖ *sich*^{3} die Hörner ~ (→Horn 1 a) | ▽*jm.* das Herz ~ ⟪比⟫ …を苦しめる〈さいなむ〉(昔の拷問に由来する表現) ‖ *abgestoßene* Tassen 欠けた茶わん. **b)** (衣服などを)すり切らす, 着損じる: die Ärmel ~ そでをすり切らす | die Schuhspitzen ~ 靴先をすり減らす | Der Mantel ist an den Ärmeln *abgestoßen*. コートはそでがすり切れている. **3** (↔ anziehen) **a)** ⟪*jn.*⟫ (…に)反感を起こさせる, 反発させる: Er 〈Sein Benehmen〉 *stößt* mich *ab*. 彼〈彼の振舞い〉は私に反感を感じさせる ‖ ein *abstoßendes* Wesen きざな性質〈態度・やつ〉 | *abstoßend* häßlich sein (不快感を与えるほど)ひどく醜い ‖ *sich*^{4} von *jm.* 〈*et.*^{3}〉 *abgestoßen* fühlen …に嫌悪を覚える, …は虫が好かぬ, …とそりが合わない. **b)** 〘理〙 反発する: 再帰 *sich*^{4} 〈einander〉 ~ (磁極などが)反発し合う ‖ *abstoßende* Kraft 斥力(せきりょく). **4** den Ball ~ 〘サッカー〙 ゴールキックする. **5** 断続する: Noten ~/Noten *abgestoßen* spielen 〘楽〙 音譜をスタッカートで演奏する(→staccato) | in *abgestoßenen* Worten sprechen ぽつりぽつりと語る. **II** 自 (s, h) (ボートなどが突き離されて)〔岸を〕離れる: Die Fähre ist 〈hat〉 〔vom Lande〕 *abgestoßen*. 渡し船は岸を離れた.

Ab·sto·ßung [ápʃto:sʊŋ] 女 -/-en (abstoßen すること. 例えば:) (在庫品・株券などの)処分, 一掃; (不快なものへの)反感, 反発; 〘理〙 反発〔作用〕.

Ab·sto·ßungs≠kraft 女 〘理〙 斥力(せきりょく). **≠re·ak·tion** 女 〘医〙 (生体の)拒絶反応.

ab|stot·tern [ápʃtɔtərn] ⟪05⟫ 他 (h) ⟪話⟫ 分割払いする: das Auto ~ 自動車代を分割払いする, 自動車を割賦で買う | monatlich 50 Mark ~ 50マルクずつ月賦で払う.

Ab·stract [ǽbstrækt] 男 -s/-s (文書・口頭発表などの)要約, 抜粋, レジュメ. [*lat.* abstractus–*engl.*; ◇abstrakt]

ab|stra·fen [ápʃtra:fən] **I** 他 (h) ⟪*jn.*/*et.*^{4}⟫ 処罰する, (子供などを)こらしめる. **II** **ab·ge·straft** → 別出

Ab·stra·fung [..fʊŋ] 女 -/-en 処罰.

ab·stra·hie·ren [apstrahí:rən] **I** 他 (h) 抽象〔化〕する: aus *et.*^{3} allgemeine Prinzipien ~ …から一般原則を抽象する. **II** 自 (h) (absehen) ⟪von *et.*^{3}⟫ (…を)度外視する, (…を)断念する: von konkreten Beispielen ~ 具体例を無視する. [*lat.* abs-trahere „ab-ziehen"; ◇Trakt]

ab|strah·len [ápʃtra:lən] **I** 他 (h) **1** 〘理〙 (光・熱などを)放射〈輻射(ふくしゃ)〉する: Energie ~ エネルギーを放射する. **2** ⟪*et.*^{4}⟫ 〘工〙 (砂(すな)噴射機で…に)表面仕上げ加工をする. **II** 自 (h) ⟪auf *jn.* 〈*et.*^{4}〉⟫ (光・熱などを…に向かって)放射〈輻射〉する; ⟪比⟫ (…に)影響を及ぼす.

Ab·strah·lung [..lʊŋ] 女 -/-en 〘理〙 放射, 輻射(ふくしゃ); 〘工〙 砂噴射機加工.

ab·strakt [apstrákt] 形 **1** (↔konkret) 抽象的な, 非具体〈具象〉的な, 概念〈観念〉的な: eine ~*e* Bedeutung 抽象的な意味 | ein ~*er* Begriff 抽象概念 | die ~*e* Kunst 〈Malerei〉 抽象芸術〈絵画〉 | ein ~*es* Substantiv 〘言〙 抽象名詞 ‖ ~ denken 抽象的に考える | Ihre Antwort ist mir zu ~. あなたの返事は私には抽象的すぎる. **2** (↔kausal) 〘法〙 無因の: ein ~*es* Geschäft 〈Papier〉 無因行為〈証券〉. [*lat.* abs-tractus „ab-gezogen"; ◇abstrahieren]

Ab·strak·ta Abstraktum の複数.

Ab·strakt·heit [..haɪt] 女 -/-en abstrakt なこと.

Ab·strak·tion [apstraktsió:n] 女 -/-en **1** 抽象〔化〕, 抽象作用. **2** 抽象的な概念. [*spätlat.*]

Ab·strak·tions≠fä·hig·keit 女 -/ , **≠ver·mö·gen** 中 -s/ 抽象能力.

Ab·strak·tum [apstráktʊm] 中 -s/..ta [..ta·] (↔ Konkretum) **1** 抽象概念. **2** 〘言〙 抽象名詞.

ab|stram·peln [ápʃtrampəln] ⟪06⟫ 他 (h) ⟪話⟫ 再帰 *sich*^{4} ~ 懸命にペダルをこぐ; ⟪比⟫ 懸命に努力する〈働く〉.

ab|strän·gen [ápʃtrɛŋən] 他 (h) (↔ansträngen) (役畜を)車〔のひき革〕から外す.

ab|stra·pa·zie·ren [ápʃtrapatsi:rən] 他 (h) (…に)無理を強いる, 骨を折らせる; 酷使する: *seine* Nerven ~ 神経を酷使する ‖ 再帰 *sich*^{4} ~ へとへとに疲れきる.

ab|stre·ben [ápʃtre:bən][1] **I** 他 (h) 支柱で支える. **II** 自 (h) ⟪von *et.*^{3}⟫ (…から)離れ〈それ〉ようとする.

ab|strecken [ápʃtrɛkən] 他 (h) **1** (手足を)伸ばす. ▽**2** ⟪*jm. et.*^{4}⟫ (…に…を)差し出す: *jm.* eine Ohrfeige ~ …に平手打ちをくらわせる.

Ab·streich [ápʃtraɪç] 男 -〔e〕s/-e 〘商〙 (競売の際の)逆ぜり, 最低価格入札.

ab|strei·chen* [ápʃtraɪçən] ⟪189⟫ **I** 他 (h) **1 a)** ⟪*et.*^{4} von *et.*^{3}⟫ (…を…から)ぬぐい〈削り〉取る, 払い落とす: den Dreck von den Schuhen ~ 靴から泥を落とす | den Schaum vom Bierglas ~ (盛り上がった)ビールの泡をコップから(へらで)そぎ取る. **b)** ⟪*et.*^{4}⟫ (…の)よごれをぬぐい〈削り〉取る: *sich*^{3} die Schuhe ~ 靴の泥を落とす | ein Glas Bier ~ ビールのコップから(盛り上がった)泡を(へらで)そぎ取る | ein Rasiermesser am Riemen ~ かみそりを革砥(かわと)でとぐ. **2** ⟪*et.*^{4} von *et.*^{3}⟫ (…を…の中から)削減〈削除〉する: von einer Forderung 100 Mark ~ 要求額のうち100マルクを削る | die Hälfte ~ (→Hälfte 1). **3** (absuchen) (場所などを)捜し回る; (サーチライトなどで)くまなく捜す. **II** 自 (s) (↔anstreichen) 〘狩〙 (鳥が)飛び去る; ⟪比⟫ (人が)逃げ去る.

Ab·strei·cher [..ʃtraɪçər] 男 -s/- (Abtreter) (戸口の)靴ぬぐい, (靴の)泥落とし.

ab|strei·fen [ápʃtraɪfən] **I** 他 (h) **1 a)** (身につけている衣類・装身具などを)脱ぐ, 外す: die Handschuhe ~ 手袋を脱ぐ | den Rucksack ~ (背負っていた)リュックサックを降ろす | *seine* Armbanduhr ~ 腕時計を外す. **b)** ⟪比⟫ (桎梏(しっこく)・束縛などを)脱する; (悪習・悪徳などを)捨てる: alte Vorurteile ~ 古い偏見を捨てる. **c)** ⟪*et.*^{4}⟫ (…の)皮をはぐ; (…を)はぐ: den Aal ~ ウナギの皮をはぐ | die Haut ~ 脱皮する. **2** (abstreichen) **a)** ⟪*et.*^{4} von *et.*^{3}⟫ (…を…から)ぬぐい〈削り〉取る, 払い落とす | die Asche 〔von der Zigarre〕 ~ 〔葉巻から〕灰を払い落とす | den Schmutz von den Sohlen ~ ⟪方⟫ 靴底から泥を落とす. **b)** ⟪方⟫ ⟪*et.*^{4}⟫ (…の)よごれをぬぐい〈削り〉落とす: *sich*^{3} die Füße ~ 足のよごれを落とす. **3** (absuchen) (場所などを)捜し回る, くまなく捜す. **II** 自 (s) それる: vom Weg〔e〕 ~ 道から外れる, わき道へそれる.

Ab·strei·fer [..ʃtraɪfər] 男 -s/- =Abstreicher

ab|strei·ten* [ápʃtraɪtən] ⟪190⟫ 他 (h) **1** ⟪*et.*^{4}⟫ 否定する, 否認する: ein Verbrechen ~ 犯罪を否認する | Diese Tatsache läßt sich nicht ~. この事実は否定し得ない. **2** ⟪*jm. et.*^{4}⟫ (…に対してその権利・所有・資格などを)認めない: Er ist ein guter Lehrer, das kann man ihm nicht ~. 彼はよい教師だ. このことは認めざるを得ない.

ab|streu·en [ápʃtrɔyən] 他 (h) 〘軍〙 (場所などを)機関銃で掃射する.

Ab·strich [ápʃtrɪç] 男 -〔e〕s/-e **1** (経費などの)削減, 減額; 削除: ein ~ am Etat 〈im Haushaltsplan〉 予算の削減 | ~*e* machen (経費などを)削減する; (要求などを)引き下げる, 譲歩する. **2** 〘金属〙 鉱滓(こうさい), 浮きかす. **3** 〘医〙 **a)** (検査用の)粘膜〈組織〉採取. **b)** 採取された粘膜〈組織〉. **4** (↔Aufstrich) (書字の)下向きの線〈字画〉. **5** 〘楽〙 下げ弓.

ab|stricken [ápʃtrɪkən] 他 (h) **1** (模様などを)編み写す, (手本を)まねて編む. **2** ⟪ときに目的語なしで⟫ 〔eine Nadel〕 ~ 一段〈ひと区切り〉編み終える.

ab|strö·men [ápʃtrø:mən] **I** 自 (s) **1** (↔anströmen) (大量に)流れ去る: Die Menschen *strömten ab*. 人々は潮の引くように去っていった. **2** 流れ落ちる: *abströmender* Regen しのつく雨. **II** 他 (h) (川・潮流などが岸を)洗い流す, 浸食する.

ab·strus[apstrú:s][1] 形 **1** 分かりにくい, 難解な; 脈絡の整わない, ごたごたした. **2** 奇妙な, ばかげた. [*lat.* abstrūsus „verborgen"; <*lat.* trūdere „stoßen" (◇verdrießen)]

ab|stu·fen[ápʃtu:fən] 他 (h) **1** (…に)段階をつける, 等級に分ける; (明暗・濃淡・色調などの)区別をつける: das Gehalt nach Leistung ～ 能力に応じて給料に段階をつける ‖ ein terrassenförmig *abgestuftes* Gelände テラス状に段のついた土地. **2** 《*jn.*》(…の)賃金を格下げする.

Ab·stu·fung[..fʊŋ] 女 -/-en **1** abstufen すること. **2** 段階, 等級; (明暗・濃淡・色調などの)ニュアンスの差. **3** (↔Abtönung) 〚言〛音量的アプラウト(→Ablaut).

ab|stump·fen[ápʃtʊmpfən] **I** 他 (h) **1** (とがった・鋭利な部分を)磨滅させる, 鈍くする; (感覚・感情などを)鈍磨させる. **2** 〚化〛中和する. **II** 自 (s) 磨滅する, 鈍くなる; (感覚・感情などが)鈍磨する.

Ab·stump·fung[..fʊŋ] 女 -/ abstumpfen すること.

Ab·sturz[ápʃtʊrts] 男 -es/..stürze[..ʃtʏrtsə] **1** 墜落, 転落: ein Flugzeug zum ～ bringen 飛行機を墜落させる〈撃墜する〉. **2** (急角度に落ち込んでいる)崖(がけ), 断崖(→ 図 Berg A): Ein ～ gähnt vor ihm. 彼の前に深淵(しんえん)が口を開けている. **3** 〚電算〛クラッシュ(プログラム実行中に操作ミスによってデータがすべて消滅してしまうこと).

ab|stür·zen[ápʃtʏrtsən] 《02》 **I** 自 (s) **1** (高い所から)墜落する, 転落する; (なだれ・土砂などが)落下する: Der Hubschrauber ist *abgestürzt.* ヘリコプターが墜落した | Er *stürzte* beim Klettern 〔tödlich〕 *ab.* 彼は登攀(とうはん)中に転落〔死〕した. **2** (斜面・山腹などが)急角度に落ち込む, 険しくそそり立つ: eine steil *abstürzende* Felswand 急傾斜に落ち込んでいる岩壁. **3** 〚電算〛クラッシュする. **II** 他 (h) *sich*[3] das Genick 〈den Hals〉 ～ 墜落して首の骨を折る.

ab|stut·zen[ápʃtʊtsən] 《02》 他 (h) (…の)先端を切る; 刈り込む: die Hecken ～ 生け垣を刈り込む | eine *abgestutzte* Nase だんご鼻.

ab|stüt·zen[ápʃtʏtsən] 《02》 他 (h) **1** 支柱で支える; 《比》(例証などで)裏づける, 支える. **2** 再帰 *sich*[4] von *et.*[3] ～ 突っぱりながら…から身を離している.

ab|su·chen[ápzu:xən] 他 (h) **1 a)** 捜して取り去る: Läuse ～ シラミを捜して取る | die Raupen vom Kohl ～ キャベツから幼虫を除去する. **b)** 《*et.*[4]》(…から害虫などを)捜して取り去る. **2** (場所などを)くまなく捜す: den Himmel mit Scheinwerfern ～ 探照灯で空を探索する | die Schublade 〈das ganze Zimmer〉 nach *et.*[3] ～ …を求めて引き出しをかき回す〈部屋じゅうを捜し回る〉.

Ab·sud[ápzu:t, ◡⌐][1] 男 -〔e〕s/-e 《雅》 **1** 煎(せん)じること. **2** 煎じ汁, 煎剤: ein ～ von Kräutern 薬草の煎じ薬.

ab|süh·nen[ápzy:nən] 他 (h) (罪などを完全に)償う.

ab·surd[apzúrt][1] 形 (widersinnig) 不合理〈不条理〉な; ばかげた: ein ～*er* Gedanke ばかげた考え | ～*es* Theater 〚劇〛不条理演劇. [*lat.* absurdus „mißtönend"]

Ab·sur·di·tät[apzurditέ:t] 女 -/-en 不合理, 不条理; ばからしさ, でたらめ, たわごと. [*spätlat.*]

ab|sur·fen[ápzø:rfən, ..zœrfən, ..sə:fən] 自 (h) (↔ansurfen) 〚スポ〛(シーズン最後の)サーフィン納めをする.

ab·sze·die·ren[apstsedí:rən] 自 (s, h) (eitern) 〚医〛化膿する. [*lat.*; ◇zedieren]

Ab·szeß[apstsέs] 男 (オーストリア: 中) ..zesses/..zesse 〚医〛膿瘍(のうよう). [*lat.*]

ab·szin·die·ren[apstsɪndí:rən] 他 (h) (abtrennen) 切断する, 切り離す. [*lat.*; <*lat.* scindere (→Szission)]

Ab·szis·se[apstsísə] 女 -/-n (↔Ordinate) 〚数〛横座標. [*lat.*]

Ab·szis·sen·ach·se 女 〚数〛横〔座標〕軸.

Abt[apt] 男 -〔e〕s/Äbte[έptə] (⊛ **Äb·tis·sin** → 別出) 大修道院長: den ～ reiten lassen 《比》気楽に振舞う, 羽を伸ばす. [*kirchenlat.* abbās (→Abbé) – *ahd.* abbat; ◇Abate, Abtei; ◇*engl.* abbot]

Abt. 略 = Abteilung 部局, 課.

▽**ab|ta·feln**[ápta:fəln] 《06》 自 (h) 食事を終える.

ab|ta·keln[ápta:kəln] 《06》 他 (h) **1** (↔ auftakeln) 〚海〛(船の)索具〈装備〉を外す, 廃船にする: 再帰 *sich*[4] ～ 《戯》帽子とコートを脱ぐ ‖ ein *abgetakeltes* Schiff 廃船 | eine *abgetakelte* Primadonna 《比》(引退して容色の衰えた)元プリマドンナ. **2** 《話》(entlassen) 《*jn.*》くびにする. [*ndl.* – *ndd.*]

ab|tan·ken[áptaŋkən] 他 (h) (ガスなどを)タンク〈容器〉から抜く.

ab|tan·zen[áptantsən] 《02》 **I** 自 **1** (s) 《俗》(↔antanzen) (足取り軽く)立ち去る, いなくなる; 《比》死ぬ. ▽**2** (h) 踊り終える. **II** 他 (h) **1** 踊って痛める: *sich*[3] die Schuhe ～ 踊って靴をはき減らす ‖ 再帰 *sich*[4] ～ 踊ってへとへとになる. **2** 踊って克服する: *sich*[3] den Berufsstreß ～ 職業上のストレスをダンスで解消する.

ab|ta·sten[áptastən] 《01》 他 (h) **1** 手で触って〈探って〉調べる; 〚医〛触診する; 《比》(…に)さぐりを入れる, 調査する: *seine* Taschen nach dem Schlüssel ～ 鍵(かぎ)がないかとあちこちのポケットを探る | *jn.* nach versteckten Waffen ～ 武器を隠し持ってはいないかと…を身体検査する | den Markt 〈alle Möglichkeiten〉 ～ 市場の状況〈あらゆる可能性〉を探る. **2** 〚電・テレビ〛走査する.

Ab·ta·ster[..tastər] 男 -s/- 〚テレビ〛走査機; 〚電算〛サンプラー.

Ab·ta·stung[..tastʊŋ] 女 -/-en abtasten すること.

Ab·tast·zei·le 女 〚テレビ〛走査線.

ab|tau·chen[áptaʊxən] 自 (s) **1** 〚海〛(潜水艦などが)水中に潜る; 《話》(反政府・反体制派の人などが)地下に潜る. **2** = abducken

ab|tau·en[áptaʊən] **I** 自 (s) (氷・雪などが)溶け去る; 氷結状態がやむ: Die Fensterscheibe *taut ab.* 窓ガラスの氷が溶ける. **II** 他 (h) (氷・雪などを)溶かし去る; (…の)氷結状態を終わらせる: den Kühlschrank ～ 冷蔵庫の霜を取る.

Ab·tausch[áptaʊʃ] 男 -〔e〕s/ 交換; 〚チェス〛相打ち.

ab|tau·schen[áptaʊʃən] 《04》 他 (h) **1** 《*jm. et.*[4]》(…から…を)交換して手に入れる: *et.*[4] gegen *sein* Pferd ～ …を自分の馬と交換に手に入れる. **2** 《スイス》(tauschen) 《*et.*[4] mit *jm.*》(…を…と)交換する. **3** 〚チェス〛相打ちにする.

ab|ta·xie·ren[áptaksi:rən] 他 (h) 評価〈査定〉する.

Äb·te Apt の複数.

Ab·tei[aptáɪ] 女 -/-en (英: *abbey*) 〚カトリック〛大修道院, 女子大修道院; 大修道院領. [*kirchenlat.* – *ahd.*; ◇Abt]

Ab·teil[aptáɪl, ◡⌐] 中 -〔e〕s/-e **1** (Coupé) 〚鉄道〛(客車内の仕切られた)車室, コンパートメント(→図): ein ～ für Raucher 喫煙者用の車室 | Das ganze ～ lachte. 同じ車室の乗客がみな笑った. **2** (一般に)仕切られた場所; (Schrankfach) (戸棚の)仕切り.

ab|tei·len[áptaɪlən] 他 (h) **1** (特定の場所を)仕切る, 区切る, 区分〈分割〉する; (特定の人たちを)グループに分ける: einen Raum durch eine Trennwand ～ へやを隔壁で仕切る. **2** 〚言〛(語を)分綴(ぶんてつ)する.

ab·tei·lich[aptáɪlɪç] 形 大修道院〔領〕の.

Ab·teil≠kof·fer[aptáɪl.., áptaɪl..] 男 (中に仕切りのある)大型トランク.

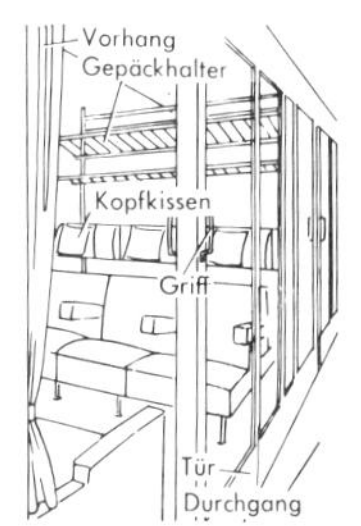

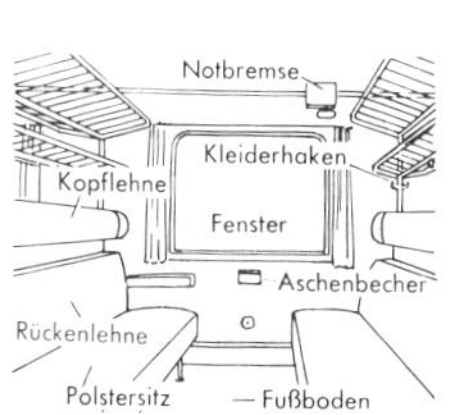

Abteil

A

⸗tür 女 車室〈コンパートメント〉のドア.

Ab·tei·lung 女 -/-en **1** [áptaɪlʊŋ] **a)** 《単数で》(abteilen すること. 例えば:) 区分, 分割; 仕切り; 類別: die ~ der Wörter am Zeilenende 行末での語の分綴(ぶん). **b)** 仕切られた場所, 区画. **2** [aptáɪlʊŋ; ｵｰｽﾄﾘｱ·ｽｲｽ: áptaɪlʊŋ] (略 Abt.) **a)** (大きな組織・官庁・企業などの)部門, 部局(局・部・課など); (学校・病院などの)部, 科; (商店・デパートなどの)部, 売り場: die chirurgische 〈innere〉 ~ (病院の)外科〈内科〉〔病棟〕| die ~ für Sportartikel / Sport*abteilung* (デパートの)スポーツ用品売場 | Personal*abteilung* 人事局〈部・課〉| Werbe*abteilung* 宣伝部〔門〕‖ Das ist nicht meine ~. 《比》それは私とは無関係だ. **b)** 〘軍〙〔部〕隊; (Bataillon) 大隊: Aufklärungs*abteilung* 偵察部隊. **c)** 〘動・植〙門(界の大区分に用いられる分類単位); 〘地〙統(系と階の中間に位置する年代層序区分). **d)** 〘林〙林区; 〘狩〙猟区. **e)** (新聞・雑誌などの)欄.

Ab·tei·lungs⸗chef[aptáɪlʊŋsʃɛf] 男, **⸗lei·ter** 男 部局の長(局長・部長・課長・科長・主任など). **⸗un·ter·richt** 男 -[e]s/ (同一教室内での)グループ式授業.

Ab·tei·lungs⸗wand[áptaɪlʊŋs..] 女 仕切り壁, 隔壁. **⸗zei·chen** 中 分離記号, ハイフン.

ab|te·le·fo·nie·ren (ᵛ**ab|te·le·pho·nie·ren**) [áptelefoniːrən] 自 (h) 《話》《*jm.*》(…に)電話をかけて取り消す〈断る〉.

ab|te·le·gra·fie·ren (ᵛ**ab|te·le·gra·phie·ren**) [áptelegrafiːrən] 自 (h) 《話》《*jm.*》(…に)電報を打って取り消す〈断る〉.

ᵛ**ab|te·le·pho·nie·ren** ＝abtelefonieren

Ab·te·stat[áptɛstaːt] 中 -[e]s/-e (大学の)聴講証明書(学期末に教授が学生の Studienbuch に記入された講義題目のわきに署名して受講を証明する).

ab·te·stie·ren[aptɛstíːrən] 自 (h) 聴講証明書を出す.

ab|teu·fen[áptɔʏfən] 他 (h) 〘坑〙(立坑を)掘り下げる.

Ab·teuf⸗kü·bel 男 〘坑〙スキップ(立坑に降りるかご). **⸗pum·pe** 女 〘坑〙(立坑の)掘り下げポンプ.

Abt·haus[ápt..] ＝Abtshaus

ab|tip·pen[áptɪpən] 他 (h) 《話》(原稿などを)タイプする: einen Brief ~ 手紙をタイプで打つ.

ab|ti·schen[áptɪʃən] 《04》自 (h) 《ｽｲｽ》食卓の後片づけをする.

Äb·tis·sin[ɛptísɪn] 女 -/-nen (英: *abbess*) (Abt の女性形) 女子大修道院長. [＜..issin]

ab|tö·nen[áptøːnən] 他 (h) 《*et.*[4]》(色彩などに)濃淡の差をつける; 《比》(…に)陰影をつける, 微妙なニュアンスを付加する: Farben aufeinander ~ 配色のバランスをとる.

Ab·tö·nung[..nʊŋ] 女 -/-en **1** 《単数で》abtönen すること. **2** 色合い, 陰影, ニュアンス. **3** (↔Abstufung) 〘言〙音質的アプラウト(→Ablaut).

Ab·tö·nungs·par·ti·kel 女 (Modalpartikel) 〘言〙心態の不変化詞, 心態詞(話し手のさまざまな主観的心情を反映する不変化詞. 例 denn, doch, ja, nur).

ab|tö·ten[áptøːtən] 《01》他 (h) (微生物・細胞などを)殺す; (感情・欲望などを)押し殺す: die Krankheitserreger 〈den Zahnnerv〉 ~ 病原体〈歯の神経〉を殺す | *sein* Fleisch ~ 肉欲を抑える | den Schmerz ~ (薬で)痛みを抑える | *jm.* den Nerv ~ 《比》ひどく…の気にさわる ‖ 再帰 *sich*[4] ~ 禁欲する.

Ab·tö·tung[..tʊŋ] 女 -/-en 〔sich〕abtöten すること: ~ des Fleisches 禁欲.

ab|tra·ben[áptraːbən][1] **I** 自 **1** (s) (↔antraben) (馬が・馬に乗って)速歩(はやあし)〈だく足〉で走り抜ける. **2** (s, h) 《場所を示す 4 格と》(ある距離を)速歩〈だく足〉で走り抜ける. **II** 他 (h) 再帰 *sich*[4] ~ 速歩〈だく足〉で走り疲れる.

Ab·trag[áptraːk][1] 男 -[e]s/ **1** 《雅》(Schaden) 損害, 損失: *jm.* 〈*et.*[3]〉 **~ tun** …に損害を与える. **2** 《ｽｲｽ》＝Abtragung ᵛ**3** (Bezahlung) 支払い, 返済. ᵛ**4** (食事の)後片づけ; (Abhub) 残菜, 残飯.

ab|tra·gen*[áptraːgən][1] 《191》 **I** 他 (h) **1** 運び去る: **a)** (einebnen) (土を運び去って)平らにならす, 開削する; (建物などを)取り払う, 撤去する: den Hügel ~ 丘を切り開く | eine Ruine ~ 廃墟(はいきょ)を取り片づける. **b)** 〘医〙(腫瘍(しゅよう)などを)切除〈摘出〉する. **c)** 《雅》den Tisch 〈die Tafel〉 ~ 食卓を片づける | Speisen 〈Teller〉 ~ (食卓の)食べ物〈さら〉を下げる ‖〘目的語なしで〙Herr Ober, *tragen* Sie bitte *ab*! ボーイさん 食卓の上を片づけてください. **d)** Kohle ~ 《方》石炭を地下室へ運び込む. **2 a)** (abzahlen) (負債・利子などを少しずつ・分割で)支払う, 返済する, 償還する: eine Hypothek ~ 抵当を請け戻す. **b)** *jm.* Dank ~ …に謝意を表する. **3** 〘数〙(線や図形を)転写〈転移〉する. **4** (abnutzen) (衣服を)すり切らせる, 着古す: 再帰 *sich*[4] ~ 着古される; 《比》古びて使いものにならなくなる. **5** 〘狩〙(タカを)仕込む. **6** 《ｽｲｽ》(eintragen) (利益を)もたらす, もうけさせる: Das *trägt* nicht viel *ab*. それはたいしてもうけにならない. **7** 〔*sich*[4]〕 ~ (果樹が)実らなくなる. **8** 再帰 *sich*[4] mit *et.*[3] ~ …を引きずって運ぶ. **II ab·ge·tra·gen** → 別出

ab·trä·gig[áptrɛːgɪç][2] 形 《ｽｲｽ》＝abträglich 1

ab·träg·lich[áptrɛːklɪç] 形 **1** (↔zuträglich) 《*jm.*/*et.*[3]》(…にとって)有害な, 不利な: ein ~*er* Umstand 不利な事情 | *jm.* ~ sein 《雅》…にとって有害〈不利〉である ‖ Das ist seinem Ruf 〈seiner Gesundheit〉 ~. それは彼の名声〈健康〉を損なうものだ. **2** 《ｽｲｽ》＝einträglich

Ab·träg·lich·keit[−kaɪt] 女 -/-en abträglich なこと.

Ab·tra·gung[áptraːgʊŋ] 女 -/-en (abtragen すること. 例えば:) 地ならし, 開削; (建物などの)解体, 撤去; 〘地〙(浸食土の)剝削(はくさく); (負債などの)支払い, 返済, (なし崩しの)償却.

ab|trai·nie·ren[áptrɛniːrən, ..tre..] 他 (h) (ぜい肉などを)運動によって取る, トレーニングによって減量する.

Ab·trans·port[áptranspɔrt] 男 -[e]s/-e (↔ Antransport) 搬出.

ab|trans·por·tie·ren[..transpɔrtiːrən] 他 (h) 搬出する, 運び去る.

ab|träu·feln[áptrɔʏfəln] 《06》自 (s) (液体が)したたり落ちる, 滴下する.

ab|trei·ben*[áptraɪbən][1] 《193》 **I** 他 (h) 追い払う: **1** (↔antreiben) (潮流・風などが)押し流す, 漂流させる(→Abdrift): Der Wind *trieb* das Shiff 〈das Flugzeug〉 *ab*. 風が船〈飛行機〉を偏流させた | Er wurde weit ins Meer *abgetrieben*. 彼は遠く沖へ流された. **2** (体内から)除去する: ein Kind 〈die Leibesfrucht〉 ~ 胎児をおろす, 堕胎する | Milch ~ 乳をしぼり出す | Würmer 〈ein Gift〉 ~ 寄生虫〈毒物〉を駆除する ‖ *jm.* ein Würmchen 〈die Würmchen〉 ~ 《俗》…にひっきりなしに用事を言いつけて悩ます ‖ ein *abtreibendes* Mittel 堕胎薬. **3 a)** das Vieh ~ 家畜を追い払う; (高原牧場から)家畜を追いおろす. **b)** einen Bienenschwarm ~ (巣から)ミツバチ群を追い出す. **4 a)** den Wald 〈das Wild aus dem Wald〉 ~ 〘狩〙山狩りする, 森から野獣を狩り出す(→b). **b)** den Wald 〈das Holz〉 ~ 〘林〙森林を伐採する. **c)** eine Wiese ~ 〘畜〙牧場の草を食い尽くさせる, 牧場に放牧する. **d)** die Galerie ~ 〘坑〙坑道のぐらつく岩石を砕いて除く, 坑道を開掘する. **5 a)** 〘金属〙(金属を)精錬する. **b)** 〘化〙(アルコールなどを)蒸留して造る. **6** ᵛ(馬などを)駆り立てて疲れさせる, 酷使する; 《*jn.*》こき使う. **7** *jn.* von einem Gut ~ …を土地から放逐する〈立ち退かす〉, …から土地を取り上げる. **8** 《南部・ｵｰｽﾄﾘｱ》(rühren) 〘料理〙攪拌(かくはん)する, 泡立てる. **II** 自 (s) 押し流される, 漂流する: Das Boot ist vom Ufer *abgetrieben*. ボートは岸から押し流された. **III ab·ge·trie·ben** → 別出

Ab·trei·be·ofen[áptraɪbə..] 男 〘金属〙精鉱炉.

Ab·treib·ling[áptraɪplɪŋ] 男 -s/-e 巣から追い出されたミツバチ群.

Ab·trei·bung[áptraɪbʊŋ] 女 -/-en (abtreiben すること) **1** 堕胎: eine ~ vornehmen 堕胎をする. **2** 〘金属〙灰吹き法; 精錬. ᵛ**3** (敵の)放逐.

Ab·trei·bungs⸗mit·tel 中 堕胎薬. **⸗pa·ra·graph** 男 (刑法の)堕胎条項. **⸗pil·le** 女 経口堕胎薬. **⸗ver·bot** 中 堕胎禁止.

ab·trenn·bar[áptrɛnbaːr] 形 abtrennen できる: ein ~*es* Verb 〘言〙分離動詞.

ab|tren·nen[áptrɛnən] 他 (h) **1** (付着しているものを)切

り離す, 切断する: das Futter 〈die Knöpfe〉 vom Kleid ～ 服から裏地をはがす〈ボタンを取る〉| einen Scheck ～ (小切手帳から)小切手を切り取る | *jm.* ein Bein 〈einen Arm〉 ～ …の足〈腕〉を切断する ‖ 再帰 Ein Waggon hat sich *abgetrennt*. (列車の)一台の車両が切り離された. **2** 分離する, 隔離する; 分割する, 区切る: einen Teil des Zimmers ～ 部屋の一部を仕切る | von der Welt *abgetrennt* leben 世間と隔絶した〈没交渉の〉生活をする.

Ab·tren·nung[..nʊŋ] 女 -/-en (abtrennen すること. 例えば:) 切断, 分離.

ab|trep·pen[áptrɛpən] 他 (h) (土地などを)階段状にする: 再帰 *sich*⁴ ～ 階段状になる.

ab|tre·ten*[áptre:tən] ⟨194⟩ **I** 自 (s) **1 a)** ⟨von *et.*³⟩ (…から)退く, 去る; (abgehen) 〘劇〙(俳優が舞台から)退場する; ⟨比⟩ 引退する: *tritt ab* 〘劇〙(ト書きで)退場 | *jn.* ～ lassen …を退去させる; 〘法〙…を退廷させる; 〘軍〙…(隊列)を解散させる | **aus** dem öffentlichen Leben ～ 公的生活から退く | **vom** Amte ～ 退官〈辞職・辞任〉する | von der Bühne ～ (→Bühne 1) | vom Schauplatz ～ 公職を退く, 引退する; ⟨雅⟩ 世を辞する, 死ぬ | von einer Partei 〈einem Glauben〉 ～ 脱党〈棄教〉する ‖ der *abgetretene* Minister 辞任した大臣. **b)** ⟨話⟩ 死ぬ. **2** 便所に行く(→Abtritt 2). ᵛ**3** (absteigen) 宿泊する: bei *jm.* 〈im Wirtshaus〉 ～ …のところ〈宿屋〉に泊まる. **II** 他 (h) **1** ⟨*jm. et.*⁴/*et.*⁴ an *jn.*⟩ 譲る, 譲渡する; 割譲する: *jm. seinen* Platz ～ …に席を譲る | *jm.* 〈an *jn.*〉 ein Land ～ …に領地を割譲する ‖ *abgetretene* Gebiete 割譲地域. **2** 〔*sich*³〕 den Schmutz 〔von den Schuhen〕 ～/〔*sich*³〕 die Schuhe ～ (靴ふきで)靴のよごれをこすり落とす(→Abtreter 1) | 〔*sich*³〕 die Füße 〈die Schuhe〉 ～ ⟨比⟩ (買い物などのために)さんざん歩く. **3** 踏み〈はき〉減らす, 踏み損じる: die Absätze ～ 靴のかかとをすり減らす | die Schleppe ～ すそを踏みつけていためる ‖ Die Stufe ist *abgetreten*. 階段がすり減っている | der *abgetretene* Teppich すり切れたじゅうたん. **4** (花壇などのまわりを)踏んで境界をつける; (道を)踏みつけて平らにする. **III Ab·tre·ten** 中 -s/ abtreten すること.
[◇Abtritt]

Ab·tre·ter[áptre:tər] 男 -s/- **1** (戸口の)靴ぬぐい(→ 図 Treppe), (靴の)泥落とし. **2** (abtreten する人. 例えば:) 〘法〙譲渡人, 委付者.

Ab·tre·tung[..tʊŋ] 女 -/-en (abtreten すること. 特に:) 譲渡; (領土の)割譲: die ～ eines Rechtes an *jn.* …への権利の譲渡 | Vermögens*abtretung* 財産譲渡.

Ab·tre·tungs≈schrift 女, **≈ur·kun·de** 女 譲渡証書.

Ab·trieb[áptri:p]¹ 男 -[e]s/-e **1** (↔Auftrieb) 家畜を山の牧場から追い下ろすこと. **2** 〘林〙 **a)** (森林の)伐採, 皆伐, 主伐. **b)** 伐採区域. **3** 〘化〙蒸留分離. **4** 〘工〙末端動力. **5** ⟨南部・ｵｰｽﾄﾘｱ⟩ 〘料理〙泡立てた材料. **6** 〘法〙先買権, 優先買付権. **7** 〘空〙偏流.

Ab·triebs≈al·ter 中 〘林〙伐採樹齢. **≈dreh·zahl** 女 〘工〙末端回転数. **≈er·trag** 男 〘林〙伐採量.

ab|trie·fen⁽*⁾[áptri:fən] ⟨195⟩ =abtropfen I 1 a

Ab·trift[áptrɪft] 女 -/-en **1** =Abdrift **2** 〘農・林〙放牧〈伐採〉権.

ab|trin·ken*[áptrɪŋkən] ⟨196⟩ 他 (h) (こぼれるほどいっぱいに液体の入っている容器に口をつけて)そっと〈用心深く〉すすって飲む; (液体の上の部分を)すする: den Schaum vom Bier ～ ビールの泡をすする.

Ab·tritt[áptrɪt] 男 -[e]s/-e **1** (abtreten すること. 例えば:) 退去, 退場; 引退, 退職, 退位; 〘劇〙(舞台からの)退場. **2** ⟨方⟩ (Abort) 便所: auf den ～ gehen 便所へ行く. **3** 〘狩〙獣に踏みしだかれた草.

Ab·tritts≈bril·le 女 ⟨方⟩ 便座. **≈deckel** 男 ⟨方⟩ 便器のふた.

Ab·trocken·tuch[áptrɔkən..] 中 -[e]s/..tücher (食器用の)ふきん.

ab|trock·nen[áptrɔknən] ⟨01⟩ **I** 他 (h) **1** ⟨*et.*⁴⟩ (ふきん・タオルなどで)ぬぐって乾かす, (…の)水気をぬぐい取る; ⟨*jn.*⟩ (…の)体をふく: das Geschirr ～ (洗った)食器をふく | *sich*³ das Gesicht 〈die Hände〉 ～ 顔〈手〉をふく ‖ 再帰 *sich*⁴ 〔am Handtuch〕 ～ 〔タオルで〕体をふく. **2** (汗・涙・よごれなどを)ぬぐい取る: *sich*³ den Schweiß ～ 汗をふく | *jm.* die Tränen ～ …の涙をふき取ってやる. **3** すっかり乾かす: Der Wind hat die Wäsche *abgetrocknet*. 風で洗濯物が乾いた. **II** 自 (s, h) すっかり乾く, 乾燥する, 干上がる: Der Boden ist 〈hat〉 *abgetrocknet*. 地面がかさかさに乾いてしまった.

Ab·tropf≈bank[áptrɔpf..] 女 -/..bänke (台所などの)水切り台. **≈brett** 中 (台所などの)水切り板.

ab|tröp·feln[áptrœpfəln] ⟨06⟩ =abtropfen I 1

ab|trop·fen[áptrɔpfən] **I** 自 (s) **1 a)** (液体が)したたり落ちる, 滴下する: Der Regen *tropft* von den Bäumen *ab*. 雨が木々からしたたり落ちる. **b)** しずくをしたたらせる: Die Bäume *tropfen ab*. 木々からしずくが落ちる | Die Wäsche muß erst ～. 洗濯物はまず水を切らなければならない. **2** 〘球技〙(ボールが)トラッピングする, 体にぶつかって真下に落ちる. **II** 他 (h) ⟨*et.*⁴⟩ (…の)水分を切る.

Ab·trop·fer[..pfər] 男 -s/- 〘球技〙トラップ, (体にぶつかって)真下に落ちたボール.

Ab·tropf·scha·le 女 〘工〙しずく〈ドレン〉受け.

ab|trot·ten[áptrɔtən] ⟨01⟩ 自 (s) のろのろ〈とぼとぼ〉立ち去る.

ab|trot·zen[áptrɔtsən] ⟨02⟩ 他 (h) ⟨*jm. et.*⁴⟩ (…から…を)強引に奪い取る, がんばりとおして手に入れる.

ab|tru·deln[áptru:dəln] ⟨06⟩ 自 (s) **1** 〘空〙(飛行機が)きりもみ状態で落下する. **2** ⟨話⟩ ずらかる, 逐電する.

ab|trump·fen[átrʊmpfən] 他 (h) **1** ⟨*jn.*⟩ 〘ﾄﾗﾝﾌﾟ〙切り札で負かす. **2** ⟨話⟩ ⟨*jn.*⟩ (頭ごなしに)しかりつける.

ab·trün·nig[áptrʏnɪç]² 形 (ungetreu) 不実な, 離反〈変節・反逆〉した: der ～*e* Engel 〘宗〙堕天使 ‖〘3格と〙der Partei 〈*seinem* Versprechen〉 ～ werden 党〈約束〉にそむく ‖ der 〈die〉 *Abtrünnige* 変節者, 反逆者; 〘宗〙背教者.
[*ahd.*; ◇abtrennen]

Ab·trün·nig·keit[–kaɪt] 女 -/ 反逆; 〘宗〙背教.

Abts≈haus[ápts..] 中 大修道院長の居宅. **≈stab** 男 大修道院長杖.

ab|tun*[áptu:n] ⟨198⟩ **I** 他 (h) **1 a)** ⟨話⟩ (↔antun) (衣類を)脱ぎ捨てる: den Mantel 〈die Handschuhe〉 ～ コート〈手袋〉を脱ぐ | den Ring 〈den Schlips〉 ～ 指輪〈ネクタイ〉をはずす. **b)** 取り去る; 廃止する, やめる: von *jm.* die Hand ～ …から手を引く, …を見捨てる | die Gewohnheit 〈den Mißbrauch〉 ～ 習慣〈乱用〉をやめる. ᵛ**c)** 再帰 *sich*⁴ *et.*² 〈von *et.*³〉 ～ …を免れる. **2 a)** (erledigen) (手ばやく・あっさりと・軽蔑的に)片づける, 処理する: *et.*⁴ kurz 〈so schnell wie möglich〉 ～ …をあっさり〈できるだけ急いで〉片づける | *et.*⁴ mit einem Lachen 〈einem Scherz〉 ～ …を一笑に付する〈茶化す〉| Er wollte meine Besorgnis als Hirngespinst ～. 彼は私の心配を妄想として片づけようとした. ᵛ**b)** (abmachen) (好意的に)処理する: *et.*⁴ 〔mit *jm.*〕 gütlich ～ …を〔…と話し合って〕穏便に解決する. **3 a)** ⟨方⟩ (schlachten) (家畜・家禽(かきん)を)殺す, 畜殺する. **b)** ⟨*jn.*⟩ 殺す, 死刑にする. **II ab·ge·tan** → 別出

ab|tup·fen[áptʊpfən] 他 (h) そっと当てて〈たたいて〉ぬぐい取る: das Blut mit Watte ～ 脱脂綿で血をぬぐう | *sich*³ die Stirn ～ 額〔の汗〕をぬぐう.

ab|tur·nen[áptʊrnən] 自 (h) (屋外での)体操シーズン納めをする: Morgen ist *Abturnen*. あすは体操納めだ.

ab|tü·ten[ápty:tən] ⟨01⟩ 他 (h) (小売り用に)袋詰めにする. [<Tüte]

Abt·wahl[ápt..] 女 大修道院長選挙.

Abu·lie[abulí:] 女 -/-n[..lí:ən] 〘医〙無為〔症〕, 無意志〔症〕. [*gr.*; <a..¹+*gr.* boulḗ „Rat"]

abu·lisch[abú:lɪʃ] 形 無為〔症〕の, 無意志〔症〕の.

abun·dant[abʊndánt] 形 (reichlich) 豊富な, あり余るほどの: ～*e* Zahl 〘数〙豊数, 過剰数. [*lat.*]

Abun·danz[..dánts] 女 -/ **1** 豊富, 充溢. **2** 〘生〙数度. **3** (Pleonasmus) 〘言〙冗語〔法〕. **4** 人口密度. [*lat.*]

abun·die·ren[..dí:rən] 自 (h) ⟨an *et.*³⟩ (…が)豊富である, あり余っている. [*lat.* abundāre „über-fließen"; <*lat.* unda (→Undine); ◇*engl.* abound]

ab ur·be con·di·ta[ap ʊ́rbə kɔ́ndita·, – ..be· –]《ラテン語》(紀元前753年の建都から数える)古代ローマ暦年で. [„seit Gründung der Stadt (Rom)“; ◇urban]

ab|ur·tei·len[áp|ʊrtaɪlən] **I** 他 (h) **1** (…に)有罪の判決(評価)を下す: *jn.* als Spion ～ …をスパイだときめつける. ᵛ**2** 《*jm. et.*⁴》判決によって(…から…を)剝奪(はくだつ)する. **II** 自 (h) **1** 最終的判決を下す. **2** 《über *jn.* 〈*et.*⁴〉》(…について)即座に〈軽率に・有無を言わせず〉否定的な評価を下す.

Ab·ur·tei·lung[..lʊŋ] 女 -/-en (aburteilen すること. 例えば:) 有罪判決, 断罪; 有無を言わせぬ(断定的な)評価.

Abu Sim·bel[abuzímbəl, á:bu· zímbəl]《遺跡名》アブシンベル (Nil 川上流の岩に彫りこまれた古代エジプトの神殿の遺跡. Assuan のダム建設に伴い移築された). [< *arab.* abū „Vater“]

ab·usiv[ap|uzí:f, abu..]¹ 形 乱用された; 乱用による: der ～*e* Gebrauch von *et.*³ …の乱用.

Ab·usus[ap|ú:zʊs] 男 -/ (Mißbrauch) 乱用: der ～ von Arznei 薬の乱用. [*lat.*]

ABV[a:be:fáu] 略 男 女 -〔s〕/-〔s〕= **Abschnittsbevollmächtigte**

ab|ver·die·nen[áp-fɛrdi:nən] 他 (h) 《〔*jm.*〕 *et.*⁴》(労働・努力などによって〔…から〕…の)資格を手に入れる; (〔…に対して〕負債などを)働いて返済する: eine Schuld ～ 借金を働いて返す | Gott³ *seine* Gnade ～ (信仰や正しい行いによって)神の恩寵にあずかる | Du mußt dir die Unterkunft ～. 君は宿泊代は自分でかせがねばならぬ.

Ab·ver·kauf[áp-fɛrkauf]《オーストリア》男 -〔e〕s/..käufe [..kɔʏfə] = Ausverkauf

ab|ver·kau·fen[áp-fɛrkaufən]《オーストリア》= ausverkaufen

ab|ver·lan·gen[áp-fɛrlaŋən] 他 (h) 《*jm. et.*⁴》(…から…を)代償として要求する.

ab|ver·mie·ten[áp-fɛrmi:tən]《01》他 (h) (部屋などを)また貸しする.

ab|vie·ren[áp-fi:rən] 他 (h) (原木を)角材に切り取る.

Ab·waa·ge[ápva:gə] 女 -/-n (ボクシング・レスリング・重量挙げなどで, 試合前の)体重計量(→abwiegen 3).

ab|wackeln[ápvakəln]《06》**I** 自 (s) よろめきながら去る. **II** 他 (h)《方》(verprügeln)《*jn.*》さんざん殴る.

ab|wä·gen*[ápvɛ:gən]¹《200》**I** 他 (h) **1** 慎重に〔比較〕考量する, 十分に吟味する: das Für und Wider einer Sache ～ ある事のよい面と悪い面を慎重に検討する | Vorteile und Nachteile gegeneinander ～ 損得〈プラス面とマイナス面〉をつき合わせてよく考えてみる | die Worte ～ 言葉を一語一語慎重に選ぶ ‖ Ich muß vorsichtig ～, was ich jetzt tun soll. 私はいま何をなすべきか慎重に考えてみなければならない. ᵛ**2** =abwiegen ᵛ**3** (…の)均衡を保たせる, つり合わせる. ᵛ**4** 水準器で測る. **II ab·ge·wo·gen** → 別出

ab·wäg·sam[ápvɛ:kza:m] 形 (bedächtig) 慎重な: *et.*⁴ ～ prüfen …を慎重に検討する.

Ab·wä·gung[..gʊŋ] 女 -/-en abwägen すること: bei ～ aller Umstände あらゆる事情を十分に考慮して.

Ab·wahl[ápva:l] 女 -/-en 投票による解任.

ab|wäh·len[ápvɛ:lən] 他 (h) **1** 《*jn.*》投票によって解任する, 再選しない. **2** (ギムナジウムの最後の2年間において選択科目を)継続履修しない.

ab|wäl·zen[ápvɛltsən]《02》他 (h) **1 a)** (重いものを)転がして取り除く〈落とす〉: Das hat mir einen Stein vom Herzen *abgewälzt*. それで私の胸のつかえがおりた. **b)** 《*et.*⁴ 〔von *sich*³ auf *jn.*〕》(負担などを)押しつける, 肩代わりさせる: die Arbeit 〈die Verantwortung〉 auf einen anderen ～ 他人に仕事を押しつける〈責任を転嫁する〉 | den Verdacht von *sich*³ ～ 嫌疑を他へそらす. **2** 〖工〗ホブで削る〈切る〉, ホブ切りをする.

Ab·wälz≠frä·sen 中 -s/ 〖工〗ホブ切り. **≠fräs·ma·schi·ne** 女 〖工〗ホブ盤.

Ab·wäl·zung[..tsʊŋ] 女 -/-en abwälzen すること.

ab·wan·del·bar[ápvandəlba:r] 形 (abwandeln できる. 例えば:) 〖言〗語形変化する.

ab|wan·deln[ápvandəln]《06》他 (h) **1** (部分的に)変化させる, (…に)変化をつける, 変容させる: eine Methode 〈ein Thema〉 ～ 方法〈テーマ〉に変更を加える. ᵛ**2** (flektieren) 〖言〗〔語形〕変化させる. ᵛ**3** (罪・過失を)償う.

Ab·wan·de·lung =Abwandlung

ab|wan·dern[ápvandərn]《05》自 **1** (s) **a)** 歩み去る; 徒歩で立ち去る〈旅立つ〉; 〖スポーツ〗(観衆が試合途中で)席を立つ; (資本などが)流出する. **b)** 移動する; (住民などが)移住する; 〖スポーツ〗(選手が)移籍する: in die Stadt 〈nach Übersee〉 ～ 都会〈海外〉へ移住する. **c)** (ロケットなどが)軌道をそれる. **2** (s, h)《場所を示す4格と》(…を)あちこち〈くまなく〉歩き回る(→abgehen II ☆): Er ist 〈hat〉 in seiner Jugend die ganze Gegend *abgewandert*. 彼は若いころこの辺りをくまなく歩き回った.

Ab·wan·de·rung[..dərʊŋ] 女 -/-en abwandern すること: die ～ der Arbeitskräfte vom Land in die Stadt 農村から都市への労働力移動 | Kapital*abwanderung* 資本流出.

Ab·wand·lung[ápvandlʊŋ] (**Ab·wan·de·lung** [..dəlʊŋ]) 女 -/-en (abwandeln すること. 例えば:) 変容; ᵛ(Flexion) 〖言〗語形変化.

Ab·wär·me[ápvɛrmə] 女 -/ 〖工〗廃熱, 余熱: die ～ ausnutzen 〈verwerten〉 余熱を利用する.

Ab·wär·me·ver·wer·tung 女 廃熱利用.

Ab·wart[ápvart] 男 -〔e〕s/-e (..wärte[..vɛrtə]) (女 **Ab·war·tin**[..tɪn]-/-nen)《スイス》(Hausmeister) ビル〈マンション〉管理人, 門番, 守衛.

ab|war·ten[ápvartən]《01》他 (h) **1** (…の)到着〈到来〉を待つ; 《*et.*⁴》(…の)終了を待つ, (…が)過ぎ去るのを待つ; (…の時点まで)待ちとおす: den richtigen Augenblick 〈eine günstige Gelegenheit〉 ～ 好機を待つ | den Briefträger 〈die Ankunft des Briefträgers〉 ～ 郵便配達人の来るのを待つ | das Gewitter ～ 雷雨のおさまるのを待つ ‖〖目的語なしで〗Wir müssen ～. 待って結果をみなければならない | Hier heißt es ～. ここでは辛抱が肝要だ | ***Abwarten* und Tee trinken!**《話》あせるな, まあ落ち着け ‖ ᵛ再帰 *sich*⁴ ～ 養生する ‖〖現在分詞で〗eine *abwartende* Haltung einnehmen / *sich*⁴ *abwartend* verhalten 静観的な態度をとる. **2** 《*jn.*》(…の)世話をする, 面倒を見る.

Ab·war·tin Abwart の女性形.

ab·wärts[ápvɛrts] (↔aufwärts) **I** 副 **1 a)** 下方へ, 下って: die Treppe⁴ ～ gehen 階段を降りる | Der Weg führt ～. 道は下り坂だ ‖ Kinder von 3 Jahren ～ 3歳以下の子供たち. **b)** 《また分離の前つづりとして》悪い方へ, 衰えて(→abwärtsführen, abwärtsgehen, abwärtsschalten). ᵛ**2** わきに離れて. **II** 前《2格支配》…の下方に, …を下って.

Ab·wärts·be·we·gung 女 下へ向かっての動き, 下降; 《比》下落, 衰退: die ～ des Imports 輸入の減少.

ab·wärts≠|füh·ren 他 (h) 落ち目に向かわせる, 没落に導く. **≠|ge·hen***《53》自 (s) 衰える, 悪化〈堕落〉する: 非人称 Mit ihm 〈Mit der Firma〉 *geht* es *abwärts*. 彼〈会社〉は落ち目だ.

Ab·wärts·hub 男 (ピストンの)下り行程.

ab·wärts|schal·ten《01》自 (h) ギアを低速に入れ替える.

Ab·wärts≠trans·for·ma·tor 男 〖電〗逓降変圧器. **≠trend** 男 下降傾向.

Ab·war·tung[ápvartʊŋ] 女 -/-en (abwarten 2すること. 例えば:) 世話, 看護.

Ab·wasch[ápvaʃ] **I** 男 -es(-s)/ **1** 食器を洗うこと, 皿洗い: den ～ machen 皿洗いをする | **Das ist ein ～./ Das geht in einem ～.**《話》それは片手間でもできる(→abwaschen 1 a). **2** (食後の)汚れた食器. **II** 女 -/-en《オーストリア》=Abwaschbecken

ab·wasch·bar[–ba:r] 形 abwaschen できる.

Ab·wasch·becken 中 (食器洗い用の)流し〔台〕, 洗いおけ.

ab|wa·schen*[ápvaʃən]《201》他 (h) **1 a)** 洗ってきれいにする, 洗い清める: das Geschirr ～ 食器を洗う | *sich*³ die Hände ～ 手を洗う ‖ **Das ist ein *Abwaschen*. / Das machen wir in einem *Abwaschen*.**《話》それは片手間でもできる(→Abwasch I 1) | alles in einem *Abwa-*

schen erledigen《話》みな一緒くたに片づける. **b**) das Ufer ～ 岸を浸食する. **2** (汚れなどを)洗い落とす〈流す〉: die Schmach ～ 汚名をそそぐ | den Schmutz ～ 汚れを洗い落とす.

Ab·wasch≠lap·pen 男 (食器用の)ふきん. ▽**≠magd** 女 皿洗い(洗い場)の女中. **≠schaff** 中《オーストリア》, **≠schüs·sel** 女 (食器用の)洗いおけ. **≠tisch** 男 流し台.

Ab·wa·schung[ápvaʃʊŋ] 女 -/-en (abwaschen すること. 特に:)《医》(体の)洗浄(法): kalte ～ 冷水洗浄.

Ab·wasch·was·ser 中 -s/..wässer (食器を洗った後の)汚れ水; 食器洗い用の水. 「廃水.」

Ab·was·ser[ápvasər] 中 -s/..wässer[..vɛsər] 汚水,

Ab·was·ser≠auf·be·rei·tung 女 (浄化による)汚水の再利用. **≠ka·nal** 男 下水道. **≠klär·an·la·ge** 女 汚水処理〈浄化〉施設. **≠klä·rung** 女 汚水処理〈浄化〉. **≠last** 女 (川などの)廃液汚染.

ab|was·sern[ápvasərn]《05》自 (s)《空》(水上機が)離水する.

ab|wäs·sern[..vɛsərn]《05》他 (h) 排水する.

Ab·was·ser≠rei·ni·gung[ápvasər..] 女 汚水処理〈浄化〉. **≠rück·stän·de** 複 (汚水処理後の)汚泥.

Ab·wäs·se·rungs·an·la·ge[ápvɛsərʊŋs..] 女 排水施設.

ab|wech·seln[ápvɛksəln]《06》**I** 自 (h)《mit *jm.* 〈*et.*[3]〉》(…と)交代する, 代わる: mit *jm.* im Dienst 〈am Steuerrad〉 ～ …と交代して勤務〈操縦〉する | Tag und Nacht *wechseln* 〔miteinander〕 *ab.* 昼と夜が交互に訪れる ‖ in *seiner* Beschäftigung ～ しばしば仕事〈職業〉を変える. **II** 他 (h) 再帰 *sich*[4] ～ (互いに)交代する: *sich*[4] mit *jm.* 〈*et.*[3]〉 ～ …と交代する | Die beiden *wechselten* sich bei der Arbeit *ab.* 二人は交代に仕事をした | Regen und Sonne *wechseln* sich *ab.* 雨天と晴天が交互に訪れる. **III ab·wech·selnd** 現分 形 交互の; 変化のある: ～*es* Magnetfeld《理》交替磁場 ‖ ～ rot und blaß werden (顔色が)赤くなったり青くなったりする | Sie lachte und weinte ～. 彼女は泣いたり笑ったりした.

Ab·wechs·lung[..vɛkslʊŋ] (**Ab·wech·se·lung**[..ksəlʊŋ]) 女 -/-en 交代, 交替; 変化; 気分転換: die reiche ～ der Gegend このあたりの風物の多彩さ ‖ ohne ～ dasselbe tun ひたすら同じ事をやり続ける | zur ～ / der ～ wegen 変化をつけるために; 気分転換に ‖ in das Programm ～ 〔hinein〕bringen プログラムに変化をつける | **die ～ lieben**《話》しょっちゅう恋人を変える, 浮気である.

ab·wechs·lungs≠hal·ber 副 変化をつけるために; 気分転換に. **≠los**[..lo:s][1] 形 変化〈変哲〉のない, 単調な. **≠reich** 形, **≠voll** 形 変化に富んだ.

Ab·weg[ápve:k][1] 男 -〔e〕s/-e **1**《ふつう複数で》《比》わき道, 間違った道; 悪の道: **auf ～e geraten** 悪の道に入る, ぐれる, 堕落する | auf ～*en* sein あやまった道を歩んでいる; ぐれている. ▽**2** (Umweg) 回り道; わき道.

ab·we·gig[..gɪç][2] 形 わき道にそれた, 間違った; 本筋をそれた, 不適当な: eine ～*e* Frage 的外れの質問 | *sich*[4] in *Abwegiges* verlieren 本筋を見失う.

Ab·we·gig·keit[..kaɪt] 女 -/-en (abwegig なこと. 例えば:) 見当違い, 的外れ.

▽**ab·wegs**[ápve:ks] 副 道を外れて, わき道にそれて.

▽**ab·weg·sam**[ápve:kza:m] ＝abwegig

Ab·wehr[ápve:r] 女 -/ **1** 抵抗; (内心の)抵抗, 反発; 拒否, 拒絶; 防御, 防衛: auf ～ stoßen (相手方の)抵抗にあう〈ぶつかる〉. **2**《軍》**a**) 防衛部隊. **b**) ＝Abwehrdienst **3**《球技》**a**) ディフェンス, 守備. **b**) ディフェンスの受け止めた球. **4**《医》予防; 予防剤: zur ～ von ansteckenden Krankheiten 伝染病を予防するために.

Ab·wehr≠be·am·te 男 防衛諜報(ちょうほう)機関の職員. **≠be·reit·schaft** 女 防御反射. **≠be·we·gung** 女《生》防御反射. **≠dienst** 男 (外国の諜報活動に対抗する)防衛諜報〈防諜〉機関.

ab|weh·ren[ápve:rən] **I** 他 (h)《*jn.*/ *et.*[4]》(…〔の攻撃〕を)はねつける, 寄せつけない, 防ぐ; (災い・危険などを)防止する; (好ましくないものを)阻止する; (…に対して)拒否的に反応する;《スポーツ》(相手の攻撃を)防御する;《フェンシング》(相手の攻撃を)かわす, 受け流す: einen Angriff ～ 攻撃をはねのける | den Feind ～ 敵を防ぐ | einen Besucher ～ 訪問客を断る | Kälte ～ 寒気を防ぐ | eine Krankheit ～ 病気を予防する | Er *wehrt* meinen Einwand 〈mein Lob〉 *ab.* 彼は私の異議〈賛辞〉をはねつける | Das Schlimmste konnte ich ～. 私は最悪の事態は避けることができた ‖ eine *abwehrende* Geste 拒否的な身振り | Er hob *abwehrend* die Hand. 彼はとんでもないという様子で手を上げた.

▽**II** 自 (h)《*jm.*/ *et.*[3]》＝I

Ab·wehr≠fer·ment[ápve:r..] 中《生》防衛〈防御〉酵素. **≠feu·er** 中《軍》防御砲火. **≠griff** 男 (水難者救助法で, しがみつこうとする相手に対する)防衛法. **≠jagd·flug·zeug** 中《空》迎撃戦闘機. **≠kampf** 男 防御〈防衛〉戦闘. **≠maß·nah·me** 女 防衛措置〈施策〉. **≠me·cha·nis·mus** 男《医》防衛機制. **≠mit·tel** 中 **1** 防御方法〈手段〉;《医》予防法. **2** 防御器材;《医》予防薬. **≠ra·ke·te** 女《軍》迎撃ロケット〈ミサイル〉. **≠reak·tion** 女《生》拒絶反応. **≠re·flex** 男《医》防衛〈防御〉反射. **≠span·nung** 女《医》(筋肉の)防衛緊張, 筋性防御. **≠spiel** 中《スポーツ》防御〈守備〉プレー. **≠spie·ler** 男 守備陣のプレーヤー, 後衛選手; 防御型の選手. **≠stel·lung** 女 防御姿勢. **≠stoff** 男 -〔e〕s/-e《ふつう複数で》《生》(生物が敵に対して自分を防御するための)防御物質. **≠sy·stem** 中 防衛システム. **≠waf·fe** 女 -/-n《ふつう複数で》防御兵器. **≠zau·ber** 男 悪霊を追い払う呪術(じゅじゅつ).

ab|wei·chen[1][ápvaɪçən] **I** 他 (h) **1** (付着しているものを)湿らせて〈ふやかして〉はがす: eine Briefmarke 〔von einem Umschlag〕 ～ 〔封筒の〕切手をぬらしてはがす. **2**《南部》《ふつう目的語なしで》(abführen) 便通〈下痢〉を催させる. **II** 自 (s) (付着しているものが)湿って〈ふやけて〉はがれる: Das Plakat ist *abgeweicht.* (雨などにぬれて)ポスターがはがれた. **III Ab·wei·chen** 中 -s/ **1** abweichen[1] すること. **2**《南部》(Diarrhö) 下痢.

ab|wei·chen[2]*[ápvaɪçən]《204》自 (s) **1**《von *et.*[3]》**a**) (方向が…から)それる, 外れる;《比》(…から)逸脱する: vom Kurs 〈Thema〉 ～ コースを外れる〈テーマからそれる〉| von der Parteilinie ～ 党の路線を逸脱する | vom Pfad der Tugend ～ (→Pfad 1) | von *seiner* Pflicht ～ 義務を怠る | vom rechten Weg ～ 正道を踏み外す. **b**) (…と)異なる, 相違する: Meine Meinung *weicht* von der seinen sehr *ab.* 私は彼と大いに意見が違う ‖ eine *abweichende* Meinung 他と異なる意見, 少数意見. ▽**2** 立ち去る, 遠ざかる: das *abgewichene* Jahr 去年.

Ab·weich·ler[ápvaɪçlər] 男 -s/- (abweichen[2] する人. 特に:) (党の路線からの)逸脱者, 偏向〔主義〕者.

ab|weich·le·risch[..lərɪʃ] 形 (正規の路線から)逸脱〈偏向〉した.

Ab·wei·chung[ápvaɪçʊŋ] 女 -/-en **1** (abweichen[2] すること. 例えば:) 逸脱; 偏向; ずれ, 食い違い, 狂い;《理》偏倚(へんい);《海・空》偏流: eine ～ von der Regel 規則から外れること, 規則違反. **2** 相違点, 差異; 偏差, ふれ; 誤差: ～*en* in der Auffassung 見解の相違点 | erlaubte ～*en* 許容誤差.

ab|wei·den[ápvaɪdən][1]《01》他 (h) **1** (動物が牧草などを)食い尽くす. **2**《*et.*[4]》(動物が…の)草を食い尽くす;《比》(くまなく)捜す: die Wiesen ～ 草原〈牧草地〉の草を食い尽くす.

▽**Ab·weis**[ápvaɪs][1] 男 -es/-e ＝Abweisung

ab|wei·sen*[ápvaɪzən][1]《205》**I** 他 (h) **1**《*jn.*》(…に)引きさがるよう命じる; 追い返す: einen Besucher ～ 訪問客を断る | einen Bettler an der Tür ～ こじきに門前払いをくわせる | einen Freier ～ 求婚者をそでにする. **2**《*et.*[4]》退ける, はねつける, 拒否する;《法》(申し立てを)棄却する: den Angriff ～ 攻撃を退ける | eine Forderung 〈einen Vorschlag〉 ～ 要求〈提案〉を拒否する | ein Geschenk ～ 贈り物を断る | Er *wies* meine Hilfe *ab.* 彼は私の助力を断わった.

II ab·wei·send 現分 形 拒否〈拒絶〉的な; 無愛想な, とりつくしまもない: ein ～*es* Gesicht machen 冷淡な顔をする |

A

jn. ~ behandeln …を冷たく〈そっけなく〉あしらう.

Ab·wei·ser[..vaɪzər] 男 -s/- **1** =Prellstein **2** (Buhne) (護岸用の)突堤, 水制(すいせい).

Ab·wei·sung[..zʊŋ] 女 -/-en (abweisen すること. 例えば:) 拒否; 〘法〙棄却.

ab|wel·ken[ápvɛlkən] 自 (s) 《雅》(草花が)しぼむ; 《比》しなびる: *abgewelkte* Hände しなびた手.

ab·wend·bar[ápvɛntba:r] 形 (abwenden できる. 例えば:) 防止〈阻止・回避〉可能な.

ab|wen·den(*)[ápvɛndən][1] 《206》 **I** 他 (h) **1** 《まれに規則変化》《01》《*et.*[4] von *jm.* 〈*et.*[3]〉》(…を…から)わきへ転じる, そらす, そむける: das Gesicht 〈den Blick〉 von *jm.* ~ …から顔をそむける〈目をそらす〉| *sein* Herz von *et.*[3] ~ …から気持をそらす ‖ ***seine* Hand von *jm.* ~** 《比》…から手を引く, …を見捨てる ‖ 再帰 *sich*[4] von *jm.* 〈*et.*[3]〉 ~ …からそれる; …に背を向ける, …にそむく, …を見放す | *sich*[4] von der Welt 〈der Wahrheit〉 ~ 世間〈真理〉に背を向ける | Das Glück *wandte* sich von ihm *ab*. 幸運は彼を見放した. **2** 《ふつう規則変化》《01》(打撃などを)かわす, 受け流す; (abwehren) 防ぐ, 防止〈阻止・回避〉する: ein Unheil ~ 災いを防ぐ | eine Katastrophe ~ 破局を回避する. **II** 自 (h) 《規則変化》《01》〘体操〙転向降りをする. **III ab·ge·wandt** → 別出

ab·wen·dig[ápvɛndɪç][2] 形 《述語的》《*et.*[3]/ *jm.*》(abgeneigt) (…が)嫌いな; (abspenstig) (…に)そむいた, (…と)疎遠な: der Außenwelt[3] ~ werden 外界に背を向ける ‖ *jn. et.*[3] 〈*jm.*〉 ~ machen …に…を嫌いにならせる | *jm. seine* Kunden ~ machen …から顧客を奪う | *jn.* von *seinem* Vorhaben ~ machen …にそのもくろみを放棄させる | Er machte mir das Mädchen ~./ Er machte das Mädchen von mir ~. 彼はその女の子の心を私からそむかせた.

Ab·wen·dung[..dʊŋ] 女 -/ 〔sich〕abwenden すること: die ~ von der Welt 世間に背を向けること, 世を捨てること | die ~ der Gefahr 〈des Krieges〉 危険〈戦争〉防止.

ab|wer·ben*[ápvɛrbən][1] 《207》 他 (h) 《*jn.*》(…を他の職場から)引き抜く, スカウトする.

Ab·wer·ber[..bər] 男 -s/- スカウト係.

Ab·wer·bung[..bʊŋ] 女 -/-en abwerben すること.

ab|wer·fen*[ápvɛrfən] 《209》 **I** 他 (h) **1 a)** (上から・高所から)投げ落とす, 投下する: Bomben ~ 爆弾を投下する | Flugblätter ~ (高所から)ビラをまく. **b)** (不要なもの・邪魔なもの・わずらわしいものなどを)投げ落とす, 投げ捨てる; (束縛・桎梏(しっこく)などを)払いのける: die Haut ~ (動物が)脱皮する | eine Karte ~ 〘トランプ〙(不要な)札をうまく捨てる | den Mantel ~ コートをかなぐり捨てる | **die Maske ~** 《比》仮面を脱ぎ捨てる, 正体を現す | das Joch der Sklaverei ~ 奴隷のくびきを払いのける | *seine* Vorurteile ~ 偏見を捨てる ‖ Das Pferd *wirft* den Reiter *ab*. 馬が騎手を振り落とす | Der Hirsch *wirft* 〔sein Geweih〕 *ab*. シカが角を落とす. **2 a)** 《*et.*[4]》(ぶつかって・物を投げつけて)落とす: eine Brücke ~ (砲撃などで)橋を落とす | Kastanien vom Baum ~ (石などを投げて)くりの実を落とす ‖ das Hindernis ~ (馬術競技で)障害の棒を落とす | die Latte ~ (走り高跳びで)バーを落とす. **b)** 《*jn.*》さいころを振って負かす. **3** 〘スポーツ〙(砲丸・円盤・槍(やり)などを)はずみをつけて投げる. **4** (結果・利益などを)生み出す, もたらす: gewaltige Gewinne ~ ばく大な利益をもたらす | drei Prozent Zinsen ~ 3パーセントの利息を生む | Wieviel Kilo Wolle *wirft* ein Schaf *ab*? 羊1頭から何キロの羊毛が採れるか. **ᵛ5** 再帰 *sich*[4] mit *jm.* 〈*et.*[3]〉 ~ …と不和になる〈衝突する〉.

II 自 (h) **1** 〘球技〙ゴールスローをする, (ゴールキーパーがキャッチしたボールを)手で投げる, スローする. **ᵛ2** (動物が)子を産む.

ab|wer·keln[ápvɛrkəln] 《06》 他 (h) 《オーストリア》(abnutzen) 使い古す, 使い損じる.

ab|wer·ten[ápve:rtən] 《01》 他 (h) **1** (↔aufwerten) (…の価値を)引き下げる; (…の)平価切り下げをする: die Mark um 2% ~ マルクを2パーセント切り下げる. **2** 低く評価する, 軽視する, 見くびる. **ᵛ3** =abschätzen

Ab·wer·tung[..tʊŋ] 女 -/-en (abwerten すること. 例えば:) (価値の)引き下げ; 〘経〙平価切り下げ.

ab·we·send[ápve:zənt][1] **I** 形 **1** (↔anwesend) (その場に)居合わせない, 不在の, 欠席の: ein ~*er* Gutsherr 不在地主 ‖ aus dienstlichen Gründen 〈ohne Erlaubnis〉 ~ sein 公用〈無断〉で欠席している | vom Büro 〈von zu Hause〉 ~ sein 事務所〈自宅〉にいない. **2** 放心状態の, (気が散って)ぼんやりした: ~*en* Blickes / mit ~*en* Blicken うつろな目で | ~ vor *sich*[4] hin blicken ぼんやり前を見ている.

II Ab·we·sen·de 男 女 《形容詞変化》 **1** 不在〈欠席〉者. **2** 〘法〙不出頭者. [*lat.* ab-sēns の翻訳借用; ◇absent]

Ab·we·sen·heit[ápve:zənhaɪt] 女 -/-en 《ふつう単数で》 **1** (↔Anwesenheit) 不在, 欠席; 欠如: ~ von der Schule 学校を休むこと ‖ in 〈während〉 *js.* ~ …の不在中に, …のいない間に | *seine* ~ vom Tatort nachweisen 自分が犯行現場にいなかったことを証明〈立証〉する | **durch ~ glänzen** 《皮肉に》その場に居合わせない, 欠席する. **2** 放心状態, 茫然(ぼうぜん)自失: aus einer ~ erwachen 放心状態から我に返る. [*lat.* absentia の翻訳借用; ◇Absenz]

Ab·we·sen·heits⸗pfle·ger 男 〘法〙不在者財産管理人. **⸗ur·teil** 中 〘法〙欠席判決.

Ab·wet·ter[ápvɛtər] 複 〘坑〙(坑内の)汚気, 廃気.

ab|wet·tern[ápvɛtərn] 《05》 **I** 他 (h) 〘海〙(船舶, 特に帆船が暴風雨などを)切り抜ける; 《比》(障害などを)切り抜ける. **II ab·ge·wet·tert** → 別出

ab|wet·zen[ápvɛtsən] 《02》 **I** 他 (h) **1** (さびなどを)といで取り除く: den Rost von der Sense ~ 大鎌のさびをとぎ落とす. **2** (刃などを)といですり減らす; (衣類・家具などを)すり切れさせる: *abgewetzte* Hosen (しりの部分が)すり切れたズボン. **II** 自 (s) (↔anwetzen) 急いで逃げる.

ab|wich·sen[ápvɪksən] 《02》 **I** 他 (h) **1 a)** (靴・かばんなどを)みがき上げる. **b)** 〘劇〙(ある役者を)何回となく演じる. **c)** 《話》*sich*[3] einen ~ 自慰〈オナニー〉をする. **2** 《話》《*jn.*》散々に打ちのめす. **II ab·ge·wichst** → 別出

ab|wickeln[ápvɪkəln] 《06》 他 (h) **1** (巻いてあるものを)解く, ほどく: den Faden ~ (糸玉から)糸をほどく | ein〔en〕 Knäuel ~ 糸玉をほどく. **2** 《*et.*[4]》 **a)** 《比》展開する; (事柄を)進行させる: einen Auftrag ~ 委託された仕事を一歩一歩片づける | einen Prozeß 〈ein Programm〉 ~ 審理〈プログラム〉を進める ‖ 再帰 *sich*[4] ~ (事柄が)進行する | Der Verkehr *wickelte* sich reibungslos *ab*. 交通はよどみなく流れた. **b)** (取引などを)清算〈整理〉する; (負債を)返済する. **c)** (東西両ドイツ統一後, 旧東ドイツから引き継がれたさまざまの事柄に関して)(…の)事後処理をする.

Ab·wicke·lung =Abwicklung

Ab·wick·ler[ápvɪklər] 男 -s/- (Liquidator) 清算人.

Ab·wick·lung[..klʊŋ] (**Ab·wicke·lung**[..kəlʊŋ]) 女 -/-en (abwickeln すること. 例えば:) 進展; 清算; (旧東ドイツから引き継がれた事柄の)事後処理.

ab|wie·geln[ápvi:gəln] 《06》 他 (h) **1** 《*jn.*》なだめる, 静める, 鎮撫(ちんぶ)する. **2** (herunterspielen) 《*et.*[4]》(事柄・事件などを故意に)軽く扱う, 軽視〈過小評価〉する.

Ab·wie·ge·lung[..gəlʊŋ] (**Ab·wieg·lung**[..glʊŋ]) 女 -/ abwiegeln すること.

Ab·wie·ge·ma·schi·ne[ápvi:gə..] 女 (所定の目方を測定する)計量器.

ab|wie·gen*[ápvi:gən][1] 《210》 他 (h) **1** 《*et.*[4]》(…の)重さ〈目方〉を量る: die Obsternte ~ 収穫した果実の目方を量る. **2** 《*et.*[4]》(…の目方を量って)所定の分量を測定する: Kartoffeln ~ じゃがいもの目方を量る | 2 Kilo Mehl ~ 小麦粉を2キロ分だけ量る. **3** 《*jn.*》(ボクシング・レスリング・重量挙げなどで試合前に…の)体重を計量する.

Ab·wieg·lung =Abwiegelung

ab|wim·meln[ápvɪməln] 《06》 他 (h) 《話》(望ましくないもの・やっかいなものを)押しのける, 追っ払う, やっかい払いをする: eine Arbeit 〔von *sich*[3]〕 ~ (口実をつけて)仕事をのがれる | 〔*sich*[3]〕 einen Besuch ~ 訪問客を追っ払う.

ab|wim·mern[ápvɪmərn] 《05》 他 (h) *sich*[3] einen ~ 《俗》感動〈涙〉を誘うような話し方をする.

Ab·wind[ápvɪnt][1] 男 -〔e〕s/-e (↔Aufwind) 〘気象・空〙下降気流.

ạb|win·den*[ápvɪndən][1] ⦅211⦆ 他 (h) **1** ウインチ〈巻き上げ機〉で降ろす〈取り除く〉. **2** (綱・ケーブルなどを)ウインチから巻き戻す.

ạb|win·keln[ápvɪŋkəln] ⦅06⦆ 他 (h) (腕・脚などを関節部から)曲げる. [< Winkel]

ạb|win·ken(*)[ápvɪŋkən] ⦅212⦆ **I** 自 (h) **1** ⦅*jm.*⦆ (…に)手で合図をして拒絶の意思表示をする: **bis zum *Abwinken*** ⦅話⦆ うんざりする〈いやになる〉ほど. **2** 〘交通〙(左折・右折の際に手・方向指示器などで後続車に)自分の進行方向を合図する: nach links ~ 左折の合図をする. **II** 他 (h) (自動車レースなどで)合図して停車させる; (レースを)合図して中止させる.

ạb|wirt·schaf·ten[ápvɪrt-ʃaftən] ⦅01⦆ **I** 他 (h) 放漫経営によってだめにする. **II** 自 (h) 放漫経営の結果だめになる. **III ạb·ge·wirt·schaf·tet** → 別出

ạb|wi·schen[ápvɪʃən] ⦅04⦆ **I** 他 (h) ぬぐってきれいにする; (汗・涙・よごれなどを)ぬぐい取る: den Tisch 〈den Staub vom Tisch〉 ~ 机のほこりをぬぐう | *sich*[3] den Mund 〈die Tränen〉 ~ 口〈涙〉をぬぐう | die Hände an der Schürze 〈der Hose〉 ~ 前掛け〈ズボン〉で手をふく. **II** 自 (s) ⦅俗⦆ ずらかる.

Ạb·wisch≠lap·pen[ápvɪʃ..] 男, **≠tuch** 中 -[e]s/ ..tücher ぞうきん; ふきん.

ạb|wọh·nen[ápvo:nən] 他 (h) **1** (部屋・家具などを)長期間の居住によって使い古す, 住み荒らす: *abgewohnte* Möbel 使い古した家具類. **2** eine Geldsumme ~ 先払いしたある金額に相応する家賃分だけ割引〈無料〉家賃で住み終える.

Ạb·wọh·nung[..nʊŋ] 女 -/ abwohnen すること.

ạb|wracken[ápvrakən] 他 (h) (老朽した船・車・飛行機などを)解体してスクラップにする: ein *abgewrackter* Mensch ⦅比⦆ 廃人.

Ạb·wrack·fir·ma 女 解体処理会社.

Ạb·wrackung[..kʊŋ] 女 -/ abwracken すること.

Ạb·wurf[ápvʊrf] 男 -[e]s/..würfe[..vʏrfə] **1** (abwerfen すること. 例えば:) **a)** 投下; 投擲(とうてき): der ~ von Bomben / Bomben*abwurf* 爆弾投下 | Melde*abwurf* (航空機からの)通信文投下. **b)** 〘球技〙(ゴールキーパーによる)スロー. **2** (abwerfen されたもの. 例えば:) **a)** (シカの)抜け落ちた角. **b)** 〘球技〙(ゴールキーパーによって)スローされたボール.

Ạb·wurf≠ball 男 -[e]s/ (一種の)ドッジボール. **≠be·häl·ter** 男 〘空〙 投下用容器; (使用後投棄可能な)補助燃料タンク. **≠bọ·gen** 男 (投擲(とうてき)競技の)サークル. **≠ge·rät** 中 (爆弾などの)投下装置. **≠lị·nie**[..niə] 女 〘陸上〙 (槍(やり)投げの)スローイングライン. **≠mel·dung** 女 (航空機からの)投下通信. **≠vọr·rich·tung** 女 (爆弾などの)投下設備.

ạb|wür·gen[ápvʏrgən][1] 他 (h) くびり殺す; ⦅比⦆ (…の)息の根をとめる, (反対・要求などを)ひねりつぶす, 圧殺する: *jm.* die Kehle ~ …の首を絞めて殺す | den Motor ~ ⦅比⦆ エンストさせる | einen Streik ~ ストライキを弾圧する ‖ 再帰 *sich*[4] ~ のどがつまって苦しむ.

ạb|wür·zen[ápvʏrtsən] ⦅02⦆ 他 (h) 〘料理〙 (…に)薬味をきかせる: *et.*[4] mit Salz ~ …に塩味をつける.

abys·sạl[abʏsá:l] **I** 形 〘地〙 深海の: ~*er* Bereich / ~*e* Region 深海帯. **II Abys·sạl** 中 -s/ 〘地〙 深海帯. [*mlat.*]

Abys·sạl·re·giọn 女 〘地〙 深海帯.

abys·sisch[abʏ́sɪʃ] 形 **1** 〘地〙 地底の: ~*e* Gesteine 深成岩. **2** 〘地〙 深海〈海底〉の: ~*e* Ablagerung 深海堆積(たいせき)物〈層〉| ~*e* Region 深海帯. **3** ⦅比⦆ 底知れぬ深さの.

Abys·sus[..sʊs] 男 -/ (Abgrund) 深淵(しんえん); (Unterwelt) 冥界(めいかい), 地下の国. [*gr.* á-byssos „boden-los" – *spätlat.* – *mhd.*; ◇ *engl.* abyss]

ạb|zah·len[áptsa:lən] 他 (h) **1** ⦅*et.*[4]⦆ (…の代金を)分割払いする: *et.*[4] in monatlichen Raten ~ …の代金を月賦で支払う | eine Waschmaschine 〈ein Fernsehgerät〉 ~ 洗濯機〈テレビ〉の代金を分割払いする. **2** (負債などを)返済〈償還〉する: Damit ist alles *abgezahlt.* これで借金はすべて返した. **3** ⦅*jn.*⦆ (…に)給料を全額払う; 給料を全額支払って解雇する.

ạb|zäh·len[áptsɛ:lən] 他 (h) **1 a)** ⦅*et.*[4]⦆ (…の数量・員数などを)数える: die Anwesenden ~ 出席者の数を数える | Das Fahrgeld ist *abgezählt* bereitzuhalten. 運賃はつり銭のいらぬようご用意ください | *sich*[3] *et.*[4] an den fünf 〈zehn〉 Fingern ~ können (→Finger 1). **b)** ⦅目的語なしで⦆ (軍事訓練や体操の際に)番号を唱える: *Abzählen!* 番号(号令) | zu dreien ~ (3人ずつの班をつくるために)一二三の番号を順番に唱える. **2** (全体の中から一定数だけ)数えて取り出す; 〘数〙 (数を)引く, 減じる: [zehn] Zigaretten ~ 紙巻きタバコを[10本]数えて取る | 5 von 20 ~ 20から5を引く. **3 a)** (ja と nein を順番に唱えながら, 可否・吉凶などを)数えて決める: *et.*[4] an den Blütenblättern der Margerite ~ ヒナギクの花びらを一枚一枚摘み取りながら…を決める | Ich *zähle* es mir an den Knöpfen *ab.* ⦅話⦆ それの決定は偶然に任せよう. **b)** (子供の遊戯で特定の役割などを)数え歌を唱えて決める(→Abzählreim): Die Kinder *zählten ab,* wer Blindekuh sein sollte. 子供たちは数え歌を唱えてだれが(目隠し鬼ごっこの)鬼になるかを決めた.

Ạb·zähl·reim[áptsɛ:l..] 男 (遊戯で鬼などを選ぶための)数え歌.

Ạb·zah·lung[áptsa:lʊŋ] 女 -/-en **1** 分割払い: *et.*[4] auf ~ kaufen 〈verkaufen〉 …を分割払いで買う〈売る〉. **2** (負債の)返済, 償還.

Ạb·zah·lungs≠ge·schäft 中 分割払い販売[店]. **≠kauf** 男 分割払いによる購入. **≠ra·te** 女 分割払込金, 賦(ぶ)払い金. **≠sy·stem** 中 分割払い方式, 賦払い制度.

Ạb·zähl·vers[áptsɛ:l..] 男 = Abzählreim

ạb|zap·fen[áptsapfən] 他 (h) **1** (つぎ口・栓をあけて)注ぎ〈流れ〉出させる: Bier vom Faß ~ たるの口〈栓〉をあけてビールを出す | *jm.* Blut ~ 〘医〙 …に瀉血(しゃけつ)法を施す | Eiter ~ 〘医〙 (傷などの)うみを出す, 穿刺(せんし)する | *jm.* Geld ~ ⦅話⦆ …の金を巻き上げる. **2** ⦅*et.*[4]⦆ (…に)つぎ口〈栓〉をつける: ein Faß ~ たるに口をあける, たるの中身を流し出す | eine Gasleitung ~ ガス管を分岐させる.

Ạb·zap·fung[..pfʊŋ] 女 -/-en abzapfen すること.

ạb|zap·peln[áptsapəln] ⦅06⦆ 他 (h) 再帰 *sich*[4] ~ もがき疲れる; さんざんじたばたする.

ạb|zäu·men[áptsɔʏmən] 他 (h) (↔aufzäumen) (馬から)馬勒(ばろく)を外す.

ạb|zäu·nen[áptsɔʏnən] 他 (h) (地所などを)さく〈垣根〉で区切る, (…に)さく〈垣根〉を巡らす.

Ạb·zäu·nung[..nʊŋ] 女 -/-en **1** ⦅単数で⦆ abzäunen すること. **2** (Zaun) さく, 垣根, 囲い.

ạb|zeh·ren[áptse:rən] **I** 他 (h) 消耗〈衰弱〉させる: ein *abgezehrtes* Gesicht やつれはてた顔 | ein *abgezehrter* Körper やせ衰えた体 ‖ 再帰 *sich*[4] ~ 消耗〈衰弱〉する, やつれる. **II** 自 (s) 消耗〈衰弱〉する, やせ衰える. **III ạb·zeh·rend** 現分 形 消耗性の: eine ~*e* Krankheit 消耗性疾患(特に結核症).

Ạb·zeh·rung[..rʊŋ] 女 -/ **1** 消耗, 衰弱. **2** 〘医〙 消耗性疾患, 肺結核.

Ạb·zei·chen[áptsaɪçən] 中 -s/- **1** (所属・階級・身分・職務・栄誉などを示す)記章, バッジ, メダル; (軍人の)階級〈部隊〉章; (一般に)目印, 標識, マーク: ein ~ [am Rockaufschlag] tragen [上着の折り返しに]バッジをつけている. **2** (動物の)斑点(はんてん), ぶち(→図).

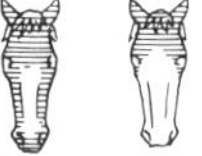
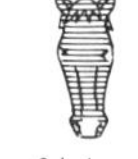
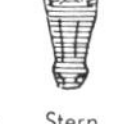

Abzeichen

ạb|zeich·nen[áptsaɪçnən] ⦅01⦆ 他 (h) **1** 写生する, 模写する: eine Blume 〈ein Haus〉 ~ 花〈建物〉を写生する | ein Bild ~ 絵を模写する. **2** 再帰 *sich*[4] ~ (輪郭などが)くっきり浮き出る, (はっきり)際だつ; ⦅比⦆ (顔に表情が)浮かぶ; (見通しなどが)はっきりしてくる: *sich*[4] scharf gegen den Nachthimmel 〈vom Nachthimmel〉 ~ 夜空にくっきり浮かび上がる | Eine neue Gefahr *zeichnete* sich deutlich *ab.* 新たな危険がはっきりした形をとって浮かび上がってきた. **3** (書類にイニシアル・略記号などで)署名する, サインをする. **4** 区切る, 区画する.

A

Ab·zeich·nung[..nʊŋ] 女 -/-en **1**《単数で》〔sich〕abzeichnen すること: scharfe ～ der Umrisse 輪郭が際だつこと. **2** 写し, 模写, スケッチ.

ab|zel·ten[áptsɛltən]《01》自 (h) キャンプのシーズン納めをする.

Ab·zieh·ap·pa·rat[áptsi:..] 男 **1** ＝Abziehpresse **2**（包丁などの）とぎ器.

ab·zieh·bar[..ba:r] 形 (abziehen できる. 例えば:)(課税対象の金額から)控除できる.

Ab·zieh·bild 中 移し絵.

ab|zie·hen*[áptsi:ən]《219》**I** 他 (h) **1** 取り去る, 引き去る, 引き離す;(衣類などを)脱ぐ, 脱がせる;(皮・覆いなどを)引きはがす;(↔**aufziehen**)(弦などを)はずす;(繊維・浮きかすなどを)取り除く: die Handschuhe ～ 手袋を脱ぐ | den Ring ～ 指輪を抜く | den Hut vor *jm.* ～ …に対して脱帽する;《比》…に敬意を表する | *jm.* die Kleider ～ …の服を脱がせる | *jm.* den Balg ～ (→Balg 1 a) | eine Saite ～ (楽器の)弦をはずす | den Schlüssel ～ (鍵(かぎ)穴から)鍵を抜き取る ‖ den Hasen ～ / dem Hasen das Fell ～ うさぎの皮をはぐ | Pfirsiche ～ / Pfirsichen[3] die Haut ～ 桃の皮をむく | das Bett ⟨den Bettüberzug⟩ ～ ベッドカバーを外す | die Bohnen ～ / die Fäden von den Bohnen ～ さや豆のすじを取る | den Hanf ～ / das Werg aus dem Hanf ～ 麻をすく | eine Flüssigkeit ～ (サイホンで)液のおり⟨浮きかす⟩を取り除く.

2《*et.*[4] von *et.*[3] ⟨*jm.*⟩》**a**) (ablenken) 他へ向ける, そらす;《雅》離反させる: *seine* Blicke ⟨*seine* Aufmerksamkeit⟩ von *et.*[3] ～ …から視線⟨注意⟩をそらす | *jn.* von *seinem* Plan ⟨*seinen* Gedanken⟩ ～ …の計画を思いとどまらせる⟨考えを変えさせる⟩. **b**) *seine* ⟨die⟩ 〔helfende / schützende〕Hand von *jm.* ～《雅》…から〔援助の〕の手を引く, …を見限る | das Herz von *jm.* ～ …から心離れする, …をうとんじる. **c**) (abkommandieren)(部隊・労働力などをある地区から)引き上げる, 撤収する; 分遣する: die Truppe aus der Stellung ～ 部隊を陣地から撤収する. **d**)〖解〗外転させる: *abziehender* Muskel 外転筋.

3 a) (液体・煙を)排出する, 流出させる;(水を)はかせる;(酒を)注ぎ出す: das Wasser von einem Teich ～ 池の水を放流する⟨はかせる⟩ | Wein ⟨Bier⟩ auf Flaschen[4] ～ ワイン⟨ビール⟩を〔たるから出して〕瓶詰にする. **b**) (…から)水⟨液体⟩を抜き取る,(…を)排水する: einen Teich ～ 池から水を放流する | das Faß ～〔つぎ口をつけて〕たるの中身をあける.

4 (abrechnen)(数を)引く, 差し引く;(…だけ)値引き⟨割引⟩する;(課税対象の金額から)控除する: drei von acht ～ 8から3を引く | *jm.* 10 Mark vom ⟨am⟩ Lohn ～ …の賃金から10マルクを差し引く | die Steuern ⟨10 Prozent⟩ vom Gehalt ～ 俸給から税⟨1割⟩を天引きする ‖ die *abzuziehende* Zahl〖数〗減数 | Drei *abgezogen* von acht gibt fünf. 8引く3は5.

5 a) (…から)不備(でこぼこ・むらなど)を除く: ein Brett ～ 板にかんなをかける | ein Messer auf dem Riemem ～ ナイフを革砥(かわと)でとぐ ‖ eine neue Uhr ～ 新しくできた時計を点検調整する. **b**) (不要な…を)抜き取る,(…の)抜き取り処理をする: die alte Farbe ～ (煮沸して)古い染色を抜き取る.

6 (手押し印刷機で)刷る; 試し刷りする; 複写⟨コピー⟩する; 転写する;〖写〗焼き付ける: ein Bild ～ 絵を転写する; 移し絵をする | ein Foto ～ 写真を焼き付ける | ein Plakat in 1 000 Exemplaren ～ ポスターを1000部刷る | *et*[4] in Gips[4] ～ …を石膏(せっこう)に写しとる.

7 (…の)引き金を引く, 発射する: eine Pistole ～ ピストルを撃つ.

8 (destillieren)〖化〗蒸留する, 精製する, 抽出する;《比》(概念を)抽象する;(規則などを)導き出す: *abgezogenes* Wasser 蒸留水.

9〖料理〗十分にかきまぜる: die Suppe mit einem Ei ～ スープに卵1個をとく.

10《話》(会などを)する, やらかす: eine Nummer ～ (→Nummer 1 c) | eine Party ～ パーティーをやる | eine Schau ⟨die große Schau⟩ ～ (→Schau 1 c).

II 自 (s) **1** (↔anziehen) 引き下がる, 退去する;〖軍〗撤退する, 退却する;(衛兵が)下番する;《話》(weggehen) 立ち去る: aus der Wohnung ～ 住まいを引き払う, 転居する | mit leeren Händen ～ (何の成果もあげずに)むなしく引き下がる | mit langer Nase ～ (→Nase 1 a) | mit roten Ohren ～ (→Ohr 1) | mit Schimpf und Schande ～《話》面目を失って立ち去る | *Zieh* endlich *ab*! いい加減にうせろ ‖ eine *abziehende* Wache 下番する衛兵.

2 (abfliegen)(渡り鳥が)旅立つ;(ミツバチが)分封する.

3 (水・煙などが)排出される, 流れ出る;(雲・荒天などが)移動し去る.

4《話》(サーカーなどで)突然勢いよくシュートする.

III ab·ge·zo·gen → 別出

Ab·zie·her[áptsi:ər] 男 -s/- **1**〖印〗ゲラ⟨試し⟩刷り工. **2** ＝Abziehmuskel

Ab·zieh≈ma·schi·ne[áptsi:..] 女〖土木〗路面ならし機(スクレーパーなど). **≈mit·tel** 中〖織〗抜染(ばっせん)剤. **≈mus·kel** 男〖解〗外転筋. **≈pa·pier** 中 転写紙; ゲラ⟨試し⟩刷り用紙. **≈pres·se** 女 手押し印刷機(謄写版など). **≈rie·men** 男 革砥(かわと). **≈stahl** 男 研磨用のはがね. **≈stein** 男 砥石(といし). **≈zahl** 女〖数〗減数.

ab|zie·len[áptsi:lən] 自 (h)《auf *jn.* ⟨*et.*[4]⟩》(…を)目ざす, 目標とする: Auf wen *zielt* seine Bemerkung *ab*? / Auf wen *zielt* er mit seiner Bemerkung *ab*? 彼はだれのことを指して言っているのか ‖ die *abgezielte* Wirkung 所期の効果 | auf *jn.* *abgezielt* sein …を目標⟨対象⟩にしている.

ab|zir·keln[áptsɪrkəln]《06》**I** 他 (h)(コンパスなどで)きちんと⟨厳密に⟩測定する;《比》十分に考量する, 熟慮する: *seine* Worte ～ 言葉を選びぬく. **II ab·ge·zir·kelt** → 別出

Ab·zir·ke·lung[..kəlʊŋ] 女 -/ , **Ab·zirk·lung**[..klʊŋ] 女 -/ **1** abzirkeln すること. **2** きちょうめんさ, 融通のなさ.

ab|zi·schen[áptsɪʃən]《04》自 (s)《俗》急いで立ち去る.

ab|zit·tern[áptsɪtərn]《05》自 (s)《俗》大急ぎで走り出す.

ab|zot·teln[áptsɔtəln]《06》《俗》＝abtrotten

Ab·zucht[áptsʊxt] 女 -/..züchte[..tsʏçtə], -e **1** 排水溝, 排水路. **2**〖坑〗通風立坑.

Ab·zug[áptsu:k][1] 男 -es/..züge[..tsy:gə] **1**《単数で》立ち去る⟨引き上げる⟩こと, 退去;(渡り鳥の)旅立ち;〖軍〗撤収, 撤退: zum ～ blasen 退却⟨転進⟩ラッパを吹く. **2** (水・煙・ガスなどの)排出, 流出; 排水口, 吐き口; 排水⟨排気⟩管, 煙道(→ ⊛ Kamin); 換気装置, 通風室: Der Rauch hat ⟨findet⟩ keinen ～. 煙の出口がない. **3** 差し引き; 控除; 値引き, 割引; 割り戻し, リベート; 差引高, 控除額: ein ～ am Gewicht 風袋(＝Tara) | einen ～ von 5 Prozent gewähren 5分〔値〕引きする ‖ ***et.***[4] **in ～**[4] **bringen** …を差し引く(＝abziehen) | **nach ～ aller** Unkosten 諸雑費を差し引いて | **ohne ～** 差し引き⟨割引⟩なしで | der Lohn ohne *Abzüge* ⟨**mit** *Abzügen*⟩ 税込み⟨手取り⟩賃金 | frei **von ～** 正味⟨正価⟩の. **4**〖印〗増し刷り; 校正刷り;(版画などの)刷り, 版;(Positiv)〖写〗陽画; 焼き付け, 焼き増し: ein ～ in Fahnen 棒組み校正刷り | *Abzüge* machen lassen (写真の)焼き付け⟨焼き増し⟩をしてもらう. **5** (銃の)引き金. **6**〖電〗(電子回路の)トリガ. [*mhd.*; ◇abziehen]

ab·züg·lich[áptsy:klɪç] 前《2格支配》(↔**zuzüglich**)〖商〗…を除いて, …を差し引いて; …を控除して: ～ der Unkosten 雑費を差し引いて.

★ 名詞が冠詞や形容詞を伴わない場合には, 2格語尾 -〔e〕s が略されることがあり, また複数は時に3格支配も見られる: ～ Fahrgeld ⟨des Fahrgeldes⟩ 運賃差し引きで | ～ Getränken 飲み物代を含めずに.

Ab·zugs≈bo·gen[áptsu:ks..] 男〖印〗校正刷り, ゲラ. **≈bü·gel** 男 (銃の引き金の)用心鉄.

ab·zugs≈fä·hig 形 (課税対象金額から)控除できる: ～*e* Ausgaben (控除可能な)必要経費. **≈frei** 形 控除額なしの.

Ab·zugs≈gra·ben 男 排水路, 下水道. **≈hahn** 男 (銃の)撃鉄. **≈hau·be** 女 レンジフード. **≈ka·nal** 男 排水路, 下水道. **≈rohr** 中 排気⟨排水⟩管(→ ⊛ Bad A).

⸗**schach** 中〘チェス〙ディスカバード=チェック, あき(はずし)王手. ⸗**schleu·se** 女 排水(下水)溝. ⸗**vor·rich·tung** 女 **1** (銃の)引き金装置. **2** 通気装置.

ab|zup·fen[áptsʊpfən] 他 (h) **1** 《*et.*^{4}》(…を)つまみ取る: Blütenblätter ～ 花びらを摘み取る. **2** 《*et.*^{4}》(…から何かを)つまみ取る: *abgezupfte* Traubenstiele 実をつまみ取った後のぶどうの茎.

ab|zu·zeln[áptsu:tsəln] 《06》他 (h) 《オーストリア》《*et.*^{4}》(…に付着したものを)なめて取る.

ab|zwacken[áptsvakən] 他 (h) **1** つまみ取る. **2** 《*jm. et.*^{4}》(…から…を)しぼり取る: *jm.* etwas am Lohn ～ …の賃金の上前をはねる | *sich*^{3} *et.*^{4} ～ …を捻出する.

$^▽$**ab|zwecken**[áptsvɛkən] =abzielen

Ab·zweig[áptsvaɪk]^1 男 -[e]s/-e **1** (特に高速道路の)分岐点(→Abzweige). **2** 〘工〙(導管の)分岐管.

Ab·zweig⸗bahn·hof 男〘鉄道〙分岐駅. ⸗**do·se** 女〘電〙(小型の)分岐箱(→ 図 Elektrizität).

Ab·zwei·ge 女 -/-n 別かれ道(→Abzweig 1).

ab|zwei·gen[áptsvaɪgən]^1 **I** 自 (s) 分岐(枝分かれ)する; (人が本道から)わき道へそれる: Der Weg *zweigt* hier *ab.* 道はここで分かれている | Er ist vom Weg *abgezweigt.* 彼はわき道にそれた ‖ ein *abzweigendes* Gleis〘鉄道〙分岐線.

II 他 (h) **1** 分岐させる: 再帰 *sich*^{4} ～ 分岐(枝分かれ)する. **2** 《俗》《*et.*^{4} zu *et.*^{3}》(資金などを)流用する.

Ab·zweig⸗ka·sten[áptsvaɪk..] 男〘電〙(大型の)分岐箱, 接栓箱(→ 図 Elektrizität). ⸗**klem·me** 女〘電〙分岐端子. ⸗**lei·tung** 女〘電〙分岐回路. ⸗**muf·fe** 女〘電〙分岐ソケット(→ 図 Elektrizität). ⸗**rohr** 中〘工〙分岐管. ⸗**stel·le** 女 (道路・鉄道などの)分岐点.

Ab·zwei·gung[áptsvaɪgʊŋ] 女 -/-en **1** ([sich] abzweigen すること. 例えば:) 枝分かれ, 分岐. **2** 分かれ目, 分岐点; 分かれ道; 支線, 支脈.

ab|zwicken[áptsvɪkən] 他 (h) (針金などを)ペンチではさみ切る.

ab|zwin·gen*[áptsvɪŋən] 《220》他 (h) 《*jm. et.*^{4}》(…に…を)強要する,(…から…を)むりやり奪い取る: *jm.* ein Versprechen ～ …にむりに約束させる | Die Angst *zwang* mir ein Geständnis *ab.* 不安のために私は自白せざるをえなかった | *sich*^{3} ein Lächeln ～ むりに微笑を浮かべる.

ab|zwit·schern[áptsvɪtʃərn] 《05》自 (s) 《話》[さっさと]立ち去る; 死んでしまう.

ac.. →ad..

a c. 略 =**a** conto

a. c. 略 =anni currentis

à c. 略 =**à** condition

Ac[a:tsé:, aktí:niʊm] 記号 (Actinium)〘化〙アクチニウム.

Aca·jou[akaʒú:] 男 -s/-s〘植〙カシューの実, カシューナッツ. [*indian.–port.* [*a*]cajú; ◇Cashewnuß]

Aca·jou⸗baum[akaʒú:..] 男 カシューの木. ⸗**nuß** 女 =Acajou

a cap·pel·la[a kapéla·] 《イタリア語》(ohne Instrumentalbegleitung)〘楽〙ア=カペラ, 器楽伴奏なしで: ～ singen 無伴奏で歌う. [„(wie) in der Kapelle"]

A-cap·pel·la-Chor[akapélako:r] 男 -[e]s/..Chöre 無伴奏合唱[曲].

A-cap·pel·la-Mu·sik 女 無伴奏声楽[曲].

acc. 略 = **acc**usativus[akuzatí:vʊs]〘言〙4 格, 対格. [*lat.*; ◇Akkusativ]

Acc. 略 =**acc**eptance[əkséptəns]〘商〙(手形・小切手などの)引き受け; 引き受け済み手形. [*engl.*; ◇Akzept]

acc. c. inf. 略 =**acc**usativus **c**um **inf**initivo

ac·cel. 略 =**accel**erando

ac·ce·le·ran·do[atʃelerándo·] 副 (beschleunigend, schneller werdend)〘楽〙アッチェレランド, しだいに早く. [*it.*; ◇akzelerieren]

Ac·cent ai·gu[aksãtɛgý] 男 - -/-s -s[aksãzɛgý]〘言〙アクサン=テギュ(フランス語などの揚音符. é の ´). [*fr.*; ◇Akzent, Akut]

Ac·cent cir·con·flexe[..sirkɔ̃fléks] 男 - -/-s -s [-]〘言〙アクサン=シルコンフレクス(フランス語などの抑揚音符. ô の ^). [*fr.*; ◇Zirkumflex]

Ac·cent grave[..grá:v] 男 - -/-s -s[-]〘言〙アクサン=グラーヴ(フランス語などの抑音符. è の `). [*fr.*; ◇Gravis]

Ac·cess[ɛ́ksɛs] 男 -/-es[..sɪz]〘電算〙アクセス(コンピュータシステムやネットワークから情報の取り出し・読み込みを行うこと). [*engl.*]

Ac·ces·soires[aksɛsoá:r(s)] 複 **1**〘服飾〙アクセサリー. **2**〘劇〙小道具. **3**〘美〙従属的部分. [*fr.*; < *lat.* ac-cēsus „Hinzu-kommen" (◇akzedieren)]

Ac·com·pa·gna·to[akɔmpanjá:to·] 中 -s/-s, ..ti[..ti·]〘楽〙伴奏付きの叙唱(→Secco). [*it.*; ◇akkompagnieren]

accresc. 略 =**accresc**endo

ac·cre·scen·do[akrɛʃéndo·] 副 (vergrößernd, anschwellend)〘楽〙アクレッシェンド, だんだん強く. [*it.*; ◇akkreszieren]

Ac·cro·chage[akrɔʃá:ʒ] 女 -/-n [..ʒən] **1**〘美〙(画廊の)所蔵品展示会. **2**〘軍〙(不意の)前哨(ぜんしょう)戦, 小競り合い; 《比》(警官隊とデモ隊などの)衝突. [*fr.*; < *fr.* ac-crocher „an-haken"]

ac·cu·sa·ti·vus cum in·fi·ni·ti·vo[akuzatí:vʊs kʊm ɪnfinití:vo·] 《ラテン語》(略 acc. c. inf., a. c. i.) (Akkusativ mit dem Infinitiv) 不定詞つき[主語的] 4 格(知覚動詞などの 4 格目的語が不定詞の意味上の主語になっている形. 例 Ich sah *ihn* kommen. 私は彼がやって来るのを見た).

Ace[eɪs] 中 -/-s [éɪsɪz](テニスなどで)エース. [*engl.*; ◇As^3]

Acel·la[atséla·] 中 -/ 商標 アツェラ(塩化ビニール板).

Acet·al·de·hyd[atsé:t..] 男 -s/〘化〙アセトアルデヒド.

Ace·tat[atsetá:t] 中 -s/-e〘化〙アセテート, 酢酸塩.

Ace·tat·fa·ser 女 -/ アセテート繊維. [< ..at]

Ace·ton[atsetó:n] 中 -s/〘化〙アセトン.

Ace·tum[atsé:tʊm] 中 -[s]/ (Essig)〘化〙酢. [*lat.*; ◇Acidum]

Ace·tyl[atsetý:l] 中 -s/〘化〙アセチル. [< ..yl]

Ace·tyl·cho·lin[-çoli:n] 中 -s/〘生〙アセチルコリン.

Ace·ty·len[atsetylé:n] 中 -s/ 〘化〙アセチレン. [< ..en^2]

Ace·ty·len⸗gas 中 アセチレンガス. ⸗**lam·pe** 女 アセチレンランプ. ⸗**schwei·ßung** 女 アセチレン溶接.

ace·ty·lie·ren[atsetylí:rən] 他 (h)〘化〙アセチル化する.

Ace·tyl·säu·re[atsetý:l..] 女 酢酸.

ach[ax] **I** 間 (驚きの気持を基調として) **1** (悲しみ・嘆き・苦痛などを表して)ああ, おお, あわれ: *Ach*[, du lieber] Gott! ああ どうしよう, 南無三(→Gott) | *Ach,* der arme Kerl! あれまあ かわいそうなやつだ | *Ach,* wäre er doch hier! おお彼がここにいてくれたらいいのに | Er sprach von dem ～ so schnell vergangenen Urlaub. 彼は悲しいほどに速く過ぎ去った休暇のことを話した ‖ **～ und weh** [über *et.*^{4}] **schreien** 〈rufen〉[…のことで]泣きわめく.

2 (意外・驚嘆・反対などを表して)おや, あれっ, まあ, なにい: *Ach,* das ist schön! まあ なんとすばらしいこと | Die Arbeit ist schon fertig? *Ach!* もう仕事はすんだのか おやまあ | ～ du lieber Himmel! (→Himmel 2) | ～ geh! けっ よしてくれ | ～ je! おや まあ | ～ nein! まさか | ～ so! おや そうかい | ～, was! (→was I 4) | ～, was Sie nicht sagen! ああ(驚いた)なんてことをおっしゃるのでしょう | ～ wo! / ～ woher [denn]! (→wo I 1 c, →woher 1).

3 (突然の思いつき・合点などを表して)ああ そうだ: ～ ja! ああそうそう; あっ そうだっけ | ～ was! (→was I 4) | *Ach,* was ich noch sagen wollte, ... あっ そうだ 言い忘れていたが….

II Ach^1 中 -s/-[s](悲嘆・苦痛などの) ach という声: ein mitleidiges ～ / ein ～ des Mitleids ああという同情の声 ‖ **Ach und Weh** / Weh und ～ 悲鳴 | **mit ～ und Weh** 〈**Weh und ～**〉 / **unter** [**vielem**] **～ und Weh** 〈**Weh und ～**〉《比》泣きの涙で, やっとの思いで | **mit Ach und Krach** 《話》かろうじて, やっとのことで, どうにかこうにか | mit ～ und Krach die Prüfung bestehen ひいひい言いながら試験にパスする. [*ahd.* ah; ◇ächzen]

Ach^2[ax] 女 -/-en=Ache

Achä·er[axέːər] 男 -s/- アカイア人(古代ギリシアの種族. Homer はギリシア人の総称として用いている). [<Achāíā (Peloponnes の北岸の地域名); ◇ *engl.* Achaean]

achä·isch[..ɪʃ] 形 アカイア〔人〕の.

Achä·ne[axέːnə] 女 -/-n《植》痩果(そうか)(→ 図 Schließfrucht). [<a..¹+*gr.* chaínein „klaffen"; ◇ *engl.* achene]

Achat[axáːt] 男 -〔e〕s/-e《鉱》瑪瑙(めのう). [*gr.*–*lat.*–*mhd.*; ◇ *engl.* agate]

acha·ten[axáːtən] 形 瑪瑙(めのう)製の.

achat·far·ben 形 瑪瑙(めのう)色の.

Ache[áxə, áːxə] 女 -/-n《南部》(Bach) 小川. [*ahd.* aha „Wasser"; ◇ Aue²]

Achel[áxəl] 女 -/-n《方》**1** (Granne)《植》(麦などの)芒(のぎ). **2** 麻くず. [*ahd.*; ◇ Ähre]

acheln[áxəln]《06》他 (h)《話》(essen) 食べる. [*hebr.*–*jidd.*]

der **Ache·ron**[áxerɔn] 男 -〔s〕/《ギ神》アケロン(冥土(めいど)の川): den ~ überqueren 三途(さんず)の川を渡る, 死ぬ. [*gr.*–*lat.*; <*gr.* áchos „Leid"]

ache·ron·tisch[axerɔ́ntɪʃ] 形 アケロンの.

Acheu·lé·en[aʃøleέ̃ː] 中 -〔s〕/《人類》旧石器時代アシュール期. [<Saint Acheul (北フランスの出土地名)]

Achill[axíl] (**Achil·les**[axílɛs]) 人名《ギ神》アキレウス (Troja 戦争におけるギリシア軍の英雄. かかとを射抜かれて死んだ). [*gr.* Achilleús–*lat.*]

Achil·les≈fer·se 女 -/-n《ふつう単数で》アキレウスのかかと;《比》(強者の)弱点: Das ist seine ~./ Da hat er seine ~. そこが彼の弱味だ. **≈seh·ne** 女《解》アキレス腱(けん).

Achil·les·seh·nen·re·flex 男《医》アキレス腱(けん)反射.

Achil·leus[axílɔys] =Achill

Achim[áxɪm] 男名 (<Joachim) アヒム.

Ach-Laut[áxlaʊt] 男 (↔Ich-Laut)《言》ach 音(軟口蓋(なんこうがい)無声摩擦音[x]).

Acho·lie[axolíː] 女 -/《医》胆汁欠乏〔症〕, 無胆汁〔症〕. [<a..¹+*gr.* cholḗ (→Galle¹)]

a. Chr. 〔**n.**〕 略 =ante **Chr**istum 〔**n**atum〕

Achro·ma·sie[akromazíː] 女 -/-n[..zíːən] (Achromatismus) 無色素性;《光》収色性. [<a..¹+chromato..]

Achro·mat[akromáːt] 男 -〔e〕s/-e《光》色消しレンズ, アクロマート.

Achro·ma·tin[..matíːn] 中 -s/《生》(細胞核内の)非〈不〉染色質.

achro·ma·tisch[..máːtɪʃ] 形 無色の;《光》色消しの, 収色性の;《生》非〈不〉染色質の.

Achro·ma·tis·mus[..matísmʊs] 男 -/..men[..mən] =Achromasie

Achro·mat·op·sie[..matɔpsíː] 女 -/-n[..síːən] (Farbenblindheit)《医》色盲. [<*gr.* ópsis „Sehen"]

Achro·mie[..míː] 女 -/-n[..míːən]《医》皮膚色素欠乏〔症〕.

Achro·my·cin[..mytsíːn] 中 -s/ 商標《薬》アクロマイシン. [<myko..+..in²]

Achs≈ab·stand[áks..] 男 =Achsstand **≈an·trieb** 男 軸駆動. **≈bruch** 男 車軸折損. **≈druck** 男 -〔e〕s/..drücke 軸圧.

Ach·se[áksə] 女 -/-n **1** (英: *axle*) (車輪・機械などの)心棒, 回転軸, 車軸, シャフト(→ 図): Lenk*achse* 操舵(そうだ)軸 | Treib*achse* (機関車などの)駆動軸 ‖ Die ~ ist gebrochen. 車軸〈シャフト〉が折れた ‖ 〔dauernd / ständig〕 **auf** 〔**der**〕 **~ sein**《話》〔しょっちゅう〕旅行〈出張〉している | *et.*⁴ auf 〈per〉 ~ schicken 〈befördern〉《商》…を陸送する(鉄道やトラックで).

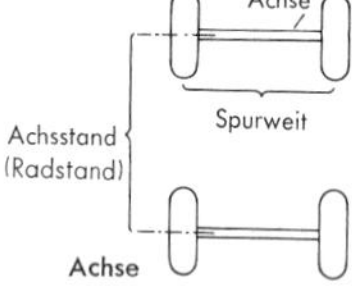

2 (英: *axis*) **a**) (一般に)軸, 軸線;《植》軸(茎・根など): die ~ der Erde 地軸 | Koordinaten*achse*《数》座標軸 | Kristall*achse*《鉱》結晶軸 | Symmetrie*achse*《数》対称軸 ‖ *sich*⁴ um *seine* eigene ~ drehen 自転する. **b**) 基本〈基準〉線; (二つの地域を結ぶ主要な)幹線〔道路〕;《政》枢軸: die ~ Berlin-Rom《史》ベルリン=ローマ枢軸(1936–43). [*idg.*; ◇agieren, axial; *gr.* áxōn „Achse"]

Ach·sel[áksəl] 女 -/-n **1 a**) (Schulter) 肩(→ 図 Mensch A); 肩の関節: **die ~**〔**n**〕 **zucken** 肩をすくめる(当惑・軽蔑・無関心・拒否などの身ぶり) ‖ *et.*⁴ **auf** die ~ nehmen …を肩にかつぐ | ***et.***⁴ **auf *seine* ~**〔***n***〕 **nehmen** …を肩にかつぐ;《比》…を一身に引き受ける | ***et.***⁴ **auf die leichte ~ nehmen**《比》…を軽く考える | *jn.* auf den ~*n* reiten lassen …を肩車に乗せる | ᵛ**auf beiden ~*n*** 〔**Wasser**〕 **tragen**《比》二またかける | **mit den ~*n* zucken** (=die ~〔n〕 zucken) | ***jn.* über die ~ ansehen** …に対して見くだした態度をとる. **b**) (Achselhöhle) 腋窩(えきか), わき〔の下〕: **in** 〈**unter**〉 der ~ Fieber messen わきの下で熱を計る | *et.*⁴ unter die ~ nehmen …を小わきに抱える ‖ die ~*n* ausrasieren わき毛をそる. **2**《植》葉腋(ようえき)(→ 図 Blatt). [*germ.*; ◇Achse, axillar; *engl.* axle]

Ach·sel≈band 中 -〔e〕s/..bänder **1**《服飾》ズボンつり, (スリップ・スカートなどの)肩つり. **2** (軍服などの)肩章. **≈bein** 中 (Schulterblatt)《解》肩甲骨. **≈drü·se** 女《解》腋窩腺(えきかせん).

ach·sel·frei 形 (衣服が)肩まで露出した, 袖なしの.

Ach·sel≈ge·lenk 中《解》肩関節. **≈ge·ruch** 男 わきの下のにおい, 腋臭. **≈griff** 男 (水難救助の際に, おぼれかけている人の)わきの下に手を入れて抱えること. **≈gru·be** 女 =Achselhöhle **≈haa·re** 複 わき毛: *sich*³ die ~ ausrasieren わき毛をそる. **≈höh·le** 女 腋窩(えきか), わきの下〔のくぼみ〕(→ 図 Mensch A). **≈klap·pe** 女 -/-n《ふつう複数で》(制服の)肩章. **≈knos·pe** 女《植》腋芽(えきが).

ach·seln[áksəln]《06》他 (h)《方》肩にかつぐ.

Ach·sel≈pol·ster 中《服飾》肩パッド. **≈schnur** 女 -/..schnüre 肩章の飾り緒. **≈schweiß** 男 わきの下の汗.

ach·sel·stän·dig 形《植》葉腋(ようえき)の, 腋生(えきせい)の.

Ach·sel≈stück 中 -〔e〕s/-e《ふつう複数で》**1** (制服の)肩章. **2** (よろいの)肩甲(→ 図 Harnisch). **≈trä·ger** 男 **1** =Achselband 1 **2**《比》二またをかける人, 日和見主義者. **≈zucken** 中 -s/ (当惑・軽蔑・無関心・拒否などの身振りとして)肩をすくめること.

ach·sel·zuckend 形 肩をすくめた.

Ach·sen≈bruch[áksən..] =Achsbruch **≈dre·hung** 女 **1** 軸を中心にした回転: die ~ der Erde 地球の自転. **2**《医》軸捻(じくねん). **≈ge·lenk** 中《工》軸継ぎ手(→ 図 Gelenk). **≈kreuz** 中《数》座標系. **≈mäch·te** 複《史》枢軸国(1936–43年のドイツとイタリア, 1940年以降は日本もこれに加わった). **≈na·gel** =Achsnagel **≈nei·gung** 女《天》黄道傾斜. **≈sym·me·trie** 女 軸対称. **≈zy·lin·der** 男《解》(神経の)軸索.

..achser[..aksər]《数詞などにつけて「…の軸を持ったもの」を意味する男性名詞 (-s/-) をつくる》: Zwei*achser* 2車軸の車両.

Achs·hal·ter[áks..] 男《工》軸箱もり, 軸取り付け金具.

ach·sial[aksiáːl], **ach·sig**[áksɪç]² =axial

..achsig[..aksɪç]²《数詞などにつけて「…の軸を持つ」を意味する形容詞をつくる》: zwei*achsig* 2本軸の.

Ach·sig·keit[áksɪçkaɪt] 女 -/ (Axialität) 軸性.

Achs≈ki·lo·me·ter[áks..] 男《鉄道》車軸キロ. **≈la·ger** 中 -s/-《工》軸箱, 軸受け. **≈last** 女 軸圧, 軸重. **≈na·gel** 男 (車軸の)フォアロック(輪留めピン).

achs≈par·al·lel 形 軸に平行な. **≈recht** 形 軸の, 軸性の, 軸上の.

Achs≈schen·kel 男 軸くび, ジャーナル(→ 図). **≈sche·re** 女 軸棒. **≈stand** 男 軸の間隔, 軸距(→ 図 Achse). **≈sturz** 男 軸脚傾斜, 輪軸屈曲. **≈stüt·ze** 女 軸支え. **≈wel·le** 女 軸動シャフト.

Achsschenkel

acht[1][axt] **I**《基数》(英: *eight*) 8, 八つ(の): →fünf ‖ ～ Tage 1週間(あしかけ8日の意から) | volle ～ Tage 8日間 | binnen 〈nach〉 ～ Tagen 1週間以内〈後〉に | heute in ～ Tagen 〈über ～ Tage〉 来週のきょう | Mittwoch vor ～ Tagen 前〈先〉週の水曜. **II** 《序数》第8の, 8番目の: →fünft **III** **Acht**[1] 女 -/-en **1** 8という数; 8という数字; (トランプの) 8の札; 8番コースの路面電車: →Fünf ‖ eine ～ bauen《話》(自転車で衝突などして) 前輪をゆがめる | eine ～ laufen 〈fahren〉(スケートで) 8の字を描いてすべる. **2** Goldene ～ (Posthörnchen)〘虫〙モトモンキチョウ(元紋黄蝶). [*idg.*; ◇okto..; *engl.* eight]

acht[2] →Acht[2]

Acht[2][axt] 女 -/ (Aufmerksamkeit) 注意, 顧慮; 用心: auf *et.*[4] 〈*jn.*〉 nicht die geringste ～ geben 〈haben〉 …に少しも注意しない(→achtgeben, achthaben) ‖〘今日ではふつう次のような成句の形で用いられ, この場合ふつう小文字で書く習慣がある〙 **außer** *acht* bleiben 注意されない〔ままである〕 | *et.*[4] **außer** ***acht*** **〈aus der ～〉 lassen** …に注意しない, …を顧慮しない, …を無視する, …を度外視する | *et.*[4] außer aller ～ lassen …を全く顧みない | ***et.***[4] **in** ***acht*** **nehmen** …に気をつける | *seine* Gesundheit in *acht* nehmen 健康に気をつける | ***sich***[4] vor *jm.* 〈*et.*[3]〉 **in** ***acht*** **nehmen** …に対して用心する, …を警戒する | Nimm dich vor dem Hund in *acht*! その犬に用心しろ | Bei ihm 〈Bei glatter Straße〉 muß man sich in *acht* nehmen. あいつ〈すべる道路〉には気をつけなさい | Er nahm sich davor in *acht*, zu schnell zu fahren (㊥..., nicht zu schnell zu fahren). 彼はスピードを出しすぎないよう用心した | Nimm dich in *acht*, daß du nicht fällst! 転ばないよう注意したまえ. [*westgerm.*; ◇achten]

Acht[3][axt] 女 -/ 〘史〙法律による保護を奪うこと, 平和喪失, 追放, 放逐; 〘宗〙破門: über *jn.* die ～ verhängen / ***jn.*** **in ～ und Bann tun** …から法律による保護を奪う; …を破門〈追放〉する; …を村八分にする. [*westgerm.* „Verfolgung"; ◇ächten]

ạcht·ba̲r[áxtba:r] 形 尊敬すべき, 尊敬されている; 名望〈格式・身分・由緒〉ある, 見上げた, 上品な, いやしからぬ, りっぱな: eine ～*e* Leistung 尊敬すべき〈りっぱな〉仕事 | aus ～*em* Haus 〈～*er* Familie〉 sein 由緒ある家柄である. [*mhd.*; ◇Acht[2]]

Ạcht·bar·keit[–kaɪt] 女 -/ (achtbar なこと. 例えば:) 尊敬に値すること; 品位, 名望, 名声, (社会的な) 格式.

ạcht·bei·nig[áxt..] 形 (クモなどが) 8本足の.

Ạcht·brei·ter 男 -s/- (前歯8本が生えかわった5歳ほどの) 成熟羊.

Ạcht·brief[áxt..] 男 追放〈破門〉状.

Ạcht·eck[áxt|ɛk] 中 -s/-e 八角形.

ạcht·eckig[..|ɛkɪç][2] 形 八角〔形〕の.

▽**ạch·te·ha̲lb**[áxtəhálp] =achthalb

ạcht·ein·ha̲lb[áxt|aɪnhálp]《分数; 無変化》8と2分の1〔の〕: →fünfeinhalb

ạch·tel[áxtəl] **I** 《分数; 無変化》8分の1〔の〕: →fünftel **II** **Ạch·tel** 中 (ｽｲ: 男) -s/- **1** 8分の1: →Fünftel **2** =Achtelnote

Ạch·tel≠blatt 中〘印〙8分の1枚〈1丁〉(全紙の1/64: →Blatt 2). **≠kreis** 男 八分円. **≠li̲·ter** 男 (中) 8分の1リットル.

ạch·teln[áxtəln] 《06》 他 (h) 8〔等〕分する.

Ạch·tel≠no̲·te[áxtəl..] 女〘楽〙8分音符. **≠pau·se** 女〘楽〙8分休止〔符〕, 8分休符. **≠zent·ner** 男 8分の1ツェントナー(6.25kg, 12.5Pfund).

ạch·ten[áxtən] 《01》 **I** 他 (h) **1** (↔verachten) 尊敬する, 尊重する: das Gesetz ～ 法律を重んじる | *sein* Leben nicht ～ 生命を軽んじる | *jn.* als großen Künstler ～ …を偉大な芸術家として尊敬する | Er ist als Kritiker allgemein *geachtet*. 彼は批評家としてみんなに尊敬されている | ein im ganzen Dorf *geachteter* Arzt 村じゅうの尊敬を集めている医者 | Vorfahrt ～!〘交通〙(交差点で) 先行権を尊重せよ (Vorfahrt beachten!「先行権を守れ」の意にも解される). **2 a)** (halten) 《*et.*[4] für *et.*[4] / ▽*et.*[4] *et.*[4]》 (…を…と) 見なす, 思う: *jn.* für *seinen* Freund ～ …を友人と思う | *et.*[4] für töricht 〈nichts〉 ～ …をばかげたことと思う〈なんとも思わない〉 ‖ Er *achtete* solche Lehren weit wichtiger als die Kenntnisse. 彼はそういう教えを知識よりもはるかに大事だと思った. ▽**b)** (denken) 考える: Ich *achte*, daß ... 私は…と思う. **3** 《ふつう否定詞と》気にかかる, 留意する: die Gefahr nicht ～ 危険を無視する | Er *achtete* weder Sturm noch Regen. 彼はあらしも雨も平気だった〈物ともしなかった〉. ▽**4** 再帰 *sich*[4] nach *et.*[3] 〈*jm.*〉 ～ …にのっとる, …に従う.

II 自 (h) 《auf *et.*[4] 〈*jn.*〉 / ▽*et.*[2] / ▽*js.*》 (…に) 注意〈留意〉する, (…に) 心を配る, (…を) 顧慮する; (…を) 傾聴する: auf die Kinder ～ 子供たちに気をつける | auf die Musik ～ 音楽に耳を傾ける | *Achte* auf die Warnung 〈die Lehre deiner Eltern〉! 警告〈ご両親の教え〉を心に留めなさい ‖ Niemand *achtete* seiner. だれも彼を顧みるものはなかった. [*ahd.*; ◇Acht[2]]

ạ̈ch·ten[ɛ́çtən] 《01》 **I** 他 (h) 《*jn.*》追放する, 破門する, 仲間外れにする, ボイコットする; 〘史〙(…から) 法律による保護を奪う; 《*et*[4]》 (…を不当なものとして) 弾劾(だんがい)する, 排する, 非難する: die Todesstrafe ～ 死刑を非難〈排撃〉する | *Ächtet* die Atomwaffen! 核兵器を許すな. **II** **Ge·ạ̈ch·te·te** → 別出 [*westgerm.*; ◇Acht[3]]

Ạcht·en·der[áxt|ɛndər] 男 -s/- 〘狩〙角(つの)またが八つに分かれたシカ(→Ende 4).

ạch·tens[áxtəns] 副 (列挙の際などに) 第8に〔は〕.

ạch·tens·we̲rt 形 尊敬する値する, 尊重すべき, りっぱな.

ạch·ter[áxtər] 形〘海〙後ろの, 船尾の. [*mndd.*; ◇After]

Ạch·ter[–] 男 -s/- **1** (8の記号をもつもの. 例えば:) 8番コースのバス; 1908年産ワイン; 第8連隊員; (トランプの) 8の札; 8人組〈会〉の一員: →Fünfer **2** (合計して8のもの. 例えば:) 8人用乗り物, 〘ﾎﾞｰﾄ〙エイト; 8行詩; 8字〈項〉的中の富くじ; 8人組〈会〉; 〘狩〙=Achtender: →Fünfer **3** アラビア数字の8; 8字形: einen ～ laufen 〈fahren〉 (スケートで) 8の字を描いてすべる | einen ～ im Vorrad haben (自転車が衝突などして) 前輪がゆがんでいる | ***jm.*** **'nen ～ ins Hemd treten**《話》…をさんざんに殴る.

Ạ̈ch·ter[ɛ́çtər] 男 -s/- **1** ächten する人. **2** 〘史〙法の保護を奪われた者, 被追放者.

ạch·ter·aus[áxtər|aʊs] 副〘海〙後ろへ, 船尾〔の方向〕へ.

Ạch·ter·ba̲hn[áxtər..] 女〔軌道が8の字形の〕ジェットコースター(→ ㊂ Rummelplatz).

Ạch·ter·deck 中 (↔Vorderdeck) (船の) 後〔部〕甲板. [<achter]

Ạcht·er·klä̲·rung[áxt..] 女 追放宣告; 破門宣告.

Ạch·ter·last[áxtər..] 女〘海〙船尾に荷を積みすぎた状態.

ạch·ter·la·stig[..lastɪç][2] 形 (↔vorderlastig)〘海〙船尾に荷を積みすぎた, 艫(とも)下がりの; 〘空〙尾部の重い.

Ạch·ter·la·ter·ne 女〘海〙船尾灯.

ạch·ter·le̲i[áxtərlái] 《種類を表す数詞; 無変化》8種類の: →fünferlei

ạch·ter·lich[áxtərlɪç] 形〘海〙後ろから来る, 船尾の方から来る: mit ～*em* Wind segeln 追い風に乗って帆走する.

Ạch·ter≠liek 中《北部》〘海〙(帆の) 後縁索. **≠lu̲·ke** 女〘海〙後部昇降口〈ハッチ〉.

Ạch·ter·mann·schaft 女 8人チーム, (ボートの) エイトクルー.

Ạch·ter·mast 男〘海〙後部マスト(→ ㊂ Schiff A).

ạch·tern[áxtərn] 副〘海〙後ろに, 船尾で: nach ～ gehen 船尾へ行く | Der Wind kam von ～. 風は追い風だった. [<achter]

Ạch·ter·na̲ht[áxtər..] 女〘医〙8字形縫合.

Ạch·ter≠raum 形〘海〙後部船倉. **≠schiff** 中 (↔Vorderschiff)〘海〙船体の後半部, 船尾, 艫(とも). **≠ste̲·ven** 男 (↔Vordersteven)〘海〙船尾材. [<achter]

ạcht·fach[áxtfax] 形 8倍〈八重〉の: →fünffach

▽**ạcht·fäl·lig**[áxtfɛlɪç][2] 形 追放〈破門〉された. [<Acht[3]]

▽**ạcht·fäl·tig**[..fɛltɪç][2] =achtfach

Ạcht·flach[áxtflax] 中 -〔e〕s/-e 八面体.

ạcht·flä·chig[..flɛçɪç][2] 形 八面体の.

A

Acht≠fläch·ner[..flɛçnər] 男 -s/- 八面体. **≠fü·ßer**[..fy:sər] 男 -s/- 8本足の動物(特にタコ類).

acht·fü·ßig[..fy:sıç][2] 形 8本足の;〘詩〙8詩脚の.

Acht≠füß·ler[..fy:slər] 男 -s/- **1** =Achtfüßer **2**〘詩〙8詩脚詩句. **≠füß·ling**[..slıŋ] 男 -s/-e 8本足のもの(特にタコ類).

acht|ge·ben*[áxtge:bən][1] 《52》自 (h)《auf *et.*[4] 〈*jn.*〉》(…に)注意する, 気をつける, 配慮〈留意〉する: auf das Feuer im Herd ～ 炉の火に気をつける | Er hat wenig auf seine Gesundheit *achtgegeben.* 彼は自分の健康にあまり気をつけなかった | auf die Kinder ～ 子供の面倒をみる, 子供に気をつける | auf die Stufen ～ 階段に用心する ‖ *Gib acht,* 〔da kommt〕 ein Auto! 危ない 自動車が来るよ | *Gib acht,* daß du nicht fällst! 転ばないよう気をつけたまえ. [＜Acht[2]]

acht|ha·ben*[áxtha:bən][1] 《64》自 (h) **1**《雅》《auf *et.*[4] 〈*jn.*〉》=achtgeben **2**《オーストリア》*Habt acht!*〘軍〙気をつけ(号令)(=Stillgestanden!). ▽**3**《*et.*[2]/*js.*》注意を払う: Keiner *hatte* seiner *acht.* だれも彼を顧みるものはなかった.

▽**acht·halb**[áxthálp]《分数; 無変化》(siebeneinhalb) 7と2分の1(の).

Acht≠he·ber 男 -s/-〘詩〙8詩脚詩句. **≠herr·schaft** 女 八頭政治.

acht≠hun·dert[áxthúndərt]《基礎》800(の): →hundert **≠jäh·rig**[..jɛ:rıç][2] 形《付加語的》8年を経た, 8歳の; 8年間の. **≠jähr·lich**[..jɛ:rlıç] 形 8年ごとの.

Acht·kampf[áxt..] 男〘陸上〙8種競技(4種の規定演技と4種の自由演技からなる女子体操競技).

acht·kan·tig[..kantıç][2] 形 かど〈稜(りょう)〉が八つある: *jn.* ～ **hinauswerfen** 〈**rausschmeißen**〉《話》…を断固としてはねつける.

Acht·kno·ten 男〘海〙(綱の)8の字結び.

Acht·ling[áxtlıŋ] 男 -s/-e **1** 八つ子(のひとり);《複数で》八つ子. **2** (昔の)8ペニヒ硬貨.

acht·los[áxtlo:s][1] 形《雅》不注意な, うっかりした, 無造作な: ein ～*es* Benehmen 不注意な〈うかつな〉振舞い ‖ auf 〈gegen〉 *et.*[4] ～ sein / *et.*[3] gegenüber ～ sein …にむとんじゃくである | an *jm.* 〈*et.*[3]〉 ～ vorübergehen …のそばを気づかずに通り過ぎる,《比》…を見落とす, …を看過する. [＜Acht[2]]

Acht·lo·sig·keit[..lo:zıçkaıt] 女 -/-en《ふつう単数で》(achtlos なこと. 例えば:) 不注意, むとんじゃく.

acht≠mal[áxtma:l] 副 8回; 8倍: →fünfmal **≠ma·lig**[..lıç][2] 形《付加語的》8回の: →fünfmalig **≠mo·na·tig**[..tıç][2] 形 8か月を経た, 生後8か月の; 8か月間の. **≠mo·nat·lich**[..lıç] 形 8か月ごとの.

Acht·mo·nats·kind[axtmó:nats..] 中 妊娠8か月で生まれた子.

acht|pas·sen[áxt..] 《03》他 (h)《話》注意して見る〈聞く〉. [＜Acht[2]]

Acht·pol·röh·re 女 (Oktode)〘電〙8極〔真空〕管.

Acht·punkt·schrift 女〘印〙8ポイント活字.

acht·sam[áxtza:m] 形《雅》**1** 注意深い, 注意を怠らない: ein ～*es* Auge 注意深い目 ‖ *jm.* ～ zuhören …の言葉に注意深く耳を傾ける. **2** 用心深い, 慎重な. [＜Acht[2]]

Acht·sam·keit[−kaıt] 女 -/ achtsam なこと.

Acht≠silb·ner[áxt..] 男 -s/- 8音節の語〈詩行〉. **≠spän·ner** 男 -s/- 8頭立ての馬車.

acht·spän·nig 形 8頭立ての.

Acht≠stek[áxt..] 男 -s/-s, **≠stich** 男 =Achtknoten

Acht·stun·den·tag[axt-ʃtúndən..] 男 1日8時間労働制.

acht≠stün·dig[áxt-ʃtʏndıç][2] 形 8時間の. **≠stünd·lich**[..ʃtʏntlıç] 形 8時間ごとの. **≠tä·gig**[..tɛ:gıç][2] 形 8日間の, 1週間の; 8日を経た, 生後8日の. **≠täg·lich** [..tɛ:klıç] 形 8日ごとの; 毎週の.

Acht·tak·ter 男 -s/-〘詩〙8詩脚詩句.

acht·tau·send[áxttáuzənt]《基数》8000(の): →tausend

Acht·tau·sen·der[..dər] 男 -s/- 8000メートル級の山.

acht·tei·lig[áxt..] 形 8〔等〕分された, 八つの部分からなる.

acht·und·ein·halb[áxt|ʊnt|aınhálp] =achteinhalb

Acht·und·vier·zi·ger[axt|ʊntfírtsıgər] 男 **1**〘史〙1848年の3月革命期の自由主義者(穏健派)と民主主義者(急進派). **2** 48年産のワイン.

Acht·und·vier·zig·stun·den·wo·che [..fırtsıçʃtúndən..] 女 週48時間〔労働〕制.

Ach·tung[áxtʊŋ] 女 -/ **1** 注意, 用心:〘無冠詞で間投詞的に〙*Achtung!* 注意せよ, 危ない, 謹聴, 用意 | *Achtung,* Stufen 〈Hochspannung〉! 階段〈高圧線〉あり 注意 | *Achtung,* Augen rechts! 〘軍〙気をつけ かしら右(号令) ‖ ～ passen《方》注意する, 気をつける | ▽auf *et.*[4] ～ geben 〈haben〉 …に注意を払う(今日ではふつう auf *et.*[4] achtgeben を用いる). **2** 尊敬, 敬意: 〔die〕 allgemeine ～ genießen みんなの尊敬を受ける | *jm.* ～ einflößen 〈gebieten〉 …に尊敬の念を起こさせる | *jm.* ～ erweisen 〈雅: zollen〉 …に敬意を表する | *sich*[3] ～ erwerben 尊敬を得る | *sich*[3] ～ zu verschaffen wissen 尊敬を得るすべを心得ている, 自分を偉く思わせる〈にらみをきかせる〉手を知っている ‖ vor *jm.* 〈*et.*[3]〉 ～ haben …を尊敬〈尊重〉する | für 〈gegen〉 *jn.* ～ empfinden 〈雅: hegen〉 …に対して尊敬の念を抱く ‖ **aus** ～ vor *seinem* Lehrer 〈gegen *seinen* Lehrer〉 先生に対する尊敬の念から | *bei jm.* **in** hoher ～ stehen …に深く尊敬されている | von *jm.* **mit** ～ sprechen …のことを尊敬の念をもって話す ‖ **Alle ～!**《話》これは驚いた, すごいね(けげん・驚嘆・感嘆を表す).

Äch·tung[ɛ́çtʊŋ] 女 -/-en (ächten すること. 例えば:) 追放, 破門, ボイコット, 排斥; 禁止;〘史〙法の保護を奪うこと.

ach·tung·ge·bie·tend[áxtʊŋ..] 形 (他人に)尊敬の念を起こさせる, いやでも尊敬せざるをえないような.

Ach·tungs≠ap·plaus 男 儀礼的な〈お義理の〉喝采(かっさい). **≠be·zei·gung** 女 敬意の表明. **≠er·folg** 男 **1** お義理で与えられた成功〈成果〉: einen ～ erringen 儀礼的に成功したことにしてもらう, お義理の喝采を浴びる. **2** (お金にならぬ)敬意を受けるだけの成功〈成果〉.

Ach·tung·stel·lung 女 -/ 《スイス》〘軍〙不動〈気をつけ〉の姿勢.

ach·tungs·voll 形 敬意に満ちた, うやうやしい.

acht·zehn[áxtse:n]《基数》18(の): →fünfzehn [◇*engl.* eighteen]

Acht·zehn≠en·der 男 -s/-〘狩〙角(つの)またが18に分かれたシカ(→Ende 4). **≠ge·bot** 中〘ユダヤ教〙十八祈願文.

acht·zehn·hun·dert《基数》(eintausendachthundert) 1800(の): →fünfzehnhundert

acht·zehn·jäh·rig[..jɛ:rıç][2] 形《付加語的》18年を経た, 18歳の; 18年間の.

acht≠zehnt[áxtse:nt]《序数》第18の, 18番目の: →fünft **≠zehn·tel**[..təl]《分数; 無変化》18分の1(の): →fünftel **≠zehn·tens**[..təns] 副 (列挙の際などに)第18に(は).

Acht·zei·ler[áxt..] 男 -s/- 8行詩; 8行詩節.

acht·zei·lig 形 (詩・詩節などが)8行の〈からなる〉.

acht·zig[áxtsıç]《基数》80(の): →fünfzig ‖ **auf** ～ **kommen** 〈**sein**〉《話》かんかんに怒る〈怒っている〉| *jn.* **auf** ～ **bringen**《話》…をかんかんに怒らせる | 〔mit〕 ～ fahren《話》時速80キロで車を走らせる | **zwischen** ～ **und scheintot sein**《話》すっかり老いぼれている. [◇*engl.* eighty]

acht·zi·ger[áxtsıgər] **I** 形《無変化》80年代〈80歳台〉の: →fünfziger

II Acht·zi·ger 男 -s/- 80歳台の人; 80という数をもつもの: →Fünfziger

Acht·zi·ger·jah·re[áxtsıgərja:rə, ⏑⏑⏑⏑́⏑] 複 **1** 80歳台: →Fünfzigerjahre ▽**2** 80年代.

acht·zigst[áxtsıçst]《序数》第80の, 80番目の: →fünft

acht·zig·stel[..stəl]《分数; 無変化》80分の1(の): →fünftel

acht·zig·stens[..stəns] 副 (列挙の際などに)第80に(は).

Acht·zy·lin·der·mo·tor[áxttsilındər.., ..tsyl..] 男 (俗: **Acht·zy·lin·der** 男) 8気筒エンジン〔を備えた自動車〕.

acht·zy·lin·drig[..drıç][2] 形 8 気筒〔エンジン〕を備えた.

Achy·lie[axylí:] 女 -/-n[..lí:ən] 《医》乳糜(にゅうび)〈胃液分泌〉欠乏症. [＜a..[1]+*gr.* chȳlós (→Chylus)]

äch·zen[έçtsən] 《02》自 (h) (苦痛・肉体的な力みなどから)うめく; (物体が)きしむ, ギシギシ〈ギイギイ〉鳴る: Die Bodenbretter *ächzen.* 床板がミシミシいう. [*mhd.;* ＜*ahd.* ah (→ach)]

Äch·zer[..tsər] 男 -s/- 《話》うめき声; きしみ: einen ~ ausstoßen 〈von *sich*[3] geben〉 うめき声をあげる〈もらす〉.

a. c. i. 略 =accusativus cum infinitivo

Aci·da Acidum の複数.

Aci·di·me·trie[atsidimetrí:] 女 -/ 《化》酸定量法.

Aci·di·tät[..ditέ:t] 女 -/-en 《化》酸〔性〕度.

aci·do·phil[atsidofí:l] 形 《生》好酸性の.

Aci·do·se[..dó:zə] 女 -/-n (↔Alkalose) 《医》アシドーシス, 酸血症. [＜..ose]

Aci·dum[á:tsidum] 中 -s/..da[..da·] (Säure) 酸. [＜*lat.* acidus „sauer"; ◇Acetum]

Acker[ákər] 男 **1** -s/Äcker[έkər] (小 **Äcker·chen**[έkərçən] 中 -s/-) 耕地, 畑地: ein fruchtbarer 〈magerer〉 ~ 肥沃(ひよく)な〈やせた〉畑 | Gersten*acker* 大麦畑 ‖ den ~ bestellen 〈bebauen / pflügen〉 畑を耕す ‖ auf dem ~ arbeiten 畑で働く | auf den ~ gehen 〈fahren〉 畑へ行く | Das ist nicht auf eigenem ~ gewachsen. 《比》これは自分で作ったものではない | **Mach dich vom ~!** 《話》失せろ, 消えてしまえ ‖ ▽der ~ des Herrn 《比》墓地.
2 -s/- アッカー(14世紀以来とくに中部ドイツで用いられた地積単位. 地方により異なるが, Hessen の19. 065アールから Sachsen の64. 43アールの間): 30 ~ Land 〈Wald〉 30アッカーの土地〈山林〉. [*idg.*; ◇agro.., agri..; *engl.* acre]

Acker≈bau 男 -〔e〕s/ 農耕, 耕作, 農業: ~ treiben 農業を営む ‖ ~ und Viehzucht 農耕牧畜 | von ~ und Viehzucht keine Ahnung haben (→Ahnung 2). **≈bau·er** 男 ▽**1** -n(-s)/-n(Bauer, Landmann) 農夫, 農民. **2** -s/- 《ふつう複数で》農耕民族.

Acker·bau≈er·zeug·nis·se 複 農業生産物, 農作物. **≈ma·schi·ne** 女 農業〈耕作〉機械. **≈schu·le** 女 農業〔専門〕学校.

acker·bau·trei·bend 形 農業を営んでいる.

Acker≈beet 中 (畑の)うね. **≈be·stel·lung** 女 耕作. **≈bo·den** 男 耕地〈畑地〉の土壌. **≈boh·ne** 女 《植》ソラマメ(空豆). **≈bür·ger** 男 小都市の農民, 町百姓; (18世紀までの)市内に自作農地をもつ市民.

Äcker·chen Acker 1の縮小形.

Acker≈di·stel[ákər..] 女 《植》エゾノキツネアザミ. **≈er·de** 女 = Ackerboden **≈flä·che** 女 耕地〔面積〕. **≈frä·se** 女 ロータリー式耕耘(こううん)機. **≈fur·che** 女 (畑の)うね間(ま), うねあい. **≈ga·re** =Bodengare **≈gaul** 男 《軽蔑的に》農耕馬. **≈ge·rät** 中 農機具, 農業機械. **≈ge·setz** 中 -es/-e 《ふつう複数で》(古代ローマの)農地法. **≈hof** 男 農家(地所も含めて); 農場. **≈knecht** 男 作男. **≈kohl** 男 《植》ナタネハタザオ(アブラナ科の雑草). **≈kru·me** 女 (Mutterboden) 《農》耕土, 表土層, 腐植土層(耕地の深さ10-30cmのよく耕された肥沃(ひよく)な土). **≈kult** 男 (民間信仰による)農耕祭儀. **≈land** 中 -〔e〕s/ (Gartenland, Weideland などに対する)耕地. ▽**≈mann** =Ackersmann

Acker·men·nig =Odermennig

ackern[ákərn] 《05》 **I** 他 (h) (pflügen) (畑を)耕す, 鋤(す)く. **II** 自 (h) **1** 耕作する; 《話》苦労して(せっせと・あくせく)働く, 粒々辛苦する: 〖結果を示す語句と〗 再帰 *sich*[4] müde ~ 働き疲れる. **2** 《球技》ドリブルする.

Acker≈nah·rung[ákər..] 女 (一農家の)自給農地面積. **≈pferd** 中 農耕馬. **≈ret·tich** 男 《植》セイヨウノダイコン. **≈rö·te** 女 《植》アカバナムグラ(畑地の雑草). **≈sa·lat** 男 《植・料理》ノジシャ, サラダナ(菜). **≈schach·tel·halm** 男 《植》スギナ(杉菜), ツクシ(土筆). **≈schlei·fe** 女, **≈schlep·pe** 女 (耕地を引いて回る)土ならし機器. **≈schlep·per** 男 農耕用トラクター, 耕耘(こううん)機. **≈schnecke** 女 (畑の作物に害を与える)ナメクジの一種. **≈schol·le** 女 (鋤(すき)で掘り起こした)土くれ. **≈senf** 男 《植》ノハラガラシ.

▽**Ackers·mann** 男 -〔e〕s/..leute(..männer) (Bauer) 農夫, 農民.

Acker≈spark 男 《植》オオツメクサ. **≈un·kraut** 中 畑の雑草. **≈wa·gen** 男 農業用車両. **≈wal·ze** 女 《農》農耕用ローラー. **≈win·de** 女 《植》セイヨウヒルガオ(畑地の雑草). **≈wirt·schaft** 女 農業.

Ack·ja[ákja·] 男 -〔s〕/-s (救難用の)スノーボート. [*finn.* – *schwed.*]

à con·di·tion[akõdisjõ] 《フランス語》(略 à c.) 《商》(特に書籍販売などで)委託で, 点検買い取りで. [„auf Bedingung"]

a con·to[a kɔ́nto·] 《イタリア語》(略 a c.) (auf Rechnung von) 《商》内金〈分割〉払いで: 100 Mark ~ zahlen 内金として100マルク支払う | Zahlung ~ 内金〈分割〉払い(=Akonto). [◇Konto]

▽**Acquit**[akí:] 中 -s/-s (Quittung) 受領証(→pour acquit). [*fr.*; ◇ad.., quitt]

Acre[é:kər, eıkə] 男 -s/-s (単位: -/-) エーカー(面積単位: 約4046. 8m²). [*engl.*; ◇Acker]

Acryl≈fa·ser[akrý:l..] 女 《化》アクリル繊維. **≈harz** 中 《化》アクリル樹脂. **≈ni·tril** 中 《化》アクリルニトリル. **≈säu·re** 女 《化》アクリル酸. [＜Akrolein+..yl]

Ac·ta[ákta·] 複 **1** (Taten) 事跡. ▽**2** (Akten) 文書; 決議録(→ad acta). [*lat.* āсta „Handlungen"; ◇agieren]

Ac·ta Apo·sto·lo·rum[– apɔstoló:rum] 複 《聖》使徒行伝. [*lat.*; ◇Apostel]

Ac·ta Sanc·to·rum[– zaŋktó:rum] 複 《カトリック》聖人伝集. [*lat.*; ◇Sankt]

ACTH[a:tse:te:há:] 略 =adrenocorticotropes Hormon 《医》アクス(副腎(ふくじん)皮質刺激ホルモン). [◇Adrenalin, Kortex, Tropus]

Ac·ti·ni·den[aktiní:dən] 複 《化》アクチニド. [＜..id[2]+aktin]

Ac·ti·nium[aktí:nium] 中 -s/ 《化》アクチニウム(放射性元素名; 記号 Ac). [＜aktino..]

Ac·ti·non[..tinó:n] 中 -s/ 《化》アクチノン (Radon の同位元素; 記号 An).

Ac·tion di·recte[aksjõdirέkt] 女 --/-s-s[–] **1** (身体への直接の)暴行. **2** 《経》(保険による)損害補償請求. [*fr.*; ◇Aktion, direkt]

Ac·tion≈film[ǽkʃən..] 男 アクション映画. **≈pain·ting**[..peıntıŋ] 中 -/ 《美》アクション=ペインティング. [*engl.*]

ad 《ラテン語》→*ad* absurdum, *ad* acta, *ad* calendas graecas, *ad* hoc, *ad* infinitum, *ad* lib., *ad* libitum, *ad* maiorem Dei gloriam, *ad* notam, *ad* oculos, *ad* publicandum, *ad* rem, *ad* us., *ad* usum, *ad* val., *ad* valorem, *ad* verbum

ad.. 《名詞・形容詞・動詞などにつけて「方向・接近・隣接・接着」などを意味する. c, f, g, k, l, n, p, r, s, t, z の前ではそれぞれ ac.., af.., ag.., ak.., al.., an.., ap.., ar.., as.., at.., ak.. となることもある》: *ad*äquat 適切な | *ad*optieren 養子にする | *Ad*resse あて名 ‖ *Af*fix 《言》接辞 | *Ag*gression 攻撃 | *Ak*kord 和合, 調和 | *Al*lianz 同盟 | *An*nex 付属物 | *Ap*pell 呼び掛け | *Ar*rest 拘禁 | *as*similieren 同化する | *At*traktion (人を)引きつけること | *ak*zeptieren 受諾する. [*lat.*]

a d. 略 =a dato

a. d. 略 =an der (→a. d. D.; a. d. E.; a. d. O.; a. d. S.; a. d. W.)

a. D.[a:dé:] 略 **1** =außer Dienst 退官〈退役〉した, 退職の. **2** =a. d. D.

A. D. 略 =Anno Domini

Ada[á:da·] 女名 (＜Adalbert) アーダ.

ada·bei[á:dabaı] **I** 副 ~ sein 《オーストリア》出しゃばっている, おせっかいをしたがる. **II** **Ada·bei** 男 -s/-s 《オーストリア》出しゃばり〈おせっかい〉な人, やじ馬. [＜auch+dabei]

ad ab·sur·dum[at apzúrdum] 《ラテン語》 *et.*[4] 〈*jn.*〉 ~

führen …の(…の主張の)矛盾を論証する. [„zum Mißtönenden"; ◇absurd]

ADAC[a:de:|a:tsé:] 略 男 -/ =Allgemeiner Deutscher Automobil-Club 全ドイツ自動車クラブ(日本の JAF に相当する).

ad ạc·ta[at ákta·] 《ラテ語》(略 a. a.) (zu den Akten) 他の書類と一緒に: *et.*[4] ~ **legen** 《比》…を解決済みと見なす〈棚上げにする〉(→Akte 2).

ada·giet·to[adadʒéto·] 副 〔楽〕アダジェット (adagio よりやや速めに). [*it.*]

ada̱·gio[adá:dʒo·, ..á:ʒio·] **I** 副 (langsam, ruhig) 〔楽〕アダージョ, ゆるやかに. **II Ada̱·gio** 中 -s/-s 〔楽〕adagio の〔テンポの〕楽曲〈楽章〉. [*it.*; <*it.* agio „Bequemlichkeit"]

Adak·ty·li̱e[adaktylí:] 女 -/ 〔医〕無指〔症〕. [<a..[1]+daktylo..]

A̱dal·bert[á:dalbɛrt] 男名 アーダルベルト. [<*ahd.* adal „edel"]

A̱dal·brecht[..brɛçt] 男名 アーダルブレヒト.

A̱dam[á:dam] **I** 男名 アーダム: nach ~ Riese (→Riese[4]).

II 人名 〔聖〕アダム(神に創造された人類最初の男性で妻 Eva と共に楽園を追われた): **der alte ~** 《比》昔からの欠陥〈悪習〉(聖書: ロマ6,6から) | Der alte ~ regt sich wieder. 昔のくせが出る | **den alten ~ ausziehen** 〈von *sich*[3] werfen〉 / **den neuen ~ anziehen** 心を入れ替える(聖書: コロ 3,9–10から) ‖ **seit ~*s* Zeiten** 《話》太古以来 | **bei ~ und Eva anfangen** 〈**beginnen**〉《話》(話の)前置きを長々と始める | **von ~ und Eva stammen** 《話》大昔からの〈昔ながらの〉ことである.

III 男 -s/-s **1** 《戯》(女性のパートナーとしての)男性; 〔裸の〕男; (誘惑に弱い存在としての)人間. **2** 《戯》息, 呼吸 (Atem と Odem から). [*hebr.* ādām „Mensch"]

Ada·mi̱t[adamí:t] 男 -en/-en **1** 〔史〕アダム宗徒(裸体で儀式をしたといわれる). **2** 《複数で》アダムの子孫, 人間.

ada·mi̱·tisch[..tɪʃ] 形 **1** アダム宗派の. **2** 裸の.

A̱dams·ap·fel[á:dams..] 男 《戯》のどぼとけ(→ 図 Mensch A). [*hebr.* tappūach hā ādām の翻訳借用]

A̱dams≠kind 中 人の子, 人間. **≠ko·stü̱m** 中 《戯》《ふつう次の形で》**im ~** (男が)すっぱだかで.

Ad·ap·ta·bi·li·tä̱t [adaptabilitɛ́:t] 女 -/ (Anpassungsvermögen) 適応力, 順応性. [*mlat.*]

Ad·ap·ta·tio̱n[..tsió:n] 女 -/-en **1** 《単数で》(環境などへの)適応, 順応. **2** (文学作品の)脚色, 翻案. **3** 《オーストリア》(建物の)改装. [*mlat.*]

Ad·ap·ta·tio̱ns≠syn·dro̱m[adaptatsió:ns..] 中 〔医〕適応症候群. **≠ver·mö·gen** 中 適応能力.

Ad·a̱p·ter[adáptər] 男 -s/- 〔工〕アダプター, 適応装置〈部品〉. [*engl.*]

ad·ap·ti̱e·ren[adaptí:rən] 他 (h) **1** 適応〈順応〉させる; (文学作品を)脚色する. **2** 《オーストリア》(建物などを)改装〔転用〕する. [*lat.*]

Ad·ap·ti̱e·rung [..rʊŋ] -/-en, **Ad·ap·tio̱n** [..tsió:n] 女 -/-en=Adaptation

ad·ap·ti̱v [..tí:f][1] 形 適応〈順応〉性のある; 《オーストリア》(建物などについて)改装された.

Ad·äqua̱nz [adɛkvánts, at|ɛ..] 女 -/ 妥当性.

ad·äqua̱t [adɛkvá:t, át|ɛkva:t] 形 (↔ inadäquat) (angemessen) 適当〈適切〉な, 妥当な. [*lat.* ad-aequāre „angleichen"; ◇äqui..]

a da̱·to[a: dá(:)to·] 《ラテ語》(略 a d.) 〔商〕(特に手形について)〔振り出しの〕日付から. [„vom Tage"; ◇Datum]

ad ca·len·das grae·cas[at kalɛ́ndas gré:kas] 《ラテ語》(niemals, am Sankt-Nimmerleins-Tag) 絶対に…しない, 永遠に…しない: *et.*[4] ~ verschieben …を永遠に延期する, …を絶対にしない. [„an den griechischen Kalenden (bezahlen)"; 月の第 1 日はローマ人の支払日であったが, ギリシア人にはそのような習慣がなかったことから]

a. d. D. 略 **1** =auf dem Dienstweg 所定の手順を踏んで. **2** =an der Donau ドナウ河畔の.

^▽^**Ad·de̱nd**[adɛ́nt][1] 男 -en/-en (Summand) 〔数〕被加数.

Ad·de̱n·dum[..dʊm] 中 -s/..da[..da·] 《ふつう複数で》(Zusatz) 補遺, 追加, 付録.

ad·di̱e·ren[adí:rən] 他 (h) (↔ subtrahieren) (zusammenzählen) 〔数〕加算する, 加える, 足す; 合計〈合算〉する: *et.*[4] mit *et.*[3] ~ …に…を加える〈加算する〉| Äpfel mit Birnen ~ (→Apfel 1 b) | *et.*[4] zu *et.*[3] ~ …を…に加える〈加算する〉‖ 再帰 *sich*[4] ~ 積算される; 加わる. [*lat.*; <*lat.* dare „geben"]

Ad·di̱er≠ma·schi̱·ne[adí:r..] 女 〔加減〕計算機. **≠werk** 中 (自動車などの)積算距離計.

ad·di̱o[adí:o·] 間 (leb wohl!) さようなら. [*it.*; ◇ade]

A̱d·dis A̱be·ba[ádɪs á:beba·, – abé:ba·] 地名 アジスアベバ (Äthiopien の首都). [*amhar.* „neue Blume"]

Ad·di·tio̱n[aditsió:n] 女 -/-en (↔Subtraktion) 〔数〕加法, 足し算, 合計; 〔化〕付加〔物〕. [*lat.*; ◇addieren]

ad·di·tio·na̱l[aditsioná:l] 形 (zusätzlich) 付加された; (nachträglich) 追加の. [<..al[1]]

Ad·di·tio̱ns≠ef·fekt[aditsió:ns..] 男 相乗効果. **≠ma·schi̱·ne** 女 〔加減〕計算機. **≠ver·bin·dung** 女 〔化〕付加化合物. **≠wort** 中 -[e]s/..wörter (Kopulativum) 〔言〕連結複合語. **≠za̱hl·wort** 中 -[e]s/..wörter 〔言〕加法〈加算〉数詞(構成要素たる数詞の表す数の和が合成数詞の表す数となる語. 例 dreizehn<drei+zehn).

ad·di·ti̱v[adití:f][1] **I** 形 (↔subtraktiv) 加法〈足し算〉による; 付加的な: ein ~*es* Verfahren 〔写〕加色法. **II Ad·di·ti̱v** 中 -s/-e 〔化〕添加剤. [*spätlat.*]

ad·di·zi̱e·ren[aditsí:rən] 他 (h) 《*jm. et.*[4]》(…が…の作者であると)鑑定する: *jm.* das Gemälde ~ …を絵の作者と判定する. [*lat.*; ◇Diktion; *engl.* addict]

Ad·duk·tio̱n[adʊktsió:n] 女 -/-en (↔Abduktion) 〔生理〕内転. [*mlat.*]

Ad·du̱k·tor[adʊ́ktɔr, ..to:r] 男 -s/-en[adʊktó:rən] (↔Abduktor) 〔解〕内転筋, 内旋筋; 〔動〕(節足動物の)屈筋.

ad·du·zi̱e·ren[adutsí:rən] 他 (h) 〔生理〕内転させる. [*lat.* ad-dūcere „an-ziehen"; ◇Duc; *engl.* adduct]

ade̱[adé:] **I** 間 さようなら, さらば: Winter ~! 冬よ さらば | *jm.* ~ sagen …にさよならを言う, …に別れを告げる | der Welt ~ sagen 世を捨てる; 死ぬ. **II Ade̱** 中 -s/-s 別れ〔のあいさつ〕, さらば: *jm.* ein ~ zurufen …に向かってさよならと叫ぶ. [*lat.* ad deum „zu Gott"–*afr.*–*mhd.*; ◇tschüs]

..ade[..a:də] 《名詞につけて「行為・コンクール」を意味する女性名詞 (-/-n) をつくる. ..iade となることもある》: Kanon*ade* (大砲の)連射 | Block*ade* 封鎖 | Robinson*ade* (ロビンソン クルーソーのような)難破者の冒険 ‖ Köpenick*iade* 大胆な詐欺行為 | Univers*iade* ユニバーシアード. [*lat.*–*fr.*]

a. d. E. 略 =an der Elbe エルベ河畔の.

A̱de·bar[á:dəbar] 男 -s/-e 《北部》(Storch) 〔鳥〕コウノトリ. [*ahd.* ode-bero „Segen-bringer"]

A̱del[á:dəl] 男 -s/ **1** 《集合的に》貴族, 貴族階級: Feudal*adel* 封建貴族 | aus 〔altem〕 ~ stammen / von 〔altem〕 ~ sein 〔古い〕貴族の出である ‖ ***Adel* verpflichtet.** 《諺》貴族(高い身分)にはそれなりの義務が伴う. **2** 貴族の位; 《雅》高貴さ: *jn.* in den ~ erheben / *jm.* den ~ verleihen …を貴族に列する ‖ der ~ des Herzens 心の気高さ. **3** (鉱物の)含有度. [*germ.*; ◇edel]

Ade·la̱i·de[adelaí:də] 女名 アデライーデ. [*fr.*; ◇Adelheid]

A̱del·bert[á:dəlbɛrt] 男名 (<Adalbert) アーデルベルト.

Ade̱·le[adé:lə] 女名 アデーレ. [*fr.* Adèle]

A̱del·heid[á:dəlhaɪt] 女名 アーデルハイト. [<*ahd.* adal „edel"+heit „Art" (◇..heit)]

a̱de·lig[á:dəlɪç][2] =adlig

a̱deln[á:dəln] 《06》他 (h) **1** 《*jn.*》貴族に列する. **2** 《雅》高貴〈高尚〉にする: *jn.* ~ …の人格を高める.

A̱dels≠brief[á:dəls..] 男 〔史〕(貴族の位を授与する)叙爵書; 《比》特別表彰状. **≠buch** 中 貴族名鑑〈列伝〉.

Adel·schaft[á:dəlʃaft] 女 -/ 貴族階級.

Adels≠di·plom 中 =Adelsbrief **≠er·he·bung** 女 貴族に列すること, 叙爵. **≠herr·schaft** 女 貴族による支配, 貴族政治. **≠ka·len·der** 男 = Adelsbuch **≠klas·se** 女 貴族階級. **≠kro·ne** 女 貴族冠(爵位のない貴族用の五突起の宝冠: → 図 Krone A). **≠ma·tri·kel** 女 =Adelsbuch **≠par·ti·kel** 女 貴族の家名につける不変化詞(ドイツ語の von, フランス語の de など). **≠pa·tent** 中 = Adelsbrief **≠prä·di·kat** 中 = Adelspartikel **≠pro·be** 女 騎士家系証明. **≠rang** 男 貴族の位階, 爵位. **≠stand** 男 貴族の身分; 貴族階級: *jm.* in den ~ erheben …を貴族に列する.

adels·stolz[á:dəls..] 形 貴族の出(高い身分)であることを誇りに思っている.

Adels≠stolz 男 貴族たることの誇り. **≠sucht** 女 -/ 貴族(叙爵)へのあこがれ.

adels·süch·tig 形 貴族になりたがっている.

Adels≠ti·tel 男 貴族の称号, 爵位, 爵位名. **≠ver·schub** 男 (鉱脈中の)金属含有量.

Ad(e)·lung[á:d(ə)lʊŋ] 女 -/-en (adeln すること. 例えば:) 叙爵.

Aden[á:dən, ..dɛn] 地名 アデン(アラビア半島南西端の港湾都市. 長らくイギリスの植民地であったが,1967年から1990年まで Jemen 民主人民共和国, 別称南イエメンの首都). [*arab.* adan „Paradies"]

Ade·nau·er[á:dənauər] 人名 Konrad ~ コンラート アーデナウアー(1876-1967; CDU の創立者にして党首. 1949-63 旧西ドイツの首相).

Ade·ni·tis[adení:tɪs] 女 -/..tiden[..nití:dən] (Drüsenentzündung) 《医》 腺(せん)炎. [< *gr.* adḗn „Drüse"+..itis]

ade·no·id[..noí:t][1] 形 《医》 腺様(せんよう)の, アデノイドの: ~*e* Wucherung 腺様増殖. [<..oid]

Ade·nom[..nó:m] 中 -s/-e (**Ade·no·ma**[..nó:ma·] 中 -s/-ta[..ta·]) (Drüsengeschwulst) 《医》 腺腫(せんしゅ), アデノーマ. [<..om]

ade·no·ma·tös[..nomatǿ:s][1] 形 《医》 腺腫(せんしゅ)様の.

ade·nös[..nǿ:s][1] 形 腺(せん)の, 腺に関する. [<..ös]

Ade·no·sin[..nozí:n] 中 -s/ 《化》 アデノシン.

Ade·no·to·mie[..tomí:] 女 -/-n[..mí:ən] 《医》 アデノイド(咽頭(いんとう)扁桃(へんとう)・腺様(せんよう)増殖)切除[術].

Ade·no·vi·rus[adenoví:rʊs] 中 (男) -/..ren[..rən] 《ふつう複数で》《医》 アデノウィルス.

Ad·ept[adɛ́pt] 男 -en/-en (秘術などの)奥義を窮めた人; 錬金術師; 《戯》 達人, 大家. [*mlat.*; < *lat.* ad-ipīscī „erreichen" (◇aptieren)]

Ader[á:dər] 女 -/-n **1** (⑥ **Äder·chen**[ɛ́:dərçən], **Äder·lein**[..laɪn] 中 -s/-) **a)** 血管: Schlag*ader* 動脈 | goldene ~ 《戯》 痔(じ) | Gold*ader* 金脈 ‖ ***sich***[3] **die ~*n* öffnen** 《雅》 動脈を切って自殺する | ***jn.* zur ~ lassen** ▽i) 《医》 …の血を抜く, …に瀉血(しゃけつ)を施す; ii) 《戯》 …の金をしぼり取る ‖ Seine ~*n* traten an den Schläfen hervor. 彼のこめかみに青筋が立った ‖ *jm.* erstarrt (gefriert / gerinnt / stockt) das Blut in den ~*n* (→Blut 2) | In seinen ~*n* fließt Bauernblut. 彼は農民の血を引いている | blaues Blut in den ~*n* haben (→Blut 2). **b)** (血管状・網目状のもの. 例えば:) 木目, 石目; (宝石の)曇り, 傷; 《坑》 鉱脈; 《地》 水脈; 《電》 (ケーブルの)心線; 《植》 葉脈(→ 図 Blatt); 《動》 (昆虫の羽の)翅脈(しみゃく). **2** 《単数で》 (Anlage) 素質, 傾向: Er hat eine leichte (komische) ~. 彼は軽薄(こっけい)なところがある | Er hat keine musikalische ~ (keine ~ für Musik). 彼には音楽的素質がない | Es ist keine falsche (gute) ~ an ihm. 彼は正直一筋の(少しもよいところのない)男である. [*germ.*]

Ader·an·ord·nung[á:dər..] 女 《動》 翅脈(しみゃく)相, 脈網, 脈相(翅脈の分布形式).

Äder·chen Ader の縮小形.

Ader≠ge·flecht 中 《解》 脈絡叢(そう). **≠ge·schwulst** 女 《医》 血管腫(しゅ). **≠haut** 女 《解》 (目の)脈絡膜.

ad(e)·rig[á:d(ə)rɪç][2] (**äd(e)·rig**[ɛ́:..]) 形 **1** 血管(脈管)のある; 血管の浮き出た; 血管状の; 静脈の. **2** (石や木の)条紋(木目)の[ある].

Ader≠klem·me[á:dər..] 女 =Aderpresse **≠kno·ten** 男 《医》 静脈瘤(りゅう). **≠laß**[..las] 男 ..lasses/..lässe[..lɛsə] 《医》 瀉血(しゃけつ); 《比》 (手痛い)損失.

Ader·laß≠ei·sen 中 《医》 瀉血(しゃけつ)針. **≠flie·te** 女 《畜》 放血針, 刺絡(しらく)針.

Äder·lein Ader の縮小形.

ädern[ɛ́:dərn] (▽**adern**[á:..]) 《05》 **I** 他 (h) 《*et.*[4]》 (…に)木目(網目)[模様]をつける, 条紋をつける; 《工》 木目(石目)まがいに塗り上げる: Röte *äderte* das Weiße seiner Augen. 彼の目は赤く血走っていた. **II ge·ädert** → 別出

Ader·pres·se[á:dər..] 女 《医》 (外科手術などに用いる止血用の)血管圧抵器, 止血器.

ader·reich 形 **1** 血管の多い. **2** 木目(網目)の多い. **3** 葉脈(翅脈(しみゃく))に富んだ.

Ader≠schlag 男 脈拍. **≠strang** 男 《解》 血管索(血管の束).

Äd(e)·rung[ɛ́:d(ə)rʊŋ] (▽**Ad(e)·rung**[á:..]) 女 -/-en **1** ädern すること. **2 a)** 木目(網目)模様, 条紋. **b)** 《植》 葉脈. **c)** 《動》 (昆虫の羽の)翅脈(しみゃく).

Ader·ver·kal·kung[á:dər..] 女 《医》 血管の石灰化(硬化).

Ades·po·ton[adɛ́spotən] 中 -s/..ta[..ta·] 無主物; 《複数で》 作者不明の作品(特に賛美歌などについて). [*gr.*; <a..[1]+*gr.* despótēs „(Haus)herr" (◇Despot)]

à deux mains[adømɛ̃] 《フランス語》 (mit zwei Händen) 《楽》 両手で. [◇Duo, Manual]

Ad·go[átgo·] 女 -/ (<Allgemeine Deutsche Gebührenordnung für Ärzte) ドイツ全国医療費基準.

Ad·hä·rens[athɛ́:rɛns] 中 -/..renzien (▽..rentien)[..hɛrɛ́ntsiən] 《ふつう複数で》 付属(付着)物; 《化》 粘着剤.

ad·hä·rent[athɛrɛ́nt] 形 **1** 粘着する, 粘着性の; 付着した; 《植》 着生の. **2** 味方の, 支持する. [*lat.*]

Ad·hä·renz[..rɛ́nts] 女 -/ **1** 粘着, 付着; 癒着, 癒合. **2** 執着, 愛着, 忠誠. [*mlat.*]

ad·hä·rie·ren[athɛrí:rən] 自 (h) **1** 《*et*[3]》 (…に)こびりつく, 付着(粘着)する. **2** 《*et*[3]》 (…に)執着(固執)する; 《*jm.*》 (…に)忠実である, 追随する. [*lat.*; < *lat.* haerēre (→häsitieren); ◇ *engl.* adhere]

Ad·hä·sion[..zió:n] 女 -/-en 粘着, 付着; 《化》 分子間引力; 《医》 癒着; 《植》 着生(細胞・組織などの癒合). [*lat.*]

Ad·hä·sions≠bahn 女 《鉄道》 (歯車車輪を用いるアプト式に対し, 普通の車輪を用いる)粘着式軌道(鉄道). **≠fett** 中 《鉄道》 (動輪に塗布してレールとの粘着力を与える)粘着油脂. **≠klau·sel** 女 《法》 (国際条約などの)加入者条項. **≠kraft** 女 粘着(付着)力. **≠ver·fah·ren** 中 《法》 (損害補償請求を伴う刑事事件の)付帯訴訟[手続き].

ad·hä·siv[athɛzí:f, ◡◡–][1] 形 粘着力のある, 粘着性の.

▽**ad·hi·bie·ren**[athibí:rən] 他 (h) 用いる, 使用(適用)する. [*lat.*; < *lat.* habēre „halten"; ◇ *engl.* adhibit]

ad hoc[at hɔ́k, at hó:k] 《ラテン語》 この目的で, [特に]このために; 臨時に: *et.*[4] ~ bilden …(委員会など)を特別(臨時)に構成する. [„zu diesem (Zweck)"]

Ad-hoc-Bil·dung 女 (Augenblicksbildung) 《言》 即席造語.

Ad-hoc-Grup·pe 女 特別(臨時)グループ.

▽**ad·hor·ta·tiv**[athɔrtatí:f][1] **I** 形 (ermahnend) 勧告(督促)的な; 《言》 勧奨の. **II Ad·hor·ta·tiv**[また: ◡◡◡–] 男 -s/-e 《言》 (接続法の用法としての)勧奨法(例 Gehen wir zu Fuß! 徒歩で行こうよ). [< *lat.* adhortārī „auf-muntern"]

Adia·ba·te[adiabá:tə] 女 -/-n 《理》 断熱[曲]線.

adia·ba·tisch[..tɪʃ] 形 《理》 断熱的な: ~*e* Ausdehnung (Expansion) 断熱膨脹 | eine ~*e* Kurve 断熱線. [< *gr.* a-diábatos „un-durchschreitbar" (◇Diabas)]

Adia·pho·ra[adiá(:)fora·] 複 《哲》 アディアポラ(善悪いずれでもないもの). [*gr.* a-diáphoros „in-different"]

A

adieu[adiø:, adjø] **I** =ade **II Adieu** 中 -s/-s=Ade [*fr.*]

Ädi·ku·la[ɛdíːkula·] 女 -/..lä[..lɛ·] **1**〘建〙エディキュラ(窓・戸口などの上部の装飾部). **2** (古代ローマの)小礼拝堂; (神像などを置いた)壁のくぼみ, 神棚. [*lat.*; <*lat.* aedēs „Haus" (◇Esse); ◇*engl.* aedicula]

Ädil[ɛdíːl] 男 -en(-s)/-en〘史〙按察(あんさつ)官(古代ローマの治安・市場の監督・祭礼・造営などをつかさどる高官). [*lat.*; ◇*engl.* aedile]

ad in·fi·ni·tum[at ınfiníːtʊm]《ラテン語》(bis ins Unendliche) 果てしなく, 無限に: *et*[4] ~ fortsetzen …を際限なく続ける. [◇infinit]

adi·pös[adipøːs][1] 形 脂肪の; 脂肪過多の, 肥満症の.

Adi·po·si·tas[adipóːzitas] 女 -/ (Fettsucht)〘医〙脂肪過多〔症〕, 肥満〔症〕. [<*lat.* adeps „Fett" (◇aliphatisch)]

à dis·cré·tion[adiskresjõ]《フランス語》(nach Belieben) 思いのままに, 存分〈勝手放題〉に. [◇Diskretion]

adj. 略, **Adj.** 略 =Adjektiv〔um〕

Ad·jek·tiv[átjɛktiːf, ◡◡–][1] 中 -s/-e (略 Adj., adj.)〘言〙形容詞: ein prädikatives 〈attributives〉~ 述語〈付加語〉〔的〕形容詞. [<*spätlat.* ad-iectus „hinzu-gefügt"]

Ad·jek·ti·va Adjektivum の複数.

Ad·jek·tiv≈ab·strak·tum 中〘言〙形容詞派生抽象名詞(例 Güte<gut). **≈ad·verb** 中〘言〙形容詞派生副詞(例 lange<lang). **≈de·kli·na·tion** 女〘言〙形容詞の格変化, 形容詞変化〈曲用〉.

ad·jek·ti·vie·ren[atjɛktivíːrən] 他 (h)〘言〙(名詞・副詞などを)形容詞化する.

Ad·jek·ti·vie·rung[..rʊŋ] 女 -/-en〘言〙adjektivieren すること, 形容詞化(例 ernst<Ernst, heutig<heute).

ad·jek·ti·visch[átjɛktiːvɪʃ, ◡◡–◡] 形〘言〙形容詞〔として〕の.

Ad·jek·ti·vum[..vʊm] 中 -s/..va[..va·]=Adjektiv

Ad·ju·di·ka·tion[atjudikatsióːn] 女 -/-en (adjudizieren すること. 例えば:) 裁決, 裁定, 認定. [*spätlat.*]

ad·ju·di·zie·ren[..tsíːrən] 他 (h) (zuerkennen)《*jm. et.*[4]》(…に…を)判決によって与える; 認定〈裁定〉する.

Ad·junkt[atjʊ́ŋkt] 男 -en/-en ▽**1** (Amtsgehilfe) (特に教授・牧師などの)助手, 代理〈代行〉者. **2**《オーストリア・スイス》事務官補(下級公務員の官名. 例えば Forst*adjunkt* 林務官補). [*lat.* ad-iūnctus „hinzu-gefügt" (◇Joint)]

ad·ju·stie·ren[atjʊstíːrən] 他 (h) **1** (zurichten) (器具・楽器などを)調整する, 規正する; (eichen) (計器を)検定する; (貨幣の純度などを)検量する. **2**《オーストリア》(ausrüsten) (…に)装備をさせる, 制服を着用させる. [*mlat.*]

Ad·ju·stie·rung[..rʊŋ] 女 -/-en **1** 調整, 規正; 検定; 検量. **2**《オーストリア》**a)** (Uniform) 制服, 勤務服. **b)**《話》(Aufmachung) 身なり, かっこう.

Ad·ju·ta Adjutum の複数.

Ad·ju·tant[atjutánt] 男 -en/-en **1**〘軍〙副官. **2**《スイス》(中隊付き)准士官. [*lat.*–*span.*–*fr.*]

Ad·ju·tan·tur[..tantúːr] 女 -/-en 副官の職.

Ad·ju·ten Adjutum の複数.

▽**Ad·ju·tor**[atjúːtɔr, ..toːr] 男 -s/-en [..jutóːrən] 手伝い人, 助手 [*lat.*; <*lat.* ad-iūtāre „helfen"]

Ad·ju·tum[atjúːtʊm] 中 -s/..ten[..tən] (..ta[..ta·]) ▽**1** 補助〔金〕. **2**《オーストリア》臨時手当, 一時金. [*lat.*; <*lat.* 〔ad〕iūvāre „helfen"]

ad l. 略 =ad libitum

Ad·la·tus[atláːtʊs, adl..] 男 -/..ten[..tən] (..ti[..ti·]) 補佐〔役〕. [*lat.* ad latus „zur Seite (stehend)"]

Ad·ler[áːdlər] 男 -s/- **1** (英: *eagle*)〘鳥〙ワシ(鷲): kühn 〈stolz〉 wie ein ~ ワシのように雄々しい〈誇らしげな〉| *Adler* fangen keine Fliegen.《諺》大物は小事にこだわらぬ. **2 a)**〘紋〙わし〔図形〕(→ 図 Wappen f): ein zweiköpfiger ~ 双頭のワシ. **b)** =Adlerorden **3** der ~〘天〙鷲(わし)座. **4** (米国の) 10ドル金貨. [*mhd.* adel-are „Edel-Aar"]

Ad·ler·au·ge 中 ワシの目;《比》鋭い〈炯々(けいけい)たる〉目.

ad·ler·äu·gig 形 ワシのように鋭い目をした.

Ad·ler≈blick 男 鋭い眼光〈目つき〉. **≈farn** 男〘植〙ワラビ. **≈flü·gel** =Adlersflügel **≈horst** 男 ワシの高巣. **≈na·se** 女 わし鼻(→ 図 Nase). **≈or·den** 男 わし印の勲章: Schwarzer 〈Roter〉 ~ (プロイセンの)黒〈赤〉わし勲章. **≈ro·chen**〘魚〙トビエイ. **≈schild** 男 (旧ドイツの)ワシの紋章づき盾形文化功労牌(はい).

Ad·lers≈fit·ti·che 複, **≈flü·gel** 複 ワシのつばさ: auf ~*n*《雅》風のように速く.

ad lib. 略 =ad libitum [◇lieb]

ad li·bi·tum[at líːbitʊm]《ラテン語》(略 ad l., ad lib., a. l.) (nach Belieben)〘楽〙自由に, 即興的に, アドリブで.

ad·lig[áːdlɪç][2] **I** 形 **1** 貴族の, 貴族階級に属する: aus ~*em* Geschlecht sein / von ~*er* Geburt 〈~*em* Blut〉 sein 貴族の生まれである. **2**《雅》(edel) 高貴な, 気高い: ein Mann von ~*er* Gesinnung 心の気高い男. **II Ad·li·ge** 男 女《形容詞変化》貴族: einen ~*n* heiraten 貴族の男と結婚する.

Ad·lung[áːdlʊŋ] =Adelung [<Adel]

ad maio·rem Dei glo·riam[at majóːrɛm déːi· glóːriam]《ラテン語》(zur größeren Ehre Gottes) 神のより大いなる栄光のために(イエズス会の標語). [◇glorios]

Ad·mi·ni·stra·tion[atminıstratsióːn] 女 -/-en **1** (Verwaltung) **a)** 管理, 運営; 行政; 処理, 施行, 執行;〘法〙遺産管理, 管財. **b)** 管理部; 行政機関. **2** (旧東ドイツで)官僚的な指令, 官僚統制. [*lat.*]

ad·mi·ni·stra·tiv[..tíːf][1] 形 **1** 管理〈運営・行政〉〔上〕の. **2** (旧東ドイツで)官僚的な, お役所式の. [*lat.*]

Ad·mi·ni·stra·tor[..ráːtɔr, ..toːr] 男 -s/-en [..ratóːrən] (Verwalter) 管理者;〘法〙遺産管理人, 管財人;《カトリック》(小教区などの)管理者. [*lat.*]

ad·mi·ni·strie·ren[..ríːrən] 他 (h) **1** (verwalten) 管理〈運営〉する; 処理する, つかさどる; 施行〈執行〉する. **2** (旧東ドイツで)官僚的に指令する. [*lat.*]

▽**ad·mi·ra·bel**[atmiráːbəl] (..ra·bl..) 形 (bewundernswert) 賞賛に値する, 賛嘆すべき, すばらしい. [*lat.*; <*lat.* mīrārī (→Mirakel)]

Ad·mi·ral[atmiráːl] 男 -s/-e (..räle[..rɛ́ːlə]) **1** 海軍大将; (一般に)海軍の将官, 提督; 艦隊司令長官. **2 a)**〘虫〙アタランタアカタテハ(赤立羽蝶). **b)** (Kegelschnecke)〘貝〙イモガイ(芋貝). **3** (砂糖・卵黄などを加えた)赤ワイン. [*afr.* amiral „Oberhaupt"–*fr.*; <*arab.* amīr (→Emir)]

Ad·mi·ra·li·tät[atmiralitɛ́ːt] 女 -/-en **1**《集合的に》海軍将官. **2** 海軍本部; 艦隊司令部.

die **Ad·mi·ra·li·täts·in·seln** 地名 複 アドミラルティ諸島 (Neuguinea 北東にある Papua-Neuguinea 領の火山群島).

Ad·mi·rals≈flag·ge[atmiráːls..] 女 (海軍の)将官旗, 提督旗. **≈hut** 男 提督帽(→ 図 Hut). **≈schiff** 中 (提督座乗の)旗艦.

Ad·mi·ral·stab 男 海軍本部, 軍令部.

Ad·mis·sion[atmısióːn] 女 -/-en (Zulassung) **1**《カトリック》(教会法上不備のある人の教会職位への)認許; (修道会への)入会認許. **2**〘工〙給気, 給入. [*lat.*]

Ad·mit·tanz[..tánts] 女 -/〘電〙アドミタンス.

ad·mo·nie·ren[atmoníːrən] 他 (h) (ermahnen)《*jn.*》(…に)警告する; 譴責(けんせき)〈説諭〉する. [*lat.*]

Ad·mo·ni·tion[..nitsióːn] 女 -/-en 警告;《カトリック》(懲戒罰に先立つ贖罪(しょくざい)への)説諭, 訓戒. [*lat.*]

ADN[aːdeːǀɛ́n] 略 男 -/ = Allgemeiner Deutscher Nachrichtendienst 一般ドイツ通信機関(旧東ドイツの国営通信社).

Ad·nex[atnɛ́ks] 男 -es/-e (Anhang) ▽**1** 付属物. **2**《複数で》〘医〙(子宮などの)付属器(卵巣・卵管など). [<*lat.* ad-nectere „an-binden" (◇annektieren)]

ad·no·mi·nal[atnomináːl] 形 (↔adverbal)〘言〙名詞付加的な, 名詞を修飾する, 連体〔修飾〕の.

ad no·tam[at nóː(ː)tam]《ラテン語》(zur Kenntnis)《もっ

ぱら次の形で》*et.*[4] ～ **nehmen** …を心に留めておく．［◇Nota］

Ạdo[á:do·] 男名（＜Adolf）アード．

a. d. O. 略 ＝an der Oder オーデル河畔の．

ad ọcu·lọs[at ó:kulo:s]《ラテン語》(vor Augen) 眼前に：*jm. et.*[4] ～ demonstrieren …に…を明示〈明証〉する．［◇okular］

ado·les·zẹnt[adolɛstsɛ́nt] **I** 形 青年期〈未成年期〉の．
II Ado·les·zẹnt 男 -en/-en（成長期の）若者，青年，未成年者．［*lat.* „heranwachsend"］

Ado·les·zẹnz[..tsɛ́nts] 女 -/〘医〙（特に思春期以後の）青年〈青春〉期，未成年期．［*lat.*; ◇adult］

Ạdolf[á:dɔlf] 男名 アードルフ．［＜*ahd.* adal „edel"＋wolf（◇Wolf[3]）］

Adọl·fa[adɔ́lfa·] 女名 アドルファ．

Adol·fị·ne[adɔlfí:nə] 女名 アドルフィーネ．

Ado·nại[adoná:i·] 人名〘聖〙アドナイ(わが主の意でユダヤ教で Jahwe の名を口にするのをはばかり，この呼びかけ語が代わって用いられる)．［*hebr.*］

Adọ·nis[adó:nɪs] **I** 人名〘ギ神〙アドニス (Aphrodite に愛された美少年)．**II** 男 -/-se **1 a)** (アドニスのような)美青年：Er ist kein ～ 〈nicht gerade ein ～〉. 彼はそう美男子ではない．**b)**《話》愛人(男)．**2** ＝Adonisbläuling **III** 女 -/- ＝Adonisröschen ［*gr.*－*lat.*］

Adọ·nis·bläu·ling 男〘虫〙アドニスルリシジミ(瑠璃蜆蝶)．

adọ·nisch[..nɪʃ] 形（男の子に関して）アドニスのような，アドニスのように美しい；《詩》アドニス格の：～*er* Vers アドニス詩行．

Adọ·nis≈fal·ter[adó:nɪs..] 男 ＝Adonisbläuling ≈**rös·chen** 中〘植〙フクジュソウ(福寿草)属．

Adọ·nius[adó:niʊs] 男 -/-《詩》アドニス詩行．

ad·op·tie·ren[adɔptí:rən] 他 (h) **1**《*jn.*》養子にする．**2**《*et.*[4]》採用〈借用〉する，取り入れる，(風俗習慣などを)身につける．［*lat.*］

Ad·op·tion[..tsió:n] 女 -/-en **1** 養子縁組．**2** 採用，借用．

Ad·op·tiv≈el·tern[adɔptí:f..] 複 養父母．≈**kind** 中 養子，養女．≈**mut·ter** 女 -/..mütter 養母．≈**sohn** 男 養子．≈**toch·ter** 女 養女．≈**va·ter** 男 養父．

ᐁ**ad·ora·bel**[adorá:bəl] (..ra·bl..) 形 (anbetungswürdig) 崇拝〈敬慕・熱愛〉に値する．［*lat.*; ◇..abel］

Ad·orạnt[..ránt] 男 -en/-en 崇拝者；〘美〙礼拝者像．

Ad·ora·tion[..ratsió:n] 女 -/-en (Anbetung) 崇拝，敬慕；賛美，熱愛；〘カトリック〙(神に対する)礼拝；(新選出の教皇に対する枢機卿(すうきけい)の)表敬．［*lat.*］

ad·orie·ren[..rí:rən] 他 (h) **1** (anbeten) 崇拝〈敬慕〉する；賛美〈熱愛〉する；礼拝する．**2**《オーストリア》偏愛〈心酔〉する．［*lat.*］

Adọr·no[adɔ́rno·] 人名 Theodor ～ テーオドール アドルノ（1903-69; ドイツの哲学者・社会学者)．

adou·cie·ren[adusí:rən] 他 (h) (erweichen) 柔らかくする，和らげる，甘くする；(色を)ぼかす；〘金属〙焼きなます，焼きもどす．［*fr.*; ＜*fr.* doux „süß"（◇dolce）］

Ad·po·si·tion[atpozitsió:n] 女 -/-en〘言〙接辞，接詞 (Präposition と Postposition の総称)．

ad pu·bli·cạn·dum[at publikándʊm]《ラテン語》(zur Veröffentlichung) 公示のために；注意せよ(広告などの標記)．

Adr. 略 ＝Adresse 1

ad rẹm[at rɛ́m]《ラテン語》(zur Sache) 適切に，要領よく．［◇Res］

Adrẹ·ma[adré:ma·] 女 -/-s 商標 アドレーマ(あて名印刷機)．［＜Adressiermaschine］

adre·mie·ren[adremí:rən] 他 (h) (アドレーマで)あて名を印刷する．

Ad·re·na·lin[adrenalí:n] 中 -s/〘生〙アドレナリン(副腎(ふくじん)髄質ホルモン)．［＜*lat.* rēnēs „Nieren"（◇Ren[2]）］

Ad·re·no·ste·rọn[adrenosteró:n, ..nɔs..] 中 -s/〘生〙副腎(ふくじん)皮質ホルモン．［＜stereo..］

ᐁ**Adres·sạnt**[adrɛsánt] 男 -en/-en (Absender)(郵便物の)差出人；発送人，荷送り人；〘商〙(手形の)振出人．

Adres·sạt[..sá:t] 男 -en/-en **1** (Empfänger)(郵便物の)受取人；荷受人；(Bezogener)〘商〙(手形の)名あて人；(著書・文章の)読者層．**2** (講習会の)〔定期〕受講者．

Adreß≈buch[adrɛ́s..] 中 (住民・会社・団体などの)住所録．≈**bü·ro** 中 住所登録所，住所調査〔案内〕所．

Adrẹs·se[adrɛ́sə] 女 -/-n **1 a)** (略 Adr.) (Anschrift) あて名，所番地，アドレス：eine falsche ～ 間違ったあて名〈アドレス〉；《比》お門(かど)違い ‖ *et.*[4] **an** *js.* ～[4] richten …(手紙など)を…あてに出す；《比》…を…にあてつけて言う｜**bei** *jm.* **an die falsche**〈**verkehrte**〉～ **geraten**〈**kommen**〉《話》…を当てにして失敗する，…に頼んであてがはずれる｜*sich*[4] **an die richtige** ～ **wenden**《話》しかるべき人に頼む〈頼る〉｜Schreiben Sie mir per ～ Frau X! 私には X 夫人気付で手紙をください ‖ *jm.* *seine* ～〔an〕geben …に自分の住所を教える｜Meine ～ lautet〈ist〉... 私の住所は…です．**b)**〘電算〙アドレス，番地(記憶装置の中のデータの所在位置)．**2**《雅》(元首・政府・上級機関などにあてた)上申〈上奏〉文，メッセージ，報告書：Dank*adresse*（公的な)感謝状｜Gruß*adresse*（集会などに寄せられる)あいさつの言葉〈メッセージ〉．ᐁ**3** 技巧，手ぎわ，巧みさ．［*fr.*; 2: *engl.* address］

Adrẹs·sen≈buch ＝ Adreßbuch ≈**kar·te** ＝Adreßkarte ≈**ver·zeich·nis** 中 住所録，人名簿．

adres·sie·ren[adrɛsí:rən] 他 (h) **1** (郵便物に)あて名を書く；《*et.*[4] an *jn.*》(…を…に)あてる：einen Brief falsch ～ 手紙に間違ったあて名を書く｜den Ball genau ～〘球技〙ボールを正確に送る ‖ Die Post ist nicht an dich *adressiert*. この郵便は君あてではない．**2**《*jn.*》(…に)向かって話す．**3** 再帰 *sich*[4] an *jn.* ～ …に話しかける．［*vulgärlat.*－*fr.*］

Adres·sier·ma·schi·ne[adrɛsí:r..] 女 あて名印刷機（→Adrema）．

Adreß·kar·te[adrɛ́s..] 女 **1** (Geschäftskarte) 業務用名刺．ᐁ**2** 顧客〈売主〉索引カード．

adrẹtt[adrɛ́t] 形 **1** (sauber) 小ざっぱりした，きれいな，きちんとした，清潔な：Sie ist ～ angezogen. 彼女はきちんとした身なりをしている．ᐁ**2** (gewandt) 器用な；機敏な．［*fr.* adroit „geschickt"; ＜ad..＋*lat.* dīrēctus（→direkt）］

die **Ạdria**[á:dria·] 地名 女 -/ (das Adriatische Meer) アドリア海(地中海の一部でイタリアと Jugoslawien との間の海域)；Königin der ～ アドリア海の女王(＝Venedig)．

Ạdrian[á:dria:n] 男名 アードリアーン．

Adria·nọ·pel[adrianó:pəl] 地名 アドリアノープル(トルコ北西部の都市エディルネ Edirne の旧称)．

adria·tisch[adriá:tɪʃ; オーストリア:..á:tɪʃ] 形 アドリア海の：das *Adriatische* Meer アドリア海（→Adria）．

ạd·rig(**äd·rig**) ＝aderig

Ạdrio[á:drio·] 中 -s/-s《スイス》〘料理〙アドリオ(子牛肉のソーセージ)．［*fr.* hâtereau; ＜*lat.* hasta „Spieß"（◇Gerte）］

a. d. S. 略 ＝an der Saale ザーレ河畔の．

Ad·sor·bạt[atzɔrbá:t] 中 -s/-e〘理〙吸着物，吸着質．

Ad·sọr·bens[..zɔ́rbɛns] 中 -/..benzien[..zɔrbɛ́ntsiən], ..bentia[..bɛ́ntsia·]〘理〙吸着媒，吸着剤．

Ad·sọr·ber[..zɔ́rbər] 男 -s/- **1** ＝Adsorbens **2**〘工〙(冷凍機の)吸着室．

ad·sor·bie·ren[..zɔrbí:rən] 他 (h)〘理〙吸着する．

Ad·sorp·tion[..zɔrptsió:n] 女 -/-en〘理〙吸着〔作用〕．［＜ad..＋absorbieren］

Ad·sorp·tions≈käl·te·ma·schi·ne 女 吸着式冷凍機．≈**koh·le** 女 (Aktivkohle) 活性炭．≈**mit·tel** 中 ＝Adsorbens ≈**wär·me** 女〘理〙吸着熱．

ad·sorp·tiv[..tí:f][1] 形〘理〙吸着能のある；吸着による．

Ad·strịn·gens[atstrɪ́ŋgɛns] 中 -/..genzien[..rɪŋgɛ́ntsiən], ..gentia[..gɛ́ntsia·]〘薬〙収斂(しゅうれん)剤〈薬〉．

ad·strin·gent[..gɛnt] 形 収斂(しゅうれん)性の．

ad·strin·gie·ren[atstrɪŋgí:rən] 他 (h) (zusammenziehen)〘医〙収斂(しゅうれん)させる，止血する：die *adstringierenden* Mittel 収斂剤．［*lat.*; ◇*engl.* astringe］

Adu·lạr[adulá:r] 男 -s/-e〘鉱〙氷長石．［＜Adula（スイスの山塊)；◇*engl.* adularia］

adult[adúlt] 形 (erwachsen) 成人した; 成熟した. [*lat.*; ◇adoleszent]
A-Dur[á:du:r, ⏑⏑] 中 -/ 〖楽〗 イ長調(記号 A): ein Klavierkonzert in ～ イ長調のピアノ協奏曲(→A² II 1) | eine ～-Arie イ長調のアリア | ～-Tonleiter イ調長音階.
ad us. 略 =ad usum
ad usum[at ú:zʊm] 《ラテン語》 (zum Gebrauch) …の使用のために, …用; 慣習に従って: ～ medici[mé:ditsi·] 医家用 | ～ Delphini[dɛlfí:ni·] (不穏当な個所などを削除した)生徒版, 生徒用(校訂本)(=in usum Delphini; 本来は皇太子御用の意: →Dauphin). [◇Usus]
adv. 略, **Adv.** 略 =Adverb(ium)
ad val. 略 =ad valorem
ad va·lo·rem[at való:rɛm] 《ラテン語》 (dem Werte nach) (税の査定などで)価値(価格)に応じて, 従価で. [◇Valor]
Ad·va·lo·rem·zoll 男 従価税.
Ad·van·tage[ədvá:ntɪdʒ] 男 -s/-s 《テニス》 アドヴァンテージ (ジュース後の1ポイント). [*engl.*; ◇Avantage]
Ad·vek·tion[atvɛktsió:n] 女 -/-en (↔Konvektion) 〖気象〗 移流(大気の水平移動). [*lat.*; <*lat.* ad-vehere „herzu-führen"]
Ad·ve·niat[atvé:niat] 中 -s/-s 《カトリック》 (中南米の教会援助のための) クリスマス前の募金. [*lat.* „zu uns komme (dein Reich)"; <*lat.* ad-venīre „an-kommen"]
Ad·vent[atvént; オーストリア: –, ..fént] 男 -(e)s/-e 《ふつう単数で》 **1 a)** 〖宗〗 待降節(クリスマスのための4週間の準備期間. 4回の日曜日を含み, 教会暦は第1日曜日から始まる). **b)** (Adventssonntag) 待降節の主日(日曜日): den ersten (den vierten) ～ feiern 待降節第1(第4)の主日を祝う. **2** (キリストの)降臨, 来臨, 再臨. [*lat.* ad-ventus „Ankunft (Christi)"]
Ad·ven·tis·mus[atvɛntísmʊs] 男 -/ キリスト再臨論.
Ad·ven·tist[..tíst] 男 -en/-en キリスト再臨派の信者, キリスト再臨論者. [*engl.*]
ad·ven·ti·stisch[..tístɪʃ] 形 キリスト再臨論の.
ad·ven·tiv[atvɛntí:f]¹ 形 **1** (hinzukommend) あとから付け加わった, 追加の; 外来の. **2** 〖植〗 不定の, 偶発の; 〖地〗 寄生の: ein ～*er* Vulkan 寄生火山.
Ad·ven·tiv≠knos·pe 女 〖植〗 不定芽. ≠**kra·ter** 男 〖地〗 寄生火口, 側火口. ≠**wur·zel** 女 〖植〗 不定根.
ad·vent·lich[atvéntlɪç] 形 待降節の.
Ad·vents≠kranz[atvénts..] 男 待降節の飾り環(モミやドイツトウヒの枝を環状に編んだもの. これに4本のろうそくを立て, Adventssonntag ごとにその一つに火をともしてクリスマスを待つ: →図). ≠**sonn·tag** 男 待降節中の日曜日(主日) (→ Advent 1). ≠**stern** 男 〖植〗 ポインセチア. ≠**zeit** 女 待降節(の時期).

Adventskranz

Ad·verb[atvérp]¹ 中 -s/-ien[..biən] (略 Adv., adv.) 〖言〗 副詞, 状況語. [*lat.* adverbium]
ad·ver·bal[atvɛrbá:l, ⏑⏑–] 形 (↔adnominal) 〖言〗 動詞付加的な, 動詞を修飾する, 連用(修飾)の.
Ad·ver·bia Adverbium の複数.
ad·ver·bial[atvɛrbiá:l] **I** 形 〖言〗 副詞的な, 状況語的な: eine ～*e* Bestimmung 副詞的規定, 状況語. **II** **Ad·ver·bial** 中 -s/-en =Adverbiale [*lat.*]
Ad·ver·bial≠ak·ku·sa·tiv 男 〖言〗 副詞的4格(例 jeden Tag 毎日). ≠**be·stim·mung** 女 =Adverbiale
Ad·ver·bia·le[atvɛrbiá:lə] 中 -s/..lia[..lia·], ..lien[..liən] 〖言〗 副詞的規定, 状況語.
Ad·ver·bial≠ge·ni·tiv 男 〖言〗 副詞的2格(例 eines Tages ある日のこと). ≠**satz** 男 (Umstandssatz) 〖言〗 状況(語)文, 状況の文節, 副詞(文)節.
ad·ver·biell[atvɛrbiél] =adverbial
Ad·ver·bi·en Adverb の複数.
Ad·ver·bium[atvérbiʊm] 中 -s/..bia[..bia·] =Adverb
ad ver·bum[at vérbʊm] 《ラテン語》 (Wort für Wort) 逐語的に.
Ad·ver·sa·ria[atvɛrzá:ria·] 複, **Ad·ver·sa·ri·en** [..riən] 複 (Kladde) 草稿, 下書き帳; 備忘録, 覚書. [*lat.*]
ad·ver·sa·tiv[atvɛrzatí:f, ⏑⏑⏑–]¹ 形 (entgegensetzend) 〖言〗 逆説の, 反意(相反)的な: eine ～*e* Konjunktion 逆接接続詞(例 aber, sondern, während). [*spätlat.*; <*lat.* adversus (→Avers)]
Ad·ver·sa·tiv·satz 男 〖言〗 逆接(反意・相反)文(逆接接続詞に導かれる文. 例 Gestern war schön, *aber* heute regnet es. / *Während* es gestern schön war, regnet es heute. きのうは晴れていたが きょうは雨だ).
Ad·vo·ca·tus Dei[atvoká:tʊs dé:i·] 男 – -/..ti –[..ti· –] 《カトリック》 列聖申請者. [*lat.* „Anwalt Gottes"]
Ad·vo·ca·tus Dia·bo·li[– diá:boli·] 男 – -/..ti –[..ti· –] 《カトリック》 列聖調査審問検事; 《比》 (討論などで)ことさらに異論を唱える人. [*lat.* „Anwalt des Teufels"]
Ad·vo·kat[atvoká:t; スイス: atfo..] 男 -en/-en 《オーストリア・スイス》 (Rechtsanwalt) 弁護士, 法律顧問; 《雅》 (Fürsprecher) 代弁者. [*lat.*–*mhd.*; <*lat.* ad-vocāre „herbei-rufen"; ◇*engl.* advocate]
Ad·vo·ka·ten·kniff 男 弁護士の駆け引き.
Ad·vo·ka·tur[atvokatú:r] 女 -/-en **1** 《単数で》 弁護士の職(身分). **2** 弁護士事務所.
Ad·vo·ka·tur·bü·ro 中 《スイス》 弁護士事務所.
Ad·vo·ka·turs≠kanz·lei 女 《オーストリア》 弁護士事務所. ≠**kon·zi·pient**[..piɛnt] 男 《オーストリア》 見習弁護士.
a. d. W. 略 =an der Weser ヴェーザー河畔の.
Ady·na·mie[adynamí:] 女 -/-n[..mí:ən] 〖医〗 (筋)無力(症), (筋)脱力(症). [*gr.*; <a..¹+dynam..]
ady·na·misch[adyná:mɪʃ, á(:)dyna:..] 形 (筋)無力(脱力)(症)の.
Ady·ton[á(:)dytɔn] 中 -s/..ta[..ta·] (古代ギリシア・ローマの寺院の)至聖所; (ギリシア正教会の)内陣. [*gr.* á-dyton „Un-betretbares"; ◇*engl.* adytum]
ae, Ae →ä, Ä ★
a. E. =a. d. E.
AE[a|é:], **ÅE**[ɔ́ŋstrø:m|aɪnhaɪt] =Å
AEG[a:|e:gé:] 女 -/ 商標 アーエーゲー(<Allgemeine Elektricitäts-Gesellschaft; ドイツの総合電機製造コンツェルン. 1966年以降 AEG-Telefunken).
AEG-Te·le·fun·ken[– telefúŋkən] 女 -/ (die) ～ アーエーゲー=テレフンケン(ドイツの総合電機製造会社).
aero.. 《名詞などにつけて「空気・気体・航空」などを意味する》 [*gr.* āēr „Luft"; ◇Aura]
ae·rob[aeró:p]¹ 形 (↔anaerob) 〖生〗 好気性の. [<bio..]
Ae·ro·ba·tik[aerobá:tɪk] 女 -/ 曲技飛行. [*engl.*; ◇Akrobatik]
Ae·ro·bic[aeró:bɪk] 中 -s/ 《ふつう無冠詞で》 《スポーツ》 エアロビック健康法, エアロビックス. [*engl.*; ◇aerob]
Ae·ro·bi·er[aeró:biər] 男 -s/ =Aerobiont [<bio..]
Ae·ro·bio·lo·gie[aerobiologí:] 女 -/ 空中生物学.
Ae·ro·biont[..bi̯ɔ́nt] 男 -en/-en 好気性微生物.
Ae·ro·bus[á:ro..] 男 **1** エア(空中)バス(旅客サービス用のヘリコプターなど). **2** 空中ケーブルカー. [◇Airbus]
ᐁ**Ae·ro·drom**[aerodró:m] 中 -s/-e (Flughafen) 飛行場, 空港. [<*gr.* drómos „Rennbahn"]
Ae·ro·dy·na·mik[..dyná:mɪk] 女 -/ 空気力学, 航空力学.
ae·ro·dy·na·misch[..mɪʃ] 形 空気(航空)力学(上)の: eine ～*e* Bremse 空気ブレーキ.
Ae·ro·flot[aeroflɔ́t] 女 -/ アエロフロート(ロシア連邦国営航空). [*russ.*; ◇Flotte]
Ae·ro·fo·to·gra·fie 女 航空写真; 航空(空中)測量図.
Ae·ro·gramm[..grám] 中 -s/-e (Luftpostleichtbrief) 航空簡易書簡, エアログラム.

Ae·ro·gra·phie[..grafíː] 女 -/ 大気誌, 空中現象学.
Ae·ro·klub[aéːro..] 男 飛行クラブ〈協会〉.
▽**Ae·ro·lith**[aerolíːt, ..lɪ́t] 男 -s/-e; -en/-en (Meteorstein) 隕石(いんせき).
Ae·ro·lo·gie[..logíː] 女 -/ 高層気象学.
ae·ro·lo·gisch[..lóːgɪʃ] 形 高層気象〔学〕の.
Ae·ro·me·cha·nik[..meçáːnɪk] -/ 女 空気〈航空〉力学.
Ae·ro·me·di·zin[..meditsíːn] 女 -/ 航空医学.
Ae·ro·me·ter[..méːtər] 中 (男) -s/- 気量計.
▽**Ae·ro·naut**[..náʊt] 男 -en/-en 飛行士.
Ae·ro·nau·tik[..tɪk] 女 -/ 飛行術, 航空学.
Ae·ro·nau·ti·ker[..tikər] 男 -s/- 航空専門家.
ae·ro·nau·tisch[..tɪʃ] 形 飛行〔術〕の, 航空〔学〕の.
Ae·ro·no·mie[..nomíː] 女 -/ 超高層大気物理学.
Ae·ro·pau·se[..páʊzə] 女 -/-n 大気界面, 無空気層(地上20-23㎞の空気層).
Ae·ro·pha·gie[..fagíː] 女 -/-n [..gíːən] 《医》空気嚥下(えんか)症, 呑気(どんき)症(精神病の一種).
Ae·ro·pho·bie[..fobíː] 女 -/-n [..bíːən] (Luftscheu) 《医》嫌気症, 空気嫌悪症.
Ae·ro·pho·to·gramme·trie (**Ae·ro·pho·to·gramm·me·trie**) [..fotogrametríː] 女 -/ 航空写真測量術.
Ae·ro·phyt[..fýːt] 男 -en/-en 《植》気生〈着生〉植物.
▽**Ae·ro·plan**[aeropláːn] 男 -〔e〕s/-e (Flugzeug) 飛行機. [＜*fr.* planer „schweben" (◇plan)]
Ae·ro·sa·lon[aéːrozalɔ̃ː, ɛ́ːro..] 男 航空機展示会.
Ae·ro·sol[aerozóːl] 中 -s/-e **1** 《理》エアロゾル, 煙霧質. **2** エアゾール剤(噴霧式の薬液); 《医》吸入剤.
Ae·ro·sol·bom·be 女 エアゾール噴霧器.
ae·ro·so·lie·ren[..zolíːrən] 他 (液体を)煙霧状にする; (エアゾール剤を)噴霧する.
Ae·ro·stat[..stáːt] 男 -〔e〕s/-e 軽航空機(気球・飛行船など). [*fr.*; ＜*gr.* statós „gestellt"]
Ae·ro·sta·tik[..tɪk] 女 -/ 空気〈気体〉静力学.
ae·ro·sta·tisch[..tɪʃ] 形 空気〈気体〉静力学〔上〕の.
Ae·ro·ta·xe[aéːrotaksə] 女 -/-n 貸飛行機.
Ae·ro·ta·xis[aerotáksɪs] 女 -/ 《生》酸素走性.
Ae·ro·tel[aerotɛ́l] 中 -s/-s 空港ホテル. [＜Hotel]
Ae·ro·the·ra·pie[..terapíː] 女 -/ 《医》大気〈空気〉療法.
af.. →ad..
a. f. 略 =anni futuri
AF[aːǀɛ́f] 女 -/ エールフランス(フランス国営航空). [*fr.*; ＜*fr.* Air France]
afe·bril[afebríːl] 形 (fieberfrei) 《医》無熱性の. [＜*lat.* febris (→Fieber)]
▽**af·fa·bel**[afáːbəl] (..fa·bl..) 形 (leutselig) 愛想のよい, 気やすく話せる, 人付き合いのよい. [*lat.*; ◇..abel]
▽**Af·fa·bi·li·tät**[afabilitɛ́ːt] 女 -/ affabel なこと. [*lat.*; ＜*lat.* af-fārī „an-sprechen" (◇Fabel)]
Af·fä·re (**Af·fai·re**) [afɛ́ːrə] 女 -/-n **1** (好ましくない・やっかいな)出来事, 事件, もめ事: eine ärgerliche ～ 不愉快な事件 | eine skandalöse ～ スキャンダル | Liebes*affäre* (→2) | Mord*affäre* 殺人事件 ‖ eine ～ beilegen もめ事を片づける | ***sich***[4] **aus der ～ ziehen** 巧みに窮地を脱する(急場を切り抜ける) | in eine ～ verwickelt werden 事件に巻き込まれる. **2** (Liebesaffäre) 色事, 色恋ざた, 情事: mit *jm.* eine ～ haben …と恋愛関係がある. **3** 《話》(Sache) 事柄; 案件, 用件. ▽**4** 衝突, 交戦; 決闘. [*fr.*; ＜*fr.* (avoir) à faire „zu tun(haben)" (◇..fizieren); ◇*engl.* affair]
Äff·chen[ɛ́fçən] 中 -s/- (Affe の縮小形)小猿; 《比》虚栄心の強い小娘; いたずらっ子.
Af·fe[áfə] 男 -n/-n (㊀ **Äff·chen** → 別出, **Äff·lein**[ɛ́flaɪn] 中 -s/-) **1** (㊛ **Äf·fin**[ɛ́fɪn] -/-nen) (英: *monkey*) 《動》サル(猿); 《比》人のまねをする者, 愚か者, (虚栄心の強い)しゃれ者: Menschen*affe* 類人猿 ‖ flink wie ein ～ 猿のようにすばしこい | wie ein vergifteter ～ 《話》大急ぎで, あわてふためいて | wie ein ～ schwitzen (→schwitzen I 1) | Du ～! このばか者め ‖ nicht für einen Wald von 〈voll〉 ～*n* (→Wald 1) | Dich beißt wohl der ～./Du bist wohl **vom wilden 〈tollen〉 ～*n* gebissen?** 《話》君はおおかた気でも狂っているんだろう | Ich bin doch nicht vom wilden ～*n* gebissen! 《話》おれは本気なんだよ | ***jn.* zum ～*n* halten** 《話》…をからかう〈愚弄する〉‖ **einen ～*n* an *jm.* gefressen haben** …に夢中になって〈ほれ込んで〉いる | *seinem* ～*n* Zucker geben (→Zucker 1) ‖ 〔**Ich denke,**〕 **mich laust der ～.** 《話》(思いがけないことで)これは驚いた, まさかそんなこと. **2** 《話》(Rausch) 酔い: einen 〔schweren〕 ～*n* haben 〔ひどく〕酔っている | ***sich***[3] **einen ～*n* kaufen** 〈antrinken〉(酒を飲んで)酔っぱらう | mit einem ～*n* nach Hause kommen 酒に酔って帰宅する. **3** 《話》(Tornister) 背嚢(はいのう). **4** (製図用の)パンタグラフ, 縮図器. [*germ.*; ◇*engl.* ape]
Af·fekt[afɛ́kt] 男 -〔e〕s/-e (強い)興奮, 激情; 《心》情動, 情緒: im ～ 感情にかられて, かっとなって, 衝動的に. [*lat.*]
▽**Af·fek·ta·tion**[afɛktatsióːn] 女 -/ =Affektiertheit 1 [*lat.*; ＜*lat.* afficere (→ affizieren)]
Af·fekt·aus·bruch[afɛ́kt..] 男 激情の爆発. **·aus·druck** 男 《言》情意語(感情的色彩の卑俗な表現. ⑳ Birne どたま, abkratzen くたばる). **·ge·mi·na·tion** 女 《言》(ゲルマン語などでの)強意的子音重畳. **·hand·lung** 女 激情にかられた〔犯罪〕行為.
af·fek·tie·ren[afɛktíːrən] ▽**I** 他 (h) (erkünsteln) 見せかける, 装う. **II af·fek·tiert** 過分 形 気取った, もったいぶった, きざな: *sich*[4] ～ benehmen きざに振舞う. [*lat.*]
Af·fek·tiert·heit[..haɪt] 女 -/-en **1** 《単数で》(affektiert なこと. 例えば:) 気どり, きざ. **2** affektiert な言動.
Af·fek·tion[afɛktsióːn] 女 -/-en **1** 《医》疾患. ▽**2** 好意, 愛着; (Liebhaberei) 愛好, 道楽. [*lat.*]
▽**af·fek·tio·niert**[afɛktsioníːrt] 形 好意を抱いた.
Af·fek·tions·preis[afɛktsióːns..] 男 (Liebhaberpreis) 収集家間の法外な取引値段; 《比》骨董(こっとう)的高値. **·wert** 男 (Liebhaberwert) (品物の実用価値ではなく) 収集家〈好事家〉にとっての価値.
af·fek·tisch[afɛ́ktɪʃ] 形 《言》情意的な: eine ～*e* Sprache=Affektsprache
af·fek·tiv[afɛktíːf][1] 形 感情的な, 情緒的な; 《心》情動的な. [*mlat.*]
af·fek·ti·visch[..tíːvɪʃ] =affektisch
Af·fek·ti·vi·tät[..tivitɛ́ːt] 女 -/ 情緒〈情動〉性.
af·fekt·los[afɛ́ktloːs][1] 形 冷静な, 無感動な.
Af·fekt·spra·che 女 (↔Intellektualsprache) 《言》情意的言語(感情的含蓄の比重が大きな俗語・幼児語など).
af·fek·tuos[afɛktuóːs][1] 形, **af·fek·tu·ös**[..ǿːs][1] 形 感動をあらわにする, 激情的な. [*spätlat.*]
af·fen[áfən] 他 (h) 《話》 再帰 *sich*[4] ～ 気取った態度をとる.
affen.. 《名詞などにつけて通常の複合語では「猿」を意味するが, 口語ではまた「ひどい・すごい」を意味し, ふつうアクセントは同時に基礎語にもおかれる》: *Affen*hitze ひどい暑さ | *Affen*schande 大きな恥辱.
äf·fen[ɛ́fən] 他 (h) **1** (猿のように)まねをする. **2** 《雅》(*jn.*) からかう; あざむく.
Af·fen·ad·ler[áfən..] 男 《鳥》サルクイワシ(猿喰鷲). **·arsch** 男 《話》(猿のけつのような)いやなやつ.
af·fen·ar·tig 形 猿のような: mit ～*er* Geschwindigkeit (→Geschwindigkeit) | ～ schnell すごいスピードで.
Af·fen·brot·baum 男 《植》バオバブ(熱帯アフリカ原産のパンヤ科の大木). **·fal·te** 女 (猿, ときには人の)手のひらのしわ, 掌紋. **·fett** 中 -〔e〕s/ 《話》マーガリン. **·frat·ze** 女 《軽蔑的に》猿のような顔, 猿づら.
af·fen·geil 形 《俗》《若者語》すばらしい, こたえられない, すごくいかす.
Af·fen·ge·schwin·dig·keit 女 《話》=Affentempo
Af·fen·ge·tue 中 《話》気取った態度〈振舞い〉; 大げさな〈見せかけの〉愛情表示. **·hand** 女 《医》猿手(正中神経麻痺(まひ)の際に現れる手の状態). **·haus** 中 (動物園などの)猿の小屋, 猿舎(えんしゃ). **·haut** 女 《織》フリーズ(起毛された粗い表面の厚いコート地).

Ạf·fen·hịt·ze[áfənhítsə] 女《話》ひどい暑さ.

ạf·fen·jung 形 ひどく若い, 青二才の.

Ạf·fen⸗kä·fig[áfən..] 男 猿のおり. **⸗ka·sten** 男 **1** =Affenkäfig **2**《話》狭苦しい〈騒々しい〉部屋〈家〉. **3**《$\frac{スイ}{ス}$》囚人護送車. **⸗ko·mö·die**[..diə] 女 =Affentheater **⸗lie·be** 女《単数で》盲愛, 溺愛(できあい). **⸗mensch** 男〘人類〙猿人(最原始形態のヒト). **⸗pin·scher** 男 アッフェンピンシャー(小型犬の一種).

Ạf·fen·schạn·de 女《話》大きな恥辱, ひどい醜態.

Ạf·fen⸗schau·kel 女《戯》お下げ髪; (参謀などの)肩章. **⸗schwanz** 男 **1** サルの尾. **2**《話》長話, 繰り言.

Ạf·fen⸗schwein 中 -[e]s/《話》すごい幸運. **⸗spek·tạ·kel** 男《話》大騒動, ひどい混雑〈混乱〉.

Ạf·fen·stall 男 **1** =Affenkäfig **2**《話》無秩序な群衆, 烏合(うごう)の衆.

Ạf·fen·tẹm·po 中《話》すごいスピード: mit ~ すばしこく, すごい速さで.

Ạf·fen⸗thea·ter 中 -s/《話》愚劣な〈ばかばかしい〉行為, 茶番, 猿芝居. **⸗weib·chen** 中 雌猿.

Ạf·fen⸗zahn 男《話》=Affentempo **⸗zeck** 男《軽蔑的に》=Affentheater

Äf·fer[ɛ́fər] 男 -s/- (äffen する人. 例えば:) 猿まねをする人; からかう〈あざむく〉人.

Af·fe·rei[afərái] 女 -/-en《話》きざな〈気取った〉振舞い.

Äf·fe·rei[ɛfərái] 女 -/-en (äffen すること. 例えば:) 猿まね; 愚弄(ぐろう), 欺瞞(ぎまん).

af·fe·rent[aferɛ́nt] 形 (↔ efferent)〘医〙求心性の. [*lat.*; < *lat.* af-ferre „herbei-bringen"]

af·fet·tuo·so[afɛtuó:zo·] 副 (ausdrucksvoll)〘楽〙感情〈愛情〉をこめて, アフェットゥオーソ. [*it.*; ◇affektuos]

Af·fi·cha·ge[afiʃá:ʒə] 女 -/ 《$\frac{スイ}{ス}$》ポスター広告. [*fr.*]

Af·fi·che[afíʃə, afí:..] 女 -/-n はり紙, ポスター. [*fr.*]

af·fi·chie·ren[afiʃí:rən, afiʃ..] 他 (h) (ポスターを)はる. [*fr.*; < *lat.* fīgere (→fix); ◇affigieren]

Af·fi·da·vit[afidá:vɪt] 中 -s/-s **1** (法廷などでの)宣誓〔供述〕. **2** (外国人入国者に対する)身元保証. [< *mlat.* af-fīdāre „ versichern" (◇Fiduz)]

ạf·fig[áfɪç][2] 形 **1** 猿のような. **2** 気取った, きざな; 虚栄心の強い; 愚かな: *sich*[4] ~ benehmen 気取った態度をとる, きざに振舞う. [<Affe]

af·fi·gie·ren[afigí:rən] 他 (h) ᵛ**1** 固着〈付着〉させる, はりつける. **2** 《*et.*[4]》〘言〙(…に)接辞(接頭辞・接中辞・接尾辞など)をつける. [*lat.*; < *lat.* fīgere (→fix); ◇*engl.* affix]

Af·fi·gie·rung[..rʊŋ] 女 -/-en〘言〙接辞添加.

Ạf·fig·keit[áfɪçkaɪt] 女 -/-en **1**《単数で》affig なこと. **2** affig な言動.

Af·fi·lia·tion[afiliatsió:n] 女 -/-en **1** 加入, 加盟, 入会; (会社・団体などの)合併, 併合. **2**〘言〙(起源を同じくする諸言語間の)同族〈類縁〉関係. ᵛ**3** (Adoption) 養子縁組, 入籍;〘法〙親子関係の確認. [*mlat.*]

af·fi·li·ie·ren[..lií:rən] 他 (h) **1** 加入〈加盟・入会〉させる; (会社・団体などを)合併〈併合〉する. **2**《*jn.*》養子にする;〘法〙(…の)親子関係を確認する. [*mlat.*; ◇Filius]

af·fin[afí:n] 形 **1** (verwandt) 類似の, 似かよった. **2**〘数〙擬似の: ~*e* Geometrie 擬似〈アフィン〉幾何学. [*lat.* af-fīnis „an-grenzend"; < *lat.* fīnis (→Finis)]

Äf·fin Affe 1 の女性形.

Af·fi·na·tion[afinatsió:n] 女 -/ (金・銀などの)精錬; (砂糖などの)精製.

af·fi·nie·ren[..ní:rən] **I** 他 (h) (金・銀などを)精錬する; (砂糖などを)精製する. **II af·fi·niert** 過分 形 **1** 精錬〈精製〉された. **2** 姻戚(いんせき)関係の. [*fr.*; ◇fein]

Af·fi·nie·rung[..rʊŋ] 女 -/-en affinieren すること.

Af·fi·ni·tät[afinité:t] 女 -/-en **1** 心をひかれること, 親近感, 相性のよさ: zu *jm.* ~ fühlen …に心をひかれる〈親近感を覚える〉. **2**〘化〙親和力;〘生〙親和性;〘数〙アフィン変換. **3** 姻戚(いんせき)関係. [*lat.*; ◇affin]

Af·fir·ma·tion[afɪrmatsió:n] 女 -/-en (↔Negation) (Bejahung) 肯定, 是認; 同意;〘言〙肯定. [*lat.*]

af·fir·ma·tiv[..tí:f][1] 形 (↔negativ) (bejahend) 肯定の, 肯定的な; 同意〈賛成〉の: ein ~*er* Aussagesatz〘言〙肯定〔平叙〕文 | ein ~*es* Urteil〘論〙肯定判断. [*spätlat.*]

Af·fir·ma·ti·ve[..tí:və] 女 -/-n (↔Negative) 肯定, 肯定的見解; 賛成, 同意.

af·fir·mie·ren[..mí:rən] 他 (h) (↔negieren) (bejahen) 肯定する; 確言〈確認〉する. [*lat.*; ◇firmen]

äf·fisch[ɛ́fɪʃ] 形 猿のような: ein ~*es* Gesicht 猿のような顔. [<Affe]

Af·fix[afíks, ◡◡] 中 -es/-e〘言〙接辞 (Präfix, Infix, Suffix の総称). [*lat.*; ◇affigieren]

af·fi·zier·bar[afitsí:rba:r] 形 刺激を受けやすい, 感じやすい, 敏感な.

af·fi·zie·ren[afitsí:rən] 他 (h) **1** (reizen) 刺激する;〘医〙(病気が)冒す. **2** (↔effizieren)〘言〙(動詞の表す動作が目的語の示す対象に)作用〈影響〉を及ぼす: ein *affiziertes* Objekt 被動目的語(⑳ *eine Stadt* zerstören). **3**〘哲〙触発する. [*lat.* af-ficere „hinzu-tun"; ◇Affekt]

Äff·lein Affe の縮小形(→Äffchen).

Af·fo·dill[afodíl] 男 -s/-e〘植〙ツルボラン(ユリ科); アスポディル(ギリシア神話で Elysium の野に咲くという永遠の花). [*gr.* asphódelos; ◇*engl.* daffodil]

Af·fri·ka·ta[afriká:ta·] 女 -/..ten[..tən], **Af·fri·ka·te**[..tə] 女 -/-n〘言〙破擦音(⑳ [pf][ts]). [*lat.* af-fricāre „an-reiben"; ◇Frinktion]

Af·front[afrɔ̃:, afrɔ́nt] 男 -s/-s[afrɔ̃:s] (《$\frac{スイ}{ス}$》: -e [afrɔ́ntə]) (故意の)侮辱: *jm.* einen ~ antun …を〔面と向かって〕侮辱する.

ᵛ**af·fron·tie·ren**[afrɔntí:rən] 他 (h)《*jn.*》侮辱する. [*fr.*; < *lat.* frōns (→Front)]

af·frös[afrǿ:s][1] 形 (abscheulich) 忌まわしい, 嫌悪すべき, いやな. [*fr.*; <*fr.* affres „Schrecken"]

Af·ghan[afgá:n, ◡–] 男 -[s]/-s アフガン(幾何学模様の赤い手編みじゅうたん).

Af·gha·ne[afgá:nə] 男 -n/-n **1** (㊛ **Af·gha·nin**[..nɪn] -/-nen) アフガン〈アフガニスタン〉人. **2** アフガン=ハウンド(近東種の猟犬). [*afghan.*]

Af·gha·ni[afgá:ni·] 男 -[s]/-[s] アフガニ(アフガニスタンの貨幣〔単位〕). [*afghan.*]

af·gha·nisch[afgá:nɪʃ] 形 アフガン〔人・語〕の: → deutsch

Af·gha·ni·stan[afgá:nɪsta(:)n] 地名 アフガニスタン(アジア中南部にあるイスラム共和国. 1747年独立. 首都は Kabul). [*pers.* „Land der Afghanen"]

AFL[a:|ɛf|ɛ́l, éɪɛfél] 女 -/ アメリカ労働総同盟(創立1886年). [*engl.*; <*engl.* *A*merican *F*ederation of *L*abor]

AFL-CIO[éɪɛféIsí:aɪóʊ] 女 -/ アメリカ労働総同盟産別会議(1955年に AFL と CIO が合併してできた).

à fonds per·du[afɔ̃pɛrdý]《$\frac{フラ}{ンス}$語》(auf Verlustkonto)〘商〙損失勘定で. [„auf verlorenem Grund"]

AFP[a:|ɛfpé:] 女 -/ アー エフ ペー通信社(フランスの通信社). [*fr.*; <*fr.* *A*gence *F*rance-*P*resse; ◇Agent]

afr.. →afro..

afra·sisch[afrá:zɪʃ] 形 アフリカとアジア共通〈共同〉の, アフリカとアジアを包含する.

a fres·co[a frésko·]《$\frac{イタ}{リア}$語》(↔a secco)《次の形で》~ malen〘美〙(新しい・乾いていない壁に)フレスコ画を描く. [„auf dem frischen (Kalk)"]

Ạfri·ka[á(:)frika·] 地名 アフリカ〔大陸〕. [*lat.*]

Afri·kaan·der[afriká:ndər] 男 -s/- 南アフリカ生まれの白人(特に Bur を指す). [*lat.*–*ndl.*]

afri·kaans[..ká:ns][1] **I** 形 アフリカーンス〔語〕の: ~*e* Literatur アフリカーンス文学. **II Afri·kaans** 中 -/アフリカーンス語(南アフリカ共和国の公用語). [*ndl.* Afrikaan „afrikanisch"]

Afri·ka·na[afriká:na·] 複 アフリカ関係図書.

Afri·kạn·der[..kándər] 男 -s/- =Afrikaander

Afri·ka·ner[..ká:nər] 男 -s/- (㊛ **Afri·ka·ne·rin**

[..nərın]-/-nen) アフリカ人, アフリカの住民.

afri·ka̱·nisch[..nɪʃ] 形 アフリカ〔人・語〕の: →deutsch

afri·ka·ni·sie̱·ren[afrikanizí:rən] 他 (h) アフリカ化する, アフリカ風にする.

Afri·ka·ni·sie̱·rung[..rʊŋ] 女 -/ アフリカ化, アフリカかぶれ.

Afri·ka·ni̱st[afrikaníst] 男 -en/-en アフリカ学者.

Afri·ka·ni̱·stik[..nístɪk] 女 -/ アフリカ学.

afri·ka·ni̱·stisch[..nístɪʃ] 形 アフリカ学〔上〕の.

afro..《Afrika の連結形. 母音の前では afr.. ともなる: → *afr*asisch》: *afro*kubanisch アフリカ系キューバの. [< *lat.* Āfer „Afrikaner"]

A̱fro·ame·ri·ka̱·ner[á(:)fro|amerika:nər, ◡◡◡◡◡⏑◡] 男 -s/- アフリカ系アメリカ黒人.

a̱fro·ame·ri·ka̱·nisch[..nɪʃ, ◡◡◡◡◡⏑◡] 形 Afroamerikaner の: ~*e* Musik アメリカニグロの音楽.

a̱fro-ame·ri·ka̱·nisch 形 アフリカとアメリカの, アフリカ・アメリカ間の.

a̱fro-asia̱·tisch[á(:)fro|aziá:tɪʃ] 形 アフリカとアジアの: die *Afro-asiatische* Konferenz アジア=アフリカ会議.

A̱fro-Look[á(:)frolʊk] 男 -s/ 〖美容〗アフロヘア(黒人風の髪型).

after..《名詞などにつけて,「後ろ・あと」さらには「副次の・間違った・偽りの」を意味する》[*germ.*; ◇epi.., ob..]

A̱f·ter[áftər] **I** 男 -s/-(Anus)〖解〗肛門(こうもん): ein künstlicher ~ 人工肛門. **II** 中 -s/- ᵛ**1** くず, かす. **2**〖鉱〗選鉱くず, 尾鉱.

A̱f·ter≠be·re̱d·sam·keit 女 陰口〈中傷〉好きなこと. **≠bür·ge** 男 副保証人. **≠bürg·schaft** 女 副保証. **≠darm** 男〖解〗肛腸(こうちょう), 終腸; (Mastdarm) 直腸. **≠drü̱·se** 女〖動〗(哺乳(ほにゅう)類, 特に食肉類や齧歯(げっし)類の)肛門腺(せん). **≠feld** 中〖動〗(ウニなど棘皮(きょくひ)動物の)囲口(いこう)部. **≠fi·stel** 女〖医〗痔瘻(じろう). **≠flos·se** 女 (魚の)しりびれ. **≠ge·bu̱rt** 女〖医〗後産(あとざん), 胎盤娩出(べんしゅつ). **≠glau·be**〔**n**〕 男 迷信. **≠heu** 中〖農・畜〗(干し草の)二番刈り, 二番草. **≠jucken** 中 肛門付近のかゆみ;〖医〗肛門掻痒(そうよう)症. **≠klaue** 女〖動〗**1** (偶蹄(ぐうてい)類の)第 2〈第 5〉指. **2** (犬の)上指〈第 5 指〉. **≠kral·le** 女 =Afterklaue 2 **≠kri·stall** 男〖鉱〗仮晶. **≠le̱·der** 中 **1**《オーストリア》(靴の)かかと革. **2** 臀部(でんぶ)からとった革. **3** くず革. **≠le̱·hen** 中, **≠le̱hn** 中〖史〗(封建家臣が自分の封土からさらにその家臣に分け与える)陪臣封土. **≠lo̱·gik** 女 えせ論理. **≠mie·te** 女 (Untermiete) 転貸借. **≠mie·ter** 男 (Untermieter) 転借〈また借り〉人. **≠mo̱n·tag** 男《南部》火曜日. ᵛ**≠mu̱·se** 女 にせのミューズ, えせ文芸. **≠pacht** 女 (土地などの)〔用益〕転貸. ᵛ**≠re̱·de** 女 陰口, 中傷.

ᵛ**a̱f·ter·re̱·den**[áftərre:dən][1] (01)《過分 aftergeredet》自 (h)《*jm.*》(…の)陰口をきく, (…を)中傷する.

A̱f·ter≠reif 男, **≠rie·men** 男 (車を引く馬の)しりがい. **≠riß** 男〖医〗肛門(こうもん)裂創. **≠sau·sen** 中 -s/《話》**1** 放屁(ほうひ); 下痢. **2** 不安, 恐怖. **≠skor·pio̱n** 男〖動〗カニムシ(蟹虫)(擬蠍(ぎかつ)類のサソリ). **≠spin·ne** 女 (Weberknecht)〖動〗メクラグモ(盲蜘蛛). **≠weis·heit** 女 えせ知恵. **≠wis·sen·schaft** 女 えせ学問. **≠wurm** 男〖動〗ギョウチュウ(蟯虫). **≠ze̱·he** 女 =Afterklaue

ag.. →ad..

a. G. 略 **1** =auf Gegenseitigkeit 相互に. **2** =als Gast〖劇〗客演者として.

Ag[a:gé:, zílbər] 記号 (Argentum)〖化〗銀(=Silber).

AG[a:gé:] 略 **1** 女 -/-〔s〕=Aktiengesellschaft **2** 中 -/- =Amtsgericht

AG.[-], **A. G.**[-] =AG 1

A̱ga[á:ga·] 男 -s/-s (昔のトルコの称号で)将軍, 大官; 士官, 官吏; 監督, 長. [*türk.* aghā „Herr"]

die **Ägä̱is**[ɛgɛ́:ɪs] 地名 女 -/ (das Ägäische Meer) エーゲ海(地中海の一部でギリシアと小アジアの間の海域). [*gr.*]

ägä̱·isch[ɛgɛ́:ɪʃ] 形 エーゲ〔海〕の: die ~*e* Kultur エーゲ文明 | das *Ägäische* Meer エーゲ海(→Ägäis).

aga̱m[agá:m] 形〖生〗無性の, 無性生殖の: ~*e* Fortpflanzung 無性生殖. [*gr.* á-gamos „ehe-los"; ◇*engl.* agamic]

Aga̱·me[agá:mə] 女 -/-n〖動〗アガマ科のトカゲ. [*karib.*-*span.*; ◇*engl.* agama]

Aga·me̱m·non[agamɛ́mnɔn] 人名〖ギ神〗アガメムノン(Mykenä 王で, Troja 戦争におけるギリシア軍の総指揮官). [*gr.*-*lat.*]

Aga·me̱t[agamé:t] 男 -en/-en《ふつう複数で》〖生〗(原生動物の)非配偶体. [<a..[1]]

Aga·mie̱[agamí:] 女 -/ 未婚, 独身. [*gr.*]

aga̱·misch[agá:mɪʃ] 形 **1**〖生〗無性の, 無性生殖の. **2** 未婚の, 独身の. [*gr.* ágamos (→agam)]

Aga·mi̱st[agamíst] 男 -en/-en 独身者.

Aga·mo·go·nie̱[agamogoní:] 女 -/〖生〗無性生殖〈繁殖〉.

Aga·pa̱n·thus[agapántʊs] 男 -/..thi[..ti·]〖植〗アガパンサス, ムラサキクンシラン. [*nlat.*; ◇Agape, antho..]

Aga̱·pe[agá:pə, ..pe·] 女 -/-n **1**《単数で》〖キリスト教〗アガペー, (神の人間に対する)愛; (キリスト教徒間の)隣人愛; (↔Eros) 霊的な〈精神的な〉愛, 他者本位の〈自己否定的〉純粋愛. **2**〖宗〗愛餐(あいさん)(初期キリスト教会における愛の会食. 特に貧者のために催された). [*gr.* agápē „Liebe"]

A̱gar-A̱gar[á(:)gar|á(:)gar] 男 中 -s/ 寒天. [*malai.*]

Aga·ri·zi̱n[agaritsí:n] 中 -s/〖化〗アガリシン. [<Agaria (ポーランド東方の古い地方名)]

Aga·ri·zi̱n·säu·re 女 アガリシン酸.

Aga̱t[agá:t] 男 -〔e〕s/-e =Achat

A̱ga·tha[á:gata·, ǽgəθə] 女名 アーガタ.

A̱ga·the[agá:tə] 女名 アガーテ.

A̱ga·thon[á(:)gatɔn] 男名 アーガトン. [*gr.*; <*gr.* agathós „gut"]

Aga̱·ve[agá:və] 女 -/-n〖植〗アガーベ, リュウゼツラン(竜舌蘭). [*fr.*; <*gr.* agauós „edel"]

..age[..a:ʒə]《女性名詞 (-/-n) をつくる》**1**《動詞につけて「行為・事物」を意味する》: Sabot*age* サボタージュ | Mont*age* (機械などの)組み立て | Pass*age* (狭い)通路 | Stell*age* (物をのせる)台. **2**《名詞につけて集合名詞をつくる》: Band*age* 包帯 | Report*age* ルポルタージュ. [*lat.*-*fr.*]

Age̱n·da[agɛ́nda·] 女 -/..den[..dən] **1** (メモ用の)手帳, 備忘録. **2** 協議事項〔のリスト〕, 議事日程. [*lat.* „zu Betreibende"]

Age̱n·de[..də] 女 -/-n **1**〖カトリック〗典礼儀式書, 祭式書; (祭式・慣習・祈りなどを載せた)信者用便覧. **2** =Agenda

A̱gens[á:gɛns] 中 -/Agenzien[agɛ́ntsiən] **1** 原動力;〖哲〗動因;〖医〗作用因子, 作用物資; 病因;〖化〗試薬, 試剤. **2** (↔Patiens)〖言〗動作主, 起動者. [*lat.*; <*lat.* agere (→agieren)]

Age̱nt[agɛ́nt] 男 -en/-en (⊛ **Age̱n·tin**[..tɪn]-/-nen) **1** 情報部員, スパイ, 密偵: Geheim*agent* 秘密情報部員 | ~*en* einschleusen スパイを送り込む. **2** 代理人, 仲介人; 代理業者, エージェント; 芸能マネージャー; (会社などの)勧誘員, 外交〔販売〕員. [*lat.*-*it.*]

Age̱n·ten≠ring 男 スパイ網. **≠tä·tig·keit** 女 スパイ活動.

Agen·tie̱[agɛntsí:] 女 -/-n[..tsí:ən] ᵛ**1** 代理店. **2**《オーストリア》ドナウ川汽船会社事務所.

agen·tie̱·ren[agɛntí:rən] 自 (h)《オーストリア》〖商〗外交〔販売〕員として働く, 注文を取る.

Age̱n·tin Agent の女性形.

Agent pro·vo·ca·teur[aʒɑ̃: provokatø:r] 男 --/-s -s[--] (Lockspitzel) (違法行為を挑発する)〔警察の〕雇われ密偵, 囮(おとり). [*fr.*]

Agen·tu̱r[agɛntú:r] 女 -/-en **1** 代理, 仲介, 斡旋(あっせん). **2** 代理業; 代理店, 取扱店. **3** 芸能プロダクション. [<..ur]

Age̱n·zi·en Agens の複数.

age·vo·le[adʒɛ́volə, adʒé:vole·] 副 (leicht, beweglich)〖楽〗軽く, 軽やかに. [*it.*; ◇agil]

A̱g·fa[ákfa·] 女 -/ 商標 アグファ(<Aktien-Gesellschaft für Anilin-Fabrikation; ドイツにあるヨーロッパ最大のフィルム会社).

A̱g·fa·co·lo̱r[ákfakolo:r, ◡◡◡⏑] 中 -/- 商標 アグファ

カラー(アグファ社のカラーフィルム〔方式〕). [< *lat.* color „Farbe"]

Ag·glo·me·rat[aglomeráːt] 中 -〔e〕s/-e《雅》かたまり, 集塊, 団塊;〖金属〗凝塊;〖鉱〗集塊岩, 湯の華.

Ag·glo·me·ra·tion[..ratsióːn] 女 -/-en **1** (〔sich〕agglomerieren すること. 例えば:) 集積, 集結;〖化〗(微粒子などの)凝集〔作用〕. **2** かたまり, 集塊. [*lat.*]

ag·glo·me·rie·ren[..ríːrən] 他 (h) (集めて)塊にする; 集積〈集結·凝集〉させる ‖ 再帰 *sich*[4] ~ (集まって)塊になる; 集積〈集結〉する; 凝集する. [< *lat.* glomus „Knäuel"]

Ag·glu·ti·na·tion[aglutinatsióːn] 女 -/-en (Verklebung) 膠着(こうちゃく), 粘着;〖言〗膠着〔法〕;〖化·生〗凝集作用〈反応〉. [*lat.*]

ag·glu·ti·nie·ren[..níːrən] 他 (h) (verkleben) 膠着(こうちゃく)させる, 接着する, 粘着させる; (細菌·細胞·血球などを)凝集させる: Blutkörperchen 〈Zellen〉 ~ 血球〈細胞〉を凝集させる | eine *agglutinierende* Sprache〖言〗膠着語(トルコ語·朝鮮語·日本語など). [*lat.*; < *lat.* glūten (→Gluten)]

Ag·glu·ti·nin[..níːn] 中 -s/-e《ふつう複数で》〖生〗凝集素(凝集反応を起こす抗体). [< ..in²]

Ag·glu·ti·no·gen[..nogéːn] 中 -s/-e《ふつう複数で》〖生〗凝集原.

Ag·gra·va·tion[agravatsióːn] 女 -/-en 悪化, 重大化;〖医〗誇張〔症〕. [*mlat.*; < *lat.* gravis (→Gravis)]

ag·gra·vie·ren[..víːrən] 他 (h) 悪化させる, 重大化させる;〖医〗(患者が病状を)誇張する. [*lat.*]

Ag·gre·gat[agregáːt] 中 -〔e〕s/-e **1** 集合体, 凝集体. **2**〖工〗(いくつかの機械が集まって一組になった)連結機械. **3**〖鉱〗集成岩. **4**〖数〗総計, 総和. **5**〖建〗(セメントにまぜる砂利·砕石などの)骨材. [< ad..+*lat.* grex „Herde"]

Ag·gre·ga·tion[agregatsióːn] 女 -/-en 集まり, 集積, 集合;〖化〗(分子·イオンなどの)集合, 凝集. [*mlat.*]

Ag·gre·ga·tions·zu·stand 男, **Ag·gre·gat·zu·stand**[agregáːt..] 男〖化〗集合〈凝集〉状態(物質が原則として取りうる三つの状態, すなわち固体·液体·気体).

Ag·gres·sion[agrɛsióːn] 女 -/-en (Angriff) **1** (不法な)攻撃, 侵略〈侵犯〉〔行為〕. **2**〖心〗攻撃. [*lat.*; < *lat.* gradī „schreiten" (◇Grad)]

Ag·gres·sions≈ba·sis 女〖軍〗攻撃基地. ≈**hand·lung** 女〖心〗攻撃行動. ≈**in·stinkt** 男 攻撃本能. ≈**krieg** 男 侵略戦争. ≈**trieb** 男〖心〗攻撃衝動.

ag·gres·siv[agrɛsíːf][1] 形 **1** 攻撃的な; 好戦的な, 挑戦的な: ein ~*er* Mensch 攻撃型の人 | ein ~*er* Tonfall けんか腰の口調. **2** 押しつけがましい: ~*e* Farben けばけばしい色彩. **3** (↔defensiv) 安全を無視した, 乱暴な, むちゃな: ~ fahren 乱暴な(車の)運転をする.

ag·gres·si·vie·ren[..sivíːrən] 他 (h)《*jn.*》挑発する.

Ag·gres·si·vi·tät[..vitɛ́ːt] 女 -/-en **1**《単数で》(aggressiv なこと. 例えば:) 攻撃〈好戦〉性. **2** 攻撃的言動.

Ag·gres·sor[agrɛ́sɔr, ..soːr] 男 -s/..soren[..rɛsóːrən] 攻撃者, 侵略〈侵犯〉者. [*lat.*]

Ägi·de[ɛgíːdə] 女 -/ **1** =Ägis **2**《比》(Obhut) 庇護(ひご): **unter** *js.* ~ …の庇護〈後援〉のもとに | unter der ~ des Königs 王の庇護のもとに.

Agi·en Agio の複数.

agie·ren[agíːrən] **I** 自 (h) 行う, 行動する, 振舞う; 身ぶりをする: mit den Armen ~ 腕でジェスチャーをする.
II 他 (h)〖劇〗(特に特定の役を)演じる: Tell ~ テルの役を演じる | über 80 Nebendarsteller ~ lassen 80人以上のわき役を使う. [*lat.* agere „treiben"; ◇ *engl.* act]

agil[agíːl] 形 (flink) すばやい, 敏捷(びんしょう)な; 器用な; 熱心な. [*lat.*–*fr.*]

Agi·li·tät[agilitɛ́ːt] 女 -/ (agil なこと. 例えば:) 敏捷(びんしょう)さ; 器用さ; まめまめしさ. [*lat.*–*fr.*]

Ägi·na[ɛgíːnaˑ] 地名 アイギナ(ギリシア南東部にある同名の湾内の島およびその島にある町). [*gr.*–*lat.*]

Agio[áːʒioˑ, áːdʒoˑ] 中 -s/-s, Agien[áːʒiən]《ふつう単数で》(↔Disagio)〖商〗打歩(うちぶ), 株式プレミアム(株券などの実勢額が額面価格を上回った場合の差額). [*gr.* allagé „Wechsel"–*it.* a〔g〕gio; ◇allo..]

Agio·ta·ge[aʒiotáːʒə; オーストリア: ..táːʒ] 女 -/-n[..ʒən]《ふつう単数で》相場を張ること, 証券売買. [*fr.*]

Agio·teur[aʒiotǿːr] 男 -s/-e 証券ブローカー, 相場師. [*fr.*]

agio·tie·ren[aʒiotíːrən] 自 (h) 投機をする, 相場を張る. [*fr.*]

Ägir[ɛ́ːgɪr] 人名〖北欧神〗エーギル(海の巨人で Ran の夫). [*anord.*]

Ägis[ɛ́ːgɪs] 女 -/〖ギ神〗アイギス (Gorgo の頭を描いた Zeus の強力な盾. のち Athene に授けられた: →Ägide). [*gr.*–*lat.* aegis; < *gr.* aïx „Ziege〔nfell〕"]

Agi·ta·tion[agitatsióːn] 女 -/-en **1 a)** 煽動(せんどう), アジ〔テーション〕: eine radikale ~ betreiben 過激な煽動をする. **b)** (旧東ドイツで)(政治的な)〔情報〕宣伝活動. ▽**2** 動揺; 興奮, 激昂(げっこう); 不穏な空気. [*lat.*–*engl.*]

Agi·ta·tions≈re·de 女 アジ演説. ≈**tä·tig·keit** 女 アジ〈宣伝〉活動.

agi·ta·to[adʒitáːtoˑ] 副 (aufgeregt)〖楽〗アジタート, 激しく. [*it.*]

Agi·ta·tor[agitáːtɔr, ..toːr] 男 -s/-en[..tatóːrən] **1** 煽動(せんどう)者, アジテーター. **2** (旧東ドイツで政治的情報宣伝の)活動家, 大衆運動家. [*lat.*–*engl.*]

agi·ta·to·risch[..tatóːrɪʃ] 形 **1** 煽動(せんどう)的な, アジテーションの; 煽動家〈アジテーター〉の. **2** (旧東ドイツで政治的な)〔情報〕宣伝活動の.

agi·tie·ren[agitíːrən] **I** 他 (h)《*jn.*》(…を)煽動する, アジる; 興奮させる; (旧東ドイツで)政治的に啓蒙する. **II** 自 (h) 扇動する, アジテーションを行う: für eine Partei 〈für Streik〉 ~ ある党のために〈ストライキの〉〔情報〕宣伝活動をする | gegen *jn.* ~ …に反対のアジ活動をする. **III agi·tiert** 過分 形〖心〗興奮した. [*lat.*; < *lat.* ágere (→agieren); ◇ *engl.* agitate]

Agit·prop[agɪtprɔ́p] (旧東ドイツで) **I** 女 -/ 情宣活動. **II** 男 -〔s〕/-s 情宣活動家. [< Agitation+Propaganda]

Agit·prop≈grup·pe 女 (演劇·音楽などによる)情宣活動隊. ≈**stück** 中 情宣用脚本.

Aglaia[agláːja, agláɪa] 人名〖ギ神〗アグライア(光の女神: →Charis I 1). [*gr.* aglaíā „Glanz"]

Aglei[aglái, áːglaɪ] 女 -/-en =Akelei

Aglo·bu·lie[aglobulíː] 女 -/ 〖医〗〔赤〕血球欠如. [*lat.* globus (→Globus)]

Agma[ágmaˑ] 中 -〔s〕/ 〖言〗軟口蓋(なんこうがい)鼻子音(ギリシア語で γ, κ の前に置かれた γ などが持つ[ŋ] の音); (発音記号の)[ŋ]. [*gr.* ágma „Bruchstück"]

Agnat[agnáːt] 男 -en/-en 男系の親族(→Kognat).

Agna·tion[agnatsióːn] 女 -/ 男系親族関係. [*lat.*; < ad..+*lat.* nāscī (→naszierend)]

agna·tisch[agnáːtɪʃ] 形 男系親族〔関係〕の.

Agnes[ágnɛs] 女名 アグネス. [*gr.*–*lat.*; < *gr.* hagnós „heilig, unbefleckt"]

Ag·ni[ágniˑ] 人名〖インド神〗アグニ(火の神) [*sanskr.*]

▽**Agni·tion**[agnitsióːn] 女 -/-en (Anerkennung) 承認, 認知. [*lat.*; ◇agnoszieren]

Ag·no·men[agnóːmən] 中 -s/..mina[..minaˑ] (古代ローマ人の)第四名, 添え名, あだ名(例 スキピオ Publius Cornelius Scipio *Africanus* の第四名はアフリカーヌス: →Kognomen, Nomen gentile, Pränomen). [*lat.*]

Agno·sie[agnozíː] 女 -/-n[..zíːən] **1**〖医〗失認, 認知不能〔症〕. **2** (Unwissenheit)〖哲〗不知. [*gr.*; < *gr.* a-gnōs „un-bekannt" (◇Gnosis)]

Agno·sti·ker[agnɔ́stikər] 男 -s/-〖哲〗不可知論者.

agno·stisch[..tɪʃ] 形〖哲〗不可知論の, 不可知論的な.

Agno·sti·zis·mus[agnɔstitsísmʊs] 男 -/〖哲〗不可知論.

agnos·zie·ren[agnɔstsíːrən] 他 (h) (anerkennen) 承認〈認知〉する;《オーストリア》(死者などの)身元を確認する. [*lat.*; < ad..+*lat.* nōscere (→nobel)]

Agnos·zie·rung[..rʊŋ] 女 -/-en 承認, 認知;《オーストリア》身元確認.

Agnus Dei[á(:)gnʊs dé:i·] 中 --/-- **1**《単数で》神の小羊(キリストの象徴としての小羊). **2**〘カトリック〙神羔誦(しんこうしょう)(ミサの一部, アグヌス=デイで始まる平和の賛歌). **3**〘カトリック〙小羊像と教皇紋章の付いた小さな蠟板(ろうばん). [*lat.* „Lamm Gottes"; ◇Amnion]

Ago·gik[agó:gɪk] 女 -/ 〘楽〙アゴーギク, 緩急法(曲の内容に応じて微妙に速度を変化させ生き生きとした表情を生み出す演奏法). [<*gr.* agōgḗ „Führung" (◇Agon)]

ago·gisch[..gɪʃ] 形〘楽〙アゴーギクに関する〈基づいた〉.

à go·go[agɔgó]《フランス語》(nach Belieben) 存分に, たっぷり. [<*fr.* gogue „Scherz"]

Agon[agó:n] 男 -s/-e **1** (古代ギリシアの)体育〈技芸〉競技. **2** (古代ギリシア, 特に Attika 喜劇の中心部をなす)論争, 討論. [*gr.*; <*gr.* ágein „treiben"]

ago·nal[agoná:l] 形 **1** 体育〈技芸〉競技の; 闘争的な. **2**〘医〙死戦〔期〕の, 臨終の, 瀕死(ひんし)の. [<..al[1]]

Ago·ne[agó:nə] 女 -/-n 〘理〙(地球磁場の)無偏角線, 無方位角線. [<a..[1]+..gon]

Ago·nie[agoní:] 女 -/-n[..ní:ən] (Todeskampf)〘医〙死戦, アゴニー; (一般に)瀕死(ひんし)〈断末魔〉の苦しみ, 苦悶(くもん). [*gr.* „Kampf"–*kirchenlat.*; ◇Agon]

Ago·nist[agoníst] 男 -en/-en **1** 体育〈技芸〉競技の参加者, 競技者. **2**〘生理〙主動〈作動〉筋. [*gr.*]

Ago·ra[1][agorá] 女 -/..rot[..rɔ́t] アゴロット(イスラエルの小額貨幣〔単位〕). [*hebr.*]

Ago·ra[2][agorá:] 女 -/-s, ..ren[agó:rən] (古代ギリシアの)市場〔での集会〕. [*gr.*; <*gr.* ageírein „zusammenbringen"]

Ago·ra·pho·bie[agorafobí:] 女 -/-n[..bí:ən] (Platzangst)〘医・心〙広場〈臨場〉恐怖〔症〕.

Ago·rot Agora[1]の複数.

agra[á:gra·] 女 -/ (Leipzig での)農業博覧会. [<agrar..]

Agraf·fe[agráfə] 女 -/-n **1** (装身用の)留め金, ブローチ. **2** (古代建築のアーチのかなめ石の上の)かすがい状装飾(→ ⓖ Bogen). [*fr.* agrafe; ◇Griffel]

Agram[á:gram] 地名 アーグラム (Zagreb のドイツ語名).

Agram·ma·tis·mus[agramatísmʊs] 男 -/..men[..mən]〘医〙失文法〔症〕. [*gr.* a-grámmatos „schriftunkundig"; ◇..gramm, Grammatik]

Agra·nu·lo·zy·to·se[agranulotsytó:zə] 女 -/-n〘医〙顆粒(かりゅう)球減少〔症〕, 無顆粒細胞症. [◇a..[1], granulär, zyto.., ..ose]

Agra·pha[ágrafa] 複〘宗〙聖書外聖言資料.

Agra·phie[agrafí:] 女 -/-n[..fí:ən]〘医〙失書〔症〕, 書字不能〔症〕. [<a..[1]]

agrar..《名詞などにつけて「農業の・農業に関する」を意味する》[<*lat.* ager (→agri..)]

Agrar≠be·völ·ke·rung[agrá:r..] 女 農業人口. **≠er·zeug·nis** 中 農作物, 農産物. **≠flug** 男 (旧東ドイツの)農業航空〈飛行〉(肥料・薬剤散布や播種(はしゅ)のための飛行). **≠ge·sell·schaft** 女 農業社会.

Agra·ri·er[agrá:riər] 男 -s/- **1** (Gutsbesitzer) 大地主. **2** 重農主義者; (特にプロイセンの)地主党員.

agra·risch[..rɪʃ] 形 農業の, 農事上の.

Agrar≠land[agrá:r..] 中 -[e]s/..länder **1**《単数で》農地. **2** =Agrarstaat **≠öko·nom** 男 農業経済学者. **≠öko·no·mie** 女 農業経済学. **≠pi·lot** 男 (旧東ドイツの, Agrarflug のための)農業飛行士. **≠po·li·tik** 女 農業政策, 農政.

agrar·po·li·tisch 形 農業政策〔上〕の, 農政上の.

Agrar≠pro·dukt 中 =Agrarerzeugnis **≠recht** 中〘法〙農業法. **≠re·form** 女 農制改革. **≠so·zia·lis·mus** 男 農業社会主義. **≠staat** 男 農業国. **≠tech·nik** 女 農業技術. **≠tech·ni·ker** 男 農業技術者.

agrar·tech·nisch 形 農業技術〔上〕の.

Agrar≠ver·fas·sung 女 農業組織, 農村社会構造. **≠wis·sen·schaft** 女 農学. **≠wis·sen·schaft·ler** 男 農学者. **≠zoll** 男 -[e]s/..zölle《ふつう複数で》農業保護関税.

Agra·sel[á:gra:zəl] (**Agras·sel**[..rasəl]) 中 -s/-n《ふつう複数で》《オーストリア》(Stachelbeere)〘植〙スグリ〔の実〕. [<*mhd.* agraz „saure Brühe" (◇Agrumi)]

Agree·ment[əgrí:mənt] 中 -s/-s (Vereinbarung) 協定, 取り決め, 申し合わせ, 合意. [*mfr.*–*engl.*]

[▽]**agre·ieren**[agreí:rən] 他 (h) (genehmigen) 許可〈認可〉する, 承認〈是認〉する. [*fr.* agréer; ◇*engl.* agree]

Agré·ment[agremɑ̃́:] 中 -s/-s **1** アグレマン(大使・公使派遣に際してあらかじめ相手国政府が与える承認): *jm.* das ~ erteilen …に対してアグレマンを与える. **2**《複数で》〘楽〙装飾音. [*fr.*; <*fr.* à gré „nach Belieben" (◇Grazie)]

agri..《名詞などにつけて「農業に関する」を意味する》[*lat.* ager „Acker"; ◇agro.., Acker]

[▽]**ägrie·ren**[ɛgrí:rən] 他 (h) (erbittern)《*jn.*》立腹させる, 怒らせる. [*fr.*; <*lat.* ācer „scharf"]

Agri·kul·tur[agrikʊltú:r] 女 -/ (Ackerbau) 農耕; (Landwirtschaft) 農業. [*lat.*]

Agri·kul·tur·che·mie 女 -/ 農芸化学.

Agrip·pa[agrípa·] 人名 アグリッパ(前63– 前12; ローマの将軍). [*lat.*]

Agrip·pi·na[agrɪpí:na·] **I** 女名 アグリッピーナ. **II** 人名 アグリッピナ(ローマの貴婦人で母娘同名であるが Nero の母で夫 Claudius 帝を毒殺し俗に小アグリッピナと呼ばれる娘の方が特に有名). [*lat.*]

agro..《名詞などにつけて「農業に関する」を意味する》[*gr.* agrós „Acker"; ◇agri.., Acker]

Agro·bio·lo·gie[á:grobiologi:, agrobiologí:] 女 -/ 農業生物学.

agro·bio·lo·gisch[..lo:gɪʃ, agrobioló:gɪʃ] 形 農業生物学〔上〕の.

Agro·nom[agronó:m] 男 -en/-en (専門教育を受けた)農場経営者; 農学者; (旧東ドイツで)農業専門指導者.

Agro·no·mie[..nomí:] 女 -/ 農学.

agro·no·misch[..nó:mɪʃ] 形 農学〔上〕の.

Agro·tech·nik[á:gro..] 女 -/ 農業工学.

agro·tech·nisch 形 農業工学〔上〕の.

Agru·men[agrú:mən] (**Agru·mi**[..mi·]) 複 (Zitrusfrüchte)〘植〙柑橘(かんきつ)類. [*it.*; <*lat.* ācer „scharf"]

Agryp·nie[agrʏpní:] 女 -/ (Schlaflosigkeit)〘医〙不眠〔症〕. [*gr.*; <*gr.* ágrypnos „schlaflos"]

Ag[t]·stein[ák(t)..] 男 (Bernstein) 琥珀(こはく) [*mhd.*; ◇Achat]

Agu·ti[agú:ti·] 男中 -s/-s〘動〙アグーチ(テンジクネズミ類パカ科). [*indian.*–*span.*]

Ägyp·ten[ɛgʏ́ptən] 地名 エジプト (Assuan 以北の Nil 川流域の土地. 現在はエジプト=アラブ共和国. 首都は Kairo): die Fleischtöpfe ~*s* (→Fleischtopf) | *sich*[4] nach den Fleischtöpfen ~*s* sehnen 〈zurücksehnen〉 (→Fleischtopf). [*gr.*–*lat.*–*mhd.*; ◇*engl.* Egypt]

Ägyp·ter[..tər] 男 -s/- (女 **Ägyp·te·rin**[..tərɪn]-/-nen) エジプト人.

ägyp·tisch[..tɪʃ] 形 エジプト〔人・語〕の: →deutsch | ~*e* Augenkrankheit トラコーマ(→Trachom) | eine ~*e* Finsternis (→Finsternis).

ägyp·ti·sie·ren[ɛgʏptizí:rən] 他 (h) エジプト化する, エジプト風にする.

Ägyp·to·lo·ge[ɛgʏptoló:gə] 男 -n/-n (→..loge) エジプト学者.

Ägyp·to·lo·gie[..logí:] 女 -/ エジプト学.

ägyp·to·lo·gisch[..ló:gɪʃ] 形 エジプト学〔上〕の.

ah[a:, a] **I** 間 (驚き・感嘆・安堵(あんど)・納得などの気持を表して)まあ, あら(すてき), ああ(よかった); あっ(そうか, なるほど), ははあん: *Ah* so! ああ そうか | *Ah was!* へえ; なあに(気にするな) | *Ah*, wie schön! まあ なんてすばらしい | *Ah*, nun verstehe ich! ああ それで分かりました. **II Ah**[1] 中 -s/-s ah という声; 驚き, 感嘆: Ein lautes ~ ertönte. 大きな驚きの声が起こった | Mit ~ und Oh wurde das neue Kleid begrüßt. 驚き〈賛嘆〉の声をもってその新しい服は人々に迎えられた. [*mhd.*; ◇ach]

Ah[2][ampe:rʃtʊ́ndə, ampɛ:r..] 記号 (Amperestunde)

〘電〙アンペア時.

A. H. 略 =Alter Herr《学生語》(大学生の諸団体・クラブなどの)旧正会員(複数: A. H. A. H.).

äh[ɛː, ɛ] 間 **1** (嫌悪・不快・疑惑などの気持を表して)げえ, うっ, ちぇっ, ふん; へえ, へへえ: *Äh*, das kann ich nicht sehen! わあ そんなの見るのもいやだ. **2** (話のとぎれを補って)うう, ええ.

aha[ahá(ː)] 間 (突然の了解・予想の的中・実現などの気持を表して)ははあ, あっ(そうか); ほうら(そうでしょう), そらね, それ見たことか: *Aha*, so hängt das zusammen! ははあ そういう関連〈次第〉か | *Aha*, das habe ich dir schon gesagt! そら私が君に言ったとおりでしょう.

Aha-Er·leb·nis 中〘心〙アハー体験(ああ分かったという主観的体験).

A. H. A. H. 略 =Alte Herren (→A. H.)

Ahas·ver[ahasvéːr, ◡◡–, ahásvər] **I 1** 人名 アハスヴェール(刑場に行くキリストを自分の家の前で休ませなかったため, キリスト再来まで地上を流浪する運命を与えられたユダヤ人の靴屋. いわゆる der Ewige Jude「永遠のユダヤ人」. 英語では the Wandering Jew「さすらいのユダヤ人」という).
2 男 -s/-s, -e《比》永遠のさすらい人.
II 人名〘聖〙アハシュエロス(ギリシア人が Xerxes と呼んだ古代ペルシア王. エス1,1-10,3). [*hebr.* Achaschverosch „Fürst"–*lat.*]

ahas·ve·risch[ahasvéːrɪʃ] 形 (Ahasver のように)安住の地のない, 永遠に流浪する.

Ahas·ve·rus[..rʊs] **I** =Ahasver I 1, II **II** 男 -/-se[..sə] =Ahasver I 2

ahd. 略 =althochdeutsch

ahi·sto·risch[áhɪstoːrɪʃ] 形 **1** 歴史と無関係の. **2** 歴史に無関心な. [<a..[1]]

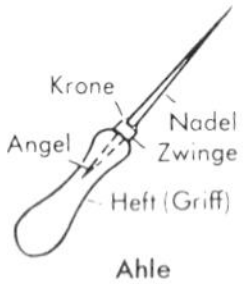

Ahl·bee·re[áːl..] 女〘植〙クロスグリ(の実).

Ah·le[áːlə] 女 -/-n **1** (革細工などに用いる)突き錐(ぎり), 穴あけ針(→図). **2** (植字工が活字をはさむ)ピンセット. **3** (Reibahle)〘工〙リーマー. [*idg.*; ◇*engl.* awl]

Krone
Nadel
Angel
Zwinge
Heft (Griff)
Ahle

Ahl·kir·sche 女 -/-n《方》(Traubenkirsche)〘植〙エゾノウワミズザクラ. [<*mhd.* aal „faulig"]

Ahm[aːm] 中 -(e)s/-e (単位: -/-) アーム(昔の液量単位: 約150l). [*gr.* ámē „Eimer"–*lat.*–*mlat.*–*mhd.*]

ah·men[áːmən] 他 (h) (たるなどの)容積を測る.

Ah·ming[áːmɪŋ] (**Ah·mung**[..mʊŋ]) 女 -/-e, -s〘海〙(船の)喫水線.

Ahn[1][aːn] 男 -(e)s, -en/-en **1**《ふつう複数で》《雅》(Vorfahr)(直系の)先祖, 祖先: Unsere ~*en* stammen aus Ungarn. 我々の先祖はハンガリー出身だ.
2《南部・オーストリア》(Großvater) 祖父.
[*ahd.*; ◇Enkel[2]; *gr.* annís „Großmutter"]

Ahn[2][–] 女 -/-en《西部》(Ernte) 収穫; (Herbst) 秋.

ahn·den[áːndən][1]《01》他 (h) **1**《雅》《*et.*[4]》罰する; (…に対して)報復する: ein Unrecht streng ~ 不正を厳しく罰する. **2**《雅》=ahnen I [1: *ahd.*; <*ahd.* anto „Zorn"]

▽**ahn·de·voll**《雅》=ahnungsvoll

Ahn·dung[1][áːndʊŋ] 女 -/-en《雅》=Ahnung

Ahn·dung[2][–] 女 -/-en《雅》処罰, 懲罰; 報復.

Ah·ne[1][áːnə] **I** 男 -n/-n =Ahn[1] **II** 女 -/-n **1** (直系の)先祖, 祖先(女). **2**《南部・オーストリア》(Großmutter) 祖母.

Ah·ne[2][–] 女 -/-n《方》もみがら; 麻くず. [*germ.*; ◇*engl.* awn]

äh·neln[ɛ́ːnəln]《06》自 (h)《*jm.*/*et.*[3]》(…に)似ている: Er *ähnelt* seinem Vater. 彼は父親似だ | Sie *ähneln* sich[3] 〈einander〉 sehr. 彼らは互いによく似ている. [<ähnlich]

ah·nen[áːnən] **I** 他 (h) 予感する, 予覚する; うすうす感づく, ほのかにそれとわかる: *et.*[4] dunkel 〈dumpf〉 ~ …をなんとなく感じとる | Gefahr ~ 危険を予感する | Ich *ahne* Böses 〈nichts Gutes〉. いやな予感がする(→II) | Er tat, als ob er es *geahnt* hätte. 彼はそれに感づいていたようなふりをした | Du *ahnst* nicht, wie ich mich auf deinen Besuch freue. 私がどんなに君の来訪を楽しみにしているか 君には想像もつくまい | **Ach, du *ahnst* es nicht!**《話》(驚き・狼狽(ろうばい)・不快・失望などを表して)(君には想像がつかないくらい)驚いたのなんのって, あきれかえって物が言えない, なんたることだ, ばかばかしいったらない ‖ *et.*[4] ~ lassen …をほのめかす〈暗示する〉| in der Dunkelheit nur zu ~ sein 闇(やみ)の中ではっきりとは見えない ‖ nichts *ahnend* 何も予感せずに, 全く何も知らずに, なんの気なしに, 知らぬが仏で.
II 自 (h)《*jm.*》(…に)予感される, 推測される: Das *ahnte* mir. そうだと思っていた | Mir *ahnte* so etwas. そんなことじゃないかと予想していた | Es *ahnt* mir 〈Mir ahnt〉, daß … 多分…だろうと思う | Mir *ahnt* 〈Es *ahnt* mir〉 nichts Gutes. いやな予感がする, 胸騒ぎがする(→I).
[*mhd.*; ◇an]

Ah·nen≠bild[áːnən..] 中 先祖の肖像. ≠**for·schung** 女 -/ (Genealogie) 系譜学. ≠**ga·le·rie** 女 (貴族の邸宅などで)先祖の肖像画を並べた廊下. ≠**kult** 男, ≠**kul·tus** 男 祖先崇拝. ≠**paß** 男 (ナチ時代の)アーリアン系確認証. ≠**pro·be** 女 (系図などによる貴族の)家門証明. ≠**rei·he** 女 **1** 家系; 代々の先祖. **2**〘生〙血統〈祖先〉系列. ≠**saal** 男 (貴族の邸宅などで)先祖の肖像画を並べた広間. ≠**stolz** 男 家門を誇ること, 系図〈血統〉自慢. ≠**ta·fel** 女〔家〕系図. ≠**ver·eh·rung** 女 =Ahnenkult

Ahn≠frau[áːn..] 女 始祖(女); (近く死ぬ人のあるとき姿を現すという)始祖(女)の霊. ≠**herr** 男 始祖(男). ≠**her·rin** 女 =Ahnfrau

Ah·nin[áːnɪn] 女 -/-nen =Ahne[1] II

ähn·lich[ɛ́ːnlɪç] 形《*jm.*/*et.*[3]》(…に)似ている, (…と)同じような, (…に)類似の: ~*e* Dreiecke〘数〙相似三角形 | ein ~*er* Fall 似かよったケース | ~*e* Gedanken 似た考え | eine ihm ~*e* Person 彼に似た人物 ‖ auf ~*e* Weise 似た方法で, 同じように | in einer ~*en* Lage 同じような状況〈立場〉で ‖ *jm.* 〈*et.*[3]〉 ~ sein …に似ている | Er ist seinem Vater sprechend 〈täuschend/zum Verwechseln〉 ~. 彼は父親そっくりだ | Sie wird ihrer Mutter immer ~*er*. 彼女はますます母親に似てくる ‖〘副詞的に〙ein ~ scharfes Gliederungsprinzip 同じように明確な分類原理 | ~ reagieren 同じような反応を示す | Er heißt Schmidt oder so ~. 彼はシュミットとかそんな名前だ ‖ Ich dachte ~ wie Sie. 私もあなたと同じような考えでした | Das schmeckt ~ wie Käse. これはチーズのような味がする ‖ *jm.* ~ schauen (→schauen 5) | *jm.* ~ sehen (→sehen II 6) ‖〘3格を伴って前置詞的に〙~ *et.*[3] …と同じように(=wie *et.*[1]) | *Ähnlich* einem Pfeil schoß der Düsenjäger durch den Himmel. 矢のようにジェット戦闘機は飛び去った ‖〘名詞化して〙Ich habe etwas *Ähnliches* erlebt. 私も似たような体験をした | … und ~*e*(*s*) 〈*Ähnliche*(*s*)〉(mehr)(略 u. ä. 〈Ä.〉(m.))その他これに類するもの, 等々.
[*ahd.*; ◇an, gleich]

..ähnlich[..ɛːnlɪç]《名詞につけて「…に似た, …もどきの」を意味する形容詞をつくる》: kugel*ähnlich* 球〈弾丸〉のような形をした | gold*ähnlich* 金に似た.

Ähn·lich·keit[..kaɪt] 女 -/-en 似ていること, 類似(性); 類似点;〘数〙相似: einige ~*en* zwischen beiden 両者の若干の類似点 | eine große ~ mit *jm.* 〈*et.*[3]〉 haben …と酷似している.

Ah·nung[áːnʊŋ] 女 -/-en **1** 予感, 予覚, (不確かな)予想; 虫の知らせ, 懸念: eine bange 〈böse/finstere〉 ~ 不吉な〈いやな・暗い〉予感 ‖ Meine ~*en* betrogen mich nicht. 私の予想は的中した | Ich habe so eine ~, als ob das ein Erfolg würde. 私はなんとなくそれが成功しそうな気がする.
2《口語で haben の目的語として》わずかばかりの知識, おぼろげな見当: von *et.*[3] nur eine (dunkle) ~ haben …についてぼんやりとしか知らない | Hast du eine ~, wo er ist? 君はもしかして彼がどこにいるか知らないか | Hast du eine ~!《話》とんでもない, そんなことあるもんか | keinen Schatten von einer ~ haben ぜんぜん何も知らない〈見当がつかない〉‖〘否定を強めて〙Keine ~! ぜんぜん知りませんよ; まさかそんなことが, とんでもない | **keine (blasse) 〈nicht die geringste / nicht die leiseste〉 ~ von *et.*[3] haben** …のことは少しも知

らない | **von Ackerbau und Viehzucht 〈von Tuten und Blasen / von 'ner Dehnung〉 keine ~ haben**《話》(特定の事柄について)イロハのイの字も知らない, ちんぷんかんぷんである.

ạh·nungs·lo̱s[á:nʊŋslo:s][1] 形 **1** (人について)何も知らない〈気づかない〉, 何も予感しない〈怪しまない・不審に思わない〉; なにげない, うっかりした, 自覚しない; 無心の, 天真爛漫(らんまん)な, 悪気のない: ein *~es* Kind 何も知らない〈無邪気な〉子供 | o 〈ach〉 du *~er* Engel! (→Engel 2) ‖ Ich war ganz ~. 私は全然何も知らなかった ‖〖副詞的に〗*Ahnungslos* trat er die verhängnisvolle Reise an. それとも知らずに彼は宿命的な旅に出た. **2** (事物について)思いもよらぬ, 意外な: ein *~es* Glück 思いがけない幸運 | *Ahnungslose* Schwierigkeiten boten sich. 予想もしない困難が起こった.

Ạh·nungs·lo̱·sig·keit[..lo:zɪçkaɪt] 女 -/ ahnungslos なこと: politische ~ 政治的無知.

Ạh·nungs·ver·mö·gen 中 -s/ 予感〈予覚〉能力.

ạh·nungs·voll 形 **1** しきりに〈不吉な〉予感〈胸騒ぎ〉のする; しきりに気づかう, 心配性の: mit *~em* Blick 不安げなまなざしで | *Ahnungsvoll* öffnete er das Schreiben. 胸騒ぎしながら彼はその手紙を開いた. ᵛ**2** 予知の才のある, 千里眼の.

aho̱i[ahɔ́ʏ] 間《海》(他船に呼びかけるときなどに船名・船種のあとにつけて)おおい, やあい: ~ rufen (他船に)おおいと呼びかける | „Schwan" 〈Boot〉 ~!「白鳥丸」〈そこのボート〉やあい. [*engl.* ahoy; 擬音]

Ạhorn[á:hɔrn] 男 -s/-e **1**〖植〗カエデ(楓). **2**《単数で》カエデ材. [*germ.*; ◇Ähre; *lat.* acer „Ahorn"]

ạhor·nen[..nən] 形 カエデ材の. 「[*kelt.*]」

die **Ahr**[a:r] 地名 女 -/ アール (Rhein 川の支流).

Ä̱hr·chen[ɛ́:rçən] 中 -s/- (Ähre の縮小形. 例えば:)〖植〗(イネ科植物などの)小穂(しょうすい).

Ä̱h·re[ɛ́:rə] 女 -/-n (㊀ **Ä̱hr·chen** → 別出)〖植〗穂, 穂状(すいじょう)花序(→ ⊛ Blütenstand): reife 〈volle〉 *~n* 成熟した〈実り豊かな〉穂 ‖ *~n* lesen 落ち穂を拾う | in die *~n* schießen (穀類が)穂を出す. [*germ.*; ◇Ecke, Ahorn; *engl.* ear]

Ä̱h·ren≠bü·schel[ɛ́:rən..] 中 穂束(たば). **≠feld** 中 穂の出た〈実った〉穀物畑.

ä̱h·ren·för·mig 形 穂の形をした.

Ä̱h·ren≠kranz 男 (収穫祭などで用いる)穂でつくった冠. **≠le̱·se** 女, **≠le̱·sen** 中 -s/ 落ち穂拾い. **≠le̱·se·rin** 女 落ち穂拾いの女.

..ä̱hrig[..|ɛ:rɪç][2] 《形容詞などにつけて「穂が…の」を意味する形容詞をつくる》: kurz*ährig* 穂の短い | voll*ährig* すっかり穂の出た; 穂が十分に実った.

Ạhu·ra Mạs·dah[áhura· másda·, ahú:ra· −] (**Ạhu·ra Mạz·da**[áhura· mátsda·, ahú:ra· −]) 人名 アフラ マズダ(古代ペルシアの光と善の神で, またゾロアスター教の最高神). [*awest.* „der weise Herr"]

AHV[a:ha:fáʊ] 略 女 -/ =**Alters- und Hinterlassenenversicherung** (スイスの)養老遺族保険.

Ạ̱i[á:i·] 中 -s/-s《動》ミツユビナマケモノ. [*indian.*−*port.*]

AI[a:|í:] 略 女 -/ =**Amnesty International** アムネスティ・インターナショナル.

Ạ̱ias[á:jas, áɪas] =Ajax[1]

Aide[ɛ:t][1] 男 -n[ɛ́:dən]/-n **1** (トランプ, 特にホイストの)相手. ᵛ**2** (Helfer) 協力者; (Gehilfe) 助手, 手伝い. **3**《ス1ス》見習コック. [*fr.*; < *lat.* adiūtāre (→Adjutor)]

Aide-mé·moire[ɛ́:tmemoá:r] 中 -/-[s]〖政〗(特に外交上の)覚書. [*fr.* „Gedächtnis-hilfe"]

Aids[eɪdz] 中 -/《ふつう無冠詞で》〖医〗エイズ, 後天性免疫不全症候群. [*engl.*; < *engl.* acquired immune deficiency syndrome]

aids≠in·fi·ziert[éɪdz..] 形 エイズに感染した. **≠krank** 形 (人が)エイズにかかった, エイズ病の.

Aids≠test 男 エイズ検査. **≠vi̱·rus** 中 (男) エイズウィルス (→HIV).

Ai·gre̱t·te[ɛgrɛ́tə] 女 -/-n (鳥の)冠毛; (帽子の)羽根飾り. [*provenzal.*−*fr.* „Silberreiher"; ◇Reiher]

Ai·ki̱·do[aɪkí:do·] 中 -[s]/ 合気道. [*japan.*]

..aille[..aljə]《名詞につけて軽蔑的に「人々」を意味する女性集合名詞(-/)をつくる》: Diplomat*aille* 外交官ども | Journ*aille* 新聞記者連中. [*fr.*]

Ạ̱i·nu[áɪnu·] (**Ạ̱i·no**[..no·]) 男 -[s]/-[s] アイヌ人(北日本の先住民族). [*Ainuspr.* „Mensch"]

Ạ̱i·nu·spra̱·che[áɪnu..] 女 -/ アイヌ語.

Air[ɛ:r] 中 **1** -[s]/-s《ふつう単数で》風采(ふうさい), 様子, 態度: *sich*[3] ein ~ von Künstlertum geben 芸術家ぶる. **2** -s/-s〖楽〗歌曲; アリア; 旋律. [*gr.* āḗr (→aero..)−*fr.*; 2: *it.* aria (→Arie)−*fr.*]

Air·bag[ɛ́:rbɛk, ɛ́əbæg] 男 -s/-s (自動車の)エアバッグ(衝突の際に瞬時にふくらむ安全装置). [*engl.*]

Air·bus[ɛ́:r..] 男〖空〗エアバス. [*engl.*; ◇Aerobus]

Aire·dale·ter·ri·er[ɛ́:rde:ltɛriər] 男 エアデールテリア(イギリス原産の犬). [< Airedale (北イングランドの地名)]

Air France[ɛrfrã́:s] 女 --/ エール フランス(フランス国営航空: →AF). [*fr.*] 「[*engl.*]」

Air·port[ɛ́:rpɔrt] 男 -s/-s (Flughafen) 空港.

ạ̱is[á:ɪs] **I** 中 -/-〖楽〗嬰(えい)イ音. **II** 記号 (ais-Moll)〖楽〗嬰イ短調.

Ạ̱is[−] 中 -/-〖楽〗嬰(えい)イ音. 「イ音.」

ạ̱is·is[á:ɪs|ɪs, ⁀⌣⌣], **Ạ̱is·is**[−] 中 -/-〖楽〗重嬰(えい)

ạ̱is-Moll[á:ɪsmɔl, ⁀⌣⌣] 中 -/〖楽〗嬰イ短調(記号 ais): →A-Dur

Ạ̱i·tel[áɪtəl] 男 -s/-《南部・オーストリア・スイス》(Döbel) ウグイ(の一種. 淡水魚).

ᵛ**Ạ̱ja**[á:ja·] 女 -/-s (Hofmeisterin) 女家庭教師: Frau ~ アーヤ夫人 (Goethe の母親の愛称). [*it.*]

Aja·to̱l·lah[ajatóla·, ajatɔlá:] 男 -[s]/-s アヤトラ, アヤトッラー(イスラム教シーア派の最高聖職者の称号). [*pers.* „Zeichen Gottes"]

Ạ̱jax[1][á:jaks, áɪaks] 人名〖ギ神〗アイアス (Troja 戦争におけるギリシア軍の英雄). [*gr.* Aíās−*lat.*]

Ạ̱jax[2][á:jaks, áɪaks] 男 -/-〖体操〗アーヤクス(3人または5人一組のアクロバット的な組み立て運動. 上段の者は常に倒立).

à jour(オーストリア: **ajour**)[aʒú:r]《フランス語》**1** 本日まで: ~ sein〖商〗(記帳などの日付が)遅れずに. **2**〖服飾〗(織物・レースが)透かしで; 抜きかがり〈ドロンワーク〉で. **3**〖建〗透かし〈かご目〉彫りで. **4** (宝石が)つめ止めで. [„zu-tage"]

Ajour≠ar·beit[aʒú:r..] 女 **1**〖服飾〗透かし織り; 糸抜きかがり, ドロンワーク. **2** (宝石の)つめ止め細工. **3**〖建〗(装飾としての)透かし〈かご目〉彫り. **≠fas·sung** 女 (宝石の)つめ止め(→ ⊛ Fassung).

ajou·ri̱e·ren[aʒurí:rən] **I** 自 (h)《オーストリア》〖服飾〗糸抜きかがり〈ドロンワーク〉をする. **II** 他 (h) (…に)最新の情報を盛り込む.

ak.. →ad..

AK[a:ká:] 略 中 **1** =**Armeekorps** **2** =**Aktienkapital**

Aka·de·mi̱e[akademí:] 女 -/-n [..mí:ən] **1** アカデミー, 学士院, 芸術院, 学術〈芸術〉協会: ~ der Künste 芸術院, 芸術アカデミー | ~ der Wissenschaften 学士院, 科学アカデミー. **2** 高等専門学校, 単科大学: eine medizinische ~ 医学校, 医科大学. **3 a)**《オーストリア》文芸〈音楽〉の集い. ᵛ**b)** (18-19世紀の)演奏会. **4**〖哲〗アカデミー学派, プラトン学派. [*gr.*−*lat.*−*fr.*]

Aka·de̱·mi·ker[akadé:mikər] 男 -s/- (㊛ **Aka·de̱·mi·ke·rin**[..kərɪn]-/-nen) **1** 大学教育を受けた人, 学卒者. **2** アカデミー会員. **3** 伝統〈守旧〉派の芸術家.

aka·de̱·misch[..mɪʃ] 形 **1** 大学の: *~e* Bürger 大学人(教授・学生など) | die *~e* Freiheit (研究・教育などに関する)大学の自由 | eine *~e* Laufbahn einschlagen 大学教員への道をとる | *~er* Rat (教授任用資格を取っていない)大学中級教員(称号の場合は頭文字を大書して *Akademischer* Rat と書く) | **das *~e* Viertel** 大学の15分(講義などが定刻より15分遅れて始まること) ‖ ~ gebildet sein 大学教育を受けている, 大学出である. **2 a)** 学術的な, 学理的な; 学究的な, アカデミックな; 現実から遊離した, 世間ばなれした. **b)** (芸術, 特に美術に関して)因襲的な, 生気のない; (演技などが)血の通わない.

Aka·de·mis·mus[akademísmʊs] 男 -/ アカデミズム, (芸術解釈や創作などに頑迷固陋(ころう)な)伝統主義, 学者ふう.

A

Aka·jou[akaʒúː] 男 -s/s ＝Acajou

Akan·thit[akantíːt, ..tít] 男 -s/ 《鉱》硫銀鉱. [<..it²]

Akan·thus[akántʊs] 男 -/-(..thi[..tiˑ]) **1** 《植》アカンサス, ハアザミ(葉薊). **2** 《美》(コリント式柱頭などに見られる)アカンサスの葉飾り(→ ⊛ Kapitell). [*gr.*-*lat.*; <*gr.* ákantha „Stachel"]

Aka·ro·id·harz[akaroíːt..] 中 アカロイド樹脂. [<*gr.* ákari „Milbe"]

aka·ta·lek·tisch[akataléktɪʃ, ..léːk..] 形 《詩》韻脚の完全な, 完全韻脚の. [*spätlat.*; <a..¹]

Aka·tho·lik[ákatoliːk, ◡◡◡◡́] 男 -en/-en 非カトリック教徒(カトリック教会に属さないキリスト教徒). [<a..¹]

aka·tho·lisch[..toːlɪʃ, ◡◡◡́◡] 形 非カトリック〔教徒〕の.

akau·sal[ákaʊzaːl, ◡◡́] 形 因果関係のない, 無原因の. [<a..¹]

Aka·zie[akáːtsiə] 女 -/-n **1** 《植》アカシア: Falsche ~ 《植》ニセアカシア(→2) | Das ist 〔ja〕, um auf die ~*n* zu klettern! (→klettern) | Wie stehen die ~*n*? 《俗》ぐあい〈情勢〉はどうかね(＝Wie stehen die Aktien?). **2** (Robinie) 《植》ニセアカシア(俗称). [*gr.*-*lat.*; <*gr.* akḗ „Spitze"; ◇*engl.* acacia]

Aka·zi·en·gum·mi 中 アラビアゴム.

Ake·lei[akəláɪ, áːkəlaɪ] 女 -/-en 《植》オダマキ(苧環)属. [*mlat.*-*ahd.*]

ake·phal[akefáːl] (**ake·pha·lisch**[..lɪʃ]) 形 **1** 頭のない. **2 a)** (↔prokephal) 《詩》頭音節の欠けた〈省略された〉. **b)** 《文芸》(写本などが)冒頭の欠落した. [*gr.* a-képhalos; <kephalo..]

Aki[áːkiˑ] 中 -〔s〕/-〔s〕(<Aktualitätenkino) ニュース・短編映画専門の映画館.

Aki·ne·sie[akinezíː] 女 -/ 《医》無動〈失動〉〔症〕, 運動不能〔症〕. [*gr.*; <*gr.* kínēsis (→Kinesik)]

aki·ne·tisch[..néːtɪʃ] 形 無動〈失動〉〔症〕の, 運動不能〔症〕の.

Akk. 略 ＝Akkusativ

Ak·kad[ákat] 地名 アカデ, アッカド(古代 Babylonien の都市. 聖書: 創10,10). [*hebr.* „Burg"]

ak·ka·disch[akáːdɪʃ] 形 アカデ〈アッカド〉〔人・語〕の: → deutsch

Ak·kla·ma·tion[aklamatsióːn] 女 -/-en 《オースト・スイス》 **1** (Beifall) 喝采(かっさい), 拍手. **2** (Zustimmung) 同意, 賛成; 発声採決: durch 〈per〉 ~ wählen (投票ではなく出席者の)賛成の声によって選出する. [*lat.*]

ak·kla·mie·ren[..míːrən] 他 (h) 《オースト》《*jn.*/*et.*⁴》(…に)喝采(かっさい)〈拍手〉を贈る; (拍手喝采して…に)賛成する; 《*jn.*》賛成の声で選出する. [*lat.*; <*lat.* clāmāre (→ Claim)]

Ak·kli·ma·ti·sa·tion[aklimatizatsióːn] 女 -/-en ＝Akklimatisierung

ak·kli·ma·ti·sie·ren[..zíːrən] 他 (h) 再帰 *sich*⁴ an *et.*⁴ ~ …(風土・環境など)に慣れる〈順応する〉; 《生》…に順化する.

Ak·kli·ma·ti·sie·rung[..rʊŋ] 女 -/-en (風土・環境への)順応; 《生》順化. [<Klima]

Ak·ko·la·de[akoláːdə] 女 -/-n **1** 騎士任命式〔の際に儀式の一部として行う君主との抱擁〕; 《比》騎士団への入団〔許可〕. **2** 《印》中括弧({ }). **3** 《楽》ブレース(2段以上の五線譜をつなぐ連結括弧: → ⊛ Note). [*fr.*; <*lat.* collum (→Kollo)]

ak·kom·mo·da·bel[akɔmodáːbəl, akom..] (..da·bl..) 形 適応〈順応〉力のある; 調節可能な. [*fr.*; ◇..abel]

Ak·kom·mo·da·tion[..datsióːn] 女 -/-en **1** 適応, 適合; 《生理》順応. **2** 調節; 《医》(眼球の水晶体の)遠近調節, 調節. [*lat.*-*fr.*]

Ak·kom·mo·da·tions≠fä·hig·keit 女 -/ 適応〈順応〉能力; 《医》(眼球の)〔遠近〕調節力. **≠läh·mung** 女 《医》(眼球の)調整〔筋〕麻痺(まひ). **≠mus·kel** 男 《解》(眼球の)調節筋.

ak·kom·mo·die·ren[..díːrən] 他 (h) **1** (anpassen) 適応〈適合〉させる; 《生理》順応させる; (視力を)調節する: 再帰 *sich*⁴ *et.*³ ~ …に順応する. ∇**2** 再帰 *sich*⁴ *jm.* ~ …に同調〈賛成〉する; …と和解する. [*lat.*-*fr.*; <*lat.* commodus (→kommod); ◇*engl.* accommodate]

Ak·kom·pa·gne·ment[akɔmpanjəmáː] 中 -s/-s (Begleitung) 《楽》伴奏. [*fr.*]

ak·kom·pa·gnie·ren[..njíːrən] 他 (h) 《*jn.*/*et.*⁴》(begleiten) (…の)伴奏をする: *jn.* am Klavier ~ …にピアノで伴奏をつける. [*fr.*; ◇Kompanie]

Ak·kom·pa·gnist[..njíst] 男 -en/-en 伴奏者.

Ak·kord[akɔ́rt]¹ 男 -〔e〕s/-e **1** 《楽》和音: konsonante 〈dissonante〉 ~*e* 協和〈不協和〉音 | Grund*akkord* 基本位置の和音. **2** 《経》出来高払い: auf 〈im / in〉 ~ arbeiten 出来高払いの契約で仕事をする. **3** ∇**a)** 調和, 和合: in schönem ~ leben 仲よく暮らす. **b)** 《法》協定; (Vergleich) 和解. [*fr.*]

Ak·kord≠ar·beit 女 出来高払いの〔請負〕仕事. **≠ar·bei·ter** 男 **1** 出来高払いで仕事をする労働者. **2** 《戯》＝Korrepetitor

Ak·kor·deon[akɔ́rdeɔn] 中 -s/-s 《楽》アコーディオン, 手風琴.

Ak·kor·deo·nist[..deoníst] 男 -en/-en アコーディオン奏者.

ak·kor·die·ren[akɔrdíːrən] **I** 自 (h) 《mit *jm.* 〔über *et.*⁴〕》(…と〔…について〕)協定を結ぶ; (…と)和解する. **II** 他 (h) **1** 《*et.*⁴ mit *jm.*》(…について…と)協定を結ぶ. **2** 再帰 *sich*⁴ mit *jm.* ~ …と協定を結ぶ; …と和解する. [*fr.*; <*lat.* cor (→kordial); ◇*engl.* accord]

Ak·kor·dion[akɔ́rdiɔn] 中 -s/-s ＝Akkordeon

Ak·kord≠lohn[akɔ́rt..] 男 出来高払い賃金. **≠satz** 男 出来高賃率. **≠sy·stem** 中 出来高賃金制, 歩合制. **≠ver·trag** 男 出来高払い契約, 請負契約.

ak·kre·di·tie·ren[akreditíːrən] 他 (h) **1** (beglaubigen) 《*jn.*》(外交使節を)信任状をもたせて派遣する: einen Botschafter bei einem Staat ~ 大使をある国へ正式に派遣する. **2** 《*jn.*/*et.*⁴》《商》(…のために)クレジットを設定する: *jn.* bei einer Bank für eine Million Mark ~ …に100万マルクの銀行クレジットを与える. [*fr.*; ◇Kredit¹]

Ak·kre·di·tiv[..tíːf]¹ 中 -s/-e **1** (外交官の)信任状. **2** 《商》信用状: *jm.* ein ~ eröffnen …に信用状を与える.

∇**Ak·kres·zenz**[akrɛstsɛ́nts] 女 -/-en (Zuwachs) (資産などの)増加.

∇**ak·kres·zie·ren**[..tsíːrən] 自 (s) 増加する. [*lat.*]

Ak·ku[ákuˑ] 男 -s/-s (<Akkumulator) 蓄電池.

Ak·kul·tu·ra·tion[akʊlturatsióːn] 女 -/-en **1** (特定の文化環境への)順応, 同化. **2** (他の文化との接触による)文化的変容.

ak·kul·tu·rie·ren[..turíːrən] 他 (h) (特定の文化環境へ)順応〈同化〉させる. [<Kultur]

Ak·ku·mu·la·tion[akumulatsióːn] 女 -/-en **1** (Anhäufung) 集積, 蓄積. **2 a)** 《経》(資本・生産手段などの)蓄積. **b)** 《地》沈積. **c)** 《数》累積和. [*lat.*]

Ak·ku·mu·la·tor[..láːtɔr, ..toːr] 男 -s/-en [..latóːrən] **1** 蓄電池(⊛ Akku). **2** 《工》水力だめ. **3** 《数》(電算機演算装置の)累算器. [*lat.*]

Ak·ku·mu·la·to·ren·säu·re[..latóːrən..] 女 電解液.

ak·ku·mu·lie·ren[akumulíːrən] 他 (h) (anhäufen) 集積〈蓄積〉する. [*lat.*; <*lat.* cumulus (→Kumulus)]

ak·ku·rat[akuráːt] **I** 形 (↔inakkurat) **1** (sorgfältig) 綿密な, きちんとした: eine ~*e* Handschrift きちょうめんな筆跡. **2** (exakt) 精確な, 精密な.

II 副 **1** →I **2** 《南部》(genau) まさしく; (gerade) ちょうど: Es ist ~ so, wie er sagt. それは全く彼の言うとおりだ. [*lat.*; <*lat.* cūrāre (→kurieren)]

Ak·ku·ra·tes·se[akuratɛ́sə] 女 -/ **1** 綿密, きちょうめん. **2** 精確〈精密〉さ. [*it.* accuratezza をフランス語めかした形]

Ak·ku·sa·tiv[ákuzatiːf, ◡◡◡◡́]¹ 男 -s/-e (略 A., Akk.) (Wenfall) 《言》対格, 4格: ~ des Inhalts 内容の4格, 同族目的語の4格(自動詞の表す動作の内容・種類を具体的に示す, 動詞と同語源または類義の4格名詞. 例 einen aussichtslosen *Kampf* kämpfen 勝ち目のない戦いをする) | absoluter ～ 絶対的 4 格, 独立対格構文(分詞句相当の 4 格の構文でふつう主語を修飾する. 例 *Die Hände in den Taschen* 〈*Den Kopf gesenkt*〉, stand er da. ポケットに手を突っ込んで〈うなだれて〉彼がそこに立っていた). [*lat.*; < *lat.* ac-cūsāre „an-klagen" (◇Causa)]

Ak·ku·sa·ti·vie·rung[akuzativíːrʊŋ] 女 -/-en 〘言〙対格化.

ak·ku·sa·ti·visch[ákuzatiːvɪʃ, ◡◡◡∸◡] 形 〘言〙対格の, 4 格の.

Ak·ku·sa·tiv·ob·jekt 中 〘言〙対格〈4 格〉目的語.

Ak·me[akméː] 女 -/ **1** 〘医〙(病気・熱などの)峠, 病勢極期. **2** (性交の際の)絶頂感, アクメ. [*gr.*; ◇akro..]

Ak·ne[áknə] 女 -/-n 〘医〙アクネ, 痤瘡(ざそう). [*gr.*]

A-Koh·le[áːkoːlə] 女 (<Aktivkohle) 〘化〙活性炭.

Ako·lyth[akolýːt] (**Ako·luth**[..lúːt]) 男 -en(-s)/-en 〘カトリック〙教会奉仕者, 侍祭. [*gr.* a-kólouthos „Begleiter"; < *gr.* kéleuthos „Weg"]

Ako·nit[akoníːt, ..nít] 中 男 -s/-e **1** 〘植〙トリカブト〔属〕. **2** 〘薬〙アコニット(トリカブトの根や葉から抽出した鎮痛解熱剤). [*gr.*–*lat.*]

Ako·ni·tin[akonitíːn] 中 -s/-e **1** 〘化・薬〙アコニチン(トリカブトから抽出した毒物). **2** = Akonit 2 [<..in[2]]

Akon·to[akɔ́ntó] 中 -s/-s, ..ten[..tən] (**Akon·to·zah·lung**[akɔ́nto..] 女 《オーストリア》(Anzahlung) 内金〈頭金〉支払い; (分割払いの)初回払い込み: ein ～ leisten 内金〈頭金〉を支払う. [<a conto]

Akos·mis·mus[akɔsmísmʊs] 男 -/ 〘哲〙(神を唯一の実在と見なす)無宇宙論, 無世界論. [<a..[1]+kosmo..]

ak·qui·rie·ren[akviríːrən] **I** 自 (h) 〘商〙顧客を獲得〈開拓〉する, 勧誘員として働く. ▽**II** 他 (h) (erwerben) 獲得〈入手・調達〉する. [*lat.*; < *lat.* quaerere (→Quästor)]

Ak·qui·si·teur[..zitǿːr] 男 -s/-e 〘商〙勧誘員, 外交員, セールスマン; (新聞社の)広告取り. [*fr.*]

Ak·qui·si·tion[..zitsióːn] 女 -/-en **1** 〘商〙(外交員などによる)顧客の獲得〈開拓〉, セールス; 予約募集. ▽**2** 獲得, 入手, 調達. [*lat.*]

Ak·qui·si·tor[..zíːtɔr, ..toːr] 男 -s/-en[..zitóːrən] 《オーストリア》= Akquisiteur

ak·qui·si·to·risch[..zitóːrɪʃ] 形 〘商〙勧誘員〈外交員〉による, セールスマン方式の.

Akra·ni·er[akráːniər] 男 -s/- 《ふつう複数で》〘動〙無頭類(ナメクジウオなど). [<a..[1]+kranio..]

Akra·to·pe·ge[akratopéːgə] 女 -/-n (20°C以下の)天然鉱泉, 冷泉. [< *gr.* a-kratḗs „kraft-los"+pēgḗ (→Pegasos); ◇..kratie]

Akra·to·ther·me[..tέrmə] 女 -/-n (20°C以上の)天然鉱泉, 温泉.

Ak·ren[áːkrən] 複 〘医〙(体の)突出物〈部位〉(鼻・指など). [◇akro..]

Akri·bie[akribíː] 女 -/ (極度の)精確さ, 綿密さ, 厳密さ: mit ～ 極めて精密に. [*kirchenlat.*; < *gr.* akrībḗs „genau"]

akri·bisch[akríːbɪʃ] 形 (極度に)精確〈綿密・厳密〉な.

akri·tisch[ákriːtɪʃ, ◡∸◡] 形 無批判の, 批判精神を失った.

akro.. 《名詞などにつけて「最も高い・先端の・とがった」を意味する》[*gr.* ákros „spitz"; ◇Ecke, Akme]

Akroa·ma[akróːama·] 中 -/ (Vortrag) 講演; (Vorlesung) 講義. [*gr.*; <akro..+*gr.* oũs „Ohr"]

akroa·ma·tisch[akroamáːtɪʃ] 形 (↔erotematisch) (授業について)講義〈独演〉形式の.

Akro·bat[akrobáːt] 男 -en/-en (⊛ **Akro·ba·tin**[..tɪn]-/-nen) 曲芸師, 軽業師, アクロバット; ▽(Seiltänzer) 綱渡り芸人. [*gr.* akró-batos „auf den Fußspitzen gehend"]

Akro·ba·tik[akrobáːtɪk] 女 -/ 曲芸, 軽業; 《比》軽業的な行為, 離れ技: Gehirn*akrobatik* 《戯》頭脳のアクロバット, 軽業的な思考.

Akro·ba·tik·läu·fer 男 体操用マット.

Akro·ba·tin Akrobat の女性形.

akro·ba·tisch[..tɪʃ] 形 曲芸〈軽業〉の; 軽業〈綱渡り〉的な: eine ～*e* Leistung まさにアクロバット的な見事な離れ技.

Akro·ga·mie[akrogamíː] 女 -/ 〘植〙珠孔受精.

Akro·ke·pha·le[..kefáːlə] 男 -n/-n = Akrozephale

Akro·ke·pha·lie[..kefalíː] 女 -/-n = Akrozephalie

Akro·lein[akroleíːn] 中 -s/ 〘化〙アクロレイン. [< *lat.* ācer „scharf"+olēre „riechen"]

Akro·me·ga·lie[akromegalíː] 女 -/-n[..líːən] 〘医〙先端巨大〔症〕. [<megalo..]

Akro·mi·krie[..mikríː] 女 -/-n[..kríːən] 〘医〙先端矮小(わいしょう)〔症〕. [<mikro..]

Akro·nym[..nýːm] 中 -s/-e (Initialwort) 〘言〙頭字語(数語の頭字や頭音節で造った語. 例 TÜV < *T*echnischer *Ü*berwachungs-*V*erein; Kripo < *Kri*minal*po*lizei). [< *gr.* ónyma „Name"]

akro·pe·tal[..petáːl] 形 (↔basipetal) 〘植〙求頂的な. [< *lat.* petere (→Petition)]

Akro·po·lis[akróː(ː)polɪs] 女 -/..len[akropóːlən] アクロポリス(古代ギリシアで, 山上の町; 城塞(じょうさい)). 特に Athen のそれをさすことが多い). [*gr.*; < *gr.* pólis „Burg"]

Akro·sti·chon[akrɔ́stɪçɔn] 中 -s/ ..chen[..çən], ..cha[..ça·] 〘詩〙アクロスティク(行頭または行頭行末の文字を集めると語句となる技巧詩形). [*gr.*; < *gr.* stíchos (→stichisch)]

Akro·ter[akrotéːr] 男 -s/-e (▽**Akro·te·rie**[..téːriə] 女 -/-n[..riən], ▽**Akro·te·rion**[..téːriɔn] 中 -s/..rien[..riən], ▽**Akro·te·rium**[..riʊm] 中 -s/..rien[..riən]) アクロテリオン(古代ギリシア神殿などの破風の頂点を飾る装飾: → 図 Tempel). [*gr.* akrōtérion(–*lat.*)]

Akro·ze·pha·le[akrotsefáːlə] 男 -n/-n 〘医〙尖頭(せんとう), 塔状頭. [<kephalo..]

Akro·ze·pha·lie[..tsefalíː] 女 -/-n[..líːən] 〘医〙尖頭(せんとう)〈塔状頭〉症.

Akryl≠fa·ser[akrýːl..] = Acrylfaser **≠harz** = Acrylharz **≠ni·tril** = Acrylnitril **≠säu·re** = Acrylsäure

äks[ɛːks] 間 (嫌悪・あざけりの気持を表して)げえ, ちえっ(いやだ, ばかめ): *Äks*, wie das schmeckt! きゃあ なんて味だ.

Akt[akt] 男 -[e]s/-e **1 a)** 行為, 行い: ein rechtswidriger ～ 不法行為 | ein ～ der Verzweiflung 絶望的な行い | Geschlechts*akt* 性行為 | Terror*akt* テロ行為. **b)** (Festakt) 儀式, 式典: der ～ der Einweihung 落成式. **c)** 〘法〙(法の)手続き, 審理: von *et.*[3] ～ nehmen …を審理する. **2 a)** (Aufzug) 〘劇〙(劇・歌劇などの)幕: erster ～, dritte Szene 第 1 幕第 3 場 | ein Drama in 〈mit〉 drei ～*en* 3 幕の戯曲. **b)** (寄席などの)演目, 出し物. **3** 〘美〙裸体画, 裸像, ヌード: ein männlicher 〈weiblicher〉 ～ 男性〈女性〉の裸像 | einen ～ zeichnen 裸体画を描く. **4** -[e]s/-en 《南部・オーストリア》= Aktenstück **5** 《スイス》(Abzucht) 排水溝. [*lat.* āctus; < *lat.* agere (→agieren)]

Ak·tant[aktánt] 男 -en/-en (Mitspieler) 〘言〙共演成分(依存関係文法での必須(ひっす)文成分). [*fr.*]

Ak·täon[aktέːɔn] 人名 〘ギ神〙アクタイオン (Artemis の水浴中の谷間に入り, 怒りにふれて殺された猟人). [*gr.*–*lat.* Actaeōn]

Akt·auf·nah·me[ákt..] 女 裸体〈ヌード〉撮影.

Ak·te[áktə] 女 -/-n **1** 公文書, (公の)記録. **2** 《ふつう複数で》書類(文書・記録・調書など): die ～*n* über einen Prozeß 〈über Herrn Müller〉 訴訟に関する〈ミュラー氏に関する〉書類 | Geheim*akten* 機密文書 | Prozeß*akten* 訴訟書類, 調書 ‖ in die ～*n* Einsicht nehmen 書類に目を通す | ***et.***[4] **zu den ～*n* legen** …をほかの書類の束と一緒にする; 《比》…を処理〈解決〉済みと見なす〈棚上げにする〉(→ad acta) | zu den ～*n* (略 z. d. A.) (書類に関して) 処理〈決裁〉済み ‖ **über *et.***[4] **die ～*n* schließen** 処理〈解決〉済みとして…に決着をつける | Darüber sind die ～*n* noch nicht geschlossen. 《比》その件はまだ片づいていない. **3** 《複数で》〘宗〙(Taten) 自蹟; 行法, 行録. [*lat.* ācta (→Acta)]

A

Ak·tei[aktáı] 女 -/-en (整理された)文書〈記録〉集; ファイルケース; 文書保管室.

Ak·ten≠berg[áktən..] 男《話》書類の山. **≠bock** 男 書類立て. **≠deckel** 男 (厚紙製の)書類ばさみ. **≠ein·sicht** 女 書類に目を通すこと, 書類の閲覧. **≠fuchs** 男《軽蔑的に》海千山千の書類通(ﾂｳ). **≠hef·ter** 男 **1** 書類とじ〈ばさみ〉, ファイル. **2** =Aktenheftmaschine **≠heft·ma·schi·ne** 女 (書類とじ用の)ステープラー, ホッチキス. **≠klam·mer** 女 クリップ. **≠kof·fer** 男 書類用トランク. **≠krä·mer** 男 官僚的な〈役人根性の〉人.

ak·ten·kun·dig 形 文書による, 文書で明らかな: *et.*[4] ~ belegen …を記録によって証明する.

Ak·ten≠map·pe 女 **1** 書類ばさみ, 書類用ファイル. **2**《北部》=Aktentasche **≠ord·ner** 男 (書類の)整理保存ケース; ファイル, 書類とじ. **≠pa·pier** 中 書類用紙. **≠plan** 男 書類整理〈分類〉基準. **≠re·gal** 中 -s/-e 書類整理棚. **≠schrank** 男 書類戸棚, ファイルケース. **≠schwanz** 男 書類見出しの付箋(ﾌｾﾝ). **≠stän·der** 男 書類整理棚. **≠staub** 男 書類のちり〈ほこり〉. **≠stoß** 男 一重ねの書類, 書類の山. **≠stück** 中 文書, 書類; (保存用の)記録, 写し;〖法〗正式文書. **≠ta·sche** 女 書類かばん. **≠wolf** 男 (不要書類などの)断裁処理機, シュレッダー. **≠zei·chen** 中 書類整理記号.

..akter[..|aktər]《数詞につけて「…幕物〔の戯曲〕」を意味する男性名詞 (-s/-) をつくる》: Fünf*akter* 5 幕物. [＜Akt 2]

Ak·teur[aktø:r] 男 -s/-e (⊛ **Ak·tri·ce** → 別出)《雅》(Schauspieler) 俳優, 役者, 男優;《比》(事件・競技などの)関係〈参加〉者, 立役者. [*lat.*−*fr.*; ◇agieren]

Akt≠fo·to[ákt..] 中 裸体〈ヌード〉写真. **≠fo·to·graf** 男 ヌード写真家. **≠ge·mäl·de** 中 裸体画.

Ak·tie[áktsiə] 女 -/-n〖商〗株, 株券, 株式: junge 〈alte〉 ~*n* 新〈旧〉株 | eine ~ über 〈zu〉 100 Mark 100マルク株券 ‖ ~*n* ankaufen 〈ausgeben〉 株を買う〈発行する〉 | Die ~*n* fallen 〈steigen〉. 株価が下がる〈上がる〉 | ***js.*** **~*n* fallen** 〈**steigen**〉《比》…が成功する見込みが薄く〈大きく〉なる | **Wie stehen die ~*n*?**《戯》ぐあい〈情勢〉はどうかね. [*lat.* āctiō (→Aktion)−*ndl.*]

Ak·ti·en≠aus·ga·be[áktsiən..] 女 株式〈株券〉発行. **≠be·sitz** 男 株式所有. **≠be·sit·zer** 男 株主. **≠be·zugs·recht** 中 新株引受権. **≠bör·se** 女 株式〈証券〉取引所. **≠brief** 男 株券. **≠buch** 中 (会社の)株式原簿, 株主名簿. **≠ge·sell·schaft** 女 (⊛ AG) 株式会社. **≠ge·setz** 中 株式法. **≠han·del** 男 -s/ 株式取引. **≠in·dex** 男 株価指数. **≠in·ha·ber** 男 株主. **≠ka·pi·tal** 中 (⊛ AK) 株式資本. **≠kom·man·dit·ge·sell·schaft** 女 株式合資会社. **≠kurs** 男 株式相場, 株価. **≠markt** 男 株式市場. **≠mehr·heit** 女 過半数株〔所有〕. **≠pa·ket** 中《話》《集合的に》(個人所有の)まとまった株式. **≠preis** 男 株価. **≠spe·ku·la·tion** 女 株式投機. **≠ur·kun·de** 女 株券. **≠zeich·nung** 女 株式応募〈引き受け〉.

..aktig[..|aktıç][2]《数詞につけて「(戯曲が)…幕からなる」を意味する形容詞をつくる》: fünf*aktig* 5 幕の. [＜Akt 2]

Ak·ti·ni·den[aktiní:dən] 複 =Actiniden

Ak·ti·nie[aktí:niə] 女 -/-n (Seeanemone)〖動〗イソギンチャク.

ak·ti·nisch[aktí:nıʃ] 形 **1** 化学線の; (radioaktiv) 放射性の. **2**〖医〗化学線〈紫外線〉による: ~*e* Krankheiten 光線疾患〈障害〉(日焼けなど).

Ak·ti·nium[..niʊm] 中 -s/ =Actinium

aktino.. 《名詞・形容詞などにつけて「放射・日射」を意味する》[*gr.* aktís „Strahl"]

Ak·ti·no·graph[aktinográ:f] 男 -en/-en 自記日射計.

Ak·ti·no·lith[..lí:t, ..lít] 男 -s/-e; -en/-en〖鉱〗陽起石(角閃(ｶｸｾﾝ)石の一種).

Ak·ti·no·me·ter[..mé:tər] 中 -s/-〖理〗化学光量計, 日射計;〖写〗化学光力計, 感光計.

Ak·ti·no·me·trie[..metrí:] 女 -/ 光量測定〔法〕.

ak·ti·no·morph[..mɔ́rf] 形〖植〗放射相称の: ~*e* Blüte 放射相称花.

Ak·ti·no·my·ko·se[..mykó:zə] 女 -/-n〖医〗放線菌症.

Ak·ti·no·my·zet[..mytsé:t] 男 -en/-en〖生〗放線菌〔類〕.

Ak·ti·non[aktinó:n] 中 -s/ =Actinon

Ak·tion[aktsió:n] 女 -/-en **1** (特定の目的をもった集団的な)行動, 活動: (一般に)行動, 活動: eine militärische ~ 軍事行動 | Hilfs*aktion* 救援活動 | Protest*aktion* 抗議行動 ‖ **in ~ sein** 行動〈活動〉中である | **in ~ treten** 行動を起こす, 活動に入る. **2**〖理〗働き, 作用;〖生〗(生態学上の)作用. **3**〖馬術〗(馬の)足運び, 歩き方. [*lat.* āctiō; ◇agieren]

ak·tio·nal[aktsioná:l] 形〖言〗Aktionsart に関する.

Ak·tio·när[..nɛ́:r] 男 -s/-e 株主. [*fr.*; ◇Aktie]

Ak·tio·närs≠ver·samm·lung 女 株主総会. **≠ver·tre·ter** 男 株主代表.

ak·tio·nell[aktsionɛ́l] =aktional

Ak·tio·nis·mus[aktsionísmʊs] 男 -/ 行動主義.

Ak·tio·nist[..níst] 男 -en/-en 行動主義者.

ak·tio·ni·stisch[..nístıʃ] 形 行動主義の; 行動主義的な.

Ak·tions≠art[aktsió:ns..] 女〖言〗(動詞の)相, 動作態様(動詞の意味する動作の様態. 完了相・継続相・反復相など: →Aspekt 2). **≠aus·schuß** 男 行動〈活動〉委員会. **≠ba·sis** 女 行動〈活動〉基地. **≠be·reich** 男 =Aktionsgebiet **≠ein·heit** 女 統一行動.

ak·tions·fä·hig 形 行動〈活動〉能力のある.

Ak·tions≠fä·hig·keit 女 -/ 行動〈活動〉能力. **≠ge·biet** 中 行動〈活動〉範囲. **≠po·ten·tial** 中〖生〗活動〈動作〉電位. **≠pro·gramm** 中 行動のプログラム; 行動綱領. **≠ra·dius** 男 **1** 行動半径〈範囲〉. **2** (航空機・艦船などの)航続距離. **≠strom** 男〖生〗活動〈動作〉電流. **≠tur·bi·ne** 女〖工〗駆動〈衝動〉タービン. **≠wo·che** 女 (特定の目標を掲げる)行動週間: eine ~ gegen die Ausländerfeindlichkeit 外国人敵視を阻止するための行動週間. **≠zen·trum** 中 **1** 行動〈活動〉の中心〔地〕. **2**〖気象〗作用中心(恒常的な高・低気圧の所在).

Ak·tium[áktsiʊm] 地名〖史〗アクティウム(ギリシア西部の岬. 前31年ここの沖の海戦で Oktavianus が Antonius と Kleopatra の連合軍を破った). [*gr.*−*lat.*]

ak·tiv[aktí:f, ◡–][1] **I** 形 **1** (↔passiv) **a)** 能動的な, 主動的な, 積極的な: ~*e* Bestechung〖法〗贈賄 | das ~*e* Wahlrecht〖法〗選挙権 | ein ~*er* Wortschatz〖言〗(みずから話したり書いたりできる)積極的〈使用〉語彙(ｺﾞｲ) | ~ mitarbeiten 積極的に協力〈参加〉する. **b)** (aktivisch)〖言〗能動〔態・形〕の. **c)**〖商〗借方の: eine ~*e* Bilanz 黒字決算. **2** (↔inaktiv) **a)** 活発な, 活動的な; 活動中の, 現役の: ein ~*es* Mitglied 正会員 | ein ~*er* Offizier 現役将校 ‖ Er ist ~.《学生語》彼は(学生組合の)正会員である | Er ist sehr ~.《話》彼は涙もろい. **b)**〖化〗活性の;〖医〗活動性の: ~*e* Kohle 活性炭 | ~*e* Tuberkulose 活動性結核〔症〕. **II Ak·tiv** 中 **1** [ákti:f; まれ: ◡⌐][1] -s/-e(ふつう単数で) (→Passiv) (Tatform, Tätigkeitsform)〖言〗能動態〈形〉: ein Satz im ~ 能動文 | im ~ stehen (文の中で動詞が)能動態になっている. **2** [aktí:f][1] -s/-s(-e) (旧東ドイツで, 積極的に課題と取り組む)活動家のグループ, アクチブ. **III Ak·ti·ve**[aktí:və] 男 女《形容詞変化》aktiv な人;〖ｽﾎﾟｰﾂ〗現役の選手. [*lat.*; ＜*lat.* āctus (→Akt)]

Ak·ti·va[aktí:va·] Aktivum の複数.

Ak·ti·va·tor[aktivá:tɔr, ..to:r] 男 -s/-en[..vató:rən]〖化〗活性化剤;〖生化学〗賦活(ﾌｶﾂ)物質, 活性化体〈物質〉.

Ak·tiv≠be·stand[aktí:f..] 男 **1**〖商〗現有資産, 借方財産. **2**〖軍〗(現存の)可動兵力, 現有兵力. **≠bür·ger** 男 (↔Passivbürger)《ｽｲｽ》選挙権と被選挙権を有する市民〈国民〉. **≠dienst** 男《ｽｲｽ》〖軍〗(有事・戦時などの)服務.

Ak·ti·ve I →aktiv III **II** Aktiv の複数.

Ak·ti·ven I Aktivum の複数. **II** →aktiv III

Ak·tiv≠for·de·rung[aktí:f..] 女〖商〗(未収貸金に対する)請求権. **≠ge·schäft** 中 (↔Passivgeschäft)〖商〗主動的業務(銀行の授信業務など). **≠han·del** 男 -s/ (↔

Passivhandel) 主動〈輸出〉貿易. ≈**hyp·no·se** 女〘心〙能動催眠.

ak·ti·vie·ren[aktiví:rən] 他 (h) **1** (aktiv にする. 例えば:) **a)** 活発にする, 活動的にする; 促進する,(事業などを)盛んにする. **b)**〘理・化〙活性化する: einen Katalysator ～ 触媒を活性化する | *aktivierter* Sauerstoff 活性酸素. **2** (↔passivieren)〘簿〙借方に計上する. [*fr.*]

Ak·ti·vie·rung[..ruŋ] 女 -/-en aktivieren すること.

Aki·ti·vie·rungs·ener·gie 女 活性化エネルギー.

ak·ti·visch[aktí:vɪʃ, ∪́−∪] 形 (↔passivisch)〘言〙能動〔態・形〕の: ～*e* Verbformen 動詞の能動形 | ein Verb ～ gebrauchen 動詞を能動態で使用する.

Ak·ti·vis·mus[aktivísmus] 男 -/ **1** 積極性, 活動〈行動〉性. **2** (政治的な)行動〈実践〉主義.

Ak·ti·vist[..víst] 男 -en/-en **1** (積極的な)行動家; 行動〈実践〉主義者, 活動家, 闘士. **2** (旧東ドイツで)模範労働者: ein ～ der ersten Stunde 建国時の模範労働者.

ak·ti·vi·stisch[..vístɪʃ] 形 行動〈実践〉主義の; 活動的な, 積極的な.

Ak·ti·vi·tät[aktivitɛ́:t] 女 -/-en **1 a)**《ふつう単数で》能動〈主動〉性, 積極性, 活動〈行動〉性; 活発さ, 活気, 活力: vor ～ sprühen 活力に満ちあふれている. **b)**《ふつう複数で》(積極的な)活動, 行動. **2**〘化・理〙活動〔濃〕度, 活量;〘生化学〙活性, 活動性. [*mlat.*]

Ak·tiv≈koh·le[aktí:f..] 女〘化〙活性炭(⊕ A-Kohle). ≈**le·gi·ti·ma·tion** 女〘法〙積極的資格. ≈**po·sten** 男〘簿〙借方項目. ≈**rau·chen** 中 (↔Passivrauchen) 能動喫煙(自分から進んでタバコを吸うこと). ≈**sal·do** 男〘簿〙借方残高. ≈**sei·te** 女〘簿〙借方欄(貸借対照表の左側).

Ak·ti·vum[aktí:vum] 中 -s/..va[..va·](..ven[..vən]) **1** =Aktiv 1 **2**《複数で》(↔Passivum)〘簿〙(貸借対照表の)借方, 現在資産.

Ak·tiv·ver·mö·gen[aktí:f..] 中 =Aktivbestand 1

Akt≈mo·dell[ákt..] 中〘美〙裸体モデル. ≈**psy·cho·lo·gie** 女 -/〘心〙作用心理学.

▽**Ak·tri·ce**[aktrí:sə] 女 -/-n (Akteur の女性形)(Schauspielerin) 女優. [*fr.*]

Akt·stu·die[ákt-ʃtu:diə] 女〘美〙裸体画習作.

ak·tual[aktuá:l] 形 **1** (↔potentiell) 現実の, 事実上の. **2** (↔potential) 活動的な. [*spätlat.*; < *lat.* āctus (↔Akt)]

ak·tua·li·sie·ren[aktualizí:rən] 他 (h) 現実のものとする, 現実化する: 再帰 *sich*[4] ～ 現実のものとなる, 実現する.

Ak·tua·lis·mus[..lísmus] 男 -/〘哲〙アクチュアリズム.

Ak·tua·li·tät[..litɛ́:t] 女 -/-en **1 a)**《単数で》(目下の)現実, 時局性: ein Thema von besonderer ～ 目下焦眉(しょうび)のテーマ. **b)**《複数で》現状, 時局, 時事問題. **2** (↔Potentialität) 現実性. [*mlat.*]

Ak·tua·li·tä·ten·ki·no 中 ニュース・短編映画専門の映画館(⊕ Aki) (→Zeitkino).

Ak·tual·neu·ro·se[aktuá:l..] 女〘心〙現実神経症.

Ak·tuar[aktuá:r] 男 -s/-e, **Ak·tua·rius**[..rius] 男 -/..rien[..riən] ▽**1** (Gerichtsschreiber) 裁判所書記. **2**《スイス》(Schriftführer) 記録係. [*lat.* āctuārius „Schnellschreiber"; < *lat.* āctus (→Akt)]

ak·tuell[aktuɛ́l] 形 現在〈現下〉の, 当面の, 目下焦眉(しょうび)の, 時宜(じぎ)〈時局〉にかなった; 話題の, 最新流行の: eine ～*e* Frage 目下の重要問題 | ein ～*er* Film 時事問題を扱った映画 ‖ Dieses Problem ist heute nicht mehr ～. この問題は今日もはや現実性がない. [*spätlat.*–*fr.*; ◇aktual]

Ak·tus[áktus] 男 -/- (学校などの)式典, 行事(→Akt 1 b). [*lat.* āctus]

Akt≈zeich·nen[ákt..] 中 -s/〘美〙裸体モデルをスケッチすること. ≈**zeich·nung** 女〘美〙裸体デッサン〈線画〉.

Aku·pres·sur[akuprɛsú:r] 女 -/-en 指圧療法. [< *lat.* acus „Nadel" (◇akro..) + pressus „Druck"]

Aku·punk·teur[akupuŋktǿ:r] 男 -s/-e 鍼(はり)師, 鍼灸(しんきゅう)師.

aku·punk·tie·ren[..puŋktí:rən] 他 (h)《*jn.*》(…に)鍼術(しんじゅつ)〈鍼(はり)療法〉を施す.

Aku≈punk·tur[..tú:r] 女 -/-en 鍼術, 鍼療法. ≈**punk·tu·rist**[..turíst] 男 -en/-en =Akupunkteur

Akü·spra·che[áky..] =Abkürzungssprache

Aku·stik[akústɪk] 女 -/ **1** 音響学. **2** 音響効果, 音の響きぐあい: eine gute 〈schlechte〉 ～ haben 音響効果がよい〈悪い〉. [< *gr.* akoúein „hören"]

Aku·sti·ker[..tikər] 男 -s/- **1** 音響学者, 音響に関する専門家. **2** 聴覚型の人間.

aku·stisch[..tɪʃ] 形 **1 a)** 音響学〔上〕の, 音響〔効果〕に関する. **b)**《オーストリア》音響効果のよい. **2** (↔visuell) 聴覚の, 聴覚による; 聴覚的な: ein ～*er* Typ 聴覚型〔の人間〕.

Aku·sto·che·mie[akústoçemi:, ∪∪∪∪́] 女 -/ 音響化学.

akut[akú:t] **I** 形 **1** (scharf) 鋭い, 鋭利な; 激しい, 強烈な; (vordringlich) 差し迫った, 切迫した: eine ～*e* Gefahr 差し迫った危険 | ein ～*es* Problem 緊急〈焦眉(しょうび)〉の問題. **2** (↔chronisch)〘医〙急性の: eine ～*e* Krankheit 急性疾患 | eine ～*e* Lungenentzündung 急性肺炎. **3**〘言〙鋭〈揚音〉アクセントのついた.

II Akut 男 -〔e〕s/-e (↔Gravis)〘言〙鋭〈揚音〉アクセント〔符号〕, アクサン=テギュ(例 é).

[*lat.*; < *lat.* acuere „schärfen" (◇akro..)]

Akut≈kran·ke 男女 救急患者. ≈**kran·ken·haus** 中 救急病院.

AKW[a:ka:vé:] 略 中 -〔s〕/-〔s〕 =Atomkraftwerk

AKW-Geg·ner 男 原子力発電所反対論者, 反原発運動家.

Akya·no·blep·sie[akyanoblɛpsí:] 女 -/ (Blaublindheit)〘医〙青〔色〕色盲. [< a..[1] + zyano.. + *gr.* blépsis „Sehen"]

ak·ze·die·ren[aktsedí:rən] 自 (h) **1** 同意する, 賛成する. **2** 加入〈加盟〉する. [*lat.* ac-cēdere „hinzu-kommen"; ◇Akzession; *engl.* accede]

Ak·ze·le·ra·tion[aktseleratsió:n] 女 -/-en (Beschleunigung) 加速; 促進;〘天〙(月などの)公転速度の増加;〘医〙(青年期の)性的成熟の促進;〘工〙(時計の)進み傾向. [*lat.*]

Ak·ze·le·ra·tor[..rá:tɔr, ..to:r] 男 -s/-en[..rató:rən] **1**〘理〙粒子加速器. **2**〘経〙加速度因子. ▽**3** (Gaspedal) (自動車などの)加速装置, アクセル.

ak·ze·le·rie·ren[..rí:rən] 他 (h) (beschleunigen) 《*et.*[4]》加速する; 促進する. [*lat.*; < *lat.* celer „schnell"]

Ak·zent[aktsɛ́nt] 男 -〔e〕s/-e **1** (英: *accent*) (Betonung)〘言〙アクセント, 強勢,〔主〕強音; アクセント符号(例 á, è, ô): dynamischer 〈exspiratorischer/qualitativer〉 ～ 強さアクセント(=Druckakzent) | musikalischer ～ 高さアクセント(=Tonakzent) | quantitativer ～ 長さアクセント ‖ Der ～ liegt vorn 〈auf der zweiten Silbe〉. アクセントは前に〈第2シラブルに〉ある. **2**《単数で》(個人・集団・地域などに特有の)抑揚, イントネーション; (話し方の)なまり: ohne ～ 〈mit Berliner ～〉 sprechen なまりなしに〈ベルリンなまりで〉話す. **3**《比》(Nachdruck) 強調, 力点: auf *et.*[4] einen besonderen ～ legen 〈setzen〉 …に特に重点を置く, …を特別に強調する. [*lat.*; < *lat.* cantus (→Kantus); ◇*engl.* accent]

Ak·zent·buch·sta·be 男〘言〙(語・語群などで)アクセントの置かれた文字(字母).

ak·zent≈frei 形 (話し方に)なまりのない. ≈**los**[..lo:s][1] 形 **1** =akzentfrei **2**〘言〙アクセントのない.

Ak·zen·tua·tion[aktsɛntuatsió:n] 女 -/-en =Akzentuierung

ak·zen·tu·ieren[..tuí:rən] 他 (h)《*et.*[4]》(…に)アクセントをおく; (…に)アクセント符号を付ける; 強く発音する;《比》強調〈力説〉する, 際立たせる: 再帰 *sich*[4] ～ 際立つ, 明らかになる ‖ ein *akzentuiertes* Wort〘言〙アクセントをおいて〈強く〉発音される語 | deutlich und *akzentuiert* sprechen はっきりと抑揚をつけて話す. [*mlat.*]

Ak·zen·tu·ierung[..ruŋ] 女 -/-en akzentuieren すること.

A

Ak·zẹnt·ver·schie·bung[aktsέnt..] 女《言》アクセントの移動;《比》強調個所〈事項〉の変移.

ᵛ**Ak·ze·pịs·se**[aktsepísə] 中 -/-(-s/-n) (Empfangsschein) 受領証. [*lat.* „erhalten zu haben"]

Ak·zẹpt[aktsέpt] 中 -[e]s/-e《商》**1** (手形の)引き受け; (契約の)受諾: das ～ verweigern 手形引き受けを拒む. **2** 引受手形. [*lat.*; ◇akzipieren]

ak·zep·tạ·bel[aktsεptá:bəl] (..ta·bl..) 形 (↔inakzeptabel) 受け入れられる, 受諾できる; 許容〈容認〉できる: *akzeptable* Bedingungen 受諾可能な条件. [*spätlat.*–*fr.*]

Ak·zep·ta·bi·li·tät[..tabilitέ:t] 女 -/ akzeptabel なこと;《言》許容可能性, 容認度.

Ak·zep·tạnt[..tánt] 男 -en/-en 受け入れる〈受諾する〉人;《商》手形引受人.

Ak·zep·ta·tiọn[..tatsió:n] 女 -/-en 受け入れ, 受諾;《商》(手形の)引受け. [*spätlat.*]

Ak·zẹpt·bank[aktsέpt..] 女 -/-en《商》引受銀行.

ak·zep·tie̥r·bar[aktsεptí:rba:r] =akzeptabel

ak·zep·tie̥·ren[aktsεptí:rən] 他 (h) (annehmen) (差し出されたものを)受ける, 受け入れる, 受諾〈承諾〉する;《商》(手形を)引き受ける: eine Bedingung 〈einen Vorschlag〉 ～ 条件〈提案〉を受け入れる. [*lat.*–*fr.*; ◇*engl.* accept]

Ak·zẹpt·kre·dit[aktsέpt..] 男《商》引受〈白地〉信用.

Ak·zẹp·tor[aktsέptɔr, ..to:r] 男 -s/-en[..tsεptó:rən] **1**《商》手形引受人. **2** (↔Donator)《理》受容体, 受体, アクセプター;《電》(半導体の)電子受容体, アクセプター. [*lat.*]

Ak·zẹß[aktsέs] 男..zesses/..zesse《オーストリア》**1** (裁判所・行政官庁などの)試補認可. **2** 試補としての見習勤務. [*lat.*]

ak·zes·sị·bel[aktsεsí:bəl] (..si·bl..) 形 (zugänglich) 近づきやすい, 接近できる; 到達しうる; (山などが)登りやすい; 手に入れやすい, 取得できる.

Ak·zes·siọn[aktsεsió:n] 女 -/-en **1** (Zugang) 接近, 到達; (Erwerb) 取得. **2**《法》(他の国家間の条約への)加入, 加盟. **3** (図書館・美術館などの)新規購入〈受け入れ〉. **4** (Regierungsantritt) 即位. **5**《言》わたり音の添加(例 hoffentlich の t). [*lat.*; < *lat.* accēdere (→akzedieren)]

Ak·zes·siọns≠ka·ta·lọg 男 (図書館・美術館などの)新規購入品目録. **≠klau·sel** 女 (国際条約の)加盟条項. **≠li·ste** 女 =Akzessionskatalog

ᵛ**Ak·zes·sịst**[aktsεsíst] 男 -en/-en (裁判所・行政官庁などの)試補.

Ak·zes·sọ·ri·en Akzessorium の複数.

Ak·zes·so·rie·tät[aktsεsorietέ:t] 女 -/-en《法》付従性.

ak·zes·sọ·risch[aktsεsó:rɪʃ] 形 **1** 付加的な; 補助的な; 付属〈付帯・付随〉的な, 副次的な: ～*e* Nährstoffe 副栄養素(ビタミン・塩など) | ～*e* Nebenniere《動》(ネズミなどの)副副腎(じん) | ～*e* Schilddrüse《解》副甲状腺(せん). **2**《法》従たる, 付従的な: ～*e* Rechte《法》従たる権利. [*mlat.*]

ᵛ**Ak·zes·sọ·rium**[..só:riʊm] 中 -s/..rien[..riən] **1** 付属物, 付帯物. **2** 付帯要求.

Ak·zi·dens[áktsidεns] 中 -/..denzien[aktsidέntsiən] (..dentia[..dέntsia·], ..dentien[..dέntsiən]) **1** (Zufall) 偶発事; (Zufälligkeit) 偶然〈偶発〉性;《哲》偶有性. **2** (Versetzungszeichen)《楽》臨時記号. **3**《複数で》(Nebeneinkommen) 臨時収入. [*lat.* ac-cidere „vor-fallen"]

Ak·zi·den·tạ·li·en[aktsidεntá:liən] 複 (↔Essentialien)《法》(法律行為の)偶素. [*mlat.*]

ak·zi·den·tẹll[..tέl] 形 **1** (↔essentiell) (zufällig) 偶然〈偶発〉の; 非本質的な. **2**《医》偶発性の. [*mlat.*–*fr.*]

Ak·zi·dẹn·tia Akzidens の複数.

ak·zi·den·tiẹll[..dεntsiέl] =akzidentell

Ak·zi·dẹn·ti·en Akzidens の複数.

Ak·zi·dẹnz[aktsidέnts] 女 -/-en **1**《ふつう複数で》《印》端物(はもの)(書籍・雑誌・新聞以外の一枚物・小物印刷物); ディスプレー物(意匠組版による印刷物). **2** (Gelegenheitsauftrag) 端(は)仕事, 臨時注文. [*lat.*; ◇*engl.* accidence]

Ak·zi·dẹnz·druck 男 -[e]s/-e《印》(書籍印刷・新聞印刷などに対して)端物(はもの)印刷.

Ak·zi·dẹn·zi·en Akzidens の複数.

Ak·zi·dẹnz≠schrift 女《印》意匠活字; ディスプレー体(見出し・タイトルページなどに用いる大型の活字). **≠set·zer** 男《印》端物(はもの)の組版〈植字〉工.

ak·zi·pie̥·ren[aktsipí:rən] 他 (h) (annehmen) (差し出されたものを)受ける, 受け取る; 受け入れる, 受諾する. [*lat.*; < *lat.* capere (→kapieren); ◇Akzept]

Ak·zị·se[aktsí:zə] 女 -/-n **1** (19世紀までの)間接国税, 一般消費税; 国内関税. **2** (旧東ドイツの)消費税(食料品などに対する). [*mlat.* accīsa–*ndl.*–*fr.*; < *lat.* ac-cīdere „abhauen"]

al《イタリア語》→*al* fine, *al* fresco, *al* pari, *al* secco, *al* segno

al.. →ad..

..al[1][..a:l]《名詞などにつけて「…に似た, …に関する」などを意味する形容詞をつくる. ..ial となることもある: →..ell ★》: koloss*al* 巨大な | fundament*al* 基礎となる | geni*al* 天才的な | nation*al* 国民〈国家〉の | form*al* 形式〔上〕の | person*al* 人に関する ‖ äquator*ial* 赤道の | adverb*ial*《言》副詞的な. [*lat.*]

..al[2][..a:l]《化》《名詞などにつけて「アルデヒド化合物」を意味する中性名詞 (-s/) をつくる》: Chlor*al* クロラール. [< Aldehyd]

a. l. 略 =ad libitum

Al[a:|έl, alumí:niʊm] 記号 (Aluminium)《化》アルミニウム.

Al. 略 =Alinea

à la[a la]《フランス語》**1** (im Stile von) (…)ふうに, (…)式に: ein Roman ～ Thomas Mann トーマス マンばりの長編小説 | Schnitzel ～ Holstein《料理》ホルシュタインふうのカツレツ.

☆ 本来 à la façon 〈manière/mode〉〔de〕(=nach Art 〔von〕)の省略であるから女性冠詞であった la は後にくる名詞の性・数とは必ずしも一致しない.

2 →*à la* baisse, *à la* bonne heure, *à la* carte, *à la* hausse, *à la* jardinière, *à la* longue, *à la* maison, *à la* mode, *à la* suite

ala̲af[alá:f] 間《西部》(歓声, 特にカーニバルで)万歳. [„alles 〔andere〕 weg"; ◇all[2], ab[2]]

à la baisse[a la bέ:s]《フランス語》《商》(株価の)値下がりを見込んで. [„nach unten"]

Ala·bạ·ster[alabástər] 男 -s/- **1**《ふつう単数で》《鉱》雪花石膏(せっこう). **2**《北部》(Murmel) おはじきの石; ビー玉. [*gr.*–*lat.*–*mhd.*]

Ala·bạ·ster≠glas 中 -es/《鉱》透石膏(せっこう), セレナイト. **≠hand** 女《雅》(雪花石膏のように)白くてなめらかな手.

ala·bạ·stern 形 **1** 雪花石膏(せっこう)〔製〕の. **2** =alabasterweiß

ala·bạ·ster·weiß 形 (雪花石膏(せっこう)のように)純白の.

à la bonne heure[alabɔnœ́:r]《フランス語》(recht so) その調子その調子, ブラボー, すばらしい, うまいぞ. [„zur guten Stunde"; ◇Bon, hora]

à la carte[alakárt]《フランス語》《料理》献立表によって, アラカルト〈一品料理〉で: ～ essen (定食ではなく)一品料理をとって食事をする. [„nach der 〔Speise〕karte"; ◇Karte]

à la hausse[a la ó:s]《フランス語》《商》(株価の)値上がりを見込んで. [„nach oben"]

à la jar·di·nière[alaʒardinjέ:r]《フランス語》《料理》野菜を添えて. [„nach Art der Gärtnerin"]

à la longue[alalɔ̃(:)g]《フランス語》(auf die Dauer) 長い間には, 長く続けば〔結局は〕. [◇lang]

à la mai·son[alamεzɔ̃]《フランス語》《料理》手作りで. [„nach Art des Hauses"; ◇Menage]

à la mode[alamɔ́d]《フランス語》最新の流行に合わせて, 当世ふうに: *sich*[4] ～ kleiden 最新流行の服装をする. [„nach der Mode"]

Ala·mọ·de≠li·te·ra·tur[alamó:də..] 女 -/《文芸》(外国, 特にフランス趣味を取り入れた17世紀の)アラモード〈当世ふう〉文学. ≈-**Tracht** 女 Alamodezeit の衣装(→ 図). ≈**zeit** 女 -/ (フランス趣味におぼれた17世紀の)アラモード時代.

Alamode-Tracht

ala·mo·disch[alamó:dɪʃ] 形 モダンな, 当世ふうの, 最新流行の.

A̱land[á:lant]¹ 男 -〔e〕s/-e **1**《魚》ウグイ, ハヤ. **2** ＝Alant 1 [1: *ahd.*; ◇Aal]

Ala·ni̱n[alaní:n] 中 -s/ 《化》アラニン(アミノ酸の一種). [＜Aldehyd+..in²]

Ala̱nt[alánt] 男 -〔e〕s/-e **1**《植》オグルマ属. **2** ＝Aland 1 [*ahd.*]

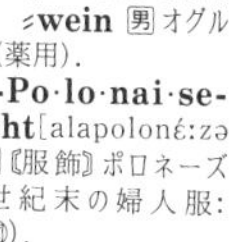

Ala̱nt≈kamp·fer 男《化》アラント樟脳(しょうのう), ヘレニン. ≈**öl** 中 -〔e〕s/ オグルマ油(オグルマの根から採った薬用油). ≈**wein** 男 オグルマ酒(薬用).

à-la-Po·lo·nai·se-Tracht[alapolonɛ́:zə..] 女《服飾》ポロネーズ(18世紀末の婦人服: → 図).

à-la-Polonaise-Tracht

A̱la·rich[á:larɪç] 人名 アラリック(370頃 -410; Westgoten の王で,410年にローマを略奪した). [*got.*; ◇all², ..erich]

Ala̱rm[alárm] 男 -〔e〕s/-e **1** 警報, 非常報知;《比》驚き, 驚愕(きょうがく); 恐慌状態, 大騒ぎ: **ein blinder ～** 誤って発せられた警報; 根拠のない大騒ぎ | Feuer*alarm* 火災警報 | Flieger*alarm* 空襲警報 ‖ ～ geben 警報を出す | **～ schlagen** 非常呼集をかける;《比》(大変だといって)大騒ぎをする ‖ Das nötigt nicht zum ～.《比》それはたいしたことではない〈心配には及ばない〉. **2** 警報発令中の状態, 非常事態: den ～ aufheben 警報を解除する | Der ～ dauerte zwei Stunden. 警報は2時間も解除されなかった.
[*it.* all'arme „zu den Waffen"; ＜*lat.* arma (→Armarium)]

Ala̱rm≈an·la·ge[alárm..] 女 警報装置. ≈**ap·pa·ra̱t** 男 警報器.

ala̱rm·be·reit 形 警報に備えて出動準備の整った.

Ala̱rm≈be·reit·schaft 女 -/ alarmbereit なこと. ≈**ge·rä̱t** 中 ＝Alarmapparat ≈**glocke** 女 **1** 警鐘, 半鐘. **2** ＝Alarmklingel

alar·mi̱e·ren[alarmí:rən] 他 (h) **1** 《*jn./et.*⁴》(警察・消防署などに)急を知らせる, 急報する; (部隊に)非常呼集をかける: die Feuerwehr ～ 消防署に急を知らせる. **2** 《*jn.*》驚かせる, 不安に陥れる, 心配させる: *alarmierende* Nachrichten 心配なニュース. [*fr.*]

Alar·mi̱e·rung[..ruŋ] 女 -/-en alarmieren すること.

Ala̱rm≈klin·gel[alárm..] 女 警報〈非常〉ベル. ≈**knopf** 男 非常〈緊急〉用ボタン. ≈**pi·kett** 中《スイス》(Überfallkommando)(警察などの)特別出動隊. ≈**reak·tio̱n** 女《医》(外傷・病気などに対する生体の)警告反応. ≈**si·gna̱l** 中 警報信号; 警報器〈装置〉. ≈**si·re̱·ne** 女 警報〈非常〉サイレン. ≈**vo̱r·rich·tung** 女 警報装置. ≈**zu̱·stand** 男 警報発令中の状態, 非常事態.

Ala̱s·ka[aláska·] 地名 アラスカ(アメリカ合衆国の北西部の州). [*russ.*]

à la suite[alasɥít]《フランス語》…に付き添って, …に従って: ～ de [də] König 〈des [də] Könige〉 王〈王たち〉のお供をして. [„im Gefolge"]

Ala̱un[aláun] 男 -s/-e《化》明礬(みょうばん). [*lat.* alūmen －*mhd.*; ◇Aluminium; *engl.* alum]

Ala̱un≈bad 中 ＝Alaunfixierbad ≈**bei·ze** 女 明礬(みょうばん)溶液; 明礬媒染剤. ≈**e̱r·de** 女 礬土(ばんど). ≈**fi·xier·bad** 中《写》明礬定着浴.

ala̱un·gar 形 (皮革が)明礬(みょうばん)でなめされた.

Ala̱un·ger·bung 女 (皮革の)明礬(みょうばん)なめし法.

ala̱un·hal·tig 形 明礬(みょうばん)を含有した.

ala̱u·nig[aláunɪç]² 形 明礬(みょうばん)〔状〕の; 礬土(ばんど)質の.

alau·ni·si̱e·ren[alaunizí:rən] 他 (h) 明礬(みょうばん)加工する.

Ala̱un≈schie·fer[aláun..] 男《鉱》明礬(みょうばん)片岩(へんがん). ≈**stein** 男《鉱》明礬石.

Alb¹[alp]¹ 男 -〔e〕s/-en **1**《ふつう複数で》(ゲルマン神話で地底に住む)妖精(ようせい). **2** ＝Alp¹ 1 [◇Alp¹]

die **Alb**²[−] 地名 女 -/ アルプ (Jura 山脈の一部をなす高地で, die Schwäbische ～, die Fränkische ～ などがある). [◇Alp²]

die **Alb**³[−] 地名 女 -/ アルプ (Rhein 川の支流). [*kelt.* „helles (Wasser)"; ◇ *lat.* albus „weiß"]

A̱l·ba¹[álba·] 女 -/..ben[..bən] ＝Albe¹ 1

A̱l·ba²[−] 女 -/-s (Tagelied)(中世南フランスの吟遊詩人の)きぬぎぬの歌. [*lat.*－*roman.*; ＜*lat.* albus (→Albus)]

A̱l·ba³[−] 人名 アルバ(1507-82; スペインの将軍で, オランダの新教徒を抑圧した. 本名 Fernando Álvarez de Toledo).

A̱l·ba̱n[álba:n, ◡⊥] 男名 アルバーン. [*lat.*; ＜Alba (中部イタリアの古都)]

Al·ba̱·ner[albá:nər] 男 -s/- (**Al·ba·ne̱·se**[albané:zə] -n/-n) アルバニア人.

Al·ba̱·ni·en[albá:niən] 地名 アルバニア(バルカン半島にある共和国. 首都はチラナ Tirana).

Al·ba̱·ni·er[..niər] 男 -s/- ＝Albaner

al·ba̱·nisch[..nɪʃ] 形 アルバニア〔人・語〕の: →deutsch

Al·ba·re̱l·lo[albarɛ́lo·] 中 -s/..relli[..li·] アルバレロ(マジョリカ焼のつぼ: → 図). [*it.*]

A̱l·ba·tros[álbatrɔs] 男 -/-se **1**《鳥》アホウドリ(信天翁). **2**《ゴルフ》アルバトロス. [*arab.*－*port.*－*engl.*－*ndl.*; ＜*gr.* kádos „Krug"]

Albarello

A̱lb≈druck [álpdrʊk] ＝Alpdruck ≈**drücken** ＝Alpdrücken

A̱l·be¹[álbə] 女 -/-n **1** アルバ(カトリックや英国国教会などの白い祭服: → 図 Bischof). **2** (Weißfisch)《魚》コイ科の小魚. [1: *lat.*－*ahd.*; ◇Albus; *engl.* alb]

A̱l·be²[−] 男 -n/-n ＝Alb¹ 1

Al·be̱·do[albé:do·] 女 -/ 《天》アルベド, 反射能(太陽からの入射光に対する反射光の強さの比). [*mlat.* albēdō „Weiß"; ◇Albus]

A̱l·ben Alb¹, Alba¹, Albe, Album の複数.

Al·be·re̱i[albəráɪ] 女 -/-en たわいのない言動; (子供などの)いたずら, はしゃぎまわり. [＜albern]

Al·be̱r·go[albɛ́rgo·] 中 -s/-s, ..ghi[..gi·] 旅館, ホテル. [*germ.*－*it.*; ◇Herberge]

A̱l·be·rich[álbərɪç] **I** 男名 アルベリヒ. **II** 人名 アルベリヒ(ドイツの英雄伝説で Nibelungenhort を守る小人: → Oberon). [*germ.* „Elfenkönig"; ◇Alb¹, ..erich]

A̱l·ber·ja̱n[álbərja:n] 男 -s/-e《話》たわいのないやつ, お人よし.

a̱l·bern¹[álbərn] 形 たわいのない, ばかみたいな; くだらない; 子供じみた: ～*es* Zeug reden たわごとを言う, ばか話をする ‖ *sich*⁴ ～ benehmen ばかなまねをする. [*ahd.* ala-wāri „ganz freundlich"; ◇wahr]

a̱l·bern²[−] 《05》自 (h) **1** ばかなまねをする; たわごとを言う. **2** (子供のように)キャアキャア騒ぐ〈笑う〉, ふざける.

Al·bern·heit[−haɪt] 女 -/-en **1**《単数で》albern¹なこと. **2** albern¹な言動.

Al·bert[álbɛrt] 男名 (<Adalbert) アルベルト.

Al·ber·ta[albɛ́rta·] 女名 アルベルタ.

Al·ber·ti·na[albɛrtí:na·] **I** 女名 アルベルティーナ. **II** die **Al·ber·ti·na** 女 -/ **1** アルベルティーナ=コレクション(素描・銅版画の収集で有名なプロイセンの美術館. 創立者ザクセン=テッシェンの Albert 公の名にちなむ). **2** アルベルティーナ大学 (Königsberg 大学〔1544-1945〕のこと. 創立者はプロイセンの Albrecht 公).

Al·ber·ti·ne[..nə] 女名 アルベルティーネ.

Al·ber·to·ty·pie[albɛrtotypí:] 女 -/-n[..pí:ən]《印》アルベルト法(初期の写真版印刷術). [<J. Albert (ドイツの写真家, †1886)]

Al·ber·tus Ma·gnus[albɛ́rtʊs mágnʊs] 人名 アルベルトゥス マグヌス(1193頃 -1280; ドイツのスラコ哲学者, 本名 Albert Graf von Bollstädt). [*lat.* „Albert der Große"]

Al·bin¹[álbi:n, ⌣⌐] 男名 (<Alwin) アルビーン.

Al·bin²[−] 男名 アルビーン. [<*lat.* albus „weiß"]

Al·bi·ne[albí:nə] 女名 (<Albin¹, Albin²) アルビーネ.

Al·bi·nis·mus[albinísmʊs] 男 -/ 《生》白化現象;《医》白色〈白皮〉症, 先天性色素欠乏症, 白子(しろこ)〔症〕.

Al·bi·no[albí:no·] 男 -s/-s (Weißling)《生》白子(しろこ)(先天性色素欠乏症の人・動物・植物). [*port.*; ◇Albus]

al·bi·no·tisch[albinó:tɪʃ] 形 白色〈白皮〉症の.

Al·bion[álbiɔn] 地名 アルビオン(英国の Großbritannien 島の古称). [*kelt.*−*gr.*−*lat.*; ◇*lat.* albus „weiß"]

Al·brecht[álbrɛçt] 男名 (<Adalbrecht) アルブレヒト.

Alb·ri·an[álbria:n] 男 -s/-e =Alberjan

Alb·traum[álptraʊm] =Alptraum

Al·bum[álbʊm] 中 -s/..ben[..bən](-s) **1** アルバム, 写真〈切手・書画〉帳, 記念帳: Fotos in ein ～ kleben 写真をアルバムにはる. **2** (レコード用の)アルバム; (アルバム入りの)レコード. [*lat.* album „Weißes"; ◇Albus]

Al·bum·blatt 中 **1** アルバムのシート〈ページ〉. **2**《楽》アルバムブラット(器楽小曲の一種).

Al·bu·men[albú:mən] 中 -s/ **1** (Eiweiß)《生》卵白. **2**《植》胚乳(はいにゅう). [*lat.*; ◇Albus]

Al·bu·min[albumí:n] 中 -s/-e《ふつう複数で》アルブミン(水溶性たんぱく質の一種). [<..in²]

Al·bu·mi·nat[..miná:t] 中 -s/-e《化》アルブミネート(変性たんぱく質の一種), アルブミン塩. [<..at]

al·bu·mi·no·id[..minoí:t]¹ **I** 形 たんぱく質様の, たんぱく性の. **II Al·bu·mi·no·id** 中 -〔e〕s/-e《化》アルブミノイド, 硬たんぱく質. [<..oid]

al·bu·mi·nös[..nǿ:s]¹ 形 たんぱく質を含んだ. [<..ös]

Al·bu·min·urie[..nurí:] 女 -/-n[..rí:ən]《医》たんぱく尿〔症〕. [<uro..]

Al·bu·mo·se[..mó:zə] 女 -/-n《ふつう複数で》《生》アルブモース(たんぱく分解酵素によってたんぱく質から生じる物質).

Al·bum·vers[álbʊm..] 男 アルバム〈記念帳〉用の詩句.

Al·bus[álbʊs] 男 -/-se[..bʊsə] アルブス(14-15世紀の西部ドイツの銀貨). [*lat.* albus „weiß"]

al·cä·isch[altsɛ́:ɪʃ] =alkäisch

Al·cä·us[..tsɛ́:ʊs] =Alkäus

Al·che·mie[alçemí:; オーストリア: alke..] 女 -/ =Alchimie

Al·che·mist[..míst] 男 -en/-en =Alchimist

al·che·mi·stisch[..místɪʃ] =alchimistisch

Äl·chen[ɛ́:lçən] 中 -s/- **1** Aal の縮小形. **2**《複数で》(Fadenwurm)《動》線虫類.

Al·chi·mie[alçimí:; オーストリア: alki..] 女 -/ (中世の)原始的化学; (特に:) 錬金術;《比》秘法, 魔術, いかさま. [*arab.* alkīmiyā „die Chemie"−*span.*−*fr.*−*mhd.*; ◇Chemie; *engl.* alchemy]

al·chi·misch[alçí:mɪʃ] =alchimistisch

Al·chi·mist[alçimíst] 男 -en/-en (中世の)原始的化学者; (特に:) 錬金術師.

al·chi·mi·stisch[..místɪʃ] 形 (中世の)原始的化学の; (特に:) 錬金術の;《比》錬金術師めいた, いんちき臭い.

Al·ci·bia·des[altsibí:adɛs] =Alkibiades

Al·cyo·ne[altsyó:nə, ..ne·, ..tsý:one·] =Alkyone I

al·cyo·nisch[altsyó:nɪʃ] =alkyonisch

der **Al·de·ba·ran**[aldebará:n, ..bá:ran] 男 -s/《天》アルデバラン(牡牛(おうし)座の首星. 赤い一等星). [*arab.* al-dabarān „der (Plejaden) Folgende"]

Al·de·hyd[aldehý:t]¹ 男 -s/-e《化》アルデヒド. [◇Alkohol, dehydrieren]

Al·der·man[ɔ́ldərmən] 男 -s/..men[mən] 市参事会員; (古代イギリスの)州太守, 地方長官. [*engl.*; ◇alt]

Al·di·ne[aldí:nə] 女 -/-n **1** アルドゥス版(15-16世紀ヴェネチアのアルドゥス マヌティウスが印刷した古典の豪華本). **2**《単数で》《印》アルドゥス字体(ボールド体の一種).

Al·dol[aldó:l] 中 -s/-e《化》アルドール. [<Aldehyd+..ol]

Al·do·ste·ron[..dosteró:n, ..dɔs..] 中 -s/《生》アルドステロン(副腎(ふくじん)皮質ホルモン). [<stereo..]

Ale[e:l] 中 -s/ エール(英国産のビールの一種). [*engl.*]

alea iac·ta est[á:lea· jákta· ɛ́st]《ラテン語》賽(さい)は投げられた; 事はすでに決行された (Rubikon 川を渡った時の Cäsar の言). [„Würfel ist gefallen"]

Alea·to·rik[aleató:rɪk] 女 -/《楽》偶然性〈不確定性〉作法. [<*lat.* āleātor „Würfelspieler"]

alea·to·risch[..rɪʃ] 形 偶然性による, 投機的な: ～e Verträge《法》射倖(しゃこう)契約.

Alek·to[alɛ́kto·] 人名《ギ神》アレクトー(復讐(ふくしゅう)の女神: →Erinnye). [*gr.*−*lat.*]

Ale·man·ne[aləmánə] 男 -n/-n アレマン人 (Rhein 川・Donau 川の上流に住んだ西ゲルマンの一種族). [*germ.*; ◇all², Mann², Allemande]

ale·man·nisch[aləmánɪʃ] 形 アレマン〔人・語〕の: →deutsch

Alep·po[alɛ́po·] 地名 アレッポ (Syrien 北西部の古都. アラビア語形 Haleb).

Alep·po≈beu·le[alɛ́po..] 女 (Orientbeule)《医》アレッポ〈東方〉腫(しゅ), 皮膚リーシュマニア症. ≈**gal·le** 女《植》アレッポ没食子(もっしょくし). ≈**kie·fer** 女《植》アレッポマツ(地中海沿岸産のマツの一種).

Alé·rion[aleriɔ̃:] 男 -s/-s《紋》足を欠いた鷲(わし)(Lothringen 公家で用いた). [*fr.*]

alert[alɛ́rt] 形 活発な, 機敏な, すばしこい; 利口な; 健康な. [*it.* all'erta „auf der Hut"−*fr.*; <*lat.* ērigere (→erigieren)]

Aleuk·ämie[alɔykɛmí:] 女 -/-n[..mí:ən]《医》非〈無〉白血病. [<a..¹]

aleuk·ämisch[alɔykɛ́:mɪʃ] 形 非〈無〉白血病〔性〕の.

Aleu·ron[á(:)lɔyrɔn] 中 -s/《植》アリューロン, 糊粉(こふん). [*gr.*; <*gr.* aleĩn „mahlen"]

die **Aleu·ten**[aleú:tən] 地名 複 アリューシャン, アレウト(アメリカ合衆国, アラスカ州西方の火山列島).

aleu·tisch[..tɪʃ] 形 アリューシャン〔列島〕の, アレウトの.

Alex[á:lɛks] **I** 男名 アーレックス(Alexander の短縮形): der ～《話》(ベルリンの)アレクサンダー広場(→Alexanderplatz). **II** 女名 アーレックス(Alexandra の短縮形).

Alex·an·der[alɛksándər] 男名 アレクサンダー: ～ der Große アレクサンドロス大王(前356-323; Makedonien の王アレクサンドロス三世). [*gr.* „Männer abwehrend"−*lat.*; <*gr.* aléxein „abwehren"+andro..]

der **Alex·an·der·platz** 地名 男 アレクサンダー広場(ベルリンの中心部にある広場, 1805年のロシア皇帝アレクサンドル一世のベルリン訪問を記念して命名).

Alex·an·der≈ro·man 男《文芸》アレクサンドロス物語(アレクサンドロス大王の事跡を題材とする). ≈**sa·ge** 女 アレクサンドロス伝説.

Alex·an·dra[alɛksándra·] 女名 アレクサンドラ.

Alex·an·dria[..sándria:, ..sandrí:a·] (**Alex·an·dri·en**[..sándriən]) 地名 アレクサンドリア(エジプト北部, 地中海沿岸にある都市. アレクサンドロス大王によって建設された).

Alex·an·dri·ner[alɛksandrí:nər] **I** 男 -s/- **1 a)** アレクサンドリアの人. **b)** (ヘレニズム期の)アレクサンドリアの学者

〈哲学者〉. **2** 〘詩〙アレクサンダー詩格の詩(アレクサンドロス大王伝説詩に由来する12または13音節の 6 脚短長格詩). **3** アレクサンドリア銀貨(古代ローマ帝国のころ, エジプトのアレクサンドリアで鋳造された). **II** 形《無変化》アレクサンドリアの.

Alex·an·drị·ner·tum[−tu:m] 中 -s/ アレクサンドリアの学問〈文化〉; 《比》(形式に堕した)死に学問, 堕落文化.

alex·an·drị·nisch[..drí:nɪʃ] 形 **1** アレクサンドリアの: ～*e* Schule 〘哲〙アレクサンドリア派. **2** アレクサンダー詩格の.

Alex·an·drịt[..drí:t, ..drít] 男 -s/-e アレキサンドライト(宝石の一種). [＜Alexander II.(ロシア皇帝, †1881)]

Ale·xia̧·ner[alɛksiá:nər] 男 -s/- 〘カトリック〙アレクシオ修道会(14世紀に病人看護の目的で聖 Alexius を保護聖人として Brabant に設立された)の会士. [＜Alexius]

Ale·xi̧e[alɛksí:] 女 -/-n[..ksí:ən] (Wortblindheit) 〘医〙失読〔症〕, 読字不能〔症〕. [＜a..[1]＋*gr.* léxis „Wort"]

Ale·xị̄n[alɛksí:n] 中 -s/-e《ふつう複数で》(Komplement) 〘医〙アレキシン, 補体(血清中に存在する溶菌物質). [＜*gr.* aléxein „abwehren"＋..in[2]]

Alẹ·xis[alɛ́ksɪs] 男名 アレクシス.

Alẹ·xius[..siʊs] 男名 アレクシウス: der heilige ～/Sankt ～ 聖アレクシウス (?-417; 清貧に甘んじた聖者).

Ạl·fa[álfa·] 女 -/ **1** 〘植〙アフリカハネガヤ. **2** アフリカハネガヤの繊維(紙・かご編みなどの原料). [*arab.*]

Al·fa·bẹt[alfabé:t] 中 -[e]s/-e ＝Alphabet I

[▽]**al·fạn·zen**[alfántsən] 《02》《過分 alfanzt》自 (h) **1** おどける, ふざける. **2** うそ〈ごまかし〉を言う. [*it.* all'avanzo „zum Vorteil"−*mhd.* alevanz „Betrüger"; ◇avanti]

[▽]**Al·fan·ze·rẹi**[..fantsərái] 女 -/-en **1** 道化, 茶番. **2** 詐欺, いかさま.

Al Fa·tah[alfáta·] 女 --/ アル=ファタ(パレスチナ解放機構のゲリラ組織: →PLO).

Al·fe·nị̄d[alfení:t, ..nít] 中 -s/ アルフェニド(洋銀の一種). [*fr.*; ＜Halfen (19世紀のフランスの化学者)]

al fị·ne[alfí:nə] 《イタリア語》(bis zum Ende) 〘楽〙終わりまで.

Ạl·fons[álfɔns] 男名 アルフォンス. [*span.*(−*fr.*); ＜*ahd.* adal „edel"＋funs „eifrig"]

Ạl·fred[álfre:t] 男名 アルフレート. [*engl.*; ＜*angelsächs.* Ælfræ̅d (＜*angelsächs.* ælf „Alp"＋ræ̅d „Rat")]

al frẹs·co[alfrέsko·] ＝a fresco

Ạl·ge[álgə] 女 -/-n 〘植〙藻(も), 藻類; 海草. [*lat.*]

Ạl·ge·bra[álgebra·; オーストリア: algé:bra·] 女 -/ ..bren[algé:brən] **1** 《単数で》代数〔学〕. **2** 代数系〈構造〉. [*arab.* alǧabr „die Einrenkung"−*roman.*]

Al·ge·brạ̄i·ker[algebrá:ikər] 男 -s/- 代数学者.

al·ge·brạ̄·isch[..brá:ɪʃ] 形 **1** 代数〔学〕の: ～*e* Geometrie 代数幾何学 | eine ～*e* Gleichung 代数方程式. **2** (↔transzendent) 〘数〙代数的な: eine ～*e* Zahl 代数的数.

Al·ge·bra·ịst[..braíst] 男 -en/-en ＝Algebraiker

Ạl·gen≠farn[álgən..] 男 〘植〙アカウキクサ属. **≠kun·de** 女 -/ ＝Algologie **≠pilz** 男 -es/-e《ふつう複数で》〘植〙藻菌類.

Al·gẹ̄·ri·en[algé:riən] 地名 アルジェリア(アフリカ北西部に1962年独立した民主人民共和国. もとフランス領. 首都は Algier). [*arab.*−*fr.*]

Al·gẹ̄·ri·er[..riər] 男 -s/- アルジェリア人.

al·gẹ̄·risch[..rɪʃ] 形 アルジェリア〔人〕の.

Al·ge·si̧e[algezí:] 女 -/-n[..zí:ən] **1** (Schmerz) 痛み, 苦痛, 疼痛(とうつう). **2** 痛みを感じること, 痛覚.

Al·ge·si·mẹ̄·ter[algezimé:tər] 中 -s/- 痛覚計.

Al·ge·sio·lo·gi̧e[algeziologí:] 女 -/ 疼痛(とうつう)学.

..algie[..algi:] 《名詞などにつけて「痛み・疼痛(とうつう)」を意味する女性名詞 (-/) をつくる》: Gastr*algie* 〘医〙胃痛 | Kox*algie* 〘医〙股痛(こつう); 股関節痛 | Neur*algie* 〘医〙神経痛 | Nost*algie* 郷愁, ノスタルジア. [*gr.* álgos „Schmerz"]

Ạl·gier[álʒi:r; スイス: álgi:r] 地名 アルジェ (Algerien 民主人民共和国の首都. フランス語形 Alger[alʒé]).

Al·gị̄n·säu·re[algí:n..] 女 -/ 〘化〙アルギン酸, 海藻酸. [＜Alge]

ALGOL[álgɔl] 中 -[s]/ 〘電算〙アルゴル. [*engl.*; ＜*engl.* *algo*rithmic *l*anguage; ◇Algorithmus]

Al·go·la·gni̧e[algolagní:] 女 -/-n[..ní:ən] 〘医〙疼痛(とうつう)性愛, 苦痛淫欲(いんよく). [＜*gr.* álgos „Schmerz"＋lagneíā „Wollust"]

Al·go·lọ̄·ge[algoló:gə] 男 -n/-n (→..loge) 藻類学者.

Al·go·lo·gi̧e[..logí:] 女 -/ 藻学, 藻類学. [＜Alge]

al·go·lọ̄·gisch[..ló:gɪʃ] 形 藻類学〔上〕の.

Al·gọn·kin[algɔ́ŋkɪn] **I** 男 -[s]/-[s]《ふつう複数で》アルゴンキン族(カナダに住む約20の部族連合からなるインディアン語族). **II** 中 -s/ 〘言〙アルゴンキン語. [*kanad.*]

al·gọn·kisch[..kɪʃ] 形 〘地〙アルゴンキア界の, 原生界の.

Al·gọn·kium[..kiʊm] 中 -s/ 〘地〙アルゴンキア〈原生〉界.

Al·go·rịth·mus[algorítmʊs] 男 -/..men[..mən] **1** 〘数〙アルゴリズム, 計算法, 十進法. **2** アルゴリズム(コンピューターが与えられた入力から結果を導き出す算法). [*arab.*−*mlat.* al-gorismus; th は *gr.* arithmós „Zahl" からの混入]

Al·gra·phi̧e (**Al·gra·fi̧e**)[algrafí:] 女 -/-n[..fí:ən] **1**《単数で》〘印〙アルミ平版(アルミ版による平版印刷法). **2** アルミ平版による版画. [＜Aluminium]

die **Al·hạm·bra**[alhámbra·] 女 -/ 《宮殿名》アルハンブラ(スペインの Granada に13-14世紀ムーア人が建てた王宮). [*arab.* al-hamrā „die rote (Burg)"−*span.*]

Al·hi·dạ̄·de[alhidá:də] 女 -/-n アリダード(経緯儀などの目盛り板についている指方規〔環〕). [*arab.*−*mlat.*; ◇*engl.* alidade]

Ạ̄li[á(:)li·, alí:] 男名 アーリ: ～ Baba[babá] アリババ(『千一夜物語』の中に登場する人物). [*arab.* „der Erhabene"]

ạ̄lias[á:lias] 副 別に, そのほか; またの名は, 別名は, 通称は; 本名は: Jean Paul ～ Johann Paul Friedrich ジャン パウル 本名ヨハン パウル フリードリヒ. [*lat.*; ＜*lat.* alius „ander"]

Ạ̄li·bi[á:libi·] 中 -s/-s **1** アリバイ, 現場不在〔証明〕: ein lückenloses ～ 完全なアリバイ ‖ ein 〈kein〉 ～ haben アリバイがある〈ない〉 | *sein* ～ nachweisen 自分のアリバイを証明〈立証〉する | *sich*[3] ein ～ verschaffen アリバイ工作をする. **2** (Ausrede) 口実, 言いわけ, 弁解: ein moralisches ～ für *et.*[4] …に対する道義的釈明〈弁明〉. [*lat.* alibī „anderswo"]

alibi.. 《名詞につけて「単なるアリバイとしての, 口実〈言いわけ〉に使われる」などを意味する》: *Alibi*frau (フェミニストの非難をかわすために任命されるなど)アリバイに利用される女性.

Ạ̄li·bi≠be·weis[á:libi..] 男 アリバイ〈現場不在〉証明. **≠cha·rak·ter** 男 アリバイ的な性格: Dieser Prozeß hat einen ～. この訴訟は(世論の非難をかわすための)アリバイ的な性格をもっている.

Ali̧·ce[alí:sə; オーストリア: alís] 女名 アリーセ, アリス. [*engl.*; ◇Elisabeth, Adelheid, Alexandra]

Ali·en[éɪliən] 男 (中) -s/-s エイリアン, 異星人. [*engl.*; ＜*lat.* aliēnus „fremd"]

Alie·na·tiọ̄n[alienatsió:n] 女 -/-en [▽]**1** (Entfremdung) 疎外, 疎隔, 離間. [▽]**2** (Veräußerung) 譲渡; 売り渡し. **3** 〘医〙精神障害; 心神喪失. [*lat.*]

alie·ni̧e·ren[alienί:rən] 他 (h) **1** (entfremden) 疎外〈疎隔〉する, 疎遠にする. **2** (veräußern) 譲渡する; 売り渡す. [*lat.*; ＜*lat.* aliēnus „fremd" (◇alias)]

Ali·gne·ment[alɪnjəmã́:] 中 -s/-s **1** (鉄道・道路などを建設する際の)直線測量〈設定〉. **2** (家屋などの)建築線, 家並み. [*fr.*]

ali·gnie·ren[..njí:rən] 他 (h) (建築線などを)測量〈設定・調整〉する. [*fr.*; ＜*lat.* līnea (→Linie)]

Ali·mẹnt[alimέnt] 中 -[e]s/-e《ふつう複数で》〘法〙(私生児・離婚した妻などのための)養育費, 扶養料: ～*e* zahlen 養育費を支払う. [*lat.* alimentum „Nahrung"; ◇Alumne]

ali·men·tä̧r[..mɛntέ:r] 形 栄養の; 栄養〈食餌(しょくじ)〉・食

A

物)に関する. [*lat.*]

Ali·men·ta·tion[..tatsió:n] 男 -/-en Aliment の支払い, 扶養. [*mlat.*]

Ali·men·ten·kla·ge[aliméntən..] 女 Aliment 請求の訴え.

ali·men·ten·pflich·tig 形 Aliment 支払い義務を負った.

ali·men·tie·ren[..mɛntí:rən] 他 (h) 《*jn.*》(…に) Aliment を支払う; (…を)養育する, 扶養する. [*mlat.*]

a li·mi·ne[a: lí:mine·] 《ラテ語》(kurzerhand) さっさと, あっさり. [„von der Schwelle"; < *lat.* līmen „Schwelle"]

Ali·nea[alí:nea·] 中 -s/-s (略 Al.) 《印》(段落・改行などのため)行頭をあけた(字下げした)行. [*lat.* ā līneā „von der (neuen) Linie"]

ali·ne·ie·ren[alineí:rən] 自 (h) 段落を変える, 改行する.

ali·pha·tisch[alifá:tɪʃ] 形 《化》鎖式の, 脂肪族の: ~*e* Verbindungen 脂肪族化合物. [< *gr.* áleiphar „Fett"]

ali·quant[alikvánt] 形 (↔aliquot) 《数》(数が)整除できない, 割り切れない, (割って)余りの出る: ~*er* Teil einer Zahl ある数を整除できない数 | 5 ist ein ~*er* Teil von 16. 16は 5 で割り切れない. [*lat.* aliquantus „beträchtlich"]

ali·quot[..kvɔ́t, ..kvó:t] 形 (↔aliquant) 《数》(数が)整除できる, 割り切れる. [*lat.* aliquot „einige"; ◇alias]

Ali·quo·te[..kvó:tə] 女 -/-n 《数》整除数, 約数.

Ali·quot≈sai·te[alikvɔ́t.., ..kvó:t..] 女 (ピアノの)共鳴弦. ≈**ton** 男 -[e]s/..töne 《ふつう複数で》《楽》倍音.

Al·ita·lia (ALITALIA)[alitá:lĭa·] 女 -/ アリタリア, イタリア国際航空(イタリアの航空会社). [*it.*; < *it.* *Aerolinee Italiane* Internazionali]

..alität →..ität

ali·tie·ren[alití:rən] =alumetieren

Ali·za·rin[alitsarí:n] 中 -s/ 《化》アリザリン(赤色染料). [< *span.* alizari „Krapp"]

ali·zy·klisch[alitsý:klɪʃ] 形 《化》脂環式の: eine ~*e* Verbindung 脂環化合物(樟脳(しょうのう)など). [< aliphatisch]

Alk[alk] 男 -[e]s/-e(-en/-en) 《鳥》アルク, オオハシウミガラス(大嘴海鳥)(ウミスズメの一種). [*schwed.* alka; ◇ *engl.* auk]

al·kä·isch[alkɛ́:ɪʃ] 形 アルカイオス(ふう)の; 《詩》アルカイオス格の: ~*e* Strophe アルカイオス詩節 | ~*er* Vers アルカイオス詩格. [< Alkäus; ◇ *engl.* alcaic]

Al·kal·de[alkáldə] 男 -n/-n (スペインの)市(町・村)長; 村の裁判官. [*arab.* al-qādī-*span.*; ◇Kadi]

Al·ka·li[alká:li·, álkali·] 中 -s/-en[alká:lĭən] 《ふつう複数で》《化》アルカリ: flüchtige ~*en* 揮発性アルカリ(アンモニアなど). [*arab.*–*span.*–*fr.*; < *arab.* qilīy „Pottasche" (◇Kali)]

Al·ka·li·blau[alká:li..] 中 アルカリブルー(青色顔料).

al·ka·li·frei 形 (洗剤などが)アルカリ分のない.

Al·ka·li≈ge·stein 中 《鉱》アルカリ岩. ≈**lö·sung** 女 アルカリ性溶液. ≈**me·tall** 中 《化》アルカリ金属(カリウム・ナトリウム・リチウム・セシウム・ルビジウム・フランシウム).

Al·ka·li·me·trie[alkalimetrí:] 女 -/ 《化》アルカリ定量; アルカリ滴定.

Al·ka·li·salz[alká:li..] 中 《化》アルカリ塩.

al·ka·lisch[alká:lɪʃ] 形 アルカリ性の: ~*e* Erde アルカリ土類(カルシウム・バリウムなどの酸化物) | eine ~*e* Reaktion アルカリ性反応 ‖ ~ reagieren アルカリ性反応を示す.

al·ka·li·sie·ren[alkalizí:rən] 他 (h) アルカリ化する, アルカリ性にする.

Al·ka·li·tät[..tɛ́:t] 女 -/ 《化》(アルカリ性溶液の)アルカリ(性)度.

Al·ka·li·zel·le[alká:li..] 女 アルカリ電池.

Al·ka·lo·id[alkaloí:t][1] 中 -[e]s/-e 《化》アルカロイド, 植物塩基. [< ..oid]

Al·ka·lo·se[alkaló:zə] 女 -/-n (↔Acidose) 《医》アルカローシス. [< ..ose]

Al·kan·na[alkána·] 女 -/ アルカンナ(南欧産のムラサキ科植物; 根から紅色染料を採る). [*arab.*–*span.*; ◇Henna]

Al·kan·na≈rot[alkána..] 中 = Alkannin ≈**wur·zel** 女 アルカンナの根.

Al·kan·nin[alkaní:n] 中 -s/ アルカンナ赤, アルカニン(アルカンナの根から採れる赤色の粉末で, 染料に用いる). [< ..in[2]]

Al·kä·us[alkɛ́:ʊs] 人名 アルカイオス(前 6 世紀ごろのギリシアの詩人). [*gr.*–*lat.*; ◇ *engl.* Alcaeus]

Al·ka·zar[alká:zar, ..tsar, ..katsá:r] 男 -s/-e (スペインの)城館, 宮殿. [*arab.*–*span.*; ◇Kastell]

Al·ki[álki·] 男 -s/-s 《話》=Alkoholiker

Al·ki·bia·des[alkibí:adɛs] 人名 アルキビアデス(前450頃–404; 古代ギリシア, Athen の政治家・将軍). [*gr.*–*lat.*]

Alk·me·ne[alkmé:nə, ..ne·] 人名 《ギ神》アルクメネ (Amphitryon の妻. 夫に化けた Zeus と交わって Herkules を産んだ). [*gr.*]

Al·ko·hol[álkoho:l, ..hɔl, ⏑⏑⏊] 男 -s/-e **1** 《化》アルコール: absoluter ⟨denaturierter⟩ ~ 無水⟨変性⟩アルコール | einwertiger ⟨mehrwertiger⟩ ~ 一価⟨多価⟩アルコール. **2** 《単数で》 **a)** (Weingeist) 酒精, エチルアルコール. **b)** (Getränk) アルコール飲料, 酒類: viel ~ trinken 大酒飲みである | keinen Tropfen ~ trinken 一滴も酒を飲まない ‖ ***et.***[4] **in ⟨im⟩ ~ ertränken** …を酒に紛らす | **unter ~**[3] **stehen** 酒に酔っている | ***sich***[4] ***⟨jn.⟩*** **unter ~**[4] **setzen** 酒に酔う⟨…を酒に酔わせる⟩. [*arab.*–*span.*]

al·ko·hol·ab·hän·gig I 形 アルコール依存症の. **II** **Al·ko·hol·ab·hän·gi·ge** 男 女 《形容詞変化》アルコール依存症患者, アルコール中毒の人.

al·ko·hol·arm 形 アルコール分の少ない.

Al·ko·ho·lat[alkoholá:t] 中 -s/-e 《化》アルコラート, アルコキシド(ナトリウム=エチレートなど). [< ..at]

Al·ko·hol≈blut·pro·be[álkoho:l.., ..hɔl.., alkohó:l..] 女 (特に運転者の飲酒量を調べるための)血中のアルコール濃度検査. ≈**fah·ne** 女 -/ 《話》酒臭い息.

al·ko·hol·fest 形 酒に強い, 酒を飲んでも酔わない.

Al·ko·hol·fe·stig·keit 女 -/ alkoholfest なこと.

al·ko·hol·frei 形 アルコールを含まない: ~*es* Getränk ソフトドリンク, 無酒精飲料 | ein ~*es* Restaurant 酒類を売らない⟨飲ませない⟩料理店.

Al·ko·hol≈geg·ner 男 酒ぎらいの人. ≈**ge·halt** 男 アルコール含有量. ≈**ge·nuß** 男..sses/ 飲酒.

al·ko·hol·hal·tig 形 アルコール分を含んだ, アルコール入りの.

Al·ko·ho·li·ka[alkohó:lika·] 複 アルコール飲料, 酒類.

Al·ko·ho·li·ker[..kər] 男 -s/- 飲酒常習者; アルコール中毒者.

al·ko·ho·lisch[..lɪʃ] 形 **1** アルコールの; アルコールを含んだ: ~*e* Gärung アルコール発酵. **2** アルコール飲料の, 酒類の. **3** 飲酒常習の, アルコール中毒の.

al·ko·ho·li·sie·ren[alkoholizí:rən] 他 (h) **1** アルコールに変える, アルコール化する; アルコールに浸す, アルコール処理する. **2** 《戯》《*jn.*》アルコールづけにする, (大酒を飲ませて)酔わせる: *alkoholisiert* sein 酒に酔っている.

Al·ko·ho·li·sie·rung[..rʊŋ] 女 -/ **1** alkoholisieren すること. **2** 《オーストリア》(Betrunkenheit) 酩酊(めいてい).

Al·ko·ho·lis·mus[..lísmʊs] 男 -/ 飲酒常習, 飲酒癖; 《医》アルコール中毒[症]: akuter ~ 急性アルコール中毒.

al·ko·hol·krank[álkoho:l, ..hɔl.., alkohó:l..] 形 アルコール中毒にかかった: der ⟨die⟩ *Alkoholkranke* アルコール中毒患者.

Al·ko·hol·nach·weis 男 (血液検査による)アルコール検出, (血液中の)アルコール含有証明(飲酒量を調べるための).

Al·ko·ho·lo·me·ter[alkoholomé:tər] 中 (男) -s/- アルコール比重計.

Al·ko·ho·lo·me·trie[..metrí:] 女 -/ アルコール定量, 酒精定量.

Al·ko·hol≈pe·gel[álkoho:l.., ..hol.., alkohó:l..] 男 《話》=Alkoholspiegel ≈**pro·be** =Alkoholblutprobe ≈**pro·blem** 中 《ふつう複数で》《婉曲に》飲酒癖, アルコール中毒. ≈**schmug·gel** 男 酒類密輸.

≈**schmugg·ler** 男 酒類密輸業者. ≈**spie·gel** 男 (血液中の)アルコール含有量. ≈**steu·er** 女 酒税.

al·ko·hol·süch·tig I 形 アルコール中毒の. II **Al·ko·hol·süch·ti·ge** 男 女《形容詞変化》アルコール中毒患者.

Al·ko·hol≈sün·der 男 酒酔い運転者. ≈**ver·bot** 中 **1** 飲酒禁止. **2** 酒類製造販売禁止. ≈**ver·gif·tung** 女〘医〙アルコール中毒〔症〕.

Al·ko·ven[alkó:vən, ⌣–⌣] 男 -s/- 〘建〙アルコーブ(壁に入り込んだ床の間式の小室・空間で, ベッドなどを置く. アラビアから17–18世紀にスペインを経てヨーロッパ諸国に広まった). [*arab.* al-qubbah „die Kuppel" (◇Kubba)–*span.*–*fr.*]

Al·kuin[álkui:n] (**Alk·win**[álkvi:n]) 人名 アルクィン(735頃 -804; イギリスの神学者・教育家. Karl 大帝の学芸顧問としてカロリング=ルネサンスに寄与した). [<*ahd.* alah „Heiligtum"+wini „Freund"]

Al·kyl[alký:l] 中 -s/-e 〘化〙アルキル. [<Alkohol+..yl]

Al·ky·la·tion[alkylatsió:n] 女 -/-en 〘化〙アルキル化.

Al·kyl·grup·pe[alký:l..] 女〘化〙アルキル団〈基〉.

al·ky·lie·ren[alkylí:rən] 他 (h)〘化〙アルキル化する, アルキル基で置換する.

Al·ky·lie·rung[..lí:rʊŋ] 女 -/-en 〘化〙アルキル化.

Al·kyo·ne[alkyó:nə, ..ne·, ..ký:one·] I 人名〘ギ神〙アルキュオネ (Äolus の娘で, 難破して死んだ夫のあとを追ってカワセミに変身した. 卵をかえす冬至の前後各 1 週間, Zeus が風波を静めたという). II die **Al·kyo·ne** 女 -/〘天〙アルキュオネ(牡牛(おうし)座の星). [*gr.*–*lat.*; <*gr.* alkyṓn „Eisvogel"]

al·kyo·nisch[..kyó:nɪʃ] 形 風波の穏やかな, 平穏な: ～*e* Tage《雅》(特に冬至前後の)平穏な日々.

all[1]《英語》→*all* right

all[2][al] I《不定数詞・不定代名詞; 語尾変化についてはふつう dieser に準じるが, 定冠詞や指示・所有代名詞に先立つときは無語尾のことが多い》

1《付加語的; 2 格で名詞自身が -〔e〕s に終わるときは alles でなく allen となることが多い》(英: *all*) **a)** すべての, あらゆる, どの…もみな:〘単数で〙～*es* Glück dieser Erde 地上のあらゆる幸福 | die Ursache ～*en* 〈～*es*〉 Übels 諸悪の根源 | Tiere ～*er* Art 種々さまざまの動物 | *Aller* Anfang ist schwer.《諺》すべて初めはむずかしい | Das ist ～*er* Welt bekannt. それはだれでも知っている | ohne ～*en* Grund 何の理由もなしに ‖ ～ der Schmerz すべての苦痛 | Ich habe ～ mein Geld verloren. 私は金(かね)を全部失ってしまった.

‖〘複数で〙～〔*e*〕 diese Kinder これらすべての子供たち | Aufsätze ～〔*er*〕 meiner Schüler 私の生徒たち全員の作文 | Er zitterte an ～*en* Gliedern. 彼は体じゅうが震えた | auf ～*e* Fälle どんな場合でも, 必ず; 念〈用心〉のために(→allenfalls) | vor ～*en* Dingen 何よりもまず, とりわけ.

b) ありうる限りの, 極度の: ～*en* Ernstes 大まじめで, ごく真剣に | bei ～*er* Anstrengung さんざん苦労したのに | in ～*er* Frühe 〈Stille〉 ごく早朝〈静か〉に | mit ～*er* Kraft 力いっぱい | zu ～*em* Unglück この上なく不幸にも.

c)《時・量などを示す語句と》…ごとの, 毎…の: *Alle* Augenblicke[4]〈方: ～*er* Augenblicke[2]〉 kam jemand herein. ひっきりなしにだれかが入って来た | Ich sehe ihn ～*e* Tage[4] 〈～*er* Tage[2]〉. 私は毎日彼に会う | ～*e* vier Jahre[4] 〈fünf Meter〉 4 年目〈5 メートル〉ごとに | ～*e* zehn Schritte[4] 10 歩あゆむたびに | ～*e* halbe〔n〕 Stunden/～*e* halbe Stunde 半時間ごとに | ～*e* vierzehn Tage 2 週間ごとに.

2《名詞的》**a)**《一般に中性単数は事物または集合的に人, 複数は人を示す》みな, すべて, 全部:〘中性単数で〙dies〔es〕 ～*es* これらすべて | *Alles* übrige kommt nicht in Frage. その他はみな問題にならない | alles, was Beine hat (→Bein 1 a) | alles, was Rang und Namen hat (→Rang 1 a) | Das ist ～*es*, was ich gehört habe. それが私の聞いたすべてだ | Dichten ist mein ～*es*. 詩作こそ私の生きがいなのだ | *Alles* Gute! ごきげんよう | Da hört 〔sich〕 doch ～*es* auf! (→aufhören I 1) ‖ *Alles* einsteigen! みなさんご乗車ください ‖ Ich gebe dir **alles andere,** nur nicht den Ring. 私はほかのものは何でもあげるが 指輪だけはだめだ | Er ist ～*es* 〔andere〕, nur nicht begabt./Er ist ～*es* andere als begabt. 彼にはおよそ才能がない | Das verdient ～*es* andere als den Lob. それはほめられると思ったら大間違いだ ‖〘前置詞と〙**bei** dem ～*em* 〈～*em* dem〉 それにもかかわらず(＝bei alledem) | Mädchen **für** ～*es* ひとりで家事いっさいをやるお手伝い;《戯》何でも屋, 何もかも引き受ける〈やってのける〉人 | **alles in allem** すべてをひっくるめて; 結局のところ, とどのつまり, 要するに | *Alles* in ～*em* habe ich 100 Mark ausgegeben. 何やかやで〈結局〉私は100マルク支払った | **ohne** ～*es* なにひとつなしに | Das Bild ist 〈geht〉 mir **über** ～*es*. この絵は私にとっては何にもまさる物だ | Das verrate ich **um** ～*es* in der Welt nicht. それを私は絶対に口外しない | **vor allem** なかんずく, とりわけ, ことのほか | Nimm dich vor ～*em* an Kreuzungen in acht! 特に交差点では注意しなさい | Vor ～*em* die alten Leute leiden unter der Einsamkeit. とりわけ老人たちが孤独をかこっている.

‖〘複数で〙*Alle* kamen angelaufen. みんな走って来た | Das war der Wunsch ～*er*./Das war ～*er* Wunsch. それは全員の希望だった | in ～*er* Mund sein 世間のうわさになっている | vor ～*er* Augen みんなの目の前で, 公衆の面前で | ～*e* für einen und einer für ～*e* 全員が一致協力して | ～*en* ～*es* sein wollen 八方美人になろうとする.

‖〘関係する語と同格で〙Das ist mir ～*es* fremd. それはみな私には無縁だ(＝Das ～*es* 〈*Alles* das〉 ist mir fremd.) | Sie sind ～*e* meine Freunde. 彼らはみな私の友人だ | Er arbeitet zu unser ～*er* Wohl. 彼らは我々全部の幸福のために働く ‖〘疑問詞 was, wer と同格で〙Was hast du ～*es* gesagt? 君はどんなことをいろいろしゃべったのか | Was er nicht ～*es* weiß! 彼はなんでもよく知っているなあ | Wer ～*es* ist denn dagewesen? そこにはどんな人たちが居合わせたのか | Wen ～*es* hast du eingeladen? 君はどんな連中を招待したのか.

b)《前出の複数名詞を受けて》Er hat wenige Bücher, aber er hat ～*e* ausgelesen. 彼は少ししか本を持っていないが全部読み通している.

3《述語形容詞的; **alle** の形で》《話》終わって, 尽きて; 力尽きて, 疲れきって: Das Brot ist 〈wird〉 ～*e*. パンは無くなった〈無くなりかけている〉 | Der Weg ist hier ～*e*. 道はここで行き止まりだ | Es ist mit mir ～*e*./Ich bin ～*e*. 私はへとへとだ ‖ *et.*[4] ～*e* machen …を使い果たす〈食べ尽くす〉 | ***jn.* ～*e* machen**《卑》…を破滅させる; …を殺す | Er hat's ～*e* gemacht. 彼は死んだ.

4《副詞的》**a)**《**alles** の形で》(nur) そもそも, いったい: Wo ist er denn ～*es*? いったい彼はどこにいるんだろうか. **b)**《方》(ganz) まったく: Das war ～ schön. それは実に美しかった. **c)**《北部》(schon) すでに: *All* wieder Kartoffeln! またジャガイモか.

II **All** 中 -s/ (Weltall) 宇宙; 万象, 一切の事物. [*germ.*; ◇alt; *engl.* all]

all..[1]《官庁語・雅語などでおもに場所・時などを意味する副詞につけてこれを強調する》: *all*hier ここで〈に〉.

all..[2] →allo..

alla《イタリア語》→*alla* breve, *alla* marcia, *alla* polacca, *alla* prima, *alla* tedesca, *alla* turca, *alla* zingarese

all≈abend·lich[al..] 形 毎晩の. ≈**abends** 副 毎晩.

al·la bre·ve[ála· bré:və]《イタリア語》〘楽〙2 分の 2 拍子で(楽譜に ¢ の記号で示される速い 2 拍子で). [◇Brevis]

Al·la-bre·ve-Takt[alabré:və..] 男〘楽〙2 分の 2 拍子.

Al·lah[ála·] 人名 アラー(イスラム教の唯一絶対の神). [*arab.* al-ilah „der Gott"]

al·la mar·cia[ála· mártʃa·]《イタリア語》(nach Art eines Marsches)〘楽〙行進曲ふうに, アラ=マルチャ.

Al·lan·tois[alántoɪs] 女 -/〘医〙(胎児の)尿膜. [<*gr.* allãs „Wurst"+..oid]

al·la po·lac·ca[ála· poláka·]《イタリア語》(nach Art einer Polonäse)〘楽〙ポロネーズふうに, アラ=ポラッカ.

al·la pri·ma[– prí:ma·]《イタリア語》(aufs erste)《美》

(油絵を下書きも下塗りもせずに)一塗りで, プリマ描きで.

allarg. 略 =allargando

al·lar·gan·do[alargándo·] 副 (breiter werdend) 〔楽〕だんだんゆっくり かつ はっきりと, クレッシェンドしながら速度をゆるめて, アラルガンド. [*it.*; ◇largo]

Al·lasch[álaʃ] 男 -〔e〕s/-e アラシュ(カラム入りリキュールの一種). [産地の名]

al·la te·des·ca[ála· tedéska·] 《イタリア語》〔楽〕ドイツ〔舞曲〕ふうに. [<*mlat.* teudiscus „volksgemäß“(◇deutsch)]

Al·la·tiv[álati:f, ⌣⌣⌐][1] 男 -s/-e 〔言〕(フィンランド語などの)向格. [<*lat.* af-ferre „herbei-bringen“]

al·la tur·ca[ála· túrka·] 《イタリア語》〔楽〕トルコふうに.

al·la zin·ga·re·se[– tsıŋgaré:zə] 《イタリア語》〔楽〕ジプシーふうに. [◇Zigeuner]

all≠be·kannt[ál..] 形 だれもが知っている,〔世間〕周知の.

≠be·liebt 形 だれにも好まれている, 広く人気のある.

All·buch 中 辞典を兼ねた百科事典.

ᵛ**all·da**[álda:, ⌣⌐]《強調的に》=da[3] I 1

all·dem[aldé:m, ⌐–] =alledem

all·deutsch[áldɔytʃ] 形 全ドイツ〔主義〕の, すべてのドイツ人を含めた.

ᵛ**all·die·weil**[áldi:vaıl, ⌣–⌐] **I** 接《従属》(weil) …だから: ~〔und sintemal〕ich nichts davon weiß 私はそれについて何も知らないので. **II** 副 (inzwischen) そうこうするうちに.

ᵛ**all·dort**[aldɔ́rt]《強調的に》=dort

al·le[álə] →all[2]

ᵛ**allebendig**[állebɛ́ndıç][2]《強調的に》=lebendig

al·le·dem[alədé:m, ⌐⌣–] 副《3格支配の前置詞と》bei 〈trotz〉 ~ それにもかかわらず | Ich weiß nichts von ~. 私はそれについては何も知らない.

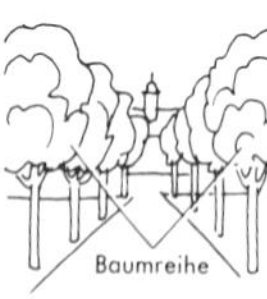

Baumreihe

Allee

Al·lee[alé:] 女 -/-n [alé:ən] 並木道, 並木通り(→ 図): Pappel*allee* ポプラの並木道. [*fr.* allée „Gang“; <*fr.* aller (→allons); ◇*engl.* alley]

Al·le·gat[alegá:t] 中 -〔e〕s/-e 引用文〈句〉, 引用個所.

Al·le·ga·tion[..gatsió:n] 女 -/-en 引用; 引証, 援用.

al·le·gie·ren[..gí:rən] 他 (h) (zitieren) 引用する; 引証〈援用〉する. [*lat.*]

Al·le·go·re·se[alegoré:zə] 女 -/-n 風喩(ふうゆ)〈寓喩(ぐうゆ)〉的解釈, 寓意的な解説.

Al·le·go·rie[..gorí:] 女 -/-n[..rí:ən] 風喩(ふうゆ), 寓喩(ぐうゆ), 比喩, 寓意, アレゴリー(抽象的な観念を具象的なものによって比喩的に表現するもの): *et.*[4] durch eine ~ veranschaulichen …をアレゴリーによって〔具象的に〕明らかにする. [*gr.*–*lat.*; <allo..+*gr.* agoreúein „reden“]

Al·le·go·rik[alegó:rık] 女 -/ 風喩〈寓喩〉的表現法.

al·le·go·risch[..gó:rıʃ] 形 風喩〈寓喩〉的な, 寓意的な; アレゴリーによる.

al·le·go·ri·sie·ren[..gorizí:rən] 他 (h) 風喩〈寓喩・寓意〉的に表現する, アレゴリーによって表現する.

al·le·gret·to[alegréto·] **I** 副〔楽〕アレグレット, やや軽快に. **II Al·le·gret·to** 中 -s/-s, ..gretti[..ti·] allegretto の〔テンポの〕楽曲〈楽章〉. [*it.*]

al·le·gro[alé:gro·] **I** 副 (lebhaft, schnell)〔楽〕アレグロ, 軽快に速く. **II Al·le·gro** 中 -s/-s, ..gri[..gri·] allegro の〔テンポの〕楽曲〈楽章〉. [*it.*; <*lat.* alacer „munter“]

Al·le·gro·form[alé:gro..] 女〔言〕速約形(早い口調のために生じる縮約形. 例 gnä' Frau<gnädige Frau 奥様: →Lentoform).

al·lein[aláın] **I** 形《述語的; 比較変化なし》(英: *alone*) ただひとりの, ひとりぼっちの, 単独の; 水入らずの, 内輪の者だけの; 孤立した, 寂しい: Er ist ~ auf der Welt. 彼は天涯孤独だ | Ich traf ihn ~ an. 行ってみると彼はひとりでいた | Er war ~ mit ihr. 彼は彼女とふたりきりだった | Hier sind wir ganz ~. ここにいるのは我々だけだ | *sich*[4] ~ fühlen さびしく思う, 孤独を感じる.

II 副 **1** (英: *alone*) **a)** →I: ~ dastehen ひとりで〔暮らして〕いる, 身寄りがない; (同調者がなく)孤立している | Laß mich ~! 私をひとりにしておいてくれ, 構わないでくれ | ganz für *sich*[4] ~ leben 全くひとりぼっちの暮らしをしている | ~ reisen ひとり旅をする | in einem großen Haus ~ wohnen 大きな家にひとりで住んでいる | **~ stehen** 独身〈ひとり暮らし〉である(→alleinstehend) | Das Haus steht ~. i) この家は独立家屋である; ii) この家は一軒家である | Ein Unglück kommt selten ~. (→Unglück 2). **b)** 独力で, 他の力を借りずに: Das Kind kann schon ~ stehen. その子供はもうひとり立ちできる | Können Sie den Koffer ~ tragen? このトランクをひとりで運べますか | Das habe ich ~ gemacht. それは独力でやりました | Ich werde schon ~ damit fertig. それは私がひとりでちゃんと処理できます ‖ **von allein**(他から手が加わらずに)自分で, 自分から, おのずから, ひとりでに | Das weiß ich schon 〔von〕 ~. それは人から聞かなくても知っています | Die Krankheit ist von ~ weggegangen. 病気は自然に治った.

2《文成分を修飾して》**a)** (nur) もっぱら…だけで, …だけが: Du ~ bist daran schuldig. 君だけにその責任がある | *Allein* bei ihm liegt die Entscheidung. 彼だけが決めるべきことだ | mit dir ~ 君と二人だけで | *Allein* in dieser Stadt gibt es 60 Banken./*Allein* 60 Banken gibt es in dieser Stadt. この町だけでも60もの銀行がある ‖ **einzig und allein** … …だけ | Einzig und ~ er ist schuld an der Sache. その事の責任はもっぱら彼だけにある ‖ **nicht allein** …〔, **sondern auch** …〕 …のみならず〔…もまた〕| Der Mensch lebt nicht vom Brot ~, … 人はパンだけで生きているものではなく…(聖書: マタ 4, 4). **b)** (ほかはともかく)…だけでもすでに; …が存在するだけですでに: schon … ~/~ … schon …だけでもすでに | Der Gedanke ~ 〔schon〕〈〔Schon〕 ~ der Gedanke/〔Schon〕 der Gedanke ~〉 macht mich wütend. そう考えただけでも私は腹が立つ | Es war ein Festmahl, ~ drei Sorten Wein. たいへんなごちそうで ワインだけでも 3 種類も出た.

III 接《並列; 文と文を結び, つねに文頭に置かれ,「矛盾・対照・対立」を示すが aber, doch, jedoch などより表現が強くまた文章語的》(aber) しかしながら, ところが, しかるに, とはいえ: Ich hoffte auf ihn, ~ ich wurde bitter enttäuscht. 私は彼に期待していたのに ひどく幻滅させられた.

★ i) 特に I, IIの場合は北部では alleine となることがある. ii) aber, allein, jedoch, doch の用法の違い: →aber I 1 ☆ [*mhd.*; ◇all[2], ein[1] III; *engl.* alone]

Al·lein≠be·rech·ti·gung[aláın..] 女〔法〕独占権.

≠be·sitz 男〔法〕専有〈単独所有〉〔財産〕, 独占〔物〕.

al·lei·ne[aláınə] →allein ★ i

Al·lein≠ei·gen·tum[aláın..] 中 (↔Miteigentum)〔法〕専有〔財産〕. **≠er·be** 男 (↔Miterbe)〔法〕単独相続人. **≠flug** 男 単独飛行. **≠gang** 男 **1** 〔スポーツ〕(他を引き離しての)独走, 独泳. **2** ひとり歩き, 単独行動; 単独登山; 《比》独断専行: im ~ 単独で, 独断で. **≠gän·ger**[..gɛŋər] 男 -s/- ひとり自分の道を行く人, 独行者, 一匹狼. **≠ge·spräch** 中 ひとり言, 独白. **≠han·del** 男 -s/ 独占販売〈取引〉, 専売. **≠händ·ler** 男 独占販売人, 専売業者.

Al·lein·heit[aláınhaıt] 女 -/ allein なこと.

Al·lein·herr 男 =Alleinherrscher [*gr.* món-archos (→Monarch) の翻訳借用]

Al·lein≠herr·schaft 女 -/ 単独支配; 専制〔統治〕, 独裁政治. **≠herr·scher** 男 唯一の支配者; 独裁者, 専制君主.

al·lei·nig[aláınıç][2] 形《付加語的》**1** (einzig) ただ一つ〈ひとり〉の, 単独の, 唯一の: die ~*e* Ausnahme 唯一の例外 | der ~*e* Erbe ただ一人の相続人. **2** 《オーストリア》(alleinstehend) 独身の; ひとりぼっちの.

Al·lein≠in·ha·ber[aláın..] 男 単独オーナー; 単独保持者. **≠kind** 中 ひとりっ子. **≠mäd·chen** 中 すべての家事をひとりでするお手伝いさん(女性). **≠recht** 中 独占権.

≠schuld 女 -/ 単独責任; ひとりだけの罪. ≠sein 中 -s/ (allein I なこと. 例えば:) ひとりでいること, 独居; 孤独; (Ungestörtheit) (他人をまじえぬ) 水いらず: ein ~ mit *jm.* …とだけ一緒に(…とさしで)いること, …との一対一.

al·lein≠se·lig·ma·chend 形 それのみが至福をもたらす; 《比》ただ一つ正しい: die ~*e* Kirche 唯一成聖教会(カトリック教会のこと). **≠ste·hend** 形 独身の; 身寄りのない, ひとり暮らしの, 孤独な; 孤立した.

Al·lein·tä·ter[aláin..] 男 単独犯人.

Al·lein·tä·ter·schaft 女 単独犯.

Al·lein≠un·ter·hal·ter 男 ワンマンショーを演じる芸人. **≠ver·kauf** 男 -[e]s/ 独占(一手)販売, 専売. **≠ver·tre·ter** 男 独占(一手)代理人(店). **≠ver·tre·tung** 女 独占(一手)代理. **≠ver·trieb** 男 -[e]s/ =Alleinverkauf

al·lel[alé:l] **I** 形 《生》対立形質の: ~*e* Gene 対立遺伝子. **II Al·lel** 中 -s/-e 《ふつう複数で》(Paarling) 《生》対立遺伝子, 対立因子. [*gr.* allélōn „einander"; ◇allo..]

Al·le·lie[alelí:] 女 -/ =Allelomorphismus

Al·le·lo·mor·phis·mus[alelomɔrfísmus] 男 -/ 対立形質. [<..morph]

Al·le·lo·pa·thie[..patí:] 女 -/ 《生》遠隔作用.

al·le·lu·ja(h)[alelú:ja·] =halleluja

al·lem →all[2]

al·le·mal[áləmá:l] 副 **1** (jedesmal) そのつど, いつも: Er hat ~ Pech. 彼は何をしてもどじを踏む(ついていない) | ~, wenn ... …するたびに ‖ **ein für allemal** (これを最後として) 今回だけ, (この)一度だけ, しかと, 断固, 断然 | Ich sage das dir ein für ~. 私はこれをお前にきっぱり言っておくぞ. **2** (jedenfalls) どっちみち, ともかく: Das bringe ich ~ [noch] fertig. それはまあいずれ私が仕上げておこう.

Al·le·man·de[aləmã́:də] 女 -/-n 《楽》アルマンド(16世紀ドイツからフランスに伝わった舞曲. のち組曲の一楽章に用いられた). [*fr.* allemand „deutsch"; ◇Alemanne]

al·len →all[2]

al·len·falls[álənfáls] 副 万一の場合には; もしかして; おそらく, たぶん; せいぜいのところ; どうにか: Wir könnten ~ das Haus verkaufen. この家はいざとなれば売ることもできなくはない | wenn er ~ sterben sollte 万一彼が死ぬようなことになったら | Wir wollen abwarten, was ~ noch zu tun ist. ひょっとして何かまだすべきことがあるかどうか様子をみよう | Ich könnte seine Antwort ~ in acht Tagen haben. たぶん1週間後には彼の返事がもらえるでしょう | Ich weiß, wie weit ich ~ gehen darf. ぎりぎりのところ どこまで踏み出し(押し)ていいものか心得ています | Der Weg ist ~ in zwei Stunden zu schaffen. この道のりは何とか2時間で行ける.

Al·lens·bach[álənsbax] 地名 アレンスバッハ (Baden-Württemberg 州ボーデンゼー湖畔の村. Institut für Demoskopie ~「アレンスバッハ世論調査研究所」所在地として有名).

al·lent·hal·ben[álənthálbən] 副 (überall) いたるところで(に). [*mhd.* „auf allen Seiten"]

al·ler →all[2]

aller.. **1** 《最上級につけて意味を強める》: *aller*schönst 世にも美しい | *aller*erst いの一番の. **2** 《名詞などにつけて「あらゆる・すべての」を意味する》: *Aller*heiligen 万聖節 | *aller*art あらゆる種類の | *aller*wärts あらゆる方面に.

die **Al·ler**[álər] 地名 女 -/ アラー (Weser 川の支流). [◇Erle]

al·ler≠art[álər|á:rt, ⌣⌣⌐] 形 《無変化》《付加語的》あらゆる種類の, 多種多様な, さまざまの. **≠äu·ßerst** 形 **1** いちばん外側の. **2** 極端な; 最悪の: im ~*en* Fall 最悪の場合には.

All·er·bar·mer[al|ɛrbármər] 男 -s/ 《ふつう定冠詞と》(慈悲深き)神, キリスト. [<erbarmen]

al·ler≠best[álərbɛ́st] 形 最善(最良)の: die ~*en* Schüler トップクラスの生徒たち | Das gefällt mir am ~*en*. それがいちばん気に入りました. **≠christ·lichst** 形 (フランス王の尊称として)最も(キリスト教の)信仰深い: Seine *Allerchristlichste* Majestät いとも信仰深き国王陛下.

al·ler·dings[álərdíŋs] 副 **1 a)** 《強い肯定》(aber gewiß, aber ja) 確かに, むろん: Kannst du Ski fahren? —*Allerdings.* 君 スキーはできるの — もちろんだともさ. **b)** 《先行する発言を限定して》もっとも, ただし: Er soll Deutsch sprechen, ~ nicht fließend. 彼はドイツ語が話せるそうだ. そりゃペラペラってわけじゃないがね | Ich komme auch, ~ etwas später. 私も行くよ. ただし少し後からね | Er hat es ~ sofort zugegeben. もっとも 彼はそのことをすぐさま認めるには認めましたよ.
2 《aber などと呼応して》(zwar, wohl) なるほど…には違いないが[しかし…]: Alt ist er ~, aber noch sehr rüstig. 彼は年は年だが まだとても元気だ.

al·ler≠durch·lauch·tigst 形 (王侯への尊称として)至尊の. ▽**≠en·den**[..|ɛ́ndən] 副 (überall) いたるところで(に). **≠erst** 形 **1** いちばん最初の: in der ~*en* Reihe 最前列に | zu ~ いの一番に. **2** 《付加語的》《話》とびきり上等の: ~*e* Sahne (→Sahne 1). **≠frü·he·stens** 副 どんなに早くても.

All·er·gen[alɛrgé:n] 中 -s/-e 《ふつう複数で》《医》アレルゲン, アレルギー抗原.

All·er·gie[alɛrgí:] 女 -/-n[..gí:ən] 《医》アレルギー: an einer Kälte*allergie* leiden 寒冷アレルギーにかかっている. [<allo..+*gr.* érgon (→Ergon)]

All·er·gie·paß 男 アレルギー体質証明書.

All·er·gi·ker[alɛ́rgikər] 男 -s/- アレルギー体質の人.

all·er·gisch[..gɪʃ] 形 《医》アレルギー[性・体質]の; 《比》過敏な: eine ~*e* Krankheit アレルギー性疾患 | eine ~*e* Reaktion アレルギー反応 ‖ Meine Haut ist gegen das Waschmittel ~. 私の肌は洗剤に対してアレルギー反応を起こす | Er ist ~ gegen Polizisten. 彼は警官を感覚的に嫌う ‖ auf (gegen) *et.*[4] ~ reagieren …に対してアレルギー反応を起こす | ein ~ veranlagter Mensch アレルギー体質の人.

al·ler·gnä·digst[álərgnɛ́:dɪçst] 形 (王侯への尊称として)この上なく恵み深い.

All·er·go·lo·ge[alɛrgoló:gə] 男 -n/-n (→..loge) アレルギー学者. [<Allergie]

All·er·go·lo·gie[..logí:] 女 -/ アレルギー学.

all·er·go·lo·gisch[..ló:gɪʃ] 形 アレルギー学[上]の.

All·er·go·se[alɛrgó:zə] 女 -/-n アレルギー性疾患.

al·ler·hand[álərhánt] 形 《無変化》**1** 《話》=allerlei I **2 Das ist ja (doch/schon/wirklich) ~!** 《俗》それはひどい(とんでもない)話だ; それはたいしたことだ. [*mhd.* aller hande „aller Arten"]

Al·ler·hei·li·gen 中 -/ 《付加語を伴わないときは無冠詞で》《カトリック》諸聖人の祝日, 万聖節(11月1日). [*mhd.* aller heiligen(tac); *lat.* omnium sanctōrium diēs の翻訳借用]

al·ler·hei·ligst I 形 至聖の, 最も神聖な: die ~*e* Jungfrau 聖母マリア | der ~*e* Vater ローマ教皇 | das *Allerheiligste* Sakrament 《カトリック》聖体. **II Al·ler·hei·lig·ste** 中 《形容詞変化》**1** 聖堂, (ユダヤ教の)至聖所; 《比》聖域. **2** 《カトリック》聖体. **3** 《隠語》(Tor) 《スポーツ》ゴール.

al·ler≠höchst 形 最高(至高)の; 至尊の: aufs (auf das) ~*e* 最高度に ‖ der *Allerhöchste* (至高の)神 | *auf Allerhöchsten* Befehl 陛下の命により | die Plätze für die *allerhöchsten* Herrschaften 君主(元首)一家の席; 政府代表の席; 《皮肉》おえら方の席. **≠höch·stens** 副 せいぜい, たかだか: ~ fünf せいぜい五つどまりで.

al·ler·lei[álərlái] **I** 形 《無変化》**1** 多種多様な, さまざまの: ~ Ausreden gebrauchen なんのかんの言い逃れを言う ‖ 《名詞的に》Er weiß ~. 彼はいろいろなことを知っている. **2** Das ist ja ~! 《俗》それはひどい(とんでもない)話だ; それはたいしたことだ(→allerhand 2).
II Al·ler·lei 中 -s/-s 《ふつう単数で》混合物, ごたごた: Leipziger ~ (エンドウ・アスパラガス・ニンジンなどの入った)ライプツィヒ風の野菜煮込み料理. [<*mhd.* lei (→..erlei)]

al·ler≠letzt[álərlɛ́tst] 形 **1** いちばん最後の: im ~*en* Augenblick 最後の瞬間に, 最後のどたん場で | [zu] ~ 最後の最後に. **2** 《付加語的》《話》ひどくまずい(悪い), 最低の; お話

にならない: Das ist ja der ~*e* Hut, den du da aufhast. 君はひどい帽子をかぶっているね. **⸗liebst** 形 **1** 最愛の. **2** [◡◡–] 非常に愛らしい: Die Kleine ist ~. この女の子はとてもかわいらしい. **⸗meist I** 形 最も多くの; 大部分の: in den ~*en* Fällen ほとんどの場合に. **II** 副 最もしばしば, ほとんどの場合. **⸗min·dest** 形 最も少ない: die ~*e* Bedingung 最小限度の条件. **⸗min·de·stens** 副 どんなに少なくても, 少なくとも. **⸗nächst** 形 いちばん近くの: in ~*er* Nähe 〈Zeit〉 すぐ近くに〈近々に〉. **⸗neu[·e]st** 形 いちばん新しい: die ~*e* Nachricht 〈Mode〉 最新のニュース〈流行〉. **⸗nö·tigst** (**⸗not·wen·digst** [また: ◡◡–◡◡–]) 形 最も〈どうしても〉必要な: *sich*[4] auf das *Allernötigste* beschränken 必要不可欠な〈万やむをえぬ〉ものだけに限る. **⸗or·ten** [..|ɔ́rtən] 副, **⸗orts** [..|ɔ́rts] 副 (überall) いたるところで〈に〉.

Al·ler·see·len [álərzé:lən] 中 -/ 《無冠詞で》〘カトリック〙〔奉教〕死者の記念日, 万霊節(ふつう11月2日). [*lat.* omnium animārum (diēs) の翻訳借用]

Al·ler·see·len·tag 男 -[e]s/ =Allerseelen

al·ler⸗seits [álərzáɪts] 副 **1** あらゆる側〈方面〉に, いずれの側にも. **2** 《その場に居合わせる人々に向かって》一同に, どなたにも: Auf Wiedersehen ~! みなさん さようなら. **⸗spä·te·stens** 副 どんなに遅くても. **⸗wärts** 副 (überall) あらゆる方面に, いたるところで〈に〉. **⸗we·ge** [..vé:gə] 副, **⸗we·gen** [..vé:gən] 副, **⸗wegs** [..vé:ks] 副 ▽**1** (überall) いたるところで〈に〉. ▽**2** (immer) いつでも. **3** 《方》(jedenfalls) いずれにせよ, どっちみち.

al·ler·weil =alleweil

allerwelts.. 《名詞につけて「どこにでもある, ごく平凡な」などを意味するが, それとは別に「すべてに通用する, 万能の」などを意味することもある》: *Allerwelts*name ごく平凡な名前 ‖ *Allerwelts*material 多目的に使える素材.

Al·ler·welts⸗freund [álərvέltsfrɔ́ʏnt][1] 男《話》八方美人. **⸗ge·schmack** 男《話》月並みな趣味. **⸗ge·sicht** 中《話》平凡な顔. **⸗kerl** 男《話》なんでも屋. **⸗mit·tel** 中《話》万能薬. **⸗pflan·ze** 女 どこにでも生える〈どこでも育つ〉植物. **⸗wort** 中 -[e]s/..wörter **1** ごく月並みな語〈言葉〉. **2** (それ自体の意味が弱く)いろんな意味で用いられる語(例 nett, interessant, tun). [<all[2]+Welt]

al·ler⸗we·nigst 形 最も少ない: Das habe ich am ~*en* erwartet. こんなこととは夢にも思っていなかった. **⸗we·nig·stens** 副 どんなに少なくても, 少なくとも: Er hätte sich ~ entschuldigen sollen. 彼はいくらなんでも謝るぐらいはすべきだったのに.

al·ler·wer·test I 形 最も価値のある. **II Al·ler·wer·te·ste** 男《形容詞変化》《戯》(Gesäß) おしり: *sich*[4] auf *seinen* ~*n* setzen 座る, みこしを据える, しりを落ち着け〔て仕事をす〕る.

al·ler·wich·tigst 形 最も重要な, いちばん大切な.

al·les →all[2]

al·le·samt [áləzámt] 副 みんな一緒に: Wir sind ~ ins Kino gegangen. 私たちはみんな一緒に映画を見に行った.

Al·les·bes·ser·wis·ser [áləsbέsərvɪsər] =Alleswisser

Al·les⸗bren·ner [áləs..] 男 (まきでも石炭でも何でもたける)万能炉〈ストーブ〉. **⸗fres·ser** 男 (Omnivore) (草食も肉食もする)雑食動物. **⸗kle·ber** 男 万能接着剤. **⸗kön·ner** 男 何でもできる人, 万能の人. **⸗wis·ser** 男 -s/- (何もかも)知ったかぶりをする人.

Al·les·wis·se·rei [aləsvɪsəráɪ, ◡◡◡◡–] 女 -/ (何もかも)知ったかぶりをすること.

al·le⸗we·ge [aləvé:gə], **⸗we·gen** [..vé:gən] =allerwege[n]

al·le·weil [álə..] 副《南部・オーストリア》(immer) 常に, いつも: *Alleweil* fidel! いつも陽気に.

▽**al·lez** [alé:] 間 (vorwärts) 進め; (los) 始めよ, さあ: *Allez* marsch! 前へ進め(号令). [*fr.* „geht!"; ◇allons]

al·le·zeit [álətsáɪt] 副 (immer) 常に, いつも.

all·fäl·lig [álfɛlɪç, ◡◡–◡][2] 《オーストリア・スイス》 **I** 形 (etwaig) あるいはある〈起こる〉かもしれない, 場合によってはありうる〈起こりうる〉, 万一の, 不時の. **II** 副 (allenfalls) 場合〈事情〉によっては, あるいは. **III All·fäl·li·ge** 中《形容詞変化》ある〈起こる〉かもしれぬこと; (議事予定などの)その他.

▽**all⸗fall·sig** [álfalzɪç][2] =allfällig **⸗far·big** 形 虹(にじ)のように色が変化する, 玉虫色の.

das **All·gäu** [álgɔʏ] 地名 中 -s/ アルゴイ (Bayern から Schwaben に連なる高地): im ~ アルゴイで. [„Alpgau"]

All·gäu·er [álgɔʏər] **I** 男 -s/- アルゴイの人〈住民〉. **II** 形《無変化》アルゴイの: die ~ Alpen アルゴイア=アルプス.

All·ge·gen·wart [algé:gənvart] 女 -/ (神の)遍在; 常在.

all·ge·gen·wär·tig [..vɛrtɪç, ◡–◡◡◡][2] 形《雅》**1** (omnipräsent) (神について)同時にあらゆるところに存在する, 遍在の. **2** 常にいたるところに存在する, 常在の.

▽**all·ge·mach** [algəmá:x] =allmählich I

all·ge·mein [algəmáɪn; オーストリア: ◡◡–] 形 **1** 全般の, 普遍的な; 世間一般の, みんなの, 共通の; 普通の: die ~*e* Ansicht 〈Meinung〉 大方の意見 | die ~*e* Behandlung〘医〙全身療法 | ~*e* Medizin 一般医学 | das ~*e* Wahlrecht 普通選挙権 | das ~*e* Wohl 〈Beste〉 公共の福祉 | mit ~*er* Zustimmung 皆の同意を得て, 全員一致で ‖ ~ bekannt みんなの知っている, 衆知の | ~ zugänglich だれでも入れる〈入手・利用できる〉. **2** 一般的な; だいたいの, おおまか(おおざっぱ)な; ありふれた: die ~*e* Lage 一般情勢 | *jn.* mit ~*en* Redensarten abspeisen おざなりなことを言って…をごまかす ‖ Seine Ausführungen blieben viel zu ~. 彼の解説はあまりにも漠然としたものにすぎなかった ‖ **im *allgemeinen*** (略 i. allg., im allg.) / **im *Allgemeinen*** (略 i. Allg., im Allg.) 一般に, 概して | *sich*[4] im *Allgemeinen* bewegen 一般論に終始する ‖ ~ gesprochen 一般的に言えば.

All·ge·mein⸗arzt [algəmáɪn..] 男 一般医 (→Allgemeinmedizin). **⸗be·fin·den** 中 -s/ 〘医〙全身状態. **⸗be·griff** 男 一般概念. **⸗be·hand·lung** 女〘医〙全身療法. **⸗be·sitz** 男 公共の所有物, 公共財産.

all·ge·mein·bil·dend 形 一般教育(教養)の, 一般教養を授ける.

All·ge·mein·bil·dung 女 -/ 一般教養.

all·ge·mein·gül·tig 形《述語的用法なし》全般〈あらゆる場合〉にあてはまる, 普遍妥当の.

All·ge·mein⸗gül·tig·keit 女 -/ (allgemeingültig なこと. 例えば:) 普遍妥当性. **⸗gut** 中 (特に精神的な)公共の所有物, 公共財産; 一般常識: Diese Erkenntnis ist schon ~ geworden. この認識はすでに一般の常識となっている.

All·ge·mein·heit [..haɪt] 女 -/-en **1** 《単数で》 **a**) 一般性, 普遍性, 共通性. **b**) 一般, 公共: der ~ dienen 公共に奉仕する〈役立つ〉. **c**) おおまか〈おおざっぱ〉なこと: Erklärungen von zu großer ~ おおまかに過ぎる説明. **2** 《ふつう複数で》(allgemeine Redensarten) ありふれた〈おざなりな〉文句.

All·ge·mein⸗me·di·zin 女 一般医学. **⸗plät·ze** 複 (Phrasen) (言い古された)決まり文句. **⸗spra·che** 女 **1** (専門語・特殊語に対する)一般語〔彙(い)〕, 日常語. ▽**2** 普遍言語, 世界語. **⸗un·ko·sten** 複〘経〙一般経費, 経常費.

all·ge·mein·ver·bind·lich 形 全般〈すべての人々〉を拘束する.

All·ge·mein·ver·bind·lich·keit 女 -/ allgemeinverbindlich なこと.

All·ge·mein·ver·bind·lich·keits·er·klä·rung 女〘法〙(労働協約の)一般拘束宣言.

all·ge·mein·ver·ständ·lich 形 だれにでも理解できる, みんなにわかる. 平明な, 通俗的な: in ~*em* Deutsch schreiben わかりやすいドイツ語で書く | *et.*[4] ~ erklären …をだれにもわかるように説明する.

All·ge·mein·ver·ständ·lich·keit 中 -/ allgemeinverständlich なこと.

All·ge·mein⸗wis·sen 中 一般的知識. **⸗wohl** 中 公共の利益, 公益.

All·ge·walt [ál..] 女 -/-en 《ふつう単数で》《雅》無限の

力, 絶大な権力〈権能〉; 全能.

all·ge·wal·tig 形 **1** 無限の力を持った, 絶大な権力〈権能〉を有する; 全能の. **2** きわめて激しい〈強烈な〉, 圧倒的な.

all·gü·tig[álgy:tɪç, ⌣⌣⌣]² **I** 形 (神について)万人に慈悲深い, 大慈〔大〕悲の. **II All·gü·ti·ge** 男《形容詞変化》大慈〔大〕悲の神.

All·heil·mit·tel[alháɪl.., ⌣⌣⌣⌣] 中 万能薬.

All·heit[álhaɪt] 女 -/ 《雅》(Gesamtheit) 全体, 総体; 普遍性.

ᵛ**all·hier**[alhí:r]《強調的に》=hier

Al·li·anz[aliánts] 女 -/-en **1** (Bündnis) 同盟, 盟約, 連合: die Heilige ～〖史〗神聖同盟(1815)｜eine ～ bilden 同盟を結ぶ. ᵛ**2** (Heirat) 縁組, 結婚. [*fr.*; ◇alliieren]

Al·li·anz·wap·pen 中〖紋〗(結婚・叙任などに基づく)組み合わせ紋章.

alliebend[allí:bənt]¹ 形《雅》(神について)万人〈万物〉を愛する, 大慈〔大〕悲の.

Al·li·ga·tor[aligá:tɔr, ..to:r] 男 -s/-en[..gató:rən]〖動〗(アリゲーター亜科の)ワニ(揚子江ワニ・ミシシッピーワニなど: →Krokodil). [*span.* el lagarto; <*lat.* lacerta (→Lazerte)]

Al·li·ga·to·ren·farm 女 ワニ養殖園.

al·li·ie·ren[alií:rən] **I** 他 (h) (英: *ally*) 《*et.*⁴ mit *et.*³》(…を…と)結びつける, 結合する; 《*jn.* mit *jm.*》同盟〈提携〉させる: 再帰 *sich*⁴ mit *jm.* ～ …と同盟〈提携〉する.

II al·li·iert 過分 形 同盟〈提携〉した; 連合国〔軍〕の.

III Al·li·ier·te 男 女《形容詞変化》同盟者, 盟友: die ～*n* (第一次および第二次大戦のときの対ドイツ)連合国.

[*lat.* al-ligāre „an-binden"–*fr.*; *engl.* all〔o〕y]

Al·li·te·ra·tion[alıteratsió:n, alitəra..] 女 -/-en《ふつう単数で》(Stabreim)〖詩〗頭韻〔法〕.

al·li·te·rie·ren[..rí:rən] 自 (h) (…と…が)頭韻を踏む. [<*lat.* lī〔t〕tera (→Litera)]

all≈jähr·lich[áljɛ́:rlıç] 形 毎年の. ᵛ≈**jetzt**《強調的に》=jetzt ᵛ≈**le·ben·dig**《強調的に》=allebendig

all·lie·bend =alliebend

All·macht[ál..] 女 -/ 《雅》全能, 無限の〈絶大な〉力: die ～ Gottes 神の全能.

all·mäch·tig[almɛ́çtıç]² 形 全能の, 無限の〈絶大な〉力を持った: der ～*e* Gott/der *Allmächtige* 全能の神｜*Allmächtiger* Gott!/*Allmächtiger!* ああどうしよう, さあ大変だ(驚きの叫び). [*ahd.*; *lat.* omni-potēns (◇omnipotent) の翻訳借用]

all·mäh·lich[almɛ́:lıç] **I** 副 しだいに, 徐々に, だんだん, 漸次; そろそろ, ぼつぼつ: Sein Zustand bessert sich ～. 彼の容体は徐々に快方に向かっている｜Wollen wir ～ gehen? そろそろ出かけようか. **II** 形《付加語的に動作名詞と》漸次の, 緩慢な: eine ～*e* Entwicklung ゆるやかな発展. [*mhd.*; ◇gemach]

All·meind[almáɪnt]¹ 女 -/-en《スイ》=Allmende

All·mend[alménd]¹ 女 -/-en《スイ》**1** =Allmende **2** (Bauwich) 家と家との間の空間.

All·men·de[..méndə] 女 -/-n (Gemeindeland) 共用〈公有〉地(共用の山林・牧草地など). [*mhd.*; ◇Gemeinde]

all≈mo·nat·lich[álmó:natlıç] 形 毎月の(→allstündlich): ～*e* Zahlungen 月々の支払い. ≈**mor·gend·lich** 形 毎朝の.

All·mut·ter 女 -/ 《雅》万物の母, 母なる自然〈太陽・大地〉.

all·nächt·lich[álnɛ́çtlıç] 形 毎夜の, 夜ごとの: ～*e* Träume 夜ごとの夢.

allo..《名詞・形容詞などにつけて「別の・異なる・逆の」などを意味する. 母音の前では all.. となる》: *allo*gam〖植〗他花受粉の｜*Allo*morph〖言〗異形〔態〕｜*Allo*pathie〖医〗逆症療法‖*All*egorie 風喩(ふうゆ), 寓意(ぐうい). [*gr.* állos „anders"; ◇alias]

al·lo·chthon[alɔxtó:n] 形 (↔autochthon) 外来の;〖地〗異地性の: ～*er* Boden〖地〗運積成. [<*gr.* chthṓn (→chthonisch)]

Al·lod[aló:t]¹ 中 -〔e〕s/-e (↔Lehen)〖史〗(封建制度下で, 地代・年貢など封建的義務を負わない)自由地〈領〉, 非封土, 完全私有地 [*germ.* „Ganz-besitz"〔–*mlat.* allōdium〕]

al·lo·dial[alodiá:l] 形 自由地〈非封土〉の, 自由地〈非封土〉に属する. [*mlat.*]

Al·lo·dial·gut 中 =Allod

Al·lo·dium[aló:dium] 中 -s/..dien[..diən] =Allod

al·lo·gam[alogá:m] 形 (→autogam)〖植〗他花受粉の.

Al·lo·ga·mie[..gamí:] 女 -/-n[..mí:ən]〖植〗他花受粉.

Al·lo·graph[..grá:f] 中 -s/-e〖言〗異つづり.

Al·lo·ku·tion[alokutsió:n] 女 -/-en〖カトリック〗教皇演説. [*lat.*]

Al·lo·morph[alomɔ́rf] 中 -s/-e〖言〗異形〔態〕.

Al·lon·ge[alɔ̃́:ʒə] 女 -/-n **1**〖商〗(手形などの)付箋(ふせん), 補箋. **2** (書籍の図表などの)折り込みページ. **3**〖工〗(亜鉛などをつくる装置の)受接管. [*fr.*; <*lat.* longus (→lang)]

Al·lon·ge·pe·rücke[alɔ̃́:ʒə..] 女 (17-18世紀の肩まで髪の垂れ下がる)男性用かつら(→ 図 Haar A).

al·lons[alɔ̃́:]《フランス語》(gehen wir!) (促しの気持を表して) 行こう, 前進, さあ, いざ. [<*fr.* aller „gehen"]

all·onym[aloný:m] **I** 形 偽名〈仮名〉の. **II All·onym** 中 -s/-e 偽名, 仮名. [<allo..+*gr.* ónyma „Name"]

Al·lo·path[..pá:t] 男 -en/-en 逆症療法を行う医者, 逆症療法家.

Al·lo·pa·thie[..patí:] 女 -/ (↔Homöopathie)〖医〗逆症療法.

al·lo·pa·thisch[..pá:tıʃ] 形 逆症療法の.

Al·lo·phon[..fó:n] 中 -s/-e〖言〗異音.

Al·lo·pla·stik[..plástık] 女 -/-en〖医〗**1** (↔Autoplastik)《単数で》異物〔使用〕形成術. **2** (象牙・銀板など, 形成外科手術に用いる, 有機組織の代用品としての)異物.

al·lo·thi·gen[..tigé:n] 形〖鉱〗他生の. [<*gr.* állothi „anders-wo"]

Al·lo·tria[aló:tria·] 中 -s/ (複) (Unfug) 狼藉(ろうぜき), 乱暴; (Posse) 愚行, され事: ～ treiben ばか騒ぎをする, わるさをする. [<*gr.* allótrios „fremd"]

al·lo·trop[alotró:p] 形〖化〗同素体の;〖鉱〗同質異形の.

Al·lo·tro·pie[..tropí:] 女 -/ 〖化〗同素体;〖鉱〗同質異形. [<*gr.* trópo (→Tropus)]

all'ot·ta·va[allɔtá:va·]《イタリア語》(in der Oktave)〖楽〗1オクターブ高く〈低く〉.

All·par·tei·en·ka·bi·nett[alpartáɪən.., álpartaɪən..] 中 (全政党が参加した)挙国一致内閣. [<Partei]

All·pha·sen·steu·er[ál..] 女〖経〗全段階税(売上税の一形態). [<Phase]

All·rad≈an·trieb 男 (自動車の)全輪〈四輪〉駆動. ≈**wa·gen** 男 全輪(四輪)駆動車. [<Rad]

all right[ɔ́:l ráɪt, ⌣⌣]《英語》(alles in Ordnung) よろしい, オーライ. [◇recht]

All·round≈man[ɔ́:lráundmən] 男 -s/..men[..mən] 何でもできる〈知っている〉人. ≈**sport·ler** 男 万能選手〈スポーツマン〉. [*engl.*; <*engl.* all-round „all-ringsum"]

all·sei·tig[álzaɪtıç]² 形 あらゆる方面からの〈にわたる〉; 全般的な: eine ～*e* Bildung 多方面の教養‖～ geachtet sein みんなの尊敬〈注目〉を受けている.

All·sei·tig·keit[–kaɪt] 女 -/ (allseitig なこと. 例えば:) 普遍性; 多面性, 多才なこと.

all·seits[..zaɪts] 副 あらゆる方面で〈から〉, すべての面で, 至るところで.

all≈so·bald[alzobált], ≈**so·gleich**[..zogláɪç] 副《強調的に》ただちに, すぐさま.

All·strom≈emp·fän·ger[álʃtro:m..] 男 交直両用受信機. ≈**ge·rät** 中 交直両用の電気器具. ≈**mo·tor** 男 交直両用モーター.

all·stünd·lich[álʃtýntlıç] 形 毎時間の.

All·tag[álta:k]¹ 男 -〔e〕s/-e《ふつう単数で》平日, 仕事日;《単数で》日常, 日々の単調〈平凡〉な明け暮れ: der graue ～ 単調な毎日‖im ～ 日常, ふだん.｜zum ～ gehören 〈zählen〉 日常茶飯事である.

all·täg·lich 形 **1** [áltɛ́:klıç, ◡⏊◡] 毎日の, 日ごとの: ~*es* Fieber〘医〙毎日熱 | mein ~*er* Spaziergang 私の日課の散歩. **2** [⏑̀⏑◡] 平日(仕事日)の: ~*e* Kleidung 平服, ふだん着. **3** [◡⏊◡] 日常の; 普通の, 平凡な, 陳腐な, 退屈な: ein ~*er* Mensch 並の人, 凡人.

All·täg·lich·keit[altɛ́:klıçkaıt] 女 -/-en 日常の(平凡な)事柄;《単数で》平凡, 陳腐.

all·tags[álta:ks] 副 毎日, 日常; 週日(仕事日)に.

All·tags≠an·zug 男 (背広などの)ふだん着. ≠**din·ge** 複 日常の事柄. ≠**er·fah·rung** 女 日常の経験. ≠**er·leb·nis** 中 日常の体験. ≠**er·schei·nung** 女 日常茶飯事. ≠**ge·schwätz** 中, ≠**ge·spräch** 中 日常のおしゃべり, 世間話. ≠**kleid** 中 (ワンピースなどの)ふだん着. ≠**klei·dung** 女 日常の服装, ふだん着. ≠**kost** 女 日常の食事, 平凡な料理. ≠**kul·tur** 女 日常の文化. ≠**le·ben** 中 -s/ 日常生活. ≠**mensch** 男 凡人. ≠**pra·xis** 女 日常での実践(実際・実地). ≠**sor·gen** 複 (こまごました)日常のわずらわしいこと. ≠**spra·che** 女 日常語, 口語. ≠**trott** 男 日常の単調な歩み(流れ). ≠**ver·stand** 男 平凡な知力, 凡庸な知能. ≠**wort** 中 -[e]s/..wörter (だれもが日常よく使う)通りことば.

all·über·all[ál|y:bər|ál] 副《強調的に》至るところで(に).

al·lu·die·ren[aludí:rən] 自 (h) (anspielen)《an *jn.* 〈*et.*[4]〉》(…のことを暗に)ほのめかす, あてこする. [*lat.*; < *lat.* lūdere (→Ludus)]

[▽]**all·um**[al|ʊ́m] 副 (rundum) 周囲に(で), ぐるりに.

all·um·fas·send[ál|ʊmfásənt, ⏑̀◡◡◡][1] 形 すべてを包括する.

All·um·fas·send·heit[..haıt] 女 -/ allumfassendなこと.

Al·lü·re[alýːrə] 女 -/-n《ふつう複数で》《しばしば軽蔑的に》(Benehmen) 態度, 振舞い, 挙動; 作法; (ぜいたくな)暮らし方: vornehme 〈unmögliche〉 ~*n* 上品な(話にならないほどひどい・傲慢(ごう)な)態度 | Star*allüren* スター気どり. [*fr.*; < *fr.* aller (→allons); ◇Allee]

Al·lu·sion[aluzió:n] 女 -/-en ほのめかし, 当てつけ. [*spätlat.*; ◇alludieren]

al·lu·so·risch[..zó:rıʃ] 形 ほのめかした, 当てつけの.

al·lu·vial[aluviá:l] 形 **1** (流水によって)沈積してできた, 沖積した: ~*e* Lagerstätte〘地〙漂砂鉱床. **2**〘地〙沖積層の; 沖積世の. [<..al[1]]

Al·lu·vial·land 中 -[e]s/..länder〘地〙沖積地.

Al·lu·vion[..vió:n] 女 -/-en〘地〙沖積〔地〕. [*lat.*]

Al·lu·vium[alú:viʊm] 中 -s/ **1**〘地〙沖積層. **2**〘地〙沖積世(完新世の別称: →Holozän). **3**〘法〙(水辺の)寄り州, 付合地. [*lat.*; < *lat.* al-luere „an-schwemmen"]

Al·lu·viums·recht 中〘法〙寄り州(付合地)取得権.

All·va·ter[ál..] 男 -s/《ふつう無冠詞で》万物(あらゆる神々)の父(ゲルマン神話の Wodan, ギリシア神話の Zeus, ローマ神話の Jupiter など).

all·ver·ehrt[álfɛr|é:rt] 形 みんなに尊敬されている.

all·weil =alleweil

All·wel·len·emp·fän·ger 男 全波(オールウェーブ)受信機. [<Welle]

All·wet·ter≠jä·ger[alvɛ́tər..] 男〘空〙全天候戦闘機. ≠**man·tel** 男〘服飾〙晴雨兼用コート. ≠**platz** 男〘スポ〙(テニス用などの)アンツーカーコート(→Hartplatz).

all·wet·ter·taug·lich 形 全天候用の, どのような天候の際にも使える.

all·wis·send[álvísənt][1] 形 何でも知っている, 全知の: der ~*e* Gott/der *Allwissende* 全知の神.

All·wis·sen·heit[..haıt] 女 -/ (神の)全知.

[▽]**all·wo**[alvó:]《強調的に》=wo I 2

all·wö·chent·lich[álvœçəntlıç] 形 毎週の.

Al·lyl[alý:l] 中 -s/〘化〙アリル. [< *lat.* ā[l]lium „Knoblauch"+..yl]

Al·lyl·al·ko·hol 男〘化〙アリルアルコール.

all·zeit[áltsáıt] =allezeit

all·zu[áltsu:] 副 あまりに〔も〕, きわめて, 非常に: Du machst ~ viele Fehler. 君はあまりにも間違い(失敗)が多すぎる | Er ist nicht ~ intelligent. 彼はあまり頭がよくない | *Allzu* scharf macht schartig. (→scharf 1).

all·zu≠bald[áltsubált] 副 あまりにも早く, すぐに, まもなく. ≠**früh** 副 あまりにも早く(早期に).

all≠zu·gleich[áltsugláıç] 副《雅》**1**《強調的に》=zugleich **2** みんな一緒に. ≠**zu·mal** 副 **1** みんな一緒に, みなすべて: Wir sind ~ Sünder. 我々は等しくみな罪人である. **2** (immer) 常に, いつも; (überhaupt) 総じて.

all·zu≠sehr[áltsuzé:r] 副 あまりにもはなはだしく, 過度に. ≠**viel** 形 あまりにも多くの, 過大な: ***Allzuviel* ist ungesund.**《諺》過ぎたるはなお及ばざるがごとし.

All·zweck≠bohr·ge·rät[áltsvɛk..] 中 万能穴あけ機. ≠**mö·bel** 中 多目的(多用途)家具.

Alm[1][alm] 女 -/-en (アルプスの)高原放牧地, 山上牧草地. [*mhd.* albe; ◇Alp[2]]

Alm[2][alm] 男 -[e]s/〘地〙泥灰〔土〕, 泥炭石.

Al·ma[álma·] 女名 アルマ. [*span.*; < *lat.* almus „nährend"]

Al·ma-Ata[almá|atá] 地名 アルマ=アタ(カザフスタン共和国の首都 Almaty の旧称). [*kasach.-russ.*]

Al·ma ma·ter[álma· má:tər, – ..tɛr] 女 --/《雅》(特に母校としての)大学. [*lat.* „nährende Mutter"]

Al·ma·nach[álmanax] 男 -s/-e 年鑑, 年報; (出版社の)年刊カタログ. [*mlat.-ndl.*; ◇*engl.* almanac]

Al·man·din[almandí:n] 男 -s/-e〘鉱〙鉄礬(てつばん)柘榴(ざくろ)石, 貴柘榴石. [*spätlat.* alabandīna; <Alabanda (小アジアの原産地名)]

Al·ma·ty[álmati·] 地名 アルマトゥイ(カザフスタン共和国の首都). [<Alm[1]]

al·men[álmən] 他 (h)《オース・トリア》(家畜を)放牧する.

Al·men·rausch[..raʊʃ] 男 -[e]s/《南部・オース・トリア》〘植〙アルプスシャクナゲの一種. [< *lat.* rūscum „Mäusedorn"]

Al·mer[álmər] **I** 男 -s/- (女 **Al·me·rin**[..mərın]-/-nen)《南部・オース・トリア》(Senn) (アルプスの)牧夫, 牧人.
II 女 -/-n《オース・トリア》(牛乳を保存する農家の)乳庫, 牛乳戸棚.

Alm·hirt[álm..] 男 =Almer I

Al·mo·sen[álmo:zən, ◡⏊◡] 中 -s/- (貧者に与える)喜捨, 施し物, 布施;《比》(仕事につり合わぬ)わずかな報酬, はした金: *jm.* ein ~ geben …に施し物をする. [*gr.* eleēmosýnē–*kirchenlat.-ahd.*; < *gr.* éleos „Mitleid"; ◇*engl.* alms]

Al·mo·sen≠amt 中 (中世領国の)施し物(慈善寄付金)管理職; 施し物分配所. ≠**büch·se** 女 (教会などの)献金(義援金)箱. ≠**emp·fän·ger** 男〘宗〙施しを受ける人;《比》(他人に頼って暮らす)能なし. ≠**geld** 中 -[e]s/-er《ふつう複数で》施しの金, 慈善寄金.

Al·mo·se·nier[almo(:)zəní:r] 男 -s/-e (教会の)施し物管理(分配)係司祭. [*mlat.-roman.*; ◇*engl.* almoner]

Al·mo·sen≠pfle·ger[álmo:zən..] 男 =Almosenier
[▽]≠**stock** 男 -[e]s/..stöcke (教会などの)献金箱.

Alm≠rausch[álmraʊʃ] =Almenrausch ≠**ro·se**《南部・オース・トリア》=Alpenrose

Al·mut[álmu:t] 女名 アルムート. [< *ahd.* adal „edel"+ muot „Gesinnung"; ◇edel, Mut]

Alm·wirt·schaft[álm..] 女 (アルプス地方などの)高原酪農〔経済〕.

Aloe[á:loe·] 女 -/-n[..loən] **1**〘植〙アロエ: Hundertjährige ~〘植〙リュウゼツラン(竜舌蘭). **2**《単数で》アロエの樹液(薬用になる). [*hebr.-gr.-lat.-ahd.*]

Alo·gik[á:lo:gık] 女 -/ (Unlogik) 非論理性, 不条理.

alo·gisch[á(:)lo:gıʃ, ◡⏊◡] 形 論理的でない, 非論理的な, つじつまの合わない. [<a..[1]]

Alois[á:loıs, ..loi:s] 男名 アーロイス. [*ahd.* Alwīsi–*it.*; < *ahd.* al „ganz"+wīsi „weise"]

Alo·pe·zie[alopetsí:] 女 -/-n[..tsí:ən] (Haarausfall)〘医〙脱毛〔症〕. [*gr.-lat.*; < *gr.* alṓpēx „Fuchs"; ◇*engl.* alopecia]

Aloys[á:loıs, ..loi:s] =Alois

Alp[1][alp] 男 -〔e〕s/-e **1 a)** 〖民俗〗(悪夢をもたらすという)妖精(ようせい), 夢魔: Es lag mir ein ~ auf der Brust ⟨der Seele⟩. 私は胸苦しい気持がした. **b)** 《ふつう単数で》悪夢, 胸苦しさ: Ein ~ wich von mir. 私はほっとした. **2** 《俗》あほう, ばか者. [*germ.*; ◇Elfe]

Alp[2][alp] 女 -/-en (アルプス地方の)高原牧場; (高原の)牧草地, 放牧場. [*ahd.* alba; ◇Alm[1], Alb[2]]

Al·pa·ka[1][alpáka·] **I** 中 -s/-s **1** 〖動〗アルパカ(南米産のラマ). **2** 《単数で》アルパカの毛. **II** 男 -s/ アルパカの毛織物. [*indian.–span.*]

Al·pa·ka[2] 中 -s/ 商標 アルパカ(洋銀).

Al·pa·ka≠garn[alpáka..] 中 アルパカの毛糸(アルパカの毛と木綿の混紡). ≠**wol·le** 女 アルパカの毛⟨毛糸・毛織物⟩.

al pa·ri[al pá:ri·] 《イタリア語》〖商〗(株が)額面価格で; (通貨が)平価で. [„zu gleichem 〔Wert〕"]

Alp≠druck[álp..] 男 -〔e〕s/..drücke 《ふつう単数で》胸苦しさ. ≠**drücken** 中 -s/ (特に睡眠中の)胸苦しさ, うなされること; 息苦しくさせる夢: ~ empfinden 胸をしめつけられる思いをする | Die Prüfung verursachte mir ~. 試験の重圧でひどく悩まされた | Die Sorge legte sich wie ein ~ auf ihn. 心労が彼を悪夢のように襲った.

Al·pe[álpə] 女 -/-n 《オーストリア》= Alp[2]

al·pen[álpən] 自 (h) 《スイ・オーストリア》家畜を放牧場に出しておく; (家畜が)放牧場に出ている.

die **Al·pen**[álpən] 地名 複 アルプス(スイスを中心にイタリア・フランスにわたる大山脈). [*lat.* Alpēs; ◇*engl.* the Alps]

Al·pen≠apol·lo 男 〖虫〗ミヤマウスバシロチョウ(深山薄羽白蝶). ≠**bahn** 女 アルプス登山鉄道. ≠**bär** 男 **1** 〖虫〗アルプスヒトリ(火取蛾)(ヒトリガの一種). **2** 〖動〗(アルプス地方に生息する)アルプスグマ. ≠**bock** 男 〖虫〗アルプスルリボシカミキリ(瑠璃星天牛). ≠**doh·le** 女 〖鳥〗キバシガラス(黄嘴鴉). ≠**dol·lar** 男 《オーストリア》《話》アルプスドル(オーストリアの貨幣単位 Schilling の異名). ≠**füh·rer** 男 アルプス案内書. ≠**gar·ten** 男 = Alpinum ≠**ger·ma·nen** 複 アルプスゲルマン族(民族移動後の Alemanne, Bayer, Langobarde の諸部族の総称). ≠**glöck·chen** 中 〖植〗ソルダネラ, イワカガミダマシ(サクラソウ科の高山植物). ≠**glü·hen** 中 -s/ アルプスの〔雪に覆われた〕山峰に映える夕焼け⟨朝焼け⟩. ≠**hirt** 男 アルプス地方の牧人. ≠**jä·ger** 男 **1** アルプス地方の猟師. **2** 〖軍〗(イタリア・フランスの)山岳兵, 山岳部隊員. ≠**ket·te** 女 アルプス連峰⟨連山⟩. ≠**klub** 男 〔アルプス〕山岳会⟨クラブ⟩. ≠**krä·he** 女 〖鳥〗ミヤマガラス(深山鴉). ≠**land** 中 -〔e〕s/ アルプス地方.

al·pen·län·disch 形 アルプス地方の.

Al·pen≠paß 男 アルプスの峠. ≠**pflan·ze** 女 -/-n 《ふつう複数で》〖植〗高山植物. ≠**re·pu·blik** 女 《戯》アルプス共和国(オーストリアの異名). ≠**ro·se** 女 〖植〗アルプスシャクナゲ(石南花). ≠**schar·te** 女 〖植〗トウヒレン(唐飛廉)属. ≠**schnee·huhn** 中 〖鳥〗ライチョウ(雷鳥). ≠**stein·bock** 男 〖動〗アルプス=アイベックス(ヤギの一種). ≠**süß·klee** 男 〖植〗チシマゲンゲ(千島紫雲英). ≠**veil·chen** 中 (Zyklamen) 〖植〗シクラメン, カガリビバナ(篝火花). ≠**ver·ein** 男 〔アルプス〕山岳協会.

Al·pha[álfa·] 中 -〔s〕/-s アルファ(ギリシア字母の第1字; A, α); 《比》最初のもの, 初め; 〖天〗一等星: das ~ und 〔das〕 Omega 始めと終わり. [*semit.–gr.*]

Al·pha·bet[alfabé:t] **I** 中 -〔e〕s/-e 字母, アルファベット; 《比》初歩, 入門, 基本: das große ⟨lateinische⟩ ~ 大文字⟨ラテン語⟩のアルファベット | das musikalische ~ 〖楽〗ドレミからシまで | nach dem ~ アルファベット順に.
II 男 -en/-en (↔Analphabet) 読み書きのできる人. [*gr.–kirchenlat.–mhd.*; ◇Alpha, Beta]

al·pha·be·tisch[..bé:tɪʃ] 形 アルファベット順の, ABC 順の: *et.*[4] ~ ordnen …をアルファベット順に並べる⟨整理する⟩.

al·pha·be·ti·sie·ren[..betizí:rən] 他 (h) **1** 《*et.*[4]》アルファベット順に並べる, ABC 順に並べて整理する. **2** 《*jn.*》(文盲の人に)読み書きを教える.

Al·pha·be·ti·sie·rung[..rʊŋ] 女 -/ alphabetisieren すること.

Al·pha·bet·schloß[alfabé:t..] 中 文字合わせ錠.

al·pha·nu·me·risch[..(nu)mé:rɪʃ] 形 (コンピュータ一などの)文字数字併用方式の.

Al·pha≠par·ti·kel[álfa..] 女 = Alphateilchen ≠**strah·len** 複 〖理〗アルファ線(α-Strahlen とも書く). ≠**teil·chen** 中 〖理〗アルファ粒子(α-Teilchen とも書く). ≠**zer·fall** 男 〖理〗(原子核の)アルファ崩壊.

Alp·horn[álp..] 中 -〔e〕s/..hörner アルペンホルン(木と木皮で作るアルプスの長い牧笛).

al·pin[alpí:n] 形 **1** アルプス〔地方〕の; 高山〔性〕の: ~*e* Flora 高山植物 | Die Landschaft dort ist fast ~. そこの風土⟨風景⟩はほとんど高山的である. **2** 《付加語的》〔アルプス〕登山の, 登山に関する: die ~*e* Ausrüstung 登山用装備. **3** 〖スキー〗アルペン競技⟨種目⟩の: ~*e* Kombination アルペン複合〔競技〕. [*lat.*; ◇Alpen]

Al·pi·na·rium[alpiná:riʊm] 中 -s/..rien[..riən] 高山自然公園. [◇Aquarium]

Al·pi·nen Alpinum の複数.

Al·pi·ni[alpí:ni·] 複 (イタリアの)山岳部隊. [*it.*]

Al·pi·nia·de[alpiniá:də] 女 -/-n (東欧諸国での)登山競技大会.

Al·pi·nis·mus[alpinísmʊs] 男 -/ 〔アルプス〕登山.

Al·pi·nist[..níst] 男 -en/-en 〔アルプス〕登山家.

Al·pi·ni·stik[..nístɪk] 女 -/ = Alpinismus

al·pi·ni·stisch[..tɪʃ] 形 〔アルプス〕登山に関する.

Al·pi·num[alpí:nʊm] 中 -s/..nen[..nən] 高山植物をあしらった石庭.

▽**Äp·ler**[álplər] (▽**Älp·ler**[ɛ́lplər]) 男 -s/- **1** アルプス地方の住民. **2** = Alpenhirt [Alp[2]]

älp·le·risch[ɛ́lplərɪʃ] 形 アルプス地方の住民⟨牧人⟩ふうの.

Alp·traum[álp..] 男 (うなされたり胸苦しさを伴う)悪夢: von *Alpträumen* geplagt werden 悪夢に苦しめられる.

Alp·wirt·schaft[álp..] = Almwirtschaft

Alraune

Al·rau·ne[alráunə] 女 -/-n (**Al·raun**[..ráun] 男 -〔e〕s/-e) **1** アルラウン(魔力をもつ小妖精(ようせい)). **2** 〖植〗マンドラゴラ(ナス科の有毒植物で, 根は小人のような形をし, 種々のまじないに用いられる: → 図). [*ahd.*; ◇Alp[1], raunen]

Al·raun·wur·zel 女 = Alraune 2

als[1][als]

I 接 《従属》
1 《同一・同等を示す》(英: *as*)
a) 《同一》《前置詞に近い用法で, ふつう同格の名詞にそえられて》
① 《同格の付加語にそえて》…としての, …の資格での; ▽すなわち…
② 《als に導かれる句が独立的文成分として》
i) …として〔は〕, …の資格で, …らしく
ii) 《für に似た用法で名詞・形容詞などにそえて》…(である)とみなして
b) 《同等》
① 《so＋原級＋als の形で》(wie) …と同じくらい「ように」
② 《**sowohl ... als** 〔**auch**〕 **...** の形で》…と同様〔また〕…も, …も…も; …でもあり…でもある
③ 《**nicht sowohl** ⟨**so sehr**⟩ **... als** 〔**vielmehr**〕 **...** の形で》…というより〔むしろ〕…
④ 《**insofern ..., als ...** などの形で》…の限り⟨意味・点⟩で〔は〕; …であるから
⑤ 《**als ob .../als wenn ...** の形で; 非現実の同等比較》〔あたかも〕…のように, …かのごとく
⑥ 《**um so** ⟨**desto**⟩＋比較級, **als** ... などの形で原因・理由を表す》…だけに⟨なので⟩それだけいっそう
▽⑦ 《例示》例えば…のような
2 《不等・除外を示す》
a) 《不等》

① 《比較級の後で》…よりも
② 《**zu**+形容詞, **als daß ...** の形で》…にはあまりにも…である, あまり…なので…ではない
③ 《**anders** などの後で》…とは(違った・別の)
b) 《除外》《否定詞の後で; しばしば ander が追加される》…のほかの, …以外の
3 《時間的》《過去における一回的事象の場合の同時を示すのに用いる》
a) 《単独に》
① 《主文の表す事象と同時・並行》…(した)とき〔に〕
② 《主文の表す事象の前の完了; 副文の定動詞は完了形》…した後で; ちょうど…してしまったときに
③ 《主文の表す事象の直後; 主文にはふつう **kaum, gerade** などがあり, 定動詞は完了形であることが多い》(ちょうど…し終わった, …であった)そのとき
b) 《時を表す名詞や副詞〔句〕と結びつき, 関係副詞的に》
II 副

I 接《従属》 **1** 《同一・同等を示す》(英: *as*) **a**) 《同一》《前置詞に近い用法で, ふつう同格の名詞にそえられて》 ① 《同格の付加語にそえて》…としての, …の資格での, …である…; ▽すなわち…: Ich ~ guter Freund rate es dir. 君の親友として私は君にそう助言する(→②) | Ich rate es dir ~ gutem Freund. 親友である君に私はそう助言する | den Arzt ~ den einzig richtigen Ratgeber fragen 唯一ひとり相談相手としてふさわしい医者に尋ねる | das Ansehen meines Onkels ~ eines ehrbaren Kaufmanns 尊敬すべき商人としての私のおじの評判 | sein Urteil ~ das eines der größten Gelehrten もっとも偉大な学者の一人〔の判断〕である彼の判断 | Der Fall **als solcher** interessiert mich nicht. 事件そのものには私は興味はない(→solch 1) ‖〖1格の名詞にそえて〗meine Rechte ~ Vater 父としての私の権利 | das Ansehen meines Onkels ~ Kaufmann 〈▽Kaufmanns〉 商人としての私のおじの評判 ‖ ▽〖前置詞句にそえて〗morgen, ~ am ersten Ostertage 明日つまり復活祭の一日めに.
② 《als に導かれる句が独立的文成分として》 i) …として〔は〕, …の資格で, …らしく: ~ Fachmann sprechen 専門家として〈専門家の資格で〉発言する(参考 wie ein Fachmann sprechen 専門家のような口のききかたをする) | Ich rate es dir ~ guter Freund. 私は親友として君にそう助言する(→①) | Er ist ~ Pianist berühmt. 彼はピアニストとして有名だ | Sie begannen ~ Freunde und endeten ~ Feinde. 彼らは初めは友人同士だったが最後はかたき同士だった | Er war ~ Erster da. 彼が最初にやって来た〈一番乗りだった〉‖ *Als* Kind ist er Schlafwandrer gewesen; auch ~ Erwachsener spricht er oft im Traum. 彼は子供のころ夢遊病者だったが 成人している今もよく寝言を言う(→3 a ①) | Schon ~ Mädchen hatte sie zeichnerisches Talent. 少女のころからすでに彼女は画才があった.
ii) 《für に似た用法で名詞・形容詞などにそえて》…(である)とみなして: *sich*[4] ~ wahr 〈ein großer Fehler〉 erweisen 本当〈大きな間違い〉であることがわかる | Er behandelte mich ~ einen Freund. 彼は私を友人として扱ってくれた ‖ *et.*[4] ~ erledigt betrachten …を済んだ〈片づいた〉ものとみなす ‖ ▽〖関係文の直前にそえて; しばしば原因・理由の意味を帯びる〗Ihr habt diesen Menschen zu mir bracht (=gebracht), ~ der das Volk abwende. お前たちはこの人を民衆を惑わすもの(であるから)として私のところへ連れて来た(聖書: ルカ23,14).
b) 《同等》 ① 《so+原級+als の形で; ただしこの意味では今日ふつう wie を用いる: →wie II 1》…と同じくらい〈よう〉に: Er ist 〔eben〕 so reich ~ du. 彼は君と〔ちょうど〕同じくらい金持ちだ | so bald 〈gut〉 ~ möglich できるだけ早く〈よく〉| Er ist doppelt 〈dreimal〉 so alt ~ ich. 彼は私の倍〈3倍〉の年だ ‖ Das ist so notwendig ~ zeitgemäß. それは必要でもあるし時宜にかなってもいる ‖ Sie ist mir jetzt so lästig, ~ sie mir früher angenehm war. 私は彼女を以前は好ましいと思ったが 今ではうるさく思っている ‖ ▽**als wie** ... …と同じくらい | Und bin so klug ~ wie zuvor. 私は昔よりちっとも偉くはなっていない, 私は相変わらずばかだ (Goethe: *Faust* I).
② 《**sowohl ... als** 〔**auch**〕 **...** の形で》…と同様〔また〕…も, …も…も; …でもあり…でもある: sowohl gestern ~ 〔auch〕 heute 昨日も今日も | Er spricht sowohl Englisch ~ 〔auch〕 Deutsch. 彼は英語もドイツ語も話す.
③ 《**nicht sowohl** 〈**so sehr**〉 **... als** 〔**vielmehr**〕 **...** の形で》…というより〔むしろ〕…: Er ist nicht sowohl 〈so sehr〉 dumm ~ 〔vielmehr〕 faul. 彼はばかというより怠け者なんだ (=Er ist nicht sowohl dumm, sondern faul.).
④ 《**insofern ..., als ...** などの形で》…の限り〈意味・点〉で〔は〕; …ので, …であるから: Diese Maßnahme ist insofern 〈insoweit〉 richtig, ~ dadurch die Kosten gesenkt werden. この方策は費用が少なくて済むという点では正しい.
⑤ 《**als ob** .../als wenn ... の形で; 非現実の同等比較; 定動詞は接続法 IIが多いが, 接続法 I・直説法も用いられる; als ob 〈wenn〉 による副文の代わりに定動詞を文頭の als の直後に置く構文もある》〔あたかも〕…のように, …かのごとく: Er tut 〔so〕, ~ ob er schliefe 〈~ schliefe er〉./Er tut 〔so〕, ~ ob er schlafe 〈schläft〉. 彼は眠ったふりをしている, 彼はたぬき寝入りをしている | Er benimmt sich, ~ wenn nichts geschehen wäre. 彼は何事もなかったかのように振舞う | Es sieht aus, ~ wollte es regnen. 一雨来そうな空模様だ | Mir ist 〈Es ist mir〉, ~ ob ich schon Stunden gewartet hätte. もう何時間も待っている気がする ‖ *Als* ob ich das nicht wüßte! 私がそれを知らないみたいじゃないか, そんなことは私はとっくに知っているよ | *Als* wenn das ein Unrecht wäre! 当然じゃないか ‖ Es ist nicht, ~ ob sie es übelnehmen würden. 彼らがそれで気を悪くするというわけでもあるまいし ‖ **nicht als ob** .../nicht ~ wenn ... だからと言って…ではない, と言って…であるわけ〈から〉ではない | Sie haben alle nichts gegen seine Ansicht. Nicht ~ ob er recht hätte. 彼らは全部彼の意見に異議なしだ. だからと言って彼が正しいわけではない.
⑥ 《**um so** 〈**desto**〉+比較級, **als ...** /in dem Maße, als ... の形で原因・理由を表す; 現在時称にも使われる》…だけに〈なので〉それだけいっそう: Sein Besuch freute mich um so mehr, ~ ich ihn nicht erwartet hatte. 期待してなかっただけになおさら彼の訪問がうれしかった.
▽⑦ 《例示》《しばしば da ist や da sind を伴って》例えば…のような: die größten Dichter, ~ 〔da sind〕 Goethe und Schiller 大詩人 たとえばゲーテやシラーなどのような.
2 《不等・除外を示す》 **a**) 《不等》 ① 《比較級の後で》…よりも: Er ist älter 〈nicht älter〉 ~ ich. 彼は私よりも年上だ〈ではない〉| Er ist viel 〈weit〉 älter, ~ ich gedacht habe. 彼は私が思っていたよりもはるかに年をくっている | Sie ist mehr schön ~ klug. 彼女はあまり賢くはないが美人だ | Sie versteht mich besser ~ du 〈dich〉. 彼女の方が君よりも私を〈彼女は君よりも私の方を〉よく理解してくれる | besser etwas ~ gar nichts 少しでも何もないよりはましだ | Sie sehen besser aus, ~ da ich Sie zuletzt sah. この前お目にかかったときよりお元気のようですね | mehr aus Mitleid ~ aus Liebe 愛情からというよりはむしろ同情から | Die Welt hat mehr Nutzen, wenn er schreibt, ~ wenn er liest. 彼には読書するより著作をしてもらった方が世のためになる | Wir waren mehr ~ zufrieden. 我々は十二分に満足した ‖ Ich wollte lieber sterben ~ ihn um Geld bitten. 彼に金を無心するくらいなら死んだ方がましだ | Wir gehen eher etwas früher weg, ~ daß wir ein Taxi nehmen müssen. タクシーに乗るくらいなら我々はむしろ少し早めに出かける | nicht eher ruhen, 〔~〕 bis ... …するまでは休まない ‖ Für diesen Kuchen braucht man **nicht weniger als** zehn Eier. この菓子を作るには卵が10個も要るんだ ‖ Er war **nichts weniger als** erfreut. 彼はちっとも喜ばなかった | Ich glaube nichts weniger ~ diese Vorwürfe zu verdienen. 私は決してこんな非難を受けるいわれはないと思う.
☆ als と denn の用法: als が重なるのを避けるためには als の代わりに denn が用いられる(→denn I 2): Er ist ~ Pianist berühmter〔,〕 *denn* ~ Komponist. 彼は作曲家としてよりもピアニストとして有名だ.
② 《**zu**+形容詞, **als daß ...** の形で; 副文の定動詞はふつう

接続法IIであるが, 主文の定動詞が現在のときは直説法も用いる: →daß II 2》…にはあまりにも…である, あまり…なので…ではない: Er ist zu ehrlich, ～ daß er das bestritte 〈bestreitet〉. 彼はそれを否定するにはあまりにも正直だ, 彼はきわめて正直なのでそれを否定したりなどできない | Er war 〔viel〕 zu jung, ～ daß er schon hätte heiraten können. 彼は若すぎたのでまだ結婚することはできなかった(＝Er war zu jung, um schon heiraten zu können.).

③《**anders** などの後で; 区別の性格が強くなる: →b》…とは(違った・別の): Er ist heute ganz **anders als** sonst. きょうは彼はふだんと全く違う | Ich fasse die Sache anders an ～ du. 私は君とはまた別のやり方でそれと取り組む | Ich habe andere Sorgen, ～ du glaubst. 私には君の思いもよらないような心配事がある ‖ Es war umgekehrt, ～ er dachte. それは彼が考えていたのと反対であった ‖ Wer anders ～ er? 彼以外のだれが, 彼に決まっているじゃないか | Was hätte ich ander〔e〕s tun können, ～ lachen? 笑う以外に何ができたろうか, 私は笑うしかなかった ‖ Er ist **alles andere als** zufrieden. 彼はとうてい満足なんかしていない | Seine Tat verdient alles andere ～ Lob. 彼の行為はちっとも称賛に値しない.

b)《除外》《否定詞の後で; しばしば ander が追加される: → a ③》(außer) …のほかの, …以外の: **nichts** ～ Gutes tun 良いことしかない | Das ist nichts ～ Unsinn. そいつは全くナンセンスだ | Es bleibt mir nichts 〔anderes〕 übrig, ～ den Vorschlag anzunehmen. 私にとってはその提案を受け入れるしかない | Es hat niemand 〔anders〕 gehört ～ er. 聞いたのは彼だけだ | mit keinem Menschen ～ ihm 彼だけと | Das kann kein anderer ～ du. それができるのは君をおいてほかにない.

3《時間的》《過去における一回的事象の場合の同時を示すのに用いる. 従って定動詞は過去(過去完了)または歴史的・劇的現在(現在完了)に限られる: →wenn I 1 a ☆》**a)**《単独に》①《主文の表す事象と同時・並行》…(した)とき〔に〕: *Als* er das hörte, erschrak er. そのことを聞いたとき彼はびっくりした | Der Zug fuhr ein, ～ es acht Uhr schlug. 8時を打ったとき列車がホームに入って来た | *Als* ich das Zimmer betrat, 〔da〕 ging er gerade hinaus./Gerade ～ ich das Zimmer betrat, ging er hinaus. 私が部屋に入るとすれちがいに彼は出て行った ‖ Eines Tages, ～ er am Tisch saß, starb er plötzlich am Herzschlag. 彼はある日テーブルに向かっていたとき突然心臓麻痺(ひ)で死んだ ‖〚劇的現在〛*Als* sie in der Küche sitzt, klopft es an die Tür. 彼女が台所にいるとドアをノックする音がする.

②《主文の表す事象の前の完了; 副文の定動詞は完了形》(nachdem, sobald) …した後で, …してから; …し終わると〔すぐに〕, ちょうど…してしまったときに: Er sprach, ～ ich geendet hatte. 彼は私が話し終わってから話した | *Als* sie ihre Mahlzeit beendet hatten, gingen sie in den Garten. 彼らは食事を終えてから庭に出た ‖〚劇的現在〛*Als* er das Glas aufgeschraubt hat, läuft ihm das Öl über die Finger. 彼がガラス容器のふたをねじって開けると油が指の上を流れる.

③《主文の表す事象の直後; 主文にはふつう **kaum, gerade** などがあり, 定動詞は完了形であることが多い》(ちょうど…し終わった, …であった)そのとき: **Kaum** hatte ich mich hingelegt, **als** 〔auch schon〕 das Telefon klingelte. 私が横になったかと思うと電話が鳴った | Ich hatte das Essen kaum auf den Tisch gestellt, ～ die Kinder zur Tür hereinkamen. 私がテーブルに食べ物を置くが早いか子供たちがドアから入ってきた | Wir hatten das Haus **gerade** 〈**eben**〉 betreten, **als** das Gewitter anfing. 我々がちょうどその家に足を踏み入れたとき雷雨が始まった | Es waren **noch** keine zwei Sekunden vergangen, **als** ich einen Schuß hörte. ものの2秒もたたないうちに銃声が聞こえた | Der König hatte sich **nicht so bald** davon gemacht, **als** der Feind in die Burg drang. 王が逃げ出すか逃げ出さないうちに 敵軍が城内に侵入してきた.

b)《時を表す名詞や副詞〔句〕と結びつき, 関係副詞的に》Seine Gedanken wanderten zu der Zeit zurück, ～ (＝wo) er noch studierte. 彼は自分がまだ大学生だったころのことを思い返してみた.

II 副 **1**《文頭で接続詞的に》→I 1 a ⑤

▽**2** (also) その〈この〉ように, それで: *Als* hatte der Kaiser befohlen. そのように皇帝が命令したのだった.

[<also; ◇*engl.* also]

als[2][als] 副 ▽**1** (immer, immer wieder) ずっと, 絶えず, 何度も; (bisweilen) ときおり: ～ weiter gehen どんどん先へ歩き続ける | Ich habe es ～ versucht. 私はそれを幾度もやってみた. **2**《西部》(halt, mal) まさしく; やっぱり; まあちょっと: Ich habe mich ～ ordentlich geärgert. 私は実に腹が立った | Schenk ～ ein! まあ一杯ついでくれよ. [*mhd.* allez◇; all[2]]

als≠bald[alsbált] 副 (sofort) すぐに, ただちに, 即刻; やがて. **≠bal·dig**[..báldıç][2] 形《付加語的》即時の. **≠dann**[..dán] 副 **1** (sodann) それから, そののち, 次に. **2**《南部》(also) それで, そこで; それでは: *Alsdann*, bis morgen. (別れの言葉として)ではまたあした. [<also]

Al·se[álzə] 女 -/-n (Maifisch)〘魚〙カワニシン(川鰊). [*lat.*－*fr.* alose]

al sec·co[al zέko·] ＝a secco

al se·gno[al zénjo·]《イタリア語》(bis zum Zeichen)〘楽〙アル=セーニョ, 記号(𝄋)のところまで演奏せよ.

als·fort[alsfɔ́rt] 副《西部》(unaufhörlich) 絶え間なく.

al·so[álzo·] 副 **1 a)**《接続詞的に; 文頭にも文中にも置くことができる》《帰結》だから, 従って, それゆえ, それで;《推定》してみると,〔それ〕では, そうなら,〔そうだと〕すると, さては;《要約・言い換え》つまり, 要するに, 結局, すなわち: Er war nicht da, ～ bin ich zurückgekommen. 彼がいなかった. だから私は帰って来た | Ich habe kein Geld, ich kann dir ～ nicht helfen. 私は金がない. 従って君を助けるわけにはいかない | Ich denke, ～ bin ich. われ思う ゆえに我あり (Descartes) ‖ Du kommst ～ nicht? そうすると君は来ないんだね | Es ist ～ wahr? するとそれは本当なんだね | *Also* hat er doch recht. してみるとやっぱり彼の言うとおりだ ‖ Sie sind ～ aus Hamburg hergekommen? つまりあなたはハンブルクからいらしたわけですね | Zwischen 8 und 9 Uhr soll ich ～ kommen? 要するに8時から9時までの間に来ればいいんですね.

b)《間投詞化して; 話者の決意・同意・譲歩・要求・催促・脅迫・驚き・安心などの気持を表す》さて, ところで, よし, まあ, ええと, さあ, それ, へえ, いやはや, やれやれ:〚文頭に置かれて〛*Also*, meine Damen und Herren! さて皆さん | *Also* gut! うんよろしい; まあいいや | *Also*, es bleibt dabei. よし既定方針どおりだ, それで決まった | *Also*, gehen Sie! よろしい行きたまえ | *Also* doch! ふんやっぱりね | *Also* los! さあ始めろ〈始めよう〉, さあ取り掛かれ〈取り掛かろう〉, さあ出発だ | *Also*, wenn du dich verspätest! いいか遅れたりなどするなよ | Welches Buch willst du haben? *Also?* どんな本が欲しいんだ ええ(返事を促して) | *Also*, so etwas! こいつは驚いた, こんなことって〔あるだろうか〕 ‖ Na ～! そらみろ | Na ～? (促して)さあどうだね, おいどうしたんだい | Nun ～! さあて それでねえ.

▽**2** (so) このように, 以下〈以上〉のように: *Also* sei es! Amen! かくあらしめたまえ アーメン |《*Also* sprach Zarathustra》『ツァラトゥストラはこう言った』(Nietzsche の著書). [*ahd.* al-so „eben so"; ◇all[2]]

Als-ob[als|ɔ́p] 中 -/〘哲〙かのように, 擬設(→als[1] I 1 b ⑤): die Philosophie des ～ かのようにの哲学(首唱者: ドイツの哲学者ハンス・ファイインガー Hans Vaihinger (1852-1933)).

▽**al·so≠bald**[alzobált] ＝alsbald **≠gleich** ＝sogleich

die **Al·ster**[1][álstər] 地名 女 -/ アルスター (Elbe 川の支流で, Hamburg の港に注ぐ).

Al·ster[2][‒] 女 -/-n《方》＝Elster[2]

Al·ster·au·ge《方》＝Elster〔n〕auge

alt[alt] **äl·ter**[έltər]/**äl·test** **I** 形 **1 a)** (英: *old*) (↔ jung) 老年〈高齢〉の: ein ～*er* Bauer 年をとった農民 | ein ～*er* Baum 老木 | ein ～*es* Gesicht haben 顔が老けている | *seine* ～*en* Tage 老後の日々, 晩年 | der ～*e* Wilhelm ヴィルヘルム老人〈じいさん〉; 晩年のヴィルヘルム ‖ *js.* *Alte* Dame《戯》…の母親 | *Alter* Herr (略 A. H.)《話》(大

A

学生の諸団体・クラブなどの)旧正会員, OB;〖スポーツ〗(32歳以上の)壮年選手 | *js.* *Alter* Herr《戯》…の父親 | *js.* *Alte* Herrschaften《戯》…の両親 ‖〖絶対的比較級で〗ein *älterer* Mann 中年〈年配〉の男 ‖〖述語的に〗Er ist schon ~. 彼はもう年寄りだ | Hier 〈Dort〉 **werde ich nicht ~.**《話》ここ〈あそこ〉には私は長くいられ〈いたく〉ない ‖〖名詞的に〗Da war〔en〕 **~ und jung 〈jung und ~〉** begeistert. そこでは老いも若きもみな熱狂していた ‖ →II 1 a, III
b) 年齢が…の, …の年齢の: Wie ~ bist du? 君は何歳かね | Er ist so 〈doppelt so〉 ~ wie ich. 彼は私とおない年だ〈私の倍の年齢だ〉| Man ist so ~, wie man sich fühlt. 年齢は当人の気の持ちようだ ‖ Der Bart macht ihn *älter*. ひげのせいで彼は実際より老けて見える | mein *älterer* Bruder 私の兄 ‖ Ich bin der *älteste* 〈am *ältesten*〉 in der Familie. 私は一家の最年長者だ | meine *älteste* Schwester 〈Tochter〉 私の長姉〈長女〉‖〖量を示す 4 格と〗Sie ist achtzehn Jahre ~. 彼女は18歳だ | Ich bin 〔um〕 drei Monate *älter* als er. 私は彼より 3 か月年長だ | mein fünf Wochen ~*es* Baby 私の生後 5 週間の赤ん坊 ‖〖名詞化して〗→III, IV
2 a) (↔neu) 古い, 古くからの, 昔ながらの; 年代物の; (↔frisch) 古くなった, 古びた; 使い古した: eine ~*e* Familie 由緒ある一家, 旧家 | Das ist aber die ~*e* Geschichte. それはもう聞きあきた話だ(→3) | das ~*e* Jahr 暮れ行く年, 旧年 | ~*e* Münzen 古銭 | ~*es* Obst 〈Brot〉 古くなった果物〈パン〉| ~*e* Schuhe はき古した靴 | ~*e* Sitte 古来の習俗, 旧習 ‖ die *Alte* Welt (新世界としてのアメリカに対する)旧世界, ヨーロッパ(ただし: die ~*e* Welt 昔の世界) ‖ *et.*[4] ~ kaufen …を中古で買う | Die Schlager sind schon ~. それらの流行歌はもう新味がない〈古臭い〉‖〖名詞的に〗Aus ~ mach neu! 古きを改めて新しいものを作りだせ ‖ Er ist noch immer der ~*e*. 彼はずうっと変わらない | Wir bleiben die ~*en*. 私たちの間の友情はいつまでも続く | Es bleibt alles beim ~*en*. 何もかも元どおりだ | *et.*[4] beim ~*en* lassen …をそのまま〈元どおり〉にしておく ‖ →II 1 b, 2
b) (…の)期間を経た: Unsere Schule ist so ~ wie das Rathaus. わが校は市役所と同じ年数がたっている | 〔Für〕 wie ~ schätzt du diese Brücke? この橋はできてから何年たつと思うか ‖ Meine Uhr ist *älter* als die deine. 私の時計は君のより古い ‖ die *älteste* Kirche in der Stadt 町で最古の教会 ‖〖4 格と〗mein drei Jahre ~*es* Auto 私の買って 3 年になる自動車 | Das Spiel ist gerade zehn Minuten ~.〖スポーツ〗試合は始まってちょうど10分たっている | Die Nachricht ist schon mehrere Tage ~. そのニュースはもう数日前のものだ.
3 (ehemalig) かつて〈以前〉の; (↔modern) 古代の: ~*e* Kirche (教父時代の)古代教会 | mein ~*er* Kommilitone 〈Schüler〉 私の昔の学友〈教え子〉| das ~*e* Rom 古代ローマ | die ~*en* Sprachen 古代諸言語; 古典語(ギリシア・ラテン語) | in ~*en* Tagen 〈Zeiten〉/in ~*er* Zeit 昔は | die gute ~*e* Zeit 古き良き時代, なつかしい昔の日々 | Der ~*e* Zweifel lebt wieder auf. (いったん薄れた)かつての疑念がまた頭をもたげる ‖ *Alte* Geschichte 古代史(→2 a) ‖〖官職名の前で無変化で〗~ Bundespräsident 元スイス連邦大統領(→alt..) ‖〖名詞的に〗→II 1 a
4 a) 《親しみをこめた呼びかけで》心安い: Na ~*er* Junge, wie geht's? やあ君 どんな具合かね. **b**) 《軽蔑的に》にくたらしい: Der ~*e* Schwätzer! このおしゃべり野郎め | Über den ~*en* Teppich bin ich gestolpert. あのカーペットのやつに私はつまずいたんだ.
II Al·te 《形容詞変化》**1 a**) 男女 老人; 親, 祖先; 《複数で》昔の人, 古代人(特に古代ギリシア・ローマ人): der ~ 《俗》おやじ; 親分, ボス, 上役 | mein ~*r* 《俗》私のおやじ〈亭主〉| die ~ 《話》おふくろ; (女の)親分, ボス, 上役 | meine ~ 《俗》私のおふくろ〈女房〉| die beiden ~*n* 《俗》両親 | polternder ~*r* 〖劇〗がみがみおやじ〔役〕| ~ und Junge 老いも若きもこぞって | **Wie die ~*n* sungen, so zwitschern auch die Jungen.** 《諺》この親にしてこの子あり, 親の手癖は子の手癖(親鳥が歌ったとおりにひな鳥もさえずる. sungen は sangen の古形. 押韻のため保存された). **b**) 男《オーストリア》昨年度のワイン, 古酒.
2 中 古い〈古くからの〉物事: am ~*n* rütteln 伝統〈旧習〉を「脅かす.」
III Äl·te·re 男女 《形容詞変化》年上の人, 年長者; 中年〈年配〉の人: die ~*n* in der Fabrik 工場の上役〈古参〉連中.
IV Äl·te·ste 男女 《形容詞変化》最年長者: die ~*n* des Dorfes 村の長老たち | mein ~*r* 私の長兄〈長男〉| meine ~ 私の長姉〈長女〉.
[*germ.* „aufgewachsen"; ◇Alt, Eltern, Alter; *engl.* old, elder]

alt.. 《職名を表す名詞につけて「(存命中の)元…」を意味する》: *Alt*bundespräsident (存命中の)元連邦大統領(ただしスイスではふつう alt Bundespräsident のように 2 語に分けて書く).

Alt[alt] 男 -s/-e **1** 《ふつう単数で》〖楽〗アルト(女性の最も低い声または少年の声の低音): einen herrlichen ~ haben すばらしいアルトの声を持っている. **2** アルト歌手. [*it.* alto; <*lat.* altus „hoch" (◇alt, Alumne)]

alt·ad〔e〕·lig[ált|a:d(ə)lɪç, ◡–(◡)◡][2] 形 古い貴族の〔出の〕.

der **Al·tai**[altá:i·, ..táɪ] 地名 男 -〔s〕/ (das **Al·tai·ge·bir·ge**[altá:i.., ..táɪ..] 地名 中 -s/)アルタイ(中国・モンゴル・シベリアにまたがる大山脈).

der **Al·tair**[altá:ɪr] 男 -s/ 〖天〗アルタイル(鷲(わし)座の首星で0.9等星, たなばた伝説の牽牛(けんぎゅう)星. Atair ともいう). [*arab.* al-tāir „der Fliegende"]

al·ta·isch[altá:ɪʃ] 形 アルタイ〔語〕の: →deutsch | ~*e* Sprachen アルタイ諸語.

Al·ta·mi·ra[altamí:ra·] 地名 アルタミラ(スペイン, サンタンデル Santander にある洞窟(どうくつ)で, 後期旧石器時代の壁画で有名).

Terrasse
Balustrade
Baluster
Altan

Al·tan[altá:n] 男 -〔e〕s/-e (方: **Al·ta·ne**[..nə] 女 -/-n) (建物の正面などにある, 柱で支えられた)バルコニー(→ 図). [*it.* ; <*lat.* altus (→Alt)]

alt≈an·ge·se·hen[ált|ángəze:ən] 形 昔から有名な: eine ~*e* Firma しにせ. **≈an·ge·ses·sen** =alteingesessen **≈an·ge·stammt** 形 昔から伝わった, 古来の, 伝統的な. **≈an·säs·sig** =alteingesessen

Al·tar[altá:r] 男 -〔e〕s/..täre[..tɛ́:rə] (教会・寺院・神殿などの)祭壇(→ 図): der ~ 〖天〗祭壇座 ‖ ***jn.* 〈*et.*[4]〉 auf dem ~ der Freundschaft 〈des Vaterlandes〉 opfern** …を友情〈祖国〉の犠牲にする | mit *jm.* vor den ~ treten/ ***jn.* zum ~ führen** 《雅》…と結婚する. [*lat.*–*ahd.*; ◇*engl.* alter]

Al·tar≈auf·satz 男 祭壇のついたて(→ 図 Altar A). **≈be·klei·dung** 女 = Antependium **≈bild** 中, **≈blatt** 中 祭壇画〔の画像〕. **≈decke** 女 祭台布(ミサのとき祭壇に敷く掛け布: → 図 Altar A). **≈ge·mäl·de** 中 = Altarbild **≈glocke** 女 祭鈴(さいれい). **≈platz** 男, **≈raum** 男 (教会内で)祭壇のある場所, 内陣. **≈sa·kra·ment** 中 聖体〔の秘跡〕. **≈schel·le** 女 =Altarglocke **≈tisch** 男 〖宗〗聖餐(せいさん)台〈卓〉. **≈tuch** 中 -〔e〕s/..tücher =Altardecke **≈vor·satz** 男 祭壇前飾り(→Antependium).

alt·backen[ált..] 形 (↔frischbacken) (パン・ケーキなどが)古くなった, もはや新鮮でない; 《比》(veraltet) 古臭い, 陳腐な.

Alt≈bau 男 -〔e〕s/-ten **1** (↔Neubau) 古い建物, 旧館. **2** =Altbauwohnung 2 **≈bau·er** 男 -n(-s)/-n **1** (↔Jungbauer) 老農夫. **2** (↔Neubauer) (旧東ドイツで,1945年の農地改革以前からの)旧農民(この区別は1960年廃止).

Alt·bau·woh·nung 女 **1** 古い建物の中にある住居〈住まい〉. **2** 〖法〗(旧西ドイツで1949年12月31日以前に建てられた)旧築住居 (Neubauwohnung との区別は1967年末日廃止).

alt≈be·kannt[áltbəkánt] 形 古くから知られた; 旧知の: ein ~*er* Freund 旧知の友. **≈be·rühmt** 形 古くから有

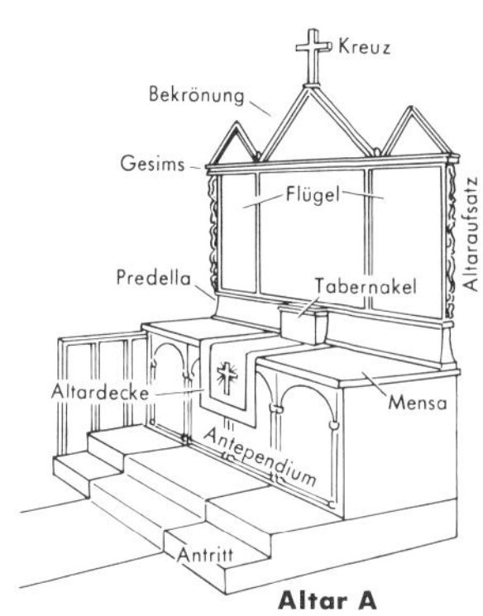

Altar A

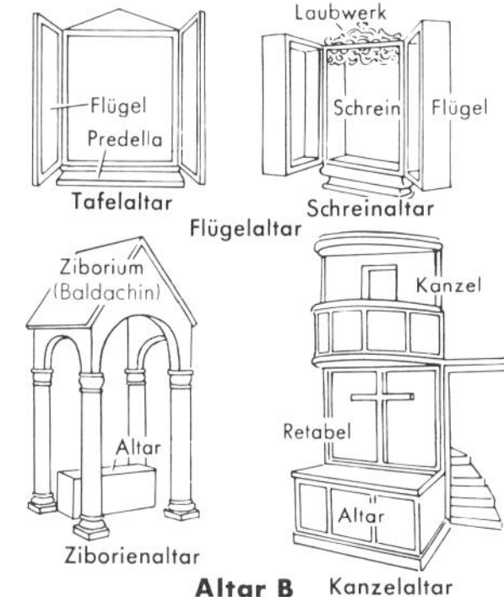

Altar B

名な.

Ạlt·be·sitz[ált..] 男 古くからの所有(物): Wertpapiere im ～ haben 古い有価証券を所有している.

ạlt·be·wạ̈hrt[áltbəvɛ́:ɐrt] 形 (効果・性能・友情などが)古くから実証済みの, 折り紙つきの, 定評のある.

Ạlt·block·flö̱·te[ált..] 女 〘楽〙 アルト=ブロックフレーテ(→Blockflöte 1).

Ạlt≠bun·des·kanz·ler[ált..] 男 (存命中の)元連邦首相. **≠bun·des·prä·si·dent** 男 (存命中の)元連邦大統領. **≠bür·ger·mei·ster** 男 (存命中の)元市長.

Ạlt·chen[áltçən] 中 ＝Alterchen

ạlt≠christ·lich[ált..] 形 〘史〙 古代(初期)キリスト教の. **≠deutsch** 形 **1** 古ドイツ風(型・様式)の: ～*e* Stilmöbel 古ドイツ様式(特に15-16世紀)の家具類. **2** 古ドイツ語 (althochdeutsch と mittelhochdeutsch の総称)の. **3** 《話》時代遅れの, 旧式な; 実直な; 風変わりな: 〖副詞的に〗～ reden 率直(単刀直入)に話す(→deutsch I 2).

Ạlt·dorf[áltdɔrf] 地名 アルトドルフ(スイス Uri 州の州都. Tell の伝説によって知られる).

Ạlt·dor·fer[..dɔrfɐr] 人名 Albrecht ～ アルブレヒト アルトドルファー(1480頃 -1538; ドイツの画家).

Ạl·te[áltə] →alt II

ạlt≠ẹhr·wür·dig[ált|é:ɐrvʏrdɪç][2] 形 年代を経て(年をとって)威厳を備えた, 神さびた. **≠ei̱n·ge·ses·sen** 形 古くから定住している, 土着の.

Ạlt·ei·sen[ált..] 中 古鉄, くず鉄.

▽**ạ̈l·teln**[ɛ́ltəln] 《06》 ＝altern

ạlt·ẹng·lisch[ált|ɛŋlɪʃ] 形 〔中世〕初期イギリスの; 〘言〙 古英語 (Old English) の: →deutsch

Ạl·ten≠heim[áltən..] ＝ Altersheim **≠herr·schaft** 女 (Gerontokratie) 老人支配. **≠hil·fe** 女 -/ 老人扶助(介護). **≠pfle̱·ge** 女 老人介護(介助). **≠pfle̱·ger** 男 (女 ≠pfle·ge·rin)老人介護(介助)人(職業名). **≠teil** 中 (特に農民の)隠居後の財産の保留分; 隠居後の居宅: *sich*[4] **aufs ～ setzen**/*sich*[4] **aufs** 〈**ins**〉 **～ zurückziehen** 《比》隠退(退職)する | ***jn.* aufs ～ abschieben** 〈**setzen**〉《比》…を隠退(退職)させる. **≠tei·ler** 男 隠退(隠居)した人. **≠wo̱hn·heim** 中 有料老人ホーム, シルバーマンション.

Ạl·ter[áltɐr] **I** 中 -s/- **1 a)** 年齢, 年配; (事物の)年数, 古さ; ▽(Dienstalter) 勤務年数, 年功序列: im gleichen ～ sein 〈stehen〉 同年配である | Er ist im besten 〈in meinem〉 ～. 彼は男盛り(私と同じ年ごろ)だ | Sie ist im kritischen ～. 彼女は更年期にある | Er starb im ～ von 60 Jahren. 彼は60歳で死んだ | Das Kind ist für sein ～ groß. その子は年のわりに大きい | mit zunehmendem ～ 年をとるにつれて ‖ Die Stadt hat ein ～ von 1 000 Jahren. その町はできてから1000年になる | das ～ eines Bildes feststellen 絵が何年前のものかを確定する. **b)** 《集合的に》ある年齢層(の人々): das reifere ～ 熟年(壮年)層.

2 《単数で》(↔Jugend) **a)** 老年, 高齢; 老年期; (事物の)長い歳月: **ein biblisches ～** 非常な高齢 ‖ am 〔hohen〕 ～ sterben 高齢になって死ぬ | für *sein* ～ vorsorgen 老後に備える | ***Alter* schützt vor Torheit nicht.** 《諺》年をとってもばかなまねはするものだ(特に男女の愛情関係について). **b)** 《集合的に》老人, 年寄り: Man soll das ～ ehren. 老人は敬わねばならない | Diese Maßnahme fand beim ～ wenig Anklang. この措置は老人たちにはあまり評判がよくなかった ‖ Das ～ hat die Handschriften brüchig gemacht. 年を経たために手写本(原稿)はぼろぼろになってしまった.

▽**3** (Zeitalter) 時期, 時代: Mittel*alter* 中世〔期〕.

II →alt II 〔*germ.*; ◇alt〕

ạ̈l·ter alt の比較級.

ạl·te·ra pạrs[áltera· párs] 《ラテ語》 (der andere Teil) 相手方: →audiatur et altera pars 〔◇Part〕

Al·te·ra·tio̱n[alteratsió:n] 女 -/-en **1** 変化; 変更, 改変. ▽**2** 動揺, 狼狽(ろうばい); 興奮, 憤慨, 激昂(げっこう). **3** 〘楽〙 (和音の半音階的な)変化〔音〕. 〔*mlat.*; ◇alterieren〕

Ạl·ter·chen[áltɐrçən] 中 《年輩の男に対する呼びかけの愛称として無冠詞・無変化で》おじちゃん, おっちゃん, おじいちゃん.

Ạ̈l·te·re →alt III

Ạl·ter ẹgo[áltɐr é(:)go·, áltɛr –] 中 --/ (das andere Ich) 別の(もう一人の)自己; 自己の分身; 《比》無二の親友; 腹心, かた腕. 〔*lat.*; ◇alterieren〕

ạlt·er·fa̱h·ren[ált|ɛrfá:rən] 形 古くから経験を積んだ, 老練な.

al·te·ri̱e·ren[alterí:rən] 他 (h) **1** (abändern) 変化させる; 変更する: ein *alterierendes* Mittel 〘医〙 体質改善薬. ▽**2** (aufregen) 興奮(激昂(げっこう))させる: 再帰 *sich*[4] ～ 興奮(激昂)する. **3** 〘楽〙 (和音を半音階的に)変化させる: ein *alterierter* Akkord 変化和音. 〔*spätlat.*; ＜*lat.* alter „der andere"〕

Al·te·ri·tä̱t[alteritɛ́:t] 女 -/ (Anderssein) 異っていること; 〘哲〙 他在.

ạl·ter·lo̱s[áltɐrlo:s][1] 《オース・スイ》 ＝alterslos

Al·ter·mann 男 -〔e〕s/..männer ＝Alderman

▽**Ạ̈l·ter≠mann**[ɛ́ltɐr..] 男 -〔e〕s/..männer 同業組合長. **≠mut·ter** 女 -/..mütter 《方》〔曾(そう)〕祖母; 祖先(女).

ạl·tern[áltɐrn] 《05》 **I** 自 (s, h) 年をとる, 老いる, 老齢化する; (金属・機械・器具などが)老〔朽〕化する; (酒などが)変質する: Er ist stark *gealtert*. 彼はすっかり老け込んでしまった. **II** 他 (h) 《*jn.*》老け〔て見え〕させる; 《*et.*[4]》老化させる; (酒などを)熟成させる. 〔＜Alter〕

Al·ter·nạnt[altɛrnánt] 男 -en/-en 〘言〙 (Graphem, Morphem, Phonem などに見られる)交替形.

Al·ter·nạnz[..nánts] 女 -/-en **1** 交互生起; 交替; (果

樹の)豊凶交替;〘植〙互生葉序. **2** =Alternation 2

Al·ter·nat[..ná:t] 中 -[e]s/ (条約署名のときなどの)順位交換の儀礼.

Al·ter·na·tion[..natsió:n] 女 -/-en **1** 交互生起; 交替. **2**〘言〙異形交替(意味の変化を伴わない異形・異態の存在. 複数形が2種あることなど). [*spätlat.*]

al·ter·na·tiv[altɛrnatí:f][1] **I** 形 **1 a)** (wahlweise) 選択的な, どれか一つの, どちらか一方の; 代わりの, 別の, 代案〈対案〉としての; 対立した, 反対の: ～ zwei Vorschläge machen どちらかを選ぶようにと2種類の提案をする. **b)**〘政〙Alternativbewegung を支持する. **2** (wechselnd) 交互の, 交代の: ～ stehende Blätter〘植〙互生葉.

II Al·ter·na·ti·ve[1] 男 女《形容詞変化》=Alternativler [*mlat.–fr.*]

Al·ter·na·tiv·be·we·gung[altɛrnatí:f..] 女 (現代社会の自然環境破壊や人間疎外などに反対する)対案提唱運動.

Al·ter·na·ti·ve[2] →alternativ II

Al·ter·na·ti·ve[3][altɛrnatí:və] 女 -/-n **1** 二者間の一つの選択, 二者択一: vor der ～ stehen/vor die ～ gestellt sein 二者択一を迫られている | *jn.* vor die ～ stellen …に二者択一〈二つに一つの決断〉を迫る. **2** 選択肢(いくつかの選択の対象から選び得る一つの方法・可能性); 代案, 別の可能性: verschiedene ～*n* zur Lösung 解決のためのさまざまな方法 | keine andere ～ haben 他にすべがない.

Al·ter·na·tiv≈ener·gie[..tí:f..] 女 代替エネルギー. **≈ent·wurf** 男 (政府提出の法案に対する野党の)対案. **≈fra·ge** 女〘言〙二者択一疑問文(→Doppelfrage). **≈kost** 女 (化学肥料や化学添加剤などを使わない)自然食.

Al·ter·na·tiv·ler[..lər] 男 -s/- 対案提唱運動をする人(→Alternativbewegung).

Al·ter·na·tiv·ob·li·ga·tion 女〘法〙選択債務.

al·ter·nie·ren[altɛrní:rən] 自 (h) 交互に起こる;《mit *jm.* 〈*et.*[3]〉》(…と)交代する: *alternierende* Pulse〘医〙交互脈 | *alternierender* Strom〘電〙交流. [*lat.*; < *lat.* alternus „abwechselnd" (◇alterieren)]

Al·terns≈for·schung[áltərns..] 女 老化研究, 老人医学. **≈vor·gang** 男 老化〔過程〕. [< altern]

alt·er·probt[ált|ɛrpró:pt] 形《比較変化なし; 副詞的用法なし》試しぬかれた, 多くの試練に耐えてきた, 折り紙つきの: ～*e* Methoden 試しぬかれた〔確実な〕方法 | ein ～*er* Soldat 老練な兵士.

al·ters[áltərs] 副 (je) かつて:〘もっぱら次の成句で〙**von ～ her/seit ～**〔**her**〕《雅》昔から | ᵛ**vor ～** かつて, 以前は. [< Alter]

Al·ters≈ab·bau 男 -[e]s/ 老衰. **≈an·zei·chen** 中 老化のきざし. **≈asyl** 中 (Altersheim)(スイスの)老人ホーム. **≈auf·bau** 男 -[e]s/ (集団・住民の)年齢構成.

al·ters·be·dingt 形 年齢に制約された; 老齢に由来〈起因〉する.

Al·ters≈be·schwer·den 複 老人性疾患〈障害〉, 老人病. **≈be·stim·mung** 女〘林・畜〙年齢測定;〘鉱・史〙時代〈年代〉鑑定. **≈blöd·sinn** 男〘医〙老人ぼけ. **≈diät** 女 老人食. **≈ei·gen·sinn** 男 =Altersstarrsinn **≈er·schei·nung** 女 老化現象. **≈fleck** 男 -s/-e《ふつう複数で》老人性色素斑(はん). **≈fol·ge** 女 年齢〈古参〉順. **≈for·schung** =Alternsforschung **≈frei·be·trag** 男 老齢免税所得額. **≈für·sor·ge** 女 老齢者保護〈援護〉, 老人福祉〔事業〕. **≈ge·nos·se** 男 (女 ≈genos·sin) 同年齢〔同輩・同世代〕の人. **≈glie·de·rung** 女 =Altersaufbau **≈gren·ze** 女 (権利・義務の生じる)年齢の限界〈制限〉; 定年〔年齢〕. **≈grup·pe** 女 年齢集団, 同年齢グループ.

al·ters·hal·ber[áltərshalbər] 副 老齢のために.

Al·ters≈heil·kun·de 女 -/ 老人医学(老化予防・老人病治療). **≈heim** 中 老人ホーム, 養老院(→Altersasyl, Feierabendheim, Versorgungshaus). **≈hoch·druck** 男 -[e]s/ 老人性高血圧. **≈jahr**《スイ》=Lebensjahr **≈klas·se** 女 **1** =Altersgruppe **2**〘スポ〙年齢別クラス;〘林〙樹齢区分. **≈krank·heit** 女 老人病. **≈kri·mi·na·li·tät** 女 老年〈老人〉犯罪. **≈lei·den** 中 =Alterskrankheit

al·ters·los[áltərslo:s][1] 形《雅》年齢のない, 若いか年老いているか不分明の.

Al·ters·ma·ras·mus 男〘医〙老衰.

al·ters·mä·ßig 形 年齢に即した, 年齢による.

Al·ters≈me·di·zin 女 老人医学. **≈pen·sion** 女《オーストリア》養老〈老齢〉年金. **≈prä·si·dent** 男 (正式の議長選出まで代行を務める最年長者としての)座長; (学会などの)最長老. **≈py·ra·mi·de** 女 年齢構成のピラミッド型分布. **≈ren·te** 女, **≈ru·he·geld** 中 養老〈老齢〉年金. **≈schicht** 女 年齢層.

al·ters·schwach 形 老衰〈老朽〉した.

Al·ters≈schwä·che 女 -/ 老衰. **≈schwach·sinn** 男 老人性痴呆.

al·ters·sich·tig 形 老視の, 老眼の.

Al·ters≈sich·tig·keit 女 -/ 老視, 老眼. **≈sitz** 男 隠居所. **≈so·zio·lo·gie** 女 老人社会学. **≈sport** 男 老人スポーツ. **≈star** 男〘医〙老人性白内障. **≈starr·sinn** 男 老人のがんこさ, 老いの一徹. **≈struk·tur** 女 =Altersaufbau **≈stu·fe** 女 年齢段階〈階層〉, 年齢層. **≈un·ter·schied** 男 年齢差. **≈un·ter·stüt·zung** 女 老齢者扶助〈手当〉. **≈ver·si·che·rung** 女 養老保険. **≈ver·sor·gung** 女 老齢者に対する扶助〈生活保障〉; 老齢年金. **≈werk** 中 晩年の作品. **≈wis·sen·schaft** 女 (Gerontologie) 老人医学, 高齢学. **≈zu·la·ge** 女, **≈zu·schlag** 男 年功加俸.

Al·ter·tum[áltərtu:m] 中 -s/..tümer[..ty:mər] **1**《単数で》古代: das graue ～ 太古 | das klassische ～ (ギリシア・ローマの)古典古代 | erdgeschichtliches ～ 古生代. **2**《複数で》古代文化遺産; 古代の骨董(こっとう)〈古美術品〉.

Al·ter·tü·me·lei[altərty:məlái] 女 -/-en 古風をまねること; 好古趣味.

al·ter·tü·meln[áltərty:məln]《06》自 (h) 古風をまねる; 好古〈擬古〉趣味がある: eine *altertümelnde* Ausdrucksweise 古風な〈古めかしい〉表現法.

Al·ter·tüm·ler[..ty:mlər] 男 -s/- 古風をまねる人, 好古家.

al·ter·tüm·lich[..lıç] 形 古代の; 古風な, 古めかしい.

Al·ter·tüm·lich·keit[..kaıt] 女 -/-en **1**《単数で》古めかしさ, 古風. ᵛ**2** 古事, 古物, 骨董(こっとう)品.

Al·ter·tums≈for·scher[áltərtu:ms..] 男 古代研究家; 考古学者. **≈for·schung** 女 -/, **≈kun·de** 女 -/, **≈wis·sen·schaft** 女 -/ 古代研究, 古代学, 考古学.

Al·te·rung[áltərʊŋ] 女 -/ (altern すること. 例えば:) 老齢化; 老化; (酒などの)熟成.

al·te·rungs·be·stän·dig 形 (金属・機械・器具などが)老〔朽〕化しない.

Äl·ter·va·ter[ɛ́ltər..] 男《方》〔曾(そう)〕祖父; 祖先(男).

äl·test I alt の最上級. **II Äl·te·ste** →alt IV

Äl·te·sten≈rat[ɛ́ltəstən..] 男 -[e]s/..räte **1** 長老会議. **2**〘政〙議院運営委員会;《単数で》(ドイツの)連邦議会(下院)議長補佐機構. **≈recht** 中 -[e]s/ (↔Jüngstenrecht) (Seniorat)〘法〙長子相続権.

alt≈frän·kisch[ált.., ◡◡◡] 形 **1** 古フランケン〔語〕の: →deutsch **2** 古フランク族の;《比》古臭い, 旧弊な, 時代遅れの; 粗野な, うす汚い. **≈fran·zö·sisch**[また: ◡◡⏗◡] 形 古フランス〔語〕の: →deutsch **≈frie·sisch** 形 古フリース〔語〕の: →deutsch

alt·ge·dient[áltgədí:nt] 形 永年勤続の, 古参の, 老練な.

Alt·gei·ge[ált..] 女 (Bratsche)〘楽〙ヴィオラ; ヴィオラ=アルタ. [< Alt]

Alt≈geld[ált..] 中 (1948年の通貨改革以前の)旧貨幣. **≈ge·sel·le** (**≈ge·sell**) 男 最古参の職人, 職人頭(がしら).

alt·ge·wohnt[áltgəvó:nt] 形 古くから慣れている, なじみの深い: der ～*e* Weg 通い慣れた道.

alt≈gläu·big[ált..] 形 古い信仰を墨守(ぼくしゅ)する: der *Altgläubige* (ロシア正教会の)古儀式派の教徒. **≈grie·chisch** 形 古代ギリシア〔語〕の: →deutsch

Al·thäe[alté:ə] 女 -/-n =Althee

Alt·händ·ler[ált..] =Altwarenhändler

Al·thee[alté:(ə)] 女 -/-n[..té:ən]〘植〙ウスベニタチアオイ(→Eibisch); アルテア根(この植物の根から作ったせきどめ薬). [*gr.*–*lat.*; <*gr.* álthein „heilen"]

alt⸗her·ge·bracht[álthé:r..] 形, **⸗her·kömm·lich** 形 古くからの, 昔ながらの, 伝統(因襲)的な.

Alt·her·ren·mann·schaft[althérən..] 女〘スポ〙(公式試合に出ない大学の)壮年者チーム(→alt I 1 a).

Alt·her·ren·schaft 女 -/-en《集合的に》(大学の)先輩たち, 同窓会会員(→alt I 1 a). [<Herr]

alt·hoch·deutsch[áltho:xdɔʏtʃ] 形(略 ahd.)古高ドイツ語の: →deutsch
★ →付録: ドイツ語の歴史.

Al·ti·graph[altigrá:f] 男 -en/-en 自記高度計.

Al·ti·me·ter[..mé:tər] 中(男) -s/- 高度計. [<*lat.* altus (→Alt)]

alt·in·disch[ált|índɪʃ] 形 古代インド〔語〕の: →deutsch

Alt·in·stru·ment[ált..] 中〘楽〙アルト楽器.

alt·is·län·disch[また: ⏑⏑⏑⏑] 形(Edda[2] などで用いられた9–16世紀の)古アイスランド〔語〕の(→altnordisch): →deutsch

Al·tist[altíst] 男 -en/-en〘楽〙(ふつう少年の)アルト歌手. [*it.*]

Al·ti·stin[..tístɪn] 女 -/-nen (女性の)アルト歌手.

Alt·jahrs⸗abend[áltja:rs.., ⏑⏑–⏑, ⏑⏑–⏑] 男《方》(Silvesterabend) 大みそかの晩. **⸗tag** 男《オーストリア》大みそか, 大つごもり.

alt·jüng·fer·lich[altjýŋfər.., ⏑⏑⏑⏑, ⏑⏑⏑⏑] 形 ハイミス(オールドミス)のような, 気むずかしい, こうるさい.

Alt·kanz·ler[ált..] 男(存命中の)元首相.

Alt·ka·tho·lik 男 古カトリック〔派〕教徒(1869–70の公会議で発せられたローマ教皇不可謬(ふびゅう)説に反対して教団を作った).

alt·ka·tho·lisch 形 古カトリック派の.

Alt·ka·tho·li·zis·mus 男 古カトリック派の教義.

Alt·kla·ri·net·te[ált..] 女〘楽〙アルト=クラリネット.

alt·klug[áltklu:k, ⏑–][1] 形(子供などが)おとなびた, ませた, こましゃくれた, こざかしい.

Alt·klug·heit[..haɪt, ⏑––] 女 -/ altklug なこと.

Alt·la·ge[ált..] 女〘楽〙アルト〔の音域〕.

Alt·last 女《ふつう複数で》(ごみ捨て場などの, 環境汚染の危険のある)古い塵芥(じんかい)(廃棄物);《比》昔から引きついだ重荷.

ält·lich[ɛ́ltlɪç] 形 やや年をとった, もう若くはない.

Alt·ma·te·rial[ált..] 中 古物, くず物, 廃物, 廃品.

Alt·ma·te·rial⸗han·del 男 -s/ 古物(くず物)売買〔業〕. **⸗händ·ler** 男 古物商〔人〕. **⸗samm·lung** 女 廃品蒐集(回収).

Alt⸗mei·ster 男 **1**〘史〙(同業組合の)組合長. **2**(専門分野の)大長老, 大御所, 巨匠. **3**〘スポ〙前(元)チャンピオン. **⸗me·tall** 中 古金属, (特に:) くず鉄, スクラップ.

alt·mo·disch[áltmo:dɪʃ] 形 流行(時代)遅れの, 旧式の, 古風な.

alt·nor·disch[áltnɔrdɪʃ, ⏑⏑⏑] 形 古代北欧の; 古ノルド語の(古アイスランド語・古ノルウェー語・古スウェーデン語・古デンマーク語を含む): →deutsch

Alt·oboe[ált..] 女〘楽〙アルト=オーボエ.

Al·to·ku·mu·lus[altokú:mulʊs] 男 -/..li[..li·]〘気象〙高積雲. [<*lat.* altus (→Alt)]

Alt·öl[ált..] 中 廃油.

Al·to·na[áltona·] 地名 アルトナ(Hamburg 市の一部). [<*ndd.* al to na „allzu nahe (an Hamburg)"]

Al·to·stra·tus[altostrá:tʊs, ..tɔs..] 男 -/..ti[..ti·]〘気象〙高層雲. [<*lat.* altus (→Alt)]

Alt·pa·pier[ált..] 中 -s/ 使い古しの紙, ほご, くず紙, 故紙.

Alt·pa·pier·samm·lung 女 故紙収集, くず紙回収.

Alt·par·tie[ált..] 女〘楽〙アルトの声部.

Alt⸗phi·lo·lo·ge[ált..] 男(→ ..loge) 古典語学(文献学)者, 古典文学研究家. **⸗phi·lo·lo·gie** 女 -/ 古典語学, 古典文献学, 古典文学研究.

alt·phi·lo·lo·gisch 形 古典語学(文献学)の, 古典文学研究の.

Alt·po·sau·ne[ált..] 女〘楽〙アルト=トロンボーン.

Alt·preu·ßen[ált..] 地名(1806年以前からの, 特に東部の)旧プロイセン〔領〕.

alt·preu·ßisch[áltprɔ́ʏsɪʃ] 形 **1** 旧プロイセン〔領〕の. **2** 古プロイセン語(17世紀に死滅したバルト語の一語派)の: →deutsch

Alt·reich[ált..] 中 -〔e〕s/ (1938年のオーストリア合併以前の)旧ドイツ帝国.

Alt·rei·fen 男 古タイヤ.

der **Alt·rhein**[áltraɪn] 地名 男 -〔e〕s/ アルト=ライン(沼沢化した Rhein 川の旧水路).

alt·ro·sa 形《無変化》紫色がかったバラ色の.

Al·tru·is·mus[altruísmʊs] 男 -/ (↔Egoismus) 利他主義, 愛他心. [*fr.*; <*lat.* alter (→alterieren)]

Al·tru·ist[..truíst] 男 -en/-en 利他主義者. [*fr.*]

al·trui·stisch[..truístɪʃ] 形 利他主義の, 愛他的な.

alt·säch·sisch[ált..] 形 古ザクセン〔語〕の: →deutsch

Alt⸗sän·ger[ált..] 男 = Altist **⸗sän·ge·rin** 女 = Altistin **⸗sa·xo·phon** 中〘楽〙アルト=サクソフォーン. **⸗schlüs·sel** 男〘楽〙アルト記号.

Alt⸗schnee[ált..] 男(↔Neuschnee)(降ってから日数のたった)根雪. **⸗schrift** 女 -/ (Antiqua)〘印〙アンティーク体, ローマン字体. **⸗sil·ber** 中 いぶし銀. **⸗sitz** 男 = Altenteil

Alt·sprach·ler 男 -s/- 古代語(古典語)学者.

alt·sprach·lich 形 古代語(古典語)の.

Alt·stadt 女(↔Neustadt) 旧市街地区.

Alt·stadt·sa·nie·rung 女 旧市街地再開発.

Alt·stein·zeit 女 -/ (Paläolithikum)〘人類〙旧石器時代.

alt·stein·zeit·lich 形 旧石器時代の.

Alt·stim·me[ált..] 女〘楽〙アルトの〔音域をもつ〕声; アルト声部.

Alt·stoff[ált..] 男 廃品, くず.

Alt·stoff·samm·lung 女 廃品回収.

alt·te·sta·men·ta·risch 形〘キリスト教〙旧約聖書に由来する(記された); 旧約聖書的な.

Alt·te·sta·ment·ler 男 旧約聖書学者(研究家).

alt·te·sta·ment·lich 形 **1** 旧約聖書に関する. **2** = alttestamentarisch

Alt·tier 中〘狩〙(妊娠・出産の経験のある)雌ジカ.

alt⸗über·kom·men[ált|y:bərkɔ́mən], **⸗über·lie·fert** 形 古来(在来)の, 昔ながらの, 伝統的な.

Al·tung[áltʊŋ] 女 -/-en (男 -s/-e)〘坑〙採掘跡, 廃坑, ふると.

Alt·va·ter[ált..] 男 祖先; 家長, 族長; 長老, 古老.

alt⸗vä·te·risch 形(altmodisch) 古風な; 昔なつかしい. **⸗vä·ter·lich** 形(ehrwürdig) 威厳のある; 時代がかった.

alt·ver·traut[altfɛrtráʊt] 形 古くから慣れ親しんだ, なじみの, 旧知の.

Alt·vor·dern[áltfɔrdərn] 複《雅》祖先の人々. [<vorder II]

Alt·wa·ren 複 中古品, 古道具, 骨董(こっとう)品.

Alt·wa·ren⸗han·del 男 -s/ 古道具商, 骨董品売買. **⸗händ·ler** 男 古道具屋, 骨董商人.

Alt·was·ser 中 -s/- (蛇行した旧河流のなごりの)三日月湖.

Alt·wei·ber⸗fa·bel[altváɪbər..] 女 = Altweibermärchen **⸗fas〔t〕·nacht** 女《方》Aschermittwoch の前週の木曜日. **⸗ge·schwätz** 中, **⸗ge·wäsch** 中, **⸗klatsch** 男 くだらぬおしゃべり, むだ話. **⸗kno·ten** 男〘海〙(すぐほどけるような)へたな結び目. **⸗mär·chen** 中 (Ammenmärchen)(信用できない)作り話. **⸗som·mer** 男 **1**(秋になってからのうららかな)小春日和. **2**《単数で》(晴れた秋空にただよう)クモの糸.

alt·welt·lich[ált..] 形(新大陸たるアメリカに対する)旧世界の.

Alt·woh·nung = Altbauwohnung

Alt·zei·chen[ált..] 中〘楽〙アルト記号.

Alu[á:lu·] 中 -s/ (<Aluminium)《話》アルミニウム.

Alu·fo·lie[á:lufo:liə] = Aluminiumfolie

alu·me·tie·ren[alumetí:rən] 他 (h)〘工〙(鋼板などを)アルミニウムで処理する.

Alu·mi·nat[aluminá:t] 中 -〔e〕s/-e〘化〙アルミン酸塩,

A

礬土(ばんど)酸塩. [<..at]

alu·mi·nie·ren[..ní:rən] 他 (h) アルミニウムで処理する, アルミめっきする.

Alu·mi·nit[..ní:t, ..nít] 男 -s/ 《鉱》 礬土(ばんど)石, アルミナイト. [<..it[2]]

Alu·mi·nium[alumí:niʊm] 中 -s/ 《化》 アルミニウム(金属元素名; 記号 Al). [<*lat.* alūmen „Alaun" (◇Alaun)]

Alu·mi·nium≠blech 中 アルミニウム板. **≠do·se** 女 アルミニウム製の缶, アルミ缶. **≠druck** 男 -(e)s/-e(Algraphie) 《印》 アルミニウム平版. **≠fo·lie**[..liə] 女 アルミ箔(はく). **≠hüt·te** 女 アルミニウム精錬工場. **≠lun·ge** 女 《医》 アルミニウム肺症(職業病の一種). **≠oxyd** 中 《化》 酸化アルミニウム, アルミナ. **≠staub·lun·ge** =Aluminiumlunge

Alu·mi·no·ther·mie[aluminotɛrmí:] 女 -/ 《金属》 テルミット法, アルミ燃熱(ねつ)法. [<thermo..]

Alum·nat[alʊmná:t] 中 -(e)s/-e (しばしば無料の)全寮制学校; 学寮, 寄宿舎; 《オーストリア》(教団経営の)〔全寮制〕神学校.

Alum·ne[alʊ́mnə] 男 -n/-n, **Alum·nus**[..nʊs] 男 -/..nen[..nən] Alumnat の生徒. [*lat.* alumnus „Zögling"; <*lat.* alere „nähren" (◇Alt)]

al·veo·lar[alveolá:r] **I** 形 **1** 《解》 胞状の, 肺胞の; 歯槽の. **2** 《言》 歯茎音の. **II** **Al·veo·lar** 男 -s/-e 《言》 歯茎音(例 [t][d][n][l][r][s]; Dentale と特に区別する場合は [t̲] のように補助記号 _ を下につける).

al·veo·lär[..lɛ́:r] 形 はちの巣状の; 肺胞(歯槽)の.

Al·veo·le[alveó:lə] 女 -/-n 《解》 肺胞; 歯槽. [<*lat.* alveus „Höhlung"]

Al·veo·lo·pa·la·tal[alveolopalatá:l] 男 -s/-e 《言》 歯茎〔硬〕口蓋(こうがい)音(例 [ç][ʑ]).

Al·weg·bahn[álve:k..] 女 (跨座(こざ)式の)〔アルヴェーク型〕モノレール, 単軌鉄道. [<A. L. Wenner-Gren (スウェーデンの企業家, †1961)]

Al·win[álvi:n] 男名 アルヴィーン. [<*ahd.* adal „edel" (◇edel)+wini „Freund"]

Alz·hei·mer[áltshaɪmər] 人名 Alois ～ アーロイス アルツハイマー(1864-1915; ドイツの神経科医, 精神病医; アルツハイマー病の発見者).

Alz·hei·mer·sche Krank·heit[..mərʃə..] 女, **Alz·hei·mer-Krank·heit**[áltshaɪmər..] 女 《医》 アルツハイマー病(老人性痴呆症の一種).

am[am] <an dem

a. m. 略 **1** [a:|ɛ́m]=ante meridiem **2** =anno mundi **3** =ante mortem

a. M. 略 =am Main マイン河畔の.

Am[a:|ɛ́m, amerí:tsiʊm] 記号 (Americium) 《化》 アメリシウム.

AM[a:|ɛ́m] 略 =Amplitudenmodulation

ama·bi·le[amá:bilə, ..le·] 副 (lieblich) 《楽》 愛らしく, アマービレ. [<*lat.* amāre (→Amor)]

Ama·de·us[amadé:ʊs] 男名 アマデーウス. [<*lat.* amā „Liebe!"+deus „Gott"]

Amal·ber·ga[amalbɛ́rga·] 女名 アマルベルガ.

Ama·ler[á:malər] 男 -s/- 《ふつう複数で》 アーマラー (Ostgoten の王族で, その最も有名な人物は Theoderich 大王: →Amelung). [<*ahd.* amal „Kampf"]

Amal·gam[amalgá:m] 中 -s/-e 《化》 アマルガム(水銀と他の金属との合金); 《比》 融合物. [*arab.*–*mlat.*]

Amal·ga·ma·tion[amalgamatsió:n] 女 -/-en **1** 《化・工》 アマルガム法, 混汞(こう)法. **2** =Amalgamierung

amal·ga·mie·ren[..mí:rən] 他 (h) **1** アマルガム(水銀との合金)を作る; 《比》 (いくつかの要素を)混和する, 融合させる. **2** (アマルガム法によって)金(銀)を精錬する. [*mlat.*]

Amal·ga·mie·rung[..rʊŋ] 女 -/-en amalgamieren すること.

Ama·lia[amá:lia·] 女名 アマーリア.

Ama·lie[..liə] 女名 (<Amalberga) アマーリエ.

Aman·da[amánda·] 女名 アマンダ.

Aman·dus[..dʊs] 男名 アマンドゥス. [*lat.* amandus „liebenswert"; ◇amabile]

▽**Ama·nuen·sis**[amanuɛ́nzɪs] 男 -/..ses[..ze:s] (筆写)助手, 書記, 秘書. [*lat.*; <*lat.* manus (→Manual)]

ama·rant[amaránt] **I** =amaranten **II** **Ama·rant** 男 -s/-e **1** 《植》 アマランサス(ヒユ科に属するヒユ・ハゲイトウなど). **2** 《化》 アマランサス(深紅色の色素). **3** 不凋(ふちょう)花(永久にしおれないという伝説上の花). [*gr.* a-márantos „unverwelklich"–*lat.*; <*gr.* maraínein „auslöschen"; ◇*engl.* amaranth(ine)]

ama·ran·ten[..tən] 形, **ama·rant·rot** 形 深紅色の.

Ama·rel·le[amarɛ́lə] 女 -/-n スミノザクラ(酸味の強いサクランボ). [*mlat.*; <*lat.* amārus „bitter" (◇Ampfer)]

Ama·ryl[amarý:l] 男 -s/-e 商標 アマリュル(淡緑色の合成サファイア).

Ama·ryl·lis[..lɪs] 女 -/..ryllen[..lən] 《植》 アマリリス. [*lat.*; 羊飼いの少女の名]

Ama·teur[amatǿ:r] 男 -s/-e **1** (職業としてでなく, 趣味として行う)アマチュア, 愛好家; (くろうとに対する)しろうと. **2** (↔Profi) アマチュア選手. [*lat.* amātor–*fr.*; ◇Amor]

amateur.. 《名詞につけて「しろうとの, アマチュアの」などを意味する》: *Amateur*boxer アマチュアボクサー | *Amateur*detektiv しろうと探偵.

Ama·teur≠be·stim·mun·gen[amatǿ:r..] 複 《スポーツ》 アマチュア規定. **≠film** 男 アマチュア映画.

Ama·teur·fil·mer 男 -s/- アマチュア映画の製作者.

Ama·teur≠fo·to·graf[amatǿ:r..] 男 アマチュア写真家. **≠funk** 男 アマチュア無線. **≠fun·ker** 男 アマチュア無線家, ハム.

ama·teur·haft[amatǿ:rhaft] (**ama·teu·risch**[amatǿ:rɪʃ]) 形 アマチュア的な, しろうとくさい, 不手際な.

Ama·teu·ris·mus[amatørísmʊs] 男 -/ アマチュアリズム, アマチュア精神.

Ama·teur≠sport[amatǿ:r..] 男 アマチュアスポーツ. **≠sta·tus** 男 《スポーツ》 アマチュア資格. **≠sta·tut** 中 《スポーツ》 アマチュア規定.

Ama·ti[amá:ti·] **I** 人名 アマーティ(16-17世紀イタリアのヴァイオリン製作者の家名). **II** 女 -/-s アマーティ作のヴァイオリン.

Amau·ro·se[amaʊró:zə] 女 -/-n 《医》 黒内障, 黒そこひ. [*gr.*; <*gr.* amaurós „dunkel"]

amau·ro·tisch[..ró:tɪʃ] 形 黒内障(黒そこひ)〔性〕の.

▽**Amau·se**[amáʊzə] 女 -/-n エナメル, ほうろう; (ガラスを原料にした)模造宝石. [*fr* émaux; ◇Email]

der **Ama·zo·nas**[amatsó:nas] 地名 男 -/アマゾン(ブラジル北部を流れて大西洋に注ぐ世界第 2 の大河. 征服者 Pizarro がこの流域で女の原住民の抵抗にあった). [*indian.* „Wasserlärm"]

Ama·zo·ne[amatsó:nə] 女 -/-n **1** 《ギ神》 アマゾン(北方の未知の地に住むと考えられた, 女ばかりの好戦的な種族): Sie ist eine ～. 《比》 彼女は全くもって勝気(男まさり)だ. **2** 女性馬術家(騎手); (自動車競技の)女性レーサー. [*gr.*–*lat.*(–*fr.*)]

Ama·zo·nen·amei·se 女 《虫》 サムライアリ(侍蟻).

ama·zo·nen·haft 形 (女性に関して)アマゾンのような, 勝気で男まさりの.

Ama·zo·nen≠kleid 中 女性用乗馬服. **≠pa·pa·gei** 男 《鳥》 ボウシインコ. **≠stein** 男 =Amazonit **≠strom** 男 -(e)s/ アマゾン川.

Ama·zo·ni·en[amatsó:niən] 地名 中 -s/ アマゾニア(アマゾン川流域の低地帯).

ama·zo·nisch[amatsó:nɪʃ] 形 アマゾン川〔流域〕の.

Ama·zo·nit[amatsoní:t, ..nít] 男 -s/-e 《鉱》 アマゾン石, 天河石(アマゾン川産の緑色の微斜長石). [<..it[2]]

▽**Am·bas·sa·de**[ambasá:də, ãb..] 女 -/-n (Botschaft) 大使館; (Gesandtschaft) 公使館. [*provenzal.*–*it.*–*fr.*]

▽**Am·bas·sa·deur**[..sadǿ:r] 男 -s/-e(Botschafter) 大使; (Gesandter) 公使. [*provenzal.*–*it.*–*fr.*; ◇Amt]

Am·be[ámbə] 女 -/-n **1** (Doppeltreffer) (Lotto の) 2本組み合わせ当たりナンバー(→Terne, Quaterne, Quinterne). **2** 〖数〗二つの数の組み合わせ. [*lat.* ambō „beide" −*roman.*; ◇ambi..]

Am·ben Ambo[2]の複数.

Am·ber[ámbər] 男 -s/-〔n〕 **1** 竜涎(りゅうぜん)香(マッコウクジラから採れる香料). ▽**2** 琥珀(こはく). [*arab.*−*roman.*−*mhd.*]

Am·ber·baum 男 〖植〗フウ.

ambi.. 《名詞・形容詞などにつけて「両方・二つとも」を意味する》[*lat.*; ◇amphi.., Ambe]

am·bi·dex·ter[ambidɛ́kstər] **I** 形 両手のきく, 左手も右手同様に使える. **II Am·bi·dex·ter** 男 -s/- 両手ききの人. [*mlat.*; < *lat.* dexter „rechthändig"]

Am·bi·dex·trie[..dɛkstríː] 女 -/-n[..ríːən] 〖医〗両手きき.

Am·bi·en·te[ambiɛ́ntə] 中 -/ (まわりの)環境; (個人や芸術作品などを取り巻く)雰囲気. [*it.*; < *lat.* amb-īre „herum-gehen"]

am·big[ambíːk][1] 形 あいまいな, 不明確な; 多義の.

am·bi·gue[ambíːguə] =ambig

Am·bi·gui·tät[..guitɛ́ːt] 女 -/-en (Doppelsinnigkeit) あいまいさ, 不明確さ, 両義(多義)性. [*lat.*]

am·bi·guos[..guóːs][1] 形 あいまいな, 不明確な. [*lat.*; < *lat.* amb-igere „von zwei Seiten treiben" (◇agieren)]

Am·bi·tion[ambitsióːn] 女 -/-en 《ふつう複数で》(Ehrgeiz) (仕事の上などでの)野心, 大望, 功名心: politische ~*en* 政治的野心 | Darauf habe ich keine ~*en*. そういう野心は私には全然ない. [*lat.*−*fr.*; < *lat.* ambīre (→Ambiente)]

am·bi·tiös[..tsiǿːs][1] (雅: **am·bi·tio·niert**[..tsioníːrt]) 形 野心のある, 大望を抱いた, 功名心の強い; 野心(意欲)的な.

am·bi·va·lent[ambivalɛ́nt] 形 二つの相反する価値を同時に含んだ, どっちつかずの; 〖心〗反対感情並列の: ein ~*er* Begriff アンビバレントな概念(㊞ Haßliebe 愛憎定まらぬ思い).

Am·bi·va·lenz[..lɛ́nts] 女 -/-en 二つの相反する価値を同時に含んでいる状態; 〖心〗反対感情並列, 両価感情.

Am·bly·opie[ambly(|)opíː] 女 -/-n[..píːən] 〖医〗(Schwachsichtigkeit) 弱視. [*gr.*; < *gr.* amblýs „matt"]

Am·bo[1][ámboˑ] 男 -s/-nen[ambóːnən] (初期キリスト教会の)朗読(説教)壇. [*gr.* ámbōn−*mlat.*]

Am·bo[2][−] 男 -s/-s, ..ben[..bən] 《オーストリア》=Ambe 1

Am·bo·ina[amboíːnaˑ] 地名 アンボイナ(モルッカ諸島に属する小火山島. インドネシア領).

Am·bon[ámbɔn] 男 -s/-en [ambóːnən] =Ambo[1]

Am·boß[ámbɔs] 男 ..sses/..sse (小 **Am·böß·chen**[..bœsçən] 中 -s/-) **1** 〖工〗金敷(かなしき), 鉄床(かなとこ); 〖楽〗鉄床(→ 図): auf den ~ schlagen 鉄床を打つ | zwischen Hammer und ~ sein (→ Hammer 1). **2** 〖解〗(中耳の)砧骨(きぬたこつ)(→ 図 Ohr). **3** 〖軍〗(砲弾などの)雷管(→ 図 Geschoß). **4** 〖工〗(マイクロメーターの)アンビル(→ 図 Mikrometer). [*ahd.*; ◇Beutel[1]]

Horn / Loch / Bahn / Abschrot / Fuß / Horn

Amboß

Am·boß≠bahn 女 金敷(かなしき)のフェース. ≠**klotz** 男 =Amboßstock ≠**kör·per** 男 =Amboß 2 ≠**stock** 男 -〔e〕s/..stöcke 金敷台. ≠**wol·ke** 女 (Zirruswolke) 〖気象〗絹雲.

Am·bra[ámbraˑ] 女 -/-s (男 中 -s/-s) =Amber 1

am·bra·far·ben[ámbra..] 形 琥珀(こはく)色の.

Am·bro·sia[ambróːziaˑ] 女 -/ 〖ギ神〗アンブロシア, 神肴(しんこう)(不死になるといわれた神々の食べ物); 《比》美味な食べ物, 佳肴(かこう). [*gr.*−*lat.*; <a..[1]+*gr.* brotós „sterblich" (◇Mord)]

am·bro·sia·nisch[ambroziáːnɪʃ] 形 アンブロシウス〔作〕の: die ~*e* Liturgie 〖宗〗アンブロシオ(ミラノ)典礼.

am·bro·sisch[ambróːzɪʃ] 形 不老不死の; 美味芳香の, たえなる, かぐわしい.

Am·bro·sius[ambróːziʊs] 人名 アンブロシウス(340頃 − 397; ミラノの司教で, 司牧・護教・教会聖歌の革新に功績を残した). [*gr.*−*lat.*]

am·bu·lant[ambulánt] 形 **1** (umherziehend) (あちこち)歩き回る, 移動する, 巡回する; 〖医〗(患者が)歩行可能の, 寝たきりでない; (病気が)移動性の: das ~*e* Gewerbe (→Gewerbe 1) | ein ~*er* Handel 移動販売, 行商; 露店商 | ein ~*es* Postamt 移動(臨時)郵便局. **2** (↔stationär) 〖医〗外来(通院)の: die ~*e* Abteilung (病院の)外来〔診療〕部門 | eine ~*e* Behandlung 外来診療 | ein ~*er* Patient 外来患者. [*fr.*]

Am·bu·lanz[..lánts] 女 -/-en **1** 移動診療所; ▽野戦病院. **2** (急患用の応急手当)診療室; (病院の)外来診療部門(施設). **3** 患者輸送車; 救急車. ▽**4** 移動郵便局. [*fr.*; < *lat.* ambulāre „umhergehen" (◇ambi..)]

Am·bu·lanz·wa·gen 男 =Ambulanz 3

am·bu·la·to·risch[ambulatóːrɪʃ] = ambulant

Am·bu·la·to·rium[..riʊm] 中 -s/..rien[..riən] (特に旧東ドイツの)外来診療施設. [*lat.* ambulātōrius „beweglich"]

AMDG[aː|ɛm|deː|géː] 略 =**ad maiorem Dei gloriam**

Amei·se[áːmaɪzə] 女 -/-n **1** (英: *ant*) 〖虫〗アリ(蟻); アリ科の昆虫; 《比》働き者, 勉強家: weiße ~*n* 白アリ | geflügelte ~*n* 羽(は)アリ. **2** (ディーゼル=エンジン駆動の)小型輸送車. [*westgerm.*; ◇Meißel; *engl.* emmet]

Amei·sen≠äther 男 〖化〗蟻酸(ぎさん)エーテル. ≠**bär** 男 -en/-en 〖動〗アリクイ(蟻食): Großer ~ オオアリクイ. ≠**beut·ler** 男 〖動〗フクロアリクイ. ≠**ei** 中 アリの卵. ≠**fleiß** 男 アリの〔ような〕勤勉さ. ≠**fres·ser** 男 〖動〗アリクイ. ≠**gä·ste** 複 〖虫〗ヒゲブトオサムシ(鬚太歩行虫)(アリの巣に寄生する). ≠**geist** 男 -〔e〕s/ =Ameisenspiritus

amei·sen·haft[áːmaɪzənhaft] 形 熱心な, 精の出る.

Amei·sen≠hau·fen 男 アリヅカ, 蟻塔(ぎとう). ≠**igel** 男 〖動〗ハリモグラ. ≠**jung·fer** 女 〖虫〗ウスバカゲロウ(薄羽蜉蝣). ≠**krib·beln** 中 -s/ , ≠**krie·chen** 中 -s/ , ≠**lau·fen** 中 -s/ 〖医〗蟻走(ぎそう)感. ≠**lö·we** 男 〖虫〗アリジゴク(蟻地獄)(ウスバカゲロウの幼虫). ≠**nest** 中 アリの巣. ≠**pflan·ze** 女 〖植〗アリ植物(体の一部に特定のアリが共生している植物). ≠**pup·pe** 女 アリのさなぎ(まゆ). ≠**säu·re** 女 -/ 〖化〗蟻酸(ぎさん). ≠**spi·ri·tus** 男 -/ 〖化〗蟻酸精. ≠**vo·gel** 男 〖鳥〗アリドリ(蟻鳥). ≠**wes·pe** 女 〖虫〗アリガタバチ(蟻形蜂).

Ame·lio·ra·tion[amelioratsióːn] 女 -/-en 改良, 改善; 土地(耕地)改良. [*fr.*]

ame·lio·rie·ren[..ríːrən] 他 (h) (土地などを)改良する, 改善する. [*fr.*; ◇ad.., meliorieren]

Amel·korn[áːməl..] 中 -〔e〕s/ (Emmer) 〖植〗エンマコムギ. [*ahd.*; ◇Ammer[1]]

Ame·lung[áːməlʊŋ] 男 -en/-en 〖伝説〗 **1** 《単数で》der ~ アーメルンゲンの英雄ディートリヒ フォン ベルン(=Dietrich von Bern). **2** 《複数で》die ~*en* アーメルンゲン, アーメルングの人々(英雄伝説における Dietrich von Bern とその家来たちをさし, 歴史上の Amaler に当たる). **3** =Amaler

amen[áːmɛn, ..mən] **I** 副 アーメン(「しかあれかし」を意味する言葉で, 祈りの終わりなどに唱える): zu allem ja und ~ sagen (→ja I, 1, a). **II Amen** 中 -s/- 《ふつう単数で》 **1** アーメン〔という言葉〕: ein ~ lang 一瞬の間 | das ~ sagen (singen) アーメンを唱える | Das ist so sicher wie das ~ in der Kirche. 《話》それはこの上もなく確実だ. **2** 《比》同意, 承諾: ***sein ~ zu et.***[3] ***geben*** 《話》…を承諾(了承)する. [*hebr.*−*gr.*−*lat.*]

Amen·de·ment[amɑ̃dəmɑ̃ː] 中 -s/-s 〖政〗(法案への)修正提案(動議), 改正法案; 〖法〗申し立ての変更(訂正). [*fr.*]

amen·die·ren[amɛndíːrən] 他 (h) 修正案(動議)を出す, 改正法案を提出する. [*lat.*−*fr.*; ◇emendieren]

A

Ame·nịt[amení:t, ..nít] 中 -[e]s/ アメナイト(ポリスチロール系の熱塑性プラスチック).

Ame·nọ·phis[amenó:fɪs] (**Amen·họ·tep** [amɛnhó:tɛp]) 人名 アメノフィス(古代エジプト第18王朝の王. アメンホテプともいう). [*ägypt.* „Amun ist zufrieden"]

Ame·nor·rhö̜[amenɔrø:, ..nor..] 女 -/-en, **Ame·nor·rhöe**[−] 女 -/-n[..rø:ən] 《医》無月経. [<a..[1]]

ame·nor·rhọ·isch[..nɔró:ɪʃ, ..nor..] 形 無月経の.

..ament[..amɛnt] →..ement

Amẹn·tia[améntsia·] 女 -/..tien[..tsiən], ..tiae [..tsiɛ·], **Amẹnz**[améntz] 女 -/-ien[..tsiən] 《医》アメンチア,(一時的な)精神薄弱. [*lat.*; <*lat.* mēns (→mental)]

Ame·rị·cium[amerí:tsiʊm] 中 -s/ 《化》アメリシウム(超ウラン元素名; 記号 Am).

Amẹ·ri·ka[amé:rika·] 地名 アメリカ(大陸全体, または合衆国をさす): die Vereinigten Staaten von ~ アメリカ合衆国 | Latein*amerika* ラテンアメリカ. [<Americus (アメリカ大陸の探検者イタリア人 Amerigo Vespucci のラテン名)]

Amẹ·ri·ka≠deu·tsche 男 女 《形容詞変化》アメリカ生まれ〈在住〉のドイツ人. **≠haus** 中 アメリカ文化センター.

Ame·ri·kạ·na[amerikáːna·] 複 アメリカ関係図書〈文献〉.

Ame·ri·kạ·ner[..nər] 男 -s/- **1** (女 **Ame·ri·kạ·ne·rin**[..nərɪn]-/-nen) アメリカ人, 米国人; アメリカ大陸の住民. **2** 砂糖をかぶせたケーキの一種(→ 図 Brot).

ame·ri·kạ·nisch[..nɪʃ] 形 アメリカ〈米国〉〔人〕の; アメリカ英語の, 米語の: →deutsch | der ~*e* Lebensstil アメリカ式生活様式.

ame·ri·ka·ni·sie̜·ren[amerikanizí:rən] 他 (h) アメリカ化〈アメリカナイズ〉する, アメリカ風にする: *amerikanisiert* werden アメリカ化される, アメリカかぶれする.

Ame·ri·ka·ni·sie̜·rung[..rʊŋ] 女 -/-en アメリカ化, アメリカかぶれ.

Ame·ri·ka·nịs·mus[..nísmʊs] 男 -/..men[..mən] **1** アメリカ式思考方法〈生活様式〉, アメリカ気質. **2** アメリカ語法(特に他の言語における米語に由来する慣用語法).

Ame·ri·ka·nịst[..níst] 男 -en/-en アメリカ学者, アメリカ研究家.

Ame·ri·ka·nị·stik[..nístɪk] 女 -/ アメリカ学〈研究〉.

ame·ri·ka·nị·stisch[..nístɪʃ] 形 アメリカ〈研究〉の.

Ame·rị·zium[amerí:tsiʊm] 中 -s/ =Americium

a me·tà[a metá] 《イタリア語》(zur Hälfte) 《商》損益折半で.

ạme·tho̜·disch[ámeto:dɪʃ, ◡◡∸◡] 形 一定の方法をもたない, 体系的でない; (planlos) 無計画な. [<a..[1]]

Ame·thyst[ametýst] 男 -[e]s/-e 《鉱》紫水晶, 紫石英, アメジスト. [*gr.*−*lat.*; <a..[1]+*gr.* méthy (→Met)]

ame·thy̜·sten[..týstən] 形 紫水晶〈アメジスト〉の; 紫水晶〈アメジスト〉色の.

ame·thyst·far·ben 形 紫水晶〈アメジスト〉色の.

Ame·trie̜[ametrí:] 女 -/-n[..trí:ən] 不整合, 不均整.

amẹ·trisch[amé:trɪʃ] 形 不整合〈不均整〉な. [<a..[1]]

Ame·tro·pie̜[ametropí:] 女 -/-n[..pí:ən] 《医》非正視, (近視・乱視などの)屈折異常. [<*gr.* á-metros „maßlos"+..opie]

[▽]**Ameu·ble·ment**[amøbləmã:] 中 -s/-s (Zimmereinrichtung) 室内設備, 家具調度. [*fr.*; ◇Möbel]

amhar. 略 =amharisch

Am·hạ·ra[amhá:ra·] **I** 地名 アムハラ (Äthiopien 北西部の一地方. 旧王国). **II** 複 アムハラ族.

am·hạ·risch[amhá:rɪʃ] 形 アムハラ〔族〕の; アムハラ語(現代 Äthiopien の公用語)の: →deutsch

Ạmi[1][ámi·] **I** 男 -[s]/-[s] 《話》(Amerikaner) アメ公, アメリカ人,(占領軍などの)アメリカ兵: ein dicker ~《戯》(米国製の豪華な)大型乗用車. **II** 女 -/-s 《話》アメリカタバコ.

Amị[2][amí:] 男 -/-s (Freund) 男友達; 愛人. [*lat.*−*fr.*]

Amiạnt[amiánt] 男 -s/ 《鉱》アミアンタス(上質の石綿). [*gr.* a-míantos „un-befleckt"−*lat.*; ◇Miasma]

Amịd[amí:t][1] 中 -[e]s/-e 《化》アミド. [<Ammoniak +..id[2]]

Ạmi·damp·fer[ámi..] 男 《話》(米国製の豪華な)大型乗用車. [<Ami[1]]

Ami·dạ·se[amidá:zə] 女 -/-n 《生化学》アミダーゼ(アミド基の C-N 結合を加水分解する酵素の総称). [<Amid +..ase]

amido.. =amino..

..ämie[..ɛmi:] 《名詞などにつけて「血液病」を意味する女性名詞 (-/)をつくる》: Bakteri*ämie* 菌血症, 敗血症 | Leuk*ämie* 白血病 | An*ämie* 貧血〔症〕 | Hyper*ämie* 充血. [*gr.* haĩma „Blut"; ◇hämo.. ; *engl.* ..[a]emia]

Amiens[amjɛ̃] 地名 アミアン(フランス北西部の都市で, ゴシックの大聖堂で有名).

Ạmi·kreu·zer[ámi..] 男 =Amidampfer

ami·kro·skọ·pisch[amikroskó:pɪʃ, á(:)mikrosko:pɪʃ] 形 顕微鏡でも識別不能の;《比》極微の, 微小な. [<a..[1]]

Amịkt[amíkt] 男 -[e]s/-e 《カトリック》アミクトゥス(ミサのとき司祭がつける首と肩をおおう長方形の白布). [*lat.*; <*lat.* amicīre „umwerfen"; ◇*engl.* amice]

Ami·mie̜[amimí:] 女 -/-n[..mí:ən] 《医》無表情〔症〕: motorische ~ (自分から表情を表せない)運動性無表情 | sensorische ~ (他人の表情を解しない)感覚性無表情. [<mimen]

Amịn[amí:n] 中 -s/-e 《化》アミン. [<Ammoniak +..in[2]]

amino.. 《名詞などにつけて「アミノ基を持つ」を意味する》

Amị·no≠ben·zol[amí:no..] 中 《化》アミノベンゼン(別名 Anilin). **≠grup·pe** 女 《化》アミノ基. **≠harz** 中 =Aminoplast

Ami·no·plạst[aminoplást] 男 -[e]s/-e 《化》アミノ樹脂.

Amị·no·säu·re[amí:no..] 女 《化》アミノ酸.

Ạmi·schlit·ten[ámi..] 男 =Amidampfer

Ami·tọ·se[amitó:zə] 女 -/-n (↔Mitose) 《生》(細胞核の)無糸〈直接〉分裂. [<a..[1]]

ami·tọ·tisch[..tɪʃ] 形 《生》無糸〈直接〉分裂の.

Am·mạn[amá:n] 地名 アンマン(ヨルダン王国の首都. 紀元前からの古都として知られる).

Ạm·mann[áman] 男 -s/..männer[..mɛnər] 《スイス》(Landammann) 郡長; (Gemeindeammann) 市〈町・村〉長. [*mhd.*; ◇Amtmann]

Ạm·mann·jahr 中 -[e]s/-e 《ふつう複数で》《スイス》Ammann の任期.

Ạm·me[ámə] 女 -/-n **1** 乳母; 保母; 助産婦: die ~ aller Wissenschaftler《戯》すべての学者たちの育ての母(大学のこと). **2** 《生》(無精卵を育てる)雌. [*ahd.*]

Ạm·men≠bie·ne[ámən..] 女 (集団の中で幼虫の世話をする)保母バチ. **≠mär·chen** 中 おとぎ話; (たあいのない)作り話. **≠spra·che** 女 (乳母などが幼児に対して用いる)乳母言葉. **≠zeu·gung** 中 《生》真正世代交番(両性生殖と無性生殖とが交互に行われる).

Ạm·mer[1][ámər] 女 -/-n (男 -s/-) **1** 《鳥》ホオジロ(頬白). **2** =Emmer[1] [*ahd.* amaro]

Ạm·mer[2][−] 女 -/-n =Amarelle

die **Ạm·mer**[3][−] 地名 女 -/ アマー (Isar 川の支流で Ammersee に流入. 下流は die Amper と呼ばれる). [*germ.*]

Ạm·mer·land[ámərlant] 地名 アマーラント (Niedersachsen 州, Oldenburg 管区の郡).

der **Ạm·mer·see**[ámərze:] 地名 男 -s/ アマー湖 (Oberbayern にある Ammer 川中流の湖).

Ạm·mon[1][ámɔn] 人名 アムモン(古代エジプトの主神. ギリシア人は Zeus, ローマ人は Jupiter と同一視した). [*gr.*−*lat.*]

Am·mọn[2][amó:n] 中 -s/-e =Ammonium

Am·mo·nạl[amoná:l] 中 -s/ アンモナール(高性能の爆薬). [<Ammonium+Aluminium]

Am·mo·niạk[amoniák, ◡◡◡∸; オーストリア: amó:niak] 中 -s/ 《化》アンモニア. [*gr.*−*lat.*; ◇Ammon[1]]

am·mo·nia·kạ·lisch[amoniaká:lɪʃ] 形 アンモニア〔性〕の.

Am·mo·niạk≠dün·ger[amoniák.., ◡◡◡◡◡∸; オーストリア: amó:niak..] 男 アンモニア肥料. **≠lö·sung** 女 アンモニア水

溶液. ≈**salz** 中 アンモニア塩. ≈**sei·fe** 女 アンモニアせっけん. ≈**ver·bin·dung** 女〘化〙アンモニア化合物. ≈**ver·gif·tung** 女 アンモニア中毒. ≈**was·ser** 中 -s/ アンモニア水.

Am·mo·nit[amoní:t, ..nít] 男 -en/-en〘古生物〙アンモナイト, 菊石(絶滅した軟体動物の化石. その形が Ammon の神像の角(つの)に似ている: →Ammonshorn). [<..it²]

Am·mo·nium[amó:nium] 中 -s/〘化〙アンモニウム. [<Ammoniak]

Am·mo·nium≈chlo·rid[..klori:t][1] 中〘化〙塩化アンモニウム ≈**kar·bo·nat** 中〘化〙炭酸アンモニウム. ≈**ni·trat** 中〘化〙硝酸アンモニウム, 硝安. ≈**phos·phat** 中〘化〙燐酸(りんさん)アンモニウム, 燐安. ≈**salz** 中〘化〙アンモニウム塩. ≈**sul·fat** 中〘化〙硫酸アンモニウム.

Am·mons·horn[ámɔns..] 中 -[e]s/..hörner アンモンの角(つの)(Ammonit の別名: →図). [*mlat.* Ammōnis cornua の翻訳借用]

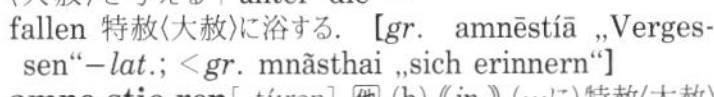
Ammonshorn

Amne·sie[amnezí:] 女 -/-n [..zí:ən]〘医〙健忘症, 記憶喪失. [*gr.*]

Amne·stie[amnɛstí:] 女 -/-n[..tí:ən](政治犯などの)特赦, 大赦: *jm.* ~ erteilen …に特赦〈大赦〉を与える | unter die ~ fallen 特赦〈大赦〉に浴する. [*gr.* amnēstíā „Vergessen"–*lat.*; <*gr.* mnā̃sthai „sich erinnern"]

amne·stie·ren[..tí:rən] 他 (h) 《*jn.*》(…に)特赦〈大赦〉を与える.

Amne·sty In·ter·na·tio·nal[ǽmnɛstɪ ɪntənǽʃənəl] (略 AI) アムネスティ・インターナショナル, 国際アムネスティ(1961年に設立された人権を守る国際救援機構).

Am·nion[ámniɔn] 中 -s/ (Schafhaut)〘解〙羊膜, 胎膜. [*gr.*; <*gr.* amnós „Lamm"]

Am·nion[s]·was·ser 中 -s/ 羊水, 羊膜液.

Am·nio·te[amnió:tə] 男 -n/-n《ふつう複数で》〘動〙〔有〕羊膜類.

am·nio·tisch[..tɪʃ] 形 羊膜の; 羊膜をもつ.

Amö·be[amǿ:bə] 女 -/-n〘動〙アメーバ. [*gr.* amoibḗ „Wechsel"; <*gr.* ameíbein „umtauschen"; ◇ *engl.* am[o]eba]

Amö·ben·ruhr 女〘医〙アメーバ赤痢.

Amö·bia·sis[amøbí:azɪs] 女 -/..biasen[..biá:zən]〘医〙アメーバ症. [<..iasis]

amö·bo·id[amøboí:t][1] 形 アメーバ状の, アメーバのような: eine ~*e* Bewegung アメーバ[様]運動. [<..oid]

Amok[á:mɔk, amɔ́k] 男 -s/ アモック(マライ地方の風土病の狂暴性精神錯乱):〘もっぱら次の成句で〙**~ laufen** アモックにかかる;《比》狂暴に走り回って殺人を犯す | **~ fahren**《比》狂暴に車を走らせて人々を殺傷する. [*malai.*]

Amok≈fahrt 女 Amok fahren すること. ≈**lauf** 男, ≈**lau·fen** 中 -s/ Amok laufen すること. ≈**läu·fer** 男 アモック患者;《比》殺人狂, 殺人鬼.

a-Moll[á:mɔl, ⏊⏑] 中 -/〘楽〙イ短調(記号 a): →A-Dur

amol·lie·ren[amɔlí:rən] 他 (h)《*jn.*》(…の気分を)和らげる. [*fr.*; <*lat.* mollis (→Moll¹)]

Amom[amó:m] 中 -s/-e〘植〙アモム(熱帯産のショウガの一種). [*semit.*–*gr.* ámōmon–*lat.*]

amön[amǿ:n] 形 (anmutig) 優美な, 愛らしい. [*lat.*]

Amö·ni·tät[amønitɛ́:t] 女 -/ 優美さ, 愛らしさ. [*lat.*]

Amor[á:mɔr, á:mo:r] **I** 人名〘ロ神〙アモル(恋愛の神. ギリシア神話の Eros に当たる): **von ~s Pfeil getroffen werden** 恋に落ちる. **II** →*Amor* fati [*lat.*; <*lat.* amāre „lieben"; ◇ Amouren]

Amo·ral[á(:)mora:l] 女 -/ 無道徳, 不道徳. [<a..¹]

amo·ra·lisch[á(:)mora:lɪʃ, ⏑⏑⏊⏑] 形 道徳に無関係な, 道徳を超越した; (unmoralisch) 道徳意識のない, 不道徳な, 背徳の.

Amo·ra·lis·mus[amoralísmus] 男 -/ 無道徳主義.

amo·ra·li·stisch[..ralístɪʃ, á(:)moralɪstɪʃ] 形 無道徳主義の.

Amo·ra·li·tät[..ralitɛ́:t, á(:)moralitɛ:t] 女 -/ amoralisch なこと〈態度・生き方〉.

Amorce[amɔ́rs] 女 -/-s[-]《ふつう複数で》**1** (花火やおもちゃのピストルなどの)紙火薬. **2**〘写〙露光したフィルムくず. [*fr.*; <*lat.* morsus „Biß" (◇Mordent)]

amore →con *amore*

Amo·ret·te[amorɛ́tə] 女 -/-n〘美〙キューピッド(翼のある, 弓矢を手にした愛の童神の像). [*it.*; ◇Amor]

Amor fa·ti[á:mɔr fá:ti·] 男 --/ (Liebe zum Schicksal)〘哲〙運命〔への〕愛 (Nietzsche の造語). [*lat.*; ◇Fatum]

amo·ro·so[amoró:zo·] 副〘楽〙アモローソ, 愛情に満ちて, 優しく. [*it.*]

amorph[amɔ́rf] 形 **1** 決まった形のない, 無定形の. **2**〘理・化・鉱〙無定形の, 非結晶の, 非晶質の, アモルファスの: eine ~*e* Substanz 無定形質. [*gr.* á-morphos „gestaltlos"]

Amor·phie[amɔrfí:] 女 -/-n [..fí:ən] 無定形; 非結晶, 非晶質.

amor·phisch[..fɪʃ] ＝amorph

Amor·sitz[á:mɔr..] 男《話》愛の座席(劇場や映画館の最後列の席).

amor·ti·sa·bel[amɔrtizá:bəl] (..sa·bl..) 形 (tilgbar) 償却〈償還〉し得る.

Amor·ti·sa·tion[..zatsió:n] 女 -/-en **1** (Tilgung) (負債・抵当などの)償却, 償還. **2** (Abschreibung) (旧東ドイツで)減価償却. **3** (証書の)無効宣言.

Amor·ti·sa·tions≈fonds[..fɔ̃:] 男, ≈**kas·se** 女 減債基金, 年賦償還積立金.

amor·ti·sier·bar[amɔrtizí:rba:r] ＝amortisabel

amor·ti·sie·ren[..zí:rən] 他 (h) **1** (tilgen) (負債・抵当などを一定の計画に従って)償却〈償還〉する,〈債務を〉減債基金によって償還する. **2** (旧東ドイツで) (設備投資などの支出を収益によって)取り戻す; (abschreiben) (固定資産・機械設備などの減価を)償却する. **3** (証書の)無効を宣言する. [*mlat.*; <ad..+*lat.* mors (→Mord)]

Amos[á:mɔs] 人名〘聖〙アモス(前8世紀前半, 北イスラエル王国で活躍した預言者): der Prophet ~ 預言者アモス; (旧約聖書の)アモス書. [*hebr.* „der (von Gott) Getragene"]

Amour[amú:r] 女 -/-en **1** (Liebe) 愛. **2**《複数で》(Liebschaften) 情事, 色事(いろごと). [*fr.*; <*lat.* amāre (→Amor)]

amou·rös[amurǿ:s][1] 形 恋愛〈情事〉の; (verliebt) 恋して〈ほれて〉いる; 色好みな, 好色な, 多情な. [*fr.*]

Amoy[amɔ́ʏ] 地名 厦門, アモイ(中国, 福建 Fukien 省の港湾都市).

Amp. 略 ＝**Ampere**

Am·pel[ámpəl] 女 -/-n (Lichtampel) つり下げ灯〈ランプ〉; (Ewige Lampe) (聖堂の)常明灯; (Verkehrsampel) 交通信号灯; (Blumenampel) つり下げ花瓶〈植木鉢〉(→図): Die ~ steht auf Grün 〈zeigt grünes Licht〉. 信号は青になっている. [*lat.* ampulla (→Ampulle)–*ahd.*]

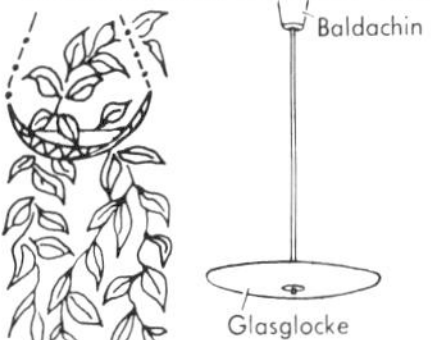

Blumenampel Lichtampel

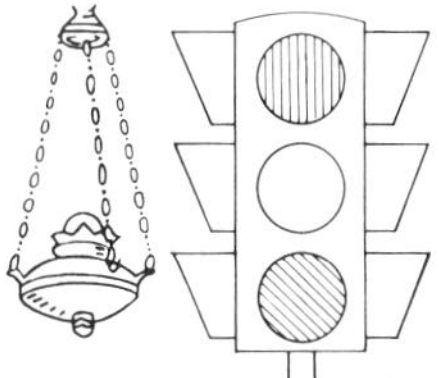
Ewige Lampe Verkehrsampel

Ampel

Am·pel≈an·la·ge 女 信号施設. ≈**ko·**

A

ali·tion 女《政》信号灯連立〔政権〕(SPD, FDP, 緑の党の三派連合のことで, この三党を赤・黄・緑の3色の交通信号灯になぞらえたもの). ≈**kreu·zung** 女 信号灯のある交差点.

am·peln[ámpəln]《06》自 (h)《北部》《nach *et.*[3]》(…を得ようと)もがく, じたばたする.

Am·pe·lo·gra·phie[ampelografí:] 女 -/ ブドウ学(ブドウの栽培・育種に関する学問). [*gr.* ampelos „Weinstock"+..graphie]

Am·pere[ampé:r, ..pɛ́:r, ãpɛ́:r] 中 -[s]/- (単位: -/-)(略 Amp.)《電》アンペア(電流の単位; 記号 A).

Am·père[ãpɛ́:r] 人名 André Marie ～ アンドレ マリ アンペール(1775-1836;「アンペールの法則」を発見したフランス人).

Am·pere·me·ter[ampe:rmé:tər, ..pɛ:r..] 中 (男) -s/- アンペア計, 電流計.

Am·père·sch[ãpɛ́:rʃ] 形 Ampère の: das ～e Gesetz《電》アンペールの法則.

Am·pere≈se·kun·de[ampe:rzəkúndə, ◡⏊◡◡◡] 女《電》アンペア秒(記号 As). ≈**stun·de**[また: ◡⏊◡◡] 女《電》アンペア時(記号 Ah). ≈**win·dung**[また: ◡⏊◡◡] 女, ≈**win·dungs·zahl**[また: ◡⏊◡◡—] 女《電》アンペア回数. ≈**zahl**[また: ◡⏊—] 女《電》アンペア数.

Am·pex[ámpɛks] 女 -/ (アンペックス方式の)録画テープ.

Am·pex·ver·fah·ren 中 (録画・録音の)アンペックス方式. [<Ampex (アメリカの電子工業会社)]

Amp·fer[ámpfər] 男 -s/-《植》スイバ(酸葉)属. [*ahd.*; ◇Amarelle]

Am·phe·ta·min[amfetamí:n] 中 -s/-e アンフェタミン(覚醒剤として用いられる化学化合物).

amphi.. 《名詞・形容詞などにつけて「両様・二重」, あるいは「周囲」を意味する》[*gr.*; ◇ambi.., um]

Am·phi·bie[amfí:biə] 女 -/-n《動》両生類. [*gr.*; <*gr.* amphí-bios „doppel-lebig"]

Am·phi·bi·en≈fahr·zeug 中 水陸両用車両. ≈**flug·zeug** 中《空》水陸両用機. ≈**pan·zer** 男 水陸両用戦車.

am·phi·bisch[amfí:bɪʃ] 形 **1**《生》両生類の, 水陸両生の. **2** 水陸両用の: eine ～e Operation《軍》陸海共同作戦.

Am·phi·bium[..biʊm] 中 -s/..bien[..biən]＝Amphibie

Am·phi·bol[amfibó:l] 男 -s/-e《鉱》角閃(かくせん)石.

Am·phi·bo·lie[..bolí:] 女 -/-n [..lí:ən] あいまいさ,(文や語の)多義性; あいまいな(いろいろにとれる)言い方. [*gr.*-*lat.*; <*gr.* amphi-bállein „herum-werfen"]

am·phi·bo·lisch[..bó:lɪʃ] 形 あいまいな, いろいろにとれる, 多義の.

Am·phi·bo·lit[..bolí:t, ..lít] 男 -[e]s/-e ＝Amphibol

Am·phi·brach[amfibráx] 男 -[e]s/-e; -en/-en, **Am·phi·bra·chys**[amfí(:)braxʏs] 男 -/-, ..chen [..fibráxən]《詩》短長短〈弱強弱〉格. [*gr.*-*lat.*; <brachy..]

Am·phi·go·nie[amfigoní:] 女 -/ (↔Monogonie)《生》両性生殖.

Am·phi·ktyo·ne[amfɪktyó:nə, amfik..] 男 -n/-n Amphiktyonie の一員. [*gr.*; <*gr.* ktízein „bevölkern"]

Am·phi·ktyo·nie[..tyoní:] 女 -/-n[..ní:ən] **1**《史》(古代ギリシアで共通の守護神をもつポリス間の)隣保同盟. **2**《宗》(古代イスラエルで Jahwe を中心とする)部族〔宗教〕連合. [*gr.*]

Am·phi·ma·zer[amfí(:)matsər, ..tsɛr] 男 -s/-《詩》長短長〈強弱強〉格. [*gr.*-*lat.*; <makro..]

Am·phi·mi·xis[amfimíksɪs] 女 -/《生》両性混合(受精の際の両親の遺伝要素結合), 有性生殖. [<*gr.* meĩxis „Vermischung"]

Am·phio·le[amfió:lə] 女 -/-n 商標 アンフィオーレ(注射液用のアンプル). [<Ampulle+Phiole]

Am·phio·xus[amfiɔ́ksʊs] 男 -/ (Lanzettfisch)《動》ナメクジウオ(蛞蝓魚). [<amphi..+oxy..]

am·phi·pneu·stisch[amfipnɔ́ʏstɪʃ, amfɪp..] 形《生》双気門型の. [<Pneuma]

Am·phi·thea·ter[amfí:tea:tər] 中 -s/- **1** (古代ローマの, 周囲にひな壇式観覧席を巡らした)〔屋外〕円形劇場(→図). ᵛ**2** (半円形の)階段教室. [*gr.*-*lat.*-*fr.*]

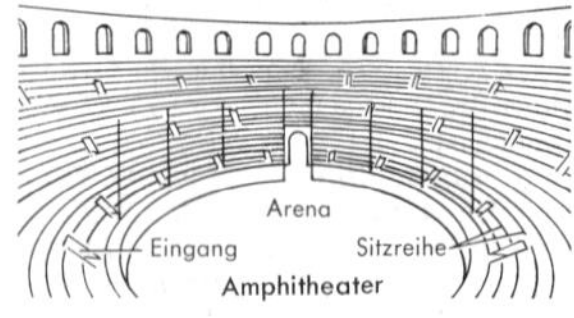

Amphitheater

am·phi·thea·tra·lisch[amfiteatrá:lɪʃ] 形 Amphitheater 形式の, すりばち型の.

Am·phi·tri·te[amfitrí:tə, ..te·] 人名《ギ神》アンピトリテ(Poseidon の妻で, 海の女神). [*gr.*-*lat.*]

Am·phi·tryon[amfí:tryɔn] 人名《ギ神》アンピトリュオン(その妻アルクメネ Alkmene は夫に化けた Zeus と交わって Herkules を産んだ). [*gr.*]

Am·pho·ra[ámfora·] 女 -/..ren[amfó:rən], **Am·pho·re**[amfó:rə] 女 -/-n アンフォラ(首が細く両側に取っ手のついた古代のつぼ: →図). [*gr.* am〔phi〕-phoreús-*lat.*; <amphi..+..phor; ◇Ampulle, Eimer]

Amphora

am·pho·ter[amfoté:r] 形《化》両性的な(酸性・塩基性を併せ持つ). [*gr.*; <*gr.* ámphō „beide" (◇amphi..)]

Am·pli·fi·ka·tion[amplifikatsió:n] 女 -/-en (Erweiterung) 拡張, 拡大; 拡充; 詳述, 敷衍(ふえん);《電》増幅. [*lat.*]

Am·pli·fi·ka·tiv·suf·fix[..tí:f..] ＝Augmentativsuffix

Am·pli·fi·ka·ti·vum[..tí:vʊm] 中 -s/..va[..va·]＝Augmentativum

am·pli·fi·zie·ren[..tsí:rən] 他 (h) (erweitern) 広げる, 拡張〈拡大〉する; 拡充する; 詳述〈敷衍(ふえん)〉する;《電》増幅する. [*lat.*; <*lat.* amplus „geräumig"]

Am·pli·tu·de[amplitú:də] 女 -/-n《理》(振り子などの)振幅;《数》(複素数の)偏角,(振動する量の)振幅. [*lat.*]

Am·pli·tu·den·mo·du·la·tion 女 (略 AM)《電》振幅変調.

Am·pul·le[ampʊ́lə] 女 -/-n **1 a)** (注射液用の)アンプル: ein Kind aus der ～ 人工受精児. **b)** (古代ローマの)小油びん;《カトリック》(聖水・聖油用の)小びん, アンプラ. **2**《解》(直腸・卵管などの)膨大部. [*lat.* ampulla „Fläschchen"; ◇Amphora, Ampel]

Am·pu·ta·tion[amputatsió:n] 女 -/-en《医》(身体の一部の外科的な)切断〔術〕. [*lat.*]

Am·pu·ta·tions·mes·ser 中 (外科用の)切断刀.

am·pu·tie·ren[..tí:rən] 他 (h) (手術で手足などを)切断する: *jm.* den rechten Arm ～ …の右腕を切断する | der 〈die〉 *Amputierte* 切断手術を受けた人,〔肢端〕切断患者. [*lat.*; <ambi..+*lat.*+putāre „reinigen, beschneiden"]

Am·sel[ámzəl] 女 -/-n **1**《鳥》ツグミ(鶫), クロウタドリ(黒歌鳥). **2**《紋》足のない鳥(第4子のしるし). [*westgerm.*; ◇*engl.* ouzel]

Am·sel·schlag 男 -[e]s/ ツグミ〈クロウタドリ〉のさえずり.

Am·ster·dam[amstərdám, ◡◡⏊] 地名 アムステルダム(オランダ王国の首都: →Haag). [*ndl.* „Damm der Amsteler (Amstel 川沿岸の住民)"]

Am·ster·da·mer[amstərdámər, ⏊◡◡◡] **I** 男 -s/- アムステルダムの人. **II** 形《無変化》アムステルダムの.

Amt[amt] 中 -es(-s)/Ämter[ɛ́mtər] (小 **Ämt·chen**[ɛ́mtçən], **Ämt·lein**[..laɪn] 中 -s/-) **1 a)** 公職, 官職; (責任ある)役職, ポスト: ein geistliches ～《宗》聖職 | Ehren*amt* 名誉職 ‖ das ～ antreten 〈niederlegen〉 就任

〈辞任〉する | das ～ bekleiden《雅》奉職している | das ～ des Bürgermeisters übernehmen 市長の職を引き受ける | Wem Gott ein ～ gibt, dem gibt er auch Verstand.《諺》役に就けば知恵も付く(神は職を与える人には知恵も与える) | *Ämtchen* bringt Käppchen.《諺》役職には役得がつきもの ‖ *jn.* aus ～ und Brot bringen …の職を奪う | im ～ sein 在職している | **in ～ und Würden sein** 要職〈高位顕職〉にある;《皮肉》勤めている, 宮仕えしている | mein Vorgänger im ～ 私の前任者 | *jn.* in ein ～ einsetzen …をある役職に就ける. **b**) 職務, 公務; 職分, 職責, 任務; 職権: das ～ des Kassierers ausüben 〈versuchen〉 会計係の職務を果たす, 会計の仕事をしている | Er hat das ～ übernommen, den Tod der Schauspielerin ihrem Mann mitzuteilen. 彼はその女優の死を彼女の夫に知らせる役目を引き受けた | ***seines ～es* walten**《雅》職務をつかさどる ‖ Das ist nicht meines ～*es*.《雅》それは私の職分には属さない〈私の関知するところではない〉 | Es ist nicht meines ～*es*, darüber zu urteilen. 私はそれを判断する立場にない ‖ kraft *seines ～es* 職権によって | **von ～s wegen** 職掌がら, 職務〈職権〉上 | Er ist von ～*s* wegen hier. 彼は職務でここに来ているのだ | von *seinem* ～ Gebrauch machen 職権を行使する.

2 a) 官公庁, 役所; 部局: Forst*amt* 営林署 | das Auswärtige ～ 外務省 | das ～ für Statistik 統計局 ‖ ein ～ einschalten 役所の介入〈協力〉を求める ‖ auf ein ～ gehen 役所に行く | auf einem ～ vorsprechen 〈ᐁvorstellig werden〉 (請願などで)役所に訴える | der Ärger mit den *Ämtern* お役所相手のいらいら〈ごたごた〉. **b**) (Gerichtsamt) 裁判所; (Fernsprechamt) 電話〔交換〕局, (電話局での)接続: Bitte ～! (電話局への電話で)接続をお願いします | das Fräulein vom ～ (→Fräulein 1 b).

3《ふつう単数で》〘カトリック〙聖務, 盛儀ミサ;〘新教〙聖餐(せいさん)式: das ～ 〔ab〕halten 歌ミサ〈礼拝〉を行う | im ～ sein 歌ミサ〈礼拝〉に出席している | ins ～ gehen 歌ミサ〈礼拝〉に行く.

ᐁ**4** ＝Amtsbezirk

ᐁ**5** (手工業者の)同業組合, 座.

[*germ.*; ＜*lat.* ambactus „Diener" (◇Ambassade)]

Am·tei[amtáı] 女 -/-en《スイス》(Amtsbereich)(役所の)管轄地域.

am·ten[ámtən]《01》《スイス》＝amtieren

Äm·ter Amt の複数.

Äm·ter⸗han·del[ɛ́mtər..] 男 -s/ 官職〈聖職〉売買. **⸗jagd** 女 -/ 猟官運動. **⸗jä·ger** 男 猟官運動をする人. **⸗kauf** 男 官職〈聖職〉を金で買うこと.

Amt·frau[ámt..] 女 (女性の)上級官吏(→Amtmann 3).

am·tie·ren[amtíːrən] 自 (h) **1** 在職する; 職務を執り行う; (聖職者が)司式する: als Richter ～ 裁判官を務める. **2**《しばしば現在分詞で》臨時に代理を務める: der *amtierende* Rektor 現〔職の〕学長.

Ämt·lein Amt の縮小形.

Amt·leu·te Amtmann の複数.

amt·lich[ámtlıç] 形 **1** (offiziell) 公の, 官の, 当局の, 官命による; 公式の; 職務〈職権〉上の: ein ～*es* Schreiben 公用文書 | von ～*en* Stellen その筋から | ～ festgesetzt 公定の. **2** (authentisch) 信頼すべき, 保証つきの;《話》(völlig sicher) 全く確かな: Ist das ～?《話》それは間違いないかい | Ich habe es ～. 私はそれを確かな筋から聞いている.

amt·li·cher·seits[ámtlıçərzáıts] 副 公務上で, 職掌がら.

Amt·mann[ámt..] 男 -〔e〕s/..männer, ..leute **1** (Vogt)(中世後期の)代官. **2**《南部》郡長 (Landrat の前身);《北部》御料地管理人. **3** (⊛ **Amt·frau** -/-en)(1921年以来行政・司法・会計官庁の)上級官吏 (Amtsrat の下位). [◇Ammann]

Amts⸗al·ter[ámts..] 中 勤務〈服務〉年限. **⸗an·ma·ßung** 女 (公務員の)職権乱用; 越権行為. **⸗an·tritt** 男 就任. **⸗an·walt** 男 Amtsgericht の検事. **⸗arzt** 男 (国の医療施設に勤務する)医師, 厚生技官. **⸗be·fug·nis** 女 職権. **⸗be·lei·di·gung** 女 公職〈官職〉侮辱. **⸗be·reich** 男 (役人の)管轄範囲. **⸗be·zeich·nung** 女 **1** 官職〈役職〉名(⑲ Bürgermeister, Direktor). **2** (役所の定めた)公式〈正式〉の呼称. **⸗be·zirk** 男 (役所の)管轄区域;〘史〙(プロイセンの)警察区 (Kreis の下位区分). **⸗blatt** 中 官報; 官庁機関紙, 広報. **⸗bo·te** 男 (官庁の)外勤用務員〈使丁〉. **⸗bru·der** 男 (聖職者間の)同僚. **⸗dau·er** 女 (官職の)任期. **⸗de·likt** 中〘法〙公務上の犯罪, 職務犯罪. **⸗deutsch** 中《軽蔑的に》官庁ドイツ語 (回りくどい役人言葉). **⸗die·ner** 男 (官庁の)内勤用務員, 小使; (裁判所の)廷丁. **⸗eid** 男 (公務員の)服務〈就任〉宣誓. **⸗ent·he·bung** 女 免官, 免職, 解職, 解任. **⸗ent·set·zung** 女《オーストリア・スイス》 ＝ Amtsenthebung **⸗füh·rung** 女 -/ 職務の執行. **⸗ge·bäu·de** 中 (特定の)官庁の所在する建物. **⸗ge·bühr** 女 -/-en《ふつう複数で》(官庁の)手数料. **⸗ge·heim·nis** 中 **1** 職務上の秘密. **2**《単数で》(公務員の)職務上守るべき秘密保持の義務, 守秘義務. **⸗ge·hil·fe** 男 (官庁・裁判所の)補助員. **⸗ge·nos·se** 男 (役所での)同僚. **⸗ge·richt** 中 (⑲ AG) 区裁判所. **⸗ge·richts·rat** 男 -〔e〕s/..räte Amtsgericht の判事. **⸗ge·schäft** 中 -〔e〕s/-e《ふつう複数で》公務, 職務: *sich*[4] den ～*en* widmen 公務に専念する. **⸗ge·walt** 女 -/ 職権, 権限.

amts·hal·ber[ámtshalbər] 副 職務上; 職権によって.

amts·han·deln《06》《過分 geamtshandelt》自 (h)《オーストリア》(公務員が)職務を行う, 公務を執行する.

Amts⸗hand·lung 女 **1** 職務行為. **2**〘宗〙勤行(ごんぎょう). ᐁ**⸗haupt·mann** 男 (1939年までのザクセンの)地方長官. **⸗in·si·gni·en** 複〘紋〙職位表示図形. **⸗kanz·lei** 女《オーストリア》(官庁の)事務〈執務〉室. **⸗kap·pel**[..kapəl] 中 -s/-n《オーストリア》《話》**1** (役人の)官帽. **2** (融通のきかない)小役人. **⸗ket·te** 女 (学長・市長などが首にかける)役職金鎖. **⸗kir·che** 女《集合的に》教会の役職者. **⸗klei·dung** 女 ＝Amtstracht **⸗kol·le·ge** 男 **1** (役所での)同僚. **2** (他政府・他組織の)同ポストの人. **⸗lei·tung** 女 **1** 部局管理〔首脳部〕. **2** 市外電話線〔路〕. **⸗mie·ne** 女 (しかつめらしい・木で鼻をくくったような)役人づら: **eine ～ aufsetzen 〈aufstecken〉** 役人づらをする, 無愛想な〈冷ややかな〉顔をする. **⸗miß·brauch** 男 職権乱用.

amts·mü·de 形 職務に疲れた, 職務を投げ出したくなった.

Amts⸗nach·fol·ger 男 後任者. **⸗nie·der·le·gung** 女 辞職, 退官. **⸗pe·ri·o·de** 女 ＝Amtsdauer **⸗per·son** 女 (公務を執行する)公人. **⸗pflicht** 女 職務上の義務. **⸗rat** 男 -〔e〕s/..räte (行政・司法・会計官庁の)高級官吏 (Amtmann の上位). **⸗rich·ter** 男 Amtsgericht の判事. **⸗schim·mel** 男 -s/《戯》官僚主義, 繁文縟礼(はんぶんじょくれい): **den ～ reiten** やたら形式や手続きにこだわる | **der ～ wiehert** 万事がお役所的である. ᐁ**⸗schrei·ber** 男 役所の書記. **⸗sie·gel** 中 職印, 官庁印. **⸗sitz** 男 **1** (特定の)官庁の所在地. **2** ＝Amtsgebäude **⸗spra·che** 女 **1** 公用語. **2** ＝Amtsdeutsch **⸗stu·be** 女 ＝Amtszimmer **⸗stun·den** 複 (官庁の)執務時間. **⸗tä·tig·keit** 女 職務〔行為〕. **⸗ti·tel** 男 官職名. **⸗tracht** 女 (裁判官・大学教授・僧侶(そうりょ)などが特定の公務遂行にあたって着用する)職務服. **⸗trä·ger** 男 公職〈役職〉にある人. **⸗über·schrei·tung** 女 (公務員の)越権〔行為〕; 職権乱用. **⸗un·ter·schla·gung** 女 官物横領. **⸗ver·bre·chen** 中, **⸗ver·ge·hen** 中 ＝ Amtsdelikt **⸗ver·mitt·lung** 女 (交換局による)電話の接続. **⸗ver·schwie·gen·heit** 女 -/ ＝ Amtsgeheimnis 2 **⸗ver·we·ser** 男《雅》(高官の)職務代行者. **⸗vor·gän·ger** 男 前任者. **⸗vor·mund·schaft** 女 (非嫡出子に対する)官庁による後見. **⸗vor·stand** 男, **⸗vor·ste·her** 男 **1** 役所〈部局〉の長. ᐁ**2** Amtsbezirk の長官. **⸗wal·ter** 男 職務管理者. **⸗weg** 男 (官庁の)事務手続き: den ～ gehen 〈einhalten〉 規定どおりの処理をする | auf dem ～ 公式手続きを経て. **⸗woh·nung** 女 官舎, 役宅; 公邸. **⸗zeit** 女 在職期間. **⸗zim·mer** 中 (官庁の)執務室.

der **Amu-Dar·ja**[amúːdarjáː, amúdarjjá] 地名 男

-〔s〕/ アムダリヤ (Pamir 高原に発し, Aralsee に注ぐ大河).

Amu·lett[amulέt] 中 -〔e〕s/-e (主として首にかける)魔よけのお守り, 護符. [*lat.*; ◇*engl.* amulet]

Amun[á:mʊn] =Ammon[1] [*ägypt.*]

Amund·sen[á:mʊntsən] 人名 Roald ～ ロアルド アムンゼン (1872-1928; ノルウェーの極地探検家).

der **Amur**[amú:*r*] 地名 男 -〔s〕/ アムール(中国とロシア連邦の国境を東流してオホーツク海に注ぐ大河. 中国名黒龍江 Heilungkiang または Heilongjiang). [*russ.*]

amü·sant[amyzánt] 形 (unterhaltsam) 楽しい, おもしろい, おかしい: eine ～*e* Geschichte おもしろい話〈物語〉. [*fr.*]

Amü·se·ment[amyzəmã́:] 中 -s/-s 楽しみ, 慰み, 娯楽: *et.*[4] nur zu *seinem* ～ tun 単なる暇つぶしのために…をする. [*fr.*; ◇amüsieren]

Amu·sie[amuzí:] 女 -/ **1** 芸術的才能〈センス〉のないこと. **2** 音痴; 〖医〗失音楽症. [*gr.*; ◇amusisch]

amü·sie·ren[amyzí:rən] 他 (h) (belustigen) 《*jn.*》楽しませる, おもしろがらせる: 再帰 *sich*[4] ～ 楽しむ, 楽しく過ごす, 遊ぶ | *sich*[4] über *jn.* 〈*et.*[4]〉 ～ …をおもしろがる, …をおかしがる; …を慰みものにする. [*fr.*; ◇Muse]

Amü·sier·lo·kal[amyzí:*r*..] 中 遊興飲食店(キャバレー・ナイトクラブなど).

amü·siert 過分 形 楽しんでいる, おもしろがっている: ein ～*es* Gesicht machen 楽しそうな顔をする | Er war sehr ～. 彼はとてもおもしろがっていた.

Amü·siert·heit[..haɪt] 女 -/ amüsiert なこと.

Amü·sier·vier·tel 中 遊興〈歓楽〉街.

amu·sisch[ámu:zɪʃ, ⌣⌣́⌣] 形 芸術的才能〈センス〉のない. [*gr.*; ◇Muse, Amusie]

Amyg·da·lin[amʏkdalí:n] 中 -s/ 〖化〗アミグダリン.

amyg·da·lo·id[..loí:t][1] 形 アミグダリンの; 苦扁桃(へんとう)状の. [<*gr.* amygdálē (→Mandel[2]) +..oid]

Amyl[amý:l] 中 -s/ 〖化〗アミル. [<Amylum+..yl]

Amyl·ace·tat[..latseta:t] 中 〖化〗酢酸アミル. **≠al·ko·hol** 男 〖化〗アミルアルコール.

Amy·la·se[amylá:zə] 女 -/-n 〖生化学〗アミラーゼ, 澱粉(でんぷん)加水分解酵素. [<..ase]

Amyl·aze·tat 中 =Amylacetat

Amy·len[amylé:n] 中 -s/-e 〖化〗アミレン, ペンテン, ペンチレン. [<..en[2]]

Amyl·ni·trit[amý:l..] 中 〖化〗亜硝酸アミル.

amylo.. 《名詞・形容詞につけて「澱粉(でんぷん)」を意味する》

amy·lo·id[amyloí:t][1] **I** 形 澱粉(でんぷん)状の; 〖医〗類澱粉質の, アミロイドの. **II Amy·lo·id** 中 -s/-e 〖医〗類澱粉質, アミロイド. [<..oid]

Amy·loi·do·se[..loidó:zə] 女 -/-n 〖医〗類澱粉(でんぷん)症, アミロイド症. [<..ose]

Amy·lo·ly·se[..lolý:zə] 女 -/-n 〖生化学〗澱粉(でんぷん)〔加水〕分解, 澱粉消化.

amy·lo·ly·thisch[..lý:tɪʃ] 形 澱粉〔加水〕分解の.

Amy·lum[á:mylʊm, amý:lʊm] 中 -s/ (Stärke) 澱粉(でんぷん). [*gr.* á-mylon — *lat.*; <*gr.* mýlē (→Mole[2])]

an[an]

> **I** 前 《3・4格支配》
> **1**《密着・密接・近接を示す》
> a)《空間的》
> ①《主として表面》…〔の表面〕に, …〔の表面〕に沿って
> ②《主として側面》…〔の側面〕に接して, …のそばに
> b)《密着の意味から, 付属物・属性などの本体・持ち主を示す》《3格と》…の, …に付属している, …には
> c)《数詞と: 数的近接, すなわち概数を示す》《4格と》
> ① →II 5
> ②《**nahe an** 〔**die**〕の形で》約, …ぐらい
> **2**《意味が希薄になり, 単に空間的な場を示す》
> a)《一般に場所・部位を示す》…で, …に〔おいて〕; …へ, …の方へ
> b)《あて先》《4格と》…あてに, …に対して
> c)《auf に相当する古義が残っている表現で》…の上〔面〕に
> **3**《時間的な場, すなわち時点を示す》…〔のとき〕に
> **4** a)《持続的な活動の場, 特に職場を示す》…に勤務〈在任〉して〔いる〕
> b)《従事・進行中・継続的状態を示す》…しつつ, …の途中で, …の状態で
> c)《**am ..sten** の形で最上級をつくる》最も…の状態で, いちばん…で
> **5**《密着の意味から転じて, よりどころ・根拠を示す》《3格と》
> a)《動作の手がかり》…をつかんで, …を頼りにして, …を使って
> b)《認識の根拠》…によって, …から見て, …からして
> **6**《因由・責任・義務・権限などの所在を示す》
> a)《原因・理由》《3格と》…のゆえに, …のために
> b)《責任・義務・担当・権限》《3格と》…の務め〈責任〉で, …の担当〈権限〉で
> c)《帰属》…に帰属して
> **7**《限定・局限を示す》
> a)《外延的・内包的》《3格と》…について〔は〕, …に関しては〔は〕, …の点〈形〉で〔は〕
> b)《知情意の働きや行動の対象を限定する》…に対して, …に関して
> c)《特に, 密着して多少とも継続的・漸進的に行われる動作の対象を示す》《3格と》…をずっと〈絶えず〉, …を幾度も, …を少しずつ
> **II** 副

I 前 《位置を示すときなどは3格支配, 方向を示すときなどは4格支配. 定冠詞 dem と融合して am, das と融合して ans となることがある》

1《密着・密接・近接を示す》 **a**)《空間的》《3・4格と》 ①《主として表面への》…〔の表面〕に, …〔の表面〕にくっついて, …〔の表面〕に密着して, …〔の表面〕に沿って〈を伝わって〉: 〖3格と〗Ein Bild hängt ～ der Wand. 一枚の絵が壁に掛かっている | Viele Äpfel hängen *am* Baum. たくさんのリンゴが木になっている | ～ der Blume riechen (鼻を近づけて)花の香を嗅(か)ぐ | *An* den Wänden liefen hohe Regale. 壁という壁に〔沿って〕高い書棚が並んでいた | Der Hund sprang ～ seinem Herrn hoch. 犬は主人の体にそって高く飛びあがった ‖〖同一名詞を結びつけて〗Rücken ～ Rücken 背中をくっつけあって | Wange ～ Wange tanzen 頬(ほお)をくっつけあって踊る ‖ Das Kind hängt sehr ～ der Mutter. 《比》その子は母親にべったりだ | Das liegt mir *am* Herzen. 《比》それは私の関心事だ〈私の念頭を去らない〉 | ～ *seiner* Meinung festhalten 《比》自分の意見に固執する.

‖〖4格と〗Er hängt das Bild ～ die Wand. 彼はその絵を壁に掛ける ‖ *et.*[4] ～ *et.*[4] binden 〈nageln〉 …を…に結びつける〈くぎでとめる〉 | das Glas ～ die Lippen heben グラスを唇にあてる | ～ die Tür klopfen ドアをノックする, 戸をたたく(→7 c) | den Hund ～ die Leine nehmen 犬をひもにつなぐ | Der Regen peitschte ～ die Fenster. 雨が窓をたたい〔てい〕た | *et.*[4] ～ die Tafel schreiben …を黒板に書く | *sich*[3] 〈*jm.*〉 den Ring ～ den Finger stecken 指に指輪をはめる〈…の指に指輪をはめてやる〉 | den Strumpf *ans* Bein ziehen 靴下をはく | den Ball ～ die Mauer werfen ボールを壁に投げ〔つけ〕る ‖ Er stand bis ～ den Hals im Wasser 〈in Schulden〉. 彼は首まで水につかっていた〈借金で首が回らなかった〉 ‖ Sie hat sich[4] sehr ～ mich gehängt. 《比》彼女はとても私を頼りにした〈私になついた〉 | Rühre mich ～ den wunden Punkt nicht! 《比》〔私の〕痛いところにさわるな.

②《主として側面への》…〔の側面〕に接して, …のかたわらに〔接して〕, …のほとり〈そば〉に, …のそばを通って: 〖3格と〗Er steht *am* Fenster. 彼は窓ぎわ〈のそば〉に立っている | Bonn liegt *am* Rhein. ボンはライン河畔にある | Die Schule liegt nahe *am* Bahnhof. 学校は駅のすぐ近くにある | die Stadt ～ der See 海辺の町 | Ich saß *am* Tisch. 私はテーブルに向かっていた〈食卓についていた〉 | ～ der Tür ドアのところに〈で〉, 戸口に〈で〉 | *am* Wege 道ばたに ‖〖同一名詞を結びつけて〗Bord ～

Bord 舷々(げん)相摩して | Dort steht Haus ~ Haus. そこには家がびっしり立ち並んでいる | Die Zuschauer standen Kopf ~ Kopf 〈dicht ~ dicht〉. 見物人はぎっしり集まっていた(すしづめだった) | Schulter ~ Schulter kämpfen 肩を並べて(矛をそろえて)戦う | Seite ~ Seite gehen 並んで歩く | Tür ~ Tür 〈Wand ~ Wand〉 wohnen 隣り合わせに住む ‖〘副詞とともに〙Die Straße führt ~ der Bahn **entlang.** 道路は鉄道に沿って通じている | Das Auto fuhr ~ ihm **vorbei.** 自動車は彼のわきを通り過ぎて行った.

Ⅱ〘4格と〙Er geht 〈tritt〉 *ans* Fenster. 彼は窓際に歩み寄る | den Stuhl *ans* Fenster stellen いすを窓辺〈窓際〉に置く | Im Sommer fahren wir *ans* Meer 〈~ die See〉. 夏には私たちは海辺へ行く | *An* den Park stößt der Friedhof. 公園に隣接して墓地がある | *jn. ans* Telefon rufen …を電話口に呼ぶ | *sich*[4] ~ den Tisch setzen テーブルに向かって座る, 食卓につく | Er begleitete mich bis ~ die Tür. 彼は私を戸口まで見送った | Er fuhr den Wagen rückwärts ~ die Hauswand. 彼は車をバックで家の外壁に寄せた | *jn.* ~ den Abgrund führen …を破滅に導く | ~ den Galgen kommen 絞首刑に処せられる | *jn.* ~ die Wand stellen (銃殺・処罰のため)…を壁際に立たせる.

☆「そばに・かたわらに」を表す前置詞には他に neben と bei があるが, どちらも an とちがって密着・密接の意味を持たず, neben は並列的隣接を, bei は漠然たる近接を示す. したがって「〔暖炉の〕火のそばに座る」は, *sich*[4] *ans* Feuer setzen であって *sich*[4] neben das Feuer setzen ではなく, 「だれだれのわきに座る」は *sich*[4] neben *jn.* setzen であって *sich*[4] *an jn.* setzen ではない. また, bei *jm.* sitzen は前後左右の限定をせずにただ「…のそば〈近く〉に座っている」ことを示す.

b)《密着の意味から, 付属物・属性などの本体・持ち主を示す》《3格と》…の, …に付属し〈備わっ〉ている, …には, …における〈おいて〔は〕〉: die Scheinwerfer ~ einem Wagen 車のヘッドライト | die Blätter ~ den Bäumen 木々の葉 | ein Muttermal ~ der Wange 頬(ほお)のほくろ | die Wunde ~ der Brust 胸の傷 | Das Merkwürdigste 〈Das Schönste〉 ~ der Sache ist, daß ... そのこと〔で〕のいちばん妙な〈よい〉点は…である ‖〘**was, nichts,**〔**nicht**〕**viel, kein** などと〙Was ist ~ der Geschichte so komisch? その話の何〈どこ〉がそんなにおかしいのか | Was ich ~ ihm bewundere, ist, daß ... 私が彼において感心する点〈私の感心する彼の側面〉は…である | Es ist nichts ~ der Sache. それはくだらない〈つまらない〉ことだ | *An* der Meldung ist nichts. その知らせは取るに〈問題とするに〉足らない | Es ist etwas 〈gar nichts〉 Gemeines ~ ihm. 彼には卑しいところが少しある〈少しもない〉 | *An* dem Buch ist nicht viel 〔dran〕. その本はたいしたものじゃない | Es ist kein wahres Wort ~ der Nachricht. その報道〈情報〉は全くの虚報〈うそっぱち〉だ ‖ Ihr liegt nichts ~ ihm. 彼女は彼のことなど問題にしていない | Was liegt mir ~ Ruhm und Ehren? 私にとっては名声や栄誉など問題じゃない | Es liegt ihm 〈Ihm liegt〉 viel ~ einer baldigen Entscheidung. 彼としては早く決め〔てもらわ〕ないと困るんだ.

c)《数詞と: 数的近接, すなわち概数を示す》《4格と》 ① → II 5 ②《**nahe an**〔**die**〕の形で》約, おおよそ, …ぐらい: Er ist nahe ~ die Achtzig 〈まれ: den Achtzig〉. 彼は80歳近い | Es war nahe ~ sechs Uhr. 時刻は6時近くであった.

2《密着・密接・近接の意味が希薄になり, 単に空間的な場を示す》**a**)《一般に場所・地点・個所・部位を示す》《3・4格と》…で, …に〔おいて〕; …へ, …の方へ:〘3格と〙*am* nächsten Bahnhof 次の駅で | ~ der Brust leiden 胸を病む | ~ der Ecke 角(かど)に | Ich bin *am* Ende meiner Kräfte. 私は力が尽きた | Sie zitterte ~ allen Gliedern. 彼女は体じゅうが震えた | Waren ~ 〈*am*〉 Lager haben 商品のストックがある | ~ diesem Ort この場所で | ~ Ort und Stelle その場で, 現地〈現場〉で | Deine Bemerkung ist fehl *am* Platz〔e〕. 君の発言は場違い〈不適切〉だ | ~ *js.* rechter Seite …の右側に | Er hat niemanden ~ der Seite. 彼は孤立無援だ | ~ der Sitzung 会議〔の席上〕で | ~ erster Stelle 第一番に | *An* deiner Stelle würde ich anders handeln. 私が君〔の立場〕だったら別のやり方をするだろう | ein Platz ~ der Sonne 日の当たる場所 ‖ *et.*[4] ~ *sich*[3] haben (an にアクセントがある) …を〔身に〕備えて〔持って〕いる | Er hat nichts vom Schulmeister ~ sich. 彼には教師臭いところが少しもない | Mein Vater hat die Gewohnheit ~ sich, mittags zu schlafen. 私の父には昼寝をする習慣がある | Er hat etwas ~ sich. 《話》彼には独特な〈妙な〉ところがある.

Ⅱ〘4格と〙~ die nächste Ecke kommen 次の角(かど)に来る〈さしかかる〉 | ~ die Front gehen 前線に出る | *An* Ort! 〘陸上〙位置について ‖ *et.*[4] *ans* Licht 〈~ den Tag〉 bringen …(秘密など)を明るみに出す | das Portemonnaie ~ *sich*[4] nehmen (他人の)財布を取る | ~ *sich*[4] halten 我慢する, こらえる.

b)《あて先, 特に手紙・あいさつ・贈り物などのあて先》《4格と》…あてに〈の〉, …に対して〈対する〉, …に向けて〈…向けの〉: einen Brief ~ *jn.* schreiben 〈abschicken〉 手紙を…あてに書く〈出す・送付する〉 | *et.*[4] ~ die falsche Adresse richten …を間違ったあて先へ送る | Ich habe eine Bitte 〈eine Frage〉 ~ Sie. お願い〈お聞きしたいこと〉があるんですが | Viele Grüße ~ Ihre Frau 〔Gemahlin〕! 奥様にどうぞくれぐれもよろしく | Mahnung ~ alle! (掲示などで)全員に警告〔します〕 | Weihnachtsgeschenke ~ die Kinder verteilen クリスマスプレゼントを子供たちに分配する ‖《*An* die Freude》『歓喜に寄す』(Schiller の詩, Beethoven の第九交響曲の終末合唱をなす賛歌) |《Reden ~ die deutsche Nation》『ドイツ国民に告ぐ』(Fichte がフランス軍占領下のベルリンで行った講演,1807-08).

c)《今日の auf に相当する古義が残っている表現で》《3・4格と》…の上〔面〕に:〘3格と〙*am* Boden liegen 地面〈床(ゆか)〉に横たわっている | ~ Bord sein 乗船して〈船上に〉いる | Sie stand *am* Ufer. 彼女は岸に立っていた.

Ⅱ〘4格と〙Sie warf sich hastig ~ die Erde. 彼女はすばやく地面に身を伏せた | *sich*[4] ~ das Ufer setzen 岸に腰を下ろす | *ans* Land gehen 〈steigen〉 上陸する | Gelassen stieg die Nacht *ans* Land. 静かに夜のとばりが降りた (Mörike).

☆ 方言, 特にスイスのドイツ語では今日でも auf の代わりに an がよく使われる: *am* Tisch stehen 〈liegen〉 テーブルに載っている | *am* Rücken liegen あお向けに寝ている | Es liegt alles ~ einem Haufen. 何もかも一かたまり〈山積み〉になっている | Man hat es ~ der Rede. そのことが話題になっている.

3《時間的な場, すなわち時点を示す》《3・4格と》…〔のとき〕に:〘3格と〙*am* Abend 晩に | ~ einem Morgen ある朝〔に〕 | *am* nächsten 〈andern〉 Morgen 翌朝〔に〕 | *am* 〈*am* hellen〉 Tag〔e〕 昼間〈白昼〉〔に〕 | ~ dem Tag deiner Abreise 君の出発の日に | ~ einem heißen Sommertag 夏のある暑い日〔に〕 | *am* Sonnabend 〈Samstag〉, dem 3. Juli 7月3日土曜日に | ~ Sonn- und Feiertagen 日曜祭日に ‖ *am* Anfang 初めに | *am* Anfang 〈Ende〉 des Monats 月初め〈月末〉に | *am* Ende 終わり〈最後〉に; 結局, 要するに | Es ist jetzt ~ der Zeit, ins Bett zu gehen. もう就寝する時刻だ.

Ⅱ〘4格と; ふつう **bis** を伴って〙bis ~ den frühen Morgen 早朝まで | bis ~ seinen Tod 彼の死に至るまで | Er war gesund bis ~ seinen letzten Lebtag. 彼は最後の最後まで健康だった.

4 a)《多少とも持続的な活動の場, 特に教職員・聖職者などの職場を示す》《3・4格と》…に勤務して〔いる〕, …に在任して〔いる〕:〘3格と〙Professor ~ der Universität München ミュンヒェン大学教授 | Dekan ~ der Medizinischen Fakultät 医学部長 | Er wird Lehrer ~ einer Handelsschule. 彼は商業学校の先生になる | Bibliothekar ~ der Nationalbibliothek 国立図書館の司書 | Pfarrer ~ der Jakobikirche ヤコブ教会〔の〕牧師 | Wer sitzt *am* Steuer? i)だれがハンドルを握って〈運転して〉いるのか; 舵手(だしゅ)はだれだ; ii)《比》指導して〈操って〉いるのはだれだ, だれが実権を握っているのか.

Ⅱ〘4格と〙als Professor ~ die Universität Bonn be-

rufen werden ボン大学に教授として招聘(しょうへい)される | Er wurde ～ eine andere Schule versetzt. 彼はよその学校へ転勤になった | Ich will später ～ die Schule gehen. 私は将来教職に就こうと思う.

☆「在学」の場合は本来は auf が用いられたが(→auf I 1 d), 今日では an も普通に用いられる: *an* der Universität Bonn studieren ボン大学に学ぶ | ein Student *an* der Universität Bonn ボン大学の学生.

b)《持続的な活動の場から転じて, 就業・従事・進行中・継続的状態を示す》《3・4格と》…しつつ, …の最中で, …と取り組んで, …の途中で, …の状態で:〖3格と〗*am* Leben sein 〈bleiben〉 生存している, 存命である | 〔nahe〕 *am* Verhungern sein 餓死寸前である; (餓死しそうなほど)ひどく空腹である | Sie hat mich ～ der Arbeit gestört. 彼女は私の仕事の邪魔をした | Es ist nicht ～ dem. そうじゃない, それは違う | Weißt du, was ～ dem ist? どういうこと〈事情〉なのか君知ってるかい, 本当かどうか君知ってるか.
‖〖4格と〗～ die Arbeit gehen / *sich*[4] ～ die Arbeit machen 仕事に取り掛かる | Ich muß jetzt ～ die Arbeit 〈*ans* Werk〉. 私はこれから仕事にかからねばならぬ | Geh ～ deine Aufgaben! 宿題に取り掛かれ, すべきことをしろ.

c)《継続的状態の意味から転じて, **am ..sten** の形で述語的形容詞と副詞との最上級をつくる》最も…の状態で, いちばん…で:〖述語的形容詞の場合〗*Am* verlegensten war unsere Mutter. いちばん困っていたのは私たちの母だった(例文1: →☆) | Heute war es *am* schönsten. きょうが最もすばらしかった, きょうは上天気だった(例文2: →☆) | Der Garten ist im Frühling *am* schönsten. 〔その〕庭がいちばん美しいのは春だ(例文3: →☆) ‖ Unter allen Schülern ist er *am* größten (＝der größte). すべての生徒のなかで彼がいちばん大きい(例文4: →☆) | Der Monat Juli ist *am* heißesten (＝der heißeste). 7月〔という月〕が最も暑い(例文5: →☆) ‖〖副詞の場合〗Sie tanzt *am* besten. 彼女がいちばんダンスがじょうずだ | Ich trinke Wein *am* liebsten. 私はワインがいちばん好きだ | Sie ist *am* wenigsten schön. 彼女がいちばん不美人だ.

☆ 述語的形容詞の最上級としては固定した am ..sten のほかに語尾変化する der 〈die, das〉 ..ste があるが, i)後にしかるべき名詞を想定補足し得ない場合(例文1, 2), ii)後にしかるべき名詞を想定補足し得ても, 一つの主語を異なる条件のもとで比較する場合(例文3)には, am ..sten を使わなければならない. これら二つの場合以外(例文4, 5)はいずれの形も用いられる.

5《密着の意味から転じて, よりどころ・根拠を示す》《3格と》
a)《動作の手がかり》…をつかんで〈手に取って〉, …を頼りにして, …を使って〈利用して〉: *am* Stock gehen 杖(つえ)にすがって歩く | ～ Krücken humpeln 松葉杖(づえ)をついてよろよろ歩く | *jn.* ～ der Hand führen …の手を引く, …の手を取って案内する | Er nahm mich ～ der Hand 〈*am* Arm〉. 彼は私の手〈腕〉を取った | *jn.* ～ der Kehle 〈Brust〉 packen …ののど元〈胸倉〉をつかむ | *jn.* ～ den Ohren ziehen …の耳を引っぱる | Sie wischte die Hände ～ der Schürze. 彼女はエプロンで両手をふいた | eine Last ～ einem Seil hochziehen 綱で荷物を引っぱり上げる | die Arbeit *am* Sandsack (ボクシングの)サンドバッグによるトレーニング | ～ den Fingern herzählen 指折り数える | Ich erklärte ihm die Frage ～ einem Beispiel. 私は彼にその問題を一つの例を使って説明した | ～ *et.*[3] 〈*jm.*〉 ein Geschäft machen …を利用する, …でひともうけする | Sein Leben hängt ～ einem 〔dünnen / seidenen〕 Faden. 彼の命は風前のともし火だ | *jn.* ～ der Nase herumführen《比》…を思うまま引きずり回す, …を愚弄(ぐろう)する.

b)《認識の根拠》…によって, …から見て, …からして: *jn.* 〈*et.*[4]〉 *am* Gang 〈～ der Stimme〉 erkennen 歩き方で〈声を聞いて〉…だということが分かる | Ich weiß es ～ mir. 私にはそのことが自分の体験からして分かっている | Das kenne ich ～ ihm. i)そのことは彼のようすで私には分かっている; ii)彼のそんなところは私には分かっている(→1 b) | Ich sehe dir doch deinen Wunsch ～ der Nase 〈der Nasenspitze〉 an. 君の望みは君のその顔つきで分かるよ | Der Taubstumme las die Worte ～ den Lippen des Sprechers ab. その聾啞(ろうあ)者は話し手の唇の動きから話を読み取った.

6《因由・責任・義務・権限などの所在を示す》**a**)《原因・理由》《3格と》…のゆえに, …のせいで, …のために: ～ Krebs 〈einem Herzschlag〉 sterben 癌(がん)〈心臓麻痺(まひ)〉で死ぬ | ～ Kopfweh 〈unglücklicher Liebe〉 leiden 頭痛がする〈失恋に悩む〉 | ～ einer Grippe erkranken 流感にかかる | ～ den Folgen des Krieges wirtschaftlich zugrunde gehen 戦争の結果経済的に破綻(はたん)する | Der Plan scheiterte ～ seinem Eigensinn. その計画は彼のわがままのために挫折(ざせつ)した. ‖〖動詞 **liegen** と〗Das liegt ～ ihm 〈der Kälte〉. それは彼〈寒さ〉のせいだ | *An* wem liegt es, daß wir das Spiel verloren haben? 私たちがゲームに負けたのはだれのせいだろう.

b)《責任・義務・担当・権限》《3格と; 動詞はふつう **sein**》…の務め〈責任〉で, …の担当〈権限〉で: Es ist nicht ～ mir, zu entscheiden. 決定を下すのは私の役目ではない | Es ist ～ dem Professor, mit den Studenten zu sprechen. 学生たちと話し合うのは教授の務めだ | Es ist jetzt 〈Jetzt ist es〉 ～ Ihnen, die Frage zu beantworten. 今度はあなたが質問に答えるべき〈番〉だ | Was ～ mir liegt, soll geschehen. 私の力の及ぶ限りの〈私のすべき〉ことは致します.

c)《帰属》《動詞が **sein** のときは3格と, **kommen** のときは4格と》…に帰属して: Die Schuld ist ～ ihm. 罪は彼にある, 彼が悪いんだ | Die Reihe ist ～ mir 〈kommt ～ mich〉. 順番が私に回ってきた | *An* wen kommt jetzt die Reihe? 今度はだれの番だ.

☆ 次のような表現は 2 a に属する: Er ist ～ der Reihe./ Er kommt ～ die Reihe./ Er ist dr*an*. 彼の番だ | Wer kommt jetzt ～ die Reihe? 今度はだれの番だ.

7《限定・局限を示す》**a**)《外延的・内包的》《3格と》…について〈おいて〉〔は〕, …に関して〔は〕, …の点で〔は〕, …の形で〔は〕: ～ Größe gleich 大きさの等しい | schmal ～ den Hüften 腰のほっそりした | jung ～ Jahren 年の若い | ～ *et.*[3] reich 〈arm〉 …の豊かな〈乏しい〉 | müde ～ Körper und Geist 身心ともに疲れた | krank ～ der Leber sein 肝臓をわずらっている | Er ist schuld ～ dem Unfall. その事故は彼の責任だ | aus Mangel ～ Zeit 時間が足りないので | Verletzte, über 100 ～ 〔der〕 Zahl その数100名を越える負傷者 | ～ Gewicht zunehmen 目方がふえる | ～ Bedeutung verlieren 〈gewinnen〉 重要性を失う〈増す〉 | Haben Sie etwas ～ Sommerstoffen da? 何か夏服の生地はありますか | *sich*[4] ～ Käse satt essen チーズを腹いっぱい食べる | Ich habe ～ ihm meinen besten Freund verloren 〈gefunden〉. 私が彼を失ったのは最良の友をなくしたことだ〈私は彼という最良の友を見いだした〉 | Es fehlt ihm ～ dem nötigen Mut. 彼には必要な〈肝心な〉勇気が欠けている | Wieviel ～ Glück, soviel ～ Leid. 《諺》幸福には悩みがつきものだ ‖〖**was** とともに〗Was ～ Maßnahmen steht mir zur Verfügung? 私にどんな処置がとれるというんだ | Ist das alles, was Sie ～ Gepäck haben? あなたの荷物はそれで全部ですか | Er erlitt Schläge und was es sonst ～ Strafen gab. 彼は殴られたりその他あらゆる罰を受けた ‖〖**an sich**/**an und für sich** の形で〗～ 〔und für〕 sich (他との関連を除外して)それ自体〈自身〉〔としては〕, それだけで〔は〕, 本来〈元来〉〔は〕, もともと〔は〕, ほんとうのところ〔は〕 | das Schöne ～ sich 美そのもの | das Ding ～ sich〖哲〗物自体 | eine ～ 〔und für〕 sich gute Meinung それ自体としては良い意見 | den Staat ～ und für sich betrachten 国家をそれ自体として考察する | Die Idee ist ～ sich nicht schlecht. そのアイディアはそれ自体としては悪くない | Fleiß ～ sich genügt nicht. 勤勉だけでは足りない | *An* 〔und für〕 sich büße ich bei dem Geschäft nichts ein. もともと私はその仕事〈商売〉で失うところは少しもないんだ | *An* sich möchte ich gerne Sahne essen, aber ich fürchte, ich werde dick. ほんとうは生クリームは好きなんだけど太るのが心配でね.

b)《知情意の働きや行動の対象を限定する》《3・4格と》…に対して〈対する〉, …に関して〈関する〉, …のことを〈の〉:〖3格と〗Interesse ～ *et.*[3] …についての興味〈関心〉 | *sich*[4] ～ *et.*[3] freuen (じかに接して, 見たり聞いたりして)…を喜ぶ, …を楽し

む | ~ *et.*³ zweifeln …を疑う ‖ Seine Kritik ~ diesem Roman ist berechtigt. この小説に対する彼の批評は当を得ている | Er hat sich⁴ ~ mir gerächt. 彼は私に復讐(ふくしゅう)した | ~ allen Vergnügen teilnehmen あらゆる楽しみごとに参加する.

‖〚4格と〛~ *jn.* 〈*et.*⁴〉 denken 〈glauben〉 …のことを考える〈信じる〉 | *sich*⁴ ~ *jn.* 〈*et.*⁴〉 erinnern …のことを思い出す ‖ Geld ~ *jn.* verlieren (賭事(かけごと)などをして)…に金を取られる〈巻き上げられる〉 | *sich*⁴ ~ *jn.* wenden …に依頼〈相談〉する.

c) 《特に, 密着して多少とも継続的・漸進的に行われる動作の対象を示す》〚3格と〛…をずっと〈絶えず・ひっきりなしに〉, …を幾度も, …を少しずつ: Reparaturen ~ einem Dach 屋根の修繕 | Operation ~ der Leber 肝臓の手術 | Die Arbeit *am* Staudamm geht vorwärts. ダムの工事は進捗(しんちょく)している | Er schreibt ~ einem neuen Theaterstück. 彼は新しい脚本を執筆中だ | Es klopft ~ der Tür. ドアをノックする音がする(→1 a ①) | Der Wind rüttelte ~ den Fenstern. 風が窓をガタガタ揺すぶった | Das Kind knabbert *am* Keks. その子はビスケットをポリポリかじっている | Das unaufhörliche Rauchen zehrte ~ seiner Gesundheit. 絶え間ない喫煙が彼の健康をむしばんでいった.

II 副 **1 a**) 《**von ... an** の形で, von の意味を明確にする》…から, …以来〈以後〉, …以上: von jetzt 〈nun〉 ~ 今から, このときから | von heute 〈diesem Tage〉 ~ きょう〈この日〉から | von dem Tag ~, als 〈da〉 ... …した日から | vom 2. Oktober ~ 10月2日から〈以降〉 | von Anfang ~ 初めから | von Jugend 〈klein〉 ~ 子供〈幼少〉のころから | von da ~ そこ〈そのとき〉から ‖ von hier 〈dieser Straße〉 ~ ここ〈この通り〉から | Von da ~ führt der Weg durch einen Wald. そこから道は森の中を抜けて行く | von der zehnten Reihe ~ 10列目から ‖ von 5 Mark ~ 〔aufwärts〕 5マルクから〈以上〉.

b) 《ab とともに》**ab und an** 《北部》ときどき, ときたま.

2 《機能中: →I 4 b; 動詞はふつう **sein**, ときに **haben**》(↔aus) (電流などの)スイッチが入って〔いる〕, ついて〔いる〕: Das Licht 〈Das Radio〉 ist ~. 明かり〈ラジオ〉がついている | Bitte Licht ~! 明かりをつけてくれ | Das Gas 〈Der Ofen〉 ist ~. ガス〈ストーブ〉がついている | Er hat die Heizung ~. 彼は暖房を入れている.

3 《着衣: →I 2 a》身につけて, 着て: ohne etwas ~ 何も身につけずに, 裸で | wenig ~ ろくに着るものも着ないで, 見すぼらしい身なりで | Er saß mit dem Mantel ~. 彼はコートを着たまま座っていた | Sie stand da fast nichts ~. 彼女は裸同然でそこに立っていた.

4 《到着: →I 2 a; 駅や空港などの時刻表で》(↔ab) …着: ~ Berlin / Berlin ~ ベルリン着 | Frankfurt ab: 17^{00} Uhr, Tempelhof ~: 18^{00} Uhr フランクフルト発17時(ベルリンの)テンペルホーフ着18時 | ~ Bayerischer Bahnhof (ライプツィヒの)バイエルン駅着.

☆ 前置詞として意識され格支配を示すこともある: ~ Bayerischen 〈Bayerischem〉 Bahnhof

5 《概数: →I 1 c; ふつう複数定冠詞 die とともに. ただしこの die は省くことができる》約〈ほぼ〉…, およそ〈だいたい〉, …ぐらい〈ほど〉: ~ 〔die〕 hundert Mann 約100名 | Er ist ~ die vierzig 〔Jahre alt〕. 彼は40歳ぐらいだ | Das wird ~ die vierzehn Tage dauern. それは2週間ばかり続く〈かかる〉だろう | Ich habe ~ die tausend Mark verloren. 私は1000マルクほど損をした〈負けた〉 | Sie hat das Schauspiel ~ 〔die〕 sechsmal gesehen. 彼女はその劇を6回ほど見た | Er begegnete ~ die 10 Kindern. 彼は10人ほどの子供たちに出会った.

6 《gegen *jn.* 〈*et.*⁴〉 an＋話法の助動詞の形で: →ankommen I 3 a》: Wir können gegen ihn nicht ~. 私たちは彼に対抗できない.

7 《他の語と合成して》 **a**) 《密接》*an*bei 添えて, 同封して | neben*an* 隣接して. **b**) 《方向》 ① 《水平方向》her*an*〔こちらへ〕近づいて | fort*an* 今後は. ② 《上昇方向》hin*an* 《雅》下から上へ | berg*an* 山を登って.

[*idg.*; ◇ana.., ahnen; *engl.* on]

an..¹ 《主として分離動詞の前つづり. つねにアクセントをもつ》 **1** 《「対象への接近・対象物表面との接触」を意味する》 **a**) 《対象物に対する行為・運動.「…に向かって, …をめざして, …にぶつかって」》: *an*visieren ねらいをつける | *an*sehen 見〔つめ〕る | *an*lächeln ほほえみかける | *an*fliegen 向かって飛ぶ | *an*gerannt kommen 走って来る ‖〚特に敵対的意図をもって〛*an*fallen 襲撃する | *an*greifen 攻撃する | *an*schnauzen どなりつける. **b**) 《到達》: *an*kommen 着く | *An*kunft 到着. **c**) 《提供・委託》: *an*bieten 提供する | *an*vertrauen 信頼して任せる. **d**) 《隣接・密接状態の生起およびその持続》: *an*heften とじつける | *an*bauen 建て増す ‖ *an*haften 付着している | *An*lieger (特定の)道路〈水路〉沿いの居住者 | *An*kreis〚数〛傍接円. **e**) 《物体表面における行為・現象》: *an*streichen 塗る | *an*sehen 見てとる. **f**) 《一定の場の付与》: ① 《設置》: einen Garten *an*legen 庭園を造る | ein Beet 〔im Garten〕 *an*bringen 〔庭に〕花壇を作る. ② 《定住》: *sich*⁴ *an*siedeln 移住する. ③ 《雇用》: *an*stellen (職員として)雇う. **g**) 《所属・姻戚(いんせき)関係》: *an*gehören 所属する | *an*geboren sein 生まれつき備わっている | *an*verwandt 親戚の. **h**) 《対応》: *an*ähneln 類似〈同化〉させる | *sich*⁴ *an*bequemen 順応〈適合〉する.

2 《前進運動》: *an*treiben 駆りたてる | *an*hetzen けしかける.

3 a) 《上昇運動》: *an*steigen 上昇する. **b**) 《集積》: *an*häufen ためる.

4 《1から転じて,「開始」に関するさまざまな表現. 例えば:》 **a**) 《着手・開始》: eine Arbeit *an*greifen 仕事に取りかかる | Der Wagen fährt *an*. 車が走り出す | Der Morgen bricht *an*. 夜が明けそめる. **b**) 《ある行為によって何かが開始される》: das Spiel *an*pfeifen 試合開始のホイッスルを吹く | *An*geld 手付金. **c**) ① 《点火・発火》: Feuer *an*machen 火をおこす | Das Holz brennt *an*. 木が燃えだす. ② 《起動》: den Motor *an*werfen エンジンを始動させる | das Licht *an*knipsen 明かりのスイッチを入れる. **d**) 《部分的進行》: die Haare *an*feuchten 髪を湿す | *an*gefaultes Obst 腐りかけの果物 | *an*geheitert ほろ酔い機嫌の.

5 《開始以後の継続》: *an*dauern 持続する | *an*haltender Regen 長雨.

an..² →a..¹

an..³ →ad..

..an [..a:n] 〚化〛《「飽和炭化水素」を意味する中性名詞(-s/)をつくる》: Meth*an* メタン | Äth*an* エタン.

An [a:|én, aktinó:n] 記号 (Actinon) 〚化〛アクチノン.

AN 略 ＝Arbeitsnorm 2

ana [ána·] 《ラテン語》→*ana* partes aequales

ana.. 《名詞・形容詞・動詞などにつけて「上へ・開始・展開・再・適合」などを意味する》: *ana*batisch 〚気象〛(風・気流などが)上昇の | *Ana*krusis 〚詩〛行首余剰音 | *Ana*lyse 分析, 分解 | *ana*log 類似〈相似〉の. [*gr.*; ◇an]

..ana [..a:na·] 《固有名詞につけて「…関係文献集成, …風物誌」などを意味する複数名詞をつくる. ..iana となることもある》: Afrik*ana* アフリカ関係図書 | Goethe*ana* ゲーテ文献 | Kant*iana* カント文献. [*lat.*]

Ana·bap·tis·mus [anabaptísmus] 男 -/ 〚新教〛再洗〔礼〕派の教義.

Ana·bap·tist [..tíst] 男 -en/-en (Wiedertäufer) 〚新教〛再洗〔礼〕派の人(1521年に起こったプロテスタントの一分派のあだ名で, 幼児洗礼を無効とし, 成人したのちに内的回心に応じて再び洗礼を受けるべきだとした).

Ana·ba·sis [aná(:)bazɪs] 女 -/ **1** (低地から高地へ, あるいは海から内陸部への)進軍, 遠征; 〚文芸〛『アナバシス』(特に Xenophon 作のペルシア遠征〔従軍〕記). **2** 〚医〛(急性疾患などの)病勢亢進(こうしん)〔期〕. [*gr.*; ＜*gr.* ana-baínein „hinauf-steigen"]

ana·ba·tisch [anabá:tɪʃ] 形 (↔katabatisch) 〚気象〛(風・気流などが)上昇の, 上昇気流の; 滑昇風の.

Ana·bio·se [anabió:zə] 女 -/ 〚生〛(植物の種子や下等動物の)蘇生(そせい). [＜*gr.* ana-bióein „wieder-aufleben"]

ana·bol [anabó:l] 形 〚生〛同化〔作用〕の.

Ana·bo·li·kum [anabó:likum] 中 -s/..ka [..ka·] 《ふつ

う複数で)〘薬〙アナボリック=ステロイド, 筋肉増強剤.

Ana·bo·lis·mus[..bolísmʊs] 男 -/ (↔Katabolismus)〘生〙同化〔作用〕; 物質合成代謝. [*gr.*]

Ana·cho·ret[anaçoré:t, anaxo.., anako..] 男 -en/-en (初期キリスト教の)隠者, 世捨て人; 独住修士. [*gr.–spätlat.*; < *gr.* ana-chōreīn „zurück-ziehen"]

ana·cho·re·tisch[..ré:tɪʃ] 形 隠者の, 隠遁(いんとん)的な.

Ana·chro·nis·mus[anakronísmʊs] 男 -/..men [..mən] **1** 時代錯誤, アナクロニズム;《比》時代遅れ. **2** (記事などの)年代の誤り. [*gr.*; < chrono..]

ana·chro·ni·stisch[..tɪʃ] 形 時代錯誤の; 時代遅れの.

Ana·di·plo·se[anadipló:zə] 女 -/-n, **Ana·di·plo·sis**[..dí:plozɪs] 女 -/..plosen[..dipló:zən]〘修辞〙前辞反復(先行の詩行・文の末尾の語句を次の詩行・文の冒頭で反復すること. 例 Fern im Süd das schöne *Spanien*, *Spanien* ist mein Heimatland. はるか南のうるわしきスペイン スペインこそわが故国なれ). [*gr.–spätlat.*; < diplo..]

Ana·dyo·me·ne[anadyó(:)mene·, ..dyomé:nə, ..ne·] 人名〘ギ神〙アナディオメネ (Aphrodite の異名). [*gr.* anadyoménē „die (aus dem Meer) Auftauchende"]

an·ae·rob[an(|)aeró:p, ◡◡◡–][1] 形 (↔ aerob)〘生〙嫌気性の.

An·ae·ro·bier[an(|)aeró:biər] 男 -s/-, **An·ae·ro·biont**[..robiɔ́nt] 男 -en/-en〘生〙嫌気性微生物.

Ana·ge·ne·se[anagené:zə] 女 -/〘生〙アナゲネシス(種の進化改善).

Ana·gly·phe[anaglý:fə] 女 -/-n **1**《複数で》〘写〙アナグリフ, 立体〔浮き出し〕写真. **2**〘彫〙浅浮き彫り, 凸彫(とつちょう).

An·ago·ge[anagogé:, ..gó:gə] 女 -/ (聖書の語句などの)神秘的〈寓意的〉解釈. [*gr.*; < *gr.* an-ágein „hinaufführen"; ◇ana.., Agon]

an·ago·gisch[..gó:gɪʃ] 形 神秘的〈寓意的〉な.

Ana·gramm[anagrám] 中 -s/-e アナグラム, 語句転綴(てんてつ)(語句の文字・つづりの順序を変えること. 謎(なぞ)・変名などを作るのに利用される. 例 Lampe < Palme).

ana·gram·ma·tisch[..gramá:tɪʃ] 形 アナグラムの.

an|äh·neln[án|ɛ:nəln]《06》他 (h)《*et.*[4] *et.*[3]》(…を…に)似せる, 類似〈同化〉させる.

Ana·kla·sis[aná(:)klazɪs] 女 -/ **1**〘詩〙音節交換(古典詩で隣接する長音節と短音節とを交換すること). **2**〘修辞〙逆酬(相手の言を逆手にとること. 例 Ihr seid *verloren*, wenn ihr säumt.–Ich bin *verloren*, wenn ich übereile. ぐずぐずすれば諸君は破滅 — 急ぎすぎれば私は破滅). [*gr.*; < *gr.* klān (→klastisch)]

An·ako·luth[anakolú:t] 中 男 -s/-e〘言〙(文法的一貫性のない)破格構文, 移轍(いてつ)(例 Wenn ich nach Hause komme, und *der Vater ist noch da* (= ..., und 〔wenn〕 der Vater noch da ist), dann ... 私が帰宅して父がまだいたらそのときは…). [*gr.*; < a..[1] + *gr.* akólouthos (→Akolyt)]

an·ako·lu·thisch[..lú:tɪʃ] 形 破格構文の, 移轍の.

Ana·kon·da[anakɔ́nda·] 女 -/-s 〘動〙アナコンダ(南米産のボア科の大ヘビ). [*singhales.*]

Ana·kreon[aná:kreɔn] 人名 アナクレオン(酒と恋を歌った, 前6世紀ごろのギリシアの叙情詩人). [*gr.–lat.*]

Ana·kreon·tik[anakreɔ́ntɪk] 女 -/ アナクレオンふう(アナクレオンを模倣した18世紀ドイツの文学運動).

Ana·kreon·ti·ker[..tikər] 男 -s/- (18世紀ドイツの)アナクレオン派の詩人.

ana·kreon·tisch[..tɪʃ] 形 アナクレオンふうの.

Ana·kru·sis[aná(:)kruzɪs, anakrú:zɪs] 女 -/..krusen [anakrú:zən]〘詩〙行首余剰音(行頭の破格の弱音〔節〕). [*gr.*; < *gr.* ana-kroúein „zurück-stoßen, anschlagen"]

anal[aná:l] 形 肛門(こうもん)の, 肛門部の: die ~*e* Phase〘精神分析〙肛門〔愛〕期. [< Anus + ..al[1]]

Anal·drü·se 女〘動〙(哺乳(ほにゅう)類, 特に食肉類や齧歯(げっし)類の)肛門腺(せん).

Ana·lek·ten[analɛ́ktən] 複 選集, 抜粋集(論文集・詩文選など). [*gr.*; < *gr.* ana-légein „auf-lesen"]

ana·lek·tisch[..tɪʃ] 形 選択〈抜粋〉による; 選集の.

Ana·lep·ti·kum[analɛ́ptikʊm] (**Ana·lep·ti·kon** [..kɔn]) 中 -s/..ka[..ka·] 興奮薬, 気つけ薬. [*gr.*〔–*lat.*〕; < *gr.* ana-lēptikós „wieder-herstellend" (◇..lepsie)]

ana·lep·tisch[..tɪʃ] 形 回復させる, 元気づける; 興奮〈刺激〉性の.

Anal≈ero·tik[aná:l..] 女〘心〙肛門愛. **≈fis·sur** 女〘医〙肛門裂傷, 裂肛, 痔裂(じれつ) **≈fi·stel** 女〘医〙痔瘻(じろう).

An·al·gen[an(|)algé:n] 中 -s/-e =Analgetikum

An·al·ge·sie[..gezí:] 女 -/-n[..zí:ən]〘医〙痛覚脱失〈消失〉〔症〕, 無痛覚〔症〕. [*gr.*; < a..[1] + ..algie]

An·al·ge·ti·kum[..gé:tikʊm] 中 -s/..ka[..ka·] 鎮痛剤.

an·al·ge·tisch[..gé:tɪʃ] 形 鎮痛性の.

an·al·lak·tisch[an(|)aláktɪʃ] 形 (unveränderlich) 不変の. [< a..[1] + *gr.* allássein „verändern" (◇allo..)]

ana·log[analó:k][1] 形 **1**《(zu) *et.*[3]》(…に)類似した, (…に)似ている, 相似の; (…に)対応〈相応〉する: eine ~*e* Erscheinung 〈Situation〉 類似の現象〈状況〉. **2** (↔digital) (計算機・測定器具などについて)アナログ方式の, 計量型の(連続的な物理量によって数値を表す, 例えば針によって時刻や数値を表示する). [*gr.–lat.–fr.* analogue]

Ana·lo·ga Analogon の複数.

Ana·log-Auf·nah·me[analó:k..] 女 アナログ録音.

Ana·lo·gie[..logí:] 女 -/-n[..gí:ən] **1** 類似, 類似性: eine ~ aufweisen 類似性を示す, 似ている | *et.*[4] in ~ zu *et.*[3] bilden …を…に似せて作る. **2**〘生〙(形態上の)相似. **3**〘論〙類推, 類比;〘法〙(法解釈上の)類推. **4**〘言〙(語構成などに見られる)類推〔作用〕. [*gr.–lat.*]

Ana·lo·gie≈bil·dung 女〘言〙類推形 (abendlich に対する morgendlich, morgens に対する nachts のように, 別の語からの類推作用でできた語形). **≈schluß** 男〘論〙類推, 類比推理. **≈test** 男〘心〙類比テスト(知能テストの一種). **≈zau·ber** 男 模倣呪術(じゅじゅつ)(似たものは似たものを生み出すという考えに基づくもので, 雨ごいの儀式など).

ana·lo·gisch[analó:gɪʃ] 形 **1** =analog 1 **2** 類推に基づく.

Ana·lo·gis·mus[..logísmʊs] 男 -/..men[..mən] =Analogieschluß

Ana·lo·gon[aná(:)logɔn] 中 -s/..ga[..ga·] 類似性をもつもの, 類似〈相似〉物. [*gr.*]

Ana·log≈re·chen·ge·rät[analó:k..] 中, **≈rech·ner** 男 アナログ〔式〕計算機. **≈si·gnal** 中 アナログ信号. **≈uhr** 女 アナログ式時計.

An·al·pha·bet[an(|)alfabé:t, ◡◡◡–] 男 -en/-en (女 **An·al·pha·be·tin**[..tɪn]-/-nen) **1** (↔Alphabet) 読み書きのできない人, 非識字者, 文盲の人. **2**《比》無知〈愚か〉な人: ein politischer ~ 政治を全く解さぬ人. [*gr.*]

An·al·pha·be·ten·tum[..bé:təntu:m] 中 -s/ **1** =Analphabetismus **2** (特定地域での) Analphabetismus の存在.

an·al·pha·be·tisch[..tɪʃ] 形 **1** 読み書きのできない, 文盲の. **2**〘言〙非字母的〔な〕.

An·al·pha·be·tis·mus[..betísmʊs] 男 -/ 読み書きのできないこと, 文盲.

Anal≈pro·laps[aná:l..] 男〘医〙脱肛(だっこう), 肛門脱. **≈spe·ku·lum** 中〘医〙肛門鏡. **≈ver·kehr** 男 肛門性交.

Ana·ly·sand[analyzánt][1] 男 -en/-en〘医〙精神分析治療を受ける人.

Ana·ly·sa·tor[..zá:tɔr, ..to:r] 男 -s/-en[..zató:rən] **1**〘理〙検光子. **2** 精神分析を行う人, 精神分析医.

Ana·ly·se[analý:zə] 女 -/-n **1 a)** (↔Synthese) 分析, 分解: eine wissenschaftliche ~ 科学的な分析 | Psycho*analyse* 精神分析 ‖ eine ~ machen 〈vornehmen〉 分析を行う. **b)**〘化〙分析: eine qualitative 〈quantitative〉 ~ 定性〈定量〉分析. **2** =Analysis 1 [*gr.* análysis „Auflösung"–*mlat.*]

Ana·ly·sen≠da·ten 複 分析データ. **≠waa·ge** 女〘化〙分析用天秤(てんびん).

ana·ly·sie·ren[analyzí:rən] 他 (h) **1** 分析する, 分解する; (細部にわたって)批判的に検討する: die Lage ~ 情勢を分析する | einen Satz 〈einen Roman〉 ~ ある文〈小説〉を分析検討する. **2**〘化〙分析する: eine Lösung chemisch ~ 溶液を化学的に分析する. **3**〘数〙解析する.

Ana·ly·sis[aná:lyzɪs] 女 -/ **1**〘数〙解析, 分析. **2**〘数〙解析学. [*gr.*]

Ana·lyst[analýst] 男 -en/-en (特に証券業界で調査・分析を行う)アナリスト. [*engl.*]

Ana·ly·tik[analý:tɪk] 女 -/ **1**〘論〙分析論. **2** (↔Synthetik)〘数〙解析論. **3** 分析化学.

Ana·ly·ti·ker[..tikər] 男 -s/- 分析を行う人, 分析者; 分析を得意とする人, 分析の達人; (Psychoanalytiker) 精神分析医.

ana·ly·tisch[..tɪʃ] 形 **1** (↔synthetisch) 分析の, 分解の; 分析〈分解〉的な: eine ~*e* Begabung 分析の才能 | die ~*e* Chemie 分析化学 | eine ~*e* Methode 分析法 | eine ~*e* Sprache〘言〙(語形変化の代わりに機能語・助動詞などが発達した)分析的言語 | ein ~*es* Urteil〘哲〙分析判断. **2**〘数〙解析の; 解析的な: eine ~*e* Funktion 解析関数 | die ~*e* Geometrie 解析幾何学. [*gr.–mlat.*]

Anal·zo·ne[aná:l..] 女〘医・心〙肛門(こうもん)帯域.

An·ämie[anɛmí:] 女 -/-n[..mí:ən] (Blutarmut)〘医〙貧血〔症〕. [*gr.*; <*gr.* án-aimos „blut-los"; ◇ *engl.* an〔a〕emia]

an·ämisch[anɛ́:mɪʃ] 形 貧血〔性〕の.

Ana·mne·se[anamnéːzə] 女 -/-n **1**〘医〙既往歴, 病歴. **2**〘哲〙アナムネーシス, 想起. **3**〘カトリック〙記念唱. [*gr.* aná-mnēsis „Rück-erinnerung"]

ana·mne·stisch[..nɛ́stɪʃ] 形, **ana·mne·tisch**[..né:tɪʃ] 形 既往〔性〕の.

Ana·mor·pho·se[anamɔrfó:zə] 女 -/-n〘光〙歪(わい)像;〘美〙歪像画法. [<..morph]

ana·mor·pho·tisch[..tɪʃ] 形 結像異常の, 歪(わい)像の: eine ~*e* Linse 円柱〈アナモルフィック〉レンズ.

Ana·nas[ánanas] 女 -/-(-se)〘植〙パイナップル; パイナップルの実 [*indian.–port.*]

Anan·kas·mus[anaŋkásmʊs] 男 -/..men[..mən] (Zwangsvorstellung)〘心〙強迫観念〈機転〉; (Zwangsneurose) 強迫神経症.

Anan·kast[..kást] 男 -en/-en 強迫神経症患者.

Anan·ke[anáŋkə, ..ke·] 女 -/〘哲〙アナンケー(強制・必然・運命). [*gr.* anágkē „Zwang"]

An·ant·apo·do·ton[anantapó(:)dotɔn] 中 -s/..ta[..ta·]〘言〙帰結文〈後文〉欠落. [*gr.*; ◇Apodosis]

ana par·tes aequa·les[ána· párte:s ɛkvá:le:s]《ラテン語》(zu gleichen Teilen)〘薬〙〔それぞれ〕同量に.

Ana·päst[anapɛ́:st] 男 -〔e〕s/-e〘詩〙アナパイストス, 短短長〈抑抑揚〉格 (◡◡—); (ドイツの韻文では)弱弱強格(××́). [*gr.* aná-paistos „zurück-geschlagen"–*lat.*]

ana·pä·stisch[..pɛ́:stɪʃ] 形 アナパイストスの.

Ana·pher[aná(:)fər] 女 -/-n **1 a)**《単数で》(↔Deixis)〘言〙代応(名詞に対する代名詞の照応). **b)** (↔Katapher)〘言〙前方代応詞, 前方照応〈遡及指示〉詞. **2** =Anaphora 1 **3**〘医〙喀出(かくしゅつ), 吐出(としゅつ).

Ana·pho·ra[..fora·] 女 -/..rä[..rɛ·] **1** (↔Epiphora)〘修辞〙首句反復(例 *Das Wasser* rauscht', *das Wasser* schwoll. 水はざわめき 水はふくらんだ). **2**〘宗〙アナフォラ(ギリシア典礼の聖体祭儀の中心的部分, 叙唱から栄唱まで; ローマ典礼の奉献文に相当する. また聖体のためのパンとぶどう酒の奉献・供物を祭壇に運ぶ奉納行列を指す). [*gr.–lat.*; <*gr.* anaphérein „zurück-bringen" (◇..phor)]

Ana·pho·rik[anafó:rɪk] 女 -/ (↔Kataphorik)〘言〙(代名詞等による)前方代応, 前方照応, 遡及指示.

ana·pho·risch[..rɪʃ] 形 **1** (↔epiphorisch)〘修辞〙首句反復の. **2** (↔deiktisch)〘言〙代応〈照応〉的な; (特に:) (↔kataphorisch) 前方代応的な, 前方照応〈遡及指示〉的な: ein ~*es* Pronomen〔前方〕代応的代名詞(例 Der Student fragte, was *er* tun sollte. 学生は自分が何をしたらよいかと尋ねた).

An·aphro·di·sia·kum[an(|)afrodizí:akʊm] 中 -s/..ka[..ka·]〘医〙性欲抑制剤, 制淫(せいいん)剤.

An·aphro·di·sie[..dizí:] 女 -/-n[..zí:ən]〘医〙性感消失, 冷感症.

ana·phy·lak·tisch[anafyláktɪʃ] 形〘医〙アナフィラキシー性の. [<Phylax]

Ana·phy·la·xie[..laksí:] 女 -/〘医〙アナフィラキシー(血清療法などによる異種たんぱく質過敏症).

Ana·pty·xe[anaptýksə] 女 -/-n〘言〙(外来語などで発音を容易にするための子音間への)母音挿入. [*gr.*; <*gr.* anaptýssein „ent-falten"]

an|ar·bei·ten[án|arbaɪtən]《01》**I** 自 (h)《gegen *et.*[4]》抵抗する. **II** 他 (h)《*et.*[4] an *et.*[4]》(細工して)取り付ける.

an·arch[anárç] =anarchisch

An·ar·chie[anarçí:] 女 -/-n[..çí:ən] 無政府〈無法律〉状態; (一般に)無秩序, 混乱. [*gr.*]

an·ar·chisch[anárçɪʃ] 形 無政府〈無法律〉状態の; 無秩序の, 混乱した: ~*e* Zustände 無法〈無秩序〉状態.

An·ar·chis·mus[anarçísmʊs] 男 -/ 無政府主義, アナーキズム.

An·ar·chist[..çíst] 男 -en/-en (女 **An·ar·chi·stin**[..tɪn]-/-nen) 無政府主義者, アナーキスト.

an·ar·chi·stisch[..çístɪʃ] 形 無政府主義〈アナーキズム〉の, 無政府主義的な; 無法〈無秩序〉な.

Anar·cho[anárço·] 男 -〔s〕/-〔s〕(既存の体制に暴力をもって反抗する)無政府主義者, アナーキスト.

Ana·sta·sia[anastá:zia·] 女名 アナスタージア.

Ana·sta·sis[anástazɪs] 女 -/〘美〙(ビザンチン教会での)キリストの地獄巡りと蘇(よみがえ)りの図像. [*gr.* aná-stasis „Aufstehen"]

Ana·sta·sius[anastá:zius] 男名 アナスタージウス.

ana·sta·tisch[..tɪʃ] 形〘印〙アナスタチック(転写製版法の一種)の: ~*er* Druck アナスタチック=リプリント法.

An·äs·the·sie[an(|)ɛstezí:] 女 -/-n[..zí:ən]〘医〙**1** 感覚脱失, 知覚消失〈麻痺(まひ)〉, 無感覚〔症〕. **2** 麻酔〔法〕. [*gr.*]

an·äs·the·sie·ren[..zí:rən] 他 (h)《*jn.*》〘医〙(…の)感覚〈知覚〉を失わせる, (…に)麻酔をかける.

An·äs·the·sio·lo·ge[..zioló:gə] 男 -n/-n (→..loge) 麻酔学者.

An·äs·the·sio·lo·gie[..logí:] 女 -/ 麻酔学.

An·äs·the·sist[..zíst] 男 -en/-en 麻酔専門医.

An·äs·the·ti·kum[..té:tikʊm] 中 -s/..ka[..ka·]〘医〙麻酔薬.

an·äs·the·tisch[..tɪʃ] 形 **1** 感覚脱失の, 知覚消失〈麻痺(まひ)〉の, 無感覚の. **2** 麻酔〔性〕の.

an·äs·the·ti·sie·ren[..tetizí:rən] =anästhesieren

An·astig·mat[an(|)astɪgmá:t] 男 -en/-en (中 -s/-e)〘光〙アナスティグマート, 収差補正レンズ.

an·astig·ma·tisch[..tɪʃ] 形 **1**〘光〙(レンズなどが)〔非点〕収差のない, 収差を補正した. **2** 乱視でない.

Ana·sto·mo·se[anastomó:zə] 女 -/-n **1 a)**〘解〙(脈管・神経などの)吻合(ふんごう). **b)**〘医〙吻合術. **2**〘生〙(原生動物の)網状吻合. [*gr.*; ◇Stoma]

Ana·stro·phe[anástrofe·] 女 -/-n[anastró:fən]〘修辞〙(語句の)倒置〔法〕(例 zweifelsohne<ohne Zweifel). [*gr.–mlat.*]

Ana·tas[anatá:s][1] 男 -/-e〘鉱〙鋭錐(えいすい)鉱. [*gr.* anátasis „Emporstrecken"; <*gr.* teínein (→Tonus)]

Ana·them[anaté:m] 中 -s/-e =Anathema 1

Ana·the·ma[aná(:)tema·] 中 -s/-ta[anaté:mata·] **1**〘カトリック〙アナテマ, 詛斥(そせき), 破門, 異端排斥; 異端判決〈宣告〉. **2** (神々への)供物, 奉納物; (神々の)怒りにゆだねられたもの, 呪われたもの. [*gr.–spätlat.*; ◇Thesis]

ana·the·ma·ti·sie·ren[anatematizí:rən] 他 (h)《*jn.*》〘カトリック〙アナテマに処する, 破門〈排斥〉する. [*gr.–spät-*

lat.]

ạna·tio·nal[ánatsiona:l, ◡◡◡◡⏊] 形 非国民的な, 自国民に対して無関心な. [＜a..[1]]

ạn|at·men[án|a:tmən] ⦅01⦆ 他 (h) ⦅*jn./et.*[4]⦆ (…に)息を吹きかける.

Ana·tọl[anató:l, ⏊◡—] **I** 男名 アナトール. **II** 男 -〔s〕/-s アナトリアン(アナトリア産の手織りじゅうたん).

Ana·tọ·li·en[anató:liən] 地名 アナトリア(黒海と地中海の間にひろがるアジアトルコ, 古くは Kleinasien 全域をいった). [＜*gr.* anatolē „〔Sonnen〕aufgang, Osten"]

ana·tọ·lisch[..lɪʃ] 形 アナトリアの.

Ana·tọm[anató:m] 男 -en/-en 解剖学者, 解剖専門家.

Ana·to·mie[anatomí:] 女 -/-n[..mí:ən] **1** ⦅単数で⦆ **a)** 解剖学: pathologische 〈vergleichende〉 ～ 病理〈比較〉解剖学. **b)** (動植物の)解剖学的構造. **2** (研究機関としての)解剖学教室. [*gr.*－*spätlat.*]

ana·to·mie·ren[..mí:rən] 他 (h) 解剖する.

Ana·to·mie·saal[anatomí:..] 男 解剖〔実習〕室; 解剖学講義室.

Ana·tọ·mi·ker[anató:mikər] 男 -s/- 解剖学者; (特に大学の)解剖学専攻の教授〈学生〉.

ana·tọ·misch[..mɪʃ] 形 解剖学〔上〕の: ein ～*er* Defekt 解剖学的(構造上の)欠陥 | ein ～*es* Theater 解剖学講義室.

▽**Ana·to·mịst**[anatomíst] 男 -en/-en ＝Anatom

Ana·to·zịs·mus[anatotsísmʊs] 男 -/..men[..mən] 〘経〙 複利法. [＜*gr.* tokízein „verzinsen"]

ana·trọp[anatró:p] 形 〘植〙 (胚珠(はいしゅ)が)倒生の. [＜*gr.* trópos (→Tropus)]

Ana·xạ·go·ras[anaksá:goras] 人名 アナクサゴラス(前500頃-428頃; 古代ギリシアの自然哲学者). [*gr.*－*lat.*]

ạn·axi·al[án(|)aksia:l, ◡◡◡⏊] 形 軸方向からそれた, 軸上にない. [＜a..[1]]

Ana·xi·mạn·der[anaksimándər] 人名 アナクシマンドロス(前611-546頃; 古代ギリシアの哲学者). [*gr.*－*lat.*]

ạn|backen[1(*)][ánbakən] ⦅11⦆ **I** 他 (h) (ケーキなどを)軽く(ちょっと)焼く. **II** 自 **1** (h) (短時間)パン焼きがま〈オーブン〉の中に入っている. **2** (s) ⦅an *et.*[3] 〈*et.*[4]〉⦆ (ケーキなどが型などに)こげつく.

ạn|backen[2][－] 自 (s) ⦅方⦆ (ankleben) ⦅an *et.*[3] 〈*et.*[4]〉⦆ (…に)付着する, くっつく: Der Schnee *bäckt* an den Skiern *an*. 雪がスキーにくっつく.

ạn|bah·nen[ánba:nən] 他 (h) (新しい道を)開く, 開拓する: neue Handelsbeziehungen ～ 新市場を開拓する ‖ 再帰 *sich*[4] ～ (新しい道が)開ける, きざす | Neue Möglichkeiten *bahnen* sich *an*. 新しい可能性が開ける.

Ạn·bah·nung[..nʊŋ] 女 -/-en anbahnen すること.

ạn|bän·deln[ánbɛndəln] (南部・オーストリア: **ạn|ban·deln** [..bandəln]) ⦅06⦆ **I** 自 (h) ⦅話⦆ ⦅mit *jm.*⦆ **1** (…と)戯れの恋愛関係を結ぶ: mit einem Mädchen ～ 女の子と関係を結ぶ. **2** (…と)争い〈いさかい〉を起こす: mit allen Leuten ～ だれかれなしに けんかをふっかける.

II 他 (h) mit *jm.* Streit ～ ⦅話⦆ ＝ I 2

Ạn·bau[ánbaʊ] 男 -〔e〕s/-ten[-tən] **1** ⦅単数で⦆ **a)** (作物の)栽培: der ～ von Getreide 穀物の栽培 | Obst*anbau* 果樹栽培. **b)** (土地の)耕作; 耕地化. **2 a)** ⦅単数で⦆ 増築, 建て増し. **b)** 増築部分, 継ぎ足された建物; 付属家屋.

ạn|bau·en[ánbaʊən] 他 (h) **1 a)** (anpflanzen) (作物を)栽培する: Gemüse 〈Tabak〉 ～ 野菜〈タバコ〉を栽培する. **b)** (bebauen) (土地を)耕す, 耕作する; ▽⦅比⦆ (新しい分野を)開拓する. **2** (建物を)増築する, 建て増す; (家具などを)さらに付け足す; (部品を)取り付ける: eine Garage 〔an das Haus〕 ～ 〔家屋に接して〕ガレージを増築する | Wenn wir *anbauen*, finden noch mehr Leute Platz. (テーブルをもう一つ)付け足せばもっと大勢の人が座れる. **3** 再帰 *sich*[4] ～ ⦅場所を示す語句と⦆ (…に)家を建てて住みつく, 定住〈入植〉する.

ạn·bau·fä·hig[ánbaʊ..] 形 栽培可能な(作物); 耕作可能な(土地).

Ạn·bau≠flä·che 女 耕地〔面積〕. ≠**ge·biet** 中 耕作地帯. ≠**ho·bel** 男 〘坑〙 アンバウホーベル(高速ホーベルの一種: →Hobel 3). ≠**kü·che** 女 組み合わせ可能な台所設備, システム＝キッチン. ≠**mö·bel** 中 組み合わせ〈ユニット〉家具. ≠**mo·tor** 男 (バイクなどの)取り付けエンジン. ≠**rau·pe** 女 (耕作機などの)はめ込み式カタピラー.

ạn|be·feh·len*[ánbəfe:lən] ⦅41⦆ 他 (h) ⦅雅⦆ **1** ⦅*jm.* *et.*[4]⦆ (…に…を)強く勧める. **2** (anvertrauen) ⦅*jn.* 〈*et.*[4]〉 *et.*[3]⦆ (…を…に)ゆだねる: *seine* Kinder *js.* Obhut[3] ～ 子供たちを…の保護にゆだねる.

Ạn·be·ginn[ánbəgɪn] 男 -〔e〕s/ ⦅雅⦆ (Anfang) 初め, 最初: seit ～ der Welt この世が始まって以来 | von ～ 〔an〕 最初から.

ạn|be·hal·ten*[ánbəhaltən] ⦅65⦆ 他 (h) (衣服などを)身に着けたままでいる, 脱がずにいる: den Mantel 〈die Schuhe〉 ～ コートを着たまま〈靴をはいたまま〉でいる.

an·bei[anbáɪ, ⏊—] 副 **1** (beiliegend) 添えて, 同封〈添付〉して: *Anbei* schicke ich Ihnen die gewünschten Muster. 同封にてご希望の見本をお送りします. ▽**2** (dabei) その際に.

ạn|bei·ßen*[ánbaɪsən] ⦅13⦆ **I** 他 (h) ⦅*et.*[4]⦆ (…に)かみつく, (ひとくち)かじる: einen Apfel ～ リンゴにかじりつく | **zum *Anbeißen* sein 〈aussehen〉** ⦅戯⦆ 食いつきたいほど愛らしい ‖ ein *angebissener* Apfel かじりかけのリンゴ | vom Frost *angebissen* sein 凍傷にちょっとやられている. **II** 自 (h) (魚などが)えさに食いつく; ⦅比⦆ 甘言〈誘惑〉に飛びつく.

ạn|be·kom·men*[ánbəkɔmən] ⦅80⦆ 他 (h) (↔ausbekommen) (窮屈な衣服などを苦心して)身に着ける(→bekommen I 2 b): Ich habe die Schuhe nicht *anbekommen*. 私はその靴が小さすぎてどうしてもはけなかった.

ạn|be·lan·gen[ánbəlaŋən] 他 (h) (betreffen) ⦅ふつう次の形で⦆ **was *jn.* 〈*et.*[4]〉 *anbelangt*** …に関して | was mich *anbelangt* 私に関して言えば, 私としては.

ạn|bel·len[ánbɛlən] **I** 他 (h) ⦅*jn.*⦆ (犬が…に)ほえつく, ほえかかる; ⦅話⦆ どなりつける, しかりとばす: den Mond ～ (→Mond 1 a). **II** 自 (h) ほえ始める.

ạn|be·que·men[ánbəkve:mən] 他 (h) (anpassen) 再帰 *sich*[4] *et.*[3] ～ …に順応〈適合〉する | *sich*[4] den Verhältnissen 〈der neuen Lage〉 ～ 環境〈新しい状況〉に順応する.

ạn|be·rau·men[ánbəraʊmən] ⦅現在・過去ではまれに非分離⦆ 他 (h) (日取り・期限などをあらかじめ)定める: eine Versammlung ～ 会合の日取りを決める. [*mhd.* berāmen; ＜*mhd.* rām „Ziel"]

Ạn·be·rau·mung[..mʊŋ] 女 -/-en (日取り・期限などの)取り決め.

ạn|be·ten[ánbe:tən] ⦅01⦆ 他 (h) 崇拝〈敬慕〉する; 賛美〈熱愛〉する: Götzen 〈einen Helden〉 ～ 偶像〈英雄〉を崇拝する ‖ *seine Angebetete* ⦅話⦆ ガールフレンド, 恋人.

Ạn·be·ter[..tər] 男 -s/- 崇拝者, 賛美〈熱愛〉者.

Ạn·be·tracht[ánbətraxt] 男 ⦅官⦆ 顧慮, 考慮: 〘もっぱら in Anbetracht＋2 格の形で〙 in ～ seines Alters 彼の年齢にかんがみて | in ～ dessen, daß ... …という事情を考慮して.

ạn|be·tref·fen*[ánbətrɛfən] ⦅192⦆ 他 (h) ⦅官⦆ ⦅*jn./et.*[4]⦆ (…に)関係する: 〘ふつう **was *jn.* 〈*et.*[4]〉 anbetrifft** の形で〙 was mich *anbetrifft* 私に関して言えば, 私としては.

▽**ạn·be·treffs**[..trɛfs] ＝betreffs

ạn|bet·teln[ánbɛtəln] ⦅06⦆ 他 (h) ⦅*jn.* um *et.*[4]⦆ (…に…を)請い求める, せがむ.

Ạn·be·tung[ánbe:tʊŋ] 女 -/-en ⦅ふつう単数で⦆ 崇拝, 礼拝, 敬慕; 礼賛, 賛美, 熱愛: die ～ der Sonne 太陽崇拝.

ạn·be·tungs≠wert 形 , ≠**wür·dig** 形 崇拝〈敬慕・熱愛〉に値する.

ạn|beu·gen[ánbɔʏgən][1] 他 (h) (手足などを関節部で)折り曲げる: die Beine ～ 両脚を曲げる.

ạn|be·zah·len[ánbətsa:lən] 他 (h) ⦅*et.*[4]⦆ (…の)頭金を支払う.

ạn|bie·dern[ánbi:dərn] ⦅05⦆ 他 (h) 再帰 *sich*[4] *jm.* 〈bei *jm.*〉 ～ …になれなれしく近づく, …に取り入ろうとする.

Ạn·bie·de·rung[..dərʊŋ] 女 -/-en sich anbiedern すること. [<bieder]

Ạn·bie·de·rungs·ver·such 男 Anbiederung の試み: einen ~ machen なれなれしく近づこう〈取り入ろう〉とする.

ạn|bie·ten*[ánbi:tən] ⦅17⦆ **I** 他 (h) **1 a)** ⦅*jm. et.*⁴⦆ (…に…を) 与えようと申し出る, 差し出す, 提供する: *jm. seine* Hilfe ~ …に助力〈援助〉を申し出る | *jm.* einen Stuhl ~ …にいすを勧める | Darf ich Ihnen eine Zigarette 〈eine Tasse Kaffee〉 ~? タバコを1本〈コーヒーを1杯〉いかがですか | Er *bot* mir *an*, mich nach Hause zu begleiten. 彼は私を家まで送ろうと申し出てくれた ‖ *jm. seine* Hand 〈*sein* Herz〉 ~ …に求婚する | *jm.* Ohrfeigen 〈Prügel〉 ~⦅比⦆ 横面をひっぱたくぞ〈ぶん殴るぞ〉と言って…をおどす | etwas ~ 〘劇〙(演技を)やりすぎる. **b)** 再帰 *sich*⁴ ~ (自分は…をする用意があると言って)申し出る: *sich*⁴ als Vermittler ~ 仲介役を買って出る | Er *bot* sich mir zur Begleitung *an*. / Er *bot* sich *an*, mich zu begleiten. 彼は私に同行を申し出た | Sie *bietet* sich in den Gassen *an*. 彼女は街娼をしている. **2** ⦅*jm. et.*⁴⦆ (…に…を) 提案する, 提言〈進言〉する; (…に…の受諾・受け入れ・購入などを)勧める; (商品などを)売りに出す: 〔*jm.*〕 eine Lösung ~ 〔…に〕解決案を提示する | *seinen* Rücktritt ~ 辞任を申し出る | *jm.* das Du ~ (→du² II) | *jm.* den Ministersessel ~ …に大臣のいすを提供する〈大臣になるように要請する〉 | Waren zum Verkauf 〈zum Kauf〉 ~ 商品を売りに出す〈買わないかと言って勧める〉 | einem Verlag ein Manuskript ~ 出版社に原稿を持ち込む. **3** 再帰 *sich*⁴ ~ (手ごろな可能性・適当な候補として)目の前にある, 考えられる, 考慮に値する: Der Ort *bietet* sich für die Verhandlungen geradezu *an*. この場所は交渉にはまさに打ってつけだ.

II 自 (h) **1** (せり市で)初値をつける. **2** ⦅話⦆ けんかを売る.

Ạn·bie·ter[ánbi:tər] 男 -s/- anbieten する人.

ạn|bin·den*[ánbɪndən]¹ ⦅18⦆ **I** 他 (h) **1 a)** (↔abbinden) 結びつける, つなぐ, 結合する: ein Boot am Ufer ~ ボートを岸につなぐ | ein Pferd am Pflock 〈an den Pflock〉 ~ 馬をくいにつなぐ | einen Rosenstrauch 〔am Spalier〕 ~ バラを〔垣に〕はわせる ‖ bei *jm.* einen Bären ~ (→Bär 1). **b)** ⦅*jn.*⦆ 束縛する, (…の自由を)拘束する: Ich lasse mich nicht ~. 私は自分の自由を拘束されるつもりはない | *angebunden* sein (仕事・義務などに)縛られている, 多忙で暇がない | Ich bin heute *angebunden*. 私はきょうは用事にしばられている **2** ein Kalb ~ (→Kalb 1). ᵛ**3** (beschenken) ⦅*jn.* mit *et.*³⦆ (誕生日などに…に…を)贈る.

II 自 (h) **1** ⦅mit *jm.*⦆ (…と)いざこざを起こす, (…に)けんかを売る: Niemand wagte, mit ihm *anzubinden*. 彼とけんかを始める勇気のある者はだれもいなかった. **2** ⦅mit *jm.*⦆ (…と)近づきになる, (…と)恋愛関係を結ぶ: Du darfst mit diesem Mädchen nicht ~. 君はこの女の子に言い寄ってはならない. **III** **ạn·ge·bun·den** → 別出

Ạn·biß[ánbɪs] 男 ..bisses/..bisse **1** かみつくこと, かじること. **2** かみついた〈かじった〉跡, かみ傷. **3** (Köder) (釣り・わななどに用いる)餌(え), えさ. [<anbeißen]

ạn|blaf·fen[ánblafən] 他 (h) ⦅話⦆ ⦅*jn.*⦆ **1** (犬が…に)ほえつく, ほえかかる. **2** どなりつける, しかりとばす.

ạn|bla·sen[ánbla:zən]¹ ⦅20⦆ 他 (h) **1 a)** (火を)吹きおこす; (かまどなどに)送風して火をおこす: den Hochofen ~ 溶鉱炉に送風して火を入れる. **b)** ⦅比⦆ (情熱・不満・敵意などを)あおる, たきつける. **2 a)** ⦅*jn.*⦆ (風などが…に向かって)吹きつける. **b)** ⦅*jn.* mit *et.*³⦆ (…に…を)吹きかける. **c)** ⦅俗⦆ ⦅*jn.*⦆ どなりつける, しかりとばす. **3** (楽器・メロディーなどを)吹奏し始める. **4** (↔abblasen) ⦅*et.*⁴⦆ (角笛・らっぱなどを吹いて…の)開始を告げる: die Jagd ~ 狩りの開始の合図を吹き鳴らす.

ạn|blat·ten[ánblatən] ⦅01⦆ 他 (h) 〘建〙 相欠(あいがき)継ぎをする. [<Blatt 4]

ạn|blät·tern[ánblɛtərn] ⦅05⦆ 他 (h) (本などのページをめくって)ざっと流し読みする.

ạn|blecken[ánblɛkən] 他 (h) ⦅*jn.*⦆ **1** (犬などが…に向かって)歯をむいてみせる. **2** ⦅比⦆ しかりとばす.

ạn|blen·den[ánblɛndən]¹ ⦅01⦆ 他 (h) (強い光で)照射する, 光で照らす.

Ạn·blick[ánblɪk] 男 -〔e〕s/-e **1** anblicken すること: beim ersten ~ 一見して | Beim bloßen ~ des Unfalls wurde ihr schlecht. その事故を見ただけで彼女は気分が悪くなった | in den ~ eines Bildes versunken sein 絵に見とれている ‖ Sein ~ ließ mich schaudern. 彼を見て私はぞっとした. **2** (Bild) ながめ, 光景, 景観: ein trauriger ~ 悲しい光景 | ein ~ für 〔die〕 Götter (→Gott) ‖ Die Berge bieten einen herrlichen ~. 山々はすばらしい景観である. ᵛ**3** (Blick) まなざし, 目つき; 視線.

ạn|blicken[ánblɪkən] 他 (h) (ansehen) 見る,〔じっと〕見つめる, 注視する: *jn.* dankbar 〈unverwandt〉 ~ …を感謝をこめて見る〈じっと注視する〉.

ạn|blin·ken[ánblɪŋkən] 他 (h) **1** (明かりで)ぱっと〈ぴかりと〉照らす. **2** ⦅*jn.*⦆ (…に)ライトで合図する.

ạn|blin·zeln[ánblɪntsəln] ⦅06⦆ (方: **ạn|blin·zen**[..tsən] ⦅02⦆) 他 (h) **1** (まぶしそうに)まばたきをしながら〈目を細めて〉見つめる. **2** ⦅*jn.*⦆ (…に)目を細めて同情〈同意〉を示す.

ạn|blit·zen[ánblɪtsən] ⦅02⦆ 他 (h) ⦅*jn.*⦆ 鋭く見すえる, にらみつける.

ạn|blö·deln[ánblø:dəln] ⦅06⦆ 他 (h) ⦅話⦆ ⦅*jn.*⦆ **1** ぽかんと見つめる. **2** (…に)ばかなことを言う; (…と)ふざける.

ạn|blö̱·ken[ánblø:kən] 他 (h) ⦅話⦆ ⦅*jn.*⦆ (…に) 無愛想に話しかける.

ạn|bo̱h·ren[ánbo:rən] **I** 他 (h) **1** ⦅*et.*⁴⦆ **a)** (…に)穴をあける: ein Faß ~ たるに飲み口をうがつ | einen Baum ~ (樹液を採るために)木に穴を掘る ‖ ein Schiff ~ 〘海〙 船に穴をあけて沈没させる. **b)** 穴を掘って〈ボーリングして〉見つけ出す, 発掘する: neue Quellen ~ 新しい水源を掘り当てる. **2** ⦅話⦆ ⦅*jn.*⦆ (…に)探りを入れる, ねだる, せがむ: *jn.* mit Fragen 〈um Geld〉 ~ …を質問攻めにする〈…に金をせびる〉.

II 自 (h) ⦅話⦆ ⦅bei *jm.*⦆ = I 2

ạn|bor·gen[ánbɔrgən]¹ 他 (h) ⦅*jn.* um *et.*⁴⦆ (…に…を)貸してくれと頼む; (…から…を)借りる.

Ạn|bo̱t[ánbo:t] 中 -〔e〕s/-e ⦅オーストリア⦆ = Angebot

ạn|bran·den[ánbrandən]¹ ⦅01⦆ 自 (s) (波が)打ち寄せる.

ạn|bras·sen[ánbrasən] ⦅03⦆ 他 (h) (↔ aufbrassen) 〘海〙(船の)帆桁(ほげた)を船首尾線に合うように回す, ブレースアップする. [<Brasse²]

ạn|bra̱·ten*[ánbra:tən] ⦅23⦆ 他 (h) 〘料理〙(肉などを)軽く焼く, ちょっとあぶる, いためる: von der Sonne *angebraten* sein ⦅比⦆ ほんのり日焼けしている.

ạn|brau·chen[ánbraʊxən] 他 (h) ⦅話⦆ ⦅*et.*⁴⦆ 使い始める, (…に)手をつける.

ạn|bräu·nen[ánbrɔʏnən] **I** 他 (h) 薄茶色にする; 〘料理〙 薄茶色に焼く〈いためる〉: Mehl ~ 小麦粉をきつね色に焦がす. **II** 自 (s) 薄茶色になる; (古びて)黄ばむ: Er ist *angebräunt*. 彼はほんのり日焼けしている; ⦅戯⦆ 彼はナチにかぶれている.

ạn|brau·sen[ánbraʊzən]¹ ⦅02⦆ 自 (s) ⦅しばしば angebraust kommen の形で⦆ 轟音(ごうおん)を立てながら近づいてくる.

ạn|bre·chen*[ánbrɛçən] ⦅24⦆ **I** 他 (h) **1** (封をしてあるものを)開ける, (…の)封を切る; ⦅比⦆ (蓄えなどを)遣い始める, (…に)手をつける: eine Flasche Wein 〈eine Kiste Zigarren〉 ~ ぶどう酒の瓶〈葉巻の箱〉を新しく開ける | den Boden ~ 〘土木〙 土地にくわ入れする | den Vorrat 〈das Spargeld〉 ~ 在庫〈貯金〉に手をつける. **2** (部分的に)折る; (…の)縁を欠く, ひび入らせる: einen Zweig ~ 木の枝を折る | *sich*³ das Rückgrat ~ 背骨〔の一部〕を折る ‖ eine *angebrochene* Tasse 欠けた〈ひびの入った〉茶わん.

II 自 (s) **1** ⦅雅⦆ (朝・晩・四季・時代などが)始まる: Die Dämmerung *bricht an*. 夜が明け〈日が暮れ〉始める | Eine neue Zeit *bricht an*. 新時代が始まる ‖ bei *anbrechender* Dunkelheit 日暮れに〔なり始めたときに〕 ‖ bei *Anbrechen* des Tages 夜明けに. **2** ⦅方⦆ 腐り始める: *anbrechendes* Obst 腐りかけた果物. [◇Anbruch]

ạn|brem·sen[ánbrɛmzən]¹ ⦅02⦆ 他 (h) ⦅*et.*⁴⦆ (…の)ブレーキを踏む, (…に)ブレーキをかけ〔始め〕る.

ạn|bren·nen*[ánbrɛnən] ⦅25⦆ **I** 他 (h) ⦅*et.*⁴⦆ (…に)火をつける, 点火する: eine Kerze 〈eine Lampe〉 ~ ろうそく〈ランプ〉をともす | *sich*³ eine Zigarette ~ タバコに火をつけ

る. **II** 自 (s) **1** 火がつく, 燃え始める: Das Haus ist vom Dach aus *angebrannt*. (火事の際に)その建物は屋根から燃え始めた. **2** (料理中の飲食物が)焦げつく: Die Milch ist *angebrannt*. ミルクが焦げついてしまった | den Reis ～ lassen ご飯を焦がす | Es riecht wie *angebrannt*. なんだか焦げくさい ‖ **nichts ～ lassen**《話》 i) (ぬかりなく注意を払って)いかなるチャンスをも見逃さない, あらゆる機会を利用して事を行う; ii) (サッカーなどで)決してゴールを許さない.

An·brenn·holz[ánbrɛn..] 中 -es/ (燃やし始めに使う)たきぎ, たきつけ.

an|brin·gen*[ánbrɪŋən]《26》 **I** 他 (h) **1** (特定の場所に)取り付ける, 設備〈装着〉する: einen Spiegel an der Wand 〈特に方向を意識して: an die Wand〉 ～ 鏡を壁に取り付ける | ein Beet in dem Garten ～ 庭に花壇を作る. **2**《話》(↔ausbringen) (窮屈な衣服などを苦心して)身につける: Ich habe die Handschuhe nicht *angebracht*. 私はその手袋が小さすぎてどうしてもはめられなかった. **3**《話》 **a)** 《*jn.*》職に就ける, 就職させる; (女性を)縁づける, 結婚させる: *jn.* bei einer Firma 〈in einer Lehrstelle〉 ～ …を会社に世話する〈教職に就ける〉 | *seine* Tochter ～ 娘を嫁に出す. **b)** 《*et.*[4]》(商品を)売りつける, 売りさばく; (金を)投資する: Die Ware ist schwer *anzubringen*. この商品はなかなか買い手がつかない | *sein* Geld gut ～ 金をうまく遣う ‖ Das kannst du bei uns nicht ～.《話》それは我々のところでは通用しない, そんなことはお断りだ. **4**《話》(どこからか)持って〈連れて〉くる: Der Hund *brachte* den erlegten Hasen *an*. 犬はしとめられたウサギをくわえてきた. **5** (希望・不満などを)持ち出す, 口にする, 述べる, 表明する; (知識などを)示す, 呈示する: eine Bitte 〈eine Beschwerde〉 bei *jm.* ～ …のところに頼みを持ち込む〈苦情を申し立てる〉 | eine Klage gegen *jn.* ～ …に対する苦情を述べる; …を告訴する | ein Wort für *jn.* ～ …のために一言弁じる ‖ *seine* Klugheit ～ 頭の良さを見せる〈ひけらかす〉. **6 a)** 付け加える: eine Klausel ～ ある条項を加える | Verbesserungen an *et.*[3] ～ …に改良〈修正〉を施す. **b)** 《*jm.* *et.*[4]》(…の身に危害などを)加える: *jm.* einen Schlag 〈eine Wunde〉 ～ …を殴る〈傷つける〉. **7**《方》(angeben) 《*jn.*/*et.*[4]》(…のことを)告げ口する, 密告する.

II an·ge·bracht → 別出

An·brin·ger[ánbrɪŋər] 男 -s/- 《方》告げ口をする人, 密告者.

An·brin·gung[..ŋʊŋ] 女 -/ anbringen すること.

An·bruch[ánbrʊx] 男 -[e]s/..brüche[..brʏçə] **1**《単数で》《雅》(Beginn) 初め, 始まり: bei ～ des Tages 〈der Nacht〉 夜明け〈日暮れ〉時に. **2**〔坑〕(表土を取り除いた)露出鉱脈. **3 a)**〔林〕(幹の)腐朽部. **b)**〔狩〕斃死(へいし)した〈腐りかけた〉野獣. **4**〔工〕ひび, 割れ目. **5**〔商〕開封, 荷ほどき. **6**〔畜〕(羊などの)貧血. [<anbrechen]

an·brü·chig[..brʏçɪç][2] 形 **1** (材木・果物・歯などが)腐りかけた. **2**〔南部〕(衣服などについて)ぼろぼろの, 切れぎれの.

an|brü·hen[ánbry:ən] 他 (h) 《*et.*[4]》(…に)熱湯を注ぐ; 熱湯に浸す, ゆでる.

an|brül·len[ábrʏlən] **I** 他 (h) 《*jn.*》 **1** (獣などが…に)ほえかかる. **2**《話》どなりつける. **II** 自 (h)《話》《gegen *et.*[4]》(騒音などに対抗して)大声でどなる.

an|brum·men[ánbrʊmən] 他 (h) 《*jn.*》 **1** (獣などが…に)うなりかかる. **2**《話》(…に)ぶつぶつ文句を言う, どなりつける.

an|brü·ten[ánbry:tən]《01》 他 (h) **1** (孵化(ふか)するために卵を)抱き始める. **2**《比》だいじに育てる, 胸にいだく.

an|buf·fen[ánbʊfən] 他 (h) 《卑》《*jn.*》(女性を)犯す; はらませる: *angebufft* sein 妊娠している.

an|bu·hen[ánbu:ən] 他 (h) 《*jn.*》(…に) buh と言って不満の声を浴びせる.

An·cho·rage[ǽŋkərɪdʒ] 地名 アンカレッジ(アメリカ合衆国の Alaska 州の都市. 北極圏航空路の中継地でもある). [◇Anker]

An·cho·vis[ançó:vɪs, anʃó:vɪs] 女 -/- ＝Anschovis

▽**An·cien·ni·tät**[ãsiɛnité:t] 女 -/ 在職年数; 年功序列. [*fr.*; <*fr.* ancien „alt“ (◇ante..)]

An·cien·ni·täts·prin·zip[ãsiɛnité:ts..] 中 年功序列制.

An·cien ré·gime[ãsiẽ: reʒí:m, ãsjẽreʒím] 中 --/ 〔史〕アンシャン=レジーム, 旧制度, 旧体制(フランス革命以前の政治的・社会的諸制度). [*fr.* „alte Regierungsform“]

an·co·ra[aŋkó:ra·] 副〔楽〕もう一度; もっと: ～ piano もっと弱く. [*it.* „noch einmal“]

..and[..ant][1]《ラテン語系の動詞などにつけて「…されるもの」を意味する男性名詞 (-en/-en) をつくる. ..end となることもある》: Examin*and* 受験者 | Konfirm*and* 堅信を受ける少年 | Multiplik*and*〔数〕被乗数 | Summ*and*〔数〕被加数 ‖ Minu*end*〔数〕被減数 | Divid*end*〔数〕被除数. [*lat.*]

An·dacht[ándaxt] 女 -/-en **1**《単数で》 **a)** 信心深い〈敬虔(けいけん)な〉気持: vor dem Altar in frommer ～ knien 祭壇の前に敬虔な気持でひざまずく. **b)** 思いを凝らすこと, 気持の集中, 三昧(さんまい), 黙想: in ～ versunken sein 沈思黙考している, 三昧の境地に入っている | mit ～ zuhören 心をこめて〈一心不乱に〉傾聴する. **2** (短い)祈禱(きとう), 礼拝: eine ～ halten 〈verrichten〉 祈りをささげる. [*ahd.*; <*ahd.* dāht „Denken“]

▽**An·däch·te·lei**[andɛçtəlái] 女 -/-en 信心ぶること.

▽**an|däch·teln**[ándɛçtəln]《06》 自 (h) 信心ぶる.

an·däch·tig[..tɪç][2] 形 **1** 信心深い, 敬虔(けいけん)な. **2** 思いを凝らした, 気持を集中させた, 一心不乱の: *jm.* ～ lauschen …の言葉に熱心に耳を傾ける.

▽**An·dächt·ler**[..lər] 男 -s/- 信心ぶる人.

An·dachts≠bild[ándaxts..] 中〔宗〕聖像. **≠buch** 中 祈禱(きとう)書.

an·dachts·los[..lo:s][1] 形 不信心の, 敬虔(けいけん)でない.

An·dachts≠stun·de 女 祈禱(きとう)〈礼拝・勤行(ごんぎょう)〉の時間. **≠übung** 女 祈禱, 礼拝, 勤行.

an·dachts·voll 形 信心深い, 敬虔(けいけん)な.

an|dackeln[ándakəln]《06》 自 (s)《話》よちよち近づく. [<Dackel]

An·da·lu·si·en[andalú:ziən] 地名 アンダルシア(スペイン南部の地方. 中心都市は Sevilla). [*arab.*–*span.*; ◇Wandale]

An·da·lu·si·er[..ziər] 男 -s/- アンダルシアの人〈住民〉.

an·da·lu·sisch[..zɪʃ] 形 アンダルシアの.

An·da·lu·sit[..luzí:t, ..zít] 男 -s/-e〔鉱〕紅柱石. [<..it.[2]]

die **An·da·ma·nen**[andamá:nən] 地名 複 アンダマン(ベンガル湾東部の諸島).

an|damp·fen[ándampfən] 自 (s) (汽船・汽車などが)蒸気を吐きながら近づく: 〖ふつう次の形で〗*angedampft* kommen (汽船・汽車が)近づいて来る; 《話》(人が)猛然と〈息せききって〉やって来る.

an·dan·te[andántə] **I** 副 (schreitend)〔楽〕アンダンテ, 歩く速さで, 適度にゆっくり. **II An·dan·te** 中 -[s]/-s〔楽〕andante の〔テンポの〕楽曲〈楽章〉. [*it.* andare „gehen“]

an·dan·ti·no[..dantí:no·] **I** 副〔楽〕アンダンティーノ(アンダンテよりやや速めに). **II An·dan·ti·no** 中 -s/-s, ..ni [..ni·]〔楽〕andantino の〔テンポの〕楽曲〈楽章〉. [*it.*]

an|dau·en[ándaʊən] 他 (h) (摂取した食物を)消化し始める: *angedaute* Speisen 部分消化された食物.

An·dau·er[ándaʊər] 女 -/ (ある状態の)持続, 永続.

an|dau·ern[ándaʊərn]《05》 **I** 自 (h) (ある状態が)持続する, 長く続く: Die Kälte *dauerte an*. 寒さは長く続いた. **II an·dau·ernd** 現分 形 持続する, 絶え間のない: Diese ～*en* Störungen! こう絶えず邪魔されてはたまらない | Sie kommt ～ zu spät. 彼女はいつも遅刻する.

An·dau·ung[ándaʊʊŋ] 女 -/ (andauen すること. 例えば:)〔医〕(胃液による)部分消化.

die **An·den**[ándən] 地名 複 アンデス(南米の太平洋岸を南北に連なる大山脈: →andin). [*span.*; ◇*engl.* the Andes]

An·den·ken[ándɛŋkən] 中 -s/- **1**《単数で》追想, 追憶, 回想; 思い出; 記念: zum ～ an *jn.* 〈*et.*[4]〉 …の思い出のために, …の記念に ‖ *jn.* in freundlichem ～ behalten …のことをなつかしく覚えている | *jm.* ein liebevolles ～ bewahren

…の思い出をいつくしむ | bei *jm.* in gutem ~ stehen …によい印象を残している ‖ meine Mutter seligen ~*s* いまは亡きわが母. **2** 思い出の品, 記念品, 形見; (名所・観光地などの)みやげ品: *et.*[4] als ~ nach Hause mitbringen …を記念の品として持って帰る.

an·der[ándər..] (..d〔e〕·r..) 《不定代名詞; 格変化は形容詞に準じ後続する形容詞もふつう同じ変化: →★》

I 《付加語的》 **1** (英: *other*) 同じ人〈事物〉でない: **a)** 《ふつう定冠詞を伴って》 ① (〔対をなす〕2個のうち) もう片方〈一方〉の, 別の方の: am ~*en* Ende もう一方の端に | das ~*e* Geschlecht 異性 | die ~*e* Hand もう一方の手 | das ~*e* Haus 〘政〙他院 (上院から見て下院, 下院から見て上院) | der ~*e* Schuh 靴の片方 | sein ~*es* Selbst 〈Ich〉 彼のもう一つの自我 | das ~*e* Ufer (川の) 向こう岸 ‖ der ~*e* Teil des Werkzeugs その道具のもう一つの部分 | zum ~*en* (=zweiten) Male 2度目に(→4).

‖ 〘ein と呼応して〙 ein Bein über das ~*e* 〔Bein〕 schlagen 足を組む | die eine Hälfte essen, die ~*e* 〔Hälfte〕 aufheben 半分だけ食べ 残りの半分を取っておく | von einer Seite auf die ~*e* 〔Seite〕 一方の側からもう片方の側へと, 表から裏へと ‖ Eine Blume ist 〔immer〕 schöner als die ~*e* 〔Blume〕. 花はどれもこれも美しい (次々と目移りする) | Ein Wort gab das ~*e* und schon war der Streit. 売り言葉に買い言葉ですぐにけんかが始まった | einen Brief **nach** dem ~*en* 〈**über** den ~*en*〉 〔Brief〕 schreiben 次々と矢つぎばやに手紙を書く | einen Tag nach dem ~*en* 毎日毎日 | Ich habe ihm das einmal über das ~*e* gesagt. 私は彼にそれを何回となく言った | einen über den ~*en* Tag 一日おきに | einmal **ums** 〈**übers**〉 ~*e*/ein ums ~*e* Mal 再三再四 | Ein Tag geht um den ~*en* hin. 日々がどんどん過ぎて行く | Er kam einen Tag um den ~*n*. 彼は一日おきに〈毎日〉やって来た | *jn.* von einem Amt zum ~*en* schicken …を役所から役所へとたらい回しにする | von einem Tag zum ~*en* i) 一日一日と; ii) 一夜のうちに (意見が変わる); iii) 夜通し, 夜明けまで ‖ Kein Tag gleicht dem ~*n*. 《諺》 きょうはもう きのうではない (同じ日は二度はない) ‖ 〘**das eine oder** 〔**das**〕 **andere** などの形で〙 den einen oder ~*en* Fehler haben あれやこれや何らかの欠点がある | in dem einen oder ~*en* Fall いずれにせよ | auf die eine oder ~*e* Weise 何らかの方法で.

② (übrig) (3個以上の特定のもののうちの) 残り全部の, その他の, その他大勢の; 一般の, 普通の: die ~*en* Gäste 残りの〈一般の〉客たち | alle ~*en* Schüler als er 彼を除くほかの生徒たち | Die ~*en* Bücher folgen demnächst. 残りの本も間もなく出版されます ‖ 〘ander がほとんど意味をもたずに〙 wir ~*en* Laien 私たち〔一般の〕しろうと | ihr ~*e* kleine Mädchen お前たち小さな女の子.

b) 《定冠詞を伴わずに》 (不特定のものの中で) もう一つ別の, これとはまた別の, ほかの, 他の, 別人〈他人の〉: ein ~*es* Buch もう一冊別の本 | ~*e* Gründe ほかのいろいろな原因 | viele ~*e* Dinge その他いろいろの物 | ~*e* ähnliche Fälle その他の似たようなケース | ~*e* derartige Probleme その他の同種の問題 | in ~*e* Hände übergehen 別人の手に渡る | ~*e* Leute これとは別の人々 | ~*n* Leuten in die Töpfe gucken 《比》 他人のことを知りたがる, おせっかいである (→Topf 1 a) | mit ~*em* Namen またの名は | an einem ~*en* Tag 他日, また日を改めて | Ein ~*es* Problem besteht darin, daß ... もう一つ別の問題点は…ということです | Ich hatte keine ~*e* Wahl. 私にはこれ以外ほかにしようがなかった | Gibt es noch ~*e* Fragen? ほかにまだ質問がありますか | Schließlich ist sie eine Frau wie eine ~*e* 〔Frau〕. 結局彼女も他の女と選ぶところがない ‖ 〘**und ander** の形で〙 Kohl und ~*es* Gemüse キャベツおよびその他の野菜.

2 《しばしば不定冠詞を伴って》 異質の; 似ていない, 相違の大きい, 別種の; これまでとは違った, 新たな: eine ~*e* Welt 別世界 | in ganz ~*er* Weise als bei uns 我々のところとは全く違ったやり方で | in ~*er* Hinsicht 観点を変えて〔言えば〕 | ein ~*es* Hemd anziehen シャツを着替える | ein ~*es* Leben führen 生き方を変える ‖ Ich bin ~*er* Meinung als er. 私は彼と意見が違う | Das ist eine ganz ~*e* Sache. それは全く関係のない〈別の〉ことだ | Hier herrscht ein ~*er* Ton. ここは礼儀がやかましい | Er ist ein ganz ~*er* Mensch geworden. 彼はすっかり人が変わった | Sie ist in ~*en* Umständen. 彼女は妊娠中である (普通の体ではない) | Wir bekommen ~*es* Wetter. これから天候が変わる | *Andere* Länder, ~*e* Sitten. 《諺》 所変われば品変わる.

3 《ふつう定冠詞を伴って》 その次の: am ~*en* Morgen 〈Tag〉 翌朝〈翌日〉に | ~*en* Tags 翌日に.

▽**4** (zweit) 2番目の: das ~*e* Buch Mose 〘聖〙モーセ第二の書 (出エジプト記) | zum ersten ..., zum ~*en* ... まず第一に…次に… | Zum ersten, zum ~*en*, zum dritten und letzten! いないかいないか これで決まった (せりの際のせりふ).

II 《名詞的; 一般に中性単数で事物, その他は人を示す》 **1** 他〈別〉の人〈事物〉, もう片一方の人〈事物〉, 残り; その他大勢; 一般の人たち: 〘定冠詞を伴わずに〙 ich und ein ~*er* 私ともう一人の男 | Er liebt jetzt eine ~*e*. 彼は今では前とは違う女を愛している | Das haben ~*e* auch schon gesagt. そんなことはもう前にだれかも言っている (陳腐なことだ) | Es gibt noch ~*e* wie er. その他にまだ例えば彼のような人々がいる | **Das kannst du einem** ~***en* erzählen**, aber nicht mir! ほかの人はいざ知らず私はそんなことを聞かされても信じるほどばかじゃない | von *sich*[3] auf ~*e* schließen 自分を尺度にして他人〔の気持〕をおしはかる | ... **und andere** 〔mehr〕 (㊔ u. a. 〔m.〕) …およびその他の人々〈事物〉, …ほか, …等々 | ... und ~*es* 〔mehr〕 (㊔ u. a. 〔m.〕) …およびその他の事物 | ... und viele ~*e* 〔mehr〕 (㊔ u. v. a. 〔m.〕) …およびその他多数の人々〈事物〉 | ... und vieles ~*e* 〔mehr〕 (㊔ u. v. a. 〔m.〕) …およびその他多数 | **unter anderem** / **unter anderen** (㊔ u. a.; ただしはっきり人を意識する場合は複数形 anderen の方が普通である) 数ある中で, ほかにもいろいろあるが特に, …を含めて, 例えば, なかんずく, なかには…も | Unter ~*em* besuchte ich ein Museum. ほかにもいろいろ行きましたが博物館にも行きました | Ich habe drüben unter ~*en* Herrn X und Frau Y kennengelernt. 私はかの地でいろんな人と知り合いになったがその中には X 氏や Y 夫人がいた ‖ 〘人称代名詞や不定代名詞などにそえて: →anders 2〙 wir ~*n* 私たち残り〈一般〉の人 | Er ist ein Lehrer wie jeder ~*e*. 彼はごく当たりまえの教師にすぎない | mit jemand ~*em* (=jemand anders) sprechen だれか別の人と話をする | jemand ~*en* (=jemand anders) fragen 別の〈違う〉人に尋ねてみる | Wer *and*〔*e*〕*res* (=Wer anders) soll es getan haben? ほかのだれの仕業だと言うのか.

‖ 〘定冠詞を伴って〙 *sich*[4] nach den ~*en* richten (自分以外の) ほかの人々にならって行動する | die beiden ~*en* / die ~*en* beiden 残りの二人 | die vier ~*en* そのほかの4人 | Sie beide hörten jeder des ~*en* Stimme. 彼ら二人の耳には互いに相手の声が聞こえた ‖ 〘**einer nach dem anderen** などの形で〙 einer **hinter** dem ~〔*e*〕*n* 次々と続いて | eines nach dem ~*n* erledigen (案件などを) 次々と順序立てて処理する | Es kam einer **nach** dem ~*n*. 次々と人が来た | einer **um** den ~*n* i) 人が次々と〈入れ替わり立ち替わり〉; ii) 一人おきに | Eins kommt **zum** ~*n*. 次々と続いて事が起こる | Einer schrie lauter als der ~*e*. 負けじと次々に大声でわめいた | Einer folgt dem ~*en*. 次々と続いて行く | Sie helfen einer dem ~*n*. 彼らは互いに助けあう ‖ 〘**der eine** と対になって **der andere** などの形で〙 Der eine singt, der ~*e* tanzt. 一人が歌いもう一人が踊る; 歌う者もいれば踊る者もいる | Die einen sagen so, die ~〔*e*〕*n* so. 一方の人たちはこう言い 残りの人たちはこう言う; こう言う人たちもいれば ああ言う人たちもいる | Der eine spielt Klavier, der ~*e* Flöte, der dritte Geige. 一人がピアノを もう一人がフルートを 3人目がヴァイオリンを弾く | Des einen Tod ist des ~*en* Brot. 《諺》 甲の死は乙の飯の種 | Was dem einen recht ist, ist dem ~*en* billig. 《諺》 道理に二つはない (一方にとって正しいことは他方にとっても正しい) | Ich habe es von dem einen und 〔dem〕 ~*en* gehört. 私はそのことをだれ彼となくいろんな人から聞いた | Der eine kannte den ~*en* nicht. その連中は見知らぬどうしであった | Ist sie glücklich oder unglücklich?–Weder das eine noch

das ~*e*. 彼女は幸福ですか不幸ですか — そのいずれでもありません | Ich glaube weder dem einen noch dem ~*en*. 私はいずれの言うことも信じない | eins tun und das ~*e* nicht lassen 二つのことを同時に怠りなく処理する | ein〔e〕s ins ~*e* gerechnet ひっくるめて, 平均して | **Zum einen** habe ich keine Zeit und **zum anderen** auch gar keine Lust. 私はまず そんなことをする時間がないし それにそんなことをする気も全然ない ‖〖**der eine oder andere** などの形で〗der eine oder ~*e* von uns 私たちの中のだれやかれやが | Der eine oder 〔der〕 ~*e* kaufte etwas. だれかれとなく〈幾人かが〉買い物をした | das eine oder das ~*e* あれやこれや.

‖〖als と呼応して〗Das war niemand ~*er* (=anders) als Hans. それこそハンスその人だった | kein ~*er* als er 彼だけが; ほかならぬ彼が | Er konnte nichts ~*es* tun als warten. / Es blieb ihm nichts ~*es* übrig als zu warten. 彼は待つよりほかはなかった | **alles andere als ...** / **alles andere, nur nicht ...** …以外はすべて; …どころではない, およそ…ではない(→all[2] I 2 a) | Er verdient alles ~*e* als Lob. 彼は称賛などには全く値しない | Sie ist alles ~*e* als hübsch. 彼女はおよそ美人なんかではない | Jeder ~*e* als du ist mir lieber. 君以外だったら だれでもまだましだ(君だけはいやだ).

2 別種〈異質〉の人〈事物〉, これまでとは違う人〈事物〉: von etwas ~*em* sprechen 何か違ったことを口にする | nichts ~〔*e*〕*s* zu tun haben ほかに何もすることがない | Er ist ein ~*er* geworden. 彼は別人のようになった | Das ist etwas ganz ~*es*. それは全く別種の問題だ | Ich hätte beinahe was ~*es* gesagt.《話》もう少しで私はへまなことを言うところだった | Man hat mich eines ~*en* (=Besseren) belehrt. 私は迷いをさまされた(誤りに気づかされた).

★ i) 後続の形容詞の語尾変化: 付加語的用法の ander は通常の形容詞と同じに扱うのがふつうであるが, 単数男性・中性 3 格にかぎり後続の形容詞は強変化 (-em) の代わりに弱変化 (-en) となることが多い: aus *anderem* wertvoll*en* 〈wertvoll*em*〉 Material これとは別の高価な材料でできた | mit *anderem* Neu*en* 〈Neu*em*〉 その他の新しいことと共に.

ii) wer, jemand などと共に用いられる場合: (2 格に由来する) anders の形がふつうであるが, 古めかしい形では and〔e〕res があり, 特に南部では同格の男性の形も用いられる: jemand *anderer* だれか別の人 | mit jemand *anderem* だれか別の人と一緒に.

[*germ.*; ◇ *engl.* other]

än·der·bar[ɛ́ndərba:r] 形 (計画などで)変更可能な. [<ändern]

Än·de·rei[ɛndəráı] 女 -/-en《ふつう単数で》たびたびの変更.

an·de·ren≠falls[ándərənfáls] 副 (im anderen Fall) 他の場合には, そうでなかったら, さもなければ. **≠orts**[..|ɔ́rts] 副《雅》(an einem anderen Ort) 他の場所で. **≠tags** 副 (am nächsten Tag) 翌日に. **≠teils** 副 **1** 他の部分では, ほかの部分は: einesteils ..., ~ ... 一部は…他の部分は…. **2** =andererseits

an·de·rer·seits[ándərərzáıts] 副 (auf der anderen Seite) 他面, 他方では: einerseits ..., ~ ... 一方では…, 他方では….

An·der·ge·schwi·ster·kind[ándərgəʃvıstər.., ◡◡◡⏑◡◡] 中《方》またいとこ.

An·der·kon·to 中〖経〗信託勘定.

an·der·lei[ándərláı, ⏑◡–] 形《無変化》他の種類の, 別種の.

an·derm[ándərm] ander の変化形(=anderem).

an·der≠mal[ándərmá:l] 副《もっぱら次の形で》ein ~ いつかほかのときに, またいつか: Davon wollen wir ein ~ sprechen. それについてはまた別のときにお話ししましょう. **≠ma·lig**[..má:lıç][2] 形《付加語的》いつかほかのときの.

An·der·matt[ándərmat] 地名 アンデルマット(スイス Uri 州の町. ウインタースポーツで著名). [<an der Matte (◇ *ahd.* matta „Wiese"); ◇Zermatt]

an·dern[ándərn] ander の変化形(=anderen).

än·dern[ɛ́ndərn]《05》**I** 他 (h) **1** 変える, 変更する, 改める; 変形する: *seine* Meinung 〈den Kurs / die Taktik〉 ~ 意見〈針路・戦術〉を変える | ein Kleid ~ 衣服を作り変える | *et.*[4] zum Guten 〈zum Schlechten〉 ~ …を改善〈改悪〉する | Ich kann es nicht ~. 私にはどうすることもできない | Das *ändert* nichts an meinem Entschluß. そのことで私の決心は少しも変わらない ‖ Das läßt sich nicht ~. / Daran läßt sich nichts ~. / Das ist nicht zu ~. それは変更できない, 仕方がない. **2** 再帰 *sich*[4] ~ 変わる, 変化する: Das Wetter *ändert* sich. 天気が変わる | Die Zeiten 〈Die Verhältnisse〉 *ändern* sich. 時代〈事情〉が変わる | Du hast dich sehr *geändert*. 君はすっかり人間が変わった.

II 自 (h) **1** an *et.*[3] ~ …を改める | mit *et.*[3] ~ …を変える〈変更する〉. **2** 《スイ》変わる, 変化する. [*mhd.*; ◇ander]

an·dern≠falls[ándərnfáls] =anderenfalls **≠orts** =anderenorts **≠tags** =anderentags **≠teils** =anderenteils

an·der·orts[ándər|ɔ́rts] =anderenorts

an·ders[ándərs] 副 **1** 異なって, 他の方法で, 違ったやり方で, 別の状態に(→ander II 1): ~ denken 〈handeln〉 違った考え方〈行動〉をする | Ich habe es mir ~ überlegt. 私は考えを変えた〈気が変わった〉 | ~ ausgedrückt 別の言い方をすれば ‖ Wie ~ die Stadt aussieht! 町の様子がなんと一変してしまっていることか | Die Sache ist 〈verhält sich〉 ~. 事態はそれとは違う, 実際はそうではない | Er ist ganz ~ geworden. 彼はすっかり別人になってしまった | Mir wird ~.《話》私は気分が悪くなってくる ‖ ~ **als** gewöhnlich 普通〈ふだん〉とは違って | Dennoch ist er ~ als Hans nicht durchs Examen gefallen. それでも彼はハンスとは違って試験に落第しなかった ‖〖**nicht anders** の形で〗Es geht nicht ~. そうする〈なる〉ほかはない | So und nicht ~ muß man es machen. まさにそうするより仕方がない, それが〔唯一の〕正しいやり方だ | Das ist nun 〔ein〕mal nicht ~. それはどうにも変えようのないことだ | Ich konnte nicht ~, ich mußte lachen. 私はどうしても笑わずにはいられなかった(=Ich konnte nichts anderes 〔tun〕 als lachen.).

2 a) (sonst) (…の)ほかに, (…と)別に:〖不定代名詞・疑問詞などと〗jemand ~ (=jemand anderer) als er 彼以外のだれかが | von jemand ~ reden 別の人を話題にする | War niemand ~ dabei? ほかにはだれも居あわせなかったのか | irgendwie ~ なんとか別のやり方で | Wer ~ käme in Frage? ほかにだれか〔候補が〕いますか | Wo ~ sollte ich ihn suchen? ほかにどこで彼を探したらいいのだろうか.

☆ anders を不定代名詞 jemand, niemand, 疑問代名詞 wer などとともに用いる代わりに, 特に南部では, wer anderer, mit jemand anderem など ander の男性変化形が同格的に用いられることがある. ただし 1 格形は少なく, また中性形 jemand and〔e〕res などもすたれつつある(→ander II 1).

b)《接続詞的に》そうでなければ, さもないと: Ich muß ein Auto benutzen, ~ (=im andern Fall) komme ich zu spät an. 私は自動車を使うほかはない そうしないと遅刻してしまう.

c)《wenn に導かれる条件文で冗語的に》wenn ~ er nach Hause will もし彼が家に帰るつもりなら.

an·ders·ar·tig[ándərs..] 形 (↔gleichartig) 種類の異なる, 別種の; 違った, 別様の: ein ~*es* Verhalten 異なった振舞い.

an·ders·den·kend I 形 意見の異なる, 考え方の違う. **II An·ders·den·ken·de** 男 女《形容詞変化》意見の異なる者, 考えの違う人.

an·der≠sei·tig[ándərzáıtıç][2] 形 他の〔側の〕; 反対側の. **≠seits**[..záıts] =andererseits

An·der·sen[ándərzən] 人名 Hans Christian ~ ハンス クリスティアン アンデルセン(1805–75; デンマークの童話作家).

an·ders≠far·big[ándərs..] 形 色彩の異なる, 色の違う: der 〈die〉 *Andersfarbige* 皮膚の色の異なる人(有色・白色など). **≠ge·ar·tet** 形 種類〈性質・性格〉の異なる, 別種の. **≠ge·schlecht·lich** 形 異性の. **≠ge·sinnt** 形 考え方〈性向・志向・心根〉の異なる. **≠gläu·big** 形 信仰〈宗教〉の異なる. **≠her·um**[..hɛrʊm] (話: **≠rum**[..rʊm]) 副 **1**

(これまでとは)逆の方向に; 逆さまに, あべこべに; 裏返しに: ~ nach Hause fahren 反対方向から帰宅する. **2** 《婉曲に》(性的に)倒錯した, 同性愛の.

An·ders·sein[ándərszaɪn] 中 -s/ (anders なこと. 例えば:) 異なっていること; 〖哲〗他在.

an·ders·spra·chig 形 言語の異なる.

an·ders⸗wie[また: ⏑⏑–] 副 《話》なんらかの別の方法〈やり方〉で. **⸗wo**[また: ⏑⏑–] 副 《話》〔どこか〕別の場所で. **⸗wo·her**[..vohéːr; また: ⏑⏑⏑–] 副 《話》〔どこか〕別の場所から: *et.*⁴ ~ nehmen 《戯》…をどこか別の場所から取ってくる(盗む). **⸗wo·hin**[..vohín; また: ⏑⏑⏑⏑] 副 《話》〔どこか〕別の場所へ: *et.*⁴ ~ geben 《戯》…をどこか別の場所へやってしまう(紛失する).

an·dert·halb[ándərthálp] 《分数; 無変化》(zweithalb, eineinhalb) 1と2分の1〔の〕: ~ Liter Milch ミルク1リットル半 | Ich habe ~ Stunden auf ihn gewartet. 私は彼の来るのを1時間半待っていた | auf einen Schelm ~*e* setzen (→Schelm 2). [*ahd.* ander-halb „das zweite halb“; ◇ander]

An·dert·halb·decker 男 -s/- (大小2翼をもつ)複葉飛行機. [<Deck]

an·dert·halb⸗fach 形 1倍半の: →fünffach **⸗jäh·rig** 形 1年半を経た; 1年半にわたる. **⸗jähr·lich** 形 1年半ごとの.

An·dert·halb·ma·ster 男 -s/- 長短2本マストの帆船.

an·dert·halb·stün·dig 形 1時間半の.

Än·de·rung[ɛ́ndərʊŋ] 女 -/-en **1** (ändern すること. 例えば:) 変更, 修正; 変形: die ~ des Programms プログラムの変更 | an *et.*³ eine geringfügige 〈radikale / teilweise〉 ~ vornehmen …にわずかばかりの〈根本的な・部分的な〉変更を加える. **2** (sich ändern すること. 例えば:) 変化, 変動: Sinnes*änderung* 心変わり, 心境の変化 | eine ~ erfahren 変わる, 変化する.

Än·de·rungs⸗an·trag 男 (議会などでの)修正動議. **⸗vor·schlag** 男 変更〈修正〉提案.

ᵛ**an·der·wär·tig**[ándərvɛ́rtɪç]² 形 他の場所の; 他の場所からの.

an·der·wärts[..vɛ́rts] 副 《雅》他の場所へ; 他の場所で: Er wohnt jetzt ~. 彼はいま別の場所に住んでいる.

an·der⸗weit[ándərváɪt] **I** 副 《雅》他の点で, 他の方法で, ほかに: Seine Hilfe wird ~ benötigt. 彼の助けは別の面で必要だ. ᵛ**II** 形 =anderweitig **⸗wei·tig**[..váɪtɪç]² 形 他の点〈方法〉での, そのほかの: eine ~*e* Frage 別の質問 ‖ *et.*⁴ ~ gebrauchen …を別の使い方をする. [*mhd.* ander-weide „zum zweiten Mal“; <*mhd.* weide „Fahrt“ (◇Weide²)]

An·de·sin[andezíːn] 男 -s/ 〖鉱〗中性長石. [<Anden]

An·de·sit[..zíːt, ..zɪ́t] 男 -s/-e 《ふつう単数で》安山岩.

an|deu·ten[ándɔʏtən] 《01》 **I** 他 (h) **1** 《(*jm.*) *et.*⁴》暗示する, 示唆する, ほのめかす, それとなく知らせる; 《*et.*⁴》大づかみに〈おおまかに・概略だけを〉示す; (…の到来を)予示する, (…の)徴候を示す: ein Vorhaben ~ 意図をほのめかす | ein Lächeln ~ ほほえみらしきものを浮かべる | Er *deutete* 〔mir〕 *an*, daß er demnächst verreisen werde. 彼は近く旅に出ることを〔私に〕ほのめかした ‖ einen Plan nur in Umrissen ~ 計画の輪郭だけをかいつまんで示す | Die Wolken *deuten* ein Gewitter *an*. 雲の様子から見るとどうやら雷雨になりそうだ. **2** 再帰 *sich*⁴ ~ (…の)徴候が現れる, (おぼろげながら)しだいにはっきりしてくる: Seine Absicht *deutet* sich *an*. 彼の意図〈魂胆〉がわかってきた.

II an·deu·tend 現分 形 暗示的な, 遠回しの: *et.*⁴ nur ~ erwähnen …にそれとなく言及する.

An·deu·tung[ándɔʏtʊŋ] 女 -/-en **1** 暗示, ほのめかし, ヒント; あてこすり; 〖劇〗(演技の)含み: in ~*en* sprechen それとなく言う, ほのめかす. **2** それらしきもの, わずかばかりの徴候〈しるし〉: die ~ eines Pfades 〈einer Verbeugung〉 道〈おじぎ〉らしきもの | ohne jede ~ von Stolz 少しもいばったふうがなく.

an·deu·tungs·wei·se[また: ⏑–⏑–⏑] 副 (→..weise ★)暗示的に, 漠然と, それとなく.

an|dich·ten[ándɪçtən] 《01》 他 (h) **1** 《*jm. et.*⁴》(…にありもしないことを)なすりつける, あると言う: *jm.* übernatürliche Fähigkeiten ~ …が超能力を持っていると言いふらす. **2** 《*jn./et.*⁴》(…を)詩歌でほめたたえる, (…にささげて)詩を作る.

an|dicken[ándɪkən] 他 (h) 〖料理〗(スープ・肉汁などを澱粉(でんぷん)などで)濃くする, とろみをつける.

an|die·nen[ándiːnən] 他 (h) **1** 《*jm. et.*⁴》(地位・課題などを押しつけがましく)提供する; 〖商〗出荷〈提供〉する. **2** einen Hafen ~ 〖海〗入港する.

An·die·nung[..nʊŋ] 女 -/ 〖商〗出荷, 提供; 〖海〗海損補償請求.

an|din[andíːn] 形 アンデス山脈〈地方〉の. [<Anden]

an|dis·ku·tie·ren[ándɪskutiːrən] 他 (h) 論じ始める.

an|docken[ándɔkən] 自 (h) 《an *et.*⁴》〖空〗(…と)ドッキング〈結合〉する.

an|don·nern[ándɔnərn] 《05》 **I** 自 (h) 《しばしば angedonnert kommen の形で》轟音(ごうおん)をたてて近づいてくる. **II** 他 (h) **1** 《話》《*jn.*》(がみがみと)どなりつける. **2** wie *angedonnert* dastehen 雷に打たれたように呆然(ぼうぜん)と立ち尽くす.

An·dorn[ándɔrn] 男 -〔e〕s/-e 〖植〗ニガハッカ. [*ahd.*]

An·dor·ra[andɔ́raˑ] 地名 アンドラ(フランス・スペインの国境, Pyrenäen 山中にあり, フランス・スペインが共同統治する. 首都はアンドラ ラ ベリャ Andorra la Vella).

An·dor·ra·ner[..dɔráːnər] 男 -s/- アンドラ人.

an·dor·ra·nisch[..dɔráːnɪʃ] 形 アンドラ〔人〕の.

and·r..¹[ándr..] →ander

andr..² →andro..

An·dra·go·gik[andragóːgɪk] 女 -/ (Erwachsenenbildung) 成人教育. [◇Agogik]

An·drang[ándraŋ] 男 -〔e〕s/ (群衆などが)押し寄せること, 雑踏, 押し合いへし合い; (注文などの)殺到: ~ zu einer Bank 〖商〗銀行の取り付け | Am Fahrkartenschalter herrschte großer ~. 乗車券売り場の前は大混雑だった.

an|drän·gen[ándrɛŋən] **I** 自 (s) 《gegen *jn.* 〈*et.*⁴〉》(…に向かって)押し寄せる; (群衆などが)押しかける: eine *andrängende* Menschenmenge 押し寄せる群衆 | *andrängende* Probleme 解決を迫られている諸問題. **II** 他 (h) 再帰 *sich*⁴ an *jn.* 〈*et.*⁴〉 ~ …にぴったりと迫る, …に寄りすがる.

and·re[ándrə] ander の変化形(=andere).

An·dre·as[andréːas] **I** 男名 アンドレーアス. **II** 人名 〖聖〗アンデレ, アンドレアス(十二使徒の一人で Petrus の弟). [*gr.*–*lat.*; <*gr.* andreĩos „mannhaft“; ◇andro..; *fr.* André, *engl.* Andrew]

An·dre·as⸗kreuz 中 斜め十字(聖アンデレのはりつけ台にちなむ: → 図 Kreuz); (X字型の)踏切標示板. **⸗or·den** 男 (帝政ロシアの)アンデレ十字勲章. **⸗tag** 男 〖カトリック〗聖アンデレの祝日(11月30日).

an|dre·hen[ándreːən] 他 (h) **1 a)** (↔abdrehen, ausdrehen) (栓・スイッチなどを)作動方向に回す〈ひねる〉; (…の)スイッチを入れる: das Fernsehen 〈den Motor〉 ~ テレビ〈エンジン〉のスイッチを入れる | das Licht ~ スイッチをひねって明かりをつける | das Wasser ~ 栓をひねって水を出す. **b)** (ねじなどを)回して固定する〈締めつける〉. **2** (映画の)撮影を開始する, クランク=インする. **3** 《話》《*jm. et.*⁴》(…に…を)だましてつかませる, むりやり押しつける: *jm.* eine Fälschung ~ …ににせものを売りつける | *jm.* ein Kind ~ (→Kind). **4** 《話》行う, する, やらかす, しでかす.

An·dreh·kur·bel 女 (自動車などの)始動用クランク.

and·rem[ándrəm] ander の変化形(=anderem).

and·ren[ándrən] ander の変化形(=anderen).

and·rer[ándrər] ander の変化形(=anderer).

and·rer·seits[ándrərzáɪts] =andererseits

and·res[ándrəs] ander の変化形(=anderes).

an|drin·gen*[ándrɪŋən] 《33》《雅》 **I** 自 (s) 押し寄せる: auf den Feind ~ 敵に向かって突進する | gegen den Kopf ~ (血が)頭にのぼる ‖ ein *andringender* Haufen 押し寄せてくる群衆. **II** 他 (h) 再帰 *sich*⁴ auf *jn.* um *et.*⁴ ~

…に…を迫る〈せがむ〉. **III An·drin·gen** 中 -s/ 押し寄せること, 突進; 切望, 懇願: auf ～ des Arztes 医者に強く勧められて.

andro.. 《名詞・形容詞などにつけて「男性・雄」を意味する. 母音の前では andr.. となる》 [*gr.*; <*gr.* anḗr „Mann"]

An·dro·ga·met[androgamé:t] 男 -en/-en (↔Gynogamet) 〘生〙 男性生殖細胞.

An·dro·gen[..gé:n] 中 -s/-e 〘生化学〙 アンドロゲン(男性〈雄性〉ホルモンの総称: →Östrogen).

An·dro·ge·ne·se[..gené:zə] 女 -/-n (↔Gynogenese) 〘生〙 雄性発生; 童貞生殖.

an·dro·gyn[..gý:n] **I** 形 男女両性具有の, 半陰陽の, ふたなりの; 〘植〙 雌雄同花の; 両性の. **II An·dro·gyn** 男 -s/-e (Zwitter) 男女両性具有者, ふたなり. [*gr.*－*lat.*]

An·dro·gy·nie[..gyní:] 女 -/ 男女両性具有.

ᐁ**an·dro·gy·nisch**[..gý:nɪʃ] ＝androgyn

an|dro·hen[ándro:ən] **I** 他 (h) 《*jm. et.*⁴》 (…に…を予告して)脅す, 脅迫する: *jm.* Rache 〈die Entlassung〉 ～ 復讐(ふくしゅう)する〈解雇する〉と言って…を脅す.

ᐁ**II** 自 (h) (危険などが)さし迫る.

An·dro·hung[..ʊŋ] 女 -/-en 脅し, 脅迫: unter ～ einer Strafe 〈[der Anwendung] von Gewalt〉 処罰する〈暴力を使う〉と脅かして.

An·dro·ide[androí:də] 男 -n/-n (**An·dro·id**[..í:t]¹ 男 -en/-en) アンドロイド, 人造人間. [<andro..]

An·dro·lo·gie[androloɡí:] 女 -/ (↔Gynäkologie) 〘医〙 男子病学.

an·dro·lo·gisch[..ló:gɪʃ] 形 男子病学〔上〕の.

An·dro·ma·che[andró:maxe·] 人名 〘ギ神〙 アンドロマケ (Hektor の妻). [*gr.*－*lat.*; <*gr.* máchē „Kampf"]

An·dro·me·da[andró:meda·] **I** 人名 〘ギ神〙 アンドロメダ (Kassiopeia の娘. Nereiden の怒りに触れて海の怪獣の犠牲とされるところを, Perseus に助けられた). **II die An·dro·me·da** 女 -/ 〘天〙 アンドロメダ座. [*gr.*－*lat.*]

An·dro·me·da·ne·bel[..meda..] 男 -s/ 〘天〙 アンドロメダ星雲(アンドロメダ座の中にある渦状星雲).

An·dro·pho·bie[androfobí:] 女 -/ 〘医〙 男性恐怖〔症〕; 男ぎらい.

An·dro·ste·ron[androsteró:n, ..rɔs..] 中 -s/ 〘医〙 アンドロステロン(尿中に排泄される男性ホルモン). [<stereo..]

An·druck[ándrʊk] 男 -[e]s/-e **1** 〘印〙 校正刷り, 試刷(しずり), 試し刷り, 仮刷り. **2** 《単数で》〘工〙 (ロケットなどの) 反動推進. **3** 〘ロケット〙 推力.

an|drucken[ándrʊkən] **I** 他 (h) 《*et.*⁴》〘印〙 (…の)校正刷りを刷る. **II** 自 (h) 印刷を始める.

an|drücken[ándrʏkən] 他 (h) **1** 押し当てる, 押しつける: den Lappen an die Wunde ～ 布切れを傷に当てる ‖ 再帰 *sich*⁴ an *jn.* ～ …に体を押し付ける ‖ *angedrücktes* Obst 押されて傷んだ果物. **2** das Licht ～ (スイッチのボタンを)押して明かりをつける.

an|du·deln[ándu:dəln] 《06》 **I** 他 (h) 《話》《もっぱら次の形で》 ***sich*³ einen ～** ほろ酔い機嫌になる. **II an·ge·du·delt** → 別出

Äneas[ɛné:as] 人名 〘ギ神〙 アイネイアス (Troja の英雄. のち流浪の旅を重ね, Latium に着いてローマの祖となった). [*gr.*－*lat.*]

an|ecken[án|ɛkən] **I** 自 **1** (s) (誤ってかどに)ぶつかる, 突き当たる: mit dem Rad am Bordstein ～ 車輪を歩道の縁石にぶつける. **2** (s, h) 《話》《bei *jm.*》 (…の)感情を害する, 不快な印象を与える: Er scheint bei ihr *angeeckt* zu sein 〈haben〉. 彼は彼女のご機嫌をそこねたらしい.

II 他 (h) 《*jn.*》 (…に)出くわす. [<Ecke]

die **Äne·ide**[ɛneí:də] 女 -/ アエネイス (Äneas を主人公とする叙事詩. Vergil 作). [*lat.* Aenēis; ◇Äneas]

an|ei·fern[án|aɪfərn] 《05》 他 (h) 《南部・オーストリア》 (anspornen) 激励〈鼓舞〉する.

An·ei·fe·rungs·mit·tel 中 《オーストリア》 興奮剤.

an|eig·nen[án|aɪgnən] 《01》 他 (h) **1** 再帰 *sich*³ *et.*⁴ ～ …を不当にわがものにする, …を着服〈横領〉する; 〘法〙 …を先占する | *sich*³ *et.*⁴ widerrechtlich ～ …を着服〈横領〉する.

2 再帰 *sich*³ *et.*⁴ ～ …(知識・習慣・態度など)を身につける | *sich*³ eine Fremdsprache ～ 外国語を習得する | *sich*³ eine Gewohnheit ～ 習慣を身につける.

An·eig·nung[..nʊŋ] 女 -/-en 《ふつう単数で》 (sich aneignen すること. 例えば:) 〘法〙 先占; 〘教・心〙 習得.

an·ein·an·der[an|aɪnándər] 副 《an＋相互代名詞に相当: →sich 2 ★ ii》 相並んで, 接し〈触れ〉合って: ～ vorbeigehen 互いにすれ違う | ～ vorbeireden 話がかみ合わない, お互いに誤解する | *et.*⁴ ～ anfügen …を接ぎ合わせる | Es ist schön, daß sie ～ denken. 彼らがお互いのことを思っているのは結構なことだ.

★ 動詞と用いる場合は分離の前つづりともみなされる.

an·ein·an·der≠|bau·en 他 (h) (家などを)相接して〈並べて〉建てる. ≠**|bin·den*** 《18》 他 (h) **1** 結び〈つなぎ〉合わせる. **2** 再帰 *sich*⁴ ～ 互いに結び合う〈結びつく〉. ≠**|drücken** 他 (h) 互いに押し付ける. ≠**|fes·seln** 《06》 他 (h) 縛り合わせる: *jm.* die Hände auf den Rücken ～ …の両手を後ろ手に縛る. ≠**|fü·gen** 他 (h) 接ぎ合わせる. ≠**|ge·ra·ten*** 《113》 自 (s) 《mit *jm.*》 (…と)けんか〈殴り合い〉になる. ≠**|ge·wöh·nen** 自 (h) 互いに慣れ親しむ, なじむ. ≠**|gren·zen** 《02》 自 (h) 互いに隣接する, 隣り合う: *aneinandergrenzende* Grundstücke 隣り合った土地. ≠**|hän·gen**⁽*⁾ 《66》 **I** 自 (h) 《不規則変化》 互いに密着している, くっつき合っている; 《話》 相思相愛の仲である. **II** 他 (h) 《規則変化》《*et.*⁴ an *et.*⁴》 くっつけ合わせる. ≠**|ket·ten** 《01》 他 (h) 鎖でつなぎ合わせる. ≠**|kle·ben** **I** 他 (h) (接着剤などで)はり合わせる. **II** 自 (h) 粘着し合う. ≠**|kno·ten** 《01》 他 (h) 結び合わせる. ≠**|kom·men*** 《80》 ＝aneinandergeraten ≠**|kop·peln** 《06》 他 (h) 互いに連結する. ≠**|le·gen** 他 (h) 並べて横たえる, 並置する. ≠**|leh·nen** 他 (h) 再帰 *sich*⁴ ～ 互いに寄りかかる. ≠**|lie·gen*** 《93》 自 (h) 並んで横たわっている, 互いに隣接している. ≠**|nä·hen** 他 (h) 縫い合わせる. ≠**|pas·sen** 《03》 **I** 自 (h) 互いに適合する; 似合いである. **II** 他 (h) 互いに合わせる. ≠**|pral·len** 自 (s) 激しくぶつかり合う, 互いに衝突する. ≠**|rei·hen** 他 (h) 並べる, 並列させる. ≠**|rücken** **I** 他 (h) 寄せ合わせる. **II** 自 (s) 寄り合う. ≠**|schlie·ßen*** 《143》 他 (h) つなぎ合わせる. ≠**|schmie·den** 《01》 他 (h) 鍛接する. ≠**|schnei·den*** 《148》 〘映〙 (カットしたフィルムなどを)つなぎ合わせる, 編集する. ≠**|schwei·ßen** 《03》 他 (h) 溶接する; 《比》 密着させる. ≠**|set·zen** 《02》 他 (h) 並べて置く. ≠**|sto·ßen*** 《188》 自 (s) **1** 互いに衝突する, ぶつかり合う. **2** ＝aneinandergrenzen ≠**|wach·sen*** 《199》 自 (s) 合生する; (傷口などが)癒合〈癒着〉する; (骨が)接合する.

An·ek·do·te[anɛkdó:tə] 女 -/-n (小 **An·ek·döt·chen**[..dø:tçən] 中 -s/-) 逸話, 逸事, 奇談. [*gr.* an-ékdota „Un-veröffentlichtes"－*fr.*; <*gr.* ek-didónai „herausgeben"]

an·ek·do·ten≠ar·tig, ≠haft ＝anekdotisch

An·ek·do·tik[anɛkdó:tɪk] 女 -/ 《集合的に》 逸話, 奇談.

an·ek·do·tisch[..tɪʃ] 形 逸話ふうの.

an|ekeln[án|e:kəln] 《06》 **I** 他 (h) **1** 《*jn.*》 (…に)吐き気を催させる, 胸くそを悪くさせる; 《話》 (故意に…の)感情を害する: Sein Benehmen *ekelt* mich *an.* 彼の態度にはむかむかする | *sich*⁴ *angeekelt* fühlen 嫌気がさす ‖ mit *angeekelter* Miene うんざりした顔つきで. ᐁ**2** 《*et.*⁴》 (…に)嫌気がさす. ᐁ**II** 自 (h) 《*jm.*》 (…に)吐き気〈嫌気〉を催させる.

anemo.. 《名詞・形容詞などにつけて「風」を意味する》 [*gr.* ánemos „Wind"; ◇Animus]

ane·mo·gam[anemogá:m] 形 〘植〙 風媒の.

Ane·mo·ga·mie[..gamí:] 女 -/ 〘植〙 風媒.

Ane·mo·graph[..grá:f] 男 -en/-en 自記風力計.

Ane·mo·me·ter[..mé:tər] 中 (男) -s/- 風速〈風力〉計.

Ane·mo·me·trie[..metrí:] 女 -/ 風速〈風力〉測定.

Ane·mo·ne[anemó:nə] 女 -/-n (Buschwindröschen) 〘植〙 **1** アネモネ. **2** イチリンソウ(一輪草)属. [*gr.*－*lat.*]

ane·mo·phil[anemofí:l] ＝anemogam

Ane·mo·phi·lie[..filí:] 女 -/ ＝Anemogamie

an|emp·feh·len*[án|ɛmpfe:lən] 《41》 《現在・過去ではま

れに非分離》他 (h)《*jm. et.*[4]》(…に…を)勧める, 勧告する: Mir ist *anempfohlen* worden, zu Ihnen zu kommen. 私はあなたのところへ伺うように勧められたのです.

An·emp·feh·lung[..lʊŋ] 女 -/-en **1**《単数で》anempfehlen すること. **2** (Rat) 助言, 忠告, 指図.

an|emp·fin·den*[án|ɛmpfɪndən][1]《42》**I** 他 (h) **1**《*sich*[3] *et.*[4]》(…を)自分で実感したような気持になる: eine *anempfindende* Persönlichkeit 他人の意見や感情に動かされやすい人物. **2** 再帰 *sich*[4] *jm.* ～ …に共感(共鳴)する. **II**

an·emp·fun·den 過分 形 自分で実感したかのような気分の, 本物でない, 心の底から感じられたものでない: eine ～*e* Begeisterung 見せかけの感激.

An·ener·gie[an(|)enɛrgíː] 女 -/ ＝Anergie

an·ener·gisch[..(|)enɛ́rgɪʃ, ⌣⌣⌣⌣] ＝anergisch

An·epi·gra·pha[an(|)epíːgrafaˑ] 複 表題のない著作物. [*gr.* an-epígraphos „ohne Aufschrift"; ◇Epigraph]

..aner[..aːnər]《固有名詞などにつけて「…派の人」を意味する男性名詞 (-s/-) をつくる. ..ianer となることもある》: Mohammed*aner* 回教徒 | Dominik*aner* ドミニコ会修道士 | Republik*aner* 共和制論者 ‖ Hegel*ianer* ヘーゲル派の哲学者. [*lat.* ..ānus; ◇*engl.* ..an]

ᐁ**An·er·be**[án|ɛrbə] 男 -n/-n《法》(農家の)単独相続人.

an|er·ben[án|ɛrbən][1] **I** 他 (h)《*jm. et.*[4]》相続(遺伝)によって伝える. **II an·ge·erbt** → 別出

An·er·ben·recht 中 -(e)s/《法》(農家の)単独相続権.

an|er·bie·ten*[án|ɛrbiːtən]《17》《現在・過去ではまれに非分離》**I** 他 (h) **1** 再帰 *sich*[4] ～《ふつう zu 不定詞(句)と》(助力・奉仕などを)申し出る | Ich *erbot* mich *an* 〈Ich *anerbot* mich〉, ihn nach Hause zu begleiten. 私は彼を家まで送って行こうと申し出た. ᐁ**2**《*jm. et.*[4]》＝anbieten I **II An·er·bie·ten** 中 -s/-《ふつう単数で》(Angebot) 申し出, 提案.

ᐁ**An·er·bie·tung**[..tʊŋ] 女 -/-en ＝Anerbieten

An·er·gie[an(|)ɛrgíː] 女 -/《医》アネルギー, 無反応, 無力体質; 免疫性欠如. [<a..[1]+*gr.* érgon (→Ergon)]

an·er·gisch[..(|)ɛ́rgɪʃ] 形《医》アネルギーの, 無反応の, 無力性の.

an·er·kannt[án|ɛrkant] **I** anerkennen の過去分詞. **II** 形 世間一般に認められた, 定評のある: ein ～*er* Fachmann 定評のある専門家.

an·er·kann·ter·ma·ßen[án|ɛrkantərmáːsən, ⌣⌣⌣⌣⌣] 副 世間一般に認められているように, 定評のとおり.

an|er·ken·nen*[án|ɛrkɛnən; まれ: ⌣⌣⌣⌣]《73》《現在・過去ではまれに非分離》**I** 他 (h) **1** 正当と認める, 承認〈是認〉する, 認可〈認知〉する: ein Kind 〈die Vaterschaft〉 ～ 子供〈父であること〉を認知する | einen Staat diplomatisch ～ 国家を承認する(他国が) | Der Weltrekord wurde nicht *anerkannt*. その世界記録は公認されなかった. **2** (他人の功労・業績などを)認める, 賞賛する, 高く評価する: *anerkennende* Worte sprechen 賞賛〈感謝〉の言葉を述べる. **II an·er·kannt** → 別出

an·er·ken·nens·wert[また: ⌣⌣⌣⌣–] 形 賞賛に値する, 高く評価すべき, りっぱな.

An·er·kennt·nis[án|ɛrkɛntnɪs] **I** 女 -/-se《ふつう単数で》《雅》＝Anerkennung **II** 中 -ses/-se **1**《法》(被告による)認諾. **2** (Schuldanerkenntnis)《法・経》債務承認.

An·er·kennt·nis·ur·teil 中《法》認諾〔に基づく〕判決.

An·er·ken·nung[án|ɛrkɛnʊŋ] 女 -/-en anerkennen すること: **1**《ふつう単数で》承認, 是認; 認可, 認許; 認知: die ～ der Vaterschaft《法》父たることの認知. **2** (他人の功労・業績などを)認める〈高く評価する〉こと, 賞賛, 感謝: *jm. seine* ～ aussprechen …に賞賛〈感謝〉の言葉を述べる | in ～ seiner Verdienste 彼の功績を認めて〈たたえて〉| ～ finden 〈ernten〉 賞賛を博する, 高く評価される.

An·er·ken·nungs⸗schrei·ben 中, **⸗ur·kun·de** 女 (功労・業績に対する)感謝〈表彰〉状.

Ane·ro·id[aneroíːt][1] 中 -(e)s/-e アネロイド気圧計(→ 図). [<a..[1]+*gr.* nērós „naß"+..oid]

Aneroidbarometer

Ane·ro·id·ba·ro·me·ter 中 (男) ＝Aneroid

An·ero·sie[an|erozíː] 女 -/-n[..zíːən] ＝Anaphrodisie

ᐁ**an|er·schaf·fen***[án|ɛrʃafən]《125》他 (h)《*jm. et.*[4]》(創造主が…に…を)生得のものとして付与する: die *anerschaffene* Grazie 生まれつきの優美さ.

an|er·zie·hen*[án|ɛrtsiːən]《219》**I** 他 (h) (↔aberziehen)《*jm. et.*[4]》(…に…を)教育して身につけさせる, 教えこむ. **II an·er·zo·gen** 過分 形 教育によって身についた, 習い性となった.

an|es·sen*[án|ɛsən]《36》他 (h)《*sich*[3] *et.*[4]》食べ〔すぎ〕て(…の)結果を招く: *sich*[3] ein Bäuchlein ～ 大食のせいで腹が出てくる | *sich*[3] den Tod ～ 食物にあたって死ぬ.

Aneu·rie[anɔyríː] 女 -/ (Nervenschwäche)《医》神経衰弱〔症〕. [<a..[1]+neuro..]

Aneu·rin[..ríːn] 中 -s/ アノイリン, ビタミン B₁. [<..in[2]]

An·eu·rys·ma[anɔyrýsmaˑ] 中 -s/..men[..mən]《医》動脈瘤(りゅう). [*gr.*; <*gr.* an-eurýnein „erweitern"]

ᐁ**Ane·wand**[áːnəvant][1] 女 -/..wände[..vɛndə] ＝Angewende I

an|fa·chen[ánfaxən] 他 (h) (火などを)吹きおこす; (感情・欲望・いさかいなどを)かきたてる, あおる, たきつける.

An·fa·chung[..xʊŋ] 女 -/-en anfachen すること.

an|fä·deln[ánfɛːdəln]《06》他 (h) **1** (ビーズなどを)糸に通す. **2** (anstiften) (騒ぎ・争い・悪事などを)ひき起こす, たくらむ.

an·fahr·bar[ánfaːrbaːr] 形 (道・海岸などが車・船などで)通行(接近)可能な.

an|fah·ren*[ánfaːrən]《37》**I** 自 (s) **1 a)**《ふつう angefahren kommen の形で》(乗り物が・乗り物で)近づいて来る: Er kam in 〈mit〉 einem Auto *angefahren*. 彼は自動車でやって来た | Dort kommt ein Schiff *angefahren*. あそこに船がやって来る. ᐁ**b)**《場所を示す語句と》(乗り物が・乗り物で…に)到着する, 乗りつける; (船が)接岸する: bei *jm.* 〈vor dem Haus〉 ～ …のところに〈家の前まで〉乗りつける. **2** (s, h)《an 〈auf / gegen〉 *et.*[4]》(乗り物が・乗り物で)衝突する: Das Fahrrad ist an einen Baum *angefahren*. 自転車は木にぶつかった. **3** (乗り物が・乗り物で)動きだす; (機械が)動きだす: Der Zug *fuhr* ruckartig 〈weich〉 *an*. 列車はガクンと〈滑らかに〉スタートした. **4**《坑》(鉱員が)入坑する.

II 他 (h) **1** (乗り物が・乗り物で…に)突き当たる: Der Wagen hat die Hauswand 〈einen Fußgänger〉 *angefahren*. 車が家の壁〈歩行者〉に衝突した. **2**《*jn.*》どなり〈しかり〉つける: Der Polizist hat mich grob 〈hart〉 *angefahren*. 警官は私をひどくどなりつけた. **3** (乗り物が・乗り物で)運んで来る, 運び込む, 搬入する;《話》(飲食物を)大量に食卓に供する(ワゴンで運ぶ意から): Kohlen mit einem Lastwagen ～ 石炭をトラックで運んで来る | Laß mal eine Runde Bier ～!《話》ひとわたりビールをふるまってやれ. **4** (乗り物が・乗り物で…を)めざす: Die Autokolonne *fährt* Berlin *an*. 自動車の列がベルリンに向かって走っている. **5** (einfahren)《ふつう受動の形で》(車・機械などの)使い始め〈ならし運転〉をする. **6**《坑》(鉱床に)到達する; (鉱床を)掘り進む.

An·fahr·schacht[ánfaːr..] 男《坑》入坑用立坑.

An·fahrt[ánfaːrt] 女 -/-en **1**《単数で》(anfahren すること. 例えば:) (乗り物が・乗り物で)接近する〈やって来る〉こと; (乗り物〔で〕の)到着, 接岸; (乗り物が・乗り物で)走り出すこと, 助走, すべり出し; (乗り物で)運んで来ること;《坑》入坑. **2** (車寄せへの)車道, 乗り入れ道;《海》船着き場, 埠頭(ふとう).

An·fahrts·stra·ße 女 乗り入れ用道路, 進入路.

An・fall[ánfal] 男 -〔e〕s/..fälle[..fɛlə] **1 a)** (病気・激情などが)突然襲ってくること, 激発;《医》発作: ein ～ von Hysterie ヒステリーの発作 | Herz*anfall* 心臓発作 | Wut*anfall* 怒りの発作 ‖ einen epileptischen ～ bekommen てんかんの発作を起こす | **einen ～ bekommen 〈kriegen〉**《話》激怒する, 我を忘れてかっとなる. ▽**b)** (突然の)襲撃, 急襲: ein nächtlicher ～ 夜襲, 夜討ち. **2**《ふつう単数で》結果として生じる〈手に入る〉もの(→anfallen II 1): **a)** (Ertrag) 収穫, 収益; 生産〈産出〉高;《坑》得量, 産出高: der ～ an Getreide 〈Milch〉 穀物の収穫〔量〕〈搾乳量〉. **b)** 積もった〈たまった〉量: Arbeits*anfall* 仕事の量 | Der ～ von Korrespondenz ist kaum zu bewältigen. この通信量〈手紙の山〉はほとんど処理しきれない. **3**《法》**a)** (遺産の)帰属, 相続, 継承. **b)** (帰属した)遺産. **4**《建》迫元(せりもと)〔石〕(アーチの内輪の起点);《坑》支柱. **5**《狩》**a)** (野鳥が)舞いおりること. **b)** (野鳥の)常に舞いおりる場所.

an・fall・ar・tig[ánfal..] 形 発作的な.

an|fal・len*[ánfalən]《38》**I** 他 (h) **1**《*jn.*》**a)** (人・動物などが…に)突然襲いかかる, 襲撃する; (言辞によって)攻撃する, ののしる: *jn.* von hinten ～ …を背後から襲う. **b)** (病気・激情・さまざまな情念などが)襲う: Angst 〈Eine unsägliche Wut〉 *fiel* ihn *an*. 恐怖の念〈言いようのない憤怒〉が彼を襲った. **2** die Fährte ～《狩》(猟犬が)獲物の足跡〈臭跡〉を追う〈たどる〉.

II 自 (s) **1** (結果として副次的に)生じる; (金額・仕事などの量が)積もる, たまる: als Nebenprodukt ～ (生産の際などに)副産物として生じる | Durch meine Erkrankung ist viel Arbeit *angefallen*. 私が病気になったため 仕事が山積してしまった ‖ die *anfallenden* Zinsen たまる〈かさむ〉利子. ▽**2**《*jm.*》《法》(…に)帰属する. **3**《狩》(野鳥が) 舞いおりてとまる.

an・fäl・lig[ánfɛlɪç][2] 形 (病気・悪習などに)感染し〈かかり〉やすい, 抵抗力のない: ein ～*es* Kind 病弱な子 | Er ist für 〈gegen〉 Erkältungen ～. 彼はかぜをひきやすい.

..anfällig[..anfɛlɪç][2]《名詞などにつけて「…に感染しやすい, …に侵されやすい, …に対して抵抗力のない」などを意味する形容詞をつくる》: bakterien*anfällig* 細菌に侵されやすい | pannen*anfällig* (自動車などが)故障しやすい | streß*anfällig* ストレスがたまりやすい.

An・fäl・lig・keit[..kaɪt] 女 -/-en《ふつう単数で》anfällig なこと.

an・falls・wei・se[ánfals..] 副 (→..weise ★)発作的に.

An・fang[ánfaŋ] 男 -〔e〕s/..fänge[..fɛŋə] (↔Ende) はじめ, 最初, 発端; 端緒, 根源; 始まり, 開始, スタート(→Beginn): der ～ der Ferien 休暇の初め | der ～ des Briefes 手紙の冒頭 | die *Anfänge* der Zivilisation 文明の起源〈あけぼの〉 | **der ～ vom Ende** 終局〈没落〉の第一歩 ‖ Aller ～ ist schwer.《諺》すべて初めはむずかしい | Wie der ～, so das Ende.《諺》始まりが肝心 | Müßiggang ist aller Laster ～. (→Müßiggang) ‖《2格支配の前置詞のように. ただし月名や基数は無変化》～ dieses Jahres 〈nächster Woche〉 今年〈来週〉の初めに | ～ Januar 〈〔des Jahres〕 1985〉 1月〈1985年〉の初めに | Er ist ～ sechzig 〈der Sechziger〉. 彼は60歳を少し出たところだ ‖《前置詞と》**am ～** 初めに〈は〉 | am 〈im〉 ～ dieses Jahrhunderts 今世紀初頭に | *sich*[4] **aus** kleinen *Anfängen* emporarbeiten 微賤(びせん)の身から苦労して立身出世する | **für den ～** まず手始めに, さしあたって〔は〕 | **gegen ～** unserer Zeitrechnung 〔キリスト〕紀元前後に | noch **im ～** sein まだ始まった〈緒についた〉ばかりである | in den ersten *Anfängen* 〔stecken〕 bleiben 初歩の段階にとどまっている; 未発達である | Im ～ war das Wort. 初めに言葉があった(聖書: ヨハ1, 1) | **seit** 〔dem〕 ～ 当初から | **von ～** an 初めから〔ずっと〕 | **von ～ bis** 〔**zu**〕 **Ende** 初めから終わりまで, 終始一貫 | **zu ～** 初めに〈は〉 ‖《動詞と》**den ～ machen** (真っ先に)始める | Wer macht den ～? だれから始めるか, だれが口火を切るのか | ***seinen* ～ nehmen**《雅》始まる | Das Spiel nahm seinen ～. ゲームが始まった ‖ **Wehret den *Anfängen*!**《雅》早目に〈手遅れにならぬうちに〉手を打て.

an|fan・gen*[ánfaŋən]《39》**I** 他 (h) **1** (↔beenden) (beginnen) 始める, 開始する, (…に)着手する(→II 2): ein Geschäft ～ 商売〈業務〉を始める; 店を開く | mit *jm.* einen Prozeß ～ …を相手取って訴訟を起こす | Verhandlungen ～ 交渉に入る | zuviel ～ いろいろなことに手を出しすぎる ‖《zu 不定詞〔句〕と》Er *fing an*, ein Buch zu lesen. / Er *fing* ein Buch zu lesen *an*. 彼は本を読み始めた ‖《過去分詞で》ein *angefangener* Brief 書きかけの手紙.

2 a)《ふつう様態を示す語句と》(…のやり方で)とりかかる, 扱う, 行う: Das hast du falsch 〈richtig〉 *angefangen*. それは君のやり方が(最初から)間違っていた〈正しかった〉のだ. **b)**《*et.*[4] 〔mit *et.*[3]〕; *et.*[4] はふつう was, nichts》企てる, する: Was soll ich mit diesen Papieren ～? この書類でどうしろというのか, この書類には私は用がない | Er wußte nicht, was er 〔mit sich〕 ～ sollte. 彼はどうしていいか分からなかった | Ich weiß nichts mit der Zeit *anzufangen*. 私は時間をもて余している | Mit dir ist nichts *anzufangen*. 君は(へまばかりして)処置なしだ; 君は(不機嫌で)手がつけられない〈とりつく島もない〉 | Damit kann ich nichts ～. それは私の手に負えない. ▽**3** 再帰 *sich*[4] ～ 始まる: Mit vierzig *fängt* sich das Leben *an*. 人生は40歳からだ.

II 自 (h) **1** (↔enden, aufhören) (時間的・空間的に)始まる, 開始される: Die Schule 〈Das Konzert〉 *fängt* um 9 Uhr *an*. 学校〈音楽会〉は9時に始まる | Die Schmerzen haben gestern *angefangen*. 痛みはきのうからだ | Hier *fängt* das Naturschutzgebiet *an*. ここから自然保護区域です | Der Vortrag *fing* feierlich *an*. 講演は荘重な調子で始まった | Es *fing* alles so harmlos *an*. 〈争いなどが〉初めは全くささいなことだった | Das *fängt* ja gut *an*. これは幸先(さいさき)がいい;《反語》これでは先が思いやられる, こんなはずではなかった ‖ Das Essen *fing* mit Suppe *an*. 食事はスープで始まった | Das Wort *fängt* mit 〔einem〕 P *an*. その語はPで始まる ‖《zu 不定詞〔句〕と》Es *fing an* zu regnen. / Es *fing* zu regnen *an*. 雨が降りだした ‖《現在分詞で》*anfangende* Kälte 寒くなりかけている気候, 寒さの訪れ.

2 (→I 1) **a)**《mit *et.*[3]》(…を)始める, (…に)とりかかる, 着手する: mit der Arbeit 〈dem Essen〉 ～ 仕事〈食事〉にかかる | Er *fing* damit *an*, daß er ein neues Haus baute. / Er *fing* 〔damit〕 *an*, ein neues Haus zu bauen. 彼は新しい家を建て始めた. **b)** 事を始める: klein ～ (→klein I 1; I 3 a) | bei Adam und Eva ～ (→Adam II) | mit nichts 〈als Bote〉 ～ 裸一貫〈使い走り〉から身を起こす | von unten ～ 下っ端からたたき上げる | von vorn ～ 最初からやる〈やり直す〉 | Du hast *angefangen*! お前が始めたんじゃないか(争いなどで) | Jetzt *fange* ich erstmal richtig *an*. さあ腰をすえて〈本格的に〉とりかかるぞ | Du *fängst* ja gut *an*.《反語》お前も相当なまいきな態度に出るじゃないか | Wer *fängt an*? だれからだ(ゲームなどで). **c)** 話し始める: Dann *fing* der Vater *an*: „Kommt her, Kinder!" それから父が口を開いた「おいで子供たち」 ‖ von *et.*[3] ～ …について話し始める, …の話題を切り出す | Er *fing* wieder von Politik *an*. 彼はまた政治の話を始めた | *Fang* nicht wieder davon *an*! その話はもう二度とするな.

An・fän・ger[ánfɛŋər] 男 -s/- (女 **An・fän・ge・rin** [..ŋərɪn]-/-nen) **1** 初心者, 初学者, かけ出し, 新米;《話》青二才, 能なし: ein 〔blutiger〕 ～ im Autofahren 〈beim Kartenspielen〉 自動車運転〈トランプ〉の〔全くの〕初心者 | Kurse für ～ 初心者用コース〈課程〉. ▽**2** 創始者.

An・fän・ger≠kurs 男, **≠kur・sus** 男 初心者用コース〈課程〉. **≠rol・le** 女 かけ出しの俳優向きの役, 端役.

an・fäng・lich[ánfɛŋlɪç] 形 最初の, 初めの; 初期の;《法》原始的な: nach ～*em* Zögern 最初ためらったのちに.

an・fangs[ánfaŋs] **I** 副 初めに〈は〉: *Anfangs* waren die Kinder schüchtern. 初めのうちは子供たちはおとなしかった. **II** 前《2格支配. ただし月名は無変化》…の初めに: ～ der dreißiger Jahre 30年代の初めごろ | ～ Januar 1月初めに.

An・fangs≠buch・sta・be 男 頭(かしら)文字, イニシアル. **≠er・folg** 男 初期の成功〈成果〉. **≠ge・halt** 中 初任給. **≠ge・schwin・dig・keit** 女 最初の速度〈スピード〉, 初速. **≠grün・de** 複 (学問などの)基礎, 初歩: die ～ der Mathematik 数学の初歩. **≠hälf・te** 女 (↔Schlußhälfte)

〖ｽﾎﾟ〗(ゲームの)前半. ≈**ka·pi·tal** 中〖経〗当初の資本金, 設立資本 ≈**kurs** 男〖経〗始値. ≈**punkt** 男 出発点, 起〔始〕点;〖数〗原点. ≈**reim** 男〖詩〗行頭韻. ≈**sta·dium** 中 最初の段階, 初期. ≈**stel·lung** 女〖言〗(定動詞の)前置. ≈**stu·fe** 女 **1** =Anfangsstadium **2** 初歩〈初級〉の段階. ≈**sym·ptom** 中〖医〗初期症状. ≈**un·ter·richt** 男 最初の授業, 初歩〈基礎〉の授業. ≈**zei·le** 女 最初の行; (新聞などの)大見出し. ≈**zeit** 女 (催し物などの)開始〈開演〉時間.

an|fär·ben[ánfɛrbən][1] 他 (h)《*et.*[4]》(…の)一部を染める; (…に)少し〈薄く〉色をつける.

an·faß·bar[ánfasba:r] 形 anfassen できる.

an|fas·sen[ánfasən]《03》**I** 他 (h) **1 a)**《*jn.*/*et.*[4]》(…に)手でふれる, さわる, つかむ, 握る: *jn.* ～ …の体にさわる; …の手を取る | *jn.* am Arm ～ …の腕をつかむ | *Faß* mich nicht *an*! 私にさわらないでくれ | ein heißes Eisen ～ (→Eisen 1) | *jn.* 〈*et.*[4]〉 nicht 〔einmal〕 mit der Zange 〈Beißzange / Feuerzange / Kohlenzange〉 ～ mögen (→Zange 1 a, →Beißzange 1, →Feuerzange, →Kohlenzange) ‖ **zum *Anfassen* sein**《話》(手でさわることができるほど)身近な存在である. **b)**《*et.*[4]》(仕事などに)手をつける, 着手する: bei der Arbeit mit ～ 仕事に手を貸す, 手助けをする | *et.*[4] richtig 〈verkehrt〉 ～ 正しい〈誤った〉やり方で…にとりかかる.

2 再帰 *sich*[4] ～《様態を示す語句と》さわってみて(…のように)感じられる, (…のような)手ざわりである | Der Stoff *faßt* sich rauh 〈weich / wie Wolle〉 *an*. この生地は手ざわりが粗い〈柔らかい・ウールのようだ〉.

3《*jn.*》《様態を示す語句と》取り扱う, あしらう: *jn.* hart ～ …をきびしく扱う | *jn.* mit Glacéhandschuhen 〈Samthandschuhen〉 ～ (→Glacéhandschuh, →Samthandschuh).

4《雅》《*jn.*》(恐怖・同情・嫌悪などが)捕らえる, 襲う: Furcht 〈Mitleid〉 *faßte* mich *an*. 私は恐怖〈同情〉の念に捕らえられた.

II 自 (h) (植物が)根づく.

An·fas·ser[ánfasər] 男 -s/- (やけどしないための)なべつ「かみ.」

an|fau·chen[ánfauxən] 他 (h)《*jn.*》(猫などが…に)フーッという怒りのうなり声をかける;《話》(…を)どなりつける, (…に向かって)がみがみ言う.

an|fau·len[ánfaulən] 自 (s) 腐りかける: *angefaultes* Obst 腐りかけの果物.

an·fecht·bar[ánfɛçtba:r] 形 (anfechten できる. 例えば:) 論議の余地のある, 疑わしい: ein juristisch ～*er* Vertrag 法律的に見て問題のある契約 | ein ～*es* Rechtsgeschäft〖法〗取り消す〈否認する〉ことのできる法律行為.

An·fecht·bar·keit[–kait] 女 -/ anfechtbar なこと.

an|fech·ten*[ánfɛçtən]《40》他 (h) **1** 論議する, (…に)異議を唱える, (…の正当性・有効性に)疑いをはさむ;〖法〗取り消す; (嫡出などを)否認する: ein Testament ～ 遺言を取り消す | einen Geschworenen ～ 陪審員を忌避する ‖ ein *angefochtes* Urteil〖法〗(上告などによって)争われた判決.

2 (beunruhigen)《*jn.*》心配させる, (…の気持を)わずらわせる; (versuchen) 誘惑する, 試みる: Das *ficht* mich nicht *an*. 私はそんなことは気にかけない | [?]Was *ficht* dich *an*? 君は何を考えているのか〈どうかしたんじゃないか〉‖ *sich*[4] *et.*[4] nicht ～ lassen …を気にかけない | *sich*[4] durch nichts ～ lassen 何によっても気持を動揺させない, 志操堅固である.

An·fech·tung[..tuŋ] 女 -/-en (anfechten すること. 例えば:) **1** 異議〔申し立て〕, 論難, 忌避;〖法〗取り消し; (嫡出などの)否認. **2**《しばしば複数で》誘惑, 試練.

An·fech·tungs·kla·ge 女〖法〗取り消し〈否認〉の訴え.

an|fe·gen[ánfe:gən][1] 自 (s)《ふつう angefegt kommen の形で》(すごい速さで)走って来る.

an|fein·den[ánfaindən][1]《01》他 (h)《雅》《*jn.*》(…に)敵意をもって対する, 敵対する, 敵視する. [<Feind]

An·fein·dung 女 -/-en 敵対, 敵視.

an|fei·xen[ánfaiksən]《02》他 (h)《俗》《*jn.*》(…に向かって)にやにやと〈意地悪く・ばかにしたように〉笑いかける.

an|fer·sen[ánfɛrzən][1]《02》**I** 自 (h)〖ｽﾎﾟ〗(走るとき)かかとをもも〈しり〉に打ちつける. **II** 他 (h) (古い靴下に)新しいかかとをつける. [<Ferse]

an|fer·ti·gen[ánfɛrtigən][2] 他 (h) 作り上げる, 調製〈製作〉する; (服を)仕立てる; (仕事などを)片づける: eine Liste 〈eine Abschrift〉 ～ リスト〈写し〉を作る | Arznei nach Rezept ～ 処方箋(ｾﾝ)に従って調剤する | *sich*[3] beim Schneider einen Anzug ～ lassen 洋服屋で背広を仕立てさせる.

An·fer·ti·gung[..guŋ] 女 -/-en anfertigen すること.

an|fes·seln[ánfɛsəln]《06》他 (h)《*jn.* an *et.*[4]》(…を…に)縛りつける: *jn.* 〔mit einer Kette〕 an einen Baum ～ …を〔鎖で〕立木に縛りつける | wie *angefesselt* stehen 縛りつけられたように立ちすくんでいる.

an|feuch·ten[ánfɔyçtən]《01》他 (h) 軽くぬらす, 湿す: eine Briefmarke ～ 切手を湿す | 〔*sich*[3]〕 die Lippen ～ 唇を湿す | Wäsche ～ (アイロン掛けのために)洗濯物に霧を吹く ‖ *sich*[3] die Kehle ～ (→Kehle 1).

An·feuch·ter[..tər] 男 -s/- (切手・レッテルなどを湿すための)スポンジ, 水ばけ; (アイロン用の)霧吹き器.

an|feu·ern[ánfɔyərn]《05》他 (h) **1 a)**《*et.*[4]》(…に)火をたきつける: den Kessel 〈die Lok〉 ～ ボイラー〈機関車〉に火を入れる. **b)**《*jn.*》鼓舞〈激励〉する: *jn.* zu *et.*[3] ～ …を励まして…をさせる | *js.* Mut ～ …を励まして勇気づける ‖ *anfeuernder* Beifall 励ましの喝采(ｶｯｻｲ). **2**〖工〗装薬する.

An·feue·rung[..fɔyəruŋ] 女 -/-en **1** (anfeuern すること) **a)** 点火, 火入れ. **b)** 鼓舞, 激励. **2** たきつけ, 点火薬;〖工〗装薬.

an|fin·den*[ánfindən][1]《42》他 (h) 再帰 *sich*[4] 〔wieder〕 ～ (失われていたものが)〔再び〕見つかる.

an|flach·sen (**an|fla·xen**)[ánflaksən]《02》他 (h)《話》《*jn.*》からかう, 愚弄(ｸﾞﾛｳ)する.

an|flan·schen[ánflanʃən]《04》他 (h)〖工〗フランジを介して接合〈固定〉する. [<Flansch]

an|flat·tern[ánflatərn]《05》自 (s)《ふつう angeflattert kommen の形で》羽ばたいて〈ひらひら飛んで〉来る.

an|fla·xen =anflachsen

an|fle·geln[ánfle:gəln]《06》他 (h)《話》《*jn.*》(…に向かって)不作法な態度をとる, 乱暴にののしる.

an|fle·hen[ánfle:ən] 他 (h)《*jn.* um *et.*[4]》(…に…を)哀願〈嘆願〉する: *jn.* auf den Knien um Hilfe ～ ひざまずいて…に助力を求める | Ich *flehe* dich *an*, komm bitte mit! 頼むから一緒に来てくれ.

an|flen·nen[ánflɛnən] 他 (h)《話》《*jn.*》(…に)泣き落としの一手で懇願する.

an|flet·schen[ánflɛtʃən]《04》他 (h)《*jn.*》(犬などが…に向かって)歯をむき出す.

an|flicken[ánflikən] 他 (h) **1**《方》《*et.*[4] an *et.*[4]》(…を…に継ぎとして)当てる; 〔縫い〕つける; (針金などを)継ぎ足す. **2**《話》《*jm.* *et.*[4]》(…に罪などを)なすりつける.

an|flie·gen*[ánfli:gən][1]《45》**I** 自 (s) **1**《しばしば angeflogen kommen の形で》飛んで〔近づいて〕来る, 飛来する: Ein Geschoß kam *angeflogen*. 弾丸が一発飛んで来た. **2**《*jm.*》飛んで来て(…に)付着する; (知識・能力などが)容易に(…の)身につく: Das Fieber ist ihm *angeflogen*. 彼は熱病に取りつかれた | Deutsch *flog* ihm nur so *an*. 彼はドイツ語を苦もなく身につけた ‖ *angeflogene* Pflanzen 風で運ばれて来た植物.

II 他 (h) **1**《*et.*[4]》**a)** (…に向かって)飛ぶ, 飛行して(…に)近づく: Die feindlichen Bomber *fliegen* die Stadt *an*. 敵爆撃機が町に接近中である. **b)** 飛んで来て(…に)付着する; (…に)着陸する: Die Lufthansa *fliegt* den Rhein-Main-Flughafen *an*. ルフトハンザ航空の飛行機は(フランクフルトの)ライン＝マイン空港に着陸〈寄港〉する. **2**《*jn.*》(感情・病気などが…を)突然襲う: Angst *flog* ihn *an*. 彼は恐怖の念に襲われた | Eine Röte *flog* ihre Wangen *an*. 彼女のほおにさっと赤みがさした. [◇Anflug]

an|flie·ßen*[ánfli:sən]《47》自 (s)《ふつう angeflossen kommen の形で》流れて来る.

an|flit·zen[ánflitsən]《02》自 (s)《話》《ふつう angeflitzt kommen の形で》(猛スピードで・急いで)走って来る.

an|flö·ten[ánflø:tən]《01》他 (h)《話》《*jn.*》(…に向かっ

A

て)甘い言葉で話しかける.

An·flug[ánflu:k][1] 男 -(e)s/..flüge[..fly:gə] **1 a)** 飛行による接近, 飛来:〖空〗アプローチ, 着陸進入: der ~ von Wandervögeln 候鳥(渡り鳥)の渡来 | im ~ auf Tokio[4] 東京への着陸飛行中に. **b)** 飛来(付着)物;〖植〗(果実の)白粉, 綿毛;〖鉱〗(鉱物の)露華(ろか);〖林〗飛種から生長した若木(の林).

2 かすかな徴候, 気味; 一時的な気分: mit einem ~ von Stolz ちょっと得意そうに | einen ~ von Mitleid verspüren かすかに同情心を覚える | Er hat einen ~ von Bart. 彼はうっすらとひげが生えている. [<anfliegen]

An·flug≈grund·li·nie[..niə] 女〖空〗(滑走路の)センターライン. **≈ha·fen** 男〖空〗寄港地(の空港). **≈ra·dar** 男 中〖空〗着陸誘導レーダー. **≈weg** 男〖空〗着陸進入路. **≈zeit** 女〖空〗到着(着陸)時刻; 着陸(進入)所要時間.

an|flun·kern[ánfluŋkərn]《05》他 (h)《話》《*jn.*》(…に)面と向かってうそをつく.

an|for·dern[ánfɔrdərn]《05》他 (h) 要求(請求)する;〖軍〗徴発する: einen Bericht von 〈bei〉 *jm.* ~ …に報告を求める.

An·for·de·rung[..dəruŋ] 女 -/-en **1** 要求, 請求;〖軍〗徴発. **2**《しばしば複数で》(仕事の上などで個人に課せられる)要求: Diese Aufgabe stellt hohe ~*en* an Ausdauer. この任務には高度の耐久力が要求される.

An·fra·ge[ánfra:gə] 女 -/-n 問い合わせ, 照会; (議会での)質問, 説明要求: große 〈kleine〉 ~ (議会の)大〈小〉質問 | an *jn.* eine ~ richten …に問い合わせをする.

an|fra·gen[ánfra:gən][1] **I** 自 (h)《bei *jm.*》(…に)問い合わせる, 照会する: bei dem Behörde um Erlaubnis ~ 役所に許可がもらえるかどうか問い合わせる | Ich habe bei ihm *angefragt*, ob ... 私は彼に…かどうか問い合わせた. **II** 他 (h)《スイス》《*jn.*》= I

an|fres·sen*[ánfrɛsən]《49》他 (h) **1**《*et.*[4]》(動物などが…の一部を)食う, かじる: Die Raupen haben den Kohl *angefressen*. 青虫がキャベツの葉をかじった. **2** 侵食(腐食)する, むしばむ, おかす: Der Rost *frißt* das Eisen *an*. さびが鉄を腐食する ‖ ein *angefressener* Zahn 虫歯 | vom Laster *angefressen* 悪習に染まった. **3**《俗》《*sich*[3] *et.*[4]》食べ(すぎ)て…の結果を招く: *sich*[3] einen Bauch ~ 大食のせいで腹が出てくる.

an|freun·den[ánfrɔyndən][1]《01》他 (h) 再帰 *sich*[4] mit *jm.* 〈*et.*[3]〉 ~ …と親しくなる, …と仲良くなる, …になじむ | Ich kann mich mit dem Gedanken nicht ~. 私はその考えになじめない.

An·freun·dung[..duŋ] 女 -/-en sich anfreunden すること.

an|frie·ren*[ánfri:rən]《50》自 (s) **1** (一部分)凍りかける. **2**《an *et.*[4]》(…に)凍りつく, 凍ってくっつく; 堅く凍りつく: an die Verpackung *angefrorene* Lebensmittel 包装紙に凍りついてしまった食料品. **3**《話》再帰 *sich*[3] die Nase 〈die Füße〉 ~ (寒さで)鼻〈足〉の先が冷たくなる.

an|fri·schen[ánfrɪʃən]《04》他 (h) **1** 新鮮にする, よみがえらせる. **2**《*jn.*》(励まして)元気づける: den Hund durch Zuspruch ~〖狩〗犬に声をかけて励ます.

an|frot·zeln[ánfrɔtsəln]《06》他 (h)《話》《*jn.*》(面と向かって)からかう, 揶揄(やゆ)する.

an|fü·gen[ánfy:gən][1] 他 (h) **1**《*et.*[3] *et.*[4]》(…に…を)添える, 付け加える, 添付する; 言い添える, 言い足す: einem Brief *et.*[4] ~ 手紙に…を添付する(書き加える). **2** 再帰 *sich*[4] *jm.* 〈*et.*[3]〉 ~ …に従う(順応する).

An·fü·gung[..guŋ] 女 -/-en (sich) anfügen すること.

an|füh·len[ánfy:lən] 他 (h) **1**《*et.*[4]》(手で)さわってみる. **2**《*jm. et.*[4]》(…の様子から…を)感じとる: Man *fühlte* ihm *an*, daß er Angst hatte. 彼が怖がっていることが感じられた. **3** 再帰 *sich*[4] ~《様態を示す語句と》さわってみて(…のように)感じられる, (…のような)手ざわりである: Der Stoff *fühlt* sich rauh 〈wie Leder〉 *an*. この生地は手ざわりがざらざらしている〈皮のようだ〉.

An·fuhr[ánfu:r] 女 -/-en (↔Abfuhr) (anfahren すること. 特に:) 運び込むこと, 搬入.

an|füh·ren[ánfy:rən] 他 (h) **1** 先導する, 率いる; (…の)指揮を取る, 指導する: den Reigen ~ (→Reigen 2) | den Tanz ~ 踊りの先導をつとめる | die Truppe ~ 部隊の先頭にたつ; 部隊を指揮する | [▽]*jn.* zum Kochen ~ …に料理を教える. **2** 申し立てる, 持ち出す; 引き合いに出す, 引用する: Beispiele ~ 例をあげる | eine Entschuldigung ~ 弁解する | *et.*[4] als Grund 〈zum Beweis〉 ~ …を理由〈証拠〉にあげる | *jn.* als Gewährsmann ~ …を保証人に立てる ‖ Goethe 〈einen Aufsatz〉 ~ ゲーテ〈論文〉を引用する ‖ am *angeführten* Ort (→Ort I 1 a). **3**《話》《*jn.*》だます: von *jm.* schön *angeführt* werden …に見事いっぱい食わされる. **4** (↔abführen)〖印〗(語・句・文などを)(引用符で)引用を始める; 引用符で囲む, 引用する.

An·füh·rer[ánfy:rər] 男 -s/- 先導者, 指揮〈引率〉者; 指導者;《軽蔑的に》(一味の)首領.

An·füh·rung[..ruŋ] 女 -/-en (anführen すること. 例えば:) **1** 先導, 統率, 指揮; 指導: unter ~ des Generals 将軍の指揮下(配下)にあって. **2 a)** 申し立て; 列挙, 引用. **b)** 例証; 引用個所.

An·füh·rungs≈satz《オーストリア》= Ankündigungssatz **≈strich** 男 -(e)s/-e《ふつう複数で》=Anführungszeichen **≈zei·chen** 中 -s/-《ふつう複数で》〖言〗引用符(ドイツでは特に „..." や »...« が多く用いられる. また俗に Gänsefüßchen ともいう): halbe ~ シングル=クォーテーションマーク, 半引用符 (‚...' など) | das schließende ~ 閉じる引用符 | ~ auf 〈zu〉 引用符はじめ〈閉じ〉 | ~ oben 〈unten〉 引用符上〈下〉つき | ein Wort in (halbe) ~ setzen 語を(半)引用符に入れる.

an|fül·len[ánfʏlən] 他 (h)《*et.*[4] mit *et.*[3]》(…を…で)満たす, いっぱいにする; (…に…を)つめこむ: Die Straßen sind mit Menschen *angefüllt*. 通りは人でいっぱいだ ‖ 再帰 *sich*[4] mit *et.*[3] ~ (容器などが)…でいっぱいになる | *sich*[4] mit Essen ~ 満腹する.

An·fül·lung[..luŋ] 女 -/-en (sich) anfüllen すること.

an|fun·keln[ánfuŋkəln]《06》他 (h)《*jn.*》(…を)ぎらぎらした目(怒りのまなざし)で見すえる.

an|fun·ken[ánfuŋkən] 他 (h)《*jn.*》(…に向かって)無線で呼びかける.

[▽]**An·furt**[ánfurt] 女 -/-en 船着き場, 埠頭(ふとう). [<anfahren]

an|fur·zen[ánfurtsən]《02》他 (h)《卑》《*jn.*》どなりつける.

an|fut·tern[ánfutərn]《05》他 (h)《話》=anfressen 3: *sich*[3] ein Bäuchlein ~ 大食のせいで腹が出てくる.

An·ga·be[ánga:bə] 女 -/-n **1 a)** 告げる〈述べる・挙げる〉こと, 言明; 申し立て, 主張; 指図, 指示; 届け出, 申告: Tages*angabe* 日付 | nähere ~*n* machen 詳しく報告する ‖ **nach** der ~ der Zeugen 証人たちの申し立てにより | Das Haus ist nach meinen ~*n* gebaut. この家は私の注文どおり建てられた | **ohne** ~ des Verfassers 著者の名を挙げずに. **b)**〖言〗添加語, 添加成分(依存関係文法での必須(ひっす)ではない文成分): eine freie ~ 任意の添加語〈成分〉. **2**《単数で》《話》自慢, 大口, ほら. **3**《オーストリア》(Anzahlung) 手付金: eine ~ leisten 手付金を払う. **4**〖球技〗**a)** サーブ. **b)** サーブされた球. [<angeben]

An·ga·be·li·nie[..niə] 女〖球技〗サーブライン.

an·ga·be·pflich·tig 形 (税法上などで)申告の義務のある, 申告を要する.

an|gaf·fen[ángafən] 他 (h)《話》(ぽかんと口を開けて)まじまじと見つめる.

an|gäh·nen[ángɛ:nən] 他 (h)《*jn.*》(…に向かって)あくびをする;《比》(anöden) 退屈させる: Der Abgrund *gähnt* uns *an*.《比》深淵(しんえん)が我々の前にあんぐり口を開けている.

an|ga·lop·pie·ren[ángalɔpi:rən] 自 (s) **1**《ふつう angaloppiert kommen の形で》(馬・騎手が)ギャロップで近づいて来る;《戯》大またに跳びながら突進してくる. **2** ギャロップで疾駆しはじめる.

An·gang[ángaŋ] 男 -s/ **1**〖民俗〗(外出先などで人間または動物との)最初の出会い(→Angangsglaube): der ~ eines jungen Mannes 最初に若い男と出くわすこと(俗信では吉兆). **2**《方》(Beginn) 始まり.

an·gän·gig[ángɛŋɪç][2] ([▽]**an·gäng·lich**[..gɛŋlɪç])

形 (möglich) 実行可能な, 許される, さしつかえない: Das ist nicht ～. それはできない.

An·gangs·glau·be[ángaŋs..] 男〘民俗〙Angang 1 による吉凶占い〈縁起かつぎ〉.

an·ge·al·tert[ángəǀaltərt] 形 やや年とった, 年配の. [<altern]

an·ge·äthert[ángəǀɛ:tərt] 形《話》ほろ酔いの, 一杯機嫌の. [<Äther]

ᵛ**An·ge·bäu·de**[ángəbɔydə] 中 -s/- ＝Anbau 2 b

an|ge·ben*[ánge:bən][1]《52》**I** 他 (h) **1 a)** 告げる, 述べる, 挙げる; 申し立てる, 主張する; 届け出る, 申告する: Gründe ～ 理由を述べる | Quellen ～ 典拠を挙げる | *seinen* Namen ～ 名を名乗る | Preise ～〘商〙値段を表示する | den Tag ～ (文書などに) 日付を記す; (計画などの) 日を決める | *sein* Vermögen ～ 財産を申告する | den Wert eines Grundstückes mit 50 000 Mark ～ 地所の価格を5万マルクと申告する ‖ *et.*[4] falsch ～ …を誤って〈偽って〉申し立てる | Er *gibt an*, krank gewesen zu sein. 彼は病気だったのだと言っている ‖ am *angegebenen* Ort (→Ort I 1 a) ‖ 再帰 *sich*[4] ～ 名乗る; 自首する | *sich*[4] als 〈für〉 *et.*[4] ～ …と自称する; …と詐称する. **b)**〘楽〙(最初に) 提示する: den Takt ～ (→Takt 1 a) | den Ton ～ (→Ton[2] 1 a) | *Gib* mir das A *an*! (歌・演奏の前に) イの音を出してくれ. ᵛ**2** (*jn./et.*[4]) (…のことを) 知らせる, 告げ口する, 密告する: den Täter bei der Polizei ～ 犯人を警察に密告する. ᵛ**3** やらかす, しでかす: Streiche ～ いたずらをする | Was *gibst* du heute *an*? 君はきょう何をするのかね. **4** 手付金として払う. ᵛ**5** (金の代わりに) 品物を差し出す.

II 自 (h) **1**《話》自慢する, ほらを吹く: *Gib* bloß nicht so *an*! そんなに大口をたたくな | eine Stange ～ (→Stange 3) | wie zehn nackte Neger ～ (→Neger 1) | wie ein 〈zehn〉 Sack Seife ～ (→Sack 1) | wie eine Tüte 〔voll〕 Mücken ～ (→Tüte 1). **2** 音を出す: Die Flöte will nicht ～. この笛はちっとも鳴らない. **3**〘球技〙サーブする. **4** (↔abgeben)〘トランプ〙最初の回の札を配る; 最初の回の親をつとめる. [◇Angabe]

An·ge·ber[ánge:bər] 男 -s/- (〔sich〕 angeben する人. 例えば:) **1** 告げ口をする人, 密告者. **2**《話》いばり屋, 自慢屋, ほら吹き. **3** 音頭とり, リーダー.

An·ge·be·rei[ange:bəráı] 女 -/-en《話》**1** 自慢, ほら, 見栄, えらぶること. **2** 密告, 告げ口.

an·ge·be·risch[ánge:bərıʃ] 形《話》**1** 自慢屋の, えらぶった, ほら吹きの. **2** 密告〈告げ口〉好きの.

An·ge·bin·de[ángəbındə] 中 -s/-《雅》(ちょっとした) 贈り物 (本来は護符・リボンなど, 体に結びつけられる祝い品を意味していた). [<anbinden]

an·ge·bla·sen[ángəbla:zən] anblasen の過去分詞.

an·geb·lich[ánge:plıç] 形《述語的用法なし》(当事者の) 申し立てによる, 自称の; 名目上の, 表向きの: ein ～*er* Augenzeuge 目撃者と称する人 | ～*er* Wert 名目価格 | Da kommt ihr ～*er* Onkel. あそこに彼女の伯父と称する男がやってくる ‖ Er ist ～ krank. 彼は病気と称している. [<angeben]

an·ge·bo·ren[ángəbo:rən] 形 (↔erworben) 生まれつきの, 生来の, 生得の, 先天的な; 固有の;〘医〙先天性の: ～*e* Ideen〘哲〙生得〈本有〉概念 | eine ～*e* Eigenschaft 生まれつき〈固有〉の性質 ‖ Die Krankheit ist ～. この病気は生まれつき〈先天性〉のものだ | Ihm ist die Schüchternheit ～. 彼は生まれつき内気だ.

An·ge·bot[ángəbo:t] 中 -〔e〕s/-e **1** 申し出, 提案;〘商〙売買の申し出; つけ値, 入札: ein großzügiges 〈günstiges〉 ～ 気前のよい〈有利な〉申し出 | ein ～ an *jn.* …に対する申し出 ‖ *jm.* ein ～ machen …に申し出をする | ein ～ annehmen 〈ablehnen〉 申し出を受け入れる〈拒否する〉 | Der Schauspieler bekam ein ～ aus der Schweiz. その俳優はスイスからの出演依頼を受けた.

2《ふつう単数で》(↔Nachfrage)〘商〙提供, 供給; 提供〈供給〉品〈物件〉: Sonder*angebot* 特価提供, 特別割引; 特売品 | das Verhältnis von ～ und Nachfrage 需要と供給の関係 ‖ Das ～ an 〈von〉 Gemüse ist zur Zeit gering. 野菜の供給量は目下わずかである | Wir haben heute Jeansjacken im ～. 本日はジーンズのジャケットのセールをやっております. [<anbieten]

an·ge·bo·ten[..bo:tən] anbieten の過去分詞.

an·ge·bracht[ángəbraxt] **I** anbringen の過去分詞. **II** 形 (その場の状況から見て) 適当な, 適切な, 当を得た: Die Bemerkung ist hier schlecht ～. この発言はここでは当を得ていない〈場違いだ〉 | Ich halte es für ～, sofort abzureisen. 私はすぐに旅立つのがよいと思う.

an·ge·brannt[ángəbrant] anbrennen の過去分詞.

an·ge·bra·ten[ángəbra:tən] anbraten の過去分詞.

an·ge·bro·chen[ángəbrɔxən] anbrechen の過去分詞.

an·ge·bun·den[ángəbʊndən] **I** anbinden の過去分詞. **II** 形 **kurz ～** 無愛想な, そっけない, 木で鼻をくくったような.

an|ge·dei·hen[ángədaıən] 自《雅》《もっぱら次の形で》*jm. et.*[4] **～ lassen** …に…を与える〈授ける〉 | *jm.* Hilfe 〈eine gute Ausbildung〉 ～ lassen …に援助を与える〈十分な教育を授ける〉.

An·ge·den·ken[ángədɛŋkən] 中 -s/- ᵛ**1** (Andenken) 記念品. **2**《単数で》《雅》(Erinnerung) 思い出, 回想: **seligen ～s** いまは亡き | mein Vater seligen ～*s* 私の亡父 | die gute Postkutsche seligen ～*s*《戯》なつかしの郵便馬車 | unseligen ～*s* いまわしい思い出の | Zeiten unseligen ～*s* 暗い思い出の日々.

an·ge·don·nert[ángədɔnərt] andonnern の過去分詞.

an·ge·du·delt[ángədu:dəlt] **I** andudeln の過去分詞. **II** 形《話》一杯機嫌の. [<dun]

an·ge·dunt[ángədu:nt] 形《北部》《話》一杯機嫌の.

an·ge·du·selt[ángədu:zəlt] 形《話》一杯機嫌の. [<Dusel]

an·ge·erbt[ángəǀɛrpt] **I** anerben の過去分詞. **II** 形 相続によって手に入った; 生得の, 遺伝の.

An·ge·fäl·le[ángəfɛlə] 中 -s/- **1** (Erbschaft) 相続財産. **2**〘建〙(アーチを支える) 迫持(せりもち)受け, 迫台(せりだい). [<anfallen]

an·ge·fegt[ángəfe:kt] anfegen の過去分詞.

an·ge·flo·gen[ángəflo:gən] anfliegen の過去分詞.

an·ge·führt[ángəfy:rt] anführen の過去分詞.

an·ge·gan·gen[ángəgaŋən] **I** angehen の過去分詞. **II** 形《方》(faulig) 腐りかけた: ～*e* Wurst 腐りかけのソーセージ.

an·ge·ge·ben[ángəge:bən] angeben の過去分詞.

an·ge·gilbt[ángəgılpt] 形 黄ばんだ. [<gelb]

an·ge·gli·chen[ángəglıçən] angleichen の過去分詞.

an·ge·gon·delt[ángəgɔndəlt] angondeln の過去分詞.

an·ge·gos·sen[ángəgɔsən] angießen の過去分詞.

an·ge·graut[1][ángəgraʊt] **I** angrauen[1]の過去分詞. **II** 形 白髪になりかけの, 白髪まじりの.

an·ge·graut[2][－] angrauen[2]の過去分詞.

an·ge·grif·fen[ángəgrıfən] **I** angreifen の過去分詞. **II** 形 疲れきった, 精力の消耗した, やつれた: ～ aussehen 疲労困憊(こんぱい)の様子である, やつれて見える.

An·ge·grif·fen·heit[－haıt] 女 -/ angegriffen なこと.

an·ge·haucht[ángəhaʊxt] **I** anhauchen の過去分詞. **II** 形 (色彩に) ほんのり染まった;《軽蔑的に》(傾向・主義などに) いささか染まった, (…の) 気味のある: Er ist nazistisch 〈romantisch〉 ～. 彼には少しナチ的〈ロマンチック〉なところがある.

an·ge·hei·ra·tet[ángəhaıra:tət] **I** anheiraten の過去分詞. **II** 形 婚姻によって親戚(しんせき)となった, 姻戚の: ein ～*er* Neffe 結婚することによって甥(おい)となった人 (配偶者の甥) | die ～*e* Verwandtschaft《集合的に》姻戚.

an·ge·hei·tert[ángəhaıtərt] 形 ほろ酔い気分の, 一杯機嫌の. [<heiter; angetrunken と aufgeheitert の混成語]

an|ge·hen*[ánge:ən]《53》**I** 自 (s) **1 a)** 《gegen *et.*[4] 〈*jn.*〉》(…に) 立ち向かう, 対抗する: mit Löschern gegen die Flamme ～ 消火器をもって炎に立ち向かう | gegen Vorurteile 〈eine Krankheit〉 ～ 偏見〈病気〉と闘う. **b)** 《ふつう angegangen kommen の形で》歩いてやって来る. **c)**

(道が)上り坂になる. **2** (服などが)きつくない, 着られる: Diese Hose *geht* 〈Diese Schuhen *gehen*〉 nicht mehr *an*. このズボン〈靴〉はもう(小さくて)はけない. **3** 《話》 **a**) (anfangen) 始まる: Wann *geht* das Theater *an*? 劇場は何時に開演ですか | Die Schule ist schon *angegangen*. 学校はもう始まった ‖ es sacht ~ lassen のんびりと事を運ぶ. **b**) (↔ausgehen) (火が)燃えだす; (電気器具などに)スイッチが入る: Das Feuer 〈Das Holz〉 *geht an*. 火〈まき〉が燃え始める | Der Motor will nicht ~. モーター〈エンジン〉がかかろうとしない. **c**) 《方》腐りかける(→angegangen II). **d**) 《話》(植物が)根をおろす, 根づく; 〘生〙(菌が)増殖し始める. **4** ありうる, 適当である; さしつかえない, 我慢できる: Das kann nicht ~. それはありえない〈無理な〉ことだ | Es *geht* schlecht *an*, daß ... …はあまりよろしくない | Es *geht* nicht *an*, daß ich absage. 私としては断るわけにはいかない | Dieser Verlust *geht* noch *an*, aber ... この損失はまだ我慢できるが… ‖〘ときに非人称的に〙Mit dem Wetter *ging* es 〈Das Wetter *ging*〉 diesen Sommer noch *an*. この夏の天候はまだしのげた | Wie ist es mit Ihrem Rheuma?−Es *geht an*. リューマチの具合はいかがですか — まあまあです.

II 他 **1** (h, 南部: s) **a**) 《*jn.*》(…に)襲い〈つかみ〉かかる; 〘サッカー〙(相手選手を)タックルする; 〘狩〙(獣が猟師・猟犬を)襲う: den Feind ~ 敵を襲撃する | Ein Schauer hat mich *angegangen*. 私はぞっとした. **b**) 〘登山〙アタックする: Wir *gingen* den höchsten Gipfel *an*. 私たちは最高峰に挑んだ. **c**) (仕事などに)取りかかる, 着手する: die Aufgabe 〈das Thema〉 ~ 課題〈テーマ〉に取り組む | einen Streit ~ 争いを始める ‖ es mit *jm.* ~ …とやり〈渡り〉合う. **d**) 〘スポーツ〙(ゲームを)始める; 〘スキー・競輪〙(難コースに)入る: ein Hindernis ~ 〘馬術〙障害物に取りかかる.

2 (h, 南部: s) 《*jn.* um *et.*[4]》(…に…を)請う, 頼む; 要求する: *jn.* um Erlaubnis ~ …に許可を願う | *jn.* um Geld ~ …に金をせがむ ‖ *jn.* mit einer Bittte ~ …に〔強引に〕頼みこむ.

3 (s) (betreffen) 《*jn.* / *et.*[4]》《ふつう3人称現在・過去の形で》(…に)関係する, かかわる: was mich 〈diese Sache〉 *angeht*, ... 私〈この件〉に関しては… ‖ ***jn.* einen Dreck 〈einen feuchten Kehricht / einen feuchten Lehm / einen feuchten Schmutz / einen feuchten Staub〉 ~** 《話》…にとってなんのかかわりもない | Das *geht* dich nichts *an*. それは君とは全く関係がない.

III Ạn·ge·hen 中 -s/ (angehen すること. 例えば:) 襲撃; 開始.

IV ạn·ge·hend 現分 形 《付加語的》始まりの, なりたて〈新米〉の; なりかけの: ein ~*er* Arzt かけ出しの医者; 医者の卵 | ihr ~*er* Ehemann 彼女の未来の夫 | bei ~*er* Dunkelheit 夕暮れどきに | im ~*en* 16. Jahrhundert 16世紀初頭に | ein ~*er* Sechziger 60歳を越したばかりの男.

V ạn·ge·gan·gen → 別出

ạn·ge·hetzt[ángəhɛtzt] anhetzen の過去分詞.

ạn|ge·hö·ren[ángəhø:rən] 自 (h) **1** 《*et.*[3]》(…に)所属する, (…の)一員である; (ある時代に)属する: einer Partei ~ ある党に所属する, 党員である | Das *gehört* bereits der Vergangenheit *an*. それはすでに過去のことだ.
2 《雅》《*jm.*》(…と)親しい関係にある, 密接に結ばれている.

ạn·ge·hö·rig[..rıç][2] **I** 形 《ふつう付加語的》《*et.*[3]》(…に)属する, (…と)関係のある: einer linksradikalen Gruppe ~*e* Studenten 極左グループに所属する学生たち. **II Ạn·ge·hö·ri·ge**[..rıgə] 男 女 《形容詞変化》 **1** 《ふつう複数で》親類〈家族〉の人. **2** 所属メンバー, 構成員, (団体の)一員.

Ạn·ge·hö·rig·keit[..rıçkaıt] 女 -/ 所属; 縁故, 親族関係.

ạn|gei·fern[ángaıfərn] 《05》 他 (h) 《*jn.*》(…に)つばを吐きかける; 《比》(…に)悪口雑言を浴びせる.

ạn·ge·jagt[ángəja:kt] anjagen の過去分詞.

ạn·ge·jahrt[ángəja:rt] 形 やや年老いた, 初老の. [<Jahr]

ạn·ge·keucht[ángəkɔʏçt] ankeuchen の過去分詞.

Angekl. 略 =**Angeklagte**

ạn·ge·klagt[ángəkla:kt] **I** anklagen の過去分詞.

II Ạn·ge·klag·te 男 女 《形容詞変化》(略 Angekl.) (↔Ankläger) 〘法〙刑事被告人.

ạn·ge·kleckert[ángəklɛkərt] ankleckern の過去分詞.

ạn·ge·knackst[ángəknakst] anknacksen の過去分詞.

ạn·ge·knallt[ángəknalt] **I** anknallen の過去分詞. **II** 形 《話》~ sein (麻薬の影響で)ハイな気分になっている.

ạn·ge·kohlt[ángəko:lt] **I** ankohlen の過去分詞. **II** 形 (部分的に)焼け焦げた, 炭化した.

ạn·ge·kom·men[ángəkɔmən] ankommen の過去分詞.

ạn·ge·krän·kelt[ángəkrɛŋkəlt] **I** ankränkeln の過去分詞. **II** 形 病身の, 病弱〈虚弱〉な, 不健康な: von *et.*[3] ~ sein …にむしばまれている.

ạn·ge·kratzt[ángəkratst] **I** ankratzen の過去分詞. **II** 形 《話》 **1** (戦闘などで)軽傷を負った; (車などが)小破した; 〔人生に〕疲れた. **2** ほろ酔い気分の.

Ạn·gel[áŋəl] 女 -/-n (▽男 -s/-) **1** 釣り針(→ 図); 釣り道具, 釣りざお: die ~ auswerfen 〈einziehen〉 釣り針を投げる〈引き上げる〉 | die ~ nach *jm.* auswerfen 《比》…をおびき寄せようとする | die ~ nach *et.*[3] auswerfen …を釣りにかかる | *jm.* an die ~ gehen (魚が)…の針にかかる; 《比》…に捕らえられる. **2** (ドアなどの)蝶番(ちょうつがい), ヒンジ; 軸, 心棒, 旋回〈中心〉点; (刀などの)小身(こみ), 中子(なかご) (→ 図 Ahle): *et.*[4] **aus den** ~*n* **heben** (ドアなどを)蝶番から外す | ***jn.* aus den ~*n* heben** 《比》…に度を失わせる | **die Welt aus den ~*n* heben** 世の中を根本的に変革する | **aus den ~*n* gerissen sein** 《比》がたがたになっている | **aus den ~*n* gehen** 《比》調子が狂う | Die Welt wird nicht gleich aus den ~*n* gehen. 世の中そう簡単にひっくりかえるものではない | **in den** ~*n* erbeben 《比》不安〈動揺〉が続く | Die Tür knarrt in den ~*n*. ドアの蝶番がきしむ | zwischen Tür und ~ (→Tür). **3** 《方》(ハチなどの)針. ▽**4** = Fußangel [*germ.*; ◇Anker, angular; *engl.* angle]

Spinner
Wobbler
Blinker
Angelhaken
Köder
Fliege (Angelfliege)
Schwimmer
Angel

Ạn·ge·la[áŋgela·, aŋgé:la·, ándʒela·, オーストリア: aŋgé:la·] 女名 (<Angelus) アンゲラ, アンジェラ.

▽**ạn|ge·lan·gen**[ángəlaŋən] **I** 自 (s) (anlangen) 《場所を示す語句と》(…に)着く. **II** 他 (h) 《*jn.* um *et.*[4]》(…に…を)請い求める: den Himmel um Hilfe ~ 神に助力を求める.

ạn·ge·langt[ángəlaŋt] **I** anlangen の過去分詞. ▽**II** angelangen の過去分詞; 現在3人称単数・2人称複数; 命令法複数.

Ạn·gel≠band[áŋəl..] 中 -〔e〕s/..bänder 蝶番(ちょうつがい)の板. **≠blei** 中 釣り糸のおもり.

▽**Ạn·geld**[ángɛlt][1] 中 -〔e〕s/-er (Handgeld) 手付金, 内金.

ạn·ge·le·gen[ángəle:gən] **I** anliegen の過去分詞. **II** 形 《雅》《ふつう次の成句で》***sich*[3] *et.*[4] ~ sein lassen** …を心にかける; …するよう心がける, わざわざ…をする.

Ạn·ge·le·gen·heit[−haıt] 女 -/-en (心にかかる・大切な)事柄, 用事, 要件; 業務; (Fall) 事件: eine dringende 〈private〉 ~ 急用〈私用〉 | eine feuchte ~ 《戯》宴会 | eine peinliche ~ やっかいな問題, 不快な出来事 | das Ministerium für Auswärtige ~*en* 外務省 | *sich*[4] in fremde ~*en* mischen 他人のことにくちばしを入れる, 他人のおせっかいをする | Das ist meine eigene ~. それは君の知ったことではない.

ạn·ge·le·gent·lich[ángəle:gəntlıç] 形 切実な, 熱のこもった: eine ~*e* Bitte 切なる願い ‖〘副詞的に〙*jm.* *et.*[4] ~ empfehlen …に…を熱心に勧める | *sich*[4] ~ nach *jm.* erkundigen …のことをしきりに問い合わせる.

ạn·ge·legt[ángəle:kt] **I** anlegen の過去分詞. **II** 形 《様態を示す語句と》(…の)素質〈才能〉のある: ein etwas sentimental ~*es* Mädchen いささか感傷的なたちの少女 | Er ist auf Sparsamkeit ~. 彼はもともと節約の才がある.

An·ge·lei[aŋəláı] 女 -/ 魚釣り. [<angeln]

an·ge·lernt[ángəlɛrnt] anlernen の過去分詞.

An·gel≠fi·scher[áŋəl..] 男 魚を釣る人, 釣り師. **≠fi·sche·rei** 女 魚釣り. **≠flie·ge** 女 (蚊などの虫の形に作った魚釣り用の)毛針, 蚊針(→ ⊛ Angel).

an·gel·för·mig 形 釣り針状の, 鉤(かぎ)形に湾曲した.

An·gel≠ge·rät 中 釣り道具. **≠ha·ken** 男 釣り針(→ ⊛ Angel).

An·ge·li·ka[aŋgé:lika·] **I** 女名 (<Angela) アンゲーリカ.
II 女 -/-s, ..ken[..kən] (Engelwurz) 〘植〙アンゼリカ, シシウド(猪独活)属(トウキなど; 薬用・香辛料として用いる). [II: *mlat.*; <*spätlat.* angelicus „engelhaft" (◇Angelus)]

An·ge·li·ka≠öl[aŋgé:lika..] 中 -[e]s/ アンゼリカ油. **≠säu·re** 女 〘化〙アンゼリカ酸(香料に用いる). **≠wur·zel** 女 アンゼリカの根.

An·ge·li·ken Angelika II の複数.

An·gel≠kö·der[áŋəl..] 男 釣り針用のえさ(擬似餌(ぎじえ)). **≠lei·ne** 女 釣り糸.

an·geln[áŋəln] ⦅06⦆ **I** 自 (h) **1** 魚釣りをする: ～ gehen 魚釣りに行く | **nach** Forellen ⟨auf Forellen⟩ ～ マス釣りをする(→II). **2** ⦅比⦆ ⦅nach *et.*³ ⟨*jm.*⟩⦆ (…を)釣り上げようとする; うまくひっかけて(…を)手に入れようとする: mit dem Fuß nach dem Schuh ～ ⦅話⦆ 足で靴を釣り上げようとする.
II 他 (h) (魚を)釣る, 釣り上げる; ⦅比⦆ うまくひっかけて手に入れる: Forellen ～ マスを釣る | *sich*³ einen Goldfisch ～ 金魚を釣り上げる; ⦅戯⦆ 金持ちの娘をひっかけて妻にする.
III An·geln¹ 中 -s/ 魚釣り.

An·geln²[áŋəln] 複 アングル族 (Schleswig に住んでいたゲルマンの一種族. その一部がイギリスに移住した). [*lat.* Angliī; ◇anglo..]

an|ge·lo·ben[ángəlo:bən]¹ 他 (h) **1** ⦅雅⦆ **a)** ⦅*jm. et.*⁴⦆ (…に…を厳かに・固く)約束する, 誓う, 誓約する: *jm.* Treue ～ …に忠誠を誓う. **b)** 再帰 *sich*⁴ *jm.* ～ …に忠誠⟨貞節⟩を誓う; …と婚約⟨結婚⟩する. **2** ⦅オーストリア⦆ (vereidigen) ⦅*jn.*⦆ (…を)宣誓によって義務づける, (…に)宣誓させる.

An·ge·lo·bung[..lo:buŋ] 女 -/-en (**An·ge·löb·nis**[..lø:pnɪs] 中 -ses/-se) 誓い, 誓約; ⦅オーストリア⦆ 宣誓.

An·ge·lo·la·trie[aŋgelolatrí:] 女 -/ 〘宗〙天使崇拝⟨崇敬⟩. [<*gr.* ággelos (→Angelus)+latreíā „[Gottes]dienst"]

An·ge·lo·lo·gie[..logí:] 女 -/ 〘神〙天使論.

An·gel≠platz[áŋəl..] 男 魚を釣る⟨魚の釣れる⟩場所, 釣り場. **≠punkt** 男 (事柄・議論などの)中心点, 主要な点: Dreh- und ～ (→Drehpunkt). **≠ru·te** 女 釣りざお.

An·gel·sach·se[áŋəlzaksə] 男 -n/-n アングロサクソン人(ゲルマン民族のうち, Angeln, Sachsen, Jüten の総称. 5世紀半ばにイギリス征服を開始し, イギリス人の主要構成要素となる. 広義では, 英語を話すイギリスとアメリカの白人). [<Angeln²]

an·gel·säch·sisch[..zɛksɪʃ] 形 アングロサクソン[人・語]の, 古英語の: →deutsch
☆ 言語名としては今日ではふつう altenglisch を用いる.

An·gel≠schein[áŋəl..] 男 魚釣り許可証. **≠schnur** 女 -/..schnüre 釣り糸. **≠sport** 男 (スポーツとしての)魚釣り. **≠stan·ge** 女 釣りざお. **▽≠stern** 男 北極星. **≠tu·gend** 女 主要⟨基本⟩徳目.

An·ge·lus[áŋgelus] **I** 男 -/- **1** (Engel) 天使. **2** 〘カトリック〙アンジェルス(お告げの祈りとも言い, 天使 Gabriel がマリアにキリストの受胎を告げたことを記念して唱える祈り). **3** = Angelusläuten **II** 男名 アンゲルス: ～ Silesius[zilé:zius] アンゲルス シレシウス(1624–77;「シレジアの使者」の意で, 本名は Johann Scheffler. 神秘的宗教詩人). [*gr.* ággelos „Bote"–*lat.*; ◇Engel²]

An·ge·lus≠ge·bet 中 = Angelus I 2 **≠läu·ten** 中 -s/ (祈りの時刻を知らせる)アンジェルスの鐘.

an·gel·weit[áŋəl..] 形 (戸や窓が)蝶番(ちょうつがい)の許すかぎり広く開かれた: Das Fenster steht ～ offen. 窓はいっぱいに開かれている.

An·gel≠wind 男 基本方位(東・西・南・北)からの風. **≠zap·fen** 男 = Angel 2

an·ge·mes·sen[ángəmɛsən] **I** anmessen の過去分詞.
II 形 (事情・状況などから見て)適当な, ふさわしい, 相応な, 相当する: eine ～*e* Belohnung ⟨Strafe⟩ 相応の報酬⟨処罰⟩ | ein ～*es* Benehmen 礼儀正しい振舞い | *jm.* ⟨*et.*³⟩ ～ sein …にふさわしい.

An·ge·mes·sen·heit[–haɪt] 女 -/ angemessen なこと.

an·ge·mü·det[ángəmy:dət] 形 ⦅話⦆ 少し⟨快く⟩疲れた. [<müde]

an·ge·nehm[ángəne:m] 形 心地よい, 快適な, 気持のよい, 好ましい; 好感の持てる, 愛すべき: ein ～*es* Klima 快適な気候 | ein ～*er* Mensch 好感の持てる人間 | eine ～*e* Nachricht うれしい知らせ ‖ ein ～*er* Artikel 〘商〙好評な品 | [Ich wünsche Ihnen eine] ～*e* Nachtruhe. お休みなさい(就寝前のあいさつ) ‖ *sich*⁴ bei *jm.* ～ machen …に取り入ろうとする | Du bist mir immer ～. どうかいつでも訪ねて来てくれ | Sehr ～! (初対面のあいさつで)どうぞよろしく ‖ Hier ist es ～ kühl ⟨warm⟩. ここは涼しくて⟨暖かくて⟩気持がいい | Ich war ～ überrascht. 私にはうれしい誤算⟨驚き⟩だった.

an·ge·nom·men[ángənɔmən] **I** annehmen の過去分詞. **II** 形 **1** 受け入れられた: ein ～*es* Kind 養子. **2 a)** 仮の, 偽りの, 装われた: unter ～*em* Namen reisen 偽名で旅行する. **b)** 仮定された: ～, daß ... …と仮定すれば | ～, daß es sich so verhält / ⦅従属接続詞的に⦆ ～, es verhält ⟨verhielte⟩ sich so そういう事情だと仮定して.

An·ger[áŋər] 男 -s/- **1** (村の)芝の生えた共有地⟨広場⟩; 草地, 緑地, 牧草地. **▽2** 皮はぎ場; 刑場. **3** ⦅方⦆ (Rain) あぜ. [*westgerm.*; ◇Angel]

an·ge·raucht[ángəraʊxt] **I** anrauchen の過去分詞.
II 形 **▽1** (煙で)すすけた. **2** ⦅戯⦆ ほろ酔い機嫌の.

An·ger≠blüm·chen[áŋər..] 中, **≠blu·me** 女 ⦅方⦆ (Gänseblume) 〘植〙ヒナギク(雛菊), デージー. **≠dorf** 中 〘史〙(Anger 1 を有する)アンガー型村落.

an·ge·regt[ángəre:kt] **I** anregen の過去分詞. **II** 形 興奮した, 活発な: eine ～*e* Unterhaltung führen / *sich*⁴ ～ unterhalten 活発な(に)会話を交わす.

An·ge·regt·heit[–haɪt] 女 -/ angeregt なこと.

an·ge·ris·sen[ángərɪsən] **I** anreißen の過去分詞.
II 形 ⦅話⦆ ほろ酔い機嫌の.

an·ge·sagt[ángəza:kt] **I** ansagen の過去分詞.
II 形 ⦅もっぱら次の成句で⦆ ～ **sein** ⦅話⦆ 必要である; 人気がある, もてはやされている, 流行している; (予定として)行われることになっている: Ab sofort ist Sparen ～! これからは節約が肝要だ | Heute ist eine wichtige Sitzung ～. きょうは重要な会議がある.

an·ge·säu·selt[ángəzɔʏzəlt] **I** ansäuseln の過去分詞.
II 形 ⦅話⦆ ほろ酔い機嫌の.

an·ge·schim·melt[ángəʃɪməlt] anschimmeln の過去分詞.

an·ge·schla·gen[ángəʃla:gən] **I** anschlagen の過去分詞. **II** 形 疲れ果てた, へとへとの; (健康が)損なわれた.

an·ge·schlos·sen[ángəʃlɔsən] anschließen の過去分詞.

an·ge·schnit·ten[ángəʃnɪtən] anschneiden の過去分詞.

an·ge·schos·sen[ángəʃɔsən] **I** anschießen の過去分詞. **II** 形 ⦅話⦆ ほろ酔い機嫌の, 千鳥足の.

an·ge·schrie·ben[ángəʃri:bən] anschreiben の過去分詞.

an·ge·schul·digt[ángəʃʊldɪçt] **I** anschuldigen の過去分詞. **II An·ge·schul·dig·te** 男 女 ⦅形容詞変化⦆ **1** 〘法〙被告人, 起訴された者. **2** 罪を着せられた者, 容疑者.

an·ge·schwemmt[ángəʃvɛmt] **I** anschwemmen の過去分詞. **II** 形 流し寄せられた, 漂着した; 堆積(たいせき)土砂の, 〘地〙沖積世の: ～*es* Land 〘地〙沖積地.

an·ge·se·hen[ángəze:ən] **I** ansehen の過去分詞.
II 形 名声⟨声望⟩のある, (世間で)広く尊敬された: ein ～*er* Professor ⟨Verlag⟩ 著名な教授⟨出版社⟩.

an·ge·ses·sen[ángəzɛsən] **I** ansitzen の過去分詞. **II** 形 (ansässig) ⦅しばしば場所を示す語句と⦆ (…に)居住⟨定住⟩している: in einem Ort ～ sein ある町に住みついている.

An·ge·sicht[ángəzɪçt] 中 -[e]s/-er (オーストリア: -e) ⦅雅⦆ **1**

(Gesicht) 顔; 顔つき, 表情; (ある種の)顔の持ち主: im Schweiße *seines* ~*s* (→Schweiß 1) ‖ der Gefahr[3] **ins ~** sehen 敢然と危険を直視する | *jn.* **von ~** kennen …と顔見知りである | **von ~ zu ~**《雅》〔…に〕面と向かって. **2** (Anblick) 見ること: **im ~** des Todes 死に直面して | im ~ der Tatsache, daß ... …という事実にかんがみて.

an·ge·sichts[..zɪçts] 前《2格支配》…の面前で, …を目の前にして, …に直面して: ~ dieser Tatsachen これらの事実にかんがみて.

an·ge·sie·delt[ángəzi:dəlt] **I** ansiedeln の過去分詞. **II** 形 ~ sein《時・場所を示す語句と》…に位置している | Dieses Gemälde ist in der frühen Renaissance ~. この絵画はルネサンス初期のものである.

an·ge·spannt[ángəʃpant] **I** anspannen の過去分詞. **II** 形 緊張した, はりつめた; (bedenklich) 憂慮すべき: mit ~*er* Aufmerksamkeit 注意を集中して | infolge der ~*en* Lage 危険な状況のために.

an·ge·spült[ángəʃpy:lt] **I** anspülen の過去分詞. **II** 形 = angeschwemmt II

an·ge·stammt[ángəʃtamt] 形《付加語的》先祖伝来の, 古来の;《戯》なじみの. [< Stamm]

an·ge·staubt[ángəʃtaʊpt] **I** anstauben の過去分詞. **II** 形《比》ほこりをかぶった, 古びた; 時代遅れの.

an·ge·stellt[ángəʃtɛlt] **I** anstellen の過去分詞. **II An·ge·stell·te** 男 女《形容詞変化》従業員, 被傭(ひよう)者, 社員; (広義で)勤め人, サラリーマン; (狭義で)(Beamte, Arbeiter と区別して)一般職員: Haus*angestellte* 家事使用人 | Staats*angestellte* 国家公務員.

An·ge·stell·ten·ge·werk·schaft 女 従業員組合, 被傭(ひよう)者労働組合: Deutsche *Angestellten-Gewerkschaft* (略 DAG) (ドイツの全産業部門にわたる)全国被傭者労働組合.

An·ge·stell·ten·schaft[..ʃaft] 女 -/《集合的に》従業員, 被傭(ひよう)者, 社員.

An·ge·stell·ten≈ver·hält·nis 中 被傭(ひよう)関係〈状態〉: in 〈im〉 ~ stehen (従業員・社員などとして)雇用されている. **≈ver·si·che·rung** 女 被傭者保険.

An·ge·stell·ten·ver·si·che·rungs·ge·setz 中 (略 AVG) 被傭(ひよう)者保険法.

an·ge·stie·felt[ángəʃti:fəlt] anstiefeln の過去分詞.

an·ge·sto·chen[ángəʃtɔxən] anstechen の過去分詞.

an·ge·strengt[ángəʃtrɛŋt] **I** anstrengen の過去分詞. **II** 形 極度に緊張した, (注意力などが)集中した: ~ nachsinnen 一心不乱に黙考する.

An·ge·strengt·heit[‒haɪt] 女 -/ angestrengt なこと.

an·ge·tan[ángəta:n] **I** antun の過去分詞. **II** 形《述語的》《雅》《zu 〈nach〉 *et.*[3]》(…らしく)見える; (…に)適する: Die Lage ist dazu 〈danach〉 ~, mir Schwierigkeiten zu bereiten. 事態は私をてこずらせそうである | Die Zeit ist nicht dazu 〈danach〉 ~, an so etwas zu denken. 今はそのようなことを考えるべき時ではない ‖ Das Wetter ist nicht zu einem Spaziergang ~. 天気は散歩向きではない.

an·ge·traut[ángətraʊt] antrauen の過去分詞.

an·ge·trun·ken[ángətrʊŋkən] **I** antrinken の過去分詞. **II** 形 **1** 飲みかけの: ein ~*es* Glas 飲みかけのグラス. **2** ほろ酔い機嫌の, 一杯機嫌の.

An·ge·trun·ken·heit[‒haɪt] 女 -/ ほろ酔い〔機嫌〕, 一杯機嫌.

an·ge·wach·sen[ángəvaksən] anwachsen の過去分詞.

an·ge·wandt[ángəvant] **I** anwenden の過去分詞. **II** 形 **1** (英: *applied*) (学芸などが)応用の: ~*e* Chemie 〈Mathematik〉 応用化学〈数学〉 | ~*e* Kunst 応用美術, 工芸. **2** 使用された, 用いられた(→angewendet).

An·ge·wen·de[ángəvɛndə] **I** 中 -s/-《農》横畝(よこうね), すき返し(耕地の縁に沿った部分で, 鋤(すき)・農機具などの向きを変えるための空間). **II** 女 -/ 《中部》(Gewohnheit) 習慣.

an·ge·wen·det[..dət] **I** anwenden の過去分詞. **II** 形 使用された, 用いられた, 適用された(→angewandt): das ~*e* Verfahren 用いられた方法.

an·ge·wie·sen[ángəvi:zən] **I** anweisen の過去分詞. **II** 形《もっぱら次の成句で》**auf** *jn.* 〈*et.*[4]〉 **~ sein** …に頼らざるを得ない, …を必要としている | Er ist auf deine Hilfe ~. 彼には君の助力が必要だ | Ich bin ganz auf mich selbst ~. 私は自分自身だけが頼りだ.

an|ge·wöh·nen[ángəvø:nən] 他 (h) (↔abgewöhnen) 《*jm. et.*[4]》(…に…を)習慣づける, (…に…の)くせ〈習癖〉をつける, (…を…に)慣れさせる: einem Kind artiges Benehmen ~ 子供に行儀をしつける ‖ *sich*[3] *et.*[4] ~ (努力して)…の習慣を身につける; (知らぬまに)…の習慣がつく, …に慣れる | *sich*[3] das Rauchen ~ 喫煙の癖がつく | *Gewöhne* dir allmählich *an*, früh aufzustehen! だんだん早起きする習慣をつけなさい.

An·ge·wohn·heit[ángəvo:nhaɪt] 女 -/-en 習慣, くせ, 習癖: eine schlechte ~ 悪い習慣, 悪癖 ‖ eine ~ annehmen 〈ablegen〉 習慣を身につける〈やめる〉 | *et.*[4] aus ~ tun …を習慣的に行う.

An·ge·wöh·nung[..vø:nʊŋ] 女 -/ 〔sich〕 angewöhnen すること.

an·ge·wur·zelt[ángəvʊrtsəlt] anwurzeln の過去分詞.

an·ge·zeigt[ángətsaɪkt] **I** anzeigen の過去分詞. **II** 形 (ratsam) 得策の, 適切な, 好ましい: *et.*[4] für ~ halten …が得策〈適当〉であると思う.

an·ge·zo·gen[ángətso:gən] anziehen の過去分詞.

an|gie·ßen*[ángi:sən] 《56》他 (h) **1** 《*et.*[4]》(植えたての苗などに)初めて水をやる, 灌水(かんすい)する. **2** 〖料理〗 **a)** 《*et.*[4]》(…に)水〈ソース〉をかける. **b)** 《*et.*[4] an *et.*[4]》(水・ソースなどを…に)かける. **3** 〖工〗 鋳つける, 鋳合わせる: **wie** ***angegossen*** **passen** 〈**sitzen**〉《話》(衣服などが)体にぴったり合う. ▽**4** 《*jn.*》しかりつける.

an|gif·ten[ángɪftən] 《01》他 (h) 《話》(意地悪く)どなりつける, いびる, 毒づく.

An·gi·itis[aŋgiíːtɪs] 女 -/..tiden[..giití:dən] 〖医〗 脈管炎. [< angio..]

An·gi·na[aŋgí:na·] 女 -/..nen[..nən] **1** 〖医〗 アンギーナ; 口峡炎; 扁桃(へんとう)炎. **2** = Angina pectoris **3** 圧迫感, 胸苦しさ. [*lat.*; < *gr.* ágchein „〔er〕würgen"; ◇ Angst]

An·gi·na pec·to·ris[aŋgí:na· pέktorɪs] 女 --/ 〖医〗 狭心症. [◇ pektoral]

an·gi·nös[aŋginǿ:s] **1** アンギーナ〔性〕の. **2** 狭心症の. [< ..ös]

angio..《名詞などにつけて「血管」を意味する》[*gr.* aggeĩon „Gefäß"]

An·gio·gramm[aŋgiográm] 中 -s/-e 〖医〗 脈管撮影図, 血管造影図.

An·gio·gra·phie[..grafí:] 女 -/ 〖医〗 脈管撮影〈血管造影〉法.

An·gio·lo·gie[..logí:] 女 -/ 脈管学.

An·gi·om[aŋgió:m] 中 -s/-e (**An·gio·ma**[..ma·] 中 -s/-ta[..ta·]) 〖医〗 血管腫(しゅ). [< ..om]

An·gio·pa·thie[aŋgiopatí:] 女 -/-n[..tí:ən] 〖医〗 血管障害.

An·gio·sper·me[aŋgiospέrmə, ..mɛ·, ..giɔs..] 女 -/-n 《ふつう複数で》(↔Gymnosperme) 〖植〗 被子植物. [◇ Sperma]

Ang·kor[áŋkɔr] 地名 アンコール(カンボジア北西部にある12世紀古代クメール王朝の石造遺跡): ~ Thom[tó:m] アンコール=トム(都城の遺跡) | ~ Wat[vát] アンコール=ワット(寺院の遺跡). [*thailänd.*]

An·glai·se[ãglέ:zə] 女 -/-n アングレーズ(英国の民俗舞踊に由来する18世紀の社交ダンス). [*fr.*; ◇ Angeln[2]]

an|glei·chen*[ánglaɪçən] 《58》他 (h) **1** 《*et.*[4] *et.*[3] 〈an *et.*[4]〉》(…を…に)同化させる, 適応させる: die Löhne den Preisen ~ 賃金を物価に合わせる ‖ 再帰 *sich*[4] *jm.* 〈*et.*[3]〉 ~ …に同化する, …に順応する, …に気持を合わせる | Die beiden Eheleute haben sich einander völlig *angeglichen*. その夫婦は一心同体である. **2** 似せる, 一様化する; 統一する.

An·glei·chung[..çʊŋ] 女 -/-en 〔sich〕 angleichen す

ること: die internationale ~ der Fachausdrücke 専門術語の国際的統一.

Ạn·glei·chungs·ar·beit 女《心》同化作業.

Ạng·ler[áŋlər] 男 -s/- **1** 魚を釣る人, 釣り師. **2** (Seeteufel)《魚》アンコウ. [<angeln]

Ạng·ler·fisch 男 =Angler 2

ạn|glie·dern[ángli:dərn]《05》他 (h)《*et.*[4] *et.*[3]》(…を…に)編入〈併合〉する; 付置〈併設〉する: ein Dorf dem Stadtbezirk ~ ある村を市域に合併する | Der Schule ist ein Internat *angegliedert*. この学校には寄宿舎が付設されている.

Ạn·glie·de·rung[..dəruŋ] 女 -/-en angliedern すること.

an·gli·kạ·nisch[aŋgliká:nɪʃ] 形 英国国教会〔系〕の: die ~*e* Kirche 英国国教会, 聖公会. [*mlat.* „englisch"–*engl.* Anglican; ◇anglo..]

An·gli·ka·nịs·mus[..kanísmʊs] 男 -/ 英国国教会〈聖公会〉主義.

an·gli·sie̱·ren[aŋglizí:rən] 他 (h) **1** イギリスふう〈式〉にする; 英語ふうにする. **2** =englisieren 1

An·glịst[aŋglíst] 男 -en/-en 英語学〈英文学〉研究者, イギリス学者, 英学者.

An·glị·stik[..tɪk] 女 -/ 英語学〈英文学〉研究, イギリス学, 英学.

an·glị·stisch[..lístɪʃ] 形 Anglistik の〈に関する〉.

An·gli·zịs·mus[aŋglitsísmʊs] 男 -/..men[..mən] イギリス語法(特に他言語での〔イギリス〕英語ふうの慣用語法).

▽**An·gli·zịst**[..tsíst] 男 -en/-en =Anglist

▽**An·gli·zị·stik**[..tɪk] 女 -/ =Anglistik

▽**an·gli·zị·stisch**[..tɪʃ] =anglistisch

anglo.. 《名詞・形容詞などにつけて「英国」を意味する》[*lat.* Anglī (→Angeln[2])]

An·glo·ame·ri·kạ·ner[aŋglo|amerikáːnər, ⏑⏑⏑⏑⏑⏑⏑—⏑] 男 英国系アメリカ人.

Ạn·glo-Ame·ri·kạ·ner[⏑⏑⏑⏑⏑—⏑] 複《集合的に》英米人.

an·glo·ame·ri·kạ·nisch[aŋglo|amerikáːnɪʃ, ⏑⏑⏑⏑⏑—⏑] 形 英国系アメリカ人の.

ạn·glo-ame·ri·kạ·nisch[⏑⏑⏑⏑⏑—⏑] 形 英米〔間〕の; 英米人の.

an·glo·fran·zö̱·sisch[..frantsø:zɪʃ, ⏑⏑⏑—⏑] =anglonormannisch

ạn·glo-fran·zö̱·sisch[⏑⏑⏑—⏑] 形 英仏〔間〕の.

An·glo·ịn·der[..|índər, ⏑⏑⏑⏑] 男 **1** インド生まれ〈居住〉の英国人. **2** 英印混血児.

an·glo·ịn·disch[..|índɪʃ] 形 英国・インド間の; 英領インドの; 英印混血の; インド英語の.

An·glo·ka·tho·lịk[..katolí:k] 男 -en/-en 英国国教会カトリック派の人; アングロカトリック教徒.

An·glo·ka·tho·li·zịs·mus[..katolitsísmʊs] 男 -/ アングロカトリック主義;《集合的に》英国国教会カトリック派.

An·glo·mạ·ne[..máːnə] 男 -n/-n 英国狂〈かぶれ〉の人, 英国崇拝〈心酔〉者.

An·glo·ma·nie̱[..maní:] 女 -/ 英国狂〈かぶれ〉, 英国崇拝〈心酔〉.

An·glo·nor·mạn·ne[aŋglonɔrmánə] 男 -n/-n アングロノルマン人(英国移住のノルマン人); ノルマン系英国人.

an·glo·nor·mạn·nisch[..nɪʃ, ⏑⏑⏑⏑⏑] 形 ノルマン人の英国支配時代の; アングロノルマン語の; 英国移住ノルマン人の.

an·glo·phị̱l[..fí:l] 形 英国びいきの, 親英的な.

An·glo·phi·lie̱[..filí:] 女 -/ 英国びいき, 親英的態度.

an·glo·phọ̱b[..fóːp][1] 形 英国嫌いの, 反英的な.

An·glo·pho·bie̱[..fobí:] 女 -/ 英国嫌い, 反英的態度.

▽**An·glo·sa·xọ̱·ne**[..zaksóːnə] 男 -n/-n = Angelsachse [*mlat.*; ◇Sachse]

ạn|glot·zen[ánglɔtsən]《02》他 (h)《話》(目を据えて)じっと見つめる,(愚鈍・無表情な目つきで)凝視する,(びっくりして)ぽかんと見つめる.

ạn|glü̱·hen[ánglyːən] **I** 他 (h) **1** 強く熱する. **2 a)** (…に)強い光を当てる, 照らす. **b)** きっと〈鋭いまなざしで〉見つめる.

II 自 (s) 赤熱〈白熱〉し始める.

An·gọ̱·la[aŋgóːla·] 地名 アンゴラ(アフリカ西南部の人民共和国. 1975年ポルトガルから独立. 首都はルアンダ Luanda).

An·go·lạ·ner[aŋgoláːnər] 男 -s/- アンゴラ人.

an·go·lạ·nisch[..nɪʃ] 形 アンゴラ〔人〕の.

ạn|gon·deln[ángɔndəln]《06》自 (s)《話》《ふつう angegondelt kommen の形で》ぶらぶら〈のろのろ〉近づいて来る.

An·gọ̱·ra[aŋgóːra·] 地名 アンゴラ(トルコ共和国の首都 Ankara の旧名). [*gr.* Ágkȳra–*lat.* Ancȳra; ◇Anker]

An·gọ̱·ra≠ka·nịn·chen[aŋgóːra..] 中《動》アンゴラウサギ(兎). ≠**kat·ze** 女《動》アンゴラネコ(猫)(ペルシアネコの別名). ≠**wol·le** 女 **1** アンゴラヤギの毛; (Mohär) モヘア. **2** アンゴラウサギの毛. ≠**zie·ge** 女《動》アンゴラヤギ(山羊).

An·go·stụ̱·ra[aŋgɔstúːra·] 男 -s/-s 商標 アンゴスツラ(Angosturarinde を加えて作るリキュール). [<Angostura(Venezuela の都市シウダー ボリーバル Ciudad Bolívar の旧名)]

An·go·stụ̱·ra≠bit·ter[..túːra..] 男 -s/- Angosturarinde から作った苦味液(ビターズ)(消化・解熱剤, リキュール材料). ≠**rin·de** 女 アンゴスツラ樹皮(香料・解熱剤).

ạn|grau·en[1][ángrauən] **I** 自 (s) 灰色に〈白く〉なり始める: Der Tag *graut an*. 夜が白む. **II ạn·ge·graut** → 別出

ạn|grau·en[2][−] 他 (h)《*jn.*》(…に)不安〈嫌悪〉を感じさせる, 怖がらす.

ạn·greif·ba̱r[ángraɪfbaːr] 形 (angreifen できる. 例えば:)(陣地などが)攻撃可能な, 難攻不落でない; (意見・施策などが)批判の余地のある, 弱点〈すき〉のある; (金属などが)耐久性のない, もろい.

ạn|grei·fen*[ángraɪfən]《63》**I** 他 (h) **1** 攻めかかる, 攻撃する, 襲う; 激しく非難〈論難〉する: den Feind 〈den Gegner〉 ~ 敵〈相手方〉を攻撃する | *jn.* im Rücken ~ …の背面を襲う | *js.* Standpunkt scharf ~ …の立場をきびしく非難する ‖〖目的語なしで〗Der Feind *griff an*. 敵は攻撃に出た.

2 a) つかむ; (仕事などに)取りかかる, 着手する: Wer Pech *angreift*, besudelt sich.《諺》朱に交われば赤くなる ‖ eine Arbeit mit Eifer ~ 熱意を持って仕事にかかる | Was er auch *angreift*, es gelingt ihm alles. 彼はなにをやってもすべてうまくゆく ‖〖目的語なしで〗Du kannst gleich mit ~?《話》ちょっと手を貸してくれないか | Die Reformpläne *greifen* nicht an der richtigen Stelle *an*. 改革案はしかるべきところに手をつけていない. **b)** 再帰 *sich*[4] ~《様態を示す語句と》つかんでみて(…のように)感じられる | Der Stoff *greift* sich weich *an*. この生地は手ざわりが柔らかだ.

3 a) (健康・器官などを)そこなう, 冒す,(…に)さわる; 疲労させる; 侵食〈腐食〉する: den Magen ~ 胃をこわす | Das helle Licht *greift* die Augen *an*. 明るい光は目を痛める〈疲れさせる〉| Das Buch *greift* mich zu sehr *an*. この本は私には刺激が強すぎる | Der Rost *greift* das Eisen *an*. さびが鉄を腐食する ‖ ein *angreifendes* Werk 骨の折れる仕事. ▽**b)** 再帰 *sich*[4] ~ 苦労する, 懸命に努力する, 全力を尽くす.

4 (蓄えなどに)手をつける; (公金などを)遣いこむ: die Ersparnisse ~ 貯金に手をつける.

II ạn·ge·grif·fen → 別出 [◇Angriff]

Ạn·grei·fer[ángraɪfər] 男 -s/- **1** 攻撃者; 反対者. **2** (Griff) 握り, 取っ手.

ạn·grei·fe·risch[..fərɪʃ] 形 攻撃的な; 好戦的〈戦闘的〉な.

▽**ạn·grei·fisch**[..fɪʃ] 形 **1** =angreiferisch **2** 心をそそる, 誘惑的な.

ạn|gren·zen[ángrɛntsən]《02》自 (h)《an *et.*[4]》(…と)境を接する, 隣接する: Das Grundstück *grenzt* an den Fluß *an*. その地所は川に接している ‖ das *angrenzende* Zimmer 隣室.

Ạn·gren·zer[..tsər] 男 -s/-《方》(Nachbar) 隣人.

Ạn·gren·zung[..tsuŋ] 女 -/-en 隣接.

An·griff[ángrɪf] 男 -[e]s/-e **1** (↔Verteidigung) 攻め, 攻撃, 襲撃; (口頭または文章による)攻撃, 非難, 論難: ein heftiger ~ 激しい攻撃〈非難〉| persönliche ~*e* 個人攻撃 | atomare ~*e* 原子兵器による攻撃 ‖ einen ~ abwehren 〈zurückschlagen〉 攻撃を防ぐ〈撃退する〉| auf

〈gegen〉 *jn.* offene 〈versteckte〉 ~*e* richten …をあからさまに〈暗に〉攻撃する | zum ~ übergehen (防御から)攻撃に移る, 攻撃に転じる | *Angriff* ist die beste Verteidigung. 《諺》攻撃は最良の防御. **2** (仕事などに)取りかかること, 着手, (問題との)取り組み: ***et.*[4] in ~ nehmen** …に着手する, …と取り組む | ein Projekt in ~ nehmen プロジェクトに着手する. **3 a)** つかみぐあい, 把握感. **b)** 取っ手. **4** 侵食, 腐食. **5** (ねじの)刻み目.

an·grif·fig[ángrɪfɪç][2] 形 **1** =angreiferisch **2** 《スイ》積極的な, 進取の気性のある. **3** 《南部》巧みな, 器用な.

An·griffs≈be·fehl[ángrɪfs..] 男 攻撃命令. **≈be·we·gung** 女 攻撃行動. **≈boot** 中 《軍》攻撃用舟艇. **≈bünd·nis** 中 攻撃〈侵略〉同盟. **≈flä·che** 女 攻撃〈侵食〉にさらされる面; 《工》作用面, 操作面: *jm.* eine ~ bieten 《比》…にすきを見せる. **≈geist** 男 -〔e〕s/ 攻撃精神. **≈kraft** 女 攻撃力. **≈krieg** 男 侵略戦争. **li·nie**[..li:niə] 女 攻撃線; 《球技》攻撃ライン. **≈lust** 女 -/ 攻撃意欲〈精神〉.

an·griffs·lu·stig 形 攻撃意欲のある, 攻撃的な.

An·griffs≈plan 男 攻撃計画. **≈punkt** 男 攻撃〈侵食〉にさらされる点; 《工》作用点, 操作点: *jm.* einen ~ bieten 《比》…にすきを見せる. **≈schlacht** 女 攻撃戦闘. **≈spiel** 中 《スポ》攻撃プレー. **≈spie·ler** 男 《スポ》攻撃プレーヤー; 攻撃型の選手. **≈waf·fe** 女 攻撃用兵器.

an·griffs·wei·se 副 (→..weise ★) 攻撃的に.

An·griffs≈wel·le 女 波状攻撃. **≈zeit** 女 (予定された)攻撃開始時刻. **≈ziel** 中 攻撃目標.

an|grin·sen[ángrɪnzən][1] 《02》 他 (h) 《*jn.*》(…に向かって)にやりと笑う, にやりと笑って見せる: *jn.* freundlich 〈schadenfroh〉 ~ …に向かって親しそうに〈ざまあみろというふうに〉にやりとする.

an|grob·sen[ángrɔpsən] 《02》 (**an|gro·ben**[..gro:bən][1]) 他 (h) 《方》《*jn.*》乱暴にどなりつける. [<grob]

an|grun·zen[ángrʊntsən] 《02》 他 (h) 《*jn.*》(豚などが…に向かって)ブウブウ鳴く; 《話》どなりつける; ぶつぶつ小言を言う.

Angst[aŋst] **I** 女 -/ Ängste[ɛ́ŋstə] 不安, 恐怖, 恐れ, 心配, 危惧(きぐ), 重苦しい気分 (Angst の場合には恐れの対象が Furcht より漠然としている): ~ um 〈für〉 die Gesundheit 健康に対する懸念 | vor *et.*[3] 〔große〕 ~ haben 〈bekommen〉 …が〔非常に〕怖い〈怖くなる〉 | **mehr ~ als Vaterlandsliebe haben** 《話》きわめておく病である | Nur keine ~! 心配ご無用; 怖がることはないよ | *Angst* hat er keine, aber rennen kann er. 《戯》彼はとてもおく病だ ‖ **aus ~, daß ...** …であることを気づかって | **in tausend** *Ängsten* schweben びくびくしている, 心配でたまらない | **es mit der ~ zu tun bekommen 〈kriegen〉** 不安になる.

II angst 形 《比較変化なし; 述語的》心配な; 怖い: ***jm.* ist 〔es〕 ~ 〔und bange〕 vor *jm.* 〈um *jn.*〉** …は…が恐ろしい〈…のことが心配だ〉 ‖ ***jm.* ~ 〔und bange〕 machen** …を怖がらせる. [*ahd.* angust; ◇eng, bange, Angina; *engl.* anger]

Angst·arsch[áŋst..] 男 《卑》おく病者.

angst·be·bend 形 不安〈恐怖〉に震えている.

Äng·ste Angst の複数.

▽**äng·sten**[ɛ́ŋstən] 《01》 《雅》=ängstigen 2

Ang·ster[áŋstər] 男 -s/- アングスター(フラスコ形の酒器. 首がねじれていて飲むのに時間がかかる; 15-17世紀に愛用された: → 図). [*it.* anguistara; <*lat.* angustus „eng" (◇eng)]

Angster

angst·er·füllt[áŋst..] 形 不安〈恐怖〉にみちた.

Angst≈ge·fühl 中 不安〈恐怖〉感. **≈geg·ner** 男 《話》《スポ》(こちらの戦意を失わせるような圧倒的な)強敵.

angst≈ge·peitscht 形 不安〈恐怖〉に駆られた. **≈ge·quält** 形 不安〈恐怖〉にさいなまれた.

Angst≈ge·schrei 中 = Angstschrei **≈ha·se** 男 《話》おく病者, 小心者, 気の小さい〈心配性の〉人.

äng·sti·gen[ɛ́ŋstɪgən][2] 他 (h) **1** 《*jn.*》心配させる, (…に)不安〈恐怖〉を感じさせる. **2** 再帰 *sich*[4] 〔vor *jm.* 〈*et.*[3]〉〕 ~ 〔…を〕恐れる〈不安がる〉 | Ich *ängstige* mich vor der Zukunft. 私は将来のことが心配だ | *sich*[4] um *jn.* 〈*et.*[4]〉 ~ …のことを気づかう〈案じる〉 | Sie *ängstigte* sich um ihr Kind. 彼女は子供のことを心配した.

Äng·sti·gung[..gʊŋ] 女 -/-en 〔sich〕 ängstigen すること.

Angst≈jacke[áŋst..] 女 《戯》(Frack) 燕尾(えんび)服. **≈kauf** 男 《話》(品不足・値上がりを恐れての)買いだめ〈急ぎ〉. **≈kind** 中 (不安の種となる)心配な子(虚弱児・ひとりっ子など). ▽**≈klau·sel** 女 《法》(手形などの)無担保〈無保証〉約款. **≈laus** 女 《戯》不安の虫〈種〉. **≈laut** 男 (動物の発する特有の)不安〈恐怖〉の声.

ängst·lich[ɛ́ŋstlɪç] 形 **1** 不安〈心配〉そうな, びくびく〈おどおど〉した; おく病な, 気の弱い: ein ~*er* Blick 不安げなまなざし | ein ~*er* Mensch おく病〈小心〉者. **2** 《述語的用法なし》小心翼々とした; 細心の: mit ~*er* Genauigkeit きわめて綿密に | ~ bemüht sein 小心翼々として努力している. **3** 《話》急を要する: 〖もっぱら **mit *et.*[3] nicht ängstlich sein** の形で〗 Mit dem Bezahlen ist es nicht so ~. 支払いはそう急がなくてもよい.

Ängst·lich·keit[−kaɪt] 女 -/ ängstlich なこと.

Ängst·ling[ɛ́ŋstlɪŋ] 男 -s/-e =Angsthase

Angst·lust[áŋst..] 女 恐怖・不安などを味わいたいという冒険欲.

Angst·ma·che·rei[aŋstmaxəráɪ] 女 -/-en (意図的に)不安を起こさせること.

▽**Angst·mann**[áŋst..] 男 -〔e〕s/..männer (Henker) 死刑執行人.

Angst≈mei·er 男 -s/- 《話》= Angsthase **≈neu·ro·se** 女 《医》不安神経症. **≈pa·ro·le** 女 《ふつう複数で》(政治的・経済的事件に関する)人心を不安にするデマ, 流言, 飛語. **≈pe·ter** 男 -s/- 《話》=Angsthase **≈psy·cho·se** 女 (極度の)精神不安. **≈röh·re** 女 《戯》(Zylinderhut) シルクハット.

Ång·ström[ɔ́ŋstrø:m, áŋ..] 中 -〔s〕/-, **Ång·ström·ein·heit** 女 オングストローム(短波長の測定単位: 10^{-10}m; 記号 Å, A, AE, ÅE). [<A. J. Ångström (スウェーデンの物理学者, †1874)]

Angst≈ruf[áŋst..] 男, **≈schrei** 男 恐怖の叫び〈悲鳴〉. **≈schweiß** 男 冷や汗. **≈traum** 男 (不安・恐怖に満ちた)悪夢. **≈ver·kauf** 男 (値下がりを恐れての)売り急ぎ.

angst≈ver·zerrt 形 不安〈恐怖〉にゆがんだ〈ひきつった〉: mit ~*em* Gesicht 顔を恐怖にひきつらせて. **≈voll** 形 不安〈恐怖〉でいっぱいの, びくびくしている.

Angst·vor·stel·lung 女 -/-en 《ふつう複数で》恐怖観念.

angst·zit·ternd =angstbebend

Angst·zu·stand 男 不安〈恐怖〉状態.

an|gucken[ángʊkən] 他 (h) (ansehen) 《話》見る, 眺める: *jn.* neugierig ~ …をものめずらしそうに見つめる ‖ *sich*[3] *et.*[4] ~ …を観察する | *Guck* dir das *an*! よく見てごらんよ.

an·gu·lar[aŋgulá:r] 形 **1** 角(かど)のある, かどばった. **2** 角の, 角に関する. [*lat.*; <*lat.* angulus „Winkel" (◇Angel)]

an|gur·ten[ángʊrtən] 《01》 他 (h) 〔安全〕ベルトで固定する: 再帰 *sich*[4] ~ (自動車・飛行機などで)安全ベルトで体を座席に固定する.

An·guß[ángʊs] 男 ..gusses/..güsse[..gʏsə] **1** (プラスチック成型機の)ノズル. **2** (印刷鉛板の)余剰鉛. **3 a)** (陶磁器の)うわぐすり掛け. **b)** =Angußfarbe

An·guß·far·be 女 (陶磁器の)色うわぐすり.

Anh. 略 **1** =**Anhang** 付録, 補遺. **2** =**Anhalt**[1]

an|ha·ben*[ánha:bən][1] 《64》 他 (h) **1** 《話》 **a)** (↔aushaben) (衣類を)身につけている, 着ている(帽子・眼鏡には aufhaben を用いる): die Schuhe ~ 靴をはいている | nichts ~ 一糸もまとっていない | nichts um- und 〔nichts〕 ~ (→umhaben) | nur *sein* eigenes Fell ~ (→Fell 2) | daheim 〈zu Hause〉 die Hosen ~ (→Hose 1 a). **b)** (電流などのスイッチを)入れている; (ストーブの火を)つけている: das Licht 〈das Radio〉 ~ あかり〈ラジオ〉をつけている | die Heizung ~ 暖房を入れている. **2** 《ふつう否定文・疑問文で話法の助動詞とともに》《*jm.* / *et.*[3]》(…を)害する, 傷つける: *jm.*

nichts ～ können …に何の手出しもできない | Der Sturm kann mir nichts ～. あらしにあっても私は平気だ | Was will der Kerl dir ～? あいつは君をどうしようというんだ.

an|haf·ten[ánhaftən] 《01》 自 (h) 《*et.*³/an *et.*³》 (…に)付着している; 《*jm.*》 (…の身に)備わっている: Dem Boot *haftet* Teergeruch *an*. ボートにはタールのにおいがしみついている | Ihm *haftet* keine Schuld *an*. 彼には責任はない ‖ die ihm *anhaftende* Güte 彼生来の親切心.

▽**an|hä·gern**[ánhɛ:gərn] 《05》 他 (h) (川が砂泥を)堆積(たいせき)〈沈積〉させる. [＜Häger]

▽**An·hä·ge·rung**[..gəruŋ] 女 -/-en 堆積〈沈積〉[層].

an|hä·keln[ánhɛ:kəln] 《06》 他 (h) 鉤(かぎ)〈フック〉で留める〈ひっかける〉.

an|ha·ken[ánha:kən] 他 (h) **1** 鉤(かぎ)〈掛け金・留め鉤・留め環〉で固定する; 鉤〈フック〉にひっかける. **2** 《*et.*⁴》 (…に)鉤印をつける, 鉤印をつけてチェックする: die Namen in einer Liste ～ リストの特定の名前に鉤印をつける.

an|half·tern[ánhalftərn] 《05》 他 (h) (馬などに)端綱(はづな)〈手綱〉をつける.

an|hal·sen[ánhalzən][1] 他 (h) (↔abhalsen) 〖狩〗 den Hund ～ 猟犬の首に綱をつける.

An·halt[1][ánhalt] 地名 (略 Anh.) アンハルト(かつてはドイツ帝国の州だったが今日では Sachsen と合同して Sachsen-Anhalt 州を構成する). [„an der Halde"]

An·halt[2][−] 男 -[e]s/-e **1** 《ふつう単数で》 (問題解決などの)手がかり, きっかけ; (意見・推測などの)よりどころ, 根拠: einen ～ für *et.*⁴ 〈zu *et.*³〉 finden 〈gewähren / suchen〉 …のための手がかりを見つける〈与える・求める〉 | Ich habe keinen ～ für diesen Verdacht. 私にはこのような疑惑をいだくべき根拠がない. ▽**2 a)** 《単数で》 停止; 停車. **b)** 停車場.

An·hal·te·la·ger 中 (1933年から1938年までのオーストリアの)強制収容所.

an|hal·ten*[ánhaltən] 《65》 **I** 他 (h) **1** 止める, 停止させる; (乗り物を)停車させる; (人を)呼び止める: den Atem 〈die Luft〉 ～ 呼吸を止める, 息をこらす | *Halt* die Luft *an*! 《話》 黙っていろ, おしゃべりをやめろ; 大口をたたくな, 出まかせを言うな | den Schritt ～ 歩みを止める | *jn.* auf der Straße ～ …を路上で呼び止める ‖ [den Stuhlgang] *anhaltende* Nahrung 便秘を招く食べ物. **2** 《*jn.* zu *et.*³》 (…を…へと)促す, 励ます, (…に…を)勧める, (…を…するように)仕向ける: *jn.* zur Pünktlichkeit 〈zur Sauberkeit〉 ～ …に時間をきちんと守る〈清潔に留意する〉ように勧める | Er *hielt* seine Kinder [dazu] *an*, sich anständig zu benehmen. 彼は子供たちにお行儀よくするように促した. **3 a)** 《*et.*⁴》 押し当てる, あてがう: einen Maßstab ans Brett ～ 物差しを板に当てる | *sich*³ den Rock [zur Probe] ～ [試しに]スカートを体にあてがってみる. **b)** 再帰 *sich*⁴ an *jm.* 〈*et.*³〉 ～ …で身を支える, …につかまる, …にしがみつく | *sich*⁴ am Geländer ～ 手すりにつかまる. **4 a)** とどめて置く; (犯人などを)拘留する; (家財・商品などを)差し押える: den Flüchtling ～ 逃亡者〈難民〉を捕らえる. **b)** 〖楽〗 (音を)持続させる: *anhaltend* 音を保持して, ソステヌートで.

II 自 (h) **1** 止まる, 停止する; (乗り物が)停止する; 行為を中断する: am Hafen ～ (船が)寄港する | mit dem Lesen ～ 読書を中断する | Der Pianist *hielt* einen Augenblick *an*. ピアニストは一瞬手を休めた | Der Wagen *hielt* vor meinem Haus *an*. その車は私の家の前で止まった. **2** (現象・状態などが)持続する, 絶え間なく続く: Das Fieber *hält an*. 熱が下がらない | Der Sturm 〈Die Spannung〉 *hält an*. あらし〈緊張〉が続く | ▽*Halt an* am Gebet! 祈り続けよ ‖ ein *anhaltender* Beifall 鳴りやまぬ喝采(かっさい) | *anhaltend* husten 絶えず咳(せき)をする. **3** 《雅》 《um *jn.* 〈*et.*⁴〉》 (…を)求める: bei *jm.* um eine Stelle ～ …のところで職を求める | Er *hielt* um meine Tochter 〈um die Hand meiner Tochter〉 *an*. 彼は私に娘を嫁にくれと言った.

III An·hal·ten 中 -s/ [sich] anhalten すること.

An·hal·ter[1][ánhaltər] **I** 男 -s/- Anhalt[1]の人. **II** 形 《無変化》 Anhalt[1]の.

An·hal·ter[2][−] 男 -s/- (女 **An·hal·te·rin**[..tərın]-/-nen) **1** ヒッチハイクをする人, ヒッチハイカー: **per ～ fahren** 〈reisen〉 《話》 ヒッチハイクをする〈で旅をする〉. ▽**2** 絶えず励まし促す人.

An·hal·ter·fahrt 女 ヒッチハイク.

an|hal·tern[ánhaltərn] 《05》 自 (s, h) 《話》 ヒッチハイクをする〈で旅行する〉.

An·hal·ter·zei·chen 中 (ヒッチハイカーの)乗せてくれないかという[親指での]合図.

An·hal·te·weg 男 (自動車などの)運転停止距離(反応距離 Reaktionsweg と制動距離 Bremsweg を足したもの).

▽**An·hal·ti·ner**[anhaltí:nər] 男 -s/- ＝Anhalter[1] I

An·halts·punkt[ánhalts..] 男 (意見・推測などの)よりどころ, 根拠: einen ～ für *et.*⁴ finden 〈geben / suchen〉 …のための根拠を見つける〈与える・求める〉.

An·hal·tung[ánhaltuŋ] 女 -/-en 《オーストリア》 (Verhaftung) 逮捕, 拘留.

an·hand[anhánt] (＜an Hand) 前 《2格支配, または von を伴って》 …を手がかりに, …をもとにして: ～ seines Berichtes 彼の報告をもとにして | ～ von Beweismaterial 証拠物件を手がかりに.

An·hang[ánhaŋ] 男 -[e]s/..hänge[..hɛŋə] **1** (略 Anh.) 付属物; 付録, 補遺; (手紙の)追伸, 付箋(ふせん); 〖医〗 付属肢, 付随物, (特に:) 虫垂; (Koda) 〖楽〗 結尾, 付加曲: einem Buch einen ～ beifügen 本に付録を添える. **2** 《単数で》 《集合的に》 信奉〈支持〉者; 取り巻き, 徒党 (→Anhänger 1); 身寄り, 係累: eine Witwe ohne ～ 身寄りのない未亡人 | Seine neue Theorie hat keinen großen ～. 彼の新理論はあまり共鳴者がいない. [1: *lat.* ap-pendix (→Appendix) の翻訳借用]

An·hän·ge≂adres·se[ánhɛŋə..] 女 (旅行荷物などの)荷札, 名札. ≂**eti·kett** 中 ＝Anhängeschild ≂**last** 女 牽引(けんいん)荷重.

an|hän·gen(*)[ánhɛŋən] 《66》 **I** (▽**an|han·gen***[..haŋən] 《66》) 自 (h) 《不規則変化》 **1** 《*et.*³/*jm.*》 (精神的に深く)結び付いている, 愛着を持っている; 信奉〈支持〉する, 賛成する, くみする: einer Lehre ～ 理論を奉じる | einem Laster ～ 悪習のとりこになっている | Das Volk hat ihm *angehangen*. 民衆は彼を慕っていた. **2 a)** 《*jm.*》 (過去のことが)ついて回る, つきまとう: Die Vorstrafe 〈Die Operation〉 *hängt* ihm immer noch *an*. 彼には相変わらずその前科〈手術〉がたたっている. **b)** 《*et.*³》 つきものである: Jeder Reform *hängen* Schwierigkeiten *an*. どんな改革にもいろいろ困難がつきまとう. **3** 《[an] *et.*³》 掛かって〈ぶら下がって〉いる, くっついている: 〖ふつう *et.*⁴ ～ haben の形で〗 Du hast einen Faden ～. 君の服に糸くずが付いているよ ‖ 〖現在分詞で〗 Beachten Sie das *anhängende* Muster! 添付の見本をご覧ください. **4** 〖海〗 (他船の)船尾にぴったりついて行く; 曳航(えいこう)されている.

II 《規則変化; ただし, 方: 過 hing an, 過分 angehangen》 他 (h) **1 a)** 《*et.*⁴ an *et.*⁴ 〈*et.*³〉》 (…を…に)掛けて下げる, ひっ掛ける: den Mantel an den 〈am〉 Haken ～ コートをフックに掛ける | ein Schild [am Eingang] ～ [入口に]看板を下げる | einen Zettel an ein Paket ～ 小包に札をつける ‖ 〖目的語なしで〗 [den Hörer] ～ 受話器を掛ける ‖ 再帰 *sich*⁴ an *et*⁴ 〈*et*³〉 ～ …に下がって〈くっついて〉いる | Der Brei *hängt* sich am Topfboden *an*. かゆがなべ底についている | *sich*⁴ an *jn.* ～ …にしがみつく. **b)** (↔abhängen) 《*et.*⁴ an *et.*⁴ 〈*et.*³〉》 (車両などを)連結する, つなぐ: einen Schlafwagen an den 〈am〉 Zug ～ 寝台車を列車に連結する | Der Speisewagen wird in Köln *angehängt*. 食堂車はケルンで連結される ‖ 再帰 *sich*⁴ an *et.*⁴ 〈*et.*³〉 ～ 《話》 (車などが)…の後尾にぴったりついて走る | Er hat sich an den 〈am〉 Lastwagen *angehängt*. 彼(の車)はトラックのしりについた | Ich *hängte* mich an den führenden Läufer *an*. 私は先頭のランナーから離れなかった | *sich*⁴ an *jn.* 〈[bei] *jm.*〉 ～ (誘われもしないのに)…の後ろにくっついて行く, …につきまとう. **c)** 《*et.*⁴ an *et.*⁴》 (末尾などに)付加する, 添える: eine falsche Endung an ein Wort ～ 語に間違った語尾をつける | eine Nachschrift [an einen Brief] ～ 手紙に追伸を書き足す. **d)** 〖園〗 つぎ枝〈穂〉する.

2 《*jm. et.*^{4}》 **a)** (記章・装身具などを)つける: *sich*^{3} Orden 〈Ohrringe〉 ～ 勲章〈イヤリング〉を身につける. **b)** 《話》(いやなものを)押しつける; 陰口をたたく, 悪く言う: *jm.* allerhand ～ いろいろ…の悪口を言う | *jm.* den Diebstahl ～ …に窃盗の罪をきせる | *jm.* eine Krankheit ～ …に病気をうつす | *jm.* Ladenhüter 〈*seine* Tochter〉 ～ …に店(たな)ざらし品〈自分の娘〉を押しつける | *jm.* einen Prozeß ～ …を訴訟に巻き込む | *jm.* eine Schande ～ …を中傷する.
3 《方》再帰 *sich*^{4} mit *jm.* ～ …にけんかを売る.

Ạn·hän·ger[ánhɛŋər] 男 -s/- **1** (㊛ **Ạn·hän·ge·rin**[..ŋərɪn]-/-nen) 信奉者, 支持者; 門弟, 門下生; 取り巻き, 子分; (芸能・スポーツの)ファン: ein treuer 〈blinder〉 ～ der Partei 党の忠実な〈盲目的〉シンパ. **2** 〘服飾〙 **a)** ペンダント, ロケット. **b)** (コートなどの)襟づり. **3** (自動車・トラックなどの)トレーラー; 〘鉄道〙 (動力装備のない)付随車, (蒸気機関車の)炭水車. **4** 荷札, (トランクなどの)名札. **5** 〘園〙 つぎ枝〈穂〉.

Ạn·hän·ger≈kupp·lung[ánhɛŋər..] 女 トレーラー連結〔器〕. ≈**lo̲·re** 女 連結用トロッコ.

Ạn·hän·ger·schaft[..ʃaft] 女 -/ 《集合的に》信奉〈支持〉者; 門弟, 門下生; 取り巻き, 子分; ファン.

Ạn·hän·ger·za̲hl 女 Anhänger 1 の数.

Ạn·hän·ge≈schild[ánhɛŋə..] 中, ≈**schild·chen** 中 (旅行荷物などの)付け札, 荷札. ≈**schloß** 中 南京(なんきん)錠, えび錠. ≈**vo̲r·rich·tung** 女 トレーラー連結器. ≈**wa̲·gen** 男 トレーラー; 付随車(→Anhänger 3). ≈**zet·tel** 男 = Anhängeschild

ạn·hän·gig[ánhɛŋɪç]^{2} 形 **1** 〘法〙 係属中の: gegen *jn.* einen Prozeß 〔wegen *et.*^{2}〕 ～ machen 〔…の件で〕…を相手どって訴訟を起こす. ▽**2** (zugehörig) 《*et.*^{3}》 (…に)属している, 関連している; (…を)信奉している, (…に)帰依している.

Ạn·hän·gig·keit[–kaɪt] 女 -/ anhängig なこと.

ạn·häng·lich[ánhɛŋlɪç] 形 《副詞的用法なし》 (人に)愛着を感じている, 心服している, 忠実な; (子供・犬などが)なついている, くっついて離れない: ～ wie Rheumatismus sein 《話》しつこくつきまとって離れない.

Ạn·häng·lich·keit[–kaɪt] 女 -/ anhänglich なこと.

Ạn·hangs·drü̲·se[ánhaŋs..] 女 〘解〙 付属腺(せん).

Ạn·häng·sel[ánhɛŋzəl] 中 -s/- **1** 〘服飾〙 (小さな)ペンダント. **2** (余計な)付随現象, 付録, つけたり. **3** 《話》付きまとう人, 取り巻き.

ạn·hangs·wei·se[ánhaŋs..] 副 (→..weise ★) 付属物〈付録〉として, 付随的に.

Ạn·hau[ánhaʊ] 男 -〔e〕s/-e 〘林〙 (伐採すべき樹木に対するおのによる)最初の一撃.

Ạn·hauch[ánhaʊx] 男 -〔e〕s/ 《雅》(吹きかけられた)息吹; 《比》かすかな気配, 痕跡(こんせき), しるし: ein ～ des Unheimlichen 一抹の不気味さ.

ạn|hau·chen[ánhaʊxən] **I** 他 (h) **1** 《*jn.*/*et.*^{4}》 (…に)息を吐きかける: vom Tod *angehaucht* sein 《比》死相が顔にあらわれている. **2** 《俗》《*jn.*》しかりつける, どなりつける. **II** **ạn·ge·haucht** → 別出

ạn|hau·en$^{(*)}$[ánhaʊən] 《67》 他 (h) **1** (樹木の幹などにおので)切りつける, 最初の一撃を加える; (森・畑などを)切り〈刈り〉始める. **2** (過 haute) 《話》《*jn.*》 (…に)ぶしつけに〈なれなれしく〉話しかける: *jn.* um *et.*^{4} ～ …に無心する〈せびる〉.

ạn|häu·feln[ánhɔʏfəln] 《06》 他 (h) (土などを)盛り上げる; (植木や苗の根元に)土寄せをする.

ạn|häu·fen[ánhɔʏfən] 他 (h) ためる, 集積〈蓄積〉する, 積み上げる: Geld ～ 金をためる | Reichtümer ～ 富を蓄積する ‖ 再帰 *sich*^{4} ～ たまる, 積もる | Die unverkauften Waren *häuften* sich *an*. 滞貨が増えた.

Ạn·häu·fung[..fʊŋ] 女 -/-en **1** 〔sich〕 anhäufen すること. **2** たまった〈蓄積された〉もの. **3** くり返し, 頻発.

ạn|he̲·ben*[ánhe:bən]^{1} 《68》 **I** 他 (h) **1** (ちょっと)持ち上げる; (まゆ・肩などを)あげる: das Glas ～ (飲むために)コップを持ち上げる. **2** (価格・水準などを)高くする: Gebühren ～ 手数料を上げる | das Niveau ～ 水準を高める. **3** (呼び水をしてポンプを)始動させる. **4** 《雅》(beginnen) 始める: eine Geschichte ～ 物語を〔話し〕始める | zu sprechen ～ 話し始める | Glocken *huben* zu läuten *an*. 鐘が鳴りだした. **II** 自 (h) 《雅》始まる: Der Gesang *hob an*. 歌声が起こった.

Ạn·he̲·bung[..bʊŋ] 女 -/-en anheben すること.

An·he·do·ni̲e[anhedoní:] 女 -/ 〘医〙 性的冷感〔症〕, 性快感消失〔症〕. [<a..^{1} + *gr.* hēdonḗ „Lust"]

ạn|hef·ten[ánhɛftən] 《01》 他 (h) **1** 《*et.*^{4} an *et.*^{4} 〈*et.*^{3}〉》 (ピン・びょう・クリップなどで…を…に)留める; (…に)とじ〈はり・縫い・打ち〉つける: eine Bekanntmachung an die Wand 〈an der Wand〉 ～ 告示を壁にはりつける. **2** 《*jm. et.*^{4}》 (…に…を)付着させる, 付ける: *jm.* einen Orden ～ …の胸に勲章をつけてやる | *jm.* einen Makel ～ 《比》…に汚名を着せる ‖ 再帰 *sich*^{4} *jm.* ～ 《話》…につきまとう.

ạn|hei·len[ánhaɪlən] **I** 自 (s) (傷口が)癒合〈癒着〉する. **II** 他 (h) 癒合〈癒着〉させる; 《話》(人形のとれた手などを)くっつける.

ạn|hei·meln[ánhaɪməln] 《06》 **I** 他 (h) 《*jn.*》 (…に)故郷をしのばせる; (故郷・自宅にいるような)くつろいだ〈なつかしい〉気持にさせる. **II** **ạn·hei·melnd** 現分 形 故郷をしのばせるような, なつかしい; 気楽な, アットホームな: eine ～*e* Atmosphäre なつかしい〈くつろいだ〉雰囲気. [<Heim]

an·he̲im≈fal·len*[anháɪm..] 《38》 自 (s) 《雅》《*et.*^{3}》 (…の)ものとなる, (…の)手に帰する: dem Staat〔e〕 ～ 国有になる | der Vergessenheit ～ 忘れ去られる | der Zerstörung ～ 破壊される. ≈**ge̲·ben*** 《52》 他 (h) 《雅》 **1** = anheimstellen **2** 再帰 *sich*^{4} *jm.* 〈*et.*^{3}〉 ～ …に身をゆだねる | *sich*^{4} Gott 〈dem Teufel〉 ～ 神〈悪魔〉に身をゆだねる | *sich*^{4} dem Schaukeln des Bootes ～ ボートの揺れるに身を任せる. ≈**stel·len** 他 (h) 《雅》《*jm. et.*^{4}》 (…に…についての)判断〈決定〉をゆだねる: *jm. seine* Abberufung ～ …に進退伺いを出す ‖ 再帰 *sich*^{4} dem Schicksal ～ 運命に身を任せる.

ạn|hei·ra̲·ten[ánhaɪra:tən] 《01》 ▽**I** 他 (h) 婚姻によって取得する〈手に入れる〉. **II** **ạn·ge·hei·ra̲·tet** → 別出

ạn·hei·schig[ánhaɪʃɪç] 形 《雅》《もっぱら次の形で》 *sich*^{4} ～ **machen** 《zu 不定詞句と》 (…することを)申し出る | Er machte sich ～, mir bei der Arbeit zu helfen. 彼は私の仕事を手伝おうと申し出た. [*mhd.* antheizec „verpflichtet"; <*ahd.* ant-heiz „Entgegen-rufen"]

ạn|hei·zen[ánhaɪtsən] 《02》 他 (h) **1** (ストーブなどを)たき始める, (…に)火を入れる, 点火する. **2** 《比》たきつける, あおる: *js.* Interesse ～ …の興味をかきたてる | die Konjunktur ～ 景気を刺激する.

Ạn·heiz·ker·ze 女 〘工〙 予熱プラグ.

▽**an·he̲r**[anhé:r] 副 (hierher) こちらへ: bis ～ これ〈今〉まで.

ạn|herr·schen[ánhɛrʃən] 《04》 他 (h) 《*jn.*》どなりつける, しかりつける.

ạn|het·zen[ánhɛtsən] 《02》 他 (h) (犬などを)けしかける; (野獣を)狩りたてる; 《比》煽動(せんどう)する: *angehetzt* kommen 息せききって駆けつける.

ạn|heu·ern[ánhɔʏərn] 《05》 (↔abheuern) **I** 他 (h) 《*jn.*》 〘海〙 (乗組員として)雇う; 《話》(一般に)雇い入れる: *sich*^{4} ～ lassen 船員として雇われる. **II** 自 (h) (乗組員として)雇われる: auf einem Frachter ～ 貨物船の船員になる.

ạn|heu·len[ánhɔʏlən] **I** 他 (h) 《*jn.*/*et.*^{4}》 (…に向かって)ほえる〈遠ぼえする〉: den Mond ～ (犬などが)月に向かってほえる. **II** 自 (s) 《ふつう angeheult kommen の形で》わあわあ泣きながら走って〈うなりをあげて飛んで〉来る.

ạn|he·xen[ánhɛksən] 《02》 他 (h) **1** 《*jm. et.*^{4}》 (…に…を)魔法でとりつかせる. **2** 〘服飾〙 ヘリンボンステッチで縫いつける.

An·hi·dro̲·se[anhidró:zə] 女 -/-n 〘医〙 無汗症, 無発汗〔症〕.

Ạn·hieb[ánhi:p] 男 《もっぱら次の形で》 **auf** 〔**den ersten**〕 ～ 《話》一撃のもとに; 最初の試みで, 一回で, 一発で | So etwas glückt nicht auf 〔den ersten〕 ～. こういうことは初めからすぐにうまくゆくものではない.

An·him·me·le̲i[anhɪməláɪ] 女 -/-en 《話》熱狂的崇拝.

ạn|him·meln[ánhɪməln] 《06》 他 (h) 《話》《*jn.*》夢中になって見つめる; 崇拝〈熱愛〉する: einen Filmstar ～ 映画スターに夢中になる.

Ạn·him·me·lung[..məlʊŋ] (**Ạn·himm·lung**

[..hımlʊŋ]) 女 -/-en anhimmeln すること.

an·hin[ánhın, ⌣⌒] 副《ﾇｲ》**1**《時点を示す語句に後置して》次の, きたるべき: am Sonntag ～ 次の日曜日に. ▽**2** bis ～ これまで, 今まで(=bis jetzt).

an|hocken[ánhɔkən] 自 他 (h)〘体操・ｽｷｰ〙(die Beine) ～ 両脚をかかえ込む, ひざをかがめる; 屈伸〈ホッケの〉姿勢をとる.

An·hö·he[ánhø:ə] 女 -/-n 小丘陵, 高台.

an|ho·len[ánho:lən] 他 (h) (anbrassen)〘海〙(綱・帆などを)たぐり寄せる.

an|hö·ren[ánhø:rən] 他 (h) **1** (注意深く最後まで)聞き取る, 傾聴する: 〔*sich*³〕 das Konzert 〈die Predigt〉 ～ コンサート〈説教〉に耳を澄ます | den Angeklagten ～ 被告の陳述を聴取する | *Höre* ihn erst *an*, ehe du ihn verurteilst. 彼を非難する前にまず彼の言い分をよく聞け. **2** *et.*⁴ **mit** ～ …をつい聞いてしまう | ein Gespräch am Nachbartisch mit ～ 隣のテーブルの会話を小耳にはさむ | Das kann ich nicht mit ～. そのようなことはとても聞いてはいられない(もう我慢がならない). **3** 《*jm. et.*⁴》(…の)声を聞いて(…を)知る: *jm.* die Erkältung 〈den Ausländer〉 ～ 声で…が風邪をひいている〈話しぶりで…が外国人である〉ことがわかる. **4** 再帰 *sich*⁴ ～《様態を示す語句と》(…のように)聞こえる | Dein Vorschlag *hört* sich gut *an*. 君の提案は聞いた限りではよさそうだ | Es *hört* sich *an*, als ob es regnet. 雨が降っているような音がする.

An·hö·rung[ánhø:rʊŋ] 女 -/-en (anhören すること. 特に:) (意見の)聴取, 聴聞; (議会などでの)聴聞〈公聴〉会, ヒアリング.

an|hüb·schen[ánhʏpʃən]《04》他 (h)《俗》**1**《*jn.*》着飾らせる, (写真向きに)おめかしさせる. **2** 再帰 *sich*⁴ ～ (年齢より)はでな服装をする, 着飾る.

An·hui[ānxŭēĭ] =Anhwei

an|hu·pen[ánhu:pən] 他 (h)《*jn.*》(…に向かって)警笛〈クラクション〉を鳴らす.

an|hu·sten[ánhu:stən]《01》他 (h)《*jn.*》(…に面と向かって)咳(せき)をする;《話》どなりつける.

An·hwei[ánxvaı] 地名 安徽, アンホイ(中国, 華東地区西部の省で, 省都は合肥 Hofei または Hefei).

An·hy·drid[anhydrí:t]¹ 中 -s/-e〘化〙無水物.

an·hy·drisch[..hý:drıʃ] 形〘化〙無水の.

An·hy·drit[..hydrí:t, ..drít] 男 -s/-e〘鉱〙無水石膏(せっこう), 硬石膏. [<*gr.* án-ydros „wasser-los"+..it²]

Ani¹[á:ni·] 男 -〔s〕/-s〘鳥〙オオハシカッコウ. [*indian.*–*span.*]

Ani² Anus の複数.

Änig·ma[ɛnígma·] 中 -s/-ta[..ta·], ..men[..mən] (Rätsel) なぞ(謎). [*gr.*–*lat.*]

änig·ma·tisch[ɛnıgmá:tıʃ] 形 (rätselhaft) なぞめいた.

änig·ma·ti·sie·ren[..matizí:rən] 自 (h) なぞめいた話し方をする. [<*gr.* aínigma „Rätsel"]

Ani·lin[anilí:n] 中 -s/〘化〙アニリン, アミノベンゼン, フェニルアミン. [<*arab.* an-nīl „das Blaue" (◇lila)+..in²]

Ani·lin≠blau 中 アニリン=ブルー(青色染料). **≠far·be** 女, **≠farb·stoff** 男 アニリン染料. **≠rot** 中 アニリン=レッド(赤色染料). **≠schwarz** 中 アニリン=ブラック(黒色染料). **≠ver·gif·tung** 女 アニリン中毒.

Ani·ma[á(:)nima·] 女 -/-s **1** (Seele)〘哲〙霊魂. **2**《単数で》(↔Animus)〘心〙アニマ(男子の抑圧された女性的特性). **3** (メダルなどの)地金. [*lat.* „Lufthauche"; ◇Animus]

ani·ma·lisch[animá:lıʃ] 形 (tierisch) **1** 動物の; 動物性〈質〉の: ～*er* Dünger 動物性肥料 | ～*er* Magnetismus 動物磁気. **2** 動物的な, けだもの〈畜生〉のような: ein ～*er* Haß 〈Trieb〉 動物的な憎悪〈衝動〉. [*lat.* „luftig, lebend"]

ani·ma·li·sie·ren[animalizí:rən] 他 (h) 動物質に変える;〘織〙(植物性繊維を)動物性繊維(羊毛など)に似せて加工する;《比》獣的にする.

Ani·ma·lis·mus[..lísmʊs] 男 -/ 動物崇拝; アニマリズム.

Ani·ma·li·tät[..lité:t] 女 -/ (tierisches Wesen) 動物性, 獣性.

Ani·ma·teur[animatø:r] 男 -s/-e (旅行社の)接待係, 添乗員. [*lat.*–*fr.*]

Ani·ma·tion[..tsió:n] 女 -/-en〘映〙アニメーション, 動画化. [*lat.*–*engl.*]

Ani·ma·tions·film 男 アニメーション〈動画〉映画.

ani·ma·to[animá:to·] 副 (belebt)〘楽〙アニマート, 活気をもって, 生きいきと. [*it.*]

Ani·ma·tor[animá:tɔr, ..to:r] 男 -s/-en[..mató:rən]〘映〙動画製作者, (アニメーション映画の)作画家, アニメーター.

Ani·mier·da·me[animí:r..] 女 (バー・キャバレーなどの)ホステス, 女給.

ani·mie·ren[animí:rən] **I** 他 (h) **1** (anregen) **a)** 《*jn.*》活発にさせる, 活気づける, 元気にする. **b)** 《*jn.* zu *et.*³》(…を…するよう)励ます, 鼓舞する: *jn.* zum Trinken ～ …に酒を飲もうという気分を起こさせる. **2** 《*et.*⁴》生き物のように動かす;〘映〙動画〈アニメーション〉化する. **II ani·miert** → 別出 [*lat.* animāre „beleben"–*fr.*]

Ani·mier≠knei·pe 女, **≠lo·kal** 中 (ホステスのいる)バー, キャバレー. **≠mäd·chen** 中 =Animierdame

ani·miert[animí:rt] **I** animieren の過去分詞. **II** 形 (討論などが)生き生きした, 活発な; 上機嫌の;《俗》ほろ酔いの.

Ani·mie·rung[..rʊŋ] 女 -/-en animieren すること.

Ani·mis·mus[animísmʊs] 男 -/ アニミズム.

Ani·mist[..míst] 男 -en/-en アニミズムの信奉者.

Ani·mo[á(:)nimo·] 中 -s/《ｵｰｽﾄﾘｱ》(Lust) 意欲, やる気; 愛好: für *et.*⁴ ～ haben …を特に好む. [*it.*]

ani·mos[animó:s]¹ 形 **1** 敵意をいだいた, 敵愾(てきがい)心を持った. ▽**2** 興奮した, 怒った. [*lat.*]

Ani·mo·si·tät[..mozité:t] 女 -/-en **1**《単数で》敵意, 敵愾(てきがい)心, 憎悪, 嫌悪. **2** 敵意のある言動. [*spätlat.*]

ani·mo·so[..mó:zo·] 副 (lebhaft)〘楽〙元気よく, 勇ましく. [*it.*]

Ani·mus[á(:)nimʊs] 男 -/ **1** (↔Anima)〘心〙アニムス(女子の抑圧された男性的特性). **2**《戯》(Ahnung) 予感. [*lat.* „Seele"; ◇anemo..]

An·ion[án(ǀ)io:n, ..iɔn] 中 -s/-en[an(ǀ)ió:nən] (↔Kation)〘化〙陰イオン, 負イオン, アニオン. [<ana..+ Ion]

an·io·nisch[an(ǀ)ió:nıʃ, ⌣⌣–⌣] 形〘化〙陰イオンの.

Anis[aní:s, á:nıs; ｵｰｽﾄﾘｱ: ⌒⌣]¹ 男 -es(-)/-e **1**〘植〙アニス. **2** (乾燥した)アニスの実(香辛料・薬用). [*gr.*–*lat.*–*mhd.*]

Anis·bo·gen[á:nıs..] 男 -s/-, ..bögen《ふつう複数で》《ｵｰｽﾄﾘｱ》アニスボーゲン(アニスの実をあしらった弓形クッキー).

Ani·sett[anizét] 男 -〔e〕s/-e, **Ani·sette**[–] 男 -s/-s, **Anis·li·kör**[aní:s.., á:nıs..] 男 アニス酒.

An·iso·ga·mie[an(ǀ)izogamí:] 女 -/-n[..mí:ən] (↔Isogamie)〘生〙異形接合. [<*gr.* án-isos „ungleich"]

Anis·öl[aní:s..] 中 -〔e〕s/ アニス油(香辛料・せきどめ薬).

An·iso·me·tro·pie[an(ǀ)izometropí:] 女 -/〘医〙(両眼の)〔左右〕屈折不同〔症〕. [<*gr.* án-isos „un-gleich"+..meter+..opie]

an·iso·trop[..tró:p] 形〘理・生〙異方性の. [<*gr.* trópos (→Tropus)]

An·iso·tro·pie[..tropí:] 女 -/〘理・生〙異方性.

Anis·schar·te[á:nıs..] 女 =Anisbogen

Ani·ta[aní:ta] 女名 アニータ. [*span.*; ◇Anna]

an|ja·gen[ánja:gən]¹ 自 (s)《話》《ふつう angejagt kommen の形で》(すごいスピードで)走って来る.

▽**an≠jet·zo**[anjétso·], **≠jetzt**[..jétst]《官》=jetzt

Ank. 略 =Ankunft (↔Abf.) 到着時刻.

an|kämp·fen[ánkɛmpfən] 自 (h)《gegen *et.*⁴》(…と)たたかう, 格闘する: gegen Versuchungen 〈die Müdigkeit〉 ～ 誘惑〈疲労〉とたたかう.

An·ka·ra[áŋkara·] 地名 アンカラ(1923年以来のトルコ共和国の首都. 1930年までは Angora といった).

An·kauf[ánkauf] 男 -〔e〕s/..käufe[..kɔʏfə] (不動産・株券・美術品などを)買うこと, (大量の)買い付け; 購入品.

an|kau·fen[ánkaufən] 他 (h) **1** (不動産・株券・美術品などを)購入する; (商品を大量に)買い付ける. **2** 再帰 *sich*⁴ ～《場所を示す語句と》地所〈家屋〉を買って(…に)住みつく.

Ạn·käu·fer[..kɔʏfər] 男 -s/- (ankaufen する人. 例えば:) 購入者, 買い付け人.

Ạn·ke[1][áŋkə] 女 -/-n (男 -n/-n) **1** 《方》(Nacken) うなじ, 首すじ. **2** 〖工〗半球形打ち出し型, はめ筒. [*ahd.* ancha]

Ạn·ke[2][-] 男 -n/-n; 女 -/-n 〖魚〗ヤマメ, ヤマベ. [<Anken]

Ạn·ke[3][-] 女名 アンケ.

ạn·keh·rig[ánke:rɪç][2] 形 《ズイ》(anstellig) 巧みな, 器用な. [<ankehren „zur Hand nehmen"]

ạn|kei·fen[ánkaɪfən] 他 (h) 《*jn.*》がみがみ〈口やかましく〉しかりつける.

ạn|kei·len[ánkaɪlən] 他 (h) **1** くさびで固定する. **2** 《話》《*jn.*》(…に)〔しつこく〕話しかける, せびる; (…を)酷評する.

Ạn·ken[áŋkən] 男 -s/ 《ズイ》(Butter) バター. [*ahd.*; ◇ *lat.* unguere „salben"]

Ạn·ker[áŋkər] 男 -s/- **1** 〖海〗錨(いかり)(→ 図); 《比》(心の)支え, よりどころ: ein stockloser ~ 〖海〗ストックレス=アンカー ‖ den ~ auswerfen / **sich**[4] **vor ~**[4] **legen** 錨をおろす, 投錨(とうびょう)〈停泊〉する | den ~ einholen 〈lichten〉 錨を上げる, 抜錨(ばつびょう)する | **~ werfen** / **vor ~**[4] **gehen** 錨をおろす, 投錨〈停泊〉する; 《話》(ある場所に)腰を落ち着ける, 居を定める; (結婚して)一戸を構える, 身を固める; 《俗》(酒場などに)繰り込む | **vor ~**[3] **liegen** 〈**treiben**〉 錨をおろしている, 錨泊中である ‖ *jm.* als ~ dienen …の心の支えになっている. **2** (錨状のもの. 例えば:) かすがい, 留め金, アンカー; (時計の)アンクル; (モーターの)電機子; (磁極の)接片(→ 図 Magnet). [*gr.* ágkȳra „Gekrümmtes"−*lat.*−*ahd.*; ◇ Ankylose, Angel; *engl.* anchor]

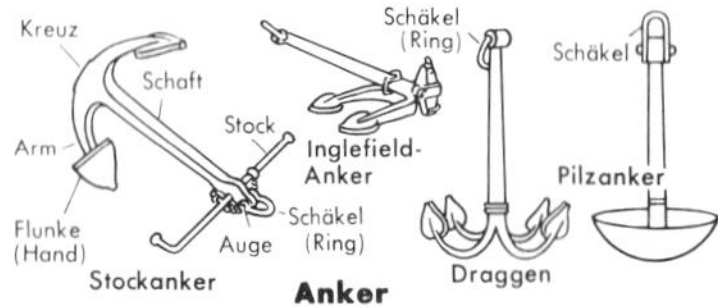

Anker

Ạn·ker≈bo·je 女 〖海〗投錨(とうびょう)位置表示浮標〈ブイ〉, 示錨浮標. **≈bol·zen** 男 〖建〗アンカーボルト. **≈draht** 男 電機子巻き線; 〖建〗控え綱〈ワイヤー〉.

ạn·ker·fest 形 〖海〗投錨(とうびょう)している; (海底土質が)投錨に適した.

Ạn·ker≈flie·ge 女 =Ankerflügel **≈flott** 中 =Ankerboje **≈flü·gel** 男 錨爪(いかりづめ). **≈gang** 男 (時計の)アンクル. **≈ge·bühr** 女, **≈geld** 中 〖海〗(船舶の)錨泊(びょうはく)料. **≈ge·schirr** 中 〖海〗錨泊要具(いかり・ロープ類など). **≈grund** 男 〖海〗投錨海底,〔投〕錨地. **≈hem·mung** 女 〖工〗(時計などの)アンクル, 逃がし止め. **≈kern** 男 〖電〗電機子鉄心. **≈ket·te** 女 錨鎖(びょうさ); 引留鎖. **≈klü·se** 女 〖海〗錨鎖孔(→ 図 Schiff A). **≈kreuz** 中 〖紋〗いかり形十字. **≈mast** 男 **1** (飛行船用の)係留塔. **2** 支線つき電柱. **≈mi·ne** 女 〖軍〗係留機雷.

ạn·kern[áŋkərn] 《05》 **I** 自 (h) **1** 〖海〗 **a)** 錨(いかり)をおろす, 投錨(とうびょう)する: Klar zum *Ankern*! 投錨用意. **b)** 錨をおろして〈停泊して〉いる. **2** 《話》《nach *et.*[3] / auf *et.*[4]》(…を)やっきになって求める. **II** 他 (h) 錨でつなぐ, 係留する; 〖建〗かすがいで固定する.

Ạn·ker≈plat·te 女 〖建〗定着板, アンカープレート; 〖海〗控え板(岸壁を支える鉄板); 〖電〗電機子台板. **≈platz** 男 〖海〗投錨(とうびょう)地, 停泊〈係留〉所. **≈ring** 男 〖海〗(綱や鎖をつけるための)錨環(いかりかん). **≈schaft** 男 〖海〗錨幹(びょうかん). **≈schrau·be** 女 〖建〗アンカーボルト, 基礎ボルト. **≈spill** 中 〖海〗揚錨(ようびょう)機, 車地, 絞盤, キャプスタン, ウィンドラス(→ 図 Schiff A, Spill). **≈tau** 中 -[e]s/-e 〖海〗アンカーケーブル, 錨索(びょうさく), 錨鋼; もやい綱, 係留索; 〖空〗係留索; 〖建〗支線. **≈uhr** 女 アンクル〈逃がし止め〉つきの時計. **≈wick·lung** 女 〖電〗電機子巻き線. **≈win·de** 女 =Ankerspill

ạn|ket·teln[ánkɛtəln] 《06》 他 (h) 〖服飾〗編みつける, 編みつなぐ.

ạn|ket·ten[ánkɛtən] 《01》 他 (h) 鎖でつなぐ, 鎖で固定する; 《比》束縛する: den Hund ~ 犬を鎖でつなぐ.

ạn|keu·chen [ánkɔʏçən] 自 (s) 《話》《ふつう angekeucht kommen の形で》息を切らして〈あえぎあえぎ〉やって来る.

ạn|kip·pen[ánkɪpən] 他 (h) ちょっと傾ける.

ạn|kit·ten[ánkɪtən] 《01》 他 (h) (パテなどで)接合する.

ạn|kläf·fen[ánklɛfən] 他 (h) 《*jn.*》(犬が…に)ほえかかる; 《話》がみがみしかりつける.

Ạn·kla·ge[ánkla:gə] 女 -/-n **1** 《単数で》 **a)** 告訴, 告発; 〖法〗起訴: die ~ gegen *jn.* 〔wegen *et.*[2]〕 erheben …を〔…のかどで〕起訴する ‖ **unter ~**[3] **stehen** 起訴されている | *jn.* **unter ~**[4] **stellen** …を起訴する. **b)** 《集合的に》検事側, 検察側: der Zeuge der ~ 検察側の証人. **2** 弾劾, 非難.

Ạn·kla·ge≈ak·te 女 =Anklageschrift **≈bank** 女 -/..bänke (法廷の)被告席: *jn.* **auf die ~ bringen** …を起訴する | **auf der ~ sitzen** 起訴されている. **≈er·he·bung** 女 起訴.

ạn|kla·gen[ánkla:gən][1] **I** 他 (h) 《*jn.*》告訴〈告発〉する; (一般に)弾劾する, とがめる, 非難する: *jn.* des Mordes 〈wegen 〔des〕 Mordes〉 ~ / *jn.* ~, einen Mord begangen zu haben …を殺人のかどで告訴する. **II Ạn·ge·klag·te** → 別出

Ạn·kla·ge·punkt 男 〖法〗(起訴状に記された)訴因, 起訴理由.

Ạn·klä·ger[ánklɛ:gər] 男 -s/- (↔Angeklagte) 〖法〗(anklagen する人. 例えば:) 告訴人, 告発者, 原告; 弾劾者: der öffentliche ~ 検事, 検察官.

ạn·klä·ge·risch[..gərɪʃ] 形 告発するような, 弾劾的な: eine ~*e* Rede 弾劾演説 | in ~*em* Ton 非難口調で.

Ạn·kla·ge≈schrift[ánkla:gə..] 女 〖法〗起訴状. **≈stand** 男 = Anklagezustand **≈ver·fah·ren** 中 〖法〗起訴手続き. **≈ver·tre·ter** 男 (告訴側の代表としての)検事, 検察官. **≈zu·stand** 男 被告としての状態〈身分〉: *jn.* in den ~ versetzen …を起訴する.

ạn|klam·mern[ánklamərn] 《05》 他 (h) **1** 《*et.*[4] an *et.*[4] 〈*et.*[3]〉》(…を…に)クリップ〈留め金・洗濯ばさみ〉で留める. **2** 再帰 *sich*[4] an *jn.* 〈*et.*[4]〉 ~ / *sich*[4] an *jm.* 〈*et.*[3]〉 ~ …にしがみつく | *sich*[4] an das Leben ~ 生に執着する.

Ạn·klang[ánklaŋ] 男 -[e]s/..klänge[..klɛŋə] **1** 類似点; なごり, 想起させるもの: In seinen Schriften findet man viele *Anklänge* an Schiller. 彼の書くものにはシラーを思わす点が多く見いだされる. **2** (Beifall) 共鳴, 共感, 同感, 同意: bei *jm.* **~ finden** …の共感を得る, …の気に入る | allgemein ~ finden 世間の共感を得る, 一般に気に入られる. **3** 〖楽〗和音. **4** =Assonanz

ạn|klat·schen[ánklatʃən] 《04》 他 (h) 《俗》ペタリ〈ペタッ〉とはりつける.

ạn|kle·ben[ánkle:bən][1] **I** 他 (h) (接着剤などで)はりつける, くっつける: ein Plakat an die Wand ~ ポスターを壁にはる | *sich*[3] Wimpern 〈einen falschen Bart〉 ~ つけまつ毛〈つけひげ〉をする ‖ 再帰 *sich*[4] an *jn.* ~ …にまつわりつく, …から離れない. **II** 自 **1** (s) 《an *jm.* 〈*et.*[3]〉》(…に)付着する, くっつく: an *jm. kleben* die Eierschalen noch *an* (→Eierschale). ▽**2** (h) 《*jm.*》(…に)まつわりつく.

ạn|kleckern[ánklɛkərn] 《05》 自 (s) 《話》《ふつう angekleckert kommen の形で》 **1** (始終・入れかわり立ちかわり)邪魔しに来る. **2** 順々に〈あとを追って〉やって来る.

Ạn·klei·de·ka·bi·ne[ánklaɪdə..] 女 (浴場などの)更衣室; (洋装店などの)試着室.

ạn|klei·den[ánklaɪdən][1] 《01》 他 (h) (↔auskleiden) 《雅》《*jn.*》(…に)服を着せる: 再帰 *sich*[4] ~ 服を着る, 装う | *sich*[4] für den Theaterbesuch 〈zum Ausgehen〉 ~ 観劇に行く〈外出する〉ための身支度をする.

Ạn·klei·de·pup·pe 女 **1** (衣服展示用の)マネキン人形; 《戯》いつも違った服を着て来る女. **2** 着せ替え人形.

Ạn·klei·der[ánklaɪdər] 男 -s/- (女 **Ạn·klei·de·rin**[..dərɪn]-/-nen) 〖劇〗衣装方(かた), 衣装係; 楽屋番, 付き

人;《ｽｲｽ》携帯品預かり所の係員.

Ạn·klei·de≈raum 男 更衣室, 化粧室;〖劇〗支度部屋, 楽屋. **≈spie·gel** 男 (等身大の)化粧鏡, 姿見. **≈zim·mer** 中 更衣室.

ạn|klei·stern[ánklaıstərn] 《05》 他 (h) (のりなどで)はりつける, くっつける.

ạn|klicken[ánklıkən] 他 (h)〖電算〗《et.[4]》クリックして(…を)呼び出す.

ạn|klin·geln[ánklıŋəln] 《06》 **I** 他 (h) 《jn.》(…に)電話をかける. **II** 自 (h) 《bei jm.》(…の住居の)呼び鈴を鳴らす; (…のところに)電話をかける.

ạn|klin·gen*[ánklıŋən] 《77》 自 (h) **1 a)** 鳴り始める. **b)** (…の響きが)聞こえてくる, 感じ取られる; (思い出・考えなどが)心に浮かんでくる: In seinen Worten *klang* Resignation *an*. 彼の言葉にはあきらめの調子が感じられた. **2** 《an et.[4]》(…を)想起させる: Die Melodie *klingt* an ein altes Volkslied *an*. このメロディーは古い民謡を思わせる. ▽**3** mit den Gläsern ~ グラスを打ち合わせる.

ạn|klop·fen[ánklɔpfən] 自 (h) **1** (ドアなどを)たたく, ノックする: an die Tür ⟨an der Tür⟩ ~ ドアをノックする | *Klopfet an*, so wird euch aufgetan. たたけよ さらば開かれん(聖書: マタ7,7) | Der Tod *klopft* bei ihr *an*. 《雅》彼女にもいよいよ死期が訪れた | bei Petrus ~ (→Petrus II). **2** 《話》《bei jm.》(…に)さぐりを入れる, 打診する: Er hat bei mir um Geld *angeklopft*. 彼は金を貸してくれないかと私にさぐりを入れた.

Ạn·klop·fer[..pfər] 男 -s/- (ドアの)ノッカー.

Ạn·klopf·ring 男 輪型ノッカー.

ạn|knab·bern[ánknabərn] 《05》 他 (h) 《話》ちょっとかじる, かじりつく: einen Apfel ~ リンゴを少しかじる ‖ **zum *Anknabbern* sein ⟨aussehen⟩** 《戯》(かじりつきたいほど)とても愛らしい.

ạn|knack·sen[..knaksən] 《02》 (**ạn|knacken** [ánknakən]) 他 (h) 《話》(ポキンと)折る: *sich*[3] den Arm ~ (自分の)腕を折る ‖ gesundheitlich *angeknackst* sein 《比》健康が損なわれている | Die Freundschaft ist *angeknackst*. 友情にひびが入っている | Er ist leicht *angeknackst*. 《比》彼は頭が少々おかしい.

ạn|knal·len[ánknalən] **I** 他 (h) 《話》**1** 《jn.》(…にむかって)銃を発射する. **2** (schwängern) 《jn.》(…を)はらませる. **II ạn·ge·knallt** → 別出

ạn|knar·ren[ánknarən] 他 (h) 《話》《jn.》(…を)大声でどなりつける, どやしつける.

ạn|knip·sen[ánknıpsən] 《02》 他 (h) (↔ausknipsen) 《話》(電灯・ラジオなどの)スイッチを入れる: die Taschenlampe ~ 懐中電灯をつける.

ạn|knöp·fen[ánknœpfən] 他 (h) (↔abknöpfen) ボタンで留める⟨固定する⟩: die Hosenträger ~ ズボンつりをボタンで留める(ズボンに).

ạn|kno·ten[ánkno:tən] 《01》 他 (h) (結び目を作って)結び⟨くくり⟩つける.

ạn|knüp·fen[ánknʏpfən] **I** 他 (h) **1** 結んでつなぐ, 結びつける: eine Schnur ~ ひもを結び合わせる | einen Eimer an ein Seil ⟨mit einem Seil⟩ ~ バケツを綱に結びつける. **2** 《et.[4]》(…の)いとぐちをつける, (…を)始める: mit *jm.* einen Briefwechsel ⟨ein Gespräch⟩ ~ …と文通⟨会話⟩を始める. **II** 自 (h) **1** 《mit jm.》(…と)関係をつける. **2** 《an et.[4]》(…を)受け継ぐ, 引き合いに出す: an alte Bräuche ~ 古い慣習を引き継ぐ | Ich *knüpfe* dort *an*, wo wir gestern aufgehört haben. きのう終わったところから始めます.

Ạn·knüp·fung[..pfuŋ] 女 -/-en anknüpfen すること.

Ạn·knüp·fungs·punkt 男 結合点; (対話の)いとぐち, きっかけ.

ạn|knur·ren[ánknurən] 他 (h) 《jn.》(犬などが…に向かって)うなり声を上げる, うなりかかる; 《話》(…を)どやしつける.

ạn|ko·chen[ánkɔxən] 他 (h) (短時間)さっと煮る⟨ゆでる⟩.

ạn|kö·dern[ánkø:dərn] 《05》 **I** 他 (h) (えさで)おびき寄せる; 《jn.》誘い寄せる: *jn.* mit Geld ~ …を金(ｶﾈ)で誘惑する. **II** 自 (h)〖漁〗釣り針にえさを付ける.

ạn|ko̲h·len[ánko:lən] **I** 他 (h) **1** 《話》(betrügen) 《jn.》(冗談に)だます, かつぐ; (うそを言って)からかう. **2** (部分的に)炭化する; 焦がす. **II ạn·ge·ko̲hlt** → 別出

ạn|kom·men*[ánkɔmən] 《80》 **I** 自 (s) **1 a)** 《(方向ではなく)場所を示す語句と》(…に)着く, 到着する: in einer Stadt ~ 町に到着する | zu Hause ~ 自宅に着く | auf dem Nullpunkt ~ (→Nullpunkt) | Wann *kommen* wir in Berlin[3] *an*? ベルリンには何時に着きますか | Zu Hause *angekommen*, ging er sofort ins Bett. 彼は家に帰り着くとすぐ床に就いた ‖ Ob das Geld *angekommen* ist, weiß ich nicht. その金(ｶﾈ)が届いたかどうか私は知らない | Bei Müllers ist ein Baby *angekommen*. ミュラー家に赤ん坊が生まれた. **b)** 近づいて⟨迫って⟩来る: Ein Wagen *kam* in ⟨mit⟩ großem Tempo *an*. 車がすごいスピードでやって来た | Er *kam* mit vielen Fragen bei mir *an*. 《話》彼は私を質問攻めにした. **c)** 《jn.》(…を感情などが)急に襲う(→II ☆).

2 a) 《bei jm.》受け入れられる; 愛好⟨歓迎⟩される: bei *jm.* gut ⟨übel⟩ ~ …に厚遇⟨冷遇⟩される | Dieser Schlager ist beim Publikum gut ⟨schlecht⟩ *angekommen*. この流行歌は大衆に受けた⟨受けなかった⟩ | Damit *kommst* du bei mir nicht ⟨schlecht⟩ *an*. 私は君のその手には乗らない, そうは問屋がおろさないよ | Damit werden wir schön ~. 《反語》私たちはそのために大恥をかく羽目になることでしょうよ. **b)** 雇われる: bei einer Bank ⟨in einem Betrieb⟩ **als** Buchhalter ~ 銀行⟨会社⟩の経理係に納まる.

3 a) gegen *jn.* ⟨*et.*[4]⟩ ~ 〔können〕…に対抗できる | Ich *kam* gegen ihn ⟨sein Vorurteil⟩ nicht *an*. 私は彼にはかなわなかった⟨彼の偏見を打ち破ることができなかった⟩. **b)** 《話》《jm.》打ち勝つ, 押えつける: Man kann ihm nicht ~. / Es ist ihm nicht *anzukommen*. 彼は手に負えない.

4 《auf et.[4] ⟨jn.⟩》(…に)かかっている, (…)しだいである: Es *kommt* aufs Wetter *an*, ob ich morgen abreise. 私があした旅行に出るかどうかは天気によりけりだ ‖ 非人称 Es *kommt* auf *et.*[4] *an*. …が問題⟨重要⟩だ | Auf zehn Mark soll es mir nicht ~. 10マルクぐらい私にはどうでもいい | Bei diesem Test *kommt* es vor allem auf schnelle Reaktion *an*. このテストでとりわけ大切なのは迅速な反応だ | Das, worauf es *ankommt*, ist ... 問題⟨肝心なこと⟩は…である | wenn es darauf *ankommt* いざというときには | Es *kommt* mir viel ⟨gar nicht⟩ darauf *an*, daß ... 私には…ということは重大問題だ⟨全然問題でない⟩ | Es ⟨Das⟩ käme auf einen Versuch *an*! ともかくやってみることだ ‖ **es auf *et.*[4] ⟨*jn.*⟩ ~ lassen** …任せにする | es auf gut Glück ~ lassen 運を天に任せる, いちかばちかやってみる | Unter Umständen lasse ich es auf einen Prozeß ~. 場合によっては私は訴訟も辞さない | Ich will es auf seinen Willen ~ lassen. 私は彼の意向のままにしようと思う | Er ist noch unerfahren und läßt es einfach darauf ~. 彼はまだ経験がなくて ただ成り行きに任せている.

5 《方》腐りかける: *angekommene* Wurst 腐りかかったソーセージ.

II 他 (s) 《jn.》(感情などが)急に襲う: Der Schlaf ⟨Ein Schrecken⟩ *kam* mich *an*. 私は睡魔⟨恐怖⟩に襲われた | Was *kommt* dich *an*? 君どうしたんだ ‖ Der Entschluß *kam* mich hart ⟨sauer⟩ *an*. その決心は私にはつらいことだった | Der Abschied *kam* ihn schwer *an*. 別れは彼にはひどくつらかった.

☆ IIの意味では, 特に複合時称では 3 格とともに用いられることがある(→I 1 c): Angst ist ihm *angekommen*. 彼は不安にとりつかれた.

Ạn·kömm·ling[ánkœmlıŋ] 男 -s/-e 到着した〔ばかりの〕人; 新来の人⟨客⟩; 《話》生まれたばかりの赤ん坊.

ạn|kön·nen*[ánkœnən] 《81》 自 (h) 《話》《gegen jn. ⟨et.[4]⟩》(…に)対抗できる(→ankommen I 3 a): Ich *kann* gegen ihn nicht *an*. 私は彼にはかなわない.

ạn|kop·peln[ánkɔpəln] 《06》 他 (h) **1** =ankuppeln **2** (犬・などを)引き綱に幾頭もつなぐ.

ạn|kö̲·ren[ánkø:rən] 他 (h)〖畜〗種畜として選び出す.

ạn|kör·nen[ánkœrnən] 他 (h) **1**〖狩〗穀粒でおびき寄せる. **2**〖工〗センターポンチで印をつける, さら穴をあける.

A

an|kot·zen[ánkɔtsən] ⦅02⦆ 他 (h) ⦅話⦆ **1 a)** 吐いた物で汚す. **b)** むかむかさせる: Dein Geschwätz *kotzt* mich *an.* お前のおしゃべりにはうんざりだ. **2** どやしつける.

an|kral·len[ánkralən] 他 (h) **1** 再帰 *sich*⁴ an *et.*⁴ ~ (鳥などが)つめで…につかまる; ⦅比⦆ …にしがみつく. **2** ⦅方⦆ (*jn.* um *et.*⁴ 〈wegen *et.*²〉) (…に…を)ねだる.

an|krän·keln[ánkrɛŋkəln] ⦅06⦆ **I** 他 (h) (人・性格などを)虚弱〈軟弱〉にする. **II** 自 (h) 病身である, 軽い病気にかかっている. **III an·ge·krän·kelt** → 別出

An·kratz[ánkrats] 男 -es/ ⦅方⦆ ⦅もっぱら次の形で⦆ **~ haben** 〈**finden**〉 (若い女性が)男にもてる.

an|krat·zen[ánkratsən] ⦅02⦆ **I** 他 (h) **1** ⦅*et.*⁴⦆ (…に)ひっかき傷をつける; ⦅比⦆ 少しそこなう. **2** ⦅話⦆ **a)** 再帰 *sich*⁴ bei *jm.* ~ …に取り入る〈へつらう〉. **b)** *sich*³ einen 〈eine〉 ~ 男〈女〉友だちをつくる; 夫〈妻〉となるべき人をつかまえる. **II an·ge·kratzt** → 別出

an|krau·sen[ánkraʊzən]¹ ⦅02⦆ 他 (h) 〖服飾〗 (…に)ひだ〈ギャザー〉を寄せる.

an|krei·den[ánkraɪdən]¹ ⦅01⦆ 他 (h) **1** (酒場などで売掛金を壁・黒板に)チョークで書く〈控えておく〉; ⦅比⦆ 忘れない: *jm.* die Zeche ~ 酒代を…の勘定につける. **2** ⦅*jm. et.*⁴⦆ (…を…の)せいにする; (…の…を)非難する.

An·kreis[ánkraɪs]¹ 男 -es/-e 〖数〗 (三角形の)傍接円.

an|kreu·zen[ánkrɔʏtsən] ⦅02⦆ **I** 他 (h) ⦅*et.*⁴⦆ (アンケートなどで該当する個所に)×印をつける, (×印をつけて)チェックする: Fehler im Diktat ~ 書き取りの間違いに×印をつける. **II** 自 (h, s) 〖海〗 逆風で帆走する.

an|krie·chen*[ánkri:çən] ⦅83⦆ **I** 自 (s) ⦅ふつう angekrochen kommen の形で⦆ はい寄って来る; ⦅話⦆ 卑屈な態度で近づいて来る. **II** 他 (h) ⦅*jn.*⦆ (感情などが…に)しのび寄る: Ein Gefühl von Langeweile *kriecht* mich *an.* 倦怠(けんたい)感が私にしのび寄って来る.

an|krie·gen[ánkri:gən]¹ 他 (h) **1** ⦅話⦆ (↔auskriegen) やっと履ける〈着られる〉. **2** ⦅方⦆ ⦅*jn.* um *et.*⁴⦆ (…に…を)ねだる.

an|küm·meln[ánkʏməln] ⦅06⦆ 他 (h) ⦅話⦆ ⦅もっぱら次の成句で⦆ *sich*³ **einen ~** 一杯やる, ほろ酔い機嫌になる.

an|kün·di·gen[ánkʏndɪgən]² (ᵛ**an|kün·den**[..kʏndən]¹) 他 (h) **1** ⦅*jm. et.*⁴⦆ (…に近く行われることなどを)予告する, 通知〈告知〉する, 発表〈広告〉する: ein Buch 〈*seinen* Besuch〉 ~ 本の近刊〈近く訪問すること〉を予告する. **2** ⦅*jn.*⦆ (…の到着・登場などを)予告する, 先ぶれする: einen Sänger ~ 歌手の登場を予告する ‖ 再帰 *sich*⁴ 〔durch *et.*⁴〕 ~ 〔…の前兆によって〕…の到来が予告される | Der Frühling *kündigt* sich *an.* 春のきざしが見える.

An·kün·di·gung[..gʊŋ] 女 -/-en (ankündigen すること. 例えば:) 予告, 告知.

An·kün·di·gungs≠kom·man·do 中 (↔ Ausführungskommando) 予令(号令の前半, 例えば Augen rechts!「かしら右」の Augen). **≠satz** 男 ⦅オーストリア⦆ 〖言〗 直接説話伝達部(例えば Er sagte: „Komm her!“ の Er sagte).

An·kunft[ánkʊnft] 女 -/ (スイス:..künfte[..kʏnftə]) **1** (↔Abfahrt) **a)** 到着, 到来(略 Ank.): die ~ und Abfahrt der Züge 列車の発着 | bei 〔der〕 ~ meines Freundes in dieser Stadt 私の友人の当市到着に際して. **b)** (略 Ank.) 到着時刻. **2** 誕生, 出生; (キリストの)来臨, 降誕. [<ankommen]

An·kunfts≠bahn·steig 男 〖鉄道〗 到着ホーム. **≠gleis** 中 〖鉄道〗 到着線. **≠ha·fen** 男 〖海〗 到着港. **≠hal·le** 女 (空港の)到着ロビー. **≠ta·fel** 女 (駅・空港などの)到着時刻表(掲示板). **≠zeit** 女 到着時刻.

an|kup·peln[ánkʊpəln] ⦅06⦆ 他 (h) (↔ abkuppeln) (車両・機械の部分などを)連結する: einen Wagen an den Zug ~ 列車に一両増結する.

an|kur·beln[ánkʊrbəln] ⦅06⦆ **I** 他 (h) (エンジンを)始動させる; ⦅比⦆ 活発にする, 活気づける: das Geschäft ~ 商売を景気づける | den Stoffwechsel ~ 新陳代謝を盛んにする. **II** 自 (h) エンジンをかける.

An·kur·be·lung[..kʊrbəlʊŋ] (**An·kurb·lung**[..blʊŋ]) 女 -/-en (エンジンの)始動; ⦅比⦆ 活発化, 活気づけ.

An·kurb〔e〕·lungs·kre·dit 男 〖経〗 (会社などへの)再建融資.

an|ku·scheln[ánkʊʃəln] ⦅06⦆ 他 (h) 再帰 *sich*⁴ an *jn.* ~ …に体をすり寄せる.

An·ky·lo·sau·rus[aŋkylozáʊrʊs] 男 -/..rier[..riər] 〖古生物〗 曲竜〔類〕, アンキロサウルス(甲らを持つ草食恐竜).

An·ky·lo·se[..ló:zə] 女 -/-n 〖医〗 (関節などの)強直〔症〕. [<*gr.* agkýlos „krumm“; ◇Anker]

Anl. 略 =Anlage 同封物.

an|lä·cheln[ánlɛçəln] ⦅06⦆ 他 (h) ⦅*jn.*⦆ (…に)ほほえみかける.

an|la·chen[ánlaxən] 他 (h) **1** ⦅*jn.*⦆ (…に)笑いかける: Der Apfel *lachte* mich *an.* ⦅比⦆ そのリンゴはいかにもうまそうだった. **2** ⦅話⦆ ⦅*sich*³ *jn.*⦆ (…に笑いかけて…と)親しくなる.

An·la·ge[ánla:gə] 女 -/-n **1** ⦅ふつう単数で⦆ **a)** (施設・建造物などの)設置, 設備, 建造, 創設; 設計, 計画: die ~ des Stausees 貯水池の建設 | die ~ einer Kartei カード式索引の作成. **b)** (芸術作品の)構成, 構想; (絵画の)構図. **2** ⦅しばしば複数で⦆ 施設; 設備, 装置; 公園, 緑地; 工場施設, プラント: 構内: militärische ~*n* 軍事施設 | öffentliche ~*n* 公共施設(特に公園・緑地帯) | sanitäre ~*n* 衛生設備(便所・浴室など) | ~*n* für den Sport スポーツ施設 | Beleuchtungs*anlage* 照明設備 | Hafen*anlage* 港湾施設 | Klima*anlage* 冷暖房装置 ‖ in den ~*n* spazierengehen 公園を散歩する. **3** 素質, 資質, (生まれながらの)傾向, 性向; 天分, 才能; 〖生〗 原基; eine krankhafte ~ 病的な素質 | eine ~ zu Allergien 〈zur Korpulenz〉 アレルギー〈肥満〉体質 | künstlerische ~*n* haben 芸術家的素質を持っている | Er hat eine natürliche ~ zum Singen. 彼には生まれつき歌の才能がある. **4** 投資; 投下資本. **5** (Beilage) (略 Anl.) 〖商〗 同封〔物〕: Als ~ 〈In der ~〉 sende ich Ihnen meinen Lebenslauf. 私の履歴書を同封してお送りします. **6** (銃の)床尾. **7** (城塞(じょうさい)の外堀内側の)斜面〔の傾角〕. ᵛ**8** (税額の)査定, 課税 [<anlegen]

An·la·ge≠be·ra·ter[ánla:gə..] 男 投資コンサルタント. **≠be·ra·tung** 女 投資コンサルタント業務. **≠ka·pi·tal** 中 〖経〗 投下〈固定〉資本. **≠ko·sten** 複 設備投資資金. **≠mit·tel** 複 =Anlagekapital

An·la·gen·plan 男 〖生〗 原基分布図.

An·la·ge·pa·pier 中 (換金を予定せず, 利殖を目的とする)投資証券.

an|la·gern[ánla:gərn] ⦅05⦆ 他 (h) **1** 堆積(たいせき)させる, 蓄積する; たくわえる: 再帰 *sich*⁴ ~ たまる, 堆積する; 〖地〗 (地下水などが)貯留する. **2** 〖化〗 付加〈添加〉する: 再帰 *sich*⁴ an *et.*⁴ ~ …に付加〈添加〉される.

An·la·ge·rung[..gərʊŋ] 女 -/-en **1** 〔sich〕 anlagern すること. **2** 〖地〗 (地下水の)貯留量.

An·la·ge·rungs·ver·bin·dung 女 〖化〗 付加〈添加〉化合物.

An·la·ge·ver·mö·gen[ánla:gə..] 中 〖経〗 固定資産.

An·län·de[ánlɛndə] 女 -/-n 船着き場, 埠頭(ふとう).

an|lan·den[ánlandən] ⦅01⦆ **I** 自 **1** (s) (船が)接岸〈投錨(とうびょう)〉する. **2** (h, s) (土砂が沈積して陸地が)広がる, 形成される. **II** 他 (h) 陸に揚げる, 揚陸する, 上陸させる: Fische ~ 魚を陸揚げする | Truppen ~ 部隊を上陸させる.

An·lan·dung[..dʊŋ] 女 -/-en (anlanden すること. 例えば:) **1** 接岸; 陸揚げ. **2** 〖地〗 沖積〔土〕.

an|lan·gen[ánlaŋən] **I** 自 (s) ⦅雅⦆ (ankommen) ⦅場所を示す語句と⦆ (…に)着く, 到着する: am Ziel ~ 目的地に到着する | zu Hause ~ 自宅に着く | auf dem toten Punkt ~ (交渉などが)デッドロックに乗り上げる. **II** 他 (h) **1** (betreffen) ⦅*jn.*/*et.*⁴⦆ (…に)関係する, かかわる: was mich 〈diese Sache〉 *anlangt*, ... 私〈この件〉に関しては…. **2** ⦅南部⦆ (anfassen) (…に)手で触れる, さわる, つかむ. ᵛ**3** ⦅*jn.* um *et.*⁴⦆ (…に…を)請い求める.

An·laß[ánlas] 男 ..lasses/..lässe[..lɛsə] **1** (新しい行動・状況などをひき起こす)誘因, 動因, 原因, 動機, きっかけ; 根拠, 理由, いわれ: ein unmittelbarer ~ 直接のきっかけ | der ~ des Streites 争いの原因 | 〔der〕 ~ für *et.*⁴ 〈zu *et.*³〉 …の原因, …のきっかけ | Du hast allen 〈keinen〉 ~, mir böse zu sein. 君が僕に対して怒るのはまことにもっともだ〈怒る理由は全くない〉‖ ~ zu *et.*^{3} geben 〈bieten〉 …のきっかけを作る, …の原因となる | Der Vorfall hat ~ zum polizeilichen Eingriff gegeben. この事件が警察の介入をまねくきっかけとなった | Die Krankheit gibt keinen ~ zur Besorgnis. この病気はなんら心配するようなものではない ‖〖前置詞と〗**auf** *js.* ~ …の発起〈発案〉によって | auf ~ der Regierung 政府の提唱で | **aus** diesem ~ こういうわけで, それゆえに | aus einem geringfügigen ~ 〈**beim** geringsten ~〉 in Wut geraten ごく些細(ささい)なことにも激怒する | **ohne** jeden 〈allen〉 ~ なんの理由もなしに ‖ *et.*^{4} **zum** ~ nehmen …をきっかけにする, …を機会として利用する | Er nahm das Gespräch zum ~, Verbindungen anzuknüpfen. 彼はこの対談をきっかけにコネをつけた.

2 機会, チャンス; 場合, 折(おり); 事件: ein willkommener ~ ありがたい機会, 願ってもないチャンス | historische *Anlässe* 歴史的事件 ‖ jeden ~ benutzen 〈ergreifen〉 すべての機会を利用する〈捕らえる〉, どんなチャンスも逃がさない | ~ zu *et.*^{3} nehmen 〈ergreifen〉 …のための機会を捕らえる, 機会を捕らえて…する | Wir nehmen ~, Ihnen mitzuteilen, daß ... この機会にあなたにお伝えいたしますが… ‖〖前置詞と〗**aus** ~ seines 60. Geburtstages 彼の60歳の誕生日を祝って | **bei** diesem ~ この機会に, この際 | bei 〈**zu**〉 besonderen *Anlässen* 特別の場合に.

3 《スイス》 (Veranstaltung) 催し. **4** (エンジン・モーターなどの)始動, 起動. **5**〖金属〗焼きもどし. [◇veranlassen]

an|las·sen* [ánlasən] 《88》 **I** 他 (h) **1** (エンジン・モーターなどを)始動〈起動〉させる: einen Motor 〈einen Wagen〉 ~ エンジン〈車のエンジン〉をかける. **2 a)** 《話》 (anbehalten) (衣服などを)身に着けたままでいる, 脱がずにいる: den Mantel 〈die Schuhe〉 ~ コートを着たまま〈靴をはいたまま〉でいる. ▽**b)** (衣服などを)着たままにさせておく: *jm.* nicht einmal das Hemd ~ …に肌着さえ着せておかない; 《比》…を身ぐるみはぐ. **3** 《話》 (灯火・ラジオ・テレビなどを)つけたままにしておく, (…のスイッチを)切らずにおく; (栓などを)あけたままにしておく: das Licht 〈die Kerze〉 ~ 明かり〈ろうそくの火〉をつけたままにしておく: den Motor ~ エンジンをかけっぱなしにしておく. **4** 《雅》《*jn.*》しかりつける, どなりつける: *jn.* hart 〈grob〉 ~ …をひどく〈乱暴に〉しかりつける. **5** 再帰 *sich*^{4} ~ 《様態を示す語句と》《話》始まり〈出だし〉の調子は…である | Das Geschäft *läßt* sich gut 〈schlecht〉 *an.* 商売のスタートは好調である〈思わしくない〉 | Der Lehrling *ließ* sich ganz gut *an.* その見習生の仕事ぶりは初めからなかなかよかった ‖ ▽Es *läßt* sich zum Regnen *an.* 雨になりそうだ. **6**〖金属〗焼きもどす: Stahl ~ 鋼鉄を焼きもどす. ▽**7 a)** 追い立てる, かり立てる; die Hunde auf *jn.* 〈gegen *jn.*〉 ~ 犬を…に向かってけしかける. **b)** 《南部》 die Baumstämme ~ 木材を山のふもとに転がし落とす. ▽**8 a)** Wasser ~ 水を流入〈流出〉させる. **b)** den Teich ~ 池に水を流し込む.

II An·las·sen 中 -s/ (anlassen すること. 特に:)〖工〗(エンジン・モーターなどの)始動, 起動; 〖金属〗焼きもどし.

An·las·ser [ánlasər] 男 -s/- 〖工〗(エンジンの)始動装置, 始動機, スターター.

An·laß≠far·be [ánlas..] =Anlauffarbe ≠**kur·bel** 女 (エンジンの)始動クランク, 始動ハンドル.

an·läß·lich [ánlɛslɪç] 前 《2格支配》…の機会に, …を機縁として: ~ unserer Verlobung 我々の婚約に際して.

An·laß·wi·der·stand [ánlas..] 男〖電〗始動〈起動〉抵抗〔器〕.

an|la·sten [ánlastən] 《01》 他 (h) 《*jm. et.*^{4}》 **1** (…に…を)担わせる; 《比》(費用などを)負担させる. **2** (…に罪・責任などを)負わせる, (…を…の)せいにする.

an|lat·schen [ánla:tʃən] 《04》 自 (s) 《俗》《ふつう angelatscht kommen の形で》のろのろと〈足を引きずって〉やって来る.

An·lauf [ánlauf] 男 -〔e〕s/..läufe [..lɔyfə] **1** (anlaufen すること. 例えば:) 突進; 襲撃. **2 a)** 〖スポ〗助走; 〖空〗離陸滑走; 《比》走り出し, すべり出し, スタート〔への試み〕; (仕事・計画などの)開始; (機械などの)始動: ohne ~ springen 助走なしでジャンプする | ~ nehmen 助走する | einen ~ zu *et.*^{3} nehmen …へのスタートを試みる, …の下準備をする | einen guten ~ nehmen よいスタートを切る, すべり出しが上乗である | **einen neuen ~ nehmen** 〈**machen**〉 新たなスタートを切る, やり直しをする | Das Unternehmen ist erst im ~. その企てはようやく緒(ちょ)についたばかりだ | in den ersten *Anläufen* steckenbleiben スタートしたばかりで行きづまる. **b)** =Anlaufbahn **3** 増水; 高浪, 激浪. **4**〖狩〗(獲物が)射程内に来ること. **5** (ガラスの)曇り, (金属の)薄膜; 〖金属〗(青い)焼きなまし(焼きもどし)色. **6**〖建〗柱礎上開き〈逆小えぐり〉(→ 図); (屋根・壁などの)反り上がり. **7**〖船〗(竜骨の)先端部, (船首の)水切り.

Anlauf

An·lauf≠bahn 女〖スポ〗助走路; (スキーの)ジャンプ助走路; 〖空〗(離陸用)滑走路. ≠**be·stän·dig·keit** 女 (金属の)耐銹(たいしゅう)度. ≠**dreh·mo·ment** 中 始動トルク.

an|lau·fen* [ánlaufən] 《89》 **I** 自 (s) **1** 《ふつう angelaufen kommen の形で》(人・動物が)走って来る. **2** 《gegen *et.*^{4}》(走って行って…に)ぶつかる, 衝突する; 《比》(…に)反対〈抵抗〉する; (…に)違反する: mit dem Kopf gegen die Wand ~ 走って来て頭を壁にぶつける | gegen die Reform ~ 改革に反対する | gegen Vorurteile ~ 偏見と闘う. **3 a)** 走り〈進み〉始める; (機械が)動きだす, 作動し始める; (催し・事業などが)始まる: den Motor ~ lassen エンジンをかける | Das Flugzeug *läuft an.* 飛行機が滑走を始める | Die Produktion *läuft* schon *an.* 生産はもう始まっている | Der Film kann schon ~ その映画は封切りにこぎつけた. **b)** 〖スポ〗助走をする: für den Hochsprung ~ 走り高跳びの助走をする. **4** (表面が)曇る, 変色する: Die Brille *läuft an.* めがねが曇る | Die Wurst *läuft an.* ソーセージの表面が変色する | Sein Gesicht ist rot *angelaufen.* 彼の顔は赤くなった(怒り・羞恥(しゅうち)心などで) | Stahl 〔blau〕 ~ lassen 鋼に焼きを入れる | *jn.* 〔blau〕 ~ lassen 《比》…をひどい目にあわせる〈痛めつける〉. **5** (ゆるやかに)上昇〈膨張〉する, 増大する; 〖建〗(屋根が)せり上がる: Die Kosten *laufen* auf 4 000 Mark 〈zu einer ganz hübschen Summe〉 *an.* 費用は4000マルク〈かなりな額〉に達する | Die Straße *läuft an.* 道が上り坂になる | Das Wasser *läuft an.* 水かさが増す. ▽**6** 《bei *jm.*》《様態を示す語句と》(…に…の)扱いを受ける: bei *jm.* übel 〈schlecht / schief〉 ~ …にひどい扱いを受ける, …に拒絶される | Ich bin bei ihr schön *angelaufen.* 《反語》私は彼女にみごとにはねつけられたよ ‖ *jn.* ~ lassen …をはねつける. **7**〖狩〗(獲物が)射程内に近づく.

II 他 (h) **1** 《*et.*^{4}》〖海〗(…に)寄港する: eine Insel ~ (船が)島に寄港する. **2** 《*jn.*》 **a)** 襲う. **b)** (…に)ねだる, せがむ. **3**〖坑〗(手押し車で)運んで来る. **4** 《*et.*^{4}》《様態・時間などを示す語句と》〖スポ〗(ある距離を…で)走る: die ersten 200m zu langsam 〈in 30 Sekunden〉 ~ 最初の200メートルをあまりにも遅いペース〈30秒〉で走る.

An·lauf≠far·be [ánlauf..] 女 焼きもどし色; 〖鉱〗さび色. ≠**ha·fen** 男〖海〗寄航港〈地〉. ≠**kre·dit** 男 (会社などの)創設資金貸付〔金〕. ≠**lei·stung** 女〖工〗始動性能. ≠**zeit** 女 **1** (エンジンが所定回転数に達するまでの)始動所要時間. **2** 準備期間. **3** (初演の)上演期間; (封切り映画の)上映期間.

An·laut [ánlaut] 男 -〔e〕s/-e 〖言〗語頭音(語・音節の最初の音: →Auslaut, Inlaut).

an|lau·ten [ánlautən] 《01》 自 (h) 《mit *et.*^{3}》(語・音節が…で)始まる, (…を)頭音とする: „Kind" *lautet* mit „k" *an.* Kind は k の音で始まる ‖ *anlautende* Vokale 頭音としての母音.

an|läu·ten [ánlɔytən] 《01》 **I** 他 (h) **1** 《*jn.*》(…に)電話をかける. **2** (↔abläuten) 《*et.*^{4}》(…の)開始のベルを鳴らす, 鐘で(…の)開始を知らせる: ein Spiel ~ 試合開始の鐘を鳴らす | den Endlauf ~ (競走などの)最後の1周を知らせる. ▽**3** (鐘を)鳴らす. **II** 自 (h) **1** 《bei *jm.*》(…の住居の)呼び鈴を鳴らす. **2** 《bei *jm.* / スイス: *jm.*》(…のところに)電話をかける.

An·laut≠schwund [ánlaut..] 男 = Aphärese 1 ≠**spra·che** 女〖言〗頭音語(語頭音を連ねた一種の略語. 例

A

DIN＜Deutsche Industrie-Norm〔en〕).

an|lecken[ánlɛkən] 他 (h) (切手などを湿らすために)ちょっとなめる.

An·le·ge≠ap·pa·rat[ánle:ɡə..] 男〖印〗自動給送機, フィーダー. **≠brücke** 女 桟橋. **≠ge·bühr** 女 (船舶の)停泊料. **≠ka·pi·tal** 中 投下資本. **≠lei·ter** 女〔掛け〕はしご.

an|le·gen[ánle:ɡən][1] **I** 他 (h) **1 a)** 《et.[4] 〔an jn. 〈et.[4]〉〕》(…を〔…に〕)当てる, 添える, 当てがう, 置く, 接触〈付着〉させる: eine Leiter 〔an die Wand〕 ～ はしごを〔壁に〕掛ける | ein Lineal ～ 定規を当てる | einen Hund 〔an die Kette〕 ～ 犬を〔鎖に〕つなぐ | einen Säugling 〔an die Brust〕 ～ 乳児に乳を与える(→II 3) | die Ohren ～ (→Ohr 1) | 〔einen Dominostein / eine Karte〕 wieder ～ können 場に〔ドミノボーン・トランプを〕出すことができる ‖ einen milden 〈strengen〉 Maßstab 〔an et.[4]〕 ～ 〔…に〕ゆるやかな〈きびしい〉基準を当てはめる ‖ 〔bei et.[3] selbst mit〕 Hand ～ 〔…に自分から〕手を貸す〈力を貸す〉 | die letzte Hand 〈Feile〉 〔an et.[4]〕 ～ 〔…に〕最後の仕上げを加える | Hand an jn. 〈an sich[4] selbst〉 ～ …に危害を加える〈自殺する〉. **b)** 再帰 sich[4] an et.[4] ～ …によりかかる; …に付着する〈くっつく〉; …に没頭する | Die Erbsen haben sich an den Topf *angelegt*. えんどう豆がなべに焦げついた.

2 《et.[4] an et.[4]》(船を岸などに)横づけにする, (…を…に)接岸させる(→II 1): ein Boot ans Ufer 〈an ein Schiff〉 ～ ボートを岸〈船〉に着ける.

3 再帰 sich[4] mit jm. ～ …と争い〈いさかい〉を始める, …と悶着(もんちゃく)を起こす.

4 《et.[4] auf jn. 〈et.[4]〉》(…の)目標〈ねらい〉を(…に)置く(→II 2): das Gewehr auf jn. ～ …に向かって銃のねらいを定める | Das ist auf dich *angelegt*. それは君がねらいだ〈君への当てつけだ〉 | Der Plan war darauf *angelegt*, den Wiederaufbau in drei Jahren zu vollenden. その計画の目標は復興を3年間で完成することにあった | Er hat alles darauf *angelegt*, dich zu täuschen. 彼はなんとかして君をだまそうとした ‖〖es を目的語として〗**es auf et.[4] ～** …にねらいを定める, …をもくろむ, …を意図〈企図〉する | Er *legt* es darauf *an*, dich zu ruinieren. 彼は君を破滅させることをもくろんでいる | Du hast es wohl darauf *angelegt*, mich zu ärgern? 君はおおかた私に対していやがらせをするつもりだったのだろう.

5 《雅》(衣服・装身具・武器などを)身に着ける, 着用する: einen Orden ～ 勲章を佩用(はいよう)する | Trauer 〈Trauerkleidung〉 ～ 喪服を着る.

6 《jm. et.[4]》(…に…を)取り付ける, (強制的に)着用させる: einem Gefangenen Fesseln ～ 囚人に手かせ〈足かせ〉をはめる | einem Pferd den Zaum ～ 馬に馬勒(ばろく)を装着する | jm. einen Verband 〔am Kopf〕 ～ …〔の頭〕に包帯を巻く | jm. 〈et.[3]〉 Zügel ～ 《比》…を抑制する.

7 《et.[4]》(…の)基礎を置く, (…の)構想〈計画〉を立てる, 設計する; 設置する, 設備する, 設立〈創設〉する: einen Garten ～ 庭園を造る | eine Straße ～ 道路を建設する | ein Geschäft ～ 事業を創設する | eine neue Fabrik ～ 新しい工場を造る | Gas 〈Telefon〉 ～ ガス〈電話〉を敷設する | Statistiken 〈eine Akte / ein Verzeichnis〉 ～ 統計〈書類・目録〉を作る ‖ Der Plan ist so *angelegt*, daß ... 計画は…のように構想されている | ein breit 〈groß〉 *angelegter* Roman 雄大な構想をもった小説.

8 《et.[4]》 **a)** (金を)支出する, 出費する: für einen Anzug 500 Mark ～ 背広を買うために500マルク出す | Was 〈Wieviel〉 wollen Sie dafür ～? あなたはそれにどのくらいのお金を出すおつもりですか, それに対するあなたのご予算はいかほどですか. **b)** 投資する, 出資する: *sein* Geld vorteilhaft 〈zu 5%〉 ～ 自分の金を有利に〈5分の利息で〉投資する | das Kapital in Wertpapieren ～ 有価証券に投資する | die Zeit gut ～ 《比》時間を有効に使う.

9 a) 《et.[4]》(燃料を)燃やす, 火にくべる: Holz 〈Kohlen〉 〔ans Feuer〕 ～ 薪〈石炭〉を火にくべる. **b)** Feuer 〔an et.[4]〕 ～ i) 〔…に〕点火する; ii) 〔…に〕火をつける〈放火する〉.

10 Steuer ～ 税を課する, 課税する.

▽**11** (beifügen) (手紙などに)添付する: et.[4] im Brief ～ …を手紙に同封する.

▽**12** 《jn.》(…に素質・才能などを)賦与する: ein etwas sentimental *angelegtes* Mädchen 生まれつきいささか感傷的な少女(→angelegt II).

▽**13** (antun) 《jm. et.[4]》(…に気持を)示す, 表す; (…に仕打ちを)加える: jm. Ehre 〈Schande〉 ～ …に敬意を表する〈恥辱を加える〉.

II 自 (h) **1** (↔ablegen) 《場所を示す語句と》(船が…に)着く, 接岸〈投錨(とうびょう)〉する(→I 2): Das Schiff *legte* pünktlich am Kai 〈im Hafen〉 *an*. 船は時間どおりに埠頭(ふとう)に横づけになった〈港に停泊した〉. **2** 銃を構える, 銃でねらいを定める; 《auf jn. 〈et.[4]〉》(銃で…に)ねらいをつける(→I 4): Er *legte an* und schoß. 彼は銃を構えて発射した. **3** (乳児に)授乳する(→I 1). **4** 燃料をくべる(→I 9 a). **5** 非人称 Es *legt* bei jm. *an*. …の体に脂肪がつく, …が太り始める.

III an·ge·legt → 別出 [◇Anlage]

An·le·ge·platz[ánle:ɡə..] 男 船着き場, 桟橋, 波止場.

An·le·ger[ánle:ɡər] 男 -s/- (女 **An·le·ge·rin**[..ɡərɪn]-/-nen) **1**〖印〗**a)** (印刷機の)紙差し工, 給紙係. **b)** =Anlegeapparat **2 a)** 投資〈出資〉者. **b)** 設立〈創設〉者.

An·le·ge≠schloß[ánle:ɡə..] 中 南京(なんきん)錠. **≠steg** 男 **1** 桟橋. **2**〖印〗フォルマート, ファーニチュア, 間金(込め物の一種). **≠stel·le** 女 **1** (船舶の)停泊地, 上陸地. **2** =Anlegeplatz **≠tisch** 男 (印刷機・複写機などの)給紙台.

An·le·gung[ánle:ɡʊŋ] 女 -/-en anlegen すること.

▽**An·le·hen**[ánle:ən] (▽**An·lehn**[ánle:n]) 中 -s/- =Anleihe

an|leh·nen[ánle:nən] 他 (h) 《et.[4] an et.[4]》(…を…に)もたせかける, 寄せかける: eine Leiter an die Wand ～ はしごを壁に立てかける | Die Tür war nur *angelehnt*. i) 戸はきちんと閉まっていなかった; ii) 戸は鍵(かぎ)がかかっていなかった ‖ 再帰 sich[4] an et.[4] ～ …に寄りかかる, …にもたれる; 《比》…をよりどころとする, …に範をとる | sich[4] 〔mit dem Rücken〕 an einen Baum ～ 木に〔背中で〕もたれる | sich[4] an die Vorlage ～ 手本に準拠する | sich[4] an Goethe ～ ゲーテにのっとる.

An·leh·nung[..nʊŋ] 女 -/-en (sich anlehnen すること. 例えば:) 寄りかかること, 依拠, 準拠.

An·leh·nungs·be·dürf·nis 中 他人に頼りたいと思う気持, 依存心.

an·leh·nungs·be·dürf·tig 形 依存心のある.

An·lei·he[ánlaɪə] 女 -/-n **1** (国家・地方自治体・企業などによる長期にわたる金の)借り入れ, 借款(しゃっかん); 借り入れ金, 公債, 社債: öffentliche 〈staatliche〉 ～n 公債〈国債〉 ‖ eine ～ aufnehmen 〈zeichnen〉 起債する〈公債に応募する〉 | bei jm. eine ～ machen 《話》…に金を借りる. **2** (他人の思想・作品などの)借用, 剽窃(ひょうせつ): eine ～ bei Schiller machen シラーから借用する.

An·lei·he≠ab·lö·sung 女 借入金清算, 公債償還. **≠ka·pi·tal** 中 借入資本.

An·lei·hen[ánlaɪən] 中 -s/- 《スイス》=Anleihe 1

An·lei·he≠pa·pier 中, **≠schein** 男 公債証書, 債券. **≠schuld** 女 起債による債務.

an|lei·men[ánlaɪmən] 他 (h) **1** 《et.[4] an et.[4] 〈et.[3]〉》(…を…に)にかわで接着する: wie *angeleimt* sitzen 座り込んだままじっと動かない. **2** 《話》(betrügen) 《jn.》だます.

an|lei·nen[ánlaɪnən] 他 (h) (犬などを)綱でつなぐ.

an|lei·ten[ánlaɪtən] 《01》 他 (h) **1** 《jn.》指導する, (…に)手ほどきをする: den Lehrling ～ 徒弟〈見習生〉に仕事を教える | jn. zur Höflichkeit ～ / jn. ～, höflich zu sein …を礼儀正しくしつける. **2** 《et.[4]》 **a)** (…の)指導をする, (…の)指揮をとる. **b)** (植物のつる・枝などを適当にからませて)形を整える.

An·lei·ter[..tər] 男 -s/- (anleiten する人. 例えば:) 指導員, 教師.

An·lei·tung[..tʊŋ] 女 -/-en **1** 指導, 手ほどき, 手引き. **2** 手引書.

an|len·ken[ánlɛŋkən] 他 (h) 〖工〗(ふた・ドアなどを)蝶番(ちょうつがい)でとめる.

An·lern·be·ruf[ánlɛrn..] 男 (2年程度の)速成教育で間

に合う職業.

an|ler·nen[ánlɛrnən] 他 (h) **1** 《*jn.*》(…に)職業教育〈訓練〉を施す, 仕事の手ほどきをする: ein *angelernter* Arbeiter 職業教育を受けた労働者. **2** *sich*³ *et.*⁴ ~ …を速成教育で習得する.

An·lern·ling[..lɛrnlɪŋ] 男 -s/-e (速成教育を受けつつある)見習工員〈労働者〉, 養成工.

An·lern·zeit 女 (2年程度の)速成教育期間.

an|le·sen*[ánle:zən]¹ 《92》 他 (h) **1** (本を)読み始める, 読みかける. **2** 《*sich*³ *et.*⁴》(知識などを)読んで習得する: Seine Ansichten sind nur *angelesen.* 彼の意見は書物から仕入れただけだ ‖ ein *angelesenes* Wissen 書物から得た知識.

an|leuch·ten[ánlɔyçtən] 《01》 他 (h) 《*jn.*/*et.*⁴》(…に)光を当てる,(光を当てて)照らし出す.

an|lie·fern[ánli:fərn] 《05》 他 (h) **1** 《*jm. et.*⁴》(…に商品・資材などを)納入する, 届ける, 配達する. ▽**2** 《*jn.* mit *et.*³》(…に…を)供給する.

An·lie·fe·rung[..fərʊŋ] 女 -/-en (商品・資材などの)納入, 配達.

an|lie·gen*[ánli:gən]¹ 《93》 **I** 自 (h) **1** 《an *et.*³》(…に)隣接する; (…に)密接〈密着〉している: Das Haus *liegt* an der Straße *an.* その家は街路に面している ‖ eine eng 〈knapp〉 *anliegende* Hose 体にぴったり合ったズボン. **2** 《*jm.*》(…にとって)重要〈関心事〉である: Es *liegt* mir sehr *an,* ihm zu helfen. 私はなんとかして彼に力を貸したい. ▽**3** 《*jm.* um *et.*⁴》(…に…を)ねだる, せがむ. **4** 〘海〙(…に向かって)針路をとる: ostwärts 〈an einen Kurs〉 ~ 東〈ある方向〉にかじを取る. **5** 《話》(anstehen)(仕事などが)片づかずに残っている. **II An·lie·gen** 中 -s/- 心にかかっていること, 関心事; 願望, 切願: Ich habe ein ~ an Sie. あなたにぜひお願いしたいことがあります. **III an·lie·gend** 現分 形 《付加語的》 **1** 隣接する: ~*e* Häuser 隣接家屋. **2** (beiliegend) 〘商〙同封の, 添付の: ~*e* Kopien 同封のコピー | *Anliegend* 〔sende ich Ihnen〕 die Quittung. 領収書〔を〕同封〔いたします〕. **IV an·ge·le·gen** → 別出

▽**An·lie·gen·heit**[ánli:gənhaɪt] 女 -/-en =Anliegen

An·lie·ger[..li:gər] 男 -s/- 隣人, 近所の人; (特定の)道路〈水路〉沿いの居住者: 〔nur für〕 ~ frei (道路標識で)沿道居住者所有の車両のみ進入可.

An·lie·ger≠staat 男 (特定の河川・海域などに面する)沿岸国家: die ~*en* der Ostsee バルト海沿岸諸国. **≠ver·kehr** 男 沿道居住者のみに許可された道路交通.

an|lie·ken[ánli:kən] 他 (h) 〘海〙(帆を)ボルトロープで補強する. [◇Liek]

an|lin·sen[ánlɪnzən]¹ 《02》 他 (h) 《話》そっと見つめる.

an|locken[ánlɔkən] 他 (h) おびき寄せる; 《比》ひきつける.

An·lockung[..kʊŋ] 女 -/-en anlocken すること.

An·lockungs·mit·tel 中 おびき寄せる手段, おとり.

an|lö·ten[ánlø:tən] 《01》 他 (h) 《*et.*⁴ an *et.*⁴》(…を…に)はんだ付けする.

an|lü·gen*[ánly:gən]¹ 《97》 他 (h) 《*jn.*》(…に面と向かって)うそをつく, おく面もなくだます.

An Lu·schan[anluʃán] (**An Lu·shan**[ānlùʃān]) 人名 安禄山(705-57; 中国, 唐代の反乱者).

an|lu·ven[ánlu:vən¹, ..fən] 自 (h) (↔abfallen) 〘海〙針路を風上に転じる.

Anm. 略 =Anmerkung 1

An·ma·che[ánmaxə] 女 -/ 《話》(anmachen すること. 例えば:) 相手の気持をそそること, 言い寄ること; (sexuelle Belästigung) セクハラ.

an|ma·chen[ánmaxən] 他 (h) 《話》 **1** 《*et.*⁴》(特定の場所に)固定する, 取り付ける, 装着する: Gardinen ~ カーテンを取り付ける | ein Bild an der Wand ~ 絵を壁に掛ける(固定する). **2** (↔ausmachen)(火などを)おこす; (灯火などを)つける, 点火する; (ラジオなどの)スイッチを入れる: Feuer ~ 火をおこす | das Radio 〈die Heizung / den Ofen〉 ~ ラジオ〈暖房・ストーブ〉をつける. **3** (特定の目的のために)混ぜる, 混ぜ合わせる, 調合する: Gips 〈Mörtel〉 ~ 石膏(せっこう)〈モルタル〉を調合する | Farben mit Wasser ~ 絵の具を水に溶く ‖ frisch *angemachter* Salat (調味料・ドレッシングなどで)作りたてのサラダ. **4 a)** 《*jn.*》(…の)気持をそそる,(…の)気を引こうとする. **b)** 再帰 *sich*⁴ an *jn.* ~ …に言い寄る, …に取り入ろうとする.

an|mah·nen[ánma:nən] 他 (h) **1** 《*et.*⁴》(…の約束の実行などについて)注意を促す, 催促〈催告〉する: eine Antwort ~ 返事を促す | eine Ratenzahlung 〈ein ausgeliehenes Buch〉 ~ 分割払いの支払いを〈貸し出した本の返却を〉促す. ▽**2** 《*jn.* zu *et.*³》(…に…を)説き勧める.

An·mah·nung[..nʊŋ] 女 -/-en anmahnen すること.

an|ma·len[ánma:lən] 他 (h) **1** 《話》《*et.*⁴》(…に)絵の具〈塗料〉を塗る: Wände grün ~ 壁を緑色に塗る | *sich*³ die Lippen ~ 口紅を塗る ‖ 再帰 *sich*⁴ ~ はでに化粧する. **2** 《*et.*⁴》(絵などを)描く: eine Katze an die Wandtafel ~ 黒板に猫を描く.

An·marsch[ánmarʃ] 男 -[e]s/..märsche[..mɛrʃə] **1** 《ふつう単数で》(隊列を組んでの)接近, 前進, 進撃: **im ~ sein** 接近〈進撃〉中である | Er ist bereits im ~. 《戯》彼はすでにこちらに向かいつつある. **2** =Anmarschweg

an|mar·schie·ren[ánmarʃi:rən] 自 (s) (↔ abmarschieren)(隊列を組んで)接近〈進撃〉する, 行進して来る: *anmarschiert* kommen 行進〈進軍〉してやって来る.

An·marsch·weg 男 進撃路; 目的地までの道のり, 通勤〈通学〉路: einen langen ~ haben 目的地まで道のりが長い, 通勤〈通学〉先が遠い.

an|ma·ßen[ánma:sən] 《02》 **I** 他 (h) 《*sich*³ *et.*⁴》(…を)不当に行使する, 思い上がって(…を)あえてする: *sich*³ Autorität 〈Vorrechte〉 ~ わがもの顔に権威〈特権〉を振り回す | Ich *maße* mir kein Urteil darüber *an.* 私はそれに判断を下せる柄(がら)ではない | Was *maßt* du dir *an*? どうしてそんな大それた〈身のほど知らずな〉ことをするのか ‖ 〚zu 不定詞〔句〕と〛 Wieso *maßen* Sie sich *an,* mein Benehmen zu tadeln? 何の権利があって私の行動をとがめるのですか | Er *maßt* sich *an,* ein Dichter zu sein. 彼は詩人だとうぬぼれている. **II an·ma·ßend** 現分 形 思い上がった, 尊大な, 横柄な; うぬぼれの強い: ein ~*er* Ton 横柄な口調. [*mhd.*; ◇Maß]

▽**an·maß·lich**[..lɪç] = anmaßend

An·ma·ßung[..sʊŋ] 女 -/-en **1** 《単数で》思い上がり, 尊大. **2** 不当な行為.

an|mä·sten[ánmɛstən] 《01》 他 (h) **1** (家畜・家禽(かきん)を)太らせる, 肥育する. **2** *sich*³ ein Bäuchlein 〈ein Ränzlein〉 ~ (太って)腹が出てくる.

an|mau·len[ánmaulən] 他 (h) 《話》《*jn.*》(…に向かって)無愛想に〈仏頂面で〉話す.

an|meckern[ánmɛkərn] 《05》 他 (h) 《話》《*jn.*》(…に)絶えずけち〈文句〉をつける.

An·mel·de≠for·mu·lar[ánmɛldə..] 中 届け出〈申告・申請〉用紙. **≠frist** 女 届け出〈申告・申請〉期間. **≠ge·bühr** 女 申告〈申請〉手数料.

an|mel·den[ánmɛldən]¹ 《01》 他 (h) **1** (↔abmelden) **a)** 《*jn.*/*et.*⁴》(〔…の〕到着・来訪などを)告げる〈通告する・予告する〉; (所轄当局に〔…の〕入籍・転入などを)届け出る〈申告する・申請する〉: einen Besuch 〔telefonisch〕 ~ 訪問を〔電話で〕予告する | *seinen* Wohnsitz ~ (当局に)自分の住所を届け出る | das Kind bei 〈in〉 der Schule ~ 学校に子供の入学を申し込む ‖ 再帰 *sich*⁴ ~ 自分の到着〈訪問〉を告げる〈予告する〉; 自分の入籍〈転入〉を届け出る | *sich*⁴ polizeilich 〈bei der Polizei〉 ~ 警察に居住届を出す | Er hat sich ~ lassen. 彼は〔名刺を出して〕面会を求めた, 彼は刺(し)を通じた | Eine Grippe *meldete* sich bei ihm *an.* 《比》彼には流感の徴候が現れた. **b)** 《*et.*⁴》(所轄当局に…の)使用を届け出る; (…を)申告〈申請〉する: ein Patent ~ (特許局に)特許を出願する. **2** (自分の考え・希望などを)述べる, 申し立てる, 主張する: Ansprüche ~ 権利を主張する | Bedenken ~ 危惧(きぐ)を表明する | Berufung ~ 控訴する. **3** (教師・上役などに)告げ口する.

An·mel·de·pflicht 女 届け出〈申告・申請〉の義務.

an·mel·de·pflich·tig 形 Anmeldepflicht のある.

An·mel·de≠schein 男 =Anmeldeformular **≠ter·min** 男 届け出〈申告・申請〉期限.

An·mel·dung[ánmɛldʊŋ] 女 -/-en **1** 〔sich〕 anmelden すること: nur nach vorheriger ～ あらかじめ申し込みをした場合に限り. **2** 《話》(届け出を受け付ける)窓口, 受付.

an|men·gen[ánmɛŋən] 他 (h) 《方》かき混ぜる, 混ぜ合わせる; (粉セメントなどを)混合(調合)する.

an|mer·ken[ánmɛrkən] 他 (h) **1** 《*jm.* *et.*[4]》(…から…を)見て取る, 看取する, (…の)様子を見て(…に)気づく: *jm.* *seinen* Ärger 〈*seine* Sorgen〉 ～ …の様子から彼が腹を立てている〈彼に心配事がある〉のを察する | Man *merkte* ihm *an*, daß er krank war. 一見して彼が病気であることがわかった | Ich lasse mir nichts ～. 私はなんのそぶりも見せない.
2 (口頭で)注釈〈コメント〉を加える: Dazu möchte ich folgendes ～. それについて私は次のことを言っておきたい.
3 《(*sich*[3]) *et.*[4]》(覚えのために)記入する, ノートする; (…に)印をつける: *sich*[3] die Adresse 〈die Telefonnummer〉 ～ 住所〈電話番号〉を控えておく | einen Tag im Kalender rot ～ カレンダーの日付に赤い印をつける.

An·mer·kung[ánmɛrkʊŋ] 女 -/-en **1** (略 Anm.) 注〔解〕, 脚注: einen Text mit ～*en* versehen テキストに注釈を加える. **2** (主に口頭での)所見, コメント.

an·mer·kungs·wei·se 副 注釈を加える形で, 付言的に, コメントとして.

an|mes·sen*[ánmɛsən] 《101》 **I** 他 (h) **1** 《*jm.* *et.*[4]》(…の体に合わせて…の)寸法をとる: *jm.* einen Anzug 〈ein Paar Schuhe〉 ～ …の背広〈靴〉の寸法をとる | *sich*[3] vom Schneider ein Kostüm ～ lassen 仕立屋にスーツの寸法をとってもらう. **2** 《*et.*[4]》〔天〕(地球から他の天体までの)距離を測定する: mit Radarwellen den Mond ～ レーダー電波で月までの距離を測定する. **II** **an·ge·mes·sen** → 別出

an|mie·ten[ánmi:tən] 《01》 他 (h) 賃借する: einen Leihwagen ～ レンタカーを借りる.

an·mit[ánmɪt] 副 《ｽｲｽ》《官》(hiermit) これをもって.

an|mon·tie·ren[ánmɔnti:rən, ánmɔ̃t..] 他 (h) (↔abmontieren) (器具・機械〔の一部〕などを)取り付ける: eine Antenne 〈die Lenkstange an das Fahrrad〉 ～ アンテナ〈自転車にハンドル〉を取り付ける.

an|mo·sern[ánmo:zərn] 《05》 他 《話》《*jn.*》(…に向かって)不平を鳴らす; がみがみ言う.

an|mot·zen[ánmɔtsən] 他 (h) 《*jn.*》《話》(…を)叱りつける, (…に)文句〈いちゃもん〉をつける, (…に)からむ.

an|mur·ren[ánmʊrən] 他 (h) 《話》《*jn.*》(…に向かって)ぶつぶつ言う.

an|mu·stern[ánmʊstərn] 《05》 (↔abmustern) **I** 他 (h) 〔海〕乗組員として雇う: einen Arzt ～ 船医を雇う ‖ *sich*[4] ～ lasssen 乗組員となる. **II** 自 (h) 〔海〕乗組員となる: auf einem Schiff als Koch ～ ある船のコックになる.

An·mu·ste·rung[..tərʊŋ] 女 -/-en 〔海〕(船員の)乗り組み〈雇用〉契約.

An·mut[ánmu:t] 女 -/ 優美, 優雅, 典雅, 上品; (風景などの)美しさ: die ～ der Bewegungen 身ごなしの優美さ | voller ～ sein 優雅さに満ちている.

an|mu·ten[ánmu:tən] 《01》 他 (h) **1** 《*jn.*》《様態を示す語句と》(…に…の)気持を起こさせる, (…を…の)気分にする, (…に…の)感じを与える: *jn.* sonderbar 〈unheimlich〉 ～ …に奇妙〈不気味〉な印象を与える | Alles *mutete* ihn wie ein Traum *an*. すべては彼にとって夢のようであった. **2** 《ｽｲｽ》(zumuten) 《*jm.* *et.*[4]》(…に不当なものを)要求する. ▽**3** 《*jn.*》(…を)楽しい〈快い〉気分にする.

an·mu·tig[ánmu:tɪç][2] 形 優美な, 優雅〈典雅〉な, 上品な, 気品のある: eine ～*e* Gebärde 優雅な身ごなし | *jn.* ～ grüßen …に上品にあいさつする.

an·mut〔s〕≠los[ánmu:t(s)lo:s][1] 形 優美〈優雅〉さに欠けた, 品のない, 粗野な. ≠**voll**[..fɔl] 形 きわめて優美な, 優雅さに満ちた, 気品に満ちた.

An·mu·tung[ánmu:tʊŋ] 女 -/-en **1** 《ｽｲｽ》(Zumutung) (不当な)要求. **2** (漠然とした)気分, 印象.

An·na[ána·] 女名 アンナ. [*hebr.* „Gnade" (→Hanna[2]) -*gr.*]

an|na·deln[ánna:dəln] 《06》 他 (h) 《ｵｰｽﾄﾘｱ》《*et.*[4] 〔an *et.*[4]〕》(…を〔…に〕)ピンで留める.

an|na·geln[ánna:gəln] 《06》 他 (h) 《*et.*[4] an *et.*[4] 〈*et.*[3]〉》(…を…に)くぎで固定する, くぎ付けにする: Er stand da wie *angenagelt*. 彼はその場にくぎ付けになったように立ち尽くしていた.

an|na·gen[ánna:gən][1] 他 (h) 《*et.*[4]》(…の一部分を)かじる, かじりかける; 《比》むしばむ, 蚕食(さんしょく)する.

an|nä·hen[ánnɛ:ən] 他 (h) 縫って固定する, 縫い付ける: einen Knopf ～ ボタンを縫い付ける.

an|nä·hern[ánnɛ:ərn] 《05》 **I** 他 (h) **1 a)** 再帰 *sich*[4] *jm.* 〈*et.*[3]〉 ～ …に近づく, …に接近する; …に近似する | *sich*[4] dem Grenzwert ～ 〔数〕極限〔値〕に近づく ‖ beim *Annähern* an das Dorf 村に近づくときに. **b)** 再帰 *sich*[4] *jm.* ～ …と近づきになる, …と親しくなる. **2** 《*et.*[4] *et.*[3]》(…を…に)近づける, 適合させる: *et.*[4] einem Vorbild ～ …を手本に近いものにする | verschiedene Standpunkte einander ～ さまざまな立場を互いに歩み寄らせる. **II** **an·nä·hernd** 現分 形 (ungefähr) 《ふつう副詞的に》近似の, おおよその: eine ～ richtige Lösung ほぼ正しい解答 ‖ mit ～*er* Sicherheit ほぼ確実に | ～*e* Berechnung 概算.

An·nä·he·rung[..nɛ:ərʊŋ] 女 -/-en 〔sich〕 annähern すること: die ～ der feindlichen Flugzeuge 敵機の接近 | eine ～ an Verhältnisse 状況への適応〈対応〉.

An·nä·he·rungs≠po·li·tik 女 接近〈歩み寄り〉政策. ≠**ver·such** 男 接近〈歩み寄り〉工作; 〈異性などに〉言い寄ること.

an·nä·he·rungs·wei·se 副 ほぼ, およそ.

An·nä·he·rungs·wert 男 近似値.

An·nah·me[ánna:mə] 女 -/-n 《ふつう単数で》 **1 a)** 受取, 受領, 受納, 受理: die ～ eines Geschenkes 〈eines Paketes〉 贈り物の受領〈小包の受付〉 | die ～ verweigern 受取を拒絶する. **b)** 受付〔窓口〕, 取扱所: Gepäck*annahme* 手荷物受付〈取扱〉所. **c)** 〔商〕(手形の)引受.
2 a) 受け入れ, 受諾, 応諾; 承認; (動議などの)採択, 可決, 通過: die ～ einer Gesetzvorlage 法案の通過. **b)** 《人に関して》雇い入れ, 採用; 応接: die ～ eines Bewerbers 志願者の採用 | die ～ an Kindes Statt 養子縁組(＝Adoption). **c)** (主義・宗教などを)受け入れること; (習慣などを)身につけること.
3 (Vermutung) 推定; 仮定, 想定: eine falsche ～ 誤った仮定, 思い込み ‖ in 〈unter〉 der ～[3], daß ... …の仮定のもとに | Ich habe Grund zu der ～, daß ... 私が…と推定するには理由がある ‖ der ～[2] sein (…と)推量〈想定〉している.
[<annehmen]

An·nah·me≠er·klä·rung[ánna:mə..] 女 (手形などの)引受通告. ≠**schein** 男 受領証. ≠**stel·le** 女 受付所〈窓口〉, 取扱所〈窓口〉. ≠**ver·merk** 男 受領控え; (手形などの)引受通告. ≠**ver·wei·ge·rung** 女 (手形などの)引受拒絶; 〔郵〕受取拒否.

An·na·len[aná:lən] 複 **1** 年代記, 年史: **in die ～ eingehen** 《比》歴史に残る〈名をとどめる〉. **2** 年刊の定期刊行物, 年鑑, 年報. [*lat.*; ◇anno; *engl.* annals]

An·na·lin[analí:n] 中 -s/ アナリン(製紙用の石膏(せっこう)質白色剤).

An·na·list[analíst] 男 -en/-en 年代記作者, 年史の編者. [<Annalen]

An·nam[ánam] 地名 安南(インドシナ半島の旧帝国名, 現在のベトナムの一部). [*chines.*]

An·na·mit[anamí:t] 男 -en/-en 安南人. [<..it[3]]

an·na·mi·tisch[..tɪʃ] 形 安南〔人・語〕の: →deutsch

an|näs·sen[ánnɛsən] 《03》 ＝annetzen

An·na·ten[aná:tən] 複 〔ｶﾄﾘｯｸ〕(教皇への)聖職禄(ろく)取得納金. [*mlat.*; <*lat.* annus (→anno)]

Änn·chen[ɛ́nçən] 女名 エンヒェン: ～ von Tharau ターラウのエンヒェン(東プロイセン方言の歌).

An·ne[ánə] 女名 (<Anna) アンネ.

an·nehm·bar[ánne:mba:r] 形 **1 a)** 受け入れられる, 受諾できる: eine ～*e* Bedingung 受諾できる条件 | ein ～*er* Vorschlag 採択できる提案. **b)** (leidlich) なんとか我慢できる, まずまずの; かなりの, 相当な: ～*er* Preis 妥当な価格 | ein ～*es* Stück Geld 相当の金額 ‖ Er malt ganz ～. 彼の絵の腕前はかなりのものだ. **2** ＝annehmlich 1 **3** 仮定〈推定〉できる.

an|neh·men*[ánne:mən]《104》**I** 他 (h) **1**《*et.*[4]》**a)**（差し出されたものを）受ける, 受け取る, 受領〈受納〉する: ein Geschenk 〈ein Paket〉 ～ 贈り物〈小包〉を受け取る | den Ball ～〘球技〙ボールを受ける. **b)**（申し出などを）受け入れる, 受諾する, 承認する, 是認する;（…に）応じる;（案などを）採用〈採択〉する: einen Antrag ～ 動議を採択する | einen Vorschlag ～ 提案を受け入れる | eine Bedingung ～ 条件を受諾する〈のむ〉| eine Dissertation ～ 学位論文を認可する〈パスさせる〉| eine Einladung 〈einen Ruf〉 ～ 招待〈招聘(しょうへい)〉に応じる | eine Stellung ～ あるポストに就く | ein Theaterstück ～ 劇の上演を引き受ける ‖ Der Gesetzentwurf wurde in zweiter Lesung *angenommen*. 法案は第 2 読会で通過した. **c)**〘商〙(手形を)引き受ける: einen Wechsel nicht ～ 手形の引受を拒絶する. **d)**（助言・忠告などを）受け入れる, 心に受けとめる, 肝に銘じる: einen Rat von *jm.* ～ …からの忠告を受け入れる | *sich*[3] *et.*[4] ～《南部》…を自分のこととして受け取る〈心にかける〉.

2《*jn.*》(aufnehmen) 受け入れる; (einstellen) 雇い入れる, 採用する; (empfangen) 応接する,（来客などと）面接する;（患者を）応診する: eine Waise 〔an Kindes Statt〕 ～ 孤児を養子に迎える | neue Arbeiter ～ 新しい従業員を採用する ‖ Ich *nehme* heute keine Besuche *an*. 本日はだれとも面会しない | Nach 6 Uhr werden keine Patienten mehr *angenommen*. 6 時以後患者の診察は行いません.

3 a)（宗教・主義などを）受け入れる;（習慣などを）身につける,（…に）染まる: schlechte Manieren ～ 悪い癖がつく, 悪習に染まる ‖ einen anderen Namen ～ 別名を名乗る ‖ den christlichen Glauben ～ キリスト教の信仰に入る. **b)**（態度などを）とる;（表情などを）帯びる;（外観を）呈する: eine feindselige Haltung ～ 敵意ある態度をとる | Haltung ～ (→Haltung 1) | einen wehmütigen Ausdruck ～ 悲しげな表情をする | konkrete Gestalt ～ 具体的な形をとる | Räson 〈Vernunft〉 ～ (→Räson, →Vernunft) | ein trotziges Wesen ～ 反抗的に振舞う. **c)**《物を主語にして》受け付ける: Das Papier *nimmt* keine Tinte *an*. この紙はインクが乗らない | Der Stoff hat die Farbe gut *angenommen*. この布地はよく染まった.

4 (vermuten)（…と）推量する, 思う; (voraussetzen)（…と）仮定する, 想定する, 見なす: Ich *nehme an*, er wird morgen von seiner Reise zurückkommen. 彼はあす旅から戻ってくると思う | Wird das Buch bald erscheinen? —Ich *nehme* 〔es〕 *an*. その本は間もなく出版されますかーそう思います | Das kannst du ～.《話》きっとそうだよ | Die Polizei *nimmt an*, daß es sich um ein Verbrechen handelt. 警察はそれは犯罪事件であると考えている | Er hatte 〔irrtümlich〕 *angenommen*, daß sie verreist sei. 彼は彼女が旅行中だと思い込んでいた | Es wird allgemein *angenommen*, daß ... 一般に…と解されている | Er *nimmt an*, wieder gesund zu sein. 彼は病気が治ったつもりでいる | *et.*[4] als wahr 〈ausgemacht〉 ～ …を真実〈もう決まったこと〉と見なす | eine Entfernung von 1 000 Metern ～ 距離を1000メートルと仮定する | Wir wollen den guten Willen bei ihm ～. 我々は彼の善意を信じたい | *Nehmen* wir *an*, es sei so, wie er sagt! 彼の言うとおりだとしよう ‖〘過去分詞で〙*angenommen*, daß ...(→angenommen II 2 b).

5《雅》再帰 *sich*[4] *js.* 〈*et.*[2]〉 ～ (方: *sich*[4] um *jn.* 〈*et.*[4]〉 ～) …を引き受ける, …の面倒をみる, …を心にかける | *sich*[4] der Verletzten ～ 負傷者の世話〈治療・看護〉をする.

6〘狩〙**a)** einen Menschen 〈ein Tier〉 ～ 人〈動物〉に襲いかかる: *jn.* 〔**hart**〕 **～**《話》…を手荒く扱う; …を激しく批判〈非難〉する; …に釈明を求める. **b)** Futter ～ えさにくらいつく. **c)** eine Fährte ～ (野犬が)におい跡を追う. **d)** einen Wechsel ～ (野獣が)けもの道を通る.

7〘球技〙(パスされたボールを)キープする; レシーブする.

II an·ge·nom·men → 別出 [◇Annahme]

[▽]**an·nehm·lich**[ánne:mlıç] 形 **1** (angenehm) 快い, 愉快な, 快適な. **2** =annehmbar 1

An·nehm·lich·keit[-kaıt] 女 -/-en《ふつう複数で》快適, 愉快; 快楽: die ～*en* des Lebens 人生の楽しみ.

an·nek·tie·ren[anεktí:rən] 他 (h)（不法に・力ずくで）わが物にする, 強奪する;（他国の領土などを）併合する. [*lat.* annectere „an-knüpfen"; ◇Annex, Adnex]

An·nek·tie·rung[..ruŋ] 女 -/-en annektieren すること.

An·ne·li·de[anelí:də] 女 -/-n (Ringelwurm)〘動〙環形動物. [< *lat.* ānellus „Ringlein" (◇Anus)]

An·ne·lie·se[ánəli:zə] 女名 アンネリーゼ. [Anne+Liese[2]]

An·ne·ma·rie[..mari:] 女名 アンネマリー.

An·net·te[anέtə] 女名 アンネッテ. [*fr.* „Ännchen"]

an|net·zen[ánnεtsən]《02》他 (h) 軽くぬらす, 湿らせる.

An·nex[anέks] 男 -es/-e **1** (Anhängsel) 付属物; 付属書類;〘解〙付属器官. **2** =Annexbau [*lat.* annexus „Verbindung"; ◇annektieren, Adnex]

An·nex·bau 男 -[e]s/-ten 付属〈増築〉建造物.

An·ne·xion[anεksió:n] 女 -/-en（他国の領土の）併合. [*fr.*]

An·ne·xio·nis·mus[..sionísmus] 男 -/（他国の領土に関する）併合論, 併合主義〈政策〉.

An·ne·xio·nist[..níst] 男 -en/-en 併合論者.

an·ne·xio·ni·stisch[..nístıʃ] 形 併合論〈主義・政策〉〔上〕の.

anni《ラテ語》→ *anni* currentis, *anni* futuri, *anni* praeteriti [◇anno]

an|nicken[ánnıkən] 他 (h)《*jn.*》(…に向かって)うなずく.

an·ni cur·ren·tis[áni· kυrέntıs]《ラテ語》(略 a. c.) (laufenden Jahres) 今年〈本年・当年度〉に〈の〉. [◇kurrent]

an|nie·sen[ánni:zən][1]《02》他 (h)《*jn.*》**1** (…に向かって)くしゃみをする. **2**《話》どなりつける.

an|nie·ten[ánni:tən]《01》他 (h)《*et.*[4] 〔an *et.*[4]〕》(…を〔…に〕) 鋲(びょう)で固定する〈取り付ける〉.

an·ni fu·tu·ri[áni· futú:ri·]《ラテ語》(略 a. f.) (künftigen Jahres) 来年〈翌年〉に〈の〉. [◇Futurum]

An·ni·hi·la·tion[anihilatsió:n] 女 -/-en **1** 滅ぼすこと, 絶滅; 殲滅(せんめつ). **2** (法律・条約などの)無効宣言, 廃棄. **3**〘理〙(素粒子とその反粒子の合体による)対(つい)消滅.

an·ni·hi·lie·ren[..lí:rən] 他 (h) **1** 滅ぼす, 絶滅させる; (軍隊などを)殲滅(せんめつ)する. **2**《*et.*[4]》(法律・条約などの)無効を宣言する, 廃棄する. **3**〘理〙(素粒子とその反粒子を)対消滅させる. [*spätlat.*; < *lat.* nihil (→nihilistisch)]

an·ni prae·te·ri·ti[áni· prεté(:)riti·]《ラテ語》(略 a. p.) (vorigen Jahres) 昨年〈前年〉に〈の〉. [◇Präteritum]

An·ni·ver·sar[anivεrzá:r] 中 -s/-e, **An·ni·ver·sa·rium**[..rium] 中 -s/..rien[..riən] (Jahrestag) (例年の)記念日, 例祭日; (…)周年祭, 年忌;〘カトリック〙死者周年記念: das 50. ～ begehen 50周年祭を催す. [*mlat.*; < *lat.* anniversārius „jährlich" (◇vertieren[2])]

an·no[áno·] 副, **An·no**[−] 副 (略 a., A.) 西暦紀元…年に: ～ 1985 西暦1985年に | ～ dazumal (→dazumal) | ～ Schnee (→Schnee 1) | →*Anno* Domini, *anno* mundi, *Anno* Tobak [*lat.*; < *lat.* annus „Jahr"]

[▽]**an·noch**[annɔ́x, ⌣⌣] 副 いまなお, 依然として.

An·no Do·mi·ni[áno· dó:mini·]《ラテ語》(略 A. D.) (im Jahre des Herrn) 西暦紀元(キリスト誕生後)…年に.

An·no·mi·na·tion[anominatsió:n] 女 -/-en〘修辞〙類音を重ねる語法(例 eine *Grube graben*).

an·no mun·di[áno· múndi·]《ラテ語》(略 a. m.) (im Jahre 〔nach der Erschaffung〕 der Welt) 天地創造以来第…年に. [◇mundan]

An·non·ce[anɔ̃:sə, anɔ́ŋsə] 女 -/-n (Anzeige, Inserat)（新聞・雑誌などの）広告: eine ～ aufgeben（新聞などに）広告の掲載を依頼する. [*fr.*]

An·non·cen≈blatt[anɔ̃:sən.., anɔ́ŋsən..] 中 広告新聞〈雑誌〉. **≈bü·ro** 中, **≈ex·pe·di·tion** 女 広告代理店〈仲介所〉. **≈teil** 男（新聞などの）広告欄.

An·non·ceu·se[anɔ̃sø:zə] 女 -/-n（レストランで客の注文を調理場に伝える）取り次ぎ係の女.

an·non·cie·ren[..sí:rən] **I** 自 (h)（新聞・雑誌などに）

A

広告を出す. **II** 他 (h) **1** (新聞・雑誌などで)広告する, 広告で知らせる: neue Waren ～ 新しい商品の広告を出す. ▽**2** 再帰 *sich*⁴ ～ 名乗り出る, 出頭する. [*lat.* an-nūntiāre–*fr.*; ◇Nuntius; *engl.* announce]

An·no·ta·tion[anotatsió:n] 女 -/-en《ふつう複数で》**1** 注記, 注解, 注釈. **2** (旧東ドイツで)新刊書目録. [*lat.*]

Ạn·no Tọ·bak[áno· tó:bak]《話》大昔に, ずっと前に: Der Wagen ist noch von ～. その車はえらく古めかしい.

an·nuẹll[anuɛ́l] 形 **1** (einjährig)《植》1 年生の. ▽**2** (jährlich) 毎年の, 例年の. [*mlat.*–*fr.*; ◇anno]

An·nui·tät[anuitɛ́:t] 女 -/-en 年金; 年賦金. [*mlat.*; ＜*lat.* annuus „jährlich" (◇anno)]

an·nul·lie·ren[anʊlí:rən] 他 (h)《*et.*⁴》(…の)無効を宣言〈宣告〉する; 取り消す, キャンセルする. [*spätlat.*–*fr.*; ＜*lat.* ad nūllum „zu nichts" (◇null)]

An·nul·lie·rung[..rʊŋ] 女 -/-en 無効宣言; 取り消し, キャンセル.

An·nun·zia·tion[anʊntsiatsió:n] 女 -/-en《宗》(天使Gabriel による聖母マリアへの)神のお告げ, 受胎告知. [*mlat.*; ＜*lat.* an-nūntiāre (→annoncieren)]

An·nụn·zio[anúntsio] 人名 Gabriele d'～ [danúntsio] ガブリエーレ ダヌンツィオ(1863–1938; イタリアの詩人・小説家. 作品『死の勝利』など).

ano·blie·ren[anoblí:rən] 他 (h)《*jn.*》(…に)爵位を授ける, (…を)貴族に列する. [*fr.*; ◇nobel]

An·ọde[anó:də] 女 -/-n (↔Kathode)《電》陽極, アノード. [*gr.* án-odos „Auf-weg"–*engl.*; ＜ana..]

ạn|öden[án|ø:dən]¹ ⟪01⟫ 他 (h)《話》**1**《*jn.*》退屈させる, うんざりさせる: Das Leben *ödet* mich *an.* 私は人生にあきあきした. **2**《*jn.*》悩ます, (…に)迷惑をかける; (…に)しつこくからむ. [＜öde]

An·ọden≈bat·te·rie[anó:dən..] 女 陽極電池, B 電池. ≈**span·nung** 女 -/ 陽極電圧. ≈**strahl** 男 -(e)s/-en《ふつう複数で》陽極線. ≈**strom** 男 陽極電流.

an·ọdisch[anó:dɪʃ] 形《電》陽極の, 陽極に関する: ～*e* Oxydation 陽極酸化.

An·öku·mẹ·ne[an|økumé:nə, ◡◡◡–◡] 女 -/-n (極地帯・砂漠などの)無人地帯.

ano·mal[anomá:l, á(:)noma:l] 形 変則的な, 破格の, 異常な; 異例の. [*gr.*–*spätlat.*]

Ano·ma·lie[anomalí:] 女 -/-n[..lí:ən] **1** 変則, 破格, 異常. **2**《生》異常, 奇形. **3**《天》近点離角. [*gr.*–*spätlat.*; ＜ a..¹+*gr.* homalós „glatt" (◇homo..)]

ano·ma·lị·stisch[..lístɪʃ] 形《天》近点の, 近地点の, 近日〈月〉点の: ～*er* Mond 近点月 | ～*es* Jahr 近点年.

Ano·mie[anomí:] 女 -/-n[..mí:ən]《社》(社会的な価値や基準の失われた)無法状態, 無秩序, アノミー. [*gr.*–*nlat.*]

anọ·misch[anó:mɪʃ] 形 無法状態の, 無秩序の.

an·onym[anoný:m] 形 匿名の, 署名のない, 作者〈筆者〉不明の: ein ～*er* Brief 匿名の手紙 | eine ～*e* Flugschrift 無署名のパンフレット ‖ *jm.* ～ schreiben …に匿名で手紙を出す. [*gr.*–*spätlat.*; ＜a..¹+*gr.* ónyma „Name"]

ano·ny·mi·sie·ren[anonymizí:rən] 他 (h) (アンケート・統計などから個人名・個人に関するデータなどを抹消して)匿名にする; (一般に)匿名化する.

An·ony·mi·tät[..nymitɛ́:t] 女 -/ 匿名; 作者〈筆者〉不明: die ～ wahren 〈aufgeben〉 名前を伏せたままにしておく〈明かす〉.

An·ọny·mus[anó:nymʊs] 男 -/..mi[..mi·], ..men [anoný:mən] 匿名の筆者, 無名氏.

An·ọphe·les[anó:felɛs] 女 -/-《虫》ハマダラカ(羽斑蚊)(マラリアを媒介する). [*gr.* an-ōphelḗs „nutz-los"]

An·oph·thal·mie[an|ɔftalmí:] 女 -/《医》無眼球〔症〕. [＜a..¹+ophthalmo..]

An·opie[an|opí:] 女 -/-n[..pí:ən] ＝Anopsie

an·opi·stho·gra·phisch[an|opɪstográ:fɪʃ] 形 (古い写本・刊本などが)片面書き〈刷り〉の. [＜a..¹]

An·op·sie[an|ɔpsí:] 女 -/-n[..sí:ən]《医》盲目, 失明. [＜a..¹+*gr.* ópsis „Sehen"]

Ạno·rak[ánorak] 男 -s/-s《服飾》アノラック(フード付きの防寒用上着). [*eskimo.*]

ạn|ord·nen[án|ɔrdnən] ⟪01⟫ 他 (h) **1** 指示する, 指令〈命令〉する: Bettruhe ～ (医師が患者に)安静を命じる | Er *ordnete an*, alle Gefangenen zu entlassen. 彼は捕虜を全員釈放するよう指令した. **2** (一定の方式・計画に従って)並べる, 配列〈配置〉する; 整理する, 按配(あんばい)する: *et.*⁴ alphabetisch 〈nach Sachgruppen〉 ～ …をＡＢＣ順〈事項別〉に配列する.

Ạn·ord·nung[..nʊŋ] 女 -/-en **1** 指示, 指令, 命令: ～*en* treffen 指示〈指図〉をする, 指令を発する | *js.* ～*en*³ folgen …の指示に従う | auf ～ des Arztes 医師の指示に従って. **2** 配列; 配置: eine geschmackvolle ～ der Bilder 絵を趣味よく並べること.

An·ore·xie[an|ɔrɛksí:] 女 -/《医》食欲不振, 無食欲, 拒食症. [＜a..¹+*gr.* órexis „Verlangen"]

An·or·gạ·ni·ker[an|ɔrgá:nikər] 男 -s/- 無機化学者.

ạn·or·ga·nisch[án|ɔrga:nɪʃ, ◡◡⊥◡] 形《付加語的》(↔organisch)《化・生》無機の, 無機物の; 無生物の: ～*e* Chemie 無機化学.

ạnor·mal[á(:)nɔrma:l, ◡◡⊥] 形 (↔normal) 正常〈ノーマル〉でない, 変則的な, 異常な, 病的な. [＜abnorm+anomal]

An·or·thịt[anɔrtí:t, ..tít] 男 -s/《鉱》灰長石, アノーサイト. [＜a..¹+ortho..+..it²]

An·os·mie[an|ɔsmí:] 女 -/《医》無嗅覚(きゅうかく)〔症〕. [＜a..¹+*gr.* osmḗ (→Osmium)]

An·ostọ·se[..stó:zə] 女 -/-n《医》骨発育不全〔症〕, 骨痩削(そうさく). [＜a..¹+osteo..+ose]

An·ox·ämie[an|ɔksɛmí:] 女 -/《医》無〈低〉酸素血〔症〕. [＜a..¹+oxy..+..ämie]

An·paa·rung[ánpa:rʊŋ] 女 -/-en《畜》異種交配.

ạn|packen[ánpakən] 他 (h) **1 a)**《*jn.*/*et.*⁴》(…をしっかりと・手荒に)つかむ: *jn.* beim Kragen ～ …の襟首をひっつかまえる | ein heißes Eisen ～ (→Eisen 1). **b)**《*jn.*》(…に向かって)飛びかかる: *Pack an!* (犬に向かって)さあ飛びかかれ, かみつけ. **c)**《*jn.*》(喜び・恐怖・不快感などが…を)捕らえる. **d)**《目的語なしで》mit ～ (仕事などに)手を貸す.
2《様態を示す語句と》**a)**《*et.*⁴》(課題・任務などに)取りかかる, 着手する: eine Frage energisch 〈geschickt〉 ～ 問題に精力的に〈手ぎわよく〉取り組む. **b)**《*jn.*》取り扱う, 処遇する: Der Lehrer hat die Schüler hart *angepackt*. 教師は生徒たちを厳しく扱った.

ạn|pad·deln[ánpadəln] ⟪06⟫ 自 **1** (h) (↔abpaddeln)《カヌ》(シーズン開きの)こぎ初(ぞ)めをする: Gestern war *Anpaddeln*. きのうカヌーのこぎ初めがあった. **2** (s)《ふつう angepaddelt kommen の形で》カヌーで近づいて来る, (パドルで)こぎ寄って来る.

ạn|pap·pen[ánpapən] **I** 他 (h)《話》(紙片などを)はりつける. **II** 自 (s)《方》(雪・泥などが)べとつく, くっつく.

ạn|pas·sen[ánpasən] ⟪03⟫ **I** 他 (h) **1**《*jm. et.*⁴》(…の体に衣服などを)合わせる, 適合させる, (寸法をとるために…に…を)着せて〈はかせて〉みる: *jm.* einen Anzug ～ …の体に背広の寸法を合わせる | *jm.* eine Brille 〈die Schuhe〉 ～ …の視力にめがねの度を〈足に靴のサイズを〉合わせる | ein Kleid der Figur ～ ドレスを体形に合わせる ‖《目的語なしで》Der Schneider *paßt an*. 仕立屋が寸法をとる. **2 a)**《*et.*³ *et.*⁴》(…に…を)適合〈適応〉させる: *et.*⁴ *js.* Wünschen ～ …を…の希望に合わせる | die Kleidung der Jahreszeit ～ 服装を季節に合わせる | *sein* Leben den Umständen ～ 生活を環境に適合させる. **b)** 再帰 *sich*⁴ *et.*³ ～ …に適応〈順応〉する | *sich*⁴ *seiner* Umgebung ～ 環境に順応する | *sich*⁴ *js.* Meinung³～ …の意見に同調する. ▽**II** 自 (h)《*jm.*》(…に)合う, 適合する: Der Schuh *paßt* mir nicht *an*. この靴は私の足に合わない.

Ạn·pas·sung[ánpasʊŋ] 女 -/-en《ふつう単数で》(〔sich〕 anpassen すること. 例えば:) 適合; 適応, 順応; (Adaptation)《生》応化: die ～ der Löhne 〈der Mieten〉 賃金〈賃貸料〉の調整.

an·pas·sungs·fä·hig 形 適応〈順応〉力のある; 融通のきく, 協調的な.

An·pas·sungs≈fä·hig·keit 女 -/ , **≈ver·mö·gen** 中 -s/ 適応〈順応〉力; 融通〈柔軟〉性.

an|pei·len[ánpaılən] 他 (h) **1** 《*et.*⁴》〘海·空〙(コンパス·電波などで…の)方位〈位置〉を測定する. **2** 《*et.*⁴》(測定した目標に)針路を向ける; 《比》(…を)目指す, (…に向かって)努力する; 《*jn.*/*et.*⁴》《話》(…に)目をつける, 注目する.

An·pei·lung[..lʊŋ] 女 -/-en anpeilen すること.

an|peit·schen[ánpaıtʃən] 《04》 他 (h) 《*jn.* zu *et.*³》(…に…を)無理に強いる, 強制する: *jn.* zur Schwerarbeit ~ …に重労働を強いる.

An·pfahl[ánpfa:l] 男 -[e]s/..pfähle[..pfε:lə] 〘坑〙かさ木, 支柱.

an|pfäh·len[ánpfε:lən] 他 (h) 《*et.*⁴》(…を)支柱で支える, 支柱に固定する〈縛りつける〉; 《*jn.*》(…を)さらし者にする.

an|pfei·fen*[ánpfaıfən] 《108》 (↔ abpfeifen) **I** 他 (h) **1** 笛を吹いて開始〈再開〉させる: Fußballspiel ~ サッカーの試合の開始のホイッスルを吹く. **2** 《話》 **a)** 《*jn.*》がみがみしかりつける. **b)** *sich*³ einen ~ 一杯やって酔う. **II** 自 (h) 開始〈再開〉の笛を吹く.

An·pfiff[..pfıf] 男 -[e]s/-e **1** (↔Abpfiff) 〘スポーツ〙試合開始〈再開〉のホイッスル. **2** 《話》きついおしかり, 大目玉.

an|pflan·zen[ánpflantsən] 《02》 他 (h) **1** 《*et.*⁴》 **a)** (草花·樹木·野菜などを)植える: Bäume im Garten ~ 庭に樹を植える. **b)** (庭·花壇·畑などに)草花〈樹木·野菜〉を植える. **2** (特定の植物を)栽培する: Kaffee 〈Tabak〉 ~ コーヒー〈タバコ〉を栽培する. ᵛ**3** 再帰 *sich*⁴ ~ (ある土地に)住みつく, 定住する.

An·pflan·zung[..tsʊŋ] 女 -/-en **1** anpflanzen すること. **2** 栽培地; 植林〈造園〉地.

an|pflau·men[ánpflaumən] 他 (h) 《話》《*jn.*》 **1** (…を)からかう, ひやかす. **2** (…を)ののしる, 罵倒する.

an|pflocken[ánpflɔkən] (**an|pflöcken**[..pflœkən]) 他 (h) 杭(くい)につなぐ; 杭で固定する.

an|pfrop·fen[ánpfrɔpfən] 他 (h) 《*et.*⁴》〘園〙(…を他の木に)つぎ木する; 〘建〙(材木を)つぎ足してのばす.

an|picken¹[ánpıkən] 他 (h) (くちばしで)つつく, ついばむ; ついばむように食べる.

an|picken²[−] 《オーストリア》 **I** 自 (s) くっつく, はりつく, ねばりつく. **II** 他 (h) くっつける, はりつける.

an|pin·keln[ánpıŋkəln] 《06》 他 (h) 《俗》《*jn.*/*et.*⁴》(…に)小便をひっかける, 小便でよごす.

an|pin·nen[ánpınən] 他 (h) 《北部》(びょう·ピンなどで)留める, 固定する. [＜Pinne]

an|pin·seln[ánpınzəln] 《06》 他 (h) 《話》 **1** 《*et.*⁴》(…に塗料を)刷毛で塗る: die Wände ~ 壁にペンキを塗る ‖ 再帰 Sie hat sich gewaltig *angepinselt*. 彼女は派手に化粧をしている. **2** 《*et.*⁴》(文字などを)筆で書きつける.

an|pir·schen[ánpırʃən] 《04》 他 (h) **1** 〘狩〙(獲物に)足音を忍ばせて近づく, 忍び寄る: ein Wild ~ 獲物に忍び寄る. **2** 再帰 *sich*⁴ an *et.*⁴ 〈*jn.*〉 ~ …に忍び寄る | *sich*⁴ an das Wild ~ 獲物に忍び寄る.

an|pis·sen[ánpısən] 《03》《俗》＝anpinkeln

an|plär·ren[ánplεrən] 他 (h) 《俗》《*jn.*》どなりつける.

An·pö·be·lei[anpø:bəláı] 女 -/-en ＝Anpöbelung

an|pö·beln[ánpø:bəln] 《06》 他 (h) 《話》《*jn.*》(…に対して)野卑な言葉をはく, しつこくからむ.

An·pö·be·lung[..bəlʊŋ] (**An·pöb·lung**[..blʊŋ]) 女 -/-en anpöbeln すること.

an|po·chen[ánpɔxən] 自 (h) 《方》(anklopfen) (ドアなどを)たたく, ノックする: bei *jm.* ~ …のところのドアをノックする; 《比》…に打診する | um *et.*⁴ ~ …のことを打診する.

an|pol·tern[ánpɔltərn] 《05》 自 (s) 《ふつう angepoltert kommen の形で》ドタバタと〈足音荒く〉近づいて来る.

An·prall[ánpral] 男 -[e]s/-e 《ふつう単数で》激しくぶつかること, 激突, 衝突: der ~ des Meeres an die Küste 岸に打ち寄せる激浪.

an|pral·len[ánpralən] 自 (s) 《an *et.*⁴ / gegen *jn.*》(…に)いきおいよく突き当たる, 激突する: Der Regen *prallt* an das Fenster *an*. 雨が激しく窓をたたく.

an|pran·gern[ánpraŋərn] 《05》 他 (h) **1** 《*jn.*》(罪人などを)さらし者にする. **2** 《比》《*jn.* / *et.*⁴》(…を)公の場で非難〈攻撃〉する, やり玉にあげる, 弾劾する.

An·pran·ge·rung[..ŋərʊŋ] 女 -/-en anprangern すること.

an|prei·en[ánpraıən] 他 (h) 《*jn.*》〘海〙(他の船〔の乗組員〕に)呼びかける.

an|prei·sen*[ánpraızən]¹ 《110》 他 (h) ほめそやす, 推賞〈吹聴(ふいちょう)〉する, (商品を)宣伝する.

An·prei·sung[..zʊŋ] 女 -/-en anpreisen すること.

an|pre·schen[ánprεʃən] 《04》 自 (s) 《話》《ふつう angeprescht kommen の形で》大急ぎでかけつける.

an|pres·sen[ánprεsən] 《30》 他 (h) 《*et.*⁴ an *et.*⁴》(…を…に)〔強く〕押しつける: das Ohr an die Tür ~ (盗聴するために)ドアに耳を押し当てる ‖ 再帰 *sich*⁴ an den Boden ~ 地面にぴったり身を伏せる.

An·pro·be[ánpro:bə] 女 -/-n **1** (衣服·靴などの)試着; 仮縫いの着付け: zur 〔ersten〕 ~ gehen 〔1回めの〕仮縫いに行く. **2** 試着室: in die ~ gehen 試着室に入る.

an|pro·ben[ánpro:bən]¹ (**an|pro·bie·ren**[..probi:rən]) 他 (h) **1** (衣服·靴などを)試着する: Handschuhe ~ 手袋をはめてみる ‖ ~ gehen 仮縫いに行く. **2** 《*jm.* *et.*⁴》(…に…を)試着させる; (仮縫いを)着せて寸法を確かめる.

an|puf·fen[ánpʊfən] 他 (h) 《話》《*jn.*》(…に)激しくぶつかる, 激突する.

an|pum·meln[ánpʊməln] 《06》 他 (h) 《方》《*jn.*》(…に)厚着をさせる: 再帰 *sich*⁴ ~ 厚着する, 着ぶくれる.

an|pum·pen[ánpʊmpən] 他 (h) 《話》《*jn.* um *et.*⁴》(…に…を)せびる, (…から…を)せしめる, (無理に)借りる.

an·pumpt[ánpʊmpt] 形 《オーストリア》(angeführt) 一杯くわされた, 当てが外れた.

an|pu·sten[ánpu:stən] 《01》 他 (h) 《話》《*jn.*》(…に息などを)吹きかける: Der Wind *pustet* ihn *an*. 風が彼に吹きつける.

An·putz[ánpʊts] 男 -es/ 《方》派手な〈けばけばしい〉衣装, 晴れ着, 盛装.

an|put·zen[ánpʊtsən] 《02》 他 (h) 《方》《*jn.* / *et.*⁴》(…を)派手に着飾らせる, 飾りつける; (…に)晴れ着を着せる: den Weihnachtsbaum ~ クリスマスツリーに飾りつけをする ‖ 再帰 *sich*⁴ ~ 派手に着飾る, めかしこむ, 盛装する.

an|qua·ken[ánkva:kən] 他 (h) 《話》《*jn.*》(…に)キイキイ声で話しかける; どなりつける.

an|quä·len[ánkvε:lən] 他 (h) (楽しさなどを)無理に装う.

an|quas·seln[ánkvasəln] 《06》 他 (h) 《話》《*jn.*》(…に)(ぺちゃくちゃと)話しかける.

an|quat·schen[ánkvatʃən] 《04》 他 (h) 《話》《*jn.*》(…に)あつかましい態度で〈うるさく〉話しかける.

an|quel·len⁽*⁾[ánkvεlən] 《111》 **I** 自 (s) 《不規則変化》(芽が)ふくらみ始める, 急速に発芽する.
II 他 (h) 《規則変化》発芽を促す.

an|quir·len[ánkvırlən] 他 (h) 〘料理〙かき混ぜる; かき混ぜながら入れる.

an|ra·deln[ánra:dəln] 《06》 自 (s) 《ふつう angeradelt kommen の形で》自転車でやって来る.

an|rai·nen[ánraınən] 自 (h) (angrenzen) 隣接する: 〘ふつう現在分詞で〙das *anrainende* Grundstück 隣接地所. [＜Rain]

An·rai·ner[ánraınər] 男 -s/- 《オーストリア》＝Anlieger

An·rai·ner≈macht 女 隣接〔強〕国: eine ~ des Mittelmeeres 地中海に臨む国. **≈staat** 男 隣接国. **≈ver·kehr** 《オーストリア》＝Anliegerverkehr

An·rand[ánrant] 男 -s/ 《南部》(Anlauf) 走り寄ること, 突進; 走り出し, 助走. [＜Rand 5]

an|ran·ken[ánraŋkən] 他 (h) つるでからみつかせる: 再帰 *sich*⁴ an *et.*⁴ ~ (植物が)つるで…にからみつく.

an|ran·zen[ánrantsən] (**an|raun·zen**[..rauntsən]) 《02》 他 (h) 《話》(anherrschen) 《*jn.*》(…を)どなりつける.

An·ran·zer (**An·raun·zer**)[..tsər] 男 -s/- 《話》手きびしい非難, きつい叱責(しっせき).

A

an|ra·sen[ánra:zən][1] ⟪02⟫ 自 (s) ⟪ふつう angerast kommen の形で⟫ すごいスピードでやって来る.

an|ras·seln[ánrasəln] ⟪06⟫ **I** 自 (s) ⟪ふつう angerasselt kommen の形で⟫ ガラガラ〈カタカタ〉音をたててやって来る. **II** 他 (h) ⟪話⟫ ⟪*jn.*⟫ どなりつける, (…に向かって)がみがみ言う.

an|ra·ten*[ánra:tən] ⟪113⟫ 他 (h) ⟪*jm. et.*[4]⟫ (…に…を)勧める, 勧告する: *jm.* Ruhe 〈Vorsicht〉 ~ …に安静〈用心〉を勧める ‖ auf *Anraten* des Arztes 医者の勧めに従って.

an|rat·tern[ánratərn] ⟪05⟫ 自 (s) ⟪ふつう angerattert kommen の形で⟫ ガタゴトと近づいて来る.

an|rau·chen[ánrauxən] **I** 他 (h) **1** (タバコに点火して)吸い始める: *jm.* eine Zigarre ~ …の葉巻に火をつけてやる | eine Pfeife ~ (新しい)パイプをおろす〈使い始める〉 ‖ eine *angerauchte* Zigarre 吸いさしの葉巻. **2** (…に)煙を吹きかける; いぶす, すすけさせる. **II an·ge·raucht** → 別出

an|räu·chern[ánrɔyçərn] ⟪05⟫ 他 (h) (肉・魚などを)少しいぶす, 軽く燻製(くんせい)にする.

An·räu·che·rung[..çəruŋ] 女 -/-en anräuchern すること.

an|rau·[h]en[ánrauən] 他 (h) ⟪*et.*[4]⟫ (…の)表面を少しざらざらにする; ⟪比⟫ (声を)かすれさせる.

An·raum[ánraum] 男 -[e]s/ ⟪南部・オーストリア⟫ (Rauhreif) 樹氷. [< *ahd.* rām „Schmutz"]

an|raun·zen = anranzen

An·raun·zer = Anranzer

an|rau·schen[ánrauʃən] ⟪04⟫ 自 (s) ⟪ふつう angerauscht kommen の形で⟫ ザワザワ〈サラサラ〉音をたてながらやって来る; 大げさな身振りでやって来る.

an·re·chen·bar[ánrεçənba:r] 形 (anrechnen できる. 例えば:) 算入可能な.

an|rech·nen[ánrεçnən] ⟪01⟫ 他 (h) **1** ⟪*jm. et.*[4]⟫ (…を…の)勘定につける: *jm. et.*[4] als Guthaben ~ …を…の貸方に記入する | Private Telefongespräche muß man Ihnen ~. 私用の電話はあなたに〈ご自身に〉支払っていただきます. **2** (bewerten) 評価する; 計算〈考慮〉に入れる: *jm. et.*[4] als Verdienst ~ …を…の功績と見なす | ***jm. et.***[4] **hoch ~** …の…を高く評価する | die Untersuchungshaft auf die Strafe ~ 未決拘留期間を刑期に算入する | das alte Auto mit 500 Mark ~ 古い自動車(の下取り価格)を500マルクと査定する | Ich *rechne* es mir zur Ehre *an*, Ihnen zu dienen. あなたにお仕えすることは光栄です.

An·rech·nung[..nuŋ] 女 -/-en ⟪ふつう単数で⟫ anrechnen すること: unter ~ der Zinsen 利子を算入して, 利子込みで | ***et.***[4] **in ~ bringen** ⟪官⟫ …を計算〈考慮〉に入れる.

an·rech·nungs·fä·hig 形 算入可能な.

An·recht[ánrεçt] 中 -[e]s/-e **1** 要求〈請求〉権: ein ~ auf *et.*[4] besitzen 〈haben〉 …に対する請求権を持つ | ein ~ aufgeben 〈geltend machen〉 権利を放棄〈行使〉する. **2** (観劇・音楽会などの)定期予約, 会員権: *sein* ~ erneuern 〈erwerben〉 予約を更新〈獲得〉する.

An·recht·ler[-lər] 男 -s/- 要求〈請求〉権を持つ人; (観劇・音楽会などの定期的)予約申込者, 定期会員.

An·rechts·kar·te 女 (演劇・演奏会などの)定期会員券.

An·re·de[ánre:də] 女 -/-n **1** 呼びかけ[の形式], 呼称: eine höfliche 〈eine offizielle〉 ~ 丁重な〈正式の〉呼びかけの言葉 | die ~ mit „du" du を使っての呼びかけ. **2** (他人から)話しかけられること. **3** ⟪スイス⟫ (Ansprache) (短い)あいさつの言葉, スピーチ: eine ~ halten あいさつ〈スピーチ〉をする.

An·re·de≈fall 男 (Vokativ) 〘言〙 呼格. **≈form** 女 呼びかけの形式, 呼称形式; (手紙の)書き出しの形式.

an|re·den[ánre:dən][1] ⟪01⟫ **I** 他 (h) **1** ⟪*jn.*⟫ **a)** (ansprechen) (…に)話しかける, 言葉をかける: *jn.* [auf] deutsch ~ …にドイツ語で話しかける. **b)** ⟪様態を示す語句と⟫ (…に…の形式で)呼びかける: *jn.* mit „du" 〈„Sie"〉 ~ …に du 〈Sie〉で呼びかける | *jn.* mit *seinem* Titel ~ …に肩書きをつけて呼びかける. **2** ⟪方⟫ ⟪*jn.* um *et.*[4]⟫ (…に…を)頼む, 請い求める, せがむ. **II** 自 (h) ⟪gegen *et.*[4]⟫ (…にさからって)大声で自分の主張を通そうとする.

an|re·gen[ánre:gən][1] **I** 他 (h) **1** ⟪*jn.* / *et.*[4]⟫ (刺激して…に)活気を与える, 活気づける, 活発にする, 興奮させる: den Appetit ~ 食欲を促す | den Kreislauf ~ 血行を盛んにする ‖ 〘目的語なしで〙 Kaffee *regt an*. コーヒーは元気を与えてくれる ‖ 〘現在分詞で〙 ein *anregendes* Mittel 刺激〈興奮〉剤 | Die Diskussion war sehr *anregend*. その討論は大いに刺激を与えてくれた〈非常に示唆に富むものだった〉. **2 a)** ⟪*jn.* zu *et.*[3]⟫ (…に…をしようとする)気を起こさせる: *jn.* zum Nachdenken ~ …を反省的な気持にさせる. **b)** ⟪*et.*[4]⟫ (人々に…への)関心を起こさせる, (…してはどうかと)提案〈提唱〉する: ein Projekt ~ ある構想〈プロジェクト〉を提案する. **3** 〘理〙 励起する. **II an·ge·regt** → 別出

An·re·ger[ánre:gər] 男 -s/- 刺激〈示唆〉を与える人, 提案〈提唱〉者.

An·re·gung[..guŋ] 女 -/-en **1** ⟪単数で⟫ anregen すること: *et.*[4] in ~ bringen ⟪官⟫ …を提案する | ein Mittel zur ~ des Appetits 食欲増進剤. **2** 刺激, 示唆: *sich*[3] wertvolle ~*en* holen 貴重な示唆を得る. **3** 提起された問題, 提案: eine ~ befolgen 提案に従う.

An·re·gungs·mit·tel 中 刺激〈興奮〉剤.

an|rei·ben*[ánraibən][1] ⟪114⟫ 他 (h) **1** ⟪方⟫ (マッチを)すって火をつける. **2** (固形の顔料を)こすって水に溶く, (墨を)する. **3** (のりづけしたものを)しごいて密着させる.

an|rei·chen[ánraiçən] 他 (h) ⟪*jm. et.*[4]⟫ (…に…を)手渡す.

an|rei·chern[ánraiçərn] ⟪05⟫ 他 (h) 蓄積する; (溶液などを)濃縮する; (添加して)強化する: *et.*[4] mit Vitamin ~ …にビタミンを添加する ‖ *sich*[3] *et.*[4] ~ …を摂取蓄積する ‖ 再帰 *sich*[4] in *et.*[3] ~ …に蓄積される ‖ *angereichertes* Uran 濃縮ウラン.

An·rei·che·rung[..çəruŋ] 女 -/-en (anreichern すること. 例えば:) 濃縮; 〘医〙 増菌[法]; 集卵[法].

An·rei·che·rungs·an·la·ge 女 濃縮装置〈工場〉.

an|rei·hen[ánraiən] 他 (h) **1** 並べる, 列に加える: Perlen ~ 真珠を糸につなぐ ‖ eine *anreihende* Konjunktion 〘言〙 並列の接続詞 ‖ 再帰 *sich*[4] ~ 並ぶ, (列に)加わる | Ein Unglück *reihte* sich ans andere *an*. 不幸が次々と起こった. **2** ⟪また 過 rieh an, 過分 angeriehen⟫ 〘服飾〙 **a)** 粗く縫う, 仮縫いする; しつけをする. **b)** ひだ〈ギャザー〉をとる: Der Rock ist dicht *angereiht*. そのスカートは細かいギャザーがとってある.

An·rei·hung[..uŋ] 女 -/-en anreihen すること.

An·reim[1][ánraim] 男 -[e]s/ ⟪南部・オーストリア⟫ = Anraum

An·reim[2][−] 男 -[e]s/-e (Stabreim) 〘詩〙 頭韻.

an|rei·men[ánraimən] 自 (h) (alliterieren) 頭韻を踏む.

An·rei·se[ánraizə] 女 -/-n **1** (目的地までの)旅行, 往路. **2** (↔Abreise) (旅行者の)到着.

an|rei·sen[ánraizən][1] ⟪02⟫ 自 (s) **1** (目的地へ)旅行する, 往路の旅をする. **2** (旅行者が)到着する: aus allen Richtungen ~ (観光客などが)四方八方からやって来る ‖ *angereist* kommen 旅をしてやって来る.

an|rei·ßen*[ánraisən] ⟪115⟫ **I** 他 (h) **1** ⟪*et.*[4]⟫ (…に)裂け目〈裂け口〉をつける; ⟪話⟫ (封などを切って)使い始める, (…に)手をつける: eine Schachtel Zigaretten ~ タバコの箱の封を切る | Vorräte 〈den letzten Notgroschen〉 ~ ストック〈最後の蓄え〉に手をつける. **2** ⟪方⟫ (マッチなどを)する, こすって点火する. **3** (綱を使ってエンジンを)かける, 始動させる: den Außenbordmotor ~ 船外発動機を始動させる. **4** 〘林〙 (目印のために樹皮に)刻み目をつける. **5** ⟪*et.*[4]⟫ 〘工〙 (加工すべき金属材料などに)罫書(けがき)をする. **6** ⟪話⟫ ⟪*jn.*⟫ (客引きが客に)しつこく呼びかける, 誘いの言葉をかける, 客寄せする. **7** (テーマ・問題などを)話題にする, 話題として取り上げる. **II an·ge·ris·sen** → 別出

An·rei·ßer[ánraisər] 男 -s/- **1** 〘工〙 罫書(けがき)工. **2** ⟪話⟫ **a)** 客引き, 客寄せする人, 大道商人. **b)** (客寄せのための)宣伝用商品, 目玉商品.

an·rei·ße·risch[..sərɪʃ] 形 ⟪話⟫ 大道商人的な, 客寄せ的な; どぎつい: ein ~*es* Plakat どぎついポスター.

An·reiß≈na·del 女 〘工〙 罫書(けがき)針. **≈win·kel** 男 〘工〙 かね尺, 直角定規.

an|rei·ten*[ánraitən] ⟪116⟫ **I** 自 **1** (s) (↔abreiten) ⟪ふつう angeritten kommen の形で⟫ 馬に乗って近づいて来る. **2** (s) 馬に乗って出かける. **3** (s) 〘軍〙 騎馬で進撃する:

gegen den Feind ～ 騎馬で敵を攻める. **4** (h) (↔abreiten) (乗馬のシーズン開きに)乗り初(ぞ)めをする. **II** 他 (h) **1** (障害などに)馬に乗って近づく. **2** (馬を)調教する, 乗り馴(な)らす.

An·reiz[ánraɪts] 男 -es/-e 刺激; 励まし, 促し, そそのかし: ein ～ zum Sparen 節約の励み〔となるもの〕| einen materiellen ～ bieten 〈geben〉 物質的な刺激を与える.

an|rei·zen[ánraɪtsən] 《02》 他 (h) **1** 《*jn.* zu *et.*³》 (…に…への)刺激を与える, (…を…へと)励ます〈促す・そそのかす〉: *jn.* zum Trinken ～ …に飲みたい気を起こさせる. **2** 《*et.*⁴》 (欲望などを)呼びさます, 刺激する: den Appetit 〈die Neugier〉 ～ 食欲〈好奇心〉をそそる | die Sinne ～ 官能をくすぐる.

an|rem·peln[ánrɛmpəln] 《06》 他 (h) 《話》《*jn.*》 **1** (…に)〔故意に〕突き当たる. **2** 侮辱する; 罵倒(ばとう)する.

An·rem·pe·lung[..pəlʊŋ] (**An·remp·lung** [..plʊŋ]) 女 -/-en anrempeln すること.

an|ren·nen*[ánrɛnən] 《117》 **I** 自 (s) **1** 《ふつう angerannt kommen の形で》 走って来る. **2** 《話》《an *et.*⁴ / gegen *et.*⁴》 走って来て(うっかり…に)ぶつかる: mit dem Knie gegen den Stuhl ～ 走って来てひざをいすにぶつける. **3** 《gegen *et.*⁴》 (…に向かって)突進する; (…に)立ち向かう, 逆らう: gegen feindliche Stellungen ～ 敵の陣地に向かって突撃〈突進〉する | gegen die Vernunft ～ 理性に反してばかなまねをする | gegen die Zeit ～ 時代の流れに逆らう. **II** 他 (h) 《*sich*³ *et.*⁴》《場所を示す語句と》 (うっかり…を…に)ぶつける: An dieser Ecke *renne* ich mir immer wieder das Knie *an*. このかどで私はいつもひざをぶつける.

An·rich·te[ánrɪçtə] 女 -/-n 食器戸棚つき配膳(はいぜん)台 (→ ⊗ Schrank); 配膳室.

an|rich·ten[ánrɪçtən] 《01》 他 (h) **1** (料理を)仕上げ〔て配膳(はいぜん)す〕る, 盛り付ける: eine Soße mit Gewürz ～ ソースに香料を加えて仕上げをする | Es 〈Das Essen〉 ist *angerichtet*. 食事の用意ができました. **2** (不幸・災害などを)ひき起こす, (ひどいことを)しでかす: ein Blutbad ～ 大殺戮(さつりく)を行う | etwas Schönes ～ 《反語》 とんでもないことをしでかす. **3** (…に)照準を合わせる.

An·rich·te·tisch 男 配膳(はいぜん)台.

an|rie·chen*[ánri:çən] 《118》 他 (h) **1** 《*et.*⁴》 (…の)においをかぐ. **2** 《*jm. et.*⁴》 (…の)においをかいで(…を)知る: Man *riecht* ihm den Whisky *an*. 彼はウィスキーくさい.

an|rie·men[ánri:mən] 他 (h) ひも〈ベルト〉で固定する. [<Riemen¹]

An·riß[ánrɪs] 男 ..risses/..risse **1** (小さな)裂け目, ひび, 亀裂(きれつ). **2** 《ボート》 (オールの)引き. **3** 《工》 (野書(けがき)による)下図, 下絵. [<anreißen]

An·ritt[ánrɪt] 男 -[e]s/-e 騎馬での接近〈出発〉; 《軍》 騎馬攻撃. [<anreiten]

an|rit·zen[ánrɪtsən] 《02》 他 (h) 《*et.*⁴》 (…に)小さな引っかき傷をつける; 《比》 (…に)軽く言及する: *jm.* das Ohr leicht ～ (血液検査のため) …の耳に軽いかき傷をつける.

an|rol·len[ánrɔlən] **I** 自 (s) **1** 転がり始める; 《比》 (捜査などが)開始される. **2** (↔abrollen) 《しばしば angerollt kommen の形で》 (車両が)走って〈近づいて〉来る. **3** (注文などが)舞い込む, (注文した品が)到着する. **4** gegen *jn.* 〈*et.*⁴〉 ～ (車が)…にぶつかる. **II** 他 (h) (ある場所へボール・たるなどを)転がしながら運ぶ; (商品を馬車などで)輸送する.

an|ro·sten[ánrɔstən] 《01》 自 (s) (金属が)少しさびる, さびだす: ein *angerosteter* Nagel さびかけたくぎ.

an|rö·sten[ánrø:stən, ánrœs..] 《01》 他 (h) (パンなどを)少し焦がす.

an|rot·zen[ánrɔtsən] 《02》 他 (h) 《俗》《*jn.*》 (乱暴な言葉で)どなりつける.

an·rü·chig[ánrʏçɪç]² 形 悪い〈とかくの〉うわさのある, いかがわしい, うさん臭い: eine ～*e* Person いかがわしい人物. [*mndd.* anrüchtig; ◇Gerücht]

An·rü·chig·keit[–kaɪt] 女 -/ anrüchig なこと.

an|rucken[ánrʊkən] **I** 自 (h) (車両などが)ゴトンと動き出す. **II** 他 (h) ぐいと引っぱる.

an|rücken[ánrʏkən] **I** 他 (h) **1** 《*et.*⁴》 (…を少し)押して動かす, 押してずらす. **2** 《*et.*⁴ an *et.*⁴》 (…を…に)押して〈ずらして〉近づける: den Stuhl an den Tisch ～ いすを机に寄せる. **II** 自 (s) **1** (隊列を組んで)近づいて来る; 進軍して来る; 《話》 やって来る: Er kam mit Kind und Kegel *angerückt*. 彼は一家総出でやってきた. **2** 《方》 ＝anrucken I

an|ru·dern[ánru:dərn] 《05》 自 **1** (s) 《ふつう angerudert kommen の形で》 ボートで〈こぎながら〉近づいて来る. **2** (h) (↔abrudern) 《ボート》 (シーズン開きの)こぎ初(ぞ)めをする: Heute ist *Anrudern*. きょうはボート開きがある.

An·ruf[ánru:f] 男 -[e]s/-e **1** 呼びかけ, 呼び声; 《軍》 (歩哨(ほしょう)などの)誰何(すいか): der ～ des Gewissens 良心の呼び声. **2** 電話をかける〈電話がかかってくる〉こと; 通話: Ich erwarte seinen ～. 彼から私に電話がかかってくることになっている | Heute kamen acht ～*e*. きょうは8回電話がかかってきた.

An·ruf·be·ant·wor·ter 男 -s/- 留守番電話機.

an|ru·fen⁽*⁾[ánru:fən] 《121》 **I** 他 (h) **1** 《*jn.*》 (…に)声をかける, 呼びかける; (歩哨(ほしょう)などが)誰何(すいか)する: ein vorbeifahrendes Taxi ～ 通りかかったタクシーを呼び止める | den Heiligen Ulrich ～ (→Ulrich). **2** 《*jn.*》 (…に)電話をかける(→telefonieren): einen Bekannten 〈die Polizei〉 ～ 知人〈警察〉に電話をかける | *Ruf* mich heute abend *an*! 今晩ぼくに電話してくれ. **3** 《雅》《*jn.* / *et.*⁴》 (…に)頼む, 嘆願する; (…に)仲介を依頼する: *jn.* um Hilfe ～ …の助力を求める | *js.* Mitleid ～ …の同情を請う | *js.* Vermittlung ～ …に斡旋(あっせん)を依頼する | *jn.* als Zeugen 〈zum Zeugen〉 ～ (→Zeuge).

II 自 (h) 《場所を示す語句と》 (…に)電話をかける: bei *jm.* ～/ 《スイ》 *jm.* ～ …の家に電話をする | im Klub 〈auf dem Standesamt〉 ～ クラブ〈戸籍局〉に電話する | zu Hause ～ 家に電話する | von zu Hause ～ 家から電話する | der Storch hat 〔bei *jm.*〕 angerufen (→Storch 1 b).

An·ru·fer[ánru:fər] 男 -s/- (anrufen する人. 特に:) 電話をかけて来た人.

An·ru·fung[..fʊŋ] 女 -/-en (anrufen すること. 特に:) 嘆願, 懇願, 依頼.

an|rüh·ren[ánry:rən] 他 (h) **1** 《*jn.*/*et.*⁴》 (…にちょっと)触れる; 《比》 (…に)手をつける: *Rühr*〔*e*〕 mich nicht *an*! 私に手を触れるな(→Rührmichnichtan) | keinen Bissen ～ (→Bissen 1) | kein Buch ～ ちっとも本を読まない | Zinsen 〈das Essen〉 nicht ～ 利息〈食事〉に手をつけない. **2** 《雅》《*jn.*》 (…を)感動させる, 感銘を与える. **3** かき混ぜる, 混ぜ合わせる: Farben mit Wasser ～ 絵具を水で溶く.

an|ru·ßen[ánru:sən] 《02》 他 (h) 〔少し〕すすけさせる: *angerußte* Häuserwände すすけた家々の〔外〕壁. [<Ruß]

ans[ans] <an das

an|sä·en[ánzɛ:ən] 他 (h) **1** (種子を)まく: Weizen ～ 小麦〔の種〕をまく. **2** 《*et.*⁴》 (…に)種子をまく: Felder mit Weizen ～ 畑に小麦をまく.

An·sa·ge[ánza:gə] 女 -/-n **1** (↔Absage) (放送番組・舞台の演目などにおける)冒頭のアナウンス, 口上. **2** (口頭での)通知; 《スポ》 (競技結果などの)アナウンス; (監督の選手に対する)指示; 《劇》 (幕間などの)お知らせ, アナウンス; 《トランプ》 (ブリッジなどにおける)ビッド. **3** (Diktat) (筆記させるための)口述.

an|sa·gen[ánza:gən]¹ **I** 他 (h) **1 a)** 告げる, 通知〈通告〉する; 予告する; アナウンスする; 《トランプ》 (切り札などを)宣言する, ビッドする: den Bankrott ～ 破産を宣言する | *jm.* 〈*et.*³〉 den Kampf 〈den Krieg〉 ～ (→Kampf, →Krieg) | das Programm ～ 番組をアナウンスする | Er hat seinen Besuch für heute *angesagt*. 彼はきょう訪ねて来ると言っていた. **b)** 再帰 *sich*⁴ 〔bei *jm.*〕 ～ 〔…のところに〕(自分の)訪問〈出頭〉を予告する | Er hat sich für 15 Uhr 〈zum nächsten Wochenende〉 *angesagt*. 彼は午後3時に〈次の週末に〉来ると言っていた. **2** (diktieren) 口述する: einen Brief 〈ein Telegramm telefonisch〉 ～ 手紙を〈電報を電話で〉口述する. ᵛ**3 a)** (sagen) 言う, 述べる; 告げる. **b)** (verraten) 打ち明ける, (秘密などを)もらす. **II an·ge·sagt** → 別出

an|sä·gen[ánzɛ:gən]¹ 他 (h) 《*et.*⁴》 (のこぎりで樹木などを)ちょっとひく, (アンプルなどに)切り込みをつける.

A

An·sa·ger[ánza:gər] 男 -s/- (女 **An·sa·ge·rin**[..gərın] -/-nen) **1** (テレビ・ラジオなどの)アナウンサー. **2** (寄席などの)司会者, 口上係.

an|sa·men[ánza:mən] 他 (h) 再帰 *sich*⁴ ~ 〘林〙(実が落ちて)自然に生える, 実生(みしょう)の木が生える. [<Samen]

an|sam·meln[ánzaməln] ⦅06⦆ 他 (h) 集める, 集積する: Kunstschätze ~ 美術品を収集する | Reichtümer ~ 富を蓄積する ‖ 再帰 *sich*⁴ ~ 集まる; たまる | Staub *sammelt* sich *an.* ほこりがたまる | Unzufriedenheit hat sich in ihm *angesammelt*. 不満が彼の心の中に鬱積(うっせき)した ‖ jahrelang *angesammelter* Groll 積年の恨み.

An·samm·lung[..zamluŋ] 女 -/-en **1** (〔sich〕ansammeln すること. 例えば:) 集積, 蓄積; 収集. **2** (Auflauf) 群集, 人だかり.

An·sa·mung[ánza:muŋ] 女 -/-en 〘林〙(落ちた実から)自然に育った若木, 実生(みしょう).

an·säs·sig[ánzɛsıç]² 形 **1** (ある場所に)居住(定住)している: die ~*e* Bevölkerung 定住民 | ~ werden / *sich*⁴ ~ machen 住居を定める, 定住する. **2** ⦅場所を示す語句と⦆ (…に)住みついた, 定住している: die in Tokio ~*en* Ausländer 東京在住の外国人たち | Er ist auch dort ~. 彼もそこに住んでいる. [<Anseß „fester Wohnsitz" (◇sitzen)]

An·säs·sig·keit[–kaıt] 女 -/ 居住, 定住.

An·satz[ánzats] 男 -es/..sätze[..zɛtsə] **1** (Beginn) 始まり: **a**) 開始点, 発端〔部〕: der ~ des Haars ⟨des Ohres⟩ 髪の生えぎわ⟨耳の付け根⟩ | der ~ des Kragens カラー⟨襟首⟩の線. **b**) (発育増大の初発段階:) 萌芽(ほうが), きざし; 〘生〙(器官の)原基; 〘植〙発芽: ein ~ vom Schnupfen 鼻かぜのひきかけ⟨徴候⟩ | *Ansätze* zur Kultur 文化の萌芽 | *Ansätze* zur Besserung zeigen 回復のきざしが見える | den ~ zu *et.*³ haben …のきざし⟨徴候⟩がある | den ~ eines Bauches ⟨zu einem Bauch⟩ haben 腹がせり出し始める ‖ Der ~ der Frucht ist schon zu sehen. (植物に)もう実がつきかけている. **c**) (Anlauf) 助走; ⦅比⦆ 端緒, (最初の)試み; 手がかり, 糸口: einen ~ zum Sprung machen 跳躍のために助走する | einen ~ zum Reden machen 話を始めようとする | einen ~ zu einer Versöhnung machen 和解の手がかりを見いだそうと試みる ‖ gute *Ansätze* zeigen すべり出しは上乗である | nicht über die *Ansätze* hinauskommen 試みの域を出ない.

2 〘楽〙(歌うときの)音調の出し方, 歌唱法; (吹奏するときの)唇の位置, 吹奏〔法〕, アンザッツ: einen guten ~ haben 吹奏法⟨歌い方⟩がよい.

3 a) つぎ足し〔部分〕; 〔パイプなどの〕連結管. **b**) 付加〔物〕, 付着〔物〕, 沈殿〔物〕, 堆積(たいせき)〔物〕: ein ~ von Rost さびの層 | den ~ von Zahnstein entfernen 歯石を除去する | der ~ von Land 〘地〙沖積土.

4 (価格などの)評価, 査定, 見積もり; 計上項目: außer ~³ bleiben 勘定〔計算〕には入らない, 勘定⟨顧慮⟩されないままである | *et.*⁴ mit 100 Millionen Mark in ~⁴ bringen …を1億マルクと査定する | *jm.* einen Betrag in ~⁴ bringen ある金額を…の勘定につける. **5** 〘数〙(方程式などを) 立てること, 式. **6** 〘化〙沈積〔物〕. **7** 〘鉱〙鉱床. [*mhd.*; ◇ansetzen]

An·satz⸗punkt[ánzats..] 男 **1** (事を始めるための)出発点, 手がかり. **2** 〘坑〙(作坑の)口切り点. ⸗**rohr** 中 **1** 〘工〙連結⟨付属⟩管. **2** 〘解〙声道, 付属管; 〘言〙調音付属管(喉頭腔(こうとうこう)・口腔・鼻腔など). ⸗**stück** 中 **1** 〘工〙継ぎ足し部品, アタッチメント. **2** 〘楽〙(管楽器の)歌口.

an|säu·ern[ánzɔʏərn] ⦅05⦆ **I** 自 (s) すっぱくなる.
II 他 (h) (少し)すっぱくする; 〘料理〙(こね粉に)パン種を入れる; 〘化〙(…に)酸を加える, 酸性化する.

an|sau·fen*[ánzaufən] ⦅123⦆ 他 (h) ⦅*sich*³ *et.*⁴⦆ 〔酒を〕飲んで(…を)手に入れる, 飲酒のせいで(…の状態に)なる: *sich*³ Mut ⟨einen Bauch⟩ ~ 酒を飲んで元気を出す⟨太鼓腹になる⟩ | *sich*³ **einen** 〔**Rausch**〕 **~** ⦅話⦆ 酔っぱらう.

an|sau·gen⁽*⁾[ánzaugən]¹ ⦅124⦆ **I** 他 (h) **1** 吸って引き寄せる, 吸引する; 吸入する: Luft mit einer Pumpe ~ ポンプで空気を吸引する | Städte *saugen* Menschen *an*. 都会が人々をひきつける. **2** einen Schlauch ~ (液体を吸い上げるために)ゴム管を吸う. **3** 再帰 *sich*⁴ 〔an *et.*⁴〕 ~ (ヒル・カタツムリなどが)〔…に〕吸いつく. **II** 自 (h) 吸い始める.

An·saug⸗lei·tung[ánzauk..] 女 〘工〙吸い込み⟨吸入⟩マニホルド. ⸗**rohr** 中 〘工〙吸い込み⟨吸い上げ⟩管, ピペット. ⸗**ven·til** 中 〘工〙吸い込み⟨吸い口⟩弁, 吸気弁.

an|säu·seln[ánzɔʏzəln] ⦅06⦆ **I** 他 (h) **1 a**) ⦅*et.*⁴⦆ (風が…に向かって)そよそよと吹きつける. **b**) ⦅俗⦆ ⦅*jn.*⦆ どなりつける. **2** *sich*³ **einen ~** ⦅話⦆ 軽く一杯やる, いささか酔っぱらう.
II an·ge·säu·selt → 別出

an|sau·sen[ánzauzən]¹ ⦅02⦆ 自 (s) ⦅ふつう angesaust kommen の形で⦆ ⦅話⦆ ものすごいスピードでやって来る.

Ans·bach[ánsbax] 地名 アンスバッハ(ドイツ中南部, Franken の町). [<Onold (人名; ◇Oswald)+Bach¹]

An·schaf·fe[ánʃafə] 女 -/ **1** ⦅俗⦆ (Prostitution) 売春: auf die ~ gehen 売春しに行く. **2** ⦅俗⦆ 調達, 入手: auf die ~ gehen 調達しに行く **3** ⦅方⦆ 就職⟨就業⟩の機会. **4** ⦅バイエルン⦆ (Anordnung) 指示, 命令. **5** ⦅俗⦆ (Diebstahl) 盗み.

an|schaf·fen[ánʃafən] **I** 他 (h) **1** (↔abschaffen) 手に入れる, 調達する, 購入する: 〔*sich*³〕 Möbel ⟨einen neuen Anzug⟩ ~ 家具を買う⟨背広を新調する⟩ | *sich*³ Kinder ⟨eine Freundin⟩ ~ ⦅話⦆ 子供⟨ガールフレンド⟩をつくる | *sich*³ ein dickes Fell ~ (→Fell 2). **2** ⦅南部・オーストリア⦆ ⦅*jm. et.*⁴⦆ 命令⟨指示⟩する; (給仕などに料理などを)注文する: Wer zahlt, *schafft an*. (→zahlen II). **II** 自 (h) **1** ⦅方⦆ 働いて金を稼ぐ. **2** ⦅俗⦆ ~ gehen (金のために)身を売る, 売春をする. **3** ⦅俗⦆ 盗みを働く.

An·schaf·fer[..fər] 男 -s/- ⦅俗⦆ どろぼう, 盗人(ぬすと).

An·schaf·fe·rei[anʃafəráı] 女 -/-en ⦅南部・オーストリア⦆ 命令すること(→anschaffen I 2).

An·schaf·fung[ánʃafuŋ] 女 -/-en **1** (anschaffen すること. 特に:) 調達, 入手; 買い入れ, 購入: ~*en* machen (金目のものをやたらに)買い込む. **2** 調達⟨購入⟩した品物.

An·schaf·fungs⸗ko·sten 複 購入⟨仕入れ⟩費用, 原価. ⸗**preis** 男 仕入れ値, 元値. ⸗**wert** 男 仕入れ価格, 原価.

an|schäf·ten[ánʃɛftən] ⦅01⦆ 他 (h) **1** (道具・武器などに)柄⟨台⟩をつける. **2** (品質改良のため…に)つぎ木をする.

an|schal·ten[ánʃaltən] ⦅01⦆ 他 (h) (↔ abschalten) **1** (電流などを)スイッチで入れる: das Licht ~ (スイッチをひねって)電灯をつける. **2** ⦅*et.*⁴⦆ (…の)スイッチを入れる: das Radio ⟨den Fernseher⟩ ~ ラジオ⟨テレビ⟩のスイッチを入れる.

An·schan[ánʃan] 地名 鞍山, アンシャン(中国, 遼寧 Liaoning 省南部の重工業都市).

an|schau·en[ánʃauən] **I** 他 (h) (ansehen) **1** ⦅*jn.*/*et.*⁴⦆ 見る, 見つめる, 眺める: *jn.* aufmerksam ⟨prüfend⟩ ~ …を注意深く⟨じろじろ⟩見る | Ich *schaue* solche Leute nicht *an*. ⦅比⦆ 私はこんな連中は見たくもない⟨相手にしない⟩ | Es war drollig *anzuschauen*. それはこっけいな光景だった. **2** ⦅〔*sich*³〕 *jn.* ⟨*et.*⁴⟩⦆ (ある意図をもって…を)じっくり見る, 見物⟨観察⟩する: *sich*³ einen Film ~ 映画を見る.
II an·schau·end 現分 形 〘哲〙 直観⟨観照⟩的な.

an·schau·lich[ánʃaulıç] 形 目に見えるような, 具象的⟨具体的⟩な; はっきりとした, わかりやすい; 〘哲〙 直観的⟨観照的⟩な: eine ~*e* Schilderung 生き生きとした描写 | *et.*⁴ ~ erzählen …を具体的に⟨わかりやすく⟩述べる.

An·schau·lich·keit[–kaıt] 女 -/ anschaulich なこと.

An·schau·ung[ánʃauuŋ] 女 -/-en **1** ものの見方⟨考え方⟩; 見解, 意見: eine gesunde ⟨naive⟩ ~ 健全な⟨素朴な⟩ものの考え方 | *js.* politische ~*en* …の政治観⟨政治的見解⟩ ‖ *js.* ~ teilen …と見解を同じくする | Ich habe davon ⟨darüber⟩ eine andere ~. 私はそれについて別の考えを持っている. **2** ⦅単数で⦆ (anschauen すること. 例えば:) 観察; 瞑想(めいそう); 〘哲〙 直観, 観照: *et.*⁴ aus eigener ~ kennen ⟨wissen⟩ …を自分の体験から知っている | in ~ versunken sein 瞑想にふけっている.

An·schau·ungs⸗bild 中 〘哲〙 直観像. ⸗**kraft** 女 ⦅ふつう単数で⦆ 〘哲〙 直観⟨表象⟩能力. ⸗**ma·te·rial** 中, ⸗**mit·tel** 中 視覚教育用教材. ⸗**un·ter·richt** 男 視覚⟨実物⟩教育. ⸗**ver·mö·gen** 中 -s/ =Anschauungs-

kraft ⸗**wei·se** 女 ものの見方〈考え方〉, 見解.

A̩n·schein[ánʃaɪn] 男 -〔e〕s/ 見かけ, 外観, 外見, 様子: **dem ~ nach** / **allem ~ nach** 見たところ〔…らしい〕(=anscheinend 2) | Allem ~ nach ist er schon abgereist. 彼はどうやらすでに旅立ったらしい | dem äußeren ~ zum Trotz 見かけに反して ‖ den ~ erwecken, als ob ... …であるかのような印象を与える | ***sich***³ **den ~ geben**《zu 不定詞〔句〕または als ob と》…であるかのように見せかける | Es hat den ~, als wollte es regnen. 雨が降り出しそうだ | Die Schwierigkeiten sind viel größer, als es den ~ hat. 困難は見かけよりもはるかに大きい.

a̩n|schei·nen*[ánʃaɪnən]《130》**I** 他 (h) 照らす,(…に)光を当てる: von der Taschenlampe *angeschienen* werden 懐中電灯に照らされる.

II a̩n·schei·nend 現分 **1** 形 (scheinbar) 外見上の, 見せかけ〈うわべだけ〉の: ~*e* Frömmigkeit 信心ぶった態度. **2** 副《陳述内容の現実度に対する話し手の判断・評価を示して》見たところ〈どうやら〉〔…らしい〕(→scheinbar II 2☆): Er hat ~ kein Geld. 彼は金を持っていないらしい | *Anscheinend* wußte er noch nicht, daß seine Frau erkrankt war. どうやら彼は妻が病気になったことをまだ知らないらしかった.

a̩n|schei·ßen*[ánʃaɪsən]《131》《卑》**I** 他 (h) **1**《*jn.*》だます, あざむく. **2**《*jn.*》しかり〈どなり〉つける. **3**《*et.*⁴》(…に向かって)くそをたれる: ***Scheiß* die Wand *an*!** (失望・怒りなどを示して)くそいまいましい; うるさいぞ, じゃまするな, ほっといてくれ. **II** 自 (s)《ふつう angeschissen kommen の形で》(こちらの)都合の悪いときに訪ねて来る, 押しかけて来る. [◇Anschiß]

a̩n|sche̲·sen[ánʃe:zən]¹《02》自 (s)《北部・中部》《ふつう angeschest kommen の形で》急いでやって来る.

a̩n|schich·ten[ánʃɪçtən]《01》他 (h) 層状に重ねる; (ペンキなどを)塗り重ねる.

a̩n|schicken[ánʃɪkən] 他 (h)《雅》再帰 *sich*⁴ ~ 着手する, 取りかかる; 準備をする; まさに(…)しようとする: Ich *schicke* mich *an* auszugehen. / Ich *schicke* mich zum Ausgehen *an*. 私はこれから外出するところだ.

a̩n|schie·ben*[ánʃi:bən]¹《134》**I** 他 (h) **1 a)**《*et.*⁴》(車などを)押して動かす. **b)**《*et.*⁴ an *et.*⁴》(…を…に)押して近づける, 押しつける. **2** ちょっと押す; 〘ホッケー〙ブリーオフする. **II** 自 (s)《ふつう angeschoben kommen の形で》ぶらぶら〈のろのろ〉やって来る.

a̩n|schie·len[ánʃi:lən] 他 (h)《話》横目で見る〈うかがう〉, 盗み見る.

a̩n|schie·nen[ánʃi:nən] 他 (h)《*et.*⁴》(骨折した個所などに)副木(そえぎ)を当てる.

a̩n|schie·ßen*[ánʃi:sən]《135》**I** 他 (h) **1 a)** 撃ち傷を負わせる, 射撃して負傷させる: wie ein *angeschossener* Eber 手負いのイノシシのように. **b)**《話》《*jn.*》(悪口・誹謗(ひぼう)などによって…の)名誉を傷つける, 中傷する, 人身攻撃する. **2** (銃砲を)試射する. **3 a)** (新年・祝祭などの)開始の号砲を撃つ. **b)**〘スポーツ〙(競技の開始・最終ラウンドなどを)ピストルで合図する. **4**《*jn.*》〘球技〙(…に向かって)ボールを投げる〈ける〉. **5 a)**〘服飾〙縫いつける. **b)**〘建〙建て増す. **c)**〘工〙接合する. **d)**〘料理〙(パンをかまの中で)くっつけ合わせる. **II** 自 **1** (h) 射撃を始める. **2** (s)《ふつう angeschossen kommen の形で》《話》ものすごいスピードで突進して来る. **III a̩n·ge·schos·sen** → 別出

a̩n|schif·fen[ánʃɪfən] **I** 他 (h) **1** =anpinkeln **2** (財貨を)船で運ぶ. ᵛ**II** 自 (s) (船が)接岸する.

a̩n|schim·meln[ánʃɪməln]《06》自 (s) かび始める, かびが生える: *angeschimmeltes* Brot かびの生えたパン.

a̩n|schimp·fen[ánʃɪmpfən] 他 (h)《*jn.*》(…を)どなりつける.

a̩n|schir·ren[ánʃɪrən] 他 (h) (↔abschirren) (馬車うまに)馬具を付ける: 再帰 *sich*⁴ ~《比》身支度をととのえる.

A̩n·schiß[ánʃɪs] 男 ..schisses/..schisse《話》しかり〈どなり〉つけること, 大目玉: einen ~ bekommen 〈einstecken müssen〉さんざんにしかられる. [<anscheißen]

A̩n·schla̲g[ánʃla:k]¹ 男 -〔e〕s/..schläge[..ʃlɛ:gə] **1** (告知・公示用の)掲示, はり紙, ポスター: einen ~ am Schwarzen Brett aushängen 掲示板に掲示をはり出す | einen ~ machen 掲示〈はり紙〉をする. **2** 打ち当たること; ぶつかる音: der ~ der Wellen 打ち寄せる波〔の音〕. **3** (ピアノ・タイプライターなどの)鍵(けん)〈キー〉をたたくこと; (キーの)打ち具合, 手ごたえ, タッチ; 〘楽〙タッチ, 触鍵法: einen leichten 〈weichen〉 ~ haben タッチが軽い〈柔らかい〉| Sie kann 300 *Anschläge* in der Minute schreiben. 彼女はタイプを1分間に300字打つことができる. **4** (続けてたたくような)ほえ声: der ~ des Hundes 犬のほえ声. **5**〘商〙見積もり, 評価, 査定: Kosten*anschlag* 費用の見積もり ‖ nach ungefährem ~ おおよその見積もりによれば | ***et.***⁴ **in ~**⁴ **bringen** …を勘定に入れる;《比》…を計算〈考慮〉に入れる | in ~⁴ kommen 勘定にはいる;《比》考慮にはいる. **6**《単数で》(銃を構えた)射撃姿勢: das Gewehr im ~ haben 銃を構えている | die Maschinenpistole in ~⁴ bringen 自動小銃を構える | Die Gewehre gehen in ~⁴. 銃が構えられる. **7** (襲撃・暗殺などの)陰謀, 暗殺〔計画〕; テロ行為: einen ~ auf *jn.* 〈*js.* Leben〉 planen …の暗殺を計画する ‖ ein ~ auf die Freiheit 自由を脅かそうとする行為. **8 a)**〘泳〙(ターンやゴールインの際の)タッチ. **b)**〘球技〙サーブ. **9** (当てがうもの・ぶつかるもの. 例えば:) (ドア・窓の)戸当たり(→ 図 Fenster A); T 型定規の頭部の横木; (電話の)指止め(→ 図 Fernsprecher); (機械の)ストッパー, 停止弁; (タイプライターの)マージン=ストップ. **10** (編物の)最初の目. **11**〘楽〙複前打音. **12**〘坑〙連絡口. **13** (釣りで)合わせ.

A̩n·schla̲g·brett[ánʃla:k..] (ᵛ**A̩n·schla̲·ge·brett**[ánʃla:gə..]) 中 掲示〈告知〉板, 立て札.

a̩n|schla̲·gen*[ánʃla:gən]¹《138》**I** 他 (h) **1** (板・紙などを)打ち〈はり〉付ける, 当てがう; 掲示する; 〘海〙(帆を)畳んで帆柱(帆げた)に固定する; 〘泳〙(ターン・ゴールのときに)タッチする: einen Ärmel ~ (服に)そでを縫いつける ‖ ein Brett **an** die Wand 〈an der Wand〉 ~ 板を壁に打ち付ける | Die Bekanntmachung steht am Schwarzen Brett *angeschlagen*. 公示は掲示板にはってある | ᵛdas Gewehr **auf** *jn.* ~ 銃を(ほおに押し付けて)…へ向ける, …に対して銃を構える ‖ 再帰 *sich*⁴ an *et.*⁴ 〈*et.*³〉 ~ …に付着する | Feuchtigkeit *schlägt* sich *an*. (物の表面に)湿気がつく. **2** (ぶつけて)傷める, 傷つける; 打撃を与える: einen Baum ~〘林〙(伐採のため)樹木に切り込みをいれる ‖ Ich habe mir das Knie am Tisch *angeschlagen*. 私はひざをテーブルにぶつけ〔て痛め〕た | *et.*⁴ von *et.*³ ~ …を…から欠き取る ‖ eine *angeschlagene* Tasse 縁の欠けた茶わん | schwer *angeschlagen* (家などが)ひどく傷んだ; (人が)ふらふらに参った, グロッキーの. **3** (schätzen) 見積もる, 評価する: *et.*⁴ auf 500 Mark ~ …を500マルクと見積もる | *et.*⁴ zu hoch 〈zu gering〉 ~ …を過大〈過小〉評価する. **4 a)** 打って音を出す, 打ち鳴らす, 響かせる: eine Glocke ~ 鐘を鳴らす | ein Gelächter ~ どっと笑いだす | eine Saite ~ 弦をかき鳴らす | die Stunden ~ (時計・鐘が)時を打つ | eine Taste ~ (ピアノ・タイプなどの)キーをたたく | immer dasselbe Thema ~ いつも同じ話を繰り返す | einen anderen 〈schärferen〉 Ton ~ (→Ton² 4) | einen hohen Ton ~ 高い音を出す;《比》大言壮語する | den richtigen Ton ~ 正しい音を出す;《比》妥当な〈ふさわしい〉発言をする | Er *schlägt* immer den Ton *an*.《比》彼はいつもリーダー役だ ‖ ein rascheres Tempo 〈einen schnelleren Schritt〉~ スピード〈歩調〉を速める. **b)** Feuer ~ 火を打ち出す, カチッと発火させる. **c)** (たるなどの)飲み口をあける: Bier 〈ein Bierfaß〉 ~ ビアだるの口をあける. **5** (取引などを)手を打って取り決める. ᵛ**6** 計画する, たくらむ.

II 自 **1** (s)《an 〈gegen〉 *et.*⁴》(…に)打ち当たる, ぶつかる: mit dem Kopf an die Wand ~ 壁に頭をぶつける. **2** (h, s)《事物を主語として》bei *jm.* 〔gut〕 ~ (薬・助言などが)…に効きめがある〈効果をおさめる〉| **bei *jm.* *schlägt* nichts mehr *an***《比》…はもう処置なしである. **3** (h) auf *jn.* 〈*js.* Leben〉 ~ …〈…の命〉をねらう. **4** (h) (時計・鐘などが)鳴りだす; (犬が)ほえる, (鳥が)さえずる. **5** (h) **a)**〘球技〙サーブする. **b)**〘泳〙(プールの壁に)タッチする. **6** (h) (植物が)根をおろす, 根づく.

III a̩n·ge·schla̲·gen → 別出

A̩n·schlä̲·ger[ánʃlɛ:gər] 男 -s/- **1**〘坑〙立坑番,(坑底

や坑口の)操車夫; 坑底積み込み夫. **2**〖球技〗サーバー. **3** (ピアノなどの)ハンマー.

An·schla·ge·rad[ánʃla:gə..] 中 (時計の)時を打つための歯車.

an·schlä·gig[ánʃlɛ:gɪç]² 形 **1**《方》利口な, 如才ない, 抜け目のない. ᵛ**2** (食物などが)体によい.

An·schlä·gig·keit[–kaɪt] 女 -/ anschlägig なこと.

An·schlag≠plat·te[ánʃla:k..] 女〖工〗止め板. **≠säu·le** 女 (街頭などにある)円筒形の広告柱. **≠schie·ne** 女 **1**〖鉄道〗(転轍(てつ)器の)基本軌条. **2** T定規. **≠ta·fel** 女 掲示〈告知〉板. **≠win·kel** 男 直角定規, T定規. **≠zet·tel** 男 (掲示板などの)はり紙, ポスター. **≠zün·der** 男〖軍〗(爆弾の)撃発〈着発〉信管.

An·schlei·che[ánʃlaɪçə] 女《話》《もっぱら次の成句で》es auf die ~ bringen 行儀よく踊る.

an|schlei·chen*[ánʃlaɪçən]《139》 **I** 自 (s)《ふつう angeschlichen kommen の形で》忍び寄って来る;《話》(こちらの都合の悪いときなどに)やって来る: Kommst du schon wieder *angeschlichen*?《話》君はまた来たのか.

II 他 (h) **1**《*et.*⁴》(…に)そっと近づく: das Wild ~ 野獣に忍び寄る. **2** 再帰 *sich*⁴ an *et.*⁴ ~ …に忍び寄る.

an|schlei·fen¹*[ánʃlaɪfən]《140》他 (h) **1**《*et.*⁴》**a)** (…を)少し研ぐ〈研磨する〉. **b)** (刃物などを)研いで鋭くする, 研磨してとがらせる. **2**《*et.*³ *et.*⁴》(…を)研いで〈研磨して〉(…の)形を付与する: dem Messer eine Spitze ~ ナイフを研いでとがらせる.

an|schlei·fen²[–]《話》= anschleppen

an|schlen·dern[ánʃlɛndərn]《05》自 (s)《ふつう angeschlendert kommen の形で》ぶらぶら〈ゆっくり〉歩いて来る.

an|schlep·pen[ánʃlɛpən] 他 (h) (重いものなどを)引きずって来る; (仲間などを)引っぱって来る; (車をエンジンがかかるまで)引っぱってやる.

an|schlie·ßen*[ánʃli:sən]《143》 **I** 他 (h) **1**《*et.*⁴ an *et.*³ 〈*et.*⁴〉》(鎖などで…を…に)つなぐ, つないで錠をおろす: das Fahrrad am Zaun 〈an den Zaun〉 ~ 自転車を垣根につなぐ | einen Gefangenen mit einer Kette ~ 囚人〈捕虜〉を鎖でつなぐ | einen Hund ~ 犬を鎖につなぐ. **2 a)**《*et.*⁴ *et.*³ 〈an *et.*⁴ / an *et.*³〉》(…を…に)接続する, 連結する; (…を…に)つけ加える: einen Motor an eine elektrische Leitung ~ モーターを電線につなぐ | Bei der Sendung dieses Programms sind sämtliche Sender *angeschlossen*. この番組の放送に際しては すべての放送局がネットしている, この番組はすべての局を通じて放送されている | einer Frage 〈an eine Frage〉 eine weitere ~ 一つの質問にもう一つ質問をつけ加える. **b)** 再帰 *sich*⁴ an *et.*⁴ 〈*et.*³〉 ~ …に接続する, …に連結する; …に隣接する(→II 1) | Der Bus *schließt* sich an den Zug *an*. このバスは列車に接続する | Am Vortrag 〈An den Vortrag〉 *schloß* sich eine lebhafte Diskussion *an*. 講演に引き続いて活発な討論が行われた | An die Wälder *schließen* sich Wiesen *an*. 森に続いて牧場がある. **3** 再帰 *sich*⁴ *jm.* 〈an *jn.*〉 ~ …に従う, …に同調する; …の仲間に加わる | *sich*⁴ einer Partei 〈einer Ansicht〉 ~ ある党〈ある意見〉にくみする | *sich*⁴ *js.* Wünschen ~ …の希望に応じる, …の希望をいれる | Darf ich mich Ihnen ~? あなたのお仲間にいれていただけますか; ご一緒させていただけますか | Dieser Junge *schließt* sich leicht *an*. この少年は人なつっこい〈人見知りをしない〉. **4** 再帰 *sich*⁴ ~ (衣類が体に)ぴったり合う(→II 2). ᵛ**5** (手紙などに)封入する, 同封する.

II 自 (h) **1**《an *et.*⁴》(…に)接続する, 連結する; 隣接する(→I 2 b): An den Vortrag *schließt* eine Diskussion *an*. 講演に引き続いて討論が行われる | Bitte, ~! (列の途中で透き間のできぬように)どうぞ続いて〈間隔を詰めて〉ください | Rechts *angeschlossen*!〖軍〗(隊列を)右へ詰めよ(号令).

2 (衣類が体に)ぴったり合う: Der Kragen *schließt* eng 〔am Hals〕 *an*. このカラーは襟首にぴったり合う | eine eng *anschließende* Bluse 体にぴったりのブラウス.

III an·schlie·ßend 現分 副 (danach)〔それに〕引き続いて, そのあとで: *Anschließend* 〔an das Theater〕 gingen wir in ein Café. 〔芝居がはねた〕そのあと我々は喫茶店に入った.

An·schluß[ánʃlʊs] 男 ..schlusses/..schlüsse[..ʃlʏsə] **1 a)** (配管網・配線網などへの)接続, 連結; (電話〔線〕の)接続, 電話回線: ~ an die Kanalisation 下水道への接続 | Das Haus hat noch keinen elektrischen ~. この家にはまだ電気がつながっていない ‖ einen ~ beantragen 電話の加入を申し込む | keinen ~ bekommen (通話を試みても)電話がつながらない〈通じない〉 | Der ~ ist besetzt. この電話は只今お話し中です | Wir haben keinen 〔telefonischen〕 ~. うちには電話がない | auf den ~ warten (通話を申し込んだあと)電話がつながるのを待つ. **b)** (鉄道・バスなど, 交通機関との)接続, 連絡: den ~ erreichen 〈verpassen〉 (列車などの)接続に間に合う〈遅れる〉 | Der Zug hat um 14. 45 Uhr ~ 〔an einen Eilzug〕 nach Hamburg. この列車は14時45分のハンブルク行き〔の準急〕に接続する. **c)** (人との)結びつき; 交際, コンタクト: ~ finden 〈suchen〉《話》友だちを見つける〈求める〉; 結婚相手を見つける〈求める〉 | den ~ halten 接触を保つ, おくれをとらないようにする | den ~ an die Spitzengruppe erreichen トップグループ〈一流選手〉の仲間入りをする | **den ~ verpassen**《話》(結婚・出世などの)チャンスを逸する, バスに乗り遅れる | Sie hat den ~ verpaßt. 彼女は結婚のチャンスを逸した〈嫁に行きそびれた〉 | Leider hat er den ~ verpaßt. 残念ながら彼は出世〈昇進〉のチャンスを逸してしまった. **d)** (一般に)接続, 連結; 関連; 依拠: **im ~ an *et.*⁴** …に引き続いて; …と関連して: im ~ an die Sitzung 会議に引き続いて | Bitte kommen Sie im ~ an den Vortrag zu mir! 講演のあとで私のところにおいでください ‖ im ~ an *jn.* 〈*et.*⁴〉 …にならって, …を手本として | eine Komposition im ~ an Schönberg シェーンベルクの手法をまねた作曲.

2 加盟; 併合, (特に:)〖政〗(1938年のナチドイツによるオーストリアの)併合: der ~ Österreichs an das Deutsche Reich 独墺(どくおう)合邦 | ~ an eine Partei 党へ加わること, 入党.

3 (書類などの)添付; 添付物〈種類〉.

4 = Anschlußtreffer

An·schluß≠bahn[ánʃlʊs..] 女〖鉄道〗連絡鉄道, 接続線. **≠bahn·hof** 男〖鉄道〗連絡〈接続〉駅, 分岐駅. **≠do·se** 女〖電〗接続箱; コンセント. **≠ge·lei·se** 中, **≠gleis** 中〖鉄道〗専用側線. **≠hahn** 男 (ガスの)口栓(→ 図 Gas). **≠in·ha·ber** 男 (電話の)加入者. **≠ka·bel** 中 (電話の)加入者ケーブル. **≠klem·me** 女〖電〗接続端子, ターミナル. **≠lei·tung** 女 接続〈引き込み〉管, 引き込み線. **≠li·nie**[..niə] 女 (バスなどの)連絡〈接続〉路線. **≠nip·pel** 男〖工〗継ぎ手, ニップル. **≠num·mer** 女 (電話の)加入者番号. **≠rohr** 中 接合〈継ぎ手〉管; 引き込み管. **≠schnur** 女 -/..schnüre〖電〗接続コード. **≠sta·tion** 女 = Anschlußbahnhof **≠stecker** 男〖電〗コンセント. **≠strecke** 女〖鉄道〗接続区間. **≠stut·zen** 男〖工〗管継ぎ手. **≠tref·fer** 男〖球技〗(得点差をあと 1 点にまでもち込む)追い上げのゴールシュート. **≠wert** 男〖電〗接続負荷. **≠zug** 男〖鉄道〗接続列車: der ~ nach Aachen (当列車に)接続するアーヘン行きの列車. **≠zwang** 男 (配電網・下水網などへの土地家屋所有者の)加入義務.

an|schmach·ten[ánʃmaxtən]《01》他 (h)《*jn.*》(…を)せつない〈恋いこがれるような〉目つきで見つめる.

an|schmei·cheln[ánʃmaɪçəln]《06》他 (h) **1 a)**《*jn.*》(…に)こびるような口調で話しかける〈取り入ろうとする〉. **b)** 再帰 *sich*⁴ bei *jm.* ~ …にこびて取り入ろうとする, …の機嫌をとろうとする. **2**《*jm. et.*⁴》(…に…を)うまいことを言って押しつける.

An·schmei·ße[ánʃmaɪsə] 女《話》《もっぱら次の成句で》es mit *jm.* auf die ~ bringen …と身をすり寄せて踊る.

an|schmei·ßen*[ánʃmaɪsən]《145》他 (h)《話》**1** (anlassen) (エンジンを)かける, 始動する. **2** 再帰 *sich*⁴ *jm.* ~ …に取り入る, …につきまとう, …にむりやり交際を求める.

an|schmel·zen⁽*⁾[ánʃmɛltsən]《146》 **I** 他 (h) **1** (熱して)少し溶かす. **2**〖工〗溶接する. **II** 自 (s) (熱で)溶け始める.

an|schmie·den[ánʃmi:dən]¹《01》他 (h) 溶接して固定する; 鎖でつなぐ;《比》つなぎとめる: an *sein* Krankenlager *angeschmiedet* sein 病床についたきりである.

an|schmie·gen[ánʃmi:gən]¹ 他 (h)《*et.*⁴ an *et.*⁴》(…を

…に)密着させる; ぴったりと適合させる: Das Kind *schmiegte* sein Gesicht an die Mutter *an*. その子は母親に顔をすり寄せた ‖ 再帰 *sich*[4] *et.*[3] 〈an *et.*[4]〉 ～ …に密着する; …に体をすり寄せる, …にすがりつく; (衣服などが)…(体)にぴったり合っている.

an·schmieg·sam[ánʃmiːkzaːm] 形 しなやかな, 柔軟な; すなおな, 従順な; 順応性のある.

An·schmieg·sam·keit[–kaɪt] 女 -/ anschmiegsam なこと.

an|schmie·ren[ánʃmiːrən] 他 (h) **1** 《*jn.* / *et.*[4]》(…に ぞんざいに)塗りつける, 塗りたくる; 塗ってよごす: 再帰 *sich*[4] ～ 顔〈体〉に化粧をする; (塗料・油脂などでうっかりして)体〈衣服〉をよごす. **2** 《俗》 **a)** 《*jn.*》だます, あざむく: *sich*[4] ～ lassen だまされる, 一杯くわされる. **b)** 《*jm. et.*[4]》(…に…を)うまいことを言って押しつける, だまして売りつける. **c)** 再帰 *sich*[4] bei *jm.* ～ 甘言を弄(ろう)して…にうまく取り入る.

an|schmut·zen[ánʃmʊtsən] 《02》 他 (h) 《*et.*[4]》(…に)少し汚れをつける.

an|schnal·len[ánʃnalən] 他 (h) (↔abschnallen) (締め金やバンドで)固定する, 縛りつける: *sich*[3] die Schlittschuhe 〈den Rucksack〉～ スケート靴をはく〈リュックサックを背負う〉 ‖ 再帰 *sich*[4] 〔am Sitz〕～ 座席ベルトを締めて身体を固定する.

An·schnall≈gurt 男 (航空機・自動車などの座席に取り付けられた)安全ベルト, シートベルト. **≈pflicht** 女 安全〈シート〉ベルト着用の義務.

an|schnau·ben[(*)][ánʃnaʊbən][1] 《147》 他 (h) **1** (馬などが)すり寄って鼻を鳴らす. **2** 《話》《*jn.*》(…に)がみがみ言う.

an|schnau·fen[ánʃnaʊfən] 自 (s) 《ふつう angeschnauft kommen の形で》ふうふう息をはずませながらやって来る.

an|schnau·zen[ánʃnaʊtsən] 《02》 他 (h) 《話》《*jn.*》(…を)どなりつける, (こっぴどく)叱責(しっせき)する.

An·schnau·zer[..tsər] 男 -s/- 《話》どなりつけること, (こっぴどい)叱責(しっせき): einen ～ kriegen どなりつけられる, こっぴどくしかられる.

an|schnei·den*[ánʃnaɪdən][1] 《148》 他 (h) **1** 《*et.*[4]》 **a)** (使用するために…を)切り始める; (…に)切り目を入れる(完全には切断しないで); (…に)メス〈包丁〉を入れる, (パン・ソーセージなどの)最初の一片を切り取る; (穀物などを)刈り始める: den Kuchen ～ ケーキにナイフを入れる. **b)** (anfressen) 〘狩〙 (猟犬・肉食獣などが倒れた獲物を)食いかける, (…に)かぶりつく. **2** (問題・テーマなどを)切りだす, (話題として)持ちだす: Dieses Problem ist heute nicht *angeschnitten* worden. この問題はきょうは話題にならなかった. **3** 《*et.*[4]》(自動車・オートバイなどがカーブの)内側をすれすれに回る; 〘スキ〙 (旗門を)すれすれに通過する, 切り上げる. **4** 〘服飾〙 (そでなどを)つけたままの形で裁断する. **5** einen Punkt ～ 〘測量〙 (特定の)一点に照準線を合わせる. **6** 〘考古〙 (発掘の際に…を)掘り当てる. **7** einen Ball ～ 〘球技〙 ボールに回転を与える〈スピンをかける〉. **8** 《*et.*[4]》 〘写・映〙 (…の)一部分だけを写す〈画面に出す〉.

An·schnitt[ánʃnɪt] 男 -[e]s/-e **1** (パン・ソーセージなどの)切り始めの一片. **2** (Schnittfläche) 切断面, 切り口.

an|schnor·ren[ánʃnɔrən] 他 (h) 《話》《*jn.* um *et.*[4]》(…に…を)ねだる.

An·schop·pung[ánʃɔpʊŋ] 女 -/-en **1** 〘医〙 〔毛細管〕充血, 鬱血(うっけつ). **2** 《オーストリア》食べ過ぎで痛めた胃. [＜*ahd.* schoppōn „stopfen" (◇Schaub)]

An·scho·vis[anʃóːvɪs] 女 -/- (**An·scho·ve**[..və] 女 -/-n) アンチョビー(カタクチイワシ科の小魚, またその油漬け). [*span.* — *ndl.*; ＜*gr.* aphýē „Sardelle"; ◇*engl.* anchovy]

An·scho·vis·pa·ste 女 〘料理〙 アンチョビーのペースト.

an|schrau·ben[(*)][ánʃraʊbən][1] 《150》 他 (h) **1** (↔abschrauben) ねじで留める〈固定する〉: den Deckel ～ ふたをねじで留める. **2** (ゆるんだねじなどを)ねじってきつく固定する.

An·schrei·be·bo·gen[ánʃraɪbə..] 男 〘スポーツ〙 公式競技記録簿, スコアカード.

an|schrei·ben*[ánʃraɪbən][1] 《152》 **I** 他 (h) **1** 《*et.*[4] an *et.*[4]》(…を黒板・スコアボードなどに人に見えるように)書く, 書きつける. **2** (帳簿などに)記入する; 《*jm. et.*[4]》(…への)貸しとして(…を)記載する: Bitte, *schreiben* Sie es *an*! それは付けにしてください | mit doppelter Kreide ～ (→Kreide 2) ‖ *et.*[4] ～ lassen …を掛けで買う〈付けにしてもらう〉. **3 bei** *jm.* **gut** 〈**schlecht**〉 ***angeschrieben*** **sein** …に受けが良い〈悪い〉, …によく思われている〈いない〉. **4** 《官》《*jn.*》(…に)書面を送る, (…に)書面で依頼する. **5** eine Feder ～ ペンを使い始める. **6** 《*sich*[3] *et.*[4]》書くことによって(…を)得る: Er *schrieb* sich Gelassenheit *an*. 彼は書くことによって平静をとりもどした. **7** 《スイス》《*et.*[4]》(…に)標題〈銘〉をつける.

II 自 (h) **1** (万年筆などで)インクの出がいい. **2** 《比》《gegen *et.*[4]》ペンで(…と)闘う.

III An·schrei·ben 中 -s/- 《官》(Begleitschreiben) 添書, 添え〈送り〉状.

An·schrei·ber[ánʃraɪbər] 男 -s/- 〘スポーツ〙〔公式〕競技記録員, スコアラー.

an|schrei·en*[ánʃraɪən] 《153》 他 (h) 《*jn.*》 **1** (…を)どなりつける, 大声でしかる. [▽]**2** (助力などを求めて…に)大声で呼びかける.

An·schrift[ánʃrɪft] 女 -/-en (Adresse) あて名, 所番地, アドレス: ～ unbekannt あて先不明.

An·schrif·ten≈än·de·rung 女 住所変更. **≈ver·zeich·nis** 中 住所録.

An·schrift·feld 中 (はがきなどの)あて名記載欄.

an|schu·hen[ánʃuːən] 他 (h) **1** vorhandene Schäfte ～ 長靴を胴の部分を残して新しくする. **2** (くいなどの)先端に金具をつける; 〘建〙 (柱などに)根継ぎする.

an|schul·di·gen[ánʃʊldɪɡən][2] **I** 他 (h) 《雅》《*jn. et.*[2]》(anklagen) (…を…の罪で)告発〈告訴〉する; (bezichtigen) (…に…の)罪を帰する〈負わせる〉: *jn.* des Mordes ～ …を殺人罪で告発する. **II An·ge·schul·dig·te** → 別出

An·schul·di·gung[..ɡʊŋ] 女 -/-en 告発, 告訴; (一般に)罪を負わせること, 帰罪, 問責: eine falsche ～ 〘法〙 誣告(ぶこく)〔罪〕 | eine ～ gegen *jn.* erheben …を告発する.

an|schü·ren[ánʃyːrən] 他 (h) (火・炎などを)かき起こす; 《比》(怒り・嫉妬(しっと)・敵意など, 激情の炎を)かき立てる, あおり立てる.

An·schuß[ánʃʊs] 男 ..schusses/..schüsse[..ʃʏsə] 〘狩〙 **1** 第一射, 撃ち始め. **2** 野獣の撃たれた位置〈場所〉. **3** (野獣の)たま傷. [＜anschießen]

an|schüt·ten[ánʃʏtən] 《01》 他 (h) (水・砂などを)注ぎかける; (穀物などを)積み上げる, (敷地・道路などに)盛り土をする.

an|schwan·ken[ánʃvaŋkən] 自 (s) 《ふつう angeschwankt kommen の形で》ふらふらと〈ふらつきながら〉やって来る.

an|schwän·zeln[ánʃvɛntsəln] 《06》 自 (s) 《ふつう angeschwänzelt kommen の形で》(犬が)尾を振りながらやって来る; 《話》体をくねらせながら〈へつらう身振りで〉近づく; 気取って〈もったいぶって〉歩いて来る.

an|schwän·zen[ánʃvɛntsən] 《02》 他 (h) 〘醸〙 (ビールなどの醸造過程で原液を)濾過(ろか)する.

an|schwär·men[ánʃvɛrmən] **I** 他 (h) 《*jn.*》(…を熱狂的に)崇拝する. **II** 自 **1** (h) (ミツバチなどが)群がり始める. **2** (s) 《ふつう angeschwärmt kommen の形で》群がってやって来る, 群れをなして押し寄せる.

an|schwär·zen[ánʃvɛrtsən] 《02》 他 (h) **1** 黒くする, 黒く塗る; (黒く)よごす. **2** 《*jn.* 〔bei *jm.*〕》(…を〔…に〕)中傷する, 悪人に仕立てる.

An·schwär·zer[..tsər] 男 -s/- 中傷者.

An·schwär·zung[..tsʊŋ] 女 -s/-en anschwärzen すること.

an|schwe·ben[ánʃveːbən][1] 自 (s) 〘空〙 (着陸のために)滑空して来る, 着陸態勢で接近する.

an|schwei·gen*[ánʃvaɪɡən][1] 《158》 他 (h) 《*jn.*》黙って見つめる, (…と)無言のまま対座している: 再帰 *sich*[4] 〈einander〉 ～ お互い物も言わず向かい合っている.

an|schwei·ßen[ánʃvaɪsən] 《02》 他 (h) **1** 《*et.*[4] 〔an *et.*[4] 〈*et.*[3]〉〕》(…を〔…に〕)溶接する. **2** 〘狩〙 (野獣を)撃って傷つける〈出血させる〉.

an|schwel·len[(*)][ánʃvɛlən] 《159》 **I** 自 (s) 《不規則変化》(↔abschwellen) **1** 膨れる, 膨らむ; (身体の一部が)はれ

る; (音量が) 強まる, 高まる: Die Lymphdrüsen sind stark *angeschwollen*. リンパ腺(せん)がひどくはれた | Der Lärm *schwoll* mehr und mehr *an*. 騒音はますます大きくなった ‖ *anschwellend* 〘楽〙 だんだん強く (＝crescendo).
2 (一般に) 増大する, 量が増す; 水かさが増す, 増水する: Die Arbeit *schwillt* immer mehr *an*. 仕事の量は増加するばかりだ. **II** 他 (h) 《規則変化》 膨らませる; (身体の一部を) はれあがらせる; (一般に) 増大させる, 高める; 増水させる: Der Wind hat die Segel *angeschwellt*. 風が帆を膨らませた.
Ạn·schwel·lung[..lʊŋ] 女 -/-en (anschwellen すること. 例えば:) 膨張; 〘医〙 腫脹(しゅちょう), はれ; 増大; 増水: eine ～ am Knie ひざのはれ.

ạn|schwem·men[ánʃvɛmən] **I** 他 (h) **1** (土砂・流木などを) 流し寄せる; (流水によって土砂を) 堆積(たいせき)する. **2** (木材を) いかだで流す. **II ạn·ge·schwemmt** → 別出
Ạn·schwem·mung[..mʊŋ] 女 -/-en **1** anschwemmen すること. **2** 沈積物; 沖積地.

ạn|schwim·men*[ánʃvɪmən] 《160》 **I** 自 **1** (s) **a)** 《ふつう angeschwommen kommen の形で》 泳いで〈漂って〉来る. **b) gegen den Strom 〈die Strömung〉 ～** 流れに逆らって泳ぐ; 《比》 時流に逆らう. **2** (h) (シーズン開きの) 泳ぎ初(ぞ)めをする: Gestern war *Anschwimmen*. きのうは泳ぎ初め〈プール開き〉があった. **II** 他 (h) 《*et.*⁴》 (…を) 目ざして泳ぐ.

ạn|schwin·deln[ánʃvɪndəln] 《06》 他 (h) 《話》 《*jn.*》 (…に面と向かって) うそをつく, だます, あざむく.

ạn|schwin·gen*[ánʃvɪŋən] 《162》 自 (h) **1** 揺れ〈振動し〉始める. **2** 〘体操〙 (鉄棒で) 振り始める.

ạn|schwir·ren[ánʃvɪrən] 自 (s) 《ふつう angeschwirrt kommen の形で》 (虫などが羽音をたてて) ブンブン飛んでやって来る; 《俗》 (都合も聞かずに) かってに訪ねて来る, じゃましに来る.

ạn|schwit·zen[ánʃvɪtsən] 《02》 他 (h) 〘料理〙 油で軽くいためる.

Ạn·schwung[..ʃvʊŋ] 男 -〔e〕s/..schwünge[..ʃvʏŋə] anschwingen すること.

Ạn·se[ánzə] 女 -/-n **1** (1頭立て馬車の) 轅(ながえ). **2** 小さく浅い湾, 入江. [*lat.* ansa „Henkel"]

ạn|sẹ·geln[ánze:gəln] 《06》 **I** 他 (h) 《*et.*⁴》 (…に) 向かって帆走〈滑空〉する, 帆走〈滑空〉して近づく: einen Hafen ～ (帆船が) 入港する. **II** 自 (↔absegeln) **1** (s) 《ふつう angesegelt kommen の形で》 (帆船・グライダーなどが) 帆走〈滑空〉して来る; 《比》 (鳥などが) すうっと飛んで来る; 《戯》 さっそうと近づいて来る. **2** (h) 〘スポ〙 (シーズン開きの) 帆走初(ぞ)め〈グライダーの滑空初め〉をする; 帆走する: Heute ist *Ansegeln*. きょうは帆走〈滑空〉初めがある.

ạn|sẹ·hen*[ánze:ən] 《164》 **I** 他 (h) **1** (anschauen) 《*jn.*/*et.*⁴》 見る, 〔じっと〕見つめる, 凝視する, 眺める: Sie *sah* ihn *an* und lächelte. 彼女は彼の顔を見てほほえんだ | *jn.* neugierig 〈böse〉 ～ …を物珍しげに〈怒って〉見つめる | *jn.* groß ～ …を目を丸くして見つめる | *jn.* scheel 〈schief〉 ～ …を横目で見る, …を白眼視する | *jn.* über die Achsel 〈die Schulter〉 ～ (→Achsel 1 a, →Schulter 1) | *jn.* von Kopf bis Fuß ～ …を頭のてっぺんから足の先までじろじろ見る | *et.*⁴ nicht genug ～ können …をいくら見ても見飽きない | *et.*⁴ mit dem Rücken ～ …をあとにする〈見捨てる〉 | ***Sieh* mal 〔einer〕 *an*!** 《話》 まあごらん, これは驚いた | Das ist schön *anzusehen*. それはすばらしい見物(みもの)だ | Ich kann diese Ungerechtigkeit nicht mehr 〈länger〉 〔mit〕 ～. 私はこの不正をこれ以上だまって見てはいられない.
2 《〔*sich*³〕 *jn.* 〈*et.*⁴〉》 (ある意図をもって…を) じっくり見る, 見物〈観察〉する, 吟味する: *sich*³ eine Wohnung ～ 住居が気にいるかどうか見る | Den Film 〈Die Bilder〉 möchte ich mir mal ～. その映画〈それらの絵画〉を私は一度見てみたいものだ | Der Arzt *sieht* sich³ den Patienten *an*. 医者が患者を診る | *Sieh'* dir das mal *an*! まあ見ろよ, これはすごい〈ひどい〉.
3 a) (beurteilen) 判断〈評価〉する: *et.*⁴ anders ～ …について別の意見を持つ | wie ich die Sache *ansehe* それについて私の見るところでは | wie man den Fall auch ～ mag 人がそのことをたとえどう思おうとも | Er ist bei seinen Kollegen schlecht *angesehen*. 彼は同僚たちの間でよく思われてはいない ‖ *et.*⁴ auf *et.*⁴ ～ …が…に適しているかどうか吟味する. **b)** (halten) 《*et.*⁴ für 〈als〉 *et.*⁴》 (…を…と) 見なす, (…を…だと) 考える: *et.*⁴ für ein Versehen 〈als gesetzwidrig〉 ～ …をミス〈違法〉だと見なす | Ich *sehe* ihn als 〈für〉 meinen Freund *an*. 私は彼を友人と見なす | Wofür *siehst* du mich denn *an*? 君は私をいったい何だと思っているのか.
4 a) (berücksichtigen) 顧慮する, 考えに入れる: keine Mühe 〈keine Kosten〉 ～ 労〈出費〉をいとわない | die Person nicht ～ 人柄を問わない. **b)** 《auf *et.*⁴》 (…を) 目ざす, ねらう: Es ist darauf *angesehen*. ねらいはそこなのだ.
5 《*jm.* *et.*⁴》 (…の外見から…を) 見てとる, 看取する, (…が…であることが) 見てわかる: Man *sieht* ihm den Ausländer 〈den Kummer〉 *an*. 彼を見ると外人である〈苦悩をいだいている〉ことがわかる | Man *sieht* ihr 〈ihrem Gesicht〉 *an*, daß sie gelogen hat. 彼女の顔を見ると うそをついているのがわかる.
6 再帰 *sich*⁴ ～ 《様態を示す語句と》 (…のように) 見える, (…のような) 外見をしている | Das *sieht* sich ganz hübsch *an*. それはなかなかいい外観をしている | Es *sieht* sich *an*, wie ... それは…のように見える.
II Ạn·sẹ·hen 中 -s/ **1** 見る〈眺める〉こと, 注視: des ～*s* wert sein 一見の価値がある | *jn.* **nur von 〈vom〉 ～** kennen …を顔だけ見知っている. **2** 《雅》 (Aussehen) 外観, 外見, 見かけ: **dem ～ nach** 見たところ, 外見は | ein anderes ～ gewinnen 変貌(へんぼう)する, 一変する | *sich*³ ein 〔großes〕 ～ geben もったいぶる, 気取る. **3** 名声, 名望, 威信: ein großes ～ genießen / in hohem ～ stehen 非常に名声がある, 大いに尊敬されている | *sich*³ ～ erwerben 〈verschaffen〉 名声を得る | Er hat an ～³ verloren. 彼は名声を失った, 彼の名声は落ちた. **4** 顧慮: **ohne ～ der Person** 個人〔の人柄・地位など〕を問題とせずに.
III ạn·ge·sẹ·hen → 別出 [◇Ansicht]
Ạn·sẹ·hens·ver·lust 男 名声の失墜, 威信の喪失
ạn·sẹ·hens·wert[ánze:əns..] 形 見る価値のある, 一見に値する.
ạn·sehn·lich[ánze:nlɪç] 形 **1** (数量が) 相当な, かなりの: eine ～*e* Summe かなりの金額. **2** 見映えのする, (外見が) りっぱな, 堂々とした: ein ～*er* Mann かっぷくのいい男. **3** 名声〈声望〉のある, 尊敬された: eine ～*e* Stellung 有力な地位.
Ạn·sehn·lich·keit[–kaɪt] 女 -/ ansehnlich なこと.
Ạn·sẹ·hung[ánze:ʊŋ] 女 -/ 《官》 顧慮: **in ～ *et.*²** …を顧慮して, …を考慮に入れて | in ～ *seines* Alters 〈*seiner* Verdienste〉 …の年齢を顧慮して〈…の功績にかんがみて〉 ‖ ohne ～ der Person 個人を問題とせずに (→Ansehen 4).

ạn|sei·len[ánzaɪlən] 他 (h) 綱に結びつける; 〘登山〙 ザイルで結びつける: 再帰 *sich*⁴ 〈*sich*⁴ mit *jm.*〉 ～ 互いに〈…と〉ザイルで体を結びつける.

ạn|sein*[ánzaɪn] 《165》 自 (s) 《話》 (angezündet sein) (明かりが) ついている; (angefangen haben) (劇などが) 始まっている; (angekleidet sein) 服を着ている.
★ 不定詞・分詞以外はふつう 2 語に書く: da das Licht *an ist* 〈*war*〉 明かりがついている〈いた〉ので.

Ạn·selm[ánzɛlm] 男名 (＜Anshelm) アンゼルム.
An·sẹl·ma[anzɛ́lma] 女名 アンゼルマ.

ạn|sen·gen[ánzɛŋən] **I** 他 (h) 少し焦がす; (霜・氷などが植物の若芽を) 傷める: Es riecht *angesengt*. なんだか焦げ臭い. **II** 自 (s) 少し焦げる.

Ạn·setz·blatt[ánzɛts..] 中 〘製本〙 遊び紙.
ạn|set·zen[ánzɛtsən] 《02》 **I** 他 (h) **1 a)** (↔absetzen) (特定の目的で, 道具などを特定の場所へ) 置く, 当てる: den Bogen ～ (弦に) 弓を当て〔て弾く構えをす〕る | die Feder ～ (書くために) 筆を下ろす | den Becher 〈das Glas〉 〔an den Mund〕 ～ 杯〈グラス〉を口にする (→II 1) | eine Trompete ～ ラッパを口に当てる | den Hebel ～ (→Hebel² 1) | eine Leiter an den Baum ～ はしごを木に掛ける | das Messer ～ (切るために) ナイフを当てる | Steine ～ (ドミノの) ボーン〈牌(はい)〉を置く. **b)** 火にかける: das Essen 〈einen Topf〉 ～ 食物〈なべ〉を火にかける.
2 a) ① (einsetzen) (ある地位・任務に) さし向ける, つける; 追跡させる: Arbeitskräfte an der richtigen Stelle ～ 労働力を適正部署に配置する | Polizei ～ 警察に追跡させる |

den Hund auf die Fährte ～ 犬に野獣の足跡を追わせる ‖ 再帰 *sich*[4] ～ (ある場所で)座って待つ | *sich*[4] im Wartezimmer ～ 待合室で〔順番の来るのを〕待つ | *sich*[4] auf Sauen ～〖狩〗イノシシの現れる場所で待ち伏せする. ②《*jn.* auf *jn.*》〖球技〗(…に…を)マークさせる: zwei Spieler auf den Torjäger ～ 二人の選手にゴールゲッターをマークさせる. **b)** (批評・攻撃などを)開始する, 始める: Er muß seine Kritik an dieser schlechten Qualität ～. 彼は批判をまずその質の悪さから始めなければならない(→II 3 b).
3 (布などを)縫い付ける; (anstücken) 継ぎ足す: den Ärmel ～ そでを縫い付ける | Knöpfe ～ ボタンを付ける | *et.*[4] am Rock 〈an den Rock〉 ～ …をスカートに付け足す.
4 a) (植物が花・実・葉・穂などを)つける; (年輪を)生じる: Knospen 〈Früchte〉 ～ つぼみ〈果実〉をつける(→II 2 a). **b)** (かび・さびなどを)生じる; (脂肪・肉を)つける, 肥える; (砂などを)沈積する, 沈殿する: einen Bauch ～ 腹が出っぱる, 腹に肉がつく | Fett 〈Speck〉 ～ 脂肪がつく | Moos ～ (→Moos[2] 1 a) ‖ Das Brot hat Schimmel *angesetzt*. パンにかびが生えた. **c)** 再帰 *sich*[4] ～ (さびなどが)生じる; 付着する; 沈殿する, 沈積する; 結晶し始める; (米などが)焦げつく: Am Eisen 〈An das Eisen〉 hat sich Rost *angesetzt*. 鉄にさびがついた | Zahnstein *setzt* sich *an*. 歯石がつく ‖ Die Suppe hat 〔sich〕 *angesetzt*. スープが焦げついた.
5 (各種材料を混合して)作る, 混成する: die Bowle ～ パンチを作る | eine Nährlösung ～ 培養液を作る.
6 a) (festsetzen) (日時などを)定める, 決める: eine Sitzung auf 〈für〉 Montag 〈den 1. Mai〉 ～ 会議〔の日取り〕を月曜日〈5月1日〉に決める | einen Termin ～ 期限を定める〈切る〉 ‖ ein Theaterstück im neuen Spielplan ～ ある劇を新しい演目に組み入れる ‖ zur *angesetzten* Zeit 定められた期日に.
b) 〖数〗式を立てる: eine Gleichung 〈ein Problem〉 ～ 方程式〈問題の式〉を立てる.
7 (veranschlagen) 見積もる, 評価する; 査定する; 指し値する; 値ぶみする: einen Preis ～ 定価をつける | eine Ware zu einem billigen Preis ～ 商品に安い値段をつける | den Taxwert ～ 査定価格を決める.
II 自 (h) **1** 杯〈グラス〉を口につける(→I 1 a): Er *setzte an* und trank. 彼は杯を口にして飲んだ.
2 a) (植物が)実〈つぼみ・花・葉〉をつける(→I 4 a): Der Apfelbaum hat gut *angesetzt*. リンゴの木によく実がなった.
b) (anbrennen) (スープなどが)焦げつく: Milch *setzt* leicht *an*. ミルクは焦げつきやすい.
3 a) 《zu *et.*[3]》(…の)準備にかかる, (…の)態勢に入る, まさに(…)しようとする: zum Angriff ～ まさに攻撃に移ろうとする | zum Sprung ～ 跳躍〔の助走〕に入る ‖ Die Maschine *setzte* jetzt zur Landung *an*. いまや機は着陸態勢に入った ‖ Er *setzte* gerade *an* zu sprechen. 彼はちょうどそのとき話し始めようとした. **b)** (beginnen) 始まる, スタートする: dort, wo das Haar *ansetzt* 髪の生えぎわ | mit einer Arbeit ～ 仕事にかかる ‖ Er *setzte* noch einmal *an*. 彼はもう一度やり直した ‖ Die Kritik muß hier ～. 批評はまずこの点を突かなければならない(→I 2 b). **c)** 《angesetzt kommen の形で》(犬などが大きく)跳んで来る.

Ạn·set·zung[ánzɛtsʊŋ] 女 -/ **1** 〔sich〕 ansetzen すること. **2** (Ansatz) 〖楽〗吹奏法, アンザッツ.

ạn|seuf·zen[ánzɔʏftsən] 《02》 他 (h) 《*jn.*》(…に)ため息まじりに話しかける〈訴える〉.

An·shan[ānʃān] ＝Anschan

Ạns·helm[ánshɛlm] 男名 アンスヘルム. [*germ*. „Gottes Schutz"; ◇Ase, Helm[1]]

Ạn·sicht[ánzɪçt] 女 -/-en **1** 見方, 意見, 見解: eine vernünftige 〈seltsame〉 ～ 当を得た〈おかしな〉意見 | Was ist Ihre ～? あなたの意見〈考え〉はどうですか | Darüber sind die ～*en* geteilt 〈verschieden〉. その点については意見はまちまちだ ‖〖4格で〗*seine* ～ haben 〈ändern〉 自分の意見を持っている〈変える〉 | *seine* 〔eigene〕 ～ äußern 〈aussprechen〉 自分自身の見解を述べる | *js.* ～ teilen …と意見を同じくする ‖〖2格で〗Ich bin ganz Ihrer ～. 私はあなたと全く同意見だ | Er ist darüber anderer ～ als ich. 彼はそのことでは私と意見を異にしている | Ich bin derselben 〈der gleichen〉 ～ wie du. 私も君と同じ意見だ | Ich bin der ～, daß ... 私は…という意見だ ‖〖前置詞と〗**mit** *seiner* ～ zurückhalten 自分の意見を差し控える | Ich hielt mit meiner ～ nicht hinter dem Berge. 私は自分の意見をかくさずに言った | meiner ～ **nach** (略 m. A. n.) / nach meiner ～ 私の意見では | zu einer ～ kommen 〈gelangen〉 ある見解に到達する. **2** 見てみること; 検査, 検分, 視察: *jm.* Waren zur ～ schicken …に商品を見本として送る | *et.*[4] aus eigener ～ kennen …を実地に見て知っている. **3** 眺め, 風景, 光景; 〔風景〕画, 〔風景〕写真, 絵葉書: die ～ des Meers 海の風景〔画〕 | die vordere ～ 〈die Vorder*ansicht*〉 des Hauses 家を正面から見たところ; 家の正面図. [V]**4** (Ansehung) 顧慮: in ～ *seines* Alters …の年齢を顧慮して. [*ahd*.; ◇ansehen]

Ạn·sich·ten·post·kar·te ＝Ansichtspostkarte

ạn·sich·tig[ánzɪçtɪç] 形 《雅》《もっぱら次の成句で》***js.*** 〈***et.***[2]〉 **～ werden** …を目にする, …を見つける, …に気づく | Sie wurde erst jetzt seiner ～. 彼女は今はじめて彼のいることに気がついた.

Ạn·sichts≠〔post·〕kar·te 女 絵葉書. **≠sa·che** 女 見解〈考え方〉の問題: Das ist ～. それは見方の問題だ. **≠sen·dung** 女 (商品の)見本送付. **≠skiz·ze** 女 風景のスケッチ.

ạn|sie·deln[ánzi:dəln] 《06》 **I** 他 (h) 《*jn.*》《ふつう場所を示す語句と》(…を)移住させる; (…を)定住させる: Einwandrer auf Neuland ～ 移民を新しい土地に入植させる ‖ 再帰 *sich*[4] ～ 《ふつう場所を示す語句と》(…に)移住する; (…に)定住する; (動物・バクテリアなどが…に)すみつく, 根をおろす | *sich*[4] in Kanada ～ カナダに移住〈入植〉する. **II ạn·ge·sie·delt** → 別出

Ạn·sie·de·lung[..dəlʊŋ] 女 -/-en ＝Ansiedlung

Ạn·sied·ler[..zi:dlər] 男 -s/- (⇔ **Ạn·sied·le·rin**[..lərɪn]-/-nen) 移住者, 移民, 入植者.

Ạn·sied·lung[..zi:dlʊŋ] 女 -/-en **1** 移住, 移民, 入植, 植民. **2** 入植地, 移住地.

ạn|sin·gen*[ánzɪŋən] 《168》 **I** 他 (h) **1** 《*jn.* / *et.*[4]》(…に向かって)歌いかける: *seine* Geliebte 〈*seine* Heimat〉 ～ 恋人〈ふるさと〉をたたえて歌う. **2** (歌を)歌い始める; (会などを)歌で始める. **3** 《比》《*jn.*》しかる, 叱責(しっせき)する.
II 自 (h) **1** 最初に〈皮切りとして〉歌う. **2** 《gegen *jn.* 〈*et.*[4]〉》(…に負けじと)大声で〈声を張り上げて〉歌う.

[V]**ạn|sin·nen***[ánzɪnən] 《170》 **I** 他 (h) 《雅》(zumuten) 《*jm.* *et.*[4]》(…にむりな・不当な)要求をする.
II Ạn·sin·nen 中 -s/- むりな〈不当な〉要求: *jm.* 〈an *jn.*〉 ein ～ stellen 〈richten〉 …にむりな要求をする.

Ạn·sitz[ánzɪts] 男 -es/-e **1** 〖狩〗 **a)** (Anstand) 待ち伏せ場. **b)** 《単数で》(獣を)待ち伏せること. **2** 《オーストリア》邸宅.

ạn|sit·zen*[ánzɪtsən] 《171》 **I** 自 (h) **1** 《auf *et.*[4]》〖狩〗(…を)待ち伏せする. **2** (服などが)きちんと〈ぴったり〉合う: eine eng *ansitzende* Jacke ぴったりした上着.
II ạn·ge·ses·sen → 別出

ạn|socken[ánzɔkən] 自 (s) 《話》(↔absocken) 《ふつう angesockt kommen の形で》急いでやって来る. [<socken „schnell laufen" (◇Socke)]

ạn|soh·len[ánzo:lən] 他 (h) **1** (靴下に)新しい底を縫いつける〈編んでつける〉. **2** 《俗》《*jn.*》(…に面と向って)しゃあしゃあとうそをつく, (…に)いっぱいくわせる.

an·sọnst[anzɔ́nst] **I** 接 《従属》《オーストリア・スイス》さもないと, もしもそうでなければ. **II** 副 ＝ansonsten

an·sọn·sten[..zɔ́nstən] 副 **1** そのほかに, (これは別として)さらに. **2** さもないと, そうでなければ.

ạn|span·nen[ánʃpanən] **I** 他 (h) **1** (弦・綱などを)ぴんと張る; (筋肉などを)緊張させる; (神経・精神などを)緊張させる, 張り詰める; (財政・金融などを)引き締める: einen Bogen 〈die Sehne des Bogens〉 ～ 弓〈弓の弦〉を引く | die Zügel ～ 手綱を引き締める | *seine* Aufmerksamkeit ～ 注意力を集中する | alle Kräfte ～ 全力を尽くす ‖ 再帰 *sich*[4] ～ 緊張する, 引き締められる | Alle Muskeln *spannten* sich *an*. すべての筋肉がピーンと緊張した. **2** (↔abspannen) (馬・

牛など役畜を)車につなぐ; (車などに)役畜をつなぐ: den Wagen 〈die Pferde〉 ~ 車に馬をつなぐ ‖〖目的語なしで〗Lassen Sie bitte ~! 馬車の用意をさせてください. **3** 《話》《*jn.*》(…に)過度の要求をする, こき使う.

II ạn·ge·spannt → 別出

Ạn·spän·ner[ánʃpɛnər] 男 -s/- 《東部》農耕用荷馬車の御者; 小農場主.

Ạn·span·nung[..ʃpanuŋ] 女 -/-en **1** 《単数で》〔sich〕anspannen すること: mit 〈unter〉 ~ aller Kräfte 全力を傾注して. **2** 神経〈精神〉の集中, 緊張, 努力.

Ạn·span·nungs·zeit 女 (Systole) 〖医〗〔心〕収縮期.

ạn·spa·ren[ánʃpa:rən] 他 (h) 節約してためこむ〈積み立てる〉.

Ạn·spar·zeit 女 貯蓄〈積み立て〉期間.

ạn|spa·zie·ren[ánʃpatsi:rən] 自 (s) 《ふつう anspaziert kommen の形で》《話》ぶらぶら〈ゆっくり〉やって来る.

ạn|spei·en*[ánʃpaɪən] 《174》 他 (h) 《雅》(anspucken) 《*jn.* / *et.*^{4}》(…に)つばを吐きかける.

ạn|spei·lern[ánʃpaɪlərn] 《05》 他 (h) (料理用の)木串(くし)で刺しとめる, 串に刺す.

Ạn·spiel[ánʃpi:l] 中 -[e]s/-e **1** (ゲーム・競技などの)開始, 始め, 先攻, 先手(トランプで最初にカードを出すこと・サッカーのキックオフ・ゴルフの最初のドライブ〔オフ〕・テニスの最初のサーブなど): am ~ sein 先攻〈先手〉である | das ~ ausführen 先攻する, 第一打を打つ, サーブする, 初手を指す. **2** 〖球技〗パス.

ạn|spie·len[ánʃpi:lən] **I** 他 (h) **1** 《*jn.*》〖球技〗(…に)ボールをパスする: den Mittelstürmer ~ センターフォワードにパスする. **2** 《*et.*^{4}》〖トランプ〗(…の札で)ゲームを始める: Herz ~ まずハートの札を出す. **3** 《*et.*^{4}》(楽器・楽曲などを)少し演奏してみる. **II** 自 (h) **1** (ゲーム・試合などを)始める, 開始する(トランプの先手・サッカーのキックオフ・テニスの最初のサーブなど). **2** 《auf *jn.* 〈*et.*^{4}〉》(…のことを)ほのめかす, あてこする: Er *spielte* auf mein Alter 〈auf den Vorfall von gestern〉 *an.* 彼は私の年のこと〈きのうの出来事〉をあてこすった | Das ist auf dich *angespielt*. それは君へのあてつけだ.

Ạn·spie·lung[..luŋ] 女 -/-en ほのめかし, あてこすり, 暗示: eine ~ machen あてこすりを言う | mit ~ auf *et.*^{4} …にあてつけて; 暗に…を指して.

ạn|spie·ßen[ánʃpi:sən] 《03》 他 (h) (とがったもので)突き刺す; 突き刺して取り上げる; (ピンなどで)刺して留める: Kartoffeln ~ (串(くし)などに)ジャガイモをつき刺す | *angespießte* Schmetterlinge ピンで刺し留められたチョウ.

ạn|spin·nen*[ánʃpɪnən] 《175》 他 (h) (糸を)かける, つむぎ合わせる; 《比》(関係などを)結ぶ, 始める: mit *jm.* ein Verhältnis ~ 《比》…と〔恋愛〕関係を結ぶ | eine Unterhaltung ~ 《比》談笑し始める | Ränke ~ 《比》陰謀をたくらむ ‖ 再帰 *sicn*^{4} ~ (恋愛関係・友情などが)結ばれる, 芽生える, 醸成される, 始まる | Zwischen den beiden scheint sich etwas *anzuspinnen*. 《比》ご両人の間にはどうやら恋が芽生えているらしい.

ạn|spit·zen[ánʃpɪtsən] 《02》 他 (h) **1** 《*et.*^{4}》(…の先端を)鋭くする, とがらせる: einen Bleistift ~ 鉛筆の先をとがらせる. **2** 《話》《*jn.*》 **a)** (仕事などへ)駆り立てる, 奮起させる, (…に)活を入れる, はっぱをかける. **b)** (anstiften) (…が特定のことをするように)仕向ける.

Ạn·spit·zer[..tsər] 男 -s/- とがらせるための道具; 鉛筆削り.

Ạn·sporn[ánʃpɔrn] 男 -[e]s/ 拍車をかけること; 《比》鼓舞, 激励, 励まし: *jm.* einen ~ zu *et.*^{3} geben …を励まして…をさせる.

ạn|spor·nen[ánʃpɔrnən] 他 (h) (馬に)拍車をかける; 《比》駆り立てる, 激励〈鼓舞〉する, 勇気づける: *jn.* zum Fleiß ~ 《比》…を鞭撻(べんたつ)する ‖ vom Ehrgeiz *angespornt* 《比》巧名心に駆られて.

Ạn·spor·ner[..nər] 男 -s/- anspornen する人.

Ạn·spor·nung[..nuŋ] 女 -/-en anspornen すること.

Ạn·spra·che[ánʃpra:xə] 女 -/-n **1 a)** (短い)あいさつの言葉, スピーチ: eine ~ halten あいさつ〈スピーチ〉をする. **b)** (他人から)話しかけられること. **c)** 《雅》(Anrede) 呼びかけ〔の形式〕, 呼称. **2** 《南部・オーストリア》(Unterhaltung) 対話, 話し合い, 心の触れ合い: keine ~ haben 〈finden〉 話し相手がない〈見つからない〉. **3** 〖狩・軍〗確認(→ansprechen I 6).

ạn·sprech·bar[ánʃprɛçba:r] 形 **1** (時間外に, 容体の上で)話しかけることのできる, 面談可能な: Er ist jetzt nicht ~. 彼は今は〔忙しくて〕面談できない; 彼は今は〔まだ〕面会謝絶だ. **2** 《auf 〈für〉 *et.*^{4}》(…に対して)敏感に反応できる, 感じやすい.

ạn|spre·chen*[ánʃprɛçən] 《177》 **I** 他 (h) **1** 《*jn.*》(…に)話し〈呼び〉かける, 言葉をかける: *jn.* auf der Straße 〈[auf] deutsch〉 ~ …に道で〈ドイツ語で〉話しかける | *jn.* mit *seinem* Titel ~ …に肩書をつけて呼びかける | Sie wird dauernd von Männern *angesprochen*. 彼女は絶えず男たちから声をかけられる | eine Versammlung ~ 集まった人たちに向かって話しかける〈スピーチをする〉 | die Massen direkt ~ 直接大衆に訴えかける ‖ *sich*^{4} *angesprochen* fühlen 自分に向かって話しかけられたように感じる, 自分に直接訴えかけられているような気がする.

2 a) 《*jn.* auf *et.*^{4}》(…に…についての)見解〈態度表明〉を求める: Man hat mich auf den gestrigen Vorfall *angesprochen*. 私は昨日の出来事について意見を求められた. **b)** 《*jn.* um *et.*^{4}》(…に…を)頼む, 請い求める, せがむ(→II 3): *jn.* um Geld 〈um *seine* Hilfe〉 ~ …に金をせがむ〈助力を求める〉. ▽**c)** die Polizei wegen *et.*^{2} ~ …のことで警察に申し出る.

3 《*et.*^{4}》(…に)言及する, (…について)論じる: finanzielle Schwierigkeiten ~ 財政上の困難さについて述べる.

4 《*jn.* als 〈für〉 *et.*^{4} / *et.*^{4} als 〈für〉 *et.*^{4}》(…を…と)呼ぶ, 見なす: *jn.* als Nachfolger ~ …を後継者と考える | Sein Verhalten muß als Verrat 〈als leichtsinnig〉 *angesprochen* werden. 彼の振舞いは裏切り〈軽率である〉と言わざるをえない.

5 《*jn.*》(…の)心に訴える, 心を打つ, (…に)感銘〈強い印象〉を与える; (…の)気に入る(→II 1): Seine Gedichte *sprechen* junge Menschen *an*. 彼の詩は若い人たちの心を打つ〈若者たちに人気がある〉 | Der Vortrag hat viele Menschen *angesprochen*. その講演は多くの人々に感銘を与えた.

6 〖狩〗(野獣・野鳥などの種類や位置を)確認する; 〖軍〗(目標を)確認する: ein Tier aus der Spur ~ 足跡から獣の種類〈所在〉を察知する | Das Flugzeug konnte nicht genau *angesprochen* werden. その飛行機(の位置・種類など)は正確には確認できなかった.

▽**7** (beanspruchen) 要求〈請求〉する.

▽**8** 《*jn.*》〖法〗告訴する.

II 自 (h) **1** (人々の)心に訴える, 感銘を与える, (人々に)気に入られる, うける; (wirken) 効果〈ききめ〉がある(→I 5): Der Schauspieler 〈Der Schlager〉 hat beim Publikum sehr *angesprochen*. その俳優〈流行歌〉は観衆にたいへんうけた | Das Mittel *spricht* 〔bei ihm〕 nicht *an*. この手段は〔彼には〕ききめがない ‖ Sie hat ein *ansprechendes* Äußeres 〈Wesen〉. 彼女の容貌(ようぼう)〈人柄〉は魅力的だ.

2 《auf *et.*^{4}》(…に対して)反応を示す: auf den kleinsten Reiz ~ ほんのわずかな刺激にも反応する.

3 《bei *jm.* um *et.*^{4}》(…に…を)頼む, 請い求める(→I 2 b).

4 《様態を示す語句と》〖楽〗(楽器・声音が…のように)響く: Diese Flöte *spricht* leicht 〈schwer〉 *an*. このフルートは音が出やすい〈にくい〉 | Seine Stimme *spricht* in diesem Raum gut *an*. 彼の声はこの部屋ではよく響く.

▽**5** 《bei *jm.*》(…に)話しかける; 話をもちかける(→I 1).

Ạn·spre·cher[ánʃprɛçər] 男 -s/- 《スイス》(Bittsteller) 請願者.

Ạn·sprech·zeit 女 (ブレーキのペダルを踏んでから, それが作動するまでの)反応所要時間.

ạn|spren·gen[ánʃprɛŋən] **I** 自 (s) (↔absprengen) 馬を駆って急ぎ近づく; 《auf *jn.*》(…に向かって)馬を疾駆させる: *angesprengt* kommen 疾駆してくる. **II** 他 (h) **1** (水などを)まく; 《*et.*^{4}》(…に)水を注ぎかける. **2** 《*jn.*》(…に向かって)馬を疾駆させる: den Feind ~ 敵に向かって馬で突撃する.

ạn|sprin·gen*[ánʃprɪŋən] 《179》 **I** 他 (h) **1** 《*jn.*》(犬などがじゃれて…に)飛びつく; (敵などに)飛びかかる, 襲いかかる; 《比》(感情などが)襲う: Der Löwe *sprang* ein Zebra *an*. ライオンはシマウマに飛びかかった | Die Angst *sprang*

ihn *an*. 彼は不安の念に襲われた. **2** (h, s)《*et.*⁴》〘体操〙(器具に)跳びつく; (跳躍からそのまま側転などに)入る(→abgehen II ☆).
II 自 (s) **1**《ふつう angesprungen kommen の形で》飛びはねながらやって来る. **2**《gegen *et.*⁴》(…に向かって)飛びつく, 飛びかかる: gegen die Mauer ~ 塀に飛びつく. **3**《話》《auf *et.*⁴》(提案などに待っていましたとばかりに)飛びつく, 賛成する. **4** (エンジンなどが)回転し始める, 始動する: den Motor ~ lassen エンジンを始動させる | Der Wagen *springt* gut ⟨schwer⟩ *an*. この車はエンジンが掛かりやすい⟨にくい⟩ | Der Schüler *springt* sofort *an*.《比》この生徒は反応が早い. **5** (スキーヤーなどが)滑走し始める. **6** (ガラスなどに)ひびが入る.

an|sprit·zen[ánʃprɪtsən]《02》**I** 他 (h) **1**《*jn.* mit *et.*³》(…に水・泥などを)はねかける, ひっかける. **2**《*et.*⁴》(塗料などを)吹き付ける: ein Muster an die Wand ~ 壁にスプレー塗料で模様を吹き付ける. **3**《*jm. et.*⁴》(…に香水などを)吹きかける. **II** 自 (s)《話》(↔abspritzen)《ふつう angespritzt kommen の形で》急いでやって来る.

An·spruch[ánʃprʊx] 男 -(e)s/..sprüche[..ʃprʏçə] **1** (Forderung) 要求, 請求; (権利・資格などの)主張; (架空の権利・資格などの)自負: ein berechtigter ⟨bescheidener⟩ ~ 当然の⟨控え目な⟩要求 ‖ *seine Ansprüche* anmelden ⟨geltend machen / durchsetzen⟩ 自分の要求を持ち出す⟨主張する・押し通す⟩ | *js.* ~ erfüllen ⟨befriedigen⟩ …の要求を満たす⟨満足させる⟩ | voller *Ansprüche*² sein 要求⟨注文⟩がきわめて多い, ぜいたくである | allen *Ansprüchen* genügen ⟨gerecht werden⟩ あらゆる要求を満たす; すべての必要条件を満たす | Das genügt den bescheidensten *Ansprüchen* nicht. これでは最低の水準にも達していない, これではまるでなっていない | Er macht große *Ansprüche*. 彼は要求が多い, 彼はなかなかのうるさ型だ ‖〘前置詞と〙**an** *jn.* hohe ⟨große⟩ *Ansprüche* stellen …に高い要求を出す | Der Dichter stellt hohe *Ansprüche* an seine Leser. この詩人は読者に多くを要求する, この詩人の作品は難解だ | Ich stelle keine übertriebenen *Ansprüche* an das Leben. 私は人生にあまり多くのものを期待していない | **auf** ***et.***⁴ **~ erheben**⟨machen⟩ …を要求する | Dieses Buch erhebt keinen ~ auf wissenschaftliche Genauigkeit. この書物は学問的厳密さを自負するものではない | Ich mache keinen ~ auf Gelehrsamkeit. 私は自分が学者⟨博学⟩であるとは思っていない | Sie macht ~ auf Schönheit. 彼女は美人であると自負している | **gegen** *jn.* ⟨*jm.* gegenüber⟩ *Ansprüche* erheben …に対していろいろ要求をする, …に対してあれこれ文句を言う | ***jn.* in ~⁴ nehmen** …の労力⟨時間・注意力⟩を要求する, …に手間を取らせる, …をわずらわせる, …に迷惑をかける | Er hat mich durch seine lästigen Fragen stark in ~ genommen. 彼はうるさい質問をして私をひどく手こずらせた | Ich bin augenblicklich ganz in ~ genommen. 私は目下ひどく忙しい⟨手が全くふさがっている⟩ | ***et.***⁴ **in ~⁴ nehmen** …(権利・時間・注意・好意など)を要求する | Diese Arbeit nimmt viel Zeit in ~. この仕事には多くの時間が必要だ | Darf ich Ihre Güte noch einmal in ~ nehmen? もう一度あなたのご好意に甘えてもよろしいでしょうか | Seine Aufmerksamkeit war davon völlig in ~ genommen. 彼はそれにすっかり注意を奪われていた.
2 (Anrecht) (あることを要求する)権利, 請求権: *js.* ~ **auf** Ruhegeld ⟨Schadenersatz⟩ …の年金⟨損害賠償⟩の請求権 ‖ (einen) ~ auf *et.*⁴ haben …を要求する権利をもっている | Jeder Arbeiter hat ~ auf ein besseres Leben. 労働者はだれでもよりよい生活を要求する権利をもっている.

an·spruchs·los[ánʃprʊxslo:s]¹ 形 **1** 要求の少ない, 寡欲な; 控え目な, 謙虚な; つつましい, 地味な: ein ~*er* Mensch 欲のない人間 | ein ~*es* Vergnügen つつましい楽しみ ‖ ~ leben 質素に暮らす. **2** 中身の乏しい, (内容などが)取り立てて言うほどのこともない.

An·spruchs·lo·sig·keit[..lo:zɪçkaɪt] 女 -/ anspruchslos なこと.

An·spruchs·ni·veau[..nivo:] 中〘心〙要求水準.

an·spruchs·voll 形 要求⟨注文⟩の多い, 求めるところの多い; 無遠慮な; (好みなどの)むずかしい, やかましい, うるさ型の; (芸術などに対して)要求の高い: ein ~*er* Leser 批判の厳しい読者.

an|sprü·hen[ánʃpry:ən] 他 (h)《*et.*⁴》(…に水などを)吹きかけて湿らせる⟨ぬらす⟩.

An·sprung[ánʃprʊŋ] 男 -(e)s/..sprünge[..ʃprʏŋə] **1**《ふつう単数で》anspringen すること;〘体操〙(器具に)跳びつくこと. **2** かさぶた.

an|spucken[ánʃpʊkən] 他 (h)《*jn.*/*et.*⁴》(…に)つばを「吐きかける.」

an|spü·len[ánʃpy:lən] **I** 他 (h) (漂流物を)流し寄せる; (流水が土砂を)沈積する: Der Ertrunkene wurde an die Küste ⟨an der Küste⟩ *angespült*. 水死体は海岸に打ち上げられた. **II an·ge·spült** → 別出

an|spü·ren[ánʃpy:rən] 他 (h)《雅》《*jm. et.*⁴》(…の様子から…を)感じとる, 気づく, 看取する.

an|sta·cheln[ánʃtaxəln]《06》他 (h)《*et.*⁴》(…を)刺激⟨鼓舞⟩する, そそのかす, たきつける;《*jn.* zu *et.*³》(…を…に)駆り立てる, (…を)励まして(…)させる: *js.* Ehrgeiz ~ …の功名心をあおる.

an|stak·sen[ánʃta:ksən]《02》自 (s)《ふつう angestakst kommen の形で》ぎこちない足どりでやって来る.

An·stalt[ánʃtalt] 女 -/-en **1 a)** (公共的な性格をもった)施設, 営造物(学校・病院・福祉施設など): eine öffentliche ~ 公共施設 | Armen*anstalt* 救貧院 | Bedürfnis*anstalt* 公衆便所 | Erziehungs*anstalt* 教護施設 | Lehr*anstalt* 教育施設 | Strafvollzugs*anstalt* 刑務所. **b)** (精神病院・中毒患者厚生施設などのことを婉曲に)施設: in die ~ kommen 施設に入れられる. **c)** (Betrieb) 企業, 会社; (Institut) 協会: Bestattungs*anstalt* 葬儀会社 | Verlags*anstalt* 出版社 | Versicherungs*anstalt* 保険会社.
2《複数で》準備, 用意:〘ふつう次の成句で〙***~en* machen**《zu 不定詞〔句〕と》着手する, 取りかかる; まさに…しようとする | Er machte ~*en* wegzugehen. 彼は立ち去ろうとした | Er machte keine ~*en*, nach Hause zu gehen. 彼はいっこうに家に帰ろうとはしなかった ‖ ***~en* zu *et.*³ treffen** …の準備をする, …のための措置を講じる | ~*en* zu einer Reise treffen 旅の支度を整える | die nötigen ⟨erforderlichen⟩ ~*en* treffen 必要な措置をとる. [*mhd.*; ◇anstellen]

An·stalts≠arzt[ánʃtalts..] 男 病院勤務の医師. **≠er·zie·hung** 女 施設における教育. **≠geist·li·che** 男 施設付きの聖職者. **≠lei·ter** 男 施設の長. **≠zög·ling** 男 施設の生徒.

An·stand[ánʃtant]¹ 男 -(e)s/..stände[..ʃtɛndə] **1**《単数で》礼儀, 作法, エチケット, 行儀のよいこと, 端正な態度: keinen ~ haben 礼儀を知らない | den ~ wahren ⟨verletzen⟩ 礼儀を守る⟨にそむく⟩ ‖ aus ~ 礼儀上 | mit ~ 礼儀正しく. **2 a)** 猶予, ためらい, 躊躇(ちゅうちょ): keinen ~ nehmen, *et.*⁴ zu sagen ためらわずに…を言う ‖ ohne ~ 躊躇なく. **b)** 苦情, 異議: gegen *et.*⁴ *Anstände* erheben …に対して異議を唱える | **an *et.*³ ~ nehmen** …に異議を唱える | Er war ein unverträglicher Mensch, der an allem ~ nahm. 彼は協調性のない人間であらゆることにいちゃもんをつけた | **an *et.*³ keinen ~ nehmen** …に異議を唱えない | Ich will keine *Anstände* beim Steueramt haben. 私は税務署であれこれ言われたくない. **3** (Ansitz)〘狩〙待ち伏せ場: auf den ~ gehen 待ち受け猟をする; 獲物を待ち伏せる. [<anstehen]

an·stän·dig[ánʃtɛndɪç]² 形 **1 a)** 礼儀⟨作法⟩にかなった, 行儀のよい, 端正な, 上品な; (考え方, 品行などが)りっぱな, しっかりした: ein ~*es* Betragen 礼儀正しい振舞い | ein ~*er* Mensch りっぱな⟨律儀な⟩人 | eine ~*e* Gesinnung (道義的に)りっぱな⟨しっかりした⟩心根. ᵛ**b)** ふさわしい, 似つかわしい.
2《話》**a)** ちゃんとした, きちんとした, 見苦しくない, 満足のゆく: ein ~*es* Honorar 十分な謝礼 | Der Wein ist ganz ~. このワインはなかなかのものだ ‖ *jn.* ~ bezahlen …に十分に報酬を支払う | ~ gekleidet sein きちんとした服装をしている. **b)** かなりの, 相当の, ずいぶんな: Das ist eine ~*e* Entfernung. それはかなりの距離だ | Er hat ~*e* Schulden. 彼はだいぶ借金がある ‖ Es regnet ganz ~. 大雨が降る.

an·stän·di·ger·wei·se[ánʃtɛndɪgərváizə] 副 礼儀上, 作法⟨エチケット⟩を守って.

An·stän·dig·keit[..dıçkaıt] 女 -/ anständig なこと.

An·stands≠be·such[ánʃtants..] 男 儀礼的〈表敬〉訪問. **≠da·me** 女 (少女に付き添っている)行儀指南役の婦人. **≠form** 女 -/-en《ふつう複数で》礼儀〈行儀〉作法. **≠frist** 女 礼儀上の猶予期間(体面上しばらく間を置く期間. 配偶者の死の直後は次の結婚を見あわせるなど). **≠ge·fühl** 中 -[e]s/ 礼儀心, エチケットに対するセンス.

an·stands·hal·ber 副 礼儀のために, 儀礼上.

An·stands·hap·pen 男《話》儀礼的に食べ残す一切れ(大皿に残された最後の一切れは皆が遠慮して手を出さない).

an·stands·los 副 ためらわずに, 躊躇(ちゅうちょ)せずに, さっさと.

An·stands≠re·gel 女 -/-n《ふつう複数で》礼儀作法, 礼法. **≠rol·le** 女〖劇〗(特に古典劇で善を救い悪を罰する)王侯貴族役, 高徳の人を演じる役. **≠un·ter·richt** 男 -[e]s/ 行儀作法の授業〈伝授〉. **≠wau·wau** 男《戯》=Anstandsdame

an·stand·wid·rig 形 礼儀作法に反する, 不作法な.

an|stän·kern[ánʃtɛŋkərn]《05》他 (h)《俗》《*jn.*》(…に)乱暴な口をきく, ののしる, 悪口を言う.

an|stap·fen[ánʃtapfən] 自 (s)《ふつう angestapft kommen の形で》足を踏みしめながらやって来る.

an|star·ren[ánʃtarən] 他 (h) じっと見つめる, 凝視する.

an·statt[anʃtát, ⌣⌣] (statt) **I** 前《2格, まれに3格支配: →laut II ☆》(英: *instead of*)…の代わりに, …ではなくて: *Anstatt* des Ministers hielt sein Vertreter eine Ansprache. 大臣の代わりに彼の代理の者があいさつを述べた | Ich komme ～ seiner (=an seiner Stelle). 私が彼の代わりに参りました | Willst du ～ meiner (=für mich) nach Berlin fahren? 私の代わりにベルリンに行ってくれないか | Sie nahm Peter ～ seiner mit. 彼女は彼の代わりにペーターを連れて行った(→II) ‖〖3格支配で〗～ Worten 言葉で言う代わりに, 言葉ではなく.

II 接《zu 不定詞〔句〕·daß 副文·その他の文成分と》…の代わりに, (当然…すべきなのに)それをしないで: *Anstatt* dich zu entschuldigen 〈*Anstatt* daß du dich entschuldigst〉, bist du auch noch frech. 君はあやまるどころか 逆に居直っているじゃないか ‖ Er fuhr nach Berlin ～ nach München. 彼はミュンヒェンにではなく ベルリンに行った | Sie sollte ihrer Mutter danken ～ ihrem Vater. 彼女は父親にではなく 母親に感謝すべきだ | Sie nahm Peter ～ ihn mit. 彼女は彼の代わりにペーターを連れて行った(→I). [◇Statt; *engl.* instead]

an|stau·ben[ánʃtaubən][1] **I** 自 (s) (少し)ほこりがつく: schnell ～ ほこりがつきやすい. **II an·ge·staubt** → 別出

an|stau·en[ánʃtauən] 他 (h) (水などを)せき止める: 再帰 *sich*[4] ～ (水などが)せかれてたまる;《比》(感情が)鬱積(うっせき)する | Autos *stauten* sich *an.* (交通渋滞で)自動車がたまった.

an|stau·nen[ánʃtaunən] 他 (h) 驚いて〈驚きあきれて〉見る, 驚嘆のまなざしで見る: *jn.* wie ein Wundertier ～ …をまるで珍獣ででもあるかのように見つめる.

An·stau·ung[ánʃtauuŋ] 女 -/-en [sich] anstauen すること.

an|ste·chen*[ánʃtɛçən]《180》他 (h) **1 a)** 突き刺す, 刺す; 刺して傷つける〈害を与える〉: Autoreifen ～ (ナイフなどで)自動車のタイヤに穴をあける ‖ Diese Birne ist *angestochen.* このナシは虫食いだ | ein *angestochener* Apfel 虫食いリンゴ ‖ wie ein *angestochener* Eber / wie ein *angestochenes* Schwein 手負いのイノシシのように猛然と | wie *angestochen* 〈wie ein *Angestochener*〉 arbeiten がむしゃらに働く. **b)** (肉·じゃがいも·ケーキなどの焼けぐあいをみるためにフォークなどで)ちょっと刺してみる. **2** (酒のたるなどに)飲み口を開ける, (たるの)口を切る. **3**〖考古〗(遺跡を)発掘する. **4**《中部》ちょっと縫い付ける. **5**《ベルリン》(anstecken) (…に)火をつける, 点火する.

An·steck·blu·me[ánʃtɛk..] 女 (胸などにつける)造花.

an|stecken[ánʃtɛkən] **I** 他 (h) **1 a)** (↔abstecken) (ピンなどで)留める, 付着させる: ein Abzeichen 〈eine Brosche〉 ～ 記章〈ブローチ〉をつける | eine Blume am Rockaufschlag 〈an den Rockaufschlag〉 ～ 上着の襟に花をつける. **b)** einen Ring ～ 指輪をはめる. **2**《*jn.*》(…に病気を)うつす, 伝染させる;《比》(…に気分などを)うつす: *jn.* **mit** einer Krankheit ～ …に病気をうつす | Er hat mich mit seiner Erkältung *angesteckt.* 彼は私にかぜをうつした | Ich bin von ihm *angesteckt* worden. 私は彼に病気をうつされた ‖ Er *steckte* uns mit seinem Lachen 〈seiner Angst〉 *an.* 彼の笑い〈恐怖〉は我々に伝染した | Das Gelächter *steckte* alle *an.* その笑いにつられて全員が笑った ‖ 再帰 *sich*[4] ～ (病気を)うつされる, 感染する | Ich habe mich bei ihm *angesteckt.* 私は彼に病気をうつされた. **3**《*et.*[4]》**a)** (anzünden) (…に)火をつける, 点火する: Gas 〈Kerzen〉 ～ ガス〈ろうそく〉に火をつける | Ich *steckte* mir eine Zigarette *an.* 私はタバコに火をつけた. **b)** (in Brand stecken) (…に)放火する: ein Haus ～ 建物に火をつける. **4**《方》=anstechen 2

II 自 (h) (病気などが)うつる, 伝染する: Grippe *steckt an.* 流感は伝染する | Gähnen *steckt an.* あくびはうつる.

III an·steckend 現分 形 伝染性の: eine ～*e* Krankheit 伝染病, 伝染性感染症 ‖ Cholera ist ～. コレラは伝染病だ | Gähnen wirkt ～. あくびはうつる.

An·steck·na·del[ánʃtɛk..] 女 飾りピン; ピン付きの記章.

An·steckung[ánʃtɛkuŋ] 女 -/-en《ふつう単数で》(anstecken すること. 特に:) 伝染, 感染: ～ durch Berührung 接触による感染.

an·steckungs≠fä·hig[ánʃtɛkuŋs..] 形 伝染性の. **≠frei** 形 伝染のおそれのない, 無感染の.

An·steckungs≠ge·fahr 女 伝染の危険性, 感染のおそれ. **≠herd** 男〖医〗感染巣(そう). **≠quel·le** 女〖医〗感染源. **≠stoff** 男〖医〗伝染病毒.

an|ste·hen*[ánʃte:ən]《182》自 (h) **1** (ある目的で)列に並んでいる, 行列して待つ(→anstellen I 2): bei einer Behörde ～ 役所の窓口で行列する | [stundenlang] um Brot 〈nach Eintrittskarten〉 ～ パン〈入場券〉を手に入れるために〔何時間も〕行列している. **2 a)** (仕事などが)片づかずに残っている, 滞っている; (実現·解決·決定などが)遅れている; (借金などが)未払いのままである: Diese Arbeit *steht* schon lange *an.* この仕事はすでに長い間遅滞している ‖ *et.*[4] **～ lassen** …(問題の解決など)を遅らせる〈遅延させる〉 | Schulden 〈Zahlungen〉 ～ lassen 負債をそのままにしておく〈支払いを先に延ばす〉 ‖ *anstehende* Probleme 懸案の諸問題. [▽]**b)** 時間がかかる, 長びく: 非人称 Es *stand* nicht lange *an,* so kam er. ほどなく彼がやってきた. **3** (zögern) ためらう, 躊躇(ちゅうちょ)する:〖ふつう否定文で〗**nicht ～**《zu 不定詞〔句〕と》ためらわずに(躊躇せず)…する | Ich *stehe* nicht *an,* zu behaupten, daß ... 私は…と主張してはばからない. **4**《*jm.* / *et.*[3]》(…に)ふさわしい, 似つかわしい: Zurückhaltung *steht* ihm gut 〈wohl〉 *an.* 彼は控え目にしたほうがよい | Es *steht* ihr nicht 〈schlecht / übel〉 *an,* so etwas zu sagen. 彼女はそんなことを言うべきではない. **5**《官》(期日などが)決まっている: Der Termin *steht* noch nicht 〈auf nächsten Montag〉 *an.* 期日はまだ決まっていない〈次の月曜日に決定している〉. **6**〖地〗(鉱石などが)露出している: das *Anstehende*〖坑〗露頭. **7** (s)《オーストリア》《auf *jn.* 〈*et.*[4]〉》(…に)頼らざるを得ない, (…の)助力を必要とする: Ich *stehe* auf sein Geld *an.* 私は彼の財力が頼りだ | Ich bin mein Lebtag auf niemanden *angestanden.* 私は生涯だれの世話にもならなかった. **8**《auf *et.*[4]》〖狩〗(…を)待ち伏せる. **9** 接して立っている; そばに置いてある. [◇Anstand]

an|stei·gen*[ánʃtaıgən][1]《184》自 (s) **1 a)** (道·地形などが)上り坂〈上り勾配(こうばい)〉になる: Die Straße *steigt an.* 道路が上り坂になる ‖ sanft *ansteigende* Wiesen なだらかな上り勾配の草原. **b)** (人が)坂〈勾配〉を登る. **2** (水位·温度などが)上がる, 高まる, 上昇する; (数量が)増加〈増大〉する; (値などが)上がる: Die Temperatur *steigt an.* 温度が上昇する | Die Zahl der Teilnehmer ist auf das Dreifache *angestiegen.* 参加者の数は3倍に膨れ上がった ‖ das rapide *Ansteigen* der Preise 物価の急騰. **3**《話》《ふつう angestiegen kommen の形で》大またでやってくる. [◇Anstieg]

an·stel·le[anʃtélə] 前《2格支配, または von を伴って》…の代わりに: ～ des Bruders 兄〈弟〉の代わりに | Ich komme

〜 von Herrn Meyer. 私がマイヤー氏の代わりに参りました | *Anstelle* von Reden werden Taten erwartet. 口舌(ぜつ)の代わりに実行が期待される.

an|stel·len[ánʃtɛlən] **I** 他 (h) **1** 《*et.*⁴ an *et.*⁴ 〈an *et.*³〉》(…を…に)立てかける, よりかける: eine Leiter an den Baum 〈am Baum〉 〜 木にはしごをかける.
2 再帰 *sich*⁴ 〜 (ある目的で)列に並ぶ, 行列に加わる(→anstehen 1): *sich*⁴ hinten 〜 行列の後ろに並ぶ | *sich*⁴ um Brot 〈nach Eintrittskarten〉 〜 パン〈入場券〉を手に入れるために行列する.
3 《*jn.*》 **a)** (職員として)雇う, 雇用〈任用〉する(→Angestellte): *jn.* als Buchhalter 〈Verkäufer〉 〜 …を簿記係〈販売員〉として雇う ‖ an der Schule 〈bei der Regierung〉 *angestellt* sein 学校〈政府〉の職員である | Er ist bei dieser Firma fest 〈zur Probe〉 *angestellt.* 彼はこの会社の正〈見習〉社員である. **b)** 《話》(仕事に)使う: *jn.* zum Schuhputzen 〜 …に靴みがきをさせる | Man kann ihn zu allen Arbeiten 〜. 彼はどんな仕事にも使える | Ich lasse mich von dir nicht 〜. 私はお前の指図は受けないぞ.
4 《*et.*⁴》 **a)** 《機能動詞として動作名詞と》(…を)する, 行う: Betrachtungen 〈Vermutungen〉 〜 観察〈推測〉をする | Überlegungen über *et.*⁴ 〜 …について考慮をする | mit *jm.* ein Verhör 〜 …に対して尋問を行う. **b)** 《話》《様態を示す語句と》(…のやり方で)する, 行う: *et.*⁴ geschickt 〈schlau〉 〜 …を巧妙に〈抜け目なく〉行う | Ich weiß nicht, wie ich es 〜 soll. 私はそれをどうしたらよいか分からない. **c)** 《話》試みる, やってみる: alles mögliche 〜 (目的を達成するために)手〈手段〉を尽くす | Ich konnte 〜, was ich wollte, nichts war recht. 何をしてみても すべてうまくゆかなかった | Was soll ich nur mit dir 〜! まったくお前というやつは処置なしだ. **d)** 《話》(ばかなこと・困ったことなどを)しでかす, やらかす, ひき起こす: Dummheiten 〈etwas Schlimmes〉 〜 ばかなこと〈困ったこと〉をしでかす | Da hast du wieder etwas Schönes *angestellt.* 《反語》君はまたも結構なことをしてくれたものだ.
5 《話》 再帰 *sich*⁴ 〜 《様態を示す語句と》…の態度をとる, …に振舞う; …を装う, …のふりをする | *sich*⁴ dumm 〈ungeschickt〉 〜 ばかな振舞いをする〈不器用にやる〉 | *sich*⁴ wie der Ochse beim Seiltanzen 〜 (→Ochse 1) | Sie ist nicht krank, sie *stellt* sich nur so *an.* 彼女は病気ではない そんなふりをしているだけだ | *Stell* dich nicht so *an*! そんな大げさな〈芝居がかった〉まねはやめろ.
6 (↔abstellen) 《*et.*⁴》 (栓をひねったり, スイッチを入れたりして)作動させる: das Licht 〜 明かりをつける | die Heizung 〜 暖房を入れる | das Wasser 〜 (水道のコックをひねって)水を出す | das Radio 〈den Motor〉 〜 ラジオ〈エンジン〉をかける.
7 die Waren 〜 商品を供給する.
II An·ge·stell·te → 別出

An·stel·le·rei[anʃtɛlərái] 女 -/-en 《ふつう単数で》(〔sich〕 anstellen すること) **1** 大げさな〈芝居がかった〉まね, 仰山な態度. **2** (うんざりするほど延々と)行列に並ぶこと.

an·stel·lig[ánʃtɛlɪç]² 形 巧みな, 器用な, すばしこい.

An·stel·lig·keit[–kaɪt] 女 -/ anstellig なこと.

An·stel·lung[ánʃtɛlʊŋ] 女 -/-en **1** 《ふつう単数で》(anstellen すること. 例えば:) 雇い入れ, 雇用, 任用. **2** 勤め口, 職: eine feste 〈dauernde〉 〜 finden 定職を見つける.

an·stel·lungs·fä·hig 形 雇用〈任用〉資格のある, 雇用に適格の.

An·stel·lungs≠ur·kun·de 女 任用辞令. ≠**ver·hält·nis** 中 雇用関係. ≠**ver·trag** 男 雇用契約.

An·stell·win·kel[ánʃtɛl..] 男 〖空〗(翼の)迎角.

an|stem·men[ánʃtɛmən] 他 (h) 《*et.*⁴ 〔gegen *et.*⁴〕》(…を〔…に対して〕)突っぱる; 支え留める: die Füße 〈die Ellbogen〉 〜 両足〈両ひじ〉を突っぱる ‖ 再帰 *sich*⁴ gegen *et.*⁴ 〜 …に対して突っぱる〈ふんばる〉; 《比》…に対して抵抗する | *sich*⁴ mit den Schultern gegen die Tür 〜 肩でドアを支える.

an|steu·ern[ánʃtɔʏərn] 《05》 他 (h) **1** 《*et.*⁴》〖海・空〗(…に)かじを向ける, (…に向けて)針路をとる; 《戯》(…を)めざす: den Flughafen 〜 空港を目ざして飛ぶ | den Hafen der Ehe 〜 (→Hafen¹). **2** 《*et.*³ *et.*⁴》〖電〗(回路などに…を)装着する.

An·steue·rung[..ərʊŋ] 女 -/ ansteuern すること.

An·steue·rungs·feu·er 中 〖海・空〗入港〈着陸〉誘導〈標識〉灯.

An·stich[ánʃtɪç] 男 -〔e〕s/-e **1 a)** (酒だるなどの)口開け; 〖農〗(最初の)くわ〈すき〉入れ; 〖フェンシング〗最初の突き. **b)** der frische 〜 たるの口を開けたばかりの酒(ビール・ワインなど). **2** (果物の)虫食い傷.

an|stie·feln[ánʃti:fəln] 《06》 自 (s) 《ふつう angestiefelt kommen の形で》《話》大またにしずしずとやって来る.

An·stieg[ánʃti:k]¹ 男 -〔e〕s/-e **1** 《単数で》(ansteigen すること. 例えば:) 上り坂になること; 登ること, 登高; 上昇; 騰貴; 増加, 増大: der plötzliche 〜 der Preise 〈der Temperatur〉 物価の急騰〈温度の急激な上昇〉. **2** 上り坂, 上り勾配(こうばい); 登山路.

an|stie·ren[ánʃti:rən] 他 (h) 《話》(じっと・無表情に・無遠慮に)見つめる, 凝視する.

an|stif·ten[ánʃtɪftən] 《01》 他 (h) **1** 《*et.*⁴》(悪事・わざわいなどを)ひき起こす, しでかす; たくらむ: Unfrieden 〈einen Krieg〉 〜 動乱〈戦争〉をひき起こす | eine Verschwörung 〜 陰謀をたくらむ | Da hast du etwas Schönes *angestiftet*! 《反語》君はまた結構なことをやってくれたね. **2** 《*jn.* zu *et.*³》(…を)そそのかして(…を)させる, (…に…を)教唆する: *jn.* zum Betrug 〈zum Diebstahl〉 〜 …をそそのかして詐欺〈盗み〉を働かせる.

An·stif·ter[..tər] 男 -s/- (⊗ **An·stif·te·rin** -/-nen) (悪事を)そそのかす人, 教唆〈煽動(せんどう)〉者.

An·stif·tung[..tʊŋ] 女 -/-en anstiften すること.

an|stim·men[ánʃtɪmən] 他 (h) 歌いだす; (音を)出し始める; (笑い声・叫び声などを)あげる: ein Gelächter 〜 大声で笑いだす | ein Lied 〜 歌を歌い始める | ein Klagelied über *jn.* 〈*et.*⁴〉 〜 (→Klagelied) | immer wieder dasselbe 〈das alte / das gleiche〉 Lied 〜 (→Lied 1) | einen anderen 〈sanfteren〉 Ton 〜 調子を変える〈和らげる〉.

an|stin·ken*[ánʃtɪŋkən] 《187》 **I** 他 (h) 《俗》《*jn.*》(…に)いや気を催させる, (…を)うんざりさせる: Diese Arbeit *stinkt* mich *an.* 私はこの仕事はいやでたまらない.
II 自 (h) 《話》《gegen *jn.* 〈*et.*⁴〉》(…に)たてつく, 反抗する: **gegen** *jn.* 〈*et.*⁴〉 **nicht 〜 können** …に対抗しきれない.

An·stoß[ánʃto:s] 男 -es/..stöße[..ʃtø:sə] **1 a)** 突き当たる〈突き当てる〉こと, ぶつかる〈ぶつける〉こと, 衝突: Dies Glas bricht schon beim leichtesten 〜. このガラスはごくわずかな衝撃によっても壊れる. **b)** 〖サッカー〗キックオフ: Wir haben den 〜. うちのチームがキックオフをする番だ. **2** 《比》(推進力としての)突き, 押し, 衝撃, 刺激, 鼓舞, はずみ: dem Pendel einen 〜 geben 振り子を突いて動かす | den 〔ersten〕 〜 zu *et.*³ geben …のための〔最初の〕一押しを加える; 《比》…を〔最初に〕提起〈発議〉する; …の〔最初の〕きっかけとなる | Der erste 〜 zu diesem Buch ging von ihm aus. この本を作るという最初のアイディアは彼から出たものだった. **3** 障害, つまずきの種: 〖今日ではもっぱら次の成句で〗der Stein des 〜*es* (→Stein¹ 1 b). **4** 不快, 不興, 腹立ち, 怒り: 〔bei *jm.*〕 **〜 erregen** 〔…によって〕…の感情を害する〈…のひんしゅくを買う〉 | **an** *et.*³ **〜 nehmen** …を不快に思う, …に腹立ちを覚える | Heute nimmt niemand mehr 〜 an einem Bikini. 今日ではもうビキニの水着に対して抵抗を感じる者はだれもいない. ᵛ**5** 停滞, よどみ: ohne jeden 〜 少しのよどみもなく, すらすらと. **6** 接合部, 縫い合わせ目; 境界.

an|sto·ßen*[ánʃto:sən] 《188》 **I** 他 (h) **1** 《*jn.* / *et.*⁴》突く, つつく; (…に手や足で)突き〈押し〉を加える, 突き動かす; (…に)ぶつかる: *jn.* mit dem Ellbogen 〜 …をひじで突く; …にひじでぶつかる | *jn.* aus Versehen 〜 うっかりして…にぶつかる | den Ball 〜 ボールをける; 〖サッカー〗キックオフする(→II 2) | das Pendel einer Wanduhr 〜 柱時計の振り子を突いて動かす ‖ *jn.* zu *et.*³ 〜 《比》…を励まして〈督励して〉…をさせる | Man muß ihn immer erst 〜. 彼は自分からは何もしようとしない. **2** 打ち当てる, ぶつける: auf *js.* Gesundheit die Gläser 〜 (乾杯の際に)…の健康を祈ってグラスを打ち合わせる(→II 6) ‖ 再帰 *sich*⁴ an *jn.* 〈*et.*⁴〉 〜 …にぶつかる ‖ *angestoßenes* Obst いたんだ果物. **3** 《*et.*⁴ an *et.*⁴》(…を

…に)接合する; (縫い目の見えないように)縫い合わせる. ▽**4** den Teig ～ ねり粉に酵母を加える. ▽**5** 《*jn.*》(病気・嫌悪感などが…を)襲う.

II 自 **1 a)** (s, h) 《an *et.*^{4}》(…に)突き当たる, ぶつかる: mit dem Kopf an die Wand ⟨an eine scharfe Ecke⟩ ～ 頭を壁⟨とがった角⟩にぶつける | mit dem Fuß an einen Stein ～ 石につまずく. **b)** (h) 《gegen *et.*^{4}》(…に)反する, もとる, 抵触する. **2** (h) 〘サッカー〙キックオフする(→ I 1): Unsere Mannschaft hat *angestoßen.* うちのチームがキックオフした. **3** (h) 《an *et.*^{4}》(建物・地所などが…に)隣接する: Unser Haus *stößt* an sein Grundstück *an.* うちの建物は彼の地所に隣接している ‖ das *anstoßende* Zimmer 隣の部屋. **4** (s) 《bei *jm.*》(…の)感情を害する, (…の)不興を買う, (…を)怒らせる(→anstößig): Man *stößt* leicht bei ihm *an.* 彼はすぐ怒る | Er *stößt* überall *an.* 彼はいたるところでひんしゅくを買っている. **5** (h) 停滞する, つかえる: mit der Zunge ～ 舌たらずな話し方をする | lesen, ohne *anzustoßen* よどみなくすらすら読む. **6** (h) 〔mit den Gläsern〕～ (乾杯の際に)グラスを打ち合わせる(→I 2): auf *js.* Wohl ～ の息災を祈ってグラスを打ち合わせる | Darauf wollen wir ～! それを祈って⟨祝って⟩乾杯しよう.

An·stö·ßer[ánʃtøːsər] 男 -s/- 《スイス》(Anlieger) 隣接地の所有者, 隣人.

an·stö·ßig[..sɪç][2] 形 (言動が)不快な, 気にさわる, 失敬な; 下卑た, いやらしい(→anstoßen II 4): ～*e* Lieder singen 卑猥(ひわい)な歌を歌う.

An·stö·ßig·keit[..kaɪt] 女 -/-en **1** 《単数で》anstößig なこと. **2** anstößig な言動.

an|strah·len[ánʃtraːlən] 他 (h) **1** 《*jn.* / *et.*^{4}》(…に)光⟨照明⟩を当てる, 照らす: ein Gebäude mit Scheinwerfern ～ 建物を投光器で照らす. **2** 《*jn.*》輝くばかりの目つきで⟨うれしそうに⟩見〔つめ〕る.

an|strän·gen[ánʃtrɛŋən] 他 (h) (↔absträngen) (役畜を)車〔のひき革〕につなぐ.

an|stre·ben[ánʃtreːbən][1] **I** 他 (h) 《*et.*^{4}》《雅》(…を目ざして)努力する, (…を)手に入れ⟨(…に)到達し⟩ようと努める: eine bessere Stellung ～ よりよい地位を得ようと努力する | Es wird *angestrebt,* daß ... …をめざして努力がなされている. **II** 自 (h) **1** 《雅》《gegen *et.*^{4}》(…に)反抗⟨抵抗⟩する, (…と)戦う. **2** (屋根・塀などが)上方にのびる.

an·stre·bens·wert 形 (それをめざして)努力しがいのある, 努力に値する.

an|strei·chen*[ánʃtraɪçən] 《189》 **I** 他 (h) **1** 《*et.*^{4}》(…に塗料を)塗る: eine Tür rot ⟨mit roter Farbe⟩ ～ ドアを赤く⟨ドアに赤い塗料を⟩塗る | den Zaun neu ⟨frisch⟩ ～ lassen 垣根のペンキを新しく塗り替えさせる ‖ Frisch *angestrichen*! ペンキ塗り立て(注意のはり紙など). **2** 《*et.*^{4}》(目印として…に)線を引く: die Fehler 〔rot〕 ～ 誤りの個所に〔赤〕線を引く | eine Stelle im Buch mit Bleistift ～ 本のある個所に鉛筆で線を引く ‖ *sich*^{3} *et.*^{4} im Kalender 〔rot〕 ～ (→Kalender 1 a). **3** 《方》(heimzahlen) 《*jm. et.*^{4}》(…に…の)仕返しをする: Das werde ich dir schon ～! このお礼はきっとするからな. **4** こすり始める; (マッチなどを)する: ein Streichholz ～ マッチをする | die Geige ～ ヴァイオリンをちょっと弾いてみる.

II 自 〘狩〙 **1** (s) (↔abstreichen) (鳥が)飛んでくる. **2** (h) (野獣が)体をこすりつけて体臭を残す.

An·strei·cher[..çər] 男 -s/- 《方》ペンキ屋, 塗装工.

An·streich≈ge·rät 中 塗装用具. ≈〔**spritz·**〕**pi·sto·le** 女 ペイント=スプレーガン. ≈**tech·nik** 女 塗装技術.

an|strei·fen[ánʃtraɪfən] **I** 他 (h) **1** 《*et.*^{4}》(…に)軽く触れる; かすめる. **2** (衣服などを)素早く着用する: 〔*sich*^{3}〕 den Schuh ～ さっと靴をはく. **3** 《オーストリア》《*jn.*》なぶる, 挑発する. **II** 自 (h) 《an *et.*^{4} ⟨*jn.*⟩》(…に)軽く触れる.

an|stren·gen[ánʃtrɛŋən] **I** 他 (h) **1** (能力などを)大いに働かせる, 極度に緊張させる: *seine* Kräfte ～ 全力を振り絞る | *sein* Gehör ～ 耳をすます | *seine* Phantasie ～ 空想力を大いに働かせる ‖ 再帰 *sich*^{4} ～ 大いに努力する, がんばる; 《話》出費を惜しまない | *sich*^{4} körperlich ～ 大いに体力を使う | Du mußt dich in der Schule mehr ～. お前は学校でもっと勉強しなくてはいけない. **2** (神経・体力などを酷使して)疲れさせる: Die kleine Schrift *strengt* die Augen *an.* 細かい字は目が疲れる | Diese Arbeit *strengt* das Herz *an.* この仕事は心臓に過重な負担を与える ‖〘目的語なしで〙Rennen *strengt an.* ランニングはくたびれる. **3** 〘法〙(訴訟などを)起こす: einen Prozeß gegen *jn.* ～ …を相手どって訴えを起こす.

II an·stren·gend 現分 形 骨の折れる, 厄介な; (神経・体力などを)疲れさせる: eine ～*e* Arbeit つらい仕事 | Die Reise war sehr ～. とてもきつい旅だった.

III an·ge·strengt → 別出

An·stren·gung[ánʃtrɛŋʊŋ] 女 -/-en (〔sich〕 anstrengen すること. 例えば:) 努力, 骨折り, 苦労; 緊張: mit äußerster ⟨letzter⟩ ～ 全力を振り絞って | 〔große〕 ～*en* machen 〔大いに〕努力する⟨骨を折る⟩ | Die Reise war für ihn eine körperliche ～. その旅行は彼には肉体的にきつかった.

An·strich[ánʃtrɪç] 男 -〔e〕s/-e **1** 《ふつう単数で》塗装: der letzte ～ 仕上げ塗り. **2** (塗った塗料の)色, 色合い. **3** 《単数で》うわべ, 外観: *et.*^{3} einen vornehmen ～ geben …を上品そうに見せかける. **4** 〘楽〙(弦楽器の)運弓〔法〕.

an|stricken[ánʃtrɪkən] 他 (h) 《*et.*^{4} an *et.*^{4}》(…を…に)編んでつける, 編み足す: Ärmel an einen Pullover ～ (毛糸の)プルオーバーにそでをつける⟨編み足す⟩ | einen Strumpf ～ 靴下を編み足して長くする.

an|strö·men[ánʃtrøːmən] **I** 自 (s) (↔abströmen) (とうとうと)流れてくる; 《比》《しばしば angeströmt kommen の形で》(人波が)押し寄せる. ▽**II** 他 (h) **1** 《*et.*^{4}》(…に向かって)打ち寄せる. **2** 《*et.*^{4}》(砂・流木などを)流し運ぶ.

an|stücken[ánʃtʏkən] (**an|stückeln**[ánʃtʏkəln] 《06》) 他 (h) 《*et.*^{4} an *et.*^{4}》(…を…に)継ぎ足す; 《*et.*^{4}》(…に)継ぎをする: ein *angestücktes* ⟨*angestückeltes*⟩ Hemd 継ぎを当てたシャツ.

An·sturm[ánʃtʊrm] 男 -〔e〕s/..stürme[..ʃtʏrmə] 《ふつう単数で》**1** 突進; 突撃, 襲撃: dem ～ des Gegners trotzen 敵の攻撃に抵抗する. **2** (特定のものを求めての)殺到: ～ auf die Ware ⟨nach Karten⟩ 商品⟨切符⟩を手に入れようとして殺到すること.

an|stür·men[ánʃtʏrmən] 自 (s) **1** 《gegen *et.*^{4}》(…に向かって)突進する, 殺到する; (…に)刃向かう, (…と)戦う: Wellen *stürmen* gegen die Küste *an.* 波が岸に打ち寄せる | gegen das Schicksal ～ 運命に刃向かう. **2** 《ふつう angestürmt kommen の形で》突進して⟨大急ぎで⟩やって来る.

an|stür·zen[ánʃtʏrtsən] 《02》 自 (s) 《ふつう angestürzt kommen の形で》大急ぎで⟨すっとんで⟩やって来る.

an|su·chen[ánzuːxən] **I** 自 (h) 《官》《〔bei *jm.*〕 um *et.*^{4}》(〔…に〕…を)請う, 請願⟨申請⟩する: um Erlaubnis ⟨*seine* Entlassung⟩ ～ 許可⟨解任⟩を願い出る.

II An·su·chen 中 -s/- 《官》請願, 申請: *sein* ～ an *jn.* stellen ⟨richten⟩ …に願い出る, …に申請する | einem ～ entsprechen 請願⟨申請⟩に応じる ‖ auf *js.* ～^{4} …の願いにより.

An·su·cher[..xər] 男 -s/- 《オーストリア》(Bittsteller) 申請者.

an|sur·fen[ánzøːrfən, ..zœrfən, ..səːfən] 自 (h) (↔absurfen) 〘スポーツ〙(シーズン開きの)サーフィン初(ぞ)めをする.

ant.. →anti..

..ant[..ant] **I** 《動詞などにつけて「…する人」を意味する男性名詞 (-en/-en) をつくる. ..ent という形もある》: Kommand*ant* 指揮官 | Demonstr*ant* デモをする人 | Konsum*ent* 消費者 | Assist*ent* 助手. **II** 《動詞につけてこれを形容詞化する. ..ent という形もある》: domin*ant* 支配的な | penetr*ant* しみ通るような | resist*ent* 抵抗力のある | kongru*ent* 一致する. [*lat.*]

Ant·ago·nis·mus[antagonísmʊs] 男 -/..men[..mən] **1** 対立⟨敵対⟩関係, 抗争, 反目: der ～ der Geschlechter 両性間の対立. **2** 〘生・化〙拮抗(きっこう)作用, 拮抗⟨対抗⟩現象.

Ant·ago·nist[..nɪ́st] 男 -en/-en **1** 反対者, 敵対者. **2** 《ふつう複数で》(↔Synergist) 〘生理・医〙拮抗筋; 〘薬〙拮抗薬. [*gr.*〔–*spätlat.*〕; ◇Agon]

ant·ago·ni·stisch[..nístɪʃ] 形 相反する, 対立〈敵対〉する, 拮抗する.

an|tail·lie·ren[ántajiːrən] 他 (h) 《*et.*[4]》〘服飾〙(…に)ウエストラインをつける,(…の)ウエストをしぼる: leicht 〈modisch〉 *antailliert* ゆるい〈流行の〉ウエストラインの.

an|tan·zen[ántantsən] 《02》 自 **1** (s) 《俗》 (↔ abtanzen) 《しばしば angetanzt kommen の形で》(足取り軽く)やって来る, 現れる: *jn.* ～ lassen …を呼び寄せる | Da kommt er schon wieder *angetanzt.* 《軽蔑的に》ああ またあいつがやって来た. ▽**2** (h) (パーティーなどで)最初に踊る.

der **Ant·ares**[antáːrɛs, ántarɛs] 男 -/ 〘天〙アンタレス(さそり座の首星の一等星で, 赤色に光る変光星). [*gr.*; ◇Ares]

die **Ant·ark·ti·ka**[ant|árktika·] 地名 女 -/ 南極大陸.

die **Ant·ark·tis**[..tɪs] 女 -/ (↔Arktis) 南極地方.

ant·ark·tisch[..tɪʃ] 形 南極〔地方・大陸〕の. [*gr.* ant-arktikós „dem Norden gegenüberliegend"]

Ant·ark·tis·ver·trag 男 (南極地方の観測・研究に関する国際間の)南極条約.

an|ta·sten[ántastən] 《01》 他 (h) ▽**1** (手で)そっと触れる, さわる; (テーマなどに)軽く言及する. **2** 《しばしば否定文に用いて》 **a)** (権利・名誉などを)侵害する, 傷つける(→unantastbar): Meine Ehre lasse ich von niemandem ～. 私の名誉はだれにも傷つけさせないぞ. **b)** (蓄えなどに)手をつける, 消費し始める.

an|tat·schen[ántatʃən] 《04》 他 (h) 《話》(乱暴に・不器用に)つかむ, さわる.

an|tau·chen[ántaʊxən] 自 (h) 《ｵｰｽﾄﾘｱ》 **1** (anschieben) 押す, 押して動かす. **2** 努力する, 張り切る.

an|tau·en[ántaʊən] **I** 自 **1** (h, s) (雪などの)表面が溶け始める. **2** (s) (冷凍品が)解凍する. **II** 他 (h) (冷凍品を)解凍する.

An·tä·us[antɛ́ːʊs] 人名 〘ギ神〙アンタイオス (Herkules に負けて殺された巨人). [*gr.*－*lat.*; ◇ante..]

an|täu·schen[ántɔʏʃən] 《04》 他 (h) 《ｽﾎﾟｰﾂ》《*jn.*》(…に)牽制(ｹﾝｾｲ)攻撃をする, 牽制する.

ante 《ﾗﾃﾝ語》 →*ante* Christum 〔natum〕, *ante* meridiem, *ante* mortem, *ante* portas

ante.. 《名詞・形容詞・動詞などにつけて「前」を意味する》: *Ante*zessor 前任者. [*lat.*; ◇anti.., ent..[1]]

An·te[ántə] 女 -/-n 〘建〙アンタ, 壁端柱, 端片蓋柱(古代ギリシア・ローマ建築の側壁端を形作る矩(ｸ)形の柱). [*lat.*]

an·te Chri·stum 〔**na·tum**〕[ántə krístʊm(náːtʊm), ..te· －(－)] 《ﾗﾃﾝ語》(略 a. Chr. 〔n.〕) (vor Christi Geburt) キリスト生誕前に, 西暦紀元前. [◇nativ]

▽**an·te·da·tie·ren**[antedatíːrən] 他 (h) (文書などを)実際より前〈あと〉の日付にする.

an·te·di·lu·via·nisch[..diluviáːnɪʃ] 形 (vorsintflutlich) ノアの洪水以前の. [<Diluvium]

An·te·fle·xion[..flɛksióːn] 女 -/-en 〘医〙〔子宮〕前屈.

an|tei·gen[ántaɪgən][1] 他 (h) (ケーキ用などの)粉を練る, こね粉〈生パン〉を作る. [<Teig]

An·teil[ántaɪl] 男 -〔e〕s/-e **1 a)** (当然手に入るべき)分け前, 取り分; (関与すべき)割り当て分, 負担〈分担〉分, 持ち分: *js.* ～ am Erbe 〈am Gewinn〉 …の相続分〈もらうべき利益の分け前〉‖ *seinen* ～ fordern 自分の分け前を要求する | **an** ***et.***[3] **～ haben** …の分け前にあずかる; …に関与している | Er hat keinen ～ an diesem Erfolg. 彼はこの成果に対してはなんの貢献もしていない. **b)** (会社の資本金に対する)分担分, 出資分; 株, 株式. **2** 《単数で》関与, 参加; 関心, 興味; 思いやり, 同情: an *et.*[3] tätigen ～ nehmen …に積極的に関与〈参加〉する | **an** ***jm.*** 〈***et.***[3]〉 **～ nehmen** 〈**zeigen**〉 …に関心をいだく; …に同情する | Wir nehmen herzlichen ～ an Ihrem Unglück. あなたのご不幸に心からご同情申し上げます.

An·teil≠be·sit·zer 男 =Anteilseigner ≠**grö·ße** 女 〘言〙属格部.

an·tei·lig[ántaɪlɪç][2] 形 《述語的用法なし》取り分〈持ち分〉に応じた: der ～*e* Urlaub 権利分の休暇 | den Gewinn ～ verteilen 利益を取り分に応じて分配する.

An·teil·lohn 男 〘経〙(農産物の現物給与などによる)生産物賃金.

an·teil≠los[ántaɪlloːs][1] 形 無関心な, 冷淡な: *sich*[4] ～ verhalten 冷淡な態度をとる. ≠**mä·ßig** =anteilig

An·teil·nah·me[ántaɪlnaːmə] 女 -/ **1** 関与, 参加: unter reger ～ der Bevölkerung 住民の活発な参加のもとに. **2** 関心, 興味; 思いやり, 同情: *seine* ～ aussprechen 同情の意を表する, おくやみの言葉を述べる. [<Anteil nehmen]

An·teil·schein 男 〘経〙持ち分証書.

An·teils·eig·ner 男 〘経〙持ち分〔証書〕所有者.

an·teils≠los =anteillos ≠**mä·ßig** =anteilmäßig

An·teil·ur·laub 男 (年度ごとの)就労日数に応じた休暇.

an|te·le·fo·nie·ren (**an|te·le·pho·nie·ren**) [ántelefoniːrən] 《話》 **I** 他 (h) 《*jn.*》(…に)電話をかける. **II** 自 (h) 《bei *jm.*/ｽｲｽ: *jm.*》(…に)電話をかける.

an·te me·ri·diem[ántə meríːdiɛm, ..te· －] 《ﾗﾃﾝ語》(略 a. m.) (vormittags) 午前〔に〕. [◇Meridian]

an·te mor·tem[ántə mɔ́rtɛm, ..te· －] 《ﾗﾃﾝ語》(略 a. m.) (vor dem Tode) 死の前の〈に〉. [◇Mord]

An·ten·ne[antɛ́nə] 女 -/-n **1** (電波送信・受信用の)アンテナ, 空中線: Fernseh*antenne* テレビ用のアンテナ ‖ eine ～ anbringen 〈ziehen〉 アンテナを取り付ける〈はる〉 | **eine ～ für** ***et.***[4] **haben** 《話》…に対する嗅覚をもっている | Kinder haben sehr feine ～*n* für Ungerechtigkeiten. 子供たちには不正を嗅ぎつける鋭敏な感覚がある | Dafür habe ich keine ～. 《話》そんなことは私にはさっぱり理解できない. **2** 〘動〙触角. [*lat.* antenna „Segelstange"－*it.*]

An·ten·nen≠ab·lei·tung 女 〘電〙ダウンリード〔線〕. ≠**ab·stim·mung** 女 〘電〙空中線同調. ≠**an·la·ge** 女 〘電〙空中線列. ≠**draht** 男 アンテナ線. ≠**kreis** 男 〘電〙空中線回路. ≠**mast** 男 アンテナ柱. ≠**stab** 男 アンテナ支柱. ≠**wald** 男 《話》(町などに)林立するアンテナ.

An·te·pän·ul·ti·ma[antepɛnʊ́ltima·] 女 -/..mä[..mɛ·], ..men[..nʊltíːmən] 〘言〙語の最後から3番目の音節. [*lat.*]

An·te·pen·dium[..péndiʊm] 中 -s/..dien[..diən] アンテペンディウム(祭壇の前面の装飾的な布または絵画・彫刻: → 図 Altar A). [*mlat.* „Vor-hang"; < *lat.* pendēre (→Pendel)]

an·te·po·nie·rend[..poníːrənt][1] 形 〘医〙前移〈前進〉性の, 早期性の: ～*e* Menstruation 前進月経.

an·te por·tas[ántə pɔ́rtaːs, ..te· －] 《ﾗﾃﾝ語》 (vor den Toren) 門前に, 到着まぢか, 接近中: Herr Meyer ～ 《戯》マイヤー氏が近くやってくるぞ(警戒せよ). [◇Pforte]

An·te·stat[ántɛstaːt] 中 -〔e〕s/-e (かつて大学の聴講生が学期始めに教師に署名してもらう)聴講届〔証〕(→Testat).

an|te·stie·ren[..tɛstiːrən] 自 (h) (学生に) Antestat を交付する.

An·te·ze·dens[antetséːdɛns] 中 -/..denzien[..tsedɛ́ntsiən] **1** 先行する事柄; 原因, 理由; 〘論〙前件; 〘言〙先行詞. **2** 《複数で》前歴, 素性. [*lat.*; < *lat.* cēdere (→zedieren)]

▽**An·te·zes·sor**[..tsɛ́sɔr, ..soːr] 男 -s/-en[..tsɛsóːrən] 「前任者.」

anth.. →antho..

Ant·he·li·en[antéːliən] 複 〘天〙幻日(ｹﾞﾝｼﾞﾂ), 擬日輪. [<anti..+helio..]

Ant·hel·min·thi·kum[anthɛlmíntikʊm] 中 -s/..ka[..ka·] (Wurmmittel) 〘薬〙駆虫剤, 虫下し. [<Helminthe]

ant·hel·min·thisch[..tɪʃ] 形 〘薬〙駆虫性の.

An·the·mion[antéːmiɔn] 中 -s/..mien[..miən] 〘美〙アンテミオン(古代ギリシア建築の柱頭などの放射状花模様). [*gr.* „Blume"; ◇antho..]

An·the·mis[ántemɪs] 女 -/- (Hundskamille) 〘植〙ローマカミツレ. 「葯(ﾔｸ).」

An·the·re[antéːrə] 女 -/-n (Staubbeutel) 〘植〙

An·the·ri·dium[anteríːdiʊm] 中 -s/..dien[..diən] 〘植〙造〈蔵〉精器. [< *gr.* anthērós „blühend"]

A

antho.. 《名詞・形容詞などにつけて「花」を意味する. 母音の前では anth.. となる: →*Anthemis*》 [*gr.* ánthos „Blüte"]

An·tho·cy·an[antotsyá:n] 中 -s/ =Anthozyan

An·tho·lo·gie[antologí:] 女 -/-n[..gí:ən] アンソロジー, 詞華集, 名詩(名文)選: eine ~ moderner Lyrik 近代叙情名詩選. [*gr.* antho-logíā „Blüten-lese"]

an·tho·lo·gisch[..ló:gɪʃ] 形 アンソロジー〔ふう〕の, 詩華集の.

An·tho·zo·on[antotsó:ɔn] 中 -s/..zoen[..tsó:ən] 《動》花虫類. [<zoo..]

An·tho·zy·an[..tsyá:n] 中 -s/ アントシアン(植物色素).

An·thra·cen[antratsé:n] 中 -s/-e 《化》アントラセン.

An·thra·chi·non[antraçinó:n] 中 -s/ 《化》アントラキノン.

An·thra·chi·non·farb·stoff 男 アントラキノン染料〔(色素).〕

An·thrak·no·se[antraknó:zə] 女 -/-n 《植》炭疽(たんそ)病. [<noso..]

An·thra·ko·se[..kó:zə] 女 -/-n 《医》炭浸潤, 炭粉症. [<..ose]

An·thrax[ántraks] 男 -/ (Milzbrand) 《医》炭疽(たんそ). [*gr.* ánthrax „Kohle"–*lat.*]

An·thra·zen[antratsé:n] 中 -s/-e =Anthracen

An·thra·zit[..tsí:t, ..tsít] 男 -〔e〕s/-e (Kohlenblende) 無煙炭. [*gr.*–*lat.*; ◇..it[2]; *engl.* anthracite]

an·thra·zit≈far·ben 形, **≈far·big** 形, **≈grau** 形 チャコールグレーの.

An·thra·zit·koh·le 女 =Anthrazit

anthropo.. 《名詞・形容詞などにつけて「人間」を意味する》 [*gr.* ánthrōpos „Mensch"]

An·thro·po·bio·lo·gie[antropobiologí:] 女 -/ 人類生物学.

an·thro·po·gen[..gé:n] 形 人間によって作られた, 人為により生まれた, 人工の.

An·thro·po·ge·ne·se[..gené:zə] 女 -/ 人類発生.

An·thro·po·ge·nie[..gení:] 女 -/ 人類発生学.

An·thro·po·geo·gra·phie[..geografí:] 女 -/ 人文地理〔学〕.

An·thro·po·gra·phie[..grafí:] 女 -/ 人類誌, 記述〔人類学.〕

an·thro·po·id[antropoí:t][1] **I** 形 人間に似た, 類人の. **II An·thro·po·id** 男 -en/-en, **An·thro·po·ide** 男 -n/-n (Menschenaffe) 《動》類人猿. [*gr.*; ◇..oid]

An·thro·po·lo·ge[antropoló:gə] 男 -n/-n (→..loge) 人類学者.

An·thro·po·lo·gie[..logí:] 女 -/ 人類学; 《哲》人間〔学.〕

an·thro·po·lo·gisch[..ló:gɪʃ] 形 人類学〔上〕の; 《哲》人間学〔上〕の.

An·thro·po·me·trie[..metrí:] 女 -/ 《医》人体測定〔学〕.

an·thro·po·me·trisch[..mé:trɪʃ] 形 《医》人体測定〔〔学上〕の.〕

an·thro·po·morph[..mɔ́rf] 形, **an·thro·po·mor·phisch**[..mɔ́rfɪʃ] 形 人間の形をした, 人間化された; 類人の: die *Anthropomorphen* 《動》類人猿. [*gr.*]

an·thro·po·mor·phi·sie·ren[..mɔrfizí:rən] 他 (h) (神などに)人間の形〈性格〉を与える, 人間化〈擬人化〉する.

An·thro·po·mor·phis·mus[..mɔrfísmʊs] 男 -/..men[..mən], **An·thro·po·mor·pho·se**[..mɔrfó:zə] 女 -/-n 人間化; 《哲・宗》擬人観〈論〉, 神人同形論.

An·thro·po·pa·this·mus[..patísmʊs] 男 -/ 《哲》神人同感説(神も人間と同じ感情・情熱をもつとする考え方). [<Pathos]

An·thro·po·pha·ge[..fá:gə] 男 -n/-n (**An·thro·po·phag**[..fá:k][1] 男 -en/-en) 食人種. [*gr.*–*lat.*]

An·thro·po·pha·gie[..fagí:] 女 -/ 人食い, 食人. [*gr.*; <..phagie]

an·thro·po·phob[..fó:p][1] 形 人おじする, 対人恐怖の.

An·thro·po·pho·bie[..fobí:] 女 -/ 《医・心》対人恐怖〔症〕. [*gr.*; <..phobie]

An·thro·po·soph[..zó:f] 男 -en/-en 《哲》人知学者. [<*gr.* sophíā „Weisheit"]

An·thro·po·so·phie[..zofí:] 女 -/ 《哲》人知学(→Steiner).

an·thro·po·so·phisch[..zó:fɪʃ] 形 《哲》人知学の.

An·thro·po·tech·nik[..tɛ́çnɪk] 女 -/ 人間工学.

an·thro·po·zen·trisch[..tsɛ́ntrɪʃ] 形 人間を宇宙の中心的存在と考える, 人間中心的な.

anti.. 《名詞・形容詞などにつけて「対抗・反対・否定」などを意味する. 母音と h の前では ant.. となることもある》: *Anti*pathie 反感 | *anti*christlich 反キリスト教の ‖ *Ant*arktis 南極地方. [*gr.*; ◇ante.., ent..[1]]

An·ti·al·ko·ho·li·ker [anti|alkohó:likər, ⏑⏑⏑⏑–⏑⏑] 男 -s/- 禁酒主義者.

an·ti·ame·ri·ka·nisch [anti|amerikáːnɪʃ, ⏑⏑⏑⏑⏑–⏑] 形 反米の, 反米的な.

An·ti·ame·ri·ka·nis·mus[anti|amerikanísmʊs, ⏑⏑⏑⏑⏑⏑⏑⏑] 男 反米主義.

an·ti·au·to·ri·tär[anti|aʊtoritɛ́:r, ⏑⏑–⏑⏑–] 形 反権威主義的な.

An·ti·ba·by·pil·le (An·ti-Ba·by-Pil·le)[antibé:bi..] 女 (錠剤の)経口避妊薬, ピル.

an·ti·bak·te·riell[..bakteriɛ́l, ⏑⏑⏑⏑⏑⏑] 形 抗菌〔性〕の: ~*e* Medikamente 抗菌薬.

An·ti·bi·ont[antibiɔ́nt] 男 -en/-en 《生》抗生微生物.

An·ti·bio·se[..bió:zə] 女 -/-n 《生》抗生〔作用〕.

An·ti·bio·ti·kum[..bió:tikʊm, ⏑⏑⏑–⏑⏑] 中 -s/..ka[..ka·] 《医》抗生物質. [<bio..]

an·ti·bio·tisch[..bió:tɪʃ] 形 抗生性の; 抗生物質の.

An·ti·blockier·sy·stem 中 アンチロックブレーキシステム(車の安全停止のためのブレーキ制御装置).

an·ti·cham·brie·ren[antiʃambrí:rən, ..ʃãb..] 自 (h) [V]**1** (面会などを求めて)控えの間で待つ. **2** (上司などに)たびたび願い出る, 嘆願を繰り返す; (寵(ちょう)を得ようとして)こびへつらう. [<*fr.* anti-chambre „Vor-zimmer" (◇ante.., Kammer)]

An·ti·christ[ántikrɪst, ⏑⏑⏑] 男 (Widerchrist) **1** -〔s〕/ 《神》アンティクリスト, 反キリスト〔者〕; (Teufel) 悪魔. **2** -en/-en キリスト〔教〕の敵対者; 異端者. [*gr.*–*spätlat.*–*ahd.*]

an·ti·christ·lich[ántikrɪstlɪç, ⏑⏑⏑⏑] 形 反キリスト〔教の.〕

an·ti·ci·pan·do[antitsipándo·] =antizipando

an·ti·de·mo·kra·tisch[..demokrá:tɪʃ, ⏑⏑⏑⏑–⏑] 形 反民主主義的な.

An·ti·de·pres·si·vum[..deprɛsí:vʊm] 中 -s/..va[..va·] 《ふつう複数で》《医》抗鬱(うつ)薬. [<depressiv]

an·ti·deutsch[ántidɔʏtʃ, ⏑⏑⏑] 形 反ドイツの, 反独の, 反独的な.

An·ti·dia·be·ti·kum[..diabé:tikʊm] 中 -s/..ka[..ka·] 《医》アンチジアベチクム, 糖尿病〔治療〕薬. [<Diabetes]

An·ti·dot[antidó:t] 中 -〔e〕s/-e, **An·ti·do·ton**[antí(:)dotɔn] 中 -s/..ta[..ta·] (Gegengift) 解毒剤. [*gr.*–*lat.*; <*gr.* dotós „gegeben" (◇Dosis)]

An·ti·dum·ping·ge·setz[antidámpɪŋ.., ⏑⏑⏑⏑⏑⏑] 中 《法・経》ダンピング防止〔禁止〕法.

An·ti·fa·schis·mus[..faʃísmʊs, ⏑⏑⏑⏑⏑; オーストリア: ⏑⏑⏑⏑⏑] 男 -/ 反ファシズム〔運動〕.

An·ti·fa·schist[..faʃíst, ⏑⏑⏑⏑] 男 -en/-en ファシズム反対者.

an·ti·fa·schi·stisch[..faʃístɪʃ, ⏑⏑⏑⏑⏑] 形 反ファシ〔ズムの.〕

An·ti·fe·bri·le[..febrí:lə] 中 -〔s〕/..lia[..lia·] 《医》解熱剤.

An·ti·fe·brin[..febrí:n, ⏑⏑⏑–] 中 -s/ 《薬》アンチフェブリン(解熱剤). [<*lat.* febris „Fieber"+..in[2]]

An·ti·fou·ling[ǽntifáulɪŋ] 中 -s/ 《海》(貝・藻などの付着を防ぐため船底に塗る)よごれ止め〔剤〕. [*engl.*; ◇faul]

An·ti·gen[antigé:n] 中 -s/-e 《生・医》抗原, アンチゲン(→Antikörper).

An·ti·go·ne[antí:gone·] 人名 《ギ神》アンティゴネ (Ödipus の娘. Sophokles の同名の悲劇の女主人公). [*gr.*–*lat.*]

An·ti·gua und Bar·bu·da[æntí:gə ʊnt ba:bú:də]

地名 アンティグア=バーブーダ(中米, 西インド諸島の一部. 1981年英連邦内で独立. 首都セントジョンズ Saint John's).

An·ti·held[ántihɛlt][1] 男 -en/-en アンチ=ヒーロー, 反英雄(文学作品などで, 英雄的素質に欠ける消極的な主人公).

An·ti·hist·amin≠kör·per[antihɪstamí:n..] 男 〘薬〙 抗ヒスタミン体. **≠mit·tel** 中 〘薬〙 抗ヒスタミン剤.

An·ti·hor·mon[antihɔrmó:n, ⌣⌣⌣−] 中 -s/-e 〘医〙 抗ホルモン.

an·ti·ja·pa·nisch[..japá:nɪʃ, ⌣⌣⌣−⌣] 形 反日の, 反日的な.

an·tik[antí:k] 形 **1** 古代の; (ギリシア・ローマの)古典期の: ein ~*es* Bauwerk 古代建築物 | das ~*e* Griechenland 古代ギリシア | die ~*e* Kultur 古代文化. **2** 古風な, 古代ふうの, 古めかしい, アンチックな: ~*e* Möbel 古風な(時代ものの)家具類. [*lat.* antīquus „vorig"–*fr.* antique; ◇ante..]

An·ti·ka·glien[antikáljən] 複 〘美〙(小さな)古美術品. [*it.*]

An·ti·ka·t[h]o·de[antikató:də, ⌣⌣⌣−⌣] 女 -/-n 〘電〙(真空管などの)対陰極.

An·ti·ke[antí:kə] 女 -/-n **1** 《単数で》古代, 古代文化; (ギリシア・ローマの)古典期〔の文化〕: die Kunst der ~ (ギリシア・ローマの)古典美術. **2** 《ふつう複数で》(古典期の)古美術品, 骨董(こっとう)品. [*fr.* antique (→antik)]

an·ti·kisch[antí:kɪʃ] 形 古代の様式をまねた, 古代ふうの, 擬古的な.

an·ti·ki·sie·ren[antikizí:rən] 自 (h) 古代様式を模倣する, 古風に(古めかしく)仕上げる: *antikisierend* 擬古的な.

an·ti·kle·ri·kal[antiklerikά:l, ⌣⌣⌣⌣−; オーストリア: ⌣⌣⌣⌣−] 形 反教会の, 教権反対の.

An·ti·kle·ri·ka·lis·mus[..kalísmʊs, ⌣⌣⌣⌣⌣⌣⌣] 男 -/ 反教会(教権反対)主義.

An·ti·kli·max[antiklí:maks, ⌣⌣−⌣] 女 -/-e 《ふつう単数で》(↔Klimax) 〘修辞〙 漸降法, アンチ=クライマックス.

an·ti·klin[antiklí:n] 形 ~*e* Teilung 〘生〙(細胞の)垂層(垂側)分裂. [<*gr.* klī́nein (→Klima)]

an·ti·kli·nal[..kliná:l, ⌣⌣⌣−] 形 〘地〙 背斜(はいしゃ)の, 背斜褶曲(しゅうきょく)の.

An·ti·kli·na·le[..lə] 女 -/-n 〘地〙 背斜, 背斜褶曲.

An·ti·klopf·mit·tel[antiklɔ́pf.., ántiklɔpf..] 中 (エンジン用の)アンチノック剤, 制爆剤. [<klopfen]

An·ti·kom·in·tern·pakt[antikomɪntέrnpakt, ⌣⌣⌣⌣⌣] 男 〘史〙(日独間の)防共協定(1936).

An·ti·kom·mu·nis·mus[..kɔmunísmʊs, ⌣⌣⌣⌣⌣⌣] 男 -/ 反共産主義.

An·ti·kom·mu·nist[..kɔmuníst, ⌣⌣⌣⌣⌣] 男 -en/-en 反共〔産〕主義者.

an·ti·kom·mu·ni·stisch[..tɪʃ, ⌣⌣⌣⌣⌣⌣] 形 反共産主義の, 反共的な.

An·ti·kon·zep·tion[antikɔntsɛptsió:n] 女 -/ 〘医〙 避妊.

an·ti·kon·zep·tio·nell[..tsionέl] 形 避妊の.

An·ti·kon·zep·ti·vum[..tí:vʊm] 中 -s/..va[..va·] 避妊薬.

An·ti·kör·per[ánti..] 男 -s/- 《ふつう複数で》〘生〙 抗体(→Antigen): ein monoklonaler ~ 〘免疫〙 モノクローナル抗体(同一遺伝子をもつリンパ球が産出する均一な抗体).

An·ti·kör·per·test 男 〘医〙 抗体検査.

An·ti·kri·tik[antikrití:k, ⌣⌣⌣−; オーストリア ⌣⌣⌣−] 女 -/-en (Gegenkritik)(批判に対する)反論, 反駁(はんばく).

An·ti·kul·tur[antikʊltú:*r*, ⌣⌣⌣−] 女 反文化.

die **An·til·len**[antílən] 地名 複 アンティル諸島(中米, Karibik を囲む大小二つの弧状列島). [◇*engl.* the Antilles]

An·ti·lo·pe[antiló:pə] 女 -/-n 〘動〙 レイヨウ(羚羊), アンテロープ. [*engl.* antelope–*fr.*; <antho..+*gr.* ṓps „Auge"]

An·ti·ma·te·rie[antimaté:riə] 女 -/ 〘理〙 反物質.

An·ti·me·ta·bo·li·ten[..metabolí:tən] 複 〘生・医〙 代謝拮抗(きっこう)薬(物質). [◇Metabolismus]

An·ti·me·ta·phy·sik[..metafyzí:k] 女 -/ 〘哲〙 反形而上(けいじじょう)学.

an·ti·me·ta·phy·sisch[..fý:zɪʃ] 形 反形而上学の.

An·ti·mi·li·ta·ris·mus[antimilitarísmʊs, ⌣⌣⌣⌣⌣⌣⌣] 男 -/ 反軍国主義.

An·ti·mi·li·ta·rist[..ríst, ⌣⌣⌣⌣⌣⌣] 男 -en/-en 反軍国主義者.

an·ti·mi·li·ta·ri·stisch[..rístɪʃ, ⌣⌣⌣⌣⌣⌣⌣] 形 反軍国主義的な.

An·ti·mon[antimó:n; オーストリア: ⌣⌣−] 中 -s/ 〘化〙 アンチモン(金属元素名; 記号 Sb). [*arab.*–*mlat.*; ◇*engl.* antimony]

an·ti·mon·ar·chisch[antimonárçɪʃ, ⌣⌣⌣⌣⌣; オーストリア: ⌣⌣⌣⌣⌣] 形 反君主制の.

An·ti·mon≠blü·te[antimó:n..; オーストリア: ántimo:n..] 女 -/ 〘鉱〙 アンチモン華. **≠but·ter** 女 〘化〙 アンチモンバター(半液体状の塩化アンチモン). **≠glanz** 男 -es/ 〘鉱〙 輝安鉱.

An·ti·mo·nium[antimó:niʊm] 中 -s/ =Antimon

an·ti·mo·ra·lisch[antimorá:lɪʃ, ⌣⌣⌣−⌣] 形 反道徳的な.

An·ti·mo·ra·lis·mus[..moralísmʊs, ⌣⌣⌣⌣⌣⌣] 男 -/ 反道徳主義.

An·ti·mo·ra·list[..moralíst, ⌣⌣⌣⌣⌣] 男 -en/-en 反道徳主義者.

An·ti·neur·al·gi·kum[antinɔʏrálgikʊm] 中 -s/..ka[..ka·] 鎮痛剤, 神経痛治療薬. [<Neuralgie]

An·ti·no·mie[antinomí:] 女 -/-n[..mí:ən] 〘哲〙 二律背反, アンチノミー. [*gr.*]

an·ti·no·misch[..nó:mɪʃ] 形 二律背反の.

An·ti·no·mis·mus[..nomísmʊs] 男 -/ 反律法主義; 〘神〙 道徳律不要論.

An·tio·chia[antiɔ́xia·, antiɔxí:a·] 地名 アンティオキア(古代 Syrien の都市で, 現在はトルコ共和国に属しアンタキヤ Antakya と呼ばれる). [*gr.*–*lat.*; ◇*engl.* Antioch]

An·ti·oxy·dans[antiɔ́ksidans] 中 -/..dantien[..dántsiən] 〘化〙 酸化防止剤.

An·ti·par·al·lel·schal·tung[antiparalé:l..] 女 〘電〙 逆並列接続, 逆マルチプル配電.

An·ti·par·la·men·ta·ris·mus[antiparlamɛntarísmʊs, ⌣⌣⌣⌣⌣⌣⌣⌣] 男 反議会主義.

an·ti·par·tei·lich[..partáɪlɪç] 形 党に反対(反逆)する, 反党の.

An·ti·par·ti·kel[ántiparti:kəl] 女 -/-n 〘理〙 反粒子.

An·ti·pa·sto[antipásto] 男 中 -[s]/..ti[..ti] アンティパスト(イタリア料理の前菜). [*it.* „Vorspeise"]

An·ti·pa·thie[antipatí:] 女 -/-n[..tí:ən] (↔Sympathie)(他人に対する)反感, (先天的な)嫌悪, けぎらい, 悪感情: gegen *jn.* eine persönliche ~ haben …に個人的反感をいだく. [*gr.*–*lat.*]

an·ti·pa·thisch[..pá:tɪʃ] 形 反感(嫌悪の情)をいだいた: eine ~*e* Einstellung 反感的態度.

An·ti·phon[1][antifó:n] 女 -/-en 〘カトリック〙(合唱隊同士あるいは合唱隊と司祭のあいだでの)交唱. [*gr.*–*spätlat.*]

An·ti·phon[2][−] 中 -s/-e 防音(消音)装置; 耳栓.

An·ti·pho·nar[antifoná:*r*] 中 -s/-ien[..riən] 交唱聖歌(賛美歌)集. [*mlat.*]

An·ti·pho·ne[..fó:nə] 女 -/-n =Antiphon[1]

An·ti·phra·se[antifrá:zə] 女 -/-n (**An·ti·phra·sis**[..zɪs] 女 -/..sen[..zən]) 〘修辞〙 語意反用, 反語(例 Das ist ja eine *schöne* Bescherung! 結構な(ひどい)ことだ). [*gr.*–*spätlat.*]

An·ti·po·de[antipó:də] 男 -n/-n **1** (女 **An·ti·po·din**[..dɪn] -/-nen)(Gegenfüßler) 対蹠(たいせき)者(地球上の正反対側の場所に住む人); 《比》(考え方・性格などが)正反対の人間. **2** 〘植〙 反足細胞. [*gr.* antí-pous]

an·ti·po·disch[..dɪʃ] 形 対蹠(たいせき)的な, 正反対の.

an|tip·pen[ántɪpən] **I** 他 (h)(指先で)軽く触れる(たたく・つつく); 《比》(問題・テーマなどに)ちょっと触れる, (ほのめかす程度に)言及する: *jn.* an der Schulter ~ …の肩にちょっと触れる. **II** 自 (h) 《話》bei *jm.* ~ …の意向を打診する.

An·ti·pto·se[antɪptó:zə, anti..] 女 -/-n 〘言〙 逆格(Regressivattraktion などにより格が変えられること). [<*gr.* ptō̃sis „Fall"]

A

An·ti·py·rẹ·ti·kum[antipyréːtikʊm] 中 -s/..ka [..ka·] 解熱薬. [<pyro..]

An·ti·py·rịn[..pyríːn] 中 -s/ 商標 アンチピリン(解熱剤). [<..in[2]]

An·tị·qua[antíːkva·] 女 -/ (↔Fraktur) 〘印〙アンチック〔体〕, ローマン〈ラテン〉字体. [*lat.* antīqua „alte (Schrift)"; ◇antik]

An·ti·quạr[antikváːr] 男 -s/-e (女 **An·ti·quạ·rin** [..kváːrɪn] -/-nen) 古書売買業者; 古美術商人. [*lat.*]

An·ti·qua·riạt[..kvariáːt] 中 -〔e〕s/-e **1** 《単数で》古書売買業. **2** 古書店, 古本屋の店.

an·ti·quạ·risch[..kváːrɪʃ] 形 **1** 古本の: ~*e* Bücher 古本, 古書 | ein Buch ~ kaufen 本を古本として〈古本屋で〉買う. **2** (一般に)使い古しの, 古物〈中古〉の.

An·tị·qua·schrift[antíːkva..] 女 =Antiqua

an·ti·quiẹ·ren[antikvíːrən] ᐁ **I** 自 (s) (veralten) 古くなる, すたれる. **II an·ti·quiẹrt** 過分 形 (veraltet) 古くなった, すたれた; 時代遅れの, 古風な, 古めかしい.

An·ti·quiẹrt·heit[..haɪt] 女 -/-en **1** 《単数で》antiquiert なこと. **2** 古風な習慣, 時代遅れの慣行, 古いしきたり. **3** 旧風の墨守(ぼくしゅ).

An·ti·qui·tạ̈t[antikvitɛ́ːt] 女 -/-en 《ふつう複数で》古美術品, 骨董(こっとう)品. [*lat.*]

An·ti·qui·tạ̈·ten⸗han·del 男 -s/ 古美術品〈骨董(こっとう)品〉売買. ⸗**händ·ler** 男 古美術〈骨董〉商人. ⸗**la·den** 男 古美術商の店, 骨董品店. ⸗**samm·ler** 男 古美術〈骨董品〉収集家. ⸗**samm·lung** 女 古美術品〈骨董品〉のコレクション.

Ạn·ti·ra·kẹ·te[ántirakeːtə] 女, **An·ti·ra·kẹ·ten·ra·kẹ·te**[antirakéːtənrakeːtə] 女 〘軍〙〔対弾道弾〕迎撃ミサイル, 対ミサイル用ミサイル.

An·ti·rheu·mạ·ti·kum [antirɔʏmáːtikʊm] 中 -s/..ka[..ka·] 〘医〙抗リューマチ薬. [<Rheuma〔tismus〕]

An·ti·se·mịt[antizemíːt] 男 -en/-en 反ユダヤ主義者, ユダヤ人排斥主義者, ユダヤ人嫌いな人.

an·ti·se·mị·tisch[..míːtɪʃ] 形 反ユダヤ主義の, ユダヤ人排斥の.

An·ti·se·mi·tịs·mus[..zemitísmʊs] 男 -/ 反ユダヤ主義, ユダヤ人排斥〔運動・思想〕.

An·ti·sẹp·sis[antizɛ́psɪs] (**An·ti·sẹp·tik** [..zɛ́ptɪk]) 女 -/ 〘医〙(特に傷口などの)防腐〔法〕, 制腐〔法〕.

An·ti·sẹp·ti·kum[..zɛ́ptikʊm] 中 -s/..ka[..ka·] 防腐薬.

an·ti·sẹp·tisch[..zɛ́ptɪʃ] 形 防腐〔性〕の, 殺菌〔性〕の, 消毒用の.

An·ti·sẹ·rum[antizéːrʊm, ◡◡–◡] 中 -s/..ren[..rən], ..ra[..ra·] 〘医〙抗血清(抗体を含む血清).

an·ti·so·wjẹ·tisch[antizovjéːtɪʃ, ◡◡◡–◡] 形 反ソビエトの, 反ソビエト的な.

An·ti·so·wje·tịs·mus[..vjetísmʊs, ◡◡◡◡◡◡] 男 -/ 反ソビエト〈反ソ連〉主義.

an·ti·so·ziạl[antizotsiáːl, ◡◡◡◡–] 形 **1** 反社会的な, 社会秩序に反する. **2** 非社交的な, 社交嫌いの.

An·ti·spas·mọ·di·kum[antispasmóːdikʊm] (**An·ti·spạ·sti·kum**[..spástikʊm]) 中 -s/..ka[..ka·] 〘医〙鎮痙(ちんけい)剤.

an·ti·spạ·stisch[..spástɪʃ] 形 〘医〙痙攣(けいれん)止めの, 鎮痙(ちんけい)性の.

an·ti·stạ·tisch[..ʃtáːtɪʃ, ..st..] 形 静電防止の.

An·tị·stes[antístɛs] 男 -/..stites[..stiteːs] **1** (古代の)神官の称号. **2** (カトリックの)司教 (Bischof)・大修道院長 (Abt) の尊称. [*lat.*; <*lat.* anti-stāre „voran-stehen"]

An·ti·strọ·phe[antistróːfə, antiʃt.., ◡◡–◡] 女 -/-n (Gegenstrophe) 〘詩〙(古代ギリシア悲劇での合唱隊の)アンティストロペ (Strophe に対応する詩行). [*gr.*–*spätlat.*]

Ạn·ti·teil·chen[ánti..] 中 -s/- =Antipartikel

An·ti·theạ·ter[antiteáːtər] 中 -s/ 〘劇〙反演劇, アンチテアトル.

An·ti·thẹ·se[antitéːzə, ◡◡–◡] 女 -/-n **1** (↔These) 反対命題; 〘哲〙(ヘーゲルの弁証法における)反定立, アンチテーゼ. **2** 〘修辞〙対照法, 対句法(例 jung und alt). [*gr.*–*spätlat.*]

an·ti·thẹ·tisch[antitéːtɪʃ] 形 (gegensätzlich) 対照的な, 相反する, 対立的な.

An·ti·to·xịn[antitɔksíːn, ◡◡◡–] 中 -s/-e 〘医〙(血清中の)抗毒素.

An·ti·tran·spi·rạnt[antitranspiránt] 中 -s/-e, -s 〘医〙制汗剤. [◇transpirieren]

An·ti·trust⸗be·wẹ·gung[antitrást.., ántitrast..] 女 -/ 反トラスト〈独占禁止〉運動. ⸗**ge·setz·ge·bung** 女 反トラスト〈独占禁止〉立法.

an·ti·vi·rạl[antiviráːl] 形 〘医〙抗ウィルスの.

An·ti·vi·ta·mịn[antivitamíːn, ◡◡◡◡–] 中 -s/-e 〘生理・医〙抗ビタミン, アンチビタミン, ビタミン拮抗(きっこう)体.

An·ti·zio·nịs·mus[antitsionísmʊs, ◡◡◡◡◡◡] 男 -/ 反シオニズム; シオニズムへの反感.

ᐁ**an·ti·zi·pạn·do**[antitsipándo·] 副 (im voraus) 前もって, あらかじめ見越して; 〘商〙前金で. [*it.*]

An·ti·zi·pa·tiọn[antitsipatsióːn] 女 -/-en **1** 予想, 予期; 予見, 予知. **2 a)** 先取り, 先を越すこと. **b)** 〘楽〙先取音. **3** 〘商〙期限前の支払い, 前払い. **4** 〘ﾁｪｽ〙アンティシペーション. [*lat.*]

an·ti·zi·piẹ·ren[..píːrən] 他 (h) **1** 予想〈予期〉する; 予見〈予知〉する. **2** (vorwegnehmen) 先取りする, 先を越す. **3** 〘商〙期限前に支払う, 前払いする. [*lat.*; <ante..+*lat.* capere (→kapieren)]

an·ti·zỵ·klisch[antitsýː(ː)klɪʃ, ..tsýk.., ◡◡–◡] 形 不規則性循環の; 〘経〙反景気循環的な: eine ~e Maßnahme 景気抑制策.

An·ti·zy·klọn[..tsyklóːn] 男 -s/-e, **An·ti·zy·klọ·ne**[..nə, ◡◡◡–◡; ｵｰｽﾄﾘｱ: ◡◡◡–◡] 女 -/-n (Hochdruckgebiet) 〘気象〙高気圧〔圏〕: eine wandernde *Antizyklone* 移動性高気圧.

An·ti·zy·mọ·ti·kum[antitsymóːtikʊm] 中 -s/..ka [..ka·] 抗発酵剤, 制酵剤. [<*gr.* zýmōsis (→zymotisch)]

Ạnt·litz[ántlɪts] 中 -es/-e 《ふつう単数で》《雅》(Gesicht) 顔: dem Tod ins ~ blicken 《比》死に直面する. [*germ.* „Entgegen-blickendes"; ◇ent..[1]]

ạn|tọ·ben[ántoːbən][1] **I** 自 **1** (h) 《gegen *jn.* 〈*et.*〉》(…に対して)荒れ狂う, 反抗する. **2** (s) 《ふつう angetobt kommen の形で》わいわい騒ぎながらやって来る.

II 他 (h) 《*jn.*》(激昂(げっこう)して)どなりつける.

Ant·ö̤ke[antǿːkə] 男 -n/-n (↔Periöke) 〘地〙(同経度の上で)正反対の緯度上の地に住む人. [<*gr.* oĩkos „Wohnhaus"]

Ạn·ton[ántoːn] **I** 男名 (<Antonius) アントーン.

II 男 -〔s〕/-s 《話》《もっぱら次の形で》ein blauer ~ (青い)作業衣, なっぱ服(本来, 低地ドイツ語 Antog „Anzug" のなまったもの. Blaumann ともいう) | Keinen Ton, nicht mal ~! 《話》もうひと言も聞きたくない.

ạn|tö·nen[ántøːnən] **I** 自 (s) 《雅》鳴り出す, 響き始める.

II 他 (h) 《ｵｰｽﾄﾘｱ・ｽｲｽ》(andeuten) 暗示する, ほのめかす.

An·tọ·nia[antóːnia·] 女名 (<Antonius) アントーニア.

An·tọ·nie[antóːniə] 女名 アントーニエ.

An·to·nị·na[1][antoníːna·] 女名 アントニーナ. [*it.*]

An·to·nị·na[2][antaníːnɐ] 女名 アンタニナ. [*russ.*]

An·tọ·nius[antóːniʊs] **I** 男名 アントーニウス.

II 人名 **1** Marcus ~ マルクス アントニウス(前83頃-30; ローマの軍人・政治家で, 第二次三頭政治の一員. Aktium の海戦に敗れて自殺. Mark Anton ともつづる). **2** ~ 〔der Große〕〔大〕アントニウス(250頃-356; エジプトの隠修士. のち畜産の保護聖人とされた). [*lat.*]

ᐁ**An·tọ·nius·feu·er** 中 (Kriebelkrankheit) 麦角(ばっかく)中毒(聖アントニウスの名にちなむ中世の呼称).

An·tọ·nius·kreuz 中 T 字形十字架.

Ant·ono·ma·siẹ[antonomazíː] 女 -/-n[..zíːən] 〘修辞〙換称(例 Napoleon を „der Korse", ein schöner

Jüngling を „ein Adonis" などと言い換えるもの). [*gr.*－*lat.*; ＜*gr.* ant-onomázein „anders benennen"]

Ant·onym[antoný:m] 中 -s/-e (↔Synonym) 〘言〙反義(反意)語, 反対語, 対義語. [＜*gr.* ónyma „Name"]

an|tör·nen[ántœrnən] 他 (h) 《話》《*jn.*》興奮させる, 夢中にさせる.

an|tra·ben[ántra:bən][1] 自 **1** (s) (↔abtraben) 《ふつう angetrabt kommen の形で》(馬が・馬に乗って)速歩(はやあし)(だく足)で走ってくる; 《話》駆けて来る. **2** (h) だく足で走り始める.

An·trag[ántra:k][1] 男 -[e]s/..träge[..trɛ:gə] **1** (会議・議会などでの)提案, 提議; 動議: auf 〈$^{オースト}_{リア}$: über〉 ～ von Herrn Meyer マイヤー氏の提案(動議)に基づいて ‖ einen ～ ablehnen 〈annehmen〉 動議を却下(採択)する | einen ～ einbringen 動議を提出する. **2 a)** 申し込み, 申請, 出願; (Antragsformular) 申請(申し込み)用紙: einen ～ einreichen 申請書類を提出する | [bei einer Behörde] einen ～ auf *et.*[4] stellen [役所に]…を申請する. **b)** (Heiratsantrag) 結婚の申し込み: *jm.* einen ～ machen …に求婚する. **c)** 〘法〙(訴訟上の)申し立て. **3** 《雅》(Angebot) 申し出, 提案: Er machte den ～ zu vermitteln. 彼は仲介を申し出た.

an|tra·gen*[ántra:gən][1] 《191》 **I** 他 (h) **1** 《雅》(anbieten) 《*jm. et.*[4]》(…に…を)与えようと申し出る, 差し出す, 提供する: *jm. seine* Hilfe ～ …に助力(援助)を申し出る | *jm.* eine Stelle ～ …にある職(ポスト)を提供する | ▽*jm. seine* Hand 〈*sein* Herz〉 ～ …に求婚する ‖ 再帰 *sich*[4] *jm.* ～ …に助力(協力)を申し出る. ▽**2** (材料などを)運んでくる; (apportieren) 〘狩〙(猟犬が射止められた獲物などを)持ってくる.
▽**II** 自 (h) 《bei *jm.* auf *et.*[4]》(…に…を)申し込む, 申請する.

An·trags≈de·likt[ántra:ks..] 中 (↔Offizialdelikt) 〘法〙親告罪. **≈for·mu·lar** 中 申請(申し込み)の書式; 申請(申し込み)用紙.

an·trags·ge·mäß 形 提案(動議)に基づいた.

An·trag·stel·ler 男 申請人, 出願者; 〘法〙申し立て人.

an|trai·nie·ren[ántrɛni:rən, ..tre..] 他 (h) 《*jm. et.*[4]》(…に…を)訓練によって身につけさせる, トレーニングによって習得させる: *sich*[3] *et.*[4] ～ …を訓練(トレーニング)によって身につける.

An·trans·port[ántranspɔrt] 男 -[e]s/-e (↔ Abtransport) 搬入.

an|trans·por·tie·ren[..ti:rən] 他 (h) 搬入する, 運んでくる.

an|trau·en[ántrauən] 他 (h) 《*jn. jm.*》(…を…と)めあわせる, 結婚させる: *sich*[3] eine Ärztin ～ lassen 女医と結婚する ‖ 〘今日ではふつう過去分詞で〙 meine [mir] *angetraute* Ehefrau 《戯》わがめとりし妻 | der 〈die〉 *Angetraute* 《戯》人生の伴侶(はんりょ), 夫(妻).

an|tref·fen*[ántrɛfən] 《192》 他 (h) 《*jn.*》(…と)出会う; (vorfinden) 《様態を示す語句と》(…の状態にある…を)見いだす: Ich *traf* ihn ganz verändert 〈bei der Arbeit / bei guter Gesundheit〉 *an.* 私が会ったとき 彼は前とすっかり変わっていた(仕事をしていた・とても元気そうだった) | Wo kann ich dich ～? どこに行けば君と会えるのか | Echter Kunstsinn ist nicht oft *anzutreffen.* 本物の芸術的センスというものは そうざらにはお目にかかれるものではない | Dort habe ich eine völlig veränderte Situation *angetroffen.* そこへ行ってみると 状勢はすっかり変わっていた.

an|trei·ben*[ántraibən][1] 《193》 **I** 他 (h) **1 a)** (馬などを)駆りたてる. **b)** 《*jn.* zu *et.*[3]》(…を…するように)せきたてる, そそのかす, 励ます: *jn.* zur Arbeit ～ …を励まして仕事をさせる | *jn.* zur Eile ～ …を急がせる | Ehrgeiz *trieb* mich dazu *an.* 名誉心から私はそうしたのだ. **2** (機械などを)動かす, 作動させる, 推進する, 駆動する: Die Maschine wird mit Atomenergie 〈durch Atomenergie〉 *angetrieben.* この機械は原子力を動力とする. **3** (↔abtreiben) (潮流・風などが岸へ)流し寄せる, 漂着させる: Der Sturm hat Wrackteile ans Ufer 〈am Ufer〉 *angetrieben.* あらしで難破船の破片が岸に漂着した. **4** 〘園〙(人工的に)発芽させる. **II** 自 (s) (岸に)流れ着く, 漂着する: Eisschollen sind ans Ufer 〈am Ufer〉 *angetrieben.* 氷塊が岸に流れ着いた. [◇Antrieb]

An·trei·ber[ántraibər] 男 -s/- (antreiben する人. 特に:) 駆りたてる(せきたてる)人.

An·trei·bung[..buŋ] 女 -/ antreiben すること.

an|tren·zen[ántrɛntsən] 《02》 他 (h) 《$^{オースト}_{リア}$》 再帰 *sich*[4] ～ (自分の)服(体)をよごす.

an|tre·ten*[ántre:tən] 《194》 **I** 他 (h) **1** (土などを軽く踏んで)踏み固める. **2** (機械装置を)踏んで始動させる: die Bremse ～ ブレーキを踏む | ein Motorrad ～ オートバイを始動させる. **3 a)** 《*et.*[4]》(…の)第一歩を踏み出す; (旅路に)つく; (勤務・職・地位などに)就く; (…を)始める, (ある状態に)入る: den Heimweg ～ 家路につく | eine Reise ～ 旅に出る | *seine* [letzte] Reise ～ (→Reise 1) | die Flucht nach vorn ～ (追い詰められて)反撃にうつる | ein Amt 〈die Stellung als Lehrer〉 ～ 役職(教職)に就く | Du mußt den Dienst pünktlich ～. 君はきちんと時間どおり勤務に就かなければいけない | Ich *trete* morgen den Urlaub *an.* 私はあすから休暇をとる | *sein* sechzigstes Jahr ～ 《雅》齢(よわい)六十に達する | eine Erbschaft ～ 遺産を相続する | *js.* Nachfolge ～ …の後任になる | *seine* Strafe ～ (囚人として)服役を始める, 刑に服する. **b)** 《官》den Beweis für *et.*[4] ～ …を立証(証明)する. **4** 《雅》《*jn.*》(気分・感情・死などが)襲う: Unverhofft *trat* ihn der Tod *an.* 思いがけないことに 彼は突然死に見舞われた. **5** (angehen) 《*jn.*》(…に)依頼(懇願)する: *jn.* um *et.*[4] ～ …に…を頼む(せがむ).
II 自 (s) **1 a)** (隊列を組んで・試合のために)位置につく, 整列する: in Reihe ～ 整列する | der Größe nach ～ 身長順に並ぶ | zum Appell ～ 点呼のために集合(整列)する | *Antreten!* / *Angetreten!* 集合, 整列(号令). **b)** (仕事などのためにある場所に)現れる, 出頭する: zum Dienst ～ 勤務のために出社する | Er *tritt* heute *an.* 彼は今日着任する. **c)** 《gegen *jn.*》〘$^{スポ}_{ーツ}$〙(…と)対戦する. **2** 《副詞 mit を伴って》手を貸す, 助力(助勢)する, 手伝う: bei der Arbeit mit ～ 仕事を手伝う. **3** 〘$^{スポ}_{ーツ}$〙(走者が)スパートをかける. **4** 《an *et.*[4]》〘言〙(接頭辞・接尾辞などが語幹に)つく, 付加される. [◇Antritt]

An·trieb[ántri:p][1] 男 -[e]s/-e **1** (Veranlassung) (内的な)動因, 誘因, 動機, 原動力, 推進力; (内心の)衝動; (Impuls) (外的な)刺激: aus eigenem 〈freiem / innerem〉 ～ 自分から, 自発的に | Ich fühlte 〈spürte〉 den ～, laut zu schreien. 私は大声でわめきたい衝動に駆られた. **2** 〘工〙推進[力]; 駆動[装置] (→ 図 Drehbank); 原動機: Strahl*antrieb* ジェット推進 | ein Motor mit elektrischem ～ 電動モーター. **3** 〘心〙欲動, 気ばり. [＜antreiben]

An·triebs≈ach·se[ántri:ps..] 女 〘工〙動軸. **≈ag·gre·gat** 中 〘工〙動力装置, エンジンユニット. **≈kraft** 女 推進力, 駆動力, 原動力. **≈kupp·lung** 女 〘工〙駆動クラッチ. **≈ma·schi·ne** 女 原動機械. **≈mo·tor** 男 原動機. **≈rad** 中 〘工〙伝動歯車[装置]; 動輪. **≈rie·men** 男 〘工〙伝動ベルト. **≈schei·be** 女 〘工〙原(もと)調べ車. **≈wel·le** 女 〘工〙主動(運転)軸.

an|trin·ken*[ántriŋkən] 《196》 **I** 他 (h) **1** 飲み始める, 飲みかける; (飲みほさずに)少し飲む: den Becher ～ 杯に口をつける ‖ eine *angetrunkene* Bierflasche 飲みかけのビールの瓶. **2** 《話》《*sich*[3] *et.*[4]》酒を飲んで(…の状態に)なる: *sich*[3] einen Rausch 〈einen Schwips〉 ～ 酒を飲んで酔う | *sich*[3] Mut ～ 酒を飲んで勇気をつける ‖ ***sich***[3] **einen ～** 酔っぱらう. **II an·ge·trun·ken** → 別出 [◇Antrunk]

An·tritt[ántrit] 男 -[e]s/-e **1** 第一歩を踏み出すこと; (旅路に)つくこと; (勤務・職・地位などに)就くこと; (ある状態に)入ること: der ～ einer Reise 旅立ち | vor ～ der Fahrt 旅に出る前に | der ～ eines Amtes 役職への就任 | der ～ einer Erbschaft 遺産の相続. **2** 〘$^{スポ}_{ーツ}$〙スパート: einen schnellen ～ haben スパートのスピードが速い | Das Rennpferd ging mit plötzlichem ～ an die Spitze. その競走馬は突然スパートして先頭に出た. **3 a)** (↔Austritt) (階段などの)昇り口, 最下段(→ 図 Altar A, Treppe). **b)** 〘狩〙(鳥のおとり用の)止まり木. **c)** 小はしご. **d)** 《方》床板. [*mhd.*; ◇antreten]

An·tritts≈au·di·enz 女 (外国の大使・公使などの)着任

後の元首への初謁見. ≈**be·such** 男 就任あいさつのための儀礼的訪問. ≈**pre·digt** 女 (聖職者の)就任後の初説教. ≈**re·de** 女 就任演説.

an·tritts·schnell 形 〘スポ〙 スパートのスピードの速い.

An·tritts≈schnel·lig·keit 女 -/ antrittsschnell なこと. ≈**ver·mö·gen** 中 -s/ 〘陸上〙 スパート. ≈**vor·le·sung** 女 (教授の)就任後の初講義.

an|trock·nen[ántrɔknən] ⦅01⦆ 自 (s) **1** 乾き始める, 少し乾く. **2** 乾いて付着する, こびりつく: Speisereste waren am Teller *angetrocknet.* 食べ残りが皿にこびりついていた.

An·trunk[ántrʊŋk] 男 -[e]s/..trünke[..trʏŋkə] **1** 飲み始め. **2** (Eröffnungsfeier) 開始を祝う会(開業祝い・開店祝い・開場式など). [< antrinken]

an|tuckern[ántʊkərn] ⦅05⦆ 自 (s) 《ふつう angetuckert kommen の形で》(モーターボート・トラクターなどが)エンジンの音を響かせてやってくる.

an|tun*[ántu:n] ⦅198⦆ **I** 他 (h) **1** 《*jm.* *et.*[4]》(…に好意・敬意などを)示す, 表する; (…に危害・苦痛などを)加える, 与える: *jm.* Gutes ⟨eine Wohltat⟩ ~ …に親切にする⟨善行を施す⟩ | *jm.* Schande ~ …を恥ずかしめる | *jm.* Gewalt ~ (→Gewalt 2) | der Wahrheit[3] Gewalt ~ 真実をゆがめる ‖ *sich*[3] ein Leid ⟨ein Leids⟩ ~ (→Leid 2) | *sich*[3] 〔et〕**was** ~《話》自殺する | *sich*[3] Zwang ~ (→Zwang 1 a). **2** 《es を目的語として》**es** ***jm.*** ***angetan*** **haben** …を魅了してしまっている | Die Novelle ⟨Der Wein⟩ hat es mir *angetan.* 私はその小説⟨ワイン⟩に夢中になった | Sie hat es mir mit ihrer Schönheit *angetan.* 私は彼女の美しさにすっかり参っている | **von** ***jm.*** ⟨***et.***[3]⟩ ***angetan*** **sein** …に魅了されている. **3 a)** 《方》(↔abtun) 《*sich*[3] *et.*[4]》(衣類を)着る, 身につける. **b)** 《雅》再帰 *sich*[4] ~《様態を示す語句と》(…の)服装をする: *sich*[4] sonntäglich ~ 晴れ着を着る ‖ Er ist sommerlich *angetan.* 彼は夏向きの服装をしている.

II an·ge·tan → 別出

an|tup·fen[ántʊpfən] 他 (h) 軽くたたく, そっと触れる: *jn.* mit dem Finger ~ …に指でそっとさわる.

an|tur·nen[1][ántʊrnən] 自 **1** (s) 《話》《ふつう angeturnt kommen の形で》ふざけながらやって来る. **2** (h) (屋外での)体操のシーズン開きをする.

an|tur·nen[2][..tœrnən, ..tə:nən] 他 (h) 《話》《*jn.*》(…に)麻薬を吸わせる; 興奮させる; (恋で)夢中にさせる. [*engl.* turn on]

Antw. 略 = Antwort

Ant·wer·pen[antvέrpən, ◡́◡◡] 地名 アントワープ(北ベルギーの河港都市で, ベルギー王国第一の貿易港. 旧ハンザ同盟都市. フランス語形アンヴェール Anvers). [< *fläm.* æn't werp „an der Werft"]

Ant·wer·pe·ner[antvέrpənər, ◡́◡◡◡] **I** 男 -s/- アントワープの人. **II** 形《無変化》アントワープの.

Ant·wort[ántvɔrt] 女 -/-en (略 Antw.) **1** (英: *answer*) (↔Frage) (質問・要求・手紙などに対する)答え, 返事, 返答, 回答; (他人の態度や行為に対する)反応: eine abschlägige ⟨zusagende⟩ ~ 拒絶⟨承諾⟩の返事 | die ~ **auf** eine Frage ⟨einen Brief / eine Einladung⟩ 問い⟨手紙・招待⟩に対する返事 ‖ *jm.* eine ~ geben ⟨erteilen⟩ …に返事をする | 〔von *jm.*〕 eine ~ erhalten ⟨bekommen⟩ 〔…から〕返事を受け取る⟨もらう⟩ | die ~ schuldig bleiben …に返事が借りになっている⟨返事を怠っている⟩ | *jm.* keine ~ schuldig bleiben …に対して返答に窮することがない | *jm.* über *et.*[4] Rede und ~ stehen (→Rede 2 b) ‖ auf ~[4] warten 返事を待つ | in ~[3] auf *et.*[4] 〘商〙…に対する返事として | in Frage und ~ 質疑応答の形式で | Er ist immer gleich mit einer ~ bei der Hand. 彼はいつでも即答する | Um ~ wird gebeten. (略 u. ⟨U.⟩ A. w. g.) (招待状などで出欠に関して)ご返事を請う ‖ Keine ~ ist auch eine ~. 《諺》返事のないのも一つの返事(拒否の回答) | Wie die Frage, so die ~. 《諺》売り言葉に買い言葉. **2** 〘楽〙(対位法的楽曲, 特にフーガの)応答, 応答主題. [*germ.*; ◇ent..[1], Wort; *engl.* answer]

Ant·wort·brief 男 返事の手紙.

ant·wor·ten[ántvɔrtən] ⦅01⦆ 自 (h) 《auf *et.*[4]》(…に)答える, 返答⟨回答⟩する, 返事をする(→beantworten 1); 応じる, 反応する: *jm.* umgehend ~ …に折り返し返事する | mit Ja oder Nein ~ イエスかノーで答える | Er hat 〔mir〕 auf meinen Brief nicht *geantwortet.* 彼は私の手紙に返事をくれなかった ‖ 〘返事の内容を表す語句と〙 Ich habe nichts ⟨kein einziges Wort⟩ *geantwortet.* 私は何も⟨ひとことも⟩答えなかった | Was soll ich ihm ~? 彼に何と答えたものか | Er *antwortete,* daß er gestern zurückgekommen wäre. / „Ich bin gestern zurückgekommen", *antwortete* er. 「私はきのう戻ってきた」と彼は答えた.

Ant·wort·kar·te[ántvɔrt..] 女 (往復はがきの)返信用はがき.

ant·wort·lich[..lɪç] 前 《2格支配》《官》〘商〙 …に答えて, …に対する返事として: ~ Ihres Schreibens 貴簡に答えて.

Ant·wort≈no·te 女 (政府間の)回答文書. ≈**post·kar·te** 女 往復はがき. ≈**schein** 男 〘郵〙 国際返信切手券. ≈**schrei·ben** 中 《雅》返書. ≈**te·le·gramm** 中 返電.

an|ul·ken[ánʊlkən] 他 (h) 《話》《*jn.*》からかう, ひやかす.

An·urie[an(|)urí:] 女 -/-n[..rí:ən] 〘医〙 無尿〔症〕. [< uro..]

Anus[á:nʊs] 男 -/..ni[..ni·] (-[..nu:s]) (After) 〘解〙 肛門(こうもん). [*lat.* ānus „Ring"; ◇anal]

an|ver·trau·en[ánfɛrtrauən] 他 (h) **1** 《*jm.* *et.*[4]》(…に…を)信頼して任せる, (…を…の手に)ゆだねる, 委託する: *jm.* ein Amt ⟨die Leitung der Firma⟩ ~ …に職務を委任する⟨会社の経営をゆだねる⟩ | *sein* Schicksal Gott[3] ~ 運命を神の手にゆだねる ‖ 再帰 *sich*[4] *jm.* ⟨*et.*[3]⟩ ~ …に身をゆだねる | *sich*[4] *js.* Obhut[3] ~ …の保護に身をゆだねる. **2** 《*jm.* *et.*[4]》(…に秘密・決意などを)打ち明ける: *jm.* ein Geheimnis ⟨*seinen* Kummer⟩ ~ …に秘密⟨悩み⟩を打ち明ける ‖ 再帰 *sich*[4] *jm.* ~ …に心中を打ち明ける.

an·ver·wahrt[ánfɛrva:rt] 形 《オーストリア》《官》(beigefügt) 同封の, 添付の.

an|ver·wan·deln[ánfɛrvandəln] ⦅06⦆ 他 (h) 《雅》《*sich*[3] *et.*[4]》(…を)変えてわがものとする, 取り入れる, 吸収する.

an·ver·wandt[ánfɛrvant] **I** 形 《雅》(verwandt) 親戚(しんせき)の, 血縁の: *jm.* ~ sein …と親戚である.

II An·ver·wand·te 男 女 《形容詞変化》親戚の人.

an|vet·tern[ánfɛtərn] ⦅05⦆ 他 (h) 再帰 *sich*[4] bei *jm.* ~ …の機嫌をとる, …に取り入る. [< Vetter]

an|vi·sie·ren[ánvizi:rən] 他 (h) **1** 《*et.*[4]》(銃砲・光学器具・計測器具などで…に)ねらいをつける, (…に)照準を定める. **2** 《比》(目標として)目ざす, ねらう: Das *Anvisierte* wurde nicht erreicht. 目標としていた成果は達成されなかった.

Anw. 略 **1** = **Anweisung** 4 **2** = **Anwalt** 1

An·wachs[ánvaks] 男 -es/ = Anwachsung

an|wach·sen*[ánvaksən] ⦅199⦆ 自 (s) **1** (植物が)根づく; (移植した皮膚・組織などが)うまく癒合する: wie *angewachsen* passen ⟨sitzen⟩ (服が)体にぴったり合っている | Er stand da wie *angewachsen.* 彼はその場に根が生えた⟨くぎづけになった⟩ように立っていた. **2** (量が)絶えずふえる, 増加⟨増大⟩する, 膨張する: Das Wasser *wächst an.* 水かさが増す | Die Bevölkerung〔szahl〕 ist um das Doppelte *angewachsen.* 人口は倍増した.

An·wach·sung[..sʊŋ] 女 -/ **1** anwachsen すること. **2** 〘法〙 (他の相続権者の辞退などによる相続分の)追増.

an|wackeln[ánvakəln] ⦅06⦆ 自 (s) 《話》《ふつう angewackelt kommen の形で》よろめいて⟨よたよた⟩やって来る.

an|wäh·len[ánvɛ:lən] 他 (h) 《*jn.* / *et.*[4]》ダイヤルを回して(…に)電話をかける; (…と)無電⟨信号⟩で連絡をつける: Berlin kann direkt *angewählt* werden. ベルリンとはダイヤル直通で通話ができる.

An·walt[ánvalt] 男 -〔e〕s/..wälte[..vɛltə] (女 **An·wäl·tin**[..vɛltɪn]-/-nen) **1** (略 Anw.) (Rechtsanwalt) 弁護士: *sich*[3] einen ~ nehmen 弁護士を雇う | *sich*[4] durch *seinen* ~ ⟨*sich*[4] von *seinem* ~⟩ vertreten lassen 弁護士を代理に立てる. **2** 《比》(特定の立場や事柄を)弁護する人, 擁護者, 代弁者: *sich*[4] zum ~ der Armen machen

貧しい人たちの代弁者になる. ▽**3** (Staatsanwalt) 検事. [*ahd.* „Machthaber"; ◇Gewalt]

An·walts·bü·ro 中 弁護士事務所.

An·walt·schaft[ánvalt-ʃaft] 女 -/-en《ふつう単数で》**1**《集合的に》弁護士; 弁護団. **2** 弁護士の職〈地位〉. **3** 弁護, 代弁: die ~ für *jn.* übernehmen …の弁護を引き受ける.

An·walts≠ge·bühr 女 弁護料. **≠kam·mer** 女 弁護士会. **≠kanz·lei** 女《南部・オーストリア》= Anwaltsbüro **≠pro·zeß** 男〘法〙(弁護士を立てる義務のある)必要的弁護訴訟. **≠zwang** 男 -[e]s/ 〘法〙(Anwaltsprozeß での)弁護士強制, 必要的弁護.

an|wal·zen[ánvaltsən]《02》**I** 他 (h) ローラーで地ならしする. **II** 自 (s)《話》《ふつう angewalzt kommen の形で》(ローラーのように)のそのそとやって来る.

an|wan·deln[ánvandəln]《06》**I** 他 (h)《*jn.*》(一時的な感情・生理的変化などが)襲う: Furcht 〈Eine plötzliche Ohnmacht〉 *wandelte* ihn *an.* 彼は恐怖に襲われた〈とつぜん失神状態に陥った〉. **II** 自 (s)《ふつう angewandelt kommen の形で》ぶらぶら歩いてやって来る.

An·wand·lung[..vandlʊŋ] (**An·wan·de·lung**[..dəlʊŋ]) 女 -/en (憂鬱(ゆう)・陽気・不安・恐怖など)一時的な感情の襲来, 気まぐれ; (生理的な)発作: in einer ~ von Schwermut 憂鬱な気分に襲われて | in einer ~ von Großmut 気前がよくなって.

an|wan·zen[ánvantsən]《02》他 (h)《俗》再帰 sich⁴ bei *jm.* ~ …に取り入る〈へつらう〉. [<Wanze]

an|wär·men[ánvɛrmən] 他 (h) 少し温める, 軽く熱を加える: *sich*³ die kalten Füße am Ofen ~ 冷たくなった足先をストーブで温める ‖ *angewärmte* Milch 温めた牛乳.

An·wär·ter[ánvɛrtər] 男 -s/- (権利・地位などの)継承〈相続〉見込み者: ein ~ auf den Thron 〈auf den Pokal〉 王位継承の候補者〈優勝候補〉| ein ~ des Todes 死を間近に控えた〈余命いくばくもない〉人(=Todeskandidat).

An·wart·schaft[ánvart-ʃaft] 女 -/-en《ふつう単数で》(権利・地位に対する)継承〈相続〉権: die ~ auf *et.*⁴ haben …を受け継ぐ権利〈見込み〉がある. [< *ahd.* ana-wartēn „er-warten"]

an|wat·scheln[ánva:tʃəln, ..vatʃəln]《06》自 (s)《俗》《ふつう angewatschelt kommen の形で》よちよち歩いてやって来る.

an|we·hen[ánve:ən] **I** 他 (h) **1**《*jn.*》(風・呼気・香気などが…に向かって)吹きつける;《比》(恐怖・悲哀などが)襲う: *sich*⁴ vom Wind ~ lassen 風に身をさらす ‖ 非人称 Es *wehte* mich heimatlich *an.* 私は故郷にいるような気持がした. **2** (砂・雪・木の葉などを)吹きよせる, 吹きためる. **II** 自 (s)《ふつう angeweht kommen の形で》吹き寄せられてくる.

an|wei·sen*[ánvaɪzən]¹《205》**I** 他 (h) **1**《*jn.*》(…に)命令する, 指図する: *jn.* ~, *et.*⁴ zu tun …に…をせよと指図する. **2**《*jn.*》指導する, (…に)助言を与える: den Lehrling bei der Arbeit ~ 従弟に仕事のやり方を教える. **3**《*jm. et.*⁴》(…に仕事・場所などを)割り当てる, 指定する: Man hat mir dieses Zimmer *angewiesen.* 私はこの部屋を与えられた ‖ *et.*⁴ *angewiesen* bekommen …を割り当てられる. **4**《*jm. et.*⁴》(金額を為替で)振り込む, 送金する. **II an·ge·wie·sen** → 別出

An·wei·sung[..zʊŋ] 女 -/-en **1** 命令, 指示, 指図: eine ~ befolgen 指示〈指図〉に従う. **2 a)** 指導, 助言, 手ほどき. **b)** (使用法などの)説明書. **3** (仕事・場所などの)割り当て, 割り振り, 指定. **4** (略 Anw.) 送金, 振り込み; (銀行振り出しの)小切手, 手形, 為替: Post*anweisung* 郵便為替 ‖ eine ~ auf 1 000 DM ausstellen 1000マルクの小切手を振り出す.

an·wend·bar[ánvɛntba:r] 形 応用〈適用〉できる; 使用可能な: Diese Methode ist hier nicht ~. この方法はここでは使えない.

An·wend·bar·keit[–kaɪt] 女 -/ anwendbar なこと.

an|wen·den(*)[ánvɛndən]¹《206》**I** 他 (h) **1** (英: *use*) (gebrauchen) 使用する, 用いる: Gewalt 〈alle möglichen Mittel〉 ~ 暴力〈あらゆる手段〉を用いる | eine List ~ 策略を用いる | Fleiß ~ 精を出す | Vorsicht ~ 慎重に行動する. **2** (英: *apply*)《*et.*⁴ auf *jn.* 〈*et.*⁴〉》(…を…に)応用〈適用〉する: Kann man die Regel auch auf diesen Fall 〈in diesem Fall〉 ~? その規則はこの場合にも適用できるのか. **II an·ge·wandt, an·ge·wen·det** → 別出

An·wen·dung[..dʊŋ] 女 -/-en 使用; 応用, 適用: die ~ der Theorie auf die Praxis 理論の実地への応用 ‖ ~ finden 用いられる, 使用される | eine weltweite ~ finden 世界じゅうで使われている ‖ *et.*⁴ **in ~**⁴ 〈**zur ~**〉 **bringen** …を使用する | unter ~ der Gewalt 暴力を用いて | **zur ~ kommen** 〈**gelangen**〉 用いられる, 使用される | auf *et.*⁴ ~ finden …に応用〈適用〉される.

An·wen·dungs≠be·reich 男 (中) 応用〈適用〉範囲, 応用〈適用〉領域. **≠sa·tel·lit** 男〘宇宙〙実用衛星. **≠tech·nik** 女 実用化の技術. **≠vor·schrift** 女 使用説明書.

an|wer·ben*[ánvɛrbən]¹《207》**I** 他 (h)《*jn.*》募る, 募集〈徴募〉する: Freiwillige ~ 志願兵を募る ‖ *sich*⁴ für *et.*⁴ ~ lassen …に応募する, …に雇われる. ▽**II** 自 (h) um ein Mädchen ~ 若い娘に求婚する.

An·wer·bung[..bʊŋ] 女 -/-en 募集, 徴募.

an|wer·fen*[ánvɛrfən]《209》**I** 他 (h) **1**《*et.*⁴ an *et.*⁴》(…を…に)投げつける; (漆食(しっ)・モルタルなどを壁に)塗りつける. **2** (機械を)始動させる: den Motor 〈den Propeller〉 ~ エンジン〈プロペラ〉を始動させる. **II** 自 (h)〘球技〙最初に投げる, 第一球〈初球〉を投げる. [◇Anwurf]

An·wert[ánve:rt] 男 -[e]s/《南部・オーストリア》評価, 尊重: ~ haben 高く評価されている | besonderen ~ finden 特に珍重される.

An·we·sen[ánve:zən] 中 -s/- 家屋敷, 地所.

an·we·send[ánve:zənt]¹ **I** 形 (↔abwesend) (その場に)居合わせている, 出席〈列席〉している: persönlich ~ sein みずから出席している | **nicht ganz ~ sein**《比》(気が散って)ぼんやりしている, 上(うわ)の空である. **II An·we·sen·de** 男 女《形容詞変化》(その場に)居合わせている人, 出席者, 列席者. [< *ahd.* ana-wesan „dabei sein"; *lat.* ad-esse (◇Essenz) の翻訳借用]

An·we·sen·heit[ánve:zənhaɪt] 女 -/-en《ふつう単数で》(↔Abwesenheit) (その場に)居合わせていること, 出席, 列席; 存在: in seiner ~ 彼の面前で ‖ die ~ einer Säure 酸の含有.

An·we·sen·heits≠ap·pell 男〘軍〙点呼. **≠kon·trol·le** 女 出欠調査. **≠li·ste** 女 出席者名簿; 出席簿. **≠pflicht** 女 その場に居合わせる義務, 出席〈立ち会い〉の義務.

an|wet·zen[ánvɛtsən]《02》自 (s)《俗》(↔abwetzen)《ふつう angewetzt kommen の形で》大急ぎでやってくる; (飛行機が)急降下してくる.

an|wi·dern[ánvi:dərn]《05》他 (h)《*jn.*》(…に)嫌悪の情を催させる, 不快の念を起こさせる: Sein Benehmen *widert* mich *an.* 彼の態度にはむかむかする ‖ *angewidert* wegsehen 不快感をいだいて目をそむける.

an|win·keln[ánvɪŋkəln]《06》他 (h) (一定の角度に)折り曲げる: die Beine 〈die Knie〉 ~ 両膝を曲げる. [<Winkel]

an|win·seln[ánvɪnzəln]《06》他 (h) (犬などが…に向かって)くんくん鼻を鳴らす;《俗》《*jn.* um *et.*⁴》(卑屈な態度で…に…を)ねだる.

an|woh·nen[ánvo:nən] 自 (h)《雅》**1**《*et.*³》(…に)隣接して住む, (…の)近くに住む: einem Fluß ~ 川のほとりに住む. **2** (beiwohnen)《*et.*³》(…に)列席する; (…に)参加する.

An·woh·ner[..nər] 男 -s/- 隣接して住んでいる人, 近くの住民: die ~ der Straße この通りに住む人々.

An·wuchs[ánvu:ks] 男 -es/..wüchse[..vy:ksə] **1**《単数で》(植物が)根づくこと. **2**〘林〙若木〈幼樹〉の林, 保育林.

An·wurf[ánvʊrf] 男 -[e]s/..würfe[..vʏrfə] **1** 投げつけられたもの; (漆食(しっ)・モルタルなど)壁に塗りつけられたもの: roher ~ 荒打ち漆食. **2** (機械の)始動. **3**〘球技〙初球を投じること: den ~ haben 先攻権をもつ. **4** 非難: gegen *jn.* heftige *Anwürfe* richten …を激しく非難する. [<anwerfen]

an|wur·zeln[ánvʊrtsəln]《06》自 (s) 根が生える, 根づく: **wie *angewurzelt* 〔da〕stehen 〈stehenbleiben〉** 大地に根が生えたように立ち尽くす.

..anz[..ants]《形容詞・動詞などにつけて女性名詞（-/-en）をつくる. ..enz という形もある》: Toler*anz* 寛容｜Disson*anz* 不調和‖Konsequ*enz* 首尾一貫; 結論｜Konkurr*enz* 競争｜Tend*enz* 傾向. [*lat.*－*fr.*; ◇*engl.* ..ance]

An·zahl[ántsa:l] 女 -/ (特定の)数; (若干の)数; 総数: eine beträchtliche 〈unbedeutende〉 ～ かなりの〈取るに足らぬ〉数｜eine große 〈kleine〉 ～ 多数〈少数〉｜eine ～ Kinder / eine ～ von Kindern 何人かの子供たち｜die genaue ～ der Teilnehmer 参加者の正確な数.

an|zah·len[ántsa:lən] 他 (h) 内金〈頭金〉を支払う; (分割払いで)初回の金額を支払う: Wieviel muß ich ～? 頭金はいくらですか.

an|zäh·len[ántsɛ:lən] 他 (h) 〘ボクシング〙《*jn.*》(ダウンした選手の)カウントを取り始める.

An·zah·lung[ántsa:lʊŋ] 女 -/-en 内金〈頭金〉支払い; (分割払いの)初回払い込み.

an|zap·fen[ántsapfən] 他 (h) **1** (中身を取り出すために)突き刺して穴をあける: ein Faß ～ 酒だるの口を切る｜einen Baum ～ (樹液を採取するために)木に切り口をあける‖Telefonleitungen ～ 電話線に盗聴器をつなぐ. **2**《話》《*jn.*》(…に)金をせびる, 無心する; (…に)根ほり葉ほり尋ねる.

An·zap·fung[..pfʊŋ] 女 -/-en anzapfen すること.

an|zau·bern[ántsaʊbərn]《05》他 (h) **1**《*jn.*》(…に)魔法をかける: wie *angezaubert* 魔法にかけられたように, 魅せられて. **2**《*jm. et.*⁴》(…に…を)魔法の力で与える〈入手してやる〉: *jm.* eine große Nase ～ 魔法で…に大きな鼻をくっつける.

An·zei·chen[ántsaɪçən] 中 -s/- しるし, 徴候; 前兆, 前ぶれ; (Symptom)〘医〙(病気の)徴候: ～ eines nahenden Sturmes あらしの前ぶれ｜ohne jedes ～ der Erschöpfung 疲れた様子も全くなく‖～ von Reue erkennen lassen 後悔の色を見せる.

an|zeich·nen[ántsaɪçnən]《01》他 (h) **1** (垂直面上に図形などを)描く: einen Grundriß an die Tafel ～ 黒板に見取り図を書く. **2**《*et.*⁴》(…にメモとして)印を付ける.

An·zei·ge[ántsaɪgə] 女 -/-n **1** (役所などへの)届け出; (違反行為・犯罪行為などに関しての)訴え; 〘法〙告発: eine anonyme ～ 匿名の訴え｜Straf*anzeige* 告発‖eine ～ bei der Polizei machen 警察に届け出る〈訴える〉｜gegen *jn.* 〈*et.*⁴〉 ～ erstatten / ***jn.* 〈*et.*⁴〉 zur ～ bringen** …を訴える〈告発する〉｜*jn.* mit einer ～ drohen 訴えるぞと言って…をおどす. **2** (書面や新聞広告による)通知, 通告, 広告, 公示: Heirats*anzeige* (書面による)結婚通知; (新聞などに出す)結婚広告‖eine ～ bei der Zeitung aufgeben / eine ～ in die Zeitung setzen lassen 新聞に広告掲載を依頼する. **3** (Anzeichen)〘医〙(病気の)徴候. **4 a)** (計器類などの)示度. **b)** (計器類などの)表示器, 指針, インジケーター.

An·zei·ge≈blatt ＝Anzeigenblatt **≈ge·rät** 中 表示器, インジケーター.

an|zei·gen[ántsaɪgən][1] **I** 他 (h) **1**《*jn.* / *et.*⁴》(役所などへ)届け出る; (違反行為・犯罪行為などに関して)訴える; 告発する: einen Diebstahl 〔bei der Polizei〕 ～ 盗難を〔警察に〕届け出る｜*jn.* wegen Diebstahls ～ …を盗みのかどで訴える｜*jn.* beim Lehrer ～ …のことを先生に告げ口する. **2**《*et.*⁴》(書面や新聞広告などで)告げ知らせる, 通知〈広告〉する, 公示する: *seine* Vermählung ～ 結婚を通知する〈新聞で広告する〉｜ein Buch in der Zeitung ～ 新聞に本の広告を出す. **3**《〔*jm.*〕 *et.*⁴》知らせる, 指示する, 示す; 予告する; (計器類が)表示する: 〔*jm.*〕 die Richtung ～ 〔…に〕方向を指示する｜*jm. seinen* Besuch ～ …に訪問を予告する｜Das Thermometer *zeigt* 10 Grad unter Null *an.* 温度計は零下10度を示している｜Das *zeigt* Böses 〈nichts Gutes〉 *an.* それは悪い〈よくない〉前兆だ‖ein *anzeigendes* Fürwort 〘言〙指示代名詞. **II an·ge·zeigt** → 別出

An·zei·gen≈blatt 中 (広告を主とする)新聞, 広告紙; (新聞などの)広告面. **≈ex·pe·di·tion** 女 広告代理店. **≈sei·te** 女 (新聞・雑誌の)広告ページ. **≈teil** 男 (新聞などの)広告欄. **≈ver·mitt·lung** 女 ＝Anzeigenexpedition

An·zei·ge·pflicht 女 -/ (出生・死亡・伝染病・犯罪などの)届け出の義務.

an·zei·ge·pflich·tig 形 届け出義務のある.

An·zei·ger[..gər] 男 -s/- **1** (anzeigen する人. 例えば:) 届け出人, 告発者; 〘軍〙(射撃の)監的手. **2** (anzeigen する器具. 例えば:) 表示器, 指針, インジケーター; (新聞名として)…新聞: Geschwindigkeits*anzeiger* 速度計.

An·zei·ge·ta·fel[ántsaɪgə..] 女 (競技場などの)〔電光〕掲示板.

an|zel·ten[ántsɛltən]《01》自 (h) キャンプのシーズン開きをする.

an|zet·teln[ántsɛtəln]《06》他 (h) **1**《話》(悪事などを)そそのかす, 煽動(せんどう)する, (たくらんで)引き起こす: einen Aufstand ～ 暴動を煽動〈使嗾(しそう)〉する. **2** den Aufzug ～ 〘織〙(織機に)経糸を張る. [＜zetteln[1]]

An·zet·te·ler[..tələr] (**An·zett·ler**[..tlər]) 男 -s/- anzetteln する人.

An·zet·te·lung[..təlʊŋ] (**An·zett·lung**[..tlʊŋ]) 女 -/-en anzetteln すること.

an|zie·hen*[ántsi:ən]《219》**I** 他 (h) **1** (↔ ausziehen) **a)**《〔*sich*³〕 *et.*⁴》(衣類などを)身につける(着る・かぶる・はくなど): 〔*sich*³〕 die Jacke 〈die Handschuhe〉 ～ 上着を着る〈手袋をはめる〉｜〔*sich*³〕 die Hosen 〈die Schuhe〉 ～ ズボン〈靴〉をはく｜den Hut ～ 帽子をかぶる‖den bunten Rock ～ (→Rock[1] 3 b)｜einen neuen Menschen ～ (→Mensch I 1). **b)**《*jm. et.*⁴》(…に衣類などを)身につけさせる(着せる・かぶらせる・はかせるなど): dem Kind einen Mantel 〈frische Wäsche〉 ～ 子供にコート〈新しい肌着〉を着せる‖Das Kleid sitzt 〔wie〕 *angezogen.* この服は体にぴったり合っている. **c)**《*jn.*》(…に衣類などを)身につけさせる, (…に)衣服を着せる: ein Baby 〈einen Kranken〉 ～ 赤ん坊〈病人〉に服を着せてやる‖再帰 *sich*⁴ ～ 衣類を身につける, 衣服を着る｜*sich*⁴ warm 〈sauber / sommerlich〉 ～ 暖かい〈清潔な・夏らしい〉服装をする｜*sich*⁴ fürs Theater 〈zum Ausgehen〉 ～ 観劇〈外出〉のための服装をする‖Sie ist gut 〈elegant〉 *angezogen.* 彼女はよい〈上品な〉身なりをしている｜eine modisch *angezogene* Frau 流行の服装をした婦人.

2 a)《*et.*⁴》(自分の方へ)引き寄せる, (手元に)引きつける: das Kinn ～ あごを引く｜die Beine ～ 両足を体に引き寄せる｜die Handbremse ～ ハンドブレーキを引く(→5). **b)** (↔abstoßen)《*jn.*》(…の心を)引きつける, 魅する(→III): Die Reklame *zieht* das Publikum *an.* この広告は大衆の心をとらえる｜Gegensätze *ziehen* sich *an.* (→Gegensatz 1 a)｜Ich fühle mich von ihr *angezogen.* 私は彼女に心をひかれる.

3 (湿気・においなどを)吸収する: 〘しばしば目的語なしで〙 Salz *zieht* 〔Feuchtigkeit〕 *an.* 塩には吸湿性がある.

4《*et.*⁴》引っぱ〔り始め〕る, 引き動かす: die Glocke ～ (綱を引いて)鐘を鳴らす｜Das Pferd *zieht* den Wagen *an.* 馬が車を引っぱ〔り始め〕る(→II 2).

5 引き締める, 引きしぼる, 張る: den Atem ～ 息をこらす｜den Bogen ～ 弓を引きしぼる｜die Saite ～ 弦を張る｜die Handbremse ～ ハンドブレーキを引く(→2 a)｜eine Schraube ～ ねじを締める｜die Steuerschraube ～《比》税を重くする｜die Zügel straffer 〈strammer〉 ～ (→Zügel 1).

6《方》(ドア・門扉などを透き間を残して)軽く閉める.

7 (anführen) 引用する: eine Stelle 〈einen Schriftsteller〉 ～ ある個所〈作家の言葉〉を引用する‖am *angezogenen* Ort (→Ort I 1 a).

8〘狩〙(猟犬が獲物に)そっと近づく.

II 自 **1** (s) (↔abziehen)《ふつう angezogen kommen の形で》(隊列などを組んで)近づいてくる; (願いごと・質問などをもって)やってくる: Die Kapelle 〈Das Heer〉 kam *angezogen.* 楽隊〈軍隊〉が近づいてきた‖[▽]Der Feind *zieht an.* 敵が近づいてくる.

2 (h) (馬車・列車などが)動き始める(→I 4): Der Zug *zog* langsam *an.* 列車はゆっくり動き始めた.

3 (h) (価格などが)上昇する, 騰貴する; (量が)増大する: Die

Aktien *ziehen an.* 株価が上昇する | Baumwolle hat wieder *angezogen.* 木綿の値がまた上がった | Der Verkehr *zieht an.* 交通量が増す ‖ *anziehende* Preise 上昇しつつある物価.

4 (h)《様態を示す語句と》速度を増す, スピードを上げる(→ Anzug 3): Der Wagen *zieht* gut *an.* この車は加速性がいい.

5 (h)(ねじなどが)締まる; (にかわ・漆食(しっくい)などが)固まる; (一般に)引き締まる: Es 〈Das Wetter〉 *zieht an.* 寒気が増す.

6 (h)〖チェス〗初手をさす, 先攻する.

III an·zie·hend 現分 形 人をひきつける, 魅力のある: ein ~*es* Äußeres 魅力的な外貌(がいぼう) | Sie hat etwas sehr *Anziehendes* an sich. 彼女にはとても魅力的なところがある.

An·zie·her[ántsi:ər] 男 -s/- **1** 靴べら. **2** =Anziehmuskel

An·zieh·mus·kel 男〖解〗内転筋.

An·zie·hung[..tsi:ʊŋ] 女 -/-en **1**《単数で》(anziehen すること. 特に:) 人をひきつける力, 魅力;〖理〗引力: eine starke ~ auf *jn.* ausüben …を強く魅惑する, …を強力に引きつける. **2** 魅惑, 誘惑: den ~*en* der Großstadt erliegen 大都会の誘惑に負ける.

An·zie·hungs·kraft 女 **1** 人をひきつける力, 魅力: eine unwiderstehliche ~ besitzen 抗しがたい魅力をもつ. **2**〖理〗引力: die magnetische ~ 磁気引力 | die ~ der Erde 地球の引力.

an|zie·len[ántsi:lən] 他 (h)《*et.*[4]》(…を)目標とする, 目ざす.

an|zi·schen[ántsɪʃən]《04》**I** 他 (h) **1**《*jn.*》(鳥などが…に向かって)シュッという音を吐きかける. **2**《話》《*jn.*》どなりつける, しかりつける. **3**《話》*sich*[3] einen ~ (酒を)一杯やる, 酔っぱらう. **II** 自 (s)《話》《ふつう angezischt kommen の形で》急いでやって来る.

an|zit·tern[ántsɪtərn]《05》自 (s)《話》《ふつう angezittert kommen の形で》こちらへやってくる.

an|zockeln[ántsɔkəln]《06》自 (s)《話》《ふつう angezockelt kommen の形で》ゆっくり近づいてくる.

an|zot·teln[ántsɔtəln]《06》自 (s)《話》《ふつう angezottelt kommen の形で》のろのろ〈ぶらぶら〉やって来る.

An·zucht[ántsʊxt] 女 -/..züchte[..tsʏçtə] **1**〖坑〗排水溝. **2**《単数で》(植物の)栽培, 育成. [<anziehen]

An·zucht·gar·ten 男〖林・園〗育種〈養樹〉園.

An·zug[ántsu:k][1] 男 -[e]s/..züge[..tsy:gə] **1** (上下そろいの)衣服, (特に男性の上下そろいの)スーツ, 背広(→ 図);《集合的に》身につけるもの, 服装: ein einreihiger 〈zweireihiger〉 ~ シングル〈ダブル〉の背広 | ein dunkler ~ ダークスーツ | Matrosen*anzug* セーラー服 | Schlaf*anzug* パジャマ ‖ einen ~ von der Stange kaufen 背広をつるしで買う | *sich*[3] einen ~ nach Maß anfertigen lassen 注文で(寸法に合わせて)服を作らせる ‖ ***jn.* aus dem ~ hauen** 〈**boxen** / **schütteln** / **stoßen**〉《話》…をさんざんに殴る | **aus dem ~ fallen**《話》ひどくやせる, やせ衰える | **aus dem ~ gehen** 〈**springen**〉《話》憤激する | **aus dem ~ kippen**《話》倒れる; びっくり仰天する ‖ der erste 〈zweite〉 ~〖スポ〗一〈二〉軍. **2** 接近:〖もっぱら次の成句で〗**im ~ sein** 接近中である | Gefahr 〈Ein Gewitter〉 ist im ~. 危険が迫りつつある〈雷雨が近づきつつある〉.

3 牽引(けんいん)〔力〕; (特に自動車などの)加速性, 出足: einen kraftvollen ~ haben (車などが)加速性が非常にいい | schlecht im ~ sein 出足が悪い.

4〖チェス〗初手, 先攻: Weiß hat immer ~. 白が常に先「攻だ.」

5《スイ》(布団などの)カバー, シーツ. **6**《スイ》(Antrag)(議会での)動議. [▽]**7** 移住, 植民. **8** 就職.

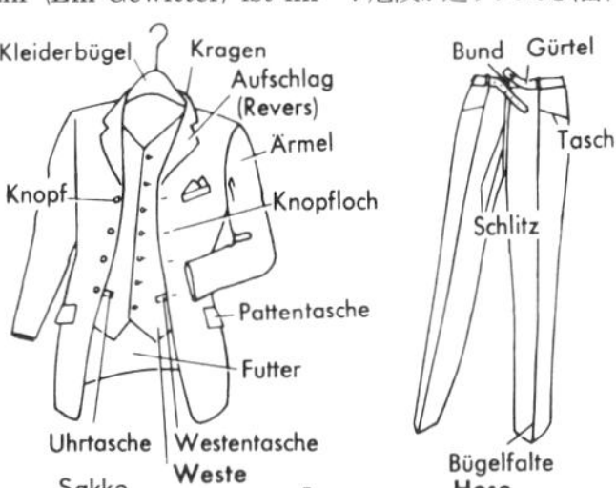

Anzug

an·züg·lich[ántsy:klɪç] 形 **1** あてつけ〈あてこすり〉の, いやがらせの, (人身攻撃を意図した)暗示的な: ~*e* Bemerkungen 毒を含んだ言葉. **2** いかがわしい, みだら〈わいせつ〉な: eine ~*e* Geschichte いかがわしい話, 猥談(わいだん). [▽]**3** =anziehend

An·züg·lich·keit[−kaɪt] 女 -/-en **1**《単数で》anzüglich なこと. **2** anzüglich な言動.

An·zugs·kraft[ántsu:ks..] 女 (自動車などの)始動トルク, 加速力, 出足.

An·zug·stoff 男〖服飾〗(背広などの)〔1着分の〕生地.

An·zugs·ver·mö·gen 中 -s/ =Anzugskraft

an|zün·den[ántsʏndən][1]《01》他 (h) **1**《*et.*[4]》(…に)火をつける, 点火する; 点灯する; (…に)放火する: Gas 〈ein Streichholz〉 ~ ガス〈マッチ〉に火をつける | ein Licht 〈ein Feuer im Ofen〉 ~ 明かり〈ストーブ〉をつける | *sich*[3] eine Pfeife 〈eine Zigarette〉 ~ パイプ〈タバコ〉に火をつける | ***jm.* über *et.*[4] ein Licht ~**《比》…に…について啓蒙する〈真実を知らせる〉. **2** (感情などを)燃え立たせる, たきつける.

An·zün·der[..dər] 男 -s/- **1** (anzünden する道具. 例えば:) 点火器, ライター; 付け木, たきつけ. **2** (Laternenanzünder)(街路のガス灯の)点灯夫.

an|zwecken[ántsvɛkən] 他 (h)《方》びょうで留める; (…に)びょうを打つ.

an|zwei·feln[ántsvaɪfəln]《06》他 (h)《*et.*[4]》疑う, (…に)疑念をもつ: die Echtheit des Bildes ~ 絵が本物かどうか疑う.

an|zwin·kern[ántsvɪŋkərn]《05》他 (h)《*jn.*》まばたきして〈目をぱちぱちさせて〉見る; (…に)目で合図をする.

an|zwit·schern[ántsvɪtʃərn]《05》**I** 自 (s)《話》《ふつう angezwitschert kommen の形で》(待ちかねているところへ)ゆうゆうと〈のろのろと〉やって来る.

II 他 (h) *sich*[3] **einen ~**《話》(酒を)一杯やる.

ao., a. o. →ao. Prof., a. o. Prof.

a. O. 略 =a. d. O.

AOK[a:|o:ká:] 略 **1** 女 -/ =**A**llgemeine **O**rts**k**rankenkasse (ドイツの)地域健康保険組合.
2 中 -s/-s =**A**rmee**o**ber**k**ommando

Äo·ler[ɛ́:olər, ɛó:lər] 男 -s/- =Äolier

Äo·li·en[ɛó:liən] 地名 アイオリス(古代ギリシアにおける小アジア北西海岸の地方). [*gr.* Aiolís−*lat.* Aeolis]

Äo·li·er[..liər] 男 -s/- アイオリス人 (Äolien に住んでいた古代ギリシアの一種族. のちに Dorier, Ionier を除くギリシア人の総称としても用いられるようになった). [*lat.*]

äo·lisch[..lɪʃ] 形 **1** Äolien〔地方〕の: die ~*e* Tonart / das *Äolische*〖楽〗エオリア旋法(中世の教会旋法の一つ).
2 a) Äolus (風の神)の; 風の. **b)** 風によって作られた;〖地〗風成の: ~*e* Ablagerung〖地〗風成層, 風成堆積(たいせき)物. [*gr.*−*lat.*]

Äols·har·fe[ɛ́:ɔls..] 女 -/-n〖楽〗風琴(ふうきん), エオリアンハープ(風に触れてひとりでに鳴るハープの一種).

Äo·lus[ɛ́:olʊs] 人名〖ギ神〗アイオロス(風の神). [*gr.*−*lat.*; <*gr.* aiólos „beweglich“]

Äon[ɛó:n, ɛ́:ɔn] 男 -s/-en[ɛó:nən]《ふつう複数で》〖宗・哲〗アイオーン(世, 一生, 一時代, 宇宙の周期); (グノーシス派で)(神から流出する)霊体, 永遠の力; 永世, 永劫(えいごう): in ~*en* 永遠に. [*gr.*−*spätlat.*; ◇ewig; *lat.* aevum „Zeitdauer“; *engl.* 〔a〕eon]

äo·nen·lang[ɛó:nənlaŋ] 形 永劫(えいごう)の, 永遠の.

ao. Prof.[a:|ó:prɔf], **a. o. Prof.**[−] (**ao. P.** [a:|o:pé:]) 略 =**a**ußer**o**rdentlicher **Prof**essor 助教授, 員外教授.

Ao·rist[aoríst] 男 -[e]s/-e〖言〗アオリスト(特に古代ギリシア語の不定過去). [*gr.* a-óristos „un-bestimmt“;

A

<gr. horízein „begrenzen"; ◇Horizont]

Aor·ta[aɔ́rta·] 女 -/..ten[..tən] (Hauptschlagader) 〘解〙大動脈(→ ⊛ Mensch D). [*gr.*; <*gr.* a〔e〕írein (→Arsis); ◇Arterie]

Aort·al·gie[aɔrtalgí:] 女 -/-n[..gí:ən] 〘医〙大動脈「痛.」

Aor·ten≠bo·gen[aɔ́rtən..] 男 -s/- 〘解〙大動脈弓. ≠**druck** 男 -〔e〕/ 〘医〙大動脈圧. ≠**klap·pe** 女 -/-n《ふつう複数で》〘解〙大動脈弁. ≠〔**klap·pen·**〕**in·suf·fi·zienz**[..tsiɛnts] 女 〘医〙大動脈弁閉鎖不全.

Aor·ti·tis[aɔrtí:tɪs] 女 -/..titiden[..tití:dən] 〘医〙大動脈炎. [<..itis]

ap..[1] →ad..

ap..[2] →apo..

a. p. 略 =anni praeteriti

AP[a:pé:, éɪpí:] 女 -/ エーピー通信社(アメリカの国際通信社). [*engl.*; <*engl.* *A*ssociated *P*ress]

APA[a:pe:|á:] 略 女 -/ =**A**ustria **P**resse **A**gentur オーストリア通信社(オーストリアの国際通信社).

Apa·che 男 -n/-n **1** [apátʃə, ..xə] (⊛ **Apa·chin**[..tʃɪn, ..xɪn]-/-nen) アパッチ人(アメリカ=インディアンの一種族. 勇猛をもって知られる). **2** [apáxə] (大都市, 特にパリの)無頼漢, ごろつき, 暴力団員. [*indian.*－*span.*〔－*fr.*〕]

Apa·chen·ball[apáxən..] 男 (無頼漢の仮装をする)アパッチ舞踏会.

ap·ago·gisch[apagó:gɪʃ] 形 〘論〙帰謬(きびゅう)法の: ein ～*er* Beweis 間接〔帰謬法〕的論証〈証明〉. [<*gr.* apagōgḗ „Weg-führung" (◇apo.., Agon)]

Apa·na·ge[apaná:ʒə; ｵｰｽﾄﾘｱ:..ná:ʒ] 女 -/-n[..ʒən] **1** 〘史〙(王侯が世子以外の子女に与える)歳費, 扶持(ふち), 采邑(さいゆう). **2** (定期的な多額の)経済的援助, 手当. [*fr.*; <ad..+*lat.* pānis „Brot"]

apart[apárt] **I** 形 独特の, 独特の魅力のある, きわめて魅力的な. **II** 副 **1** →I **2** 個々に, 個別的に. [*lat.* ad partem „zur Seite"－*fr.* à part; ◇Part]

Apart·be·stel·lung 女 (全集・シリーズなどの)個別〈分売〉注文.

Apart·heid[apá:rthaɪt] 女 -/ (特に南アフリカ共和国における黒人および有色人種に対する)人種隔離〔政策〕, アパルトヘイト. [*afrikaans*; ◇..heit]

Apart·heid·po·li·tik 女 人種差別政策.

Apart·heit[apárthaɪt] 女 -/ apart I なこと.

Apart·ment[apártmənt, ..mɛnt; ｽｲｽ: apartmɛ́nt] 中 -s/-s (共同住宅内の一室ないし数室からなる)住居, アパート〈マンション〉内の住居. [*fr.*－*engl.*; ◇Appartement]

Apart·ment·haus 中 **1** 共同住宅, アパート. **2** 《俗》(Bordell) 売春宿, 女郎屋.

Apa·thie[apatí:] 女 -/-n[..tí:ən] **1** 無感動, 無感情, 感情鈍磨; 無関心, 冷淡. **2** 〘哲〙(ストア学派の)アパティア(激情にとらわれぬ平静心). [*gr.*－*lat.*; <a..[1]]

apa·thisch[apá:tɪʃ] 形 無感動〈無感情〉の; 無関心な, 冷淡な.

Apa·tit[apatí:t, ..tít] 男 -s/-e 〘鉱〙燐灰(りんかい)石, アパタイト. [<*gr.* apátē „Betrug"+..it[2]]

Apat·sche[apátʃə] 男 -n/-n =Apache

APEC[éɪpək] 女 -/ アジア太平洋経済協力閣僚会議, エイペック. [*engl.*; <*engl.* *A*sia-*P*acific *E*conomic *C*ooperation]

der **Apen·nin**[apɛní:n] 地名 男 -s/ ,die **Apen·ni·nen**[..nən] 地名 複 アペニン(イタリア半島を縦断する山脈). [*lat.*]

die **Apen·ni·nen·halb·in·sel** 地名 女 -/ アペニン半島, イタリア半島.

apen·ni·nisch[..nɪʃ] 形 アペニンの: die *Apenninische* Halbinsel アペニン半島, イタリア半島.

aper[á:pər] 形《南部・ｵｰｽﾄﾘｱ・ｽｲｽ》雪のない. [*ahd.* ā-bar „nicht (Schnee) tragend"; ◇..bar]

Aper·çu[apɛrsý:] 中 -s/-s **1** 機知に富んだ言葉, 気のきいた発言; 思いつき, 妙案. **2** 概観, 要約, 摘要. [*fr.*; ◇apperzipieren]

ape·rio·disch[aperió:dɪʃ, á(:)perio:..] 形 非周期的な; 不定期の.

Ape·ri·tif[aperití(:)f] 男 -s/-s(-e) アペリティーフ, 食前酒(食欲増進のために食前に飲むアルコール飲料): einen ～ nehmen アペリティーフを飲む. [*mlat.* aperitīvus „öffnend"－*fr.*; ◇Apertur]

Ape·ri·ti·vum[..tí:vʊm] 中 -s/..va[..va·] **1** 〘薬〙軟下剤. **2** 食欲増進剤.

apern[á:pərn] 《05》自 (h) 《南部・ｵｰｽﾄﾘｱ・ｽｲｽ》非人称 《es apert》雪がとける〈なくなる〉. [<aper]

Aper·tur[apɛrtú:r] 女 -/-en 〘光〙(光学器械の)窓, 開き, アパーチャ. [*lat.* apertūra „〔Er〕öffnung"; <*lat.* apertus „offen"; ◇Ouvertüre, Aperitif]

Ape·rung[á:pərʊŋ] 女 -/-en《南部・ｵｰｽﾄﾘｱ・ｽｲｽ》**1**《単数で》雪どけ. **2** 雪の消えた場所.

Aper≠wet·ter[á:pər..] 中《南部・ｵｰｽﾄﾘｱ・ｽｲｽ》雪どけの陽気. ≠**wind** 男《南部・ｵｰｽﾄﾘｱ・ｽｲｽ》(雪どけをもたらす)暖風.

Apex[á(:)pɛks] 男 -/Apizes[á(:)pitse:s] **1** 〘生〙(貝類の)殻頂. **2** 〘天〙向点. **3** 〘言〙(母音につける)長音符.(⊛ ā, ô); (母音の上につける)アクセント符号(⊛ é); (調音器官としての)舌先. [*lat.* „Spitze"; ◇apikal]

Ap·fel[ápfəl] 男 -s/ Äpfel[ɛ́pfəl] (小 **Äp·fel·chen**[ɛ́pfəlçən] 中 -s/-) **1 a**) (英: *apple*) 〘植〙リンゴ(林檎). **b**) リンゴ(果実): ein fauler 〈saurer〉 ～ 腐った〈酸っぱい〉リンゴ | ein gebratener ～ 焼きリンゴ | der ～ des Paris 〈der Zwietracht〉〘ギ神〙パリス〈不和〉のリンゴ; 《比》争いの種, 不和の原因(→Paris[1]) ‖ *Äpfel* pflücken リンゴを枝からもぐ | einen ～ schälen リンゴの皮をむく | ***Äpfel* und Birnen zusammenzählen / *Äpfel* mit Birnen addieren** 《比》水と油を一緒にしようとする ‖ **für einen ～ 〈für einen Appel〉 und ein Ei** 《話》捨て値で, ただ同様で | **in den sauren ～ beißen** 〔müssen〕《比》気の進まないことを〔やむをえず〕する ‖ **Der ～ fällt nicht weit vom Stamm.** 《諺》瓜(うり)のつるになすびはならない, 蛙(かえる)の子は蛙(リンゴの実は幹から遠く離れて落ちることはない) | Kein ～ konnte zur Erde fallen. 《比》立錐(りっすい)の余地もなかった. **2** (リンゴの形をしたもの) **a**) =Reichsapfel **b**) (馬の)丸い斑点(はんてん). **c**) 《複数で》《婉曲に》(Brüste) 乳房. [*germ.*; ◇*engl.* apple]

ap·fel·ar·tig[ápfəl..] 形 リンゴに似た, リンゴ状の.

Ap·fel≠bäck·chen 複 《戯》(リンゴのような)赤いほっぺた. ≠**baum** 男 リンゴの木. ≠**blü·te** 女 **1** リンゴの花. **2** リンゴの花の咲く季節.

Ap·fel·blü·ten·ste·cher =Apfelstecher

Äp·fel·chen Apfel の縮小形.

Ap·fel≠frucht 女 〘植〙ナシ状果. ≠**ge·häu·se** 中 リンゴの芯(しん). ≠**ge·lee**[..ʒele:] 中 男 リンゴのゼリー.

ap·fel·grün 形 青リンゴのように青い, 淡緑色の.

Ap·fel≠kern 男 リンゴの種. ≠**koch** 中 -〔e〕s/ 《ｵｰｽﾄﾘｱ》=Apfelmus ≠**kom·pott** 中 〘料理〙リンゴのコンポート. ≠**ku·chen** 男 リンゴ入りケーキ, アップルパイ. ≠**most** 男 **1** =Apfelsaft **2** 《南部》=Apfelwein ≠**mot·te** 女 〘虫〙リンゴヒメシンクイ(林檎姫芯食蛾). ≠**mus** 中 〘料理〙リンゴソース(リンゴをどろどろに煮つめたもの): *jn.* zu ～ drücken 《比》…をこてんこてんに〈さんざん〉やっつける | **gerührt sein wie ～** 《戯》いたく感動している.

äp·feln[ɛ́pfəln] 《06》自 (h) (馬が)糞(ふん)をする(→Pferdeapfel).

Ap·fel≠pa·ste·te[ápfəl..] 女 〘料理〙肉入りアップルパイ. ≠**saft** 男 リンゴジュース. ≠**säu·re** 女 〘化〙リンゴ酸. ≠**scha·le** 女 リンゴの皮. ≠**schim·mel** 男 灰色のまだらのある白馬, 連銭あし毛の馬.

Ap·fel·si·ne[apfəlzí:nə] 女 -/-n (Orange) **1** 〘植〙オレンジ, ネーブル. **2** オレンジ〈ネーブル〉の実: kernlose ～*n* 種なしオレンジ | eine ～ schälen オレンジの皮をむく. [<*ndd.* appel-sina „Apfel aus China"]

Ap·fel·si·nen≠baum 男 オレンジの木. ≠**saft** 男 オレンジジュース.

Ap·fel≠ste·cher[ápfəl..] 男 -s/- リンゴの芯(しん)取り器. ≠**stru·del** 男《南部》渦巻き型アップルパイ. ≠**tor·te** 女 リンゴ入りタート, アップルパイ. ≠**wein** 男 りんご酒. ≠**wick·ler** 男 〘虫〙シンクイガ(芯食蛾)(リンゴなどの実に入る).

Aph·ärẹ·se[afɛré:zə] 女 -/-n, **Aph·ä̱re·sis**[afɛ́:rezɪs] 女 -/..sen[afɛré:zən] **1** (↔Apokope)〘言〙語頭音消失〈省略〉(例 's<es). **2**〘医〙肢体切断. [*gr.* ap-haíresis „Weg-nahme"–*spätlat.*; ◇apo.., Häresie]

Apha·sịe[afazí:] 女 -/-n[..zí:ən] **1**〘医〙失語〔症〕, 無言語症. **2**〘哲〙(正確に知らないことに対する)判断〈陳述〉放棄. [*gr.*; <a..¹+*gr.* phánai „sprechen"]

Aph·ẹl[afé:l] 中 -s/-e (**Aph·ẹlium**[..liʊm] 中 -s/..lien[..liən])(Sonnenferne)〘天〙遠日点. [<apo..+Helios; ◇*engl.* aphelion]

Aphel·ạn·dra[afelándra·] 女 -/..dren[..drən]〘植〙アフェランドラ(中南米原産の観賞植物). [<*gr.* a-phelḗs „stein-los, einfach"+andro..; 葯室(やくしつ)が一つしかないので]

Aphọn·ge·trie·be[afó:n..] 中〘工〙消音変速機,(自動車などの)シンクロメッシュ=クラッチ装置.

Apho·nịe[afoní:] 女 -/-n[..ní:ən]〘医〙失声〔症〕, 無声〔症〕. [*gr.*; <*gr.* á-phōnos „sprach-los" (◇Phon)]

Apho·rịs·mus[aforísmʊs] 男 -s/..men[..mən] アフォリズム, 箴言(しんげん), 金言, 格言, 警句. [*gr.*–*mlat.*; <*gr.* aphorízein „ab-grenzen" (◇Horizont)]

Apho·rị·sti·ker[..tikər] 男 -s/- 箴言作者, 警句家.

apho·rị·stisch[..tɪʃ] 形 アフォリズムの, 箴言(しんげん)の; 格言ふうの, 警句的な.

Aphro·di·sịa·kum[afrodizí:akʊm] 中 -s/..ka[..ka·]〘医〙催淫(さいいん)薬, 性欲促進薬, 媚薬(びやく).

Aphro·di·sịe[..zí:] 女 -/-n[..zí:ən]〘医〙性欲亢進(こうしん). [*gr.* aphrodísia „Liebesgenuß"]

aphro·dị·sisch[..dí:zɪʃ] 形 **1** =aphroditisch **2** 性欲を起こさせる, 催淫(さいいん)性の, 媚薬(びやく)の. [*gr.*]

Aphro·dị·te[afrodí:tə, ..te·] 人名〘ギ神〙アプロディーテ(美と愛の女神. ローマ神話の Venus に当たる). [*semit.*–*gr.*]

aphro·dị·tisch[..tɪʃ] 形 アプロディーテの; 愛の.

Ạph·the[áftə] 女 -/-n《ふつう複数で》〘医〙アフタ〔口内炎〕. [*gr.*]

Ạph·then·seu·che 女〘畜〙口蹄(こうてい)病(アフタのできる牛・豚などの伝染病).

a pia·ce·re[a piatʃé:rə, ..re·]《イタリア語》(nach Belieben)〘楽〙ア=ピアチェーレ, 随意に. [<*lat.* placēre (→Plazet)]

api·kạl[apiká:l] **I** 形 **1** 先端の, 頂点〈頂端〉の. **2**〘言〙舌端〈舌先〉の. **II Api·kạl** 男 -s/-e〘言〙舌先音(例 [t][d][r]). [<Apex+..al¹]

Api·kul·tu̱r[apikʊltú:r] 女 -/-en (Bienenzucht) 養蜂(ようほう). [<*lat.* apis „Biene"]

der **Ạpis**[á:pɪs] 男 -/-stiere[-ʃti:rə] アピス(古代エジプトにおいて神とあがめられた聖牛). [*ägypt.*–*gr.*–*lat.*]

Ạpi·zes Apex の複数.

apl.[a:pe:|ɛ́l] 略 = außerplanmäßig

Apla·nạt[aplaná:t] 男 -en/-en; 中 -s/-e〘光〙アプラナート, 無〔球面〕収差レンズ. [*engl.* aplanatic; <a..¹+*gr.* planãsthai (→Planet)]

apla·nạ·tisch[..tɪʃ] 形〘光〙無収差〔レンズ〕の, 不遊の: ~*e* Linsen 不遊レンズ.

Aplịt[aplí:t, ..lít] 男 -〔e〕s/〘鉱〙半花崗岩(かこうがん), アプライト. [<*gr.* haplóos (→haploid)+..it²]

Aplomb[aplɔ̃:] 男 -s/ **1** (Sicherheit) 落ち着き, 沈着, 冷静; (Dreistigkeit) ずうずうしさ, あつかましさ:〖ふつう次の形で〗mit ~ 落ち着きはらって, 平然と. **2**〘バレエ〙アプロン(動作の途中で不動の姿勢に立ち返ること). [*fr.* „senkrechte Stellung"; ◇ad.., Plombe]

apl. Prof. 略 =**außerplanmäßiger Professor** 員外教授.

A. P. Nr.[a:pé:nʊmər] 略 = **Amtliche Prüfungsnummer** (ドイツのワインの)公式検査合格ナンバー.

apo..《名詞・形容詞などにつけて「除去・脱落・模倣」などを意味する. 母音および h の前では ap.. となる》: *Apo*kope〘言〙語尾音消失 | *apo*kryph〔isch〕聖書外典の ‖ *ap*agogisch〘論〙帰謬(きびゅう)法の | *Aph*ärese〘言〙語頭音消失. [*gr.*; ◇ab]

APO (**Ạpo**)[á:po·] 女 -/ (<**a**ußer**p**arlamentarische **O**pposition)(特に1960年代後半の)議会外反対派, 院外野党.

Apo·chro·mạt[apokromá:t] 男 -en/-en; 中 -s/-e〘光〙アポクロマート, 色消しレンズ.

apo·chro·mạ·tisch[..tɪʃ] 形〘光〙アポクロマートの, 色消しの: ~*e* Linsen 色消しレンズ.

Apo·dịk·tik[apodíktɪk] 女 -/〘哲〙論証法, 論証学. [*gr.*–*lat.*; <*gr.* apó-deixis „Nach-weis" (◇deiktisch)]

apo·dịk·tisch[..tɪʃ] 形 **1** 論証の必然的な, 疑いをいれない, 論理的に反論の余地のない: ~*e* Beweise 必然的な論証. **2** 断定的な, 反論を許さない, 有無を言わさない: in ~*er* Weise 有無を言わさぬやり方で.

Apọ·do·sis[apó(:)dozɪs] 女 -/..dosen[apodó:zən] (↔Protasis) (Nachsatz)〘言〙後置文; (特に:) 帰結文. [*gr.*; <*gr.* apo-didónai „zurück-geben"]

Apo·gä·en Apogäum の複数.

apo·gạm[apogá:m] 形〘植〙無配生殖の.

Apo·ga·mịe[apogamí:] 女 -/〘植〙無配生殖.

Apo·gä̱·um[apogɛ́:ʊm] 中 -s/..gäen[..gɛ́:ən] (↔Perigäum) (Erdferne)〘天〙(月や人工衛星の)遠地点. [*gr.*; ◇geo..; *engl.* apogee]

Apo·ka·lyp·se[apokalýpsə] 女 -/-n **1**〘宗〙黙示書; (特に新約聖書の)ヨハネの黙示録. **2**《比》(黙示録を思わせるような)災い, 破滅: die ~ des Krieges 戦争の災禍. [*gr.* –*kirchenlat.*; <*gr.* kalýptein (→Kalyptra)]

Apo·ka·lyp·tik[..tɪk] 女 -/〘宗〙**1**〘宗〙黙示思想; 黙示文学〔運動〕;《集合的に》黙示思想預言書類, 黙示文学. **2** 世界終末論.

Apo·ka·lyp·ti·ker[..tikər] 男 -s/- **1**〘宗〙黙示思想家〈文学者〉, 黙示文書〈黙示録〉記者. **2** 黙示録信奉者.

apo·ka·lyp·tisch[..tɪʃ] 形 **1 a)** 黙示思想〈文学〉の: ~*e* Schriften 黙示文書. **b)**〔ヨハネ〕黙示録の: die *Apokalyptischen* Reiter ヨハネ黙示録の四騎士(ペスト・戦争・飢餓・死の象徴; 聖書: 黙 6) | die ~*e* Zahl 黙示録の数(666, キリストの敵の数; 聖書: 黙13,18). **2**《雅》黙示録を思わせるような, 不気味な, 恐ろしい, 災厄をもたらす.

Apo·koi·nu̱[apokɔynú:] 中 -〔s〕/-s〘言〙共有構文(ある語または文成分が先行・後続両成分にかかる形式. 例 Was sein Pfeil erreicht, *das ist seine Beute*, was da kreucht und fleucht. 彼の矢の当たったもの それは彼の獲物 そこに這(は)いつくばって逃げるもの それは彼の獲物). [*gr.* „vom Gemeinsamen"; ◇Koine]

Apọ·ko·pe[apó(:)kope·] 女 -/-n[apokó:pən] (↔Aphärese)〘言〙語尾音消失, 語尾省略(例 zu Haus<zu Hause). [*gr.*–*spätlat.*; <*gr.* kóptein (→Komma)]

apo·ko·pie·ren[apokopí:rən] 他 (h)《*et.*⁴》〘言〙(…の)語尾音を省略する.

apo·krịn[apokrí:n] 形〘生理〙(分泌物を)離出する: ~*e* Drüsen アポクリン腺(せん), 離出分泌腺. [<*gr.* krínein (→Krise)]

apo·kry̱ph[apokrý:f] **I** =apokryphisch **II Apo·kry̱ph** 中 -s/-en《ふつう複数で》聖書外典, 経典外聖書, 経外典;《比》典拠の疑わしい文書. [*gr.* apó-kryphos „verborgen"–*kirchenlat.*; <*gr.* krýptein (→Krypta)]

apo·kry̱·phisch[..fɪʃ] 形 聖書外典の; 経典外の;《比》典拠の疑わしい, にせの, 偽作の.

Apọ·kry·phon[apó:kryfɔn] 中 -s/..pha[..fa·], ..phen[apokrý:fən] =Apokryph [*mlat.*]

Apọl·da[apɔ́lda·] 地名 アポルダ(ドイツ Thüringen にある町). [<Apoltre (古名; ◇*ahd.* affoltra „Apfelbaum")]

ạpo·li̱·tisch[ápoli:tɪʃ, ◡◡⏊◡] 形 (unpolitisch) 非政治的な; 政治に無関心な, 政治嫌いの.

A

Apoll[apɔ́l]《雅》 **I** ＝Apollo I **II** 男 -s/-s ＝Apollo II 1

Apol·li·na·ris[apɔlinaːrɪs] 人名 アポリナリス(キリスト教の聖者. Ravenna の司教で200年ごろ殉教). [*gr.*－*lat.*; ◇Apollonius]

apol·li·nisch[apɔlíːnɪʃ] 形 **1** アポロの, アポロに関する. **2** (↔dionysisch) アポロ的な, 調和のとれた, 中庸を得た.

Apol·lo[apɔ́lo·] **I** 人名〖ギ神・ロ神〗アポロ〔ン〕(光・技芸の神). **II** 男 -s/-s **1** (アポロのような)美男子, 美青年. **2 a)**〖虫〗ウスバシロチョウ〈アゲハ〉(薄羽白蝶・薄羽揚羽蝶)属のチョウ. **b)** ＝Apollofalter **3** ＝Apollo-Raumfahrzeug [*gr.*－*lat.*]

Apol·lo·fal·ter[apɔ́lo..] 男〖虫〗アポロウスバシロチョウ〈アゲハ〉(薄羽白蝶・薄羽揚羽蝶).

Apol·lon[apɔ́lɔn] ＝Apollo I [*gr.*]

Apol·lo·nia[apɔlóːnia·] 女名 アポローニア.

Apol·lo·nius[..nius] 男名 アポロニウス. [*gr.* Apollṓnios „dem Gott Apollo geweiht"－*lat.*]

Apol·lo≠Pro·gramm[apɔ́lo..] 中 アポロ計画(アメリカの初の月着陸有人飛行計画). **≠-Raum·fahr·zeug** 中, **≠-Raum·schiff** 中 アポロ宇宙船.

Apo·log[apolóːk][1] 男 -s/-e〖文芸〗道話, 教訓談, 寓話(ぐうわ). [*gr.* apó-logos „Fabel"－*lat.*; ◇*engl.* apologue]

Apo·lo·get[apologéːt] 男 -en/-en **1** 弁明〈弁護〉する人, 弁護者. **2**〖宗〗(初期キリスト教の)護教家, 護教論者.

Apo·lo·ge·tik[..tɪk] 女 -/-en **1** 弁明, 弁護. **2**《単数で》(キリスト教神学の)護教学, 護教論. [*mlat.*]

apo·lo·ge·tisch[..tɪʃ] 形 弁明〈弁護〉する, 弁明〈弁護〉的な. [*gr.*－*mlat.*]

Apo·lo·gie[apologíː] 女 -/-n[..gíːən] **1** 弁明, 弁護;〖宗〗護教, 弁疏(べんそ). **2** 弁明〈弁護〉演説; 弁明書. [*gr.*－*spätlat.*]

apo·lo·gi·sie·ren[..gizíːrən] 他 (h) 弁明〈弁護〉する.

Apo·mor·phin[apomɔrfíːn] 中 -s/〖薬〗アポモルヒネ(催吐剤). [＜Morphium]

Apo·phtheg·ma[apɔftɛ́gma·, apɔf..] 中 -s/..men[..mən], -ta[..ta·] (Sinnspruch) 警句, 寸言, 格言. [*gr.*; ＜*gr.* phthéggesthai „rufen"]

Apo·phy·se[apofýːzə] 女 -/-n **1**〖解〗骨端, 骨突起, 関節端. **2**〖植〗アポフィシス(コケ類の胞子嚢(のう)基部の不稔(ふねん)組織; カビ類の胞子嚢柄の下端の膨大部). **3**〖地〗岩枝(がんし), 舌状体. [*gr.*; ＜physio..]

Apo·plek·ti·ker[apoplɛ́ktikər] 男 -s/- **1** 卒中にかかりやすい人. **2** 卒中を起こした人, 卒中後遺症に悩んでいる人.

apo·plek·tisch[..tɪʃ] 形 **1** 卒中〔性〕の; 卒中に伴う: ein ～*er* Anfall 卒中の発作. **2** (人が)卒中にかかりやすい.

Apo·ple·xie[..plɛksíː] 女 -/-n[..síːən] **1** (Schlaganfall)〖医〗卒中〔発作〕, 溢血(いっけつ). **2**〖植〗(モモ・クルミなど石果樹の樹冠の)突然の枯死. [*gr.*－*spätlat.*; ＜*gr.* apoplḗssein „nieder-schlagen" (◇Plektron)]

Apo·rie[aporíː] 女 -/-n[..ríːən] **1**〖哲〗アポリア(証拠と反証が同時に存在して, 命題の真実性を確立しがたい問題); (一般に)適切な解決の困難〈不可能〉なこと. **2**〖修辞〗アポリア(当惑・行き詰まりの発言). [*gr.*－*spätlat.*; ＜*gr.* ā-poros „weg-los" (◇Pore)]

Apo·sio·pe·se[apoziopéːzə] 女 -/-n〖修辞〗絶句〈頓絶(とんぜつ)〉法(感情のままに発せられた発言を意識的に中断すること). [*gr.*－*spätlat.*; ＜*gr.* siōpān „schweigen"]

Apo·sta·sie[apostazíː, apɔs..] 女 -/-n[..zíːən]〖カトリック〗背教, 棄教;《比》変節, 離反. [*gr.*－*kirchenlat.*]

Apo·stat[..táːt] 男 -en/-en 背教〈棄教〉者;《比》変節〈離反〉者. [*gr.*－*kirchenlat.*; ＜*gr.* hístasthai „stehen"]

apo·sta·tisch[..táːtɪʃ] 形 背教〈棄教〉の;《比》変節〈離反〉の.

Apo·stel[apɔ́stəl] 男 -s/- **1** (キリストの)使徒: die zwölf ～ 十二使徒. **2** (新説・主義などの)提唱者, 唱道者: ein ～ der freien Wirtschaft 自由経済の唱道者. [*gr.*－*kirchenlat.*－*ahd.*; ＜*gr.* apo-stéllein „ent-senden" (◇stellen)]

Apo·stel≠ak·ten 複 (新約聖書外典中の)使徒たちに関する物語: apokryphe ～ 外典行伝. **≠amt** 中 -[e]s/ 使徒の職〔務〕. **≠brief** 男 (新約聖書の)使徒書簡. **≠de·kret** 中〖カトリック〗使徒教令. **≠ge·schich·te** 女 **1**《単数で》(新約聖書の)使徒行伝(ぎょうでん);〖カトリック〗使徒行録; 使徒言行録. **2** ＝Apostelakten **≠kon·zil** 中〖カトリック〗使徒会議.

a po·ste·rio·ri[aː pɔsterióːri·] **I**《ラテン語》(↔a priori)〖哲〗後天的に, 後験的に, 経験に基づいて; (nachträglich) あとから. **II Apo·ste·rio·ri**[apɔsterióːri·] 中 -/- (↔Apriori)〖哲〗後天性, 後験性. [„vom Späteren (her)"]

apo·ste·rio·risch[..rióːrɪʃ] 形 後天的〈後験的〉な, 経験に基づく: ～*e* Erkenntnisse〖哲〗後天的〈後験的〉認識.

▽**Apo·stilb**[apostílp, apɔs..] 中 -s/-〖理〗アポスチルブ(輝度の単位: $^1/_{10000}\pi$ Stilb; 記号 asb).

Apo·sto·lat[apɔstoláːt] 中 (男) -[e]s/-e **1** 使徒職. **2** 使徒の事業, 布教. [*kirchenlat.*]

Apo·sto·li·kum[..tóːlikum] 中 -s/〖新教〗使徒信条;〖カトリック〗使徒信経.

apo·sto·lisch[..lɪʃ] 形 **1** 使徒の, 使徒的な; 使徒伝来の: das *Apostolische* Glaubensbekenntnis 使徒信条〈信経〉| die ～*e* Sukzession 使徒承伝 | die ～*en* Väter 使徒教父〔文書〕, 使徒時代の師父たち | das ～*e* Zeitalter 使徒時代. **2** (päpstlich)〖カトリック〗〔ローマ〕教皇〔庁〕の: der *Apostolische* Delegat 教皇使節 | der *Apostolische* Stuhl 聖座, 教皇座. [*gr.*－*kirchenlat.*(－*mhd.*); ◇Apostel]

Apo·stroph[apostróːf, apɔs..] 男 -s/-e (Auslassungszeichen)〖言〗アポストロフィ, 省略符 ('): einen ～ setzen アポストロフィをつける. [*gr.*－*spätlat.*]

Apo·stro·phe[apɔ́strofe·, apostróːfə] 女 -/-n[apostróːfən]〖修辞〗頓呼(とんこ)法(今までの相手から急に転じて別の人へ, またはそこには不在の人や事物に向かって荘重に呼びかける表現法). [*gr.*－*spätlat.*; ＜*gr.* apo-stréphein „abwenden"]

apo·stro·phie·ren[apostrofíːrən, apɔs..] 他 (h) **1**《*et.*[4]》(…に)アポストロフィ〈省略符〉をつける. **2**《*jn.*》〖修辞〗(…に)頓呼(とんこ)法(→Apostrophe) で呼びかける, 荘重に〈おごそかに〉呼びかける; (演説などでその場に不在の人に)実在するかのように呼びかける. **3**《*jn.* / *et.*[4]》(…について)言及する, 述べる. **4**《*jn.* / *et.*[4]》《様態を示す語句と》(…を…と)特徴づける, (…を…と)呼ぶ: *jn.* als intelligent ～ …のことを理知的な人と呼ぶ.

Apo·the·ke[apotéːkə] 女 -/-n **1** (正規の薬剤師のいる)薬局, 薬屋; (病院の)調剤所. **2** (Hausapotheke) 家庭用救急箱, 常備用薬箱. **3**《話》べらぼうに値段の高い店. [*gr.* apothḗkē „Aufbewahrungsort"－*lat.*－*mhd.*; ◇Bodega]

Apo·the·ken≠schränk·chen 中 薬戸棚. **≠we·sen** 中 -s/ 薬局制度.

Apo·the·ker[..kər] 男 -s/- **1** 薬剤師; Apotheke 1の主人. **2**《話》Apotheke 3の主人. [*mlat.* apothēcārius „Lagerverwalter"－*mhd.*; ◇*engl.* apothecary]

Apo·the·ker≠ge·wicht 中 薬用重量〔単位〕(Gran, Lot, Unze など). **≠kam·mer** 女 薬剤師会. **≠preis** 男 -es/-e《ふつう複数で》《話》べらぼうに高い値段. **≠waa·ge** 女 薬剤師用のはかり〈計量器〉.

Apo·theo·se[apoteóːzə] 女 -/-n **1 a)** (人間を)神に祭り上げること, 神格化, 神聖視. **b)** 崇拝, 礼賛, 賛美. **c)**〖美〗人間神化〔の彫刻〕. **2**〖劇〗すばらしい幕切れの場面; (特に:) バレエのフィナーレ. [*gr.*－*spätlat.*; ＜theo..]

▽**a po·tio·ri**[aː potsióːri·]《ラテン語》大体において; 大部分は, 大多数は. [„vom Stärkeren (her)"]

Ap·pa·rat[aparáːt] 男 -[e]s/-e **1** (特に日常, 特定の目的に用いられる)器具, 器械, 機器, 装置: **a)** (Telefonapparat)〔内線〕電話機: *jn.* an den ～ holen …を電話口に呼び出す | an den ～ kommen 〈gehen〉 電話に出る | Sie werden am ～ verlangt. あなたにお電話です | Bleiben Sie bitte am ～! (電話の相手に向かって)そのままでお待ちくださ

い | Wer ist am ~? (電話の相手に向かって)どなた様ですか. **b**) (Radioapparat) ラジオ受信機; (Fernsehapparat) テレビ受像機: den ~ einschalten ラジオ〈テレビ〉のスイッチを入れる. **c**) (Fotoapparat) 写真機, カメラ. **d**) (Rasierapparat) 安全かみそり; 電気かみそり: am ~ verlangt werden《戯》ひげを剃るべきときである.
2《ふつう単数で》**a**) (特定の目的のために用いられる)装備〔品〕, 用具類: der ~ eines Bergsteigers 登山家用の装備〈用具〉. **b**) (特定の目的のために作り上げられた)仕組み, 機構, 組織: der ganze ~ der Behörde 官庁の全機構 | der komplizierte ~ der Verwaltung 行政の複雑な機構 | ein militärischer ~ 軍事機構 | Macht*apparat* 権力機構. **c**) 〘解〙器官: Genital*apparat* 生殖器官 | Verdauungs*apparat* 消化器官. **d**) 《話》(大げさな・複雑な・ものすごい)仕掛け, 驚くべきもの; りっぱな代物, 逸物; (女性の豊満な)乳房: ohne ~ 簡単に, あっさりと, 苦もなく | mit großem ~ 大仕掛けに, 豪勢に.
3《集合的に》(学術関係の)補助資料; (原典などの)考証資料: eine Textausgabe mit kritischem ~ (異本間の辞句の異同など)批判考証資料つきの原典刊行版. [*lat.*; < *lat.* apparāre „zu-rüsten" (◇parieren[2]); ◇ *engl.* apparatus]

Ap·pa·ra·te·bau 男 -〔e〕s/ 器具〈器械・装置〉の組み立て(設計・開発・製作など).

ap·pa·ra·tiv[aparatíːf][1] 形 器具〈器械・装置〉に関する; 器具〈器械・装置〉による.

Ap·pa·rat·schik[aparátʃɪk] 男 -s/-s《軽蔑的に》(社会主義国などの)官僚的な〈教条主義的な〉幹部〈政治局員〉. [*russ.*]

Ap·pa·ra·tur[aparatúːr] 女 -/-en《集合的に》器具〈器械・装置〉一式: eine automatische ~ 自動装置.

Ap·pa·ri·tion[aparitsióːn] 女 -/-en (Erscheinung) (星などの)出現; (天使などの)幻. [*spätlat.*–*fr.*; < *lat.* appārēre „erscheinen" (◇parieren[1])]

Ap·par·te·ment[apart(ə)mɑ̃ː; ｽｲ: ..mɛ́nt] 中 -s/-s [..mɑ̃ːs] (ｽｲ: -e[..mɛ́ntə]) **1** (ホテルの)一続きの客室, スイート. **2** = Apartment [*it.*–*fr.*; ◇apart]

Ap·par·te·ment·haus[apart(ə)mɑ̃ː..] = Apartmenthaus 1

ap·pas·sio·na·to[apasionáːto˙] 副 (leidenschaftlich) 〘楽〙情熱的に, アパショナート. [*it.*; ◇Passion]

Ap·peal[əpíːl] 男 -s/ (他人の)心情に訴える力, 魅力. [*engl.*; ◇appellieren]

Ap·pease·ment[əpíːzmənt] 中 -s/ 〘政〙宥和(ゆう)〔政策〕. [*fr.*–*engl.*; < *lat.* pāx (◇Pax)]

Äp·pel·kahn[ɛ́pəl..] 男 -〔e〕s/..kähne《話》**1** 不格好な小舟〈荷舟〉. **2**《戯》ベッド;《ふつう複数で》不格好な大きな靴. [< *ndd.* Appel „Apfel" (◇Apfel)]

Ap·pell[apɛ́l] 男 -s/-e **1 a**) (他人〔の心〕への)呼び掛け, (理想・感情などへの)訴え, アピール; 〘言〙訴え機能: ein ~ an das Gewissen 良心への呼び掛け | ein ~ zum Frieden 平和を守ろうとの呼び掛け ‖ einen 〔dringenden〕 ~ an *jn.* richten …に対して〔切に〕訴えかける. **b**) (Appeal) 魅力. **2** 〘軍〙点呼: der morgendliche 〈abendliche〉 ~ 朝〈夕方〉の点呼 ‖ einen ~ abhalten 点呼をする | zum ~ antreten 点呼のために集合〈整列〉する. **3** 〘狩〙(呼び掛けに対する猟犬の)服従, 従順: guten 〈schlechten〉 ~ haben (猟犬が)言うことをよく聞く〈聞かない〉. **4** 〘フェンシング〙アペル(前進を装って前に出した足を踏み鳴らすこと). [*fr.*]

▽**ap·pel·la·bel**[apɛláːbəl] (..la·bl..) 形 (↔inappellabel) 〘法〙控訴できる.

▽**Ap·pel·lant**[..lánt] 男 -en/-en 〘法〙控訴人. [*fr.*]

▽**Ap·pel·lat**[..láːt] 男 -en/-en 〘法〙被控訴人.

▽**Ap·pel·la·tion**[..latsióːn] 女 -/-en (Berufung) 〘法〙上訴, 控訴. [*lat.*]

▽**Ap·pel·la·tions·ge·richt** 中 (Berufungsgericht) 〘法〙控訴審裁判所. ⸗**pri·vi·leg** 中 〘史〙(領主の)控訴棄却の特権.

Ap·pel·la·tiv[apɛlatíːf, ◡◡◡–][1] 中 -s/-e (Gattungswort) 〘言〙普通名詞. [*spätlat.*]

ap·pel·la·ti·visch[..tíːvɪʃ] 形 普通名詞の; 普通名詞として用いられた.

Ap·pel·la·ti·vum[..tíːvʊm] 中 -s/..va[..va˙] = Appellativ

ap·pel·lie·ren[apɛlíːrən] 自 (h) **1**《an *jn.* 〈*et.*[4]〉》(…に)呼び掛ける, (理性・感情などに)訴える, アピールする: an die Wählerschaft ~ 選挙民に呼び掛ける | an *js.* Gewissen 〈Gerechtigkeitsgefühl〉 ~ …の良心〈正義感〉に訴える. ▽**2** 〘法〙上訴する, 控訴する: an ein höheres Gericht 〈gegen ein Urteil〉 ~ 上級裁判所に〈判決を不当として〉控訴する. [*lat.* ap-pellāre „an-reden"–*mhd.*; ◇ *engl.* appeal]

Ap·pell·platz[apɛ́l..] 男 〘軍〙点呼場.

Ap·pen·dix[apɛ́ndɪks] **I** 男 -/..dizes[..ditseːs] (-es/-e) **1** 付加物, 付属物. **2** (学術書などの)付録, 補遺. **II** 女 (男) -/..dizes (Wurmfortsatz) 〘解〙(盲腸の)虫垂, 虫様突起. [*lat.*; < *lat.* ap-pendere „zu-wägen"]

Ap·pen·di·zi·tis[apɛnditsíːtɪs] 女 -/..tiden[..tsitíːdən] 〘医〙(Wurmfortsatzentzündung) 虫垂炎, (Blinddarmentzündung) 盲腸炎. [<..itis]

Ap·per·zep·tion[apɛrtsɛptsióːn] 女 -/-en 〘心〙統覚(単なる知覚とは違い, 内容が明瞭に意識されている: →Perzeption 1).

Ap·per·zep·tions·psy·cho·lo·gie 女 -/ 統覚心理学.

ap·per·zep·tiv[..tsɛptíːf][1] 形 〘心〙統覚による.

ap·per·zi·pie·ren[..tsipíːrən] 他 (h) 〘心〙統覚する.

Ap·pe·tenz[apetɛ́nts] 女 -/-en 〘生〙欲求〔本能〕. [*lat.*]

Ap·pe·tenz·ver·hal·ten 中 〘生〙欲求行動(欲求にかられた振舞い, 本能的行動).

Ap·pe·tit[apetíːt, apə.., ..tít; ｵｰｽﾄﾘｱ: ..tít] 男 -〔e〕s/-e《ふつう単数で》**1** 食欲, 食べよう〈飲もう〉という気持: einen gesegneten 〈guten〉 ~ haben 食欲が盛んである | **guten ~!** (食事を始める際のあいさつとして)〔おいしく〕召し上がれ; (その返事として)いただきます(食事前や食事中に別れるとき「失礼します」の意のあいさつにも用いる) | ~ auf *et.*[4] 〈nach *et.*[3]〉 haben …を食べたい〈欲しい〉と思う | Ich habe ~ auf Obst 〈Bier / Tabak〉. 私は果物が食べたい〈ビールが飲みたい・タバコが吸いたい〉‖ den ~ anregen 〈reizen〉 食欲をそそる | *jm.* den ~ nehmen 〈verderben〉 …の食欲を失わせる | *jm.* den ~ verschlagen 急に…の食欲を失わせる ‖ Mir ist der ~ vergangen. 私は食欲がなくなった | **Der ~ kommt beim 〈mit dem〉 Essen.**《諺》少しでも手にはいるともっと欲しくなるものだ(一度食べ始めれば食欲がわく) ‖ Das kann man mit ~ essen. それは見るからにおいしそうだ. **2**《比》(Lust) (…したい)気持, 欲求: Er hat keinen ~ aufs Reisen 〈zum Reisen〉. 彼は旅行したいという気持がない. [*lat.*–*mlat.*; < *lat.* ap-petere „an-streben, verlangen" (◇Petition)]

ap·pe·tit·an·re·gend[apetíːt.., apə.., ..tít..; ｵｰｽﾄﾘｱ: ..tít..] 形 **1** 食欲をそそる, うまそうな. **2** 食欲を増進する.

Ap·pe·tit⸗bis·sen 男, ⸗**hap·pen** 男 食欲をつけるためのちょっとした食物(カナッペ・前菜など). ⸗**hem·mer** 男 -s/- = Appetitzügler

ap·pe·tit·lich[..lɪç] 形 **1** 食欲をそそる, うまそうな. **2**《比》魅力のある: ein ~*es* Mädchen 魅力的な女の子.

ap·pe·tit·los[..loːs][1] 形 食欲のない, 食欲不振の.

Ap·pe·tit·lo·sig·keit[..loːzɪçkaɪt] 女 -/ appetitlos なこと.

Ap·pe·tits⸗bis·sen = Appetitbissen ⸗**hap·pen** = Appetithappen

Ap·pe·tit·züg·ler 男 -s/- 〘薬〙食欲制御剤. [<zügeln]

Ap·pe·ti·zer[ǽpɪtaɪzə] 男 -s/- 〘薬〙食欲増進剤, アペタイザー. [*engl.*]

ap·pla·nie·ren[aplaníːrən] 他 (h) **1** (ebnen) 平らにする, ならす. ▽**2** (ausgleichen) 均一化する, 調整〈補整〉する; (争いを)調停する. [*fr.*]

ap·plau·die·ren[aplaudíːrən] **I** 自 (h)《*jm.*》(…に対して)拍手喝采(かっさい)する. **II** 他 (h)《*jn.*》= I [*lat.*]

Ap·plaus[apláus][1] 男 -es/-e《ふつう単数で》(Beifall) 拍手喝采(かっさい): anhaltender 〈stürmischer〉 ~ 鳴りやまぬ〈あらしのような〉拍手 | stummer ~ 沈黙の喝采(感動のあまり拍手もできずに生じる沈黙). [*lat.*; ◇plausibel]

ap·pli·ka·bel[apliká:bəl] (..ka·bl..) 形 (anwendbar) 応用できる, 適用可能な.

Ap·pli·ka·bi·li·tät[..kabilitɛ́:t] 女 -/ applikabelなこと.

ᐁ**Ap·pli·kant**[..kánt] 男 -en/-en **1** 志願〈志望〉者, 応募者. **2** 請願者.

Ap·pli·ka·tion[..katsió:n] 女 -/-en **1** 応用, 適用; 〚カトリック〛ミサ功徳適用. **2** 〚服飾〛アプリケ. **3** 〚医〛(薬剤の)投与, 塗布; (療法の)適用, 治療, 処置. ᐁ**4 a)** 志願, 志望, 応募. **b)** 請願. [*lat.*]

Ap·pli·ka·tions≠raum 男 〚医〛(放射線などによる)治療〈処置〉室. ≠**sticke·rei** 女 =Applikation 2

Ap·pli·ka·tor[..ká:tɔr, ..to:r] 男 -s/-en[..kató:rən] 〚医〛塗布具, 塗布器.

Ap·pli·ka·tur[..katú:r] 女 -/-en **1** 応用, 適用; 使用, 運用. **2** 〚楽〛運指〔法〕. [<..ur]

ap·pli·zie·ren[aplitsí:rən] 他 (h) **1** (anwenden) 《*et.*[4] 〔auf *et.*[4]〕》(…を〔…に〕)応用する, 適用する; (gebrauchen) 用いる, 使用する. **2** 〚医〛(薬剤を)投与〈塗布〉する; (療法を)適用する: *jm.* eine Spritze ~ …に注射をする ‖ *jm.* eine Ohrfeige ~《話》…の横面をはる. **3** 〚服飾〛(模様などを)縫い付ける, アプリケする. **4** (塗料を)塗る. [*lat.* applicāre „an-fügen"; ◇pliieren; *engl.* apply]

Ap·pog·gia·tur[apɔdʒatú:r] 女 -/-en, **Ap·pog·gia·tu·ra**[..dʒatú:ra·] 女 -/..ren[..rən] 〚楽〛前打音, アッポジャトゥーラ. [*it.*; <*it.* ap-poggiare „an-lehnen" (◇Podium)]

Ap·point[apoɛ̃:] 男 -s/-s **1** 〚商〛債務補償〈残高支払い〉手形, 清算手形; 為替手形. **2** 小額貨幣, 小銭. [*fr.* à point „auf den Punkt (genau)"]

ap·port[apɔ́rt] **I** 間 〚狩〛(獲物などを)持って来い(犬への命令). **II Ap·port** 男 -s/-e **1** 〚狩〛(猟犬が獲物を)持って来ること. **2 a)** (霊媒によって招き寄せられた)幻姿. ᐁ**b)** (Sacheinlage) 〚経〛現物出資.

ap·por·tie·ren[apɔrtí:rən] 他 (h) (herbeibringen) 〚狩〛(猟犬が射とめられた獲物などを)持って来る: einen Hund zum *Apportieren* abrichten 獲物を持って来るように猟犬を仕込む. [〔*lat.*−〕*fr.*]

Ap·por·tier·hund 男 獲物を持って来るように仕込まれた猟犬.

Ap·portl[apɔ́rtəl] 中 -s/-〔n〕《オーストリア》〚狩〛(投げて)犬が持って来るもの: Such's ~! 持って来い(犬への命令).

Ap·po·si·tion[apozitsió:n] 女 -/-en (Beisatz) 〚言〛同格(例 Karl *der Große*, Albert Schweitzer *als Tropenarzt*). [*mlat.*; <*lat.* ap-pōnere „hinzu-setzen"]

ap·po·si·tio·nell[..tsionɛ́l] 形, **ap·po·si·tiv**[..tí:f][1] 形 〚言〛同格の; 同格としての, 同格として用いられた.

ap·prai·siv[aprɛzí:f][1] 形 〚言〛(客観的ではなく)評価の加わった. [*engl.*; <*engl.* appraise „bewerten" (◇Preis)]

Ap·pre·hen·sion[aprehɛnzió:n] 女 -/-en **1** 把握, 理解; 理解力. **2** 懸念, 危惧(きぐ). [*spätlat.*; <*lat.* apprehendere „ergreifen" (◇Prise)]

ap·pre·hen·siv[..zí:f][1] 形 懸念〈危惧(きぐ)〉する, 心配〈苦労〉性の, おく病な; (reizbar) 怒りっぽい. [*mlat.*]

Ap·pret[aprɛ́:, ..ré:t] 中 (男) -s/-s 〚織〛(織物の)平滑〈光沢〉仕上げ剤. [*fr.*; <*fr.* prêt „bereit" (◇presto)]

Ap·pre·teur[apretø:r] 男 -s/-e 〚織〛(織物の)仕上げ工. [*fr.*; <..eur]

ap·pre·tie·ren[..tí:rən] 他 (h) 〚織〛(織物に)平滑〈光沢〉仕上げをする. [*vulgärlat.*−*fr.*]

Ap·pre·tur[..tú:r] 女 -/-en 〚織〛 **1** (織物の)平滑〈光沢〉仕上げ. **2** 平滑〈光沢〉仕上げ剤. [<..ur]

Ap·proach[əpróutʃ] 男 -〔e〕s/-s **1** (仕事・問題などへの)接近〔法〕, 取り組み〔方〕, アプローチ. **2** 〚空〛(滑走路への)進入. **3** 〚ゴルフ〛アプローチ. **4** 〚商〛(コマーシャルによる大衆への)アプローチ; (宣伝文句の冒頭部分の)キャッチフレーズ. [*engl.*; <*lat.* propius „näher"]

Ap·pro·ba·tion[aprobatsió:n] 女 -/-en (Genehmigung) 是認, 認可, 裁可; (医師・薬剤師などの)開業免許; 〚カトリック〛教会認可(出版許可・聴罪許可・修道会の公認など).

ap·pro·bie·ren[..bí:rən] 他 (h) ᐁ**1** (genehmigen) 是認する, 認可〈裁可〉する. **2** 《*jn.*》(…に)免許を与える: ein *approbierter* Arzt 〈Priester〉 開業免許を得た医師〈認定司祭〉. [*lat.*; ◇*engl.* approve]

Ap·pro·pria·tion[apropriatsió:n] 女 -/-en 占有, 横領, 着服. [*spätlat.*; <*lat.* proprius (→proper)]

ap·pro·pri·ie·ren[..prií:rən] 他 (h) わがものにする, 占有する, 横領〈着服〉する. [*spätlat.*]

Ap·pro·vi·sa·tion[aprovizatsió:n] 女 -/-en 《オーストリア》糧食補給. [*fr.*]

ᐁ**ap·pro·vi·sio·nie·ren**[..vizioní:rən] 他 (h) 《オーストリア》《*jn.*》(…に)糧食を補給する. [*fr.*]

Ap·pro·xi·ma·tion[aprɔksimatsió:n] 女 -/-en (Annäherung) 接近, 近似; 〚数〛近似〔値〕. [*mlat.*; <*lat.* proximus (→proximal)]

ap·pro·xi·ma·tiv[..tí:f][1] 形 (angenähert) 近似の, 近似的な; 大略の, 概算の.

Apr. 略 =April

après nous le dé·luge[aprɛnuldelý:ʒ] 《フランス語》(nach uns die Sintflut!) あとは野となれ山となれ. [◇Diluvium]

Après-Ski[aprɛʃí:, aprɛskí] 中 -/ **1** 〚服飾〛アフタースキーウェア(スキーをしたあとロッジなどで着るくつろいだ服). **2** アフタースキー(スキーをしたあとのロッジでのパーティー). [<*fr.* après „nach"]

Apri·ko·se[aprikó:zə] 女 -/-n **1** 〚植〛アンズ. **2** アンズ(果実). [*arab.*−*span.*−*fr.*−*ndl.*; <*lat.* prae-cox „früh-reif" (◇Kochen); ◇*engl.* apricot]

Apri·ko·sen≠baum 男 アンズの木. ≠**blü·te** 女 アンズの花. ≠**mar·me·la·de** 女 アンズジャム.

April[apríl] 男 -〔s〕/-e《ふつう単数で》(略 Apr.) 4月: →August[1] ‖ launisch 〈unbeständig / veränderlich〉 wie der ~ 4月の空のように気まぐれな〈変わりやすい〉| ***jn.* in den ~ schicken** (4月1日の万愚節に)…に一杯くわせる, …をかつぐ | ***April*, ~!**《話》まんまと一杯くわせたぞ.

★ 古名: Ostermonat, Ostermond

[*lat.*−*ahd.*; ◇*engl.* April]

April·narr 男 四月ばか, エープリルフール(4月1日の万愚節)にかつがれる人. [*engl.* April fool (◇Folie[2]) の翻訳借用]

April≠schau·er 男 春先のにわか雨. ≠**scherz** 男 万愚節〈エープリルフール〉のいたずら; 《比》(根も葉もない)全くの冗談.

Aprils·narr =Aprilnarr

April·wet·ter 中 -s/ 4月の天気; 《比》(降ったり照ったりの)変わりやすい天気.

a pri·ma vi·sta[a prí:ma· vísta·] 《イタリア語》(auf den ersten Anblick) **1** (vom Blatt) 〚楽〛初見(しょけん)で(初めての楽譜を見てすぐ演奏すること). **2** (auf Sicht) 〚商〛(手形について)一覧の上で, 一覧払いで.

a prio·ri[a: prió:ri·] **I** 《ラテン語》(↔a posteriori) 〚哲〛先験的に, 先天的に, 生得〈本有〉的に; (von vornherein) 始めから, 原則的に: ein synthetisches Urteil ~ (カントの)先験的総合判断.

II Aprio·ri[aprió:ri·] 中 -/- (↔Aposteriori) 先天性, 先験性. [„vom Früheren 〔her〕"; ◇Prior]

aprio·risch[aprió:rɪʃ] 形 先天的〈先験的〉な, 生得〈本有〉の: ~*e* Erkenntnisse 〚哲〛先験的認識.

Aprio·ris·mus[apriorísmʊs] 男 -/ 〚哲〛先天〈先験〉主義, 先天説; 先天的〈先験的〉認識論.

Aprio·rist[..ríst] 男 -en/-en 先天〈先験〉主義者.

aprio·ri·stisch[..rístɪʃ] 形 先天〈先験〉主義の.

apro·pos[apropó:] 副 **1** (nebenbei bemerkt) ちなみに, ついでながら, それはそうと; (…について)ついでに言えば. **2** 時宜にかなって, おりよく, 都合よく. [*fr.* à propos „zur Sache"; <*lat.* propōnere (→proponieren)]

Apros·dọ·ke·ton[aprɔsdó(:)ketɔn] 中 -s/..ta[..ta·] 〘修辞〙(意表をついた措辞を用いる)異藻法. [*gr.*; <a..[1]+ *gr.* pros-dokān „erwarten"]

Ap·sị·de[apsí:də] 女 -/-n **1**〘天〙長軸端(近点と遠点). **2** =Apsis [*spätlat.*]

Ạp·sis[ápsɪs] 女 -/..siden[apsí:dən] **1**〘建〙アプス, アプシス, 後陣(教会の奥の合唱席後方の半円形〈多角形〉の張り出し: →図 Basilika). **2** (テントの中の)半円形に張り出した荷物置き場. [*gr.* (h)apsís „Rundung"–*lat.*; ◇Haptik, Abseite[2]]

▽**ap·tịe·ren**[aptí:rən] 他 (h) (anpassen) 適合させる; 調節〈調整〉する. [*lat.*; ◇Attitüde]

Apụ·li·en[apú:liən] 地名 アプリア(イタリア南東部の地方. イタリア語形 Puglia). [*lat.* Āpulia]

aqua..《名詞などにつけて「水」を意味する》: *Aqua*marin アクアマリン. [*lat.* aqua „Wasser"; ◇Ache]

Ạqua de·stil·lạ·ta[á:kva· dɛstɪlá:ta·] 中 --/ 〘化〙蒸留水. [◇Destillat]

Aquä·dụkt[akvɛdʊ́kt] 男 (中) -[e]s/-e (古代ローマの)水道, 送水路, 水道〈水路〉橋(→図). [*lat.* aquaeductus „Wasser-leitung"; ◇Duktus; *engl.* aqueduct]

Ạqua·kul·tur[á:kva..] 女 -/-en 〘漁〙**1**《単数で》養殖. **2** 養殖場.

äquạl[ɛkvá:l] 形 等しい, 同じ; 同等の. [*lat.*; ◇äqui.., egal]

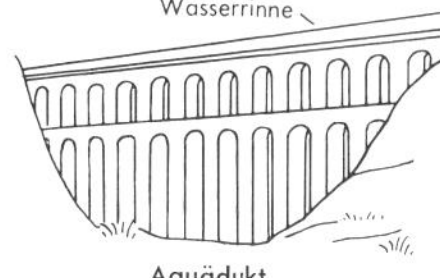

Aquädukt

Aqua·ma·nị·le[akvamaní:lə] 中 -s/-n 〘カトリック〙(ミサの際に司祭が手を洗い清める)洗手式用水受け皿. [*mlat.*]

Aqua·ma·rịn[..marí:n] 男 -s/-e アクアマリン, 藍玉(らんぎょく)(緑柱石の一変種で宝石として用いる). [*lat.* aqua marīna „Meer-wasser"]

Aqua·nạut[..náut] 男 -en/-en 潜水技術士, アクアノート(海底の施設などに起居して実験データを提供する人).

Aqua·nạu·tik[..tɪk] 女 -/ 水中〈海底〉調査.

Aqua·plạ·ning[akvaplá:nɪŋ; まれ: ..plé:nɪŋ] 中 -[s]/ (雨天の高速道路などで起こる車のタイヤの)ハイドロプレーニング. [*engl.*; ◇plan]

Aqua·rẹll[akvarɛ́l] 中 -s/-e (透明描法による)水彩画: ~ malen 水彩画を描く | *et.*[4] in ~ malen …を水彩で描く | eine Landschaft in ~ 水彩風景画. [*it.*; <aqua..]

Aqua·rẹll·far·be 女 (透明の)水彩絵の具.

aqua·rel·lịe·ren[..rɛlí:rən] **I** 自 (h) 水彩画を描く. **II** 他 (h) 水彩で描く.

Aqua·rel·lịst[..lɪ́st] 男 -en/-en (⊛ **Aqua·rel·lị·stin**[..tɪn]-/-nen) 水彩画家.

Aqua·rẹll≈mạ·ler[akvarɛ́l..] 男 = Aquarellist **≈mạ·le·rei** 女 **1** 水彩〔画〕法. **2** 水彩画, 水絵.

Aqua·riạ·ner[akvariá:nər] 男 -s/- (水槽などで)水中生物を飼育する人.

Aquạ·ri·en Aquarium の複数.

Aquạ·ri·en≈fisch[akvá:riən..] 男 水槽で飼育される〔のに適した〕魚. **≈glas** 中 -es/..gläser ガラス製の小型水槽. **≈haus** 中 水族館. **≈pflan·ze** 女 水槽で栽培される〔のに適した〕水中植物. **≈tier** 中 水槽で飼育される〔のに適した〕水中動物.

Aqua·rịst[akvarɪ́st] 男 -en/-en=Aquarianer

Aqua·rị·stik[..rɪ́stɪk] 女 -/ (水槽などでの)水中動物飼育〈植物栽培〉法.

Aquạ·rium[akvá:riʊm] 中 -s/..rien[..riən] **1** (水中動物飼育用の)水槽, 養魚鉢. **2** = Aquarienhaus [<*lat.* aquārius „zum Wasser gehörig" (◇aqua..)]

Aqua·tẹl[akvatɛ́l] 中 -s/-s アクアテル(自家用船などで乗り入れる施設のあるホテル). [<aqua..+Hotel]

Aqua·tịn·ta[akvatínta·] 女 -/..ten[..tən] **1**《単数で》〘美〙アクアティント(腐食銅版画法の一種). **2** アクアティント版画. [*mlat.*–*it.*; ◇Tinte]

aquạ·tisch[akvá:tɪʃ] 形 水の; 〘生〙水棲(すいせい)の, 水生の. [*lat.*]

Äquạ·tor[ɛkvá:tɔr, ..to:r] 男 -s/-en[ɛkvató:rən] **1**《単数で》(地球の)赤道. **2**〘数〙(球の)赤道. [*mlat.* aequātor „Gleichmacher"; <äqui..; ◇*engl.* equator]

äqua·to·riạl[ɛkvatoriá:l] **I** 形 赤道の; 赤道付近〈地方〉の. **II Äqua·to·riạl** 中 -s/-e 〘天〙赤道儀.

Äqua·to·riạl≈gui·nẹa[..gine:a·] 地名 赤道ギニア(中部アフリカ西岸の共和国で1968年スペインから独立. 首都マラボ Malabo). **≈rẹ·gen** 男〘地〙赤道雨(赤道地方に見られる年2回の雨期). **≈strọm** 男 赤道潮流.

Äquạ·tor·tau·fe[ɛkvá:tɔr.., ..to:r..] 女 赤道祭(船が赤道を通過する際, 乗組員や船客に海水を浴びせたり, 海中にもぐらせたりする).

Aqua·vịt[akvaví:t, ..vít] 男 -s/-e 火酒, 焼酎(しょうちゅう)(Kümmel などで芳香をつけたアルコール分の強い蒸留酒). [*mlat.* aqua vītae „Wasser des Lebens"]

äqui..《名詞・形容詞などにつけて「等しい」を意味する》[*lat.* aequus „gleich"; ◇äqual; *engl.* equi..]

äqui·di·stạnt[ɛkvidɪstánt] 形〘数〙等距離の, 等間隔の.

Äqui·di·stạnz[..dɪstánts] 女 -/-en〘数〙等距離, 等間隔: die Politik der ~ 等距離政策.

Äqui·lị·bri·en Äquilibrium の複数.

äqui·li·brịe·ren[ɛkvilibrí:rən] 他 (h) つり合わせる, 平衡させる, 均衡を保たせる. [*spätlat.*]

Äqui·li·brịs·mus[..brísmʊs] 男 -/ 〘哲〙(自由な意志決定に関するスコラ哲学の)〔動機〕均衡説.

Äqui·li·brịst[..bríst] 男 -en/-en (つり合いを取る芸を見せる)曲芸師, 軽業師, 綱渡り芸人. [*fr.*]

Äqui·li·brịs·tik[..brístɪk] 女 -/ つり合いを取る曲芸, 綱渡り.

äqui·li·brị·stisch[..brístɪʃ] 形 つり合いを取る曲芸〈綱渡り〉の.

Äqui·lị·brium[ɛkvilí:briʊm] 中 -s/..brien[..briən] つり合い, 平衡, 均衡. [*lat.*; <*lat.* lībra (→Libra)]

äqui·mo·le·ku·lạr[ɛkvimolekulá:r] 形〘理〙等分子の: eine ~*e* Lösung 等分子溶液.

äqui·nok·tiạl[ɛkvinɔktsiá:l] 形 **1**〘天〙分点の, 昼夜平分時の. **2** 赤道〔近く〕の, 熱帯〔地方〕の. [*lat.*]

Äqui·nok·tiạl≈gẹ·gen·den 複 熱帯地方〈地域〉. **≈kreis** 男〘天〙昼夜平分圏. **≈punkt** 男〘天〙分点. **≈stür·me** 複 彼岸あらし.

Äqui·nọk·tium[..nɔ́ktsiʊm] 中 -s/..tien[..tsiən] (Tagundnachtgleiche)〘天〙分点, 昼夜平分時(春分点と秋分点の総称). [*lat.*; <*lat.* nox (→Nacht); ◇*engl.* equinox]

äqui·pol·lẹnt[ɛkvipɔlɛ́nt] 形〘哲〙(概念・命題などが)等値の. [*lat.*; <*lat.* pollēre „stark sein"]

Äqui·pol·lẹnz[..pɔlɛ́nts] 女 -/ 〘哲〙等値. [*mlat.*]

▽**Äqui·tät**[ɛkvitɛ́:t] 女 -/ 公平, 公正. [*lat.*]

äqui·va·lẹnt[ɛkvivalɛ́nt] **I** 形 (gleichwertig)(価値などが)同等の, 等価値の; 〘化〙当量の; 〘数〙同値の, 対等の; 等積の: ~*e* Konzentration〘化〙当量濃度.

II Äqui·va·lẹnt 中 -[e]s/-e (äquivalent なもの. 例えば:) 同等のもの, 等価物; 〘化〙〔化学〕当量; 〘数〙同値, 対等: chemisches ~ 化学当量. [*mlat.*]

Äqui·va·lẹnz[..lɛ́nts] 女 -/-en (äquivalent なもの. 例えば:) 同等, 等価; 同値, 対等. [*mlat.*]

Äqui·va·lẹnz≈prin·zip 中〘理〙(力の)等価原理. **≈punkt** 男〘化〙(容量分析での)当量点.

äqui·vọk[ɛkvivó:k] 形 あいまいな, はっきりしない; (語句などが)両意にとれる, 多義的な. [*spätlat.*; ◇vokal]

Äqui·vo·ka·tiọn[..vokatsió:n] 女 -/-en あいまいな表現; あいまいさ, 多義性. [*mlat.*]

ar..[1] →a..[1]

ar..[2] →ad..

..ạr[..a:r], **..ạ̈r**[..ɛ:r]《名詞につけて主に「人」を意味する男性名詞(-s/-e)をつくる》: Mission*ar* 宣教師 | Bibliothek*ar* 図書館員 | Pension*är* 年金生活者 | Million*är* 百万長者 | Reaktion*är* 反動的な人. [*lat.* 〔–*fr.*〕; ◇..er[1]]

Ar[1][a:r] 中 (男) –s/–e (単位: –/–) アール(面積単位: 100 m²; 記号 a): drei ～ 3アール. [*lat.* ārea „Fläche“–*fr.*; ◇Areal]

Ar[2][a:|ɛ́r, árgɔn] 記号 (Argon) 〘化〙アルゴン.

AR[a:|ɛ́r] 略 男 –/ =**Aufsichtsrat** 監査役会.

A̱ra[á:ra·] 男 –s/–s 〘鳥〙アーラ属(中南米産の尾の長いオウム. コンゴウインコなど). [*indian.*]

Ä̱ra[ɛ́:ra·] 女 –/Ären[ɛ́:rən] 《ふつう単数で》 **1** 時代, 年代, 時期; (年号の)紀元: eine neue ～ 新しい時代, 新紀元. **2** 〘地〙(分類上の)代. [*spätlat.*; <*lat.* aes „Erz“; ◇ehern, Ärar; *engl.* era]

Ara·be̱l·la[arabɛ́la·] 女名 アラベラ. [*span.*]

A̱ra·ber[á(:)rabər, ará:bər] 男 –s/– **1** (女 **A̱ra·be·rin**[..bərɪn])アラブ人, アラビア人. **2** アラブ種の馬, アラビア馬. [*arab.* „Wüstenbewohner“–*gr.*–*lat.*; ◇*engl.* Arab]

Ara·be̱s·ke[arabɛ́skə] 女 –/–n **1** 〘美〙アラベスク(曲線の交錯した唐草模様: →図); 〘楽〙アラベスク(装飾音の多い楽曲); 《比》飾りたてたもの. **2** 〘バレエ〙アラベスク(片足で立つ基本ポーズ). [*it.*–*fr.* arabesque; <*it.* arabo „arabisch“]

Arabeske

Ara·besque[..bɛ́sk] 女 –/–s =Arabeske 2

Ara̱·bi·en[ará:biən] 地名 アラビア(アジア大陸の南西端にある半島で, サウジアラビア・イエメンなどを含む): alle Wohlgerüche ～*s* (→Wohlgeruch). [*gr.*–*lat.*]

Ara·bi̱n[arabí:n] 中 –s/ 〘化〙アラビン(ゴムの一成分).

ara̱·bisch[ará:bɪʃ] 形 アラビア〔人・語〕の, アラブ〔族〕の: →deutsch | *Arabisches* Meer アラブ海 | ～*e* Ziffern アラビア数字 | die Vereinigten *Arabischen* Emirate アラブ首長国連邦 | die Vereinigte *Arabische* Republik (略 VAR) アラブ連合共和国 | Vereinigte *Arabische* Staaten アラブ諸国連合 | Föderation *Arabischer* Republiken アラブ共和国連邦(エジプト・シリア・リビアの3国で構成, 1971年に成立).

Ara·bi̱st[arabíst] 男 –en/–en アラビア学者, アラブ研究家, アラビア語学〈文学〉研究者.

Ara·bi̱·stik[..bístɪk] 女 –/ アラビア学, アラブ研究, アラビア語学〈文学〉研究.

ara·bi̱·stisch[..bístɪʃ] 形 アラビア学の, アラブ研究の.

Arach·ni̱·den[araxní:dən] 複 〘動〙クモ類. [<..id[1]]

Arach·ni̱·tis[..ní:tɪs] 女 –/..tiden[..nití:dən] 〘医〙くも膜炎. [<..itis]

Arach·no·i̱de[..noí:də] 女 –/–n 《ふつう複数で》〘動〙蜘形(ちゅけい)綱, クモ類. [<..oid]

Arach·no·i̱dea[..dea·] 女 –/ (Spinnwebenhaut) 〘解〙(脳の)くも膜.

Arach·no·lo̱·ge[araxnoló:gə] 男 –n/–n (→..loge) クモ類研究者. [<*gr.* aráchnē „Spinne“]

Arach·no·lo·gi̱e[..logí:] 女 –/ クモ類研究.

Ara·go·ni̱t[aragoní:t, ..nít] 男 –s/ 〘鉱〙あられ石. [<Aragon (スペイン北東の発見地名)+..it[2]]

Ara̱·lie[ará:liə] 女 –/–n 〘植〙アラリア(東南アジア原産のウド属の観葉植物).

der **A̱ral·see**[á:ra(:)l.., ará:l..] 地名 男 –s/ アラル海(Kasachstan と Usbekistan 両国にまたがる内陸塩湖で, 大きさは世界第4位).

aram. 略 =**aramäisch**

Ara·mä̱a[aramɛ́:a·] 地名 アラム(Syrien の古名). [arām „Hochland“–*gr.*]

Ara·mä̱·er[aramɛ́:ər] 男 –s/– アラム人(セム族に属する遊牧民族).

ara·mä̱·isch[..mɛ́:ɪʃ] 形 アラム〔人・語〕の: →deutsch

Aran·ci̱·ni[arantʃí:ni·] (**Aran·zi̱·ni**[..tsí:ni·]) 複 アランツィーニ(チョコレートをかけた砂糖づけのオレンジの皮). [*it.*; <*it.* arancia „Orange“ (◇Orange)]

Aräo·me·ter[arɛomé:tər] 中 (男) –s/– 〘理〙浮きばかり, 液体(ボーメ)比重計. [<*gr.* araiós „dünn“ (◇rar)]

Aräo·me·tri̱e[..metrí:] 女 –/ 液体比重測定.

Ära̱r[ɛrá:r] 中 –s/–e **1** 国有財産; 国庫; (国有財産の所有者としての)国家. **2** (Staatsarchiv) 公文書保管所, 国立文書館. [*lat.* aerārium; <*lat.* aes „Geld“ (◇Ära)]

Ara̱·ra[ará:ra·] 男 –s/–s =Ara

der **A̱ra·rat**[á(:)rarat] 地名 男 –〔s〕/ アララト(トルコにある死火山, ノアの箱舟の到着地との伝説がある). [*hebr.*]

ära̱·risch[ɛrá:rɪʃ] (**ära·ria̱l**[ɛrariá:l]) 形 国有〔財産〕の, 国庫の.

Ära̱·rium[ɛrá:riʊm] 中 –s/..rien[..riən] =Ärar

Arau·ka̱·rie[araʊká:riə] 女 –/–n 〘植〙ナンヨウスギ(南洋杉). [<Arauco (チリ南部の地方名)]

Ara̱z·zo[arátso·] 男 –s/..zzi[..tsi·] 〘織〙アラス織(美しい絵模様のある壁じゅうたん). [*it.*; <Arras (北フランスの原産地名); ◇*engl.* arras]

A̱r·be[árbə] 女 –/–n 《スイス》=Arve

A̱r·beit[árbaɪt] 女 –/–en **1** 《ふつう単数で》 **a**) 労働, 仕事, 作業; 課業, 勉強, 研究, 制作: eine anstrengende 〈harte〉 ～ きつい仕事 | eine leichte 〈langweilige〉 ～ やさしい〈退屈な〉仕事 | häusliche ～*en* 家事 | Hand*arbeit* 手仕事 | Schwer*arbeit* 重労働 | die ～ an *et.*[3] …の執筆〈制作〉 | ～ an der Rolle 〘劇〙役の造形 ‖ der Held der ～ (旧東ドイツで)労働英雄(すぐれた労働者に与えられる称号) | der Tag der ～ メーデー ‖ der ～[3] 〔gern〕 aus dem Weg gehen 働くのを嫌う | **von** *seiner* **Hände** ～[3] **leben** 自分自身が働いて生計をたてる ‖ die ～ einstellen ストライキをする | Er hat die ～ nicht erfunden. 《戯》彼は働くのが嫌いだ | **gründliche** 〈**ganze**〉 **～ leisten** 徹底的に仕事をする; 容赦のないやり方をする | 〔**nur**〕 **halbe ～ leisten** 〈**tun**〉 中途半端な仕事をする | Erst die ～, dann das Vergnügen. まず仕事 楽しみはそのあとだ ‖ Nun frisch **an** die ～! さあ元気に仕事にかかれ | an der ～ sein 仕事中である | an die ～ gehen 仕事にとりかかる | ***et.***[4] **in ～ geben** 〈**nehmen**〉 …を発注する〈…の注文を引き受ける〉 | **Nach getaner ～ ist gut ruhn.** 《諺》仕事をすませたあとの休息は快い | **vor ～** nicht mehr aus den Augen sehen können 山のような仕事をかかえている ‖ ***Arbeit* ist keine Schande.** / ***Arbeit* schändet nicht.** 《諺》労働は恥ならず.

b) 骨折り, 苦労: ein großes 〈schönes〉 Stück ～ 大変な骨折り | Das macht 〈verursacht〉 viel ～. それは大変骨が折れる.

c) 働き口, 勤め口, 職, 勤務: *jm.* ～ und Brot geben …に職を与える, …を雇う | Er hat keine ～. 彼は勤め口がない | ～ suchen 職をさがす ‖ **bei** ***jm.*** **in ～ sein** 〈**stehen**〉 …のところに勤めている, …に雇われている | Er ist bei einem Handwerksmeister **in** ～. 彼はある親方のところに奉公している | *jn.* in ～ nehmen …を雇う, …を(従弟などに)採用する | *jn.* in ～ bringen …を就職させる | wieder in ～ und Brot kommen 再び職にありつく | ohne ～ sein 失業中である | zur ～ gehen 仕事〈勤め〉に出かける.

2 (仕事の結果としての)産物, 製作物, 作品; 細工物; 著作; 業績, 論文: eine ～ aus Bronze ブロンズで作った作品 | eine bahnbrechende ～ 先駆的な仕事 | wissenschaftliche ～*en* 研究業績 | Elfenbein*arbeit* 象牙(ぞうげ)細工 | Silber*arbeit* 銀細工 ‖ eine ～ schreiben (学校で)答案〈レポート〉を書く | eine ～ veröffentlichen 仕事の成果を発表する.

3 《単数で》(機関・機械などの)活動, 働き, 作用: die ～ des Windes 風のなせるわざ; 風化作用 | Der Vulkan ist in voller ～. 火山は目下さかんに活動している. [*germ.* „Mühsal“; ◇Erbe]

a̱r·bei·ten[árbaɪtən] 《01》 **I** 自 (h) **1** (肉体的・精神的に)働く, 仕事をする; 勤めている; 研究する; 〘劇〙演じる: fleißig ～ 熱心に働く〈勉強する〉 | tüchtig ～ よく働く; よい仕事をする | für zwei ～ 二人分の働きをする | wie ein Pferd 〈wie ein Kuli〉 ～ (→Pferd 1, →Kuli[1]) | ～ gehen 仕事に行く | Er ist ～ 〔gegangen〕. 《話》彼は仕事に

行った(→sein[1] I 1 f) ‖ Wer nicht *arbeitet*, soll auch nicht essen. 《諺》働かざる者は食うべからず | Am Sonntag wird nicht *gearbeitet*. 日曜は仕事が休みである ‖ **an** *et.*[3] ~ …に従事する | an einem Roman ~ 小説を執筆中である | am Schreibtisch ~ 机に向かって仕事中である | an *sich*[3] selbst ~ 向上を目ざして努力する, 修養する | **bei** 〈**in**〉 einer Firma ~ 会社に勤めている | Bei welchem Schneider lassen Sie ~? あなたの服はどの仕立屋で作らせますか | *jm.* in die Hände ~ (知らずに)…の手助けをする | **über** einen Dichter ~ ある詩人について研究する ‖〘結果を示す語句と〙ein Pferd zu Tode ~ 馬を酷使して死なせる | Ich habe mir die Hände wund *gearbeitet*. 私は働きすぎて両手を痛めた(まめができた) ‖ 再帰 *sich*[4] müde ~ 働き疲れる ‖ 再帰・非人称 Bei dieser Hitze *arbeitet* es sich schlecht. こんなに暑くては仕事がしにくい ‖ die *arbeitende* Klasse 労働〔者〕階級.

2 (機械・器官などが)活動している, 作動〈作用〉中である; (酵母などが)発酵している; (金が)利子を生む: Die Maschine *arbeitet* vollautomatisch. この機械は完全自動だ | Das Herz *arbeitet* normal. 心臓は正常に働いている | Holz *arbeitet*. 板〈木材〉がそりかえる(変質して) | Ein Schiff *arbeitet*. 船が波浪に逆らって進む ‖ 非人称 Man sah seinem Gesicht an, wie es in ihm *arbeitet*. 顔つきで彼の心の動きが読みとれた ‖ mit *arbeitender* Brust 胸を激しく上下させながら.

II 他 (h) **1** (anfertigen) (ものを)作る, 調製する: Ich lasse mir einen Anzug ~. 私は背広を作らせる | Das Wörterbuch ist gut *gearbeitet*. この辞書はよくできている. **2** 再帰 *sich*[4] durch den Schlamm ~ ぬかるみの中を苦労して進む.

Ạr·bei·ter[árbaɪtər] 男 -s/- (⊛ **Ạr·bei·te·rin** → 別出) 働く〈仕事をする〉人; 労働者, 労務者: ein schneller 〈langsamer〉 ~ 仕事の早い〈遅い〉人 | ein gewissenhafter ~ 良心的な仕事をする人 ‖ ein gelernter 〈ungelernter〉 ~ 熟練〈未熟練〉労働者 | organisierte ~ 組織労働者 | Saison*arbeiter* 季節労働者 | Straßen*arbeiter* 道路作業員 ‖ Er ist ein guter 〈langsamer〉 ~. 彼は仕事がよくできる〈遅い〉.

Ạr·bei·ter≈ạmei·se 女〘虫〙ハタラキアリ(働き蟻). **≈ari·sto·kra·tie** 女 労働貴族階級. **≈aus·stand** 男 (労働者の)就業拒否, ストライキ. **≈bau·er** 男 -n(-s)/-n 農業を兼業する労働者. **≈be·völ·ke·rung** 女 労働者人口. **≈be·wẹ·gung** 女 -/ 労働運動. **≈bie·ne** 女〘虫〙ハタラキバチ(働き蜂). **≈bil·dung** 女 -/ (地位向上のための)労働者教育. **≈dich·ter** 男 労働者詩人. **≈dich·tung** 女 労働者文学. **≈fạhr·kar·te** 女 通勤用割引〔往復〕乗車券. **≈fa·mị·lie**[..liə] 女 労働者の家族: Er ist aus einer ~. 彼は労働者階級出身だ. **≈fo·rel·le** 女《戯》(Hering) ニシン(鰊). **≈frạ·ge** 女 -/ 労働〔者〕問題. **≈ge·werk·schaft** 女 (主として現場労働者からなる)労働組合.

Ạr·bei·te·rin[árbaɪtərɪn] 女 -/-nen **1** (Arbeiter の女性形. 例えば:) 女性労働者〈労務者〉, 女性従業員, 女子工員. **2**〘虫〙職虫(ハタラキアリ・ハタラキバチなど).

Ạr·bei·ter≈klas·se[árbaɪtər..] 女 -/労働〔者〕階級. **≈kol·lek·tịv** 中 (旧東ドイツで, 共同作業をする)労働者グループ. **≈ko·lo·nie** 女 労働者集落〈団地〉. **≈kon·trol·le** 女 (旧東ドイツで)労働者による管理〈監督〉. **≈man·gel** 男 労働力不足. **≈par·tei** 女 労働〔者〕党. **≈pfar·rer** 男 (みずからも労働者の一員として働く新教の)労働者牧師. **≈prie·ster** 男 (みずからも労働者の一員として働くカトリックの)労働者司祭. **≈rạt** 男 -〔e〕s/..räte (社会主義国の)労働者評議会; (資本主義国の)労使協議会. **≈rück·fạhr·kar·te** 女 通勤用割引往復乗車券.

Ạr·bei·ter·schaft[árbaɪtərʃaft] 女 -/《集合的に》労働者, 労働者階級〈集団〉.

Ạr·bei·ter≈schutz[árbaɪtər..] 男 (法律による)労働者保護. **≈sied·lung** 女 労働者集落〈団地〉. **≈stand** 男 労働者階級. **≈stu·dent** 男 (旧東ドイツで)労働者出身の学生.

Ạr·bei·ter-und-Baụ·ern≈-Fa·kul·tät 女 (⊛ ABF) (旧東ドイツで, 労働者・農民に大学進学資格を授ける3年制の)労農学部(1949–64). **≈-In·spek·tion** 女 -/ (⊛ ABI) (旧東ドイツの)労働者農民監査局(1963年設置).

Ạr·bei·ter-und-Sol·dạ·ten·rat 男 -〔e〕s/..räte ソビエト(旧ソ連邦の政治的基礎組織としての労兵評議会); 〘史〙労兵会(ドイツで1918年11月革命のとき成立し1919年1月に消滅した左翼組織).

Ạr·bei·ter-Ụn·fall·ver·si·che·rungs·ge·setz 中 労働災害保険法.

Ạr·bei·ter≈ver·ein 男 労働者協会〈ユニオン〉. **≈ver·trẹ·ter** 男 労働者〈従業員〉の代表者, 労働組合代表. **≈vier·tel**[..fɪrtəl] 中 労働者居住地区. **≈wo·chen·kar·te** 女 (1週間通用の)通勤用定期〈回数〉乗車券. **≈wọhl·fahrt** 女 -/ 労働者福祉〔事業〕. **≈wọh·nung** 女 労働者住宅. **≈zug** 男 通勤列車.

Ạr·beit·ge·ber[árbaɪt..] 男 (↔Arbeitnehmer) 雇用〈使用〉者, 雇い主; 経営者; 企業体: der Anteil des ~*s* an der Sozialversicherung 社会保険の雇用者側負担分.

Ạr·beit·gẹ·ber·ver·band 男 雇用〈経営〉者団体.

Ạr·beit·nẹh·mer 男 (↔Arbeitgeber) 被雇用者, 従業員, 労働者.

Ạr·beit·nẹh·mer·ver·band 男 従業員組合.

ạr·beit·sam[árbaɪtza:m] 形 **1**《雅》よく働く, 労働意欲のある, 勤勉な. **2** 仕事の多い, 多忙な.

Ạr·beits·ạmei·se[árbaɪts..] =Arbeiterameise

Ạr·beit·sam·keit[árbaɪtza:mkaɪt] 女 -/ arbeitsam なこと.

Ạr·beits≈amt 中 職業安定所. **≈an·fall** 男 -〔e〕s/ たまった〈山積した〉仕事; 仕事の量. **≈an·ge·bot** 中 仕事の提供, 求人. **≈an·stalt** 女 =Arbeitshaus **≈an·zug** 男 作業服, 仕事着. **≈auf·wand** 男 作業コスト. **≈aus·fall** 男 (事故などによる)作業休止〔時間〕. **≈aus·schuß** 男 (権限を与えられて特定の問題を扱う)特別〈専門〉委員会. **≈be·din·gun·gen** 複 **1** 労働〈就労〉条件; 作業環境. **2**〘工〙作動条件. **≈be·reich** 男 =Arbeitsgebiet **≈be·richt** 男 作業〈研究〉報告. **≈be·schaf·fung** 女 (失業者に対する)仕事の確保.

Ạr·beits·be·schaf·fungs·pro·gramm 中 失業者雇用計画.

Ạr·beits≈be·schei·ni·gung 女 (労働条件に関する)雇用〈就労〉証明書. **≈be·sụch** 男〘政〙協議〈交渉〉のための訪問, 実務訪問. **≈be·wẹ·gung** 女〘体育〙作業運動. **≈be·wußt·sein** 中 労働意識: ein hohes ~ haben 労働意識が高い. **≈bie·ne** 女 **1** =Arbeiterbiene **2**《比》働き者. **≈bo·gen** 男〘服飾〙型紙. **≈bri·gạ·de** 女 (旧東ドイツの国営企業の)作業班〈グループ〉. **≈bụch** 中 **1** (技能証明などが記録された)労働手帳; (旧東ドイツで)就労証明書, 労働者手帳. **2** (仕事の)指導〈手引〉書, 規準書; (仕事の)工程表. **≈büh·ne** 女 (工場などの)作業壇. **≈dienst** 男 **1** 労働〈勤労〉奉仕;〘軍〙(懲罰的な)使役. **2** (ナチ時代などの)勤労奉仕隊〈制度〉. **≈di·rek·tor** 男 労務部長. **≈dis·zi·plịn** 女 労働〈作業〉規律. **≈ei·fer** 男 労働意欲. **≈ein·heit** 女 作業量単位. **≈ein·kom·men** 中 労働〈勤労〉所得. **≈ein·satz** 男 労働〈従業員〉配置; 労働力の投入. **≈ein·stel·lung** 女 **1** 作業〈操業〉停止, 罷業, ストライキ. **2** 労働に対する考え方, 労働意識. **≈er·laub·nis** 女 就業許可. **≈er·leich·te·rung** 女 労働〈作業〉負担の軽減. **≈es·sen** 中 (政治家・企業家などの)協議〈交渉〉のための会食. **≈ẹthos** 中 労働倫理.

ạr·beits·fä·hig[árbaɪts..] 形 労働〈作業〉能力のある.

Ạr·beits·fä·hig·keit 女 -/ arbeitsfähig なこと.

Ạr·beits·feld 中 =Arbeitsgebiet

ạr·beits·frei 形 (休業などで)仕事のない, (職場が)休みの.

Ạr·beits·freu·de 女 労働の喜び〈楽しさ〉.

ạr·beits·freu·dig 形 労働意欲のある.

Ạr·beits≈frie·de〔n〕[árbaɪts..] 男 **1**〘経〙労使休戦. **2** (病気などによる)休業, 欠勤. **≈front** 女 -/ Deutsche ~ (⊛ DAF)〘史〙ドイツ労働戦線(ナチの組織した労働団体). **≈früh·stück** 中 (政治家・企業家などの)協議〈交

渉〉のための朝食会. ⸗**gang** 男 作業過程〈工程〉. ⸗**ge·biet** 中 仕事の領域, 活動分野. ⸗**ge·mein·schaft** 女 **1** (特に教育・学術研究の) 作業共同体, 研究チーム. **2** 労働共同体(例えば1918年にドイツの資本家団体と労働組合の間につくられた協力組織). ⸗**ge·neh·mi·gung** 女 =Arbeitserlaubnis ⸗**ge·nos·se** 男 =Arbeitskollege ⸗**ge·richt** 中 労働裁判所. ⸗**ge·richts·bar·keit** 女 〚法〛労働裁判権. ⸗**grup·pe** 女 作業グループ, 作業班; 研究チーム. ⸗**haus** 中 矯正施設. ⸗**ho·se** 女 作業ズボン. ⸗**hub** 男 〚工〛(エンジンなどの) 作動工程. ⸗**hy·gie·ne** 女 労働衛生(労災防止・職業病予防措置など). ⸗**ka·me·rad** 男 = Arbeitskollege ⸗**kampf** 男 労働争議. ⸗**kit·tel** 男 (上に羽織る) 仕事着. ⸗**klei·dung** 女 《集合的に》作業衣. ⸗**kli·ma** 中 -s/ 労働〈職場〉の環境: Hier herrscht ein gutes ～. ここは仕事の環境がよい〈働きやすい〉. ⸗**kol·le·ge** 男 仕事仲間. ⸗**kom·man·do** 中 (特定の仕事を担当する) 作業班. ⸗**ko·sten** 複 労務〈人件〉費. ⸗**kraft** 女 **1** 《単数で》労働〈作業〉能力. **2** (人的資源としての) 労働力: Mangel an *Arbeitskräften* 労働力の不足. ⸗**kreis** 男 **1** = Arbeitsgemeinschaft 1 **2** =Arbeitsgebiet ⸗**kur·ve** 女 〚心〛作業曲線. ⸗**la·ger** 中 強制労働のための収容所. ⸗**last** 女 労働〈作業〉負担. ⸗**le·ben** 中 **1** 労働生活(日常生活のうち仕事にあてられる部分). **2** 労働人生(人間の一生のうち社会人として仕事をしていた時期). ⸗**lei·stung** 女 **1** (一定時間内になされる) 仕事〔の量〕; (仕事の) ノルマ, 労務給付. **2 a)** 労働能率. **b)** 〚工〛出力. ⸗**len·kung** 女 (労働力の投入・配置などについての, 行政による) 労働指導. ⸗**leu·te** Arbeitsmann の複数. ⸗**licht** 中 -〔e〕s/ 〚劇〛地(じ)あかり(舞台照明ではなく作業できる普通のあかり). ⸗**lohn** 男 労働賃金, 労賃, 給料.

ar·beits·los[árbaɪtsloːs][1] **I** 形 **1** 仕事のない, 無職の, 失業している: ～ werden 職を失う, 失業する. **2** 労働と関係のない, 不労の: ein ～*es* Einkommen 不労所得. **II Ar·beits·lo·se** 男 女 《形容詞変化》職のない人, 失業者.

Ar·beits·lo·sen⸗für·sor·ge 女 = Arbeitslosenhilfe ⸗**geld** 中 失業保険金. ⸗**heer** 中 失業者の大群. ⸗**hil·fe** 女 -/ **1** 失業救済〔事業〕. **2** (失業保険金無資格者への) 失業手当〔金〕, 失業救済金. ⸗**quo·te** 女, ⸗**ra·te** 女 失業率. ⸗**un·ter·stüt·zung** 女 =Arbeitslosengeld ⸗**ver·si·che·rung** 女 -/ 失業保険.

Ar·beits·lo·sig·keit[árbaɪtsloːzɪçkaɪt] 女 -/ 無職, 失業.

Ar·beits·lust[árbaɪts..] 女 -/ 労働意欲.

ar·beits·lu·stig 形 労働意欲のある.

ᐁ**Ar·beits·mann** 男 -〔e〕s/..leute, ..männer 労働者, 労務者.

Ar·beits⸗markt 男 〚経〛労働市場(労働力の需給関係). ⸗**ma·schi·ne** 女 (原動機・伝動装置に対する) 作業機械; 《比》機械的な仕事をする人. ⸗**ma·te·rial** 中 **1** 仕事〈工事〉の材料. **2** 研究〈調査〉の資料. ⸗**me·di·zin** 女 労働医学. ⸗**mensch** 男 働いてばかりいる人間; 働き者. ⸗**me·tho·de** 女 作業方法. ⸗**mi·ni·ster** 男 労働大臣. ⸗**mi·ni·ste·rium** 中 労働省. ⸗**mit·tel** 中 = Arbeitsmaterial ⸗**mo·ral** 女 労働の倫理〈モラル〉, 職業意識. ⸗**nach·weis** 男 **1** 職業紹介. **2** 職業紹介所. ⸗**neu·ro·se** 女 〚医〛労働神経症〈ノイローゼ〉. ⸗**nie·der·le·gung** 女 =Arbeitseinstellung 1 ⸗**norm** 女 **1** 労働基準量. **2** (略 AN) (旧東ドイツで) (仕事の) ノルマ. ⸗**ord·nung** 女 作業〈就業〉規則. ⸗**pa·pier** 中 -s/-e **1** (政策・仕事・研究などの) 〔指針〕報告書. **2** 《複数で》就業〈職歴〉証明書. ⸗**pau·se** 女 (作業の) 中休み, 休憩時間. ⸗**pen·sum** 中 課せられた仕事, (仕事の) ノルマ. ⸗**pferd** 中 (労役用の) 労働〈作業〉馬; 《話》馬車うまのように働く人. ⸗**pflicht** 女 (市民としての) 働く義務, 労働義務. ⸗**phy·sio·lo·gie** 女 労働生理〔学〕. ⸗**plan** 男 労働計画, 作業〈研究〉計画. ⸗**platz** 男 作業場, 仕事場; 労働〈作業〉部署, 職場: ein freier ～ 欠員の部署 | *seinen* ～ verlieren 職場を失う, 失業する. ⸗**pro·be** 女 作業〔成績〕検査. ⸗**pro·duk·ti·vi·tät** 女 労働生産性. ⸗**pro·gramm** 中 作業〈研究〉プログラム. ⸗**pro·zeß** 男 労働過程, 作業工程. ⸗**psy·cho·lo·gie** 女 労働心理〔学〕. ᐁ⸗**pult** 中 勉強机; 作業台. ⸗**raum** 男 仕事部屋, 作業室. ⸗**recht** 中 -〔e〕s/ 〚法〛労働法.

Ar·beits·recht·ler[..lər] 男 -s/- 労働法の専門家.

ar·beits·recht·lich[..lɪç] 形 労働法〔上〕の.

ar·beits·reich 形 《雅》仕事の多い: ～*e* Jahre 仕事に明け暮れた歳月.

Ar·beits⸗re·ser·ve[árbaɪts..] 女 -/-n 《ふつう複数で》〚経〛労働予備軍. ⸗**rhyth·mus** 男 労働リズム, 作業のリズム. ⸗**rich·ter** 男 労働裁判官. ⸗**sa·che** 女 -/-n **1** 《複数で》**a)** 作業衣, 仕事着. **b)** (仕事の) 道具, 工具. **2** 〚法〛労働関係訴訟事件.

ar·beits·scheu 形 働くことを恐れる, 労働嫌いの: ein *Arbeitsscheuer* 仕事嫌い〔の男〕.

Ar·beits⸗scheu 女 働くことに対する恐れ, 労働をいやがる気持. ⸗**schicht** 女 (交代制労働の) 就労時間; 就労班; 〚坑〛作業方. ⸗**schu·le** 女 (授業と作業を結合した) 実習学校. ⸗**schutz** 男 (法律による) 労働保護〔対策〕, 労災防止.

Ar·beits·schutz·ge·setz 中 〚法〛労災防止法.

Ar·beits⸗skla·ve 男 労働用の奴隷; 《軽蔑的に》労働奴隷(奴隷のように働く人), 仕事の奴隷. ⸗**so·zio·lo·gie** 女 労働社会学. ⸗**sta·ti·stik** 女 労働統計. ⸗**stät·te** 女 =Arbeitsplatz ⸗**stel·le** 女 **1** =Arbeitsplatz **2** (大規模なプロジェクトの一部を分担する) 支部, 作業〈研究〉グループ. ⸗**streckung** 女 操業短縮. ⸗**strei·tig·keit** 女 労働争議. ⸗**strom** 男 (↔Ruhestrom) 〚電〛入力電流, 使用電流. ⸗**stu·fe** 女 作業階梯(かいてい)〈段階〉. ⸗**stun·de** 女 労働時間. ⸗**su·che** = Arbeitsuche ⸗**su·chen·de** =Arbeitsuchende

Ar·beits·sucht 女 ワークホリック, 仕事〈働き〉中毒.

ar·beits·süch·tig 形 ワークホリックの, 仕事〈働き〉中毒の.

Ar·beits⸗tag 男 **1** 仕事日, 就業日, 平日. **2** 一日の労働〈就業〉時間: der achtstündige ～ 8時間労働. ⸗**ta·gung** 女 作業〔計画〕会議; 研究会. ⸗**takt** 男 〚工〛(ピストンなどの) 工程. ⸗**team**[..tiːm] 中 作業〈研究〉チーム.

ar·beits·tei·lig 形 分業による.

Ar·beits⸗tei·lung[árbaɪts..] 女 分業. ⸗**tem·po** 中 作業の速さ, 仕事のテンポ. ⸗**the·ra·pie** 女 〚医〛作業療法. ⸗**tier** 中 役畜; 《軽蔑的に》働くことしか知らない人, 仕事きちがい. ⸗**tisch** 男 仕事机; 作業台. ⸗**ti·tel** 男 (書物・作品などの正式の題名が決まるまでの) 仮題. ⸗**tref·fen** 中 (政治家・企業家などの) 協議〈交渉〉のための会合.

Ar·beit⸗su·che[árbaɪt..] 女 仕事さがし, 求職: auf ～ sein 職を求めている. ⸗**su·chen·de** 男 女 《形容詞変化》求職者.

ar·beits·un·fä·hig[árbaɪts..] 形 労働〈仕事〉のできない, 労働不能の.

Ar·beits⸗un·fä·hig·keit 女 -/ arbeitsunfähig なこと. ⸗**un·fall** 男 労働災害, 労災. ⸗**un·ter·richt** 男 Arbeitsschule での授業. ⸗**ver·fah·ren** 中 作業方法, 仕事の手順. ⸗**ver·fas·sung** 女 労働憲章. ⸗**ver·hält·nis** 中 -ses/-se **1** 雇用〈労使〉関係: in einem ～ stehen 雇われている. **2** 《複数で》労働条件〈環境〉. ⸗**ver·mitt·lung** 女 職業紹介.

Ar·beits·ver·mitt·lungs·bü·ro 中 職業紹介所.

Ar·beits⸗ver·pflich·tung 女 労働の義務; 徴用に服する義務. ⸗**ver·trag** 男 労働〈雇用〉契約. ⸗**ver·wal·tung** 女 労務管理. ⸗**ver·wei·ge·rung** 女 労働〈就業〉拒否. ⸗**vi·sum** 中 (旅券の) 労働査証〈ビザ〉. ⸗**vor·be·rei·tung** 女 -/-en **1** 《ふつう複数で》仕事の〔ための〕準備: ～*en* treffen 仕事の準備をする. **2** 《単数で》〚経〛作業工程の立案. ⸗**vor·gang** 男 作業過程〈工程〉. ⸗**wa·gen** 男 〚鉄道〛工事用車. ⸗**weg** 男 通勤の道のり: einen ～ von 2 Stunden haben 通勤に2時間かかる. ⸗**wei·se** 女 **1** 作業方法, 仕事のやり方. **2** (機械・装置などの) 機能〈作動〉の仕方. ⸗**wil·le** 男 働く意志, 労働意欲.

ar·beits·wil·lig[árbaɪts..] 形 働く意志〈労働意欲〉のある, 仕事好きな: ein *Arbeitswilliger* 労働希望者; ストライキ不参加労働者.

Ạr·beits≠wis·sen·schaft 女 労働科学. ≠**wo·che** 女 労働週日(月－金・土曜日の総称). ≠**wụt** 女 強烈な〈過度の〉労働意欲. ≠**zeit** 女 **1** 労働〈就労・勤務〉時間, 作業時間: gleitende ～ フレックス=タイム, 変動労働時間制(一定の時間帯の範囲内で労働者自身が労働の始期と終期を自由に決定できる制度). **2** 〘電〙 動作時間.

Ạr·beits·zeit·ver·kür·zung 女 労働時間短縮.

Ạr·beits≠zeug 中 -〔e〕s/ 《話》 **1** =Arbeitskleidung **2** (仕事の)道具. ≠**zeug·nis** 中 (雇用者の発行する)勤務履歴〈証明〉書. ≠**zim·mer** 中 仕事部屋(書斎・画室など). ≠**zug** 男 〘鉄道〙 工事列車.

▽**Ạr·bi·ter**[árbitər] 男 -s/- (Schiedsrichter) (古代ローマの)裁決者; (一般に)仲裁裁判官. [*lat.*]

Ar·bi·trạ·ge[arbitrá:ʒə; ｵｰｽﾄﾘｱ: ..trá:ʒ] 女 -/-n[..ʒən] **1** 仲裁裁判; 調停, 裁定. **2** 〘商〙 鞘(さや)取り売買〔行為〕. [*fr.*; ＜..age]

ar·bi·trär[..trɛ́:r] 形 個人の自由裁量に任された, 随意の; 恣意(しい)的な, 勝手気ままな; 〘数〙 任意の: eine ～*e* Größe 〘数〙 任意の量. [*lat.*－*fr.*]

Ar·bi·tra·ri·tät[..traritɛ́:t] 女 -/ arbiträr なこと.

Ar·bị·trium[arbí:trium] 中 -s/..tria[..tria] **1** (Schiedsspruch) 仲裁裁定. **2** 自由裁量. [*lat.*]

Ar·bo·rẹ·tum[arboré:tum] 中 -s/..ten[..tən] (Baumschule) (研究用の)樹木園; 養樹園. [*lat.*; ＜*lat.* arbor „Baum"]

Ar·bụ·se[arbú:zə] 女 -/-n (Wassermelone) 〘植〙 スイカ(西瓜). [*pers.*－*russ.*]

arc[árkus] 記号 (Arkus) 〘数〙 弧.

arch.. →archi..

Ar·chạ·ik[arçá:ɪk] 女 -/ 〘美〙 アルカイック様式(→archaisch 3). [*gr.* archāikós „altertümlich"]

Ar·chại·ker[arçá:ikər] 男 -s/- =Archaist

Ar·chại·kum[..kum] (**Ar·chäi·kum**[arçɛ́:i..]) 中 -s/ 〘地〙 始生代.

ar·chạ·isch[arçá:ɪʃ] 形 **1** 古代〈太古〉の, 原始〈先史〉時代の: der ～*e* Mensch 古代人. **2** (altertümlich) 古風な, 古めかしい: *sich*⁴ ～ ausdrücken 古めかしい表現〈言葉づかい〉をする. **3** 〘美〙 アルカイック(紀元前5世紀以前のギリシアの絵画・彫刻の形式)の: die ～*e* Plastik アルカイック彫刻 | das ～*e* Lächeln アルカイック=スマイル(当時の彫刻に特有の古拙な微笑). **4** 〘心〙 (発展段階の)初期の, 未発達の.

ar·chä̤·isch[arçɛ́:ɪʃ] 形 〘地〙 始生代の. [*gr.* archaĩos „anfänglich"; ＜*gr.* archḗ (→archäo..)]

ar·chai·sị̈e·ren[arçaizí:rən] **I** 他 (h) (わざと)古風にする, 擬古調にする. **II** 自 (h) 古風な表現(擬古調)を用いる: die *archaisierende* Sprache (文学作品などの)擬古調の言葉.

Ar·cha·ịs·mus[arçaísmus] 男 -/..men[..mən] **1** (言語・美術における)古風な表現〈形式・スタイル〉. **2** 《単数で》 擬古主義; (アルカイック美術への復帰を目ざす)アルカイズム.

Ar·cha·ịst[..çaíst] 男 -en/-en 擬古主義者, アルカイズムの信奉者.

ar·chai·stisch[..çaístɪʃ] 形 Archaismus の〈による・に関する〉.

Ar·chạn·gelsk[arçáŋəlsk, ..ŋgɛl..] 地名 アルハンゲリスク(ロシア連邦北西部の港湾都市). [*russ.*; ◇archi.., Angelus]

archäo.. 《名詞・形容詞などにつけて「古・古代」などを意味する》 [＜*gr.* archḗ „Anfang"; ◇archi..]

Ar·chäo·lọ·ge[arçɛoló:gə] 男 -n/-n (→..loge) 考古学者. [*gr.*]

Ar·chäo·lo·gịe[..logí:] 女 -/ 考古学.

ar·chäo·lọ·gisch[..ló:gɪʃ] 形 考古学〔上の〕.

Ar·chäọ·pte·ryx[arçɛɔ́pterʏks] 女 (男) -/-e, ..ryges[..çeɔpté:ryge:s, ..çɛop..] (Urvogel) 〘古生物〙 始祖鳥. [＜*gr.* ptéryx „Flügel" (◇Feder)]

Ar·chäo·zọi·kum[arçɛotsó:ikum] 中 -s/ 〘地〙 太古代 (Archaikum と Algonkium を包括する). [＜*gr.* zōḗ (→Zoe)]

Ạr·che[árçə] 女 -/- **1** die ～ 〔Noah〕 ノアの箱舟(聖書: 創6-9); 《比》 避難所, 安全な隠れ場所 | noch aus der ～ Noah stammen 《比》 ものすごく古い | wie der Esel in der ～ schreien 《比》 みんなに聞こえるような大声を出す. **2** 《話》 箱型の船; (古風な)大型の乗り物. **3 a)** (Schrein) 箱, 櫃(ひつ). **b)** (Bundeslade) 契約の聖櫃. **4** 《方》 (箱状のもの. 例えば:) たんす. [*lat.* arca „Verschluß"－*ahd.*; ◇Arkanum; *engl.* ark]

Ar·che·gọ·nium[arçegó:nium] 中 -s/..nien[..niən] 〘植〙 (コケ・シダ類の)造卵器, 蔵卵器. [＜*gr.* archégonos „uranfänglich" (◇archäo.., Gonade)]

Ạr·chen·mu·schel[árçən..] 女 〘貝〙 フネガイ.

Ạr·che·typ[arçetý:p, ⌣⌣－] 男 -s/-en **1** (Urbild) 〘哲〙 原型; 〘生〙 原型. **2** 〘心〙 (Jung の心理学の)元型, 太古(たい)型, 古態型. **3** (一般に)模範, 手本, 典型. **4** (写本の)原本; (模写・複製などの)原物, オリジナル. [*gr.* arché-typon „Urbild"－*lat.*; ◇archäo..]

ar·che·ty̤·pisch[..pɪʃ, ⌣⌣－⌣] 形 **1** Archetyp の. **2** 模範的な, 典型的な.

Ar·che·ty̤·pus[arçetý:pus] 男 -/..pen[..pən] = Archetyp

archi.. 《名詞などにつけて「第一の・主たる・最高の」などを意味する. 母音の前で arch.. となることもある》 *Archi*episkopus 大司教; 大主教 | *Arch*anthropinen 〘人類〙 原人. [*gr.*－*lat.*; ◇archäo.., ..archie, erz..]

Ạr·chi·bald[árçibalt] 男名 (＜Erkenbald) アルヒバルト.

Ar·chi·dia·kọn[arçidiakó:n] 男 -s/-e; -en/-en 〘カトリック〙 助祭長; 〘新教〙 大執事; 教区長補佐.

Ar·chi·dia·ko·nạt[..koná:t] 中 男 -〔e〕s/-e **1** Archidiakon の職. **2** Archidiakon の住宅〈宿舎・教区〉. **3** =Kirchspiel

..archie[..arçi:] 《「支配・統治」などを意味する女性名詞 (-/-n) をつくる》: Olig*archie* 寡頭政治 | An*archie* 無政府状態. [＜*gr.* archós „Führer"; ◇archi..]

Ar·chi·go·nịe[arçigoní:] 女 -/ (↔Tokogonie) 〘生〙 自然〈偶然〉発生.

Ar·chi·man·drịt[..mandrí:t] 男 -en/-en 〘東方正教会〙 **1** 大修道院長, 掌院. **2** 修道士の名誉称号. [*spätgr.*－*mlat.*]

Ar·chi·mẹ·des[arçimé:dɛs] 人名 アルキメデス(前287-212; ギリシアの数学者). [*gr.*－*lat.*]

ar·chi·mẹ·disch[..dɪʃ] 形 アルキメデスの: das ～*e* Axiom 〘数〙 アルキメデスの公理 | das *Archimedische* Prinzip 〘理〙 アルキメデスの原理.

Ar·chi·pẹl[arçipé:l] 男 -s/-e **1** (Inselmeer) 多島海(特にギリシアと小アジアの中間にあるエーゲ海). **2** (Inselgruppe) 群島: der Malaiische ～ マライ諸島. [*it.*; ＜*gr.* pélagos „Meer"; ◇*engl.* archipelago]

Ar·chi·tẹkt[arçitékt] 男 -en/-en (⊛ **Ar·chi·tẹk·tin**[..tɪn]-/-nen) **1** 建築家, 建築技師. **2** 《比》 (一般に)立案者, 考案者. [*gr.* archi-téktōn „Ober-zimmerer"－*lat.*]

Ar·chi·tẹk·ten≠bü·ro 中 建築事務所. ≠**wett·be·werb** 男 建築〔設計〕コンクール.

Ar·chi·tek·tọ·nik[arçitɛktó:nɪk] 女 -/-en **1** 《単数で》: 建築学〈術〉. **2 a)** 建築様式. **b)** (一般に)構造; (文学・音楽作品などの)構成: die ～ des menschlichen Körpers 人体の構造.

ar·chi·tek·tọ·nisch[..nɪʃ] 形 **1** 建築学〈術〉〔上〕の; 建築様式〔上〕の. **2** 構造〈構成〉〔上〕の: die ～*e* Schönheit 建築美; 構成美. [*gr.*－*spätlat.*]

Ar·chi·tek·tụr[..tú:r] 女 -/-en **1** 《単数で》 建築, 建築学〈術〉: ～ studieren 大学で建築学を学ぶ. **2 a)** 建築様式. **b)** 構造, 構成. **3 a)** 《単数で》《集合的に》 建築物. **b)** (個々の)建築物. [*lat.*; ◇..ur]

ar·chi·tek·tu·rạl[..turá:l] 《スイス》 =architektonisch

Ar·chi·tek·tụr≠bü·ro 中 建築事務所. ≠**mo·dell** 中 建築〔設計〕模型.

Ar·chi·trạv[arçitrá:f][1] 男 -s/-e **1** (Epistyl) 〘美〙 アーキトレーブ(古典建築様式で柱の上に水平に架された角材: → 図 Tempel). **2** 〘建〙 **a)** 台輪. **b)** 額縁(窓・戸口の回りの化粧材). [*it.*; ＜*lat.* trabs „Balken"]

A

Ar·chiv[arçí:f][1] 中 -s/-e **1 a)** (保管されている)公文書〈古文書〉集, 史料集, 記録集: ein ～ anlegen 文書〈記録・史料〉を収集保管する. **b)** 公文書館, 文書〈記録・史料〉保管所, 文庫: Geheim*archiv* 機密書類文庫 | Film*archiv* フィルム=ライブラリー. **2** (学術雑誌の題名として)論叢(ろんそう). [*gr.* archeĩon „Regierungsgebäude"–*spätlat.*; ◇archi..]

Ar·chi·va·li·en[arçivá:liən] 複 (Archiv に保管された)文書, 記録, 史料.

ar·chi·va·lisch[..vá:lɪʃ] 形 **1** 文書の, 文書〈記録〉による〈にある〉. **2** 文書〈記録・史料〉保管所の, 文庫の.

Ar·chi·var[..vá:r] 男 -s/-e 文書係, 文書〈記録・史料〉保管人.

ar·chi·vie·ren[..ví:rən] 他 (h) 文書〈記録・史料〉保管所に納める.

Ar·chi·vol·te[arçivɔ́ltə] 女 -/-n 《建》アーキボルト, 飾り迫縁(せりぶち)(円形アーチの前面の装飾用枠: → 図 Bogen). [*it.*; < *lat.* volūtus (→Volute)]

Ar·chon[árço:n, ..çɔn] 男 -s/..ten[arçɔ́ntən] (**Ar·chont**[arçɔ́nt] 男 -en/-en) 《史》アルコン(古代のアテネなど都市国家の最高執政官). [*gr.* árchōn; ◇..archie]

Ar·cus[árkus] 男 -/- =Arkus

ARD[a:|ɛrdé:] 略 =**A**rbeitsgemeinschaft der öffentlich-rechtlichen **R**undfunkanstalten der Bundesrepublik **D**eutschland ドイツ連邦共和国公共ラジオ放送局連合体(第1テレビ放送の担当母体: →ZDF).

die **Ar·den·nen**[ardɛ́nən] 地名 複 アルデンヌ(ベルギーからフランスにまたがる高地. フランス語形 Ardennes).

Are[á:rə] 女 -/-n 《スイ》 =Ar[1]

Are·al[areá:l] 中 -s/-e **1** (Bodenfläche) 土地の表面, 地面; 土地の面積, 地積. **2** 《スイ》(Grundstück)(一定面積の)土地, 地所. **3** (一定の特徴を有する)地域; (動植物などの)分布圏. [< *lat.* ārea (→Ar[1])]

Are·ka≠nuß[aré:ka..] 女 ビンロウの実. **≠pal·me** 女 《植物》ビンロウジュ(檳榔樹). [*drawid.–port.* areca „Betelpalme"]

are·li·gi·ös[á(:)religiø:s, ◡◡◡◡⏊][1] 形 非宗教的な. [< a..[1]]

Ären Ära の複数.

Are·na[aré:na·] 女 -/..nen[..nən] **1 a)** (古代ローマの Amphitheater の砂を敷いた)闘技場(→ 図 Amphitheater). **b)** (周囲に観客席のある)競技場, 試合場; 《比》(一般に)競争の場, 活動の舞台: die ～ der Politik 政治の舞台. **c)** 闘牛場. **d)** (サーカスの)演技場. **2** 《オーストリア》(夏季用の)野外舞台. [*lat.*]

Areo·pag[areopá:k][1] 男 -s/ アレオパゴス(古代アテネの最高法廷). [*gr.* Áreios págos „Ares-hügel"–*lat.*; ◇*engl.* Areopagus]

Ares[á:rɛs] 人名 《ギ神》アレス(軍神. ローマ神話の Mars に当たる). [*gr.*]

arg[ark][1] **är·ger**[ɛ́rgər]/**ärgst**[ɛrkst] **I** 形 **1** 《述語的用法なし》《雅》悪意のある, 邪悪な, よこしまな: ～*e* Gedanken 良からぬ考え ‖ ～ denken よこしまなことを考える ‖ 《名詞化して》der *Arge* 悪人; 《聖》悪魔 | auf *Arges* sinnen 悪事をたくらむ | *et.*[4] zum *Argen* auslegen …を悪く解釈する | Er hat nichts *Arges* im Sinne. 彼に悪気はまったくない. **2** いやな, いとわしい, ひどい: ～*es* Wetter いやな天気 ‖ Es ist mir ～, daß ... …とは困ったことだ | Das ist zu ～! それはあんまりだ | Die Sache ist *ärger* als je. 事態はこれまでになく悪い ‖ *jm.* ～ mitspielen …につらく当たる, …をひどい目にあわせる | es zu ～ treiben あくどすぎるやり方をする ‖ 《名詞的に》das *Ärgste* befürchten 最悪の場合を懸念する ‖ **im ～*en* liegen** 混乱している, 乱雑な状態にある | Sein Haushalt liegt noch im ～*en*. 彼の暮らしむきはまだ思わしくない. **3** 《強意の表現として》したたかな, ひどい, 非常な: ein ～*er* Säufer 〈Dummkopf〉 大酒飲み〈大ばか者〉| eine ～*e* Enttäuschung ひどい幻滅 | eine ～*e* Freude 非常な喜び ‖ Sie ist ～ jung 〈schön〉. 《話》彼女はとても若い〈美人だ〉| Er schwitzt ～. 彼はひどく汗をかいている | *sich*[4] ～ freuen 大喜びする. **4** 《方》(gierig) 貪欲(どんよく)な: Mir ist ～ nach Wasser. 私は水が欲しくてたまらない.

II Arg 中 (男) -s/ 《雅》よこしまな心, 悪意; 悪い事: aus ～ 悪意で ‖ 《しばしば否定の語句とともに》**ohne ～** 何も疑わずに, 何も知らずに, 何気なく | Er ist ohne ～./Es ist kein ～ an 〈in〉 ihm. 彼に悪気はない. [*germ.* „feige"; ◇Ärger]

Ar·ga·li[árgali·] 男 -[s]/-s 《動》アルガリ(中央アジアのヒツジの一種). [*mongol.*]

[▽]**Ar·gen·tan**[argɛntá:n] 中 -s/ (Neusilber) 《化》洋銀.

Ar·gen·ti·ni·en[argɛntí:niən] 地名 アルゼンチン(南米の共和国. 首都は Buenos Aires). [*span.*]

Ar·gen·ti·ni·er[..niər] 男 -s/- アルゼンチン人.

ar·gen·ti·nisch[..nɪʃ] 形 アルゼンチンの.

Ar·gen·tit[..tí:t, ..tít] 男 -s/ (Silberglanz) 《鉱》輝銀(きぎん)鉱. [< ..it[2]]

Ar·gen·tum[argɛ́ntum] 中 -[s]/ (Silber) 《化》銀 (記号 Ag). [*lat.*; ◇Argus, Argument]

är·ger arg の比較級.

Är·ger[ɛ́rgər] 男 -s/ **1** (一時的な)立腹, 腹立ち, 不機嫌, 憤懣(ふんまん): *seinen* ～ zeigen 〈unterdrücken〉 怒りを示す〈抑える〉| *seinen* ～ *jm.* auslassen …に対して自分の鬱憤(うっぷん)をはらす | *seinem* ～ Luft machen (→Luft 7 a) ‖ **vor ～ schwarz 〈grün und gelb / grün und blau〉 werden** 《話》憤懣やるかたない思いを味わう, ひどく腹を立てる. **2** 腹の立つこと, 不愉快なこと, わずらわしさ, しゃくの種: der berufliche 〈häusliche〉 ～ 職業上の〈家庭内での〉ごたごた ‖ ～ erleben いやな思いをする | mit *jm.* 〈*et.*[3]〉 [viel] ～ haben …のことで[大いに]迷惑を被っている.

är·ger·lich[ɛ́rgərlɪç] 形 **1 a)** 怒って〈腹を立てて〉いる, 立腹した, 不機嫌な: ein ～*es* Gesicht machen 不機嫌な〈不愉快そうな〉顔つきをする ‖ ～ werden 腹を立てる, 不機嫌になる | auf 〈über〉 *jn.* ～ sein …に対して〈…のことで〉腹を立てている. **b)** 怒りっぽい, すぐに腹を立てる: ein ～*er* Mensch 怒りっぽい人間. **2** 腹立たしい, 不愉快な, いやな, しゃくな, いまいましい: ein ～*er* Vorfall 不愉快な出来事 | Das ist aber ～! 全く腹が立つなあ.

är·ger·li·cher·wei·se[ɛ́rgərlɪçərváizə] 副 腹立たしいことに, 不愉快なことに.

Är·ger·lich·keit[–kait] 女 -/-en **1** 《単数で》ärgerlich なこと. **2** 腹立たしい〈不愉快な〉事柄.

är·gern[ɛ́rgərn] 《05》 他 (h) **1 a)** 《*jn.*》怒らせる, (…の)気を悪くさせる, (…の)感情を害する: Er hat mich mit seinem Verhalten sehr *geärgert*. 彼の態度には全く腹が立った | *jn.* krank 〈bis aufs Blut / ins Grab / zu Tode〉 ～ …をかんかんに怒らせる | Das hat er bloß getan, um mich zu ～. 彼はそれを私に対するいやがらせのためだけにやったのだ. **b)** 再帰 *sich*[4] an *jm.* 〈*et.*[3]〉 ～ / *sich*[4] über *jn.* 〈*et.*[4]〉 ～ …のことで気を悪くする, …で感情を害する, …に腹を立てる | Ich habe mich über ihn 〈über mich selbst / über sein Benehmen〉 sehr *geärgert*. 私は彼のことで〈自分自身に・彼の振舞いに〉とても腹が立った | *sich*[4] über die Fliege 〈über die Mücke〉 an der Wand ～ (→Fliege 1 a) | ***sich*[4] schwarz 〈grün und blau / gelb und grün〉 ～**/ *sich*[4] krank 〈zu Tode〉 ～ 《話》ひどく腹を立てる. **2** 非人称 《es ärgert *jn.* / *jn.* ärgert》腹が立つ, しゃくにさわる: Mich *ärgert* über ihn. 私は彼がしゃくにさわる. [*ahd.* argirōn „verschlechtern"]

Är·ger·nis[ɛ́rgərnɪs] 中 -ses/-se **1** 《単数で》不快な気持, 腹立ち, 憤り; 義憤, 公憤: ～ erregen 不快な気持を起こさせる | *jm.* ein ～ geben …の気持を損なう | ～ an *et.*[3] 〈*jm.*〉 nehmen …のことで気分を損なう, …に憤りを覚える. **2** 腹立たしい事柄, 不快事, いまいましいこと, 義憤〈公憤〉の種; 《聖》つまずき(宗教的・道徳的感情を損なうもの): die kleinen ～*se* des Alltags 日常のささいな不愉快事 | ein Fels des ～*ses* つまずきの岩(聖書: イザ 8,14) | Ihr werdet alle an mir ～ nehmen. お前たちは皆私につまずくだろう.

Ar·gi·nin[arginí:n] 中 -s/-e 《生》アルギニン(たんぱく質に含まれているアミノ酸の一種). [< ..in[2]]

Arg·list[árk..] 女 -/ 悪だくみ, 奸計(かんけい).

arg·li·stig 形 悪だくみのある, 邪悪な, 奸知(かんち)にたけた.

Arg·li·stig·keit 女 -/ arglistig なこと.

arg·los[árklo:s][1] 形 **1** 悪意のない; 無邪気な: eine ～*e* Frage 他意のない質問. **2** (ahnungslos) 何も知らない, 少しも疑わない, 何気ない: *sich*[4] ～ stellen 素知らぬふりをする.

Arg·lo·sig·keit[..lo:zɪçkaɪt] 女 -/ arglos なこと.

die **Ar·go**[árgo·] 女 -/ **1** 〘ギ神〙アルゴ号 (Jason が黄金の羊毛皮を求めて Kolchis に航海した際に乗った大型の船). **2** 〘天〙アルゴー座. [*gr.*－*lat.*; ＜*gr.* argós „schnell"]

Ar·gon[árgɔn, argó:n] 中 -s/ 〘化〙アルゴン(気体元素名; 記号 Ar). [*gr.* argós „untätig"; ◇a..[1], Ergon]

Ar·go·naut[argonáʊt] 男 -en/-en 〘ギ神〙アルゴナウテス (Jason とともに Argo に乗って Kolchis に航海した隊員). [*gr.*－*lat.*]

Ar·gos[árgɔs] ＝Argus I

Ar·got[argó:] 中 (男) -s/-s 〘言〙(フランスのこじき・浮浪者・どろぼうなどの)隠語; (一般にある社会・団体に特有な)慣用語句, 隠語: der ～ des Militärs 軍隊用語. [*fr.*]

ärgst arg の最上級.

Ar·gu·ment[argumέnt] 中 -[e]s/-e **1** (主張の)根拠, 論拠; 論証: ein schlagendes 〈stichhaltiges〉 ～ 明確な〈しっかりした〉論拠 ‖ ～*e* vorbringen 論拠を述べる | *et.*[4] als ～ gebrauchen …を論拠として用いる | Das ist kein ～. それでは論拠〈反論〉にならない. **2** 〘数〙 **a**) (関数の)独立変数. **b**) 偏角. **c**) 〘言〙文法項. [*lat.*; ＜*lat.* arguere „klar-machen" (◇Argentum)]

Ar·gu·men·ta·tion[..mεntatsió:n] 女 -/-en 論拠を示すこと, 論証, 立論. [*lat.*]

ar·gu·men·ta·tiv[..tí:f][1] (**ar·gu·men·ta·to·risch**[..tó:rɪʃ]) 形 **1** 論拠〈論証〉に関する. **2** 論拠を示しての, 論証による.

ar·gu·men·tie·ren[..tí:rən] 自 (h) 主張の根拠を述べる, 論拠を示す, 論証する: [schlagend] für 〈gegen〉 *et.*[4] ～ …に賛成〈反対〉する理由を[明確に]述べる | gegen *et.*[4] ～ …への反証をあげる.

Ar·gu·men·tie·rung[..rʊŋ] 女 -/-en ＝Argumentation

Ar·gus[árgʊs] **I** 人名 〘ギ神〙アルゴス(百個の目を持つ巨人). **II** 男 -/-se (アルゴスのように)目ざとい人(番人). [*gr.* Árgos－*lat.*; ＜ *gr.* argós „glänzend" (◇Argentum)]

Ar·gus·au·ge 中 -s/-n 《ふつう複数で》鋭い目, きびしい〈油断のない〉監視の目: *et.*[4] mit ～*n* beobachten 〈bewachen〉 …を厳重に監視する, …をぬかりなく見張る.

ar·gus·äu·gig[..|ɔʏgɪç][2] 形 目の鋭い, ぬかりなく見張っている, 油断のない.

Ar·gus·bläu·ling 男 (Rispenfalter) 〘虫〙ヒメシジミ(姫蜆蝶).

Ar·gus·blick 男 -[e]s/-e 《ふつう複数で》＝Argusauge

Arg·wohn[árkvo:n] 男 -[e]s/ 疑心, 猜疑(さいぎ), 邪推: ～ schöpfen 猜疑(さいぎ)心をいだく | ～ gegen *jn.* haben 〈hegen〉 …に対して疑いをいだいている | *js.* ～ erregen …の疑惑を招く | bei *jm.* ～ erwecken / *jn.* in ～ bringen …に疑念〈邪推〉をいだかせる. [*ahd.*; ◇Wahn]

arg·wöh·nen[..vø:nən] 《過分 geargwöhnt》 他 (h) (…ではないかと)疑う, 怪しむ, 邪推する: Sie *argwöhnte* eine Falle 〈einen Spitzel in ihm〉. 彼女はわなではないかと〈彼がスパイではないかと〉疑った | Er *argwöhnt,* daß sie ihn belügt. 彼は彼女が自分を欺いているのではあるまいかと疑っている.

arg·wöh·nisch[..vø:nɪʃ] 形 疑心をいだいた, 疑い深い: ein ～*er* Blick 疑い深そうな目つき.

Arhyth·mie[arʏtmí:] 女 -/-n[..mí:ən] ＝Arrhythmie

Ari[á:ri·] 女 -/-s 《話》＝Artillerie

Ari·ad·ne[ariádnə, ..átnə, ..ne·] 人名 〘ギ神〙アリアドネ (Kreta 王 Minos の娘で, Theseus の Minotaurus 退治を助けた). [*gr.*]

Ari·ad·ne·fa·den 男 -s/ 〘ギ神〙アリアドネの糸 (Ariadne が Theseus の迷宮脱出を助けるために与えた糸); 《比》(迷宮・混乱から脱け出す)救い〈導き〉の手.

Aria·ner[ariá:nər] 男 -s/- アリウス派の人.

aria·nisch[..nɪʃ] 形 アリウス派の, アリウス主義の; 《大文字で》アリウスの. [＜Arius]

Aria·nis·mus[arianísmʊs] 男 -/ アリウス主義 (Arius の説いた教義); アリウス派.

arid[arí:t][1] 形 (trocken) 〘地〙(気候・土地などが)乾燥した, 乾き切った; 《比》無味乾燥な, 退屈な: ～*e* Böden 乾いた〈不毛の〉土地, 荒蕪(こうぶ)地. [*lat.*; ＜*lat.* ārēre „trocken sein" (◇Asche)]

Ari·di·tät[aridité:t] 女 -/ arid なこと.

Arie[á:riə] 女 -/-n **1** 〘楽〙アリア, 詠唱: eine ～ singen アリアを歌う. **2** 〘劇〙歌いぜりふ(せりふのさわりを歌うようにしゃべる). [*it.* aria; ◇Air, arioso, Arietta]

Ariel[á:rie:l, ..riεl] **I** 地名 〘聖〙アリエル (Jerusalem の古名. 元来は Jerusalem の神殿名; イザ29,1-8). **II** 人名 **1** 〘聖〙アリエル(天使の一人). **2** アーリエル(中世の寓話(ぐうわ)の空気の精; Shakespeare の『あらし』や Goethe の《Faust》に登場する). **III** der **Ariel** 男 -s/ 〘天〙アリエル(天王星の衛星の一つ). [*hebr.* „Löwe Gottes"]

Ari·er[á:riər] 男 -s/- アーリア人(インド＝ヨーロッパ語族系民族の総称. ナチの用語では北欧民族で非ユダヤ人). [*sanskr.* ārya „Edler, Herr"; ◇Iran; *engl.* Aryan]

Ari·er·pa·ra·graph 男 (ナチの)ユダヤ人排斥条項.

Aries[á:riεs] 男 -/ (Widder) **1** der ～ 〘天〙牡羊(おひつじ)座; 〘占星〙白羊宮(黄道十二宮の一つ): →Fisch 1 b **2** 〘史〙破城づち, 破壁器. [*lat.*]

Ariet·ta[ariέta·] 女 -/..ten[..tən], **Ariet·te**[ariέtə] 女 -/-n 〘楽〙小アリア, 小詠唱. [*it.* (－*fr.*); ◇Arie]

Arion[arí:ɔn] **I** 人名 アリオン(古代ギリシアの伝説的詩人). **II** 男 -s/-s 〘動〙コウラクロナメクジ(甲羅黒蛞蝓). [*gr.*－*lat.*]

arios[arió:s][1] 形 アリアふうの, 詠唱ふうの; 旋律的な.

ario·so[arió:zo·] **I** 副 (liedhaft) 〘楽〙アリアふうに, 旋律的に; (器楽曲では)歌うように. **II** **Ario·so** 中 -s/-s, ..si[..zi·] 〘楽〙アリオーソ (Rezitativ の中の特に旋律的な部分, または短いアリア). [*it.*; ◇Arie]

arisch[á:rɪʃ] 形 アーリア[人・語族]の: →deutsch | die ～*en* Sprachen アーリア系諸言語. [＜Arier]

ari·sie·ren[arizí:rən] 他 (h) アーリア化する(ナチ時代にユダヤ人の財産を没収してドイツ人の所有に移す).

Ari·stie[arɪstí:] 女 -/-n[..tí:ən] ぬきんでた〈壮烈な〉英雄的行為[の賛歌]. [*gr.*; ＜*gr.* áristos „Bester"]

Ari·sto·krat[arɪstokrá:t] 男 -en/-en **1** 貴族, 貴族階級の一員; 《比》貴族的な人, 貴公子; 貴族ふう〈貴族趣味〉の人. **2** 貴族政体論者〈主義者〉.

Ari·sto·kra·tie[..kratí:] 女 -/-n[..tí:ən] **1** 《単数で》貴族政体, 貴族支配; 貴族国家. **2** 貴族階級; 《比》上流〈特権〉階級; エリート層, 一流の人々. **3** 《単数で》貴族性, 高貴さ, 気品. [*gr.*－*lat.*]

ari·sto·kra·tisch[..krá:tɪʃ] 形 **1** 貴族政体〈支配〉の. **2** 貴族[階級]の: eine ～*e* Gesellschaft 貴族社会. **3** 貴族的な, 高貴な, 気品のある: eine ～*e* Gesinnung 高潔な心根.

Ari·sto·pha·nes[arɪstó:fanεs] 人名 アリストパネス(前445頃-385頃; 古代ギリシアの喜劇詩人). [*gr.*－*lat.*]

ari·sto·pha·nisch[..tofá:nɪʃ] 形 アリストパネスふう〈流〉の; 《大文字で》アリストパネスの.

Ari·sto·te·les[arɪstó:telεs] 人名 アリストテレス(前384-322; 古代ギリシアの哲学者. Platon の弟子で, Alexander 大王を教育した). [*gr.*－*lat.*]

Ari·sto·te·li·ker[arɪstoté:likər] 男 -s/- アリストテレスの学説の信奉者, アリストテレス学派の人.

ari·sto·te·lisch[..lɪʃ] 形 アリストテレス的な; アリストテレス学派の; 《大文字で》アリストテレスの.

Ari·sto·te·lis·mus[arɪstotelísmʊs] 男 -/ アリストテレス主義[の哲学].

..arität → ..ität

Arith·me·tik[arɪtmé:tɪk] 女 -/-en **1** 《単数で》算術, 算数. **2** 算術書. [*gr.*－*lat.*; ＜*gr.* arithmós „Zahl"]

Arith·me·ti·ker[..tikər] 男 -s/- 算数学者.

arith·me·tisch[..tɪʃ] 形 算術〈算数〉の: das ～*e* Mittel 〘数〙算術平均 | die ～*e* Reihe 〘数〙算術〈等差〉級数.

A

Arith·mo·gri̱ph[arɪtmogríːf] 男 -en/-en (Zahlenrätsel) 数のなぞ, 計算クイズ. [< *gr.* arithmós „Zahl"+ grīphos „Netz, Rätsel"]

Ari̱us[aríːʊs] 人名 アリウス(250頃-336; ギリシアの神学者で, キリスト教アリウス派の祖. キリストは神によって造られたものであるから, 神的でも永遠でもないと主張して三位一体説と争い, 異端のかどで追放された: →Arianismus).

Ar·ka̱·de[arkáːdə] 女 -/-n **1** 《建》アーチ, 迫持(せりもち). **2** 《ふつう複数で》アーケード(→ ⊛ Bogen). [*it.*–*fr.*; ◇Arkus]

Ar·ka̱·di·en[arkáːdiən] **I** 地名 アルカディア(ギリシア南部, Peloponnes 半島中央部の一地方). **II** 中 -[s]/ 《比》(牧歌的な)桃源郷, 理想郷: das ~ der Wissenschaft 学問の理想郷. [*gr.*–*lat.*]

Ar·ka̱·di·er[..diər] 男 -s/- アルカディアの人.

ar·ka̱·disch[..dɪʃ] 形 アルカディア[ふう・方言]の; 《比》田園〈牧歌〉的な, 平和な, 素朴な: →deutsch | eine ~*e* Dichtung 田園詩, 牧歌文学.

Ar·kan·si̱t[arkanzíːt, ..zít] 男 -s/ 《鉱》アーカンサス石. [< Arkansas (アメリカ合衆国中部の州名)]

Ar·ka̱·num[arkáːnʊm] 中 -s/..na[..naˑ] **1** (Geheimnis) 秘密. **2** (Geheimmittel) 秘薬, 霊薬. [*lat.*; < *lat.* arcēre „einschließen" (◇Arche)]

Ar·ke·bu̱·se[arkebúːzə] 女 -/-n (Hakenbüchse) (15世紀ごろの)火縄銃. [*ndl.* haakbus–*it.*–*fr.*]

Ar·ke·bu·si̱er[..buzíːr] 男 -s/-e Arkebuse を装備した兵. [*fr.*]

Ar·ko̱·se[arkóːzə] 女 -/ 花崗(かこう)質砂岩. [*fr.*]

A̱rk·ti·ker[árktikər] 男 -s/- 北極地方の住民.

die **A̱rk·tis**[..tɪs] 地名 女 -/ (↔Antarktis) 北極地方.

a̱rk·tisch[..tɪʃ] 形 北極[地方]の; 《比》極寒の: die ~*e* Front 《気象》北極前線 | das *Arktische* Meer 北極海 ‖ eine ~*e* Kälte (北極のような)ひどい寒さ. [*gr.*–*lat.*; < *gr.* árktos „Bär"]

der **Ark·tu̱·rus**[arktúːrʊs] 男 -/ 《天》アルクトゥルス(牛飼座の首星, むぎぼし). [*gr.*–*lat.*]

Ar·ku·bal·li̱·ste[arkubalístə] 女 -/-n 《史》(古代や中世の, 攻城用の)投石器. [*spätlat.*; ◇Balliste]

A̱r·kus[árkʊs] 男 -/-[..kuːs] 《数》弧(記号 arc). [*lat.* arcus „Bogen"]

A̱r·kus≠funk·tio̱n 女 《数》逆〈反〉関数. **≠ko̱·si·nus** 男 《数》アークコサイン, 逆余弦. **≠ko̱·tan·gens** 男 《数》アークコタンジェント, 逆余接. **≠si̱·nus** 男 《数》アークサイン, 逆正弦. **≠tan·gens** 男 《数》アークタンジェント, 逆正接.

der **A̱rl·berg**[árlbɛrk][1] 地名 男 -[e]s/ アールベルク(オーストリアの Tirol と Vorarlberg の間にある峠. 標高1802m). [< *alemann.* Arle „Legföhre"]

Ar·lec·chi̱·no[arlɛkíːnoˑ] 男 -s/-s, ..ni[..niˑ] (近世イタリア即興喜劇の)道化師. [*it.*; ◇Harlekin]

Arles[arl] 地名 アルル(南フランスの古い町).

arm[arm] **ä̱r·mer**[ɛ́rmər]/**ärmst** **I** 形 **1** (英: *poor*) (↔reich) **a)** 貧しい, 貧乏な, 貧困な: blut*arm* 赤貧の ‖ eine ~*e* Familie 貧しい家庭 | Kinder ~*er* Leute 貧乏人の子どもたち | *Arme* Leute kennt niemand. 《諺》貧乏人にはだれも知らん顔(貧乏人に知人はいない) | ein ~*er* Teufel 〈Schlucker〉 貧乏人(→2) ‖ ~ wie eine Kirchenmaus sein (→Kirchenmaus) | Ich bin durch diesen Kauf um 10 Mark *ärmer* geworden. 《戯》私はこの買い物で10マルクふところがさびしくなった | **um** *jn.* 〈*et.*[4]〉 *ärmer* **werden** 《比》…を失う ‖ Du ißt mich ja noch ~! 《話》お前にそんなに食われちゃ こっちは文無しになっちまうよ | *sich*[4] ~ trinken 酒で身代をつぶす ‖《名詞的に》**~ und reich** 貧乏人も金持ちも | Der Tod trifft ~ und reich. 死は貧富の別なくだれにでも訪れる. **b)** (内容の)乏しい, わずかな: ein ~*er* Boden やせた土地 | eine ~*e* Kost 粗末な食事 | ein ~*er* Witz つまらぬ冗談 | ~*e* Adern 《坑》低品位鉱脈 | ~*es* Erz 《坑》貧鉱 ‖ **an** *et.*[3] **~ sein** …に乏しい, …が少ない | ~ an Eiweiß 〈Vitaminen〉 sein たんぱく質〈ビタミン〉に乏しい | ~ an Geist 〈am Beutel〉 sein 才気に乏しい〈財布が軽い〉 | ~ am Beutel, krank am Herzen (→Beutel[2] 1 b) | Die Gegend ist ~ an Wäldern. この地方には森林が少ない | ~ im Ausdruck sein 表現が貧弱である.

2 哀れな, みじめな, 気の毒な: ein ~*er* Teufel 〈Schlucker〉 あわれなやつ(→1 a) | [v]ein ~*er* Sünder 死刑囚(＝Armesünder) | Quäle nicht das ~*e* Tier! かわいそうな動物をいじめるな ‖ **~ dran sein** 《話》気の毒である. **II** **A̱r·me**[1] 男 女 《形容詞変化》貧しい人, 貧乏人; 哀れな〈気の毒な〉人: wir ~*n* われわれ貧乏人〈哀れな者〉たち | mildtätig gegen die ~*n* sein 貧しい人たちに慈善を施す ‖ Du ~*r*! / Du ~! かわいそうな君 | Der ~! / Der *Ärmste*! (彼は)かわいそうに. [*germ.* „vereinsamt"; ◇Erbe]

..arm[..|arm] 《名詞につけて「…の乏しい, …の少ない, …のいらない」などを意味する形容詞をつくる》: blut*arm* 貧血[症]の | wort*arm* 言葉の貧困な | fett*arm* 脂肪[分]の少ない | pflege*arm* 手入れの楽な〈いらない〉.

Arm[arm] 男 -es(-s)/-e (⊚ **Ä̱rm·chen**[ɛ́rmçən] 中 -s/-) **1 a)** (英: *arm*) (人間・サルなどの)腕, かいな(肩口から手先までの全体を指す. 手首から先は Hand であるが, 日本語では Arm も手と訳すほうがよい場合がある: → ⊛ Mensch A): der rechte 〈linke〉 ~ 右〈左〉腕 | knochige 〈stämmige〉 ~*e* 骨ばった〈がっしりした〉腕 | Ober*arm* 上腕, 二の腕 | Unter*arm* 前腕, 一の腕 | ~*e* und Beine 腕と足, 手足 ‖ *js.* **verlängerter ~ sein** 《話》…の手助けをする, …のために働く | Der ~ erlahmt 〈schläft ein〉. 腕がまひする〈きかなくなる〉 ‖《4 格の目的語として》die ~*e* [nach *jm.*] ausstrecken […の方へ]両手をさしのべる〈両腕を広げる〉 | den ~ beugen 〈strecken〉 腕を曲げる〈伸ばす〉 | *Arme* beugt, streckt! 腕の屈伸運動始め(体操の号令) | *sich*[3] den ~ brechen 〈verletzen / verrenken〉 腕を折る〈けがする・脱臼(だっきゅう)する〉 | Ich habe keinen ~ frei. 私は手がふさがっている | beide ~*e* voll haben 両手いっぱいに物をかかえている | die ~*e* [über der Brust] kreuzen 腕組みをする | den ~ um *jn.* legen …を[片手で]抱く | *js.* ~ nehmen …の腕をとる, …に腕をかす, …と腕を組む | *jm.* den ~ reichen 〈bieten〉 …に腕をさしのべる | die ~*e* [in die Höhe] recken 両腕を[上に]のばす | die ~*e* senken 〈sinken lassen〉 両腕を下におろす | die ~*e* auf den Tisch stützen テーブルに両腕〈両ひじ〉をつく ‖《前置詞と》einen Korb am ~ haben かごを腕にぶらさげている | *jn.* am ~ nehmen 〈packen〉 …の腕をとる〈つかむ〉 | *sich*[4] am ~ verletzen 腕をけがする | ***jn.* am steifen 〈ausgestreckten〉 ~ verhungern lassen** 《話》…をぎゅうぎゅうの目にあわせる | ein Kind auf dem ~ haben 〈tragen〉 子供を腕に抱いている | ***jn.* auf den ~ nehmen** …を腕に抱きあげる; 《話》…を小ばかにする, …をからかう | Ich lasse mich von dir nicht auf den ~ nehmen. 君なんかにばかにされてたまるか | ***jm.* in den ~ fallen** 《比》…を[引き]とめる〈阻止する〉 | ~ in ~ mit *jm.* gehen …と腕を組み合って行く; 《比》…と相提携する | *jn.* im ~ 〈in den ~*en*〉 halten …を腕に抱いている | ***jm.* in die ~e laufen** 走って行って…に抱きつく; 《比》…と偶然〈ばったり〉出会う | Sie liegen *sich*[3] 〈einander〉 in den ~*en*. 彼らは抱き合っている | Pudding in den ~*en* haben (→Pudding 1) | *jn.* in die ~*e* nehmen 〈schließen〉 …を抱きしめる | *jm.* in die ~*e* sinken …に抱きつく | Das treibt ihn dem Gegner in die ~*e*. そんなことをしたら彼は敵の陣営に走ってしまう | ***sich*[4] *jm.* in die ~e werfen** …に抱きつく; 《比》…に身をゆだねる | *sich*[4] der Wollust in die ~*e* werfen 快楽にふける | mit den ~*en* um *sich*[4] schlagen 両腕を振り回す | ***jn.* mit offenen ~en aufnehmen 〈empfangen〉** …を心から歓迎する | **mit verschränkten ~en** 《比》手をこまねいて, 何もせずに | den Mantel über den ~ nehmen コートを腕にかかえる | *et.*[4] unter dem ~ 〈unterm ~〉 halten …を小わきにかかえている | *jn.* unter den ~ nehmen 〈fassen〉 …と腕を組む | ***jm.* unter die ~e greifen** …を抱き上げる〈起こす〉; 《比》…を助ける〈再起させる〉 | Ich habe ihm mit 30 Mark unter die ~*e* *gegriffen*. 私は彼に30マルク援助してやった | die Beine unter die ~*e* 〈unter den ~〉 nehmen (→Bein 1 a) | den Kopf unter dem ~ tragen (→Kopf 1).

b）《比》力, 能力, 権力; 働き手, 有能な人: der 〔strafende〕 ~ des Gerichts 〈des Gesetzes / der Justiz〉 司直の手, 裁判 ‖ der beste 〈stärkste〉 ~ いちばんの働き手,（…の）片腕, 右腕 ∣ **einen langen ~ haben** 〈besitzen〉 大きな影響力を〈あちこちにコネを〉もっている, 実力者である ∣ Wir haben noch ~ und Mut genug, uns zu verteidigen. 我々はまだ自分を守る力と勇気はもっている.
2（形や機能が腕に似たもの） **a**） 腕木;（道しるべ・十字架などの）横木;（いすの）ひじ掛け;（いかり・てこ・起重機などの）腕, ジブ（→ 図 Anker）;（軒などを支える）持ち送り, ブラケット;（イカ・タコ・カニなどの）足: die ~*e* des Kronleuchters シャンデリアの枝.
b）（川の）支流,（山の）支脈: der ~ des Meeres 入江 ∣ Der Fluß teilt sich in mehrere ~*e*. この川はいくつもの支流に分かれている.
3《話》（Ärmel） 袖(そで): ein Hemd mit halbem ~ 半袖のシャツ.
4《婉曲に》＝Arsch 1 a, b
[„Gelenk“; *germ.*; ◇arthro.., Art, Armarium, Ärmel; *engl.* arm]

Ar·ma·da[armá:da·] 女 -/..den[..dən], -s **1**《単数で》die ~〘史〙アルマダ, 無敵艦隊（無敵を誇ったスペインの艦隊で, 1588年イギリス艦隊と戦って敗れた）. **2**《比》（強大な）艦隊. [*lat.* armāta－*span.*; ◇Armee]
Ar·ma·dill[armadíl] 中 -s/-e 〘動〙アルマジロ. [*span.*]
Ar·ma·ged·don[armagέdɔn] 中 -/ ＝Harmagedon
Ar·ma·gnac[armanják, ..maɲák] 男 -〔s〕/-s アルマニャック（フランスのアルマニャック地方産のブランデー）. [*fr.*]
Ar·ma·gna·ken[..njá:kən] 複（15世紀にアルマニャック伯に雇われていた粗暴な）傭兵(ようへい).
arm·am·pu·tiert[árm..] 形（手術で）腕を切断した: eine ~*e* Frau / eine Armamputierte（切断手術で）腕を失った女性.
Ar·ma·rium[armá:riʊm] 中 -s/..rien[..riən] **1 a**）（Schrank）（古代の）戸棚, たんす. **b**）（中世の）書庫; 蔵書. **2**（教会の）聖器室. [*lat.*; < *lat.* arma „Geräte“; ◇Arm, armieren; *engl.* ambry]
Ar·ma·tur[armatú:r] 女 -/-en **1 a**）（機械装置などの）装備. **b**）《ふつう複数で》（機械・自動車などの）計器〈制御器〉類;（浴室などの）〔混合〕水栓. **c**）（モーターの）電機子. ᵛ**2**〘軍〙装備. [*lat.* armātūra „Bewaffnung“; ◇Armee]
Ar·ma·tu·ren≠brett[armatú:rən..] 中, **≠ta·fel** 女（自動車・飛行機などの）計器盤.
Arm·band[árm..] 中 -〔e〕s/..bänder 腕輪（→ 図）.

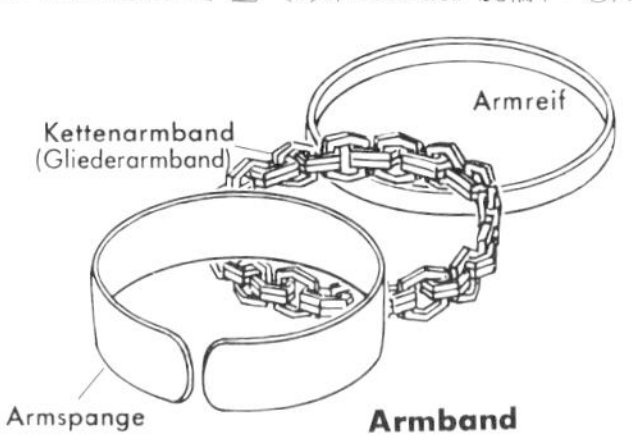

Armband

Arm·band≠uhr 女 腕時計. **≠wecker** 男 目覚し腕時計.
Arm·bein 中 腕の骨.
Arm·ber·ge 女（よろいの）腕甲. [< bergen]
Arm≠beu·ge 女 -/-n **1** ひじ関節の内側. **2**《ふつう複数で》〘体操〙腕立て伏せ. **≠beu·gen** 中 -s/〘体操〙腕の屈伸; 腕立て伏せ. **≠bin·de** 女 **1** 腕章. **2** ＝Armtragetuch **≠bruch** 男 腕の骨折.
Arm·brust[ármbrʊst] 女 -/..brüste[..brʏstə], -e〘史〙（古代や中世の）弩(いしゆみ)（→ 図）. [*spätlat.* arcuballista（◇Arkuballiste）－*mlat.* ar-balista－*mhd.*]

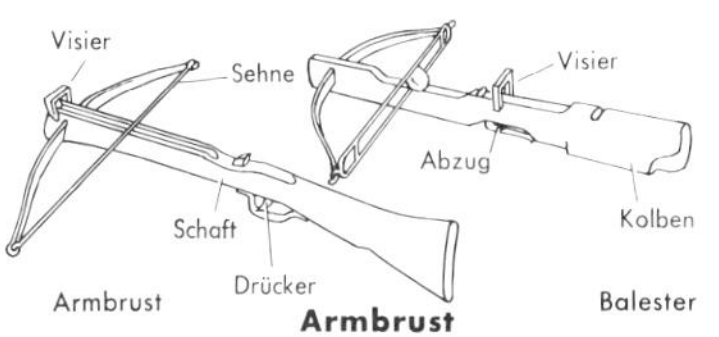

Armbrust

Arm·bru·ster[..brʊstər] 男 -s/- **1** 弩(いしゆみ)をもつ兵士. **2** 弩製造業者.
Ärm·chen Arm の縮小形.
Arm·co·ei·sen（**Arm·co-Ei·sen**）[ármko..] 中〘金属〙アルムコ純鉄. [< *engl.* *A*merican *R*olling *M*ill *Co*mpany（製造会社名）]
arm·dick[árm..] 形 腕の太さの, 腕くらい太い.
Ar·me[1][ármə] →arm II
Ar·me[2] Arm の複数.
Ar·mee[armé:] 女 -/-n[..mé:ən] **1 a**）軍, 軍隊;（Heer）陸軍: die reguläre ~ 正規軍 ∣ Die Rote ~ 赤軍 ∣ Heils*armee* 救世軍 ∣ Volksbefreiungs*armee* 人民解放軍 ‖ in die ~ eintreten / zur ~ gehen 軍隊に入る, 兵隊〈軍人〉になる ∣ in der ~ dienen 軍隊に勤務する ∣ zur großen ~ abgehen 〈abmarschieren〉 / zur großen ~ abberufen 〈versammelt〉 werden《比》（ふつう軍人について）亡き人々の数に入る, 死ぬ. **b**）（特定の）軍団: die erste 〈dritte〉 ~ 第一〈第三〉軍団. **2** 多数の人, 大ぜい, 大群: eine ~ von Arbeitslosen 失業者の大群. [*lat.* armāta－*fr.*; ◇armieren, Armada, Armatur; *engl.* army]
Ar·mee≠be·fehl 男 軍の命令. **≠ge·ne·ral** 男（旧東ドイツ国家人民軍の）上級大将（→General 1）. **≠korps**[..ko:r] 中（略 AK）軍団. **≠lie·fe·rant**[..lifərant] 男 軍の御用商人. **≠ober·kom·man·do** 中（略 AOK）〘軍〙総司令部. **≠spiel** 中《スイ》軍楽隊.
Är·mel[ɛ́rməl] 男 -s/- **1** 袖(そで): kurzer 〈langer〉 ~ 短い〈長い〉袖 ‖ die ~ annähen 〈hochkrempeln〉 袖を縫い付ける〈腕まくりする〉∣ ***sich***[3] **die ~ hochkrempeln** 〈aufkrempeln / aufrollen〉《話》（腕まくりして）勢いこんで仕事にかかる ‖ *jn.* am ~ festhalten 〈packen〉 …の袖をつかんで引きとめる ∣ *jn.* am 〈beim〉 ~ zupfen（注意を促すために）…の袖を引く ∣ **Leck mich am ~!**《話》くそくらえ, ほっといてくれ（Leck mich am Arsch! の婉曲表現: →Arsch 1 a）∣ ***et.***[4] **aus dem ~** 〈**aus den ~*n***〉 **schütteln**《話》（手品師のように袖の中から）…を難なく目の前に出して見せる〈やすやすと作り出す〉; …を無雑作にやってのける ∣ Er schüttelt die Witze nur so aus dem ~. 彼は機知に富んだ話を次々に披露する ∣ Ich kann die hohe Summe nicht aus den ~*n* schütteln. そんな大金はそう簡単には都合できないよ ∣ einen Trumpf aus dem ~ ziehen（→Trumpf 1）∣ *jn.* **beim** ~ festhalten 〈packen〉 …の袖をつかんで引きとめる ∣ einen Trumpf im ~ haben（→Trumpf 1）∣ eine Bluse **mit** kurzen 〈langen〉 ~*n* 袖の短い〈長い〉ブラウス ∣ ein Hemd **ohne** ~ 袖なしのシャツ.
2〘紋〙マーンチ（婦人服の袖の図案化: → 図 Wappen f）. [*westgerm.*; ◇Arm]
Är·mel≠ab·zei·chen 中（軍服・制服の）袖章(そでしょう). **≠auf·schlag** 男 袖の折り返し;（ワイシャツなどの）カフス. **≠aus·schnitt** 男〘服飾〙袖ぐり, アームホール. **≠brett** 中 袖用アイロン台（→ 図 bügeln）. **≠hal·ter** 男（ワイシャツの）スリーブサスペンダー.
..ärmelig[..ɛrməlɪç][2]（**..ärmlig**[..mlɪç][2]）《形容詞などにつけて「袖(そで)が…の」を意味する形容詞をつくる》: halb*ärm*〔*e*〕*lig* 半袖の ∣ lang*ärm*〔*e*〕*lig* 袖の長い, 長袖の.
der **Är·mel·ka·nal**[ɛ́rməl..] 地名 男 -s/ ドーバー〈英仏〉海峡（イギリスとフランスの間の海峡. 幅32km）.
är·mel·los[ɛ́rmǝllo:s][1] 形 袖(そで)のない, 袖なしの.
Är·mel≠scho·ner 男, **≠schüt·zer** 男（デスクワークの際などに袖(そで)を保護するために着用する）袖カバー. **≠strei·fen** 男（軍服などの）袖章.

▽**ar·men**[ármən] **I** 他 (h) 貧しくする. **II** 自 (s) (verarmen) 貧しくなる.

▽**Ar·men·an·stalt** 女 = Armenhaus

Ar·men≈an·walt 男 〘法〙(貧困者のための無料の)国選弁護人. **≈arzt** 男 (貧困者のための)無料施療医. **≈bi·bel** 女 (中世に用いられた教養の低い人のための)聖書絵本. **≈büch·se** 女 慈善募金箱. **≈für·sor·ge** 女 = Armenpflege ▽**≈geld** 中 慈善基金. **≈ge·setz** 中 貧民救済法. ▽**≈haus** 中 救貧院, 貧民(浮浪者)収容所. ▽**≈häus·ler** 男 救貧院収容者.

Ar·me·ni·en[armé:niən] 地名 アルメニア(南西アジア, カフカス地方の共和国. 1991年ソ連邦の解体に伴い独立. 首都はエレバン Jerewan). [*gr.－lat.*]

Ar·me·ni·er[..niər] 男 -s/- アルメニア人.

ar·me·nisch[..nɪʃ] 形 アルメニア〔人・語〕の: →deutsch

Ar·men≈kas·se[ármən..] 女 貧民救済基金: 〘ふつう次の成句で〙**etwas** 〈**was**〉 **aus der ～ kriegen** 《戯》殴られる. **≈kran·ken·haus** 中 救貧病院, 施療院. ▽**≈pfle·ge** 女 -/ 貧民救済, 生活扶助(保護). ▽**≈pfle·ger** 男 貧民救済係, 民生委員. **≈recht** 中 **1** = Armengesetz **2** 《単数で》(貧民の)無料訴訟権. ▽**≈schu·le** 女 (貧民の子弟のための)無料学校. **≈spei·sung** 女 貧しい人たちへの給食. ▽**≈steu·er** 女 = Armengeld

▽**Ar·men·sün·der**[armən..] 《オーストリア》= Armesünder

▽**Ar·men·un·ter·stüt·zung**[ármən..] 女 = Armenpflege

Ar·men≈vier·tel[..fɪrtəl] 中 貧民街(窟(くつ)), スラム街. **≈we·sen** 中 -s/ 救貧制度(組織).

Ar·mer[1][ármər] →arm II

▽**Ar·mer**[2][–] 女 -/-n (Schrank) 戸棚; 本箱. [< Armarium]

är·mer arm の比較級.

▽**Ar·mer·sün·der**[armər..] →Armesünder

Ar·mes·län·ge[ármәs..] 女 腕の長さ(特に間隔の幅などを示す際に用いる): *sich*[4] *jm.* auf ～ nähern 手の届く距離まで…に近寄る | *sich*[3] *jn.* auf ～ fernhalten 《比》…とあまり親しくならないようにする.

▽**Ar·me·sün·der**[armәzýndər] 男 -s/- 《ふつう Arm- の部分は形容詞として変化する》死刑囚. [< der arme Sünder]

Ar·me·sün·der≈ge·sicht 中 = Armesündermiene **≈glocke** 女 死刑を告げる鐘. **≈hemd** 中 (刑場に引かれる)死刑囚の囚人服. **≈mie·ne** 女 《戯》(死刑囚のような)悲しそうな顔; (改悛(かいしゅん)の色を見せた)しおらしい顔: eine ～ aufsetzen しおらしい顔つきをする.

Arm≈flos·ser[ármflɔsər] 男 -s/- 〘魚〙柄鰭(えびれ)目(エイ・アンコウなど). **≈fü·ßer**[..fy:sər] (**≈füß·ler**[..fy:slər]) 男 -s/- 〘動〙腕足類. ▽**≈gei·ge** 女 (Bratsche) 〘楽〙ヴィオラ. **≈ge·lenk** 中 腕の関節. **≈gru·be** 女, **≈höh·le** 女 腋窩(えきか), わきの下〔のくぼみ〕.

ar·mie·ren[armí:rən] 他 (h) **1** 〘工・建〙(詰め物・外装などによって)補強する: *armierter* Beton 鉄筋コンクリート | ein *armiertes* Kabel 外装ケーブル. ▽**2** 〘軍〙武装させる, (…に)防御設備を施す: ein Schiff 〈eine Festung〉 ～ 船(要塞(ようさい))に武器を備える. [*lat.*; < *lat.* arma (→Armarium)]

Ar·mie·rung[..rʊŋ] 女 -/-en **1** 《単数で》armieren すること. **2** 〘建・土木〙鉄筋; 〘軍〙武装, 兵装; 備砲.

..armig[..|armɪç][2] 《形容詞・数詞などにつけて「腕〔の形をしたもの〕が…の」を意味する形容詞をつくる》: kurz*armig* 腕の短い | drei*armig* 3本腕の. [< Arm]

▽**Ar·mil·lar·sphä·re**[armɪlá:rsfɛ:rə] 女 -/-n 〘天〙アーミラリー天球〔儀〕(古代の天球儀の一種). [< *lat.* armilla „Armband" (◇Arm)]

Ar·min[ármi:n, ⌣⌐] 男名 アルミーン.

Ar·mi·nia·ner[arminiá:nər] 男 -s/- アルミニウス説の信者.

Ar·mi·nia·nis·mus[arminianísmʊs] 男 -/ 〘神〙アルミニウス説(Arminius 2 の唱えた神学説で, Calvin 派の救いの予定説に対して, 信仰によって新たに神に選ばれると唱えた).

Ar·mi·nius[armí:niʊs] 人名 **1** アルミニウス(前17頃-後20頃; ゲルマンの Cherusker の族長で, ローマを破った英雄. ドイツでは誤って Hermann と呼ばれる). **2** Jacobus ～ ヤコーブス アルミニウス(1560-1609; オランダの改革派神学者).

Arm≈ka·chel[árm..] 女 (よろいの)ひじ当て(→ 図 Harnisch). **≈ket·te** 女 鎖の腕飾り. **≈kno·chen** 男 腕の骨. **≈korb** 男 手さげかご. **≈kraft** 女 腕の力, 腕力. **≈krei·sen** 中 -s/ 〘体操〙腕の回転.

arm·lang 形 腕の長さの.

Arm≈län·ge 女 = Armeslänge **≈leh·ne** 女 (いすなどの)ひじ掛け. **≈leuch·ter** 男 **1** 腕状(枝形)燭台(しょくだい), シャンデリア. **2** 《婉曲に》= Arschloch 2

ärm·lich[ɛ́rmlɪç] 形 貧しい; 貧しげな, みすぼらしい; 貧弱な; 不十分な, 乏しい: eine ～*e* Familie 貧しい家庭 | ～ gekleidet sein みすぼらしい服装をしている. [*ahd.*; ◇arm]

Ärm·lich·keit[–kaɪt] 女 -/ ärmlich なこと.

..ärmlig = ..ärmelig

Ärm·ling[1][ɛ́rmlɪŋ] 男 -s/-e = Ärmelschoner

Ärm·ling[2][–] 男 -s/-e 貧乏人; みすぼらしい人. [< arm]

Arm·loch[árm..] 中 **1** 〘服飾〙袖(そで)ぐり, アームホール. **2** 《婉曲に》= Arschloch 2

arm·los[..lo:s][1] 形 腕のない.

Arm·mus·kel 男 腕の筋肉.

Ar·mo·rial[armoriá:l] 中 -s/-e (Wappenbuch) 紋章集. [*fr.*; < *fr.* armoires „Wappen" (◇Armatur)]

Arm≈reif[árm..] 男 -〔e〕s/-e, **≈rei·fen** 男 腕輪(→ 図 Armband). **≈re·li·quiar** 中 〘宗〙腕状聖遺物匣(こう)(→ 図 Reliquiar). **≈ring** 男 = Armreif **≈säu·le** 女 《方》(腕木のある)道標. **≈schie·ne** 女 **1** 〘医〙(接骨用の)腕の副子(ふくし)(副木). ▽**2** (よろいの)腕甲(→ 図 Harnisch). **≈schlag** 男 〘泳〙ストローク. **≈schlin·ge** 女 腕のつり包帯. **≈schlüs·sel** 男 〘レスリング〙腕固め, アームロック. **≈schwin·ge** 女 (鳥の)腕羽, 次列(二次)風切羽(→ 図 Vogel B).

arm·se·lig[ármze:lɪç][2] 形 **1** 貧しげな, みじめな, みすぼらしい: ein ～*er* Bettler みすぼらしいこじき | eine ～*e* Wohnung みじめったらしい住居 ‖ ～ leben みじめな暮らしをする. **2** 無価値な, 不十分な: ein ～*er* Pianist へたくそなピアニスト | ～*e* Worte 意を尽くさぬ言葉. [< *mhd.* armsal „Elend" (◇arm)]

Arm·se·lig·keit[–kaɪt] 女 -/ armselig なこと.

Arm≈ses·sel[árm..] 男 ひじ掛け安楽いす. **≈span·ge** 女 (一か所があいている金属製の)腕輪(→ 図 Armband).

ärmst arm の最上級.

Arm·stär·ker[ármʃtɛrkər] 男 -s/- 〘スポーツ〙エキスパンダー. [< stärken]

Arm≈stich 男 〘フェンシング〙腕突き, 小手(→ 図 Fechten). **≈stuhl** 男 ひじ掛けいす. **≈stüt·ze** 女 (いすなどの)ひじ掛け.

▽**Arm·sün·der**[arm..] = Armesünder

Arm·tra·ge·tuch[árm..] 中 -〔e〕s/..tücher 腕のつり包帯.

Ar·mü·re[armý:rə] 女 -/-n 〘織〙アーミュア(紋織りの薄い絹布). [*fr.*; ◇Armatur]

Ar·mut[ármu:t] 女 -/ **1** (↔Reichtum) **a)** 貧困, 貧乏: in ～ geraten 貧乏になる | in äußerster ～ leben 赤貧の中に暮らす | ***Armut* ist keine Schande.**/***Armut* schändet nicht.** 《諺》貧乏は恥ならず. **b)** 乏しいこと, 欠乏: die ～ des Ausdrucks 〈an Rohstoffen〉 表現(原料)の乏しさ. **2** 《集合的に》貧しい人たち, 貧民. [*ahd.*; ◇arm]

Ar·mu·tei[armutáɪ] 女 -/ 《方》(一般的な)貧困(窮乏)状態.

Ar·muts≈emi·grant 男 貧困を嫌っての国外への移住者. **≈flücht·ling** 男 貧困を嫌っての国外逃亡者. **≈zeug·nis** 中 貧困証明書; (精神的な)無能の証拠: **ein ～ für *jn.* sein** …の無能(無策)を証明するものである | *jm.* 〈*et.*[3]〉 ein ～ ausstellen …の無能(無策)を証明する | ***sich***[3] 〔**mit *et***[3]〕 **ein ～ ausstellen** 〈**geben**〉 《話》〔…について〕無能ぶりを暴露する.

Arm≈ver·band[árm..] 男 -〔e〕s/..bände 腕の〔つり〕包帯. **≈voll** 男 -/- ひとかかえ(両腕でかかえる分量): zwei ～

Reisig 〈Stroh〉 二かかえの柴(しば)〈わら束〉. ≈**zeug** 中 (よろいの)腕甲(→ ⊗ Harnisch); 腕章.

Ar·ni·ka[árnika·] 女 -/-s **1** 〘植〙 アルニカ, ウサギギク(兎菊)属. **2** 《単数で》 = Arnikatinktur [*mhd.* arnich]

Ar·ni·ka·tink·tur[árnika..] 女 〘薬〙 アルニカチンキ(アルニカの根や花から採れるエキスから作った外傷薬).

Ar·nim[árnım] 人名 **1** Achim 〔Ludwig Joachim〕 von ～ アヒム 〔ルートヴィヒ ヨーアヒム〕 フォン アルニム(1781-1831; ドイツ後期ロマン派の作家. 主著は Brentano と共編の『少年の魔法の角笛』). **2** Bettina 〔Elisabeth〕 von ～ ベッティーナ 〔エリーザベト〕 フォン アルニム(1785-1859; ドイツの女流作家. Brentano の妹で 1 の妻. 『ゲーテと子供との往復書簡』がある).

der **Ar·no**[1][árno·] 地名 男 -〔s〕/ アルノ(中部イタリアの川. トスカナ平野を貫流する).

Ar·no[2][−] 男名 アルノ.

Ar·nold[árnɔlt] 男名 アルノルト. [< *ahd.* arn „Adler“+ waltan „walten“]

Ar·nulf[..nʊlf] 男名 アルヌルフ. [< *ahd.* wolf „Wolf“]

Aro·ma[aró:ma·] 中 -s/..men[..mən], -s (▽-ta[..ta·]) (雅: **Arom**[aró:m] 中 -s/-e) **1** かおり, におい; (特に:) 芳香, 香気: ein angenehmes 〈unangenehmes〉 ～ 快いかおり〈いやなにおい〉 | das ～ der Erdbeeren 〈des Kaffees / der Zigarre〉 イチゴ〈コーヒー・葉巻〉のかおり | Dieser Wein hat ein liebliches ～. このぶどう酒には えも言われぬ香気がある. **2** (食品に添加される)香料. [*gr.* árōma „Gewürz“– *lat.*]

Aro·ma·ten[aromá:tən] 複 〘化〙 芳香族炭化水素.

aro·ma·tisch[..má:tɪʃ] 形 **1** かおりのよい, 芳香〈香気〉のある: ein ～*er* Geschmack 香(こう)ばしい味 | ～*e* Essenzen 香料エッセンス. **2** 〘化〙 芳香族の: eine ～*e* Verbindung 芳香族化合物(ベンゼン・ナフタリン・アントラセンなど).

aro·ma·ti·sie·ren[..matizí:rən] 他 (h) **1** 《*et.*[4]》 (…に) 芳香〈かおり〉をつける; (…に) 香料を加える. **2** 〘化〙 芳香族化する.

Aro·men Aroma の複数.

Aron〔**s**〕**·stab**[á:rɔn(s)..] 男 アルム(サトイモ科の観葉植物). [*gr.* áron; ◇ *engl.* arum]

Ar·peg·gia·tur[arpɛdʒatú:*r*] 女 -/-en 〘楽〙 アルペッジョ〈分散和音〉の連続. [<..ur]

ar·peg·gie·ren[..dʒí:rən] 他 (h) 〘楽〙 アルペッジョ〈分散和音〉で演奏する. [*it.*; < *it.* arpa „Harfe“ (◇ Harfe)]

ar·peg·gio[arpɛ́dʒo·] **I** 副 〘楽〙 アルペッジョで, 分散和音で. **II Ar·peg·gio** 中 -s/-s, ..peggien[..dʒiən] 〘楽〙 アルペッジョ, 分散和音. [*it.*]

Ar·peg·gio·ne[arpɛdʒó:nə] 女 -/-n 〘楽〙 アルペッジョーネ(6弦の大型楽器). [*it.*]

Ar·rak[árak] 男 -s/-e, -s アラク酒(米・糖蜜(とうみつ)などから造る蒸留酒). [*arab.* araq „Schweiß“–*fr.*]

Ar·ran·ge·ment[arãʒəmã:] 中 -s/-s **1** (Anordnung) 手配, 手はず, おぜん立て, 準備: das ～ für *et.*[4] entwerfen …の手順を計画する. **2** (手ぎわよく・芸術的に)整えられた〈配列・配置された〉もの: ein ～ aus Blumen 生け花, 花束. **3** 〘楽〙 編曲; 〘劇〙 (俳優が舞台上のどこに位置するかを決める) 場面配置. **4** (意見などの)一致, 合意; 申し合わせ, 協定. [*fr.*]

Ar·ran·geur[..ʒø:*r*] 男 -s/-e **1** 手配をする〈手はずを整える〉人, おぜん立てする人; (催しなどの)主催者, 幹事. **2** 〘楽〙 編曲者. [*fr.*]

ar·ran·gie·ren[..ʒí:rən] 他 (h) **1** 《*et.*[4]》 (…の)手配をする, 手はずを整える, おぜん立てをする: ein Treffen ～ 会合の手配をする. **2** (手ぎわよく・芸術的に)整える, しつらえる, 配列〈配置〉する. **3** 〘楽〙 編曲する; 〘劇〙 場面配置する, (俳優の)舞台上の位置を決める: *et.*[4] für eine Blechmusik ～ …を吹奏楽用にアレンジする. **4** 再帰 *sich*[4] mit *jm.* ～ …と合意〈協定〉する, …と折り合う | *sich*[4] mit *et.*[3] ～ …と折り合う, …に甘んじる. [*fr.*]

Ar·ran·gier·pro·be[arãʒí:*r*..] 女 〘劇〙 立ちげいこ.

Ar·ra·zo[arátso·] 男 -s/..zzi[..tsi·] = Arazzo

Ar·rest[arɛ́st] 男 -es(-s)/-e **1 a)** (Haft) 拘禁, 拘留; (放課後の)居残り罰: drei Tage schweren 〈strengen〉 ～ bekommen 三日間のきびしい拘禁刑をくらう. **b)** 拘禁所: im ～ sitzen 拘禁されている. **2** 〘法〙 仮差し押え: offener ～ 一般的仮差し押え(破産の際の債務支払い停止など) | *et.*[4] mit ～ belegen 〈unter ～[4] stellen〉 …を仮差し押え処分にする. [*mlat.*]

Ar·re·stant[arɛstánt] 男 -en/-en 被拘禁〈拘留〉者.

▽**Ar·re·sta·tion**[arɛstatsió:n] 女 -/-en (Festnahme) 逮捕, 留置.

Ar·rest≈**hy·po·thek**[arɛ́st..] 女 〘法〙 仮差し押え抵当. ≈**lo·kal** 中 拘禁所, 留置所. ≈**ver·fah·ren** 中 〘法〙 仮差し押え手続き. ≈**zel·le** 女 拘禁室.

ar·re·tie·ren[aretí:rən] 他 (h) **1** (verhaften) 逮捕〈拘束〉する; 〘海〙 (船を)抑留する. **2** 〘工〙 (歯車などを)ブロックする, 止める. [*mlat.*–*fr.*; ◇ restieren; *engl.* arrest]

Ar·re·tie·rung[..rʊŋ] 女 -/-en **1** 逮捕, 拘束; 〘海〙 抑留. **2** 〘工〙 ブロック〔装置〕, 停止〔装置〕.

Ar·rhe·no·to·kie[arenotokí:] 女 -/ 〘生〙 (無精卵からの)雄の発生. [*gr.*; < *gr.* árrhēn „männlich“+ tókos „Geburt“ (◇ Degen[1])]

Ar·rhyth·mie[arʏtmí:] 女 -/-n[..mí:ən] (一定のリズムをもった運動の)不整; (↔Eurhythmie) 〘医〙 脈拍不整, 不整脈. [*gr.*; ◇ a..[1], Rhythmus]

▽**Ar·rière·gar·de**[arié:*r*gardə, ariɛ́:*r*..] 女 -/-n (Nachhut) 〘軍〙 後衛〔部隊〕. [*fr.*; < *fr.* arrière „hinter“ (◇ retro..)]

ar·ri·vie·ren[ariví:rən] **I** 自 (s) **1** (社会的に)成功する, 出世する, 名声を得る: ein *arrivierter* Schriftsteller 名を成した作家. ▽**2** (geschehen) 起こる, 生じる. **II Ar·ri·vier·te** 男 女 《形容詞変化》 **1** 成功〈出世〉者. **2** 《軽蔑的に》 (Emporkömmling) 成り上がり者. [*fr.*; < *lat.* rīpa (→Revier); ◇ *engl.* arrive]

Ar·ri·vist[arivíst] 男 -en/-en **1** = Arrivierte 2 **2** 出世主義者. [*fr.*]

ar·ro·gant[arogánt] 形 傲慢(ごうまん)〈傲岸〉な, 横柄〈尊大〉な, 思い上がった, うぬぼれた: ein ～*es* Benehmen 横柄な態度.

ar·ro·gan·ter·wei·se[arogántərváizə] 副 傲慢にも, 横柄にも.

Ar·ro·ganz[..gánts] 女 -/ 傲慢(ごうまん), 傲岸, 横柄, 尊大, 思い上がり, うぬぼれ. [*lat.* 〔–*fr.*〕; < *lat.* ar-rogāre „dazu-fordern“ (◇ Rogation)]

ar·ron·die·ren[arɔndí:rən, arɔ̃..] 他 (h) (abrunden) 《*et.*[4]》 **1** (かどなどを)丸くする; (…の)かどをとる. **2** (耕地などを)整理〈交換分合〉する. [*fr.*; ◇ rund]

Ar·ron·die·rung[..rʊŋ] 女 -/-en (arrondieren すること. 例えば:) 耕地整理.

Ar·ron·dis·se·ment[arɔ̃dɪs(ə)mã:] 中 -s/-s (フランスの)郡; (フランスの大都市の)区. [*fr.*]

Ar·ro·se·ment[arozəmã:] 中 -s/-s, **Ar·ro·sie·rung**[..zí:rʊŋ] 女 -/-en 〘経〙 (債権などをより有利なものに書き換える際の)追加払い. [< *fr.* arroser „benetzen“]

Ar·ro·sion[arozió:n] 女 -/-en 〘医〙 侵食. [< *lat.* ar-rōdere „an-nagen“; ◇ Rostra]

Ar·row·root[ɛ́roru:t, ǽrəru:t] 中 -s/ **1** 〘植〙 タシロイモ(田代芋)属, ウコン(鬱金)属, クズウコン(葛鬱金)属. **2** (1 の根茎から採れる)矢の根でんぷん. [*engl.* „Pfeil-wurzel“; ◇ Arkus, Wurz]

Ars →*Ars* antiqua, *Ars* nova

Ars an·ti·qua[árs antí:kva·] 女 - -/ 〘楽〙 アルス=アンティクワ(14世紀の理論家から見た13世紀の古い作風による音楽). [*lat.* „alte Kunst“; ◇ Art]

Arsch[arʃ, a:rʃ] 男 -es(-s)/Ärsche[ɛ́rʃə, ɛ́:*r*..] **1** 《卑》 **a)** (Gesäß) しり, けつ: **～ mit Ohren** 鼻もちならぬやつ | **Schütze ～** ただの一兵卒 ‖ Himmel, ～ und Wolkenbruch 〈Zwirn〉! (→Himmel 3) | *jm.* geht der ～ mit Grundeis (→Grundeis) ‖ ***jm.* den ～ aufreißen** …(兵卒など)を締め〈しごき〉上げる | **den ～ offen haben** 無分別である; 頭がおかしい | **einen kalten ～ kriegen 〈haben〉** 死ぬ〈死んでいる〉 | **den ～ zukneifen 〈zusammenkneifen〉** 死

ぬ ‖ **am ~ der Welt** へんぴな所で | ***sich*[3] *et.*[4] am ~ abfingern 〈abklavieren〉 können** …がよくわかる, …が想像〈察し〉がつく | ***jn.* am ~ haben** …をいやな目にあわせる | Pech am ~ haben (→Pech 1) | **Leck mich am ~!** くそくらえ, ほっといてくれ(→Götz) | ***jm.* am ~ vorbeigehen** …にとって痛くもかゆくもない | **auf den ~ fallen** しりもちをつく | *jm.* Pfeffer in den ~ blasen (→Pfeffer 1 b) | *jm.* Zucker in den ~ blasen (→Zucker 1) | **in den ~ gehen** こわれる, だめになる | ***jm.* in den ~ kriechen** …にへつらう〈お追従を言う〉 | Pfeffer im ~ haben (→Pfeffer 1 b) | **im ~ sein** だめ〈めちゃくちゃ〉になっている | dunkel wie im ~ sein(→dunkel 1). **b)** 《軽蔑的に》まぬけ, ばかなやつ.
2 〘建〙(柱の)基部. [*idg.*; *ahd.* ars; ◇*gr.* órros „Steiß“; *engl.* arse]

Ạrsch≈backe[árʃ..] 女 -/-n 《ふつう複数で》《卑》しりべた, しりたぶ. **≈ficker**[..fɪkər] 男 -s/- 《卑》同性愛の男. **≈ge·sicht** 中 《卑》のっぺりした顔.

Ar·schịn[arʃíːn] 男 -s/-en (単位: -/-) アルシン(昔のロシアの長さの単位: 約71cm). [*turkotatar.*－*russ.*]

ạrsch·klạr[árʃkláːr] 形 《卑》どう見ても明らかな, わかりきった.

Ạrsch·krie·cher[árʃ..] 男 《卑》おべっか使い, 追従者.

Ạrsch·krie·che·rei[arʃkriːçəráɪ] 女 《卑》おべっか, 追従.

Ạrsch≈lecker[árʃ..] 男 ＝Arschkriecher **≈le·der** 中 〘坑〙しり当て皮, あてしこ.

ạ̈rsch·lings[ɛ́rʃlɪŋs] 副 《話》しりから先に, しりもちをついて.

Ạrsch≈loch[árʃ..] 中 《卑》**1** (After) しりの穴, 肛門(こうもん). **2** 《軽蔑的に》まぬけ, いやな〈くだらない〉やつ. **≈pau·ker** 男 《卑》(生徒のしりをたたく)教師. **≈wisch** 男 《卑》およそつまらぬ書き物, くだらぬ文書〈書類〉.

Ar·sẹn[1][arzéːn] 中 -s/ 〘化〙砒素(ひそ)(元素名; 記号 As).

Ar·sen[2] Arsis の複数.

Ar·se·nạl[arzenáːl, ..zə..] 中 -s/-e 兵器庫, 軍需品倉庫〈集積所〉; (一般に)蓄え, 集積: ein ~ von Flaschen びんの山 | geistige ~*e* nutzen 知恵を働かせる. [*arab.*－*it.*]

Ar·se·nạt[arzenáːt] 中 -[e]s/-e 〘化〙砒酸(ひさん)塩. [<..at]

Ar·se·nịd[arzeníːt][1] 中 -s/-e 〘化〙砒化(ひか)物(金属元素と砒素の化合物). [<..id[2]]

ar·sẹ·nig[arzéːnɪç][2] 形 砒素を含む: ~*e* Säure 亜砒酸.

Ar·sẹ·nik[..nɪk] 中 -s/ 〘化〙三酸化砒素(ひそ), (無水)亜砒酸. [*gr.*－*spätlat.*]

Ar·se·nịt[arzeníːt, ..nít] 中 -s/-e 〘化〙亜砒酸(あひさん)塩. [<..it[1]]

Ar·sẹn≈kies[arzéːn..] 男 硫砒(りゅうひ)鉄鉱. **≈oxyd** 中 〘化〙酸化砒素. **≈sul·fịd** 中 〘化〙硫化砒素. **≈the·ra·pie** 女 〘医〙砒素療法. **≈ver·bin·dung** 女 〘化〙砒素化合物. **≈ver·gif·tung** 女 〘医〙砒素中毒. **≈was·ser·stoff** 男 〘化〙砒化(ひか)水素.

Ar·sịn[arzíːn] 中 -s/-e 〘化〙アルシン, 水素化砒素(ひそ). [<..in[2]]

Ạr·sis[árzɪs] 女 -/..sen[..zən] (↔Thesis) **1** (Hebung) 〘詩〙強音部(古典詩では弱音部). **2** 〘楽〙上拍, 弱拍. [*gr.*－*spätlat.*; <*gr.* aeírein „heben“ (◇Aorta)]

Ạrs nọ·va[árs nóːva·] 女 --/ 〘楽〙アルス=ノヴァ(14世紀フランス・イタリアの新しい作風による音楽). [*lat.* „neue Kunst“; ◇Art]

Ạrt[aːrt; ｽｲｽ: –, art] 女 -/-en **1 a)** 《ふつう単数で》やり方, 方式, 流儀: Denk*art* 考え方 | Sprech*art* 話し方 ‖ **die ~ und Weise** やり方, 方法 | Die ~ und Weise, wie 〈in der〉 man ihn behandelte, war nicht sehr schön. 彼に対する扱い方はあまりいいものではなかった | Das ist doch keine ~ und Weise. それはやり方なんていうものではない〈けしからぬやり方だ〉 | ein Adverb der ~ und Weise 〘言〙様態〈方法〉の副詞 ‖ die ~ zu grüßen あいさつの仕方 | die billigste ~ zu reisen 最も安あがりな旅行法 | die ~ [und Weise], wie 〈in der〉 er spricht 彼のものの言い方 ‖ **auf diese ~** [und Weise] こういうやり方で, このようにして | auf die eine oder andere ~ なんらかの方法で, なんとか, どうにかして | *seine* Dankbarkeit auf *seine* ~ zeigen 自分なりの流儀で謝意を表す | auf Marionetten*art* 操り人形のように | *jm. et.*[4] auf schonende ~ sagen …に…をやんわりと〈いたわりをもって〉言う | auf ähnliche ~/**in** ähnlicher ~ 同じようなやり方で, 同様に | in einer bestimmten ~ antworten ある種の[流儀で]返事をする | *et.*[4] in der gewohnten ~ tun いつもの仕方で…を行う | **nach ~ der Affen klettern** 猿のようによじ登る | **nach ~ des Hauses** (料理などが)その店独自の調理法によって; 《戯》独自の流儀で | Sie ist freundlich nach ihrer ~. 彼女は彼女なりに親切だ | nach französischer ~ フランス式〈流〉に | Spaghetti nach Mailänder ~ ミラノ風スパゲッティ | nach Beamten*art* 役人ふうの流儀で.

b) 《単数で》《話》本式のやり方, マナー, 作法, 礼儀: Un*art* 不作法, 不行儀 ‖ Ist das eine ~? それが正しいやり方だろうか, そんな態度があるもんか | Das ist [doch] keine ~! そんなやり方はないぞ, けしからん, 失敬な ‖ Er hat keine ~. 彼は礼儀知らずだ ‖ Er arbeitet 〈spricht〉, **daß es [nur so] eine ~ hat.** 彼は懸命に働いている〈実にうまい話し方をする〉 | Es regnete, daß es nur so eine ~ hatte. 雨は土砂降りだった.

c) 《ふつう単数で》性質, 本性, 気質: ein Mensch dieser ~ 〈von dieser ~〉 こういうたちの人; この種の人(→2) | Sie hat eine stille ~. / Sie ist von stiller ~. 彼女はおとなしい性格だ | Er kennt meine ~. 彼は私の気質〈流儀〉を知っている(→a) | Das Nachgeben entspricht nicht seiner ~. 譲歩は生まれつき彼の好まぬことだ.

2 (Spezies) 〘動・植〙種(動植物分類の基本単位で Gattung の下位); (一般に)種類: Ab*art* 変種 | Gemüse*art* 野菜の種類 | Mund*art* 方言 | Wort*art* 〘言〙品詞 ‖ Gemüse aller ~[*en*] あらゆる種類の野菜 | eine ~ Äpfel 〈von Äpfeln〉 リンゴに似た果実; 一種のリンゴ | Er ist eine ~ Gelehrter. 彼は一種の学者だ〈学者らしいところがある〉 | verschiedene ~*en* von Tischen / Tische verschiedener ~*en* 〈von verschiedenen ~*en*〉 いろいろなテーブル | *Art* läßt nicht von ~. 《諺》蛙の子は蛙, 子は親に似る ‖ **aus der ~ schlagen** 退化〈堕落〉する; 傑出する, 異彩を放つ | Er ist aus der ~ geschlagen. 彼は型破り〈トビの産んだタカ〉だ | **in *js.* ~[4] schlagen** …に似てくる | Dieses Gemälde ist einzig in seiner ~. この絵は独特のものだ〈他に類例がない〉 | In einer [gewissen] ~ bin ich damit zufrieden. ある点では〈いくらかは〉私はそれに満足している. [*idg.* „Fügung“; ◇Arm; *lat.* ars „Kunst“]

Art. 略 ＝Artikel 商品, 品目; 冠詞; 個条, 項目.

Ạrt≈an·ga·be[áːrt..] 女 〘言〙様態の自由添加語〈成分〉. **≈bil·dung** 女 〘生〙種形成, 種化.

Ar·te·fạkt[artefákt] 中 -[e]s/-e **1** 人手の加わったもの, 人工物; 細工物, 工芸品. **2** 〘考古〙(先史時代の)人工物(自然物に対して石器・骨器など). **3** 〘生〙人為構造, 人工産物. [*lat.* arte factum „mit Kunst Gemachtes“; ◇Art]

ạrt·ei·gen[áːrt|aɪgən] 形 (↔artfremd) 種族に特有な: ~*es* Eiweiß 〘生〙同種蛋白(たんぱく).

Ar·tẹl[artέl, ..tjέl] 中 -s/-s (帝政ロシアの)労働者協同組合; (旧ソ連邦の)農業生産協同組合. [*it.*－*russ.*]

Ạr·te·mis[ártemɪs] 人名 〘ギ神〙アルテミス(自然・狩猟・処女性の女神. ローマ神話の Diana に当たる). [*gr.*]

Ar·te·mị·sie[artemíːziə] 女 -/-n 〘植〙ヨモギ(キク科ヨモギ属の植物の総称). [*gr.*－*lat.*]

ạr·ten[áːrtən] 《01》 **I** 自 (s) **1** (nach *jm.* 〈*et.*[3]〉) (…に)似てくる: Er *artete* nach seinem Vater. 彼は父に似てきた. ▽**2** (植物が)よく育つ. **II** 他 (h) **1** 《*jn.*/*et.*[4]》《様態を示す語句と》(…に…の)性質〈本性〉をもたせる, (…を…のように)作る: Die Natur hat den Menschen so *geartet*. 自然が人間をこのように作ったのだ. ▽**2** (土地を)耕す. **III ge·ạr·tet** → 別出

ạr·ten·reich[áːrtən..] 形 種類の多い.

Ạr·ten·reich·tum 男 -s/ 種類の多いこと.

Ạr·ten·schutz 男 (絶滅寸前の動植物などの)種の保護.

Ạrt≈er·gän·zung[áːrt..] 女 〘言〙様態の補足語〈成分〉. **≈er·hal·tung** 女 (動植物の)種の保存.

Ar·te·rie[arté:riə] 女 -/-n （↔ Vene）(Schlagader)〘解〙動脈. ［*gr.*－*lat.*; ◇Aorta］

ar·te·ri·ell[arteriέl] 形 動脈の: ～*es* Blut 動脈血. ［<..ell］

Ar·te·ri·en≠ent·zün·dung[arté:riən..] 女〘医〙動脈炎. **≠ver·kal·kung** 女〘医〙動脈壁石灰化, 動脈硬化〔症〕.

Ar·te·ri·i·tis[arterií:tɪs] 女 -/..tiden[..riití:dən]〘医〙動脈炎. ［<..itis; ◇*engl.* arteritis］

Ar·te·rio·gra·phie[arteriografí:] 女 -/-n[..fí:ən]〘医〙動脈撮影法.

Ar·te·rio·skle·ro·se[arteriosklerό:zə, ..riɔs..] 女 -/-n〘医〙動脈硬化〔症〕.

ar·te·rio·skle·ro·tisch[..rό:tɪʃ] 形〘医〙動脈硬化〔症〕の; 動脈硬化にもとづく.

ar·te·sisch[arté:zɪʃ] 形 ein ～*er* Brunnen アルトワ式掘り抜き井戸, 自噴井戸. ［西フランスの旧州名 Artois の古名から］

Ar·tes li·be·ra·les[árte:s liberá:le:s] 複（中世の）学芸（文法・修辞学・弁証法・算数・幾何・天文学・音楽からなる）. ［*lat.* „freie Künste“; ◇Art, liberal］

art≠fremd[á:rt..] 形（↔arteigen）種属と異質な: ～*es* Eiweiß〘生〙異種蛋白(たんぱく). **≠ge·mäß** 形 種属にふさわしい; 種属に特有な. **≠gleich** 形 同種の, 同質の.

arthr.. →arthro..

Ar·thral·gie[artralgí:] 女 -/-n[..gí:ən] (Gelenkschmerz)〘医〙関節痛. ［<..algie］

Ar·thri·ti·ker[artrí:tikər] 男 -s/- 関節炎患者.

Ar·thri·tis[..trí:tɪs] 女 -/..tiden[..trití:dən] (Gelenkentzündung)〘医〙関節炎. ［*gr.*－*lat.*; <..itis］

ar·thri·tisch[..trí:tɪʃ] 形 関節炎の.

arthro..《名詞・形容詞などにつけて「関節」を意味する. 母音の前では arthr.. となる: →*Arthr*algie》［*gr.* árthron „Gelenk“; ◇Arm］

ar·thro·gen[artrogé:n] 形〘医〙関節性の.

Ar·thro·pa·thie[..patí:] 女 -/-n[..tí:ən]〘医〙関節障害, 関節症.

Ar·thro·pla·stik[..plástɪk] 女 -/-en〘医〙関節形成〔術〕.

Ar·thro·po·den[..pό:dən] 複〘動〙節足動物.

Ar·thro·se[artró:zə] 女 -/-n〘医〙関節症: deformierende ～ 変形性関節症. ［<..ose］

Ar·thur[ártʊr] 男名 アルトゥル. ［*engl.*; ◇Artur］

ar·ti·fi·ziell[artifitsiέl] 形 (künstlich) 人工的な, 人造の; わざとらしい, 作為的な. ［*lat.*－*fr.*; <*lat.* arti-ficium „Kunst-werk“（◇Artefakt）］

ar·tig[á:rtɪç][2] 形 **1**（特に子供に関して）おとなしい, 行儀のよい: ein ～*es* Kind 行儀のよい子供 | Sei mir recht ～! おとなしくするんですよ. **2**《雅》ていねいな, 礼儀正しい, 親切な: Er ist sehr ～ zu ihr. 彼は彼女に対してきわめて紳士的である | *jn.* ～ begrüßen …にいんぎんにあいさつする. ▽**3** 感じのよい, こぎれいな: ein ～*es* Haus こぎれいな家 | Sie tanzt recht ～. 彼女の踊りはかわいい ‖ Wir sind ～ gepflückt worden.《反語》我われはさんざんな目にあった. ［*mhd.*; ◇Art］

..artig[..a:rtɪç][2]《名詞・形容詞などにつけて「形・性質・種類が…の」を意味する形容詞をつくる》: leder*artig* 革のような | schlangen*artig* 蛇のような ‖ groß*artig* すばらしい; 雄大な | verschieden*artig* 別種の; さまざまな.

Ar·tig·keit[..kaɪt] 女 -/-en **1**《単数で》artig なこと. **2**《ふつう複数で》お世辞: *jm.* ～*en* sagen …にお愛想を言う.

Ar·ti·kel[artí:kəl, ..tík..] 男 -s/- **1** 品物, 物品;（略 Art.)〘商〙商品, 品目: ein billiger〈teurer〉～ 安い〈高い〉品 | ein dankbarer ～ 役に立つ〈もちのよい〉品 | Luxus*artikel* ぜいたく品 | Sport*artikel* スポーツ用品 ‖ Diesen ～ führen wir nicht. その品は当店では扱っていません. **2 a)**（略 Art.)（法律・協定・契約などの）個条, 条項, 項目: ～ 1 der Verfassung 憲法第1条. **b)**（新聞・雑誌などの個々の）記事, 論説, 論文: Leit*artikel*（新聞の）社説 | neue ～ in dem Lexikon 事典の新項目 ‖ einen ～ veröffentlichen〈drucken lassen〉論説を発表する〈印刷に回す〉. **3**（略 Art.) (Geschlechtswort)〘言〙冠詞: der bestimmte〈unbestimmte〉～ 定〈不定〉冠詞 | ohne ～ 冠詞なしで, 無冠詞で. ［*lat.* articulus; <*lat.* artus „Gelenk“（◇arthro..）］

Ar·ti·kel≠rei·he 女（双書・雑誌などの）論文シリーズ, 連載論文. **≠schrei·ber** 男 ＝Artikler

Ar·tik·ler[artí:klər, artík..] 男 -s/-（新聞などの）論説の執筆者, 論説委員.

ar·ti·ku·lar[artikulá:r] 形〘解〙関節の. ［*lat.*］

Ar·ti·ku·la·te[..lá:tə] 男 -n/-n (Gliedertier)〘動〙体節動物（環形動物と節足動物）.

Ar·ti·ku·la·tion[artikulatsió:n] 女 -/-en **1 a)**（音声の）明瞭(めいりょう)な〈はっきりした〉区切り, 分節;（音声の）明瞭な〈はっきりした〉発音. **b)** (Lautbildung)〘言〙調音. **c)**〘楽〙アーティキュレーション (legato, staccato など). **d)**（電話での音声の）明瞭度. **2** (Gelenk)〘解・動〙関節. **3**〘歯〙（上下の歯の）咬合(こうごう). ［*spätlat.*］

Ar·ti·ku·la·tions≠art 女〘言〙調音方式. **≠ba·sis** 女〘言〙調音基底（ある言語共同体の成員にとって習性化した調音器官の基本的構え方）. **≠or·ga·ne** 複 調音〈発声〉器官. **≠stel·le** 女〘言〙調音部位〈位置〉.

ar·ti·ku·la·to·risch[artikulató:rɪʃ] 形 Artikulation に関する: ～*e* Phonetik〘言〙調音音声学.

ar·ti·ku·lie·ren[artikulí:rən] 他 (h) **1**（音声を音節に区切って）明瞭(めいりょう)に発音する: jede Silbe genau ～ 音節ごとに区切って正確に発音する. **2**（思考・感情などを）言葉で表現する: *seinen* Willen ～ 自分の意思を表明する ‖ 再帰 *sich*[4] ～ 自分の思考〈感情〉を表現する, 自己を表明する;（思考・感情などが）表現される, 示される | Die Extremisten *artikulieren* sich durch Terrorakte. 過激派はテロ行為によって自己の思想を表明する. ［*lat.*］

Ar·ti·ku·lie·rung[..rʊŋ] 女 -/-en〔sich〕artikulieren すること.

Ar·til·le·rie[artɪlərí:, ártɪləri:] 女 -/-n[..rí:ən, ..ri:ən]《ふつう単数で》〘軍〙**1** 砲兵隊: bei der ～ dienen 砲兵隊勤務である. **2**《集合的に》砲, 大砲; 備砲; 砲列. ［*fr.*; <*lat.* ars (→Art)］

Ar·til·le·rie≠ab·tei·lung 女〘軍〙砲兵科. **≠be·schuß** 男 砲撃. **≠feu·er** 中 -s/ 砲火, 砲撃. **≠ge·schoß** 中 砲弾. **≠of·fi·zier** 男 砲兵将校〈士官〉. **≠re·gi·ment** 中 砲兵連隊. **≠schu·le** 女 砲兵学校. **≠vor·be·rei·tung** 女（攻撃に先立つ）予備〈準備〉砲撃.

Ar·til·le·rist[artɪlərɪ́st, ⌣⌣⌣⌣] 男 -en/-en 砲兵, 砲手.

ar·til·le·ri·stisch[..rístɪʃ] 形 砲兵〔隊〕の; 砲撃の.

Ar·tio·dak·tyl[artsiodaktý:l] 中 -s/-e (Paarhufer)〘動〙偶蹄(ぐうてい)類. ［<*gr.* ártios „gerade“+daktylo..］

Ar·ti·schocke[artiʃɔ́kə, ..tɪʃ..] 女 -/-n〘植〙アーティチョーク, チョウセンアザミ(朝鮮薊)（つぼみの花托(かたく)の部分が食用になる）. ［*arab.*－*span.*－*it.*; ◇*engl.* artichoke］

Ar·ti·schocken·bo·den 男 -s/-《ふつう複数で》アーティチョークのつぼみの花托(かたく).

Ar·tist[1][artíst] 男 -en/-en **1**（女 **Ar·ti·stin**[..tɪn]-/-nen)（寄席・サーカスなどの）芸人（曲芸師・奇術師なども含む）;《比》達人, 名人. ▽**2** Artistenfakultät の学生. ［*mlat.*; <*lat.* ars (→Art)］

Ar·tist[2][á:rtɪst] 男 -s/-s（宣伝文書などの）デザイナー, イラストレーター. ［*mlat.*－*engl.*］

Ar·ti·sten·fa·kul·tät[artístən..] 女（中世の大学で学生に Artes liberales を教授する）学芸学部.

Ar·ti·stik[artístɪk] 女 -/ **1**（寄席・サーカスなどの）芸, 曲芸. **2**（曲芸にも等しい）熟練した演技〈技巧〉: Das ist bloße ～. それは単なる芸達者にすぎない.

Ar·ti·stin Artist[1] 1の女性形.

ar·ti·stisch[..tɪʃ] 形 **1** 芸人〔ふう〕の; 曲芸の. **2** 曲芸的な, 名人芸の, 熟練した: mit ～*er* Technik 曲芸めいたテクニックで.

Ar·to·thek[artoté:k] 女 -/-en 美術工芸品貸し出しセンター. ［<*lat.* ars (→Art)］

art·rein[á:rt..] 形 純血種の.

Ar·tung[á:rtʊŋ] 女 -/-en《ふつう単数で》《雅》特性, 性

格.

Ar·tur[ártur] 男名 アルトゥル. [*engl.* Arthur]

Ar·tus[ártus] 人名 アーサー, アルトゥス(5世紀末から6世紀にかけて英国を統治したといわれるケルト民族の伝説的な王). [*kelt.*; ◇ *engl.* Arthur]

Ar·tus≠hof 男 -〔e〕s/ アーサー〈アルトゥス〉王の宮廷. **≠ro·man** 男 アーサー〈アルトゥス〉王物語. **≠sa·ge** 女 アーサー〈アルトゥス〉王伝説 (Artus 王自身に関する武勇談のほか, いわゆる円卓騎士団の冒険物語などを扱っている).

art≠ver·schie·den[á:rt..] 形 異なった種類の, 異種の. **≠ver·wandt** 形 近い〈似た〉種類の, 同種〈類似〉の.

Art·wort 中 -〔e〕s/..wörter (Adjektiv) 〘言〙形容詞.

Ar·ve[árvə; スイス: árfə] 女 -/-n (Zirbelkiefer) 〘植〙(高山にはえる)マツ属の一種.

Arz·nei[a:rtsnái, arts..] (▽**Ar·ze·nei**[..tsənái]) 女 -/-en 薬物, 薬剤, 薬品: eine ~ nehmen 薬を飲む | eine ~ verordnen 〈verschreiben〉 薬を処方する ‖ Das war für mich eine bittere ~. 《比》それは私にとって苦い薬(教訓)だった. [*mhd.*; < *ahd.* arzinōn „heilen" (◇Arzt)]

Arz·nei≠aus·schlag 男 〘医〙薬疹(やくしん). **≠buch** 中 薬局方(ほう); 薬方書: Deutsches ~ (略 DAB) ドイツ薬局方. **≠ex·an·them** 中 〘医〙薬疹(やくしん). **≠fla·sche** 中 薬瓶. **≠for·mel** 女 処方〔箋(せん)〕. **≠ga·be** 女 〘医〙(1回の)投薬〈服用〉量. **≠glas** 中 -es/..gläser 薬瓶; 薬用グラス. **≠kap·sel** 女 薬用カプセル; カプセル剤. **≠käst·chen** 中 薬箱. **≠kraut** 中 薬草. **≠kun·de** 女 -/ 薬学; 調剤法.

arz·nei·lich[a:rtsnáilıç] 形 薬物〈薬剤〉の; 薬用の; 薬による: eine ~*e* Therapie 薬物療法 | ~ brauchbar sein 薬として使える, 薬用になる.

Arz·nei·mit·tel 中 (Medikament) 薬, 薬剤, 薬物; 医薬品.

Arz·nei·mit·tel≠all·er·gie 女 〘医〙薬物アレルギー. **≠ge·setz** 中 〘法〙薬品法. **≠leh·re** 女 -/ 薬物学. **≠miß·brauch** 男 薬物〈薬品〉の乱用.

Arz·nei≠pflan·ze 女 薬用植物. **≠schränk·chen** 中 薬品戸棚. **≠ta·xe** 女 公定薬価. **≠wis·sen·schaft** 女 -/ 薬学.

Arzt[a:rtst, artst] 男 -es/Ärzte[ɛ́:rtstə, ɛ́rts..] (㊛ **Ärz·tin** → 別出) 医師, 医者: ein niedergelassener ~ 開業医 | ein praktischer ~ (専門医に対して)一般〔開業〕医 | ~ für allgemeine Medizin 一般医 | ~ für Hautleiden 皮膚科の医者 | Augen*arzt* 眼科医 | Fach*arzt* 専門医 ‖ nach dem ~ schicken 医者を呼びにやる | zum ~ gehen 医者へ行く ‖ den ~ holen 〈rufen〉 医者を連れてくる〈呼ぶ〉 | den ~ konsultieren 〈zu Rate ziehen〉 医者に診てもらう〈相談する〉 ‖ Der ~ untersuchte 〈behandelte〉 den Kranken. 医者が患者を診察〈治療〉した. [*gr.* archíātros „Oberarzt"–*spätlat.*–*ahd.*; < archi..+..iater; ◇Arznei]

Ärz·te≠kam·mer[ɛ́:rtstə.., ɛ́rtstə..] 女 医師会. **≠kol·le·gium** 中 医師団, 医療チーム. **≠mu·ster** 中 (薬品などの)医師用サンプル.

Ärz·te·schaft[ɛ́:rtstəʃaft, ɛ́rtstə..] 女 -/ 《集合的に》医師; 医者.

Ärz·te·ver·tre·ter 男 (医者に自社の薬品を売り込む)医薬品訪問販売員〈セールスマン〉.

Arzt≠frau[á:rtst.., ártst..] 女 医師の妻. **≠hel·fer** 男, **≠hil·fe** 女 診療助手.

Ärz·tin[ɛ́:rtstın, ɛ́rts..] 女 -/-nen (Arzt の女性形) 女医.

ärzt·lich[ɛ́:rtstlıç, ɛ́rtst..] 形 《述語的用法なし》医者の; 医療上の: ein ~*es* Attest 〈Zeugnis〉 医師の診断書 | die ~*e* Schweigepflicht 医者の守秘義務 ‖ *sich*[4] ~ untersuchen 〈behandeln〉 lassen 医者に診察〈治療〉してもらう.

Arzt·tum[á:rtsttu:m, ártst..] 中 -s/ 医師であること.

as[as] **I** 中 -/- 〘楽〙変イ音. **II** 記号 (as-Moll) 〘楽〙変イ短調(→As[1] II, a[2] II 1).

as.. →ad..

a. S. 略 **1** =a. d. S. **2** =auf Sicht 〘商〙一覧の上で.

As[1][as] **I** 中 -/- 〘楽〙変イ音. **II** 記号 (As-Dur) 〘楽〙変イ長調(→as II, a[2] II 1).

As[2][as] 男 (中) -ses/-se (単位: -/-) アス(古代ローマの貨幣・重量の単位). [*lat.*]

As[3][as] 中 -ses/-se (Ässer[ɛ́sər]) **1** (英: *ace*) (Daus) (トランプの)エース; ▽(さいころの) 1の目. **2** 《話》 **a)** エース, 第一人者, ぴか一; 名手, 名人, 達人: ein ~ im Hochsprung 高跳びの名選手 | ein ~ auf der Geige ヴァイオリンの名手 | **ein ~** (=ein Aas) **auf der Baßgeige sein** 《話》したたか者(海千山千)である. **b)** 特に人気のある商品. **3 a)** 〘テニス〙サービス=エース(相手がレシーブできなかったサーブ). **b)** 〘ゴルフ〙ホールインワン〔で得た得点〕. [*lat.* ās „Einheit"–*fr.*; ◇Ace]

As[4] 記号 **1** [a:|ɛ́s, arzé:n] (Arsen) 〘化〙砒素(ひそ). **2** [ampe:rzəkúndə, ampɛ:r..] (Amperesekunde) 〘電〙アンペア秒.

Asa[á:za·] 女 -/ , **Asa foe·ti·da**[á:za· fǿ:tida·] 女 -/ , **Asa·fö·ti·da**[azafǿ:tida·] 女 -/ **1** 〘植〙アギ(セリ科オオウイキョウ属の薬用植物). **2** 〘化〙阿魏(あぎ); 〘医〙アギ剤(鎮静剤). [*mlat.*; < *pers.* azā „Harz"; ◇fötid]

ASA-Grad[á:zagra:t][1] 男 〘写〙ASA 感光度(米国標準規格協会 *A*merican *S*tandards *A*ssociation によるフィルム感光指数).

A-Sai·te[á:zaıtə] 女 〘楽〙(弦楽器の弦の) A 線.

Asant[azánt] 男 -〔e〕s/ =Asa

as·as[ás|as, ⌣⌣], **As·as**[–] 中 -/- 〘楽〙重変イ音.

asb[apostílp] 記号 (Apostilb) 〘理〙アポスチルブ.

As·best[asbɛ́st] 男 -〔e〕s/-e 〘鉱〙石綿, アスベスト. [< *gr.* á-sbestos „un-auslöschlich"; ◇ *engl.* asbestos]

As·best≠an·zug 男 (不燃性の)石綿服. **≠be·ton** [..tɔŋ] 男 =Asbestzement **≠dich·tung** 女 〘工〙石綿パッキング.

As·be·sto·se[asbɛstó:zə] 女 -/-n 〘医〙石綿〔沈着〕症, 石綿肺〔症〕(石綿粉を吸引したために起こる肺の病気).

As·best≠pap·pe[asbɛ́st..] 女 石綿ボード. **≠plat·te** 女 石綿製なべ敷き. **≠staub** 男 石綿粉. **≠staub·lun·ge** 女 〘医〙石綿肺〔症〕. **≠ze·ment** 男 石綿セメント.

Asch[1][aʃ] 男 -es(-s)/Äsche[ɛ́ʃə] =Äsche[2]

Asch[2][aʃ] 男 -es(-s)/Äsche[ɛ́ʃə] **1** 《中部》(Schüssel) 深皿, 鉢. ▽**2** =Esche [*ahd.* asc; ◇Esche]

Aschan·ti[aʃánti·] **I** 地名 アシャンティ(かつては西アフリカの王国. のちイギリスの植民地となり, 現在はガーナの一州). **II** 男 -/- アシャンティ人. **III** 女 -/- =Aschantinuß

Aschan·ti·nuß[aʃánti..] 女 《オーストリア》(Erdnuß) 落花生, ピーナツ.

Asch·be·cher[áʃ..] =Aschenbecher

asch·bleich 形 灰白色の.

asch·blond 形 灰色がかった〈つやのない〉金髪の.

Asche[áʃə] 女 -/-n **1** 《ふつう単数で》灰, 灰分; 燃えがら, 灰燼(かいじん); 《比》なきがら, 遺骨: vulkanische ~ 火山灰 | radioaktive ~ 放射能を帯びた灰 | ungebrannte ~ 《戯》こん棒; (杖(つえ)による)殴打 ‖ die ~ von der Zigarre abstreifen 葉巻の灰を落とす | ~ streuen 灰をまく(路面凍結の際など) ‖ wie ein Phönix aus der ~ erstehen 〈steigen〉 (→Phönix 1) | *et.*[4] in ~[4] verwandeln / *et.*[4] zu ~ verbrennen …を焼き払う | *et.*[4] in Schutt und ~ legen (→Schutt 1) | in Schutt und ~ liegen (→Schutt 1) | in Schutt und ~ 〔ver〕sinken (→Schutt 1) ‖ **zu ~ werden** 〈**zerfallen**〉 《雅》(死んで)灰になる, 消滅する | Friede seiner ~[3]! 《雅》彼の魂に平安あれ(埋葬の際などに) ‖ ***sich***[3] **~ aufs Haupt streuen** / ***sein* Haupt mit ~ bestreuen** 《雅》(頭の上に灰をまいて)後悔する. 悔い改める, 改悛(かいしゅん)の気持を示す(聖書: IIサム13,19から) | in Sack und ~[3] gehen (→Sack 2) | Das ist doch ~! 《話》それは役立たずだ. **2** 《単数で》《話》(Geld) お金; 小銭: blanke ~ 銀貨. [*germ.*–*ahd.* asca; ◇arid, Esse; *engl.* ash]

Äsche[1] Asch[1], Asch[2] の複数.

Äsche[2][ɛ́ʃə] 女 -/-n 〘魚〙カワヒメマス(河姫鱒). [*ahd.* asco]

Asche·ge·halt[áʃə..] 男 〘薬〙灰分含有量.

Asch·ei·mer[áʃ..] =Ascheneimer

Ạschen[áʃən] 男 -s/ 《ｵｰｽﾄﾘｱ》 = Asche
Äs·chen Aas の縮小形.
Ạschen≈bahn[áʃən..] 女 〘ｽﾎﾟｰﾂ〙 シンダートラック. **≈be·cher** 男 灰皿.
Ạschen·brö·del[áʃənbrøːdəl] 中 -s/- **1** 《単数で》 (英: *Cinderella*) (童話の) 灰かぶり姫, シンデレラ. ☆女名扱いでふつう無冠詞. グリム童話の Aschenputtel はヘッセン方言形. **2** おさんどん, 下女: Sie ist immer das ~. 彼女はいつもいやな仕事をおしつけられる. [*mhd.* aschenbrodele „Küchenjunge"; ◇brodeln]
Ạschen≈ei·mer 男 灰〈石炭がら〉入れバケツ. **≈gru·be** 女 (ストーブなどの) 灰落とし, 灰受け. **≈hau·fen** 男 灰の山, 灰だまり. **≈ka·sten** 男 (ストーブなどの) 灰受け箱. **≈kraut** 中 = Aschenpflanze **≈krug** 男 骨つぼ. **≈lau·ge** 女 灰汁(ｱｸ). **≈pflan·ze** 女 (Cinerarie) 〘植〙 フウキギク(富貴菊), シネラリア, サイネリア.
Ạschen·put·tel[áʃənputəl] 中 -s/- = Aschenbrödel
Ạschen≈re·gen 男 (噴火などによる) 降灰, 灰の雨; (核爆発による) 放射能ちりの降下. **≈tür** 女 (ストーブなどの) 灰取り扉.
Ạscher[áʃər] 男 -s/- 《話》 = Aschenbecher
Äscher[ɛ́ʃər] 男 -s/- **1** 〘製革〙 (革なめし用の) 灰汁(ｱｸ)おけ. **2** 錫(ｽｽﾞ)灰 (陶器の釉(ｳﾜｸﾞｽﾘ)). **3** 《単数で》 〘植〙 うどんこ病.
Ascher·mịtt·woch[aʃərmítvɔx] 男 〘ｶﾄﾘｯｸ〙 灰の水曜日 (四旬節の初日. 死について考えさせ, 改悛(ｶｲｼｭﾝ)と懺悔(ｻﾞﾝｹﾞ)の印に頭の上に祝別された灰を十字の形に置く習慣から).
äschern[ɛ́ʃərn] 《05》 他 (h) **1** 焼いて灰にする. **2** 《*et.*[4]》 **a)** (…に) 灰を塗る〈まく〉, 灰をかぶせる; (道・競走路に) 石炭がらを敷き詰める. **b)** 〘ｶﾄﾘｯｸ〙 (…に) 祝別された灰で十字架の印をつける. **3** 〘製革〙 (革の表面に) 灰汁(ｱｸ)をすり込む, (皮を) 灰汁で柔らかにする.
ạsch·fahl[áʃfaːl] 形 (顔などが) 灰のように青ざめた, 血の気のない.
ạsch≈far·ben 形 灰色の, 灰白色の, 白っぽい. **≈grau** 形 灰色の; 《比》 荒涼とした: eine ~e Lage 絶望的な状況 | **bis ins *Aschgraue*** 《話》 無限に長く〈大きく〉, うんざりするほど; 延々と.
Ạsch·huhn 中 (Ralle) 〘鳥〙 クイナ(秧鶏).
ạschig[áʃɪç][2] 形 **1** 灰のような, 粉末状の. **2** = aschfarben
Ạsch·ka·sten[áʃ..] = Aschenkasten
Asch·ke·nạ·si[aʃkenáːziˑ] 男 -/-m[..náːziːm, ..naziːm] アシュケナージ (東欧ユダヤ人: →Sephardi). [*hebr.*; ◇*engl.* Ashkenazim]
asch·ke·nạ·sisch[..náːzɪʃ] 形 アシュケナージの.
Ạsch·kraut[áʃ..] = Aschenkraut
äschy·lẹ·isch[ɛʃyléːɪʃ] 形 アイスキュロスふうの; 《大文字で》 アイスキュロスの.
Äschy·lus[ɛ́(ː)ʃylus] 人名 アイスキュロス (前525-456; ギリシア三大悲劇詩人の一人). [*gr.* Aischýlos–*lat.*]
Ascor·bịn·säu·re[askɔrbíːn..] 女 -/ 〘化〙 アスコルビン酸. [<a..[1]+ Skorbut]
Ạs-Dur[ásduːr, ⌣⌣´] 中 -/ 〘楽〙 変イ長調 (記号 As): → A-Dur
..ase[..aːzə] 〘化〙 《「酵素」を意味する女性名詞 (-/-n) をつくる》: Amyl*ase* アミラーゼ | Katal*ase* カタラーゼ | Oxyd*ase* オキシダーゼ. [<Diastase]
Ạse[áːzə] 男 -n/-n 《ふつう複数で》 〘北欧神〙 アーゼ (Odin を長とする神族). [*anord.*; ◇Anshelm]
ASEAN[éɪsiən] 女 -/ 東南アジア諸国連合, アセアン: ~-Staaten / ~-Länder アセアン諸国. [*engl.*; <*engl.* *A*ssociation of *S*outh *E*ast *A*sian *N*ations]
a sẹc·co[a zéːkoˑ] 《ｲﾀﾘｱ語》 (↔a fresco) 《次の形で》 ~ malen 〘美〙 乾いた壁に描く. [„auf dem trockenen (Kalk)"]
äsen[ɛ́ːzən][1] 《02》 **I** 自 (h) 〘狩〙 (野獣が) 草〈えさ〉を食う. **II** 他 (h) **1** (動物に) 草〈えさ〉を食わせる, 飼育する. **2** 再帰 *sich*[4] ~ 〘狩〙 (野獣が) 草〈えさ〉を食う. [*mhd.*; ◇Aas]
Asẹp·sis[azɛ́psɪs] 女 -/ (Keimfreiheit) 〘医〙 無菌〔状態〕. [<a..[1]]
Asẹp·tik[..tɪk] 女 -/ 〘医〙 滅菌法.
asẹp·tisch[..tɪʃ] 形 (keimfrei) 〘医〙 無菌〔性〕の; 滅菌した: eine ~e Behandlung 無菌治療.
Äser[1][ɛ́ːzər] 男 -s/- **1** (Maul) 〘狩〙 (野獣の) 口, 鼻づら (→ 図 Hirsch). **2** ナップザック, 背嚢(ﾊｲﾉｳ).
Äser[2] Aas 2の複数.
Aser·bai·dschạn (**Aser·bei·dschạn**)[azɛrbaɪdʒá(ː)n] 地名 アゼルバイジャン (南西アジア, カフカス地方の共和国. 1991年ソ連邦の解体に伴い独立. 首都は Baku). [*pers.*–*russ.*]
Aser·bai·dschạ·ner (**Aser·bei·dschạ·ner**)[..dʒá(ː)nər] 男 -s/- アゼルバイジャン人.
aser·bai·dschạ·nisch (**aser·bei·dschạ·nisch**)[..dʒáːnɪʃ] 形 アゼルバイジャン〔人・語〕の: →deutsch
ạs·es[ás|ɛs, ⌣⌣], **Ạs·es**[−] 中 -/- 〘楽〙 重変イ音.
ạse·xuạl[á(ː)zɛksuaːl, ⌣⌣⌣´] (**ạse·xuell**[..ɛl, ⌣⌣⌣⌣]) 形 **1** 性的不感症の. **2** 〘生〙 無性の; 無性生殖の. [<a..[1]]
Ạs·gard[ásgart] 地名 〘北欧神〙 アスガルド (神々の国). [◇Ase]
Asia·nịs·mus[azianísmus] 男 -/ 〘修辞〙 (紀元前3世紀に小アジアで起こった華麗な) 小アジアふうの文体.
Asiạt[aziáːt] 男 -en/-en (◎ **Asiạ·tin**[..áːtɪn]-/-nen) アジア人.
Asiạ·ti·ka[..tikaˑ] 複 アジア関係書.
asiạ·tisch[..tɪʃ] 形 アジアの. [*gr.*–*lat.*]
Ạsi·en[áːziən] 地名 アジア〔大陸〕. [*semit.*–*gr.*–*lat.* Asia]
As·kạ·ni·er[askáːniər] 男 -s/- アスカーニエン家の人 (古いドイツの王族. 1100年ころアスカーニエン伯を称し,1918年まで Anhalt を統治).
As·kạ·ri[askáːriˑ] 男 -s/-s (旧ドイツ領東アフリカの) アフリカ土民兵. [*arab.*]
As·ka·rịa·sis[askaríːazɪs] (**As·ka·ri·dịa·sis**[askaridíːazɪs]) 女 -/ 〘医〙 回虫病. [<..iasis]
Ạs·ka·ris[áskarɪs] 女 -/..riden[askaríːdən] 《ふつう複数で》 (Spulwurm) 〘動〙 カイチュウ(回虫). [*gr.*–*spätlat.*; ◇scheren[3]]
As·kẹ·se[askéːzə] 女 -/ **1** 禁欲〔生活〕, 厳しい節制: sexuelle ~ üben 性的に禁欲する | in strenger ~ leben 厳しい禁欲生活を送る. **2** (宗教上の修行としての) 苦行, 修徳. [*gr.* áskēsis „Übung"]
As·kẹt[askéːt] 男 -en/-en **1** 禁欲生活を送る人, 禁欲主義者. **2** 苦行者, 行者. [*gr.* askētḗs „Fachmann"–*mlat.*; ◇*engl.* ascetic]
As·kẹ·tik[..tɪk] 女 -/ = Aszetik
As·kẹ·ti·ker[..tikər] 男 -s/- = Aszetiker
as·kẹ·tisch[..tɪʃ] 形 **1** 禁欲の; 禁欲的な: ein ~*es* Leben 禁欲生活. **2** 苦行を行う; 行者〈苦行者〉のような.
As·klẹ·pios[askléːpiɔs] 人名 〘ギ神〙 アスクレピオス (Apollo の息子で医術の神. ローマ神話の Äskulap に当たる). [*gr.*]
Ạs·kor·bịn·säu·re[askɔrbíːn..] = Ascorbinsäure
Äs·ku·lạp[ɛskuláːp] **I** 人名 〘ロ神〙 アエスクラピウス (医術の神. ギリシア神話の Asklepios に当たる. ヘビの巻きついた杖(ﾂｴ)を持つ). **II** 男 -s/-e 《比》 医師, 医者. [*lat.*]
Äs·ku·lạp≈schlan·ge 女 Äskulapstab に巻きついたヘビ. **≈stab** 男 (ヘビの巻きついた) Äskulap の杖(ﾂｴ) (医師・医術の象徴: → 図).

Äskulapstab

As·mọ·di[asmóːdiˑ] 人名 アスモデウス (ユダヤ民間信仰の悪魔). [*awest.*–*hebr.*]
ạs-Moll[ásmɔl, ⌣⌣] 中 -/ 〘楽〙 変イ短調 (記号 as): →A-Dur
Ạs·mus[ásmus] 男名 (<Erasmus) アスムス.
ạso·ma·tisch[á(ː)zomaːtɪʃ, ⌣⌣´⌣] 形 (körperlos) 〘哲〙 形体のない, 無形の; 非物質的な. [*gr.*; <a..[1]]
Äsọp[ɛzóːp] 人名 イソップ, アイソポス (前6世紀ごろのギリシアの寓話(ｸﾞｳﾜ)作家). [*gr.* Aísōpos–*lat.*]

A

äso·pisch[..pɪʃ] 形 イソップふうの; 《比》(witzig) 機知に富んだ, 気の利いた; 《大文字で》イソップの.

Äso·pus[..pʊs] (**Äso·pos**[..pɔs]) =Äsop

Asowsch[á:zɔfʃ, azɔ́fʃ] 形 アゾフの: das ~*e* Meer アゾフ海(黒海北岸の湾入部). [<Asow (ウクライナ Don 川下流の町)]

aso·zial[á(:)zotsia:l, ◡◡◡⏑] 形 **1** 反社会的な: ~*e* Elemente 反社会分子. **2** 社会的センスのない; 非社交的な. [<a..[1]]

Aso·zia·li·tät[azotsialitɛ́:t] 女 -/ asozial なこと.

As·pa·ra·gin[asparagí:n] 中 -s/ 《化》アスパラギン. [<..in[2]]

As·pa·ra·gin·säu·re 女 -/ 《化》アスパラギン酸.

As·pa·ra·gus[aspá(:)ragus] 男 -/ **1** (Spargel) 《植》アスパラガス. **2** 《植》(葉を生け花などに用いる観賞用の)アスパラガス. [*gr.* asp(h)áragos−*lat.*; ◇Spargel]

As·pa·sia[aspá:zia·] 人名 アスパシア(前5世紀のギリシアの女性. Perikles の愛人). [*gr.*−*lat.*]

As·pe[áspə] 女 -/-n =Espe

Aspekt[aspɛ́kt] 男 -(e)s/-e **1** 観点, 視点, 見方: von diesem ~ (aus) この観点から(すれば) | unter verschiedenen ~*en* さまざまの角度で | den sozialen ⟨wirtschaftlichen⟩ ~ eines Problems betonen 問題の社会的(経済的)な観点を強調する. **2** 《言》(特にスラブ語の動詞の)相: der vollendete ⟨unvollendete⟩ ~ / der perfektive ⟨imperfektive⟩ ~ 完了(不完了)相(→Aktionsart). **3** 《天》星位; 《占星》星相; 《比》(Vorzeichen) 前兆. [*lat.*; <*lat.* ā-spicere „an-blicken" (◇spähen)]

Asper·gill[aspɛrgíl] 中 -s/-e (Weihwedel) 《カトリック》(聖水振りかけ用の)散水器. [◇Aspersion]

Asper·ma·tis·mus[aspɛrmatísmus] 男 -/ 《医》無精液(症), 射精不能(症). [<Sperma]

Asper·sion[aspɛrzió:n] 女 -/-en 《カトリック》(聖水の)散水. [*lat.*; <*lat.* ā-spergere „hin-spritzen" (◇Spreu)]

As·phalt[asfált, ⏑◡] 男 -(e)s/-e アスファルト; (道路の)アスファルト(舗装). [*gr.*−*spätlat.*−*fr.*]

As·phalt⸗bahn 女 (九柱戯の)アスファルト=レーン. **⸗be·ton**[..betɔŋ] 男 アスファルト=コンクリート. **⸗bla·se** 女 《俗》(英: *bubble car*) 小型自動車. **⸗decke** 女 (道路などの)アスファルト被覆(舗装).

as·phal·tie·ren[asfaltí:rən] 他 (h) アスファルトで舗装する: eine *asphaltierte* Straße アスファルト舗装の道路.

as·phal·tisch[asfáltɪʃ] 形 アスファルトの; アスファルトを含む; アスファルト加工の.

As·phalt⸗lack[asfált..] 男 《美》アスファルト=ラッカー. **⸗li·te·ra·tur** 女 アスファルト文学(大都会を素材とした文学に対するナチ時代の蔑称). **⸗mensch** 男 (都会に住んで自然から遊離した)アスファルト人間. **⸗pap·pe** 女 (防水用にアスファルトで加工した)アスファルト厚紙. **⸗pfla·ster** 中 アスファルト舗装. **⸗stra·ße** 女 アスファルト舗装道路.

As·pho·de·le[asfodé:lə] 女 -/-n, **As·pho·dill**[asfodíl] 男 -s/-e =Affodill

asphyk·tisch[asfʏ́ktɪʃ] 形 《医》(窒息して)仮死状態の.

Asphy·xie[asfʏksí:] 女 -/-n[..sí:ən] 《医》(血液中の酸素欠乏による)窒息, (窒息による)仮死. [*gr.*; <a..[1]+*gr.* sphýzein „pulsieren" (◇Sphygmograph)]

Aspik[aspí:k, aspík, ⏑◡] 男 (オーストリア: 中) -s/-e 《ふつう単数で》《料理》アスピック(肉や魚の煮汁にゼラチンを加えて作る): Aal in ~ ウナギのアスピック寄せ. [*fr.*]

Aspi·rant[aspiránt] 男 -en/-en **1** 志望者, 志願者; 任用候補者: ein ~ für ⟨まれ: auf⟩ einen Posten あるポストの志望者. **2** (Aspirantur に在籍する)大学院生. [*fr.*]

Aspi·ran·tur[..rantú:r] 女 -/-en (旧東ドイツで学術研究者を養成する)大学院博士課程. [<..ur]

Aspi·ra·ta[..rá:ta·] 女 -/..ten[..tən], ..tä[..tɛ·] (behauchter Verschlußlaut) 《言》帯気(有気)破裂音(例 [ph][pʻ]). [*lat.*]

Aspi·ra·teur[..ratø:r] 男 -s/-e **1** 《農》風圧篩別(ふるい)機. **2** 《工》アスピレーター, 水流ポンプ. [*fr.*; <..eur]

Aspi·ra·tion[..ratsió:n] 女 -/-en **1** 《ふつう複数で》期待, 抱負, 大志, 野心, 野望: ~*en* auf *et.*[4] ⟨nach *et.*[3]⟩ haben …を志す, …をねらう. **2** (Behauchung) 《言》気音(発音). **3** 《医》吸引. **4** 《カトリック》呼禱. [*lat.*]

Aspi·ra·tor[..rá:tɔr, ..to:r] 男 -s/-en[..rató:rən] **1** 吸引装置, 吸い出し器; 水流ポンプ, アスピレーター; 《医》吸引器. **2** =Aspirateur

aspi·ra·to·risch[..rató:rɪʃ] 形 《言》気音を伴った, 帯気の.

aspi·rie·ren[..rí:rən] **I** 他 (h) **1** (ansaugen) 吸い出す, 吸引する. **2** 《言》気音を伴って(帯気音として)発音する. **II** 自 (h) 《オーストリア》(auf *et.*[4]) (…を)切望する, (努力して)手に入れようとする; 志望(志願)する. [*lat.*; ◇ad.., Spirans]

Aspi·rin[aspirí:n] 中 -s/ 商標 アスピリン(解熱鎮痛剤). [◇Acetyl, spiral]

Ass[as] 中 Asses / Asse =As[3]

Ass. 略 =Assessor

aß[a:s] essen の過去.

Aß[1][as] 中 Asses/Asse 《オーストリア》=As[3]

Aß[2][−] 中 Asses/Asse 《オーストリア》=Abszeß

as·sai[asáɪ] 副 (genug, sehr) 《他の指示語とともに》《楽》十分に, 非常に: allegro ~ 十分速く. [*lat.* ad satis „bis zur Sättigung" (◇satt)−*it.*]

as·sa·nie·ren[asaní:rən] 他 (h) 《オーストリア》(スラム街などを衛生面などで)改良(再開発)する. [*fr.*]

As·sa·nie·rung[..rʊŋ] 女 -/-en 《オーストリア》assanieren すること.

As·sas·si·ne[asasí:nə] 男 -n/-n **1** 《複数で》《史》アッサシン派(回教徒の一派で11-13世紀にキリスト教徒の暗殺をこととした). [▽]**2** (Meuchelmörder) 暗殺者. [*arab.*−*it.*; ◇Haschisch]

As·se As[2], As[3], Aß[1], Aß[2]の複数.

äße[ɛ́:sə] essen の接続法 II.

[▽]**As·se·ku·rant**[asekuránt] 男 -en/-en 保険業者.

[▽]**As·se·ku·ranz**[..ránts] 女 -/-en **1** (Versicherung) 保険. **2** 保険会社.

[▽]**As·se·ku·ranz⸗brief** 男, **⸗po·li·ce**[..sə] 女 保険証書.

As·se·ku·rat[..rá:t] 男 -en/-en 被保険者.

[▽]**as·se·ku·rie·ren**[..rí:rən] 他 (h) (versichern) 《*jn.*》(…に)保険をかける. [*vulgärlat.*; ◇Sekurität]

As·sel[ásəl] 女 -/-n = Asselkrebs [*lat.* assellus „Eselein"; <*lat.* asinus (→Esel)]

As·sel⸗krebs 男 《動》等脚類(ウミミズムシ・ミズムシ・ワラジムシ・フナムシなど). **⸗spin·ne** 女 《動》ウミグモ(海蜘蛛). **⸗spin·ner** 男 《虫》イラガ(刺蛾)科のガ.

As·sem·blage[asãblá:ʒ(ə)] 女 -/-n[..ʒən] 《美》アサンブラージュ(異質の素材を組み合わせる彫塑). [*fr.*; <..age]

As·sem·blee[..blé:] 女 -/-n[..blé:ən] (Versammlung) 集会; 《政》(フランスの)国民議会. [*fr.*; ◇simultan]

As·sem·bler[əsɛ́mblə] 男 -s/- **1** 《電算》アセンブラー言語. **2** コンパイラー(コンパイルを行うプログラム). [*engl.*]

As·sem·bling[əsɛ́mblɪŋ] 中 -s/-s (経営合理化のための)企業提携(合同). [*engl.*]

as·sen·tie·ren[asɛntí:rən] [▽]**I** 自 (h) 同意(賛成)する. **II** 他 (h) 《オーストリア》《*jn.*》(…の)兵役適性度を検査する. [*lat.*; <*lat.* sentīre (→Sensus)]

As·sen·tie·rung[..rʊŋ] 女 -/-en 《オーストリア》徴兵検査.

As·ser As[3] の複数.

as·se·rie·ren[aserí:rən] 他 (h) (behaupten) 主張する, 断言する. [*lat.*; <*lat.* serere (→Serie)]

As·ser·tion[asɛrtsió:n] 女 -/-en 主張, 断言. [*lat.*]

as·ser·tiv[asɛrtí:f][1] 形 《言》断言的な, 断定的な.

as·ser·to·risch[..tó:rɪʃ] 形 断言的な, 断定的な: ein ~*es* Urteil 《哲》断言的判断.

As·ser·vat[asɛrvá:t] 中 -(e)s/-e 《法》保管物件.

As·ser·va·tion[..vatsió:n] 女 -/-en 《法》保管.

as·ser·vie·ren[..ví:rən] 他 (h) (aufbewahren) 《法》保管する. [*lat.*; <*lat.* servāre „beobachten"]

As·ses·sor[asɛ́sɔr, ..so:r] 男 -s/-en[asɛsó:rən] (女 **As·ses·so·rin**[asɛsó:rɪn]-/-nen) (略 Ass.) 試補 (Referendar としての見習期間を終え, 第二次の国家試験に合格した上

級公務員採用候補者). [*lat.*; < *lat.* as-sidēre „beisitzen" (◇sitzen)]

as·ses·so·ral[asɛsorá:l] 形, **as·ses·so·risch** [asɛsó:rɪʃ] 形 Assessor の; Assessor に関する.

As·si·bi·la·tion[asibilatsió:n] 女 -/-en〘言〙(閉鎖音の)擦音化; 擦音の発音.

as·si·bi·lie·ren[..lí:rən] 他 (h)〘言〙(閉鎖音を)擦音化する. [< *lat.* sībilāre (→Sibilant)]

As·si·bi·lie·rung[..rʊŋ] 女 -/-en = Assibilation

As·si·dui·tät[asiduitɛ́:t] 女 -/ (Fleiß) 勤勉; (Ausdauer) ねばり強さ, 根気. [*lat.*]

As·siet·te[asiɛ́tə] 女 -/-n **1** ▽**a)** 皿, 平皿. **b)**《ｵｰｽﾄﾘｱ》(Vorspeise) 前菜, オードブル. ▽**2** 位置, 状態; 心の状態, 気分. [*fr.*; < *lat.* assidēre (→Assessor)]

▽**As·si·gnant**[asɪgnánt] 男 -en/-en〘商〙手形振出人.

▽**As·si·gnat**[..ná:t] 男 -en/-en〘商〙手形支払人.

▽**As·si·gna·tar**[..natá:*r*] 男 -s/-e〘商〙手形受取人.

As·si·gna·te[..ná:tə] 女 -/-n《ふつう複数で》〘史〙(フランス革命直後の)アシニヤ紙幣. [*fr.*]

▽**As·si·gna·tion**[..natsió:n] 女 -/-en〘商〙手形振り出し; 為替. [*lat.*]

▽**as·si·gnie·ren**[..ní:rən] 他 (h)〘商〙(手形を)振り出す. [*lat.*]

As·si·mi·lat[asimilá:t] 中 -[e]s/-e〘生〙同化産物(同化によって生じる物質. でんぷん・糖など).

As·si·mi·la·tion[..latsió:n] 女 -/-en (↔Dissimilation) (Angleichung) 同化, 融合;〘言〙(音声上の)同化;〘生〙同化[作用], 吸収: die ~ an die Umwelt 外界への同化⟨適応⟩ ‖ partielle ~〘言〙部分[的]同化(㊥ *n*p > *m*p, n*p* > n*m*) | progressive ⟨regressive⟩ ~〘言〙進行⟨逆行⟩同化(㊥ 進行: m*m*<m*b*, 逆行: *mp*<*np*) | totale ⟨vollständige⟩ ~ 全面的同化(㊥ m*m*<m*b*). [*lat.*]

As·si·mi·la·tions·wur·zel 女〘植〙同化根.

as·si·mi·la·to·risch[..lató:rɪʃ] 形 同化[作用]による.

as·si·mi·lie·ren[..lí:rən] 他 (h) **1** (自分のものとして)取り入れる, 吸収する, 同化する: Kohlensäure ~ (植物が)炭酸ガスを吸収して同化する. **2** 再帰 *sich*[4] *et.*[3] ⟨an *et.*[4]⟩ ~ …に適応⟨順応⟩する, …に同化する | *sich*[4] an eine Umgebung ~ 環境に適応する. [*lat.*; < *lat.* similis (→Simili)]

As·si·mi·lie·rung[..rʊŋ] 女 -/-en (sich) assimilieren すること.

As·si·se[así:zə] 女 -/-n **1**〘法〙裁判の開始, 開廷. **2**《複数で》(Schwurgericht) (フランス・スイスの)陪審裁判. [*fr.*; < *fr.* asseoir „[fest]setzen" (◇Assessor)]

As·si·si[así:zi·] 地名 アッシジ(イタリア中部の町で, 聖フランチェスコゆかりの地: →Franz[1] I).

As·si·stent[asɪstɛ́nt] 男 -en/-en (㊛ **As·si·sten·tin** [..tɪn]-/-nen) (学者・医師・研究室などの)助手; (一般に)補佐[役], 助手;《ｶﾄﾘｯｸ》立会人. [*lat.*; ◇*engl.* assistant]

As·si·stenz[..tɛ́nts] 女 -/-en《ふつう単数で》**1** 助手を務めること, 手伝い, 助力, 補佐, 協力: *jm.* ~ leisten …の助手を務める, …の手伝いをする | unter *js.* ~ …の協力のもとに. **2** (特にカトリックの聖職者などの)列席, 立ち会い. [*mlat.*]

As·si·stenz≠arzt 男 (医長・主任医師などに対する)一般医師. **≠pro·fes·sor** 男 (大学の)助教授.

as·si·stie·ren[..tí:rən] 自 (h) **1**《*jm.*》(…の)助手を務める, (…の)手伝いをする; (…を)助ける, 補佐する, (…に)協力する: *jm.* bei der Operation ~ …の手術を手伝う. ▽**2**《bei *et.*[3]》(…に)出席⟨列席⟩する, (…に)立ち会う. [*lat.*]

▽**As·so·cié**[asosié:] 男 -s/-s (事業の)共同出資者; 社員. [*fr.*; ◇assoziieren]

As·so·lu·ta[asolú:ta·] 女 -/-s (オペラ・バレエの)女性スター. [*it.*; < *lat.* absolutus (→absolut)]

As·so·nanz[asonánts] 女 -/-en (↔ Konsonanz) (Halbreim)〘詩〙母韻, 半韻(母音のみの押韻)(㊥ l*a*ben: kl*a*gen).

as·so·nie·ren[asoní:rən] **I** 自 (h) 類音⟨和音⟩をなす. **II as·so·nie·rend** 現分 形〘詩〙類母韻の. [*lat.*; < *lat.* sonāre (→Sonant)]

as·sor·tie·ren[asɔrtí:rən] 他 (h)〘商〙(商品を品目別に区分けして)取りそろえる, 仕入れる: ein Laden mit gut ⟨wohl⟩ *assortiertem* Lager 在庫の豊富な店. [*fr.*]

▽**As·sor·ti·ment**[..timɛ́nt] 中 -[e]s/-e (Warenlager) 仕入れ商品[の取り合わせ], 在庫品. [*fr.*]

As·so·zia·tion[asotsiatsió:n] 女 -/-en **1**〘心〙連想, 観念連合. **2** (共通の目的をもつ)協同, 連合; 結社. **3**〘化〙(分子の)会合. **4**〘植〙群集, アソシエーション(植物群落の分類単位の一つ). [*fr.*]

As·so·zia·tions≠frei·heit 女 -/〘政〙結社の自由. **≠ge·halt** 男〘言〙連想的意味内容(本来の意味から連想される二次的な複合的・感情的表象). **≠prü·fung** 女〘心〙連想検査. **≠psy·cho·lo·gie** 女 -/〘心〙連合心理学. **≠recht** 中〘法〙結社権. **≠zen·trum** 中 (大脳皮質の)連合(総合)中枢.

as·so·zia·tiv[..tí:f][1] 形〘心〙連想的な, 観念連合による.

as·so·zi·ie·ren[..tsií:rən] 他 (h) **1**《*et.*[4] mit *et.*[3]》(観念を…と)結びつける;《*et.*[4]》(…を)連想させる: Der Name *assoziiert* in mir liebe Erinnerungen. その名前は私の心のなかに愛すべき思い出を呼び覚ます. **2** 再帰 *sich*[4] *et.*[3] ⟨mit *et.*[3] / an *et.*[3]⟩ ~ …と提携する, …に加盟する | die (mit) der EG *assoziierten* Staaten EC 加盟諸国. [*lat.*–*fr.*; < *lat.* sociāre (→soziabel); ◇*engl.* associate]

As·so·zi·ie·rung[..tsií:rʊŋ] 女 -/-en (sich) assoziieren すること.

ASSR[a:|ɛs|ɛs|ɛ́r] 略 女 -/ = **A**utonome **S**ozialistische **S**owjet**r**epublik 自治ソビエト社会主義共和国(1991年消滅).

As·suan[asuá:n] 地名 アスワン(エジプト Nil 川中流にある都市. 近傍にダムおよびハイ=ダムがある). [*ägypt.*–*arab.*]

As·sump·tio·nist[asʊmptsioníst] 男 -en/-en《ｶﾄﾘｯｸ》聖母被昇天[の聖アウグスティノ]会会員.

As·sum·tion[asʊmtsió:n] 女 -/-en《ｶﾄﾘｯｸ》**1**《単数で》(Mariä Himmelfahrt) 聖母被昇天. **2**〘美〙聖母被昇天の画像. [*lat.* as-sūmptiō „Auf-nahme"]

As·sun·ta[asúnta·] 女 -/..ten[..tən] = Assumtion 2 [*it.*; < *lat.* as-sūmere „auf-nehmen"]

As·sur[ásʊr] **I** 人名 アッシュール(アッシリア人の祖神). **II** 地名 アッシュール(アッシリアの最古の首都).

As·sur·ba·ni·pal[asʊrbá:nipal] = Sardanapal

As·sy·rer[asý:rər] 男 -s/- = Assyrier

As·sy·ri·en[..riən] 地名 アッシリア (Tigris, Euphrat 両河の上流の古代王国). [*akkad.*–*gr.*–*lat.*]

As·sy·ri·er[..riər] 男 -s/- アッシリア人.

As·sy·rio·lo·ge[asyrioló:gə] 男 -n/-n (→..loge) アッシリア学者.

As·sy·rio·lo·gie[..logí:] 女 -/ アッシリア学.

as·sy·rio·lo·gisch[..ló:gɪʃ] 形 アッシリア学[上]の.

as·sy·risch[así:rɪʃ] 形 アッシリア[人・語]の : → deutsch | die ~*e* Schrift アッシリアの楔(くさび)形文字.

Ast[ast] 男 -es(-s)/Äste[ɛ́stə] (㊀ **Äst·chen**[ɛ́stçən], **Äst·lein**[..laɪn] 中 -s/-) **1** (木の幹から分かれた)[大]枝 (→ ⊛ Eiche) (→Zweig[1] 1);《比》分枝, 枝分かれしたもの: ein dicker ⟨dünner⟩ ~ 太い⟨細い⟩枝 | die *Äste* der Luftröhre 気管支 | der aufsteigende ⟨absteigende⟩ ~〘数〙(図表の)上昇⟨下降⟩カーブ ‖ **auf dem absteigenden ~ sein** / *sich*[4] **auf dem absteigenden ~ befinden**《比》下り坂⟨落ち目⟩である ‖ verkahlte *Äste* herausschneiden 枯れた⟨葉を落とした⟩枝を切り除く | **den ~, auf dem man sitzt, absägen** / den ~ hinter *sich*[3] absägen《俗》みずから墓穴を掘る | **einen ~ durchsägen** のこぎりで枝を切り落とす;《話》大いびきをかく. **2** (木の)ふし, こぶ(→ ⊛ Holz A);《話》やっかいな仕事. **3**《単数で》《話》(Rücken) 背, 背中; (せむしなどの)こぶ: *et.*[4] auf den ~ nehmen …を背負う⟨肩にかつぐ⟩ ‖ einen ~ haben せむしである;《ｽｲｽ》ぐったりしている, 二日酔いである | ***sich*[3] einen ~ lachen**《話》腹をかかえて笑う⟨笑いこける⟩. [*idg.*; ◇sitzen; *gr.* ózos „Ast"]

a. St. 略 = **a**lten **St**ils (→Stil 5).

AStA[ásta·] 男 -[s]/-[s] (ASten[..tən]) (<**A**llgemeiner **St**udenten**a**usschuß) (ドイツ各大学の)学生自治会.

Astar·te[astártə, ..te·] 人名〘セム神〙アスタルテ(古代 Semit 族の愛と豊穣(ほうじょう)の女神). [*semit.*–*gr.*–*lat.*]

Asta·sie[astazí:] 女 -/-n[..zí:ən] 〖医〗失立〔症〕, 起立不能〔症〕, 無定位〔症〕. [*gr.*; <*gr.* á-statos „unstet"]

asta·sie·ren[..zí:rən] 他 (h) 〖理〗(測定装置を)外力の影響から守る.

Astat[astá:t] 中 -s/ , **Asta·tin**[astatí:n] 中 -s/ 〖化〗アスタチン(放射性元素名; 記号 At).

asta·tisch[astá:tɪʃ] 形 **1** 〖医〗無定位〔性〕の, 歩行不能性の. **2** 〖理〗(測定装置などが)外力の影響から守られた.

Äst·chen Ast の縮小形.

Äste Ast の複数.

asten[1][ástən] 《01》 **I** 他 (h) **1** 《話》(重い物を)苦労して運ぶ. **2** 〖紋〗枝を払う(→Astpfahl). **II** 自 **1** (s) 《話》(坂道などを)苦労して歩く: auf den Berg ～ 苦労して山に登る. **2** (h) 《話》苦労する; (学生が)勉強する, がり勉する. [<Ast 3]

ästen[ɛ́stən] (ᵛ**asten**[2][ástən]) 《01》 自 (h) (木が)枝を出す; 枝分かれする.

ASten AStA の複数.

Aster[ástər] 女 -/-n (Sternblume) 〖植〗アスター, ユウゼンギク(友禅菊)(キク科シオン属の草で, 夏から秋にかけて咲く). [*gr.* astḗr „Stern"–*lat.*; ◇Stern[2], astro..]

Äster Aast の複数.

aste·risch[asté:rɪʃ] 形 星のような, 星状の, 星形の.

Aste·ris·kus[asterískʊs] 男 -/..ken[..kən] (Sternchen) 〖印〗アステリスク, 星印(*). [*gr.*–*spätlat.*; ◇Aster]

Aste·ris·mus[..rísmʊs] 男 -/..men[..mən] **1** (宝石・鉱物などの)星彩, 星状光彩, アステリズム. **2** 〖天〗星群; 星座. **3** 〖印〗三星印, アステリズム(⁂または⁂). [*gr.*]

Aste·ro·id[..roí:t][1] 男 -en/-en **1** (Planetoid) 〖天〗小惑星, 小遊星. **2** 〖動〗ヒトデ(海星). [<..oid]

Ast≠ga·bel[ást..] 女 枝の分かれ目, 木のまた(→ 図 Baum A). **≠ga·be·lung** 女 枝分かれ, 分岐.

Asthe·nie[astení:] 女 -/-n[..ní:ən] 〖医〗無力〔症〕. [*gr.*; <a..[1]]

Asthe·ni·ker[asté:nikər] 男 -s/- 〖医〗無力性体質者.

asthe·nisch[..nɪʃ] 形 〖医〗無力〔性〕の.

Asthen·opie[astenopí:] 女 -/ 〖医〗眼精疲労.

Äs·the·sie[ɛstezí:] 女 -/ 感覚能力. [*gr.*]

Äs·thet[ɛsté:t] 男 -en/-en 審美眼のある人, 審美家; 唯美〈耽美(たんび)〉主義者. [*gr.*; <*gr.* aisthánesthai „wahrnehmen"]

Äs·the·tik[..tɪk] 女 -/-en 《ふつう単数で》 **1** 美学. **2** 美的感覚, 審美眼, 美意識. **3** 美しさ, 美.

Äs·the·ti·ker[..tikər] 男 -s/- 美学者.

äs·the·tisch[..tɪʃ] 形 **1** 美〔学〕に関する; 美〔学〕的な, 審美的な; 唯美〈耽美(たんび)〉的な: ein ～*es* Empfinden 美的感覚 | ～*e* Gesichtspunkte 美的観点 ‖ ～ veranlagt sein 美的な素質がある, 生まれつき美的感覚が備わっている. **2** 美的に優れた〈整った〉, 美しい, 魅力的な; 趣味のよい.

äs·the·ti·sie·ren[ɛstetizí:rən] **I** 他 (h) もっぱら美的見地から形成〈評価〉する. **II** 自 (h) 美学を論じる, 審美家流の議論をする.

Äs·the·ti·zis·mus[..tsísmʊs] 男 -/ 唯美〈耽美(たんび)〉主義.

Äs·the·ti·zist[..tsíst] 男 -en/-en 唯美〈耽美〉主義者.

äs·the·ti·zi·stisch[..tsístɪʃ] 形 唯美〈耽美〉主義の.

Ast·hip·pe[ást..] 女 〖園〗枝切りかま.

Asth·ma[ástma·] 中 -s/ 〖医〗喘息(ぜんそく): ～ haben 喘息もちである. [*gr.* ãsthma „Atemnot"]

Asth·ma·an·fall[ástma..] 男 喘息(ぜんそく)の発作.

Asth·ma·ti·ker[astmá:tikər] 男 -s/- 喘息(ぜんそく)患者.

asth·ma·tisch[..tɪʃ] 形 〖医〗喘息〔性〕の; 呼吸困難の.

Asti[ásti·] **I** 地名 アスティ(北イタリアの町. ワインの産地として知られる). **II** 男 -〔s〕/- アスティ産のワイン.

ästig[ɛ́stɪç][2] (**astig**[ástɪç][2]) 形 枝分かれした, 枝状の; 枝の多い; (板などが)ふしだらけの.

astig·ma·tisch[astɪgmá:tɪʃ] 形 **1** 〖医〗乱視の. **2** 〖光〗(レンズなどが)非点収差のある. [<a..[1]+Stigma]

Astig·ma·tis·mus[..matísmʊs] 男 -/ **1** 〖医〗乱視. **2** 〖光〗(レンズの)非点収差.

ästi·ma·bel[ɛstimá:bəl] (..ma·bl..) 形 **1** 尊重〈尊敬〉に値する, 賞賛すべき. **2** 評価の可能な, 見積もりのできる. [*lat.*]

Ästi·ma·tion[..matsió:n] 女 -/-en **1** 尊重, 尊敬. **2** 評価, 見積もり. [*lat.*]

ästi·mie·ren[..mí:rən] 他 (h) **1** 尊重〈尊敬〉する. **2** 評価する, 見積もる. [*lat.*; ◇*engl.* esteem]

Ast≠knor·ren[ást..] 男 枝のこぶ〈ふし〉. **≠kreuz** 中 **1** もつれ合った枝ぶり. **2** 〖紋〗枝を払った十字架図形.

Äst·lein Ast の縮小形.

Äst·ling[ɛ́stlɪŋ] 男 -s/-e **1** (Schößling) 若枝, 小枝. **2** (Jungvogel) (やっと枝の間を飛べるようになった)若鳥.

Ast·loch[ást..] 中 **1** (板の)ふし穴. **2** 《話》 = Arschloch.

ast·loch·los[..lo:s][1] 形 (板が)ふし穴のない.

Ast≠pfahl 男 〖紋〗枝を払った木の縦帯(→ 図 Wappen e). **≠put·zer** 男 〖園〗剪定(せんてい)ばさみ.

Astra·chan[ástraxa(:)n] **I** 地名 アストラハン(ロシア連邦, カスピ海に臨む港湾都市). **II** 男 -s/-s アストラカン(アストラハン産の子羊の毛皮, またはこれを模して作ったフラシテンの織物).

Astra·gal[astragá:l] 男 -s/-e 〖建〗玉縁(たまぶち), 定規縁(→ 図 Kapitell). [*gr.* astrágalos „Knöchel"–*lat.*; ◇osteo..]

astral[astrá:l] 形 星の, 星〈星座〉に関する; 星から発する; 星状の, 星形の; 〖神智学・人智学〗アストラルの. [*spätlat.*; <astro..+..al[1]]

Astral≠gei·ster 複 星の世界に住む精霊. **≠kör·per** 男 = Astralleib **≠kult** 男 星崇拝. ᵛ**≠lam·pe** 女 アストラルランプ, 無影灯(灯下に影を落とさないように工夫された石油ランプ). **≠leib** 男 **1** (神智学・人智学などで人間の第三の実体として仮想される)アストラル体. **2** 《話》美しい肉体. **≠licht** 中 -〔e〕s/ 恒星の光.

Astra·lon[astraló:n] 中 -s/ 商標 アストラローン(透明な合成樹脂).

ast·rein[ástraın] 形 (板が)ふし穴のない; 《比》(倫理的に)非のうちどころのない, 清潔な; 正真正銘の, ほんものの: eine nicht ganz ～*e* Sache いささかいかがわしい事柄〈ケース〉. [<Ast 2]

Astrid[ástri:t] 女名 アストリート.

astro.. 《名詞などにつけて「星・宇宙」などを意味する》 [*gr.* ástron „Gestirn"; ◇Aster]

Astro·bio·lo·gie[ástro.., ◡◡◡◡◡⏊] 女 -/ 宇宙生物学.

Astro·bo·ta·nik[astro..] 女 -/ 宇宙植物学.

Astro·dy·na·mik 女 -/ 宇宙〈天体〉力学.

Astro·graph[astrográ:f] 男 -en/-en **1** 天体撮影望遠鏡. **2** 天体製図器.

Astro·gra·phie[..grafí:] 女 -/ 天体記述学.

Astro·la·bium[..lá:biʊm] 中 -s/..bien[..biən] アストロラーブ(アラビアで発明された天体観測器). [*gr.*–*mlat.*; <*gr.* lambánein (→Lemma)]

Astro·lo·ge[..ló:gə] 男 -n/-n (→..loge) 占星術師; 《戯》(政情などの)予想屋. [*gr.*–*lat.*]

Astro·lo·gie[..logí:] 女 -/ 占星術. [*gr.*–*lat.*]

astro·lo·gisch[..ló:gɪʃ] 形 占星術〔上〕の.

Astro·me·ter[..mé:tər] 中 (男) -s/- 天体光度計.

Astro·me·trie[..metrí:] 女 -/ 天体〔位置〕測定法.

Astro·naut[astronáʊt] 男 -en/-en (女 **Astro·nau·tin**[..tɪn] -/-nen) (Kosmonaut, Raumfahrer) 宇宙飛行士.

Astro·nau·tik[..tɪk] 女 -/ 宇宙飛行学〈法〉.

astro·nau·tisch[..tɪʃ] 形 宇宙飛行〔学・法〕の: ～*e* Geschwindigkeit (ロケットの)宇宙速度.

Astro·nom[astronó:m] 男 -en/-en (女 **Astro·no·min**[..mɪn] -/-nen) 天文学者. [*gr.*]

Astro·no·mie[..nomí:] 女 -/ 天文学. [*gr.*]

astro·no·misch[..nó:mɪʃ] 形 **1** 天文の, 天文学〔上〕の: ～*e* Einheit 天文単位 | ein ～*es* Jahr 天文年 | eine ～*e* Uhr 天文観測用時計. **2** 《話》(数字などが)天文学的な, ばく大〈膨大〉な: ～*e* Zahlen 天文学的な数字. [*gr.*]

Astro·pho·to·gra·phie[astro..] 女 -/-n[..fíːən] 宇宙〈天体〉写真〔術〕.

Astro·pho·to·me·trie 女 -/ 天体測光学.

Astro·phy·sik[また: ◡◡◡–] 女 -/ 宇宙〈天体〉物理学.

astro·phy·si·ka·lisch[また: ◡◡◡◡–◡] 形 宇宙〈天体〉物理学〔上〕の.

Astro·phy·si·ker 男 -s/- 宇宙〈天体〉物理学者.

Astro·skop[astroskóːp] 中 -s/-e 天体望遠鏡.

Ast·sche·re[ást..] 女 〘園〙 剪定(せんてい)ばさみ.

Ästuar[ɛstuáːr] 中 -s/-ien[..riən], **Ästua·rium**[..riʊm] 中 -s/..rien[..riən] 漏斗状に開いた河口, 河口湾. [*lat.*; < *lat.* aestus „Flut“; ◇ *engl.* estuary]

Astu·ri·en[astúːriən] 地名 アストゥリアス(スペイン北部の海岸地方).

Ast·werk[ást..] 中 -〔e〕s/ **1** (Geäst)《集合的に》木の枝葉, 枝(→ 図 Baum A). **2** 〘建〙 枝形装飾.

ASU[aːesǀúː] 略 = **Abgassonderuntersuchung** 排ガス規制テスト.

Asun·ción[asʊnsiɔ́n, az.., asunθiɔ́n] 地名 アスンシオン(南米, Paraguay 共和国の首都). [*span.* „Himmelfahrt“; ◇ Aszension]

Äsung[ɛ́ːzʊŋ] 女 -/-en **1** äsen すること. **2** 〘狩〙 (野獣の食う)野草, 牧草; 草地.

Asyl[azýːl; $^{スイ}_{ス}$: azíːl] 中 -s/-e **1** (困窮者・浮浪者などの)収容〈保護〉施設. **2** 《ふつう単数で》 **a)** 隠れ家, 避難所. **b)** (外国の政治犯・亡命者などに与えられる)庇護(ひご), 保護: politisches ～ 政治的保護 | *jm.* ～ gewähren …に亡命を許す | um ～ bitten 〈nachsuchen〉 保護を求める〈願い出る〉. [*gr.*–*lat.* asȳlum; < *gr.* á-sȳlos „un-beraubt“]

Asy·lant[azylánt] 男 -en/-en (政治的な理由で)保護〈亡命〉を求める人.

Asyl≈an·trag 男 保護〈亡命〉の許可申請. **≈be·wer·ber** 男 = Asylant **≈recht** 中 -〔e〕s/ 〘法〙 (亡命者などの)庇護(ひご)権. **≈wer·ber** 男 《$^{オース}_{トリア}$》 = Asylant

Asym·me·trie[azʏmetríː] 女 -/-n[..ríːən] (↔ Symmetrie) 不つりあい, 不均整; 非対称, 非相称; 不斉. [*gr.*]

asym·me·trisch[ázʏmeːtrɪʃ, ◡◡–́◡] 形 不つりあいの, 不均整の; 非対称〈非相称〉の; 不斉の: ein ～*es* Gesicht 左右不均整の顔 | ～*e* Schwingung 〘理〙 非対称振動.

Asym·pto·te[azʏmptóːtə] 女 -/-n 〘数〙 (双曲線の)漸近線. [< a..[1] + *gr.* sym-ptōtós „zusammen-fallend“]

asym·pto·tisch[..tɪʃ] 形 漸近線の; 漸近的な.

Asyn·aphie[azʏnafíː, azʏnǀafíː] 女 -/-n[..fíːən] (↔ Synaphie) 〘詩〙 (一つの文をなす二つの詩行の切れ目で強弱交替が不連続になる)不連接.

asyn·aphisch[azʏnáːfɪʃ, azʏnǀáː..] 形 (↔ synaphisch) 〘詩〙 不連接の.

asyn·chron[ázʏnkroːn, ◡◡–́] 形 (↔synchron) 非同時的な, 異時の; 〘電・工〙 非同期〔式〕の. [< a..[1]]

Asyn·chron·mo·tor[また: ◡◡–́–◡] 男 非同期電動機.

asyn·de·tisch[ázʏndeːtɪʃ, ◡◡–́◡] 形 連結〈接合〉されていない, 非接続的な; (↔syndetisch) 〘言〙 接続〈接合〉詞で結合されていない, 接続〈接合〉詞省略の. [*gr.*; < a..[1]]

Asyn·de·ton[azʏ́ndetɔn] 中 -s/..ta[..taˑ] (↔ Polysyndeton) 〘修辞〙 接続詞省略(例 ラテン語: Veni, vidi, vici 私は来た 見た 勝った). [*gr.*–*lat.*]

Aszen·dent[astsɛndɛ́nt] 男 -en/-en (↔Deszendent) **1** (Vorfahr) 祖先, 先祖; 〘法〙 尊属. **2** 〘天〙 (天体の)昇交点.

Aszen·denz[..dɛ́nts] 女 -/ **1** 祖先の系列, 家系. **2** 〘天〙 (天体の)昇ること, 上昇.

aszen·die·ren[..díːrən] 自 (↔ deszendieren) (aufsteigen) **1** (s) (天体などが)昇る, 上昇する. ᵛ**2** (s, h) 昇進する, 栄達する. [*lat.*; < ad.. + *lat.* scandere (→skandieren)]

Aszen·sion[..zióːn] 女 -/-en 上昇; (Himmelfahrt) (特にキリストの)昇天. [*lat.*]

As·ze·se[astséːzə] 女 -/ = Askese

As·zet[astséːt] 男 -en/-en = Asket

As·ze·tik[..tɪk] 女 -/ 〘$^{カト}_{リック}$〙 (福音精神による)修徳〔の教え〕.

As·ze·ti·ker[..tikər] 男 -s/- Aszetik を唱える〈信奉する〉人.

at[atmosféːrə] 記号 (Atmosphäre) 〘工〙 気圧(→atm).

at.. →ad..

..at[..aːt] 《中性名詞 (-〔e〕s/-e) をつくる》 **1** 《名詞につけて「職・地位」または「(その役目の行われる)場所」を意味する. ..iat となることもある》: Dekan*at* Dekan の職; 学部長室 | Konsul*at* 領事館; 領事の職 | Antiquar*iat* 古本屋の店 | Sekretar*iat* 秘書課. **2** 《動詞につけて「行為」または「行為の結果」を意味する》: Dikt*at* 口述; 口述されたもの | Refer*at* 研究〈調査〉報告 | Reserv*at* 留保 | Zit*at* 引用文 | Destill*at* 〘化〙 蒸留液 | Fabrik*at* 製品. **3** 〘化〙 《元素または原子団の語幹につけて「酸の塩」を意味する》: Phosph*at* 燐酸(りんさん)塩. [*lat.*; ◇ *engl.* ..ate]

At[aːtéː, astatíːn] 記号 (Astatin) 〘化〙 アスタチン.

A. T.[aːtéː] 略 = **Altes Testament** 旧約聖書.

ata[1][apzolúːtə atmosféːrə] 記号 (absolute Atmosphäre) 絶対気圧.

ata[2][áta·] 副 《幼児語》《もっぱら次の成句で》 ～ 〔～〕 **gehen** おんも〈散歩〉に行く.

der **Ata·ir**[atáːɪr] 男 -s/ = Altair

atak·tisch[atáktɪʃ] 形 〘医〙 失調〔性〕の. [*gr.* á-taktos „un-geordnet“; ◇ Ataxie]

Ata·man[atamáːn] 男 -s/-e (コサックの)族長. [*russ.*]

Ata·rak·ti·kum[ataráktikʊm] 中 -s/..ka[..ka] 〘薬〙 アタラックス(知覚中枢に作用する鎮静剤).

Ata·ra·xie[ataraksíː] 女 -/ 〘哲〙 アタラクシア, 精神の平静, 不動心. [*gr.*; < a..[1] + *gr.* tarássein „aufrühren“]

Ata·türk[atatýrk] →Kemal Atatürk

Ata·ulf[áːta-ʊlf] 人名 アータウルフ(在位410-415; 西ゴート王).

Ata·vis·mus[atavísmʊs] 男 -/..men[..mən] 〘生〙 先祖返り; 隔世遺伝. [*lat.* atavus „Urvater“ (◇Oheim)]

ata·vi·stisch[..tɪʃ] 形 先祖返りの; 隔世遺伝の.

Ata·xie[ataksíː] 女 -/-n[..ksíːən] 〘医〙 〔運動〕失調〔症〕. [*gr.*; < a..[1] + *gr.* tássein (→Taxis[1]); ◇ ataktisch]

Ate[áːtə, ..te·] 人名 〘ギ神〙 アテ(道徳的判断を失わせる狂気の女神). [*gr.* ā́tē „Verblendung“]

Ate·brin[atebríːn] 中 -s/ 商標 アテブリン(マラリア特効薬).

Ate·lier[ateliéː, atə..] 中 -s/-s (画家・彫刻家・写真家など, 芸術家の)仕事場, アトリエ; (映画などの)スタジオ. [*fr.*; < *spätlat.* astella „Span“]

Ate·lier·auf·nah·me[ateliéː.., atə..] 女 スタジオ撮影〈録音〉.

Atel·la·ne[atɛláːnə] 女 -/-n 《ふつう複数で》 (古代ローマの)民衆笑劇, 即興喜劇. [*lat.*; Campagna の都市名から]

Atem[áːtəm] 男 -s/ 息, 呼吸, いぶき: der ～ des Frühlings 〈der Revolution〉 春〈革命〉のいぶき ‖ **einen kurzen** 〈**langen**〉 **～ haben** すぐ息切れがする〈息が長く続く〉; 《比》 耐久力がない〈ある〉, 長続きしない〈する〉 | einen langen ～ brauchen 《比》 耐久力〈根気〉を要する ‖ den ～ anhalten 〈ausstoßen〉 息を止める〈吐き出す〉 | den ～ einziehen 息を吸い込む | **den ～ holen** 〈**schöpfen**〉 息を吸う; 一息つく | *jm.* den ～ nehmen 〈rauben〉 …に息もつけぬようにする | den ～ verlieren 息を切らす | ***jm.* den ～ verschlagen** (驚かせて)…に息をのませる ‖ ***jm.* geht der ～ aus** …は息が切れる; 《比》 …は力が尽きる | Der Bank[3] ist der ～ ausgegangen. 銀行は資金が続かなくなった | Sein ～ fliegt. 彼は息をはずませている | Da bleibt einem der ～ weg. 《話》 こりゃ驚きだ ‖ 〘前置詞と〙 **außer ～** kommen 〈geraten〉 息を切らす | **in einem ～** / **im selben** 〈**gleichen**〉 **～** 一気に; (…が終わって)ほぼ同時に, その直後に | ***jn.* in ～ halten** (次から次へと働かせて)…に息つく暇を与えない | **mit** verhaltenem ～ 息を殺して | **nach** ～ ringen (苦しげに)あえぐ | **zu** ～ kommen ほっと一息つく | wieder zu ～ kommen 息を吹き返す. [*westgerm.*; ◇ Atman, Odem]

A

atem·bar[á:təmba:r] 形 (空気などが)呼吸に適する.
Atem·be·klem·mung 女 息苦しさ.
atem·be·rau·bend 形 (緊張・興奮・期待などで)息をのむような, 息もつけないほどの, はっとするような.
Atem≠be·schwer·den 複《医》呼吸困難〈障害〉. **≠ein·satz** 男 (防毒面の)吸収缶. **≠fil·ter** 男 (防毒面の)ガスフィルター. **≠fre·quenz** 女 (一分間の)呼吸〔回〕数. **≠füh·rung** 女 -/ **1**《楽》呼吸法. **2**《劇》息づかい. **≠funk·tion** 女 呼吸機能. **≠ge·rät** 中 呼吸装置. **≠ge·räusch** 中《医》呼吸音. **≠gym·na·stik** 女 深呼吸, 呼吸運動(体操). **≠ho·len** 中 -s/ 呼吸; 一息つくこと, 休息: nach mehrmaligem ～ 数呼吸したあとで, 少し休んでから. **≠ka·pa·zi·tät** 女 呼吸容量. **≠läh·mung** 女《医》呼吸麻痺(ひ). **≠loch** 中 (Stigma)《動》気門, 呼吸孔(→ ⑱ Kerbtier).
atem·los[á:təmlo:s][1] 形 **1** 息を切らした, 息も絶えだえの. **2** 息づまるような, 息もつかせぬ: in ～*er* Folge 次から次へと(切れ目なしに) | ～*e* Stille 息づまるような静けさ ‖ ～ lauschen 息を殺して聞き耳をたてる.
Atem·lo·sig·keit[..lo:zıçkaıt] 女 -/ atemlos なこと.
Atem≠mas·ke[á:təm..] 女《医》吸入用マスク. **≠not** 女 -/ 呼吸困難. **≠pau·se** 女 呼吸休止;《比》一息入れる間(ま), 小休止;《楽》息つぎ;《言》(調音の際の)息つぎによるとぎれ: eine ～ einlegen 〈einschieben〉 一息つく, 一休みする | ohne ～ 息つく暇もなく, 休みなしに.
a tem·po[a témpo·]《イタリア語》《楽》ア=テンポ, もとのテンポで;《話》(sofort) すぐに, 急いで. [◇Tempus]
atem·rau·bend[á:təm..] =atemberaubend
Atem≠schutz·ge·rät 中 呼吸保護器具(ガスマスクなど); 呼吸補助装置(酸素吸入器など). **≠still·stand** 男 呼吸停止. **≠stoß** 男 呼気, 息を吐くこと. **≠tech·nik** 女 呼吸法;《劇》息づかい. **≠übung** 女 呼吸練習; 深呼吸. **≠we·ge** 複《生》気道. **≠wur·zel** 女《植》呼吸根. **≠zen·trum** 中《解》呼吸中枢. **≠zug** 男 呼吸, 息を吸う〈吐く〉こと: einen ～ lang ほんの一瞬 ‖ einen tiefen ～ tun 深く息を吸う〈吐く〉| die letzten *Atemzüge* tun《雅》息をひきとる ‖ **bis zum letzten ～**《雅》息をひきとるまで | **in einem ～ / im selben 〈gleichen〉 ～** 一気に; (…が終わって)ほぼ同時に, その直後に | **im nächsten ～** その直後に.
..ateur[..atø:r] →..eur
Äthan[εtá:n] 中 -s/《化》エタン. [＜Äther+..an; ◇*engl.* ethane]
Ätha·nal[εtaná:l] 中 -s/《化》エタナール (Acetaldehyd の別名).
Atha·na·sia·ner[atanaziá:nər] 男 -s/-《キリスト教》(Arius 派と対立する)アタナシウス派の人, アタナシウス信条の信奉者.
atha·na·sia·nisch[..nıʃ] 形 アタナシウス派の.
Atha·na·sia·nis·mus[atanazianísmʊs] 男 -/ アタナシウス主義 (Athanasius の説いた教義); アタナシウス派.
Atha·na·sia·num[..nʊm] 中 -s/《キリスト教》アタナシウス信条.
Atha·na·sie[atanazí:] 女 -/ (Unsterblichkeit) 不死, 不滅. [*gr.*; ＜*gr.* a-thánatos „un-sterblich"]
Atha·na·sius[atanáːziʊs] 男名 アタナージウス: der heilige ～ 聖アタナシウス(296頃-373; Alexandria の司教で, Arius 派の教義に反対し, キリストの神性を主張した: → Athanasianismus).
Ätha·nol[εtanó:l] 中 -s/《化》エタノール (Äthylalkohol の別名). [＜Äthan+..ol; ◇*engl.* ethanol]
Äthan·säu·re[εtá:n..] 女 (Essigsäure)《化》酢酸.
Atha·ulf[á:ta-ʊlf] =Ataulf
Athe·is·mus[ateísmʊs] 男 -/ 無神論. [＜*gr.* á-theos „gott-los" (◇theo..)]
Athe·ist[..íst] 男 -en/-en 無神論者.
athei·stisch[..ístıʃ] 形 無神論の; 無神論を信奉する.
athe·ma·tisch[átema:tıʃ, ◡◡⏊◡] 形 **1**《楽》主題のない, 無主題の; 主題を用いない. **2**《言》語幹形成母音のない, 非幹母音的な(→Themavokal). [＜a..[1]]
Athen[até:n] 地名 アテネ(ギリシア共和国の首都. 古代には Attika を支配した都市国家の中心. ギリシア語形 Athenai): Eulen nach ～ tragen (→Eule 1 a). [*gr.*-*lat.*; ◇Athene; *engl.* Athens]
Äthen[εté:n] 中 -s/《化》エテン(=Äthylen).
Athe·nä·um[atenέ:ʊm] 中 -s/..näen[..nέ:ən] 女神 Athene の神殿(高水準の教育施設・学術団体・文芸誌などの名にも転用される). [*gr.*-*lat.*]
Athe·ne[até:nə, ..ne·] 人名《ギ神》アテナ(知恵・学芸・戦争の女神で別名 Pallas. ローマ神話の Minerva に当たる). [*gr.*; ◇Athen; *engl.* Athena]
Athe·ner[..nər] **I** 男 -s/- アテネ人. **II** 形《無変化》アテネの.
[▽]**Athe·nien·ser**[ateniέnzər] 男 -s/- =Athener I
[▽]**athe·nien·sisch**[..zıʃ] 形, **athe·nisch**[até:nıʃ] 形 アテネの. [*lat.* Athēniēnsis]
Äther[έ:tər] 男 -s/ **1**《化》エーテル; (Äthyläther) エチルエーテル. **2**《理》エーテル(かつては電磁波の媒質と考えられていた仮想的な物質): *et.*[4] durch den ～ schicken …を〔ラジオの〕電波で送る | über den ～ gehen 電波にのる, 放送される. **3**《雅》(澄みきった)天空, 大空: die Bläue des ～*s* 空の青さ, 青空. **4** (古代ギリシア哲学で)天空にみなぎる精気; (生命・宇宙の根源たる)原素. [*gr.*-*lat.*; ＜*gr.* aíthein „brennen"; ◇*engl.* ether]
äthe·risch[εté:rıʃ] 形 **1**《化》エーテル〔性〕の; エーテルを含む; 芳香性の: ein ～*er* Duft 芳香 | ～*e* Öle 精油, 芳香油. **2** (大気のように)霊妙な, 消えやすい; 軽やかで優美な. **3**《雅》天空の; 天上〈天界〉の.
äthe·ri·sie·ren[εterizí:rən] **I** 他 (h) **1 a)**《医》(…に)エーテル麻酔をかける. **b)**《園》(…に)エーテルをかけて発芽促進させる. **2**《薬》エーテル化する. **II** 自 (h) エーテルを用いる.
Äther≠krieg[έ:tər..] 男 電波戦争. **≠leib** 男 (心霊術で人間の第二の実体として仮想される)エーテル体.
ather·man[atεrmá:n] 形 (↔diatherman)《理》不透熱の, 熱不導性の. [＜a..[1]+diatherman]
äthern[έ:tərn] (05) =ätherisieren
Äther≠nar·ko·se[έ:tər..] 女, **≠rausch** 男《医》エーテル麻酔. **≠wel·le** 女 -/-n《ふつう複数で》《理》エーテル波, 電磁波.
Äthio·pi·en[εtió:piən] 地名 エチオピア(アフリカ北東部にある人民共和国で1974年まで王国. 首都は Addis Abeba; → Abessinien). [*gr.*-*lat.*; ◇*engl.* Ethiopia]
Äthio·pi·er[..piər] 男 -s/- エチオピア人.
äthio·pisch[..pıʃ] 形 エチオピア〔人〕の.
Ath·let[atlé:t] 男 -en/-en **1** (Wettkämpfer) 競技者, 〔運動〕競技選手. **2**《話》筋骨たくましい男; 力持ちの〈腕っぷしの強い〉男; スポーツマン. [*gr.*-*lat.*; ＜*gr.* āthlos „Wettkampf"]
Ath·le·tik[..tık] 女 -/ **1** 運動競技: Leicht*athletik* 陸上競技 | Schwer*athletik* 重競技. **2** 競技術; 体育理論.
Ath·le·ti·ker[..tikər] 男 -s/-《心・医》筋骨〈闘士〉型の人.
ath·le·tisch[..tıʃ] 形 **1** 筋骨たくましい; スポーツマンタイプの;《心・医》筋骨型の, スポーツマン型の, 闘士型の: ein ～*er* Körperbau 筋骨たくましい体格;《心・医》筋骨型〈スポーツマン型〉の体型. **2** (肉体がスポーツなどで)よく鍛えられた. **3**〔運動〕競技の: ～*e* Übungen 競技練習, スポーツ訓練.
Äthyl[εtý:l] 中 -s/《化》エチル. [＜Äther+..yl; ◇*engl.* ethyl]
Äthyl≠al·ko·hol 男《化》エチルアルコール. **≠amin** 中 -/《化》エチルアミン. **≠äther** 男《化》エチルエーテル. **≠bro·mid** 中《化》臭化〈ブローム〉エチル. **≠chlo·rid** 中《化》塩化〈クロール〉エチル.
Äthy·len[εtyléːn] 中 -s/《化》エチレン. [＜..en[2]]
..atik[..a(:)tık, ..ati:k] →..ik
Ätio·lo·gie[εtiologí:] 女 -/ **1 a)**《医》病因. **b)** 病因学, 病因論. **2** (一般に)因果関係の研究, 原因論. **3** 原因譚, 因由説話, 縁起物語(現象・習俗・名称などの由来を説明する). [*gr.*-*lat.*; ＜*gr.* aitíā „Ursache"; ◇*engl.* etiology]

ätio·lo̱·gisch[..ló:gɪʃ] 形 **1** (begründend) 原因づける: ~*e* Sagen 原因(解釈)伝説, 原因譚. **2** 〘医〙病因学〔上〕の, 病因論的な; 原因論の.

..atio̱n[..atsio:n] →..ion

At·la̱nt[atlánt] 男 -en/-en 〘建〙アトラント(古代ギリシア建築の梁(はり)を支える男像柱: →Karyatide). [*gr.*; ◇Atlas[1] I]

At·la̱n·ten[..tən] Atlant, Atlas[1] II の複数.

der **At·la̱n·tik**[atlántɪk] 地名 男 -s/ 大西洋.

At·la̱n·tik≈char·ta[..karta·] 女 -/ 大西洋憲章(1941). **≈kü·ste** 女 大西洋に面した海岸, 大西洋岸. **≈pakt** =Nordatlantikpakt **≈wall** 男 -〔e〕s/..wälle (第二次大戦中ドイツが構築した)大西洋塁壁.

die **At·la̱n·tis**[atlántɪs] 地名 女 -/ アトランティス(ジブラルタルの西方の大西洋にあり, 最後には海底に没したという, ギリシア伝説上の島). [*gr.*–*lat.*]

at·la̱n·tisch[..tɪʃ] 形 **1** 大西洋の: die ~*e* Küste 大西洋岸 | der *Atlantische* Ozean 大西洋(=der Atlantik). **2** 〘ギ神〙アトラスの(→Atlas[1] I); アトランティスの(→Atlantis).

At·lan·to·sau̱·rus[atlantozáurʊs] 男 -/..rier[..riər] 〘古生物〙アトラントサウルス(竜脚類に属し, 体長40メートルに及ぶ巨大な恐竜).

A̱t·las[1][átlas] **I** 人名 〘ギ神〙アトラス (Titan 神族の怪力の巨人. Titanomachie ののち極西の地で天を支えることを命じられた). **II** 男 -, -ses/..lanten[atlántən](-se) **1 a)** 地図書〈帳〉. **b)** 図表集, 図解書. **2** =Atlant **III** 男 -, -ses/ 〘解〙第一頸椎(けいつい), 環椎(かんつい). **IV** der **A̱t·las** 地名 男 -/ アトラス(アフリカ北西部を東西に走る山脈). [*gr.*–*lat.*]

A̱t·las[2][–] 男 -〔ses〕/-se 〘織〙繻子(しゅす), サテン. [*arab.* „glatt"]

a̱t·las·a̱r·tig 形 繻子(しゅす)状の, 繻子のような.

A̱t·las·band[1] 中 -〔e〕s/..bänder 繻子(しゅす)のリボン.

A̱t·las≈band[2] 男 地図書〈帳〉. **≈blu̱·me** 女 〘植〙イロマツヨイグサ. **≈for·mat** 中 アトラス判(地図帳用の特大判).

A̱t·las·schu̱h 男 繻子(しゅす)の靴.

a̱t·las·sen[átlasən] 形 繻子(しゅす)の; 繻子のように光沢のある.

A̱t·las·spin·ner 男 〘虫〙アトラスオオヤママユ(大山繭蛾), ヨナクニサン(与那国蚕)(世界最大の蛾).

atm[atmosfέ:rə] 記号 (Atmosphäre) 〘理〙気圧(→at).

A̱t·man[á:tman] 男 中 -〔s〕/ (インド哲学で)アートマン,〔宇宙〕我. [*sanskr.* ātman „Hauch"; ◇Atem]

a̱t·men[á:tmən] ⦅01⦆ **I** 自 (h) 呼吸する, 息をする; 生きている: tief ~ 深呼吸をする | schwer ~ 苦しそうに息をする, あえぐ | frei ~ können ⦅比⦆ のびのびできる ‖ eine heftig *atmende* Brust 激しく息づく胸 ‖ alles, was *atmet* 生きとし生けるもの. **II** 他 (h) **1** (einatmen) 吸い込む; ⦅比⦆ 存分に味わう: den Duft der Blumen 〈die Luft der Heimat〉 ~ 花の香〈故郷の空気〉を吸い込む ‖ 再帰 Diese Luft *atmet* sich leicht. / 再帰・非人称 Es *atmet* sich leicht in dieser Luft. この空気は呼吸しやすい ‖〘結果を示す語句と〙再帰 *sich*[4] satt ~ 思う存分息を吸い込む. **2** ⦅雅⦆ (呼気を)吐き出す, 放つ, (あたりに)発散する: Die Blumen *atmen* süßen Duft. 花が香気を放つ | Der Ort *atmet* Frieden und Stille. この場所は平和と静けさに包まれている | Der Brief *atmet* Haß. 手紙には憎しみがみなぎっている. [*ahd.* ātamōn; ◇Atem]

At·mo·me̱·ter[atmomé:tər] 中 (男) -s/- 〘気象〙蒸発計.

At·mo·sphä̱·re[atmosfέ:rə, ..mɔs..] 女 -/-n **1** (天体, 特に地球を取り巻く)大気〔圏〕, 空気: die Feuchtigkeit der ~ 大気の湿度 ‖ in die ~ eintreten (宇宙船などが)大気圏に突入する. **2** 雰囲気, 空気; 環境: eine frostige 〈gespannte〉~ 冷たい〈緊張した〉雰囲気 | eine ~ der Verständigung 協調的な雰囲気 | die geistige ~ unserer Universität 我々の大学の精神的雰囲気 ‖ in freundlicher ~ 友好的雰囲気〈なごやかな空気〉の中で | Ich bin in einer freien ~ aufgewachsen. 私は自由な環境で育った | Das Zimmer hat keine ~. この部屋には雰囲気というものがない. **3** 〘理・工〙(圧力単位としての)気圧(記号 〘理〙atm, 〘工〙at): Der Kessel steht unter einem Druck von 20 ~*n*. この罐(かま)には20気圧の圧力がかかっている. [<*gr.* atmós „Dampf"]

At·mo·sphä̱·ren≈druck 男 -〔e〕s/..drücke 大気圧, 気圧. **≈über·druck** 男 -〔e〕s/..drücke 〘理〙過気圧(記号 atü).

At·mo·sphä·ri̱·li·en[..sfɛrí:liən] 複 大気成分.

at·mo·sphä̱·risch[..sfέ:rɪʃ] 形 **1** 大気〔中〕の, 大気に関する: ~*e* Beobachtungen 大気観測 | der ~*e* Druck 大気圧, 気圧 | ~*e* Elektrizität 気象電気 | ~*e* Ionen 大気イオン | ~*e* Störungen 空電(電波障害の原因となる). **2** 雰囲気をかもし出す; 雰囲気上の; (はっきりとは定めがたいが)なんとなく存在する.

A̱t·mung[á:tmʊŋ] 女 -/ (atmen すること. 例えば:) 呼吸; 息づかい; 〘楽〙呼吸法: künstliche ~ 人工呼吸 | Abdominal*atmung* 腹式呼吸 | Haut*atmung* 皮膚呼吸 ‖ Die ~ beschleunigt sich. 呼吸が速くなる, 息づかいが荒くなる.

a̱t·mungs·ak·ti̱v 形 (レーンコートなどが)通気性の.

A̱t·mungs≈ap·pa·rat 男 **1** = Atmungsgerät **2** = Atmungsorgan **≈fer·ment** 中 〘生〙呼吸酵素. **≈ge·rä̱t** 中 人工呼吸器(医療用人工心肺・潜水用水中マスク・災害用防毒面など). **≈ge·räusch** =Atemgeräusch **≈or·ga̱n** 中 -s/-e ⦅ふつう複数で⦆ 〘解・生〙呼吸器: Erkrankung der ~*e* 呼吸器系統の疾患. **≈zen·trum** 中 〘解〙呼吸中枢.

der **Ä̱t·na**[έ(:)tna·] 地名 男 -〔s〕/ エトナ(イタリア Sizilien 島にある活火山). [*gr.*–*lat.*; ◇*engl.* 〔A〕etna]

Äto̱·li·en[ɛtó:liən] 地名 アイトリア(西部ギリシアの地方). [*gr.*–*lat.*]

Ato̱ll[atɔ́l] 中 -s/-e 環状サンゴ島, 環礁. [*drawid.*–*engl.*]

Ato̱m[ató:m] 中 -s/-e **1** 〘理〙原子; 〘哲〙アトム, 原子: die Spaltung 〈der Zerfall〉 eines ~*s* 原子の分裂〈崩壊〉. **2** ⦅比⦆ 微少量, ほんのちょっぴり: ein ~ Salz in eine Speise tun 料理に塩をほんのちょっと加える | Nicht ein ~ blieb davon erhalten. それは跡形もなくなった. [*gr.* á-tomos „un-teilbar"–*lat.*; ◇..tomie]

Ato̱m≈ab·fall 男 放射性廃棄物. **≈an·griff** 男 核兵器による攻撃. **≈an·trieb** 男 原子力駆動〈推進〉.

ato·ma̱r[atomá:r] 形 **1** 原子の; 原子力の; 〘軍〙核兵器の: ~*er* Antrieb 原子力駆動〈推進〉| die ~*e* Aufrüstung 核武装 | ~*e* Waffen 核兵器. **2** ⦅話⦆ とびきり上等な.

Ato̱m≈ar·til·le·rie[ató:m..] 女 原子砲隊, 核弾頭砲兵隊. **≈auf·rü·stung** 女 核武装. **≈ba̱·sis** 女 核兵器基地.

ato̱m·be·trie·ben 形 原子力駆動〈推進〉の.

Ato̱m·bom·be[ató:m..] 女 (A-Bombe) 原子爆弾, 原爆.

ato̱m·bom·ben·si·cher 形 (施設などが)原爆に耐える.

Ato̱m·bom·ben·ver·su̱ch 男 原爆実験.

Ato̱m·bom·ber 男 〘空〙原爆搭載機.

Ato̱m≈bren·ner 男 原子炉. **≈brenn·stoff** 男 原子力燃料, 核燃料. **≈bun·ker** 男 原爆用防空壕(ごう), 核シェルター. **≈bu̱·sen** 男 ⦅話⦆ (女性の)とびきり豊満な胸. **≈eis·bre·cher** 男 原子力砕氷船. **≈ener·gie** 女 -/ 原子エネルギー, 核エネルギー, 原子力.

Ato̱m·ener·gie≈aus·schuß 男, **≈kom·mis·sio̱n** 女 原子力委員会. **≈kon·trol·le** 女 原子力管理.

Ato̱m≈flug·zeug·trä·ger 男 原子力空母. **≈for·scher** 男 原子核〈力〉研究者. **≈for·schung** 女 原子核〈力〉研究. **≈ge·mein·schaft** 女 原子力共同体: Europäische ~ 欧州〈ヨーロッパ〉原子力共同体(略 EURATOM). **≈ge·ne·ra̱·tor** 男 原子力発電機. **≈ge·schoß** 中 原子砲弾. **≈ge·schütz** 中 原子砲.

ato̱m·ge·trie·ben 形 原子力〔エンジン〕推進の: ein ~*er* Flugzeugträger 原子力空母.

Ato̱m≈ge·wicht 中 〘化〙原子量. **≈gra·na̱·te** 女 原子砲弾.

..ato̱mig[..|ato:mɪç][2] ⦅数詞などにつけて「…個の原子をもつ」を意味する形容詞をつくる⦆: zwei*atomig* 2 個の原子をもつ.

Ato̱m·in·du·strie[ató:m..] 女 原子力産業.

A

ato·misch[ató:mɪʃ]《スイ》＝atomar

Ato·mi·seur[atomizø:r] 男 -s/-e (Zerstäuber) 噴霧器. [*fr.*; ◇*engl.* atomizer]

ato·mi·sie·ren[atomizí:rən] 他 (h) **1** 粉々に破壊する, 粉砕する; (液体を)噴霧する. **2** 《軽蔑的に》(全体を見失って)個々の点にこだわる.

Ato·mis·mus[atomísmus] 男 -/ 《哲》原子論, アトミズム.

Ato·mist[..míst] 男 -en/-en 《哲》原子論者.

Ato·mi·stik[..místɪk] 女 -/ 《哲》原子論〔的思考〕.

ato·mi·stisch[..místɪʃ] 形 《哲》原子論の; 原子論的な; 《比》(全体を見失って)個々の点にこだわった.

Atom≈ka·no·ne[ató:m..] 女 原子砲. **≈kern** 男 《理》原子核. **≈klub** 男《話》核保有国グループ. **≈kon·trol·le** 女 原子力管理. **≈kraft** 女 -/ 原子力. **≈kraft·werk** 中 (略 AKW) 原子力発電所.

atom·krank 形 原子病(放射能症)にかかった.

Atom≈krank·heit 女 原子病, 放射能症. **≈krieg** 男 核戦争. **≈macht** 女 **1** 核〔兵器〕保有国. **2** 核装備軍. **≈mei·ler** 男 (大型の)原子炉. **≈mi·ne** 女《軍》原子地雷. **≈mo·dell** 中 原子模型. **≈mo·tor** 男 原子力エンジン. **≈müll** 男 放射性廃棄物. **≈num·mer** 女 (元素の)原子番号. **≈ofen** 男 原子炉. **≈phy·sik** 女 -/ 原子物理学.

atom·phy·si·ka·lisch 形 原子物理学〔上〕の.

Atom≈phy·si·ker 男 原子物理学者. **≈pilz** 男 (核爆発による)きのこ雲. **≈ra·ke·te** 女 **1** 原子力推進ロケット. **2** 《軍》核ミサイル. **≈reak·tion** 女《化》原子反応. **≈reak·tor** 男 原子炉. **≈re·gen** 男 放射能雨; (核爆発による)放射性降下物. **≈rü·stung** 女 -/ 核武装. **≈scha·den** 男 放射能障害. **≈schiff** 中 原子力船. **≈schutz** 男 放射能防護.

atom·si·cher 形 放射能に対して安全な.

Atom≈spal·tung 女《理》核分裂. **≈spek·trum** 中《理》原子スペクトル.

Atom·sperr·ver·trag 男 -〔e〕s/ 核拡散防止条約.

Atom≈spreng·kopf 男《軍》核弾頭. **≈stopp** ＝Atomteststopp **≈strah·len** 複《理》原子線. **≈streit·macht** 女 核戦力. **≈strom** 男 原子力発電による電流〈電気〉. **≈struk·tur** 女《理》原子構造. **≈stütz·punkt** 男《軍》核基地. **≈tech·nik** 女 -/ 原子力開発技術. **≈test** 男 核〔爆発〕実験.

Atom·test·stopp 男 核実験停止.

Atom·test·stopp·ab·kom·men 中 -s/ 核実験停止協定.

Atom≈tod 男 -〔e〕s/ 核兵器〈放射能〉による死. **≈trä·ger** 男《空》原爆搭載機.

Atom-U-Boot[..|u:bo:t] ＝Atomunterseeboot

Atom≈uhr 女《理》原子時計. **≈un·ter·see·boot** 中 原子力潜水艦.

atom·ver·seucht 形 放射能に汚染された.

Atom·ver·such 男 ＝Atomtest

Atom·ver·suchs·stopp ＝Atomteststopp

Atom≈vo·lu·men 中《化》原子容積〈体積〉. **≈waf·fe** 女 -/-n《ふつう複数で》原子兵器, 核兵器.

atom·waf·fen·frei 形 核兵器を備えていない.

Atom·waf·fen·sperr·ver·trag 男 -〔e〕s/ 核〔兵器〕拡散防止条約.

Atom≈wär·me 女《化》原子熱. **≈zei·chen** 中《化》原子記号. **≈zeit·al·ter** 中 -s/ 原子力時代. **≈zer·fall** 男 原子の崩壊. **≈zer·trüm·me·rung** 女 原子破壊, 核分裂.

Ato·na Atonon の複数.

ato·nal[átona:l, ⏑⏑⏑́] 形 (↔tonal)《楽》調性をもたない, 無調の: ~*e* Musik 無調音楽. [<a..[1]]

Ato·na·list[atonalíst] 男 -en/-en 無調音楽の信奉者, 無調主義者.

Ato·na·li·tät[atonalitɛ́:t] 女 -/《楽》無調〔性〕; (作曲上の)無調様式, 無調主義.

Ato·nie[atoní:] 女 -/-n[..ní:ən]《医》アトニー, 弛緩(しかん)〔症〕. [*mlat.*]

ato·nisch[ató:nɪʃ] 形《医》アトニーの, 弛緩(しかん)性の.

Ato·non[á(:)tonɔn] 中 -s/..na[..na·]《言》無強勢の語〈音・音節〉. [*gr.* á-tonos „spannungs-los"; ◇Tonus]

Ato·pie[atopí:] 女 -/-n[..pí:ən]《医》アトピー(特異性〈先天性〉過敏体質). [*gr.*]

ato·pisch[ató:pɪʃ] 形 アトピー〔性〕の: ~*e* Dermatitis アトピー性皮膚炎.

..ator[..a:tɔr, ..a:to:r] →..or

Atout[atú:] 中 男 -s/-s (Trumpf)《トランプ》切り札. [*fr.*; <*fr.* à tout „für alles" (◇ad.., total)]

à tout prix[atuprí(:)]《フランス語》(um jeden Preis) いかなる代償をはらっても, ぜひとも.

ato·xisch[átɔksɪʃ, ⏑⏑́⏑] 形 無毒の. [<a..[1]]

Atre·sie[atrezí:] 女 -/-n[..zí:ən]《医》〔先天性〕閉鎖〔症〕. [<a..[1]+*gr.* trēsis „Loch" (◇Trema[2])]

Atreus[á:trɔys] 人名《ギ神》アトレウス (Pelops の息子で Agamemnon と Menelaos の父. Mykenä の王: →Pelopide).

Atri·chie[atrɪçí:] 女 -/-n[..çí:ən]《医》無毛〔症〕. [<*gr.* á-trichos „haar-los" (◇tricho..)]

Atri·um[á:trium] 中 -s/..rien[..riən] **1** 《建》アトリウム(古代ローマ住宅の中庭つき広間, 現代の別荘などの中庭; (バジリカ聖堂の)列柱広間: → ⊛ Baukunst). **2** (Vorhof)《解》心房. [*lat.*]

Atri·um≈bun·ga·low[á:trium..] 男 中庭つきのバンガロー式住宅(→Bungalow). **≈haus** 中 中庭つき建物.

atrop[atró:p] 形《植》(胚珠(はいしゅ)が)直生の. [*gr.* á-tropos „un-abwendbar"; ◇Tropus; *engl.* atropous]

Atro·phie[atrofí:] 女 -/-n[..fí:ən]《医》(器官などの)萎縮(いしゅく)〔症〕, 無栄養症. [*gr.*–*lat.*; <*gr.* á-trophos „schlecht genährt" (◇tropho..)]

atro·phie·ren[..fí:rən] 自 (s) (器官などが)萎縮する.

atro·phisch[atró:fɪʃ] 形《医》萎縮性〔症〕の.

Atro·pin[atropí:n] 中 -s/《薬》アトロピン. [*mlat.*]

Atro·pos[á(:)tropɔs] 人名《ギ神》アトロポス(生命の糸を断つ女神: →Moira). [*gr.*; ◇atrop]

ätsch[ɛ:tʃ] 間《幼児語》(他人の失敗・不幸をあざける気持を表して)やあい, うわあい(いい気味だ).

ät·schen[ɛ́:tʃən]《04》他 (h)《*jn.*》あざける.

at·tac·ca[atáka·] 副《楽》(楽章・楽節間の)切れ目なしに, すぐ続けて. [*it.* „greif an!"; ◇attackieren]

At·ta·ché[ataʃé:] 男 -s/-s **1** (在外公館に勤務する)外交官補. **2** (大公使を補佐する)専門担当官(武官・商務官など): Kultur*attaché* 文化担当官 | Militär*attaché* 武官.

At·ta·ché·kof·fer[ataʃé:..] 男 アタッシュケース.

▽**At·ta·che·ment**[ataʃ(ə)mɑ̃:] 中 -s/-s **1** (Anhänglichkeit) 愛着〔心〕, 愛慕, 傾倒. **2** 《軍》特別配属部隊. [*fr.*]

▽**at·ta·chie·ren**[..ʃí:rən] 他 (h) **1** 《*jn. jm.*》(…を…に)付き添わせる, 配属させる. **2** 再帰 *sich*[4] *jm.* 〈an *jn.*〉 ~ …に愛着をいだく, …と親しくなる, …の仲間になる. [*fr.*]

At·tacke[atákə] 女 -/-n **1 a)** (Angriff) 襲撃, 攻撃; (激しい)批判, 非難: eine ~ auf die Freiheit 〈gegen die Regierung〉 自由〈政府〉に対する攻撃. **b)** 《史》騎馬攻撃: **eine ~ gegen *jn.* 〈*et.*[4]〉 reiten** 《比》…を激しく非難攻撃する. **2** (Anfall)《医》発作: Herz*attacke* 心臓発作. **3** 《楽》アタック(ジャズなどの強烈な出だし). [*fr.* attaque 〔–*engl.* attack〕; ◇ad.., Staket]

at·tackie·ren[atakí:rən] 他 (h) **1** 襲撃〈攻撃〉する; 《比》(激しく)批判〈非難〉する; 《史》(…に)騎馬攻撃をかける. **2** 《馬術》(馬に)拍車を加える. [*it.*–*fr.*]

At·ten·tat[átənta:t, atɛntá:t] 中 -〔e〕s/-e (政治的動機による要人の)暗殺〔計画〕, 謀殺: auf *jn.* ein ~ planen 〈verüben〉 …の暗殺を計画する〈…を暗殺する〉 | **ein ~ auf *jn.* vorhaben** 《話》…に対して(当人の知らないうちに)頼みごとをもくろむ. [*fr.*; <*lat.* at-temptāre „an-greifen" (◇tentieren)]

At·ten·tä·ter[átəntɛ:tər, atɛntɛ́:tər] 男 -s/- 暗殺者, 刺客.

At·ten·tion[atɑ̃sjɔ̃:] 女 -/ (Achtung) 注意:〖間投詞的に〗*Attention!* 注意せよ;《軍》気をつけ(号令). [*lat.*–

fr.; < *lat.* at-tendere „hin-spannen" (◇Tension)]

At·ten·tis·mus[atɛntísmʊs] 男 -/ 《軽蔑的に》静観〈日和見〉主義〔的態度〕; 〘商〙模様ながめ.

at·ten·ti·stisch[atɛntístɪʃ] 形 《軽蔑的に》日和見主義的な.

At·test[atɛ́st] 中 -es(-s)/-e (▽**At·te·stat**[atɛstá:t] 中 -〔e〕s/-e) **1** (医師の)診断書: ein ~ ausstellen 〈vorlegen〉 診断書を発行〈提出〉する. ▽**2** 鑑定書; 証明書.

At·te·sta·tion[atɛstatsió:n] 女 -/-en (旧東ドイツで教員・技師などに対する)資格認証.

at·te·stie·ren[..stí:rən] 他 (h) 証明〈認証・保証〉する: *jm. seine* Begabung ~ …の天分を証する | *jn.* als Lehrer ~ …の教員資格を認証する ‖ *attestierte* Waren 保証つきの商品. [*lat.* at-tēstārī „bezeugen"]

Ät·ti[ɛ́ti·] 男 -s/ 《スイ》(Vater) 父. [*ahd.* atto]

At·tich[átɪç] 男 -s/ 〘植〙ニワトコ属の一種. [*gr.*－*lat.*]

At·ti·ka[átika·] **I** 地名 アッティカ(中部ギリシアの地方. 古代には, 都市国家 Athen の領土に属していた). **II** 女 -/..ken[..kən] 〘建〙アッティカ(アッティカ式建物の軒上から屋根にかけての部分. ふつう壁面に浮き彫りなどの装飾がある: → 図 Schloß A). [*gr.*－*lat.*]

At·ti·la[átila·] **I** 人名 アッティラ(406頃-453; フン族の王で, ヨーロッパに侵入し, しばしばローマをおびやかした). **II** 女 -/-s (男 -s/-s) アッティラ服(ハンガリーの男子の民族衣裳でひものついた短い上着またはハンガリーの軽騎兵服の上着). [*got.* „Väterchen"〔－*ungar.*〕; ◇Etzel]

at·tisch[átɪʃ] 形 **1** Attika の; Attika 風の, Attika 様式の. **2** 《比》簡素で優雅な, 典雅な, 洗練された; 機知に富んだ: ~*es* Salz (→Salz 1 b) | ein ~*er* Witz 機知に富んだ寸評, 気の利いたしゃれ.

At·ti·tü·de[atitý:də] 女 -/-n (**At·ti·tude**[atitý:d] 女 -/-s[－]) **1** (意識してとった)姿勢, 身構え, ポーズ; 〘劇〙ポーズ; 〘バレエ〙アチチュード(ひざを90度に曲げて片足で立つポーズ). **2** 心構え, 態度. [*spätlat.* aptitūdō－*it.*－*fr.*; < *lat.* aptus „angepaßt" (◇aptieren)]

At·ti·zis·mus[atitsísmʊs] 男 -/..men[..mən] **1** (簡潔典雅な) Attika 風の文体(語法・言葉遣い). **2** 《単数で》Attika 模倣(ギリシア古典主義の第 2 期).

At·ti·zist[..tsíst] 男 -en/-en Attizismus 2の作家.

at·ti·zi·stisch[..tsístɪʃ] 形 Attika 風の; Attika 模倣の.

atto.. 《単位名につけて「10^{-18}(100京分の 1)」を意味する; 記号 a)): *Atto*farad 〘理〙アトファラッド. [*skand.*; ◇achtzehn]

At·trak·tion[atraktsió:n] 女 -/-en **1** 《単数で》**a)** (人を)引きつけること, 魅惑; 〘言〙牽引(けんいん)(ある語が文中の近隣の語の語形変化などに及ぼす同化作用). **b)** (人を)引きつける力, 魅力. **2** (人を)引きつけるもの, 魅力のあるもの; 呼び物, アトラクション. [*spätlat.*－*engl.*; < *lat.* trahere (→Trakt)]

at·trak·tiv[..tí:f][1] 形 心を引く, 興味をそそる; 人を引きつける, 魅力的な: ~*e* Arbeitsbedingungen 魅力的な労働条件 | eine ~*e* Frau 魅力のある女性. [*spätlat.*－*fr.*]

At·trak·ti·vi·tät[..tivitɛ́:t] 女 -/ attraktiv なこと.

At·trap·pe[atrápə] 女 -/-n (実物そっくりの)模造品; (陳列用の)イミテーション商品, からパッケージ; 《軽蔑的に》(本来の機能のない)まがい物: Diese Institution ist eine reine ~. この機関〈制度〉は全く名ばかりのものにすぎない.

▽**at·trap·pie·ren**[atrapí:rən] 他 (h) (erwischen) 引っとらえる, 現場を押える. [*fr.*; < *fr.* trappe „Falle"]

at·tri·bu·ie·ren[atribuí:rən] 他 (h) **1** 《*jm. et.*[4]》(…に…を)その属性〈本質的特性〉として認める〈帰属させる〉; (…に…を)そのシンボルとして付与する: Der Justitia[3] ist die Waage *attribuiert.* 正義の女神ユスティティアの象徴は天秤(てんびん)である. **2 a)** 《*et.*[3] *et.*[4]》〘言〙(…に…を)付加語として添える: einem Substantiv ein Adjektiv ~ 名詞に形容詞を付加語として添える. ▽**b)** 《*et.*[4]》(…に)付加語を添える. [*lat.*; ◇Tribut]

At·tri·but[atribú:t] 中 -〔e〕s/-e **1** 本質的な性質, 本来備わった特徴, 特性, 特質; 〘哲〙属性: die körperlichen ~*e* der Weiblichkeit 女性の肉体的特徴. **2** (Kennzeichen) 目印, シンボル; 〘美〙アットリビュト(象徴的な添え物. 聖者の光背・ヘラクレスのこん棒など): Schwert und Waage als ~*e* der Justitia 正義の女神ユスティティアの象徴としての剣と天秤(てんびん). **3** 〘言〙付加語, 限定詞, 連体修飾語. [*lat.*]

At·tri·bu·tion[..butsió:n] 女 -/-en attribuieren すること; 〘言〙連体修飾. [*lat.*]

at·tri·bu·tiv[atributí:f, ⌣⌣⌣–][1] 形 (↔prädikativ) (beifügend) 〘言〙付加語〈限定詞〉としての, 付加語〈限定詞〉的な: ein ~*es* Adjektiv 付加語形容詞 ‖ ein Adjektiv ~ gebrauchen 形容詞を付加語として用いる.

At·tri·bu·ti·vum[..tí:vʊm] 中 -s/..va[..va·] ＝Attribut 3

At·tri·but·satz[atribú:t..] 男 〘言〙付加語文〈節〉.

At·tri·tion[atritsió:n] 女 -/ (↔Kontrition) 〘カトリック〙(罰を恐れての)不完全な痛悔(つうかい). [*lat.* at-terere „anreiben"]

atü[atý:] 記号 (Atmosphärenüberdruck) 〘理〙過気圧.

..atur[..atu:r] →..ur

aty·pisch[áty:pɪʃ, ⌣–⌣] 形 典型的でない, 変則的な, 異形の; 〘医〙不定型の. [< a..[1]]

Atz[ats] 男 -es/ えさ, 飼料. [< atzen]

Ätz≈al·ka·li·en[ɛ́ts..] 複 〘化〙苛性(かせい)アルカリ, 腐食カリ. ≈**bild** 中 銅版画, エッチング. ≈**druck** 男 -〔e〕s/-e 〘織〙抜染(捺染(なっせん)法の一種). [< ätzen]

At·ze[átsə] 《ベルリン》 **I** 女 -/-n (男 -n/-n) **1** (Bruder) 兄弟, 兄, 弟. **2** (Freund) 友人, 友達. **II** 女 -/-n **1** (Schwester) 姉妹, 姉, 妹. **2** (Freundin) 女の友人, 女友達.

Ät·ze[ɛ́tsə] 女 -/ (エッチング用の)腐食液.

At·zel[átsəl] 女 -/-n 《方》 **1** (Elster) 〘鳥〙カササギ; 《比》短気な人. **2** (黒髪に飾り粉をかけた)かつら. [◇Elster[2]]

at·zeln[átsəln] 《06》 自 (h) 《方》《戯》盗む, どろぼうする.

at·zen[átsən] 《02》 **I** 他 (h) 〘狩〙 **1** (野鳥がひなに)えさをやる; 《比》《*jn.*》(…に)食物を与える: 再帰 *sich*[4] ~ (野鳥が)えさを食う. **2** (野鳥を)えさでおびき寄せる. **II** 自 (h) 〘狩〙(野鳥が)えさを食う. [*ahd.* ā〔z〕zen; ◇essen]

ät·zen[ɛ́tsən] 《02》 **I** 他 (h) **1 a)** (酸・アルカリなどが表面を)腐食する: Salzsäure *ätzt* Löcher in die Zinnplatte. 塩酸が錫(すず)板に穴をあける. **b)** 〘医〙(細胞組織を)焼灼(しょうしゃく)する: Wundränder mit Höllenstein ~ 傷口のふちを硝酸銀棒で焼灼する. **2 a)** (腐食剤で金属・ガラスなどに)エッチングする, 食刻する: eine Kupferplatte ~ 銅版に食刻する. **b)** (金属・ガラスなどに模様・画像などを)描く, 刻む, 彫る: ein Bild auf 〈in〉 die Kupferplatte ~ 銅版に画を食刻する. **II** 自 (h) (酸・アルカリなどが)腐食する, 腐食作用をもつ. **III ät·zend** 現分 形 **1** 腐食性の; 刺激性の; 《比》刺すような, しんらつな: ein ~*er* Geruch 鼻をつくにおい | eine ~*e* Kritik しんらつな批評. **2** 《話》すごい, いかす.

Ät·zer[ɛ́tsər] 男 -s/- エッチング制作者, 食刻〈腐食〉銅版工.

Ätz≈grund[ɛ́ts..] 男 (エッチング用の)地塗り(これに絵を刻んで腐食剤をかける). ≈**ka·li** 中 〘化〙苛性(かせい)〈腐食〉カリ. ≈**kalk** 男 〘化〙水酸化カルシウム, 生石灰. ≈**kunst** 女 -/ エッチング, 〔銅版〕食刻術. ≈**lau·ge** 女 苛性アルカリ液. ≈**mit·tel** 中 腐食剤. ≈**na·del** 女 エッチング用彫刻針. ≈**na·tron** 中 〘化〙苛性ソーダ, 水酸化ナトリウム. ≈**stift** 男 エッチング用彫刻刀; 〘医〙腐食桿(かん).

At·zung[átsʊŋ] 女 -/-en **1** atzen すること. **2** (野鳥の)えさ; 《話》食物.

Ät·zung[ɛ́tsʊŋ] 女 -/-en **1** (ätzen すること. 例えば:) 腐食; エッチング, 食刻; 〘医〙焼灼(しょうしゃく)〔法〕. **2** ＝Atzung

Ätz·wir·kung 女 腐食作用.

au[1][aʊ] 間 **1** (苦痛・嘆きなどの気持を表して)ああ(痛い), ギャッ; あらあら(困った, 残念); (品の悪い笑い話などを聞いて)キャー(ひでえや): *Au*, ich habe mich an die Säule gestoßen. いてて柱にぶつかっちゃった | *Au* weh! あいたっ; ああ残念(→auweh). **2** (意外・驚きなどの気持を表して)あれ, おや, うわっ(たまげた): ***Au* Backe**〔**, mein Zahn**〕! 《話》(ふつう右手を頬(ほお)にあてがい)あれれ, ああ驚いた, おやおや大変だ | *Au* fein! これはいいぞ. [*mhd.*]

au²《フランス語》→*au* contraire, *au* courant, *au* fait, *au* four, *au* naturel, *au* pair, *au* porteur

Au¹[aʊ] 女 -/-en《南部》＝Aue²

Au²[a:|ú:, gɔlt] 記号 (Aurum)〖化〗金(＝Gold).

aua[áʊa·]《幼児語》＝au¹ 1

AUA[áʊa·] 女 -/ オーストリア航空. [*engl.*; < *engl.* *Au*strian *A*irlines]

au·ber·gi·ne[obɛrʒí:n(ə)] 形《無変化》ナス紺色の, 黒紫色の.

Au·ber·gi·ne[..ʒí:n(ə)] 女 -/-n[..nən] **1** (Eierfrucht)〖植〗ナス. **2** (なす紺をした中国の)陶器; (陶器の)なす紺の釉(うわぐすり). [*arab.*–*katalan.*–*fr.*]

a. u. c. 略 ＝ab urbe condita

auch[aʊx] 副

I《特定の語〔句〕にかかって》

1《同様・同等》(gleichfalls) …も〔また〕, 同様に, 同じく: **a**)〖直前に置かれて〗*Auch* ich denke so. 私もそう思う | Karl ist faul, ～ Fritz ist nicht fleißig. カールは怠け者だがフリッツも勤勉ではない | Keiner kannte ihn, ～ mein Vater nicht. 彼を知っている人はだれもいなかった. 私の父も知らなかった. | *Auch* das nicht. それも違う | *Auch* das kann dir passieren. そんなことも君の身に起こるかもしれない | Das kann ～ dir passieren. それは君の身にも起こるかもしれない (→b) | Ich kenne ～ seinen Sohn. 私は〔彼だけでなく〕彼の息子とも知り合いだ | Man kann ～ mit dem Zug fahren. 列車で行くこともできる | Man kann darüber ～ anders denken. それについては違った考えもありうる | Wo ich geboren bin, da will ich ～ begraben sein. 私は葬られるのも生まれた土地にしてもらいたい.

b)〖つねにアクセントがおかれて〗Ich denke ～ so. 私もそう思う(＝*Auch* ich denke so.) | Du bist ein Schwein! — Du ～! お前は下劣なやつだ—お前もだ | Ich gehe jetzt weg, du ～? 私はもう行くが 君もそうするかい | Ich ～! 私も〔そう〕だ | Ich ～ nicht. 私も違う | Ich bin ～ nur ein Mensch. 私もたかが一個の人間にすぎない | Kommst du ～ mit? 君も一緒に来るかい | Sein Sohn war ～ dabei.〔彼だけでなく〕彼の息子もそこに居合わせた | Das habe ich ～ gesagt. それは私も言ったことだ | Sie hat ～ recht. 彼女の言うことも正しい | Das kann ～ dir passieren. / Das kann dir ～ passieren. i) そんなことも君の身に起こるかもしれない; ii) それが君の身にも起こるかもしれない |〔So ist es〕～ gut. それでもよい ‖〖aber, oder, und, wie などと〗Sie ist gutmütig, **aber ～** dumm. 彼女は人はいいが ばかでもある(→2) | Du kannst fernsehen **oder ～** ins Kino gehen. 君はテレビを見ても あるいは映画に行ってもいいよ | Karl kommt, **und** Else〔kommt〕**～**. カールも来るし エルゼも来る | Sie ist hübsch und ～ sehr aufmerksam. 彼女は美人で それによく気のつくひとだ | Er schrieb mir und ～ meinem Vater. 彼は私にも父にも手紙をよこした | Ich kann nicht, und ich will ～ nicht. 私にはそれができないし する気もない | **Wie** gestern will er mich **～** heute wieder abholen. 彼はきのうと同様 きょうも私を迎えに来ると言っている | Ich kenne ihn wie ～ seine Frau. 私は彼も彼の妻君も知っている ‖ **sowohl ... als 〈wie〉 auch ...** …と同じく…も(→sowohl 1).

2《追加; しばしば noch を伴う》(außerdem) さらに…も〔また〕, それにまた, その上, 加えて: Sie gab mir ～〔noch〕etwas Geld. 彼女は(そればかりでなく)いくばくかの金までくれた | Sie hat ～〔noch〕zwei Brüder. 彼女には そのほかにまだ男の兄弟が二人ある | Ich muß heute ～〔noch〕Einkäufe machen. きょうはまだ これから買い物にも行かなければならない | Du kommst allein, aber ～ ganz allein! ひとりで来るんだぞ それも全くひとりでくるんだぞ | Das fehlte ～ noch! /Das hat〔mir〕～ noch gefehlt!《反語》そいつは困った〈踏んだりけったりだ〉| Ich bin heute nur früh spazierengegangen, gestern ～ am Nachmittag. きょうは朝だけだったが きのうは午後にも散歩した | Er ist klug, **aber ～** fleißig. 彼は頭がいいしそれに勤勉でもある(→1 b) | **nicht nur ...,〔sondern〕auch ...** …だけでなく…も | nicht nur heute, sondern ～ morgen きょうだけでなくあすも.

3《極限》(selbst, sogar) …でも, …さえも, …すら: Das versteht ～ der dümmste Schüler. そんなことはどんなばかな生徒だって分かることだ | Er zieht ～ im Winter keinen Mantel an. 彼は冬でもコートを着ない | *Auch* das gefiel ihm nicht. そのことさえも彼には気に入らなかった | Er gab mir ～ nicht einen Pfennig. 彼は私に1ペニヒすらくれなかった ‖ Er arbeitete weiter, ～ als er reich geworden war. 金持ちになったあとでさえも彼は働き続けた | *Auch* **wenn** ihm alles glückt, ist er unzufrieden. 万事がうまくいった場合ですら彼は満足しない | Ich würde ihn nicht besuchen, ～ wenn ich (＝wenn ich ～) seine Adresse wüßte. 彼の住所が分かっていても私は彼を訪ねはしないだろう (→II 2 a) | Er freut sich über jede Nachricht, ～ wenn du ihm nur eine Karte schreibst. 君が葉書一枚しか書かなくても 彼は知らせならどんなものでも喜ぶよ | Er freut sich ～, wenn du ihm nur eine Karte schreibst. 君が葉書一枚書いてやるだけでも彼は喜ぶよ | *Auch* wo es am wenigsten geregnet hat, ist die Ernte gut ausgefallen. 雨の最も少ない場所でさえも収穫は良好だった ‖ **auch nur ...** ほんの…さえ, ちょっと…だけでも | Er ging fort, ohne ～ nur auf Wiedersehen zu sagen. さよならも言わずに彼は立ち去った.

II《文全体にかかって》

1 (überdies, außerdem) それにまた, 加えて(→I 2): *Auch* hat er einen schweren Fehler begangen. それにまた彼が重大な誤りを犯すという事情が加わった.

2《極限》**a**)《現実的・仮定的な譲歩・限定; 条件文や so または疑問詞に導かれる副文で用いられる. 仮定的の場合はしばしば immer, so を伴い, また定動詞には接続法や mögen が現れることが多い》…ではあるが; たとえ〈仮に〉…でも, …であろうとも:〖wenn に導かれる条件文で; **wenn auch ...,** wenn ... auch の形は現実的・仮定的のいずれの場合にも, また und wenn〔...〕auch ...(および auch wenn ...: →I 3)の形は原則として仮定的な場合にのみ用いられて〗Wenn er ～ nicht reich ist,〔so〕hat er doch zu leben. 彼は裕福ではないが暮らしてゆくだけのものはある | wenn er ～ noch so groß ist 彼がどれほど大きくても(＝wie groß er ～ ist) | Ich gehe spazieren,**und wenn auch** schlechtes Wetter ist. / Und wenn ～ schlechtes Wetter ist, ich gehe 〈gehe ich〉 doch spazieren. 仮に天気が悪くても私は散歩に出る |〔Und〕wenn ～! たとえそうだとしても〔かまわんさ・平気だよ〕| Das Wetter ist gerade nicht einladend. — Wenn ～: gehen wir! 天候は必ずしもおあつらえ向きというわけではない—そうだとしても〔かまわんさ〕出かけよう ‖〖定動詞文頭の条件文で〗Bin ich ～ arm, bettle ich nicht. 私は貧乏だけれど こじきはしない | Mag er ～ noch so fähig sein, ich habe ihn doch nicht gern. 彼がどんな才人だろうが私は彼が嫌いだ ‖〖疑問詞などに導かれる副文で〗**Wann immer** er ～ kommen mag, er ist stets willkommen. いつ来ようと彼なら常に歓迎だ | **Was** er ～ immer sagen mag, ich kümmere mich nicht darum. 彼が何を言おうが私は気にかけない | Laß keinen herein, **wer** ～ immer es sein mag! だれであろうと 一人も中へ入れるな | **Wie** klug er ～ sein mag, das wird ihm nicht gelingen. 彼がいかに頭がよくても彼はこれに成功しないだろう | Wie dem ～ sei, wir müssen etwas unternehmen. 事情がどうであれ 私たちは何かしなければならない | Er ging weiter, **wohin** ihn der Weg ～ führte. 道がどこへ通じていようと彼は歩き続けた ‖ **Ob** er ～ fest daran glaubte, war es doch falsch. 彼は固く信じていたがそれはやはり誤りだった | **So** klug er ～ war, diese Aufgabe konnte er nicht lösen. いかに賢い彼もこの課題は解けなかった ‖ Ich bin bei dir, du seist ～ noch so ferne. たとえ君がどれほど遠くにいようと 私の心は君のところにある (Goethe).

b)《一般化: 不定関係代名詞に導かれる副文で, しばしば immer を伴って》およそ〈いやしくも〉…はすべて: **Was**〔immer〕～ die Kinder sahen, wollten sie gern haben. 子供らは何を見ても欲しがった | **Wer**〔immer〕～ kam, schüttelte dem Bürgermeister die Hand. やって来た人はみな市長と握手した.

3《予想と事実の対応・一致》事実〈実際〉また, やっぱり, 果たして, さすがに;《根拠・理由》事実〈だって〉…なのだから, なにしろ, それもそのはず: Er hat das vorausgesagt, und es ist ～

geschehen. 彼はそれを予言していたが 果たしてそのとおりになった | Ich bin gestern nicht gekommen, aber du hast mich bei dem Regen wohl ~ nicht erwartet. きのう私は来なかったが あの雨では君だって私が来るとは思わなかったろう | So sieht es ~ aus. じっさい見た目もそうだ, じじつ事情はそうらしい | Du bist ~ gar nicht zu dumm. 〔してみると〕君も底なしのばかじゃないんだね | Danke ~! どうも〈ほんとに〉ありがとう | Das wird ihm ~ was Rechtes helfen. 《反語》それでは 彼もさぞや大助かりだろうて ‖ Sie scheinen Bonn gut zu kennen. — Na, ich habe ~ lange dort gelebt. ボンの町をよくご存じのようですね—そりゃそうです なにせ長いこと住んでいましたから | In der Bibliothek finde ich alles Wichtige, sie hat ~ eine Million Bände. この図書館には主要図書はなんでもある なにしろ蔵書が100万冊なのだからね.

☆ この意味では denn auch の形をとることがある: →denn II 1 b

4 《アクセントなしで; 話し手の主観的心情を反映して》 **a)** 《疑問文で: 事実・予想などとの対応・一致への期待や疑惑を表して》 Hörst du ~ zu? 君はほんとうに聞いてくれているのかい | Seid ihr ~ alle artig gewesen? みんなちゃんとおとなしくしていたかね(子供に向かって) | Kommst du ~? 君ほんとうに来るのかい | Hast du es ~ verstanden? ほんとうに分かったのかい | Kann er die Arbeit ~ fertigbringen? この仕事を果たして彼がやりとげられるかな | Was hätte es ~ für einen Sinn gehabt? それがいったいどんな意味があったというのかね.

b) 《予想・期待などとの不一致に対する不満・不快・非難・抗議・意外感を表して》 Warum ist er ~ immer unpünktlich? なんだって彼はそうそう遅刻ばかりするんだろう | Er hätte 〔doch〕 ~ antworten können. 彼は返事ぐらいできたろうに | Darf ich nicht mit? — Nein, was denkst du ~! ついて行っちゃだめなの—だめだめ いったい君は何を考えてるんだ | Du hast aber ~ gar keine Geduld! 君ときたら まるでこらえ性がないんだね ‖ **Warum** ~ nicht? なぜいけない, いいじゃないか, かまやしない | **Wozu** 〔denn〕 ~? いったい何のために, 何のたしになる, ばかばかしい ‖ 〖間投詞的に〗 zum Donnerwetter ~! (→ Donnerwetter) | Teufel ~! (→ Teufel 1). [*germ.*; ◇wachsen¹; *gr.* aũ „wieder〔um〕“; *engl.* eke]

auch.. 《名詞などにつけて「名ばかりの」を意味する》: *Auch*christ えせクリスチャン | *Auch*gelehrter えせ学者.

au con·traire[okɔ̃trɛ́:r] 《フランス語》 (im Gegenteil) 逆に, かえって. [◇konträr]

au cou·rant[okurɑ̃́] 《フランス語》 (auf dem laufenden) 《次の形で》 ~ sein 最近の事情に通じている | *et.*⁴ ~ kaufen …を時価で買う. [◇kurrent]

Au·cu·ba[aokú:ba·] 女 -/..ben[..bən] = Aukube

au·dia·tur et al·te·ra pars[aodiá:tor ɛt áltera· párs] 《ラテン語》 (auch der andere Teil muß gehört werden) 相手方の言い分も聞かれるべきだ. [◇audio.., Part]

Au·dienz[aodiɛ́nts] 女 -/-en **1** (元首・高官・貴人などによる) 公式会見, 接見, 引見, 謁見: *jn.* in ~ empfangen …を引見する | *jm.* eine ~ erteilen 〈geben/gewähren〉 …に謁見を許す | ~ bei *jm.* erhalten …に謁見を許される. **2** 〖法〗 審理. ▽**3** (Gehör) 聴許: *seinen* Gedanken³ ~ geben 考えを自由に巡らす. [*lat.*; ◇audio..]

Au·dienz≈saal 男 謁見の広間. **≈zim·mer** 中 謁見室.

Au·di·max[aodimáks, ⌐◡◡] 中 -/ 《話》 (Auditorium maximum) (大学の) 大講堂.

audio.. 《名詞・形容詞などにつけて「聴覚」を意味する》: *Audio*metrie 聴力測定 | *audio*visuell 視聴覚の. [*lat.* audīre „hören“]

Au·dio·gramm[aodiográm] 中 -s/-e 聴力図.

au·dio·lin·gual[..lɪŋguá:l] 形 (言語教育上の) 聴覚口頭の, 聞いたり話したりすることから始める.

Au·dio·lo·ge[aodioló:gə] 男 -n/-n (→..loge) 聴覚学者.

Au·dio·lo·gie[..logí:] 女 -/ 〖医〗 聴覚学.

Au·dio·me·ter[..mé:tər] 中 (男) -s/- オーディオメーター, 聴力計.

Au·dio·me·trie[..metrí:] 女 -/ 聴力測定.

au·dio·me·trisch[..mé:trɪʃ] 形 聴力測定〔上〕の; 聴力測定による.

Au·dion[áodiɔn] 中 -s/-s, -en[aodió:nən] 〖電〗 オーディオン.

Au·dion·röh·re 女 〖電〗 オーディオン真空管.

Au·dio·vi·sion[aodiovizió:n] 女 -/ 視聴覚機器〈技術〉.

au·dio·vi·suell[..vizuɛ́l] 形 視聴覚〔教育〕の: ~*e* Materialien 視聴覚教材 | ~*er* Unterricht 視聴覚授業.

Au·di·phon[aodifó:n] 中 -s/-e 補聴器.

Au·dit[ɔ́:dɪt] 男 中 -s/-s (Überprüfung) 検査, 監査.

Au·di·teur[aoditǿ:r] 男 -s/-e (昔の軍法会議の) 法務官. [*lat.*–*fr.*]

au·di·tiv[..tí:f]¹ 形 **1** 聴覚の; 聴覚に関する. **2** 聴覚の優れた.

Au·di·tor[aodí:tɔr, ..to:r] 男 -s/-en[..ditó:rən] **1** (ローマ教皇庁の) 聴取官. **2** 《オーストリア・スイス》 〖軍〗 検察官. [*lat.*; ◇audio..]

Au·di·to·rium[aoditó:riom] 中 -s/..rien[..riən] **1** (Hörsaal) 講義室, 講堂. **2** (Zuhörerschaft) 聴衆. [*lat.*]

Au·di·to·rium ma·xi·mum[– máksimom] 中 --/ (大学の) 大講堂 (→Audimax).

Aue¹[áoə] →Hartmann von Aue

Aue²[áoə] 女 -/-n **1** (川岸・水辺の) 草地; 《雅》 緑野; 《方》 (川の) 中州. **2** 《南東部》 (Torfmoor) 泥炭地. ▽**3** (Fluß) 川. [*germ.*; ◇aqua.., Ache]

Au·en·wald 男 川岸〈水辺〉の森.

Au·er≈hahn[áoər..] 男 Auerhuhn の雄. **≈hen·ne** 女 Auerhuhn の雌. **≈huhn** 中 〖鳥〗 オオライチョウ(大雷鳥). [*ahd.* ūr-hano; ◇Ur¹]

Au·er≈licht 中 -〔e〕s/ アウアー灯(白熱ガス灯). **≈me·tall** 中 -〔e〕s/ 商標 アウアーメタル(発火合金). [<Auer von Welsbach (ドイツの化学者, †1929)]

Au·er≈och·se (≈**ochs**) 男 (Ur) 〖動〗 オーロクス(17世紀に絶滅した牛の一種). [◇Ur¹]

auf [aof]

> **I** 前 《3・4格支配》
> **1** 《空間的》
> **a)** …の上〈表面〉に, …に
> **b)** 《4格と》 …の方へむかって; …を目ざして
> **c)** 《体の部分を表す名詞と》 …を下にして, …で
> **d)** 《公共施設など種々の営みの場所》 …に, …で
> **e)** 《行事》 …の際に, …〔の席上〕で
> **f)** 《楽器》 《3格と》 …を用いて, …で
> **g)** 《距離》 《4格と》 …だけ, …まで
> **2** 《時間的》 《4格と》
> **a)** 《予定期間》 …の間, …にわたって
> **b)** 《直後・継起・因果》 …の〔すぐ〕あとで, …に続いて; …に応じて〈基づいて〉
> **c)** 《予定時点》 (きたるべき) …に
> **d)** …にまたがって, …にかけて
> **e)** 《南部》 (zu) …のときに, …に際して
> **3a)** 《精神活動としての指摘・期待の目標・対象》 《4格と》 …をめざして〈期して〉, …に向けて
> **b)** 《検討・吟味の着眼点》 《4格と》 …を主眼〈目安〉にして, …を見て
> ▽**c) auf daß ...** …するために
> **4** 《方法・手段》 《4格と》 …によって, …なやり方で
> **5** 《程度》 《4格と》 …ほど〔まで〕に
> **6** 《割り当て》 《4格と》 …につき, …当たり
> **7** 《誓い》 《4格と》 …にかけて
> **II** 副

I 前 《位置を示すときなどは3格支配, 方向を示すときなどは4格支配. 定冠詞 das と融合して aufs となることがある》

1 《空間的》 **a)** …の上〈表面〉に, …に: 〖3格と〗 ~ der Bank sitzen ベンチに腰かけている | ~ dem Dach stehen 屋根の上に立っている | ~ dem Markt 市場で | ~ der Straße spielen 路上で遊ぶ | ~ dem Wasser schwimmen 水面

に浮かんでいる | ~ seiten → 別出 ‖ ~ der Stelle (→Stelle 1 b) | ~ der Hand liegen (→Hand 1) | ~ *js.* Seite stehen《比》…の側に立つ, …の味方である | *jm.* ~ Schritt und Tritt folgen《比》…につきまとう | ~ aller Lippen sein《雅》人口に膾炙(かいしゃ)している(世間一般の評判になっている) | mit *jm.* ~ du〔und du〕〈vertrautem Fuß〉stehen …とはきわめて親密な間柄である ‖ Er ist ~ einem Auge blind〈einem Ohr taub〉. 彼は片目が見えない〈片方の耳が聞こえない〉‖ Das hat etwas〈nichts〉~ sich.《比》それは重要〈つまらぬこと〉だ ‖〖4 格と〗*sich*⁴ ~ die Bank setzen ベンチに腰かける | *aufs* Dach klettern 屋根へよじ登る | ~ die Straße gehen (→Straße 1 a) | Der Regen prasselt ~ die Straße〈die Wand〉. 雨が路面にパラパラ降る〈壁面に当たる〉| *et.*⁴ ~ Tonband sprechen〈aufnehmen〉…をテープに吹きこむ〈取る〉| *jm.* schwer *aufs* Herz fallen《話》…の心に重くのしかかる | Hand *aufs* Herz! 正直に言いたまえ | ~ *et.*⁴ Wert legen《比》…を重視する | einen Preis ~ *et.*⁴ setzen《比》…に〔懸〕賞をかける | *seine* Hoffnung ~ *et.*⁴ setzen《比》…に期待をかける.

☆ auf と über の違い: 共に「上に」を示すが auf が表面との密着を表すのに対し, über は上方〔に離れていること〕を表す: *Auf* dem Tisch steht eine Vase. テーブルの上に花瓶がある | *auf* einem anderen Standpunkt stehen 別の立場に立っている ‖ *Über* dem Tisch hängt eine Lampe. テーブルの上に電灯が下がっている | *über* den Dingen stehen 物事に超然としている.

従って auf には「下からの支え」の意味が含まれるが, über にはこれがない: Die Wäsche hängt *auf* der Leine. 下着類が物干し綱に下がっている ‖ *Über* dem Fluß lagert der Nebel. 川の上に霧がたなびいている.

b)《4 格と》…の方へ向かって; …を目ざして: einen Schritt ~ *jn.* tun …の方へ向かって一歩踏み出す | *aufs*〈~ das〉Land gehen 田舎へ行く | ~ die Straße〔hinaus〕gehen 通り〈おもて〉へ出て行く; (窓などが)通りに面している | Er ging ~ den Ausgang zu. 彼は出口へ向かった | ~ Frankfurt zu〈方: hin〉フランクフルトへ向かって | ~ die Welt kommen 生まれ〔てく〕る ‖ ~ *js.* Seite treten《比》…の味方につく | ~ einen Einfall kommen《比》あるアイディアを思いつく | *et.*³ ~ den Grund kommen《比》…の真相をつきとめる | die Schuld ~ *jn.* schieben《比》責任を…に押しつける | *et.*⁴ ~ *sich*⁴ nehmen《比》…を引き受ける | Diese Wörter enden ~ -ung.《比》これらの語は -ung という形で終わっている ‖〖視線・指示の向けられる方向・対象を示して: →3 a〗~ die Uhr〈die Straße〉blicken 時計〈路上〉を見やる(視線を時計・街路に向ける) | ~ den Bildschirm sehen スクリーンを見やる |〔mit der Hand〕~ *et.*⁴ deuten〈hinweisen〉…を手で指し示す〈指摘する〉| Der Zeiger zeigt ~ 10 Uhr. 時計の針は10時を指している.

c)《体の部分を表す名詞と》…を下にして, …で:〖3 格と〗~ einem Fuß〈dem Kopf〉stehen 1 本足で立っている〈逆立ちしている〉| ~ Strümpfen ins Zimmer kommen 靴を脱いで〈足音をしのばせて〉部屋にはいって来る | ~ schwachen Füßen stehen《比》基礎〈基盤〉が弱い | ~ dem Rücken〈der Seite〉liegen あお向け〈横向き〉に寝ころんでいる ‖〖4 格と〗~ das Gesicht fallen (顔面を下に)うつ伏せに倒れる | *et.*⁴ ~ den Kopf stellen …を逆さに立てる;《比》…を混乱させる〈めちゃめちゃにする〉| *sich*⁴ ~ den Rücken legen あお向けに寝る ‖ Und wenn du dich ~ den Kopf stellst.《話》お前がどうじたばたしたってもう駄目だよ.

d)《公共施設など種々の営みの場所》…に, …で:〖3 格と〗~ der Post 郵便局で | ~ dem Rathaus etwas erledigen 市役所で用をすます | Er ist noch ~ der Schule〈der Universität〉. 彼はまだ生徒〈大学生〉である(→an I 4 a ☆) | Er bleibt ~ (=in) seinem Zimmer. 彼は自室に引きこもっている ‖〖4 格と〗ein Paket ~ die Post bringen 小包を郵便局に出しに行く | *aufs* Gymnasium〈~ die Universität〉gehen ギムナジウム〈大学〉へ進学する; ギムナジウム〈大学〉へかよっている(→an I 4 a ☆) | Er geht ~ sein Zimmer. 彼は自室に行く〈引き上げる〉.

☆ 建造物などに用いられる場合の auf と in の違い: auf はその建造物本来の営みにかかわる場合に用いられることがある: Er war *auf* seinem Zimmer. 彼は(ホテルなどで)自室で休んでいた | *In* seinem Zimmer war gerade die Putzfrau. ちょうどそのとき彼の部屋には掃除婦が来ていた ‖ Englisch lernt man *auf* der Schule. 英語は学校で学ぶ | *In* der Schule ist ein Unfall passiert. 学校〔の構内〕で事故が起きた.

e)《行事》…の際に, …〔の席上〕で:〖3 格と〗~ dem Ball〈der Hochzeit〉tanzen 舞踏会〈結婚の祝宴〉で踊る | ~ der Jagd〈der Reise〉sein 狩猟〈旅行〉中である | ~ dem Spaziergang den Hund mitnehmen 散歩に犬を連れて行く ‖〖4 格と〗~ einen Ball〈ein Fest〉gehen 舞踏会〈祝典〉に出かける | ~ die Jagd〈die Reise〉reiten (馬で)狩り〈旅〉に出る | ~ eine Tagung fahren 会議のために出張する | ~ Urlaub fahren 休暇旅行に行く.

f)《楽器》《3 格と》…を用いて, …で: Begleitung ~ dem Klavier ピアノ伴奏 |〔ein Stück〕~ der Flöte〈der Geige〉spielen〔ある曲を〕フルート〈ヴァイオリン〉で演奏する.

g)《距離》《4 格と》…だけ, …まで: *sich*⁴ *jm.* ~ Armeslänge〈einige Schritte〉nähern 腕を伸ばせば届くところ〈あと数歩の距離〉まで…に近づく | ~ 50 Meter Entfernung 50メートルの距離で〈まで〉| ~ zwei Stunden im Umkreis 周辺 2 時間行程の範囲で〈まで〉.

2《時間的》《4 格と》**a)**《予定期間》…の間, …にわたって: *sich*⁴ ~ einen Augenblick entschuldigen ちょっとのあいだ席を外す | ~ die Dauer (→Dauer 2) | ~ vier Jahre gewählt werden 4 年の任期で選ばれる | die Rente ~ Lebenszeit 終身年金 | ein Zimmer ~ sechs Monate mieten 部屋を 6 か月の約束〈期限〉で借りる | ~ ein paar Tage verreisen 二三日の予定で旅に出る | ein Lektor ~ Zeit 期限つき契約の大学講師 ‖ ~ ewig〈immer〉永久に, いつまでも.

☆ 目的の意味が加わることもある(→3 a): *jn.* ~ ein Glas Wein einladen …をワインを 1 杯いかがと言って誘う.

b)《直後・継起・因果: あとに hin を伴うことが多い》…の〔すぐ〕あとで, …に続いて; …に応じて〈基づいて〉: *Auf* das Bier wurde mir übel. ビールを飲んだら私は気分が悪くなった | ~ den ersten Blick ひと目で, たちまち; ちょっと見た目には | ~ *js.* Rat〈Wunsch〉〔hin〕…の助言〈希望〉を受けて | *Auf* meinen Wink〔hin〕schwieg er. 私の合図で彼は口をつぐんだ.

c)《予定時点》(きたるべき)…に: ~ den Abend 晩に〔なったら〕| *et.*⁴ ~ eine bessere Gelegenheit verschieben …をもっといい時機まで延期する | **bis** ~ den heutigen Tag 今日に至るまで(→5) | bis ~ weiteres さしあたり, 当分の間 ‖ Es geht ~ drei. やがて〈そろそろ〉3 時だ | Es ist halb〔~〕fünf. 今 4 時半だ | drei Viertel ~ fünf 4 時45分.

☆ 予定の意味が薄れることもある: *Auf* meine alten Tage muß ich das erleben! この年になってこんな目にあうとは.

d) …にまたがって, …にかけて: in der Nacht vom 8. ~ den 9. Mai 5 月 8 日から 9 日へかけての夜に | Das geht nicht von heute ~ morgen. それは一朝一夕にはいかない〈そう簡単ではない〉.

e)《南部》(zu) …のときに, …に際して: ~ nächsten Frühling frei werdende Stelle 明春あく役職〈地位〉| ~ Weihnachten クリスマスに.

3 a)《精神活動としての指摘・期待の目標・対象: →1 b)》《4 格と》…をめざして〈期して〉, …に向けて, …を指示して: ~ jeden Fall どんな場合でも; いずれにしても, ともかく | ~ Geratewohl〈gut Glück〉いちかばちかで, 運を天にまかせて | *Auf* Wiedersehen! さようなら(再会を期待して) | ~ *js.* Gesundheit trinken …の健康を祈って杯を上げる | ein Gedicht ~ *jn.* verfassen …にささげる詩を作る | Das Kind ist ~ den Namen seines Großvaters getauft. この子の名前は祖父の名前をとったものだ | Er ist sehr ~ Geld.《話》彼はやたらに金を欲しがる ‖〖指摘・注意・期待などを意味する動詞と〗~ *et.*⁴ achten …に注意を払う | *jn.* ~ *et.*⁴ aufmerksam machen …の注意を…に対して喚起する | Das geht ~ mich.《話》それは私へのつら当てだ ‖ ~ Ordnung

halten 秩序を重んじる | ~ gutes Wetter hoffen 天気がよいことを期待する | ~ *et.*[4] Rücksicht nehmen …を考慮に入れる〈斟酌(しんしゃく)する〉.
b) 《検討・吟味の着眼点》《4格と》…を主眼〈目安〉にして, …を見て: einen Aufsatz ~ Fehler 〔hin〕 durchlesen 誤りがないかどうか作文に目を通す | *sich*[3] ein Mädchen ~ Filmeignung 〔hin〕 ansehen ある女の子を映画に向くかどうか観察する.
▽**c**) **auf daß ...** …するために(定動詞には接続法の現れることが多い. 今日ではふつう単なる daß または damit で表される: → daß II 1) | Richtet nicht, ~ daß ihr nicht gerichtet werdet. なんじら人を裁くな. 自分が裁かれずにすむために(聖書: マタ7,1).
4 《方法・手段》《4格と》…によって, …なやり方で: ~ feine Art 上品に | ~ eigene Hand 独力で, 自分で | ~ einen Schlag 一撃のもとに; いちどきに | ~ Staatskosten 国費で | ~ diese Weise このやり方で, こんな具合に, こうして ‖ **~ einmal** 一度に, 同時に; 突然 | ~ englisch 〈japanisch〉 英語〈日本語〉で | *aufs* neue 新たに, 改めて ‖ 〖絶対的最上級をつくって〗 *aufs* 〈~ das〉 beste きわめて良く | *aufs* 〈~ das〉 herzlichste 心から, 懇篤に.
5 《程度》《4格と》…ほど〔まで〕に: *jm.* 〔bis〕 *aufs* Haar gleichen …と瓜(うり)二つである | 〔pünktlich〕 ~ die Minute kommen 《話》 1分たがえず〈定刻きっかり〉に来る | krank ~ den Tod sein 瀕死(ひんし)の重病である ‖ **bis ~** *et.*[4] …に至るまで, …をも含めて; …は除いて, …以外は(→bis[1] I 4).
6 《割り当て》《4格と》…につき, …当たり: Man nehme sechs Eier ~ 400 Gramm Mehl. 小麦粉400グラムについて卵6個を使用のこと | Etwa fünf Apfelsinen gehen ~ ein Kilo. オレンジ5個ぐらいが1キロになる | In Deutschland kommen ~ 100 Männer 114 Frauen. ドイツでは男100人に女114人の割合である | *Auf* mich 〔ent〕fallen von dem Erbe 50 000 Mark. 遺産のうち私の取り分は5万マルクである.
7 《誓い》《4格と》…にかけて: ~ die Bibel schwören 聖書にかけて誓う | *jn.* *aufs* Gewissen fragen …の良心に問いかける.

★ 前置詞〔格〕目的語を構成する機能: 他の多くの基本的前置詞と同様に, 特定の動詞・形容詞と固定的に用いられることが少なくない: 〖3格と〗 ~ *et.*[3] beharren 〈bestehen〉 …に固執している ‖ 〖4格と〗 ~ *et.*[4] warten …を待つ | *sich*[4] ~ *et.*[4] berufen …を引き合いに出す | ~ *et.*[4] antworten …に返事をする ‖ ~ *et.*[4] begierig sein …を熱望している | ~ *et.*[4] stolz sein …を誇っている.

II 副 **1** 上へ, 高く, 上がって, 上げて, (上に)のせて(→aufhaben I 1 a): *Auf!* 立て, 起きろ | *Auf*, an die Arbeit! さあ仕事にかかれ | Stahlhelm ~! 〖軍〗 鉄かぶと着け(号令) | Glück ~! (→Glück 1) ‖ **auf und ab** / **auf und nieder** 上がったり下がったり; あちこち〔と〕 | ~ und ab 〈nieder〉 gehen 上がったり下がったりする; 行ったり来たりする; あちこち歩き回る | ~ und nieder schwanken 上下に揺れる | das *Auf* und Ab 〈Nieder〉 des Lebens 人生の浮沈 | **auf und davon** 立ち去って, 逃げ去って(→davon ★ ii) | Als ich mich umdrehte, um ihm zu danken, war er schon ~ und davon. 彼に礼を言おうとしてふり返ると彼の姿はもうそこにはなかった.
2 《von に導かれる前置詞句にそえられてその意味を補足しかつ明確にする: →an II 1 a, aus II 2 b》 (…)から, (…)以来: ein Haus von Grund ~ neu bauen 家を全く新しく建て〔替え〕る | von Kindheit 〈klein〉 ~ 子供のころから.
3 《話》 起きて, 立って(→aufsein 1): Ich fand ihn noch ~. 私が行ってみたら 彼はまだ起きていた.
4 《話》 (↔zu) (offen) 開いて(→aufhaben I 2 a, aufsein 2): Augen ~! 目を開けろ; (ぶつかったときなどに)どこに目がついているんだ | Die Tür ist ~. ドアが開いている.
5 《分離動詞の省略形. 話法の助動詞と》: nicht ~ (=aufstehen) können 起き上がれない.
[*idg.*; ◇über, oben; *engl.* up; *gr.* hýpo]

auf.. 《主として分離動詞の前つづり. つねにアクセントをもつ》
1 《「下から上への方向」を意味する》: *auf*blicken 見上げる | *auf*bauen 建てる | *Auf*blick 仰ぎ見ること | *auf*recht 直立した. **2** 《「刺激」を意味する》: *auf*hetzen 煽動する. **3** 《「静止状態の放棄」を意味する》 **a**) 《「開始」を意味する》: *auf*hellen 明るくする | *Auf*takt 〖楽〗 上拍. **b**) 《「突発」を意味する》: *auf*flammen ぱっと燃え上がる. **4** 《「復原」を意味する》: *auf*frischen 修復する. **5** 《「完遂」を意味する》: *auf*brauchen 使い果たす. **6** 《「開ける・展開する動作」を意味する》: *auf*machen 開く | *auf*rollen (巻いた物を)広げる. **7** 《「集積」を意味する》: *auf*stauen (水流・土砂などを)せき止める. **8** 《「表面への方向」を意味する》: *auf*fallen (…の上に)落ちる | *auf*drücken 押しつける. **9** 《「表面上での静止状態」を意味する》: *auf*haben (帽子などを)かぶっている. **10** 《「起きている状態」を意味する》: *auf*bleiben (寝ずに)起きている.

auf|äch·zen[áuf|ɛçtsən] 《02》 自 (h) (突然)短いうめき声を上げる.
auf|ackern[áuf|akərn] 《05》 他 (h) 耕す, すき返す.
auf|ad·die·ren[áuf|adi:rən] 他 (h) 加算〈合算〉する.
au fait[ofɛ́(:)] 《フランス語》 ~ sein 様子〈事情〉がわかっている | *jn.* ~ setzen …に事情を説明する, …を啓蒙(けいもう)する.
auf|ar·bei·ten[áuf|arbaɪtən] 《01》 他 (h) **1** (仕事を)片づける. **2** (原料などを)加工〈消費〉し尽くす, 使いきる. **3** (auffrischen) 再生〈更新〉する; 修理〈手入れ〉する: alte Kleider ~ 古着を仕立て直す. **4** (*et.*[4]) (事柄を)根本から洗い直して再検討する, 原案にもどって見直す. **5** 再帰 *sich*[4] ~ 努力して〈やっとのことで〉立ち上がる. **6 a**) 苦労して開ける: den Deckel ~ ふたをこじ開ける. **b**) *sich*[3] die Hände ~ 仕事で手が荒れる. **7** (過去の成果などを)総括する, 見直す, 再検討する: *seine* Vergangenheit 〔kritisch〕 ~ 自分の過去を〔批判的に〕総括する.
Auf·ar·bei·tung[..tʊŋ] 女 -/-en aufarbeiten すること.
auf|ästen[áuf|ɛstən] 《01》 他 (h) 〖園〗 (…の)枝おろしをする.
auf|at·men[áuf|a:tmən] 《01》 自 (h) 深く息をつく; 《比》 安堵(あんど)の吐息をつく, ほっとする.
auf|backen[(*)] [áufbakən] 《11》 **I** 他 (h) **1** (パン・ケーキなどを)焼き直す; 《方》 (さめた料理を)温め直す. **2** 《*et.*[4] auf *et.*[4]》 (…を…に)焼いて付着させる, 焼き付ける. **3** (穀粉を)焼いて使い果たす.
II 自 (s) 《auf *et.*[4]》 (…に)焼けて付着する, 焼き付く.
auf|bah·ren[áufba:rən] 他 (h) (遺体を)棺台に安置する.
Auf·bah·rung[..rʊŋ] 女 -/-en aufbahren すること.
auf|bam·meln[áufbaməln] 《06》 他 (h) **1** 《方》 ぶら下げる. **2** 《話》 =aufbaumeln
auf|bän·ken[áufbɛŋkən] 他 (h) (加工すべき石材を二つの台の上に)橋状に渡す. [<Bank[1]]
Auf·bau[áufbau] 男 **1** -〔e〕s/ **a**) 構造, 構成: der innere ~ eines Atoms 原子の内部構成 | der chemische ~ einer Substanz 物質の化学構造 | der grammatische ~ einer Sprache 言語の文法構造. **b**) (↔Abbau) 構築; 建設, 設立; 〖工〗 組み立て; 〖建・土木〗 嵩(かさ)上げ, (上部)増築, うわのせ: der ~ eines Gerüstes 足場の構築 | der ~ einer zerstörten Stadt 破壊された都市の再建. **c**) (↔Abbau) 〖化〗 (有機化合物の)増成, 合成: der ~ von Zucker zu Stärke 糖のでんぷん化.
2 -〔e〕s/-ten[-tən] **a**) 《複数で》 〖海〗 (船舶の)上甲板構造物(船舶の上甲板より上の部分). **b**) 〖建〗 階上の出っ張り, 屋上構築部, うわがまえ; (家具などの)頭飾り. **c**) (Karosserie) 〖工〗 (自動車の)車体, ボディー.
Auf·bau≠ar·beit 女 建設の作業. **≠dar·le·hen** 中 (旧西ドイツで)復興貸付〔資金〕.
auf|bau·en[áufbauən] **I** 他 (h) **1** (↔abbauen) 積み上げる; 建てる, 築く; 〖工〗 組み立てる; 《比》 建設〈組織〉する, 打ち立てる; (品物などを)陳列〈配列〉する: die Ziegelsteine ~ れんがを積む | ein Zelt ~ テントを張る | die zerstörte Stadt ~ 破壊された町を再建する | den Sozialismus 〈einen neuen Staat〉 ~ 社会主義〈新しい国家〉を建設する | *sich*[3] eine neue Existenz ~ 新しい生き方を築く ‖ Waren im Schaufenster ~ 商品を飾り窓に陳列する | Geschenke auf dem Geburtstagstisch ~ 誕生日のプレゼン

トを並べる ‖ den Weihnachtstisch ～ クリスマスプレゼントを並べる ‖ 再帰 *sich*⁴ ～ i)《雅》(雲などが)盛り上がる; ii)《話》立ちはだかる | *sich*⁴ auf *et.*³ ～ …に基づく. **2**《*et.*⁴ auf *et.*⁴》(…を…の上に)築く, うわのせする: ein Stockwerk〔auf ein Haus〕～ 上階を建て増す | eine Theorie auf neue Beobachtungen ～ 新しい観察に基づいて理論を立てる. **3** (↔abbauen)〘化〙(有機化合物を)増成〈合成〉する: Zucker wird zu Stärke *aufgebaut*. 糖がでんぷんに変えられる ‖ 再帰 *sich*⁴ aus *et.*³ ～ …から増成される. **II** 自 (h)《auf *et.*³》(…に)基づく. **III auf·bau·end** 現分 形 建設的な, 積極的な, 前向きの;〘化〙増成〈合成〉的な: eine ～*e* Kritik 〈Politik〉 建設的批判〈政策〉.

Auf·bau≠gym·na·sium[áufbau..] 中 = Aufbauschule ≠**kost** 女〘医〙(体力増進用の)栄養食. ≠**lot·te·rie** 女 (旧東ドイツで)復興資金富くじ.

auf|bau·meln[áufbauməln]《06》他 (h)《話》《*jn.*》縛り首にする: 再帰 *sich*⁴ ～ 首つり自殺をする.

auf|bau·men[áufbaumən] 自 (h, s)〘狩〙(野獣・野鳥が)木に飛び乗る, 木にとまる; (リスなどが)木によじ登る.

auf|bäu·men[áufbɔymən] 他 (h) **1** 再帰 *sich*⁴ ～ (馬などが)棒立ちになる;《比》(感情などが)頭をもたげる: *sich*⁴ gegen *et.*⁴ 〈*jn.*〉～《比》…に反抗する | *sich*⁴ gegen das Schicksal ～ 運命にさからう. **2**〘織〙(経糸を)ビームに巻きつける.

Auf·bau≠mit·tel[áufbau..] 中 強壮〈栄養〉剤. ≠**mö·bel** 中 -s/-《ふつう複数で》ユニット家具.

auf|bau·schen[áufbauʃən]《04》**I** 他 (h) (風などが)膨らます;《比》誇張する: 再帰 *sich*⁴ ～ (帆・服などが風で)膨らむ;《比》誇張される | Der harmlose Vorfall *bauschte* sich zu einem Skandal *auf*. 実はなんでもない事件がスキャンダルに膨れ上がった. **II** 自 (h) (風などで)膨らむ.

Auf·bau≠schu·le[áufbau..] 女 短期ギムナジウム(ふつう Volksschule の7年修了で入学; 全寮制が多い: →Gymnasium 1 a). ≠**spie·ler** 男〘球技〙ゲームメーカー.

Auf·bau·ten Aufbau 2 の複数.

Auf·bau·zug 男 (Gymnasium 付設の Realschule 修了者のための, また Volksschule 付設の Realschule 教科履修のための)補習課程.

auf|be·ben[áufbe:bən]¹ 自 (h) (突然短く)震動する.

auf|be·geh·ren[áufbəge:rən] 自 (h) いきりたつ, (かっとなって)反抗する;《比》(情念が)首をもたげる: gegen das Schicksal ～ 運命に逆らう.

auf|be·hal·ten*[áufbəhaltən]《65》他 (h) **1** (帽子などを)かぶったままでいる, (衣服などを)着たままでいる. **2** (目・窓など開閉自在のものを)開けたままでおく: die Augen ～ 目を開けている;《比》注意を怠らない | den Schirm ～ 傘をさしたままでいる. ᵛ**3** (aufbewahren) (あとまで)とっておく, 残しておく.

auf|bei·ßen*[áufbaɪsən]《13》他 (h) **1** かんで開ける: eine Nuß ～ クルミをかみ割る. **2** (…に)かみ傷をつける: *sich*³ die Lippe ～ (うっかり自分の)唇をかむ.

auf|bei·zen[áufbaɪtsən]《02》他 (h) (古い家具などを)腐食剤で磨き上げる; (家具などを)塗り替える.

auf|be·kom·men*[áufbəkɔmən]《80》他 (h) **1** (問題・宿題などを)課せられる. **2** (↔zubekommen) (開きにくいものを)苦心して〈やっとのことで〉開く: Man hat die Tür nicht *aufbekommen*. その戸はどうしても開かなかった | den Mund 〈das Maul / die Fresse〉 nicht ～ (→Mund¹ 1, →Maul 2, →Fresse 1). **3** (無理をして)すっかり食べ尽くす.

auf|bel·len[áufbɛlən] 自 (h) (犬が突然)ほえ立てる.

auf|be·rei·ten[áufbəraɪtən]《01》他 (h) **1**〘金属〙選鉱〈選炭〉する; (古い鉱油などを)再生する;《比》(reinigen) (飲料水などを)浄化する; (穀種などを)選別する. **2** (erschließen) (原典・典拠などを)解明する, 評価する; (統計・データなどの資料を)評価する.

Auf·be·rei·tung[..tʊŋ] 女 -/-en aufbereiten すること.

Auf·be·rei·tungs·an·la·ge 女 **1**〘坑〙選鉱〈選炭〉場. **2**〘原子力〙濃縮施設〈工場〉.

auf|ber·sten*[áufbɛrstən]《15》自 (s) 破裂する, はじける, 張り裂ける.

auf|bes·sern[áufbɛsərn]《05》他 (h) **1** 改善する: das Gehalt ～ 給与を引き上げる | den Speisezettel ～ メニューの内容を改善する | *seine* Sprachkenntnisse ～ 言葉の知識をさらに深める ‖ *jn.* ～《話》…の給与を引き上げる. **2** (家具などを)修復〈修理〉する.

Auf·bes·se·rung[..bɛsərʊŋ] (**Auf·beß·rung**[..srʊŋ]) 女 -/-en aufbessern すること.

auf|bet·ten[áufbɛtən]《01》**I** 他 (h) **1** (ソファー・寝いすなどを)ベッドとしてしつらえる. **2**《*jn.*》ベッドの上に寝かせる; ᵛ(遺骸(ᵃ)を)安置する. **II** 自 (h)《南部》寝床〈ベッド〉の用意をする, ベッドメーキングをする.

auf|be·wah·ren[áufbəva:rən] 他 (h) 保存する, 保管する: Dokumente ～ 記録文書を保存する | die Erinnerung an *jn.* ～ …の思い出を胸にしまっておく | ein Geheimnis ～ 秘密を胸にひめる ‖ Gepäck ～ lassen (駅などで)手荷物を預ける | *et.*⁴ bei einer Bank ～ lassen …を銀行に預ける.

Auf·be·wah·rung[..rʊŋ] 女 -/-en **1**《単数で》保存, 保管;〘心〙保持: *jm. et.*⁴ zur ～ geben …に…を預ける. **2**〘鉄道〙手荷物預かり所.

Auf·be·wah·rungs≠ge·bühr 女 保管料. ≠**ort** 男 -〔e〕s/-e 保管場所; 貯蔵場所; (美術品などの)所蔵場所. ≠**pflicht** 女〘商・法〙(業務記録の)保管義務.

auf|bie·gen*[áufbi:gən]¹《16》他 (h) **1** 曲げて開く: *jm.* die Finger 〈die Faust〉 ～ …の指〈こぶし〉を開かせる. **2** 上方へ曲げる〈そらす〉: eine *aufgebogene* Nase 上にそり返った鼻.

auf|bie·ten*[áufbi:tən]《17》他 (h) **1** 差し出す, 提供する; (力を)傾注する; (特定の目的のために必要な人数・資材などを)かり集める, 動員する: alle〔*seine*〕Kräfte ～ 全力を傾注する | alle Mittel 〈alles〔Mögliche〕〉 ～ あらゆる手段を尽くす | die Polizei ～ 警察力を動員する | die Öffentlichkeit ～ 世論を喚起する. **2**《ｽｲｽ》《*jn.* zu *et.*³》(…を…に)かり立てる: *jn.* zu einer Sitzung ～ …を会議に呼び集める. **3**《*jn.*》(戸籍役場での公示や牧師の口頭の告知により, 異議の有無を確認する手続きとして)(…の)婚姻を予告する: Sie sind am vorigen Sonntag *aufgeboten*. 彼らの婚姻の予告はこの前の日曜日に行われた. ᵛ**4** (兵員を)徴募〈召集〉する.

[◇Aufgebot]

Auf·bie·tung[..tʊŋ] 女 -/-en aufbieten すること: unter 〈mit〉 ～ aller Kräfte 全力を傾注して | die ～ der älteren Jahrgänge zum Heeresdienst 高年層の兵役編入.

auf|bin·den*[áufbɪndən]¹《18》他 (h) **1** (結んだ物を)解く: einen Knoten 〈einen Verband〉 ～ 結び目〈包帯〉をほどく | den verbundenen Fuß ～ 足の包帯を取る. **2** (髪を)ゆい上げる; (すそなどを)たくし上げる, からげる; (豆のつるなどを)結ぶ;〘農〙(穀物を)束ね〔あげ〕る;〘製本〙(書物などを)製本する. **3** (上に)結びつける: eine Haube ～ ずきんをかぶる ‖ *sich*³〔selbst〕eine Rute ～ (→Rute 1) | Da hast du dir was Schönes ～ lassen! 君はとんでもないことをしょいこまされたな ‖ *jm.* ein Märchen 〈eine Fabel〉 ～《話》…にでたらめを信じこませる | *jm.* einen Bären 〈einen Russen〉 ～ (→Bär 1, →Russe).

auf|blä·hen[áufblɛ:ən] **I** 他 (h) 膨らます; (病気が腹などを)膨れ上がらせる;〘経〙(通貨を)膨張させる, (物価を)つり上げる: die Backen 〈Nasenflügel〉 ～ ほっぺた〈小鼻〉を膨らませる | Der Truthahn *bläht* sein Gefieder *auf*. 七面鳥が毛を逆立てる ‖ 再帰 *sich*⁴ ～ (風で)膨らむ; 体を膨らます;《比》いばりちらす | *sich*⁴ mit *seinen* Kenntnissen ～ 知識を鼻にかける ‖ eine *aufgeblähte* Pute《比》うぬぼれ女 | einen *aufgeblähten* Leib haben (病気で)腹が張っている. **II** 自 (s)〘畜〙(家畜が)鼓腸症にかかる.

III auf·ge·bläht → 別出

Auf·blä·hung[..ʊŋ] 女 -/-en (〔sich〕 aufblähen すること. 例えば:) 膨脹;〘医〙鼓腸; (Trommelsucht)〘畜〙鼓腸〔症〕.

auf|bla·sen*[áufbla:zən]¹《20》**I** 他 (h) **1** (空気を入れて・息を吹き込んで)膨らます;《比》誇張する: die Backen ～ ほっぺたを膨らます | ein Luftkissen 〈die Reifen〉 ～ 空気まくら〈タイヤ〉に空気を入れる | Der Wind *bläst* die Segel *auf*. 風が帆を膨らます ‖ 再帰 *sich*⁴ ～ 膨らむ;《比》誇張される; いばりちらす, 虚勢を張る | *sich*⁴ mit *seinen* Kenntnissen ～ 知識を鼻にかける ‖ ein *aufgeblasenes* Nachthemd (→Nachthemd). **2** (火を)吹きおこす;《比》かき立てる. **3** (吹いて)舞い上がらせる: Staub ～ ほこりを吹き上げる. **4** 吹奏する: eine Fanfare 〈eine Posaune〉 ～ ファンファーレ〈トロンボーン〉を吹奏する. **5** 《*jn.*》(吹奏して)目ざめさせる. **II** 自 (h) **1** 膨らむ, 膨れ上がる;《比》いばって見せる. **2** 吹奏する: zum Tanz ～ ダンス曲を吹奏する. **III** **auf·ge·bla·sen** → 別出

auf|blät·tern[áufblɛtərn]《05》他 (h) **1** (本などの)ページをめくる; (あるページを)開ける; (札束を扇状に)広げる. **2**《雅》再帰 *sich*⁴ ～ (花が)ほころびる.

auf|blei·ben*[áufblaibən]¹《21》自 (s) **1** (寝ずに)起きている: die ganze Nacht ～ 一晩じゅう起きている. **2** (↔zubleiben) 開いたままになっている.

Auf·blen·de[áufblɛndə] 女 -/《映》溶明, フェードイン.

auf|blen·den[áufblɛndən]¹《01》**I** 他 (h) (↔ abblenden) **1** (灯火・窓などの)遮蔽(しゃへい)を取る; (ヘッドライトを)増光する, 減光解除する: *aufgeblendet* 〈mit *aufgeblendeten* Scheinwerfern〉 fahren (車が)減光しないで走る. **2**《映》溶明〈フェードイン〉する. **II** 自 (h) **1**《写》レンズの絞りを大きくする: voll ～ 絞りを開放する. **2**《映》撮影を開始する. **3** (灯火が)パッとつく;《映》(シーンが)スクリーンに映し出される.

Auf·blick[áufblɪk] 男 -[e]s/-e **1**《ふつう単数で》《雅》仰ぎ見る〈目を上げて見る〉こと. **2** (試金法における金塊・銀塊の)燦明(さんめい).

auf|blicken[áufblɪkən] 自 (h) **1 a**)《zu *et.*³ 〈*jm.*〉》(…の方を)見上げる, 仰ぎ見る;《von *et.*³》(…から)目を離して見上げる: zum Himmel ～ 空を見上げる | von dem Buch ～ 本から目を上げる. **b**)《比》《zu *jm.* 〈*et.*³〉》(…を)仰ぎ見る, 尊敬する, 賛仰する, 嘆賞する: zu den Eltern ～ 両親を敬う | zu einem Kunstwerk ～ 芸術品に感嘆する. **2** (試金法で金塊・銀塊がきらっと)輝く, きらめく.

auf|blin·ken[áufblɪŋkən] 自 (h) きらりと光る.

auf|blin·zeln[áufblɪntsəln]《06》自 (h) ぱちっとまばたきする.

auf|blit·zen[áufblɪtsən]《02》自 (h, s) きらりと光る, きらめく; (着想などが)ひらめく: Ein Messer *blitzte* in seinen Händen *auf*. 彼の手にナイフが光った.

auf|blon·den[áufblɔndən]¹《01》他 (h) (ブロンドの髪を)さらに明るいブロンドに染める. [＜blond]

auf|blü·hen[áufbly:ən] 自 (s) **1** (花が)開く, 開花する;《比》(ほおなどが)〔赤く〕染まる, 紅潮する: Die Rosen sind *aufgeblüht*. バラの花が咲いた ‖ eine voll *aufgeblühte* Blume 満開の花 ‖ eine *aufblühende* Schönheit《比》咲きいずる花にもまがう美人. **2**《比》栄える, 興隆する; 健康〈元気〉になる: Handel und Gewerbe *blühen auf*. 商工業が栄える ‖ In der neuen Umgebung ist das Kind richtig *aufgeblüht*. 新しい環境の中で子供はすっかり元気になった. **3**《雅》(希望・喜びなどが)発現する, 浮かぶ: Die Hoffnung *blühte* in seinem Herzen *auf*. 希望が彼の胸の中に広がった.

auf|bocken[áufbɔkən] 他 (h) (自動車などを)整備用架台にのせる. [＜Bock²]

auf|boh·ren[áufbo:rən] 他 (h) (金庫などに)穴をうがつ.

auf|bran·den[áufbrandən]¹《01》自 (s)《雅》(波が岩などに)砕け散る;《比》(喝采(かっさい)などが)巻きおこる.

auf|bras·sen[áufbrasən]《03》他 (h) (↔ anbrassen)《海》(船の)帆桁(ほげた)を船首尾線と直角に回す, ブレースインする.

auf|bra·ten*[áufbra:tən]《23》他 (h) (さめた料理などを)焼き〈あぶり〉直す.

auf|brau·chen[áufbrauxən] 他 (h) (蓄えを)使い果たす, 使い切る; (力を)出し尽くす: Seine Geduld ist *aufgebraucht*. 彼の忍耐力も限度に達した.

auf|brau·sen[áufbrauzən]¹《02》自 (s) **1** 沸騰する, 泡だつ; 発酵する; (海が)わきたつ;《比》(喝采(かっさい)・歓声などが)わき起こる, どよめく: Der Sekt *braust auf*. シャンパンが泡立つ | Der Jubel *brauste* im Saal *auf*. 歓声が広間をゆるがせた | Man hörte den Wind ～. 吹き起こる風の音が聞こえた. **2** 突然怒りだす, いきり立つ: im Jähzorn ～ かっとなる | leicht 〈schnell〉 ～ すぐに怒りだす, 怒りっぽい ‖ ein *aufbrausendes* Temperament 怒りっぽい気性.

auf|bre·chen*[áufbrɛçən]《24》**I** 他 (h) **1 a**) (閉ざされたものを)むりに開ける, こじ開ける: eine Kiste 〈die Tür〉 ～ 箱〈ドア〉をこじ開ける | einen Safe 〈einen Geldschrank〉 ～ 金庫を破る. **b**) (地面・路面などを)掘り起こす; (氷の表面を)割る;《狩》(イノシシなどが地面を)掘り返す: den Asphalt 〈die Straße〉 mit der Spitzhacke ～ アスファルト〈路面〉をつるはしで掘り起こす. **c**)《雅》(手紙などを無造作に)開封する. **2** (ausweiden)《狩》(仕とめた野獣を)腹を裂いてはらわたを抜く(→Aufbruch 2).

II 自 (s) **1** (表面が)ひび割れる, ぱっくり口を開ける; (花のつぼみが)開く: Die Wunde *bricht* wieder *auf*. 傷口が再びあく. **2**《雅》突然姿を現す; (争いなどが)突発する: Eine Erinnerung *brach* in ihm *auf*. 記憶が彼の胸に急によみがえった. **3** 立ち去る, 出発する: zu einer Reise ～ 旅に出る | Es ist Zeit zum *Aufbrechen*. 出発の時間だ. **4**《海》離礁する.

auf|bren·nen*[áufbrɛnən]《25》**I** 他 (h) **1**《*jm.* 〈*et.*³〉 *et.*⁴》(…の上に…を)焼き付ける, 焼き印を押す;《比》《*jm.* 〈*et.*³〉》(…にいやな物を)むりやり押し付ける: *et.*³ Emaille ～ …に釉(うわぐすり)をかける | einem Tier ein Mal ～ 家畜に焼き印を押す ‖ *jm.* einen Ladenhüter ～ …に売れ残りの品物を押し付ける | *jm.* eine Kugel ～ …にたまを一発ぶちこむ | ***jm.* eins ～**《話》…に一発くらわす. **2** (炎で)焼き切ってむりやり開ける. **3**《金属》(金属を)焼き直す, 精錬する;《医》焼灼(しょうしゃく)する;《醸》(ぶどう酒のたるを)硫黄でいぶす. **4** (残った燃料を)使い切る.

II 自 (s) **1** (炎が)燃え上がる; (激情が)燃え立つ: Haß *brannte* in ihm *auf*. 彼の心に憎悪が燃え上がった. **2** 炎上する.

auf|brin·gen*[áufbrɪŋən]《26》**I** 他 (h) **1** (金額・費用などを)苦労して集める, 調達する, 工面する;《比》(勇気・忍耐力・理解・意欲など, さまざまな精神力を)奮い起こす: Geldmittel ～ 資金を調達する | Truppen ～ 軍隊を徴募する | Kraft ～ 力を振り絞る | Dafür kann ich kein Verständnis ～. それは私にはどうしても理解できない. **2**《*jn.*》(…を)ひどく怒らせる, 憤激〈激昂(げっこう)〉させる(→aufgebracht II): Der geringste Anlaß *bringt* ihn *auf*. 彼はほんのちょっとしたことで激昂する. **3**《話》(↔zubringen) (開きにくいものを)苦心して〈やっとのことで〉開く: Ich *bringe* die Dose 〈die Tür〉 nicht *auf*. 私にはこの缶〈ドア〉はどうしても開けられない. **4** (新語・新説・うわさなどを)言い始める; (話題・問題などを)持ち出す; 流行の発端を作る; 流布させる, 広める: Wer hat denn dieses Gerücht *aufgebracht*? いったいだれがこのうわさを広めたのか. **5 a**) (表面に)塗る, 塗布する: Salbe auf die Haut ～ 軟膏(なんこう)を皮膚に塗る. **b**) (カーテンなどを)取り付ける. **6**《海》(敵船を)拿捕(だほ)する. ᵛ**7** (子供などを)育てあげる, 育成する. **II** **auf·ge·bracht** → 別出

Auf·brin·ger[..ŋər] 男 -s/-《海》敵船拿捕(だほ)の任務をもつ船.

Auf·brin·gung[..ŋuŋ] 女 -/ (aufbringen すること. 例えば:) (金額の)調達, 工面; (敵船の)拿捕(だほ).

auf|bri·sen[áufbri:zən]¹《02》自 (h)《海》風が吹き始める, 風が〔やや〕強まる. [＜Brise]

auf|bröckeln[áufbrœkəln]《06》**I** 自 (s) (ぼろぼろに)崩れる. **II** 他 (h) 崩す; (パンなどを)ちぎる.

auf|bro·deln[áufbro:dəln]《06》自 (s, h) (蒸気などが)立ちのぼる.

Auf·bruch[áufbrux] 男 -[e]s/..brüche[..bryçə] **1**《単数で》(aufbrechen すること. 特に:) 出発;《比》覚醒(かくせい); 決起: ein plötzlicher 〈hastiger〉 ～ 突然の〈あわただしい〉出発 | der ～ zur Reise 旅立ち | *sich*⁴ zum ～ fertigmachen 出発の用意をする | Afrika ist im ～.《比》アフリカは目ざめつつある. **2**《ふつう単数で》《狩》(野獣の)はらわた, 内臓(→aufbrechen I 2). **3** (地面・路面などの)掘り起こしてある個所;《地》(岩石・氷河などの)裂け目, 割れ目. **4**《坑》掘り上がり, のぼり.

auf|brü·hen[áʊfbry:ən] 他 (h) 《*et.*⁴》(…に)熱湯を注ぐ: Tee 〈Kaffee〉 ～ 茶〈コーヒー〉をいれる.

auf|brül·len[áʊfbrʏlən] 自 (h) (猛獣などが)ほえる, うなり声をあげる.

auf|brum·men[áʊfbrʊmən] **I** 自 **1** (h) (獣などが)うなり声をあげる; 《比》(角笛などが)鳴り響く. **2** (s) 〘海〙(船舶が)座礁する. **II** 他 (h) 《話》*jm.* eine Strafe ～ …に罰を科する | *jm.* ein paar Jahre 〔Knast〕 ～ …を二三年間牢(ろう)にぶちこむ | eine Strafe *aufgebrummt* bekommen 刑罰をくらう.

auf|buckeln[áʊfbʊkəln] 《06》《話》= aufbürden

auf|bü·geln[áʊfby:gəln] 《06》 他 (h) **1** (衣服などに)アイロンをかけて形を整える〈新品同様にする〉. **2** (ししゅうの下絵を)アイロンで写す.

auf|bum·sen[áʊfbʊmzən]¹ 《02》《話》 **I** 他 (h) ドシンと降ろす〈のせる〉. **II** 自 (s) ドシンと落ちる.

auf|bür·den[áʊfbʏrdən]¹ 《01》 他 (h) 《*jm. et.*⁴》(…に重荷を)背負わせる; (負担・責任・罪などを)負わせる: dem Volk schwere Steuern ～ 国民に重税を課する | *jm.* die ganze Arbeit ～ …に全部の仕事を押しつける ‖ *sich*³ eine Arbeit 〈die Verantwortung〉 ～ 仕事〈責任〉をしょいこむ.

Auf·bür·dung[..dʊŋ] 女 -/ aufbürden すること.

auf|bür·sten[áʊfbʏrstən] 《01》 他 (h) (毛・毛皮・ビロードなどを)ブラシでなであげる〈磨きをかける〉: *sich*³ das Haar ～ 髪にブラシをかける.

auf|däm·men[áʊfdɛmən] 他 (h) 《*et.*⁴》(…に)堤防を築く; (河川を)堤防でせき止める.

auf|däm·mern[áʊfdɛmərn] 《05》 自 (s) 《雅》 **1** (夜が明けて)あたりがしだいに明るくなる; (明るくなって物の姿が)ほのかに現れ出る: Der Tag 〈Der Morgen〉 *dämmert* 〔im Osten〕 *auf*. 〔東の〕空が白み始める | Die Wälder *dämmern* vor mir *auf*. 森が私の前に浮かび出る | Ein Hoffnungsschimmer *dämmert auf*. 一条の希望の光がさしこむ. **2** (想念がしだいに具体的な形をとって)意識されてくる: Ein Verdacht *dämmerte* in mir *auf*. 私の心のなかに疑念がわいてきた.

auf|damp·fen[áʊfdampfən] **I** 自 (s) 水蒸気〈湯気〉をあげる; (もや・霧などが)立つ, かかる: *aufdampfender* Kaffee 湯気のたつコーヒー. **II** 他 (h) 《*et.*⁴ auf *et.*⁴》(…を…の上に)加熱蒸発法でかぶせる, 蒸着させる, 気相鍍金(ときん)する: Schutzschichten, die man auf Linsen *aufgedampft* hat 蒸着法でレンズにかぶせた保護被膜.

auf|dämp·fen[..dɛmpfən] 他 (h) (衣服などに)スチームアイロンをかけて形を整える〈新品同様にする〉.

Auf·dampf·film[áʊfdampf..] 男 〘工〙蒸着被膜.

auf|decken[áʊfdɛkən] 他 (h) **1 a)** 《*et.*⁴》(…の)覆いを取り除く; (…の中身を)露出〈露呈〉させる: das Bett ～ ベッドのカバーを外す | ein Grab ～ 墓を暴く | einen Topf ～ 深なべのふたをとる ‖ die 〈*seine*〉 Karten ～ (→Karte 2). **b)** (弱点・欠陥・秘密・真相などを)さらけだす, 暴く, 暴露する: *js.* Fehler 〈Schwächen〉 ～ …の誤り〈弱点〉を暴く | einen Anschlag 〈die Ursache〉 ～ 陰謀〈原因〉を暴く. ᵛ**c)** 《*jm. et.*⁴》(…に秘密・本心などを)打ち明ける.

2 (食卓などにテーブルクロスを)かける: ein neues Tischtuch ～ 新しいテーブルクロスをかける ‖ 〘目的語なしで〙 Ich habe schon *aufgedeckt*. 私は食卓の用意をすでにすませた.

Auf·deckung[..kʊŋ] 女 -/-en aufdecken すること.

auf|don·nern[áʊfdɔnərn] 《05》 他 (h) 《話》 再帰 *sich*⁴ ～ (極端に・悪趣味に)めかし立てる, ぎょうぎょうしく装う: Sie *donnerte* sich wie ein Pfau *auf*. 彼女はクジャクのようにめかしこんだ ‖ Sie ist lächerlich *aufgedonnert*. 彼女はこっけいなほどめかしこんでいる.

auf|dor·nen[áʊfdɔrnən] 他 (h) (穴などを)穴ぐり具で広げる(→Dorn II 1).

auf|drän·geln[áʊfdrɛŋəln] 《06》《話》= aufdrängen 1

auf|drän·gen[áʊfdrɛŋən] 他 (h) **1** 《*jm. et.*⁴》(…に…を)むりやりに押し付ける, むりじいする: *jm.* ein Geschenk 〈*seine* Absicht〉 ～ …に贈り物〈自分の意図〉を押し付ける | *jm.* eine Ware 〈*seine* Freundschaft〉 ～ …に品物〈友情〉を押し売りする ‖ 再帰 *sich*⁴ *jm.* ～ …に自分の意図を強要する; …のところへ押しかける,〈うるさく〉…につきまとう | Ich will mich nicht ～. 私は押し付けがましいことをするつもりはない. **2** 再帰 *sich*⁴ 〔*jm.*〕 ～ (想念・疑惑などが)おのずと〔…の〕胸にわいてくる | Eine Erinnerung *drängte* sich mir *auf*. ある思い出が私の心に浮かんできた. **3** (むりやりに)押し開ける: 押し上げる.

ᵛ**auf·drän·ge·risch**[..ŋərɪʃ] = aufdringlich

auf|dre·hen[áʊfdre:ən] **I** 他 (h) **1** (↔zudrehen) **a)** (栓・ふたなどを)回して(ねじって)開ける; (きつく閉めてあるものを)回して(ねじって)ゆるめる: die Dusche ～ シャワーの栓をひねって水を出す | den Gashahn ～ (→Gashahn) | die Schraube ～ ねじをゆるめる. **b)** 《話》《*et.*⁴》栓をひねって(…を)出す: das Gas 〈das Wasser〉 ～ 栓をひねってガス〈水〉を出す. **2** 《話》das Radio ～ つまみを回してラジオの音量を上げる. **3** 《南部・ｵｰｽﾄﾘｱ》《*et.*⁴》(…の)スイッチを入れる: das Licht ～ スイッチをひねって明かりをつける. **4** (aufziehen) 《*et.*⁴》(…の)ねじを巻く: eine Uhr 〈eine Spieldose〉 ～ 時計〈オルゴール〉のねじを巻く. **5** (綱・より糸などの)よりをほぐす: einen Strick ～ 縄のよりをほぐす ‖ 再帰 *sich*⁴ ～ ほぐれる ‖ *aufgedrehtes* Tauende ほぐれた索端. **6 a)** *sich*³ die Haare ～ 髪をカールする. **b)** den Schnurrbart ～ 口ひげの先をぴんとひねり上げる. ᵛ**7** 《*et.*³ *et.*⁴》(…に…を)ねじってはめこむ, ねじでとめる〈取り付ける〉: der Tür ein Schloß ～ ドアに錠前を取り付ける. ᵛ**8** (andrehen) 《*jm. et.*⁴》(…に…を)だましてつかませる, むりやり押し付ける.

II 自 (h) **1** 〘海〙(船が)船首を風上に向ける. **2** 《話》 **a)** (自動車・オートバイなどの運転者がアクセルを踏んで)スピードを上げる; 《比》(試合中の選手などが)奮起する, 力を振り絞る: mächtig ～ 猛スピードを出す ‖ 〘様態・結果を示す 4 格と〙 ein tolles Tempo 〈einen Zahn〉 ～ 猛スピードで突っ走る. **b)** 愉快な気分になる, 調子づく, はしゃぐ, 張り切る(→aufgedreht II). **3** 《南部・ｵｰｽﾄﾘｱ》(憤慨して)ののしり始める; 激昂(げっこう)する.

III auf·ge·dreht → 別出

auf|drie·seln[áʊfdri:zəln] 《06》 = aufdröseln

auf|drin·gen*[áʊfdrɪŋən] 《33》《雅》 = aufdrängen

auf·dring·lich[..lɪç] 形 (zudringlich) 押し付けがましい; あつかましい, うるさい, しつこい; 不快な: eine ～*e* Farbe 〈Musik〉 けばけばしい色彩〈騒々しい音楽〉 | eine ～*e* Vertraulichkeit いやらしいなれなれしさ ‖ ～ gekleidet sein 派手な服装をしている | *sich*⁴ ～ benehmen ずうずうしく振舞う.

Auf·dring·lich·keit[..kaɪt] 女 -/-en **1** 《単数で》 aufdringlich なこと. **2** aufdringlich な言動.

auf|dröh·nen[áʊfdrø:nən] 自 (h, s) (急に)とどろきだす.

auf|drö·seln[áʊfdrø:zəln] 《06》 他 (h) (ひもなどの)よりを戻す; (織物・編物を)ほぐす; 《比》解きほぐす: die Gegensätze ～ 対立点を解きほぐす.

Auf·druck[áʊfdrʊk] 男 -〔e〕s/-e **1** (葉書・便箋(びんせん)・切手・はり紙などの上に)印刷された短い文句, 刷り込み(社名・日付・値段など); (T シャツなどの)プリント. **2** (Überdruck) 〘郵〙加刷(かさつ) (特別の目的で通常切手に加えた印刷).

auf|drucken[áʊfdrʊkən] 他 (h) 《*et.*⁴ auf *et.*⁴》(…を…の上に)印刷する: Kuverts mit *aufgedruckter* Adresse 所番地を刷り込んだ封筒.

auf|drücken[áʊfdrʏkən] **I** 他 (h) **1 a)** 《*et.*⁴ auf *et.*⁴》(…を…の上に)押し付ける, 押し当てる; 《*et.*³ *et.*⁴》(…に印・スタンプなどを)押す, 捺印(なついん)する: ein Pflaster auf die Wunde ～ 傷口に膏薬(こうやく)をはる | das Siegel auf ein Schriftstück ～ / einem Schriftstück das Siegel ～ 書類に捺印する ‖ *jm.* einen Kuß ～/《話》***jm.* einen ～** …にキスをする | einen *aufgedrückt* bekommen 《話》キスをされる | *jm.* ein Brandmal ～ 《比》…に烙印(らくいん)を押す | der Zeit³ *seinen* Stempel ～ 時代にはっきり影響をとどめる. **b)** 《*sich*³ *et.*⁴》(…を)頭にしっかりかぶる: *sich*³ einen Hut ～ 帽子をかぶる. **2 a)** 押して開ける: die Tür 〈die Türklinke〉 ～ ドア〈ドアの取っ手〉を押して開ける. **b)** 《*et.*⁴》ボタンを押して(…を)開ける. **c)** (できもの・はれものなどを)押してつぶす: *sich*³ einen Pickel ～ (自分の)吹き出物を押しつぶす. **3** (書く際に筆記用具を)力をいれて紙の上に押し付ける(→II): Man darf den Füller beim Schreiben nicht zu sehr ～. 書く際に万年筆をあまり紙に押し付けすぎてはいけない. **II** 自 (h) (筆記用具に)力をいれて書く(→I 3): mit der Feder ～ ペンを押し付けるようにして書く.

auf·ein·ạn·der[aʊf|aɪnándər] 副《auf＋相互代名詞に相当: →sich 2 ★ ii》**1** 互いに向かって: ～ einwirken 相互に作用し合う | ～ losschlagen 互いに殴りかかる | ～ warten 互いに相手を待つ. **2** 重なり合って. **3** 相前後して.

★ 動詞と用いる場合は分離の前つづりともみなされる.

auf·ein·ạn·der⸗|bei·ßen* 《13》 他 (h) (歯を)かみ合わせる, くいしばる. **⸗|drücken** 他 (h) 互いに押し付けあう. **⸗|fal·len*** 《38》 自 (s) 折り重なって倒れる; 落ちて重なり合う.

Auf·ein·ạn·der·fol·ge 女 -/ 相次いでいる〈起こる〉こと, 連続; in rascher ～ 次々と, 間髪をいれず続いて.

auf·ein·ạn·der⸗|fol·gen 自 (s) 相次いで起こる, 連続する: während drei *aufeinanderfolgender* Tage 連続3日の間に. **⸗|häu·fen** 他 (h) (一つ一つ順に)積み上げる〈重ねる〉. **⸗|het·zen** 《02》 他 (h) 互いにけしかける. **⸗|le·gen** 他 (h) 積み上げる〈重ねる〉. **⸗|lie·gen*** 《93》 自 (h) 積み重なっている. **⸗|plat·zen** 《02》 自 (s) (意見などが)衝突する. **⸗|pral·len** 自 (s) 互いに衝突する, ぶつかり合う: Die beiden Autos 〈Meinungen〉 *prallten aufeinander*. 両方の自動車〈意見〉が衝突した. **⸗|pres·sen** 《03》 ＝ aufeinanderdrücken **⸗|schich·ten** 《01》 他 (h) (層状に)積み重ねる. **⸗|set·zen** 《02》 他 (h) 順々に重ねる, 積み上げる. **⸗|sta·peln** 《06》 他 (h) 積み重ねておく. **⸗|sto·ßen*** 《188》 自 (h) 互いにぶつかる, 互いに衝突する. **⸗|tref·fen*** 《192》 自 (s) 出会う, 遭遇する. **⸗|tür·men** 他 (h) (高々と)積み重ねる.

auf|en·tern[áʊf|ɛntərn] 《05》 自 (s) (↔niederentern) 〘海〙(マスト・帆桁(ほげた)などに)よじ登る.

Auf·ent·halt[áʊf|ɛnthalt] 男 -[e]s/-e **1 a)** (一定の時間, 特定の場所に)とどまること, 滞在(→aufhalten I 2): bei meinem ～ 〈während meines ～*es*〉 in Berlin 私のベルリン滞在中に | nach mehrtägigem ～ 数日間滞在したあとで | den ～ ausdehnen 〈verlängern〉 滞在期間を延長する | **～ nehmen** 《場所を示す語句と》《雅》…に滞在〈逗留(とうりゅう)〉する. **b)** 〘鉄道〙(駅での)停車: ohne ～ durchfahren (列車が)停車せずに通りすぎる | Der Zug hat hier keinen 〈drei Minuten〉 ～. 列車はこの駅に停車しない〈3分間停車する〉. **c)** 《雅》中休み, 中断; 遅滞: ohne [Rast und] ～ 休むことなく; 遅滞なく.

2 《雅》滞在場所, 居所: *js.* ständiger ～ …の定住所 | Sein jetziger ～ ist München. 彼は目下ミュンヒェンにいる. **3** 食事つきの宿: Dienst bei vollem ～ (3食つきの)住み込み勤務 | *jm.* ～ gewähren …に食事と寝所を供与する.

[*mhd.*; < *mhd.* ūf-enthalten „aufrecht halten"]

Auf·ent·hal·ter[áʊf|ɛnthaltər] 男 《スイ》(定住者に対して)一時的滞在者.

Auf·ent·halts⸗be·schei·ni·gung 女 滞在証明[書]. **⸗be·schrän·kung** 女 滞在[期間]の制限. **⸗be·wil·li·gung** 女 滞在許可. **⸗dau·er** 女 滞在期間; 〘鉄道〙停車時間. **⸗er·laub·nis** 女, **⸗ge·neh·mi·gung** 女 滞在許可. ▽**⸗kar·te** 女 〘史〙(領主からの)滞在許可証. **⸗ort** 男 -[e]s/-e 滞在地, 居所: ohne festen ～ 住所不定の. **⸗raum** 男 (宿泊所・客船などの)休憩〈社交〉室, ラウンジ. **⸗ver·bot** 中 滞在禁止. **⸗ver·län·ge·rung** 女 滞在期間延長.

▽**auf|er·bau·en**[áʊf|ɛrbaʊən] 他 (h) **1** 建てる, 構築する. **2** 《*jn.*》(…の)気持を高揚させる, 元気づける; 教化する.

auf|er·le·gen[áʊf|ɛrle:gən; まれ: ⏑⏑⏑́⏑][1] 《現在・過去ではまれに非分離》他 (h) 《雅》《*jm. et.*[4]》(…に…を)課する, (義務・責任などを)負わせる: *jm.* eine Strafe 〈eine Prüfung〉 ～ …に罰〈試練〉を課する | *jm.* Stillschweigen 〈strenge Ruhe〉 ～ …に秘密厳守〈絶対安静〉を命じる ‖ *sich*[3] die Pflicht ～ みずから進んで義務を負う | *sich*[3] Zwang ～ 自分の気持ちを抑える.

auf|er·ste·hen*[áʊf|ɛrʃte:ən; まれ: ⏑⏑⏑́⏑] 《182》《現在・過去では非分離》自 (s) 《ふつう不定詞・過去分詞で》《雅》(死者が)よみがえる, 復活する: Tote aus dem Grabe ～ lassen 〘宗〙死者を墓からよみがえらせる | vom Tode ～ / von den Toten ～ 〘宗〙死[者の中]からよみがえる | Christus ist *auferstanden*. キリストは復活したもうた ‖ aus Ruinen ～ 《比》廃墟(はいきょ)から立ち直る, 復興する | von langer Krankheit wieder ～ 長患いが全快する | den Militarismus wieder ～ lassen 軍国主義を復活させる.

Auf·er·ste·hung[..ʊŋ] 女 -/ 〘宗〙復活; 《比》蘇生(そせい): die ～ Christi 〘宗〙キリストの復活 | die ～ des Fleisches 〘宗〙肉[体]のよみがえり ‖ [**fröhliche**] **～ feiern** 《皮肉》(人々から忘れ去られていたものが)返り咲く, 再び人気が出る.

Auf·er·ste·hungs⸗fei·er 女 キリスト復活の大祝日. **⸗fest** 中 (Ostern) 復活祭. **⸗pflan·ze** 女 〘植〙イワヒバ. **⸗tag** 男 -[e]s/ (キリストの)復活の日.

▽**auf|er·wa·chen**[áʊf|ɛrvaxən] 自 (s) 目がさめる; (死者が)よみがえる, 蘇生(そせい)する.

auf|er·wecken[áʊf|ɛrvɛkən] 《現在・過去ではまれに非分離》他 (h) (死者を)よみがえらせる; (過去の思い出などを)呼び起こす.

Auf·er·weckung[..kʊŋ] 女 -/ auferwecken すること.

auf|er·zie·hen*[áʊf|ɛrtsi:ən] 《219》 他 (h) 《雅》(aufziehen) (子供を)育てあげる, 養育する.

Auf·er·zie·hung[..ʊŋ] 女 -/-en 《雅》auferziehen すること.

auf|es·sen*[áʊf|ɛsən] 《36》 他 (h) 残さずにすべて食べる, 平らげる: *Iß* deine Kartoffeln 〈deinen Teller〉 *auf*! ジャガイモ〈皿のもの〉を残らず食べなさい.

auf|fä·chern[áʊffɛçərn] 《05》 他 (h) **1** 扇状に広げる; 《比》展開する, 順序よく〈秩序だてて〉説明する. **2** 再帰 *sich*[4] ～ 扇状に広がる, (四方八方に)分岐する.

auf|fä·deln[áʊffɛ:dəln] 《06》 他 (h) (↔abfädeln) (真珠などを)糸〈ひも〉に通す, 数珠つなぎにする.

auf|fah·ren*[áʊffa:rən] 《37》 **I** 自 (s) **1** (喜んで, 驚いて)とび上がる; (突然)立ち上がる; 怒り出す, 激昂(げっこう)する: vom Sitz ～ 座席から急に立ち上がる | erschreckt aus dem Schlaf ～ ぎょっとして眠りからさめる | beim geringsten Anlaß ～ ちょっとしたことでも腹を立てる | „Nein!" *fuhr* er *auf*. 「違う」と彼はどなった ‖ ein *auffahrendes* Wesen haben 怒りっぽい性格である. **2 a)** (ほこり・炎・鳥などが)舞い上がる; (あらしなどが)巻き起こる. **b)** [gen Himmel] ～ 〘宗〙昇天する. **3** (車で)堂々と乗りつける, (車が特定の場所に)横づけになる; (戦車・大砲が)戦列につく: Der Wagen *fuhr* vor der Stadthalle *auf*. 車は公会堂の前に乗りつけられた | Die Zeugen *fuhren auf*. 《比》証人が次々と登場した. **4** 《auf *et.*[4]》(船・車などが…に)衝突する, 乗りあげる: auf ein Felsenriff ～ (船が)暗礁に乗りあげる | Das Auto ist am Bahnübergang auf den Zug *aufgefahren*. 自動車は踏切で列車に衝突した. **5** (自動車が)追突しそうな間隔で走る. **6** (戸・窓などが)急に開く. **7** 〘坑〙坑内から出る.

II 他 (h) **1 a)** 運んで並べる, (大砲などを)戦列に並べる: schwerstes 〈grobes〉 Geschütz ～ (→Geschütz). **b)** (砂利を)車で運んで(道に)ふりまく: Erde auf einen Damm ～ 土手に土を盛る. **c)** 《話》(飲食物を)食卓に並べる, 食膳(しょくぜん)に供する: Sekt ～ [lassen] シャンパンを振舞う. **2** (車が道などを)壊す, へこます: Die Raupenkette hat die Straße *aufgefahren*. カタピラーが道路をへこました. **3** 〘坑〙(ある距離を)掘り進む.

III auf·fah·rend 現分 形 怒りっぽい, 短気な, かんしゃく持ちの.

▽**auf·fah·rig**[áʊffa:rɪç][2] ＝auffahrend

Auf·fahr·scha·den 男 (車の)追突による損傷.

Auf·fahrt[áʊffa:rt] 女 -/-en **1 a)** (車で)登ること: Die ～ zum Gipfel dauert eine Stunde. 山頂までは車で1時間かかる. **b)** 〘坑〙出坑. **2 a)** (車で)乗り入れる〈横づけになる〉こと. **b)** (上り坂の)車寄せ(→ 図 Schloß A); (高速道路などへの)進入路, 入口ランプ. **3** 《単数で》《南部・スイ》(キリストの)昇天; 《スイ》昇天祭(→Himmelfahrt 1). ▽**4** 行進, ねり歩くこと.

Auf·fahrts·fest 中 《スイ》昇天祭, 昇天の祝日.

Auf·fahr·un·fall 男 (車の)追突事故.

A

auf|fal·len*[áʊffalən]《38》**I** 自 (s) **1** 目立つ;《*jm.*》(…の)注意を引く,(…に)奇異の感じを与える: Seine Kleidung *fiel auf*. / Er *fiel* durch seine Kleidung *auf*. 彼の服装は人目を引いた | *Fiel* dir nichts an ihm *auf*? 彼を見て何かおかしな点に気づかなかったか. **2**《auf *et.*[4]》(…の上に)落ち(て当た)る;〘狩〙(鳥が)急に(地面に)下りる(木にとまる): Der Ball *fällt* auf den Boden *auf*. ボールが地面に落ちる | im Sturz heftig ~ 転落して激しくぶつかる〈体を打つ〉‖ auf die Fährte 〈die Spur〉 ~〘狩〙(猟犬が)野獣の通った跡をかぎつける ‖ das *auffallende* Sonnenlicht 直射日光.

II 他 (h) 再帰 *sich*[3] *et.*[4] ~ 落ちて〈倒れて〉…(体の一部)にけがをする.

III auf·fal·lend 現分 形 目立つ, 人目を引く; 特異な; 奇妙な: ein ~*er* Gegensatz 際だった対立〈対比〉| eine Frau von ~*er* Schönheit 目立って美しい女性 ‖ *sich*[4] ~ kleiden 目立つ服装をする | ~ blaß sein 異様に青ざめている ‖ Das *Auffallendste* an ihm waren die Augen. 彼の様子でいちばん特徴的なのは目であった.

auf·fäl·lig[áʊffɛlɪç][2] 形 目立つ, 人目を引く; 異様な, 奇妙な: ein ~*es* Benehmen 異様な〈人目を引く〉振舞い ‖ *sich*[4] ~ kleiden 目立つ服装をする | Für die gute Leistung erhielt er ~ wenig Beifall. 出来がよかったのに比べて彼の浴びた喝采(かっさい)はおかしなほど少なかった.

Auf·fäl·lig·keit[–kaɪt] 女 –/ auffällig なこと.

auf|fal·ten[áʊffaltən]《01》他 (h) **1** (たたまれたものを)開く, 広げる: die Serviette ~ ナプキンを広げる ‖ 再帰 *sich*[4] ~ (たたまれたものが)開く. **2** 再帰 *sich*[4] ~〘地〙褶曲(しゅうきょく)して盛り上がる.

Auf·fal·tung[..tʊŋ] 女 –/–en (sich) auffalten すること.

Auf·fang·be·häl·ter[áʊffaŋ..] 男 = Auffanggefäß

auf|fan·gen*[áʊffaŋən]《39》他 (h) **1 a)** (動いているもの・落下してくるものなどを途中で)受け止める, 捕まえる, 捕捉(ほそく)する: einen Ball mit den Händen ~ ボールを両手で受け止める | Der Hund *fängt* das Bissen *auf*. 犬が(投げ与えられた)えさをぱくりと受ける | das stolpernde Kind ~ つまずいて転びそうになった子供を抱きとめる. **b)** (目や耳で)とらえる, 偶然キャッチする; (聴音機が物音を・アンテナが電波を)とらえる; (無電などを)傍受する, 盗聴する: einige Worte aus einem Gespräch ~ 会話の断片を小耳にはさむ | einen scharfen Blick ~ 鋭い視線を受け止める.

2 a) 容器に受ける, 受け皿に集める: Regenwasser in einer Tonne ~ 雨水をたるに受ける | Lichtstrahlen durch Spiegel ~ 光線を鏡で集める. **b)** (難民などを一時的に)収容する.

3 (打撃などを)受け止める, 食い止める, ブロックする; (攻撃を)阻止する; (衝撃などを受け止めて)緩和する: einen Hieb mit dem Arm ~ パンチを腕で受け止める | den feindlichen Vorstoß ~ 敵の進撃を阻止する ‖ Preissteigerungen ~ (策を講じて)物価上昇の波及効果を和らげる.

4《*jn.*》捕まえる, 逮捕する;《*et.*[4]》押収する, 横取りする: durch eine Streife *aufgefangen* werden パトロールに捕まる.

5〘空〙(下降状態になった機体を)立て直す, 水平に戻す.

6〘編物〙(落とした目を編み棒で)拾う.

Auf·fang≠ge·biet 中 (避難民・疎開者などの)収容地域; (宇宙カプセルの)回収地域. **≠ge·fäß** 中 (しずくなどを)受けるための容器. **≠la·ger** 中 (難民・移民などの)仮収容所. **≠scha·le** 女 受け皿, しずく皿. **≠stan·ge** 女 避雷桿(かん)(→ 図 Haus A); 点光〈電光〉茎. **≠stel·lung** 女〘軍〙要撃陣地.

auf|fär·ben[áʊffɛrbən][1] 他 (h) (衣服などを)染め直す.

auf|fas·sen[áʊffasən]《03》他 (h) **1**《*et.*[4]》《様態を示す語句と》(…を…のように)解する, 解釈する: *et.*[4] falsch 〈richtig〉 ~ …を誤解する〈正しく解する〉| *et.*[4] persönlich ~ (→ persönlich 1) | Er hat meine Bemerkung als Beleidigung *aufgefaßt*. 彼は私の言葉を侮辱と受け取った. **2** 把握する, 理解する: den Sinn ~ 意味をつかむ | Er *faßt* auch einen schwierigen Text sehr schnell *auf*. 彼は難しいテキストでも即座に理解する ‖〘目的語なしで〙leicht 〈schnell〉 ~ のみこみが早い | gut ~ 理解力が優れている. **3 a)** (auffädeln) (真珠などを)糸(ひも)に通す. **b)** = auffangen 6 ▽**4** 手でつかむ, 抱く: das Schwert ~ 剣をとる.

Auf·fas·sung[áʊffasʊŋ] 女 –/–en **1 a)** 物の見方, 見解: eine herkömmliche 〈einseitige〉 ~ 在来の〈一面的な〉考え方 | eine hohe 〈strenge〉 ~ von der Moral 道徳についての厳しい考え方 ‖ nach meiner ~ / meiner ~ nach 私の考えでは | Er ist der ~[2], daß ... 彼の見解は…である | Ich habe davon eine andere ~ als Sie. それについての私の考えはあなたとは違っている | Ich kann nicht diese ~ teilen. 私はこの見解には同調できない. **b)** 解釈: Diese Passage läßt verschiedene ~*en* zu. この個所は様々に解釈できる. **2**《単数で》理解力: eine leichte 〈schnelle〉 ~ haben のみこみが早い.

Auf·fas·sungs≠art 女 物の見方, 見解; 解釈の仕方. **≠ga·be** 女 –/ , **≠kraft** 女 –/ = Auffassungsvermögen **≠sa·che** 女《もっぱら次の成句で》*et.*[1] **ist ~** …は見解の問題だ, …についてはさまざまな考え方があり得る. **≠ver·mö·gen** 中 –s/ 把握〈理解〉力. **≠wei·se** 女 = Auffassungsart

Auf·fa·vo·rit[áʊffavoriːt] 男 –en/–en〘競馬〙人気馬.

auf|fe·gen[áʊffeːgən][1] 他 (h) **1** (ちりなどを)掃き集める. **2**《雅》(風などが)激しく吹き上げる.

auf|fei·len[áʊffaɪlən] 他 (h) やすりを使って開ける.

auf|fet·ten[áʊffɛtən]《01》他 (h)〘畜〙(牛乳を)濃縮する.

auf|fet·zen[áʊffɛtsən]《02》他 (h)《話》(包装紙などを)破り開ける, (本の表紙などを)勢いよくめくる.

auf|feu·deln[áʊffɔʏdəln]《06》他 (h)《北部》(汚れなどを)ぬぐい取る. [<Feudel]

auf|fie·ren[áʊffiːrən] 他 (h)〘海〙(ロープを)ゆるめる.

auf·find·bar[áʊffɪntbaːr] 形 見いだしうる, 発見できる: nirgends ~ sein どこにも見つからない.

auf|fin·den*[áʊffɪndən][1]《42》他 (h) (行方不明になっていたもの・隠されているものなどを)見つけ出す, 発見する: Er wurde tot *aufgefunden*. 彼は死体となって発見された.

Auf·fin·dung[..dʊŋ] 女 –/ auffinden すること.

auf|fi·schen[áʊffɪʃən]《04》他 (h) **1** (水中から)釣り上げる, 引き上げる: einen Leichnam ~ 死体を引き上げる | Schiffbrüchige ~ 難破した人々を救助する. **2**《話》偶然見つけ出す, 拾う, 手に入れる: Neuigkeiten ~ ニュースを手に入れる | Wo hast du das Mädchen *aufgefischt*? 君はあの女の子をどこから見つけ出してきたんだ.

auf|fit·zen[áʊffɪtsən]《02》他 (h)《方》(もつれたものを)ほどく, ほぐす.

auf|flackern[áʊfflakərn]《05》自 (s) ぱっと燃え上がる;〘化〙突燃する;〘医〙(結核などが)再発する: Die Kerze 〈Der Aufruhr〉 ist *aufgeflackert*. ろうそくの火〈暴動の火の手〉がぱっと燃え上がった | Haß 〈Mißtrauen〉 *flackerte* in seinen Augen *auf*. 彼の目に憎悪のほむらが燃え上がった〈不信の色が走った〉.

auf|flam·men[áʊfflamən] 自 (s) ぱっと燃え上がる; (あかりが)ぱっとともる: Unruhen *flammten auf*. 暴動の火の手が上がった ‖ ein empört *aufflammender* Blick 怒りに燃える目.

auf|flat·tern[áʊfflatərn]《05》自 (s) (鳥・紙・洗濯物などが)ばたばた〈はたはた〉と舞い上がる;《雅》(希望などが)わき起こる.

auf|flech·ten*[áʊfflɛçtən]《43》他 (h) **1** (編んだものを)解く, ほどく: *sich*[3] die Haare ~ 髪を解く. **2** 編み上げる.

auf|flicken[áʊfflɪkən] 他 (h)《方》《*et.*[4]》(…に)つぎを当てる, 修繕する.

auf|flie·gen*[áʊffliːgən][1]《45》自 (s) **1** (emporfliegen) (鳥・枯れ葉・ほこりなどが)舞い上がる;〘空〙離陸〈上昇〉する;《比》(驚いて)とび上がる: Auf der Straße *flog* eine Staubwolke *auf*. 道に砂けむりが立った. **2** 爆発する;《話》(計画などが)吹っ飛ぶ, (企業・組織などが)つぶれる: ein Pulverlager 〈eine Konferenz〉 ~ lassen 火薬庫を爆破する〈会議をつぶす〉. **3** (戸・窓などが)ぱっと開く. **4** もんどりうってぶつかる: mit dem Kopf auf die Bordkante ~ (転倒して)

道の縁石に頭をぶつける.

auf|flim·mern[áʊfflɪmərn] 《05》 自 (s) (光などが)ちらちら光りはじめる.

ᐁ**Auf·flug**[áʊfflu:k][1] 男 -[e]s/..flüge[..fly:gə] **1** auffliegen すること. **2** 《集合的に》〖狩〗(巣立ったばかりの)ひな鳥の一群.

auf|for·dern[áʊffɔrdərn] 《05》 他 (h) **1** 《*jn.* zu *et.*[3]》(…に…を)要求する, 求める; (…に…するように)促す, 勧める, 鼓舞〈激励〉する: eine Stadt zur Übergabe ～ (包囲下の)町に降伏を勧告する | *jn.* zum Duell 〈zu einem Spaziergang〉 ～ …に決闘を挑む〈…を散歩に誘う〉 | eine Dame 〔zum Tanz〕 ～ 女性にダンスの相手を申し込む | Man *forderte* ihn *auf*, seinen Ausweis zu zeigen. 彼は身分証明書を呈示するよう求められた. **2** Trumpf ～〖ﾄﾗﾝﾌﾟ〗切り札を請求する.

Auf·for·de·rung[..dərʊŋ] 女 -/-en 要求, 要請; 勧誘, 促し, 催促; 挑発; 〖法〗催告: eine ～ zur Zahlung 支払い請求 | **eine ～ zum Tanz** ダンスへの誘い; 《話》挑戦.

Auf·for·de·rungs≠cha·rak·ter 男〖心〗誘意性. **≠satz** 男〖言〗要求文 (Befehlssatz と Wunschsatz を含む). **≠schrei·ben** 中 要請〈催促〉状, 勧誘〈招待〉状; 〖法〗催告状.

auf|for·sten[áʊffɔrstən] 《01》 他 (h) 《*et.*[4]》(…に)新たに植林する; (伐採地に)再造林する.

Auf·for·stung[..tʊŋ] 女 -/-en aufforsten すること.

auf|fres·sen*[áʊffrɛsən] 《49》 他 (h) **1** 食べ尽くす, すっかり平らげる; 《比》(酸などが)腐食する: das Futter 〈die Krippe〉 ～ えさ〈かいばおけの中身〉を平らげる ‖ *jn.* mit den Augen ～《比》…をもの欲しそうな目で眺める | Ich möchte dich vor Liebe ～. 《話》君がかわいくて食べてしまいたいくらいだ | Die Inflation *fraß* sein ganzes Vermögen *auf*. 彼はインフレに財産をすっかり食いつぶされた | Nur keine Angst, man wird dich nicht gleich ～. びくびくするな. だれも君を取って食ったりしやしないよ. **2** 《話》《*jn.*》(仕事・心労などが)消耗させる, 疲労困憊(ﾊﾟｲ)させる; 破滅させる: Die Arbeit *fraß* ihn *auf*. 仕事が彼の心身をすりへらした.

auf|frie·ren*[áʊffri:rən] 《50》 **I** 自 (s) (凍ったものが)とける: Der Teich ist *aufgefroren*. 池の氷がとけた.

II 他 (h) (凍ったものを)とかす.

auf|fri·schen[áʊffrɪʃən] 《04》 **I** 他 (h) **1** (古くなったもの・使い古されたものなどを)再び新しくする, 良好な〈元どおりの〉状態に戻す; 修復〈復原〉する; 《比》復活させる, よみがえらせる: Gemälde 〈Möbel mit einer neuen Politur〉 ～ 絵を〈家具に新しくニスを塗って〉修復する | eine alte Bekanntschaft 〔wieder〕 ～ 旧交を温める | *seine* Erinnerungen ～ 記憶をよみがえらせる | *seine* englischen Kenntnisse ～ (勉強し直して)英語の知識を取り戻す. **2** (在庫品などを)補充する: den Weinvorrat ～ ワインの在庫を補充する. **3** 元気を回復させる, 元気〈活気〉づける: *seine* Lebensgeister mit einer Tasse Kaffee ～ コーヒーを1杯飲んで元気をつける ‖ 再帰 *sich*[4] ～ 再び元気づく, 元気〈活気〉を取り戻す | *sich*[4] durch eine Kur ～ 療養して元気を回復する. **II** 自 (h, s) (風が)強まる: eine *auffrischende* Brise aus Nord 北から吹きつけてくる海風.

Auf·fri·schung[..ʃʊŋ] 女 -/-en 〔sich〕 auffrischen すること.

auf|fri·sie·ren[áʊffrizi:rən] 他 (h) 整髪し直す; 《話》(車・エンジンなどを)改造して性能を高める.

auf·führ·bar[áʊffy:rba:r] 形 aufführen できる: eine leicht 〈schwer〉 ～*e* Oper 上演の容易〈困難〉なオペラ.

auf|füh·ren[áʊffy:rən] 他 (h) **1** (劇などを)上演する, (楽器を舞台などで)演奏する, (映画を)上映する; (催し物を)行う, 興行する: ein Ballett 〈eine Oper〉 ～ バレエ〈オペラ〉を上演する | einen 〔wahren / wilden〕 Freudentanz ～ (→ Freudentanz) | einen Ringkampf ～ レスリングの試合を催す | einen Tanz ～ (→Tanz 2) | ein Theater ～《話》(無用の)大騒ぎをする, 大げさに振舞う.

2 再帰 *sich*[4] ～《様態を示す語句と》…の態度〈行動〉をとる, …のように振舞う | *sich*[4] anständig ～ 行儀よく〈まともに〉振舞う | *sich*[4] unmöglich 〈wie ein Verrückter〉 ～ とんでもない振舞いをする〈狂ったような行動をとる〉 ‖ Er hat sich wieder einmal *aufgeführt*. 彼はまたもやひどい振舞いをした.

3 (名前・事実・項目・例などを)挙げる, 引き合いに出す; (リストなどに)記載する: *et.*[4] als Beweis ～ …を証拠として挙げる | *jn.* als Zeugen namentlich ～ 証人として…の名を挙げる | einzelne Posten in der Rechnung ～ 請求書に明細を記す.

4 a) 《雅》(建造物を)建てる, 築き上げる: eine Mauer aus Steinen ～ 石で塀を築く. ᐁ**b)** (土などを)盛り上げる.

ᐁ**5** (兵・砲などを)配置する: die Wache ～ 見張りをたてる.

ᐁ**6** 《*jn.* bei *jm.*》(…を…に)引き合わせる, 紹介する.

Auf·füh·rung[..rʊŋ] 女 -/-en **1** (劇などの)上演, (舞台での楽器の)演奏, (映画の)上映; 催し, 興行: *et.*[4] **zur ～ bringen** …を上演〈演奏・上映〉する | **zur ～ gelangen** 上演〈演奏・上映〉される. **2** 《ふつう単数で》(〔sich〕 aufführen すること) **a)** 態度, 振舞い: eine sonderbare ～ 奇妙な振舞い. **b)** (名前・事実・項目・例などを)挙げること; (リストへの)記載. **c)** 《雅》建築, 築造, 建設.

Auf·füh·rungs·recht 中 上演〈上映〉権, 興行権.

auf·füh·rungs·reif 形 (作品が)すぐにも上演できる.

auf|fül·len[áʊffʏlən] 他 (h) **1** (容器・すきまを)満たす; 再びいっぱいにする: den Tank 〔mit Benzin〕 ～ タンクに〔ガソリンを〕補充する | eine Kompanie ～〖軍〗中隊の損害を補塡(ﾃﾝ)する. **2** (…を)容器に満たす: Bier ～ (瓶に)ビールを詰める | die Suppe ～ スープを皿に取り分ける. **3** 《*et.*[4] mit *et.*[3]》〖料理〗(…に…を)たっぷり注ぐ: Gemüse mit 〔einer〕 Brühe ～ 野菜に肉汁を十分にかける. **4** (堤防などを)盛り土する. **5** 再帰 *sich*[4] ～〖気象〗(低気圧が)衰える.

Auf·fül·lung[..lʊŋ] 女 -/-en auffüllen すること.

auf|fun·keln[áʊffʊŋkəln] 《06》 自 (h) きらっと光る, 一瞬きらめく.

auf|fut·tern[áʊffʊtərn] 《05》 他 (h) 《話》食べ尽くす, すっかり平らげる.

auf|füt·tern[áʊffʏtərn] 《05》 他 (h) **1** (鳥獣の子を)えさをやって育てる, 飼育する; 《話》(子供を)育てる. **2** 《*jn.*》(空腹などで衰弱した人に)食事を与えて力をつけさせる.

Auf·ga·be[áʊfga:bə] 女 -/-n **1 a)** 課せられた仕事, 課題, 負託; 任務, 使命, 責務: eine schwere ～ 困難な課題, 重い任務 | eine unlösbare 〈vordringliche〉 ～ 解決のできない〈緊急の〉課題 ‖ eine ～ bewältigen 〈übernehmen〉 課題を克服する〈任務を引き受ける〉 | *seine* ～ erfüllen 任務を果たす | *jm.* eine ～ stellen …に仕事を課する | *jn.* vor eine ～ stellen …を課題に直接ぶつからせる | Er sah sich[4] vor die ～ gestellt. 彼は自分がその課題に直面しているのを悟った | *sich*[3] *et.*[4] zur ～ machen …を自己の課題とする | Es ist die ～ der Eltern, ihre Kinder zu erziehen. 子供を教育するのは両親の務めだ. **b)** 《ふつう複数で》(Schulaufgabe) (学校の)宿題: *seine* ～*n* machen 〈aufbekommen〉 宿題をやる〈課せられる〉. **c)** 練習問題, 試問.

2 《ふつう単数で》(aufgeben すること) **a)** (さまざまな事務処理の)依頼, 委託: die ～ eines Telegramms 電報発信の依頼. **b)** 放棄, 断念, 中止: die ～ eines Amtes 辞任, 辞職 | die ～ des Kampfes 試合放棄 | die ～ des Plans 計画の中止 | wegen ～ des Geschäftes geschlossen 廃業のため閉店 | Er wurde zur ～ der Wohnung gezwungen. 彼は住居を手放すことを余儀なくされた. **c)** 〖球技〗サーブ: die ～ ausführen サーブをする. **d)** 〖工〗(コンベヤー・溶鉱炉などに原料を)送りこむこと, 装塡, 供給. **e)** 〖商〗(取引上の)通知.

Auf·ga·be·be·schei·ni·gung 女〖郵〗引受証明〔書〕.

auf|ga·beln[áʊfga:bəln] 《06》 他 (h) **1** (干し草などを)熊手〈フォーク〉ですくい上げる. **2** 《話》偶然見つけ出す, 拾う, 手に入れる: *sich*[3] eine Freundin ～ ガールフレンドを手に入れる.

Auf·ga·ben≠be·reich[áʊfga:bən..] 男 (中) 任務〈職責〉の範囲: über *sein*〔*en*〕 ～ hinausgehen 自分の任務〈職責〉の範囲を越える. **≠buch** 中 宿題帳, 練習帳, ワークブック. **≠ge·biet** 中 ＝Aufgabenbereich **≠heft** 中 宿題〈練習〉帳. **≠kreis** 男 ＝Aufgabenbereich **≠samm·lung** 女 (数学などの)問題集. **≠stel·lung** 女 出題.

Auf·ga·be≠ort[áʊfga:bə..] 男 -(e)s/-e 〘郵〙発送〈発信〉地. ≠**schein** 男 =Aufgabebescheinigung ≠**stem·pel** 男〘郵〙消印. ≠**trich·ter** 男〘工〙供給ホッパー. ≠**vor·rich·tung** 女〘工〙給送装置; (溶鉱炉などの)給鉱装置.

auf|ga·gen[áʊfgɛ(:)gən][1] 他 (h)〘映・劇〙ギャグを挿入する. [<Gag]

auf|gäh·nen[áʊfgɛ:nən] 自 (h) (突然)あくびをする.

Auf·ga·lopp[áʊfgalɔp] 男 -s/-s(-e)〘馬術〙(スタートの前の)練習ギャロップ〈襲歩〉; 《比》(Vorrunde) 予選: der ~ für die Weltmeisterschaft 世界選手権の予選.

Auf·gang[áʊfgaŋ] 男 -(e)s/..gänge[..gɛŋə] **1** 《ふつう単数で》(↔Untergang) (太陽・月などが)のぼること, (天体の)出: der ~ der Sonne 日出(にっしゅつ), 日の出(=Sonnenaufgang) ‖ vom ~ der Sonne bis zu ihrem Niedergang 《雅》東方から西方まで, 地上あまねく(聖書: 詩113,3から) | auf den ~ des Mondes warten 月の出を待つ ‖ der ~ eines neuen Künstlers 《比》新進芸術家の出現. **2** 《ふつう単数で》(つぼみが)ほころびること, 開花; 発芽: der ~ der Blüte 開花. **3** のぼり口, のぼり階段; のぼり道, 登山道. **4** 〘狩〙(狩猟の)解禁. **5** 〘工〙(ピストンの)上行過程. ▽**6** 入費. [*ahd.*; ◇aufgehen]

Auf·gangs·punkt 男 (Aszendent)〘天〙(地平線上に天体が)のぼる点, 出点.

auf|gä·ren(*)[áʊfgɛ:rən] 《51》 **I** 自 (s, h) 発酵して膨れあがる; 《比》いきり立つ, 沸き返る. **II** 他 (h) 発酵させる.

auf·ge·bauscht[áʊfgəbaʊʃt] aufbauschen の過去分詞.

auf|ge·ben*[áʊfge:bən][1] 《52》 他 (h) **1** (さまざまな事務処理を)依頼する, 委託する: eine Annonce 〈ein Inserat〉 ~ (新聞・雑誌などに)広告の掲載を依頼する | *seine* Bestellung beim Ober ~ ボーイに注文する(料理などを) | ein Gepäckstück bei der Bahn 〈auf dem Bahnhof〉 ~ 小荷物の運送を鉄道に〈駅で〉委託する | ein Paket 〈ein Telegramm〉 (bei der Post) ~ (郵便局で)小包の発送〈電報の発信〉を依頼する.

2 《*jm. et.*[4]》(…に問題・仕事・任務などを)課する; (…に…の)義務を負わせる: den Schülern einen Aufsatz ~ 生徒たちに作文を書かせる | *jm.* Rätsel 〈ein Rätsel〉 ~ (→Rätsel 1) | Ich *gab* ihm *auf*, über die Angelegenheit zu schweigen. 私は彼にこの件について沈黙を守るよう命じた.

3 a) 《*et.*[4]》(これまで続けてきたことを途中で)やめる, 放棄する, 断念する; (これまで保持してきたものを)手放す: den Kampf ~ 試合を放棄する | das Rauchen ~ 禁煙する | allen Widerstand ~ 一切の抵抗をやめる ‖ ein Amt ~ 辞任〈辞職〉する | den Geist ~ (→Geist 3 a ②) | *sein* Geschäft ~ 廃業する | *seine* Wohnung ~ 住居を手放す ‖ *Gib's* auf! あきらめろ, やってもむだだ | Der Kranke hat es *aufgegeben*, auf Besserung zu hoffen. 病人は病気がよくなるという希望を捨てた ‖〘目的語なしで〙Ich *gebe* nicht so leicht *auf*. 私はそう簡単にはあきらめない | Er *gab* schon in der zweiten Runde *auf*. 彼はすでに第2ラウンドで試合を放棄した. **b)** 《*jn.*》(…に)期待をかけることをやめる, (…を)見放す: einen Kranken ~ (医者が)病人を見放す | Dich selbst darfst du niemals ~. 君は決して自分自身をあきらめてはいけない.

4 《方》(料理を)皿に盛る: Suppe ~ スープを皿によそう | Darf ich Ihnen noch etwas Gemüse ~? 野菜をもう少し差し上げましょうか.

5 〘球技〙(ボールを)サーブする.

6 〘工〙(コンベヤー・溶鉱炉などに原料を)送り込む, 供給する.

7 〘商〙(相手方に)伝える, 通知する. [◇Aufgabe]

Auf·ge·ber[áʊfge:bər] 男 -s/- **1** (荷物・手紙の)差出人, 発送人. **2** 〘工〙(溶鉱炉などの)原料供給装置, 給鉱装置, フィーダー. **3** 〘球技〙サーバー.

auf·ge·bläht[áʊfgəblɛ:t] **I** aufblähen の過去分詞. **II** 形 高慢な, うぬぼれの: eine ~*e* Pute うぬぼれ屋の女.

Auf·ge·bläht·heit[-haɪt] 女 -/ aufgebläht なこと.

auf·ge·bla·sen[áʊfgəbla:zən] **I** aufblasen の過去分詞. **II** =aufgebläht II

Auf·ge·bla·sen·heit[-haɪt] =Aufgeblähtheit

Auf·ge·bot[áʊfgəbo:t] 中 -(e)s/-e **1 a)** (戸籍役場または教会による)婚姻予告(掲示または司祭の口頭の告知によって行われ, 第三者による異議の有無が確かめられる): das ~ bestellen (戸籍役場に)婚姻の予定を届け出る | das ~ verlesen (司祭が)婚姻予告を読み上げる. **b)** 〘法〙公示催告: ein ~ an die Gläubiger erlassen 債権者に対して(要求を申し立てるよう)催告する. **2** 《単数で》(力の)傾注: mit dem ~ 〈unter ~〉 *seiner* letzten Kräfte 最後の力をふりしぼって. **3** 《ふつう単数で》(必要な人数・資材などの)動員; ▽徴募, 召集; (特定の目的のために動員された)人数, 部隊; 〘スポ〙チーム: ein starkes ~ von Polizeikräften (動員された)多数の警察官 | mit einem gewaltigen ~ an Hubschraubern ヘリコプターを大量に動員して. [<aufbieten]

Auf·ge·bots·ver·fah·ren 中〘法〙公示催告手続.

auf·ge·bracht[áʊfgəbraxt] **I** aufbringen の過去分詞. **II** 形 ひどく怒った, 憤激〈激昂(げっこう)〉した: eine ~*e* Menge 激昂した群衆 ‖ über *et.*[4] ~ sein …に憤慨している.

Auf·ge·bracht·heit[-haɪt] 女 -/ aufgebracht なこと.

auf·ge·don·nert[áʊfgədɔnərt] aufdonnern の過去分詞.

auf·ge·dreht[áʊfgədre:t] **I** aufdrehen の過去分詞. **II** 形《話》(気持の)はしゃいだ; (気分が)張り切っている: Du bist ja heute abend so ~! 君は今晩ばかにはしゃいで〈張り切って〉いるじゃないか.

Auf·ge·dreht·heit[-haɪt] 女 -/ aufgedreht なこと.

auf·ge·dun·sen[áʊfgədʊnzən] 形 (体〔の一部〕が不健康に)膨れあがった, むくんだ; 《比》(文体などが)ぎょうぎょうしい, 誇張された: ein 〔vom Alkohol〕 ~*es* Gesicht 〔飲酒のために〕むくんだ顔 | Er sah ~ aus. 彼はむくんで見えた. [<*ahd.* dinsan „ziehen"]

Auf·ge·dun·sen·heit[-haɪt] 女 -/ aufgedunsen なこと.

auf|ge·hen*[áʊfge:ən] 《53》 自 (s) **1** (↔untergehen) (天体が)のぼる: Die Sonne *geht* im Osten 〈heute um 4.37 Uhr〉 *auf*. 太陽は東からのぼる〈きょうの日の出は4時37分である〉 ‖ das Land der *aufgehenden* Sonne 日出ずる国(日本).

2 a) (↔zugehen) (戸・窓・容器のふたなどが)あく, ひらく; (舞台の幕が)あがる: Das Fenster *geht* nicht *auf*. 窓があかない | Plötzlich *ging* die Tür *auf*. 突然ドアがあいた. **b)** (ぱくっと)口をあける, (縫い目が)ほころびる, (結び目などが)ゆるむ, ほどける: Das Eis 〈Das Geschwür〉 *geht auf*. 氷に裂け目ができる〈潰瘍(かいよう)がつぶれる〉 | Der Verband *geht* immer wieder *auf*. 包帯がしょっちゅうほどける | Das Haar ist *aufgegangen*. 髪が乱れてしまった. **c)** (つぼみが)ほころびる, 開花する; 発芽する; 《比》(希望・予感・考えなどが)生まれる: Der Samen *ging* nicht *auf*. 種子は発芽しなかった | Da ist in meinem Herzen die Liebe *aufgegangen*. そのとき私の心に愛がめばえた (Heine) | In ihm *ging* eine Ahnung 〈ein Entschluß〉 *auf*. 彼の心の中に予感〈決意〉が生じた. **d)** (種痘が)うまくつく.

3 《*jm.*》 **a)** (…にとって気持が)高揚する, (心が)はずむ: Bei ihrem Lachen *ging* ihm das Herz *auf*. 彼女の笑い声を聞いて彼の心は晴れやかになった. **b)** (…にとって)目が開かれた思いがする, 明らかになる, 理解できる, 納得がゆく: Mir sind darüber die Augen *aufgegangen*. その点について真相がわかった | Mir ist erst jetzt der Sinn deiner Bemerkung *aufgegangen*. 今やっと君の言葉の意味がわかった | Die eine Stelle ist mir noch nicht ganz *aufgegangen*. この一点だけがまだ完全には納得できない | *jm. geht* ein Licht *auf* (→Licht 2 b).

4 〘数〙残余がなくなる, 割り切れる: Alle geraden Zahlen *gehen* durch 2 geteilt *auf*. 偶数はみな2で割り切れる | In welchen Zahlen *geht* die 5 *auf*? 5で割り切れる数は何か | Die Rechnung *geht auf*. 計算が合う; 《比》事が予想〈計画〉どおりに運ぶ.

5 《in *et.*[3]》(…の中に)埋没〔して消滅〕する; 《比》(…に)没頭する, 熱中する: in Flammen ~ 焼失する | in Rauch 〔und Flammen〕 ~ (→Rauch 1 a) | Die Firma ist in einer größeren *aufgegangen*. この会社はより大きな会社に吸収〔合併〕された | Er *geht* völlig in seiner Arbeit 〈in

den eigenen Kindern〉 *auf*. 彼は仕事〈自分の子供たちのこと〉に没頭している.
6 (パン種入りの練り粉が酵母菌の作用によって)膨れる: wie ein Pfannkuchen 〈ein Hefekloß / eine Dampfnudel〉 ~ (→Pfannkuchen 1, →Hefekloß, →Dampfnudel).
7 〖狩〗 **a**) (狩猟が)解禁になる. **b**) (野鳥が)飛び立つ.
8 〖坑〗 (坑内水の)水かさが増す, 増水する.
[◇Aufgang]

auf·ge·ho·ben[áʊfgəho:bən] aufheben の過去分詞.

auf|gei·en[áʊfgaɪən] 他 (h) 〖海〗 (帆を)絞り綱で絞〔って帆桁(ほげた)に収め〕る, 絞帆(こうはん)する.

auf|gei·len[áʊfgaɪlən] 他 (h) 《話》《*jn.*》性的に刺激する, (…の)情欲をそそる: 再帰 *sich*⁴ an *et.*³ ~ …で性欲をそそられる.

auf·ge·klärt[áʊfgəklɛ:rt] **I** aufklären の過去分詞.
II 形 **1** 啓蒙(けいもう)された; (freisinnig) 偏見のない, 自由思想の; (17-18世紀のヨーロッパ)啓蒙思想を奉じる: ein ~*er* Monarch 啓蒙君主. **2** 性教育を受けた; 政治教育を受けた.
Auf·ge·klärt·heit[-haɪt] 女 -/ aufgeklärt なこと.

auf·ge·knöpft[áʊfgəknœpft] **I** aufknöpfen の過去分詞. **II** 形《話》(↔zugeknöpft) 打ちとけた, 開放的な; 口数の多い, おしゃべりな; (vergnügt) ご機嫌な.

auf·ge·kratzt[áʊfgəkratst] **I** aufkratzen の過去分詞.
II 形《ふつう述語的》《話》陽気な, 上機嫌の, ご機嫌の; いい気になった.
Auf·ge·kratzt·heit[-haɪt] 女 -/ aufgekratzt なこと.

auf·ge·krem·pelt[áʊfgəkrɛmpəlt] aufkrempeln の過去分詞.

auf·ge·lau·fen[áʊfgəlaʊfən] auflaufen の過去分詞.

Auf·geld[áʊfgɛlt][1] 中 -〔e〕s/-er **1 a**) (Agio) 〖商〗 プレミアム, 打歩(うちぶ), 割増金. **b**) 《方》(Zuschlag) 割り増し, 増額, 追加払い. **2** 《方》(Handgeld) 手付金, 内金.

auf·ge·legt[áʊfgəle:kt] **I** auflegen の過去分詞.
II 形 **1** 《様態を示す語句と》(…の)気分〈機嫌〉の: gut 〈schlecht〉 ~ sein 機嫌がよい〈悪い〉| Ich fühle mich glänzend ~. 私はすばらしく気分がよい | Wie sind Sie heute ~? きょうのご気分はいかがですか. **2 zu** *et.*³ **~ sein** …をする気がある, …に気が向いている | Er war zum Scherzen 〈zu Streichen〉 ~. 彼は冗談が言いたくなるような〈いたずらをしたいような〉気分であった | Ich bin heute nicht 〔dazu〕 ~, ihn zu besuchen. きょうは彼を訪ねる気になれない. **3** 《付加語的》《話》(klar) 明白な, まぎれもない; 〖ﾄﾗﾝﾌﾟ〗 (ゲーム開始前から)勝敗の明らかな: ein ~*er* Unsinn 全くのナンセンス.

auf·ge·löst[áʊfgəlø:st] **I** auflösen の過去分詞.
II 形《話》**1** (喜び・悲しみ・苦痛などで)気持の乱れた, 我を忘れた: Über diese Nachricht war sie ganz ~. この知らせを聞いて彼女はすっかり混乱してしまった. **2** 疲れ切った, へとへとの: Er war vor Hitze ganz ~. 彼は暑さですっかり参っていた.
Auf·ge·löst·heit[-haɪt] 女 -/ aufgelöst なこと.

auf·ge·paßt[áʊfgəpast] aufpassen の過去分詞.

auf·ge·räumt[áʊfgərɔymt] **I** aufräumen の過去分詞.
II 形 上機嫌な, ほがらかな, 陽気〈快活〉な.
Auf·ge·räumt·heit[-haɪt] 女 -/ aufgeräumt なこと.

auf·ge·regt[áʊfgəre:kt] **I** aufregen の過去分詞. **II** 形 (不安・怒りなどで)興奮した, (気持の)激した: Sei doch nicht so ~! そう興奮するなよ | in ~*er* Stimmung 興奮した気分で.
Auf·ge·regt·heit[-haɪt] 女 -/ aufgeregt なこと.

Auf·ge·sang[áʊfgəzaŋ] 男 -〔e〕s/..sänge[..zɛŋə] 〖詩〗 (Minnesang や Meistergesang で歌節 Strophe の)前部, 前節(通例二つの段 Stollen よりなり, これを受けて Strophe を結ぶ Abgesang は Aufgesang より短く 1 Stollen より長い).

auf·ge·schlos·sen[áʊfgəʃlɔsən] **I** aufschließen の過去分詞. **II** 形 (外界の事象に)心の開かれた, 開放的な, 偏見のない; 《für *et.*⁴》(…を)受け入れる用意のある, (…に対する)関心〈感受性〉のある: Er ist ein ~*er* Mensch. 彼は心の広い〈偏見のない〉人だ.
Auf·ge·schlos·sen·heit[-haɪt] 女 -/ aufgeschlossen なこと.

auf·ge·schmis·sen[áʊfgəʃmɪsən] **I** aufschmeißen の過去分詞. **II** 形《ふつう述語的》《話》途方にくれた, お手あげの: Ich bin schön 〈restlos〉 ~. 私は全くお手あげだ.

auf·ge·schos·sen[áʊfgəʃɔsən] **I** aufschießen の過去分詞. **II** 形 ein lang ~*er* Junge ひょろりと背の高い〈すらりとした〉男の子.

auf·ge·schwemmt[áʊfgəʃvɛmt] aufschwemmen の過去分詞.

auf·ge·ses·sen[áʊfgəzɛsən] aufsitzen の過去分詞.

auf·ge·sprun·gen[áʊfgəʃprʊŋən] aufspringen の過去分詞.

auf·ge·ta·kelt[áʊfgəta:kəlt] **I** auftakeln の過去分詞.
II 形 満艦飾の, めかしこんだ.

auf·ge·wärmt[áʊfgəvɛrmt] **I** aufwärmen の過去分詞. **II** 形 むし返し〈焼き直し〉の, 陳腐な.

auf·ge·weckt[áʊfgəvɛkt] **I** aufwecken の過去分詞.
II 形 (geistig rege) 利発な, 知的な.
Auf·ge·weckt·heit[-haɪt] 女 -/ aufgeweckt なこと.

auf·ge·wor·fen[áʊfgəvɔrfən] aufwerfen の過去分詞.

auf|gie·ßen*[áʊfgi:sən] 《56》 他 (h) **1** 煮出す, せんじる: Tee 〈Kaffee〉 ~ 茶〈コーヒー〉をいれる. **2** (熱湯などを)注ぎかける: heißes Wasser auf Tee ~ 茶に熱湯を注ぐ.

auf|glän·zen[áʊfglɛntsən] 《02》 自 (h, s) (急に)輝き始める; (一瞬)ぱっと輝く.

auf|glei·sen[áʊfglaɪzən][1] 《02》 他 (h) (車両を)レール〈軌条〉に乗せる; 復線する.
Auf·glei·sung[..zʊŋ] 女 -/-en (aufgleisen すること. 例えば:) 復線(→ 図 Gleis).
Auf·glei·sungs·blatt 中 〖鉄道〗 復線器. (→ 図 Gleis).

auf|glei·ten*[áʊfglaɪtən] 《60》 自 (s) 〖気象〗 (気団が前面に沿って)上昇する.
Auf·gleit≠flä·che 女 〖気象〗 前面. **≠front** 女 〖気象〗 温暖前線.

auf|glie·dern[áʊfgli:dərn] 《05》 他 (h) 《*et.*⁴ in *et.*⁴》 (ある基準で…を…に)分類〈類別〉する; (テキストを章・節に)分ける.
Auf·glie·de·rung[..dərʊŋ] 女 -/-en 分類, 類別.

auf|glim·men⁽*⁾[áʊfglɪmən] 《61》 自 (s) 《雅》(星・ともし火などが)ほのかに光り〈燃え〉始める; 《比》《in *jm.*》(…の心の中に希望・疑惑などが)きざす.

auf|glit·zern[áʊfglɪtsərn] 《05》 自 (h) (一瞬)ぴかっと光る, きらりと輝く.

auf|glü·hen[áʊfgly:ən] 自 (h) (灼熱(しゃくねつ)して)赤く光る; (顔が怒り・喜び・羞恥(しゅうち)心などで)赤らむ: die *aufglühende* Leidenschaft 燃え上がる情熱.

auf|gra·ben*[áʊfgra:bən][1] 《62》 他 (h) **1** (土を)掘り起こす, 掘り返す: den hart gefrorenen Boden ~ 固く凍りついた地面を掘り起こす. **2** 掘り上げる, 発掘する: ein Grab ~ 墓をあばく | einen Schatz ~ 宝物を発掘する.

auf|grät·schen[áʊfgrɛ:tʃən] 《04》 自 (s, h) 〖体操〗 開脚跳びで跳ぶ.

auf|grei·fen*[áʊfgraɪfən] 《63》 他 (h) **1 a**) (下に落ちているものなどを)拾い上げる: einen dürren Zweig vom Boden ~ 枯れ枝を地面から拾う. **b**) (考え・テーマなどを)取り上げる: einen Vorschlag ~ 提案を取り上げる | Die Presse *griff* diesen Fall *auf*. 新聞はこの事件を取り上げた. **c**) (話の本来の筋道などを)取り上げる: den Faden *seiner* Rede wieder ~ 話の本筋に戻る. **2** 《*jn.*》(浮浪者・挙動不審の者などを)捕まえる, 逮捕〈検挙〉する: Er wurde bei einer Razzia *aufgegriffen*. 彼は警察の手入れの際に逮捕された. **3** 《しばしば目的語なしで》〖狩〗 (猟犬が)野獣のにおい跡をたどる.
Auf·griff[áʊfgrɪf] 男 -〔e〕s/ (Ristgriff) 〖体操〗 (鉄棒の)順手(じゅんて)〔握り〕(→ 図 Turngriff).

auf·grund (**auf Grund**)[aʊfgrʊ́nt] 前 《2格支配, または von を伴って》…を基礎〈根拠〉として, …に基づいて, …のゆえに: ~ neuester Forschungen 〈von neuesten Forschungen〉 最新の研究に基づいて.

A

auf|grü·nen[áufgry:nən] 他 (h) (ある地域を)緑化する.
auf|gucken[áufgukən] 自 (h) 《話》目を上げて見る, 見上げる, 仰ぎ見る: Er *guckt* kaum vom Lesen 〈von der Arbeit〉 *auf*. 彼は読書〈仕事〉に熱中している.
Auf·guß[áufgus] 男 ..gusses/..güsse[..gʏsə] (茶・薬草などの)せんじ出し; せんじ汁; 《比》(無価値な)模倣, 模造品, 焼き直し: der zweite ～ 二番せんじ.
Auf·guß·tier·chen 中 -s/- 《ふつう複数で》(Infusorium) 〖動〗滴虫, 繊毛虫.
auf|ha·ben*[áufha:bən][1] 《64》 **I** 他 (h) 《話》 **1 a)** (帽子などを)かぶっている; (眼鏡などを)かけている: Sie *hatte* eine Sonnenbrille *auf*. 彼女はサングラスをかけていた. **b)** (宿題などを)課されている: viel in Latein ～ ラテン語の宿題がたくさんある | Wir *haben* für morgen nichts *auf*. あすまでの宿題は何もない. **2** (↔zuhaben) **a)** あけて〈あいて〉いる, あいた状態にしてある: die Augen ～ 目をあいている | Man *hatte* die Tür *auf*. ドアがあけっ放しにしてあった. **b)** (商店・役所の窓口などを)あけておく: Wir *haben* unser Geschäft samstags nicht *auf*. うちの店は土曜日はあいていない ‖〖しばしば目的語なしで〗Die Hauptpost *hat* auch abends *auf*. 郵便局の本局は晩も業務を扱っている. **c)** (苦労の末やっと)あけ〈ほどき〉終わっている: *Hast* du den Koffer noch nicht *auf*? トランクはまだあかないのか. **3** すっかり食べ終わっている: *Hast* du deine Suppe schon *auf*? スープはもう飲み終わったのか. **4** Dampf ～ (汽船がいつでも出港できるように)蒸気を落とさずにいる.
II 自 (h) **1** (商店・役所の窓口などが)あいている(→I 2 b). **2** 〖狩〗(シカなどが)つのを生やしている.
auf|hacken[áufhakən] 他 (h) (つるはしなどで)打ち割る, 打ち破る; 掘り起こす; (鳥がくるみなどを)つつき割る: die Eisfläche 〈den gefrorenen Boden〉 ～ (つるはしで)氷の表面を割る〈凍りついた地面を掘り起こす〉.
auf|ha·ken[áufha:kən] **I** 他 (h) 《*et.*[4]》(…の鉤(かぎ)・留め金・ホックなどを)外す: die Gartentür ～ 庭木戸の掛け金を外す ‖ 再帰 *sich*[4] ～ (ホックを外して)服を脱ぐ〈ゆるめる〉. **II** 自 (h, s) 〖狩〗(猛禽(もうきん)類が)木〈岩〉にとまる.
auf|hal·len[áufhalən] 自 (h) (急に)鳴り〈響き〉はじめる.
auf|hal·sen[áufhalzən][1] 《02》 他 (h) 《話》《*jm.* *et.*[4]》(…に仕事・負担・義務などを)押しつける; (…に…を)だまして売りつける: *jm.* die Verantwortung ～ …に責任を負わせる | *sich*[3] *et.*[4] ～ …をしょいこむ. [<Hals]
Auf·halt[áufhalt] 男 -[e]s/-e 《方》(Verzug) 遅滞; (Unterbrechung) 中継: ohne ～ 遅滞なく; 間断なく.
auf|hal·ten*[áufhaltən] 《65》 **I** 他 (h) **1** 《*jn.* / *et.*[4]》引き止める; (進行を)阻む, 阻止する, 押しとどめる: den Feind 〈den Vormarsch des Feindes〉 ～ 敵〈敵の前進〉をくいとめる | ein scheuendes Pferd ～ おびえる馬を制する | Ich kann die Tränen nicht ～. 私は涙をこらえられない | den Verkehr ～ 交通を妨げる〈止める〉 | Das Unwetter hat mich lange zu Hause *aufgehalten*. 悪天候で私は長いこと家に足止めされた | Ich will Sie nicht länger ～. これ以上あなたを邪魔したくはありません. **2** 再帰 *sich*[4] ～ 《場所を示す語句と》(…に一定の時間)とどまる, 滞在する(→Aufenthalt 1 a) | *sich*[4] bei *jm.* 〈in einem Dorf〉 ～ …の所〈ある村〉に滞在する | *sich*[4] tagsüber im Garten ～ 一日じゅう庭で過ごす. **3** 再帰 *sich*[4] bei 〈mit〉 *et.*[3] ～ …にかかずらう | *sich*[4] bei einer Frage 〈mit Kleinigkeiten〉 ～ ある問題〈つまらぬ事柄〉にかかわり合う. **4** 再帰 *sich*[4] über *et.*[4] ～ …に文句をつける, …を非難する. **5** (↔zuhalten) (戸・店などを)あけておく: *jm.* die Tür ～ …のためにドアをあけておいてやる(手で押えて) | Augen und Ohren ～ (→Auge 1) | kaum die Augen ～ können 《話》(眠くて)ほとんど目を開けていられない | Der Staat *hält* immer die Hand *auf*. 《比》国家は取れるものを遠慮なく取り立てる. [V]**6** (落ちないように)支えている.
II 自 (h) 《北部》《話》(aufhören) 終わる, やむ; 《mit *et.*[3]》(…を)やめる, 中断する: Die Musik *hielt auf*. 音楽が終わった | *Halt auf* mit dem Quatsch! ばかな話はよせ.
[V]**Auf·hal·ter**[áufhaltər] 男 -s/- **1** ブレーキ〔片〕; 留め具, 止め木, 止め索. **2** (馬の)しり帯.
auf·hält·lich[..hɛltlɪç] 形 《ス 1》《場所を示す語句と》(…に)滞在中の: bei *jm.* 〈in Genf〉 ～ sein …のもとに〈ジュネーブに〉滞在している.
Auf·hal·tung[áufhaltuŋ] 女 -/-en (aufhalten すること. 例えば:) (Verzögerung) 停滞, 遅延; (Unterbrechung) 中断: ～*en* haben (差し支えがあって)遅滞する, 手間どる.
Auf·hal·tungs·ver·mö·gen 中 -s/ 〖理〗(陽子・電子などの)阻止能.
auf|hän·gen[(*)][áufhɛŋən] 《66》 他 (h) 《規則変化; ただし, 方: 過 hing auf; 過分 aufgehangen》 **1** 《*et.*[4] an *et.*[3]》(…を…に)掛ける, つるす: ein Bild an einem Nagel ～ 絵をくぎに掛ける | den Hut 〈den Mantel〉 〔am Haken〕 ～ 帽子〈コート〉を〔掛けくぎに〕掛ける | Wäsche 〔zum Trocknen〕 ～ 洗濯物を干す ‖ 〔den Hörer〕 ～ (通話が終わって)受話器を掛ける.
2 《話》《*jn.*》縛り首〈絞首刑〉にする: *jn.* an einem Baum ～ …を木につるす | Ich *hänge* dich *auf*, wenn du nicht kommst. 来なかったらただでは済まさないぞ ‖ 再帰 *sich*[4] ～ 首をつる, 首をくくる, 縊死(いし)する | *sich*[4] an einem Baum 〈mit einer Wäscheleine〉 ～ 木の枝〈洗濯ロープ〉で首をつる ‖ Auf welchem Bügel darf ich mich ～? 《戯》私のコートはどのハンガーに掛けたらよいでしょうか.
3 《*jm.* *et.*[4]》 **a)** (…に厄介なことを)押し付ける: *jm.* den Hund zum Hüten ～ …に犬の番を頼む | *jm.* einen Prozeß ～ …を訴訟に巻き込む | einem Mädchen ein Kind ～ 女の子に子をはらませる ‖ *sich*[3] *et.*[4] ～ …(厄介なこと)をしょいこむ. **b)** (…に…を)だまして売りつける: *jm.* schlechte Ware ～ …に粗悪品を売りつける. **c)** (…にでたらめを)真に受けさせる, 信じこませる: Wer hat dir denn dieses Märchen *aufgehängt*? だれが君にこんなばかげた話を信じさせたのか.
Auf·hän·ger[áufhɛŋər] 男 -s/- **1** (掛ける・つるすための装置. 例えば:) (Aufhängsel) 襟づり; 掛けくぎ, フック. **2** 《比》(新聞の)記事だね.
Auf·hän·ge·vor·rich·tung[..hɛŋə..] 女 (車輪などの)懸架装置.
Auf·häng·sel[..hɛŋzəl] 中 -s/- (上着などをフックに掛けるために襟につける)襟づり.
Auf·hän·gung[..ŋuŋ] 女 -/ (aufhängen すること. 例えば:) (車輪などの)懸架, つり下げ.
auf|har·ken[áufharkən] 他 (h) (畑の土などを)レーキ〈熊手〉で掘り返す; (落葉などを)熊手でかき集める.
Auf·här·tung[áufhɛrtuŋ] 女 -/ 〖工〗溶接硬化.
auf|ha·schen[áufhaʃən] 《04》 他 (h) 《方》(すばやい動作で)ひっとらえる: einzelne Worte ～ 言葉のはしを小耳にはさむ.
auf|hau·en[(*)][áufhauən] 《67》 **I** 他 (h) **1** 打って〈たたいて〉あける: eine Feile ～ やすりの目立てをする | ein Loch ～ (鉄板などに)穴をあける | eine Walnuß mit einem Hammer ～ クルミを金づちで割る. **2** (体の一部を)ぶつけて傷つける: *sich*[3] das Knie ～ ひざを打ってけがをする. **3** (↔abhauen) 〖坑〗(地層に沿って)掘り上がる.
II 自 **1** (s) 《話》(体の一部で)ぶつかる: mit dem Kopf auf *et.*[4] 〈*et.*[3]〉 ～ 頭を…にぶつける. **2** (h) (過分 aufgehaut) 《オーストリア》《話》(schlemmen) ぜいたくをする, 散財する.
Auf·hau·er[..hauər] 男 -s/- (Meißel) たがね, のみ.
auf|häu·feln[áufhɔʏfəln] 《06》 他 (h) 〖園〗(苗などに)寄せ土する: die Bohnen 〈die Erde um die Bohnen〉 ～ インゲンマメに寄せ土をする.
auf|häu·fen[áufhɔʏfən] 他 (h) (山のように)積み上げる, 盛り上げる: Erde ～ 土を盛り上げる | Kartoffeln ～ ジャガイモを積み上げる | Reichtümer ～ 《比》財産をためこむ〈蓄積する〉 ‖ 再帰 *sich*[4] ～ 堆積(たいせき)〈山積〉する, (大量に)たまる | Der Müll *häuft* sich *auf*. ごみがたまる.
Auf·häu·fung[..fuŋ] 女 -/-en 〔sich〕 aufhäufen すること.
auf|he·ben*[áufhe:bən][1] 《68》 **I** 他 (h) **1 a)** 《*et.*[4]》(下に落ちているものなどを)拾い上げる, 取り上げる; 《*jn.*》(倒れている人などを)助け起こす: den Handschuh 〈den Fehde-

handschuh〉 ～ (→Handschuh 1, →Fehdehandschuh) | den Gefallenen vom Boden ～ 倒れた人を助けて立たせてやる ‖ 再帰 *sich*^{4} ～《雅》立ち上がる, 起立する. **b)** 上方に持ち上げる: den Blick 〈die Augen〉 zu *jm.* ～ 目を上げて…を見る | den Deckel ～ ふたを持ち上げる〈取りのける〉| die Hand ～ 手を上げる, 挙手をする. **2 a)** die Sitzung ～《雅》会議をお開きにする | die Tafel ～ (→Tafel 4). **b)** (進行・継続・通用中のものを)終結させる, 廃止する, 廃棄〈破棄, 撤廃〉する: die Belagerung ～ 包囲を解く | die Ehe 〈die Verlobung〉 ～ 結婚生活〈婚約〉を解消する | ein Gesetz 〈die Todesstrafe〉 ～ 法律〈死刑〉を廃止する | einen Vertrag ～ 契約を破棄する ‖ Aufgeschoben ist nicht *aufgehoben*. (→aufschieben 2). **3** (プラス・マイナスの関係で)帳消しにする, 相殺する: Der Verlust *hebt* den Gewinn *auf*. 損失が利益を帳消しにする ‖ 再帰 *sich*^{4} 〈einander〉 ～ (互いに)帳消しになる, 相殺される | Plus und Minus *heben* sich *auf*. プラス・マイナスで差し引きゼロになる. **4** 取りのけておく, 保管〈保存〉する: *et.*^{4} sorgfältig 〈zur Erinnerung〉 ～ …を大切に〈思い出のために〉取っておく | **〔bei *jm.*〕 gut 〈schlecht〉 *aufgehoben* sein**〔…に〕大事に〈粗末に〉扱われている | Dein Geheimnis ist bei mir gut *aufgehoben*. 君の秘密はだれにもしゃべらないよ | Er ist bei seinem Sohn gut *aufgehoben*. 彼は息子のもとで手厚い世話を受けている. **5**〘哲〙止揚〈揚棄〉する. **6**〘数〙約分する, 約す. ▽**7** (犯人を)挙げる, 検挙〈逮捕〉する.

II Auf·he·ben 中 -s/ **1**《雅》仰々しい騒ぎ (den Degen aufheben 剣を上げる: 決闘開始前の大仰な作法にもとづく): **ohne jedes 〈großes〉 ～** 少しも〈大して〉騒がずに, 控え目に | **viel ～〔s〕 von *et.*^{3}** 〈um *et.*^{4}〉 **machen** …を大げさに言う, …を仰々しく扱う, …のことで大騒ぎをする. **2** aufheben すること.

Auf·he·bung[áʊfhe:bʊŋ] 女 -/-en (aufheben すること) **1** (会食・会議などを)お開きにすること. **2** 終結; 廃止, 廃棄, 破棄: die ～ der Zölle 関税の撤廃. **3**〘哲〙止揚, 揚棄. ▽**4** 逮捕, 検挙.

Auf·he·bungs·kla·ge 女〘法〙取消訴訟, (特に賃貸人からの)賃貸関係解除の訴え.

auf|hef·ten[áʊfhɛftən]《01》他 (h) **1 a)**《*et.*^{4} auf *et.*^{4}》(…を…に)縫いつける; ピンでとめる. **b)** (スカートなどに)縫い上げをする. ▽**2**《*jm. et.*^{4}》信じこませる, 真に受けさせる.

auf|hei·tern[áʊfhaɪtɐrn]《05》**I** 他 (h)《*jn.*》元気づける; (心を)朗らかにする, 引き立たせる: 再帰 *sich*^{4} ～ 元気に〈晴れやかに〉なる | Der Himmel 〈Das Wetter〉 *heitert* sich *auf*. / 非人称 Es *heitert* sich *auf*. 空が晴れ上がる. **II** 自 (h) (天気が)晴れ上がる. [<heiter]

Auf·hei·te·rung[..tərʊŋ] 女 -/-en (aufheitern すること. 例えば:) 晴れ上がること; 気晴らし: eine kleine ～ suchen ちょっとした気晴らしを求める.

auf|hei·zen[áʊfhaɪtsən]《02》他 (h)〘工〙加熱する: 再帰 *sich*^{4} ～ (エンジンなどが)熱くなる.

auf|hel·fen*[áʊfhɛlfən]《71》**I** 自 (h) **1**《*jm.*》助け起こす, 起き上がるのを手伝う; (窮境から)救い出す: Dem ist nicht mehr *aufzuhelfen*. もう彼にしてやれることはない. **2** (aufbessern)《*et.*^{3}》改善する, 改める; 強める, 高める. **II** 他 (h) ▽**1**《*jn.*》助け起こす(→I 1). **2**《*jm. et.*^{4}》(…を)助けて(…を)背負わせる: *jm.* eine Last ～ …が荷物を背負うのを手伝う.

auf|hel·len[áʊfhɛlən] **I** 他 (h) 明るくする; (…の)色抜きをする; (液体を)澄ませる;《比》晴れやかにする; (klären) (隠れた事態を)明らかにする: die Haare ～ 髪の色抜きをする | Wäsche ～ 洗濯物を漂白する | Fragen ～ 問題を解明する | Hintergründe ～ 背後関係を究明する | ein Verbrechen ～ 犯罪を糾明する | *js.* Vergangenheit ～ …の前歴を暴く ‖ 再帰 *sich*^{4} ～ 明るく〈晴れやかに〉なる; (液体が)澄む; (事態が)明らかになる; (問題・なぞが)解明される | Sein Gesicht 〈Seine Stimmung〉 *hellte* sich *auf*. 彼の顔〈気分〉が晴れやかになった | Der Himmel *hellt* sich *auf*. / 非人称 Es *hellt* sich *auf*. 空が明るくなる. **II** 自 (h) (空が)晴れる, 明るくなる.

Auf·hel·ler[..hɛlɐr] 男 -s/-〘写〙補助光源;〘織〙漂白剤.

Auf·hel·lung[..hɛlʊŋ] 女 -/-en 〔sich〕 aufhellen すること: die ～ von Problemen 問題の解明.

▽**auf|hen·ken**[áʊfhɛŋkən] 他 (h) (aufhängen)《*jn.*》絞首刑にする: 再帰 *sich*^{4} ～ 首をくくる, 縊死(いし)する.

auf|het·zen[áʊfhɛtsən]《02》他 (h) **1**《*jn.* zu *et.*^{3}》煽動(せんどう)する, そそのかす: das Volk zur Meuterei ～ 民衆を煽動して暴動を起こさせる | *jn.* (A) gegen *jn.* (B) ～ A をそそのかして B に背かせる〈反抗させる〉‖ *aufhetzende* Reden halten 煽動的な演説をする. **2**〘狩〙狩りたてる.

Auf·het·zer[..tsɐr] 男 -s/- 煽動(せんどう)者, そそのかす人, アジテーター.

Auf·het·ze·rei[aʊfhɛtsəráɪ] 女 -/-en 煽動, アジテーション, そそのかし.

Auf·het·zung[áʊfhɛtsʊŋ] 女 -/-en (aufhetzen すること. 特に:)《zu *et.*^{3}》(…への)煽動(せんどう), 教唆, アジテーション.

auf|heu·len[áʊfhɔʏlən] 自 (h) (獣が)ほえ声をあげる; (人が)泣きだす, わめく; (サイレンなどが)鳴り〈響き〉だす.

auf·hin[áʊfhɪn]《南部・オーストリア》＝hinauf

auf|his·sen[áʊfhɪsən]《03》他 (h)〘海〙(旗・帆などを)掲げる.

auf|hocken[áʊfhɔkən] **I** 自 (h, s) **1**〘体操〙屈身上がりをする. **2**《方》(車などに)かがんで乗って行く. **II** 他 (h) **1**《方》再帰 *sich*^{4} ～ ＝ I 2 **2 a)**《方》＝aufhucken **b)**〘農〙(穀物・干草などを)束にして積み上げる.

auf|hö·hen[áʊfhø:ən] 他 (h)《雅》高くする;〘美〙(明るい色で)浮き立たせる;《比》(外貌などを)引き立たせる, 整える.

auf|ho·len[áʊfho:lən] **I** 他 (h) **1** (遅れなどを)取り戻す, ばん回する: Der Zug hat die Verspätung *aufgeholt*. 列車は遅れを取り戻した ‖〘しばしば目的語なしで〙〔den Vorsprung〕 ～〘スポーツ〙差をつめる | stark ～〘スポーツ〙ぐんと差をつめる;〘経〙(相場で)ぐんと値を持ち直す | Er muß tüchtig 〈mächtig〉 ～. 彼は大いにばん回せねばならぬ. **2**〘海〙(船・帆などを)風上へ転じる〈詰める〉; (帆・いかりなどを)引き上げる; (ボートを)岸へ上げる. **II** 自 (h) ＝ I 1

auf|hol·zen[áʊfhɔltsən]《02》**I** 他 (h) **1**〘林〙＝aufforsten **2**《方》(aufbürden)《*jm. et.*^{4}》(…に…を)負わせる, 課する. **II** 自 (h)〘狩〙＝aufbaumen

auf|hor·chen[áʊfhɔrçən] 自 (h) 聞き耳を立てる, 耳をそばだてる: *jn.* ～ lassen …の耳をそばだたせる, …の注意を引く;《比》…に疑念を抱かせる, …をぎょっとさせる, …の耳目を聳動(しょうどう)する.

auf|hö·ren[áʊfhø:rən] **I** 自 (h) **1** とぎれる, とだえる, やむ; (↔anfangen)〔活動を〕停止する, やめる: mit der Arbeit ～ /zu arbeiten ～ 作業をやめる, 働かなくなる | mitten in einer Rede ～ 話を中断する | bei Seite 30 ～ (読書・授業などを) 30ページまでで中断する | Der Regen *hört auf*. / Es *hört auf* zu regnen. 雨がやむ | Der Weg *hörte* plötzlich *auf*. 道が急にとだえた | Das Fieber *hört auf*. 熱がなくなる | Das Geschäft *hört auf*. 店が営業を中止する | In Geldsachen *hört* die Gemütlichkeit 〈die Freundschaft〉 *auf*. かねの話は人情無用 ‖〘口語ではまた再帰的に〙**Da *hört* 〔sich〕 doch alles** 〈verschiedenes / manches〉 ***auf*!** こいつはむちゃだ, いくらなんでもそりゃひどい. ▽**2** (aufhorchen) 聞き耳を立てる.

II Auf·hö·ren 中 -s/ 中止, 中断: ohne ～ ひっきりなしに | Zeichen zum ～ 中止の合図 ‖ Es gibt 〈hat〉 kein ～. きりがない.

auf|hucken[áʊfhʊkən] 他 (h)《話》**1** 背負う. **2**《*jm. et.*^{4}》(…に…を)背負わせる;《比》課す, 委託する.

auf|hüp·fen[áʊfhʏpfən] 自 (s) ひょいと飛び上がる.

auf|ja·gen[áʊfja:gən][1] 他 (h)〘狩〙(野獣・野鳥を)狩り出す, 追いたてる:《比》(ベッドから)たたき出す: *jn.* aus dem Schlaf ～ …をたたき起こす.

auf|jam·mern[áʊfjamɐrn]《05》自 (h) 悲鳴をあげる.

auf|jauch·zen[áʊfjaʊxtsən]《02》, **auf|ju·beln**[..ju:bəln]《06》自 (h) どっと歓声をあげる.

auf|ka·den[áʊfka:dən][1]《01》自 (h) (土嚢(どのう)などで)堤防を高くする.

Auf·ka·dung[..dʊŋ] 女 -/-en (土嚢などで)堤防天端(てんば)を高くすること; (洪水・高潮に際して堤防天端に築きあげら

れた)土嚢〈鋼矢板〉による応急設備, 積み土俵(→ 図 Deich).

auf|käm·men[áʊfkɛmən] 他 (h) **1** (髪を)すき上げる, アップにする. **2** (髪を)すき直す, (毛の)もつれをとく. **3** 〖工〗はめ歯で接合する.

auf|kan·ten[áʊfkantən] 《01》 **I** 他 (h) (横のものを)立てる, 縦にする. **II** 自 (h) 〖ｽｷｰ〗エッジをきかせる.

Auf·kauf[áʊfkaʊf] 男 -[e]s/..käufe[..kɔʏfə] 買い占め.

auf|kau·fen[áʊfkaʊfən] 他 (h) 買い占める; (暴利をねらって大口に)買い集める: *et.*⁴ im voraus ~ …をあらかじめ買い占める; 〖商〗…を先物(思惑)買いする.

Auf·käu·fer[..kɔʏfər] 男 -s/- 買い占め人; 仕入れ係.

auf|keh·ren[áʊfke:rən] 他 (h) 《特に南部》(ごみなどを)掃き集め[てシャベルにすくいあげ]る.

auf|kei·men[áʊfkaɪmən] 自 (s) 芽が出る, 発芽する; 《比》(恋・嫉妬(しっと)・疑惑などが)芽ばえる: *aufkeimende* Hoffnung 希望の芽ばえ.

Auf·kim·mung[áʊfkɪmʊŋ] 女 -/-en 〖海〗船底湾曲部の勾配(こうばい).

auf|kip·pen[áʊfkɪpən] 自 (s) **1** (転がって)かどが当たる. **2** 《話》(事が)[ばれて]失敗する, だめになる; (人が)どじを踏む: beim Abspicken ~ カンニングがばれる.

auf|klaf·fen[áʊfklafən] 自 (h, s) (傷口・すき間などが)ぱっくり開く.

Auf·klang[áʊfklaŋ] 男 -[e]s/..klänge[..klɛŋə] 《ふつう単数で》《雅》(Auftakt) 序幕, 開幕, 皮切り, 始まり.

auf·klapp·bar[áʊfklapba:r] 形 aufklappen できる; 折り畳み式の: ein ~*er* Stuhl 折り畳みいす.

auf|klap·pen[áʊfklapən] **I** 他 (h) **1** (↔zuklappen) (折り畳みいす・机のふた・ナイフ・本などを)パタン(パチン)と[180度に]開ける. **2** (帽子の縁・コートの襟などを)立てる. **II** 自 (s) (ドアなどが)パタンと開く.

auf|kla·ren[áʊfkla:rən] **I** 自 (h) 晴れる: Das Wetter 〈Der Himmel〉 hat völlig *aufgeklart*. 空はからりと晴れ上がった ‖ 非人称 Es *klart auf*. 晴れ上がる ‖ bewölkt, später *aufklarend* (天気予報で)曇りのち晴れ.
II 他 (h) (aufräumen) 〖海〗(船室・甲板などを)掃除する, 片づける.

auf|klä·ren[áʊfklɛ:rən] **I** 他 (h) **1** 《比》(疑いなどを)晴らす; (なぞ・犯罪事件などを)解明する: ein Mißverständnis ~ 誤解を解く | ein Geheimnis ~ 秘密を暴く | einen Irrtum 〈einen Widerspruch〉 ~ 誤り〈矛盾〉を明らかにする | einen chemischen Prozeß ~ 化学変化[過程]を究明する ‖ 再帰 *sich*⁴ ~ 晴れる; 解明される; 露呈する. **2** 《*jn.*》 **a**) 啓蒙(けいもう)する: *jn.* über *seinen* Irrtum 〈über die Sachlage〉 ~ …に誤り〈事態〉を悟らせる ‖ die Bevölkerung ~ (旧東ドイツで)大衆を(政治的に)啓蒙する. **b**) 性に関して啓蒙する, (…に)性教育をする: die Jugendlichen ~ 青少年に性教育をする. **3** (aufhellen) (液体を)澄ます; (風が空を)晴れ上がらす: 再帰 *sich*⁴ ~ (液体が)澄む; 明るくなる, 晴れ上がる | Sein Gesicht *klärte* sich *auf*. 彼の顔が晴れやかになった | Der Himmel 〈Das Wetter〉 *klärt* sich *auf*. 空が晴れる ‖ 再帰・非人称 Es wird sich bald ~. まもなく晴れるだろう | Es *klärt* sich *auf* zum Wolkenbruch. (→ Wolkenbruch). **4** (erkunden) 《ときに目的語なしで》〖軍〗偵察する.
II **auf·ge·klärt** → 別出

Auf·klä·rer[áʊfklɛ:rər] 男 -s/- **1** 合理主義者, 自由思想家; 〖史〗(17-18世紀ヨーロッパの)啓蒙(けいもう)主義者. **2** 〖軍〗 **a**) (Kundschafter) 偵察兵〈隊〉. **b**) (Aufklärungsflugzeug) 偵察機. **c**) 哨戒(しょうかい)〈監視〉艇. **3** (Agitator) (旧東ドイツの)政治的情報宣伝の活動家.

Auf·klä·re·rei[aʊfklɛ:rəráɪ, ⏗–⏑–] 女 -/-en えせ啓蒙(けいもう)〈合理〉主義; 行きすぎた性教育.

auf·klä·re·risch[áʊfklɛ:rərɪʃ] 形 (belehrend) 啓蒙(けいもう)〈教育〉的な, 解明に役立つ; (freisinnig) 合理主義的な, 偏見のない, 自由思想の.

Auf·klä·rung[áʊfklɛ:rʊŋ] 女 -/-en **1** 《ふつう単数で》解明; 啓蒙(けいもう); 〖史〗啓蒙主義〈運動〉: die [sexuelle] ~ der Jugendlichen 青少年の性教育 | die politische ~ (大衆の)政治教育 | die ~ des Irrtums 誤りの指摘 | die ~ des Mißverständnisses 誤解の解消 | die ~ eines Geheimnisses 〈Verbrechens〉 秘密の暴露〈犯罪の糾明〉 ‖ das Zeitalter der ~ 〖史〗(17-18世紀ヨーロッパの)啓蒙主義の時代. **2** 《ふつう単数で》教示: von *jm.* ~ verlangen …に教えを請う〈説明を求める〉 | *jm.* über *et.*⁴ ~ geben …に…について教える〈説明する〉. **3** 〖軍〗偵察: gewaltsame ~ 威力偵察 | Luft*aufklärung* 空中査察.

Auf·klä·rungs≈ab·tei·lung 女 〖軍〗偵察隊. **≈ak·tion** 女 啓蒙(けいもう)活動. **≈ar·beit** 女 啓蒙活動. **≈buch** 中 性教育書. **≈dienst** 男 〖軍〗偵察勤務. **≈feld·zug** 男 啓蒙キャンペーン. **≈film** 男 性教育映画. **≈flug** 男 偵察飛行. **≈flug·zeug** 中 〖軍〗偵察機. **≈kam·pa·gne** 女 啓蒙キャンペーン. **≈quo·te** 女, **≈ra·te** 女 (警察による犯罪事件の)解明〈解決〉率. **≈sa·tel·lit** 男 〖軍〗偵察衛星. **≈zeit** 女 -/, **≈zeit·al·ter** 中 -s/ (17-18世紀ヨーロッパの)啓蒙時代.

auf|klat·schen[áʊfklatʃən] 《04》 自 (s) 《auf *et.*⁴ 〈*et.*³〉》(…の上へ)バシャンと落ちる.

auf|klau·ben[áʊfklaʊbən]¹ 他 (h) 《方》(苦労して)拾い上げる, 集め上げる.

Auf·kle·be≈adres·se[áʊfkle:bə..] 女 (小包などにはる)住所用ラベル. **≈eti·kett** 中 (商品の価格表示用などの)のり付きラベル.

auf|kle·ben[áʊfkle:bən]¹ 他 (h) 《*et.*⁴ auf *et.*⁴》(…を…にのりなどで)はりつける.

Auf·kle·ber[..bər] 男 -s/- のり付きラベル, ステッカー.

Auf·kle·be·schild 中 (瓶・箱などにはりつけた)レッテル (→ 図 Flasche).

auf|klei·stern[áʊfklaɪstərn] 《05》 他 (h) 《*et.*⁴ auf *et.*⁴》(…を…の上に)はりつける.

auf|klin·gen*[áʊfklɪŋən] 《77》 自 (s, h) (突然)響き始める, 鳴り出す: verwandte Saiten in *jm.* ~ lassen (→ Saite 1).

auf|klin·ken[áʊfklɪŋkən] 他 (h) (↔zuklinken) (戸・窓などを)取っ手を回して開く.

auf|klop·fen[áʊfklɔpfən] **I** 他 (h) (堅果・果実の種などを)たたいて割る: ein Ei an der Tischkante ~ 卵を机の角でたたいて割る. **II** 自 (h) 《mit *et.*³》(…で)たたく.

auf|knacken[áʊfknakən] 他 (h) (堅果・果実の種などを)噛(か)み〈はさみ〉割る: einen Geldschrank ~ 金庫を破る | ein Auto ~ 自動車をこじあける | eine harte Nuß ~ 《比》難しいなぞを解く.

auf|knal·len[áʊfknalən] **I** 自 (s) 《話》《auf *et.*⁴》(はげしい勢いで…に)ぶつかる: mit dem Kopf auf *et.*⁴ ~ 頭を…にぶつける. **II** 他 (h) 《話》 **1** 《*jm. et.*⁴》(罰として)課する: zusätzliche Hausaufgaben *aufgeknallt* bekommen 罰として宿題を余分に課せられる. **2** (ドアなどを)手荒く開ける.

auf|knien[áʊfkni:(ə)n] **I** 自 (h) 両ひざをついている: auf einer Matte ~ マットの上に立ちひざになっている. **II** 他 (h) 再帰 *sich*⁴ [auf *et.*⁴] ~ [(…の上に]ひざをつく〈ひざまずく〉.

auf|knöp·fen[áʊfknœpfən] **I** 他 (h) (↔zuknöpfen) (服などの)ボタンを外す: [*sich*³] die Weste ~ チョッキのボタンを外す | *Knöpf* [dir] die Ohren 〈die Augen〉 *auf*! 《戯》耳の穴をほじくってよく聞け〈目ん玉ひんむいてよく見ろ〉 ‖ 再帰 *sich*⁴ ~ i) (服などの)ボタンが外れる; ᵛii) 《比》胸襟を開く. **II** **auf·ge·knöpft** → 別出

auf|kno·ten[áʊfkno:tən] 《01》 他 (h) (↔zuknoten) (束ねて・結んであるものを)ほどく.

auf|knüp·fen[áʊfknʏpfən] 他 (h) **1** (aufhängen) 《*jn.*》つるす, 縛り首〈絞首刑〉にする: 再帰 *sich*⁴ ~ 首をつって自殺する. **2** (aufknoten) (束ねて・結んであるものを)ほどく: die Krawatte 〈ein Paket〉 ~ ネクタイ〈小包のひも〉をほどく.

auf|ko·chen[áʊfkɔxən] **I** 他 (h) **1** (ミルク・スープなどを)沸かす, 沸騰させる. **2** (さめたミルク・スープなどを)沸かし直す; 《比》(auffrischen) よみがえらせる, 蒸し返す.
II 自 **1** (h, s) 沸騰する. **2** (h) 《南部・ｵｰｽﾄﾘｱ》(お祝いなどで多量に)ごちそうを作る.

auf|koh·len[áʊfko:lən] 他 (h) 〖工〗(鋼を)浸炭〈炭素蒸し〉する.

auf|kom·men*[áʊfkɔmən] 《80》 **I** 自 (s) **1** (aufstehen) 起き上がる; 《比》回復する, 健康になる; (gedeihen) 成

長する;《比》繁栄する, 成功する: Er *kam* von seiner Krankheit *auf*. 彼は病気が治った | Er ist mit seinem Geschäft *aufgekommen*. 彼は商売に成功した. **2** (entstehen) (あらし・うわさ・感情などが) 起こる, 発生する, 現れる, 台頭する; 広がる, 流布する, はやる: Eine neue Mode *kommt auf*. 新しい流行が広まる | Neue Staaten *kommen auf*. 新しい国々が成立する | um keinen Zweifel darüber 〔bei *jm.*〕 ~ zu lassen それについて〔…に〕疑いの念を起こさせないために | Er läßt niemanden neben sich³ ~. 彼は他人が自分と肩を並べることに我慢できない. **3** (haften) 《für *et.*⁴》 (…の) 費用を持つ, 補償する: für den Schaden ~ 損害を賠償する | Natürlich mußt du für ihn ~. むろん君が彼の〔生計の〕面倒を見てやるべきだ. **4** 《ふつう否定詞と》《gegen *jn.*》 (…に) 逆らう, (…と) 競い〈張り〉合う: Wir können gegen seine Autorität nicht ~. 彼の権威には逆らえない. **5** (金が) 集まる: Aus der Steuer ist viel Geld *aufgekommen*. 税収入が非常な額となった. **6** 〘海〙 (船が) 追いついて来る; 〘スポ〙 遅れを取り戻す, 優勢になる: In seinen letzten beiden Runden *kam* der Boxer *auf*. そのボクサーは最後の2ラウンドで優位に立った. **7** 《南部》 (秘密計画などが) 露見する.

II Auf·kom·men 中 -s/ (aufkommen すること. 例えば:) 回復; 繁栄; 発生; 普及; 流行.

auf|kor·ken [áʊfkɔrkən] 他 (h) (↔ zukorken) 《*et.*⁴》 (…の) コルク栓を抜いてあける: eine Flasche ~ 瓶のコルク栓を抜く.

auf|kra·chen [áʊfkraxən] 自 (s) **1** (衣服の縫い目などが) ビリッとほころびる. **2** 《auf *et.*⁴ 〈*et.*³〉》 (…の上に) ドサリ〈ドシン〉と落ちる. **3** (ドアなどが) 〔突然〕 バーンと〈荒々しい音を立てて〉開く.

auf|krat·zen [áʊfkratsən] 《02》 **I** 他 (h) **1** 引っかいて傷つける: *sich*³ das Gesicht ~ 顔に引っかき傷を負う | eine Wunde ~ 傷口をかき破る ‖ Wolle ~ 毛織物のけばを立てる. **2** 《*jn.*》 上機嫌〈陽気〉にする. **II auf·ge·kratzt** → 別出

auf|krei·schen [áʊfkraɪʃən] 《04》 自 (h) 金切り声〈かん高い叫び声〉をあげる; 金属的な鋭い音をたてる (急ブレーキをかけたときのきしむ音など).

auf|krem·peln [áʊfkrɛmpəln] 《06》 他 (h) (そで・すそなどを) まくり〈たくし〉上げる: *sich*³ die Ärmel ~ (→Ärmel 1) | mit *aufgekrempelten* Ärmeln 〈Hosen〉 そで〈ズボン〉をまくり上げて.

auf|kreu·zen [áʊfkrɔʏtsən] 《02》 自 **1** (s, h) 〘海〙 風上に向かって航行する. **2** (s) **a)** (船・自動車などが) 〔不意に〕 姿を現す. **b)** 《話》《bei *jm.*》 (人が…のところに) 姿を見せる, 出現する, (…を) 突然訪ねる.

auf|krie·gen [áʊfkri:gən]¹ 《話》 =aufbekommen

auf|kün·di·gen [áʊfkʏndɪgən]² (ᵛ**auf|kün·den** [..kʏndən]¹ 《01》) 他 (h) (契約などを) 取り消す: *sein* Abonnement ~ (新聞・雑誌などの) 予約を取り消す | *jm.* die Freundschaft ~ …と絶交する.

Auf·kün·di·gung [..dɪgʊŋ] 女 -/-en (契約などの) 取り消し, 解約通告.

auf|kur·beln [áʊfkʊrbəln] 《06》 他 (h) **1** ハンドルを回して開く. **2** ミシンで縫い付ける.

Aufl. 略 =**Auflage** (書籍の) 版: 3. ~ 第3版.

auf|la·chen [áʊflaxən] 自 (h) わっ〈どっ〉と笑う, 笑い声を上げる: laut 〈höhnisch〉 ~ 哄笑(こうしょう)〈嘲笑(ちょうしょう)〉する.

auf|lackie·ren [áʊflaki:rən] 他 (h) 《*et.*⁴》 (…の) ラッカー〈エナメル〉を塗り替える.

auf|la·den* [áʊfla:dən]¹ 《86》 他 (h) **1** (↔ abladen) (車・船などに荷を) 積み込む, 積載する: Kartoffelsäcke 〔auf den Lastwagen〕 ~ ジャガイモの袋を〔トラックに〕積み込む | die Bomben ~ (飛行機に) 爆弾を搭載する. **2** 《*jm. et.*⁴》 (…に重荷などを) 背負わせる: *jm.* die ganze Schuld ~ …にすべての罪を着せる ‖ *sich*³ *et.*⁴ ~ …を肩にかつぐ; (重荷などを) しょいこむ | *sich*³ zuviel Arbeit ~ あまりに多くの仕事を引き受けすぎる. **3** (↔entladen) (蓄電池などに) 充電する.

Auf·la·de·platz 男 荷積み場.

Auf·la·der [..la:dər] 男 -s/- **1** 荷積み人夫, 仲仕. **2** 荷積み機. **3** 〘工〙 (エンジンの) 過給器.

Auf·la·dung [..dʊŋ] 女 -/-en aufladen すること.

Auf·la·ge [áʊfla:gə] 女 -/-n **1 a)** (略 Aufl.) (書籍などの) 版: zweite, neu bearbeitete ~ 改訂第2版 | zehn ~*n* erleben 10版を重ねる | Er ist eine zweite ~ seines Vaters. 《話》 彼は父親そっくりだ. **b)** (一定期間の) 生産量; 発行部数: Wie hoch ist die ~? 生産量〈発行部数〉はどれほどか | Die Zeitung erhöhte ihre ~. 新聞は部数がのびた | Das Buch erscheint in einer ~ von 8 000 Exemplaren. この本は8000部出版される. **2 a)** (Verpflichtung) 命令, 課題; 義務, 条件; 賦課〔金〕, 公課: *jm.* eine ~ erteilen …に仕事〈義務〉を課する | *jm. et.*⁴ zur ~ machen …に…を義務づける | mit der ~, umgehend zu zahlen 即時払いの条件で. **b)** (Plansoll) (旧東ドイツで) 計画目標額, ノルマ. **3** (敷きぶとんの) 上敷き; (金属の) めっき: Löffel mit einer ~ von Silber 銀めっきのさじ. **4** 台架, 支え台, 銃架; (譜面台などの) 上のせ台 (→ 図 Pult). **5** (料理の) 付け合わせ, つま. **6** 〘林〙 (木の) 年間成長. ᵛ**7** (ギルドの) 集会; 組合費. [*mhd.*; ◇auflegen]

Auf·la·ge〔n〕·hö·he 女 (書籍などの) 発行高〈部数〉.

auf·la·gen≠schwach 形 発行部数の少ない. **≠stark** 形 発行部数の多い.

Auf·la·ge〔n〕·zif·fer 女 発行部数.

Auf·la·ger [áʊfla:gər] 中 -s/- 〘建〙 受け面 (橋・迫持(せりもち) などアーチ状の建造物の両下端を下から支える基礎).

auf|la·gern [áʊfla:gərn] 《05》 **I** 他 (h) 《*et.*⁴ 〔auf *et.*⁴〕》 (…を〔…の上に〕) 土台として置く.

II 自 (s) 《*et.*³》 〘地〙 (地層が…の) 上に横たわる.

auf·lan·dig [áʊflandɪç]² 形 (↔ablandig) 〘海〙 海から陸に向かっての: ein ~*er* Wind 海風 | Die Strömung ist ~. 潮流は陸に向かって流れている. [＜Land]

auf|las·sen* [áʊflasən] 《88》 他 (h) **1** 《話》 **a)** (↔zulassen) (コック・ドアなどを) 開いた〈開けた〉ままにしておく: den Mantel ~ コートのボタンをはめずにおく. **b)** den Hut ~ 帽子をかぶったままでいる. **c)** 《*jn.*》 (…に) 起き上がる〈起きている〉ことを許す: die Kinder etwas länger ~ 子供らに多少夜ふかしさせる. **2** 上昇させる: Brieftauben ~ 伝書ばとを放つ | einen Ballon ~ 気球を上げる. **3** 《スイ》 再帰 *sich*⁴ ~ いばる. **4** 《南部・オーストリア》 (施設・役職などを) 廃止する: ein Bergwerk ~ 鉱山を閉山する | eine Fabrik ~ 工場を閉鎖する. **5** 《*et.*⁴ an *jn.*》 〘法〙 (不動産・所有権などを…に) 譲渡する.

auf·läs·sig [..lɛsɪç]² 形 〘坑〙 閉山中の.

Auf·las·sung [..lasʊŋ] 女 -/-en 《ふつう単数で》 **1** 〘法〙 (不動産・所有権の) 譲渡. **2** 《南部・オーストリア》 (施設などの) 廃止, 閉鎖; 〘坑〙 閉山. **3** 《雅》《ふつう次の成句で》 die ~ geben (会などで) 開始の合図をする, 開会を宣する.

auf|la·sten [áʊflastən] 《01》 他 (h) 《*jm. et.*⁴》 (…に…を) 背負わせる; 課する.

auf|lau·ern [áʊflaʊərn] 《05》 自 (h) 《*jm.*》 待ち伏せする.

Auf·lauf [áʊflaʊf] 男 -〔e〕s/..läufe [..lɔʏfə] **1 a)** (広場・通りなどでの群衆の自発的な) 集合, 人だかり. **b)** 〘商〙 (負債・利息の) 累積. **2** 〘料理〙 スフレ. **3 a)** 〘建〙 (足場への) 道板. **b)** 〘坑〙 導坑. **4** 〘工〙 (ベルト＝コンベヤーによる) 搬送.

Auf·lauf·brem·se 女 (トレーラーなどの) 自動ブレーキ.

auf|lau·fen* [áʊflaʊfən] 《89》 **I** 自 (s) **1 a)** 《auf *et.*⁴》 (船が…に) 乗り上げる, 座礁する: Das Schiff ist auf ein Riff *aufgelaufen*. 船は岩礁に乗り上げた. **b)** 《auf *jn.* 〈*et.*⁴〉》 (走って…に) 突き当たる, (突き当たって) 止まる: einen Panzer ~ lassen 戦車を擱座(かくざ)させる | einen Gegenspieler ~ 〘サッカー〙 相手選手をタックルしてボールから離す. **2** (anwachsen) 大きくなる, 膨れ上がる, ふえる; (水かさが) 増す: auf 400 Mark⁴ ~ (費用・資産などが) 400マルクに達する | zu großer Form ~ (→Form 2) ‖ *auflaufendes* Wasser 〘海〙 満ち潮, 上げ潮 | *aufgelaufene* Augen はれた目. **3** 〘農〙 (苗が) 生育する, のびる. **4** 〘工〙 (ベルト＝コンベヤーが) 上向きに走る. **5** zur Spitze ~ (競走で) トップに出る. **II** 他 (h) *sich*³ die Füße ~ / 再帰 *sich*⁴ ~ 走って足をいためる.

Auf·läu·fer [..lɔʏfər] 男 -s/- **1** (Leichtmatrose) 〘海〙 下級〈見習〉水夫. **2** 〘金属〙 (高炉の) 給炭機. **3** =Auflauf 2

A

Auf·lauf·form[..laʊf..] 女 〘料理〙スフレの焼き型.

auf|le·ben[áʊfle:bən][1] 自 (s) 《比》息を吹き返す, 復活する; (再び)活発になる, 活気〈元気〉を取り戻す: einen alten Brauch wieder ～ lassen 古い風習を復活させる ‖ Das Geschäft 〈Der Kampf〉 *lebt auf*. 商況〈戦闘〉が活発化する | Die Stadt 〈Der Verkehr〉 *lebt auf*. 町〈交通〉が再びにぎやかになった | Der Sturm *lebt auf*. あらしがぶり返す | Die Erinnerung 〈Die Hoffnung〉 *lebt auf*. 記憶〈希望〉がよみがえる | Er ist ordentlich wieder *aufgelebt*. 彼はまたすっかり元気になった.

auf|lecken[áʊflɛkən] **I** 他 (h) (ミルクなどを)なめて口に入れる, なめ取る. **II** 自 (h) (炎が)燃え上がる.

Auf·le·ge·ma·trat·ze[áʊfle:gə..] 女 (寝台のスプリング=ボトムにのせる)上置きマットレス.

auf|le·gen[áʊfle:gən][1] **I** 他 (h) **1** 上におく, のせる: **a**) (布類を)かける, 敷く; (膏薬(こうやく)などを)はる, あてる; (おしろいなどを)塗る; (石炭などを)くべる: ein Tischtuch ～ テーブルクロスをかける | ein Bettuch ～ シーツを敷く | *jm.* ein Pflaster auf die Wunde ～ …の傷に膏薬をはる | Kohlen 〈Holz〉 ～ 石炭〈まき〉をくべる | *jm.* die Speisen ～ …に料理を出す | *Lege* noch ein Gedeck *auf*! 食器をもう１人前たのむよ. **b**) (ひじなどを)つく, 立てる: den Arm 〈den Ellbogen〉 auf den Tisch ～ テーブルに腕を置く〈片ひじをつく〉‖ mit *aufgelegten* Ellbogen (机に)両ひじをついて. **c**) (台などの)上に置く, のせる: eine Schallplatte ～ レコードをプレーヤーのターンテーブルにのせる | eine andere Platte ～ (→ Platte 2) | den Hörer ～ 受話器をおく | das Gewehr ～ 銃を〔照準台に置いて〕構える | ein Faß Bier ～ (台にのせて)ビールのたるの口を開ける | *jm.* die Hand ～ …の頭に手をのせ〔て祝福す〕る | einem Pferd den Sattel ～ 馬にくらを置く ‖〘目的語なしで〙Er hat einfach *aufgelegt*. 彼はいきなりがちゃんと電話を切った. **d**) 〘海〙 ein Schiff ～ 船を(一時的に)係船する〈就役から外す〉; (建造中の船を)船台に載せる | ein *aufgelegtes* Schiff 非役船. **e**) Fett ～ (動物が)太る.

2 (aufbürden) 《*jm. et.*[4]》 (…に税・重荷・罰などを)課する, 負わせる: dem Volk Steuern ～ 国民に課税する | Man *legte* mir ein schweres Amt *auf*. 私は難しい役職につけられた ‖ *sich*[3] freiwillig Entbehrungen ～ みずから求めて耐乏生活をする | *sich*[3] Stillschweigen ～ 無言の行をする.

3 (veröffentlichen) (書籍を)出版〈刊行〉する; (株式・債券を)市場に出す, 募集する: ein Buch wieder 〈neu〉 ～ 本の重版〈新版〉を出す | Es wird eine neue Serie *aufgelegt*. 新しい双書が出版される | eine Staatsanleihe ～ 国債を募集する.

4 (商品などを)陳列する; (名簿などを)公開する, 公表する: *seine* Karten ～ 手のうち〔のトランプの札〕を見せる | Die Wahllisten werden zur Einsicht *aufgelegt*. (選挙の)候補者名簿が縦覧に供せられる.

5 《方》再帰 *sich*[4] mit *jm.* ～ …と争い〈けんか〉を始める.

II auf·ge·legt → 別出

Auf·le·ger[áʊfle:gər] 男 -s/- **1** (auflegen する人. 例えば:) 火夫; 賦課〈処罰〉者. **2** ＝Auflegematratze

Auf·le·gung[..gʊŋ] 女 -/-en《ふつう単数で》auflegen すること.

auf|leh·nen[áʊfle:nən] 他 (h) **1 a**) 再帰 *sich*[4] ～ (馬が)棒立ちになる. **b**) 再帰 *sich*[4] gegen *jn.* 〈*et.*[4]〉 ～ …に反抗する, …に逆らう: *sich*[4] gegen das Schicksal 〈die Tyrannei〉 ～ 運命に逆らう〈圧制に対して反抗する〉. **2** 《方》(腕などを)もたせかける: 再帰 *sich*[4] 〔mit den Ellbogen〕 auf den Tisch ～ テーブルに〔両ひじをついて〕もたれる.

Auf·leh·nung[..nʊŋ] 女 -/-en 反抗, 暴動: die ～ gegen das Gesetz 〈Schicksal〉 法律違反〈運命への反抗〉.

auf|lei·men[áʊflaɪmən] 他 (h) にかわ〈接着剤〉ではる.

auf|lei·sten[áʊflaɪstən] 《01》他 (h) **1** (靴を)木型に入れて形を直す. **2** (家具などに)平縁をつける. [1: <Leisten; **2**: <Leiste]

auf|le·sen*[áʊfle:zən][1] 《92》他 (h) 拾い上げる; 《話》(aufgabeln) (連れ・ニュースなどを)拾う, (厄介な物を)しょいこむ: Ähren 〈Holz〉 ～ 落ち穂〈たきぎ〉を拾う | *jn.* aus der Gosse 〈aus dem Rinnstein〉 ～ (→Gosse, →Rinnstein 1) | einen Hund 〔von der Straße〕 ～ のら犬を拾う | Flöhe 〈einen Schnupfen〉 ～ ノミ〈鼻かぜ〉をうつされる | schlechte Worte ～ 悪口を小耳にはさむ ‖ *aufgelesene* Redensarten たまたま耳〈目〉にした言い回し.

auf|leuch·ten[áʊflɔʏçtən] 《01》自 (h, s) 急にかがやく, ひらめく. 「イト.」

Auf·licht[áʊflɪçt] 中 -〔e〕s/ 〘写〙(被写体への)照明, ラ

auf|lich·ten[..lɪçtən] 《01》他 (h) 明るくする, 照明する; 《比》明らかにする, 解明する: ein Geheimnis ～ 秘密を解明する | den Wald ～ 〘林〙森の木を間伐する ‖ 再帰 *sich*[4] ～ 明るくなる; (天気が)晴れる; 《比》明らかになる.

Auf·lich·tung[..tʊŋ] 女 -/-en auflichten すること.

auf|lie·fern[áʊfli:fərn] 《05》他 (h) (荷物・郵便物などを発送してもらうために)窓口に差し出す.

Auf·lie·fe·rung[..fərʊŋ] 女 -/-en aufliefern すること.

auf|lie·gen*[áʊfli:gən][1] 《93》**I** 自 (h) **1 a**) 上に横たわっている, のっている: Der Deckel *liegt* nicht richtig *auf*. ふたがちゃんとのっかっていない. [▽]**b**) 《*jm.*》 (…〔の心〕に) のしかかっている, 負担となっている; 煩わしくなる: Die Verantwortung *lag* ihm schwer *auf*. 責任が彼の肩に重くのしかかっていた. **2** (閲覧・鑑賞のために)展示〈陳列〉されている. **3** 〘海〙(船が)ドック入りして〈廃用になって〉いる. **II** 他 (h) 再帰 *sich*[4] 〈*sich*[3] den Rücken〉 ～ (病気などで背中に)床ずれができる.

Auf·lie·ge·zeit 女 〘海〙航行休止期間.

auf|li·sten[áʊflɪstən] 《01》他 (h) 《*et.*[4]》(…の)一覧表〈目録・リスト〉を作る, 一覧表〈目録・リスト〉にまとめる. [<Liste]

Auf·li·stung[..tʊŋ] 女 -/-en auflisten すること.

auf|lockern[áʊflɔkərn] 《05》他 (h) (固まったもの・緊張したものを)ほぐす, ばらす: die Erde 〈die Haare〉 ～ 土〈髪〉をほぐす | die Watte ～ 綿を打ち直す | die Atmosphäre ～ 雰囲気をほぐす ‖ 再帰 *sich*[4] ～ 体の筋肉をほぐす ‖ ein *aufgelockertes* Programm くつろいだプログラム | Er war sehr *aufgelockert*. 彼はとてもくつろいだ様子だった.

Auf·locke·rung[..kərʊŋ] 女 -/-en 〔sich〕 auflockern すること.

auf|lo·dern[áʊflo:dərn] 《05》(雅 : **auf|lo·hen**[áʊflo:ən]) 自 (s) **1** (火)が燃え上がる. **2** 《比》(激情などが)燃え上がる, (興奮が)わき上がる.

auf·lös·bar[áʊflø:sba:r] 形 **1** (もつれなどが)解くことのできる; 分解〈解消〉できる. **2** 解答可能の. **3** 〘化〙可溶性の.

auf|lö·sen[..lø:zən][1] 《02》**I** 他 (h) **1 a**) (結ばれた・編まれた・もつれたものを)ほどく, 解く, ほぐす: die Schuhriemen ～ 靴ひもをほどく | *sich*[3] das Haar ～ 髪をほどく | mit *aufgelöstem* Haar / mit *aufgelösten* Haaren 髪をふり乱して | *aufgelöst* vorgehen (隊列を組まずに)ばらばらになって前進する(→2 a) | *et.*[4] in *seine* Bestandteile ～ …をその構成要素に分解する ‖ 再帰 Die Schlange *löste* sich[4] *auf*. 並んでいた人びとが散って行った. **b**) (化合した・組み立てられたものを)分解〈解体〉する, 分析する; 〘光〙解像する. **c**) (こみいったこと・数式などを)解く, 解明〈解決〉する: ein Rätsel 〈eine Gleichung〉 ～ なぞ〈方程式〉を解く.

2 a) (固体を液状に)とかす, 溶解する: *auflösende*〔*s*〕 Mittel 溶剤 | Zucker in Kaffee[3] ～ 砂糖をコーヒーにとかす ‖ 再帰 *sich*[4] ～ とける, 溶解する | Diese Tabletten *lösen* sich im Wasser leicht *auf*. この錠剤は水にとけやすい | Der Nebel hat sich bald *aufgelöst*. 霧はまもなく晴れた ‖ 再帰 *sich*[4] in *et.*[4] ～ とけて…になる | *sich*[4] in blauen Dunst ～ 水泡に帰する | *sich*[4] in Luft ～ (→Luft 6) | *sich*[4] in nichts ～ 無に帰する | *sich*[4] in Rauch ～ (→ Rauch 1 a) | *sich*[4] in Tränen ～ (→Träne 1) | *sich*[4] in Wohlgefallen ～ (→Wohlgefallen) ‖〘過去分詞で〙Sie ist in 〔heißen〕 Tränen 〈in Wehmut〉 *aufgelöst*. 彼女は涙にかきくれている〈身も世もなく悲しんでいる〉.

b) 《比》(取り決めたこと・存立しているものなどを)解消〈解散〉する, やめる, 取り除く; 〘楽〙(不協和音を)解決する; (調号を本位記号 ♮ によって)取り消す, 幹音に戻す: die Ehe 〈die Verlobung〉 ～ 結婚〈婚約〉を解消する | den Vertrag ～ 契約

をキャンセルする | Der Bundestag wurde *aufgelöst*. 連邦議会は解散された | die Klammern ～〖数〗(運算によって)括弧をはずす | eine Dissonanz ～〖楽〗不協和音を解決する | ein Kreuz〔chen〕～〖楽〗シャープを取り消す〈元に戻す〉‖ 再帰 Der Verein hat sich[4] *aufgelöst*. 会は解散した.

II auf·ge·löst → 別出

auf·lös·lich[áʊflø:slɪç] = auflösbar

Auf·lö·sung[..lø:zʊŋ] 女 -/-en **1** (〔sich〕 auflösen すること. 例えば:) 解明, 解答; 崩壊, 分解; 解消, 解散; 〖光〗解像; 《雅》死; 〖楽〗(不協和音や属和音などの)解決; (調号の)取り消し: die ～ des Parlaments 議会の解散 | die ～ einer Verlobung 婚約の解消. **2** (精神の)混乱, 錯乱, 取り乱した状態.

Auf·lö·sungs≠er·schei·nung 女 崩壊の徴候. **≠mit·tel** 中 〖化〗溶剤, 溶媒. **≠ver·mö·gen** 中 -s/ **1** 〖化〗溶解力. **2** 〖光〗分解能, 解像力. **≠zei·chen** 中 **1** 〖楽〗本位記号, ナチュラル(→ ⊗ Note). **2** 〖軍〗散開の合図.

auf|lö·ten[áʊflø:tən] 《01》他 (h) **1** (*et.*[4] auf *et.*[4]) はんだづけする. **2** (はんだづけしたものを)はがす: 再帰 *sich*[4] ～ (はんだづけしたものが)はがれる.

auf·lüp·fisch[áʊflʏpfɪʃ] 形 《ス イ ス》 (aufrührerisch) 煽動(せんどう)的な, 反抗的な. [< lüpfen]

auf|lu·ven[áʊflu:vən[1], ..fən] 自 (h) 〖海〗船首をいっそう風上に向ける.

auf'm, aufm[áʊfəm] 《話》< auf dem

Auf·ma·che[áʊfmaxə] 女 -/ 《話》= Aufmachung 2

auf|ma·chen[áʊfmaxən] **I** 他 (h) 《話》**1** (↔zumachen) **a)** (öffnen) (窓・戸などを)あける, (手紙・小包を)開く, (傘を)開く, (服などの)ボタンを外す, (結び目を)解く; (目・口を)あける: eine Flasche 〈den Koffer〉 ～ びんの口〈トランク〉をあける | den Gashahn ～ ガス栓をあける; 《比》自殺する | das Haar ～ 髪をときほぐく | die Hand ～ 《話》チップをせびる ‖ *Mach* doch die Augen 〈die Ohren〉 *auf*! もっとよく見ろ〈聞け〉 | *Mach* endlich deinen Mund *auf*! いい加減になんとか言え ‖〖目的語なしで: →II 2〗Sie hat mir nicht *aufgemacht*. 彼女は私にドアをあけて〈私を中に入れて〉くれなかった. **b)** (eröffnen) (店などを)開く; 新規に開店する; (口座を)開く: eine Filiale ～ 支店を開設する | Wir *machen* 〔das Geschäft〕 um neun Uhr *auf*. 9時に開店します (→II 1) | *Mach* doch keinen 〈nicht so einen〉 Laden *auf*! (→Laden[2] 1).

2 (aufhängen) (カーテン・絵画などを)かける, つるす.

3 (zurechtmachen) 外見を整える, 装う, めかす, メーキャップする; (本を)装丁する, (商品を)包装する: ein hübsch *aufgemachter* Geschenkartikel 包装の美しい贈答品 | einen Bericht tendenziös ～ 報告を故意に潤色する | *et.*[4] mit einer Schlagzeile ～ (新聞などに)大見出しをつける | Sie war auf jung *aufgemacht*. 《話》彼女は身なりが若作りだった ‖ 再帰 *sich*[4] als Matrose ～ 船乗りに扮(ふん)する〈身をやつす〉.

4 再帰 *sich*[4] ～ 出かける, 赴く; 起き上がる, 起床する; とりかかる; (…する)気になる; 《雅》(風が)吹き始める: *sich*[4] nach Berlin ～ ベルリンに行く.

5 (計算書を)作る, (本を)編纂(へんさん)する: *jm.* die Rechnung ～ …に請求書をだす | *jm.* eine Rechnung ～ (→Rechnung 1 a).

6 (火を)燃やす: Dampf ～ ボイラーをたく.

II 自 (h) 《話》**1** (店などが)開く, 開店する(→I 1 b): Das Museum *macht* um neun Uhr *auf*. 博物館は9時に開く. **2** (*jm.*) (…に)ドアをあけてやる(→I 1 a): *Mach* doch *auf*! 〔ドアを〕あけてくれ.

Auf·ma·cher[áʊfmaxər] 男 -s/- (新聞などの)大見出し; トップ記事.

Auf·ma·chung[áʊfmaxʊŋ] 女 -/-en **1** (aufmachen すること. 例えば:) 包装; 装丁, レイアウト; (新聞などの)トップ記事〔扱い〕; 大見出し: in großer ～ 大見出しで(→2).

2 身なり, かっこう, メーキャップ; 見せかけ, 外見: Das ist alles bloß ～. そんなのは みな見せかけ〈ごまかし〉にすぎない | Damen in eleganter ～ エレガントな身なりの女性たち | in großer ～ 大々的に, 鳴り物入りで; 飾りたてて, 満艦飾で(→1).

3 (Dispache) 〖海〗海損精算書〔作成〕.

auf|ma·len[áʊfma:lən] 他 (h) **1** (*et.*[4] auf *et.*[4] 〈*et.*[3]〉) (…を…の上・表面に)描く, 絵付けする. **2** 《話》(文字などを)書きなぐる, へたに書く.

Auf·marsch[áʊfmarʃ] 男 -〔e〕s/..märsche[..mɛrʃə] **1** 行進, パレード: Es ist mir ein innerer ～. 《話》私はうきうきしている. **2** 〖軍〗(前線への)行進, 進発.

Auf·marsch·ba·sis 女 〖軍〗集結〈展開〉基地.

auf|mar·schie·ren[áʊfmarʃi:rən] 自 (s) 行進〈パレード〉する, 繰り出す: in Viererreihen ～ 4列で行進する | *seine* Argumente ～ lassen 議論を展開する | Zeugen ～ lassen 《話》証人を次々に登場させる | ein paar Flaschen Bier ～ lassen 《話》ビールを二三本だす〈振舞う〉| Sie ließ ihre sieben Kinder zur Begrüßung ～. 《戯》彼女は7人の子供たちをぞろぞろとあいさつに出させた.

Auf·marsch·plan 男 〖軍〗作戦計画.

Auf·maß[áʊfma:s] 中 -es/-e 〖建〗寸法取り, 測量. [< aufmessen]

auf|mau·ern[áʊfmaʊərn] 《05》他 (h) (れんが・石などで壁・家・炉などを)築き上げる.

auf|mei·ßeln[áʊfmaɪsəln] 《06》他 (h) (*et.*[4]) (…に)のみで穴をあける.

auf|mer·ken[áʊfmɛrkən] **I** 自 (h) **1** 《雅》(aufpassen) (auf *jn.* 〈*et.*[4]〉) (…に)注意を払う: *jm.* ～ …の様子をうかがう | *Aufgemerkt!* 気をつけ. **2** (突然)注意を向ける, 聞き耳を立てる: Bei diesem Namen *merkte* er *auf*. この名前に彼ははっとした〈耳を澄ました〉| *jn.* ～ lassen …の耳目を聳動(しょうどう)する, …をはっとさせる. **II** 他 (h) (aufzeichnen) (備忘のため)書きしるす〈とどめる〉.

auf·merk·sam[áʊfmɛrkza:m] 形 **1** 注意深い, 注意を怠らない: ein ～*er* Beobachter 注意深い観察者 | *jm.* ～ zuhören …の言葉に注意深く聞きいる ‖ *jn.* auf *jn.* 〈*et.*[4]〉 ～ machen …に…への注意を喚起する | *jn.* auf einen Irrtum ～ machen …に誤り〈思い違い〉を指摘する | 〔auf *jn.* 〈*et.*[4]〉〕 ～ werden 〔…に〕気づく, 〔…に〕はっとする. **2** (他人に対して)よく気のつく, 気のきく, 思いやりのある, 親切な: Er ist 〔Damen gegenüber〕 sehr ～. 彼は〔女性に対して〕なかなか如才がない | Vielen Dank, sehr ～! ご親切さまにどうもありがとう.

Auf·merk·sam·keit[–kaɪt] 女 -/-en **1** (《単数で》) 注意〔深さ〕: mit größter 〈gespannter〉 ～ 注意を集中して | mit halber ～ うわの空で ‖ *seine* ～ auf *et.*[4] richten / 《雅》*et.*[3] *seine* ～ schenken …に注意を向ける | *js.* ～ auf *et.*[4] lenken 〈von *et.*[3] ablenken〉 …の注意を…に向ける〈…からそらす〉| *js.* ～ fesseln 〈auf *sich*[4] ziehen〉 …の注意をひきつける | *js.* ～[3] entgehen …に気づかれずにすむ ‖ Darf ich 〔einen Augenblick〕 um ～ bitten? 〔ちょっと〕ご傾聴下さい, 皆さまにお知らせがございます. **2** 心づかい, 親切: eine kleine ～ (ほんの気持ばかりの)ささやかな贈り物 | zarte ～ やさしい心づかい ‖ *jm.* ～*en* erweisen …に親切にする.

auf|mes·sen*[áʊfmɛsən] 《101》他 (h) **1** (*et.*[4]) 〖建〗(…の)寸法を取る, 測定〈測量〉する: wie *aufgemessen* あつらえ向きの, ぴったりの. **2** 《話》*jm.* **eins** ～ …に一発くらわす, …を殴る.

auf|mi·schen[áʊfmɪʃən] 《04》他 (h) **1** (沈殿物などを)かき立てる; (トランプを)まぜ〈切り〉直す. **2** 《話》(verprügeln) (*jn.*) (…を)殴りつける, 打ちのめす.

auf|mö·beln[áʊfmø:bəln] 《06》他 (h) **1** (家具などを)修復する, 塗り〈張り〉直す: 再帰 *sich*[4] ～《話》(ごてごてと)めかしこむ. **2** 《話》(aufmuntern) (*jn.*) 元気づける, 励ます: Der Kaffee hat mich richtig *aufgemöbelt*. コーヒーを飲んだらすっかり元気が出た ‖ 再帰 *sich*[4] ～ 元気が出る. **3** 《話》(anherrschen) (*jn.*) ののしる, どやしつける. [< Möbel]

auf|mon·tie·ren[áʊfmɔnti:rən, ..mɔ̃t..] 他 (h) (*et.*[4] auf *et.*[4]) 据え付ける, 取り付ける: auf das Fahrrad einen Sattel ～ 自転車にサドルを取り付ける.

auf|mot·zen[áʊfmɔtsən] 《02》**I** 他 (h) 《話》**1** (外観・表現などを)より効果的に改める, 改良する. **2** 再帰 *sich*[4] ～ ごてごてとめかし込む. **II** 自 (h) (gegen *jn.* 〈*et.*[4]〉) (…に)けちをつける. [< aufmutzen]

A

auf|mucken[áʊfmʊkən] (**auf|muck·sen**[..mʊksən] 《02》) 自 (h) 《話》《gegen *jn.*》(…に対して)反抗する, たてつく.

auf|mun·tern[áʊfmʊntərn] 《05》 他 (h) **1** 《*jn.*》元気づける, (…の)気を晴らす. **2** 《*jn.* zu *et.*[3]》(…を…するように)鼓舞〈激励〉する: *jn.* zum Weitermachen ～ …を励まして仕事を続けさせる ‖ *jn.* *aufmunternd* ansehen 励ますように…の顔を見る.

Auf·mun·te·rung[..tərʊŋ] 女 -/-en (aufmuntern すること. 例えば:) 励ましの言葉〈表情〉.

auf·müp·fig[áʊfmʏpfɪç][2] 形《話》(trotzig) 反抗的な. [<müpfig „mürrisch"; ◇Muffel[4]]

auf|mut·zen[áʊfmʊtsən] 《02》 他 (h) **1** 《方》《*jm.* *et.*[4]》非難する. **2** =aufmotzen I 1 [<mutzen „beschneiden, putzen"]

auf'n, aufn[áʊfən] 《話》<auf den

auf|na·geln[áʊfna:gəln] 《06》 他 (h) 《*et.*[4] auf *et.*[4]》(…を…に)くぎで打ち付ける.

Auf·näh·ar·beit[áʊfnɛ:..] 女 -/-en (Applikation) 〘服飾〙アプリケ.

auf|nä·hen[áʊfnɛ:ən] 他 (h) 《*et.*[4] auf *et.*[4]》縫い付ける.

Auf·nä·her[..nɛ:ər] 男 -s/- 〘服飾〙縫いひだ, タック.

Auf·nah·me[áʊfna:mə] 女 -/-n 《ふつう単数で》**1** 取り上げること. **2 a)** 受け入れ, 採用, (家・会などに)迎え入れること; 接待, 歓迎; (食物・知識の)摂取: die ～ in die Oberschule 〈in ein Krankenhaus〉 高校入学許可〈病院への収容〉 | die ～ eines Wortes ins Lexikon ある単語の辞典への採録 | freundliche 〈herzliche〉 ～ 親切な〈心のこもった〉もてなし, 歓待 ‖ **～ finden** 受け入れられる; 採用〈収容〉される | Der Film fand gute ～ beim Publikum. 映画は観衆に好評だった. **b)** (病院などの)受付, 待合室: *sich*[4] in der ～ melden 受付で申し込みをする. **3** (仕事・交渉・関係などの)開始, 再開: die ～ von diplomatischen Beziehungen 外交関係の樹立〈再開〉. **4 a)** 吹き込み, 録音, 録画, 撮影; 記録〈調書〉作成; (地図作製のための)測量: ～ der Musik auf Tonband[3] 音楽のテープ録音 | ～ der Bestände 在庫調べ, 棚卸し | ～ der Bevölkerung 人口〈国勢〉調査 ‖ Achtung, ～! さあ撮りますよ; (演劇・放送などで)さあ本番です. **b)** 写真, 録音〈録画〉ずみテープ, ディスクレコード: von *jm.* zwei ～n machen …の写真を2枚写す | Die ～ ist geschmeichelt. この写真は実物以上だ. **5** (資金の)借り入れ.

Auf·nah·me≈ap·pa·rat[áʊfna:mə..] 男 撮影〈録音〉機. **≈be·din·gung** 女 -/-en 《ふつう単数で》採用〈受け入れ〉条件.

auf·nah·me·fä·hig 形 受容〈収容〉能力のある; 理解力〈感受性〉のある: ～ für Impulse aus der Umwelt sein 外界の刺激に対して敏感である.

Auf·nah·me≈fä·hig·keit 女 -/ 受容〈収容〉能力; 理解力, 感受性. **≈ge·bühr** 女 入会金; 入学金. **≈ge·rät** 中 撮影〈録音・録画〉機. **≈land** 中 -[e]s/..länder (難民・援助などの)受け入れ国. **≈lei·ter** 男 撮影〈録音〉主任. **≈prü·fung** 女 入学〈採用〉試験. **≈raum** 男, **≈stu·dio** 中 録音室, スタジオ. **≈tech·nik** 女 撮影〈録音〉技術. **≈wa·gen** 男 (放送局などの)録音〈中継〉車.

auf·nahms·fä·hig 《オーストリア》=aufnahmefähig

auf|neh·men*[áʊfne:mən] 《104》 **I** 他 (h) **1** (下にある・横たわっている・落ちているものを)取り〈拾い〉上げる, 手に取る, (子供・猫などを)抱き上げる〈起こす〉, (トランクなどを)持ち上げる; (持ち上げて)になう; (取り上げて)除く; (垂れているものを)たくし上げる, からげる; (中にあるものを)取り〈掘り〉出す: den Handschuh 〈den Fehdehandschuh〉 ～ (→Handschuh 1, →Fehdehandschuh) | den Hörer ～ 受話器を取る | den langen Rock ～ 長いスカートをたくし上げる | den Rucksack ～ リュックサックを背負う | den Schmutz 〔mit dem Lappen〕 ～ 《特に北部》ごみを〔ぞうきんでふき〕取る | die Küche ～ 台所の床をふく | die Spur 〈die Fährte〉 ～ 〘狩〙(犬が)〔獣の〕足跡をかぎつける | das Wild ～ 〘狩〙(犬が)〔射とめられた〕野獣をくわえて来る.

2 (外部にあるものを中に)受け〈取り〉入れる, 収容する, 迎え〔入れ〕る, 歓迎する, 加入させる, 加える, 参加〈入会・入党〉させる; 掲載する; 受容〈摂取〉する; (心の中に)受け取る, 解する: *jn.* in *seinem* Haus 〈bei *sich*[3]〉 ～ …を家に泊める | *jn.* in *seine* Familie 〈*seiner* Familie〉 ～ …を家族の一員として迎え入れる | *et.*[4] in die Tagesordnung ～ …を議事日程にのせる | eine Oper in den Spielplan ～ あるオペラを演目に加える | in den Himmel *aufgenommen* werden 昇天する | Wissen in *sich*[4] ～ 知識を吸収する | fremde Gedanken 〔in *sich*[4]〕 ～ 外国〈他人〉の思想を摂取する ‖〘様態を示す語句と〙*et.*[4] gut 〈übel〉 ～ …をよく〈悪く〉解する | Ich bin sehr gut *aufgenommen* worden. 私は大いに歓待された | einen Vorschlag freundlich ～ 提案を好意的に受け入れる | Das Buch wurde vom Publikum beifällig *aufgenommen*. その本は読者の好評を博した ‖ Die Dunkelheit *nahm* ihn *auf*. 《雅》やみが彼をつつんだ | Der Markt *nimmt* auch ausländische Waren *auf*. この市場は外国商品も受け入れる | Der Strom *nimmt* viele Flüsse *auf*. この川には多くの流れが注ぎこんでいる | Das Zimmer kann 40 Schüler ～. この部屋には40人の生徒が入れる ‖〘目的語なしで〙Das Kind *nimmt* schnell 〈schwer〉 *auf*. この子はのみこみが早い〈遅い〉.

3 (仕事・交渉・戦いなどを)始める, 開始する: *et.*[4] wieder ～ …(中断したこと)を再開する〈続行する〉 | mit *jm.* Beziehungen 〈Verhandlungen〉 ～ …とコネをつける〈交渉をする〉 | den Faden eines Gesprächs 〔wieder〕 ～ (とぎれた)会話をまた続ける | mit *jm.* 〈gegen *jn.*〉 den Kampf ～ …に挑戦する ‖〘es を目的語とする成句で〙**es mit *jm.* ～** 〔**können**〕 …と張り合う〔ことができる〕; …に匹敵する, …と互角である | Mit ihm wollen wir es lieber nicht ～. 彼は相手にしないほうがいい | Im Schwimmen kann ich es mit ihm ～. 水泳にかけては私は彼にひけをとらない.

4 記録する, 録音〈録画〉する; 撮影する; 測量〈検分・調査〉する: *et.*[4] in *sein* Tagebuch ～ …のことを日記に書きこむ | ein Stenogramm ～ 速記をとる | eine Rede 〔auf Tonband〕 ～ 演説を〔テープに〕録音する | ein Gelände ～ 土地を測量〔して地図化〕する ‖ Sie läßt sich nicht gern ～. 彼女は写真に撮られるのを好まない | Die Polizei *nahm* 〔ein Protokoll über〕 den Unfall *auf*. 警察は事故の調書をとった.

5 (資金を)募る, 募集する: eine Anleihe ～ 起債する | Geld 〈eine Hypothek〉 auf ein Haus ～ 家を抵当にして金をこしらえる〈家を抵当に入れる〉.

6 〘馬術〙(馬の)注意を集中させる.

II 自 (h) **1** 〘空〙速度を増す. **2** (動物が)はらむ. **3** 〘狩〙(肉食獣が)食う.

Auf·neh·mer[áʊfne:mər] 男 -s/- **1** aufnehmen する人〈装置〉. **2** 《北部》ぞうきん; 《方》ちり取り.

äuf·nen[ɔ́ʏfnən] 《01》 他 (h) 《スイス》(vermehren) (財産などを)増やす, 蓄積する. [*mhd.*; ◇auf]

auf|ne·steln[áʊfnɛstəln] 《06》 他 (h) 《*et.*[4]》(…の)ひもをほどく, ボタン〈ホック〉を外す.

auf|no·tie·ren[áʊfnoti:rən] 他 (h) 《*et.*[4]》(紙片・手帳などに…を)書き留める.

auf|nö·ti·gen[áʊfnø:tɪgən][2] 他 (h) 《*jm.* *et.*[4]》(…に…を)むりに押し付ける, 無理じいする.

auf|ok·troy·ieren[áʊf|ɔktroaji:rən] =aufnötigen

auf|op·fern[áʊf|ɔpfərn] 《05》 **I** 他 (h) 《*et.*[4] für *jn.* 〈*et.*[4]〉 / *jm.* 〈*et.*[3]〉 *et.*[4]》(…を…のために)犠牲にする; *sein* Leben für *jn.* 〈*et.*[4]〉 ～ …のために命を捨てる ‖ 再帰 *sich*[4] für *jn.* 〈*et.*[4]〉 ～ …の犠牲になる.

II auf·op·fernd 現分 形 犠牲的〈献身的〉な.

Auf·op·fe·rung[..pfərʊŋ] 女 -/-en 犠牲〔にすること〕; 犠牲的〈献身的〉行為.

au four[ofú:r] 《フランス語》〘料理〙オーブンで焼かれた. [„im Ofen"; <*lat.* fornāx „Ofen" (◇thermo..)]

auf|packen[áʊfpakən] **I** 他 (h) **1 a)** (荷造りして)積む; 《比》《*jm.* *et.*[4]》(…に重荷を)負わせる: Koffer 〈Waren〉 〔auf den Wagen〕 ～ トランク〈商品〉を〔車に〕積み込む ‖ einem Pferd *et.*[4] ～ 馬〔の背〕に…を積む | *jm.* die Verantwortung ～ …に責任を負わせる | *sich*[3] viele Sorgen ～ たくさんの心配事をしょいこむ. **b)** 《*et.*[4]》(…に)荷を積む: den Lastwagen[4] ～ トラックに荷を積む. **2** (荷造りしたものを)解

く: ein Paket ～ 小包をあける.
II 自 (h) 《方》出発のための荷造りをする; (荷造りして)出かける.

auf|päp·peln[áufpɛpəln] 《06》 他 (h) 《*jn.* 〔mit *et.*³〕》 (…に〔…を〕)食べさせて元気づける, (…を〔…で〕)育てる.

auf|pas·sen[áufpasən] 《03》 **I** 自 (h) **1** 《auf *jn.* 〈*et.*⁴〉》 (…に)注意を払う: auf die Kinder ～ 子供たちに気を配る | in der Schule ～ 学校で〔先生のいうことを〕注意して聞く | **wie ein Schießhund 〈wie ein Luchs / wie ein Heftelmacher〉 ～** 《話》 絶えず目を光らせ耳をそばだてている, 細心の注意を払って〈ぬかりなく〉見張る | *Paß auf!* / *Aufgepaßt!* 気をつけろ, よく注意して聞け〈見ろ〉よ. **2** 《方》《*jm.*》 (…の様子を)うかがう, (…を)待ち伏せする. **II** 他 (h) (帽子・ふたなどを)上にのせてみる, かぶってみる.

Auf·pas·ser[..sɐr] 男 -s/- 監視〈監督〉者; 見張り人; 《軽蔑的に》スパイ; おせっかい.

Auf·pas·se·rei[aufpasəráɪ] 女 -/-en 《ふつう単数で》 見張り, 監視, スパイをすること.

auf|peit·schen[áufpaɪtʃən] 《04》 他 (h) **1** むち打って起こす〈立たせる〉; 《比》 (あらしが海を)波立たせる. **2** 《比》 興奮させる, 刺激〈挑発〉する: 再帰 *sich*⁴ durch 〈mit〉 Kaffee ～ コーヒーを飲んで元気を奮い起こす.

auf|pel·zen[áufpɛltsən] 《02》 他 (h) 《ｵｰｽﾄﾘｱ》《*jm.* *et.*⁴》 (…に重荷・罰などを)負わせる.

auf|pep·pen[áufpɛpən] 他 (h) 《話》《*et.*⁴》 (…に)活気を与える, 活気づかせる. [<Pep]

auf|pflan·zen[áufpflantsən] 《02》 他 (h) **1** (旗などを)立てる, 掲げる. **2** (銃剣を)装着する: mit *aufgepflanzten* Bajonetten 小銃に着剣して. **3** 再帰 *sich*⁴ vor *jm.* ～ …に対して横柄に〈尊大に〉構える; …の前に挑むように立ちはだかる.

auf|pflü·gen[áufpfly:gən]¹ 他 (h) (畑などを)すき返す; 《比》 (船が波を)切る.

auf|pfrop·fen[áufpfrɔpfən] 他 (h) **1** 《*et.*⁴ auf *et.*⁴》 〖園〗 接ぎ木する. **2** 《比》《*jm.* *et.*⁴》 (…に…をむりやり)くっつける, (…に異質なものを)押し付ける: eine *aufgepfropfte* Bildung 付け焼き刃の教養.

auf|picken[áufpɪkən] 他 (h) **1** (鳥がえさを)ついばむ: *et.*⁴ aus einer Zeitung ～ 《比》 …を新聞で読みかじる. **2** くちばしで開ける; 〖建〗 (石の)表面をざらざらにする. **3** 《ｵｰｽﾄﾘｱ》 (aufkleben) はり付ける.

auf|plät·ten[áufplɛtən] 《01》 他 (h) 《北部》 (衣服などに)アイロンをかけてしわをのばす.

auf|plat·zen[áufplatsən] 《02》 自 (s) **1** はじける, (傷口が)ぱっくり開く, (縫い目・つぼみなどが)ほころびる. **2** 《話》 (悪事の)現場を見つかる.

auf|plu·stern[áufplu:stɐrn] 《05》 他 (h) **1** (鳥が羽を)広げる, 逆立てる: Die Hühner *plustern* ihr Gefieder *auf*. 鶏が羽を逆立てる. **2** (事件・出来事などを)大げさに仕立てる〈見せかける〉. **3** 再帰 *sich*⁴ ～ (鳥が)羽を広げる〈逆立てる〉; 《比》 いばる; 憤慨する: *sich*⁴ mit *seinem* Können ～ 自分の能力を誇示する.

auf|po·lie·ren[áufpoli:rən] 他 (h) (よごれた家具などを)磨きあげる: *sein* Ansehen ～ 威信を取り返そうとする.

auf|pol·stern[áufpɔlstɐrn] 《05》 他 (h) (ソファーなどの)詰め物を新しくする.

auf|pop·pen[áufpɔpən] 他 (h) ポップアートふうに改める. [<Pop-art]

auf|prä·gen[áufprɛ:gən]¹ 他 (h) **1** 《auf *et.*⁴》 (…に)刻印を押す: eine Münze mit *aufgeprägtem* Adler ワシの図柄を刻んだ硬貨. **2** 《比》《*jm.* *et.*⁴》 (…に)刻印を押す, 強い影響を残す: Grausamkeit war 〈hatte sich〉 seinem Gesicht *aufgeprägt*. 残忍さが彼の顔にありありと現れていた.

Auf·prall[áufpral] 男 -[e]s/-e 《ふつう単数で》 衝突; (衝突しての)はね返り.

auf|pral·len[..pralən] 自 (s) 《auf *et.*⁴》 ぶつかる; (ぶつかって)はね返る.

Auf·preis[áufpraɪs]¹ 男 -es/-e 上乗せ〈割増〉価格, 追加料金.

auf|pres·sen[áufprɛsən] 《03》 他 (h) **1** 《*et.*³ 〈auf *et.*⁴〉 *et.*⁴》 (…に…を)押し付ける, 刻印する: einem Papier den Stempel ～ 文書に印を押す. **2** 《比》《*jm.* *et.*⁴》 (…に…を)押し付ける, 強制する. **3** 《*et.*⁴》 (無理に)押し開く.

auf|pro·bie·ren[áufprobi:rən] 他 (h) (試しに)のせてみる: eine Brille ～ めがねをかけてみる | *jm.* einen Hut ～ …に帽子をかぶらせてみる.

auf|prot·zen[áufprɔtsən] 《02》 他 (h) (↔ abprotzen) 〖軍〗 (火砲を)前車につなぐ. [<Protze]

auf|pul·vern[áufpulfɐrn, ..vɐrn] 《05》 他 (h) 《話》 元気づける, 鼓舞する.

auf|pum·pen[áufpumpən] 他 (h) **1** ポンプで吸い上げる. **2** (タイヤなどに)空気を入れる, 膨らます. **3** 《話》 再帰 *sich*⁴ ～ めかしこむ; いばる; かっとなる.

auf|pup·pen[áufpupən] 他 (h) 〖農〗 (刈り取った麦などを畑に)積み上げる. [<Puppe]

auf|pu·sten[áufpu:stən] 《01》 《方》 =aufblasen I 1

Auf·putsch·dro·ge[áufputʃ..] 女 興奮剤, 覚醒剤.

auf|put·schen[áufputʃən] 《04》 他 (h) **1** 煽動する, アジる, そそのかす: *jn.* zu Gewalttaten ～ …をそそのかして暴力行為に走らせる. **2** (刺激・薬物などによって)興奮させる: *seine* Nerven durch Kaffee ～ コーヒーを飲んで〔むりに〕元気をだす.

Auf·putsch·mit·tel 中 興奮剤, 覚醒(ｶｸｾｲ)剤.

Auf·putz[áufputs] 男 -es/ (はでな)装い, 盛装; 飾り立てること: Häuser in festlichem ～ 祭りの飾り付けをした家々.

auf|put·zen[áufputsən] 《02》 他 (h) (きれいに・ごてごてと)飾り立てる; 磨き上げる, きれいに掃除する: eine Bilanz ～ 決算を粉飾する ‖ 再帰 *sich*⁴ ～ 身を飾る, めかしこむ, 盛装する ‖ ein *aufgeputzter* Laffe 《話》 めかしこんだ男, めかし屋 | *aufgeputzt* wie ein Pfau 〈wie ein Pfingstochse〉 クジャク〈聖霊降臨祭の牛〉のように飾り立てて.

auf|quel·len⁽*⁾[áufkvɛlən] 《111》 **I** 自 (s) 《不規則変化》 **1** (水につかって)ふやける, 膨れ上がる. **2** (液体や気体が)わき上がる〈出る〉: Tränen *quollen* in seinen Augen *auf*. 涙が彼の目にあふれた | Rauch *quoll* aus der Hütte *auf*. その小屋から煙が吹き出した | Haß *quoll* in ihm *auf*. 憎しみが彼の胸にむらむらとわき起こった.

ᐯ**II** 他 (h) 《規則変化》 (水につけて)ふやかす, 膨らます.

auf|raf·fen[áufrafən] 他 (h) **1** (散らばった紙・貨幣などを)かき集め〔て拾い上げ〕る. **2** (衣服などを)からげる, たくし上げる. **3** 再帰 *sich*⁴ ～ (元気を奮い起こして勢いよく)立ち上がる, 奮起する: *sich*⁴ zu *et.*³ ～ 勇気を奮って…をしようと〔決心〕する | *sich*⁴ zu einer Reise ～ やっと旅行に出る決心をする.

auf|ra·gen[áufra:gən]¹ 自 (h) そびえ立っている.

auf|rap·peln[áufrapəln] 《06》 他 (h) (aufraffen) 再帰 *sich*⁴ ～ (元気を出して)立ち上がる, 奮起する: *sich*⁴ wieder ～ 気を取り直す, 再び元気を奮い起こす, 立ち直る.

auf|rau·chen[áufrauxən] 他 (h) (タバコを)吸い尽くす.

auf|rau·en →aufrauhen

auf|räu·feln[áufrɔʏfəln] 《06》 他 (h) 《方》 (編んだものを)ほどく. [<raufen]

auf|rau·hen (**auf|rau·en**)[áufrauən] 他 (h) (こすって)ざらざらにする; (布を)けば立てる.

auf|räu·men[áufrɔʏmən] **I** 他 (h) 片づける, 整理する: das Zimmer 〈den Tisch〉 ～ 部屋〈机の上〉を片づける | Spielsachen ～ (散らかした)おもちゃを片づける | Warenlager ～ 在庫品を一掃する. **II** 自 (h) **1** 片づける, 整理する: im Zimmer ～ 部屋を片づける | *Räum auf*, damit wir essen können! 食事にするからテーブルの上を片づけてくれ. **2** 《mit *et.*³ 〈*jm.*〉》 (…を)取り除く, 排除〈除去〉する: mit Irrtümern 〈Vorurteilen〉 ～ 誤り〈先入観〉を排除する. **3** 《話》 (猛威をふるって)犠牲〔者〕を出す: Die Seuche hat in der Stadt 〈unter der Bevölkerung〉 furchtbar *aufgeräumt*. 疫病のため町〈住民の間〉に多くの死者が出た | Unter den Vorräten war gewaltig *aufgeräumt* worden. 蓄えはすっかり使い〈食い〉尽くされてしまっていた. **III auf·ge·räumt** → 別出

Auf·räu·mer[..mɐr] 男 -s/- **1** 掃除人〔夫〕. **2** 〖工〗 リーマ, 拡孔器.

Auf·räu·mung[..muŋ] 女 -/ (aufräumen すること. 例えば:) 整理, 取り片づけ, 除去.

Auf·räu·mungs·ar·beit 女 -/-en 《ふつう複数で》 清掃作業, 取り片づけ.

A

auf|rau·schen[áʊfraʊʃən]《04》自 **1** (h, s)(急に)ざわめき始める. **2** (s)(鳥などが)ざわめきながら舞い上がる.

auf|rech·nen[áʊfrɛçnən]《01》他 (h) **1** 勘定書に記入する, 計上する; 決済する. **2**《*jm. et.*^{4}》(…に…の)勘定を負担させる: dem Besitzer die Reparaturkosten ～ 修理代を〔物件〕所有者の勘定にする. **3**《*et.*^{4} gegen *et.*^{4}》(…を…と)差引勘定にする, 相殺する;〘法〙補償〈賠償〉する.

Auf·rech·nung[..nʊŋ] 女 -/-en (aufrechnen すること. 例えば:) 差引勘定, 相殺, 補償, 賠償.

auf·recht[áʊfrɛçt] 形 **1** まっすぐな, 直立した: ～ sitzen 姿勢を正して座っている | ～ stehen 直立している | *sich*^{4} nicht mehr 〈kaum noch〉 ～ halten können (ひどく疲れて)まっすぐに立っていられない ‖ ～*en* Hauptes durch das Leben gehen 昂然(こうぜん)と〈毅然(きぜん)として〉人生を歩む. **2** 心のまっすぐな, 正直な: ein ～*er* Charakter まっ正直な性格〔の人〕.

auf·recht|er·hal·ten*[..|ɛrhaltən]《65》他 (h)(秩序・平和・名声・関係などを)保持〈維持〉する.

Auf·recht·er·hal·tung[..tʊŋ] 女 -/ 保持, 維持, 堅持.

auf|recken[áʊfrɛkən] 他 (h)(上へ)のばす: 再帰 *sich*^{4} ～ 背筋をのばす, しゃんとする.

auf|re·den[áʊfre:dən][1]《01》他 (h) **1**《*jm. et.*^{4}》(…に…を受け取るように)説得する, 弁舌の力で押し付ける: *sich*^{3} nichts ～ lassen いっさい知らん顔をする, 馬耳東風をきめこむ. ▽**2** (aufhetzen)《*jn.*》そそのかす, けしかける.

auf|re·gen[áʊfre:gən][1] **I** 他 (h) **1 a)**《*jn.*》興奮させる, 刺激する,(…の)心を騒がす. **b)** 再帰 *sich*^{4}〔über *et.*^{4}〕～〔…で〕興奮する;〔…に〕気をもむ;《話》〔…に〕憤慨する,〔…を〕怒る: *Rege* dich doch nicht so *auf*! そう興奮するな | *sich*^{4} künstlich ～ (→künstlich 2). ▽**2** (感情などを)かき乱す.

II auf·re·gend 現分 形 刺激的な, 人騒がせな: eine ～*e* Nachricht センセーショナルなニュース | Das ist nicht sehr ～.《戯》それはたいしたことはないよ〈ふつうだよ〉.

III auf·ge·regt → 別出

Auf·re·gung[..gʊŋ] 女 -/-en 興奮, 激昂(げきこう); 騒ぎ, パニック: ～ verursachen 騒ぎをひき起こす | in ～^{4} geraten 興奮する, 激する | *jn.* in ～^{4} bringen 〈versetzen〉 …を興奮させる.

Auf·re·gungs·mit·tel 中 興奮〈刺激〉剤.

auf|rei·ben*[áʊfraɪbən][1]《114》**I** 他 (h) **1** すり減らす;《比》(体力・神経などを)消耗させる, 疲労困憊(こんぱい)させる: Die Sorge *rieb* seine Gesundheit *auf*. 心労が彼の健康を損ねてしまった | eine Truppe〔völlig〕～〘軍〙部隊を全滅させる ‖ 再帰 *sich*^{4} ～ 体力〈神経〉をすり減らす. **2**《*jm. et.*^{4}》(…の…を)こすって傷つける: *sich*^{3} die Hand ～ 手をすりむく | Der Sattel hat dem Pferd die Haut *aufgerieben*. 馬に鞍(くら)ずれができた. **3**《(オーストリア)》(床などを)こすり磨く. **4**《南部》(ジャガイモなどを)すりおろす. **II auf·rei·bend** 現分 形 消耗性の, 疲れさせる: ein ～*er* Beruf 心身をすり減らすような職業 | in ～*er* Spannung leben へとへとになるほど緊張して暮らす.

Auf·rei·ber[áʊfraɪbər] 男 -s/- 〘工〙穴ぐり器, リーマ.

Auf·reib·fet·zen[..raɪp..] 男《(オーストリア)》つやぶきん.

Auf·rei·bung[..bʊŋ] 女 -/ (aufreiben すること. 例えば:) すり減らすこと; 消耗; 殲滅(せんめつ).

auf|rei·hen[áʊfraɪən] 他 (h)(一列に)並べる: Bücher im 〈auf dem〉 Regal ～ 書物を書架に並べる | Perlen〔auf eine Schnur〕～ 真珠をひもに通してつなぐ | Namen ～ 名前を列挙する ‖ 再帰 *sich*^{4} ～ (一列に)並ぶ.

auf|rei·ßen*[áʊfraɪsən]《115》**I** 他 (h) **1 a)** (勢いよく)引き開ける: die Tür 〈die Schublade〉 ～ ドア〈引き出し〉をさっと開ける | *sich*^{3} das Hemd ～ (息苦しくて)シャツの胸元をぐいとはだける | die Augen ～ (→Auge 1) | Mund und Augen 〈Nase〉 ～ (→Mund 1) | die 〈*seine*〉 Klappe ～ (→Klappe 3). **b)** 破り開く: einen Brief 〈eine Packung Zigaretten〉 ～ 手紙〈タバコの箱〉の封を切る | den Boden 〈die Straße〉 ～ (修理のために)床〈道路の舗装〉をはがす | die Erde ～ (くわなどで)地面を掘り起こす. **c)** 引き裂く, 裂け目を作る: Der Wind *riß* die Wolken *auf*. 風で雲が切れた | *sich*^{3} die Hände ～ 手に裂傷を負う | alte Wunden〔wieder〕～ (→Wunde) | die Abwehr ～《話》(サッカーなどで)敵のガードを崩す ‖ *aufgerissene* Schuhe 破れ靴.
2 スケッチする, 略図を書く; 概観する, 略述する: ein Thema ～ テーマのあらましを述べる.
3 《*jn.*》ひき起こす: 再帰 *sich*^{4} ～ さっと立ち上がる.
4《話》(verschaffen)《*sich*^{3} *et.*^{4}》手に入れる: einen Job ～ いい仕事を見つける | *sich*^{3} ein Mädchen 〈einen Zahn〉 ～ 女の子をひっかける.
II 自 (s) 裂ける, 裂け目ができる: Die Wolken *reißen auf*. 雲に切れ目ができる | Die Naht ist *aufgerissen*. 縫い目がほころびた ‖ aus dem *aufreißenden* Nebel 霧の切れ間から.
[◇Aufriß]

Auf·rei·ßer[áʊfraɪsər] 男 -s/- **1**《話》《(スポーツ)》**a)** (レスリングの)ターンオーバー. **b)** (サッカーなどで)ガード崩しの得意な選手. **2**〘土木〙路面掻(か)き起こし機. **3**《話》女たらし, ドンファン.

auf|rei·ten*[áʊfraɪtən]《116》**I** 自 (s) **1 a)** (騎馬隊が)行進〈パレード〉をする. **b)**〔auf *jn.*〕～〔同行の騎乗者に〕接近する〈しすぎる〉. **2**〘動〙交尾する. ▽**II** 他 (h)(馬に)鞍(くら)ずれさせる: 再帰 *sich*^{4} ～ 乗馬によって股(また)〈しり〉をすりむく.

auf|rei·zen[áʊfraɪtsən]《02》他 (h) **1** (aufhetzen) 煽動(せんどう)する, けしかける: *jn.* zur Rache ～ …をそそのかして復讐(ふくしゅう)させる. **2** 刺激〈挑発〉する: *aufreizende* Worte 刺激〈挑発〉的な文句.

Auf·rei·zung[..tsʊŋ] 女 -/-en 煽動; 刺激, 挑発.

auf|rib·beln[áʊfrɪbəln]《06》《方》＝aufräufeln

Auf·rich·te[áʊfrɪçtə] 女 -/-n《(スイス)》(Richtfest)〘建〙建前, 上棟式.

auf|rich·ten[áʊfrɪçtən]《01》他 (h) **1 a)** まっすぐに立てる, 起こす: den Oberkörper ～ 上体をまっすぐに起こす | einen Gestürzten ～ 倒れた人を抱き起こす. **b)** 再帰 *sich*^{4} ～ 起き上がる; 身を起こす, 上体をまっすぐに起こす: *sich*^{4} im Bett ～ ベッドに起き上がる. **2** 元気づける, 慰める: *js.* Mut ～ …の勇気を鼓舞する ‖ 再帰 *sich*^{4} an *et.*^{3} ～ …にすがって元気を奮い起こす. **3** 建立する, 打ち立てる: ein Denkmal ～ 記念碑を建てる | einen Pfahl ～ 杭(くい)を立てる | ein Reich ～《比》国を興す | Ruhe und Ordnung wieder ～《比》安寧秩序を回復する. **4**《南部》修理して新しくする: Sohle und Absätze ～ 靴の底とかかとを取り替える.

auf·rich·tig[áʊfrɪçtɪç][2] 形 正直〈誠実〉な, 率直な; 心からの, 正真正銘の: ein ～*er* Mensch 正直〈誠実〉な人 | *jm. sein* ～*es* Beileid ausdrücken …に心からの弔意を表する ‖ zu *jm.* 〈gegen *jn.*〉 ～ sein …に対して誠実である ‖ ～ reden 率直に話す | *Aufrichtig* gestanden, ich mag ihn nicht. 率直に言って 私は彼が好きではない.

Auf·rich·tig·keit[–kaɪt] 女 -/ 正直, 誠実, 率直.

Auf·rich·tung[..tʊŋ] 女 -/ (〔sich〕 aufrichten すること. 例えば:) 直立; 鼓舞; 建立.

auf|rie·geln[áʊfri:gəln]《06》他 (h)(↔ zuriegeln)《*et.*^{4}》(…の)かんぬきをはずして開ける.

Auf·riß[áʊfrɪs] 男 ..risses/..risse **1**〘建〙正面〈立面〉図: ein Gebäude im ～ darstellen ある建物の立面図を描く. **2** あらすじ; 概観, 概説: der ～ eines Romans 小説のあらすじ | ein ～ der Literaturgeschichte 文学史の概説 | einen kurzen ～ von einem Thema geben あるテーマについて略述する. **3**〘数〙作図. [＜aufreißen I 2]

Auf·ritt[áʊfrɪt] 男 -〔e〕s/-e **1** 騎馬行進. **2** (乗馬による)股(また)ずれ. [＜aufreiten]

auf|rit·zen[áʊfrɪtsən]《02》他 (h) **1** ひっかいて傷つける: *sich*^{3} die Haut ～ 皮膚をひっかく. **2** ひっかいて開く〈あける〉.

auf|rol·len[áʊfrɔlən] 他 (h) **1** (entrollen)(巻いたものを)広げる;《比》(問題・質問などを)繰り広げる, 展開する, 究明する: die Fahne 〈eine Landkarte〉 ～ 旗〈地図〉を広げる (→2) | ein Problem 〈einen Prozeß〉 noch einmal ～ 問題を再検討する〈訴訟を再開する〉 ‖ 再帰 *sich*^{4} ～ (巻いたものが)広がる, ほどける;《比》展開される. **2** (zusammenrollen)(心棒などに)巻く: den Teppich 〈eine Landkarte〉 ～

じゅうたん〈地図〉を巻く(→1) | *sich*³ die Haare ～ 髪をカーラーに巻きつける. **3** 巻き上げる: die Hemdsärmel ～ シャツのそでをまくり上げる. **4** ころがして開ける: eine Schiebetür ～ 引き戸を開ける. **5** 〖軍〗(敵を)側面から攻撃し撃退する.

Auf·rol·lung[..lʊŋ] 女 -/ 〔sich〕 aufrollen すること.

auf|rü·cken[áʊfrʏkən] **I** 自 (s) **1** (前・横へ)間隔をつめる: *Rücken* Sie bitte etwas *auf*! 少々おつめください | dicht *aufgerückt* stehen ぎゅう詰めで立っている. **2** 昇進〈進級〉する: in eine höhere Klasse ～ 上級に進む | zum Hauptmann ～ 大尉に昇進する.

II 他 (h) 《*jm. et.*⁴》(…の…を)非難する.

Auf·rückung[..kʊŋ] 女 -/ (aufrücken すること. 例えば:) 昇進, 進級.

Auf·ruf[áʊfru:f] 男 -〔e〕s/-e **1** 呼び出すこと, 召喚, 喚問: auf *seinen* ～ warten 名を呼ばれるのを待つ | ～ der Zeugen 証人喚問 | ～ zu den Waffen 〖軍〗 動員 | Bei〔m〕 ～ bitte vortreten! 名前を呼ばれたら前に出てください. **2** 布告, 声明: einen ～ an die Bevölkerung erlassen 住民に対して布告を出す. **3** (銀行券の)回収. ᵛ**4** (品物の)支給.

auf|ru·fen*[áʊfru:fən] 《121》 他 (h) **1** (名前を〔大声で〕)呼ぶ, 呼び出す: einen Schüler ～ (授業中)生徒を指名する | die Patienten nach der Reihe ～ 患者を順番に呼び出す. **2 a)** 召喚〈喚問〉する, 召集する: *jn.* zum 〈als〉 Zeugen ～ …を証人として喚問する | einen Jahrgang ～〖軍〗 ある年次の人たちを召集する | die Bevölkerung zu einer Demonstration ～ 住民をデモに駆り立てる. **b)** 《雅》(wachrufen) (感情などを)呼び覚ます. **3** (銀行券を交換のため)回収する. ᵛ**4** (品物を)支給する.

Auf·ru·fung[..fʊŋ] 女 -/ (aufrufen すること. 例えば:) 呼び出し, 召喚; 点呼.

Auf·ruhr[áʊfru:r] 男 -s/-e 《ふつう単数で》反乱, 暴動; 大混乱, 騒擾(そうじょう), 激動; 興奮: der ～ der Leidenschaft 情熱のあらし | einen ～ beruhigen 〈unterdrücken〉 騒擾をしずめる〈鎮圧する〉 | in ～⁴ kommen 〈geraten〉 混乱に陥る | Der ～ bricht aus 〈flackert auf〉. 暴動が勃発(ぼっぱつ)する.

Auf·ruhr·ak·te 女 -/ (英: *Riot Act*) 〖史〗(1715年にイギリスで発布された)騒擾(そうじょう)取締法.

auf|rüh·ren[áʊfry:rən] 他 (h) **1** (沈殿したものを)かき回す〈まぜる〉: den Bodensatz 〔im Topf〕 ～ 〔つぼの〕おりをかき回す | viel Staub ～ 《比》センセーションを巻き起こす. **2** 興奮させる, 心をかき乱す. **3** (古いことを)むし返す.

Auf·rüh·rer[..rər] 男 -s/- 謀反人, 反乱者; 暴徒.

auf·rüh·re·risch[..rərɪʃ] 形 煽動(せんどう)的な; 謀反〈反乱〉を起こした.

Auf·ruhr·ge·setz[áʊfru:r..] 中 -es/ ＝Aufruhrakte

auf|run·den[áʊfrʊndən]¹ 《01》 他 (h) (↔ abrunden) (…の)端数を切り上げる: 〔den Betrag〕 von 4,70 auf 5 DM ～ 4マルク70ペニヒの端数を切り上げて5マルクにする.

auf|rü·sten[áʊfrʏstən] 《01》 **I** 自 (h) (↔abrüsten) 軍備を整える〈拡張する〉: atomar ～ 核武装する | erneut ～ 再軍備する. **II** 他 (h) **1** 《*et.*⁴》(…に)軍備を整える, 武装させる: *et.*⁴ atomar ～ …を核武装させる. ᵛ**2** (家などを)建てる, 築く; 設備〈整備〉する. **3** 足場を組む.

Auf·rü·stung[..tʊŋ] 女 -/-en **1** 軍備〔拡張〕: Moralische ～ 道徳再武装〔運動〕(米国人 Frank Buchman が1938年に提唱した全世界的思想運動で, スイスに本部がある. 英語の Moral Re-Armament のドイツ語訳: →MRA). **2** 足場〔の構築〕.

auf|rüt·teln[áʊfrʏtəln] 《06》 他 (h) 揺り起こす; 《比》目覚めさせる: die öffentliche Meinung ～ 世論を喚起する ‖ 再帰 *sich*⁴ aus *seinen* Träumereien ～ 夢見心地から我に帰る ‖ ein *aufrüttelnder* Appell 警世のアピール.

Auf·rüt·te·lung[..təlʊŋ] (**Auf·rütt·lung**[..tlʊŋ]) 女 -/-en 《ふつう単数で》 aufrütteln すること.

aufs[aʊfs] ＜auf das

auf|sacken[áʊfzakən] 他 (h) **1** 袋に詰める. **2** 《話》(aufbürden) 《*jm. et.*⁴》(…に負担などを)負わせる: *jm.* viele Sorgen ～ …にさんざん心配させる | *sich*³ allerlei ～ いろいろ厄介なことをしょい込む.

Auf·sa·ge[áʊfza:gə] 女 -/-n (aufsagen すること. 特に:) 終結の通告, 断絶.

auf|sa·gen[áʊfza:gən]¹ 他 (h) **1** (暗記したものを)唱える, 暗唱する: ein Gedicht ～ 詩を暗唱する | *sein* Sprüchlein ～ (→Sprüchlein) | *et.*⁴ vorwärts und rückwärts ～ können (→vorwärts). **2** 《雅》《*jm. et.*⁴》(…に…の)終結を通告する: *jm.* die Freundschaft ～ …と絶交する | *jm.* den Dienst ～ …に退職を申し出る ‖ 〖4格の目的語なしで〗 *jm.* ～ …と関係を絶つ.

Auf·sa·gung[..gʊŋ] 女 -/ aufsagen すること.

auf|sam·meln[áʊfzaməln] 《06》 他 (h) **1** 拾い集める. **2** 蓄積する, ためこむ: 再帰 *sich*⁴ ～ 蓄積される, たまる.

auf|san·den[áʊfzandən]¹ 自 (h) 〖地〗(河川などが)土砂を沖積する.

Auf·san·dung[..zandʊŋ] 女 -/-en 〖地〗沖積〔地〕.

auf·säs·sig[áʊfzɛsɪç]² 形 反抗的な, 敵対的な, 従順でない. [*mhd.*; ◇Sasse¹]

Auf·säs·sig·keit[–kaɪt] 女 -/-en **1** 《単数で》aufsässig なこと. **2** aufsässig な言動.

auf|sat·teln[áʊfzatəln] 《06》 他 (h) **1** (馬などに)鞍(くら)を置く. **2** (トレーラーなどを牽引(けんいん)車にのせかけるように)連結する. **3** 《話》《*jm. et.*⁴》(…に…を)むりやり押し付ける.

Auf·satz[áʊfzats] 男 -es/..sätze[..zɛtsə] **1** 作文; 論文, 論説: über *et.*⁴ einen ～ schreiben …について作文〈論文〉を書く. **2** (上に置く・置かれたもの. 例えば:) (戸・戸棚・いすなどの)上飾り〔の彫刻・絵画〕; 〖建〗(屋根の)頂飾; (女性の)頭飾り. **3** (Tafelaufsatz) 卓上飾り食器, センターピース. **4** 〖軍〗(銃砲の)望遠照準器, 照尺. **5** 〖楽〗(オルガンの)リードパイプの共鳴体. **6** 〖ゴルフ〗ティー. **7** 〖工〗(旋盤の)チャック, つかみ.

Auf·satz⸗heft 中 (学校の)作文帳. ⸗**the·ma** 中 作文の題, 論文のテーマ. ⸗**wett·be·werb** 男 作文〈論文〉コンクール.

auf|sau·gen⁽*⁾[áʊfzaʊgən]¹ 《124》 他 (h) **1** 吸い込む, 吸収する: Der Erdboden hat die Nässe schnell *aufgesaugt*. 大地は水分を急速に吸収した ‖ Kleinbetriebe wurden durch Monopole *aufgesogen*. 小企業は独占企業に吸収された. **2** 《*jn.*》疲れきらせる.

auf|säu·gen[..zɔʏgən]¹ 他 (h) 授乳して育てる, 哺育する.

Auf·sau·gung[..zaʊgʊŋ] 女 -/ 吸収.

auf|schär·fen[áʊfʃɛrfən] 他 (h) (aufschneiden) 〖狩〗(皮を)切り開く.

auf|schar·ren[áʊfʃarən] 他 (h) (↔zuscharren) 掻(か)いて穴をあける〈傷を作る〉; 掻き〈掘り〉出す: die Erde ～ (犬などが)地面を掻いて穴を掘る | das Gras im Schnee ～ 雪の中の草を掻き〈掘り〉出す.

auf|schau·en[áʊfʃaʊən] 自 (h) **1** 《南部・オーストリア・スイス》(aufsehen) 見上げる; 《von *et.*³》(熱中・没頭しているものから)目を上げる: zum Himmel ～ 天を仰ぎ見る | verwundert ～ いぶかしげに目を上げる. **2** 《雅》《zu *jm.*》(尊敬・畏敬のまなざしで…を)仰ぎ見る, 尊敬する. **3** 注視〈注意〉する: *Aufgeschaut!* 注意しろ.

auf|schau·feln[áʊfʃaʊfəln] 《06》 他 (h) **1** (土砂などを)シャベルで積み上げる. **2** (↔zuschaufeln) (穴などを)シャベルで掘ってあける, 掘り出す.

auf|schau·keln[áʊfʃaʊkəln] 《06》 他 (h) 再帰 *sich*⁴ ～ (しだいに強く)揺れ動く; 《比》(しだいに)強まる, 高まる.

auf|schäu·men[áʊfʃɔʏmən] 自 **1** (s, h) (急激に)泡立つ, 泡しぶきを上げる: Der Sekt *schäumt* im Glas *auf*. シャンパンがグラスの中で泡立つ. **2** (h) 《比》かっとなる, 激怒〈激昂〉する.

auf|schei·nen*[áʊfʃaɪnən] 《130》 自 (s) **1** 《雅》(aufleuchten) (急に)輝く, 輝きだす. **2** 《南部・オーストリア》(erscheinen) 現れる: in der Liste ～ リストにのる.

auf|scheu·chen[áʊfʃɔʏçən] 他 (h) (鳥獣などをおどかして)狩り立てる; 《比》(驚かして)追い立てる: *jn.* aus *seiner* Ruhe ～ …の太平の夢を破る.

auf|scheu·ern[áʊfʃɔʏərn] 《05》 他 (h) **1** (皮膚の表面を)こすって傷つける, すりむく: *sich*³ die Haut ～ 皮膚をすりむく | Ich habe mir in meinen neuen Schuhen die Fersen *aufgescheuert*. 私は新しい靴を履いてかかとに靴ずれができた ‖

A

再帰 *sich*[4] ~ (こすれて)すりむける. **2** 《方》(床などを)磨く.

auf|schich·ten[áufʃɪçtən]《01》他 (h) 積み重ねる; 積み重ねて作る; 〘地〙層を成させる: Holz 〈einen Holzstoß〉 ~ たきぎを積み上げる, たきぎの山を作る.

auf|schie·ben*[áufʃi:bən][1]《134》他 (h) **1** (引き戸などを)押して開く, 押しあける; (閂(かんぬき)を)あける. **2** (時期・期限などを)先へのばす, 延期する: eine Entscheidung 〈eine Reise〉 ~ 決定〈旅行〉を延期する | Die Operation läßt sich nicht länger ~. 手術はこれ以上延期できない ‖ ***Aufgeschoben* ist nicht aufgehoben.** 《諺》延期は中止にあらず. [◇Aufschub]

Auf·schieb·ling[..ʃi:plɪŋ] 男 -s/-e 〘建〙広木舞(ひろこまい) (→ 図 Dach A).

Auf·schie·bung[..ʃi:bʊŋ] 女 -/-en **1** aufschieben すること. **2** 〘地〙逆断層, 衝上断層(→Überschiebung).

auf|schie·ßen*[áufʃi:sən]《135》**I** 自 (s) **1 a)** (鳥などが)ぱっと飛び立つ; (水・炎などが)噴き出す. **b)** (人が)さっとはね起きる〈立ち上がる〉. **2** (急激に)成長する: Der warme Regen läßt die Saat ~. 暖かい雨が種子を急激に発芽させる | Fabriken *schießen* wie Pilze aus der Erde *auf*. 工場が雨後の竹の子のようにどんどん新設される ‖ Der Junge ist lang *aufgeschossen*. その少年は急に背丈が伸びた. **3** 《雅》《in *jm.*》(考え・感情などが…の心の中に)突然浮かぶ, ひらめく. **II** 他 (h) 〘海〙(索具を)巻いて積み上げる. **III auf·ge·schos·sen** → 別出

auf|schim·mern[áufʃɪmərn]《05》自 (h, s) (一瞬ぱっと)明るくなる: In seinen Augen *schimmerte* Hoffnung *auf*. 彼の目に希望の光がさした.

auf|schir·ren[áufʃɪrən] 他 (h) (↔abschirren) (馬車うまに)馬具をつける.

Auf·schlag[áufʃla:k][1] 男 -[e]s/..schläge[..ʃlɛ:gə] **1** (aufschlagen すること. 例えば:) (目・本・トランプなどを)開くこと, めくること; 打ち上げ; 衝突, はね返り. **2 a)** (そで・襟などの)折り返し(→ 図 Kostüm). **b)** (帽子の)ふち. **3** (↔Abschlag) 〘商〙 **a)** 値上がり, コスト上昇. **b)** 値上げ. **4** 〘球技〙サーブ, サービス: ~ und Volley サーブアンドボレー | den ~ ausführen サーブする. **5** 〘林〙実生[による自然林].

auf|schla·gen*[áufʃla:gən][1] **I** 《138》他 (h) **1 a)** (↔zuschlagen) (戸・窓などを)勢いよく開ける: die Tür ~ ドアをぱっとあける. **b)** (閉じているもの・おおわれているものを)あける, 開く; 広げる, めくる: die Augen ~ (閉じていた)目をあける(→2 a) | ein Buch ~ 本を開く〈ひもとく〉| eine Stelle im Buch ~ 本のある個所を[あけて]調べる | den Deckel ~ ふたをあける | ein Faß ~ たる[の飲み口]をあける | Karten ~ (トランプで)手の内を見せる. **2** 上に上げる: **a)** (伏せているものを)上げる, 立てる; (垂れているものを)まくり〈引き〉上げる: die Augen zu *jm.* ~ (伏せていた目を上げて)…を見上げる(→1 b) | die Ärmel 〈die Hose〉 ~ そで〈ズボン〉をたくし上げる | den Mantelkragen ~ コートの襟を立てる | den Vorhang ~ カーテンのすそをめくる ‖ ein Filzhut mit *aufgeschlagenem* Rand ふちの反り返ったフェルト帽. **b)** 〘球技〙(ボールを)打ち上げる; サーブする(→II 5): Wer *schlägt* [den Ball] *auf*? サーブはだれがするのか. **c)** (値段を)つり上げる. **3** (上に)打ち付ける: **a)** (打って)傷つける, 割る, 打ち砕く: *sich*[3] beim Fallen das Knie ~ 倒れた拍子にひざを打つ〈打ってけがをする〉| ein Ei ~ 卵を割る. **b)** (↔abschlagen) (値段に…だけ)上積みする, 値上げする: auf die Ware 〈den Preis〉 fünf Pfennig ~ 商品を5ペニヒだけ値上げする. **4** (↔abschlagen) 組み立て〈上げ〉る, しつらえる, 整える, 作る; 《比》起こす: eine Bude ~ 屋台店(みせ)を出す | ein Bett ~ ベッドをしつらえる | Maschen ~ (編物で最初の一段の)作り目をする | ein Zelt ~ テントを張る | die 〈*seine*〉 Zelte ~ (→Zelt[2]) | *seinen* Wohnsitz ~ 居を定める ‖ einen Lärm ~ 騒ぎ立てる | eine gellende Lache ~ 哄笑(こうしょう)する.

II 自 **1** (s) (↔zuschlagen) (戸・窓などが)勢いよく開く. **2 a)** (s) (上に)[突き]当たる, ぶつかる: Das Geschoß *schlug* auf der Hauswand 〈auf die Hauswand〉 *auf*. 弾丸が家の壁に当たった | mit dem Hinterkopf aufs Pflaster ~ 倒れて舗道に後頭部をぶつける. **b)** (s, h) (…の上を)打つ, (…に)打ちおろす: mit dem Hammer ~ ハンマーを打ちおろす | mit dem Stock auf den Boden ~ ステッキで床をたたく. **3 a)** (s, h) (ぶつかって)バウンドする, はねあが〈返〉る. **b)** (s) (炎が)燃え上がる: Die Flamme ist hoch *aufgeschlagen*. 炎が高く上がった. **4** (h, s) **a)** (↔abschlagen) (商品・価格が)値上がりする, 騰貴する: Die Butter 〈Die Hausmiete〉 hat wieder *aufgeschlagen*. バター[の値段]〈家賃〉がまた上がった. **b)** (h) (商品の)値を上げる(→I 2 c): Der Händler *schlug* erheblich *auf*. 商人がひどく値上げをした. **5** (h) 〘球技〙サーブする(→I 2 b).

Auf·schlä·ger[áufʃlɛ:gər] 男 -s/- 〘球技〙サーバー.

Auf·schlag≠feh·ler[áufʃla:k..] 男 〘球技〙サービスミス. **≠feld** 中 〘テニス〙サービスコート. **≠li·nie**[..niə] 女 〘テニス〙サービスライン. **≠was·ser** 中 -s/ (水車の)動水, 水車を回転する水力. **≠zün·der** 男 〘軍〙撃発〈着発〉信管.

auf|schläm·men[áufʃlɛmən] **I** 自 (s) (不溶物が)沈殿する. **II** 他 (h) 〘化〙(不溶物を液体中に)懸垂〈懸濁〉させる.

Auf·schlep·pe[áufʃlɛpə] 女 -/-n 〘海〙(砂浜の)船舶引き揚げ装置; 〘漁〙(捕鯨母船の)クジラ引き揚げ装置.

auf|schlep·pen[áufʃlɛpən] 他 (h) **1** (Aufschleppe を用いて船を砂浜などへ)引き揚げる. **2** 《方》=auftragen I 4

auf|schleu·dern[áufʃlɔydərn]《05》他 (h) 投げ上げる; (土砂などを)はね上げる.

auf|schlie·ßen*[áufʃli:sən]《143》**I** 他 (h) **1** (↔zuschließen) (かぎを用いて戸などを)開く, 開ける: die Tür 〈den Koffer〉 ~ ドア〈トランク〉の錠をあける | *jm. sein* Herz ~ …に心中を打ち明ける(= *sich*[4] *jm.* ~) ‖ 再帰 *sich*[4] [*jm.*] ~ […に対して]開く, 開かれる; (人が)心中を打ち明ける | Eine ganz neue Welt *schloß* sich ihm *auf*. まったく新しい世界が彼に開けた. **2** 《*jm. et.*[4]》(…に…を)明らかにする, 解明する, 解説する: wissenschaftliche Arbeiten durch Anmerkungen ~ 学術論文に注をつけて解説する. **3** (土地・鉱山などを)開発する. **4** 〘化〙(溶剤で)溶かす, 可溶性にする. **5** 〘坑〙(鉱石・石炭などを)単体分離する. **II** 自 (h) **1** (列などで)間隔をつめる. **2** 〘スポ〙(トップクラスに)追いつく. **III auf·ge·schlos·sen** → 別出

auf|schlin·gen*[áufʃlɪŋən]《144》他 (h) **1** (↔ zuschlingen) (結び目などを)ほどく. **2** (食べ物を)がつがつと平らげる.

auf|schlit·zen[áufʃlɪtsən]《02》他 (h) 切り裂く〈開く〉: ein Kuvert 〈einen Brief〉 ~ 封筒〈手紙の封〉をあける | einem Tier den Bauch ~ 動物の腹を裂く.

auf|schluch·zen[áufʃlʊxtsən]《02》自 (h) (突然)すすり泣く, むせび泣きを始める, しゃくりあげる.

auf|schlucken[áufʃlʊkən] 他 (h) **1** (音などを)吸収して弱める: Teppiche *schlucken* den Schall *auf*. じゅうたんが音響を吸収する | Die Dämmerung hat alle Farben *aufgeschluckt*. 夕やみにすべての色彩がぼやけてしまった. **2** (丸ごと)飲み込む.

Auf·schluß[áufʃlʊs] 男 ..sses/..schlüsse[..ʃlʏsə] **1** 解明, 説明; (事柄を解明する)情報, 知識: *jm.* über *et.*[4] ~ geben …に…について説明する | *sich*[3] ~ über *et.*[4] verschaffen …を調査する. **2** (土地・鉱山などの)開発. **3** 〘坑〙(鉱石・石炭などの)単体分離. **4** 〘地〙露頭[個所]. **5** 〘化〙(溶剤で)溶かすこと. **6** (開けること. 特に:) (刑務所の監房の)開扉. [*mhd.*; ◇aufschließen]

auf|schlüs·seln[áufʃlʏsəln]《06》他 (h) (一定の基準で)分類〈分配〉する: *et.*[4] nach Berufszweigen ~ …を職業別に分類する.

auf·schluß·reich[áufʃlʊs..] 形 《副詞的用法なし》啓発的な, 有益な: sehr ~*e* Ausführungen 啓発されるところの多い説明 | eine ~*e* Statistik 理解に役立つ統計.

auf|schmei·ßen*[áufʃmaɪsən]《145》**I** 他 (h) **1** 《話》(戸・窓などを強い勢いで)突き開ける. **2** 《オーストリア》《話》《*jn.*》(…の)恥をさらす, (…を)さらし者にする.

II auf·ge·schmis·sen → 別出

auf|schmel·zen*[áufʃmɛltsən]《146》**I** 他 (h) **1** (凍ったものを)溶かす. **2** 《*et.*[4] auf *et.*[4]》〘工〙溶かして塗る〈接合する〉. **II** 自 (s) (凍ったものが)溶ける: Das Eis ist *aufgeschmolzen*. 氷が溶けた.

auf|schmie·ren[áʊfʃmiːrən] 他 (h) 《話》(厚く・ぞんざいに)塗る: Brot 〈Butter aufs Brot〉 ～ パンにバターを塗る.

auf|schnal·len[áʊfʃnalən] 他 (h) **1** 革ひも〈締め金〉で結びつける: einen Koffer auf den Gepäckträger ～ トランクを(自転車の)荷台にくくりつける ‖ *sich*³ den Rucksack ～ リュックサックを背負う | Man *schnallt* dem Pferd den Sattel *auf*. 馬に鞍(くら)をつける. **2** (↔zuschnallen) (留め金・バックルでとめてあるものを)はずす: Er *schnallte* den Gürtel *auf*. 彼はベルトをはずした.

auf|schnap·pen[áʊfʃnapən] **I** 他 (h) **1** ぱくっとくわえる. **2** 《話》小耳にはさむ, 偶然に知る: Wo hast du denn das *aufgeschnappt*? 君は一体それをどこで耳にしたんだい. **II** 自 (s) (ドア・ふたなどが)ぱっと開く.

auf|schnau·fen[áʊfʃnaʊfən] 自 (h) 《南部・オーストリア》《話》(安堵(あんど)して)息をつく, ほっとする.

auf|schnei·den*[áʊfʃnaɪdən][1] 《148》 **I** 他 (h) **1** 切り開く: ein Buch 〈die Seiten eines Buches〉 ～ (仮とじの)本のページを切る | 〔*jm.*〕 eine Geschwulst ～ 〔…の〕はれものを切開する. **2** (パン・ソーセージなどを)〔薄く〕切る, スライスする. **II** 自 (h) 《話》(prahlen) 誇張する, ほらを吹く: mit *seinem* Erfolg ～ 自分の成功を自慢して触れ回る. [◇Aufschnitt]

Auf·schnei·der[..dər] 男 -s/- 《話》ほら吹き, うそつき.

Auf·schnei·de·rei[aʊfʃnaɪdəráɪ] 女 -/-en 《話》ほらを吹くこと; ほら, うそ.

auf·schnei·de·risch[áʊfʃnaɪdərɪʃ] 形 大ぼらの, 誇張した.

auf|schnel·len[áʊfʃnɛlən] **I** 自 (s) **1** はね〈飛び〉上がる: von *seinem* Sitz ～ はじかれたように急に立ち上がる. **2** (戸などが)ぱっと開く.

II 他 (h) はね上げる: 再帰 *sich*⁴ ～ はね上がる.

Auf·schnitt[áʊfʃnɪt] 男 -〔e〕s/-e **1** 《単数で》《集合的に》(ハム・ソーセージ・チーズなどの)薄片, 切片: eine Platte mit kaltem ～ 薄切りハム・ソーセージなどを取りあわせた一皿〔料理〕. **2** 切開; 切り口, 切り込み; 切り傷. **3** 〘楽〙 **a**) (パイプオルガンの)音管の切り口. **b**) (ブロック＝フレーテの)吹口の切り口. **4** 《スイス》＝Aufschneiderei [＜aufschneiden]

auf|schnul·zen[áʊfʃnʊltsən] 《02》 他 (h) (原作を)感傷的に脚色する〈仕立て上げる〉.

auf|schnü·ren[áʊfʃnyːrən] 他 (h) **1** 《*et.*⁴ auf *et.*⁴》(…を…の上に)ひもで固定する〈縛りつける〉. **2** (↔zuschnüren) 《*et.*⁴》(…の)ひもを解く〈ほどく〉: die Schuhe 〈ein Paket〉 ～ 靴〈小包〉のひもをほどく ‖ 再帰 *sich*⁴ ～ (ひもが)ほどける, ゆるむ. **3** (ビーズなどを)ひもに通す.

auf|schö·nen[áʊfʃøːnən] 他 (h) (家屋・室内などを)美しくする, きれいにする.

auf|schrau·ben[áʊfʃraʊbən][1] 他 (h) **1** (↔abschrauben) 《*et.*⁴ auf *et.*⁴》(…を…の上に)ねじで固定する, ねじってとめる: den Deckel ～ ふたをねじって締める. **2** (↔zuschrauben) 《*et.*⁴》(…を)ねじをはずして開く; (…のふたを)ねじって開く: einen Füllhalter ～ 万年筆のキャップをねじって開ける. **3** ねじって持ち上げる: die Petroleumlampe ～ 石油ランプの芯(しん)をねじって上に出す.

auf|schrecken^(*)[áʊfʃrɛkən] 《151》 **I** 自 (s) 《不規則変化; ただし今日では: 過 schreckte 〈schrak〉 auf; 過分 aufgeschreckt》 驚いて〈愕然(がくぜん)として〉飛び上がる, びくっと〈ぎょっと〉する: aus einem Traum ～ はっと夢からさめる. **II** 他 (h) 《規則変化》驚かして飛び上がらせる, びくっと〈ぎょっと〉させる.

Auf·schrei[áʊfʃraɪ] 男 -〔e〕s/-e (短い)叫び声, 悲鳴, 絶叫: einen ～ der Freude ausstoßen 喜びの叫び声をあげる.

auf|schrei·ben*[áʊfʃraɪbən][1] 《152》 他 (h) **1** 書きしるす, 書きつける, 記録する: *sich*³ *et.*⁴ ～ …をメモする〈ノートする〉. **2** 《話》(薬などの)処方箋(せん)を書く. **3** 《南部・オーストリア》〘商〙勘定書に〈借方に〉記入する.

auf|schrei·en*[áʊfʃraɪən] 《153》 **I** 自 (h) (突然)叫び声をあげる: schrill ～ 金切り声をあげる.

II 他 (h) 《*jn.*》(眠っている者を)大声で呼び起こす.

Auf·schrift[áʊfʃrɪft] 女 -/-en **1** (表(おもて)・表面に書かれたもの. 例えば:) 上書き; 内容表示, レッテル〔の文句〕; 標題; (Inschrift) 銘文; 刻文(→ 図 Münze): eine Flasche mit einer ～ versehen 瓶にラベルをはる. **2** (Anschrift) (手紙などの)あて先, 住所.

auf|schrump·fen[áʊfʃrʊmpfən] 他 (h) 〘工〙(金属などを)焼きばめする.

Auf·schub[áʊfʃuːp][1] 男 -〔e〕s/..schübe[..ʃyːbə] 延期, 猶予: ohne ～ 猶予なく, ただちに | *jm.* 〔drei Wochen〕 ～ geben 〈gewähren〉 …に〔3週間の〕猶予〔期間〕を与える | Die Sache duldet 〈verträgt〉 keinen ～. 事は一刻の猶予もならない. [*mhd.*; ◇aufschieben]

auf|schür·fen[áʊfʃʏrfən] 他 (h) (皮膚の表面を)こすって傷つける, すりむく, 引っかく: *sich*³ das Bein ～ 脚をすりむく.

Auf·schür·fung[..fʊŋ] 女 -/-en **1** aufschürfen すること. **2** すり〈かき〉傷.

auf|schür·zen[áʊfʃʏrtsən] 《02》 他 (h) (衣服のすそを)まくり上げる, はしょる: einen langen Rock ～ 長いスカートのすそをからげる.

auf|schüt·teln[áʊfʃʏtəln] 《06》 他 (h) (ふとん・まくらなどを)振って膨らませる, ゆすって形を直す.

auf|schüt·ten[áʊfʃʏtən] 《01》 他 (h) **1** 《*et.*⁴ auf *et.*⁴》(…を…へ)注ぎかける, ふりかける: Kies auf den Weg ～ 砂利を道に敷く | Kohlen aufs Feuer ～ 石炭を火にくべる. **2** (ふりかけて)積み上げる, 盛り上げる: Erde 〈Sand〉 ～ 土〈砂〉を積み上げる | dem Vieh frisches Stroh ～ 家畜のために新しい敷きわらをまく. **3** (積み上げ工事で)築く: einen Staudamm ～ 堰堤(えんてい)を築く | ein *aufgeschütteter* Weg 土砂を盛り上げて作った道.

Auf·schüt·tung[..tʊŋ] 女 -/-en **1** 《単数で》 aufschütten すること. **2** (aufschütten してできたもの. 例えば:) 盛り土, 堤防. **3** 〘地〙堆積(たいせき).

auf|schwat·zen[áʊfʃvatsən] (方: **auf|schwät·zen**[..ʃvɛtsən]) 《02》 他 (h) 《*jm. et.*⁴》(…に…を)弁舌をふるって押しつける, 言葉たくみに買わせる: *jm.* einen Ladenhüter ～ …に棚ざらしの品物をごまかして買わせる.

auf|schwe·ben[áʊfʃveːbən][1] 自 (s) 浮かび上がる, 浮上する.

auf|schwei·ßen[áʊfʃvaɪsən] 《02》 他 (h) **1** (溶接してあるものを)バーナーで開く〈分解する〉: einen Geldschrank ～ 金庫をバーナーで開ける. **2** 《*et.*⁴ auf *et.*⁴》(…を…に)溶接する.

auf|schwel·len^(*)[áʊfʃvɛlən] 《159》 **I** 自 (s) 《不規則変化》(anschwellen) 膨れる, 膨らむ; (身体の一部が)はれる; (音量が)上がる, 強まる, 高まる. **II** 他 (h) 《規則変化》(anschwellen) 膨らませる: die Segel ～ (風が)帆を膨らませる.

auf|schwem·men[áʊfʃvɛmən] 他 (h) **1** (液体などで)ふやけさせる, (土を)ぬかるみにする. **2** (不健康に)太らせる, むくませる: Übermäßiger Alkoholgenuß *schwemmt auf*. 酒を飲みすぎると不健康に太る ‖ ein *aufgeschwemmter* Körper むくんだ体.

auf|schwim·men*[áʊfʃvɪmən] 《160》 自 (s) **1** (水面に)浮かび上がる, 浮上する; (進水した船が)水に浮かぶ. **2** (自動車のタイヤがぬれた路面で)ハイドロプレーニングを起こす.

auf|schwin·deln[áʊfʃvɪndəln] 《06》 他 (h) 《話》《*jm. et.*⁴》(…に…を)ごまかして〈ぺてんにかけて〉売りつける.

auf|schwin·gen*[áʊfʃvɪŋən] 《162》 **I** 他 (h) **1 a**) 再帰 *sich*⁴ ～ 飛び上がる, はね上がる; (鳥などが)飛び立つ; 《比》(考えなどが)高揚する. **b**) (↔abschwingen) 〘体操〙(鉄棒・平行棒などではずみをつけて)振り上がる. **2 a**) 再帰 *sich*⁴ zu *et.*³ 〈*jm.*〉 ～ …に躍進する, …に昇進する; (あつかましくも)…を自称する | *sich*⁴ zum besten Schüler in der Klasse ～ クラスのトップになる | *sich*⁴ zum Richter ～ あつかましくも人を裁こうとする. **b**) 再帰 *sich*⁴ zu *et.*³ ～ 奮起して〈努力して〉やっと…する | *sich*⁴ endlich zu einem Brief 〈einem Auto〉 ～ やっと(長い間懸案の)手紙を書く〈自動車を買う〉決心をする.

II 自 (s) (↔zuschwingen) (戸などが)勢いよく開く.

Auf·schwung[áʊfʃvʊŋ] 男 -〔e〕s/..schwünge[..ʃvʏŋə] **1** (↔Abschwung) 〘体操〙(鉄棒・平行棒などでの)振り上がり.

2 (精神などの)高揚, 飛躍; (仕事などの)躍進, 向上, 発展; (経済などの)興隆, 景気上昇, 好況: **～ nehmen** 躍進〈飛躍〉

A

する | Die Wirtschaft nahm 〈erlebte〉 einen bedeutenden ～. 経済状況は飛躍的な発展をとげた | Die Reise gab ihm einen neuen ～. 旅行が彼に新たな活力を与えた.

auf|se·hen*[áʊfze:ən] 《164》 **I** 自 (h) **1** 見上げる; 《von *et.*³》(熱中・没頭しているものから)目を上げる: zum Himmel 〈zu den Sternen〉 ～ 天〈星〉を仰ぎ見る | fragend zu *jm.* ～ いぶかしそうに…の方を見上げる ‖ vom Lesen ～ 読書を中断して目を上げる | Er arbeitete, ohne *auf*zuse*hen*. 彼はわき目もふらずに仕事に専念していた. **2** 《zu *jm.* 〈*et.*³〉》(尊敬・畏敬(いけい)のまなざしで…を)仰ぎ見る,(…に)感嘆する: zu einem Kunstwerk ～ 芸術作品に感嘆する. **3** 注目する, 注視する.

II Auf·se·hen 中 -s/ **1** 目を上げること. **2** 注目〔を集めること〕, センセーション: ～ erregen 〈verursachen〉 人目をひく, センセーションをまき起こす | ～ vermeiden 人目をさける.

auf·se·hen·er·re·gend 形 人目をひく, センセーショナルな.

Auf·se·her[..ze:ər] 男 -s/- (⊛ **Auf·se·he·rin**[..ərɪn] -/-nen) 監督者, 管理人; 監視人, 見張り番; 看守.

auf|sei·len[áʊfzaɪlən] 他 (h) 綱〈ロープ・ザイル〉を使って引き上げる.

auf|sein*[áʊfzaɪn] 《165》 自 (s) **1** 起きている, 目が覚めている, 起床〈離床〉している(→auf II 3): Der Patient darf ab heute wieder ～. 患者はきょうから起きることを許される. **2** (↔zusein) 開いている, 戸締まりをしてない(→auf II 4): Das Fenster ist *aufgewesen*. 窓は開かれていた | Die Geschäfte sind noch *aufgewesen*. 店はまだ開いていた.

★ 不定詞・分詞以外はふつう 2 語に書く: wenn die Tür *auf ist* 戸があいていれば.

auf sei·ten[aʊf záɪtən] 前 《2 格支配》…の側(がわ)に: ～ des Feindes stehen 敵方についている. [＜Seite]

auf|set·zen[áʊfzɛtsən] 《02》 **I** 他 (h) **1 a)** 積み上げる: Steine 〈Holz〉 ～ 石〈材木〉を積み上げる | *jm.* die Haare ～ …の髪を結う. **b)** (横になっているものを)起こす, 立てる, 座らせる: Kegel ～ (九柱戯で倒れた)ピンを起こす | den Kranken im Bett ～ 病人をベッドに起き上がらせる(上半身だけ) ‖ 再帰 *sich*⁴ ～ (横になっている人が)身を起こす,(上半身だけ)起き上がる.

2 上に置く, のせる: **a)** (↔absetzen) 装着する; (帽子・仮面などを)かぶる, かぶせる; (めがねを)かけ〔てや〕る; 《比》(意識的に…の)顔つきをする; 〖狩〗(シカが角を)はやす: den Hut ～ 帽子をかぶる | die Brille ～ めがねをかける | *jm.* die Krone ～ …に王冠をかぶせる | Diese Beleidigung *setzt* allem die Krone *auf*. この侮辱はあまりといえばあまりだ(→Krone 2) | eine Maske ～ 仮面をつける | der Braut³ den Schleier ～ 花嫁にベールをかぶせる | eine ernste Miene 〈ein freundliches Lächeln〉 ～《比》真剣な顔つきを(親しそうに にこにこ)してみせる | eine Amtsmiene ～ (→Amtsmiene) | Der Hirsch hat ein neues Geweih *aufgesetzt*. シカに新しい角がはえた | *seinen* Kopf 〈*seinen* Dickkopf / *seinen* Trotzkopf〉 ～ (→Kopf 1, →Dickkopf 1, →Trotzkopf) | *jm.* Hörner ～ (→Horn 1 a). **b)** (衣類に)縫い付ける, あてる: Knöpfe 〈einen Flicken〉 auf das Kleid ～ 服にボタンをつける〈つぎをあてる〉 ‖ eine *aufgesetzte* Tasche つけ〈張り〉ポケット. **c)** (なべ・料理などを)火にかける; (料理・食器などを)食卓にのせる: Wasser 〈Kartoffeln〉 ～ 水〈じゃがいも〉を(なべ・やかんに入れて)火にかける | den besten Wein ～ 最上のワインを出す. **d)** (家屋の上に)建て増す, 乗せて建てる: ein Stockwerk aufs Haus ～ 1 階建て増す. **e)** (馬の上に)乗せる: 再帰 *sich*⁴ aufs Pferd ～ 馬に乗る. **f)** (足を)地につける, ふんばる; 〖空・スキー〗着地させる; 〖球技〗(ボールを)地面にバウンドさせる; (ラグビーでプレースキックのためにボールを)地面に置く: den Fuß falsch ～ 足を踏み違える. **g)** 〖海〗(船を)陸に引き上げる. **h)** (画面に色を)塗る, 重ねる: Der Maler hat dem Bild die letzten Lichter *aufgesetzt*. 画家は画面に最後の明色をかき加えた. **i)** (紙に)書く; (文書・手紙などを)起草する: den Vertrag 〈das Testament〉 ～ 契約書〈遺言状〉を起草する. **j)** (とばくに金を)はる, かける: für *et.*⁴ Blut und Leib ～ …のために生命をかける.

II 自 (h) **1 a)** 地に足をつける; 〖空・スキー〗着地〈着陸〉する; 〖球技〗(ボールが地面に)バウンドする: Er hat heute mit dem linken Fuß zuerst *aufgesetzt*. 《話》彼はきょうは機嫌が悪い | Das Flugzeug *setzte* glatt 〔auf dem Erdboden〕 *auf*. 飛行機は滑らかに着地した. **b)** 〖海〗(船が)岸に乗り上げる, 引き上げられる.

2 〖狩〗(シカが)新しい角をはやす.

3 (雄牛が雌牛の上に)またがって交尾する.

4 〖坑〗(鉱脈が)現れる, 露出〈露頭〉する.

Auf·set·zer[áʊfzɛtsər] 男 -s/- **1** 〖球技〗バウンドしたボール. **2** 〖ラグビー〗プレースキッカー.

auf|seuf·zen[áʊfzɔʏftsən] 《02》 自 (h) (突然・短く)ため息をつく: erleichtert ～ ほっと安堵(あんど)のため息をもらす.

Auf·sicht[áʊfzɪçt] 女 -/-en **1** 《単数で》監視, 監督: die ～ 〔über *et.*⁴ 〈*jn.*〉〕 führen 〔…を〕監督する; 〔…を〕監視する ‖ unter *js.* ～³ stehen 〈arbeiten〉 …の監督下にある〈で働く〉 | *jn.* unter *js.* ～⁴ stellen …を…の監督下におく. **2** 《単数で》監督者, 監視人; 現場管理者〔の事務所〕. **3** 上から見ること, 俯瞰(ふかん): eine Wohnung in der ～ zeichnen 住居の俯瞰図を描く.

Auf·sich·ter[..tər] 男 -s/- (旧東ドイツで) = Aufsichtsbeamte 2

Auf·sicht·füh·ren·de 男 女 《形容詞変化》監督者.

Auf·sichts≠be·am·te 男 **1** 監督官; (美術館の)監視人. **2** 〖鉄道〗運行主任. **≠be·hör·de** 女 監督官庁. **≠per·so·nal** 中 《集合的に》監督者, 監視人. **≠pflicht** 女 -/ (特に年少者に対する)監督の義務. **≠rat** 男 -〔e〕s/..räte **1** (略 AR) (会社の)監査役会; (協同組合の)監事会. **2** (会社の)監査役; (協同組合の)監事.

auf|sie·den⁽*⁾[áʊfzi:dən]¹ 《167》 他 (h) 《オーストリア》沸騰させる, 煮沸する.

auf|sit·zen*[áʊfzɪtsən] 《171》 自 **1** (s) **a)** (↔absitzen) 馬に乗る, またがる: *Aufgesessen!* / *Aufsitzen!* 乗馬(号令). **b)** (乗り物に)同乗する: *jn.* hinten auf dem Motorrad ～ lassen …をバイクの後ろの席に乗せる. **2** (s) **a)** 〖海〗(船が)座礁する, 乗り上げる. **b)** 《話》(人が)窮地に陥る; (鳥が)鳥もちで捕らえられる: *jn.* ～ lassen …をすっぽかす, …に待ちぼうけをくわす; …を見殺しにする. **3** (s) 《南部・オーストリア》 《*jm.* / *et.*³》(詐欺〔師〕などの手口に)乗ってしまう, ひっかかる: einem Schwindler 〈einem Gerücht〉 ～ ぺてん師〈うわさ〉にだまされる | Ich bin ihm schön *aufgesessen*. 私は彼にまんまとしてやられた. **4** (h) 《〔auf〕 *et.*³》(…の)上にのっている; (…の上に)固着している, 取りつけられている: eine Mauer mit *aufsitzendem* Sims 飾り縁が上についている塀. **5** (h) 《話》 **a)** 身を起こして座っている: im Bett ～ ベッドに起き上がって座っている. **b)** 寝ないで起きている: die ganze Nacht 〈bis zum Morgen〉 ～ 一晩じゅう〈夜明けまで〉起きている. **6** (h) 《方》《*jm.*》(…にとって)厄介者である: Sie *sitzt* den Nachbarn *auf*. 彼女は隣人たちのお荷物だ.

Auf·sit·zer[..tsər] 男 -s/- 《南部・オーストリア》(Reinfall) 失望, 幻滅, 失敗.

auf|spal·ten⁽*⁾[áʊfʃpaltən] 《173》 他 (h) 割る, 分割する; 分裂〈分解〉させる: Eiweiß wird durch Enzyme *aufgespalten*. 蛋白(たんぱく)質は酵素によって分解される ‖ 再帰 *sich*⁴ ～ 割れる; 分裂〈分解〉する | Atome *spalten* sich *auf*. 原子が核分裂を起こす.

Auf·spal·tung[..tʊŋ] 女 -/-en 分割, 分裂, 分解.

auf|span·nen[áʊfʃpanən] 他 (h) **1** 《*et.*⁴》(傘・ロープなどを)〔広げて〕ぴんと張る: den Regenschirm ～ 雨傘を開く. **2** 《*et.*⁴ auf *et.*⁴》(…を…に)〔ぴんと張って〕固定する: Leinwand auf den Rahmen ～ 〖美〗カンバスをフレームに張る.

auf|spa·ren[áʊfʃpa:rən] 他 (h) 《*et.*⁴ für *et.*⁴》(…を…のために)とっておく, 残しておく, 節約しておく: das Beste bis zuletzt ～ いちばんいい物を最後までとっておく | *et.*⁴ für später 〈für Notzeiten〉 ～ …を後のため〈非常時のため〉にとっておく | *sich*³ Arbeit für die Freizeit ～ 仕事を余暇にまで持ちこむ.

Auf·spa·rung[..rʊŋ] 女 -/ aufsparen すること.

auf|spei·chern[áʊfʃpaɪçərn] 《05》 他 (h) (品物・穀物などを)貯蔵する; (力などを)蓄積する: Lebensmittel ～ 食料

品を貯蔵する ‖ die *aufgespeicherte* Energie 蓄積されたエネルギー ‖ 再帰 *sich*⁴ ～ 蓄積される; (怒りなどが) 鬱積(うっせき)する.

Auf·spei·che·rung[..çəruŋ] 女 -/-en 貯蔵; 蓄積, 鬱積(うっせき).

auf|spen·deln[áufʃpɛndəln] ⟪06⟫ 他 (h) ⟪オーストリア⟫ ピンで「留める.」

auf|sper·ren[áufʃpɛrən] 他 (h) **1** (目・口・くちばし・戸・窓などを) 大きく(広く)開く: den Schnabel ～ (鳥が)くちばしを大きく開く | die Löffel ～ (→Löffel 2 a) | Mund 〈Maul〉 und Nase ～ (→Mund 1, →Maul 2 a) ‖ mit *aufgesperrtem* Mund 口をぽかんとあけて. **2** ⟪南部・オーストリア⟫ (aufschließen) (鍵や閂(かんぬき)のかかったものを) 開く: den Schrank 〈das Schubfach〉 ～ 戸棚(引き出し)をあける.

auf|spie·len[áufʃpi:lən] **I** 他 (h) **1** (音楽を) 演奏し始める: einen Walzer ～ ワルツを演奏する. **2** 再帰 *sich*⁴ ～ もったいぶる, 気取る, 誇示(誇張)する: *Spiel* dich nicht so *auf*! そうほらを吹くな(いばるな) | *sich*⁴ als Sachverständiger ～ 通(つう)(専門家)ぶる | *sich*⁴ mit *seiner* adligen Herkunft ～ 貴族の生まれであることを誇示する. **II** 自 (h) **1** 音楽を演奏する: zum Tanz ～ ダンスの伴奏音楽を演奏する. **2** ⟪様態を示す語句と⟫ 〖スポーツ〗 (…の) 競技(試合)ぶりをする: groß 〈glänzend〉 ～ すばらしいプレーをする.

auf|spie·ßen[áufʃpi:sən] ⟪02⟫ 他 (h) **1** 刺し通す, 突き刺す; 突き刺して固定する: ein Stück Fleisch mit der Gabel ～ 一切れの肉をフォークで刺す | den Torero ～ (牛が) 闘牛士を角にかける | Schmetterlinge 〔mit Nadeln〕 auf eine Unterlage ～ 蝶(ちょう)を〔虫ピンで〕台に留める. **2** (anprangern) 弾劾する, やり玉にあげる.

auf|split·tern[áufʃplɪtərn] ⟪05⟫ **I** 他 (h) (細かく) 割る, 分割する, 分裂させる: eine Partei in viele Gruppen ～ 党を多くのグループに分裂させる ‖ 再帰 *sich*⁴ ～ (細かく) 割れる, 分裂する. **II** 自 (s) 割れる, 裂ける.

auf|spray·en[áufʃpre:ən, ..spre:ən, ..spreɪən] 他 (h) ⟪*et.*⁴ auf *et.*⁴⟫ (…を…に噴霧器で) 吹きつける.

auf|spren·gen[áufʃprɛŋən] 他 (h) 爆破して開く; 力ずくで(むりやりに)あける: die Tür mit einem Brecheisen ～ 戸を鉄梃(かなてこ)でこじあける | einen Tresor ～ (爆薬で) 金庫を破る.

auf|sprie·ßen*[áufʃpri:sən] ⟪178⟫ 自 (s) (植物が地面から) 芽をだす, 発芽する; ⟪比⟫ 芽生える, 成育(成長)する.

auf|sprin·gen*[áufʃprɪŋən] ⟪179⟫ 自 (s) **1** はね上がる, 飛び上がる: vor Freude 〔vom Stuhl〕 ～ 喜んで〔いすから〕躍り上がる. **2** (↔abspringen) ⟪auf *et.*⁴⟫ (乗り物などに) 飛び乗る: auf einen anfahrenden Zug ～ 走りだした列車に飛び乗る. **3** (球などが) はね返る, はずむ, バウンドする: Der Ball *sprang* mehrmals *auf*. ボールは何度もバウンドした | einen Stein auf dem Wasser ～ lassen 小石を投げて水切り遊びをする. **4** (風・うわさ・怒りなどが) 突然起こる. **5 a)** (戸・ふた・花のつぼみなどが) ぱっと開く. **b)** (服が) ほころびる. **c)** (くちびる・手・木材などが) ひび割れる: eine *aufgesprungene* Hand ひび割れた手.

auf|sprit·zen[áufʃprɪtsən] ⟪02⟫ **I** 自 (s) **1** 噴出する, はね上がる. **2** ⟪話⟫ 飛び上がる, 急に立つ.
II 他 (h) ⟪*et.*⁴ auf *et.*⁴⟫ (…を…にむかって) 噴射させる, 吹きかける: Lack 〈Farbe〉 ～ ラッカー(塗料)を吹き付ける.

auf|spros·sen[áufʃprɔsən] ⟪03⟫ ⟪雅⟫ =aufsprießen

auf|spru·deln[áufʃpru:dəln] ⟪06⟫ 自 (s) 沸き上がる, 泡立つ.

auf|sprü·hen[áufʃpry:ən] **I** 自 (h, s) (火花・しぶきなどが) 上方へ飛び散る, しぶく. **II** 他 (h) ⟪*et.*⁴ auf *et.*⁴⟫ (…を…にしぶき状に) 吹きかける: Lack ～ ラッカーを吹き付ける.

Auf·sprung[áufʃpruŋ] 男 -〔e〕s/..sprünge[..ʃprʏŋə] (aufspringen すること. 特に:) **1** 着地. **2** 〖泳〗 (飛板とび込み直前のジャンプの際の) 踏み切り.

Auf·sprung·bahn 女 〖スキー〗 (シャンツェの) ランディング「バーン.」

auf|spu·len[áufʃpu:lən] 他 (h) (↔abspulen) (糸・リボン・フィルムなどを) 巻き枠に巻く: das Nähgarn 〈das Tonband〉 ～ 縫い糸を糸巻きに(録音テープをリールに)巻く.

auf|spü·len[áufʃpy:lən] 他 (h) **1** 〖地〗 (土砂を) 沖積する. **2** ⟪方⟫ (食器を) 洗う.

auf|spü·ren[áufʃpy:rən] 他 (h) (隠れている人・獣などを) 捜し出す, かぎつける; (隠されたものを) 見つけ出す: den Täter ～ 犯人を捜し出す | ein Geheimnis ～ 秘密をかぎつける.

auf|sta·cheln[áufʃtaxəln] ⟪06⟫ 他 (h) 刺激する, (気持を) かき立てる, そそのかす: *js.* Ehrgeiz ～ …の功名心をそそる | *jn.* zum Widerstand ～ …をそそのかして反抗させる.

auf|stamp·fen[áufʃtampfən] 自 (h) 地面を強く踏む, 地だんだを踏む: vor Wut ～ 憤慨して地だんだを踏む.

Auf·stand[áufʃtant]¹ 男 -〔e〕s/..stände[..ʃtɛndə] 蜂起(ほうき), 反乱, 暴動 (→Abfall 2 a): ein bewaffneter ～ 武装蜂起 | einen ～ organisieren 〈unterdrücken〉 反乱をたくらむ(鎮圧する).

auf|stän·dern[..ʃtɛndərn] ⟪05⟫ 他 (h) 台架にのせる(据え付ける); 台架で支える; (道路を) 高架にする. [<Ständer]

auf·stän·disch[..dɪʃ] (**auf·stän·dig**[..dɪç]²) 形 暴動(反乱)を起こした: die *Aufständischen* 反乱を起こした人々. [<Aufstand]

auf|sta·peln[áufʃta:pəln] ⟪06⟫ 他 (h) 積み重ねる, 積み上げる; 蓄積(貯蔵)する.

Auf·sta·pe·lung[..pəluŋ] (**Auf·stap·lung**[..pluŋ]) 女 -/-en aufstapeln すること.

auf|star·ren[áufʃtarən] 自 (h) **1** 上方を凝視する: zum Himmel ～ じっと空を見上げる. **2** 凝然とそびえ立つ: eine senkrecht *aufstarrende* Felswand 垂直にそそり立つ岩壁.

Auf·stau[áufʃtau] 男 -〔e〕s/ **1** (水流などの) せき止め; せき上げ. **2** せき止められた水量.

auf|stäu·ben[áufʃtɔʏbən]¹ =aufstieben

auf|stau·en[áufʃtauən] 他 (h) (水流・土砂などを) せき止める: den Fluß durch einen Damm ～ 川をダムによってせき止める ‖ 再帰 *sich*⁴ ～ (せき止められて) たまる; ⟪比⟫ (怒り・不満などが) 鬱積(うっせき)する | *aufgestauter* Ärger 鬱積した怒り.

auf|ste·chen*[áufʃtɛçən] ⟪180⟫ 他 (h) **1** 刺して開く, 突き破る: eine Blase ～ 水ぶくれを切開する. **2 a)** (地面を) 掘り返す. **b)** (銅版を) なぞって更新する. **3** (食物などをフォークなどで) 刺して取り上げる. **4** 〖狩〗 (野獣を) 狩り出す. **5** 留め針でとめる. **6** ⟪方⟫ (過失などを) つく, 指摘する: das Versehen ～ 手落ちをとがめる.

auf|stecken[áufʃtɛkən] 他 (h) **1** (上方へ掲げて) 留める; 差し込む, はめる; 立てる: die Fahne ～ 旗を掲げる | Gardinen ～ カーテンをかける | *sich*³ 〔mit Haarnadeln〕 das Haar ～ 〔ヘアピンで〕髪をとめる | die Überlänge beim Mantel 〔mit Stecknadeln〕 ～ 〔待ち針で〕コートのあげをする | einen Ring ～ 指輪をはめる ‖ die Kerzen auf den Leuchter ～ 燭台(しょくだい)にろうそくを立てる | *jm.* ein Licht ～ (→Licht 2 b) ‖ eine Wache ～ 見張りを立てる. **2** (aufsetzen) (意識的に…の) 顔つきをする: ein fröhliches Gesicht ～ 愉快そうな顔つきをして見せる | eine Amtsmiene ～ (→Amtsmiene). **3** ⟪方⟫ (家畜に飼料を) 飼料棚に入れてやる: dem Pferd Futter ～ 馬にまぐさをやる. **4** ⟪話⟫ (aufgeben) (途中で) やめる, 断念する, 放棄する: einen Plan ～ 計画を投げ出す | das Rauchen ～ 禁煙する. **5** ⟪南部・オーストリア⟫ (名声・もうけなどを) 手に入れる, 獲得する: Mit solcher Frechheit kann er bei mir nichts ～. 彼があんな厚かましい態度に出ても私にはなんの効き目もないさ.

auf|ste·hen*[áufʃte:ən] ⟪182⟫ 自 **1** (s) **a)** (腰かけていた人が) 立ち上がる: vom Stuhl ～ いすから立ち上がる | von der Arbeit ～ 仕事をやめて(終えて)立つ | vom Tisch 〈Essen〉 ～ 食事を終えて立つ | Vor älteren Leuten *steht* man *auf*. 年長者に対しては敬意を表して立ち上がる(座を譲る)ものだ. **b)** (横たわっていた人が) 起き上がる; 起床する; (病人が) 離床(全快)する: früh 〈spät〉 ～ 早起き(寝坊)する | **Da mußt du 〔schon〕 früher 〈eher〉 ～.** ⟪話⟫ その手にはのらんぞ, 顔を洗って出直せ; もたもたするな | **nicht mehr 〈wieder〉 ～** ⟪婉曲に⟫ もう再起不能である, 死ぬ ‖ aus dem Bett ～ ベッドから起きる | mit den Hühnern ～ (→Huhn 1 a) | mit der Sonne ～ 日の出とともに起床する | **mit dem linken 〈falschen〉 Bein 〔zuerst〕 *aufgestanden* sein** ⟪話⟫ 不機嫌である (左足から先にベッドを降りるとろくなことはないという迷信から) | vom Tod ～ 死からよみがえる ‖ Das frühe

A

Aufstehen fällt mir schwer. 私は早起きは苦手だ.
2 (s)《雅》(感情が)生じる,(疑惑・思い出などが)浮かぶ: Haß *stand* in ihm *auf*. 彼の心に憎しみがわいた | Eine Frage war in ihr *aufgestanden*. 疑問が彼女の心に生まれていた.
3 (s) (抑圧されていた人が)立ち上がる, 反乱を起こす(→Aufstand): gegen *jn.* ~ …に反旗をひるがえす.
4 (s)〖狩〗(野鳥が)飛び立つ; (ウサギなどが)隠れがから飛び出す.
5 (h) **a)** (床などの上に)立っている: Der Tisch *steht* nur mit drei Beinen *auf*. そのテーブルは3本の脚だけで立っている. **b)** (建物などが)そびえ立っている.
6 (h) (戸などが)あいている; (ボタンが)外れたままである: Die ganze Nacht hat das Tor *aufgestanden*. 門は一晩じゅう開け放しだった.

auf|stei·gen*[áʊfʃtaɪgən][1]《184》 **I** 自 (s) **1** (↔absteigen) **a)** (乗り物に)乗る: auf das Fahrrad ⟨auf einen Wagen⟩ ~ 自転車⟨自動車⟩に乗る. **b)** (山などに)登る: zum Gipfel ~ 山頂に登る. **c)** 上昇する, 立ちのぼる; (鳥・飛行機などが)飛び立つ: Die Sonne ⟨Der Nebel⟩ *steigt auf*. 太陽が昇る⟨霧がたつ⟩ | in einem Flugzeug ⟨mit einer Maschine⟩ ~ 飛行機で空に舞い上がる | einen Drachen ~ lassen 凧(たこ)をあげる ‖ Das Jauchzen der Menge *stieg auf*. 群衆の歓声がわき起こった. **d)** 出世する, 昇進⟨昇級⟩する;《オーストリア》(生徒が)進級する;〖スポ〗(ランクが)上がる: zum Minister ~ 大臣の地位に上る. **2** 生じる, 現れる: Ein Gedanke ⟨Die Erinnerung⟩ *steigt* in ihm *auf*. ある考え⟨思い出⟩が彼の心に浮かぶ | Ihr *stiegen* Tränen *auf*. 彼女の目に涙があふれた | Das Gebirge *stieg* vor uns *auf*. 山が我々の眼前にそそり立った. **II auf·stei·gend** 現分 形 上昇する; 登り坂の: eine ~*e* Linie 上昇線 | Verwandten ~*er* Linien (直系)尊属 | ~*er* Knoten〖天〗昇交点.

Auf·stei·ger[áʊfʃtaɪgər] 男 -s/- **1** (↔Absteiger)〖スポ〗(上位リーグなどへの)昇進チーム. **2**《話》出世した人, 成功者.

Auf·stei·gung[..gʊŋ] 女 -/-en **1** aufsteigen すること. **2** gerade ~〖天〗赤経(→Rektaszension).

auf|stel·len[áʊfʃtɛlən] **I** 他 (h) **1** (しかるべき場所に)立てる, 置く: **a)** (石碑・足場・テントなどを)建てる; (ベッド・機械などを)据える: Mäusefallen im Keller ~ 地下室にねずみ取りをしかける | eine Leiter ~ はしごを立てかける | Netze ~ 網を張る | den Wagen ~ 駐車する | ein Ziel ~ 目標を定める. **b)** 配置する: *jn.* an der Tür als Beobachter ~ …を戸口に見張りに立たせる | Stühle um den Tisch ~ いすをテーブルの回りに並べる | Truppen an der Grenze ~ 部隊を国境に配備する | Wachen ~ 番人を立てる | Waren ~ 商品を陳列する ‖ 再帰 *sich*[4] ~ (しかるべき場所に)立つ, 出て並ぶ, 位置につく; 勢ぞろいする, 繰り出す | *sich*[4] an der Straße〔entlang〕~ 通りに沿って並ぶ | *sich*[4] in zwei Reihen ~ 2列に並ぶ | *sich*[4] vor *jm.* ~ …の前に立ちふさがる | Die Läufer *stellten* sich zum 100-Meter-Lauf *auf*. ランナーたちは100メートル競走のスタートの位置についた.
2《*jn.*》(候補・証人などに)立てる, 指名する: *jn.* als Kandidaten ~ …を候補に立てる | einen Zeugen ~ 証人を立てる.
3 (部隊・チームなどを)編成する: ein Orchester ~ オーケストラを編成⟨組織⟩する.
4 a) (計画・予算などを)立案する; (文書などを)作成する: die Bilanz ~ 収支決算をする. **b)** (法則・学説などを)立てる: eine Hypothese ⟨eine grammatische Regel⟩ ~ 仮説⟨文法規則⟩を立てる. **c)**《aufstellen 自体の意味が希薄化し, 機能動詞として〔動作〕名詞とともに動詞句を構成して》(…を)持ち出す, 提出⟨提示⟩する: eine Behauptung ~ ある主張をする | Er *stellte* den Beweis *auf*, daß ... 彼は…ということを立証した | Fragen ~ いろいろ質問をする. **d)**〖スポ〗(記録を)樹立する: einen neuen Rekord ~ 新記録を樹立する.
5 (倒れているものを)起こす, 縦にする; (襟などを)立てる: die Kegel ~ (九柱戯の倒れた)ピンを立てる | Der Hund *stellte* die Ohren *auf*. 犬が耳を立てた.
6《南部》上に置く; 火にかける: Wasser ~ (湯をわかすために)水を入れたやかんを火にかける.
7 a)《北部》(anstellen)(ばかなこと・困ったことなどを)しでかす, やらかす: Was haben denn die Kinder nur wieder *aufgestellt*! この子たちはまた何たることをしてくれたことか. [▽]**b)** 企てる, する: Ich habe allerlei *aufgestellt*, um dies zu erreichen. 私はこのことを達成するためにいろんなことをした | Mit ihm ist nichts *auf*zu*stellen*. 彼にはまったく手がつけられない.
[▽]**II** 自 (h)《nach *et.*[3] / wegen *et.*[2]》(…を)手に入れようとする, 捜す.

Auf·stel·lung[áʊfʃtɛlʊŋ] 女 -/-en **1** (記念碑などを)建てること, 設立; (機械などの)据え付け; (番兵の)配置; (商品の)陳列: die ~ eines Gerüstes 足場を組むこと ‖ **~ nehmen** (しかるべき場所に)出て並ぶ, 勢ぞろいする |〔zur Demonstration〕vor dem Rathaus ~ nehmen デモのため市庁舎の前に繰り出す | in Gruppen zu 20 Mann ~ nehmen 20人ずつ隊を組んで整列する. **2** 候補擁立,(候補者の)名簿作成; 一覧表, リスト: eine ~ vorlegen 名簿を提出する. **3** (軍隊・オーケストラなどの)編成; 並べ方, 配置;〖スポ〗チーム編成: die ~ der Stühle überprüfen いすの並べ方を点検する. **4 a)** (計画などの)作成, 準備, 提案;〖商〗計算書, 勘定: die ~ des Inventars 明細目録の作成. **b)** (法則・学説などを)立てること; (記録の)樹立.

auf|stem·men[áʊfʃtɛmən] 他 (h) **1**〔突っぱって〕支える: die Arme auf den Tisch ~ / 再帰 *sich*[4] mit den Armen auf den Tisch ~ テーブルに両腕をつく. **2** (かなてこなどで)開ける: die Kiste ⟨die Tür⟩ ~ 箱⟨扉⟩をてこでこじ開ける.

auf|stem·peln[áʊfʃtɛmpəln]《06》他 (h)《*et.*[4] auf *et.*[4]》(…を…に)スタンプで押す, 捺印(なついん)する.

auf|step·pen[áʊfʃtɛpən] 他 (h)《*et.*[4] auf *et.*[4]》〖服飾〗刺し子縫い⟨キルティング⟩で縫い付ける.

auf|sticken[áʊfʃtɪkən] 他 (h) **1**《*et.*[4] auf *et.*[4]》刺しゅうして縫い付ける. **2**〖工〗(鋼を)窒化処理する. [2: <Stickstoff]

auf|stie·ben*[áʊfʃti:bən][1]《186》自 (s) **1**〖狩〗(野鳥が驚いて)群れをなして飛び立つ. **2** (ほこり・雪・火花などが)舞い上がる.

Auf·stieg[áʊfʃti:k][1] 男 -〔e〕s/-e (↔Abstieg) **1 a)** 登ること, 登山: der ~ zum Gipfel 登頂. **b)** 登り道, 登り坂: ein steiler ⟨bequemer⟩ ~ 険しい⟨楽な⟩登り道. **2** 上昇, 飛翔(ひしょう): der bemannte ~ ins Weltall 有人宇宙飛行. **3** 向上, 興隆; 昇進;〖スポ〗(上位リーグなどへの)昇進: der wirtschaftliche ~ 経済的発展 ‖ im ~〔begriffen〕sein 発展⟨向上⟩しつつある | in *seiner* Stellung einen glänzenden ~ erleben ⟨nehmen⟩ 輝かしい昇進をする. [*mhd.*; ◇aufsteigen]

Auf·stiegs≠bahn 女 (人工衛星を所定の軌道にのせるまでのロケットの)打ち上げ軌道. **≠ge·sell·schaft** 女 出世〔志向〕社会; だれもが能力しだいで出世できる社会. **≠mög·lich·keit** 女 昇進⟨栄進⟩の可能性. **≠spiel** 中〖スポ〗(上位リーグなどへの)昇進チーム決定戦.

auf|stö·bern[áʊfʃtø:bərn]《05》他 (h) **1** (獣を隠れ場所から)狩り立てる: einen Hasen ~ ウサギを狩り出す. **2** (発見・入手の困難なものを)捜し出す: Geheimnisse ~ 秘密を探り出す.

auf|stocken[áʊfʃtɔkən] 他 (h) **1**〖建〗(…に)階層を増築する. **2** (一定の量を)上乗せする, 増額する: ein Kapital ~ 増資する | die Rüstung ~ 軍備を増強する. [<Stock[1]]

Auf·stockung[..kʊŋ] 女 -/-en aufstocken すること.

auf|stöh·nen[áʊfʃtø:nən] 自 (h) (突然)うめき声をあげる.

auf|stöp·seln[áʊfʃtœpsəln]《06》他 (h) (たる・瓶などの)栓を抜く.

auf|stö·ren[áʊfʃtø:rən] 他 (h) 驚かせて(…の)平静を乱す, 騒がせる, 妨げる: *jn.* aus dem Schlaf ~ (驚かせて)…を眠りから覚まさせる | den Ameisenhaufen ⟨den Wespenschwarm⟩ ~《比》大騒ぎを引き起こす.

Auf·stoß[áʊfʃto:s] 男 -es/..stöße[..ʃtø:sə]〖狩〗(猛鳥をおびき寄せるための)おとり.

auf|sto·ßen*[áʊfʃto:sən]《188》 **I** 他 (h) **1** (戸・窓などを)押し開く, 突きあける: die Tür mit dem Fuß ~ 戸を足でけりあける | in *et.*[3] neue Tore ~《比》…に新分野を切

り開く. **2** 押し(突き)上げる. **3** 物の上に打ち当てる: **a)** (杖(つえ)などを)〔地面に〕突き当てる; (グラスなどを)音をたてて置く: den Stock 〔auf den Boden〕 taktmäßig ~ 調子をとりながら杖で地面を打つ | den Becher auf den Tisch ~ 杯を卓上にとんと置く. **b)** (体の一部分を)突き当てて傷つける: *sich*³ den Kopf ~ 頭を打ってけがをする ‖ 再帰 *sich*⁴ ~ 突き当たってけがをする. **4** 〘狩〙 狩り立てる.

II 自 **1** (s) **a)** (水底などに)突き当たる: Der Kahn ist *aufgestoßen*. 小舟が乗り上げた. **b)** 《auf *et.*⁴》 (…に)突き当たる: mit dem Kopf auf die Kante ~ 頭をかどにぶつける(→I 3 b) | mit dem Becher auf den Tisch ~ 杯を音をたてて卓上に置く(→I 3 a).

2 a) (h) おくび(げっぷ)をする: Der Säugling muß nach seiner Mahlzeit ~. 乳児は授乳後にげっぷをするものだ. **b)** (h, s) 《*jm.*》 (飲食物が…に)おくび(げっぷ)をさせる, 胸やけを起こさせる: Sekt *stößt* mir leicht 〔sauer〕 *auf*. 私はシャンパンを飲むとすぐおくびが出る(胸やけがする) | ***jm.* sauer 〈übel〉 ~** …にとって後味のわるい結果となる | Das könnte dir 〔noch〕 sauer 〈übel〉 ~. 《話》そのためにお前はひどい目にあうかも知れないぞ, そんなことをすると後が怖いぞ ‖ 非人称 Nach Sekt *stößt* es einem *auf*. シャンパンを飲んだ後にはおくびが出る. **c)** (h) (たるの中で)発酵する, わきたつ. **d)** (h) 《方》 (子供・家畜が)〔食欲不振のため〕むずかる.

3 (s) **a)** (auffallen) 《*jm.*》 (…の)注意を引く, (…に)奇異の感じを与える: Mir ist 〔bei der Durchsicht〕 nichts Verdächtiges *aufgestoßen*. 〔目を通したとき〕私には疑わしいことは何も目にとまらなかった | Mir ist *aufgestoßen*, daß ... 私には…のことが目にとまった | Sein Fernbleiben *stößt* mir *auf*. 彼が寄りつかないのは変だ. **b)** 《*jm.*》 (…の身に)起こる; (…の心に)生じる: Mir *stößt* ein Zweifel *auf*. 私の心に疑念が生じる.

III Auf·sto·ßen 中 -s/ (aufstoßen すること. 特に:) おくび, げっぷ, 胸やけ.

Auf·sto·ßer[..ʃto:sər] 男 -s/- 《話》 おくび, げっぷ.

auf·stö·ßig[..ʃtø:sɪç]² 形 **1** 酸っぱくなった. **2** 《方》 食欲不振の, 病弱な. **3** =aufsässig

auf|strah·len[áuf∫tra:lən] 自 (h) さっと明るくなる; (顔・目などが喜びで)輝く.

auf|stre·ben[áuf∫tre:bən]¹ 自 (h) **1** 《雅》 (山・樹木・建物などが)そびえ(そそり)立つ: steil *aufstrebende* Felswände そそり立つ岩壁. **2** 《zu *et.*³》 (…に到達しようと)努力する, 向上(発展)する: zur Industriemacht ~ 工業大国を目指して努力する ‖ ein *aufstrebender* junger Mann 意欲的な若者 | eine rasch *aufstrebende* Industrie めざましく躍進する工業.

auf|strecken[áuf∫trɛkən] 他 (h) 上に(上方へ)伸ばす: den Arm ~ 腕を上方へ伸ばす; 手を上げる, 挙手をする.

auf|strei·chen*[áuf∫traiçən] 《189》 **I** 他 (h) 《*et.*⁴ auf *et.*⁴》 (…を…に)塗りつける, 塗布する: Butter auf Brot ~ パンにバターを塗る. **II** 自 (s) 〘狩〙 (野鳥が)飛び立つ.

auf|strei·fen[áuf∫traifən] 他 (h) **1** (そで口・ズボンのすそなどを)まくり上げる. **2** (皮膚を)すりむく.

auf|streu·en[áuf∫trɔyən] 他 (h) 《*et.*⁴ auf *et.*⁴》 (…を…の上に)まく, 散布する, ふりかける: Salz auf die Straße ~ (路面凍結を防ぐために)道路に塩をまく.

Auf·strich[áuf∫trɪç] 男 -[e]s/-e **1** 《ふつう単数で》 **a)** (Brotaufstrich) (バター・ジャムなど)パンに塗るもの. **b)** (ペンキなどの)塗り. **2** (↔Abstrich) (書字の)上向きの線(字画). **3** (↔Herunterstrich) 〘楽〙 (弦楽器運弓法の)上げ弓 (記号 ∨).

auf|stu·fen[áuf∫tu:fən] 他 (h) **1** (上位の階段に)格上げする. **2** 階段状に積み重ねる.

Auf·stu·fung[..fuŋ] 女 -/-en aufstufen すること.

auf|stuh·len[áuf∫tu:lən] 自 (h) (床掃除の際などにテーブルの上に)いすを上げる. [＜Stuhl]

auf|stül·pen[áuf∫tʏlpən] 他 (h) **1** (帽子・ふたなどを)すっぽりとかぶせる: *sich*³ den Hut ~ 帽子をかぶる. **2** (襟・そでなどを)折り返す: den Mantelkragen ~ コートの襟を折り返す ‖ *aufgestülpte* Lippen まくれ上がった唇.

auf|stüt·zen[áuf∫tʏtsən] 《02》 他 (h) **1** 支える, もたせかける: die Arme auf den Tisch ~ / 再帰 *sich*⁴ mit den Armen auf den Tisch ~ テーブルに両腕をつく ‖ mit *aufgestütztem* Kopf 頭を手で支えて. **2** 支えて起こす: einen Kranken ~ 病人を支える ‖ 再帰 *sich*⁴ im Bett 〔halb〕 ~ ベッドの中で上半身〔なかば〕を起こす.

auf|su·chen[áufzu:xən] 他 (h) **1** 《*jn.*》 訪問する, 訪れる: den Arzt ~ 医者にかかる. **2** 《*et.*⁴》 (…へ)行く, 入る: eine Bar 〈die Toilette〉 ~ バー(便所)に行く | das Bett ~ 寝床につく | den Boden ~ (→Boden 3) | *sein* Zimmer ~ 自分の部屋に戻る. **3** (本などをめくって)捜し出す: *js.* Telefonnummer im Notizbuch ~ 手帳に書いてある…の電話番号を捜し出す. **4** (捜して)拾い集める: die Glassplitter vom Boden ~ 床からガラスの破片を拾い集める.

auf|sum·men¹[áufzumən] 自 (s) (虫などが)ブンブン羽音を立てて飛び上がる.

auf|sum·men²[–] (**auf|sum·mie·ren**[..zumi:rən]) 他 (h) 〘電算〙 合計する: 再帰 *sich*⁴ ~ 合計される | *sich*⁴ auf *et.*⁴ ~ 合計して…に達する.

auf|sü·ßen[áufzy:sən] 《02》 他 (h) (ワインなどに糖分を添加して)甘くする.

auf|ta·bel·lie·ren[áuftabɛli:rən] 他 (h) 表(リスト)にまとめる.

auf|ta·feln[áufta:fəln] 《06》 他 (h) **1** 《雅》 = auftischen 1 **2** (乾燥させるため)板の上に並べる.

auf|ta·keln[áufta:kəln] 《06》 **I** 他 (h) **1** (↔abtakeln) 〘海〙 (船に)索具を装備する, 艤装(ぎそう)する. **2** 《話》 再帰 *sich*⁴ ~ (ごてごてと)めかしこむ. **II auf·ge·ta·kelt** → 別出

Auf·ta·ke·lung[..kəluŋ] (**Auf·tak·lung**[..kluŋ]) 女 -/-en 〔sich〕 auftakeln すること.

Auf·takt[áuftakt] 男 -[e]s/-e **1 a)** 〘楽〙 上拍. **b)** 〘詩〙 行首余剰音(最初の揚音の前のアクセントをもたないシラブル). **2** 発端, 幕開け, 序曲: ein festlicher ~ 荘重な幕開け | Seine Rede war der ~ zu den kommenden Wahlen. 彼の演説が来るべき選挙の皮切りであった. **3** 〘工〙 初期位相.

auf|tan·ken[áuftaŋkən] **I** 他 (h) 《*et.*⁴》 (…に)燃料を補給する: ein Auto 〈ein Flugzeug〉 ~ 自動車(飛行機)に燃料を補給する | neue Kräfte ~ 《比》 (休養して)新しい力を蓄える. **II** 自 (h) 燃料を補給する; 《比》 (休養して)力を蓄える; 《話》 酒を飲む.

auf|tau·chen[áuftauxən] 自 (s) **1** 浮かび上がる; (心に)浮かぶ. **2** 《比》 (思いがけなく)現れる, 姿を現す: Nach langer Zeit *tauchte* er wieder bei uns *auf*. 久しぶりに彼がまた我々のところに姿を見せた | aus der Versenkung 〔wieder〕 ~ (→Versenkung 2).

auf|tau·en[áuftauən] **I** 自 (s) **1** (雪・氷などが)溶ける: Der See ist *aufgetaut*. 湖面の氷が溶けた. **2** 打ちとける: Nach einigen Gläsern Wein *taute* er *auf*. ワインを二三杯飲んだら彼は打ちとけ〔てしゃべりだし〕た.

II 他 (h) **1 a)** (凍ったものを)溶かす. **b)** (冷凍食品を)解凍する. **2** 〘商〙 凍結を解く.

auf|tei·len[áuftailən] 他 (h) **1** 分配する: die Beute unter *sich*³ ~ 獲物を分けあう. **2** 分割(区分け)する: die Schüler in Klassen ~ 生徒をいくつかのクラスに分ける.

Auf·tei·lung[..luŋ] 女 -/-en 分配; 分割.

auf|tip·pen[áuftɪpən] 自 (s) (ボールが)軽くバウンドする.

auf|ti·schen[áuftɪʃən] 《04》 他 (h) **1** (料理・飲み物などを)食卓に供する: ein vorzügliches Mahl ~ すばらしいごちそうを出す ‖〘4格の目的語なしで〙 *jm.* reichlich ~ …にたくさんごちそうを出す. **2** 《軽蔑的に》 (いいかげんな話を)持ちだす, 申し立てる: *jm.* Ausreden ~ …に言い逃れを述べる. [＜Tisch]

auf|top·pen[áuftɔpən] 他 (h) 〘海〙 (帆桁(ほげた)を)垂直に立てる. [＜Topp]

Auf·trag[áuftra:k]¹ 男 -[e]s/..träge[..trɛ:gə] **1 a)** 依頼, 委託, 委任; 指図, 言いつけ; (依頼された)課題: im ~ (略 i. A., I. A.) (公文書などに責任者に代わって署名するときに)委託を受けて, 責任者に代わり | im ~ von Herrn X X 氏の委任により, X 氏の代理として | ein ~ zur Lieferung von Waren 納品の依頼 ‖ einen ~ ausführen 〈erfül-

len〉依頼を実行する〈果たす〉| einen ～ bekommen 〈erhalten〉依頼を受ける | *jm.* einen ～ erteilen 〈geben〉…に依頼する; …に指図する | Ich habe den ～, Sie herzlich zu grüßen. あなたによろしくと申し上げるよう言いつかっています. **b**) 注文, 用命: Ihrem ～ gemäß ご用命によって ‖ *et.*[4] **bei** *jm.* **in ～ geben**〘商〙…を…に注文する | Der Bau des neuen Dampfers ist in ～ gegeben worden. 新しい汽船の建造は発注ずみである | einer Firma einen ～ in Höhe von 5 000 Mark geben ある社に5000マルクの額の注文をする ‖ Wir sehen Ihren weiteren *Aufträgen* gern entgegen.〘商〙今後ともご用命をお待ち申し上げます. **c**)《ふつう単数で》使命, 任務: der gesellschaftliche ～ der Kunst 芸術の社会的使命.

2 a) (auftragen すること. 特に:) 色を塗ること; 飲食物を食卓に出すこと. **b**) (auftragen されたもの. 特に:) 塗られた絵の具〈塗料〉〔の層〕; 食卓に出されたもの, ごちそう.

auf|tra·gen*[áʊftraːɡən][1]《191》**I** 他 (h) **1**《雅》(料理・飲み物などを) 食卓に供する: den Gästen 〈für die Gäste〉das Beste ～ 客に最上の料理を供する | Das Essen ist *aufgetragen.* 食卓の用意ができました. **2** (aufstreichen) 塗りつける, 塗布する: Butter 〈Puder〉 ～ バター〈おしろい〉を塗る | Salbe auf die Wunde ～ 軟膏(なんこう)を傷に塗る ‖〔die Farbe〕dick 〈stark〉 ～ 色を厚く塗る;《話》誇張する, 虚飾する(→II 2).

3 《*jm. et.*[4]》(…に…を) 依頼〈委託〉する; 課する, 負わせる, 命じる: *jm.* ein Amt ～ …にある職務を任せる | *jm.* eine Arbeit ～ …に仕事を頼む | Er hat mir Grüße an dich *aufgetragen.* 彼は君によろしくと言っていたよ | Sie *trug* mir *auf*, ihn zu besuchen. 彼女は私に彼を訪ねるよう依頼した. **4**《話》(衣類などを) 古くなるまで着続ける, 着古す; (靴を) はき古す: die Sachen der älteren Brüder ～ 兄たちのお古の衣類を着る | Die Bluse kann ich noch daheim ～. 私はこのブラウスは家でならまだ着られます ‖ Die Schuhe sind *aufgetragen.* この靴ははき古されている.

II 自 (h) **1** (衣類・布地が) かさばる, 着ぶくれる: Unterwäsche, die nicht *aufträgt* 着ぶくれしない下着. **2 dick 〈stark〉 ～**《話》誇張する, 虚飾する(→I 2) | Er hat in seinem Bericht ganz schön dick *aufgetragen.* 彼の報告はひどく誇張されている.

Auf·trag≠ge·ber[áʊftraːk..] 男 (仕事・任務などを) 委託した人, 依頼人; 発注者, 注文先. **≠neh·mer** 男 (仕事・任務などを) 引き受けた人, 受託者; 受注者, 請負人.

Auf·trags≠be·stä·ti·gung 女〘商〙受注確認; 注文請け書. **≠buch** 中〘商〙受注〈発注〉控え簿.

Auf·trag·schwei·ßung 女〘工〙肉盛り溶接.

Auf·trags≠ein·gang 男〘商〙受注. **≠er·tei·lung** 女〘商〙発注. **≠for·mu·lar** 中〘商〙注文書式〈用紙〉.

auf·trags·ge·mäß 形 委託〈注文〉どおりの: *et.*[4] ～ erledigen …を依頼〈注文〉どおりに片づける.

Auf·trags≠här·tung 女〘工〙(金属の) 表面硬化(加工). **≠pol·ster** 中〘商〙予約受注による経営上のゆとり. **≠stück** 中 =Auftragswerk **≠wal·ze** 女〘印〙インキ着けローラー. **≠werk** 中 委嘱作品 (特定の芸術家に委嘱してできあがった作品). **≠zet·tel** 男〘商〙注文伝票.

auf|träu·feln[áʊftrɔʏfəln]《06》他 (h) (液体を 1 滴ずつ) 注ぐ, 滴らす.

auf|tref·fen*[áʊftrɛfən]《192》自 (s) 《auf *et.*[4]》(…の表面に) 打ち当たる, ぶつかる, 衝突する: mit dem Kopf auf die Tischkante ～ テーブルのかどに頭をぶつける.

auf|trei·ben*[áʊftraɪbən][1]《193》**I** 他 (h) **1** 《*jn.*》かり立てる: Die Furcht 〈Die Unruhe〉 *treibt* mich *auf.* 私は恐ろしくて〈不安で〉居ても立ってもいられない. **2** (風がほこり・波・木の葉などを)〔まき〕起こす. **3** 膨らませる, 膨張させる: Hefe *treibt* den Teig *auf.* 酵母が練り粉を膨らす. **4**《話》(あちこち捜し歩いて) 見つけ出す, 調達する: einen Zeugen ～ 目撃者を捜し出す | ein Nachtlager ～ 夜の宿を都合する | Das Buch war schwer *aufzutreiben.* この本は入手困難だった. **5 a**) (家畜を売るために) 市(いち)へ連れて行く. **b**) (家畜を) 山腹の放牧地へ連れて行く. **6**〘坑〙(坑道を) 上方へ切り開く. **7** Reifen auf ein Faß ～ おけにたがをはめる.

II 自 (s) **1** (植物が) 発芽する. **2** 膨らむ, 膨張する: Der Tote war stark *aufgetrieben.* 遺体はひどく膨れ上がっていた. **3**〘海〙(船が) 岸に乗り上げる, 座礁する.

auf|tren·nen[áʊftrɛnən] 他 (h) (縫い付けてあるもの・編んであるものを) ほどく: eine Naht 〈einen Pullover〉 ～ 縫い目〈セーター〉をほどく ‖ 再帰 *sich*[4] ～ (縫い目・編み目が) ほどける.

auf|tre·ten*[áʊftreːtən]《194》**I** 自 (s) **1 a**) (俳優が舞台に) 登場する, 出演する: *tritt auf*〘劇〙(ト書きで) 登場 (参考 geht ab 退場) | Faust *tritt* von links *auf.* ファウスト下手より登場. **b**) (特定の意図・役割で) 登場する, 行動する: in einem Prozeß als Zeuge ～ 裁判に証人として出廷する | gegen *et.*[4] ～ …に反対する. **c**)《様態を示す語句と》(…の) 態度をとる: bescheiden 〈vorsichtig〉 ～ 謙虚に〈慎重に〉振舞う.

2 現れる, 出現する, 発生する: Schwierigkeiten sind plötzlich *aufgetreten.* 突然難題が生じた | Diese Pflanze *tritt* in mehreren Abarten *auf.* この植物にはいろいろな変種がある.

3 足を踏み出す, 歩く: leise 〈vorsichtig〉 ～ 静かに〈用心深く〉歩く | Er hat sich[3] den Fuß verstaucht und kann nicht ～. 彼は足をくじいてしまって歩けない.

II 他 (h) (戸などを) けり開ける; (クルミなどを) 踏み割る.

III Auf·tre·ten 中 -s/ **1** 登場; 出現, 発生: *js.* erstes ～〔auf der Bühne〕…の〔舞台への〕デビュー. **2** 行動, 振舞い, 態度, 物腰: ein sicheres ～ haben 自信に満ちた〈落ち着いた〉態度である. [◇Auftritt]

Auf·trieb[áʊftriːp][1] 男 -〔e〕s/-e **1**〘理〙(流体内にある物体の) 浮力;〘空〙揚力;〘海〙浮揚力. **2**《単数で》刺激, 鼓舞: *jm.* einen neuen ～ geben …に新たな活力を与える | Die Wirtschaft erhielt〔einen〕neuen ～. 経済は新しい刺激を受け活気づいた | Ich habe heute gar keinen ～. 私はきょうは全然やる気がない. **3 a**) (↔Abtrieb) 家畜を山の牧場へ連れて行くこと. **b**) (市場への) 家畜の供給; (市場に供給される) 家畜の頭数.

Auf·triebs·kraft 女 =Auftrieb 1

Auf·tritt[áʊftrɪt] 男 -〔e〕s/-e **1**〘劇〙(舞台への) 登場; 出演: in *seiner* Garderobe auf *seinen* ～ warten (俳優が) 楽屋で出番を待つ. **2** (Szene)〘劇〙(幕を構成する) 場 (古典劇では登場人物の増減があるたびに一つの場と数える): der dritte ～ des ersten Aufzuges 第1幕第3場. **3** 争い, いさかい, 口論, 騒ぎ: mit *jm.* einen ～ haben …とけんか〈口論〉する. **4** 踏み台, 階段〔の踏み板〕(→ 図 Treppe);〘軍〙(塹壕(ざんごう)内の) 射撃用足場. [＜auftreten]

Auf·tritts·ver·bot 中〘劇〙出演停止〈禁止〉.

auf|trock·nen[áʊftrɔknən]《01》**I** 他 (h) 乾かす; (…の水分を) ぬぐい取る: Sie *trocknet* die verschüttete Milch 〈den Fußboden〉 *auf.* 彼女はこぼしたミルクをぬぐい取る〈床をふいて乾かす〉. **II** 自 (s) (液体が) 乾ききる, 完全に蒸発する.

auf|tröp·feln[áʊftrœpfəln]《06》=aufträufeln

auf|trump·fen[áʊftrʊmpfən] 自 (h) **1**〘トランプ〙切り札を出す. **2** 自分の優位を誇示する, 高飛車に出る, きめつける: Er *trumpft* mit seiner Erfahrung 〈mit seinem Wissen〉 *auf.* 彼は自分の経験〈知識〉をふりかざす | gegen *jn.* ～ …に対して高飛車に出る.

auf|tun*[áʊftuːn]《198》他 (h) **1** あける, 開く: die Augen ～ 目を開ける | *Tu* die Augen *auf!*《比》(よく目をあけて) 注意しろ | den Mund ～ (→Mund 1) | die Ohren ～ (→Ohr 1) | die Tür ～ 戸をあける ‖ 再帰 *sich*[4] ～ あく, 開く; 現れる, 急に開ける〈見えてくる〉| Die Pforte *tat* sich *auf.* 門が開いた | Ein Abgrund 〈Eine herrliche Aussicht〉 *tat* sich vor ihm *auf.* 彼の眼前に深淵(しんえん)が口をあけた〈すばらしい眺望が開けた〉| Eine neue Welt 〈Ein neuer Horizont〉 *tat* sich ihm *auf.* 彼には今まで全く知らなかったことが急にわかってきた.

2《方》(店などを) 開く, 開店する: 再帰 *sich*[4] ～ (店などが) 開かれる, 創立される | Neue Geschäfte haben sich *aufgetan.* 数軒の新しい店が開店した〈設立された〉.

3《話》《*jn.* / *et.*[4]》偶然見つける, 発見する: Ich habe hier ein gutes Lokal 〈einen billigen Schuhladen〉 *aufge-*

tan. 私はここでいい料理屋〈安い靴屋〉を見つけた | neue Bekannte ~ 新しい知人ができる.
4 《話》(食物を)皿にのせる〈満たす〉: *jm.* die Suppe ~ …の皿にスープをつぐ.
5 《方》(帽子などを)かぶる, (眼鏡などを)かける.

auf|tup·fen[áʊftʊpfən] 他 (h) (布などで)軽くたたいてぬぐい取る.

auf|tür·men[áʊftʏrmən] 他 (h) (塔のように)高く積み上げる: Steine 〔zu einem Denkmal〕 ~ 石を積み上げ〔て記念碑を作〕る ‖ 再帰 *sich*⁴ ~ そびえる; 積み重なる, 山積〈累積〉する | Berge 〈Schwierigkeiten〉 *türmen* sich vor uns *auf*. 我々の行く手に山々がそびえている〈難問が山積している〉.

auf|wa·chen[áʊfvaxən] 自 (s) **1** (眠り・夢・麻酔などから)覚める: durch ein Geräusch ~ 物音で目を覚ます | Sie *wachte* aus der Ohnmacht *auf*. 彼女は意識を回復した. **2** (思い出などが)よみがえる. **3** (特に成長期の子供が)外界に目ざめる, 自覚する.

auf|wach·sen*[áʊfvaksən] 《199》 自 (s) **1** 成長する: Sie ist auf dem Lande 〈zu einem schönen Mädchen〉 *aufgewachsen*. 彼女は田舎で育った〈美しい少女に成長した〉. **2** 《雅》眼前に現れる: Berge *wuchsen* plötzlich vor uns *auf*. 山々が突然われわれの眼前に姿を現した.

▽**auf|wä·gen**^(*)[áʊfvɛːgən]¹ 《200》 = aufwiegen

auf|wal·len[áʊfvalən] 自 **1** (s, h) (水などが)沸騰する, わき立つ; (喜び・怒りなどが)突然わき起こる: die Suppe ~ lassen スープを煮立てる | Sein Blut *wallte auf*. 《比》彼の血はたぎった ‖ in *aufwallendem* Zorn かっと怒って. **2** (s) (煙・霧などが)激しく立ちのぼる.

Auf·wal·lung[..lʊŋ] 女 -/-en (aufwallen すること. 例えば:) 沸騰; 興奮, 激情〔の発作〕.

auf|wäl·ti·gen[áʊfvɛltɪgən]² 他 (h) 《坑》(崩土を取り除くなどして坑道を)復旧する. [<gewältigen]

auf|wal·zen[áʊfvaltsən] 《02》 他 (h) 《土木》ローラーで敷きのばす.

auf|wäl·zen[áʊfvɛltsən] 《02》 他 (h) **1** (ペンキなどを)ローラーで塗る. **2** (aufbürden) 《*jm. et.*⁴》(…に負担などを)負わせる.

Auf·wand[áʊfvant]¹ 男 -〔e〕s/ **1** (金・努力などを)費やすこと, 消費: der ~ an Geld 〈Zeit〉 出費〈時を費やすこと〉 | *et.*⁴ mit dem ~ *seines* ganzen Vermögens vollenden …を全財産を投じて完成する. **2** 費用, 経費. **3** 浪費, ぜいたく: ohne ~ leben つましく暮らす | viel 〈großen〉 ~ treiben ぜいたくをする. [<aufwenden]

auf·wän·dig[áʊfvɛndɪç]² = aufwendig

Auf·wands·ent·schä·di·gung 女 (公職に伴う個人負担に対して支給される)手当.

Auf·wand〔s〕·steu·er 女 (畜犬税・自動車税など一定の枠をこえる個人の出費に対してかけられる)奢侈(しゃ)税.

auf|wär·men[áʊfvɛrmən] **I** 他 (h) **1** (冷えた食物などを)温め直す: alte Geschichten wieder ~ 《話》古い話をむし返す | den 〔alten〕 Kohl 〔wieder〕 ~ (→Kohl¹). **2** 再帰 *sich*⁴ ~ (冷えた体を)温める; 《スポ》ウォーミングアップする: Man *wärmt* sich am Ofen 〈mit einer Tasse Kaffee〉 *auf*. 炉辺で〈1杯のコーヒーで〉体を温める. **II** **auf·ge·wärmt** → 別出

Auf·wär·mer[..vɛrmər] 男 -s/- 《スポ》ウォーミングアップ.

Auf·war·te·frau[áʊfvartə..] 女 《方》(Putzfrau) (通いの)家政婦, 家事手伝いの女, 掃除婦.

auf|war·ten[áʊfvartən] 《01》 自 (h) **1** 《*jm.*》(…に)仕える, 給仕する: den Gästen bei Tisch ~ 客に食事の給仕をする. **2 a)** 《*jm.* mit *et.*³》(…に…を)食卓に供する: mit einem Glas Wein ~ ワインを1杯すすめる | Womit kann ich Ihnen ~? 何をさしあげましょうか; 何のご用でしょうか. **b)** 《mit *et.*³》(…を)提供する: Er weiß immer mit irgendeiner Neuigkeit *aufzuwarten*. 彼はいつも何か新しいニュースを話してくれる | mit Schimpfwort ~ 悪口を浴びせる. **3** 《雅》《*jm.*》(…を儀礼的に)訪問する, 表敬訪問する. **4** (犬が)ちんちんする.

Auf·wär·ter[..vɛrtər] 男 -s/- **1** 給仕, ボーイ, ウエーター. **2** (食卓の)薬味をのせる台, 卓上薬味台.

Auf·wär·te·rin[..tərɪn] 女 -/-nen ウエートレス, 給仕女.

auf·wärts[áʊfvɛrts] (↔abwärts) **I** 副 **1** 上方へ, 上って: die Treppe⁴ ~ gehen 階段を上る | Der Weg führt ~. 道は上り坂だ | ein ~ gezwirbelter Bart 両端をひねり上げたひげ ‖ Männer von 20 Jahren ~ 20歳以上の男子. **2** 《ときに分離の前つづりとして》よい方へ, 向上して: →aufwärtsgehen, aufwärtsschalten
II 前 《2格支配》…の上方に, …を上って.

Auf·wärts≠be·we·gung 女, **≠ent·wick·lung** 女 上へ向かっての動き, 上昇: die ~ des Exports 輸出の増大 | die ~ der Preise 物価の上昇.

auf·wärts|ge·hen* 《53》 自 (s) よくなる, 向上する: 非人称 Mit ihm 〈der Firma〉 *geht* es wieder *aufwärts*. 彼の健康〈会社の経営状態〉は回復しつつある.

Auf·wärts≠ha·ken 男 《ボクシング》アッパーカット. **≠hub** 男 (ピストンの)上り行程.

auf·wärts|schal·ten 《01》 自 (h) ギアを高速に入れ替える.

Auf·wärts≠trans·for·ma·tor 男 《電》逓昇変圧器. **≠trend** 男 上昇傾向.

Auf·war·tung[áʊfvartʊŋ] 女 -/-en **1** 給仕. **2** 《方》**a)** 家事の手伝い(掃除・洗濯など): bei *jm.* die ~ machen 〈versehen〉 …のところで家政婦の仕事をする. **b)** = Aufwartefrau **3** 儀礼的訪問, 表敬訪問: ***jm. seine* ~ machen** …を表敬訪問する.

Auf·wasch[áʊfvaʃ] 男 -es(-s)/ **1** 食器を洗うこと: den ~ machen 皿洗いをする | **Das ist 〔alles〕 ein ~. / Das geht 〈Das machen wir〉 in einem ~.** 《話》それらはすべていっぺんに片づけられる(造作のないことだ・片手間でもできる). **2** 《集合的に》汚れた食器: der ~ von gestern 昨日使って汚した食器.

Auf·wasch·becken 中 (台所の)流し.

auf|wa·schen*[áʊfvaʃən] 《201》 **I** 他 (h) **1** (食器などを)洗ってきれいにする: Teller ~ 皿洗いをする. ▽**2** *sich*³ die Hände ~ 洗いものをして手を荒らす.
II Auf·wa·schen 中 -s/ = Aufwasch 1

Auf·wä·scher[áʊfvɛʃər] 男 -s/- (料理屋などの)皿洗い係.

Auf·wasch≠tisch[áʊfvaʃ..] 男 (台所の)流し台. **≠was·ser** 中 -s/ 〔洗いおけにはった〕食器洗い用の水; (食器を洗ったあとの)汚れ水.

auf|wecken[áʊfvɛkən] **I** 他 (h) 《*jn.*》(…の)目をさまさせる, (眠っている人を)起こす; 《*et.*⁴》呼びさます, 活気づける: Das *weckt* böse Instinkte im Menschen *auf*. それは人間の悪い本能を呼びさます | ein Lärm 〈ein Krach〉 um Tote *aufzuwecken* (→tot II 1). **II** **auf·ge·weckt** → 別出

auf|we·hen[áʊfveːən] **I** 他 (h) **1** (風がちりなどを)吹き上げる. **2** (風がドアなどを)あおり開ける. **II** 自 (h) (ちりなどが)舞い上がる.

auf|wei·chen[áʊfvaɪçən] **I** 他 (h) (湿気・液体・熱などによって)柔らかにする, 軟化させる; 《比》(思想的に)内部から掘りくずす: hartes Brot in Wasser ~ 堅いパンを水にひたして柔らかくする | Die Sonne *weicht* die Eisschicht langsam *auf*. 陽光が氷の層を徐々にとかす ‖ ein Bündnis ~ 盟約〈同盟〉を切りくずす. **II** 自 (s) (湿気・液体・熱などによって)柔らかになる, 軟化する: Die Wege sind durch den Regen *aufgeweicht*. 道は雨のためにぬかるんでいる.

auf|wei·nen[áʊfvaɪnən] 自 (h) わっと泣き出す.

Auf·weis[áʊfvaɪs]¹ 男 -es/-e 提示; 明示, 指摘.

auf|wei·sen*[áʊfvaɪzən]¹ 《205》 他 (h) **1** 示す, 提示する: *jm.* neue Wege ~ …に新しい道を示す | Spuren von Zerstörung ~ (家屋・町などが)破壊の跡をとどめる | Der Apparat *weist* viele Mängel *auf*. この装置には多くの欠陥がある ‖ Der Ort hat viele Sehenswürdigkeiten *aufzuweisen*. この町には名所旧跡がたくさんある | Er hat keinen Erfolg *aufzuweisen*. 彼は誇るべき成果は何も持っていない. **2** 明示する, 指摘する: die Wichtigkeit von *et.*³ ~ …の重要性を指摘する.

auf|wen·den(*)[áʊfvɛndən]¹ 《206》 他 (h) (ある目的のために金・時間・努力などを)費やす, 消費する: Er *wendet* viel Mühe 〈seine ganze Freizeit〉 für diese Aufgabe *auf*. 彼は多くの労〈自由時間のすべて〉をこの課題のために費やす ‖ die *aufgewendete* 〈*aufgewandte*〉 Zeit 費やした時間. [◇Aufwand]

auf·wen·dig[..dɪç]² 形 費用〈労力〉のかかる; ぜいたくな.

Auf·wen·dung[..dʊŋ] 女 -/-en **1** 《ふつう単数で》費やすこと, 消費: unter ~ aller Kräfte 全力を尽くして. **2** 《ふつう複数で》支出, 費用, 経費.

auf|wer·fen*[áʊfvɛrfən] 《209》 他 (h) **1 a)** (土砂を)掘って積み上げる, 掘り返す: die Erde zu beiden Seiten des Grabens ~ 土を掘り上げて溝の両側に積み上げる ‖ die frisch *aufgeworfene* Erde いま掘り返されたばかりの土. **b)** (土砂を積み上げて…を)築く: einen Damm 〈einen Wall〉 ~ ダム〈堤防〉を築く. **2 a)** 投げ上げる: einen Ball 〈eine Münze〉 ~ ボール〈コイン〉を投げ上げる | viel Staub ~ 《比》大きな反響を呼ぶ; 物議をかもす | Das Meer *warf* hohe Wellen *auf*. 海は高い波を立てていた. **b)** (体の一部を)反らす: stolz den Kopf ~ 誇らしげに頭を上げる | die Lippen ~ 口をとがらす ‖ *aufgeworfene* Lippen まくれたぶ厚い唇. **3** 再帰 *sich*⁴ zu *et.*³ ~ (自分勝手に)…を気取る, (あつかましく)…を僭称(せんしょう)する | *sich*⁴ zum Richter ~ あつかましくも人を裁こうとする. **4** (物の上に)投げる: **a)** 投げかける: Holzscheite 〈Kohlen〉 ~ 薪〈石炭〉を(火の上に)投げる, くべる. **b)** (カードなどを)投げ出す; (さいころを)投じる: die Karten ~ トランプのカードを(台の上に)出す. **c)** 《南部》競売にかける(→Aufwurf 2). **5** (話題を)投げかける, 提供する: eine Frage ~ 問いを投げかける. **6** (旗などを)掲げる: das Panier gegen *jn.* ~ / 再帰 *sich*⁴ gegen *jn.* ~ …に反旗をひるがえす〈反抗する〉. **7** (戸・窓などを強い勢いで)突き開ける.

auf|wer·ten[áʊfveːrtən] 《01》 他 (h) (↔abwerten) 《*et.*⁴》 (…の)価値を引き上げる; (…の平価を)切り上げる: Die Mark wird um 5 Prozent *aufgewertet*. マルクは5パーセント切り上げられる.

Auf·wer·tung[..tʊŋ] 女 -/-en (aufwerten すること. 例えば:) (価値の)引き上げ; 〔経〕平価切り上げ.

auf|wickeln[áʊfvɪkəln] 《06》 他 (h) **1** 巻く; 《*et.*⁴ auf *et.*⁴》 (…を…に)巻き付ける: die Wolle ~ 毛糸を巻いて玉にする | *sich*³ die Haare ~ 髪をカールさせる. **2** (巻いてあるものを)解く, ほどく: ein Bündel ~ 包みをほどく | ein Kind ~ 赤ん坊のおむつをはずす ‖ 再帰 *sich*⁴ ~ (巻いてあるものが)解ける, ほどける. **3** die Ärmel ~ そでをまくり上げる.

Auf·wie·ge·lei[aʊfviːgəláɪ] 女 -/-en 煽動(せんどう), 教唆.

auf|wie·geln[áʊfviːgəln] 《06》 他 (h) 《*jn.*》 そそのかす, けしかける, 煽動(せんどう)〈教唆〉する: *jn.* gegen die Regierung ~ …をそそのかして政府に反抗させる | *jn.* zum Aufstand ~ …をそそのかして反乱を起こさせる.

Auf·wie·ge·lung[..gəlʊŋ] (**Auf·wieg·lung**[..glʊŋ]) 女 -/-en =Aufwiegelei

auf|wie·gen*[áʊfviːgən]¹ 《210》 他 (h) 《*et.*⁴》 (…と)釣り合う, (…を)埋め合わせる: Der Erfolg *wiegt* die Mühe nicht *auf*. こんな成果では苦労したかいがない ‖ nicht mit Gold *aufzuwiegen* sein (→Gold 2 a).

Auf·wieg·ler[áʊfviːglər] 男 -s/- 煽動(せんどう)〈教唆〉者.

auf·wieg·le·risch[..viːglərɪʃ] 形 そそのかすような, 煽動(せんどう)的な.

Auf·wieg·lung =Aufwiegelung

auf|wie·hern[áʊfviːərn] 《05》 自 (h) (馬が)いななく.

auf|wim·mern[áʊfvɪmərn] 《05》 自 (h) (突然)めそめそ〈しくしく〉泣き出す.

Auf·wind[áʊfvɪnt]¹ 男 -[e]s/-e **1** (↔Abwind) 〔気象・空〕上昇気流. **2** 《比》=Auftrieb 2

auf|win·den*[áʊfvɪndən]¹ 《211》 他 (h) **1** (ウインチで)巻き上げる: den Anker ~ いかりを上げる. **2** =aufwickeln 1

auf|wir·beln[áʊfvɪrbəln] 《06》 **I** 他 (h) **1** (ちりなどを)吹き〈巻き〉上げる: [viel] Staub ~ (→Staub 1). **2** (窓などを)留めねじを回して開ける.
II 自 (s) (ちりなどが)舞い〈巻き〉上がる.

auf|wi·schen[áʊfvɪʃən] 《04》 他 (h) **1** ふき取る: Sie *wischt* verschüttetes Wasser *auf*. 彼女はこぼれた水をふき取る. **2** (…の)汚れをふき取る: den Fußboden ~ 床をふく.

Auf·wisch·lap·pen 男 ぞうきん.

auf|wo·gen[áʊfvoːgən]¹ 自 (s) 激しく波立つ, 波が逆巻く: *aufwogende* Begeisterung わき上がる熱狂.

auf|wöl·ben[áʊfvœlbən]¹ 他 (h) 丸く膨らませる: 再帰 *sich*⁴ ~ 丸く膨らむ.

auf|wöl·ken[áʊfvœlkən] **I** 自 (s) 《雅》(鳥の群れなどが)雲のように飛び立つ. **II** 他 (h) 再帰 *sich*⁴ ~ (雲のように)わき上がる, わき立つ: Staub *wölkt* sich *auf*. ほこりがわき立つ.

Auf·wuchs[áʊfvuːks] 男 -es/..wüchse[..vyːksə] **1 a)** 《単数で》(植物の)成長. **b)** 〔林〕(約5年から8年の若木の)植林地区. **2** 《単数で》(成長しつつある)若い世代, 後裔(こうえい). **3** 〔生〕付着生物.

auf|wüh·len[áʊfvyːlən] 他 (h) **1 a)** (土を)掘り起こす, 掘り返す. **b)** (地中のものを)掘り上げる: Kartoffeln ~ ジャガイモ掘りをする. **2** (水面などを)かき乱す: Der Sturm *wühlte* die See *auf*. あらしのために海は激しく波立った ‖ eine alte Wunde ~ 古傷をつつく | *jn.* bis ins Innerste ~ …の心を奥底からゆさぶる.

Auf·wurf[áʊfvʊrf] 男 -[e]s/..würfe[..vʏrfə] 《ふつう単数で》 **1 a)** (土砂を)盛り上げること. **b)** 盛り上げられた土, 盛り土, 堆積(たいせき)土. **2** 《南部》(Auktion) 競売.

auf|zah·len[áʊftsaːlən] 他 (h) 《南部・オーストリア》(zuzahlen) 《*et.*⁴ [auf *et.*⁴]》 (…を[…に加えて])追加支払いする, 払い足す.

auf|zäh·len[áʊftsɛːlən] 他 (h) **1 a)** (金を)数えながら並べる: das Geld auf den Tisch ~ 金を数えながらテーブルに置く. **b)** 数え上げる, 列挙する: Beispiele ~ 例を数え上げる | *jm.* *seine* Fehler ~ …に対してその誤りを数え立てる. **2** 《話》*jm.* **eins** 〈**ein paar** / **welche**〉 **~** …を一発〈数発・何発か〉ひっぱたく | Er bekam 15 *aufgezählt*. 彼は15回殴られた.

Auf·zah·lung[áʊftsaːlʊŋ] 女 -/-en 《南部・オーストリア》追加支払い.

Auf·zäh·lung[áʊftsɛːlʊŋ] 女 -/-en **1 a)** 列挙. **b)** 〔修辞〕(同種の文成分の)並列法(例 Er *kam*, *sah*, *siegte*. 彼は来た 見た 勝った). **2** 一覧表.

auf|zäu·men[áʊftsɔʏmən] 他 (h) (↔abzäumen) (馬に)馬勒(ばろく)をつける: das Pferd 〈den Gaul〉 am 〈beim〉 Schwanz ~ (→Pferd 1, →Gaul 2).

auf|zeh·ren[áʊftseːrən] 他 (h) **1 a)** 食い〈使い〉尽くす; 費消〈消尽〉する, 消耗する; 《比》《*jn.*》 やつれ果てさせる: *seine* Kräfte 〈*sein* ganzes Vermögen〉 ~ 精力〈全財産〉を使い果たす. **b)** 再帰 *sich*⁴ ~ 使い尽くされる; 《比》やつれ果てる | Die Barschaft *zehrte* sich immer mehr *auf*. 現金がどんどん消えていった | Er *zehrte* sich mit seiner Sorge *auf*. 彼は心労でやつれ果てた. **2** 〔理〕吸収する.

Auf·zeh·rung[..rʊŋ] 女 -/-en [sich] aufzehren すること.

auf|zeich·nen[áʊftsaɪçnən] 《01》 他 (h) **1** (図を)描く, スケッチする: den Plan eines Hauses ~ 家の図面を描く. **2** 書き留める; 記載〈記録〉する: *seine* Erinnerungen 〈Gedanken〉 ~ 自分の思い出〈考え〉を書き留める.

Auf·zeich·nung[..nʊŋ] 女 -/-en **1** aufzeichnen すること. **2** 書き留めたもの, 手記, 記録文書; 撮影〈録音〉したもの.

auf|zei·gen[áʊftsaɪgən]¹ **I** 他 (h) (はっきり)示す, 明示する; 指摘する; 説明〈証明〉する: *jm.* die Fehler ~ …に誤りを指摘する | die Vorteile der neuen Methode ~ 新しい方法の利点を説明する | Das Land hat viele Schönheiten *aufzuzeigen*. この国には多くの美しいものがある.
II 自 (h) (生徒が授業中に)手をあげる.

auf|zer·ren[áʊftsɛrən] 他 (h) ぐいと〈乱暴に〉引き開ける; ぐいと〈乱暴に〉引き起こす.

auf|zie·hen*[áʊftsiːən] 《219》 **I** 他 (h) **1** 上へ引く: **a)** (網・旗・ブラインドなどを)引き上げる, 揚げる: den Anker aus dem Meer ~ いかりを海から引き上げる | eine Flasche 〈den Kork einer Flasche〉 ~ 瓶の栓をぬく | die Schleu-

se ～ 水門を引き上げる | Segel ～ 帆を揚げる | alle Segel ～《比》全力を尽くす ‖ Die Sonne *zieht* Dünste *auf*. 太陽が照って もやが晴れる ‖ eine Traubenzuckerlösung ～ ぶどう糖溶液を注射器に吸い上げる | eine Spritze ～ 注射器に液を吸い上げる.
b) (身体の一部を)持ち上げる: die Beine ～ 脚を上にあげる | die Brauen ～ まゆをつりあげる〈ひそめる〉. **c**) (垂れ下がらないように)引っぱりあげる: den Mantel ～ コートのすそを引っぱりあげる. **d**) 《*jn.*》引っぱり出す: *jn.* vom Stuhl ～ …をいすから立たせる | ▽eine Dame zum Tanz ～ 女性をダンスに誘う. **e**) 《*jn.*》つるし刑にする;《比》つるしあげる, なぶりものにする, からかう, からかって憤慨させる: Du willst mich wohl ～? 私をからかう気だな | Sie wurde mit ihrem Namen *aufgezogen*. 彼女は名前のことをからかわれた.
2 開く: **a**) (カーテン・引き出しなどを)引き開ける: den Vorhang weit ～ カーテンを広く開く ‖ 再帰 Der Himmel *zieht* sich[4] *auf*. 空が晴れる. **b**) (結んだ・編んだものを)ほどく: die Schleife ～ ちょう結びをほどく | den Knoten ～ 結び目をほどく.
3 上に置く: **a**) (↔abziehen) (spannen) (弦などを)張る; (地図などを)広げてはりつける: die Kette ～ たて糸を張る | eine neue Saite auf die Geige 〈der Geige〉 ～ ヴァイオリンに新しい弦を張る | andere 〈strengere〉 Saiten ～ (→Saite 1) | eine Stickerei 〔auf den Rahmen 〈im Rahmen〉〕 ～ ししゅうを枠に張る | ein Foto auf Pappe ～ 写真を厚紙にはりつける. **b**) (帽子などを)かぶる. **c**) (顔つきを)する: eine andere Miene ～ 表情を変える.
4 (時計・おもちゃの)〔ぜんまいを〕巻く: die Spieldose ～ オルゴールのぜんまいを巻く ‖ wie *aufgezogen* reden やたらに元気にしゃべりまくる, まくし立てる.
5 (子供・動物・植物を)育てあげる: *jn.* wie *sein* eigenes Kind ～ …をわが子のように育てる.
6 (企業・事業を)興す; (会を)組織する; (催し・祝典などを)催す, アレンジする, 演出する: einen bunten Abend ～ はなやかな夕べの集まりを催す | eine Bewegung ～ 運動を組織する | Das Fest wurde groß *aufgezogen*. 祝典は盛大に行われた ‖ ein Theaterstück als Posse ～ 芝居を茶番劇として演出する | *et.*[4] politisch ～ …を政治的目的に利用する.
7 引き留めておく; (人を)待たせる; ▽(判決などを)引き延ばす.
II 自 (s) **1 a**) (軍隊などが)〔堂々と〕行進してくる; 公衆の前に姿を現す: Die Wachen *ziehen auf*. 衛兵が交代する | Die Parade ist *aufgezogen*. パレードが勢ぞろいした | Er *zog* mit großem Gefolge *auf*. 彼は多くの者を従えて登場した. **b**) (雲・あらしなどが遠くから)近づいてくる, 現れる; (危険が)襲ってくる: Wolken *ziehen* 〔am Horizont〕 *auf*. 雲が〔地平線に〕現れる | Nebel *zieht auf*. 霧が迫ってくる | Eine leichte Röte *zog* in ihrem Antlitz *auf*. 彼女の顔にかすかな赤味がさした. **c**) 《*et.*[4]》 den Markt *auf*- und ab*ziehen* 市場〔の広場〕を行ったり来たりする(→auf II 1).
2 (植物の)根が霜で浮き上がる. [◇Aufzug]

Auf·zie·he·rei[aʊftsi:əráɪ] 女 -/ からかい, 嘲弄(ちょうろう), ひやかし, つるし上げ.

auf|zi·schen[áʊftsɪʃən] 《04》 自 (s, h) シュッと音をたてて上がる; 不意にシュッと音をたてる.

Auf·zucht[áʊftsʊxt] 女 -/ **1** (動物の)飼育; (植物の)栽培. **2** 《集合的に》(動物の)子; ひな; (植物の)苗, 若木.

auf|züch·ten[áʊftsʏçtən] 《01》 他 (h) (動物を)飼育する; (植物を)栽培する.

auf|zucken[áʊftsʊkən] 自 **1** (h, s) (驚いて)びくっと体を動かす. **2** (s) (閃光(せんこう)・思考などが)ひらめく.

Auf·zug[áʊftsu:k][1] 男 -〔e〕s/..züge[..tsy:gə] **1 a**) 行進, 行列, パレード; 行進〔用の〕曲: der feierliche ～ der Offiziere 士官たちのおごそかな行進 | der ～ der Wache 衛兵交代のパレード. **b**) (雲・あらしなどが)近づいてくること. **2 a**) (Fahrstuhl) エレベーター, 昇降機(→ 図): ein ～ für Lasten 荷物用エレベーター | ein automatischer ～ 自動エレベーター ‖ den ～ selbst bedienen エレベーターをセルフサービスで動かす. **b**) 巻き上げ機, 起重機, ホイスト; 滑車. **3** 《ふつう単数で》(奇妙な)服装, いでたち: in einem seltsamen ～ 変なりをして | Entschuldigen Sie bitte meinen ～! こんななりをしていてすみません. **4** (Akt) 〘劇〙(劇・歌劇などの)幕: der erste Auftritt des zweiten ～*es* 第2幕第1景 | ein Drama in drei *Aufzügen* 3幕物の戯曲. **5** 〘織〙 **a**) 糸を張ること. **b**) 《集合的に》経糸. **6** 〘狩〙(特にキジなどの)飼育〔場〕. [*mhd.*; ◇aufziehen]

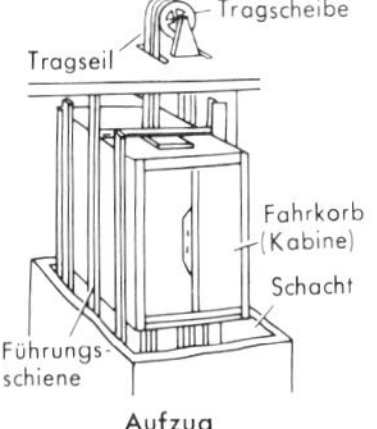

Aufzug

Auf·zug〔s〕⸗füh·rer 男 (女 ⸗füh·re·rin) エレベーターの運転係. ⸗**schacht** 男 エレベーターシャフト.

auf|zün·geln[áʊftsʏŋəln] 《06》 自 (s) (炎が)ちょろちょろ〈めらめら〉と上がる: Überall *züngelte* der Aufruhr *auf*. いたるところで反乱の火の手が上がった.

auf|zup·fen[áʊftsʊpfən] 他 (h) つまんで〈むしって〉ほどく; 引っぱってゆるめる: den Knoten ～ 結び目を引きほどく.

auf|zwän·gen[áʊftsvɛŋən] 他 (h) **1** 《*et.*[4]》(むりに)開く, こじあける. **2** 《*jm. et.*[4]》(…に…を)むりやりに押し付ける, 強制する.

auf|zwicken[áʊftsvɪkən] 他 (h) 《ｵｰｽﾄﾘｱ》《話》《*jn.*》(女の子などを)手に入れる, ひっかける.

auf|zwin·gen*[áʊftsvɪŋən] 《220》 他 (h) **1** 《*jm. et.*[4]》(…に…をむりやりに)押し付ける, 強制する: *jm. seinen* Willen ～ …に自分の意志を押し付ける | Ich lasse mir nichts ～. 私は他人の強制はいっさい受けない ‖ 再帰 *sich*[4] *jm.* ～ …に自分の考えを押し付ける; (予感・認識などが)…にとって拒みがたいものとなる ‖ eine *aufgezwungene* Ehe 強制された結婚. **2** 再帰 *sich*[4] ～ 努力して〈いやいや〉起床する.

auf|zwir·beln[áʊftsvɪrbəln] 《06》 他 (h) (口ひげの先を)ぴんとひねり上げる.

Aug. 略 ＝August[1]

Aug·ap·fel[áʊk|apfəl] 男 〘解〙眼球;《比》非常に大切なもの, 掌中の玉; 秘蔵っ子: ***jn.*** 〈***et.***[4]〉 **wie** ***seinen*** **～ hüten** …を自分の目の玉のように大切に守る(聖書: 申32,10, 詩17,8から).

Au·ge[áʊgə] 中 -s/-n (小 **Äu·gel·chen**[ɔ́ʏgəlçən], **Äu·ge·lein**[ɔ́ʏgəlaɪn], **Äug·lein**[ɔ́ʏklaɪn] 中 -s/-) **1** (英: *eye*) 目, 眼; (Augapfel) 眼球; 目つき, まなざし, 視線; 視覚, 視力;《比》眼力: ～*n* voll Glück 〈Trauer〉 幸福〈悲しみ〉に満ちた目 ‖ **das ～ des Gesetzes** 《戯》法の目(警察) | das ～ der Nacht 《雅》太陰 | das ～ des Tages 《雅》太陽 | das ～ der Vernunft (人間の)認識力.
‖〘形容詞と〙blaue ～*n* 青い目; (殴られて)青あざのできた目 | **mit einem blauen ～ davonkommen** 《比》さほどの被害を受けずに〈あまりひどい目にあわずに〉すむ | Ich habe es nicht nur wegen seiner blauen 〈schönen〉 ～*n* getan. 私はそれを彼への好意だけからしたのではない | mit bloßen 〈unbewaffneten〉 ～*n* 肉眼で, 裸眼で | geistiges 〈inneres〉 ～ 心眼 | Ich habe gute 〈schlechte〉 ～*n*. 私は視力が良い〈悪い〉 | **große ～*n* machen** 《話》目を丸くする, びっくりする | kurzsichtige 〈weitsichtige〉 ～*n* 近〈遠〉視の目 | ein künstliches ～ 義眼 | **mit einem lachenden und einem weinenden ～** うれしいような悲しいような〈うれしさと悲しさの入り混じった複雑な〉気持で | *et.*[4] mit neuen 〈anderen〉 ～*n* betrachten …を新しい〈別の〉見方で見る | mit offenen ～*n* durch die Welt gehen 広く世の中を見る | **mit offenen ～*n* schlafen** 《話》ぼんやりしている; うとうとまどろんでいる | **mit offenen ～*n* ins Unglück rennen** 〈**ins Verderben stürzen**〉 分かっていながら みすみす破滅に陥る | **ein scharfes** 〈**wachsames**〉 **～ auf** ***et.***[4] **haben** …をぬかりなく見張っている | *jn.* mit scheelen ～*n* ansehen …を白い目で〈ねたましく〉見る | ***jm.*** **schöne ～*n* machen** 《比》…に色目を使う | Ich habe schwere ～*n*. 私は眠い〈まぶたが重い〉 | sehenden ～*es* / mit sehenden ～*en* (→sehen II 2) | verweinte ～*n* 泣きはらした目.
‖〘主語として〙***jm.*** **gehen die ～*n* auf** …は目が開かれた思

いがする〈事の真相を悟る〉| ***js.* ~*n* brechen**《雅》…が永眠する | **Kein ~ bleibt trocken.** みんなが感涙にむせんでいる; みんな涙が出るほど笑いこけている;《比》だれも無関係ではすまない | Das ~ des Herrn macht das Vieh fett.《諺》心を配って事をなす(あるじの目が家畜を太らす) | **soweit das ~ reicht** 見渡す限り | Aller ~*n* ruhen auf ihm. みんなの目が彼に集まっている | Vier ~*n* sehen mehr als zwei.《諺》三人寄れば文殊の知恵(二人の目は一人のよりも見える) | Was die ~*n* sehen, glaubt das Herz.《諺》百聞は一見にしかず(目の見たものは心が信じる) | Das bedeutet mehr als das ~ sehen kann. それは外見より重要性がある | **Seine ~*n* sind größer als der Magen.**《戯》彼は胃袋に相談なしに食べたがる | ***jm.* gehen die ~*n* über** …は目を見張っている(驚いて);《雅》…の目に涙が浮かぶ〈あふれる〉.

‖〚述語として〛Ich war ganz ~. 私は夢中になって見ていた | **Ich bin ganz ~** 〔**und Ohr**〕. 私は体じゅうを目にして注視し〔体じゅうを耳にして傾聴し〕ている.

‖〚3格の目的語として〛***seinen*** 〔**eigenen**〕 **~*n* nicht trauen** 我とわが目が信じられない〈まるで夢を見ているような気持である〉.

‖〚4格の目的語として〛die ~*n* abwenden 目をそらす | **~*n* und Ohren aufhalten**《話》注意を怠らない | die ~*n* aufschlagen 伏せていた目をあげる | **die ~*n* aufmachen** 〈**aufsperren**〉 目をあける〈大きく見開く〉;《話》よく注意する | **die ~*n*** 〔**weit**〕 **aufreißen**《話》(驚いて)目を見張る | Eine Krähe hackt der anderen kein ~ 〈die ~*n* nicht〉 aus. (→Krähe) | ***jm.*** 〔**am liebsten**〕 **die ~*n* auskratzen mögen** できることなら…の目玉をくり抜いてやりたいほどである | Am liebsten möchte ich ihm die ~*n* auskratzen. 私は彼の目玉をくり抜いてやりたいくらいだ | **das ~ beleidigen**《比》(いかにも醜くて・ぶざまで)見るに堪えない | Ich fühle seine ~*n* in meinem Rücken. 私は彼に後ろから見られているような気がする | **ein ~ für *et.*^{4} haben** …を見る〈理解する〉目がある | kein ~ für *jn.* 〈*et.*^{4}〉 haben …を見る〈理解する〉目がない; …が眼中にない, …には目もくれない | ***seine* ~*n* überall** 〈**vorn und hinten**〉 **haben**《比》油断なく目を配っている, 何一つ見逃さない | **auf *jn.*** 〈***et.*^{4}**〉 **ein ~ haben** …から目を離さない, …を監督〈管理〉している; (気にいって・欲しくて)…に目をつけている | **~*n* im Kopf haben**《話》炯眼(けいがん)である, すべてを見通すことができる | **keine ~*n* im Kopf haben**《話》ぼんやりしている(直訳: 頭に目がついていない) | ~*n* wie ein Luchs haben (→Luchs 1) | **kein ~ von *jm.*** 〈***et.*^{3}**〉 **lassen**《比》…から片時も目を離さない | **ein ~** 〈**ein paar ~*n***〉 **voll** 〔**Schlaf**〕 **nehmen**《比》ひと眠りする, ちょっと仮眠する | **die ~*n* in die Hand nehmen**《話》(とくに暗がりで)目をこらして見る | **die ~*n* offenhalten** よく注意して〈気をつけて〉いる | die ~*n* niederschlagen 目を伏せる | ***jm.*** 〔**über *et.*^{4}**〕 **die ~*n* öffnen** …に〔…についての〕真相を知らせる | *sich*^{3} die ~*n* reiben 目をこする | **ein ~ riskieren**《話》そっと目をやる, 盗み見する | **die ~*n* schließen** 〈**zumachen**〉 目を閉じる;《雅》永眠する | die ~*n* schonen 目をかばう〈大事にする〉;《比》眠る | die ~*n* senken 目を伏せる | die ~*n* auf unendlich stellen《話》ぼんやり虚空を見つめる | **die ~*n* auf Null gestellt haben**《話》死ぬ | *jm.* die ~*n* verbinden …に目隠しをする | die ~*n* verdrehen 白目をむく | **die ~*n* vor *et.*^{3} verschließen** …に対して目を閉ざす, …を見まいとする, …を直視したがらない | **kein ~ von *jm.*** 〈***et.*^{3}**〉 **wenden**《比》…から片時も目を離さない | **ein ~ auf *jn.*** 〈***et.*^{4}**〉 **werfen** (欲しくて・気に入って)…に目をつける | **ein ~** 〈**beide ~*n***〉 **zudrücken**《話》大目に見る, 見て見ぬふりをする | die ganze Nacht **kein ~ zutun** 〈**zumachen**〉 〔**können**〕 一晩じゅうまんじりともしない ‖ ***sich*^{3} die ~*n* aus dem Kopf schämen**《話》身の置きどころがないほど恥ずかしい | ***sich*^{3} die ~*n* nach *jm.*** 〈***et.*^{3}**〉 **aus dem Kopf gucken** 〈**schauen / sehen**〉 / ***sich*^{3} die ~*n* nach *jm.*** 〈***et.*^{3}**〉 **ausgucken** 〈**aussehen**〉《話》目をさらにして…を捜す | ***sich*^{3} die ~*n* aus dem Kopf weinen / *sich*^{3} die ~*n* ausweinen** 激しく〈さめざめと〉泣く | Die ~*n* links! 頭(かしら)左(号令) | *Augen* rechts! 頭右(号令;「頭左」と区別するために冠詞はつけない).

‖〚前置詞と〛*et.*^{4} **an *js.* ~*n*^{3} ablesen** / *jm. et.*^{4} an den ~*n*^{3} ansehen …の目つきから…を読み取る ‖ **auf** einem 〈dem linken〉 ~ blind sein 片目〈左目〉が見えない | Knöpfe 〈Tomaten〉 auf den ~*n* haben (→Knopf 1, →Tomate 2) | **$^▽$auf zwei ~*n* ruhen** 〈**stehen**〉 ただ一人の肩にかかっている | *et.*^{4} auf zwei ~*n*^{4} stellen …をただ一人の人にゆだねる | *jm.* den Daumen aufs ~ drücken 〈halten / setzen〉 (→Daumen 1 a) | Das paßt wie die Faust aufs ~. (→Faust^2 1) ‖ *jm.* **aus** den ~*n* gehen …の前から姿を消す | **Geh mir aus den ~*n*!** 消えてうせろ | *jm.* aus den ~*n* kommen …の前から姿が見えなくなる; …にとって消息不明になる, …と縁が切れる | ***jn.*** 〈***et.*^{4}**〉 **nicht aus den ~*n* lassen** …から目を離さない | *sich*^{3} den Schlaf aus den ~*n* reiben 目をこすって眠気を払う | ***jm.* wie aus den ~*n* geschnitten sein** …に瓜(うり)二つである | Vor Arbeit kann ich nicht 〔mehr〕 aus den ~*n* sehen. 忙しくて私は目が回りそうだ | Der Schalk sieht ihm aus den ~*n*. / Der Schalk sitzt ihm in den ~*n*. 彼は見るからにいたずらっこだ | Aus seinen ~*n* spricht Mitleid aus. 彼の目に同情の色が浮かんでいる | ***jn.* aus dem ~** 〈**aus den ~*n***〉 **verlieren** …を見失う, …と縁が切れる, …の消息が不明になる | **Aus den ~*n*, aus dem Sinn.**《諺》去る者は日々にうとし ‖ Das ist etwas **fürs** ~. これは見て楽しい〈目の保養になる〉; これは体裁〈外見〉だけのものだ | eine Beleidigung für das ~ sein (→Beleidigung) ‖ **~ in ~** 向かい〈にらみ〉合って; ひざつき合わせて | In unseren ~*n* 〈In den ~*n* der Polizei〉 ist er kein Täter. 我々〈警察〉の見るところでは彼は犯人ではない ‖ ***et.*^{4} im ~ behalten** …から目を離さない; …を覚えておく | ***et.*^{4} im ~ haben** …(ごみなど)が目に入っている; …を念頭におく, …をもくろむ | Er hat einen Knick im ~. 彼は斜視だ; 彼は目が不自由だ | **in *js.* ~*n*^{3} lesen** …の目〈顔色〉を読む | *jm.* ein Dorn im ~ sein (→Dorn I 1 a) | Ihr stehen die Tränen in den ~*n*. 彼女は目に涙を浮かべている | **in *js.* ~*n*^{3} steigen** 〈**sinken**〉 …から見ての評価が上がる〈下がる〉, …に重んじられる〈軽んじられる〉ようになる ‖ Der Rauch beißt mir 〈mich〉 in die ~*n*. 私は煙が目にしみる | ***jm.* ins ~** 〈**in die ~*n***〉 **fallen/ *jm.* ins ~** 〈**in die ~*n***〉 **springen** …の目につく, …の注意を引く, …には一目瞭然である | ***et.*^{4} ins ~ fassen** …を注視する; …をよく考えてみる, …をもくろむ | **Das kann ins ~ gehen.**《話》それはまずい〈困った〉ことになりそうだ | ***et.*^{3} ins ~ sehen** 〈**blicken**〉 …(不快なもの)を直視する | einer Gefahr^3 ins ~ sehen 危険を直視する | den Tatsachen ins ~ sehen (→Tatsache) | Ich kann ihm nicht in die ~*n* sehen. (やましくて)私は彼の顔をまともに見られない | ***jm.* zu tief ins ~** 〈**in die ~*en***〉 **gesehen haben**《話》…にほれこんでいる | ***jm.* ins ~** 〈**in die ~*n***〉 **stechen** …の目にとまる; …に気に入られる | *jm.* Sand in die ~*n* streuen (→Sand 1) ‖ **mit** den ~*n* blinzeln まばたきする | *jm.* mit den ~*n* folgen …の姿を目で追う | ***jn.*** 〈***et.*^{4}**〉 **mit den ~*n* verfolgen** …を目で追う | mit den ~*n* schlackern《話》(びっくりして)目をぱちくりする | ***jn.*** 〈***et.*^{4}**〉 **mit den ~*n* verschlingen** …をむさぼるように見つめる ‖ **~ um ~, Zahn um Zahn** 目には目を 歯には歯を(聖書: 出21,24) | dunkle Ringe um die ~*n* 目のふちの黒い隈(くま) ‖ **unter vier ~*n*** (二人だけの)内輪で, 内密に | **unter *js.* ~*n*^{3}** …の目の前で | Er hat Schatten unter den ~*n*. 彼は目の下に隈(くま)がある | Ich kann ihm nicht mehr unter die ~*n* kommen. 私はもう彼に会わせる顔がない〈顔向けできない〉‖ *jm. et.*^{4} **von** den ~*n* ablesen …の目つきで…を察する | *jm.* fällt die Binde von den ~*n* (→Binde 1) | es fällt *jm.* wie Schuppen von den ~*n* (→Schuppe 1) ‖ **vor aller ~*n*** 衆人環視の中で | ***jm. et.*^{4} vor ~*n* führen** 〈**halten / stellen**〉 …に…をはっきり見せる, …に…をはっきり分からせる | Ich habe mir die Sachlage vor ~*n* geführt 〈gestellt〉. 私は事態をはっきり認識した | *et.*^{4} vor ~*n* haben …をありありと思い浮かべる; …がはっきりとわかっている | ein Brett vor den ~*n* haben (→Brett 1) | Komm mir nicht wieder vor die ~*n*! 二度と私の前に現れるな | *jm.* vor den ~*n* schweben 〈stehen〉(情景などが)…の目にありありと浮か

んでいる; (目標などが)…の念頭を去らない | die Hand vor den ~*n* nicht sehen〔können〕(→Hand 1) | **Es wurde mir schwarz 〈Nacht〉 vor〔den〕~*n*.** 《比》私は目の前が真っ暗になった(気を失った).

2 (形が目に似たもの) **a**) **ein magisches ~**〖電〗マジックアイ, 同調指示管. **b**) (さいころの)目; (トランプなどの)マーク, 点数: Er hat vier ~*n* geworfen. 彼はさいころを振って4を出した. **c**) (チョウ・クジャクなどの)羽紋, 斑紋(はんもん). **d**) (スープなどの表面に浮く)脂肪の玉: In diese Suppe schauen mehr ~*n* hinein als heraus. 《戯》このスープはろくに脂肪分がない(脂肪玉の数より見ている人の目の数のほうが多い). **e**) 輪, 穴; (ひもなどの)結び輪; (ひも・棒などを通す)丸い穴, 環(→ 図 Anker). **f**) 丸窓(→ 図 Kuppel). **g**) (台風の)眼, 目. **h**) (植物の)芽. **i**)〖工〗突起部. **j**)〖印〗(活字の)字づら. **k**) (投影図法の)中心点, 視点.

3 (宝石・絹布などの)光沢, 輝き.

[*germ.* ; ◇ *engl.* eye; *lat.* oculus „Auge"]

Äu·gel·chen Auge の縮小形.

Äu·ge·lei[ɔʏgəláɪ] 女 -/ 目くばせ; 色目, 秋波.

Äu·ge·lein Auge の縮小形.

äu·geln[ɔ́ʏgəln] 《06》 **I** 自 (h) (ひそかに)見る, 目くばせをする; 秋波〈流し目〉を送る: mit *jm.* ~ …と目くばせを交わす | nach *jm.* ~ …の方をそっと見る; …に秋波を送る.

II 他 (h) (okulieren)〖園〗芽つぎする.

äu·gen[ɔ́ʏgən][1] 自 (h) 《nach *jm.* 〈*et.*[3]〉》(…の方を)ひそかに見る, (…の)様子をうかがう.

Au·gen≠ab·stand[áʊgən..] 男 両眼の間隔; 瞳孔(どうこう)間隔. **≠arzt** 男 眼科医. **≠auf·schlag** 男 伏せていた目を上げること: *et.*[4] mit frommem ~ tun …をいかにも無邪気〈殊勝〉な顔つきでやってのける. **≠aus·druck** 男 目の表情: einen traurigen ~ haben 悲しそうな目つきをしている.

Au·gen·aus·wi·sche·rei[aʊgən|aʊsvɪʃəráɪ] = Augenwischerei

Au·gen≠bad[áʊgən..] 中 洗眼. **≠bank** 女 -/-en 眼球銀行, アイバンク. **≠bin·de** 女 眼帯; 目隠しの布.

Au·gen·blick[áʊgənblɪk, ‿́‿] 男 -〔e〕s/-e (Moment) **1** 瞬間, 刹那(せつな); 短時間, ちょっとの間: einige ~*e* später 少したって | einen ~ zögern 一瞬ためらう | keinen ~ warten ほんの少しの間も待たない | Einen〔kleinen〕~, bitte! 〔ほんの〕ちょっとお待ちください ‖ Komm auf einen ~ herein! ちょっとの間なかへ入りたまえ | in einem ~ 一瞬のうちに ‖ Es ist kein ~ zu verlieren. 一瞬もむだにはできない.

2 (特定の)瞬間; (特定の)時点, 時期; 機会: ein entscheidender 〈unvergeßlicher〉 ~ 決定的〈忘れることのできない〉瞬間 | Der große ~ ist gekommen. 重大な時がやってきた, 時が到った | einen günstigen ~ erwischen 好機をつかむ | **einen lichten ~ haben** i) (狂人などが)一時正気づく; ii) 《戯》妙案がひらめく | der ungeeignetste ~ もっとも間の悪い時 | Es gibt wenig ~*e*, in denen er die Nerven verliert. 彼はめったにかっとすることがない | Die Zerstörung war das Werk weniger ~*e*. 破壊はほんの数瞬のできごとだった ‖〖4格で〗**alle ~*e*** しょっちゅう, 絶えず | Er kann **jeden ~** kommen. 彼は今すぐにも来るかもしれない ‖〖前置詞と〗bis zu diesem ~ この瞬間になるまで | **für den ~** 今のところ, さしあたり | **im ~** 目下のところ; たった今しがた; 今すぐにも | Ich bin im ~ sehr beschäftigt. 私は今忙しい最中だ | Gerade im ~ ist er fortgegangen. 彼はたった今しがた立ち去ったところだ | Ich werde im ~ kommen. 私は今すぐまいります | gerade in dem ~, als ... …したまさにその瞬間に, …したとたんに | Im ersten ~ dachte ich ... 最初はちょっとの間…と考えた | den Zug im letzten ~ erreichen 列車にぎりぎりの時間に間に合う | im nächsten ~ そのすぐ後に. [*mhd.* ; ◇ Auge]

au·gen·blick·lich[áʊgənblɪklɪç, ‿́‿‿] 形 《述語的用法なし》**1** 即刻の, すぐの: auf ~*e* Hilfe hoffen 即時の援助を期待する ‖ Komm ~ her! すぐに来い. **2** (momentan) ただ今の, 目下の: die ~*e* Lage 目下の状況 ‖ *Augenblicklich* habe ich keine Zeit. 今のところ私には暇がない. **3** 一時的な: eine ~*e* Laune 一時の気まぐれ.

au·gen·blicks[áʊgənblɪks, ‿́‿] 副 ただちに, たちまち.

Au·gen·blicks≠auf·nah·me 女〖写〗瞬間撮影, スナップショット. **≠bil·dung** 女〖言〗即席造語. **≠er·folg** 男 つかのまの〈一時的な〉成功. **≠idee** 女 その場の思いつき. **≠sa·che** 女 一時的なことがら. **≠ver·bre·chen** 中 その場の出来心による犯罪, 偶発犯. **≠vor·teil** 男 目先の利益. **≠wir·kung** 女 一時的な作用〈効果〉.

Au·gen≠blin·zeln[áʊgən..] 中 -s/ (了解の意を示す)目くばせ, ウインク. **≠boh·ne** 女〖植〗ササゲ(豇豆). **≠braue** 女 -/-n まゆ(眉), まゆ毛: *sich*[3] die ~*n* ausrasieren (自分の)まゆ毛を剃(そ)り落とす | die ~*n* hochziehen まゆをつり上げる.

Au·gen·brau·en·stift 男〖美容〗(棒状の)まゆ墨, アイブロー=ペンシル.

Au·gen≠brau·ne[áʊgən..] 女 -/-n 《方》= Augenbraue **≠but·ter** 女 目やに. **≠deckel** 男 《話》(Lid) まぶた: mit den ~*n* klappern 色目を使う. **≠dia·gno·se** 女 目による診断〔法〕(虹彩(こうさい)の状態により病気の種類を判断する方法).

▽**Au·gen·die·ner** 男 雇い主の目の前だけで働く人, 裏表のある人, 偽善者. [*gr.* ophthalmo-douleíā の翻訳借用]

▽**Au·gen·die·ne·rei**[aʊgəndi:nəráɪ] 女 -/-en うわべを飾ること, 偽善.

Au·gen≠druck[áʊgən..] 男 -〔e〕s/〖医〗眼〔内〕圧. **≠ent·zün·dung** 女〖医〗眼炎.

au·gen·fäl·lig 形 はっきり目に見える, 明白な, 歴然たる.

Au·gen≠fält·chen[áʊgən..] 中 -s/- 《ふつう複数で》目じりのしわ. **≠fal·ter** 男〖虫〗ジャノメチョウ(蛇目蝶)科のチョウ. **≠far·be** 女 目の色. **≠fleck** 男 眼点(原生動物などの視覚器官). **≠flie·ge** 女〖虫〗アタマアブ(頭虻)科の昆虫. **≠flim·mern** 中 -s/ (過労などで)目の前がちらつくこと.

au·gen·freund·lich 形 目にとって快適な, 目の害にならない.

Au·gen≠fun·dus 男 = Augenhintergrund **≠glas** 中 -es/..gläser《ふつう複数で》(Brille) めがね, 眼鏡. **≠gru·be** 女 = Augenhöhle **≠heil·kun·de** 女 -/ 眼科学. **≠hin·ter·grund** 男〖解〗眼底. **≠hö·he** 女 目の高さ: in ~ 目と同じ高さに. **≠höh·le** 女〖解〗眼窩(がんか). **≠in·nen·druck** 男〖医〗眼内圧. **≠keil** 男〖動〗(複眼の)個眼. **≠klap·pe** 女 -/-n **1** = Augenbinde **2** 《ふつう複数で》(Scheuklappe) (馬などの)目隠し革. **≠kli·nik** 女 (大学付属の)眼科病院. **≠kon·takt** 男 (人と人の)目の触れ合い, 視線の交換. **≠krank·heit** 女 眼病: ägyptische ~〖医〗トラコーマ(=Trachom). **≠le·der** 中 = Augenklappe 2 **≠lei·den** 中 眼病. **≠licht** 中 -〔e〕s/《雅》(Sehkraft) 視力: das ~ verlieren 失明する. **≠lid** 中 まぶた(瞼): mit geschlossenen ~*ern* まぶたを閉じて. **≠maß** 中 -es/ 目測〔能力〕;《比》見通す力, 判断力: ein gutes 〈schlechtes〉 ~ haben 目測が確か〈不確か〉である;《比》判断が確か〈不確か〉である | *et.*[4] nach 〔dem〕 ~ schätzen …を目測する. **≠mensch** 男 (↔ Ohrenmensch) 視覚型の人間.

Au·gen·merk 中 -〔e〕s/《雅》着眼:〖ふつう次の成句で〗*sein* **~ auf *jn.* 〈*et.*[4]〉 richten 〈lenken〉** / *jm.* 〈*et.*[3]〉 *sein* ~ zuwenden …に目をつける, …に注目する, …に着目する. [*ndl.* oog-merk „Absicht" の翻訳借用]

Au·gen≠mi·grä·ne 女〖医〗眼性偏頭痛. **≠mit·tel** 中 目薬. **≠mus·kel** 男〖解〗眼筋. **≠nerv** 男 視神経. **≠op·ti·ker** 男 眼科光学機械専門家; めがね屋. **≠paar** 中《雅》一対の目, 両眼. **≠pfle·ge** 女 目の手入れ〈治療〉;〖美容〗アイメーク: ~〔be〕treiben 〈machen〉《戯》眠る. **≠pro·the·se** 女 義眼. **≠pul·ver** 中 -s/ (粉末の)目薬;《戯》細字〔印刷物〕. **≠punkt** 男 (透視図の)視点(→ 図 Perspektive). **≠rand** 男 -〔e〕s/..ränder《ふつう複数で》目のふち: dunkle *Augenränder* haben (過労のために)目のふちに隈(くま)ができている. **≠rin·ge** 複 (過労のためにできる)目のふちの隈(くま). **≠sal·be** 女〖薬〗眼軟膏(なんこう)〔剤〕. **≠schat·ten** 複 = Augenringe

Au·gen·schein[áʊgənʃaɪn] 男 -〔e〕s/ **1** (確認のための)実見, 実地調査;〖法〗検証: ***jn.* 〈*et.*[4]〉 in ~[4] nehmen** …を

〔子細・批判的に〕観察する, …を吟味する | *sich*⁴ durch 〔den〕 ~ von *et.*³ überzeugen 自分で見て…を納得する | wie der ~ lehrt 〈zeigt〉 実際に見ればわかるように. **2** 外観: dem ~ nach 外見〈見たかぎり〉では | Der ~ trügt. 見かけは当てにならぬ.

au·gen·schein·lich[―lɪç, ―⏑⏑́⏑] **I** 形 **1**《雅》(offenbar) 明白な. ▽**2** (sichtbar) 目に見える.
II 副《陳述内容の現実度に対する話し手の判断・評価を示して》(offenbar) 明らかに〔…らしい〕, 見たところ〈どうやら〉〔…らしい〕: *Augenscheinlich* ist er schon nach Hause gegangen. 彼はもう帰宅したらしい.

Au·gen≈schirm[áʊgən..] 男 アイシェード, 目(ま)びさし. **≈schmaus** 男《戯》= Augenweide **≈schmerz** 男 -es/-en《ふつう複数で》目の痛み;〘医〙眼〔球〕痛.

Au·gen·schon·dienst 男《戯》《もっぱら次の形で》~ **haben** 〈**machen**〉 眠る. [＜Augen schonen]

Au·gen≈schwä·che 女 (Schwachsichtigkeit)〘医〙弱視. **≈spie·gel** 男〘医〙検眼鏡. **≈spin·ner** 男〘虫〙ヤママユガ(山繭蛾)科のガ(羽に眼状紋がある). **≈spra·che** 女 目による〔心の〕表現, 目による合図, 目くばせ. **≈sproß** 男, **≈spros·se** 女 (シカの角の)最下段(目のすぐ上)の枝(→ ⊛ Geweih). **≈ste·cher** 男〘虫〙蜻蛉(せいれい)目(トンボ類). **≈stein** 男〘医〙(涙腺(るいせん)・涙嚢(るいのう)などにできる)眼石. **≈stern** 男《雅》(Pupille) 瞳孔(どうこう), ひとみ;《比》最愛のもの. **≈täu·schung** 女 目の錯覚, 錯視. **≈tier·chen** 中〘動〙鞭毛(べんもう)虫類. **≈trip·per** 男〘医〙淋疾(りんしつ)性結膜炎. **≈trop·fen** 複 点眼剤. **≈trost** 男 **1** 目の慰め, 目を喜ばせるもの. **2**〘植〙コゴメグサ属. **≈was·ser** 中 -s/ **1** 洗眼液; 点眼剤. **2**《雅》(Träne) 涙.

Au·gen·wei·de 女 -/ 目を楽しませてくれるもの, 目の薬, 目の保養. [*mhd.*; ◇Weide²]

Au·gen≈wim·per 女 まつげ. **≈win·kel** 男 目のすみ〈はし〉(目がしらと目じり): *jn.* 〈*et.*⁴〉 aus den ~*n* beobachten …を横目でひそかに観察する.

Au·gen·wi·sche·rei[aʊgənvɪʃəráɪ] 女 -/ まやかし, ごまずり; 自己欺瞞.

Au·gen≈zahl[áʊgən …] 女 (さいころの)目の数; (トランプ札の)点数. **≈zahn** 男 (Eckzahn)〘解〙犬歯(→ ⊛ Gebiß). **≈zeu·ge** 男 (あることを)みずから見た人, 目撃者, (現場に居合わせた)証人(→Ohrenzeuge). **≈zit·tern** 中 -s/ (Nystagmus)〘医〙眼球振盪(しんとう), 眼振. **≈zwin·kern** 中 -s/ 目くばせ, ウインク.

au·gen·zwin·kernd 形 目くばせの: *jm.* ~ zuprosten …に目くばせして乾杯する.

Au·gi·as[aʊgí:as] 人名〘ギ神〙アウゲイアス(エリス Elis の王. Herkules に牛舎の掃除を命じた). [*gr.*; ◇*engl.* Augeas]

Au·gi·as·stall 男 -〔e〕s/ Augias の牛舎(30年間掃除されなかったという);《比》不潔な場所, 乱雑な状態, 無秩序: **den ~ ausmisten** 〈**reinigen**〉《比》厄介なしりぬぐいをする.

..äugig[..ɔʏgɪç]²《数詞・形容詞につけて「目が…の」を意味する形容詞をつくる》: ein*äugig* 一眼の | braun*äugig* 茶色の目をした. [＜Auge]

Au·git[aʊgí:t, ..gít] 男 -s/-e〘鉱〙輝石. [＜*gr.* augḗ „Glanz"+..it²]

Äug·lein Auge の縮小形.

Aug·ment[aʊgmέnt] 中 -s/-e (Zuwachs) 増加, 増大;〘言〙添字(サンスクリット語などで動詞の過去時称を示す接頭母音字). [*spätlat.*; ＜*lat.* augēre (→Auktion)]

Aug·men·ta·tion[aʊgmɛntatsió:n] 女 -/-en 増加, 増大;〘楽〙主題〔などの〕拡大〈拡延〉. [*spätlat.*]

Aug·men·ta·tiv[..tí:f]¹ 中 -s/-e＝Augmentativum

Aug·men·ta·tiv·suf·fix 中 (↔Diminutivsuffix)〘言〙指大〈拡称形〉接尾辞(イタリア語の ..one など).

Aug·men·ta·ti·vum[..vʊm] 中 -s/..va[..va·] (↔Diminutivum)〘言〙指大形〈詞〉, 拡称形〔名詞〕(⊛ イタリア語で naso「鼻」に指大接尾辞 -one を添えた nasone「大鼻」).

aug·men·tie·ren[..tí:rən] 他 (h) 増加〈増大〉する;〘言〙添音する;〘楽〙拡大〈拡延〉する, 増音する. [*spätlat.*]

Augs·burg[áʊksbʊrk] 地名 アウクスブルク(ドイツ Bayern 州にあるローマ時代からの古都). [＜Augustus]

Augs·bur·ger[..bʊrgər] **I** 男 -s/- アウクスブルクの人. **II** 形《無変化》アウクスブルクの: das ~ Interim アウクスブルクの暫定措置(1548) | die ~ Konfession / das ~ Bekenntnis アウクスブルクの信仰告白(→augsburgisch) | der ~ Religionsfriede〘史〙アウクスブルクの宗教和議(1555).

augs·bur·gisch[..bʊrgɪʃ] 形 アウクスブルクの: die *Augsburgische* Konfession〘宗〙アウクスブルクの信仰告白(ラテン語形 Confessio Augustana. Melanchthon によってラテン語およびドイツ語で起草された, ルター派の基本的な信仰告白書で, 1530年 Augsburg で開かれた帝国議会において, カール五世に提出された).

Aug≈sproß[áʊk..] 男, **≈spros·se** 女 ＝Augenspros-se

Au·gur[áʊgʊr] 男 -s, -en[aʊgú:rən]/-en **1** (古代ローマの)鳥占い師, 卜占(ぼくせん)官. **2**《ふつう複数で》《雅》消息通. [*lat.*]

Au·gu·ren·lä·cheln[aʊgú:rən..] 中 -s/ (事情・真相に通じた者が浮かべる)意味ありげな微笑.

au·gu·rie·ren[aʊgurí:rən] 他 (h) (voraussagen) 予言する; (vermuten) 推測する.

Au·gu·rium[aʊgú:riʊm] 中 -s/..rien[..riən] 鳥占い.

Au·gust¹[aʊgʊ́st] 男 -〔e〕s, -/-e《ふつう単数で》(略 Aug.) 8月: Anfang 〈Mitte〉 ~ 8月初め〈半ば〉に | das Wetter des 〔Monats〕 ~ 8月の天候 ‖ am 22. ~ 〈~〔*e*〕*s*〉 8月22日に | im ~ 8月に.
★ 古名: Erntemonat, Erntemond, Ernting
[*lat.* 〔mēnsis〕 Augustus „Monat des Augustus" －*ahd.*; Augustus の旧暦改訂にちなむ; ◇*engl.* August]

Au·gust²[áʊgʊst] **I** 男名 (＜Augustus) アウグスト.
II 男 -〔e〕s/-e《ふつう次の形で》**der dumme ~** (サーカスの)道化役, クラウン;《比》おどけ者 | den dummen ~ spielen おどける | Was ist denn das für ein ~?《軽蔑的に》そいつはいったい何者だ.

..august[..aʊgʊst] → ..fritze

Au·gu·sta[aʊgʊ́sta·] 女名 アウグスタ.

Au·gu·sta·na[aʊgʊstá:na·] 女 -/ 〘史〙アウクスブルクの信仰告白(→augsburgisch).

Au·gu·ste[aʊgʊ́stə] 女名 アウグステ.

au·gu·ste·isch[aʊgʊsté:ɪʃ] 形 Augustus (ローマの初代皇帝)の;《比》学問・芸術の盛んな: das *Augusteische* Zeitalter 皇帝アウグストゥス治下の時代 | **ein ~es Zeitalter**《比》学問・芸術の栄える時代.

Au·gust·fei·er[aʊgʊ́st..] 女 8月祭(1291年8月の最初の誓約同盟を記念するスイスの建国祭).

Au·gu·stin[áʊgʊsti:n, ―⏑⏑́; オーストリア: ⏑́⏑―] 男名 アウグスティーン.

Au·gu·sti·ne[aʊgʊstí:nə] 女名 アウグスティーネ.

Au·gu·sti·ner[..tí:nər]〘カトリック〙**I** 男 -s/- アウグスティノ会修道士(→ ⊛).
II 形《無変化》アウグスティノ会の: die ~ Chorherren アウグスティノ修道参事会会員.

Au·gu·sti·ne·rin[..nərɪn] 女 -/-nen〘カトリック〙アウグスティノ会修道女.

Schulterkragen (schwarz)
Ledergürtel (Zingulum)
Habit (schwarz)

Augustiner

Au·gu·sti·ner≈or·den[aʊgʊstí:nər..] 男 -s/〘カトリック〙アウグスティノ隠修士会(1256年に設立された托鉢(たくはつ)修道会). **≈re·gel** 女〘カトリック〙アウグスティノ会規則

Au·gu·sti·nus[aʊgʊstí:nʊs] **I** 男名 アウグスティーヌス.
II 人名 Aurelius ~ アウレリウス アウグスティヌス(354-430; 古代キリスト教の教父で聖者.『告白』『神の国』などの著作がある).

Au·gu·stus[aʊgʊ́stʊs] 人名 アウグストゥス(前63－後14; ローマの初代皇帝 Oktavianus の尊称). [*lat.* augustus „erhaben"; ◇Auktion, August¹]

Aug·zahn[áʊk..] ＝Augenzahn

Auk·tion[aʊktsió:n] 女 -/-en (Versteigerung) 競売,

せり売り: eine ～ abhalten 競売を行う ‖ *et.*[4] auf einer ～ kaufen …をせりで買う | *et.*[4] zur ～ bringen …をせりに出す. [*lat.*; < *lat.* augēre „mehren“ (◇Augment)]

Auk·tio·na·tor[aʊktsionáːtɔr, ..toːr] 男 -s/..toren [..natóːrən] (Versteigerer) 競売人. [*spätlat.*]

auk·tio·nie·ren[..níːrən] 他 (h) (versteigern) 競売する. [*spätlat.*]

Auk·tions≈lo·kal[aʊktsióːns..] 中 競売場〈所〉. ≈**preis** 男 競売価格. 「*pan.*]

Au·ku·be[aʊkúːbə] 女 -/-n 《植》アオキ(青木). [*ja-*

Au·la[áʊlaˑ] 女 -/..len[..lən] (-s) **1** (学校の)大講堂. **2 a)** (古代ギリシア・ローマの建物の)前庭, 玄関. **b)** (ローマ時代の)宮殿. **c)** バジリカ聖堂の前庭. [*gr.* aulḗ „Hof“ – *lat.*]

Au·le[áʊlə] 女 -/-n 《方》(Auswurf) (吐いた)つば, たん.

au na·tu·rel[onatyrɛ́l] 《フランス語》《料理》(人工調味料を加えていない)自然のままの(風味の). [„nach der Natur“]

au pair[opɛ́ːr] 《フランス語》謝礼〈賃金〉なしで,(特に:)(外国の言語・習俗などを身につけるため)居室・食事を提供される代わりに家事の手伝いなどして, オーペアで. [„zum gleichen 〔Wert〕“]

Au-pair-Mäd·chen[opɛ́ːr..] 中 オーペアガール.

au por·teur[opɔrtœ́ːr] 《フランス語》(auf den Inhaber lautend) 《経》持参人払いの(手形など). [◇portieren]

Au·ra[áʊraˑ] 女 -/ **1** 《医》(発作・乗り物酔いなどの)前兆, 前駆症状. **2** オーラ(人間を取り巻くという神秘的な放射体). [*gr.* aúrā „Luftzug“ – *lat.*; ◇aero..]

Au·ra·min[aʊramíːn] 中 -s/ オーラミン(黄色タール染料). [< Aurum+Amin]

Au·rar Eyrir の複数.

Au·rea me·dio·cri·tas[áʊrea mediόːkritas] 女 --/ (der goldene Mittelweg) 黄金の中庸 (Horaz の言葉). [*lat.*; < *lat.* medi-ocris „mittel-mäßig“; ◇Aureole]

Au·rel[aʊréːl] 男名 (< Aurelius) アウレール.

Au·re·lia[aʊréːliaˑ] 女名 アウレーリア.

Au·re·lie[..liə] 女名 アウレーリエ.

Au·re·lius[..liʊs] **I** 男名 アウレーリウス. **II** 人名 Marcus ～ マルクス アウレーリウス(121-180; ローマの皇帝. Mark Aurel ともつづる). [*lat.*]

Au·reo·le[aʊreóːlə] 女 -/-n **1** 《美》(聖像の全身を包む)光背(こうはい) (→ 図 Heiligenschein). **2** (Hof) 《天》(日・月の)暈(かさ), 光環. **3** 《坑》(坑内ガス発生を示す際の安全灯の)青炎, 青色発光. **4** 《電》高圧発光. [*mlat.*–*mhd.*; < *lat.* aure〔ol〕us „golden“ (◇Aurum)]

Au·reo·my·cin[aʊreomytsíːn] 中 -s/ 商標 オーレオマイシン(黄色の抗生物質). [< myko..]

Au·ri·gna·cien[orɪnjasiɛ̃ː] 中 -〔s〕/ 《人類》オーリニャック〈オーリナシアン〉期(後期旧石器時代の一つ).

Au·ri·gnac·ras·se[orɪnják..] 女 -/ 《考古》オーリニャック〈オーリナシアン〉人種. [< Aurignac (南フランスの出土地名)]

Au·ri·kel[aʊríːkəl] 女 -/-n 《植》(一種の)サクラソウ. [*lat.* auricula „Öhrchen“; 葉の形が耳に似ていることから]

au·ri·ku·lar[aʊrikuláːr] 形 耳の, 耳に関する. [*spätlat.*; < *lat.* auris (→Ohr)]

Au·ri·pig·ment[aʊripɪgmɛ́nt] 中 -〔e〕s/ 《鉱》雄黄(ゆうおう), 石黄. [*lat.*; ◇Aurum]

Au·ro·ra[aʊróːraˑ] **I** 人名 《ロ神》アウロラ(あけぼのの女神. ギリシア神話の Eos に当たる). **II** 女 -/-s (Morgenröte) 曙光(しょこう); (Polarlicht) 極光, オーロラ. [*lat.*; ◇Eos, austral]

Au·ro·ra·fal·ter[aʊróːra..] 男 《虫》クモマツマキチョウ(雲間褄黄蝶). 「[*lat.*]

Au·rum[áʊrʊm] 中 -〔s〕/ (Gold) 《化》金(記号 Au).

aus[aʊs] **I** 前 《3格支配》…から:

1 a) 《中から外への方向を表す; しばしば外への意味が転化して離去・逸脱・脱落の意味になる》…から〔外へ・離れて・去って〕: ～ dem Haus 〈dem Zimmer〉 gehen 外出する〈部屋から出て行く〉 | ～ dem Fenster schauen 〈fallen〉 窓から見る〈落ちる〉 | ～ dem Glas trinken コップから飲む | ～ einer Gesellschaft austreten ある団体を脱会する | ～ vollem Halse lachen 心の底から笑う, 呵々(かか)大笑する | *et.*[4] ～ der Hand geben …を手放す | *jm. et.*[4] ～ der Hand nehmen …を…の手から奪い取る | *et.*[4] ～ dem Keller holen …を地下〔貯蔵〕室から持って来る | ～ der Nase bluten 鼻血を出す | *et.*[4] ～ der Tasche nehmen …をポケットから取り出す | ～ dem Traum 〔heraus〕 erwachen 夢からさめる ‖ ～ der Art schlagen (→Art 2) | *jn.* 〈*et.*[4]〉 ～ den Augen verlieren …を見失う | *jn.* 〈*et.*[4]〉 nicht ～ den Augen lassen …から目を離さない | ～ dem Gebrauch kommen 使われなくなる, すたれる | Es ist mir ～ dem Gedächtnis entschwunden. そいつを僕は失念してしまった | ～ dem Gleichgewicht kommen (体の)平衡を失う, ふらふらする; 《比》へどもど〈どぎまぎ〉する, うろたえる | 〔ganz / rein〕 ～ dem Häuschen geraten 〈fahren〉 (→Häuschen) | *et.*[4] ～ der Luft greifen …をでっちあげる〈捏造(ねつぞう)する〉 | Dieses Gerücht ist völlig ～ der Luft gegriffen. このうわさは全くの〈根も葉もない〉デマだ | ～ der Mode sein 〈kommen〉 流行遅れである〈になる〉 | *jm.* ～ der Not helfen …を窮境から救い出す | *jm.* ～ dem Sinn kommen …の脳裏から去る | Das will mir nicht ～ dem Sinn. そのことが私にはどうしても忘れられない | *sich*[3] *et.*[4] ～ dem Sinn 〈dem Kopf〉 schlagen …を脳裏から追い払う, …を思い切る, …を断念する | Das ist 〈Das haben Sie〉 mir ～ der Seele gesprochen. それこそ私が言いたかったことだ | Er geht nicht ～ **sich heraus.** 彼は自分の殻から出ようとしない | *et.*[4] ～ dem Wege schaffen …(障害など)を除去する ‖ *Aus* dem Regen in die Traufe. 《諺》小難をのがれて大難に遭う(雨から雨だれの中へ).

b) 《「中から」の意味が弱くなって, 単に起点・出発点を表す; 2 a との意味上の限界があいまいになることがある》…から〔の〕, …から来た: ein Brief ～ Köln ケルンからの手紙 | mein Freund ～ England イギリスから来た私の友人; イギリス生まれの私の友人 | ～ dem Norden kommen 北〔国〕からやって来る; 北国の出身である | Ich komme eben ～ Hamburg. 私はハンブルクから着いたばかりです | ～ großer Höhe abstürzen 非常に高いところから墜落する | Wir sahen ihn ～ der Ferne. 私たちは遠くから〈遠くに〉彼の姿を認めた | Er hat mir ～ München geschrieben. 彼は私にミュンヒェンから手紙をよこした.

2 a) 《素性・由来・出所・所属などを表す》…から〔の〕, …出〔の〕, …出身〔の〕, …所属〔の〕: ～ Berlin sein 〈stammen〉 ベルリン出身である | ～ Bayern 〔gebürtig〕 sein バイエルン生まれである | ～ guter Familie 〈dem Mittelstand〉 sein 良家〈中産階級〉の出である | einer ～ unserer Gruppe 我々のグループの一人 | ein Kind ～ der Nachbarschaft 近所の子供 ‖ *et.*[4] ～ zweiter 〈erster〉 Hand kaufen …を中古〈新品〉で買う | ～ einer Oper singen あるオペラの一節を歌う | eine Stelle ～ Schillers 《Tell》 zitieren シラーの『テル』のある個所を引用する | ～ dem Deutschen ins Japanische übersetzen ドイツ語から日本語に翻訳する ‖ 《時間的に》 eine Handschrift ～ dem Mittelalter 中世の写本 | Bodenfunde ～ der Steinzeit 石器時代の出土品 | Das Bild stammt ～ dem 13. Jahrhundert. その絵は13世紀のものだ | Er erzählte ～ seiner Kindheit. 彼は彼の子供のころの話をした.

☆表現によっては aus でなく von を使う : der Unfall von gestern 〈vom vorigen Jahr〉 昨日〈前年〉のあの事故.

b) 《オーストリア》《所属分野を表す》…分野の: eine Prüfung ～ Physik 物理学の試験 | Doktor ～ Chemie 化学〔の〕博士.

3 《根拠や因由を表す; 両者の限界は必ずしも明確ではない》 **a)** 《認識・主張・判断・推論などの根拠を示す》…から, …に基づいて: *et.*[4] ～ der Zeitung 〈den Akten〉 wissen …を新聞で〈記録書類によって〉知っている | *et.*[4] ～ der Situation verstehen …を情況から理解する | ～ 〔eigener〕 Erfahrung sprechen 〔自分の〕経験に基づいて話す | ～ *js.* Worten schließen …の言葉から推論する | Du sollst ～ deinen Fehlern lernen. 失敗の経験をむだにしてはいけない | Das

habe ich ~ zuverlässiger Quelle. それは確かな筋からの情報なんだ | *Aus* deiner Darstellung läßt sich nicht entnehmen, wer der Schuldige ist. 君の説明からは だれが犯人なのか分からない.
b) 《理由・原因・動機などを表す》…から〔の〕, …のため〔の〕, …による〈によって〉, …のせいで: ~ Angst 不安の念から | ~ Furcht lügen 恐怖のためにうそをつく(ただし: vor Furcht zittern 恐怖のあまり震える: →vor I 6 ☆) | ~ diesem Grund この〔ような〕理由から〈で〉 | ~ einer Laune 〔heraus〕 気まぐれ〈出来心〉から | Heirat ~ Liebe 恋愛結婚 | ~ Neugier 好奇心〈もの珍しさ〉から | ~ Mangel an Zeit³ 〈Geld〉 時間〈金〉が足りないために | ~ Rücksicht auf *jn.* 〈*et.*⁴〉 …を顧慮して | ~ Spaß 冗談〈面白半分〉に, ふざけて | ~ freien Stücken 自由意志で, 自発的に | ~ Unwissenheit (事情を)知らないで, 知らずに, 無知のために | ~ Versehen ついうっかりして, あやまって ‖ ~ *sich*³ 〔heraus〕 / ~ *sich*³ selbst 〔heraus〕 自分から(進んで), 自発的に, 自分の発意で | Das sagt er nicht ~ sich 〔heraus〕. 彼はだれかの差し金でそう言っているんだ | Das Kind hat es ganz ~ sich selbst 〔heraus〕 getan. その子供はそれを全く自発的にやってのけたのだ.
4 《構成要素・素材・材料などを表す》…から〔なる〕, …を材料にした〈して〉, …製の: ein Haus ~ Holz 木造家屋 | ein Kleid ~ Seide 絹の服〈ドレス〉 | ein Herz ~ Stein 《比》 木石の心 | Das Buch besteht ~ drei Teilen 〈Kapiteln〉. この本は 3 部〈3 章〉からなっている ‖ 〖特に machen または werden と結びついて〗 Er machte ein Boot ~ einem Baumstamm. 彼は 1 本の木の幹でボートを作った | Ich mache 〔mir〕 nichts dar*aus*. そんなことは私にとっては屁(へ)でもない | Ich weiß nicht, was ich dar*aus* machen soll. 僕はこの件をどう考えたものかさっぱり見当がつかない | *Aus* diesem Thema läßt sich viel machen. このテーマは大いに有望だ | das Beste ~ einer Lage machen ある事態を最大限に活用する, ある事態に善処する | etwas ~ *sich*³ machen ひとかどの者になる; 得意になる, えらがる | *Aus* ihm wird kein Gelehrter. 彼は学者などにはなれんよ | *Aus* diesem Plan wird nichts werden. この計画はものになるまい〈水泡に帰するだろう〉 | Was soll ~ uns werden? いったい我々はどうなるのだろう.
II 副 **1** 《単独に》 **a)** (中から)外へ; 〖球技〗 (球が)場外へ; 外で: Der Ball ist ~. ボールが場外へ出た | Jeden Sonntag esse ich ~. 私は毎日曜そとで食事をする | Gehen wir ~ essen! 外へ食べに行こう.
b) 《ふつう動詞は **sein**》 終わって, 終了して: wenn die Schule ~ ist 学校が終わったら | Das Theater ist ~. 芝居がはねた | *Aus* der Traum! (→Traum 2 a) | Wann ist das Konzert 〈die Sitzung〉 ~? コンサート〈会議〉はいつ終わるんだ | **~ und vorbei sein** 完全に終了している〈過ぎ去っている〉 | Alles ist ~! 万事休す, もうおしまいだ; もうおしまい〈売り切れ〉です, 全部出払いました ‖ *Aus!* やめろ, 静かにしろ | Licht ~! 明かりを消せ〈消灯〉 ‖ 〔非人称〕 Es ist ~ mit uns. 私たちはもうだめだ | Mit seiner Geduld war es ~. 彼の忍耐もももはやそれまでだった | Zwischen den beiden ist es ~. 二人の仲はもうおしまいだ.
c) 《aus.. を前つづりとした分離動詞の過去分詞の代わりに; 動詞は sein か haben》 (↔an): Das Licht ist ~〔gedreht〕. 明かりが消えた〈消えている〉 | Das Feuer ist ~〔erloschen〕. 火は消えた, 火事は鎮火した | Sie ist mit ihrer Mutter ~〔gegangen〕. 彼女は母親と外出した〈外出中だ〉 | Haben Sie das Buch ~〔gelesen〕? この本を読み終えましたか | Ich habe das Glas ~〔getrunken〕 〈den Mantel ~〔gezogen〕〉. 私はグラスを飲みほした〈コートを脱いだ〉.
2 《他の副詞または前置詞と結びついて》 **a)** 《副詞 **ein** と結びついて》: **bei *jm.* ~ und ein 〈ein und ~〉 gehen** …のところに出入りする, …と親しくする | **weder ~ noch ein 〈weder ein noch ~ / nicht ~ noch ein / nicht ein noch ~ / nicht ~ und ein / nicht ein und ~〉 wissen** どうしてよいか分からない〔でいる〕, なすすべを知らない〔でいる〕, お手上げである, 進退に窮する | Sie wußte nicht, wo ~ und wo ein. 彼女はすっかり途方に暮れ〔てい〕た.
b) 《**von ... aus** の形で, 前置詞 von と結びつき, その意味を補足し明確化する》: von hier 〈Berlin〉 ~ ここ〈ベルリン〉から | vom Fenster 〈Berg〉 ~ 窓〈山〉から | von diesem Standpunkt ~ betrachtet この見地より考察すれば ‖ von Grund ~ 根本から, 徹底的に, 完全に | Er hat sich⁴ von Grund ~ geändert. 彼はすっかり変わってしまった | von Haus〔e〕 ~ (→Haus 3 a) | von Natur ~ (→Natur 2) ‖ **von *sich*³ ~** 自発的に, 自分〔ひとり〕で, 独断で | Ich tat es von mir ~. 私は自分から進んで〈自分ひとりで〉そうしたんだ | **von mir ~** 《話》 (私なら)構いませんよ, いい〈結構〉ですよ, ご随意に (＝meinetwegen) | Von mir ~ kannst du ins Kino gehen. 映画〔館〕へ行きたいんだったら遠慮なく行きたまえ(私は構わないよ) | vom Arzt ~ 《話》 医者の意見では, 医者の勧めで.
c) 《**auf** 〈ᵛ**über**〉 **... aus** の形で; この際 auf, über は 4 格支配; 動詞は **sein**》 …をねらって〈目ざして〉, …をほしがって〈渇望して〉, …に執心して, …を手に入れようと切望して: Sie ist auf einen roten Hut ~. 彼女は赤い帽子をほしがっている | Er ist auf Beförderung 〈Karriere〉 ~. 彼は昇進〈立身出世〉に汲々(きゅうきゅう)としている | Du bist auf das Geld ~. 君の目当ては金だ, 君は金のことばかり考えている | Ich war schon als Knabe darauf ~, Techniker zu werden. 私は少年のころから技術者になろうと念願していた.
III Aus 中 -/- 〖球技〗 **1** 《単数で》 アウト, ラインの外, 線外: ins ~ gehen 〈rollen〉 (ボールが)ラインの外に出る, アウトになる. **2** (反則などによる)退場: *jn.* ins ~ verweisen …に退場を命じる.
[*germ.*; *ahd.* ūz; ◇außen, außer; *engl.* out]

aus.. 《主として分離動詞の前つづり. つねにアクセントをもつ》 **1** 《静止の状態を表し「外に・外で」を意味する》: *aus*bleiben (出かけたままで)帰らない | *Aus*land 外国 | *aus*wärts よそで. **2** 《運動の方向を表し「外へ〔向かって〕」を意味する》 **a)** 《自動詞と》 ① 《出発》: *aus*gehen 外出する. ② 《逸脱》: *aus*arten 堕落する. **b)** 《他動詞と》 ① 《主語からの離脱》: *aus*atmen (空気などを)吐き出す. ② 《主語以外のものからの離脱》: *aus*graben 掘り出す. ③ 《対象の一部分の拡大》: *aus*dehnen 拡張する. ④ 《選択》: *aus*wählen 選び出す. ⑤ 《排除》: *aus*sperren 締め出す. **3** 《「徹底・終結」を意味する》 **a)** 《自動詞と》 ① 《消滅・終止》: *aus*gehen 尽きる | *aus*hallen 響きやむ. ② 《ある限度の到達》: *aus*reichen 足りる. **b)** 《他動詞と》 ① 《根絶》: *aus*verkaufen 売り尽くす | *aus*trinken 飲みほす. ② 《ある限度の到達》: *aus*bauen 改装する. **4** 《「付与」を意味する》 **a)** 《装着》: *aus*rüsten 装備を施す. **b)** 《充填(じゅうてん)》: *aus*füllen 充填する. **5** 《自動詞を他動詞に変える》: *aus*zischen (芝居・講演などに対して)シューシューと言って不満を表明する.

aus|agie·ren [áʊs|agiːrən] 他 (h) (感情を)行動に移して発散する.

aus|apern [áʊs|aːpərn] 《05》 《南部・オーストリア・スイス》 **I** 自 (s) (道などの)雪が消える: Die Wege sind *ausgeapert*. 道の雪がなくなった. **II** 他 (h) (道などの)雪を消えさせる: Der Frühling hat die Felder *ausgeapert*. 春になって畑の雪が消えた.

Aus·ape·rung [..pərʊŋ] 女 -/-en 雪が消えること, 雪解け; 雪の消えた場所.

aus|ar·bei·ten [áʊs|arbaɪtən] 《01》 **I** 他 (h) **1** 仕上げる, (文章などを)推敲(すいこう)〈彫琢(ちょうたく)〉する: einen Plan 〈einen Entwurf〉 ~ 計画〈草案〉を練り上げる. **2** 再帰 *sich*⁴ ~ 体を鍛える; 存分に体を動かす. **3** eine Fährte ~ 〖狩〗 (射たれた獣の)足跡を追いつめる. **II** 自 (h) (ワインが)発酵し終わる.

Aus·ar·bei·tung [..tʊŋ] 女 -/-en **1** 仕上げ, 推敲(すいこう), 彫琢(ちょうたく); 完成品〈稿〉. **2** 《ふつう単数で》 (体の)鍛練.

aus|ar·ten [áʊs|aːrtən] 《01》 自 (s) **1** 《in *et.*⁴》 (度を過ごして)悪化する: in eine Schlägerei ~ (結局は)殴り合いになる. **2** (人が)常軌を逸する, 節度を失う. **3** (entarten) 〖生〗 退化する; ᵛ堕落する. [*lat.* dē-generāre (◇degenerieren) の翻訳借用]

Aus·ar·tung [..tʊŋ] 女 -/-en ausarten すること.

aus|äs·ten [áʊs|ɛstən] 《01》 他 (h) **1** (樹木の)枝をおろす〈切り取る〉. **2** 再帰 *sich*⁴ ~ (樹木が)枝を出す〈広げる〉.

aus|at·men [áʊs|aːtmən] 《01》 **I** 他 (h) (↔einatmen)

(空気・煙などを)吐き出す; (ausströmen)(芳香などを)発散する: die Luft durch den Mund 〈den Rauch durch die Nase〉 ~ 口から空気を〈鼻から煙を〉吐き出す ‖〖目的語なしで〗 langsam 〈kräftig〉 ~ ゆっくり〈力強く〉息を吐く.
II 自 (h) 《雅》最後の息を引き取る, 死ぬ: 〖もっぱら完了形で〗 Er hatte *ausgeatmet.* 彼はすでに死んでいた.

Aus·at·mung[..mʊŋ] 女 -/-en 《ふつう単数で》 ausatmen すること.

aus|backen[(*)][áʊsbakən] 《11》 **I** 他 (h) **1** (パン・ケーキなどを)十分に焼く, 焼き上げる. **2** (油で)揚げる, フライにする. **II** 自 (s) (パンなどが)焼き上がる: Das Brot ist nicht *ausgebacken.* このパンは焼きが十分でない〈足りない〉. **III aus·ge·backen** → 別出

aus|ba·den[áʊsba:dən][1] 《01》 他 (h) **1** 《話》(特に他人の失敗・愚行の)後始末をする: *et.*[4] **~ müssen** …のしりぬぐいをさせられる. **2** die Kehle ~ のどをすすぐ, うがいする.

aus|bag·gern[áʊsbagərn] 《05》 他 (h) (土掘り機で土砂を)掘り上げる; (川・港などを)浚渫(しゅんせつ)する.

aus|ba·ken[áʊsba:kən] 他 (h) 〖海〗 (水路に)標識〈浮標〉を設置する. [＜Bake]

aus|ba·lan·cie·ren[áʊsbalãsi:rən] 他 (h) **1** 釣り合い〈バランス〉をとる, 平衡を保たせる: Einnahmen und Ausgaben ~ 収支のバランスをとる | *ausbalanciert* sein 釣り合い〈バランス〉がとれている. **2** 再帰 *sich*[4] ~ 釣り合う, バランスがとれる.

aus|bal·do·wern[áʊsbaldo:vərn] 《05》 (《過分》 ausbaldowert) 他 (h) 《話》 (auskundschaften)(ひそかに偵察・調査して)探り出す, 突き止める.

aus|bal·gen[áʊsbalgən][1] (**aus|bäl·gen**[..bɛlgən][1]) 他 (h) 《南部》 **1** 〖狩〗(動物の)皮をはぐ: einen Hasen ~ ウサギの皮をはぐ. **2** (ausstopfen)(獣皮に)詰め物をする, 剝製(はくせい)にする. [＜Balg]

Aus·ball[áʊsbal] 男 -[e]s/..bälle[..bɛlə] 〖球技〗アウトになった球.

Aus·bau[áʊsbaʊ] 男 -[e]s/-ten **1** 《単数で》 **a)** (↔Einbau)(機械・部品などの)解体, 撤去: der ~ des Motors エンジンの取り外し. **b)** 拡充, 強化: der ~ des Verkehrsnetzes 〈des Werbedienstes〉 交通網〈宣伝業務〉の増強. **c)** 改装, 改修; (内部の)仕上げ: der ~ eines Dachgeschosses 屋根裏に部屋を作ること | der ~ eines Schlosses als Museum 〈zu einem Museum〉 宮殿を博物館に改装すること.
2 a) 〖坑〗支保, 坑道支持枠. **b)** (部落から離れた)独立農家, 支農場. [V]**c)** (Erker) 〖建〗張り出し部分.

aus|bau·chen[áʊsbaʊxən] 他 (h) 膨らます: mit *ausgebauchten* Segeln 帆に風をはらませて ‖ 再帰 *sich*[4] ~ 膨らむ.

Aus·bau·chung[..xʊŋ] 女 -/-en 膨らみ, 出っぱり.

aus|bau·en[áʊsbaʊən] 他 (h) **1** (↔einbauen)(解体)撤去する: die Batterie aus *et.*[3] ~ …からバッテリーを取り外す. **2** 拡充〈強化〉する: eine Bahnlinie zweigleisig ~ 〖鉄道〗ある路線を複線化する | einen Hafen 〈eine Straße〉 ~ 港〈街路〉を拡張する | Handelsbeziehungen ~ 取引関係を強化する. **3** 改装〈改修〉する; (…の内部を)仕上げる: das Dachgeschoß ~ 屋根裏に部屋を作る | *et.*[4] als Theater 〈zu einem Theater〉 ~ …を劇場に改装する | einen Schacht in Beton ~ 〖坑〗立坑を支持枠で囲む. [V]**4** 〖建〗(バルコニーなどを)張り出させる. **5** (ワインを)熟成させる.

aus·bau·fä·hig 形 拡張〈発展〉できる, 将来有望な.

aus|bau·schen[áʊsbaʊʃən] 《04》 ＝aufbauschen

Aus·bau·ten Ausbau の複数.

Aus·bau·woh·nung[áʊsbaʊ..] 女 (屋根裏などの)改装住居.

aus|be·din·gen*[áʊsbədɪŋən] 《30》 他 (h) 《*sich*[3] *et.*[4]》(条件として)要求する,(権利を)留保する: *sich*[3] 100 DM als Anzahlung ~ 内金として100マルク要求する.

aus|bei·neln[áʊsbaɪnəln] 《06》 (**aus|bei·nen**[..baɪnən]) 他 (h) 《オーストリア》(…から)骨をとる; 《戯》(モーターなどを)機械から外す. [＜Bein]

aus|bei·ßen*[áʊsbaɪsən] 《13》 **I** 他 (h) **1** (歯を)かみ折る: *sich*[3] an *et.*[3] einen Zahn ~ …をかんで歯を1本折る | *sich*[3] an *et.*[3] die Zähne ~ (→Zahn 1). **2 a)** 《方》《*jn.*》(恋がたきなどを)蹴(け)落とす, 押しのける. [V]**b)** (かみついて)追い払う. **II** 自 (h) (鉱脈などが)露頭する. [◇Ausbiß]

aus|bei·zen[áʊsbaɪtsən] 《02》 他 (h) 腐食剤で取り除く; 〖医〗(傷口を)焼灼(しょうしゃく)剤で焼く.

aus|be·kom·men*[áʊsbəkɔmən] 《80》 他 (h) 《しばしば否定詞と》 **1** (↔anbekommen)(きゅうくつな衣服などを苦心して)脱ぐ, 取り外す(→bekommen I 2 b): Ich habe die Handschuhe nicht *ausbekommen.* 私は手袋がどうしても脱げなかった. **2** 《方》食べて〈飲んで〉空にする〔ことができる〕; 読み終える〔ことができる〕.

aus|bes·sern[áʊsbɛsərn] 《05》 他 (h) 修繕〈改装〉する; 修正する: ein Dach 〈eine Straße〉 ~ 屋根〈道路〉を修理する.

Aus·bes·se·rung[..sərʊŋ] (**Aus·beß·rung**[..srʊŋ]) 女 -/-en 修繕, 修理; 修正.

aus·bes·se·rungs·be·dürf·tig 形 修理〈修正〉の必要な.

aus|be·to·nie·ren[áʊsbetoni:rən] 他 (h) くまなくセメントを塗る.

aus|bet·ten[áʊsbɛtən] 《01》 他 (h) **1** (病人などを)ベッドから出す〈おろす〉. **2** (遺体などを)掘り出す.

aus|beu·len[áʊsbɔʏlən] 他 (h) **1** 《*et.*[4]》(…に)膨らみをつける: Bleche ~ ブリキ板に膨らみを打ち出す | die Hose ~ ズボンに着崩れの膨らみをつくる ‖ 再帰 *sich*[4] ~ (衣服などに)膨らみができる | Die Hosen haben sich *ausgebeult.* ズボンの〔型が崩れて〕ひざが出てしまった | die *ausgebeulten* Knie in Hosen (長時間座ったためにできる)ズボンのひざの膨らみ. **2** (↔einbeulen) へこみを取る: den Kotflügel ~ (自動車の)泥よけのへこみを修理する.

Aus·beu·te[áʊsbɔʏtə] 女 -/-n 《ふつう単数で》収穫; 〖法〗収穫物(特に砂・鉱物・粘土など土地の無機的産物); 収量, 産出額: Der Schacht liefert 〔eine〕 geringe 〈reiche〉 ~. その坑は産出量が少ない〈多い〉.

aus|beu·teln[áʊsbɔʏtəln] 《06》 他 (h) **1** (衣服に)膨らみをつくる(→ausbeulen 1). **2** 《南部・オーストリア》 (ausschütteln) ふるい出す: Decke ~ 毛布を振ってごみをふるい落とす | Mehl ~ 小麦粉をふるいにかける. **3** 《*jn.*》(賭博(とばく)で…から)金を巻き上げる: Ich bin ganz *ausgebeutelt.* 私は全くの無一文だ. **4** (aushorchen) 《*jn.*》(…に)根掘り葉掘り尋ねる.

aus|beu·ten[áʊsbɔʏtən] 《01》 他 (h) **1** (悪い意味で)利用する,(労働者などを)搾取する,(他人の著作などを)盗み写す: *js.* Unkenntnis 〈Notlage〉 ~ …の無知〈窮状〉につけこむ. **2** (いい意味で)活用する: historische Quellen gut 〈vollständig〉 ~ 史料を十分に活用する. **3** (鉱山)を掘る: einen Schacht ~ 坑から採掘する. [＜Beute[2]]

Aus·beu·ter[..tər] 男 -s/- 〖経〗搾取者.

aus·beu·te·risch[..tərɪʃ] 形 搾取的な: die ~*e* politik 搾取政策.

Aus·beu·ter·klas·se[..tər..] 女 搾取階級.

Aus·beu·tung[..tʊŋ] 女 -/-en 《ふつう単数で》 **1** 〖法〗つけ込む〈利用しつくす〉こと, 悪用; 搾取. **2** 活用.

Aus·beu·tungs·recht 中 採掘権.

aus|be·zah·len[áʊsbətsa:lən] 他 (h) **1** 《*jm. et.*[4]》(全額を)支払う: *jm. sein* Gehalt ~ …に俸給を全額支給する. **2** (entlohnen) 《*jn.*》(…に)報酬〈給与〉を支払う: *jn.* in Naturalien ~ …に現物で報酬を支払う.

aus|bie·gen*[áʊsbi:gən][1] 《16》 **I** 他 (h) **1** (導管・ブリキなどを)外側に曲げる. **2** (曲げ・反りなどを)もとに戻す, まっすぐにする. **II** 自 (s) 《*jm.* / *et.*[3]》(…を)避ける, 回避する: einem Radfahrer ~ 自転車を避ける | nach rechts ~ 右に避ける.

aus|bie·ten*[áʊsbi:tən] 《17》 他 (h) **1** 《*et.*[4]》 **a)** (商品を)売りに出す: *et.*[4] wie sauer 〈saures〉 Bier ~ (→Bier). **b)** (価格・報酬を)呈示〈公表〉する. **2** 《*jn.*》 **a)** (競売で…に)せり勝つ. **b)** 立ち退かせる, 追い立てる. **c)** 挑発する.

aus|bil·den[áʊsbɪldən][1] 《01》 他 (h) **1** 形成する, 形作る; 《*jn.*》(専門的に)教育〈訓練〉する, 育成する: *et.*[4] hohl ~ を中空に仕上げる | Lehrer 〈Nachwuchs〉 ~ 教員〈後継者〉を

養成する ‖〖sich⁴ ausbilden〔lassen〕の形で〗sich⁴ als Krankenschwester〈zur Krankenschwester〉～〔lassen〕看護婦になるための教育を受ける | sich⁴ musikalisch〈in Gesang〉～〔lassen〕音楽〈声楽〉を学ぶ ‖〖分詞で〗in einem Fach *ausgebildet* sein ある専攻課程を修了している | Sie ist am Konservatorium *ausgebildet.* 彼女は音楽学校出身である | ein *ausgebildeter* Röntgenassistent 専門教育を受けたレントゲン助手 ‖ der〈die〉*Auszubildende* → 別出

2《et.⁴》十分に発達させる: *seine* Anlagen ～ 自分の素質を〔十分に〕伸ばす ‖ 再帰 sich⁴ ～ 発達する, 成立する;（花が）開花する ‖ eine besonders *ausgebildete* Muskulatur haben 筋肉が特別に発達している.

Aus·bil·der[áʊsbɪldər] 男 -s/-（職業教育を施す）養成者, 指導員;〖軍〗教官;〖スポ〗コーチ.

Aus·bild·ner[..dnər] 男 -s/-《オース・スイ》〖軍〗教官.

Aus·bil·dung[..dʊŋ] 女 -/-en《ふつう単数で》(ausbilden すること. 特に:) 養成専門教育: eine gute〈solide〉～ haben しっかりした専門教育を受けている.

Aus·bil·dungs≠bei·hil·fe 女〖法〗(職業養成期間中の) 特別扶養手当. **≠för·de·rung** 女（国家による）育英奨学〔事業〕. **≠hil·fe** 女〖法〗(社会扶助としての) 教育補助金. **≠la·ger** 中 -s/- 養成所, 職業訓練所. **≠stät·te** 女 養成所, 職業訓練所. **≠zeit** 女 養成〈訓練〉期間.

aus|bin·den*[áʊsbɪndən]¹《18》他 (h) **1**〖印〗(組み上げた活字を) ひもで締める. **2**〖建〗(木組みを) 組み上げる.

Aus·biß[áʊsbɪs] 男 ..bisses/..bisse〖地〗(鉱脈の) 露頭.［＜ausbeißen II］

aus|bit·ten*[áʊsbɪtən]《19》他 (h) **1**《sich³ et.⁴》請い受ける, 請求〈要求〉する: sich³ Bedenkzeit ～ 考慮のための猶予期間を与えてくれと頼む | Darf ich mir den Zucker ～? 砂糖を回していただけますか | Ich *bitte* mir Ruhe *aus*! 静粛に願います | **Das möchte ich mir *ausgebeten* haben.** 私はそれが当然の要求だと思う. ᵛ**2**《jn.》誘い出す: jn. zum Tanz ～ …をダンスに行こうと誘う.

aus|bla·sen*[áʊsbla:zən]¹《20》**I** 他 (h) **1** 吹き消す: die Kerze〈das Streichholz〉～ ろうそく〈マッチ〉の火を吹き消す | jm. das Licht〈das Lebenslicht〉～ (→Licht 2 b, →Lebenslicht). **2** den Hochofen ～ 高炉の火を落とす. **3**（煙・蒸気などを）吹き〈吐き〉出す. **4** 吹いて中身を出す: den Dotter aus dem Ei ～ / das Ei ～ 卵の黄味を吹いて出す | den Hobel〈die Röhre〉～ かんな〈管〉を吹いて詰まったものを払う | *Blas* mir den Hobel *aus*! (→Hobel 1). **5**（ガラスを）吹いて成形する. ᵛ**6**（ラッパを吹いて）布告する.

II 自 (h)（風などが）吹きやむ.

Aus·blä·ser[..blɛ:zər] 男 -s/-（煙が出ただけの）不発「弾.」

Aus·bla·sung[..bla:zʊŋ] 女 -/-en〖地〗乾食; 乾食によるくぼみ.

aus|blei·ben*[áʊsblaɪbən]¹《21》自 (s)（出かけたままで）帰らない, 戻ってこない;（予告だけで）姿を現さない,（予期されたことが）起こらない;（周期的なものが）止まる: Er *blieb* die ganze Nacht *aus.* 彼は一晩じゅう帰らなかった | Der Besuch〈Die Menstruation〉ist *ausgeblieben.* 訪問客は結局来なかった〈月経はないままに終わった〉| Die Enttäuschung *blieb* nicht *aus.* 案の定 幻滅が訪れた | Es konnte nicht ～, daß an der Stelle gelacht wurde. その個所にくるとやはり笑いが起こった ‖ Er bat, sein *Ausbleiben* zu entschuldigen. 彼は不参のわびを述べた.

aus|blei·chen⁽*⁾[áʊsblaɪçən]《22》**I** 他 (h)《規則変化》(bleich machen) 色をあせさせる, 退色させる; 漂白する, さらす: ein Waschmittel, das Farben nicht *ausbleicht*（布地の）色をあせさせない洗剤. **II** 自 (s)《不規則変化》(bleich werden) 色があせる, 退色する: Der Vorhang ist〔durch die Sonne〕schon *ausgeblichen.* カーテンは〔日光のために〕すでに色あせている | Dieser Farbstoff *bleicht* nicht *aus.* この染料は退色しない.

★ 次の例は本来は他動詞の状態受動であるが, 自動詞の完了形とも意識されている: Der Vorhang ist *ausgebleicht.* カーテンは色あせている (＝Der Vorhang ist *ausgeblichen.*).

aus|blen·den[áʊsblɛndən]¹《01》他 (h) (↔ einblenden)〖放送・映〗(音声を) しだいに小さくする,（映像を）しだいにぼんやりさせる, フェードアウト〈溶暗〉する: die Begleitmusik ～（放送で）伴奏音楽をフェードアウトする〈しだいに弱めて消す〉‖ 再帰 sich⁴ ～（放送局が）フェードアウトする, 番組を終わる.

Aus·blick[áʊsblɪk] 男 -〔e〕s/-e **1** 眺め, 見晴らし;《比》見通し, 展望: ein Zimmer mit ～ auf den See 湖の見晴らせる部屋 | den ～ beschränken〈versperren〉見晴らしをさえぎる | ein erfreulicher ～ in die Zukunft 将来への明るい展望. **2** 対物レンズ.

aus|blicken[áʊsblɪkən] 自 (h)《雅》《nach et.³》(…を) 眺めやる; 探し求める;《auf et.⁴》待ち望む: heimlich〈verstohlen〉nach jm. ～ こっそり…の方に目をやる | auf bessere Zeiten ～ より良い時代の到来を待望する.

aus|blü·hen[áʊsbly:ən] 自 **1 a)** (h)（植物が）花期を終わる. **b)** (s) 花が満開になる. **2** (s)〖地〗(岩石などが) 風解する; 白華(はっか)が生じる.

Aus·blü·hung[..bly:ʊŋ] 女 -/-en (ausblühen すること. 特に:)〖地〗風解.

aus|blu·ten[áʊsblu:tən]《01》**I** 自 **1** (s) 血を全部出し尽くす;《比》(戦争などで人口が減って) 疲弊する: ein geschlachtetes Tier ～ lassen 畜殺した動物の血をすっかり流し切る ‖ ein *ausgeblutetes* Land 戦争で疲弊した国. **2** (h) 出血が止まる: Die Wunde hat endlich *ausgeblutet.* 傷口の出血がやっと止まった. **3** (s)〖織〗(布の) 染料がにじむ, 色が落ちる.

II 他 (h) 再帰 sich⁴ ～（経済的に）疲弊する: Sie haben sich bei dem Hausbau völlig *ausgeblutet.* 彼らは家を建てたのですっかりお金がなくなってしまった.

aus|bo·gen[áʊsbo:gən]¹ 他 (h) **1**（外側へ）弧状に反り出させる. **2**〖服飾〗弧状に裁断する〈縫う〉.［＜Bogen］

aus|boh·ren[áʊsbo:rən] 他 (h) 穴をあける; えぐり取る, えぐって取り除く: ein Loch im Gestein ～ 岩石に穴をうがつ | einen Brunnen ～ 井戸を掘る | einen Zahn ～（歯科医が）歯に穴をあける ‖ jm. die Augen ～ …の目をえぐり取る | das Kerngehäuse ～（果物の）芯(しん)を取り除く.

aus|bo·jen[áʊsbo:jən] 他 (h)〖海〗(水路に) 浮標〈ブイ〉を設置する.［＜Boje］

aus|bom·ben[áʊsbɔmbən]¹ **I** 他 (h)《ふつう受動態で》*ausgebombt* werden 被爆する, 爆撃によって破壊される; 爆撃のために住居〈家財〉を失う, 空襲で焼け出される.

II aus·ge·bombt → 別出

aus|boo·ten[áʊsbo:tən]《01》他 (h)《jn.》〖海〗(船客を) はしけで上陸させる;《et.⁴》(荷を) 陸揚げする;《話》(地位・官職から) 追い払う: einen Minister aus dem Kabinett ～ 大臣を閣外に追う (辞めさせる).

aus|bor·gen[áʊsbɔrgən]¹ 他 (h)《方》(borgen) **1**《sich³ et.⁴ von〈bei〉jm.》(…を…から) 借りる, 借り出す. **2**《jm. et.⁴/et.⁴ an jn.》(…に…を) 貸す, 貸し出す.

aus|bo·xen[áʊsbɔksən]《02》他 (h)《jn.》〖ボクシング〗(…を) 打ち負かす, (…に) 圧勝する.

aus|bra·ten*[áʊsbra:tən]《23》他 (h) **1**（肉類を）十分に焼く. **2**（肉を焼いて）脂を出す.

aus|brau·chen[áʊsbraʊxən] 他 (h)《話》(道具などを) だめになるまで使う;（貯金などを）すっかり使い果たす.

aus|bre·chen*[áʊsbrɛçən]《24》**I** 他 (h) **1** 折り取る, もぎ取る;〖園〗剪定(せんてい)する: dürre Zweige〔aus einem Baum〕～〔樹木から〕枯れ枝を取り払う | Am Zahnrad ist ein Zahn *ausgebrochen.* 歯車の歯が一つ欠けている | jm. die Giftzähne ～ (→Giftzahn) ‖ sich³ durch einen Sturz〈bei einem Sturz〉einen Zahn ～ 転んで歯を1本折る | Bohnen ～《方》豆をもぐ〈収穫する〉. **2**（壁の一部を壊して窓・戸などを）くりぬく. **3**（船のいかりを）引き上げる. **4** (erbrechen)（胃から）戻す, 吐く: Der Kranke hat die Medizin wieder *ausgebrochen.* 病人は飲んだ薬を再び吐いた.

II 自 (s) **1**（むりやりに）脱出する: aus dem Gefängnis ～ 脱獄する | aus dem Käfig ～（猛獣などが）おりを破って逃げ出す | aus der Monotonie des Alltags ～《比》日常生活の単調さから逃れる. **2**（一定のコースから）それる, 離脱〈逸脱〉する: vor der Hürde ～〖馬術〗(馬が) 障害物から逃避する

(障害物を飛び越さず側方へ逃げる) | bei scharfem Bremsen ～ (自動車が)急ブレーキの際にスリップする. **3** (突然)噴出する; (天災・人災・病気・戦争などが)急に起こる, 突発(勃発(ぼっ))する: Dem Kranken *brach* der Schweiß *aus.* 患者の体から汗がふき出した | Ein Vulkan *bricht aus.* 火山が爆発する | Eine Revolution 〈Eine Panik〉 ist *ausgebrochen.* 革命〈パニック〉が起こった | Ein ungeheurer Jubel *brach* unter den Zuschauern *aus.* 観衆の中からどっと大歓声がまき起こった. **4** (鉤(かぎ)などが)はずれる, 係留がとける. **5** 《in *et.*[4]》突然(…し)始める: in ein Gelächter ～ 大声で笑い出す | in ein heftiges Weinen ～ 激しく泣き出す | in Zorn ～ 急に怒り出す | in die Worte ～ せきを切ったようにしゃべり出す. ▽**6** (若葉などが)もえ出る. [◇Ausbruch]

Aus·bre·cher[áʊsbrɛçər] 男 -s/- **1** 脱走者, 脱獄犯人; おりを破って逃げた動物. **2** 〖馬術〗逃避(障害物を避けて側方へ逃げる)癖のある馬.

Aus·bre·cher·krebs 男〖医〗転移癌(がん)(特に気管支・肺の).

aus|brei·ten[áʊsbraɪtən] 《01》他 (h) **1** (たたんであるもの・しまってあるものなどを)広げる; (知識などを)披露(ひろう)する; (うわさ・学説などを)広める; (権力・活動の場などを)拡張〈拡大〉する; 散布する, (熱・光などを)拡散させる: einen Fächer 〈eine Landkarte〉 ～ 扇子〈地図〉を広げる | den Inhalt eines Pakets ～ 包みの中身を広げる | die Arme 〈die Äste〉 ～ (人が)両腕を〈(木が)枝を〉広げる | vor *jm.* *seine* Kenntnisse 〈*seine* Ansichten〉 ～ …に対して自分の知識〈見解〉を披露する.

2 再帰 *sich*[4] ～ 広がる; (うわさなどが)広まる, 伝播(でんぱ)する: Vor mir *breitet* sich ein herrliches Panorama *aus.* 私の眼前にはすばらしいパノラマが開けている | Freude *breitete* sich auf seinem Gesicht *aus.* 喜びの色が彼の顔いっぱいに広がった | Die Seuche 〈Das Feuer〉 hat sich rasch *ausgebreitet.* 疫病は急速に蔓延(まんえん)した〈火事はまたたくまに広がった〉 ‖ *sich*[4] auf dem Sofa ～ ソファーの上に長々と寝そべる ‖ *sich*[4] über *et.*[4] ～ …について長々としゃべる〈自説を披露する〉.

Aus·brei·tung[áʊsbraɪtʊŋ] 女 -/-en **1** 広げること, 拡張, 拡大; 〖理・工〗拡散, 伸展; 普及, 伝播(でんぱ), 流布; (病気などの)蔓延(まんえん). **2** (生物の)分布〔区域〕, 生息域, (種族の)居住範囲.

aus|brem·sen[áʊsbrɛmzən][1] 《02》他 (h) (オートレースのカーブで)ブレーキを踏むのを遅らせて追い抜く.

aus|bren·nen*[áʊsbrɛnən] 《25》 **I** 自 (s) **1** (火が)燃え尽きる: Die Kerze 〈Die Lampe〉 *brennt aus.* ろうそく〈ランプ〉〔の火〕が燃え尽きる | Die Birne *brannte aus.* 電球が切れた | Er ist jetzt völlig *ausgebrannt.* 《話》(スポーツなどで)彼は燃え尽きた(もうこれ以上良い成績は出ない) ‖ eine *ausgebrannte* Pfeife 火の消えたパイプ | ein *ausgebrannter* Ofen 〈Vulkan〉 火の落ちた炉〈死火山〉. **2 a)** (建物・部屋などが外郭だけを残して)焼け落ちる(→II 2): Alle Räume waren völlig *ausgebrannt.* どの部屋もすべて完全に焼けていた | ein *ausgebranntes* Auto 焼けた自動車の残骸(ざんがい). **b)** 《話》(人が)焼け出される: Er ist im Krieg *ausgebrannt.* 彼は戦時中に焼け出された. **3** 焼き物を仕上げる(→II 4).

II 他 (h) **1** からからに乾燥させる: die von der Hitze *ausgebrannte* Wüste 熱気で乾燥しきった荒野 | Mir ist die Kehle 〔vor Durst〕 wie *ausgebrannt.* 私はのどがからからだ. **2** (…の内部を)焼きつくす(→I 2 a): Das Feuer hat das Haus *ausgebrannt.* 火事で家の内部がすっかり焼け落ちた. **3** 〖医〗(傷を)焼灼(しょうしゃく)する, (腫瘍(しゅよう)などを)焼き取る; (ausschwefeln) (たる・おけなどの内部を)硫黄でくすべ〔て消毒す〕る; (雑草・害虫などを)焼き払う. **4** 〖工〗焼き上げる: die Töpfe ～ つぼを焼きあげる(→I 3).

aus|brin·gen*[áʊsbrɪŋən] 《26》他 (h) **1** (乾杯の辞などを)述べる, 唱える: ein dreifaches Hoch auf *jn.* ～ …を祝って万歳を三唱する | *js.* Gesundheit ～ 《雅》…の健康を祈って乾杯する. **2** 〖海〗(いかり・救命ボートなどを)おろす; (ケーブルを)繰り出す. **3** 《話》(↔anbringen) (窮屈な衣服などを苦心して)脱ぐ, 取り外す: Ich *bringe* die Schuhe nicht *aus.* 靴がどうしても脱げない. **4** (↔einbringen) 〖印〗(語間を)あけて版を組む, (組版行数が増えるように)語間のあきを広くする. **5** 〖坑〗(鉱石を)採掘する; 〖金属〗(鉱石から金属を)精錬する. **6** 《スイ》(秘密などを)もらす. **7** 〖狩〗(鳥が卵・ひなを)かえす. **8** 〖農〗(畑に種を)まく, (肥料・農薬などを)散布する.

aus|bröckeln[áʊsbrœkəln] 《06》自 (s) (コンクリートなどが)ぼろぼろになる, 崩れる.

Aus·bruch[áʊsbrʊx] 男 -〔e〕s/..brüche[..brʏçə] **1** 脱出, 突破; (コースからの)離脱. **2** (突然の)噴出; (急激な)発現; (天災・人災・病気・戦争などの)突発, 勃発(ぼっ); (感情の)爆発: der ～ des Feuers 〈eines Vulkans〉 出火〈火山の爆発〉 | ein heftiger ～ der Wut 激怒の発作 ‖ **zum ～ kommen** 突発〈爆発〉する | Ein alter Groll kam zum ～. つもる恨みが爆発した. **3 a)** (Auslese) 精選ワイン; 一番しぼり油; 一番はちみつ. **b)** (特級ワイン用の)ぶどうの精選. **4** (窓・トンネルなどの)くりぬき; 〖坑〗(爆破によって生じた坑内の)空洞. [*mhd.*; ◇ausbrechen]

Aus·bruchs·ver·such 男 脱出の試み, 脱獄未遂.

Aus·bruch·wein 男 (過熟したブドウから作る)貴腐(きふ)ワイン.

aus|brü·hen[áʊsbry:ən] 他 (h) 熱湯で洗う〈消毒する〉; (食器類を)熱湯を通して温める.

aus|brü·ten[áʊsbry:tən] 《01》他 (h) **1** (卵・ひなを)かえす, 孵化(ふか)する: Eier 〈die Küken〉 ～ 卵〈ひよこ〉をかえす. **2 a)** 《話》(よからぬことを)たくらむ: einen Plan 〈eine abscheuliche Tat〉 ～ ある計画〈いまわしい行為〉をたくらむ. **b)** 《戯》(病気の)徴候をあらわす: eine Grippe ～ かぜ気味である.

Aus·brü·tung[..tʊŋ] 女 -/ (卵の)孵化(ふか): künstliche ～ 人工孵化.

aus|bu·chen[áʊsbu:xən] **I** 他 (h) **1** (帳簿から)削除〈抹消〉する: einen Posten aus dem Konto ～ 勘定からある費目を差し引く. **2** 《ふつう ausgebucht sein の形で》(座席券などを)売り切る: Das Flugzeug ist *ausgebucht.* その飛行機は満席である | Ich bin *ausgebucht.* 《話》私は暇がない〈頼まれても無理だ〉. **II aus·ge·bucht** → 別出

aus|buch·ten[áʊsbʊxtən] 《01》 **I** 他 (h) (海岸などに)湾入する, 湾をつくる; 湾曲させる; 膨らます: 〖ふつう過去分詞で〗 eine stark *ausgebuchtete* Küste 入江の多い海岸.
II 自 (h) (道路などが)湾曲して外側へ張り出す. [<Bucht]

Aus·buch·tung[..tʊŋ] 女 -/-en **1** (道路・海岸線などの)外側への湾曲. **2** 〖医〗膨隆(ぼうりゅう), 側室.

aus|bud·deln[áʊsbʊdəln] 《06》他 (h) (↔einbuddeln) (ausgraben) 掘り出す: Kartoffeln ～ ジャガイモを掘る.

aus|bü·geln[áʊsby:gəln] 《06》他 (h) (布地のしわなどを)アイロンをかけて取り除く; 《話》(過ちなどを)取り返す: Knitter 〈eine Hose〉 ～ しわ〈ズボンのしわ〉をアイロンで伸ばす | *jm.* die Runzeln ～ (→Runzel).

aus|bu·hen[áʊsbu:ən] 他 (h) (…に)ブーという非難〈不満〉の叫び声を浴びせる, (…を)やじる: einen Redner 〈eine Darbietung〉 ～ 弁士〈演技〉をやじる.

Aus·bund[áʊsbʊnt][1] 男 -〔e〕s/ **1** (Inbegriff) 典型, 極致, 権化: ein ～ von Schönheit 絶世の美人 | ein ～ von Bosheit 悪の権化. ▽**2** (商品の包みに添えられる)内容見本.

▽**aus·bün·dig**[..bʏndɪç][2] 形 きわめつきの, とびきりの: ein ～*er* Narr 大のあほう | ～ klug とびきり利口な.

aus|bür·gern[áʊsbʏrgərn] 《05》他 (h) (↔ einbürgern) 《*jn.*》(…の)市民権〈国籍〉を剝奪(はくだつ)する. [<Bürger]

Aus·bür·ge·rung[..gərʊŋ] 女 -/-en 市民権〈国籍〉剝奪(はくだつ).

aus|bür·sten[áʊsbʏrstən] 《01》他 (h) **1** ブラシ〈はけ〉で払う: den Staub ～ ブラシでちりを払う | einen Mantel ～ コートにブラシをかける. **2** 十分にブラシをかける: 〔*jm.*〕 die Haare ～ 〔…の〕髪を十分ブラッシングする.

aus|bü·ßen[áʊsby:sən] 《02》他 (h) 《方》(ausbaden) (苦労などを)しょいこむ.

aus|bü·xen[áʊsbʏksən] 《02》自 (s) 《戯》(ausreißen) 逃げ出す, ずらかる. [*ndd.*]

aus|checken[áʊstʃɛkən] **I** 他 (h) 〘空〙《*jn.* / *et.*⁴》(到着後, …の) 必要な手続きを済ませる. **II** 自 (h) **a)** 〘空〙(到着後) 必要な手続きを済ませる. **b)** (ホテルで) チェックアウトする.

A

Ausch·witz[áʊʃvɪts] 地名 アウシュヴィッツ(ポーランドの都市. 第二次大戦時のナチの強制収容所の所在地として有名. ポーランド語形オシフィエンチム Oświęcim). [*slaw.*]

aus|damp·fen[áʊsdampfən] **I** 自 (s) **1** 蒸発する. **2** 蒸発し終わる; (冷えて) 湯気が立たなくなる.
II 他 (h) (熱を加えて) 蒸発させる.

Aus·dau·er[áʊsdaʊər] 女 -/ がんばり, ねばり, 耐久力: mit ～ ねばり〈辛抱〉強く | viel 〈wenig〉 ～ haben ねばり強い〈根気がない〉| in *et.*³ große 〈eiserne〉 ～ zeigen …に物すごいねばり強さを発揮する.

aus|dau·ern[áʊsdaʊərn] 《05》 **I** 自 (h) 耐久力がある, ねばり強い. ᵛ**II** 他 (h) (aushalten) 《*et.*⁴》 (…に) 耐え抜く.
III aus·dau·ernd 現分 形 **1** ねばり強い, 耐久力がある: ein ～*es* Pferd スタミナがある馬 | mit ～*em* Fleiß 倦(う)まず弛(たゆ)まず, 孜々(しし)として. **2** (perennierend) 〘植〙多年生の.

aus·dehn·bar[áʊsde:nba:r] 形 伸張〈膨張〉し得る, 伸張〈膨張〉性のある; 広がり得る, (企業などが) 発展性のある.

aus|deh·nen[áʊsde:nən] **I** 他 (h) **1** (空間的・時間的に) 延長する, (空間的に) 拡張〈拡大〉する: *seine* Macht 〈*seinen* Einfluß〉 ～ 権力〈勢力範囲〉を拡大する | Handelsbeziehungen ～ 取引先を広げる | *seinen* Aufenthalt bis in den Mai 〈*seine* Reise bis nach Berlin〉 ～ 滞在期間を5月まで〈旅程をベルリンまで〉延ばす | Der Gummi ist *ausgedehnt.* このゴムは伸び切っている ‖ 再帰 *sich*⁴ ～ (空間的・時間的に) 延びる, 広がる | Die Sitzung *dehnte* sich über mehrere Stunden 〈bis in die frühen Morgenstunden〉 *aus.* 会議は数時間にわたって〈明け方まで〉続いた | Die Jacke hat sich beim Waschen *ausgedehnt.* 洗濯したら上着がのびてしまった. **2** 〘理〙(熱が金属などを) 膨張させる: 再帰 *sich*⁴ ～ (金属などが熱で) 膨張する.
II aus·ge·dehnt → 別出

Aus·deh·nung[..nʊŋ] 女 -/-en **1** (空間的な) 延長, 伸張; 拡張, 拡大; 〘理〙膨張; (時間的な) 延長; 延期: *sich*⁴ um die ～ *seines* Einflusses bemühen 自己の勢力の拡張をはかる. **2** (Ausmaß) 広がり, 広さ, 大きさ, 面積; (Dimension) 〘数〙次元: eine ～ von 10 km² 10平方キロメートルの面積 | eine Stadt 〈eine Reise〉 von großer ～ 広大な都市〈(広範囲にわたる) 大旅行〉| an ～³ gewinnen 広がる.

Aus·deh·nungs≈ko·ef·fi·zient[..ko|ɛfitsiɛnt] 男 〘理〙膨張率〈係数〉: linearer 〈kubischer〉 ～ 線〈体〉膨張率. **≈kraft** 女 -/ 伸長〈膨張〉力. **≈po·li·tik** 女 膨張政策. **≈ver·mö·gen** 中 -s/ =Ausdehnungskraft

Aus-dem-Fel·de-ge·hen[aʊsdemfɛ́ldə..] 中 -s/ 〘心〙場面逃避.

aus·denk·bar[áʊsdɛŋkba:r] 形 考えられる, 想像のつく; 予測できる: Die Folgen sind nicht ～. 結果がどうなるか予測がつかない.

aus|den·ken*[áʊsdɛŋkən] 《28》 他 (h) **1** 《*sich*³ *et.*⁴》考え出す, 案出する: *sich*³ eine Ausrede 〈einen Spaß〉 ～ 口実〈いたずら〉を思いつく | Das hast du dir 〔ja〕 bloß *ausgedacht.* それは君の作り事にすぎない | **Da mußt du dir schon etwas anderes ～!** 《話》そんなことを言っても私は君を信用できない. **2** 《*et.*⁴》(とことん) 考え抜く: Der Plan ist nur halb 〈in allen Einzelheiten〉 *ausgedacht.* その計画は中途半端にしか考えられていない〈細部まで考え尽くされている〉‖ **nicht *auszudenken* sein** 想像を絶している, はかり知れない | Die Folgen sind nicht *auszudenken.* その結果ははかり知れないものがある.

aus|deu·ten[áʊsdɔʏtən] 《01》 他 (h) 解釈する, 説明する: *jm.* den Traum ～ …に夢判断をしてやる | *jm. et.*⁴ übel ～ …の…を悪くとる | *jm. et.*⁴ als Feigheit ～ …の…をおく病のせいにする.

aus|deut·schen[áʊsdɔʏtʃən] 《04》 他 (h) 《南部・オーストリア》《*jm. et.*⁴》説明する, 分からせる.

Aus·deu·tung[áʊsdɔʏtʊŋ] 女 -/-en 解釈, 説明, 判断.

aus|dich·ten[áʊsdɪçtən] 《01》 他 (h) 《〔*sich*³〕 *et.*⁴》考え出す, 案出する.

aus|die·len[áʊsdi:lən] 他 (h) (部屋に) 床板をはる.

aus|die·nen[áʊsdi:nən] **I** 自 (h) 《もっぱら完了形で》ᵛ**1** 〘軍〙兵役義務年限を勤めあげる; (職業軍人が) 退役する. **2** 《話》使い古される: Der Mantel hat *ausgedient.* このコートはもう着古されてしまった | Der Angeber hat bei mir *ausgedient.* 《話》密告者とは私は縁を切った.
II aus·ge·dient → 別出

aus|dif·fe·ren·zie·ren[áʊsdɪfərɛntsi:rən] 他 (h) 再帰 *sich*⁴ ～ (分離して) 独立する.

ᵛ**aus|din·gen**⁽*⁾[áʊsdɪŋən] 《30》 =ausbedingen

aus|dis·ku·tie·ren[áʊsdɪskuti:rən] 他 (h) (問題などを) 論じ尽くす, 徹底的に解明する.

aus|docken[áʊsdɔkən] 他 (h) (↔eindocken) 〘海〙(船を) ドックから出す, 進水させる.

aus|dor·ren[áʊsdɔrən] 自 (s) 乾ききる, ひからびる; 枯れる; 衰弱しきる.

aus|dör·ren[áʊsdœrən] **I** 他 (h) ひからびさせる, 水気を奪う; 衰弱させる; (材木を) 乾燥させる: Die Hitze *dörrte* das Gras *aus.* 暑さが草を枯らした | Meine Kehle ist durch die Hitze 〔wie〕 *ausgedörrt.* 私ののどは暑さのためからからだ | ein *ausgedörrtes* Stück Fleisch ひからびた肉片. **II** 自 (s) =ausdorren

aus|dre·hen[áʊsdre:ən] 他 (h) **1** (↔andrehen) (栓・スイッチなどを) 回して〈ひねって〉止める; (…のスイッチを) 切る; (↔eindrehen) 回して外す: das Gas 〈das Radio〉 ～ ガス〈ラジオ〉を止める ‖ 再帰 *sich*⁴ ～ 《比》言いのがれる. **2** 〘工〙旋盤でくり抜く. **3** (ねじを) 使いつぶす: 再帰 *sich*⁴ ～ (ねじが) きかなくなる. **4** (自動車の) エンジン出力を極限まで上げる. **5** =ausdreschen **6** 《方》(ぬれた物を) 絞る. **7** 《方》脱臼(だっきゅう)させる.

aus|dre·schen*[áʊsdrɛʃən] 《31》 他 (h) (穀物を) 脱穀する; 《*jn.*》さんざん殴る: das *ausgedroschene* Stroh 脱穀した藁(わら); 《比》使い古した〈陳腐な〉文句.

Aus·druck¹[áʊsdrʊk] 男 -〔e〕s/..drücke[..drʏkə] **1** (英: *expression*) 表現; (事柄を言い表す) 言葉; 《ふつう単数で》話し方, 文体: ein anderer 〈veralteter〉 ～ für *et.*⁴ …を意味する別の〈古風な〉言葉 | ein technischer ～ 術語 | Ist er dick? — Dick ist gar kein ～. 彼は太っているのか—太っているどころではない ‖ 〔schlechte〕 ***Ausdrücke* gebrauchen** 〈話: **an *sich*³ haben**/ 雅: **im Munde führen**〉 悪態をつく ‖ ***sich*⁴ im ～ vergreifen** その場にそぐわない口調で話す | ᵛ**über allen ～** 言葉で言い表せないほど. **2** 《ふつう単数で》(言行による感情などの) 表明, 表現; 表情; (事柄の) 典型的な表れ, 象徴; 〘劇〙感情表出: ***et.*³ ～ geben** 〈**verleihen**〉《雅》…を表明する | Mit diesen Worten hat er seinem Bedauern ～ verliehen. この言葉によって彼は遺憾の意を表明した ‖ Tempo ist der ～ der modernen Zeit. スピードは現代の象徴である ‖ **mit dem ～ des Bedauerns** 遺憾の意を表しながら | mit ～ 〈**ohne** ～〉 singen 感情をこめて〈平板に〉歌う | ***et.*⁴ zum ～ bringen** …を言葉に表現する | *seinen* Dank zum ～ bringen 謝意を表す | **zum ～ kommen** 現れる, 明らかになる | In seinen Worten kam seine Trauer zum ～. 彼の言葉には彼の悲しみがにじみ出ていた. **3** 〘数〙式; 〘電算〙記号; 〘言〙能記. [<ausdrücken]

Aus·druck²[—] 男 -〔e〕s/-e **1** 《ふつう単数で》〘印〙**a)** 刷り上がり〈終わり〉. **b)** (省略のない) 完全な印刷. **2 a)** (模写電送による) 受信文. **b)** プリンターからの出力, プリントアウトされたもの, (コンピューターなどの) プリントアウト. [<ausdrucken]

aus·drück·bar[áʊsdrʏkba:r] 形 ausdrücken できる.

aus|drucken[áʊsdrʊkən] **I** 他 (h) **1** 印刷し終える, 刷り上げる: *ausgedruckt* sein 〈vorliegen〉 刷り上がっている. **2** (名前などを) 省略せずに印刷する. **3** (ファクシミリ・コンピューターなどが) 印刷して出す, プリントアウトする. **4** (活字を) すり減らす.
II 自 (h) gut 〈schlecht〉 ～ 印刷がよい〈悪い〉.

aus|drücken[áʊsdrʏkən] 他 (h) **1** (果実・果汁などを) 搾

る: eine Zitrone ⟨den Saft aus der Zitrone⟩ ~ レモンの汁を搾る. **2**《様態を示す語〔句〕と》表現する: *et.*[4] klar ~ …をはっきり表現する | *et.*[4] in ⟨mit⟩ Gesten ~ …を身ぶりで表す | in Mark *ausgedrückt* マルクに換算して ‖ um es anders *auszudrücken* 換言すれば ‖ 再帰 *sich*[4] ~ 自分の考え⟨心中⟩を述べる | *sich*[4] höflich ~ ていねいな話し方をする | wenn ich mich so ~ darf こういう言い方をしてよければ. **3** (気持などを)表明する, 述べる, 示す: *jm. seinen* Dank ~ …に謝意を表する | Seine Haltung *drückt* Trauer *aus.* 彼の態度は悲しみを表している. ‖ 再帰 *sich*[4] ~ 表れ〔てい〕る | Sein Haß *drückt* sich in seinem Gesicht *aus.* 憎しみが彼の顔に表れている. **4** (タバコやローソク〔の火〕などを)押しつぶして消す, もみ消す.

aus·drück·lich[áusdrʏklɪç, –⌣́⌣] 形 (希望・意志などが)きっぱり⟨はっきり⟩表明された;〘法〙明文をもって: auf *~en* Wunsch des Vaters 父のたっての望みで ‖ *jm. et.*[4] ~ verbieten …に…を厳禁する | Er hat es nicht ~ gesagt. 彼ははっきりそう言ったわけではない.

Aus·drück·lich·keit[..kaɪt] 女 -/ ausdrücklich なこと.

Aus·drucks⸗art[áusdrʊks..] 女 表現法; 言い回し, 文体. **⸗be·we·gung** 女 思考⟨感情⟩を表現する身ぶり, ジェスチャー: die ~ des Gesichts 顔の表情.

aus·drucks·fä·hig 形 表現力のある; 表情に富む.

Aus·drucks⸗form 女 表現形式. **⸗gym·na·stik** 女 (心理を表現する)リズム体操, 表現体操. **⸗kraft** 女 -/ 表現力. **⸗kun·de** 女 -/ (Physiognomik) 観相⟨人相⟩学. **⸗kunst** 女 -/ 表現主義〔的〕芸術; 表現術⟨法⟩, (俳優の)演技, 所作.

aus·drucks⸗leer 形 表情に乏しい. **⸗los** 形 無表情な; 無関心そうな.

Aus·drucks⸗mit·tel 中 -s/-《ふつう複数で》表現手段⟨方法⟩. **⸗stel·le** 女, **⸗stel·lung** 女〘言〙顕揚⟨強調⟩語順, 対照⟨文頭⟩語順(ふつう文頭に置かれない文成分を強調・対照のために文頭へ移すこと. 例 *Versprechen* kann ich das nicht. 約束はできませんよ). **⸗tanz** 男 -es/ (古典バレエに対する)表現舞踊(モダンダンスの一派. ドイツで発生したので国際的にはジャーマンダンスとも言われる).

aus·drucks·voll 形 表現力に富む, 表情豊かな; 力強い, 意味深い: *~e* Augen 表情に富んだ目 ‖ eine Geschichte ~ vorlesen 物語を表情たっぷりに朗読する.

Aus·drucks·wei·se 女 表現の仕方, 表現法; 言い回し, 文体.

Aus·drusch[áusdrʊʃ] 男 -〔e〕s/-e **1**《ふつう単数で》脱穀. **2** 脱穀高, 収穫量.

aus|duf·ten[áusdʊftən]《01》**I** 他 (h) (部屋などを)芳香で満たす; (芳香を)発散する. **II** 自 (h) **1** 芳香を発する. **2** 芳香を失う.

▽**aus|dul·den**[áusdʊldən][1]《01》**I** 他 (h) 耐えぬく. **II** 自 (h)《雅》《ふつう完了形で》〔長い〕苦しみの後に死ぬ.

aus|dün·nen[áusdʏnən] 他 (h) **1**〘農〙間引く; (果樹を)摘果する. **2** (effilieren) (余分な髪を)そぐ.

aus|dün·sten[áusdʏnstən] (**aus|dun·sten**[..dʊnstən])《01》**I** 自 **1** (h) 蒸気を発する, 湯気⟨霧⟩を立ち昇らせる; 汗をかく. **2** (s) 蒸発⟨発散⟩する. **II** 他 (h) (蒸気・臭気を)発散する.

Aus·dün·stung[..dʏnstʊŋ] (**Aus·dun·stung**[..dʊnstʊŋ]) 女 -/-en **1** 蒸発, 発散. **2** 臭気: die *~en* schwitzender Körper 汗くさい体臭 | die *~en* des Industrieviertels 工業地帯の悪臭.

Aus·dün·stungs·mes·ser 男 蒸発計.

aus·ein·an·der[aʊslaɪnándər] 副《aus+相互代名詞に相当: →sich 2 ★ ii》**1** 離ればなれに: Buchstaben ~ schreiben 文字と文字との間を離して書く | Die beiden Dörfer liegen 8 km ~. 両村は8キロ離れている(→auseinanderliegen) | mit *seinen* Füßen weit ~ stehen 両足を広げて立っている(→auseinanderstehen) | Wir sind 〔im Alter〕 fünf Jahre ~.《話》私たちは年が五つ違う | Wir sind schon lange ~.《話》私たちはもう長いこと仲たがいしている | Die Verlobung ist ~ 〔gegangen〕. (→auseinandergehen) | Er ist ganz ~.《方》彼はすっかり取り乱している. **2** おたがいから: *et.*[4] ~ ableiten ⟨entwickeln⟩ …を次々に導き出す⟨発展させる⟩.

★ 動詞と用いる場合は分離の前つづりともみなされる.

aus·ein·an·der⸗|ber·sten*[aʊslaɪnándər..]《15》自 (s) (二つに)割れる, はじける. **⸗|bie·gen***《16》他 (h) (二つ以上に分岐したものを)曲げ広げる. **⸗|bla·sen***《20》他 (h) (風船などを)吹いて膨らます. **⸗|blät·tern**《05》自 (h) (薄片となって)割れる, 剝離(はくり)する. **⸗|bre·chen***《24》**I** 他 (h) (二つに)割る; 砕く. **II** 自 (s) (二つに)割れる; 砕ける. **⸗|brei·ten**《01》他 (h) (畳んだ・巻いたものを)広げる, 開く. **⸗|brin·gen***《26》他 (h) 分かつ, 引き離す; (友人同士などを)不和にする. **⸗|bröckeln**《06》**I** 自 (s, h) ぼろぼろと砕ける⟨崩れる⟩. **II** 他 (h) ぼろぼろに砕く⟨崩す⟩. **⸗|drücken** 他 (h) 押し崩す⟨砕く⟩. **⸗|fah·ren***《37》自 (s) 別れる, 分岐⟨分散⟩する: erschrocken ~ びっくりして逃げ散る. **⸗|fal·len***《38》自 (s) ばらばらに崩れる, 崩壊する. **⸗|fal·ten**《01》他 (h) (畳んだものを)広げる, 開く: 再帰 *sich*[4] in *et.*[4] ~ …に分裂する. **⸗|flie·gen***《45》自 (s) ちりぢりに飛び去る; (爆発などで)四散⟨飛散⟩する, 粉々になる. **⸗|flie·hen***《46》自 (s) ちりぢりに逃げ去る. **⸗|flie·ßen***《47》自 (s) (液体が)流れ広がる; (バターなどが)溶けて流れる⟨崩れる⟩; (インクなどが)にじむ. **⸗|ge·hen***《53》自 (s) 別れる; 解散⟨発散⟩する, (マヨネーズなどが)分離する; (金属・編物などが)のびる;《話》太る: Wir *gingen* als 〔gute〕 Freunde *auseinander.* 私たちはしこりを残さずに別れた | Die Verlobung ist *auseinandergegangen.* 婚約は解消した. **⸗|hacken** 他 (h) 刻んでばらばらにする. **⸗|hal·ten***《65》他 (h) 区別する: Ich kann die Zwillinge nicht ~. 私にはこの双生児の見分けがつかない. **⸗|ja·gen** 他 (h) 追い散らす. **⸗|käm·men** 他 (h) (髪を)分ける. **⸗|ken·nen***《73》=auseinanderhalten **⸗|kla·mü·sern**[..klamý:zərn]《05》《過分 auseinanderklamüsert》他 (h)《東部・北部》(難問などを)骨折って解決⟨解明⟩する;《*jm. et.*[4]》〔骨折って〕説明する. **⸗|kom·men***《80》自 (s) 別れ別れになる;《mit *jm.*》不和になる: im Gedränge ~ 人ごみの中ではぐれる⟨離ればなれになる⟩. **⸗|lau·fen***《89》自 (s) 別れ別れになる, 四散する; (道などが)分岐する; (バターなどが)溶けて流れる⟨崩れる⟩; (絵の具などが)にじむ; (divergieren)〘数〙発散する: Die Eheleute sind 〔wieder〕 *auseinandergelaufen.* 夫婦は離婚した. **⸗|le·ben** 他 (h) 再帰 *sich*[4] ~ 別居して⟨疎遠になって⟩いる: *auseinandergelebte* Eheleute 一緒に暮らせなくなった夫婦. **⸗|le·gen** 他 (h) **1** (畳んだものを)広げる; (機械などを)分解する. **2** (事理を分けて)説明する. **3** 離して置く. **⸗|lie·gen***《93》自 (h) 離ればなれになっている. **⸗|ma·chen** 他 (h) **1** =auseinanderlegen 1 **2** (腕・脚を)広げる, 開く. **3**《方》(遺産を)分割する. **⸗|neh·men***《104》他 (h) **1** 分解する. **2**《話》徹底的に尋問する; きびしく叱責(しっせき)する. **3**〘スポーツ〙やっつける, 打ち負かす⟨破る⟩. **⸗|plat·zen**《02》自 (s) 破裂する. **⸗|po·sa·men·tie·ren** =auseinanderklamüsern **⸗|rei·ßen***《115》**I** 他 (h) 引き裂く, ばらばらにする;《*jn.*》(けんかしている人などを)引き離す⟨分ける⟩, 離散させる. **II** 自 (s) 引き裂かれる, 裂ける. **⸗|rol·len** 他 (h) **1** (巻いたものを)広げる: 再帰 *sich*[4] ~ 背伸びをする. **2** 転がして分ける. **⸗|rücken** **I** 他 (h) (ぐいと押して)引き離す. **II** 自 (s) (互いに)間をあける, 席をずらす. **⸗|scheu·chen** 他 (h) (集まっている人・動物などを)追い散らす. **⸗|schla·gen***《138》他 (h) **1** 打ち砕く, 打って崩す. **2** 力をこめて開く: den Mantel ~ 勢いよくコートの前をはだける. **⸗|schnei·den***《148》他 (h) 切り離す, 切ってばらばらにする.

aus·ein·an·der|set·zen[aʊslaɪnándərzɛtsən]《02》他 (h) (理由・事態・計画などを)説明⟨分析⟩する: 再帰 *sich*[4] mit *et.*[3] ~ …と根本的に取り組む | *sich*[4] mit *jm.* wegen *et.*[2] ~ …と…について話をつける ‖ *sich*[4] ~〘法〙(財産分割などで)お互いに折り合う⟨話し合いがつく⟩.

Aus·ein·an·der·set·zung[..tsʊŋ] 女 -/-en **1** 説明, 分析. **2** 討論, 意見交換; 論争, 対決: eine ~ mit *jm.* über *et.*[4] haben …と…について論争する. **3 a)** (債権者などとの)話し合い, 示談. **b)**〘法〙(相続者間の)財産分割.

aus·ein·an·der⸗|sor·tie·ren[aʊslaɪnándər..] 他

A

(h)(種類別に)区分けする. ≠|**spal·ten**(*)《173》他 (h)(二つに)分ける. ≠|**sprei·zen**《02》他 (h)(腕・脚などを)広げる. ≠|**spren·gen** I 他 (h) 爆破する;(敵などを)追い散らす. II 自 (s) 四散する. ≠|**ste·hen***《182》自 (h) 離ればなれに立っている. ≠|**stel·len** 他 (h) 離して置く: 再帰 *sich*[4] ~ 離れる. ≠|**stie·ben**(*)《186》自 (s) 四散する, 飛び散る. ≠|**stre·ben** 自 (h) 離れようとする; わが道を行こうとする. ≠|**trei·ben***《193》I 他 (h) **1** (群衆などを)追い散らす;(金属を)打ちのばす. **2** (むりに)引き離す;(くさびを打ち込んで)割る. II 自 (s)(風・流れなどに)流される, 漂流する. ≠|**tun***《198》他 (h) 分割〈分解〉する. ≠|**wickeln**《06》他 (h)(巻いた物を)ほどく, 広げる. ≠|**zie·hen***《219》I 他 (h) 引き離す; 引き伸ばす;〘軍〙展開〈分散〉する;〘工〙分解〈解体〉する: 再帰 *sich*[4] ~ 伸びる. II 自 (s)(人が共同生活をやめて)別れる.

aus|ei·sen[áʊs|aɪzən][1]《02》他 (h)《*et.*[4]》(氷の中から)溶かして取る;《*jn.*》救出〈解放〉する.

aus|ent·wickeln[áʊs|ɛntvɪkəln]《06》他 (h) **1** 再帰 *sich*[4] ~ (胚芽(はいが)などが)発育しきる. **2**〘写〙十分に現像する.

aus|er·kie·sen*[áʊs|ɛrkiːzən][1]《74》I =auserwählen II **aus·er·ko·ren**[..koːrən, ∠◡∠◡] 過分 形 選び抜かれた; 天命を授かった. III **Aus·er·ko·re·ne** =Auserwählte

aus|er·le·sen*[áʊs|ɛrleːzən][1]《92》I 他 (h)《雅》選び出す〈取る〉. II [また: ∠◡∠◡] 過分 形 精選された, 極上の: einen ~*en* Geschmack haben 趣味が洗練されている | ~*e* Waren 特上品 ‖〘形容詞を強調して〙ein ~ schönes Bild とびきり美しい絵.

Aus·er·le·sen·heit[..haɪt] 女 -/ 精選, 抜群, 極上.

aus|er·se·hen*[áʊs|ɛrzeːən]《164》I《雅》=auserwählen II [また: ∠◡∠◡] 過分 形 (zu *et.*[3])(…の)天命を授かっている: zu Großem ~ sein 大事を行うべく運命づけられている.

aus|er·wäh·len[áʊs|ɛrvɛːlən] I 他 (h)《雅》《*jn.*》選び出す, 選任〈指名〉する;《*sich*[3] *et.*[4]》選び取る: *jn.* als Leiter 〈zum Leiter〉 ~ …をリーダーに選ぶ.

II **aus·er·wählt**[また: ∠◡∠] 過分 形 えり抜き〈極上〉の;〘宗〙神に選ばれた: ein ~*er* Gelehrter 卓越した学者 | das ~*e* Volk〘聖〙選ばれた民(イスラエル民族).

III **Aus·er·wähl·te** 男 女《形容詞変化》選び抜かれた人;《戯》愛する人(恋人・婚約者など).

Aus·er·wäh·lung[..lʊŋ] 女《ふつう単数で》auserwählen すること.

aus|es·sen*[áʊs|ɛsən]《36》I 他 (h) 食べ尽くす: eine Schüssel ~ 皿の料理を平らげる | Er mußte die Suppe ~, die man ihm eingebrockt hatte.《比》彼は他人のしりぬぐいをさせられた | Was man sich eingebrockt hat, das muß man auch ~. (→einbrocken 2) II 自 (h) 食事をすます.

aus|fa·chen[áʊsfaxən] 他 (h) **1** (戸棚などに)仕切りをつける. **2** (天井・壁などを)格子張りにする.

aus|fä·chern[áʊsfɛçərn]《05》I 他 (h) **1** =ausfachen 1 **2** 再帰 *sich*[4] ~ 扇形に広がる〈分かれる〉. II 自 (h) 扇形に広がる〈分かれる〉.

aus|fä·deln[áʊsfɛːdəln]《06》I 他 (h)(↔einfädeln) **1** die Nadel 〈den Faden〉 ~ 針の穴から糸を抜く ‖ 再帰 Der Faden *fädelt* sich *aus.* 糸が針の穴から抜ける. **2** 再帰 *sich*[4] ~ (自動車が)車線〈車の列〉からうまく抜け出す.

II 自 (s)(糸が)針から抜ける.

aus|fah·ren*[áʊsfaːrən]《37》I 自 (s) **1 a)** (↔einfahren) 発車〈出港〉する; 出て行く;《雅》(悪霊が人から)離れる,(霊魂が肉体を)去る;〘坑〙(坑道から)上がる, 出坑する;〘狩〙(キツネなどが)巣から出てくる: nach Übersee *ausfahrende* Passagiere 海外渡航客. **b)** 車で出かける, ドライブに行く.

2 ᵛ**a)** (本来の場所から)ずれる, 外れる,(線・文字などが)ずれる: Die Buchstaben *fahren aus.* 文字が行からはみ出ている. **b)**《方》《*jm.*》(…の手から)滑り落ちる: Das Messer ist mir *ausgefahren.* ナイフが私の手から滑り落ちた. **c)** かっとなる, 常軌を逸する: *ausfahrende* Gesten 我を忘れた振舞い.

3 (ausschlagen) 吹き出物がでる: im Gesicht *ausgefahren* sein 顔にぶつぶつが出ている | in Blüten ~ (木が)花をつける〈咲かせる〉.

II 他 (h) **1** 車で運び〈つれ〉出す; 配送する: ein Baby ~ 赤ん坊をうば車に乗せてつれ出す | Kohle ~ 石炭を搬出する | Pakete ~ 小包を配達する | Waren ~ 商品を配送する.

2 a)〘工〙(収納部分を)繰り出す: den Anker ~〘海〙いかりをおろす | das Fahrgestell 〈die Klappen〉 ~ (飛行機が)脚〈フラップ〉を出す | die Antenne ~ アンテナをのばす. **b)** (能力を)発揮する: die volle Geschwindigkeit ~ 全速力を出す.

3 (車が道を)傷める: *ausgefahrene* Geleise haben (道が)車のためにえぐられている | die *ausgefahrenen* Geleise verlassen《比》常道に従わない.

4 (h, s)(車で)走り出す: ein Dorf ~ 村じゅう乗り回す | ein Rennen ~ レースを完走する.

5 (h, s) eine Kurve 〈eine Ecke〉 ~ カーブ〈かど〉を(斜めに横切らないで)きちんと回る.

III **aus·fah·rend** 現分 形 (jäh) 急な, 突然の; ぶっきらぼうな.

Aus·fah·rer[áʊsfaːrər] 男 -s/-《南部》商品配送係〈運転手〉.

Aus·fahr≠schacht[..faːr..] 男〘坑〙上昇坑. ≠**si·gnal** 中 (↔Einfahrsignal)〘鉄道〙出発信号機.

Aus·fahrt[áʊsfaːrt] 女 -/-en **1** (↔Einfahrt) **a)** 発車, 出港;(鉱員の)出坑: die ~ nach Übersee 〈zum Heringsfang〉 海外〈ニシン漁〉への出発. **b)** (車・船の)出口;(高速道路からの)出口, 流出ランプ: Der Hafen hat eine bequeme ~. この港は出入りしやすい | Bitte die ~ freihalten! (車の)出[入り]口につき駐車禁止.

2 ドライブ: eine ~ machen ドライブをする | Das Baby hatte heute seine erste ~. 赤ん坊はきょう初めて(乳母車で)散歩に出た.

Aus·fahrts≠si·gnal =Ausfahrsignal ≠**stra·ße** 女 (市内から郊外へ向かう)下り〔幹線〕道路.

Aus·fall[áʊsfal] 男 -[e]s/..fälle[..fɛlə] **1 a)** (収入などの)減損, 欠損, ロス;〘法〙不足〔額〕, 欠額;《ふつう複数で》(人員などの)損失, 損害: ~ an Gewicht 重量のロス ‖ einen großen ~ erleiden 損害をこうむる | Der Torwart ist ein glatter ~.《話》ゴールキーパーは全くのでくのぼう〈役立たず〉だ. **b)** (集会などの)中止, 取りやめ;(機械などの)突然の停止, 故障;(参加者などの)取り消し, 不参加: der ~ der Vorlesung 休講 | Lohn*ausfall* 賃金不払い. **c)**〘法〙(条件の)不成就.

2 (歯・髪・字句などの)脱落; (Synkope)〘言〙(語中音の)消失;〘理〙沈殿〔物〕,(放射能灰などの)降下〔物〕;〘工〙(煙突などからの)〔降下〕廃棄物;〘医〙脱垂, 転位.

3 (言葉による)攻撃, 非難, 侮辱;(包囲された陣地からの)出撃;〘フェンシング〙マルシェール(前進)(→ 図 Fechten);〘体操〙屈膝足先出側挙(→ 図);〘重量挙〙前後開脚: *Ausfälle* gegen *jn.* machen …を攻撃する.

4 (Ergebnis) 結果, 成果, 首尾.

Ausfall

Aus·fall·bürg·schaft 女〘商〙賠償保証.

aus|fal·len*[áʊsfalən]《38》I 自 (s) **1** (歯・髪・字句などが)抜け〔落ち〕る;〘言〙(語中音が)消失する;〘理〙沈殿する,(放射能灰などが)降下する. **2** (集会などが)中止になる;(機械などが)突然止まる, 故障する;(参加者などが)突然欠席〈欠場〉する,(兵士などが死傷して)脱落する: Die Schule ist *ausgefallen.* 学校が休校になった | Der Strom *fiel* öfters *aus.* しばしば停電した | Der Fünfuhrzug ist gestern *ausgefallen.* 5時の列車はきのう運休した | wegen Nebel[s] ~ (→Nebel 1). **3**《様態を示す語句と》(…という)結果になる: Seine Zensuren sind gut 〈schlecht〉 *ausgefallen.* 彼の点数は良かった〈悪かった〉| Mein Anteil *fiel* recht klein *aus.* 私の取り分はほんのわずかだった ‖ nach Wunsch ~ 思いどおりの結果に終わる | zu *js.* Gunst ~ に

有利〈好都合〉になる | Der Aufsatz ist zu meiner Zufriedenheit *ausgefallen.* 論文は会心の出来だった. **4**《海》(船首・船尾が)突き出る. ᵛ**5** (包囲された陣地などから)出撃する; 〘フェンシング〙(攻撃のために)踏み込む〈出す〉. **6**《南部》(鳥が)孵化(ふか)する.

II 他 (h)《方》《*sich*³ *et.*⁴》落ちて(歯などを)折る〈欠く〉.

III aus·fal·lend 現分 形 **1** =ausfällig **2** =ausfahrend

IV aus·ge·fal·len → 別出

aus|fäl·len[áʊsfɛlən] 他 (h) **1**〘化〙(溶解物を)析出〈沈殿〉させる. **2**《スイス》〘法〙(罰を)科する: für *et.*⁴ 14 Tage Haft ~ …のかどで2週間の拘禁を申し渡す.

Aus·fall·er·schei·nung[áʊsfal..] 女〘医〙脱落〈欠落〉症状.

aus·fäl·lig[..fɛlɪç]² 形 (言葉などが)失礼な, 侮辱的な: 〔in *seinen* Äußerungen〕 gegen *jn.* ~ werden …をののしる.

Aus·fäl·lig·keit[..kaɪt] 女 -/-en **1**《単数で》ausfällig なこと. **2** ausfällig な言動.

Aus·fall⸗mu·ster[áʊsfal..] 中〘商〙品質〈完成〉見本. **⸗schwung** 男 =Telemark〔schwung〕

Aus·falls·er·schei·nung =Ausfallerscheinung

Aus·fall·stel·lung 女〘フェンシング〙マルシェール(前進のための足の動き).

Aus·falls·tor =Ausfalltor

Aus·fall⸗stra·ße 女 (↔Einfallstraße)(市街地の中心からの)放射道路. **⸗tor** 中 (城の)出撃門;《比》(外界への)出口, 窓口. **⸗ver·gü·tung** 女〘経〙(操業短縮分の)賃金補償. **⸗win·kel** 男〘理〙反射角.

aus|fal·ten[áʊsfaltən]《01》他 (h) (畳んだものを)広げる: 再帰 *sich*⁴ ~ 展開〈発展〉する.

aus|fär·ben[áʊsfɛrbən]¹ **I** 他 (h) (布を)仕上げ染めする, 染め上げる. **II** 自 (s) 色を失う, さめる.

aus|fa·sern[áʊsfa:zərn]《05》**I** 自 (s) (織物が)〔端から〕ほつれる. **II** 他 (h) (織物を)ほどく.

aus|fau·len[áʊsfaʊlən] 自 (s) 腐りきる; (歯が)虫歯になって抜ける.

aus|fau·len·zen[áʊsfaʊlɛntsən]《02》《話》**I** 他 (h) 再帰 *sich*⁴ ~ = II **II** 自 (h) 存分に遊びほうける.

aus|fech·ten*[áʊsfɛçtən]《40》他 (h) 戦い抜く, 戦って決着をつける, (議論などを)徹底的にやり通す: einen Strauß mit *jm.* ~ (→Strauß²).

aus|fe·dern[áʊsfe:dərn]《05》他 (h) **1** (衝撃を)ばねで柔らげる. **2** (…に)ばねをつける.

aus|fe·gen[áʊsfe:gən]¹ 他 (h) **1** 掃き清める;《比》(不良分子を)追放〈粛清〉する: die Stube 〈den Schmutz aus der Stube〉 ~ 部屋を掃除する | *et.*⁴ mit eisernem Besen ~《比》…をきびしく規制する. **2**《方》(…の)枝を払う.

Aus·fe·ger[..gər] 男 -s/-《方》**1** ほうき. **2**《比》(Kehraus)(パーティーなどの)最後のダンス, (宴の)打ち上げのひと騒ぎ.

Aus·feg·sel[..fe:ksəl] 中 -s/ (Kehricht) ごみ.

aus|fei·len[áʊsfaɪlən] 他 (h) やすりで仕上げる;《比》(…に)磨きをかける: die Zähne einer Säge ~ のこぎりの目を立てる | Sätze ~ 文章を推敲(すいこう)する ‖ ein *ausgefeilter* Plan 練りあげた計画.

aus|fen·stern[áʊsfɛnstərn]《05》他 (h)《話》(ausschelten) しかりとばす.

aus|fer·ti·gen[áʊsfɛrtɪgən]² 他 (h) **1**《官》(証書などを)作成する; (法令を)認証する: eine Quittung ~ 領収証を書く | einen Scheck 〈einen Paß〉 ~ 小切手〈旅券〉を発行する. ᵛ**2** (著書などを)書きあげる.

Aus·fer·ti·ger[..gər] 男 -s/- (証書などの)作成者.

Aus·fer·ti·gung[..gʊŋ] 女 -/-en《官》**1** (証書などの)作成, 発行; (法令の)認証. **2** (正規の)文書; (官庁の作成した)抄本, 謄本; (判決などの)正本; (手形などの)複本: erste ~ 原本, 正本 ‖ eine Urkunde in doppelter ~ ausstellen 証書を正副2通発行する.

Aus·fer·ti·gungs·da·tum 中 (文書の)作成日付.

aus·fin·dig[áʊsfɪndɪç]² 形《もっぱら次の形で》***jn.*** 〈***et.*⁴**〉 **~ machen** (長い間探し求めて)…を見つけ出す, …を突き止める.

aus|fi·schen[áʊsfɪʃən]《04》**I** 他 (h) **1**《*et.*⁴》**a)** (…の)魚を取り尽くす: einen Teich ~ 池の魚を取り尽くす. **b)** (池などから…を)釣りあげる, 取る. **2**《*jm. et.*⁴》取り上げる; (秘密などを)探り出す. **II** 自 (h)《ふつう完了形で》魚釣り〈漁〉〔のシーズン〕を終わる, 釣り納めをする.

aus|flag·gen[áʊsflagən]¹ **I** 他 (h) **1** 旗で示す: einen Kurs ~ 旗を立ててコースを示す | ein Feld ~ 競技場を旗を並べ立てて区切る. **2** (船を)旗で飾る. **II** 自 (h)〘海〙信号旗を掲げる.

aus|flech·ten*[áʊsflɛçtən]《43》他 (h) (編んだ物を)ほどく: 再帰 *sich*⁴ ~ (編んだ物が)ほどける | *sich*⁴ aus *et.*³ ~《比》…から身を解き放つ.

aus|flicken[áʊsflɪkən] 他 (h) (間に合わせに)修繕する, つくろう: *sich*⁴ ~ lassen《話》医者にかかる.

aus|flie·gen*[áʊsfli:gən]¹《45》**I** 自 (s) 飛び去る, (ひな鳥が)巣立つ; (飛行機で・飛行機が)脱出する;《比》外出する, 遠出をする: Der Vogel ist *ausgeflogen.* (→Vogel 1 a) | Die ganze Familie ist *ausgeflogen.* 一家そろって出かけた. **II** 他 (h) **1** (↔einfliegen) (遭難者などを)飛行機で救出〈空輸〉する. **2** (パイロットが飛行機の)性能を十分に発揮させる; (飛行機が速力を)出し切って飛ぶ. **3** (h, s) (カーブを)大きく切って飛ぶ. [◇Ausflug]

aus|flie·ßen*[áʊsfli:sən]《47》自 (s) **1** 流れ出る; 漏れる. **2** (中身が流れ出て)からになる. [◇Ausfluß]

aus|flip·pen[áʊsflɪpən] **I** 自 (s) (麻薬などに浸って)現実を逃避する; (既成の社会に)背を向ける, (体制から)脱落する; 麻薬におぼれる;《話》心の抑えがきかない, 逆上する, のぼせあがる; 有頂天になる. **II** 他 (h) (verdrängen) 押し除ける, 排除する. **III Aus·ge·flipp·te** → 別出 [*engl.* flip out „überschnappen"; < *engl.* flip „schnipsen"]

aus|flocken[áʊsflɔkən] **I** 他 (h)〘化〙(コロイド)を凝降〈凝結〉させる.

II 自 (s)〘化〙(コロイドが)凝降〈凝結〉する.

Aus·flockung[..kʊŋ] 女 -/-en〘化〙(コロイドの)凝降, 凝結;〘医〙沈降, 綿状反応.

Aus·flucht[áʊsflʊxt] 女 -/..flüchte[..flʏçtə] **1**《ふつう複数で》口実, 言いのがれ: 〔leere〕 ***Ausflüchte* machen** 言いのがれを言う | keine ~ gelten lassen いっさい弁解を許さない. **2 a)** =Ausflug 3 ᵛ**b)** 脱出路. [<Flucht²]

aus|fluch·ten[áʊsflʊxtən]《01》他 (h) Häuser ~〘建〙家並みをそろえる. [<Flucht¹]

Aus·flug[áʊsflu:k]¹ 男 -〔e〕s/..flüge[..fly:gə] **1** (日帰りまたは数日程度の)旅行, 行楽; 遠足, ハイキング, 遠出, (行楽のための)ドライブ, サイクリング: einen ~ ins Grüne 〈Freie〉 machen 野外へハイキングする | ein ~ mit dem Auto in die Berge 〈an die See〉 山中〈海辺〉へのドライブ | ein ~ in die Vergangenheit《比》過去への旅. **2** (鳥の)巣立ち; (ミツバチの分封のための)飛び立ち;《比》デビュー. **3**〘空〙(侵入した敵機の)退去. **4** (ミツバチの)飛び出し口. **5**〘狩〙(狩り出し用の)空地. [*mhd.*; ◇ausfliegen]

Aus·flüg·ler[..fly:klər, ..glər] 男 -s/-《ふつう複数で》(Ausflug 1 をする人. 例えば:) 行楽客.

Aus·flug·schnei·se[áʊsflu:k..] 女〘空〙(滑走路の延長線上に作られた)離陸の安全のための空地.

Aus·flugs⸗lo·kal 中 行楽地の飲食店. **⸗ort** 男 -〔e〕s/-e 行楽地. **⸗wet·ter** 中 遠足〈行楽〉日和.

Aus·fluß[áʊsflʊs] 男 ..flusses/..flüsse[..flʏsə] **1** (液体・気体の)流出〈排出〉口: der ~ eines Flusses aus dem See 〈ins Meer〉 川が湖水から出る〈海に注ぐ〉ところ. **2** 流出; 流出量. **3**〘医〙(病的な)分泌; 分泌物, (特に:) おりもの, こしけ, 帯下(たいげ). **4**《雅》(感情などの)発露, 現れ; (研究などの)成果. [*mhd.*; ◇ausfließen]

Aus·fluß⸗ge·schwin·dig·keit 女〘工〙流出〈排出・拡散〉速度. **⸗men·ge** 女 流出〈排出〉量. **⸗öff·nung** 女 流出〈排出〉口. **⸗rohr** 中, **⸗röh·re** 女 流出〈排水〉管, 下水管. **⸗ven·til** 中〘工〙吐き出し弁.

aus|fol·gen[áʊsfɔlgən]¹ 他 (h)《オーストリア》(aushändigen)《*jm. et.*⁴》手交〈交付〉する, 与える.

Aus·for·de·rer[áʊsfɔrdərər] 男 -s/- 挑戦者.

A

aus|for·dern[áusfɔrdərn] ⦅05⦆ 他 (h) ⦅*jn.*/*et.*⁴⦆ (…に) 挑戦する.
aus|för·dern[áusfœrdərn] ⦅05⦆ 他 (h) (鉱石を) 採掘する; 掘り〈運び〉出す.
Aus·for·de·rung[áusfɔrdərʊŋ] 女 -/-en 挑戦.
aus|for·men[áusfɔrmən] 他 (h) (…の) 形を整える: eine Vase ～ (陶工が) 花瓶の形を仕上げる | ein Gedicht ～ 詩を練り上げる.
aus|for·mu·lie·ren[áusfɔrmuli:rən] 他 (h) (文章などを) きちんと整理する〈仕上げる〉.
aus|for·schen[áusfɔrʃən] ⦅04⦆ 他 (h) **1** 調べ尽くす. **2** (ausfragen) ⦅*jn.*⦆ 根ほり葉ほり聞く; (erforschen) ⦅*et.*⁴⦆ 探り出す; ⦅ｵｰｽﾄﾘｱ⦆ ⦅*jn.*⦆ (警察などが) 捜し出す: *jn.* über *seine* Absichten 〈nach dem Zweck〉 ～ …に意図〈目的〉を白状させる | die Absichten des Feindes ～ 敵の意図を探り出す.
Aus·for·scher[..ʃər] 男 -s/- 尋問〈探求〉者.
Aus·for·schung[..ʃʊŋ] 女 -/-en ausforschen すること.
Aus·fracht[áusfraxt] 女 -/-en 外国向け貨物〔輸送〕.
aus|frach·ten[..tən] ⦅01⦆ 他 (h) 〘海〙 (貨物を) おろす.
Aus·fra·ge·me·tho·de[áusfra:gə..] 女 〘心〙 質問法.
aus|fra·gen[áusfra:gən]¹ 他 (h) ⦅*jn.*⦆ 根ほり葉ほり聞く; インタビューする: *jn.* nach *seiner* Familie 〈über *seine* Ansichten〉 ～ …の家族〈見解〉についてしつこく尋ねる ‖ Ich lasse mich nicht über ihn ～. 私は彼については一切しゃべらない ‖ 再帰 *sich*⁴ ～ 存分に質問し尽くす.
Aus·fra·ger[..gər] 男 -s/- 尋問者; インタビュー記者.
Aus·fra·ge·rei[ausfra:gəráɪ] 女 -/-en しつこい尋問.
aus|fran·sen[áusfranzən]¹ ⦅02⦆ **I** 他 (h) (布の) 端をほぐす〈ほぐして房にする〉; 房で飾る: 再帰 *sich*⁴ ～ ほつれる, 房になる. **II** 自 (s) ほつれて房になる, すり切れる: ein *ausgefranster* Kragen へりのすり切れたカラー.
aus|frä·sen[áusfrɛ:zən]¹ ⦅02⦆ 他 (h) 〘工〙 フライス盤で削る〈削り取る〉; フライス盤で磨く; (円錐(ｴﾝｽｲ)形に) 穴を広げる.
aus|frat·scheln[áusfra:tʃəln] ⦅06⦆ 他 (h) ⦅ｵｰｽﾄﾘｱ⦆ ⦅*jn.*⦆ (…に) ぶしつけに〈分別もなく〉あれこれ尋ねる.
aus|fres·sen*[áusfrɛsən] ⦅49⦆ **I** 他 (h) **1 a)** (動物が) 食い尽くす, (…の) 中身を平らげる: den Napf ～ 鉢のえさを平らげる. **b)** 食って穴をあける; (穴を) 食いあける; 腐食〈浸食〉する: ein Loch in *et.*⁴ ～ (虫・酸などが) …に穴をあける | Das Ufer wurde vom Wasser *ausgefressen.* 岸が水に浸食された. **c)** (鳥などがえさ箱の中などから) ついばむ. **2** ⦅話⦆ **a)** ⦅ふつう完了形で⦆ しでかす: **etwas *ausgefressen* haben** 何かやらかしてしまった | Hat er was *ausgefressen*? 彼は何かやらかしたのか. **b)** (…の) しりぬぐいをする: die Dummheiten ～ 愚行の後始末をする.
II 自 (h) ⦅ふつう完了形で⦆ (動物が) えさを食べ終わる: bei *jm. ausgefressen* haben ⦅話⦆ …のご機嫌を損じる.
III aus·ge·fres·sen → 別出
aus|frie·ren*[áusfri:rən] ⦅50⦆ **I** 自 (s) **1** (種子などが) 凍害〈冷害〉を受け〔て全滅す〕る, 凍害にかかる. **2** (湖水などが) 完全に〈底まで〉凍る, 凍結する. **3** (人が) すっかり冷えこむ: Er kam ganz *ausgefroren* nach Hause. 彼はすっかりこごえ切って帰宅した. **II** 他 (h) 〘化〙 (混合物を) 凍結分離させる.
aus|fri·schen[áusfrɪʃən] ⦅04⦆ 他 (h) ⦅*et.*⁴ in *et.*⁴⦆ (水などに) 浸す, (水で) すすぐ.
aus|fu·gen[áusfu:gən]¹ 他 (h) (タイルなどの) 継ぎ目〈すきま〉を塗りつぶす: Ziegel 〈eine Mauer〉 mit Mörtel ～ れんが〈塀〉のすき間にモルタルをつめる.
Aus·fuhr[áusfu:r] 女 -/-en (↔Einfuhr) (Export) 輸出; 輸出品: die ～ von Getreide fördern 穀物類の輸出を促進する. [<Fuhre]
Aus·fuhr≠ab·ga·be 女 輸出税. **≠ar·ti·kel** 男 輸出品.
aus·führ·bar[áusfy:rba:r] 形 **1** (計画・提案などが) 実行〈実現〉可能な. **2** 輸出可能な.
Aus·führ·bar·keit[–kaɪt] 女 -/ ausführbar なこと.
Aus·fuhr≠be·schrän·kung[áusfu:r..] 女 輸出制限. **≠be·wil·li·gung** 女 輸出許可.
aus|füh·ren[áusfy:rən] 他 (h) **1 a)** 外へ(散歩・食事・ダンスなどに) 連れ出す, 連れて行く: den Hund ～ 犬を散歩に連れて行く | den Besuch ～ (訪ねて来た) 客をもてなしに誘い出す | die Tochter ～ (年ごろの) 娘を人前〈パーティー〉に連れて出る | das neue Kleid ～ ⦅戯⦆ 新しい服を着て人前に出る. **b)** (↔einführen) (exportieren) 輸出する. **c)** ⦅戯⦆ ⦅*jm. et.*⁴⦆ (…から…を) くすねる. **2 a)** (計画・決定などを) 実行〈遂行〉する; 〘劇〙 演じる; 〘楽〙 演奏する: einen Auftrag 〈einen Befehl〉 ～ 依頼〈命令〉を実行に移す | einen Bau ～ 建物を建てる | einen Eckball 〈einen Freistoß〉 ～ 〘ｻｯｶｰ〙 コーナー〈フリー〉キックをする ‖ ein *ausführendes* Organ 実施〈執行〉機関 | die *Ausführenden* eines Dramas 〈eines Konzertes〉 ある劇〈音楽会〉の出演者たち. **b)** (手を加えて) 作り上げる, 仕上げる, 製作する: ein Thema ～ ある主題を作品〈論文〉に仕上げる ‖ einen Plan näher 〈weiter〉 ～ 計画を練り上げる | Der Sitz ist aufklappbar *ausgeführt*. この座席は折り畳み式にできている | ein Gemälde in Aquarell 〈Öl〉 ～ 絵を水彩〈油絵〉で描く. **3** (考えなどを) 〔詳しく〕 述べる, 詳説〈説明〉する: wie ich oben *ausgeführt* habe 上に詳しく述べたように ‖ die *ausführenden* Bestimmungen 〘法〙 細則.
Aus·füh·rer[áusfy:rər] 男 -s/- (ausführen する人. 例えば:) 輸出業者.
Aus·fuhr≠er·klä·rung[áusfu:r..] 女 輸出申請. **≠er·laub·nis** 女, **≠ge·neh·mi·gung** 女 輸出許可. **≠gut** 中 -〔e〕s/..güter ⦅ふつう複数で⦆ 輸出品. **≠ha·fen** 男 輸出港. **≠han·del** 男 -s/ 輸出貿易. **≠händ·ler** 男 輸出業者. **≠land** 中 -〔e〕s/..länder 輸出国.
aus·führ·lich[áusfy:rlɪç, –⏊⌣; ｵｰｽﾄﾘｱ: ⏊–⌣] 形 詳しい, 詳細な: über *et.*⁴ einen ～*en* Bericht geben / über *et.*⁴ ～ berichten …について詳細に報告する. [<ausführen]
Aus·führ·lich·keit[..kaɪt, –⏊⌣–] 女 -/ 詳しさ, 詳細さ: in aller 〈mit großer〉 ～ 非常に詳しく.
Aus·fuhr≠li·zenz[áusfu:r..] 女 輸出ライセンス〈許可〉. **≠prä·mie**[..prɛ:miə] 女 輸出助成〈奨励〉金. **≠schein** 男 輸出許可証. **≠sper·re** 女 輸出禁止. **≠ta·rif** 男 **1** 〘鉄道〙 輸出特定〈割引〉運賃表. **2** 輸出関税率. **≠über·schuß** 男 輸出超過.
Aus·füh·rung[áusfy:rʊŋ] 女 -/-en **1 a)** ⦅ふつう単数で⦆ (計画などの) 実行, 実現, 履行, 執行, 実施, 施行; 〘劇〙 上演: ***et.*⁴ zur ～ bringen** …を実行〈実現〉に移す (= *et.*⁴ ausführen) | **zur ～ kommen 〈gelangen〉** 実現〈実行〉の運びになる | ohne ～ bleiben 実現を見ない. **b)** ⦅ふつう単数で⦆ (構想・主題などの作品への) 仕上げ, 完成: die ～ einer Skizze スケッチを絵に仕上げること. **c)** (商品などの) 造り, 型, 仕様, 品質: Waren in bester 〈jeder〉 ～ 最上の品質〈あらゆるタイプ〉の商品 | ～ in Kunststoff プラスチック製. **2** ⦅ふつう複数で⦆ (詳しい) 論述, 叙述, 説明, 敷衍(ﾌｴﾝ): lange ～*en* über *et.*⁴ machen …について詳しく〈長々と〉述べる.
Aus·füh·rungs≠an·zei·ge 女 執行公示. **≠bei·spiel** 中 実施〈適用〉例. **≠be·stim·mung** 女 〘法〙 施行規則. **≠gang** 男 〘医〙 導管, 排泄(ﾊｲｾﾂ)管. **≠ge·setz** 中 〘法〙 施行法. **≠kom·man·do** 中 (↔ Ankündigungskommando) 動令 (号令の後半. 例 Augen rechts! 「かしら右」の rechts の部分). **≠mit·tel** 中 〘薬〙 下剤. **≠rohr** 中, **≠röh·re** 女 排出〈放出〉管, 下水管. **≠ver·fah·ren** 中 実施〈処理〉方策, やり方. **≠ver·ord·nung** 女 〘法〙 実施〈執行〉規則.
Aus·fuhr≠ver·bot[áusfu:r..] 中 輸出禁止. **≠wa·re** 女 -/-n ⦅ふつう複数で⦆ 輸出品. **≠zoll** 男 輸出〔関〕税.
aus·füll·bar[áusfʏlba:r] 形 詰める〈埋める〉ことのできる.
aus|fül·len[áusfʏlən] 他 (h) **1 a)** (すきまを) 詰める, 充塡(ｼﾞｭｳﾃﾝ)する: die Grube mit Kies ～ 穴を砂利で埋める ‖ eine Lücke in der Bildung ～ ⦅比⦆ 教養の欠如した部分を補う. **b)** (空間を) ふさぐ; (時間を) つぶす: eine Wand mit Bildern ～ 壁一面に絵を飾る | die Wartezeit mit Unterhaltung ～ 待ち時間を談笑して過ごす. **c)** (空欄を) 埋める: ein Formular 〈einen Fragebogen〉 ～ 書式用紙〈アンケート〉に記入する. **2** ⦅比⦆ (心・生活などを) 満たす, いっぱいにする: Dieser Gedanke *füllte* ihn *aus.* この考えで彼の心はい

っぱいだった | Meine Kinder *füllen* mein Leben ganz *aus.* 私の生活は全く子供に明け暮れている ‖ ein *ausgefülltes* Leben führen 満ち足りた生活を送る. **3** (職責などを)果たす: *seine* Stellung gut ～ 自分の職責をりっぱに果たす.

Aus·fül·lung[..lʊŋ] 女 -/-en **1** 《単数で》ausfüllen すること. **2** 〘建〙充塡(じゅうてん)材料, 詰め物.

aus|füt·tern[1][áʊsfʏtərn] 《05》 他 (h) (家畜を)肥育する, 太らす.

aus|füt·tern[2][―] 《05》 他 (h) (服地などに)裏を付ける, 内張りする.

Aus·füt·te·rung[..tərʊŋ] 女 -/-en **1** 《単数で》裏付け, 内張り. **2** 裏地, 内張り材.

Ausg. 略 ＝Ausgabe (出版物の)版.

Aus·ga·be[áʊsga:bə] 女 -/-n **1 a)** 《単数で》(物資・荷物・書類などの)支給, 交付, 引き渡し; (証券などの)発行; (命令などの)伝達. **b)** 支給〈交付〉所, 引渡所〈窓口〉; (自動販売機の)取り出し口; 〘鉄道〙出札所〈窓口〉. **2** 《ふつう複数で》(↔Einnahme) 支出, 出費: die ～*n* für Lebensunterhalt 生活費 | ordentliche 〈außerordentliche〉 ～*n* 経常〈臨時〉費 | große ～*n* haben 〈machen〉 多額の出費をする. **3 a)** (略 Ausg.) (装丁・体裁など刊行形態から見た書籍の)版: eine broschierte 〈gekürzte〉 ～ 紙装〈簡約〉版 | eine ～ in Leder 革装丁版〈本〉 | die ～ letzter Hand (筆者が生前に目を通した最後の)決定版 ‖ Taschen*ausgabe* ポケット判 | Jubiläums*ausgabe* 記念版 ‖ die neueste ～ (＝Auflage) des Wörterbuchs この辞書の最新版. **b)** (新聞・雑誌などの特定の)号: die gestrige ～ der 《Süddeutschen Zeitung》 昨日発行の『南ドイツ新聞』 | Abend*ausgabe* 夕刊 | Sonntags*ausgabe* 日曜版. **c)** (郵便切手の)発行. **d)** 〘放送〙(ある時刻の)放送, 放映. **e)** (商品の)でき, タイプ, 型式. **4** (略 A) (↔Eingabe) 〘電算〙アウトプット, 出力. [＜ausgeben]

Aus·ga·be⸗bank 女 -/-en 発券銀行. ⸗**ge·rät** 中 〘電算〙出力装置. ⸗**kurs** 男 (証券などの)発行価格.

Aus·ga·ben⸗buch 中 支出簿, 金銭出納簿; 家計簿. ⸗**bud·get**[..bʏdʒe:] 中, ⸗**etat**[..|eta:] 男 支出予算〔案〕. ⸗**po·sten** 男 支出費目. ⸗**rech·nung** 女 支出計算〔書〕. ⸗**sei·te** 女 〘商〙支出ページ〈欄〉. ⸗**ver·zeich·nis** 中 支出一覧表.

Aus·ga·be⸗schal·ter 男 〘鉄道〙出札所〈窓口〉. ⸗**stel·le** 女 発行〈交付〉所; 〘鉄道〙出札〈手荷物〉窓口; 〘軍〙補給基地.

Aus·gang[áʊsgaŋ] 男 -[e]s/..gänge[..gɛŋə] **1** 外出; 外出許可, 外出〔日〕, 公休〔日〕: ～ haben (使用人・兵士などが)外出日〈公休〉である, 外出が許される. **2** (↔Eingang) **a)** 《ふつう単数で》(郵便物・商品などの)発送, 出荷. **b)** 《ふつう複数で》発送〈発信〉郵便物, 出荷商品. **3** (↔Eingang) 出口; 〘電〙アウトレット, 引出口; (村・森などの)はずれ: alle *Ausgänge* besetzen (警察などが)出口を全部押える | Ich warte am ～ auf dich. 出口の所で君を待っているよ. **4** 《ふつう単数で》出発〔点〕; (話・思想などの)出所, 源: *et.*[4] zum ～ nehmen …を(考察・話などの)出発点とする | **von** *et.*[3] ***seinen*** **～ nehmen** i) …に端を発する, …から出たものである; ii) (話・仕事などを始めるとき)…を出発点とする, …から始める. **5** 〘言〙(発音上ある音から次の音に移行する際の)出わたり. **6** 《ふつう単数で》 **a)** (↔Eingang) (時代などの)終わり; (語・詩句などの)末尾: am ～ des Mittelalters 中世末期に | den ～ beseitigen 〘印〙行末の余白をなくする. **b)** 結果, 結末, 首尾: der ～ der Wahlen 選挙の結果 ‖ einen guten 〈schlechten〉 ～ nehmen よい〈悪い〉結果に終わる | eine Krankheit mit tödlichem ～ 死病. **7** (物資などの)〔一時的〕欠乏, 不足. [*ahd.*; ◇ausgehen]

aus·gangs[áʊsgaŋs] (↔eingangs) **I** 副 終わりに, 最後に. **II** 前 《2格支配》…の終わりに; …の出口に: ～ der Kurve カーブの端〈はずれ〉で | ～ des Jahres 年末に.

Aus·gangs⸗ba·sis 女 前進基地; 《比》発達〈進展〉の基盤. ⸗**bau·mu·ster** 中 〘工〙原型, 模型. ⸗**buch** 中 (商品・郵便物などの)発送簿. ⸗**ge·schwin·dig·keit** 女 初速. ⸗**ka·pi·tal** 中 当初資本, 原資. ⸗**lei·stung** 女 〘電〙(ワットで表される電気器具の)出力. ⸗**ma·te·rial** 中 原料. ⸗**po·si·tion** 女 〘テニス〙レディポジション. ⸗**pro·dukt** 中 一次生産物. ⸗**punkt** 男 出発点, 起点. ⸗**sper·re** 女 (特に軍隊の)外出禁止. ⸗**spra·che** 女 (英: *source language*) (↔Zielsprache) 〘言〙起点言語 (翻訳における原文の言語). ⸗**stel·lung** 女 〘スポーツ〙開始姿勢; 〘軍〙出撃基地. ⸗**ver·bot** 中 外出禁止, 禁足. ⸗**zei·le** 女 〘印〙ブレークライン(段落の最終で行末に余白がある行). ⸗**zoll** 男 輸出〔関〕税.

aus|ga·ren[áʊsga:rən] 他 (h) 〘金属〙(鋼塊を)脱酸〈鎮静〉する.

aus|gä·ren[(*)][áʊsgɛ:rən] 《51》 **I** 自 (h, s) 発酵し終える, 十分に発酵する. **II** 他 (h) 十分に発酵させる; 《比》(思想・理論・計画などを)十分に練り上げる.

aus|ga·sen[áʊsga:zən][1] 《02》 **I** 他 (h) (部屋などを)ガス消毒する. **II** 自 (s) 〘坑〙(石炭が)ガスを出す.

Aus·ga·sung[..zʊŋ] 女 -/-en ガス消毒; 〘坑〙ガス発生〈涌出(ゆうしゅつ)・突出〉.

aus·ge·backen[áʊsgəbakən] **I** ausbacken の過去分詞. **II** 形 (パンなどが)すっかり焼き上がった: halb ～ 《比》(人・思想・計画などについて)未熟な, 生半可な | Er ist nicht ganz ～. 《話》彼はまだ一人前でない.

aus|ge·ben*[áʊsge:bən][1] 《52》 **I** 他 (h) **1 a)** (物資・荷物・書類などを)支給〈交付〉する, 引き渡す; 出札する: Rationen an die Soldaten ～ 兵士たちに食糧を配る ‖ 〘目的語なしで〙Ich *gebe aus.* 〘トランプ〙(ゲームは)私から始めよう | Wer *ausgibt*, muß auch einnehmen. 《諺》他人をからかう者は自分もからかわれる覚悟がいる. **b)** (証券・銀行券などを)発行する. **c)** 布告する, (命令などを)伝達する: die Losung 〈die Parole〉 ～ 合いことばを決めて知らせる. **d)** (↔eingeben) 〘電算〙アウトプット〈出力〉する. **2 a)** (金銭を)支出する, 払う; 《話》(酒などを)おごる: viel 〔Geld〕 für *et.*[4] ～ …に大金を遣う ‖ einen ～ 《話》(酒を) 1 杯おごる | eine Runde 〈eine Lage〉 Bier ～ 《話》一座の人々にビールを 1 杯ずつおごる. **b)** 再帰 *sich*[4] ～ 自分の力〈金〉を出し尽くす. **3** 《*jn.* für 〈als〉 *et.*[4] / *et.*[4] für 〈als〉 *et.*[4]》(…を…と)〔偽〕称する: die Nachricht für wahr ～ その知らせを本当だと言う ‖ 再帰 *sich*[4] für krank ～ 病気と申し立てる; 仮病を使う | Er *gibt* sich als 〈für einen〉 Arzt *aus.* 彼は自分を医者だなどと称している. ᵛ**4** (娘を)嫁がせる. **5** 《方》(収益などを)もたらす, 実らせる(→II 1). **6** (仕事を)外部に依頼する; (洗濯物などを)よそに頼む, 外に出す.

II 自 (h) **1** 《方》(消石灰・練り粉などが)膨れ上がる; 収益をもたらす(→I 5): Der Teebeutel *gibt* für zwei Tassen *aus.* このティーバッグ 1 袋はカップ 2 杯分になる. **2** 〘狩〙(角笛が)鳴り響く; (猟犬が)ほえる. **3** →I 1 a [◇Ausgabe]

Aus·ge·ber[áʊsge:bər] 男 -s/- 支給〈交付〉者; 〘商〙発行者, 振出人; 〘鉄道〙出札係; 〘商〙支出者; 《オーストリア》仲人; ᵛ執事, 家令.

aus·ge·bli·chen[áʊsgəblɪçən] ausbleichen II の過去分詞.

aus·ge·bombt[áʊsgəbɔmpt] **I** ausbomben の過去分詞. **II** 形 空襲で焼け出された, 爆撃で破壊された: ein ～*er* Stadtteil 町の被爆区域. **III Aus·ge·bomb·te** 男 女 《形容詞変化》空襲被災者, 空襲で焼け出された人, 被爆者.

Aus·ge·bot[áʊsgəbo:t] 中 -[e]s/-e 〘商〙(せりの)つけ値. [＜ausbieten]

aus·ge·brannt[áʊsgəbrant] ausbrennen の過去分詞.

aus·ge·brei·tet[áʊsgəbraɪtət] ausbreiten の過去分詞.

aus·ge·bucht[áʊsgəbu:xt] **I** ausbuchen の過去分詞. **II** 形 全席〈全室〉予約済みの.

aus·ge·bufft[áʊsgəbʊft] 形 《話》 **1** 頭〈要領〉のいい, ずるがしこい. **2** 精妙な, 手の込んだ.

Aus·ge·burt[áʊsgəbu:rt] 女 -/-en (特に悪い意味での)産物: die ～ einer krankhaften Phantasie 病的空想の所産 ‖ O, du ～ der Hölle! おお なんじ地獄の申し子〈悪魔〉め (Goethe).

aus·ge·dehnt[áʊsgəde:nt] **I** ausdehnen の過去分詞. **II** 形 広大な, 長時間の, 大がかりな: ein ～*er* Park 広い公園 | ～*e* Kenntnisse 〈Beziehungen〉 haben 知識〈つき合い〉が広い ‖ in ～*em* Maße 大規模に.

aus·ge·dient[áʊsgədi:nt] **I** ausdienen の過去分詞. **II**

形 1 (満期・定年で)退職した: ein ~*er* Soldat 退役(満期除隊)兵. 2 使い古した: ein ~*er* Mantel 着古したコート | ein ~*er* Bleistift ちびた鉛筆.

Aus·ge·din·ge[áusgədɪŋə] 中 -s/-《方》=Altenteil

Aus·ge·din·ger[..ŋər] 男 -s/- (⇔ **Aus·ge·din·ge·rin**[..ŋərɪn]-/-nen)《方》(農家の)隠居.

aus·ge·dörrt[áusgədœrt] ausdörren の過去分詞.

aus·ge·dro·schen[áusgədrɔʃən] ausdreschen の過去分詞.

aus·ge·fah·ren[áusgəfa:rən] ausfahren の過去分詞.

aus·ge·fal·len[áusgəfalən] **I** ausfallen の過去分詞. **II** 形 普通でない, 風変わりな, とっぴな: einen ~*en* Geschmack haben おかしな趣味を持っている | Seine Ideen sind sehr ~. 彼の考えはひどく変わっている.

aus·ge·feilt[áusgəfaɪlt] ausfeilen の過去分詞.

aus·ge·flippt[áusgəflɪpt] **I** ausflippen の過去分詞. **II Aus·ge·flipp·te** 男 女《形容詞変化》(麻薬などによる)現実逃避者; (体制からの)脱落者.

aus·ge·franst[áusgəfranst] ausfransen の過去分詞.

aus·ge·fres·sen[áusgəfrɛsən] **I** ausfressen の過去分詞. **II** 形 1《話》(dick) 太った, でぶの. 2 (浸食されて)穴のあいた, 空洞のある.

aus·ge·fro·ren[áusgəfro:rən] ausfrieren の過去分詞.

aus·ge·fuchst[áusgəfʊkst] 形 世故にたけた, 要領のよい; ずる賢い. [<Fuchs 3]

aus·ge·gli·chen[áusgəglɪçən] **I** ausgleichen の過去分詞. **II** 形 釣り合いのとれた, 調和(均整)のとれた; 一様の, むらのない: ein ~*er* Charakter 円満な性格 | ein ~*er* Stil 整った文体 | Die erste Runde war ~. (ボクシングなどで)第1ラウンドは両者互角だった ‖ Das Motor läuft recht ~. エンジンはなかなかスムーズに回転している.

Aus·ge·gli·chen·heit[−haɪt] 女 -/ ausgeglichen なこと.

aus·ge·go·ren[áusgəgo:rən] ausgären の過去分詞.

Aus·geh·an·zug[áusge:..] 男 (男子用の)外出着;《軍》外出用制服.

aus|ge·hen*[áusge:ən]《53》**I** 自 (s) **1 a)** (散歩・買い物・食事・ダンスなどの楽しみに)出かける, 外出する: Er *geht* selten allein *aus.* 彼はめったにひとりでは外出しない | Heute abend *gehen* wir mal groß *aus.* 今晩はひとつ豪勢に出かけようよ. **b)** (↔eingehen) (郵便物などが)発送される: die Einladungen ~ lassen 招待状を発送する(→II 1). **c)** (鉱脈が)露出する.

2《auf *et.*[4]》ねらう, 目ざす: auf Gewinn ⟨Abenteuer⟩ ~ もうけようとする(冒険を求めて出かける) | auf Bauernfang ~ (→Bauernfang) | auf Eroberungen ~ (→Eroberung 2) | Er *geht* darauf *aus,* mich zu betrügen. 彼は私をだまそうという魂胆だ.

3《von *et.*[3]》(…を)出発点とする: Die Reise *geht* von Tokio *aus.* この旅行は東京から始まる ‖ von falschen Voraussetzungen ~ 誤った前提から出発する | Ich *gehe* mit meiner Annahme davon *aus,* daß ... 私は…という前提から出発する | Der Lehrer *geht* im Unterricht von etwas Bekanntem *aus.* 先生は授業の際に既知の事柄から始める.

4《von *jm.* ⟨*et.*[3]⟩》**a)** (考えなどが…から)出る, 出される, (…に)由来する: Das Gerücht ⟨Der Befehl⟩ *geht* von ihm *aus.* うわさの出所(命令したの)は彼だ | Dieser Plan ist von ihr *ausgegangen.* これは彼女の発案だ | ein Verbot ~ lassen 禁令を出す. **b)** (におい・光・魅力などが…から)発散する; (道などが…から)出ている, 放射している: Eine menschliche Wärme ⟨Große Wirkung⟩ *geht* von ihm *aus.* 彼には人間的な温かみ(彼は大きな影響力)がある | Der Druck *geht* vom Magen *aus.* 圧迫感は胃から来ている ‖ Von dem Platz *gehen* mehrere Straßen *aus.* 広場からは幾本かの道路が出ている.

5《様態を示す語句と》(…に)終わる, (…の)結果になる: für *jn.* günstig ⟨übel⟩ ~ …にとって有利な(悪い)結果になる | Die Geschichte *geht* tragisch *aus.* 物語は悲劇に終わる | frei ⟨heil⟩ ~ なんの罪も受けず(無事)に済む | [bei *et.*[3]] **leer ~** [(…で)なんの収穫(利益)も得られずに終わる, [(…から)手ぶらで帰る | ~ wie das Hornberger Schießen (→Hornberger) ‖ Das Wort *geht* auf r ⟨einen Vokal⟩ *aus.* その語は r (母音)で終わっている | in eine Spitze ~ 先がとがっている.

6 a) (物資などが)欠乏し(切れ)てくる, 尽きる, なくなる, 絶える: Endlich *ging* uns[3] der Vorrat ⟨das Geld⟩ *aus.* とうとうストックが底をついた(金が尽きた) | Die Geduld *geht* ihm *aus.* 彼の堪忍袋の緒が切れる | Die Luft *geht* ihm *aus.* 彼は息を切らしている((びっくりして)息が止まる); 彼は力(資金)が尽きる | Der Firma ist die Luft *ausgegangen.* その会社は倒産した. **b)** (↔angehen) (タバコ[の火]・電灯などが)消える. **c)** (生地の色などが)落ちる, さめる; ([髪の]毛・羽・歯などが)抜ける: Bei diesem Stoff *geht* die Farbe *aus.* / Dieser Stoff *geht aus.* この生地は色が落ちる | Seit kurzem *gehen* mir die Haare *aus.* 近ごろ僕は頭の毛が抜ける | Die nassen Handschuhe *gingen* schwer *aus.* ぬれた手袋は脱ぎにくかった.

7《*et.*[4]》最後まで歩き通す; 歩測する: den ganzen Flußlauf ~ (上流から下流まで)その川に沿って歩き通す ‖ 再帰・非人称 Es *geht* sich *aus.*《オーストリア》十分である, 足りる ‖ 再帰 Die Gleichung *geht* sich *aus.*《オーストリア》この数式は[きれいに]結果が出る.

▽**8**《an *jm.*》(怒りなどが…に)向けられる.

II aus·ge·hend 現分 形 **1** (郵便物などが)出て行く, 発送される; (商品など)外国行きの, 輸出される. **2** (時代などが)終わりに近い: das ~*e* Mittelalter 中世末期 | im ~*en* 19. Jahrhundert 19世紀末葉に. **3**《坑》露出した. **4** 突角の. [◇Ausgang]

Aus·geh≠er·laub·nis[áusge:..] 女 外出許可. ▽**≠rock** =Gehrock **≠tag** 男 (使用人・兵士などの)外出日, 休日.

aus·ge·hun·gert[áusgəhʊŋərt] **I** aushungern の過去分詞. **II** 形 飢えきった; 飢えて弱った: wie ein ~*er* Wolf 飢えた狼(おおかみ)のように.

Aus·geh≠uni·form[áusge:..] 女《軍》外出用制服. **≠ver·bot** 中 (特に軍隊の)外出禁止. [<ausgehen]

aus|gei·zen[áusgaɪtsən]《02》他 (h)《園》(…の)側枝を取り除く(折り取る).

aus·ge·kocht[áusgəkɔxt] **I** auskochen の過去分詞. **II** 形《話》(abgefeimt) すれっからしの, 老獪(ろうかい)な.

aus·ge·las·sen[áusgəlasən] **I** auslassen の過去分詞. **II** 形 **1** はしゃいだ; 奔放な: ein ~*es* Mädchen おてんば | in ~*er* Laune sein 浮かれている | Sie waren alle sehr ~. みんな大はしゃぎだった ‖ Sie tanzten ~. 彼らは浮かれ踊った. **2** (バターなどが)溶けた.

Aus·ge·las·sen·heit[−haɪt] 女 -/-en《ふつう単数で》はしゃぐこと, 浮かれ騒ぎ; はめをはずしていること: die tolle ~ des Karnevals ⟨des Faschings⟩ カーニバルのばか騒ぎ.

aus·ge·la·stet[áusgəlastət] auslasten の過去分詞.

aus·ge·lei·ert[áusgəlaɪərt] **I** ausleiern の過去分詞. **II** 形 使いつぶされた, がたのきた; (abgedroschen) 言い古された, 新鮮味のない: ein ~*es* Schraubengewinde 磨滅したねじ山.

aus·ge·lernt[áusgəlɛrnt] **I** auslernen の過去分詞. **II** 形 **1** 年季(修業)を終えた, (自立営業・就職などの)資格のある. ▽**2** 老練な; すれっからしの.

aus·ge·lit·ten[áusgəlɪtən] ausleiden の過去分詞.

aus·ge·macht[áusgəmaxt] **I** ausmachen の過去分詞. **II** 形 **1** 決まった, 確実(確定的)な: Es ist ~ ⟨[eine] ~*e* Sache⟩, daß er kommen wird. 彼が来ることは間違いない. **2** はなはだしい, 全くの: ein ~*er* Dummkopf 根っからの(手のつけられない)ばか者 | ein ~ schäbiges Verhalten 全くさもしい態度 ‖ Es war mir ~ unheimlich. 私はひどく気味が悪かった.

aus·ge·mer·gelt[áusgəmɛrgəlt] ausmergeln の過去分詞.

aus|ge·nie·ßen*[áusgəni:sən]《107》他 (h) 享受し尽くす, 十分楽しむ.

aus·ge·nom·men[áusgənɔmən] **I** ausnehmen の過去分詞. **II** 前《ふつう4格に後置して》…を除いて(→III): Er widerspricht dem ganzen Buch, den Schluß ～. 彼はその本には結論以外のすべてに否定的である | Ich erinnere mich jedes Tages, den letzten ～ 〈nicht ～〉. 私はどの日のことも最後の日以外は〈を含めて〉覚えている ‖〖主語に関係して 1 格に後置して〗Alle sind gekommen, er ～. 彼以外全員やってきた | Alle Bände sind verliehen, ein einziger ～. ただ一冊だけを除いて全巻貸し出し中だ | Jeder von uns weiß es, keiner ～. 私たちのだれもが一人残らずそれを知っている ‖〖daß, wenn の副文に前置して〗～, **daß** ... …以外は, ただし… | Sie konnte keine Silbe antworten, ～, daß sie heftig weinte. 彼女は激しく泣くだけで一言も返事をしなかった | ～, **wenn** ... …のとき〈場合〉以外は, …のとき〈場合〉は別である | Ich gehe mit, ～, wenn es regnet. 雨天のとき以外は同行します(= ..., ～ es regnet: →III).

☆ 前置された 4 格は動詞 ausnehmen の目的語であり, 全体を分詞構文と解釈することもできる.
前置された名詞が主語に関係して 1 格をとる場合は, 動詞 ausnehmen の受動表現の主語と解釈できる. なお, 古くは主語に関係していても 4 格にすることがあった.

III 接《並列》ただし, …は別として(→II):〖語句を結んで〗Ich erinnere mich jedes Tages, ～ des letzten. 私は最後の日以外はどの日のことも覚えている | Jedem würde ich helfen, ～ diesem Kerl. こいつでなければ僕はほかのだれの手伝いでもやるよ | Alle bekamen ein Geschenk, ～ du. 君を除いてみんなが贈り物をもらった | Er ist jeden Tag zu Hause, ～ sonntags 〈am Sonntag〉. 彼は毎日在宅しているが日曜は別だ ‖〖文を結んで〗Der Ausflug findet statt, ～ es regnet stark. 雨の強い場合を除いて遠足は行われる.

☆ 語を結ぶ場合, 名詞的品詞は格が一致するが, まれに II に準じて 4 格を用いることもある: Ich sagte es allen, ～ dich 〈dich ～〉. 私はそれを君以外のすべての人に話した.

aus·ge·picht[áʊsgəpɪçt] **I** auspichen の過去分詞. **II** 形 **1** (ピッチを塗って)水漏れのしない. **2**《話》鍛え上げた, ベテランの; すれっからしの: eine ～*e* Kehle haben (→Kehle 1) | ein ～*er* Kerl (海千山千の)食えぬやつ.

aus·ge·prägt[áʊsgəprɛ:kt] **I** ausprägen の過去分詞. **II** 形 はっきりした, 著しい: scharf ～*e* Gegensätze はっきりと際立った対立 | Er hat einen ～*en* Sinn für Musik. 彼は音楽に秀でたセンスがある ‖ ～ slawische Gesichtszüge 明らかにスラヴ的な顔立ち.

Aus·ge·prägt·heit[–haɪt] 女 –/ ausgeprägt なこと.

aus·ge·pumpt[áʊsgəpʊmpt] **I** auspumpen の過去分詞. **II** 形《話》疲れた, ばてた: Die Mannschaft war völlig ～. そのチームの人たちはすっかり疲れていた.

aus·ge·rech·net[áʊsgərɛçnət] **I** ausrechnen の過去分詞. **II**[また: ⏑⏑⏑⏑] 副 (不快・迷惑の気持をこめて)よりによって: Warum muß er ～ heute kommen? どうして彼はよりにもよってきょう来なければいけないんだい | *Ausgerechnet* Bananen! (→Banane 1). **III** 形《スイス》打算的な.

aus·ge·reift[áʊsgəraɪft] ausreifen の過去分詞.

aus·ge·ruht[áʊsgəru:t] ausruhen の過去分詞.

aus·ge·run·gen[áʊsgərʊŋən] ausringen の過去分詞.

aus·ge·schämt[áʊsgəʃɛ:mt]《南部・オーストリア》= unverschämt

aus·ge·schie·den[áʊsgəʃi:dən] ausscheiden の過去分詞.

aus·ge·schis·sen[áʊsgəʃɪsən] ausscheißen の過去分詞.

aus·ge·schlos·sen[áʊsgəʃlɔsən] **I** ausschließen の過去分詞. **II** [また: ⏑⏑⏑⏑] 形《ふつう述語的》(unmöglich) 不可能な, ありえない: Ein Zweifel ist dabei ganz ～. その点については全く疑う余地がない | Es ist 〔nicht〕 ～, daß er heute noch ankommt. 彼がきょうこれからまだ着くという可能性はない〔わけではない〕 ‖ *et.*[4] für ～ halten …を不可能〈ありえないこと〉だと思う | Daß er dieses Unglück verschuldet hat, halte ich für ～. 彼がこの不幸を招いたとは私には考えられない ‖ *Ausgeschlossen!* だめだ, 不可能だ, 冗談じゃない.

aus·ge·schnit·ten[áʊsgəʃnɪtən] **I** ausschneiden の過去分詞. **II** 形〖服飾〗襟が大きく開いた: ein 〔tief〕 ～*es* Kleid 襟ぐりの深い服, デコルテ ‖ Sie trägt 〈geht〉 tief ～. 彼女は襟ぐりの深い服を着ている.

aus·ge·schos·sen[áʊsgəʃɔsən] **I** ausschießen の過去分詞. **II** 形〖軍〗(銃腔(じゅうこう)が)すりへって広がった.

aus·ge·schrie·ben[áʊsgəʃri:bən] **I** ausschreiben の過去分詞. **II** 形 達筆な: eine ～*e* Handschrift 〈▽Hand〉 haben 達筆である.

aus·ge·spro·chen[áʊsgəʃprɔxən] **I** aussprechen の過去分詞. **II** 形 明白な, まぎれもない, 著しい, きわだった: ein ～*er* Gegner von *et.*[3] sein …に対する断固たる反対者である | ～*es* Pech haben 全然ついてない | ein ～*es* Talent für *et.*[4] haben …に対する格別の才能がある ‖ ein ～ heißer Sommer ひどく暑い夏 | Das ist ～ gemein. それは明らかに下劣だ.

aus|ge·stal·ten[áʊsgəʃtaltən]《01》他 (h) (…の)形を整える; (手を加えて)仕上げる: ein Fest ～ 祝祭の段取りを整える | einen Saal festlich ～ 広間をはなやかに飾る | *et.*[4] zu *et.*[3] ～ …を…〔の形〕に発展させる〈仕上げる〉.

Aus·ge·stal·tung[..tʊŋ] 女 –/–en **1**《単数で》ausgestalten すること. **2** (整えられた)形態.

aus·ge·steu·ert[áʊsgəʃtɔʏərt] **I** aussteuern の過去分詞. **II** **Aus·ge·steu·er·te** 男 女《形容詞変化》失業保険金受給期間満了〈資格喪失〉者.

aus·ge·stirnt[áʊsgəʃtɪrnt] 形 (夜空が)星でいっぱいの.

aus·ge·stor·ben[áʊsgəʃtɔrbən] **I** aussterben の過去分詞. **II** 形 死に絶えた, すたれた;《比》ひと気のない: eine ～*e* Tiergattung 絶滅した動物の種属 | Die Straße war 〔wie〕 ～. 通りには人っ子ひとり見えなかった.

aus·ge·sto·ßen[áʊsgəʃto:sən] **I** ausstoßen の過去分詞. **II** **Aus·ge·sto·ße·ne** 男 女《形容詞変化》(社会から)排斥〈追放〉された人.

aus·ge·sucht[áʊsgəzu:xt] **I** aussuchen の過去分詞. **II** 形 **1** えり抜きの, 特別〔上等〕な, 念入りな: *jn.* mit ～*er* Kälte behandeln …をひどく冷たく扱う | ～*e* Weine 特選ワイン ‖ Sie ist ～ schön. 彼女は格別美しい. **2** (良いものが選び取られて)残り物の: Das Lager ist schon sehr ～. 在庫はもうかすばかりだ〈ろくなものがない〉.

aus·ge·tra·gen[áʊsgətra:gən] **I** austragen の過去分詞. **II** 形 **1** 臨月まで懐胎した. **2**《話》ずるい, 狡猾(こうかつ)な.

aus·ge·wach·sen[áʊsgəvaksən] **I** auswachsen の過去分詞. **II** 形 **1** 十分に成長した, 成熟しきった; (法律家・芸術家などが)ひとかどの, れっきとした;《話》全くの: ein ～*er* Unsinn《話》全くのナンセンス. **2** せむしの, ねこ背の.

aus·ge·wie·sen[áʊsgəvi:zən] **I** ausweisen の過去分詞. **II** 形 **1** 〔国外〕追放の. **2** (書類などによって)実証された. **III** **Aus·ge·wie·se·ne** 男 女《形容詞変化》〔国外〕追放者; (第二次大戦後ドイツへの)強制移住者.

aus·ge·wo·gen[áʊsgəvo:gən] **I** auswägen, auswiegen の過去分詞. **II** 形 均衡のとれた; 調和した: der ～*e* Charakter 円満な性格〔の人〕.

aus·ge·zeich·net[áʊsgətsaɪçnət] **I** auszeichnen の過去分詞. **II**[また: ⏑⏑⏑⏑] 形 **1 a)** 抜群の, 優秀な, すばらしい: ein ～*er* Arzt 卓越した医者 | ein ～*er* Wein 極上のワイン ‖ Das Essen war ～. 料理はすばらしかった ‖ ～ Klavier spielen みごとにピアノをひく. **b)** (außergewöhnlich) 非常な. **2** (商品が)値札のついた.

aus·gie·big[áʊsgi:bɪç][2] 形 **1** (reichlich) 十分な: ～*e* Erholung 十分な休養 | ～*en* Gebrauch von *et.*[3] machen …をとことん利用する | Das Frühstück war ～. 朝食は内容豊富〈実質的〉だった ‖ ～ schlafen たっぷり眠る. ▽**2**《副詞的用法なし》(ergiebig) (土地などが)実り多い; (商品などが)もうけの多い. [<ausgeben]

Aus·gie·big·keit[–kaɪt] 女 –/ ausgiebig なこと.

aus|gie·ßen*[áʊsgi:sən]《56》他 (h) **1** (液体を)注ぎ出す; (容器の)中身を注ぎ出す〈あける〉: das Bier 〔aus der Flasche〕 in ein Glas ～ 〔瓶から〕ビールをコップにつぐ | den restlichen Kaffee 〔in den Spülstein〕 ～ 残ったコーヒーを〔流しに〕捨てる | eine Flasche ～ 瓶の中身をあける. **2** 《*et.*[4] über *et.*[4]》注ぎかける: Der Mond *gießt* sein Licht über die Stadt *aus.* 月が町の上に光を注いでいる | *seinen* Zorn über *jn.* ～ …に怒りをぶちまける. **3**〖工〗(すきまを)流

し込んで埋める: Fugen mit Teer ～ 継ぎ目にタールをつめる | eine Form mit Blei ～ 鋳型に鉛を鋳込む. **4** (火に)水をかけて消す.

Aus·gie·ßung[..sʊŋ] 女 -/-en ausgießen すること: die ～ des Heiligen Geistes 〘宗〙聖霊の降臨(→Pfingsten).

aus|gip·sen[áʊsgɪpsən] ⟪02⟫ 他 (h) (…に)石膏(ｾｯｺｳ)をつめる.

aus|glät·ten[áʊsglɛtən] ⟪01⟫ 他 (h) (ひだを)のばす.

Aus·gleich[áʊsglaɪç] 男 -(e)s/-e **1 a)** 均一化, 調整, 補整, 調節; 〘ｽﾎﾟｰﾂ〙ハンディキャップ. **b)** ＝Ausgleichung 2 **2** 調停, 和議; 妥協: zu einem ～ kommen 和解する | zwischen den beiden einen ～ erreichen 両者を和解させる. **3** 埋め合わせ, 補償; 〘商〙差引勘定, 相殺, 清算: als ～ ⟨zum ～⟩ für *et.*[4] …の代償として, …を補うために, …の埋め合わせに | als ⟨zum⟩ ～ der Rechnung 勘定の清算のために. **4** 〘球技〙同点ゴール, タイスコア: den ～ erzielen ⟨erzwingen⟩ 同点に持ち込む, 引き分けにこぎつける.

aus·gleich·bar[—ba:r] 形 調整し〔て除き〕得る; 埋め合わせのつく.

Aus·gleich·becken ＝Ausgleichsbecken

aus|glei·chen*[áʊsglaɪçən] ⟪58⟫ **I** 他 (h) **1** 均一化する, 調整⟨補整⟩する; 〘商〙清算⟨決済⟩する, (収支を)合わせる: das Konto ～ 〘商〙(収支決算して)勘定を締める | die Rechnung ～ 〘商〙勘定を支払う | die Unebenheiten ～ でこぼこをならす ‖ 再帰 *sich*[4] ～ 相殺される, 差し引きゼロになる | Einnahmen und Ausgaben *gleichen* sich *aus.* 収支相償う(収支の均衡がとれる). **2** (争いを)調停する, 和解させる; (調停によって対立・緊張などを)取り除く, 緩和する. **3** 埋め合わせる: den Mangel an Bewegung durch Gymnastik ～ 運動不足を体操で補う | *ausgleichende* Gerechtigkeit (不当な不利を補正する)当然の報い, 因果応報.
II 自 (h) 〘球技〙タイスコアに持ち込む.
III aus·ge·gli·chen → 別出

Aus·glei·cher[..çər] 男 -s/- 〘ﾖｯﾄ〙ハンディキャップをつけられた艇; 〘馬術〙ハンディキャップ〔査定〕係; 〘工〙調整機; 〘電〙均圧線.

Aus·gleich·ge·trie·be[áʊsglaɪç..] ＝Ausgleichsgetriebe

Aus·gleichs≠ab·ga·be 女 (第二次大戦に伴う損害補償のための旧西ドイツの)負担調整税. **≠amt** 中 負担調整庁. **≠bat·te·rie** 女 〘電〙補償電池. **≠becken** 中 (発電用ダムの)調整池. **≠be·häl·ter** 男 (温水暖房用の)調整タンク. **≠be·trag** 男 〘商〙清算額. **≠bo·gen** 男 〘工〙(伸縮調整のための導管の)湾曲部. **≠dü·se** 女 〘工〙補正噴射管. **≠ent·wick·ler** 男 〘写〙補正現像液. **≠fonds**[..fɔ̃:] 男 負担調整基金. **≠for·de·rung** 女 補償請求. **≠ge·trie·be** 中 〘工〙差動ギア. **≠gym·na·stik** 女 (職場などで運動不足を補うためにする)保健体操, 職場体操. **≠kas·se** 女 〘経〙調整⟨平衡⟩基金. **≠kon·den·sa·tor** 男 〘電〙平衡⟨補償⟩コンデンサー. **≠lei·stung** 女 調整交付金(→Ausgleichsabgabe). **≠lei·tung** 女 〘電〙平衡回路網; 擬似回路; 均圧母線. **≠quit·tung** 女 雇用関係清算証明書. **≠rech·nung** 女 〘理〙(誤差の)補整計算. **≠ren·nen** 中 〘ｽﾎﾟｰﾂ〙ハンディキャップ=レース. **≠ren·te** 女 (戦争犠牲者に対する)補償年金. **≠sport** 男 体をほぐし, 体調を整えるためのリフレッシュ=スポーツ. **≠spu·le** 女 〘電〙平衡コイル. **≠steu·er** 女 (輸入品を国産品価格に近づける)均衡税. **≠strom** 男 〘電〙過渡電流; 横流. **≠tor** 中, **≠tref·fer** 男 〘球技〙同点ゴール. **≠übung** 女 〘体育〙補償運動. **≠ver·bin·dung** 女 〘電〙(コイルの)均圧環. **≠ver·fah·ren** 中 〘経〙清算手続き; 支払猶予手続き; 〘法〙和議⟨清算⟩手続き. **≠ver·such** 男 調整⟨調停⟩の試み. **≠vor·rich·tung** 女 〘工〙補整装置. **≠wech·sel** 男 補償為替, 確定日払い送金手形. **≠zoll** 男 相殺関税.

Aus·glei·chung[áʊsglaɪçʊŋ] 女 -/-en **1** (ausgleichen すること. 例えば:) 平均化, 調整, 調停; 〘商〙清算. **2** 〘言〙(類推による)均(ﾅﾗ)らし作用, (方言の)混和, 平均化; (音声の)同化.

Aus·glei·chungs≠feh·ler 男 〘工〙調整誤差. **≠haus** 中 〘商〙手形交換所. **≠pen·del** 中 〘工〙補整振り子. **≠pflicht** 女 〘法〙決済義務. **≠rech·nung** 女 〘理〙補整計算.

aus|glei·ten*[áʊsglaɪtən] ⟪60⟫ 自 (s) **1** (足が)つるりとすべる, 足をすべらす. **2** ⟪*jm.*⟫ (…の)手からすべり落ちる. **3** すべって行って止まる.

aus|glie·dern[áʊsgli:dərn] ⟪05⟫ 他 (h) (全体から)切り離す, 分解する; 除外する.

Aus·glie·de·rung[..dərʊŋ] 女 -/-en 切り離し, 分解; 分肢, 部分.

▽**aus|glim·men**(*)[áʊsglɪmən] ⟪61⟫ 自 **1** (s) (火・光が)弱まって消える. **2** (h) (燃えさしが)くすぶりやむ.

aus|glit·schen[áʊsglɪtʃən] ⟪04⟫ ⟪方⟫ ＝ausgleiten 1

aus|glü·hen[áʊsgly:ən] **I** 自 **1** (h) (赤熱したものが)冷える; (火が)燃え尽きる. **2** (s) 内部が丸焼けになる.
II 他 (h) 十分に赤熱する; 〘工〙焼きなます; 〘医〙(傷などを)焼灼(ｼｮｳｼｬｸ)する; ⟪比⟫ (太陽が地面を)からからにする.

Aus·glü·hung[..gly:ʊŋ] 女 -/ (ausglühen すること. 例えば:) 〘工〙焼きなまし.

aus|gra·ben*[áʊsgra:bən][1] ⟪62⟫ 他 (h) **1** 掘り出す: einen Baum 〔mit den Wurzeln〕 ～ 木を〔根こそぎ〕掘り起こす | Kartoffeln ～ ジャガイモを収穫する | das Kriegsbeil ～ (→Kriegsbeil) | alte Schriften ～ 古文書を探し出す⟨引き合いに出す⟩ | einen Streit wieder ～ 争いをむし返す | einen Tempel ～ 神殿を発掘する. **2** (穴・溝などを)掘る.

Aus·grä·ber[..grɛ:bər] 男 -s/- 〘考古〙発掘者.

Aus·gra·bung[..gra:bʊŋ] 女 -/-en **1** 掘り出すこと: die ～ eines Tempels 神殿の発掘. **2** 発掘物, 出土品.

Aus·gra·bungs·ar·beit 女 -/-en ⟪ふつう複数で⟫ 発掘作業.

aus|gra·sen[áʊsgra:zən][1] ⟪02⟫ 他 (h) (庭などを)除草する.

aus|grä·ten[áʊsgrɛ:tən] ⟪01⟫ ＝entgräten

aus|grät·schen[áʊsgrɛ:tʃən] ⟪04⟫ 自 (h) 脚⟨また⟩を開く; 〘体操〙開脚する.

aus|grei·fen*[áʊsgraɪfən] ⟪63⟫ **I** 自 (h) (前方へ)足⟨手⟩を大きく伸ばす: das Pferd zu einem Trab ～ lassen 馬を(歩幅を伸ばして)速歩(ﾊﾔｱｼ)で走らせる. **II** 他 (h) **1** つかみ⟨探り⟩出す. **2** (取っ手などを)使い減らす. **III aus·grei·fend** 現分 形 足⟨手⟩を大きく伸ばした; ⟪比⟫ (計画などが)遠大な: in ～*em* Galopp 大またの駆け足で | mit ～*er* Geste 大きな身振りで | mit 〔weit〕 ～*en* Schritten 大またに, 急ぎ足で ‖ weit ～*e* Ziele haben 大志をいだく.

aus|gren·zen[áʊsgrɛntsən] ⟪02⟫ 他 (h) **1** ⟪*jn.* ⟨*et.*[4]⟩ aus *et.*[3]⟫ (…を…の)範囲外に締め出す, (…を…から)除外する. **2** ⟪*jn.* aus *et.*[3]⟫ (…を…から)仲間はずれにする, 除け者にする.

Aus·griff[áʊsgrɪf] 男 -〔e〕s/-e ⟪auf ⟨in⟩ *et.*[4]⟫ (…への)進出, 侵入.

aus|grü·beln[áʊsgry:bəln] ⟪06⟫ **I** 他 (h) (長いことかかって)考え出す. **II** 自 (h) 考えごとをやめる.

aus|grün·den[áʊsgrʏndən][1] ⟪01⟫ 他 (h) **1** (子会社・支店などを)分離設立する. **2** 探究する.

Aus·guck[áʊsgʊk] 男 -〔e〕s/-e **1** 監視: nach *jm.* ⟨*et.*[3]⟩ ～ halten …の出現を〔期待して〕見張る. **2** 監視所; 〘海〙見張り台; 見張り員. [*ndl.* uit-kijk の翻訳借用]

aus|gucken[áʊsgʊkən] **I** 自 (h) (spähen) ⟪nach *et.*[3]⟫ 監視する, 見張る. **II** 他 (h) *sich*[3] 〔fast〕 die Augen nach *jm.* ⟨*et.*[3]⟩ ～ …の出現を〔期待して〕目の玉のとび出るほど見張る.

Aus·gucker[..kər] 男 -s/- 〘海〙見張り員.

Aus·guck·po·sten 男 〘軍〙監視所.

Aus·guß[áʊsgʊs] 男 ..gusses/..güsse[..gʏsə] **1** (台所などの)流し〔台〕; (流しの)排水口; ⟪方⟫ (茶器などの)口(→ 図 Gefäß). **2** ⟪方⟫ (流しの)落とし水, 汚水; 〘工〙鋳塊. **3** 注出; 〘工〙鋳造; ⟪比⟫ (感情の)流露. [*mhd.*; ◇ausgießen]

Aus·guß≠becken 中 (台所などの)流し〔台〕(→ 図 Wasser). **≠ka·sten** 男 〘工〙鋳型枠. **≠lei·tung** 女 ＝ Ausgußrinne **≠löf·fel** 男 〘工〙鋳造用ひしゃく. **≠rin·ne** 女 〘工〙あふれ道, 流出溝. **≠rohr** 中, **≠röh·**

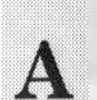

re 女 排水〈流出〉管. ≈**stein** 男〘医〙〔腎臓(じんぞう)〕結石. ≈**was·ser** 中 -s/..wässer 下水, 汚水.

aus|haa·ren[áusha:rən] 自 (h) (毛布などの) 毛が抜ける.

aus|ha·ben*[áusha:bən]^1 《64》 **I** 他 (h) **1** (↔anhaben) (衣類を) 身に着けていない, 脱いでいる. **2** (本などを) 読み終えている. **3** 《方》食べ〈飲み〉終えている: die Flasche ～ 飲み干して瓶が空になっている | die Suppe ～ スープを飲み終える.

II 自 (h) (仕事・授業などが) 終わっている: Wann *hast* du heute *aus*? きょう君は何時に終わるのかね.

aus|hacken[áushakən] 他 (h) **1** (くわで) 掘り出す; (くわで穴などを) 掘る: ein Grab ～ 墓を掘る | Kartoffeln ～ ジャガイモを掘る〈取り入れる〉. **2** (くちばしで) つつき出す, ついばむ: *jm.* die Augen ～ …の眼球をえぐる | Eine Krähe *hackt* der anderen kein Auge 〈die Augen nicht〉 *aus.* (→Krähe). **3** 《(オーストリア)》(殺した家畜を) 解体する; 《方》(切り倒した木を) あらごなしする.

aus|ha·geln[áusha:gəln] 《06》 自 (h) 非人称 《es hagelt aus》 あられ〈ひょう〉が降りやむ.

aus|ha·ken[áusha:kən] **I** 他 (h) (↔einhaken) (留め金・ホックなどを) 外す: den Anhänger 〈die Kette〉 ～ トレーラー〈鎖〉を外す | die Tür ～ ドアをフックから外す ‖ 再帰 *sich^4* ～ 外れる. **II** 自 (h) 《話》 だめになる: 非人称 **bei *jm.* hakt es *aus.*** …は我慢しきれなくなる; …はわけが分からなくなる | Jetzt *hakt's* aber *aus*! もうおしまいだ.

aus|hal·len[áushalən] 自 (h, s) 《雅》 響きやむ.

aus|hal·ten*[áushaltən] 《65》 **I** 他 (h) **1 a)** (積極的に) 耐え抜く, こらえる, 辛抱する: die Arbeit ～ 仕事をやり通す | die Probe 〈die Prüfung〉 ～ テストに合格する | *seine* Zeit ～ 年季〈契約期間〉を勤め上げる | den Vergleich mit *jm.* 〈*et.^{3}*〉 nicht ～ …とは勝負にならない | Ich kann die Kälte 〈den Hunger〉 nicht mehr ～. 私は寒くて〈空腹で〉もう我慢できない | Das *hält* kein Pferd *aus.* (→Pferd 1) ‖ Hier läßt es sich ～. ここはまあまあだ〈我慢できる〉‖ Die Jacke *hält* mich *aus.* 《話》私のこの上着は一生もつよ ‖〚es を目的語として〛Ich kann es vor Hitze^3 nicht länger ～. 私は暑くてもうやりきれない | Es ist mit 〈bei〉 ihm kaum noch *auszuhalten.* 彼にはほとんど我慢がならない ‖ **nicht zum *Aushalten* sein** 耐えがたい, 我慢がならない | Es ist mit 〈bei〉 ihr nicht zum *Aushalten.* 彼女には我慢がならぬ.

b) 《目的語なしで, または es を目的語として》持ちこたえる, もつ, くじけない; 〘狩〙(人が近づいても鳥などが) じっとひそんでいる: Die Maschine 〈Der Mantel〉 *hält* noch lange *aus.* この機械〈コート〉はまだ長いこともつ | Er *hält* in keinem Beruf *aus.* 彼は職を転々としている | im Unglück ～ 不幸に屈しない | Die Träger *hielten* unter dem Druck *aus.* 支柱は重圧に耐えた ‖ Sie *hält* 〔es^4〕 nirgends lange *aus.* 彼女はどこでも長続きしない | Er hat 〔es^4〕 dort nur eine Woche *ausgehalten.* 彼はそこには1週間しか我慢していなかった.

2 〔楽〕(音を) 保持する, のばす.

3 《*jn.*》(…の生活・資金の) 面倒をみる, (…の) 世話をする: einen Spitzel 〈eine Clique〉 ～ スパイ〈徒党〉を養う | eine Geliebte ～ 愛人を囲う ‖ Ich lasse mich nicht ～. おれは他人の世話にはならぬ.

4 a) 〘坑〙(ぼたなどを) 選別する. **b)** Holz ～〘林〙(需要に応じて) 製材する.

5 《南部》いらだたせる.

6 《方》 *sich^3 et.^{4}* ～ …を留保する.

II 自 (h) →I 1 b

Aus·hal·te·zei·chen[áushaltə..] 中, **Aus·hal·tungs·zei·chen**[..tuŋs..] 中 =Fermate

aus|häm·mern[áushɛmərn] 《05》 他 (h) (金属のでこぼこを) ハンマーで打ち延ばす; (金属製の皿などを) ハンマーで打って形を作る.

aus|han·deln[áushandəln] 《06》 他 (h) (疑義のある契約などを) 討議〈交渉〉して決着をつける, 討議〈交渉〉して決める.

aus|hän·di·gen[áushɛndɪgən]^2 他 (h) 《*jm. et.^{4}*》(受領する権利のあるものを〔公式に〕) 手渡す, 交付する: *jm.* die Papiere ～ …に証書を交付する.

Aus·hän·di·gung[..gʊŋ] 女 -/-en 手交, 交付.

Aus·hang[áushaŋ] 男 -〔e〕s/..hänge[..hɛŋə] **1** 掲示, ポスター; 陳列〈展示〉品. **2** (商品などの) 陳列, 展示.

Aus·hän·ge≈bo·gen[áushɛŋə..] 男〘印〙見本刷り, 内容見本; 前出し. ≈**ka·sten** 男 (箱型の) 掲示板, 告知板.

$^∇$**aus|han·gen***[áushaŋən] 《66》 《(スイス)》 =aushängen I

aus|hän·gen$^{(*)}$[áushɛŋən] 《66》 **I** 自 (h) 《不規則変化》(外に) 掛かって〈垂れて〉いる; 掲示〈陳列〉してある: Eine Bekanntmachung *hängt* am schwarzen Brett *aus.* お知らせが掲示板にはってある | Die Kandidaten *hängen aus.* 《話》候補者の名前〈ポスター〉が公示されている.

II 他 (h) 《規則変化》 **1** (外に) 掛ける; 掲示〈陳列〉する: die neuen Waren im Schaufenster ～ それらの新しい商品をショーウインドーに陳列する | *jn.* ～ …の名前を掲示する. **2** (↔einhängen) (留め金具・台座などから) 外す: den Hörer ～ 受話器を取る | *sich^3* den rechten Arm ～ 《話》右腕を脱臼(だっきゅう)する | *jm.* das Kreuz ～ (→Kreuz 3 a) ‖ 再帰 *sich^4* 〔von *et.^{3}*〕 ～ …から外れる. **3** 再帰 *sich^4* ～ (服などが) つるしておくうちにしわが伸びる. **4** 再帰 *sich^4* bei *jm.* ～ …と組んでいた腕をほどく, …と別れる.

Aus·hän·ger[..ŋər] 男 -s/- =Aushängebogen

Aus·hän·ge≈schild 中 (店などの) 看板; 《比》看板になるもの〈人〉: *et.^{4}* 〈*jn.*〉 als ～ benutzen …を表看板に使う | *et.^{3}* als ～ 〈als ～ für *et.^{4}*〉 dienen …の宣伝に役立つ. ≈**zet·tel** 男 ポスター.

aus|hä·ren[áushɛ:rən] 他 (h) (enthaaren) (…の) 毛を取り除く; 〘製革〙除毛する.

aus|har·ken[áusharkən] 他 (h) 《北部》(雑草などを) レーキで取り除く; (花壇などを) レーキで除草する.

aus|har·ren[áusharən] 自 (h) 《雅》 (aushalten) 持ちこたえる, 辛抱強く〔最後まで〕待ちつづける: in Qualen ～ 苦しみに耐えぬく | auf *seinem* Posten ～ 自分の持ち場を固守する.

aus|här·ten[áushɛrtən] 《01》 **I** 他 (h) 〘工〙(合金などを) 硬化させる. **II** 自 (s) 〘工〙(合金・にかわなどが) 硬化する.

aus|has·pen[áushaspən] 他 (h) (ドアなどを) ひじ金物〈フック〉から外す. [＜Haspe]

Aus·hau[áushau] 男 -〔e〕s/-e **1** 〘林〙間伐; 森林中の空地〈伐採区域〉. **2** 〘坑〙採掘. [＜aushauen]

Aus·hauch[áushaux] 男 -〔e〕s/-e 《ふつう単数で》吐き出す息; 発散物, (花の) 香気, (火山の) 蒸気.

aus|hau·chen[áushauxən] 他 (h) 《雅》 **1** (口から空気を) 吐き出す: den Atem ～ 息を吐く | einen Seufzer ～ ため息をつく | einzelne Worte ～ (息絶えだえに) 二言三言つぶやく ‖ das 〈*sein*〉 Leben ～ / die 〈*seine*〉 Seele ～ (→Leben 1, →Seele 1 b). **2** (においなどを) 発散〈放出〉する: Der Steinboden *haucht* 〔eine〕 eisige Kälte *aus.* 石の床(ゆか)からあたりに氷のような冷気があがってくる.

aus|hau·en$^{(*)}$[áushauən] 《67》 他 (h) **1** (のみなどで) くりぬく, うがつ; 削って〈彫って〉作る. **2** (木の) 枝を刈り込む〈おろす〉; 〘林〙(森を) 間伐する. **3** 《方》(殺した家畜を) 切り刻む. **4** (abbauen) 〘坑〙採鉱する. **5** 《方》さんざん殴る. [◇Aushau]

aus|hau·sen[áushauzən]^1 《02》 自 (h) 家産をつぶす〈使い果たす〉. [＜Haus]

Aus·häu·ser[..hɔyzər] 男 -s/- 浪費家, 道楽者.

aus·häu·sig[..hɔyzɪç]^2 形 《方》 **1** 家庭外の. **2** めったに家にいない, 留守がちの, 出歩いてばかりいる.

aus|häu·ten[áushɔytən] 《01》 他 (h) (…の) 皮をはぐ: 再帰 *sich^4* ～ 脱皮する.

aus|he·ben*[áushe:bən]^1 《68》 **I** 他 (h) **1** (穴・溝などを) 掘って作る: ein Grab 〈einen Kanal〉 ～ 墓〈水路〉を掘る. **2** (土砂などを) 掘り上げる; (樹木・イモなどを) 掘り起こす. **3 a)** (↔einheben) (持ち上げて本来の場所から) 外す: die Tür ～ ドアをフックから外す. **b)** 《*jm. et.^{4}*》(…の…を) 脱臼(だっきゅう)させる: *sich^3* den Arm ～ 腕を脱臼する. **c)** 〘(レスリング)〙つり上げ〔て倒そうとす〕る. **4 a)** (…の) 中身を抜き取る: die Hühnernester ～ 鶏の巣から卵〈ひな〉を取り出す | ein Verbrechernest 〈eine Bande〉 ～ 犯罪人の巣窟(そうくつ)〈ならず者

A

の一味)の狩り込みをする. **b**) (卵・ひなを)巣から盗む. **c**) 空(から)にする: einen Briefkasten ~《オーストリア》ポストの郵便物を収集する. **5**《話》= ausheberrn ▽**6**〘軍〙(兵士を)徴募(召集)する.

II 自 (h) **1**〘印〙ステッキから活字を取り出してゲラに移す; 版を印刷機から抜きとる. **2** (時計が)時を打とうとする. ▽**3** (anheben) 始まる. [◇Aushub]

Aus·he·ber[áushe:bər] 男 -s/- **1**〘レスリング〙つり上げ倒し(の手). **2**〘園〙移植ごて;〘金属〙鋳型抜き装置; (時計の)時報歯車; サイホン. ▽**3** 新兵徴募官.

aus|he·bern[áushe:bərn]《05》他 (h) (タンクなどの)中身をサイホンで吸い出す: *jm.* den Magen ~〘医〙…の胃から胃液(胃の内容物)を採取する. [＜Heber]

Aus·he·bung[..he:buŋ] 女 -/-en **1**《単数で》(ausheben すること. 例えば:) (港の)浚渫(しゅんせつ); (暴力団などの)狩り込み;《オーストリア》(郵便物の)収集. ▽**2**〘軍〙徴募, 召集.

▽**Aus·he·bungs·be·zirk** 男〘軍〙徴兵区.

aus|hecken[áushɛkən] **I** 他 (h)《比》(よくないことを)たくらむ, 考え出す. **II** 自 (h) (鳥が)抱卵を終える.

aus|hei·len[áushaılən] **I** 他 (h)《*jn.*》全治させる: 再帰 *sich*⁴ ~ 全治する. **II** 自 (s) (病気・患部が)全治する.

Aus·hei·lung[..luŋ] 女 -/-en 全治, 完治.

▽**aus·hei·misch**[áushaımıʃ] 形 **1** (↔einheimisch) (ausländisch) 外国の; 外来の: ~*e* Produkte 外国製品. **2** 在外の: ~ sein 旅行中である.

aus|hel·fen*[áushɛlfən]《71》**I** 自 (h) **1**《*jm.* mit *et.*³》(…に…を与えて・貸して)急場を助ける, ピンチから救う: *jm.* mit zehn Mark ~ …に10マルク融通する. **2** (店などで臨時に)手伝う: 〔*jm.*〕 im Geschäft ~ 〔…の〕店を応援する | in der Erntezeit beim Bauern ~ 収穫期に農家の手伝いをする. **II** 他 (h)《*jm. et.*⁴》(服を)手伝って脱がせる. [＜Aushilfe]

Aus·hel·fer[..fər] 男 -s/- (⊛ **Aus·hel·fe·rin**[..fərın] -/-nen) 臨時の手伝い人.

aus|heu·len[áushɔylən] **I** 自 (h) (犬などが)ほえやむ; (子供などが)なきやむ: Die Sirene hat *ausgeheult.* サイレンが鳴りやんだ. **II** 他 (h)《話》再帰 *sich*⁴ ~ 思いきり(存分に)泣く.

Aus·hieb[áushi:p]¹ 男 -[e]s/-s〘林〙間伐;〘フェンシング〙突き;〘坑〙鉱石試験, 試金.

aus|hien·zen[áushi:ntsən]《02》他 (h)《オーストリア》(verspotten) あざける, ばかにする.

Aus·hil·fe[áushılfə] 女 -/-n **1** (当座をしのぐための)助力, 援助: eine ~ mit Geld ⟨von 100 Mark⟩ 金⟨100マルク⟩の融通 ‖ zur ~ 一時(急場)しのぎに, 間に合わせに | in einem Café zur ~ arbeiten 喫茶店でアルバイトをする | Stenotypisten zur ~ gesucht 臨時に速記タイピストを求む(広告). **2** 臨時の手伝い(代理), 代役, パートタイマー: eine ~ suchen ⟨beschäftigen⟩ 臨時手伝いを募集する⟨使う⟩. [*mhd.*; ◇aushelfen]

Aus·hil·fe·mast 男〘海〙応急マスト.

aus·hilf·lich[áushılflıç] = aushilfsweise

Aus·hilf·ling[..lıŋ] 男 -s/-e 臨時手伝い人, 代役.

Aus·hilfs≠ar·beit 女 -/-en《ふつう複数で》臨時の手伝い仕事. **≠ar·bei·ter** 男 臨時労働者(手伝い人); (臨時仕事で暮らす)自由労務者; 補助労働者. **≠aus·ga·be** 女〘切手〙加刷〔切手〕, 臨時発行〔切手〕. **≠kell·ner** 男 臨時雇いのボーイ. **≠kraft** 女 臨時(補助)労働者〔群〕; 補佐役. **≠kraft·werk** 中 非常用補助発電所. **≠leh·rer** 男 臨時(補助・代用)教員. **≠mäd·chen** 中 臨時の女中(お手伝いさん). **≠per·so·nal** 中 臨時職員(雇い), 〔臨時〕代理人, 補助員. **≠schau·spie·ler** 男 代役(身代わり)役者. **≠stel·lung** 女 臨時の勤め口.

aus·hilfs·wei·se **I** 副 間に合わせに, 応急(臨時)に. **II** 形《付加語的》一時しのぎの, 臨時手伝いの.

aus|höh·len[áushø:lən] 他 (h) くりぬく, 空洞にする; (auskehlen)〘工〙溝を彫る;《比》がたがたにする, 消耗させる: einen Kürbis ~ カボチャの芯(しん)をくりぬく | die Ufer ~ 岸を浸食する | die Fundamente des Staates ~ 国の基盤をぐらつかせる | Das Fieber *höhlte* ihn *aus.* 熱が彼をすっかり弱らせた ‖ *ausgehöhlte* Wangen 落ちくぼんだほお.

Aus·höh·lung[..luŋ] 女 -/-en **1**《ふつう単数で》aushöhlen すること: die ~ eines Begriffes 概念の空洞化. **2** 空洞, うろ, くぼみ;〘工〙溝.

Aus·hol·be·we·gung[áusho:l..] 女〘体育〙導入運動;〘球技〙テイクバック.

aus|ho·len[áusho:lən] **I** 自 (h) **1** (特定の動作・行動に移るために)身構える, 反動をつける;〘球技〙テイクバックを取る: mit der Hand ⟨der Axt⟩ ~ 手⟨おの⟩を振り上げる | zum Sprung ~ 跳ぼうとして身構える(後へさがる) | Die Uhr *holte* zum Schlag *aus.* 時計はまさに時を打とうとしていた ‖ bei *seiner* Erzählung weit ~ 話に長い前置きをつける(遠くさかのぼってくだくだしく説明する). **2** 手(足)をのばす: nach *jm.* ~ …につかみかかろうとする | die Pferde ~ lassen 馬の歩度をのばす ‖ mit weit *ausholenden* Schritten 大またで.

II 他 (h) **1**〘海〙(帆を)張り出す. **2**《方》(ausmachen)《etwas, viel などと》意味する: nichts ⟨viel⟩ für *jn.* ~ …にとってどうでもよい(大いに関係がある) | *Holt* dir das etwas *aus*? それは君にいくらか影響するのかね. **3**《方》(aushorchen)《*jn.* über *et.*⁴ ⟨von *jm.*⟩》(相手に気づかれないように)探りを入れる, あれこれたずねる; (意図などを)探り出す.

Aus·ho·ler[..ho:lər] 男 -s/- **1**〘海〙アウトホール(帆を張り出すロープ). ▽**2** 探りを入れる人.

aus|hol·zen[áushɔltsən]《02》他 (h) (森を)間伐する.

Aus·hol·zung[..tsuŋ] 女 -/-en 間伐.

aus|hor·chen[áushɔrçən] **I** 他 (h)《*jn.* 〔nach *et.*³/ über *et.*⁴〕》巧みに聞き出す, 探る. **II** 自 (h)《nach *jm.* ⟨*et.*³⟩》(…の話に)聞き耳をたてる, (…を)盗み聞きする.

Aus·hor·cher[..çər] 男 -s/- 探る人, 探訪者; 盗み聞きする人.

aus|hö·ren[áushø:rən] 他 (h) **1**《*jn.* über *et.*⁴》聞き出す. **2**《*et.*⁴》終わりまで聞く.

aus|ho·sen[áusho:zən]¹《02》他 (h)《中部》《*jn.*》(…の)服を脱がせる: 再帰 *sich*⁴ ~ 服を脱ぐ.

Aus·hub[áushu:p]¹ 男 -[e]s/ **1 a**) (土砂の)掘り出し; 選択〔権〕. **b**) 掘り出した土砂;《比》精華, エッセンス. ▽**2**〘軍〙召集, 徴募. [＜ausheben]

aus|hül·sen[áushʏlzən]¹《02》他 (h) (エンドウなどの)殻(さや)を取る;〘医〙被膜をはがす. [＜Hülse²]

aus|hun·gern[áushuŋərn]《05》**I** 他 (h) とことんまで飢えさせる;〘軍〙兵糧攻めにする.

II **aus·ge·hun·gert** → 別出

Aus·hun·ge·rung[..ŋəruŋ] 女 -/ 〘軍〙兵糧攻め.

aus|hun·zen[áushuntsən]《02》他 (h)《話》《*jn.*》しかりつける, ののしる.

aus|hu·sten[áushu:stən]《01》**I** 他 (h) **1** せきをして吐き出す: Blut ⟨Schleim⟩ ~ (せきをして)喀血(かっけつ)する(たんを吐く). **2** 再帰 *sich*⁴ ~ 思う存分せきをする, せきがやむ.

II 自 (h) = I 2

aus|ixen[áus|ıksən]《02》他 (h) **1** (タイプライターで) X を打って消す. **2**《中部》知恵をしぼって考えだす. [＜x]

aus|ja·gen[áusja:gən]¹ 他 (h) **1**《*jn.*》追い出す, 放逐する. **2** *jm.* den Angstschweiß ~ …に冷や汗をかかせる. **3** das Revier ~〘狩〙猟区内の野獣を全部狩り尽くす.

aus|jam·mern[áusjamərn]《05》**I** 自 (h) 嘆きやむ.

II 他 (h) **1** *sein* Leben ~ 一生を嘆き暮らす. **2** 再帰 *sich*⁴ ~ 気が晴れるまで嘆き悲しむ.

aus|jä·ten[áusjɛ:tən]《01》他 (h) 〔草を〕取る: das Unkraut ~ 雑草を取る | einen Garten ~ 庭の草取りをする.

aus|jauch·zen[áusjauxtsən]《02》**I** 自 (h) 歓呼し終える. **II** 他 (h) 再帰 *sich*⁴ ~ 心ゆくまで歓声をあげる.

aus|jo·chen[áusjɔxən] 他 (h) (牛・馬などの)軛(くびき)を外す;《比》(…の)桎梏(しっこく)を取り除く.

aus|kacken[áuskakən] 他 (h)《話》再帰 *sich*⁴ ~ まくしたてる, しゃべりまくる.

aus|kal·ku·lie·ren[áuskalkuli:rən] 他 (h) 精密に計算する(算出する).

aus|käm·men[áuskɛmən] 他 (h) **1** (よごれなどを)〔くしで〕すき取る;《比》選抜する. **2** (髪・羊毛などを)すく;《比》(地区を)掃討する; しらみつぶしに(くまなく)捜索する.

A

aus|kämp·fen[áuskɛmpfən] **I** 自 (h) 最後まで戦う: ***ausgekämpft* haben**《雅》(闘病ののち)死ぬ.
II 他 (h) 戦いぬく: einen Kampf mit *sich*³ ～ 自己との戦いを戦いぬく.

aus|kau·en[áuskauən] **I** 自 (h) かみ終える, 咀嚼(そしゃく)し終える; 十分にかむ(咀嚼する). **II** 他 (h) (果実を)かみしめてその液汁を味わう.

Aus·kauf[áuskauf] 男 -[e]s/..käufe[..kɔyfə] (auskaufen すること. 例えば:) 買い占め.

aus|kau·fen[áuskaufən] 他 (h) **1** (…のものを)残らず買う: den ganzen Laden ～ 店じゅうの商品を買い占める; 《戯》しこたま買いこむ. **2** 《雅》(ausnutzen)(機会・時間などを)利用し尽くす, 十分に活用する. ᵛ**3** 再帰 *sich*⁴ ～ 金を払って義務(兵役など)を免れる.

aus|ke·geln[áuske:gəln] 《06》 **I** 他 (h) **1** 《*et.*⁴》(賞として…をかけて)九柱戯(ボウリング)をする: den Pokal ～ 九柱戯(ボウリング)で優勝カップを争う. **2** 《オーストリア・南部》(ausrenken) 脱臼(だっきゅう)させる: 再帰 *sich*³ den Arm ～ 腕を脱臼する. **II** 自 (h) 九柱戯(ボウリング)のゲームを終える.

Aus·keh·le[áuske:lə] 女 -/-n 〖工〗(柱などの)溝.

aus|keh·len[..lən] 他 (h) 〖工〗(柱などに)溝を彫る.

Aus·kehl·frä·ser 男 〖工〗溝彫りフライス盤.

Aus·keh·lung[..luŋ] 女 -/-en 溝[を彫ること].

ᵛ**aus|keh·ren**¹[áuske:rən] 他 (h) 《*et.*⁴ an *jn.*》(要求額などを…に)支払う, 弁済する.

aus|keh·ren²[–] 他 (h) (ausfegen)(ごみなどを)掃き出す, (部屋などを)掃除する, 掃いてきれいにする; 《比》(人員などを)整理する: das Zimmer 〈den Schmutz aus dem Zimmer〉 ～ 部屋〈部屋の汚れ〉を掃除する ‖ [*et.*⁴] mit eisernem Besen ～ (→Besen 1 a) | Im Dorf war es wie *ausgekehrt.* 村はからっぽだった.

Aus·keh·richt[..ke:rıçt] =Kehricht

aus|kei·len[áuskaılən] **I** 自 (h) **1** (馬が)足をけり出す. **2** 〖地〗(鉱脈が)くさび形に消滅する(薄くなる).
II 他 (h) **1** くさびで締める. **2** 再帰 *sich*⁴ ～ = I 2

Aus·kei·lung[..luŋ] 女 -/-en (鉱脈の)くさび状消滅; くさび形になった所.

aus|kei·men[áuskaımən] **I** 自 **1** (s) 芽を出す, 発芽する. **2** (h) 発芽しなくなる.
II 他 (h) (ジャガイモなどの)芽を取り除く.

aus|kel·tern[áuskɛltərn] 《05》 他 (h) (搾り器でブドウなどを)搾る, (…の)汁を搾り出す.

aus|ken·nen*[áuskɛnən] 《73》 他 (h) 再帰 *sich*⁴ ～ 勝手が分かっている, 事情に通じている: *sich*⁴ bei Frauen 〈mit Maschinen〉 ～ 女性〈機械〉の扱いになれている | *sich*⁴ in der Buchführung 〈in einer Stadt〉 ～ 簿記〈ある町〉のことに詳しい | *sich*⁴ nicht mehr ～ 途方に暮れる.

aus|ker·ben[áuskɛrbən]¹ 他 (h) (…に)刻み目〈ぎざぎざ〉をつける.

Aus·ker·bung[..buŋ] 女 -/-en auskerben すること; 刻み目, ぎざぎざ.

aus|ker·nen[áuskɛrnən] 他 (h) (果実などの)種〈核〉を取り除く; (エンドウなどの)さやをむく.

aus|kip·pen[áuskıpən] 他 (h) (容器を傾けたりひっくり返したりしてその中身を)あける, こぼす; (傾けたりひっくり返したりして容器を)空にする: das Wasser [aus der Schüssel] ～ [鉢の]水をあける | Zigarettenasche ～ タバコの灰をあける ‖ einen Aschenbecher ～ 灰皿を空にする | Die Loren *kippten* ihre Ladung *aus.* トロッコは車体を傾けて積み荷(砂・砂利など)を吐き出した.

aus|kit·ten[áuskıtən] 《01》 他 (h) (割れ目・穴などを)パテでふさぐ.

aus|kla·gen[áuskla:gən]¹ **I** 他 (h) **1 a)** (権利などを)法廷で闘い取る, (争点などに)訴訟で決着をつける: eine Forderung ～ 訴訟によって債権を回収する. **b)** 《*jn.*》訴訟によって立ち退かせる. **2** (悩みなどを)訴える: 再帰 *sich*⁴ ～ 悩みをすっかりぶちまける. **II** 自 (h) 嘆くのをやめる.

aus|klam·mern[áusklamərn] 《05》 他 (h) 括弧の外に出す, 括弧の中から取り出す, (…の)括弧を外す; 〖言〗(文肢を)枠[構造]外に置く; 《比》除外する, 考慮の外に置く.

Aus·klam·me·rung[..məruŋ] 女 -/-en ausklammern すること; (Ausrahmung) 〖言〗枠[構造]外配置.

aus|kla·mü·sern[áusklamy:zərn] 《05》 《過分 ausklamüsert》 他 (h) 《話》(あれこれ頭をひねって)考え出す, 案出する.

Aus·klang[áusklaŋ] 男 -[e]s/..klänge[..klɛŋə] 《ふつう単数で》 **1** 〖楽〗(曲の)終わりの音, フィナーレ. **2** (Endassonanz) 〖詩〗尾韻(強音の置かれた母音の後に続く音または音群の同音のもの. 強音のある母音自体は同音でない. 例 Schat*ten* / Ket*ten*). **3** 《比》終末, 終結, 終章.

aus·klapp·bar[áusklapba:r] 形 折り畳み式の.

aus|klap·pen[áusklapən] 他 (h) (↔einklappen) (折り畳み家具などを)開いて出す.

aus|kla·rie·ren[áusklari:rən] 他 (h) (↔ einklarieren) 〖海〗(出港前に積み荷の)通関手続きをとる; (船の)出港手続きをする.

Aus·kla·rie·rung[..ruŋ] 女 -/-en ausklarieren すること.

aus|klat·schen[áusklatʃən] 《04》 **I** 他 (h) **1** (秘密などを)しゃべって漏らす. **2** 再帰 *sich*⁴ ～ 思う存分しゃべる. **3** 《*jn.*》(悪いうわさを広めて)追い出す. ᵛ**4** einen Schauspieler ～ (手をたたいて)俳優を舞台から引っ込ませる. **II** 自 (h) おしゃべりをやめる.

aus|klau·ben[áusklaubən]¹ 他 (h) 《方》(豆などを指でつまんで)より分ける; 〖坑〗選鉱する; 《比》選別する.

aus|kle·ben[áuskle:bən]¹ 他 (h) 《*et.*⁴ mit *et.*³》内側にはりつめる: ein Zimmer mit Tapeten ～ 部屋に壁紙をはりめぐらす | ein Loch mit Lehm ～ 穴を粘土で塗りこめる.

aus|klei·den[áusklaıdən]¹ 《01》 他 (h) **1** (↔ankleiden) 《雅》《*jn.*》(…の)服を脱がせる: 再帰 *sich*⁴ ～ 服を脱ぐ ‖ halb *ausgekleidet* sein 服を脱ぎかけている. **2** 内張りをする: ein Zimmer 〈eine Wand〉 mit Holz ～ 部屋〈壁〉に羽目板を張る.

Aus·klei·de·zim·mer 中 更衣〈脱衣〉室.

Aus·klei·dung[..duŋ] 女 -/-en **1** 内張り. **2** 脱衣; 〖軍〗(除隊による)軍装解除.

aus|klin·geln[áusklıŋəln] 《06》 **I** 他 (h) 鈴を鳴らして告げ知らせる. **II** 自 (h) ベルが鳴りやむ.

aus|klin·gen*[áusklıŋən] 《77》 自 **1 a)** (h) 響き〈鳴り〉やむ. **b)** (s) 響きがしだいに消えてゆく. **2** (s) 《比》《in *et.*⁴ 〈*et.*³〉/ mit *et.*³》…となって〈のうちに〉終わる, (祭典などが)幕を閉じる: *seine* Rede in einen Appell 〈mit mahnenden Worten〉 ～ lassen 呼びかけ〈警告の言葉〉で演説を結ぶ | Die Sinfonie ist in einen 〈einem〉 Jubelchor *ausgeklungen.* 交響曲は歓喜の合唱となって終わった.

aus|klin·ken[áusklıŋkən] **I** 他 (h) **1** (↔einklinken) (掛け金などを外して)解き放す: Bomben ～ 〖軍〗爆弾を投下する | die Tür ～ (取っ手を回して)ドアの掛け金を外す | Der Segelflieger *klinkte* das Schleppseil 〈seine Maschine〉 *aus.* 滑空士は曳航(えいこう)索を切り離した. **2** 再帰 *sich*⁴ ～ 掛け金が外れる; (引き綱・支え綱などが)解き放される; 《比》(会議などから)抜け出す. **II** 自 **1** (h) (滑空士が)グライダーの曳航索を切り離す. **2** (s) = I 2 [<Klinke]

aus|klop·fen[áusklɔpfən] 他 (h) (ほこりなどを)たたき出す; (じゅうたん・服などを)たたいてきれいにする: die Pfeife 〈die Asche aus der Pfeife〉 ～ パイプの灰をたたいて出す | *jm.* die Faulheit ～ 《比》…の怠け癖をたたき直す | den Kessel ～ ボイラーの金ごけをたたき落とす | *jm.* die Hose 〈die Jacke / das Wams〉 ～ (→Hose 1 a, →Jacke 1, →Wams).

Aus·klop·fer[..pfər] 男 -s/- ほこりをたたき出す器具(じゅうたんたたきなど).

aus|klü·geln[áuskly:gəln] 《06》 他 (h) (頭をひねって)考え出す; (綿密・入念に)案出する: ein sorgfältig *ausgeklügelter* Plan 綿密に作られた計画.

Aus·klü·ge·lung[..gəluŋ] (**Aus·klüg·lung** [..gluŋ]) 女 -/ ausklügeln すること.

aus|knei·fen*[áusknaıfən] 《78》 自 (s) 《話》《[vor] *jm.* / aus *et.*³》(親もと・学校などから)逃げ出す, エスケープする, 脱走する: von zu Hause ～ 家出する. [*ndd.*]

aus|kne·ten[áuskne:tən] 《01》 他 (h) **1** 十分にこねる. **2** こねて(中身を)押し出す.

aus|knip·sen[áusknıpsən] 《02》 他 (h) 《話》(↔ an-

A

knipsen) (電灯・ラジオなどの)スイッチをひねって消す; (タバコなどを)もみ消す: die Taschenlampe ～ 懐中電灯を消す.

aus|kno·beln[áʊsknoːbəln] 《06》 他 (h) 《話》 **1** (飲み代の払い手などを)さいころ〈マッチ棒・じゃんけん〉で決める. **2** (脳みそをしぼって)考え出す.

aus|knocken[áʊsnɔkən] 他 (h) 〘ボクシング〙ノックアウトする: Er hat mich bei ihr *ausgeknockt.* 《比》彼は彼女の前で私を面目まるつぶれにした. [*engl.* knock out (→knock-out) の翻訳借用]

aus|knöp·fen[áʊsknœpfən] 他 (h) (↔ einknöpfen) 《*et.*[4] [aus *et.*[3]]》ボタンを外して(…を[…から])取り外す〈のける〉: ein Futter aus einem Mantel ～ (ボタンを外して)コートの裏地を取り外す.

aus|ko·chen[áʊskɔxən] **I** 他 (h) **1 a)** 煮出す, せんじる: Fleisch 〈Brühe aus Fleisch〉 ～ 肉のだし汁をとる. **b)** 《方》(脂肪を)溶かす. **2 a)** (洗濯物を)煮て汚れを取る; 〘医〙煮沸消毒する. **b)** 〘織〙煮て練る; (anlassen) 〘工〙(金属を)焼きなます. **3** 煮つめる; (暑さが果実を)完熟させる; 《話》(悪事などが)計画〈案出〉する, たくらむ. **II** 自 **1** (h) 十分に煮える; 沸騰し終える. **2** (s) 煮え〈噴き〉こぼれる. **3** (s) 〘工〙(発破が)不発のまま燃え尽きる. **4** (s) 《話》(問題などが)決着〈解決〉がつく. **5** (h) 《オーストリア》《für *jn.*》三度三度の食事を出す.

III aus·ge·kocht → 別出

aus|kof·fern[áʊskɔfərn] 《05》 他 (h) eine Straße ～ 〘土木〙道床をえぐる(砂利・舗装材を敷くため). [<Koffer]

Aus·kof·fe·rung[..fərʊŋ] 女 -/-en auskoffern すること; えぐり取った道床.

aus|kol·ken[áʊskɔlkən] 他 (h) 〘地〙(水流が川底などを・川底などに穴を)洗掘する. [<Kolk]

Aus·kol·kung[..kʊŋ] 女 -/-en 〘地〙洗掘.

aus|kom·men*[áʊskɔmən] 《80》 **I** 自 (s) **1 a)** 《mit *jn.*》折り合う: Mit ihm ist gut *auszukommen.* 彼はつき合いやすい男だ. **b)** すませる, 間に合わせる: mit *seinem* Gehalt ～ 給料[の範囲内]でやりくりする | ohne *et.*[4] 〈*jn.*〉 ～ …なしでやってゆく. **2** (herauskommen) 出て来る: **a)** (ausbrechen) (火事などが)発生する; (秘密などが)もれる, 知れ渡る, (うわさが)広まる; ▽(本が)出版される. **b)** 《方》(ひな・卵が)かえる. **c)** 《南部・オーストリア》(囚人・鳥などが)脱走する; 逃げる: *sich*[3] nichts ～ lassen 何ひとつ[見]のがさない; ひどくけちである | Ihm *kommt* nichts *aus.* 彼は何ひとつのがさない. **3** (ausgehen) (火が)消える; (たるなどが)からになる.

II Aus·kom·men 中 -s/ **1** 生計, 暮らし[を支える収入]: *sein* ～ haben 〈finden〉 生計をたてる | *sein* gutes 〈knappes〉 ～ haben 裕福な〈ぎりぎりの〉暮らしをしている. **2** 折り合い: **mit *jm.* ist kein ～** …とはつき合いきれない, …には我慢がならない | Es ist kein 〈ein gutes〉 ～ mit ihm. 彼とはつき合えない〈つき合いやすい〉. **3** (auskommen すること. 例えば:) 発生; 脱走. [◇Auskunft]

aus·kömm·lich[áʊskœmlɪç] 形 **1** (ausreichend) (暮らして行くのに)十分な: eine ～*e* Stelle 給料のいい職〈勤め口〉‖ ～ bezahlt werden 暮らして行けるだけの給料をもらう. **2** 人づき合いのいい.

Aus·ko·pier·pa·pier[áʊskopiːr..] 中 〘写〙焼き出し紙.

aus|kop·peln[áʊskɔpəln] 《06》 他 (h) **1** (犬などを)綱から放す. **2** (ステレオ録音の歌などを)モノラル盤で出す.

aus|kör·nen[áʊskœrnən] 他 (h) (穀物の)殻を除く, 脱穀する; (綿を)綿繰り機にかけて種子を除く. [<Korn]

aus|ko·sten[áʊskɔstən] 《01》 他 (h) **1** 十分に味わう〈楽しむ〉: *seine* Ferien ～ 休暇をたっぷり楽しむ | die Freuden des Lebens ～ 人生の喜びを味わい尽くす. **2** (苦しみを)十分に味わう〈なめる・耐え忍ぶ〉: die Niederlage [bis zur Neige] ～ müssen 敗北の苦杯を[最後の一滴まで]なめ尽くさなければならない.

aus|kot·zen[áʊskɔtsən] 《02》 他 (h) 《比》(erbrechen) 吐く: 再帰 *sich*[4] ～ i) 嘔吐(おうと)する; ii) 《比》心のうち〈悩み・恨み〉をぶちまける; まくし立てる, しゃべりまくる.

aus|kra·gen[áʊskraːgən][1] **I** 自 (s) 〘建〙突き出ている. **II** 他 (h) 〘建〙(バルコニーなどを)突き出す. [<Kragen]

Aus·kra·gung[..gʊŋ] 女 -/-en 〘建〙突出部, 張り出し.

aus|kra·men[áʊskraːmən] 他 (h) **1** (戸棚などの)中身をさらい出す; (戸棚などから)さらい出す; 《比》(古い知識・記憶などを)ひっぱり出す: *sein* ganzes Spielzeug ～ おもちゃをありったけ散らかす. **2** (商品を)陳列する; 《比》(知識・ニュースなどを)ひけらかす, 吹聴(ふいちょう)する.

aus|krat·zen[áʊskratsən] 《02》 **I** 他 (h) こそげ〈かき〉取る: einen Flecken ～ 汚れをこそげ落とす | die Gebärmutter ～ 〘医〙子宮を掻爬(そうは)する | einen Pfeifenkopf ～ パイプのボールを掃除する | *jm.* [am liebsten] die Augen ～ mögen (→Auge 1).

II 自 (s) 《話》(ausreißen) 逃げる, ずらかる.

Aus·krat·zung[..tsʊŋ] 女 -/-en 〘医〙掻爬(そうは).

aus|krie·chen*[áʊskriːçən] 《83》 自 (s) (ひな・幼虫が卵から)はい出る, かえる.

aus|krie·gen[áʊskriːgən][1] 他 (h) 《話》(↔ankriegen) やっと脱げる〈外せる〉: Ich *kriege* die Schuhe 〈den Ring〉 nicht *aus.* 私は靴が脱げない〈指輪が外せない〉.

aus|kri·stal·li·sie·ren[áʊskrɪstaliziːrən] **I** 他 (h) 〘化〙晶出させる: 再帰 *sich*[4] ～ 晶出する. **II** 自 (s) 晶出する.

aus|ku·geln[áʊskuːgəln] 《06》 他 (h) (ausrenken) 脱臼(だっきゅう)させる: *sich*[3] *et.*[4] ～ (腕などを)脱臼する.

aus|küh·len[áʊskyːlən] **I** 自 (s) 冷えきる. **II** 他 (h) 十分に冷やす.

Aus·küh·lung[..lʊŋ] 女 -/-en 《ふつう単数で》冷却.

▽**Aus·kul·tant**[aʊskʊltánt] 男 -en/-en (表決権のない)傍聴〈陪席〉者, オブザーバー; 《オーストリア》司法官試補.

Aus·kul·ta·tion[..tatsióːn] 女 -/-en 〘医〙聴診.

▽**Aus·kul·ta·tor**[..táːtɔr, táːtoːr] 男 -s/-en [..tatóːrən] 司法官試補.

aus·kul·ta·to·risch[..tatóːrɪʃ] 形 〘医〙聴診による, 聴診上の.

aus·kul·tie·ren[aʊskʊltíːrən] **I** 他 (h) 〘医〙聴診する. ▽**II** 自 (h) 傍聴する. [*lat.*; <*lat.* auris (→Ohr)]

aus|kund·schaf·ten[áʊskʊnt-ʃaftən] 《01》 他 (h) (ひそかに偵察・調査して)探り出す, 突き止める: *js.* Versteck ～ …の隠れ場所を捜し出す〈突き止める〉.

Aus·kund·schaf·ter[..tər] 男 -s/- 偵察〈探索〉者, 密偵, スパイ.

Aus·kund·schaf·tung[..tʊŋ] 女 -/ auskundschaften すること.

Aus·kunft[áʊskʊnft] 女 -/..künfte[..kʏnftə] **1** 情報, 案内, 回答: *jm.* eine ～ über *et.*[4] geben …に関する情報を…に提供する | bei *jm.* eine ～ einholen 〈einziehen〉 《官》…に問い合わせる. **2** 《単数で》(駅・電話局などの)案内所: bei der ～ [an]fragen / *sich*[4] bei der ～ erkundigen 案内所に問い合わせる. **3** 《方》(Ausweg) のがれるすべ, 逃げ道. [<auskommen]

Aus·kunf·tei[aʊskʊnftáɪ] 女 -/-en 興信所, 探偵社: *sich*[4] an die ～ wenden 興信所に依頼する.

Aus·kunfts≠be·am·te[áʊskʊnfts..] 男 (駅などの)案内係員. ≠**bü·ro** 中 案内所; (特に:) 観光〈旅行〉案内所; (Auskunftei) 興信所, 探偵社. ≠**dienst** = Fernsprechauskunftsdienst ≠**mit·tel** 中 =Auskunft 3 ≠**pflicht** 女 -/ 〘法〙情報提供義務. ≠**quel·le** 女 -/ 情報の出所. ≠**recht** 中 -s/ 〘法〙情報要求権. ≠**stel·le** 女 (駅などの)案内所. ≠**ta·fel** 女 案内掲示板.

aus|kun·geln[áʊskʊŋəln] 《06》 他 (h) 《話》裏取引で決める〈決着をつける〉.

aus|kün·steln[áʊskʏnstəln] 《06》 他 (h) 精巧に作る, 精密に考案する; でっちあげる.

aus|kup·peln[áʊskʊpəln] 《06》 他 (h) (↔einkuppeln) den Motor ～ エンジン(と伝動部分と)を切り離す, ギアを外す.

aus|ku·rie·ren[áʊskuriːrən] 他 (h) 全治させる: 再帰 *sich*[4] ～ 完治する.

aus|la·chen[áʊslaxən] **I** 他 (h) **1** 嘲笑(ちょうしょう)する, 笑いとばす: Laß dich nicht ～! 物笑いになるな. **2** 再帰 *sich*[4] ～ 存分に笑う. **II** 自 (h) 笑いやむ.

Aus·lad[áʊslaːt] 男 -s/ 《スイス》(↔Einlad) (Ausladung) (積み荷の)荷おろし. [<ausladen[2]]

Aus·la·de⸗bahn·hof[áusla:də..] 男〘鉄道〙末端駅(その先は自動車輸送などになる). ⸗**ha·fen** 男 陸揚げ港. ⸗**ko·sten** 複 荷おろし費(料金).

aus|la·den[1]*[áusla:dən][1] ⦅87⦆ 他 (h) ⦅戯⦆ ⦅*jn.*⦆ (…に対して)招待を取り消す. [< einladen[2]]

aus|la·den[2]*[áusla:dən][1] ⦅86⦆ **I** 他 (h) **1** (↔einladen) (積み荷を車・船などから)おろす; (車・船などの)荷おろしをする: Kohle 〔aus dem Waggon〕 ~ 石炭を〔貨車から〕おろす ‖ den Lastwagen ~ トラックの荷をおろす | ᵛein Gewehr ~ 銃の装弾を抜く ‖ 再帰 *sich*[4] ~ ⦅比⦆ 胸中をぶちまける. **2** 〘建〙 (出窓などを)張り出させる. **3** ⦅*jn.*⦆ (出て来るように)誘う.

II 自 (h) 〘建〙 (出窓などが)張り出している; ⦅比⦆ (敷地などが)突き出ている, 伸びている.

III aus·la·dend 現分 形 張り出した, 突き出た; 広がった: ein ~*er* Baum 枝を張った木 | mit weit ~*en* Gebärden 大げさな身振りで | ein ~*es* Kinn haben あごが張っている | ein weit ~*es* Romanwerk 壮大な長編小説.

Aus·la·de·platz 男 荷おろし場; 〘海〙 荷揚げ場.

Aus·la·der[áusla:dər] 男 -s/- 荷おろし人,〔沖〕仲仕; 荷おろし機; 〘電〙 放電器〈装置〉.

Aus·la·de⸗ram·pe[áusla:də..] 女 〘鉄道〙 貨物専用ホーム. ⸗**stel·le** 女 荷おろし〈陸揚げ〉場.

Aus·la·dung[..duŋ] 女 -/-en **1** (ausladen[2]すること. 例えば:) 荷おろし,(荷の)陸揚げ. **2** 〘建〙 突出部, 張り出し; 〘工〙 (クレーンなどの)最大到達距離. **3** ausladen[1]すること.

Aus·la·ge[áusla:gə] 女 -/-n **1 a)** (商品などの)陳列, 展示; (選挙人名簿などの)公開, 供覧. **b)** (ショーウインドーの)陳列品; ⦅特に南部・ｵｰｽﾄﾘｱ⦆ (Schaufenster) ショーウインドー, 飾り窓; 飾り棚; 陳列箱: die ~*n* ansehen 〈anschauen〉 gehen ウインドー=ショッピングをする. **2** ⦅ふつう複数で⦆ (特に他人のための)出費, 支出, 出資; 立て替え; 立替金: *jm.* die ~*n* erstatten …の出費を償還する. **3** (Ausgangsstellung) 〘体操〙 (手を腰に)片足屈膝片足伸膝体前傾(→ 図); 〘ﾌｪﾝｼﾝｸﾞ〙 オン=ガード(試合開始の正規の構え: → 図 Fechten); 〘ﾎﾞｸｼﾝｸﾞ〙 ガード; 〘ﾎﾞｰﾄ〙 カム=フォワードの姿勢〈ストローク開始の構え〉. **4** (Ausladung) 〘工〙 (クレーンなどの)最大作業半径〈範囲〉. **5** 〘狩〙 角の広がり, 角幅(→ 図 Geweih). [< auslegen]

Auslage

Aus·la·ge⸗fen·ster 中 陳列窓, ショーウインドー. ⸗**käst·chen** 中 (宝石などの)陳列ケース〈トレー〉.

aus|la·gern[áusla:gərn] ⦅05⦆ 他 (h) **1** (戦時中に家財道具・文化財などを安全な場所へ)疎開させる. **2** (↔einlagern) (保管・貯蔵してあるものを)倉庫〈地下室〉から出す, 倉庫から出して売りに出す.

Aus·la·ge·rung[..gəruŋ] 女 -/-en auslagern すること.

Aus·la·ge·wer·bung[áusla:gə..] 女 (商品の)陳列.

Aus·land[áuslant][1] 中 -〔e〕s/ ⦅ふつう定冠詞を伴って⦆ (↔Inland) **1** 外国(自国以外の全地域), 異郷: im ~ 外国〈国外〉で | ins ~ gehen 〈reisen〉 外国へ行く〈旅行する〉 | der Handel mit dem ~ 外国貿易. **2** ⦅集合的に⦆ 外国の人々.

Aus·län·der[..lɛndər] 男 -s/- (女 **Aus·län·de·rin**[..dərɪn]-/-nen) (↔Inländer) 外国人: Er ist ein ~. 彼は外国人だ.

Aus·län·de·rei[auslɛndəráɪ] 女 -/ 外国かぶれ.

aus·län·der·feind·lich[áuslɛndər..] 形 外国人に対して敵意を抱いた.

Aus·län·der·feind·lich·keit 女 外国人に対する敵意.

Aus·län·der⸗haß[áuslɛndər..] 男 外国人に対する憎しみ. ⸗**kon·to** 中 国外居住者口座. ⸗**recht** 中 -〔e〕s/ 外国人法(外国人の法定地位を定めた法令の総称).

aus·län·disch[áuslɛndɪʃ] 形 **1** ⦅付加語的⦆ 外国〈異郷〉の; 外国産〈外来〉の: ~*e* Arbeitnehmer 外国人労働者 | ~*e* Pflanzen 外来植物 | ~*e* Sender hören 外国放送を聞く. **2** 異国ふうの: ein ~*es* Aussehen haben (外観が)異国ふうである.

Aus·lands⸗ab·satz[áuslants..] 男 国外での販売(売れ行き). ⸗**ab·tei·lung** 女 国外担当部. ⸗**amt** 中 (大学の)外事課, 外国人学生課. ⸗**an·lei·he** 女 外国債. ⸗**bank** 女 -/-en 外国銀行. ⸗**be·richt·er·stat·ter** 男 海外通信員. ⸗**be·zie·hun·gen** 複 対外関係. ⸗**chi·ne·se** 男 外国に居住する中国人, 華僑(ｶｷｮｳ). ⸗**deut·sche** 男 女 (↔Binnendeutsche) 外国に住むドイツ人. ⸗**deutsch·tum** 中 **1** ⦅集合的に⦆ 在外ドイツ人. **2** 在外ドイツ人が保持する本国の風習〈文化〉. ⸗**ge·spräch** 中 国際電話. ⸗**gut·ha·ben** 複 在外資産. ⸗**hil·fe** 女 -/ 対外援助. ⸗**ka·pi·tal** 中 外国資本, 外資. ⸗**kor·re·spon·dent** 男 在外通信員, 海外特派員; 〘商〙 外国の取引先〈コレス先〉. ⸗**kun·de** 女 -/ 外国研究. ⸗**paß** 男 旅券. ⸗**rei·se** 女 海外〈外国〉旅行. ⸗**schuld** 女 ⦅ふつう複数で⦆ 外国債務. ⸗**schu·le** 女 国外にある学校, 在外学校. ⸗**schütz·brief** 男 (自動車連盟発行の)国外トラブル保証券. ⸗**sen·dung** 女 **1** 外国郵便. **2** 国際放送. ⸗**stu·dent** 男 外国人学生. ⸗**ver·mö·gen** 中 外人〈外国〉所有資産; 在外資産. ⸗**ver·schul·dung** 女 外国債務. ⸗**ver·tre·tung** 女 **1** (企業などの)在外代理店, 出張所. **2** (国の)在外代表部, 在外公館. ⸗**zu·la·ge** 女 在外勤務手当.

aus|lan·gen[áuslaŋən] **I** 自 (h) **1** 殴ろうと身がまえる: nach *jm.* mit dem Arm ~ …を殴ろうと腕を振り上げる. **2** (ausreichen) 足りる, 十分である: Das Geld *langt* für einen Monat *aus*. そのお金でひと月はやっていける | Ich kann damit nicht ~. 私はそれではやっていけない ‖ ***sein* 〈*das*〉 *Auslangen* mit *et.*[3] finden 〈haben〉** ⦅ｵｰｽﾄﾘｱ⦆ …で間に合わせる.

II 他 (h) ⦅方⦆ 再帰 *sich*[4] ~ 体を伸ばして筋を違える.

Aus·laß[áuslas] 男 ..lasses/..lässe[..lɛsə] ᵛ**1** (↔Einlaß) 出口; 出口の戸. **2** 排出口, 排気〈排水〉口.

aus|las·sen*[áuslasən] ⦅88⦆ **I** 他 (h) **1** ⦅*et.*[4] an *jm.*⦆ (激情などを…に)ぶちまける, 吐露する. **2** 再帰 *sich*[4] über *et.*[4] ~ …について意見〈考え〉を述べたてる | Warum hast du dich mißbilligend über 〈gegen〉 ihn *ausgelassen*? なぜ君は彼のことを非難したのか. **3** (語句などを)抜かす, 省く, 飛ばす; (機会などを)のがす, 逸する: einen Bus ~ バスを1台見送る | Sonntags *lassen* wir das Mittagessen *aus*. 日曜には私たちは昼食抜きです | eine Zeile beim Lesen 〈Schreiben〉 ~ 1行読み〈書き〉落とす. **4** (水・ガスなどを)出す, 放出する. **5** 〘料理〙 (バターなどを)溶かす. **6** 〘服飾〙 (上げを)おろす; (服を)長く〈大きく〉する. **7** ⦅南部・ｵｰｽﾄﾘｱ⦆ **a)** (犬などを)放す. **b)** (人を)ほうって〈構わずに〉おく, じゃましない. **8** (服などを)着ないでいる. **9** (電灯・ストーブなどを)つけないで〈消して〉おく.

II 自 (h) ⦅南部・ｵｰｽﾄﾘｱ⦆ (肉体的・精神的に)衰える, 弱まる.

III aus·ge·las·sen → 別出

Aus·laß·hahn[áuslas..] 男 排水〈ドレイン〉コック.

Aus·las·sung[áuslasuŋ] 女 -/-en **1** 外へ出すこと; (蒸気・水などの)放出; (感情の)表出; (意見などの)表明; 発言. **2** 省略; 脱落.

Aus·las·sungs⸗satz 男 〘言〙 省略文(→Ellipse 2). ⸗**zei·chen** 中 **1** (Apostroph) 〘言〙 省略符, アポストロフィ ('). **2** 〘印〙 挿入〈脱字〉記入(∧).

Aus·laß·ven·til[áuslas..] 中 〘工〙 排出バルブ〈弁〉.

aus|la·sten[áuslastən] ⦅01⦆ 他 (h) ⦅*et.*[4]⦆ (貨車・トラックなどに)積載能力ぎりぎりまで荷重をかける; ⦅比⦆ (…の)能力を十分に活用する: eine Maschine 〈eine Produktionsanlage〉 ~ 機械〈生産設備〉をフルに稼働させる | Ich bin in meiner Arbeit nicht voll *ausgelastet*. 私はいまの仕事だけではまだ自分の能力を完全に出し切っていない〈まだ余力がある〉.

Aus·la·stung[..tuŋ] 女 -/ auslasten すること.

aus|lat·schen[áusla:tʃən] ⦅04⦆ **I** 他 (h) (靴を)履き広げる, 履いて形をくずす. **II** 自 (s) ⦅中部⦆ はめを外す; 不貞を働く.

Aus·lauf[áuslauf] 男 -〔e〕s/..läufe[..lɔyfə] **1 a)** 走り出ること; 出港; 〘ｽﾎﾟｰﾂ〙 出発; スタート. **b)** 流出〔口〕; 蛇口の先: der ~ eines Flusses 河口. **2** 運動用の空き地; (畜舎・鶏舎などの)運動場; 〘ﾃﾆｽ〙 ライン周辺の余地; 〘ｽﾎﾟｰﾂ〙 (ゴール通過後の)惰走路; (最終ハードル通過後の)終走路; 〘空〙 着

陸滑走〔路〕; 〘狩〙獣を狩り出す空き地. **3** 〘建〙張り出し; (Ausläufer) (末端の) 支脈: *Ausläufe* von Bergzügen 山なみの分岐した支脈. **4** 〘坑〙(搬出夫が手押し車で)一回に運び得る量.

Aus·lauf·bahn 女 〘スキー〙(シャンツェの) 着地斜面.

aus|lau·fen* [áʊslaʊfən] ⟨89⟩ **I** 自 (s) **1 a)** (↔einlaufen) 走り出る; 出港⟨発車⟩する; 〘スポーツ〙スタート⟨出発⟩する: 〔aus dem Hafen〕 ～ (船が) 港を出る. **b)** (線状に) のびる, 突き出る; 〘建〙張り出す; 〘植〙匍匐(ほふく)茎を出す: Der Schnitt *läuft* gegen den kleinen Finger *aus.* 切り傷は小指へかけて走っている. **2** 流れ⟨あふれ⟩出る; 漏れ⟨こぼれ⟩出る; (leerlaufen) (容器が) 漏ってからになる; (染料・インクなどが) にじむ; 〘印〙(原稿などが) 予定量をはみ出る, 収まりきらない. **3** 〘スポーツ〙(ゴール通過後に) 惰走する; 〘工〙〔徐々に〕静止する. **4 a)** 終わる, 末が(…に)なる: Die Unterredung *lief* in 〔einen〕 Streit *aus.* 話し合いの果ては論争となった | Der Plan ist glücklich *ausgelaufen.* 計画は上首尾だった. **b)** 打ち切られる; (契約などが) 失効する: Die Produktion dieses Modells ist *ausgelaufen.* この型の生産は打ち切られた.

II 他 (h) **1** (カーブなどをゆとりをもって) 大回りする. **2** (コースなどを) 完走する. **3** 〔*sich*³〕 *et.*⁴ ～ …(立腹・失望など)を走り⟨歩き⟩回ってまぎらす ‖ 再帰 *sich*⁴ ～ i) (歩き回って) 運動不足をいやす, (思う存分) 歩き⟨走り⟩まくる; 歩き⟨走り⟩くたびれる; ii) (靴・走路などが) 傷む | Das Kugellager hat sich *ausgelaufen.* ボールベアリングが磨滅した ‖ Die Schuhe sind *ausgelaufen.* 靴が傷んでいる. **4** 〘坑〙(石炭などを) 搬出する.

Aus·läu·fer [áʊslɔʏfər] 男 -s/- **1** 末端部, 周辺; 〘鉱〙支脈; 〘植〙匍匐(ほふく)茎, 走出枝; 〘気象〙(張り出した) 気圧の先端; 《比》子孫, 末裔(まつえい): die ～ einer Stadt 都市の周辺部⟨近郊⟩. **2** 〘坑〙搬出夫; 《スイス》(Laufbursche) 走り使い〔する人〕.

Aus·lauf⸗hahn [áʊslaʊf..] 男 〘工〙排出コック; (水道などの) 蛇口 (→ 図 Wasser). **⸗lei·ne** 女 (パラシュート・気球などの) つり索 (→ 図 Ballon). **⸗mo·dell** 中 〘商〙(モデルチェンジなどのために) すでに製造を打ち切られた商品. **⸗strecke** 女 〘スポーツ〙(ゴール通過後の) 惰走路; 〘空〙着陸滑走〔距離〕.

aus|lau·gen [áʊslaʊgən]¹ 他 (h) **1** 灰汁(あく)⟨苛性(かせい)アルカリ液⟩に浸して洗う; (…から) 灰汁を抜く, (…から可溶物を) こし出す; 〘化〙浸出する: Holzasche ～ 木灰から灰汁を浸出する | Zuckerrüben ～ 甜菜(てんさい)から糖分を抽出する | *ausgelaugtes* Fleisch 煮つめて固くなった肉. **2** 《比》(aussaugen) しぼり尽くす: ein *ausgelaugtes* Gesicht やつれきった顔 | Er ist von der schweren Arbeit ganz *ausgelaugt.* 彼はつらい仕事のため精も根も尽き果てている.

Aus·lau·gung [..gʊŋ] 女 -/-en (auslaugen すること. 例えば:) 〘化〙浸出, 除塩, 脱塩.

Aus·laut [áʊslaʊt] 男 -〔e〕s/-e 〘言〙語末音, 尾音 (語・音節の最後の音: →Anlaut, Inlaut).

aus|lau·ten [áʊslaʊtən] ⟨01⟩ 自 (h) 《auf *et.*⁴》(語・音節などが…の音で) 終わる: auf „t" ～ t で終わる | *auslautende* Vokale 語末音としての母音, 尾母音.

aus|läu·ten [áʊslɔʏtən] ⟨01⟩ **I** 他 (h) **1 a)** (↔einläuten) 《*et.*⁴》鐘を鳴らして(…の) 終わりを告げる: das alte Jahr ～ 除夜の鐘を鳴らす | Das Fest wird *ausgeläutet.* 鐘の音で祭典が閉じられる. **b)** 《*jn.*》(…の) 死を告げる鐘を鳴らす. **c)** die Wandlung ～ (ミサで) 聖変化を告げる鐘を鳴らす. ᵛ**2** (ふれ役が)〔鈴を振りながら〕ふれる. **II** 自 (h) **1** (鐘などが) 鳴りやむ. **2** 《*jn.*》(…の) 弔鐘を鳴らす.

Aus·laut⸗ge·setz [áʊslaʊt..] 中 〘言〙語末音⟨尾音⟩法則. **⸗ver·här·tung** 女 〘言〙語末音⟨尾音⟩の無声化 (例 gab[ga:p] < geben[gé:bən]).

aus|le·ben [áʊsle:bən]¹ **I** 他 (h) **1** (才能などを) 生かしきる, 十分に伸ばす: 再帰 *sich*⁴ ～ 自己を十分に生かす; (才能などが) 十分に展開⟨具現⟩する. **2** 再帰 *sich*⁴ ～ 存分に生活を楽しむ, したい放題の生活をする. ᵛ**3** (人生・難局を) 生き抜く. ᵛ**II** 自 (h) 生を終える.

aus|lecken [áʊslɛkən] 他 (h) なめて取る; なめて平らげる⟨きれいにする⟩.

aus|lee·ren [áʊsle:rən] 他 (h) からにする; 《*jn.*》〘医〙下剤をかける: das Glas in einem Zug ～ グラスを一気に飲みほす | den Briefkasten ～ ポストを空ける (郵便物を集める) | *sein* Herz ～ 胸中を吐露する ‖ 再帰 *sich*⁴ ～ 《話》大便をする.

Aus·lee·rung [..rʊŋ] 女 -/-en からにすること; 〘医〙排泄(はいせつ)〔物〕, 便通.

Aus·le·ge·bank [áʊsle:gə..] 女 -/..bänke (Ducht) (ボートの) 漕手(そうしゅ)席.

aus|le·gen [áʊsle:gən]¹ **I** 他 (h) **1 a)** (ausbreiten) 広げる, 並べて置く; (商品を) 陳列する; (名簿を) 公開する, 供覧する: *ausgelegte* Waren 陳列品. **b)** (わななどを) 仕掛ける, 張る: ein Netz ～ 網を仕掛ける | einen Köder ～ えさをまく. **c)** 〘農〙(穀類の種子を) まく. **d)** (導線などを) 敷設する, 引く: Kabel ～ ケーブルを敷く.

2 (ひそんでいる意味を引き出して) 説明する, 解釈する: *et.*⁴ richtig ⟨falsch⟩ ～ …を正しく⟨誤って⟩解釈する | die Bibel ⟨ein Gesetz⟩ ～ 聖書⟨法文⟩を解釈する | einen Traum ～ 夢を解く⟨判断する⟩ | 〔*jm.*〕 *et.*⁴ als Beleidigung ～ 〔…の〕…を侮辱と取る | alles zu *seinem* Vorteil ～ 何事も自分に有利に解釈する ‖ Wie *legen* Sie seine Absage ⟨diese Stelle⟩ *aus*? 彼の拒絶⟨この個所⟩をどのように解釈しますか | Man *legte* ihm alles übel *aus.* 彼はすることなすこと悪くとられた | Seine Höflichkeit ist ihm als Unterwürfigkeit *ausgelegt* worden. 彼の丁重さは卑屈のようにとられた.

3 《*jm. et.*⁴/*et.*⁴ für *jn.*》(…のために一時的に金を) 立て替える: 〔das Geld für〕 die Kinokarte ～ 映画の券の代金を立て替える | Können Sie 10 Mark für mich ⟨mir 10 Mark⟩ ～? 私に10マルク立て替えてくださいませんか.

4 《*et.*⁴ mit *et.*³》 **a)** (…の全体を…で) おおう, (…に…を) かぶせる, 着せる, 張る, 敷く: ein Zimmer mit Teppichen ⟨Linoleum⟩ ～ 部屋にじゅうたんを敷く⟨リノリュームを張る⟩ | das Bad mit Kacheln ～ 浴室をタイル張りにする. **b)** (…に…を) はめこむ, ちりばめる, 象眼する: eine Schatulle mit Edelsteinen ～ 宝石箱に宝石をちりばめる | *ausgelegte* Arbeit 象眼細工.

5 〘スポーツ〙(…に) スタートの体勢をとらせる: das Ruder ～ 〘ボート〙オールのブレードを水面に直角にする | den Degen ～ 〘フェンシング〙剣をオン=ガードに構える ‖ 再帰 *sich*⁴ ～ 〘ボート〙(こぎ手が体を前に出して) カム=フォワードの姿勢になる; 〘フェンシング〙オン=ガードの構えをとる.

6 (festlegen) 〘工〙(機械の構造を) 指定する, 決める: Das Kraftwerk nutzt seine auf 130 000 Kilowatt *ausgelegte* Kapazität voll aus. この発電所はその〔定められた〕容量13万キロワットをフルに利用している.

II 自 (h) 《話》(dick werden) 太る. [◇Auslage]

Aus·le·ger [áʊsle:gər] 男 -s/- **1** 解釈者, 説明者; 注釈者; (聖書の) 釈義者; 占い師. **2** 〘海〙 **a)** アウトリガー (先端にオール受けのついた舷外(げんがい)張り出し腕金: → 図 Boot C). **b)** ＝Auslegerboot 1 **c)** (転覆防止用の) 舷外浮材 (→ Auslegerboot 2). **d)** ＝Auslieger **3** 〘工〙ブラケット; (クレーンなどの) ジブ, 腕 (→ 図 Bagger); (電柱などの) 腕木 (→ 図 Leitung); (工作機械の) ひじ, 受けひざ; 〘建〙カンチレバー, 片持ち梁(はり). **4** 〘ボクシング〙ガード (→Auslage 3) をとるボクサー. **5** 〘印〙あおり出し装置.

Aus·le·ger⸗arm 男 〘工〙(クレーンなどの) ジブ, 腕. **⸗boot** 中 **1** アウトリガーつき競技用ボート. **2** 舷外(げんがい)浮材つき小舟 (→ 図 Boot A). **⸗brücke** 女 〘土木〙ゲルバー橋 (片持ち梁(はり)・突きげた構造). **⸗kran** 男 〘工〙ジブクレーン. **⸗mast** 男 〘工〙(デリッククレーンなどの) ブーム, 腕木.

Aus·le·ge⸗tisch [áʊsle:gə..] 男 商品陳列台; 〘印〙紙受け⟨取り⟩台. **⸗wa·re** 女 (部屋の) 敷物.

Aus·le·gung [..le:gʊŋ] 女 -/-en **1** 陳列; 説明, 解釈, 注釈. **2** 〘工〙設計.

aus|lei·den* [áʊslaɪdən]¹ ⟨90⟩ 他 (h) 《雅》(苦悩などを) 最後まで耐え抜く: 〚目的語なしに完了形で〛 ***ausgelitten haben*** (長い闘病などの末に) 死ぬ.

aus|lei·ern [áʊslaɪərn] ⟨05⟩ **I** 他 (h) 使いつぶす: ein Gewinde ～ ねじ〔山〕を使い減らす | eine Melodie ～ 《比》同じメロディーをうんざりする⟨あきる⟩ほど繰り返す ‖ 再帰 *sich*⁴ ～ ＝ II **II** 自 (h) 使いつぶされる: Das Gummiband hat

ausgeleiert. ゴムバンドが伸びきってしまった. **III aus·ge·lei·ert** → 別出

Aus·leih·bi·blio·thek[áuslaɪ..] 女 (↔ Präsenzbibliothek) 館外貸出図書館.

Aus·lei·he[áuslaɪə] 女 -/-n **1**《単数で》(図書などの)貸し出し. **2** (図書館の)貸出所〈口〉.

aus|lei·hen*[áuslaɪən]《91》他 (h) **1**《*jm. et.*⁴/*et.*⁴ an *jn.*》(…に…を)貸す, 貸し出す: Geld auf Zinsen ～ 利子を取って金を貸す | Dieses Buch ist *ausgeliehen.* この本は貸し出し中だ. **2**《*sich*³ von 〈bei〉 *jm. et.*⁴》(…から…を)借り出す.

Aus·lei·her[..laɪər] 男 -s/- 貸出人〈係〉, 貸し手.

aus|len·ken[áuslɛŋkən] 他 (h) **1** (自動車を)進路からそれさせる, 列外に出す. **2**〖理〗(振子などを)振り出す.

aus|ler·nen[áuslɛrnən] **I** 自 (h) 年季〈修業〉を終える: als Tischler ～ 指物師として一人前になる | Man *lernt* 〔im Leben〕 nie *aus.*《諺》〔人生〕修業に終わりはない. **II** 他 (h) (技術などを)習得し尽くす: 再帰 *sich*⁴ ～ 習得される, きわめられる. **III aus·ge·lernt** → 別出

Aus·le·se[áusle:zə] 女 -/-n《ふつう単数で》**1 a**) 選別, 選択. **b**)〖生〗淘汰(とうた): die natürliche ～ 自然淘汰. **2** 精選物, 特選品; えり抜き〔の人々〕: eine ～ deutscher Dichtung ドイツ文学〔精〕選 | eine ～ der Jugend えりすぐられた若人たち. **3 a**) (ぶどうの)房選び. **b**) アウスレーゼ(つぶを精選したぶどうから造った高級ワイン).

Aus·le·se·band 中 -[e]s/..bänder 選別コンベヤーベルト.

aus|le·sen*[áusle:zən]¹《92》他 (h) **1** 選別する, (優良品を)選抜する, (不良品を)はねる. **2** 読み終える: *et.*⁴ von A bis Z ～ …を隅から隅まで読み通す | Goethe *liest* man nie *aus.* ゲーテ〔の本〕は何度読んでも得るところがある.

aus|leuch·ten[áuslɔʏçtən]《01》他 (h) くまなく照らす: die Hintergründe eines Vorgangs ～《比》ある現象を徹底的に調べる.

aus|lich·ten[áuslɪçtən]《01》他 (h) (樹木の)枝おろし〈刈り込み〉をする; (森を)間伐する.

aus|lie·fern[áusli:fərn]《05》他 (h) **1**《*et.*⁴》〖商〗(問屋などを通じて商品を市場に)出す, 供給する: Die erste Auflage wird Anfang Mai *ausgeliefert.* 初版は5月の初めに店頭に出回る. **2**《*jn.*》(犯人などを)引き渡す: einen Verbrecher der Justiz 〈an seinen Heimatstaat〉 ～ 犯罪人を司直の手にゆだねる〈その本国に引き渡す〉| *sein* Land dem Feind ～《比》祖国を敵に売る ‖ 再帰 *sich*⁴ *jm.* ～ …に身をゆだねる | *sich*⁴ der Polizei ～ 警察に自首する.

Aus·lie·fe·rung[..li:fəruŋ] 女 -/-en **1**〖商〗(市場への商品の)供給: Die ～ des Buches erfolgt Anfang Mai. この本は5月の初めに市場に出回る. **2** (犯人などの)引き渡し: die ～ des Verbrechers fordern 〈verweigern〉 犯罪人の引き渡しを要求〈拒否〉する.

Aus·lie·fe·rungs≈an·trag 男〖法〗(犯人などの)引き渡し請求. **≈la·ger** 中〖商〗引き渡し〈出荷〉倉庫, 配送センター. **≈pro·vi·sion** 女〖商〗(仲買人の受け取る)引き渡し手数料. **≈schein** 男〖商〗引き渡し請求証; (送金請求の)勘定書. **≈ver·trag** 男〖法〗(犯人などの)引き渡し条約.

aus|lie·gen*[áusli:gən]¹《93》自 (h) **1** (商品・図書などが)陳列してある, 展示されている, 閲覧に供されている; (わな・網などが)仕掛けてある. **2**〖海〗(港外で)巡視〈パトロール〉している. **3**〖フェンシング〗防御の姿勢をとっている.

Aus·lie·ger[..gər] 男 -s/- 〖地〗外座層;〖海〗巡視〈パトロール〉船.

Aus·li·nie[áusli:niə] 女 -/-n ＝Seitenlinie 1

aus|lo·ben[áuslo:bən]¹ 他 (h) **1** ほめちぎる. **2**〖法〗(ある金額)を懸賞金とする: 100 Mark für *et.*⁴ ～ …に100マルクの懸賞をかける.

Aus·lo·bung[..buŋ] 女 -/-en〖法〗懸賞広告.

aus|löf·feln[áuslœfəln]《06》他 (h) (スプーンで)すくって食べ〈飲み〉尽くす: den Honig 〈den Teller〉 ～ はちみつ〈皿の食べ物〉を平らげる | die Suppe 〔, die man sich eingebrockt hat,〕 ～ (→Suppe 1) | Was man sich ausgebrockt hat, muß man auch ～. (→einbrocken 2)

ᵛ**aus|lo·gie·ren**[áusloʒi:rən] ＝ausquartieren

aus|loh·nen[áuslo:nən] (**aus|löh·nen**[..lø:nən]) 他 (h)《*jn.*》(解雇に際して…に)賃金を精算払いする.

Aus·loh·nung (**Aus·löh·nung**)[..nuŋ] 女 -/ -en auslohnen すること.

aus·los·bar[áuslo:sba:r] 形 くじ引きで決めることのできる. [＜auslosen]

aus·lös·bar[áuslø:sba:r] 形 auslösen できる.

aus|lö·schen⁽*⁾[áuslœʃən]《96》**I** 他 (h)《規則変化》《04》(火・文字などを)消す;《比》ぬぐい去る, 抹消〈抹殺〉する: eine Zigarre ～ 葉巻をもみ消す | das Gas 〈das Licht〉 ～ ガス〈あかり〉を消す | *jm.* das Lebenslicht ～《雅》…の生命を絶つ | eine Familie ～ 一家を皆殺しにする. ᵛ**II** 自 (s)《ときに規則変化》《04》**1** (火などが)消える. **2**《雅》生命が尽きる, 死ぬ.

Aus·lö·schung[..ʃuŋ] 女 -/ auslöschen すること;〖理〗消光.

Aus·lö·se≈fe·der[áuslø:zə..] 女〖工〗ゆるめ〈外し〉ばね. **≈he·bel** 男〖工〗ゆるめ〈外し〉レバー. **≈knopf** 男 外しボタン, (カメラの)レリーズボタン. [＜auslösen]

aus|lo·sen[áuslo:zən]¹《02》他 (h) くじ引きで決める〈分配する〉.

aus|lö·sen[áuslø:zən]¹《02》他 (h) **1** (装置を)作動させる; (反応・感情などを)ひき〈呼び〉起こす: einen Aufstand 〈eine Erregung〉 ～ 暴動〈興奮〉を誘発する | Kettenreaktionen ～ 連鎖反応を起こさせる | den Verschluß eines Fotoapparates ～ カメラのシャッターを切る ‖ 再帰 *sich*⁴ ～ 作動する.

2 (動きを押しとどめてあった物を)ゆるめて放つ, 解除〈解放〉する;〖工〗(歯車などを)連動から外す〈解く〉;〖化〗遊離させる: Bomben ～〖軍〗爆弾を投下する | Torpedo ～〖軍〗魚雷を発射する | die Kupplung ～ (自動車の)クラッチを切る.

3《南部》(herauslösen) (はまっているものを)はがし取る, (豆などの殻・さやを)取る; (人質・担保などを)請け出す: die Knochen 〔aus dem Fleisch〕 ～ 骨を肉からはずす | einen Wechsel ～ 手形を回収する〈買い戻す〉.

Aus·lö·ser[..zər] 男 -s/- **1** (auslösen する装置. 例えば:)〖写〗シャッター(→ 図 Kamera): Selbst*auslöser* セルフタイマー | auf den ～ drücken シャッターを押す. **2** (反応・感情などをひき起こすもの. 例えば:)〖心〗(行動などの)解発因, リリーサー.

Aus·lö·se·vor·rich·tung 女〖工〗(運動の)外し装置;〖空〗〔爆弾〕投下装置;〖電〗復旧継電器.

Aus·lo·sung[áuslo:zuŋ] 女 -/-en くじ引き〔で決めること〕.

Aus·lö·sung[áuslø:zuŋ] 女 -/-en **1** (装置の)作動; (連結の)解除, 解放; (感情などの)誘発. **2**〖経〗(勤務地の遠い労働者への)遠隔地手当; (出張中の)日当. **3**《南部・オーストリア》(人質・担保などの)請け出し; 保釈金.

aus|lo·ten[áuslo:tən]《01》他 (h) **1**〖工〗(壁面などの)垂直を決める. **2**〖海〗(…の)水深を測る;《比》(考え・振舞いなどの)真意をくみ取る.

aus|lot·sen[áuslo:tsən]《02》他 (h) **1**〖海〗港外へ水先案内する. **2**《比》《*jn.*》(…に)危険を免れさせる.

Aus·lucht[áusluxt] 女 -/-e(-en)〖建〗(北ドイツに多い)玄関の張り出し. [*ndd.*]

aus|lüf·ten[áuslʏftən]《01》**I** 他 (h) 空気〈外気〉に当てる; 虫干しする: 再帰 *sich*⁴ ～ ＝ II

II 自 (s, h) (戸外の)新鮮な空気に当たる, 散歩に出る.

Aus·lug[áuslu:k]¹ 男 -[e]s/-e《雅》見張り; 展望台, 監視所;〖海〗(マストの上の)見張り台.

aus|lu·gen[áuslu:gən]¹ 自 (h)《nach *et.*³ 〈*jm.*〉》(…を)見張る, 眺めやる.

aus|lut·schen[áuslutʃən]《04》他 (h) (果汁などを)すする; (果物などの)汁をすっかりしゃぶる, 吸い尽くす.

aus'm, ausm[áusəm]《話》＝aus dem

aus|ma·chen[áusmaxən] **I** 他 (h) **1 a**)《話》(↔anmachen) (火・灯火などを)消す; (ラジオなどの)スイッチを切る: das Feuer 〈den Ofen〉 ～ 火〈ストーブ〉を消す | das Radio 〈das Gas〉 ～ ラジオ〈ガス〉を止める ‖ **es mit *jm.* 〔gar〕 ～**

《比》…の息の根を止める. **b**) (ワインなどを)飲みほす: das Glas 〈den Wein im Glas〉 ~ グラス〈グラスのワイン〉を飲みほす.

2 a) 完成〈成就〉する: Was du anfängst, das *mach aus*! 始めたことはやりとげろ. **b**) 片〈決着〉をつける, 処理する: *et.*⁴ miteinander 〈unter *sich*³〉 ~ …を自分たちで解決する | *et.*⁴ mit der Waffe 〈vor Gericht〉 ~ …を武力〈法廷〉で争う. **c**) (価格・期限などを)取り決める, 協定する: das Honorar ~ 報酬を決める | mit *jm.* einen Treffpunkt ~ …と待ち合わせ場所を申し合わせる ‖ zur *ausgemachten* Stunde 約束の時間に ‖ ᵛ*sich*³ *et.*⁴ ~ …を〔条件として〕要求〈留保〉する | *sich*³ eine Woche Urlaub ~ 1週間の休暇をとりつける. **d**) 《*jm. et.*⁴》 (…に…を)決めてやる, 世話する; 遺贈する.

3 a) 形成している, (…の)特徴〈本質〉をなす: Diese Hütte *macht* seinen ganzen Besitz *aus*. この小屋が彼の全財産だ | das, was den eigentlichen Mann *ausmacht* 男性本来の特色, 男たるの真面目 | Die Schürze *macht* noch keine Hausfrau *aus*. 《諺》エプロンをしているだけでは一人前の主婦になったとは言えない. **b**) (総計して…に)なる: Die Kosten *machen* hundert Mark *aus*. 費用は全部で100マルクだ | Wieviel *macht* es *aus*? 合計いくらになりますか. **c**) 《受動態なし》《viel, etwas, nichts などと》意味〈重要性〉をもつ, 相違〈支障〉がある: Ein Prozent mehr *macht* nicht viel *aus*. 1パーセント多くしても大した違いはない | Die neue Tapete *macht* sehr viel *aus*. 今度の壁紙で部屋の感じが大いに変わった | Würde es Ihnen etwas ~, wenn ich mitkomme? お供しても構いませんか | Das *macht* 〔mir〕 nichts *aus*. それは〔私には〕なんでもありません, どういたしまして | Wenn es Ihnen nichts *ausmacht*, ... お差しつかえなければ…, 失礼〈お手数〉ですが… | Was *macht* das *aus*? それがどうしたというんだ.

4 (遠方の・見えにくいものを)発見する; 確認する: ein Schiff am Horizont 〈eine Insel im Nebel〉 ~ 水平線上に船〈霧の中で島〉を認める | die Windrichtung ~ 風向きを確かめる ‖ Ich konnte nicht ~, was er sagen wollte. 彼が何を言おうとしたのか私にはわからなかった.

5 《*et.*⁴ 〔aus *et.*³〕》取り出す〈除く〉: Erbsen 〔aus der Schale〕 ~ エンドウのさやをむく | Flecken aus dem Kleid ~ 服のしみを抜く | Kartoffeln 〔aus der Erde〕 ~ ジャガイモを掘る.

6 《中部》こきおろす, ののしる.

7 《卑》再帰 *sich*⁴ ~ 大便をする.

II aus·ge·macht → 別出

aus|mah·len⁽*⁾[áusma:lən] 《98》他 (h) (穀物を)製粉する.

aus|ma·len[áusma:lən] 他 (h) **1** (部屋などを)塗り上げる; (…の)壁面にフレスコ画を描く; (絵などに)彩色を施す; 《比》(ausschmücken) (話などに)尾ひれをつける, 細部描写を付け足す: Bilder zum *Ausmalen* (子供用の)塗り絵. **2** 《比》細叙する, 具体的に描写する: die Zukunft in den schönsten Farben ~ 未来をこの上なく美しく思い描く ‖ *sich*³ *et.*⁴ ~ …を具体的に思い描く〈想像する〉.

aus|ma·nö·vrie·ren[áusmanøvri:rən] 他 (h) 《*jn.*》 (策を弄して競争相手などを)巧みに排除する.

aus|mar·chen[áusmarçən] 他 (h) 《ｽｲｽ》《*et.*⁴ mit *jm.*》 (…を…と)分けあう, 協定する. [<Mark²]

aus|mä·ren[áusmɛ:rən] 《方》 **I** 他 (h) **1** 再帰 *sich*⁴ ~ (のろのろしていた人が)しゃんとなる. **2** 再帰 *sich*⁴ ~ くどくど〈長々〉と物語る. **II** 自 (h) のろのろしている.

Aus·mär·ker[áusmɛrkər] 男 -s/- 《法》地方自治体に属さない人. [<Mark²]

Aus·marsch[áusmarʃ] 男 -〔e〕s/ ..märsche[..mɛrʃə] (↔Einmarsch) 《軍》(宿営地からの)出発; 出陣.

aus|mar·schie·ren[..marʃi:rən] 自 (s) (↔einmarschieren) 出発〈出陣〉する, 行進を開始する.

Aus·maß[áusma:s] 中 -es/-e **1** 《ふつう複数で》サイズ, 広さ, 大きさ. **2** 範囲, 規模, 程度, スケール: in großem ~ 大規模に, 大量に | das ganze ~ der Katastrophe 惨事の全容.

aus|mä·sten[áusmɛstən] 《01》他 (h) (肉畜を)十分に太らせる〈肥育する〉.

aus|mau·ern[áusmauərn] 《05》他 (h) (…の)内壁をはる: einen Schacht ~ 坑道の内面に壁材を塗りこめる | einen hohlen Baum ~ 木のほらに詰め物をする.

Aus·maue·rung[..mauərʊŋ] 女 -/-en ausmauern すること.

aus|mau·sern[áusmauzərn] 《05》自 (h) 羽毛が抜け替わり終わる; 脱皮し終わる.

aus|mei·ßeln[áusmaisəln] 《06》他 (h) のみで削り取る; 彫って仕上げる; (文章などを)練る: eine Inschrift ~ 銘文を彫る | den Stein ~ 石に細工をする.

aus|mel·ken⁽*⁾[áusmɛlkən] 《100》他 (h) (牛などの)乳を搾り尽くす; (乳を)搾り出す.

aus|mer·geln[áusmɛrgəln] 《06》他 (h) 疲れ〈弱り〉果てさせる: Der Boden ist *ausgemergelt*. 土地はやせきっている | ein *ausgemergeltes* Gesicht やつれ果てた顔. [<Mark³]

Aus·mer·ge·lung[..gəlʊŋ] (**Aus·merg·lung**[..glʊŋ]) 女 -/-en 衰弱, 疲労, 疲弊; 消耗.

Aus·mer·ze[áusmɛrtsə] 女 -/ (不適格家畜の)選別除外; (選別除外された)不用家畜.

aus|mer·zen[áusmɛrtsən] 《02》他 (h) (育種に不適格な家畜を)選別除外する; 《比》(誤りなどを)除去する; 《数》消去する: *jn.* aus der Erinnerung ~ …を記憶から消し去る.

aus|mes·sen*[áusmɛsən] 《101》他 (h) 精確に測定〈測量〉する: eine Wand 〈ein Zimmer〉 ~ 壁〈部屋〉の寸法を計る.

Aus·mes·sung[..sʊŋ] 女 -/-en **1** 《ふつう単数で》測定, 測量. **2** (Maß) 寸法, 大きさ.

aus|mie·ten¹[áusmi:tən] 《01》他 (h) **1** 《ｽｲｽ》《*et.*⁴ an *jn.*》(部屋などを)賃貸しする. ᵛ**2** 《*jn.*》貸家〈貸間〉から追い出す.

aus|mie·ten²[−] 《01》他 (h) (↔einmieten) 《農》(ジャガイモなどを)貯蔵むろから出す.

aus|mi·sten[áusmɪstən] 《01》他 (h) **1** (家畜小屋を)掃除する; 《話》(…の)がらくたを整理する: den Augiasstall ~ (→Augiasstall). **2** 《話》がらくたとして処分する. [<Mist²]

aus|mit·teln[áusmɪtəln] 《06》他 (h) ᵛ**1** (ermitteln) 突き止める, 探り出す. **2** 《数》(…の)平均値を求める. [<Mittel¹]

aus·mit·tig[áusmɪtɪç]² 形 (exzentrisch) 《工》偏心的な.

aus|mö·blie·ren[áusmøbli:rən] 他 (h) (部屋を)家具付きにする, (部屋に)家具を備えつける.

aus|mon·tie·ren[áusmɔnti:rən, ..mɔ̃t..] 他 (h) (部品を)取り外す, 分解する: den Motor aus dem Auto ~ 自動車のエンジンを外す.

aus|mu·geln[áusmu:gəln, ..mugəln] 《06》他 (h) 《ｵｰｽﾄﾘｱ》(道などを)乗り物ででこぼこにしてしまう. [<Mugel]

aus|mün·den[áusmʏndən]¹ 《01》自 (h, s) (川などが)注ぐ, 出口をもつ: Diese Straße *mündet* auf einen 〈einem〉 Platz *aus*. この通りは広場に通じている | Die Gewaltherrschaft *mündete* in eine 〈einer〉 Revolution *aus*. 圧制はついに革命に行きついた.

Aus·mün·dung[..dʊŋ] 女 -/-en **1** 《単数で》ausmünden すること. **2** 出口; 河口.

aus|mün·zen[áusmʏntsən] 《02》他 (h) (地金を)硬貨に鋳造する; 《比》活用する: *et.*⁴ politisch 〈für *seine* Zwecke〉 ~ …を政治的に〈自分の目的のために〉利用する.

aus|mu·stern[áusmʊstərn] 《05》他 (h) **1** 《*et.*⁴》(不良品として)はねる; 《*jn.*》《軍》兵役不適格者とする: *ausgemusterte* Waren 不良〈不合格〉品. **2** 《話》兵役適格者として選抜する. **3** (布に)〔新しい〕模様をつけてみる.

Aus·mu·ste·rung[..tərʊŋ] 女 -/-en ausmustern すること.

aus|na·gen[áusna:gən]¹ 他 (h) かじり取る; (流れが岸を)浸食する.

Aus·nah·me[áusna:mə] 女 -/-n **1** 例外, 特別, 異例, 別格: mit ~ zweier Kollegen 〈von zwei Kollegen〉 二人の同僚を除いて | ohne ~ 例外なく, ことごとく, 必ず | Keine

Regel ohne ~. (→Regel 1 a) ‖ eine ~ 〔von *et.*[3]〕 bilden 〈machen〉〔…の〕例外をなしている | für *jn.* 〈bei *jm.* / mit *jm.*〉 eine ~ machen …を特別扱いする | ***Ausnahmen bestätigen die Regel.***《諺》例外があるのは規則のある証拠. **2** (Ausnehmen) (中身を)取り出すこと; からにすること; 〖狩〗(獲物の)内臓摘出. **3**《南部・ｵｰｽﾄﾘｱ》(Altenteil) (農家の)隠居所. [<ausnehmen]

Aus·nah·me≈be·stim·mung 女 例外規定. **≈fall** 男 例外的な〈非常の〉場合. **≈er·schei·nung** 女 例外現象. **≈ge·richt** 中 特設〈非常〉裁判〔所〕. **≈ge·setz** 中 例外法, 特例法. **≈mensch** 男, **≈na·tur** 女 異常な人, 超人, 奇人. **≈preis** 男 特別価格. **≈ta·rif** 男〖商〗特別賃率. **≈zu·stand** 男 例外的な状態;〖政〗非常事態, 戒厳: über 〈für〉 die Stadt den ~ erklären 町に非常事態を宣言する.

Aus·nahms·fall [áʊsna:ms..]《ｵｰｽﾄﾘｱ》= Ausnahmefall

aus·nahms≈los 形 例外のない. **≈wei·se** 副 (→..weise ★) 例外〈特例〉として, 例外的に, 特別に: *et.*[4] ~ erlauben …を例外的に許可する ‖〖付加語的形容詞として〗eine ~ Zustimmung (ひとりだけの)例外的賛成.

Aus·nahms·zu·stand《ｵｰｽﾄﾘｱ》=Ausnahmezustand

aus|neh·men* [áʊsne:mən]《104》**I** 他 (h) **1 a)**《*et.*[4] 〔aus 〈von〉 *et.*[3]〕》(〔…から〕…を)取り〈引き〉出す, 抜く, 掘り出す: das Herz 〈die Leber〉 ~ 心臓〈肝臓〉を摘出する | Eier 〈junge Vögel〉〔aus dem Nest〕 ~ 卵〈ひな〉を巣から取る. **b)**《*et.*[4]》(…の中身を取り出して)からにする: einen Fisch 〈ein Huhn〉 ~ 魚〈鶏〉のはらわたを抜く | ein Nest ~ 巣から卵〈ひな〉を取る | *jn.* wie eine Weihnachtsgans ~ (→Weihnachtsgans) ‖ ein Räubernest ~ 盗賊の巣窟(そうくつ)に手入れをする | eine feindliche Stelle ~ 敵陣〔の敵兵〕を掃討する ‖ Ich bin wie *ausgenommen.* 腹に力が入らない, 頭がぼんやりしている. **c)**《話》(…からトランプなどで)金を巻き上げる. **d)**《方》(…に)根掘り葉掘り聞く, しつこく問いつめる.

2《*jn.* 〈*et.*[4]〉〔von *et.*[3]〕》《比》(…を〔…から〕)〔取り〕のける, 除外する, (…を〔…の〕)例外とする: Die Damen *nehme* ich natürlich *aus.* ご婦人方は無論除外します〈この限りではありません〉| Ich *nehme* von dieser Regel keinen Menschen *aus.* この規定を私はだれにも免除しない ‖〖過去分詞で: →ausgenommen〗Nur dieser Fall ist *ausgenommen.* この場合だけは例外だ | Jeder von uns weiß es, keiner *ausgenommen.* 私たちのだれもが一人残らずそれを知っている | Ich erinnere mich jedes Tages, den letzten *ausgenommen* 〈nicht *ausgenommen*〉. 私は最後の日を除いて〈も入れて〉どの日のことも覚えている ‖ 再帰 *sich*[4] ~ 例外である | Jeder irrt einmal, ich *nehme* mich nicht *aus.* だれしも迷う〈間違いを犯す〉ことがあり私も例外ではない | *sich*[4] 〔von *et.*[3]〕 durch *et.*[4] ~ …で〔…から〕際だつ, 異なる.

3 再帰 *sich*[4] ~《様態を示す語句と》(…に)見える, 思われる, 感じられる, (…の)観を呈する, 印象を与える | Sie *nimmt* sich in diesem Kleid hübsch *aus.* 彼女はこの服を着るときれいに見える | Das Bild *nimmt* sich an der Wand gut 〈schlecht〉 *aus.* この絵は壁にかけると見ばえがする〈しない〉. **4**《ｵｰｽﾄﾘｱ》識別する.

II aus·neh·mend 現分 形《雅》際だった, 格別の, 異例の: von ~*er* Schönheit sein / ~ schön sein 際だって美しい. **III aus·ge·nom·men** → 別出

Aus·neh·mer [áʊsne:mər] 男 -s/-《ｵｰｽﾄﾘｱ》(農家の)隠居.

aus|nüch·tern [áʊsnʏçtərn]《05》自 (h) すっかり酔いが覚める.

Aus·nüch·te·rung [..tərʊŋ] 女 -/-en 酔いがさめる〈酔いをさます〉こと.

Aus·nüch·te·rungs·zel·le 女 (警察署の)泥酔者保護室.

aus|nut·zen [áʊsnʊtsən] (**aus|nüt·zen** [..nʏtsən])《02》他 (h) 利用する, 利用しつくす;《*jn.*》食い物にする, 搾取する: *seinen* Einfluß ~ 顔をきかせる | jede freie Minute zum Lesen ~ 寸暇を惜しんで読書する | *js.* Schwäche ~ …の弱点につけこむ | *sich*[4] von *jm.* ~ lassen …の食い物になる.

Aus·nut·zung (**Aus·nüt·zung**) [..tsʊŋ] 女 -/ 利用, 活用; 悪用, 搾取.

aus|packen [áʊspakən] 他 (h) **1** (↔einpacken) (包みなどを)ほどく, 開ける; (包まれたものを)出す: ein Geschenk ~ 贈り物の包装を解く | den Koffer 〈die Sachen aus dem Koffer〉 ~ トランクの中身を出す. **2**《話》(秘密・胸中などを)口走る, しゃべり散らす:〖目的語なしで〗*Pack aus!* 話してしまえ.

aus|par·ken [áʊsparkən] 自 (h) (↔einparken) (狭い所から)駐車していた車を出す.

aus|pei·len [áʊspaɪlən] 他 (h)〖海〗(方位・水深などを)測定する.

aus|peit·schen [áʊspaɪtʃən]《04》他 (h) **1**《*jn.*》さんざんにむち打つ. ▽**2**《*jm. et.*[4]》(…の悪習などを)むち打って除く.

Aus·peit·schung [..tʃʊŋ] 女 -/-en auspeitschen すること.

aus|pel·len [áʊspɛlən] 他 (h) **1** (豆などの)さや〈殻〉をむく. **2**《話》《*jn.*》(…の)服を脱がせる: 再帰 *sich*[4] ~ 服を脱ぐ.

aus|pen·deln [áʊspɛndəln]《06》**I** 自 **1** (h) (振り子などが)揺れ終わる. **2** (h) (メーターの針などが)振り切れる. **3** (s) (他の町へ)通勤〈通学〉してゆく.

II 他 (h)〖ﾎﾞｸｼﾝｸﾞ〗(相手のパンチを)ウィービングでよける.

Aus·pend·ler [..pɛndlər] 男 -s/- (↔Einpendler) (他の町への)通勤〈通学〉者, 夜だけの居住者.

aus|pen·nen [áʊspɛnən] 自《話》たっぷり眠る.

aus|pfäh·len [áʊspfɛ:lən] 他 (h) くいで囲む;〖坑〗(岩石を)くいで支える, (坑道を)くいで補強する.

aus|pfän·den [áʊspfɛndən][1]《01》他 (h)《*jn.*》(…の)全財産を差し押える.

aus|pfar·ren [áʊspfarən] 他 (h) (牧師を)教区から追放する〈転出させる〉. [<Pfarre]

aus|pfei·fen* [áʊspfaɪfən]《108》他 (h) **1**《*jn.* / *et.*[4]》(劇・演説・俳優・演奏家・弁士などを)口笛を吹いてやじり倒す. **2**《*et.*[4]》(曲を)口笛で吹き終える.

aus|pflan·zen [áʊspflantsən]《02》他 (h) (苗床から)移植する;〖医〗(臓器などを)移植のために摘出する: Bäumchen in der Plantage ~ 苗木を植林する.

aus|pfla·stern [áʊspflastərn]《05》他 (h) 完全に舗装する, 石を敷き詰める.

aus|pflücken [áʊspflʏkən] 他 (h) (果実・枯れ葉などを)摘み取る;《方》(豆などを)さやから出す.

aus|pi·cheln [áʊspɪçəln]《06》他 (h)《話》飲みほす.

aus|pi·chen [áʊspɪçən] **I** 他 (h) (たるなどに)ピッチを塗って漏れなくする. **II aus·ge·picht** → 別出 [<Pech]

Au·spi·zium [aʊspí:tsiʊm] 中 -s/ ..zien [..tsiən] ▽**1** (Vorzeichen) 前兆. **2**《ふつう複数で》《雅》(Obhut) 後援; 保護: unter den *Auspizien* von *jm.* …のもとで, …に守られて. [*lat.*; < *lat.* avis „Vogel"+specere (→spähen); ◇ *engl.* auspice]

aus|plap·pern [áʊsplapərn]《05》他 (h) (秘密などを)口走る.

aus|plät·ten [áʊsplɛtən]《01》他 (h) (しわなどを)アイロンでのばす; (しわの寄った服などを)アイロンで平らにする.

aus|plat·zen [áʊsplatsən]《02》自 (s) (縫い目などが)張り裂ける: in ein Lachen ~ どっと笑う, ふきだす.

aus|plau·dern [áʊsplaʊdərn]《05》**I** 他 (h) **1** (秘密などを)もらす. **2**《方》再帰 *sich*[4] ~ 心ゆくまでしゃべる.

II 自 (h) おしゃべりをやめる.

aus|plau·schen [áʊsplaʊʃən]《04》《ｵｰｽﾄﾘｱ》= ausplaudern I

aus|plün·dern [áʊsplʏndərn]《05》他 (h) (…の持ち物を)まるごと略奪する: *jn.* bis aufs Hemd ~ …を丸はだかにする.

aus|pol·stern [áʊspɔlstərn]《05》他 (h) (…に)詰め物をする, クッション〈パッキング〉を入れる: einen Mantel mit Watte ~ コートにパッドを入れる | Sie ist ganz hübsch *ausgepolstert.*《戯》彼女は肉づきがいい.

Aus·pol·ste·rung [..tərʊŋ] 女 -/-en **1** auspolstern すること. **2** 詰め物;《話》脂肪.

aus|po·sau·nen [áʊspozàʊnən]《過分 ausposaunt》他

(h)《話》言いふらす, 吹聴(ふいちょう)する.

aus|po·wern[áʊspoːvərn]《05》他 (h)(略奪・搾取などで)貧困にする, 荒廃させる. [< power]

aus|prä·gen[áʊsprɛːgən]^1 **I** 他 (h)(貨幣などを)鋳造する; (地金を)貨幣に鋳造する;《比》はっきり打ち出す: eine Medaille in Silber ~ 銀メダルを作る | Gold (zu Münzen) ~ 金貨を鋳造する ‖ 再帰 *sich*^{4} in *et.*^{3} ~ …にはっきり示される〈現れる〉| Sein Charakter *prägt* sich im Gesicht *aus*. 彼の性格は顔立ちにはっきり出ている. **II aus·ge·prägt** → 別出

Aus·prä·gung[..guŋ] 女 -/-en (貨幣などの)鋳造: *seine* ~ in *et.*^{3} finden《比》…にはっきり示される〈現れる〉.

aus|prei·sen[áʊspraɪzən]^1《02》他 (h)《*et.*^{4}》(…に)値札をつける.

aus|pres·sen[áʊsprɛsən]《03》他 (h) **1** しぼり出す;《*jn.*》搾取する; 口を割らせる, 問いつめる: eine Zitrone 〈den Saft aus einer Zitrone〉 ~ レモンの汁をしぼる | *jn.* ~ wie eine Zitrone (→Zitrone 2) | *jm.* Tränen ~ …の涙を誘う | *jn.* durch schwere Steuer ~ …に重税を課す. **2**《建》(壁などの)すきまを詰める, コーキングする.

aus|pro·bie·ren[áʊsprobiːrən] (**aus|pro·ben** [..proːbən]^1) 他 (h)(新しい方法・製品などを)試す, テストする.

Aus·puff[áʊspʊf] 男 -(e)s/-e (エンジンの)排気管〈口〉(→ 図 Kraftrad); 排気ガス; (排気ガスの)排出.

Aus·puff·ab·gas 中 排気ガス.

aus|puf·fen[áʊspʊfən] 他 (h)(ガスなどを)排出する.

Aus·puff≈gas 中 排気ガス. **≈hub** 男 排気行程〈ストローク〉. **≈klap·pe** 女 排気弁. **≈krüm·mer** 男, **≈lei·tung** 女 排気マニホルド〈集合管〉. **≈rohr** 中 排気管. **≈takt** 男 =Auspuffhub **≈topf** 男 排気消音器, マフラー. **≈zahn** 男《話》オートバイ〈スクーター〉に相乗りしている女.

aus|pum·pen[áʊspʊmpən] **I** 他 (h)(ポンプで)くみ出す;《*jn.*》金を巻き上げる; 誘導尋問する: den Keller ~ 地下室の水をポンプでくみ尽くす | den Magen ~《医》胃液をとる. **II aus·ge·pumpt** → 別出

aus|punk·ten[áʊspʊŋktən]《01》他 (h)《*jn.*》《ボクシング》(…に)判定で勝つ.

aus|pu·sten[áʊspuːstən]《01》他 (h) **1** (ろうそくなどを)吹き消す: *jm.* Licht 〈das Lebenslicht〉 ~ (→Licht 2 b, →Lebenslicht). **2** (空気を)吹き出す. **3** 吹いて空(から)にする.

Aus·putz[áʊspʊts] 男 -es/ 《方》(服・靴などの)飾り;《料理》つま, あしらい;《農》脱穀くず.

aus|put·zen[áʊspʊtsən]《02》他 (h) **1**《方》(…〔の内側〕を)掃除する;《園》枝下ろしする: den Ofen ~ 暖炉の中を掃除する | den Topf ~《比》なべの底まで平らげる. **2**《方》《*jn.*》利用し尽くす, 食い物にする. ▽**3** 飾り立てる; (服などに)飾りをつけて仕上げる: das Zimmer mit Blumen ~ 部屋に花を飾る ‖ 再帰 *sich*^{4} ~ めかしこむ. ▽**4** しかりとばす. ▽**5** (ろうそくの)しんを摘んで消す. **6**《サッカー》スウィーパーの役をする.

Aus·put·zer[..tsər] 男 -s/- **1** (ausputzen する人. 例えば:)《サッカー》スウィーパー;《話》搾取者. **2** (ausputzen する道具. 例えば:) 掃除ブラシ. ▽**3** 小言.

aus|quar·tie·ren[áʊskvartiːrən] 他 (h)《*jn.*》宿舎〈住居〉から出す, 立ち退かせる: 再帰 *sich*^{4} ~ 宿を出る, 立ち退く.

aus|quat·schen[áʊskvatʃən]《04》他 (h)《話》(秘密などを)口走る: 再帰 *sich*^{4} ~ 胸中を打ち明ける.

aus|quel·len$^{(*)}$[áʊskvɛlən]《111》**I** 自 (s)《不規則変化》(穀粒などが)ふやける. **II** 他 (h)《規則変化》ふやけさせる.

aus|quet·schen[áʊskvɛtʃən]《04》他 (h)(auspressen) しぼり出す;《話》問いつめる: eine Frucht 〈den Saft aus einer Frucht〉 ~ 果実の汁をしぼる | *jn.* ~ wie eine Zitrone (→Zitrone 2) | *jn.* nach *et.*^{3} 〈über *et.*^{4}〉 ~ …に…をしつこく聞く ‖ 再帰 *sich*^{4} ~《話》(試験などで)知恵をしぼって答える.

aus|ra·deln[áʊsraːdəln] (**aus|rä·deln**[..rɛːdəln])《06》他 (h) **1**《服飾》einen Schnitt 〈ein Schnittmuster〉 ~ 型紙をルレットでなぞる(なぞって下の紙に点線を写す). **2**《*et.*^{4}》《料理》(…の)形をルレットでくりぬく.

aus|ra·die·ren[áʊsradiːrən] 他 (h)(消しゴムで)消し去る: eine Stadt von der Landkarte ~《比》都市を抹殺する(完全に破壊する).

aus|rah·men[áʊsraːmən] 他 (h)(↔ einrahmen)《*et.*^{4}》(…を)枠(額縁)の外に出す.

Aus·rah·mung[..mʊŋ] 女 -/-en《言》(文肢の)枠〔構造〕外配置(例 Er hat zu arbeiten aufgehört. に対して Er hat aufgehört *zu arbeiten*.) (→Rahmenbau 2).

aus|ran·gie·ren[áʊsrãʒiːrən] 他 (h) **1** (古びた物を)より分ける, 廃棄する: wertlose Bücher ~ がらくた本を処分する | ein *ausrangierter* Wagen 廃車. **2**《*jn.*》(老齢者などを)退職させる.

aus|ra·sen[áʊsraːzən]^1《02》**I** 自 (h) **1** (あらし・激情などが)静まる. **2** 暴れたあげく疲れ果てる.

▽**II** 他 (h)(激情などを)静める.

aus|ra·sie·ren[áʊsraziːrən] 他 (h) **1** 〔完全に〕そる: die Achselhöhle 〈die Haare in der Achselhöhle〉 ~ わきの下の毛をすっかりそる. **2** (髪・ひげなどを)そって形を整える.

aus|ra·sten^1[áʊsrastən]《01》自 (s) **1**《工》(はめたものが)外れる: aus einer Halterung ~ 止め金から外れる. **2**《話》(たがが外れて)頭がおかしくなる, 自制心を失う, 激昂する, かっとなる, キレる.

aus|ra·sten^2[–]《01》《南部・オーストリア》**I** 自 (h) 休息〔して元気を回復〕する. **II** 他 (h) 再帰 *sich*^{4} ~ = I

aus|rat·schen[áʊsraːtʃən]《04》《南部》=ausplaudern I

aus|rau·ben[áʊsraʊbən]^1 (**aus|räu·bern** [..rɔʏbərn]《05》) 他 (h) **1**《*et.*^{4}》(…の中身を)略奪し尽くす: einen Kühlschrank ~《戯》冷蔵庫の中のものを全部食べてしまう. **2**《*jn.*》(…の持ち物を)強奪する, 身ぐるみはぐ.

aus|rau·chen[áʊsraʊxən] **I** 他 (h) **1** (タバコを)しまいまで吸う. ▽**2**《狩》いぶし出す. **II** 自 **1** (h) 存分に喫煙する; くすぶりやむ. **2** (s)《南部》蒸発する; 気がぬける.

aus|räu·chern[áʊsrɔʏçərn]《05》他 (h) **1** (害虫などを)いぶし出す; いぶし殺す;《比》一掃する: Wespen 〈ein Wespennest〉 ~ はちの巣のハチをいぶし出す. **2** (たるなどを)燻蒸(くんじょう)〔消毒〕する; (部屋に)香をたきこめる.

Aus·räu·che·rung[..çərʊŋ] 女 -/-en ausräuchern すること.

aus|rau·fen[áʊsraʊfən] 他 (h)(草・羽などを)むしり取る: einem Vogel die Federn ~ 鳥の羽毛をむしる | *sich*^{3} vor Wut die Haare ~ 立腹のあまり髪の毛をかきむしる ‖ 再帰 *sich*^{4} ~ 存分につかみ合いのけんかをする.

aus|räu·men[áʊsrɔʏmən] 他 (h) **1** (↔einräumen)(中のものを)外へ出す; (…の)中をからにする;《商》(残品を)売り払う, 処分する: Bücher aus dem Regal ~ / das Regal ~ 書架の本を片づけてしまう | *jm.* die Kasse ~《話》…の金庫の中身をさらって行く | den Magen ~《医》胃を洗浄する | Mißverständnisse ~ 誤解を一掃する | ein Rohr ~《工》管の中を掃除する. **2**《工》(穴を)えぐり広げる;《地》浸食する. **3** einen Abort ~《医》流産後の処置をする.

Aus·räu·mer[..mər] 男 -s/- (ausräumen する人. 特に:)(運河・水路の)掃除人; (えぐる道具. 例えば:) 穴ぐり器.

Aus·räu·mung[..mʊŋ] 女 -/-en《ふつう単数で》ausräumen すること.

aus|rau·schen[áʊsraʊʃən]《04》自 (s)《海》(索具から)滑り抜ける.

aus|re·chen[áʊsrɛçən] 他 (h)(雑草などを)レーキでかき取る; (苗床などを)レーキ除草する.

aus|rech·nen[áʊsrɛçnən]《01》**I** 他 (h) **1**《数》計算して解く. **2** 算出する;《*sich*^{3} *et.*^{4}》(…について)見当をつける: ***sich*^{3} *et.*^{4} ~ können** …(成り行き・結果など)について見当〈察し〉がつく | Du kannst dir 〔leicht〕 ~, ob ... …かどうか君には〔容易に〕分かるはずだ. **II aus·ge·rech·net** → 別出

Aus·rech·nung[..nʊŋ] 女 -/-en 算出〔値〕; 推定.

aus|recken[áʊsrɛkən] 他 (h) **1** (手・指などを)伸ばす: 〔*sich*^{3}〕 den Hals nach *et.*^{3} ~ …を見ようと首を伸ばす ‖ 再帰 *sich*^{4} ~ 体を伸ばす, 背伸びする. **2**《工》(金属を)打ち延ばす; (生皮を)滑らかにする.

Aus·re·de[áʊsreːdə] 女 -/-n **1** 言い逃れ, 口実: eine faule ~ 見えすいた言いわけ ‖ immer eine ~ bei der Hand haben いつも〔うまい〕口実を用意している | *sich*³ eine ~ zurechtlegen 適当な口実を考えだす. ▽**2** (Aussprache) 口のきき方; 発言.

aus|re·den[áʊsreːdən]¹ 《01》 **I** 自 (h) **1** 言い終える: *jn.* nicht ~ lassen …の話をさえぎる. **2** = *sich*⁴ ausreden (→II 2 a). **II** 他 (h) **1** (↔einreden) 《*jm. et.*⁴》(説得して)放棄させる: *jm.* einen Plan ~ …に計画を思いとどまらせる. **2** (aussprechen) **a)** 《南部》 再帰 *sich*⁴ ~ 存分にしゃべる: *sich*⁴ mit *jm.* ~ …ととっくり話し合う. ▽**b)** 発音する; 発言する. ▽**3** 再帰 *sich*⁴ ~ 言い逃れる.

aus|ree·den[áʊsreːdən]¹ 《01》 他 (h) (船を) 艤装(ぎそう)する. [<Reede]

aus|reg·nen[áʊsreːgnən] 《01》 **I** 他 (h) 非人称 **1** 再帰 Es *regnet* sich *aus.* 雨がさんざん降ってやむ. **2** 《分詞で》ein *ausgeregneter* Pfad 雨に洗い流された小道.

II 自 (h) 非人称 《es regnet aus》雨がやむ.

aus|rei·ben*[áʊsraɪbən]¹ 《114》 他 (h) **1** (桶(おけ)などの)内側の汚れをこすり〈ぬぐい〉取る; (穴を)えぐり広げる. **2** (しみなどを)こすり〈ぬぐい〉取る: *sich*³ die Augen ~ 眠そうに目をこする. **3** 《オーストリア》(部屋などを)〔ふき〕掃除する.

Aus·rei·ber[..bər] 男 -s/- 〖工〗穴ぐり器, リーマ.

Aus·reib·tuch[áʊsraɪp..] 中 -〔e〕s/..tücher 《オーストリア》ぞうきん.

aus|rei·chen[áʊsraɪçən] **I** 自 (h) 《für *et.*⁴/zu *et.*³》(…に)足りる, 十分である: Der Vorrat *reicht* völlig *aus,* den Bedarf zu decken. 蓄えは需要を賄うに足りる | Ich *reiche* mit dem Gehalt *aus.* 私は給料でやっていける.

II 他 (h) 〖商〗(銀行などが)用立てる: einen Kredit ~ 信用貸しを認める.

III aus·rei·chend 現分 形 **1** 十分な: ~*e* Beweise 十分な証拠 ‖ für *jn.* ~ sorgen 十分に…の面倒を見る. **2** (成績評語で)可〔の下〕(6段階中の第4位: sehr gut, gut, befriedigend, ausreichend, mangelhaft, ungenügend の順: →Note 2 ☆): Ich habe in Englisch³ 〔die Note〕 „~" erhalten. 私は英語で可の下をもらった | Der Aufsatz ist mit „~" bewertet. その作文は可の下と評価されている | Er hat mit 〔der Note〕 „~" bestanden. 彼は可の下で合格した.

aus|rei·fen[áʊsraɪfən] **I** 自 (s) 完熟する: einen Plan ~ lassen 《比》計画を十分に熟させる | ein *ausgereiftes* Werk (練り上げた)完成作品.

II 他 (h) (熱暑などが果実などを)完熟させる.

Aus·rei·se[áʊsraɪzə] 女 -/-n **1** (↔Einreise) (正式手続きによる外国への)出国: *jm.* die ~ genehmigen 〈verweigern〉 …の出国を許可〈禁止〉する. ▽**2** 旅立ち.

Aus·rei·se≠er·laub·nis 女, **≠ge·neh·mi·gung** 女 出国許可.

aus|rei·sen[áʊsraɪzən]¹ 《02》 自 (s) (↔einreisen) 出国する; ▽旅に出る.

Aus·rei·se·vi·sum 中 出国査証.

aus|rei·ßen*[áʊsraɪsən] 《115》 **I** 他 (h) (強引に)抜き取る, むしり取る: Unkraut 〈einen Pfahl〉 ~ 雑草〈くい〉を抜く | keiner Fliege³ ein Bein ~ können (→Fliege 1 a) | *et.*⁴ mit der Wurzel ~ …を根ごと引き抜く; 《比》…を根こそぎにする〈根絶する〉| *sich*³ kein Bein ~ (→Bein 1 a).

II 自 (s) **1** (縫い目から)ちぎれる; ほころびる: Der Knopf *riß aus.* ボタンが取れた | Das Kleid ist an den Nähten *ausgerissen.* 服の縫い目がほころびた. **2** 逃亡する; 〖スポーツ〗急にスパートして抜く: *seinen* Eltern ~ / von zu Hause ~ 家出する | mit der Kasse ~ 現金を持ち逃げする | **wie Schafleder ~** 《話》雲をかすみと逃げ去る.

Aus·rei·ßer[..sər] 男 -s/- **1** 逃亡者; 〖スポーツ〗(競走などで)逃げ込み態勢にはいった選手; (射撃競技で)それだま. **2** 〖軍〗脱営者.

aus|rei·ten*[áʊsraɪtən] 《116》 **I** 自 (s) 馬で出かける; 遠乗りする. **II** 他 (h) **1** (馬を)運動に連れ出す; (馬に)力を出し切らせる. **2** (レースを)完走する; (馬場などを)隅から隅まで走る. **3** den Preis ~ 賞をかけて馬事レースをする.

▽**Aus·rei·ter**[..tər] 男 -s/- (ausreiten する人. 特に:) 騎馬警官〈巡視員〉.

aus|rei·zen[áʊsraɪtsən] 《02》 他 (h) 〖トランプ〗(カードを)ビッドする, 最高数までせり上げる: ein Thema ~ 《比》あるテーマについて徹底的に討論する.

aus|ren·ken[áʊsrɛŋkən] 他 (h) (↔einrenken) 《*sich*³ *et.*⁴》脱臼(だっきゅう)する: *sich*³ den Hals nach *jm.* ~ …を見ようとして首を伸ばす.

Aus·ren·kung[..kʊŋ] 女 -/-en 脱臼(だっきゅう): die ~ wieder einrichten 脱臼を治す.

▽**aus|reu·ten**[áʊsrɔʏtən] 《01》 = ausroden

Aus·reu·ter[..tər] 男 -s/- 《南部》開墾者.

aus|rich·ten[áʊsrɪçtən] 《01》 他 (h) **1** まっすぐ〈一直線・平ら〉にする〈そろえる〉, 整頓(せいとん)〈整理〉する, 整列させる; 《比》(特定の傾向へ)方向づける, 導く; 〖工〗(軸・工作物などを)正しく〈正しい位置に〉合わせる, くせ取りをする, 調整〈調節〉する, 心(しん)合わせ〈心出し〉をする: das Blech ~ ブリキをたたいて平らにする | die Beule im Gefäß ~ 容器のでこぼこをたたいてのばす | eine Kompanie 〈die Soldaten〉 ~ 中隊〈兵士〉を整列させる ‖ das ganze Volk politisch einheitlich ~ 全国民を政治的に一体化する | *seine* Pläne auf die 〈nach denen〉 *seines* Partners ~ 自分の計画を仲間のそれに合わせる ‖ 再帰 *sich*⁴ auf *et.*⁴ ~ …に適応〈順応〉する | *sich*⁴ nach *jm.* 〈*et.*³〉 ~ …にならって整列する; 《比》(精神・考え方などにおいて)…にならう, …に準拠する ‖ *ausgerichtet* stehen 整列して〔立って〕いる | militaristisch *ausgerichtete* Bücher 軍国主義的傾向の本.

2 《viel, etwas, wenig などと》遂行する, 達成する, 成果を上げる: bei *jm.* mit Schmeicheleien viel ~ können …にお世辞を言って大いに成功する | bei den Verhandlungen 〈in dieser Sache〉 etwas ~ können 交渉〈この問題〉で多少の成果を上げる | gegen *jn.* nichts ~ können …には全然歯が立たない | Mit ihm kann man nichts ~. 彼は使いものにならない | Damit wäre nichts *ausgerichtet.* そんなことしてもむだだろう ‖ Was haben Sie *ausgerichtet*? 首尾はいかがでしたか.

3 (ことづけなどを)伝える: *jm.* 〈an *jn.*〉 einen Auftrag ~ …に頼みごとを伝える | *jm. et.*⁴ 〔durch *jn.*〕 ~ lassen …に…を〔…を通して〕伝えてもらう | Ich lasse ihr einen Gruß ~. 私は人を通して彼女によろしく伝えてもらう ‖ Was kann ich ~? 何かお伝えしましょうか | *Richten* Sie Ihrer Frau bitte einen Gruß von mir *aus*! 奥様に私からよろしくとお伝えください | *Richte* ihm *aus,* daß ich später komme! 後で行くと彼に伝えてくれ.

4 (祝祭・会などを引き受けて)開催〈主催〉する: *jm.* die Hochzeit ~ …の結婚式の費用を出して準備を整える | Meisterschaften ~ 選手権大会を開く.

5 (鉱脈を)掘り当てる; 〖狩〗(野獣の足跡などを)探し出す.

6 《南部》《*jn.*》悪口を言う, やり玉にあげる, 棚卸しをする.

Aus·rich·ter[áʊsrɪçtər] 男 -s/- 〖スポーツ〗主催者.

▽**aus·rich·tig**[..tɪç]² 形 《南部》器用な.

Aus·rich·tung[áʊsrɪçtʊŋ] 女 -/-en 《ふつう単数で》**1 a)** 整列; 《比》(特定の傾向へ)方向づける〈導く〉こと; 〖工〗正しく〈正しい位置に〉合わせること, くせ取り: ~ der Wirtschaftspolitik auf ein Ziel 〈nach einem Land〉 経済政策をある目標に合わせて〈ある国に頼って〉立てること. **b)** (政治・経済上の)方針, 路線. **2** (あいさつなどを)伝えること, 伝達, 伝言: *jn.* um ~ eines Grußes bitten よろしく伝えてもらうよう…に頼む. **3 a)** (祝祭・会などを引き受けて)開催すること: die ~ der Olympiade 〈einer wissenschaftlichen Tagung〉 オリンピック〈学会〉の開催を引き受けること | die ~ übernehmen 開催を引き受ける. **b)** 《南部》宴会. **4** (鉱脈・野獣の足跡などを)探し出すこと.

aus|rin·gen*[áʊsrɪŋən] 《119》 **I** 自 (h) 《雅》格闘〈苦闘〉し終わる: Er hat *ausgerungen.* 《比》彼は(闘病の末)死んだ. **II** 他 (h) 《中部》(ぬれたものを)絞る: zum *Ausringen* naß sein ぐしょぬれである.

aus|rin·nen*[áʊsrɪnən] 《120》 自 (s) 《南部・オーストリア》(水が)もる; (容器が)もれて空(から)になる.

A

aus|rip·pen[áʊsrɪpən] 他 (h) Tabakblätter ～ タバコの葉をしごいて筋を取る | Fleisch ～ あばら肉を骨からこそげ取る.
Aus·ritt[áʊsrɪt] 男 -[e]s/-e 馬で出て行くこと; 遠乗り.
aus|ro·den[áʊsro:dən][1] 《01》 他 (h) (木を)引き抜く, 根こぎにする; (森林を)切り開く, 開墾する; 《比》根絶する.
aus|rol·len[áʊsrɔlən] **I** 自 (s, h) 回転しやむ; (車両・着陸した飛行機などが)停止する; (雷鳴・砲声などが)鳴りやむ. **II** 他 (h) **1** (巻いたものを)広げる: das Kabel ～ ケーブルをくり出す. **2** (こねた粉などを)ロールでのばす.
Aus·roll·strecke 女 〘空〙(着陸時の)滑走距離.
aus|rot·ten[áʊsrɔtən] 《01》 他 (h) 根絶する, 絶滅させる; ▽(木などを)根こぎにする: Ungeziefer ～ 害虫を完全に駆除する | Vorurteile mit Stumpf und Stiel ～ 先入観を根こそぎ一掃する.
Aus·rot·tung[..tʊŋ] 女 -/-en 根絶, 絶滅.
aus|rücken[áʊsrʏkən] **I** 自 (s) **1** (↔einrücken) (部隊などが)出動する: ins Feld ⟨Manöver⟩ ～ 戦線⟨演習⟩に出動する. **2** 《話》逃亡する: mit dem Geld ～ かねを持ち逃げする | von zu Hause ～ 家出する.
II 他 (h) **1** 〘工〙連動から外す: ein Zahnrad ⟨die Kupplung⟩ ～ ギア⟨クラッチ⟩を外す. **2** 〘印〙欄外にはみ出させる.
Aus·rücker[..kər] 男 -s/- 〘工〙連動解除レバー.
Aus·rück≠he·bel 男 = Ausrücker　**≠stär·ke** 女 〘軍〙出動兵力.　**≠vor·rich·tung** 女 = Ausrücker
Aus·ruf[áʊsru:f] 男 -[e]s/-e **1** 叫び〔声〕; 〘言〙感嘆〔表現〕. **2** 《単数で》公告; 呼び売り: *et.*[4] durch ～ bekanntmachen …を公示する | zum ～ kommen (品物が)せりにかけられる.
aus|ru·fen*[áʊsru:fən] 《121》 **I** 自 (h) 叫び声を上げる, 急に口を開いて激しい調子で言う(→II 4): „Nein!“ *rief* er *aus*. 「いや違う」と彼は叫んだ.
II 他 (h) **1** 大声で唱え〔て公衆に知らせ〕る; (…の名を)スピーカー⟨大声⟩で唱える: *jn.* durch ⟨über⟩ Lautsprecher ～ …の名前をスピーカーで呼ぶ | die Stationen ～ 途中停車駅名をアナウンスする. **2** 公告⟨宣言⟩する, 告示する: *et.*[4] zum Festtag ⟨als Festtag⟩ ～ …を祝日と定め布告する | einen Streik ⟨die Republik⟩ ～ ストライキ⟨共和国の成立⟩を宣言する | ein Paar ～《スイス》カップルを婚約者として公告する | *jn.* zum König ⟨als Präsidenten⟩ ～ …を王⟨大統領⟩として告示する. **3** (anpreisen) (商品を)呼び売りする; (feilbieten) 競売に付する. **4** (…と)突然大声で言う(→I).
Aus·ru·fer[..fər] 男 -s/- 呼び売り商人; 触れ〔回り〕役.
Aus·ru·fe≠satz[áʊsru:fə..] 男 〘言〙感嘆文.　**≠wort** 中 -[e]s/..wörter (Interjektion) 〘言〙間投詞, 感嘆詞.　**≠zei·chen** 中 **1** 〘言〙感嘆符 (!). **2** 〘数〙階乗記号 (!).
Aus·ru·fung[áʊsru:fʊŋ] 女 -/-en = Ausruf
▽**Aus·ru·fungs≠satz** = Ausrufesatz　**≠wort** = Ausrufewort　**≠zei·chen** = Ausrufezeichen
aus|ru·hen[áʊsru:ən] **I** 他 (h) (手・目などを)休める: 再帰 *sich*[4] von ⟨nach⟩ der Arbeit ～ 仕事のあと休養〔して元気を回復〕する | *sich*[4] auf *seinen* Lorbeeren ～ (→Lorbeer 2) ‖ gut *ausgeruht* sein すっかり元気を取り戻している.
II 自 (h) (人・手足などが)休養〔して元気を回復〕する; (手足などが)休らう, ゆったり休む; 《比》埋葬されている.
Aus·ru·her[..ru:ər] 男 -s/- 《北西部》(階段の)踊り場.
aus|run·den[áʊsrʊndən][1] (**aus|rün·den**[..rʏndən][1]) 《01》 他 (h) **1** 丸くえぐる⟨くぼませる⟩. **2** 丸味をつける; 仕上げる, 完成する: 再帰 *sich*[4] ～ 仕上げる, 完成する.
aus|rup·fen[áʊsrʊpfən] 他 (h) ([*jm.*] *et.*[4]) むしり取る, 引き抜く.
aus|rü·sten[áʊsrʏstən] 《01》 他 (h) **1 a)** (…に)装備を施す: ein Schiff ～ 船を艤装(ぎそう)する; 船に船員を乗り組ませる | ein Heer mit modernen Waffen ～ 軍隊に新式の兵器を装備する ‖ 再帰 *sich*[4] für eine Reise ～ 旅支度を調える. **b)** 〘織〙(生地に)仕上げ加工を施す: einen Stoff knitterarm ～ 生地にしわ止め加工する. **2** 〘建〙(迫持(せりもち))の)仮枠を外す.
Aus·rü·stung[..tʊŋ] 女 -/-en **1** 《ふつう単数で》ausrüsten すること; 〘海〙艤装(ぎそう)〔具〕. **2** 装備, 設備.
Aus·rü·stungs·ge·gen·stand 男 -[e]s/..stände 《ふつう複数で》装具; 〘工〙付属品, アタッチメント.
aus|rut·schen[áʊsrʊtʃən] 《04》 自 (s) **1** つるりと滑る; 滑って転ぶ⟨落ちる⟩: auf dem Eis ～ 氷の上で足を滑らす ‖ Das Beil *rutschte* mir *aus*. おのが私の手からつるりと抜けた, 私はおのを取り落とした | *jm.* rutscht die Hand aus (→Hand 1). **2** 《話》(意識せずに)失策⟨しくじり⟩をする, 失態を演じる.
Aus·rut·scher[..tʃər] 男 -s/- **1** 〘スポ〙思いがけない⟨番狂わせ⟩の敗北: *sich*[3] einen ～ leisten 思わぬ敗北を喫する. **2** 《話》 **a)** つるりと滑る⟨滑って転ぶ⟩こと. **b)** (思わぬ)しくじり, 失策, 失態; (つい口をすべらせての)失言.
Aus·saat[áʊsza:t] 女 -/-en **1** 《単数で》種まき, 播種(はしゅ). **2** 《ふつう集合的に》(播種用の)種子.
aus|sä·en[áʊszɛ:ən] 他 (h) (種子を)まく: Blumensamen ⟨Weizen⟩ ～ 草花⟨小麦⟩の種をまく | Haß ～ 憎悪の種をまく.
Aus·sa·ge[áʊsza:gə] 女 -/-n **1** 陳述, 表出; 〘法〙供述, 証言; 〘論〙命題, 言明; 〘言〙述語: eine ～ vor Gericht machen 法廷で証言する | die ～ verweigern 供述を拒む; 〘法〙黙秘する. **2** (芸術作品などの)訴えようとする意味内容, メッセージ: Dem Bild fehlt jede ～. この絵は見る者に訴えるものがない.
Aus·sa·ge·kraft 女 (芸術作品などの)訴える力.
aus·sa·ge·kräf·tig 形 人に訴える力の大きい.
aus|sa·gen[áʊsza:gən][1] **I** 自 (h) 〘法〙供述⟨証言⟩する: unter Eid ～ 宣誓供述する | Sie *sagte* gegen ihn ⟨zu seinen Gunsten⟩ *aus*. 彼女は彼に不利な⟨有利な⟩供述をした.
II 他 (h) **1** 述べる: die Wahrheit ～ 真実を述べる | Der Film *sagt* etwas *aus*. この映画は訴えるものがある ‖ ein Adjektiv *aussagend* gebrauchen 〘言〙形容詞を述語的に用いる. ▽**2** (beschreiben) (十分に)言い表す: Die Freude ist nicht *auszusagen*. その喜びは言葉では表せない.
aus|sä·gen[áʊszɛ:gən][1] 他 (h) のこぎりで切り取る⟨形づくる⟩.
Aus·sa·ge≠satz[áʊsza:gə..] 男 〘言〙平叙文, 叙述文.　**≠ver·wei·ge·rung** 女 〘法〙黙秘.　**≠wei·se** 女 (Modus) 〘言〙(動詞の)話法, 法: bestimmte ⟨unbestimmte⟩ ～ 《オーストリア》直説⟨接続⟩法.　**≠wort** 中 -[e]s/..wörter 〘言〙〘述語〙動詞.　**≠zwang** 男 〘法〙証言〔供述〕の強制.
aus|sai·gern[áʊszaɪgərn] 《05》 他 (h) 〘金属〙溶離⟨凝離⟩する. [＜seigern]
aus|sal·zen[áʊszaltsən] 《02》 他 (h) 〘化〙塩析する.
Aus·satz[áʊszats] 男 -es/ **1 a)** (Lepra) 〘医〙癩(らい)〔病〕, ハンセン病. **b)** (家畜の)疥癬(かいせん). **2** (↔Einsatz) (賭(か)けの)賞金. **3** (aussetzen すること. 例えば:) (玉突きで)初めに突くこと; 〘印〙(版面の)一様な刷り上がり. [*mhd.*; ◇aussetzen]
aus·sät·zig[..zɛtsɪç][2] 形 **1** 癩(らい)病⟨ハンセン病⟩の; 癩病⟨ハンセン病⟩にかかった. **2** 〘医〙癩性の. [„ausgesetzt“; *mhd.*]
aus|sau·ern[áʊszaʊərn] 《05》 自 (s) 〘林〙根腐れを起こす, 地中で腐る.
aus|säu·ern[áʊszɔʏərn] 《05》 他 (h) 〘化〙脱酸する.
aus|sau·fen*[áʊszaʊfən] 《123》 他 (h) (動物が)飲みほす; 《話》(人間が)がぶ飲みする: den Eimer ⟨das Wasser aus dem Eimer⟩ ～ おけの水を飲みほす.
aus|sau·gen[(*)][áʊszaʊgən][1] 《124》 **I** 他 (h) 吸い尽くす: eine Frucht ⟨den Saft einer Frucht⟩ ～ 果実の汁を吸い尽くす | die Wunde ～ 傷口から血⟨毒⟩を吸い出す ‖ *jn.* bis aufs Blut ～ / *jm.* das Blut ～ 《比》…を徹底的に搾取する. **II** 自 (h) (乳児が)吸うのをやめる.
Aus·sau·ger[..gər] 男 -s/- 《比》(Ausbeuter) 搾取者; 〘生〙寄生生物.
Aussch. 略 = **Ausschuß** 委員会.
aus|scha·ben[áʊsʃa:bən][1] 他 (h) くりぬく; くりぬいて取り出す⟨除く⟩; 〘医〙掻爬(そうは)する, 剝除(はくじょ)する.
Aus·scha·bung[..bʊŋ] 女 -/-en 〘医〙〔子宮〕掻爬.
aus|schach·ten[áʊsʃaxtən] 《01》 他 (h) **1** (地面に)縦穴

を掘る, 掘削する. **2** 《*et.*^{4}》(…を)地面に掘る: einen Bunker ～ 待避壕を掘る | einen Schacht ～〔坑〕立坑を掘り下げる.

Aus·schach·tung[..tʊŋ] 女 -/-en **1** (ausschachten すること. 例えば:) 掘削. **2** 縦穴;〔坑〕立坑.

aus|scha·len[áʊsʃaːlən] 他 (h) **1** (貝などを)むく, 殻を取る;〔建〕(コンクリート用の)型枠を外す. **2** (板などで)内張りする. **3** (波などが)洗いくぼめる. [◇Schale^2, Schalung]

aus|schä·len[áʊsʃɛːlən] 他 (h) **1 a)** (豆などの)皮をむく: Erbsen ～ エンドウのさやを取る ‖ 再帰 *sich*^{4} ～《話》上着を脱ぐ. **b)** 《話》《*jn.*》身ぐるみをはがす. **2** (骨などを)はがし取る; (種などを)抜く;〔医〕(腫瘍(しゅよう)などを)摘出する: einen Knochen aus der Keule ～ もも肉から骨をはがす | ein Schwein ～ 豚肉の皮下脂肪を取り去る.

aus|schal·men[áʊsʃalmən] 他 (h)〔林〕(伐採用に)目印の刻み目をつける.

aus|schal·ten[áʊsʃaltən] 《01》 **I** 他 (h) **1** (↔ einschalten) (…の)スイッチを切る: den Strom ～ 電流を絶つ | das Radio ～ ラジオを消す. **2** 排除〈除外〉する, しめ出す: Fehler ～ 誤りを除く | Geräusch ～ 雑音をカットする | persönliche Interessen ～ 個人的利害を度外視する ‖ 再帰 *sich*^{4} ～ 仲間外れになる. ^{v}**II** 自 (s) のけ者になる, (メンバーから)外される.

Aus·schal·ter[..tər] 男 -s/- 〔電〕〔自動〕遮断器, カットアウト.

Aus·schal·tung[..tʊŋ] 女 -/-en ausschalten すること.

Aus·scha·lung[áʊsʃaːlʊŋ] 女 -/-en ausschalen すること; 内張り材.

Aus·schank[áʊsʃaŋk] 男 -[e]s/..schänke[..ʃɛŋkə] **1** 《単数で》(酒類の)小売り〔営業権〕. **2** (ｵｰｽﾄﾘｱ: 女 -/..schänke) 居酒屋, 酒場; (Schanktisch) 酒つぎ台, カウンター.

aus|schar·ren[áʊsʃarən] 他 (h) **1** (鳥・犬などが)掘り〈ほじくり〉出す; (穴などを)掘る. ^{v}**2** 《話》《*jn.*》(床を足でこすって…の)講義〈演説〉への不満を表す.

Aus·schau[áʊsʃaʊ] 女 -/ **1** 見張り: auf der ～ nach *et.*^{3} sein …を探している | nach *jm.* 〈*et.*^{3}〉 ～ halten …の出現を〔期待して〕見張る. ^{v}**2** (Ausblick) 見晴らし, 展望.

aus|schau·en[áʊsʃaʊən] **I** 自 (h) **1** (外へ)目を配る; (見張りながら)待つ: nach einer Gelegenheit ～ 機会をうかがう. **2** 《南部》(aussehen) (…のように)見える: Er *schaut* müde *aus*. 彼は疲れているようだ ‖ 非人称 Es *schaut* regnerisch 〈nach Regen〉 *aus*. 雨になりそうだ | Wie *schaut*'s *aus*? どんな具合かね. **II** 他 (h) *sich*^{3} die Augen nach *jm.* ～ (目玉がとび出るほど)…に見とれる.

aus|schau·feln[áʊsʃaʊfəln] 《06》 他 (h) シャベルで掘り出す, すくい出す; (穴を)掘る: einen verschneiten Weg ～ 雪道を除雪する.

Aus·scheid[áʊsʃaɪt]^1 男 -[e]s/-e (旧東ドイツで)予選競技.

aus|schei·den*[áʊsʃaɪdən]^1 《129》 **I** 他 (h) **1**〔生〕排出〈分泌〉する;〔化〕析出する; 分離する: 再帰 *sich*^{4} ～ 排出〈析出〉される. **2 a)** 除外〈除去〉する;〔数〕消去する: *jn.* aus einem Rennen ～ …をレースのメンバーから外す | eine Frage ～ 問題を度外視する〈触れずにおく〉. **b)** (auswählen) 選び出す. **II** 自 (s) **1** 除外される, 問題にならぬ: bei der Verteilung ～ 分配にあずからぬ. **2** 脱退〈引退・退会・退職〉する;〔ｽﾎﾟｰﾂ〕予選などで敗退〈失格〉する: am 〈mit dem〉 31. Dezember ～ 12月31日付でやめる | aus dem Amt 〈dem Geschäftsleben〉 ～ 職〈実業界〉を退く.

Aus·schei·der[..dər] 男 -s/- 〔医〕(自覚症状のない)分泌者, 排菌者.

Aus·schei·dung[..dʊŋ] 女 -/-en **1** 《単数で》排除, 除外; 排出, 分泌; 析出; 脱退. **2** 《ふつう複数で》排泄(はいせつ)〈分泌〉物(大小便・汗など). **3** 〔ｽﾎﾟｰﾂ〕予選.

Aus·schei·dungs≠kampf 男 予選競技. ≠**mit·tel** 中〔化〕分離剤. ≠**or·gan** 中 排泄(はいせつ)器官. ≠**pro·dukt** 中 分泌〈排泄〉物. ≠**prü·fung** 女 選抜試験. ≠**spiel** 中 予選試合〈競技〉. ≠**stoff** 男 ＝Ausscheidungsprodukt

aus|schei·ßen*[áʊsʃaɪsən] 《131》《話》 **I** 他 (h) 大便として出す: 再帰 *sich*^{4} ～ 大便をする; 《比》言いたい放題を言う ‖ **wie *ausgeschissen* aussehen** 《卑》まっさおな顔をしている. **II** 自 (h) 大便をし終える: **bei *jm.* *ausgeschissen* haben** 《卑》…から見向きもされなくなる.

aus|schel·len[áʊsʃɛlən] 他 (h) 《南部》かねを鳴らしてふれ回る〈告げ知らせる〉.

aus|schel·ten*[áʊsʃɛltən] 《132》 他 (h) 《*jn.*》しかりとばす.

aus|schen·ken[áʊsʃɛŋkən] 他 (h) **1** (酒類を)はかり売り〈小売り〉する; 店で飲ませる. **2** (茶わんなどに)ついで出す.

aus|sche·ren^1[áʊsʃeːrən] 自 (s) **1** (↔ einscheren) 〔海・空〕船列〈編隊〉を離れる: aus der Koalition ～ 《比》(党派などが)連合を離脱する | Das Auto ist zum Überholen nach links *ausgeschert*. 《比》自動車は追い越しのために左側に出た. **2** (自動車などが)スリップして進路から外れる. [*ndd.*]

aus|sche·ren^2*[─] 《133》 他 (h) **1** (はさみで)刈る: den Nacken ～ うなじの毛を刈る. **2** 〔海〕(綱を滑車などから)抜く.

aus|scheu·ern[áʊsʃɔʏərn] 《05》 他 (h) (…の内側を)こすり磨く: eine Stube mit Sand ～ 部屋の中を磨き砂で磨く.

aus|schicken[áʊsʃɪkən] 他 (h) 派遣する; (回章などを)発送する: *jn.* auf Kundschaft 〈Patrouille〉 ～ …を偵察〈パトロール〉に出す | *jn.* nach dem Arzt ～ …に医者を呼びに行ってもらう.

aus|schie·ben*[áʊsʃiːbən]^1 《134》 他 (h) **1** 押し〈突き〉出す. **2** ＝auskegeln I

aus|schie·ßen*[áʊsʃiːsən] 《135》 **I** 他 (h) **1** (矢・弾丸を)射出する;〔海〕(底荷を)放出する;〔商〕(不良品を)はねる: Brot ～ 《方》パンをかまから出す. **2** 射当てて破壊する, 射落とす: *jm.* ein Auge ～ …の片目を射つぶす | ein Licht ～ 灯火を射て消す. **3** 射尽くす: ein Magazin ～ 弾倉のたまを撃ち尽くす | ein Revier ～ 猟区の獣を撃ち尽くす | das Wild ～ 野獣を残らず撃ち殺す. **4** 〔ｽﾎﾟｰﾂ〕den Preis ～ 競射して受賞者を決める | den besten Schützen ～ 射撃の優勝者を決める. **5** 〔印〕(版面を)組み付ける. ^{v}**6** (委員などを)選出する. **II** 自 (s) **1** 噴出する;〔植〕(芽などが)もえ出る;〔建〕張り出す. **2** (s, h)〔海〕(風が)右に回る. **3** (s) 《南部》(bleichen) (布などの)色がさめる.

III aus·ge·schos·sen → 別出

aus|schif·fen[áʊsʃɪfən] **I** 他 (h) (↔einschiffen)〔海〕陸揚げする; 《話》《*jn.*》くびにする, やめさせる: 再帰 *sich*^{4} ～ 上陸する. **II** 自 (s) **1** (船が)出帆する. **2** (人が)上陸する.

aus|schil·dern^1[áʊsʃɪldərn] 《05》 他 (h) **1** (道路などに)標識を完備する: einen Gefechtsstand ～ 〔軍〕前線司令部に各部局案内の標識を完備する. **2** (進路・迂回(うかい)路を)標識によって示す. [＜Schild II]

aus|schil·dern^2[─] 《05》 他 (h) 詳細に物語る〈描写する〉.

aus|schimp·fen[áʊsʃɪmpfən] **I** 他 (h) ののしる, がみがみしかる: 再帰 *sich*^{4} ～ ＝ II **II** 自 (h) 存分にののしる.

aus|schir·ren[áʊsʃɪrən] 他 (h) (馬から)馬具を取り外す.

ausschl. 略 ＝**ausschließlich** II 2, III

aus|schlach·ten[áʊsʃlaxtən] 《01》 他 (h) (肉畜を)内臓を除いてばらす; 《比》ばらして売る;〔印〕解版する;〔工〕(古い機械などを)ばらして部品を利用する; 《比》利用し尽くす: ein 〔altes〕 Auto ～ 古い自動車を解体する | einen Fall politisch ～ 事件を政治的に利用する | einen Roman zu einem Film ～ 小説を〔勝手に〕利用して映画を作る.

aus|schla·fen*[áʊsʃlaːfən] 《137》 **I** 自 (h) 十分に眠る: richtig ～ 存分に眠る | nicht völlig *ausgeschlafen* haben まだ寝ぼけている | keinen Morgen ～ können 毎朝寝足りずに起きる. **II** 他 (h) **1** (酔いなどを)眠ってさます: *seinen* Zorn ～ ぐっすり寝て怒りを忘れる. **2** 再帰 *sich*^{4} ～ ＝ I

Aus·schlag[áʊsʃlaːk]^1 男 -[e]s/..schläge[..ʃlɛːgə] **1** 《ふつう単数で》**a)** (指針・振り子の)振れ, 傾き; 振幅. **b)** 《比》(均衡を破って)傾くこと: der ～ zum Guten 〈Schlechten〉 好転〈悪化〉する傾向 ‖ **den ～ geben** 決定的影響を与える, 最後の決着をつける(→ausschlaggebend) | Sein Wort gab in 〈bei〉 dieser Sache den ～. この件の処理には彼の言葉が決定的だった | Seine gute Kondition

gab den ~ für den Sieg. 彼のコンディションが良かったことが勝利につながった. **c**) 〘商〙(計量のとき最後に加える)おまけ. **d**) 〘工〙たわみ; (自動車の前輪の)ロック. **2** 《ふつう集合的に》(皮膚の)吹き出物, 発疹(ほっしん); (壁などの)滲出(しんしゅつ)物: [ei-nen] ~ im Gesicht 〈an den Händen〉 bekommen 顔〈手〉に吹き出物ができる. **3** =Ausschlageisen

Aus·schlag·ei·sen 中 〘工〙穿孔(せんこう)器, パンチ.

aus|schla·gen*[áʊsʃla:gən][1] 《138》 **I** 他 (h) **1 a**) たたいて〈打って〉出す〈抜く・取る〉: *jm.* einen Zahn ~ …を殴って歯を折る | Das *schlägt* dem Faß den Boden *aus.* (→Faß 1 a) ‖ Löcher in Leder ~ 革に穴を打ち抜く. **b**) たたいて延ばす: Gold zu Blättchen ~ 金を金箔(きんぱく)にする. **c**) (火を)たたいて消す: den Brand mit *seinem* Jackett ~ 火を上着でたたき消す. **d**) (打ち込みを)受け流す: den Hieb ~ (相手の)切り込んでくるのを受け流す. **e**) 〘空〙(フラップを)出す. **2** 《*et.*[4] [mit *et.*[3]]》(…に〔…を〕)張る, (…を〔…で〕)覆う; 《雅》(füttern) (服に〔…の〕)裏地をつける: eine Schublade mit Papier ~ 引き出しに紙を張る | das Zimmer mit Stoff ~ 部屋(の壁)に布を張る ‖ Der Saal wurde [zur Trauerfeier] schwarz *ausgeschlagen.* 〔葬式のために〕広間は黒い布で覆われた. **3** (申し出などを)断る, 拒絶〈拒否〉する: ein Amt ~ 職〈地位〉を断る | ein Angebot [mitzufahren] ~ 〔同乗の〕申し出を断る | einen Bewerber ~ 申込者〈応募者〉を断る | eine Einladung ~ 招待を断る | ein Geschenk ~ 贈り物を拒絶する | eine Erbschaft ~ 相続権を放棄する ‖ *js.* Hand ~ …のプロポーズを断る. **4** (壁が湿気などを)帯びる: Die Wand hat Schimmel *ausgeschlagen.* 壁にかびがはえてきた(→II 4 b).

II 自 **1** (h) (馬が)はねる, ける; (暴れて手足などを)振り回す: Das Pferd *schlägt* [vorn und hinten] *aus.* 馬が暴れて〔前脚・後脚で〕ける〈はねる〉 | [wütend] mit Händen und Füßen ~ 〔怒って〕手足をばたばたさせる. **2** (h) (時計が)時刻を打ち終わる; (心臓の鼓動が)止まる: ehe die Uhr 〈es zwölf〉 *ausgeschlagen* hatte 時計が〈時計が12時を〉打ち終わらないうちに | Nun hat sein Herz endlich *ausgeschlagen.* 《雅》いまや彼の心臓も止まってしまった. **3 a**) (h, s) (計器・指針などが)振れる, 傾く: Das Meßinstrument 〈Der Zeiger des Meßinstruments〉 *schlägt* [um] ein[en] Zentimeter nach rechts *aus.* 計器の針が右に1センチ傾く | Das Pendel hat 〈ist〉 nach der anderen Seite *ausgeschlagen.* 振り子は反対側に振れた; 《比》反動がやってきた. **b**) (s) 《様態を示す語句と》(…の)結果になる: günstig für *jm.* 〈zu *js.* Gunsten〉 ~ …に有利な結果になる | *jm.* zum Verderben ~ …の破滅のもとになる | Es ist schließlich zum Guten *ausgeschlagen,* daß er die Stellung nicht bekommen hat. 彼がその地位〈職〉につけなかったことは結局は良かったのだ. **4** (h, まれに s) **a**) (樹木が)芽を吹く, 緑にもえる. **b**) (壁などが)しける, かびを吹く: Die Wand *schlägt aus.* 壁に湿気がしみ出る〈かびが吹き出る〉 | Der Schimmel *schlägt* an der Wand *aus.* 壁にかびがはえる (→I 4).

aus·schlag·ge·bend[áʊsʃla:k..] 形 (entscheidend) 決定的な(→Ausschlag 1 b): von ~*er* Bedeutung sein 決定的な意味をもつ | die ~*e* Stimme キャスティングボート, 決定票 ‖ ~ für die Entscheidung sein 決定を左右する〔力をもつ〕.

aus|schläm·men[áʊsʃlɛmən] 他 (h) (…の)泥をさらう, 浚渫(しゅんせつ)する.

aus|schlecken[áʊsʃlɛkən] =auslecken

aus|schlei·chen*[áʊsʃlaɪçən] 《139》 他 (h) (↔ einschleichen) 〘医〙(投薬などを)しだいに減らす.

aus|schlei·fen*[áʊsʃlaɪfən] 《140》 他 (h) 十分に研ぐ; 研ぎくぼめる; 研いで取り除く.

aus|schlei·men[áʊsʃlaɪmən] 他 (h) 再帰 *sich*[4] ~ 《話》(長々と)しゃべりまくる; 《卑》(性交して)精液を出す.

aus|schleu·dern[áʊsʃlɔʏdərn] 《05》 **I** 他 (h) **1** 終わりまで投げる, 投げ終わる〈尽くす〉. **2** 投げ出す; 射出する: Laven ~ 溶岩を噴出する. **II** 自 (h) (洗濯機などが)回転し終わる.

aus|schleu·sen[áʊsʃlɔʏzən][1] 《02》 **I** 他 (h) (船を)水門を通して出す; 《比》(動きのとれなくなった車などを)うまく〔導き〕出す. **II** 自 (s) (船が)水門を通って出る.

aus|schlie·ßen*[áʊsʃli:sən] 《143》 **I** 他 (h) (↔ einschließen) **1 a**) 《*jn.*》(家などから)しめ出す: Er hat mich *ausgeschlossen.* 彼は私を〔家から〕しめ出してしまった ‖ 再帰 *sich*[4] ~ (間違って)しめ出されてしまう, 家の中に入れなくなる.

b) 《*jn.* 〈*et.*[4]〉 von *et.*[3]》(…を…から)除外する; (…を…に)参加させない; 〘スポ〙失格にする: *jn.* vom Ausflug ~ …を遠足に参加させない | *jn.* vom Universitätsstudium ~ …を大学に入学させない; …を退学〈停学〉にする | *jn.* von einem Recht ~ …にある権利を認めない | die Öffentlichkeit von einer Gerichtsverhandlung ~ 裁判を非公開にする | Ausländer sind von der Bewerbung um diese Stelle *ausgeschlossen.* 外国人はこの職に応募〈就任〉できない | Von diesem Vorwurf *schließe* ich niemanden *aus.* この私の非難を免れる者は一人もいない | Strümpfe sind vom Umtausch *ausgeschlossen.* 靴下はお取り替えいたしません(売り場のビラなどで) ‖ 再帰 *sich*[4] [von *et.*[3]] ~ 〔…に〕参加しない; 自分を〔…の〕例外とする | Du *schließt* dich von 〈bei〉 unseren Veranstaltungen immer *aus.* 君は我々の催し物に参加したことはないね | Wir machen alle Fehler, ich *schließe* mich gar nicht *aus.* 我々は皆あやまちを犯す. 私も決して例外ではない.

c) 《*jn.* aus *et.*[3]》(…を組織などから)除名〈追放〉する; 〘数〙(未知数を)消去する: *jn.* aus der Partei 〈dem Verein〉 ~ …を党〈協会〉から除名する ‖ 再帰 *sich*[4] [durch *et.*[4]] aus *et.*[3] ~ 〔…のために〕…から除名される | Er hat sich durch sein abstoßendes Benehmen aus der Gesellschaft *ausgeschlossen.* 彼はその不愉快な振舞いのために社交界からしめ出された.

2 《*et.*[4]》不可能にする, 排除する(→ausgeschlossen II): Das eine *schließt* das andere *aus.* 一方をたてれば他方がたたない | Das Mißverständnis *schließt* jede Zusammenarbeit *aus.* この誤解のために一切の共同作業が不可能になっている | Dieser Umstand *schließt* jede Rücksichtnahme 〈Bevorzugung〉 *aus.* こういう事情のもとでは特別の配慮〈優遇〉をするわけにはいかない ‖ 再帰 *sich*[4] [gegenseitig] ~ 〔相互に〕排除しあう, 両立しない | Diese zwei Auffassungen *schließen* sich *aus.* この二つの解釈〈見解〉は両立しない.

3 〘印〙(込め物を組み込んで)各行の終わりを一直線にそろえる.

II aus·ge·schlos·sen → 別出 [◇Ausschluß]

aus·schließ·lich[áʊsʃli:slɪç, ⌐⌐◡, −⌐◡] **I** 形 《比較変化なし; 付加語的》もっぱらの, 独占的な, 専有の: das ~*e* Recht auf *et.*[4] 〈zu *et.*[3]〉 haben …の独占権を有する | Der Wagen steht zu Ihrer ~*en* Verfügung. 車はあなたひとりで自由に使ってください | Sein ~*es* Anliegen war die Klärung des Sachverhaltes. 事態の究明が彼の唯一の関心事だった.

II 副 **1** (nur) ただ(→I): ~ für *seine* Familie leben ひたすら家族のために生きる | Das ist ~ *sein* eigener Besitz. これは彼だけのものだ | Er ist ~ Gelehrter. 彼は学者でしかない.

2 (略 ausschl.) 《後置して》(↔einschließlich) (最後の一つを)除いて: bis zur Seite 20 ~ (第20ページを除き) 19ページまで | bis zum Monat Dezember ~ (12月を除き) 11月まで.

III 前 (略 ausschl.) 《2格支配; ただし名詞が冠詞・形容詞を伴わないときは単数では無変化, 複数では3格》(↔einschließlich) (ohne) …を除いて: Der Preis beträgt ~ Porto 〈des Portos〉 sechs Mark. 価格は送料別で6マルクだ | das Mobiliar ~ Tischen und Stühlen テーブルやいす以外の家具.

Aus·schließ·lich·keit[..kaɪt, ⌐⌐◡−, −⌐◡−] 女 -/-en 《ふつう単数で》排他, 独占, 専有; 専心.

Aus·schlie·ßung[..sʊŋ] 女 -/-en **1** =Ausschluß 1 **2** 〘印〙行そろえ.

Aus·schlupf[áʊsʃlʊpf] 男 -[e]s/..schlüpfe[..ʃlʏpfə] 抜け穴, 逃れ口.

aus|schlüp·fen[áusʃlʏpfən] 自 (s) (するりと)抜け出す; (ひなが卵から・成虫がさなぎから)はい出る.

aus|schlür·fen[áusʃlʏrfən] 他 (h) すすりつくす: eine Tasse ～ すすって茶わんをからにする | *seinen* Tee ～ 茶わんの紅茶をすすりつくす.

Aus·schluß[áusʃlʊs] 男 ..schlusses/..schlüsse[..ʃlʏsə] **1 a)** 除外; 除名, 追放; 〘ｽﾎﾟ〙 失格; 〘法〙 除斥: ～ aus der Kirchengemeinschaft 教会からの破門 | ～ aus der Partei 党からの除名 | ～ vom Schulbuch 退学〈除籍〉処分; 入学不許可 ‖ ᵛmit *js.* ～ / mit ～ von *jm.* …を除いて | ohne ～ der Öffentlichkeit 公開で ‖ **unter ～ der Öffentlichkeit** (裁判などが)非公開(傍聴禁止)で. **b)** (可能性などの)排除: nach ～ jedes Zweifels 一切の疑念を解いてから. **2** 〘印〙 スペース(込め物の一種). [<ausschließen]

Aus·schluß≠frist 女 除斥期間. **≠ka·sten** 男 〘印〙 スペースケース. **≠ta·ste** 女 〘印〙 (鋳植機の)スペースバー.

aus|schmei·ßen*[áusʃmaɪsən] 《145》 他 (h) 《*jn.*》 追い出す, 放逐する.

aus|schmel·zen⁽*⁾[áusʃmɛltsən] 《146》 他 (h) **1** (脂肪などを)十分に溶かす. **2** 〘金属〙 凝離〈溶析〉する.

aus|schmie·ren[áusʃmi:rən] 他 (h) **1** 塗りこめる: Fugen ～ 〘工〙 継ぎ目を塗りつぶす | eine Pfanne mit Fett ～ なべの内側に油をひく | ein Wort ～ 語を塗りつぶして消す. **2** 《話》 (betrügen) だます, ぺてんにかける. **3** 《話》 (verraten) (秘密などを)もらす, 口走る. **4** 《方》 (schelten) しかりつける; (…に)ずけずけ言う.

aus|schmücken[áusʃmʏkən] 他 (h) 飾り立てる; (話に)尾ひれをつける: einen Saal mit Blumen ～ 広間を花で飾り立てる | ein Kleid ～ 服に飾りをつける.

Aus·schmückung[..kʊŋ] 女 -/-en 飾り〔立て〕, 装飾; 修飾, (話などの)尾ひれ.

aus|schmug·geln[áusʃmʊgəln] 《06》 他 (h) (↔ einschmuggeln) 密輸出する; こっそり持ち出す: einen Brief aus dem Gefängnis ～ 手紙を刑務所からひそかに持ち出す.

aus|schnap·pen[áusʃnapən] 自 **1** (s) (↔einschnappen) (錠などが)パチン〈カチャリ〉と外れる〈開く〉. **2** (h) 《話》 (さんざん怒って)腹の虫がおさまる.

aus|schnau·ben⁽*⁾[áusʃnaʊbən]¹ 《147》 **I** 他 (h) 鼻から噴き出す: 再帰 *sich*⁴ ～ 《方》 鼻をかむ.
II 自 (h) **1** 《方》 鼻をかむ. **2** 《雅》 鼻息を荒くする.

aus|schnau·fen[áusʃnaʊfən] 自 (h) 《南部》 息をつぐ, 一息入れる, 一休みする.

Aus·schnei·de≠bild[áusʃnaɪdə..] 中 (おもちゃとしての)切り紙細工の絵. **≠bo·gen** 男 (絵を印刷した)切り紙用紙. **≠kunst** 女 -/ 切り紙細工, 紙切り.

aus|schnei·den*[áusʃnaɪdən]¹ 《148》 **I** 他 (h) **1** 切り抜く〈取る〉: 〔*sich*³〕 eine Annonce aus einer Zeitung ～ 新聞の公告を切り抜く | faule Äpfel ～ 腐ったリンゴを摘み取る | Bäume ～ 樹木の枝打ちをする | ein Geschwür ～ 〘医〙 潰瘍(かいよう)を切除する | *jm.* das Haar ～ …の髪のむだ毛をそぎばさみで切る | Sterne aus dem Buntpapier ～ 色紙を星形に切る | ein Teil aus dem Film ～ 映画の一部をカットする. **2** 〘服飾〙 (服の)襟ぐりを深く〈大きく〉裁断する(→ausgeschnitten II). **3** (布を)切り売りする.
II aus·ge·schnit·ten → 別出

Aus·schnei·de·pup·pe 女 (おもちゃの)切り紙人形.

aus|schneu·zen[áusʃnɔʏtsən] 《02》 他 (h) **1** 〔*sich*³〕 die Nase ～ / 再帰 *sich*⁴ ～ (十分に)鼻をかむ. **2** (ろうそくを)芯(しん)を切って消す.

Aus·schnitt[áusʃnɪt] 男 -〔e〕s/-e **1** 〘服飾〙 くり(襟ぐり・袖(そで)ぐりなど): eine Bluse mit rundem 〈spitzem〉 ～ ラウンドネック〈V ネック〉のブラウス | ein Abendkleid mit tiefem ～ ローネックのイブニングドレス. **2 a)** 切り抜き; 〘美〙 部分〔図〕; (写真の)トリミング; 《比》 抜粋, ひとこま, 一端, 一断面: der ～ 〔aus〕 einer Kugel 〘数〙 球底円錐(すい)(→ 図 Kugel) | der ～ aus einem Kreis 〘数〙 扇形(→ 図 Kreis) | *sich*³ ～*e* aus Zeitungen machen 新聞を切り抜く. ᵛ**b)** 〘商〙 (生地などの)切り売り. **3** ausschneiden すること.

Aus·schnitt≠bü·ro =Zeitungsausschnittbüro **≠sticke·rei** 女 〘服飾〙 カットワーク. **≠ver·grö·ße·rung** 女 〘写〙 部分引き延ばし.

aus|schnit·zen[áusʃnɪtsən] 《02》 他 (h) 彫って浮き出させる.

aus|schnüf·feln[áusʃnʏfəln] 《06》 他 (h) 《話》 (秘密などを)かぎつける.

aus|schöp·fen[áusʃœpfən] 他 (h) くみ出す〈尽くす〉; 《比》 利用し尽くす: einen Brunnen 〈einen Kahn〉 ～ / das Wasser aus einem Brunnen 〈aus einem Kahn〉 ～ 泉の〈小舟にたまった〉水をかい出す | die Kapazität eines Betriebes ～ 企業の全能力を発揮させる | alle Möglichkeiten ～ あらゆる手段を尽くす.

aus|schop·pen[áusʃɔpən] 《ｵｰｽﾄﾘｱ》 =ausstopfen [<*ahd.* schoppōn „stopfen" (◇Schaub)]

aus|schrau·ben[áusʃraʊbən]¹ 他 (h) (↔ einschrauben) ねじって抜き取る: eine Birne ～ 電球を外す ‖ 再帰 *sich*⁴ ～ (ねじが)ゆるむ.

aus|schrei·ben*[áusʃraɪbən]¹ 《152》 **I** 他 (h) **1 a)** (姓名などを)省略しないで〈完全に〉つづる; (数を)数字でなく文字でつづる(100を hundert というふうに); 〘楽〙 (装飾音などを)記号でなく音符で明示する. **b)** (手紙などを)書きあげる; (ノートなどを)終わりまで書く. **c)** 再帰 *sich*⁴ ～ (乱作などして)創作力が衰える. **2** (文章を)作成する, 書いて渡す: einen Krankenschein ～ 診断書を書く | einen Scheck ～ 小切手を振り出す | *jm.* eine Vollmacht ～ …に全権委任状を書く. **3** 公募する, (徴募のために)公示〈掲示〉する, 新聞広告する, 通知する: eine Belohnung ～ 賞金をかける | einen Hund ～ 犬を譲るという広告を出す | Lieferungen 〈einen Wettbewerb für Architekten〉 ～ 入札〈建築コンテスト〉参加者を公募する | in der Zeitung Stellen ～ 新聞に求人広告を出す | Steuern ～ 税の確定額を通告する | die Wahl für April ～ 選挙の 4 月施行を公示する | eine Wohnung ～ 貸家の広告を出す ‖ *sich*⁴ um die *ausgeschriebene* Stelle bewerben 公募された職に応募する. **4** 抜き書きする, (必要な個所を)書き写す; (作品・作家を)盗作する: die Stimmen aus der Partitur ～ 〘楽〙 総譜から各声部を抜き出して写譜する. **II aus·ge·schrie·ben** → 別出

Aus·schrei·ber[..bər] 男 -s/- (ausschreiben する人. 例えば:) 写譜係; 盗作者.

Aus·schrei·bung[..bʊŋ] 女 -/-en (ausschreiben すること. 例えば:) (徴募などのための)公示, 掲示; 通知, 通告; 〔新聞〕広告; 公募: die ～ einer Stelle (職の)欠員公募 | die ～ von Steuern 税の確定通知 | die ～ von Wahlen 選挙の公示 | die ～ eines Wettbewerbs コンテストの広告.

aus|schrei·en*[áusʃraɪən] 《153》 **I** 他 (h) **1** (商品を)呼び売りする. **2** 叫んで〈大声で〉知らせる; 大げさに言いふらす. **3 a)** 再帰 *sich*⁴ ～ (幼児などが)泣き疲れるまで泣く. **b)** 再帰 *sich*⁴ den Hals 〈die Kehle / die Lunge〉 ～ (→Hals 3 a, →Kehle 1, →Lunge). **II** 自 (h) 叫びやむ.

Aus·schrei·er[..ʃraɪər] 男 -s/- =Ausrufer

aus|schrei·ten*[áusʃraɪtən] 《154》 **I** 自 (s) **1** 大またで進む: tüchtig 〈rüstig〉 ～ ぐんぐん前進する. **2** 《gegen *jn.*》 乱暴を働く; はめを外す. ᵛ**3** 逸脱する. **II** 他 (h) **1** 歩測する. **2** (…について)検討する: den Kreis der Möglichkeiten ～ あらゆる可能性を考えてみる.

Aus·schrei·tung[..tʊŋ] 女 -/-en **1** 《ふつう複数で》 不法行為, 暴行, 狼藉(ろうぜき): ～*en* gegen *jn.* begehen …に乱暴を働く. **2** 行き過ぎ, 逸脱.

aus|schro·ten[áusʃro:tən] 《01》 他 (h) 《ｵｰｽﾄﾘｱ》 **1** (肉を売るために)切り分ける, 細切りにする; 粗挽(あらびき)する, ひいて砕く. **2** (たるを)丸太で転がし出す. **3** 《比》 (ausschlachten) (事件などを)利用し尽くす.

Aus·schu·hen[áusʃu:ən] 中 -s/ (牛・馬などのひづめの)角質剝離(はくり). [<Schuh]

aus|schu·len[áusʃu:lən] 他 (h) (親が子供を)退学させる; 《ｵｰｽﾄﾘｱ》 転校させる. [<Schule]

Aus·schu·lung[..lʊŋ] 女 -/-en 退学; 《ｵｰｽﾄﾘｱ》 転校.

Aus·schuß[áusʃʊs] 男 ..schusses/..schüsse[..ʃʏsə] **1** (略 Aussch.) (Komitee) 委員会: ein ständiger 〈vor-

A

bereitender〉 ~ 常置〈準備〉委員会 | einen ~ bilden 〈wählen〉 委員会を設ける〈選出する〉| Ein ~ konstituiert sich 〈tritt zusammen〉. 委員会が構成される〈開かれる〉. **2** 《単数で》〖商〗傷物, 粗悪品; (えり出された)くず: den ~ aussortieren 傷物をはねる. **3 a)** (↔Einschuß)〖医〗(貫通銃弾の)射出口. **b)** 射撃場. **4** (Schößling) 若枝. **5** 〖建〗張り出し. [<ausschießen]

Aus·schuß≠mit·glied 中 委員. **≠öff·nung** 女 =Ausschuß 3 a **≠pa·pier** 中 ほご, 紙くず. **≠sei·te** 女〖工〗(限界ゲージの) 止まり側. **≠sit·zung** 女 委員会〔の会議〕. **≠stel·le** 女 =Ausschuß 3 a **≠wa·re** 女〖商〗傷物, 不良品. **≠wun·de** 女 =Ausschuß 3 a

aus|schüt·teln[áusʃʏtəln]《06》他 (h)(ちりなどを)振って払う, 振り清める;〖化〗振出〈浸盪(しんとう)分離〉する: die Kleider 〈den Staub aus den Kleidern〉 ~ 衣服のちりを払い落とす.

aus|schüt·ten[áusʃʏtən]《01》他 (h) **1** (↔einschütten)(容器〔の中身〕を)あける, こぼす;《比》(不満などを)ぶちまける: einen Sack 〔Korn〕 ~ 袋〔の穀粒〕をあける | Gaben über *jn.* ~《雅》(神などが)…に才能を恵む | das Kind mit dem Bade ~ (→Kind) ‖ *jm. sein* Herz 〈*seinen* Kummer〉 ~ …に心中の悩みをぶちまける ‖ 再帰 *sich*[4] ~ 心中〔の悩み〕を洗いざらいしゃべる | *sich*[4] vor Lachen ~ (→lachen II). **2**〖商〗(益金を)配分〈配当〉する;《戯》(金を)出す.

Aus·schüt·tung[..tʊŋ] 女 -/-en **1**〖商〗**a)** (益金の)配分, 配当: zur ~ kommen 配分〈配当〉される. **b)** 配当金. **2** eine radioaktive ~〖理〗放射性降下〈拡散〉物.

aus|schwär·men[áusʃvɛrmən] **I** 自 **1** (s) **a)** (ミツバチが)群がり飛び立つ, 分封する. **b)** (群衆が)ばらばらに散る;〖軍〗散開する. **2** (h)(ミツバチが)巣立ちを終える;《比》道楽をし終える. **II** 他 (h)(酔いなどを)騒いで追い払う〈さます〉.

aus|schwat·zen[áusʃvatsən](方: **aus|schwät·zen** [..ʃvɛtsən])《02》**I** 他 (h) **1** (秘密を)口走る. **2** 再帰 *sich*[4] ~ 存分にしゃべる. **II** 自 (h) しゃべり終える.

aus|schwe·ben[áusʃve:bən][1] 自 (s)〖空〗水平飛行にはいる.

aus|schwe·feln[áusʃve:fəln]《06》他 (h)(硫黄で)いぶし出す; いぶして消毒する.

aus|schwei·fen[áusʃvaɪfən] **I** 自 **1** (s) はめを外す, 度を過ごす: in *seinen* Gefühlen ~ 感情に走る | im Trinken ~ 酒におぼれる. **2** (s)(話などで)脱線する. **3** (h)(家具の脚などが)弓形に反っている. **II** 他 (h) **1** (家具の脚などを)弓形に反らせる: ein Stuhl mit *ausgeschweiften* Beinen 脚に反りのある腰掛け | *ausgeschweifter* Blattrand〖植〗うねり型の葉縁(→ 図 Blatt). **2** (auswaschen)(容器などを)洗いすすぐ. **III aus·schwei·fend** 現分 形 はめを外した, したい放題の, 自堕落な; 極端な: eine ~*e* Phantasie 勝手気ままな空想 | ein ~*es* Leben führen / ~ leben 自堕落な生活をする.

Aus·schwei·fung[..fʊŋ] 女 -/-en **1 a)** したい放題, はめ外し; 放埒(ほうらつ), 耽溺(たんでき): in ~ leben 自堕落な生活をする. ▽**b)** (Abschweifung) 逸脱,(話などの)脱線. **2** (家具の脚などの)反り返り, 弓形カーブ.

aus|schwei·gen*[áusʃvaɪgən][1]《158》他 (h) 再帰 *sich*[4] 〔über *et.*[4]〕 ~ 〔…について〕沈黙し通す.

aus|schwem·men[áusʃvɛmən] 他 (h) 洗い流す; (河床などを)洗掘する, さらう: eine Wunde ~ 傷口の汚れを洗う.

aus|schwen·ken[áusʃvɛŋkən] **I** 他 (h) **1** 振り〈すすぎ〉洗いする: eine Flasche ~ 瓶をすすぐ; 瓶を振って水を切る | *sich*[3] die Gurgel 〈die Kehle〉 ~《話》のどを湿らす, 軽く酒を飲む. **2**〖工〗(クレーンの)腕を外へ旋回する;〖海〗(ボートを)舷外(げんがい)へ下ろす. **II** 自 (s) 向きを変えて進む.

aus|schwin·gen*[áusʃvɪŋən]《162》**I** 自 (h) **1 a)** (振り子・弦・鐘などが)振動しやむ; (ausklingen)(旋律などが)響きやむ. **b)**《雅》(auslaufen)(山・森などが末端部になって)〔しだいに〕果てる. **c)**《ス1》(スイス式レスリングの)決勝戦を戦う. **2 a)**〖テニ〗振り抜く;〖体操〗(鉄棒などで体が)振り出される;〖スキ〗テールを左右に振る;〖海〗(船の起重機などが)突き出される. **b)**《雅》(丘などが)大きく広がり出る. **c)** (大きな鳥などが木から)飛び立つ. **II** 他 (h) **1**〖体操〗(手・足などを)振り出す: 再帰 *sich*[4] ~ 体を振り出す. **2**〖海〗(カッターなどを)水上に下ろす.

aus|schwit·zen[áusʃvɪtsən]《02》**I** 他 (h) **1** (表面に)しみ出させる: Harz ~ (木が)やにを出す | Die Mauern *schwitzen* Feuchtigkeit *aus.* 壁面に湿気が浮き出る. **2** (風邪などを)発汗療法で追い出す: *seine* Erkältung tüchtig ~ たっぷり汗をかいて風邪を治す. **3**〖料理〗(小麦粉・タマネギなどを)炒(い)る. **II** 自 **1** (s)(汗などが)しみ出る. **2** (h) 発汗し尽くす.

Aus·schwit·zung[..tsʊŋ] 女 -/-en (ausschwitzen すること. 特に:)〖医〗発汗; 浸出〔物〕.

Au·ße[áusə] 女 -/《話》外出許可. [<aus]

aus|se·geln[áusze:gəln]《06》**I** 自 (s) **1** (帆船が)出航する. **2**《北部》流し網を流す. **II** 他 (h) **1** (ヨットなどの)帆をいっぱいに使う. **2**〖スポ〗**a)** (相手〔のヨット〕を)負かす, 追い抜く. **b)** einen Preis ~ 帆走競技で賞を取る. **3** (岬・砂州・他船などを)かわす.

aus|seg·nen[áusze:gnən]《01》他 (h) **1**《*jn.*》(牧師が…の)ために祈る: eine Wöchnerin ~ 産後の母親のために感謝礼拝をする | einen Verstorbenen ~ (埋葬に際して)死者に最後の祝福を与える. **2** (weihen)《*et.*[4]》〖カトリック〗聖別する: ein neues Krankenhaus ~ 病院の落成式の際に聖別をする.

Aus·seg·nung[..nʊŋ] 女 -/-en〖宗〗聖別, 祝別.

aus|se·hen*[áusze:ən]《164》**I** 自 (h) **1**《様態を示す語句と》(…の) 外観を呈する,(…のように) 見える,(…の) 印象を与える; (…のような) 顔をしている; (…の) 様子である, …しそうである: gut ~ ハンサム〈きれい〉である; よく〈健康そうに〉見える | gut zu *et.*[3] ~ …によくうつる〈合う〉| faul ~ 怠け者のように見える; (物事の様子などが)おかしい, 変である, 怪しい | verändert ~ 変わって見える | geküßt ~ (→küssen) | verboten ~ (→verboten 2) ‖ ein verdächtig *aussehendes* Individuum うさんくさいやつ ‖ zum Fürchten ~ 恐ろしい格好をしている | wie Silber 〈ein Bulldog〉 ~ 銀のような外見〈ブルドッグのような顔付〉をしている | wie ausgeschissen ~ (→ausscheißen I) | wie geleckt ~ (→geleckt II) | wie das blühende Leben ~ (→Leben 1) | wie Milch und Blut ~ (→Milch 1 a) ‖ Wie du bloß *aussiehst*! 何という格好〈顔つき・顔色〉だ | Das *sieht* bloß so *aus.* それはただそう見えるだけだ | Er *sieht aus,* als ob er kein Wässerchen trüben könnte. 彼は虫一匹殺せないような顔をしている | **So** *siehst* **du aus!**《反語》(君はそのつもりらしいが)そうは問屋がおろさない, おあいにくさま ‖ 非人称 Es *sieht* **mit** *jm.* gut 〈schlecht〉 *aus.* …の具合は良さそう〈悪そう〉だ | Damit *sieht* es windig *aus.* それは当てにならない ‖〖**nach** *et.*[3] aussehen の形で〗Der Himmel *sieht* nach Regen *aus.* 空は雨模様だ | Danach *siehst* du gerade *aus.*《反語》君にそんなことができるものか | ***Sehe* ich danach *aus?***《話》私はそんなふうに見えるかね ‖ **nach etwas ~** (服などが)見ばえがする | **nach nichts ~** i) (服などが)ぱっとしない; ii) (実際はむずかしいが)やさしいことのように見える ‖ 非人称 Es *sieht* nach Regen *aus.* 雨模様だ | Es *sieht* danach *aus,* als ob ... …のように思われる. **2**《nach *jm.* 〈*et.*[3]〉》(…が見えないかと期待しながら)見る, 見張る, 気をつける: nach dem Wetter ~ 空を見て天気を予想する ‖〖結果を示す語句と〗Sie *sah* sich[3] nach ihm die Augen *aus.* 彼女は目をさらにして彼を捜した.

II Aus·se·hen 中 -s/ 外観; 様子; 容姿, 風采(ふうさい); 顔貌(がんぼう);〖工〗仕上げ; ▽(Anschein) 見かけ, 見せかけ, うわべ: ein Mann von gesundem ~ 健康そうな男 | Er hat nicht das ~ eines reichen Mannes. 彼は金持ちらしく見えない | Er hat ganz das ~ danach. 彼はいかにもそれらしい | Das Zimmer hat dadurch ein ganz anderes ~ bekommen. 部屋はそれで全く違う外観となった ‖ **dem ~ nach** 一見したところ, うわべは | *jn.* nach *seinem* ~ beurteilen …を見かけで判断する | *sich*[3] das ~ eines Künstlers geben 芸術家を気取る. [◇Aussicht]

aus|sei·hen[áuszaɪən] 他 (h) 濾過(ろか)して除く; 濾過して空にする.

aus|sein*[áuszaın]《165》自 (s) **1** 終わっている; 尽きて〈消えて〉いる: Der Krieg 〈Die Schule〉 *ist aus.* 戦争〈授業〉はすんだ | Das Licht *ist aus.* 明かりは消えた | Der Ofen *ist aus.* (→Ofen 1) | Das Spiel *ist aus.* (→Spiel 5 a) | Der Vorrat *ist aus.* 蓄えはなくなった ‖ 非人称 Jetzt *ist* es 〈alles〉 *aus.* もう処置なしだ, 万事休す | Damit *ist* es jetzt *aus.* それはもう終わり〈打ち切り〉だ | Es *ist aus* mit ihm. 彼はもうおしまいだ; 彼は死んだ | Es *ist aus* zwischen ihnen. 彼らの仲はもうおしまいだ. **2** (ausgegangen sein) 外出中である; 〘ｽﾎﾟ〙 アウト〈失格〉である: Er ist gestern *ausgewesen.* 彼はきのうは留守だった. **3**《auf *et.*[4]》欲しがって〈追い求めて〉いる: auf einen Posten 〈*seinen* Vorteil〉 ～ ある地位〈自己の利益〉をねらっている | Er *war* darauf *aus,* mich zu betrügen. 彼は私をだまそうとかかっていた.

★ 不定詞・分詞以外はふつう 2 語に書く: wenn das Kino *aus ist* 映画が終わったら.

au·ßen[áusən] **I** 副 **1** (↔innen) 外(ｿﾄ)に〈で〉, 外側〈外部〉に〈で〉: Der Kasten ist ～ und innen grün. その箱は外側も内側も緑色である | einen Zettel ～ an die Tür heften 紙片をドアの外側にはる | *Außen* hui, innen pfui. (→hui I 2) ‖ ～ laufen (トラック競技で)アウトコースを走る | Er spielt ～. 〘ｻｯｶｰ〙 彼はウィングの位置でプレーする(→II) | ～ **vor bleiben**《北部》無視されて〈なおざりにされて〉いる | *jn.* 〈*et.*[4]〉 ～ **vor lassen**《北部》…を顧慮しない, …を無視する ‖ **nach** ～ 外〔側〕へ | nach ～ hin 外へ向かって | Nach ～ hin wirkte er ganz ruhig. 外見からは彼は落ち着きはらっているように見えた | Die Tür geht nach ～ auf. ドアは外開きである | die rauhe Seite nach ～ kehren《比》ことさら粗暴〈無遠慮〉に振舞う | auf Wirkung nach ～ 〔hin〕 bedacht sein 外面的効果を念頭に置いている | **von** ～ 外〔側〕から | die Tür von ～ zuschließen ドアに外から錠をおろす | die Tür von ～ zumachen (→Tür) | Er hat Hilfe von ～ nötig. 彼は他人の援助が必要である | Das Geräusch kam von ～ 〔her〕. 物音は外からのものだった. **2**《ｵｰｽﾄﾘｱ》(draußen) 戸外〈屋外〉で: Er war ～ im Garten. 彼は庭に出ていた.

★äußer の副詞的用法にあたる.

II Au·ßen 1 男 -/- 〘ｻｯｶｰ〙 ウイング: Er spielt 〔als〕 ～. 彼はウイングである(→I 1). **2** 中 -/ 外側, 外部.

[*germ.*; ◇aus]

Au·ßen⸗amt 中 外務省. **⸗an·sicht** 女 外観. **⸗an·ten·ne** 女 屋外〈外部〉アンテナ. **⸗ar·bei·ten** 複 屋外〈外部〉作業. **⸗auf·nah·me** 女 -/-n 戸外撮影;《ふつう複数で》〘映〙 ロケーション. **⸗backen·brem·se** 女 〘工〙 外シュー=ブレーキ. **⸗bahn** 女 〘ｽﾎﾟ〙 外側のコース, アウトコース. **⸗be·leuch·tung** 女 屋外照明. **⸗ber·me** 女 (堤防の)表小段(→ ⑳ Deich). **⸗be·zirk** 男 (町などの)周辺地区: ～*e* einer Stadt 郊外. **⸗bor·der** [..bɔrdər] 男 -s/-《話》 **1** 舷外(ｹﾞﾝｶﾞｲ)〈船外〉エンジン付きの舟. **2** ＝Außenbordmotor

Au·ßen·bord·mo·tor 男 〘海〙 舷外〈船外〉エンジン.

au·ßen·bords 副 (↔binnenbords) 〘海〙 舷外(ｹﾞﾝｶﾞｲ)〈船外〉に〈で〉.

Au·ßen⸗bö·schung 女 (城郭などの)外崖(ｶﾞｲｶﾞｲ), 外障壁. **⸗deich** 男 (↔Binnendeich) 外堤; 堤外地.

aus|sen·den[(*)][áuszɛndən][1]《166》他 (h) **1**《不規則変化》派遣する: eine Expedition ～ 調査団を派遣する | einen Boten nach *jm.* ～ 使いを送って…を呼びにやる | *jn.* auf Kundschaft ～ …を偵察に出す. **2**《規則変化》《01》(ausstrahlen) 〘理〙 (光線などを)放射〈発散〉する; 〘電〙 発信〈放送〉する: Uran *sendet* radioaktive Strahlen *aus.* ウランは放射線を出す.

Au·ßen⸗dienst[áusən..] 男 -〔e〕s/ 外勤; (外交官などの)外地勤務; 〘軍〙 営外〈野外〉勤務. **⸗ding** 中 -〔e〕s-/e **1**《ふつう複数で》(人間から見て)外界の事物. ▽**2** (表面的な)どうでもいい事物.

Aus·sen·dung[áuszɛndʊŋ] 女 -/-en **1** aussenden すること. **2**《ｵｰｽﾄﾘｱ》(Rundschreiben) 回状, 通達, 告示. **3** (Postsendung) 郵送物.

Au·ßen⸗flä·che[áusən..] 女 外側の面. **⸗ha·fen** 男 外港. **⸗han·del** 男 -s/ (↔Binnenhandel) 外国貿易, 通商.

Au·ßen·han·dels⸗bi·lanz 女 貿易収支〔決算〕. **⸗de·fi·zit** 中 貿易赤字. **⸗po·li·tik** 女 貿易〈通商〉政策. **⸗über·schuß** 男 貿易黒字.

Au·ßen⸗haut 女 (船・飛行機などの)外殻. **⸗lan·dung** 女 〘空〙 場外着陸. **⸗läu·fer** 男 〘球技〙 レフト〈ライト〉ハーフバック.

au·ßen·lie·gend 形《付加語的》外側〈外部〉にある; 中心から外れた, へんぴな.

Au·ßen⸗li·nie[..niə] 女 **1** 輪郭, アウトライン. **2** 〘球技〙 アウトライン(コートを囲む線). **3** 〘軍〙 最終防御線. **⸗luft** 女 外気. **⸗mau·er** 女 外壁; 外壁の塀. **⸗mi·ni·ster** 男 外務大臣, 外相. **⸗mi·ni·ste·rium** 中 外務省. **⸗po·li·tik** 女 外交〔政策〕. **⸗po·li·ti·ker** 男 外交畑の政治家.

au·ßen·po·li·tisch 形 外交〔政策〕上の.

Au·ßen⸗po·sten 男 〘軍〙 前哨(ｾﾞﾝｼｮｳ). **⸗putz** 男 〘建〙 外壁モルタル. **⸗sei·te** 女 外側, 外面; 《比》外見.

Au·ßen·sei·ter 男 -s/- **1** アウトサイダー(常識社会・専門家グループなどの局外者), 一匹狼(ｵｵｶﾐ), つむじ曲がり. **2** 門外漢, しろうと. **3** 〘ｽﾎﾟ〙 勝ち目のない選手〈チーム〉; 〘競馬〙 穴馬. [*engl.* out-sider の翻訳借用(→Outsider)]

Au·ßen⸗ske·lett 中 〘動〙 外骨格. **⸗ski**[..ʃiː] 男 〘ｽｷｰ〙 (ターンのさいの)外(ｿﾄ)スキー. **⸗spie·gel** 男 (自動車の)サイドミラー. **⸗stän·de** 複 〘商〙 未回収金, 売掛金: ～ eintreiben 〈einziehen〉 売掛代金を回収する. **⸗ste·hen·de** 男 女《形容詞変化》部外者, 局外者, 第三者. **⸗stel·le** 女 支所, 出張所, 出先機関. **⸗stür·mer** 男 〘球技〙 アウトサイドフォワード, ウイング. **⸗ta·sche** 女 〘服飾〙 外ポケット. **⸗tem·pe·ra·tur** 女 外部の温度, 屋外気温. **⸗toi·let·te**[..toalɛtə] 女 住居外部にある便所. **⸗trep·pe** 女 屋外階段. **⸗tür** 女 屋外に通じるドア. **⸗vier·tel**[..fırtəl] 中 郊外住宅地区. **⸗wand** 女 外壁. **⸗welt** 女 -/ 外部の世界; 外界. **⸗wer·bung** 女 屋外〈野外〉広告. **⸗werk** 中 〘軍〙 外堡(ｶﾞｲﾎｳ), 出城(ﾃﾞｼﾞﾛ). **⸗win·kel** 男 〘数〙 外角. **⸗wirt·schaft** 女 -/ (↔Binnenwirtschaft) 対外〈国際〉経済〔関係〕.

au·ßen·wirt·schaft·lich 形 対外〈国際〉経済〔上〕の.

Au·ßen·wirt·schafts·bank 女 (旧ソ連の)対外経済銀行.

Au·ßen·zoll 男 (↔Binnenzoll) 国際〈域外〉関税.

au·ßer[áusər] 前 **I**《3格支配, ただし運動の方向を示すときは4格を支配することもある: →1》**1** (außerhalb) …の外で〈に〉, …の外部で〈に〉: 〘3格と〙～ Bett sein 病床を離れている; 起床している | ～ 〔dem〕 Haus〔e〕 essen 外食する | ～ Sicht 〈Hörweite〉 sein 視野〈聞こえる範囲〉の外にある | ～ Atem 〈Fassung〉 sein 息せき切って〈度を失って〉いる | ～ Dienst (略 a. D.) 退官〈退役〉した, 退職の | ein Beamter 〈ein Offizier〉 ～ Dienst 退職官吏〈退役将校〉 | ～ Frage sein 〈stehen〉 疑問の余地がない | ～ der Zeit kommen 規定時間外〈具合の悪いとき・時ならぬとき〉に来る | ～ ***sich***[3] **sein** (喜び・不安・怒りなどのために)我を忘れている ‖〘4格と〙～ ***sich***[4(3)] **geraten** 我を忘れる, 度を失う | Ich geriet vor Wut darüber ～ mich 〈mir〉. 私はそのことに激怒して思わずかっとなった | *et.*[4] ～ acht lassen …に注意しない, …を顧慮しない | eine Maschine ～ Betrieb setzen 機械を廃棄する | ein Schiff ～ Dienst stellen 船を廃船にする | *et.*[4] ～ allen Zweifel setzen …を絶対に疑問の余地のないものとして扱う.

2 a)《除外》(ausgenommen) …を除いて, …以外は: 〘3格と〙*Außer* ihm war niemand zu Hause. 彼のほかはだれも家にいなかった | Ich esse alles ～ Käse. チーズ以外なら何でも食べます ‖〘格支配の意識が薄れ, 接続詞的に: →3〙 Alle ～ dir 〈～ du〉 waren damit einverstanden. 君以外は皆それに賛成だった | Niemand kann mir helfen ～ ich selbst. 私には自分以外に頼れる者はない. **b)**《追加; しばしばさらに noch, auch などが付加されて》《3格と》…と並んで, …のほかに: *Außer* uns dreien waren zwanzig Leute zugegen. 我々3人以外にも20人がその場に居合わせた | *Au-*

ßer den beiden Jungen hat er **noch** ein kleines Mädchen. その二人の男の子のほか彼には小さな女の子もある | Er möchte ～ dem Gehalt **auch** einen Anteil am Gewinn haben. 彼は給料のほか 利益の配分にもあずかりたいと思っている.

3《副詞〔句〕や daß, wenn などに導かれる副文と結びついて; 格支配の意識が薄く, 接続詞とみなすこともできる》…を除き; …と並んで: ～ 〔an〕 den Werktagen auch noch am Sonntag ウイークデーのほかさらに日曜日にも | Du kannst gehen, wohin du willst, ～ dorthin, wo Warnschilder es verbieten. 禁止の立て札が立っている所以外ならどこへなりと好きな所へ行ってよろしい | Er war unversehrt, ～ daß er seinen Hut verloren hatte. 帽子をなくしたことを除けば彼は無事だった | Wir gehen täglich baden, ～ wenn es regnet. 雨が降れば別だが私たちは毎日泳ぎに行く | Sie ging nicht von seiner Seite, ～ um die Arzneimittel zu holen. 薬を取りに行くためのほかは彼女は彼のそばを離れなかった ‖ Du wirst wohl noch lange auf Hilfe warten müssen, ～ du hilfst dir selbst. 《話》君が自分でやる以外ほかからの援助はまだなかなか来そうにないぜ.

II 《2格支配; 今日ではもっぱら Land と》…の外へ(で): ～ Landes gehen 〈flüchten〉 国外へ行く〈逃亡する〉 | ～ Landes leben 国外で暮らす. [*germ.*; ◇aus]

außer.. 《ふつう後つづりとともに名詞につけて,「…外の」を意味する形容詞をつくる》: *außer*dienstlich 勤務〈職務〉外の | *außer*kirchlich 教会外の | *außer*parteilich 党外の.

äu·ßer[ɔ́ʏsər..] **I** 形《比較級なし; 最上級: **äu·ßerst** → 別出》《付加語的》(↔inner) 外部〈外側〉の; 外見上の; 国外〔関係〕の, 対外〈国際〉的な: die ～*e* Form 外形 | der ～*e* Markt 外国市場 | ein ～*er* Überfall 外敵の襲来 | eine ～*e* Ursache 外因 | eine ～*e* Verletzung 外傷.

☆副詞的には außen を用いる.

II Äu·ße·re 中《形容詞変化》外見, 外観; 国外〔関係〕: viel auf *sein* ～*s* geben 〈halten〉 体裁を気にする | *jn.* nach dem ～*n* 〈dem ～*n* nach〉 beurteilen …を外見で判断する ‖ der Minister des ～*n* 〈der *äußeren* Angelegenheiten〉 外務大臣, 外相.

[*ahd.*; ◇außer; *engl.* outer]

Au·ßer·acht≠las·sen[aʊsər|áxtlasən] 中 -s/ , **≠las·sung**[..sʊŋ] 女 -/ 注意〈顧慮〉しないこと. [＜Acht[2]]

au·ßer≠amt·lich[áʊsər..] 形 公務外の, 非公式の, 私的な. **≠be·ruf·lich** 形 職業外の, 本職外の.

au·ßer·dem[áʊsərde:m, ⌣⌣⌣́, ⌣́⌣⌣́] 副 そのほかに, それに加えて, おまけに: Ich habe keine Zeit und ～ auch keine Lust mitzukommen. 私は同行する暇もないし また同行したくもない | Mir fehlt die Zeit mitzukommen, 〔und〕 ～ bin ich auch noch erkältet. 私は同行する暇がないし おまけにかぜを引き込んでもいる ‖ ▽～ daß ... (→daß II 2).

au·ßer≠deutsch 形 ドイツ国外の; ドイツ以外の. **≠dienst·lich** 形 勤務〈職務〉外の; 非番の.

Äu·ße·re[ɔ́ʏsərə] →äußer II

au·ßer≠ehe·lich[áʊsər..] 形 結婚生活以外の; 正式の婚姻〈結婚〉によらない; (子供が)庶出の: ein ～*es* Kind 私生児; 《法》庶出子. **≠eu·ro·pä·isch** 形 ヨーロッパ外〈以外〉の. **≠fahr·plan·mä·ßig** 形 (列車などが)時刻表によらない, 臨時〈不定期〉の. **≠ga·lak·tisch** 形 《天》銀河系外の. **≠ge·richt·lich** 形 《法》裁判によらない. **≠ge·schäft·lich** 形 仕事の立場を離れた, 非公式〈個人的〉な. **≠ge·setz·lich** 形 超法規の.

au·ßer·ge·wöhn·lich[áʊsərgəvø:nlɪç, ⌣́⌣⌣–⌣, –⌣⌣⌣́⌣] 形 **1** 普通でない, 異常な: ein ～*es* Erlebnis 異常な体験 | ein ～*er* Mensch けたはずれの人. **2** 非凡な, 並外れた, 抜群の: eine ～*e* Leistung 抜群の業績. **3**《副詞的》非常に, きわめて: ～ nervös sein 極度に神経質である | ein ～ schönes Mädchen 際だって美しい女の子.

au·ßer·halb[áʊsərhalp] (↔innerhalb) **I** 前《2格支配; 前置詞 von を伴うこともある》…の外〈外側・外部・範囲外〉に〈で〉: ～ der Arbeitszeit 就労時間外に | weit ～ der Stadt 町のずっと外側に | Das liegt ～ meines Fachgebietes. それは私の専門外である | *sich*[4] ～ *et.*[2] stellen …の外に身を置く ‖ ～ Berlins / ～ von Berlin ベルリン市外で (→II). **II** 副 外〈外側〉に〈で〉; 屋外で: ～ wohnen 郊外に住んでいる | *sich*[4] ～ halten 局外にいる, 中立である | eine ～ liegende Frage 当面外の問題 | Es ist ～ heiß. 外は暑い ‖ ～ von Berlin sein ベルリンの〔郊〕外にいる (→I) ‖ nach ～ liefern 郊外〈国外〉に届ける | von ～ kommen 郊外〈国外〉から来る.

au·ßer≠häus·lich[áʊsər..] 形 家庭外〔で〕の. **≠ir·disch** 形 地球上以外の; 《雅》天国のような: eine ～*e* Station 宇宙ステーション. **≠kirch·lich** 形 教会外の; 教会以外の.

Au·ßer·kraft·set·zung[aʊsərkráft..] 女 -/-en (法律などを)失効させること (→Kraft 2 c).

Au·ßer·kurs·set·zung[..kʊ́rs..] 女 -/-en (通貨・証券などの)流通停止 (→Kurs 2 b).

äu·ßer·lich[ɔ́ʏsərlɪç] 形 (↔innerlich) **1** 外部〈外面〉の, 外見上の; 《比》外面的な, 皮相な: eine ～*e* Ähnlichkeit 外見上の類似 | ein ～*er* Mensch 浅薄な人 ‖ Seine Frömmigkeit ist nur ～. / Er ist nur ～ fromm. 彼の信心深さはうわべだけだ ‖ ～ gesehen 〈betrachtet〉 外側から見ると, 外見上は. **2** 《薬》外用の: Nur zu ～*em* Gebrauch! / 〔Nur〕 ～ 〔anzuwenden〕! (薬のラベルで) 外用.

Äu·ßer·lich·keit[–kaɪt] 女 -/-en 外面〈形式〉的なこと, 体裁; 《比》本質的でない〈どうでもいい〉こと: an ～*en* hängen / auf ～*en* sehen 見てくれにこだわる, 形式を重視する.

äu·ßerln[ɔ́ʏsərln] 自《オーストリア》《もっぱら次の成句で不定詞で》einen Hund ～ 〔führen〕 犬を散歩に連れ出す.

au·ßer·mit·tig[áʊsərmɪtɪç][2] ＝ausmittig.

äu·ßern[ɔ́ʏsərn] 《05》 他 (h) **1** (aussprechen) 述べる, 言葉に表す: *seine* Meinung 〈Bedenken〉 ～ 意見〈懸念〉を述べる ‖ 再帰 *sich*[4] über *et.*[4] 〈zu *et.*[3]〉 ～ …について〈…に対して〉意見を述べる | *sich*[4] freimütig ～ 率直に〈腹蔵なく〉意見を述べる | *sich*[4] über *jn.* abfällig ～ …について否定的な見解を表明する, …のことをけなす | Zu diesem Thema möchte ich mich nicht ～. このテーマに対しては意見を述べることをさしひかえたい. **2** (気持などを行動で)表す, 示す: *seine* Dankbarkeit durch *et.*[4] ～ …によって謝意を表する ‖ 再帰 *sich*[4] ～ 《様態を示す語句と》(…の形で)示される, 現れる | Seine Liebe *äußerte* sich als Mitleid. 彼の愛情は同情という形で現れた | Die Krankheit *äußert* sich zunächst durch hohes Fieber. この病気は最初は高熱によってその徴候が現れる. [*mhd.*; ◇außer; *engl.* utter]

au·ßer·or·dent·lich[áʊsər|ɔrdəntlɪç, ⌣́⌣⌣⌣⌣, –⌣⌣́⌣⌣] 形 **1** 正常でない, 異常な: eine ～*e* Begebenheit 異常なできごと. **2** 通常でない, 非常の, 特別の, 異例の, 臨時の: ～*e* Ausgaben 特別〈予算外〉支出 | der *Außerordentliche* Einspruch 《法》特別〈非常〉抗告 | das ～*e* Gericht 《法》特別法廷 | ～*er* Professor (略 ao. P., ao. Prof., a. o. Prof.) 員外教授, 助教授 | eine ～*e* Versammlung (定例でない)臨時集会. **3 a)** 非凡な, 並外れた, 抜群の: eine ～*e* Begabung 非凡な才能 | eine ～*e* Leistung 卓越した業績 | ein ～*er* Mensch 非凡な〈けた外れの〉人 ‖ *Außerordentliches* leisten 並外れたことをなしとげる. **b)** 《副詞的》非常に, きわめて: ～ wichtig sein 非常に重要である | Das tut mir ～ leid. それはまことにお気の毒です. [*lat.* extrā-ōrdinārius (→Extraordinarius) の翻訳借用]

Au·ßer·or·dent·lich·keit[..kaɪt] 女 -/ außerordentlich なこと.

au·ßer≠orts[áʊsər|ɔrts] 副《スイス・オーストリア》村落〈町村〉の外部で. **≠par·la·men·ta·risch** 形 議会〈議院〉外の: ～*e* Opposition 議会外反対派, 院外野党 (→APO). **≠par·tei·lich** 形 党外の. **≠plan·mä·ßig**[また: –⌣⌣́–⌣] 形 **1** (略 apl.) 臨時の, 予定外の, 枠外の: ～*er* Professor (略 apl. Prof.) 員外教授. **2** ＝außerfahrplanmäßig **≠schu·lisch**[また: –⌣⌣́⌣] 形 学校外〔で〕の.

äu·ßerst[ɔ́ʏsərst] 《äußer の最上級》形 **1**《付加語的》最も外部〈外側〉の: am ～*en* Ende der Stadt 町のいちばん外れに | die ～*e* Front 最前線 | im ～*en* Norden 北の果てに. **2**《述語的用法なし》極度の, 極限の; 最悪の: das ～*e*

Angebot（競売の）最高の付け値｜in ～*er* Gefahr sein きわめて危険である｜zum ～*en* Mittel greifen 非常手段をとる｜im ～*en* Fall 極端な場合には, 万一〈最悪〉の場合には（＝äußerstenfalls）｜der ～*e* Preis 底値｜der ～*e* Termin 最終期限｜mit ～*er* Vorsicht できるだけ慎重に｜von ～*er* Wichtigkeit sein きわめて重要である‖〘副詞的に〙～ streng〈wichtig〉sein きわめて厳格〈重要〉である｜Er ist aufs〈auf das〉～*e* erzürnt. 彼はひどく怒っている‖〘名詞化して〙das *Äußerste* tun 最善を尽くす｜*et.*⁴ aufs *Äußerste* treiben …をとことんまで推進する｜auf das *Äußerste* gefaßt sein 最悪の場合を覚悟している｜es bis zum *Äußersten* kommen lassen 最悪の事態を招く.

au·ßer≠stan·de[aʊsərʃtándə, ⌐◡◡◡]（ᵛ≠**stand**［..ʃtánt, ⌐◡◡］）［副］（↔imstande）（…）でき〔る立場に〕ない,（…の）能力がない: Ich bin〈sehe mich〉～, dir zu helfen. 私には君に手をかすことはできない｜Er wurde ～ gesetzt, den Verbrecher zu verteidigen. 彼はその犯人を弁護できなくなった.［＜außer Stande］

äu·ßer·sten·falls[ɔ́ʏsərstənfáls]［副］極端な場合には, 万一〈最悪〉の場合には.

au·ßer·tour·lich[áʊsərtuːrlɪç]［形］〘ｵｰｽﾄﾘｱ〙番外の, 追加の.［＜Tour］

Äu·ße·rung[ɔ́ʏsərʊŋ]［女］-/-en **1** 発言, 言葉, 意見;（意見の）表出;〘言〙発話: eine freimütige〈unvorsichtige〉～ 率直な〈不用意な〉発言｜*sich*⁴ jeder ～ enthalten 発言を一切さしひかえる. **2**（気持などの）現れ, 表現: Dieser Brief ist eine ～ seiner Unzufriedenheit. この手紙は彼の不満の現れである.

aus|set·zen[áʊszɛtsən]《02》**I**［他］(h) **1 a)**（外に）出す, 置く, 並べる: das Allerheiligste ～〘ｶﾄﾘｯｸ〙聖体を顕示する｜den Ball ～〘ﾋﾞﾘﾔｰﾄﾞ〙初球の球を突き出す｜das Boot ～（船などから）ボートを水面におろす｜die Passagiere ～ 船客を上陸させる〈ボートに移乗させる〉｜die Stimmen ～〘楽〙（総譜から）各声部の譜を書き出す｜Wachen ～ 歩哨(ほしょう)を立てる‖ᵛ*et.*⁴ zum Verkauf ～ …を売りに出す. **b)**（外に）捨てる, 遺棄する: ein〔neugeborenes〕Kind ～〔生まれた〕子供を捨てる｜*jn.* auf einer einsamen Insel ～ …を孤島に置き去り〈島流し〉にする. **c)**（動植物を自然の中に）放す: Fische ～ 魚を放流する｜Pflanzen ～（湿原などから）植物を外に移植する｜das Wild ～（買った・養殖した）野獣を（猟場などに）放す. **d)**（外に）張る: die Segel ～ 帆を張る｜ein Netz ～ 網を投げる.

2《*jn.*〈*et.*⁴〉*et.*³》（…を外気・危険・攻撃などに）さらす: Einen Kranken darf man nicht der prallen Sonne ～. 病人を強い日光に当ててはいけない｜Ich wollte ihn nicht dem Verdacht ～. 私は彼に嫌疑のかかるのを防ぎたかった‖*et.*⁴ einer Belastungsprobe ～〘電〙…を負荷試験にかける｜einen Motor höchsten Beanspruchungen ～ モーターに最高度の性能を要求する‖［再帰］*sich*⁴ *et.*³ ～ …に身をさらす｜*sich*⁴ dem Gelächter ～ 笑いものになる｜Du *setzt* dich damit einer großen Gefahr *aus*. そのことによって君は大きな危険に身をさらすことになる‖*et.*³ *ausgesetzt* sein …にさらされている｜den kritischen Blicken der Zuschauer *ausgesetzt* sein 観衆の批判の目にさらされている｜schweren Enttäuschungen *ausgesetzt* sein ひどい幻滅を味わっている.

3（金などを）与える〔ことを約束する〕: *jm.*〈für *jn.*〉eine Rente ～ …に年金を与える｜für *jn.* ein Vermächtnis ～ …に財産を遺贈する｜Für diesen Wettbewerb wurden tausend Preise *ausgesetzt*. この競技にはたくさんの賞がかけられた｜Auf seinen Kopf sind 10 000 DM *ausgesetzt*. 彼の首には1万マルクの賞金がかかっている‖*ausgesetzter* Betrag / das *Ausgesetzte*（支給される）定額, 手当.

4《ふつう *et.*⁴ an *jm.*〈*et.*³〉auszusetzen haben〈finden〉の形で; *et.*⁴ はふつう viel, etwas, nichts などの不定代名詞》（…について…だけ）非難する, 文句(けち)をつける: Er hat〈findet〉immer etwas an meiner Arbeit *auszusetzen*. 彼は私の仕事にいつも何かしら文句をつける｜Ich habe allerhand an ihm *auszusetzen*. 私は彼には言いたいことがたくさんある｜Was hast du daran *auszusetzen*? そのどこが君には気にいらないのか｜Ich muß an dem Vorschlag ～, daß er die Realitäten außer acht läßt. その提案は現実を無視している点を指摘せざるを得ない｜Daran ist nichts〈viel〉*auszusetzen*. それには非の打ちどころがない〈大いに文句がある〉.

5（しばらくの間・一時的に）中止〈休止〉する, 中断する; 延期する;〘法〙（訴訟・刑の執行などを）停止する（→II 1 b）: die Diskussion für eine Viertelstunde ～ 討論を15分間休止する｜die Kur ～ 治療をしばらく中断する｜den Unterricht ～ 授業を中断する‖eine Strafe auf Bewährung ～ 刑の執行を猶予して保護観察にする.

6 a)《*et.*⁴ mit *et.*³》（…の内部にタイルなどを）張りつめる. **b)**〘印〙組み終える. **c)**〘印〙（省略せずに）組む.

II［自］(h) **1 a)**（一時的に・しばらくの間）止まる, 停止する, 動かなくなる: Der Motor *setzte* alle 5 Minuten *aus*. モーターは5分ごとに止まった｜Die Musik〈Der Lärm〉*setzte*〔zeitweilig〕*aus*. 音楽〈騒音〉は〔しばらくの間〕やんだ｜Der Puls *setzte* einige Sekunden lang *aus*. 脈が数秒間止まった‖［非人称］**bei *jm.* setzt es aus**《話》…は我を忘れる〈自制心を失う〉. **b)**《mit *et.*³》（…を）休む, 休止する（→I 5）: Ich muß vier Wochen mit der Arbeit ～. 私は仕事を4週間休まなければならない｜Wir müssen mit der Bestrahlung eine Weile ～. 放射線治療をしばらくやめなければならない‖ohne *auszusetzen* 間断なく.

2〘ﾁｪｽ〙初手を指す;〘ﾋﾞﾘﾔｰﾄﾞ〙初球を突く.

3（鉱床などが）露出する.

III aus·set·zend［現分］［形］とぎれた, 断続〈間欠〉的な.

Aus·setz·ling[áʊszɛtslɪŋ]［男］-s/-e 捨て子.

Aus·set·zung[..tsʊŋ]［女］-/-en（aussetzen すること. 例えば:）**1 a)**（ボートを水面に）おろすこと;（船客を）上陸させること;（子供の）遺棄;（危険などに）さらすこと. **b)**〘ｶﾄﾘｯｸ〙（聖体の）顕示: Amt mit ～ 聖体顕示の前でささげられる歌ミサ. **c)**（年金などの）設定; 停止, 中止; 延期;〘法〙遺棄;（訴訟・刑の執行などの）停止. **2**《複数で》非難, 文句をつけること: an *et.*³ ～*en* machen …に文句(けち)をつける.

Aus·sicht[áʊszɪçt]［女］-/-en **1**《ふつう単数で》眺め, 眺望, 展望, 見晴らし; 景色: die ～ auf den Garten〈〔weit〕über den See〉庭園〈湖〉への眺望｜die ～ aus dem Fenster〈vom Berggipfel〉窓〈山頂〉からの眺め‖eine schöne ～ haben 眺め〈景色〉がいい｜die ～ verbauen〈versperren〉眺望をさまたげる.

2（将来への）見通し,（前途の）見込み, 望み: **auf *et.*⁴ ～ haben** …が得られる見込みがある｜die ～ auf Erfolg haben 成功の見込みがある｜Er hat gute ～*en* in seinem Beruf. 彼が仕事の上で成功する見込みは十分ある｜Ich habe alle〈keine〉～, den Preis zu erhalten. 私には賞をもらう見込みが十分ある〈全然ない〉‖Es besteht〔die〕～, daß er geheilt wird. 彼は治る見込みがある｜Die ～*en* für eine Besserung sind sehr schlecht. 改善〈回復〉の見込みは極めて薄い｜Die ～ in die Zukunft war recht trübe. 将来への見通しは極めて暗かった｜Das sind ja schöne ～*en*!《反語》これはえらい〈まずい〉ことになりそうだ‖〘in Aussicht＋動詞の形で〙***et.*⁴ in ～ haben**〔近く〕…が得られる見込みがある｜Er hat eine neue Stellung in ～. 彼は新しい職につけそうだ｜***jn.*〈*et.*⁴〉〔für *et.*⁴〈*jn.*〉〕in ～ nehmen**〔…には〕…を予定している｜eine Beschäftigung für *jn.* in ～ nehmen …にある仕事を与えるつもりである｜*jn.* für einen Posten in ～ nehmen …をある地位に就けるつもりである｜Für diese Arbeit sind vier Tage in ～ genommen. この仕事には4日を予定している｜**in ～ stehen〈sein〉**（…の）見込みがある,（…が）期待される｜Eine gute Ernte ist in ～. よい収穫が見込まれている｜***jm. et.*⁴ in ～ stellen** …に…を与える約束をする｜Der Chef hat mir eine Gehaltserhöhung in ～ gestellt. 上司は私に昇給を約束した.［＜aussehen］

aus·sichts·los[..loːs]¹［形］見込み〈望み〉のない.

Aus·sichts·lo·sig·keit[..loːzɪçkaɪt]［女］-/ aussichtslos なこと.

Aus·sichts·punkt［男］見晴らしのよい地点〈場所〉.

aus·sichts·reich［形］有望な.

Aus·sichts·turm［男］展望塔, 望楼.

aus·sichts·voll［形］有望な.

Aus·sichts·wa·gen 男〘鉄道〙展望車.

aus|sickern[áʊszɪkərn]《05》自 (s)(容器から液体が)しみ出る, したたり出る, 漏れる.

aus|sie·ben[áʊszi:bən][1] 他 (h) ふるい分ける;《比》より分ける, 選別する: aus sieben Bewerbern drei ～ 7人の応募者の中から3人を選び出す.

aus|sie·deln[áʊszi:dəln]《06》他 (h)(住民などを)立ち退かせる, 強制的に移住させる.

Aus·sied·ler[..dlər] 男 -s/- 立ち退かされた人, 強制移住者.

Aus·sied·lung[..dlʊŋ] 女 -/-en 立ち退き, 強制移住.

aus|sin·gen*[áʊszɪŋən]《168》他 (h) **1** 歌い終える, 終りまで歌う: ein Lied ～ 歌を歌い終える ‖ 再帰 *sich*[4] ～ 存分に歌う ‖〘目的語なしで〙Der Chor hat *ausgesungen*. 合唱団は歌い終えた. **2**〘楽〙感情をこめて歌う; (張り切って歌って)声が出なくなる. **3**〘海〙(報告などを)節をつけて唱える.

aus|sin·nen*[áʊszɪnən]《170》他 (h)《雅》(計画・策略などを)考え出す.

aus|sit·zen*[áʊszɪtsən]《171》他 (h)(不快なこと・困難なことなどを)無為のままじっと耐え抜く.

aus|söh·nen[áʊszø:nən] 他 (h) **1**《*jn.* mit *jm.*》(…を…と)和解(仲直り)させる: die streitenden Brüder〔miteinander〕～ 不和の兄弟を仲直りさせる ‖ 再帰 *sich*[4] mit *jm.* ～ …と和解する, …と仲直りする | *sich*[4] mit *seinen* Eltern ～ 両親と和解する.
2 再帰 *sich*[4] mit *et.*[3] ～ …に逆らうのをやめる | *sich*[4] mit der Welt ～ 世間と折り合う | mit *seinem* Schicksal *ausgesöhnt* sein 自分の運命に逆らわずにうまくやっている. [<sühnen]

Aus·söh·nung[..nʊŋ] 女 -/-en〔sich〕aussöhnen すること.

aus|son·dern[áʊszɔndərn]《05》他 (h) **1** 選び出す, えり分ける. **2** 分離する, 除去する.

Aus·son·de·rung[..dərʊŋ] 女 -/-en 選別; 分離, 除去;〘法〙(破産法で)別除, 取戻し.

Aus·son·de·rungs·recht 中〘法〙(破産法で)取戻権.

aus|sor·gen[áʊszɔrgən][1] 自 (h)《ふつう完了形で》***ausgesorgt* haben**《話》(経済的に)心配事がなくなる, 安泰である.

aus|sor·tie·ren[áʊszɔrti:rən] 他 (h)(分類して)選び出す; (不要品を)選び捨てる.

aus|spach·teln[áʊsʃpaxtəln]《06》他 (h)(割れ目などを)パテでふさぐ(接合する).

aus|spä·hen[áʊsʃpɛ:ən] **I** 自 (h)《nach *jm.*〈*et.*[3]〉》(…の様子を)うかがう, 見張る. **II** 他 (h) **1**《*et.*[4]》探知する, 探り出す. **2**《話》《*jn.*》(…を)ひそかに観察する.

Aus·spann[áʊsʃpan] 男 -〔e〕s/-e (**Aus·span·ne**[..nə] 女 -/-n) [▽]**1** (継ぎ馬のある)宿場, 宿駅; 馬替え. **2** 酒場, 飲み屋.

aus|span·nen[áʊsʃpanən] **I** 他 (h) **1** (綱・網などを)張りわたす; 張り広げる: die Flügel ～ つばさを広げる | einen Schirm ～ 傘を広げる ‖ 再帰 *sich*[4] ～ 張られる, 広がる. **2** (↔einspannen) **a**) (馬などを)車(くびき)から外す; (馬などから車・くびきなどを)外す: die Pferde ～ 馬を馬車から外す. **b**) (張ったもの・はめ込んだものなどを)外す: die Stickerei ～ ししゅう布を枠から外す. **3**《話》《*jm. et.*[4]》(…に…を)融通してもらう; (…から…を)取り上げる: *jm.* die Freundin ～ …のガールフレンドを横取りする. **4**《ス^イ》(怒りを)爆発させる.
II 自 (h) **1** (仕事を離れて)しばらく休養する. [▽]**2** (馬を馬車から外して)宿駅に泊まる.

Aus·span·nung[..nʊŋ] 女 -/-en **1**《単数で》(ausspannen すること. 例えば:) 休養, 静養. [▽]**2** ＝Ausspann

aus|spa·ren[áʊsʃpa:rən] 他 (h)(余地などを)あけておく;《比》手をつけずに(触れずに)おく;〘染〙(模様を)白抜きにする: Diese Frage wollen wir noch ～. この問題にはまだ触れずにおくことにしよう.

Aus·spa·rung[..rʊŋ] 女 -/-en **1**《単数で》aussparen すること. **2** あけておいた(手をつけぬ)場所;〘染〙白抜き地.

aus|spei·en*[áʊsʃpaɪən]《174》(ausspucken) **I** 他 (h)(つばなどを)吐き出す: Feuer ～ (火山が)火をふく | Lava ～ 溶岩を噴出する | Das Tor *speit* Scharen von Arbeitern *aus*.《比》門から労働者の群れがどっと出てくる. **II** 自 (h) つばを吐く: vor Ekel〈Verachtung〉～ 嫌悪(軽蔑)してつばを吐く.

aus|spei·sen[áʊsʃpaɪzən][1]《02》他 (h)《オ^ー^ス^ト^リ^ア》《*jn.*》(…に)食事を与える, 給食する.

Aus·spei·sung[..zʊŋ] 女 -/-en《オ^ー^ス》給食.

aus|sper·ren[áʊsʃpɛrən] 他 (h) **1 a**) (↔einsperren)《*jn.*》(錠を掛けて…を)締め出す: 再帰 *sich*[4] ～ (間違って自分で)締め出される. **b**) (使用者が労働者を)職場から締め出す, ロックアウトする.
2 a) 広げる: Der Krebs *sperrte* seine Scheren weit *aus*. カニははさみをぐっと広げた. **b**)〘印〙スペース〈インテル〉を入れる.

Aus·sper·rung[..rʊŋ] 女 -/-en (aussperren すること. 特に:) ロックアウト.

aus|spie·len[áʊsʃpi:lən] 他 (h) **1 a**)〘ト^ラ^ン^プ〙(カードを)〔最初に〕出す: die Pikneun ～〔最初に〕スペードの9を出す ‖ die letzte Karte ～ (→Karte 2) | einen Trumpf ～ (→Trumpf 1) ‖〘目的語なしで〙Wer *spielt aus*? (ゲームを開始するときに)だれから始めるのか. **b**)《比》《*jn.* gegen *jn.*》(…と…を)かみ合わ(対抗さ)せて漁夫の利を占める. **2 a**)《ふつう受動態で》(競技・富くじなどで賞〔金〕を)出す, かける, 争う: Beim Fußball wurde ein Pokal *ausgespielt*. サッカーの試合に優勝杯がかけられた | Der Wanderpreis wird dieses Jahr nicht *ausgespielt*. 優勝杯(旗)争奪戦は今年は行われない. **b**) (選手権試合などを)行う: Die zweite Weltmeisterschaft wurde in Italien *ausgespielt*. 第2回の世界選手権試合はイタリアで行われた. **3**〘球技〙(相手の)守備をかわす, (相手に)球を渡さない: Der Rechtsaußen *spielt* seinen Gegner geschickt *aus*. ライトウイングは敵を巧みにかわす | Diese Mannschaft wurde glatt *ausgespielt*. このチームはあっさり打倒された. **4**《比》《しばしば目的語なしで》(役を)演じ終わる, もう出る幕がなくなる: *seine* Rolle *ausgespielt* haben (→Rolle 5) | Die Dampflokomotive hat schon *ausgespielt*. 蒸気機関車の時代はもう終わった. **5**〘劇〙(役などを)細部まで忠実に(たっぷり)演じる: Diese Szene wurde zu breit *ausgespielt*. この場面の演技はくどすぎた ‖ Er legte großes Gewicht auf das *Ausspielen* der seelischen Konflikte. 彼は魂の葛藤(かっとう)を細部まで演じ尽くすことに大変重きをおいた. **6 a**) (楽器を)弾き慣らす. **b**) (楽器を)弾きいためる.

Aus·spie·lung[áʊsʃpi:lʊŋ] 女 -/-en (ausspielen すること. 特に:) (富くじなどで)賞金をかけること; (Verlosung)(富くじの)抽選: eine ～ von fünf Millionen Mark 500万マルクの賞金 | Bei der ～ des Lottos gewann er 10 000 Mark. 富くじで彼は1万マルク当った.

aus|spin·nen*[áʊsʃpɪnən]《175》他 (h) **1**《比》(話などを修飾・展開して)引き延ばす, 敷衍(ふえん)する: einen Gedanken weiter ～ 考えをさらに発展させる(推し進める). **2** (糸を)つむぎ終える: Sein Lebensfaden ist *ausgesponnen*.《雅》彼の生命は燃え尽きた.

aus|spio·nie·ren[áʊsʃpioni:rən] 他 (h) **1** (秘密・情報などを)探り出す. **2**《*jn.*》(…から秘密・情報などを)探り出す, (…に)探りを入れる.

aus|spot·ten[áʊsʃpɔtən]《01》他 (h)《オ^ー^ス^ト^リ^ア・ス^イ^ス》(verspotten) あざける, ばかにする.

Aus·spra·che[áʊsʃpra:xə] 女 -/-n **1**《ふつう単数で》**a**) (音・語を)発音すること: Die ～ des R bereitet ihm Schwierigkeiten. Rの発音は彼にとって難しい. **b**) (語などの正しい)発音〔の仕方〕: die deutsche ～ / die ～ des Deutschen ドイツ語の発音 | In diesem Wörterbuch ist die ～ angegeben. この辞書には発音が表示してある. **c**) (個人の)発音の仕方: eine gute〈schlechte〉～ haben 発音がいい(わるい) | eine verfeinerte ～ haben 発音の仕方が洗練されている | Man hört an seiner ～, daß er Ausländer ist. 発音(なまり)から彼が外国人であることが分かる ‖ **eine feuchte ～ haben**《戯》つばを飛ばしながら(口角あわを飛ばして)話す.
2 討論, 討議; 話し合い, 意見の交換: freie ～*n* nach dem

Vortrag 講演の後での自由討論 | eine offene ～ 腹を割った〈率直な〉話し合い | eine ～ über *et.*[4] mit *jm.* führen …について…と討論〈話し合い〉をする | in die ～ eintreten 討議〈話し合い〉を始める | *et.*[4] zur ～ stellen …を討議にかける.
[＜aussprechen]

Aus·spra·che≠abend 男 意見交換〈話し合い〉の夕べ. **≠be·zeich·nung** 女〘言〙発音記号〈表示〉. **≠leh·re** 女 -/ 〘言〙発音学. **≠wör·ter·buch** 中 発音辞典.

aus·sprech·bar[áusʃprɛçba:r] 形 **1** (音声が)発音できる, 発音可能な: ein leicht 〈schwer〉 ～*es* Wort 発音しやすい〈しにくい〉語. **2** (表現などが)口に出せる; (気持・感情などが)言い表せる, 表現可能な.

aus|spre·chen*[áusʃprɛçən] ⦅177⦆ **I** 他 (h) **1** ⦅ふつう様態を示す語句と⦆ (…のように)発音する: *et.*[4] deutlich 〈richtig〉 ～ …を明瞭(めいりょう)に〈正しく〉発音する | Das „ch“ *sprichst* du falsch *aus.* 君は ch の発音が間違っている | Er *spricht* das A wie ein O *aus.* 彼は A を O のように発音する | Er konnte kein R ～. 彼は R の発音ができなかった | Wie wird das Wort *ausgesprochen*? その語はどう発音するのか ‖ 再帰 *sich*[4] ～ ⦅様態を示す語句と⦆ (…のように)発音される | Das Wort *spricht* sich[4] leicht 〈schwer〉 *aus.* この語は発音しやすい〈しにくい〉.

2 a) (だまっていないで)口に出して言う, (気持などを)言い〈書き〉表す, 述べる; 表現する: *seine* Meinung deutlich ～ 自分の意見をはっきり言う | *jm. seinen* Dank 〈*sein* Beileid〉 ～ …に謝辞〈悔やみ〉を述べる | Verwünschungen über *jn.* ～ …に対するのろいの言葉を吐く | Er *sprach* den Wunsch *aus*, einen Spaziergang zu machen. 彼は散歩をしたいという希望を述べた | Er *spricht* alles *aus*, was er denkt. 彼は思ったことを何でも口に出して言う | Nicht alle Wahrheiten lassen sich[4] ～. 真実はすべて言葉に出せるとは限らない | Das muß einmal *ausgesprochen* werden! これは一度だれかがはっきり言わなければならないことだ ‖〘様態を示す語句と〙再帰 *sich*[4] lobend 〈mißbilligend〉 über *jn.* ～ …のことをほめる〈非難する〉‖ *sich*[4] für 〈gegen〉 *et.*[4] ～ …に賛成〈反対〉を表明する. **b)** ⦅比⦆ (事物が感情などを)表現している: Die Seufzer *sprachen* seine Angst *aus.* そのため息は彼の不安の現れだった ‖ 再帰 *sich*[4] in *et.*[3] ～ (感情などが)…の中に現れている | In ihrem Blick *sprach* sich Mitleid *aus.* 彼女の目には同情の色が浮かんだ | Sein Charakter *spricht* sich in all seinen Handlungen *aus.* 彼の性格は彼のすべての行動に現れている. **c)** (判決などを)宣告する: Das Gericht *sprach* eine harte Strafe *aus.* 裁判所は厳罰を言い渡した.

3 再帰 *sich*[4] ～ (胸中を)吐露する, ぶちまける: *sich*[4] offen ～ 率直に意見をのべる ‖ *sich*[4] mit *jm.* über *et.*[4] ～ …について…と腹を割って話し合う | Wir haben uns[4] 〔miteinander〕 *ausgesprochen.* 私たちはお互いに腹を割って話し合った.

4 話し終える: Der Satz war kaum *ausgesprochen*, als sie auch schon zu weinen begann. そう言い終わるか終わらぬかのうちに彼女は泣き始めた ‖〘目的語なしで〙Laß ihn doch ～! 彼に最後まで話させろよ, 彼の言うことをまず最後まで聞いてやろうよ | Als er *ausgesprochen* hatte, stellten wir Fragen. 彼が話し終わってから我々は質問した.

II aus·ge·spro·chen → 別出

[◇Aussprache, Ausspruch]

aus|sprei·zen[áusʃpraitsən] ⦅02⦆ 他 (h) (手足などを)〔大きく〕広げる, のばす: mit *ausgespreizten* Beinen またを広げて.

aus|spren·gen[áusʃprɛŋən] 他 (h) **1 a)** (水などを)まき散らす: ein Gerücht ～ ⦅雅⦆ うわさを広める. **b)** ⦅*et.*[4] mit *et.*[3]⦆ (…に…を)まき散らす. **2** (岩などを)爆破する.

aus|sprin·gen*[áusʃprɪŋən] ⦅179⦆ **I** 自 **1** (s) (外へ)飛び出す; ⦅比⦆ 離脱する: Die Feder ist *ausgesprungen.* ばねが外れて飛び出した | Aus der Tasse ist ein Stück *ausgesprungen.* 茶わんのふちが欠けた | Eine Partei ist aus der Koalition *ausgesprungen.* 一党が連立から抜けた ‖ ein *ausgesprungener* Mönch 背教僧. **2** (s) 〘服飾〙 (ひだが)開く, 広がる. **3** (s) (↔einspringen) 突出する: ein *ausspringender* Winkel 凸角. **4** (h) 噴出〈跳躍〉をやめる. **II** 他 (h) **1** 〘スキ〙 (ジャンプである距離を)飛び越える. **2** *sich*[3] den Fuß ～ 跳躍して足をくじく〈痛める〉. **3** 再帰 *sich*[4] ～ i) 思う存分に跳躍する; ii) 跳躍して体をしなやかにする.

aus|sprit·zen[áusʃprɪtsən] ⦅02⦆ **I** 他 (h) **1** (液体を)噴出させる, 噴射する: Samen ～ 射精する | *sein* Gift gegen *jn.* ～ ⦅比⦆ …に毒づく. **2 a)** (注射器などを)注出し尽くす; (ホースなどの)水を出し切る. **b)** (水などを注いで)洗浄する: das Ohr 〈die Nase〉 ～ 〘医〙 耳〈鼻〉を洗浄する. **3** (火を)注水して消す. **II** 自 (s) 噴出する.

Aus·sprit·zung[..tsʊŋ] 女 -/-en ausspritzen すること.

Aus·spruch[áusʃprʊx] 男 -[e]s/..sprüche[..ʃprʏçə] **1** (有名人などの含蓄のある)言葉; 名言, 箴言(しんげん). **2** 発言, 意見の表明. [*mhd.*; ◇aussprechen]

aus|sprü·hen[áusʃpry:ən] **I** 他 (h) (火花・水滴などを)飛び散らせる, 飛散させる. **II** 自 (s) (火花・水滴などが)飛び散る, 飛散する.

aus|spucken[áusʃpʊkən] **I** 自 (h) つばを吐く: vor *jm.* ～ …の面前でつばを吐く(軽蔑のしるし). **II** 他 (h) **1** 吐き出す; ⦅比⦆ (感情などを)吐露する, ぶちまける; ⦅話⦆ (金を)払わされる: einen Kirschkern ～ サクランボの種を吐き出す | Der Journalist *spuckte* die Artikel nur so *aus.* 記者は(機会的に)記事を次々と書きまくった ‖ Geld ～ ⦅話⦆ 金を払う. **2** ⦅話⦆ 食べたものを吐く, もどす.

aus|spü·len[áusʃpy:lən] 他 (h) **1** (容器などを)すすぐ; 〘医〙 洗浄する: ein Glas mit Wasser ～ グラスを水で洗う | *sich*[3] den Mund ～ うがいをする. **2** (ごみなどを)洗い流す: die Reste aus einem Glas ～ グラスの飲み残しを洗い流す. **3** 〘地〙 浸食する.

Aus·spü·lung[..lʊŋ] 女 -/-en (ausspülen すること. 特に:) 〘医〙 洗浄〔法〕: eine ～ machen 洗浄をする.

▽**aus|spü·ren**[áusʃpy:rən] 他 (h) 捜し出す, かぎつける.

aus|staf·fie·ren[áusʃtafi:rən] 他 (h) **1** ⦅*jn.*⦆ 身仕度させる; 〘劇〙 (顔や衣装を)ごてごて飾り立てる; ⦅話⦆ めかし立てる: 再帰 *sich*[4] für die Reise ～ 旅支度をととのえる ‖ als Hexen *ausstaffiert* 魔女に扮装(ふんそう)して. **2** ⦅*et.*[4] mit *et.*[3]⦆ 装備する, 飾り立てる: ein Zimmer mit Möbelstücken ～ 部屋に家具を備え付ける.

Aus·staf·fie·rung[..rʊŋ] 女 -/-en ⦅ふつう単数で⦆ 身仕度, 装備, 装具.

aus|stamp·fen[áusʃtampfən] 他 (h) (火などを)踏み消す〈つぶす〉.

Aus·stand[áusʃtant][1] 男 -[e]s/..stände[..ʃtɛndə] **1** ⦅ふつう単数で⦆ (Streik) ストライキ, 同盟罷業: in 〔den〕 ～ treten ストライキに入る. **2** ⦅南部・オーストリア⦆ (↔Einstand) **a)** 退職; 卒業. **b)** 退職披露の宴. **3** ⦅複数で⦆ (Außenstände) 〘商〙 未回収金, 売掛金. [＜ausstehen]

aus·stän·dig[..ʃtɛndɪç][2] 形 **1** ストライキ〈同盟罷業〉中の: der 〈die〉 *Ausständige* ストライキ中の労働者. **2** ⦅南部・オーストリア⦆ (ausstehend) (債権などが)滞っている, 未回収の.

Aus·ständ·ler[..ʃtɛntlər] 男 -s/- ストライキ中の労働者.

aus|stan·zen[áusʃtantsən] ⦅02⦆ 他 (h) 型抜き器〈パンチ・穿孔(せんこう)器〉で打ち出す, 打ち抜く (→ 図 Matritze A).

aus|stat·ten[áusʃtatən] ⦅01⦆ 他 (h) **1** ⦅*et.*[4] 〔mit *et.*[3]〕⦆ (…に〔…を〕)備えつける, 設備する; (…を〔…で〕)飾りつける; (本を)装丁する; 〘劇〙 舞台芸術的に作品を仕上げる: ein Zimmer 〔mit Möbeln〕 ～ 部屋に家具を入れて整える | ein Krankenhaus mit Ärzten ～ 病院に医師を配置する | ein Werk mit Illustrationen ～ 作品にさし絵を入れる ‖ ein prächtig *ausgestattetes* Buch きらびやかな装丁の本 | ein gut *ausgestattetes* Laboratorium 設備の整った実験室. **2** ⦅雅⦆ ⦅*jn.* mit *et.*[3]⦆ (…に…を)供与する; ▽(aussteuern) (娘に)嫁入り支度を調えてやる: *jn.* mit Nahrung und Wohnung ～ …に食事と住居を支給する | *jn.* mit Vollmachten ～ …に全権を与える | Dieses Tier ist mit scharfen Klauen *ausgestattet.* この動物には鋭いつめがある. [＜*mhd.* staten „verhelfen“ (◇Statt)]

Aus·stat·tung[áusʃtatʊŋ] 女 -/-en **1** ⦅ふつう単数で⦆ (ausstatten すること. 例えば:) 設備, 飾り付け; (商品の)意

匠,(本の)装丁: ein Buch in kostbarer ～ 高価な装丁の書物. **2 a)** 調度, 備品; 装備, 装具;〖劇〗舞台美術;〖経〗具備要項: die ～ für die Tropen 熱帯〔旅行〕用装備 | eine Wohnung mit moderner ～ (調度・設備の)近代的な住宅. ▽**b)** 嫁入り支度〈道具〉; 花嫁衣装; 持参金.

Aus·stat·tungs≠film 男〖映〗(装置・衣装などに凝った)スペクタクル映画. **≠lei·ter** 男〖劇〗美術監督. **≠schutz** 男〖法〗〔登録〕意匠保護. **≠stück** 中 **1** 備品, 装具. **2**〖劇〗(装置・衣裳などに凝った)スペクタクル劇.

aus|stau·ben[áusʃtaubən][1] (**aus|stäu·ben**[áusʃtɔybən][1]) 他 (h) 《*et.*[4]》(…の)ちり〈ほこり〉を払う.

▽**aus|stäu·pen**[áusʃtɔypən] 他 (h) 《*jn.*》むちで打つ(中世の刑罰).

aus|ste·chen*[áusʃtɛçən] 《180》他 (h) **1 a)** 掘り〈えぐり〉取る; (模様などを)刺して〈くりぬいて〉作る: eine Pflanze 〔mit den Wurzeln〕 ～ 植物を〔根ごと〕掘り取る | Rasen ～ 芝生を切り取る | Sterne aus dem Teig ～〖料理〗こね粉を型で星形に打ち抜く | Torf ～ 泥炭を掘る. **b)** くりぬく: einen Apfel ～ リンゴのしんを抜く | einen Graben ～ 堀を掘る | den Teig ～ こね粉を型で打ち抜く. **c)** 刺して破壊する: *jm.* ein Auge ～ …の目を突き刺して失明させる. ▽**d)** (酒だるなどを)あける: eine Flasche Wein ～ ワインを一瓶飲みほす. **2**〖海〗(ケーブルなどを)繰り出す: ein Reff ～ 解帆する. **3** 《*jn.*》(…を)凌駕(りょうが)する,(…に)打ち勝つ: den Nebenbuhler ～ 恋がたきを蹴(け)落とす. [◇Ausstich]

Aus·stech·form 女 (クッキーなどの)抜き型.

aus|stecken[áusʃtɛkən] 他 (h) **1** (看板・旗などを)外に出す, 掲げる. **2** 《*et.*[4] mit *et.*[3]》(…に…を差して)飾る: den Hut mit Federn ～ 帽子を羽根で飾る. **3** 《*et.*[4]》〖スキ〗(…に)杭(くい)〈旗門〉を立てる. **4**《話》《*et.*[4]》(…の)プラグ〈差し込み栓〉をコンセントから引き抜く.

aus|ste·hen*[áusʃte:ən] 《182》 **I** 自 **1** (h) (商品などが)陳列〈展示〉されている(→ausstellen I 1). **2** (h) まだ決着がついていない, 未着である; (債権などが)滞っている: Die Antwort 〈Die Entscheidung〉 *steht* noch *aus*. 回答〈決定〉はまだだ ‖ Das Geld hatte noch *ausgestanden*. 金はまだ届いていなかった ‖ *ausstehende* Forderungen 未回収債権. **3** (s) 《南部・オーストリア》(↔einstehen) 退職する; 卒業する. **4** (s)〖狩〗(ライチョウなどが)飛び立つ.

II 他 (h) (苦痛などを)忍ぶ; 耐えとおす, 終りまで我慢〈辛抱〉する: *seine* Zeit 〈*seine* Jahre / *seine* Lehrjahre〉 ～ 年季を勤めあげる ‖ große Angst ～ ひどく気をもむ | viel *auszustehen* haben いろいろ苦労する | bei *jm.* nichts ～ …のもとで何ひとつ苦労がない〈不自由しない〉‖ ***jn.*** 〈***et.***[4]〉 **nicht ～ können** …が我慢ならない | *jn.* 〈*et.*[4]〉 〔für den Tod〕 nicht ～ können 〔絶対に〕…が好きにはなれない | **es *ausgestanden* haben**《婉曲に》(闘病の苦しみから解放されて)死ぬ | ***ausgestanden* sein** (苦しいこと・いやなことなどが)ようやく終りをつげる. [◇Ausstand]

aus|stei·fen[áusʃtaifən] 他 (h) (内側から枠・しんなどを入れて)堅固にする, 補強する.

Aus·steig·brett[áusʃtaik..] 中〖建〗屋根ばしご(→ 図 Haus A).

aus|stei·gen*[áusʃtaigən][1] 《184》自 (s) **1** (↔einsteigen) **a)** (乗り物から)降りる: aus dem Auto 〈aus dem Schiff〉 ～ 自動車〈船〉から降りる | Der Pilot mußte ～. パイロットはパラシュートで脱出しなければならなかった. **b)**《話》(共同の仕事などから)手を引く, 脱退する; (既存の体制などに)背を向ける, ドロップアウトする;〖スポ〗(途中で)棄権する: aus einer Rolle ～ (俳優が)役を降りる; 役から離れて素(す)にかえる ‖ den Gegner ～ lassen〖球技〗相手にボールを渡さない. **2**〖狩〗(カワウソなどが)水から上がる.

Aus·stei·ger[..gər] 男 -s/- (aussteigen する人. 特に:) (既存の体制などに)背を向ける人, 脱落〈落後〉者.

Aus·steig·lu·ke[áusʃtaik..] 女〖建〗(屋根に出るための)ハッチ(→ 図 Haus A).

aus|stei·nen[áusʃtainən] 他 (h) (果実の)核〈種〉を取る. [＜Stein[1]]

aus|stel·len[áusʃtɛlən] **I** 他 (h) **1** (作品・製品・商品などを)陳列する, 展示する(→ausstehen I 1): *et.*[4] auf einer Messe ～ …を見本市に展示する | Waren im Schaufenster ～ 商品をショーウインドーに陳列する ‖〖目的語なしで〗Wo *stellt* der Künstler *aus*? その芸術家の展覧会はどこで行われるのか. **2** 《*jn.* / *et.*[4]》(特定の目的で)立てる, 配置する: eine Falle ～ わなを仕掛ける | Wachen ～ 見張りを立てる. **3** (ausfertigen) (文書・証書などを)発行する: *jm.* ein Attest 〈einen Paß〉 ～ …に証明書を発行する〈パスポートを交付する〉| einen Wechsel auf *jn.* ～ …あてに手形を振り出す ‖ *jm.* 〈*et.*[3]〉 ein Armutszeugnis ～ (→Armutszeugnis) | *jm.* einen Freibrief für *et.*[4] ～ (→Freibrief). **4**《話》(ausschalten) (機械などの)スイッチを切る: den Motor ～ エンジンを止める. ▽**5** (aussetzen) **a)** 《*et.*[4] an *jm.*》(…について…に)非難を加える, 文句をつける. **b)** 《*jn.* *et.*[3]》(…を危険などに)さらす. **6** (窓などを)外側へ押し出して開ける. **7**〖服飾〗すそ広がりに仕立てる.

II 自 (h) (求人などの)広告を出す: auf einen Buchhalter ～ 広告を出して簿記係を求める.

Aus·stel·ler[áusʃtɛlər] 男 -s/- **1** (展示会などの)出品者. **2** (文書・証書などの)発行者; (手形などの)振出人.

Aus·stell·fen·ster 中 突き〈すべり〉出し窓(自動車の三角窓など).

Aus·stel·lung[áusʃtɛluŋ] 女 -/-en **1** 《ふつう単数で》(ausstellen すること. 例えば:) 陳列, 展示; (文書・証明書などの)発行: die ～ eines Visums ビザの発給. **2** 展示会, 展覧会: eine landwirtschaftliche ～ 農業博覧会 | Picasso-*Ausstellung* ピカソ展 ‖ in eine ～ gehen 展示〈展覧〉会を見に行く. **3** 《ふつう複数で》(Einwand) 異議, 非難: ～*en* an *jm.* 〈*et.*[3]〉 machen《官》…の非をならす, …を非難する.

Aus·stel·lungs≠da·tum 中 (旅券などの)発行〈交付〉日付. **≠ge·bäu·de** 中 展示館. **≠ge·län·de** 中 展示会用の敷地. **≠hal·le** 女 陳列〈展示〉ホール. **≠stand** 男 陳列コーナー. **≠stück** 中 陳列〈展示〉品. **≠tag** 男 (手形などの)振出日. **≠vi·tri·ne** 女 展示〈陳列〉ケース.

aus|stem·men[áusʃtɛmən] 他 (h) (突きのみで穴・溝などを)えぐり取る(→Stemmeisen): ein Loch in der Wand ～ 壁に穴をあける.

aus|stem·peln[áusʃtɛmpəln] 《06》自 (h) (タイムレコーダーで)退社時間を打刻する.

Aus·ster·be·etat[áusʃtɛrbə|eta:] 男《戯》なくなりかけている段階:〖もっぱら次の成句で〗**auf dem ～ sein** 〈**stehen**〉/ ***sich***[4] **auf dem ～ befinden** 滅びかけている | ***jn.*** 〈***et.***[4]〉 **auf den ～ setzen** …を除外する, …をお払い箱にする.

aus|ster·ben*[..ʃtɛrbən][1] 《185》 **I** 自 (s) (種属・家系などが)死に絶える, 死滅する, 滅びる;《比》(風習・方言などが)すたれる: Die Dummen *sterben* nicht *aus*. (→dumm 1). **II aus·ge·stor·ben** → 別出

Aus·ster·be·stand 男 絶滅寸前の状態.

Aus·steu·er[áusʃtɔyər] 女 -/-n 《ふつう単数で》嫁入り支度の品(特に寝具類);〖法〗嫁資(結婚する娘に与える資金).

Aus·steu·er·be·reich 男〖電〗電圧変動許容範囲.

aus|steu·ern[áusʃtɔyərn] 《05》 **I** 他 (h) **1 a)** (乗り物を)舵(かじ)〈ハンドル〉をうまく操ってコントロールする. **b)** (機械などを)うまくコントロールする: das Bandgerät ～ テープレコーダーの録音レベル〈音量〉を調節する. **2** 《*jn.*》〖法〗(…に対する)〔社会〕保険金の給付を終了する. **3** 《*jn.*》(…のために)嫁入り支度を調えてやる: *seine* Tochter reich ～ 娘に十分な嫁入り支度をしてやる. **II Aus·ge·steu·er·te** → 別出

Aus·steue·rung[..əruŋ] 女 -/-en aussteuern すること. **2**〖法〗社会保険金給付期間の終了.

Aus·steu·er·ver·si·che·rung[áusʃtɔyər..] 女 結婚準備保険.

Aus·stich[áusʃtɪç] 男 -〔e〕s/-e **1** (特にワインの)極上品. **2** 《スイス》(Entscheidungskampf)〖スポ〗決勝戦.

aus|sticken[áusʃtɪkən] 他 (h)〖服飾〗(服などに)ししゅうを施す; (模様を)ししゅうで仕上げる.

Aus·stieg[áusʃti:k] 男 -〔e〕s/-e **1** (↔Einstieg) **a)** 《単数で》(aussteigen すること. 例えば:) 下車, 下船. **b)** 下車〈下船〉用の出口, 降り口. **2**〖狩〗(ビーバーなどの)巣の出口. [＜aussteigen]

A

aus|stö·bern[áʊsʃtøːbərn]《05》他(h) **1**(かき回して)捜し出す;〘狩〙狩り出す. **2** ＝ausstauben

aus|sto·chern[áʊsʃtɔxərn] 他(h) ほじくり出す: *sich*³ die Zähne ～ (つまようじで)歯をほじる(掃除する).

aus|stop·fen[áʊsʃtɔpfən] 他(h)《*et.*⁴》(…に)詰め物をする: ein Kissen mit Federn ～ クッションに羽毛を詰める | die nassen Schuhe mit Zeitungspapier ～ ぬれた靴に新聞紙を詰める ‖ ein Tier ～ 動物を剥製(はくせい)にする.

Aus·stop·fung[..pfʊŋ] 女 -/-en ausstopfen すること.

Aus·stoß[áʊsʃtoːs] 男 -es/..stöße[..ʃtøːsə]《ふつう単数で》**1** ausstoßen すること. **2**〘経〙生産実績(能力): täglicher ～ von 2 000 Stück 日産2000個の実績(能力). **3**〘軍〙(魚雷の)発射; 魚雷発射管. **4** (Anstich)(酒だるなどの)口開け. **5**〘フェンシング〙突き.

aus|sto·ßen*[áʊsʃtoːsən]《188》**I** 他(h) **1** 吐き(噴き)出す; 放出(排出)する;〘軍〙(魚雷を)発射する;〘生〙排泄(はいせつ)する: den Atem ～ 息を吐く | den letzten Seufzer ～《比》息を引き取る. **2** (叫び・言葉を)発する: ein Lachen ～ 笑い声を上げる | Flüche ～ のろいの言葉を吐く, 悪態をつく. **3**〘経〙産出する: Der Betrieb *stößt* monatlich 1 000 Autos *aus*. この工場は月に1000台の自動車を生産する. **4 a)**《*jn.*》追放する: *jn.* aus der Kirche ～〘宗〙…を破門する | einen Offizier〔aus dem Heer〕～〘軍〙士官を免官処分にする. **b)**〘数〙消去する. **c)**〘言〙(史的に見て語が音〔節〕を)脱落させる. **5 a)** (押して・突いて)傷つける: *jm.* ein Auge ～ …の目を突いて傷つける. **b)** (殺した家畜の皮を)はぎ取る;〘園〙(庭などの)芝をはがす. **c)** (たるの底を)打ち抜く. **6 a)** (酒だるなどの)口を切る; (のみ口を)開ける. **b)** (グラスを)ぐいぐい飲みほす. **7**〘工〙突いて仕上げる. **II** 自 **1** (s)(泡となって)噴き出る(こぼれる). **2** (h) **a)**〘フェンシング〙突きを入れる. **b)**〘泳〙大きく水をかく. **3** (h) 突き終わる. **III Aus·ge·sto·ße·ne** → 別出

Aus·stoß≈ra·te[áʊsʃtoːs..] 女〘経〙生産率. **≈rohr** 中〘工〙排出管;〘軍〙魚雷発射管. **≈vor·rich·tung** 女〘工〙排出(放出)器;〘軍〙〔魚雷〕発射装置.

aus|strah·len[áʊsʃtraːlən] **I** 他(h) **1** (光線などを)放射(発散)する, 放散する;〘電〙放送する,(テレビを)放映する: Licht 〈Wärme〉 ～ 光(熱)を発する | Nachrichten〔über Mittelwelle〕～ ニュースを〔中波で〕放送する | Sein Gesicht *strahlt* Ruhe 〈eisige Kälte〉 *aus*. 彼の顔は安らぎ(氷のような冷たさ)を見せている. **2** 十分に照明する: die Bühne voll ～ 舞台を一面に照明する. **II** 自(h) **1** 放射(発散)される; (街路などが)放射状に伸びる;《比》(痛みなどが)さっと広がる. **2**《雅》《auf *et.*⁴》(…に)影響を及ぼす.

Aus·strah·lung[..lʊŋ] 女 -/-en **1** (ausstrahlen すること. 例えば:) 放散, 放射; (地球表面の)放熱, 発光; 放送, (テレビの)放映. **2**《比》(周囲への)影響力; (個人から放射される)人をひきつける(カリスマ的な)力: Von ihm geht eine enorme ～ aus. 彼には人をひきつける大変な魅力がある.

Aus·strah·lungs≈kraft 女 -/ ＝Ausstrahlung 2 **≈ver·mö·gen** 中 -s/〘理〙放射率.

aus|strecken[áʊsʃtrɛkən] 他(h)(手足などを)伸ばす: die 〈*seine*〉 Fühler ～ (→Fühler 1) | die Hand nach *et.*³ ～ (→Hand 1) ‖ 再帰 *sich*⁴ ～ 大の字に横たわる; 背伸びをする ‖ mit *ausgestreckten* Armen 両腕を広げて | mit *ausgestrecktem* Leibe 背伸びをして | *ausgestreckt* liegen 大の字に寝ている.

aus|strei·chen*[áʊsʃtraɪçən]《189》**I** 他(h) **1** (割れ目などを)塗りつぶす, 詰める; (なべなどの)内側を塗りこめる: eine Bratpfanne mit Butter ～ フライパンにバターをひく | Fugen mit Zement ～ 継ぎ目をセメントで塗りこめる. **2** (平らに)のばす: Teig ～ 粉をこねて平らにのばす | ein Tuch ～ / Knitter aus einem Tuch ～ (アイロンなどで)布のしわを伸ばす. **3** (塗料などを)薄くのばして塗りつける: einen Tropfen Blut auf einer Glasplatte ～〘医〙1滴の血をプレパラートに塗抹する. **4** (語などを)線を引いて消す, 抹消する. **II** 自 **1** (s)〘狩〙(野獣が)巣離れする. **2** (h)〘泳〙大きく水をかく. **3** (s) zu 〈über〉 Tage ～〘地〙(鉱脈が地表に)露出する, 露頭する. [◇Ausstrich]

Aus·strei·chung[..çʊŋ] 女 -/-en ausstreichen すること.

aus|streu·en[áʊsʃtrɔʏən] 他(h) **1** 散布する, まく: Samen ～ 種をまく | den Vögeln 〈für die Vögel〉 Futter ～ 鳥にえさをまいてやる | ein Gerücht ～ うわさを広める(ふりまく). **2**《*et.*⁴ mit *et.*³》(…に…を)くまなく散布する.

Aus·streu·ung[..ʃtrɔʏʊŋ] 女 -/ 散布.

Aus·strich[áʊsʃtrɪç] 男 -〔e〕s/-e **1**〘医〙(顕微鏡検査用)プレパラート, 塗抹標本. **2**〘地〙(鉱脈の)露出, 露頭. [＜ausstreichen]

aus|strö·men[áʊsʃtrøːmən] **I** 自(s)(↔einströmen)(水・ガスなどが)流れ(漏れ)出る; (群集などが)流れるように出てくる;《雅》(ausstrahlen) 放散(発散)される: aus dem Rohr ～ パイプから漏れ出る | Der Fluß *strömt* ins Meer *aus*. この川は海に注ぐ ‖ Von ihm *strömt* Wärme *aus*. 彼には温かい雰囲気がある | Die Gnade *strömt* von Gott *aus*.〘宗〙恩寵(おんちょう)は神に由来する. **II** 他(h) 流出させる; 放散(発散)する: einen Duft ～ 芳香を放つ | Die Wunde *strömt* Blut *aus*. 傷口が出血する | Das Zimmer *strömt* Behaglichkeit *aus*. この部屋には居心地のよい雰囲気が感じられる.

Aus·strö·mung[..mʊŋ] 女 -/-en ausströmen すること.

aus|stu·die·ren[áʊsʃtudiːrən] **I** 他(h) 研究し尽くす, 徹底的に探究する. **II** 自(h) 大学での勉学を終える.

aus|stül·pen[áʊsʃtʏlpən] 他(h)(↔einstülpen) 外側へ折り返す(曲げる).

aus|stür·zen[áʊsʃtʏrtsən]《02》他(h)(たるなどを)ぶちまける, 傾けて中身をあける; (コップを)飲みほす.

aus|su·chen[áʊszuːxən] **I** 他(h) **1** (auswählen)《*jn.* / *et.*⁴》選び出す: *sich*³ eine Krawatte ～ (自分のために)ネクタイを選ぶ. **2** (durchsuchen) くまなく捜す: die ganze Wohnung〔nach *et.*³〕～〔…を求めて〕家じゅうを捜し回る. **II aus·ge·sucht** → 別出

aus|sül·zen[áʊszʏltsən]《02》他(h)《話》再帰 *sich*⁴ ～ (長々と)しゃべりまくる.

aus|sü·ßen[áʊszyːsən]《02》自(h, s)(海水などが)真水になる.

Aust[aʊst] 女 -/-e《ふつう単数で》《北部》(Ernte) 収穫〔期〕. [＜August¹]

aus|tä·feln[áʊstɛːfəln]《06》他(h)(部屋などに)壁板をはる.

aus|tan·zen[áʊstantsən]《02》他(h) **1** 最後まで踊る, 踊り終る: 再帰 *sich*⁴ ～ 思う存分(心ゆくまで)踊る. **2** 再帰 *sich*⁴ ～ (バレリーナなどが)踊りの才能を伸ばす.

aus|ta·pe·zie·ren[áʊstapetsiːrən] 他(h)(部屋などに)壁紙(壁布)をはる.

aus|ta·rie·ren[áʊstariːrən] 他(h) **1**《*et.*⁴》(…の)均衡を保たせる, つり合わせる;《比》勘案する. **2**《オーストリア》Waren ～ 商品の風袋を量る.

aus|ta·sten[áʊstastən]《01》他(h) **1**《*et.*⁴》(…の)内側に触れる. **2**〘テレビ〙帰線消去する.

Aus·ta·stung[..tʊŋ] -/ (austasten すること. 特に:)〘テレビ〙帰線消去.

Aus·tausch[áʊstaʊʃ] 男 -〔e〕s/ **1** (相互的な)交換: ein ～ von Meinungen / Meinungs*austausch* 意見の交換 | Gefangenen*austausch* 捕虜交換 | Kultur*austausch* 文化交流 ‖ im ～ gegen *et.*⁴ …と交換に, …の見返りに. **2** (不良部品などの)取り替え, 交換: ein ～ der defekten Teile 欠陥部品の交換.

aus·tausch·bar[–baːr] 形 交換可能な.

Aus·tausch·dienst 男 交換の斡旋(あっせん)〔機関〕: Deutscher Akademischer ～ (略 DAAD) ドイツ学術交流会.

aus|tau·schen[áʊstaʊʃən]《04》他(h) **1** (相互に)交換する, 取り交わす: Blicke 〈Meinungen〉 ～ 視線(意見)を交わす | Botschafter 〈Gefangene〉 ～ 大使(捕虜)を交換する | mit *jm.* Briefe ～ …と文通する ‖ 再帰 *sich*⁴ über *et.*⁴ ～ …について論じ合う. **2** 代替する, 取り替える: einen Motor ～ エンジンを交換する | den Torwart ～ ゴールキーパーを入れ替える | ein Wort gegen ein anderes ～ ある語を別の語と取り替える ‖ Er ist〔wie〕*ausgetauscht*. 彼はまるで以前とは変わってしまった.

Aus·tausch≈mo·tor 男 交換(代替)エンジン. **≈pro·fes·sor** 男 交換教授. **≈reak·tion** 女〘化〙交換反応.

A

⸗**schü·ler** 男 交換生徒. ⸗**stoff** 男 代替〈人工〉材料, 代用品. ⸗**stu·dent** 男 交換学生. ⸗**trans·fu·sion** 女 〖医〗交換輸血. ⸗**wa·re** 女 見返り〈代替〉品.

aus·tausch·wei·se[また: ∠−∠◡] 副 (→ ..weise ★) 交換に, 見返りとして.

aus|tei·len[áustaılən] 他 (h) **1** 分配する, 配る; 《比》(命令・打撃などを) 与える: *et.*[4] an 〈unter〉 die Leute ~ …を人々に配る | Karten ~ (トランプなどで) カードを配る | die Rolle ~ 〖劇〗配役する; 《比》役割を決める ‖ eine Ohrfeige 〈einen Korb〉 ~ びんた〈ひじ鉄〉を食らわす | Spitzen ~ しんらつな言葉を浴びせる ‖〖目的語なしで〗bei Tisch ~ 料理をめいめいに取り分ける | mit vollen Händen ~ 大盤振舞いをする. **2** 〖宗〗(聖体・秘跡を) 授ける.

Aus·tei·lung[..luŋ] 女 -/-en austeilen すること.

au·sten[áustən] 《01》 他 (h) 《北部》(ernten) 収穫する. [< Aust]

Au·ste·nit[austenít, ..nít] 男 -s/-e 〖鉱〗オーステナイト. [< Roberts-Austen (イギリスの鉱物学者, †1902) + ..it[2]]

Au·ster[áustər] 女 -/-n 〖貝〗カキ(牡蠣): eine ~ aufbrechen カキの殻をむく | ~*n* essen カキを食べる. [*gr.* óstre[i]on − *lat.* − *ndl.* oester − *ndd.*; < osteo..; ◇ *engl.* oyster]

Au·ster·litz[áustərlıts] 地名 アウステルリッツ (チェコ Mähren 地方の都市. 1805年ナポレオンがロシア=オーストリア連合軍を撃破した戦場として有名. チェコ語名スラフコフ Slavkov). [*slaw.*]

Au·stern⸗bank[áustərn..] 女 -/..bänke (海底の) カキの〔密集〕生息地帯. ⸗**dieb** 男 = Austernfischer 2 ⸗**fisch** 男 (Seewolf) 〖魚〗オオカミウオ(狼魚). ⸗**fi·scher** 男 **1** カキ採取者. **2** 〖鳥〗ミヤコドリ(都鳥). ⸗**park** 男 カキ養殖場. ⸗**pilz** 男 = Austernseitling ⸗**scha·le** 女 カキの殻. ⸗**seit·ling** 男 -s/-e 〖植〗ヒラタケ(平茸). ⸗**so·ße** 女 〖料理〗オイスターソース. ⸗**zucht** 女 カキの養殖.

aus|te·sten[áustɛstən] 《01》 他 (h) 徹底的にテスト〈検査・試験〉する.

aus|tie·fen[áusti:fən] 他 (h) 掘り下げる; 深める.

aus|tif·teln[áustıftəln] 《06》 = austüfteln

aus|til·gen[áustılgən][1] 他 (h) 消滅させる, 抹殺する, 根絶〈絶滅〉する; (文字などを) 抹消する; (記憶・思い出などを) 消し去る; (負債を) 償却する; (罪などを) あがなう: Ungeziefer ~ 害虫を撲滅(ぼくめつ)する | Die Erinnerung war nicht wieder *auszutilgen*. その思い出は二度と脳裏を去ることがなかった.

Aus·til·gung[..guŋ] 女 -/-en austilgen すること.

aus|to·ben[áusto:bən][1] **I** 他 (h) **1** 再帰 *sich*[4] ~ 存分に暴れる〈荒れ狂う〉: Der Sturm hat sich *ausgetobt*. (ようやく) あらしが治まった | *sich*[4] vor der Ehe ~ 結婚前にせいぜい遊んでおく. **2** (怒りなどを) ぶちまけてすっきりする. **II** 自 (h) (存分に) 暴れて〈荒れ狂って〉静かになる.

aus|tol·len[áustɔlən] 他 (h) 《話》再帰 *sich*[4] ~ (子供などが存分に) 暴れ〈はしゃぎ〉回る.

aus|tö·nen[áustø:nən] 自 (h) 響きやむ, 鳴り終わる.

aus|ton·nen[áustɔnən] 他 (h) 〖海〗(水路に) たる形浮標〈ブイ〉を設置する. [< Tonne]

Aus·trag[áustra:k][1] 男 -[e]s/..träge[..trɛ:gə] **1** 《単数で》 **a)** (争いごとなどの) 決着, 解決: einen Streit zum ~ bringen 争いを解決する, 争いに決着をつける | zum ~ kommen (争いなどが) 解決される. **b)** (スポーツ競技などの) 実施, 開催. **2** 《ふつう単数で》《南部・オーストリア》(Altenteil) (とくに農民の) 隠居後の財産の保留分; 隠居後の居宅: im ~ leben 隠居生活をする.

aus|tra·gen*[áustra:gən][1] 《191》 **I** 他 (h) **1 a)** (商品・新聞・郵便物などを) 配達する: Milch 〈die Post〉 ~ 牛乳〈郵便物〉を配達する. **b)** (うわさなどを) 言いふらす, 吹聴(ふいちょう)する. **2 a)** (争いなどを) ぎりぎりまで戦い抜く, 勝負が決まるまで戦う, 決着をつける: Meinungsverschiedenheiten ~ 意見の相違をとことんまで話し合う | *et.*[4] vor Gericht ~ 裁判で…の黒白を争う. **b)** (スポーツ競技などを) 行う, 実施する, 催す: Die Meisterschaften der Leichtathletik werden in Berlin *ausgetragen*. 陸上競技の選手権大会はベルリンで開催される. **3** (胎児を) 臨月まで懐胎する; 《比》(苦しみなどを) 耐えぬく: Sie hat das Kind nicht *ausgetragen*. 彼女の子供は月足らずで生まれた ‖ ein *ausgetragenes* Kind 成熟児. **4** (服を) 着古す. **5 a)** (↔eintragen) (記入してあるものを) 削る, 消す. **b)** 再帰 *sich*[4] aus *et.*[3] ~ (名簿などから) 自分の名前を抜いてもらう. **6** 《オーストリア》(ausbedingen) 《*sich*[3] *et.*[4]》(条件として) 要求する, (権利を) 保留する. ▽**7** 《数量を示す語句と》(…の) 額になる: Das *trägt* nicht viel *aus*. それはたいした額にはならない; 《比》それはたいしたことじゃない. **II** 自 (h) 《完了形で》(樹木などが) 実がなり尽くす: Der Baum hat *ausgetragen*. この木にはもう実がならない. **III aus·ge·tra·gen** → 別出

Aus·trä·ger[..trɛ:gər] 男 -s/- 《南部・オーストリア》 **1** 配達人, 配達夫: ein ~ für Zeitungen 新聞配達人. **2** (うわさなどを) 言いふらす人.

Aus·träg·ler[..trɛ:klər] 男 -s/- 《南部・オーストリア》隠居した人.

Aus·trag·stüb·chen[..tra:k..] 中 -s/- 《南部・オーストリア》隠居所: im ~ sitzen 〔楽〕隠居している; 年金生活をしている.

Aus·tra·gung[..tra:guŋ] 女 -/-en 《ふつう単数で》(austragen すること. 特に:) (スポーツ競技の) 実施, 開催.

Aus·tra·gungs⸗mo·dus 男 (スポーツ競技の) 実施方法. ⸗**ort** 男 -[e]s/-e (スポーツ競技の) 開催地.

aus·trai·niert[áustrɛni:rt] 形 〖スポーツ〗調和のとれたトレーニングによって最好調〈ベストコンディション〉の.

▽**au·stral**[austrá:l] 形 南半球の. [*lat.*; < *lat.* auster „Südwind" (◇ Aurora)]

au·stra·lid[australí:t][1] **I** 形 オーストラリア原住民の. **II Au·stra·li·de** 男 女 《形容詞変化》オーストラリア原住民.

Au·stra·li·en[austrá:liən] 地名 オーストラリア (英連邦の一員. 首都は Canberra). [*lat.* Terra Austrālis „Südland"; < *lat.* austrālis „südlich"]

Au·stra·li·er[..liər] 男 -s/- オーストラリア人.

au·stra·lisch[..lıʃ] 形 オーストラリア〔人〕の: *Australischer* Bund オーストラリア連邦 (オーストラリアの正式国名).

au·stra·lo·id[australoí:t][1] **I** 形 〖人類〗オーストラロイドに属する〈の特徴をもった〉. **II Au·stra·lo·ide** 男 女 《形容詞変化》〖人類〗オーストラロイド (オーストラリア原住民とその類縁人種).

aus|tram·peln[áustrampəln] 《06》 他 (h) (火などを) 踏み消す; 踏み固める: einen Pfad ~ 踏み固めて小道をつくる.

Au·stra·si·en[austrá:ziən] 地名 アウストラシア (フランク王国の一部で今日のフランス北東部・ベルギー・ドイツ北西部を含む). [*mlat.* „Ostreich"; ◇ Osten]

Aus·trau·er[áustrauər] 女 -/ 喪の明け.

aus|trau·ern[áustrauərn] 《05》 自 (h) 喪の期間を終える, 喪が明ける.

aus|träu·men[áustrɔymən] **I** 自 (h) 夢からさめる; 《比》我に返る. **II** 他 (h) einen Traum ~ 夢からさめる; 《比》幻想をすてる | Der Traum ist *ausgeträumt*! (→ Traum 2 a).

aus|trei·ben*[áustraıbən][1] 《193》 **I** 他 (h) **1** (↔eintreiben) (家畜を) 牧草地へ連れ出す. **2 a)** 《*jn.*》追い出す, 追い払う: die Bevölkerung aus einem Gebiet ~ 住民をある地域から立ち退かせる | den Teufel durch 〈mit〉 Beelzebub ~ (→Beelzebub). **b)** 《*jm. et.*[4]》(…の悪習などを) たたき直す: *jm.* die Grillen ~ (→Grille 2) | *jm.* den Hochmut 〈die Furcht〉 ~ …の高慢をくじく〈恐怖心を追い払う〉| *jm.* die Mucken ~ (→Mucke 2). **3 a)** (汗などを) 分泌する. **b)** 〖医〗(胎児を) 娩出(べんしゅつ)する. **4 a)** 〖化〗(加熱して溶液中より) 追い出す. **b)** 〖工〗(ガスなどを) 抜く. **5** zwei Zeilen ~ 〖印〗(語間を広く取って) 2 行分増して版を組む. **6** (枝が芽などを) 出す(→II 2). **7** (金属に模様などを) 打ち出す. **8** 《オーストリア》(ausrollen) (こね粉を) 練りのばす. **II** 自 **1** (s) (芽などが) 出る. **2** (h) (木が) 芽吹く(→I 6).

Aus·trei·bung[..buŋ] 女 -/-en (austreiben すること.) **1** 追放: die ~ aus dem Paradiese 〖宗〗楽園追放. **2** 〖医〗(胎児の) 娩出(べんしゅつ).

Aus·trei·bungs·pe·ri·ode 女 〖医〗(分娩の) 娩出期.

aus|tren·nen[áustrɛnən] 他 (h) 取り去る〈外す〉: das

Futter aus dem Mantel ~ コートの裏を外す.

aus|tre·ten*[áustre:tən] ⟪194⟫ **I** 自 (s) **1 a)** (↔eintreten) ⟪aus *et.*³⟫ (…から)離れる, 抜け出す; (団体などから)脱退する, 脱会⟨退社・離党⟩する: aus der Reihe ~ 隊列を離れる | aus einer Partei ⟨einem Sportklub⟩ ~ 離党する⟨スポーツクラブから退会する⟩. **b)** ⟪話⟫ (部屋を離れて)用便に出る: ~ gehen 便所に行く. **c)** 〔狩〕(野獣が森の中からえさ場などへ)出る. **2** (外部へ)出る; 流れ出す, あふれ出る; (ガスが)噴出する; (川が)氾濫(はんらん)する. **II** 他 (h) **1** (火を)踏み消す: eine Zigarette ~ 吸いがらを踏み消す | die Kriegsflamme ~ ⟪比⟫ 戦乱を鎮める. **2 a)** 踏んで絞る(〔絞り〕出す): die Trauben ~ / den Saft aus den Reben ~ 踏んでぶどう汁を絞る | die Körner aus den Ähren ~ 踏んで脱穀する. **b)** 〔*sich*³〕 einen Fuß ~ 足をくじく. **3** (靴などを)履きつぶす⟨広げる⟩; (階段などを)踏み減らす; (道を)踏み荒らす⟨固める⟩: die Kinderschuhe *ausgetreten* haben (→Kinderschuh) ‖ *ausgetretene* Schuhe 履き古しの靴 | eine *ausgetretene* Schwelle 踏み減らされた敷居 | ein *ausgetretener* Weg 踏み荒らされた⟨ならされた⟩道 | die *ausgetretenen* Pfade verlassen (→Pfad 1) | auf *ausgetretenen* Pfaden wandeln (→Pfad 1). **4** 再帰 *sich*⁴ ~ (座り続けたあとなどに少し歩いて)足をほぐす.

Au·stria[áustria·] 地名 オーストリア (Österreich のラテン語形).

Au·stria·zis·mus[austriatsísmus] 男 -/..men [..mən] オーストリア語法(オーストリア特有の慣用語法).

aus|trick·sen[áustrıksən] ⟪02⟫ 他 (h) ⟪*jn.*⟫ **1** 〔球技〕(トリックを使って…を)だし抜く. **2** ⟪比⟫ 巧妙に⟨策略を用いて⟩締め出す. [<Trick]

aus|trim·men[áustrımən] 他 (h) (船・飛行機の)姿勢⟨方向⟩を制御する.

aus|trin·ken*[áustrıŋkən] ⟪196⟫ 他 (h) **1** (飲み物を)残らず飲む, 飲みほす: Bier ~ ビールを飲みほす. **2** (杯・瓶などを)飲んで空にする: ein Glas ~ 一杯飲みほす.

au·strisch[áustrıʃ] 形 die ~*en* Sprachen オーストリック語族(東南アジア・中部太平洋諸島の諸言語). [◇austral]

Aus·tritt[áustrıt] 男 -[e]s/-e **1** ⟪ふつう単数で⟫ **a)** (外へ)歩み出ること: beim ~ aus dem Zimmer 部屋から出る際に. **b)** (団体などからの)脱退(脱会・退社・離党など): ~ aus der Partei 離党. **2** (ガスなどが)漏れること; (川の)氾濫(はんらん); 〔医〕出血. **3 a)** 出口, はけ口. **b)** (↔Antritt)(階段などの)降り口, 最上段(→ 図 Treppe). **c)** 〔建〕(小さな)バルコニー. [*mhd.*; ◇austreten]

Aus·tritts·er·klä·rung 女 脱会宣言⟨声明⟩, 脱会⟨離党⟩通知.

au·stro·asia·tisch[austro|aziá:tıʃ, ⌐◡◡◡⌐◡] 形 die ~*en* Sprachen オーストロアジア語族(アジア南東部およびベンガル湾周辺の諸言語). [◇austral]

aus|trock·nen[áustrɔknən] ⟪01⟫ **I** 他 (h) **1** 乾かす, 干す, 乾燥させる; (沼沢地などを)干上がらせる. **2** (布などで…の)水気をぬぐう. **II** 自 (s) 乾く, 乾燥する; 干上がる; (川・泉などが)かれる: Das Brot *trocknet aus*. パンが干からびる | Meine Kehle ist ganz *ausgetrocknet*. 私ののどはからからだ.

Au·stro·mar·xis·mus[austromarksísmus, ⌐◡◡◡◡] 男 〔政〕オーストリア派マルクシズム. [<Austria]

aus|trom·meln[áustrɔməln] ⟪06⟫ **I** 他 (h) 太鼓を打って知らせる; ⟪比⟫ ふれ回る. **II** 自 (h) 太鼓を打ち終える.

aus|trom·pe·ten[áustrɔmpè:tən] ⟪01⟫ ⟪過分 austrompetet⟫ **I** 他 (h) らっぱを吹いて知らせる; ⟪比⟫ ふれ回る. **II** 自 (h) らっぱを吹き終える.

Au·stro·ne·si·en[austroné:ziən] 地名 オーストロネシア(太平洋中部および南部の諸島). [<*gr.* nēsos „Insel"; ◇austral]

Au·stro·ne·si·er[..ziər] 男 -s/- オーストロネシア人.

au·stro·ne·sisch[..zıʃ] 形 オーストロネシア〔人・語〕の: →deutsch | die ~*en* Sprachen オーストロネシア語族(インドネシアおよび中部太平洋諸島の諸言語).

aus|tru·deln[áustru:dəln] ⟪06⟫ **I** 他 (h) ⟪方⟫ =auswürfeln **II** 自 (h) (こまなどが)回転し終わる: *et.*⁴ **~ lassen** ⟪話⟫ …を徐々に終わらせる, そろそろ…をやめることにする.

aus|tüf·teln[áustʏftəln] ⟪06⟫ 他 (h) ⟪話⟫ 苦心して⟨慎重に⟩考え出す: 〔*sich*³〕 einen Plan ~ 計画を練り上げる.

aus|tun*[áustu:n] ⟪198⟫ 他 (h) **1** ⟪方⟫ (ausziehen) (衣服などを)脱ぐ: die Schuhe ~ 靴を脱ぐ ‖ 再帰 *sich*⁴ ~ 脱衣する | *sich*⁴ über *et.*⁴ ~ ⟪比⟫ …について意見を述べる⟨感情をぶちまける⟩. **2** ⟪方⟫ (火などを)消す; 抹消する: die Lampe ~ ランプを消す | eine Schuld ~ 負債を帳消しにする. **3** ⟪話⟫ 再帰 ***sich*⁴ ~ können** 存分に腕が振るえる.

aus|tun·ken[áustuŋkən] 他 (h) **1** (ソース・肉汁などを)吸い取る: die Soße mit Brot ~ ソースをパンにしみ込ませてふき取る. **2** (…からソース・肉汁などを)吸い取る: die Schüssel ~ 鉢の中身を吸い取る | *et.*⁴ ~ müssen ⟪方⟫ …の尻(しり)ぬぐいをさせられる.

aus|tu·schen[áustuʃən] ⟪04⟫ 他 (h) (図形などを)墨で塗る, (…に)墨入れする.

aus|üben[áus|y:bən]¹ 他 (h) **1** (行為を)行う; (職業を)営む; (職務を)果たす, 執行する: eine Pflicht ~ 義務を果たす | Rache an *jm.* ~ …に復讐(ふくしゅう)する | ein Verbrechen ~ 犯罪を犯す ‖ eine ärztliche Praxis ~ 医者を開業している | Welchen Beruf *üben* Sie *aus*? ご職業は何ですか ‖ die *ausübende* Gewalt 執行権. **2 a)** (権利を)行使する: *sein* Stimmrecht ~ 投票〔権を行使〕する. **b)** (影響などを)及ぼす; (権力などを)振るう: Druck ⟨einen Reiz⟩ auf *jn.* ~ …に圧力を加える⟨…の心をひきつける⟩ | die Macht über *jn.* ~ …を支配する | eine starke Wirkung auf *jn.* ~ …に強く作用する.

Aus·übung[..buŋ] 女 -/ ausüben すること: in ~ *seines* Berufes sterben 殉職する | die Lizenz zur ~ eines Gewerbes 営業の認可〔証〕.

aus|ufern[áus|u:fərn] ⟪05⟫ 自 (s) (水が)岸を越えてあふれ出る; ⟪比⟫ (度を過ごして)逸脱する, 常軌を逸する. [<Ufer]

Aus·ufe·rung[..ruŋ] 女 -/-en ausufern すること.

Aus·ver·kauf[áusfɛrkauf] 男 -[e]s/..käufe[..kɔʏfə] (シーズン末などの在庫一掃のための)〔廉価〕大売り出し.

aus|ver·kau·fen[áusfɛrkaufən] 他 (h) ⟪ふつう不定詞・過去分詞で⟫ 売り尽くす: das Lager ⟨alle Waren⟩ ~ 在庫⟨商品全部⟩を売り尽くす ‖ Alle Karten sind ⟨Der ganze Laden ist⟩ *ausverkauft*. 切符⟨店内の商品⟩が全部売り切れた | Das Kino ⟨Die Vorstellung⟩ ist 〔auf Wochen hinaus〕 *ausverkauft*. その映画館⟨上演⟩の切符は〔数週間先まで〕売り切れた | vor *ausverkauftem* Haus spielen 満員札止めの観客⟨聴衆⟩を前にして演じる.

aus·ver·schämt[áusfɛrʃɛ:mt] 形 ⟪北部⟫ (unverschämt) 恥知らずな, 厚かましい.

aus|wach·sen*[áusvaksən] ⟪199⟫ **I** 自 (s) **1** 完全に⟨十分に⟩育つ, 発育しきる; ⟪比⟫ 一人前になる: Der Hund ist *ausgewachsen*. この犬はこれ以上大きくならない ‖ ein *ausgewachsener* Künstler 一人前の芸術家 | ein *ausgewachsener* Blödsinn ⟪話⟫ 愚鈍さのきわみ. **2 a)** 〔農〕不自然に発芽する, (穀粒が)穂の中で⟨貯蔵中に⟩発芽する. **b)** ⟪話⟫ 退屈して死にそうになる: bei *et.*³ ~ …で死ぬほど退屈する ‖ **Es ⟨Das⟩ ist zum *Auswachsen*!** まったく絶望的だ, ほとほといやになるよ | Es ist ja zum *Auswachsen* langweilig mit dir! 君の退屈さにはお手あげだ. **3** (脊柱が)しだいに曲がる; (奇形のまま)固まる: Er ist *ausgewachsen*. 彼は猫背だ. **4** 生育して変化する: in Dornen⁴ *auswachsende* Zweige 先端がとげに変化している枝. **II** 他 (h) **1** 再帰 *sich*⁴ 〔zu *et.*³〕 ~ 〔…に〕成長⟨発展⟩する | *sich*⁴ zu einem schönen Mädchen ~ 美しい少女に成長する | Die Neckerei hat sich zur Feindschaft *ausgewachsen*. からかい合いが発展して敵対関係が生まれた. **2** 再帰 *sich*⁴ ~ (奇形・欠点などが)成長に伴って直る. **3** 成長して(服などが)合わなくなる: Er hat die Hosen *ausgewachsen*. 彼は(成長して・太って)そのズボンが小さくなった. **III aus·ge·wach·sen** → 別出 [◇Auswuchs]

Aus·wach·sung[áusvaksuŋ] 女 -/-en (auswachsen すること. 例えば:) 屈曲, 奇形〔になること〕, 癒着.

aus|wä·gen⁽*⁾[áusvɛ:gən]¹ ⟪200⟫ **I** 他 (h) **1** ⟪*et.*⁴⟫

A

(…の)重さを精確にはかる. **2** (eichen) (度量衡器を)検定する. **II aus·ge·wo·gen** → 別出

Aus·wahl[áʊsva:l] 女 -/ **1** 選び出すこと, 選択, 選抜; 〘生〙淘汰(とうた): eine ~ treffen ⟨vornehmen⟩ 選び出す, 選択する | die freie ~ haben 自由に選ぶことができる ‖ ohne ~ 無差別に | zur ~ stehen より取り見取りである. **2** 〘商〙(各種とりそろえた)品数: eine gute ⟨große⟩ ~ an ⟨von⟩ *et.*³ zu bieten haben …を各種とりそろえて〔売って〕いる ‖ in reicher ~ vorhanden ⟨am Lager⟩ sein (商店が)品数を豊富に用意してある. **3 a)** 選集: eine ~ von ⟨aus⟩ Goethes Werken ゲーテ選集 ‖ *js.* Werke in ~ herausgeben …の選集を出す. **b)** 〘スポ〙選抜チーム; 〘雅〙えり抜きの人々: in der ~ mitspielen 選抜チームに加わる.

Aus·wahl·ant·wort 女 (アンケートなどの)解答の選択肢.

aus|wäh·len[áʊsvɛ:lən] 他 (h) ⟪*jn.* / *et.*⁴⟫ 選び出す, 選択⟨選抜⟩する: unter mehreren Bewerbern einen ~ 数人の応募者の中から一人を選ぶ | Geschenke für *jn.* ~ …のための贈り物を選ぶ | *sich*³ einen günstigen Platz ~ (自分のために)都合のいい席⟨場所⟩を選ぶ ‖ Kants *ausgewählte* Schriften ⟨Werke⟩ カント選集 | *ausgewählte* Speisen und Getränke ⟪雅⟫ えり抜きの飲食物.

Aus·wahl≠mann·schaft[áʊsva:l..] 女 〘スポ〙選抜チーム. **≠sen·dung** 女 〘商〙(選択のための)見本送付. **≠spie·ler** 男 選抜チームの選手.

aus|wal·ken[áʊsvalkən] 他 (h) (こね粉などを)棒でのばす.

aus|wal·zen[áʊsvaltsən] ⟪02⟫ 他 (h) **1 a)** (金属を)ローラーでのばす, 圧延する. **b)** = auswalken **2** ⟪話⟫ (…について)冗漫に話す, (話を)だらだらとのばす.

Aus·wan·de·rer[áʊsvandərər] 男 -s/- (↔Einwanderer) (他国・よその土地への)移住者, 移民.

aus|wan·dern[áʊsvandərn] ⟪05⟫ 自 (s) (↔einwandern) (他国・よその土地へ)移住する. [*mhd.*; *lat.* ē-migrāre (◇emigrieren) の翻訳借用]

Aus·wan·de·rung[..dərʊŋ] 女 -/-en ⟪ふつう単数で⟫ (他国・よその土地への)移住.

aus|wär·men[áʊsvɛrmən] 他 (h) ⟪方⟫ (部屋などを)十分に暖める⟨暖房する⟩: 再帰 *sich*⁴ am Ofen ~ ストーブにあたって体を十分に暖める.

aus·wär·tig[áʊsvɛrtɪç]² 形 ⟪付加語的⟫ **1** よその; よそからの: der ⟨die⟩ *Auswärtige* よその人. **2** 外国関係の, 対外的な: die ~*e* Politik 外交政策 | das Ministerium für *Auswärtige* Angelegenheiten (旧東ドイツの)外務省 | das *Auswärtige* Amt (略 AA, A. A.) (ドイツの)外務省.

aus·wärts[..vɛrts] 副 **1** よそで: ~ essen ⟨schlafen⟩ 外食⟨外泊⟩する | **~ reden** ⟨**sprechen**⟩ ⟪戯⟫ 外国語⟨よその言葉⟩を話す | ~ wohnen 住み込みでない, 通勤している ‖ nach ⟨von⟩ ~ よそへ⟨から⟩. **2** (↔einwärts) 外部⟨外側⟩へ: Die Tür ist ~ zu öffnen. この戸は外側へ開く. **3** 〘スポ〙ホームグラウンド以外で.

aus·wärts≠|ge·hen* ⟪53⟫ (話: **≠|lau·fen*** ⟪89⟫) 自 (s) (足先を外に開いて)外またに歩く.

Aus·wärts·spiel 中 〘スポ〙遠征試合.

aus|wa·schen*[áʊsvaʃən] ⟪201⟫ 他 (h) **1 a)** (汚れ・しみなどを)洗い落とす, 洗い流す: Flecke aus dem Kleid ~ 服のしみを洗い落とす. **b)** ⟪*et.*⁴⟫ (…の汚れ・しみなどを)洗い落とす, 洗い流す; 十分に洗う, 洗ってきれいにする: Gläser ~ コップをすすぐ | eine Wunde ~ 傷口を洗浄する | Sand nach Gold ~ 水洗法で砂金を採る. **c)** 〘化〙(溶剤などを用いて不純物を)取り除く, 濾過(ろか)する. **2** (水の力で)くぼませる; 〘地〙洗脱する: vom Regen *ausgewaschene* Felsen 雨にえぐられた岩. **3** ⟪話⟫ ⟪*jn.*⟫ しかりとばす.

Aus·wa·schung[..ʃʊŋ] 女 -/-en **1** auswaschen すること. **2** 〘地〙(洗脱による)くぼみ.

aus|wäs·sern[áʊsvɛsərn] ⟪05⟫ 他 (h) (あく抜き・塩抜きなどのために)水に浸す, 水で洗う.

aus|wat·tie·ren[áʊsvati:rən] 他 (h) ⟪*et.*⁴⟫ (…の)内側に綿を入れる⟨詰める⟩: einen Mantel ~ コートを綿で裏打ちする.

Aus·wech·sel·bank[áʊsvɛksəl..] 女 -/..bänke 〘スポ〙交替選手の控えベンチ.

aus·wech·sel·bar[..ba:r] 形 交換できる, 交換可能な.

aus|wech·seln[áʊsvɛksəln] ⟪06⟫ **I** 他 (h) **1 a)** (別の人・物と)交換する, 取り替える: eine verbrauchte Batterie gegen eine neue ~ 切れた電池を新品と入れ替える | ein fehlerhaftes Blatt ~ 〘製本〙乱丁を差し替える ‖ **wie *ausgewechselt* sein** 人が変わったかのようである ‖ zum *Auswechseln* ähnlich sein うり二つである. **b)** (↔einwechseln) ⟪*jn.*⟫ 〘スポ〙(選手交代で…を)退場させる. **2** 〘坑〙(坑道の)内張りを新しくする.

II 自 (h) 〘狩〙(野獣が)〔生息〕場所を変える.

Aus·wech·sel·spie·ler 男 〘スポ〙交代選手⟨要員⟩.

Aus·wech·se·lung[..səlʊŋ] (**Aus·wechs·lung**[..slʊŋ]) 女 -/-en 交換, 交代.

Aus·weg[áʊsve:k]¹ 男 -〔e〕s/-e **1** 出口. **2** ⟪比⟫ 逃げ道, 抜け道, のがれる方策: *jm.* den ~ abschneiden …の逃げ道を断つ | *sich*³ einen ~ offenhalten 逃げ道を用意しておく | 〔*sich*³〕 keinen ~ mehr wissen 〔sehen〕 途方に暮れる | Es blieb kein 〔anderer〕 ~, als dorthin zu gehen. そこへ行くよりほか仕方がなかった.

aus·weg·los[–lo:s]¹ 形 逃げ道のない, 絶望的な.

Aus·weg·lo·sig·keit[..lo:zɪçkaɪt] 女 -/ ausweglos なこと.

Aus·weich·be·we·gung[áʊsvaɪç..] 女 よける⟨かわす⟩動作; (船・車などの)回避⟨待避⟩行動.

Aus·wei·che[..vaɪçə] 女 -/-n (道路・坑道などの)待避所; 〘鉄道〙待避線. [<ausweichen²]

aus|wei·chen¹[áʊsvaɪçən] 他 (h) 水につけて柔らかくする.

aus|wei·chen²*[–] ⟪204⟫ 自 (s) **1** ⟪*jm.*/*et.*³⟫ (…を)よける, かわす, 回避する, (…から)逃れる: einem Angriff ~ 攻撃をかわす | einem Auto ~ 自動車をよける | *seinen* Verfolgern ~ 追っ手をかわす | der Wahrheit ~ 真相から目をそらす ‖ Rechts ~! 右側通行, (よけるには)右へ寄れ ‖ eine *ausweichende* Antwort (あいまいな)責任逃れの返事. **2** ⟪auf *et.*⁴⟫ (やむを得ず…へ)くら替えする, 乗り換える. **3** ⟪in *et.*⁴⟫ 〘楽〙(…に一時的に)転調する. **4** (壁が)かしいでいる.

Aus·weich≠flug·ha·fen[áʊsvaɪç..] 男 〘空〙(悪天候などの際の)待避⟨代替⟩空港. **≠ge·lei·se** 中, **≠gleis** 中 〘鉄道〙待避線, (単線区間の)行違線. **≠la·ger** 中 -s/- 補助倉庫. **≠ma·nö·ver** 中 (運転・操縦の際などの)回避操作; ⟪比⟫ 逃げ口上. **≠stel·le** 女 (道路などの)待避所. **≠stra·ße** 女 迂回(うかい)路.

Aus·wei·chung[áʊsvaɪçʊŋ] 女 -/ (ausweichen²すること. 例えば:) 回避, 待避; 〘楽〙(一時的な)転調.

aus|wei·den[áʊsvaɪdən]¹ ⟪01⟫ 他 (h) 〘狩・料理〙(…の腹を裂いて)はらわたを抜く; ⟪比⟫ (…の)胸の中をさらけ出させる. [*mhd.* weiden; ◇weiden, Eingeweide]

aus|wei·nen[áʊsvaɪnən] **I** 他 (h) **1 a)** ⟪雅⟫ *seinen* Schmerz ~ 泣いて心痛を晴らす. **b)** 再帰 *sich*⁴ ~ 存分に泣く. **2** *sich*³ die Augen ~ 激しく⟨さめざめと⟩泣く. **II** 自 (h) 泣きやむ; 泣きたいだけ泣く: *jn.* ~ lassen …の気のすむまで泣かせておく.

Aus·weis[áʊsvaɪs]¹ 男 -es/-e **1** (身分・資格などの)証明書; (通行・入場などの)認可証, パス; 旅券: Personal*ausweis* 身分証明書 | Studenten*ausweis* 学生証 ‖ *jm.* einen ~ ausstellen …に証明書を発行する | den ~ vorzeigen 証明書を呈示する. **2** 証拠〔物件〕: **nach ~** des Berichts ⟨der Statistik⟩ ⟪官⟫ 報告⟨統計⟩に基づいて. **3** 〘経〙事業⟨業務⟩報告〔書〕. **4** ⟪オーストリア⟫ (Zeugnis) (学業・勤務状況などについての)証明書.

aus|wei·sen*[áʊsvaɪzən]¹ ⟪205⟫ **I** 他 (h) **1** ⟪*jn.*⟫ 追放する, 追い立てる: *jn.* aus dem Land ⟨aus der Schule⟩ ~ …を国外に追放する⟨退学処分にする⟩. **2 a)** (書類・業績などによって)証明する: *jn.* als Fachmann ~ …が専門家であることを証明する | Die Zeit wird es ~. いずれ時がそれを証明しよう ‖ 再帰 *sich*⁴ ~ i) (自分の身分などを)証明する; ii) (事実が)証明される | *sich*⁴ als Vertreter einer Firma ~ ある会社の代理人であることを証明する | *sich*⁴ über *seine* Kenntnisse ~ 知識のほどを実証する. **b)** 〘経〙(計算・帳簿などによって)証明する. **3** 〘建〙(都市計画などで特定地区を)

指定する. **II aus·ge·wie·sen** → 別出

Aus·weis·kar·te[áusvaɪs..] 女 =Ausweis 1

aus·weis·lich[..lɪç] **I** 前《2格支配》《官》…に基づいて: ～ des Protokolls 記録に基づき. **II** 副 証明書によると.

Aus·weis≈pa·pier 中 -s/-e《ふつう複数で》(身分・技能などの)証明書類. **≈pflicht** 女 -/ 証明書携帯(呈示)の義務.

aus|wei·ßen[áusvaɪsən]《02》他 (h) (…の内側を)一面に白く塗る.

Aus·wei·sung[áusvaɪzʊŋ] 女 -/-en **1** (ausweisen すること. 特に:) 追放, 放逐. **2**〖建〗(土地の)利用法指定.

Aus·wei·sungs·be·fehl 男 追放(退去)命令.

aus|wei·ten[áusvaɪtən]《01》他 (h) (穴などを)広げる;《比》拡大(拡張)する: Schuhe ～ 靴を履き広げる | *seinen* Umsatz ～ 売れ行きをのばす ‖ 再帰 *sich*[4] ～ 広がる; 拡大(発展)する | *sich*[4] zu *et.*[3] ～ 拡大(発展)して…になる.

Aus·wei·ter[..tər] 男 -s/-, **Aus·wei·te·stock** 男 -[e]s/..stöcke (手袋などの)伸張具.

Aus·wei·tung[..tʊŋ] 女 -/-en《ふつう単数で》拡大, 拡張: die ～ des Krieges ⟨Umsatzes⟩ 戦争(販路)の拡大 | die ～ der Forschung auf andere Gebiete 他の諸領域への研究の拡張.

aus·wen·dig[áusvɛndɪç][2] **I** 副 **1** (テキストを見ずに)そらで: *et.*[4] ～ wissen ⟨können⟩ …をそらんじている;《話》…を見飽きている, …をいやになるほど聞かされている | *et.*[4] ～ lernen ⟨hersagen⟩ …を暗記(暗唱)する. **2** (↔inwendig) 外部(外側)で: *et.*[4] in- und *auswendig* kennen (→inwendig I). **II** 形《ｵｰｽﾄﾘｱ》(↔inwendig) 外部(外側)の: die ～*e* Seite 外側.

Aus·wen·dig·ler·nen 中 -s/ 暗記;〖心〗記銘.

aus|wer·fen*[áusvɛrfən]《209》 **I** 他 (h) **1 a)** (繰り出すように)投げる: die Anker ～〖海〗いかりを下ろす | Netze ～ 網を打つ | eine Schlinge ⟨einen Köder⟩ nach *jm.* ～《比》…を引っかけようとする. **b)** (勢いよく・大量に)投げ(はじき)出す, 吐き出す, まき散らす: Funken ～ 火花を散らす | Lava ～ 溶岩を噴出する | *seinen* Mantel ～ コートを脱ぎ捨てる | Muscheln ans Ufer ～ (波が)貝を岸に打ち上げる | Der Bahnhof *wirft* Scharen von Reisenden *aus*. 駅が大勢の旅客を吐き出す | Schleim ～ (せきと共に)たんを吐き出す. **c)**〖工〗(単位時間ごとに)生産する: Die Maschine *wirft* täglich 2 000 Flaschen *aus*. この機械は瓶を日に2000個生産する. **2 a)** (ausheben) 掘り上げる; 掘って造る: Erde ⟨ein Loch⟩ ～ 土(穴)を掘る. **b)**〖狩〗(獣の)臓物を抜く. **3 a)** 支出[額]を決める, (一定の金額を)支出することにする: hohe Beträge für ein Projekt ～ あるプロジェクトのために多額の支出を決める. **b)**〖法〗(刑を)科す. **4**〖商〗(金額を)別記する, 欄を変えて記す. ▽**5**《*jm. et.*[4]》(…に物を投げつけて目・歯などを)傷つける.

II 自 (h) **1** (anwerfen) (ゲームで)最初にさいころを振る. **2** さいころで勝負(順番)を決める. **3**〖医〗(せきと共に)たんを吐く. ▽**4** (獣が年をとって)子を産まなくなる. ▽**5** (振り子が)大きく振れる.

Aus·wer·fer[..vɛrfər] 男 -s/-〖工〗はじき出し装置.

aus|wer·keln[áusvɛrkəln]《06》他 (h)《ｵｰｽﾄﾘｱ》(ausleiern) (使い古して)がたがたにする, 使いつぶす.

aus|wer·ten[áusveːrtən]《01》他 (h)《*et.*[4]》(…の)価値を判定する, 評価する; (評価して十分に)利用する, 有効に活用する; (航空写真などを)読図する;〖数〗(式などの)値を求める, 推定(分析)する: Erfahrungen ～ 経験を生かす | *et.*[4] kommerziell ～ …を商業ベースにのせる | ein Experiment praktisch ～ 実験結果を実用化する.

Aus·wer·tung[..tʊŋ] 女 -/-en auswerten すること: zeichnerische ～〖数〗グラフ解[法] ‖ die ～ der Lage〖軍〗状況判断.

aus|wet·zen[áusvɛtsən]《02》他 (h)《ふつう次の成句で》eine Scharte [wieder] ～ (→Scharte 1).

aus|wich·sen[áusvɪksən]《02》自 (s)《方》《話》(davonlaufen) 逃げ去る, ずらかる.

aus|wickeln[áusvɪkəln]《06》他 (h) (↔einwickeln) **1**《*et.*[4]》(…の)包装を解く: ein Päckchen ～ 包みをほどく. **2** (くるまれたものを)ほどいて出す: Geld aus dem Papier ～ 紙包みから金を取り出す.

aus|wie·gen*[áusviːgən][1]《210》 **I** 他 (h) **1**《*et.*[4]》(…の)重さを精確に量る. **2** 重さを量って取り分ける: 3 Pfund Butter ～ バターを3ポンド分だけ量り分ける.

II aus·ge·wo·gen → 別出

aus|win·den*[áusvɪndən][1]《211》他 (h) **1**《南部・ｽｲｽ》(auswringen) (ぬれた物を)絞る: zum *Auswinden* naß sein びしょぬれである. ▽**2** (はまった物を)ウインチで抜き取る.

aus|win·tern[áusvɪntərn]《05》自 **1** (s) (穀物の苗などが)冬の寒さで枯死する; (魚が)氷の下で窒息死する. **2** (h) 非人称《es wintert aus》冬が去る(終わる).

Aus·win·te·rung[..tərʊŋ] 女 -/ auswintern すること.

aus|wir·ken[áusvɪrkən] **I** 他 (h) **1** 再帰 *sich*[4] ～ 効果を現す, 結果を生む: *sich*[4] günstig ⟨ungünstig⟩ auf *et.*[4] ～ …に良い(悪い)影響をもたらす. **2**《雅》(erwirken)《[*jm.*] *et.*[4]》([…のために]…を)請い受ける, 手に入れる: *js.* Unterstützung ～ …の援助を得る. **3 a)** (粉を)こねて形を仕上げる. **b)** (馬のひづめを)削り整える. **4** (獣などの)はらわたを抜く. **II** 自 (h) **1** 効果を現す: eine Arznei ～ lassen 薬を作用させる. **2** 作用し終わる.

Aus·wir·kung[..kʊŋ] 女 -/-en 効果, 影響: große ～*en* auf *et.*[4] haben …に大きな影響を及ぼす.

aus|wi·schen[áusvɪʃən]《04》 **I** 他 (h) **1 a)** (汚れなどを)ぬぐい取る; (文字などを)ぬぐい消す: den Staub aus dem Regal ～ 本棚からほこりをぬぐい取る | *sich*[3] den Schlaf aus den Augen ～ 目をこすって眠気を追い払う. **b)** ぬぐい清める; (部屋などに)ぞうきんがけをする: das Glas ～ コップをぬぐい清める | *sich*[3] die Augen [mit der Hand] ～ [手で]涙をぬぐう. **2** *jm.* **eins** ⟨**eine**⟩ **～**《話》…に一発くらわす, …を痛めつける. **II** 自 (s)《話》(entwischen)《*jm.*》(…から)逃げる, (…のもとから)逃げ出す.

aus|wit·tern[áusvɪtərn]《05》 **I** 他 (h) **1 a)**〖地〗風化させる. **b)**〖化〗風解させる. **2** (…の存在を)嗅(か)ぎつける, 嗅ぎ出す. **II** 自 **1** (s) **a)**〖地〗風化する;〖建〗(壁などが)はげ落ちる. **b)**〖化〗風解する. **2** (h) 非人称《es wittert aus》雷雨がやむ.

aus|wrin·gen*[áusvrɪŋən]《217》他 (h)《北部》(auswinden) (ぬれた物を)絞る: Wäsche ～ 洗濯物を絞る.

aus|wu·chern[áusvuːxərn]《05》 **I** 自 (s) 異常に発育(増殖)する. ▽**II** 他 (h)《*jn.*》(高利で)搾取する.

Aus·wuchs[áusvuːks] 男 -es/..wüchse[..vyːksə] **1** 異常(病的)な発育;〖農〗(作物の)徒長, 奇形. **2**〖医〗腫瘍(しゅよう), 結節; こぶ, ぜい肉. **3**《ふつう複数で》過大, 過度: *Auswüchse* der Freiheit 自由の行き過ぎ(はき違え) | *Auswüchse* der Phantasie 誇大妄想. [<auswachsen]

aus|wuch·ten[áusvʊxtən]《01》他 (h)〖工〗つり合わせる, 均衡を保たせる.

aus|wüh·len[áusvyːlən] 他 (h) 掘り返す; 掘り出す;《比》(探し物をして)かき回す.

Aus·wurf[áusvʊrf] 男 -[e]s/..würfe[..vʏrfə] **1**《単数で》《比》(Abschaum) くず: der ～ der Menschheit 人間のくず, ならず者. **2**《ふつう単数で》(Sputum)〖医〗痰(たん), 喀痰(かくたん): blutiger ～ 血痰 | Der Kranke hat viel ～. 病人は痰の出が激しい. **3**《単数で》**a)** 噴出, 放出. **b)**〖海〗荷の投棄. **c)**〖商〗支出見積もり.

aus|wür·feln[áusvʏrfəln]《06》他 (h) さいころを振って決める.

Aus·würf·ling[áusvʏrflɪŋ] 男 -s/-e〖地〗火山放出物(マグマ・溶岩などの破片). [<Auswurf]

aus|wü·ten[áusvyːtən]《01》 **I** 自 (h) 存分に荒れ狂う; (存分に)荒れ狂って静かになる. **II** 他 (h) 再帰 *sich*[4] ～ = I

aus|zacken[áustsakən] 他 (h)《*et.*[4]》(…に)ぎざぎざを付ける.

aus·zahl·bar[áustsaːlbaːr] 形 支払い可能の.

aus|zah·len[áustsaːlən] 他 (h) **1**《*jm. et.*[4]》(給料などを)支払う; (小切手などを)現金化して渡す: *et.*[4] *ausgezahlt* bekommen …の支払いを受ける. **2**《*jn.*》(…への)債務を皆済する; (仲間の)権利を買い取る: einen Arbeiter ～ 労働者に賃金を全額払う(払って解雇する) | einen Miterben ～

共同相続人に金を払って相続権を放棄させる. **3** 再帰 *sich*^{4} ~ (事業などが)利益を生じて減価償却ができる; しがいがある, ひきあう: Diese Mühe hat sich *ausgezahlt*. その苦労は報いられた.

aus|zäh·len[áustsɛːlən] 他 (h) **1** 《*et.*^{4}》(…の数を)精確に数える: Stimmen ~ 投票を集計する. **2** 《方》数えて選び出す: jeden zehnten Mann ~ 10番目ごとの男を数えて選び出す. **3** 《*jn.*》〘ボクシング〙(10まで数えて…の)ノックアウトを宣する.

Aus·zah·lung[áustsaːlʊŋ] 女 -/-en **1** (auszahlen すること. 例えば:) 支払い: **zur ~ kommen** 〈**gelangen**〉《官》支払われる. **2** 〘商〙銀行為替.

Aus·zäh·lung[áustsɛːlʊŋ] 女 -/-en auszählen すること.

Aus·zah·lungs≈kas·se[áustsaːlʊŋs..] 女 (銀行の)支払窓口. **≈quit·tung** 女 (銀行の)支払伝票. **≈schal·ter** 男 = Auszahlungskasse

aus|zan·ken[áustsaŋkən] 他 (h) 《方》(ausschelten) 《*jn.*》しかりつける.

aus|zeh·ren[áustseːrən] 他 (h) 《雅》ひどく衰弱〈消耗〉させる: 再帰 *sich*^{4} ~ ひどく衰弱する〈やつれる〉‖ ein *ausgezehrtes* Gesicht やつれきった顔.

Aus·zeh·rung[..rʊŋ] 女 -/ **1** 消耗, 衰弱. ▽**2** (Schwindsucht) 消耗性疾患,(特に:)〔肺〕結核.

aus|zeich·nen[áustsaɪçnən] 《01》 **I** 他 (h) **1 a)** 際立たせる, 目立たせる: Musikalische Begabung *zeichnet* ihn *aus*. 彼には抜群の音楽の才能がある ‖ 再帰 *sich*^{4} ~ 際立つ, 傑出する | *sich*^{4} als Politiker ~ 政治家として傑出している | *sich*^{4} durch Fleiß 〈in der Mathematik〉 ~ 勤勉さ〈数学の才〉において抜群である. **b)** 《*jn.*》特別扱いにする, 優遇する; 顕彰〈表彰〉する: *jn.* mit einem Preis ~ …に賞を与える. **2** (商品に)値札を付ける. **3** 〘印〙 **a)** (特別な活字体で)際立たせる: ein Wort durch Kursivschrift ~ ある語をイタリック体で目立たせる. **b)** (原稿に)活字〈組み〉指定を記入する. **II aus·ge·zeich·net** → 別出

Aus·zeich·nung[..nʊŋ] 女 -/-en (auszeichnen すること. 特に:) **1** 《単数で》値札付け. **2 a)** 顕彰, 表彰; 栄誉. **b)** 賞, メダル, 勲章. **3** 卓越, 優秀: eine Prüfung mit ~ bestehen 試験に「秀」で合格する. **4** 〘印〙 **a)** 意匠組み. **b)** (原稿に記入した)活字〈組み〉指定〔記号〕.

Aus·zeich·nungs·pflicht 女 -/ 商品に値札を付ける義務.

Aus·zeit[áustsaɪt] 女 -/-en 〘球技〙作戦タイム.

aus|ze·men·tie·ren[áustsemɛntiːrən] 他 (h) 《*et.*^{4}》(…の内側に)一面にセメントを塗る.

aus·zieh·bar[áustsiːbaːr] 形 (アンテナ・三脚・テーブルなどが)引き出せる, 伸縮可能な.

aus|zie·hen*[áustsiːən] 《219》 **I** 他 (h) **1** (↔anziehen) **a)** 《*jn.*》(…の衣類などを)脱がす: das Kind ~ 子供の服を脱がす | *jn.* nackt ~ …を裸にする | *jn.* bis aufs Hemd ~ (→Hemd) | den alten Adam 〈Menschen〉 ~ (→Adam II, →Mensch 1) ‖ 再帰 *sich*^{4} ~ 服を脱ぐ | *sich*^{4} nackt ~ 裸になる | *Zieh* dich erst mal *aus*! まずコートでも脱げよ ‖ *ausgezogen* sein 服を脱いで裸である. **b)** 《〔*jm.*〕 *et.*^{4}》(〔…の身に着けている〕衣服などを)脱がす, 脱ぐ: einem Kranken das geschwitzte Hemd ~ 病人の〔着ている〕汗ばんだシャツを脱がせる | die Hosen 〈den Mantel〉 ~ ズボン〈コート〉を脱ぐ | den bunten Rock ~ (→Rock 3 b) | die Uniform ~ 制服を脱ぐ;《比》退散する, 兵役を終える | die Schuhe ~ 靴を脱ぐ | die Kinderschuhe ~ (→Kinderschuh) | *jm.* die Schuhe 〈die Stiefel〉 ~ (→Schuh 1, →Stiefel 1).

2 a) (herausziehen) 《*et.*^{4}》〔引き〕抜く: *jm.* ein Haar ~ …の髪の毛を一本抜く | den Nagel aus der Wand ~ 壁のくぎを引き抜く | Unkraut ~ 雑草を抜く ‖ ▽den Schlüssel 〔aus dem Schloß〕 ~ 鍵を〔錠から〕抜く. **b)** 《*et.*^{4} 〔aus *et.*^{3}〕》(〔…から〕色・成分などを)抜き取る, 抽出する; 《*et.*^{4}》(…の色・成分などを)抜き取る, 抽出する: Wirkstoffe aus Kräutern ~ / Kräuter ~ 薬草の作用物質を抽出する | eine Lösung mit Lösemittel ~ 溶剤を用いて溶液を作る | den Boden ~ 地味をやせさせる ‖ Die Sonne hat die Farbe 〔aus den Gardinen〕 〈die Möbel〉 *ausgezogen*. 日光が〔カーテンの〕色〈家具の色〉をあせさせた. **c)** 〘数〙(根を)求める: die Quadratwurzel 〈2. Wurzel〉 ~ 平方根を求める. **d)** 《*et.*^{4} 〔aus *et.*^{3}〕》(〔本などの〕ある部分を)抜き書きする; 《*jn.* / *et.*^{4}》(…の作品から)抜粋する, 抜粋を作る (→Auszug 1): 〔*sich*^{3}〕 alle wichtigen Stellen aus dem Buch ~ 本の重要な個所をすべて書き抜く | einen Roman ~ 小説から抜粋する | ein Konto 〈eine Rechnung〉 ~ 元帳から計算書を作る | eine Partitur für Klavier ~ (総譜から)ピアノスコアを作る.

3 a) (伸縮式・引き出し式のものを)引き出す: die Antenne ~ (伸縮式の)アンテナを出す | das Fernrohr ~ 望遠鏡を伸ばす | einen Tisch 〈einen Ausziehtisch〉 ~ 引き出し式のテーブルの甲板(こうはん)を出す. **b)** (金属などを)引き伸ばす: 〔Metall zu〕 Draht ~ 〔金属を引き伸ばして〕針金を作る | einen Glasstab bis auf 2 Millimeter Stärke ~ ガラス棒を直径2ミリの太さに引き伸ばす | einen Teig dünn ~ こね粉を薄く引き伸ばす | die Wäsche ~ (形が崩れないように)洗濯物をきちんと伸ばす | ein flach *ausgezogenes* Ufer 《比》平らに広がった浜辺. **c)** 再帰 *sich*^{4} ~ (生地などが)伸びて形が崩れる.

4 (下書きの線などを墨などで)なぞる; (なぞって線を)引く: eine Bleistiftzeichnung 〔mit Tusche〕 ~ 鉛筆画を〔墨で〕なぞる | eine pointierte Linie ~ 点線を(墨で)なぞって連続した線にする ‖ eine *ausgezogene* Linie (破線でない)連続した線, 実線.

II 自 (s) **1** (狩り・戦争などのため遠くへ)出かける,(列をなして)出発する: auf Abenteuer ~ 冒険を求めて出かける | in die weite Welt ~ 広い世界に出かける; (広い)世間〈世の中〉に出る | auf Jagd 〈zur Jagd〉 ~ 猟に出かける | zum 〈in den〉 Kampf ~ 出征する ‖ Die Kolonne *zieht aus*. 縦隊が発進〈出発〉する.

2 (↔einziehen) (住居などを)引き払う: aus der Wohnung 〈aus dem Zimmer〉 ~ 家〈部屋〉を引き払う | Sie sind letzte Woche *ausgezogen*. 彼らは先週引っ越した.

3 a) (香り・色などが)抜ける. **b)** 〘坑〙(ガスなどが立坑を通って)逃げる, 導き出される: der *ausziehende* Schacht 排気立坑.

4 (チェスなどで)〔初〕手を指す.

Aus·zieh≈fe·der[áustsiː..] 女 (製図用の)からす口. **≈ge·lei·se** 中, **≈gleis** 中 〘鉄道〙転轍(てつ)〈引き上げ〉線. **≈lei·ter** 女 (消防車などの)繰り出しはしご. **≈mäd·chen** 中 《話》裸体〈ヌード〉モデル. **≈plat·te** 女 (テーブルの)伸縮〈引き出し〉甲板(こうはん). **≈pup·pe** 女 《話》着せ替え人形. **≈rohr** 中 〘工〙入れ子〈抜き差し〉管. **≈schacht** 男 〘坑〙排気立坑. **≈tisch** 男 伸縮〈引き出し〉式テーブル. **≈tu·sche** 女 製図用インク.

aus|zie·ren[áustsiːrən] 他 (h) 《雅》飾り付ける.

aus|zir·keln[áustsɪrkəln] 《06》 他 (h) (針路・距離を)精確に測る: eine *ausgezirkelte* Antwort 《比》十分に考え抜かれた答え.

aus|zi·schen[áustsɪʃən] 《04》 **I** 他 (h) 《*et.*^{4}》(芝居・講演などに対して)シューシューと言って不満を示す; 《*jn.*》やじり倒す. **II** 自 (s) シューと音を立てて消える.

Aus·zu·bil·den·de[áustsuːbɪldəndə] 男 女 《形容詞変化》(<ausbilden)(職業教育の)訓練生, 見習い(略 Azubi).

Aus·zug[áustsuːk][1] 男 -〔e〕s/..züge[..tsyːgə] **1** 抜粋, 抄本; (元帳から必要な部分を抄写した)計算書, 貸借〈勘定〉表; 概要, ダイジェスト: ein monatlicher 〈laufender〉 ~ 月次〈当座〉勘定表 | ein ~ aus der Rede i) 話の一部; ii) 話の要旨 | ein ~ aus der Partitur für Klavier 〘楽〙ピアノスコア ‖ im ~ / in *Auszügen* かいつまんで, 要点だけ ‖ einen ~ aus dem Buch machen 〈anfertigen〉 本の抜粋を作る; 本を要約する. **2 a)** (抽出した)エキス, エッセンス: ein ~ von Johannisbeeren スグリのエキス〈果実酒〉. **b)** = Auszugmehl **3** (テーブルの)引き出し甲板(こうはん); (望遠鏡・アンテナなどの)伸長装置〈部品〉. **4** (遠くへ)出かけること; (集団・部隊などの)出発, 出陣: der ~ zur Jagd 狩りに出かけること | der ~ in die Welt 広い世界に出かける〈社会人になる〉こと | der ~ der Reiter aus der Burg 騎兵の城からの出発〈出陣〉‖

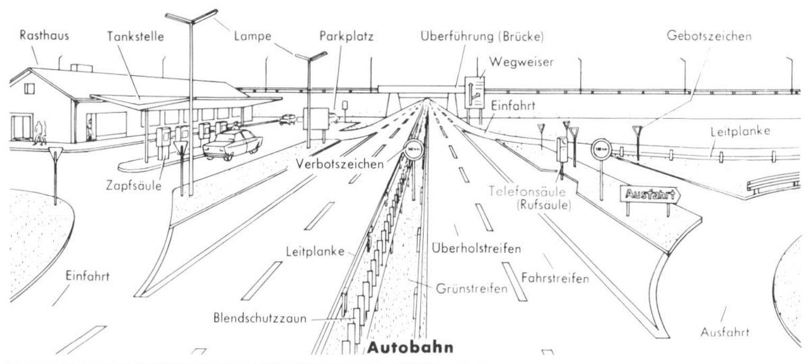

der ~ der Kinder Israels aus Ägypten〘聖〙イスラエル人のエジプト脱出. **5** (↔Einzug) (住居などを)引き払うこと: beim ~ der Wohnung 住居を引き払うときに, 引っ越しの際に | nach unserm ~ 私たちが引っ越してから. **6**《スイス》最年少層(20-32歳)の兵役義務者. **7**《南部・オーストリア》(Altenteil) (農家などの)隠居後の財産の保留分; 隠居後の居宅. [< ausziehen]

Aus·züg·ler[áustsy:klər] 男 -s/- **1**《南部・オーストリア》(農家などの)隠居. **2**《スイス》最年少層(20-32歳)の兵役義務者.

Aus·zug·mehl[áustsu:k..] 中 極上小麦粉.

Aus·zugs≠bau·er 男 -n/-n《オーストリア》= Auszügler 1 **≠mehl** = Auszugmehl **≠plat·te** 女 = Ausziehplatte

aus·zugs·wei·se 副 (→ ..weise ★) 抜粋(要約)して.

aus|zup·fen[áustsupfən] 他 (h) つまみ(むしり)取る: *jm.* graue Haare ~ …の白髪をぬいてやる | Unkraut ~ 雑草をむしる.

aut.. →auto..

aut·ark[autárk] 形 (経済的に)自給自足の; (精神的に)自主的な. [*gr.*; < *gr.* arkeĩn „genügen" (◇Arkanum)]

Aut·ar·kie[autarkí:] 女 -/ 自給自足〔経済〕; 自主独立. [*gr.*]

aut·ar·kisch[..tárkɪʃ] = autark

▽**au·teln**[áutəln]《06》自 (s) (趣味で)自動車を運転する, ドライブする. [< Auto]

Au·then·tie[autɛntí:] 女 -/ = Authentizität

au·then·ti·fi·zie·ren[autɛntifitsí:rən] 他 (h) 確実〈真正〉であることを証明する.

au·then·tisch[autɛ́ntɪʃ] 形 **1** 確実な, 信頼すべき; 真正な, 本物の; 保証付きの: Nachrichten aus ~*er* Quelle 信頼すべき筋からの情報. **2**〘楽〙正格の: ~*e* Kadenz 正格終止. [*gr.*－*spätlat.*; < *gr.* authéntēs „Urheber" (◇auto..)]

au·then·ti·sie·ren[autɛntizí:rən] 他 (h)〘法〙確証〈認証〉する.

Au·then·ti·zi·tät[..titsitɛ́:t] 女 -/ 信憑(しんぴょう)性, 確かさ, 信頼性; 真正であること.

Au·tis·mus[autísmus] 男 -/〘心・医〙自閉症, 自閉的症状. [< auto..]

Au·tist[autíst] 男 -en/-en 自閉症患者.

au·ti·stisch[..tístɪʃ] 形〘心・医〙自閉〔症〕の; 自閉的な: ein ~*es* Kind 自閉〔症〕児.

▽**Aut·ler**[áutlər] 男 -s/- (趣味としての)自動車運転者, ドライバー. [< auteln]

auto..《名詞・形容詞などにつけて「自身・自己」などを意味する. 母音の前ではしばしば aut.. となる》: *Auto*biographie 自叙伝 | *Auto*mat 自動販売機 ‖ *Aut*arkie 自給自足〔経済〕| *auto*nom 自主〈自律〉的な. [*gr.* autós „selbst"]

Au·to[áuto·; オーストリア: ..to] 中 -s/-s (Kraftwagen) 自動車: ein gebrauchtes ~ 中古の自動車 | Klein*auto* 小型自動車 | Miet*auto* ハイヤー; レンタカー ‖ ~ fahren 自動車を運転する | ein ~ nehmen 自動車〈タクシー〉に乗る ‖ im ~ 〈mit dem ~〉 fahren 自動車で行く | ins ~ steigen 自動車に乗り込む ‖ Das ~ hält 〈parkt〉. 自動車が止まる〈駐車する〉‖ **wie ein ~ gucken**《話》びっくりして目を丸くする. [< Automobil]

Au·to≠ab·gas[áuto..] 中 自動車の排気ガス. **≠an·hän·ger** 男 (自動車につなぐ)トレーラー. **≠at·las** 男 -, -ses/..lanten, -se (自動車用)道路地図. **≠bahn** 女 アウトバーン(ドイツの高速自動車道: → 図).

Au·to·bahn≠aus·fahrt 女 アウトバーン出口用ランプウェイ. **≠drei·eck** 中 アウトバーン合流〈分岐〉点. **≠ein·fahrt** 女 アウトバーン入口用ランプウェイ. **≠ge·bühr** 女 アウトバーン使用料金. **≠klee·blatt** 中 (四つ葉のクローバ状の)アウトバーン=インターチェンジ. **≠rast·stät·te** 女 アウトバーンのレストハウス〈ドライブイン〉. **≠ring** 男 (大都市を囲む形の)環状アウトバーン, バイパス. **≠zu·brin·ger** 男 アウトバーンへの連絡道路.

Au·to≠bat·te·rie 女 自動車用バッテリー. **≠be·sit·zer** 男 自動車所有者; オーナードライバー.

Au·to·bio·graph[autobiográ:f] 男 -en/-en 自叙伝作者.

Au·to·bio·gra·phie[..grafí:] 女 -/-n[..fí:ən] 自叙伝, 自伝.

au·to·bio·gra·phisch[..grá:fɪʃ] 形 自叙伝的な: die ~*e* Literatur 自伝文学.

Au·to≠bom·be[áuto..] 女 自動車に仕掛けられた爆弾. **≠bü·che·rei** 中 (大型自動車による)移動図書館. **≠bus** 男 バス, 乗合自動車(→Bus).

Au·to·bus≠bahn·hof 男 バスターミナル. **≠hal·te·stel·le** 女 バス停留所. **≠li·nie**[..niə] 女 バス路線. **≠rei·se** 女 バス旅行.

Au·to≠ca·mion[..kamiɔ̃:] 男《スイス》トラック, 貨物自動車. **≠cam·ping**[..kɛmpɪŋ, ..kampɪŋ] 中 オートキャンプ.

Au·to·car[..ka:r] 男《スイス》観光〈遊覧〉バス. [*fr.*; < *engl.* car (→Karren[1])]

Auto·chrom[autokró:m] 中 -s/-e〘写〙オートクローム(初期の天然色写真方式). [< auto.. + chromato..]

au·to·chthon[autɔxtó:n] **I** 形 (↔allochthon) 土着の, 現地生まれの;〘地〙原地性の. **II Au·to·chtho·ne** 男 女《形容詞変化》土着の人, 現地人, 原住民. [*gr.*; < *gr.* chthṓn (→chthonisch)]

Au·to·coat[áutoko:t] 男 -s/-s カーコート(自動車運転者用の半コート). [*engl.*]

Au·to·da·fé[autodafé:] 中 -s/-s〘史〙アウトダフェ(異端者に対する宗教裁判所の判決の公式宣告および処刑);《比》(禁止された書物の)焼却, 焚書(ふんしょ). [*lat.* āctus fideī „Glaubens-akt"－*port.*]

Au·to·di·dakt[autodidákt] 男 -en/-en 独学〈独習〉者.

au·to·di·dak·tisch[..tɪʃ] 形 独学〈独習〉の; 独学〈独習〉

によって得た. [*gr*. auto-dídaktos „selbst-gebildet"]

Au·to≠dieb[áuto..] 男 自動車どろぼう. **≠dieb·stahl** 男 自動車窃盗(せっとう). **≠dienst** 男 自動車に関するサービス(修理・整備など).

Au·to·drom[autodró:m] 中 -s/-e **1** オート〔バイ〕レース用のコース〈サーキット〉; (自動車・オートバイなどの)試走路, テストコース. **2** 《オーストリア》(遊園地などの)ゴーカート場. [<*gr*. drómos „Rennbahn"]

▽**Au·to·drosch·ke**[áuto..] 女 《オーストリア》(Taxi) タクシー.

au·to·dy·na·misch[autodyná:mɪʃ] 形 自動〈自力〉の.

Au·to·ero·tik[auto|eró:tɪk] 女 《心》自己性欲, 自体愛.

Au·to≠fäh·re[áuto..] 女 カー＝フェリー. **≠fah·rer** 男 (⊛ **≠fah·re·rin**) 自動車運転者, ドライバー.

Au·to·fah·rer·gruß 男《話》(自動車の運転手が交通法規を守らないほかの運転者・歩行者などに注意を促して)人さし指で自分の額をつつく動作(一種の侮蔑を表す).

Au·to≠fahrt 女 自動車での走行, ドライブ. **≠fal·le** 女 自動車強盗の出る場所; 《戯》(警察の)交通取り締まり地点.

Au·to·fo·kus[áutofo:kʊs] 男 《写》自動焦点調節, オートフォーカス.

au·to·frei[áutofraɪ] 形 自動車〔交通〕から解放された, 自動車のない: ein ~*er* Sonntag 自動車の走っていない日曜日.

Au·to·fried·hof 男《話》自動車廃棄場.

au·to·gam[autogá:m] 形 (↔allogam) 《植》自花受粉の.

Au·to·ga·mie[..gamí:] 女 -/-n [..mí:ən] 《植》自花受粉.

au·to·gen[autogé:n] 形 **1** 自力による: ~*es* Schweißen 〈Schneiden〉《工》ガス溶接〈焼き切り〉. **2** 《医》自原的な, 自原性の: eine ~*e* Hemmung 自原抑制 | ein ~*es* Training (精神療法として考案された)自律訓練. [*gr*.]

Au·to·gi·ro[autoʒí:ro·] 中 -s/-s 《空》オートジャイロ. [*span*.]

Au·to·gramm[autográm] 中 -s/-e 自筆署名, サイン: ~*e* verteilen サインする.

Au·to·gramm·jä·ger 男 サイン収集狂の人.

Au·to·graph[autográ:f] **I** 中 -s/-en (-e) 自筆原稿. **II au·to·graph** 形 ＝autographisch [*spätlat*.; <*gr*. autó-graphos „eigenhändig geschrieben"]

Au·to·gra·phie[..grafí:] 女 -/-n[..fí:ən] 肉筆石版印刷〔法〕.

au·to·gra·phie·ren[..grafí:rən] 他 (h) **1** 自筆で書く. **2** 肉筆石版印刷法で印刷する.

au·to·gra·phisch[..grá:fɪʃ] 形 **1** 自筆の. **2** 肉筆石版印刷の.

Au·to·gra·vü·re[autogravý:rə] 女 《印》オートグラビア. [<auto.. + Photogravüre]

Au·to≠he·ber[áuto..] 男 自動車用ジャッキ. **≠hil·fe** 女 自動車救護所. **≠hof** 男 (給油・修理施設などのある)遠距離輸送トラック用駐車場. **≠hu·pe** 女 自動車の警笛.

Au·to·hyp·no·se[autohypnó:zə] 女 -/-n 《心》自己催眠.

au·to·im·mun[auto|ɪmú:n] 形 《医》自己〈自家〉免疫〔性〕の.

Au·to·im·mu·ni·tät[auto|ɪmunitɛ́:t] 女 《医》自己〈自家〉免疫〔性〕.

Au·to·im·mun·krank·heit[auto|ɪmú:n..] 女 《医》自己〈自家〉免疫疾患.

Au·to·in·du·strie[áuto..] 女 自動車産業.

Au·to·in·fek·tion[auto|ɪnfɛktsió:n] 女 《医》自己感染.

Au·to·in·to·xi·ka·tion[auto|ɪntɔksikatsió:n] 女 -/-en (Selbstvergiftung) 《医》自家中毒.

Au·to·kar·te[áuto..] 女 (自動車用)道路地図.

au·to·ke·phal[autokefá:l] 形 (教会が)独自の長を有する, 自主独立の, 独立正教会の.

Au·to·ke·pha·lie[..kefalí:] 女 -/ (特に東方正教会の)自主独立, 自主性. [<kephalo..]

Au·to·ki·no[áuto..] 中 ドライブイン〈自動車乗り入れ式〉映画館.

Au·to·klav[autoklá:f][1] 男 -s/-en **1** 《工》オートクレーブ, 圧力〈対圧〉がま. **2** 《医》オートクレーブ, 加圧〔蒸気〕滅菌器. [*fr*.; <auto..＋*lat*. clāvis „Schlüssel"]

Au·to≠knacker[áuto..] 男 《話》(駐車中の車などをこじ開ける)自動車どろぼう. **≠ko·lon·ne** 女 (何台も連なる)自動車の列.

Au·to·kran[áutokra:n] 男 -〔e〕s/..kräne [..krɛ:nə] 自走クレーン.

Au·to·krat[autokrá:t] 男 -en/-en (Alleinherrscher) 独裁者, 専制君主; 《比》ワンマン. [*gr*.]

Au·to·kra·tie[..kratí:] 女 -/-n [..tí:ən] 独裁〈専制〉政治. [*gr*.]

au·to·kra·tisch[..krá:tɪʃ] 形 独裁〈専制〉的な; 横暴な.

Au·to·len·ker[áuto..] 男 (⊛ **≠len·ke·rin**) 《スイス》＝Autofahrer

Au·to·ly·se[autolý:zə] 女 -/ 《生》自己分解〈消化〉.

Au·to≠mar·der[áuto..] 男《話》 ＝ Autoknacker **≠mar·ke** 女 自動車の商標〈型式名〉.

Au·to·mat[automá:t] 男 -en/-en **1** 自動機械, 自動装置: ein ~ für die Verpackung von Zigaretten 紙巻きタバコの自動包装機. **2** 自動販売機: Fahrkarten*automat* 切符自動販売機 | Musik*automat* ジュークボックス ‖ Zigaretten am ~*en* ziehen 〈aus dem ~*en* holen〉 タバコを自動販売機で買う | Geld in einen ~*en* 〔hinein〕werfen 自動販売機に金を入れる. **3** 《軽蔑的に》機械のように働く人. ▽**4** 自動人形, ロボット. [*gr*. autó-matos „selbst-tätig"]

Au·to·ma·ten≠bü·fett 中 自動販売機式ビュッフェ. **≠füt·te·rung** 女 《畜》自動給餌(きゅうじ)装置.

au·to·ma·ten·haft 形 自動機械のような.

Au·to·ma·ten≠knacker 男《話》自動販売機荒らし(人). **≠re·stau·rant**[..rɛstorã:] 中 自動販売機式食堂. **≠stahl** 男 《工》快削鋼.

Au·to·ma·tie[automatí:] 女 -/ 《生・医》自動性.

Au·to·ma·tik[automá:tɪk] 女 -/-en《ふつう単数で》**1** 自動調節〈運転〉. **2** 自動装置: ein Auto mit ~ 自動変速機つき自動車, オートマチック車.

Au·to·ma·tion[automatsió:n] 女 -/ 自動制御〈操作〉, オートメーション. [*engl*.]

Au·to·ma·ti·sa·tion[automatizatsió:n] 女 -/-en ＝Automatisierung

au·to·ma·tisch[automá:tɪʃ] 形 **1** 自動の, 自動的な; 《比》無意識的な, 機械的な: das ~*e* Zentrum 《生》自動中枢 | eine ~*e* Reaktion 無意識反応 ‖ einen Vertrag ~ verlängern 契約期間を自動的に延長する. **2** 自動化された, 自動式の, 自動〔制御〕装置による: eine ~*e* Bremse 自動ブレーキ | ein ~*er* Temperaturregler 自動温度調節器 | eine ~*e* Übersetzung 機械翻訳.

au·to·ma·ti·sie·ren[automatizí:rən] 他 (h) 自動化〈オートメーション化〉する.

Au·to·ma·ti·sie·rung[..rʊŋ] 女 -/-en 自動化, オートメーション化.

Au·to·ma·tis·mus[automatísmʊs] 男 -s/ ..men [..mən] **1** 《生・医》自動性, 自動作用; 《心・医》自動症. **2** 《工》(プログラムに基づく)自動機構.

Au·to≠me·cha·ni·ker[áuto..] 男 自動車機械〈整備・修理〉工, メカニック. **≠mi·nu·te** 女 自動車で走って1分間〔の距離〕: zehn ~*n* entfernt sein 自動車で10分かかる距離にある.

au·to·mo·bil[automobí:l] **I** 形《付加語的》自動車の; 自動車に関する: die ~*e* Welt (自動車の存在が重要性をもつ)自動車社会. **II Au·to·mo·bil** 中 -s/-e 自動車(→Auto). [*fr*.; <auto..＋*lat*. mōbilis „beweglich"]

Au·to·mo·bil≠aus·stel·lung 女 自動車展示会, オートショー. **≠boot** 中 水陸両用車. **≠fir·ma** 女 自動車〔製造・販売〕会社. **≠in·du·strie** 女 自動車産業.

▽**Au·to·mo·bi·lis·mus**[automobilísmʊs] 男 -/ 自動車交通.

Au·to·mo·bi·list[..líst] 男 -en/-en 《スイス・オーストリア》＝Autofahrer

Au·to·mo·bil≠klub[automobí:l..] 男 ドライバー＝クラ

ブ, 自動車連盟(→ADAC). ≈**sa·lon**[..zalɔ̃:] 男 自動車展示場(展示会).

au·to·morph[automɔ́rf] 形〘鉱〙(結晶構造が)自形の.

au·to·nom[autonó:m] 形 **1** (↔heteronom) 自律的な, 自律性の: das ～*e* Nervensystem〘生〙自律神経系. **2** (行政面などで)独立した, 自主的な, 自治〔制〕の: *Autonomes* Gebiet Innere Mongolei 〈Sinkiang-Uighur〉 内モンゴル〈新疆ウイグル〉自地区. [*gr.*]

Au·to·no·mie[..nomí:] 女 -/-n [..mí:ən] **1** (意志・行動などの)自律性, 自主性. **2** (行政面などでの)独立, 自主; 自治権, 自治制. [*gr.*]

au·to·no·misch[..nó:mɪʃ] 形 自治権に基づく, 自治制の.

Au·to·no·mist[..nomíst] 男 -en/-en 自治主義者, 自治制信奉者.

Au·to≈num·mer[áuto..] 女 自動車の登録番号〈ナンバー〉. ≈**om·ni·bus** =Autobus ≈**pa·pie·re** 複 自動車の書類(免許証・車検証など).

Au·to·phi·lie[autofilí:] 女 -/ (Selbstliebe)〘心〙自己愛.

Au·to·pi·lot[autopiló:t] 男 -en/-en〘空〙自動操縦〔装置〕.

Au·to·pla·stik[autoplástɪk] 女 -/-en (↔Alloplastik)〘医〙自家移植形成〔術〕.

Aut·op·sie[autɔpsí:] 女 -/-n[..sí:ən] **1** (Leichenöffnung)〘医〙死体解剖, 剖検; 検死: eine ～ vornehmen 検死をする. **2** 自分の目で確かめること, 検分. [<*gr.* ópsis „Sehen"]

Au·tor[áutɔr, ..to:r] 男 -s/-en [autó:rən] (㊛ **Au·to·rin** [autó:rɪn]-/-nen) (Verfasser) (本・論文・文学作品などの)著者, 執筆者; 原作者. [*lat.* auctor „Förderer"; ◇Auktion; *engl.* author]

Au·to≈ra·dio[áuto..] 中 自動車用ラジオ受信機, カーラジオ. ≈**rei·fen** 男 自動車のタイヤ. ≈**rei·se** 女 自動車旅行. ≈**rei·se·zug** 男〘鉄道〙カースリーパー(自家用自動車を積んで旅のできる列車).

Au·to·ren≈abend[autó:rən..] 男 (詩人などの)自作朗読の夕べ. ≈**ex·em·plar** 中 (出版社からの)著者〈執筆者〉への献呈本. ≈**film** 男 (ニュージャーマンシネマ以後の, 監督が自分でシナリオも書く)自主製作映画. ≈**ho·no·rar** 中 原稿料; 印税. ≈**kol·lek·tiv** 中 共同執筆者グループ. ≈**kor·rek·tur** =Autorkorrektur

Au·to≈ren·nen[áuto..] 中 -s/ 自動車競走, オート〈カー〉レース. ≈**renn·fah·rer** 男 (自動車競走の)レーサー.

Au·to·ren≈recht[autó:rən..] 中 (Urheberrecht) 著作権. ≈**schutz·ver·band** 男 著作権協会. ≈**ver·zeich·nis** 中 著者一覧表, 執筆者リスト.

Au·to≈re·pa·ra·tur[áuto..] 女 自動車修理. ≈**re·pa·ra·tur·werk·statt** 女 自動車修理〈整備〉工場.

Au·to·re·ver·se[áutorivø:rs, ..vœrs] 中 -/ (カセットテープレコーダーなどの)自動逆転〈オートリバース〉〔装置〕.

Au·to·rin Autor の女性形.

Au·to·ri·sa·tion[autorizatsió:n] 女 -/-en=Autorisierung

au·to·ri·sie·ren[autorizí:rən] 他 (h) **1** 《*jn.* zu *et.*³》(…に…の)権能〈全権〉を与える, 権限を任せる: einen Verleger zu Veröffentlichung *seiner* Werke ～ 出版者に作品出版の権利を与える | Die Regierung *autorisierte* ihren Botschafter, in dieser Frage Verhandlungen zu führen. 政府は大使にこの問題で交渉するための全権を委任した.

2 《*et.*⁴》(…の)正当性を認める; 正式に認可する: eine *autorisierte* Übersetzung 著者が正式に認可した翻訳.

Au·to·ri·sie·rung[..ruŋ] 女 -/-en autorisieren すること.

au·to·ri·tär[..tɛ́:r] 形 **1 a)** 権威主義的な, 盲従を強いる, 有無を言わせぬ, 権柄ずくの: eine ～*e* Erziehung 権威主義的な教育, 押し付け教育. **b)** 独裁的な, 専横な: ein ～*es* Regime 独裁政権. **2** =autoritativ [*fr.*]

Au·to·ri·ta·ris·mus[..tarísmus] 男 -/ 権威主義.

Au·to·ri·tät[..tɛ́:t] 女 -/-en **1** 《単数で》権威, 威光, 威信: die elterliche ～ 両親の権威 | die ～ der Kirche 〈des Staates〉 教会の権威〈国家の威信〉‖ *seine* ～ wahren 〈verlieren〉 権威を保つ〈失墜する〉| an ～ einbüßen 威信を損ねる | Der Lehrer genießt in seiner Klasse keine ～. この教師は彼のクラスで権威がない. **2** 権威の持ち主, (その道の)権威者, 大家, 泰斗: Er ist eine ～ auf seinem Gebiet. 彼は斯界(しかい)の権威である. [*lat.*; ◇Autor; *engl.* authority]

au·to·ri·ta·tiv[..tatí:f][1] 形 権威に基づく; 権威のある, 信頼のおける: die ～*e* Seite 権威筋.

Au·to·ri·täts·glau·be[..tɛ́:ts..] 男 権威への盲信.

au·to·ri·täts·gläu·big 形 権威を盲信する.

Au·to·ri·täts·ver·lust 男 権威の喪失〈失墜〉.

Au·tor≈kor·rek·tur[áutɔr.., áuto:r..] 女 著者〈執筆者〉校正. ≈**recht** 中 著作権. ≈**re·fe·rat** 中 著者〈執筆者〉自身による要約〈レジュメ〉.

Au·tor·schaft[..ʃaft] 女 -/ 作者〈著者・執筆者〉であること: *seine* ～ leugnen 自分の作品〈著作〉であることを否定する.

Au·to≈sa·lon[áutozalɔ̃:] 男 自動車展示場. ≈**schlan·ge** 女 (長々とつながった)自動車の列. ≈**schlos·ser** 男 自動車機械〈整備・修理〉工. ≈**schlüs·sel** 男 自動車のキー.

Au·to·se·man·ti·kon[autozemántikɔn] 中 -s/..ka [..ka·] (↔Synsemantikon)〘言〙自義表現, 自意体〈形式〉, 詞(文脈から独立して独自の外延を有する単位. 語・句・文など).

au·to·se·man·tisch[..tɪʃ] 形〘言〙自意的, 詞的な.

Au·to≈ser·vice[áutozø:rvɪs] 男 (中) = Autodienst ≈**si·lo** 男 (中)パーキングタワー. ≈**skoo·ter**[..sku:tər] =Skooter

Au·to·som[autozó:m] 中 -s/-en〘遺伝〙常染色体. [<auto..+Chromosom]

Au·to≈stop〔p〕[áuto..] 男 -s/-s (ヒッチハイクのために)通りかかった自動車を止めること: mit ～ 〈per ～〉 fahren ヒッチハイクをする. ≈**stra·ße** 女 自動車〔専用〕道路. ≈**stra·ßen·dieb** 男〘法〙自動車強盗. ≈**strich** 男《話》(自動車道路での)ドライバー相手の売春〔地区〕. ≈**stun·de** 女 自動車で走って 1 時間〔の距離〕: drei ～*n* entfernt sein 自動車で 3 時間かかる距離にある.

Au·to·sug·ge·stion[autozugɛstió:n] 女 -/-en〘心〙自己暗示.

Au·to·te·le·fon[áuto..] 中 自動車用電話, カーテレフォン.

Au·to·to·mie[autotomí:] 女 -/-n[..mí:ən]〘動〙(トカゲの尾などの)自切, 自己切断.

Au·to≈tour[áutotu:r] 女 自動車旅行, ドライブ. ≈**tou·rist**[..turɪst] 男 自動車旅行者.

Au·to·to·xin[autotɔksí:n] 中 -s/-e〘医〙自己〈自家〉毒素.

Au·to≈trans·por·ter[áuto..] 男 自動車輸送用トラック. ≈**trans·port·wa·gen** 男〘鉄道〙自動車輸送用車両, 車運車.

au·to·troph[autotró:f] 形 (↔heterotroph)〘生〙自家栄養の, 無機栄養の. [<tropho..]

Au·to·ty·pie[autotypí:] 女 -/-n[..pí:ən]〘印〙オートタイプ, 網目(あみめ)版. [<Typus]

Au·to≈un·fall[áuto..] 男 自動車事故. ≈**ver·kehr** 男 自動車交通. ≈**ver·leih** 男 自動車〈レンタカー〉の賃貸し. ≈**wasch·an·la·ge** 女 自動洗車装置. ≈**werk·statt** =Autoreparaturwerkstatt ≈**wrack** 中 自動車の残骸(ざんがい).

Au·to·zoom[áutozu:m, ─◡⏊] 中 -〔s〕/-s〘写〙自動焦点装置, オートフォーカス.

Au·to·zu·be·hör 中 自動車の付属品.

autsch[autʃ] 間 (瞬間的な肉体的苦痛を表して)あいたっ, いてて: *Autsch*, ich habe mir den Finger verbrannt! あちち 指をやけどしちゃった.

au·tum·nal[autumná:l] 形《付加語的》(herbstlich) 秋の. [*lat.*; <*lat.* autumnus „Herbst"]

Au·wald[áuvalt][1] =Auenwald

au·weh (**au weh**)[auvé:] 間 (<au weh) (苦痛・嘆きの気持を表して)おお(痛い); ああ, あらあら(しまった・困った・残

A

念): *Auweh,* das hat wieder einmal nicht geklappt! あれあれ また失敗だ.

au·wei〔a〕[aυvάɪ(a·)] 間《話》(意外・驚きの気持を表して)あれえ, わっ, ぎょっ: *Auwei〔a〕,* ich habe meinen Schirm vergessen! あれっ 傘を忘れて来てしまった.

au·xi·liar[aυksiliá:r] 形 (helfend) 補助の, 補助的な. [*lat.*; <*lat.* auxilium „Zuwachs, Hilfe" (◇Auktion)]

▽**Au·xi·liar·kraft** 女 (Hilfskraft) 補助員, 助手.

Au·xi·liar·verb 中 (Hilfsverb)〖言〗助動詞.

Au·xin[aυksí:n] 中 -s/-e〖生〗オーキシン(植物生長ホルモン). [<*gr.* aúxein „mehren" (◇Auktion)+‥in[2]]

a v. 略 =a vista

Aval[avál] 男 (中) -s/-e (Wechselbürgschaft)〖商〗手形保証. [*arab.–it.–fr.*]

ava·lie·ren[avalí:rən] 他 (h) (手形を)保証する. [*fr.*]

Ava·list[..líst] 男 -en/-en 手形保証人. [*fr.*]

Avan·ce[avã́:sə, aváŋsə] 女 -/-n **1**《ふつう複数で》言い寄り: *jm.* **~*n* machen** …に言い寄る; (意を迎えようとして)…に取り入る. **2** (Vorschuß)〖商〗前渡し, 前払い. **3** (↔Retard) (時計の調速盤で)速(記号 A). **4**〖農〗(乳牛などの)キロ当たり売買価格差. ▽**5 a)** (Vorsprung) 優位, リード. **b)** 有利, 利益. [*fr.*]

Avan·ce·ment[avãs(ə)mã́:] 中 -s/-s《雅》(Beförderung) 昇進, 昇級. [*fr.*; ◇*engl.* advancement]

avan·cie·ren[..sí:rən] 自 (s) **1** 昇進〈昇級〉する: zum General ~ 将官に昇進する. ▽**2**〖軍〗前進〈進撃〉する. [*fr.*; <*fr.* avant „vor"; ◇avanti; *engl.* advance]

Avan·ta·ge[avãtá:ʒə] 女 -/-n (Vorteil) 利益, 有利, 利点. [*fr.*; ◇*engl.* advantage]

▽**Avan·ta·geur**[..taʒǿ:r] 男 -s/-e (Offiziersanwärter)〖軍〗士官候補生.

Avant·gar·de[avã́:gardə, avánt.., avãgárdə] 女 -/-n **1** (Vorkämpfer)《集合的に》先駆者, 開拓者; (芸術運動などの)前衛派の人. ▽**2** (Vorhut)〖軍〗前衛〔部隊〕. [*fr.*]

Avant·gar·de·par·tei 女 前衛党(共産党など).

Avant·gar·dis·mus[avãgardísmus, avant..] 男 -/ 前衛主義.

Avant·gar·dist[..gardíst] 男 -en/-en 前衛派の人, 前衛芸術家.

avant·gar·di·stisch[..dístɪʃ] 形 前衛派〈主義〉の; 前衛的な: die ~*e* Literatur 〈Malerei〉 前衛文学〈絵画〉.

avan·ti[avánti·]《イタリア語》(geht vorwärts!) (前進の命令・促しの気持を表して)進め, 前進, 行け, いざ, さあ. [<*spätlat.* ab-ante „vorn weg"]

Avan·tu·rin[avanturí:n] 男 -s/-e =Aventurin

Ave[á:ve·] 中 -〔s〕/-〔s〕 Ave-Maria の短縮形.

Avec (Avek)[avέk] 男《もっぱら次の成句で》**mit** 〔**einem**〕 **~** i)《話》一挙に, 軽々と, 巧みに; ▽ii)〔女性〕同伴で. [*lat.* apud „bei"–*fr.* „mit"]

Ave-Ma·ria[á:vemarí:a·] 中 -〔s〕/-〔s〕 **1**〖カトリック〗アヴェ=マリア, 天使祝詞(聖母マリアにささげるラテン文の祈り〔の冒頭の語〕)(略 Ave). **2** =Ave-Maria-Läuten [*lat.*; <*lat.* avē „sei gegrüßt"]

Ave-Ma·ria-Läu·ten[á:vemarí:a.., ⏑⏑⏑⏑⏑⏑] =Angelusläuten

Ave·ni·da[avení:da·] 女 -/..den[..dən], -s **1** (スペイン・ポルトガル・中南米諸国の町の)大通り, メーンストリート. **2** (豪雨のあとの)奔流. [*span.*; ◇Avenue]

der **Aven·tin**[avεntí:n] 地名 男 -s/ アヴェンティヌス(古代ローマの七つの丘の一つ). [*lat.*]

aven·ti·nisch[..nɪʃ] 形 アヴェンティヌスの: der *Aventinische* Hügel (ローマの)アヴェンティヌスの丘. [*lat.*]

Aven·tiu·re[avεntý:rə] 女 -/-n **1** (Abenteuer) (特に中世騎士物語の)波瀾(はらん)に富んだ事件; 冒険: Frau ~ アヴァンチュール夫人(中世宮廷詩人の詩神). **2** (中世叙事詩の)歌章.

▽**Aven·tü·re**[avεntý:rə] 女 -/-n =Abenteuer [*fr.*–*mhd.*; <*lat.* advenīre (→Advent); ◇*engl.* adventure]

▽**Aven·tu·rier**[avãtyrié:] 男 -s/-s = Abenteurer [*fr.*]

Aven·tu·rin[avεnturí:n] 男 -s/-e〖鉱〗砂金石. [*it.*–*fr.*]

Aven·tu·rin·glas 中 -es/ アベンチュリン=ガラス, 金梨地(なしじ)ガラス.

Ave·nue[avəný:, ave..] 女 -/-n[..ný:ən] **1** (都市の)並木道, 大通り. ▽**2** (Zufahrt) 車寄せ. [*fr.*]

Aver·bo[avέrbo·] 中 -s/-s〖言〗動詞変化の基本形(例 kommen, kam, gekommen). [*lat.* ā verbō „vom Verb"]

Avers[avέrs; オーストリア: avέr][1] 男 -es/-e (↔Revers) (貨幣・メダルなどの)表面(→ 図 Münze). [*fr.*; <*lat.* ad-versus „zugewandt" (◇avertieren)]

Aver·sa Aversum の複数.

Aver·sal·sum·me[avεrzá:l..] 女 =Aversum

Aver·sion[avεrzió:n] 女 -/-en (Abneigung) 反感, 嫌悪: gegen *jn.* 〈*et.*[4]〉 eine ~ haben …に対して嫌悪の情をもつ. [*lat.*–*fr.*; <*lat.* ā-vertere „ab-wenden"]

Aver·sio·nal·sum·me[..zioná:l..] 女 =Aversum

Aver·sum[avέrzum] 中 -s/..sa[..za·] (Abfindungssumme) 補償〈示談〉額.

▽**aver·tie·ren**[avεrtí:rən] 他 (h) 《*jm. et.*[4]》 (…に…を)知らせる, 報告する. [*lat.* ad-vertere „hin-wenden"–*fr.*; ◇*engl.* advert〔ise〕]

▽**Aver·tis·se·ment**[..tɪs(ə)mã́:] 中 -s/-s 通知, 報告. [*fr.*; ◇*engl.* advertisement]

AVG[a:faυgé:] 略 中 -s/ = Angestelltenversicherungsgesetz

Avia·rium[aviá:rium] 中 -s/..rien[..riən] (動物園などの大きな)鳥小屋, 禽舎(きんしゃ). [*lat.*; <*lat.* avis „Vogel"]

▽**Avia·tik**[aviá:tɪk] 女 -/ 飛行, 航空; 飛行〈航空〉術.

▽**Avia·ti·ker**[..tikər] 男 -s/- 飛行士, 飛行家; 航空技師.

Avi·gnon[avɪnjɔ̃:, ávɪnjɔŋ] 地名 アビニョン(南フランスの都市. 14世紀に法王庁がおかれ, フランス国王の保護下にあった).

Avi·gnon·kar·de[avɪnjɔ̃:..] 女〖植〗オニナベナ(鬼山芹菜), ラシャ(羅紗)カキグサ.

avi·ru·lent[ávirulεnt, ⏑⏑⏑⏑] 形〖医〗無発病性の, 無毒性の; 非伝染性の. [<a..[1]]

Avis 男 中 [aví:]-[–(s)]/-[–s]; [aví:s][1]-es/-e (Anzeige)〖商〗(発送・送金などの)通知; 送り状. [*fr.*; ◇*engl.* advice]

avi·sie·ren[avizí:rən] 他 (h) **1**〖商〗(発送・送金などを)通知する: eine Warenlieferung 〈*js.* Ankunft〉 ~ 商品の発送〈…が到着すること〉を通知する. ▽**2** 《*jn.* von *et.*[3]》 (…に…について)報告する.

Avi·sio[aví:zio·] 中 -s/-s《オーストリア》=Avis

Avi·so[1][aví:zo·] 中 -s/-s《オーストリア》 **1** =Avis **2** (Warnung) 警告. [*spätlat.*–*it.* avviso; ◇ad.., Visum]

▽**Avi·so**[2][–] 男 -s/-s (▽**Avi·so·boot**[aví:zo..] 中)〖軍〗通報艦. [*span.* barca de aviso; ◇*engl.* advice boat]

a vi·sta[a vísta·]《イタリア語》(略 a v.) (auf Sicht) **1**〖商〗(手形について)一覧の上で. **2** (a prima vista)〖楽〗初見で(初めての楽譜を見てすぐ演奏すること).

Avi·sta·wech·sel[avísta..] 男〖商〗一覧払い手形.

Avit·a·mi·no·se[avitaminó:zə] 女 -/-n〖医〗ビタミン欠乏症. [<a..[1]+Vitamin+..ose]

Avi·va·ge[avivá:ʒə] 女 -/-n〖織〗つや出し加工.

avi·vie·ren[aviví:rən] 他 (h) 《*et.*[4]》〖織〗(…に)つや出し加工をする. [*fr.*; <*fr.* vif (◇vif)]

Avo·ca·to[avoká:to·] (**Avo·ca·do, Avo·ka·do**[..ká:do·]) 女 -/-s **1**〖植〗アボカド, アヴォカード(クスノキ科の熱帯性果樹). **2** アボカドの実. [*aztek.*–*span.*]

Avun·ku·lat[avuŋkulá:t] 中 -〔e〕s/-e〖人類〗叔権制(父親より母方の兄弟に優先権のあること). [<*lat.* avunculus (→Onkel[2])]

Avus[á:vus] 女 -/ (<Automobil-Verkehrs- und

Übungsstraße) 自動車交通・練習道路(1921年ベルリンにできたドイツ最初の高速道路).

a. W. =a. d. W.

AWACS[ávaks, éɪwæks] 略 **I** 中 (北大西洋条約機構の)早期警戒システム. **II** 複 空中早期警戒管制機, エイワックス. [*engl.*; <*engl.* Airborne early warning and control system]

Awe·sta[avέsta·] 中 -/ アヴェスタ(ゾロアスター教の聖典集). [*pers.* Avesta]

awe·stisch[..stɪʃ] 形 アヴェスタ(語)の: →deutsch

Axel[áksəl] 男名 アクセル. [*nord.*; ◇Absalom]

axial[aksiá:l] 形 軸の; 軸方向の, 軸性の: ~*e* Belastung 軸荷重. [<*lat.* axis „Achse" (◇Achse)+..al[1]]

Axia·li·tät[aksialitέ:t] 女 -/-en (Achsigkeit) 軸性.

Axial≈last[aksiá:l..] 女 〖工〗 軸荷重. **≈sym·me·trie** 女 〖数〗 軸対称. **≈tur·bi·ne** 女 〖工〗 軸流タービン. **≈ver·schie·bung** 女 〖工〗 軸方向の移動(ずれ).

axil·lar[aksɪlá:r] 形 **1** 〖解〗 腋窩(えきか)の. **2** 〖植〗 腋生の. [<*lat.* āxilla „Achselhöhle" (◇Achsel)]

Axil·lar·knos·pe 女 〖植〗 腋芽(えきが).

Axio·lo·gie[aksiologí:] 女 -/-n [..gí:ən] (Wertlehre) 〖哲〗 価値論. [<*gr.* áxios „wert"]

axio·lo·gisch[..ló:gɪʃ] 形 〖哲〗 価値論(上)の.

Axiom[aksió:m] 中 -s/-e 〖論・数〗 公理(証明不要の根本命題); 《比》 自明の理. [*gr.* axíōma „Würde"–*lat.*]

Axio·ma·tik[aksiomá:tɪk] 女 -/ 〖哲〗 公理学.

axio·ma·tisch[..tɪʃ] 形 公理の, 公理に基づく; 《比》 疑う余地のない, 自明の.

axio·ma·ti·sie·ren[..matizí:rən] 他 (h) 公理化する.

Axio·me·ter[aksiomé:tər] 中 (男) -s/- 〖海〗 航位(舵角(だかく))表示器.

Ax·min·ster·tep·pich[έksmɪnstər.., aksmínstər..] 男 〖織〗 アクスミンスター=カーペット(黄麻とウールを用いたじゅうたん). [<Axminster (イングランドの原産地名)]

Axo·lotl[aksolɔ́təl] 男 -s/- 〖動〗 アホロートル(メキシコ産のサンショウウオの一種). [*aztek.*]

Axon[áksɔn] 中 -s/ Axone[aksó:nə], Axonen[..nən] 〖解〗 (神経細胞の)軸索(じくさく).

Axo·no·me·trie[aksonometrí:] 女 -/-n [..rí:ən] 〖数〗 軸測投象法. [<*gr.* áxōn (→Achse)]

axo·no·me·trisch [..mé:trɪʃ] 形 〖数〗 軸測投象法(上)の.

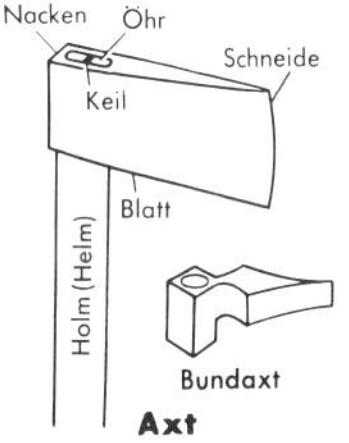

Axt[akst] 女 -/ Äxte [έkstə] (柄長で大型の)(たて)おの, 大おの, まさかり (Beil より刃が短く, 振り回してたたき割る機能が大きい: →図): *jn.* mit der ~ erschlagen …をおのでたたき殺す | einen Baum mit der ~ fällen おのを振るって木を切り倒す | Brennholz mit der ~ spalten おので木材を割って薪を作る | *jm.* den Scheitel mit der ~ ziehen (→Scheitel 1) ‖ **die ~ an** *et.*[4] **legen** 《比》 …(悪など)の根源を断とうとする; …の徹底的な改革を志す | **wie eine 〈die〉 ~ im Walde** 《話》 (態度などが)粗野に. [*germ.*; ◇*gr.* axínē „Axt"; *engl.* ax(e)]

Axt≈blatt[ákst..] 中 おの(まさかり)の刃の部分. **≈ge·sicht** 中 やせてとがった顔. **≈helm** 男 = Axtstiel **≈hieb** 男, **≈schlag** 男 おの(まさかり)で割ること: mit einem ~ おの(まさかり)の一撃で. **≈stiel** 男 おの(まさかり)の柄.

Aya·tol·lah[ajatɔ́la·, ajatɔlá:] 男 -(s)/-s =Ajatollah

Aye-Aye[áɪe|aɪe·, ajái] 男 -(s)/-s (Fingertier) 〖動〗 アイアイ, ユビザル(指猿). [*polynes.*–*fr.*]

a. Z.[a:tsέt] 略 =**auf Zeit** 〖商〗 掛けで, 信用貸しで.

Aza·lee[atsalé:ə] 女 -/-n [..lé:ən] (**Aza·lie**[atsá:liə] 女 -/-n) 〖植〗 アザレア, ツツジ. [*gr.*; <*gr.* azaléos „dürr"]

Aza·rol≈ap·fel[atsaró:l..] 男 アザロールの実. **≈baum** 男, **Aza·ro·le**[atsaró:lə] 女 -/-n 〖植〗 アザロール(地中海地方産のサンザシ属の低木). [*arab.*–*span.* acerola]

azen·trisch[átsεntrɪʃ, ⏑⏑́⏑] 形 中心(部)のない. [<a..[1]]

aze·phal[atsefá:l] =akephal 1

Azet·al·de·hyd[atsé:t|aldehy:t][1] 男 -(e)s/ =Acetaldehyd

Aze·tat[atsetá:t] 中 -s/-e =Acetat

Aze·ton[atsetó:n] 中 -s/ =Aceton

Aze·tyl·cho·lin[atsetý:l..] 中 -s/ =Acetylcholin

Aze·ty·len[atsetylé:n] 中 -s/ =Acetylen

Azid[atsí:t][1] 中 -(e)s/-e 〖化〗 アジ化物. [<Azote+..id[2]]

Azi·da Azidum の複数.

Azi·di·me·trie[atsidimetrí:] 女 -/ =Acidimetrie

Azi·di·tät[..ditέ:t] 女 -/-en =Acidität

azi·do·phil[atsidofí:l] =acidophil

Azi·do·se[..dó:zə] 女 -/-n =Acidose

Azi·dum[á:tsidum] 中 -s/..da[..da·] =Acidum

Azi·mut[atsimú:t] 中 男 -s/-e 〖天・海〗 方位(角). [*arab.* as-sumūt „die Wege"; ◇*engl.* azimuth]

azi·mu·tal[..mutá:l] 形 方位(角)の. [<..al[1]]

Azo·ben·zol[atsobεntsó:l, ⏑́⏑⏑⏑–] 中 〖化〗 アゾベンゼン.

Azo≈farb·stoff[átso..] 男 アゾ染料. **≈grup·pe** 女 〖化〗 アゾ基. [<Azote]

Azoi·kum[atsó:ikum] 中 -s/ 〖地〗 無生代(むせいだい)(生物の存在しなかった時代). [<*gr.* á-zōos „leben-los"; ◇zoo..]

azo·isch[atsó:ɪʃ] 形 〖地〗 無生代の; 《比》 生物のいない.

Azoo·sper·mie[atsoospεrmí:, atsoɔs..] 女 -/-n [..mí:ən] 〖医〗 無精子(症). [<Sperma]

die **Azo·ren**[atsó:rən] 地名 複 アゾレス諸島(大西洋上にあるポルトガル領の火山諸島). [*port.* „Habichtsinsel"; ◇*engl.* Azores]

Azote[azɔ́t] 男 -/ (Stickstoff) 〖化〗 窒素. [*gr.*–*fr.*]

Az·te·ke[atsté:kə] 男 -n/-n アステカ人(14-16世紀にメキシコ中央高原地帯を支配し大帝国を築いたインディアン).

az·te·kisch[..kɪʃ] 形 アステカ(人・語)の.

Azu·bi[atsú:bi·, átsubi·] 男 -s/-s; 女 -/-s (<Auszubildende) (職業教育の)訓練生, 見習い.

Azu·le·jos[a(t)sulέxɔs] 複 (スペイン産の)青色化粧タイル. [*span.*; <*span.* azul „blau"]

Azur[atsú:r] 男 -s/ **1** 空色, 青色, 紺碧(こんぺき). **2** 青空, 蒼穹(そうきゅう). [*pers.*–*arab.* lāzaward (→Lasur)–*mlat.*–*fr.*]

azur·blau 形 空色の, 紺碧(こんぺき)の: ein ~*er* Himmel 紺碧の空.

Azu·ree·li·ni·en[atsuré:li:niən] 複 (小切手・領収書などの金額記載個所に刷りこんである)青色波線欄.

azu·riert[atsurí:rt] 形 青色波線を刷りこんだ.

Azu·rin[..rí:n] 中 アズリン(青色タール染料).

Azu·rit[..rí:t, ..rít] 男 -s/ 〖鉱〗 藍(らん)銅鉱. [<..it[2]]

azurn[atsú:rn] =azurblau

azy·klisch[á(:)tsy:klɪʃ, átsʏk.., atsý:k..] 形 **1** 非循環の, 無周期の; 非周期的な: eine ~*e* Menstruation 〖医〗 月経不順. **2** 〖化〗 非環状の: eine ~*e* Verbindung 非環状(非環式)化合物. **3** 〖植〗 非輪生の, 非環生の; 螺旋(らせん)状の. [<a..[1]]

B

B

b[1][be:], **B**[1][−] 中 -/- (→a[1], A[1] ★)ドイツ語のアルファベットの第２字(子音字): →a[1], A[1] 1 | *B* wie Berta (通話略語) Berta の B〔の字〕(国際通話では *B* wie Baltimore) | Wer A sagt, muß auch *B* sagen. (→a[1], A[1] 2).

b[2] **I** [be:] 中 -/-〘楽〙変ロ音: →a[2] I | *b*-Moll 変ロ短調. **II** 記号 **1** [be:] (b-Moll)〘楽〙変ロ短調: →a[2] II 1 **2** [ba:r] (Bar) バール. **III** 略 =**bezahlt**〘商〙(相場表で)支払い済みの.

B[2] **I** [be:] 中 -/-〘楽〙変ロ音: →A[2] I | *B*-Dur 変ロ長調. **II** 記号 **1** [be:] (B-Dur)〘楽〙変ロ長調: →A[2] II 1 **2** [be:, bo:r] (Bor)〘化〙硼素(ほう). **3** [bɛl] (Bel)〘理〙ベル. **4** (国名略号: →A[2] II 3)ベルギー (Belgien). **III** 略 **1 a)** =**Bund** 連合, 連盟: *B*HE 難民同盟. **b)** =**Bundes..** 連邦…: *B*RD ドイツ連邦共和国. **c)** =**Bundesstraße** **2** =**Brief**〘商〙(証券取引で)売り〔注文〕(B., Bf. とも略す).

Ba[be:|á:, bá:riʊm] 記号 (Barium)〘化〙バリウム.

BA[be:|á:, bí:éɪ] 女 -/ 英国航空(→BEA, BOAC). [*engl.*; < *engl.* *B*ritish *A*irways]

Baal[ba:l] **1** 人名〘セム神〙バール, バアル(古代 Semit 族の天候と肥沃をつかさどる主神). **2** 男 -/-e〘聖〙バアル(イスラエル人が礼拝する地域神. のち邪神視される). [*hebr.* „Herr“; ◇Beelzebub]

Baals≠die·ner 男 バール〈バアル〉礼拝者〈祭司〉;《比》邪神〈偶像〉崇拝者. **≠dienst** 男 バール〈バアル〉礼拝. **≠pfaf·fe** 男《比》いかさま牧師, にせ坊主.

Baas[ba:s][1] 男 -es/-e《北部》(Meister) 主人; 親方; 上役; ボス. [*ndl.* baas; ◇Boß]

Bab →Bab el〔-〕Mandeb

ba·ba[babá] 形, **bä·bä**[bɛbɛ́] 形《述語的》《幼児語》いやな, きたない: Das ist ～! ばっちいよ.

Bab·bel[bábəl] 男 -s/-《話》(Mund) 口.

Bab·bel·maul 中《話》(Schwätzer) おしゃべりなやつ.

bab·beln[bábəln]《06》自 (h)《方》(英: babble) (幼児が)片言でしゃべる; くだらないことをぺちゃくちゃしゃべる, おしゃべりする. [擬音]

Bab·bel·was·ser 中 -s/《戯》(Alkohol) 酒精飲料, 酒類.

Ba·be[bá:bə] (**Bä·be**[bɛ́:bə]) 女 -/-n《東部》=Napfkuchen

Ba·bel[bá:bəl] **I** 地名 バベル(聖書で Babylon のヘブライ語形): der Turm zu ～ バベルの塔(聖書: 創11,1-9). **II** 中 -s/- **1** =Sündenbabel **2** (多くの外国語が話されている)世界〈国際〉都市. [*hebr.*]

Bab el〔-〕Man·deb[bá:p ɛl mándɛp] 地名 バブ エル=マンデブ(紅海とインド洋の間の海峡). [*arab.* „Tor der Tränen“]

Ba·bet·te[babɛ́tə] 女名 (<Barbara) バベッテ. [*fr.*]

Ba·bu·sche[babúʃə, ..bú:ʃə] 女 -/-n (ふつう複数で)《東部》バブッシェ(布製のスリッパ・室内履き). [*pers.* pāpūš– *fr.* babouche]

Ba·by[bé:bi·, béɪ..] 中 -s/-s **1** (Säugling) 赤ん坊, 赤ちゃん: Du bist doch kein ～ mehr! お前はもう赤ん坊じゃないんだよ. **2**《話》**a)** 頼りないやつ, ねんね. **b)** (愛称・呼びかけに用いて)ベービー, かわいこちゃん. [*engl.*; ◇Bébé]

Ba·by≠aus·stat·tung[bé:bi..] 女《集合的に》ベビー用品. **≠deutsch** 中 (外国人などの話す)片言(かた)ドイツ語. **≠doll**[..dɔl] 中 -〔s〕/-s〘服飾〙ベビードール(すその短いパジャマ. 1956年の同名のアメリカ映画にちなむ).

Ba·by·lon[bá:bylɔn] 地名 バビロン (Babylonien の首都. Euphrat 河畔にあった: →Babel I): die Hängenden Gärten von ～ バビロンのつり庭〈空中庭園〉(古代バビロンの聖塔の高台に造られた庭園で, 中空に掛かったように見えたという. 古代の世界七不思議の一つ). [*akkad.–gr.–lat.*]

Ba·by·lo·ni·en[babyló:niən] 地名 バビロニア (Mesopotamien 南部に栄えた古代王国).

Ba·by·lo·ni·er[..niər] 男 -s/- バビロニア人.

ba·by·lo·nisch[..nɪʃ] 形 バビロニアの; バビロン〈バベル〉の: die *Babylonische* Gefangenschaft〘史〙(ユダヤ人の)バビロン捕囚 | **eine ～*e* Sprachverwirrung / ein ～*es* Sprachengewirr**《比》言語の混乱(聖書: 創11,9から).

ba·by·sit·ten[bé:bizɪtən] 自《不定詞で》Babysitter の役〈仕事〉をする. [*engl.* baby-sit]

Ba·by·sit·ter[bé:bizɪtər] 男 -s/- (㊛ **Ba·by·sit·te·rin**[..tərɪn]-/-nen)(親の外出中などに臨時に赤ん坊の面倒を見る)子守役, ベビーシッター. [*engl.*]

ba·by·sit·tern[bé:bizɪtərn]《05》=babysitten

Ba·by≠speck[bé:bi..] 男《話》**1** (幼児に特有の)丸っこい体つき. **2** (青年男女の)肥満〔体〕: unter *seinem* ～ leiden 肥満体〈太りすぎ〉である. **≠spra·che** 女 赤ちゃん言葉. **≠wä·sche** 女 ベビー〈新生児〉用肌着.

Bac·cha·nal[baxaná:l; オーストリア: baka..] 中 -s/-e (-ien[..liən]) **1** (古代ローマの) Bacchus の祭り. **2**《比》(どんちゃん騒ぎの)大酒盛り, 大酒宴. [*lat.*; ◇..al[1]]

bac·cha·na·lisch[..lɪʃ] 形 **1** Bacchus の祭りの. **2**《比》どんちゃん〈らんちき〉騒ぎの.

Bac·chant[baxánt; オーストリア: bakánt] 男 -en/-en (㊛ **Bac·chan·tin**[..tɪn]-/-nen) **1** Bacchus の信者〈祭司〉. **2**《比》酔いどれ, 大とら. [*mlat.*; < *lat.* bacchārī „Bacchusfest begehen“]

bac·chan·tisch[..tɪʃ] 形 酔っぱらった; どんちゃん騒ぎの; 奔放な, 羽目を外した.

bac·chisch[báxɪʃ] 形 **1** Bacchus の. **2** =bacchantisch

Bac·chi·us[baxí:ʊs] 男 -/..chien[..xí:ən]〘詩〙バッカス格(◡––). [*gr.–lat.*]

Bac·chus[báxʊs; オーストリア: bákʊs] 人名〘ロ神〙バッコス(酒の神. ギリシア神話の Dionysos に当たる):〔**dem**〕**～ huldigen**《雅》酒を飲む. [*gr.–lat.*]

Bac·chus·bru·der 男《戯》酒豪, 酒客.

Bach[1][bax] 男 -es(-s)/Bäche[bɛ́çə] (小 **Bä·chel·chen**[bɛ́çəlçən], **Bäch·lein**[bɛ́çlaɪn] 中 -s/-) **1** 小川, 細流: der rieselnde ～ さらさら流れる小川 | *Bäche* von Schweiß 流れ落ちる汗 ‖ **den ～ hinuntergehen 〈runtergehen〉**《話》衰退する, だめになる, 破滅する | Mit dem Geschäft geht es den ～ herunter.《話》店〈商売〉は下り坂だ ‖〔**einen**〕**～〈**〔**ein**〕***Bächlein*〉 machen**《幼児語》おしっこをする. **2**〘海〙(Meer) 海; (Gewässer) (河川・湖沼・海洋などの)水: in den ～ fallen (船が)転覆する. [*germ.*; ◇..beck; *engl.* beck]

Bach[2][bax] 人名 **1** Carl Philipp Emanuel ～ カルル フィーリップ エマーヌエル バッハ(1714–88; ドイツの作曲家. ヨハン ゼバスティアン(→3)の次男). **2** Johann Christian ～ ヨハン クリスティアン バッハ(1735–82; ドイツの作曲家. ヨハン ゼバスティアン(→3)の末子). **3** Johann Sebastian ～ ヨハン ゼバスティアン バッハ(1685–1750; バロック期最大のドイツの音楽家).

Ba·che[báxə] 女 -/-n (３歳以上の)雌イノシシ. [*ahd.* bahho „Schinken“; ◇back, Bacon[2]]

bach·ab[bax|áp] 副《スイス》(zunichte)《もっぱら次の成句で》**～ gehen** (計画・希望などが)打ち砕かれる, だめになる | ***et.***[4] **～ schicken** (提案・申請などを)退ける, 拒否する, 却下する.

Bä·che Bach[1]の複数.

Bä·chel·chen Bach[1]の縮小形.

Ba·cher[báxər] 男 -s/- (Keiler) (3歳以上の)雄イノシシ. [<Bache]

Bach≠fo·rel·le[báx..] 女 〖魚〗サルモ属(マスの類). **≠haft** 男 中 〖虫〗ヒロバカゲロウ(広翅蜉蝣)科の昆虫. **≠läu·fer** 男 〖虫〗カタビロアメンボ(肩広飴坊)科の昆虫.

Bäch·lein Bach[1] の縮小形.

Bach·mücke[báx..] 女 〖虫〗ガガンボ(大蚊)科の昆虫.

Bach·ofen[báx|o:fən] 人名 Johann Jakob ～ ヨハン ヤーコプ バッハオーフェン(1815-87; スイスの法制史家・文化史家).

Bach·stel·ze 女 〖鳥〗セキレイ(鶺鴒). [*mhd.*; ◇Sterz]

Bach·wei·de 女 〖植〗カワヤナギ(川柳).

back[bak] 副 (zurück) 〖海〗後ろへ, バックして. [*engl.*]

Back[1][bɛk, bæk] 男 -s/-s 《ｵｰｽﾄﾘｱ・ｽｲｽ》 (Verteidiger) 〖ｻｯｶｰ〗バック, 後衛. [*engl.*; ◇Bache]

Back[2][bak] 女 -/-en 〖海〗 **1** 船首楼. **2** (Backbord) 左舷(ｹﾞﾝ). **3 a)** (折り畳み式の)船員の会食用食卓, メステーブル. **b)** (乗組員の)会食; 会食グループ. **c)** (Eßschüssel) どんぶり, 鉢. [1, 3: *spätlat.–mndd.*; ◇Becken]

Bäck[bɛk] 男 -s/-en 《ｵｰｽﾄﾘｱ》 = Bäcker

Back≠ap·fel[bák..] 男 焼きリンゴ. **≠blech** 中 〖料理〗(オーブンの)熱板, 天板(→ 図 Herd); (パンを焼く)ベーキングシート.

Back·bord[bákbɔrt][1] 中 (ｵｰｽﾄﾘｱ: 男) -[e]s/-e 《ふつう単数で》(↔ Steuerbord) 〖海〗左舷(ｹﾞﾝ). [*mndd.*; ◇back; *engl.* backboard]

back·bord[s] 副 〖海〗左舷(ｹﾞﾝ)へ, 左へ.

Back·bord·sei·te[bákbɔrt..] 女 = Backbord

back|bras·sen[bákbrasən] 《03》 他 自 (h) 〖海〗ブレース(転桁(ﾃﾝｺｳ)索)で逆帆にする. [◇*engl.* brace aback]

Bäck·chen Backe の縮小形.

Back·deck[bák..] 中 〖海〗船首楼甲板(→ 図 Schiff A).

Backe[bákə] 女 -/-n (⊕ **Bäck·chen**[bɛ́kçən] 中 -s/-) **1 a)** 頬(ﾎｵ)(骨・肉部を含む: →Wange 1): rote ～*n* bekommen 頬を赤らめる ‖ *jm.* einen Bonbon auf die ～ kleben (→Bonbon) | aus vollen ～*n* blasen (ラッパなどを)頬をいっぱい膨らませて吹く | mit vollen ～*n* kauen 口いっぱいにほおばってかむ | Er strahlt über beide ～*n*. (うれしくて)彼は頬を輝かしている ‖ Au ～[, mein Zahn]! (→au[1] 2). **b)** (豚の)頬肉(→ 図 Schwein). **2** (Hinterbacke) しりたぶ(→ 図 Mensch B): ***et.***[4] **auf einer** 〈**auf der linken**〉 **～ absitzen** 〈**abreißen / herunterreißen**〉 《話》…(刑期など)を平気で〈やすやすと〉勤めあげる. **3** (頬の形のもの. 例えば:) (万力・やっとこなどの)つかみ, つめ(→ 図 Zange); (スキーの)バッケン, 耳金(ﾐﾐｶﾞﾈ)(→ 図 Ski); (クランク軸の)腕(→ 図 Welle); (いすの背の)ほほもたせ; (かんなの)側面(→ 図 Hobel); (銃の)床尾頬(ｼｮｳﾋﾞｷｮｳ). [*germ.* „Esser"]

backen[1(*)][bákən] 《11》 **back·te** (▽buk[bu:k]) / **ge·backen**; 現 *du* bäckst[bɛkst] (backst), *er* bäckt (backt); 接II backte (▽büke[bý:kə])

I 他 (h) **1** (英: *bake*) (パン・ケーキなどを)天火で焼く; 《話》こしらえる: Plätzchen knusperig ～ クッキーをこんがりと焼く | Schliff ～ (→Schliff 2) ‖ *sich*[3] *et.*[4] ～ lassen 《話》…をあつらえる | Du mußt dir einen Anzug ～ lassen. (そんな難しいことを言ったって)君の言うような服はめったにないよ. **2** 《方》(braten) 油で揚げる〈いためる〉, フライにする: Eier ～ 卵を焼く | einen Fisch 〈ein Huhn〉 ～ 魚フライ〈ローストチキン〉を作る. **3** 《方》(熱を加えて)乾燥させる, 干し固める: Pflaumen ～ 干しプラムを作る | Dachziegel ～ 屋根がわらを焼く.

II 自 (h) **1** パン〈ケーキ〉を焼く. **2** (パンなどが)焼ける: Der Kuchen hat noch nicht *gebacken*. ケーキがまだ焼き上がっていない. **3** Der Ofen *bäckt* gut 〈schlecht〉. このオーブンは焼け具合が良い〈悪い〉.

III ge·backen → 別出

[*idg.* „erwärmen"; ◇Bad, bähen[1]; *engl.* bake]

backen[2][–] 自 (h) (kleben) くっつく: Der Schnee *backt* an den Absätzen. 雪が靴のかかとにくっつく.

backen[3][–] 自 《もっぱら次の形で》**～ und banken** 〖海〗食事のために食卓につく. [<Back[2]]

Backen[bákən] 男 -s/- 《南部》= Backe

Backen≠bart 男 頬(ﾎｵ)ひげ. **≠bein** 中 = Backenknochen **≠bre·cher** 男 〖工〗ジョー＝クラッシャー, あご形砕石機. **≠brem·se** 女 〖工〗シュー〈ブロック〉ブレーキ: **die ～ ziehen** 《戯》(スキーなどで)しりもちをついてスピードを抑える. **≠fut·ter** 中 〖工〗ジョー〈あご〉チャック. **≠grüb·chen** 中 えくぼ. **≠kno·chen** 男 -s/- 《ふつう複数で》頬骨. **≠ses·sel** 男 ほほもたせ付き安楽いす. **≠streich** 男 ▽**1** (Ohrfeige) 手で頬(横っつら)を打つこと, 平手打ち. **2** 〖ｶﾄﾘｯｸ〗(堅信における)頬打ち. **≠stück** 中 頬革(馬具の一部: → 図 Kopfgestell). **≠ta·sche** 女 -/-n 《ふつう複数で》〖動〗(サル・リスなどの)頬嚢(ｷｮｳﾉｳ). **≠zahn** 男 臼歯(ｷｭｳｼ)(→ 図 Gebiß).

Bäcker[bɛ́kər] 男 -s/- パン焼き[職人].

Bäcker·bein 中 -[e]s/-e 《ふつう複数で》《話》(X-Beine) エックス脚.

Back·erb·sen[bák..] 複 (スープに入れるエンドウマメ形の)クルトン.

Bäcker·dut·zend[bɛ́kər..] 中 《話》(1ダースほど買ったときの)おまけとしての1個.

Bäcke·rei[bɛkəráɪ] 女 -/-en **1** パン屋(店), パン工場, パン製造所. **2** 《単数で》パン類を焼くこと. **3** 《ｵｰｽﾄﾘｱ》= Gebäck [<backen[1]]

Bäcker≠ge·sel·le[bɛ́kər..] 男 パン焼き職人. **≠junge** 男 パン屋の徒弟〈小僧〉. **≠la·den** 男 (Bäckerei) パン屋(店). **≠mei·ster** 男 パン屋の親方; マイスターの資格をもつパン屋. **≠zunft** 女 パン屋組合.

Back·fisch[bák..] 男 **1** フライにした魚; フライ用の若魚. ▽**2** (14-17歳ぐらいの)小娘; 〖劇〗小娘役.

Back·fisch·aqua·rium 中 《話》女子ギムナジウム〈高校〉; 女子寮.

Back·form 女 パン〈ケーキ〉の焼き型.

Back≠ground [bɛ́kgraʊnt, bǽkgraʊnd] 男 -s/-s (Hintergrund) 背景; 《比》(これまでに積んできた)知識, 経験; 〖楽〗(ジャズにおけるソリストのための)伴奏; バックグラウンド＝ミュージック. **≠hand**[bɛ́khɛnt, bǽkhænd] 女 -/-s (男 -[s]/-s) 〖ﾃﾆｽ〗バックハンド[ストローク]. [*engl.*]

Back≠hau·be[bák..] 女 (ずきん形の)ガス〈電気〉パン焼き器(→ 図 Küche). **≠he·fe** 女 パン焼き酵母, イースト. **≠hendl**[..hɛndəl] 中 -s/-[n] 《ｵｰｽﾄﾘｱ》= Backhuhn

Back·hendl≠fried·hof 男 《ｵｰｽﾄﾘｱ》《戯》おなか, 胃袋. **≠sta·tion** 女 《ｵｰｽﾄﾘｱ》鳥料理店.

Back≠huhn 中 ローストチキン. **≠koh·le** 女 〖地・工〗粘結炭, 瀝青(ﾚｷｾｲ)炭. **≠mul·de** 女 (製パン用の)こね槽(ｵｹ)(→Backtrog). **≠obst** 中 (Dörrobst) 乾燥果実: Danke für ～! (→danken I 1). **≠ofen** 男 **1** パン焼きがま: Hier ist es warm wie in einem ～. 《話》ここは暑くてやりきれない | **gegen den ～ gähnen** 《北部》無駄な抵抗をする ‖ Einfälle wie ein alter ～ haben (→Einfall 1). **2** オーブン, 天火(ﾃﾝﾋﾟ)(→ 図 Herd). [<backen[1]]

Back·pfei·fe[bák..] 女 《話》(Ohrfeige) (横つらの)平手打ち, びんた. [<Backe]

back·pfei·fen 《過分 gebackpfeift》 他 (h) 《話》(ohrfeigen) (*jn.*) (…の)横つらを張る, (…に)平手打ちをくわせる.

Back·pfei·fen·ge·sicht 中 《話》(Ohrfeigengesicht) (ひっぱたきたくなるような)小生意気な顔つき.

Back≠pflau·me[bák..] 女 干しプラム. **≠pul·ver** 中 ベーキング＝パウダー, ふくらし粉. **≠räd·chen** 中 こね粉切り歯車〈ルレット〉. **≠röh·re** 女 (ｵｰｽﾄﾘｱ: **≠rohr** 中) 天火, オーブン. **≠rost** 男 オーブングリル(→ 図 Herd). [<backen[1]]

Back·schaft[bákʃaft] 女 -/-en 〖海〗(乗組員のうち同じ大皿から食べる)会食班員[一同]: **～ machen** 食事当番をつとめる, 食卓の後始末をする. [<Back[2]]

Back·schisch[bákʃɪʃ] = Bakschisch

Back·schüs·sel[bák..] 女 (パン・ケーキ用の)こね粉ボウル.

Backs·gast[báks..] 男 -[e]s/-en 〖海〗(荷の積みおろしをする)船首楼甲板員. [<Back[2]]

Back·spie·re[bák..] 女 〖海〗(船側にボートをつるす)係艇ブーム〈円材〉.

B

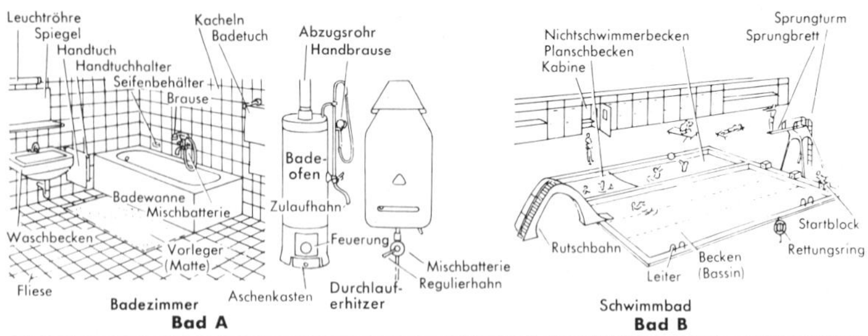

Badezimmer
Bad A
Schwimmbad
Bad B

B

bäckst[bɛkst] backen¹の現在2人称単数.

Back·stag[bák..] 中《海》(マストの)バックステー, 後支索.
Back·stags·wind 男《海》(帆走に絶好な)船尾へ吹きつける風. [<back]

Back·stein[bák..] 男 れんが: ein Gebäude aus rotem ~ 赤れんがの建物 ‖ Es regnet ~*e*.《話》雨がどしゃ降りだ | Er schwimmt wie ein ~.《話》彼は泳げない(かなづちだ).
Back·stein≠bau 男 -[e]s/-ten れんが造りの建物. **≠go·tik** 女 (北ドイツに多い)れんが造りゴシック様式(建築). **≠kä·se** 男 (Harz 地方の)れんが形チーズ.
Back·stu·be 女 パン焼き場; 製パン工場.
bäckt[bɛkt] backen¹の現在3人称単数.
Back≠trog[bák..] 男 (製パン用の)こね槽(おけ) (Backmulde よりも深い). **≠wa·re** 女 -/-n《ふつう複数で》パン菓子(パン・焼き菓子の総称). **≠werk** 中 -[e]s/ クッキー・ビスケット類.
Back·zahn[bák..] = Backenzahn

Ba·con¹[béɪkən] 人名 Francis ~ フランシス ベーコン(1561–1626; イギリスの哲学者・政治家).
Ba·con²[bé:kən, béɪkən] 男 -s/ 《料理》ベーコン. [*engl.*; ◇Bache]

..-bácsi[..ba:dʒi·]《オーストリア俗語で人名の後ろにそえて親しみ・知友関係を示す》(…)さん, (…)君. [*ungar.*]

Bad[ba:t]¹ 中 -es(-s) / Bäder[bɛ́:dər] **1** ふろの湯, 水浴の水; 《化・工》浴剤: ein ~ ablassen 〈einlassen〉 浴槽の湯を抜く〈に湯を入れる〉| *jm.* ein schlimmes ~ anrichten 《比》…を苦しめる〈つらい目にあわせる〉| das ~ austragen müssen《比》他人のしりぬぐいをさせられる | *jm.* ein ~ bereiten 〈richten〉 …にふろの用意をする ‖ *et.*⁴ ins ~ hängen 〈stellen〉 …を浴剤につける. **2** 入浴, 水浴; 《化・工》浴: Luft*bad* 空気浴 | Sonnen*bad* 日光浴 | **das ~ in der Menge** 一般大衆との直接の触れ合い ‖ ein ~ nehmen 入浴〈水浴〉する. **3** 浴室(→ 図 A); 浴場; プール(→ 図 B); 湯治場; 海水浴場: Frei*bad* 屋外プール | Hallen*bad* 屋内プール | ein städtisches ~ 市営プール | ein ~ für Herzkranke 心臓病にきく温泉〈鉱泉〉‖ ins ~ gehen プールへ行く; 入浴する | in ein ~ reisen 〈fahren〉(海水浴場などへ)保養に出かける; 湯治に行く | eine Wohnung mit ~ 浴室付きの住居. [*germ.*; ◇backen¹, bähen¹; *engl.* bath]
Ba·de≠an·la·ge[bá:də..] 女 水浴〈水泳〉施設. **≠an·stalt** 女 **1** 水泳施設. **2** 公衆浴場. **≠an·zug** 男 (ふつう女性用の)水着. **≠arzt** 男 温泉〈鉱泉〉治療医. **≠be·trieb** 男 -[e]s/ 水浴〈水泳〉場のにぎわい. **≠bür·ste** 女 浴用ブラシ. **≠frau** 女 公衆浴場の女性従業員. **≠gast** 男 -[e]s/..gäste **1** (Kurgast) 湯治客; 浴客. **2** 《戯》(士官待遇の)上級水夫; (貨物船の)船客. **≠hau·be** 女 水泳帽(→ 図 Haube). **≠haus** 中 公衆浴場. **≠ho·se** 女 水泳パンツ. **≠ka·bi·ne** 女 (水泳場・浴場の)更衣室. **≠kap·pe** 女 水泳帽. **≠ko·stüm** 中 水着. **≠kur** 女 湯治. **≠man·tel** 男 浴用ガウン, バスローブ. **≠mat·te** 女 (浴槽の前に敷く)バスマット. **≠mei·ster** 男 水泳場〈公衆浴場〉の監視員(→ 図 Strand). **≠müt·ze** 女 水泳帽.
ba·den[bá:dən]¹《01》**I** 自 (h) 水浴びをする, 入浴する, 水〈湯〉につかる; 泳ぐ; 湯治をする: kalt 〈warm〉 ~ 水浴〈温浴〉する | im Fluß 〈Freien〉 ~ 川で〈戸外で〉水浴びをする | im Meer ~ 海水浴をする | in Schlamm 〈Sand〉 ~ 泥土浴〈砂浴〉をする ‖ ~ gehen 水浴〈泳ぎ〉に行く; 入浴する | Er ist ~ [gegangen]. 彼は泳ぎに行った(→sein¹ I, 1 f) ‖ **bei 〈mit〉 *et.*³ ~ gehen**《話》…に失敗(挫折)する | Ich bin mit meinem Plan 〈Mein Plan ist〉 ganz schön ~ gegangen. / Mit 〈Bei〉 meinem Plan ist ganz schön ~ gegangen.《話》私の計画はものの見事に失敗した.
II 他 (h) 入浴させる; 浸す; 《in *et.*⁴》どっぷりとつからせる: ein Baby ~ 赤ん坊に湯をつかわせる | den kranken Finger ~ 指の患部を水につける | *sich*³ die Füße ~ 両足を水に浸す | die Wunde ~ 傷を[水に浸して]洗う | den Wurm ~ (→Wurm I 1) | Er ist als Kind heiß *gebadet* worden.《話》彼は頭がおかしい ‖ 再帰 *sich*⁴ ~ 水浴〈入浴〉する ‖《過去分詞で》[wie] **in Schweiß *gebadet*** sein (→Schweiß 1 a) | in Tränen *gebadet* sein (→Träne 1) | Der Raum ist in Licht *gebadet*. その部屋は光をいっぱいに浴びている | **wie eine *gebadete* Maus sein** (→Maus 1).
III Ba·den¹ 中 -s/ 入浴, 水浴: Er ist beim ~ im Fluß ertrunken. 彼は川で泳いでいておぼれた. **IV Ba·den·de** 男 女《形容詞変化》水浴〈入浴〉者; 湯治客.

Ba·den²[bá:dən] 地名 **1** バーデン(ドイツの南西部にあり, かつては大公国であったが, 現在は Baden-Württemberg 州の一部). **2** バーデン (Wien 近郊の温泉地). **3** バーデン(スイス Aargau 州の温泉地). [*lat.* Aurelia Aquensis (古名)の部分翻訳: „(zu den) Bädern"; <*lat.* aqua „Wasser" (→Aachen)]
Ba·den-Ba·den[bá:dənbá:dən] 地名 バーデン=バーデン (Baden² 1 にある温泉地).
Ba·de·ner[bá:dənər] **I** 男 -s/- バーデンの人. **II** 形《無変化》バーデンの.

Ba·de·ni·xe[bá:də..] 女《戯》水着を着た若い女.
Ba·den·ser[badɛ́nzər] = Badener
Ba·den-Würt·tem·berg[bá:dənvʏ́rtəmbɛrk] 地名 バーデン=ヴュルテンベルク(ドイツ南西部の州で1951年に成立した. 州都は Stuttgart. 略 BW).
ba·den-würt·tem·ber·gisch[..bɛrgɪʃ] 形 バーデン=ヴュルテンベルク州の.

Ba·de≠ofen[bá:də..] 男 ふろ沸かし用ボイラー. **≠ort** 男 -[e]s/-e **1** (Kurort) 湯治場. **2** (海岸・湖畔などの)水浴場のある町.
ᵛ**Ba·der**[bá:dər] 男 -s/- (公衆浴場の)理髪師兼外科医.
Bä·der Bad の複数.
Ba·de≠sai·son[bá:dəzɛzɔ̃:] 女 (屋外での)水浴の季節. **≠salz** 中 バスソルト(ふろ用の芳香剤). **≠schuh** 男 [水]浴場用スリッパ〈サンダル〉. **≠schwamm** 男 浴用スポンジ. **≠sei·fe** 女 (↔Waschseife) 浴用せっけん. **≠strand** 男 水浴のできる浜辺. **≠stu·be** 女《特に北部》= Badezimmer **≠tuch** 中 -[e]s/..tücher 浴用手ぬぐい, バスタオル(→ 図 Bad A). **≠vor·la·ge** 女 = Badematte **≠wan·ne** 女 浴槽, 湯船, バスタブ(→ 図 Bad A); 《戯》サ

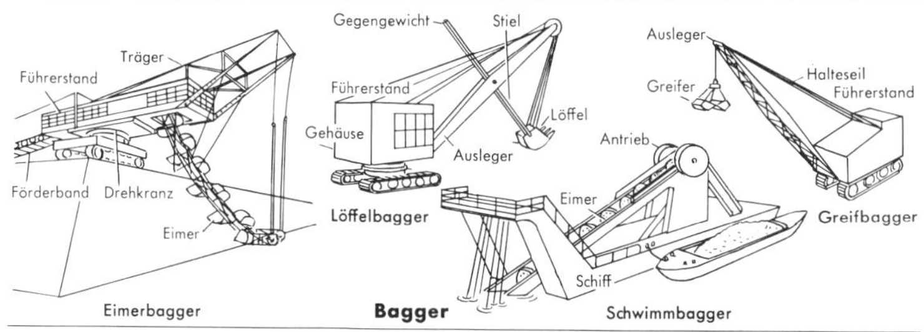

Bagger

イドカー〔の車体〕;《戯》スキーで転んだときにできる雪面のくぼみ.

ba·de·warm 形 (水が)入浴に適温の, ほどよく沸いた.

Ba·de·zeit 女 **1** (規定された)入浴時間. **2** =Badesaison ⸗**zel·le** 女 =Badekabine ⸗**zeug** 中 -[e]s/ 水浴用品(水着・タオルなど). ⸗**zim·mer** 中 浴室, バスルーム (→ 図 Bad A). ⸗**zu·ber** 男 ふろ桶(おけ).

Bad Go·des·berg[ba:t gó:dəsbɛrk] 地名 バート ゴーデスベルク(保養地として発達したが, 1969年以来 Bonn の一地区となる). [<Wodenesberg (<Wodan+Berg[3]); ◇*ndd.* Gudesdag; *engl.* Wednesday „Mittwoch"]

Ba·di·na·ge[badiná:ʒə] 女 -/-n (**Ba·di·ne·rie**[..nərí:] 女 -/-n[..rí:ən]) 《楽》バディナージュ(18世紀の組曲中に用いられた軽快でおどけた感じの小曲). [*fr.*; <*fr.* badin „scherzend"]

ba·disch[bá:dɪʃ] 形 バーデンの(→Baden[2]).

Bad·min·ton[bɛ́tmɪntən, bǽd..] **I** 中 -[s]/ (Federballspiel) バドミントン. **II** 中 男 -/ (赤ワインとキュウリを使った一種の)清涼飲料. [*engl.*; イングランドの地名から]

Bae·de·ker[bɛ́:dəkər, ..dɛkər] 男 -[s]/- 商標 ベデカー(旅行案内書). [<K. Baedeker (ドイツの出版業者, †1859)]

Baeg·du·san[bɛktuzán] =Paektu-san

Baelz[bɛlts] 人名 Erwin von ~ エルヴィーン フォン ベルツ(1849-1913; ドイツの医者. 日本に29年間滞在し医学を指導した. 美粧料ベルツ水の創案者).

Ba·fel[bá:fəl] 男 -s/- 《南部》**1** 見切り品, 粗悪品. **2** 《単数で》つまらぬおしゃべり. [*jidd.*]

baff[baf] **I** 形《述語的》《話》(verblüfft) **~ sein** ぼう然(ぽかん)としている. **II** 間 **1** (銃の発射音)パン. **2** (犬のほえ声)ワン. [◇paff]

BAFöG (**Ba·fög**)[bá:fœk] 中 -[s]/ (<Bundesausbildungsförderungsgesetz) (ドイツの)連邦奨学資金法〔による奨学金〕.

Ba·ga·ge[bagá:ʒə; オース トリア: ..gá:ʒ] 女 -/-n[..ʒən] **1** 《単数で》《話》(Pack)《集合的に》ならず者, ろくでなし. ᵛ**2** 《ふつう単数で》**a**) (Reisegepäck) 旅行手荷物. **b**) (Troß) 輜重(しちょう)隊. [*fr.*; <*afr.* bagues „Gepäck"; ◇*engl.* baggage]

Ba·gas·se[bagásə] 女 -/-n バガス(サトウキビの搾りかす). [*span.* bagazo–*fr.*]

Ba·ga·tell[bagatɛ́l] 女 -/-en《オース トリア》=Bagatelle 1

Ba·ga·tell·de·likt[bagatɛ́l..] 中 些細(ささい)な違法行為, 軽微な犯罪.

Ba·ga·tel·le[..lə] 女 -/-n **1** (Kleinigkeit) 些細(ささい)な〈取るに足らぬ〉こと: *et.*[4] für eine ~ verkaufen《比》…を二束三文で売る. **2** 《楽》バガテル(ピアノのための簡単な小曲). [*it.*–*fr.*; <*lat.* bā[c]ca „Beere"]

ba·ga·tel·li·sie·ren[bagatɛlizí:rən] 他 (h) 〔故意に〕些細(ささい)なこととして扱う, 些事に見せかける.

ba·ga·tell·mä·ßig[bagatɛ́l..] 副《オース トリア》些細(ささい)なこととして: *jn.* ~ behandeln …を軽く扱う.

Ba·ga·tell⸗sa·che 女《法》些細(ささい)〈瑣末(さまつ)〉な司法事件. ⸗**scha·den** 男 僅少(きんしょう)〈些細〉な損害.

Bag·dad[bákdat, bakdá:t] 地名 バグダッド(イラク共和国の首都). [*pers.* „Gottesgeschenk"]

Bag·ger[bágər] 男 -s/- **1** 浚渫(しゅんせつ)機〈船〉; パワーショベル (→ 図). **2** 《バレー ボール》アンダーパス〈レシーブ〉.

Bag·ge·rer[bágərər] 男 -s/-, **Bag·ger·füh·rer** [bágər..] 男 浚渫(しゅんせつ)機〈パワーショベル〉操作員.

bag·gern[bágərn] 《05》他 (h) **1** (泥・砂などを)浚渫(しゅんせつ)機〈パワーショベル〉で掘り上げる. **2** 《バレー ボール》(ボールを)アンダーパス〈レシーブ〉する. [*ndl.*–*ndd.*; <*mndl.* baggher „Schlamm"]

Bag·ger⸗schiff 中 浚渫(しゅんせつ)船. ⸗**see** 男 (砂利採取などで)掘られた穴に地下水が溜まってできた池.

Ba·gi·en·se·gel[bá:giən..] 中《海》クロスジャッキ(第3マストの最下帆: → 図 Segel A).

Ba·gno[bánjo·] 中 -s/-s (..gni[..nji·]) (イタリア・フランスの)牢獄(ろうごく). [*gr.* balaneĩon „Bad"–*lat.* balneum–*it.*]

Bag·stall[bákʃtal, bág..] 男 -s/-e, ..ställe[..ʃtɛlə]《オース トリア》支柱. [<beistellen]

Ba·guette[bagɛ́t] 女 -/-n [..tən] (中 -s/-s) バゲット(フランスの棒状白パン). [*fr.*]

bah[ba:] =pah

bäh[bɛ:] 間 **1** (羊・ヤギの鳴き声)メエ: ~ schreien メエと鳴く. **2** =pah

Ba·hai[bahaí:] 男 -/-[s] バハイ教徒.

Ba·ha·is·mus[..ísmʊs] 男 -/ バハイ教(1844年イランでイスラム教から分離した宗教). [<*arab.* Bahā (u'llah) „Glanz (Gottes)": 指導者 Mirsa Husain Ali (†1892)の尊称]

die **Ba·ha·mas**[bahá:mas] 地名 複 バハマ(中米, Karibik にある多数の島よりなる国. もと英国植民地で,1973年独立. 英連邦の一員で, 首都はナッソー Nassau).

bä·hen[1][bɛ́:ən] 他 (h) ᵛ**1** (湯・蒸気で)温める; (患部を)温湿布する. **2** 《南部》(薄く切ったパンを)トーストにする. [*ahd.* bājan „erwärmen"; ◇backen[1], Bad]

bä·hen[2][–] 自 (h) (羊が)メエと鳴く. [<bäh]

Bäh·lamm[bɛ́:..] 中《幼児語》=Lamm 1

Bahn[ba:n] 女 -/-en **1 a**) (切り開かれた)道; (確定した)進路, 軌道, 軌跡, コース; 自動車道路の車線; (競技用の)トラック: Auto*bahn* アウトバーン | Lauf*bahn* (職業上の)経歴 | Umlauf*bahn* (天体などの)軌道 | scheinbare ~《天》視軌道(運動体から見た他の運動体の軌道) ‖ eine Straße mit zwei ~*en* 2車線の道路 ‖ *Bahn* frei! 道をあけろ;《スポ ーツ》出発オーケー | **freie ~ haben** 障害がすべて取り除かれている | **freie ~ dem Tüchtigen!** 有能な人材を登用せよ | *jm.* die ~ frei machen …の障害を取り除く ‖ ***sich***[3] **~ brechen** 道を切り開いて進む; 認められるようになる, 普及する | *sich*[3] [eine] ~ durch das Dickicht 〈die Menge〉 brechen やぶ〈群衆〉を押し分けて進む | ***et.***[3] **~ brechen**《比》…のために道を切り開く, …の普及を助ける | ***jm.* 〈*et.*[3]〉 die ~ ebnen**《雅》…のために障害を取り除いてやる ‖ **auf die schiefe ~ geraten 〈kommen〉**《比》人の道を踏み外す, ぐれる | *jn.* auf die rechte ~ bringen《比》…を正道に導く | auf ~ 3 laufen 〈starten〉《スポ ーツ》3コースを走る〈からスタートする〉| ***jn.* aus der ~ bringen 〈werfen〉**《比》…の人生行路を狂わせる | ***sich***[4] **in neuen ~*en* bewegen**《比》様相を一変する | ***et.***[4] **in die richtige ~ lenken**《比》…を計画どおり進

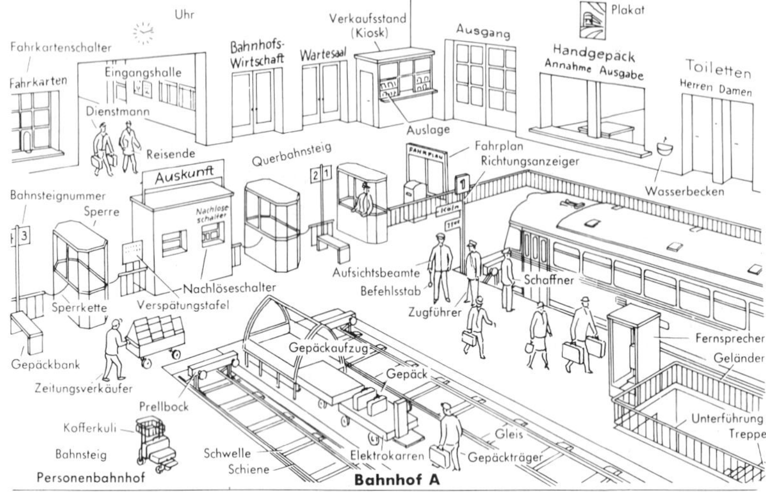

Bahnhof A

むようにする | in die gewohnten ～*en* zurückkehren《比》元どおりになる | **von** der **～** abkommen コース〈軌道〉をそれる.
b) (九柱戯・ボウリングなどの)レーン.
c) (ビリヤードの)盤面(→ 図 Billard).
2 (Eisenbahn) **a**) 鉄道; 列車; 電車; 市街電車: Straßen*bahn* 市街〈路面〉電車 | Untergrund*bahn* / U-～ 地下鉄 | breitspurige 〈zweigleisige〉 ～ 広軌〈複線〉鉄道 | elektrische ～ 電気鉄道 ‖ die ～ verpassen 列車〈電車〉に乗り遅れる | Wann fährt die letzte ～? 終電〈最終列車〉は何時ですか ‖ **mit** der ～ fahren 〈reisen〉 鉄道で行く〈旅行する〉 | *et.*[4] **per** 〈mit der〉 ～ befördern 〈schicken〉 …を鉄道便で送る. **b**) (Bahnhof) 駅: *jn.* **von** der ～ abholen …を駅に迎えに行く | *jn.* **zur** 〈an die〉 ～ begleiten …を駅まで送って行く ‖ frei ～《商》鉄道〔積み込み〕渡し. **c**)《話》(経営体としての)鉄道, 電鉄: **bei** 〈an〉 der ～ 〔tätig〕 sein 鉄道に勤めている | Die ～ zahlt schlecht. 鉄道は支払いが悪い〈給料が安い〉.
3 (織物・紙などの一定幅・帯状の)長尺物, 一巻; テープ: drei ～*en* der Tapete 壁紙 3 巻 | die vordere ～ des Kleides 服の前身頃(ころ).
4 (工具の)平らな打撃面, 使用面(→ 図 Amboß, Hammer). [„Schlag“; *mhd.* bane]

bahn≠amt·lich[bá:n|amtlıç] (**≠ämt·lich**[..|ɛmtlıç]) 形 鉄道当局の.

Bahn≠an·ge·stell·te 男 女 鉄道員. **≠an·la·ge** 女 鉄道施設. **≠ar·bei·ter** 男 鉄道〈線路〉工夫, 保線作業員. **≠be·am·te** 男 鉄道官〈職員〉.

bahn·bre·chend 形 画期的な, 大変革をもたらすような, 新機軸〈草分け〉の: eine ～*e* Erfindung 革命的な発明.

Bahn≠bre·cher 男 -s/- 先駆〈開拓〉者, 草分け〔の人〕. **≠bus** 男 鉄道会社〈国有鉄道〉経営のバス. **≠ca·mion·na·ge**[..kamiɔna:ʒə] 女《スイス》(駅と各戸との間の)小口運送業. **≠damm** 男 鉄道用築堤: Marke ～ (→Marke 3 b).

bah·nen[bá:nən] 他 (h) (道を)開く, 造る, (歩けるように)ならす: *jm.* einen Weg ～ …に道を開いて〈つけて〉やる | *sich*[3] einen Weg durch die Menge 〈den Schnee〉 ～ 群衆を押し分けて〈雪を踏み分けて〉進む ‖ ein 〔gut〕 *gebahnter* Weg 〔よく〕踏みならされた道.

Bah·ner[bá:nər] 男 -s/- **1**《話》(Eisenbahner) 鉄道職員〈従業員〉. ▽**2** ＝Bahnbrecher

Bahn≠fahrt[bá:n..] 女 列車〈電車〉で走ること, 鉄道旅行: nach zwei Stunden ～ 2 時間鉄道に乗って走った後で. **≠fracht** 女 鉄道貨物.

bahn·frei 形《商》駅〈鉄道〉渡しの, 駅までは無料の.

Bahn≠ge·län·de 中 鉄道用地. **≠ge·lei·se** 中, **≠gleis** 中 鉄道線路, レール.

Bahn·hof[bá:nho:f] 男 (略 Bhf., Bf.) 駅, 停車場; 駅舎(→ 図): *jn.* am 〈vom〉 ～ abholen …を駅に出迎え〔て連れて来〕る | an 〈auf〉 allen *Bahnhöfen* halten (列車が)各駅に停車する | Auf welchem ～ kommt er an? 彼はどの駅に着きますか | aus dem ～ rollen (列車が)駅を出て行く | in den ～ einlaufen (列車が)駅にはいる | Im ～ gibt es einen Friseur. 駅の構内に理髪店がある | *jn.* zum ～ begleiten 〈bringen〉 …を駅まで送る | zum ～ fahren (車で)駅へ行く ‖ 〔immer〕 nur ～ verstehen《話》何も理解できない; 全く関心がない ‖ 〔**ein**〕 **großer ～**《話》(駅・空港などでの)にぎやかな〈大ぜいでの〉出迎え | 〔einen〕 großen ～ bekommen 大歓迎を受ける | *jn.* mit großem ～ empfangen …をにぎにぎしく出迎える ‖ 〔**immer**〕 **nur ～ verstehen**《話》さっぱり理解できない, ちんぷんかんぷんである.

Bahn·hofs≠buf·fet[bá:nho:fsbʏfe·] 中《スイス》駅の軽食堂. **≠gast·stät·te** 女 (駅の)構内食堂. **≠hal·le** 女 **1** (待合所・売店などのある)駅舎ホール. **2** (ターミナルステーションなどで列車が発着する)大きなドームにおおわれた空間. **≠ki·osk** 男 駅の売店, キオスク. **≠mis·si·on** 女 (宗教団体が駅に設けている)旅行者援護所. **≠nei·gung** 女《天》軌道傾斜角. **≠po·li·zist** 男 鉄道公安官. **≠re·stau·rant**[..rɛstorã:] 中 (駅の)構内食堂. **≠vier·tel** 中 駅周辺の地区. **≠vor·ste·her** 男 (オーストリア・スイス: **≠vor·stand** 男) 駅長. **≠wirt·schaft** 女 ＝Bahnhofsgaststätte

..bahnig[..ba:nıç][2]《数詞などにつけて「…の軌道をもつ」を意味する形容詞をつくる》: ein*bahnig* 一車線の.

Bahn≠kör·per[bá:n..] 男《鉄道》路盤. **≠kor·rek·tur** 女 (ロケットなどの)軌道修正.

bahn·la·gernd 形《鉄道》駅留めの.

Bahn≠li·nie[..niə] 女 鉄道路線. **≠mei·ster** 男《鉄道》保線区長. **≠mei·ste·rei** 女《鉄道》保線区. **≠netz** 中 鉄道網. **≠po·li·zei** 女 鉄道公安警察. **≠post** 女 (列車の)郵便室〈車〉. **≠schran·ke** 女 (オーストリア: **≠schran·ken** 男)《鉄道》踏切遮断機. **≠schwel·le**

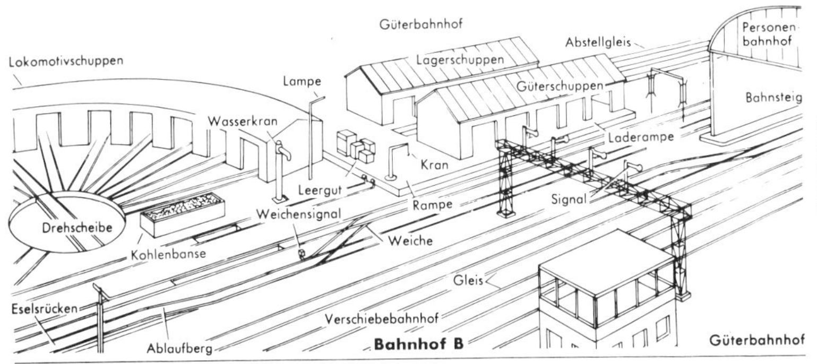

Bahnhof B

女〘鉄道〙枕木(まくらぎ). ≈**steig** 男 (駅の)〔プラット〕ホーム: auf dem ~ プラットホームで.

Bahn·steig≈kar·te 女 (駅の) 入場券. ≈**sper·re** 女 (駅の) 改札口.

Bahn≈strecke 女 線路区間, 鉄道路線. ≈**trans·port** 男 鉄道輸送. ≈**über·füh·rung** 女 跨線(こせん)橋. ≈**über·gang** 男 鉄道の踏切.

Bah·nung[bá:nʊŋ] 女 -/ bahnen すること: ~ eines Weges 道を開くこと;《比》準備工作.

Bahn≈un·ter·füh·rung[bá:n..] 女 ガード下の〔地下〕通路〈道〉. ≈**ver·bin·dung** 女 (列車の) 連絡, 接続. ≈**ver·fol·gung** 女 (人工衛星などの) 軌道追跡. ≈**wär·ter** 男 (オーストリア: ≈**wäch·ter** 男)〘鉄道〙線路巡回員, 軌道係; 踏切警手.

Ba·höl[bahø:l] 男 -s/《オーストリア》《話》(Tumult) 大騒ぎ.

Bah·rain[baráın, baxráın] 地名 バーレーン(ペルシア湾にある首長国. 1971年イギリスから独立. 産油国として有名. 首都はマナーマ Manama).

Bah·re[bá:rə] 女 -/-n **1** (Tragbahre) 担架(→ 図). **2** (Totenbahre) 棺台(→ 図): von der Wiege bis zur ~ (→ Wiege 1). [*westgerm.*; ◇Bürde, ..bar; *engl.* bier]

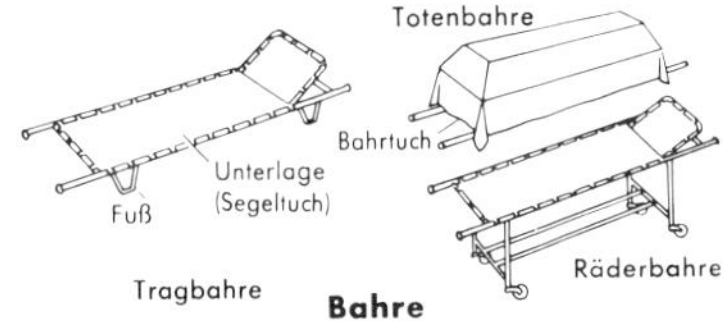

Bahre

Bahr≈ge·richt[bá:r..] 中 棺台裁判(棺台に安置された死者を前にして殺人者を判定する中世の神明裁判). ≈**tuch** 中 -〔e〕s/..tücher 棺掛け(ひつぎを覆う布: → 図 Bahre).

Bäh·schaf[bɛ́:..] 中《幼児語》= Schaf 1

Baht[ba:t] 男 -/- バーツ(タイの貨幣〔単位〕).

Bä·hung[bɛ́:ʊŋ] 女 -/-en (bähen[1]すること. 特に:) 温湿布.

Bai[baı] 女 -/-en 湾, 入江. [*roman.*–*ndl.*; ◇*engl.* bay]

Bai Djü·i[baıdʒy|í:] 人名 白居易(772–846; 中国, 唐中期の詩人. 字(あざな)は楽天. 作品『長恨歌』など).

Bai·er[1][báıər] 男 -n/-n **1** 《複数で》(Bajuware)〘史〙(西ゲルマン族に属する)バイエルン族. **2**〘言〙バイエルン方言を話す人(→Bayer).

Bai·er[2][–] 男 -s/《オーストリア》= Quecke

der **Bai·kal·see**[báıkalze:, –⌣–] 地名 男 -s/ バイカル湖(東シベリアにある世界最深でユーラシア最大の淡水湖). [*tatar.*]

bai·risch[báırıʃ] 形 **1** バイエルン族の; (広義の)バイエルンの(Vorarlberg 以外のオーストリアを含む). **2**〘言〙バイエルン方言の(→bayerisch).

Bai·salz[báı..] 中 海塩.

Bai·ser[bɛzé:] 中 -s/-s メレンゲ(フランスふうケーキの一種: → 図 Kuchen). [*fr.*; < *lat.* bāisum „Kuß"]

Bais·se[bɛ́:sə; オーストリア: bɛ:s] 女 -/-n [..sən] (↔Hausse)〘商〙(相場・物価の)下落; 不況, 不景気: auf ~ spekulieren 下落を予想して投機する. [*fr.*; ◇Basso]

Bais·se·spe·ku·lant[bɛ́:sə..] 男, **Bais·sier**[bɛsié:] 男 -s/-s (↔Haussier) 弱気筋, 売り方針の人(相場の下落を予想して売りに回る側). [*fr.* baissier]

Ba·ja·de·re[bajadé:rə] 女 -/-n (インドの) 踊り子. [*port.* bailadeira–*fr.*; ◇Ball[2]; *engl.* bayadere]

Ba·jaz·zo[bajátso·] 男 -s/-s 道化役, 道化師. [*it.*; < *lat.* palea (→paille)]

Ba·jo·nett[bajonɛ́t] 中 -〔e〕s/-e 銃剣: das ~ aufpflanzen 小銃に着剣する. [*fr.* baïonette; < Bayonne (フランスの製造地名); ◇*engl.* bayonet]

Ba·jo·nett·an·griff 男 銃剣による突撃.

ba·jo·net·tie·ren[bajonɛtí:rən] **I** 自 (h) 銃剣で戦う. **II** 他 (h) 銃剣で突き刺す.

Ba·jo·nett·ver·schluß[bajonɛ́t..] 男〘工〙(銃剣装着式の)差し込み継ぎ手(→ 図).

Bajonett-verschluß

Ba·ju·wa·re[bajuvá:rə] 男 -n/-n **1** = Baier[1] 1 **2**《戯》= Bayer

ba·ju·wa·risch[..rıʃ]《戯》= bayerisch

Ba·ke[bá:kə] 女 -/-n **1 a)** 航路〈航空・線路〉標識. **b)** (踏切・高速道路出口などの) 予告標識. **2**〘測量〙標柱. [*lat.* būcina „Signalhorn"–*westgerm.*–*mndd.*; ◇*engl.* beacon]

[▽]**Ba·kel**[bá:kəl] 男 -s/- (教師が教室で用いる) 鞭(むち). [*spätlat.*; ◇Bazillus; *engl.* baculus]

Ba·ke·lit[bakəlí:t, ..lít, bake..] 中 -s/ 商標 ベークライト(合成樹脂). [< L. H. Baekeland (ベルギーの化学者, †1944)]

Ba·ken·ton·ne[bá:kən..] 女 (航路標識用の) 浮標(→ 図 Seezeichen). [< Bake]

Bak·ka·lau·re·at[bakalaureá:t] 中 -〔e〕s/-e バチェラー〔の称〕号(中世の大学, また現代アメリカ・イギリス・フランスなどの最下位の学位).

Bak·ka·lau·re·us[..láureus] 男 -/..rei[..rei·] バチェラーの称号取得者. [*mlat.* baccalārius „Knappe"; ◇*engl.* bachelor]

Bak·ka·rat[bákarat, ..ra·, bakará] 中 -s/ バカラ(トランプ遊びの一種). [*fr.*; ◇*engl.* baccara〔t〕]

Bak·ken[bákən] 男 -〔s〕/- (Sprungschanze)〘スキー〙ジャンプ台, シャンツェ: über den ~ gehen ジャンプする. [*anord.*–*norw.*]

Bak·schisch[bákʃıʃ] 中 (男) -〔e〕s(-)/-e《戯》**1** 酒手,

チップ. **2** 賄賂(わいろ), 袖(そで)の下. [*pers.*]

Bak·te·ri·ä·mie[bakteriɛmí:] 女 -/-n[..mí:ən] 〖医〗菌血症, 敗血症.

Bak·te·rie[bakté:riə] 女 -/-n 《ふつう複数で》バクテリア, 細菌, 菌. [*gr.* baktḗrion „Stäbchen"; ◇Bazillus]

bak·te·ri·ell[bakteriɛ́l] 形 細菌性の, 細菌による.

Bak·te·ri·en Bakterie, Bakterium の複数.

Bak·te·ri·en≈fil·ter[bakté:riən..] 男 細菌濾過(ろか)器. **≈krieg** 男 細菌戦争. **≈kul·tur** 女 細菌培養. **≈ruhr** 女 〖医〗細菌性赤痢. **≈stamm** 男 菌株(きんしゅ).

Bak·te·rio·lo·ge[bakterioló:gə] 男 -n/-n (→..loge) 細菌学者.

Bak·te·rio·lo·gie[..logí:] 女 -/ 細菌学.

bak·te·rio·lo·gisch[..ló:gɪʃ] 形 細菌〔学〕の; 細菌学的な: ～*e* Waffen 細菌兵器.

Bak·te·rio·ly·se[..lý:zə] 女 -/-n 溶菌現象〈作用〉.

Bak·te·rio·pha·ge[..fá:gə] 男 -n/-n 〖生〗バクテリオファージ(溶菌性ウイルス).

Bak·te·rio·se[..rió:zə] 女 -/-n 〖植〗細菌性病変. [<..ose]

Bak·te·rium[bakté:riʊm] 中 -s/..rien[..riən] =Bakterie

bak·te·ri·zid[..teritsí:t][1] **I** 形 殺菌〔性〕の.

II Bak·te·ri·zid 中 -s/-e 殺菌剤, 殺菌性物質.

Wirbel Bund Saite Schallkasten Schalloch Steg

Balalaika

Ba·ku[bá:ku·, bakú:] 地名 バクー(Aserbaidschan 共和国の首都で, バクー油田の中心地).

Ba·la·lai·ka[balaláika·] 女 -/-s, ..ken[..kən] バラライカ(ロシアの民俗楽器: →図). [*russ.*]

Ba·lan·ce[balã́:s(ə), ..láŋsə] 女 -/-n [..sən] **1** (Gleichgewicht) バランス, 平衡, 釣り合い: die ～ halten 〈verlieren〉 バランスを保つ〈失う〉. ▽**2** (Bilanz) 〖商〗差引残高. [*spätlat.* bi-lanx „zwei-schalig"－*fr.*; <*lat.* lanx „〔Waag〕schale"; ◇Bilanz]

Ba·lan·cé[balãsé:] 中 -s/-s 〖バレエ・体操〗平均をとること, バランス. [*fr.*]

Ba·lan·ce≈akt[balã́:s(ə)..] 男 バランスをとる演技〈曲芸〉(綱渡りなど). **≈künst·ler** 男 バランス曲芸家(綱渡り師など).

Ba·lan·ce·ment[balãs(ə)mã́:] 中 -s/ 〖楽〗トレモロ; (Bebung) ベーブング(クラヴィコードで音を震わせる演奏技巧).

Ba·lan·cier[balãsié:, balaŋsié:] 男 -s/-s[-(s)] (天秤(てんびん)の)棹(さお); (時計の)平衡輪; 〖工〗(旧式蒸気機関の)衡挺(こうてい). [*fr.*]

Ba·lan·cier·dampf·ma·schi·ne[balãsié:.., balaŋsié:..] 女 ビーム=エンジン.

ba·lan·cie·ren[balãsí:rən, ..laŋ..] **I** 他 (h) **1** 平衡を保たせる: einen Korb auf dem Kopf ～ 頭の上でうまくかごのバランスをとる. **2** (ausgleichen) 清算する.

II 自 **1** (h) バランスをとる; 収支のバランスがとれる: auf einem Bein ～ 一本足でバランスをとる. **2** (s) (倒れないよう)バランスをとって進む: über den Balken 〈die Trümmer〉 ～ 丸太〈瓦礫(がれき)〉の上を平衡をとりながら渡る. [*fr.*]

Ba·lan·cier·stan·ge[balãsié:.., balaŋsié:..] 女 (綱渡り師が体の平衡をとるための)釣り合い棒.

Ba·la·ni·tis[balaní:tɪs] 女 -/..tiden[..nití:dən] (Eichelentzündung) 〖医〗亀頭(きとう)炎. [<*gr.* bálanos „Eichel"＋..itis]

Ba·la·ta[bálata·, balá:ta·] 女 -/ バラタ=ゴム. [*karib.*－*span.*]

Bal·bier[balbí:r] 男 -s/-e 《方》=Barbier(r のひとつが Dissimilation によって l に変わった形).

bal·bie·ren[..rən] 《方》=barbieren

bald[balt] **eher** → 別出 (▽bälder[bɛ́ldər]) / **am ehesten** (▽am bäldesten) 副 **1 a)** まもなく, じきに, すぐ; 容易に, たやすく: ～ darauf 〈danach〉 その後まもなく | möglichst ～ / so ～ wie 〈als〉 möglich できるだけ早く(→sobald ★) ‖ für 〈per〉 ～ 〖商〗(求人広告などで)至急 | Junger Mitarbeiter für 〈per〉 ～ gesucht. 若手スタッフ1名至急求む ‖ Ich komme ～ wieder. 私はすぐまた来ます | Ist es ～ so weit? もうそろそろいいですか ‖ Ich werde das so ～ nicht 〈nicht so ～〉 vergessen. 私はそれをそうすぐには忘れないだろう | Das ist ～ getan. それはたやすくやれることだ | *Bald* gesagt, aber schwer getan. 言うはやすく行うは難しだ. **b)** (いらいらした気持をこめて)さっさと, いいかげんに: Na, **wird's ～?** 《話》おいまだか, さっさとしろよ | Bist du 〔wohl〕 ～ still! いいかげんに静かにしろ, 泣くのはよせ.

2 《比較変化なし》《話》(beinahe) ほとんど; 危うく: ～ neu 新品同様 | *Bald* zwei Stunden habe ich gewartet. 2時間近く私は待ったのだ ‖ Ich hätte ～ etwas geweint. 私はもう少しで泣くところだった | Du wohnst ja ～ am Ende der Welt. 君はまるで世界の果てに住んでいるみたいだね.

3 《bald ..., bald ... の形で》ときには…ときには…: Wir haben ～ dies, ～ jenes versucht. 我々はあれこれ試みた | Er spricht ～ so,～ so. 彼はああ言うかと思うとこう言う〈言うことが始終変わる〉| Er ist ～ hier, ～ dort. 彼は神出鬼没だ. [*germ.*－*ahd.* „kühn"; ◇Ball[1]; *engl.* bold]

Bal·da·chin[báldaxi:n; オーストリア: ⌣⌣⌣] 男 -s/-e **1 a)** (玉座・寝台などの)天蓋(てんがい). **b)** (Traghimmel) (カトリックの行列などに用いられる)移動用天蓋. **c)** 〖建〗祭壇天蓋(→図 Altar B). **2** 〖電〗カノピ, フレンジ(→図 Ampel). [*it.* baldacchino „(Stoff) aus Bagdad"]

▽**bal·de**[báldə] =bald

Bäl·de[bɛ́ldə] 女 -/ 《雅》**in ～** まもなく(=bald).

▽**bäl·der** bald の比較級.

Bal·der[báldər] =Baldr

▽**bäl·dest** bald の最上級.

bal·dig[báldɪç..] 形 《付加語的》間もない, 間近い, 近々の: Auf ～*es* Wiedersehen! ではまた近いうちに〔お会いしましょう〕.

bal·digst[báldɪçst] **I** 形 baldig の最上級. **II** 副 できるだけ早く: Du wirst es ～ erledigen. できるだけ早くそれを済ましたまえ.

bald·mög·lichst[báltmø:klɪçst] **I** 形 できるだけ早い. **II** 副 《官》(möglichst bald) できるだけ早く, 可及的速やかに.

Bal·do·wer[baldó:vər] 男 -s/- 《話》(犯罪の好機を探る)偵察者, 密偵; どろぼう, 詐欺師.

bal·do·wern[baldó:vərn] 《05》《過分 baldowert》=ausbaldowern [<Baal＋*jidd.* dower „Wort"]

Baldr[báldər] 人名 〖北欧神〗バルデル(Odin の息子で光・春の神). [*anord.*]

Bal·dri·an[báldria:n] 男 -s/-e **1** 〖植〗カノコソウ(鹿子草), 吉草(きっそう)(根を鎮静剤として用いる). **2** 《単数で》カノコソウ=エキス. [*mlat.* valeriāna; <Valeriana (古代ローマの原産地名)]

Bal·dri·an≈öl 中 吉草(きっそう)油. **≈säu·re** 女 -/ 〖化〗吉草酸. **≈tee** 男 吉草茶(カノコソウの根から製した茶剤). **≈tink·tur** 女 吉草チンキ. **≈trop·fen** 複 吉草滴剤. **≈wur·zel** 女 吉草〈纈草(けっそう)〉根.

▽**bald·tun·lichst**[bálttú:nlɪçst] =baldmöglichst

Bal·duin[báldui:n, ..duɪn] 男名 バルドゥイン. [<*ahd.* bald „kühn" (◇bald)＋wini „Freund"]

Bal·dur[báldʊr] **I** =Baldr **II** 男名 バルドゥル.

die **Ba·lea·ren**[baleá:rən] 地名 複 バレアレス諸島(イベリア半島東方にあり, スペイン領. Mallorca 島を含む).

Ba·le·ster[balɛ́stər] 男 -s/- 弩(いしゆみ)(→図 Armbrust). [*mlat.*－*it.*; ◇Balliste]

Balg[balk][1] **I** 男 -〔e〕s/Bälge [bɛ́lgə] **1 a)** 〔獣の〕皮, 剝皮(はぎかわ): dem Fuchs den ～ abziehen キツネの皮をはぐ | *jm.* **den ～ abziehen** 《話》…から〔金品を〕だましとる, …を身ぐるみはぐ ‖ ausgestopfter ～ (鳥獣の)剝製. **b)** 《南部》(Hülse) (豆などの)さや. **2 a)** ふいご(→図): die *Bälge* treten オルガンのふいごを踏む. **b)** 〖鉄道〗(車両のつなぎ目の)ほろ. **c)** =Bal-

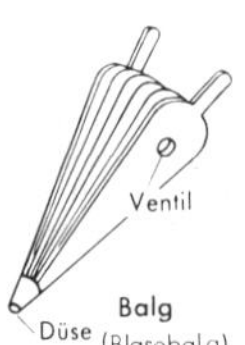

Balg (Blasebalg)

gen 1 **3** (詰め物をした)人形の胴;《話》人間の胴〈腹〉: ***jm.* auf den ~ rücken**《話》…にしつこく迫る | 〔eine〕 Wut im ~ haben (→Wut 1).

II 男 中 -〔e〕s/Bälger[bέlgər] (Bälge[bέlgə])《話》(しつけの悪い)子供, 悪童, がき: freche *Bälger* しようのないがきども | ein niedlicher 〈niedliches〉 ~ (ののしりの意が薄れて)かわいい子 ‖ So ein ~! なんてがきだ.

[*germ.*; ◇Ball[1], Polster; *engl.* bellows]

Balg·drü·se[bálk..] 女《解》嚢状腺(のうじょうせん).

Bal·ge[bálgə] 女 -/-n《北部》**1** (Kufe) (木製の)おけ, 手おけ, 洗いおけ, たらい. **2** (Abzugsgraben) 下水道, 排水路; 掘割. **3** (北海の干潟(ひがた)の中の)水路. **4** 小さな湾. [*fr.* baille „Kübel"–*ndl.*; ◇Ballei; *engl.* bail]

Bäl·ge Balg の複数.

bal·gen[bálgən][1] 他 (h) **1** 再帰《相互的》*sich*[4] ~ つかみ合い〈格闘〉をする; (犬などが)転がってじゃれ合う: *sich*[4] mit *jm.* ~ …とつかみ合い〈格闘〉をする | *sich*[4] um *et.*[4] ~《比》…を争う〈奪い合う〉. **2** =abbalgen 1

Bal·gen[–] 男 -s/- **1** (カメラ・アコーディオンなどの)蛇腹 (→ 図 Kamera, Konzertina). ▽**2** (Balg) ふいご.

Bäl·ger Balg II の複数.

Bal·ge·rei[balgəráɪ] 女 -/-en つかみ〈とっ組み〉合い, 格闘.

Bäl·ge·tre·ter[bέlgə..] 男 (オルガンの送風器の)ふいごを操作する人;《比》単調な補助作業をする人.

Balg≠frucht[bálk..] 女《植》袋果(たいか) (→ 図 Sammelfrucht). **≠ge·schwulst** 女《医》包嚢腫瘍(ほうのうしゅよう). **≠tre·ter** =Bälgetreter

bal·hor·ni·sie·ren[balhɔrnizí:rən] 他 (h) (字句などを)訂正しようとしてかえって悪くしてしまう, 改良しようとしてかえって改悪する, 角を矯(た)めて牛を殺す. [<J. Bal〔l〕horn (ドイツの印刷業者, †1603)]

Ba·li[bá:li·] 地名 バリ(インドネシア, 小スンダ列島西端の島. 音楽と舞踊で知られる).

Ba·li·ne·se[baliné:zə] 男 -n/-n バリ島住民.

ba·li·ne·sisch[..zɪʃ] 形 バリ島〔住民〕の.

Bal·je[báljə] 女 -/-n =Balge

der **Bal·kan**[bálka(:)n, balká:n] 地名 男 -s/ **1** バルカン(ブルガリアの中央部を東西に走る山脈. 最高点は2375m). **2** =Balkanhalbinsel [<*atürk.* balak „hoch"]

die **Bal·kan·halb·in·sel** 地名 女 -/ バルカン半島(ヨーロッパの南東部にあり, ユーゴスラヴィア・ルーマニア・ブルガリア・アルバニア・ギリシア・ヨーロッパ=トルコの国々を含む).

bal·ka·nisch[balká:nɪʃ] 形 バルカン〔山地・半島〕の.

bal·ka·ni·sie·ren[balkanizí:rən] 他 (h) (バルカン戦争後のバルカン半島諸国のように)小国に分裂させる.

Bal·ka·ni·sie·rung[..rʊŋ] 女 -/ 小邦分立〈分裂〉.

Bal·kan·krieg[bálka(:)n..] 男 -〔e〕s/《史》バルカン戦争(1912-13).

Bal·ka·no·lo·ge[balkanoló:gə] 男 -n/-n (→..loge) バルカン諸国研究家.

Bal·ka·no·lo·gie[..logí:] 女 -/ バルカン諸国研究.

Bal·ken[bálkən] 男 -s/- (小 **Bälk·chen**[bέlkçən] 中 -s/-) **1** (太い)角材(→ 図 Holz A, Balken B);《建》梁(はり), 桁(けた), 垂木(たるき), 母屋(もや) (→ 図 Balken A): *et.*[4] mit ~ stützen 〈tragen〉 …を角材で支える ‖ lügen, daß sich die ~ biegen (→lügen I) | Man sieht den Splitter im fremden Auge, aber nicht den ~ im eigenen. (→Splitter) | Wasser hat keine ~. (→Wasser 2). **2** (梁状のもの) **a)** (天秤(てんびん)などの)桿(さお). **b)**《農》(まぐわの)歯桿(はざお) (→ 図 Egge); (土を盛り上げた)畝. **c)**《楽》(弦楽器の)力木(ちからぎ); (音符をつなぐ)けた(→ 図 Note). **d)**《解》(繊維質の)小柱; (左右の大脳の間の)脳梁(のうりょう) (→ 図 Gehirn). **e)**《紋》(盾の中央の)横帯(→ 図 Wappen e): zwei ~ 2本横帯 | gezähnelter ~ 鋸歯(きょし)状横帯. **f)** (Schwebebalken)《体操》平均台. [*westgerm.*; ◇Phalanx, Bohle, Balkon; *engl.* balk]

Bal·ken≠an·ker[bálkən..] 男《建》梁(はり)受け金具. **≠brücke** 女《土木》けた橋. **≠decke** 女《建》角材をむき出しにした平天井. **≠ge·rüst** 中 角材で組んだ足場. **≠holz** 中 角材. **≠kopf** 男《建》(彫刻で飾られた)梁の突端(→ 図 Balken A). **≠kreuz** 中 梁形(はりがた)十字(→ 図 Kreuz). **≠la·ge** 女《建》梁構造, 木組み. **≠schrö·ter** 男《虫》パラレリピペドゥスオオクワガタ(大鍬形虫). **≠stel·le** 女《紋》横帯位置(→ 図 Wappen a). **≠über·schrift** 女 (特大活字による新聞の)大見出し: *et.*[4] in ~*en* melden …を大々的に報道する. **≠waa·ge** 女 天秤(てんびん), さおばかり(→Waagebalken).

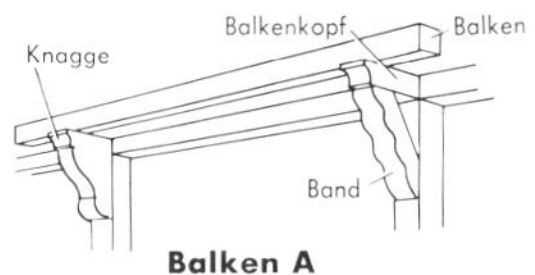

Balken A

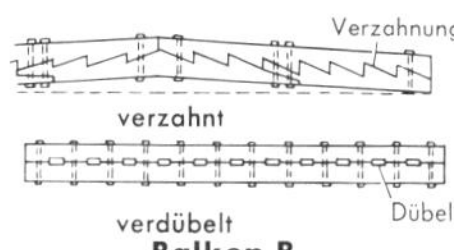

Balken B

bal·ken·wei·se 副 (→..weise ★)《紋》横帯状に.

Bal·ken·werk 中 -〔e〕s/《建》梁組み, (木造建築の)全構造材.

Bal·kon[balkɔ́ŋ, ..kõ:] -s/-s (南部・オーストリア・スイス: [..kó:n] -s/-e) **1** バルコニー, 露台(→ 図 Haus A): auf den ~ heraustreten (室内から)バルコニーに出る. **2** (劇場・映画館などの) 2 階席, バルコニー〔席〕: ~ sitzen バルコニーで観劇する | ~ nehmen バルコニー席を買う. **3**《戯》(女性の)豊満な胸. [*it.*–*fr.*; ◇Balken; *engl.* balcony]

Bal·kon≠lo·ge[..lo:ʒə] 女 (劇場の) 2 階桟敷〔席〕. **≠platz** 男 Balkon 2 の席. **≠tür** 女 (室内から)バルコニーに出るドア(→ 図 Haus A). **≠zim·mer** 中 張り出し〈バルコニー〉つきの部屋.

Ball[1][bal] 男 -〔e〕s/Bälle[bέlə] (小 **Bäll·chen**[bέlçən] 中 -s/-) **1 a)** (英: *ball*)ボール, まり, 球: Gummi*ball* ゴムまり | Tennis*ball* テニスボール ‖ **am ~ bleiben 〈sein〉**《話》(意見などに)固執する, 頑固である | 〔mit dem〕 ~ spielen ボール遊び〈球技〉をする ‖ einen ~ schlagen 〈werfen〉 ボールを打つ〈投げる〉| wie ein ~ umhergeworfen werden 手玉に取られる | ***jm.* die *Bälle* zuspielen 〈zuwerfen〉**《比》…を応援する | **einander 〈*sich*[3] 〔gegenseitig〕〉 die *Bälle* zuspielen 〈zuwerfen〉**《比》タイアップして事に当たる. **b)**《球技》ボールさばき, ショット; (Punkt) 得点, ポイント: einen ~ machen 1ポイントあげる.

2 球状のもの, 球体(紙つぶて・弾丸・雪の玉・天体など): Erd*ball* 地球 | auf diesem ~ この地球上で.

[*germ.* „Geschwollenes"; ◇Phallus, Balg, bald, Ballon]

Ball[2][bal] 男 -〔e〕s/Bälle[bέlə] 舞踏会, ダンスパーティー: Masken*ball* 仮装〈仮面〉舞踏会 ‖ auf den ~ 〈zum ~〉 gehen / den ~ besuchen 舞踏会へ行く | den ~ eröffnen 舞踏会を始める, 舞踏開始の先導役を務める | einen ~ geben 〈veranstalten〉 舞踏会を催す. [*fr.*; <*spätlat.* ballāre „tanzen" (◇Balliste); ◇Ballade, Ballett]

Ball[3][–] 男 -〔e〕s/《狩》(イノシシを追いつめた)猟犬の声: die Hunde auf den ~ hetzen 猟犬にイノシシを追いつめさせる. [◇bellen]

Bal·la[bála·] 男 -s/-s《幼児語》=Ball[1] 1 a

〔**bal·la·**〕**bal·la**[(bala)bála·] 形《述語的》《話》頭がおかしい, ばかな.

Ball·abend[bál..] 男 舞踏会の夕べ.

Ball·ab·ga·be[bál..] 女 -/《球技》パス.

Bal·la·de[balá:də] 女 -/-n **1** バラード, 物語詩, 譚詩(たんし)(叙事詩ふうの劇的な詩・楽曲). ▽**2** 舞踏歌. [*aprovenzal.* balada „Tanz〔lied〕"–*afr.*–*engl.*; ◇Ball[2]]

Bal·la·den·dich·ter 男 物語詩人, バラードの作者.

B

bal·la·den·haft 形 物語詩〈バラード〉ふうの.

Bal·la·den·stoff 男 物語詩〈バラード〉の素材.

bal·la·desk[baladέsk] =balladenhaft [<..esk]

Ball·an·nah·me[bál..] 女 -/ 《球技》レシーブ; ボールコントロール.

Ball·an·zug[bál..] 男 (男性の)舞踏会用の夜会服.

Bal·last[bálast, ◡◡́; オースト・スイ: ◡◡́] 男 -[e]s/-e 《ふつう単数で》(英: *ballast*)〔海〕バラスト, 底荷, 脚荷(あしに); 《比》余計な(お)荷物: Steine als ~ aufnehmen ⟨einnehmen⟩ バラスト用に石を積む | ein Schiff in ~ 空荷の船 ‖ unter dem ~ der Sorgen zusammenbrechen 心労に打ちひしがれる. [*mndd.*; ◇Last]

bal·la·sten[bálastən, ◡◡́◡] 《01》 他 (h) ein Schiff ~ 船にバラスト〈底荷〉を積む.

Bal·last≈stof·fe 複 《栄養》(食品中の)繊維質. **≈was·ser** 中 -s/ 《海》バラストウォーター.

Bal·la·watsch[bálavatʃ] 男 -(s)/-e =Pallawatsch

Ball·be·hand·lung[bál..] 女 《球技》ボールさばき.

Bäll·chen Ball[1]の縮小形.

▽**Ball·da·me**[bál..] 女 舞踏会姿の女性.

Bäl·le Ball[1], Ball[2]の複数.

Bal·lei[baláɪ] 女 -/-en 《史》騎士団の管轄区域. [*mlat.* ballia; <*lat.* bāiulus „Lastträger"; ◇Balge; *engl.* bailiff]

Ball·ei·sen[bál..] 中 《工》(斜め刃の)のみ, たがね. [<Ballen]

bal·len[bálən] **I** 他 (h) 球形にする, 丸める: die Faust ~ こぶしを握る | die Faust ⟨die Fäuste⟩ in der Tasche ~ (→Faust[2] 1) ‖ 再帰 *sich*[4] ~ 球形〈団塊〉になる | Feuchter Schnee *ballt* sich leicht. 湿った雪は握りやすい | Die Schwierigkeiten *ballen* sich. 次から次へと困難が生じる | Rauch ⟨Nebel⟩ *ballte* sich. 煙〈霧〉がもくもくと立ち昇った.

II 自 (h) 《方》(Ball spielen) ボール遊び〈球技〉をする.

III ge·ballt → 別出

Stoffballen

Bandeisen

Torfballen

Ballen

Bal·len[bálən] 男 -s/- **1** 包装した貨物, 梱(こり) (→ 図): in ⟨zu⟩ ~ verpacken (箱・たるなどの荷造りに対して)梱に荷造りする | ein ~ Baumwolle ⟨Tabak⟩ 一梱の木綿〈タバコ〉. **2** (紙・布などの数量の単位として)バレン: ein ~ Papier 1バレン(約5000枚)の紙. **3 a)** (手のひら・足の裏側の)ふくらみ(→ 図 Hand); 《解》母指球(手足の親指の付け根のふくらみ). **b)** (動物の)肉趾(にくし) (→ 図 Huf). **4** 《フェンシング》(剣先の)皮球. [*ahd.* balo; ◇Ball[1], Ballot; *engl.* bale]

Bal·len≈bin·der 男 梱(こり)の荷造り人. **≈ei·sen** =Balleisen **≈pres·se** 男 梱荷造り用プレス〈圧搾機〉. **≈wa·ren** 複 包装貨物.

bal·len·wei·se 副 (→..weise ★)梱(こり)にして; 梱単位で.

Bal·le·ri·na[balərí:na·, bale..] 女 -/..nen, **Bal·le·ri·ne**[..nə] 女 -/-n (女性の)バレエダンサー, バレリーナ. [*it.*]

Bal·le·ri·no[..no·] 男 -s/-s, ..ni[..ni·] バレリーノ, (男性の)バレエダンサー. [*it.*; ◇Ball[2]]

Bal·ler·mann[bálərman] 男 -s/..männer 《戯》(Pistole) ピストル.

bal·lern[bálərn] 《05》 **I** 自 (h) (爆発音などが)ズシン〈ズドン〉と鳴り響く; 大きな〈騒がしい〉音を立てる: gegen die Tür ~ 戸をドンドンたたく. **II** 他 (h) (力まかせに)投げつける: die Tür ins Schloß ~ 戸をバタンと閉める ‖ *jm.* **eine** ⟨**ein paar**⟩ ~ 《話》…に(平手打ちを)一発〈数発〉くらわせる | **eine** ⟨**ein paar**⟩ ***geballert* bekommen** 《話》(平手打ちを)一発〈数発〉くらう.

Bal·le·ste·rer[balέstərər] 男 -s/- 《オーストリア》《話》(Fußballspieler) サッカー選手.

bal·le·stern[..tərn] 《05》 《過分 ballestert》 自 (h) 《オーストリア》《話》サッカーをする. [<Ball[1]]

Bal·lett[balέt] 中 -[e]s/-e **1** バレエ: das klassische ~ 古典バレエ. **2** バレエ団: zum ~ gehen バレエダンサーになる. [*it.*; ◇Ball[2]]

Bal·let·tän·zer 男 -s/- (女 **Bal·let·tän·ze·rin** -/-nen) バレエダンサー.

Bal·let·teu·se[balɛtǿ:zə] 女 -/-n =Ballerina

Bal·let·thea·ter[balέt..] 中 バレエ劇場.

Bal·lett≈korps[balέtko:r] 中 コール=ド=バレエ(群舞のダンサーたち). **≈mei·ster** 男 バレエマスター〈振付師〉. **≈mu·sik** 女 バレエ音楽. **≈rat·te** 女 《戯》修業中のバレエダンサー. **≈röck·chen** 中 チュチュ(バレエ用スカート). **≈tän·zer** =Ballettänzer **≈tän·ze·rin** =Ballettänzerin **≈thea·ter** =Balletttheater **≈trup·pe** 女 バレエ団.

ball·fä·hig[bál..] 形 (女の子が)舞踏会に出られる年ごろの〈年になった〉.

ball·för·mig[bálfœrmɪç][2] 形 球形〈球状〉の.

Ball≈füh·rung 女 《球技》ボールさばき. **≈ge·fühl** 中 《球技》ボールに対する勘〈センス〉; ボールタッチ. **≈haus**[1] 中 《史》屋内球技場.

Ball·haus[2][bál..] 中 舞踏会用の建物.

ball·hor·ni·sie·ren[balhɔrnizí:rən] =balhornisieren

Ball·hu·pe[bál..] 女 (ゴムボール状の取っ手のついた)警笛用ホーン.

bal·lig[bálɪç][2] 形 ボール状の, 球形の.

Bal·li·ste[balístə] 女 -/-n (古代の)投石機, 弩(いしゆみ). [*lat.*; <*gr.* bállein „werfen"; ◇Balester, Ball[1]]

Bal·li·stik[..tɪk] 女 -/ 弾道学.

Bal·li·sti·ker[..tikər] 男 -s/- 弾道学者.

bal·li·stisch[..tɪʃ] 形 弾道学の; 弾道〔状〕の: ~*e* Kurve 弾道曲線 | eine ~*e* Rakete 弾道ミサイル.

Ball·jun·ge[bál..] 男 ボールボーイ(テニスなどで球拾いをする補助員).

Ball·kleid[bál..] 中 (女性の)舞踏会用の夜会服.

Ballo·kal (**Ball·lo·kal**) 中 =Ballhaus[2]

Bal·lon[balɔ́ŋ, ..lɔ̃:, ..ló:n; オースト・スイ: ..ló:n] 男 -s/-s [..lɔ́ŋs, ..lɔ̃:s], -e[..ló:nə] **1** (英: *balloon*)〔軽〕気球, 風船(→ 図): einen ~ aufblasen ⟨aufsteigen lassen⟩ 気球を膨らませる〈あげる〉. **2** 《化》カルボイ(酸類を入れるかご入りの大瓶: → 図 Korbflasche). **3** 《話》(Kopf) 頭: [**so**] **einen** [**roten**] **~ bekommen** ⟨**kriegen**⟩ (不安・恥じらい・酩酊(めいてい)などで)顔がまっ赤になる | *jm.* **eins an** ⟨**vor**⟩ **den ~ geben** …の頭に一発くらわす | **eins an** ⟨**vor**⟩ **den ~ kriegen** 頭に一発くらう. **4** 《ヨット》スピネーカー(順風に用いる半球形の帆). [*it.*–*fr.*; <*it.* palla „Kugel"; ◇Ball[1]; *engl.* balloon]

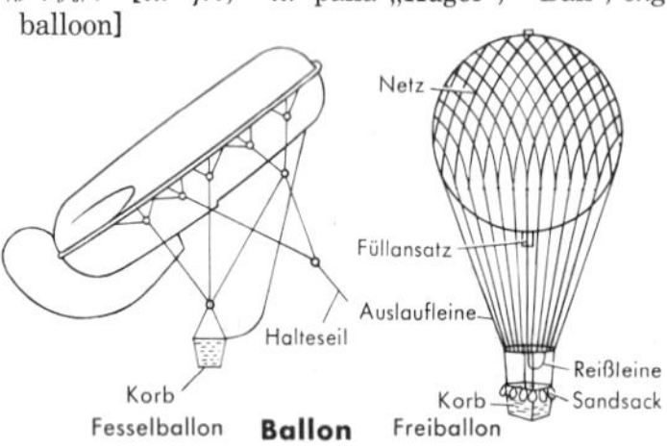

Ballon

Bal·lon·blu·me 女 《植》キキョウ(桔梗).

Bal·lo·nett[balonέt] 中 -[e]s/-e, -s (気球の)空気房, 気嚢(きのう); 小さな気球. [*fr.*]

Bal·lon≈fla·sche[balɔ́ŋ.., balɔ̃:..] 女 = Ballon 2 **≈füh·rer** 男 気球の操縦士. **≈korb** 男 気球のつりかご, ゴンドラ. **≈man·tel** 男 ポプリン地のコート. **≈rei·fen** 男 大型低圧タイヤ. **≈se·gel** 男 =Ballon 4 **≈sper·re** 女 《軍》気球阻塞(そさい).

Bal·lot[baló:] 中 -s/-s 小さい梱(こり). [*fr.*; ◇Ballen]

Bal·lo·ta·de[balotá:də] 女 -/-n 《馬術》バロタード(馬の跳躍の一種: → 図 Schule). [*fr.*]

Bal·lo·ta·ge[balotá:ʒə; ｵｰｽﾄﾘｱ: ..tá:ʒ] 女 -/-n[..ʒən] (黒白の球による)秘密投票. [*fr.*]

bal·lo·tie·ren[..tí:rən] 自 (h) (黒白の球によって)秘密投票する. [*fr.*]

Ball·saal[bál..] 男 舞踏会用ホール.

Ball·scha·ni[bál..] 男《ｵｰｽﾄﾘｱ》＝Balljunge [＜Jean]

Ball·schuh[bál..] 男 舞踏会用の靴.

Ball≈spiel[bál..] 中 球技. **≈spie·len** 中 -s/ ボール遊び. **≈spie·ler** 男 球技者. **≈tech·nik** 女〘球技〙ボールさばき.

Bal·lung[bálʊŋ] 女 -/-en **1**《単数で》〔sich〕ballen すること. **2** (雲・霧などの)球形に密集したもの.

Bal·lungs≈ge·biet 中, **≈raum** 男 産業〈人口〉集中地域, 工業密集地域.

Ball·wech·sel[bál..] 男 (テニス・卓球などの)ラリー, 球の打ち合い.

Bal·ly·hoo[bǽlihu:, ◡◡⏊] 中 -/ (商店などの)うるさい宣伝. [*amerik.*]

Bal·neo·gra·phie[balneografí:] 女 -/-n[..fí:ən] 鉱泉誌. [＜*lat.* balneum (→Bagno)]

Bal·neo·lo·gie[..logí:] 女 -/ 鉱泉学.

Bal·neo·the·ra·pie[..terapí:] 女 -/ 鉱泉療法, 湯治.

Bal pa·ré[bál paré:] 男 --/-s -s[--] (豪華な)大舞踏会. [*fr.*; ＜*fr.* parer „schmücken"; ◇Ball², parat]

Bal·sa·holz[bálza..] 中 バルサ材(中南米産で, 軽く, いかだなどに用いる). [*span.* balsa „Floß"]

Bal·sam[bálza(:)m] 男 -s/-e《ふつう単数で》バルサム(芳香と鎮痛効果のある樹脂と精油の混合物), 香油;《雅》(苦痛などを)和らげるもの, 慰め: den ～ auf ⟨in⟩ die Wunde gießen ⟨träufeln⟩ 傷にバルサムを注ぐ;《比》痛手をいやす | Das ist ～ für mich. / Das wirkt wie ～ auf mich. それは私にとって大きな慰めである. [*hebr.* bāsām „Wohlgeruch"–*gr.* bálsamon–*lat.*–*ahd.*; ◇Bisam]

Bal·sam≈baum 男 バルサム樹脂を含む木. **≈bir·ne** 女〘植〙ツルレイシ, ニガウリ. **≈harz** 中 バルサム樹脂.

bal·sa·mie·ren[balzamí:rən] 他 (h)《*jn.*》(…に)バルサム〈香油〉を塗る; (死体に)防腐保存の処置をする.

Bal·sa·mi·ne[..mí:nə] 女 -/-n〘植〙ホウセンカ(鳳仙花). [*gr.*–*fr.*]

bal·sa·misch[balzá:mɪʃ] 形 **1** 香りのよい, 芳香性の; (苦痛を)和らげる: ein ～*er* Duft 芳香, 香気 ‖ ～ duften 芳香を放つ. **2**《付加語的》バルサムを含む.

Bal·sam≈kraut[bálza(:)m..] 中〘植〙レンプクソウ(連福草). **≈tan·ne** 女 バルサムモミ(カナダ=バルサムを分泌する).

Bal·te[báltə] 男 -n/-n (⊛**Bal·tin**[..tɪn]-/-nen) **1** バルト三国の人(→Baltikum 1), バルト諸語を話す人. **2** バルト海沿岸出身のドイツ人.

Bal·ten·staa·ten[báltən..] 複 バルト三国(＝Baltikum).

Bal·tha·sar[báltazar] **I** 男名 バルタザル. **II** 人名〘聖〙バルタザル(幼児キリストを訪れた三王の一人). [*akkad.* „(Gott) Bel schütze sein Leben!"–*hebr.*; ◇Belsazar]

das **Bal·ti·kum**[báltikʊm] 地名 中 -s/ **1** バルト三国(Estland, Lettland, Litauen を指す. 1917年までロシア領, その後独立したが1940年に旧ソ連邦に併合. 1991年に再び独立). **2** バルト海沿岸地方.

Bal·tin Balte の女性形.

bal·tisch[báltɪʃ] 形 バルト〔三国〕の; バルト海沿岸地方の; バルト語派の: →deutsch | das *Baltische* Meer バルト海 | die ～*en* Sprachen バルト諸語(印欧語族の一語派).

Bal·ti·stik[baltístɪk] 女 -/ ＝Baltologie

Bal·to·lo·ge[baltoló:gə] 男 -n/-n (→..loge) バルト〔語〕研究者.

Bal·to·lo·gie[..logí:] 女 -/ バルト〔語〕研究.

bal·to·sla·wisch (⁷**bal·to·sla·visch**)[baltosla:vɪʃ, ◡◡⏊◡] 形〘言〙バルトスラヴ語〔派〕の: →deutsch

Ba·lu·ster[balústər] 男 -s/-〘建〙手すり子, 欄柱(手すり・高欄の小柱: →⊛ Altan). [*gr.* balaústion „Granatapfelblüte"–*mlat.*–*it.*–*fr.*]

Ba·lu·stra·de[balʊstrá:də] 女 -/-n **1** 手すり, 欄干(→⊛ Altan). **2** 手すりのあるバルコニー. **3**〘ｶﾄﾘｯｸ〙聖体拝領台. [*it.*–*fr.*]

Balz[balts] 女 -/-en《ふつう単数で》(キジ・ライチョウなどの)交尾; 交尾期: **auf die ～ gehen**〘狩〙交尾期の鳥を撃ちに行く | in die ～ treten 交尾期にはいる. [*mhd.*]

Bal·zac[balzák] 人名 Honoré de ～ オノレ ド バルザック(1799–1850; フランスの小説家).

bal·zen[báltsən]《02》自 (h) (交尾期のキジ・ライチョウなどが)雌を呼ぶ.

Balz·flug 男 (鳥の)交尾を目的とする飛翔(ﾋｼｮｳ).

bam[bam] 間 (鐘の音) bim, ～〔, bum〕キンコン〔カン〕(→bim, bimbam〔bum〕).

Bam·berg[bámbɛrk] 地名 バンベルク(ドイツ Bayern 州にある都市. 後期ロマネスク・初期ゴシック様式のドームが有名). [＜Babenberg; ＜Babo (＜Badubald 男名; ＜*ahd.* badu „Kampf")＋Berg³(＝Burg)]

Bam·ber·ger[..gər] **I** 男 -s/- バンベルクの人. **II** 形《無変化》バンベルクの: der ～ Reiter バンベルク〔のドーム〕の騎士像.

bam·ber·gisch[..gɪʃ] 形 バンベルクの.

Bam·bi[bámbi·] **I** 中 -s/-s《幼児語》子ジカ. **II** 男 -s/-s〘映〙バンビ賞(ファン投票によるドイツの映画賞).

Bam·bi·no[bambí:no·] 男 -s/..ni[..ni·](話: -s) **1** (キリスト生誕の図の)幼児キリスト. **2**《話》幼児, 幼い男の子. [*it.*]

Bam·bu·le[bambú:lə] 女 -/-n《話》(囚人などの)暴動, 反乱. [*Bantuspr.*–*fr.* bamboula „Negertanz"]

Bam·bus[bámbʊs] 男 -〔ses〕/-se タケ(竹). [*malai.*–*ndl.*; ◇*engl.* bamboo]

Bam·bus≈bär 男〘動〙オオパンダ. **≈hüt·te** 女 竹の〈竹で造った〉小屋. **≈rohr** 中 竹の茎. **≈sproß** 男 竹の子. **≈stab** 男, **≈stan·ge** 女 竹の棒, 竹ざお. **≈stock** 男 竹の棒〈杖(ﾂｴ)〉. **≈vor·hang** 男〘史〙竹のカーテン(アジアの共産圏, 特に中国が非共産圏の諸国に対して設けた政治的・文化的障壁). **≈zaun** 男 竹の垣根.

Bam·mel[bámәl] 男 -s/《話》(Angst) 不安, 恐怖: ～ vor *et.*³ haben …を怖がる.

bam·meln[bámәln]《06》自 (h)《話》(baumeln) だらりと垂れる, ぶらぶら揺れる. [擬音; ◇bam]

Bam·per·letsch[bámpərlɛtʃ] 男 -〔e〕s/-e《ｵｰｽﾄﾘｱ》《話》小児, 幼児; 赤ん坊. [*it.*]

Bams[bams]¹ 男 -/-e《南部・ｵｰｽﾄﾘｱ》《話》(Kind) 子供. [*lat.* pantex (→Panzer)–*fr.* panse „Wanst"]

bam·sen[bámzən]¹《02》他 (h)《話》(鞣(ﾅﾒ)) 職人が皮を)打つ.

bam·stig[bámstɪç]² 形《ｵｰｽﾄﾘｱ》ごてごてと飾り立てた, きんきらきんの.

Ban¹[ba:n] 男 -s/-e バーン(12–15世紀のハンガリー南部辺境の太守で, ドイツの Markgraf に相当; 10–11世紀のハンガリー・セルビア・クロアチアの高官; 1868–1918年のクロアチア・スラヴォニアの都督・州長官). [*serbokroat.*]

Ban²[ba:n] 男 -〔s〕/-i[..ni·] ＝Banu

ba·nal[baná:l] 形 平凡〈陳腐〉な, 月並みな, つまらない, 無意味な: eine ～*e* Geschichte ありきたりの話 | eine ～*e* Höflichkeit 虚礼 ‖ ganz ～ betrachtet ごく月並みな見方をすれば. [*fr.* „gemeinnützig"; ◇Bann]

ba·na·li·sie·ren[banalizí:rən] 他 (h) 平凡にする, 平板〈浅薄〉化する. [*fr.*]

Ba·na·li·tät[..tɛ́:t] 女 -/-en **1**《単数で》平凡, 陳腐, 無意味. **2** 空疎な話〈言い方〉: ～*en* sagen つまらぬ〈分かりきった〉ことを〔くどくどと〕しゃべる.

Ba·na·ne[baná:nə] 女 -/-n **1 a)**〘植〙バナナ. **b)** バナナの実: **alles ～**《話》万事オーケー, なんの問題もない | **Ausgerechnet ～*n*!**《話》とんでもない, まさか ‖ **Dich haben sie wohl mit der ～ ⟨mit der der Bananenschale⟩ aus dem Urwald gelockt.**《話》君はなんて単純素朴なんだ. **2**《話》串形(ｸｼｶﾞﾀ)回転翼型〈タンデムローター式〉ヘリコプター. **3**《卑》(Penis) 陰茎, 男根. [*afrikan.*–*port.* banana]

Ba·na·nen≈fres·ser 男〘鳥〙ハイイロエボシドリ(灰色鳥

帽子鳥). ≈**re·pu·blik** 女 バナナ共和国(米国資本に隷属する熱帯アメリカの小国の蔑称). ≈**scha·le** 女 バナナの皮: →Banane 1 b ≈**stecker** 男 〘電〙バナナプラグ(→ 図 Stecker).

das **Ba·nat**[banáːt] 地名 中 -〔e〕s/ バナト(ハンガリー南部の歴史的な地域名. 今日では大部分はルーマニア領, 一部は新ユーゴスラヴィア領). [<Ban[1]]

Ba·na·ter[..tɐr] **I** 男 -s/- バナトの人. **II** 形《無変化》バナトの: die ～ Schwaben バナト=ドイツ人(18世紀にトルコ人が追われた後へ移住し, 同化政策に抵抗してドイツ的特質を保持した. Schwaben 出身の農民が多かった).

Ba·nau·se[banáuzə] 男 -n/-n《軽蔑的に》(芸術を解さない)俗物. [*gr.* bánausos „Handwerker"]

Ba·nau·sen·tum[..zəntuːm] 中 -s/ (芸術を解さない)俗物根性.

ba·nau·sisch[..zɪʃ] 形 芸術を解さない, 俗物根性の, 低俗な.

band[bant][1] binden の過去.

Band[1][bant][1] 男 -es(-s)/Bände[bɛ́ndə] **1** (④ **Bänd·chen**[bɛ́ntçən], **Bänd·lein**[..laɪn] 中 -s/-) (略 Bd., 複数: Bde.)(書籍の)巻, 冊: ein ～ Gedichte 1巻の詩集 ‖ Schillers Werke in zehn *Bänden* 10巻本シラー作品集 ‖ einen ～ bilden (集まって) 1巻となる | drei *Bände* umfassen (作品が) 3巻になる | *et.*[1] spricht *Bände*《話》…が事実を雄弁に物語る, すべてを物語る | **über** *et.*[4] *Bände* **schreiben**〈**erzählen** / **reden**〉**können** …について言うことは山ほどある. **2** (Einband) (書籍の) 装丁. [*germ.*; ◇binden]

Band[2][−] 中 -es(-s)/-e 《ふつう複数で》《雅》(Fessel) きずな, かせ: die ～*e* des Bluts 血のきずな(つながり) ‖ die ～*e* der Freundschaft zerreißen 友情のきずなを断つ | **zarte** ～*e* **knüpfen**《雅》恋愛関係を結ぶ ‖ **in**〔Ketten und〕～*en* liegen 拘束されている | *jn.* in ～*e* legen 〈schlagen〉…を拘束する.

Band[3][−] 中 -es(-s)/Bänder[bɛ́ndɐr] (④ **Bänd·chen**[bɛ́ntçən] 中 -s/-, Bänderchen, **Bänd·lein**[..laɪn] 中 -s/-) **1** (布製の)リボン, テープ, ベルト;《北部》(Schnur) ひも: ein ～ im Haar tragen 髪にリボンをつけている | **das Blaue** ～ ブルーリボン〔賞〕(特に北大西洋航路を最短所要時間で走った客船に与えられる標章) ‖ das ～ berühren 〘スポ〙(1着で)テープを切る | das ～ zerschneiden (開通式などで) テープを切る. **2** (録音・録画などの)テープ: Ton*band* 録音テープ | Video*band* ビデオテープ ‖ das ～ bespielen 〈löschen〉テープをかける〈消す〉| ein ～ besprechen テープに吹き込む ‖ *et.*[4] auf ～〔auf〕nehmen …をテープにとる |〔*et.*[4]〕auf ～ sprechen〔…を〕テープに吹き込む. **3** (Filmband) 〘写〙巻きフィルム. **4** 〘工〙コンベヤーベルト; (帯鋸(おびのこ)の)帯鋸刃: am ～ stehen 〈arbeiten〉流れ作業に従事している | **am laufenden** ～《比》次から次へと, 絶え間なく. **5** 〘理〙(光の)スペクトル帯;〘電〙周波数帯域. **6** (おけなどの)たが; 帯金: außer Rand und ～ geraten 〈sein〉(→Rand 1). **7** (Ligament) 〘解〙靭帯(じんたい). **8** 〘建〙方杖(ほうづえ)(柱と横木をつなぐ斜材: → 図 Balken A). **9** 〘木工〙蝶番(ちょうつがい)(→ 図). **10** 〘登山〙岩棚, バンド(→ 図 Berg A). **11** 〘地〙(鉱物の)薄層. **12** 〘体操〙帯状布, リボン. **13** 〘紋〙(モットーなどを記した)飾りリボン(→ 図 Wappen c).

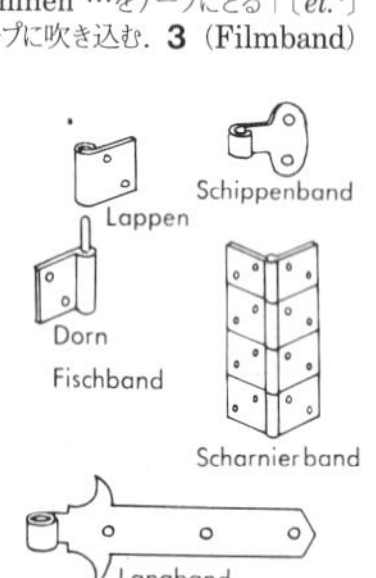

Band[3]

Band[4][bɛnt, bænd] 女 -/-s 楽団, バンド. [*fr.* bande (→Bande[1]) − *engl.*]

Ban·da·ge[bandáːʒə; ｵｰｽﾄﾘｱ: ..dáːʒ] 女 -/-n [..ʒən] **1** (Verband) 包帯; サポーター: *jm.* eine ～ anlegen 〈abnehmen〉…に包帯をして〈…の包帯を取って〉やる | an *et.*[3] eine ～ tragen …に包帯をしている. **2** 〘ボクシング〙バンデージ: **mit harten** ～*n* **kämpfen** 激闘する. **3** 〘鉄道〙(車輪の)鉄タイヤ. [*fr.*; ◇Bande[2]]

ban·da·gie·ren[bandaʒíːrən] 他 (h) **1** 《*et.*[4]》(…に)包帯〈帯具〉をする: den Arm ～ 腕に包帯を巻く. **2** 《*et.*[4]》〘ボクシング〙(…に)バンデージをする. **3** 《*et.*[4]》〘鉄道〙(…に)鉄タイヤをはめる.

Ban·da·gist[..ʒɪst] 男 -en/-en 包帯〈帯具〉製造〈販売〉業者.

Band≈an·ten·ne[bánt..] 女 〘電〙テープアンテナ. ≈**auf·nah·me** 女 テープ録音〈録画〉. ≈**brei·te** 女 **1** 〘電〙(周波数の)帯域幅. **2** 〘商〙(相場の)変動幅.

Band·brei·te·reg·lung 女 〘電〙帯域幅制御.

Band·brem·se 女 〘工〙帯ブレーキ.

Bänd·chen Band[1], Band[3]の縮小形.

Ban·de[1][bándə] 女 -/-n **1** (犯罪者などの)一味, 徒党: eine ～ von Taschendieben すりの一味 | Räuber*bande* 盗賊〈強盗〉団. **2** 《戯》(特に子供や若者の)一群: So eine ～! まあ何て連中だ. **3** (旅芸人などの)一隊, 一座: eine ～ von Schauspielern 俳優の一座. **4** 〘軍〙ゲリラ〈パルチザン〉部隊. [*provenzal.* − *fr.* bande; ◇Band[4]]

Ban·de[2][−] 女 -/-n **1** (玉突き台の)縁, クッション(→ 図 Billard): den Ball an die ～ spielen (玉突きで)球をクッションさせる. **2** (馬場・曲芸場などの)囲い. [*germ.* − *fr.* „Binde"; ◇Band[3]]

Ban·de[3] Band[2]の複数.

bän·de[bɛ́ndə] binden の接続法 II.

Bän·de Band[1]の複数.

▽**Ban·deau**[bãdóː] 中 (男) -s/-s ＝Stirnband [*fr.*; ◇Bande[2]]

Band·ei·sen[bánt..] 中 (鉄製の)帯金, たが(→ 図 Ballen).

Ban·del[bándəl] 中 -s/- **1** 《ｵｰｽﾄﾘｱ》束ねたもの. **2** 《南部》(小さい)リボン〔飾り〕. [<Band[3]]

Bän·del[bɛ́ndəl] 男 (ｽｲｽ: 中) -s/- →Bendel

▽**Ban·de·lei**[bandəláɪ] 女 -/-en 《ｵｰｽﾄﾘｱ》(Liebesverhältnis) (肉体的な)恋愛関係, 肉体関係.

▽**Ban·de·lier**[bandəlíːr] 中 -s/-e **1** 〘服飾〙バンドリア(1700年ごろ流行した肩帯の一種: → 図 Alamode-Tracht). **2** (Schulterriemen) 負い革, 背負いひも; (肩から掛ける)弾薬帯. [*mfr.*; ◇Bande[2]; *engl.* bandolier]

Ban·den≈dieb·stahl[bándən..] 男 〘法〙集団窃盗. ≈**füh·rer** 男 (盗賊団などの)首領, ボス. ≈**krieg** 男 **1** 犯罪集団間の抗争〈武力闘争〉. **2** ゲリラ〈パルチザン〉掃討戦. [<Bande[1]]

Ban·den≈spek·trum[bándən..] 中 〘理〙帯スペクトル. ≈**wer·bung** 女 (競技場などの)フェンス広告.

Bän·der[1] Band[3]の複数.

Bän·der[2][bɛ́ndɐr] 男 -s/- 《方》(Böttcher) おけ屋.

Bän·der·chen Bändchen (Band[3]の縮小形)の複数.

Ban·de·ril·la[banderílja·, ..de..] 女 -/-s (小旗などで飾られた闘牛士用の)投げ槍(やり). [*span.* „Fähnchen"; ◇Bande[1]]

Ban·de·ril·le·ro[..rɪljéːro·] 男 -s/-s (Banderilla を用いる)闘牛士. [*span.*]

Bän·der·leh·re[bɛ́ndɐr..] 女 -/ 〘医〙靭帯(じんたい)学.

bän·dern[bɛ́ndɐrn] 《05》他 (h) 縞(しま)〈筋〉をつける; 帯状にする. [<Band[3]]

Ban·de·ro·le[bandəróːlə] 女 -/-n **1** (Steuerband) (タバコの箱などの)税額記入〈納税済み〉帯封, 押印用帯封. **2** (Spruchband) (中世の絵画などに付した)銘帯. [*it.* banderuola „Fähnchen" − *fr.*; ◇Bande[2]]

ban·de·ro·lie·ren[..rolíːrən] 他 (h) 税額記入帯封〈押印用帯封〉をつける; (…の)〔関〕税を納める.

Bän·der≈tanz[bɛ́ndɐr..] 男 テープ=ダンス(ポールから垂らしたテープを手にして踊る民衆ダンス). ≈**ton** 男 -〔e〕s/-e 〘地〙氷縞(ひょうこう)粘土. [<Band[3]]

Bän·de·rung[bɛ́ndəruŋ] 女 -/-en (動植物・岩石などの)縞(しま)模様. [<bändern]

Band≈fil·ter[bánt..] 男 〘電〙帯域フィルター. ≈**för·de·**

rer 男《工》ベルト=コンベヤー. **≈ge·ne·ra·tor** 男 ベルト発電機. **≈ge·schwin·dig·keit** 女 (録音機などの)テープ速度. **≈ha·ken** 男 **1** たが掛け具(→ 図). **2** (ドアなどの)ひじ金物(→ 図 Band). **≈holz** 中 たが用材, たが木.

Bandhaken

..bändig[..bɛndɪç]² 《数詞・形容詞につけて「全…巻〈冊〉の・冊が…の」を意味する形容詞をつくる》: vier*bändig* 4 巻〈冊〉〔本〕の | dick*bändig* 本の一冊が厚い | mehr*bändig* 全部で数巻〈冊〉の. [<Band¹]

bän·di·gen[bɛ́ndɪgən]² 他 (h) (野獣を)慣らす, 制御する; 調教する; (子供を)おとなしくさせる, しつける; 《比》(感情・声などを)抑える, 抑制する: das krause Haar in Flechten ~ 縮れ髪をのばして編む | *seine* Leidenschaft ~ 激情を抑える ‖ 再帰 *sich*⁴ ~ 自制する, 自分の気持を抑える. [< *mhd.* bendec „festgebunden" (◇Band³); ◇unbändig]

Bän·di·ger[..gər] 男 -s/- (Dompteur) 猛獣使い, 調教師; 制御者.

Bän·di·gung[..gʊŋ] 女 -/-en bändigen すること.

Ban·dit[bandí:t, ..dít] 男 -en/-en 追いはぎ, 盗賊, 山賊; 《比》悪党, 無頼漢, 雇われ刺客, 殺し屋: ein einarmiger ~ 片腕のギャング(賭博用スロットマシンの異名). [*it.* bandito „Verbannter"; ◇Bann]

Band·ke·ra·mik[bánt..] 女 (新石器時代の)ひも状土器; 《単数で》ひも状土器文化.

Band·lea·der[bɛ́ntli:dər, bǽndli:də] 男 (ジャズの)バンドリーダー. [*engl.*]

Bänd·lein Band¹, Band³の縮小形.

Band≈ma·cher[bánt..] 男 = Bandweber **≈maß** 中 巻き尺. **≈nu·deln** 複 ひも状麺(めん)類.

Ban·do·la[bandó:la·] 女 -/..len[..lən] 《楽》バンドーラ(スペインのリュートの一種). [*span.* bandurria; ◇Bandura]

Ban·do·ne·on[bandó:neɔn] (**Ban·do·ni·on**[..niɔn]) 中 -s/-s, ..nien[..niən] バンドネオン(アコーディオンの一種). [< H. Band (19世紀のドイツ人考案者)]

Band≈sä·ge[bánt..] 女 《工》帯鋸(おびのこ) (→ 図 Säge). **≈schei·be** 女 《解》椎間(ついかん)〔円〕板, 関節間板(かんばん).

Band·schei·ben≈her·nie[..hɛrniə] 女 《医》椎間板(ついかんばん)ヘルニア. **≈scha·den** 男 《医》椎間板障害. **≈vor·fall** 男 = Bandscheibenhernie

Band·schlei·fe[bánt..] 女 **1** チョウ形リボン; リボン製の記念章; お下げ髪のリボン. **2** 《工》(ベルト研磨機の)プルー, 輪索.

Bänd·sel[bɛ́ntsəl] 中 -s/- 《海》括着用細綱, 括着索.

Band·stahl[bánt..] 男 《金属》帯鋼, たが鋼.

Ban·dung[bándʊŋ] 地名 バンドン(インドネシアのジャワ島の都市で, バンドン会議〔1955年〕の開催地として知られる. オランダ語形 Bandoeng).

Ban·du·ra[bandú:ra·] 女 -/-s 《楽》バンドゥーラ(特にウクライナの民俗弦楽器). [*gr.*－*spätlat.* pandūra－*it.*－*poln.*－*russ.*; ◇Bandola; *engl.* bandore]

Band≈wa·ren[bánt..] 複 ひも〈リボン・レース〉類. **≈we·ber** 男 ひも〈リボン〉製造業者, リボン織工. **≈we·be·rei** 女 ひも〈リボン〉類製造業; ひも〈リボン〉工場. **≈wurm** 男《動》サナダムシ(真田虫); 《比》長ったらしいもの: einen ~ abtreiben サナダムシを駆除する | Das ist ein wahrer ~ von einem Satz! こいつはずいぶんと長ったらしい文章だ.

Band·wurm≈mit·tel 中 《医》条虫駆除剤. **≈satz** 男 やたらに長い〔複合〕文. **≈wort** 中 -〔e〕s/..wörter やたらに長い合成語.

bang[baŋ] = bange

Ban·ga·le[baŋgá:lə] 男 -n/-n (**Ban·ga·li**[..li·] 男 -〔s〕/-〔s〕) バングラデシュの人(→Bangladesch).

Ban·ga·lo[báŋgalo·] 男 -s/-s = Bungalow

Bang≈bü·xe[báŋbʏksə] 女 -/-n (≈**büx**[..bʏks] 女 -/-en) 《北部》(Angsthase) おく病者, 弱虫. [< bange]

ban·ge[báŋə] **ban·ger, bän·ger**[bɛ́ŋər]/**bangst, bängst** 形 **1** 《付加語的》(beängstigend) 不安がらせる, 気がかりな: ~ Stunden durchleben 不安な何時間かをすごす | ein ~*s* Vorgefühl 不吉な予感. **2** 《ふつう述語的》(beängstigt) 心配性の, 不安そうな, おびえた: ᵛein ~*s* Tier おく病な動物 ‖ *jm.* 〈*jn.*〉 ~ machen …を不安がらせる | Er machte mir mit Unfällen ~. 彼は事故の話をして私を怖がらせた | *jm.* angst und ~ machen (→Angst II) ‖ 《非人称構文で》Mir ist 〔es〕 ~. / 《方》Ich bin **~**. 私は不安〈心配〉だ | ***jm.* wird ~ und *bänger*** …は不安がつのる | Ihm war ~ **auf** den Sturm. 《方》彼は不安の思いであらしを待っていた ‖ **nach *jm.* 〈*et.*³〉 ~ sein** 不安な気持で気づかいつつ…に思いをはせる | Mir ist ~ nach dem Vater 〈der Heimat〉. 私は父〈故郷〉のことが気づかわれる | Ihm war ~ um seine Stellung. 彼は職場を失いはせぬかと気がかりだった | **Vor** ihm ist mir nicht ~. 私は彼なんか恐ろしくない. [*mhd.*; ◇be.., eng]

Ban·ge[–] 女 -/ 《方》(Angst) 不安: um *et.*⁴ ~ haben …を心配する | Nur keine ~! びくびくするな.

Ban·ge·ma·chen 中 -s/ 不安がらせること: *Bangemachen* gilt nicht! 《話》心配するな, びくつくことはない.

ban·gen[báŋən] 《雅》 **I** 自 (h) **1 a)** 不安がる; 《um *jn.* 〈*et.*⁴〉》(…のことを)心配する: Sie *bangt* um ihren Sohn. 彼女は息子の身を案じている. **b)** 《方》《nach *jm.* 〈*et.*³〉》(…を心配しつつ)恋しがる. **2** 非人称 《es bangt *jm.* / *jm.* bangt》(…は)怖い: Es *bangt* mir 〈Mir *bangt*〉 vor ihm. 私は彼が恐ろしい.

II 他 (h) **1** 不安がらせる: 再帰 *sich*⁴ um *et.*⁴ 〈*jn.*〉 ~ …を(なくしはせぬかと)心配する | *sich*⁴ vor *jm.* 〈*et.*³〉 ~ …を怖がる. **2** 《方》再帰 *sich*⁴ nach *jm.* 〈*et.*³〉 ~ …を(心配しながら)恋しがる.

III Ban·gen 中 《もっぱら次の成句で》mit Hangen und ~ (→hangen II).

bän·ger bange の比較級.

Ban·gig·keit[báŋɪçkaɪt] 女 -/ 憂慮, 心配, 不安.

Bang·kok[báŋkɔk] 地名 バンコク(タイ王国の首都).

Ban·gla·desch[baŋgladɛ́ʃ] (**Ban·gla Desh**[bǽŋglə dɛ́ʃ]) 地名 バングラデシュ(インド東部の人民共和国. 1971年パキスタンから分離独立. 首都は Dakka: →Bangale). [*bengal.*]

Ban·gla·de·scher[baŋgladɛ́ʃər] 男 -s/- (女 **Ban·gla·de·sche·rin**[..ʃərɪn]-/-nen) バングラデシュ人.

ban·gla·de·schisch[baŋgladɛ́ʃɪʃ] 形 バングラデシュ〔人〕の.

bäng·lich[bɛ́ŋlɪç] 形 不安〈心配〉そうな.

Bang·nis[báŋnɪs] 女 -/-se 《雅》(Angst) 不安, 恐れ.

bängst bange の最上級.

Ba·ni Ban², Banu の複数.

Ban·jo[bánjo·, bɛ́ndʒo·, bándʒo·] 中 -s/-s バンジョー(5弦の楽器: → 図). [*amerik.*; < *engl.* bandore (→Bandura)]

Griffbrett
Saite
Banjo

Bank¹[baŋk] 女 -/Bänke[bɛ́ŋkə] (小 **Bänk·chen**[bɛ́ŋkçən], **Bänk·lein**[..laɪn] 中 -s/-) **1** (英: *bench*) ベンチ: *sich*⁴ auf eine ~ setzen ベンチに腰かける | ***et.*⁴ auf die lange ~ schieben** 《話》…を延期する | **durch die ~** 《話》全部, 例外なしに | *jn.* unter die ~ trinken 《話》(飲み比べで)…に飲み勝つ | mit *jm.* von der ~ fallen 《話》…との間に私生児を生む | **vor leeren *Bänken*** ほとんど聴衆〈観客〉のいない所で. **2 a)** 工作〈仕事〉台; (店の)売り台. **b)** 《軍》砲座; (城壁の)銃座. **c)** 《レスリング》(ひざと両手をついた)受けの体勢. **3 a)** (Sandbank) 砂州; (貝殻などの)沈積個所. **b)** (雲・霧などの)層. **c)** 《地》堆(たい), 岩層. [*germ.* „Erhöhung"; ◇ *engl.* bench]

Bank²[baŋk] 女 -/-en **1** (英: *bank*) 銀行: Deutsche ~ AG 株式会社ドイツ銀行(本店 Frankfurt a. M.) | Kredit*bank* 信用銀行 | Blut*bank* 血液銀行 ‖ Geld auf der ~ 〔liegen〕 haben 銀行に預金がある | ein Konto bei der ~ eröffnen 〈haben〉 銀行に口座を開く〈もっている〉. **2** (賭博(とばく)の)胴元; 胴元の用意した金: die ~ halten 親をつとめる | die ~ sprengen (胴元の用意した金を全部まき上げて)胴元をつぶす. [*germ.*－*it.* banca; ◇Bank¹; *engl.* bank]

B

Bạnk⸗ak·tie[báŋk|aktsiə] 女 銀行株. ⸗**ak·zept** 中 銀行引受; 引受手形. ⸗**an·ge·stell·te** 男 女 銀行員. ⸗**an·wei·sung** 女 銀行小切手〈為替〉. ⸗**aus·weis** 男 (発券銀行の)週間報告書. ⸗**au·to·mat** 男 (銀行の)現金自動支払機. ⸗**be·am·te** 男 銀行公務員. ▽⸗**bruch** 男 =Bankrott
bạnk·brü·chig =bankrott
Bạnk·bu̲ch 中 銀行預金通帳.
Bạ̈nk·chen Bank[1]の縮小形.
Bạnk⸗di·rek·tor[báŋk..] 男 銀行頭取. ⸗**dis·kont** 男 銀行割引.
Bạ̈n·ke Bank[1]の複数.
Bạnk·ei·sen[báŋk..] 中 (木造部品を固定するため壁の中に打ち込む)留め金具(→ ㊞).

Bankeisen

Bạ̈n·kel⸗kind[bέŋkəl..] 中 =Bankert ⸗**lied** 中 Bänkelsänger のうたう歌, 演歌. ⸗**sän·ger** 男 (17-18世紀のころ年の市などに現れた)流しの歌うたい, 演歌師, 大道芸人(木の台 Bänkel の上に立って恐ろしい事件などを絵によって講釈しながら卑俗な歌をうたった); 《比》へぼ詩人.
bạn·ken[báŋkən] 自 →backen[3]
Bạn·ker[báŋkər] 男 -s/- 《話》 **1** =Bankier **2** =Bankbeamte
ban·ke·rọtt[baŋkərɔ́t] =bankrott
Ban·ke·rọtt[–] 男 -[e]s/-e =Bankrott
ban·ke·rot·ti̲e·ren[..rɔtí:rən] =bankrottieren
Bạn·kert[báŋkərt] 男 -s/-e 《軽蔑的に》不義の子; がき(元来は下女がベンチで産んだ私生児の意). [*mhd.*; ◇Bank[1]]
Ban·kẹtt[1][baŋkέt] 中 -[e]s/-e (Festmahl) 祝宴, 饗宴(きょうえん), 宴会. [*it.* banchetto „Bänkchen"; ◇*engl.* banquet]
Ban·kẹtt[2][–] 中 -[e]s/-e, **Ban·kẹt·te**[..tə] 女 -/-n **1** (車道より一段高くなった)側道, 歩道(→ ㊞ Landstraße); 〘鉄道〙(軌道の)側幅. **2** 〘建〙根石. **3** (Auftritt)〘軍〙(胸壁内の)射撃足場, 踏朶(とだ). [*fr.* banquette]
ban·ket·ti̲e·ren[baŋkεtí:rən] 自 (h) 宴会を催す, 祝宴を張る. [*it.*; ◇Bank[1]]
Bạnk·fach[báŋk..] 中 **1** 《単数で》(職業部門としての)銀行業: im ~ tätig sein 銀行関係の仕事をしている. **2** 銀行の金庫.
bạnk·fä̲·hig 形 銀行で受け付けられる〈割引可能の〉.
Bạnk⸗fei·er·tag 男 銀行休業日. ⸗**fi·lia̲·le** 女 銀行支店. ⸗**ge·bäu·de** 中 銀行の建物. ⸗**ge·heim·nis** 中 (取引上 外部に対して)銀行が守るべき秘密. ⸗**ge·schäft** 中 銀行業務; 銀行取引. ⸗**ge·setz** 中 銀行法. ⸗**gu̲t·ha̲·ben** 中 銀行預金〔残高〕. ⸗**hal·ter** 男 (賭博(とばく)の)親, 元締め, 胴元. ⸗**haus** 中 銀行〔の建物〕. ⸗**herr** 男 =Bankier
Ban·kier[baŋkié:] 男 -s/-s 銀行家, 銀行業者. [*it.*–*fr.* banquier; <*it.* banca (→Bank[2]); ◇*engl.* banker]
Bạn·king[bέŋkıŋ, bǽŋkıŋ] 中 -[s]/ 〘経〙(Bankgeschäft) 銀行業務; (Bankverkehr) 銀行取引; (Bankwesen) 銀行業〈経営〉. [*engl.*]
Bạnk⸗kauf·frau[báŋk..] 女, ⸗**kauf·mann** 男 (銀行業務の正規研修を終えた)銀行員. ⸗**kon·to** 中 銀行勘定, 銀行の口座: *et.*[4] auf *sein* ~ einzahlen …を自分の口座に払い込む. ⸗**krach** 男 《話》銀行の破産〈取り付け騒ぎ〉. ⸗**kre·dit** 男 銀行信用. ⸗**le̲h·re** 女 -/ 銀行での見習〔研修〕.
Bạ̈nk·lein Bank[1]の縮小形.
Bạnk·leit·zahl[báŋk..] 女 (略 BLZ) 銀行コード番号.
bạnk·mä̲·ßig 形 銀行による; 銀行のような.
Bạnk·no̲·te 女 銀行券, 〔銀行〕紙幣. [*engl.*]
Bạnk⸗pa·pier 中 (銀行発行の)有価証券. ⸗**raub** 男 銀行強盗. ⸗**räu·ber** 男 銀行強盗犯. ⸗**recht** 中 〘法〙銀行法.
bank·rọtt[baŋkrɔ́t] **I** 形 破産〈倒産〉した; 《比》破滅した: ~ **gehen** 破産〈倒産〉する | *jn.* ~ machen …を破産〈倒産〉させる | *sich*[4] [für] ~ erklären 自分で破産宣言をする.
II Bank·rọtt 男 -[e]s/-e 破産, 倒産; 《比》壊滅: den ~ erklären 〈anmelden / ansagen〉 破産宣言をする | ~ **machen** 破産する; 《比》挫折する, 失敗する. [*it.* bancarotta „zerbrochene Bank"; <*lat.* rumpere (→Ruptur); ◇Bank[2]; *engl.* bankruptcy]
Bank·rọtt·er·klä̲·rung 女 破産宣言.
Bank·rot·teur[baŋkrɔtǿ:r] 男 -s/-e (**Bank·rot·tier**[..tié:] 男 -s/-s) 破産者.
bank·rot·ti̲e·ren[..tí:rən] 自 (h) 破産する.
Bạnk⸗scheck[báŋk..] 男 銀行小切手. ⸗**schein** 男 =Banknote ⸗**ü̲ber·fall** 男 銀行襲撃. ⸗**über·wei·sung** 女 銀行振込. ⸗**ver·ke̲hr** 男 銀行取引. ⸗**wech·sel** 男 銀行手形. ⸗**we̲·sen** 中 -s/ 銀行業; 銀行制度.
Bann[ban] 男 -[e]s/-e **1** 《ふつう単数で》《雅》抗しがたい力, 拘束, 呪縛(じゅばく), 魅惑: den ~ der Sitte brechen 慣習の束縛を打破する | Er steht im 〈unter dem〉 ~ seines Lehrers. 彼は先生に心酔している | *jn.* in 〈im〉 ~[3] halten …を魅了している | ***jn.* in seinen ~ schlagen** 〈**ziehen**〉 …の心をひきつける, …を魅了〈呪縛(じゅばく)〉する. **2** 《ふつう単数で》追放; 〘宗〙破門: *jn.* in den ~ tun / *jn.* mit dem ~ belegen …を追放〈破門〉する | *jn.* in Acht und ~[4] tun (→Acht[3]). **3** 禁制, 禁令; 〘史〙(領主の)強権, 罰令権(裁判権・専売権・募兵権など): im ~ sein 禁じられている. **4** 〘史〙(領主の)罰令権に服する一定地区; 《集合的に》領民; (Hitlerjugend の)連隊. **5** 《方》共同耕地. [*germ.*; ◇..phon, Fabel, banal, Bandit; *engl.* ban]
Bạnn⸗brief[bán..] 男 =Bannbulle ⸗**bruch** 男 **1** 関税法違反. **2** 〘史〙追放令違反. ⸗**bul·le** 女 (ローマ教皇による)破門状. ⸗**eid** 男 〘史〙(刑期満了以前には帰国しないという)被追放者の誓約.
bạn·nen[bánən] 他 (h) **1** 《雅》(呪文(じゅもん)・魔法などで)金縛りにする, 呪縛(じゅばく)する; とりこにする, 魅惑する: Ihr Blick hatte ihn *gebannt*. 彼女のまなざしが彼をとりこにした | [wie] *gebannt* stehen 金縛りにあったように立ち尽くす. **2** 《比》定着させる, 固定する: *js.* Bild auf die Leinwand ~ …の像をカンバスに描く | *jn.* 〈*et.*[4]〉 auf die Platte ~ (→Platte 1). **3** 《雅》(呪文・魔法などで悪霊を)追い払う, 調伏する; (魔法による呪縛などを)解く; 《比》(不安・恐怖などを)払いのける. **4** 破門〈追放〉する. ▽**5** (囲いを作って…の)使用〈立ち入り〉を禁じる.
Bạn·ner[1][bánər] 男 -s/- 霊をはらう人, 調伏者; 修験(しゅげん)者.
Bạn·ner[2][–] 中 -s/- のぼり(→ ㊞); 軍旗; 《比》旗じるし, シンボル: unter dem ~ der Freiheit kämpfen 自由の旗をかざして〈自由のために〉戦う ‖ ~ der Arbeit 労働の旗(旧東ドイツの勲章). [*afr.*–*mhd.*; ◇Panier[1]]

Banner

Bạn·ner⸗trä·ger 男 旗手. ⸗**wim·pel** 男 (長三角形の)のぼり(→ ㊞).

Bannerwimpel

Bạnn⸗flu̲ch[bán..] 男 (ローマ教皇による)破門〔ののろい〕: gegen *jn.* den ~ schleudern …を破門する. ⸗**gut** 中 =Bannware ⸗**herr** 男 (追放権を有する)封建領主.
bạn·nig[bánıç][2] 形 《北部》法外な, 非常な: Es ist ~ kalt. めっぽう寒い.
Bạnn⸗kreis[bán..] 男 **1** 《雅》影響圏, 魅惑の及ぶ範囲; 勢力範囲; ▽裁判管区: ganz in *js.* ~ geraten 完全に…の影響下にはいる, すっかり…の感化を受ける. **2** 囲い. ⸗**mei·le** 女 **1** 都市権(開市権など)の及ぶ区域(中世では都市の1マイル四方). **2** (官庁, 特に国会議事堂周辺の)政治行動〈集会〉禁止区域. ⸗**recht** 中 (製粉・醸造などの)独占経営権. ⸗**strahl** 男 《雅》破門: den ~ schleudern 破門を宣告する. ⸗**wald** 男 (伐採を制限・禁止して雪崩などを防ぐ)保安林. ⸗**wa̲·re** 女 (Konterbande) 輸出〈輸入〉禁制品, 密輸品. ⸗**wart** 男 《スイ》耕地〈山林〉の番人.

Bạn·se[bánzə] 女 -/-n《中部・北部》(納屋の)穀物置き場; (工場・駅の)石炭置き場. [*got.* bansts]

bạn·sen[bánzən][1]《02》他 (h)《中部・北部》(まき・穀物の束を)納屋に積み重ねる.

Bạn·sen[-] 男 -(s)/- =Banse

Bạn·tam[bántam] 中 -s/-s =Bantamhuhn

Bạn·tam≈ge·wicht 中 **1**《単数で》(ボクシング・レスリング・重量挙げなどの)バンタム級. **2** =Bantamgewichtler

≈ge·wicht·ler[..gəvıçtlər] 男 -s/- バンタム級選手. [*engl.* bantam-weight の翻訳借用]

Bạn·tam·huhn 中〘鳥〙チャボ(矮鶏). [<Bantam (ジャワ島西部の港町)]

Bạn·tu[bántu·] **I** 男 -(s)/-(s) バンツー人(アフリカ南部に住むバンツー語系の黒人諸族). **II** 中 -(s)/ バンツー語. [*Bantuspr.* „Menschen"]

Bạn·tu≈ne·ger[bántu..] 男 バンツー系黒人. **≈spra·chen** 複 バンツー諸語.

Ba̩·nu[bá:nu·] 男 -(s)/..ni[..ni·] バーヌ(ルーマニアの貨幣〔単位〕: 1/100 Leu). [*rumän.*]

Ba̩·nus[bá:nʊs] 男 -/- =Ban[1]

Ba̩o·bab[bá(:)obap] 男 -s/-s〘植〙バオバブ(アフリカ産パンヤ科の巨木). [*afrikan.*]

Ba̩on[baó:n] 中 -s/-s (<Bataillon)《オーストリア》〘軍〙大隊.

Bap·tịs·mus[baptísmʊs] 男 -/ (Taufe)〘宗〙洗礼, 浸礼, バプテスマ. [*gr.*]

Bap·tịst[..tíst] **I** 男名 バプティスト. **II** 男 -en/-en 浸礼派教徒;《複数で》浸礼派(幼児洗礼を認めず, 成人の浸礼を正当とするキリスト教の一派). [*gr.–afr.–engl.*]

Bap·ti·stẹ·rium[..tıstéːriʊm] 中 -s/..rien[..riən] **1** 受洗聖堂, 洗礼堂. **2** 洗礼盤. **3** (古代の浴場の)浴槽. [*gr.–spätlat.*; <*gr.* báptein „(ein)tauchen"]

bap·tị·stisch[..tístıʃ] 形 浸礼派の(教義の).

bar[1][ba:r] 記号 (Bar) バール.

bar[2][-] 形 **1** 現金の: ~*es* Geld 現金 | *et.*[4] für ~*e* Münze nehmen (→Münze 1 a) ‖ *et.*[4] **gegen ~** verkaufen …を現金払い〈即金〉で売る | *et.*[4] **in ~** bezahlen …(の代金)を現金で支払う ‖ **~ auf den Tisch des Hauses**《話》現金で. **2**《話》**a)** (nackt) 裸の, むき出しの: ~*e* Füße はだし | mit ~*em* Haupt 帽子をかぶらずに. **b)**《雅》*et.*[2] ~ sein …を欠いている | Er ist aller Hoffnung ~. 彼には何の希望もない. **3**《付加語的》明白な; 純然たる: *et.*[4] im ~*sten* Sinne des Wortes nehmen …を言葉どおりの意味にとる | Das ist ~*er* Unsinn 〈Zufall〉. それは全くのナンセンス〈偶然〉だ. [*idg.* „entblößt"; ◇*engl.* bare]

..bar[..ba:r] **1**《動詞につけて形容詞をつくる》**a)**《他動詞につけて「受動+可能」を表し「…され得る, …可能な」を意味する》: mach*bar* なし得る, 実行可能な | trag*bar* 携帯可能な | unverkenn*bar* まぎれもない | wiederverwend*bar* 再利用可能の | zahl*bar* (「支払われ得る」から転じて)支払うべき. ▽**b)**《自動詞につけて「能動+可能」を表し「…し得る, 可…性の」を意味する》: brenn*bar* 可燃性の | halt*bar* 長持ちする.

▽**2**《名詞・形容詞・副詞につけて「…を担い〈持ち〉得る, …に満ちた, …に適した, …の状態にある」を意味する形容詞をつくる》: frucht*bar* 実り豊かな | mann*bar* (女性が)結婚適齢の | offen*bar* 明らかな | sonder*bar* 奇妙な.

★..bar と同様な働きをする後つづりには外来語に見られる ..abel, 動詞につけて「能動+可能」を表す..fähig がある.

[*ahd.*; ◇gebären]

Ba̩r[1][ba:r] 中 -s/-s (単位: -/-) バール(圧力・気圧の単位; 記号 b, bar,〘気象〙b). [*gr.* báros „Schwere"; ◇bary..]

Ba̩r[2][-] 女 -/-s **1 a)** バー, 酒場, 居酒屋; スタンド, 軽飲食店: Milch*bar* ミルクホール. **b)** バー〈酒場〉のカウンター〈スタンド〉: an der ~ sitzen カウンターの前に座っている. **2** (イギリスの)弁護士会, 法曹界. [*engl.*; ◇Barre]

Ba̩r[3][-] 男 -(e)s/-e バール(二つの Stollen と Abgesang からなる Meistergesang の歌節);《方》(Tanzweise) 舞曲.

Bä̩r[1][bɛ:r] 男 -en/-en **1** (女 **Bä̩·rin**[bɛ́:rın]-/-nen) (英: bear) クマ(熊): **der Große 〈der Kleine〉 ~**〘天〙大〈小〉熊座 ‖ hungrig wie ein ~ sein (→hungrig 1) | wie ein ~ schlafen (→schlafen I 1 a ①) ‖ **den ~*en* abbinden**《話》借金を払い終わる | **bei *jm.* einen ~*en* anbinden**《話》…に借金する | ***jm.* einen ~*en* aufbinden**《話》…にうそ八百を並べる | *sich*[3] einen schönen ~*en* aufbinden lassen《俗》みごとにだまされる | das Fell 〈die Bärenhaut〉 verkaufen, bevor man den ~*en* hat. (→Fell 1 a, →Bärenhaut) ‖ **Da ist der ~ los. / Da geht der ~ ab.**《話》大変な騒ぎである, 大にぎわいである. **2**《比》無骨者, 粗野なやつ: ein grober 〈ungeleckter〉 ~ 野人. **3** (Bärenspinner)〘虫〙ヒトリガ(火取蛾)科のガ: Brauner ~ ヒトリガ. **4**《卑》(女性の)恥毛; (女性の)外陰〔部〕. [*germ.* „der Braune"; ◇Biber; *engl.* bear]

Bä̩r[2][-] 男 -s/-en(-e)〘土木〙(くい打ち機の)落とし槌(づち), 大槌.

Ba·ra̩·ber[bará:bər] 男 -s/-《オーストリア》(重労働の)人夫; (Bauarbeiter) 建設〈土木〉作業員. [„italienischer Arbeiter"; <*it.* parlare „sprechen" (◇parlieren)]

ba·ra̩·bern[..bərn]《05》《過分 barabert》自 (h)《オーストリア》《話》重労働をする; 建設〈土木〉作業員として働く.

Ba·rạcke[barákə] 女 -/-n **1** バラック, 仮小屋. **2**〘軍〙仮兵舎, 廠舎(しょうしゃ). **3**《話》SPD 全国本部. [*span.* barraca–*fr.* baraque; <*span.* baro „Lehm"; ◇*engl.* barrack]

Ba·rạcken·la̩·ger 中 -s/-〘軍〙廠営(しょうえい)〔地〕.

Ba·rạck·ler[baráklər] 男 -s/-《話》バラックに住む人.

Ba·rạtt[barát] 男 -(e)s/〘商〙(等価商品の)交換, 物々交換. [*mlat.–it.*; ◇praktisch; *engl.* barter]

Ba·rat·te·rie̩[baratərí:] 女 -/-n[..rí:ən]〘法〙(船主・荷主に対する船員の)詐欺行為. [*mlat.–it.*]

Ba·rạtt·han·del[barát..] 男 -s/ (Tauschhandel)〘商〙物々交換, バーター取引.

ba·rat·tie̩·ren[baratí:rən] 自 (h) 物々交換をする.

Ba̩r·aus·la̩·gen[bá:r..] 複 現金支出. [<bar[2]]

Bar·ba̩·di·er[barbá:diər] 男 -s/- バルバドスの人.

bar·ba̩·disch[..dıʃ] 形 バルバドスの.

Bar·ba̩·dos[..dɔs] 地名 バルバドス(英連邦に属する独立国で, 西インド諸島中の小アンティル諸島東部にある. 首都はブリッジタウン Bridgetown).

Bar·ba·ka̩·ne[barbaká:nə] 女 -/-n (中世の城などの城門外の)外防備のとりで(→ 図 Burg). [*mlat.*]

Bar·ba̩r[barbá:r] 男 -en/-en (女 **Bar·ba̩·rin**[..rın]-/-nen) **1** 未開人, 野蛮人; 粗野〈無教養〉な人: Er ist auf musikalischem Gebiet ein ~. 彼は音楽は全然わからない. ▽**2** 非ギリシア人, 異邦人. [*gr.* bárbaros „stammelnd" –*lat.*; ◇babbeln]

Bạr·ba·ra[bárbara·] 女名 バルバラ(愛称形: Bärbel). [*lat.* „Ausländerin"]

Bar·ba·rei̩[barbaráı] 女 -/-en 野蛮, 粗暴; 残忍, 非道; 蛮行, 残虐行為. [*lat.*]

Bar·ba̩·rin Barbar の女性形.

bar·ba̩·risch[barbá:rıʃ] 形 **1** 野蛮な, 未開の; (grausam) 残忍な, 粗野な; ひどく無教養な. **2**《話》ひどい, とんでもない, 法外な: eine ~*e* Kälte ひどい寒さ | ein ~*es* Latein (文法的に)めちゃくちゃなラテン語 ‖ Es ist ~ kalt. べらぼうに寒い. ▽**3** 非ギリシアの, 異邦人の.

Bar·ba·rịs·mus[..barísmʊs] 男 -/..men[..mən] **1**〘言〙破格, (ひどい)誤用; (ギリシア・ラテン語に混入した)異言語的言い回し. **2**〘美・楽〙バーバリズム.

Bar·ba·rọs·sa[barbarɔ́sa·] 人名 バルバロッサ(イタリア語で「赤ひげ」の意. 神聖ローマ皇帝 Friedrich I. 〔1125頃–90〕のあだ名). [*it.*; <*lat.* barba (→Barbier); ◇rot]

Bạr·be[bárbə] 女 -/-n **1**〘魚〙バーベル(口辺にひげのある淡水魚. ニゴイの類). **2** (18–19世紀の女性用ずきんの)レースの垂れ飾り(顔や首をおおう). [1: *lat.–ahd.*; 2: *lat.–fr.*]

Bar·be·cue[bá:bıkju:] 中 -(s)/-s **1**〘料理〙バーベキュー. **2** バーベキュー用の焼き網. **3** バーベキューを中心にした屋外パーティー. [*hait.–span.* barbacoa–*amerik.*]

bä̩r·bei·ßig[bɛ́:rbaısıç][2] 形 (grimmig) がみがみ〈ぶつぶ

つ〉言う; 不機嫌な, 怒りっぽい, むっとした. [<Bärenbeißer]

Bär·bei·ßig·keit[–kaɪt] 女 –/–en bärbeißig なこと.

Bär·bel[bέrbəl] 女名 (<Barbara) ベルベル.

Bar≈be·stand[báːr..] 男 現金在高; 正貨準備. **≈be·trag** 男 現金高. [<bar²]

▽**Bar·bier**[barbíːr] 男 –s/–e ((Herren)friseur) 床屋, 理髪師. [*fr.–mhd.*; <*lat.* barba „Bart"; ◇ *engl.* barber]

▽**bar·bie·ren**[..bíːrən] 他 (h) (rasieren) ((*jn.*)) (…の)ひげをそる: *jn.* über den Löffel ~ (→Löffel 1 a).

▽**Bar·bier·stu·be** 女 床屋, 理髪店.

Bar·bi·ton[bárbitɔn] 中 –s/–s 〔楽〕 バルビトン(古代ギリシアの弦楽器). [*gr.*]

Bar·bi·tur·säu·re[barbitúːr..] 女 –/ 〔化〕 バルビツール酸(鎮静剤). [<Barbara+uro..]

bar≈bru·stig[baːr..], **≈bu·sig** 形 (とくに女性が)胸をあらわにした.

Bar·ce·lo·na[bartseló:na·, barse..] 地名 バルセロナ(スペイン北東部, 地中海に臨む港湾都市).

Bar·chent[bárçənt] 男 –s/–e フスティアン織(裏をけば立てた綿布). [*arab.* barrakān „grober Stoff"–*mlat.*–*mhd.*]

Bar·da·me[báːr..] 女 バーのホステス.

bar·dauz[bardáuts] =pardauz

Bar·de¹[bárdə] 女 –/–n 〔料理〕 (焼いた鳥肉をくるむ)薄切りベーコン. [*arab.*–*span.*–*fr.*]

Bar·de²[–] 男 –n/–n **1** (古代ケルト族の)吟唱詩人. **2 a)** (Dichter) 詩人. **b)** (風刺的な)シンガー=ソングライター, シャンソニエ. [*kelt.*–*mlat.*–*fr.*; ◇ *engl.* bard]

Bar·deckung[báːr..] 女 (兌換(だかん)のための)正貨〈現金〉準備. [<bar²]

bar·die·ren[bardíːrən] 他 (h) 薄切りベーコンでくるむ(→Barde¹).

Bar·diet[bardíːt] 中 –[e]s/–e (**Bar·di·tus**[..díːtʊs] 男 –/–[..tuːs]) **1** Barde² 調の愛国歌謡 (Klopstock の造語). **2** (古代ゲルマン人の)ときの声; 軍歌. [*lat.* barditus]

Bar·ein·nah·me[báːr..] 女 現金収入〈収受〉. [<bar²]

Ba·re·me[barέːm(ə)] 男 –/–n[..mən] 計算表, (特に鉄道の)運賃早見表. [<Fr. Barrême (フランスの数学者, †1703)]

Bä·ren≈bei·ßer[bέːrən..] 男 (Bullenbeißer) 〔動〕 ブルドッグ. **≈dienst** 男 ((もっぱら次の形で)) ***jm.* einen ~ leisten** 〈**erweisen**〉 ((話)) (善意でしたことによって)…にかえって迷惑をかける. **≈dreck** 男 –s/ ((南部・オーストリア)) (Lakritze) 〔植〕 カンゾウ〔の甘い汁〕. **≈fang** 男 –[e]s/ はちみつ入りリキュール. **≈fell** 中 熊(くま)の毛皮. **≈füh·rer** 男 (見せ物の)熊使い; ((話)) (Fremdenführer) 旅行〈観光〉ガイド: für *jn.* **den ~ spielen** 〈**machen**〉 …の案内役をつとめる.

bä·ren·haft[bέːrənhaft] 形 **1** =bärenstark **2** (熊のように)不器用な.

Bä·ren≈hatz 女 =Bärenjagd **≈haut** 女 熊(くま)の毛皮: **auf der ~ liegen** / *sich*⁴ auf die ~ legen ((比)) 怠ける, のらくらする | **die ~ verkaufen, bevor man den Bären hat** ((比)) とらぬタヌキの皮算用をする. **≈häu·ter** 男 –s/– **1** (Faulenzer) 怠け者. **2** 熊の毛皮のコートを着た男 (Grimm その他の童話に出てくる人物. 悪魔にベッド兼用にと熊の毛皮のコートをもらい, 悪魔と7年間からだも洗わず髪もつめも切らないという契約を結んだ).

Bä·ren·hun·ger[また: ⌐⌣⌣⌣] 男 ((話)) ひどい空腹, すごい食欲: einen ~ haben ひどく空腹である.

Bä·ren≈hü·ter 男 der ~ 〔天〕 牛飼座. **≈jagd** 女 熊狩り.

Bä·ren·käl·te[また: ⌐⌣⌣⌣] 女 ((話)) 厳寒, 酷寒.

Bä·ren·klau 女 –/; 男 –s/ 〔植〕 ハナウド(花独活)属.

Bä·ren·kräf·te[また: ⌐⌣⌣⌣] 複 ((話)) ~ haben すごい大力である.

Bä·ren≈krebs 男 〔動〕 セミエビ(蟬蝦). **≈lauch** 男 広葉ニンニク(野生のニンニクに似たユリ科の植物).

bä·ren·mä·ßig 形 ((話)) とほうもなく強い; ばかでかい.

Bä·ren≈müt·ze 女 熊の毛皮の帽子. **≈na·tur**[また: ⌐⌣⌣⌐] 女 ((戯)) (熊のような)頑健さ; 頑健な人: Er hat eine ~. 彼は頑健そのものだ. **≈rau·pe** 女 〔虫〕 熊毛虫(ヒトリガの幼虫).

bä·ren·ru·hig[また: ⌐⌣–⌣] 形 ((話)) ひどく落ち着きはらった.

Bä·ren·spin·ner 男 〔虫〕 ヒトリガ(火取蛾)科のガ.

bä·ren·stark[また: ⌐⌣⌣] 形 ((話)) (熊のように)恐ろしく強い.

Bä·ren·trau·be 女 〔植〕 クマコケモモ(熊苔桃), ウワウルシ(ツツジ科の薬用植物).

die **Ba·rents·see**[báːrəntszeː] 地名 女 –/ バレンツ海(北極海 Spitzbergen 諸島と Nowaja Semlja 島の間の海域). [<W. Barents (16世紀のオランダの航海家)]

Bä·ren·zwin·ger[bέːrən..] 男 熊(くま)のおり; 熊を飼う(戦わせる)囲い地.

Ba·rett[barέt] 中 –[e]s/–e(–s) **1** ふちのない平たい帽子. **2 a)** ビレッタ(カトリック聖職者の角帽: → 図 Geistliche). **b)** (裁判官の)法帽(→ 図 Richter). **c)** (大学教授の)角帽. [*mlat.*; ◇Birett; *engl.* barret]

Bar≈fran·kie·rung[báːr..], **≈frei·ma·chung** 女 〔郵〕 料金〈切手〉別納. [<bar²]

Bar·frost 男 黒霜(雪を伴わない厳寒).

bar·fuß[báːrfuːs] 形 ((付加語的用法なし)) はだし〈素足〉の: ~ sein はだしである | **~ bis an den Hals** 〈**bis zum Hals**〉 ((戯)) 丸裸で ‖ ~ gehen 〈laufen〉 はだしで歩く〈走る〉 | ~ in den Park gehen ((婉曲に)) コンドームを着けずに性交する. [*mhd.* barfuoz „bloße Füße (habend)"; ◇ *engl.* barefoot]

Bar·fü·ßer[..fyːsər] 男 –s/– (⊛ **Bar·fü·ße·rin**–/–nen) 〔カトリック〕 跣足(せんそく)修道士 (Franziskaner, Kapuziner など).

bar·fü·ßig[..fyːsɪç]² 形 はだし〈素足〉の: ein ~*es* Kind はだしの子供.

Bar·füß·ler[..fyːslər] 男 –s/– **1** (⊛ **Bar·füß·le·rin**[..lərɪn]–/–nen) はだしの人. **2** =Barfüßer

barg[bark]¹ bergen の過去.

bär·ge[bέrgə] bergen の接続法 II.

Bar·geld[báːr..] 中 –[e]s/ 現金. [<bar²]

bar·geld·los 形 現金〈キャッシュ〉のない; 現金〈キャッシュ〉払いによらない, 手形〈振替・クレジットカード〉払いの: der ~*e* Zahlungsverkehr キャッシュ払いによらない取引.

Bar·ge·schäft 中 現金取引〈売買〉.

bar≈haupt 副 ((雅)) 帽子をかぶらずに, 無帽で. **≈häup·tig**[..hɔʏptɪç]² 形 ((雅)) 無帽の.

Bar·hocker[báːr..] 男 バー(酒場)の高い腰掛け.

bari.. →bary..

Ba·ri·bal[báribal] 男 –s/–s (アメリカ産の)クロクマ(黒熊).

bä·rig[bέːrɪç]² 形 **1** ((方)) =bärenstark **2** ((南部)) すごい, 大変な: Das ist ~. こいつはすごいや | Es ist ~ kalt. ひどく寒い.

Bä·rin Bär¹の女性形.

ba·risch[báːrɪʃ] 形 〔気象〕 気圧に関する: ~*es* Relief (地表の)気圧配置 | ~*es* Gesetz (低圧部と風向とに関する)ボイス=バロットの法則. [<Bar¹]

Ba·ri·ton[bá(ː)ritɔn] 男 –s/–e[..toːnə] **1** ((ふつう単数で)) 〔楽〕 バリトン(テノールとバスとの間の男声中音): Er hat einen weichen ~. 彼の声はやわらかなバリトンだ. **2** バリトン歌手. **3 a)** =Baritonhorn **b)** =Baryton [*gr.* barýtonos (→Barytonon)–*it.*]

ba·ri·to·nal[baritonáːl] 形 〔楽〕 バリトンの[ような].

Ba·ri·ton≈buf·fo[bá(ː)ritɔn..] 男 〔楽〕 (オペラの)バリトンの道化役; 道化役専門のバリトン歌手. **≈horn** 中 –[e]s/..hörner 〔楽〕 バリトン=ホルン(→ 図 Blasinstrument).

Ba·ri·to·nist[baritonɪ́st] 男 –en/–en 〔楽〕 バリトン歌手.

Ba·ri·ton≈par·tie[bá(ː)ritɔn..] 女 〔楽〕 バリトンの声部. **≈sän·ger** 男 =Baritonist **≈schlüs·sel** 男 〔楽〕 バリトン記号. **≈stim·me** 女 〔楽〕 バリトンの[音域をもつ]声; バリトン声部.

Ba·rium[báːriʊm] 中 –s/ 〔化〕 バリウム(金属元素名; 記号

Ba). [<bary..]

Ba·rium⸗chlo·rid[..klori:t][1] 中《化》塩化バリウム. **⸗ni·trat** 中《化》硝酸バリウム. **⸗sul·fat** 中《化》硫酸バリウム.

Bark[bark] 女 -/-en バーク(3-5本マストの帆船. 最後部マストは縦帆: → 図). [*spätlat.* barca– *engl.*; <*gr.* bãris „Nachen"; ◇Barke]

Bark

Bar·ka·ne[barká:nə] 女 -/-n (地中海の) 2〈3〉本マストの漁船. [*it.* barcone]

Bar·ka·ro·le[barkaró:lə] **I** 女 -/-n **1** バルカロール(特に8分の6または8分の12拍子のゴンドラ舟歌, 舟歌風の器楽曲). ▽**2** (地中海の)手こぎ舟. ▽**II** 男 -n/-n Barkarole I 2の船頭. [*it.*]

Bar·kas·se[barkásə] 女 -/-n **1** (大型の)モーターボート, ランチ. **2** 〖軍〗(大型の)艦載艇(→ 図 Boot A). [*it.* barcaccia–*span.* –*ndl.*]

Bar·kauf[bá:r..] 男 現金購入. [<bar[2]]

Bar·ke[bárkə] 女 -/-n **1** バルケ(地中海諸国で用いられるマストのない小舟). **2** 《雅》(Kahn) 小舟, 軽舟. [*spätlat.* barca (→Bark)–*afr.* barque–*mndl.*–*mhd.*; ◇ *engl.* barge]

Bar·kee·per[bá:rki:pər] 男 -s/- **1** 酒場の主人, バー経営者. **2** バーテンダー. [*engl.*]

Bar·lach[bárlax] 人名 Ernst ~ エルンスト バルラッハ(1870-1938; 表現主義の代表的彫刻家で, また詩人・画家).

Bär·lapp[bɛ́:rlap] 男 -s/-e 〖植〗ヒカゲノカズラ(日陰蔓)属. [<*ahd.* lappo „flache Hand"; ◇Lappen]

▽**Bar·lauf**[bá:r..] 男 -[e]s/ 陣取り[遊戯]. [<*fr.* barre (→Barre)]

Bar·lohn 男 現金で支給される賃金. [<bar[2]]

Bar·mann 男 -[e]s/..männer =Barkeeper

Bär·me[bɛ́rmə] 女 -/ 《北部》 **1** (Hefe) 酵母. **2** (ビールの)泡. [*westgerm.*; ◇Ferment, brauen; *engl.* barm]

bar·men[bármən] **I** 自 (h) 《北部》 (jammern) 嘆き悲しむ, ぐちをこぼす: um 〈über〉 den Verlust ~ 損失を悲しむ. ▽**II** 他 (h) 《*jn.*》(…を)気の毒がらせる, 同情心を起こさせる. [*ahd.*; ◇arm]

barm·her·zig[barmhɛ́rtsɪç][2] 形 慈悲〈哀れみ〉深い, 同情心のある, 慈善の: *Barmherziger* Gott 〈Himmel〉! ああ, おお(驚き・悲嘆の叫び) | ein ~*er* Samariter (→Samariter) | eine *Barmherzige* Schwester 〖カトリック〗慈悲の修道女会修道女(病人・貧者の世話に献身する: → 図) | ein *Barmherziger* Bruder 〖カトリック〗慈悲の修道士会修道士(→ 図). [*got.*–*ahd.* arm-herzi; *lat.* miseri-cors (◇Misericordie) の翻訳借用]

barmherzig

Barm·her·zig·keit[–kaɪt] 女 -/ 慈悲, 慈善: ~ üben 慈善を行う | aus Gnade und ~ (→Gnade 1) ‖〖間投詞的に〗*Barmherzigkeit!* ああ, おお(驚き・悲嘆の叫び).

Bar·mit·tel[bá:r..] 複 (Bargeld) 現金. [<bar[2]]

Bar·mi·xer[bá:r..] 男 バーテンダー.

Barn[barn] 男 -[e]s/-e 《南部・中部》(Krippe) まぐさ〈かいば〉おけ. [*ahd.* barno „Träger"; ◇Bahre]

Bar·na·bas[bárnabas] 人名 〖聖〗バルナバ, バルナバス(初期キリスト教の伝道者). [*aram.* „Sohn des Trostes"?]

Bar·na·bit[barnabí:t] 男 -en/-en 〖カトリック〗バルナバ会(1530年ミラノに創立された聖パウロ会)会員. [*it.*]

ba·rock[barɔ́k] **I** 形 《比較変化なし》 **1** バロック様式〈時代〉の: ein herrlicher ~*er* Bau みごとなバロック建築 | im ~*en* Stil バロック様式の. **2** 《比》誇張された, ごてごてと飾り立てた: eine ~*e* Ausdrucksweise 晦渋(かいじゅう)な表現〔方法〕. **3** 奇妙な, 特異〈奇異〉な: eine ~*e* Laune 妙な気まぐれ.

II Ba·rock 中 男 -[s]/ **1** バロック様式(1600年から1750年ごろにかけてヨーロッパで流行した芸術様式: → 図 Stilmöbel). **2** バロック時代.

[*port.* barroco „schiefrund"–*fr.* baroque]

Ba·rock·dich·tung 女 バロック文学.

ba·rocki·sie·ren[barɔkizí:rən] **I** 自 (h) バロック様式を模倣する.

II 他 (h) バロック化する, バロック様式に改変する.

Ba·rock⸗kir·che[barɔ́k..] 女 バロック式教会堂(→ 図 Baukunst). **⸗mu·sik** 女 -/ バロック音楽. **⸗park** 男 バロック式公園〈庭園〉(→ 図 Park). **⸗per·le** 女 -/-n 《ふつう複数で》いびつな形をした真珠. **⸗stil** 男 -[e]s/ バロック様式. **⸗zeit** 女 -/ バロック期〈時代〉.

Ba·ro·gramm[barográm] 中 -s/-e (Barograph で計った)気圧記録. [<*gr.* báros (→Bar[1])]

Ba·ro·graph[..grá:f] 男 -en/-en 自記気圧計.

Ba·ro·me·ter[..mé:tər] 中 (男) -s/- 気圧計, 晴雨計, バロメーター: Das ~ steigt 〈fällt〉. バロメーターが上昇する〈下がる〉 | **Das ~ steht auf Sturm.** 晴雨計があらしを告げている;《話》事態は急を告げている, いまにも恐ろしいことが起こりそうだ.

Ba·ro·me·ter·stand 男 気圧計の示度.

Ba·ro·me·trie[..metrí:] 女 -/-n[..trí:ən] 気圧測定〔法〕.

ba·ro·me·trisch[..mé:trɪʃ] 形 気圧〔計〕の.

Ba·ron[baró:n] 男 -s/-e (女 **Ba·ro·nin, Ba·ro·nes·se** → 別出) (Freiherr) 男爵 (Graf と Ritter の中間の爵位); 《比》(業界・財界の)第一人者, 指導的人物, 実力者: ein ~ der Industrie 産業界の大立者. [*germ.* „streitbarer Mann"–*mlat.*–*fr.*]

Ba·ro·nat[baroná:t] 中 -[e]s/-e 男爵の地位〈身分〉; 男爵領.

Ba·ro·nes·se[..nɛ́sə] 女 -/-n (**Ba·ro·neß**[..nɛ́s] 女 -/..nessen) (Baron の女性形)男爵令嬢; ▽男爵夫人. [*mfr.*]

Ba·ro·net[bárɔnɛt, bɛ́..] 男 -s/-s (イギリスの)准男爵. [*engl.*]

Ba·ro·nie[baroní:] 女 -/-n[..ní:ən] =Baronat [*fr.*]

Ba·ro·nin[baró:nɪn] 女 -/-nen (Baron の女性形)男爵夫人; ▽男爵令嬢.

ba·ro·ni·sie·ren[baronizí:rən] **I** 他 (h) 《*jn.*》(…に)男爵の位を授ける. **II** 自 (h) 《話》男爵のように〔のらくら〕暮らす, 無為徒食する.

Ba·ro·ther·mo·graph[barotɛrmográ:f] 男 -en/-en 〖気象〗自記温度気圧計. [<*gr.* báros (→Bar[1])]

Bar·ra·ge[bará:ʒə] 女 -/-n **1** 《オーストリア》 **a)** (水流の)せき止め; (通行の)遮断. **b)** (Schlagbaum) 遮断棒, 遮断機. **2** (Stichkampf) 〖スポーツ〗優勝決定戦. [*fr.*; ◇Barre]

Bar·ra·ku·da[barakú:da·] 男 -s/-s (Pfeilhecht) 〖魚〗カマス. [*span.*]

Bar·ras[báras] 男 -/ **1** 《話》(Militär) 軍〔部〕, 軍隊: beim ~ sein 兵隊である | zum ~ gehen 兵隊になる. ▽**2** 軍用パン. [*jidd.* „Brot"]

Bar·re[bárə] 女 -/-n **1** (Sandbank) (河口・港湾の)砂州. **2** (貴金属の)延べ棒(→Barren[2] 1). ▽**3** さく; (通行止めの)横木, かんぬき. [*roman.*–*fr.* barre–*mhd.*; ◇Bar[2]]

Bar·rel[bɛ́rəl, bárəl] 中 -s/-s バ〔ー〕レル, (英国・米国で液体などの)一たるの量(石油などの場合, 約160*l*). [*afr.*–*engl.* „Faß"]

Bar·ren[1][bárən] 男 -s/- 《南部・オーストリア》(Futtertrog) えさ桶(おけ), かいば桶. [*ahd.* barno]

Bar·ren[2][–] 男 -s/- **1** (金属の)延べ棒, (棒状の)地金. **2**

〖体操〗平行棒(→ 図). [<Barre]

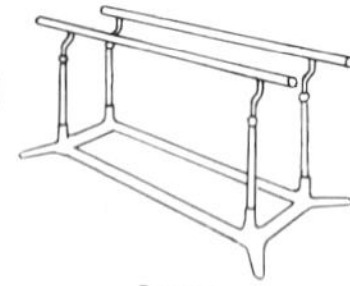
Barren

Bar·ren≈gold 中 金の延べ棒, 棒金. **≈streit** 男 -[e]s/ (1860年ごろドイツの学校体育での平行棒・鉄棒の採否をめぐって行われた)平行棒論争.

Bar·rie·re [barié:rə, ..riɛ́:rə] 女 -/-n **1** (Schranke) さく, 横木; (国境・踏切などの)遮断機; 《比》障害, 障壁. **2** 〖馬術〗木柵(もく)障害. [*fr.*]

Bar·ri·ka·de [barikáːdə] 女 -/-n バリケード: eine ~ errichten バリケードを築く | **auf die ~*n* gehen** 〈**steigen**〉《比》蜂起(ほう)する, (反対のために)立ち上がる; 全力を尽くして抵抗する. [*it.–fr.*]

bar·ri·ka·die·ren [..kadíːrən] 他 (h) 《*et.*⁴》(…に)バリケードを築く, バリケードで遮断する.

Bar·ri·ster [bɛ́rɪstər, bǽrɪstə] 男 -s/- (イギリスの)弁護士. [*engl.*; ◇Bar²]

barsch [barʃ] 形 **1** 荒っぽい, 粗野な; 無愛想な: eine ~*e* Antwort すげない返事 | ein ~*er* Mensch 粗野な人間 ‖ *jn.* ~ abweisen 〈anfahren〉…をつっけんどんに締め出す〈どなりつける〉. **2 a)** (味が)ひりひりする. **b)** 《北部》(ranzig) (腐った油脂のような)悪臭のある. [„spitz"; *mndd.*; ◇Bart]

Barsch [baːrʃ; オーストリア・スイス: –, barʃ] 男 -es (-s) /-e (Bärsche [bɛ́ːrʃə]) 〖魚〗ペルカ(スズキ類: → 図). [*westgerm.*; ◇*engl.* bass]

Barsch (Flußbarsch)

Bar·schaft [báːrʃaft] 女 -/-en 《ふつう単数で》有り金〔全部〕, 手持ち〈保有〉現金. [<bar²]

Bar·scheck 男 現金手形, 普通小切手.

Barsch·heit [bárʃhaɪt] 女 -/-en **1** 《単数で》barsch なこと. **2** barsch な言動.

Bar·sen·dung [báːr..] 女 現金送金, 正貨現送. [<bar²]

Bar·soi [barzɔ́ʏ] 男 -s/-s ボルゾイ(ロシア原産の大型猟犬: → 図). [*russ.*; <*russ.* borsy „schnell"; ◇*engl.* borzoi]

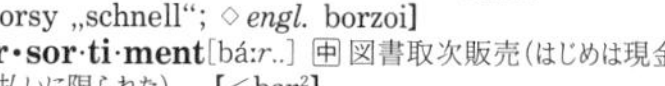
Barsoi

Bar·sor·ti·ment [báːr..] 中 図書取次販売(はじめは現金支払いに限られた). [<bar²]

barst [barst] bersten の過去.

bär·ste [bɛ́rstə] bersten の接続法 II.

Bart [baːrt] 男 -es (-s) /Bärte [bɛ́ːrtə] (小 **Bärt·chen** [bɛ́ːrtçən], **Bärt·lein** [..laɪn] 中 -s/-) **1** (英: *beard*) 《集合的に》ひげ(→ 図): ein dichter 〈dünner〉 ~ 濃い〈薄い〉ひげ | Backen*bart* 頬(ほお)ひげ | Schnurr*bart* 口ひげ ‖ einen ~ bekommen ひげが生える | *et.*¹ **hat** 〔**so**〕 **einen** ~ 《軽蔑的に》…はもう古い, …にはもううんざりだ | *jm.* einen ~ machen 《比》…をしかる〈だます〉 | *sich*³ einen ~ machen 〈malen〉 (飲食して)口のまわりに食べかすをつける | *sich*³ den ~ rasieren ひげをそる | *sich*³ den ~ streichen 《比》満足してひげ〈あご〉をさする | *sich*³ einen ~ wachsen 〈stehen〉 lassen ひげを生やす ‖ **Jetzt ist der ~ ab.** 《話》もうおしまいだ, もうたくさんだ ‖〖前置詞と〗**bei** ***seinem*** **~*e*** 〈**beim ~*e* des Propheten**〉 **schwören** 《戯》(絶対まちがいないと)神かけて誓う | ***et.***⁴ **in** ***seinen*** **~ brummen** 〈**murmeln**〉《話》…を口の中でもぐもぐ言う | *sich*³ in den ~ lachen ほくそえむ | ein Witz **mit** ~ 古くさいしゃれ | *jm.* **um** den ~ gehen …にへつらう | ***jm.*** **um den ~** 《話》…の機嫌をとる, …にこびへつらう | ein Streit um des Kaisers ~ (→Streit 1) | *jm.* Brei 〈Honig〉 um den ~ schmieren (→Brei, →Honig). **2** (ひげ状のもの. 例えば:) (鳥の)肉だれ; (貝の)えら; (麦などの)のぎ; (帽子の)あごひも; (鋳物などの)ばり, ぎざぎざ; (巣に群がっている)ハチの群れ. **3** (鍵(かぎ)の)歯, かかり. [*westgerm.*; ◇barsch, Borste, Barbier; *engl.* beard]

Vollbart

Knebelbart

Fräse
Schnurrbart

Koteletten
Spitzbart
Fliege
Zwirbelbart

Bart

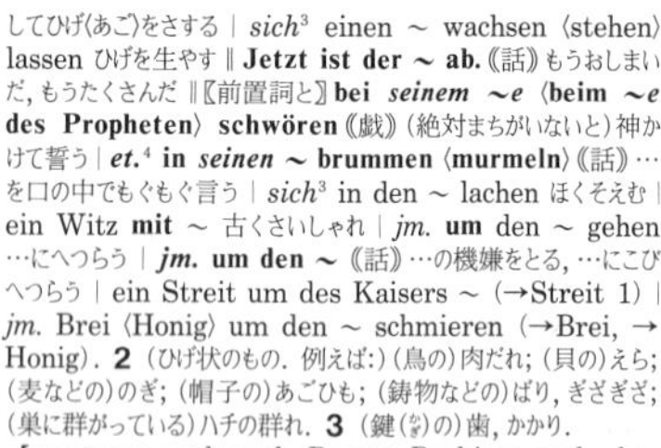

Bart≈af·fe 男 〖動〗ヒゲザル(鬚猿), ワンデル. ᵛ**≈bin·de** 女 (ひげの形を整えるための)ひげ押え, 整髭(せいし)〈整鬚(せいしゅ)〉帯. **≈blu·me** 女 〖植〗ダンギク(段菊).

Bärt·chen Bart の縮小形.

Bar·te [bártə] 女 -/-n **1** (Fischbein) (クジラの)ひげ. ᵛ**2** (刃の広い, 戦闘用の)まさかり, 戦斧(せんぷ).

Bär·te Bart の複数.

Bar·teln [bártəln] 複 (魚の)ひげ.

Bar·ten·wal [bártən..] 男 〖動〗ヒゲクジラ(鬚鯨)類.

Bar·terl [bártərl] 中 -s/-〔n〕《南部・オーストリア》(Kinderlätzchen) よだれ掛け.

Bart≈fä·den [báːrt..] 複 =Barteln **≈flech·te** 女 **1** 〖医〗毛瘡(もうそう). **2** 〖植〗サルオガセの類(猿麻桛). **≈flie·ge** 女 (小さな)口ひげ. **≈gei·er** 男 〖鳥〗ヒゲワシ(鬚鷲). **≈grun·del** 女 〖魚〗ドジョウ(泥鰌).

Barth [baːrt, bart] 人名 Karl ~ カール バルト(1886–1968; スイスの神学者).

Bart·haar 中 ひげの毛, 髯毛(ぜんもう).

Bar·thel [bártəl] **I** 男名 バルテル. **II** 男 -s/- (Brecheisen) 金てこ: **wissen, wo** 〔**der**〕 **~** 〔**den**〕 **Most holt** 《話》手練手管を心得ている, 海千山千である | *jm.* zeigen, wo 〔der〕 ~ 〔den〕 Most holt …に思い知らせる.

Bar·tho·li·ni·sche Drü·sen [bartolíːnɪʃə drýːzən] 複 〖解〗バルトリン腺(せん), 大前庭腺. [◇C. Bartholin (デンマークの解剖学者, †1738)]

Bar·tho·lo·mä·us [bartolomɛ́ːʊs] **I** 男名 バルトロメーウス. **II** 人名 〖聖〗バルトロマイ, バルトロマイオス(十二使徒の一人). [*aram.–gr.–lat.*; ◇*engl.* Bartholomew]

Bar·tho·lo·mä·us·nacht [–naxt] 女 -/ 〖史〗バルテルミの夜(1572年８月23日から24日にかけての夜, パリで旧教徒がユグノー派教徒を虐殺した).

Bär·tier·chen [bɛ́ːr..] 中 〖動〗緩歩類(クマムシなど).

bär·tig [bɛ́ːrtɪç]² 形 ひげのある.

Bärt·lein Bart の縮小形.

bart·los [báːrtloːs]¹ 形 ひげのない.

Bart≈mei·se 女 〖鳥〗ヒゲガラ(鬚雀). **≈nel·ke** 女 〖植〗アメリカナデシコ, ヒゲナデシコ.

Bar·tók [bártɔk] 人名 Béla ~ ベラ バルトーク(1881–1945; ハンガリーの作曲家).

Bart≈sche·rer [báːrt..] 男 -s/- 《話》(Barbier) 床屋, 理髪師. **≈stop·pel** 女 -/-n 《ふつう複数で》無精ひげ, ざらざらしたひげ. **≈tracht** 女 ひげのスタイル. **≈vo·gel** 男 〖鳥〗ゴシキドリ(五色鳥). ᵛ**≈wich·se** 女 ひげ用のチック. **≈wisch** 男 《南部・オーストリア》(Handbesen) 手ぼうき.

Ba·ruch [báːrʊx] 人名 〖聖〗バルク (Jeremia の友人でその預言を筆記した). [*hebr.* „gesegnet (sei Gott)"]

Bar≈ver·kauf [báːr..] 男 現金売り. **≈ver·lust** 男 純損金, 丸損. [<bar²]

bary.. 《名詞などにつけて「重い・(声などが)低い」などを意味する. 今日の正書法では bari.. となることもある: →*Bariton*》 [*gr.* barýs „schwer"; ◇Bar¹]

Ba·ry·on [báːryɔn] 中 -s/-en [baryóːnən] 〖理〗バリオン, 重粒子.

Ba·ry·sphä·re [barysfɛ́ːrə, barʏs..] 女 -/ 〖地〗重圏(地球の内部).

Ba·ryt[barý:t, ..rýt; ｵｰｽﾄﾘｱ: ◡́] 男 -(e)s/-e **1** (Schwerspat)〖鉱〗重晶石. **2**〖化〗重土. [*gr.* barýtēs „Schwere"]

Ba·ryt⸗er·de 女 重土. **⸗gelb** 中〖化〗バリウム黄.

ba·ryt·hal·tig 形 Baryt を含む.

Ba·ry·ton[bá(:)rytɔn] 中 -s/-e[..to:nə]〖楽〗バリトン, ヴィオラ=ディ=ボルドーネ(17-18世紀の弦楽器). [*fr.*]

Ba·ry·to·non[barý(:)tonɔn] 中 -s/..tona[..na·]〖言〗最後の音節にアクセントのない語. [*gr.* barý-tonos „tieftönend"—*spätlat.*; ◇Bariton; *engl.* barytone]

Ba·ryt·weiß[barý:t..] 中〖化〗永久白, 硫酸バリウム.

ba·ry·zen·trisch[barytsέntrɪʃ] 形〖理〗重心の.

Ba·ry·zen·trum[..tsέntrum] 中 -s/..tra[..tra·], ..tren[..trən] (Schwerpunkt)〖理〗重心.

Bar·zah·lung[bá:r..] 女 現金(即金)払い. [<bar²]

Bar·zah·lungs·ra·batt 男 現金払い割引.

ba·sal[bazá:l] 形 **1** 基礎の, 基底の. **2**〖地〗基盤の. [<Basis]

Ba·salt[bazált] 男 -(e)s/-e〖鉱〗玄武岩. [*spätlat.*; ◇Basanit]

Ba·sal·tem·pe·ra·tur[bazá:l..] 女〖医〗基礎体温.

ba·sal·ten[bazáltən] 形 玄武岩(質)の.

ba·salt·hal·tig[bazált..] 形 玄武岩を含んだ.

ba·sal·tig[bazáltɪç]² (**ba·sal·tisch**[..tɪʃ]) =basalten

Ba·sal·zel·le[bazá:l..] 女〖解〗基底細胞.

Ba·sa·ne[bazá:nə] 女 -/-n (製本用の)(茶色の)羊皮革. [*arab.*—*span.*—*fr.*]

Ba·sa·nit[bazaní:t, ..nít] 男 -s/-e〖鉱〗バサナイト, バザン岩, 橄欖(かんらん)灰色玄武岩. [*lat.*; <*gr.* básanos „Probierstein"; ◇Basalt]

Ba·sar[bazá:r] 男 -s/-e **1** (中近東諸国の)街頭市場. **2** 慈善市, バザー: einen ~ veranstalten バザーを催す. **3** (旧東ドイツの)商店街, マーケット. [*pers.*—*fr.*; ◇*engl.* baza(a)r]

Bäs·chen Base¹の縮小形.

Basch·ki·re[baʃkí:rə] 男 -n/-n バシキール人 (Wolga 川と Ural 山脈の間に分布するトルコ系種族で, 旧ソ連邦内に自治共和国を形成). [*Turkspr.* „Bienenzüchter"]

basch·ki·risch[..rɪʃ] 形 バシキールの.

Basch·lik[báʃlɪk] (**Basch·lyk**[..lʏk]) 男 -s/-s バシュリック(コーカサス地方のウールのずきん). [*tatar.*—*russ.*; <*tatar.* baš „Kopf"]

Ba·se¹[bá:zə] 女 -/-n (⊕ **Bäs·chen**[bέ:sçən], **Bäs·lein**[..laɪn] 中 -s/-) **1** (Cousine) (女の)いとこ. **2** (ｽｲｽ) (Tante) おば. ᵛ**3** (一般に親しい女性. 例えば:) おばさん: Klatsch*base* おしゃべり女. [*ahd.* „Schwester des Vaters"]

Ba·se²[bá:zə] 女 -/-n〖化〗塩基; 基剤; (調剤の)主薬.

Base³[beɪs] **I** 女 -/-s[béɪzɪz] (Basis)〖軍〗根拠地, 基地. **II** 中 -/-s [béɪzɪz] (野球の)塁, ベース. [*engl.*; ◇Basis]

Base·ball[bé:sbo:l, bá:zəbal, béɪsbɔ:l] 男 -s/-s **1**《単数で》野球. **2** 野球ボール.

Base·ball⸗müt·ze[bé:sbo:l..] 女 野球帽. **⸗schlä·ger** 男 野球のバット. **⸗spiel** 中 野球(の試合).

Ba·se·dow[bá:zədo·] 男 -s/ =Basedow-Krankheit

Ba·se·dow⸗au·ge[bá:zədo..] 中 バセドウ病にかかって突出した目(眼球). **⸗-Krank·heit** 女 -/ バセドウ病 (Basedowsche Krankheit とも言う). [<K. v. Basedow (ドイツの医師, †1854)]

Ba·sel[bá:zəl] 地名 バーゼル (Rhein 川に臨むスイス唯一の内陸港で, 交通の要路を占める産業都市). [<*lat.* Basilia (villa) „(Gutshof) eines Basilius (人名)"]

Ba·se·ler[..lər] **I** 男 -s/- バーゼルの人. **II** 形《無変化》バーゼルの.

Ba·sell·kar·tof·fel[bazέl..] 女〖植〗アカザカズラ.

Ba·sen Base¹, Base², Basis の複数.

ba·sen·haft[bá:zənhaft] 形 (いかにも)おばさん的な; オールドミス的な; 気どった; おしゃべりの. [<Base¹]

Ba·sen·schaft[..ʃaft] 女 -/-en **1** おば(いとこ)関係. **2**《集合的に》おば(いとこ)たち;《軽蔑的に》(おしゃべりな)女ども. **3** おば(いとこ)らしさ.

Ba·se·rei[ba:zəráɪ] 女 -/-en おしゃべり, うわさ話, むだ口.

BASF[be:|a:|ɛs|έf] 略 女 -/ =Badische Anilin- & Soda-Fabrik AG ベー アー エス エフ(ドイツの総合化学製造会社. 本社 Rheinland-Pfalz 州, Ludwigshafen).

Ba·sic Eng·lish[bé:sɪk íŋglɪʃ, béɪsɪk –] 中 --(s)/ ベーシック=イングリッシュ, 基礎英語(オグデン C. K. Ogden が考案した850語と簡略文法とによる国際補助語で, *B*ritish, *A*merican, *S*cientific, *I*nternational, *C*ommercial の略). [*engl.*]

ba·sie·ren[bazí:rən] **I** 自 (h)《auf *et.*³》基づく: auf langen Untersuchungen *basierend* 長期の調査を土台として. **II** 他 (h)《*et.*⁴ auf *et.*³ 〈*et.*⁴〉》基づかせる: Argumente auf Tatsachen ~ 事実に基づいて議論する ‖ 再帰 *sich*⁴ auf *et.*³ 〈*et.*⁴〉 ~ …に基づく. [*fr.*; <Basis]

Ba·si·lia·ner[baziliá:nər] 男 -s/-〖ｷﾘｽﾄ教〗バシリウス会の修道士;《複数で》バシリウス会(→Basilius).

Ba·si·lie[bazí:liə] 女 -/-n, **Ba·si·li·en·kraut** 中 =Basilikum

Ba·si·li·ka[bazí:lika·] 女 -/..ken[..kən] バジリカ(中廊の天井が側廊より高い初期キリスト教会堂; 古代ギリシア・ローマでは法廷や取引場の建造物: → 図). [*gr.* basilikḗ „Königshalle"—*lat.*]

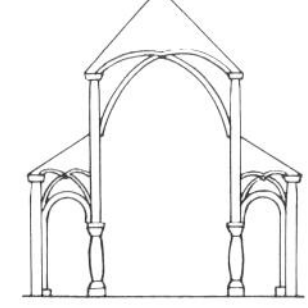

Apsis　　Basilika

ba·si·li·kal[bazilikáːl] 形 バジリカ(ふう)の.

Ba·si·li·ken Basilika, Basilikum の複数.

Ba·si·li·kum[bazí:likum] 中 -s/-s, ..ken[..kən]〖植〗バジリコ, メボウキ(目箒)(香辛料・薬用に用いる). [*mlat.*; <*gr.* basilikós „königlich"; ◇*engl.* basil]

Ba·si·lisk[bazilísk] 男 -en/-en **1** バジリスク(アフリカの砂漠にすみ, 人をにらみ殺すという伝説上の怪物). **2**〖動〗バジリスクトカゲ(南米産). [*gr.*—*lat.*—*mhd.*; <*gr.* basileús „König"]

Ba·si·lis·ken⸗blick 男 鋭い不気味な視線. **⸗ei** 中 Basilisk 1 の卵: ~*er* ausbrüten《比》悪事をたくらむ.

Ba·si·lius[bazí:lius, bazilí:ʊs] 男名 バジーリウス: ~ der Große 大バシリウス(330頃-379; キリスト教の教父で聖者). [*gr.*—*lat.*; <*gr.* basíleios „königlich"]

ba·si·pe·tal[bazipetá:l] 形 (↔akropetal)〖植〗求基的な. [<*lat.* petere (→Petition)]

Ba·sis[bá:zɪs] 女 -/Basen[..zən] **1** (Grundlage) 基礎, 土台, 基盤, 基底: die wirtschaftliche ~ 経済的基盤 ‖ die ~ für *et.*⁴ bilden …の基礎をなす | eine feste 〈breite〉 ~ haben 確固たる〈広範な〉基礎を有する ‖ auf einer sicheren ~ ruhen 〈stehen〉 確実な基盤に立っている. **2 a)**〖数〗底辺, 底面; (対数の)底; 基数. **b)**〖建・美〗台座, 柱脚(→ 図). **c)**〖測量〗基線. **d)**〖化〗塩基. **e)**〖薬〗主薬. **f)**〖言〗基底; (語構成上の)基礎語, 語根. **g)**〖軍〗根拠地, 基地: Militär*basis* 軍事基地. **3 a)** (↔Überbau) (Unterbau) (マルクス主義の用語で)下部構造. **b)** (社会の)底辺(一般大衆); (政党などの)底辺(一般党員): der Mann an der ~

Basis

B

底辺の人(労働者など). [*gr.* básis „Gang"−*lat.*; <*gr.* baínein „gehen"]

ba·sisch[bá:zɪʃ] 形《化》塩基性の.

..basisch[..ba:zɪʃ]《化》《数詞などにつけて「塩基が…の」を意味する》: ein*basische* Säure 一塩基酸.

Ba·sis·da·ten[bá:zɪs..] 複 基礎データ. **·de·mo·kra·tie** 女 底辺〈草の根〉民主主義.

ba·sis·de·mo·kra·tisch 形 底辺〈草の根〉民主主義の.

Ba·sis·ex·pe·ri·ment[bá:zɪs..] 中 基礎実験. **·frak·tur** 女《医》頭蓋底(とうがいてい)骨折. **·grup·pe** 女 (左翼学生などの)大衆運動グループ. **·ket·te** 女《言》基底連鎖. **·kom·po·nen·te** 女《言》基底部門. **·la·ger** 中《登山》ベースキャンプ. **·win·kel** 男 (二等辺三角形の)底角. **·wis·sen** 中 基礎知識. **·wort** 中 (Grundwort)《言》(複合語の)基礎〈基底〉語.

Ba·si·zi·tät[bazitsitɛ́:t] 女 -/《化》塩基度.

Bas·ke[báskə] 男 -n/-n バスク人(ピレネー山脈の南北両側に住む民族. 言語・習慣が近隣のスペイン人・フランス人と著しく異なる. スペイン語形 Vascos, フランス語形 Basque). [*lat.*−*span.*; ◇ *engl.* Basque]

Bas·ken·müt·ze 女 ベレー帽(元来はバスク人の帽子: → 図 Mütze).

Bas·ket·ball[bá(:)skətbal] 男 **1**《単数で》バスケットボール. **2** バスケットボール用のボール. [*engl.*]

Bas·ket·bal·ler[bá(:)skətbalər] 男 -s/-《話》=Basketballspieler

Bas·ket·ball·spie·ler 男 バスケットボールの選手〈競技者〉.

bas·kisch[báskɪʃ] 形 バスク人〈語・地方〉の(→Baske): → deutsch

Bas·kü·le[baskýːlə] 女 -/-n **1** (Schaukel) シーソー〔板〕. **2** =Basküleverschluß [*fr.*; ◇ Culotte; *engl.* bascule]

Bas·kü·le·ver·schluß 男 (窓・ドアなどの)バスキュール錠(→ 図 Fenster B).

Bäs·lein Base¹の縮小形.

Bas·ler[bá:zlər] =Baseler

Bas·re·lief[bárelieʃ, ◡◡◡◡] 中 -s/-s, -e (↔Hautrelief) (Flachrelief)《美》低肉〈薄肉〉彫り. [*fr.*; <*fr.* bas „niedrig" (◇Basso)]

baß[bas] 形 **1**《副詞的》(sehr) 非常に, きわめて: **~ erstaunt 〈verwundert〉 sein / *sich*⁴ ~ wundern 〈verwundern〉** ひどく奇異に感じる, ひどく驚いて〈いぶかしがって〉いる ‖《まれに付加語的に》zum *bassen* Erstaunen des Polizisten その警官がびっくりしたことには. ᵛ**2** =besser [*ahd.*; ◇besser]

Baß[bas] 男 Basses/Bässe[bɛ́sə] **1**《ふつう単数で》《楽》バス(男声低音): Er hat einen tiefen ~. 彼の声は低音のバスだ. **2 a)** バス歌手. **b)** 低音弦楽器, ベース(チェロ・コントラバスなど). [<Basso]

ᵛ**Bas·sa**[básaˑ] 男 -s/-s =Pascha 1

Baß·an·he·bung[bás..] 女《電》低周波増幅. **·bal·ken** 男《楽》(ヴァイオリンなどの)力木(ちから). **·ba·ri·ton** [また: ◡◡◡◡] 男 **1**《ふつう単数で》《楽》バス=バリトン(バリトンの低音域). **2** バス=バリトン歌手. **·blä·ser** 男 低音管楽器奏者. **·bo·gen** 男《楽》コントラバスの弓. **·buf·fo**[また: ◡◡◡] 男《楽》(オペラの)バスの道化役; 道化役専門のバス歌手.

Bas·se[básə] 男 -n/-n《北部》《狩》(強い)雄イノシシ. [*mndd.*]

Bäs·se Baß の複数.

Basse·lisse·stuhl[bás(ə)lɪs(ə).., bas(ə)lís(ə)..] 男 (じゅうたんなどを織る)バスリス織機. [<*fr.* basse lice „tiefer Schaft" (◇Basso)]

Bas·se·na[basé:naˑ] 女 -/-s《オーストリア》(古い共同住宅の)共同井戸〈貯水がめ〉. [*vulgärlat.*−*it.*; ◇Bassin]

Bas·se·na·tratsch[basé:na..] 男《オーストリア》井戸端会議.

Bas·set[basé:, basɛ́:] 男 -s/-s バセット(フランス原産の脚が短い猟犬). [*fr.* „kurzbeinig"]

Bas·sett[basɛ́t] 男 (中) -s/-e(-s)《楽》バセット(18世紀の小型コントラバス). [*it.*; ◇Basso]

Bas·sett·horn 中 -〔e〕s/..hörner《楽》バセットホルン(18世紀の木管楽器).

Baß·gei·ge[bás..] 女《楽》コントラバス, ダブルベース: ein As 〈ein Aas〉 auf der ~ sein (→Aas 2, →As³ 2 a) ‖ den Himmel für eine ~ ansehen (→Himmel 1). **·gei·ger** 男 コントラバス〈ダブルベース〉奏者. **·horn** 中 -〔e〕s/..hörner《楽》バス=ホルン(19世紀前半の金管楽器の一種).

Bas·si Basso の複数.

Bas·sin[basɛ̃:, ..sɛ́ŋ] 中 -s/-s **1** 水槽, タンク. **2** (噴水などの)水盤; 貯水池; プール(→ 図 Bad B). [*vulgärlat.*−*fr.*; ◇Becken, Bassena; *engl.* basin]

Baß·in·stru·ment[bás..] 中《楽》低音楽器.

Bas·sist[basíst] 男 -en/-en バス歌手; コントラバス奏者.

Baß·kla·ri·net·te[bás..] 女《楽》バス=クラリネット. **·lau·te** 女《楽》低音のリュート, テオルベ. **·no·te** 女《楽》低音符(バス記号を用いて記された音符).

Bas·so[básoˑ] 男 -/Bassi[básiˑ]《楽》バス, 低音; 男声低音; コントラバス: ~ continuo[kɔntí:nuoˑ] (略 b. c., B. c.) 通奏低音 ‖ ~ ostinato[ɔstiná:toˑ] 固執低音. [*spätlat.* bassus „niedrig"−*it.*; ◇Baß, Bassett]

Baß·pfei·fe[bás..] 女《楽》ファゴット, バスーン; (バッグパイプの)低音管. **·po·sau·ne** 女《楽》バス=トロンボーン. **·reg·lung** (**·re·ge·lung**) 女《電》低周波調節. **·sai·te** 女《楽》低音弦. **·sän·ger** 男 = Bassist **·schlüs·sel** 男《楽》バス〈ヘ音〉記号, 低音部記号(→ 図 Note). **·stim·me** 女 バスの〔音域をもつ〕声, (男性の)低音の声; バス声部. **·tu·ba** 女《楽》バス=チューバ.

Bast[bast] 男 -es(-s)/-e **1** (植物の)内皮, 靭皮(じんぴ)(ござ・かご・縄などの材料). **2**《狩》(シカの枝角の)軟毛皮, 袋角, 鹿茸(ろくじょう). [*germ.*; ◇basteln; *engl.* bast]

ba·sta[bástaˑ]《イタリア語》(genug!) (それ以上の論議・発言を拒絶する気持を表して)もう結構〈十分〉, それまで, 終わり, おしまい, 以上: Du gehst jetzt ins Bett, 〔und damit〕 ~! お前はもう寝ろ それでおしまい(これ以上つべこべ言うな). [<*it.* bastare „hinreichen"]

Ba·staard[básta:rt] 男 -s/-s《ふつう複数で》バスタールト族 (Bure の男と Hottentotte の女との混血). [*afr.*−*mndl.*−*afrikaans*]

Ba·stard[bástart]¹ 男 -s(-es)/-e **1**《生》雑種. **2** (特に身分違いの親の)私生児, (貴人の)落としだね, 落胤(らくいん): Du ~!《軽蔑的に》このがき〈野郎〉め. [*afr.*−*mhd.*]

Ba·stard·fa·den 男《紋》(庶出を示す)逆斜め細帯(→ 図 Wappen e). **·fei·le** 女《工》荒目やすり. **·fen·ster** 中 横幅の広い窓.

ba·star·die·ren[bastardí:rən] 他 (h)《生》交配させる, 掛け合わせる.

Ba·star·die·rung[..rʊŋ] 女 -/-en《生》交配, 掛け合わせ.

ba·star·di·sie·ren[..dizí:rən] 自 (s)《生》雑種となる.

Ba·stard·pflan·ze[bástart..] 女 雑種植物. **·ras·se** 女 混血人種;《動》混血種, 雑種. **·schrift** 女《印》変格活字(ボデーと文字の大きさの比が標準外である活字). **·spra·che** 女《言》混成言語. **·wech·sel** 男 (Kellerwechsel)《商》融通手形. **·wes·pe** 女《虫》ハナダカバチ(鼻高蜂).

Ba·ste[bástə] 女 -/-n 《トランプ》2番目に強い切り札. [*span.* basto „Treff"−*fr.*; ◇Bastonade]

Ba·stei[bastáɪ] **I** 女 -/-en =Bastion

II die Ba·stei 地名 女 -/ バスタイ (Elbe 川上流の巨岩群). [*it.* bastia; ◇Bastion]

Ba·stel·ar·beit[bástəl..] 女 素人細工〔品〕, (趣味の)工作〔品〕. **·ecke** 女 (新聞などの)工作案内〈指導〉欄; (デパートなどの)工作〈日曜大工〉用品売り場.

Ba·ste·lei[bastəláɪ] 女 -/-en 素人細工, (趣味の)工作.

ba·steln[bástəln] (06) **I** 他 (h) 素人細工〈趣味の工作〉で作る: *sich*³ einen Radioapparat ~ 自分でラジオを組み立てる. **II** 自 (h) **1** 趣味で細工〈組み立て〉をする, 工作をする. **2** (an *et.*³) (…を)繕う, 直す. [<Bast]

ba·sten[bástən] 形 靭皮(じんぴ)製の.

bast·far·ben[bást..] 形, **·far·big** 形 靭皮(じんぴ)色〈淡黄色〉の.

Bast·fa·ser 女 靭皮(じんぴ)繊維. **·hut** 男 靭皮製の帽子.

Ba·stian[bástia(:)n] 男名 (<Sebastian) バスティアーン.
ba·stig[bástıç]² 形 靭皮(じんぴ)状(製)の.
Ba·stil·le[bastí:jə, ..tíljə] **I** 女 -/-n 城塞(じょうさい), とりで; 牢獄(ろうごく). **II** die **Ba·stil·le** 女 -/ バスティーユ(パリ郊外にあった城塞. のち牢獄として用いられ, これに対する民衆の攻撃がフランス革命の発端となった). [*fr.*]
Ba·stion[bastió:n] 女 -/-en 稜堡(りょうほ)(城塁の突出部: → 図 Burg). [*it.*–*fr.*; ◇Bastei]
ᵛ**ba·stio·nie·ren**[bastioní:rən] 他 (h) 稜堡(りょうほ)で固める.
Bast·ler[bástlər] 男 -s/- 素人細工(趣味の工作)をする人. [<basteln]
Bast·mat·te[bást..] 女 靭皮(じんぴ)製のむしろ(マット).
Ba·sto·na·de[bastoná:də] 女 -/-n (特に足裏に加える)棒打ちの刑. [*span.*–*fr.*; <*span.* bastón „Stock"; ◇Baste; *engl.* bastinado]
ba·sto·nie·ren[..ní:rən] 他 (h) 《*jn.*》(罪人の)足裏を棒で打つ.
Bast≈pfei·fe[bást..] 女 靭皮(じんぴ)で作った笛. ≈**sei·de** 女 〖織〗(精練漂白する前の)粗絹糸.
Ba·su·to[bazú:to·] 男 -[s]/-[s] バスト人 (Bantu に属する南アフリカの一種族で, Lesotho 王国を構成).
Ba·su·to·land[bazú:tolant] 地名 バストランド(1966年に独立した Lesotho 王国のイギリスの保護領時代の呼称. 南ア共和国内の中東部にあり, 住民の多くは Basuto).
bat[ba:t] bitten の過去.
Bat. 略 =Bataillon
BAT[be:|a:té:] 略 男 -/ =Bundesangestelltentarif
B. A. T.[–] 女 -/ ベーアーテー(正式名称は B. A. T. Cigaretten-Fabriken GmbH といい, ドイツ最大のタバコ会社). [*engl.*; <*engl.* *B*ritish-*A*merican *T*obacco]
ᵛ**Ba·tail·le**[batá:jə, ..táljə] 女 -/-n (Schlacht) 戦い, 戦闘, 会戦. [*lat.* battuālia–*fr.*; ◇Batterie; *engl.* battle]
Ba·tail·lon[bataljó:n] 中 -s/-e (略 Bat.) 〖軍〗大隊; 《比》大勢, 大軍: ein ~ von Journalisten 大勢のジャーナリスト. [*it.* –*fr.*; ◇ *engl.* battalion]
Ba·tail·lons≈füh·rer[bataljó:ns..] 男, ≈**kom·man·deur**[..dø:r] 男 〖軍〗大隊長.
ba·tail·lon·weis[..vaıs] 副 《オーストリア》大群をなして, 大勢で.
Ba·ta·te[batá:tə] 女 -/-n (Süßkartoffel) 〖植〗サツマイモ, 甘藷(かんしょ). [*hait.*–*span.* patata; ◇ *engl.* potato]
Ba·ta·ver[bá:tavər] 男 -s/- バタヴィア人 (Rhein 河口に住んだゲルマンの一種族で, 4 世紀にフランク人に吸収された). [*lat.* Batavī]
Ba·ta·via[batá:via·] 地名 バタヴィア(インドネシア共和国の首都 Djakarta のオランダ領当時の名).
ba·ta·visch[..vıʃ] 形 バタヴィア[人]の: die *Batavische* Republik バタヴィア共和国(革命戦争の結果フランスによって1795年北部オランダに建てられた国. 1806年まで続いた).
bä·te[bɛ́:tə] bitten の接続法 II.
batho.. 《名詞などにつけて「深さ」などを意味する》[*gr.* báthos „Tiefe"; ◇bathy..]
Ba·tho·lith[batolí:t, ..lít] 男 -s/-e(-en/-en) 〖地〗底盤.
Ba·tho·me·ter[..mé:tər] 中 (男) -s/- (深海用の)測深器.
Bath·or·den[bá:θ|ɔrdən] 男 バス勲位(勲章)(イギリスのナイト爵の勲位). [*engl.* the Order of the Bath; ◇Bad]
Bath·se·ba[bátseba·] 人名 〖聖〗バテシバ (Uria の妻. のち David の妻となり, Salomo を産んだ). [*hebr.*; ◇ *engl.* Bathsheba]
bathy.. 《名詞・形容詞などにつけて「深さ」などを意味する》[*gr.* bathýs „tief"; ◇batho..]
Ba·thy·bius[batý:biʊs] 男 -/ バティビウス(粘液性の白く柔らかな深海底沈積物). [<bio..]
Ba·thy·gra·phie[batygrafí:] 女 -/ (Tiefseeforschung) 深海海洋学.
ba·thy·gra·phisch[..grá:fıʃ] 形 深海海洋学の.
Ba·thy·me·ter[..mé:tər] 中 (男) -s/- =Bathometer
Ba·thy·plan[..plá:n] 男 -[e]s/-e 水中調査艇. [<*fr.* planer „schweben" (◇planieren)]
Ba·thy·scaphe[batyská:f, batʏs..] 男 中 -[s]/-, **Ba·thy·skaph**[–] 男 -en/-en バチスカーフ(スイス人ピカール Piccart の作った深海潜水艇). [*fr.*; <*gr.* skáphē „Boot"]
Ba·thy·sphä·re[..sfɛ́:rə] 女 -/ **1** (大洋の)最深海域. **2** 岩漿(がんしょう)のある地底の深部. **3** (深海生物調査用の)潜水球, 球形潜水器.
Ba·tik[bá:tık] 男 -s/-en; 女 -/-en **1** 《単数で》バチック(ジャワのろう染め法). **2** (バチック染めの)ジャワさらさ. [*malai.* „gesprenkelt"]
ba·ti·ken[bá:tıkən] 他 (h) バチック(ろう染め)で染める.
Ba·tist[batíst] 男 -es(-s)/-e バチスト, ローン(高級な薄地の平織り亜麻布または綿布. 婦人服・ハンカチなどに用いる). [*fr.*]
ba·ti·sten[..tən] 形 バチスト(ローン)製の.
Bat·se·ba[bátseba·] =Bathseba
Batt. 略 =Batterie 2
Bat·te·rie[batərí:] 女 -/-n[..rí:ən] **1 a)** 〔蓄〕電池, バッテリー: eine ~ von 12 Volt 12ボルトの〔蓄〕電池 | Sonnen*batterie* 太陽電池 | Trocken*batterie* 乾電池 ‖ die ~ aufladen バッテリーに充電する; 《話》休養する, 休暇をとる | Die ~ ist leer 〈verbraucht〉. バッテリーが切れた〈上がった〉. **b)** (同種の器具を並列し組み合わせた)機械〈装置〉一式, セット; 冷温混合水栓: eine ~ von Koksöfen コークス炉一組. **2** (略 Batt., Battr.) 〖軍〗砲兵〔中〕隊; 砲列; 砲台. **3 a)** 《話》かなりの数〔のもの〕: Eine ~ 〔von〕 Bierflaschen stand auf dem Tisch. テーブルにはビール瓶が林立していた. **b)** 〖楽〗(楽団・オーケストラの)打楽器群. [*fr.* ; <*lat.* ba〔t〕tuere „schlagen"; ◇Bataille]
Bat·te·rie≈chef[..ʃɛf] 男, ≈**füh·rer** 男 〖軍〗砲兵〔中〕隊長; 砲台長. ≈**ge·rät** 中 電池式器具. ≈**kes·sel** 男 バッテリー=ボイラー, 機関缶. ≈**ra·sie·rer** 男 電池式電気かみそり. ≈**zün·dung** 女 (内燃機関の)蓄電池点火.
Battr. 略 =Batterie 2
Bat·zen[bátsən] 男 -s/- **1** (Klumpen) 塊: ein ~ Lehm 粘土塊. **2** 《話》大金: Er hat einen 〔schönen〕 ~ 〔Geld〕. 彼はしこたま金を持っている. **3** バッツェン(15-19世紀の銀貨. ドイツでは 4 Kreuzer, スイスでは10 Rappen に相当する). [<batzen „kleben" (◇backen²)]
Bat·zen≈stück 中 **1** バッツェン銀貨(→Batzen 3). **2** (Schenkelstück) (よろいの)腿甲(たいこう). ≈**wa·re** 女 安物.
bat·zert[bátsərt] 形, **bat·zig**[bátsıç]² 形 《話》(frech) あつかましい, 生意気な: *sich*⁴ ~ machen (自分を高く売りつけようと)えらぶる, 虚勢を張る. [◇patzig]
Bau[baʊ] 男 **1** -〔e〕s/ **a)** 建設, 建造, 建築: der ~ einer Brücke 〈eines Turmes〉 橋〈塔〉の建設 | im 〈in〉 ~ sein / *sich*⁴ im 〈in〉 ~ befinden (家などが)建設工事中である. **b)** 建設現場: auf dem ~ sein 〈arbeiten〉 /auf den ~ gehen 建設現場で働いている, 建設に従事している | **vom ~ sein** 《話》専門家〈くろうと〉である | die Leute vom ~ 《話》専門家〈くろうと〉たち. **c)** 《南部・オーストリア》(Anbau) 栽培. **2** -〔e〕s/ **a)** (Struktur) 構造, 構成: der innere ~ einer Maschine 〈einer Sprache〉 機械〈言語〉の内部構造 | ein Drama von gutem ~ 巧みに構成された戯曲. **b)** (Körperbau) 体格: Er ist von kräftigem 〈schlankem〉 ~. 彼は体つきががっしり〈ほっそり〉している. **3** -〔e〕s/ -ten[báʊtən] (Gebäude) 建物, 建造物: Neu*bau* 新築家屋, 新館 | ein historischer ~ 歴史的建造物. **4** -〔e〕s/ -e **a)** (キツネ・アナグマなどの)巣穴; 《話》すみか: 〔*sich*³〕 ~*e* anlegen 巣穴を掘る | nicht aus dem ~ gehen 〈kommen〉 《話》家にとじこもっている. **b)** 〖坑〗坑道; 枠, 支保. **5** -〔e〕s/ (Arrest) 〖軍〗営倉: drei Tage ~ bekommen 3 日間の営倉をくらう. [*germ.*; ◇bauen]
Bau≈ab·nah·me[báʊ..] 女 (監督官庁による新築家屋の)実地検分; (実地検分後の新築家屋の)引き渡し. ≈**aka·de·mie** 女 建築専門学校, 建設単科大学. ≈**amt** 中 土木監督局; 建築局. ≈**an·schlag** 男 建設費の見積もり. ≈**ar·bei·ten** 複 建築〈建設〉工事. ≈**ar·bei·ter** 男 建設〈土木〉作業員. ≈**art** 女 **1** 建築様式; 建て方. **2**

B

(機械などの)建造〈構造〉方式; (自動車などの)型, モデル. ⸗**auf·se·her** 男 土木監督〔者〕, 現場監督. ⸗**auf·sicht** 女 -/ (官庁による)土木〈建築〉監督; 土木監督局. ⸗**be·hör·de** 女 = Bauamt ⸗**block** 男 -〔e〕s/-s, ..blöcke 街区(街路に囲まれた区画); 街区内の建築群. ⸗**boom**[..bu:m] 男 建築〈建設〉ブーム. ⸗**bu·de** 女 建築〈工事〉現場の仮小屋〈バラック〉, 飯場.

Bauch[baʊx] 男 -es(-s)/Bäuche[bɔ́ʏçə] (小 **Bäu·chel·chen**[bɔ́ʏçəlçən] 中 -s/-, **Bäuch·lein** → 別出) **1 a)** 腹, 腹部;《話》おなか, 胃腸: ein dicker ～ 太鼓腹 | ein leerer ～ 空腹 ‖ Ihm knurrt der ～. 彼は(空腹で)おなかが鳴っている | **Ein voller ～ studiert nicht gern.**《諺》腹の皮が張ると目の皮がたるむ(腹いっぱい食うと勉強がいやになる) ‖ einen ～ bekommen 〈haben〉/*sich*^{3} einen ～ zulegen (脂肪分がたまって)腹が出てくる, ほてい腹になる | *seinem* ～ dienen 口腹の欲にふける(聖書: ロマ16,18から) | einen ～ haben 腹が出ている, ほてい腹である | **einen dicken ～ haben**《卑》妊娠している | **einen schlauen ～ haben**《話》抜け目がない | keinen ～ mehr haben やせる | ***sich***^{3} 〔**vor Lachen**〕 **den ～ halten** 腹をかかえて笑う | *sich*^{3} den ～ pflegen 食い道楽をする | *sich*^{3} den ～ 〔tüchtig〕 vollschlagen たらふく食べる ‖ 〔mit *et.*^{3}〕 **auf den ～ fallen**《話》〔…に〕失敗する | auf dem ～ liegen 腹ばいになっている | **vor *jm.* auf dem ～ liegen 〈kriechen / rutschen〉**《話》…に追従する, …の前で平身低頭する | **aus dem hohlen ～**《話》なんの準備もなしに | aus vollen *Bäuchen* lachen げらげら笑う | *jm.* Löcher 〈ein Loch〉 **in den ～ fragen** 〈reden〉(→Loch 1) | 〔eine〕 Wut im ～ haben (→ Wut 1) | nichts im ～ haben (何も食べずに)空腹である | *jm.* ein Kind in den ～ reden (→Kind) | *jm.* Löcher 〈ein Loch〉 in den ～ reden (→Loch 1) | *sich*^{3} die Beine in den ～ stehen (→Bein 1 a). **b)** 〘料理〙(豚・子牛などの)腹肉(→ 図 Kalb). **2** (腹状に膨れたもの. 例えば:) (たる・瓶の)胴(→ 図 Flasche, Schüssel); (ヴァイオリンなどの)ボディー; 船腹. [*germ.*; ◇Beule, Busen]

Bauch⸗an·satz[báʊx..] 男 腹に脂肪がつき始めること. ⸗**at·mung** 女 腹式呼吸. ⸗**band** 中 -〔e〕s/..bänder (おけ・たるの)たが. ⸗**bin·de** 女 腹帯; (書籍・葉巻などの)帯紙(→ 図 Buch). ⸗**bruch** 男 〘医〙腹部ヘルニア. ⸗**decke** 女 〘解〙腹壁.

Bäu·che Bauch の複数.

Bäu·chel·chen Bauch の縮小形(→Bäuchlein).

bau·chen^1[báʊxən] **I** 他 (h) 再帰 *sich*^{4} ～ 膨らむ, 膨れる. **II ge·baucht** → 別出

bau·chen^2[–] =beuchen

Bauch·fell[báʊx..] 中 〘解〙腹膜.

Bauch·fell·ent·zün·dung 女 〘医〙腹膜炎.

Bauch⸗fleck 男 **1** (動物の)腹部の明色の斑点(はんてん). **2** =Bauchklatscher ⸗**flos·se** 女 (魚の)腹びれ. ⸗**fü·ßer**[..fy:sər] (⸗**füß·ler**[..fy:slər]) 男 -s/- 〘動〙腹足動物(カタツムリ・ナメクジ・巻き貝など). ⸗**ge·gend** 女 -/ 〘解〙腹部. ⸗**grim·men** 中 -s/ 《話》= Bauchschmerz ⸗**gurt** 男 = Bauchriemen ⸗**haar·ling** 男 〘動〙腹毛虫類(淡水産のイタチムシ・海水産のオビムシなど). ⸗**höh·le** 女 〘解〙腹腔(ふくこう).

Bauch·höh·len⸗ge·flecht 中 〘解〙腹腔(ふくこう)神経叢. ⸗**schwan·ger·schaft** 女 〘医〙腹腔(ふくこう)妊娠.

bau·chig[báʊxɪç]^2 (**bäu·chig**[bɔ́ʏçɪç]^2) 形 **1** 膨らんだ: eine ～*e* Vase 胴の膨らんだ花瓶. ᵛ**2** 腹の出た, 太鼓腹の.

..bäuchig[..bɔʏçɪç]^2《形容詞などにつけて「…な腹をもつ」を意味する形容詞をつくる》: dick*bäuchig* 太鼓腹の.

bauch·kit·zeln[báʊx..] 《06》 =bauchpinseln

Bauch⸗klat·scher 男 《話》(水泳で)腹打ち(へたな飛び込み). ⸗**knei·fen** 中 -s/ , ⸗**knei·pen** 中 -s/ 《話》(Bauchschmerz) 腹いた, さしこみ. ⸗**knöpf·chen** 中 《幼児語》(Nabel) おへそ. ⸗**la·den** 男 (駅弁売りなどが腹の前にかかえる)売り箱. ⸗**la·ge** 女 (体操・水泳・レスリングなどで)うつぶせ〈腹ばい・伏せ〉の姿勢: in der ～ うつぶせ(腹ばい)になって. ⸗**lan·dung** 女 〘空〙胴体着陸.

Bäuch·lein[bɔ́ʏçlaɪn] 中 -s/- (Bauch の縮小形. 例えば:)《幼児語》おなか; 《皮肉》太鼓腹, ほてい腹.

Bauch·lif·ting 中 〘美容〙腹部のしわ取り整形手術.

bäuch·lings[..lɪŋs] 副 腹ばいで, うつぶせに.

Bauch⸗mus·kel[báʊx..] 男 〘解〙腹筋: äußerer schräger ～ 〘解〙外腹斜筋. ⸗**na·bel** 男 《話》(Nabel) へそ. ⸗**pilz** 男 腹菌類のキノコ(ホコリダケ・スッポンダケなど: → 図 Pilz).

bauch·pin·seln 《06》 他 (h) 《ふつう過去分詞で》《話》 (*jn.*) (…に)おせじを言う, へつらう: *sich*^{4} *gebauchpinselt* fühlen おせじを言われてくすぐったい気がする.

Bauch·pres·se[báʊx..] 女 -/ 〘医〙腹圧, いきみ.

Bauch·re·de·kunst 女 -/ 腹話術.

bauch|re·den 《01》 自 (h) 《ふつう不定詞・分詞で》腹話術をする: Er kann ～. 彼は腹話術ができる | Er hat *bauchgeredet* 〈*gebauchredet*〉. 彼は腹話術をした.

Bauch·red·ner 男 腹話術師. [*spätlat.* ventriloquus (→Ventriloquist) の翻訳借用]

Bauch⸗reif 男 (よろいの)草ずり(→ 図 Harnisch). ⸗**rie·men** 男 (馬の)腹帯 (→ 図 Geschirr). ⸗**schmerz** 男 -es/-en 《ふつう複数で》腹痛, 腹いた. ⸗**schnitt** 男 〘医〙腹部切開, 開腹術; 開腹部. ⸗**schuß** 男 腹部への銃撃; 腹部銃創. ⸗**spei·chel** 男 〘医〙膵液(すいえき). ⸗**spei·chel·drü·se** 女 〘解〙膵臓(すいぞう). ⸗**stich** 男 〘医〙腹腔(ふくこう)穿刺(せんし), 穿腹術.

bauch·strei·cheln 《06》 =bauchpinseln

Bauch⸗stück 中 **1** 〘料理〙 **a)** (豚の)腹肉; (子牛の)胸肉; (羊の)胸肉, わき腹肉; (牛の)薄いわき腹肉. **b)** 《方》脂肪分の少ない〈すじのある〉ベーコン. **2** 〘海〙(木船の)肋根(ろっこん)材. ⸗**tanz** 男 ベリーダンス(腹部の筋肉を動かし, 腰をくねらせる中近東の踊り).

bauch·tan·zen 《02》 自 (h) 《ふつう不定詞で》ベリーダンスをする.

Bauch·tän·zer 男 ベリーダンスの踊り手.

Bau·chung[báʊxʊŋ] 女 -/-en 《ふつう単数で》膨らますこと; (瓶・つぼ・円柱などの)膨らみ; 膨れ.

Bauch⸗wand[báʊx..] 女 《ふつう単数で》〘解〙腹壁. ⸗**was·ser·sucht** 女 〘医〙腹水症. ⸗**weh** 中 -s/ 腹痛: *et.*^{4} leiden können wie ～ 《皮肉》…が我慢できない〈大嫌いだ〉. ⸗**zwicken** 中 -s/ 《話》腹痛.

Bau·cis[báʊtsɪs] 人名 〘ギ神〙バウキス (Philemon の妻): Philemon und ～ (→Philemon 1). [*gr.*–*lat.*]

Baud[baʊt, bo:t] 中 -〔s〕/- ボー(電信の通信速度の単位). [<J. Baudot (フランスの技師, †1903)]

Bau·de[báʊdə] 女 -/-n 《東部》山小屋; 山中の牧人小屋; 山の中の宿屋, 山宿. [*mhd.*–*tschech.*; ◇Bude]

Bau·de·laire[bod(ə)lɛ́:r] 人名 Charles ～ シャルル ボードレール(1821-67; フランスの詩人).

Bau·denk·mal[báʊ..] 中 記念〈文化財的〉建造物.

Bau·douin[boduɛ̃:, bodwɛ̃] 人名 ボドゥアン(1930-1993; ベルギー王. 1951年即位). [◇Balduin]

Bau·ele·ment[báʊ..] 中 =Bauteil II

bau·en[báʊən] **I** 他 (h) **1** 建設〈建築〉する, 建造〈製造〉する: Eisenbahnen ～ 鉄道を敷設する | ein Haus ～ 家を建てさせる; (大工が)家を建築する | Hütten ～ 小屋掛けをする; 《比》滞留する | Maschinen 〈Schiffe〉 ～ 機械〈船〉を造る | 〔*sich*^{3}〕 ein Nest ～ (鳥が)巣を作る; 《比》(人が)世帯を持つ ‖ *sich*^{3} einen Anzug ～ lassen 《戯》服を新調する〈仕立ててもらう〉 ‖ **auf *jn.*** Häuser ～ (→Haus 1) | *seine* Hoffnung auf *jn.* ～ 《比》…に期待をかける | *sein* Urteil auf *et.*^{4} ～ 《比》…に判断の基礎をおく ‖ 再帰 *sich*^{4} auf *et.*^{4} ～ …に基づく, (望みなどが)…にかかっている. **2** (試験などを)済ます; 《話》(誤りなどを)犯す: *seinen* Doktor ～ ドクターになる | *seine* Prüfung ～ 試験にパスする | einen Schwanz ～ (→Schwanz 2 d) | einen Unfall ～ 事故を起こす. **3 a)** (anbauen) (作物を)栽培する; (はちみつを)採取する; (鉱物を)採掘する. **b)** (bebauen) (土地を)耕作する. **4** 《北部》(ある場所に)住みつく.

II 自 (h) **1** 家を建てる, 巣を作る: am Wasser ～ 《比》涙もろい | auf *jn.* 〈*et.*^{4}〉 ～ 《比》…をあてにする, …に信頼をおく.

2《an *et.*³》(…の)建設(建造)に従事している: an einem Haus ～ 家を建築中である | an einer glücklichen Zukunft ～ 幸福な未来のために働いている. **3**《auf *et.*⁴》(鉱石などを)採掘する. **4** (機械などが)構成(建造)されている: solide (flach) ～ 頑丈(扁平)に造られている.

Ⅲ ge·baut → 別出

[*germ.* „wohnen"; ◇Physis, Futur, Bau〔er〕, ..büt-tel]

Bau·ent·wurf[báu..] 男〘建〙設計図.

Bau·er¹[báuər] 男 -n(-s)/-n **1** (⊛ **Bäue·rin**[bɔ́yərɪn] -/-nen; ⊛ **Bäu·er·chen** → 別出, **Bäu·er·lein** [bɔ́yərlaɪn] 中 -s/-) (Landwirt) 農民, 農夫;《比》(無教養な)田舎者: ein kleiner ～ 小農 | ein reicher ～ 富農‖ **Die dümmsten ～n haben die dicksten (größten) Kartoffeln.**《諺》愚か者ほど福がある | Was der ～ nicht kennt, das frißt er nicht.《諺》縁なき衆生(しゅじょう)は度しがたし(農民は自分の知らぬ物は食べない). **2**〘トランプ〙ジャック;〘チェス〙ポーン(→ ⊠ Schach B). **3** =Bäuerchen 2 **4**《話》kalter ～ 夢精(=Pollution). [*ahd.* gibūro „Mit-bewohner"; < *ahd.* būr „Wohnung"]

Bau·er²[báuər] 男 -s/- (bauen I 1する人. 特に:) 建造者. [*ahd.* būāri]

Bau·er³[−] 中 (男) -s/- (Vogelkäfig) 鳥かご. [*germ.* „Wohnsitz"; ◇bauen; *engl.* bower]

Bäu·er·chen[bɔ́yərçən] 中 -s/- **1** Bauer¹ 1 の縮小形. **2** (赤ん坊の)おくび, げっぷ: [**ein**] **～ machen** げっぷをする.

Bäue·rin 女 Bauer¹ 1 の女性形.

bäue·risch[bɔ́yərɪʃ] =bäurisch

Bau·er·laub·nis[báu..] 女 建築許可.

Bäu·er·lein Bauer¹ 1 の縮小形(→Bäuerchen).

bäu·er·lich[bɔ́yərlɪç] 形 農民の; 田舎の; 農民らしい; 田舎ふうの.

Bau·ern≈adel[báuərn..] 男〘史〙自由農民, 農民貴族. **≈auf·stand** 男 農民一揆. **≈be·frei·ung** 女 農民解放. **≈brot** 中 農家の自家製黒パン; 農家風黒パン. **≈bur·sche** 男 農家の若者. **≈dir·ne** 女 =Bauernmädchen **≈fang** 男 -〔e〕s/ (見えすいた)詐欺:〘もっぱら次の形で〙**auf ～ ausgehen**《話》人をだまそうとする. **≈fän·ger** 男 (世間知らずな人をだます)詐欺師; (トランプなどの)いかさま(ぺてん)師.

Bau·ern·fän·ge·rei[bauərnfɛŋəráɪ] 女 -/ (見えすいた)詐欺; (トランプなどの)いかさま.

Bau·ern≈frau[báuərn..] = Bauersfrau **≈früh·stück** 中〘料理〙農家風朝食(卵とベーコンを混ぜていためたオムレツ風ジャガイモ料理). **≈fuß·ball** 男《話》(へたな)どたばたサッカー. **≈gut** 中 農民の所有(経営)地(家畜も含む), 農場. **≈haus** 中 農家, 百姓家(住居と農舎). **≈hoch·zeit** 女 農家(田舎)の結婚式. **≈hof** 男 農場(農家と農地), 農作業場(→ ⊠): von einem ～ stammen 農家の出身である. **≈jun·ge** 男 農家の少年: Es regnet ～〔*n*〕*s.*《話》雨がどしゃ降りだ. **≈ka·len·der** 男 農事(農家)暦 (Bauernregel を集めた暦). **≈knecht** 男 作男, 農場労働者. **≈krieg** 男 農民戦争: der Große ～ ドイツ農民戦争(1524-25). **≈kul·tur** 女 農民文化. **≈le·gen** 中 -s/ (保有地からの)農民追放(特にドイツ東部で16-18世紀に Gutsherrschaft 形成過程に見られた). **≈mäd·chen** 中 農家の少女, 田舎娘. **≈op·fer** 中〘チェス〙(有利な態勢を作るために)ポーンを犠牲にすること;《比》(大義のために)小者を犠牲にすること. **≈re·gel** 女 農事金言(農民の経験や迷信に基づく天気予知の規則).

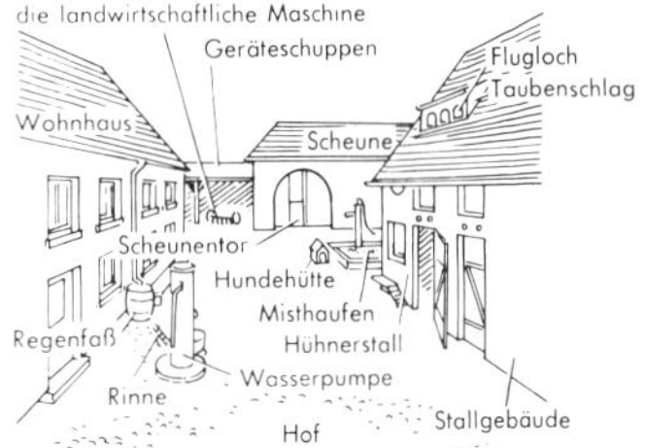

Bauernhof

Bau·ern·sa·me[báuərnza:mə] 女 -/ 《スイス》= Bauernschaft 1 [<Bauersame]

Bau·ern·schaft[..ʃaft] 女 -/-en **1**《単数で》《集合的に》農民, 村民; 農民階級. **2** =Bauernhof

bau·ern·schlau 形 農民のように抜け目のない, 狡猾(こうかつ)な; 抜かりない.

Bau·ern≈schläue[báuərn..] 女 農民のような抜け目なさ, 狡猾(こうかつ). **≈schmin·ke** 女〘植〙イヌムラサキ(犬紫). **≈stand** 男 -〔e〕s/ 農民階級; 農民の身分. **≈stu·be** 女 **1** 農家の居間. **2** 田舎ふうの部屋. **≈tanz** 男 農民の踊り; 田舎踊り. **≈thea·ter** 中 **1** 農民劇. **2** 農民劇場. **3** 農民劇団. **≈tracht** 女 農民の民俗衣装.

Bau·ern·tum[báuərntu:m] 中 -s/ **1** 農民の身分; 農民階級. **2** 農民ふう, 農民気質(かたぎ).

Bau·ern≈ver·band 男 農民組合: Deutscher ～ (ドイツの)全国農民組合連合. **≈ver·stand** 男 農民ふうのずるがしこさ(抜け目なさ). **≈volk** 中 ▽**1**《単数で》=Bauernschaft **2** 農耕民族; 農業国民. **≈wirt·schaft** 女 **1**《単数で》農民経済; (Landwirtschaft) 農業. **2** 農場.

Bau·er·sa·me[báuərza:mə] 女 -/ 《スイス》=Bauernschaft 1 [*mhd.* gebūr-same; ◇sammeln]

Bau·ers≈frau[báuərs..] 女 農婦; 農夫の妻. **≈leu·te** 複 **1** Bauersmann の複数. **2**《集合的に》農民. **≈mann** 男 -〔e〕s/..leute《雅》(Bauer) 農夫; 田舎者.

Bäu·ert[bɔ́yərt] 女 -/-en《スイス》(Gemeindefraktion) 市町村内の一行政区域. [*ahd.* gibūrdia „Gegend"]

Bau·er·war·tungs·land[báu..] 中 -〔e〕s/ 開発予定(計画)地区.

Bau·fach 中 -〔e〕s/ 建築業; 建築学: Er ist im ～ tätig. 彼は建築業をやっている.

bau·fäl·lig[..fɛlɪç]² 形 (建物などの)倒れかかった, 老朽化(荒廃)した.

Bau·fäl·lig·keit[..kaɪt] 女 -/ baufällig なこと.

Bau≈feld 中〘坑〙採掘場. **≈fir·ma** 女 建設会社. **≈flucht** 女 **1** 家並み. **2** =Baufluchtlinie

Bau·flucht·li·nie[..niə] 女〘建〙建築線.

Bau≈füh·rer 男 建築監督者, 土木(現場)監督. **≈ge·län·de** 中 建築敷地. **≈ge·neh·mi·gung** 女 (官庁の)建築認可. **≈ge·nos·sen·schaft** 女 住宅建設組合, 住宅協会(安い住宅を建設して会員に供給する協同組合). **≈ge·rüst** 中 建築足場. **≈ge·wer·be** 中 建設業. **≈gru·be** 女〘建〙基礎溝, 根切り(基礎工事用に掘った穴). **≈grund** 男 **1** 建築(構造)基盤. **2** 建築用地(敷地). **≈grund·stück** 中 =Baugrund 2 **≈hand·werk** 中 -〔e〕s/ 建築業. **≈hand·wer·ker** 男 建築職人(大工・左官・ブリキ職人・錠前屋など).

Bau·haus[báuhaus]¹ 中 -es/ das ～ バウハウス(1919年 Gropius が Weimar に創立した総合造形学校. 機能主義的な建築・家具の開発に貢献した: → ⊠ Stilmöbel).

Bau≈herr 男 建築〔依頼〕主. **≈hoch·schu·le** 女 =Bauakademie **≈hof** 男 建築資材置き場; 建築〔作業〕場, 普請場. **≈holz** 中 -es/ 建築用木材. **≈hüt·te** 女 **1** =Baubude **2**〘史〙(中世の教会建築に従事した)石工(建築職人)組合. **≈hy·po·thek** 女 建築〔敷地〕抵当権. **≈in·du·strie** 女 建設産業. **≈in·ge·nieur**[..ɪnʒeniø:r] 男 建築(土木)技師. **≈jahr** 中 **1** (家屋・船・機械などの)建造(建設・製造)年号: ein Auto mit ～ 1960 1960年製の自動車. **2**《話》生まれた年. **≈ka·pi·tal** 中 建築(建造)資金. **≈ka·sten** 男 (子供の)積み木箱.

Bau·ka·sten·sy·stem 中 -s/ (家具・機械・建物などの統一規格部品を用いる)ユニット=システム.

Bau≈ke·ra·mik 女 建築用陶材; タイル. **≈klam·mer** 女〘建〙かすがい(→ ⊠ Klammer). **≈klotz** 男 **1** (おもちゃの)積み木: ***Bauklötze***〔***r***〕 **staunen**《話》(驚いて)あっけにとられる. **2**《軽蔑的に》(不格好なコンクリートの)ビル. **≈ko·sten** 複 建築(建造)費.

B

Baukunst

Bau·ko·sten·an·schlag 男 建築(建造)費の見積もり. ⸗**zu·schuß** 男 (家主に対する借家人からの)建築補助金(家賃に算入して償却される).

Bau⸗kran 男 建設工事用クレーン. ⸗**kre·dit** 男 建設融資(貸付). ⸗**kunst** 女 -/ (Architektur) 建築術(→ 図). ⸗**land** 中 -〔e〕s/ **1** = Baugelände **2** 耕地. ⸗**last** 女 (建築法規による, 特に街路・通路などに対する)維持費負担義務. ⸗**lei·ter** 男 建築主任, 現場監督〔者〕. ⸗**lei·tung** 女 **1** 現場監督, 建築指導. **2** 現場監督部, 建築施工部. ⸗**leu·te** Baumann の複数.

bau·lich[báʊlɪç] 形 **1** 建築上の; 構造上の. **2** (家屋の)修理(手入れ)の行き届いた.

Bau·lich·keit[–kaɪt] 女 -/-en《ふつう複数で》(Gebäude) 建造物, 建物: historische ~*en* 歴史的建築物.

Bau⸗lö·we 男 (多数の貸ビルを所有する)建物の大家主. ⸗**lücke** 女 (都市の)まだ建物のたっていない空地. ⸗**lust** 女 -/ 建築意欲; 建設ブーム.

Baum[baʊm] 男 -es(-s)/Bäume[bɔ́ʏmə] (小 **Bäum·chen** → 別出, **Bäum·lein**[bɔ́ʏmlaɪn] 中 -s/-) **1 a)** (英: *tree*) 木, 樹木, 立ち木(→ 図); 《比》生命力: ein blühender ~ 花の咲いている木 | ein immergrüner ~ 常緑樹 | Laub*baum* 広葉樹 | Nadel*baum* 針葉樹 ‖ vom ~ der Erkenntnis essen《比》性に目覚める; 知恵の木の実を食べる(聖書: 創 2,17から) | der ~ des Lebens《比》生命の木, 生命力の源 | der ~ der Menschheit《比》人類発展の姿 ‖ Die *Bäume* blühen ⟨schlagen aus⟩. 木々が花を開く⟨芽をふく⟩ | Der ~ ist eingegangen. 木が枯れた | Auf einen ⟨den ersten⟩ Hieb fällt kein ~.《諺》事を成すには根気がいる | Es ist dafür gesorgt, daß die *Bäume* nicht in den Himmel wachsen. (→sorgen I 1) ‖ ein Kerl wie ein ~ ごつい男 | groß 〔und stark〕 wie ein ~ sein 体格ががっしりしている ‖ *Bäume* **ausreißen** 〔**können**〕《話》すごい大力である, たいしたことがやれる | Er kann ⟨wird⟩ keine *Bäume* mehr ausreißen.《比》彼はもうたいしたことはできない | einen ~ 〔an〕pflanzen ⟨verpflanzen⟩ 木を植える⟨移植する⟩ | **Alte *Bäume* ⟨Einen alten ~⟩ soll man nicht verpflanzen.**《諺》老木は植え替えぬほうがいい(老人は住み慣れた環境から移さぬほうがいい) ‖ **auf** einen ~ klettern 木登りする | Das ist 〔ja〕, um auf die *Bäume* zu klettern! (→klettern) | Er ist auf dem ~.《比》彼はかっかとしている | Das steigt 〔ja〕 auf *Bäume*!《比》こんなことってあるか | Der Wind rauscht **in** den *Bäumen*. 風で木々がさやいでいる | den Wald **vor** lauter *Bäumen* nicht sehen (→Wald 1) | **zwischen ~ und Borke sitzen ⟨stecken⟩** ひどいジレンマに陥っている. **b)** (Weihnachtsbaum) クリスマスツリー: den ~ anzünden ツリーのろうそくに点火する | den ~ schmücken ツリーに飾り付けをする. **2** (丸太で作ったもの. 例えば:) (車輪などの)心棒; (Hebebaum) (てこの)腕木; (Ladebaum) (クレーンの)腕; (Mastbaum) (船の)マスト, ブーム; (Kettbaum) (織機の)経糸巻; (Zeugbaum) (反物の)巻棒; 《南部》(Deichsel) (車の)かじ棒. **3** 〘劇〙(せりふのない)立ちん坊, 仕出し役. **4** 《方》(Unsinn) ナンセンス, たわごと. [*westgerm.*; ◇ *engl.* beam]

Baum·al·lee[báʊm..] 女 並木道.

Bau·mann[báʊ..] 男 -〔e〕s/..leute(..männer) **1** 《ふつう複数で》建築職人. **2 a)** 農夫, 百姓. **b)** 《北部》(Vollbauer) 自作農. **c)** 《南部》下男頭.

baum·ar·tig[báʊm..] 形 樹木のような, 樹木状の.

Bau⸗ma·schi·ne[báʊ..] 女 建設(土木)機械. ⸗**ma·te·rial** 中 建築材料(資材).

Baum⸗bart[báʊm..] 男 (Bartflechte) 〘植〙サルオガセ. ⸗**be·stand** 男 立ち木の数. ⸗**blü·te** 女 樹木の花; 樹木

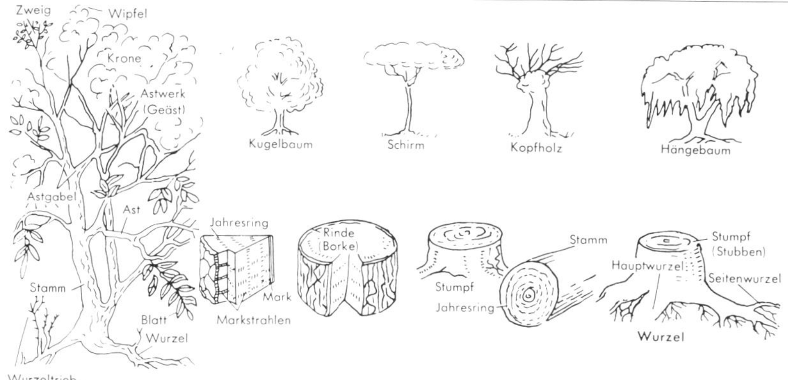

Baum A

Baum B

(特に果樹)の開花〔期〕.

Bäum·chen[bɔ́ʏmçən] 中 -s/- Baum の縮小形: ~ wechseln / ~, wechsle dich 木替え鬼ごっこ(木から木へ移る間につかまえる遊戯);《戯》(離婚して)別の人と結婚すること | Das ~ biegt sich, doch der Baum nicht mehr.《諺》教育は若いうち.

Bau·mé[bomé:] 人名 Antoine ~ アントワヌ ボーメ(1728–1804; フランスの化学者で, ボーメ比重計の考案者).

Bäu·me Baum の複数.

Bau·mé·grad[bomé:..] 男《理》ボーメ度(比重を表す単位; 記号 Bé).

Bau·mei·ster[báu..] 男 **1** (国家試験に合格した)建築士. ▽**2** 建築家.

bau·meln[báuməln]《06》自 (h) だらりと垂れる, ぶらぶら揺れる: die Beine ~ lassen / mit den Beinen ~ 足をぶらぶらさせる | die Seele ~ lassen (→Seele 1 a) | Er wird ~ müssen.《話》やつは絞首刑にされて当然だ. [<bammeln]

bau·men[báumən] **I** 自 (h)《狩》(リスなどが)木にかけ登る; (鳥・リスなどが)木の上にいる, 木にとまっている.
II 他 (h) =bäumen I 3

bäu·men[bɔ́ʏmən] **I** 他 (h) **1** 再帰 *sich*[4] ~ (馬などが興奮して)急に後脚でつっ立つ, 棒立ちになる. **2** 再帰 *sich*[4] gegen *et.*[4] ~ …に逆らう〈抵抗する〉. **3 a)**《織》(縦糸を)織機のロールに巻き付ける. **b)**《農》(積んだ干し草などを)棒で締め付ける. **II** 自 (h) =baumen I [*mhd.*; ◇Baum]

Baum≈fal·le[báum..] 女《狩》梁(はり)落とし(大枝などで作ったかなり大きな落としわな). **≈farn** 男《植》木生シダ(ヘゴの類). **≈fre·vel** 男《法》樹木損傷〔罪〕. ▽**≈gang** 男 並木道. **≈gar·ten** 男 (Obstgarten) 果樹園; 養樹園. **≈gärt·ner** 男 苗木栽培者, 養樹者, 植木屋. **≈gren·ze** 女 -/ (高山・極地などの)樹木生育限界. **≈grup·pe** 女 樹木群, 木立ち. **≈harz** 中 樹脂. **≈haus** 中 (熱帯などの)樹上住居〈家屋〉. **≈hei·de** 女《植》ブライヤー(エリカの一種でパイプの材料にする). **≈hopf** 男《鳥》カマハシ(鎌嘴). **≈kän·gu·ruh**[..kɛŋguru·] 中《動》キノボリカンガルー.

baum·kan·tig[báum..] 形 (角材などが)荒削りの(ふつう樹皮を残して).

Baum≈kro·ne 女 (Wipfel) 樹冠, 樹梢(じゅしょう), こずえ; 木の枝全体. **≈ku·chen** 男 バウムクーヘン(木肌を連想させる塔状のケーキ: → 図 Kuchen).

baum·lang 形《話》のっぽの: ein ~*er* Kerl のっぽ.

Baum·läu·fer 男《鳥》キバシリ(木走).

Bäum·lein Baum の縮小形(→Bäumchen).

baum·los[báumlo:s][1] 形 木の生えていない.

Baum≈mar·der 男《動》マツテン(松貂). **≈öl** 中 (悪臭のある下等の)オリーブ油. **≈pfahl** 男 (若木にそえる)支柱. **≈rei·he** 女 並木. **≈rie·se** 男《雅》巨木. **≈rin·de** 女 樹皮. **≈rut·sche** 女 (伐採した木を谷へすべり落とす)集材滑走路. **≈sä·ge** 女 枝切り〈枝落とし〉のこぎり. **≈schei·be** 女 樹木(特に果樹)の根元の円く除草した地面. **≈sche·re** 女《園》剪定(せんてい)ばさみ. **≈schlä·fer** 男《動》ヤマネ. ▽**≈schlag** 男 **1**《単数で》《美》樹木(枝ぶり・群葉など)の表現法〈画法〉. **2**《林》伐採; 伐採区域. **≈schnitt** 男 剪枝(せんし), 枝おろし. **≈schu·le** 女《林・園》種苗栽培園, 養樹園. **≈schwamm·kä·fer** 男《虫》コキノコムシ(小蕈虫). **≈sta·chel·schwein** 中《動》メキシコキノボリヤマアラシ(木登豪猪). **≈stamm** 男 樹幹.

baum·stark[báum.., ∠∠] 形 (木のように)頑丈な, がっしりした.

Baum≈stei·ger[báum..] 男《鳥》オニキバシリ(鬼木走). **≈sten·del** 男《植》デンドロビューム(ランの一種). **≈ster·ben** 中 (大気汚染・土壌汚染による)樹木の枯死. **≈strunk** 男, **≈stumpf** 男 (木の)切り株. **≈tod** 男 樹木の枯死. **≈vi·per** 女《動》クサリヘビ(鎖蛇)の一種(アフリカ産で樹上にすむ). **≈wachs** 中 -es/ つぎ木〈木の損傷〉部分に用いるろう薬. **≈wan·ze** 女《虫》カメムシ(亀虫)科の昆虫. **≈weiß·ling** 男《虫》エゾシロチョウ(蝦夷白蝶).

Baum·wol·le 女 **1**《植》ワタ(綿), 綿の木(アオイ科). **2** 綿, 綿花: rohe ~ 生綿. **3** もめん(木綿), 綿布, 綿織物, コットン: ein Hemd aus〔reiner〕~〔純〕綿のシャツ.

baum·wol·len 形 木綿〔製〕の.

Baum·woll≈garn 中 綿糸, 綿織糸. **≈ge·we·be** 中 綿布, 綿織物. **≈in·du·strie** 女 綿糸工業. **≈rat·te** 女《動》コットンラット. **≈sa·men** 男 綿の実.

Baum·woll·sa·men·öl 中 綿実油.

Baum·woll≈spin·ne·rei 女 **1**《単数で》綿糸紡績. **2** 綿糸紡績工場. **≈stoff** 男 綿布, 綿織物. **≈wa·re** 女 綿製品. **≈zwirn** 男 木綿のより糸.

Baum≈wuchs 男 **1** 樹木の生長. **2** 樹型. **≈wür·ger** 男《植》ツルウメモドキ(蔓梅擬)属. **≈zucht** 女 樹木栽培, 育樹.

Bau·nor·men[báu..] 複 建築規準.

Baun·zerl[báuntsərl] 中 -s/-〔n〕《オーストリア》(Milchbrötchen) (軟らかい)ミルクパン.

Bau≈op·fer[báu..] 中《民俗》人柱. **≈ord·nung** 女 建築法規〈条例〉. **≈plan** 男 **1** 建設計画. **2** 建設〈構成〉設計図. **3**《生》(生物の)体制. **≈pla·stik** 女 建築彫刻. **≈platz** 男 **1** 建設用地〈敷地〉;《戯》(Glatze) はげ. **2** 建設現場(→ 図). **3** 建設資材置き場. **≈po·li·zei** 女 土木

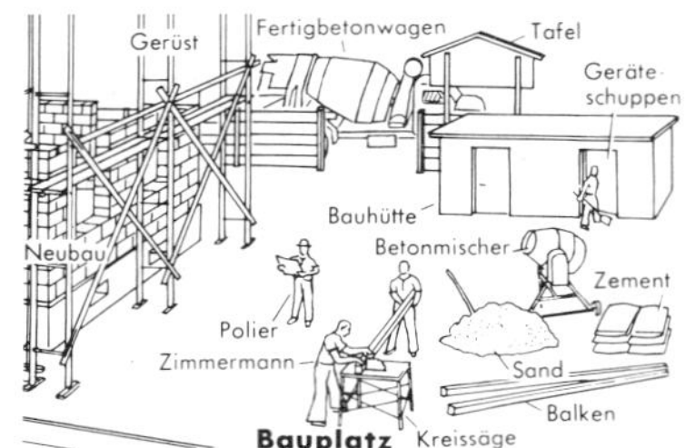

Bauplatz

〈建築〉監督局. ≈**pro·gramm** 中 建設計画案; 建設日程表. ≈**rat** 男 -〔e〕s/..räte 建築監督官 (Bauamt の幹部). ≈**recht** 中 **1** 建築権. **2** 建築法規.

bau·reif 形 (敷地などが) 建設用に整備された, 整地ずみの; (計画などが) 建設用に練り上げられた, 実施〈着工〉可能の.

bäu·risch[bɔ́ʏrɪʃ] 形 百姓ふうの, 土くさい; 田舎ふうの, ひなびた; 粗野な, 無骨な, 野暮な. [*mhd.*; ◇Bauer¹]

Bau≈riß[báʊ..] 男 =Bauzeichnung ≈**rui·ne** 女 工事の中断したままの建造物. ≈**sand** 男 建設用土砂. ≈**satz** 男 建造〈組立〉部品.

Bausch[baʊʃ] 男 -es(-s)/Bäusche[bɔ́ʏʃə], -e (小 **Bäusch·chen**[bɔ́ʏʃçən], **Bäusch·lein**[..laɪn] 中 -s/-) **1** (紙・布・綿などの)一巻, 一束, 一包み: ein ～ Watte 一包みの綿. **2** 膨らみ; (膨らんだもの. 例えば:) クッション; (服の)パッド; (馬の) 鞍褥(くらしき); (傷口に当てる)圧定布〈帯〉: **in ～ und Bogen** ひっくるめて, 一まとめに, 込みで, 一括して | *et.*⁴ in ～ und Bogen ablehnen 〈verkaufen〉 …を十把一からげに拒否する〈売る〉. [*mhd.* būsch „Wulst"; ◇Busen]

Bäu·schel[bɔ́ʏʃəl] 男 中 -s/- 〖坑〗 大ハンマー. [＜*mhd.* biuschen „schlagen" (◇bauschen)]

bau·schen[báʊʃən] 《04》 **I** 他 (h) 膨らませる, 膨らみをつける; 〖服飾〗 (ギャザを寄せて) 膨らみをつける, フレアにする: Der Wind *bauscht* die Segel. 風が帆をはらませる ‖ 再帰 *sich*⁴ ～ 膨らむ ‖ *gebauschte* Ärmel 〖服飾〗 パフスリーブ. **II** 自 (h) 膨らむ. [*mhd.* būschen „schlagen"; ◇Bausch]

Bau·schen[–] 男 -s/- 《南部・オーストリア》 =Bausch 1

bau·schig[báʊʃɪç]² 形 膨らんだ, 膨らみのある, だぶだぶの; 〖服飾〗 パフをつけた.

Bäusch·lein Bausch の縮小形.

Bau·schlos·ser[báʊ..] 男 (家屋の) 金具職人.

Bausch·quan·tum[báʊʃ..] 中 《オーストリア》 (Pauschale) 総額, 総計.

Bau≈schrei·ner[báʊ..] 男 =Bautischler ≈**schu·le** 女 建築学校 (建築・土木・測量技師の養成機関. 1957年 Ingenieurschule für Bauwesen と改称). ≈**schutt** 男 建設現場の石くず. ≈**soh·le** 女 〖坑〗 水平坑道.

bau|spa·ren 自 (h) 《ふつう不定詞で》 (貸付条件の有利な) 建築貯蓄組合に加入する, (住宅金融金庫で) 建築資金を積み立てる.

Bau≈spar·kas·se 女 住宅金融金庫, 建築貯蓄組合. ≈**spar·ver·trag** 男 建築資金積立契約. ≈**stahl** 男 建設用鋼材. ≈**stein** 男 -〔e〕s/-e **1** 建設用石材. **2** 《比》 基礎〈土台〉となるもの, 礎石; 構成要素, 成分; (Beitrag) 基金, 寄付: einen ～ zu *et.*³ beitragen …の基礎を作る; …のために寄付する. **3** 《ふつう複数で》 (おもちゃの) 積み木. ≈**stel·le** 女 **1** 建設〔工事〕現場. **2** 建設用地〈敷地〉. ≈**stil** 男 建築様式. ≈**stoff** 男 **1** 建設材料〈資材〉(→ 図). **2** 〖生〗 構造物質. ≈**stopp** 男 建造中止. ≈**sum·me** 女 建造費.

Bau·ta·stein[báʊta..] 男 (古代北欧の丘の上に建てられた) 自然石の墓碑〈記念碑〉. [*anord.*]

Bau·tä·tig·keit[báʊ..] 女 -/ 建設工事.

▽**Bau·te**[báʊtə] 女 -/-n 《スイス》 (Gebäude) 建造物, 建物. [*mndd.* būwete „Erbauung"; ◇Bau]

Bau≈tech·nik[báʊ..] 女 建築技術〈工学〉. ≈**tech·ni·ker** 男 建築技師. ≈**teil** **I** 男 建物の一部〈一画〉. **II** 中 (建物・機械設備などの) 部品, 部材.

Bau·ten Bau 3の複数.

Bau≈tisch·ler[báʊ..] 男 木工, 指物師, 建具屋. ≈**trä·ger** 男 施工者,〔建築〕工務店. ≈**trupp** 男 一団の建築作業員〈労務者〉. ≈**un·ter·neh·mer** 男 建設業者. ≈**ver·trag** 男 建設契約. ≈**vor·ha·ben** 中 建設計画. ≈**vor·schrift** 女 建築法規. ≈**wei·se** 女 **1** 建て方, 建築方式; 建築様式. **2** (機械などの) 構造方式〈方法〉; (構造の) 型, モデル. **3** 建築物の配置: offene 〈geschlossene〉 ～ 独立〈連続〉建て. **4** 〖坑〗 採掘方式. ≈**werk** 中 **1** 建物; (特に芸術的にもすぐれた) 大建造物, 建築作品. **2** 組み立てられたもの, 工作物, 構築物. ≈**wer·ker** 男 建築作業員〈労務者〉. ≈**we·sen** 中 -s/ 土木, 建築.

Baustoff

Bau·wich[báʊvɪç] 男 -〔e〕s/-e 〖建〗 建築物の間隔. [＜weichen²]

Bau·xerl[báʊksərl] 中 -s/-〔n〕 《オーストリア》 愛らしい子供.

Bau·xit[baʊksí:t, ..ksít] 男 -s/-e 〖鉱〗 ボーキサイト (アルミニウムの原鉱). [＜Les Baux (南フランスの産地名)＋..it²]

bauz[baʊts] 間 (重い物が落ちる・人, 特に子供が倒れる音) ドスン, ドシン: *Bauz*, da liegt er. ドシン〔という音がしたと思ったら〕彼が倒れている.

Bau≈zaun[báʊ..] 男 建設現場の〔板〕囲い. ≈**zeich·nung** 女 建設設計図.

Ba·va·ria[bavá:ria·] **I** 地名 バヴァリア (Bayern のラテン語形). **II** die **Ba·va·ria** 女 -/ バヴァリア (München にある Bayern を象徴する女性の銅像. 1850年にできた).

Bay·er¹[báɪər] 男 -n/-n バイエルン人 (→Baier¹).

Bay·er²[báɪər] 商標 バイエル (ドイツの化学会社名).

baye·risch[báɪərɪʃ] (**bay·risch**[báɪrɪʃ]) 形 バイエルンの; バイエルン〔地方〕の方言の (言語学上はふつう bairisch): →deutsch | im *Bayerischen* バイエルン方言で; バイエルン〔地方〕で | *Bayerischer* Rundfunk (略 BR) バイエルン放送 (München に本拠をおくドイツの放送会社) | *Bayerische* Staatsoper バイエルン国立歌劇場 | der *Bayerische* Wald バイエルン森 (Böhmerwald の南西部の山地).

das **Bay·er·land**[báɪərlant]¹ 地名 中 -〔e〕s/ バイエルン.

Bay·ern¹[báɪərn] 地名 バイエルン (ドイツ南西部の州で, 州都は München). [„(Land zu den) Bayern"]

Bay·ern² Bayer の複数.

Bay·reuth[baɪrɔ́ʏt] 地名 バイロイト (ドイツ Bayern 州にある町. ここの祝祭劇場で, 毎年夏 Wagner の歌劇が上演される). [„von bayrischen Siedlern gerodetes Land"; ◇Reute]

bay·risch[báɪrɪʃ] =bayerisch

Bay·rum[báɪrʊm, bé:..] 男 -s/ ベーラム (頭髪用香油). [*engl.*; ＜*lat.* bāсca „Beere"＋Rum]

Ba·zar[bazá:r] -s/-e =Basar

Ba·zi[bá(:)tsi·] 男 -〔s〕/-〔s〕 《南部・オーストリア》 《話》 (Mensch) (からかい・親しみ・軽蔑をこめて) 野郎, やつ. [＜Lumpazi]

ba·zil·lär[batsɪlɛ́:r] 形 〖細菌〗 バチルスの, 桿菌(かんきん)の.

▽**Ba·zil·le**[batsɪ́lə] 女 -/-n =Bazillus

Ba·zil·len Bazille, Bazillus の複数.

Ba·zịl·len·trạ̈·ger 男《医》〔バチルス〕保菌者.

Ba·zịl·lus[batsílʊs] 男 -/..zillen[..lən] **1**《ふつう複数で》**a)**〔細菌〕バチルス, 桿菌(かん). **b)**（一般に）細菌, 病原菌. **2**《単数で》《比》蔓延(まん)するもの, 広がるもの: der ～ der Unzufriedenheit 不満の種. [*spätlat.* bacillus „Stäbchen"; ◇Bakterie, Bakel]

Ba·zoo·ka[bazú:ka·, bəzú:kə] 女 -/-s《軍》バズーカ砲（対戦車ロケット砲）. [*amerik.*]

BBC[1][bí:bi:sí:] 女 -/ イギリス放送協会. [*engl.*; ＜*engl.* British *B*roadcasting *C*orporation]

BBC[2][be:be:tsé:] 商標 ベーベーツェー(＜Brown, Boveri & Cie; スイスの電気器械製造会社).

BBk[be:be:ká:] 略 女 -/ ＝**D**eutsche **B**undes**b**an**k** ドイツ連邦銀行（ドイツの中央発券銀行. DBB がふつう）.

b. c. (**B. c.**) 略 ＝**B**asso **c**ontinuo《楽》通奏低音. [*it.*]

BCG[be:tse:gé:] 略 ＝**B**acillus **C**almette-**G**uérin カルメット=ゲラン菌, ビーシージー. [＜A. Calmette (†1933), C. Guérin (†1961)(フランスの細菌学者)]

Bch. 略 ＝**B**u**ch** 本.

Bd. 略 ＝**B**an**d** 巻, 冊: ～ 3（読み方: Band drei）/ 3. ～（読み方: dritter Band）第3巻.

Bde. 略 ＝**B**än**de**（→Band[1] 1）: 3 ～〔全〕3巻.

BDI[be:de:|í:] 略 男 -/ ＝**B**undesverband **d**er Deutschen **I**ndustrie ドイツ産業〈経営者〉連盟(1949年設立).

BDM[be:de:|ɛ́m] 略 男 -/ ＝**B**und **D**eutscher **M**ädel《史》ドイツ女子青年同盟（14-18歳の少女からなる Hitlerjugend の下部機構）.

B-Dur[bé:du:r, ⌐⌐] 中 -/《楽》変ロ長調(記号 B): →A-Dur

be..《主として非分離動詞の前つづり. つねにアクセントをもたない》**1**《他動詞をつくる》**a)**《自動詞から》: *be*herrschen 支配する（ein Volk *be*herrschen＜über ein Volk herrschen）| *be*treten 足を踏み入れる（den Rasen *be*treten ＜auf den Rasen treten）| *be*weinen 悼む（einen Toten *be*weinen＜um einen Toten weinen）‖ *be*sitzen 所有する. **b)**《名詞から》《「付与・添加」を意味する》: *be*sohlen（靴に）底をつける | *be*flügeln 翼をつける | *be*seelen 魂を吹き込む | *be*leben 活気づける | *sich*[4] *be*freunden（…と）友人になる. **c)**《形容詞などから》《「その状態の招来」を意味する》: *be*freien 解放する | *be*kräftigen 強める | *be*ruhigen 安心させる ‖ *be*jahen 肯定する. **2**《他動詞と結びついて》**a)**《もとの動詞の意味・用法を保持するもの》: *be*decken おおう | *be*hindern 阻止する | *be*waffnen 武装させる. **b)**《もとの動詞と意味の違うもの》: *be*suchen 訪問する ‖ *sich*[4] *be*finden（…の）状態にある | *sich*[4] *be*nehmen 振舞う. **c)**《もとの動詞と用法の違うもの》: *be*kleben 貼(は)る（die Wand mit Zetteln *be*kleben＜Zettel an die Wand kleben）| *be*liefern 供給する(*jn.* mit *et.*[3] *be*liefern ＜ *jm.* *et.*[4] liefern）. **3**《「継続」を意味する》《自動詞と》: *be*harren あくまでも固執する | *be*ruhen 基づく | *be*stehen 固執する. **4 a)**《もとの動詞は消滅したもの》: *be*fehlen 命令する | *be*ginnen 始める. **b)**《もっぱら過去分詞でしか用いられないもの》: *be*leibt 肥満した, 太った | *be*mittelt 大資産のある, 富裕な, 金持ちの. **c)**《副詞・形容詞など》: *be*hende すばやい | *be*reit 用意のできた | *be*quem 快適な | *be*vor（…）する前に.

★ b.. となることもある: *b*leiben | *b*innen | *b*ange [*ahd.*; ◇bei]

Be[be:|é:, berýliʊm] 記号 (Beryllium)《化》ベリリウム.

Bé[bomé:gra:t][1] 記号《理》ボーメ度（→Baumégrad）.

BEA[be:|e:|á:, bí:i:éɪ] 女 -/ 英国欧州航空（1974年に BOAC と合併して BA と改称）. [*engl.*; ＜*engl.* *B*ritish *E*uropean *A*irways〔Corporation〕]

be·ạa·sen[bə|á:zən][1]《02》他 (h)《話》(beschießen) 射撃する.

be·ạb·sich·ti·gen[bə|ápzɪçtɪgən][2] 他 (h) 意図する, もくろむ,（…する）つもりである: eine Reise ～ 旅行の計画を立てている | Ich *beabsichtige* zu verreisen. 私は旅に出るつもりだ | Das war nicht *beabsichtigt*! わざとしたんじゃないよ ‖ ein *beabsichtigtes* Verbrechen 計画的犯罪 | der *beabsichtigte* Zweck もくろまれた目的. [＜Absicht]

be·ạch·ten[bə|áxtən]《01》他 (h)（…に）注意を払う,（…を）顧慮する: *jn.* 〈*et.*[4]〉 nicht ～ …を無視する, …を眼中におかない | die Gesetze streng ～ 法を厳守する | die Vorfahrt ～（交差点で）先行権を守る.

be·ạch·tens·wert 形 注目すべき, 注目に値する: ein ～*er* Dichter 〈Erfolg〉 注目すべき作家〈成果〉| Es ist ～, daß ... …は注目に値する.

be·ạcht·lich[bə|áxtlɪç] 形 かなりの, 注目すべき: ein ～*er* Fortschritt 著しい進歩 | eine ～*e* Geldsumme かなりの金額 | eine ～*e* Leistung 注目すべき業績 | Er hat zu diesem Problem *Beachtliches* geäußert. 彼はこの問題に対して注目すべき〈かなり重要な〉発言をした ‖〔副詞的に〕die Produktion ～ erhöhen 生産を著しく高める〈上げる〉.

Be·ạch·tung[..tʊŋ] 女 -/-n 注意, 注目, 顧慮: *et.*[3] ～ schenken …に注意を払う | **～ finden** 顧みられる, 注目される | Das verdient keine ～. それは一顧の価値もない.

be·ạckern[bə|ákərn]《05》他 (h) **1**（田畑を）耕す. **2**《比》(durchforschen)（ある分野を）徹底的に研究する. **3**《話》《*jn.*》（…に）せがむ,（…を）説得する.

be·ạm·peln[bə|ámpəln]《06》他 (h)（交差点などに）交通信号灯を備え付ける: ein *beampelter* Bahnübergang 信号機つきの踏切. [＜Ampel]

Be·ạm·te[bə|ámtə] 男《形容詞変化》(女 **Be·ạm·tin** [..tɪn]-/-nen) 公務員, 官公吏, 役人, 吏員, 職員（→Angestellte）: ein hoher 〈mittlerer / niedriger〉 ～*r* 高級〈中級・下級〉官公吏 | ein ～*r* außer Dienst 退職官公吏 ‖ **ein ruhiger ～*r* sein**《話》人づきあいのよい〈配慮に富んだ〉人間である.

be·ạm·ten[bə|ámtən] **I**《01》他 (h)《*jn.*》公職につかせる. **II be·ạm·tet** → 別出 [＜Amt]

Be·ạm·ten≠ab·bau 男 行政整理. **≠ap·pa·rat** 男 **1** 官僚機構. **2** ＝Beamtenschaft **≠be·lei·di·gung** 女 公務員〈官公吏〉侮辱〔罪〕. **≠be·ste·chung** 女 公務員贈賄〔罪〕. **≠deutsch** 中（堅苦しい）役人ふうドイツ語. **≠ge·nos·sen·schaft** 女（官庁の）職員〔共済〕組合. **≠ge·setz** 中 公務員法.

be·ạm·ten·haft 形 役人ふうの, しかつめらしい.

Be·ạm·ten≠heer 中《戯》おびただしい役人, 巨大な官僚機構. **≠herr·schaft** 女 官僚政治〈支配〉. **≠kör·per** 男 ＝Beamtenschaft **≠lauf·bahn** 女 公務員としての経歴, 役人生活;《戯》役所の渡り廊下: die ～ einschlagen 役人になる. **≠men·ta·li·tät** 女 役人根性〈気質〉, 官僚気質. **≠mie·ne** 女《話》まじめくさった顔つき. **≠recht** 中〔国家〕公務員法.

Be·ạm·ten·schaft[bə|ámtənʃaft] 女 -/《集合的に》公務員, 官公吏.

Be·ạm·ten≠si·lo 男《戯》（殺風景で巨大な）お役所ビル. **≠stand** 男 -〔e〕s/ 公務員の身分; 官僚階級.

Be·ạm·ten·tum[bə|ámtəntu:m] 中 -s/ **1** 官僚主義, お役所ふう; 役人気質〈根性〉. **2** ＝Beamtenschaft

be·ạm·tet[bə|ámtət] **I** beamten の過去分詞. **II** 形 官〈公〉職にある. [V]**III Be·ạm·te·te** 男 女《形容詞変化》＝Beamte, Beamtin

Be·ạm·tin Beamte の女性形.

be·ạn·ga·ben[bə|ánga:bən][1] 他 (h)《オーストリア》（購入品の）頭金を支払う. [＜Angabe 3]

be·ạ̈ng·sti·gen[bə|ɛ́ŋstɪgən][2] ([V]**be·ạ̈ng·sten**[..|ɛ́ŋstən]《01》) **I** 他 (h)《*jn.*》（…を）不安にさせる, 心配させる: Sein langes Ausbleiben *beängstigt* mich. 彼がいつまでも帰ってこないので心配だ | *sich*[4] *beängstigt* fühlen 不安になる. **II be·ạ̈ng·sti·gend** 現分 形 不安な, 気づかわしい; 恐ろしい: ein ～*es* Gefühl haben 不安になる ‖〔副詞的に〕～ blaß 恐ろしく青ざめた | Er ist ja geradezu ～ groß.《戯》彼は全く恐ろしく背が高い.

Be·ạ̈ng·sti·gung[..gʊŋ] 女 -/-en 不安, 恐怖: eine drückende ～ 重苦しい不安.

Be·ạn·la·gung[bə|ánla:gʊŋ] 女 -/-en (Anlage) 才能, 天分, 素質.

be·ạn·schrif·ten[bə|ánʃrɪftən] 《01》 他 (h) 《官》《*et.*[4]》(…に)あて名をしるす. [<Anschrift]

be·ạn·spru·chen[bə|ánʃprʊxən] 他 (h) 要求〈請求〉する; (…を)必要とする; (労力・機械などを)働かせる, 使用〈利用〉する: Schadenersatz ～ 損害賠償を請求する | Aufmerksamkeit ～ 注目を集める | die Reifen zu stark ～ タイヤに過度の荷重をかける | Die Möbel *beanspruchen* viel Platz. これらの家具はかなりの場所をとる | Ich bin zur Zeit stark *beansprucht.* 私は目下とても忙しい. [<Anspruch]

Be·ạn·spru·chung[..xʊŋ] 女 -/-en 要求; 必要; 使用, 負担, 〖工〗応力, 負荷: die übermäßige ～ der Nerven 神経の過度のストレス.

be·ạn·stan·den[bə|ánʃtandən][1] (ｵｰｽﾄﾘｱ: **be·ạn·stän·den**[..ʃtɛndən][1]) 《01》 他 (h) 《*et.*[4]》(…に)異議を唱える, (…に対して)文句をつける, 苦情をいう. [<Anstand 2 b]

Be·ạn·stan·dung (ｵｰｽﾄﾘｱ: **Be·ạn·stän·dung**) [..dʊŋ] 女 -/-en 異議, 苦情.

be·ạn·tra·gen[bə|ántra:gən][1] 《過 beantragte; 過分 beantragt》 他 (h) 提議〈提案〉する; (休暇・転勤・奨学金などを)願い出る, 申請する; 〖法〗求刑する. [<Antrag]

Be·ạn·tra·gung[..gʊŋ] 女 -/-en 提議, 提案; 申し込み, 出願, 申請.

be·ạnt·wor·ten[bə|ántvɔrtən] 《01》 他 (h) **1** 《*et.*[4]》(…に対して〔きちんと・詳しく〕)答える, 返答する: einen Brief ～ 手紙の返事をだす | 〔*jm.*〕 eine Frage ausführlich 〈sachlich〉 ～ 〔…の〕質問に詳しく〈客観的に〉答える | Er hat zwar auf meine Frage geantwortet, sie aber nicht *beantwortet.* 彼は私の質問に答えてはくれたがそれはまともな答えではなかった.

2 《*et.*[4]》(…に対して)反応する, 対抗措置を取る: *et.*[4] mit einem Streik 〈mit Schweigen〉 ～ …にストライキで〈沈黙をもって〉応じる.

Be·ạnt·wor·tung[..tʊŋ] 女 -/-en 返答, 回答: In ～ Ihres Schreibens 〈Zur ～ Ihres Gesuchs〉 teilen wir Ihnen mit, daß … あなたのお便り〈申請〉に対し…とお答えいたします.

Be·ạnt·wor·tungs·schrei·ben 中 返書, 回答書.

be·ạr·beit·bar[bə|árbaɪtba:r] 形 (木・石・金属などが)加工し得る, 手を加え得る.

be·ạr·bei·ten[bə|árbaɪtən] 《01》 他 (h) **1** 《*et.*[4]》(…に)手を加える; (木・石・金属・皮革などに)加工する, 細工する; (土地を)耕す: den Garten ～ 庭の手入れ〈庭造り〉をする. **2** (問題・テーマなどを)取り扱う, 論じる. **3** (書物・文学作品などを)改訂〈改作〉する, 翻案〈編纂(へんさん)〉する; 〖楽〗編曲する. **4** (文書などを)処理する: einen Antrag 〈ein Gesuch〉 ～ 案件〈願書〉を処理する. **5** 《*jn.*》説得しようと努める, (…に)働きかける: die Massen durch Presse und Rundfunk ～ 新聞やラジオを通じて大衆に働きかける. **6** 《話》たたく, ひどい扱いをする: *jn.* mit Faustschlägen ～ …をげんこで殴る | das Klavier ～ ピアノをがむしゃらに弾く.

Be·ạr·bei·ter[..tər] 男 -s/- (bearbeiten する人. 例えば:) 加工者, 耕作者; 編纂(へんさん)者, 脚色者, 編曲者.

Be·ạr·bei·tung[..tʊŋ] 女 -/-en (bearbeiten すること・されたもの. 例えば:) 耕作, 加工; 改作, 改訂, 編纂(へんさん), 編曲; 処理, 働きかけ.

be·ạrg·wöh·nen[bə|árkvø:nən] (**be·ạrg·woh·nen**[..vo:nən]) 他 (h) (…に)嫌疑をかける, 不信の目で見る.

Beat[bi:t] 男 -〔s〕/ (ジャズなどの)ビート; ビートのきいた曲〈演奏〉. [*engl.*; ◇boßeln, Beutel[1]]

Bea̤·ta[beá:ta·] 女名 (<Beatus) ベアータ.

bea̤·tae me·mo̤·ri·ae[beá:tɛ· memó:riɛ·] 《ﾗﾃﾝ語》(略 b. m.) 《王侯・偉人などの死後その名にそえて》誉れ高い.

Bea̤·ta Ma·ri̤a Vi̤r·go[beá:ta· marí:a· vírgo·] 《ﾗﾃﾝ語》(略 B. M. V.) 永遠なる童貞聖マリア.

Bea̤·te[beá:tə] 女名 ベアーテ.

bea·ten[bí:tən] 《01》 自 (h) 《話》ビートのきいた曲を演奏する; ビート=ミュージックに合わせて踊る.

Beat ge·ne·ra·tion[bí:t dʒɛnəréɪʃən] 女 --/ (第二次大戦後アメリカの)ビート族〈ジェネレーション〉. [*engl.*]

Bea·ti·fi·ka·tio̤n[beatifikatsió:n] 女 -/-en 〖ｶﾄﾘｯｸ〗(教皇が死者を福者と宣言する)列福〔式〕. [*spätlat.*]

bea·ti·fi·zie·ren[..tsí:rən] 他 (h) 《*jn.*》〖ｶﾄﾘｯｸ〗(…を)列福する. [*spätlat.*; ◇Beatus]

Bea·tle[bí:təl] 男 -s/-s 《話》長髪の若者. [*engl.*]

Bea·tle≠fri·su̱r[bí:təl..] 女 〖理容〗ビートルズカット. **≠mäh·ne** 女 《話》ビートルズスタイルの長髪.

be·ạt·men[bə|á:tmən] 《01》 他 (h) 《*jn.*》(…に空気・酸素などを)吸入させる, (…に)人工呼吸を施す.

Be·ạt·mung[bə|á:tmʊŋ] 女 -/-en beatmen すること: künstliche ～ 人工呼吸.

Beat·mu·si̱k[bí:t..] 女 -/ ビート=ミュージック, ビート音楽.

Beat·nik[bí:tnɪk] 男 -s/-s ビート族の一人 (→Beat generation). [*amerik.*]

Bea·tri̤·ce[beatrí:sə, ..trí:tʃe·] 女名 ベアトリーセ, ベアトリーチェ: ～ Portinari ベアトリーチェ ポルティナーリ (1266-90; ダンテの愛人で, のちに『神曲』の中で女性の象徴として理想化された). [*it.*]

Bea̤·trix[beá:trɪks] 女名 ベアトリクス. [*mlat.*; ◇Beatus]

Beat≠sän·ger[bí:t..] 男 ビート音楽の歌手. **≠schup·pen** 男 《話》(ビートのきいた曲などを演奏する)ジャズ=ダンスホール.

Bea̤·tus[beá:tʊs] 男名 ベアートゥス [*lat.* beātus „beglückt"]

Beau[bo:] 男 -/-s 《軽蔑的に》美男; しゃれ者, めかし屋. [*lat.* bellus „schön" −*fr.*]

be·au̱f·la·gen[bə|áʊfla:gən][1] 他 (h) 《*jn.*》(…に)任務を課する. [<Auflage 2]

Beau·fort·ska̱·la[bó:fərt..] 女 -/ 〖気象〗ビューフォート風力階級. [<Fr. Beaufort (考案者のイギリスの提督, †1857)]

be·au̱f·schla̱·gen[bə|áʊfʃla:gən][1] 《過 beaufschlagte; 過分 beaufschlagt》 他 (h) 《*et.*[4]》〖工〗(…に)ぶつかる, 衝撃を与える; (水・蒸気などがタービン羽根に)当たる.

Be·au̱f·schla̱·gung[..gʊŋ] 女 -/-en beaufschlagen すること.

be·au̱f·sich·ti·gen[bə|áʊfzɪçtɪgən][2] 他 (h) 監督〈監視〉する. [<Aufsicht]

Be·au̱f·sich·ti·gung[..gʊŋ] 女 -/ 監督, 監視.

be·au̱f·tra·gen[bə|áʊftra:gən][1] 《過 beauftragte; 過分 beauftragt》 **I** 他 (h) 《*jn.* mit *et.*[3]》(…に…を)委託〈依頼〉する: Der Staat *beauftragte* den Betrieb mit der Produktion. 国はその企業にそれの生産を委託した | Er hat mich 〔damit〕 *beauftragt*, das Buch abzuholen. 彼は私に本を取ってくるよう頼んだ. **II Be·au̱f·trag·te** 男 女 《形容詞変化》応嘱〈代理〉者, 全権委員, 代議員.

be·au̱g·ap·feln[bə|áʊk|apfəln] 《06》 他 (h) 《戯》〔つくづくと〕眺める. [<Augapfel]

be·äu̱·geln[bə|ɔ́ʏgəln] 《06》 他 (h) 《戯》ひそかに〈こっそりと〉盗み見る; もの欲しそうに見る, (…に)秋波を送る.

be·äu̱·gen[bə|ɔ́ʏgən][1] 他 (h) 注視する, (吟味するように)眺める.

be·au̱·gen·schei·ni·gen[bə|áʊgənʃaɪnɪgən][2] 他 (h) 検査〈精査〉する, 検分〈点検〉する. [<Augenschein]

Beau·jo·lais[boʒɔlɛ́] 男 -/- ボジョレ(フランス産赤ワインの一種). [*fr.*; 東フランスの産地名]

Beau·té[boté:] 女 -/-s (Schönheit) 美; 美女. [*fr.*; <Beau]

be·ba̱·ken[bəbá:kən] 他 (h) 《*et.*[4]》〖海〗(…に)航路標識を設ける. [<Bake]

be·bän·dern[bəbɛ́ndərn] 《05》 他 (h) リボン〈綬(じゅ)〉で飾る: ein *bebänderter* Hut リボンのついた帽子 | *bebändert* und besternt 綬章と勲章をつけて. [<Band[3]]

be·ba̱r·tet[bəbá:rtət] 形 ひげのある. [<Bart]

be·ba̱u·en[bəbáʊən] 他 (h) **1** (土地に)建物をたてる: ein Grundstück mit Mietshäusern ～ 地所に貸家をたてる | den Tisch mit Büchern ～ 《話》テーブルに本をいっぱい並べる〈のせる〉‖ ein dicht *bebautes* Viertel 建てこんだ地区. **2** 耕作する, 耕して植物を植える; 開墾する: den Garten mit Blumen ～ 庭に草花を植える.

Be·bau·er[..ər] 男 -s/- bebauen する人.

Be·bau·ung[..ʊŋ] 女 -/-en bebauen すること.

Be·bau·ungs⸗dich·te 女 (地所の)建坪(けんぺい)率. **⸗plan** 男 建築〈耕作〉計画, 地区整備プラン.

beb·bern[bέbərn] 《05》《北部》=bibbern

Bé·bé[bebé:] 中 -s/-s《スイ》幼児, (特に:) 乳のみ児; 人形. [*engl.* baby－*fr.*; ◇Baby]

Be·bel[bé:bəl] 人名 August ～ アウグスト ベーベル(1840－1913; ドイツの社会主義者.『婦人論』の著者).

be·ben[bé:bən][1] **I** 自 (h) **1** 震動する, 揺れる: Der Boden *bebte* unter meinen Füßen. 地面が私の足元で揺れた. **2** 《雅》(寒さ・興奮などで)震える, おののく; 心配する: Die Knie *beben* mir. 私はひざががくがくする ‖ **für** 〈**um**〉 *jn.* ～ …のことを心配する | **von** Kampflust ～ 武者震いする | **vor** Furcht 〈Kälte〉 ～ 恐ろしさ〈寒さ〉に震える | vor *jm.* ～ …を怖がる.

II Be·ben[－] 中 -s/- **1 a)** 震動. **b)** (Erdbeben) 地震. **2** 《雅》身震い, 震え. **3** 〔楽〕ビブラート. [*ahd.* bibēn; ◇bibbern]

Be·ben⸗herd 男 (地震の)震源. **⸗stär·ke** 女 (地震の)震度.

Be·ber[bé:bər] 男 -s/- 〔楽〕(オルガンの)トレモロ=ストップ.

Be·be·schwanz[bé:bə..] 男《話》〔鳥〕セキレイ(鶺鴒).

be·bil·dern[bəbíldərn] 《05》他 (h) (物語・本などに)さし絵をつける, 図解する: reich *bebildert* さし絵〈図解〉の豊富な.

Be·bil·de·rung[..dərʊŋ] 女 -/-en さし絵〔を入れること〕, 図解. [＜Bild]

be·blät·tern[bəblέtərn] 《05》他 (h) 葉をつける: dicht *beblättert* 葉の茂った. [＜Blatt]

be·blü·men[bəblý:mən] 他 (h) 花で飾る: eine *beblümte* Wiese 花の咲き乱れている草原. [＜Blume]

be·boh·len[bəbó:lən] 他 (h) 《*et.*[4]》(…に)厚板を張る.

Be·bop[bí:bɔp] 男 -〔s〕/-s〔楽〕ビーバップ(1940年代に流行したジャズの一形態). [*amerik.*; 擬音]

be·brillt[bəbrílt] 形 眼鏡をかけた. [＜Brille]

be·brü·ten[bəbrý:tən] 《01》他 (h) 孵化(ふか)する; (培養基などを)暖めて熟成させる; 《比》思案〈熟考〉する.

Be·bung[bé:bʊŋ] 女 -/-en〔楽〕ビブラート; ベーブング(クラヴィコードで音を震わせる演奏技術).

be·bun·kern[bəbʊ́ŋkərn] 《05》他 (h) *et.*[4] mit *et.*[3] ～ …(船)の燃料庫に…(燃料)を積む. [＜Bunker]

be·buscht[bəbʊ́ʃt] 形 (丘などが)灌木(かんぼく)におおわれた. [＜Busch[2]]

Bé·cha·mel·so·ße[beʃamέl..] 女〔料理〕ベシャメルソース. [＜L. de Béchamel (考案者のフランス貴族, †1703)]

Be·cher[bέçər] 男 -s/- **1** グラス, コップ, 杯(→ 図): den ～ austrinken 〈leer trinken〉 杯を飲み干す, 乾杯する | den ～ des Leides bis zur Neige leeren 悲しみを味わいつくす | **die ～ schwingen**《比》楽しく酒を飲む ‖ **zu tief in den ～ geschaut** 〈**geguckt**〉 **haben**《戯》(酒を過ごして)酔っている. **2** (杯状のもの. 特に:) **a)** (さいころの)つぼ皿, ダイスカップ〈ボックス〉: den ～ schütteln 〈schwingen〉 ダイスを振る. **b)** 〔植〕杯葉; 杯状体; 杯状花(→ 図 Blütenform); (ドングリなどの)殻斗(かくと)(→ 図 Eiche); 萼(がく). **c)** der ～ 〔天〕コップ座. [*gr.* bĩkos －*mlat.* bicārium － *ahd.*; ◇*engl.* beaker, pitcher]

Becher

be·cher·för·mig 形 杯〈コップ〉状の.

Be·cher⸗frucht 女〔植〕殻斗(かくと)果(クリ・ドングリなど). **⸗glas** 中 -es/..gläser ビール=グラス, タンブラー; 〔化〕ビーカー. **⸗klang** 男 -〔e〕s/ 《雅》グラスの触れあう音.

Be·cher·ling[..lɪŋ] 男 -s/-e 〔植〕チャワンタケ(→ 図 Pilz).

Becherwerk

be·chern[bέçərn] 《05》自 (h) 《戯》痛飲する.

Be·cher⸗qual·len[bέçər..] 複〔動〕十文字クラゲ類. **⸗trost** 男《雅》酒に見いだされる慰め. **⸗werk** 中〔工〕バケット=コンベヤー(→ 図). **⸗zel·le** 女〔生・医〕さかずき〈杯状〉細胞.

be·cir·cen[bətsírtsən] 《02》他 (h) 《話》(bezaubern) (女が男を)魅惑〈誘惑〉する. [＜Circe]

..beck[..bɛk] 《本来は「川」を意味し, 川に臨む場所に位置する地名に見られる》: Glad*beck* | Schöne*beck* [◇Bach[1]]

Becken[bέkən] 中 -s/- **1** 水盤, たらい, (台所の)流し, 洗面器〔台〕(→ 図); (水洗便所の)便器. **2** (大きな)水槽; プール(→ 図 Bad B); 貯水池, 噴水池(→ 図 Brunnen). **3** 〔地〕盆地: das ～ des Ozeans 海盆. **4** 〔解〕骨盤(→ 図 Mensch C): **ein fruchtbares ～ haben**《戯》妊娠しやすい. **5** 〔楽〕シンバル(→ 図); どら. [*vulgärlat.*－*ahd.*; ◇Back[2], Bassin]

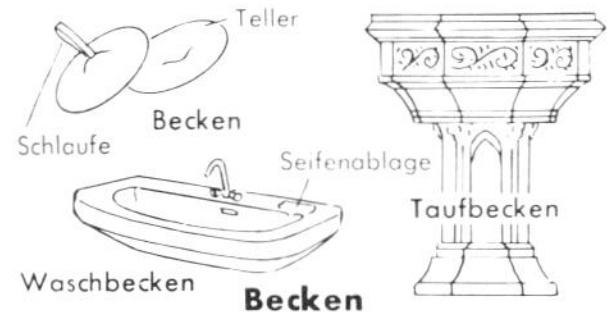

Becken

Becken⸗bein 中〔解〕寛骨. **⸗bruch** 男〔医〕骨盤骨折.

Becken·end·la·ge 女 (胎児の)骨盤位, 逆子. [＜Ende]

Becken⸗frak·tur 女〔医〕骨盤骨折. **⸗kno·chen** 男 =Beckenbein **⸗schlä·ger** 男 **1** 〔楽〕シンバル奏者. ▽**2** ブリキ職人.

Beck·mann[bέkman] 人名 Max ～ マックス ベックマン(1884－1950; ドイツの画家).

Beck·mes·ser[bέkmɛsər] **I** 人名 Sixtus ～ ジクストゥス ベックメッサー(16世紀の Nürnberg の工匠歌人で, Wagner の歌劇『ニュルンベルクのマイスタージンガー』に登場).

II 男 -s/- 《比》(ベックメッサーのように)瑣末(さまつ)なあら探しをする人; ペダンチックなオペラ批評家.

Beck·mes·se·rei[bɛkmɛsəráɪ] 女 -/-en 瑣末(さまつ)なあら探し, 偏狭な批評, あげ足とり.

beck·mes·sern[bέkmɛsərn] 《05》《過分 gebeckmessert》他 (h) 《*et.*[4]》(…の)あら探しをする, とがめ立てる.

be·cou·ren[bəkú:rən] 他 (h) 《*jn.*》(特に男性が女性に)奉仕する, いんぎんを尽くす, ちやほやする, 言い寄る. [＜Cour]

Bec·que·rel[bɛkərέl] **I** 人名 Henri ～ アンリ ベクレル(1852－1908; フランスの物理学者. 1903年ノーベル物理学賞受賞). **II** 中 -s/- 〔理〕ベクレル(放射能の単位; 記号 Bq).

be·dab·beln[bədábəln] 《06》=bedappeln

be·da·chen[bədáxən] **I** 他 (h) (…に)屋根をつける. **II be·dacht**[1][bədáxt] bedachen の現在3人称単数; 過去分詞.

be·dacht[2][－] **I** bedenken の過去分詞.

II 形 **1** 《述語的》**auf** *et.*[4] **～ sein** …を心にかけている, …を考慮する | sehr auf *seinen* 〔guten〕 Ruf ～ sein 名声を得るのにやっきである | Sei auf deine Gesundheit ～! 健康に留意したまえ | Du bist immer nur auf dich 〔selbst〕 ～. 君はいつも自分のことしか考えない | Er war immer darauf ～, mir eine Freude zu bereiten. 彼はいつも私を喜ばせようとしていた. **2** 《ふつう副詞的》よく考えた, 慎重な: ～ handeln 慎重に行動する. ▽**3** 授かった, 贈られた: vom Glück reich ～ sein 幸運に恵まれている | mit irdischen Gütern wohl ～ sein 地上の財宝に不自由していない.

III Be·dach·te 男 女 《形容詞変化》〔法〕受遺者.

Be·dạcht[bədáxt] 男 -(e)s/ 思慮, 配慮, 熟慮: **mit ～** 慎重に | mit gutem ～ よく考えて | **ohne ～** 無思慮に, 軽率に | **voll ～** 十二分に考えて ‖ **auf *et.*⁴ ～ nehmen** …に配慮〈留意〉する.

be·dạ̈ch·tig[bədɛ́çtɪç]² 形 落ち着いた; 慎重な: mit ～*en* Schritten / ～*en* Schrittes ゆっくりした足どりで | nach einigen ～*en* Zügen aus der Pfeife パイプを数回ゆっくりとくゆらしてから.

Be·dạ̈ch·tig·keit[–kaɪt] 女 -/ bedächtig なこと.

be·dạcht·sa̲m[bədáxtza:m] 形《雅》慎重な.

Be·dạcht·sa̲m·keit[–kaɪt] 女 -/ 慎重さ.

Be·dạ·chung[bədáxʊŋ] 女 -/-en **1**《単数で》bedachen すること. **2** 屋根, ひさし.

be·dạmp·fen[bədámpfən] 他 (h)〖工〗(…に)蒸着めっきする.

be·dạ̈mp·fen[bədɛ́mpfən] 他 (h)〖電〗(…の)発振を制御する.

be·dạng[bədáŋ] bedingen I 2 の過去.

be·dạn·ken[bədáŋkən] 他 (h) **1** 再帰 *sich*⁴ bei *jm.* für *et.*⁴ ～ …に…の礼を述べる | *Bedanke* dich schön! よく礼を言うのだよ | Dafür *bedanke* ich mich〔bestens〕.《反語》そいつはまっぴらごめんだ | *Bedanke* dich bei ihm!《反語》彼のせいだよ. **2**《ふつう受動態で》《南部》感謝する: Sei *bedankt*〔dafür〕!《雅》ありがとう | Er wurde mit Beifall für seinen Vortrag *bedankt.* /Sein Vortrag wurde mit Beifall *bedankt.* 彼の講演に対して感謝の拍手が送られた.

be·dạp·peln[bədápəln]《06》他 (h)《話》(begreifen) 理解する. [＜tapp]

be·dạrf[bədárf] bedürfen の現在 1・3 人称単数.

Be·dạrf[–] 男 -s(-es) /-e《ふつう単数で》**1** 必要〔量〕, 需要; 不足: Dinge des täglichen ～*s* 日用品, 生活必需品 | der ～ des Inlandes an Eisen 鉄の国内需要量 | keinen ～ an 〈in〉 *et.*³ haben …を必要としない | Kein ～!《話》間に合ってる, 興味ないね | Mein ～ ist gedeckt.《話》もうたくさんだ, これ以上はごめんだ ‖ bei ～ 必要〈要求〉のある場合に | für den persönlichen 〈häuslichen〉 ～ 個人〈自家〉消費用に |〔je〕nach ～ 要求〈必要〉に応じて | über ～ 必要以上に. **2**《集合的に》必需品. [*mndd.*]

Be·dạrfs·ar·ti̲·kel 男 必需品〔目〕. **·deckung** 女〖経〗需要充足. **·fall** 男《ふつう次の形で》für den ～ 必要に備えて | im ～〔*e*〕必要な場合に.

be·dạrfs·ge·recht 形 需要に即応した.

Be·dạrfs·gü·ter 複 生活必需物資. **·hal·te·stel·le** 女 (催し物などのときだけとまる)臨時停留所. **·spit·ze** 女 需要最盛期. **·trä̲·ger** 男 需要者.

be·dau̲·er·lich[bədáʊərlɪç] 形 悲しむべき, 残念な; 気の毒な: ein ～*er* Vorfall 遺憾な事件 | Es ist〔sehr〕～, daß ... …ということは〔実に〕残念だ.

be·dau̲·er·li·cher·we̲i·se[bədáʊərlɪçərváɪzə] 副 残念なことに, あいにく, 遺憾ながら.

be·dau̲·ern[bədáʊərn]《05》**I** 他 (h) **1**《*et.*⁴》残念〈遺憾〉に思う; 後悔する: einen Verlust ～ 損失をくやむ | Er *bedauerte* seine Äußerung. 彼は自分の発言を後悔した | Ich *bedau*〔*e*〕*re*, dir viel Mühe gemacht zu haben. 君にたいへん手数をかけてすまなかったね | Kannst du mitkommen?—*Bedaure!* 一緒に来てくれるかい—残念だが(断るときなどによく使われる) ‖ mit einem *bedauernden* Achselzucken すまなそうに肩をすくめて. **2**《*jn.*》気の毒に思う, 同情する, 哀れむ: Er ist zu ～. 彼は気の毒だ ‖ Ich lasse mich nicht gern ～. 私は同情されるのはいやだ. **3** 再帰 *sich*⁴ für eine Ungeschicklichkeit ～ 不手際をわびる.

II Be·dau̲·ern 中 -s/ 遺憾の念, 残念な気持; 哀れみ, 同情: *sein* ～ über *et.*⁴ zeigen …について遺憾の意を表する ‖ Zu meinem ～ kann ich nicht kommen. 残念ながら私は参れません. [*mhd.* betūren; ◇teuer]

be·dau̲·erns·wert 形, **·wür·dig** 形 同情に値する, 気の毒な, 痛ましい, 哀れな; 残念な.

be·dẹcken[bədɛ́kən] **I** 他 (h) **1 a)** おおう, おおい隠す; 〖天〗食する, 掩蔽(えんぺい)する: Schnee *bedeckt* die Erde. 雪が地面をおおっている | Das Kleid *bedeckt* gerade noch die Knie. 服はひざがやっと隠れるくらいである | das Haupt ～《雅》帽子をかぶる | ein Segelboot ～〖海〗帆船に帆を張る ‖ den Samen mit Erde ～ まいた種に土をかぶせる | *sein* Gesicht mit den Händen ～ 顔を両手でおおう | *jn.* mit Küssen ～ …にキスの雨を降らす | den Tisch mit einem Tuch ～ テーブルに布をかける ‖ Der Schreibtisch ist mit Büchern *bedeckt.* 机の上は書物で埋まっている ‖ 再帰 *sich*⁴ mit *et.*³ ～ …で体をおおう; …でおおわれる | Er hat sich mit Ruhm 〈Schande〉 *bedeckt.* 彼は栄誉〈恥辱〉を受けた | Der Himmel hat sich〔mit Wolken〕*bedeckt.* 空が雲でおおわれた ‖ ***bedeckt* bleiben** / ***sich*⁴ *bedeckt* halten**《話》沈黙を守る, だんまりをきめこむ. **b)** 再帰 *sich*⁴ ～ 帽子をかぶる: Bitte, *bedecken* Sie sich doch! どうぞ帽子をおかぶりください. **2** 護衛する. **3**《オーストリア》(欠損を)埋める. **4**〖畜〗(…と)交尾する.

II be·dẹckt 過分 形 **1 a)** (空が)曇っている: bei ～*em* Himmel 曇天時に | ein ～*er* Morgen 曇り日の朝 ‖ Der Himmel ist〔mit Wolken〕～. 空が曇っている. **b)** 帽子をかぶった: Bitte, bleiben Sie ～! どうぞ帽子をかぶったままで結構です.

2 (heiser) (声が)かすれた.

Be·dẹcker[..kər] 男 -s/- (雄の)種畜.

Be·dẹckt·sa̲·mer[..za:mər] 男 -s/-《ふつう複数で》〖植〗被子植物.

be·dẹckt·sa̲·mig[..mɪç]² 形 (↔nacktsamig)〖植〗被子の: die *Bedecktsamigen* 被子植物.

Be·dẹckung[bədɛ́kʊŋ] 女 -/-en《ふつう単数で》**1** おおう〈おおい隠す〉こと;〖天〗食(しょく). **2** おおい, カバー; 衣服, 帽子. **3** 護衛: unter polizeilicher ～ 警官に護衛〈護送〉されて. **4** (家畜の)交尾. **5**〖スポーツ〗防御, ディフェンス, ガード. **6**《オーストリア》(欠損の)補塡(ほてん).

Be·dẹckungs·ver·än·der·li·che 複〖天〗食変光星.

be·dẹn·ken*[bədɛ́ŋkən]《28》**I** 他 (h) **1** よく考えてみる, 考慮〈考量〉する: *js.* Alter ～ …の年齢を考慮に入れる | Das hättest du früher ～ sollen. それを君はもっと前に考えておくべきだった ‖〔***jm.***〕**zu ～ geben, daß ...** …について〔…の〕注意を喚起する,〔…に〕…を指摘する. **2** 再帰 *sich*⁴ ～ (決心・行動の前に)考える, 思い迷う: *sich*⁴ anders 〈eines anderen〉 ～ 考えを変える, 思い直す | ohne *sich*⁴ lange zu ～ 長くはためらわずに, あっさりと. **3**《雅》(beschenken)《*jn.*〔mit *et.*³〕》(…に〔…を〕)贈る, 与える: *jn.* im Testament〔mit *et.*³〕～ …に〔…を〕遺贈する | *jn.* mit lebhaftem Beifall ～ …に盛んな拍手を浴びせる | *jn.* mit Ratschlägen ～ …に助言を与える.

II Be·dẹn·ken 中 -s/- **1**《単数で》考慮, 考量: nach kurzem 〈reichlichem〉 ～ ちょっと〈よくよく〉考えて. **2**《ふつう複数で》疑念, 懸念, 異議; ためらい: Hier bestehen keine ～. この点には何の懸念もない | Mir kommen doch ～, ob ... 私には…かどうかやはり疑わしい ‖ ～ gegen *et.*⁴ äußern 〈erheben〉 …に対する異議を唱える | Ich habe 〈hege / 雅: trage〉 ～, den Vertrag zu unterschreiben. 私はこの契約に署名することには懸念がある | ***sich*³ kein ～ machen**《zu 不定詞句と》ためらわずに〈平気で〉…する.

III be·dạcht → 別出

be·dẹn·ken·lo̲s[bədɛ́ŋkənlo:s]¹ 形 無思慮な, はばかるところのない, 思い迷わない, 向こう見ずな: ～ handeln 無思慮な行動をとる | ～ Geld ausgeben 金をぱっぱっと遣う.

Be·dẹn·ken·lo̲·sig·keit[..lo:zɪçkaɪt] 女 -/ bedenkenlos なこと.

be·dẹnk·lich[bədɛ́ŋklɪç] 形 **1** 憂慮すべき, 容易ならぬ, 重大〈危険〉な: einen ～*en* Verlauf nehmen (病気などが)憂慮すべき経過をたどる | eine ～*e* Wendung nehmen 重大化する ‖ Die Aussichten sind recht ～. 見通しは全く暗い | Es 〈Das Wetter〉 sieht ～ aus. 空模様が怪しい. **2** 怪しげな, いかがわしい: ～*e* Geschäfte machen いかがわしい商売をする | Das wirft ein ～*es* Licht auf dich. そんなことをすると君の人柄が疑われるよ. **3** 考えこんだ, 憂慮している, 慎重な: ein ～er Mensch 慎重な人 | ein ～*es* Gesicht machen むずかしい顔をする ‖ Das stimmte ihn recht ～. それが彼をすっかり考えこませた ‖ ～ den Kopf schüttern それ

はどうかなという顔をして首を振る.

Be·dẹnk·lich·keit[–kaɪt] 女 -/ **1** (bedenklich なこと. 例えば:) 危険性, 重大性: Die Krankheit ist ohne ~. この病気は心配するほどのものではない | Die Lage hat ihre ~. 情勢は危険をはらんでいる. ▽**2** =Bedenken 2

Be·dẹnk·zeit 女 -/ 考慮の時間, 猶予期間: *jm.* eine Woche ~ geben ⟨lassen⟩ …に1週間の考慮期間を与える.

be·dẹp·pert[bədέpərt] 形《話》途方にくれた, ぼう然とした: ein ~*es* Gesicht machen 途方にくれた顔をする | ~ dastehen ぼう然と立ちつくす. [<betöbern „betäuben" (◇betäuben)]

be·deu·ten[bədɔ́ʏtən]《01》 **I** 他 (h) **1 a)** (語句・記号・象徴などが) 意味する, 表す; (…という) 意味である: Was soll das ~? それはどういう意味なのか | anders ~ 別の意味である | Acker *bedeutet* dasselbe ⟨soviel⟩ wie Feld. Acker は Feld と同じ⟨ほぼ同じ⟩意味である | Perlen *bedeuten* Tränen. 真珠は涙を意味⟨象徴⟩する | die Bretter, die die Welt *bedeuten* (→Brett 3) | Das muß nicht ~, daß du recht hast. それは必ずしも君が正しいということにはならない. **b)** (…の) 前兆である: Das *bedeutet* nichts Gutes. これは(どうせ)ろくなことにはならない | Diese Wolken *bedeuten* Sturm. この雲はあらしの前触れである. **2** (状態・行動が…と) 同じ意味⟨価値⟩をもつ, (…に) 等しい, (…で)ある: Das *bedeutet* einen Eingriff in meine Rechte. それは私の権利の侵害である | Seine Rückkehr *bedeutet* mir einen Trost. 彼の帰還は私にとって慰めである | Er weiß nicht, was es *bedeutet*, krank zu sein. 病気だということがどんなものか彼にはわからない ‖ *jm.* ⟨für *jn.*⟩ wenig ~ …にとってどうでもいい | Die Wunde hat nicht viel zu ~. この傷はたいしたものではない | Das hat nichts zu ~. それは問題ではない | Er ⟨Sein Wort⟩ *bedeutet* etwas in der Fachwelt. 彼⟨彼の発言⟩は専門家のあいだで重きをなしている | Die Kinder *bedeuten* mir alles. 私にとっては子供たちがすべてだ. **3** 《*jm.* / ▽*jn.*》《副文・zu 不定詞〔句〕などと》(…に…をせよと) 合図する, わからせようとする, 勧める: Er *bedeutete* ihr 〔mit der Geste〕, daß sie gehen soll ⟨, sie solle gehen /, zu gehen⟩. 彼は彼女に向かって立ち去れと〔身ぶりで〕合図した.

II be·deu·tend 現分 形 **1 a)** 顕著な, 著名な; すぐれた, りっぱな: ein ~*er* Gelehrter 著名な⟨すぐれた⟩学者 | Er gehört zu den ~*sten* Vertretern seines Faches. 彼はその分野で最もすぐれた研究者の一人である | ~*e* Leistungen aufweisen / etwas *Bedeutendes* leisten りっぱな業績をあげる. **b)** 重要な, 主要な, 肝心な: eine ~*e* Rolle ⟨Stelle⟩ 重要な役割⟨地位⟩ ‖ Der Vortrag war recht ~. その講演はなかなか優れた⟨かなり重要な⟩ものだった ‖ nichts *Bedeutendes* sein たいしたことでない. **c)** (数量が) 大きな, 多大の: eine ~*e* Summe 巨額 | ~*en* Anteil an *et.*³ haben …に大きく関与している ‖ **um ein ~*es*** 《雅》著しく | Sie sieht jetzt um ein ~*es* besser aus. 彼女は前よりずっと元気そうに見える ‖ Sein Vermögen ist ~. 彼の財産はばく大なものだ ‖〖形容詞・動詞の意味を強めて〗*sich*⁴ ~ bessern 大いに⟨著しく⟩改善される | Er ist ~ größer als du. 彼は君よりはるかに背が高い. ▽**2** (bedeutungsvoll) 意味をこめた: *jn.* ~ ansehen …の顔を意味ありげに見つめる.

be·deut·sam[bədɔ́ʏtza:m] 形 **1** (bedeutend) 重要な, 意義深い: eine ~*e* Entdeckung ⟨Konferenz⟩ 重要な発見⟨会議⟩ ‖ für *jn.* ~ sein …にとって重要である⟨重要な意味をもつ⟩. **2** (bedeutungsvoll) 意味のこもった: *jn.* ~ ansehen …の顔を意味ありげに見つめる | *jm.* ~ zulächeln …に意味ありげにほほえみかける.

Be·deut·sam·keit[–kaɪt] 女 -/-en《雅》**1**《単数で》重要さ, 意義深さ. **2** (Sinn) 意味.

Be·deu·tung[bədɔ́ʏtʊŋ] 女 -/-en **1** (Sinn) (語・記号・象徴などの) 意味, 意味内容: aktuelle ⟨potentielle⟩ ~〖言〗実現的⟨可現的⟩意味 | eine tiefe ~ haben 深い意味をもつ | die ursprüngliche ⟨übertragene⟩ ~ 本来の⟨比喩(ひゆ)的な⟩意味 | Wort*bedeutung* 語義 ‖ die ~ eines Traumes ⟨einer Fabel⟩ erklären 夢⟨寓話(ぐうわ)⟩の意味を説明する.
2《単数で》(Wichtigkeit) 意義, 価値, 重要さ: *et.*³ ~ beilegen ⟨beimessen⟩《官》…を重視する | *sich*³ *seiner* ~² bewußt sein 自分の価値を自覚している | große ~ erlangen 大きな意義を得る ‖ ~ ⟨an ~⟩ gewinnen 重要性を増す | Einzelheiten ohne ~ 重要でない細目 | ein Mann von ~ 有力者, 重要人物 | von politischer ⟨historischer⟩ ~ sein 政治的⟨歴史的⟩に意義がある.

Be·deu·tungs≈ab·schwä·chung 女〖言〗意味の弱化(例 fast: ほとんど < 非常に). **≈auf·stieg** 男 =Bedeutungsverbesserung **≈dif·fe·ren·zie·rung** 女〖言〗(語の) 意味分化. **≈ent·lee·rung** 女〖言〗意味の空疎化(例 die liebe Sonne「お日さま」における lieb). **≈ent·leh·nung** 女〖言〗借義, 意味借用(例 lesen がラテン語の legere にならって「読む」の意味を得たこと). **≈er·wei·te·rung** 女〖言〗意味の拡張(例 Frau: 女性 < 貴婦人). **≈lehn·wort** 中 -[e]s/..wörter (↔Bildungslehnwort)〖言〗借義語(→ Bedeutungsentlehnung). **≈leh·re** 女 -/ (Semasiologie)〖言〗意義論, (特に:) 語義論.

be·deu·tungs·los[..lo:s]¹ 形 無意味な; 重要でない.

Be·deu·tungs·lo·sig·keit[..lo:zɪçkaɪt] 女 -/-en bedeutungslos なこと.

be·deu·tungs·schwer 形 含蓄に富む; 重要⟨重大⟩な, ゆゆしい.

Be·deu·tungs≈über·tra·gung 女〖言〗(原義から比喩(ひゆ)的意味への) 転義. **≈um·fang** 男〖言〗意味範囲. **≈ver·bes·se·rung** 女 (↔Bedeutungsverschlechterung) (Bedeutungsaufstieg)〖言〗意味の良化⟨向上⟩(例 Marschall: 元帥 < 馬丁). **≈ver·en·ge·rung** (**≈ver·en·gung**) 女〖言〗意味の縮小(例 Hochzeit: 婚礼 < 祝祭〔日〕). **≈ver·schlech·te·rung** 女 (↔Bedeutungsverbesserung)〖言〗意味の悪化⟨下落⟩(例 Dirne: 娼婦(しょうふ) < 処女).

be·deu·tungs·voll 形 意義ある⟨深い⟩, 重要な; 意味ありげな, 意味深長な, 含みのある: ein ~*er* Tag 意義深い一日 | ein ~*er* Blick 意味深長なまなざし ‖ einander ~ ansehen 意味ありげに顔を見合わせる.

Be·deu·tungs≈wan·del 男〖言〗意味の歴史的変遷. **≈wör·ter·buch** 中 語義辞典(語義の解説に重点を置く).

be·dịch·ten[bədɪ́çtən]《01》 他 (h) (…を) 詩に詠む, (…について) 文学作品を書く.

Be·die·ne[bədí:nə] 女 -/-n《話》お気に入りの⟨使いなれた⟩道具.

be·die·nen[bədí:nən] **I** 他 (h) **1**《*jn.*》(…に) 奉仕⟨サービス⟩する, (…の) 世話をやく;〖球技〗(…に) ボールを回す⟨パスする⟩: *jn.* mit *et.*³ ~ …に…をサービス⟨給仕⟩する | *jn.* vorn und hinten ~ 〔müssen〕…の何から何まで世話をする | die Gäste ~ 客をもてなす⟨に給仕する⟩ | einen Kranken ~ 病人の世話をやく | die Kunden ~ (店員が) 客に応対する | Nur eine Fluggesellschaft *bedient* diese Strecke. この区間を運航している航空会社は一社だけだ | Den habe ich richtig *bedient*.《話》うんとやつの油を絞ってやった ‖ Sind Sie *bedient*?/《ス¹》Werden Sie schon *bedient*? (客に対して) もうご用は承りましたか | ***bedient* sein**《話》もううんざりしている | Ich bin 〔restlos〕 *bedient*!《比》もうたくさんだ | Ich bin schlecht ⟨trefflich⟩ *bedient*. 私の受けた助言は役に立たない⟨的を射ている⟩ ‖〖目的語なしで〗bei Tisch ~ 給仕する | in einem Laden ~ (接客業の) 店で〔店員として〕働く | Welcher Kellner *bedient* hier? どのボーイさんがこのテーブルの担当ですか | Diese Verkäuferin *bedient* gut. この女店員は接客態度がいい ‖ 再帰 *sich*⁴ 〔mit *et.*³〕 ~ (料理などを) セルフサービスする, 自分で取り分けて食べる | Bitte, *bedienen* Sie sich! どうぞご遠慮なくお取りください. **2**《雅》再帰 *sich*⁴ *et.*² ~ …を用いる, …を使用する⟨使う⟩ | *sich*⁴ eines Vergleichs ~ 比喩(ひゆ)を用いる. **3** (機器などを) 操作する, あやつる: einen Lift ⟨einen Computer⟩ ~ エレベーター⟨コンピューター⟩を操作する. **4**〖経〗(銀行が公債などの) 利子を支払う. **5**《ときに目的語なしで》〖トランプ〗(カードを) 出す: falsch ~ 間違ったカードを出す.

II Be·die·n·te → 別出

Be·die·ner[bədí:nər] 男 -s/- **1** (bedienen する人. 例

えば:)(機器などを)操作する人. ▽2 (Diener) 召使い, 奉公人.

Be·die·ne·rin[..nərɪn] 女 -/-nen **1** Bediener の女性形. **2** 《ｵｰｽﾄﾘｱ》(Aufwartefrau)(通いの)家政婦.

be·die·nern[bədíːnərn] 《05》 他 (h) 《話》《*jn.*》(…に)こびへつらう.

be·dien·stet[..díːnstət] **I** 形 《述語的》《ｵｰｽﾄﾘｱ》(官庁などに)勤務している. **II Be·dien·ste·te** 男 女 《形容詞変化》 **1** 《官》(官庁などの)職員. ▽**2** =Bediener, Bedienerin [<Dienst]

B

▽**Be·dien·te**[bədíːntə] 男 女 《形容詞変化》=Bediener, Bedienerin

Be·dien·ten·art 女 -/ 召使い根性, 卑屈さ.

be·dien·ten·haft[..haft] 形 召使いのような, 卑屈な: ein ~*es* Benehmen zeigen 卑屈な態度を示す ‖ ~ um *jn.* herum schwänzeln …にこびへつらう.

Be·dien·ten≠pack 中 《軽蔑的に》《集合的に》雇い人, 下郎, 下僕, しもべ. ▽**≠see·le** 女 召使い根性; 《比》追従者, 卑屈な人. ▽**≠volk** 中 =Bedientenpack

Be·die·nung[bədíːnʊŋ] 女 -/-en **1** 《単数で》 **a**) サービス; 給仕; 世話; 看護. **b**) (機器・火砲などの)操作, 取り扱い. **2** 《集合的に》 **a**) 給仕人, ボーイ, ウェートレス, 売り子. **b**) 《ｵｰｽﾄﾘｱ》(Aufwartefrau)(通いの)家政婦. ▽**c**) (Diener) 召使い. **3** 《ｵｰｽﾄﾘｱ》(通いの)家政婦の職〈口〉. **4** =Bedienungsgeld **5** 〖軍〗火器操縦班, 機銃隊: zu der ~ eines schweren MGs gehören 重機関銃隊員である.

Be·die·nungs≠an·lei·tung 女 (機器などの)操作の手引. **≠an·wei·sung** 女 (Anleitung)(機器などの)操作〈使用〉説明書. **≠auf·schlag** 男 =Bedienungsgeld **≠feh·ler** 男 (機器・装置などの)操作ミス. **≠geld** 中 (レストラン・ホテルなどの)サービス料. **≠he·bel** 男 (機器の)操作〈操縦〉てこ, オペレーティング=レバー. **≠mann·schaft** 女 〖軍〗機銃隊員. **≠vor·schrift** 女 (機器などの)操作規定〈規則〉; (乗り物などの)操縦規定〈規則〉. **≠zu·schlag** 男 = Bedienungsgeld

▽**Be·ding**[bədíŋ] 男 中 《もっぱら次の形で》mit dem ~, daß ... …の条件で.

be·din·gen[(*)][bədíŋən] 《30》 **I** 他 (h) **1** 《規則変化》 **a**) (verursachen) 結果として生み出す, 引き起こす: Der Motorschaden *bedingte* eine Notlandung. エンジンの故障から不時着陸ということになった | Ein Unrecht *bedingt* das andere. 不正が不正を呼ぶ ‖ Die Krankheit ist durch Vitaminmangel *bedingt.* 病気はビタミン不足が原因である. **b**) (voraussetzen) 前提とする: Erfolg *bedingt* Fleiß. 成功には勤勉が前提となる. ▽**2** 《不規則変化》 **a**) (ausbedingen)(契約で)取り決める, 約定する; 《*sich*[3] *et.*[4]》(条件として)留保する: Ich *bedang* mir besondere Freiheiten. 私は自分に特別の自由が与えられることを(仕事を引き受けるための)条件とした ‖ ein *bedingender* Satz 〖言〗条件文 | der *bedungene* Lohn 契約賃金. **b**) (dingen) 《*jn.*》義務づける; 雇う.

II be·dingt → 別出

Be·ding·nis[bədíŋnɪs] 中 -ses/-se 《ｵｰｽﾄﾘｱ》《官》=Bedingung

be·dingt[bədíŋt] **I** bedingen の過去分詞. **II** 形 (eingeschränkt) 条件〈留保〉つきの, 限定された: ~*e* Reflexe 〖生理〗条件反射 | ~*e* Annahme 〖商〗(手形の)制限引き受け | ~*e* Verurteilung / ~*er* Straferlaß 〖法〗(刑の)執行猶予 ‖ nur ~ richtig sein 条件付きでのみ正しい | *et.*[4] ~ kaufen 〖商〗(返品可能の)留保付きで…を買う.

..bedingt[..bədɪŋt] 《名詞につけて「…に条件づけられた, …に由来〈起因〉する, …にもとづく」などを意味する形容詞をつくる》: alters*bedingt* 年齢に制約された; 老齢に起因する | berufs*bedingt* 職業に伴う | teuerungs*bedingt* 物価高に起因する.

Be·dingt·gut 中 -[e]s/ (Kommissionsgut) 〖商〗(返品可能の)委託販売品.

Be·dingt·heit[..haɪt] 女 -/-en **1** 《ふつう単数で》(bedingt なこと. 例えば:) 制約, 限定; 関連[性], 相対性: die kausale 〈historische〉 ~ 因果〈歴史〉的関連 | die wechselseitige ~ von Theorie und Praxis 理論と実地との相互関連. **2** 所与〈前提〉条件: klimatische ~*en* 気候上の諸条件.

Be·dingt·sen·dung 女 (Kommissionssendung) 〖商〗委託送付[商品].

Be·din·gung[bədíŋʊŋ] 女 -/-en **1** 〔前提〕条件: die erste ~ für *et.*[4] sein …のための第一条件である ‖ eine ~ annehmen 〈eingehen〉 条件に応じる | die ~*en* einhalten 〈erfüllen〉 条件を守る〈満たす〉 | *jm.* ~*en* auferlegen …に条件を課する | eine ~ stellen 条件をつける〈出す〉 ‖ auf eine ~ eingehen / *sich*[4] auf eine ~ einlassen 条件をのむ | ohne 〔jede〕 ~ 〔全くの〕無条件で | unter 〈mit〉 der ~, daß ... …という条件で | *et.*[4] von einer ~ abhängig machen …に条件をつける | *et.*[4] zur ~ machen …を条件にする.

2 《ふつう複数で》(与えられた)諸条件, 諸制約, 状況, 事情: die politischen 〈gesellschaftlichen〉 ~*en* einer Zeit 時代の政治的〈社会的〉諸条件 | unter günstigen 〈harten〉 ~*en* arbeiten 有利な〈きびしい〉条件のもとで働く.

Be·din·gungs·form 女 (Konditional) 〖言〗(動詞の)条件〈約束〉法.

be·din·gungs·los[..loːs][1] 形 無条件の: ~*er* Gehorsam 絶対服従 | eine ~*e* Kapitulation 無条件降伏 ‖ *et.*[4] ~ akzeptieren …を無条件に受け入れる.

Be·din·gungs·lo·sig·keit[..loːzɪçkaɪt] 女 -/ bedingungslos なこと.

Be·din·gungs·satz 男 (Konditionalsatz) 〖言〗条件文, 条件の文節.

be·din·gungs·wei·se 副 条件付きで.

be·dor·nen[bədɔ́rnən] 他 (h) (…に)とげをつける; 《比》《*jn.*》(…に)苦難を与える. [<Dorn]

be·drän·gen[bədrɛ́ŋən] 他 (h) (…に)迫る, (…を)攻めたてる, 圧迫する; 苦しい立場に置く, 悩ます: *jn.* mit Bitten ~ …にしつこくせがむ | *jn.* mit Fragen ~ …を質問攻めにする | von Hunger 〈den Gläubigern〉 *bedrängt* werden 飢え〈債権者たち〉に悩まされる | Die Stadt wurde von den Feinden *bedrängt.* 町は敵に攻めたてられた ‖ *seinem bedrängten* Herz Luft machen 胸のふさがる思いをまぎらす | *sich*[4] in *bedrängter* Lage befinden 困難な状況にある, 窮迫している.

Be·drän·ger[..ŋər] 男 -s/- bedrängen する人.

Be·dräng·nis[..drɛ́ŋnɪs] 女 -/-se 《雅》(Not) 苦しさ; 困難な〈苦しい〉立場, 苦境: in ~[4] geraten 苦境に立つ | *jn.* in ~[4] bringen …を苦境に陥れる.

Be·drän·gung[..ŋʊŋ] 女 -/-en **1** bedrängen すること. **2** =Bedrängnis

be·dräu·en[bədrɔ́ʏən] 《雅》=bedrohen

be·drecken[bədrɛ́kən] 《話》=beschmutzen

be·dripst[bədrípst] 形 《北部》当惑〈困惑〉した. [<betröpfen]

be·dro·hen[bədróːən] 他 (h) おどす, 威嚇(いかく)〈脅迫〉する; おびやかす: *jn.* mit der Pistole 〈dem Tode〉 ~ …をピストルで〈殺すぞと言って〉おどす ‖ Der Friede 〈Das Vaterland〉 ist *bedroht.* 平和〈祖国〉がおびやかされている | Das Haus war von Flammen *bedroht.* 家に炎が迫っていた | Diese Pflanze ist vom Aussterben *bedroht.* この植物は絶滅の危機に瀕(ひん)している | Sein Leben ist *bedroht.* 彼の命が危ない.

be·droh·lich[bədróːlɪç] 形 おどすような, 威嚇(いかく)的な; 危険をはらんだ: eine ~*e* Gebärde おどしの身ぶり | ein ~*es* Geräusch 不気味な物音 ‖ Das Wetter sieht ~ aus. 天候は荒れ模様である | Seine Augen funkeln ~. 彼の目が恐ろしく光っている | Das Feuer kam ~ nahe. 火は恐ろしいまでに近づいた.

Be·dro·hung[..ʊŋ] 女 -/-en おどし, おびやかし, 威嚇; 脅威, 危険: die ~ des Friedens 平和をおびやかすこと | die ~ durch das Hochwasser 洪水の危険 ‖ in ständiger ~ leben 絶えずおびやかされている.

be·drucken[bədrʊ́kən] 他 (h) 《*et.*[4] mit *et.*[3]》(…に…を)印刷する: *et.*[4] mit dicken Lettern ~ …に太い活字で

印刷する ‖ *bedruckte* Tücher プリント模様の布地.

be·drụ̈cken[bədrʏ́kən] 他 (h) (…に)圧力を加える, 圧迫する, 虐げる; (…の心に)重くのしかかる, (…の心を)しめつける, しょげ返らせる: Seine Krankheit *bedrückt* mich. 彼の病気で私は気がめいっている | Das Volk ist mit Steuerlasten hart *bedrückt.* 民衆は重税にあえいでいる ‖ *bedrückende* Hitze 〈Stille〉 やりきれぬ暑さ〈息づまる静けさ〉| Seine Nähe wirkte *bedrückend* auf mich. 彼がそばにいるので私は気づまりだった ‖ in *bedrückter* Stimmung sein 気がふさいでいる | Er antwortete *bedrückt* 〈in *bedrückter* Stimme〉. 彼は元気なく〈しょんぼりした声で〉答えた.

Be·drụ̈cker[..kər] 男 -s/- 抑圧〈圧制〉者.

Be·drụ̈ckt·heit[..haɪt] 女 -/ 気の重いこと, (気の)めいること, 憂鬱(ゆう); 圧迫〔感〕.

Be·drụckung[bədrʊ́kʊŋ] 女 -/-en bedrucken すること.

Be·drụ̈ckung[..drʏ́kʊŋ] 女 -/-en《ふつう単数で》**1** bedrücken すること: die ~ der Bauern durch die Feudalherren 封建領主たちによる農民の圧迫. **2** =Bedrücktheit

be·du̱·deln[bədú:dəln]《06》他 (h)《話》再帰 *sich*[4] ~ 酔う, ほろ酔い加減になる.

be·dụf·ten[bədʊ́ftən] 他 (h)《*jn.* / *et.*[4]》(…に)香りをつける, 香水をかける.

Be·dui̯·ne[beduí:nə] 男 -n/-n ベドウィン人(アラブ系の遊牧民で, 北アフリカ・アラビア・シリアなどの砂漠に分布している).
[*arab.*－*fr.* bédouin; ＜*arab.* badw „Wüste"]

be·dụn·gen[bədʊ́ŋən] bedingen I 2の過去分詞.

be·dụ̈n·ken[bədʏ́ŋkən] **I** 他 (h)《*jn.*》《様態を示す語句と》(…に…であると)思われる: Der Plan *bedünkte* ihn unsinnig. 彼にはその計画はばかげていると思われた | Es *bedünkt* mich, daß ... 私には…と思われる ‖ 再帰 *sich*[4] klug ~ 頭がいいとうぬぼれる.

II Be·dụ̈n·ken 中 -s/ (Ansicht) 意見, 見解: meines ~*s* / nach meinem ~ 私の考えでは.

be·dụ̈r·fen*[bədʏ́rfən]《35》自 (h) (brauchen)《*js.* / *et.*[2]》(…を)必要とする: Ich *bedarf* dringend deiner Hilfe. 私はぜひとも君の助力がいる | Die Gesunden *bedürfen* eines Arztes nicht. 健康な人に医者はいらない(聖書: ルカ 5,31) | Einer ständigen Bearbeitung zu ~ ist das Schicksal eines Lexikons. 絶えず改訂を要するのが事典の宿命である ‖ 非人称 Es *bedarf* nur weniger Mühe, um es zu begreifen. それを理解するには大して手間はかからない | Es hat meiner ganzen Überredungskunst *bedurft*, damit ... …のためには私は必死に説得せねばならなかった.

★ まれに 4 格を目的語とすることがある: Nimm, was du *bedarfst*! 君の必要なものを取りたまえ.

Be·dụ̈rf·nis[bədʏ́rfnɪs] 中 -ses/-se **1 a)** 欲求, 必要, 欲望: ein ~ nach Ruhe 休息への欲求 ‖ ein ~ befriedigen / einem ~ abhelfen 欲求を満たす | *seine* kulturellen *Bedürfnisse* befriedigen 文化的欲求〈要求〉を満たす | Es ist mir ein ~, Ihnen zu danken. 私はぜひともあなたにお礼を申し上げたい | Ich habe 〈fühle〉 das dringende ~, ihm die Wahrheit zu sagen. 私はぜひとも彼に真相を告げたい | Es liegt das ~ vor, die Handelsbeziehungen zu erweitern. 取引を広げる必要がある. [v]**b)**《婉曲に》便意: ein ~ haben 便意を催している | ***sein* ~ verrichten** 用をたす. **2 a)**《複数で》(特に物質的な)需要, 必需品: elementare *Bedürfnisse* 基本的物資〈必需品〉. **b)** (また 女 -/-se) 窮境; 貧苦.

Be·dụ̈rf·nis·an·stalt 女《官》公衆〈共同〉便所.

be·dụ̈rf·nis·lo̱s[..lo:s][1] 形 無欲〈寡欲〉な; 控えめ〈謙虚〉な.

Be·dụ̈rf·nis·lo̱·sig·keit[..lo:zɪçkaɪt] 女 -/ bedürfnislos なこと.

be·dụ̈rf·tig[bədʏ́rftɪç][2] 形 **1**《述語的》《*js.* / *et.*[2]》(…が)必要である: Sie ist seiner Hilfe ~. 彼女には彼の援助が必要である. **2** 貧しい, 困窮している: ~*e* Familien 貧困家庭 | die *Bedürftigen* 困窮〈貧困〉者.

..bedürftig[..bədʏrftɪç][2]《名詞につけて「…を必要とする」を意味する形容詞をつくる》: erholungs*bedürftig* 休息の必要な | verbesserungs*bedürftig* 改善の要のある.

Be·dụ̈rf·tig·keit[..kaɪt] 女 -/-en bedürftig なこと.

be·du̱·seln[bədú:zəln]《06》**I** 他 (h)《話》再帰 *sich*[4] ~ ほろ酔い機嫌になる. **II be·du̱·selt** 過分 形《話》**1** ほろ酔い機嫌の. **2** (benommen) もうろうとした: Ich bin von dem vielen Reden ganz ~. 私はまくし立てられてすっかり煙に巻かれた.

be·dụtzt[bədʊ́tst] 形 唖然(あぜん)とした, あっけにとられた.
[＜*mhd.* tuz „Stoß"]

Beef·steak[bí:fste:k] 中 -s/-s《料理》ビフテキ: deutsches ~ ハンバーグステーキ. [*engl.*; ＜*lat.* bōs „Rind"]

Beef·tea[bí:fti:] 男 -s/-s《料理》ビーフティー. [*engl.*; ◇Tee]

be·e̱h·ren[bə|é:rən] 他 (h)《雅》**1** (訪問・出席などによって)光栄に浴させる: Wir bitten Sie, diese Veranstaltung mit Ihrer Gegenwart zu ~. この催しにご臨席の栄を賜りたく存じます | Bitte, *beehren* Sie mich 〈mein Haus〉 bald wieder 〔mit Ihrem Besuch〕! また近いうち私どもへお越しください.

2 再帰 *sich*[4] ~《zu 不定詞〔句〕と》(手紙・広告などで)謹んで…する | Wir *beehren* uns, Sie zum Abendessen einzuladen. あなたを夕食にお招き申し上げます.

be·e̱i·den[bə|áɪdən][1]《01》=beeidigen I 1

be·e̱i·di·gen[bə|áɪdɪgən][2] **I** 他 (h) **1**《*et.*[4]》(証言・陳述などが)真実であることを誓う, 宣誓〔によって確証〕する: die Identität des Verbrechers mit dem Angeklagten ~ 犯人が被告と同一人物であることを証言する. [v]**2**《*jn.*》(…に)宣誓させる. **II be·e̱i·digt** 過分 形 (vereidigt) 宣誓した: eine ~*e* Aussage 宣誓供述 | ein ~*er* Bücherrevisor 公認会計士. [＜Eid]

Be·e̱i·di·gung[..gʊŋ] 女 -/-en beeidigen すること.

Be·e̱i·dung[..dʊŋ] 女 -/-en beeiden すること.

be·e̱i·fern[bə|áɪfərn]《05》他 (h) 再帰 *sich*[4] ~ 熱心に努力〈尽力〉する.

be·e̱i·len[bə|áɪlən] 他 (h) **1**《*et.*[4]》急がせる, (…の速度を)速める: *seine* Schritte ~ 足を速める. **2** 再帰 *sich*[4] mit *et.*[3] ~ …を急ぐ: Er *beeilte* sich mit seiner Arbeit. 彼は仕事を急いだ ‖〖zu 不定詞句と〗*Beeil*〔*e*〕 dich, den Zug zu erreichen! 列車に間に合うよう急ぎなさい | Ich *beeile* mich, Ihnen mitzuteilen. (書簡文で)取り急ぎお知らせ致します ‖ Sie *beeilte* sich, mir zuzustimmen. 彼女はあわてて〈むきになって〉私に賛成した.

Be·e̱i·lung[..lʊŋ] 女 -/ 〔sich〕 beeilen すること: Los, ~!《話》さあ急げ, 早く早く.

be·e̱in·drucken[bə|áɪndrʊkən] 他 (h)《*jn.*》(…に)印象〈感銘〉を与える: Der Film hat mich sehr *beeindruckt.* 映画は私に深い感銘を与えた | Ich bin von der Musik tief *beeindruckt.* 私はその音楽に深く感動した.
[＜Eindruck]

be·e̱in·fluß·ba̱r[bə|áɪnflʊsba:r] 形 影響を受けやすい; 自主性のない.

be·e̱in·flus·sen[..flʊsən]《03》他 (h)《*jn.* / *et.*[4]》(…に)影響〈感化〉を及ぼす; (…に)干渉する: *js.* Denken 〈Urteil〉 ~ …の考え〈判断〉に影響を与える | *jn.* günstig 〈ungünstig〉 ~ …によい〈悪い〉影響を及ぼす | Er ist leicht zu ~. 彼は人に影響されやすい | von *et.*[3] 〈durch *et.*[4]〉 *beeinflußt* sein …の影響を受けている. [＜Einfluß]

Be·e̱in·flus·sung[..sʊŋ] 女 -/-en 影響, 感化; 干渉: die ~ der Jugend durch Fernsehen テレビの青少年に及ぼす影響.

be·e̱in·träch·ti·gen[bə|áɪntrɛçtɪgən][2] 他 (h) 侵害する, 害する, 傷つける, 損なう; (能力・価値・効力などを)減じる: *jn.* in *seiner* Freiheit 〈*seinen* Entschlüssen〉 ~ …の自由を侵害する〈決心を鈍らす〉| Alkohol *beeinträchtigt* das Reaktionsvermögen. 飲酒は反応能力を鈍らせる ‖ Nach der Krankheit war sein Sehvermögen *beeinträchtigt.* 病後彼は視力が衰えた. [＜Eintrag 2]

Be·e̱in·träch·ti·gung[..gʊŋ] 女 -/-en beeinträchtigen すること.

Be·e̱in·träch·ti·gungs·wa̱hn 男《心》侵害〈被害〉妄想.

B

be·e̩len·den[bəlé:lɛndən][1] 《01》 他 (h) 《ｽｲｽ》《*jn.*》(…に)同情の念を起こさせる, みじめな〈悲しい〉気持にする: Die Schmerzen des Kranken *beelendeten* ihn. 彼は病人の苦痛をふびんに思った ‖ 非人称 Es *beelendet* mich. 私は悲しい気持ちだ〈同情にたえない〉. [<Elend]

Be·e̩l·ze·bu̲b[beéltsəbu:p, bé:l..] 人名〘聖〙ベルゼブブ(悪魔の頭目): **den Teufel durch ～ 〈mit ～〉 austreiben** 小難を除こうとして大難を招く(悪魔の頭目の力をかりて悪魔を追い出す. 聖書: マタ12,24から). [*hebr.* Baal-zebūb „Herr der Fliegen"−*gr.*−*lat.*; ◇Baal]

be·e̩n·den[bəlɛ́ndən][1] 《01》 (**be·e̩n·di·gen**[..dɪgən][2]) 他 (h) (仕事などを)終える, 済ます, 仕上げる; 終わらせる, 終結させる: einen Brief ～ 手紙を書き終える | den Krieg ～ 戦争を終わらせる | *sein* Leben ～ 生涯を閉じる | Der Unterricht ist *beendet.* 授業が終わった.

Be·e̩n·dung[..dʊŋ] (**Be·e̩n·di·gung**[..gʊŋ]) 女 -/ 終了, 終結: nach ～ des Unterrichtes 〈des Krieges〉 授業終了〈戦争終結〉のあとで.

be·e̩n·gen[bəlɛ́ŋən] 他 (h) 狭める, 窮屈にする; 圧迫する; 制約〈拘束〉する: *js.* Freiheit ～ …の自由を縛る | Die Kleider *beengen* mich. この服は私には窮屈だ ‖ *beengende* Kleidung 窮屈な衣服 ‖ in *beengten* Verhältnissen leben 生活が苦しい | sehr *beengt* wohnen 狭苦しいところで暮らす | *sich*[4] auf der Brust *beengt* fühlen 胸が苦しい.

Be·e̩ngt·heit[..ɛŋthaɪt] 女 -/ 窮屈な〈狭苦しい〉こと, 圧迫された状態.

Be·e̩n·gung[..ŋʊŋ] 女 -/ beengen すること.

be·e̩r·ben[bəlɛ́rbən][1] 他 (h) 《*jn.*》(…の)財産を相続する; 《話》(…の)あとがまになる.

Be·e̩r·bung[..bʊŋ] 女 -/ 遺産相続.

be·e̩r·den[bəlé:*r*dən][1] 《01》 他 (h) 〘園〙(植木・草花などに)土を寄せる.

be·e̩r·di·gen[bəlé:*r*dɪgən][2] 他 (h) 埋葬する.

Be·e̩r·di·gung[..gʊŋ] 女 -/-en 埋葬, 葬儀: eine feierliche ～ 厳粛な葬儀 | **auf der falschen ～ sein** 《話》似合わぬ場所にいる, 場違いである; 間違った考えをもっている.

★ Beerdigung は儀式を伴う埋葬で, Bestattung, Beisetzung は雅語.

Be·e̩r·di·gungs≠an·stalt 女, **≠in·sti·tu̲t** 中 葬儀社. **≠ko·sten** 複 埋葬費用. **≠un·ter·ne̲h·men** 中 葬儀社.

Be̲e·re[bé:rə] 女 -/-n **1** (英: *berry*)〘植〙液果, 漿果(しょうか)(ブドウ・メロン・トマトなど: →図): Erd*beere* イチゴ | Preisel*beere* 〔ツル〕コケモモ | Trauben mit großen ～*n* 大粒のブドウの房 ‖ im Wald ～*n* pflücken 〈sammeln〉 森で野いちごを摘む | Am Sonntag geht es in die ～*n*. 《方》日曜日には森へ行くものだ. **2** 《北部》 **a)** (Birne) セイヨウナシ(西洋梨). **b)** (Weinberg) ぶどう園. [*germ.*; ◇*engl.* berry]

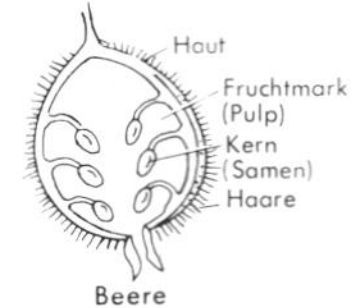

Be̲e·ren·ap·fel 男〘植〙エゾリンゴ.

be̲e·ren·a̲r·tig 形 液果〈漿果(しょうか)〉状の.

Be̲e·ren·aus·le̲·se 女 **1** (ぶどうの)粒選び. **2** ベーレンアウスレーゼ(粒を精選したぶどうから作った上等な貴腐(きふ)ワイン).

be̲e·ren·för·mig 形 液果〈漿果(しょうか)〉形の.

Be̲e·ren≠frucht 女〘植〙液果, 漿果(しょうか). **≠nel·ke** 女〘植〙ナンバンハコベ. **≠o̲bst** 中《集合的に》液果, 漿果. **≠tang** 男〘植〙ホンダワラ(馬尾藻)属.

be̲e·ren·tra·gend 形 液果〈漿果(しょうか)〉のなる.

Be̲e·ren·wein 男 果実酒 (Johannisbeerwein など).

Be̲er·most[bé:*r*..] 男 (ぶどうの)初しぼり汁.

Beest[be:st] 中 -[e]s/-er 《北部》＝Biest[1]

Beet[be:t] 中 -es(-s)/-e (庭・畑などの)苗床, 花壇; 〘農〙うね: ein ～ mit Blumen 〈Gemüse〉 花壇〈野菜の苗床〉 | ein ～ anlegen 〈besäen〉 苗床を作る〈に種をまく〉. [<Bett; ◇*engl.* bed]

Be̲e·te[bé:tə] 女 -/-n ＝Bete

Be̲et·ho·ven[bé:tho:fən, ..vən] 人名 Ludwig van ～ ルートヴィヒ ヴァン ベートホーフェン, ベートーベン(1770-1827; 古典派音楽を完成し, ロマン派音楽の導入を果たしたドイツの作曲家). [*fläm.* „Rüben-garten"; ◇Hof]

be·fä̲·hi·gen[bəfɛ́:ɪgən][2] **I** 他 (h) 《*jn.* zu *et.*[3]》(…に…の)能力〈権能・資格〉を与える: Seine Kenntnisse *befähigen* ihn zu dieser Aufgabe 〈für diese Aufgabe〉. 彼の知識はこの課題を果たすのに十分足りるものである ‖ 再帰 *sich*[4] zu *et.*[3] ～ …の能力〈権能・資格〉を得る.

II be·fä̲·higt 過分 形 《zu *et.*[3] / für *et.*[4]》(…の)能力〈資格〉のある; (begabt) 有能な, 有為の, 才能のある: ein sehr ～*er* Künstler 非常に才能のある芸術家. [<fähig]

Be·fä̲·hi·gung[..gʊŋ] 女 -/-en 《für *et.*[4]/zu *et.*[3]》(…の)能力, 資格, 権能; 才能, 技能.

Be·fä̲·hi·gungs≠nach·weis 男 《官》資格〈能力〉証明〔書〕: den ～ erbringen 〈vorlegen〉 資格証明書を提出する. **≠zeug·nis** 中 ＝Befähigungsnachweis

be·fa̲hl[bəfá:l] befehlen の過去. 「別形.」

be·fä̲h·le[bəfɛ́:lə] beföhle (befehlen の接続法 II) の」

be·fa̲hr·ba̲r[bəfá:*r*ba:*r*] 形 (道路・軌道などが)走行できる, 車の通れる; (川などが)航行可能な; 〘坑〙入坑できる.

be·fa̲h·ren[1]*[bəfá:rən] 《37》 他 (h) **1** (乗り物で道などを)走行する; (海・川を)航行する: eine Straße mit dem Auto ～ 通りを自動車で走る | das Meer 〈die Küste〉 ～ (船で・船が)海を〈海岸に沿って〉航行する ‖ Diese Strecke darf nur mit 30 Stundenkilometer *befahren* werden. この区間は制限時速30キロである | Diese Straße ist stark 〈wenig〉 *befahren*. この通りは車の往来が激しい〈交通量が少ない〉 ‖ ein *befahrenes* Volk 〘海〙老練な船乗り連中 ‖ Das *Befahren* der Autobahn mit dem Rad ist verboten. 高速道路への自転車の乗り入れは禁じられている. **2 a)** 〘坑〙入坑〔して採鉱〕する: Dieser Stollen wird nicht mehr *befahren*. この坑道はすでに廃坑になっている. **b)** (bewohnen) 〘狩〙(獣が巣穴に)すむ: Dieser Fuchsbau ist *befahren*. このキツネ穴には主がいる. **3** 《*et.*[4] mit *et.*[3]》(…に…を)まく: die Straße mit Kies 〈Schotter〉 ～ 道路に砂利〈砕石〉を敷く | den Acker mit Mist 〈Dung〉 ～ 畑に施肥する.

▽**be·fa̲h·ren**[2][—] 他 (h) (befürchten) 恐れる: 〘ふつう次の形で〙 *et.*[4] zu ～ haben / 再帰 *sich*[4] *et.*[2] zu ～ haben …を心配せざるをえない. [<Fahr]

Be·fa̲ll[bəfál] 男 -[e]s/ befallen すること: ein ～ der Pflanzen mit Insekten 〈radioaktiven Stoffen〉 昆虫〈放射性物質〉による植物の被害.

be·fa̲l·len*[bəfálən] 《38》 他 (h) (病気・災害・恐怖などが)襲う: vom Fieber 〈von einer Krankheit〉 *befallen* werden 発熱する〈病気にかかる〉 | Ihn *befiel* plötzlich Furcht. 彼は突然恐怖に襲われた | Ein schweres Unglück hat ihn *befallen*. ひどい不運が彼を見舞った.

be·fa̲nd[bəfánt][1] befinden の過去.

be·fa̲n·gen*[bəfáŋən] 《39》 ▽**I** 他 (h) **1** 《*jn.*》(物が)取り囲む; 《比》(精神的に)とりこにする. **2** 再帰 *sich*[4] mit *jm.* ～ …にかかわり合う(＝*sich*[4] mit *jm.* befassen).

II 過分 形 **1** (何かにとらわれて)自然さを失った, こだわりをもった, はにかんで〈当惑して〉いる: eine ～*e* Bewegung ぎごちない動き | ein ～*es* Kind はにかみやの子供 | ein ～*es* Lächeln ばつのわるい薄笑い ‖ ～ antworten 〈umherschauen〉 おずおずと答える〈周りを見回す〉 | Sein Blick machte mich ganz ～. 彼の視線が私をすっかりまごつかせた. **2** (特定の考え方に)とらわれている, 偏見を抱いている; 〘法〙予断をもった: *et.*[3] ～ gegenüberstehen …に固定観念をもって対する | in einem Wahn ～ sein 妄想のとりこになっている | einen Richter 〈einen Zeugen〉 als ～ ablehnen 裁判官〈証人〉を予断を抱いているとの理由で忌避する.

Be·fa̲n·gen·heit[−haɪt] 女 -/ (befangen II なこと) **1** こだわり, 当惑, とまどい, 気おくれ, はにかみ: in ～[4] geraten まごつく | *seine* ～ ablegen 気おくれをふり捨てる | In seinem Blick liegt ～. 彼の目には当惑の色がある. **2** 偏見; 〘法〙予断: eine ～ *et.*[3] gegenüber zeigen …を白眼視する | einen Richter 〈einen Zeugen〉 wegen 〔Besorgnis der〕 ～ ablehnen 裁判官〈証人〉を予断を抱いているという理由で忌避する.

be·fas·sen[bəfásən] 《03》 他 (h) (beschäftigen) **1** 《*jn.* mit *et.*³》 (…を…に)従事させる,(…に…を)委託する: das Gericht mit einer Anklage ～ 裁判所に訴え出る | Er ist gerade mit einer wichtigen Sache *befaßt*. 彼はいま大事な用件で忙しい ‖ eine mit Atomphysik *befaßte* Gruppe 原子物理学に携わるグループ.

2 再帰 *sich*⁴ mit *et.*³ ～ …に従事する; …と取り組む, …にかかわり合う | *sich*⁴ mit den Kindern ～ 子供たちの世話をやく | *sich*⁴ mit Politik ～ 政治に携わる | *sich*⁴ ausgiebig 〈gründlich〉 mit der Frage ～ じっくり問題と取り組む | *sich*⁴ nicht mit Kleinigkeit ～ 小事にかかずらわない.

be·feh·den[bəfé:dən]¹ 《01》 他 (h) 《雅》《*jn.*》攻撃する,(…と)戦う: *jn.* in einer Kritik ～《比》…を強く批判する ‖ 再帰 *sich*⁴ ～ 相争う, 反目し合う; 論駁(ろんばく)し合う. [<Fehde]

Be·feh·dung[..dʊŋ] 女 -/-en befehden すること.

Be·fehl[bəfé:l] 男 -[e]s/-e **1 a)** 命令, 指図; 指示, 指令: ein geheimer ～ 秘密命令 | ein ～ an die Truppen zum Marschieren 部隊に対する進発命令 | Schieß*befehl* 射撃命令 ‖ auf *js.* ～ 〔hin〕 …の命令に従って | bis auf weiteren ～ 別命のあるまで ‖ einen ～ ausführen 〈verweigern〉 命令を果たす〈拒む〉 | einen ～ befolgen 命令に従う | von *jm.* einen ～ erhalten 〈empfangen〉 …から命令を受ける | *jm.* einen ～ geben …に命令を与える | einen ～ an die Rechenmaschine geben 計算機に指令を与える | Ich habe den ～, hier zu bleiben. 私はここにとどまるよう命じられている ‖ *Befehl* ist ～! 命令は命令だ(命令には従わなければいけない) | Ihr Wunsch ist 〈sei〉 mir ～. (→ Wunsch 1). **b)** 〔電算〕コマンド.

2 命令〈指揮〉権: den ～ über *et.*⁴ haben 〈führen〉/*et.*⁴ unter *seinem* ～ haben …に対する指揮権をもつ, …を統率している | unter *js.* ～³ stehen …の指揮下にある | Wir stehen zu Ihrem ～ 〈Ihnen zu ～〉. あなたのお指図に従います | **Zu ～!** 承知しました, ご命令どおりにいたします.

be·feh·len*[bəfé:lən] 《41》 **be·fahl**[..fá:l]/**be·foh·len**[..fó:lən]; 現 *du* befiehlst[..fí:lst], *er* befiehlt; 命 befiehl; 接II beföhle[..fǿ:lə] (befähle[..fɛ́:lə])

I 他 (h) **1 a)** 《*jm. et.*⁴》 (…に…を)命じる, 命令〈指示〉する: *jm.* Gehorsam 〈strengste Verschwiegenheit〉 ～ …に服従を〈絶対に他言しないように〉命じる | Er *befahl* mir mitzukommen. 彼は私に同行を命じた | 〔Die〕 Klugheit *befiehlt* abzuwarten. 時機を待つのが利口というものだ | wie es das Gewissen *befiehlt* 良心の命ずるがままに | Von dir lasse ich mir nichts ～. 君の指図は受けない ‖〔目的語なしで〕Ich lasse mir nicht ～. 私はひとの指図は受けない | Wer hat hier zu ～? ここで実権をもっているのはだれか | Wer ～ will, muß erst gehorchen lernen. 《諺》使われる身になってからはじめて人を使え | Der Herr 〈Die gnädige Frau〉 *befehlen*? (特別丁重に)ご用命はなんでございましょう | Wie Sie *befehlen*. お望みどおりにいたします. **b)** 《*jn.*/*et.*⁴》《方向を示す語句と》(…に…へ)行くように命じる: *jn.* an die Front ～ …を前線に赴かせる | *jn.* zur Audienz ～ …を引見する | zum Rapport *befohlen* werden 報告のため出頭するよう命じられる | *jn.* zu *sich*³ ～ …を呼びつける | den besten Wein auf die Tafel ～ 最上のワインを食卓に出させる.

2 (empfehlen) 《*jm. et.*⁴》 (…に…を)ゆだねる, 任せる: *seine* Seele Gott³ ～ 魂を神にゆだねる ‖ 再帰 *sich*⁴ *js.* Schutz³ ～ …の保護に身をゆだねる ‖ Gott³ *befohlen*! (→ Gott). **3** ＝befehligen

II 自 (h) 《über *et.*⁴》 (…に対する)命令〈指揮〉権をもつ; 統率〈支配〉する.

III be·feh·lend 現分 形 命令するような, うむを言わさぬ; いばった: in ～*em* Ton 命令口調で.

[*germ.* „anvertrauen“; ◇Pelle, empfehlen]

be·feh·le·risch[..lərɪʃ] 形 命令的, 横柄な, 高圧的な, 高飛車な.

be·feh·li·gen[bəfé:lɪgən]² 他 (h) (kommandieren) 〔軍〕(軍隊などを)指揮〈統率〉する.

Be·fehls≠aus·ga·be[bəfé:ls..] 女 〔軍〕命令の伝達〈示達(じたつ)〉. **≠au·to·ma·tie** 女 〔医〕(ある動作を命じられると自動的にそれを行う)命令自動. **≠be·fug·nis** 女 命令〈指揮〉の権限. **≠be·reich** 男 (中) 命令の及ぶ範囲. **≠emp·fang** 男 命令の受領. **≠emp·fän·ger** 男 **1** 〔軍〕命令を受ける人, 受命者. **2** 《軽蔑的に》唯々諾々と命令に従う人, 自主性のない人, イエスマン. **≠form** 女 (Imperativ) 〔言〕命令法; 命令形.

be·fehls·ge·mäß 副 命令に従って, 命令どおりに.

Be·fehls≠ge·walt 女 命令〈指揮〉権. **≠ha·ber** 男 -s/- 〔軍〕指揮官, 司令官.

be·fehls·ha·be·risch ＝befehlerisch

Be·fehls≠not·stand 男 〔法〕(良心に反して)命令遂行を強制された状態. **≠satz** 男 (Imperativsatz) 〔言〕命令文. **≠stab** 男 **1** 〔鉄道〕(駅長の)発車信号棒(先端に白と緑で縁どった円盤がついている: → 図 Bahnhof A). **2** (交通巡査の)指揮棒(黒白のしまで夜間は明かりがつく). **≠stel·le** 女 〔軍〕司令所〈部〉. **≠sy·stem** 中 命令〈指揮〉系統. **≠ver·wei·ge·rung** 女 命令服従の拒否, 抗命.

be·fehls·wid·rig 形 命令に違反した.

be·fein·den[bəfáɪndən]¹ 《01》 他 (h) 《雅》《*jn.*》敵視する,(…に)敵対する,(…と)戦う: 再帰 *sich*⁴ ～ 反目し合う, 争い合う, 相争う. [<Feind]

Be·fein·dung[..dʊŋ] 女 -/-en 敵視, 敵対, 反目.

be·fe·sti·gen[bəfɛ́stɪgən]² 他 (h) **1** 固定する: einen Anhänger an einem Paket ～ 小包に荷札をつける | die Wäsche 〔mit Klammern〕 an der Leine ～ 洗濯物を〔洗濯ばさみで〕ロープにとめる | einen Pfahl in der Erde ～ くいを地面に打ち込む | *et.*⁴ mit Nägeln ～ …をくぎづけにする ‖ 再帰 *sich*⁴ im Bewußtsein der Leute ～ (伝統などが)人々の心に根をおろす. **2** 固める; 堅固にする, 強化する; (…の)防備を固める: *js.* Ansehen 〈Ruhm〉 ～ …の名声を不動のものとする | die Bande der Freundschaft ～ 友情のきずなを強める | das Vertrauen zu *jm.* ～ …への信頼を深める | die Grenzen des Landes ～ 国境の守りを固める | das Ufer ～ 岸に護岸工事を施す ‖ *jn.* im Glauben 〈Irrtum〉 ～ …の信念〈誤解〉を強める | einen Weg mit Holzbohlen ～ 道に厚板を敷く ‖ 再帰 Der Kurs *befestigt* sich⁴. 市況が引き締まる〈安定する〉 | Der Leim *befestigt* sich⁴. にかわが固まる〈硬化する〉.

Be·fe·sti·gung[bəfɛ́stɪgʊŋ] 女 -/-en **1** 《ふつう単数で》 (befestigen すること. 例えば:) 固定; 強化; 防衛工事, 築城. **2** 防備施設, 堡塁(ほうるい).

Be·fe·sti·gungs≠an·la·ge 女 -/-n 《ふつう複数で》 ＝Befestigung 2 **≠ar·bei·ten** 複 防備工事, 築城. **≠bau** 男 -[e]s/-ten ＝Befestigung 2 **≠li·nie**[..niə] 女 〔軍〕防衛線. **≠schrau·be** 女 〔工〕留めねじ. **≠werk** 中 ＝Befestigung 2

be·feuch·ten[bəfɔ́ʏçtən] 《01》 他 (h) 湿らせる,(ちょっと)ぬらす; 〔農〕灌漑(かんがい)する: *sich*³ die Lippen mit Wasser 〈der Zunge〉 ～ 唇を水〈舌〉で湿らせる ‖ 再帰 *sich*⁴ innerlich ～《話》酒を飲む.

Be·feuch·tung[..tʊŋ] 女 -/-en《ふつう単数で》(befeuchten すること. 例えば:) 〔理〕ぬれ.

be·feu·ern[bəfɔ́ʏərn] 《05》 他 (h) **1** 《*et.*⁴》〔海〕(…に)標識灯を設置する. **2** 《雅》(anspornen) 鼓舞〈激励〉する: *jn.* durch Lob ～ …をほめて元気づける. **3** (heizen) (暖房装置などに)燃料を入れる, たく: eine Heizung mit Kohlen ～ 暖房を石炭でたく. **4** (beschießen) 《*et.*⁴》 (…に)射撃〈砲撃〉を加える; 《話》《*jn.* mit *et.*³》 (…に…を)投げつける: *jn.* mit Schneebällen ～ …に雪の玉をぶっつける.

Be·feue·rung[..fɔ́ʏərʊŋ] 女 -/-en《ふつう単数で》befeuern すること.

Beff·chen[bɛ́fçən] 中 -s/- (特に新教の聖職者の制服の)襟飾り(→ 図 Geistliche). [*mlat.* biffa „Mantel“－*mndd.* beffe „Chorrock“]

be·fie·dern[bəfí:dərn] 《05》 **I** 他 (h) 《*et.*⁴》 (…に)羽毛をつける: einen Pfeil ～ 矢に矢羽をつける ‖ 再帰 *sich*⁴ ～ 羽毛が生える.

B

II be·fie·dert 過分 形 羽毛をつけた, 羽毛の生えた.
be·fiehl[bəfíːl] befehlen の命令法単数.
be·fiehlst[..fíːlst] befehlen の現在 2 人称単数.
be·fiehlt[..fíːlt] befehlen の現在 3 人称単数.
be·fiel[bəfíːl] befallen の過去.
be·fin·den*[bəfíndən][1]《42》**I** 他 (h) **1** 再帰 *sich*[4] ~《場所・様態を示す語句と》(…の場所に)ある, いる | Der Eingang *befindet* sich dort drüben. 入口はあちらの方にある | *sich*[4] oft auf Reisen ~ よく旅行している | *sich*[4] in *js.* Besitz ~ (→Besitz 2) | *sich*[4] im Dienst ~ 勤務中である | Das Buch *befindet* sich im Druck. その本は印刷中である | *sich*[4] im Katalog ~ カタログにのっている | *sich*[4] in Gefahr ~ 危険に瀕(ひん)している | Das Büro *befindet* sich im dritten Stock. 事務所は 4 階にある | *sich*[4] unter *js.* Kontrolle[3] ~ …の管理下にある.
2《雅》再帰 *sich*[4] ~《様態を示す語句と》(…の状態に)ある; (…の)健康状態である | *sich*[4] in übler Laune 〈in Verlegenheit〉 ~ 機嫌が悪い〈困惑している〉| *sich*[4] wohl 〈unpäßlich〉 ~ 体の具合が良い〈すぐれない〉| Wie *befinden* Sie sich heute? きょうはおかげんはいかがですか | Die beiden Länder *befinden* sich im Kriegszustand. 両国は戦争状態にある.
3《雅》(…と)判定〈認定〉する, (…と)考える: *et.*[4] 〔für/als〕 richtig 〈nötig〉 ~ …を正しい〈必要である〉と判断する | Die Papiere wurden in Ordnung *befunden*. 書類は整っていると認められた | Der Arzt hat *befunden*, der Patient brauche Bettruhe. 医者は患者に安静が必要だと診断した.
II 自 (h)《über *et.*[4]》(…について)判定〈決定〉する: Über das Strafmaß hat das Gericht zu ~. 量刑についての判定は裁判所の権限である | Hierüber hat nur der Fachmann zu ~. これは専門家でないと決められない.
III Be·fin·den 中 -s/ **1** 健康状態, 容体: *sich*[4] nach *js.* ~[3] erkundigen …の体の具合を尋ねる | Sein ~ besserte 〈verschlechterte〉 sich von Tag zu Tag. 彼の容体は日々によくなった〈悪化した〉| Wie ist Ihr ~?《雅》おかげんはいかがですか(＝Wie geht es Ihnen?).
2《雅》判定, 認定, 判断, 所見: meinem ~ nach 私の考えでは | je nach ~ (各自が)それぞれの考えで | *et.*[4] nach eigenem ~ entscheiden …を自分の一存で決める.
be·find·lich[bəfíntlıç] 形《官》《場所・様態などを示す語句と》(…の場所・状態に)ある: die an der Macht ~*e* Partei 政権の座にある党 | ein hinter dem Schloß ~*er* Wald 宮殿の裏手にある森 | die im Bau ~*en* Häuser 建築中の家々 | das in Umlauf ~*e* Geld 流通貨幣 ‖ Er ist gerade auf Reisen ~. 彼はちょうど旅行中である.
Be·find·lich·keit[–kaıt] 女 -/-en 精神状態.
be·fin·gern[bəfíŋərn]《05》他 (h)《話》指で触れる〈探る〉; (身体検査などで)さわって調べる;《比》(…に)着手する: Das wollen wir mal ~. 私たちはひとつそれをやってみよう.
be·fi·schen[bəfíʃən]《04》他 (h) **1** 《*et.*[4]》(…に)魚を放流する. **2** 《*et.*[4]》(…を)定期的に魚釣りに訪れる.
be·flag·gen[bəflágən][1] 他 (h)《*et.*[4]》(…を)旗で飾る, (…に)旗を掲げる: eine *beflaggte* Straße 旗で飾られた街路.
be·flecken[bəflékən] 他 (h)《*et.*[4]》(…に)しみ〈汚点〉をつける, よごす;《比》(名声・名誉などを)けがす, 傷つける: das Kleid mit Obstsaft ~ 服に果汁のしみをつける | *seinen* Namen ~ 自分の名をけがす ‖ 再帰 Er hat sich[4] mit Blut *befleckt*. 彼は手を血でよごした(殺人を犯した).
Be·fleckung[..kuŋ] 女 -/-en《ふつう単数で》beflecken すること: Sein Gewissen ist frei von ~ durch die Sünde. 彼の良心は罪のけがれを知らぬ.
be·fle·geln[bəfléːgəln]《06》他 (h)《オーストリア》(beschimpfen) ののしる, 罵倒(ばとう)する.
be·flei·ßen*[bəfláısən]《44》**be·fliß**[bəflís]/**be·flis·sen**; 接II beflisse ᵛ**I** ＝befleißigen
II be·flis·sen → 別出
be·flei·ßi·gen[bəfláısıgən][2] 他 (h)《雅》再帰 *sich*[4] *et.*[2] ~ …にいそしむ, …に専心〈努力〉する | *sich*[4] eines guten Benehmens ~ 行いをよくしようと心がける | *sich*[4] großer Höflichkeit ~ 努めていんぎんに振舞う | *sich*[4] der Forschungen ~ 研究にいそしむ ‖ Ich *befleißigte* mich, liebenswürdig zu sein. 私は努めて愛敬(あいきょう)をふりまいた.
be·flicken[bəflíkən] 他 (h)《*jn.*》(…の衣服に)つぎを当てる, つくろう.
be·flie·gen*[bəflíːgən][1]《45》**I** 他 (h) **1** (ある区間・地域を)〔定期的に〕飛ぶ; (渡り鳥が)渡る: eine stark *beflogene* Strecke 頻繁に飛行されている区間. **2** 飛んで(…に)達する〈触れる〉: die Blüten ~ (ハチなどが)花に飛来して花粉をつける. **II be·flo·gen** → 別出
be·fliß[bəflís] befleißen の過去.
be·flis·se[bəflísə] befleißen の接続法 II.
be·flis·sen[bəflísən] **I** befleißen の過去分詞; 過去 1・3 人称複数. **II** 形《雅》(eifrig) 熱心な, 一生懸命な: ein ~*er* Schüler 勉強熱心な生徒 | eine ~*e* Geschäftigkeit zeigen 勤務精励ぶりを示す ‖〘2 格と〙Er ist der Kunst 〈der Forschungen〉 ~. 彼は芸術〈研究〉に打ち込んでいる ‖ Er ist ~, ihr jeden Wunsch zu erfüllen. 彼は彼女にすべての望みをかなえてやろうと努めている | um *et.*[4] ~ sein …を得ようと努める, 懸命に…を求める ‖ ~ nach *et.*[3] fragen 熱心に…を尋ねる.
Be·flis·sen·heit[–haıt] 女 -/ 熱心, 勤勉, 精励: mit ~ 孜々(しし)として, 熱心に.
be·flis·sent·lich[..səntlıç] 副 **1** (geflissentlich) 故意に, わざと: *et.*[4] ~ übergehen …を故意に見過ごす. ᵛ**2** (eifrig) 熱心に, 一生懸命に.
be·flo·gen[bəflóːgən] **I** befliegen の過去分詞. **II** 形 (flügge)〘狩〙(ひな鳥が)羽の生えた, 飛べるようになった.
be·flü·geln[bəflýːgəln]《06》他 (h) **1** (…に)翼をつける: ein *beflügeltes* Fabeltier 空想上の翼のある動物. **2**《雅》(歩みなどを)速める: *seinen* Fuß 〈*seine* Schritte〉 ~ 足を速める, 飛ぶように走る ‖ *beflügelten* Schrittes 飛ぶような足どりで, 急ぎ足で. **3**《雅》(anspornen) 駆り立てる, 激励〈鼓舞〉する, 勇気づける: *js.* Phantasie ~ …の空想をかき立てる | *jn.* zu neuen Taten ~ …を新たな行動へと駆り立てる ‖ durch den Erfolg 〈das Lob〉 *beflügelt* 成功〈賞賛〉に励まされて.
be·flu·ten[bəflúːtən]《01》他 (h) (川などが土地を)水びたしにする; (波浪が岸辺を)洗う.
be·föh·le[bəføːlə] befehlen の接続法 II.
be·foh·len[..fóːlən] befehlen の過去分詞.
be·fol·gen[bəfɔ́lgən][1] 他 (h) (命令・規則・助言などに)従う: ein Gesetz ~ 法律に従う | den Rat des Arztes ~ 医者の忠告を守る ‖ die in diesem Buch *befolgte* Rechtschreibung この本に採用されている正書法.
Be·fol·gung[..guŋ] 女 -/ befolgen すること: eine genaue ~ des Gesetzes 法律の厳守.
Be·för·de·rer[bəfœ́rdərər] 男 -s/- **1** (Förderer) 助成〈奨励〉者; 支援〈保護〉者: der ~ der Künste 芸術の保護者〈パトロン〉. **2** 運送〔業〕者; 輸送手段〈機関〉;〘工〙コンベア.
be·för·der·lich[..dərlıç] 形 **1**《述語的用法なし》《スイス》(beschleunigt) 速められた, 急速〈迅速〉な. ᵛ**2** (förderlich) 促進する, 有益な.
be·för·dern[bəfœ́rdərn]《05》他 (h) **1 a)** (transportieren) 運ぶ, 輸送する, 運送〈運搬〉する: Güter 〈Fahrgäste〉 ~ 貨物〈乗客〉を輸送する ‖ *et.*[4] per Post 〈mit der Post〉 ~ …を郵送する | den Brief durch einen Boten ~ 手紙を使いの者に届けさせる | *et.*[4] mit dem Schiff 〈dem Flugzeug〉 ~/ *et.*[4] auf dem Wasserwege 〈dem Luftwege〉 ~ …を船便〈航空便〉で送る | die Reisenden in Bussen ~ 旅行者たちをバスで輸送する. **b)**《*jn.*/*et.*[4]》《方向を示す語句と》(…を…へ)送り出す; ほうり出す: *et.*[4] ans Tageslicht ~ …を白日の下にさらす〈あばく〉| *jn.* an die 〔frische〕 Luft 〈ins Freie〉 ~ (→Luft 4, →frei III a) | *jn.* aus dem Amt 〈aus dem Zimmer〉 ~ …を解任する〈部屋から追い出す〉| *jn.* ins Jenseits ~ (→jenseits III).
2 a) 《*jn.*》昇進〈昇級〉させる: Er ist zum Major 〈in einen höheren Dienstgrad〉 *befördert* worden. 彼は少佐〈一段高い階級〉に昇進した. **b)** (fördern)《*et.*[4]》促進する: die Verdauung ~ 消化を助ける | den Schweißausbruch

～ 発汗を促す.

Be·för·de·rung[..dəruŋ] 女 -/-en **1**《ふつう単数で》befördern すること: die ～ der Waren durch die Post 〈mit der Bahn〉 商品の郵送〈鉄道輸送〉. **2** 昇進, 昇級: die ～ zum Betriebsleiter 〈in ein höheres Amt〉 支配人〈上の役職〉への昇進. ᵛ**3** (Förderung) 促進, 助成, 援助.

Be·för·de·rungs≈ge·such 中 昇進願い. ≈**ko·sten** 複 運送料, 輸送費, 運賃. ≈**mit·tel** 中 運送手段〈用具〉; 運輸〈輸送〉機関. ≈**pflicht** 女 (公共交通機関の)運送義務. ≈**steu·er** 女 運送税. ≈**ta·rif** 男 運送料金表; 運賃率.

Be·förd·rer[bəfœrdrər] 男 -s/- ＝Beförderer

be·for·sten[bəfɔ́rstən] 《01》 他 (h) (土地に)造林する; (森林を)管理〈経営〉する.

be·för·stern[bəfœ́rstərn] 《05》 他 (h) (官庁が民有林を)管理〈経営〉する.

Be·för·ste·rung[..təruŋ] 女 -/ (営林局による)民有林の管理〈経営〉.

Be·for·stung[..fɔ́rstuŋ] 女 -/ 造林; 営林.

be·fotzt[bəfɔ́tst] 形《話》(verrückt) 頭のおかしい, 気の狂った. [<Fotze]

be·frach·ten[bəfráxtən] 《01》 他 (h) 《*et.*[4]》(…に)貨物を積み込む: ein Schiff mit Kohle ～ 船に石炭を積む ‖ ein schwer *befrachteter* Wagen 貨物を満載した車.

Be·frach·ter[..tər] 男 -s/- 荷主; 用船者.

Be·frach·tung[..tuŋ] 女 -/-en (貨物の)積載, 積み込み.

be·frackt[bəfrákt] 形 燕尾服(えんびふく)を着た: ein ～*er* Herr 燕尾服を着た紳士. [<Frack]

be·fra·gen[bəfrá:gən][1] 他 (h) **1 a)** 《*jn.*》(…に)尋ねる, 質問する, 相談する; 〚法〛尋問する: *jn.* über *et.*[4] 〈wegen *et.*[2]〉 ～ …に…について尋ねる, …に…の相談をする | *jn.* nach *seiner* Meinung 〈um *seine* Meinung〉 ～ …に意見を求める | *jn.* zur Person ～ (→Person 1 b) ‖ einen Arzt ～ 医者に相談する | einen Zeugen ～ 証人を尋問する. **b)** 《*et.*[4]》参考〈指針〉にする: ein Buch ～ 本を参照する | die Geschichte ～ 歴史にかんがみる | *sein* Gewissen ～ 良心に問う | das Orakel ～ 神託を伺う | die Sterne ～ 星によって占う. **2** 再帰 *sich*[4] bei *jm.* 〔über *et.*[4]〕 ～ …に〔…について〕尋ねる〈問い合わせる・照会する〉.

Be·fra·ger[..gər] 男 -s/- ＝Interviewer

Be·fra·gung[..guŋ] 女 -/-en **1** befragen すること: die ～ eines Lexikons 事典で調べること | die ～ des Zeugen 証人の尋問. **2** (Umfrage) アンケート.

be·fran·sen[bəfránzən][1] 《02》 他 (h) 《*et.*[4]》(…に)房をつける, 房で飾る.

be·frei·en[bəfráiən] 他 (h) **1** 《*jn.*》(…を束縛・重荷などから)解放する, 自由にする: *jn.* **aus** dem Gefängnis 〈aus der Gefahr〉 ～ …を牢獄(ろうごく)から釈放する〈危険から救い出す〉| ein Tier aus der Schlinge ～ 動物をわなから外してやる | *jn.* **von** *seinen* Fesseln ～ …のいましめを解いてやる | *jn.* von *seinem* Gelde ～《話》…の財布を軽くしてやる(金を遣わせる) | *jn.* von Illusionen ～ …の幻想を打破する | *jn.* vom Militärdienst 〈von Steuern〉 ～ …の兵役〈税金〉を免除する | *jn.* von Angst 〈von einer Sorge〉 ～ …の不安〈心配〉を取り除く ‖ 再帰 *sich*[4] aus *js.* Umarmung ～ …の抱擁から身をふりほどく | *sich*[4] von *seiner* Abhängigkeit ～ 独立をかち取る | *sich*[4] von den Kleidern 〈von Vorurteilen〉 ～ 服を脱ぎ捨てる〈偏見を捨て去る〉‖ ein *befreites* Gefühl 解放感 | *befreit* aufatmen ほっと〔安心〕して一息つく.

2 《方》 再帰 *sich*[4] mit *jm.* ～ …と結婚する.

Be·frei·er[..fráiər] 男 -s/- 解放〈救出〉者, 救い手〈主〉.

Be·frei·ung[..fráiuŋ] 女 -/-en《ふつう単数で》解放, 救出; 救済; 免除: ein Gefühl der ～ 安心感 | ein Ausdruck der ～ ほっとした表情 | der Tag der ～ (旧東ドイツの)解放記念日(5月8日) ‖ die ～ der Frau 女性解放 | die ～ der Gefangenen aus dem Lager 収容所からの捕虜の解放 ‖ die ～ aus einer gefährlichen Lage 危険な状況からの救出 | die ～ von Krankheit und Schmerzen 病苦からの解放 | die ～ vom Schulgeld 授業料免除 | um die ～ von der Teilnahme am Turnunterricht bitten 体育実技の受講免除を願い出る.

Be·frei·ungs≈be·we·gung 女〚政〛解放運動. ≈**front** 女 解放戦線. ≈**griff** 男 (柔道の)抜けわざ; (水難救助法でしがみつこうとする相手からの)離脱法. ≈**kampf** 男 解放闘争. ≈**krieg** 男 民族解放のための戦争: die ～*e* 〚史〛解放戦争(1813-15; ドイツの対ナポレオン戦争. die Freiheitskriege ともいう). ≈**schlag** 男〚アイスホッケー〛アイシング〔ザパック〕. ≈**theo·lo·gie** 女〚キリスト教〛(ラテンアメリカのカトリック教会を中心とする)解放の神学.

be·frem·den[bəfrέmdən][1] 《01》 **I** 他 (h) 《*jn.*》(…に)奇異〈けげん〉な感じを抱かせる, 意外の念を起こさせる: Dein Verhalten *befremdet* mich sehr. 君の行動は私には全く腑(ふ)に落ちない | Es *befremdet* mich, daß … …というのは妙な話だと私は思う ‖ *jn. befremdet* anblicken いぶかしげに〈心外そうに〉…の顔を見る.

II Be·frem·den 中 -s/ 意外の念, 不審, 不満: zu meinem großen ～ 私にとってははなはだ意外〈心外〉なことに ‖ *js.* ～ erregen …に意外の念を起こさせる, …をいぶかしがらせる.

III be·frem·dend 現分 形 意外な, 不審な, いぶかしい: eine ～*e* Haltung 不審な態度 ‖ als ～ auffallen いかにも奇異である ‖ Es lag etwas *Befremdendes* in seinem Gesichtsausdruck. 彼の表情にはおやと思わせるものがあった.

be·fremd·lich[bəfrέmtlıç] 《雅》＝befremdend

Be·frem·dung[..duŋ] 女 -/ 意外の念, けげんの思い, 驚き, いぶかり.

be·freun·den[bəfrɔ́yndən][1] 《01》 **I** 他 (h) **1 a)** 再帰 *sich*[4] mit *jm.* ～ …と親しく〈仲よく〉なる, …と友達になる | Ich habe mich schnell mit ihm *befreundet*. 私はすぐに彼と親しくなった. **b)** 再帰 *sich*[4] mit *et.*[3] ～ …に〔なれ〕親しむ, …になじむ | *sich*[4] mit der neuen Mode ～ 新しい流行になじむ | Ich kann mich nicht mit dem Gedanken ～, daß … 私は…という考えには同調できない. **2** 《*jn.*》仲よくさせる: Die Liebe zur Kunst hat uns *befreundet*. 芸術への愛好から私たちは親しくなった. **II be·freun·det** 過分 形 **1** 親しい, 仲のよい: die ～*en* Staaten 友好諸国 | mit *jm.* 〔eng〕 ～ sein …と〔とても〕親しくしている. ᵛ**2** (verwandt) 血縁〈親類〉の. [<Freund]

Be·freun·dung[..duŋ] 女 -/-en **1**《ふつう単数で》〔sich〕 befreunden すること. ᵛ**2** (Verwandtschaft) 血縁〈親類〉関係.

be·frie·den[bəfrí:dən][1] 《01》 **I** 他 (h) **1**《雅》**a)** 《*jn.*》(…の心を)静める: *js.* Herz 〈Seele〉 ～ …の心を安らかにする. **b)** (騒ぎを鎮めて国を)平和にする, 平定する. ᵛ**2**《雅》(区域を)さくで囲む; (法律で)保護する. **II be·frie·det** 過分 形 (危害などから)守られている, 安全な. [*mhd.*; <*mhd.* vride „Umzäunung" (◇Frieden)]

be·frie·di·gen[bəfrí:dıgən][2] **I** 他 (h) **1 a)** 《*jn.*/*et.*[4]》(…の欲求・期待などを)満たす, 満足させる, 充足する: *jn.* mit *et.*[3] 〈durch *et.*[4]〉 ～ …を…で満足させる | *js.* Ansprüche 〈Wünsche〉 ～ …の要求を満たす〈願いをかなえる〉| die Neugier ～ 好奇心を満足させる | den Durst ～ 渇きをいやす | einen Gläubiger ～ 債権者に弁済する | Mein Beruf *befriedigt* mich. 私は自分の職業に満足している ‖ Er ist schwer zu ～. 彼は気むずかしい ‖ 〔mit *et.*[3]/über *et.*[4]〕 *befriedigt* sein 〔…に〕満足している | Mit seinen Leistungen bin ich vollauf *befriedigt*. 彼のできばえに私は全く満足している | mit *befriedigtem* Lächeln 満足そうにほほえみながら. **b)** 《*jn.*》(…の性的欲求を)満たす, 満足させる: 再帰 *sich*[4] ～ 自慰行為〈マスターベーション〉をする. ᵛ**2** ＝befrieden 1

II be·frie·di·gend 現分 形 **1** 満足させる, 満足すべき〈できる〉: das ～*e* Gefühl 満足感 | Das Ergebnis ist nicht ～. 結果はあまり芳しくない. **2** (成績評語で)良(6段階中の第3位: →ausreichend 2, Note 2 ☆).

Be·frie·di·gung[..guŋ] 女 -/ **1** befriedigen すること: die ～ der Bedürfnisse 欲望の充足 | die ～ des Gläubigers 債権者への弁済. **2** 満足した状態, 満足〈充足〉感: 〔*seine*〕 ～ in der Arbeit finden 〈suchen〉 仕事に満足を

B

見いだす〈求める〉| *jm.* ～ gewähren …に満足を与える | mit ～ 満足して.

Be·frie·dung[..dʊŋ] 女 -/ befrieden すること.

be·fri·sten[bəfrístən]《01》他 (h)《*et.*[4]》(…に)期限をつける: Die Ablieferung der Waren ist bis zum 31. März *befristet*. 品物の引き渡しは3月31日が期限である ‖ ein *befristeter* Wechsel 期限付き手形 | eine *befristete* Einlage 定期預金.

Be·fri·stung[..stʊŋ] 女 -/-en《ふつう単数で》befristen すること.

be·fruch·ten[bəfrʊ́xtən]《01》 **I** 他 (h) **1**〘生〙受粉〈受精〉させる, 授粉〈授精〉する, 受胎させる: Die Blüten werden von Bienen *befruchtet*. 花はミツバチによって受粉する | *sich*[4] künstlich ～ lassen 人工受精を施してもらう ‖ das *befruchtete* Ei 受精卵. **2**《比》(刺激を与えて)生産的にさせる, 豊饒(ほうじょう)にする: Der Regen *befruchtet* den Boden. 雨が大地を豊饒にする | Die Eindrücke *befruchten* den Künstler. 印象〈感動〉が芸術家の創作意欲を刺激する | Durch seine Entdeckung wurde die Forschung *befruchtet*. 彼の発見によって研究は促進された.

II be·fruch·tend 現分 形 生産を促す, 有益な, 実り多い: eine ～*e* Wärme 作物を育てる暖かさ | ein ～*er* Regen 恵みの雨 | ～*e* Ideen 生産的な理念 ‖ Die Diskussion war 〈wirkte〉 äußerst ～. 議論はまことに有益であった.

Be·fruch·tung[..tʊŋ] 女 -/-en《ふつう単数で》(befruchten すること. 例えば:)〘生〙授精, 受精, 受粉, 受胎, 結実;《比》有益な刺激: eine künstliche ～ vornehmen 人工受粉〈受精〉法を施す.

Be·fruch·tungs·op·ti·mum 中 受胎最適期.

be·fu·gen[bəfú:gən][1] **I** 他 (h)《*jn.* zu *et.*[3]》(…に…の)権限〈資格〉を与える. **II be·fugt** 過分 形《zu *et.*[3]》(…の)権限〈資格〉のある: Zu einer Auskunft bin ich nicht ～. 情報を提供する権限は私にはない | Er ist nicht ～, Befehle zu erteilen. 彼には命令を出す権限はない. [<Fug]

Be·fug·nis[bəfú:knɪs] 女 -/-se 権限, 機能, 資格: die ～ zu *et.*[3] haben …の権限〈資格〉をもっている | *jm.* die ～ zu *et.*[3] geben …に…の権限を与える | *seine* ～*se* überschreiten 権限を逸脱する | Das überschreitet meine ～. それは私の権限外である.

be·füh·len[bəfý:lən] 他 (h)《*et.*[4]》(…に)触ってみる: *js.* Haare ～ …の髪をもてあそぶ | *js.* Puls ～ …の脈をみる.

be·fül·len[bəfʏ́lən] 他 (h)《*et.*[4] mit *et.*[3]》(…を…で)満たす.

be·fum·meln[bəfʊ́məln]《06》他 (h)《話》**1 a)**《*et.*[4]》(…に)触ってみる, いじる. **b)**《*jn.*》(性的に)愛撫(あいぶ)する. **2** (erledigen)(仕事を)片づける, 処理する: Die Angelegenheit werde ich schon ～! その件はちゃんと片づけるよ. **3**《方》みがく, 掃除する.

Be·fund[bəfʊ́nt][1] 男 -〔e〕s/-e 調査〈検査〉結果, 所見; 診断〈鑑定〉書: nach ärztlichem ～ 医師の所見によれば | **ohne** ～ (略 o. B.)〘医〙所見〈異常〉なし ‖ Der ～ ist positiv 〈negativ〉 ausgefallen. 検査結果はプラス〈マイナス〉と出た.

be·fun·den[bəfʊ́ndən] befinden の過去分詞.

be·fürch·ten[bəfʏ́rçtən]《01》他 (h)(…ではないかと)恐れる, 懸念〈危惧(きぐ)〉する, 心配する: das Schlimmste ～ 最悪の事態を恐れる | Ich *befürchte*, mich verspätet zu haben. 私は遅刻したようだ | Ich *befürchte*, das wird nicht gutgehen. それはろくな事になるまい | Es ist zu ～, daß … …の恐れがある.

Be·fürch·tung[..tʊŋ] 女 -/-en 懸念, 危惧(きぐ), 心配, 悪い予感: leere 〈unbegründete〉 ～*en* 取りこし苦労, 杞憂(きゆう) | 〔große〕 ～*en* haben 〈hegen〉〔ひどく〕憂慮している | in *jm.* die ～ erwecken, daß … …に…という不安をいだかせる | Die ～ geht zu weit. その心配は行きすぎである.

be·für·sor·gen[bəfý:rzɔrgən][1] 他 (h)《オーストリア》(betreuen)《*jn.*》(…の)面倒をみる, 世話をする. [<Fürsorge]

Be·für·sor·gung[..gʊŋ] 女 -/ befürsorgen すること.

be·für·wor·ten[bəfý:rvɔrtən]《01》他 (h)《*et.*[4]》(…のために)口をきく, とりなす, 斡旋(あっせん)する; 支持〈推挙・弁護〉する: *js.* Gesuch ～ …の申請を許可するよう取りなす | einen Plan ～ 計画を支持する. [<Fürwort]

Be·für·wor·ter[..tər] 男 -s/- befürworten する人: Er ist ein entschiedener ～ der neuen Methode. 彼はこの新しい方法の断固とした支持者である.

Be·für·wor·tung[..tʊŋ] 女 -/-en befürworten すること.

Beg[bɛk, be:k] 男 -〔s〕/-s ＝Bei

be·gab[bəgá:p][1] begeben の過去.

be·ga·ben[bəgá:bən][1] ▽**I** 他 (h)《雅》《*jn.* mit *et.*[3]》(…に…を)付与する. **II be·gabt** 過分 形 才能〈天分〉のある: ein ～*er* Dichter 天賦の才に恵まれた詩人 ‖ für Sprachen ～ sein 語学の才がある | mit Musikalität ～ sein 音楽の才能に恵まれている. **III Be·gab·te** 男 女《形容詞変化》才能のある人, 秀才. [<Gabe]

Be·gab·ten≠aus·le·se[bəgá:ptən..] 女 英才選抜. ≠**för·de·rung** 女 英才助成.

Be·ga·bung[bəgá:bʊŋ] 女 -/-en **1 a)** 才能, 天分: eine mathematische 〈musikalische〉 ～ haben 数学〈音楽〉的才能に恵まれている | eine außerordentliche ～ für *et.*[4] haben …に並外れた才能をもつ | ～ zum Lehrer haben 教師に向いている ‖ ein Mann von hoher ～ すぐれた才能をもつ男. **b)**〔すぐれた〕才能の持ち主: Er ist eine ～ auf dem Gebiete der Mathematik. 彼は数学の分野における偉才である. ▽**2** 付与, 贈与: eine ～ mit Land erhalten 土地を贈られる.

Be·ga·bungs≠dia·gno·se 女 才能診断. ≠**for·schung** 女 才能研究. ≠**re·ser·ve** 女 (社会での未開発・未活用の)才能予備軍. ≠**schwund** 男 (知能の高い両親には一般に子供が少ないという事実に帰因する)英才の減少; (間違った教育の結果としての)才能の削減. ≠**test** 男 才能診断テスト.

be·gaf·fen[bəgáfən] 他 (h)《話》《*jn.* / *et.*[4]》ぽかんと口をあけて見とれる.

be·gäh·nen[bəgɛ́:nən] 他 (h)《*jn.*》(…に向かって)あくびをする;《*et.*[4]》(退屈そうに)あくびをしながら見る〈聞く〉.

be·gan·gen[bəgáŋən] begehen の過去分詞.

Be·gäng·nis[..gɛ́ŋnɪs] 中 -ses/-se **1**《雅》(Beerdigung) 埋葬, 葬儀. **2**《方》(Verkehr)(人の)往来, 人通り.

be·gann[bəgán] beginnen の過去.

be·gän·ne[bəgɛ́nə] beginnen の接続法 II.

Be·gard[begárt, ..gá:rt][1] 男 -en/-en〘キリスト教〙男子ベギン会(13世紀にオランダで栄えた半俗修道会)の修道士. [*mlat.*; ◇Begine; *engl.* Beghard]

be·ga·sen[bəgá:zən][1]《02》他 (h)(害虫・害獣などを)ガスで駆除する; (家畜の皮膚病を)ガスで治療する.

be·gat·ten[bəgátən]《01》他 (h)(ふつう動物に関して, 雄が雌と)交尾する, つがう; (まれに人間に関して)性交する: das Weibchen ～ 雌と交尾する ‖ 再帰 *sich*[4] ～ (雄と雌が)交尾する; 性交する.

Be·gat·te·rich[..tərɪç] 男 -s/-e《戯》(Ehemann) 夫.

Be·gat·tung[bəgátʊŋ] 女 -/-en 交尾; 性交.

Be·gat·tungs≠or·gan 中 交尾器〔官〕; 生殖器. ≠**trieb** 男 交尾欲; 性欲. ≠**zeit** 女 交尾期;〘植〙受精期.

be·gau·nern[bəgáʊnərn]《05》他 (h)《話》《*jn.*》ぺてんにかける, だます: *jn.* 〔von〕 vorn und hinten ～ …を完全にぺてんにかける.

be·geb·bar[bəgé:pba:r] 形〘商〙(手形などが)譲渡できる; 換価できる.

be·ge·ben*[bəgé:bən][1]《52》他 (h) **1 a)** 再帰 *sich*[4] ～《方向を示す語句と》(…へ)赴く; (…の状態に)入る | *sich*[4] auf Reisen ～ 旅に出る | *sich*[4] in ärztliche Behandlung ～ 医者にかかる | *sich*[4] ins Bett ～ 就寝する | *sich*[4] in Gefahr ～ 危険を冒す | *sich*[4] nach Hause ～ 家路につく | *sich*[4] zur Ruhe 〈zu Bett〉 ～ 就寝する. **b)** 再帰 *sich*[4] an *et.*[4] ～ …に取り掛かる, …に着手する | *sich*[4] an die Arbeit ～ /雅: *sich*[4] ans Werk ～ 仕事に取り掛かる. **2**《雅》再帰 *sich*[4] ～ (出来事が)起こる: In dem Moment *begab* sich etwas Erstaunliches. その瞬間驚くべきことが起こった. **3**《雅》再帰 *sich*[4] *et.*[2] ～ …(権利・利益など)を放棄〈断念〉する | *sich*[4] eines Amtes ～ 職を辞する | *sich*[4] einer einmaligen Chance ～ 二度とないチャンスをあきらめる. **4** (ausgeben)〘商〙(手形・債券などを)発行する; 譲渡する, 換価〈換金〉する; (商品を)売る, 手放す. ▽**5** (verheiraten) (娘を)嫁がせる.

Be·ge·ben·heit[−haɪt] 女 -/-en (▽**Be·geb·nis**[..gé:pnɪs] 中 -ses/-se)《雅》(Ereignis) 出来事, 事件: eine seltsame ～ 奇妙な出来事.

Be·ge·bung[..buŋ] 女 -/-en (〔sich〕 begeben すること) **1**〘商〙(手形・債券などの)発行; 譲渡, 換価. **2**《雅》放棄, 断念.

be·geg·nen[bəgé:gnən]《01》自 (s) **1 a)**《*jm.*/*et.*^{3}》(偶然に)出会う, 出くわす, 遭遇する: der allgemeinen Abneigung ～ みんなに嫌われる | Ich bin ihm 〈Er ist mir〉 unterwegs *begegnet*. 私は途中で彼に出会った | Der kann mir 〔mal〕 im Mondschein ～. (→Mondschein 1) | Das Wort *begegnet* 〔uns〕 〈Wir *begegnen* dem Wort〉 bei Goethe. この語はゲーテに出てくる ‖ einander ～/ *sich*^{3} ～ (互いに)出会う;《比》一致する | Ihre Blicke *begegneten* sich. 彼らの目と目が合った | Wir sind einander in dem Wunsch *begegnet*, ihm zu helfen. 私たちは彼を援助したいという願いで一致した. **b)**《*jm.*》(出来事が…の身に)起こる, ふりかかる: Ihm ist ein Unglück *begegnet*. 彼の身に不幸がふりかかった. **2 a)**《*jm.*》《様態を示す語句と》(…に…の態度で)応対する, 接する, 遇する: *jm.* freundlich 〈grob〉 ～ …に親切〈乱暴〉に応対する | *jm.* mit Achtung 〈Spott〉 ～ …に尊敬の念をもって接する〈嘲笑(ちょう)的な態度をとる〉. **b)**《*et.*^{3}》《様態を示す語句と》(…に…の態度で)対応する, 対処する: einer Gefahr mutig ～ 危険に勇気をもって立ち向かう | Schwierigkeiten mit Umsicht ～ 困難に慎重に対処する. [*ahd.*; ◇gegen]

▽**Be·geg·nis**[bəgé:gnɪs] 中 -ses/-se **1** =Begegnung **2** (Ereignis) 出来事, 事件.

Be·geg·nung[..gnuŋ] 女 -/-en **1** 出会い, 遭遇: eine flüchtige 〈unangenehme〉 ～ かりそめの〈不愉快な〉出会い | eine Stätte internationaler ～*en* 国際的な出会いの場所. **2**〘スポ〙対戦, 試合. ▽**3** 応対, あしらい.

Be·geg·nungs·ge·fecht 中〘軍〙遭遇戦.

be·geh·bar[bəgé:ba:r] 形 (道などが)人が歩いて通れる.

be·ge·hen*[bəgé:ən]《53》他 (h) **1 a)** (道などを)歩いて通る: Das Eis trägt, man kann es ～. 氷はしっかりしているから歩いて渡れる ‖ ein viel *begangener* Weg 人通りの多い道. **b)** 巡回〈巡視〉する, 見回る: die Grenzen ～ 境界線を巡察する | die Bahnstrecke ～ (受け持ちの)線路区間を巡回する. **2**《雅》(feiern) (祝日を)祝う; (祝典などを)挙行する: das Weihnachtsfest 〈den Geburtstag〉 ～ クリスマス〈誕生日〉を祝う. **3** (不正・失敗などを)犯す: eine Dummheit 〈einen Fehler〉 ～ 愚行〈間違い〉を犯す | Selbstmord ～ 自殺する | einen Mord 〈einen Diebstahl〉 an *jm.* ～ …を殺す〈…に対して盗みをはたらく〉‖ ein oft *begangener* Fehler しばしば犯される過ち. ▽**4** 再帰《相互的》*sich*^{4} ～ (互いに)折り合う, 仲良くする: Sie *begehen* sich übel miteinander. 彼らは折り合いが悪い. ▽**5** (begatten) 再帰《相互的》*sich*^{4} ～ 交尾する, つがう. **6** (bestatten)《*jn.*》(死者を)葬る, 埋葬する.

Be·gehr[bəgé:r] 中 男 -s/《雅》=Begehren

be·geh·ren[bəgé:rən] **I** 他 (h)《雅》**1**《*jn.*/*et.*^{4}》欲する, 望む, 要求する, 求める: *et.*^{4} von *jm.* ～ …を…に所望する | ein Mädchen zur Frau 〈Ehe〉 ～ 少女を妻に望む | Einlaß 〈*seinen* Lohn〉 ～ 入れてくれと〈報酬を〉要求する | *js.* Rat ～ …に助言を求める | alles, was das Herz *begehrt* (→Herz 2) ‖ *jn.* zu sprechen ～ …に面会を求める | zu wissen ～, ob ... …かどうかを知りたがる ‖ sehr 〈wenig〉 *begehrt* sein 需要が多い〈少ない〉 | ein sehr *begehrter* Artikel 需要の多い品 | ein sehr *begehrter* Mensch 人気に追われて多忙な人. **2**《*jn.*》(…に対して)性的欲望を抱く. ▽**II** 自 (h) **1**《雅》《*et.*^{2}/nach *et.*^{3}》(…を)欲する, 求める. **2** (動物が)さかりがついている. **III Be·geh·ren** 中 -s/-《ふつう単数で》《雅》欲求; 欲望: heißes ～ nach Frieden 平和への熱望 ‖ auf ～^{4} 要望に応じて | Was ist dein ～? 君は何が望みか. [*mhd.*; ◇gern]

be·geh·rens⸗wert 形, **⸗wür·dig** 形 欲する〈求める〉価値のある, 願わしい, 望ましい.

be·gehr·lich[bəgé:rlɪç] 形 **1** (gierig) 物欲しげな, 貪欲(どん)な: mit ～*en* Blicken 物欲しげな目つきで. ▽**2** =begehrenswert

Be·gehr·lich·keit[−kaɪt] 女 -/-en 欲望, 欲心: *js.* ～ reizen …の欲望をそそる.

Be·gehr·nis[bəgé:rnɪs] 中 -ses/-se (女 -/-se)《雅》=Begehren

Be·ge·hung[bəgé:ʊŋ] 女 -/-en begehen すること: die ～ der Bahnstrecke 線路区間の巡回 | die ～ eines Fehlers 過ちを犯すこと | die ～ eines Jubiläums 記念祭の挙行.

be·gei·fern[bəgáɪfərn]《05》他 (h) よだれでよごす;《比》(schmähen) そしる, 中傷する, あしざまに言う; (名誉などを)毀損(きそん)する.

be·gei·stern[bəgáɪstərn] **I**《05》他 (h)《*jn.*》感激〈熱中〉させる, 熱狂〈興奮〉させる;《雅》(…に)霊感を吹き込む: *jn.* für den Sport ～ …をスポーツに熱中させる ‖ 再帰 *sich*^{4} für *et.*^{4} ～ …に感激〈熱中・熱狂〉する | *sich*^{4} an der Landschaft ～ 風景に夢中になる ‖ eine *begeisternde* Ansprache 感激〈発奮〉させる談話 | ein *begeisterndes* Spiel〘スポ〙熱戦. **II be·gei·stert** 過分 形 感激〈熱中〉した, 夢中の, 熱狂的な: ein ～*er* Angler 釣りマニア | in ～*em* Entzücken 有頂天になって | das ～*e* Publikum 熱狂した聴衆〈観客〉| ein von Gott ～*er* Prophet 神の霊感を授かった予言者 ‖ Er ist für den Fußball ～. 彼はサッカーファンである | Der Vortrag wurde ～ aufgenommen. 講演の反響は熱狂的だった.

Be·gei·ste·rung[..təruŋ] 女 -/ 感激, 熱中, 熱狂, 興奮: eine stürmische ～ あらしのような感激 | Die Wogen der ～ gehen hoch 〈glätten sich〉. 大波のような感激の波が高まる〈おさまる〉‖ **in** helle ～ geraten 非常に感激〈熱狂〉する | *jn.* in ～^{4} versetzen …を感激〈熱狂〉させる | **mit** ～ reden 感激して語る | **ohne** rechte ～ arbeiten たいした感激もなしに働く | **von** ～ für *et.*^{4} erfüllt sein …に対する感激に包まれている | *jn.* **zur** ～ hinreißen …を熱狂〈感激〉させる ‖ voller ～ ans Werk gehen 夢中になって仕事にとりかかる.

Be·ghar·de[begárdə] 男 -n/-n =Begard

Be·ghi·ne[begí:nə] 女 -/-n =Begine

be·gich·ten[bəgíçtən]《01》他 (h)〘金属〙(高炉に)鉱石〈コークス〉をみたす. [<Gicht^1]

Be·gier[bəgí:r] 女 -/《雅》=Begierde

Be·gier·de[bəgí:rdə] 女 -/-n 欲求, 欲望; 情欲: fleischliche 〈geschlechtliche〉 ～*n* 肉欲, 性欲 | böse ～*n* in *jm.* entfachen 〈erwecken〉 …の情欲をかき立てる | eine heiße 〈brennende〉 ～ nach *et.*^{3} haben 激しく…を欲求する ‖ mit ～ むさぼるように | voll ～ 一心に | Er brennt vor ～, dich zu sehen. 彼は君に会いたくてうずうずしている | Ich verzehre mich in 〔der〕 ～, ihn zu sehen. 私は彼に会いたい思いに身をこがしている. [*mhd.*; ◇Gier, begehren]

be·gie·rig[bəgí:rɪç]^2 形 **1** 熱望している, 熱心な; (neugierig) 知りたがる: auf Antwort^4 ～ sein 返事を待ちこがれている | *jn.* auf *et.*^{4} ～ machen …の…への欲望をそそる | Ich bin ～, ihn zu sehen. 私は彼に会いたくてたまらない ‖ *jn.* ～ fragen …に根ほり葉ほり尋ねる. **2** (gierig) 貪欲(どん)な: die frische Luft ～ einatmen 新鮮な空気をむさぼるように吸い込む | ▽*et.*^{2} ～ sein …をむさぼる.

▽**be·gier·lich**[bəgí:rlɪç] =begehrlich

be·gie·ßen*[bəgí:sən]《56》他 (h) **1**《*jn.*〈*et.*^{4}〉mit *et.*^{3}》(…に…を)注ぎかける;《*et.*^{4}》(…に水・たれなどを)かける: Blumen 〈das Beet〉 ～ 草花〈花壇〉に水をやる | den Braten ～ 肉をあぶりながら汁(ソースなど)をつける | *jn.* mit kaltem Wasser ～ …に冷水を浴びせかける | ein Grab mit *seinen* Tränen ～《比》墓の前で涙を流す ‖ *sich*^{3} die Nase ～ (→Nase 1 a) ‖ wie *begossen* abgehen (まるで頭から水をかけられたかのように)すごすご引きさがる | wie ein *begossener* Pudel (→Pudel 1) | wie mit kaltem Wasser *begossen* dastehen 失望して〈恥じ入って〉いる. **2**《話》《*et.*^{4}》(…を)祝って酒を飲む, 杯をあげて(…を)祝う: ein

B

Wiedersehen ⟨das abgeschlossene Geschäft⟩ ～ 再会⟨商談の成立⟩を祝って酒を飲む | Das muß *begossen* werden! これはどうしても一杯やらなくっちゃ.

Be·gị·ne[begí:nə] 女 -/-n **1** 《ｷﾘｽﾄ教》 ベギン会(12世紀にベルギーのリエージュ Liège で創設された半俗修道会)の修道女. **2** (ベギン会の修道女の用いた)ずきん; (赤ん坊の)ボンネット. [*mlat.*－*mfr.*－*mhd.*; ◇Begard; *engl.* Beguine]

be·gịng[bəgíŋ] begehen の過去.

Be·gịnn[bəgín] 男 -〔e〕s/ (↔Ende, Schluß) (Anfang) はじめ, 最初, 発端; 始まり, 開始: ～ der Vorstellung 20 Uhr 開演20時 ‖ Du stehst noch **am ～** des Lebens. 君の人生はこれから始まるのだ | **bei ～** der Vorlesung 開講に際して | 5 Minuten **vor ～** der Vorstellung 開演５分前 | **von ～** an 初めから | **zu** ⟨seit⟩ **～** dieses Jahrhunderts 今世紀初頭に⟨以来⟩.

be·gịn·nen*[bəgínən] 《57》 **be·gạnn**[..gán]/**be·gọn·nen**[..gɔ́nən]; 接II begänne[..gɛ́nə] (まれ: begönne[..gœ́nə]) **I** 他 (h) **1** (英: *begin*) (anfangen) 始める: ein Geschäft ～ 商売を始める | einen Plan ～ 計画〔の立案〕に着手する ‖ 〘zu 不定詞〔句〕と〙 zu lachen ⟨weinen⟩ ～ 笑い⟨泣き⟩だす | Sie *beginnt*, alt zu werden. 彼女は老け始めた | Es hat zu regnen *begonnen*. 雨が降り始めた ‖ 〘目的語なしで: →II 2〙 Er *begann* 〔mit den Worten〕. 彼は語り始めた | Er *begann* als Laufbursche bei einer Firma. 彼はある会社の走り使いとして〔職業生活を〕スタートした ‖ Er mußte 〔die Arbeit〕 wieder von vorn ～. 彼は〔仕事を〕初めからやり直さねばならなかった | Wir *beginnen* am besten gleich. 私たちはすぐ着手するに越したことはない ‖ Frisch ⟨Wohl⟩ *begonnen*, halb gewonnen. 《諺》 勢いよく⟨うまく⟩スタートすれば半分成功したようなもの. **2** 企てる, する: Was willst du nun ～? さて君はどうするつもりだ | Er weiß nicht, was er mit seiner Zeit ～ soll. 彼は時間を持て余している⟨活用する方法を知らない⟩ | Er weiß nichts mit seinem Leben zu ～. 彼は自分がどう生きて行くべきかまるで分からない | Was soll ich mit der Maschine ～? この機械はどのように扱ったらよいだろうか | Mit dir kann ich nichts ～. 私は君とどうにもうまが合わない.

II 自 (h) **1 a)** 始まる: Die Vorstellung *beginnt* 〔um〕 20 Uhr. 上演は20時に始まる | Morgen *beginnt* die Schule. 明日から学校が始まる | Das Feuer *begann* im Schuppen. 火は納屋から出た | Hier *beginnt* das Naturschutzgebiet. ここから自然保護区域である ‖ Das Stück *begann* mit einem Prolog. 劇はプロローグで始まった | Das Wort *beginnt* mit P. この語は頭字が P である. **b)** 《方》 (月が)満ち始める. **2** 《mit *et.*³》 (…を)始める, (…に)とりかかる(→I 1): mit einer Arbeit ～ 仕事にとりかかる.

III Be·gịn·nen 中 -s/ 《雅》 着手, 試み, 企て. [*westgerm.*; ◇*engl.* begin]

be·glạ̈n·zen[bəglɛ́ntsən] 《02》 他 (h) 《雅》 照らす, 輝かす: ein vom Abendrot *beglänzter* Gipfel 夕焼けに照り映える山頂.

be·glạ·sen[bəglá:zən][1] 《02》 ＝glasieren

be·glau·bi·gen[bəgláubɪgən][2] 他 (h) **1** 証明⟨保証⟩する, 裏づける; 認証する, 公証する: die Echtheit eines Kunstwerkes ～ 芸術作品の真作であることを保証する | ein Testament gerichtlich ～ lassen 遺言状に法廷の認証をもらう ‖ Diese Anekdote ist nicht genügend *beglaubigt*. この逸話には十分な裏づけがない | eine *beglaubigte* Abschrift 認証謄本. **2** (akkreditieren) (外交使節を)信任状とともに派遣する: einen Gesandten bei einem Staat ～ 公使をある国へ正式に派遣する. [＜glaubig „glaubwürdig"]

Be·glau·bi·gung[..gʊŋ] 女 -/-en **1** (官庁・公証人などの)証明, 認証: eine öffentliche ～ (公証人による)公的認証 | die ～ von Abschriften einholen 謄本の認証をもらう. **2** (外交使節の)信任〔状〕: einem Botschafter die ～ erteilen 大使に信任状を与える(派遣を前に).

Be·glau·bi·gungs·schrei·ben 中 (外交使節の)信任状.

be·glei·chen*[bəgláɪçən] 《58》 他 (h) **1** 《雅》 (bezahlen) 支払う; (借金を)返済する: die Rechnung vollständig ～ 勘定をすっかり清算する | 〔mit *jm.*〕 eine 〔alte〕 Rechnung ～ (→Rechnung 1 a) ‖ Der Posten ist noch nicht *beglichen*. この費目は未払いである. **2** (もめごとなどを)片づける: einen Streit ～ 争いを調停する | die Meinungsverschiedenheit ～ 意見〔の違い〕を調整する.

Be·glei·chung[..çʊŋ] 女 -/-en **1** 支払い, 清算: die vollständige ⟨teilweise⟩ ～ der Schuld 借金の皆済⟨一部返済⟩. **2** 調停, 調整: die ～ von Streitigkeiten 紛争の処理.

Be·glẹit⸗adres·se[bəgláɪt..] 女 ＝Zollbegleitschein ⸗**brief** 男 〘商〙 添え状, 送り状.

be·glei·ten[bəgláɪtən] 《01》 他 (h) **1** 《*jn.*》 (…に)同行する, 付き添って行く, 随行する, 案内⟨お供⟩する; 〘軍〙 護衛⟨護送⟩する; 《*et.*⁴》 伴わせる, 添える: *jn.* nach Hause ⟨zum Bahnhof⟩ ～ …を家⟨駅⟩まで送って行く | *jn.* auf dem letzten Weg〔e〕 ～ (→Weg 1) | Meine guten Wünsche *begleiten* dich. 心から君の前途を祈ります | *js.* Leben mit guten Wünschen ～ …の今後の多幸を祈る | *seine* Worte mit lebhaften Gebärden ～ 激しい身ぶりを交えて話す. **2** 〘楽〙 伴奏する, (…に)伴奏をつける: einen Sänger ⟨ein Lied⟩ am Klavier ～ 歌手⟨歌曲⟩のピアノ伴奏をする. **3** 《雅》 《*et.*⁴》 (…に)伴う, 付け加わる: Das Laubwerk *begleitet* den Pfad zu beiden Seiten. 茂みは小道の両側に続いている | Sein Streben wurde von Erfolg *begleitet*. 彼の努力は成功を収めた ‖ einem Geschenk ein paar *begleitende* Zeilen beifügen 贈り物に数行の言葉を添える | *begleitende* Umstände 随伴事情 | von Musik *begleitet* 音楽⟨鳴り物⟩入りで | von Fieber *begleitete* Krankheiten 発熱を伴う疾病 | Stab, von zwei Lilien *begleitet* 〘紋〙 二つのユリを配した細い縦帯. [＜*ahd.* 〔bi-〕leiten; ◇geleiten]

Be·glei·ter[..tər] 男 -s/- **1** (⊛ **Be·glei·te·rin**[..tərɪn] -/-nen) 同行⟨同伴⟩者, 連れの人; 連れあい, 伴侶(はん りょ); 付添人, 随員, 供; 護衛⟨護送⟩者; 〘楽〙 伴奏者: 《Faust》 ist mein ständiger ～. 『ファウスト』は私の座右の書だ | Hans ist ihr ständiger ～. ハンスは彼女の恋人だ. **2** (Begleitstern) 〘天〙 伴星.

Be·glẹit⸗er·schei·nung 女 随伴⟨付随⟩現象; 〘医〙 随伴症状. ⸗**fahr·zeug** 中 (ロードレースなどの)随伴車. ⸗**flug·zeug** 中 〘空〙 護衛⟨戦闘⟩機. ⸗**in·stru·ment** 中 伴奏楽器. ⸗**jä·ger** 男 〘空〙 護衛戦闘機. ⸗**mann·schaft** 女 護衛隊. ⸗**mu·sịk** 女 〘劇・映〙 伴奏音楽. ⸗**pa·pie·re** 複 (貨物の)送り状. ⸗**per·sọn** 女 同行⟨同伴⟩者, 付き添いの人, 随員. ⸗**per·so·nal** 中 《集合的に》 随員, 護衛〔の人〕. ⸗**phä·no·men** 中 付随⟨随伴⟩現象. ⸗**sai·te** 女 〘楽〙 (ツィターの)伴奏弦(→ 図 Zither). ⸗**schein** ＝Zollbegleitschein ⸗**schiff** 中 護衛艦. ⸗**schrei·ben** 中 送り状, 添書. ⸗**schutz** 男 (要人などに対する)身辺護衛; 〘軍〙 援護作戦⟨飛行⟩. ⸗**stern** 男 ＝Begleiter 2 ⸗**stim·me** 女 〘楽〙 (重唱で)伴奏の声; 伴奏部. ⸗**sym·ptom** 中 〘医〙 随伴症状. ⸗**text** 男 (絵本などの)説明文. ⸗**um·stand** 男 -〔e〕s/..stände 《ふつう複数で》 随伴⟨付随⟩事情.

Be·glei·tung[bəgláɪtʊŋ] 女 -/-en **1** (Begleiter) 同伴⟨随行⟩者, 付添人, 連れ, 随員, 供〔の全員〕: dreißig Mann berittene ～ 30人の騎馬のお伴 | mit ⟨in⟩ großer ～ 多くの供を従えて | *jn.* zur ～ nehmen / *jn.* als ～ mitnehmen …を同伴する⟨供に加える⟩. **2 a)** 同伴, 同行; 護衛, 護送: in ～ *seiner* Frau 夫人同伴で | Sind Sie allein oder in ～? おひとりですか それともお連れがありますか ‖ *jm. seine* ～ anbieten 送って行こうと…に申し出る | *jn.* um 〔*seine*〕 ～ bitten 送って⟨同行して⟩くれと…に頼む. **b)** 〘楽〙 伴奏: mit ～ ⟨ohne ～⟩ singen 伴奏つきで⟨なしで⟩歌う | die ～ auf dem Klavier spielen ピアノで伴奏する | die ～ eines Sängers ⟨eines Liedes⟩ übernehmen ある歌手⟨歌曲⟩の伴奏を受け持つ.

Be·glẹit⸗wort 中 -〔e〕s/..worte 《ふつう複数で》 (物を送るときの)添え書. ⸗**zet·tel** 男 送り状; 貨物引替証.

be·gli·chen[bəglíçən] begleichen の過去分詞; 過去１・

3 人称複数.

be·glọt·zen[bəglɔ́tsən] 《02》 他 (h) 《話》 (anstarren) (目を丸くして) 見つめる.

be·glụ̈cken[bəglʏ́kən] 他 (h) (大いに) 喜ばせる: *jn.* mit einem Geschenk 〈durch ein Geschenk〉 ～ …を贈り物で喜ばせる | Es *beglückt* mich, Sie zu sehen. お会いできてうれしく思います ‖ *jn.* mit *seinem* Besuch ～《反語》うるさく…のところへ押しかけ〔て迷惑をかけ〕る | *jn.* mit alten Sachen ～《皮肉》…にがらくたを押しつける | Er hat uns mit seiner Anwesenheit *beglückt*.《反語》彼が出席してくれて我々はまったくありがた迷惑だった ‖ ein *beglückendes* Gefühl 幸福感 | eine *beglückende* Arbeit 楽しい仕事 ‖ über *et.*[4] *beglückt* sein …で大喜びしている | *beglückt* lächeln うれしそうにほほえむ.

Be·glụ̈cker[..kər] 男 -s/- 幸福にしてくれる人;《反語》迷惑をかける人: ein ～ der Menschheit 人類の恩人.

Be·glụ̈ckung[..kʊŋ] 女 -/-en **1**《単数で》喜ばせる〈幸福にする〉こと: die ～ der Menschheit 人類に幸福をもたらすこと. **2** 幸福〔感〕.

be·glụ̈ck·wün·schen[bəglʏ́kvʏnʃən] 《04》《過分 beglückwünscht》他 (h) (gratulieren) 《*jn.*》(…に) 祝詞を述べる: *jn.* zum Geburtstag ～ …に誕生日のお祝いを言う ‖ 再帰 *sich*[4] ～ 喜ぶ; 祝詞を述べ合う. [<Glückwunsch]

Be·glụ̈ck·wün·schung[..ʃʊŋ] 女 -/-en 祝詞, 祝い: *seine* herzlichste ～ aussprechen 心からの祝詞を述べる.

be·gna̱·den[bəgná:dən][1] 《01》 **I** 他 (h) 《雅》《*jn.* mit *et.*[3]》(神などが…に恩恵を) 授ける, (…に…を) 恵む.

II be·gna̱·det 過分 形 《雅》恩寵(おんちょう)〈天分〉に恵まれた: ein ～*er* Künstler 天分豊かな芸術家.

be·gna̱·di·gen[bəgná:dɪgən][2] 他 (h) 《*jn.*》 **1** 恩赦を与える, 赦免する; 減刑する: einen zum Tode Verurteilten zu lebenslänglichem Zuchthaus ～ 死罪を宣告された人を終身懲役に減刑する ‖ der 〈die〉 *Begnadigte* 恩赦に浴した人. ▽**2** ＝begnaden

Be·gna̱·di·gung[..gʊŋ] 女 -/-en 恩赦, 赦免: allgemeine ～ 大赦.

Be·gna̱·di·gungs≠ge·such 中 恩赦〈赦免〉申請〔書〕. **≠recht** 中 -〔e〕s/ 恩赦〈赦免〉権.

be·gnụ̈·gen[bəgný:gən][1] 他 (h) 再帰 *sich*[4] mit *et.*[3] ～ …で満足する〈十分である〉 | *sich*[4] mit *seinem* Los〔e〕 ～ 自分の運命に甘んじる. [*mhd.*; ◇genug]

▽**be·gnụ̈g·sam**[bəgný:kza:m] 形 (genügsam) 欲のない, 控え目の.

Be·gọ·nie[begó:niə] 女 -/-n 〘植〙ベゴニア: Knollen*begonie* 球根ベゴニア. [<M. Bégon (フランスの科学愛護者で, サントドミンゴの総督, †1710)]

be·gọ̈n·ne[bəgœ́nə] begänne (beginnen の接続法 II) の別形.

be·gọn·nen[..gɔ́nən] beginnen の過去分詞.

be·gọ̈n·nern[bəgœ́nərn] 《05》 他 (h) 《*jn.*》ひいきにする, 後援する; 目下としていたわる, (…に) パトロンぶる. [<Gönner]

be·gọ̈·schen[bəgø̈:ʃən] 《04》 他 (h) 《北部》(beschwichtigen) なだめる. [<*ndd.* gös-ke „Gäns-chen" (◇Gans)]

be·gọß[bəgɔ́s] begießen の過去.

be·gọ̈s·se[..gœ́sə] begießen の接続法 II.

be·gọs·sen[..gɔ́sən] begießen の過去分詞; 過去 1・3 人称複数.

begr. 略 **1** (教会戸籍簿で) ＝**begraben** II (記号 ▭). **2** ＝**begründet** 創立された: ～ 1932 in München ミュンヒェンにて1932年創立.

be·gra̱·ben*[bəgrá:bən][1] 《62》 **I** 他 (h) **1** 埋葬する, 葬る, 埋める (→beerdigen): *jn.* auf dem Friedhof 〈in *seiner* Heimat〉 ～ …を墓地〈故郷〉に葬る | *jn.* lebendig ～ …を生き埋めにする | den Kriegsbeil ～ (→Kriegsbeil) | Das Mauerstück *begrub* zwei Arbeiter und einen Lkw unter sich. (崩れてきた) 累壁に二人の労働者とトラック 1 台が埋まってしまった ‖ ***sich***[4] **～ lassen können** 《話》何の役にも立たない | ***sich***[4] **mit *et.***[3] **～ lassen können** 《話》…に関して成功の見込みがまったくない | Laß dich ～!《話》くたばってしまえ | Du kannst dich ～ lassen.《話》君のして〈言って〉いることは全然だめだ | Damit kannst du dich ～ lassen.《話》そんな考えはやめたほうがいいよ. **2**《雅》**a**) (胸に) 秘める: ein Geheimnis in *seinem* Herzen ～ 秘密を胸にしまい込む. **b**) なかったことにする: die Hoffnung 〈den Plan〉 ～ 望み〈計画〉を捨てる | den Schmerz 〈den Haß〉 ～ 苦痛〈憎しみ〉を忘れる. ▽**3** (宝などを) 地中に埋める〈隠す〉; (vergraben) (身体〔部分〕を) 埋めて隠す: den Kopf in die Hände ～ 両手で頭をかかえる ‖ 再帰 *sich*[4] in die Kissen ～ クッションに深々と身を沈める.

II 過分 形 (略 begr.; 記号 ▭) 埋まった; 葬られた: ～*e* Geschichten wieder aufführen 忘れられた古い話をむし返す ‖ **Da 〈Dort〉 möchte ich nicht ～ sein.**《話》そこ〈あそこ〉には住みたくない | in den Wellen ～ sein 水葬にされる;《雅》水死する | tot und ～ sein (→tot I 1 a) | Hier liegt X 〔～〕. (墓碑銘で) X ここに眠る | Da 〈Hier〉 liegt der Hund ～. (→Hund 1 a) | Ich fühle mich wie lebendig ～. 私は (こんな辺地で) 島流しにあったような気持だ.

Be·gräb·nis[..grɛ́:pnɪs] 中 -ses/-se **1** 埋葬; 埋葬式, 葬式, 葬儀: Staats*begräbnis* 国葬 | *js.* ～[3] beiwohnen/an *js.* ～[3] teilnehmen …の埋葬式〈葬儀〉に参列する. ▽**2** (Grabstätte) 墓所, 霊廟(れいびょう).

Be·gräb·nis≠fei·er 女, **≠fei·er·lich·keit** 女 -/-en《ふつう複数で》埋葬式; 葬儀, 葬礼. **≠ko·sten** 複 葬儀費用. **≠platz** 男, **≠stät·te** 女《雅》墓所, 霊廟(れいびょう), 霊園. **≠tag** 男 埋葬日. **≠un·ter·neh·men** 中 (Beerdigungsanstalt) 葬儀社. **≠ver·si·che·rung** 女 葬儀保険.

be·grab·schen[bəgrápʃən] ＝begrapschen

be·gra̱·di·gen[bəgrá:dɪgən][2] 他 (h) (道路・河川などを) まっすぐにする; 〘軍〙(突出部分を撤収するなどして, 戦線を) 整理する. [<gerade[2]]

Be·gra̱·di·gung[..gʊŋ] 女 -/-en begradigen すること.

be·grannt[bəgránt] 形 〘植〙芒(のぎ)のある. [<Granne]

be·grap·schen[bəgrápʃən] 他 (h) **1** 《*jn.*》(…の) 胸や尻などにさわる. **2** 《*et.*[4]》(胸や尻などに) さわる.

be·gra̱·sen[bəgrá:zən][1] 《02》 他 (h) **1** 草でおおう, (…に) 草を生やす; 牧草地にする: 再帰 *sich*[4] ～ 草におおわれる | ein *begrastes* Grab 草の生い茂った墓. **2** (weiden) (家畜に) 草を食わせる; (mästen) (家畜を) 肥やす. **3** 〘狩〙(獣の) 足跡を草の根を分けて探す.

be·gra̱s·mar·deln[bəgrásmardəln] 《06》 (**be·gra̱s·mar·meln**[..marməln] 《06》) 他 (h) 《北部》 **1** (betrügen) 欺く, ごまかす. **2** (zurechtmachen) 整える, 仕上げる. **3** *sich*[4] ～ lassen können どうしようもない. [<Glasmardel „Marmel aus Glas"]

be·grei̱·fen*[bəgráɪfən] 《63》 **I** 他 (h) **1** (verstehen) **a**) 《*et.*[4]》理解する, 了解する, (…の意味が) わかる: den Sinn 〈den Zusammenhang〉 ～ 意味〈関連〉を理解する | *et.*[4] als Einheit ～ …を単位〈統一体〉と把握する. | Ich *begreife* nicht, warum er nicht kommt. 私には彼の来ない理由がわからない | **Das *begreife*, wer will!** それはおかしな話だ, それはわけがわからない ‖〘目的語なしで〙Das Kind *begreift* schnell 〈langsam〉. この子はのみこみが早い〈遅い〉 ‖ 再帰 Es *begreift* sich[4] 〔von selbst〕, daß ... …は自明の〈わかりきった〉ことである. **b**) 《*jn.*》(…の気持・言動などを) 理解する, わかる: Ich kann ihn gut ～. 私には彼の気持がよくわかる | *sich*[4] selbst nicht mehr ～ 自分で自分の気持が理解できなくなる. **2** (einbegreifen) (中に) 含む, 包含する: ***et.***[4] **in *sich***[3] **～** …をそれ自身の中に包含している | Die Frage *begreift* die Lösung schon in sich. この問いには解答がすでに含まれている (→begriffen II 2).

3 《方》《*et.*[4]》(…に) 手でさわる, 手でつかむ.

II be·gri̱f·fen → 別出

be·grei̱f·lich[bəgráɪflɪç] 形 (verständlich) 理解できる; もっともな, 納得のゆく: ein ～*er* Irrtum 〈Wunsch〉 無理からぬ誤り〈願い〉 ‖ *et.*[4] ～ finden …を当然と思う | *jm. et.*[4] ～ machen …に…を理解〈納得〉させる | Ich werde dir's schon ～ machen! いまにきっと君に思い知らせてやるぞ.

B

be·grei̱f·li·cher·wei̱·se 副《陳述内容に対する話し手の判断・評価を示して》当然〔理解できるように〕, もっともなことだが.

Be·grei̱f·lich·keit[..kaɪt] 女 -/ begreiflich なこと.

Be·grei̱·fung[..fʊŋ] 女 -/ begreifen すること.

be·gre̱nz·ba̱r[bəgréntsbaːr] 形 限定し得る.

be·gre̱n·zen[bəgréntsən] 《02》 **I** 他 (h) **1** 限る, (…の)境をなす: Berge *begrenzen* den Horizont. 山々が空と大地とを分けている | Zäune *begrenzen* den Garten. 庭は垣根で囲まれている | Deutschland wird im Süden durch die Alpen 〈von den Alpen〉 *begrenzt*. ドイツはアルプスが南の境界となっている. **2** (beschränken) 制限する, 限定する, 局限〈制約〉する: die Geschwindigkeit ～ 速度を制限する | ein Thema auf *et.*[4] ～ テーマを…に限定する | Die Redezeit ist auf 15 Minuten *begrenzt*. 発言時間は15分に限られている.

II be·gre̱nzt 過分 形 制限〈制約〉された, 限定された: eine genau ～*e* Aufgabe 範囲の明確な課題 | ein ～*er* Angriff (目標を制限した)限定攻撃 | einen ～*en* Horizont haben 視野が狭い, 偏狭である | Er hat ein sehr ～*es* Wissen./ Sein Wissen ist sehr ～. 彼は知識が乏しい〈偏っている〉.

Be·gre̱n·zer[bəgréntsər] 男 -s/- 〘電〙クリッパー, 制限器.

Be·gre̱nzt·heit[..tsthaɪt] 女 -/ begrenzt なこと.

Be·gre̱n·zung[..tsʊŋ] 女 -/-en **1** 《単数で》(begrenzen すること. 例えば:) 制限, 限定: die ～ der Geschwindigkeit 〈der Redezeit〉 速度〈発言時間〉の制限. **2** (Grenze) 境界; 限界, 限度. **3** 〘数〙(立体の)面.

Be·gre̱n·zungs≠licht 中 -〔e〕s/-er 《ふつう複数で》(自動車などの)車幅灯, サイド=ライト, 駐車灯. **≠li̱·nie**[..niə] 女 境界線.

be·gri̱ff[bəgríf] begreifen の過去.

Be·gri̱ff[–] 男 -〔e〕s/-e **1 a)** 概念: ein abstrakter ～ 抽象的概念 | ein mathematischer 〈philosophischer〉 ～ 数学〈哲学〉上の概念 ‖ der ～ der Ehre 名誉の〈という〉概念 ‖ Inhalt 〈Umfang〉 eines ～*es* 〘論〙概念の内包〈外延〉‖ einen ～ definieren 概念を定義する. **b)** 《比》名の通った〈確かな〉もの: Diese Marke ist ein ～ für Qualität. このマークなら品質は折り紙つきだ ‖ ***jm.* ein ～ sein** …にとって既知の概念である | Dieser Name ist mir 〈in der ganzen Welt〉 ein ～. この名前は私はよく知っている〈世界中に通っている〉| Kybernetik? Ist mir kein ～. サイバネティックスだって. なんのことだかさっぱり分からないね. **2 a)** (Vorstellung) 観念, 表象, 想像; (Auffassung) 考え: für meine ～*e* 私の考えでは, 私が思うには | Das geht über meine ～*e*. それは私にはとても理解できない | Die Landschaft war über alle ～*e* schön. 景色は想像を絶する美しさだった ‖ alle ～*e* übersteigen 想像を絶する | *sich*[3] einen ～ von *et.*[3] machen …を想像する | keinen 〔rechten〕 ～ von *et.*[3] haben 〈besitzen〉 …が〔とんと〕分かっていない | einen hohen ～ von *jm.* 〈*et.*[3]〉 haben …を重大視している | Du hast ja einen schönen ～ von mir! 《皮肉》君は私のことをいい風に考えてくれているよ. **b)** 《単数で》理解力: **schwer 〈langsam〉 von ～ sein** 《話》のみこみが悪い〈遅い〉, 頭の回転が鈍い〈遅い〉. **3** 《**im Begriffe sein** 〈stehen〉の形で zu 不定詞〔句〕と》ちょうど…しかかっている: Ich war eben im ～ fortzugehen, als der Brief ankam. その手紙が来たとき私はちょうど出かけるところだった.

be·gri̱f·fen[bəgrífən] **I** begreifen の過去分詞; 過去1・3人称複数. **II** 形 《述語的》 **1** (beschäftigt) 従事している: auf der Reise 〈der Flucht〉 ～ sein 旅行〈逃走〉中である | **in** der Arbeit 〈im Arbeiten〉 ～ sein 仕事中である | im Wachstum ～ sein 成長を続けている. **2** 包含された: in *et.*[3] ～ sein …に含まれている.

be·gri̱ff·lich[bəgríflɪç] 形 (↔gegenständlich) 概念的な; (abstrakt) 抽象的な: ～*e* Bestimmung 概念〔的〕規定 | ～*es* Denken 抽象的思考 | ～*es* Hauptwort 〘言〙抽象名詞 ‖ *et.*[4] ～ erfassen …を概念的に把握する.

Be·gri̱ffs≠be·stim·mung 女 概念規定, 定義. **≠be·zeich·nung** 女 《オーストリア》= Begriffswort 2 **≠bil·dung** 女 〘心〙概念形成. **≠form** 女 (Kategorie) 〘哲〙カテゴリー, 範疇(はんちゅう). **≠in·halt** 男 〘哲〙概念内包.

be·gri̱ffs·mä̱·ßig 形 概念〈抽象〉的な.

Be·gri̱ffs≠na̱·me 男 《オーストリア》= Begriffswort 2 **≠schrift** 女 **1** (↔Buchstabenschrift) 〘言〙表意文字(漢字など). **2** 〘論・数〙論理記号(↔, ∧, ∨など).

be·gri̱ffs≠stut·zig (《オーストリア》: **≠stüt·zig**) 形 《軽蔑的に》(schwerfällig) 理解の遅い, 愚鈍な; ぼんやりした.

Be·gri̱ffs≠ver·mö̱·gen 中 -s/ 理解〈把握〉力: Das geht über mein ～. それは私の理解力をこえる, それは私には理解できない. **≠ver·wech·se·lung** 女 概念の混同. **≠ver·wir·rung** 女 概念の混乱; 思考力の混濁〈錯乱〉. **≠wort** 中 -〔e〕s/..wörter 〘言〙 **1** (↔Beziehungswort) (名詞のように概念内容そのものを表示する)概念語. **2** (↔Gegenstandswort) (Abstraktum) 抽象名詞.

be·grü̱n·den[bəgrýndən][1] 《01》 **I** 他 (h) **1** 基礎づける, 地固めする; (理論などを)築く; (団体などを)創設する: einen 〔eigenen〕 Hausstand ～ 世帯を持つ | den Ruhm ～ 名声を不動にする | einen Verein 〈eine Firma〉 ～ 協会〈会社〉を設立する ‖ **auf** *et.*[4] ein System 〈eine Theorie〉 ～ …に基づいて体系〈理論〉を立てる. **2** 理由〈根拠〉づける, (理由をあげて)説明する: *jm.* *seine* Ansprüche ～ …に自分の要求の理由を述べる | eine Gesetzesvorlage ～ 法案の趣旨説明をする | ein Urteil ～ 〘法〙判決理由を述べる | *seine* Abwesenheit mit Krankheit ～ 病気を欠席の理由にする ‖ 再帰 *sich*[4] ～ 根拠づけられる, 正当化される ‖ 〘分詞で〙 *begründende* (=kausale) Konjunktionen 〘言〙因由の接続詞(例 weil, da).

II be·grü̱n·det 過分 形 **1** 根拠のある, うなずける: ～*e* Ansprüche 〈Gründe〉 もっともな要求〈理由〉| ～*e* Rechte 既得権 | ～*e* Zweifel 当然の疑念 ‖ Es besteht ～*e* Aussicht 〈Hoffnung〉 auf eine friedliche Lösung. 平和的解決の見込みは大いにある. **2** 基づいている: eine **auf** Quellenstudium ～*e* Abhandlung 原典研究を踏まえた論文 | **durch** *et.*[4] **～ sein** …にその根拠がある | Das ist durch seinen Charakter ～. それは彼の性格から来るものだ | **in** *et.*[3] **～ sein** 〈**liegen**〉 …にその根拠がある | Das lag wahrscheinlich im Wetter ～. それはどうやら天候にその原因があるらしかった. **3** 創立された(→begr. 2).

Be·grü̱n·der[bəgrýndər] 男 -s/- 創設〈創立〉者; 〔設立〕発起人: der ～ der Psychologie 心理学の祖.

Be·grü̱n·dung[..dʊŋ] 女 -/-en **1** 創設, 創立; 基礎固め: die ～ einer Firma 商社の設立〈創業〉| die ～ einer Theorie 理論の樹立. **2** 理由づけ, 正当化: eine ～ für *et.*[4] vorbringen 〈geben〉 …の理由を述べる | Er entschuldigte sich mit der ～, krank zu sein. 彼は病気を理由に断った | ohne 〔jede〕 ～ なんの理由もなく | zur ～ *seiner* Behauptung 自分の主張を正当化するために, 自説の根拠として.

Be·grü̱n·dungs≠an·ga̱·be 女 〘言〙因由の添加語〈添加成分〉. **≠satz** =Kausalsatz

be·grü̱·nen[bəgrýːnən] 他 (h) 緑でおおう, 緑化する: 再帰 *sich*[4] ～ (木・畑などが)緑でおおわれる, 緑になる ‖ eine spärlich *begrünte* Insel 緑の乏しい島.

be·grụn·zen[bəgrʊ́ntsən] 《02》《話》=begrüßen 1 a

be·grü̱·ßen[bəgrýːsən] 《03》 他 (h) **1 a)** 《*jn.*》(口頭・手紙で…に)あいさつを述べる, あいさつする; (…を)歓迎する: die Gäste ～ 客たちに歓迎のあいさつをする | *jn.* mit Handschlag ～ 握手で…を歓迎する | Es ist uns[3] eine große Ehre, Sie Sonntag abend bei uns ～ zu dürfen. 日曜の晩にお越しいただければまことに光栄に存じます.

☆ grüßen と begrüßen の違い: 単にあいさつや会釈を意味する grüßen とは異なり, begrüßen は改まった正式のあいさつを意味する.

b) 《*et.*[4]》好意的に迎える: *js.* Rückkehr 〈Erscheinen〉 ～ …の帰還〈登場〉を歓迎する | einen Vorschlag 〈ein neues Theaterstück〉 ～ 提案〈新しい劇作品〉を歓迎する | Die Entscheidung wurde allseitig wärmstens *begrüßt*. 決定は各方面からきわめて好意的に迎えられた.

2 《スイス》《*jn.*》(特に官庁などに)意見〈同意〉を求める.

be·grü̱·ßens·we̱rt 形 歓迎される, 喜ぶべき.

be·grü·ßens·wer·ter·wei·se 副 歓迎すべきことに, 喜ぶべきことに.

Be·grü·ßung[..sʊŋ] 女 -/-en あいさつ, 歓迎: eine herzliche ～ der Gäste 客たちへの心のこもった〔歓迎の〕あいさつ | Mit freundlicher ～〔verbleibe ich〕Ihr Hans Becker.（手紙の結びで）心からのごあいさつをこめてハンス ベッカーより.

Be·grü·ßungs≈an·spra·che 女 歓迎の辞: eine ～ halten 歓迎の辞を述べる. **≈fei·er** 女 歓迎会. **≈kuß** 男 歓迎のキス. **≈wort** 中 -〔e〕s/-e《ふつう複数で》歓迎の言葉.

be·gucken[bəgʊ́kən] 他 (h) うかがい〈のぞき〉見る: *jn.* neugierig ～ …をもの珍しげに見る ‖ (再帰) *sich*[4] im Spiegel ～ 鏡をのぞく | *sich*[4] von innen ～ (→innen I 1).

Be·guine[begí:n] 男 -s/-s (女 -/-s)〘楽〙ビギン(ルンバに似た南米の民族舞曲). [*fr.* béguin „Haube der Beginen, Flirt"; ◇Begine]

Be·gum[bé:gʊm, ..gam] 女 -/-en (称号として)(インドのイスラム教徒の)王女, 公女, 貴婦人. [*türk.–Hindi–engl.*; ◇Bei]

be·gün·sti·gen[bəgʏ́nstɪgən][2] 他 (h)《*jn.*》引き立てる, ひいき〈優遇〉する;《*et.*[4]》容易ならしめる, 助長〈促進〉する;〘法〙(犯行後に犯人の)便宜をはかる,(信託法で)受益権を得る: *jn.* vor *jm.* ～ …を…よりひいき〈寵愛(ちょうあい)〉する | *jn.* in *seinen* Plänen ～/ *js.* Pläne ～ …の計画を支援する | die Flucht des Verbrechers ～ 犯人の逃亡を助ける | Der Ausflug war von schönem Wetter *begünstigt*. 遠足は好天に恵まれた ‖ durch die Dunkelheit *begünstigt* やみにまぎれて.

Be·gün·sti·ger[..gər] 男 -s/- (begünstigen する人. 特に:)〘法〙(犯行後の)犯人援助者. [＜günstig]

Be·gün·stig·te[..stɪçtə] 男 女《形容詞変化》〘法〙(受益法で)受益者; 遺産受取人.

Be·gün·sti·gung[..gʊŋ] 女 -/-en ひいき, 優遇; 助長, 促進; (Vergünstigung) 優遇措置;〘法〙(犯行後の)犯人援助: persönliche 〈sachliche〉 ～〘法〙(犯行後の)犯人に対する人身〈対物〉援助 | steuerliche ～ 税の軽減〔措置〕| *jm.* ～ gewähren〘法〙(犯行後に)…を援助する, …の罪を免れさせようとする.

be·gut·ach·ten[bəgú:t|axtən]《01》《(過分) begutachtet》他 (h) **1** (専門家が)鑑定する; (損害等を)評価する. **2**《話》(まるで専門家のように)くわしく吟味する; (人物の)鑑定をする. [＜Gutachten]

Be·gut·ach·ter[..tər] 男 -s/- 鑑定人.

Be·gut·ach·tung[..tʊŋ] 女 -/-en 鑑定〔書〕, 専門的な判定〈評価〉: eine ärztliche ～ 医師の診断〔書〕.

be·gü·tert[bəgý:tərt] 形 **1** (wohlhabend) 富裕な, 金持ちの: zu den *Begüterten* gehören 富裕階級に属する. ▽**2** 土地〈財産〉を所有した. [＜Güter]

be·gü·ti·gen[bəgý:tɪgən][2] 他 (h)《*jn.*》なだめる, 慰撫(いぶ)する,(…の気持を)和らげる: auf *jn.* *begütigend* einreden …をなだめさとす. [＜gütig]

Be·gü·ti·gung[..gʊŋ] 女 -/-en begütigen すること.

be·haa·ren[bəhá:rən] **I** 他 (h) (再帰) *sich*[4] ～ (…に)毛〈毛髪〉がはえる〈伸びる〉: Sein Kopf *behaart* sich wieder. 彼の頭にまた髪がはえてくる. **II be·haart** 過分 形 毛〈毛髪〉のはえた: stark ～*e* Beine 毛深い足.

Be·haa·rung[..rʊŋ] 女 -/-en《ふつう単数で》**1** 毛〈毛髪〉のあること; 毛〈毛髪〉の発生: übermäßige ～ 異常発毛. **2** 毛髪; (動物の)毛; (植物の)軟毛.

▽**be·ha·ben**[bəhá:bən][1] **I** 他 (h)《ふつう不定詞で》(再帰) *sich*[4] ～ 振舞う, 行動する.

▽**II Be·ha·ben** 中 -s/ (Gebaren) 態度, 振舞い.

be·hä·big[bəhɛ́:bɪç][2] 形 **1** 太ってゆったりした, でっぷりした; 肥満して不活発な; 気楽な, ゆったりした, のんきな: ein ～*er* Herr かっぷくのいい紳士 | ein ～*es* Leben führen のんびりした生活を送る | ein ～*er* Schrank (幅の広い)ずっしりしたたんす | mit ～*er* Stimme 落ち着きのある声で ‖ ～ daherkommen ゆっくりとやってくる. **2**《(スイ)》(wohlhabend) 裕福な; 豪勢な. [＜Habe]

Be·hä·big·keit[–kaɪt] 女 -/ behäbig なこと: Sie saß da in breiter ～. 彼女はそこにゆったりと腰をすえていた.

be·hacken[bəhákən] 他 (h) **1** (くわで作物などの)周囲の土を軽く起こす;《比》(キツツキなどが)つつく. **2**《俗》(betrügen)《*jn.*》だます, いっぱい食わせる.

be·haf·ten[bəháftən]《01》▽**I** 他 (h) **1** (…に)付着する. **2**《*jn.*》(…に)言いがかりをつける,(…の)言質をとる.

II be·haf·tet 過分 形 **mit** *et.*[3] **～ sein** …にとりつかれている | mit einer ansteckenden Krankheit ～ sein 伝染病にかかっている | mit Schulden ～ sein 借金をしょいこんでいる.

be·ha·gen[bəhá:gən][1] **I** 自 (h) **1**《雅》(gefallen)《*jm.*》(…の)気にいる: Seine Offenheit *behagt* mir. 彼の率直さが私は好きだ ‖ (非人称) Tu, wie es dir *behagt*! 好きなようにしたまえ.

▽**2** (再帰) *sich*[3] ～ 快適に感じる, くつろいだ気分になる: *sich*[3] bei *jm.* ～ …のところでくつろいだ気分を味わう ‖ es *sich*[3] beim Wein ～ lassen ワインを楽しむ.

☆ 18世紀末には, ときに 4 格の再帰代名詞も用いられた.

II Be·ha·gen 中 -s/《雅》快さ, 快適, 安楽:〔*sein*〕～ an *et.*[3] finden …を楽しむ ‖ in Ruhe und ～ leben 平穏で快適な生活を送る | *et.*[4] mit großem ～ genießen …をいかにも楽しげに〈うまそうに〉味わう | nach *seinem* ～ handeln 気の向くままに行動する. [*mhd.*]

be·hag·lich[bəhá:klɪç] 形 **1** 快適な, 気楽な; 居心地のよい: ein ～*es* Leben führen のんびり暮らす | ein ～*es* Sofa 座り心地のよいソファー | Er hat sein ～*es* Auskommen. 彼は収入がたっぷりある ‖ es *sich*[3] ～ machen くつろぐ ‖ die Beine ～ ausstrecken 足をのびのびと伸ばす | ～ lachen くったくなく笑う | eine ～ schnurrende Katze 心地よげにのどを鳴らす猫. **2** 愉快な, 楽しい: ～*es* Lächeln 優しいほほえみ | ein ～*er* Mensch 愉快な人 ‖ dem Auge ～ sein 目を楽しませる.

Be·hag·lich·keit[–kaɪt] 女 -/ 楽しさ, 快適さ, 楽しい気分: *et.*[4] mit ～ genießen …を楽しく味わう.

be·hal·ten*[bəháltən]《65》**I** 他 (h) **1** (手離さずに)持ち続ける, 保持する: ein Buch leihen und drei Wochen ～ 本を借りて 3 週間手元におく | Das übrige Geld kannst du ～. 残金は君が取っておきたまえ | *Behalten* Sie bitte Platz! お座りになったままで〈お立ちにならないで〉結構です | Er hat recht *behalten*. 彼の考え〈言葉〉は最後まで間違っていなかった | Ich möchte meinen Vater noch länger ～. 私は父にまだまだ生きていて欲しい | Der Kranke 〈Sein Magen〉 *behält* nichts mehr. 病人〈彼の胃〉はもう食物を受け付けない | zwei 〈drei〉 ～〘数〙(加算で) 2〈3〉を繰り上げる ‖ *et.*[4] übrig ～ …を残しておく ‖ *et.*[4] **als** Andenken ～ …を記念に取っておく | ein Geheimnis **für** *sich*[4] ～ 秘密を守る〈もらさない〉| den Gewinn für *sich*[4] ～ 利益を独占する | Dein Geschenk kannst du für dich ～. この贈り物は〔せっかくだが〕いらないよ | *jn.* **zu** Tisch ～ …を食事をして行けと引きとめる | *et.*[4] zum Pfand ～ …を抵当に取っておく.

2 (動かさずに)とどめておく: den Hut **auf** dem Kopf ～ 帽子を脱がないでいる | ein Amulett stets **bei** *sich*[3] ～ 護符をいつも身につけている | *jn.* über Nacht bei *sich*[3] 〈**in** *seiner* Wohnung〉 ～ …を自宅に泊める | *et.*[4] **im** Auge ～ …を見失わない | *et.*[4] im Hinterkopf ～ (→Hinterkopf) | *et.*[4] im Kopf ～ …を記憶している | die Hände in den Taschen ～ 両手をポケットにつっこんでいる.

3 a) (衰えぬように)保つ, 維持する: *seine* Form 〈Farbe〉 ～ 形くずれ〈色あせ〉しない | Kontakt mit *jm.* ～ …との接触を保つ | die Oberhand ～ (→Oberhand) | *seinen* Wert 〈*seine* Fassung〉 ～ 価値〈平静〉を失わない. **b)** (後遺症として)残している: Er hat von dem Unfall ständige Kopfschmerzen *behalten*. その事故いらい彼はずっと頭痛が続いている.

4 記憶する, 覚えている: Adressen 〈Zahlen〉 gut ～ können 住所〈数字〉の記憶力がすぐれている | *jn.* in guter 〈freundlicher〉 Erinnerung ～ …をなつかしく回想する.

II 過分 形 無事な, 無傷の: ein ～*es* Schiff 安着した船.

Be·häl·ter[bəhɛ́ltər] 男 -s/- 容器, 入れ物(箱・おけなど); 貯蔵庫; (水・油・ガスなどの)タンク; (石炭などの)ホッパー;

(Container)〘鉄道〙コンテナ: Benzin*behälter* ガソリンタンク.

Be·häl·ter≠ver·kehr 男〘鉄道〙コンテナ輸送. **≠wa·gen** 男 (Kesselwagen)〘鉄道〙タンク車; コンテナ積載用貨車.

Be·hält·nis[bəhɛ́ltnɪs] 中 -ses/-se《雅》＝Behälter

Be·halt·sam·keit[bəháltza:mkaɪt] 女 -/-en〘心〙保持度.

B

be·häm·mern[bəhɛ́mərn]《05》**I** 他 (h) ハンマーでたたく(たたいて作る). **II be·häm·mert** 過分 形《話》(verrückt) まともでない, いかれている.

be·hän·de[bəhɛ́ndə] →behende

be·han·deln[bəhándəln]《06》他 (h) **1**《様態を示す語句と》(人・道具などを)取り扱う: *jn.* gut ⟨schlecht⟩ ～ …を優遇⟨冷遇⟩する | eine Maschine mit Sorgfalt ～ 機械を慎重に操作する | wie ein Kind *behandelt* werden 子供扱いされる | *jn.* wie ein rohes Ei ～ (→Ei 1) | *jn.* wie Luft ⟨wie ein Stück Vieh⟩ ～ (→Luft 6, →Vieh 1). **2** (テーマなどを)扱う, 論じる; 題材としている: ein Thema im Unterricht ～ あるテーマを授業で取り上げる | *et.*[4] in der Sitzung ～ …を会議の議題とする | *et.*[4] ausführlich ～ …を詳論する ‖ Das Drama *behandelt* die Bauernkriege. このドラマは農民戦争を扱っている. **3** (病人・病気・患部などを)治療する, 処置する, 手当てする: eine Wunde ～ 傷〔口〕を処置⟨手当て⟩する | *jn.* gegen Rheuma ～ …にリューマチの治療を施す | einen Patienten ⟨eine Krankheit⟩ mit Penicillin ～ 患者⟨病気⟩をペニシリンで治療する | *sich*[4] ärztlich ～ lassen 医者にかかる | Wer hat Sie bisher *behandelt*? これまでだれにおかかりでしたか | Von wem werden Sie *behandelt*? だれの治療をお受けですか ‖ der *behandelnde* Arzt 主治医. **4** (化学的に)処理する, 加工する: *et.*[4] mit Wärme ～ …を熱処理する | ein Metall gegen Rost ～ 金属にさび止めする | ein Negativ ～〘写〙ネガを現像⟨処理⟩する | den Teig ～ 粉をよくこねまぜる.

be·hän·di·gen[bəhɛ́ndɪgən][2] 他 (h) **1**《*jm. et.*[4]》**a**)《雅》(übergeben) 手渡す. [▽]**b**) (…の手に…を)委ねる. **2**《スイ》(ergreifen) つかむ, 自分のものとする. [＜Hand]

Be·hän·dig·keit →Behendigkeit

Be·hand·lung[bəhándlʊŋ] 女 -/-en **1** 取り扱い, 待遇: eine ungerechte ～ 不当な取り扱い⟨処遇⟩. **2**〘医〙手当て, 治療, 処置; 療法: die allgemeine ～ 全身療法 | eine chirurgische ～ 外科治療, 外科的な処置 ‖ bei *jm.* in ～ sein …の治療を受けている. **3**〘化・工〙処理: die chemische ～ 化学的処理. **4** (問題などを)取り扱うこと; (口頭による)論述: Das Thema hat eine schöpfende ～ erfahren. このテーマは論じつくされた.

Be·hand·lungs·art 女 取り扱い方, 処置の仕方.

be·hand·lungs·be·dürf·tig 形 治療を必要とする.

Be·hand·lungs≠feh·ler 男 治療ミス. **≠ko·sten** 複 治療費. **≠me·tho·de** 女 治療法, 処置法. **≠raum** 男 治療⟨処置⟩室. **≠stuhl** 男 (歯科医の)治療台⟨いす⟩. **≠wei·se** 女 取り扱い方, 治療法. **≠zen·trum** 中 治療センター.

be·hand·schuht[bəhánt-ʃu:t] 形 手袋をはめた: Sie reichte ihm die ～*e* Rechte. 彼女は手袋をはめた右手を彼に差し出した. [＜Handschuh]

Be·hang[bəháŋ] 男 -〔e〕s/..hänge[..hɛ́ŋə] **1** 掛け飾り; (Wandteppich) 壁掛け, 掛け毛せん; (クリスマスツリーにつるす)飾り, 飾り房. **2** (果樹について)果物のなり具合: In diesem Jahr ist der ～ der Apfelbäume gut./ Die Apfelbäume haben dieses Jahr einen reichen ～. 今年はリンゴが豊作だ. **3** 垂れこめた雲. **4**〘狩〙(犬の)垂れ耳. **5** (馬の)けづめ毛.

be·han·gen[bəháŋən] 形《mit *et.*[3]》(…が)ぶら下がった: Der Baum ist mit Äpfeln ～. その木にはリンゴがなっている | Die Zweige sind dicht ～. 枝にはびっしり実がついている | mit Schnee ～*e* Zweige 雪をかぶった枝.

be·hän·gen[bəhɛ́ŋən] 他 (h) **1**《*et.*[4] mit *et.*[3]》(…に…を)〔一面に〕掛ける, 下げる: den Christbaum mit Kugeln und Lametta ～ クリスマスツリーに飾り玉やラメッタをつるす | die Leine ⟨den Hof⟩ mit Wäsche ～ ロープ⟨中庭⟩に洗濯物をつるす ‖ 再帰 Du hast dich ja mit Schmuck *behängt*.《話》君はいやに飾りたてているな. **2**〘狩〙(獲物の足跡を追わせるために犬を)引き綱につなぐ.

be·har·ken[bəhárkən] 他 (h) **1**《*et.*[4]》(…を)熊手(くま)で掃く(清掃する). **2**〘軍〙掃射する, (…に)砲火を浴びせる. **3**《俗》《*jn.*》(…と)必死に戦う: *sich*[4] ～ いがみ合う.

be·har·ren[bəhárən] 自 (h) **1 a**)《auf *et.*[3]/bei *et.*[3]》(…を)あくまでも固持する; しつこく主張する;《in *et.*[3]》(ある状態を)固く持ち続ける: auf *seinem* Standpunkt ～ 自分の立場を守り続ける | Sie *beharrte* darauf, mitzukommen. 彼女はいっしょに来ると言い張った | bei *seinem* Entschluß ～ 自分の決心を変えない | im Glauben ⟨in Liebe⟩ ～ 信仰⟨愛⟩を守り通す. **b**)《場所を示す語句と》(…に)いつまでも留まる.

2〘理〙(慣性によって)動かない;〘哲〙不変である.

be·harr·lich[bəhárlɪç] 形 ねばり⟨辛抱⟩強い, 頑強な: ein ～*er* Kampf 不屈の闘争 ‖ ～ schweigen 強情に押し黙っている | ～ bei *seiner* Meinung bleiben 自分の意見を頑固に変えない.

Be·harr·lich·keit[-kaɪt] 女 -/ ねばり強さ, 根気, 強情さ: mit ～ auf *et.*[3] bestehen 頑固に…を主張する | ***Beharrlichkeit* führt zum Ziel.**《諺》石の上にも三年(辛抱は目的達成への道).

Be·har·rung[..hárʊŋ] 女 -/-en《ふつう単数で》beharren すること: das Gesetz der ～〘理〙慣性の法則.

Be·har·rungs·ver·mö·gen 中 -s/ **1** ねばり強さ, 耐久力. **2** (Trägheit)〘理〙慣性, 惰性, 惰力.

be·hau·chen[bəháʊxən] 他 (h) **1** (…に)息をかける: einen Spiegel ～ 鏡に息を吹きかける ‖ rot *behauchte* Wangen《雅》うっすらと赤みのさしたほお. **2** (aspirieren)〘言〙気音で発音する: *behauchte* Laute 帯気音(＝Aspiraten).

Be·hau·chung[..xʊŋ] 女 -/-en behauchen すること.

be·hau·en[(*)][bəháʊən]《67》**be·hau·te/be·hau·en** 他 (h) **1** (石材・木材などを)削る; 削って⟨切って⟩つくる: roh *behauene* Steinblöcke 荒削りの石塊 | Klötze rechteckig ～ 丸太を削って角材にする. **2** (樹木を)刈り込む, 切って整える.

be·häu·feln[bəhɔ́ʏfəln]《06》他 (h)〘農〙(苗などの根元に)土を盛る, 寄せ土する.

be·haup·ten[bəháʊptən]《01》他 (h) **1** 主張する, 申し立てる: Sie *behauptet*, ihn nicht gesehen zu haben. 彼女は彼を見なかったと言い張る. **2**《雅》守り通す, 確保する: *seine* Stellung ⟨den Ruhm⟩ ～ 地位⟨名声⟩を維持する | das Feld ～ (→Feld 2) | den Sieg ～ 勝利を確保する. **3** 再帰 *sich*[4] ～ 頑張り通す: *sich*[4] in *seiner* Stellung ⟨auf *seinem* Posten⟩ ～ 自分の地位⟨持ち場⟩を確保する | Die Firma konnte sich nur mühsam ～. 会社は苦労してやっと地歩を固めることができた. **4** 再帰 *sich*[4] ～〘商〙(値が)安定する, 引き締まる: Der Kurs *behauptet* sich. 市況がしっかりする | *behauptet* bleiben (相場や値が)固い, 崩れないで持ちこたえている. **5** 再帰 *sich*[4] gegen *jn.* ～〘スポ〙…に勝つ. [*mhd.* behoubeten „sich als Herrn zeigen"; ◇Haupt]

Be·haup·tung[bəháʊptʊŋ] 女 -/-en **1** 主張, 申し立て;〘数〙証明〔すべき〕命題⟨定理⟩: leere ～*en* 根拠のない主張 ‖ bei *seiner* ～ bleiben / von *seiner* ～ nicht abgehen 自分の主張を変えない ‖ eine ～ aufstellen ⟨vorbringen⟩ 主張をする | *seine* ～ zurücknehmen 主張を撤回する⟨取り消す⟩. **2**《単数で》保持, 防衛: die feste ～ *seiner* Stellung 地位の確保 | die ～ der umzingelten Stadt 攻囲された町の防衛. **3**《話》頭髪:〘ふつう次の形で〙falsche ～ かつら | mangelnde ～ はげ頭.

Be·haup·tungs·satz 男〘言〙断定⟨断言⟩文(例 Er kommt sicher. 彼はきっと来る).

be·hau·sen[bəháʊzən][1]《02》他 (h) **1**《雅》《*jn.*》泊める, 住まわせる: 再帰 *sich*[4] bei *jm.* ～ …の家に泊めてもらう⟨住みつく⟩ | in einer Stadt *behaust* sein 都会に住んでいる. [▽]**2** (bewohnen) (家に)住む.

Be·hau·sung[..zʊŋ] 女 -/-en《雅》**1** 住宅, 宿舎; 住所, 止宿先: fern von allen menschlichen ～*en* 遠く人

里離れて. **2** 居住, 宿泊.

Be·ha·vio·rịs·mus[biheviərísmʊs] 男 -/ 《心》行動主義. [*amerik.*; ◇behaben]

be·ha·vio·rị·stisch[..tɪʃ] 形 行動主義の; 行動主義的な.

be·hẹ·ben*[bəhé:bən]^{1} 《68》他 (h) **1** (障害などを)除く, 除去する: einen Schaden ~ 損害を補償する | Schmerzen ~ 痛みを和らげる | *js.* Zweifel ~ …の疑念を晴らす. **2** 《ｵｰｽﾄﾘｱ》(abheben) (預金を)引き出す; (abholen) (預かり所から)引き取る: einen postlagernden Brief ~ 局留め郵便を引き取る.

Be·hẹ·bung[..bʊŋ] 女 -/-en 《ふつう単数で》**1** 除去. **2** 《ｵｰｽﾄﾘｱ》(預金の)引き出し; (局留め郵便の)引き取り.

Be·hẹ·bungs·frist 女 《ｵｰｽﾄﾘｱ》(局留め郵便などの)引き取り期間.

be·hẹi·ma·ten[bəháɪma:tən] 《01》 **I** 他 (h) **1** 《*et.*^{4}》居住させる, 住みつかせる, (…に)市民権を与える; 根づかせる: Flüchtlinge ~ 亡命者に市民権を与える | Es gelang, diese Getreideart auch in Europa zu ~. この種の穀物をヨーロッパにも移植することに成功した. **2** (…の)出身地〈産地〉を決定する. **II be·hẹi·ma·tet** 過分 形 《場所を示す語句と》(…の)生まれ〈出身・産〉の; (…に)定住している: der in Berlin ~*e* Schriftsteller ベルリン出身〈在住〉の作家 | ein in Hamburg ~*es* Schiff ハンブルクを母港とする船 | Wo sind Sie ~? お国はどちらですか. [<Heimat]

be·hẹi·zen[bəháɪtsən] 《02》他 (h) 暖める, 暖房する; (炉・ストーブに)火を入れる, たく; 《工》加熱〈与熱〉する: eine Stube mit Gas 〈Öl〉 ~ 部屋をガス〈石油〉で暖房する | *et.*^{4} elektrisch ~ 《工》…を電熱で暖める.

Be·hẹi·zung[..tsʊŋ] 女 -/ beheizen すること.

Be·hẹlf[bəhɛ́lf] 男 -[e]s/-e **1 a)** 間に合わせ, 一時しのぎ; 代用品: ein notdürftiger 〈kümmerlicher〉 ~ ほんの間に合わせ. **b)** 《中部》(Vorwand) 口実: *sich*^{3} einen ~ machen 口実を設ける. **2 a)** 《法》補充証拠. **b)** 《ｵｰｽﾄﾘｱ》補助手段. ^{v}**c)** 援助. ^{v}**3** (Einwand) 《法》異議.

be·hẹl·fen*[bəhɛ́lfən] 《71》他 (h) 再帰 *sich*^{4} ~ 間に合わせる, なんとか[やりくり]する: *sich*^{4} vorübergehend mit *et.*^{3} ~ 当面…で間に合わせる | *sich*^{4} ohne *et.*^{4} ~ …なしで済ませる | *sich*^{4} zu ~ wissen 何とか切り抜けていける.

Be·hẹlfs≠an·ten·ne 女 補助アンテナ. ≠**bau** 男 -[e]s/-ten =Behelfsheim ≠**brücke** 女 (応急に架設した)仮橋. ≠**glied** 中 (Kunstglied) 義肢. ≠**heim** 中 (被災者用などの応急の)仮設住宅, バラック.

be·hẹlfs≠mä·ßig 形 間に合わせの, 応急の, 仮の, 一時しのぎの, 暫定的な: ein ~*er* Sitz 補助席 | Der Raum ist nur ~ eingerichtet. 部屋にはさしあたり必要な家具しか付いていない. ≠**wei·se** 副 応急に, 一時しのぎに, 暫定的に.

Be·hẹlfs·woh·nung 女 =Behelfsheim

be·hẹl·li·gen[bəhɛ́lɪɡən]^{2} 他 (h) (belästigen) (…に)負担〈やっかい〉をかける, (…の)邪魔をする, 煩わす, (…に)うるさく迫る: ein Mädchen ~ 女の子にしつこくする | Darf ich Sie mit einer Bitte ~? お願いしてもよろしいでしょうか. [<*mhd.* hel „matt" (◇schal)]

Be·hẹl·li·gung[..ɡʊŋ] 女 -/-en (behelligen すること. 例えば:) しつこい要求, 邪魔, 面倒, 煩わしさ.

be·hẹlmt[bəhɛ́lmt] 形 かぶと〈ヘルメット〉をかぶった. [<Helm^{1}]

be·hẹm·det[bəhɛ́mdət] 形 シャツを着た. [<Hemd]

be·hẹnd[bəhɛ́nt]^{1} 形, **be·hẹn·de** (**be·hän·de**) [..də] 形 すばやい; 巧みな, 手際のよい; 機敏〈鋭敏〉な: katzenhaft ~ 猫のようにすばしこい〈抜け目のない〉 | mit einem *behenden* Sprung さっとひと跳びして. [*mhd.*; <*ahd.* bi henti „bei der Hand"]

Be·hẹn·dig·keit (**Be·hän·dig·keit**)[..dɪçkaɪt] 女 -/ 敏捷(びんしょう), 機敏: mit ~ 敏捷に, 機敏に, すばやく.

Be·hen≠nuß[bé:ən..] 女 《植》ワサビノキの果実. ≠**öl** 中 ワサビノキの種子からとった油(潤滑油・香油などに用いる). [*pers.*－*arab.*－*span.* behén; ◇*engl.* ben]

be·hẹr·ber·gen[bəhɛ́rbɛrɡən]^{1} 他 (h) **1** 《*jn.*》泊める, 宿らせる, (…に)宿所を提供する: einen Gast bei *sich*^{3} ~ 客を自分のところに泊める. **2** 《雅》《*et.*^{4}》**a)** (…に)場所を提供する: Das ehemalige Schloß *beherbergt* jetzt ein Museum. 昔の城の中に現在博物館がある. **b)** 《比》(希望・考えなどを)抱く: Er *beherbergte* auch nicht die geringste Hoffnung in seinem Kopfe. 彼の頭の中には少しの希望もなかった.

Be·hẹr·ber·gung[..ɡʊŋ] 女 -/-en 《ふつう単数で》beherbergen すること: *jn.* um ~ bitten …に宿を請う.

be·hẹrr·schen[bəhɛ́rʃən] 《04》 **I** 他 (h) **1** 支配〈統治〉する; 制圧する, 意のままにする; 《比》占有する, (…の)心を占める: ein Land 〈ein Volk〉 ~ 国〈人民〉を統治する ‖ das Feld ~ (→Feld 2) | *seinen* Gegner ~ 《ｽﾎﾟｰﾂ》相手を圧倒する | die Lage ~ 事態を掌握する | die See 〈den Luftraum〉 ~ 《軍》制海〈制空〉権を握っている | die Szene ~ (→Szene 1 a) ‖ Das Kind 〈Die Politik〉 *beherrscht* mich. 私はその子〈政治〉のことで頭がいっぱいだ ‖ ein von der Maschine *beherrschtes* Zeitalter 機械万能の時代. **2** 制御〈抑制〉する: *seine* Leidenschaft ~ 情熱〈激情〉を抑える | *seine* Worte 〈Zunge〉 ~ 慎重にものを言う ‖ 再帰 *sich*^{4} ~ 自制する | Ich kann mich [aber] ~! 《話》私はそんなことは絶対しない. **3** マスターする, 使いこなす: ein Instrument ~ 楽器に習熟する | *seine* Rolle ~ 《劇》役をこなす | Er *beherrscht* drei Sprachen. 彼は3か国語をマスターしている | *et.*^{4} aus dem Effeff ~ (→Effeff). **4** (周囲を圧して)そびえている, 眼下に見おろしている: Die Burg *beherrscht* das Tal. 城塞が谷を威圧している ‖ die *beherrschenden* Hügel あたりを見おろす丘陵.

II be·hẹrrscht 過分 形 自制した: mit ~*er* Stimme 感情を抑えた声で | Er ist stets ~. 彼は常に控え目だ | ~ sprechen 慎重に話す.

Be·hẹrr·scher[bəhɛ́rʃər] 男 -s/- 《雅》(Herrscher) 支配〈統治〉者.

Be·hẹrrscht·heit[bəhɛ́rʃthaɪt] 女 -/ 自制.

Be·hẹrr·schung[..ʃʊŋ] 女 -/-en 《ふつう単数で》**1 a)** 支配, 制圧, 制御: die ~ des Luftraums 制空[権を握ること]. **b)** (Selbstbeherrschung) 自制: mit Fassung und ~ 冷静に落ち着いて ‖ ***seine* 〈die〉 ~ verlieren** 我を忘れる. **2** 熟達, 精通: eine gute ~ der Technik 技術のみごとな習熟[ぶり].

be·hẹr·zi·gen[bəhɛ́rtsɪɡən]^{2} 他 (h) (教えなどを)心にとめる, 守る, 肝に銘ずる: einen Rat ~ 助言に従う. [<Herz]

be·hẹr·zi·gens·wert 形 beherzigen するに値する.

Be·hẹr·zi·gung[..ɡʊŋ] 女 -/-en 《ふつう単数で》beherzigen すること: Zur ~! よく覚え〈聞い〉ておけ.

be·hẹrzt[bəhɛ́rtst] 形 勇気のある, 勇敢〈大胆〉な, 不敵な: *jn.* ~ machen …を勇気づける ‖ ~ handeln 勇敢に振舞う.

Be·hẹrzt·heit[–haɪt] 女 -/ beherzt なこと.

be·hẹ·xen[bəhɛ́ksən] 《02》他 (h) (…に)魔法〈まじない〉をかける, 呪縛(じゅばく)する; 魅惑する: Sie 〈Ihre Schönheit〉 hat die Männer völlig *behext*. 彼女〈彼女の美しさ〉は男たちの心を完全にとりこにした.

Be·hẹ·xung[..ksʊŋ] 女 -/-en 《ふつう単数で》behexen すること.

be·hielt[bəhí:lt] behalten の過去.

be·hịlf·lich[bəhílflɪç] 形 《述語的》役立つ, 助けになる: *jm.* bei *et.*^{3} ~ sein …の…を手伝う | Können Sie mir in dieser Sache ~ sein? この件で手をお貸し願えますか | Darf ich Ihnen ~ sein? 何かお手伝いいたしましょうか. [*mhd.*; ◇Hilfe]

be·hịn·dern[bəhíndərn] 《05》 **I** 他 (h) 妨害する, 妨げる, 阻む, 困難にする, (…の)邪魔をする; 《球技》(相手を)インターフェアする, 妨害する: *jn.* bei der Arbeit ~ …の仕事の邪魔をする | *jn.* im 〈am/beim〉 Laufen ~ …の走る邪魔をする | die Sicht ~ 視界をさえぎる | den Verkehr ~ 交通を妨害する | Heftiges Herzklopfen *behinderte* mich zu sprechen. 激しい動悸(どうき)のために私はよくしゃべれなかった | Die Sicht ist durch den Nebel stark *behindert*. 視界が霧のためにひどく妨げられている ‖ 再帰 *sich*^{4} 〈einander〉 in einem kleinen Raum ~ 狭いところで窮屈にしている.

☆ behindern, hindern, verhindern の違い: verhindern が「あることの実現を完全に阻止する」ことを意味するのに対し, behindern は単なる「妨害」ないし「邪魔だて」を意味する. hindern は両方の意味に用いられるが, *jn.* an *et.*³ hindern の場合は verhindern の意味であることが多い.

II be·hịn·dert 過分 形 (身体・精神などに)障害のある: ein körperlich *behindertes* Kind からだに障害のある子供, 身障児 ‖ körper*behindert* 身体に障害のある | sprach*behindert* 言語障害のある.

III Be·hịn·der·te 男 女《形容詞変化》〔心身〕障害者.

be·hịn·der·ten·ge·recht[bəhíndərtən..] 形〔心身〕障害者に適合した, 障害者向きの(施設など).

Be·hịn·der·ten·sport 男〔身体〕障害者スポーツ.

Be·hịn·de·rung[..dəruŋ] 女 -/-en 妨害, 邪魔, さしつかえ, 障害;〘球技〙インターフェア, 妨害: Körper*behinderung* 身体障害 | Ich fühle eine leichte ~ beim Gehen. 私は軽い歩行困難を感じる.

Bẹhm·lọt[bé:m..] 中 (Echolot)〘海〙音響測深器. [<A. Behm (ドイツの物理学者, †1952)]

be·họ·beln[bəhó:bəln]《06》他 (h)《*et.*⁴》(…に)かんなをかけ〔て平らにす〕る.

be·họ·ben[bəhó:bən] beheben の過去分詞; 過去 1・3 人称複数.

be·họl·fen[..hɔ́lfən] behelfen の過去分詞.

be·họr·chen[bəhɔ́rçən] 他 (h) **1**《*et.*⁴》(会話などを)立ち聞き〈盗み聞き〉する;《*jn.*》(…の話に)聞き耳をたてる: Wir werden *behorcht*. 私たちの話はだれかに聞かれている. **2**〘話〙(…に)聴診器をあてて診察する, 聴診する.

Be·hö̱r·de[bəhǿ:rdə; ｵｰｽﾄﾘｱ: ..hœ́rdə] 女 -/-n 官庁, 役所, 当局; ▽裁判所. [<behören 2; ◇gehören]

Be·hö̱r·den≠ap·pa·rạt 男《集合的に》官庁, 官僚機構. **≠deutsch** 中《軽蔑的に》お役所〈役人〉ドイツ語. **≠schrift·ver·kẹhr** 男 (官庁との)公式文書のやりとり. **≠spra̱·che** 女《軽蔑的に》お役所ことば.

be·hö̱rd·lich[bəhǿ:rtlıç] 形 官庁の, 当局の: gemäß der ~*en* Verordnung 当局の命令により ‖ *sich*³ *et.*⁴ ~ bescheinigen lassen …について役所の証明をもらう.

be·hö̱rd·li·cher·sei̱ts 副《官》当局〈役所〉側から〈で〉: Gegen den Streik wurde ~ mit aller Schärfe vorgegangen. ストライキに当局側は異常に厳しい処置をとった.

be·hö̱·ren[bəhǿ:rən] 他 (h) **1** (注意深く)聞き取る. **2** 再帰 *sich*⁴ ~ 妥当である, ふさわしい: wie sich's *behört* しかるべく, 適当に.

▽**be·hö̱·rig**[..rıç]² 形 (gehörig) 妥当な, しかるべき.

be·họst[bəhó:st] 形 **1**〘話〙ズボンをはいた. **2**〘狩〙(猛禽について)足に羽毛の生えた. [<Hose]

Bẹh·ring[bé:rıŋ] 人名 Emil von ~ エーミール フォン ベーリング(1854-1917; ドイツの細菌学者. 1901年ノーベル医学・生理学賞受賞).

▽**Be·hu̱f**[bəhú:f] 男 -〔e〕s/-e《官》(Zweck) 目的; (Erfordernis) 必要:〚つねに前置詞 zu を伴って〛**zu dem 〈diesem〉 ~〔e〕** このために | zum ~ der Armen 〈der Kindererziehung〉 貧しい人々〈子供の教育〉のために. [*mhd.*; <*mhd.* beheben „erwerben" (◇heben); ◇*engl.* behoof]

▽**be·hu̱fs**[bəhú:fs] 前《2 格支配》《官》(zwecks) …のために, …の目的で: ~ Feststellung eines Schadens 損害を確認するために.

be·hu̱ft[bəhú:ft] 形〘動〙ひづめのある: ~*e* Tiere 有蹄(ゆうてい)動物. [<Huf]

▽**be·hü̱lf·lich**[bəhʏ́lflıç] =behilflich

be·hụmp·sen[bəhʊ́mpsən]《02》 (**be·hụm·sen**[..hʊ́mzən]¹《02》) 他 (h)《東部》(betrügen)《*jn*》(ちょっとした)ぺてんにかける. [<humsen „stehlen"]

be·hü̱·ten[bəhý:tən]《01》他 (h) **1** (注意深く)守る, 保護する: ein Geheimnis 〈einen Schatz〉 ~ 秘密〈財宝〉を守る | das Haus gut ~ ちゃんと留守番をする | *Behüt'* 〔dich〕 Gott! / Gott *behüt'* dich!《南部》さようなら | 〔**Gott**〕 ***behüte!*** / Gott *behüte* mich 〔davor〕! (強い拒否を表して)とんでもない, めっそうもない, まっぴらだ ‖ *jn.* vor Gefahr³ 〈*js.* Einfluß〉 ~ …を危険から〈…を…の影響から〉守る | ein Kind 〔davor〕 ~, daß ihm etwas zustößt / ein Kind ~, daß ihm nichts zustößt 子供を危険から守る. **2**〘畜〙(牧草地に)家畜を飼う.

Be·hü̱·ter[bəhý:tər] 男 -s/- 《雅》保護者, 守り手.

be·hu̱t·sa̱m[bəhú:tza:m] 形 用心深い, 慎重な: eine ~*e* Behandlung 用心深い扱い.

Be·hu̱t·sa̱m·keit[–kaıt] 女 -/ 用心深さ, 慎重さ.

Be·hü̱·tung[bəhý:tʊŋ] 女 -/ behüten すること.

bei[baı]

> **I** 前《3 格支配》
> **1**《近接・近傍を示す》
> a)《空間的》…の近く〈近傍〉で〈の〉, …のそば〈かたわら〉で〈の〉
> ▽b)《数詞と結びついて概数を示す》おおよそ, ほぼ, 約
> c)《程度の近接を示す》**bei weitem** はるかに, けた違いに
> **2**《近接・近傍の原義を失って, 単に場所・場を示す》
> a)《空間的場所》…のところで〈に〉, …のもとで〈に〉
> b)《空間性が希薄になって, 比喩的に場を示す》…には, …においては, …については
> **3**《密着・接触を示す》
> a)《密着・接触》…に, …について〔の〕, …に接して〔の〕, …に至るまで
> b)《動作の手がかり》…によって, …でもって, …のところを〔手がかりにして〕
> c)《認識の根拠》…で〔もって〕, …によって, …からして, …をよりどころとして
> d)《誓言のよりどころ》…にかけて, …に誓って
> **4**《時間性を示す》
> a)《時点・継続的時間》…のとき〈際〉に〔は〕, …の場合に〔は〕, …〔する〕と, …と同時に; …のあいだ〔に〕, …じゅう, …しているときに
> b)《同時的な随伴現象や付帯条件》(一方で)…しながら, …しつつ, …するあいだ〈うち〉に, …の条件〔のもと〕で
> **5**《時間性が希薄になって, 条件・譲歩・原因・理由を示す》
> a)《条件》…〔である〕ならば, …のとき〔に〕は, …の場合〔に〕は
> b)《譲歩; しばしば **all** や形容詞の最上級と結びついて》…であるが, …で〔あって〕も, …〔である〕のに, …〔である〕にもかかわらず, …〔である〕とはいえ
> c)《原因・理由》…〔である〕から, …のゆえ〈ため〉に
> **6**《空間性と時間性が混在し, 参加・従事・状態を示す》
> a)《参加》…に加わって, …に参列〈同席〉して
> b)《従事》…しつつ〔ある〕, …しているところで
> c)《状態》
> ①《形態・数量》…をなして, …〔の状態・単位〕で
> ②《所有》…を持って〈備えて〉
> **II** 副

I 前《3 格支配. 古くは方向を示す時には 4 格支配もあった: →★; 定冠詞 dem と融合して beim となることがある》

1《近接・近傍を示す. ただし an と異なってふつう密着・密接の意味をもたず, neben と異なって必ずしも並列的隣接に限定されない: →an I 1 a ☆》

a)《空間的; ただし方向は示さない》…の近く〈近傍〉で〈の〉, …のそば〈かたわら〉で〈の〉: *beim* Fenster 窓のそばに〈で〉| Potsdam ~ Berlin ベルリン近郊のポツダム | die Schlacht ~ Jena イェーナ〔近く〕の戦い | der Parkplatz *beim* Rathaus 市役所のそばの駐車場 ‖ eine Telefonzelle **dicht** ~ der Volksschule 小学校のすぐわきの電話ボックス | Ich stand **nahe** ~ ihr. 私は彼女の近くに立っていた | **Gleich** *beim* Flugplatz befindet sich ein großes Hotel. 空港のすぐそばに大きなホテルがある | Der Fluß fließt unmittelbar ~ unserem Landhaus vorbei. 川はうちの別荘のすぐ近くを流れている ‖ Sie kam ~ der Brücke an und wartete auf ihn. 彼女は橋のたもとにやって来て彼の来るのを待っていた | Er setzte sich ~ der Tür hin. 彼はドアのそばに腰をおろした (→★ ii).

▽**b)**《数詞と結びついて数的近接, すなわち概数を示す: →II 1,

an I 1 c)》おおよそ, ほぼ, 約: ～ drei Jahren ほぼ3年間 | ～ Jahren 何年間も | Es waren ～ fünf Monaten her. かれこれ5か月ばかり前のことだった ‖ Der Sachschaden liegt ～ einer Million Mark. 物的損害はほぼ100万マルクにのぼる.

c) 《中性名詞化した形容詞にそえて程度の近接を示す; ふつう次の成句で》**bei weitem** 《比較級・最上級を強めて》はるかに, けた違いに, 断然 | Sie ist ～ weitem schöner. 彼女の方がずっと美人だ | Er ist ～ weitem der beste. 彼は断然一頭地を抜いている ‖ ～ weitem nicht とても…どころではない, 決して〈とうてい〉…ではない | Er ist ～ weitem nicht zufrieden. 彼はとても満足なんかしてはいない | Du hast ～ weitem noch nicht alles erfahren. まだまだ君は全部の事情を聞き知っているわけではないのだ | Ich habe ～ weitem nicht soviel Talent wie du. 私にはとうてい君ほどの才能はない ‖ **bei kleinem** 《北部》やがて, まもなく | Nun wird es ～ kleinem Zeit. もうじき時間になるぞ.

2 《近接・近傍の原義を失って, 単に場所・場を示す》 **a**) 《もっぱら空間的場所》…のところで〈に〉, …のもとで〈に〉: 〚住所・在り場所〛Er wohnt ～ meiner Tante. 彼は私のおばのところに同居〈止宿〉している | Sie ist heute ～ ihrem älteren Bruder. 彼女はきょうは彼女の兄さんのところに行っているよ | Ich werde ～ meinem Freund auf Sie warten. 友達のところでお待ちしています | Ich habe meine Visitenkarte ～ ihm hinterlassen. 私は(彼が不在だったので)彼のところに名刺を置いてきた | Wollen Sie ～ uns zu Mittag essen? 私どものところで昼食を食べ〔て行き〕ませんか | *Bei* uns 〔zu Hause〕 ist das üblich. 我々のところ〈家・国〉ではそうするのが普通〈ならわし〉です | ～ uns zu Lande 私たちの国で〔は〕 | Du warst lange nicht ～ mir. 久しぶりだね, ずいぶん来なかったじゃないか | Wir sind ～ ihm eingeladen. 私たちは彼のところに招待されています | Herrn A. Schmidt ～ Frau Maurer (郵便物のあて名)マウラー夫人方〈気付〉 A. シュミット様 | ～ *jm.* anklopfen …のもとを訪れる, …の家に立ち寄る; 《比》…の意向を打診する | ～ Müllers vorsprechen (所用で)ミュラー家を訪問する | den Mantel ～ der Garderobe abgeben コートを携帯品預かり所〈クローク〉に預ける | *Bei* Hofe war es Brauch. 宮廷ではそれがしきたり〈ならわし〉だった ‖ 〚unter, zwischen に似た意味で〛 Er hat einige Jahre 〔lang〕 ～ den Eskimos gelebt. 彼は数年間エスキモーのところ〈あいだ〉で暮らした | Sie war auch ～ den Demonstranten. 彼女もデモ隊に加わっていた | Der Brief lag ～ meinen Papieren. その手紙は私の書類にまぎれ込んでいた.

‖ 〚店舗・勤務先〛 Ich mußte *beim* Friseur 〈Metzger〉 warten. 私は理髪店〈肉屋〉で待たされた | verlegt 〈erschienen〉 ～ Max Niemeyer マクス ニーマイヤー社発行(の本) | Das Buch ist ～ allen Buchhändlern zu haben. その本だったらどこの本屋でも手に入る〈買える〉 | Er hat ein Konto ～ der Bank. 彼は銀行に口座を持っている | *et.*[4] ～ einer Firma bestellen …をある会社に注文する ‖ Er ist ～ der Eisenbahn 〈der Post〉 〔angestellt〕. 彼は鉄道〈郵便局〉に勤めている | ～ der Marine 〈der Luftwaffe〉 dienen 海軍〈空軍〉勤務である | *Bei* wem arbeiten Sie? だれのところで働いているんですか | ～ *jm.* im Dienste stehen …のところに奉公して〈勤めて〉いる | ～ *jm.* in die Schule gehen …のもとに入門〈弟子入り〉する, のもとで学ぶ | Offizier *beim* Generalstab 参謀本部付き士官 | Botschafter *beim* Vatikan バチカン駐在大使.

‖ 〚出典・出所〛 Das steht 〈findet sich[4]〉 ～ Heine. それはハイネの著作に出ている | Das Wort kommt ～ Schiller vor. この語はシラーの作品に出てくる〈シラーが使っている〉 | *Bei* Hesse kann man das lesen. そのことはヘッセが書いている | wie es ～ Goethe heißt ゲーテが言って〈書いて〉いるように, ゲーテの言によれば.

‖ 〚bei *sich*[3] の形で〛 Hast du Geld ～ dir? 金の持ち合わせがあるかい | Ich hatte den Führerschein nicht ～ mir. 私は運転免許証を持ち合わせていなかった | Er hatte einen Begleiter ～ sich. 彼は供を一人連れていた, 彼には同行者が一人ついていた | Tragen Sie Ihr Feuerzeug immer ～ sich? いつもライターを持っているんですか.

‖ 〚成句的に〛 *et.*[4] **bei der Hand** haben …を手元に持っている〈持ち合わせている〉 | Hast du das Messer ～ der Hand? 例のナイフ手元にあるかい | mit *et.*[3] schnell 〈rasch〉 ～ der Hand sein すぐ…を言い出す | *Bei* der abstrakten Malerei ist er mit einem negativen Urteil schnell ～ der Hand. 抽象絵画のこととなると彼はすぐこきおろす〈けちをつける〉 | **bei der Stange** bleiben がんばる, ねばる, あきらめない; 本筋を離れない | Ich blieb ～ der Stange und lernte weiter Deutsch. 私は頑張ってドイツ語を勉強し続けた | *jn.* ～ der Stange halten …に(やりかけたことを)やり通させる, …に耐えぬく〈がんばり通す〉よう激励する, …を最後までがんばらせる.

b) 《空間性が希薄になって, もっぱら比喩的に場を示す》…には, …では, …のもとに〈で〉は, …において〈あって〉は, …については, …に関していえば: *Bei* Gott ist kein Ding unmöglich. 《諺》神には不可能なことはない | *Bei* der Herrenkleidung sind jetzt enge Hosen Mode. 紳士服では細いズボンがいま流行だ | *Bei* Katholiken ist das anders. カトリック教徒〔の場合〕は違う | So war es auch ～ mir. / Das Gleiche war ～ mir der Fall. 私も同じ〈同様〉だった | Es ist die Regel ～ ihm. それは彼のおきまり〈いつもの癖〉だ | ～ *jm.* angesehen 〈beliebt〉 sein …に重んじられて〈気に入られて〉いる.

‖ 〚成句的に〛 Er ist ～ seinem Lehrer gut 〈schlecht〉 angeschrieben. 彼は先生に受けがいい〈悪い〉 | Sei ～ der Sache! 〔それに〕専念しろ, 熱心に〈打ち込んで〉やれ | Er ist nicht ～ der Sache. 彼はうわの空〈心ここにあらず〉だ | *Bei* mir nicht! 私は真っ平〈願い下げ〉だ, 冗談じゃないよ, 問題にならん | *Bei* ihm piept's wohl? / *Bei* dem ist wohl eine Schranke los? 《話》あいつ頭が変〈どこかずっこけているん〉じゃないかな | Man weiß nie, woran man ～ ihm ist. 彼がどう出てくる〈反応する〉かとんとわからない.

‖ 〚種々の動詞と〛 ～ *jm.* wegen *et.*[2] **anfragen** …に …のことで〈を〉尋ねる | *sich*[4] ～ *jm.* über *et.*[4] **beschweren** …に…のことで苦情を申し入れる〈不平を訴える〉 | Er **bleibt** ～ seiner Behauptung. 彼は自分の主張を変えない〈固執する〉 | Es bleibt ～ unserer Verabredung. 我々の取り決め〈申し合わせ〉に変更はない | Es bleibt alles *beim* alten. 万事元どおり〈旧態依然〉だ | alles *beim* alten bleiben lassen すべてを元のままに〈そっと〉しておく | *sich*[4] ～ *jm.* für *et.*[4] **entschuldigen** …に…〔のこと〕をわびる〈謝る〉 | *sich*[4] ～ *jm.* nach *et.*[3] 〈*jm.*〉 **erkundigen** …に…〔のこと〕を問い合わせる | *Bei* solch einem Mann kann man das nicht **erwarten.** こんな男にそういうことは期待できない | *Bei* diesem Wort fehlt ein Buchstabe. この語のスペルには字母が一つ欠落している | *Bei* Ärzten **findet** man diese Ansicht häufig. 医者にはこういう見解を持つ人がよく見られる | ～ *jm.* etwas **gelten** …に多少重んじられている〈顔がきく〉 | *Bei* wem **haben** 〈**nehmen**〉 Sie Unterricht? だれに習っているんですか | ～ Professor Müller 〔Vorlesungen〕 **hören** ミュラー教授の講義を聴く | Die Entscheidung **liegt** ～ mir. 決定するのは私だ, 決定権は私にある | *Bei* ihnen darf man nicht **nachgeben.** あいつらには弱腰ではだめ〈譲歩は禁物〉だ | *Bei* den alten Griechen **stand** die Kunst in hohem Ansehen. 古代ギリシア人は芸術をたいへん重んじていた | Was nun werden soll, das steht ～ Gott. これからどうなるかは神様の御心(ᵃᵏᵘ)〈おぼしめし〉次第だ | **Kommt** das oft ～ ihm **vor**? 彼にはよくそんなことがあるのかね, 彼はよくそんなまねをするのかね.

‖ 〚bei *sich*[3] の形で〛 **nicht** 〔**ganz**〕 **～** ***sich***[3] **sein** 正気でない, ぼんやりしている | Du bist nicht ganz ～ dir. 君ぼんやりしているぞ〈どうかしてるぞ〉 | Bist du wieder ～ dir? 正気に戻ったかい | ～ *sich*[3] denken 〈überlegen〉 ひとり〔心中〕考える〈熟慮する〉 | Er brummte ～ sich etwas Unverständliches. 彼はひとりわけの分からないことをつぶやいていた | ein Geheimnis ～ *sich*[3] behalten 秘密を胸に秘めておく.

3 《密着・接触を示す. an で言い換えられる場合が多い: →an I 1, 5》 **a**) 《密着・接触》…に, …について〔の〕, …に接して〔の〕, …に至るまで: Haben Sie nichts Ungewöhnliches ～ ihm bemerkt? 彼に変わった点を認めなかったかね | Das Unangenehme ～ dieser Angelegenheit ist, daß ... こ

の件の不快な点は…である.
‖〖bis auf と似た意味で〗～ einem umkommen ひとり残らず命を落とす｜Es trifft ～ einem Haar〔e〕zu.（寸分の狂いもなく）みごとに的中だ｜Ich habe alles ～ einem Heller verspendiert. 私は有り金全部はたいてしまった｜*jn.*〈*et.*[4]〉～ Heller und Pfennig bezahlen …に〈…の代金を〉きれいさっぱり支払う.
‖〖同一名詞を結びつけて〗Hier steht Haus ～ Haus. この辺は家がびっしり立ち並んでいる｜Wir standen Kopf ～ Kopf. 私たちは目白押しに並んでいた｜Sie näherten sich Paar ～ Paar. 彼らは二人ずつ組になって近づいてきた｜Schar ～ Schar 幾つもの群れをなして｜Seite ～ Seite 肩を並べて, 平行〈雁行(がんこう)〉して｜Stufe ～ Stufe 一段また一段〔と〕｜Tropfen ～ Tropfen 一滴また一滴, 一滴ずつ.
b）《密着の意味から転じて動作の手がかり: →an I 5 a)》…によって, …でもって, …のところを〔手がかりにして〕: *jn.* ～ den Haaren ergreifen …の髪の毛をつかむ｜ein Kind ～ der Hand nehmen 子供の手を取る｜einen Topf *beim* Henkel anfassen 深なべの取っ手をつかむ｜*jn.* ～ der Schulter 〈*beim* Kragen〉 packen …の肩〈襟首〉をつかむ ‖ *jn.* ～〔*m*〕〈～ *seinem*〉 Namen nennen 〈rufen〉 …の名を呼ぶ.
‖〖成句的に〗die Gelegenheit *beim* Schopf〔e〕fassen 〈ergreifen〉 ここぞとばかりにチャンスを利用する｜Nennen wir doch das Kind 〈die Sache〉 *beim*〔rechten〕Namen! ざっくばらんに話そう, 忌憚(きたん)なく言えばだ｜*jn. beim* Wort nehmen i) …の言葉を額面どおり受け取る〈信用する〉; ii) …の言葉じりを捕らえる〈言質をとる〉, …に約束の履行を求める｜Sie können mich *beim* Wort nehmen, daß diese Äpfel ganz frisch sind. 正真正銘まちがいなく これらのリンゴはとびきり新鮮です｜Er hat es mir versprochen, und ich werde ihn *beim* Wort nehmen. 彼はその事を私に約束したんだ 知らないなんて言わせないよ.
c）《認識の根拠: →an I 5 b)》…で〔もって〕, …によって, …からして, …をよりどころとして: *jn.*〈*et.*[4]〉～ *et.*[3] erkennen 〈merken〉 …〔であること〕を…で認める〈気づく〉｜Ich kenne ihn ～ seinen roten Haaren. 彼のことは髪の毛が赤いので覚えて〈見知って〉います.
d）《誓言のよりどころ》…にかけて, …に誓って: *Bei* Gott 〔dem Allmächtigen und Allwissenden〕! 〔全知全能の〕神にかけて〈誓って〉｜*Beim* Himmel 〈*Bei* Gott〉, das ist wahr. 神かけてうそ偽りはない｜*et.*[4] ～ *seiner* Ehre schwören …を〔名誉にかけて〕かたく誓う｜Ich beschwöre Sie ～ allem, was heilig ist, tun Sie es nicht! 後生一生のお願いだからそんなことはしないでください｜*Bei* meiner Treue 〈meiner armen Seele〉! / *Bei* meinem Eid! 誓って, 断じて, 絶対に｜〔*jm.*〕*et.*[4] *beim* Andenken *seiner* Mutter geloben 〔…に〕…を（亡き母に誓って）固く約束する｜*Beim* Barte des Propheten! （おどけて）八百万(やおよろず)の神〈天地神明〉に誓って.

☆ d の bei は, 元来 bei Gott が「神のいますところで」「神の御前(みまえ)で」という意味で, もともとは 2 a に属する.

4《時間性を示す》**a**）《時点・継続的時間: →mit I 3》…のとき〈際〉に〔は〕, …の場合に〔は〕, …〔する〕と, …と同時〈とも〉に; …のあいだ〔に〕, …じゅう, …しているときに: 〖時点; ふつう動作名詞と〗～ der Abfahrt des Zuges 列車が出発するとき｜～ meiner Ankunft 〈Abreise〉 私が到着する〈旅立つ〉とき｜Vorsicht *beim* Aussteigen! 下車の際にはご注意ください｜*beim* ersten Anblick ひと目見ると〈見たとき〉｜～ Beginn 〈Ende〉 des Konzertes 音楽会が始まる〈終わる〉と｜～ (=mit dem) Einbruch der Dunkelheit 夕やみが訪れると〔ともに〕｜*beim* 〈～ *seinem*〉 Erwachen 目が覚めると｜Er erzählt die Geschichte ～ jeder Gelegenheit. 彼はあらゆる機会に〈何かというと〉その話をする｜～ Gelegenheit ついでの折に, 機会があれば〈あり次第〉｜～ nächster 〈passender〉 Gelegenheit 次の〈しかるべき〉機会に｜～ einem Luftangriff 空襲の際｜～ dieser Nachricht こう報告したとき, この報告を聞いて｜zahlbar ～ Sicht〖商〗一覧払い〔の〕｜～ Sonnenaufgang 日の出とともに, 日が昇ったとき｜～ Tagesanbruch 夜が明けると, 明け方に｜～ jeder Witterung どんな天気でも, 晴雨にかかわらず ‖ Der Ballon wurde ～ 1 500 Meter angehalten. 1500メートルのところで気球を停止させた.
‖〖継続的時間〗～ meinem Aufenthalt in Deutschland 私がドイツに滞在していたとき｜*beim* Essen 食事の際, 食事中に｜Es war noch ～ Lebzeiten meines Vaters. 〔それは〕私の父がまだ存命中のことだった｜～ Nacht 〈Tage〉 夜間〈昼間〉に｜～ Nacht und Nebel 夜陰に乗じて｜～ hellem Tag 日中, まっぴるま｜Er dachte ～ Tag und 〔～〕 Nacht an sie. 彼は夜も昼も彼女のことを思っていた.
b）《同時的な随伴現象や付帯条件》（一方で）…しながら, …しつつ, …するとともに, …するあいだ〈うち〉に, …したまま, …するなかを, …を伴って, …の条件〔のもと〕で: *sich*[4] ～ einem Glas Bier unterhalten ビールを飲みながら談笑する｜～ offenem 〈geöffnetem〉 Fenster schlafen 窓を開けたまま眠〔ってい〕る｜～ Gaslicht arbeiten ガス灯の明かりで仕事をする｜～ Kerzenlicht essen ろうそくをともして食事をする｜nur ～ rotem Licht zu entwickeln （注意書の文句で）必ず赤ランプをつけて現像すること｜～ Licht〔e〕besehen 〈betrachtet〉《比》よく調べてみると｜～ Regen 〈Nebel〉 fahren 雨〈霧〉の中を車で行く｜Ich sah sie *beim* schwachen Schein des Mondes. 私はかすかな月明かり〔の中〕で彼女の姿を認めた｜～ (=mit) aufgehender Sonne《話》日の出とともに｜～ Sonnenschein 陽光のもとで｜～ verschlossener Tür ドアを閉め切ったまま〔で〕｜～ diesen Worten こう言いながら〈言うと〉｜～ einer Zigarette erzählen 〔巻き〕タバコをふかしながら話す｜Das Betreten dieses Grundstücks ist ～ Strafe 〈～ einer Strafe von 20 Mark〉 verboten. 禁を犯してこの土地に立ち入るときは処罰される〈20マルクの罰金を科される〉｜*bei*leibe ... nicht 決して〈断じて〉…でない.
5《時間性が希薄になって, 条件・譲歩・原因・理由を示す》**a**）《条件》…〔である〕ならば, …のとき〔に〕は, …の場合〈際〉〔に〕は: ～ näherer Bekanntschaft 〈Betrachtung〉 よく付き合って〈考察して〉みると｜*Bei* hohem Fieber kann dieses Mittel nicht angewandt werden. 高熱の時にはこの薬を服用してはならない｜*Bei* Glatteis muß 〔die Straße〕 gestreut werden. 凍って道がすべるときは砂（または塩など）をまかなければならない｜*Bei* rotem Licht hierhalten! （交通標識などで）赤ランプのときはここで停止すること｜*Bei* dieser Präposition steht der Dativ. この前置詞の場合は 3 格が用いられる｜*Bei* Regen bleiben wir zu Hause. 雨だったら私たちは家におります｜～ reichlicher 〈flüchtiger〉 Überlegung じっくり〈ちょっと〉考えてみると｜*Bei* schönem Wetter gehe ich spazieren. 私は天気がよければ散歩に行く（→c）｜～ günstiger Witterung 天気がよければ, 好天に恵まれれば｜～ näherem Zusehen よく見ると.
b）《譲歩; しばしば **all** や形容詞の最上級と結びついて》…であるが〈けれども〉, …で〔あって〕も, …〔である〕のに, …〔である〕にもかかわらず, …〔である〕とはいえ〈としても〉: *Bei* all〔en〕seinen Fehlern ist er ein tüchtiger Staatsmann. 彼はいろいろ欠点はあるが有能な政治家だ｜*Bei* aller Freundschaft muß ich dir das sagen 〈geht das zu weit〉. いくら友人同士でもこのことは君に言わないわけにはいかない〈それは行き過ぎだ〉｜*Bei* all seinem Reichtum ist er nicht glücklich. 彼はあれほどの財産家なのに幸福ではない｜Ich konnte ihm *beim* besten Willen nicht helfen. 助けたいのはやまやまだったが 私には彼を助けてやることができなかった｜Das ist *beim* 〈～ dem〉 besten Willen unmöglich. いくらその気になってもそれは不可能だ｜*Bei* so starkem Wind ist sie 〔doch〕 spazierengegangen. こんなに風が強いのに彼女は散歩に行った｜*Bei* seinem großen Wissen ist er dennoch ohne wirkliche Bildung. 彼は知識は豊富だが〔それにしても〕本当の教養を持っていない ‖ ～ all〔e〕dem / ～ allem dem / ～ dem allem そうした事情にもかかわらず, それでも, それなのに.
c）《原因・理由; 定冠詞や指示代名詞などと結びつくことが多い》…〔である〕から〈ので〉, …のゆえ〈ため〉に: *Bei* dieser Hitze muß alles verdorren. この暑さでは何もかもからからになって〈枯れて〉しまう｜*Bei* solcher Unordnung kann man nichts finden. こう乱雑じゃ何ひとつ見つからない｜*Bei* dem schönen Wetter gehe ich spazieren. 〔こんなに〕天気がよいから〈ので〉私は散歩に行く（→a）｜*Bei* einem solchen

Wind wird das Feuer um sich greifen. この風だから〈では〉火の手は広がるだろう ‖ *Bei* seiner Erkältung sollte er lieber daheim bleiben. 彼はかぜをひいているから家にいるほうがいいんじゃないかな.

6《空間性と時間性が多かれ少なかれ混在して, 参加・従事・状態を示す》**a)**《参加》…に加わって, …に参列〈列席・同席〉して: Waren Sie gestern ～ der Beerdigung? 昨日お葬式に参列しましたか | Viele Gäste waren ～ seiner Hochzeit. 彼の結婚式には大勢の来賓が列席した | *beim* Gottesdienst sein (教会の)礼拝に加わる | ～ der Aufführung eines Dramas mitwirken ドラマの上演に(参加して)協力する.

b)《従事》…しつつ〔ある〕, …しているところで:〖動作名詞と〗*beim* Ankleiden 〈Frühstücken〉 sein 服を着て〈朝食をとって〉いるところである | *beim* Packen 〈～ den Reisevorbereitungen〉 sein 荷造り〈旅行の準備〉をしているところである | *beim* Trinken sein 飲酒中である | *beim* Waschen sein 洗濯をしているところである | Er war gerade ～ der Arbeit. 彼はちょうど仕事〈執務〉中だった | *beim* Trinken sitzen 〔座って〕酒を飲んでいるところである | *jm.* ～ der Arbeit helfen …の仕事を助ける ‖〖具象名詞と〗Sie saß ～ ihrem Pullover. 彼女は〔座って〕プルオーバーを編んでいた | ～ Tisch〔e〕 sein 〈sitzen〉 食事中である, 食卓についている | ～ Wasser und Brot sitzen《比》とらわれ〈虜囚〉の身である, 刑務所に入っている ‖ *sich*^{4} ～ einer Zigarette 〈einem Glas Bier〉 unterhalten タバコをふかし〈ビールを飲み〉ながら談笑する.

c)《状態》①《形態・数量の状態; 複数の名詞・数詞と結びつき, 副詞句として》…をなして, …〔の状態・単位〕で: *et.*^{4} ～ Fässern verkaufen …を樽(たる)で売る | ～ Paaren 対をなして, 組になって, ペアで | *et.*^{4} ～ Pfunden einkaufen …をポンド単位で購入する | ～ Scharen 〈Haufen〉 fliehen 群れをなして逃げる | ～ Tausenden 〈zweien〉 幾千となく〈二人・二つずつで〉| *et.*^{4} ～ Tropfen trinken …をちびちび〈一滴ずつ〉飲む.

②《所有の状態》…を持って〈備えて〉〔いる状態で〕: ～ Besinnung 〈Bewußtsein〉〔sein〕正気で〔ある〕| ～ Gelde sein たんまり金を持っている, 懐があったかい | knapp ～ Gelde sein 金に困っている | ～ guter Gesundheit sein 健康状態が良好である | ～ guter Laune sein 上機嫌である | ～ Jahren sein 年配〈老齢〉である | gut 〈schlecht〉 ～ Kasse sein 金回りがいい〈悪い〉| wieder ～ Kräften sein また元気になる, 元気を取り戻す | ▽*beim* Leben sein 存命である(＝am Leben sein) | nicht ～ Sinnen sein 正気でない, 気がふれている | Der Tenor ist heute nicht ～ Stimme. あのテナー歌手はきょうは声が変だ〈出ない〉| Du bist nicht 〔recht〕 ～ Trost〔e〕.《話》君は正気じゃない〈頭が変だ〉ぞ | nicht ～ Verstand〔e〕 sein 正気でない, 頭がおかしい ‖ Ich habe ihn ～ bester Gesundheit getroffen. 彼に会ったところ至極元気だったよ.

★ bei と 4 格支配

i) bei は中高ドイツ語では 3・4 格支配の前置詞であったために, 18世紀初頭までは, 方向を示すときに 4 格を支配している例が見られ, 今日でも方言, 特に北ドイツの口語ではこうした用法が見られる: Petrus setzte sich ～ die Knechte. ペテロは下役どものそばに座った(ルター訳聖書: マタ26,58) | Ich bitte mich ～ Sie zu Gaste. 貴宅に参上いたしたいのですが (Goethe の手紙) | Er kam auf hundert Schritt *bei's* Schloß. 彼は城館に百歩のところまで来た ‖ Kommt ～ mich!《北部》私の家〈ところ〉へおいで(＝Kommt zu mir!) | Setze dich ～ das Feuer!《北部》火のそばへお座り.

ii) 今日の標準語では, bei は 3 格支配の前置詞であり, 方向を示さない. それゆえ Er setzte sich ～ mir.(彼は私のそばに座った)は正しくない. しかし Er setzte sich ～ mir hin 〈nieder〉. は正しい. hin, nieder が方向を示し, bei によってその運動の行われる場所が示されるからである(→an I 1 a ☆).

iii) 今日の標準語で古い 4 格支配の bei が見られるのは次の成句においてだけである: Gewehr ～ Fuß! 立て銃(つつ)(号令) | Die Soldaten setzten das Gewehr ～ Fuß. 兵士たちは立て銃をした(ただし, 次の bei は 3 格支配である: Sie standen Gewehr ～ Fuß. 彼らは銃を立てて立っていた).

beiseite (＜bei Seite) における bei もこの種の 4 格支配だったものである: *jn.* *bei*seite nehmen (密談のために)…をわきへ連れ出す | Scherz *bei*seite 冗談はさておき.

II 副 ▽**1**《概数を示す: →I 1 b》おおよそ, 約, ほぼ, …ほど, …ばかり: ～ drei Jahre ほぼ 3 年間 | ～ 200 Mark 約200マルク | Es waren ～ 1 000 Mann 〈Bürger〉 versammelt. 1000人ばかりの人〈市民〉が集まっていた | ～ sechs Fuß lang 長さ約 6 フィート | Es ist ～ fünfe. 5 時近くだ.

2《北部》《dabei, wobei などが da ... bei, wo ... bei などと分かれた形で》: Da bin ich ～. 今ちょうどそれをしているところだ | Hier hat sie ～ gelacht. そこのところで彼女は笑った.

[*germ.*; ◇be..; *engl.* by]

bei..《つねにアクセントをもつ》**1**《分離動詞の前つづりとして「付加・助力・同席」などを意味する》: *bei*fügen 添付する | *bei*stehen 援助する | *bei*wohnen 出席する. **2**《名詞などにつけて「付加・助力・副次的」などを意味する》: *Bei*blatt 付録 | *Bei*fahrer 運転助手.

..bei[..baɪ]《前置詞・副詞などにつけて「近接・付加」などを意味する副詞をつくる》: vor*bei* (空間的に)そばを通りすぎて; (時間的に)過ぎて | her*bei* こちらに近づいて | hier*bei* この際 | neben*bei* ついでに | an*bei* 添えて.

Bei[baɪ] 男 -s/-e(-s) バイ, ベク (Efendi と Pascha の中間に位するトルコの高官の称号. しばしば名前のあとにつけられた. 例 Ali Bei). [*türk.* „Herr"; ◇*engl.* bey]

bei|be·hal·ten*[báɪbəhaltən]《65》他 (h) **1** (習慣・伝統などを)維持〈保持〉する; (テンポを)持続する; (艦船を)保有する; (計画を)続ける, 固執する: eine ablehnende Haltung ～ 拒否的な態度を維持する〈変えない〉| nach der Heirat den Mädchennamen ～ (女性が)結婚後も姓を変えない.

▽**2**《*jn.*》(…を)雇っておく, (…の)面倒をみる.

Bei·be·hal·tung[..tʊŋ] 女 -/ 維持, 保持: die ～ der geltenden Verfassung 現行憲法の保持.

bei|bie·gen*[báɪbi:gən][1]《16》**I** 他 (h) **1**《話》(beibringen)《*jm.* *et.*^{4}》覚えこませる; (いやなことを)言葉巧みに言う〈知らせる〉: *sich*^{3} *et.*^{4} ～ …を覚えこむ. ▽**2** (beifügen) (手紙などを添える). **II** 自 (h)〖海〗＝beidrehen I 1

Bei·blatt[báɪblat] 中 -〔e〕s/..blätter[..blɛtər] (新聞・雑誌の)折り込み, 付録.

bei|blei·ben*[báɪblaɪbən][1]《21》自 (s)《北部》そのままである; そのまま続ける; 途絶えないようにする.

Bei·boot[báɪbo:t] 中 -〔e〕s/-e〖海〗(本船付属の)小ボート, 救命艇, はしけ;〖軍〗艦載艇.

Bei·bre·che[báɪbrɛçə] 女 -/-n〖坑〗副産物としての有用鉱物.

bei|brin·gen*[báɪbrɪŋən]《26》他 (h) **1**《*jm.* *et.*^{4}》**a)** (巧みに・かみ砕いて)教える, 覚えこませる; 吹き込む: *jm.* Benehmen 〈das Windsurfen〉 ～ …に行儀〈ウインドサーフィン〉を教える | *jm.* die Flötentöne ～ (→Flötenton) | *jm.* Furcht ～ …に恐怖心を植えつける | Dir werde ich's schon 〔noch〕 ～! きっと君に思い知らせてやるぞ. **b)** (凶報などを)それとなく知らせる, 配慮しつつ伝える: *jm.* die Wahrheit ～ …にうまく真相を知らせる. **2**《*jm.* *et.*^{4}》(被害などを)与える, 被らせる: ▽*jm.* Gift ～ …に毒を盛る | dem Feind eine Niederlage ～《雅》敵を撃破する | *jm.* eine Wunde ～ …に傷を負わせる. **3 a)** (heranziehen) 引き合いに出す, 持ち出す; (beschaffen) 調達する: ein ärztliches Attest ～ 診断書を提出する | Beweise 〈Gründe〉 ～ 証拠〈理由〉を挙げる | Geld ～ 金を調達する | Zeugen ～ 証人を立てる〈連れて来る〉. ▽**b)** (beweisen) 立証する.

Bei·brin·gung[báɪbrɪŋʊŋ] 女 -/-en《ふつう単数で》(beibringen すること. 特に:)〖法〗提示, 提出.

Beich·te[báɪçtə] 女 -/-n (南部: **Beicht**[baɪçt] 女 -/-en)〖宗〗告解, ざんげ, (罪の)告白: die ～ ablegen《雅》告解する(＝beichten);《戯》告白する, 打ち明ける | *jm.* die ～ abnehmen …の告解を聞く | ～ hören 〈sitzen〉(聖職者が)告解場についている, 告解を聞いている ‖ zur ～ gehen 告解しに行く. [*ahd.* bi jiht; ＜*ahd.* jehan „sagen"

（◇Gicht²）］

beich·ten［báiçtən］⦅01⦆ 他（h）**1**〖宗〗告解(ざんげ)する: *seine* Sünde ～ 罪を告解する ‖〖目的語なしで〗bei *jm.* ～ …に告解を聞いてもらう | ～ gehen 告解に行く. **2** 打ち明ける: *jm. seinen* Kummer ～ …に悩みを打ち明ける.

Beicht≈for·mel 女〖カトリック〗告解の順序〈方式〉; (元来は司祭が告解者に提示する)罪の個条. **≈ge·heim·nis** 中〖カトリック〗**1** (聴罪司祭の)告解の秘密厳守の義務. **2** 告解の秘密〈内容〉. **≈geld** 中〖カトリック〗告解の謝礼.

beicht|hö·ren 自（h）⦅オーストリア⦆告解を聞く, 聴罪する.

ᵛ**Beich·ti·ger**［báiçtigər］男 -s/- ＝Beichtvater

Beicht·kind［báiçt..］中, **Beicht·ling**［..lɪŋ］男 -s/-e (↔Beichtvater)〖カトリック〗告解者.

Beicht≈sie·gel［báiçt..］中 ＝Beichtgeheimnis 1 **≈spie·gel** 男〖カトリック〗(告解者があらかじめ自省するための)良心究明のしおり, 告解心得書. **≈stuhl** 男〖カトリック〗告解場(3室からなり, 中央に聴罪司祭, 両端に告解者が入る: →図). **≈va·ter** 男 (↔Beichtkind)〖カトリック〗聴罪司祭. **≈zet·tel** 男〖カトリック〗**1** 告解証明書. **2** (信者の)罪の一覧表〈リスト〉. **3** ⦅オーストリア⦆⦅話⦆ wie ein ～ 骨と皮にやせた.

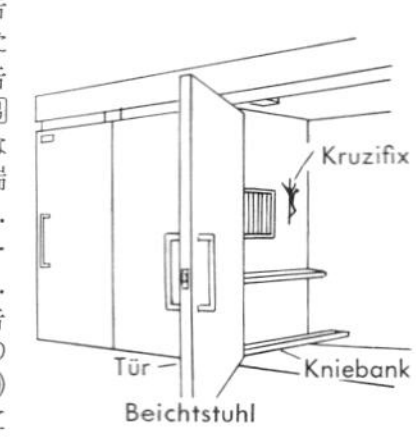

Beichtstuhl

beid≈ar·mig［báit|armɪç］² 形 **1** 両腕を用いた. **2** 両腕ききの. **≈äu·gig**［..|ɔʏgɪç］² 形 (binokular)〖光〗両眼の, 両眼を用いた: ～*es* Sehen 双眼視〔力〕. **≈bei·nig**［..baɪnɪç］² 形 **1** 両脚を用いた: ～*er* Absprung〖体操〗両脚跳び. **2** 両脚ききの.

bei·de［báidə］⦅不定代名詞・数詞: 語尾変化はふつう形容詞に準じるが, 後続する形容詞はふつう弱変化; またアクセントをもつ場合は「そろって・両方とも」の意となり, 無冠詞のことが多い⦆ **1** ⦅付加語的⦆(英: *both*) **a)** (2個が対となった)両方〈双方〉の, 両者の; 両方がそろった, 両方が同時の:〖冠詞類を伴って〗die ～*n* Amerika 南北両アメリカ大陸 | die ～*n* Brüder 兄と弟 | die ～*n* Freunde 〈Feinde〉 仲良し同士〈敵同士〉の二人 | auf keiner der ～*n* Seiten der Straße 道路のいずれの側にも…ない ‖〖冠詞類を伴わずに〗Er ist auf ～*n* Augen blind. 彼は両眼とも失明している | mit ～*n* Beinen auf der Erde stehen 両足とも大地にしっかりとつけている | Ich habe ～ Eltern verloren. 私は両親とも失った | Ich habe mir ～ Füße erfroren. 私は両足〔先〕とも凍傷にかかっている | Ich habe ～ Hände voll. 私は両手ともふさがっている | mit ～*n* Händen 両手を使って | *Beide* Schuhe sind kaputt. 靴は左右両方ともそろって壊れている(＝Die Schuhe sind ～ kaputt.: →2) | Auf ～*n* Seiten der Straße stehen Hochhäuser. 道の両側とも高層ビルが建っている.

b) (すでに述べた)この2個の, この二つ〈二人〉の, 両者の, 2個いっしょの, 二人連れの; この二つ〈二人〉ともそろっての, 両者ともの, 二人ともの:〖冠詞類・人称代名詞を伴って〗Die ～*n* Dreiecke sind flächengleich. この二つの三角形は面積が等しい | Ich habe den ～*n* Fremden den Weg gezeigt. 私はこの二人連れのよその人に道を教えてやった | die ～*n* Schuhe i) この2足の靴; ii) この左右の靴(→a) | die ～*n* ersten Strophen zweier Gedichte 二つの詩のそれぞれの第1節 | die ersten ～*n* Strophen 詩の第1節と第2節 ‖ unsere ～*n* Väter i) 私たち二人のそれぞれの父親; ii) わが家の二人の父親 | wir ～*n* jungen Leute 私たち若い二人 | Euch ～ unartigen Kinder kann ich nicht mitnehmen. お前たちお行儀の悪い二人は連れて行くわけにはいかない ‖〖冠詞類を伴わずに〗*Beide* Brüder sind krank. 兄と弟とは二人ともそろって病気である(＝Die Brüder sind ～ krank.: →2) | *Beide*〔Bücher〕sind in Leder gebunden. 本は2冊とも革装です | ～ kleinen Kinder 幼い子供の二人とも | ～ Male⁴ 2回とも | Sie können ～ Straßen nehmen. この二つのどちらの道を通ってもかまいません | *Beide* Tage passen mir. 私はどちらの日でもかまいません | Bei diesem Unfall wurden ～ Teile für schuldig befunden. この事故では当事者の双方ともに責任があることが解明された.

2 ⦅名詞的: 人称代名詞に同格でそえられるときは強変化の方が多い⦆両方, 両者, 双方, 二つ〈二人〉とも:〖冠詞類を伴って〗Ich habe die ～*n* gestern gesehen. 私は二人をきのう見かけた | Die ～*n* gefallen mir am besten. この二人〈二つ〉が最も私の気にいっている | die Frauen der ～*n* この両人の妻たち | die Unterredung der ～*n* 両者の話し合い | jeder von〔den〕～*n* 二人のうちのいずれもが | Fernseher und Kühlschrank－diese ～*n* gelten als Wohlstandssymbole. テレビと冷蔵庫は裕福のシンボルと見なされている ‖〖人称代名詞などと同格的に〗wir 〈ihr〉 ～〔*n*〕私たち〈君たち〉二人 | wir zwei ～〔*n*〕私たち両名 | Das ist unser ～*r* Glück. それは私たち双方にとっての幸福だ | Man hat uns ～*n* nichts gesagt. 私たち両名は何も聞かされていない | für uns ～ 私たち二人にとって | Sie ～ sprechen Deutsch. 彼ら二人はドイツ語をしゃべる | solange sie ～ leben i) 彼ら二人が生きているかぎり(二人とも死ぬまで); ii)〖法〗彼らが両名ともそろって生きているかぎり(両名の一人が死ぬまで) | Alle ～ sind wieder da. 二人とも戻って来ている | Ich nehme alle ～. 両方とももらいます | Man bedarf aller ～*er*. 二つとも必要です ‖〖単独で〗Er zeigte mir zwei Bilder, und ich kaufte mir ～. 彼は絵を2枚見せてくれたが私はそれを2枚とも買った | *Beide* gingen weg. 二人とも立ち去った | *Beide,* Vater und Sohn, arbeiten im gleichen Betrieb. 父と子は両方ともそろって同じ職場で働いている | Wir sprechen ～ Deutsch. 私たちは二人ともドイツ語を話します | Das Spiel steht ～ vier. 試合は目下4対4である | Dreißig ～.〖テニス〗サーティー オール | ～*r* Leben / das Leben ～*r* 二人の生活 | Willst du Wein oder Bier?－Keines von ～*n*. ワインかビールを飲みたいですか－どちらもいりません ‖〖中性単数形で異種の事物などを一括して〗Er hat ～*s* verkauft, den Tisch und die Stühle. 彼はテーブルもいすも両方とも売った | Trinkt oder raucht er?－*Beides*. 彼は酒やタバコをたしなみますか－両方ともやります | *Beides* ist mir recht. 私はどちらでもかまいません | Dies〔es〕～*s* ist möglich 〈gehört dir〉. これはどちらもありうる〈君のものだ〉 | In ～*m* hast du recht. 両方の件とも君の言うことが正しい | Von ～*m* möchte ich etwas haben. この両方とも少しずつ欲しい.

★ beide と die beiden の違い: 既述の二つのもの, 対になったものを一括して,「二つともそろって」を強調するときは無冠詞の形が, 特に強調しない場合は定冠詞を伴う形が用いられる: *Beide* Brüder sind gefangen. 兄弟は二人とも捕虜となった | Die ～*n* Brüder sind gefangen〔, nicht gefallen〕. 兄と弟は捕虜となった〔のであって戦死したのではない〕.

［*ahd.*; ◇Ambe; *engl.* both］

bei·de·mal［báidəma:l, ⏊◡⏊］副 2回〈2度〉とも: Die Tür war ～ zu. 2回ともドアは閉まっていた.

bei·der·halb［báidərhalp］副⦅スイス⦆両側に.

bei·der·lei［báidərlái, ⏊◡—］形⦅無変化⦆両種の: Kinder ～ Geschlechts 男女の子供たち | das Abendmahl in 〈unter〉 ～ Gestalt〖宗〗両形色(パンとぶどう酒)の聖体拝領, 両種拝受聖餐(せいさん)式.

bei·der·sei·tig［báidərzaitɪç, ⏊◡⏊◡］² 形 両側〈両面〉の; 双方の, 相互の: in ～*em* Einverständnis 双方の合意で.

bei·der·seits［báidərzáits］ **I** 副 両側に, 両面で; 双方で, 相互に: Der Vorschlag wurde ～ angenommen. 提案は双方によって受け入れられた | Wir haben uns ～ mißverstanden. 私たちは互いに誤解していた.

II 前⦅2格支配⦆…の両側に: ～ des Flusses 川の両岸に.

Bei·der·wand［báidərvant］¹ 女 -/ ; 中 -〔e〕s/ リンゼイ＝ウールゼイ(麻・毛の交ぜ織り). ［＜beiderlei+Gewand］

Beid·hän·der［báithɛndər］男 -s/- **1** 両手ききの人. **2** (両手で使う重い)大太刀.

beid·hän·dig［..hɛndɪç］² 形 **1** 両手を用いた;〖テニス〗両手打ちの. **2** 両手ききの.

Beid·hän·dig·keit［..kait］女 -/ 両手きき.

bei̱d·le̱·big[báitle:bıç][2] 形 (amphibisch)〘動〙水陸両生の. [<leben]

bei̱d·recht[báitrɛçt] **I** 形 (織物が)表裏が同じような, 表裏兼用の, リバーシブルの. **II Bei̱d·recht** 中 -[e]s/-e beidrecht な織物, リバーシブル=ファブリック.

bei|dre·hen[báidre:ən] **I** 自 (h)〘海〙**1** (船首を風上に向けて)減速する. **2** (方向転換しながら)減速[して停止]する;《比》意見を和らげる, 妥協的になる.

II 他 (h)〘海〙(船[のへさき]を)風上に向ける.

bei̱d≠sei·tig[báit..] =beiderseitig **≠seits**《スイス》=beiderseits

bei·ein·a̱n·der[baı|aınándər] 副《bei+相互代名詞に相当: →sich 2 ★ ii》並んで, いっしょに, 集まって: ~ leben いっしょに生活する | Die ganze Familie war ~. 家族全員が居合わせていた.

★ 動詞と用いる場合は分離の前つづりともみなされる.

bei·ein·a̱n·der≠|ha̱·ben* 《64》他 (h) 一緒に持っている: eine Summe ~ ある金額を集めている | *seine* Gedanken nicht ~ ぼんやりしている | **nicht alle ~**《話》頭がどうかしている. **≠|sein*** 《165》自 (s) **1 a)** 一緒にいる: →beieinander **b)**《南部》まとまっている: Die Summe *ist* schon *beieinander*. その金額はもう集まった | Im Haus *ist* alles hübsch *beieinander*. 家の中はすべてきちんと整っている. **2**《話》(健康・思考力などが)好調である: **gut ~** 健康である;《戯》太っている | **nicht ganz ~** 頭がどうかしている | nicht richtig ~ あまり健康でない; 頭がどうかしている | schlecht ~ 健康でない.

bei̱·ern[báıərn]《05》自 (h)《西部》**1** (舌のある)鐘を鳴らす. **2** (舌のある鐘が)鳴る. [*ndl.*]

beif. 略 =**beifolgend**

Bei̱·fa̱h·rer[báifa:rər] 男 -s/- **1** (自動車の助手席の)同乗者, 運転助手, 交代運転手. **2** (Sozius) (オートバイなどの)[後部]同乗者. **3** (オートレースで)副ドライバー.

Bei̱·fa̱h·rer·sitz 男 (車などの)助手席.

Bei̱·fall[báifal] 男 -[e]s/ **1** (↔Abfall) 喝采(かっさい), 拍手: großer 〈stürmischer〉 ~ 盛んな〈あらしのような〉拍手 | ~ für *jn.* 〈*et.*[4]〉 …に対する喝采 ‖ ~ finden 〈ernten〉 喝采を博する | *jm.* ~ klatschen 〈rufen〉 …に拍手〈喝采の叫び〉を送る. **2** (Zustimmung) 同意, 賛成: Das findet keinen ~ bei mir. 私はそれに賛成でない.

▽**bei̱|fal·len***[báifalən]《38》自 (s)《*jm.*》**1** (einfallen) 心に浮かぶ. **2** (zustimmen) 同意〈賛成〉する; 支援する.

bei̱·fall·hei·schend 形《雅》拍手〈喝采(かっさい)〉を望んでいる.

bei̱·fäl·lig[..fɛlıç][2] 形 賛成〈同意〉の, 好意的な: ein ~*es* Gemurmel 同意を表すつぶやき ‖ ~ nicken 同意してうなずく | *sich*[4] über *et.*[4] ~ äußern《官》…に賛成の意を表す.

Bei̱·fäl·lig·keit[..kaıt] 女 -/ 賛同, 好意[的雰囲気].

Bei̱·fall·klat·schen[báifal..] 中 -s/ 拍手[すること].

Bei̱·falls≠be·zei·gung 女 喝采(かっさい)する〈声援を送る〉こと, 拍手喝采. **≠klat·schen** =Beifallklatschen **≠ru̱f** 男 喝采[のどよめき]: unter ~*en* 歓呼の声を浴びて. **≠sturm** 男 あらしのような〈割れるような〉喝采: einen ~ ernten 〈hervorrufen〉 盛んな拍手を受ける〈引き起こす〉 | Die Begeisterung entlud sich in einem ~. 感激のあまり万雷の拍手がわき起こった.

Bei̱·fang[báifaŋ] 男 -[e]s/..fänge[..fɛŋə]〘漁〙(一緒に網にかかった)副産物.

Bei̱·film[báifılm] 男 -s/-e (主要映画に添えて上映される)短編映画(文化映画・広告映画など).

bei̱|fol·gen[báifɔlgən][1] ▽**I** 自 (s) (beiliegen) 同封してある, 添えてある: *et.*[4] einem Brief ~ lassen …を手紙に同封する. **II bei̱·fol·gend** 現分 形 (略 beif.)《官》(beiliegend) 同封の:〖ふつう副詞的に〗~ der Bericht 報告書同封 | *Beifolgend* senden wir Ihnen ... …を同封にてお送り申し上げます.

bei̱|fü·gen[báify:gən][1] 他 (h) **1**《*et.*[3] *et.*[4]》(…に…を)添える, 添付する; (手紙などに)封入〈同封〉する: dem Paket eine Zollerklärung ~ 小包に関税申告票を添付する ‖ die dem Brief *beigefügten* Fotos 手紙に同封された写真 | ein *beigefügtes* (=attributives) Wort〘言〙付加語. **2** (hinzufügen) 付け加える, 付言する.

Bei̱·fü̱·gung[..gʊŋ] 女 -/-en **1 a)** 添付, 付加; 封入, 同封: unter ~ eines Schecks 小切手を同封して. **b)** 付け加える〈付言する〉こと. **2** (Attribut)〘言〙付加語.

Bei̱·fü̱·gungs·satz 男 (Attributsatz)〘言〙付加語文.

bei̱|fül·len[báifʏlən] 他 (h)《*et.*[3] *et.*[4]》(…に…を)添えて〈一緒に〉満たす.

Bei̱·fuß[báifu:s] 男 -es/ (Artemisia)〘植〙ヨモギ属(→ 図 Gewürz). [*ahd.* bībōz; < *ahd.* bōzzan „stoßen“; 魔よけの効能があるとされたことから]

Bei̱·fut·ter[báifʊtər] 中 -s/〘畜〙(ビタミンなどの)添加〈強化〉飼料.

bei̱|füt·tern[báifʏtərn]《05》他 (h)〘畜〙添加飼料として与える.

Bei̱·ga̱·be[báiga:bə] 女 -/-n **1** 添加, 付加: unter ~ von *et.*[3] …を添加して. **2** 添え物, おまけ; 付け合わせ, つま;〘考古〙副葬品: Salat ist eine vitaminreiche ~ zur täglichen Kost. サラダは毎日の食事に添えられるビタミンの多い付け合わせだ. [<beigeben]

beige[be:ʃ, bé:ʒə, bɛ́:ʒə] **I** 形《無変化; まれに変化する》《副詞的用法なし》(羊毛の地色の)淡褐色〈薄いとび色〉の, ベージュ色の: ein ~ 〈~*es*〉 Kleid ベージュ色のドレス.

II Beige[1] 中 -/-(-s) ベージュ色. [*fr.*]

Bei̱·ge[2][báigə] 女 -/-n《南部・スイス》(Stapel) 堆積(たいせき)物; (本や手紙の)山; (積み重ねた)材木の山. [*ahd.* pīga]

bei̱|ge·ben*[báige:bən][1]《52》**I** 他 (h) **1**《*et.*[3] *et.*[4]》(…に…を)添える, 添加する: der Reisebeschreibung eine Landkarte ~ 旅行記に地図を添える. **2**《*jm.* *jn.*》(…に助手などを)つけてやる: *jm.* einen Führer ~ …に案内人をつけてやる. **II** 自 (h)〘トランプ〙同じ組のカードを出す: **klein ~**《比》(強い手がないので)弱気に出る,(抵抗をあきらめて)屈する, 譲歩する.

beige·far·ben[bé:ʃfarbən, bé:ʒə.., bɛ́:ʒə..] =beige

bei̱|ge·hen*[báige:ən]《53》**I** 自 (s) **1**《北部》仕事にかかる;《zu 不定詞[句]と》(…を)始める: Er *ging bei,* das Zimmer zu reinigen. 彼は部屋の掃除にかかった. **2**《南部》こちらへ来る. ▽**3**《*jm.*》(…の)念頭に浮かぶ: Das ist mir im Traum nicht *beigegangen.* 私はそんなことは夢にも考えなかった ‖ *sich*[3] *et.*[4] ~ lassen …を思いつく | Laß dir das nicht ~! そんなことはよせ. ▽**II bei̱·ge·hend** 現分 形 (beiliegend) 同封の, 添付の.

bei̱·gen[báigən][1] 他 (h)《南部・スイス》(aufschichten) 積み上げる, 積み重ねる. [<Beige 2]

bei̱·ge·ord·net[báigə|ɔrdnət] **I** beiordnen の過去分詞. **II Bei̱·ge·ord·ne·te** 男 女《形容詞変化》副市長, 助役.

Bei̱·ge·richt[báigərıçt] 中 -[e]s/-e 添え料理.

bei̱·ge·schlos·sen[báigəʃlɔsən] beischließen の過去分詞.

Bei̱·ge·schmack[báigəʃmak] 男 -[e]s/ 混じって〈付け加わって〉いる味;《比》(不快な)混じり物: einen bitteren 〈säuerlichen〉 ~ haben にが味〈酸味〉が混じっている | Seine Worte haben einen ~ von Ironie. 彼の言葉には皮肉な感じがある ‖ ein Ereignis mit unangenehmem ~ 後味の悪い事件 | ein Lob ohne jeden ~ 心からの賞賛.

bei̱|ge·sel·len[báigəzɛlən] 他 (h)《雅》《*jm.* *jn.*》(…に…を)仲間としてつけてやる: 再帰 *sich*[4] *jm.* 〈*et.*[3]〉 ~ …の仲間に加わる.

Bei·gnet[bɛnjé:] 男 -s/-s〘料理〙フリッター(果実などをくるんだ揚げ菓子). [*fr.*; < *afr.* buigne „Beule“]

Bei̱·heft[báihɛft] 中 -[e]s/-e (書籍・雑誌の)別冊, 付録.

bei̱|hef·ten[báihɛftən]《01》他 (h) (クリップなどで)留めて添付する: dem Schreiben eine Karte ~ 文書にカードをとじつける.

▽**bei·he̱r**[baıhé:r] 副《官》(nebenbei) そのほかに, そのかたわら, 片手間に.

Bei̱·hil·fe[báihılfə] 女 -/-n **1** 補助金, 助成金; 奨学金.

2《単数で》a)〔法〕幇助(ほうじょ)〔犯〕, 従犯: *jm.* ～ leisten …を幇助する | ～ zum Mord 殺人幇助. ᵛb) (Hilfe) 助力, 協力, 援助; 補助.

bei|ho·len[báiho:lən] 他 (h) (einziehen)〔海〕(帆を)たたむ, 降ろす.

Bei·jing[běĭdʑīŋ] =Peking

Bei·klang[báiklaŋ] 男 -〔e〕s/..klänge[..klɛŋə] (耳ざわりな)共振音;〔医〕伴音;《比》(言葉の)不快な響き, 裏の意味: ein Wort mit ironischem ～ 皮肉に響く語.

Bei·koch[báikɔx] 男 -〔e〕s/..köche[..kœçə] (⊛ **Bei·kö·chin**[..kœçın]-/-nen) 副料理人, コックの助手.

bei|kom·men*[báikɔmən]《80》自 (s) **1 a)**《*et.*³》(困難な問題などを)うまく処理する, 始末する: Ich weiß nicht, wie ich der Sache ～ soll. 私は事をどう処理したらいいか分からない. **b)**《*jm.*》(扱いにくい相手などを)意のままにする: Dem kann man nie ～. / Er läßt sich³ nicht ～. 彼は手に負えないやつだ. **c)**《方》《*et.*³》(…に)手が届く;《*jm.*》(…に)追いつく; (…と)肩を並べる, (…に)匹敵(ひってき)する. **2**《雅》(einfallen)《*jm.*》(…の)念頭に浮かぶ: Es ist mir nicht im entferntesten *beigekommen,* dich zu kritisieren. 君を批判しようなんて私は思ってもみなかった. **3**《方》(herbeikommen) こちらへやって来る; 仕事にかかる: Er *kam bei* und schlug alle Bäume ab. そこで彼は木を残らず切り倒し始めた.

Bei·kost[báikɔst] 女 -/-en **1**《単数で》〔医〕(母乳を補うための乳児の)補充食(かゆ・果汁など). **2** =Beigericht

beil. 略 =**beiliegend**

Beil[bail] 中 -〔e〕s/-e **1** (広刃の)〔たて〕おの, 小おの, 手おの (Axt より小型で柄が短く, 切るという機能が重要な点では一部なたに対応する: → 図): Fleischer*beil* 肉切りおの ‖ einen Strauch mit dem ～ abhauen おのでやぶを切り払う | Der Fleischer teilt das Fleisch mit dem ～. 肉屋が肉切りおので肉を切り分ける ‖ das ～ zu weit werfen《比》大げさなことを言う. **2** (Fallbeil) ギロチン, 断頭台. [*ahd.* bīhal; ◇Bille²]

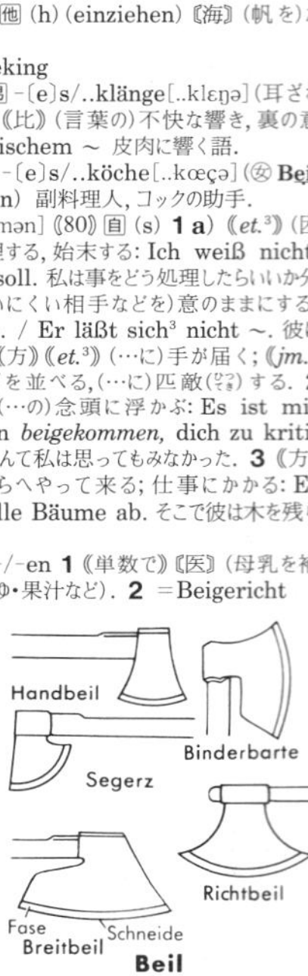

Beil

bei|la·den*[báila:dən]¹《86》他 (h) **1** (主要貨物のほかに)積み合わせる, 追加積載する. **2**《*jn.*》〔法〕(第三者として)呼び出す, 召喚する.

Bei·la·dung[..duŋ] 女 -/-en **1 a)**《単数で》(貨物の)追加積載. **b)** (主要貨物のほかの)混載貨物. **2**〔法〕**a)** (第三者の)呼び出し, 召喚. **b)** 呼び出し状, 召喚状.

Bei·la·ge[báila:gə] 女 -/-n **1**《単数で》(beilegen すること. 特に:) 添付; 封入, 同封. **2 a)** (雑誌・新聞などの)付録; 折り込み〔広告〕. **b)**〔料理〕付け合わせ, 添え物: als ～ zum Braten 焼き肉の付け合わせとして. **c)**《オーストリア》(Anlage) 同封〈封入〉されたもの. **3**〔工〕ワッシャー.

Bei·la·ger[báila:gər] 中 -s/- **1**《雅》(Beischlaf) 同衾(どうきん). **2**〔史〕(中世の王侯の)床入りの儀.

Bei·last[báilast] 女 -/-en〔海〕**1** =Ballast **2** (船員の)運賃免除の手荷物.

Bei·läu·fer[báilɔyfər] 男 -s/- **1** (Laufbursche) 走り使いの少年〈若者〉. **2** (Trabant) 衛星.

bei·läu·fig[..lɔyfıç]² 形 **1** ついでの, 付随的な, 片手間の; さりげ〈なにげ〉ない: eine ～*e* Episode 重要でない挿話 ‖ *et.*⁴ ～ erwähnen ついでに〈さりげなく〉…を述べる | ～ gesagt ちなみに. **2**《オーストリア》(ungefähr) おおよその, 概略の: eine ～*e* Zeit およその時刻 ‖ ～ zwanzig Personen 約20名 | ～ in einer Stunde 1時間ほどで.

Bei·läu·fig·keit[..kait] 女 -/-en **1** 枝葉末節, どうでもいいこと. **2** さりげ〈なにげ〉なさ, むとんじゃく〔な態度〕. **3** 副次現象, 副産物.

ᵛ**Beil·brief**[báil..] 男 -〔e〕s/-e **1** (Bielbrief)〔海〕**a)** 造船契約書. **b)** 船舶登録証明書. **2**《スイス》土地借用証.

bei|le·gen[báile:gən]¹ **I** 他 (h) **1**《*et.*³ *et.*⁴》(…に…を)添える, 添付する; (手紙などに)同封する(→beiliegen I 1): einem Brief das Rückporto ～ 手紙に返信料を同封する | Dem Blumenstrauß war eine Karte *beigelegt.* 花束にはカードが添えられてあった. **2 a)**《*jm.*〈*et.*³〉*et.*⁴》(…に…を)与える: *sich*³ den Titel Kaiser ～ 皇帝を名のる. **b)** (beimessen)《*et.*³ *et.*⁴》(…に意味・価値などを)付与する: Dieser Äußerung darf man keinen allzu großen Wert ～. この発言をあまり重視してはいけない. ᵛ**c)** =zuschreiben I 3 **3** (schlichten) (争いを)調停〈仲裁〉する: eine Meinungsverschiedenheit ～ 意見の相違を調整する. **II** 自 (h) **1**〔海〕(船が)船首を風上に向けて止まる. ᵛ**2** (eilen) 急ぐ.

Bei·le·gung[..guŋ] 女 -/-en《ふつう単数で》(beilegen すること. 特に:) (争いの)調停, 仲裁, 解決: gütliche ～ 示談.

bei·lei·be[bailáibə] 副《否定の強調》決して, 断じて: Er ist ～ nicht dumm. 彼は決してばかではない | *Beileibe,* ich lüge nicht. 断じて私はうそを言わぬ. [<Leib]

Bei·leid[báilait]¹ 中 -〔e〕s/ (Kondolenz) 悔やみ, 弔意: *jm.* 〔zu *et.*³〕*sein* ～ ausdrücken〈aussprechen〉…に〔…のことで〕哀悼の意を表する |〔Mein〕aufrichtiges〈herzliches〉～! 心からお悔やみ申します, まことにご愁傷さまです.

Bei·leids≈be·such 男 弔問. **≈be·zei·gung** (**≈be·zeu·gung**) 女 弔慰, 弔意の表明. **≈brief** 男 悔やみ状. **≈kar·te** 女 **1** 悔やみの葉書. **2** (印刷された)悔やみ状用カード〈葉書〉. **≈schrei·ben** 中 =Beileidsbrief **≈te·le·gramm** 中 弔電. **≈wor·te** 複 悔やみの言葉.

Beil·hieb[báil..] 男 おのの一撃;《比》強烈な打撃: einen Baum mit einem〔einzigen〕～ fällen 木をおのの一撃で倒す.

bei|lie·gen*[báili:gən]¹《93》**I** 自 (h) **1**《*et.*³》(…に)添えて〈添付して〉ある; (手紙などに)同封してある: Die Rechnung *liegt* dem Brief *bei.* 勘定書は手紙に同封してある. **2**〔海〕(船が)船首を風上に向けて停止している. ᵛ**3**《*jm.*》(…と)寝る, 同衾(どうきん)する.

II bei·lie·gend 現分 形 (略 beil.) 同封の, 添付の: ～*es* Geld 同封の金子 ‖ *Beiliegend* übersenden wir Ihnen den gewünschten Prospekt. ご希望のパンフレット同封にてお送り申し上げます ‖ das *Beiliegende* 同封物.

Beil·ke·spiel[báilkə..] 中 -〔e〕s/ シャッフルボード(円板を長い棒で突いて点数枠の中に入れる競技).

Beil≈picke[báil..] 女 つるはし. **≈stein** 男 (Nephrit)〔鉱〕軟玉(先史時代に武器製作に用いられた). **≈stiel** 男 おのの柄.

beim[baim] <bei dem

bei|ma·chen[báimaxən] 他 (h) **1**《南部》再帰 *sich*⁴ ～ こちらへ来る: *Mach* dich jetzt *bei*! さあこっちへ来いよ. **2**《北部》再帰 *sich*⁴ ～ 仕事にかかる.

bei|men·gen[báimɛŋən] =beimischen

Bei·men·gung[..ŋuŋ] 女 -/-en =Beimischung

bei|mes·sen*[báimɛsən]《101》他 (h) **1**《*et.*³ *et.*⁴》(…に意味・価値などを)付与する, 認める: *et.*³ große Bedeutung ～ …を重視する | Er *mißt* dieser Meldung zu viel Gewicht *bei.* 彼はこの報道を重く考えすぎている. **2** (zuschreiben)《*jm.*〈*et.*³〉*et.*⁴》(…に…を)帰する, (…に…の)責任を負わせる: *jm.* die Schuld an *et.*³ ～ …を…のせいにする.

bei|mi·schen[báimıʃən]《04》他 (h)《*et.*³ *et.*⁴》(…に…を)加えて混合する, 混ぜ合わせる: dem Wein Wasser ～ ワインを水で割る | Seiner Liebe war Haß *beigemischt.* 彼の愛には憎しみが混じっていた ‖ 再帰 *sich*⁴ *et.*³ ～ …に混入する, …と混ざる.

Bei·mi·schung[..ʃuŋ] 女 -/-en **1**《ふつう単数で》beimischen すること. **2** 混合された物, (少量の)混入物, 混ざり物: ein Lächeln mit einer kleinen ～ von Melancholie かすかな憂いを含んだ微笑.

be·imp·fen[bəímpfən] 他 (h)《*jn.*〈*et.*⁴〉mit *et.*³》〔医・生〕(…にワクチン・ウイルス・培養細胞などを)接種する.

Bein[baɪn] 中 -es(-s)/-e **1 a)** (英: *leg*) (人間・動物の) 脚(あし) (→ 図 Mensch B; 北部・中部では Fuß と同じくくるぶしから下の部分を指すことがある: →b): ein künstliches ~ 義足 | schlanke 〈krumme〉 ~*e* すらりとした〈湾曲した〉足 | Kein ~! 《話》全然ない | Kein ~ ist da. 《スイス》 人っ子ひとりいない.
‖ 〖動詞と〗 ***sich***[3] **die ~*e* nach *et.***[3] **ablaufen 〈abrennen〉** 足を棒にして…を捜し回る | ***sich***[3] **die ~*e* abstehen** 《話》立ち尽くして足が疲れる, 立ちくたびれる | die ~*e* anziehen 足を縮める | ***sich***[3] **kein ~ ausreißen** 《話》(仕事に)精を出さない, むりをしない, 適当にやる | keiner Fliege[3] ein ~ ausreißen können (→Fliege 1 a) | **~*e* bekommen 〈kriegen〉** 《話》消えうせる, 盗まれる | *sich*[3] ein ~ brechen 足の骨を折る | **jüngere ~*e* haben** 《話》(他の人より)足が速い〈丈夫だ〉 | Lügen haben kurze ~*e*. (→Lüge) | Das hat aber noch lange ~*e*. 《話》それはまだ長くかかる〈続く〉 | Er hat 〔nur〕 ein linkes 〈rechtes〉 ~. 〖サッカー〗彼は左〈右〉足しか使えない | **alles, was ~*e* hat** 歩ける者はみな | Der Hund hebt das ~. 犬は片足を上げて小便をする | ***jm.*** 〔**lange**〕 **~*e* machen** 《話》…をせき立てる | **ein langes ~ machen** 〖サッカー〗足を出して相手のボールを奪う | **die ~*e* in die Hand 〈unter die Arme/ unter den Arm〉 nehmen** 《話》一目散に走〔り去〕る, 急ぐ | die ~*e* spreizen 〈strecken〉 足を広げる〈伸ばす〉 | ***sich***[3] **die ~*e* in den Bauch 〈in den Leib〉 stehen** 《話》立ち尽くして足が疲れる, いやになるほど立ち尽くす | **ein ~ stehen lassen** 〖サッカー〗足をかけて相手を転ばす, トリッピングを犯す | ***jm.* ein ~ stellen** …の前に足を突き出してつまずかせる; 《比》…を計略にひっかける〈陥れる〉 | die ~*e* unter den Tisch strecken 〈stecken〉 (→Tisch 1) | *seine* ~*e* unter *js.* Tisch strecken 〈stecken〉(→Tisch 1) | ***sich***[3] **die ~*e* vertreten** (→vertreten 2 d) | die ~*e* übereinander schlagen 足を組む ‖ Das ~ ist mir eingeschlafen. 私は足がしびれた.
‖ 〖前置詞と〗 *et.*[4] 〔noch〕 **am** ~ haben 《比》…の負債がある | *jm.* 〔mit *et.*[3]〕 am ~ hängen 《比》〔…の事で〕…の負担になる | 〔*sich*[3]〕 *et.*[4] ans ~ binden 《話》…が無くなるのを覚悟する, 無くなった…をあきらめる | ***sich***[3] ***et.***[4] **ans ~ hängen 〈binden〉** 《話》…(やっかい事など)をしょいこむ | ***jm. et.***[4] **ans ~ hängen 〈binden〉** 《話》…(やっかい事など)を…に押し付ける | *et.*[4] **auf** die ~*e* bringen 《比》…(事業など)を興す | *jn.* 〔wieder〕 auf die ~*e* bringen / *jm.* 〔wieder〕 auf die ~*e* helfen …を助け起こす; 《比》(肉体的・経済的に)…を立ち直らせる | **immer wieder auf die ~*e* fallen** 《話》七転び八起きする, どんな難関をもいつもうまく切り抜ける | ***sich***[4] **nicht mehr 〈kaum noch〉 auf den ~*en* halten können** (疲労などで)もう〈ほとんど〉立っていられない | wieder auf die ~*e* kommen 立ち上がる; (肉体的・精神的に)立ち直る | *sich*[4] auf die ~*e* machen 出かける | **schwach auf den ~*en* sein** 病弱である; 《話》不確かである | 〔viel〕 auf den ~*en* sein 〔いつも〕街頭に出て〈立ち働いて〉いる | **wieder auf den ~*en* sein** 病気から回復している | **auf eigenen ~*en* stehen** 《比》自立している | Auf einem ~ kann man nicht stehen 〈ist nicht gut stehen〉. 《話》(酒は) 1 杯だけではかえって失礼だ | **auf schwachen ~*en* stehen** 《比》根拠薄弱である | *et.*[4] auf die ~*e* stellen …を創始〈創設〉する ‖ **Der Wein geht in die ~*e*.** 《話》ワインを飲んで足がもつれる〈自然に踊りたくなる〉 | Was man nicht im Kopf hat, 〔das〕 muß man in den ~*en* haben. 物忘れすると二度手間がかかる | **mit** den **~*en*** baumeln 〈strampeln〉 足をぶらぶら〈ばたばた〉させる | mit *seinen* ~*en* auf der Erde bleiben 《比》足が地についている | mit einem ~ im Gefängnis stehen (→Gefängnis 1) | mit einem ~ im Grabe stehen (→Grab) | **mit beiden ~*en* im Leben 〈〔fest〕 auf der Erde〉 stehen** 《比》現実家である, どんな事態にも対処できる | **mit dem linken 〈verkehrten〉 ~ zuerst aufgestanden sein** 《話》不機嫌である, 虫の居所が悪い | ein Kalb 〈ein Schaf〉 mit fünf ~*en* 《比》およそ有り得ないものごと | **über** *seine* eigenen **~*e*** fallen 〈stolpern〉 《比》ひどく不器用である | **von einem ~ aufs andere treten** (いらいらして)足踏みをする | den Schwanz **zwischen** die ~*e* nehmen (→Schwanz 1) | den Weg zwischen die ~*e* nehmen (→Weg 1) | *jm.* einen Knüppel zwischen die ~*e* werfen (→Knüppel 1 a).
b) 《北部・中部》(Fuß) 足(くるぶしから下の部分): *jm.* aufs ~ treten …の足を踏む.
2 a) (家具・器具などの)脚, 足(→ 図 Stuhl): ein Tisch mit drei ~*en* 3 本脚のテーブル | die ~*e* ausziehen 〈in *sich*[4] zusammenschieben〉(三脚などの)脚を引き出す〈押し込む〉. **b)** (自動車の)足回り(車輪・タイヤ・軸くびなど). **c)** 〖坑〗(支柱代わりに掘り残す鉱石の)残柱. **d)** (Hosenbein) (ズボンの)脚の部分: eine Hose mit engen ~*en* 脚の細いズボン.
3 a) 《南部・オーストリア・スイス》(Knochen) 骨(合成語としては, 学術用語として広く使われている): Brust*bein* 胸骨 | Schien*bein* 脛骨(けいこつ) | Sitz*bein* 座骨 ‖ an einem ~ nagen (犬などが)骨をしゃぶる | ***jm.* in die ~*e* fahren** (驚愕・興奮などが)…の骨身にこたえる | Der Schreck ist mir in die ~*e* gefahren. 恐怖が私の全身を走った ‖ *jm.* durch Mark und ~ gehen (→Mark[3] 1 b) | Stein und ~ (→Stein[1] 1 b). **b)** (Elfenbein) 象牙(ぞうげ).
[*germ.* „Knochen"; ◇ *engl.* bone]

bei·na·he[báɪna:ə, ⌐⌐◡, ─⌐◡] (**bei·nah**[báɪna:, ⌐⌐, ─⌐]) 副 (fast) ほとんど, おおよそ; 危うく, すんでのところで: ~ jeder ほとんどだれもが | Das klingt ~ wie ein Märchen. それはまるでおとぎ話めいている | Es war ~ zwölf Uhr. 12時に近かった ‖ 〖接続法IIと〗 Er hätte ~ seinen Schirm vergessen. 彼はもう少しで傘を忘れるところだった.
Bei·na·he≈kol·li·sion[báɪna:ə.., baɪná:ə..] 女, **≈zu·sam·men·stoß** 男 衝突寸前; (航空機の)ニアミス.

Bei·nah·rung[báɪna:rʊŋ] 女 -/ =Beikost 1

Bei·na·me[báɪna:mə] 男 2 格 -ns, 3 格 -n, 4 格 -n, 複数 -n 添え名, 別名, またの名, 異名; (Spitzname) あだ名: Friedrich I. mit dem ~*n* „Barbarossa" バルバロッサ(赤ひげ)の異名をもつフリードリヒ一世.

bein·am·pu·tiert[báɪn|amputi:ɐt] 形 (手術で)脚を切断した: ein ~*er* Mann / ein *Beinamputierter* (切断手術で)脚を失った男.
Bein≈ar·beit[báɪn..] 女 **1** 〖スポーツ〗 **a)** (ボクシング・テニスなどの)フットワーク, 足さばき; (水泳の)レッグアクション, 脚の動き. **b)** 脚のトレーニング. **2** (Knochenarbeit) 骨細工. **≈ar·bei·ter** 男 骨細工職人. **≈asche** 女 骨灰〔肥料〕. **≈brech**[..brɛç] 男 -[e]s/ **1** 〖植〗キンコウカ(金光花)属(家畜を骨折させるという). **2** (Kalksinter) 〖地〗石灰華. **≈bre·cher** 男 《スイス》 (Seeadler) 〖鳥〗ウミワシ(海鷲), オジロワシ(尾白鷲). **≈bruch** 男 -[e]s/ **1** 脚の骨折: 〖今日ではもっぱら次の成句で〗 **Das ist 〔doch〕 kein ~.** 《話》それはそう悪い〈困った〉ことではないよ ‖ **Hals- und *Beinbruch*!** (旅行・試験などの前に)頑張れよ, うまくゆくように | *jm.* Hals- und *Beinbruch* wünschen …に成功〈幸運〉を祈る. **2** =Beinbrech 2
Beindl·vieh[báɪndəl..] 《オーストリア》 =Beinlvieh
bei·neln[báɪnəln] 《06》 自 (s) 《スイス》小またに歩く, ちょこちょこ走る.
bei·nern[báɪnɐrn] 形 **1** (knöchern) 骨の; 骨製の. **2** (knochig) 骨ばった; 骸骨(がいこつ)のような. **3** (elfenbeinern) 象牙(ぞうげ)〔製〕の.
bein·far·ben[báɪn..] 形 象牙(ぞうげ)色の.
Bein≈fes·sel 女 **1** 足かせ. **2** 〖レスリング〗足固め. **≈fleisch** 中 《オーストリア》〖料理〗骨つき牛肉. **≈ge·schwür** 中 〖医〗下腿(かたい)潰瘍(かいよう). **≈glas** 中 -es/ (骨灰を混ぜた乳白色の)不透明ガラス. **≈gras** 中 =Beinbrech 1
be·in·hal·ten[bəlínhaltən] 《01》 他 (h) 《官》 (enthalten) 含む, (…の)内容をもつ: Das Schreiben *beinhaltet* nichts Besonderes. この文書には何も特別の内容はない.
[<Inhalt]
bein·hart[báɪnhárt, ─⌐◡, ⌐◡] 形 《南部・オーストリア》骨のように堅い; 《比》かたくなな, 頑固な: Der Erdboden war ~ gefroren. 地面はかちかちに凍っていた.
Bein≈haus[báɪn..] 中 納骨堂. **≈haut** 女 《南部》 (Knochenhaut) 〖解〗骨膜. **≈heil** 中 =Beinwell

B

..beinig[..baınıç]² 《数詞・形容詞などにつけて「足・脚が…の」を意味する形容詞をつくる》: drei*beinig* 3 本足の | kurz*beinig* 足の短い.

Bein≠keh·le[báın..] 女 (Kniekehle) 〖解〗膝窩(しっか), ひかがみ. **≠kleid** 中 -〔e〕s/-er 《ふつう複数で》《雅》(Hose) **1** ズボン. **2** (婦人・子供の)下ばき. **≠le·der** 中 (職人などの)革製ゲートル. **≠lei·den** 中 脚の病気.

Bein·ling[báınlıŋ] 男 -s/-e **1** (Hosenbein) ズボンの脚の部分; ストッキングの上部. **2** ズボン裁断用の型紙.

Beinl·vieh[báınəl..] 中 《オーストリア》(Hornvieh) 有角の家畜.

Bein≠mus·kel[báın..] 男 脚の筋肉. **≠pro·the·se** 女 義足. **≠ring** 男 **1** くるぶしの飾り輪. **2** (鳥類の生態追跡用の)脚輪. **≠röh·re** 女 (鉄製の)すね当て(→ 図 Harnisch). **≠schel·le** 女 -/-n 《ふつう複数で》足かせ. **≠sche·re** 女 〖レスリング〗(両脚での)はさみ締め, シザース. **≠schie·ne** 女 (よろい・ホッケーなどの)すね当て; 〖医〗下肢用の副木(そえぎ). **≠schlag** 男 **1** 〖泳〗ばた足, ビート. **2** 〖体操〗(あお向けまたはうつ伏せの姿勢で)ばた足ふうに両脚を動かすこと. **≠schmerz** 男 脚の痛み; 〖医〗脚痛. **≠schwarz** 中 (印刷インク・靴墨用の)骨炭. **≠stüt·ze** 女 (座席の)足のせ.

Bein·tast·ler 男 -s/- 〖虫〗原尾(げんび)目.

Bein·well[báınvɛl] 男 -〔e〕s/ 〖植〗ヒレハリソウ(鰭玻璃草), コンフリー(骨折治療用の薬草として用いられた). [*ahd.*; < *ahd.* wallen „heilen"]

Bein≠werk 中 《ふつう単数で》《北部》両脚. **≠zeug** 中 (甲冑(かっちゅう)の)脚甲(→ 図 Harnisch).

bei|ord·nen[báı|ɔrdnən] 《01》 **I** 他 (h) **1** 《*jm. jn.*》(…に…を補佐役として)付き添わせる: *jm.* einen Anwalt ~ 〖法〗…に国選弁護人を付ける. **2** (nebenordnen) 〖言〗並列する. **II Bei·ge·ord·ne·te** → 別出

Bei·ord·nung[..nʊŋ] 女 -/-en 《ふつう単数で》 beiordnen すること.

Bei·pack[báıpak] 男 -〔e〕s/ **1** (貨車などの余地に積まれた)混載貨物. **2** 〖電〗(広帯域ケーブルの)外部導体.

bei|packen[báıpakən] 他 (h) 一緒に包装する, 添えて包む; 同封する.

Bei·pack·zet·tel 男 (商品の包装箱などに)封入してある紙片(内容表示・使用書など).

▽**Bei·pferd**[báıpfeːrt]¹ 中 -〔e〕s/-e **1** (Handpferd) 副馬(2頭立て馬車で御者の乗らない右側の馬). **2** 《方》予備〈3頭め〉の馬.

bei|pflich·ten[báıpflıçtən] 《01》 自 (h) 《*jm./et.*³》(…に)賛意を表明する, 賛同の発言をする.

Bei·pro·dukt[báıprodʊkt] 中 -〔e〕s/-e 副産物.

Bei·pro·gramm[báıprogram] 中 -s/-e (主要映画の前後に添えられる)副番組〈の映画〉.

Bei·rat[báıraːt] 男 -〔e〕s/..räte[..rɛːtə] **1 a**) 顧問会, 諮問委員会, 審議会. ▽**b**) (Berater) 助言者, 顧問, 相談役. ▽**2** 《単数で》(Rat) 助言.

Bei·ried[báıriːt]¹ 中 -〔e〕s/ (女 -/) 《オーストリア》〖料理〗牛のヒレ肉; (Roastbeef) ローストビーフ.

be·ir·ren[bəǀírən] 他 (h) 《*jn.*》惑わす, (…の気持を)動揺させる: Seine Selbstsicherheit *beirrte* mich. 彼の自信たっぷりな様子を見て私は不安になった | *sich*⁴ ~ lassen 惑わされる ‖ 〖否定詞と〗Er hat sich durch Drohungen in seinem Vorhaben nicht ~ lassen. 彼はおどかされても自分の計画を変えなかった.

Bei·rut[baırúːt, ⌐‒] 地名 ベイルート (Libanon 共和国の首都).

bei·sam·men[baızámən] 副 (beieinander) 一緒に, 集まって: dicht ~ stehen 密集している | alle Waren ~ haben あらゆる品をそろえている ‖ *seine* Gedanken ~ haben (→Gedanke 1 a) | *seine* fünf Sinne nicht ~ haben (→Sinn 1 a) | **nicht alle** 〔fünf〕 **~ haben** 《話》頭がどうかしている | **gut ~ sein** 《話》元気〈壮健〉である; 頭がしっかりしている.

★ 動詞と用いる場合は分離の前つづりともみなされる.

[*mhd.*; ◇sammeln]

Bei·sam·men·sein 中 -s/ 一緒にいること; 集まり, 集会: ein geselliges ~ 楽しい集まり.

Bei·sas·se[báızasə] 男 -n/-n 〖史〗(中世から19世紀までの)公民権のない〈制約された〉市民, 居留民.

Bei·satz[báızats] 男 -es/..sätze[..zɛtsə] (Apposition) 〖言〗同格.

bei|schaf·fen[báıʃafən] 他 (h) 《方》(herbeischaffen) 調達〈算段〉する, 手に入れる.

bei|schie·ßen*[báıʃiːsən] 《135》 他 (h) (beisteuern) 寄付する, 喜捨する.

Bei·schlaf[báıʃlaːf] 男 -〔e〕s/ 《雅》同衾(どうきん), 性交: bei *jm.* den ~ ausüben 〈vollziehen〉 …と肉体関係を持つ.

bei|schla·fen*[báıʃlaːfən] 《137》 自 (h) 《*jm.*》(…と)同衾(どうきん)する, 性交する.

Bei·schlä·fer[..ʃlɛːfər] 男 -s/- (女 **Bei·schlä·fe·rin**[..fərın]-/-nen) **1** beischlafen する〈した〉人. **2** 《話》(ホテルの二人部屋の)同宿者, 相客; (自動車の)同乗者.

Bei·schlag[báıʃlaːk]¹ 男 -〔e〕s/..schläge[..ʃlɛːgə] **1** 〖建〗(特にルネサンス・バロック様式に見られる街路に面した)階段付き玄関前テラス(→図). **2** 《ふつう複数で》(Nachprägung) 偽造貨幣.

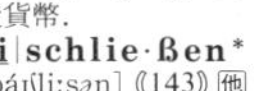

Beischlag

bei|schlie·ßen*[báıʃliːsən] 《143》 他 (h) 《オーストリア》(beilegen) 《*et.*³ *et.*⁴》(…に…を)同封〈封入〉する.

Bei·schluß[..ʃlʊs] 男 ..schlusses/..schlüsse[..ʃlʏsə] 《オーストリア》**1** 《単数で》同封, 封入: unter ~ von *et.*³ …を同封して. **2** 封入物.

bei|schrei·ben*[báıʃraıbən]¹ 《152》 他 (h) 書き足す, 書き添える; 傍注を加える.

Bei·schrei·bung[..bʊŋ] 女 -/-en **1** 《単数で》 beischreiben すること. **2** =Beischrift

Bei·schrift[..ʃrıft] 女 -/-en 注記, 傍注; (手紙の)二伸, 追伸; (絵画などに添えた)説明.

Bei·se·gel[báızeːgəl] 中 -s/- 〖海〗(弱い順風のときに用いる軽い)補助帆; ステースル.

bei|sein*[báızaın] 《165》 **I** 自 (s) 《北部》《zu 不定詞句と》〔ちょうど〕…しているところである. **II Bei·sein** 中 -s/ **1** 同席, 臨席: **im ~ von *jm.*** / **in *js.* ~**³ …のいる前で | **ohne ~ von *jm.*** / **ohne *js.* ~**⁴ …のいないところで. ▽**2** =Beischlaf

bei·sei·te[baızáıtə] 副 **1** (auf die Seite) わきへ: ***et.*⁴ ~ bringen** (自分が利用するために)…をわきへ取りのける〈隠す〉| ***et.*⁴ ~ lassen** …を無視する; …に言及せずにおく | ***et.*⁴ ~ legen** i) (貯金するために金を)取りのけておく; ii) (取り掛かった仕事を)中止〈放棄〉する | *jn.* ~ nehmen 〈ziehen〉(密談のために)…をわきへ連れ出す | ***et.*⁴ ~ schaffen** (隠すために)…を持ち去る; …(証拠など)を隠滅する | ***jn.* ~ schaffen** …を殺す〈片づける〉| ***et.*⁴ ~ schieben** …を押しのける, …を排除する; …を無視する | *jn.* aus der Stelle ~ schieben …を解任〈解雇〉する | ~ sehen 目をそらす | ***et.*⁴ ~ setzen** …をなおざりにする | *jn.* ~ setzen …を解任〈解雇〉する | vor dem Wagen ~ springen 車の前からとびのく | *et.*⁴ ~ stellen …を取りのけておく; …を不問に付する; …(先入観など)を捨てる ‖ Scherz 〈Spaß〉 ~! (→Scherz, →Spaß 1). **2** (auf der Seite) わきで, 離れて: *sich*⁴ ~ halten / **~ stehen** (中心人物にならずに)ひっこんでいる | ~ sprechen 〖劇〗傍白する, わきぜりふを言う.

★ 動詞と用いる場合は分離の前つづりともみなされる.

[◇ *engl.* beside]

Bei·sei·te≠las·sung[..lasʊŋ] 女 -/ 無視; 不言及. **≠schaf·fung** 女 -/ 隠匿; 隠滅. **≠set·zung** 女 -/ なおざり, 軽視.

bei·seits[baızáıts] 《西南部》=beiseite

Bei·sel (**Beisl**)[báızəl] 中 -s/-〔n〕 《南部・オーストリア》(Kneipe) 酒場, 飲み屋. [<Beiz]

bei|set·zen[báizɛtsən] 《02》 他 (h) **1** 《雅》 (beerdigen) 埋葬する. **2** 〖海〗 (補助帆を)張る. ▽**3** (hinzufügen) 付け加える, 添える; 〖化〗 混合する.

Bei·set·zung[..tsʊŋ] 女 -/-en (beisetzen すること. 特に:) 《雅》 埋葬(→Beerdigung ★).

bei·sich·tig[báizɪçtɪç][2] 形 《中部》 (kurzsichtig) 近視の.

Bei·sitz[báizɪts] 男 -es/-e **1** 〖法〗 陪席. **2** (自動車の) 助手席; (オートバイなどの)〔後部〕同乗者席.

bei|sit·zen*[báizɪtsən] 《171》 自 (h) 《*et.*[3]》 (…に)同席する; 〖法〗 陪席する: einer Kommission[3] ~ 委員会に席を連ねる | ein *beisitzender* Richter 陪席判事〈裁判官〉.

Bei·sit·zer[..tsər] 男 -s/- **1** 〖法〗 陪席判事〈裁判官〉. **2** (議長以外の一般の)委員, 理事, 役員.

Beisl =Beisel

Bei·spiel[báiʃpi:l] 中 -〔e〕s/-e **1** 例, 実例, 類例, 例証: ein konkretes 〈treffendes / typisches〉 ~ 具体的な〈適切な・典型的な〉例 ‖ ~*e* für *et.*[4] anführen 〈nennen〉 …の例をあげる ‖ *et.*[4] durch ~*e* erläutern …を実例で解説する | **zum** ~ (略 z.B.) 例えば | Raubtiere wie zum ~ Panther und Tiger 例えばヒョウやトラのような猛獣. **2** (Vorbild) 手本, 模範; 先例: ein schlechtes ~ 悪(あ)しき手本 | ein warnendes ~ 戒め, 見せしめ ‖ ***jm.* ein gutes ~ geben** / ***jm.* mit gutem ~ vorangehen** …の手本となる, …に模範を示す, …に範を垂れる | *sich*[3] *jn.* zum ~ nehmen / ***sich*[3] ein ~ an *jm.* nehmen** …を手本にする, …に範を仰ぐ | **ohne ~ sein** 比類がない.

[„nebenbei Erzähltes"; *ahd.* bī-spel]

bei·spiel≠ge·bend[báiʃpi:l..] 形 模範的な, 手本となるような: ~ sein 模範的である. **≠haft** 形 模範的な, 手本となるような: *sich*[4] ~ benehmen 模範的に振舞う. **≠hal·ber** =beispielshalber

bei·spiel·los[..lo:s, ⌐–⌐][1] 形 前例〈比類〉のない, 未曽有(みぞう)の: ein ~*er* Erfolg 未曽有の大成功.

Bei·spiel·lo·sig·keit[..lo:zɪçkait] 女 -/ beispiellos なこと.

Bei·spiel·satz 男 〖言〗 例文.

Bei·spiels·fall 男 実例〈先例〉としてのケース.

bei·spiels≠hal·ber[また: ⌐–◡◡] 副 例をあげれば. **≠wei·se** 副 (zum Beispiel) 例えば; 例としてあげれば: In dieser Abteilung ~ sind drei Kollegen krank. 例えばこの部局でも 3 名が病気です.

bei|sprin·gen*[báiʃprɪŋən] 《179》 自 (s) 《雅》 **1** 《*jm.*》 〔急遽(きゅうきょ)〕(…を)助けにかけつける. **2** (aushelfen) 《*jm.* mit *et.*[3]》 (…に…を与えて)助ける.

Bei·ßel[báisəl] 男 -s/- 《方》 =Meißel

bei·ßeln[báisəln] 《06》 《方》 =meißeln

bei·ßen*[báisən] 《13》 **biß**[bɪs] / **ge·bis·sen**; 接II bisse **I** 他 (h) **1** (英: *bite*) かむ, (…に)かみつく; (虫などが)刺す: *et.*[4] in Stücke ~ …をかみ砕く | *jn.* in die Hand ~ …の手にかみつく(→II 1) | *seine* Wut in *sich*[4] ~ 怒りをかみころす | **nichts zu ~ und zu brechen haben** 《比》 食うにことかいている, 生活が苦しい | nichts zu nagen und zu ~ haben (→nagen I 1) | *Beiß* mich bloß nicht! 《話》 そうがみがみ言うな ‖ von Flöhen *gebissen* werden ノミに食われる | Er ist von wilden Affen *gebissen.* 《話》 彼は頭がどうかしている ‖ 再帰 *sich*[4] auf die Zunge 〈die Lippen〉 ~ (自分の)舌〈唇〉をかむ; 《比》 (口をすべらしそうになって思わず)口をつぐむ(→II 1) | *sich*[4] mit *jm.* um *et.*[4] ~ …のことで…といがみ合う.

2 《比》 再帰 《相互的》 *sich*[4] 〔mit *et.*[3]〕 ~ (色が)〔…の色と〕調和しない | Dein Hut *beißt* sich aber mit dem Kleid. 君の帽子は(色が)ドレスと合わないよ.

II 自 (h) **1** かむ, かみつく; (釣りで魚が)食いつく; (虫などが)刺す; 《比》 食いこむ: Mein Pferd *beißt.* 私の馬はかむ〔癖がある〕 | Die Fische *beißen* heute gut. (魚釣りで)きょうは魚の食いがいい | Hunde, die 〔viel〕 bellen, *beißen* nicht. (→Hund 1 a) | Ein toter Hund *beißt* nicht mehr. 死者は恐れるに足らない | Ich *beiße* nicht! 《話》 私はかみつきはしないよ, 安心しろ ‖ 〖前置詞と〗 **an** *seinen* Nägeln ~ つめをかむ | bei *jm.* **auf** Granit ~ (→Granit) | *sich*[3] auf die Lippen ~ (自分の)唇をかむ(→I 1) | *sich*[3] auf die Zunge ~ (→Zunge 1 a) | **in** eine Birne ~ ナシをかじる | in den sauren Apfel ~ 〔müssen〕 (→Apfel 1 b) | ins Gras ~ (→Gras 2) | *jm.* in die Hand ~ …の手にかみつく(→I 1) | Da *beißt* sich die Katze 〈die Schlange〉 in den Schwanz. (→Katze 1 a, →Schlange 1 a) | **nach** *et.*[3] ~ …にかみつこうとする | **um** *sich*[4] ~ あたりかまわずかみつく.

2 (刺すように)ひりひりする, しみる(→III): Der Rauch *beißt* mir in die Augen. 煙が目にしみる | Pfeffer *beißt* auf der Zunge. コショウで舌がひりひりする.

III bei·ßend 現分 形 かみつく〈刺す〉ような, ひりひりする; しんらつな: ~*e* Kälte 肌を刺す寒さ | ein ~*er* Geruch 刺激臭 | ~*er* Spott 痛烈なあざけり.

[*germ.* „spalten"; ◇bitter, Bille[2], beizen; *engl.* bite]

Bei·ßer[báisər] 男 -s/- (小 **Bei·ßer·chen**[–çən] 中 -s/-) **1** かみつく〔癖のある〕動物(犬・馬など); 《比》 口の悪い人, がみがみ屋; 《方》 けんか好き. **2 a)** 《戯》 (Zahn) 歯. **b)** 《縮小形で》 幼児の歯, 乳歯. **c)** 《オーストリア》 (Hebeeisen) かなてこ.

▽**bei·ßig**[báisɪç][2] =bissig

Beiß≠kohl[báis..] 男 (Mangold) 〖植〗 フダンソウ(不断草)(の一種). **≠korb** =Maulkorb **≠ring** 男 (乳歯が生えはじめる幼児用の)歯固めリング. **≠schild·krö·te** 女 〖動〗 スッポン. **≠zahn** 男 (Schneidezahn) 切歯(せっし), 門歯(もんし). **≠zan·ge** 女 **1** (Kneifzange) ペンチ, やっとこ, 鉗子(かんし)(→ 図 Zange): ***jn.* 〈*et.*[4]〉 nicht 〔einmal〕 mit der ~ anfassen mögen** 《話》 (けがらわしくて)…とはかかわり合いたくない, …は遠く避けて通りたい. **2** 《比》 がみがみ女.

Bei·stand[báiʃtant][1] 男 -〔e〕s/..stände[..ʃtɛndə] **1** 《雅》 《単数で》 助力, 援助: *jm.* ~ leisten …を援助〈補佐〉する. **2** 援助者, 後見人; 〖法〗 補佐人; 訴訟補助人: *jm.* einen ~ beigeben …に後見人をつける. **3** 《オーストリア》 (Trauzeuge) 結婚立会人.

▽**bei·stän·dig**[..ʃtɛndɪç][2] =behilflich

Bei·stands≠kre·dit[báiʃtants..] 男 〖商〗 スタンドバイ=クレジット. **≠pakt** 男, **≠ver·trag** 男 (国家間の)援助協定〈条約〉.

bei|ste·hen*[báiʃte:ən] 《182》 自 (h) **1** 《*jm.*》 (…を)助ける, (…に)助力する, 援助する: *jm.* mit Rat und Tat ~ …に助言助力を惜しまない. **2** 〖海〗 (帆が)並ぶ: 〖ふつう次の形で〗 alle Segel ~ lassen 総帆をあげる, 全速力を出す.

bei|stel·len[báiʃtɛlən] 他 (h) **1** 《オーストリア》 《*jm. et.*[4]》 (…のために…を)使用に供する: Suche Friseur, Zimmer wird *beigestellt.* (広告で)理容師を求む 居室提供します ‖ *beigestelltes* Material 〖経〗 (加工用に)貸し出した材料. **2** 〖鉄道〗 (車両を)連結〈増結〉する. **3** 加え〈添え〉置く: Wenn man noch einen Tisch *beistellt,* haben wir alle Platz. もうひとつ机を増やせばみんな席につける.

Bei·stell·tisch 男 システムテーブル〈机〉.

Bei·stel·lung[..lʊŋ] 女 -/-en beistellen すること: ~ der Arbeitskleidung 作業服の貸与.

Bei·steu·er[báiʃtɔyər] 女 -/-n 《南部》 寄付金, 醵金(きょきん); ▽寄与.

bei|steu·ern[báiʃtɔyərn] 《05》 **I** 他 (h) 《*et.*[4] zu *et.*[3]》 (金などを…のために)寄付〈喜捨・醵出(きょしゅつ)〉する; (…を…のために)寄付する: *sein* Scherflein zu *et.*[3] ~ …にささやかな寄付をする. **II** 自 (h) 《mit *et.*[3] zu *et.*[3]》 (…を…に)寄付する; 寄与する.

bei|stim·men[báiʃtɪmən] 自 (h) (zustimmen) 《*jm.* / *et.*[3]》 (…に)同意する, 賛意を表する.

Bei·stim·mung[..mʊŋ] 女 -/ 同意, 賛成.

Bei·strich[báiʃtrɪç] 男 -〔e〕s/-e (Komma) 〖言〗 コンマ(,): einen ~ setzen コンマを打つ.

Bei·tel[báitəl] 男 -s/- 〖木工〗 のみ, たがね(→ 図). [<Beutel[1]]

Bei·trag[báitra:k][1] 男 -〔e〕s/

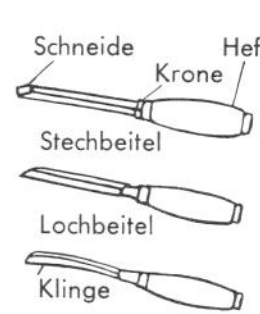

Beitel

..träge[..trɛːɡə] **1** 寄与, 貢献: *seinen* ～ zu *et.*[3] 〈für *et.*[4]〉 leisten …に〔応分の〕寄与をする. **2** (新聞・雑誌・論文集などへの)寄稿; 寄稿論文: einen ～ für eine Zeitschrift schreiben 〈liefern〉 雑誌に寄稿する ‖《*Beiträge* zur Geschichte Österreichs》『オーストリア史論集』. **3** 分担金, 出資; 会費; (保険などの)掛け金, 保険料: *Beiträge* für die Gewerkschaft 労働組合費 | Mitglieds*beitrag* 会費 ‖〔*seinen*〕～ entrichten 〈bezahlen〉 分担金を払う.

bei|tra·gen*[báitraːɡən][1] 《191》 自 (h) 《zu *et.*[3]》 (…に)寄与〈貢献〉する; 寄稿する: zur Erhaltung des Friedens ～ 平和の維持に役立つ〈尽力する〉 ‖〖数量などを示す4格と〗einiges 〈*sein* Teil〉 zu *et.*[3] ～ …に若干〈応分〉の寄与をする | Sein Äußeres hat sehr viel zu seiner Popularität *beigetragen.* 彼の人気には彼の外見も大いにあずかっていた.

Bei·trä·ger[..trɛːɡər] 男 -s/- (新聞・雑誌・論文集などの)寄稿者.

Bei·trags≠be·mes·sungs·gren·ze[báitraːks..] 女 (社会保険の)保険給付の最高額. **≠mar·ke** 女 保険料支払印紙. **≠pflicht** 女 出資〈分担〉義務. **≠pflich·ti·ge** 男 女《形容詞変化》出資〈分担〉義務者. **≠rück·er·stat·tung** 女 出資〈分担〉金の払い戻し. **≠zah·lung** 女 出資〈分担〉金の払い込み.

bei|trei·ben*[báitraibən][1] 《193》 他 (h) **1** (負債などを)取り立てる, 徴収する. **2** (requirieren)〖軍〗徴発する.

Bei·trei·bung[..bʊŋ] 女 -/-en **1** 徴収: steuerliche ～ 税金の取り立て. **2** (Requisition)〖軍〗徴発.

bei|tre·ten*[báitreːtən] 《194》 自 (s) **1** 《*et.*[3]》 **a)** (団体に)参加する, 加入〈入会〉する: einer Partei[3] ～ 入党する. **b)** (条約・機構などに)加入する: einem Nichtangriffspakt ～ 不可侵条約に加盟する. ▽**2** (zustimmen)《*et.*[3]》(…に)同意する, 賛意を表する.

Bei·tritt[..trɪt] 男 -〔e〕s/-e《ふつう単数で》**1** (beitreten すること. 例えば:) 参加, 加入, 入会; 加盟. **2**〖狩〗(前足と後足の足跡が隣り合うシカの)足跡.

▽**Bei·wa·che**[báivaxə] 女 -/-n, ▽**Bei·wacht**[..vaxt] 女 -/-en (Biwak) 露営.

Bei·wa·gen[báivaːɡən] 男 -s/- **1** (Seitenwagen)(オートバイの)サイドカー. ▽**2**〖鉄道〗(動力車に引かれる)付随車.

Bei·wa·gen·ma·schi·ne 女 サイドカー付きオートバイ.

Bei·werk[báivɛrk] 中 -〔e〕s/ 付属物, 装飾; (婦人服の)アクセサリー;《比》添え物, (主要でない)二義的なもの.

Bei·wert[báiveːrt] 男 -〔e〕s/-e (Koeffizient)〖数〗係数.

▽**bei·we·send**[báiveːzənt][1] 形 (anwesend)(その場に)居合わせている.

bei|wil·li·gen[báivɪlɪɡən][2] 自 (h)《ｽｲｽ》(zustimmen)《*et.*[3]》(…に)賛成する, 賛意を表する.

bei|woh·nen[báivoːnən] 自 (h) **1**《雅》《*et.*[3]》(…に)参列〈列席〉する, 居合わせる: einer Feier ～ 式典に出席する | einem Ereignis ～ 事件を目撃する. **2**《雅》《*jm.*》(…と)同衾(どうきん)する, 性交する.

Bei·woh·nung[..nʊŋ] 女 -/-en **1**《単数で》beiwohnen すること. **2** (Beischlaf)〖法〗性交.

Bei·wort[báivɔrt] 中 -〔e〕s/..wörter **1** (Adjektiv)〖言〗形容詞. **2** (Epitheton)〖修辞〗形容語〔句〕.

bei·wört·lich[..vœrtlɪç] 形 形容詞〔的〕の.

Beiz[baits] 女 -/-en (⊕ **Beiz·lein**[báitslain] 中 -s/-, **Beiz·li**[..li·] 中 -s/-s)《ｽｲｽ》(Schenke) 酒場, 飲み屋. [*hebr.* bajis „Haus"–*jidd.*]

Bei·zahl[báitsaːl] 女 -/-en ＝Beiwert

bei|zäh·len[báitsɛːlən] 他 (h)《*jn.* 〈*et.*[4]〉 *et.*[3]/*jn.* 〈*et.*[4]〉 zu *et.*[3]》(…を…の一人・一つに)数える: *jn.* *seinen* Freunden ～ …を自分の友達のなかに数える.

Beiz·brü·he[báits..] 女 ＝Beize[1] 1 a

Bei·ze[1][báitsə] 女 -/-n **1 a)** (木材の)着色液, ステイン; (繊維の)媒染剤; (皮革の)なめし液; (金属の)腐食剤, 希薄酸液; (種子の)滅菌液; (タバコの葉の)発酵促進剤; (チーズ用の)食塩水;〖医〗焼灼(しょうしゃく)剤;《方》(小動物の)浸出体液: Fisch in die ～ einlegen 魚をつけ汁に浸す. **b)** Beize (1 a) による処理;《話》しごき, 策略: die alte ～ いつものやり口 | *jn.* in die ～ nehmen …を厳しく尋問する〈しごく〉. **2** (Marinade)〖料理〗マリナード, 漬け汁. **3**《単数で》＝Beizjagd [*ahd.*; ◇beizen]

Bei·ze[2][–] 女 -/-n《方》＝Beiz

Bei·zei·chen[báitsaiçən] 中 -s/- **1 a)**〖紋〗(同族の紋章を区別する)付加図形. **b)**〖貨幣〗(発行年度などを表す)極印. ▽**2**〖美〗アットリビュト, つきもの(→Attribut 2).

bei·zei·ten[baitsáitən] 副 時をたがえず, 間に合うように; 時機をのがさず, 早めに: Ich möchte ～ da sein. 私は遅れないようにそこに行きたい. [*mhd.* be-zīten „bei der Zeit"]

bei·zen[báitsən] 《02》 他 (h) **1** (木材を)着色する; (繊維に)媒染剤をかける; (皮革を)なめす; (金属を)酸洗いする, 腐食剤で処理する; (種子を)滅菌する; (タバコの葉を)発酵処理する;〖医〗(傷を)焼灼(しょうしゃく)する: das Brett braun ～ 板を褐色に着色する. **2** (刺激して)痛くする; (日光が)焼く; (酸が金属を)腐食させる: Rauch *beizt* die Augen. 煙が目にしみる ‖ *beizender* Geruch 刺激臭 | ein *beizender* Ruf《比》つんざくような鋭い叫び | *gebeizte* Hände 荒れた手. **3** (marinieren)〖料理〗(魚・肉を)マリナードに漬ける. **4** (鷹(たか)狩りで)捕る: Hasen ～ (タカが・タカを使って)ウサギを捕る ‖〖目的語なしで〗auf Wildenten ～ (タカが)カモを捕る. ▽**5** (ködern)(えさ・わなを)しかける. [*ahd.*; ◇beißen, Beize[1]; *engl.* bait]

Bei·zer[1][báitsər] 男 -s/- (木材の)着色工; (金属の)酸洗い工.

Bei·zer[2][–] 男 -s/-《方》酒場の主人. [<Beiz]

Beiz≠fal·ke[báits..] 男 (鷹(たか)狩り用の)タカ. **≠hund** 男 (鷹狩り用の)猟犬. [<beizen]

bei|zie·hen*[báitsiːən] 《219》 他 (h)《南部・ｵｰｽﾄﾘｱ》(hinzuziehen)《*jn.*》(補足的に意見を徴するために専門家などを)呼ぶ;《*et.*[4]》援用する, 引き合いに出す.

Bei·zie·hung[..tsiːʊŋ] 女 -/《南部・ｵｰｽﾄﾘｱ》beiziehen すること.

Beiz·jagd[báits..] 女 鷹(たか)狩り. [<beizen]

Beiz·lein, Beiz·li Beiz の縮小形.

be·ja·gen[bəjáːɡən][1] 他 (h)《*et.*[4]》(特定の動物を〔定期的に〕)捕獲する; (ある区域を)狩猟して回る.

be·ja·hen[bəjáːən] 他 (h) (↔verneinen)《*et.*[4]》(…に対して)然(しか)り〈イエス〉と答える, 肯定する, 是認〈同意〉する: eine Frage ～ 問いに対して然り〈イエス〉と答える | das Leben ～ 人生を肯定する | einen Plan ～ 計画に同意する ‖ den Wanderprediger ～ 巡回牧師の言うことに賛同する ‖ eine *bejahende* Antwort 肯定の答え | *bejahend* nicken 肯定〈同意〉してうなずく. [<ja]

be·ja·hen·den·falls[bəjáːəndənfáls, ◡⏊◡◡◡] 副《官》同意〈賛成・承認〉の場合には.

be·jahrt[bəjáːrt] 形《雅》年を取った, 年老いた: ein ～*er* Herr 高齢の紳士. [*mhd.*; ◇Jahr]

Be·ja·hung[bəjáːʊŋ] 女 -/-en 肯定, 是認; 同意.

be·jam·mern[bəjámərn] 《05》 他 (h)《*jn.*/*et.*[4]》(…のために)嘆き悲しむ: *sein* Los ～ 自分の運命を嘆く.

be·jam·merns≠wert 形, **≠wür·dig** 形 悲しむべき, 痛ましい: in einem ～*en* Zustand sein 哀れな状態にある.

be·jauch·zen[bəjáuxtsən] 《02》, **be·ju·beln**[..júːbəln] 《06》 他 (h) (…を)歓呼〈熱狂〉して迎える, (…に)歓声を送る.

be·kacken[bəkákən] 他 (h)《卑》糞尿(ふんにょう)でよごす.

be·ka·keln[bəkáːkəln] 《06》 他 (h)《北部》《*et.*[4]》(…についてあれこれ)しゃべる, 論議する.

be·kal·men[bəkálmən] 他 (h)〖海〗(風上を走って他船の帆に)風が当たらないようにする; 風をさえぎって(他船を)進めなくする. [<Kalme; ◇*engl.* becalm]

be·kam[bəkáːm] bekommen の過去.

be·kämp·fen[bəkɛ́mpfən] 他 (h) (…と)戦う; 制圧〈克服・撲滅〉しようと努力する: eine Krankheit 〈Vorurteile〉 ～ 病気〈偏見〉と闘う | *seinen* Schmerz ～ 痛みをこらえる | *seine* Neugierde ～ 好奇心を抑える | Schädlinge ～ 害虫を撲滅〈駆除〉しようとする.

Be·kämp·fung[..pfʊŋ] 女 -/-en《ふつう単数で》bekämpfen すること: die ~ der Tuberkulose 結核の撲滅.

be·kạnnt[bəkánt] **I** bekennen の過去分詞.

II 形 **1 a)** 周知の; 知名の, 有名〈著名〉な: ein ~*er* Arzt 〈Künstler〉 高名な医師〈芸術家〉| eine 〔allgemein〕 ~*e* Tatsache 周知の事実 ‖ Er ist als Lügner 〈für seine Faulheit〉 ~./Er ist dafür ~, daß er lügnerisch 〈faul〉 ist. 彼はうそつき〈なまけ者〉として知られている | Das Hotel ist ~ für seine gute Küche. このホテルは料理がうまいので有名だ | Er ist in der Gegend ~. 彼はその地方で顔が売れている(→2) | Er ist wegen seines Ehrgeizes ~. 彼は野心家として有名だ | ~ sein wie ein bunter 〈scheckiger〉 Hund (→Hund 1 a) ‖ ~ **werden** 知れ渡る(→b, 2) | durch *et.*[4] ~ werden …で有名になる〈名を売る〉| Es wurde ~, daß er vorbestraft war. 彼に前科があることが発覚した.

☆この意味の bekannt werden は不定詞・過去分詞ではしばしば1語に書かれる: Das darf nicht *bekanntwerden*. このことは公になっては〈他人に知られては〉ならない.

b) (↔fremd) (個人的に)知っている, 既知の, なじみの: ein ~*es* Gesicht 見知った顔 | eine ~*e* Stimme 聞き覚えのある声 ‖ Er ist mir gut 〈nur flüchtig〉 ~. 私は彼をよく知っている〈ほんのちょっとしか知らない〉| Davon ist mir nichts ~. そんなことは私はとんと知らない | Das **kommt mir ~ vor.** それは私には見覚え〈聞き覚え〉があるような気がする ‖ *jm.* ~ werden …に知れる, …の耳にはいる(→a).

2 《述語的》 **mit *jm.* ~ sein** …と知り合っている | Ich bin mit ihm gut 〈nur flüchtig〉 ~. 私は彼とは深いなじみだ〈ちょっとした知り合いでしかない〉| **mit *et.*[3] ~ sein** …を知っている, …に精通している | in der Gegend ~ sein その地方のことに詳しい(→1 a) ‖ ***jn.* mit *et.*[3] ~ machen** …に…についての知識を与える, …を…に精通させる | ***sich*[4] mit *et.*[3] ~ machen** …についての知識をうる, …に精通する ‖ *jn.* mit *jm.* ~ machen …を…に紹介する(→bekanntmachen 2) | *jn.* mit meinem Vater ~ machen …を父に紹介する | Darf ich ~ machen? ご紹介しましょう ‖ **mit *jm.* ~ werden** …と知り合いになる(→1 a ☆).

3 《方》(geständig) 自白〈白状〉した.

II Be·kạnn·te 1 男 女 《形容詞変化》 **a)** 知人, 知り合い: ein guter ~*r* von mir 私のよく知っている男 | Sie ist nicht meine Freundin, sie ist nur eine ~ von mir. 彼女は私のガールフレンドではなく 知り合いにすぎない | Wir sind alte ~. 私たちは昔なじみだ. **b)** 《婉曲に》 mein ~*r* 〈meine ~*e*〉 私の知り合いの男〈女〉(恋人や愛人).

2 中 《形容詞変化》 **a)** 周知〈既知〉の事柄. **b)** jemand ~*s* だれか知り合いの人, 知人のうちのだれか.

Be·kạnn·ten·kreis[bəkántən..] 男 知人仲間, 交際範囲: einen großen ~ haben 交際範囲が広い | Ich zähle ihn zu meinem engeren ~. 彼は私の親しい仲間の一人だ.

be·kạnn·ter·mạ·ßen[bəkántərmá:sən] 《官》=bekanntlich

Be·kạnnt·ga·be[bəkánt..] 女 -/ (bekanntgeben すること. 特に:) 公表, 公示: die ~ der Verlobung 婚約の公表.

be·kạnnt|ge·ben* 《52》 他 (h) 公表する, 公示する; 広告する: das Ergebnis der Prüfung ~ 試験の結果を公表する.

Be·kạnnt·heit[bəkánthaɪt] 女 -/ bekannt なこと.

Be·kạnnt·heits·grad 男 -〔e〕s/ 知名度.

be·kạnnt·lich[..lɪç] 副 周知のごとく, ご存じのように.

be·kạnnt|ma·chen[bəkánt..] 他 (h) **1** 《*et.*[4]》一般に知らせる, 公表する; 広告する: *et.*[4] durch den Anschlag ~ …を掲示する. **2** 《*jn.* mit *jm.*》(…を…に)紹介する(→bekannt II 2).

Be·kạnnt·ma·chung 女 -/-en **1** 《単数で》(bekanntmachen すること, 例えば:) 公表, 公示; 布告, 告示.

2 (bekanntmachen されたもの, 例えば:) 掲示; 広告.

Be·kạnnt·schaft[bəkánt-ʃaft] 女 -/-en **1** 《ふつう単数で》知り合うこと; 交友, 面識; 知識, 素養: eine vertraute 〈flüchtige〉 ~ 親しい〈ちょっとした〉つきあい | Unsere ~ besteht schon seit Jahren. 我々は何年も前からの知り合いだ ‖ *js.* ~ machen …と知り合う | die ~ eines Mädchens machen ある娘と知り合う | **mit *et.*[3] ~ machen** 《しばしば皮肉》…(やっかいなもの)とかかわり合いを持つ | mit der Polizei ~ machen 警察の御厄介になる.

2 交友範囲, 知人: eine große ~ 〈zahlreiche ~*en*〉 haben つきあいが広い | mehrere ~*en* machen 何人かの知人を得る.

be·kạnnt|wẹr·den* 《208》 自 (s) →bekannt II 1 a ☆

be·kạn·ten[bəkántən] 《01》 他 (h) 《*et.*[4]》(…に)かどくへり)をつける.

Be·kas·sị·ne[bekasí:nə] 女 -/-n (Sumpfschnepfe) 〘鳥〙タシギ(田鴫). [*fr.* bécasse; <*fr.* bec „Schnabel"]

be·kau·fen[bəkáʊfən] 他 (h) 《方》 再帰 *sich*[4] ~ へたな〈高い〉買い物をする, 衝動買いをする.

be·kẹhr·bar[bəké:rba:r] 形 回心〈改宗〉させ得る.

be·kẹh·ren[bəké:rən] 他 (h) 《*jn.*》回心〈改宗〉させる, 転向させる: Heiden ~ 異教徒を回心させる | *jn.* zum Christentum 〈Sozialismus〉 ~ …をキリスト教に改宗させる〈社会主義に転向させる〉‖ 再帰 *sich*[4] zu Gott ~ 回心して神に従う | *sich*[4] zu einer anderen Ansicht ~ 考えを変える ‖ ein *bekehrter* Sünder 〘宗〙正しい教えに目ざめた罪人 ‖ der 〈die〉 *Bekehrte* 改宗者, 回心者; 転向〈変節〉者. [*ahd.*; *lat.* convertere (→konvertieren) の翻訳借用]

Be·kẹh·rer[..rər] 男 -s/- (女 **Be·kẹh·re·rin**[..rərɪn] -/-nen) 改宗〈転向〉を説く人; 〘宗〙布教〈伝道〉者.

Be·kẹh·rung[..rʊŋ] 女 -/-en (〔sich〕 bekehren すること. 例えば:) 〘宗〙回心, 改宗; 布教, 伝道.

Be·kẹh·rungs≠ei·fer 男 布教熱心, 伝道狂, 折伏(しゃくぶく)マニア. **≠rei·se** 女 布教の旅, 伝道旅行.

be·kẹn·nen*[bəkɛ́nən] 《73》 **I** 他 (h) **1** (特定の事実を)認める; 告白する, 公言する: Farbe ~ (→Farbe 4) | einen Irrtum ~ あやまちを認める | *jm. seine* Liebe ~ 《雅》…に愛を打ち明ける | die Wahrheit ~ 真相を告白する ‖ Er *bekannte*, gelogen zu haben 〈daß er gelogen hatte〉. 彼は〔自分が〕うそをついたことを認めた ‖ *seinen* Glauben ~ 〘宗〙信仰を告白する | *Bekennende* Kirche 〘史〙告白教会(ナチに反抗したドイツの新教派の運動) ‖ 再帰 *sich*[4] 〔als / für〕 schuldig ~ 自分に罪があることを認める | *sich*[4] als Täter 〈als seinen Freund〉 ~ 自分が犯人〈彼の友人〉であることを認める | *sich*[4] zu *jm.* ~ …の一派に属することを公言する, 公然と…の肩をもつ | *sich*[4] zu einem Glauben 〈einer Lehre〉 ~ 信仰をもつ〈学説を信じる〉ことを公言する | *sich*[4] zu einer Schuld 〈einer Tat〉 ~ 罪〈行為〉をみずから認める.

2 a) (bestätigen) 〘商〙(受領を)確認する. [▽]**b)** *jn.* für *sein* Kind ~ …が自分の子であることを認知する.

II be·kạnnt → 別出

Be·kẹn·ner[bəkɛ́nər] 男 -s/- (bekennen する人. 例えば:) 告白者; (思想・学説などの)信奉者; 〘カトリック〙証聖者.

Be·kẹn·ner≠an·ruf 男 (過激派などによる事件後の)犯行を認める電話. **≠brief** 男 = Bekennerschreiben **≠schrei·ben** 中 (過激派などによる事件後の)犯行声明書.

Be·kẹnnt·nis[bəkɛ́ntnɪs] 中 -ses/-se **1** 告白; 公言: das ~ *seiner* Schuld 〈Liebe〉 罪〈愛〉の告白 ‖ ein ~ ablegen 《官》告白〈公言〉する. **2** (Konfession) 〘宗〙信〔仰個〕条; 宗派: das Augsburger ~ 〘史〙アウクスブルクの信仰告白 | evangelischen 〈katholischen〉 ~*ses* sein 新教徒〈カトリック教徒〉である. [*mhd*; ◇bekannt]

Be·kẹnnt·nis≠frei·heit 女 -/ 〘宗〙信教の自由. **≠schrift** 女 〘宗〙(各宗派の)信条書; 信経, 信仰個条摘要書. **≠schu·le** 女 (↔Gemeinschaftsschule) 宗派学校.

be·kie·ken[bəkí:kən] 他 (h) 《北部》《話》よく見る, 観察する.

be·kiest[bəkí:st] 形 (道などが)砂利敷きの. [<Kies]

be·kịn·dert[bəkɪ́ndərt] 形 (夫婦が)子供をもっている. [<Kind]

Bekl. 略 =Beklagte

B

B

be·kla·gen[bəklá:gən][1] **I** 他 (h) **1**《雅》嘆く, 悲しむ, 残念がる: ein Unglück ~ 不幸を悲しむ | einen Toten ~ 死者をいたむ | Bei dem Unfall waren Menschenleben nicht zu ~. その事故では人命は失われなかった. ▽**2** (verklagen)〘法〙告訴する:〘ふつう過去分詞で〙die *beklagte* Partei 被告側 | der 〈die〉 *Beklagte* (→beklagt II). **3** 再帰 *sich*[4] über *jn.* 〈*et.*[4]〉 ~ / *sich*[4] wegen *et.*[2] ~ …のことで苦情を言う | *sich*[4] über *seinen* Vorgesetzten ~ 上役のことでぐちをこぼす | Ich habe mich bei ihm wegen dieser Ungerechtigkeit *beklagt*. 私はこの不公正さについて彼に文句をつけた. **II Be·klag·te** → 別出

be·kla·gens≠wert 形, **≠wür·dig** 形 嘆かわしい, 悲しむべき; 残念な.

be·klagt[bəklá:kt] **I** beklagen の過去分詞. **II Be·klag·te** 男 女《形容詞変化》(略 Bekl.) (↔Kläger)〘法〙(民事訴訟における)被告.

be·klat·schen[bəklátʃən]《04》他 (h) **1**《*et.*[4]》(…に対して)拍手喝采(かっさい)する. **2**《話》《*jn.*》(…の)陰口をきく, (…の)うわさ話をする.

be·klau·en[bəkláuən] 他 (h)《話》(bestehlen)《*jn.*》(…の物を)盗む.

be·kle·ben[bəklé:bən][1] 他 (h)《*et.*[4] mit *et.*[3]》(…に…を)はる: Das *Bekleben* der Wand ist verboten. この壁にはり紙を禁ず.

be·kleckern[bəklɛ́kərn]《05》**I** 他 (h)《話》(液体をこぼして…に)しみをつける, よごす: das Kleid mit Suppe ~ 服にスープをこぼしてよごす | *sich*[3] die Krawatte ~ (自分の)ネクタイにしみをつける ‖ 再帰 *sich*[4] mit Ruhm ~ (→Ruhm 1). **II be·kleckert** 過分 形《方》(wichtigtuerisch) もったいぶった: einen *Bekleckerten* machen《話》もったいぶる.

be·kleck·sen[bəklɛ́ksən]《03》他 (h)《*et.*[4] mit *et.*[3]》(…をインク・ペンキなどで)よごす.

be·klei·den[bəkláidən][1]《01》他 (h) **1 a)** (…に)衣類を着せる: *jn.* mit einer Hose ~ …にズボンをはかせる ‖ 再帰 *sich*[4] feierlich ~ 晴れ着を着る, 礼装する. **b)**《雅》《*et.*[4] mit *et.*[3]》(…に…を)かぶせる, (…を…で)覆う, 被覆する: die Wände mit Tapeten ~ 壁に壁紙をはる | Der Altar ist mit Blumen *bekleidet*. 祭壇が花で覆われている. **2**《雅》**a)**《*jn.* mit *et.*[3]》(…に位階・官職などを)授ける: *jn.* mit einem Amt ~ …を官職につける | *jn.* mit Ring und Stab ~ (指輪と杖(つえ)を授けて)…を司教に任じる. **b)** (innehaben) (地位・官職などを)占めている: einen hohen Posten ~ 高いポストについている.

Be·klei·dung[..duŋ] 女 -/-en **1**《単数で》bekleiden すること: die ~ eines Amtes 〈mit einem Amt〉《雅》役職についている〈つかせる〉こと. **2 a)**《集合的に》衣服, 着衣, 衣料品. **b)** 外被, 被覆; はめ板, 化粧張り.

Be·klei·dungs≠amt 中〘軍〙被服廠(しょう). **≠ge·gen·stän·de** 複 衣類. **≠in·du·strie** 女 衣料〈衣服〉産業.

be·klei·stern[bəkláistərn]《05》他 (h)《話》**1**《*et.*[4]》(…に)のり〈接着剤〉を〔べったり〕塗る. **2**《*et.*[4] mit *et.*[3]》(…に…を)べたべたはり付ける.

be·klem·men[bəklɛ́mən] 他 (h) (胸を)締め付ける, 息苦しくさせる: Der Anblick *beklemmt* mich. それを見ると私は胸を締め付けられる思いだ | Der Kragen *beklemmt* mir den Atem. 襟元がきつくて私は息苦しい ‖ ein *beklemmendes* Gefühl 胸苦しさ, 不安感 | Die Atmosphäre war *beklemmend*. 重苦しい雰囲気だった | Die Zimmerdecke ist *beklemmend* niedrig. 天井が低くて息苦しいほどである.

Be·klemm·nis[bəklɛ́mnɪs] 女 -/-se **1** 息苦しさをひき起こすもの. **2** ＝Beklemmung

Be·klem·mung[..muŋ] 女 -/-en 息苦しさ, 胸苦しさ, 不安感.

be·klie·ren[bəklí:rən] 他 (h)《北部》《話》(beschmieren)《*et.*[4] mit *et.*[3]》(…に…を)なぐり書きする, 落書きする.

be·klom·men[bəklɔ́mən] 形《雅》胸を締め付けられるような, ふさぎこんだ: mit ~*em* Herzen 重苦しい気持で | mit ~*er* Stimme 沈んだ声で ‖ Mir ist ~ zumute. 私は憂鬱(ゆううつ)だ | Er schwieg ~. 彼は困って無言でいた. [＜*mhd.* beklimmen „umklammern" (◇klimmen)]

Be·klom·men·heit[–haɪt] 女 -/ 不安, 胸苦しさ.

be·klö·nen[bəklǿ:nən] 他 (h)《北部》《*et.*[4]》(…について)こと細かに話し合う.

be·klop·fen[bəklɔ́pfən] 他 (h) **1** たたいて調べる. **2**〘医〙打診する: *js.* Brust ~ …の胸部を打診する.

be·kloppt[bəklɔ́pt] 形《話》頭がおかしい, いかれている. [„beklopft"; *ndd.*]

be·knab·bern[bəknábərn]《05》他 (h) (動物がカリカリ・ポリポリと)かじる, ついばむ.

be·knackt[bəknákt] 形《話》**1** 愚鈍な, ばかな. **2** 不愉快な, 腹立たしい. [＜knacks]

be·knei·pen[bəknáɪpən] 他 (h)《話》再帰 *sich*[4] ~ ほろ酔い機嫌になる. [＜Kneipe]

be·knien[bəkní:n, bəkní:ən] 他 (h)《話》《*jn.*》(…に)ひざまずくようにして懇願する, しつこくねだる.

be·knif·fen[bəknífən] 形《方》(betreten) 狼狽(ろうばい)した, 困惑した; 恥じている.

be·knos·pen[bəknɔ́spən] 他 (h) 再帰 *sich*[4] ~ (植物が)つぼみをつける.

be·knül·len[bəknʏ́lən] 他 (h)《話》再帰 *sich*[4] ~ 酒に酔う: *beknüllt* sein 酒に酔っている. [＜knüll „bezecht"]

be·ko·chen[bəkɔ́xən] 他 (h)《話》《*jn.*》(…に)食事を給する, (…のために)食事を用意する.

be·kö·dern[bəkǿ:dərn]《05》他 (h)《*et.*[4]》〘漁〙(釣り針に)餌(え)〈えさ〉をつける.

be·koh·len[1][bəkó:lən] 他 (h) (船・機関車・燃料庫などに)石炭を補給する; (…に)石炭を積む, 給炭する. [＜Kohle]

be·koh·len[2][–] 他 (h)《話》《*jn.*》だます, あざむく. [＜Kohl[2]]

be·kom·men*[bəkɔ́mən]《80》**I** 他 (h)《haben の完了相にあたり, 受動態なし: →haben I》**1** (英: *get*)《*et.*[4]》(…を)人から与えられる: **a)** ① 受け〔取〕る; もらう, 授かる, 所有する〈備える〉ようになる; (罰などを)くらう, こうむる:〘願わしいものを目的語として〙Erlaubnis ~ 許可をもらう | Ermäßigung ~ 割り引いてもらう | ein Buch 〈ein Geschenk〉 ~ 本〈贈り物〉をもらう | Geld ~ 金をもらう, 金にありつく(＝zu Geld kommen) | Kenntnis von *et.*[3] ~ …について聞き知る | Lohn 〈Gehalt〉 ~ 賃金〈給与〉を受け取る | Post 〈einen Brief〉 ~ 郵便を〈手紙を一通〉受け取る | einen Preis 〈einen Orden〉 ~ 賞〈勲章〉を授かる | 〔10 Tage〕 Urlaub ~ 〔10日間の〕有給休暇をもらう | Ware 〈Pakete〉 ~ 品物〈小包〉を受け取る | Was 〈Wieviel〉 *bekommen* Sie? (店で客が店員に)勘定はおいくらですか; (店員が客に)何を〈何個〉お求めですか | *Bekommen* Sie schon? (店員が客に)ご注文はお済みですか | Er kann nicht genug ~. 彼はいくらもらっても満足しない〈底なしの欲深だ〉‖〘願わしくないものを目的語として〙drei Jahre 〔Gefängnis〕 ~ 3年間の懲役を食らう | eine Ohrfeige ~ びんたを食らう | einen Stein an den Kopf ~ 頭に石をぶつけられる ‖ Du *bekommst* was.《話》ぶん殴られるぞ ‖〘動作名詞などを目的語として受動の意味を帯びて〙Bescheid 〈Besuch〉 ~ 知らせ〈訪問〉をうける | einen Kuß ~ キスをされる | ein Lob ~ ほめられる | Hiebe 〈Prügel〉 ~ 殴られる | einen Schlag ~ 一撃をこうむる | eine Strafe ~ 罰せられる | einen Tadel ~ 非難される | Vergebung ~ 許される.

②《過去分詞とともに一種の受動形をつくる. 能動文で3格で表れる要素が主語となる: →haben II 2 b)》…してもらう: Er *bekam* ein Buch geschenkt. 彼は本を一冊プレゼントされた (参考 Man schenkte ihm ein Buch./Ihm wurde ein Buch geschenkt.) | *et.*[4] bezahlt 〈erzählt〉 ~ …を支払って〈話して〉もらう | Patienten, die Blut entnommen *bekamen* 採血をしてもらった患者たち | Er hat seinen Wunsch erfüllt *bekommen*. 彼は願いがかなえられた | *et.*[4] geschickt 〈geliefert〉 ~ …を送って〈配達して〉もらう | Er *bekam* ein gutes Essen vorgesetzt. 彼は上等な食事を供された.

b) (努力して)得る, 入手〈獲得〉する, ありつく, 手に入れる; 買

い求める: eine Arbeit 〈eine Stellung〉 ～ 仕事〈職〉にありつく | keinen Schlaf ～ いっこうに寝つけない ‖ einen Begriff von *et.*[3] ～ …がのみこめる | einen Überblick über *et.*[4] ～ …の全体の見通しがつく | festen Boden unter den Füßen ～ (船などから)大地に降り立つ; 《比》基礎を固める | die Oberhand ～ 優位に立つ | 〔telefonische〕 Verbindung ～ 電話がつながる ‖ ein Kind ～ (→2 a ①) | Die Stadt *bekommt* eine neue Schule. この町には新たに学校ができる | Er hat gerade noch den Zug *bekommen*. 彼はかろうじて列車に間にあった ‖ einen Teppich billig ～ じゅうたんを安い値段で買い求める.

2 《*et.*[4]》 (…が)存在するようになる: **a**) 《当人の意志とは関係なく》 ① (ある感情・状態が)生じる, 出てくる, わく; (ある状態に)陥る: Angst ～ 不安に襲われる | Lust 〈Mut〉 ～ 意欲〈勇気〉が出る | Durst ～ のどが渇く | Hunger ～ 腹がすく | Fieber 〈Husten〉 ～ 熱〈せき〉が出る | Heimweh ～ ホームシックにかかる | Kopfschmerzen ～ 頭痛がする | eine Krankheit ～ 病気にかかる | einen Anfall ～ 発作に襲われる ‖ einen Bart ～ ひげがはえる | graue Haare ～ 白髪になる | Blätter ～ 葉をつける | Zähne ～ 歯がはえる | ein Kind ～ 子供ができる, 妊娠する | Risse ～ ひびが入る | Streit 〈Krach〉 ～ けんかになる ‖ Wir *bekommen* bald Regen. じきに雨になる.

② (…が)備わる〈存在する〉ようになる: Erfahrung ～ 経験が備わってくる | Gestalt ～ 形が整ってくる ‖ eine Frau 〈einen Mann〉 ～ 妻〈夫〉を得る, 結婚する | an *jm.* einen Freund ～ …という友達ができる ‖ *et.*[4] zu Gesicht 〈vor *seine* Augen〉 ～ …を目にする, …が目の前に現れる | Ich hatte ihn lange nicht zu Gesicht *bekommen*. 私は長らく彼に会っていなかった ‖ Er *bekam* die Tante satt. 彼はおばにはうんざりだった.

③ 《zu 不定詞〔句〕と》 (…が)できるようになる; (…)しなければならなくなる: *et.*[4] zu essen ～ …を食べ物としてもらう, …を食べさせてもらう | *et.*[4] zu kaufen ～ …が買える | *et.*[4] zu hören ～ …を聞かされる | Du wirst etwas Schönes zu hören ～. 《反語》君はお説教をくうぞ | *et.*[4] zu sehen ～ …を見せられる, …を目にする | *et.*[4] zu spüren ～ …を〔身にしみて〕感じさせられる ‖ es mit der Angst zu tun ～ 不安に駆られる | es mit *jm.* zu tun ～ …とかかわり合い〈けんか〉になる | Da *bekommst* du's mit mir zu tun! そうなったらおれが黙っていない〈ただではおかない〉ぞ.

b) (…に努力してある状態を)生じさせる; (…を)移動させる: 〖方向を示す語句と〗den Fleck **aus** dem Kleid ～ 服のしみを抜く | *jn.* aus dem Bett ～ …をむりに起こす | *et.*[4] **durch** die Tür ～ …に戸口を通らせる | *jn.* in *seine* Gewalt 〈Macht〉 ～ …を支配下におく | *jn.* zum Reden ～ …に口を開かせる | **es über *sich***[4] **～** 《zu 不定詞句と》…(気の進まぬこと)を心ならずもあえてする | Ich *bekam* es nicht über mich, ihm die Bitte abzuschlagen. 私は彼の頼みを断ることがどうしてもできなかった | Ich *bekam* ihn dazu, mir alles zu erzählen. 私はやっと彼に一切を話させることができた ‖ 〖様態を示す語句と〗einen Gefangenen frei ～ wollen とらわれの男を自由にしてやろうとする | Die Kinder sind kaum satt zu ～. 子供たちはいくら食べても満足しない.

★ i) kriegen と bekommen: 俗語的な表現では bekommen の代わりに kriegen を用いる(→kriegen[1] ★).
ii) haben と bekommen の関係: 共に受動態をもたないが, 相の違いがあり, haben が状態を表すのに対し bekommen はその状態になるという動きを表す: Er *hat* eine Stellung. 彼は職をもっている | Er *bekommt* eine Stellung. 彼は職を手に入れる ‖ Ich *habe* es mit ihm zu tun. 私が相手としなければならないのは彼だ | Ich *bekomme* es mit ihm zu tun. 私は彼を相手にするはめになる ‖ Er *hat* frei. 彼は暇がある | Er *bekommt* frei. 彼は暇ができる〈休暇をもらう〉.
iii) erhalten と bekommen: →erhalten 1 a ☆

II 自 (s) 《*jm.*》 (…に)〔よい〕効果をもつ; (…の)性〈からだ〉に合う: *jm.* 〔gut〕 ～ …のためになる | Unser Essen scheint dem Kind gut zu ～. わが家の食事はこの子のからだに合うようだ | Das Klima 〈Die Kur〉 *bekommt* ihm nicht. 当地の気候〈この治療法〉は彼には合わない | Sie ist ihm nicht gut *bekommen*. 彼女〔とのつきあい〕は彼のためにならなかった | **Wohl *bekomm's*!** (酒・料理を差し出す際のあいさつの言葉として)さあ召しあがれ; 乾杯; 《反語》さあ(これを食べて・飲んで)くたばれ.

be·kömm·lich[bəkœ́mlɪç] 形 (食物などが)健康〈からだ〉によい; 消化がいい: eine ～*e* Speise 消化のよい食物 | Obst ist leicht ～. 果物はこなれやすい. [◇bequem]

be·kom·pli·men·tie·ren[bəkɔmplimɛntí:rən] 他 (h) 《*jn.*》 (…に)賛辞を述べる; (…に)おせじを言う: 再帰 *sich*[4] 〔gegenseitig〕 ～ 互いにほめあう〈お世辞を言いあう〉.

be·kö·sti·gen[bəkœ́stɪgən][2] 他 (h) 《*jn.*》 (…に)食事を給する: 再帰 *sich*[4] 〔selbst〕 ～ 自炊する. [＜Kost]

Be·kö·sti·gung[..gʊŋ] 女 -/ 賄い, 給食; 食事: volle ～ 三食賄い | Wohnung und ～ 賄いつき下宿.

be·kot·zen[bəkɔ́tsən] 《02》 **I** 他 (h) 《話》 (…に)げろを吐きかける, 吐いてよごす: 再帰 *sich*[4] von oben bis unten ～ へどまみれになる. **II be·kotzt** 過分 形 《俗》 吐き気を催すような, 不快な, いまわしい.

be·krab·beln[bəkrábəln] 他 (h) 《話》 **1** 《*et.*[4]》 (begreifen) 理解する. **2** 《*jn.*》 (…の体に)手で触れる. **3** 再帰 *sich*[4] von *et.*[3] ～ …から立ち直る, …から回復する.

be·kräf·ti·gen[bəkrɛ́ftɪgən][2] 他 (h) **1** (bestätigen) 裏付ける, 確証〈確認〉する: eine Aussage mit einem Eid 〈durch einen Eid〉 ～ 陳述の内容が真実であることを宣誓によって保証する. **2** (bestärken) 強める, 固くする: die Freundschaft ～ 友情を固める | den Verdacht ～ 疑惑を強める | *jn.* in *seinem* Entschluß ～ …の決意を強化する.

Be·kräf·ti·gung[..gʊŋ] 女 -/-en bekräftigen すること.

be·krallt[bəkrált] 形 〘動〙 かぎづめのある. [＜Kralle]

be·krän·zen[bəkrɛ́ntsən] 《02》 他 (h) 花環〈花冠・花綵(はなづな)〉で飾る: den Sieger mit Lorbeer ～ 勝者に月桂冠をかぶらせる | ein *bekränztes* Bild 花環で飾られた像.

Be·krän·zung[..tsʊŋ] 女 -/ bekränzen すること.

be·kreu·zen[bəkrɔ́ʏtsən] 《02》 他 (h) **1** 〘カトリック〙 **a**) 《*jn.*》 十字を切って祝福する. **b**) 再帰 *sich*[4] ～ 十字を切る. [▽]**2** (ankreuzen) 《*et.*[4]》 (…に)十字の印をつける.

be·kreu·zi·gen[..tsɪgən][2] 他 (h) 再帰 *sich*[4] ～ 〘カトリック〙 十字を切る: *sich*[4] vor *et.*[3] ～ …の前で十字を切る; …に対して十字を切って厄払いをする; 《話》 …を忌み嫌う.

be·krie·chen*[bəkrí:çən] 《83》 他 (h) **1** 《*jn.*/*et.*[4]》 (…の上を)はい回る. **2** 《雅》 (beschleichen) (感情などが人を)襲う: Ihn *bekroch* ein Gefühl der Angst. 彼は不安の念にとらえられた.

be·krie·gen[bəkrí:gən][1] 他 (h) (…と)戦争をする, (…に)戦いをいどむ: 再帰 *sich*[4] 〔gegenseitig〕 ～ 交戦する.

be·krit·teln[bəkrítəln] 《06》 他 (h) 《*jn.*/*et.*[4]》 (…の)あら探しをする, (…に)けちをつける.

Be·krit·te·lung[..təlʊŋ] (**Be·kritt·lung**[..tlʊŋ]) 女 -/-en bekritteln すること.

be·krit·zeln[bəkrítsəln] 《06》 他 (h) 《*et.*[4]》 (…に)細かい字でごちゃごちゃと書きこむ; (…に)いたずら書き〈落書き〉をする.

be·krö·nen[bəkrǿ:nən] 他 (h) **1** (…に)冠〔状のもの〕をのせる: den Sieger ～ 勝者に冠をかぶせる | ein Gebäude mit einer Kuppel ～ 建物に円蓋(えんがい)をかぶせる. **2 a**) 《*et.*[4]》 冠として(…の)頭部を飾る: Ein Schloß *bekrönt* den Berg. 山の頂上に城がある. **b**) 《*et.*[4]》 (…の)頂点をなす; 《比》 (…の)最後を飾る.

Be·krö·nung[..nʊŋ] 女 -/-en **1** 《単数で》 bekrönen すること. **2 a**) (建物などの)頂部, 冠頂; 冠飾, 頭飾(→ 図 Altar A). **b**) 頂点; 有終の美.

be·kru·sten[bəkrʊ́stən] 《01》 他 (h) **1** 外皮で覆う. **2** 再帰 *sich*[4] ～ 外皮で覆われる; (傷口が)かさぶたになる. [＜Kruste]

be·küm·meln[bəkʏ́məln] 《06》 《話》 ＝bekneipen

be·küm·mern[bəkʏ́mərn] 《05》 **I** 他 (h) **1** 《*jn.*》 (…の)心を煩わす, 心配させる; 悲しませる: Sein Zustand *bekümmert* mich. 私は彼の状態が気にかかる | Das *bekümmert* ihn nicht. それは彼にはどうでもいい〈かかわりのない〉こと

だ | Was *bekümmert* dich das? それが君に何の関係があるというのか. **2 a)** ㊀㊁ *sich*[4] **um** *et.*[4] ～ …を気にかける, …の心配〈世話〉をする | *sich*[4] um nichts ～ なんの心配もしない | Du brauchst dich nicht um mich zu ～. 私にはかまわないでいいよ, 私をほっといてくれ. **b)** 《雅》㊀㊁ *sich*[4] **über** *et.*[4] ～ …を気にやむ.

II be·kụ̈m·mert 過分 形 憂慮している: eine ～*e* Miene haben うかぬ顔をしている ‖ über *et.*[4] ～ sein …を気にやんでいる.

Be·kụ̈m·mer·nis[..nɪs] 女 -/-se 《雅》憂慮; 心配事.

be·kụn·den[bəkʊ́ndən][1] 《01》他 (h) **1** 《雅》(言葉・身振りなどで)はっきり示す, 表明する; あらわにする: *sein* Mißfallen ～ 不快感を表明する | *seine* Reue ～ 改悛(かいしゅん)の情を示す | Mit jedem Wort *bekundete* er seine Unwissenheit. 一言ごとに彼は無知を暴露した ‖ 再帰 *sich*[4] ～ はっきりする, 表明〈明示〉される; あらわになる. **2** 〘法〙供述〈証言〉する: nach eigenem *Bekunden* 本人の供述によれば.

Be·kụn·dung[..dʊŋ] 女 -/-en bekunden すること: die ～ der Freude 喜びの表現.

Bel[1][be:l] =Baal [*gr.*−*lat.*]

Bel[2][bɛl] 中 -s/- (単位: -/-) 〘理〙ベル(伝送損・伝送利得の単位; 記号 B). [<A. G. Bell (アメリカの発明家, †1922)]

be·lä̤·cheln[bəlɛ́çəln] 《06》他 (h) **1** 《*jn.*》(…に)ほほえみかける. **2** 《*jn.*/*et.*[4]》(…について)苦笑〔しながら観察〕する: Der Plan wird allgemein *belächelt*. その計画はだれからも本気にされていない.

be·la̤·chen[bəláxən] 他 (h) **1** 《*et.*[4]》(…を)笑って楽しむ. **2** あざ笑う, 嘲笑(ちょうしょう)する.

be·lack·mei̤·ern[bəlakmáɪərn] 《05》他 (h) 《話》《*jn.*》(…を)だまして得をする, (…を)だます.

be·la̤·den*[bəlá:dən][1] 《86》他 (h) **1** (↔ entladen) 《*et.*[4] mit *et.*[3]》(…に荷などを)積む, 積み込む; (…に…を)積み上げる: einen Lastwagen mit Kohle ～ トラックに石炭を積み込む | einen Tisch mit Geschenken ～ テーブルに贈り物を積み上げる. **2** 《*jn.*》(…に荷などを)背負わせる: *jn.* mit Verantwortung ～ …に責任を負わせる ‖ 再帰 *sich*[4] mit Sorgen ～ 心配事をしょいこむ ‖ Sie ist mit Schmuck *beladen*. 彼女はやたらに着飾っている.

Be·la̤·dung[..dʊŋ] 女 -/-en **1** 《単数で》beladen すること. **2** (Fracht) 積み荷, 積載貨物.

Be·la̤g[bəlá:k][1] 男 -〔e〕s/..läge[..lɛ́:gə] (-e) **1** (表面の)薄層, (鏡・金具などの)曇り, さび; 水あか: ～ auf der Zunge 〘医〙舌苔(ぜったい) | mit einem ～ von Grünspan überzogen sein 緑青に覆われている. **2** (表面を)覆うもの; 上張り, コーティング: der ～ der Straße 街路の舗装路面 | ～ für Fußboden ゆか敷き材(プラスタイルなど). **3** (オープンサンドイッチにのせる)具; (ケーキの)デコレーション. [<belegen[1]]

Be·la̤·ge·rer[bəlá:gərər] 男 -s/- 《ふつう複数で》包囲〈攻囲〉軍.

be·la̤·gern[bəlá:gərn] 《05》他 (h) 〘軍〙包囲攻撃する, 攻囲する; 《話》包囲する, (…の)まわりに群がる: *jn.* mit Bitten ～ …を陳情攻めにする | Die Reporter *belagern* das Hotel des Ministers. 多数の記者が大臣のホテルに押しかける.

Be·la̤·ge·rung[..gərʊŋ] 女 -/-en (belagern すること. 例えば:) 包囲〔攻撃〕: die ～ aufheben 〈abbrechen〉 囲みを解く.

Be·la̤·ge·rungs≠ar·mee 女 包囲〈攻囲〉軍. **≠ar·til·le·rie** 女 〘軍〙攻城砲. **≠heer** 中 包囲〈攻囲〉軍. **≠trup·pen** 複 包囲〈攻囲〉部隊.

Be·la̤·ge·rungs·zu·stand 男 〘法〙戒厳状態: im ～ sein 戒厳令下にある | den ～ über eine Stadt verhängen ある町に戒厳令をしく. [*fr.* état de siège の翻訳借用]

Bel·ami̤[bɛlamí:] 男 -〔s〕/-s (Frauenliebling) 女にもてる男, 色男. [*fr.* bel ami „schöner Freund"]

be·lä̤m·mern[bəlɛ́mərn] →belemmern

be·lä̤m·mert →belemmert

Be·la̤ng[bəláŋ] 男 -〔e〕s/-e **1** 《単数で》重要性: **ohne ～ sein** 重要ではない | Das ist hier ohne ～. それはこのさい問題でない | **von** 〔großem〕 **～ sein** 〔きわめて〕重要なことである | Solche Untersuchungen sind für unser Projekt von großem ～. このような調査はわれわれのプロジェクトにとってきわめて重要だ ‖ Er ist kein Dichter von ～. 彼はたいした詩人ではない. **2** 《単数で》《官》(Hinsicht) 観点, 見地: in diesem ～ この点で. **3** 《複数で》(Interesse) 利益; 利害関係; 要件, 関係事項: *js.* ～*e* vertreten 〈wahren〉 …の利益を代表する〈守る〉.

be·la̤n·gen[bəláŋən] 他 (h) **1** (verklagen) 《*jn.*》〘法〙訴える, 告訴〈訴追〉する: *jn.* wegen *et.*[2] 〈für *et.*[4]〉 ～ …を…の罪で〈…に関して〉訴える. **2** =anbelangen

be·la̤ng·lo̲s[bəláŋlo:s][1] 形 重要でない, 些細(ささい)な.

Be·la̤ng·lo·sig·keit[..lo:zɪçkaɪt] 女 -/-en belanglos なこと.

be·la̤ng·reich 形 重要な.

Be·la̤n·gung[bəláŋʊŋ] 女 -/-en 〘法〙告訴.

be·la̤ng·voll 形 重要な.

be·la̤s·sen*[bəlásən] 《88》他 (h) **1** 放置する, そのままにしておく: *et.*[4] an *seinem* Platz ～ …をそのままの場所に置いておく | *jn.* auf freiem Fuß ～ …の身柄を拘束しないでおく | *jn.* in *seiner* Stellung ～ …をそのままの地位にとどめておく | alles beim alten ～ すべて元のままにしておく ‖ Wir wollen es dabei ～. それはそのままにしておこう. **2** 《雅》《*jm.* *et.*[4]》(…に…を)まかせる, ゆだねる.

be·la̤st·ba̲r[bəlástba:r] 形 重み〈荷重・負荷・負担〉に耐え得る: Der Fahrstuhl ist bis 500kg ～. このエレベーターの積載量は500キロだ.

Be·la̤st·bar·keit[−kaɪt] 女 -/-en **1** 負荷〈荷重〉能力. **2** 負担に耐える能力: körperliche ～ 肉体的に負担に耐える能力.

be·la̤·sten[bəlástən] 《01》他 (h) **1** (↔entlasten) (…に)荷重〈負担〉をかける; 《比》(精神・肉体・自然環境などに)負担をかける: die Brücke 〈den Wagen〉 zu stark ～ 橋〈車〉に過大な荷重を加える | Zuviel Fett *belastet* den Magen 〈das Herz〉. 脂肪が多すぎると胃〈心臓〉に負担がかかる ‖ die Luft durch Schadstoffe ～ 大気を有害物質でよごす | den Lift mit zehn Personen ～ エレベーターに10人を乗せる | *jn.* mit Verantwortung ～ …に責任を負わせる | *jn.* mit Steuern ～ …に課税する ‖ 再帰 *sich*[4] mit Schulden 〈Sorgen〉 ～ 借金〈心配事〉をしょいこむ ‖ mit Arbeit *belastet* sein 仕事をしょいこんでいる, 多忙である | erblich *belastet* sein (→erblich) | Die Verkehrsmittel sind nachts weniger *belastet*. 交通機関は夜には混雑が少ない. **2** (↔entlasten) 《*jn.*》〘法〙(…の)有罪の方向に働く: Die Aussage *belastete* den Angeklagten. その供述は被告人を不利な立場に置いた ‖ *belastendes* Material 有罪を方向づける事実. **3 a)** (↔entlasten) 〘商〙(…の)借方に記入する: *js.* Konto mit 100 Mark ～ …の口座の借方に100マルクを記帳する. **b)** 〘法・商〙*et.*[4] mit einer Hypothek ～ (土地・家屋などを)抵当に入れる | *et.*[4] mit einem Recht ～ …に物権を設定する. **4** 〘電〙(…に)装荷する: eine *belastete* Leitung 装荷回線.

be·lä̤·sti·gen[bəlɛ́stɪgən][2] 他 (h) **1** 《*jn.*》悩ます, 煩わす, (…に)迷惑をかける; (…に)うるさくせがむ, (…に)しつこく催促する: *jn.* mit Bitten 〈Fragen〉 ～ …にしつこくねだる〈質問する〉 | Darf ich Sie in dieser Angelegenheit noch einmal ～? この件でもう一度ごめんどうをかけてもよろしいでしょうか. **2** 《*jn.*》(…に)しつこくつきまとう, (…に)からむ, (…を)からかう: *jn.* auf der Straße ～ …に路上でからむ. [<lästig]

Be·lä̤·sti·gung[..gʊŋ] 女 -/-en (belästigen すること. 例えば:) 迷惑〔な行為〕, 厄介: sexuelle ～ 性的いやがらせ, セクハラ | Ich empfinde seine Fragen als ～. 私には彼の質問が迷惑である〈うるさい〉.

Be·la̤·stung[bəlástʊŋ] 女 -/-en (belasten する・されること) **1** 積載, 荷重, 負荷; 積荷; 積載力: die ～ eines Wagens 車の荷重 | zulässige ～ 最大積載力. **2** 《比》(精神・肉体・自然環境などに)負担をかけること: erbliche ～ 〘医〙遺伝的負荷 | die ～ durch den Beruf 職業的ストレス ‖ Bleifreies Benzin bedeutet eine geringere ～ der

Umwelt. 無鉛ガソリンは環境への負担の軽減を意味する. **3** 〘法〙有罪の心証: eine ～ des Angeklagten 被告人に不利な証言〔内容〕. **4** 〘商〙借方記入: ～ eines Kontos 口座への借方記入.

Be·la·stungs≠an·zei·ge 女 〘商〙借方伝票. **≠EKG** 中〘医〙負荷心電図. **≠fä·hig·keit** 女 -/ 負荷〈荷重〉能力; 積載能力; (ロケット・ミサイルなどの)ペイロード能力; 〘電〙負荷容量. **≠fak·tor** 男 負荷率. **≠gren·ze** 女 荷重限界, 最大積載力. **≠ma·te·ri·al** 中〘法〙不利な証拠資料. **≠pro·be** 女 負荷〈荷重〉試験: Ihre Liebe hat in der schweren Zeit die ～ bestanden.《比》彼らの愛情は困難な時代に試練に耐えた(それが本物であることが確かめられた). **≠zeu·ge** 男〘法〙被告に不利な証言をする証人.

be·lat·schern[bəláːtʃərn]《05》他 (h)《方》**1** (überreden)《*jn.*》説得する. **2** (beratschlagen)《*et.*⁴》相談する.

be·lau·ben[bəláubən]¹ 他 (h) **1** 葉で覆う: 再帰 *sich*⁴ ～ 葉をつける, 葉が茂る ‖ *belaubte* Bäume 葉の茂った木々. **2** (…の)葉を摘む. [*ahd.* louben; ◇Laub]

Be·lau·bung[..bʊŋ] 女 -/ 葉の茂〔ってい〕ること;《集合的に》葉.

be·lau·ern[bəláuərn]《05》他 (h) 待ち伏せる; (…の様子を)うかがう, 探りながら観察する.

Be·lauf[bəláuf] 男 -〔e〕s/..läufe[..lɔ́ʏfə]《ふつう単数で》▽**1** (Betrag) 金額: Kosten **im ～ von** tausend Mark 1000マルクにのぼる費用. **2** 〘狩〙(林務官の)担当林区〈猟区〉.

be·lau·fen*[bəláufən]《89》**I** 他 (h) **1**《話》巡回する, 走り回る; (猟区・林区などを)巡視する, 見回る, 踏査する; (あちこちの店を)あさり回る; (仕事を)奔走して果たす: Der Ausflugsort wird viel *belaufen*. この行楽地は訪れる人が多い | Das Geschäft ist sehr *belaufen*. この店は客が多い ‖ Sie muß alles selbst ～, weil sie keine Hilfe hat. 彼女は手伝いがないので〔かけずり回って〕何でも自分で片づけなければならない ‖ eine *belaufene* Straße にぎやかな通り. **2** (bespringen) (雌と)交尾する. **3** (煙などが)覆う; (ガラス類を)曇らす. **4 a)** 再帰 *sich*⁴ ～ (金額などが…に)達する: Der Schaden *beläuft* sich auf 10 000 Mark. 損害は1万マルクに達する | Auf wieviel 〈Wie hoch〉 *belaufen* sich die Verpflichtungen? 債務〔の合計〕はどれほどになるか. **b)** 再帰 *sich*⁴ ～ = II

II 自 (s)《方》(anlaufen) (ガラス類が)曇る: Der Spiegel *beläuft* vom Hauch. 鏡が息で曇る | Die Fensterscheiben sind *belaufen*. 窓ガラスが曇っている.

be·lau·schen[bəláuʃən]《04》他 (h) (こっそり)耳をすまして聞く, 聞き耳を立てる, 立ち〈盗み〉聞きする;《比》(一心に)探究する: *jn.* beim Singen ～ …の歌に耳をすます | *jn.* beim Schlafen ～ …が眠っているのをひそかにうかがう | *et.*⁴ 〈*jn.*〉 mit Kamera ～ …にそっとカメラを向ける.

Bel·can·to[belkánto·] 男 -s/ =Belkanto

Bel·che[bɛ́lçə] 女 -/-n (**Bel·chen**[..çən] 男 中 -s/-)《南部・スイス》=Bläßhuhn [*ahd.* belihha; ◇Blesse, Beluga]

be·le·ben[bəléːbən]¹ **I** 他 (h) **1** (…に)生命を与える; 元気〈活気〉づける; 蘇生(そせい)させる: die Stimmung ～ 気分を高める | den Handel ～ 取引を盛んにする | alte Bräuche neu ～ 古い習慣を復活させる ‖ ein Zimmer durch Blumen ～ 花を飾って部屋の彩りにする | den Unterricht durch Bild und Ton ～ 絵と音(視聴覚教材)で授業を活気づける | *jn.* durch Atemübungen ～ …を人工呼吸で生き返らす ‖ 再帰 *sich*⁴ mit einer Tasse Tee wieder ～ 1杯のお茶で元気を回復する | Sein Gesicht 〈Die Konjunktur〉 *belebt* sich. 彼の顔が生き生きとしてくる〈商況が活気を帯びる〉| Die Straße 〈Der Autoverkehr〉 *belebt* sich. 通り〈自動車の往来〉がにぎやかになる ‖ ein *belebender* Regen 恵みの雨.

2 《*et.*⁴》(生物が…に)すむ, 生息する: Dieser Planet kann von keinem Lebewesen *belebt* werden. この惑星にはどんな生物もすめない.

3 《北部》(erleben) 経験する.

II be·lebt 過分 形 **1** 活気のある, にぎやかな: *sich*⁴ wie neu ～ fühlen 生まれ変わったような気〈蘇生(そせい)の思い〉がする | eine ～*e* Kreuzung 交通量の多い交差点 | eine ～*e* Straße にぎやかな通り.

2 生命のある: die ～*e* Natur 有機物〔の世界〕.

Be·lebt·heit[bəléːpthaɪt] 女 -/ (belebt なこと. 例えば:) 活気, 活況, にぎやかさ; 人通りの多いこと.

Be·lebt·schlamm 男〘生〙活性汚泥.

Be·le·bung[bəléːbʊŋ] 女 -/ 生命〈活気〉を与えること; 蘇生(そせい), 復活, 活発化: neue ～ リバイバル.

Be·le·bungs≠becken 中 (下水処理場の)活性汚泥槽. **≠mit·tel** 中 覚醒(かくせい)剤, 興奮剤, 強壮剤; 気付け薬. **≠ver·such** 男 蘇生(そせい)の試み.

be·lecken[bəlɛ́kən] **I** 他 (h) なめる, しゃぶる; なめてぬらす; なめてきれいにする: eine Briefmarke ～ (はる前に)切手をなめる. **II be·leckt** 過分 形《話》《von *et.*³》(…の)洗礼を受けた; (…によって)磨きをかけられた: Das Volk ist kaum von der Kultur ～. この民族はほとんど文化の恵みに浴していない | **von *et.*³ nicht 〈wenig〉 ～ sein** …について何も〈ほとんど何も〉知らない | Er ist von Höflichkeit wenig 〈kaum / gar nicht〉 ～. 彼はエチケットをろくに〈ほとんど・全然〉知らない.

Be·leg[bəléːk]¹ 男 -〔e〕s/-e **1** 証拠となるもの, 証明資料: ein ～ für Zahlung 支払いを証明するもの(領収書など). **2** (語彙(ごい)・語法などの)典拠, 出典, 使用例: Für diesen Wortgebrauch gibt es im Mittelalter noch keinen ～. この語法の使用例は中世にはまだない. **3** (Fundgegenstand)〘考古〙出土品.

be·leg·bar[−ba:r] 形 典拠を示し〔て証明し〕うる.

Be·leg·bo·gen 男 (大学の)聴講届票.

be·le·gen¹[bəléːgən]¹ 他 (h) **1** 《*et.*⁴ mit *et.*³》**a)** 覆う, (一面に)かぶせる, 敷きつめる: den Fußboden 〈die Küche〉 mit Fliesen ～ 床〈台所〉にタイルをはりつめる | Bremsen mit Gummi ～ ブレーキにゴムをつける | Brote mit Wurst ～ パンにソーセージをのせる ‖ 再帰 Die Zunge hat sich⁴ *belegt*. 舌に舌苔(ぜったい)ができた ‖〘過去分詞で〙*belegte* Brötchen オープンサンドイッチ | eine *belegte* 〈*belegt* klingende〉 Stimme かすれ声 | eine *belegte* Zunge haben 舌苔ができている. **b)** 浴びせかける: eine Stadt mit Bomben 〈Feuer〉 ～ 町に爆撃〈砲撃〉を加える | *jn.* mit Schimpfworten ～ …をさんざんののしる. **c)** 課する, 割り当てる; (…に)人員を配置する: *et.*⁴ mit Abgaben ～ …に課税する | eine Fabrik 〔mit Arbeitern〕 ～ 工場に作業員を配置する | *et.*⁴ mit Arrest ～〘法〙…を差し押える | *jn.* mit einem Beinamen ～ …にあだ名をつける | *et.*⁴ mit Beschlag ～ (→Beschlag 4) | *jn.* mit einer Geldstrafe ～ …に罰金刑を科する. **2 a)** (席などを)確保〈予約〉する: den ersten 〈zweiten〉 Platz ～〘スポ〙1〈2〉位を占める | eine Vorlesung ～ (大学で)講義の聴講届けをする | ein Zimmer ～ (ホテルなどの)部屋を取る. **b)**〘海〙(ボートを)索でつなぐ; (索を)固定する. **3** (資料によって)確証する, 裏付ける: *et.*⁴ urkundlich 〈durch Urkunden〉 ～ …を〔証拠〕文書で裏付ける | Ausgaben durch Quittungen 〈mit Quittungen〉 ～ 支出を領収書で証明する. **4** 〘狩〙(雌犬に)雄をかける.

▽**be·le·gen**²[bəléːgən] 形《官》(ある場所に)位置している: die am Rhein ～*en* Schlösser ライン河畔の諸城. [◇liegen, gelegen]

Be·leg≠ex·em·plar[bəléːk..] 中 (出版社・印刷所・著者・中央図書館などのための)保存用見本. **≠frist** 女 (大学の)聴講登録期間.

Be·leg·schaft[bəléːkʃaft] 女 -/-en《集合的に》全従業員;《話》(寮などの)同室者.

Be·leg·schafts≠ak·tie[..|aktsiə] 女 従業員持ち株. **≠stär·ke** 女 従業員数.

Be·leg≠stel·le 女 引用個所, 使用例〔文〕. **≠stück** 中 =Belegexemplar

Be·le·gung[bəléːgʊŋ] 女 -/ (belegen¹すること. 例えば:) (税の)賦課; (座席などの)予約;〘軍〙舎営.

be·leh·nen[bəléːnən] 他 (h) **1** (…に)封土を与える: *jn.* mit einem Land ～ …に采邑(さいゆう)としてある土地を与える | *jn.* mit einem Titel ～《比》…にある称号を授ける | der *Belehnte* 封土受領者. **2** 《スイス》(beleihen) (…を)担保に金

を貸しつける. ［*mhd.*; ◇Lehen］

Be·lẹh·nung［..nʊŋ］ 女 -/-en《ふつう単数で》封土授与.

be·lẹh·ren［bəlé:rən］ 他 (h)《*jn.*》(…に)教える, わからせる; 教導する: ***jn.* eines anderen 〈eines Besseren〉 ～** …の誤りを悟らせる; …の蒙(ᵇ)をひらく | *jn.* über *et.*⁴ ～ …に…について教える ‖ *sich*⁴ durch Erfahrung ～ lassen 経験から教訓を得る | *sich*⁴ von niemandem ～ lassen だれの言葉〈忠告〉にも耳をかさない ‖〖目的語なしで〗Er will mit seinem Drama ～. 彼は自分の戯曲で教訓を垂れようとしている ‖ ein *belehrender* Film 〈Vortrag〉 ためになる映画〈講演〉.

Be·lẹh·rung［..rʊŋ］ 女 -/-en 教訓; 指示, 忠告, 教え: *jm.* eine ～ über *et.*⁴ geben …に関する指示を与える | der ～³ 〈zur ～³〉 dienen 教訓となる.

Be·lẹh·rungs·sucht 女 -/《軽蔑的に》教訓癖, お説教好き.

be·lẹibt［bəláɪpt］ 形《副詞的用法なし》(dick) 肥満した, 太った: ein ～*er* Herr 太った紳士 | ～ sein 肥満している.

Be·lẹibt·heit［-haɪt］ 女 -/ 肥満. ［<Leib］

be·lẹi·di·gen［bəláɪdɪɡən］² 他 (h)《*jn.*》(…の)感情を害する, 侮辱する, (…に)無礼をはたらく;《*et.*⁴》(名誉を)傷つける, (感情・感覚を)害する: *jn.* in *seiner* Ehre ～ …の名誉を傷つける | das Auge ～ (→Auge 1) | das Ohr ～ 耳ざわりである | die Zunge ～ まともな味でない(食えたものでない) ‖ *beleidigende* Worte sprechen 侮辱的な言辞を弄(ᵒ)する | *jn. beleidigend* behandeln …に侮辱的な仕打ちをする | *et.*⁴ *beleidigend* fühlen 〈finden〉 …を侮辱と感ずる, …を腹にすえかねる ‖ *sich*⁴〔tief〕*beleidigt* fühlen〔ひどく〕感情を害する | Er ist bei jeder Kleinigkeit *beleidigt*. 彼はちょっとしたことでも気を悪くする ‖ ein *beleidigtes* Gesicht machen むっとした顔をする | die *beleidigte* Leberwurst spielen (→Leberwurst). ［*mhd.*; ◇leidig］

Be·lẹi·di·ger［bəláɪdɪɡər］ 男 -s/- 侮辱する人.

Be·lẹi·di·gung［..ɡʊŋ］ 女 -/-en 侮辱, 無礼, 許しがたいこと: tätliche ～〖法〗暴行, 暴力行為 | eine ～ des guten Geschmacks sein 高尚な趣味に対する挑戦である(食べられる味ではない) | **eine ～ für das Auge sein**《比》(あまりにも醜くて・ぶざまで)見るに堪えない ‖ Das Porträt ist eine ～ für ihn. この肖像画では(実物以下でモデルの)彼が泣く ‖ eine ～ einstecken 侮辱をこらえる〈我慢する〉.

Be·lẹi·di·gungs≈kla·ge 女〖法〗侮辱〈名誉毀損(ᵏ)〉の訴え. **≈pro·zeß** 男〖法〗侮辱〈名誉毀損〉の訴訟.

be·lẹi·hen*［bəláɪən］《91》他 (h) **1** (…を)担保〈抵当〉に金を貸し付ける. **2** ＝belehnen 1

Be·lẹi·hung［..láɪʊŋ］ 女 -/-en 抵当貸し, 担保貸し付け.

Be·lẹi·hungs·gren·ze 女 担保貸し付け限度〔額〕.

be·lẹm·mern (**be·lạ̈m·mern**)［bəlɛ́mərn］《05》**I** 他 (h) **1**《北部》(belästigen) (…に)迷惑をかける, 煩わす, まごつかせる. **2** (betrügen) だます. **II be·lẹm·mert** (**be·lạ̈m·mert**) 過分 形《話》**1** 困惑して〈途方に暮れて〉いる; しゅんと〈しょんぼり〉している:〔wie〕～ dastehen まごまごしてつっ立っている | Der guckt ganz ～. やつはすっかりまごついている. **2** 具合の悪い, まずい: eine ～*e* Angelegenheit やっかいな事件〈案件〉| Damit sieht es ganz ～ aus. それはとてもまずい情勢になっている. ［*ndd.*; ◇lahm］

Be·lem·nịt［belɛmní:t, ..nít］ 男 -en/-en〖地〗矢石(ᵏ)(イカに類する古生物の化石で三畳紀層から第三紀下層にかけての標準化石). ［<*gr.* bélemnon „Geschoß"＋..it²］

be·lẹ·sen［bəlé:zən］ 形 本をたくさん読んでいる, 多読〈博識〉の: ein ～*er* Student よく勉強している学生 ‖ Er ist auf diesem Gebiet 〈in der schönen Literatur〉 sehr ～. 彼はこの領域ではたいへん博識である〈文学には精通している〉. ［<*mhd.* be-lesen „gründlich lesen"］

Be·lẹ·sen·heit［-haɪt］ 女 -/ (belesen なこと. 例えば:) 博識, 精通: ein Mann von großer ～ 非常に博識な男.

Bel·es·prit［bɛlɛsprí:］ 男 -s/-s ᵛ文芸〔愛好〕家;《軽蔑的に》文学かぶれ. ［*fr.* bel esprit „Schön-geist"］

ᵛ**Bel·etạ·ge**［bɛletá:ʒə］ 女 -/-n 2階. ［*fr.* bel étage „schönes Stockwerk"; ◇Beau］

be·leuch·ten［bəlɔ́ʏçtən］《01》他 (h) **1** 照らしだす, (…に)光をあてる, 照明する; 明るくする: die Treppe mit einer Taschenlampe ～ 階段を懐中電灯で照らす | Sein Gesicht war vom Kerzenschein *beleuchtet*. 彼の顔はろうそくの光で照らしだされていた | Der Arbeitsplatz ist gut 〈mangelhaft〉 *beleuchtet*. 仕事場は照明が十分〈不十分〉である | Parkende Autos sind〔mit eigener Lichtquelle〕zu ～. 駐車中の自動車は点灯しておかねばならない. **2**《比》解明する, 明らかにする: ein Problem von allen Seiten ～ 問題をあらゆる角度から解明する.

Be·leuch·ter［bəlɔ́ʏçtər］ 男 -s/-〖劇〗照明家, 照明係.

Be·leuch·ter·brücke 女〖劇〗(舞台の天井から下がっている)照明ブリッジ(→ 図 Bühne).

Be·leuch·tung［bəlɔ́ʏçtʊŋ］ 女 -/-en **1 a)** 照明, 点灯, 採光; 光の具合, 明るさ: die ～ der Bühne 舞台の照明 | die malerische ～ der Landschaft nach dem Gewitter あらしの後の風景の絵のような照り映え | Bei dieser ～ kann man nicht lesen. この明るさでは読書はできない. **b)** 照明装置; 明かり: die ～ einschalten 〈ausschalten〉 電灯のスイッチを入れる〈切る〉. **2**《比》解明: die psychologische ～ eines Kriminalfalles ある刑事事件の心理学的解明 | *et.*³ die wissenschaftliche ～ geben …を科学的に解明する.

Be·leuch·tungs≈an·la·ge 女 照明設備. **≈ef·fekt** 男 照明効果. **≈kör·per** 男 照明器具; 電球. **≈mes·ser** 男 照度計, ルクス計. **≈stär·ke** 女 照度. **≈tech·nik** 女 照明工学〈技術〉.

be·leu·mun·den［bəlɔ́ʏmʊndən］¹ (**be·leum·den**［..lɔ́ʏmdən］¹)《01》**I** 他 (h) (…の)うわさ〈評判〉をたてる. **II be·leu·mun·det** (**be·leum·det**) 過分 形 (…の)評判の: gut 〈übel〉 ～ sein 評判が良い〈悪い〉. ［*mhd.*; ◇Leumund］

bel·fern［bɛ́lfərn］《05》**I** 自 (h)《話》**1** (犬が)ワンワン〈キャンキャン〉ほえる;《比》(大砲などが)ほえたてる, とどろく. **2** がみがみ言う, わめきたてる. **II** 他 (h) がなりたてるようにして言う: Befehle durchs Mikrophon ～ マイクを通じてどなるようにして命令を伝える.

Bel·fried［bɛ́lfri:t］¹ 男 -〔e〕s/-e 鐘楼. ［<Bergfried; ◇*engl.* belfry］

Bel·gi·en［bɛ́lɡiən］ 地名 ベルギー(オランダ語系フラマン地区とフランス語系ワロン地区からなる立憲君主国. 1830年オランダから独立. 首都は Brüssel). ［*lat.*; ◇*engl.* Belgium］

Bel·gi·er［..ɡiər］ 男 -s/- **1** (女 **Bel·gie·rin**［..ɡiərɪn］-/-nen) ベルギー人. **2** ベルギー馬(大型の挽馬(ᵇ)).

bel·gisch［..ɡɪʃ］ 形 ベルギー〔人〕の.

Bel·grad［bɛ́lɡra:t］ 地名 ベルグラード(セルビア語形ベオグラード Beograd. 旧ユーゴスラビア連邦共和国, のちのセルビア・モンテネグロの首都). ［*slaw.* „Weiß-Burg"］

Bel·gra·der［..dər］ **I** 男 -s/- ベルグラードの人. **II** 形《無変化》ベルグラードの.

Be·lial［bé:lial］(**Be·liar**［..liar］) 人名〖聖〗ベルアル(悪魔の名. IIコリ5, 15) ［*hebr.* belíyaal „Verderbtheit"］

be·lịch·ten［bəlíçtən］《01》他 (h) 光にさらす;〖写〗(フィルム・乾板などを)露出する, 感光させる;〖電〗(感光物質を)暴露〈曝射(ᵇ)〉する: Dieses Foto ist zu viel 〈zu wenig〉 *belichtet*. この写真は露出過度〈不足〉だ ‖〖目的語なしで〗Bei trübem Wetter muß man länger ～. 曇りの日には露出時間を長くしなければならない.

Be·lịch·tung［..tʊŋ］ 女 -/-en **1**〖写〗露出, 感光. **2**〖電〗(感光物質の)暴露, 曝射(ᵇ). **3**〖通信〗暴露長.

Be·lịch·tungs≈dau·er 女 露出時間. **≈mes·ser** 男〖写〗露出計. **≈ta·bel·le** 女 露出表. **≈zeit** 女 露出時間.

Be·lịch·tungs·zeit·ein·stel·lung 女〖写〗シャッター速度ダイヤル(→ 図 Kamera).

be·lie·ben［bəlí:bən］¹ **I** 自 (h)《雅》(gefallen) 好ましい: Du kannst tun, was dir *beliebt*. 君は好きなようにしていい | ᵛWas *beliebt*? 何をお望みですか, どういうご用件ですか (＝Was wird gewünscht?) ‖〖非人称的に〗wie es Ihnen *beliebt* お気に召すままに | Kommen Sie, wann es

Ihnen *beliebt*! よろしい時にいつでもおいでください | ▽Wie *beliebt*? 今なんとおっしゃいましたか(＝Wie bitte?).

II 他 (h) 《雅》好む, 望む; (…する)気になる: *Belieben* Sie Tee oder Kaffee? 紅茶とコーヒーのどちらをお望みですか ‖ 〖zu 不定詞〔句〕と; 皮肉の意味になることがある〗bis er zu kommen *beliebt* 彼が来る気になってくれるまで | *Belieben* Sie einzutreten! どうぞおはいりください | Sie *belieben* zu scherzen. ご冗談ばっかり.

III Be·lie·ben 中 -s/ 《雅》好み; 意向: **in *js.* ～ stehen** 《雅》…の意のまま〈気持しだい〉である | Es steht in seinem ～, ob er kommt. 彼が来るかどうかは彼の気持しだいだ | **nach ～** 自分の好きなように, 好き勝手に | *et.*[4] ganz je nach ～ entscheiden …を全くその時々の気分で決める ‖ ▽～ an *et.*[3] haben 〈finden〉 …を好む. **IV be·liebt** → 別出

★ 動詞としての belieben はふつう敬語的に用いられ, 従って敬語的複数形が現れることがある: Gnädige Frau *belieben*? 奥様なんのご用でございましょうか.

be·lie·big[bəlíːbɪç][2] 形 任意の, 勝手に選んだ; 随意の, 思うがままの: eine ～*e* Auswahl 任意の〈勝手に選んだ〉サンプル ‖ ein ～*es* Beispiel 任意の例 | eine ～*e* Zahl 任意の数 ‖ Die Auswahl ist ～. 選択は自由〈思うがまま〉である ‖ 〖ふつう小文字のまま名詞的に: →folgend ★〗ein ～*er* だれでもよいある人 | alles ～*e* 何であれすべて | Du kannst jeden ～*en* fragen. 君はだれにでも質問してよい ‖〖名詞化して〗Du kannst etwas *Beliebiges* aussuchen. 君はどれでも好きな物を選び出してよい ‖〖副詞的に〗 ～ lange 〈viel〉 好きなだけ長く〈多く〉 | eine ～ große Zahl 任意の大きさの数 | Das läßt sich ～ ändern. それは好きなように変えられる.

be·liebt[bəlíːpt] **I** belieben の過去分詞. **II** 形 (人々に)好かれている, 人気のある; 好んで用いられる: ein ～*er* Schriftsteller 流行作家 | ein ～*es* Thema よく取りあげられるテーマ ‖ Er ist bei seinen Kollegen ～. 彼は同僚たちに好かれている | *sich*[4] bei *jm.* ～ machen …に取り入る.

Be·liebt·heit[–haɪt] 女 -/ (beliebt なこと. 例えば:) 人気, 人望: Shakespeare erfreut sich großer ～. シェークスピアは非常に愛好されている.

Be·liebt·heits·grad 中 人気度.

be·lie·fern[bəlíːfərn] 《05》他 (h) 《*jn.* 〔mit *et.*[3]〕》(…に〔…を〕)供給〈支給〉する, 引き渡す.

Be·lie·fe·rung[..fərʊŋ] 女 -/ 供給, 支給.

be·lie·hen[bəlíːən] beleihen の過去分詞; 過去 1・3 人称複数.

Be·lize[bɛlíːz] 地名 ベリーズ(中米, Guatemala に接する地域で1981年英連邦内で独立, 首都ベルモパン Belmopan).

Bel·kan·to[bɛlkánto·] 男 -s/ 〖楽〗ベルカント歌唱〔法〕. [*it.* bel canto „schöner Gesang"]

Bel·la[1][béla·] 女名 ベラ. [*roman.*; ◇Beau]

Bel·la[2][–] 女名 (＜Isabella, Arabella) ベラ.

Bel·la·don·na[bɛladɔ́na·] 女 -/ ..donnen[..dɔ́nən] **1** (Tollkirsche) 〖植〗ベラドンナ, セイヨウハシリドコロ(西洋走薢). **2** 〖薬〗ベラドンナ製剤, ベラドンニン. [*lat.* bella donna „schöne Frau"–*it.*]

Belle-Al·liance[bɛlaljɑ̃́ːs] 女 -/ ベラリアンス (Waterloo にあった宿屋の名): die Schlacht bei ～ ベラリアンスの戦い(1815年のナポレオンとの決戦を英将ウェリントンは「ワーテルローの戦い」と呼びプロイセンの Blücher はこう名づけた).

bel·len[bɛ́lən] **I** 自 (h) (犬などが)ほえる; 《比》(砲・雷が)とどろく; (人が)激しくせきこむ; がみがみ言う: Hunde, die 〔viel〕 *bellen*, beißen nicht. (→Hund 1 a) | Mein Magen *bellt* 〔vor Hunger〕. 〔空腹で〕腹が鳴る ‖ *bellender* Husten 激しいせきこみ | mit *bellender* Stimme かみつくような声で.

II 他 (h) 《話》(言葉を)わめき立てる: Kommandos ～ 命令をわめく〈どなる〉. [*idg.* „lärmen"; ◇poltern]

Bel·le·ro·phon[bɛléːrofɔn] 人名 〖ギ神〗ベレロポン (Pegasus に乗って Chimära を退治した). [*gr.*]

Bel·le·trist[bɛletríst] 男 -en/-en 文学者; 大衆作家. [＜*fr.* belles-lettres „schöne Literatur"]

Bel·le·tri·stik[..tɪk] 女 -/ 文学; (Unterhaltungsliteratur) 娯楽〈大衆〉文学.

bel·le·tri·stisch[..tɪʃ] 形 文学の, 文学的; 娯楽文学の.

Belle·vue[bɛlvýː] ▽**I** 女 -/-n[..výːən] (Aussichtspunkt) 見晴らし場, 展望台. **II** 中 -〔s〕/-s 展望閣(宮殿・旅館などの名に用いられる. 例えば Berlin の宮殿など). [*fr.* belle vue „schöne Aussicht"; ◇Beau, Belvedere]

Bel·li·zis·mus[bɛlitsísmʊs] 男 -s/ (↔Pazifismus) 主戦論, 好戦主義. [*fr.* bellicisme]

Bel·li·zist[..tsíst] 男 -en/-en (↔Pazifist) 主戦論者.

bel·li·zi·stisch[..tsístɪʃ] 形 主戦論の; 好戦的な.

Bel·lo·na[bɛlóːna·] 人名 〖ロ神〗ベローナ(戦の女神で, 軍神 Mars の妃あるいは妹とされている). [*lat.*; ＜*lat.* bellum „Krieg"]

be·lo·bi·gen[bəlóːbɪgən][2] (▽**be·lo·ben**[..lóːbən][1]) 他 (h) (公的に)称賛〈賞揚〉する; (…に)賛辞を呈する; 表彰する: *jn.* für *et.*[4] ～ …を…のことでほめる.

Be·lo·bi·gung[..bɪgʊŋ] (▽**Be·lo·bung**[..bʊŋ]) 女 -/-en 称賛・賞揚・表彰; 賛辞.

Be·lo·bi·gungs≈schrei·ben 中 表彰状. **≈ur·kun·de** 女 賞状, 表彰状.

be·log[bəlóːk][1] belügen の過去.

be·lo·gen[..lóːgən] belügen の過去分詞; 過去 1・3 人称複数.

be·loh·nen[bəlóːnən] 他 (h) **1** 《*jn.*/*et.*[4]》(…に)報いる, 報酬を与える: *jn.* reich 〈nach Gebühr〉 ～ …にたっぷり〈それ相応の〉報酬を与える | *jn.* für *seine* Mühe ～ …の労をねぎらう | *jn.* mit Undank ～ …に恩をあだで返す | eine gute Tat ～ 善行に報いる ‖ ▽*jm.* *et.*[4] ～ …に…の謝礼をする. ▽**2** 再帰・非人称 Es *belohnt* sich[4] der Mühe[2] nicht. 骨折りがいがない.

be·löh·nen[bəlǿːnən] 《ｽｲｽ》＝belohnen 1

Be·loh·nung[..lóːnʊŋ] 女 -/-en 報いること; 報酬, お礼; 褒美: zur 〈als〉 ～ für *et.*[4] …の報酬として.

be·lo·rus·sisch[belorúsɪʃ, béːlorʊsɪʃ, bɛ́.., bjɛ́..] ＝weißrussisch [＜*russ.* bjelyj (→Beluga)]

Bel-Pae·se[bɛlpaéːzə] 男 -/ ベルパエーゼ(軟らかいイタリア産チーズ). [*it.*; ＜*lat.* bellus „schön"+pāgus „Bezirk"]

Bel·sa·zar[bɛlzáːtsar] 人名 〖聖〗ベルシャザル (Babylonien 最後の王. 宴会のときふしぎな手が現れて, 壁に王の死を予言する文字を書いたという. ダニ 5). [*akkad.* „(Gott) Bel schütze König"–*hebr.*–*gr.*; ◇Balthasar; *engl.* Belshazzar]

der Belt[bɛlt] 地名 男 -〔e〕s/-e ベルト海峡(バルト海西部に大小二つある): der Große ～ 大ベルト海峡(デンマークの Seeland 島と Fünen 島の間) | der Kleine ～ 小ベルト海峡 (Jütland 半島と Fünen 島の間).

be·luch·sen[bəlʊ́ksən] 《02》＝belauern

be·lud[bəlúːt][1] beladen の過去.

be·lu·dern[bəlúːdərn] 《05》他 (h) 再帰 *sich*[4] ～ 〖狩〗(シカなどが食物を)たらふく食う.

be·lüf·ten[bəlʏ́ftən] 《01》他 (h) (部屋などを)換気する.

Be·lüf·tung[..tʊŋ] 女 -/-en 換気, 通風.

Be·lüf·tungs·ven·til 中 換気栓, 通風弁.

Be·lu·ga[belúːga·] **I** 女 -/-s **1** (Hausen) 〖魚〗シロチョウザメ(白蝶鮫). **2** (Weißwal) 〖動〗シロイルカ(白海豚). **II** 男 -s/ 〖料理〗ベルーガ(シロチョウザメのキャビア). [*russ.*; ＜*russ.* bjelyj „weiß"; ◇Belche]

be·lü·gen*[bəlýːgən][1] 《97》他 (h) 《*jn.*》(…に)うそをつく, うそをついてだます: 再帰 *sich*[4] selbst ～ 思い違いをする.

be·lu·sti·gen[bəlʊ́stɪgən][2] 他 (h) 《*jn.*》楽しませる, おもしろがらせる, 笑わせる: Der Spaß *belustigte* die Gesellschaft. その冗談が一座を陽気にした ‖ 再帰 *sich*[4] ～ 楽しむ, 楽しく遊ぶ | *sich*[4] **an** den Witzen ～ しゃれをおもしろがる | *sich*[4] **auf** dem Fest 〈**beim** Tanz〉 ～ 祝祭〈ダンス〉を楽しむ | Das Kind *belustigte* sich damit, Steinchen ins Wasser zu werfen. 子供は小石を水の中に投げておもしろがった | *sich*[4] **über** *jn.* 〈*et.*[4]〉 ～ …をからかう, …を笑いものにする ‖〖分詞で〗Sein Benehmen wirkte *belustigend*. 彼の振舞いはおかしかった | *belustigt* lachen おもしろがって〈楽しそうに〉笑う. [＜lustig]

B

Be·lu̥·sti·gung[..gʊŋ] 女 -/-en **1**《ふつう単数で》楽しませること: mit *et.*³ zur ~ der Gesellschaft beitragen …で一座を楽しませる〔のに一役買う〕. **2** 楽しみごと, 娯楽〔設備〕.

Be·lu̥·tschi·stan[belúːtʃɪsta(ː)n, belʊ́tʃ..] 地名 バルチスタン(パキスタンの南西部地方).

Bel·ve·de̥·re[bɛlvedéːrə] 中 -〔s〕/-s 望楼, 見晴らし台, 展望閣(宮殿・旅館などの名に用いられ, ウィーンの宮殿やローマの美術館が有名). [*it*. „schöne Aussicht"; ◇Bellevue]

B

be̥l·zen¹[bɛ́ltsən]《02》**I** 他 (h)(動物の)皮をはぐ. **II** 自 (h)(faulenzen) 怠ける, のらくらする. [<pelzen²]

be̥l·zen²[−]《02》他 (h)《南 部》(pfropfen)〚園〛(…に)接ぎ木する. [<pelzen³]

Be̥lz·nickel[bɛ́lts..] (**Be̥l·ze·nickel**[bɛ́ltsə..]) 男 -s/-《西 部》〚民 俗〛〔聖〕ニコラウス(→ Nikolaus II). [<belzen¹ I 2]

Bem. 略 =Bemerkung 1

Be̥·ma[béːma·] 中 -/-ta[..ta·]〚ギリシア正教〛内陣(東側の聖職者席). [*gr*. bēma „Stufe"; <*gr*. baínein (→Basis)]

be·mḁ·chen[bəmáxən] 他 (h)《話》**1**〔糞尿(ふんにょう)で〕よごす. **2** 再帰 *sich*⁴ ~ (つまらぬことで)大騒ぎをする.

be·mḁ̈ch·ti·gen[bəmɛ́çtɪgən]² 他 (h) **1** 再帰 *sich*⁴ *et.*² ~ …を占領する〈わがものとする〉; …を奪取する | *sich*⁴ einer Stadt ~ 都市を占領する. **2 a)** 再帰 *sich*⁴ *js*. ~ …を取り押える | *sich*⁴ des Flüchtlings 〈des Rasenden〉 ~ 逃亡者〈荒れ狂う男〉を取り押える. **b)**《比》再帰 *sich*⁴ *js*. ~ (感情などが)…をとらえる〈襲う〉| Furcht *bemächtigte* sich meiner. 私は恐怖に襲われた. [<mächtig]

be·mḁ̈hnt[bəmɛ́ːnt] 形〔長い〕たてがみのある;《比》長髪の. [<Mähne]

be·mḁ·keln[bəmáːkəln]《06》他 (h)(名誉などを)けがす.

be·mḁ̈·keln[bəmɛ́ːkəln]《06》他 (h)《話》《*jn*./*et*.⁴》とがめだてる,(…の)あらさがしをする, けちをつける. [<Makel]

be·mḁ·len[bəmáːlən] 他 (h) **1** (…に)彩色する, 色を塗る: *et*.⁴ mit Ölfarbe ~ …に油絵の具を塗る | *bemaltes* Geschirr 色物の食器. **2**〔厚〕化粧する: *seine* Lippen〔mit Rouge〕~ 口紅を塗る ‖ 再帰 *sich*⁴〔zu sehr〕~ 厚化粧する.

Be·mḁ·lung[..lʊŋ] 女 -/-en **1** bemalen すること. **2** (壁面などの)彩色部; 壁面.

be·mḁ̈n·geln[bəmɛ́ŋəln]《06》他 (h) とがめる, 非難する: an allem etwas zu ~ haben あらゆることにけちをつける. [<Mangel²]

Be·mḁ̈n·ge·lung[..ŋəlʊŋ] (**Be·mḁ̈ng·lung**[..ŋlʊŋ]) 女 -/-en とがめだて, 非難, あらさがし.

be·mḁn·nen[bəmánən] **I** 他 (h)(船・飛行機・大砲などに)人員を配置する: einen Panzer mit drei Soldaten ~ 戦車に兵士を3人乗り組ませる. **II be·mḁnnt** 過分 形 **1** 人員〈乗組員〉の配置された; (宇宙船などが)有人の: eine *bemannte* Rakete 有人ロケット | ein ~*er* Raumflug 有人宇宙飛行. **2**《話》(女性が)結婚している: Sie ist noch nicht ~. 彼女はまだ独身だ.

Be·mḁn·nung[..nʊŋ] 女 -/ **1** bemannen すること. **2** (Mannschaft)《集合的に》配置された人員; 乗組員, クルー.

be·mḁ̈n·teln[bəmɛ́ntəln]《06》他 (h)《*et*.⁴》(不利な点などを)隠す, ごまかす: *seine* Verlegenheit 〈Absicht〉 ~ 自分の当惑〈意図〉を隠そうとする | *seine* Unwissenheit mit dem Anschein der Gleichgültigkeit ~ 無知を悟られぬために無関心を装う. [<Mantel]

Be·mḁ̈n·te·lung[..təlʊŋ] (**Be·mḁ̈nt·lung**[..tlʊŋ]) 女 -/-en bemänteln すること.

be·mḁ·ßen[bəmáːsən]《02》他 (h)(地図などに)縮尺を記入する. [<Maße]

be·mḁ·sten[bəmástən]《01》他 (h)〚海〛(船に)マストを取り付ける. [<Mast¹]

Be̥·ma·ta Bema の複数.

be·mḁtscht[bəmátʃt] 形《話》少し頭がおかしい. [◇Matschbirne]

be·mḁu·sen[bəmáʊzən]¹《02》他 (h)《話》《*jn*.》(…からくすねる, ちょろまかす.

Be̥m·bel[bɛ́mbəl] 男 -s/-《西部》鐘の舌; 小さな鐘; りんご酒用のジョッキ. [<bampeln „baumeln"]

be·me̥h·len[bəméːlən] 他 (h)〚料理〛(…に)粉をまぶす. [<Mehl]

be·me̥i·ern[bəmáɪərn]《05》他 (h) **1**《西 部》(verpachten)(土地を)小作に出す. **2**《話》(überlisten)《*jn*.》だます,(…に)一杯食わせる: 再帰 *sich*⁴ ~ 誤算する.

be·me̥i·stern[bəmáɪstərn]《05》他 (h)《雅》**1** (beherrschen) 征服〈支配〉する, 抑制〈制御〉する: *seinen* Zorn ~ 怒りを抑える ‖ 再帰 *sich*⁴ ~ 自制する. **2** 再帰 *sich*⁴ *js*. ~ (感情などが)…をとらえる; …を思うままに操る.

be·me̥l·det[bəmɛ́ldət] 形 (erwähnt) 上述の. [<melden]

be·me̥n·gen[bəmɛ́ŋən] 他 (h) 再帰 *sich*⁴ mit *et*.³ ~ …と関係する; …に干渉する.

be·me̥rk·bḁr[bəmɛ́rkbaːr] 形 目につく, 感じとれる: ein kaum ~*er* Unterschied ほとんどわからない程度の差 ‖ ***sich***⁴ ~ **machen** (身振りなどで)注意を引き付ける; 表面化する | Er machte sich ihr durch Räuspern ~. 彼は彼女の注意を引くためにせきばらいをした | Das Alter machte sich bei ihm ~. 彼の身にも老いのきざしが現れた.

be·me̥r·ken[bəmɛ́rkən] 他 (h) **1** 認める, 感じとる,(…に)気づく: *jn*. zufällig unter der Menge ~ 群衆の中にたまたま…を見かける | *jn*. nicht ~ wollen …を(ことさら)無視する ‖ Ich habe ihre Verlegenheit *bemerkt*. 私は彼女の狼狽(ろうばい)に気づいた. **2 a)** 述べる, 言い添える; コメントする: Was hat er darüber *bemerkt*? 彼はそれについて何と言ったか | Was hast du dazu zu ~? 君はそれについてどう思うか ‖ wie oben *bemerkt* 上述のように | nebenbei *bemerkt* ついでに言えば, 付言すれば ‖ **mit dem *Bemerken*, daß ...**《官》…と述べて, …という説明をつけて. ᵛ**b)** (anmerken) 書き添える〈留める〉, メモする; 印をつける: *et*.⁴ auf einer Visitenkarte ~ …を名刺に書き添える.

be·me̥r·kens·we̥rt 形 注目すべき, 目だつ; すばらしい, 著しい, 重要な: ein ~*er* Unterschied 著しい差異.

ᵛ**be·me̥rk·lich**[bəmɛ́rklɪç] =bemerkbar

Be·me̥r·kung[bəmɛ́rkʊŋ] 女 -/-en **1** (略 Bem.)(Äußerung) 発言, 言葉; 覚書, 注釈, コメント: eine treffende 〈unangebrachte〉 ~ 適切な〈場違いな〉発言 ‖ eine ~ über *et*.⁴ 〈zu *et*.³〉 machen …について〈対して〉所見を述べる | eine kritische ~ machen 批判する | eine spöttische 〈ironische〉 ~ machen 皮肉る | eine spitze ~ fallen lassen ちくりと批判する | ~*en* an den Rand schreiben 欄外に注を書き込む | einige ~*en* vorausschicken (本題に入る前に)若干の前置きを述べる | *sich*³ eine ~ erlauben あえて発言する.

ᵛ**2** (Wahrnehmung) 認知, 観察: *seine* ~*en* machen いろいろと気づく | Diese ~ hat er noch nicht gemacht. こういう経験は彼にはまだなかった.

be·me̥s·sen*[bəmɛ́sən]《101》**I** 他 (h) 量る, 量定する,〈税などを〉査定する: Er hatte die Zeit dafür zu kurz *bemessen*. 彼はそれのために必要な時間を内輪に見積もりすぎていた. **II** 過分 形 量られた; 限られた: eine kurz ~*e* Frist きちきちの期限 | Die Zeit ist kurz ~. ぎりぎりの時間しかない.

Be·me̥s·sung[..sʊŋ] 女 -/-en bemessen すること: die ~ des Pachtzinses 小作料の査定.

be·mi̥t·lei·den[bəmítlaɪdən]¹《01》(過 bemitleidete; 過分 bemitleidet) 他 (h)《*jn*.》(…に)同情する, 哀れむ.

be·mi̥t·lei·dens·we̥rt 形 同情すべき.

be·mi̥t·telt[bəmítəlt] 形 資産のある, 富裕な, 金持ちの: ~*e* Eltern haben 裕福な両親をもっている. [<Mittel¹]

Be̥m·me[bɛ́mə] 女 -/-n (小 **Be̥mm·chen**[bɛ́mçən] 中 -s/-)《東 部》(Brotschnitte)〔バターを塗った〕パン切れ. [*poln*. pomazka „Butterschnitte"]

be·mo̥·geln[bəmóːgəln]《06》他 (h)《話》ちょっぴりだます, ごまかす.

be·moo̥·sen[bəmóːzən]¹《02》**I** 他 (h) 再帰 *sich*⁴ ~ こけでおおわれる: Der Baum *bemoost* sich am ganzen Stamm. その木は幹全体がこけでおおわれている.

B

II be·moost 過分 形 **1** こけむした;《話》年を経た, 古株の: ein ~*es* Dach こけむした屋根 ‖ ein ~*es* Haupt (→ Haupt 1 b) | ein Karpfen mit ~*em* Haupt 主(ぬし)のような大ゴイ. **2**《方》物持ちの: Er ist recht ~. 彼はなかなかの資産家だ. [<Moos[2]]

be·mop·sen[bəmɔ́psən]《02》他 (h)《話》《*jn.*》(…のものを)盗む, ちょろまかす.

be·mü·hen[bəmý:ən] **I** 他 (h) **1**《雅》**a**)《*jn.*》. 煩わす: *jn.* wegen *et.*[2] ⟨in *et.*[3]⟩ ~ …を…の件で煩わす | Der angesehenste Architekt wurde *bemüht*. いちばん評判の高い建築家が仕事を任された | Entschuldigen Sie, daß wir Sie hierher ~ mußten! わざわざお越し願って恐縮です (→3). **b**)《*et.*[4]》援用する: Er hat viele Beispiele *bemüht*, um damit seine Aussage zu erhärten. 彼は自分の陳述を裏づけようと多くの例を持ち出した. **2** 再帰 *sich*[4] ~ 骨折る, 努力⟨尽力⟩する: *sich*[4] in *et.*[3] für *jn.* ~ …の件で…のために尽力する | *sich*[4] um *jn.* ⟨*et.*[4]⟩ ~ i) …を得ようと努める; ii) …のことで苦心⟨苦労⟩する ‖ *sich*[4] um eine Stellung ~ 職を得ようと努力する | *sich*[4] um *js.* Hand ~ …に求婚する | *sich*[4] um ein Kind ~ 子供の世話をやく ‖ *Bemühen* Sie sich bitte nicht! どうぞおかまいなく | *Bemühe* dich, zur rechten Zeit nach Hause zu kommen! なんとか遅くならないうちに帰宅するようにしろ | Er *bemühte* sich zu lächeln. 彼はむりにほほえもうとした ‖ immer um die Planerfüllung *bemüht* sein 計画の実現を常々こころがけ〔ている〕. **3**《雅》再帰 *sich*[4] ~《方向を示す語句と》(…へ)わざわざ出かける | *sich*[4] zu *jm.* ~ …のところへ出向く | Wollen Sie sich bitte ins Nebenzimmer ~! 恐縮ですが隣室へどうぞ.

II Be·mü·hen 中 -s/-《雅》=Bemühung

Be·mü·hung[bəmý:ʊŋ] 女 -/-en《ふつう複数で》骨折り, 努力, 尽力: *seine* ~*en* um *et.*[4] fortsetzen …について努力を続ける ‖ Der Arzt liquidierte für seine ~*en* 20 Mark. 医者は診療代20マルクを請求した | Ich danke Ihnen für Ihre 〔freundlichen〕 ~*en*. お骨折りありがとうございました.

be·mü·ßi·gen[bəmý:sɪgən][2] 他 (h)《雅》(veranlassen) 促す; (zwingen) 強いる: 再帰 *sich*[4] *et.*[2] ~ (むりに)…を使う ‖〖過去分詞で〗 ***sich***[4] ***bemüßigt* finden ⟨fühlen / sehen⟩**《zu 不定詞句と》…すべき義務を感じる | Ich fühlte mich *bemüßigt*, sie nach Hause zu begleiten. 私は彼女を自宅まで送って行かないわけにはいかなかった.

be·mu·stern[bəmʊ́stərn]《05》他 (h)〖商〗見本を添える: ein *bemustertes* Angebot verlangen ⟨verschicken⟩ 見本を請求⟨送付⟩する | ein *bemusterter* Katalog 見本つきカタログ.

be·mut·tern[bəmʊ́tərn]《05》他 (h) 母親代わりに⟨母親のように⟩世話⟨監督⟩する. [<Mutter[1]]

be·mützt[bəmʏ́tst] 形 帽子をかぶった. [<Mütze]

be·nach·bart[bənáxba:rt] 形 隣の, 隣接する; 近隣の: die 〔uns〕 ~*e* Familie 〔私たちの〕隣の家族, 〔私たちの〕隣家の人々. [<Nachbar]

be·nach·rich·ti·gen[bəná:xrɪçtɪgən][2] 他 (h)《*jn.* von *et.*[3]》(…に…を)通知⟨報告⟩する. [<Nachricht]

Be·nach·rich·ti·gung[..gʊŋ] 女 -/-en 通知, 報告.

Be·nach·rich·ti·gungs·schrei·ben 中 通知状.

be·nach·tei·li·gen[bəná:xtaɪlɪgən][2] 他 (h) (↔bevorzugen)《*jn.*》(他の人よりも)不利に扱う, 冷遇する: Die Krankheit *benachteiligt* ihn in seiner Leistungsfähigkeit. 病気のため彼の能力は人より劣る ‖ *sich*[4] *benachteiligt* fühlen 自分が不利に扱われた⟨扱われている⟩と感じる | Er ist von der Natur ⟨durch seine Kurzsichtigkeit⟩ *benachteiligt*. 彼は生まれつき⟨近視の点で⟩不利な立場にある. [<nachteilig]

Be·nach·tei·li·gung[..gʊŋ] 女 -/-en benachteiligen すること.

be·na·geln[bəná:gəln]《06》他 (h) **1** (…に)くぎを打ちつける: *benagelte* Schuhe びょうを打った靴. **2**《*et.*[4] mit *et.*[3]》(…に…を)くぎで留める.

be·na·gen[bəná:gən][1] 他 (h) かじる: einen Apfel ~ りんごをかじる.

be·nä·hen[bənɛ́:ən] 他 (h) **1**《*et.*[4] mit *et.*[3]》(…に…を)縫いつける. **2**《話》《*jn.*》(…に)服を縫ってやる.

be·nahm[bəná:m] benehmen の過去.

be·nam·sen[bəná:mzən][1]《02》他 (h)《戯》《*jn.*》(…に)〔あだ〕名をつける; 《*jn. et.*[4] ⟨mit *et.*[3]⟩》(…を…と)〔あだ名をつけて〕呼ぶ. [<Name]

be·nannt[bənánt] **I** benennen の過去分詞. **II** 形 命名された; 名指しされた, 明記された, 指定の: ~*e* Zahl〖数〗名数 | zusammengesetzte ~*e* Zahl〖数〗複名数.

be·narbt[bənárpt] 形 **1**〖医〗傷跡のある, 瘢痕(はんこん)のある. **2**〖農〗腐植土に覆われた. [<narben]

Be·nar·bung[..bʊŋ] 女 -/-en **1**〖医〗傷跡, 瘢痕(はんこん)〔形成〕. **2**〖農〗(休閑地に草を生やして)上層⟨腐植⟩土をつくること.

Be·na·res[bená:rɛs] 地名 ベナレス(インドの Ganges 川中流の宗教都市).

be·näs·sen[bənɛ́sən]《03》他 (h)《雅》軽くぬらす, 湿らせる: das Bett ~ おねしょをする. [<naß]

be·naut[bənáʊt] 形《北部》(kleinlaut) 意気消沈した. [<*ndd.* benouwen „beengen" (◇genau)]

Ben·del (**Bän·del**)[bɛ́ndəl] 男 中 -s/- (靴などの)ひも, 細ひも, テープ; (帽子の)リボン:〖ふつう次の形で〗***jn.* am ~ haben**《話》…を思いのままにする⟨操る⟩ | *jm.* am ~ hängen《話》…にまつわりつく. [*ahd.*; ◇Band[3]]

be·ne·beln[bené:bəln]《06》他 (h) **1**《比》(酒などが頭を)ぼやけさせる: *jn.* ~ / *jm.* die Sinne ⟨den Kopf⟩ ~ …の頭をもうろうとさせる ‖ 再帰 *sich*[4] ~ ほろ酔い機嫌になる ‖ leicht *benebelt* sein ほろ酔い機嫌である. ▽**2** 霧に包む.

▽**be·nebst**[bəné:pst] 前《3格支配》(mit) …もろとも.

be·ne·dei·en[benedáɪən] 他 (h)《過分 〔ge〕benedeit》《雅》(segnen)〖宗〗祝福する, (…を)たたえる: die 〔*ge*〕*benedeite* Jungfer/die *Gebenedeite* 聖母マリア. [*lat.* benedīcere (→benedizieren) – *mhd.*]

Be·ne·dic·tus[benedíktʊs] 中 -/-〖カトリック〗(聖務日課賛歌中の)ザカリアの感謝の歌(聖書: ルカ1, 68–79).

Be·ne·dikt[bé:nedɪkt] **I** 男名 ベネディクト. **II** 人名 von Nursia ヌルシアのベネディクトゥス(480頃–547頃; イタリアの修道士・聖人で, モンテ=カッシーノ修道院の設立者. 西欧修道生活の父と呼ばれる). [*lat.* benedictus „gepriesen"]

Be·ne·dik·ta[benedíkta·] 女名 ベネディクタ.

Be·ne·dik·ten·kraut[benedíktən..] 中 -〔e〕s/〖植〗セイヨウダイコンソウ(西洋大根草).

Be·ne·dik·ti·ner[..dɪktí:nər] 男 -s/- **1**〖カトリック〗ベネディクト会修道士(→ 図). **2** ベネディクティン酒(元来はベネディクト会修道士によって造られたリキュール).

Be·ne·dik·ti·ne·rin[..nərɪn] 女 -/-nen〖カトリック〗ベネディクト会修道女(→ 図).

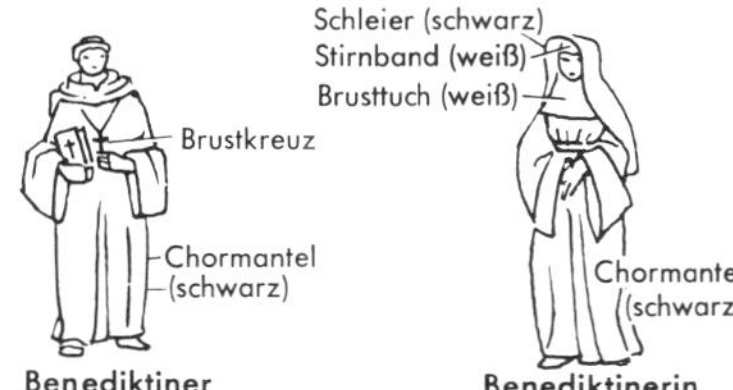

Be·ne·dik·ti·ner·or·den 男 -s/〖カトリック〗ベネディクト会(Benedikt IIの修道規則に従う修道会. 狭義では1893年に統合された聖ベネディクト修道院連盟をさす).

Be·ne·dik·tion[benedɪktsió:n] 女 -/-en〖宗〗**1** (Segnung) 祝福, 祝別; 天恵. **2** 聖体降福式. [*spätlat.*]

Be·ne·dik·tio·na·le[..tsioná:lə] 中 -〔s〕/..lia[..lia·], -n〖カトリック〗祝別儀式書.

Be·ne·dik·tus[..díktʊs] **I** 男名 ベネディクトゥス.
II =Benedikt II

B

be·ne·di·zie·ren[..ditsíːrən] 他 (h) 祝福する, 祝別する. [*lat.* bene-dīcere „lobpreisen"; ◇benedeien]

Be·ne·fak·tiv[benefaktíːf][1] 男 -s/-e 〘言〙受益格. [*lat.* bene-facere „wohl-tun"]

Be·ne·fiz[..fíːts] 中 -es/-e **1** 〘劇〙(名優のための)顕彰興行; (引退俳優のための)慈善興行. **2** =Benefizium 1 a

Be·ne·fi·ziant[..fitsiánt] 男 -en/-en **1** Benefiz 1の受益者. ᵛ**2** (Wohltäter) 慈善家.

Be·ne·fi·ziar[..fitsiáːr] 男 -s/-e, **Be·ne·fi·ziat**[..fitsiáːt] 男 -en/-en 〘カトリック〙教会〈聖職〉禄(ろく)受領者. [*mlat.*]

Be·ne·fi·zium[..fíːtsium] 中 -s/..zien[..tsiən] **1 a)** 〘史〙(封建制下の)恩給地. **b)** 〘カトリック〙教会〈聖職〉禄(ろく). ᵛ**2** 慈善. [*lat.* bene-ficium „Wohl-tat"; ◇*engl.* benefice]

Be·ne·fiz≈kon·zert[..fíːts..] 中 慈善演奏会. **≈spiel** 中 慈善試合. **≈vor·stel·lung** 女 慈善公演.

be·neh·men*[bənéːmən] 《104》 **I** 他 (h) **1** 再帰 *sich*[4] ～《ふつう様態を示す語句と》(…の)態度〈行動〉をとる, (…のように)振舞う | *Benimm* dich 〔anständig〕! 行儀よくしなさい | *sich*[4] höflich gegen *jn.* 〈*jm.* entgegen〉 ～ …に対して礼儀正しい態度をとる | *sich*[4] unmöglich ～ とんでもない振舞いをする | *sich*[4] wie ein Elefant im Porzellanladen ～ (→Elefant 1) ‖ *sich*[4] nicht ～ können 礼儀知らずである | *sich*[4] zu ～ wissen 礼儀作法を心得ている. **2** 《雅》《ふつう物を主語として》 **a)** (entziehen) 《*jm. et.*[4]》(心身の機能を)奪う: *jm.* den Atem 〈die Luft〉 ～ (ショックなどが)…に息をのませる | *jm.* den Irrtum 〈den Zweifel〉 ～ …の誤解〈疑惑〉を解く | *jm.* die Lust zu reden ～ …に口をきく気もなくさせる | *jm.* die Sprache ～ …に口をきけなくさせる. **b)** *jn.* 〈*jm.* den Kopf〉 ～ (酒などが)…の頭をぼんやりさせる.

II Be·neh·men 中 -s/ **1** (Betragen) 振舞い, 態度, 挙動, 行動: 〔ein〕 anstößiges 〈feines〉 ～ 不快な〈上品な〉振舞い | **ein ～ wie im Urwald** 《話》ひどい不作法 ‖ kein 〔gutes〕 ～ haben 不作法である | Das ist kein ～ für einen Mann. それは男子のとるべき行動〈態度〉ではない. **2** 《官》(Einvernehmen) 話し合い, 了解: ***sich***[4] **mit** ***jm.*** 〔über *et.*[4] 〈wegen *et.*[2]〉〕 **ins ～ setzen** …と〔…の件で〕連絡をとる, 話し合う.

III be·nom·men → 別出

Be·neh·mi·tät[bəneːmitɛ́ːt] 女 -/ 《話》行儀〔のよい振舞い〕: keine ～ haben 礼儀知らずである | *jm.* ～ beibringen …に行儀〔作法〕を教え込む.

be·nei·den[bənáidən][1] 《01》 他 (h) 《*jn.* um *et.*[4] 〈wegen *et.*[2]〉 / ᵛ*jm. et.*[4]》(…の…を)うらやむ: *jn.* um *seinen* Reichtum ～ …の富をうらやむ | Wegen seines Erfolges wurde er von vielen *beneidet.* 彼の成功は多くの人々にうらやまれた.

be·nei·dens·wert 形 うらやむべき: eine ～*e* Stellung haben うらやましい地位にある ‖ eine ～ schöne Frau うらやましいほどの美人.

Be·ne·lux≈län·der[béːneluks.., benelʊ́ks..; オーストリア: benelʊ́ks..], **≈staa·ten** 地名 複 ベネルクス三国(1944年に関税同盟を結んだ Belgien, Niederlande, Luxemburg. 略して Benelux ともいう).

be·nen·nen*[bənɛ́nən] 《105》 **I** 他 (h) **1** 名づける, 命名する: 名を言う: *et.*[4] beim 〈mit dem〉 rechten Namen ～ …をそのものずばりの名で呼ぶ(…について歯に衣(きぬ)きせず意見を言う) | Er wurde nach dem Großvater *benannt.* 彼は祖父の名をもらった ‖ Ich kann diesen Baum nicht ～. 私はこの木の名は知らない. **2** 名ざす, 指名〈指定〉する: Kandidaten ～ 候補者を指名する〈挙げる〉 | *jn.* als Zeugen 〈zum Zeugen〉 ～ …を証人に指名する. **II be·nannt** → 別出

Be·nen·nung[..nʊŋ] 女 -/-en **1** 命名, 指名; 称呼. **2** 名称; 〘数〙単位〔名称〕: unter eine ～ bringen 同一単位に換算する | Brüche unter einerlei ～ bringen 通分する.

be·net·zen[bənɛ́tsən] 《02》 他 (h) 《雅》(軽く)ぬらす, 湿らせる.

Ben·ga·le[bɛŋgáːlə] 男 -n/-n ベンガル人.

Ben·ga·len[..lən] 地名 ベンガル(インド北東部の州. 第二次世界大戦後インドが独立した際インド領とパキスタン領に分割された).

Ben·ga·li[..liˑ] **I** 中 -〔s〕/ ベンガル語: auf ～ ベンガル語で. **II** 男 -〔s〕/-〔s〕 =Bangali [*Hindi*]

ben·ga·lisch[..lɪʃ] 形 ベンガルの: ～*es* Feuer ベンガル花火 | der *Bengalische* Meerbusen ベンガル湾.

Ben·gal·ro·se[bɛŋgáːl..] 女 〘植〙コウシンバラ(庚申薔薇).

Ben·gel[bɛ́ŋəl] 男 -s/-〔s〕 (④ **Ben·gel·chen**[-çən] 中 -s/-) **1** 《話》(非難・親愛などの情をこめて)若造, こわっぱ, わんぱく小僧. ᵛ**2** 棍棒(こんぼう); 洗濯棒; (プレスなどの)加圧ハンドル; (鐘の)舌: den ～ 〔zu hoch 〈weit〉〕 werfen 《スイス》〔途方もない〕要求をかかげる. **3** = Morgenstern 2 [*mhd.* „Knüppel"; ◇*engl.* bang]

Ben·ge·lei[bɛŋəlái] 女 -/-en **1** 《単数で》不作法〈わんぱく〉であること. **2** 不作法〈わんぱく〉な振舞い.

ben·gel·haft[bɛ́ŋəlhaft] 形 不作法〈わんぱく〉な.

be·nie·sen[bəníːzən][1] 《02》 他 (h) 《戯》(自分が言ったことを)くしゃみをして保証〈強調〉する: Er hat es *beniest*, es muß wahr sein. 彼はくしゃみをしたから それは本当に違いない.

be·ni·gne[beníɡnə, ..níɲə] 形 (↔maligne) (gutartig) 〘医〙良性の. [*lat.*; < *lat.* bene „wohl"+gīgnere (→Genus)]

Be·ni·gni·tät[benɪɡnitɛ́ːt, benɪɲi..] 女 -/ ᵛ**1** 仁慈, 温良, 親切, (人柄・心情の)優しさ. **2** 〘医〙良性. [*lat.*]

Be·nimm[bəním] 男 -s/ 《話》(Benehmen) (礼儀正しい)振舞い, 行儀: keinen ～ haben マナーが悪い. [<Benimm dich! (→benehmen)]

Be·nimm≈be·ra·ter 男 礼儀作法〈エチケット〉コンサルタント. **≈re·gel** 女 -/-n 《ふつう複数で》, **≈vor·schrift** 女 《話》行儀作法の規則.

Be·nin[beníːn] 地名 ベナン(アフリカ西部の共和国で1960年フランスから独立. 旧称 Dahomey. 首都ポルト ノボ Porto Novo).

Ben·ja·min[bɛ́njamiːn] **I** 男名 ベンヤミン. **II** 人名 〘聖〙ベニヤミン, ビンヤミン (Jakob の末子). **III** 男 -s/-e 《比》末の息子; 最年少者. [*hebr.* „Sohn der rechten Hand" (=Glückskind)]

Benn[bɛn] 人名 Gottfried ～ ゴットフリート ベン(1886-1956; ドイツの表現主義の詩人).

Ben·ne[bɛ́nə] 女 -/-n 《スイス》 **1** (Schubkarren) 手押し車; かご車, 箱ぞり〔の車体〕. **2** ぽんこつ車. [*gall.-fr.*; ◇*engl.* bin]

Ben·no[bɛ́noˑ] 男名 (<Bernhard) ベノー.

Ben≈nuß[bɛ́nnʊs, bɛ́n..] =Behennuß **≈öl** =Behenöl

be·nom·men[bənɔ́mən] **I** benehmen の過去分詞.
II 形 軽くまひした, ぼうっとした, 意識が混濁した; 〘医〙昏蒙(こんもう)の: ein ～*er* Zustand 〈Blick〉 もうろうとした状態〈視線〉 ‖ vom Fieber ganz ～ sein 熱ですっかりぼうっとしている | Der Kopf ist mir ～. / Mir ist ～ im Kopf. 私は頭がふらふらする.

Be·nom·men·heit[–haɪt] 女 -/ 軽いめまい, 思考力のまひ, 意識の混濁; 〘医〙昏蒙(こんもう): eine leichte ～ spüren 軽いめまいを感じる, くらくらとなる.

be·no·ten[bənóːtən] 《01》 他 (h) (答案・作文などを)採点〈評価〉する. [<Note]

be·nö·ti·gen[bənǿːtɪgən][2] **I** 他 (h) 《雅》(brauchen) 必要とする: dringend *benötigt* werden 至急に必要となる | Wieviel Tage *benötigen* wir dazu? 私たちはそれに幾日要しますか ‖ das zu dem 〈für den〉 Bau *benötigte* Material 建築に必要とされる材料 | ᵛ*et.*[2] *benötigt* sein …を必要としている. ᵛ**II** 自 (h) 《*et.*[2]》(…を)必要とする(→I).

Ben·thal[bɛntáːl] 中 -s/ 〘生〙(海・湖沼・河川などの)水底.

ben·thisch[bɛ́ntɪʃ] 形 〘生〙水底の, 底生の.

Ben·thos[bɛ́ntɔs] 中 -/ 〘生〙底生生物. [*gr.* bénthos „Tiefe"]

be·num·mern[bənúmərn]《05》他 (h)《*et.*4》(…に)番号をつける.

be·nus·selt[bənúsəlt] 形《北部》(酒などで)頭がぼうっとしている. [< *ndd.* nusseln „zögern"]

be·nutz·bar[bənútsba:r] 形 利用〈使用〉し得る: ein ～*es* Zimmer 使用可能な部屋 | schwer ～ sein 使いにくい.

Be·nutz·bar·keit[–kait] 女 –/ 有用性.

be·nut·zen[bənútsən] (**be·nüt·zen**[..nýtsən])《02》他 (h) 利用〈使用〉する: *jn.* als Werkzeug ～ …を道具〈だし〉に使う | das Geld zu *et.*3 (für *et.*4) ～ 金を…に遣う | *et.*4 gemeinsam ～ …を共同で使用する ‖ eine Brille ～ めがねを使う〈かけている〉| eine Gelegenheit ～ 機会をとらえる | die Straßenbahn ～ 路面電車を利用する | einen Weg ～ 道を通る | Welche Zahnpasta *benutzen* Sie? どんな歯みがきをお使いですか ‖ *benutzte* Literatur 使用参考文献〔一覧〕.

Be·nut·zer[..nútsər] 男 –s/– (図書館などの)利用者.

be·nut·zer·freund·lich 形 (商品などが)利用者〈ユーザー〉にとって使いやすい.

Be·nut·zung (**Be·nüt·zung**) [..tsuŋ] 女 –/–en《ふつう単数で》利用, 使用: die mißbräuchliche ～ eines Ausweises 証明書の悪用 | die ～ öffentlicher Verkehrsmittel 公共交通機関の利用 ‖ *et.*4 in ～ nehmen《官》…を利用〈使用〉する | unbequem in ～ sein 使いにくい | Die Straße ist schon lange in ～. この道路はすでに長年使用されている | **unter** (**mit**) **～** der Kenntnisse 知識を駆使して | *jm.* ein Zimmer **zur ～** anweisen …に〔使うべき〕部屋を割り当てる | *et.*4 zur 〔öffentlichen〕 ～ freigeben …を一般〔の利用のため〕に開放する.

Be·nut·zungs≠ge·bühr 女 使用〈利用〉料. ≠**ord·nung** 女 使用規定. ≠**recht** 中 使用権.

Benz[bɛnts] 人名 Carl Friedrich ～ カール フリードリヒ ベンツ(1844–1929; ドイツの技術者. 自動三輪車を考案し, 自動車工場を創立. のち Daimler と合併: →Mercedes-Benz).

Benz·al·de·hyd[bɛnts|aldehý:t, ◡◡◡◡–]1 男《化》ベンズアルデヒド. [< Benzoe]

ben·zen[béntsən]《02》他 (h)《ｵｰｽﾄﾘｱ》《*jn.*》(…にくどくどと)こごとを言う; (…に)せがむ.

Ben·zin[bɛntsí:n] 中 –s/ (種類: –e) **1**《化》ベンジン. **2** (内燃機関の燃料としての)ガソリン: ～ tanken ガソリンをタンクに補給する. [< ..in2]

Ben·zin≠be·häl·ter 男 ガソリン=タンク. ≠**drosch·ke** 女《戯》(Auto) 自動車.

Ben·zi·ner[bɛntsí:nər] 男 –s/–《話》(軽油を使うディーゼルカーに対する)ガソリン〔自動〕車.

Ben·zin≠esel[bɛntsí:n..] 男《話》**1** (Auto) 自動車, 車. **2** モペット. ≠**ka·ni·ster** 男 (携帯用の)ガソリン=タンク. ≠**kut·sche** 女《戯》自動車. ≠**löt·lam·pe** 女《工》ブロー〈ガソリン〉ランプ(→ 図 löten). ≠**mo·tor** 男 ガソリン=エンジン. ≠**pum·pe** 女 (ガソリンスタンドの)給油ポンプ. ≠**steu·er** 女 ガソリン税. ≠**tank** 男 ガソリン=タンク. ≠**uhr** 女 (ガソリン車の)燃料計. ≠**wa·gen** 男 ガソリン輸送車, タンクローリー.

Ben·zoe[béntsoe·] 女 –/ =Benzoeharz

Ben·zoe≠baum[..tsoe..] 男《植》アンソクコウノキ(安息香木)(東南アジア原産のエゴノキ属). ≠**harz** 中 –es/ 安息香(アンソクコウの樹脂で香料・薬品に用いる). [*arab.* lubān ǧāwī „javanischer Wohlrauch"–*mlat.* benzoe; ◇ *engl.* benzoin]

Ben·zol[bɛntsó:l] 中 –s/ (種類: –e)《化》ベンゾール, ベンゼン. [< *lat.* oleum (→Öl)]

Ben·zol≠kern 男《化》ベンゼン核. ≠**ring** 男《化》ベンゾール〈ベンゼン〉環.

Benz·py·ren[bɛntspyré:n] 中 –s/《化》ベンズピレン(発がん物質). [< pyro..]

Ben·zyl[bɛntsý:l] 中 –s/《化》ベンジル. [< ..yl]

be·ob·ach·ten[bə|ó:baxtən]《01》他 (h) **1** 観察〈観測〉する; 監視する: die Sterne ～ 星を観察〈観測〉する | Wer hat den Unfall *beobachtet*? 事故を見ていた人はいないか | *sich*4 ärztlich ～ lassen (入院などして)医師の観察治療を受ける | *sich*4 beobachtet fühlen ひとに見られているような気がする. **2** (bemerken) 認める, 看取する: *et.*4 an *jm.* ～ …を…の身に見てとる. **3**《雅》(beachten) (規則などを)守る, 遵守する: eine strenge Diät ～ きびしい食養生をする | Stillschweigen über *et.*4 ～ …について沈黙を守る. [< Obacht]

Be·ob·ach·ter[..tər] 男 –s/– **1** 観察者; 目撃者; オブザーバー: Völkischer ～《史》フェルキシャー ベオーバハター(ナチ党機関紙. 1920–45). **2**《軍》〔対空〕監視員;《空》偵察員.

Be·ob·ach·tung[..tuŋ] 女 –/–en **1** 観察, 監視; 観察結果: unter ～ stehen 監視〈観察〉されている | *et.*4 unter ～ halten …を監視〈観察〉する ‖ *seine* ～*en* aufzeichnen 観察記録をつける | ～*en* anstellen《官》観察する. **2**《雅》(規則などの)遵守: unter ～ des Stillschweigens 沈黙を守って.

Be·ob·ach·tungs≠bal·lon[..balɔŋ] 男 観測気球. ≠**bo·gen** 男 (問題児などの)観察記録票. ≠**fen·ster** 中 監視〈観察〉窓. ≠**flug·zeug** 中《空》〔気象〕観測機;《軍》偵察機. ≠**ga·be** 女 –/ 観察力〈眼〉. ≠**netz** 中〔気象〕観測網. ≠**platt·form** 女 (飛行船の)観測プラットホーム. ≠**po·sten** 男《軍》監視所. ≠**stand** 男《軍》(砲台などの)監視所. ≠**sta·tion** 女〔気象〕測候所;《医》観察病棟. ≠**turm** 男 (刑務所・収容所などの)監視塔.

Beo·grad[bɛ́ɔgrat] =Belgrad [*serbokroat.*]

be·ölen[bə|ǿ:lən] 他 (h) **1**《*et.*4》(…に)注油する. **2**《話》再帰 *sich*4 ～ (意地悪・隠微な)喜びを覚える, 大笑いする.

be·or·dern[bə|ɔ́rdərn]《05》他 (h) **1**《*jn.*》《方向を示す語句と》(…に…へ行くようにと)指示する: *jn.* ins Ausland ～ …を外国へ派遣する | *jn.* zu *sich*3 ～ …を呼びつける. **2**《*jn.*》(…に仕事を)命じる: Ich wurde *beordert*, ihm zu helfen. 私は彼に協力するよう言われた. **3** (bestellen)《商》注文する: *et.*4 aus England ～ …を英国から取り寄せる.

Be·or·de·rung[..dəruŋ] 女 –/–en **1** 召喚; 派遣. **2**《商》注文.

Beo·wulf[bé:ovulf] 人名 ベーオウルフ(古代イギリスの伝説的英雄, およびそれを主人公とした8世紀ごろの叙事詩). [*aengl.* „Bär"; ◇Biene, Wolf3]

be·packen[bəpákən] 他 (h) 荷を積む〈負わせる〉: einen Wagen mit *et.*3 ～ 車に…を積む ‖ 再帰 *sich*4 mit *et.*3 ～ …を背負う ‖ *bepackt* wie ein Esel ロバのように荷を背負って.

Be·packung[..kuŋ] 女 –/–en《ふつう単数で》(bepacken すること. 例えば:)《軍》装具.

be·pelzt[bəpéltst] 形 毛皮を張った〈縫いつけた〉; 毛皮〔製の服〕を着た. [< Pelz]

be·pflan·zen[bəpflántsən]《02》他 (h) 植え込む: den Garten mit Blumen ～ 庭に花を植える.

be·pfla·stern[bəpflástərn]《05》他 (h) **1** (道路を)舗装する: Der ganze Tisch ist mit Büchern *bepflastert*.《話》机の上いっぱいに本が広がっている. **2**《話》(…に)膏薬(こう)をはる. **3**《話》(…に)弾丸〈爆弾〉を雨あられと浴びせかける.

be·pflü·gen[bəpflý:gən]1 他 (h) 鋤(す)く, 耕す.

be·picken[bəpíkən] 他 (h) ついばむ.

be·pin·keln[bəpíŋkəln]《06》他 (h)《話》小便でよごす.

be·pin·seln[bəpínzəln]《06》他 (h) ペンキ〈絵の具〉を塗る;《*et.*4 mit *et.*3》(…に…を)ぬたくる, なすりつける.

be·pis·sen[bəpísən]《03》=bepinkeln

be·plan·ken[bəpláŋkən] 他 (h) 厚板でおおう, 板張りする.

Be·plan·kung[..kuŋ] 女 –/–en (beplanken すること. 例えば:) 板張り;《工》(ボート・飛行機の)外殻, 外皮, 外板.

be·pol·stern[bəpɔ́lstərn]《05》=polstern

be·pu·dern[bəpú:dərn]《05》他 (h) 粉を振りかける〈まく〉; 粉おしろいをつける: von Staub *bepudert* ほこりまみれの.

be·pum·meln[bəpúməln]《06》他 (h)《北部》**1** (einhüllen) 包〔み込〕む: 再帰 *sich*4 ～ 暖かく身を包む. **2** (umsorgen) 世話をやく; (verwöhnen) 甘やかす. [< Pummel]

be·quas·seln[bəkvásəln]《06》《話》=bequatschen 2

be·quạt·schen[bəkvátʃən]《04》他 (h)《話》**1** (überreden)《*jn.*》説き伏せる. **2**《*et.*[4]》事細かに話す, しゃべりまくる.

be·quẹm[bəkvé:m] 形 **1** 快適な, くつろいだ; 苦労のない, 安易な: eine ~*e* Ausrede 安易な〈見えすいた〉言い逃れ | eine ~*e* Haltung 楽な〈窮屈でない〉姿勢 | ein ~*es* Leben führen 安楽に〈悠々と〉暮らす | eine ~*e* Lösung 手軽な解決 | ein ~*er* Mantel 着ごこちのよい〈ゆったりした〉コート | ein ~*er* Weg 歩きやすい道 ‖ Er ist nicht ~ im Umgang. 彼は付き合いにくい男だ | es *sich*[3] ~ machen くつろぐ, 気楽に構える | Machen Sie es sich ~! どうぞお楽に ‖ In einer Stunde kann man das ~ schaffen. そいつは1時間で楽にやれる. **2** 苦労をいとう, おっくうがる, 無精な: ein ~*er* Kerl 無精者 ‖ Er ist viel zu ~, mich zu begleiten. 彼はおっくうがって私と一緒に来てくれない | Wie Sie wissen, bin ich zum Schreiben zu ~. ご存知のとおり私は筆無精です. ▽**3** (passend) 適当な, ぴったりの; 好都合の: eine ~*e* Gelegenheit 好機. [*ahd.* biquāmi „zukommend"; ◇bekömmlich]

be·quẹ·men[bəkvé:mən] 他 (h) **1**《雅》再帰 *sich*[4] zu *et.*[3] ~ しぶしぶ〈やむをえず〉…を〔承知〕する | Ich mußte mich 〔dazu〕 ~, alles zu gestehen. 私は結局すべてを自白する羽目になった. ▽**2** 再帰 *sich*[4] *et.*[3] ~ …に順応する, …に慣れる.

▽**be·quẹm·lich**[bəkvé:mlɪç] =bequem 1

Be·quẹm·lich·keit[–kaɪt] 女 -/-en **1 a)**《単数で》快適, 安楽; 便利, 好都合: Ganz nach Ihrer ~! すべてご都合しだいで結構です. **b)** 安逸, 怠惰: aus lauter ~ 全くの無精から. **2** 便利な物; ▽《話》便所: Das Zimmer ist mit allen ~*en* ausgestattet. その部屋にはあらゆる設備がととのっている.

Be·quẹm·lich·keits·lie·be 女 =Bequemlichkeit 1 b

be·rạn·ken[bəráŋkən] 他 (h) (…につる草を)はわせる; (…につる草が)はい登る: die Mauer mit Efeu ~ 塀にキヅタをはわせる | eine *berankte* Hauswand つる草におおわれた家の外壁.

Be·rạpp[bəráp] 男 -〔e〕s/ 〖建〗粗面塗り. [<berappen[1]]

be·rạp·peln[bərápəln]《06》他 (h)《話》再帰 *sich*[4] ~ 元気を取り戻す; (失神状態から)正気づく, 我に返る.

be·rạp·pen[1][bərápən] 他 (h)〖建〗**1** (壁を)粗塗りする. **2** (木材を)荒削り〈荒ごしらえ〉する. [<*ahd.* raffi „rauh"]

be·rạp·pen[2][–] 他 (h)《話》(bezahlen) (やむをえず・いやいや)支払う: *seine* Schulden ~ 借金を払う | tüchtig 〈schön〉 ~ müssen ごっそり払わされる, したたか金をふんだくられる. [<Rebbes]

be·rạ·sen[bərá:zən][1]《02》他 (h) (…に)芝を植え付ける. [<Rasen]

be·rạ·ten*[bərá:tən]《113》**I** 他 (h) **1 a)**《*jn.*》(…に)助言〈忠告〉する: *sich*[4] von *jm.* über *et.*[4] ~ lassen …に…の事で助言を求める〈相談する〉‖〖過去分詞で〗**gut** 〈**schlecht**〉 ***beraten* sein** いい〈まずい〉ことを教えられている, 正しい〈間違った〉知識を与えられている | Damit bist du wohl 〈übel〉 *beraten.* それは君 いい〈まずい〉考えだよ. ▽**b)**《*jn.* mit *et.*[3]》(…に必要なものを)与える, 備えさせる.

2 a) 再帰 *sich*[4] mit *jm.* 〔über *et.*[4]〕 ~ …と〔…について〕相談する〈協議する〉| Wir *berieten* uns[4] 〔miteinander〕. 私たちは相談した. **b)**《南西部》《*jn.*》(…に)助言を求める. ▽**c)** 再帰 *sich*[4] ~ 決心する.

3《*et.*[4]》審議する(→II): ein Gesetz ~ 法案を審議する.

II 自 (h)〔mit *jm.*〕über *et.*[4] ~ 〔…と〕…について相談〈審議〉する | Wir *berieten* miteinander 〈untereinander〉. 私たちは相談した.

III be·rạ·tend 現分 形 助言する, 顧問の: ein ~*er* Ausschuß 諮問〈審議〉委員会 | in ~*er* Eigenschaft 顧問の資格で | nur 〔eine〕 ~*e* Stimme haben (表決権がなく)審議権のみを持っている ‖ *jm.* ~ zur Seite stehen …の相談にのってや〔ってい〕る.

Be·rạ·ter[bərá:tər] 男 -s/- (女 **Be·rạ·te·rin**[..tərɪn] -/-nen) 助言者, 顧問; コンサルタント: ein juristischer 〈technischer〉 ~ 法律〈技術〉顧問.

Be·rạ·ter≈fir·ma 女 コンサルタント会社. **≈ver·trag** 男〖経〗コンサルタント契約.

be·rạt·schla·gen[bərá:t-ʃla:gən][1]《過 beratschlagte; 過分 beratschlagt》自 (h)《mit *jm.* 〔über〕 *et.*[4]》協議〈相談〉する.

Be·rạt·schla·gung[..guŋ] 女 -/-en 協議, 相談.

Be·rạ·tung[bərá:tuŋ] 女 -/-en **1** 助言〈忠告〉すること: ärztliche ~ 診察 | juristische ~ 法律相談. **2** 協議, 審議. **3** 相談所: eine ~ aufsuchen 相談所を訪れる | bei einer ~ anfragen 相談所に問い合わせる.

Be·rạ·tungs≈aus·schuß 男 協議委員会. **≈ge·gen·stand** 男 協議〈審議〉事項. **≈stel·le** 女 相談所.

be·rau·ben[bəráubən][1] 他 (h)《*jn.*》(…の)持ち物を奪う;《雅》《*jn. et.*[2]》(…の…を)奪う: Man hat bei ihm eingebrochen und ihn *beraubt.* 彼は強盗に入られて物をとられた ‖〖気どった表現で〗Ich will Sie nicht ~! むりに下さいとは申しません | Ich *beraube* Sie doch nicht 〔etwa〕? いただいてよろしいでしょうか | Zigarre gefällig?—Nur wenn ich Sie nicht *beraube.* 葉巻はいかがですか―いただいてよろしければ ‖〖2格と〗Er ist des Augenlichts *beraubt.* 彼は失明している | Man hat ihn seines ganzen Geldes 〈seiner letzten Hoffnung〉 *beraubt.* 彼は有り金全部を〈最後の希望も〉奪われてしまった | Der Schreck *beraubte* ihn der Sprache. 驚きのあまり彼は口がきけなかった ‖ 再帰 *sich*[4] *et.*[2] ~ …を放棄〈断念〉する | *sich*[4] eines Vergnügens ~ 楽しみをあきらめる | Bitte, *berauben* Sie sich nicht! こんな物いただくわけには参りません.

Be·rau·bung[..buŋ] 女 -/-en 奪い去ること, 強奪.

be·rau·chen[bəráuxən] 他 (h)《*jn.* / *et.*[4]》(…に)煙を吹きかける, いぶす.

be·räu·chern[bərɔ́yçərn]《05》他 (h) **1** いぶす; 燻蒸(くんじょう)する. **2**《比》《*jn.*》(…に)おべんちゃらを言う.

be·räu·men[bərɔ́ymən] 他 (h)〖建〗(建築用地を)片づける, 整地する.

be·rau·schen[bəráuʃən]《04》**I** 他 (h)《*jn.*》酔わせる; 有頂天にする, のぼせ上がらせる: Der Wein 〈Der Erfolg〉 *berauschte* ihn. 彼はワイン〈成功〉に酔った ‖ 再帰 *sich*[4] ~ 酒に酔う | *sich*[4] an *seinen* eigenen Worten 〈in einem Gedanken〉 ~ 自分の言葉〈ある考え〉にうっとりする.

II be·rau·schend 現分 形 酔い心地にさせる: ~*e* Getränke 酒類 | ~*e* Mittel〖医〗麻酔薬 | ein ~*er* Duft うっとりするような香気 | ein ~*es* Gefühl 陶酔〈恍惚(こうこつ)〉感 ‖ ~ schön うっとりするほど美しい.

III be·rauscht 過分 形 (酒に)酔っている, うっとりしている: Er ist von der Musik ~. 彼は音楽に聞きほれている. [<Rausch]

Be·rauscht·heit[..haɪt] 女 -/ 酔い心地, 陶酔状態.

Bẹr·ber[bέrbər] 男 -s/- **1** (女 **Bẹr·be·rin**[..bərɪn]-/-nen) **a)** ベルベル〈バーバリ〉人(北アフリカに住む非セム系種族). **b)**《話》住所不定〈宿なし・ホームレス〉の人, 浮浪者. **2** =Berberpferd **3** =Berberteppich [*arab.*; ◇Barbar]

Bẹr·ber·af·fe 男〖動〗バーバリザル.

die **Ber·be·rei**[bɛrbəráɪ] 地名 女 -/ ベルベル〈バーバリ〉地方(ベルベル人の住むアフリカ北西部の旧称).

Bẹr·be·rin[1] Berber 1 の女性形.

Ber·be·rịn[2][bɛrbərí:n] 中 -s/ 〖化〗ベルベリン. [◇Berberitze]

bẹr·be·risch[bέrbərɪʃ] 形 ベルベル〈バーバリ〉〔人・語〕の: →deutsch

Ber·be·rịt·ze[bɛrbərítsə] 女 -/-n〖植〗メギ(目木)属(メギ・ヘビノボラズなどの総称). [*arab.*–*mlat.* berberis; ◇*engl.* barber〔r〕y]

Bẹr·ber≈pferd[bέrbər..] 中 バーバリ馬(アラブ種に似た乗用馬). **≈spra·chen** 複 ベルベル〈バーバリ〉語〔群〕. **≈tep·pich** 男 ベルベルじゅうたん.

Ber·ceu·se[bɛrsǿ:zə] 女 -/-n **1** (Wiegenlied) 子守歌. **2** (Schaukelstuhl) 揺りいす. [*fr.*; <*fr.* bercer „wiegen"]

Berch·tes·ga·den[bɛrçtəsgá:dən] [地名] ベルヒテスガーデン(Bayern の保養地. 近くに Hitler の山荘があった).

Berch·told[bɛ́rçtɔlt] [男名] ベルヒトルト. [< *ahd.* beraht (→..bert)+waltan „walten"; ◇Bertold]

be·re·chen·bar[bərɛ́çənba:r] [形] (berechnen できる. 例えば:) 計算(算定)できる; 予測のつく.

be·rech·nen[bərɛ́çnən] 《01》 **I** [他] (h) **1 a)** 計算して定める, 算定(算出)する: die Kosten 〈die Entfernung〉 ~ 費用(距離)を算出する | *et.*^{4} auf vier Dezimalstellen^4 ~ 〘数〙…を小数第 4 位まで計算する | *Berechne* x (x − 3) für x =7! 〘数〙x= 7 のとき x (x− 3) の値を求めよ | den Wert in Zahlen ~ 価値を計数的に示す ‖ [再帰] *sich*^{4} ~ 算定(算出)される. **b)** 予測する, あらかじめ考量する: *sich*^{3} keinen großen Gewinn ~ können あまり利益が見込めない | die Wirkung *seiner* Rede ~ / *seine* Rede in ihrer Wirkung ~ 自分のスピーチの効果を計算する | ein Manuskript auf 50 Seiten^4~ 原稿を50ページ分と見積もる | Der Waggon ist für 80 Personen *berechnet.* この車両は80人用にできている. **2** (anrechnen) 《*jm. et.*^{4}》〘商〙(…に…の費用を)請求する, 貸方に記入する: *jm. et.*^{4} mit zwei Mark ~ / *jm.* zwei Mark für *et.*^{4} ~ …に…の代金として 2 マルク請求する | Verpackung wird nicht *berechnet.* 包装代は無料です | *jm. et.*^{4} zum Selbstkostenpreis ~ …に…を原価で売る. ▽**3** [再帰] *sich*^{4} mit *jm.* ~ …との貸借を清算する, …と差引勘定をする.

II be·rech·nend [現分][形] 打算的な: ein 〔kalt〕 ~*er* Mensch 打算的な人.

III be·rech·net [過分][形] (あらかじめ)計算された, 当てこんだ: ein schlau ~*er* Plan 巧妙に計算された計画 ‖ Sein Vortrag war auf Effekt 〈für Frauen〉 ~. 彼の講演は効果を当てこんだ(女性を対象とした)ものだった.

Be·rech·ner[bərɛ́çnər] [男] -s/- 計算者; 計算機.

Be·rech·nung[..nʊŋ] [女] -/-en 計算, 算出, 算定, 見積もり; 《比》打算: eine ungefähre ~ 概算 | aus 〈mit〉 kühler ~ 冷静な計算ずくで ‖ eine ~ anstellen 《官》計算〈計上〉する | alle ~*en* über den Haufen werfen (突発事件などが)すっかり当てを狂わせる | mit *et.*^{3} *seine* ~ haben …に悩まされる | Bei 〈An〉 ihm ist alles 〔nur〕 ~. / Bei ihm geschieht alles aus ~. 彼の場合は万事が打算だ.

be·rech·ti·gen[bərɛ́çtɪgən]^2 **I** [他] (h) 《*jn.* zu *et.*^{3}》(…に…する)権利(権限・資格)を付与する: Das Gesetz 〈Das Testament〉 *berechtigt* ihn, das Haus zu bewohnen. 彼はその家に住むことを法律(遺言)により保障され〔てい〕る | Was *berechtigt* dich zu glauben, daß ...? 何を根拠に君は…だと思うのか ‖〘目的語なしで〙Das *berechtigt* 〔uns^4〕 zu der Annahme, daß ... このことから当然…だと想定してよい | Er *berechtigt* 〈Seine Leistungen *berechtigen*〉 zu großen Hoffnungen. 彼は(彼の業績から見て)将来が大いに期待される | Die Karte *berechtigt* zum Eintritt. 券があれば入場できる.

II be·rech·tigt [過分][形] 権利〈権限・資格〉のある; 理由〈根拠〉のある, 正当な, 当然の: ein ~*er* Einwand 〈Vorwurf〉 正当な抗議〈非難〉 ‖ Er ist nicht ~, das zu fordern. 彼はそれを要求する権限〈理由〉がない | *sich*^{4} zu *et.*^{3} ~ glauben …する権利がある(…してよい)と思う ‖ der 〈die〉 *Berechtigte* 〘法〙有資格者, 権利者. [< Recht]

be·rech·tig·ter·wei·se[bərɛ́çtɪçtərváizə] [副] 合法的に, 正当に.

Be·rech·ti·gung[bərɛ́çtɪgʊŋ] [女] -/-en 《ふつう単数で》権利, 権限, 資格; 正当さ, 根拠, 理由: die ~ zu *et.*^{3} geben 〈erteilen〉 …の資格を与える | die ~ zum Bergwerksbetrieb 鉱山営業権 | die ~ zum Besuch der Universität 大学進学資格 ‖ Das Gerücht hat seine 〈keine〉 ~. そのうわさには根拠がある〈ない〉 | Er hat die volle ~, das zu fordern. 彼にはそれを要求するに足る完全な権利〈権限〉がある.

Be·rech·ti·gungs·schein [男] 資格証明書, 免許証.

be·re·den[bəré:dən]^1 《01》 [他] (h) **1** (besprechen) 《*et.*^{4} 〔mit *jm.*〕》(…について〔…と〕)論じ合う, 協議する: [再帰] *sich*^{4} 〔über *et.*^{4}〕 mit *jm.* ~ 〔…について〕…と協議する. **2** (überreden) 《*jn.* zu *et.*^{3}/▽*jn. et.*^{4} 〈*et.*^{2}〉》(…を…するように)説き伏せる: *jn.* ~ mitzukommen …を説き伏せて同行させる ‖ [再帰] Er hat sich^4 *beredet,* das zu glauben. 彼は自分をごまかしてそれを信じこんだ. **3** けなす, くさす, あしざまに言う.

be·red·sam[bəré:tza:m] [形] 雄弁な, 口達者な.

Be·red·sam·keit[−kaɪt] [女] -/ 雄弁〔術〕, 弁舌〔の才能〕, 能弁: mit großer ~ 大いに弁舌をふるって〈弁じ立てて〉.

be·redt[bəré:t] [形] **1** 雄弁〈能弁〉な; 多弁〈おしゃべり〉な: ein ~*er* Anwalt 雄弁な弁護士 | Seine Kleidung war ein ~*er* Zeuge seiner Armut. 彼の身なりは彼の貧困を如実に物語っていた | Er hat eine ~*e* Zunge. 彼は口が達者だ ‖ Seine Augen waren ~*er* als sein Mund. 彼の目は彼の口よりも雄弁だった.

2 (vielsagend) 意味深長な: mit *jm.* ~*e* Blicke wechseln …と意味ありげな視線をかわす | ein ~*es* Schweigen いわくありげな沈黙.

Be·redt·heit[−haɪt] [女] -/ =Beredsamkeit

be·reg·nen[bəré:gnən] 《01》 [他] (h) 《*et.*^{4}》(…に)灌水(かん)〈散水〉する.

Be·reg·nung[..nʊŋ] [女] -/ 散水, 水まき.

Be·reich[bəráɪç] [男] ([中]) -〔e〕s/-e 〔勢力〕範囲, 領域; 領分, 分野; 〘軍〙(砲などの)射程: außer dem ~ seiner Macht stehen 彼の権限外である | außerhalb des ~*s* der Wissenschaft liegen 学問の領域外である | eine Frage aus dem 〈im〉 ~ der Physik 物理学に属する問題 | im ~ der Stadt liegen 市内に位置する | im ~ des Möglichen 〈der Möglichkeiten〉 liegen 実現する可能性がある | Der Mond kreist im ~ der Anziehungskraft der Erde. 月は地球の引力圏内を回っている | Es ist alles im grünen ~. 《話》万事オーケーである ‖ Dieses Zimmer ist mein ~. この部屋は私の城だ(他人に邪魔させない). [< *mhd.* bereichen „er-reichen"]

be·rei·chern[bəráɪçərn] 《05》 [他] (h) 豊かにする: *jn.* mit *et.*^{3} ~ …を…で豊かにする, …に…を〔も〕取得させる ‖ *seine* Kenntnisse ~ (自分の)知識をふやす | eine Bibliothek mit neuen Büchern ~ 新しい本を入れて図書館を充実させる ‖ einen *bereichernden* Vortrag hören ためになる講演をきく | *sich*^{4} durch *et.*^{4} innerlich *bereichert* fühlen …によって啓発されたと感じる ‖ [再帰] *sich*^{4} ~ (不当な手段で)金をためこむ, 私腹を肥やす | *sich*^{4} an fremdem Eigentum ~ 他人の財物を横領(着服)する. [< reich]

Be·rei·che·rung[bəráɪçərʊŋ] [女] -/-en 《ふつう単数で》**1** 豊かにすること, 充実化; 充実させるもの: die ~ eines Museums durch eine neue Sammlung 新しいコレクションによる美術館の充実. **2** (不当な)利得: eine ungerechtfertigte ~ 〘法〙不当利得 ‖ für *seine* eigene ~ / zu *seiner* persönlichen ~ 私利私欲のために.

be·rei·fen^1[bəráɪfən] **I** [他] (h) 霜でおおう.

II be·reift [過分][形] 霜の降りた, 霜で真っ白な; 灰白色の(髪など); 〘植〙白い粉でおおわれた. [< Reif^2]

be·rei·fen^2[−] [他] (h) (たるなどに)たがをはめる; (車輪に)タイヤをつける. [< Reifen]

Be·rei·fung[..fʊŋ] [女] -/-en 《ふつう単数で》タイヤをつけること; (車一台分の)タイヤ〔一式〕: Die ~ des Autos ist noch tadellos. この自動車のタイヤはまだ申し分ない.

be·rei·ni·gen[bəráɪnɪgən]^2 [他] (h) **1** (事件などを)解決〈処理〉する; (貸借などを)清算する: Mißverständnisse 〈Schwierigkeiten〉 ~ 誤解〈難点〉を一掃する | einen Streitfall ~ 紛争を解決する. **2** 《*et.*^{4}》(…から)誤りを取り除く: eine *bereinigte* Ausgabe (書物の)改定版. **3** 〘農〙(ジャガイモの)病茎を除く.

Be·rei·ni·gung[..gʊŋ] [女] -/-en 《ふつう単数で》bereinigen すること.

be·rei·sen[bəráɪzən]^1 《02》 **I** [他] (h) 《*et.*^{4}》(…を)旅行する, 旅してまわる, 遍歴する, (…を)訪れる; 〘劇〙巡業する: die ganze Welt ~ 世界じゅうを旅行する | die Messe ~ 見本市を訪れる. **II be·reist** [過分][形] 広く旅行した: ein viel ~*es* Land 旅行者の多く訪れる土地, 観光地 | ein ~*er*

Mann 旅行家.

be·reit[bəráɪt] 形《ふつう述語的》(英: *ready*)《zu *et.*³》用意〈準備〉のできた; (進んで…する) 気のある, 心構えをしている: ***sich*⁴ zu *et.*³ ~ erklären 〈finden〉** …に賛同する; …する意志を表明する | ***et.*⁴ ~ haben** …を用意〈準備〉している〈おく〉| ***sich*⁴ zu *et.*³ ~ halten** …の心構えをしている(→bereithalten) ‖ Dieses Geld ist für dich ~. この金は君用だ | Ich bin zu jedem Opfer ~. 私はどんな犠牲もいとわないつもりだ | Ich bin zur Reise ~. / Ich bin ~, die Reise zu machen. 私は旅の用意ができている〈すぐにも旅に出られる〉| Ich bin gern ~, ihm zu helfen. 私は喜んで〈進んで〉彼に手を貸す気がある | zu jeder Schandtat 〈zu allen Schandtaten〉 ~ sein (→Schandtat) ‖〖付加語的に〗ein immer ~*er* Ratgeber いつでもすぐ相談にのってくれる人.

[*ahd.* bireiti „(zur Fahrt) gerüstet"; ◇reiten]

..bereit[..bəraɪt]《名詞・動詞につけて「…の用意〈準備〉のととのった」あるいは「…の心構えのできている」などを意味する形容詞をつくる》: abfahrt*bereit* 発車準備のととのった | kriegs*bereit* 臨戦態勢のととのった | kompromiß*bereit* 妥協の用意のある ‖ abfahr*bereit* 発車準備のととのった | eß*bereit* そのまま食べられる.

be·rei·ten[1][bəráɪtən]《01》他 (h) **1** 《*et.*⁴》調製する, ととのえる, つくる: das Abendessen ~ 夕食の支度をする | den Boden ~ 土地を造成する;《比》基盤を固める | Tee 〈Kaffee〉 ~ 紅茶〈コーヒー〉を入れる | *jm.* das Lager ~ …の寝床をしつらえる.

2 (zufügen)《*jm. et.*⁴》与える, もたらす: *jm.* Ärger 〈Freude〉 ~ …を怒らせる〈喜ばせる〉| *jm.* einen herzlichen Empfang ~ …を心から歓迎する | *et.*³ ein Ende ~ …を終らせる, …に終止符を打つ | *jm.* Schwierigkeiten ~ …にやっかい〈迷惑〉をかける.

3 《雅》再帰 *sich*⁴ zu *et.*³ ~ …の用意〈準備〉をする | *sich*⁴ zum Sterben ~ 死に対する〔心の〕準備をする.

be·rei·ten[2]*[−]《116》 **I** 他 (h) **1** (馬などを)調教する, 乗りならす. **2** 《*et.*⁴》(ある地域を)馬で通過〈巡視〉する.

II be·rit·ten → 別出

Be·rei·ter[1][bəráɪtər] 男 -s/- **1** 準備する人; 調製者; 仕上げる人: Leder*bereiter* 革なめし工. **2** 《比》(Wegbereiter) 開拓者.

Be·rei·ter[2][−] 男 -s/- (女 **Be·rei·te·rin** -/-nen) **1** (馬の)調教師. **2** 騎馬巡察官.

be·reit⸗hal·ten*[bəráɪt..]《65》他 (h)《*et.*⁴ zu *et.*³ 〈für *et.*⁴〉》(すぐ使えるように)用意〈準備〉して持っている: Bitte das Geld abgezählt ~! 釣り銭のいらぬよう お金をご用意ください | Das Buch *hält* auf jede Frage eine Antwort *bereit.* この本にはあらゆる疑問への答えがのっている ‖ 再帰 *sich*⁴ zu *et.*³ ~ …の心構えをしている(→bereit). **⸗le·gen** 他 (h) (横たえて)用意〈準備〉する: *jm.* 〈für *jn.*〉 Wäsche ~ …の下着を(すぐ着られるように)置いてやる. **⸗lie·gen***《93》自 (h) 用意〈準備〉されて(横たわって)いる: Das Schiff *lag* zur Abfahrt *bereit.* 船は出航の用意がととのっていた. **⸗ma·chen** 他 (h) 用意〈準備〉する: ein Lager ~ 寝床の用意をする ‖ 再帰 *sich*⁴ zu *et.*³ ~ …の用意〈準備〉をする.

be·reits[bəráɪts] 副 **1** (schon) すでに: Er ist ~ gestern abgefahren. 彼はきのうのうちに旅立った. **2** 《南西部・スイ》(fast) ほとんど: Das Buch ist ~ neu. この本は新品同様だ.

Be·reit·schaft[bəráɪt-ʃaft] 女 -/-en **1** 《単数で》bereit なこと: innere ~ 心の準備, 覚悟 | *seine* ~ für die Aufnahme erklären 受け入れ用意のあることを言明する | die ~ zu Konzessionen 譲歩する用意 | die ~ zum Kampf 戦闘態勢 ‖ *et.*⁴ 〔für *jn.*〕 in ~ halten 〈haben〉 …を〔…のために〕用意している | in ~ stehen / *sich*⁴ in ~ halten 待機している. **2** =Bereitschaftsdienst **3** (警察の)緊急出動部隊, 機動隊.

Be·reit·schafts⸗arzt 男 (救急病院などの)当直医. **⸗dienst** 男 (警察・病院などの)救急〈待機〉業務; 緊急出動: ~ haben 待機している. **⸗po·li·zei** 女 (緊急出動に備えて待機する)警官隊, 機動隊.

be·reit⸗ste·hen*[bəráɪt..]《182》自 (h) 用意〈準備〉ができている: Er bestieg das *bereitstehende* Flugzeug. 彼は待っていた飛行機に乗り込んだ. **⸗stel·len** 他 (h) 用意〈準備〉する, 供給する: Geldmittel ~ 資金を調達する | Truppen ~ 部隊を召集〈集結〉する; 部隊を戦闘配置につかせる.

Be·reit·stel·lung 女 -/-en《ふつう単数で》(bereitstellen すること. 例えば:) 用意, 準備; (資金の)調達; (軍隊の)召集, 集結; 戦闘配置.

Be·rei·tung[bəráɪtʊŋ] 女 -/ bereiten[1]すること.

be·reit·wil·lig[bəráɪtvɪlɪç][2] 形 進んで〈喜んで〉する気のある, 乗り気の: ein ~*er* Helfer 進んで協力する人 | Er ist ~, Auskunft zu geben. 彼は進んで情報を伝える気がある.

Be·reit·wil·lig·keit[−kaɪt] 女 -/ bereitwillig なこと.

be·ren·nen*[berɛ́nən]《117》他 (h) (走り寄って)攻撃をかける: eine Burg ~ 城郭に押し寄せる | das Tor ~ (サッカーなどで)ゴールを襲う | *jn.* mit dem Schwert ~ …に斬(き)りかかる.

be·ren·ten[bərɛ́ntən]《01》他 (h)《*jn.*》〖法〗年金を授ける, 年金受給者とする. [<Rente]

Bé·ret[bérɛ·] 中 -s/-s《スイ》(Baskenmütze) ベレー帽. [*fr.*; ◇Barett]

be·reu·en[bərɔ́ʏən] 他 (h) 後悔する: *seine* Sünden 〔tief〕 ~ 罪を〔深く〕悔いる | einen Entschluß ~ 決心したことを悔やむ | Ich *bereue* 〔es〕 nicht, mitgekommen zu sein. 私は同行してよかったと思っている.

Berg[1][bɛrk] 人名 Alban ~ アルバン ベルク(1885-1935; オーストリアの作曲家. Schönberg の弟子で, 彼とともに12音音楽の代表的作家. 作品は歌劇『ヴォツェック』など).

Berg[2][bɛrk] 地名 ベルク (Rhein 川西岸にあった公爵領. 1380 年伯爵領から公爵領になった: → bergisch). [◇Berg[3]]

Berg[3][bɛrk][1] 男 -es(-s)/-e **1 a)** (↔Tal) 山(→ 図); 丘, 丘陵: ein hoher 〈steiler〉 ~ 高い〈けわしい〉山 | blaue ~*e*《雅》(青くかすんだ)遠い山なみ | Eis*berg* 氷山 ‖ ein Mann wie ein ~ 雲つくような大男 | einen ~ besteigen 山に登る | **~*e* versetzen 〔können〕**《比》超人的な事を成しとげる(聖書: I コリ 13, 2 から) | ~*e* versetzen wollen《話》(実力以上の)ほらを吹く | Der Glaube versetzt ~*e*. (→Glaube 2) | ***jm.* goldene ~*e* versprechen**《比》…に(できもせぬ)空約束をする ‖ Vor mir erhebt sich ein ~ 〈ragt ein ~ auf〉. 私の前に山がそびえている | **Wenn der ~ nicht zum Propheten kommt, muß der Prophet zum ~〔*e*〕 kommen.**《諺》相手が折れて来なければ自分の方で折れて出ろ | **Der ~ 〔kreißt und〕 gebiert eine Maus.**《諺》大山鳴動してねずみ一匹(山が苦しんで生みだしたのは一匹のねずみだけ) ‖〖前置詞と〗**am ~**〔*e*〕 山のふもとで; 山腹で | am ~*e* bleiben《雅》山で遭難死する | dastehen wie der Ochse am 〈vorm〉 ~ (→Ochse 1) | **auf** einen ~ steigen 山に登る | **mit *et.*³** hinterm 〈**hinter dem**〉 **~**〔*e*〕 **halten**《話》(わざと)…を口に出さない, …を言うのを控える | Hinterm ~〔*e*〕 wohnen auch 〔noch〕 Leute.《諺》山の奥〈向こう〉にも(ちゃんとした)人がいる | **im ~** arbeiten〖坑〗鉱山で働く | in den ~ einfahren〖坑〗入坑する | **über ~** und Tal gehen 山野を歩き回る; (道が)上ったり下ったりしている;《話》どんどん進んで行く | **über den ~ sein**《話》最大の難関〈危機〉を脱している, 峠を越えている | *sich*⁴ über alle ~*e* machen《話》逃亡する | 〔**längst**〕 **über alle ~*e* sein**《話》〔とうに〕逃げのびてしまっている | **vor** einem ~〔*e*〕 stehen《話》難局に直面している | **zu** ~〔*e*〕 fahren 山〔の牧場〕へ行く; (船が)川をさかのぼる | Vor Angst 〈Wut〉 standen ihm die Haare zu ~*e*.《話》彼は恐ろしさで身の毛がよだった〈怒髪天を衝(つ)いた〉. **b)** 《複数で》(Gebirge) 山脈, 連山, 山地: in die ~*e* fahren 〈reisen〉 (行楽に)山へ行く | Die ~*e* haben ihn behalten.《雅》彼は山で死んだ. **c)** 〖紋〗山岳図形.

2 (Haufen) (大量の)積み重なり: ~*e* 〈ein ~〉 von Obst 〈Schulden〉 果物〈借金〉の山 | hinter 〈über〉 ~*en* von Papieren sitzen 書類の山にうずもれている.

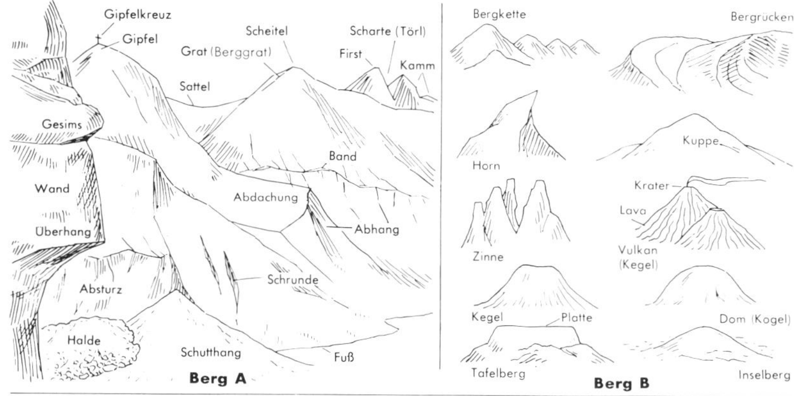

3《複数で》〘坑〙廃石, ぼた.
[*idg.* „hoch"; ◇bergen, Burg; *engl.* barrow]

berg..《名詞などにつける》**1**《「山」を意味する》: *Berg*bahn 登山鉄道 | *berg*ab 山を下って.
2《「鉱山」を意味する》: *Berg*arbeiter 鉱山労働者, 鉱員 | *Berg*werk 鉱山; 鉱業所.

..berg[..bɛrk][1]《名詞につけて「…の〔うずたかい〕山, 山積みの…」などを意味する男性名詞をつくる》: Butter*berg* 山積みのバター | Schulden*berg* 借金の山.

berg·ab[bɛrk|áp] 副 (↔bergan, bergauf) 山を下って; 低い方へ: Der Weg geht ～. 道は下り〔坂〕である | Mit ihm geht es ～. (健康・経済などについて)彼は落ち目だ.

Berg·ab·hang[bɛ́rk..] 男 山の斜面, 山腹.

berg·ab·wärts[bɛrk|ápvɛrts] ＝bergab

Berg≠ahorn[bɛ́rk..] 男〘植〙カエデ属の一種. **≠aka·de·mie** 女 鉱山大学.

Ber·ga·mas·ka[bɛrgamáska·] 女 -/..ken[..kən]〘楽〙ベルガマスク(元来イタリアの Bergamo 地方の農民舞踊).
[*it.*; ◇ *engl.* bergamasque]

Ber·ga·mas·ke[..kə] 男 -n/-n ベルガモの人.

Ber·ga·mas·ker[..kər] 形《無変化》ベルガモの.

ber·ga·mas·kisch[..kɪʃ] 形 ベルガモ〔ふう〕の.

Ber·ga·mo[bɛ́rgamo·] 地名 ベルガモ(北イタリアの都市).

Ber·ga·mot·te[bɛrgamɔ́tə] 女 -/-n〘植〙ベルガモット(ダイダイの変種でベルガモット油の原料). [*türk.* beg-armūdī „Herren-birne"－*it.* －*fr.*; ◇Bei]

Ber·ga·mott·öl[bɛrgamɔ́t..] 中 ベルガモット油(香料).

Berg·amt[bɛ́rk..] 中 鉱山監督局.

berg·an[bɛrk|án] 副 (↔bergab) 山を登って, 山の上へ; 高い方へ: Es geht wieder ～. 道は再び上りだ;《比》再び快方に向かっている.

Berg·ar·bei·ter[bɛ́rk..] 男 鉱山労働者, 鉱員.

berg≠auf[bɛrk|áuf] 副, **≠auf·wärts**[－vɛrts] 副 (↔bergab) 山を登って; 上の方へ: Der Weg geht ～. 道は上り坂である | Mit ihm ging es wieder ～. (健康・経済などについて)彼はまた持ち直した.

Berg≠bahn[bɛ́rk..] 女 登山鉄道. **≠bau** 男 -〔e〕s/ 鉱業; 採掘(シンボルは: → 図 Symbol). **≠bau·er** 男 -n (-s)/-n 山地の農民. **≠be·am·te** 男 鉱山監督官. **≠be·hör·de** 女 鉱山監督官庁. **≠be·stei·gung** 女 登山. **≠be·woh·ner** 男 山国の住民. **≠blau** 中〘鉱〙岩紺青, 鉱青, 天然群青; 藍(らん)銅鉱. **≠but·ter** 女〘鉱〙鉄明礬(みょうばん). **≠dorf** 中 山村; 鉱山集落.

Ber·ge≠geld[bɛ́rgə..] 中〘海〙海難救助料. **≠gut** 中〘海〙海難救助物. [＜bergen]

ber·ge·hoch[bɛ́rgə..] 形 山のような〔高さの〕: *bergehohe* Wellen 山のような波 | Die Arbeit türmt sich ～. 仕事が山ほどたまる.

Berg·ei·sen[bɛ́rk..] 中〘鉱〙採鉱用つるはし.

Ber·ge·lohn[bɛ́rgə..] 男〘海〙海難救助料; 海難救助物に対する先取(さきどり)特権.

ber·gen*[bɛ́rgən][1]《14》 **barg**[bark][1]/**ge·bor·gen**[gəbɔ́rgən]; 現 *du* birgst[bɪrkst], *er* birgt; 命 birg; 接II bärge[bɛ́rgə] (▽bürge[bʏ́rgə])

I 他 (h) **1 a)** (retten) 救出する; (災害現場などから)収容する: *jn.* lebend ～ …を無事に救出する | *jn.* tot ～ …の死体を収容する | *et.*[4] bei einem Brand ～ …を火災現場から運び出す | Getreide vor dem Unwetter ～ 穀物をあらしの前に収穫する | ein Schiff 〈eine Schiffsladung〉 ～ 難破船〈船荷〉を引き揚げる. **b)** ein Segel ～〘海〙(あらしのときに)帆を畳んで固定する. **2**《雅》(verbergen)《*et.*[4]》隠す;《*jn.*》(隠して)守る, かくまう: *sein* Gesicht in *seinen* Händen ～ 顔を両手でおおう | *jn.* vor *et.*[3] 〈*jm.*〉 ～ …を…に対してかくまう ‖ 再帰 *sich*[4] ～ 身を隠す, 隠れる; 感情をあらわにしない. **3**《雅》(enthalten) 含んで〈秘めて〉いる; 埋蔵する: eine Gefahr in *sich*[3] ～ 危険をはらんでいる | Das Museum *birgt* seltene Gegenstände. この博物館には珍品が所蔵されている.

II ge·bor·gen → 別出
[*idg.* „verwahren"; ◇Berg[3], borgen; *engl.* bury]

Ber·ge·nie[bɛrgéːniə] 女 -/-n〘植〙ベルゲニア, アルタイユキノシタ(雪下). [＜K. A. v. Bergen (ドイツの植物学者, †1759)]

Berg·en·te[bɛ́rk..] 女〘鳥〙スズガモ(鈴鴨).

..berger[..bɛrgər] →..meier

Ber·ges≠hal·de[bɛ́rgəs..] 《雅》 ＝ Berghalde 1 **≠hö·he** 女《雅》山頂.

ber·ge·wei·se[bɛ́rgəvaɪzə] 副 (→..weise ★)《話》大量に, ごっそり.

Berg≠fach[bɛ́rk..] 中 -〔e〕s/ 鉱山監督官の専門分野; 鉱山学. **≠fahrt** 女 **1** (↔Talfahrt) (登山電車などの)上り; (川船の)遡行(そこう). **2** 登山, 山歩き. **≠fest** 中《話》(勤務年限などの)半期終了祝い. **≠fe·ste** 女 **1**〘坑〙鉱柱. ▽**2** 山岳要塞(ようさい). **≠feu·er** 中 -s/-《ふつう複数で》(Johannisfeuer)〘民俗〙洗礼者ヨハネの祝日前後の山火, 夏至の山火. **≠fex** 男《話》登山狂; 登山家ぶる人. **≠fink** 男〘鳥〙アトリ. **≠flachs** 男 石絨(せきじゅう)(絹糸状石綿).

Berg·fried[bɛ́rkfriːt][1] 男 -〔e〕s/-e **1** (中世の城の中核となる)塔(見張り・戦闘・避難・牢(ろう)等に使用された: → 図 Burg). **2** (Glockenturm) 鐘楼. [*mhd.* perfrit; ◇ *engl.* belfry]

Berg≠füh·rer[bɛ́rk..] 男 山案内人, 登山ガイド. **≠geist**

男 山の精, 山の妖怪(ようかい). ≈**gelb** 中 〘鉱〙 黄土. ≈**gip·fel** 男 山頂. ≈**grat** 男 山の背, 尾根(→ 図 Berg A). ≈**grün** 中 岩緑青. ≈**gruß** 男 („Glück auf!" という) 鉱員のあいさつ. ≈**hal·de** 女 **1** 山腹. **2** 〘坑〙 ぼた山. ≈**hang** 男 山腹.

berg·hoch[bérk..] =bergehoch

Berg≈ho·heit 女 (領主または国家の) 鉱山監督管轄権. ≈**holz** 中 **1** 〘鉱〙 木状銀母岩(石綿の一種). **2** 〘海〙 (船の) 外板. ≈**huhn** =Steinhuhn ≈**hüt·te** 女 山小屋, 山荘, ヒュッテ.

ber·gig[bérgıç][2] 形 山のある, 山の多い: ein ~*es* Land 山地, 山国 ‖ ~ sein 山が多い.

Berg·in·ge·nieur[bérk|ınʒeniø:r] 男 鉱山技師.

ber·gisch[bérgıʃ] 形 ベルク地方の: das *Bergische* Land ベルク地方(もとの Berg 公爵領. Rhein, Ruhr, Sieg の三つの川に囲まれる山岳地帯で工業が盛ん). [<Berg[2]]

Berg≈kamm[bérk..] 男 山の背; (櫛(くし)の歯状の) 山頂. ≈**ke·gel** 男 円錐(すい)形の山. ≈**kes·sel** 男 盆地. ≈**ket·te** 女 山脈, 連山(→ 図 Berg B). ≈**kie·fer** 女 〘植〙 高山マツ(高山にはえるマツ属の一種で, 低木状になる). ≈**knap·pe** 男 (Bergarbeiter) 鉱員. ≈**knapp·schaft** 女 《集合的に》 鉱員; 鉱員組合; 鉱員の身分. ≈**krank·heit** 女 〘医〙 高山〈山岳〉病, 山酔い. ≈**krax·ler**[..krakslər] 男 -s/- 《南部》 (Bergsteiger) 登山家; 岩登りの名人. ≈**kri·stall** 男 〘鉱〙 水晶. ≈**kup·pe** 女 円錐形の山頂. ≈**land** 中 -[e]s/ 山国, 山地. ≈**le·der** 中 〘坑〙 しり当て皮(→ 図 Bergmann). ≈**leh·ne** 女 《雅》 =Berghang

Berg·ler[bérklər] 男 -s/- =Bergbewohner

Berg≈lö·we[bérk..] 男 〘動〙 ピューマ. ≈**mann** 男 -[e]s/..leute **1** (Bergarbeiter) 鉱山労働者, 鉱員(→ 図). **2** =Bergbewohner **3** -[e]s/..männer (⊘ **Berg·männ·chen** 中 -s/-) =Berggeist

berg·män·nisch[..mɛnıʃ] 形 鉱員ふうの.

Geleucht
Schachthut
Gasschutzgerät
Bergleder
Knieschoner
Akkumulator
Bergmann

Berg·manns·spra·che 女 〘言〙 鉱員語.

Berg≈mas·siv 中 山塊. ≈**mei·ster** 男 鉱区監督官; ᐁ鉱山長. ≈**milch** 女 〘鉱〙 石乳, 山乳(方解石などの土状炭酸カルシウム). ≈**not** 女 登山中の[生命の]危険. ᐁ≈**öl** 中 (Erdöl) 石油. ≈**pa·pier** 中 〘鉱〙 (一種の) 石綿.

Berg·par·te[bérkpartə] 女 -/-n (鉱員パレード用の) つるはし. [<Barte 2]

Berg≈par·tei 女 -/ 〘史〙 山岳派〈党〉(フランス革命時代の国民公会の左派). ≈**pech** 中 (Erdpech) アスファルト. ≈**pfad** 男 山道. ≈**pre·digt** 女 -/ (キリストの) 山上の説教〈垂訓〉(聖書: マタ 5-7). ≈**pro·bie·rer**[..probi:rər] 男 -s/- =Bergwardein ≈**rat** 男 -[e]s/..räte 鉱山官. ≈**recht** 中 **1** 鉱業法. **2** 鉱業〈採掘〉権. ≈**re·gal** 中 -s/ (封建君主の) 鉱山支配権. ≈**rei·hen** 複 (特に16世紀に流行した) 鉱員の舞踊歌. ≈**reis** 男 〘植〙 陸稲(りくとう). ≈**rot** 中 〘鉱〙 鶏冠石. ≈**rücken** 男 山の背, 尾根(→ 図 Berg B). ≈**rutsch** 男 山崩れ, 山津波, 地滑り. ≈**salz** 中 岩塩. ≈**sat·tel** 男 (二つの峰をつなぐ) 鞍部(あんぶ). ≈**schä·den** 複 鉱害. ≈**schicht** 女 〘坑〙 (鉱員の) 時間外労働. ≈**schlucht** 女 山峡, 峡谷. ≈**schot·te** 男 スコットランド高地住民. ≈**schrund** 男 〘地〙 ベルクシュルント(氷河側端の割れ目: → 図 Gletscher). ≈**schuh** 男 登山靴. ≈**schu·le** 女 **1** 登山学校. **2** 鉱山学校.

berg·schüs·sig[bérkʃʏsıç][2] 形 〘坑〙 廃石がたくさん混じっている, 貧鉱の.

Berg·son[bɛrksón, ⌣⌣, bɛrgsɔ̃] 人名 Henri ~ アンリ ベルグソン(1859-1941; フランスの哲学者. 主著『時間と自由』).

Berg≈spit·ze[bérk..] 女 山頂, 峰. ≈**sport** 男 (スポーツとしての) 登山, 山歩き. ≈**sta·del** 男 -s/- 《オーストリア》 (夏の放牧に使う) 山の家畜小屋(えさ倉). ≈**sta·tion** 女 (ロープウェーなどの) 山頂〈頂上〉駅.

berg|stei·gen*[bérkʃtaıgən][1] 《184》 **I** 自 (s, h) 《不定詞・分詞で》 登山をする: Wir wollen ~. 登山をしよう | Ich bin 〈habe〉 früher viel *berggestiegen.* 昔はよく山登りをしたものです. **II Berg·stei·gen** 中 -s/ 登山.

Berg≈stei·ger 男 登山者; 登山家, アルピニスト. ≈**stie·fel** 男 登山靴. ≈**stock** 男 -[e]s/..stöcke **1** 登山杖(づえ), アルペンシュトック. **2** 〘地〙 (山脈の) 主山塊. ≈**stra·ße**[1] 女 山間道路.

die **Berg·stra·ße**[2] 地名 ベルクシュトラーセ(Darmstadt から Odenwald のふもとを通って Heidelberg に至る道路とその周辺の地方. 風光と果物の産出で知られる).

Berg≈strom 男 渓流. ≈**sturz** 男 = Bergrutsch ≈**sucht** 女 〘医〙 坑夫癆(ろう)(鉱員の慢性鉱物中毒). ≈**teer** 男 瀝油(れきゆ), 泥状土瀝青. ≈**tour**[..tu:r] 女 山歩き, 山岳旅行.

Berg-und-Tal-Bahn 女 (Achterbahn) (遊園地の) ローラー〈ジェット〉=コースター.

Ber·gung[bérgʊŋ] 女 -/-en (事故・災害における) 救助, 救護; (特に:) 海難救助, サルベージ.

Ber·gungs≈ar·bei·ten 複 [海難] 救助〈救護〉作業. ≈**damp·fer** 男 海難救助船, サルベージ船. ≈**fahr·zeug** 中 **1** 救難車, レッカー車. **2** =Bergungsdampfer ≈**ko·sten** 複 **1** [海難] 救助費用. **2** (Bergelohn) 海難救助料. ≈**mann·schaft** 女 救助〈救護〉隊.

berg·un·ter[bɛrk|ʊ́ntər] =bergab

Berg≈volk[bérk..] 中 **1** 山地に住む民族. **2** 《集合的に》 鉱員. ≈**wachs** 中 (Erdwachs) 〘鉱〙 地蠟(ちろう), 油土. ≈**wacht** 女 山岳遭難〈山の環境保全〉対策組織. ≈**wand** 女 山の絶壁. ≈**wan·de·rung** 女 山歩き. ᐁ≈**war·dein**[また: ⌣⌣⌣] 男 (鉱石の) 純度監督官. ≈**welt** 女 《雅》 山の世界〈景観〉: die majestätische ~ 荘厳なる山の世界. ≈**werk** 中 鉱山; 炭坑; 鉱業所.

Berg·werks·di·rek·tor 男 鉱業所長.

Berg≈we·sen 中 -s/ 鉱業, 採鉱〈炭〉[組織]. ≈**ze·bra** 中 〘動〙 ヤマシマウマ(山縞馬).

Be·ri·be·ri[be(:)ribé:ri] 女 -/ 〘医〙 脚気(かっけ). [*sin·ghales.*]

Be·richt[bəríçt] 男 -[e]s/-e 報告[書], 記録, 報道[記事]: eigener ~ (新聞などの) 自社記者によるレポート〈記事〉| ein mündlicher 〈schriftlicher〉 ~ 口頭〈文書〉による報告 | ein Sitzungs*bericht* (会議の) 議事録 ‖ einen ~ abfassen 〈anfordern〉 報告を書く〈求める〉| *jm.* einen ~ über *et.*[4] 〈von *et.*[3]〉 geben …に…の報告をする | ~ erstatten 《官》 報告する.

be·rich·ten[bəríçtən] 《01》 **I** 自 (h) **1** 《über *et.*[4]/von *et.*[3]》 報告する, 伝える: *jm.* von der Reise brieflich ~ …に手紙で旅行のことを書き送る. **2** 《スイ》 《mit *jm.*》 話し合う. **II** 他 (h) 《*jm. et.*[4]/ᐁ*jn. et.*[2]》 報告する, 伝える, 話す; 教えてやる: Schlechtes über *jn.* ~ …の悪口を言う | Es wird *berichtet*, daß … …と伝えられている ‖ Da bist du falsch *berichtet*. その点は君は誤った情報を与えられている | wenn ich recht *berichtet* bin 私の知って〈聞いて〉いることが正しければ. [*mhd.* „recht machen"; ◇richten]

Be·rich·ter[..tər] 男 -s/ **1** 報告者. **2** =Berichterstatter

Be·richt≈er·stat·ter[bəríçt|ɛrʃtatər] 男 (報道機関の) 通信〈特派〉員, レポーター. ≈**er·stat·tung** 女 報道, 報告. ≈**haus** 中 《スイ》 **1** 新聞社[の社屋]. **2** (Informationsbüro) 案内所.

be·rich·ti·gen[bəríçtıgən][2] 他 (h) **1 a)** 訂正〈修正〉する, 改訂する; 〘工〙 調整する: Fehler ~ 誤りを正す | die Schußweite ~ 射程を修正する ‖ die *berichtigte* Auflage 改訂版. **b)** 《*jn.*》 (…の) 誤りを[指摘して]正す; [しかって] 矯正する: 再帰 *sich*[4] ~ 誤りを改める. **2** (借金などを) 返済〈清算〉する. [<richtig]

Be·rich·ti·gung[..gʊŋ] 女 -/-en **1** (berichtigen すること. 例えば:) 〘化〙 補正. **2** 訂正〈修正〉ずみのもの; 正誤表.

Be·rich·ti·gungs·pflicht 女 (報道者側の) [記事] 訂正の義務.

Be·richts·jahr[bəríçts..] 中 報告〈当該〉年度.

be·rie·chen*[bərí:çən] 《118》 他 (h) (犬などが)〔しきりに〕嗅(か)ぐ, 嗅ぎまわる; (運転者の)アルコール分をテストする: 再帰 *sich*⁴ 〈einander〉 ~ i) (犬などが)嗅ぎ合う; ii) 《話》(初対面のもの同士が)相手を探り合う.

be·rief[bərí:f] berufen 過去.

be·rie·seln[bərí:zəln] 《06》 他 (h) **1** (畑などに)灌水(かんすい)〈散水〉する; 灌漑(かんがい)する. **2** 《話》(*jn.* mit *et.*³) (同じことの繰り返しによって, 相手に気づかれずに徐々に)影響を与える: *jn.* mit Reklame ~ …をコマーシャル漬けにする | *sich*⁴ mit Radiomusik ~ lassen (聞くとはなしに)ラジオの音楽に耳を傾ける.

Be·rie·se·lung[..zəlʊŋ] (**Be·ries·lung**[..zlʊŋ]) 女 -/-en《ふつう複数で》(berieseln すること. 例えば:) 灌漑(かんがい); 散水; 灌注法; 《坑》溢流(いつりゅう)法.

Be·ries〔e〕·lungs·an·la·ge 女〔灌漑(かんがい)用〕散水施設, スプリンクラー.

be·riet[bərí:t] beraten の過去.

be·rin·det[bəríndət] 形 (樹木・丸太などが)皮つきの. [<Rinde]

ᐁ**Be·ring**[bəríŋ] 男 -〔e〕s/-e 地域, 周辺.

be·rin·gen[bəríŋən] 他 (h) (…に指輪・腕輪・足輪など)輪をはめる: die Zugvögel ~ 渡り鳥の足に環〈標識〉をつける.

das **Be·ring·meer**[bé:rɪŋ..] 地名 中 -〔e〕s/ ベーリング海(太平洋の最も北部にある付属海). [<V. Bering (デンマーク生まれのロシアの探検家, †1741)]

die **Be·ring·stra·ße** 地名 女 -/ ベーリング海峡(ユーラシア・北アメリカの両大陸にはさまれた海峡).

Be·rin·gung[bəríŋʊŋ] 女 -/-en beringen すること.

Be·ritt[bərít] 男 -〔e〕s/-e **1** (騎馬での)巡察区域, 森林管区. ᐁ**2** (小人数の)騎馬隊.

be·rit·ten[bərítən] **I** bereiten²の過去分詞. **II** 形 騎馬の: die ~*e* Polizei 騎馬警察〔隊〕‖ *jn.* ~ machen …に乗馬を用意する ‖ ein *Berittener* 馬に乗った男.

Ber·kan[bɛrká:n] 男 -s/-e = Barchent

Ber·ke·feld·fil·ter[bérkəfɛlt..] 男 中 (飲料水の)バクテリア濾過(ろか)器. [<W. Berkefeld (ドイツ人考案者, †1897)]

Ber·ke·lium[bɛrké:liʊm] 中 -s/ 《化》バークリウム(人工放射性金属元素名; 記号 Bk). [<Berkeley (米国の都市, カリフォルニア大学分校の所在地)]

Ber·li·chin·gen[bérlɪçɪŋən] 人名 Götz von ~ ゲッツ フォン ベルリヒンゲン(1480–1562; ドイツの騎士で農民戦争の指導者. Goethe の同名の戯曲によって特に有名: →Götz).

Ber·lin[bɛrlí:n] 地名 ベルリーン, ベルリン(ドイツの首都. 第二次大戦後米・英・仏・ソ連 4 か国の管理をへて東西に分割されていたが,1990年に再び統一されて首都となった: →Ost-Berlin, West-Berlin). [*slaw.*; <..in³]

Ber·li·na·le[bɛrliná:lə] 女 -/-n ベルリン映画祭(毎年開催. Biennale にならってつくられた語).

Ber·li·ne[bɛrlí:nə] 女 -/-n ベルリンふうの 4 人乗り旅行馬車. [*fr.*]

Ber·li·ner[..nər] **I** 男 -s/-s **1** ベルリンの人. **2** (Berliner Pfannkuchen) ベルリーナー(揚げパンの一種: → 図 Kuchen). **II** 形《無変化》ベルリンの: ~ Blau ベルリン青(濃紺色の顔料) | der ~ Bär (市の紋章を飾る)ベルリンの熊 | die ~ Mauer ベルリンの壁(旧東ドイツ政府が1961年 8 月13日に当時の東西ベルリンの境界に築いた隔壁で,1989年11月9日に壊された) | ~ Pfannkuchen＝Berliner I 2 | die ~ Philharmoniker ベルリン フィルハーモニー オーケストラ | ~ Tinktur 〈Tinke〉 ベルリン チンキ | ~ Weiße ベルリン名物白ビール(アルコール分の少ないビール: →Weißbier).

ber·li·ne·risch[bɛrlí:nərɪʃ] ＝berlinisch

ber·li·nern[..nərn] 《05》《過分 berlinert》 自 (h) ベルリン方言を話す, ベルリンなまりで話す.

ber·li·nisch[..nɪʃ] 形 ベルリン〔ふう〕の; ベルリン方言の.

Ber·lioz[bɛrlió:s, bɛrljó:z] 人名 Hector ~ エクトル ベルリオーズ(1803–69; フランスの作曲家).

Ber·litz·schu·le[bérlɪts..] 女 ベルリッツ学校(外国語をその言語だけを用いて教授する外国語学校. アメリカの教育家 M. D. Berlitz の提唱により1878年に創立).

Ber·locke[bɛrlɔ́kə] 女 -/-n (時計の鎖などにつけるちょっとした)飾り. [*fr.* breloque]

Ber·me[bérmə] 女 -/-n 《土木》犬走り, 小段. [*ndl.*; ◇Bräme; *engl.* berm]

Ber·mu·da·drei·eck[bɛrmú:da..] 地名 中 -s/ バミューダ三角海域(バミューダ・フロリダ・プエルトリコを結ぶ三角形の海域で, 原因不明の海難や航空事故の多発地帯).

die **Ber·mu·da·in·seln** 地名 複 バミューダ諸島(北大西洋にありイギリス領). [<Bermúdez (16世紀のスペインの探検家)]

Ber·mu·das[..das] 複 ＝Bermudashorts

die **Ber·mu·das**[..das] 複 ＝Bermudainseln

Ber·mu·da·shorts 複 《服飾》バミューダショーツ(男女の遊び着としてのひざ上までの半ズボン).

Bern¹[bɛrn] 地名 ベローナ(イタリアの Verona の古いドイツ語名で, Bern²と区別して Welsch-Bern, Dietrich-Bern とも呼ばれた): Dietrich von ~ ディートリヒ フォン ベルン(ゲルマン伝説の英雄).

Bern²[–] 地名 ベルン(スイス連邦共和国の首都および州名. フランス語形 Berne. 古くは Bern¹と区別して Deutsch-Bern と呼ばれた).

Ber·ner[bérnər] **I** 男 -s/- ベルンの人. **II** 形《無変化》ベルンの: die ~ Alpen / das ~ Oberland ベルン＝アルプス(ベルン州に落ちこむ西部アルプスの一部で, Jungfrau, Eiger などの高峰を含む) | die ~ Übereinkunft ベルヌ条約(1886年ベルンで結ばれた著作権保護のための国際条約).

ber·ne·risch[..nərɪʃ] 形 ベルン〔ふう〕の.

Bern·hard[bérnhart] **I** 男名 ベルンハルト. **II** 人名 ~ von Clairvaux[klɛrvó:] クレルヴォーのベルナール(1091–1153; フランスのキリスト教神秘家でシトー派の有力な修道士: →Bernhardiner 1). [<*ahd.* bero „Bär"+harti „hart"]

Bern·har·de[bɛrnhárdə] 女名 ベルンハルデ.

Bern·har·di·ne[..hardí:nə] 女名 ベルンハルディーネ.

Bern·har·di·ner[..nər] 男 -s/- **1** シトー会修道士(→Bernhardinerorden). **2** セントバーナード犬(スイスアルプスの Sankt Bernhard 地方の原産: → 図).

Bern·har·di·ner≈hund 男 ＝Bernhardiner 2 ≈**krebs** 男 《動》ヤドカリ. ≈**or·den** 男 《カトリック》シトー修道会(→Zisterzienserorden).

Bernhardiner

Bern·hards·krebs[bérnharts..] 男 《動》ホンヤドカリ.

der **Ber·ni·na**[bɛrní:na·] 地名 男 -s/ , die **Ber·ni·na** [–] 女 -/ ベルニーナ(イタリアとスイスの国境にある東部アルプスの連山. 最高峰は4049m).

Ber·ni·ni[bɛrní:ni] 人名 Gian Lorenzo ~ ジャン ロレンツォ ベルニーニ(1598–1680; イタリアの彫刻家).

ber·nisch[bérnɪʃ] ＝bernerisch

Bern·stein¹[bérnʃtaɪn] 人名 Eduard ~ エードゥアルト ベルンシュタイン(1850–1932; ドイツの社会主義者. Kautsky の影響を受けて正統派マルキシズムに対する批判を強め, 改良社会主義を唱導した).

Bern·stein²[bérnʃtaɪn, bə́:nstaɪn] 人名 Leonard ~ レナード バーンスタイン(1918–90; アメリカの作曲家・指揮者. 作品はミュージカル『ウェスト・サイド物語』など).

Bern·stein³[bérnʃtaɪn] 男 -〔e〕s/ 琥珀(こはく)(古代の樹脂の石化したもの): grauer ~ 龍涎香(りゅうぜんこう)(＝Amber) | schwarzer ~ 《鉱》黒玉(＝Gagat) ‖ ~ fischen 〈sammeln〉 琥珀を採取〈収集〉する. [*mndd.*; ◇brennen]

bern·stei·nen[..nən] 形 , **bern·stei·nern**[..nərn] 形《付加語的》琥珀(こはく)製の.

bern·stein·far·ben[bérnʃtaɪn..] 形 琥珀(こはく)色の.

Bern·stein≈fi·sche·rei 女 (網による)琥珀(こはく)採集. ≈**ket·te** 女 琥珀の首飾り〈ネックレス〉. ≈**säu·re** 女 《化》

琥珀酸. ≈**schnecke** 女《動》オカモノアラガイ. ≈**spit·ze** 女 琥珀製のパイプ(の吸い口).

be·roh·ren[bəró:rən] 他 (h) (壁の)下地をヨシで組む. [<Rohr]

Be·ro·li·na[berolí:na·] 女 -/ ベロリーナ(ベルリン市のシンボルの女性像). [<Berlin]

Ber·sa·glie·re[bɛrzaljé:rə, ..saljɛ́:rə] 男 -[s]/..ri[..ri·] (イタリアの)狙撃(そげき)兵. [*it.*; <*it.* bersaglio „Ziel"]

B

Ber·serk[bɛrzɛ́rk] 男 -s/-er, **Ber·ser·ker**[..kər, ⏑⏑⏑] 男 -s/- 〖北欧神〗ベルゼルケル(クマの皮を着た狂暴な戦士); 《比》たけり狂った人(戦士): **wie ein ~ toben** 〈**wüten**〉ベルゼルケルのように荒れ狂う | *jn.* zum ~ machen《比》…をたけり狂わせる. [*anord.* berserkr „Krieger im Bärenfell"]

ber·ser·ker·haft[..haft] 形 狂暴な.

ber·ser·kern[bɛrzɛ́rkərn, ⏑⏑⏑] 《05》《過分 geberserkert》自 (h) たけり狂う.

Ber·ser·ker·wut 女 狂暴, 憤怒: einen Anfall von ~ bekommen / in eine ~ geraten (急に)怒り狂う, 暴れだす.

ber·sten(*)[bɛ́rstən] 《15》 **barst**[barst] (ᵛ**borst**[bɔrst], ᵛ**berstete**) / **ge·bor·sten**[gəbɔ́rstən]; 現 *du* birst[bɪrst] (ᵛberstest), *er* birst (ᵛberstet); 命 birst; 接II **bärste** [bɛ́rstə] (ᵛ**börste**[bœ́rste], ᵛ**berstetə**) 自 (s) はじける; 〔ひび〕割れる: von Menschen ~ / 〔**bis**〕 **zum** ***Bersten*** **voll** 〈**gefüllt**〉 **sein** はちきれんばかりに人がはいっている | Ich *berste* fast vor Lachen. 私はおかしくって腹の皮がよじれそうだ | Er wollte vor Wut 〈Ungeduld〉 ~. 彼はかっとなって〈いらいらして〉我を忘れかけた ‖ eine *geborstene* Wand ひび割れ〈裂け〉た壁. [◇bresten; *engl.* burst]

..bert[..bɛrt] 《本来は「輝いた・有名な」を意味し, 男名にみられる》: Adal*bert* | Her*bert* [*ahd.* beraht „glänzend, berühmt"]

Bert[bɛrt] 男名 ベルト.

..berta[..bɛrta·] 《..bert の女性形》: Amal*berta*

Ber·ta[bɛ́rta·] 女名 ベルタ: die dicke ~ でぶのベルタ(第一次世界大戦の頃に使われた大砲の俗称).

Bert·hil·de[bɛrt(h)íldə] 女名 ベルティルデ. [<*ahd.* hiltja „Kampf"]

Bert·hold[bɛ́rt(h)ɔlt] 男名, **Ber·told**[bɛ́rtɔlt] 男名 ベルトルト. [<Berchtold]

Bert·ram[bɛ́rtram] 男名 ベルトラム. [<*ahd.* hraban „Rabe" (◇Rabe)]

be·rüch·tigt[bərʏ́çtɪçt] 形 評判のよくない, 悪名の高い; とかくの風評のある, いかがわしい: eine *~e* Gegend 評判のかんばしくない場所 | Er ist für seine Grausamkeit 〈wegen seiner Grausamkeit〉 ~. 彼は残酷な行為で悪評が高い. [<*mndd.* ruchte „Ruf"; ◇Gerücht]

be·rü·cken[bərʏ́kən] 他 (h) 《雅》(bezaubern) 魅惑する, たぶらかす: *jn.* mit Worten ~ 言葉巧みに…の心を奪う | Die Musik *berückte* sein Ohr. 音楽が彼をうっとりさせた ‖ *sich*⁴ von *et.*³ ~ lassen …に心を奪われる ‖ *berückend* schöne Augen うっとりするほど美しい目. [<Ruck]

be·rück·sich·ti·gen[bərʏ́kzɪçtɪgən]² 他 (h) 顧慮する, 考慮にいれる; (beachten) 尊重する, (…の)価値を認める: *et.*⁴ 〈*jn.*〉 besonders ~ …を特に考慮する〈…に特に目をかける〉.

Be·rück·sich·ti·gung[..gʊŋ] 女 -/-en **1**《単数で》顧慮, 考慮, 斟酌(しんしゃく); 尊重: in ~, daß ... …ということを考慮して | unter 〈bei〉 ~ aller Umstände あらゆる事情を考慮にいれて ‖ besondere ~ finden 特に考慮〈尊重〉される | allgemeine ~ verdienen 広く認められる値うちがある. **2** 《官》(請願・申請などの)聴許, 許可. [<Rücksicht]

Be·rückung[bərʏ́kʊŋ] 女 -/-en《雅》berücken すること.

Be·ruf[bərú:f] 男 -[e]s/-e **1** 職業: ein freier ~ 自由業 | Neben*beruf* 副業 ‖ *sich*⁴ auf einen ~ vorbereiten / *sich*⁴ für einen ~ vorbilden 職につくための準備教育を受ける | im ~ stehen 職についている | in *seinem* ~ aufgehen 職業に打ち込む〈専念する〉 | ohne ~ sein 無職である | Er ist Arzt von ~ 〈von ~ Arzt〉. 彼の職業は医師である | Was sind Sie von ~? あなたのご職業は ‖ *seinen* ~ an den Nagel hängen《比》職業をやめる | *seinen* ~ ausüben / *seinem* ~ nachgehen 職務を遂行する. **2**《単数で》《雅》(Berufung) (神による)召命, 天職の賦与: den ~ zum Lehrer 〔in *sich*³〕 fühlen 教師を自分の天職と感じる.

be·ru·fen*[bərú:fən] 《121》 **I** 他 (h) **1** 《*jn.*》 **a**) (高位・責任のある地位などへ)招聘(しょうへい)する, 任命する: *jn.* als Professor an eine Hochschule 〈auf einen Lehrstuhl für *et.*⁴〉 ~ …を大学〈…の講座〉の教授に招く | *jn.* in ein Amt 〈zu einem Amt〉 ~ …をある職に任じる | *jn.* zum Nachfolger ~ …を後継者とする. ᵛ**b**) (einberufen) (会議を)召集する.

2 再帰 *sich*⁴ auf *et.*⁴ ~ …によりどころを求める, …を引き合いに出す, …をたてに取る | *sich*⁴ auf *jn.* als Zeugen ~ …を証人に立てる | ᵛ*sich*⁴ auf 〈an〉 ein höheres Gericht ~ 上級裁判所に控訴する.

3 《*jn.*》 (…〔の言葉〕を)引用する; 取りざたする.

4 《北部》 (zurechtweisen) 《*jn.*》 たしなめる, 叱責(しっせき)する.

5 《話》《*et.*⁴》 **a**) (望ましい状態などを)うっかり口にする(それが悪魔のねたみを買うという迷信がある): Ich will es nicht ~, aber das Wetter scheint zu halten. うっかり言うとあぶないが 天気はもちそうだ. **b**) (意に反して超自然力を)呼び招く.

II 自 (h) 《オーストリア》 控訴する(→I 2).

III 過分 形 (神から)使命を授かった; 十分な能力〈資格・権限〉を備えた, 適格の: ein *~er* Kritiker 天成の批評家 | *et.*⁴ **aus *~em* Munde** 〈von *~er* Seite〉 erfahren …をしかるべき筋から知らされる ‖ Er ist zum Lehrer ~. 彼は教師として適任だ | Ich fühle mich nicht 〔dazu〕 ~, hier einzugreifen. 私は自分はこれに介入する柄ではないと思う.

Be·ruf·kraut[bərú:f..] 中 〖植〗ムカシヨモギ属.

be·ruf·lich[..lɪç] 形 職業〔上〕の: *~e* Sorgen 職業上の心配 ‖ ~ tätig sein 職についている | ~ verreist sein 出張している.

Be·rufs≈all·tag[bərú:fs..] 男 職業生活での日常. ≈**auf·bau·schu·le** 女 (Fachschule への入学資格を与える)職業教育学校. ≈**aus·bil·dung** 女 職業教育; 専門職再教育. ≈**aus·sich·ten** 複 (特定の)職業に関する将来の見込み. ≈**be·am·ten·tum** 中《集合的に》公務員, 役人; 〖法〗職業官吏制度.

be·rufs≈be·dingt (≈**be·glei·tend**) 形 職業に伴う, 職業上の: *~e* Krankheiten 〈Ausgaben〉 職業病〈経費〉.

Be·rufs≈be·ra·ter 男 職業指導〈相談〉員. ≈**be·ra·tung** 女 職業指導〈相談〉. ≈**be·ra·tungs·stel·le** 女 職業相談所. ≈**be·zeich·nung** 女 (公式の)職業名.

be·rufs·bil·dend 形 職業教育〈訓練〉をする.

Be·rufs≈bil·dung 女 職業教育. ≈**bo·xen** 中 プロボクシング. ≈**bo·xer** 男 プロボクサー. ≈**buch** =Arbeitsbuch ≈**eig·nung** 女 職業適〔格〕性.

be·rufs·er·fah·ren 形 職業経験のある.

Be·rufs≈er·fah·rung 女 職業経験. ≈**er·zie·hung** 女 職業教育. ≈**ethik** 女, ≈**ethos** 中《雅》職業倫理, プロかたぎ. ≈**fach** 中 職業部門, 専門. ≈**fach·schu·le** 女 (Fachoberschule への入学資格を与える)職業〈実業〉専門学校. ≈**fah·rer** 男 (自動車の)職業運転手; (競輪・オートレースの)職業選手. ≈**frei·heit** 女 職業〔選択〕の自由.

be·rufs≈fremd 形 未経験の仕事についている; 〔自分の〕専門外の: ein *~er* Arbeiter 未経験労働者 | *~e* Tätigkeiten 専門外の仕事. ≈**freu·dig** 形 職業を楽しんでいる.

Be·rufs≈ge·heim·nis 中 **1** (医師・弁護士・聖職者などの)職務上守るべき秘密; 秘密保持の義務. **2** 商売上の秘密. ≈**ge·nos·se** 男 (Kollege) (仕事の上の)同僚; 同業組合員, 同業者. ≈**ge·nos·sen·schaft** 女 同業者〔傷害〕保険組合. ≈**heer** 中 (職業軍人からなる)正規軍. ≈**kil·ler** 男 プロの殺し屋. ≈**klei·dung** 女 職業服, 作業衣. ≈**kol·le·ge** 男 職業上の同僚, 仕事仲間. ≈**krank·heit** 女 職業病. ≈**lauf·bahn** 女 職歴. ≈**le·ben** 中 職業生活. ≈**len·kung** 女 -/ (計画的な)職業〈就職〉指導.

be·ru̱fs≠lo̱s[..lo:s]^{1} 形 失業(失職)している. **≠mä̱·ßig** 形 職業上の, 職業的な; 専門〈本職〉の.

Be·ru̱fs≠mu̱·si·ker 男 プロの音楽家. **≠na̱·me** 男 職業名(→Berufsbezeichnung). **≠or·ga·ni·sa·tio̱n** 女 職能組織(団体). **≠päd·ago̱·ge** 男 職業教育従事者, 職業訓練士. **≠po·li̱·ti·ker** 男 職業政治家. **≠prak·ti·kum** 中 (旧東ドイツの)職業実習(単に Praktikum ともいう). **≠re·vo·lu·tio·nä̱r** 男 職業革命家. **≠schu̱·le** 女 **1** (定時制の)職業学校 (Hauptschule 修了後就職した者が, 義務教育の一環としてさらに二三年間毎週 1 日程度通学する). ▽**2** 実業学校. **≠sol·da̱t** 男 職業軍人. **≠spie·ler** 男 (特に球技の)プロ選手. **≠sport** 男 プロスポーツ. **≠sport·ler** 男 プロスポーツマン. **≠spra̱·che** 女〘言〙専門語, 職業語. **≠stand** 男 職能階級 (Handwerkerstand など).

be·ru̱fs≠stän·disch 形 職能身分的な. **≠tä̱·tig** 形 職業に従事している, 職についている: eine ～*e* Frau 働く女性 | der 〈die〉 *Berufstätige* 職業人〈婦人〉.

Be·ru̱fs≠un·fä·hig·keit 女 (病気などによる)就業不能. **≠ver·band** 男 職業〈同業〉組合. **≠ver·bo̱t** 中 (不適格と見なされる人に対する特定の職務・職種への)就職〈就業〉禁止, (特に:) 公職禁止令. **≠ver·bre·cher** 男 (職業的)常習犯罪者. **≠ver·tre̱·tung** 女 職能代表, トレード=ユニオン. **≠wa̱hl** 女 -/ 職業の選択. **≠wech·sel** 男 転職, 転業. **≠ziel** 中 目標とする職業, 就職目標. **≠zweig** 男 職業部門.

Be·ru̱·fung[bərú:fʊŋ] 女 -/-en **1 a**) (高位・責任のある地位への)招聘(しょうへい), 任用: eine ～ als Professor an eine Hochschule erhalten 教授としてある大学へ招聘される | eine ～ ins Außenministerium annehmen 外務省への招聘に応じる | eine ～ zur Vormundschaft ablehnen 後見人になることを断る. **b**) 《単数で》《雅》(神による)召命, 天職〈使命〉の賦与: die ～ zum Arzt in *sich*^{3} fühlen 医者となるべき天命を自覚する. ▽**c**) (Einberufung) (会議の)召集.

2 《単数で》援用, 引き合いに出すこと: unter 〈mit〉 ～ auf *et.*^{4} 《官》…を引き合いに出して, …を援用して.

3 〘法〙上訴, 控訴: beim Oberlandesgericht ～ einlegen 高等裁判所へ控訴する | eine ～ 〔gegen *et.*^{4}〕 zurückweisen 〔…に対する〕控訴を棄却する.

Be·ru̱·fungs≠be·kla̱g·te 男 女 〘法〙控訴〈上訴〉審の被告. **≠frist** 女 〘法〙控訴期限. **≠ge·richt** 中 〘法〙控訴審裁判所. **≠in·stanz** 女 〘法〙控訴審. **≠kla̱·ge** 女 〘法〙控訴. **≠klä̱·ger** 男 〘法〙控訴人. **≠recht** 中 **1** 〘法〙控訴権. ▽**2** 任命権. **≠ver·fa̱h·ren** 中 〘法〙控訴審手続き.

be·ru̱·hen[bərú:ən] 自 (h) **1** 《auf *et.*^{3}》(…に)基づく, 起因〈依拠〉する: Seine Aussagen *beruhen* auf Tatsachen. 彼の陳述は事実をふまえている | Unsere Hilfe *beruht* Gegenseitigkeit. 我々は互恵の原則に立って援助し合っている.

2 ***et.***^{4} **auf** ***sich***^{3} **～ lassen** …をそっとしておく〈放置する〉 | Ich kann diese Beleidigung nicht auf sich ～ lassen. この侮辱は黙過できない ‖ es dabei ～ lassen なりゆきに任せる.

be·ru̱·hi·gen[bərú:ɪgən]^{2} 他 (h) 落ち着かせる, 安心させる; 鎮静させる, なだめる: *sein* Gewissen ～ 安心する | einen Säugling ～ 赤ん坊をあやす ‖ 再帰 *sich*^{4} ～ 静まる; 安心する | Der Wind 〈Das Meer〉 hat sich *beruhigt.* 風〈海の波〉はおさまった | *sich*^{4} bei *js.* Entschuldigung^{3} 〈mit *js.* Erklärung^{3}〉 ～ …の陳謝〈説明〉を聞いて納得する ‖ ein *beruhigendes* Mittel〘医〙鎮静剤 | Seine Worte klingen *beruhigend.* 彼の言葉を聞くと気が休まる ‖ *beruhigt* schlafen 安心して眠〔ってい〕る. [＜ruhig]

Be·ru̱·hi·gung[..gʊŋ] 女 -/-en 《ふつう単数で》安心; 鎮静: Deine Anwesenheit ist mir eine ～. 君がそばにいてくれるので 私は心強い | Es ist mir eine ～, zu wissen, daß ... …だとわかって私はひと安心だ ‖ zur ～ *js.* Gewissens / zu *js.* ～^{3} …を安心させるために | bei ～ des Wetters 天候が安定〈回復〉したら.

Be·ru̱·hi·gungs≠mit·tel 中 〘医〙鎮静剤, 抑制剤; 精神安定薬. **≠pil·le** 女 鎮静剤(丸薬); 《比》鎮静〈宥和(ゆうわ)〉策. **≠ta·blet·te** 女 鎮静剤(錠剤).

be·rü̱hmt[bərý:mt] 形 有名な, 著名な, 名高い: ein ～*er* Künstler 高名な芸術家 | nach ～*em* Muster (→Muster 1 a) ‖ *sich*^{4} mit *seinem* Werk ～ machen / durch *sein* Werk ～ werden 作品によって有名になる〈名声を得る〉| wegen *seiner* Schlagfertigkeit 〈für *seine* Schlagfertigkeit〉 ～ sein 機転がきくことで有名である | nicht 〔gerade / sehr〕 ～ sein 《話》それほどのものじゃない, たいしたものではない. [＜rühmen]

Be·rü̱hmt·heit[–haɪt] 女 -/-en **1** 《単数で》有名〈高名〉なこと, 名声, 評判: **traurige ～ erlangen** / zu einer traurigen ～ kommen 〈gelangen〉 / es zu einer traurigen ～ bringen 悪名をはせる | *sich*^{4} internationaler ～^{2} erfreuen 国際的に有名である. **2** 名の通った人, 有名人: Er war eine ～ seiner Zeit 〈in seinem Fach〉. 彼は一代の名士〈専門分野では名の通った人〉であった.

be·rü̱h·ren[bərý:rən] 他 (h) **1** 《*et.*^{4}》 **a**) (…に)触れる, さわる; 〘数〙接する: Bitte nicht〔s〕 ～! 手を触れないでください | *js.* Arm 〈*jn.* am Arm〉 ～ …の腕にさわる | Er *berührte* das Essen nicht. 彼は食事に手をつけなかった | Er hat noch nie eine Frau *berührt.* 彼はまだ女を全く知らない | den wunden Punkt ～ 《比》弱点〈痛いところ〉をつく ‖ 再帰 *sich*^{4} mit *et.*^{3} ～ …と接触する〈合致する〉点がある | *sich*^{4} in *seiner* Meinung mit *jm.* ～ …と意見の合うところがある ‖ Die beiden Kreise *berühren* sich in einem Punkt. 両円は 1 点で相接している | Die Extreme *berühren* sich. 《諺》両極端は相通じる. **b**) (…に)立ち寄る: einen Hafen ～〘海〙寄港する | Er *berührte* auf der Reise unsere Stadt. 彼は旅行の途中で私たちの町に寄った. **2** 《*et.*^{4}》(軽く…に)言及する: auf das vorhin *berührte* Problem zurückkommen 先に触れた問題に立ち戻る. **3** 《*jn.*》(…の)心を動かす; (…に)かかわりを持つ: *jn.* angenehm ～ …の心に快感を起こさせる | *sich*^{4} schmerzlich *berührt* fühlen 悲しい気分がする | Das *berührt* mich 〔überhaupt〕 nicht. それは私には気にならない ‖ Die Frage *berührt* dich sehr nahe. この問題は君に大いに関係が深い.

Be·rü̱h·rung[bərý:rʊŋ] 女 -/-en 接触; 関係, 交際; 言及: Ansteckung durch ～〘医〙接触感染 | mit *et.*^{3} 〈*jm.*〉 in ～ kommen …と接触する〈近づきになる〉| mit *jm.* in ～ bleiben 〈stehen〉 …と交際している | jede ～ mit *jm.* vermeiden …との交際をいっさい避ける ‖ Die ～ dieser Frage war mir peinlich. この問題に触れる〈触れられた〉ことは私にとって不愉快だった.

Be·rü̱h·rungs≠angst 女 接触に対する不安〈恐怖〉. **≠e̱be·ne** 女 〘数〙接〔平〕面. **≠elek·tri·zi·tä̱t** 女 -/ 〘理〙接触電気. **≠li̱·nie**[..niə] 女 〘数〙接線. **≠punkt** 男 〘数〙接点; 《比》共通点: mit *jm.* in *et.*^{3} viele ～*e* haben 〈finden〉 …と…の点で多くの共通点をもつ | Es bestehen keine〔rlei〕 ～*e* zwischen den beiden. 両者の間にはなんの共通点もない. **≠span·nung** 女 **1** 〘理〙接触電位差. **2** 〘建〙接触応力.

be·rü̱scht[bərý:ʃt] 形 〘服飾〙ルーシュ〈ひだ飾り〉のついた. [＜Rüsche]

be·ru̱·ßen[bərú:sən] 《02》 **I** 他 (h) すすけさせる, すすを塗る: 再帰 *sich*^{4} ～ すすける, すすでよごれる. **II be·ru̱ßt** 過分 形 すすけた, すすだらけの. [＜Ruß]

Be·ry̱ll[berʏ́l] 男 -s/-e 〘鉱〙緑柱石. [*ind.–gr.–lat.* bēryllus; ◇ *engl.* beryl]

Be·ry̱l·lium[berʏ́liʊm] 中 -s/ 〘化〙ベリリウム(金属元素名; 記号 Be).

bes. 略 ＝**besonders** 特に.

be·sa̱b·beln[bəzábəln] 《06》 (**be·sa̱b·bern**[..bərn] 《05》) 他 (h) 《俗》 **1** 《*et.*^{4}》よだれでよごす. **2** 《*jn.*》(…に)ペチャクチャ〈つばきを飛ばして〉話しかける.

be·sä̱·en[bəzɛ́:ən] 他 (h) 《*et.*^{4} mit *et.*^{3}》 **1** (…に…の種を)まく: das Feld mit Weizen ～ 畑に小麦の種まきをする. **2** 《比》(…を…で)一面に覆う; 〘紋〙(盾面に図形を)ちりばめる: Der Himmel war mit Sternen *besät.* 空一面に星がきらめいていた.

B

be·sa̤·gen[bəzá:gən][1] **I** 他 (h) (文章などが) 述べる; (bedeuten) 意味する: Der Wortlaut des Vertrages *besagt*, daß ... 契約の文面は…となっている | Das *besagt* viel. それは重要〈意味深長〉である | Das will 〔gar〕 nichts ～. / Das hat nichts zu ～. それには〔まったく〕なんの意味〈重要性〉もない.
II be·sagt 過分 形《付加語的》《官》(erwähnt) 上述の, 上記の: um 〔nun aber〕 auf ～*en* Hammel zurückzukommen《話》〔さて〕本題に帰って.
be·sa̤g·ter·ma̤·ßen[bəzá:ktərmá:sən] 副《官》(wie gesagt) 前述のごとく.
be·sa̤i·ten[bəzáitən] 《01》他 (h) 《*et.*[4]》(楽器に) 弦を張る: zart *besaitet* sein《比》感じやすい, 神経が細かい. [< Saite]
be·sa̤·men[bəzá:mən] 他 (h) 《*et.*[4]》〘生・畜・漁〙(…に)〔人工〕授精〈媒精・助精〉する; 〘紋〙(花図形に) 種子をも書き入れる: *et.*[4] künstlich ～ lassen …に人工授精を施す. [< Samen]
be·sa̤m·meln[bəzáməln] 《06》他 (h) 《スイ》(sammeln) (軍隊を) 集結する, 集合させる.
Be·sa̤·mung[bəzá:mʊŋ] 女 -/-en《ふつう単数で》〘生・畜・漁〙〔人工〕授精〈媒精・助精〉.
Be·sa̤·mungs·in·ge·nieur[..ɪnʒeniø:r] 男〘畜・漁〙授精技師. **≈sta·tio̤n** 女〘畜・漁〙人工授精センター.
Be·sa̤n[bezá:n, bé:za:n] 男 -s/-e〘海〙スパンカー(後部マストの縦帆: → ⊠ Segel A). [*arab.* mazzān „Mast"–*it.* mezzana–*ndl.*; ◇ *engl.* mi〔z〕zen]
Be·sa̤n·baum 男〘海〙スパンカーブーム.
be·sä̤nf·ti·gen[bəzénftɪgən][2] 他 (h) **1** 落ち着かせる, なだめる; やわらげる, 静める: die erregte Menge ～ 興奮した群衆をなだめる ‖ 再帰 *sich*[4] ～ 落ち着く; (興奮・あらしなどが) 静まる. **2**《俗》= besenftigen
Be·sä̤nf·ti·gung[..gʊŋ] 女 -/-en 鎮静, 緩和.
Be·sä̤nf·ti·gungs·mit·tel 中 鎮静剤, 緩和剤.
Be·sa̤n≈gaf·fel[bezá:n..] 女〘海〙ミズン〔マスト〕の斜桁(しゃこう). **≈mast** 男〘海〙ミズン〔マスト〕(3本マストでは最後部, 4本マストでは3本目, 5本マストでは4本目のマスト).
be·sa̤nn[bəzán] besinnen の過去.
Be·sa̤n·se̤·gel[bezá:n..] 中 = Besan
be·sa̤ß[bəzá:s] besitzen の過去.
Be·sa̤tz[bəzáts] 男 -es/..sätze[..zɛ́tsə] **1** (服の) へり飾り (ひもべり・フリル・すそひだ・モールなど: → ⊠ Richter); (靴の) わく革. **2**《単数で》**a**) (池などの) 飼育魚数; (猟区の) 野獣数; 〘農〙単位農耕面積あたり家畜数. **b**) 〘農〙(種子の) 混入物. **3**〘工〙(爆破孔に挿入した火薬の) 突き固め.
Be·sa̤tz·band 中 -〔e〕s/..bänder (服の) へり飾りリボン.
Be·sa̤t·zer[..tsər] 男 -s/-《軽蔑的に》占領軍兵士.
Be·sa̤tz≈fisch 男 -〔e〕s/-e《ふつう複数で》〘漁〙(池などの) 放流稚魚 **≈strei·fen** 男 = Besatzband
Be·sa̤t·zung[bəzátsʊŋ] 女 -/-en **1**《集合的に》(船・飛行機・戦車などの) 乗組員. **2 a**) (城塞(じょうさい)などの守備のための) 駐留部隊. **b**) (各種技術施設の) 勤務員, 職員. **3**《単数で》**a**) (敵の領土の) 占領, 駐留: Die ～ dauerte zehn Jahre. 占領は10年にわたった. **b**)《集合的に》占領軍, 駐留軍, 進駐軍: Die ～ der Stadt wurde verstärkt. 町の占領部隊が増強された. [◇ besetzen]
Be·sa̤t·zungs≈ar·mee 女 占領〈駐留・進駐〉軍. **≈ge·biet** 中〘軍〙占領〈駐留〉地域. **≈kind** 中 占領軍兵士の落とし子. **≈ko·sten** 複 占領〈駐留〉費. **≈macht** 女 占領〔軍の母〕国. **≈po·li·tik** 女 占領政策. **≈recht** 中 -〔e〕s/ (国際法上の) 占領権, 駐留権. **≈sol·da̤t** 男 占領〈進駐〉兵. **≈sta·tṳt** 中 (占領軍と被占領国との関係を定める) 占領条例. **≈trup·pen** 複 占領〈駐留・進駐〉部隊. **≈zeit** 女 占領〈駐留〉期間. **≈zo̤·ne** 女 占領地帯〈地区〉.
be·sa̤u·fen*[bəzáufən] 《123》**I** 他 (h)《俗》再帰 *sich*[4] ～ 泥酔する. **II be·so̤f·fen** → 別出
Be·sä̤uf·nis[..zɔ́yfnɪs]《俗》**I** 中 -ses/-se; 女 -/-se (Zechgelage) 酒盛り, 酒宴. **II** 女 -/ 泥酔.
be·sä̤u·men[bəzɔ́ymən] 他 (h) **1**〘林〙(材木を) 角材に仕上げる. **2** [▽]**a**) (säumen) ふち取りする. **b**)〘建〙バンディングする, 枠材をつける.
be·sä̤u·seln[bəzɔ́yzəln] 《06》他 (h)《話》再帰 *sich*[4] ～ ほろ酔い気分になる: **besäuselt** sein ほろ酔い気分である.
be·schä̤·di·gen[bəʃɛ́:dɪgən][2] 他 (h) **1**《*et.*[4]》損なう, (…に) 損傷を与える: Das Haus wurde durch Bomben schwer *beschädigt*. その建物は爆弾で甚大な損傷を受けた | Der Briefumschlag ist leicht *beschädigt*. 封筒は少し破損している | eine *beschädigte* Type〘印〙つぶれ活字. [▽]**2** (verletzen)《*jn.*》負傷させる.
Be·schä̤·di·gung[..gʊŋ] 女 -/-en **1** 損傷, 毀損(きそん); 〘海〙海損. [▽]**2** (Verletzung) 負傷.
be·scha̤f·fen[1][bəʃáfən] 他 (h) (verschaffen) 調達する; 手に入れる: 〔*sich*[3]〕 das Material für *et.*[4] ～ …の材料を用意する | schwer zu ～ sein 入手しがたい.
be·scha̤f·fen[2][−] 形《述語的》《様態を示す語句と》(…の) 性状〈性質〉をもった: Ich möchte wissen, wie die Dinge wirklich ～ sind. 私は実状を知りたい | Wie ist die Straße ～? — Sie ist gut ～. 道路の状況はどんなかね — 良好です | Er ist nun einmal so ～. 彼はそういう性質なんだから仕方がないさ.
Be·scha̤f·fen·heit[−haɪt] 女 -/ 性状, 性質: die natürliche ～ der Kohle 石炭の性質 | glatte ～ der Oberfläche 表面の平滑さ ‖ ein Sekret von wäßriger ～ 水のような分泌液 | von guter ～ sein 質がいい | von gleicher ～ sein 同質である ‖ von der ～ der Wolken auf das Wetter schließen 雲の様子から天候を察する | nach ～ der Umstände 実状に応じて.
Be·scha̤f·fung[bəʃáfʊŋ] 女 -/-en 調達, 入手, 獲得; 供給.
Be·scha̤f·fungs≈amt 中〘軍〙調達庁. **≈ko·sten** 複 (運送費を含む) 調達〈仕入れ〉費用. **≈kri·mi·na·li·tä̤t** 女 麻薬欲しさの犯罪. **≈pro·sti·tu·tio̤n** 女 麻薬欲しさの売春.
be·schä̤f·ti·gen[bəʃɛ́ftɪgən][2] **I** 他 (h) **1** 再帰 *sich*[4] mit *et.*[3] ～ …に従事する〈取り組む〉, …を仕事とする, …に力〈時間〉をさく | *sich*[4] mit Büchern 〈Philosophie〉 ～ 読書〈哲学〉にいそしむ | *sich*[4] mit Politik 〈einem Problem〉 ～ 政治〈ある問題〉に携わる ‖ *sich*[4] mit *jm.* ～ …にかかわり合う, …を相手にする | *sich*[4] mit einem Kind ～ 子供をかまってやる | *sich*[4] mit einem Philosophen ～ ある哲学者を研究する.
2《*jn.*》(…に) 仕事を与える, (…を) 働かせる, 雇う; 〘医〙作業療法を施す: Die Fabrik *beschäftigt* neunzig Arbeiter. この工場は90人の工員をかかえている | ein Baby 〔mit einem Spiel〕 ～ 赤ん坊を遊ばせてやる ‖ 再帰 Die Kinder können sich[4] noch nicht ～. その子供たちはまだひとり遊びができない.
3《*jn.*》(…の) 心にかかる, 関心をひく: Das Problem *beschäftigt* mich schon lange. その問題はずっと前から私の関心事である | Der Unfall *beschäftigt* alle Zeitungen. その事故はすべての新聞が扱っている.
II be·schä̤f·tigt 過分 形《ふつう述語的》**1** 雇われて〈働いて〉いる: voll ～ sein フルタイムで勤めている | Er ist bei der Post 〈in einer Firma〉 ～. 彼は郵便局〈会社〉に勤めている. **2** 仕事中である; 《mit *et.*[3]》(…で) 忙しい, (…に) 携わっている: ein sehr 〈stark〉 ～*er* Arzt 多忙な医師 ‖ sehr 〈viel〉 ～ sein 多忙である (→vielbeschäftigt) | Ich bin jetzt ～. 私は今は手が離せない ‖ im Garten 〈am Herd〉 ～ sein 庭〈台所〉で仕事をしている | mit dem Abräumen ～ sein 片づけものをしている | mit einem Problem ～ sein ある問題にかかずらっている | Er war gerade damit ～, einen Brief zu schreiben. 彼はちょうど手紙を書いているところだった.
III Be·schä̤f·tig·te 男 女《形容詞変化》被傭(ひよう)者, 従業員. [< *mhd.* scheftic „tätig" (◇ schaffen)]
Be·schä̤f·ti·gung[bəʃɛ́ftɪgʊŋ] 女 -/-en **1** 仕事, 職業活動: eine ～ finden 〈suchen〉 仕事を見つける〈探す〉 | einer ～[3] nachgehen 仕事にいそしむ ‖ Für ～[4] ist gesorgt.《戯》えらく働かされそうだ | *jn.* in 〈bei〉 ～ stören …の仕事の邪魔をする | Er ist ohne ～. 彼は職がない. **2**《ふつう単数で》働かせること, 雇用; 就業, 勤務: die ～ von Frauen 女性の雇用 | die ～ im Staatsdienst 国家公務員であること.

3 (仕事・問題などに)取り組むこと: ～ mit politischen Fragen 政治問題と取り組むこと.

Be·schäf·ti·gungs·grad 男〘経〙雇用〈就労〉率; 稼動率.

be·schäf·ti·gungs·los[..lo:s][1] 形 暇な, 仕事のない; 失業している.

Be·schäf·ti·gungs≂neu·ro·se 女〘医〙職業神経症. **≂po·li·tik** 女 雇用政策. **≂stand** 男 -[e]s/ 雇用水準. **≂the·ra·peut** 男〘医〙作業療法士. **≂the·ra·pie** 女〘医〙作業療法. **≂ver·hält·nis** 中 雇用〈労使〉関係: in einem ～ stehen 雇用されている.

be·schä·len[bəʃɛ́:lən] 他 (h) (begatten) (種馬が雌と) 交尾する. [< *ahd.* scelo „Zuchthengst"; ◇Schälhengst]

Be·schä·ler[..lər] 男 -s/- **1** (Zuchthengst) 種馬. **2** 《卑》同衾(どうきん)〈性交〉の相手(男).

be·schal·len[bəʃálən] 他 (h) **1** 超音波で処理〈治療〉する: einen Patienten 〈einen Krankheitsherd〉 ～ 患者〈病巣〉を超音波で治療する | Spirituosen ～ 酒類を超音波で熟成させる. **2** (ある区域に音を)響き渡らせる. ガンガン響かせる: den Saal ～ 広間いっぱいに音を鳴り響かせる. **3** 《*jn.*》(大きな音で) 悩ます, むりやり注意をひく.

Be·schäl·seu·che[bəʃɛ́:l..] 女〘畜〙交疫(馬の伝染病).

be·schalt[bəʃá:lt] 形〘動〙甲殻のある. [< Schale[2]]

be·schal·ten[bəʃáltən] 《01》 他 (h)〘電〙(電気器具に)スイッチを装着する.

be·schä·men[bəʃɛ́:mən] 他 (h) 恥じ入らせる, 恥ずかしい〈きまり悪い〉思いをさせる, 恐縮させる: Du *beschämst* mich durch deine Güte. / Deine Güte *beschämt* mich. 君の好意には痛み入る ‖ ein *beschämendes* Gefühl der Niederlage 敗北の屈辱感 | *jn. beschämend* gütig aufnehmen …を親切にもてなして恐縮させる | Das Konzert war *beschämend* leer. 演奏会は恥ずかしいほどの不入りだった ‖ *sich*[4] durch *et.*[4] 〈*jn.*〉 tief *beschämt* fühlen …の事ですっかり恐縮している | über *seinen* Mißerfolg *beschämt* sein 自分の失敗に恥じ入っている.

be·schä·men·der·wei·se[bəʃɛ́:məndərváizə] 副 恥ずかしいことに.

Be·schä·mung[..mʊŋ] 女 -/-en 《ふつう単数で》恥ずかしく思う〈恥じ入る〉こと: ein Gefühl der ～ 恥辱感 ‖ zu meiner ～ [私にとって]恥ずかしいことに ‖ Es war eine ～ für mich. それは私にとっては恥ずかしいことだった.

be·schat·ten[bəʃátən] 《01》 他 (h) **1** 《雅》陰にする, 影でおおう; 《比》(…の気分を)曇らせる: die Augen mit der Hand ～ (まぶしいときなどに)手を目にかざす | Bäume *beschatten* die Bank. 木々がベンチを日陰にしている | Trauer *beschattet* sein Gesicht. 悲しみが彼の顔を曇らせる ‖ Diese Blumen müssen *beschattet* wachsen. これらの草花は日陰で育てねばならない.

2 a) 《*jn.*》尾行する, ひそかに監視する. **b)** 《*et.*[4]》(電話を)盗聴する. **c)** 〘スポ〙《*jn.*》マークする.

3 〘美〙《*et.*[4]》(絵に)陰影をつける.

Be·schat·ter[bəʃátər] 男 -s/- ひそかに尾行〈監視〉する人.

Be·schat·tung[..tʊŋ] 女 -/-en 《ふつう単数で》 beschatten すること.

Be·schau[bəʃáu] 女 -/ **1** (食肉・身元不明死体・課税品・含灰物の純度などの)[公的な]検査, 吟味. **2** 《方》(Brautschau) 嫁探し.

be·schau·en[bəʃáuən] 他 (h) 《方》熟視〈観察〉する; 観照する; 吟味〈検査〉する: 再帰 *sich*[4] innerlich ～ 内省する | *sich*[4] im Spiegel ～ 自分の姿を鏡でつらつら見る.

Be·schau·er[..ʃáuər] 男 -s/- 観察者; (食肉・身元不明死体・課税品・含灰物の純度などの) 検査官.

be·schau·lich[bəʃáulɪç] 形 瞑想(めいそう)〈静観・内省〉的な; 平穏な, のどかな, のんびりした; 〘カトリック〙観想的: eine ～*e* Natur 瞑想〈内省〉的な性格[の人] | ein ～*es* Leben führen 平穏無事な生活を送る. [*lat.* contemplātīvus の翻訳借用]

Be·schau·lich·keit[–kait] 女 -/ beschaulich なこと: ein Leben in ～ führen 平穏無事な人生を送る.

be·schau·pflich·tig[bəʃáu..] 形 (肉などについて)検査を受ける義務のある.

Be·schau·ung[bəʃáuʊŋ] 女 -/ beschauen すること.

Be·schau·zei·chen 中 **1** (貴金属製品の品質保証を意味する)刻印. **2** (肉などに押される)検査済みスタンプ.

Be·scheid[bəʃáit][1] 男 -[e]s/-e 《ふつう単数で》 **1** (Auskunft) 情報, 案内, 消息; 回答; 通知; (申請などに対する官公庁の) 決定[通知]: einen abschlägigen 〈zusagenden〉 ～ erhalten 拒否〈承認〉の通告を受ける | *jm.* ～ [über *et.*[4]] geben …に[…について]回答〈情報〉を与える | ***jm.* ～ sagen** i) …に知らせる, 報告する; ii) 《話》…にはっきりと意見を言う | Wenn ich Näheres erfahren habe, sage ich dir ～. 詳しいことがわかったら君に知らせるよ | ***jm.* ～ stoßen** 《話》…にお説教する | **～ wissen** 事情がわかっている; (ある分野に) 精通している | auf einem Fachgebiet 〈in einer Stadt〉 ～ wissen ある専門領域〈町の事情〉に詳しい | mit einer Maschine ～ wissen 機械[の扱い方]を知っている | Ich weiß [schon] ～! (教えられなくても) 私はちゃんとわかっています.

2 《雅》***jm.* ～ tun** (こちらの健康を祝して乾杯してくれた)…に対して同じく乾杯をもってこたえる.

be·schei·den[1]*[bəʃáidən][1] 《129》 他 (h) **1** 《雅》再帰 *sich*[4] ～ つつましくする, 欲を出さぬ: *sich*[4] mit *et.*[3] ～ …で満足する. **2** 《雅》**a)** (bestellen) 《*jn.*》呼び出す, 来させる: *jn.* vor Gericht 〈aufs Rathaus〉 ～ …を法廷〈市役所〉に呼び出す | *jn.* zu *sich*[3] ～ …を呼びつける. **b)** 《ふつう受動態で》《*jm. et.*[4]》(神・運命などが)割り当てる: Ihm war kein langes Leben *beschieden.* 彼には短い生命しか授かっていなかった | Es war ihm nicht *beschieden,* das Werk zu vollenden. 彼はその作品を完成し得ぬ運命にあった. **3** 《官》 **a)** (…に対して)決定事項を通知する, (…に)回答する: *jn.* 〈*js.* Gesuch〉 abschlägig ～ …の申請を却下する. **b)** 《*jn.*》(問い合わせに対して)教示する.

be·schei·den[2][–] 形 **1** 控え目な, 遠慮〈慎み〉深い; 謙虚な, へりくだった: ein ～*er* Mensch 控え目な人間 ‖ ～*e* Ansprüche haben / in *seinen* Ansprüchen ～ sein [要求が]控え目である | ～ auftreten 物腰が控え目である. **2** つましい, 粗末な; 取るに足らない: nach meiner ～*en* Meinung 愚見によれば, 私が思いますのに | in meiner ～*en* Wohnung / unter meinem ～*en* Dach 拙宅で ‖ ～ leben / ein ～*es* Leben führen つましく暮らす. **3** ささやかな, わずかばかりの: ein ～*es* Einkommen 〈Vermögen〉 ささやかな収入〈財産〉. **4 a)** (成果などが)たいしたものではない, まずまずの: Wie geht's dir? — *Bescheiden.* 調子はどうだい―まあまあだよ. **b)** 《俗》(beschissen) くだらない, (劣悪で)ひどい; 実にいやな, 不愉快な. ▽**5** (verständig) 思慮〈分別〉のある.

Be·schei·den·heit[–hait] 女 -/ **1** (bescheiden[2]なこと. 特に:) 遠慮〈慎み〉[深さ]; つつましさ: [eine] falsche ～ 場違いの遠慮 | bei 〈in〉 aller ～ いくら遠慮しなくてはならないとしても(やはり) ‖ *Bescheidenheit* ist hier nicht am Platz[e]. 今は遠慮している場合ではない | *Bescheidenheit* ist eine Zier, doch weiter kommt man ohne ihr. 《諺》いくら見た目に結構でも 遠慮していてはおくれを取る. ▽**2** 思慮, 分別.

be·schei·dent·lich[..tlɪç] 副 《雅》控え目に; 謙虚に.

▽**Be·schei·der**[..ʃáidər] 男 -s/- (Mühlknappe) 製粉所の職人.

be·schei·nen*[bəʃáinən] 《130》 他 (h) 照らす: *sich*[4] von der Sonne ～ lassen ひなたぼっこをする.

be·schei·ni·gen[bəʃáinɪgən][2] 他 (h) (文書で) 証明する: den Empfang des Geldes ～ 領収書を出す | Hiermit wird *bescheinigt* 〈Ich *bescheinige* hiermit〉, daß … 《官》ここに…なることを証する. [< Schein 3]

Be·schei·ni·gung[..gʊŋ] 女 -/-en **1** 《単数で》証明. **2** 証明書: *jm.* eine ～ aushändigen 〈ausstellen〉 …に証明書を交付〈発行〉する.

be·schei·ßen*[bəʃáisən] 《131》 **I** 他 (h) **1** 糞尿(ふんにょう)でよごす. **2** 《俗》(betrügen) 《*jn.*》だます, ぺてんにかける. **II** **be·schis·sen** → 別出

Be·schei·ßer[..sər] 男 -s/- 《俗》ぺてん師.

B

be·schẹn·ken[bəʃέŋkən] 他 (h) 《*jn.* mit *et.*^{3}》(…に…を)贈る: Er wurde reich *beschenkt*. 彼はたくさん贈り物をもらった ‖ der 〈die〉 *Beschenkte* 贈り物をもらった人.

Be·schẹn·kung[..kʊŋ] 女 -/-en 贈与, 贈呈.

be·schẹ·ren^{1*}[bəʃé:rən] 《133》他 (h) (髪・ひげなどをはさみで)刈る.

be·schẹ·ren^{2}[−] 他 (h) 《*jn. et.*^{4}/*jn.* mit *et.*^{3}》**1** (クリスマスプレゼントとして…に…を)配る, 贈る: Den Kindern wurde ein Puppentheater *beschert*. 子供たちはクリスマスプレゼントに人形芝居セットをもらった | Die Kinder sind heute *beschert* worden. 子供たちはきょうクリスマスプレゼントをもらった. **2** (運命などが…に…を)授ける, もたらす: Was wird uns die Zukunft ～ ? 我々の将来はどうなるであろうか | Dieser Winter *bescherte* uns viel Schnee. この冬は雪が多かった | Ihm wurde ein großes Glück 〈eine gute Frau〉 *beschert*. 彼は大きな幸福〈よい妻〉に恵まれた.

Be·schẹr·tag[bəʃé:r..] 男 《方》(Heiligabend) クリスマスイブ.

Be·schẹ·rung[bəʃé:rʊŋ] 女 -/-en **1** クリスマスプレゼントの分配; クリスマスプレゼントの山. **2** 《ふつう単数で》《話》**a)** (不愉快な)突発事件: Das ist 〔mir〕 eine schöne 〈nette〉 ～! /Da haben wir 〈hast du〉 die ～! いやはやひどい話だ. **b)** die ganze ～ 全部, みんな | Da liegt 〔nun〕 die ganze ～! (陶器などを落として割ったとき)みんな粉々になっちゃった.

be·scheu·ert[bəʃɔ́ʏərt] 形 《話》**1** (verrückt) 頭のおかしい. **2** (ärgerlich) いまいましい. [＜scheuern 4]

be·schịch·ten[bəʃíçtən] 《01》他 (h) 《*et.*^{4} mit *et.*^{3}》層〈被膜〉をかぶせる, (…に…を)上塗りする.

be·schịcken[bəʃíkən] 他 (h) **1** (展示会などに)出品する; (会合などに)代表を送る: eine Messe 〔mit *et.*^{3}〕 ～ 見本市に〔…を〕出品する | Die Sitzung wurde von vielen Verbänden *beschickt*. 会議には多くの団体が参加した ‖ ein reich *beschickter* Markt 品物の豊富な市場. **2** 〚工〛(機械などに)原料を供給する〈送りこむ〉: einen Hochofen mit Erz ～ 高炉に鉱石を装入する | einen Ofen ～ ストーブに燃料を入れる. **3** 《方》面倒を見る; 処理する; 整理する: den Acker ～ 畑を耕す | *sein* Haus ～ (死ぬ前に)家事身辺の整理をする | das Vieh ～ 家畜の世話をする. $^{▽}$**4** 《*jn.*》(…を)呼びにやる.

be·schịckern[bəʃíkərn] 《05》他 (h) 《話》再帰 *sich*^{4} ～ ほろ酔い気分になる: *beschickert* sein ほろ酔い気分である.

Be·schịckung[bəʃíkʊŋ] 女 -/-en **1** 《ふつう単数で》(beschicken すること. 例えば:) (高炉への原料の)装入; (会議などへの代表の)派遣. **2** (高炉の)仕込み量: Der Ofen kann täglich drei ～*en* verarbeiten. この炉は1日3回の処理能力がある.

be·schie·den[bəʃí:dən] bescheiden^{1}の過去分詞; 過去1・3人称複数.

be·schie·nen^{1}[bəʃí:nən] 他 (h) 《*et.*^{4}》(…に Schiene をつける. 例えば:) (…に)レールを敷く; 〚医〛(…に)副木(ふくぼく)を当てる.

be·schie·nen^{2}[−] bescheinen の過去分詞; 過去1・3人称複数.

be·schie·ßen*[bəʃí:sən] 《135》他 (h) **1** 《*et.*^{4}》**a)** (…にかなりの時間にわたって)射撃〈砲撃〉を加える. **b)** 〚理〛照射する: *et.*^{4} mit Neutronen ～ …に中性子を照射する. **2** (壁・床板などを)張る.

Be·schie·ßung[..sʊŋ] 女 -/-en beschießen すること.

be·schiff·bar[bəʃífba:r] 形 航行可能な.

be·schif·fen[bəʃífən] 他 (h) (川・海域などを)船で通る, 航行する.

be·schịl·dern[bəʃíldərn] 《05》他 (h) 《*et.*^{4}》(…に札・道標などを)つける: Ausstellungsstücke ～ 展示品に札をつける | eine Straße ～ 道路に標識を立てる.

Be·schịl·de·rung[..dərʊŋ] 女 -/-en **1** 《単数で》beschildern すること: die ～ der Straßen veranlassen 道路に交通標識をつけるよう運動する. **2** 標識, 立て札: ～*en* in den Vitrinen anbringen 陳列ケースに札を立てる.

be·schịlft[bəʃílft] 形 アシに覆われた, アシの生い茂った. [＜Schilf]

be·schịm·meln[bəʃíməln] 《06》自 (s) かびる, かびで覆われる.

be·schịm·mern[bəʃímərn] 《05》他 (h) 微光で照らす.

be·schịmp·fen[bəʃímpfən] 他 (h) **1** 罵倒(ばとう)する, (…に)悪口雑言をあびせる. **2** (…にとって)侮辱になる, (…の)名誉を傷つける結果になる.

Be·schịmp·fung[..pfʊŋ] 女 -/-en 罵倒, 悪口雑言.

be·schịr·men[bəʃírmən] 他 (h) **1** 《雅》《*jn.* vor *et.*^{3}》(…を…から)庇護(ひご)する, かばう: Gott möge ihn ～. 彼に神のご加護がありますように.
2 (傘で)おおい隠す: *jn.* ～《戯》…に傘をさしかけてやる | die Augen mit der Hand ～ (まぶしくて)目に手をかざす ‖ Ich bin heute nicht *beschirmt*. 《戯》私はきょう雨傘を持っていない.

Be·schịr·mung[..mʊŋ] 女 -/ 《雅》庇護(ひご).

Be·schịß[bəʃís] 男 ..schisses/ 《俗》ごまかし, ぺてん, いんちき: beim Spiel ～ machen 賭博(とばく)でいかさまをやる.

be·schịs·sen[bəʃísən] **I** bescheißen の過去分詞.
II 形 《俗》くだらない, (劣悪で)ひどい; 実にいやな, 不愉快な: ein ～*er* Beruf 実につまらぬ職業: ***Beschissen* wäre noch geprahlt.** 《卑》きわめてひどい状況である.

Be·schịs·ser[..sər] 男 -s/- ＝Bescheißer

be·schlạb·bern[bəʃlábərn] 《05》他 (h) 《方》(食事の際に服などを)よごす: 再帰 *sich*^{4} ～ 服に食べこぼしをする.

Be·schlạ̈cht[bəʃlέçt] 中 -〔e〕s/-e (木製の)護岸. [＜schlagen; ◇Beschlag]

be·schla·fen*[bəʃlá:fən] 《137》他 (h) 《話》**1** 《〔*sich*^{3}〕 *et.*^{4}》(計画などを)一晩かけて〈寝ながら〉考える, (…の)決定を翌日まで延ばす: Ich werde 〔mir〕 deinen Vorschlag noch einmal ～. 君の提案を1日寝かせてもう一度じっくり考えてみよう. **2** 《*jn.*》(…と)寝る, 同衾(どうきん)する.

Be·schlag[bəʃlá:k]^{1} 男 -〔e〕s/..schläge[..ʃlέ:gə] **1 a)** 《ふつう複数で》(ドア・家具・トランク・ハンドバッグなどの)補強〈飾り・留め〉金具(→ 図 Sarg), (杖などの)石突き, (車輪の)鉄タイヤ. **b)** 《ふつう単数で》(Hufeisen) 《集合的に》(馬の)蹄鉄(ていてつ). **2 a)** (Überzug) (ガラス・金属面などの)曇り, 被膜, さび; (食品表面の)かび. **b)** 〚植〛(果実などの)白粉. **c)** 〚鉱〛華(か), 鉱衣. **3** 《単数で》(beschlagen すること. 例えば:) (金具の)取り付け; (ガラスなどが)曇ること; 〚狩〛(シカなどの)交尾; 〚工〛コーティング. **4** 《単数で》占有, 収用; 〚法〛押収: ***et.*^{4} in ～ nehmen / *et.*^{4} mit ～ belegen / auf *et.*^{4} ～ legen** …を独占〔使用〕する; 〚法〛…を押収する | Der Sänger wurde von einem Theater in ～ genommen. その歌手はある劇場の専属になった.

Be·schläg[..ʃlέ:k]^{1} 中 -s/-e 《スイス》＝Beschlag 1 a

be·schla·gen*[bəʃlá:gən]^{1} 《138》**I** 他 (h) **1** 《*et.*^{4} mit *et.*^{3}》**a)** (…に金具を)打ち〈取り〉つける: ein Faß mit Reifen ～ 樽(たる)にたがをはめる | Hufe 〈ein Pferd〉 ～ ひづめ〈馬〉に蹄鉄(ていてつ)を打つ | Schuhe mit Nägeln ～ 靴底にびょうを打つ. **b)** 被覆する: ein Dach mit Kupfer ～ 屋根に銅板を張る. **2** 再帰 *sich*^{4} ～ (湿気でガラスなどが)曇る(→II 1). **3** 〚狩〛(雄ジカなどが雌と)交尾する. **4** 〚海〛(帆を桁(けた)に)固定する. **5** (behauen) (石・木材を)荒削りする.
II 自 (s) **1** (湿気でガラスなどが)曇る(→I 2). **2** (食品などが)かびる; (鉄が)さびる.
III 過分 形 **1 a)** 金具のついた: ein scharf ～*es* Pferd すべり止め蹄鉄をつけた馬. **b)** (ガラスなどが)湿気で曇った; (食品が)かびた; (鉄が)さびた: eine ～*e* Brille 曇っためがね. **c)** 〚狩〛(シカなどが)はらんだ. **2 a)** (bewandert) 精通した: auf einem Fachgebiet 〈in einer Fremdsprache〉 〔gut〕 ～ sein ある専門分野〈外国語〉に堪能(たんのう)である. **b)** (schlagfertig) 頭の回転の早い; 当意即妙の.

Be·schla·gen·heit[−haɪt] 女 -/ (beschlagen III なこと. 特に:) 精通, 堪能(たんのう)さ, 十分な知識〔のあること〕.

Be·schlag·ham·mer[bəʃlá:k..] 男 蹄鉄(ていてつ)ハンマー.

Be·schlag·nah·me[bəʃlá:kna:mə] 女 -/-n 〚法〛差し押え, 押収; 〚海〛抑留: der ～^{3} verfallen 《官》押収される | die ～ eines Schiffes anordnen 〈aufheben〉 ある船の抑留を指令〈解除〉する. [＜in Beschlag nehmen]

be·schlag·nah·men 他 (h) 《過分 beschlagnahmt》

〘法〙差し押える, 押収する; 〘軍〙(食糧などを)徴発する.

Be·schlag·schmied 男 蹄鉄(ていてつ)工.

be·schlau·chen[bəʃláuxən] 他 (h) 《俗》 再帰 *sich*[4] ～ 酒に酔う.

be·schlei·chen*[bəʃláiçən] 《139》 他 (h) 《*et.*[4]/*jn.*》 (…に)忍びよる; 《雅》(感情などが人を)襲う: *seine* Beute ～ 獲物にこっそり近づく | Ein Gefühl des Alleinseins *beschlich* ihn. 彼はいつしか孤独感にとらわれた.

be·schleu·ni·gen[bəʃlɔ́ynɪgən][2] 他 (h) **1** 《*et.*[4]》 (…の)速度を増す, (…を)速める; 〘理〙加速する: das Tempo 〈die Schritte〉 ～ テンポ〈歩度〉を速める | das Wachstum ～ 成長を促進する ‖ 再帰 *sich*[4] ～ 速度が増す, 速まる ‖ mit *beschleunigter* Geschwindigkeit スピードを上げて | ein *beschleunigter* Personenzug (ところどころ無停車で, かつ急行料金のいらない)快速列車 | Er hat einen *beschleunigten* Puls. / Sein Puls ist *beschleunigt*. 彼は脈が速くなっている. **2** 《*et.*[4]》 (…の)時期を早める: die Hochzeit 〈die Abfahrt〉 ～ 婚礼〈出発〉を繰り上げる ‖ 再帰 *sich*[4] ～ (時期が)早まる, 繰り上がる. [<schleunig]

Be·schleu·ni·ger[..gər] 男 -s/- **1** 〘理〙加速器, 加速装置. **2** 〘化〙助触媒, 促進剤, 活性化剤.

Be·schleu·ni·gung[..guŋ] 女 -/-en **1** 《ふつう単数で》速める〈早める〉こと, 促進, 加速. **2** 〘理〙加速度.

Be·schleu·ni·gungs≠an·la·ge 女 〘理〙加速器〈装置〉. **≠ver·mö·gen** 中 〘理〙加速性能.

be·schleu·sen[bəʃlɔ́yzən][1] 《02》 他 (h) 《*et.*[4]》 (…に)水門〈堰(せき)〉を設ける.

be·schli·chen[bəʃlíçən] beschleichen の過去分詞; 過去1・3人称複数.

be·schlie·ßen*[bəʃlí:sən] 《143》 他 (h) **1** 決議〈議決〉する; 決定〈決心〉する: einen Antrag einstimmig ～ 議案を満場一致で可決する ‖ Wir haben *beschlossen*, noch heute abzureisen. 我々はきょうじゅうにも旅に出ることに決めた ‖ 〔eine〕 ***beschlossene* Sache sein** 既定の事実である. **2** (abschließen) 終える, 完結する, しめくくる; (行列などの)しんがりをつとめる: *sein* Leben 〈*seine* Tage〉 als Rentner ～ 年金生活者としてその生涯をとじる | den Reigen ～ (→Reigen 2). **3** 《雅》(umschließen) とり囲む, 包みこむ; 包含する: 〘ふつう過去分詞で〙 **in *et.*[3] *beschlossen* sein 〈liegen〉** …の中に含まれている ‖ ein völlig in sich[3] *beschlossener* Mensch 外界のことに全く心を煩わされぬ人.

[▽]**Be·schlie·ßer**[..sər] 男 -s/- (女 **Be·schlie·ße·rin**[..sərɪn] -/-nen) (博物館・大邸宅などの)番人, 管理人.

be·schloß[bəʃlɔ́s] beschließen の過去.

be·schlos·sen[..ʃlɔ́sən] beschließen の過去分詞; 過去1・3人称複数.

be·schlos·se·ner·ma·ßen[bəʃlɔ́sənərmá:sən] 副 決議どおり, 決定に従って.

Be·schluß[bəʃlʊ́s] 男 ..schlusses/..schlüsse[..ʃlʏ́sə] **1** 決議, 議決; 決定, 決心; 〘法〙決定: ein einstimmiger ～ 全員一致の決議 | zu keinem ～ kommen 結論が出ない | einen ～ fassen 決議〈決心〉する. [▽]**2** 《単数で》(Ende) 終わり, 最後, しめくくり; 末尾: zum ～ 終わりに〔臨んで〕 ‖ den ～ eines Zuges machen 行列の末尾につく(しんがりをつとめる). **3** 《単数で》保管; 保護; 拘留: unter ～ sein 保管〈監禁〉されている.

be·schluß·fä·hig 形 議決権のある; (議決に要する)定足数を満たした.

Be·schluß≠fä·hig·keit 女 -/ beschlußfähig なこと: die zur ～ erforderliche Anzahl 定足数. **≠fas·sung** 女, **≠nah·me**[..na:mə] 女 -/-n 議決, 決定. **≠or·gan** 中 決議機関. **≠recht** 中 -〔e〕s/ 議決権.

be·schluß·un·fä·hig 形 議決権のない; (議決に必要な)定足数を満たさない.

be·schmei·ßen*[bəʃmáisən] 《145》 他 (h) 《話》(bewerfen) 《*jn.* mit *et.*[3]》 (…に…を)投げつける.

be·schmie·ren[bəʃmí:rən] 他 (h) **1** 《*et.*[4] mit *et.*[3]》 (…に…を)塗り付ける: eine Scheibe Brot mit Butter ～ パンにバターを塗る. **2** 《*et.*[4] 〔mit *et.*[3]〕》 (…を〔…で〕)よごす: 〔*sich*[3]〕 die Hände mit Ruß ～ すすで手をよごす. **3** 《俗》《*et.*[4] 〔mit *et.*[3]〕》 (…に〔…を〕)なぐり書きする, 落書きする: die Mauer mit Parolen ～ 壁いっぱいにスローガンを書き散らす | Narrenhände *beschmieren* Tisch und Wände. (→Narrenhände). **4** 《俗》《*jn.*》 だます, ぺてんにかける.

be·schmit·zen[bəʃmítsən] 《02》 =beschmutzen

be·schmun·zeln[bəʃmʊ́ntsəln] 《06》 他 (h) 《*jn.*/*et.*[4]》 (…に対して)にやにや笑う, (…を)まじめに相手にしない.

be·schmut·zen[bəʃmʊ́tsən] 《02》 他 (h) **1** よごす, 汚くする; 《比》(名声などを)けがす: *js.* Andenken durch *et.*[4] ～ …の思い出を…でけがす | das eigene 〈*sein* eigenes Nest〉 ～ (→Nest 1 a) | *sich*[3] die Hände 〈die Finger〉 〔mit *et.*[3]〕 ～ 《比》〔…で〕手をよごす. **2** 再帰 *sich*[4] ～ 服〈からだ〉をよごす; 自分の品位をけがす.

Be·schmut·zung[..tsuŋ] 女 -/-en 《ふつう単数で》beschmutzen すること.

be·schnar·chen[bəʃnárçən] 他 (h) 《話》 **1** =beschlafen 1 **2** 《ベルリン》じっくり検分する, 吟味する.

Be·schnei·de·ma·schi·ne[bəʃnáidə..] 女 (紙・金属板などの端を切りそろえる)裁断機.

be·schnei·den*[bəʃnáidən][1] 《148》 他 (h) **1** (余分なところを)切り取る〈落とす〉, 切り整える; 〘園〙剪定(せんてい)する: einen Baum ～ 木を刈り込む | *jm.* die Flügel ～ (→Flügel 1) | *jm.* die Haare 〈die Nägel〉 ～ …の髪を刈る〈つめを切る〉 | [▽]Münzen ～ 貨幣のふちを削り整える | Papier ～ 紙の端を切りそろえる. **2** 切りつめる, 削減する: *jm.* das Gehalt ～ …の俸給を切り下げる | *js.* Rechte 〈*jn.* in *seinen* Rechten〉 ～ 《雅》…の権利を制限する. **3** 《*et.*[4]》 〘医〙(包皮を)切開する; 〘宗〙《*jn.*》 (…に)割礼(かつれい)を施す: 再帰 *sich*[4] ～ 割礼を受ける. [▽]**4** (verschneiden) (酒類に)混ぜ物をする.

Be·schnei·de·pres·se 女 裁断プレス.

Be·schnei·der[..dər] 男 -s/- beschneiden する人.

Be·schnei·dung[..duŋ] 女 -/-en beschneiden すること: ～ Jesu 〘カトリック〙キリストの割礼.

be·schnei·en[bəʃnáiən] **I** 他 (h) 〔人工〕雪で覆う: eine Piste ～ lassen 〘スキー〙滑降コースに〔人工〕雪を張りつける. **II be·schneit** 過分 形 雪に覆われた: ～*e* Wege 雪道.

be·schnei·teln[bəʃnáitəln] 《06》 他 (h) (木の)枝をつめる, 枝打ちをする.

be·schnip·peln[bəʃnípəln] 《06》 =beschnitzeln

be·schnit·ten[bəʃnítən] beschneiden の過去分詞; 過去1・3人称複数.

be·schnit·zeln[bəʃnítsəln] 《06》 他 (h) (紙片などを)あちこち切る, 切り取る〈落とす〉.

[▽]**be·schno·bern**[bəʃnó:bərn] (**be·schno·pern**[..ʃnó:pərn]) 《05》 =beschnüffeln

be·schnüf·feln[bəʃnʏ́fəln] 《06》 (**be·schnup·pern**[..ʃnʊ́pərn] 《05》) 他 (h) (犬などがクンクン)かぐ; 《話》(人物・書類などを怪しみながら)いろいろ吟味する, 調べる.

be·schol·ten[bəʃɔ́ltən] 形 評判の芳しくない, 悪名高い. [<schelten]

[▽]**be·schö·nen**[bəʃǿ:nən] 他 (h) **1** 飾りたてる. **2** =beschönigen

be·schö·ni·gen[bəʃǿ:nɪgən][2] **I** 他 (h) (過失・欠点などを)言いつくろう, 弁解〈弁護〉する, 美化する. **II be·schö·ni·gend** 現分 言い訳がましい; 婉曲(えんきょく)な, 遠回しの.

Be·schö·ni·gung[..guŋ] 女 -/-en (beschönigen すること. 例えば:) 弁解, 弁護, 美化.

be·schos·sen[bəʃɔ́sən] beschießen の過去分詞; 過去1・3人称複数.

be·schot·tern[bəʃɔ́tərn] 《05》 他 (h) 《*et.*[4]》 (道路・線路などに)砂利〈割〔りぐり〕石〉を敷く.

Be·schot·te·rung[..təruŋ] 女 -/-en (beschottern すること. 例えば:) (道路や線路の)砂利敷き; 道床.

be·schran·ken[bəʃráŋkən] 他 (h) 《*et.*[4]》 〘鉄道〙(…に)遮断機をつける: ein *beschrankter* Bahnübergang 遮断機つき踏切. [<Schranke]

be·schrän·ken[bəʃrέŋkən] **I** 他 (h) **1** 制限する, 限定する, 局限〈制約〉する: *js.* Freiheit 〈*jn.* in *seiner* Freiheit〉 ～ …の自由を制約する | *et.*[4] auf das Notwendigste ～ …を必要最小限度まで絞る ‖ 再帰 *sich*[4] auf *et.*[4] ～ …だけで我慢する; …に限られる | Dieser Brauch *beschränkt* sich auf Deutschland. この風習はドイツだけのものだ. ▽2 =beschranken

II be·schränkt 過分 形 **1** 限定された, 制限つきの: eine ~*e* Auflage 限定版 | eine Gesellschaft mit ~*er* Haftung (略 GmbH, G. m. b. H.)〔経〕有限会社 | in ~*en* Verhältnissen leben 切りつめた生活をする | Ich habe〔nur〕~*e* Zeit. 私は時間が限られている ‖ Die Zahl der Plätze ist ~. 席の数は限られている. **2** 知能の低い, 頭の悪い; 融通のきかない, 偏狭な: ~*e* Ansichten haben 考え方が狭い ‖ Er ist geistig ~. 彼は知能が低い; 彼は偏狭だ.

B

Be·schränkt·heit[bəʃrɛ́ŋktha͜it] 女 -/ beschränkt なこと: die ~ der Geldmittel 資金の制約〈窮迫〉| geistige ~ 知能の低さ; 偏狭.

Be·schrän·kung[..kʊŋ] 女 -/-en **1**《単数で》制限, 局限: die ~ der Redezeit auf zehn Minuten 発言時間を10分に制限すること | In der ~ zeigt sich erst der Meister. (→Meister 2 a). **2** 制約〔となるもの〕: *jm.* ~*en* auferlegen …に〔いろいろの〕制約を課する.

be·schrei·ben*[bəʃrá͜ibən][1]《152》**I** 他 (h) **1** (…に)字を〔一面に〕書く: eine Seite dicht〈eng〉~ あるページにびっしり書きこむ. **2** 記述〈描写〉する: dem Arzt *seine* Beschwerden ~ 医者に自分の病状を述べる | Worte können die Szene nicht ~ . この情景は言葉では言い表せない. **3** (図形などを)描く: um ein Dreieck einen Kreis ~〔数〕三角形の周囲に〔外接〕円を描く | Der Fluß *beschreibt* einen Bogen. その川は弧を描いて流れている. **II be·schrei·bend** 現分 形 記述的な: ~*e* Geometrie 画法幾何学 | ~*e* Naturwissenschaften 記述自然科学.

Be·schrei·bung[..bʊŋ] 女 -/-en **1** 記述, 描写: eine genaue ~ des Täters geben 犯人の様子を詳しく述べる | **jeder〈aller〉~[2] spotten**《雅》言葉で言い尽くせないほどひどい, 言語道断である | über alle ~ schön 言いようもなく美しい. **2** (器具の)使用説明書. **3** (動植物分類上の)記載.

be·schrei·en*[bəʃrá͜iən]《153》他 (h) **1** =berufen I 5 a **2**《*jn.*》**a)** (…のことを)あしざまに言いたてる: Blieb' der Wolf im Walde, so würd' er nicht *beschrie*〔*e*〕*n*.《諺》キジも鳴かずば撃たれまい(オオカミは森にいれば悪口を言われまいに). **b)** 派手にほめあげる, ほめちぎる. **3** (…に)向かって叫ぶ: die vier Wände ~《比》うぶ声をあげる.

be·schrei·ten*[bəʃrá͜itən]《154》他 (h) (道を)歩む;《雅》(寝台・舞台などに)のぼる: das Ehebett ~《雅》夫婦のちぎりを結ぶ | den Rechtsweg ~ 法的手段に訴える | den falschen Weg ~《比》道を誤る | neue Wege ~《比》(学問の領域などで)前人未踏の道を行く.

be·schrieb[bəʃríːp][1] beschreiben の過去.

Be·schrieb[−] 男 -s/-e《ス》=Beschreibung

be·schrie·ben[bəʃríːbən] beschreiben の過去分詞; 過去1・3人称複数.

be·schrif·ten[bəʃríftən]《01》他 (h)《*et.*[4] mit *et.*[3]》(ラベルなどに名称・番号・内容説明などの)文字〈文句〉を記す: Bücherregale ~ 書架に区分名のカードをつける | ein Heft mit *seinem* Namen ~ ノート(の表紙)に自分の名前を書く | ein schön *beschrifteter* Grabstein 美しい碑文のある墓石. [<Schrift]

Be·schrif·tung[..tʊŋ] 女 -/-en **1** beschriften すること. **2** beschriften した文字〈文句〉.

be·schrit·ten[bəʃrítən] beschreiten の過去分詞; 過去1・3人称複数.

be·schro·ten[bəʃróːtən]《01》他 (h) 切って短くする, 切り落とす: *jm.* die Flügel ~《比》…の行動を制限する, …のせっかくの才能を発揮させない.

be·schu·hen[bəʃúːən] 他 (h) **1**《*jn.*/*et.*[4]》(…に)靴をはかせる: ein modisch *beschuhter* Fuß 流行の靴をはいた足. **2**《*et.*[4]》〔工〕(杭(くい)などの先端に)金具をつける. [<Schuh]

be·schul·di·gen[bəʃʊ́ldɪgən][2] **I** 他 (h)《*jn. et.*[2]》(…の…を)とがめる, (…に…の)罪を帰する: *jn.* des Mordes〈der Feigheit〉~ …を殺人者〈卑怯(ひきょう)者〉だとする. **II Be·schul·dig·te** → 別出 [*mhd.*; ◇schuldig]

Be·schul·di·ger[..gər] 男 -s/- 告発者, 弾劾者.

Be·schul·dig·te[bəʃʊ́ldɪçtə] 男 女《形容詞変化》弾劾されている人;〔法〕被疑〈容疑〉者.

Be·schul·di·gung[..dɪgʊŋ] 女 -/-en (beschuldigen すること. 例えば:) 非難, 告発, 弾劾.

be·schu·len[bəʃúːlən] 他 (h)《官》**1**《*jn.*/*et.*[4]》(児童・クラスに)〔学校〕教育を施す. **2** (町などに)学校を設置する.

be·schum·meln[bəʃʊ́məln]《06》他 (h)《話》《*jn.*》だます, ぺてんにかける: *jn.* um *et.*[4] ~ …から…をだまし取る.

be·schup·pen[1][bəʃʊ́pən] **I** 他 (h) **1** うろこで覆う. **2**《*et.*[4]》(…から)うろこを取る. **II be·schuppt**[1] 過分 形 **1** うろこで覆われた. **2** うろこを取った.

be·schup·pen[2][−] (**be·schup·sen**[bəʃʊ́psən]《02》) **I** 他 (h)《方》《*jn.*》ちょろまかす, ぺてんにかける. **II be·schuppt**[2] 過分 形 だまされた, ぺてんにかかった.

be·schürzt[bəʃʏ́rtst] 形 エプロンをつけた. [<Schürze]

Be·schuß[bəʃʊ́s] 男 ..schusses/ **1 a)** 射撃, 砲撃: ***jn.*〈*et.*[4]〉unter ~ nehmen** …を射撃〈砲撃〉する;《比》…を非難〈批判〉する | **unter ~ geraten** 砲火にさらされる;《比》非難〈批判〉される | **unter ~ stehen** 砲火にさらされている; 非難〈批判〉されている. **b)** 試射. **2**〔理〕照射. [<beschießen]

Be·schuß·stem·pel 男 (銃の)発射テスト済み検印.

be·schüt·ten[bəʃʏ́tən]《01》他 (h)《*et.*[4] mit *et.*[3]》(…に液体や粉などを)注ぐ, まく, こぼす, ふりかける: 再帰 *sich*[4] mit Suppe ~ スープをこぼして体〈衣服〉をよごす.

Be·schütt·kan·ne 女 如露(じょろ).

be·schüt·zen[bəʃʏ́tsən]《02》他 (h) 保護〈庇護(ひご)〉する; 防御する: *jn.* vor einer Gefahr ~ …をある危険から守る.

Be·schüt·zer[..tsər] 男 -s/- (女 **Be·schüt·ze·rin**[..tsərɪn] -/-nen) 守ってくれる人; 保護者; 後援者, パトロン.

Be·schüt·zung[..tsʊŋ] 女 -/-en 庇護, 保護; 防御.

be·schwä·gert[bəʃvέːgərt] 形 (verschwägert) 姻戚(いんせき)関係にある. [<Schwager]

be·schwat·zen[bəʃvátsən] (南部: **be·schwät·zen**[..ʃvέtsən])《02》他 (h)《話》**1** (überreden) 説得する: *jn.* zu *et.*[3] ~ …を…するように説き伏せる | Laß dich nicht ~! 口車にのるなよ. **2**《*et.*[4]》(…について)詳しく話し合う.

be·schwei·fen[bəʃvá͜ifən] **I** 他 (h)《*et.*[4]》(…に飾りとして)しっぽをつける. **II be·schweift** 過分 形 しっぽの飾りのついた: ~*e* Kometen〔尾のある〕彗星(すいせい), ほうき星. [<Schweif]

be·schwei·gen[bəʃvá͜igən][1] 他 (h) 黙殺する.

Be·schwer[bəʃvéːr] 中 -〔e〕s/ ; 女 -/《雅》= Beschwerde 1

Be·schwer·de[..ʃvéːrdə] 女 -/-n **1**《ふつう複数で》《雅》苦労, 骨折り, 難儀: *jm.* ~*n* machen …を苦しめる. **2**《複数で》(身体的な)さわり, 苦痛, 故障: mit dem Magen ~*n* haben 胃が悪い. **3** 不平, 苦情;〔法〕抗告; 異議: bei *jm.* ~ einlegen …に苦情を申し立てる | gegen *jn.*〈über *et.*[4]〉~ führen …に対して〈…の事で〉不平を鳴らす(→beschweren 2) ‖ Es sind mehrere ~*n* über ihn eingelaufen. 彼に関していろいろの苦情が持ち込まれた.

Be·schwer·de≠aus·schuß 男 苦情処理委員会. **≠buch** 中 (商店・ホテルなどに備えられた)苦情記入簿.

be·schwer·de·frei 形 (患者が)苦痛のない.

Be·schwer·de≠frist 女〔法〕不服〈異議〉申立期間. **≠füh·ren·de** 男 女《形容詞変化》, **≠füh·rer** 男 苦情をいう人, 不平屋;〔法〕抗告人, 訴願人. **≠in·stanz** 女 苦情処理機関. **≠ord·nung** 女 苦情処理規程. **≠schrift** 女 抗告〈訴願〉書類. **≠weg** 男〔法〕抗告手続き: den ~ beschreiten 抗告する.

be·schwe·ren[bəʃvéːrən] 他 (h) **1**《*et.*[4]》(…に)おもしをのせる, (…に)おもりをつける; (船に)底荷を積む;《比》(心に)重くのしかかる, 苦しめる, 悩ます: Briefe ~ (文鎮などで)手紙を押える | den Magen ~ 胃にもたれる | *jm.* das Herz〈das Gewissen〉~ …の心〈良心〉を苦しめる. **2** 再帰 *sich*[4]〔bei *jm.* über *et.*[4]〈wegen *et.*[2]〉〕~〔…に…の事で〕苦情を訴える. [*ahd.*; ◇schwer]

Be·schwe·rer[..rər] 男 -s/- **1** =Beschwerdeführer **2** 文鎮, おもし.

be·schwẹr·lich[bəʃvéːrlɪç] 形 面倒な, やっかいな, つらい: eine ~*e* Arbeit 骨の折れる仕事 | ▽*jm.* ~ fallen …の負担〈重荷〉になる.

Be·schwẹr·lich·keit[–kaɪt] 女 -/-en **1**《単数で》beschwerlich なこと. **2** beschwerlich な事柄.

Be·schwẹr·nis[bəʃvéːrnɪs] 女 -/-se (中 -ses/-se)《雅》苦労, 骨折り, 辛苦; 重荷; 心配.

Be·schwẹ·rung[bəʃvéːrʊŋ] 女 -/-en **1** 苦労, やっかいごと; 重荷〔を負わすこと〕; 苦情. **2** 文鎮, おもり.

be·schwịch·ti·gen[bəʃvɪ́çtɪɡən][2] 他 (h)(怒り・興奮などを)なだめる, 静める, 和らげる: *seinen* Hunger ~ 飢えをいやす ‖ 再帰 *sich*[4] ~ 静まる. [*ndd.*; ◇schwichten 2]

Be·schwịch·ti·gung[..ɡʊŋ] 女 -/-en 慰撫(いぶ), 宥和(ゆうわ); 鎮静.

be·schwie̩·melt[bəʃvíːməlt] 形《方》ほろ酔い気分の. [<schwiemeln]

be·schwịn·deln[bəʃvɪ́ndəln]《06》他 (h)《*jn.*》(…に)うそをつく, (…を)だます.

be·schwịn·gen[bəʃvɪ́ŋən] **I** 他 (h)《雅》《*jn.*》(…に)活気〈いきいきとした気分〉を与える; 翼をつける: Die Musik 〈Die freudige Nachricht〉 *beschwingt* mich. 音楽〈その喜ばしい知らせ〉が私を興奮させる | Die Erwartung *beschwingte* seine Schritte. 期待にはやって彼の足は宙を飛んだ.

II be·schwịngt 過分 形 軽やかな, いきいきとした, 感激した, 喜び勇んだ; 翼〈羽〉のある; 急いだ: eine ~*e* Rede 熱弁 | ~*en* Schrittes 〈Fußes〉 dahingehen 飛ぶように走って行く.

Be·schwịngt·heit[bəʃvɪ́ŋthaɪt] 女 -/ (beschwingt なこと. 例えば:) 軽快さ, いきいき〈うきうき〉していること.

be·schwịp·sen[bəʃvɪ́psən] 他 (h)《話》再帰 *sich*[4] ~ ほろ酔い気分になる: *beschwipst* sein ほろ酔い気分である. [<Schwips]

be·schwö̩·ren*[bəʃvǿːrən]《163》他 (h) **1** 誓いによって保証する: *seine* Aussagen vor Gericht ~ 法廷で宣誓供述する. **2** (…に)懇願〈哀願〉する: ein *beschwörender* Blick (何ごとかを)必死になって訴えるようなまなざし. **3** 魔力〈呪文(じゅもん)〉で意のままにする(うち勝つ・静める・病気を治す・呼び出す・追い払う・呪縛(じゅばく)する・金縛りにするなど);《比》《雅》呼びさます: Dieser Anblick *beschwor* in ihm entsetzliche Erinnerungen. この光景は彼の心の中におぞましい記憶の数々を呼び起こした.

Be·schwö̩·rer[..rər] 男 -s/- (beschwören する人. 例えば:) 巫術(ふじゅつ)者, 祈禱(きとう)師, 魔法使い.

be·schwọr·ken[bəʃvɔ́rkən] 形《北部》雲が暗くたれこめた. [<*ahd.* swerkan „sich verfinstern"]

Be·schwö̩·rung[bəʃvǿːrʊŋ] 女 -/-en **1** 誓約, 誓言. **2** 懇願, 哀願. **3**《ふつう単数で》魔力で呼び出す〈追い払う〉こと, 呪縛(じゅばく); まじない, 妖術(ようじゅつ), 呪術. **4** 呪文.

Be·schwö̩·rungs≠for·mel 女 呪文(じゅもん), まじないの文句. **≠kunst** 女 巫術(ふじゅつ), 妖術(ようじゅつ), 呪術.

be·sẹ·beln[bəzéːbəln]《06》他 (h)《話》ぺてんにかける. [*jidd.*; <*hebr.* zebel „Mist"]

be·see̩·len[bəzéːlən] **I** 他 (h)《*jn.*/*et.*[4]》(…に)魂〈生命〉を吹き込む; 生気〈活気〉を与える: *jn.* mit Mut 〈Hoffnung〉 ~ …の心を勇気〈希望〉でふくらませる ‖ von *et.*[3] *beseelt* sein (心が)…で満ちている ‖ 再帰 *sich*[4] ~ 生気を帯びる. **II be·see̩lt** 過分 形 いきいきとした,活気のある:die ~*e* Natur 有情の自然 | ~*e* Worte 魂のこもった言葉. [<Seele]

Be·see̩·lung[..lʊŋ] 女 -/ beseelen すること.

be·sẹ·feln[bəzéːfəln]《06》=besebeln

be·sẹ·geln[bəzéːɡəln]《06》他 (h) **1** (ある海域を)帆走する. **2** (他の船に)帆走して追いつく. **3** (船に)帆をつける.

▽**be·sẹg·nen**[bəzéːɡnən]《01》他 (h) **1**《*jn.*》(…に)祝福を与える. **2** 再帰 *sich*[4] ~ 十字を切る.

be·sẹ·hen*[bəzéːən]《164》他 (h) **1** (注意深く)見る; 調査〈吟味〉する: 〔*sich*[3]〕 ein Bild ~ 絵に見入る | 〔*sich*[3]〕 den Schaden ~ 損害をよく調べる | *jn.* 〈*et.*[4]〉 nicht ~ können《話》…を見たくない, …が嫌いである ‖ 再帰 *sich*[4] im Spiegel ~ 自分の姿を鏡でつらつら見る ‖〖過去分詞で〗genau *besehen*《比》厳密に言えば | bei Licht *besehen* (→Licht 1). **2**《方》(bekommen) もらう: Prügel ~ 殴られる | Da habe ich 〔mir〕 nichts zu ~. そんなことをしても私には何の得にもならない.

be·sei̩·beln[bəzáɪbəln]《06》(**be·sei̩·bern**[..bərn]《05》)《方》=besabbeln

be·sei̩·ti·gen[bəzáɪtɪɡən][2] 他 (h)《*et.*[4]》取り除く, 片づける; (困難や障害を)排除する; (誤りを)矯正〈是正〉する; (疑いや容疑を)晴らす;《*jn.*》罷免〈追放〉する; 殺害する, 消す: Beweisstücke ~ 証拠物件を隠滅する | eine Gefahr ~ 危険を除去する | üble Gerüchte ~ 悪評を一掃する | Schulden ~ 借金を精算する. [<*mhd.* besīte „beiseite" (◇beiseite)]

Be·sei̩·ti·gung[..ɡʊŋ] 女 -/-en《ふつう単数で》(beseitigen すること. 例えば:) 除去; 廃止; 追放; 殺害.

be·sẹ·li·gen[bəzéːlɪɡən][2] 他 (h)《雅》《*jn.*》この上なく喜ばせる; 有頂天にする, 狂喜させる: ein *beseligendes* Gefühl なんともいえぬ幸福感 ‖ Er war über die Nachricht ganz *beseligt*. 彼はその吉報にすっかり有頂天だった. [<selig]

Be·sẹ·li·gung[..ɡʊŋ] 女 -/-en 非常な幸福を味わわせること; 至福; 狂喜, 有頂天.

▽**Bẹ·se·mer**[béːzəmər] 男 -s/-, ▽**Bẹ·se·mer·waa·ge** 女 (支点を動かす旧式の)竿秤(さおばかり). [*türk.* batman]

Bẹ·sen[béːzən] 男 -s/- **1 a)** ほうき(→ 図): ~ binden ほうきを作る | Ich fresse einen ~ 〈will einen ~ fressen〉, wenn ... 《話》…なんてことになったら何でもしてみせるよ, …なんてことは絶対ありえない | den ~ schwingen ほうきで掃く, 掃除をする ‖ **Neue ~ kehren gut.**《諺》新参者は(はじめはだれでも)よく働く ‖ *jn.* **auf den ~ laden**《話》…をからかう | auf ~ reiten (魔女が)ほうきの柄にまたがって飛ぶ | ein Zimmer **mit** einem ~ kehren 部屋をほうきで掃く | 〔*et.*[4]〕 **mit eisernem ~** 〔**aus**〕**kehren**《比》〔…を〕びしびし〈容赦なく〉取り締まる,〔…に対して〕断固たる処置をとる | **mit fremden ~ kehren**《比》ひとのふんどしで相撲をとる | **unter dem ~ getraut sein**《軽蔑的に》(結婚せずに)同棲(どうせい)している. **b)** 壁塗りブラシ. **c)** (Schneebesen)〖料理〗泡立て器. **2**《俗》**a)** 口やかましい女, あばずれ女. **b)** 女の子; 女生徒; 女中. **3**《卑》(Penis) 陰茎, 男根. [*westgerm.*; ◇*engl.* besom]

Besen

▽**Bẹ·sen·bin·der** 男 ほうき職人: wie ein ~ laufen 疾走する, 大いに走り回る.

bẹ·sen·dụrr 形 骨と皮ばかりに〈がりがりに〉やせた.

be·sẹnf·ti·gen[bəzɛ́nftɪɡən][2] 他 (h)《俗》**1**《*et.*[4]》(料理に)からしをきかせる. **2**《*jn.*》だます. [<Senf]

Bẹ·sen·gin·ster[béːzən..] 男〖植〗エニシダ.

be·sẹngt[bəzɛ́ŋt] 形《俗》(verrückt) 気の狂った, 頭のおかしな. [<Senge]

Bẹ·sen≠kam·mer[béːzən..] 女 掃除用具置き場, 物置. **≠kraut** 中 -〔e〕s/〖植〗ホウキギ(箒木). **≠ma·cher** 男 ほうき製造〔業〕者.

bẹ·sen·rein 形 (ほうきで掃いて)清掃ずみの: ein Zimmer ~ übergeben (移転などのさい)部屋を清掃してから引き渡す.

Bẹ·sen≠reis 中, **≠rei·sig** 中 ほうきに使うそだ〈柴〉. **≠schrank** 男 掃除用具ロッカー. **≠stiel** 男 ほうきの柄: **steif wie ein ~**《話》(態度などが)きわめて堅苦しい | **Sie hat wohl einen ~ verschluckt.**《話》彼女たぶんほうきの柄でも飲み込んだんだろう(姿勢や態度がしゃちほこばっている) | Er geht, als ob er einen ~ verschluckt hätte.《話》彼はむやみとしゃちほこばって歩く. **≠strauch** 男 =Besenginster

Bẹ·serl⸗baum[béːzərl..] 男《オースト リア》《話》**1** 小さな(みすぼらしい)樹木. **2** (Birke) シラカバ(白樺). **⸗park** 男《オースト リア》小公園.

be·sẹs·sen[bəzɛ́sən] **I** besitzen の過去分詞. **II** 形《von *et.*³》(悪霊・感情などに)とりつかれている; つかれたような, 夢中の: von einer Idee ～ sein ある観念のとりこになっている | ein ～*er* Forscher ひたむきな研究者 ‖ wie ～ arbeiten 無我夢中になって(気の狂ったように)働く. **III Be·sẹs·se·ne** 男 女《形容詞変化》(悪魔などに)とりつかれた人; 妄想患者, 狂人. 「狂, 狂気.」

Be·sẹs·sen·heit[‒haɪt] 女 ‒/ besessen な状態, 熱

be·sẹt·zen[bəzɛ́tsən]《02》他 (h) **1** (場所・時間などを)確保する, ふさぐ; (地位・役割などを)占める, 埋める: *jm.* 〈für *jn.*〉 einen Platz ～ …の席をとっておく | eine Rolle 〈einen Lehrstuhl〉 mit *jm.* ～ ある役〈講座〉を…で埋める, ある役〈講座〉に…をつける ‖ Dieser Abend ist leider *besetzt*. 今晩はあいにく先約がある | Die Oper ist gut 〈mit guten Kräften〉 *besetzt*. このオペラは配役がよい | Das Theater war voll *besetzt*. 劇場は大入り満員だった | Alle Tische sind *besetzt*. どのテーブルもふさがっている(→frei 4) | Ich bin auf Wochen hinaus *besetzt*. 私は数週先まで手があかない ‖ *Besetzt!* (掲示などで)予約席; 使用中; 満員 ‖ ein stark *besetztes* Rennen 参加者の多い競走 | ein voll *besetzter* Stundenplan ぎっしりつまった時間割. **2** 占拠〈占領〉する: die englisch *besetzten* Gebiete イギリス〔軍による〕占領地域. **3** 《*et.*⁴ mit *et.*³》 **a)** (…に…を)縫い〈はり〉つける: ein Kleid mit Spitzen ～ 服にレースのふち飾りをつける ‖ eine mit Diamanten *besetzte* Krone ダイヤをちりばめた冠. **b)** (…を…で)おおう: den Tisch mit Gläsern ～ テーブルにたくさんグラスを並べる | die Straße mit Asphalt ～ 街路をアスファルトで舗装する. **c)** (猟区に野獣を)放つ; (池などに魚を)放流する; (巣箱にハチを)入れる. **d)**〖土木〗(発破の穴に爆薬を)詰める;〖金属〗(炉に原料を)装入する.

Be·sẹtzt·zei·chen[bəzɛ́tst..] 中 (↔Freizeichen) (電話の)話し中の信号音.

Be·sẹt·zung[..tsʊŋ] 女 ‒/‒en **1**《ふつう単数で》besetzen すること: die ～ des Landes 国の占領 | die ～ des Postens ポストの補充 | die ～ der Rollen 役の割り振り | die ～ des Teiches mit Fischbrut 池に幼魚を放すこと. **2** (besetzen されたもの. 特に: 出演・出場の)メンバー, 配役.

Be·sẹt·zungs⸗li·ste 女〖劇〗配役表, キャスティング表. **⸗macht**《スイス》= Besatzungsmacht **⸗recht** 中〖法〗占有権.

be·seuf·zen[bəzɔ́ʏftsən]《02》他 (h)《*et.*⁴》(…のことで)嘆息する.

be·sịch·ti·gen[bəzíçtɪgən]² 他 (h) 見物〈見学〉する; 視察〈検分〉する: eine Stadt 〈eine Ausstellung〉 ～ ある町〈展覧会〉を見物する | einen Tatort 〈eine Leiche〉 ～〖法〗現場検証〈検死〉をする | die Truppen ～〖軍〗閲兵する.

Be·sịch·ti·ger[..gər] 男 ‒s/‒ 見物〈参観〉人; 視察者.

Be·sịch·ti·gung[..gʊŋ] 女 ‒/‒en 見物, 参観; 視察, 検分: ～ der Stadt 市内観光. [＜Sicht]

Be·sịch·ti·gungs⸗fahrt 女, **⸗rei·se** 女 観光〈視察〉旅行. **⸗zeit** 女 (展覧会などの)公開時間.

be·sie·deln[bəzíːdəln]《06》他 (h) **1**《*et.*⁴ mit *jm.*》(ある地域に…を)入植させる. **2** (ある地域に)入植〈定住〉する;〖生〗生息する: ein dicht 〈dünn〉 *besiedeltes* Gebiet 人口密度の高い〈低い〉地域.

Be·sie·de·lung[..dəlʊŋ] (**Be·sied·lung**[..dlʊŋ]) 女 ‒/‒en《ふつう単数で》入植;〖生〗生息.

Be·sied〔e〕·lungs·dich·te 女 ‒/ 人口密度.

be·sieg·bar[bəzíːkbaːr] 形 打ち勝つことのできる, 征服〈克服〉できる.

be·sie·geln[bəzíːgəln]《06》他 (h) **1** (bekräftigen) 固める, 確実にする; 確定する: ein Versprechen mit einem Kuß 〈einem Handschlag〉 ～ キス〈握手〉をして約束を固める | *et.*⁴ mit *seinem* Blut ～ (→Blut 2) ‖ Damit war sein Schicksal *besiegelt*. それによって彼の運命は決まった〔のだった〕. ᵛ**2** 押印〈封印〉する.

Be·sie·ge·lung[..gəlʊŋ] (**Be·sieg·lung**[..glʊŋ]) 女 ‒/‒en《ふつう単数で》besiegeln すること.

be·sie·gen[bəzíːgən]¹ 他 (h)《*jn.*》(…に)打ち勝つ, 打ち破る, 負かす, 征服する;《*et.*⁴》(困難・障害・欲望などを)克服する: den Feind ～ 敵に勝つ | *seine* Begierden 〈Leidenschaften〉 ～ 自分の欲望〈情熱〉を抑える | *sich*⁴ für *besiegt* erklären 自分の敗北を認める | Sich selbst ～ ist der größte Sieg. 自己に打ち勝つことこそ最大の勝利だ ‖ der 〈die〉 *Besiegte* 敗者, 被征服者.

Be·sie·ger[..gər] 男 ‒s/‒ 勝者, 征服者.

Be·sie·gung[..gʊŋ] 女 ‒/‒en 勝利, 征服, 克服.

Bẹ·sing[béːzɪŋ] 男 ‒s/‒e《北部》(Heidelbeere)〖植〗コケモモ(苔桃). [*mndl.* besje; ＜*mndl.* bes „Beere" (◇Beere)]

be·sịn·gen*[bəzíŋən]《168》他 (h) **1** 歌〈詩〉によむ; 歌〈詩〉で賛美する: eine Heldentat ～ 武勲をたたえて歌う. **2** eine Schallplatte 〈ein Tonband〉 ～ レコード〈テープ〉に歌を吹き込む.

be·sịn·nen*[bəzínən]《170》**I** 他 (h) **1 a)** 再帰 *sich*⁴ ～ 考える, 思案する: *sich*⁴ anders ～ 考え直す | ***sich*⁴ eines anderen 〈eines Besseren〉 ～** 決心を変える, 思い直す | ohne *sich*⁴ zu ～ 考える間もなく, 即座に. ᵛ**b)** よく考えてみる: Erst *besinn'*s, dann beginn's!《諺》考えてから始めよ, 熟慮断行. **2** 再帰 *sich*⁴ **auf** *et.*⁴ ～/ᵛ*sich*⁴ *et.*² ～ …を思い出す; …を意識〈自覚〉する | *sich*⁴ auf *sich*⁴ ～ 正気に返る; 自覚を持つ | Ich kann mich nicht auf ihn 〈seinen Namen〉 ～. 私は彼〈彼の名前〉を思い出せない | *sich*⁴ auf *seine* Pflicht ～ 自分の義務を自覚する ‖ Ich *besinne* mich 〔darauf〕, ihn gesehen zu haben 〈daß ich ihn gesehen habe〉. 私は彼に会った記憶がある | wenn ich mich recht *besinne* 私の記憶に誤りがなければ, 確か. ᵛ**3** 再帰 *sich*⁴ ～ 正気に返る.

II Be·sịn·nen 中 ‒s/ 考えてみること, 思案: nach kurzem 〈langem〉 ～ ちょっと〈しばらく〉考えてから | ohne viel ～ あまり考えもせずに ‖ Was hilft das lange ～? ぐずぐず考えていて何になるか. **III be·sọn·nen** → 別出

be·sịnn·lich[bəzínlɪç] 形 瞑想(めいそう)〈観照〉的な; 熟慮〈反省〉すべき: Der Vortrag enthielt allerlei *Besinnliches*. その講演はいろいろ考えさせるものを含んでいた.

Be·sịnn·lich·keit[‒kaɪt] 女 ‒/ 瞑想(めいそう), 観照.

Be·sịn·nung[bəzínʊŋ] 女 ‒/ **1** 意識, 正気; 思慮, 分別: bei ～ sein 意識がある | bei ～ bleiben 正気でいる | wieder zur ～ kommen 蘇生(そせい)する; 落ち着きを取り戻す | die ～ verlieren 失神する; 狼狽(ろうばい)する | ohne ～ 意識を失って, 無分別にも. **2** 熟考, 沈思. **3** 回顧, 思いをいたすこと.

Be·sịn·nungs·auf·satz 男 考察文(テーマを与え, それについて考察させる作文).

be·sịn·nungs·los[..loːs]¹ 形 **1** 意識を失った, 気絶した. **2** 度を失った, 思慮のない, 軽率な.

Be·sịn·nungs·lo·sig·keit[..loːzɪçkaɪt] 女 ‒/ 意識不明; 無思慮.

Be·sịtz[bəzíts] 男 ‒es/ **1 a)** (Eigentum)《集合的に》所有物, 財産;〖法〗占有物: mein ～ an Büchern 私の蔵書 | *seinen* ganzen ～ verlieren 全財産を失う. **b)** 所有地, 不動産, 家屋敷: *sich*⁴ auf *seinen* ～ zurückziehen 自分の土地へ引退する. **2** 所持, 所有;〖法〗占有: unerlaubter ～ von Waffen 武器の不法所持 ‖ **von *et.*³ ～ ergreifen** …を手に入れる | **von *jm.* ～ ergreifen**《雅》(感情・思考などが)…の心を満たす〈とらえる〉| Traurigkeit 〈Verzweiflung〉 ergriff ～ von ihm. 悲しみ〈絶望〉が彼の心を満たしていた ‖ ***et.*⁴ in ～³ haben / im ～ von *et.*³ sein** …を所有している | **in *js.* ～⁴ kommen 〈übergehen〉** …の所有に帰する, …のものになる | **in den ～⁴ von *et.*³ kommen 〈gelangen〉 / *et.*⁴ in ～⁴ nehmen** …を手に入れる | nicht im ～ *seiner* fünf Sinne sein《比》頭の働きが鈍い, 愚鈍である | **in *js.* ～³ sein / *sich*⁴ in *js.* ～ befinden** …の所有物である.

be·sịtz·an·zei·gend[bəzíts..] 形 所有を示す: ～*es* Fürwort〖言〗所有代名詞.

Be·sịtz⸗bür·ger 男《軽蔑的に》財産を鼻にかけている人,

ブルジョア. ≈**die·ner** 男〘法〙占有補助者.
be·sịt·zen*[bəzítsən]《171》 **I** 他 (h)《ふつう受動態なし》**1** 持っている, 所有する; (性質などを)備えている;〘法〙占有する: Er *besitzt* viel Geld 〈eine große Bibliothek〉. 彼は大金持ち〈蔵書家〉だ | Er *besitzt* Ausdauer 〈Mut〉. 彼は根気〈勇気〉がある | Sie *besitzt* sein Herz. 彼女は彼の愛情を得ている. **2**《雅》《*jn.*》(…と)肉体関係を結んでいる: Er hat schon viele Frauen *besessen*. 彼はすでに幾多の女性と交渉があった. ▽**3** Eier ～ (鳥が)卵をだいている.
II be·sịt·zend 現分 形《付加語的》財産のある: die ～*e* Klasse / die *Besitzenden* 有産階級〔の人々〕.
III be·sẹs·sen → 別出
Be·sịt·zer[..tsər] 男 -s/- 持ち主, 所有者;〘法〙占有者: der ～ dieses Grundstücks この土地の地主 | den ～ wechseln (物件などが)持ち主を変える, 他人の所有に帰する.
Be·sịtz·er·grei·fung[bəzíts|ɛr..] 女 入手, 取得.
Be·sịt·zer≈stolz[bəzítsər..] 男 所有者としての自慢〈慢心〉. ≈**wech·sel** 男〘法〙占有者改定〈交代〉.
Be·sịtz≈ge·sell·schaft[bəzíts..] 女 持ち株会社. ≈**in·stinkt** 男 所有本能. ≈**kla·ge** 女〘法〙占有訴権.
be·sịtz·los[bəzítslo:s][1] 形 財産のない: die ～*e* Klasse 無産階級 ‖ die *Besitzlosen* 資産のない人々 | Das ist nur der Neid der *Besitzlosen* (→Neid).
Be·sịtz≈nah·me[..na:mə] 女 -/ , ≈**neh·mung** [..ne:mʊŋ] 女 -/ =Besitzergreifung ≈**recht** 中〘法〙占有権. ≈**schutz** 男〘法〙占有保護. ≈**stand** 男 -[e]s/ 財産, 資産〔内容〕. ≈**steu·er** 女 財産税.
Be·sịtz·tum[bəzítstu:m] 中 -s/ ..tümer[..ty:mər] **1** 所有物, 財産. **2** =Besitzung 1
Be·sịt·zung[bəzítsʊŋ] 女 -/-en **1** 所有地, 地所; 領地, 所領. ▽**2** 所有, 所持.
Be·sịtz≈ver·hält·nis·se[bəzíts..] 複 所有関係. ≈**ver·tei·lung** 女 財産分割. ≈**wech·sel** 男 所有〈占有〉者の変更〈交代〉;《話》盗み.
die **Bes·kị·den**[bɛskí:dən] 地名 複 ベスキーデン (Karpaten 山脈の一部で, 東と西の二つに分かれる).
be·sọf·fen[bəzɔ́fən] **I** besaufen の過去分詞; 過去1・3人称複数. **II** 形《話》(betrunken) 酔っぱらった, 泥酔した.
Be·sọf·fen·heit[–haɪt] 女 -/ 泥酔状態, 酩酊(めいてい).
be·sọh·len[bəzó:lən] 他 (h) (靴に)底革をつける; (靴の)底革を張り替える: frisch *besohlt* 底を張り替えたばかりの.
be·sọl·den[bəzɔ́ldən][1]《01》他 (h) (軍人・公務員などを)給料を払って雇う: eine glänzend *besoldete* Stelle すばらしく高給のポスト. [*mhd.*; ◇Sold]
Be·sọl·dung[..dʊŋ] 女 -/-en **1** 俸給, 給料. **2**《単数で》besolden すること.
Be·sọl·dungs≈dienst·al·ter 中 給与序列上の勤続年数. ≈**grup·pe** 女 給与号数区分, 号俸. ≈**ord·nung** 女 給与規定. ≈**ta·rif** 男 給与表.
be·sọ̈m·mern[bəzœmərn]《05》他 (h)〘農〙(畑を)夏だけ利用する.
be·sọn·der[bəzɔ́ndər] 形《付加語的》**1** 特別な, 特例的な; 別個の: *et.*[4] in ein ～*es* Heft schreiben …を特別のノートに書く | eine ～*e* Schule für Ausländer 外国人のための特設学校 | *Besondere* Wünsche werden nicht berücksichtigt. 個別的な要望には応じかねます | Er hat ein ～*es* Zimmer. 彼には彼用の別の部屋がある ‖ **im ～*en*** i) 特に; ii) (略 im bes.) 個別に, 個々に | Er mag gern Musik, im ～*en* Opern. 彼は音楽好きだが 特にオペラが好きだ | im allgemeinen und im ～*en* 一般的にも個別的にも.
2 変わった, 異常な, 特殊な: ein ～*es* Erlebnis 変わった体験 | ein ～*er* Zufall 珍事 ‖ Es gab nichts *Besonderes* zu sehen. 特に変わったことは見られなかった.
3 並々ならぬ, 特に大きな, 格別優れた: mit ～*em* Eifer たいへん熱心に | eine ～*e* Freude 〈Leistung〉 格別の喜び〈業績〉| Waren von ～*er* Qualität 特級品 | Er ist ein ～*er* Mensch. 彼は別格の人間だ | Er hält sich für etwas *Besonderes*. 彼は自分をたいしたものだと思っている.
Be·sọn·der·heit[bəzɔ́ndərhaɪt] 女 -/-en **1** 特殊性; 異常性; 独自性. **2** 特色, 特性, 特徴.
be·sọn·ders[bəzɔ́ndərs] 副 (略 bes.) **1** 特に, とりわけ, なかんずく: ～ in Deutschland 特にドイツで | *et.*[4] ～ betonen …を特に強調する. **2** 別個に, 特例として: Das Thema werde ich später ～ behandeln. このテーマはあとで別に扱うことにしよう | Wein wird ～ bezahlt. ワインは別勘定になります. **3** 格別に, ことのほか: ein ～ schwerer Koffer えらく重いトランク | ～ flink arbeiten たいへん機敏に働く ‖ Ich habe **nicht ～** Zeit. 私はあまり時間がない | Bist du zufrieden? — Nicht ～. 君は満足か — まあまあというところだ(それほどじゃない) | Der Film war nicht ～. その映画はたいしたものではなかった. **4**《述語的》《方》(sonderbar) 普通でない, 変な: Er ist heute so ～. 彼はきょうはどうかしている.
be·sọn·nen[1][bəzɔ́nən] 他 (h) (…に)日光を当てる: *sich*[4] ～ lassen 日光浴をする ‖ ein *besonntes* Gesicht《比》喜びに輝いている顔 | eine *besonnte* Terrasse 日に照らされたテラス | die *besonnte* Vergangenheit《雅》幸福だった昔.
be·sọn·nen[2][–] **I** besinnen の過去分詞. **II** 形 思慮深い, 慎重な, 落ち着いた: ruhig und ～ sein 冷静である | ～ handeln 気をつけて行動する.
Be·sọn·nen·heit[–haɪt] 女 -/ besonnen[2]なこと: mit ～ ans Werk gehen 慎重に仕事に取りかかる.
be·sọr·gen[bəzɔ́rgən][1] **I** 他 (h) **1** (betreuen) (…の)世話をやく, 面倒をみる: die Blumen ～ 草花の手入れをする | *jm.* den Haushalt ～ …の家事をみてやる | die Kinder ～ 子供の世話をする. **2** (用事などを)果たす, 片づける: einen Auftrag ～ 任務を遂行する | einen Brief ～ 手紙を投函(とうかん)する | Einkäufe ～ 買い物をすませる | Verschiebe nicht auf morgen, was du heute kannst ～! (→verschieben 2). **3 a)** (beschaffen) 調達〈入手〉する: für die Kinder Geschenke ～ 子供たちのために贈り物を買いととのえる | *jm.* ein Hotelzimmer ～ …にホテルの部屋をとってやる | Können Sie mir ein Taxi ～? タクシーを呼んでくださいませんか. **b)**《話》*sich*[3] *et.*[4] ～ …をくすねる〈ちょろまかす〉. **c)**《話》**es *jm.* ～** …に仕返しをする; …をとっちめる. **4**《雅》(befürchten) 気づかう, 心配する: Es ist zu ～, daß ... …ということが気にかかる〈心配だ〉. **II be·sọrgt** → 別出
Be·sọr·ger[bəzɔ́rgər] 男 -s/- (besorgen する人. 例えば:) 世話人, 管理者.
be·sọrg·lich[bəzɔ́rklɪç] 形 **1** (besorgt) 心配そうな, 気づかわしげな; (sorgfältig) 入念な. **2** =besorgniserregend
Be·sọrg·lich·keit[–kaɪt] 女 -/-en besorglich なこと.
Be·sọrg·nis[bəzɔ́rknɪs] 女 -/-se (Sorge) 心配, 不安, 憂慮: ～ haben 〈tragen〉 憂慮している | ～ in *jm.* erregen …を不安にする〈心配させる〉‖ Der Gesundheitszustand gibt Anlaß zu großer ～. 健康状態は大いに気づかわしい.
be·sọrg·nis·er·re·gend 形 不安にする, 心配させる, 気づかわしい, 憂慮すべき.
be·sọrgt[bəzɔ́rkt] **I** besorgen の過去分詞. **II** 形 **1** 心配〈憂慮〉している, 不安な: Sie ist über seine Gesundheit 〈wegen seines schlechten Aussehens〉 ～. 彼女は彼の健康〈顔色が悪いこと〉を気づかっている | Ich war ～, es könne etwas passieren. 私は何かが起こりはせぬか不安だった. **2** 配慮の行き届いた: ein gut ～*er* Katalog 親切に作られているカタログ ‖ Sie ist um seine Gesundheit ～. 彼女は彼の健康に心を配っている.
Be·sọrgt·heit[–haɪt] 女 -/ **1** 心配, 憂慮, 不安. **2** 配慮, 心づかい.
Be·sọr·gung[bəzɔ́rgʊŋ] 女 -/-en **1**《単数で》(besorgen すること. 例えば:) 調達, 処理, 世話. **2** (Einkauf) 買い物: in der Stadt ～*en* machen 町で買い物をする.
be·spạ̈·hen[bəʃpɛ́:ən] 他 (h) そっと監視〈観察〉する.
be·spạn·nen[bəʃpánən] 他 (h) **1** (…に)上張りする: eine Wand mit Stoff ～ 壁をクロス張りにする | ein Sofa neu ～ ソファーの張り替えをする. **2** (弓に)つるを張る, (ラケットに)ガットを張る: eine Geige 〔mit Saiten〕 ～ ヴァイオリンに弦を張る. **3** (…に馬などを)つなぐ: einen Wagen mit zwei Schimmeln ～ 馬車に2頭の白馬をつなぐ. **4** (池などに)魚

を放流する: einen Teich ～ 池に魚を放す.

Be·span·nung[..nʊŋ] 女 -/-en **1**《単数で》bespannen すること. **2** 上張り材(壁布・いす布など); (弓の)つる, (楽器の)弦. **3** (Gespann) (車などを引く)役畜(輓馬(ばんば)など).

be·spei·en*[bəʃpáɪən]《174》他 (h) (…に)つばを吐きかける: 再帰 *sich*[4] ～ つば(よだれ)で服をよごす.

be·spicken[bəʃpíkən] 他 (h)《*et.*[4] mit *et.*[3]》**1** (味をよくするため脂肪分の少ない肉に脂身などを)挿し(はさみ)込む: Geflügel mit Speck ～ 鳥肉にベーコンをはさみ込む. **2** (ピンなどで…に…を)留める;《比》(…を…で)飾り立てる: Er ist mit Orden *bespickt*. 彼は胸いっぱいに勲章を付けている.

be·spie·geln[bəʃpí:gəln]《06》他 (h) **1** 鏡で照らす;《比》(…に)照明を当てる, 描き出す: in einer Abhandlung die Schwäche der Gesellschaft ～ 論文で社会の欠陥をえぐり出す. **2** 再帰 *sich*[4] ～ 自分の姿を鏡で〔じっと〕眺める, (うぬぼれて)自分の姿に見とれる.

Be·spie·ge·lung[..gəlʊŋ] (**Be·spieg·lung**[..glʊŋ]) 女 -/-en bespiegeln すること.

be·spiel·bar[bəʃpí:lba:r] 形 **1** (録音テープなどが)収録可能な, 未使用の. **2**《スポ》(競技場などが)使用可能の.

be·spie·len[bəʃpí:lən] 他 (h) **1** (…に)演奏を収録する: eine Schallplatte ⟨ein Tonband⟩ mit Musik ～ レコード⟨テープ⟩に音楽を入れる ‖ ein *bespieltes* Tonband (演奏を)録音ずみのテープ. **2**《劇》(…で)公演する: Die Stadt ⟨Das Theater⟩ wurde von einer Truppe *bespielt*. その町⟨劇場⟩である劇団の公演があった | eine nur in Sommermonaten *bespielte* Bühne 夏季にだけ上演される舞台.

be·spi·ken[bəʃpáɪkən] 他 (h) (靴などに)スパイクをつける. [＜Spike]

be·spin·nen*[bəʃpínən]《175》**I** 他 (h) つむいで覆う⟨くるむ⟩. **II be·spon·nen** → 別出

be·spio·nie·ren[bəʃpioní:rən] 他 (h) ＝bespitzeln

be·spit·zeln[bəʃpítsəln]《06》他 (h)《*jn.*》スパイとして(…の)言動を監視する, (…を)スパイする; (…に)尾行をつける.

be·spit·zen[bəʃpítsən]《02》他 (h) **1** (…の)先をとがらせる. **2**《方》再帰 *sich*[4] ～ ほろ酔い機嫌になる: *sich*[4] *bespitzt* sein ほろ酔い機嫌である.

Be·spo[béspo·] 女 -/ (＜Berufs- und Sportbekleidung) ユニホーム(職業服・スポーツ服)〔販売コーナー〕.

be·spon·nen[bəʃpɔ́nən] **I** bespinnen の過去分詞. **II** 形 被覆された: ein mit Baumwolle ～*es* Kabel《電》木綿巻きのケーブル.

be·spor·nen[bəʃpɔ́rnən] 他 (h) (…に)拍車をつける.

be·spöt·teln[bəʃpœ́təln]《06》他 (h) (軽く)あざける, 嘲笑(ちょうしょう)する, ばかにする, からかう.

be·spot·ten[bəʃpɔ́tən]《01》他 (h) あざける, 嘲笑(ちょうしょう)する, 笑いものにする, 軽蔑する.

be·sprach[bəʃprá:x] besprechen の過去.

be·spre·chen*[bəʃpréçən]《177》他 (h) **1** (…について)じっくり話す, 討議する: *et.*[4] mit *jm.* ～ …について…と話し合う⟨相談する⟩ ‖ 再帰 *sich*[4] mit *jm.* über *et.*[4] ～ …と…について相談⟨協議⟩する. **2** (新聞・雑誌などで)論評する: ein neues Buch ～ 新刊書を批評する. **3** (…に)吹き込みをする, 話を録音する: ein Mikrophon ～ マイクに向かって話す | eine Schallplate ⟨ein Tonband⟩ ～ レコード⟨テープ⟩に話を録音する ‖ ein *besprochenes* Band löschen 談話録音のテープを消す. **4** まじない⟨呪文(じゅもん)⟩で直す⟨静める⟩; 呪文をかける: einen Kranken ～ 病人のために祈禱(きとう)する. [▽]**5** 独占する; 取り決める, 予約する. [▽]**6** 説き伏せる; (…に)せがむ. [▽]**7** (ansprechen) 話しかける.

Be·spre·cher[bəʃpréçər] 男 -s/- **1** 書評家, 批評家. **2** (レコードなどの)吹き込み者. **3** 祈禱(きとう)師.

Be·spre·chung[bəʃpréçʊŋ] 女 -/-en **1** 話し合い, 相談; 討議, 審議, 協議. **2** 書評; 批評, 論評. **3** 祈禱, まじない.

Be·spre·chungs·ex·em·plar 中 書評用献〔呈〕本.

be·spren·gen[bəʃpréŋən] 他 (h)《*et.*[4]/*jn.*》(…に水などを)注ぎかける: den Rasen ～ 芝生に水をまく | einen Ohnmächtigen mit Wasser ～ 失神した人に水をかける.

Be·spren·gung[..ŋʊŋ] 女 -/-en besprengen すること.

be·spren·keln[bəʃpréŋkəln]《06》他 (h)《*et.*[4]》(…に)斑点(はんてん)をつける: das Tischtuch mit Kaffee ～ テーブルクロスにコーヒーのしみをつける | mit Schnee *besprenkelt* 雪でだんだら模様になった.

be·sprin·gen*[bəʃpríŋən]《179》他 (h) **1** (雄獣が…と)交尾する. **2**《狩》(…に)射程距離までかけ寄る.

be·sprit·zen[bəʃprítsən]《02》他 (h)《*jn.*/*et.*[4]》(…に水などを)はねかける, ふりかける: *et.*[4] mit Schmutz ～ …に泥をはねる ‖ 再帰 *sich*[4] mit Parfüm ～ からだに香水をふりかける.

be·spro·chen[bəʃprɔ́xən] besprechen の過去分詞.

be·sprü·hen[bəʃprý:ən] 他 (h) 噴霧器でかける: Blumen mit Insektizid ～ 草花に殺虫剤をかける.

Be·sprü·hungs·bad[..ʊŋs..] 中《医》エアゾール療法.

be·spucken[bəʃpúkən] 他 (h) (…に)つばを吐きかける, わざとつばでよごす.

be·spü·len[bəʃpý:lən] 他 (h) **1** (水が…に)流れながら触れる⟨ぬらす⟩: Die Wellen *bespülen* den Deich. 波が堤防を洗う⟨に打ち寄せる⟩. **2** 水ですすぐ: Gläser ～ コップをすすぐ.

Be·spu·lung[bəʃpú:lʊŋ] 女 -/-en **1** (糸を)巻きとること. **2**《電》コイル装荷. [＜Spule]

Bes·sa·ra·bi·en[bɛsará:biən] 地名 ベッサラビア (Dnjestr 川西方のモルダビア領内の一地方で, 旧ソ連・ルーマニア係争の地).

Bes·se·mer·bir·ne[bɛ́səmər..] 女《金属》ベッセマー転炉. [＜H. Bessemer (イギリス人発明者, †1898)]

bes·se·mern[..mərn]《05》他 (h)《金属》ベッセマー法で製鋼する.

Bes·se·mer≠stahl 男《金属》ベッセマー鋼. **≠ver·fah·ren** 中《金属》ベッセマー式製鋼法.

bes·ser[bɛ́sər] **I** 形《gut の比較級; 意味上 wohl の比較級の役割を果たすこともある: →best》**1 a)** (英: *better*) より良い, よりましな, より上等な, もっとすぐれた, より望ましい; より具合⟨気分⟩のよい; より正確な: eine ～*e* Ernte **als** voriges Jahr 昨年を上回る収穫 | Er ist ein ～*er* Schwimmer als ich. 彼は私よりも泳ぎがじょうずだ | Sie werden kein ～*es* Hotel finden als dieses. これより良いホテルは見つからないでしょう | Das ist das ～*e* Stück 〔von zweien〕. それは2個のうちの上等のほうです | Sie ist die ～*e* Köchin. 彼女のほうが料理がじょうずだ ‖ eine ～*e* Arznei ⟨Methode⟩ もっと有効な薬⟨方法⟩ | Werde ein ～*er* Mensch! もっとましな人間になれ | *js.* ～*e* Hälfte (→Hälfte 1) | *sein* ～*es* Ich 彼の性格の良い面 | mein ～*es* Selbst わが良心 | Er hat auch ～*e* Tage gesehen. 彼は昔はもっと良い暮らしをしていたこともあった | auf ～*es* Wetter warten 天候の回復を待つ | auf ～*e* Zeiten hoffen 他日を期す.

‖《述語的に》Er ist in Mathematik ～ als in Sprachen. 彼は語学より数学のほうが成績が良い | Er ist ～ als sein Ruf. 彼は評判以上の人物だ | So ist es ～. それで良くなった, そうしたほうがいいのだ | **Das wäre ja noch ～.**《反語》それは問題外だ, とんでもない | Es ist ～, daß ⟨wenn⟩ du abreist. / Es ist ～, du reist ab. 君は旅立ったほうが良い (→b) | Es wäre ～ ⟨das ～*e*⟩, ihn zu fragen. 彼に尋ねたほうがよいだろう | Das ist ～ als nichts. それでも無いよりはましだ | Wenig ist ～ als gar nichts.《諺》少しでも全く無いよりまし | Vorbeugen ist ～ als Heilen. (→vorbeugen III) | Vorsicht ist ～ als Nachsicht. (→Vorsicht 1) | ***Besser* ist ～.**《諺》用心に越したことはない | Je mehr, desto ⟨um so⟩ ～. 多ければ多いほど良い, 多々ますます弁ず ‖ Das Wetter wird ～. 天気が良くなる | Das wird ja immer ～! i) ますます良くなるさ; ii)《反語》ますますとんでもないことになるぞ | Es muß doch einmal 〔wieder〕 ～ werden. いずれまた事態が好転するに違いない | Er hat es ～ als ich. 彼の状態は私よりましだ | Ich fühle mich jetzt ～. 前よりも気分がよい | Sie sieht viel ～ aus als ihre Schwester. 彼女は姉⟨妹⟩よりはるかに美人だ | Das macht die Sache nicht ～. そんなことで事態はなんら改善されない.

‖《副詞的に》～ gesagt / oder ～ (もっと適切に)言い換えれば, つまりは | Sie singt ～ als ich. 彼女のほうが私よりも歌がうまい | Die Geschäfte gehen ～. 景気が上向いている | Es geht mir ～ ⟨～ mit mir⟩. 私は(健康上・経済的に)具

合が良くなってきた(→bessergehen) | Welches Kleid steht mir ～? どちらのドレスのほうが私に似合いますか | *et.*[4] ～ stellen …の位置〈姿勢〉を正す(ただし: →besserstellen) | Du verstehst ～ mit etwas anderem. お前はもっと別のことをしたほうがましだ | alles ～ wissen wollen 何でも知ったかぶりをしたがる | Er weiß immer alles ～. 彼はいつでも知ったかぶりをする; 彼はいつでも自分の考えの方が正しいと思っている.

b)《話し手の主観的評価を示して》…したほうがよい: Wir gehen ～ sofort nach Hause. 我々はすぐに帰宅したほうがよい | Du reist ～ ab. 君は旅立ったほうがよい | Du tätest ～ daran, nicht zu kommen. 君は来ないほうがよいだろう.

2《付加語的》(比較的)上流の, 良家の; 少しましな程度の: ein ～*er* Herr 言うなれば紳士, 一応の紳士 | ein ～*es* Mädchen 育ちのよい娘 | aus ～*en* Kreisen stammen 良家の出である | ～*e* Leute 紳士淑女連 ‖ Er ist nur ein ～*er* Anfänger 〈ein ～*er* Knecht〉. 彼は初心者〈召使い〉に毛の生えた程度だ | Dieser Saal ist eine ～*e* Scheune. この広間は納屋に毛の生えた程度だ.

II Bẹs·se·re《形容詞変化》**1** 男 女 より良い人, もっとすぐれた人.

2 中 もっと良い事〈物〉: Ich habe ～*s* zu tun. 私にはもっと大事な仕事がある, 私はこんなことはしていられない | Das ～ ist des Guten Feind.《諺》角を矯めて牛を殺す(完全を求めすぎると元も子もなくす) | in Ermangelung eines ～*n* もっとましなものがないため やむをえず | *jn.* eines ～*n* belehren (→belehren) | *sich*[4] eines ～*n* besinnen (→besinnen I 1 a) ‖ Er möchte 〈will〉 stets etwas ～*s* sein. 彼はいつも実際以上に自分を見せたがる〈見えをはる〉 | Soll es etwas Einfaches oder ～*s* sein? (店員の言葉)普通のお品がよいのでしょうか それとも高級品になさいますか | Darf es etwas ～*s* sein? 少しお値段がはってもよろしゅうございますか | Eine Wendung zum ～*n* ist getreten. 事態は好転した.

[*germ.*; ◇baß; *engl.* better]

bẹs·ser|ge·hen*[bέsər..]《53》自 (s) 非人称《es geht *jm.* 〈mit *et.*[3]〉 besser》(健康上・経済的に)(…の)具合が良くなる, (…が)上り坂である: Mit dem Geschäft ist es wieder *bessergegangen*. その店は持ち直した(→besser I 1 a).

bẹs·ser·ge·stellt I besserstellen の過去分詞. **II** 形 給与〈地位〉の高い, 裕福な: Er ist finanziell jetzt viel ～. 彼は今やずっと裕福になっている ‖ der 〈die〉 *Bessergestellte* 給与の高い人, 地位の高い人, 裕福な人.

bẹs·sern[bέsərn]《05》他 (h) 改善〈修正〉する;《*jn.*》(…を)改心〈翻意〉させる:〖目的語なしで〗an jedem Satz ～ 一つ一つの文を練りあげる ‖ 再帰 *sich*[4] ～ 改善〈修正〉される; 改心〈翻意〉する; (相場などが)上向く | *sich*[4] in der Schule 〈in Latein〉 ～ 学校〈ラテン語〉の成績が上がる | Sein Befinden 〈Das Wetter〉 hat sich *gebessert*. 彼の容体は〈天気が〉回復した.

bẹs·ser|stel·len[bέsər..] **I** 他 (h)《*jn.*》(…の)給与〈地位〉を上げる, (…を)優遇する(ただし: besser stellen →besser I 1 a). **II bẹs·ser·ge·stellt** → 別出

Bẹs·se·rung[bέsərʊŋ] (**Bẹß·rung**[bέsrʊŋ]) 女 -/-en **1** 改善, 修正; 向上, (病状の)回復, (健康の)増進; 改心, 翻意: dem Kranken ～ bringen 病人を快方に向かわせる | **Gute ～!** (病人に向かって)お大事に | Er ist 〈befindet sich〉 auf dem Weg der ～. 彼は(病気などが)よくなりつつある. **2**〖紋〗加贈紋(功労などで王侯が追加を認めた図形) | Selbsterkenntnis ist der erste Schritt zur ～. (→Selbsterkenntnis).

Bẹs·se·rungs·an·stalt 女 矯正施設(感化院・少年院など).

bẹs·se·rungs·fä̲·hig 形 (まだ)矯正がきく, 改善の余地がある.

Bẹs·se·rungs≠stück 中〖文芸〗改悛(かいしゅん)劇. **≠ver·wa̲h·rung** 女〖法〗矯正施設への収容.

Bẹs·ser·wis·ser[bέsərvɪsər] 男 -s/- 知ったかぶりをする人, むやみに他人に教えたがる人.

Bes·ser·wis·se·re̲i[bɛsərvɪsəráɪ] 女 -/-en 知ったかぶり.

bẹs·ser·wis·se·risch[bέsərvɪsərɪʃ] 形 知ったかぶりの.

Bẹß·rung =Besserung

best[bɛst] **I** 形《付加語的》《gut の最上級; 意味上 wohl の最上級の役割を果たすこともある: →besser》(英: *best*)最も良い; 最上の質の, 最良の, 極上の; 最高の状態の, 条件の最も整った, 最高潮の, 精いっぱいの; 心からの:〖質に関して〗der ～*e* Freund 最良の友, 親友 | mein ～*er* Freund 私の親友 | aus ～*em* Haus sein 上流の家柄の出である | das ～*e* Kleid 晴れ着, いっちょうら | der ～*e* Schüler 首席の生徒 | einer der ～*en* Schüler 優等生 | der ～*e* Sportler ナンバーワンの選手, 記録保持者 | im ～*en* Sinne 最も良い意味で; 誠心誠意 | Er ist unser ～*es* Pferd im Stall.《比》彼は私たちが提供できる最高の人材だ | Die Waren sind ～*er* Qualität 〈von ～*er* Qualität〉. これらの品物は極上品だ | Ich weiß es aus ～*er* Quelle. このことは最も確かな筋から得た知識だ | Das ist ～*er* Goethe. これは最高の(脂ののりきった)ゲーテだ ‖〖状態・条件に関して〗im ～*en* Alter für *et.*[4] sein …するのに最も都合のよい年ごろである | unter den ～*en* Bedingungen 最高の条件のもとで | im ～*en* Falle せいぜい, うまくいって; あわよくば | im ～*en* Gang sein 最高の調子である | bei ～*er* Gesundheit 〈Laune〉 sein 最高の健康状態〈ご機嫌〉である | Er hatte dabei nicht das ～*e* Gewissen. それをしたとき彼は良心にやましさが全くなかったわけではない | ein Mann in den ～*en* Jahren 働きざかりの男 | nach ～*en* Kräften 精いっぱいの力を振るって | *jn.* im ～*en* Licht erscheinen lassen …が最も立派に見えるように気を配る | im ～*en* Reden 〈Spielen〉 sein 話し〈遊び〉が興にのりきっている | *jn.* im ～*en* Schlaf stören …を熟睡中に起こす | alles von der ～*en* Seite her betrachten 物事をすべて最も良い側面で判断する | Er ist auf dem ～*en* Wege, ein Trinker zu werden. 彼は酒飲みになる条件がすべてそろっている | Er konnte uns beim ～*en* Willen nicht helfen. 彼は精いっぱいやっても私たちを救うことはできなかった | nach ～*en* Wissen und Gewissen 誠心誠意で, 全身全霊をこめて | Er ist mit seiner Rede im ～*en* Zuge. 彼の話は佳境に入っている, 彼の演説は調子に乗りきっている | mit ～*em* Dank 心から感謝しつつ | mit den ～*en* Grüßen (手紙の結びで)敬具, 心からの挨拶(あいさつ)をこめて | *Bester* Freund, so geht das nicht. ねえ君 そうはいかないんだよ.

‖〖**am besten** の形で〗Es ist am ～*en* (=das ～*e*), wenn wir sofort abreisen. / Wir reisen am ～*en* sofort ab. 私たちがすぐ旅立つのがいちばん良い | In Sprachen ist er am ～*en*. 語学では彼がいちばん成績が良い; 彼は語学がいちばん成績が良い | Sie sieht am ～*en* von allen aus. 彼女は皆の中でいちばん美人だ ‖ Du fährst am ～*en* mit dem Frühzug. / Du tätest am ～*en* daran, mit dem Frühzug zu fahren. 君は早朝の列車で行くのがいちばんよいだろう ‖ Er arbeitet am ～*en* in der Nacht. 彼は夜がいちばんよく仕事ができる | Er weiß das am ～*en*. 彼がそのことをいちばんよく〈正確に〉知っている.

‖〖**das beste** などの形で名詞的に〗Es ist das ～*e*, wenn 〈daß〉 wir sofort abreisen. / Das ～*e* ist, wir reisen sofort ab. 私たちがすぐ旅立つのが最善の策だ | Ich halte es für das ～*e*, sofort abzureisen. 私がすぐ旅立つのが最善の策だと思う | das ～*e* seiner Werke 彼の作品の中の最高傑作 | Seine Gesundheit ist nicht die ～*e*. 彼の健康状態は最高というわけではない ‖ **aufs beste**/ auf das ～*e* この上なく良く(=bestens) | Es ist aufs ～*e* 〈zum ～*en*〉 gelungen. それは全く〈極めて〉うまくいった | Der Wein ist nicht vom ～*en*. このワインは極上品ではない | Die Sache steht nicht zum ～*en* mit ihm. 彼の(健康・経済)状態は必ずしも最上というわけではない | [*jm.*] ***et.***[4] **zum ～*en* geben** 〔…に〕…をごちそうする〈振舞う〉; 〔…に〕…を(座興に)披露〈開陳〉する(→geben I 1) | eine Flasche zum ～*en* geben 酒を一瓶振舞う | die neuesten Witze zum ～*en* geben 最新のジョークを話して聞かせる | ***jn.* zum ～*en* halten 〈haben〉** …をからかう | Es wird alles zum ～*en* kehren. 万事は好転するだろう | der 〈die〉 **erste** 〈nächste〉 **beste** 手あたりしだいの手近な人 | das erste 〈nächste〉 *beste* 手あたりしだいの物 | in das erste ～*e* Lokal gehen 手近な酒場〈飲

食店〉に入る.

II Best 中 -s/-e《南部・ｵｰｽﾄﾘｱ》(射撃競技などの)〔1等〕賞: Wer hat beim Scheibenschießen das ~ gemacht? 射的競技で1等賞をとったのはだれだ.

III Be·ste《形容詞変化》**1** 男 女 最良の人, 最もすぐれた人, 最も大切な人: der ~ von allen 全員の中の最優秀の人 | der 〈die〉 ~ in der Klasse クラスの首席 | einer der ~*n* 最もすぐれた人の一人 | die ~*n* des Volks 国民の中の最もすぐれた人たち, エリート | mein ~*r* 〈meine ~〉 私の親友;《方》私の祖父〈祖母〉.

2 中 最も良い物〈事〉, 最善, 全力: das ~ von allem あらゆる物の中でいちばん良い物〈事〉| das ~ vom ~*n* えり抜きの中のえり抜き | *sein* ~*s* geben 〈tun〉 ベストを尽くす | Das ~ ist für ihn gerade gut genug. 彼は望みが高い〈最上の物でやっと満足する〉| aus dem Schlimmsten das ~ machen わざわいを転じて福となす | Fast hätte ich das ~ vergessen. あやうく私はいちばん大事なことを忘れるところだった | Hoffen wir 〔auf〕 das ~! 最上の結果を期待しようではないか ‖ eine Veranstaltung zum ~*n* der Behinderten 身体障害者のための催し | Ich tue es nur zu deinem ~*n*. 私がこれをするのは君のためだけを考えてのことです | alles zum ~*n* kehren (→kehren I 1) | *sich*[4] zum ~*n* kehren (→kehren I 1). [*germ.*; ◇baß; *engl.* best]

best..《名詞・形容詞などにつけて「最良・最多」などを意味する》: *Best*leistung 最高記録 | *best*gehaßt 最も嫌われている.

be·stach[bəʃtá:x] bestechen の過去.

be·stal·len[bəʃtálən] 他 (h)《官》任命〈任用〉する: *jn.* zum Richter ~ …を裁判官に任命する. [<bestellen]

Be·stal·lung[..lʊŋ] 女 -/-en **1** 任命, 任用. **2** 任命書, 辞令.

Be·stal·lungs≠brief 男, **≠ur·kun·de** 女 辞令,「任命書.」

Be·stand[bəʃtánt][1] 男 -〔e〕s/..stände[..ʃtɛ́ndə] **1**《単数で》存立, 存続; (Dauer) 持続: den ~ des Staates gefährden 国家の存立を危うくする | keinen ~ haben / nicht von 〔langem〕 ~ sein 長続きしない, 長くは続かない. **2** 手持ち, 現在高, ストック, 在庫:《林》林分(ﾘﾝﾌﾞﾝ)(隣接するものと林相が異なる森林): **der eiserne ~** (非常時に備え)手をつけずにおくべき備蓄品 | der eiserne ~ einer Kasse 常備金 | **zum eisernen ~ gehören** (…にとって)欠くことのできないものである, 不可欠の構成要素である | zum eisernen ~ des Spielplans gehören《劇》レパートリー〈常備演目〉のひとつである ‖ den ~ auffüllen 〈erneuern〉 在庫を補充する ‖ den ~ an Waren aufnehmen 商品在庫を調べ〔て記帳す〕る | Wie ist der ~ an Geld? 現金手持ちはどれほどか. **3**《南部》賃貸借: Vieh in ~ haben 〈nehmen〉 家畜を賃借りする | *jm. et.*[4] in ~ geben …に…を賃貸しする.

Be·stand·auf·nah·me =Bestandsaufnahme

be·stan·den[bəʃtándən] **I** bestehen の過去分詞; 過去1・3人称複数. **II** 形 **1** (草・木に)おおわれた: ein dünn ~*er* Wald 木のまばらな森 | Der Abhang ist **mit** 〈von〉 Bäumen ~. 斜面には木が生えている. **2**《ｽｲｽ》(年齢が)進んだ: in ~*em* Alter sein (かなり)年をとっている.

Be·stan·des·ver·trag[bəʃtándəs..] 男《ｵｰｽﾄﾘｱ》賃貸借契約.

be·stän·dig[bəʃtɛ́ndɪç][2] **I** 形 (↔vergänglich) **1** 安定した, 不変の, 動揺しない; 抵抗力のある: ein ~*er* Freund 忠実な友 ‖ Das Wetter ist ~. 天候は安定している | Er ist sehr ~ 〔in seinen Meinungen〕. 彼は確固たる意見を持っている | Die Pflanze ist gegen Hitze ~. この植物は暑さに強い. **2** たえず続く: eine ~*e* Unruhe im Haus 絶え間ない家庭のごたごた | in ~*er* Angst sein 〈schweben〉 たえず不安をいだいている.

II 副 いつも, 常に, たえず: Es hat heute ~ geregnet. きょうは一日じゅう雨が降った. [*mhd.*; ◇bestehen]

..beständig[..bəʃtɛndɪç][2]《名詞・動詞などにつけて「…に関して抵抗力のある, …に強い」などを意味する形容詞をつくる》: hitze*beständig* 耐熱性の | licht*beständig* (染料・塗料などが)日光に当たっても褪色(ﾀｲｼｮｸ)しない ‖ bügel*beständig* (生地などが)アイロンの熱に耐え得る.

Be·stän·dig·keit[–kaɪt] 女 -/ beständig なこと.

Be·stands≠auf·nah·me[bəʃtánts..] 女《商》在庫調べ;《比》現状調査; (これまでの仕事・生活などの)総括. **≠buch** 中 = Bestandsliste **≠ju·bi·lä·um**[..jubilɛ:ʊm] 中《ｵｰｽﾄﾘｱ》創立〈創業〉記念日: das zehnjährige ~ 創立10周年記念日. **≠li·ste** 女《商》在荷〈財産〉目録. **≠mas·se** 女 **1** (人口統計の場合の)静態集団, 一定日の人口. **2**《林》材木総石数. **≠ver·zeich·nis** 中 =Bestandsliste

Be·stand·teil[bəʃtánt..] 男 構成要素, 成分: ein wesentlicher ~ 重要な要素 | die ~*e* einer Uhr 〈eines Motors〉 時計〈モーター〉の部品 | Freiheit ist ein notwendiger ~ der Demokratie. 自由は民主主義に不可欠の要素である ‖ *et.*[4] in *seine* ~*e* zerlegen …をその構成要素に分解する | *sich*[4] in *seine* ~*e* auflösen《話》(こわれて)ばらばらに分解する.

best·an·ge·zo·gen[bɛ́st..] 形 服の着こなし方がもっとも上手な, ベストドレッサーの.

be·stär·ken[bəʃtɛ́rkən] 他 (h) (意見・考えなどを)強める, 力づける, 支持する: *jn.* in *seinem* Vorsatz 〈Verdacht〉 ~ …の決心〈疑惑〉を強める | Das *bestärkte* meine Meinung 〈mich in meiner Meinung〉. このことが私の考えをいっそう強固なものにした ‖ 再帰 *sich*[4] ~ 強まる, 強固になる.

Be·stär·kung[..kʊŋ] 女 -/-en bestärken すること.

be·stä·ti·gen[bəʃtɛ́:tɪgən][2] 他 (h) **1**《*et.*[4]》(…が真実・有効なことを)確認する, 証明〈立証〉する: eine Nachricht offiziell ~ 報道を公式に確認する | ein Urteil 〈eine Wahl〉 ~ 判決〈選挙結果〉を追認する | Das Ereignis *bestätigte* meine Vermutungen. その出来事が私の推測を裏書きした | einen Vertrag ~ 条約を批准する | Ausnahmen *bestätigen* die Regel. (→Ausnahme 1) ‖ *jn.* im 〈in *seinem*〉 Amt ~ …の就任〈在任〉を認める ‖ Hiermit wird *bestätigt*, daß ... ここに…が真実である〈誤りない〉ことを証します ‖ 再帰 Meine Befürchtung haben sich[4] *bestätigt*. 私の懸念は事実となって現れた. **2**《商》(…の受領・到着を)通告する: einen Brief 〈das Eintreffen der Waren〉 ~ 手紙の受領〈商品の到着〉を知らせる. **3**《狩》(猟区内の野獣の)存在を確認する. [*mhd.*; ◇stetig]

Be·stä·ti·ger[bəʃtɛ́:tɪgər] 男 -s/- bestätigen する人.

Be·stä·ti·gung[..gʊŋ] 女 -/-en **1** 確認, 立証, 証明. **2** 確認〈承認〉書, 批准書;《商》受領通知書.

Be·stä·ti·gungs·schrei·ben 中 =Bestätigung 2

be·stat·ten[bəʃtátən]《01》他 (h)《雅》《*jn.*》(死者を)葬る, 埋葬する: buddhistisch *bestattet* werden 仏式で葬られる. [*mhd.*; ◇Statt]

Be·stat·ter[..tər] 男 -s/- 葬儀屋(人); 葬儀社.

Be·stät·ter[bəʃtɛ́tər] 男 -s/-《南部》運送業者, 貨物配達人.

Be·stät·te·rei[bəʃtɛtəráɪ] 女 -/-en 運送業, 配達業.

be·stät·tern[bəʃtɛ́tərn]《05》他 (h) 運送する, 配達する.

Be·stät·te·rung[..tərʊŋ] 女 -/-en 運送, 配達. [<Stätte]

Be·stat·tung[bəʃtátʊŋ] 女 -/-en《雅》埋葬, 葬儀(→Beerdigung ★).

Be·stat·tungs≠in·sti·tut 中 葬儀社. **≠ko·sten** 複 埋葬〈葬儀〉費用. **≠un·ter·neh·men** 中 葬儀社.

be·stau·ben[bəʃtáʊbən][1] **I** 他 (h) ほこりだらけにする: 再帰 *sich*[4] ~ ほこりにまみれる. **II be·staubt** 過分 形 ほこりだらけの: ~*e* Akten ほこりの積もった書類.

be·stäu·ben[bəʃtɔ́ʏbən][1] 他 (h) **1**《*et.*[4]》(…に)粉状のものを振りかける: den Kuchen mit Puderzucker ~ ケーキに粉砂糖を振りかける ‖ mit 〈von〉 Mehl *bestäubte* Kleider 粉だらけの服. **2**《植》受粉させる: Blüten werden von Bienen *bestäubt*. 花はミツバチによって受粉する.

Be·stäu·bung[..bʊŋ] 女 -/-en (bestäuben すること. 例えば:)《植》受粉.

be·stau·den[bəʃtáʊdən][1]《01》他 (h) 再帰 *sich*[4] ~ ひこばえを生じる, (根元から)枝分かれする. [<Staude]

be·stau·nen[bəʃtáʊnən] 他 (h) 目をみはって見る; 賛嘆する, 感心〈感服〉する.

bẹst≠be·kannt[bέst..] 形 広く名を知られた, みんなから尊敬されている. **≠be·mit·telt** 形 この上なく金持ちの. **≠be·za̲hlt** 形 最高給をもらっている.

Bẹ·ste →best III

be·stẹch·ba̲r[bəʃtέçba:r] =bestechlich

be·stẹ·chen*[bəʃtέçən] 《180》 **I** 他 (h) **1** 《*jn.*》買収する, (…に)贈賄する: den Diener mit Geld ～ 召使いを金で抱きこむ ‖ *sich*[4] ～ lassen 買収される. **2** 《*jn.*》(…に)よい印象を与える, (…の)心をひきつける; 魅了する, 悩殺する: Ihr Charme *bestach* alle 〔Männer〕. 彼女の魅力は〔男たち〕みんなの心をひきつけた ‖〖目的語なしで〗Das Bild *besticht* durch seine Farben. この絵は色彩で人をひきつける. **3** 《*et.*[4]》(家・壁などに)しっくいを塗る, (外壁に)化粧する.

II be·stẹ·chend 現分 形 魅力のある, 心をそそる: ein ～*es* Angebot つい食指の動くような申し出 | ein ～*es* Lächeln 魅惑的な微笑 | eine ～*e* Logik みごとな(人を心服させる)論理 ‖ Seine Art 〈Sein Auftreten〉 hat etwas *Bestechendes*. 彼のやり方〈態度〉には人をひきつけるものがある.

be·stẹch·lich[bəʃtέçlıç] 形 買収できる, わいろのきく: ein ～*er* Richter 袖(そで)の下のきく裁判官 ‖ eine ～*e* Presse 金で何とでもなる新聞.

Be·stẹch·lich·keit[−kaıt] 女 -/ bestechlich なこと.

Be·stẹ·chung[bəʃtέçʊŋ] 女 -/-en 買収, 贈収賄: aktive ～ 贈賄 | passive ～ 収賄.

Be·stẹ·chungs≠af·fä·re 女 汚職事件. **≠geld** 中 -es/-er 《ふつう複数で》わいろ, 口止め料. **≠skan·da̲l** 男 汚職スキャンダル. **≠ver·su̲ch** 男 買収の企て; 〖法〗贈賄未遂.

Be·stẹck[bəʃtέk] 中 -〔e〕s/-e **1 a)** 《単数で》《集合的に》(1回の食事に用いるナイフ・フォーク類の)食器全部; (メス・ピンセット類の)手術用器具一式: ～ für zehn Personen 10人分の食器 | ein Ärztekoffer mit chirurgischem ～ 外科手術用具入りの医師のカバン. **b)** -〔e〕s/-e (話: -s) (ナイフ・フォーク・スプーンからなる)食器のセット(→ 図): Teller und ～ spülen 皿と食器を洗う. **2** 〖海〗(洋上での)現在位置, 船位; (造船台に表示される)船舶設計図: das ～ aufmachen 船位を海図に記入する | das ～ nehmen 船位を確定する. **3** 《方》だらしない人(特に女).

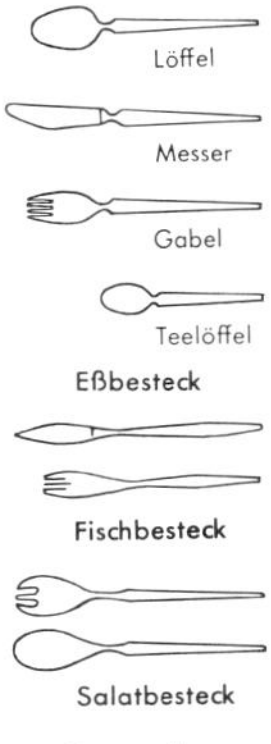

Löffel
Messer
Gabel
Teelöffel
Eßbesteck
Fischbesteck
Salatbesteck
Besteck

be·stẹ·cken[bəʃtέkən] 他 (h) **1** 《*et.*[4] mit *et.*[3]》(…に…を)打つ, 付ける, 差し込む: den Christbaum mit Kerzen ～ クリスマスツリーをろうそくで飾る. **2** 〖海〗(造船台に)船の設計図を表示する.

Be·stẹck·ka·sten 男 (ナイフ・フォーク類を入れる)食器用引き出し〈ケース〉.

Be·stẹ·der[bəʃté:dər] 男 -s/- 《北部》〖海〗船の建造主, 発注者. [< *ndl.* stede „Stätte" (◇Statt)]

Be·stẹg[bəʃté:k][1] 男 -〔e〕s/-e 〖地〗(地層の割れ目・鉱脈の間の)粘土層. [„Schicht zwischen den Stegen"]

be·stẹ·hen*[bəʃté:ən] 《182》 **I** 自 (h) **1 a)** (現に)ある, 存在〈現存〉する; あり続ける, 存続する: Es *besteht* Aussicht 〈Gefahr〉. 見込み〈危険〉がある | Unter ihnen *bestand* ein geheimes Einvernehmen. 彼らの間には秘密の了解があった | Darüber *besteht* kein Zweifel. それは疑問の余地がない | Hier können kleine Laden kaum ～. この辺では小さな店はほとんどやっていけない ‖ *bestehende* Gesetze 現行法規 | am *Bestehenden* festhalten 現状に固執する, 保守的である | Alles *Bestehende* ist vergänglich. 《諺》諸行無常, 万物流転. **b)** (負けずに)持ちこたえる, 張り合う; 乗り越える: gegen *jn.* ～ …に引けをとらぬ | im Kampf 〈in Gefahren〉 ～ 戦い〈危険〉を乗り切る | in der Prüfung ～ 試験に通る | Vor ihm 〈seiner Kritik〉 kann ich nicht ～. 私は彼の批判に耐えられない.

2 《aus *et.*[3]》(…から)成る, できて〈構成されて〉いる: Das Gefäß *besteht* aus Kunststoff 〈Metall〉. この容器はプラスチック〈金属〉製である | Die Wohnung *bestand* aus vier Räumen. その住居は4室だった | Er *besteht* nur noch aus Arbeit. 彼は明けても暮れても仕事ばかりだ.

3 《in *et.*[3]》(実質的に…に)ある, 存する: Sein Leben *bestand* in Aufopferung für andere. 彼の一生は他人への献身だった | Wahres Glück *besteht* darin, daß ... 真の幸福は…ということにある | Worin *besteht* der Unterschied 〈die Schwierigkeit〉? 相違〈困難〉はどの点にあるのか.

4 《auf *et.*[3] 〈*et.*[4]〉》固執〈主張〉する; (あくまでも)要求する: auf sofortiger Bezahlung ～ あくまで即金払いを要求する | auf *seiner* Forderung ～ 自己の要求を主張して譲らない | Auf diese Summe *bestehe* ich! この額は譲れません | auf *seinem* Willen 〈*seinem* Kopf〉 ～ 自分の意志を押し通す.

II 他 (h) (危険・難関などを)乗り切る, 耐え抜く; (試験などに)合格する; ▽(敵などを)打倒〈退治〉する: die Feuerprobe ～ (→Feuerprobe 2) | eine Krankheit ～ 病気を切り抜ける | eine Prüfung knapp 〈mit Auszeichnung〉 ～ 試験にかろうじて〈好成績で〉合格する ‖ nach glücklich *bestandener* Gefahr 無事に危険を乗り越えてから.

III Be·stẹ·hen 中 -s/ (bestehen すること. 特に:) 存在, 存立, 存続; 固執: das ～ eines Staates leugnen ある国家の存立を否認する | *sein* hundertjähriges ～ feiern 創立百年を祝う | ein hartnäckiges ～ auf *sein* Recht 頑固な権利主張 | Das ～ der Prüfung ist Voraussetzung. 試験の合格が前提条件である.

IV be·stạn·den → 別出

be·stẹ·hen≠|blei·ben*[bəʃté:ən..] 《21》 自 (s) 存続する, (変わらず)続く; (消滅しないで)残る, 不滅である. **≠|las·sen*** 《88》 他 (h) 維持〈保持〉する; (消滅しないように)残す.

be·stẹh·len*[bəʃté:lən] 《183》 他 (h) 《*jn.* um *et.*[4]》(…から…を)盗む: Ich bin um 100 Mark *bestohlen* worden. 私は100マルク盗まれた.

be·stei̲·gen[bəʃtáıgən][1]* 《184》 他 (h) **1** (…に)登る; (乗り物に)乗りこむ: einen Berg 〈einen Turm〉 ～ 山〈塔〉に登る | ein Fahrrad 〈ein Pferd〉 ～ 自転車〈馬〉にまたがる | den Pegasus ～ (→Pegasus I) | ein Schiff 〈einen Wagen〉 ～ 船〈車〉に乗る | den Thron 〈den Bischofsstuhl〉 ～ 王位〈司教の座〉につく.

2 (bespringen) (雄獣が…と)交尾する.

Be·stei̲·gung[..gʊŋ] 女 -/-en (besteigen すること. 例えば:) 登頂; 乗車: die ～ des Throns 即位.

bẹst·ein·ge·rich·tet[bέst..] 形 (部屋などについて)最高の設備〈調度〉を備えた.

Be·stẹll≠be·zirk[bəʃtέl..] 男 〖郵〗配達〈受け持ち〉区域. **≠bu̲ch** 中 〖商〗注文帳.

be·stẹl·len[bəʃtέlən] 他 (h) **1** 《*et.*[4]》注文する, 発注する; 予約する: Waren telefonisch bei der Firma X ～ 商品を電話で X 商会に注文する | einen Anzug ～ 服をあつらえる | eine Flugkarte für Montag ～ 月曜日の航空券を予約する | 〔*sich*[3]〕 ein Glas Bier ～ (店でボーイに)ビールを1杯頼む | den Tisch 〔im Restaurant〕 ～ 食事の予約をする | *sich*[3] etwas 〔Kleines〕 ～ (→klein III 2 a) | Ich hätte es mir nicht besser ～ können. 《比》私にはどうにもしようがなかったろう ‖〖目的語なしで〗Haben Sie schon *bestellt*? (ボーイが客に対して)ご注文はおすみですか.

2 《*jn.*/*et.*[4]》 **a)** (…をある場所・時刻に)呼び出す, 来させる: *jn.* in ein Café ～ …に喫茶店へ来てくれと言う | *jn.* für den Nachmittag zu *sich*[3] ～ …に午後出頭するように言う | ein Taxi auf 〈für〉 fünf Uhr ～ タクシーを5時に来るようにと頼む | Ich bin um zwei Uhr beim 〈zum〉 Arzt *bestellt*. 私は2時に医者と予約している ‖ **wie *bestellt* und nicht abgeholt** 《話》(がっかりして)所在なげにぼやっとした. **b)** 指名〈選任〉する: einen Nachfolger ～ 後継者を立てる | *jn.* als Vertreter 〈zum Sekretär〉 ～ …を代理人〈秘書〉に任命する.

B

B

3 《〔*jm.*〕 *et.*⁴》 **a)** (〔…に〕伝言などを)伝える,(依頼を)果たす: *jm.* Grüße〔von *jm.*〕～ …に〔…からの〕あいさつを伝える | *Bestelle* deinem Vater schöne Grüße von mir! お父上さまへ私からくれぐれもよろしくとお伝えください | 〔durch *jn.*〕 Grüße an *jn.* ～ lassen 〔…に〕…へのあいさつをことづける | Kann 〈Soll〉 ich etwas ～? 何かことづけはありませんか | Ich soll Ihnen ～, daß er nicht kommen kann. 彼が来られないとお伝えするよう申しつかりました. ᐁ**b)** (zustellen) (郵便・新聞などを)配達する; (書類を)送達する: **nichts 〈nicht viel〉 zu ～ haben** 全然〈あまり〉お呼びがかからない, 全然〈あまり〉頭が上がらない.

4 《*et.*⁴ mit *et.*³》(…に…を)〔立て〕並べる: den Tisch mit Gläsern ～ テーブルにコップを並べる ‖ ein mit drei Betten *bestelltes* Zimmer ベッドが3台置いてある部屋.

5 耕作する, 手入れする; 《比》整理する, ととのえる: den Acker mit dem Pflug ～ 畑を鋤(す)く | das 〈*sein*〉 Haus ～ (→Haus 2 b) | Die Felder sind schlecht *bestellt.* 畑の手入れが行き届いていない ‖ ***es ist um jn.* 〈*et.*⁴〉 *bestellt*** 《様態を示す語句と》/***es ist mit jm.* 〈*et.*³〉 *bestellt*** 《様態を示す語句と》…は…の状態〈状況〉である | Es ist mit ihm 〈um seine Gesundheit〉 schlecht *bestellt.* 彼の健康状態はよくない | Mit unserer Landwirtschaft ist es nicht rosig *bestellt.* わが国の農業の状況はバラ色ではない | Wie ist es um den Export *bestellt*? 輸出の状況はどうですか ‖ Am Brandort war nicht mehr viel zu ～. 火災現場は手のつけようがなかった.

Be·stel·ler[bəʃtɛ́lər] 男 -s/- (bestellen する人. 特に:) 注文者, 予約〔購読〕者; (手紙などの)持参〈送達〉者.

Be·stell≠ge·bühr[bəʃtɛ́l..] 女 -/-en 《ふつう複数で》配達料. **≠geld** 中 **1** 配達料, 運び賃; 郵税. **2** 《単数で》(新聞の配達料こみの)定期購読料.

Be·stelli·ste[bəʃtɛ́llɪstə] 女 〖商〗注文〔一覧〕表.

Be·stell≠kar·te 女 〖商〗注文カード, 注文用はがき. **≠li·ste** 女 =Bestelliste **≠num·mer** 女 **1** (書籍その他の)商品カタログの番号, 商品番号. **2** (注文帳に記入してある)注文の番号. **≠schein** 男 (書籍などの)注文票, 注文用紙, (株式などの)申し込み証.

Be·stel·lung[bəʃtɛ́lʊŋ] 女 -/-en **1 a)** 注文: eine ～ auf 〈über〉 dreißig Exemplare aufgeben (書籍を)30冊注文する | *et.*⁴ auf ～ anfertigen …を注文で製作する. **b)** 注文品. **2 a)** 任命, 選任: die ～ eines Verteidigers 〈eines Vormundes〉 弁護人〈後見人〉の選任. **b)** 〖医〗診療予約患者. **3 a)** 伝言: eine ～ ausrichten ことづてを伝える. **b)** 伝達, 配達: einen Brief zur ～ übergeben 手紙を投函(とうかん)する. **4** 耕作: die zeitige ～ der Felder 畑の適時の耕作. ᐁ**5** 会見の約束. ᐁ**6** (財産などの)整理.

Be·stell≠zeit[bəʃtɛ́l..] 女 **1** 〖商〗配達期, 注文期. **2** 〖農〗耕作期. **≠zet·tel** 男 =Bestellschein

be·sten·falls[bɛ́stənfáls] 副 いちばんうまくいった場合で, せいぜいのところ, たかだか: Wir werden ～ morgen damit fertig. 我々のこの仕事が片づくのは早くて明日だ.

Be·sten·li·ste 女 〖スポ〗(ある期間・地域での)最高記録一覧表.

be·stens[bɛ́stəns] 副 たいへん良く, 非常に; 心から, ねんごろに: Grüße deine Frau ～ von mir! 君の奥さんに僕からくれぐれもよろしく | Er ist ～ unterrichtet. 彼は(その件について)非常によく知っている.

be·stern·nen[bəʃtɛ́rnən] **I** 他 (h) (語などに)星印符号をつける. **II be·sternt** 過分 形 《雅》星をちりばめた: der ～*e* Himmel 星空 | eine mit Edelsteinen ～*e* Krone 宝石をちりばめた冠 | eine ～*e* Brust 勲章を飾りたてた胸. [<Stern²]

be·steu·er·bar[bəʃtɔ́yərba:r] 形 課税できる, 課税の対象になり得る.

be·steu·ern¹[bəʃtɔ́yərn] 《05》 他 (h) 《*jn.*/*et.*⁴》(…に)課税する: die Bürger 〈das Einkommen〉 ～ 市民〈所得〉に課税する.

be·steu·ern²[−] 《05》 他 (h) (船の)かじを操る.

Be·steue·rung¹[bəʃtɔ́yərʊŋ] 女 -/-en 課税.

Be·steue·rung²[−] 女 -/-en (船の)操舵(そうだ).

Best·form[bɛ́st..] 女 -/ 〖スポ〗ベストコンディション.

best≠ge·haßt 形 《付加語的》もっとも人気のない〈嫌われている〉. **≠ge·klei·det** 形 《付加語的》ベストドレッサーの. **≠ge·meint** 形 この上なく好意的な. **≠ge·pflegt** 形 《付加語的》〖商〗たいへん手入れの行き届いた.

Best·haupt 中 (農奴が領主に貢納した)最良の家畜.

be·stia·lisch[bɛstiá:lɪʃ] 形 獣的な; 残忍〈粗野〉な; 《話》がまんのならぬ, ひどい.

Be·stia·li·tät[..tialitɛ́:t] 女 -/-en 獣性; 残虐, 非道.

Be·stia·rium[..tiá:riʊm] 中 -s/..rien[..riən] 動物寓話(ぐうわ). [*mlat.*; <*lat.* bēstia (→Bestie)]

be·sticken[bəʃtíkən] 他 (h) **1** ししゅうで飾る: eine Handtasche mit Perlen ～ ハンドバッグに真珠を縫い付ける. **2** 〖土木〗(堤防を)わらで表面補給する.

Be·stickung[..kʊŋ] 女 -/-en besticken すること.

Be·stie[bɛ́stiə] 女 -/-n 野獣, 畜生; 人非人; 獣性: eine ～ in Menschengestalt 人間の仮面をかぶったけだもの, 人面獣心. [*lat.* bēstia−*mhd.*; ◇Tier; *engl.* beast]

be·stie·felt[bəʃtí:fəlt] 形 長靴をはいた. [<Stiefel]

be·stieg[bəʃtí:k]¹ besteigen の過去.

be·stie·gen[bəʃtí:gən] besteigen の過去分詞; 過去1・3人称複数.

be·stie·len[bəʃtí:lən] **I** 他 (h) 《*et.*⁴》(…に)柄をつける. **II be·stielt** 過分 形 柄のついた; 〖植〗有柄の. [<Stiel]

be·stimm·bar[bəʃtímba:r] 形 **1** 決められる, 決定可能な; 〖生・鉱〗(分類・所属を)決定〈鑑定〉できる. **2** 影響を与えることのできる.

be·stim·men[bəʃtímən] **I** 他 (h) **1 a)** (権能をもって)決める, 決定する; (…に対して)決定的役割を果たす: die Reihenfolge 〈den Termin〉 ～ 順序〈期限・期日〉を定める | *et.*⁴ gesetzlich 〈im Testament〉 ～ …を法律〈遺言〉で決める | Er hat nichts zu ～. 彼には決定権がない | Die sieben Türme *bestimmen* das Stadtbild. 七つの塔が町の景観を決定づけている | *sich*⁴ von *seinen* Gefühlen ～ lassen 自分の感情に左右される ‖ 再帰 Der Preis *bestimmt* sich⁴ nach Angebot und Nachfrage. 価格は需要と供給によって定まる ‖ ein *bestimmender* Faktor im Leben 人生の決定的要因. **b)** (推論などをへて)結論〈決定〉する; 算定〈測定〉する; 〖医〗(病気を)診断する; 〖生・鉱〗(…の分類・所属を)鑑定する: das Alter eines Fundes ～ 〖考古〗出土品の年代を決める | einen Begriff ～ 概念を規定〈定義〉する ‖ *bestimmende* Merkmale für eine Krankheit 病気の診断症候. **c)** 〖言〗(語句を)修飾〈規定〉する.

2 a) 《*et.*⁴ für *jn.* 〈*et.*⁴〉》(…を…のためのものと)指定〈予定〉する: Das habe ich für dich *bestimmt.* / Das ist für dich *bestimmt.* これは君にあげるんだ | Das Geld ist für ein neues Auto *bestimmt.* この金は新しい自動車を買うためのものだ | für *js.* Ohren *bestimmt* sein (→Ohr 1). **b)** (選んで)定める, 選定〈指定〉する; (神・運命が)摂理する: einen Nachfolger ～ 後継者を決める ‖ Ihm war eine große Zukunft *bestimmt.* 彼にはすばらしい未来が約束されていた | Es war ihm nicht *bestimmt,* seine Heimat wiederzusehen. 彼は二度と故郷に帰れぬ定めであった ‖ *jn.* als Vertreter 〈zu *seinem* Vertreter〉 ～ …を代理人に指名する | Er ist zu Höherem *bestimmt.* 彼はもっと高い使命を果たすべき人だ ‖ ein zur Veröffentlichung *bestimmter* Wortlaut 公表用の文面. **c)** 《*jn.* zu *et.*³》(…を…する)気にならせる: *jn.* zum Nachgeben ～ …に譲歩する気を起こさせる | Nichts kann mich 〔dazu〕 ～, meinen Plan aufzugeben. 何があろうと私に計画を断念させることはできない ‖ *sich*⁴ zu einer Reise ～ lassen 旅行をする気になる.

II 自 (h) 決定権を持つ, 思いどおりに行動する: Sie *bestimmt* in der Familie. 彼女はかかあ天下だ | über *et.*⁴ frei ～ …を自由に使う | Er hat über mich nichts zu ～. 私は彼の思いどおりにはならない.

III be·stimmt 過分 形 **1** 《付加語的》(英: *certain*)ある種の, ある程度の, 一定の: ein ～*es* Buch ある本 | ein ～*es* Ergebnis bringen しかるべき成果をもたらす | unter ～*en* Umständen なんらかの状況下では | Ich habe keine ～*en* Pläne. 私は特に計画はない ‖ Haben Sie heute etwas *Be-*

stimmtes vor? きょうは何かご予定がありますか.

2 a) 決まった, 指定の; 〖数〗既定〈既知〉の: ~*e* Preise 定価 | zur ~*en* Zeit 指定時刻に, 定刻〈定時〉に ‖ Das Schiff ist nach London ~. この船はロンドン行きである. **b)** 《付加語的》〖言〗定の: der ~*e* Artikel 定冠詞 | ~*e* Zahlwörter 定数詞.

3 a) (entschieden) きっぱりした, 断固〈確固〉たる: in sehr ~*em* Ton sprechen/sehr ~ sprechen 非常にきっぱりした口調で話す | Seine Worte waren höflich, aber ~. 彼の言葉は丁重だが決然としていた | *jm. et.*⁴ aufs ~*e* verbieten …に…を厳禁する. **b)** 明確な, 分明〈的確〉な: ~*e* Umrisse haben 輪郭がはっきりしている | Es läßt sich nichts ~ sagen, ob ... …かどうかははっきり言えない ‖ Ich weiß nichts *Bestimmtes*. 私ははっきりしたことは知らない. **c)** 《副詞的》《陳述内容の現実度に対する話し手の判断・評価を示して》(sicher) 確かに, きっと: Er wird ~ kommen. 彼はきっと来るだろう | Ich habe es ~ nicht mit Absicht getan. 私はそれを絶対にわざとやったんではない | Meinst du, daß sie mitkommt?—*Bestimmt.* 彼女も一緒に来ると思うかい—もちろんさ.

Be·stịmmt·heit[bəʃtímthaɪt] 女 -/ (bestimmt なこと. 例えば:) きっぱりとしていること; 明確さ; 確実さ: mit 〔aller〕 ~ はっきりと, きっぱりと.

Be·stịm·mung[bəʃtímʊŋ] 女 -/-en **1 a)** 《単数で》決定, 指定; 算定; 鑑定: eine ~ eines Begriffes 概念規定 | eine ~ des Preises 〈des Termins〉 価格〈期限・期日〉の確定 | die ~ eines Tieres ある動物の分類〈所属決定〉. **b)** (Vorschrift) 規程, 規則: gesetzliche ~*en* 法規類 | eine ~ erlassen 規程を公布する.

2 a) 《単数で》(本来の)用途: *et.*⁴ *seiner* 〔eigentlichen〕 ~³ zuführen …を本来の用途に用いる | eine Brücke ihrer ~³ übergeben 橋を開通させる〈使用開始する〉. **b)** 《単数で》(Berufung) 使命, 天命: Das ist ~. それは運命だ. **c)** 目的地: *seine* ~ erreichen (商品などが)送り先に着く | mit ~ nach Hamburg 〖海〗ハンブルク行き; 〖商〗ハンブルク渡し.

3 〖言〗規定〈修飾〉語: eine adverbiale ~ der Zeit 時の副詞的規定〈状況語〉.

Be·stịm·mungs·bahn·hof 男 〖商〗仕向け駅.

be·stịm·mungs·ge·mäß 形 規定どおりの.

Be·stịm·mungs⸗ha·fen 男 〖商・海〗仕向け港. **⸗land** 中 -〔e〕s/..länder 〖商〗仕向け国. ᵛ**⸗men·sur** 女 (学生組合員がすべて行うべき最小限度の回数の)規定決闘. **⸗ort** 男 -〔e〕s/-e (貨物・旅行の)到着地, 目的地; 〖商〗(商品の)仕向け地, 仕送り地; 〖郵〗配達先の町〈都市〉: am ~ nicht eintreffen 送り先に届かない, 目的地に到着しない. **⸗wort** 中 -〔e〕s/..wörter (↔Grundwort) 〖言〗(複合語の)規定語(例 Haustür の Haus).

bẹst·in·for·miert[bɛ́st..] 形 もっとも情報に恵まれた.

be·stirnt[bəʃtírnt] =besternt

Bẹst⸗lei·stung[bɛ́st..] 女 〖スポ〗最高記録: eine neue ~ erzielen 新記録を達成する. **⸗mann** 男 -〔e〕s/..männer 〖海〗水夫長, 最古参の水夫(沿岸航路では船長代理, 遠洋航路では航海長代理をつとめる).

bẹst·mög·lich[bɛ́stmøːklɪç] 形 できるだけ良い, 可能なかぎり最高の: das *Bestmögliche* tun 最善を尽くす.

be·stọ·chen[bəʃtɔ́xən] bestechen の過去分詞.

be·stọcken[bəʃtɔ́kən] 他 (h) **1** 〖林〗植え付ける: Die Heide ist mit Sträuchern *bestockt.* その荒地は灌木(かんぼく)におおわれている. **2** 再帰 *sich*⁴ ~ ひこばえが出る, 枝分かれする; 茎が木質化する. [<Stock¹]

Be·stọckung[..kʊŋ] 女 -/-en (〔sich〕 bestocken すること) **1** 〖林〗造林; ある森に生えている樹木の総量. **2** 〖農〗分蘖(ぶんけつ).

be·stọ·ßen*[bəʃtóːsən] 《188》他 (h) **1** 〖木工〗(かんな・やすりで…の)かどを仕上げる〈滑らかにする〉; 〖印〗(版画の)ふちを整える. **2** (かど・すみを)ぶつけて傷つける.

bẹst·qua·li·fi·ziert[bɛ́st..] 形 この上なく上質の, 最高級の.

be·stra·fen[bəʃtráːfən] 他 (h) 《*jn./et.*⁴》処罰する, (…に)刑罰を与える: *jn.* streng ~ …をきびしく処罰する | *jn.* mit Gefängnis ~ …に禁固刑を科する | Zuwiderhandlungen werden *bestraft.* 違反行為は罰せられる | Diese Frechheit gehört *bestraft.* かかるけしからぬ行為は罰せられて然(しか)るべきだ.

Be·stra·fung[..fʊŋ] 女 -/-en **1** 処罰. **2** 罰, 刑罰.

be·strah·len[bəʃtráːlən] 他 (h) (…に)光線を当てる, 照らす, 照射する: *et.*⁴ mit Radium ~ 〖医〗…にラジウムを照射する | Sein Gesicht war von Freude *bestrahlt.* 彼の顔は喜びに輝いていた.

Be·strah·lung[..lʊŋ] 女 -/-en 照射, 照明; 〖医〗放射線治療; 〖理〗曝射(ばくしゃ), 光滲(こうしん).

be·strẹ·ben[bəʃtréːbən]¹ **I** 他 (h) 再帰 *sich*⁴ ~ 努力する, 努める: Er *bestrebte* sich 〈Er war *bestrebt*〉, seine Pflicht zu erfüllen. 彼は自分の義務を果たそうと懸命だった. **II Be·strẹ·ben** 中 -s/ 努力, 熱心な試み〈企て〉: Sein ganzes ~ geht dahin, mir zu gefallen. 彼は私の気に入ろうとして懸命になっている.

be·streb·sam[bəʃtréːpzaːm] 形 (fleißig) 勤勉〈熱心〉な, 懸命な.

Be·strẹ·bung[..bʊŋ] 女 -/-en 《ふつう複数で》努力, 熱心な試み: Es waren ~*en* im Gange, ihn zu stürzen. 彼を失脚させようという動きが進行していた.

be·strẹi·chen*[bəʃtráɪçən] 《189》他 (h) **1** 《*et.*⁴ mit *et.*³》(…に…を)塗り付ける: Brot mit Butter ~ パンにバターを塗る | die Wände mit Farbe ~ 壁にペンキを塗る. **2** 《*jn./et.*⁴》(…を)なでる, さする; (風雨が…に)打ちつける; (鳥が)かすめて飛ぶ: Der Wind *bestreicht* die Felder. 風が野づらをわたる | *jn.* mit Ruten ~ …をむちで打つ. **3** 《*jn./et.*⁴》〖軍〗(…をねらって連続的に)射撃〈砲撃〉する.

Be·strẹi·chung[..çʊŋ] 女 -/-en bestreichen すること.

be·strẹi·ken[bəʃtráɪkən] 他 (h) 《*et.*⁴》ストライキによって(…の)操作をボイコットする: ein *bestreikter* Betrieb ストライキ中の工場.

Be·strẹi·kung[..kʊŋ] 女 -/-en bestreiken すること.

be·strẹit·bar[bəʃtráɪtbaːr] 形 **1** 反論〈議論〉の余地のある, 疑わしい. **2** 支払える, 支弁可能な.

be·strẹi·ten*[bəʃtráɪtən] 《190》他 (h) **1** 《*et.*⁴》(…に)反論する; (…の真実性・正当性を)疑う, 否認する; ᵛ《*jn.*》(…に)戦いを挑む: eine Behauptung ~ ある主張を反駁(はんばく)する | *jm.* einen Titel 〈ein Recht〉 ~ …の肩書〈権利〉を疑ってかかる | Er *bestritt* heftig, daß er das gesagt habe (⊜... nicht gesagt habe). 彼はそうは言わなかったと強硬に主張した ‖ *jn.* auf Leben und Tod ~ …と生死をかけて戦う. **2** (費用などを)賄う; (仕事などを)引き受ける: die Kosten aus eigener Tasche ~ 費用を自弁する | einen Teil des Programms ~ 番組の一部を埋める | die Unterhaltung allein ~ 一人で話題を引き受ける. **3** 〖スポ〗(試合を)する: einen Lauf 〈das Finale〉 ~ 競走〈決勝戦〉をする, 競走〈決勝戦〉に参加する.

Be·strẹi·tung[..tʊŋ] 女 -/-en bestreiten すること.

bẹst·re·nom·miert[bɛ́st..] 形 この上なく評判のよい.

be·strẹu·en[bəʃtrɔ́ʏən] 他 (h) 《*et.*⁴》(…に)ふりかける: das Fleisch mit Salz ~ 肉に塩をふる | *sein* Haupt mit Asche ~ (→Asche 1) | Sein Weg ist nicht mit Rosen *bestreut.* 《比》彼の人生はかなり苦しい.

be·strị·chen[bəʃtríçən] bestreichen の過去分詞; 過去 1・3 人称複数.

be·strịcken[bəʃtríkən] **I** 他 (h) **1** 《*jn.*》(…を)魅惑する, (…の心を)とらえる, 迷わす. **2** 《話》《*jn.*》(…のために)編物をする, (…に)自分の編んだものを着せる. **II be·strịckend** 現分 形 魅惑的な, うっとりとさせる: ein ~*es* Lächeln あでやかな微笑.

be·strịtt[bəʃtrít] bestreiten の過去.

be·strịt·ten[..tən] bestreiten の過去分詞; 過去 1・3 人称複数.

be·strụmpft[bəʃtrʊ́mpft] 形 靴下〈ストッキング〉をはいた. [<Strumpf]

Bẹst·schie·ßen[bɛ́st..] 中 《オーストリア》賞〔金〕つき射撃会.

Bẹst·sel·ler[bɛ́stzɛlər, ..sɛlər] 男 -s/- (書籍・レコード

などの)ベストセラー. [*engl.*]

best·si·tu·iert[bέst..] 形 たいへん裕福な.

be·stücken[bəʃtʏ́kən] **I** 他 (h) 《*et.*[4] mit *et.*[3]》(…に…を)装備(装着)する, 備え付ける: ein Schiff mit Geschützen ~ 船に砲を装備する. **II be·stückt** (**be·stuckt**[..ʃtʊ́kt]) 過分 形 《俗》(wohlhabend) 裕福な.

Be·stückung[..kʊŋ] 女 -/-en 《ふつう単数で》(特に船の)装備, 武装, 備砲. [<Stück 7]

B

be·stuh·len[bəʃtú:lən] 他 (h) (劇場などに)座席を設備する. [<Stuhl]

Be·stuh·lung[..lʊŋ] 女 -/-en **1** bestuhlen すること. **2** 《集合的に》座席, いすの設備(→ ⊛ Theater).

be·stür·men[bəʃtʏ́rmən] 他 (h) **1** 襲撃(強襲)する; (…に)突進する: einen Laden ~ ある店に殺到する. **2** 《*jn.* mit *et.*[3]》(…を…で)悩ます, 困らす, 苦しめる; (思考・感情が)襲う, 圧迫する: *jn.* mit Fragen ~ …に矢つぎばやに質問を浴びせる | *jn.* mit Bitten um Geld ~ …にうるさく金をせがむ.

Be·stür·mung[..mʊŋ] 女 -/-en 《ふつう単数で》**1** 襲撃, 強襲, 殺到. **2** 強要, しつこい懇願.

be·stür·zen[bəʃtʏ́rtsən] 《02》 **I** 他 (h) びっくり(仰天)させる, 度を失わせる, 狼狽(ろうばい)させる. **II be·stürzt** 過分 形 びっくりした, 度を失った: über *et.*[4] ~ sein …に肝をつぶしている | *jn.* ~ machen …をびっくり(狼狽)させる.

Be·stürzt·heit[bəʃtʏ́rtsthaɪt] (**Be·stür·zung**[..tsʊŋ]) 女 -/ 驚愕(きょうがく), 茫然(ぼうぜん)自失, 狼狽(ろうばい): in ~ geraten 度を失う.

be·stußt[bəʃtʊ́st] 形 《俗》(dumm) 頭の悪い. [<Stuß]

best·vor·be·rei·tet[bέst..] 形 準備万端ととのった.

Best≈wert 男 (Optimum) 最適度(条件). **≈zeit** 女 (タイムレースの)最高記録, 最高(ベスト)タイム: eine neue ~ erreichen 新記録を出す. **≈zu·stand** 男 -[e]s/ (広告で)最良[保存]状態: gebrauchtes Auto in ~ zu kaufen gesucht 新車同然の中古車売りたし.

Be·such[bəzú:x] 男 -[e]s/-e **1 a)** 訪問; 参観, 見物; 参加, 出席; (病人への)見舞い; 〖医〗往診, 回診: beim ~ der Kirche (des Museums) 教会(博物館)を訪れたときに | *js.* ~ erwidern …に答礼の訪問をする | bei *jm.* einen ~ machen (雅: abstatten) …を訪問する | zu *jm.* auf ~ (zu ~) gehen …を訪問する. **b)** (客としての)滞在, 宿泊: Er ist auf ~ in Berlin. 彼はベルリンに滞在中だ. **2** 来客, 訪問客; 滞在客; 参観(見物)人, 出席(参加)者: ~ bekommen 訪問される | ~ empfangen 客を迎える | ~ erwarten 客が来ることになっている | Ich habe jetzt ~. 私は来客中である. **3** 訪問(参加)者数: Der ~ der Ausstellung war gut (schwach). 展覧会は入りがよかった(悪かった).

be·su·chen[bəzú:xən] 他 (h) **1** (英: *visit*) 《*jn.*》(交友・所用のために…を)訪問する, 訪ねる, 会いに行く: *jn.* kurz ~ …の所へちょっと立ち寄る | einen Kranken ~ 病人を見舞う; 〖医〗患者を往診(回診)する | Kunden ~ 〖商〗得意先回りをする | *jd.* kann mich am Abend ~ (→Abend 1). **2** 《*et.*[4]》(ある目的で…に)出かけて行く; 見物(参観)に行く, 参加(出席)する: Italien (Paris) ~ イタリア(パリ)を訪れる | ein Konzert (ein Museum) ~ 音楽会(博物館)に行く | die Schule ~ 通学する | Vorlesungen ~ 聴講する ‖ Das Restaurant ist gut (schlecht) *besucht.* そのレストランは客の入りがよい(悪い).

Be·su·cher[bəzú:xər] 男 -s/- (女 **Be·su·che·rin**[..xərɪn]-/-nen) 来客, 訪問(面会)者; 見物(参観)人, 参加(出席)者, 観客, 聴衆: ein ausländischer (nächtlicher) ~ 外国からの(夜に来た)客 | ein ständiger ~ eines Theaters 劇場の常連.

Be·su·cher≈fre·quenz 女 (公共施設の)入場(利用)者数. **≈ring** 男 〖劇・楽〗(会員制の)鑑賞(観客)サークル.

Be·suchs≈di·plo·ma·tie[bəzú:xs..] 女 訪問外交. **≈er·laub·nis** 女 訪問(面会)許可, 参観(出席)許可, (医師の)面接(診療)予約. **≈kar·te** 女 (Visitenkarte) 名刺. **≈stun·de** 女 (病院・刑務所などの)面会時間. **≈tag** 男 (病院・刑務所などの)面会日. **≈zeit** 女 **1** =Besuchsstunde **2** 訪問に適する時間. **≈zim·mer** 中 (寮・刑務所などの)面会室.

be·su·deln[bəzú:dəln] 《06》 他 (h) よごす, 汚くする: *sich*[3] die Kleider ~ 服をよごす | *js.* Namen (Ehre) ~ 《比》…の名前(名誉)をけがす | *jn.* (*et.*[4]) mit Kot ~ (→Kot 2) ‖ 再帰 *sich*[4] mit Blut ~ 《比》人殺しをする.

Be·su·de·lung[..dəlʊŋ] (**Be·sud·lung**[..dlʊŋ]) 女 -/-en besudeln すること.

bet[be:t] 形 《述語的》《方》(verloren) 〖トランプ〗負けた: ~ sein (werden) 負けである(になる). [*fr.* bête „Strafeinsatz"]

Be·ta[bé:ta·] 中 -[s]/-s ベータ(ギリシア字母の第 2 字: B, β). [*gr.*]

be·tagt[bətá:kt] 形 **1** 《雅》高齢(老齢)の. **2** 〖商〗(手形などが)期限つきの; 満期の, 期限ぎれの. [*mhd.*; ◇Tag]

Be·tagt·heit[–haɪt] 女 -/ 高齢, 老齢.

be·ta·keln[bətá:kəln] 《06》 他 (h) **1** 〖海〗(船に)索具をつける; (索などを)サーヴィングする, 細索で巻きからげる, (索端などを)ホイッピングする, 細索で端止めする. **2** 《オーストリア》(beschwindeln) だます.

Be·ta·ke·lung[..kəlʊŋ] (**Be·tak·lung**[..klʊŋ]) 女 -/-en 〖海〗(船に)索具をつけること; 索具.

be·tamt[bətá:mt] 形 《オーストリア》(klug) 頭のいい. [<Tam]

be·tan·ken[bətáŋkən] 他 (h) 《*et.*[4]》(…に)燃料を補給する: ein Auto ~ 車にガソリンを入れる.

Be·tan·kung[..kʊŋ] 女 -/-en betanken すること.

be·ta·sten[bətástən] 《01》 他 (h) 手でさわる, そっと触れる; 〖医〗触診する: Das *Betasten* der Waren ist verboten. 商品には手を触れないでください.

Be·ta≈strah·len[bé:ta..] 複 〖理〗ベータ線(β-Strahlen とも書く). **≈strah·ler** 男 〖理〗ベータ線照射装置(β-Strahler とも書く).

Be·ta·stung[bətástʊŋ] 女 -/-en (betasten すること. 例えば:) 〖医〗触診.

Be·ta·teil·chen[bé:ta..] 中 〖理〗ベータ粒子(β-Teilchen とも書く).

be·tä·ti·gen[bətέ:tɪgən][2] 他 (h) **1** 再帰 *sich*[4] ~ 働く, 仕事をする, 活動する: *sich*[4] nützlich ~ 役だつ働きをする | *sich*[4] politisch ~ 政治活動をする. **2** (機械などを)動かす, 操作する: die Bremse ~ ブレーキをかける. **3** 《雅》行為に表す, 実行に移す: *seine* Liebe ~ 愛情を行為で実証する.

Be·tä·ti·gung[..gʊŋ] 女 -/-en **1** 活動, 行動. **2** 《単数で》(機械などの)運転, 操作. **3** 実行, 実現, 実証.

Be·tä·ti·gungs≈feld 中 活動領域(範囲): ein lohnendes ~ suchen やりがいのある活動分野を求める. **≈knopf** 男 (ストップウォッチの)作動ボタン.

Be·ta·tron[bé:tatro:n, ..trɔn, betatró:n] 中 -s/-e [bé:tatro:nə, betatró:nə] (-s) 〖理〗ベータトロン. [<Betastrahlen; ◇Elektron]

be·tat·schen[bətátʃən] 《04》, **be·tat·zen**[..tátsən] 《02》 他 (h) 《話》(無遠慮・無作法に)いじくり回す.

be·täu·ben[bətɔ́ʏbən][1] 他 (h) **1 a)** 《*jn.*》(…の)感覚を麻痺(まひ)させる, (…を)ぼうっとさせる, 気絶させる: Der große Lärm (Der Schlag auf dem Kopf) *betäubte* mich. ひどい騒音で(頭を殴られて)私は気が遠くなった ‖ ein *betäubender* Duft 頭がくらくらするような香り | *betäubender* Lärm 耳を聾(ろう)するばかりの騒音 ‖ Er war wie *betäubt* vor Schreck. 彼は驚きのあまり茫然(ぼうぜん)自失の体だった. **b)** 〖医〗麻酔する: einen Kranken (einen Nerv) örtlich ~ 病人(神経)に局所麻酔をかける. **2** (苦しみ・痛みなどを)抑える, 和らげる: *sein* Gewissen ~ 自分の良心を眠らせる | *seinen* Kummer durch (mit) Wein ~ 悲しみを酒にまぎらす | die Schmerzen durch (mit) Tabletten ~ 鎮痛剤を服用して痛みを抑える ‖ 再帰 *sich*[4] durch Arbeit ~ 働いて気をまぎらす. [*ahd.*; ◇taub]

Be·täu·bung[..bʊŋ] 女 -/-en **1** 感覚の麻痺(まひ), 気絶, 失神; 眩惑(げんわく): ~ im Wein (in *seiner* Arbeit) finden 酒に(働いて)気をまぎらす. **2** 〖医〗麻酔: eine allgemeine (örtliche) ~ 全身(局所)麻酔 | aus der ~ erwachen 麻酔からさめる.

Be·täu·bungs≈ge·wehr 中 麻酔銃. **≈mit·tel** 中

〘薬〙麻酔剤.

be·tau·en[bətáuən] 他 (h) 露でぬらす; ▽(霜・雪などを)とかして露状にする: *betaute* Blumen 露にぬれた草花.

Be·ta·zer·fall[bé:ta..] 男 〘理〙ベータ崩壊(β-Zerfall とも書く).

Bet≈bank[bé:t..] 女 -/..bänke = Betstuhl ≈**bru·der** 男《軽蔑的に》たえず教会もうでをする人, 信心ぶっている人(→Betschwester). ≈**buch** 中 祈禱(きとう)書〈集〉.

Be·te[bé:tə] 女 -/-n 〘植〙ビート(アカザ科トウチシャ属, 特にカエンサイ(火炎菜)): **rote ~** 赤かぶ, ビート. [*lat.* bēta – *ndd.*; ◇ *engl.* beet]

bête[bɛ:t] = bet

be·tei·len[bətáilən] 他 (h) **1** 《オーストリア》《*jn.* mit *et.*³》(…に…を)贈る, 分け与える. ▽**2** = beteiligen

be·tei·li·gen[bətáilɪgən]² 他 (h) 《*jn.* an *et.*³》(…を…に)関与〈参加〉させる: *jn.* am Gewinn ~ …に利益を分配する | *jn.* an einem Unternehmen ~ …をある企業の共同経営者にする ‖ 再帰 *sich*⁴ an *et.*³ ~ …に関与〈参加〉する, …に協力する | *sich*⁴ an der Diskussion 〈einem Spiel〉 ~ 討論〈競技〉に加わる | *sich*⁴ finanziell an einem Geschäft ~ ある事業に出資する ‖ an einem Verkehrsunfall *beteiligt* sein 交通事故の当事者である | innerlich an 〈スイス: in〉 *et.*³ *beteiligt* sein …に関心がある ‖ der 〈die〉 *Beteiligte* 関与〈参加〉者, 当事者,〔利害〕関係者; 〘商〙出資〈加入〉者, 株主, 社員.

Be·tei·li·gung[..gʊŋ] 女 -/-en 関与, 参加, 協力; 〘商〙出資, 加入, 持ち分: *jm.* die ~ am Gewinn zusichern …に利益配当を確約する | Die ~ an der Versammlung war schwach. 集会の参加者は少なかった.

Be·tei·li·gungs≈ge·sell·schaft 女 〘商〙持ち株会社. ≈**quo·te** 女 〘商〙持ち分.

Be·tei·lung[bətáilʊŋ] 女 -/-en 《オーストリア》 beteilen すること: die ~ der Armen mit Brennmaterial 貧困者への燃料の贈与〈分配〉.

Be·tel[bé:təl] 男 -s/ **1** = Betelpfeffer **2** キンマ (Betelpfeffer の葉に Betelnuß をくるんだもので, 東南アジアではこれを常習的にかむ風習がある). [*drawid.* – *port.*]

Be·tel≈nuß 女 ビンロウジュの実, 檳榔子(びんろうじ). ≈**pal·me** 女 〘植〙ビンロウジュ(檳榔樹). ≈**pfef·fer** 男 〘植〙キンマ(東インド産のコショウ科の蔓性の木).

be·ten[bé:tən] 《01》 **I** 自 (h) 祈る, 祈りをささげる: für die Toten ~ 死者の冥福(めいふく)を祈る | zu Gott um Frieden 〈Regen〉 ~ 神に平和を祈願する〈雨ごいをする〉 | vor der Mahlzeit ~ 食前に感謝の祈りをする ‖ Not lehrt *beten.* 《諺》苦しいときの神頼み ‖ Da hilft kein Singen und kein *Beten.* 《話》もうどうじたばたしたってだめだ.

II 他 (h) **1** 《*et.*⁴》(…を)唱えて祈る: das Vaterunser 〈den Rosenkranz〉 ~ 主の祈りを〈ロザリオを繰りながら祈りを〉唱える ‖ 〘結果を示す語句と〙 *jn.* lebendig ~ 祈って…をよみがえらせる | *jn.* zu Tod ~ …を祈り殺す. **2** 祈禱(きとう)調で口ずさむ. [*ahd.*; ◇ bitten]

Be·ter[bé:tər] 男 -s/- (しじゅう)お祈りをする人.

be·teu·ern[bətɔ́yərn] 《05》 他 (h) 誓う, 誓言〈断言〉する: *seine* Unschuld ~ 無実を主張する, 身に覚えがないことを誓う | *jm. seine* Liebe ~ …に自分の愛の変わらぬことを誓う. [*mhd.*; ◇ teuer]

Be·teue·rung[..ərʊŋ] 女 -/-en 誓い, 誓言, 断言.

be·tex·ten[bətɛ́kstən] 《01》 他 (h) (写真・さし絵などに)説明文をつける; (…の)歌詞〈台本〉を書く: eine Melodie ~ メロディーに歌詞をつける. [< Text]

Be·tex·tung[..tʊŋ] 女 -/ betexten すること.

Bet≈fahrt[bé:t..] 女 巡礼. ≈**glocke** 女 祈りの鐘, (教会の)祈禱(きとう)の開始を告げる鐘. [< beten]

Be·tha·ni·en[betá:niən] 地名 ベタニア (Palästina にあり, イエスが復活させた Lazarus の住んだ所). [*hebr.* „Haus der Feigen“ – *gr.* – *spätlat.*]

Bet·haus[bé:t..] 中 〘聖〙(イスラエルの)神殿, 祈りの家; (ユダヤ教の)会堂, シナゴーグ. [< beten]

Be·thel[bé:təl] 地名 **1** ベテル (Jerusalem 北方の Palästina の古都. 聖書: 創28, 19ほか). **2** ベーテル(1867年 Bielefeld 近郊に建設された精神病者のためのキリスト教の養護施設の名称). [*hebr.* „Haus (des Gottes) El“]

der **Be·thes·da**[betɛ́sda·] 男 -[s]/ 〘聖〙ベテスダ (Jerusalem にあった病気に効く池. ヨハ5, 2-9). [*aram.* – *gr.* bēthesdá „Haus der Barmherzigkeit“; ◇ *hebr.* bēth „Haus“]

Beth·le·hem[bé:tlehɛm, bɛ́t..] 地名 ベツレヘム (Jordanien の西端, Israel との国境にある町でイエスの生誕地とされる): nach ~ gehen 《戯》寝る(= zu Bett gehen). [*hebr.* „Haus des Brotes“ – *gr.*]

beth·le·he·mi·tisch[be:tlehemí:tɪʃ, bɛt..] 形 ベツレヘムの: der ~*e* Kindermord ベツレヘムの幼児虐殺(ユダヤの王 Herodes はベツレヘムとその周辺で2歳以下の幼児を虐殺した. 聖書: マタ2, 16).

Be·ting[bé:tɪŋ] 男 -s/-e; 女 -/-e 〘海〙繋柱(けいちゅう), ビット, ボラード(係留索などを巻き付ける甲板上の小柱). [*ndd.*]

▽**Be·ti·se**[betí:zə] 女 -/-n (Dummheit) 愚鈍; 愚行. [*fr.*; < *fr.* bête „Tier“ (◇ Bestie)]

be·ti·teln[bətí:təln, ..títəln] 他 (h) **1** 《*jn.*》(…を…の)称号〈肩書〉で呼ぶ; 《しばしば軽蔑的に》(…を…と)呼ぶ: *jn.* 〔mit〕 Herr Doktor ~ …に「博士」と言って呼びかける | *jn.* 〔als〕 Dummkopf ~ …をばか呼ばわりする. **2** 《*et.*⁴》(…に…の)表題〈題名〉をつける: Wie ist das Buch 〈der Aufsatz〉 *betitelt*? 本〈論文〉はどういう表題ですか ‖ 再帰 *sich*⁴ ~ 〔…という〕表題〈題名〉である. [*mhd.* titelen; ◇ Titel]

Be·ti·te·lung[..təlʊŋ] (**Be·tit·lung**[..tlʊŋ]) 女 -/-en **1** betiteln すること. **2** 称号, 肩書, 敬称; 表題, 題名, タイトル.

be·töl·peln[bətœ́lpəln] 《06》 他 (h) あざむく, だます.

Be·ton[betɔ́ŋ, ..tɔ̃:, ..tó:n; オーストリア: ..tó:n] 男 -s/-s[..tɔ́ŋs, ..tɔ̃:s], -e[..tó:nə] コンクリート: armierter 〈bewehrter〉 ~ 鉄筋コンクリート. [*lat.* bitūmen – *fr.*; ◇ Bitumen]

Be·ton≈ar·beit[betɔ́ŋ.., ..tɔ̃:.., ..tó:n..] 女 〘建〙コンクリート工事. ≈**bau** 男 -s/-ten コンクリート建造物; 《単数で》コンクリート造り〈構造〉. ≈**block** 男 -s/..blöcke コンクリートブロック; コンクリート塊. ≈**burg** 女 《話》《軽蔑的に》〔醜悪な〕コンクリート高層ビル. ≈**decke** 女 (道路などの)コンクリート被覆〈舗装〉.

be·to·nen[bətó:nən] **I** 他 (h) 《*et.*⁴》(音節・単語などに)強勢〈アクセント〉を置く; 《比》(…に)力点を置く, 強調〈力説〉する, 重視する: *seinen* Standpunkt ~ 自分の立場を強調する | Die Schule *betont* die naturwissenschaftlichen Fächer. この学校は理科系の課目に力を入れている ‖ eine *betonte* Silbe 〘言〙強勢〈アクセント〉のある音節. **II be·tont** → 別出

Be·ton≈fer·tig·teil[betɔ́ŋ.., ..tɔ̃:.., ..tó:n..] 中 コンクリート製建材. ≈**fun·da·ment** 中 〘建〙コンクリート基礎. ≈**gieß·turm** 男 〘建〙(流しこみ用の)コンクリートタワー. ≈**hohl·stein** 男 空洞コンクリートブロック.

be·to·nie·ren[betoní:rən] 他 (h) 《*et.*⁴》(…に)コンクリート打ちをする; 《比》固定する: die Straßendecke 〈die Rollbahn〉 ~ 路面〈滑走路〉にコンクリートを打つ.

Be·to·nie·rung[..rʊŋ] 女 -/-en コンクリート打ち; コンクリート構造面〈部〉.

Be·ton≈klotz[betɔ́ŋ.., ..tɔ̃:.., ..tó:n..] 男 コンクリートブロック; 《比》(不格好な)コンクリートビル. ≈**kopf** 男 《話》石頭の人, 頑固者.

be·ton·köp·fig 形 《話》石頭の, 頑固な.

Be·ton≈mi·scher 男, ≈**misch·ma·schi·ne**[betɔ́ŋ.., ..tɔ̃:.., ..tó:n..] 女 コンクリートミキサー.

be·ton·nen[bətɔ́nən] 他 (h) 〘海〙(水路を)ブイで標示する. [< Tonne]

Be·ton·nung[..nʊŋ] 女 -/-en 〘海〙ブイによる水路標示.

Be·ton≈pfahl[betɔ́ŋ.., ..tɔ̃:.., ..tó:n..] 男 〘土木〙コンクリートパイル. ≈**pfla·ster** 中 コンクリート舗装. ≈**plat·te** 女 コンクリート板. ≈**rohr** 中 コンクリート管. ≈**scha·lung** 女 コンクリート用型枠. ≈**schiff** 中 コンクリート船(コンクリート製の船舶). ≈**schüt·tungs·ma·schi·ne** 女 〘土木〙コンクリート充填(じゅうてん)機. ≈**stamp·fer** 男 《俗》太くごつい足; 幅広の靴. ≈**stein** 男 〘土木〙コンクリートブロック.

B

be·tont[bətó:nt] **I** betonen の過去分詞. **II** 形 **1** アクセント〈強勢〉のある. **2** 意識的な, ことさらの, 故意の: mit ～*er* Zurückhaltung わざと控え目に | Er benahm sich ～ höflich. 彼はことさら礼儀正しく振舞った.

..betont[..bəto:nt]《名詞につけて「…が強調された」を意味する形容詞をつくる》: körper*betont* ボディー〔ライン〕を強調した(衣服など) | leistungs*betont* 能力〈能率〉本位の | traditions*betont* 伝統を重んじた.

Be·to·nung[bətó:nuŋ] 女 -/-en (betonen すること) **1** (Akzent)〚言〛アクセント, 強勢: Bei dem Wort „Psychologie" liegt die ～ auf der letzten Silbe. Psychologie という単語のアクセントは最後の音節にある. **2** 強調, 力説; 重視.

be·tö·ren[bətǿ:rən] 他 (h)《雅》(hinreißen)《*jn.*》うっとりと〈夢中に〉させる; ᵛ(verwirren) (…の)頭を混乱させる: ein Mädchen〈das Herz eines Mädchens〉～ 女の子を魅惑する | *sich*⁴ ～ lassen うっとりする, 魅了される ‖ ein *betörender* Blick 魅惑的なまなざし. [*mhd.*; ◇Tor¹]

Be·tö·rung[..tǿ:ruŋ] 女 -/-en **1** (betören すること. 例えば:) 誘惑; 甘言. **2** 夢中になる〈惑わされる〉こと, うつつをぬかすこと.

Bet·pult[bé:t..] 中 =Betstuhl

betr. 略 =**betrifft** (→betreffen I 1), **betreffend**, **betreffs**

Betr. 略 =**Betreff** (公用・商用書信の頭書に用いて) (…) 関係, (…の) 件.

Be·tracht[bətráxt] 男《もっぱら次の形で》**außer ～ bleiben**〈stehen〉問題外である, 顧慮されていない | *et.*⁴ **außer ～ lassen** …を無視する | **in ～ kommen** 問題になる, 考慮に値する | Er kommt für diese Arbeit nicht in ～. 彼をこの仕事に当てることは問題外だ | *et.*⁴ **in ～ ziehen** …を考慮に入れる | ᵛ**in diesem**〈jedem〉**～** この〈あらゆる〉点で | ᵛ**in keinem ～** どうみても…でない.

be·trach·ten[bətráxtən]《01》他 (h) **1** 観察する; 考察〈考究〉する: ein Bild ～ 絵を観賞する | *et.*⁴ objektiv〈wissenschaftlich〉～ …を客観的〈科学的〉に見る | *et.*⁴ durch eine gefärbte Brille ～ (→Brille 1) | eine Frage von allen Seiten〈einer anderen Seite〉～ 問題をあらゆる角度から〈別の見方で〉検討する ‖ genau *betrachtet* 詳しく見れば〈考えると〉| bei Licht *betrachtet* (→Licht 1). **2** みなす: *jn.* als *seinen* Freund ～ …を友人と思う | *et.*⁴ als *seine* Pflicht ～ …を自分の義務と心得る.

Be·trach·ter[..tər] 男 -s/- betrachten する人.

be·trächt·lich[bətrɛ́çtlıç] 形 かなりの, 相当な, 少なからぬ: eine ～*e* Entfernung かなりの距離 | eine ～*e* Summe 相当な金額 ‖ **um ein ～*es*** 著しく, 非常に ‖ Er ist ～ größer als sein Vater. 彼は父親よりずっと背が高い.

be·tracht·sam[bətráxtza:m] 形《雅》観照的な, 沈思している, 瞑想(めいそう)にふけっている.

Be·trach·tung[..tuŋ] 女 -/-en **1**《単数で》観察: bei näherer ～ さらに子細に観察してみると. **2** 考察, 考究, 省察: ～*en* über *et.*⁴ anstellen …を考察する.

Be·trach·tungs·wei·se 女 -/-n 観察〈考察〉の方法, ものの見方〈考え方〉.

be·traf[bətrá:f] betreffen の過去.

Be·trag[bətrá:k]¹ 男 -〔e〕s/..träge[..trɛ́:gə] (Summe)〔金〕額: eine Rechnung im ～〔*e*〕von 200 Mark 200マルクの請求書.

be·tra·gen*[bətrá:gən]¹《191》**I** 自 (h)《量を示す4格と》(…の)額〈数値〉に達する: Die Entfernung *beträgt* zwei Kilometer. 距離は2キロある | Der Schaden〈Das Gehalt〉*beträgt* 3 000 Mark. 損害〈月給〉は3000マルクである.

II 他 (h) 再帰 *sich*⁴ ～《様態を示す語句と》(…の) 態度〈行動〉をとる, (…に) 振舞う | *sich*⁴ sittsam〈schlecht〉～ 行儀よく〈不作法に〉振舞う | *sich*⁴ unfreundlich gegen *jn.*〈*jm.* gegenüber unfreundlich〉～ …に無愛想な態度をとる.

III Be·tra·gen 中 -s/ 振舞い, 態度, 挙動, 行動; 品行, 行状: ein ungehöriges ～ 失礼な態度 | Er hat in ～ eine Eins. 彼は操行の評点が1(優)だ.

be·tram·peln[bətrámpəln] 他 (h)《話》《*et.*⁴》(…の上を)ドシンドシン乱暴に歩く: vom Hahn *betrampelt* sein (→Hahn 1 a)

be·tränt[bətrɛ́:nt] 形 (顔などが) 涙でぬれた. [<Träne]

be·trat[bətrá:t] betreten の過去.

be·trau·en[bətráuən] **I** 他 (h)《*jn.* mit *et.*³》(…に…を) 委託〈委嘱〉する: *jn.* mit einem Amt〈der Bildung der neuen Regierung〉～ …にある役職〈新政府の組織〉を託する. **II Be·trau·te** 男 女《形容詞変化》〚商〛受託者.

be·trau·ern[bətráuərn]《05》他 (h) (死・死者を) 悲しむ, 悼む, 悔やむ.

be·träu·feln[bətrɔ́yfəln]《06》他 (h)《*et.*⁴ mit *et.*³》(…に…を) したたらせる: *et.*⁴ mit Zitronensaft ～〚料理〛…にレモンの汁をたらす.

Be·trau·te →betrauen II

Be·treff[bətrɛ́f] 男 -〔e〕s/-e《ふつう単数で》(略 Betr.)《官》関係: **in dem**〈**diesem**〉**～** この点に関して ‖〚小文字で〛**in *betreff et.***² …に関して | in *betreff* des Bahnbaus 鉄道建設に関して ‖〚略語で〛*Betr.* Hotelzimmerbestellung ホテル客室予約に関する件(公用・商用文書の頭書で).

be·tref·fen*[bətrɛ́fən]《192》**I** 他 (h) **1**《*jn.*/*et.*⁴》(…に) 関係する, かかわる; (…に) 該当する: Dieser Vorwurf *betrifft* mich nicht. この非難は私には当てはまらない | was mich *betrifft* 私に関して言えば ‖ *betrifft*《官》《ふつう略語で》(…に) 関して | *betr.*: Strafsache M. M 刑事事件関係〔書類〕(公用・商用文書の頭書で).

2《雅》《*jn.*》(精神的な) 打撃を与える, (病気が) 襲う, (災いが) ふりかかる: Die Nachricht *betraf* ihn schmerzlich. その知らせは彼にひどくこたえた | Ein schweres Unglück hat ihn *betroffen*. 大きな不幸が彼を見舞った | Der Patient ist von einem Schlaganfall *betroffen* worden. 患者は卒中の発作に襲われたものである.

ᵛ**3**《雅》《*jn.*》ばったり出会う, 捕らえる, 急襲する: *jn.* bei *et.*³ ～ …が…しているところを見つける.

II be·tref·fend 現分 形 (略 betr.)《官》当〔該〕の, 問題になっている: die ～*e* Behörde 当該官庁 | der ～*e* Fall 本件 | die ～*en* Personen / die *Betreffenden* 関係者 ‖ den Brückenumbau ～ 橋の架け替えに関して | der Bericht, ～ den Unfall 事故に関する報告.

III be·trof·fen → 別出

Be·treff·nis[bətrɛ́fnıs] 中 -ses/-se《スイ》(Anteil) 分配額, 持ち分.

be·treffs[bətrɛ́fs] 前《2格支配》(略 betr.)《官》…に関して: ～ dieser Angelegenheit この件に関して.

be·trei·ben*[bətráıbən]¹《193》**I** 他 (h) **1** (職業として) 行う, 営む: Ackerbau〈einen Handel〉～ 農業〈商売〉を営む | ein Lokal ～ 酒場を経営する | eine Liebhaberei ～ ある趣味を持つ. **2** (仕事を) 進める; 促進する, 急がせる, せきたてる: den Abschluß einer Arbeit ～ 仕事の決着を急ぐ. **3** (機械を特定のエネルギー源で) 動かす, 運転〈操縦・操作〉する: einen Kran elektrisch ～ クレーンを電気で動かす | eine mit Dampf *betriebene* Anlage 蒸気で動く装置. **4**《スイ》徴集する, 取り立てる. ᵛ**5** 放牧地として使う: Wiesen mit Vieh ～ 草地に家畜を放つ.

II Be·trei·ben 中 -s/ (betreiben すること. 例えば:) 経営, 営業, 従事; 策励; 督促: **auf *js.* ～**⁴〔**hin**〕…の促しにより, …の肝いりで. [◇Betrieb]

Be·trei·ber[bətráıbər] 男 -s/-《官》(特にサービス業の) 経営者.

Be·trei·bung[..buŋ] 女 -/-en betreiben すること.

be·treßt[bətrɛ́st] 形 モールのついた: eine mit Gold ～*e* Mütze 金モールつきの帽子. [<Tresse]

be·tre·ten*[bətré:tən]《194》**I** 他 (h) **1**《*et.*⁴》(…の) 上を歩く, (…の上に) のる: die Bühne ～ 舞台にのぼる | einen Weg〈eine Straße〉～ 道〈街〉を歩く | ein häufig *betretener* Weg よく踏み固められた道;《比》ありきたりの方法. **2**《*et.*⁴》(…の中に) 入る, 足を踏み入れる: die Wohnung〈das Haus〉～ 家に入る | *Betritt* meine Schwelle nicht mehr! 二度と私の家の敷居をまたぐな. ᵛ**3**《オーストリア》《*jn.*》(…を現場で) 捕まえる: *jn.* bei *et.*³ ～ …が…をしている現場を押える.

Ⅱ 過分 形 驚いた, 狼狽(ろうばい)した, 困惑した: ein ~*es* Gesicht 困ったような顔つき | über *et.*[4] ~ sein …に当惑している.

Ⅲ Be·tre̱·ten 中 -s/ betreten すること: unbefugtes ~ 不法侵入 | Das ~ der Rasenfläche ist verboten. 芝生へは入らないでください.

Be·tre̱·ten·heit[bətré:tənhaɪt] 女 -/ (betreten II なこと. 例えば:) 驚き, 狼狽(ろうばい), 当惑.

Be·tre̱·tung[..tʊŋ] 女 -/-en《オーストリア》(現行犯の)逮捕.

Be·tre̱·tungs·fall 男《オーストリア》im ~ 現行犯逮捕の場合には.

be·treu̱·en[bətrɔ́ʏən] 他 (h) **1**《*jn.*》(…の)世話をやく, 面倒をみる; (病人などの)看護をする: Schulkinder auf der Reise ~ 学童たちの旅行中の世話をする. **2**《*et.*[4]》(仕事の分野などを)担当する, 進行の責任をもつ. [*mhd.*; ◇Treue]

Be·treu̱·er[bətrɔ́ʏər] 男 -s/- (女 **Be·treu̱e·rin**[..ərɪn]-/-nen) **1** 世話役; 看護人, 付き添い; 担当者. **2** 福祉事業者, 民生委員. **3**〘スポ〙コーチ, セコンド.

Be·treu̱·ung[..ʊŋ] 女 -/ 世話; 看護; 世話係, 付き添い: ~ für einen Kranken gesucht 病人付き添い求む.

Be·treu̱·ungs·stel·le 女 福祉事務所〈相談所〉.

Be·trie̱b[bətrí:p][1] 男 -[e]s/-e **1** 企業体(商店・会社・工場など); 企業体の建物: ein landwirtschaftlicher ~ 農園, 農場 | ein privater 〈staatlicher〉 ~ 民間〈国営〉企業 | ein volkseigener ~ (旧東ドイツで)人民企業 | ~ der sozialistischen Arbeit (旧東ドイツで)社会主義的労働の企業(優良企業の名誉称号) ‖ einen ~ leiten 企業を経営する | einen ~ stillegen 会社〈工場〉を閉鎖する ‖ in einen kleineren ~ eintreten 中小企業に就職する | Er ist noch im ~. 彼はまだ会社〈工場〉にいる.

2《単数で》(企業の)経営, 営業, 操業; 興業; (機械の)運転, 操作, 稼働: gemischter ~ 多角経営 ‖ den ~ aufhalten 営業〈仕事〉を滞らせる | den ~ aufnehmen 〈einstellen〉 営業を開始〈休止〉する ‖ *et.*[4] **außer** ~[4] setzen …の運転を中止する | Der Fahrstuhl ist außer ~[3]. このエレベーターは運休中だ | *et.*[4] **in** ~[4] nehmen …の操業〈運転〉を開始する | in ~ sein 作動〈運転〉中である | *et.*[4] in ~[4] setzen …(機械など)を動かす, …を始動させる; …を就役させる | eine neue Maschine in ~[4] stellen 新しい機械を据える.

3《単数で》活発な動き, 活況; 交通, 往来; 混雑, 騒がしさ: Auf dieser Straße herrscht starker ~. この通りは交通が激しい | In diesem Restaurant ist immer viel ~. この飲食店はいつも混雑している ‖ ~ machen《話》どんちゃん騒ぎをする | den ~ satt haben《話》(うるさくて)やりきれない.

ᵛ**4**〘畜〙放牧.

ᵛ**5**《ふつう単数で》督促: auf *js.* ~[4] hin …の発議で.

be·trie̱·ben[bətrí:bən] betreiben の過去分詞; 過去 1・3 人称複数.

be·trie̱b·lich[bətrí:plɪç] 形《付加語的》企業体の; 経営〈営業〉上の.

Be·trie̱bs·aka·de·mie 女 (旧東ドイツで)企業付属研修所.

be·trie̱b·sam[..za:m] 形 (geschäftig) 活動的な, やる気のある; 《軽蔑的に》極端に仕事熱心な; せかせかした: ein ~*er* Mensch 活動的な人 | eine ~*e* Straße 活気のある通り.

Be·trie̱b·sam·keit[..kaɪt] 女 -/ betriebsam なこと.

Be·trie̱bs⸗an·ge·hö̱·ri·ge[bətrí:ps..] 男 女 (企業の)従業員. ⸗**an·la̱·gen** 複 企業施設. ⸗**an·lei·tung** 女 (機械などの)使用〈操作〉説明書. ⸗**arzt** 男 企業専属〈嘱託〉医. ⸗**aus·flug** 男 社内〔慰安〕旅行. ⸗**aus·schuß** 男 (労資間の)経営協議会. ⸗**aus·weis** 男 従業員証. ⸗**be·ge̱·hung** 女 (旧東ドイツで)企業査察. ⸗**be·ra̱·ter** 男 経営コンサルタント.

be·trie̱bs⸗be·reit 形 (機械などが)すぐ〔操業に〕使える, 整備ずみの. ⸗**blind** 形 (仕事に慣れて)職場の欠陥に気のつかなくなった.

Be·trie̱bs⸗dau·er 女 営業〈経営〉年数; 〘工〙耐用年数. ⸗**di·rek·tor** 男 営業主任; 工場長.

be·trie̱bs·ei·gen 形 企業体所有の: ein ~*es* Erholungsheim 社員保養所.

Be·trie̱bs⸗ein·nah·men 複 営業収入. ⸗**ein·schrän·kung** 女 操業短縮. ⸗**ein·stel·lung** 女 営業中止, 廃業. ⸗**er·laub·nis** 女 (車などの)運行許可. ⸗**es·sen** 中 事業所給食; 従業員食堂の食事.

be·trie̱bs·fä̱·hig 形 (機械などが)運転可能な.

Be·trie̱bs·fe̱·ri·en 複 (商店・企業などの)数日にわたる休業〈一斉休暇〉.

be·trie̱bs·fer·tig = betriebsbereit

Be·trie̱bs⸗fest 中 (創業記念日などの)企業祭〈式典〉. ⸗**fest·spie·le** 複 (旧東ドイツで)企業内文化祭. ⸗**fonds**[..fɔ̃:] 男 (旧東ドイツで)従業員厚生基金

be·trie̱bs·fremd 形 企業外の, 他の企業の.

Be·trie̱bs⸗frie·den 男 (企業内の)労使休戦. ⸗**füh·rer** 男 経営責任者, 支配人. ⸗**füh·rung** 女 企業経営. ⸗**ge·heim·nis** 中 企業秘密. ⸗**ge·län·de** 中 (工場・駅などの)敷地, 構内. ⸗**ge·werk·schafts·lei·tung** 女 (略 BGL) (旧東ドイツで)企業内労組指導部. ⸗**ge·winn** 男 経営利潤, 経営利益. ⸗**grö̱·ße** 女 営業〈経営〉規模. ⸗**in·ge·nieur**[..ɪnʒeniø:r] 男 工場管理技師. ⸗**in·ha̱·ber** 男 企業主. ⸗**ja̱hr** 中 事業〈営業〉年度. ⸗**kampf·grup·pe** 女 (旧東ドイツで)武装民兵隊. ⸗**kan·ti̱·ne** 女 (企業などの)社内食堂. ⸗**ka·pi·ta̱l** 中 経営〈事業〉資本. ⸗**kli̱·ma** 中 -s/ 職場の雰囲気, 労働環境. ⸗**ko·ef·fi·zient**[..ko|ɛfitsiɛnt] 男 営業係数. ⸗**kol·lek·ti̱v·ver·trag** 男 (略 BKV) (旧東ドイツで)企業内労働契約. ⸗**ko·sten** 複 経営費, 経営原価. ⸗**kran·ken·kas·se** 女 社内健康保険組合, 業務疾病扶助金庫. ⸗**kü·che** 女 社内給食調理室; 従業員食堂. ⸗**la·den** 男 企業従業員専用の商店, 購買部. ⸗**län·ge** 女〘鉄道〙営業キロ〔程〕. ᵛ⸗**le̱h·re** 女 -/ 経営学. ⸗**lei·ter** 男 経営責任者〈主任〉, 支配人. ⸗**lei·tung** 女 **1** 企業経営. **2** 企業の首脳部. ⸗**ma·te·ri̱al** 中 経営〈営業〉資材; 《集合的に》〘鉄道〙車両. ⸗**mit·tel** 複 経営〈生産〉資金. ⸗**nu̱·del** 女《話》座持ちがうまい人; せかせかした人. ⸗**ob·mann** 男 (中小企業の)従業員〈労働者〉代表. ⸗**ord·nung** 女 就業〈作業〉規則. ⸗**par·tei·or·ga·ni·sa·tio̱n** 女 (旧東ドイツで)企業内党組織. ⸗**paß** 男 (旧東ドイツで)企業種別認定書. ⸗**per·so·na̱l** 中《集合的に》操作〈運転〉要員; 従業員. ⸗**pla̱n** 男 (旧東ドイツの)企業別経済計画. ⸗**prü̱·fung** 女 企業会計査察. ⸗**psy·cho·lo·gie** 女 -/ 産業〈経営〉心理学. ⸗**pu·bli·zi·stik** 女 業界新聞〈雑誌〉類. ⸗**ra̱t** 男 -[e]s/..räte **1** (従業員側を代表する)経営協議委員会. **2** 1 に所属する委員. ⸗**sat·zung** 女〘経〙経営規約. ⸗**schluß** 男 ..schlusses/ 終業, 仕事の終わり. ⸗**schutz** 男 事業所保安〔施設〕.

be·trie̱bs·si·cher[bətrí:ps..] 形 (機械などが)故障のない, 信頼できる, 安全な.

Be·trie̱bs⸗si·cher·heit 女 -/ (機械などの)信頼度. ⸗**span·nung** 女〘電〙動作〈使用〉電圧. ⸗**spio·na·ge** 女 工場〈産業〉スパイ行為. ⸗**sta·ti·stik** 女 企業〈経営〉統計. ⸗**steu·er** 女 (ホテル・飲食店などの)営業税, 免許税. ⸗**stillegung** (分綴 ..still·le·gung) 女 操業〈営業〉休止, 工場閉鎖. ⸗**stockung** 女 事業停滞; 運転渋滞. ⸗**stoff** 男 生産用原料; 動力用燃料. ⸗**stoff·wech·sel** 男〘生〙機能性代謝, 基礎代謝. ⸗**stö̱·rung** 女 = Betriebsstockung ⸗**stro̱m** 男〘電〙動作電流. ⸗**treue** 女 企業への忠誠〈精励恪勤(かっきん)〉. ⸗**ü̱ber·wa·chung** 女 経営監督. ⸗**un·fall** 男 **1** 業務上の事故(工場災害・鉄道事故など). **2**《話》予想外のしくじり(妊娠・性病・犯行の露見など). ⸗**un·ko·sten** 複 営業経費; 生産間接費. ⸗**ver·ein·ba̱·rung** 女 (Betriebsrat と経営者との間の)経営体内の合意. ⸗**ver·fas·sungs·ge·setz** 中 (Betriebsrat の権限を定めた)経営体規則法. ⸗**ver·samm·lung** 女 従業員総会. ⸗**wirt** 男 (大学で)経営学を修めた者, 経営学士; 経済専門学校卒業生; 経営専門家. ⸗**wirt·schaft** 女 -/ , ⸗**wirt·schafts·le̱h·re** 女 -/ 経営学. ⸗**wis·sen·schaft** 女 = Betriebswirtschaft ⸗**zeit** 女 作業〈営業〉時間; 作業〈営業〉期間, 営業季節.

B

≈**zei·tung** 女 社内報(新聞); (旧東ドイツで SED の企業内組織が出す)企業内新聞. ≈**zel·le** 女 (旧東ドイツで SED の)事業所細胞.

be·trifft[bətrɪ́ft] betreffen の現在 3 人称単数.

be·trin·ken*[bətrɪ́ŋkən] ⦅196⦆ **I** 他 (h) 再帰 *sich*⁴ ~ (酒を飲みすぎて)酔う: *sich*⁴ sinnlos ~ 酔いつぶれる | *sich*⁴ mit Wein ~ ワインに酔う. **II be·trun·ken** → 別出

be·tritt[bətrɪ́t] betreten の現在 3 人称単数; 命令法単数.

be·trof·fen[bətrɔ́fən] **I** betreffen の過去分詞.
II 形 驚いた, 狼狽(ろうばい)している: mit ~*er* Miene びっくりした顔つきで ‖ über *et.*⁴ ~ sein …に驚いて(あわてふためいて)いる | *jn.* ~ machen …を困惑させる | Er blieb ~ stehen. 彼はびっくりして立ち止まった.

Be·trof·fen·heit[–haɪt] 女 -/ 驚愕(きょうがく), 狼狽(ろうばい).

be·trog[bətró:k]¹ betrügen の過去.

be·tro·gen[bətró:gən] betrügen の過去分詞; 過去 1・3 人称複数.

be·tröp·feln[bətrœ́pfəln] ⦅06⦆ (**be·trop·fen**[..trɔ́pfən], **be·tröp·fen**[..trœ́pfən]) 他 (h) ⦅*et.*⁴ mit *et.*³⦆ (…に…を)したたらせる.

be·trop·pezt[bətrɔ́pətst] 形 ⦅オーストリア⦆ (bestürzt) びっくりした; あっけにとられた. [<tropfezen „tröpfeln"]

be·trü·ben[bətrý:bən]¹ **I** 他 (h) **1** 悲しませる, 心を暗くする: Die Nachricht hat ihn sehr *betrübt.* その知らせは彼をひどく悲しませた ‖ ▽再帰 *sich*⁴ über *et.*⁴ ~ …を悲しむ. ▽**2** 濁らせる: Er tut, als ob er kein Wasser *betrübe.* ⦅比⦆ 彼は虫も殺さぬふうを装う. **II be·trübt** → 別出

be·trüb·lich[bətrý:plɪç] 形 悲しい〔気持にさせる〕, 憂鬱(ゆううつ)な; 嘆かわしい: eine ~*e* Nachricht 悲しい知らせ.

Be·trüb·nis[..nɪs] 女 -/..nisse ⦅雅⦆ 悲しみ, 悲嘆, 憂鬱(ゆううつ), メランコリー: eine allgemeine ~ hervorrufen 多くの人々の悲しみを誘う, 広く世人を悲しませる.

be·trübt[bətrý:pt] **I** betrüben の過去分詞.
II 形 悲しげな, 悲しんだ, 悄然(しょうぜん)とした: Ich bin darüber sehr ~. 私はそれが非常に悲しい | mit ~*er* Miene 暗然たる面持ちで ‖ ~ davongehen しょんぼりと立ち去る.

Be·trübt·heit[–haɪt] 女 -/ , **Be·trübt·sein**[..zaɪn] 中 -s/ (betrübt なこと. 例えば:) 悲しみ, 悲嘆.

be·trug[bətrú:k] betragen の過去.

Be·trug[bətrú:k]¹ 男 -[e]s/ (スイス: -[e]s/..trüge[..trý:gə]) ペテン, 詐欺, 欺瞞(ぎまん), ごまかし: **ein frommer ~** (相手または自分をいたわる気持から出た)善意の(ずうずうしい)うそ(ラテン語 pia fraus による) ‖ *sich*³ Geld durch ~ verschaffen ペテンによって金を手に入れる | an *jn.* [einen] ~ verüben ⟨begehen⟩ …に対して詐欺を働く, …をだます.

be·trü·gen*[bətrý:gən]¹ ⦅197⦆ 他 (h) だます, 欺く, ペテンにかける; (浮気をして配偶者を)裏切る: Er hat seine Frau ⟨Sie hat ihren Mann⟩ *betrogen.* 彼は妻を(彼女は夫を)裏切った | Mein Mann hat mich mit meiner Freundin *betrogen.* 夫は私の女友達と浮気をして私を裏切った ‖ *jn.* **beim** ⟨**im**⟩ Spiel ~ …を相手にいかさま賭博(とばく)をやる | Ich bin in allen meinen Erwartungen *betrogen* worden. 私の期待はすべて外れた | *jn.* **um** *et.*⁴ ~ …から…をだまし取る | den Hintern ~ (→Hintern) ‖ 再帰 *sich*⁴ [selbst] ~ 自分を欺く; 勘違いする; あだな望みをいだく ‖〖目的語なしで〗Er *betrügt* oft. 彼はよく人をだます.

Be·trü·ger[..gər] 男 -s/- **1** 詐欺師, ペテン師. **2** (瓶の)上げ底(→ 図 Flasche).

Be·trü·ge·rei[bətry:gəráɪ] 女 -/-en 詐欺, 欺瞞(ぎまん), ごまかし, ペテン.

be·trü·ge·risch[..trý:gərɪʃ] (**be·trüg·lich**[..trý:klɪç]) 形 欺瞞(ぎまん)的, 偽りの, 不正直な, あてにならぬ: in ~*er* Absicht ペテンにかけるつもりで.

be·trun·ken[bətrʊ́ŋkən] **I** betrinken の過去分詞.
II 形 (↔nüchtern) 酔った, 酩酊(めいてい)した: völlig ~ sein 泥酔状態である | in ~*em* Zustand fahren 酔っぱらい運転をする.
III Be·trun·ke·ne 男 女 ⦅形容詞変化⦆ 酔っぱらい.

Be·trun·ken·heit[..haɪt] 女 -/ 酔った(酩酊)状態.

Bet≈saal[bé:t..] 男 (教会の)礼拝(集会)室. ≈**sche·mel** 男 =Betstuhl ≈**schwe·ster** 女 ⦅軽蔑的に⦆ たえず教会もうでをする女, 信心ぶっている女(→ Betbruder). ≈**stuhl** 男 〖カトリック〗 祈禱(きとう)台, 祈禱机 (→ 図). ≈**stun·de** 女 **1** (一定の)礼拝時間. ▽**2** (小さな)祈禱集会, 礼拝. [<beten]

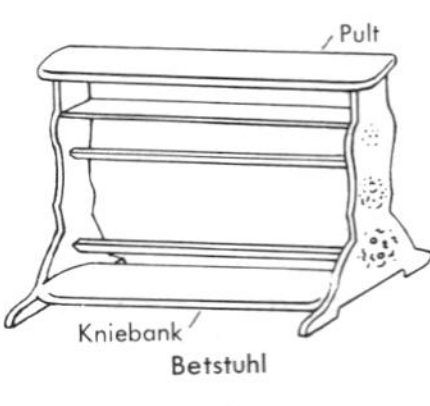

Bett[bɛt] 中 -es(-s)/en (小 **Bett·chen**[bɛ́tçən], **Bett·lein**[..laɪn] 中 -s/-) **1 a)** (英: *bed*) ベッド, 寝台, 寝床(→ 図): ein einschläfriges ⟨zweischläfriges⟩ ~ シングル(ダブル)ベッド | Etagen*bett* 二段ベッド | Kranken*bett* 病人用ベッド ‖ **das ~ hüten müssen** (病気で)床を離れられない | das ~ machen ⟨richten/話: bauen⟩ 寝床を整える, 床をとる; 床をあげる | **das ~ an ⟨bei⟩ fünf Zipfeln** [**an**]**packen wollen** ⦅話⦆ できもしない(むちゃな)事を企てる | **mit** *jm.* **das ~ teilen** ⦅雅⦆ …と夫婦生活をする | das ~ schonen wollen ⦅話⦆ 寝起きがよくない | *jm.* das ~ unterm Arsch wegnehmen ⦅話⦆ …を一文なしにする ‖ *jm.* das Frühstück **ans** ~ bringen 朝食を…のまくら元に運ぶ | **ans ~ gefesselt sein** (病気で)寝たきりでいる | nur schwer **aus** dem ~ kommen なかなかベッドから起きられない(起きたがらない) | aus dem ~ springen ベッドから飛び起きる | *sich*⁴ **ins** ~ begeben / ins ~ gehen 就寝する | *sich*⁴ ins ~ legen 床につく | ***sich*⁴ ins gemachte ~ legen** ⦅比⦆ (幸運にも)気楽な生活ができるようになる | ins ~ machen おねしょする | **mit** *jm.* **ins ~ steigen** ⟨**gehen**⟩ ⦅話⦆ …と同衾(どうきん)する | **zu ~** gehen 就寝する | früh ⟨戯: mit den Hühnern⟩ zu ~ gehen 早寝する | zu ~ liegen ベッドに寝ている; 病床についている | von Tisch und ~ getrennt sein (→Tisch 1) | ein Kind zu ~ bringen 子供をベッドに寝かせる.
b) 〖狩〗 (シカなどの)臥所(ふしど), ねぐら.
2 (Federbett) 〔羽〕ふとん, 寝具: ~*en* aufschütteln 羽ぶとんを振って整える | das ~ neu überziehen 夜具に新しいカバーをつける; 新しいシーツを敷く.
3 a) (Ehebett) 夫婦の寝床: von Tisch und ~ getrennt sein (→Tisch 1). ▽**b)** (Ehe) 結婚生活.
4 a) (Flußbett) 川床. **b)** 〖工〗 (機械などの)〔据え付け〕台, 床(→ 図 Drehbank).
[*germ.* „Schlafgrube"; ◇fossil; *engl.* bed]

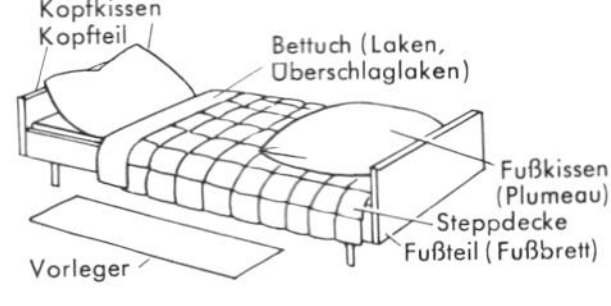

Bett

Bet·tag[bé:t..] 男 祈禱(きとう)日(→Buß-und Bettag). [<beten]

Bett≈an·zug[bɛ́t..] 男 ⦅スイス⦆ =Bettbezug ≈**bank** 女 -/..bänke ⦅オーストリア⦆ =Bettcouch ≈**be·zug** 男 羽根ぶとん・毛布などのカバー.

Bett·chen Bett の縮小形.

Bett≈couch[bɛ́tkaʊtʃ] 女 ソファーベッド. ≈**decke** 女 **1** 掛けぶとん, 毛布: gefütterte ~ 羽ぶとん | wollene ~ 毛布. **2** ベッドの上掛け, ベッドカバー.

Bet·tel[bɛ́təl] 男 -s/ **1** こじき行為, 物ごい: *sich*⁴ vom ~ ernähren こじきをして生活する. **2** ⦅話⦆ (Kram) くだらぬ物, がらくた; くだらぬこと, 小事: Das ist der ganze ~. それはそれだけのことさ | *jm.* **den** [**ganzen**] **~ vor die Füße werfen** ⟨**schmeißen**⟩ …に絶縁状をたたきつける.

bet·tel·arm[bέtəl|árm] 形 ひどく貧乏な.

Bet·tel≠brief 男 (特に金銭の)無心状. **≠brot** 中 施しのパン. **≠bru·der** 男 **1** (Bettler) こじき. **2** =Bettelmönch 2

Bet·te·lei[bɛtəláɪ] 女 -/-en **1** 《単数で》しょっちゅう物ごいすること, こじき商売. **2** しつこくせびること, 無心: Hör endlich mit der ~ auf! いい加減にせがむのはよせ. **3** くだらぬこと, 小事.

Bet·tel·geld[bέtəl..] 中 施し銭; 《比》わずかばかりの金, 涙金: *et.*[4] für ein ~ bekommen 〈hergeben〉 …を二束三文で手に入れる〈手放す〉.

bet·tel·haft 形 《雅》 (erbärmlich) 貧弱な, みじめな: ~ gekleidet sein (こじき同然の)みすぼらしい服装をしている.

Bet·tel≠kram 男 くだらぬ物, がらくた. **≠mann** 男 -[e]s/..leute **1** (Bettler) こじき. **2** 《トランプ》こじき遊び(一人が他人のカードを全部取るまで続ける). **≠men·ta·li·tät** 女 乞食〈たかり〉根性. **≠mönch** 男 **1** こじき僧, 托鉢(たく)僧. **2** 《カトリック》托鉢修道会士(→Bettelorden).

bet·teln[bέtəln] 《06》 自 (h) **1 a)** こじきをする, 物ごいする: auf der Straße 〈an den Türen〉 ~ 往来〈戸口〉で物ごいする | um Almosen ~ 施しを請う | ~ gehen こじきをして歩く | bitten und ~ (→bitten 1 a ③) ‖ Kunst geht nicht ~. 《諺》芸は身を助く | Die Kunst geht ~. 《比》芸術家は貧乏する | *Betteln* und Hausieren verboten! 物ごい行商を禁ず. **b)** 再帰 *sich*[4] durch das Land ~ 国じゅうをこじきをして回る. **2** 《比》(子供などが)しつこくねだる, 無心する; しきりに頼む, 哀願する: um Schokolade ~ チョコレートをねだる | bei *jm.* um Gnade ~ …に慈悲を哀願する | Er *bettelte* in seinen Briefen, ihn doch zu besuchen. 彼は手紙でしきりにぜひ自分を訪ねてくるようにと書いて寄こした | Es half kein Bitten und kein *Betteln.* いくら懇願してもむだだった〈どうにもならなかった〉. [*ahd.*; ◇bitten]

Bet·tel≠or·den 男 《カトリック》托鉢(たく)修道会(ドミニコ会・フランシスコ会・カルメル会・聖アウグスティノ隠修士会など). **≠pack** 中 =Bettelvolk **≠sack** 男 ▽**1** こじき袋, ずだ袋. **2** うるさく頼む人〈子供〉. **≠stab** 男 こじきの杖(つえ): 《ふつう次の成句で》 ***jn.* an den ~ bringen** 〔しだいに〕…を貧乏のどん底に追いやる〈経済的に破滅させる〉 | **an den ~ kommen** こじき同然の貧乏暮らしに陥る. **≠stolz** 男 こじきの誇り, 不相応な気位, やせ我慢. ▽**≠sup·pe** 女 (こじきに施す)スープ; 《軽蔑的に》ひどく薄いスープ; 栄養の乏しい食べ物; 値打ちの乏しいもの〈贈り物〉: Was in den Reden geboten wurde, war recht breite ~ . 演説の中身はまことにお粗末なものだった. **≠vogt** 男 (昔の)こじき取り締まり役人; 下級警官. **≠volk** 中 -[e]s/ こじきども; 《軽蔑的に》賤民(せんみん)〈貧民〉ども. ▽**≠weib** 中 (Bettlerin) こじき女.

bet·ten[bέtən] 《01》 他 (h) **1** (そっと)寝かせる, 横たわらせる; 寝床へ入れる: *jn.* aufs 〈auf dem〉 Sofa ~ …をソファーに横たえる | einen Toten in die Erde ~ 《雅》死者を埋葬する | *jn.* zur letzten Ruhe ~ (→Ruhe 1) ‖ 再帰 *sich*[4] ~ 寝床に入る, 就寝する | *sich*[4] auf den Mantel ~ コートをふとん代わりにしてその上に寝る | ***sich*[4] weich ~** 《比》(幸運にも)裕福になる | Wie man sich *bettet*, so schläft 〈liegt〉 man. 《諺》因果応報, 身から出たさび ‖ 《過去分詞で》〔nicht〕 auf Rosen *gebettet* sein (→Rose 1) | **weich *gebettet* sein** 《比》(幸運にも)裕福に暮らしている. **2** (einbetten) 埋め〈はめ〉込む: Das Dorf ist in grüne Wiesen *gebettet.* 村は緑の草原に取り囲まれている | Der Edelstein war in Gold *gebettet.* 宝石は黄金にはめ込んであった.

Bet·ten≠ma·chen[bέtən..] 中 -s/ ベッドメーキング, ベッドの支度. **≠man·gel** 男 -s/ ベッド数の不足.

Bett≠fe·der[bέt..] 女 -/-n **1** 《複数で》(羽ぶとん・まくらなどに入れる)羽毛. **2** ベッドのスプリング. **≠fla·sche** 女 《スイス》 (Wärmflasche) 湯たんぽ. **≠ge·her** 男 《オーストリア》 (Schlafgänger) (ベッドだけを賃借りしている)宿泊人. **≠ge·nos·se** 男 (⊛ **≠ge·nos·sin**) 同衾(どうきん)の相手. **≠ge·stell** 中 ベッドの架台〈フレーム〉. **≠häs·chen** 中, **≠ha·se** 男 《話》 (官能的な)色女. **≠him·mel** 男 ベッドの天蓋(てんがい) (→ 図 Himmelbett).

Bett·hup·ferl[..hʊpfərl] 中 -s/- 《方》寝る前につまむ菓子; 寝酒. [＜Hüpfer]

Bet·ti[bέti·] 女名 (＜Babette, Elisabeth) ベッティ. [◇ *engl.* Betty]

..bettig[..bɛtɪç][2] 《数詞などにつけて「…のベッドをもつ」を意味する形容詞をつくる》: ein*bettig* ベッドが一つの. [＜Bett]

Bet·ti·na[bɛtí:na·] 女名 ベッティーナ.

Bet·ti·ne[..nə] 女名 ベッティーネ.

Bettisch[bέttɪʃ] 男 (Nachttisch) ナイトテーブル, 寝室用小卓.

Bett≠jacke 女, **≠jäck·chen** 中 (寝室で防寒用にはおる)ベッドジャケット. **≠kan·te** 女 ベッドのふち. **≠kar·te** 女 《鉄道》寝台券. **≠ka·sten** 男 ベッドの箱枠. **≠kis·sen** 中 まくら. **≠la·de** 女 《南部・オーストリア》=Bettgestell

bett·lä·ge·rig[..lɛ:gərɪç][2] 形 病床にある: ein ~*er* Patient 寝たきりの患者 ‖ Er ist seit zwei Jahren ~. 彼は2年前から床についたままである. [＜Bettlager „Krankenbett"]

Bett·lä·ge·rig·keit[..kaɪt] 女 -/ 寝たきりの状態, 闘病生活.

Bett·la·ken 中 《北部》 (Bettuch) 敷布, シーツ.

Bett·lein Bett の縮小形.

Bett·lek·tü·re[bέt..] 女 (就寝前の)ベッドでの読み物.

Bett·ler[bέtlər] 男 -s/- (⊛ **Bett·le·rin**[..lərɪn]-/-nen) こじき, 物もらい: *jn.* zum ~ machen 《比》…を貧乏にする. [*ahd.*; ◇betteln]

Bett·ler≠har·fe 女 (Gitarre) ギター. **≠lei·er** 女 (Drehleier) 手回しオルガン. **≠stolz** =Bettelstolz **≠zin·ken** 男 (建物・戸口などにつける)こじき仲間の暗号.

Bett≠nach·bar[bέt..] 男 (⊛ **≠nach·ba·rin**) (病院などで)隣のベッドの患者〈人〉. **≠näs·sen** 中 -s/ 寝小便; 《医》夜尿症. **≠näs·ser**[..nɛsər] 男 -s/- 寝小便をする〈夜尿症の〉人. **≠pfan·ne** 女 =Bettschüssel **≠pfo·sten** 男 ベッドの柱脚. **≠pfühl** 男 《雅》柔らかなベッド. **≠pol·ster** 男 《オーストリア》=Bettkissen **≠rand** 男 =Bettkante **≠ru·he** 女 《医》床上安静: *jm.* absolute ~ verordnen (医者が)…に絶対安静を命じる. **≠schirm** 男 ベッド用ついたて, まくら屏風(びょうぶ). **≠schüs·sel** 女 (病人用の)差し込み便器(→ 図 Schüssel). **≠schwe·re** 女 -/ 眠け, 睡魔: **die nötige ~ haben** 《話》〔酒が効いて〕眠くな〔ってい〕る | *sich*[3] ~ antrinken 寝酒を飲む. **≠ses·sel** 男 ソファーベッド. **≠stel·le** 女 (南部・オーストリア): **≠statt** 女 -/..stätten) =Bettgestell **≠sze·ne** 女 《映》ベッドシーン. **≠tisch** = Bettisch **≠tuch** = Bettuch[1] **≠über·zug** 男 =Bettbezug

Bettuch[1] (**Bett·tuch**)[bέttu:x] 中 -[e]s/..tücher 敷布, シーツ(→ 図 Bett).

Bet·tuch[2][bé:t..] 中 -[e]s/..tücher (ユダヤ人の)祈禱(きとう)の際に用いるかぶり布. [＜beten]

Bet·tung[bέtʊŋ] 女 -/-en **1** 床, 土台, 台座, 基礎. **2** 《鉄道》道床(→ 図 Gleis). **3** 《軍》砲床.

Bett≠vor·hang[bέt..] 男 ベッドのカーテン. **≠vor·la·ge** 女, **≠vor·le·ger** 男 **1** (ベッドのわきの)小さな敷物〈じゅうたん〉, ベッドサイドマット. **2** 《戯》(顔一面の)長い豊かなひげ; 《戯》毛のふさふさした犬. **≠wan·ze** 女 《虫》トコジラミ(床虱)科の昆虫. **≠wär·mer** 男 湯たんぽ. **≠wä·sche** 女 -/ ベッド用布類(シーツ・まくらカバー・掛けぶとんカバーなど). **≠zeug** 中 -[e]s/ 《集合的に》寝具類. **≠zie·che** 女 =Bettbezug **≠zip·fel** 男 シーツ〈ふとんカバー〉の端: **nach dem ~ schielen** 〈schnappen〉《話》ひどく眠たがっている | **Der ~ winkt.** 《戯》眠い.

be·tucht[bətú:xt] 形 《話》 (wohlhabend) 裕福な. [*jidd.*]

be·tu·lich[bətú:lɪç] 形 **1** 世話好きな; まめまめしい, 親切な; (zutraulich) 人なつこい: für *jn.* ~ sorgen かいがいしく…の世話をやく. **2** (gemächlich) ゆったりした, くつろいだ.

Be·tu·lich·keit[‒kaɪt] 女 -/ betulich なこと.

be·tun*[bətú:n] 《198》 他 (h) **1** 《話》 再帰 *sich*[4] ~ やたらに世話をやく; なれなれしくする. **2** 《話》 再帰 *sich*[4] ~ 気取〔って遠慮す〕る. **3** 《話》 再帰 *sich*[4] ~ (糞便(ふんべん)で)服をよごす.

be·tup·fen[bətʊ́pfən] (**be·tüp·feln**[..tʏ́pfəln] 《06》)

B

他 (h) **1** 軽く触れる; (ハンカチなどを)軽く当ててふく; (クリームなどを)軽くすりこむ: den Mund mit einer Serviette ~ 口もとをナプキンでぬぐう | die Wunde mit Watte ~ 傷口を脱脂綿でふきとる ‖ das Gesicht mit Kölnisch Wasser ~ 顔にオーデコロンを軽くすりこむ. **2** 斑点(はん)〈しみ〉をつける: ein bunt *betupftes* 〈*betüpfeltes*〉 Kleid 色とりどりの水玉模様のワンピース.

B

be·tup·pen[bətúpən] 他 (h) 《方》(betrügen) (*jn.*) だます, 欺く, ぺてんにかける.

be·tü·tern[bətý:tərn] 《05》 **I** 他 (h) 《北部》 **1** (*jn.*) (…に)おせっかいをやく. **2** 再帰 *sich*[4] ~ ほろ酔い気分になる.

II be·tü·tert 過分 形 **1** ほろ酔いの. **2** (verrückt) 頭がどうかしている. [<tüdern]

Beu·che[bɔ́yçə] 女 -/-n 漂白用アルカリ液.

beu·chen[bɔ́yçən] 他 (h) (布などを)アルカリ液で漂白する.

beug·bar[bɔ́ykba:r] 形 **1** 曲げられる. **2** (flektierbar) 〖言〗語形変化の可能な.

Beu·ge[bɔ́ygə] 女 -/-n **1 a)** (腕などを)曲げること, 曲げた状態. **b)** (Rumpfbeuge) 〖体操〗(上体の)前屈; 後屈; 側屈. **2** (手足の曲がる部分. 例えば:) ひじ〈ひざ〉の内側; ひかがみ. **3** (おけ屋の)たが曲げ具. [*mhd.*; ◇beugen]

Beu·ge≈haft 女 〖法〗強制拘禁. **≈hang** 男 〖体操〗(鉄棒・つり輪での) 屈腕懸垂(→図).

Beugehang

Beu·gel[bɔ́ygəl] 中 -s/- 《オーストリア》(Hörnchen) クロワッサン. [<Baug „Spange" (◇biegen); ◇*engl.* bagel]

Beu·ge·mus·kel 男 (↔ Streckmuskel) 〖解〗屈筋.

beu·gen[bɔ́ygən][1] **I** 他 (h) **1** (直立したものを)曲げる, かがめる: den Arm 〈das Knie〉 ~ 腕〈ひざ〉を曲げる | den Oberkörper nach vorn ~ 上体を前にかがめる | *jm.* den Nacken 〈den Rücken〉 ~ (→Nacken 1 a, →Rücken 1) ‖ *gebeugt* gehen 腰をかがめて歩く ‖ 再帰 *sich*[4] ~ 身をかがめる | *sich*[4] aus dem Fenster ~ 窓から身を乗り出す. **2** 《雅》屈従〈屈服〉させる: *js.* Hochmut ~ …の慢心をくじく | Der Kummer hat ihn *gebeugt.* 悲しみが彼を打ちのめした ‖ tief *gebeugt* von Sorgen 憂いに深く沈んで ‖ 再帰 *sich*[4] dem Schicksal ~ 運命に屈する | *sich*[4] vor *jm.* ~ …に屈服する. **3** das Gesetz 〈das Recht〉 ~ 〖法〗法を曲げる. **4** (flektieren) 〖言〗語形変化させる, 屈折〈曲折〉させる: ein stark *gebeugtes* Verb 強変化動詞. **5** (ablenken) 〖理〗(光線・電波などを)回折させる.

II 自 (h) 〖言〗語形変化をする, 曲折する: Diese Verben *beugen* schwach. これらの動詞は弱変化する.

[*germ.*; ◇biegen]

Beu·ger[bɔ́ygər] 男 -s/- (↔Strecker) 〖解〗屈筋.

Beu·ge≈stra·fe[bɔ́ygə..] 女 〖法〗強制罰; 《カトリック》懲戒罰. **≈stütz** 男 〖体操〗(平行棒・つり輪での) 屈腕支持(→図).

Beugestütz

[▽]**beug·sam**[bɔ́ykza:m] 形 曲げられる; 《比》柔軟な, 妥協的な, 従順な.

Beu·gung[bɔ́ygʊŋ] 女 -/-en **1** 曲げること, 屈曲: die ~ des Rechts (恣意的に)法を曲げること. **2** 〖理〗(光線などの)回折. **3** (Flexion) 〖言〗語形変化, 屈折, 曲折: starke 〈schwache〉 ~ (名詞・動詞などの)強〈弱〉変化.

Beu·gungs·en·dung 女 〖言〗変化語尾.

beu·gungs·fä·hig =beugbar

Beu·gungs·git·ter 中 〖光〗回折格子.

Beu·le[bɔ́ylə] 女 -/-n **1 a)** (打撲などによる)こぶ, 腫脹(しゅちょう); 打撲血瘤(けつりゅう): Er hat eine ~ an der Stirn. 彼は額にこぶができている. **b)** (Frostbeule) しもやけ, 凍傷. **2** (衝撃などによる)でこぼこ, へこみ: Das Auto hat schon ein paar ~*n* bekommen. この自動車はもう二三か所でこぼこができている. **3** 〖工〗浮き出し細工. [*westgerm.*; ◇Buckel, Bausch, Beutel[2]; *engl.* boil]

beu·len[bɔ́ylən] **I** 自 (h) (布などが)しわになる; (上着のそで・ズボンのひざなどが)ぬける. **II** 他 (h) **1** (板金をたたいて)ふくらみをつける. **2** 再帰 *sich*[4] ~ (布などが)しわになる; (上着のそで・ズボンのひざなどが)ぬける; (カバンなどが)ふくらむ.

Beu·len·pest 女 〖医〗腺(せん)ペスト.

beu·lig[bɔ́ylɪç][2] 形 こぶのできた; でこぼこになった.

Beun·de[bɔ́yndə] 女 -/-n 《南部・スイス》囲い地. [*ahd.*]

be·un·ru·hi·gen[bəlʊ́nru:ɪgən][2] 他 (h) 不安にする, 心配させる, 悩ます: den Feind durch Geschützfeuer ~ 敵を砲火で悩ます | Er ist über die Nachricht 〈wegen der Nachricht〉 *beunruhigt.* 彼はその知らせで不安になっている ‖ 再帰 *sich*[4] ~ 不安を感じる, 心配する | *sich*[4] um *jn.* 〈*et.*[4]〉 ~ …を案じる, …のために心配する, …のことで気をもむ ‖ eine *beunruhigende* Nachricht 気がかりな知らせ | Es ist sehr *beunruhigend*, daß er nicht kommt. 彼が来ないのがひどく心配だ. [<unruhig]

Be·un·ru·hi·gung[..gʊŋ] 女 -/-en **1** 《単数で》不安にする〈悩ませる〉こと. **2** 不安, (心の)動揺, 煩悶(はんもん).

..beuren[..bɔyrən] 《本来は「家々・集落」を意味し, 地名に見られる》: Blau*beuren* | Benedikt*beuren* [◇Bauer[1]]

be·ur·grun·zen[bəlú:rgrʊntsən] 《02》 他 (h) 《戯》詳しく調べる. [◇Urgrund]

be·ur·kun·den[bəlú:rkʊndən][1] 《01》 他 (h) **1** 文書に記録する, 登録〈登記〉する; 文書で証明する; 公証する: *et.*[4] in den Akten ~ …を文書に載せる. [▽]**2** (bezeugen) 証明〈立証〉する, 明らかにする: *seine* Gesinnung ~ 見解を表明する ‖ 再帰 *sich*[4] ~ 明らか〈あらわ〉になる.

Be·ur·kun·dung[..dʊŋ] 女 -/-en (beurkunden すること. 特に:) 登録, 文書〈証書〉作成.

be·ur·lau·ben[bəlú:rlaubən][1] 他 (h) (*jn.*) (…に)休暇を与える, 賜暇する; 一時解雇する; 〖軍〗帰休させる, 予備役にする: 再帰 *sich*[4] ~ 辞去する; 退職する. [<Urlaub]

Be·ur·lau·bung[..bʊŋ] 女 -/-en 賜暇; 一時解雇; 〖軍〗帰休, 予備役編入.

be·ur·tei·len[bəlʊ́rtaɪlən] 他 (h) 判断〈判定〉する; 評価する; 批判する: *et.*[4] richtig 〈falsch〉 ~ …を正しく〈誤って〉評価する | ein Buch ~ 本を批評する | *js.* Leistung ~ …の業績を評価する | *jn.* nach *seinem* Äußeren ~ …を外見で判断する.

Be·ur·tei·ler[..lər] 男 -s/- 判断〈判定〉者; 批評〈批判〉家.

Be·ur·tei·lung[..lʊŋ] 女 -/-en **1** 判断, 判定; 評価; 批判, 批評; 〖哲〗価値判断. **2** 判定書.

Beu·schel[bɔ́yʃəl] **I** 中 -s/- 《オーストリア》 **1** (子牛・子羊の肺臓・心臓を用いた)臓物料理. **2** (コイの)臓物(白子・卵巣を含む). **3** 《俗》 **a)** (Lunge) 肺. **b)** (人間の)内臓.

II 男 -s/- 〖坑〗大ハンマー. [<Bausch]

beut[bɔyt] bietet (bieten の現在 3 人称単数)および biet[e] (bieten の命令法単数)の雅語形.

Beu·te[1][bɔ́ytə] 女 -/-n 《方》 **1** (Backtrog) (パン粉の)こねおけ. **2** (Bienenstock) ミツバチの巣〔箱〕. [*ahd.*; <*ahd.* biot „Brett"]

Beu·te[2][–] 女 -/ **1 a)** 《集合的に》獲物; 略奪品, 盗品; 戦利品; (猛獣の)えじき: eine leichte ~ 《比》容易に獲得〈入手・達成〉できるもの ‖ ~ machen ぶんどる ‖ auf ~ ausziehen 略奪に〈獲物をとりに〉出かける | einer Krankheit[3] zur ~ fallen 病気で死ぬ ‖ **des Wahnsinns fette 〈kesse〉 ~ sein** 《話》完全に気が狂っている. **b)** 《雅》(Opfer) 犠牲: eine ~ des Ehrgeizes 名誉欲の犠牲. **2** (↔Räuber) 〖生〗被食者. [*mndd.* būte „Verteilung"–*mhd.*; ◇be.., aus]

beu·te·gie·rig 形 獲物〈えじき〉を求める, 獲物に飢えた.

Beu·te·kunst 女 -/ 《集合的に》(戦争中などに他国によって)略奪された芸術作品.

Beu·tel[1][bɔ́ytəl] 男 -s/- **1** =Beitel **2** (Flachsklopfe) 亜麻打ち用の棒. [*mndd.* bötel; <*ahd.* bōzzan „stoßen"; ◇Beat, boßeln, Amboß; *engl.* beetle]

Beu·tel[2][–] 男 -s/- **1 a)** 袋: die Wäsche in den ~ stecken (汚れた)洗濯物を袋に入れる. **b)** 《話》(Geldbeutel) 財布, きんちゃく: den ~ aufmachen 〈ziehen〉 金を払う | den ~ festhalten 〈zuhalten〉 財布の口をしめている, 金を出ししぶる | **sich[3] den ~ füllen** 《話》金をためこむ | einen gefrorenen ~ haben けちである | Mein ~ ist leer. 私は一文なしだ | Das erlaubt mein ~ nicht. それは私のふところ具合が許さない ‖ Das geht **an** den ~ . それは金がかかる | die Hand **auf** dem ~ haben / den Daumen auf den ~ halten 財布の口をおさえて金を出さない(けちである) | *sich*[3] **in** den ~ lügen (実際は損をしたのに)もうけた気になる | **tief in den ~ greifen müssen**《話》大金を払わされる | Das riß ein großes ⟨arges⟩ Loch in meinen ~ . そのために私はひどく散財させられた | **arm am ~, krank am Herzen**《雅》懐寂しく心は病んで (Goethe; しばしば戯れに用いられる). **c)**〘動〙(カンガルーなどの)育児嚢(のう). **d)**《卑》(Hodensack) 陰嚢(いんのう). **2**《(オーストリア)》(Trottel) ばか者, うすのろ. **3** =Beuteltuch [*ahd.* būtil; ◇Beule]

Beu·tel≠bär 男 =Koala ≠**mar·der** 男 **1**〘動〙フクロネコ(袋猫). ᵛ**2** =Beutelschneider ≠**maul·wurf** 男〘動〙フクロモグラ(袋土竜). ≠**mei·se** 女〘鳥〙ツリスガラ(吊巣雀).

beu·teln[bɔ́ʏtəln]《06》**I** 他 (h) **1** 再帰 *sich*[4] ~ (衣服が)よれよれ(ぶかぶか)になる: Die Hose *beutelte* sich[4] an den Knien. ズボンのひざがぬけた. **2**《話》《*jn.*》(…に)びんた(平手打ち)を食らわす. **3 a)**《南部・(オーストリア)》(schütteln)《*jn.*》振り動かす: Er packte mich bei den Schultern ⟨im Nacken⟩ und fing an, mich zu ~. 彼は〔こらしめのために〕私の両肩(首筋)をつかんで揺さぶり始めた. ᵛ**b)** 篩(ふるい)布でふるう: Mehl ~ 粉をふるう. **4**《方》《*jn.*》(賭博(とばく)などで…から)金を巻き上げる; (…を)だまして利益を得る. **5**《ふつう次の成句で》**arg ⟨hart⟩ *gebeutelt* sein**《話》困難な問題をかかえている. **II** 自 (h) = I 1

Beu·tel≠rat·te[bɔ́ʏtəl..] 女〘動〙フクロネズミ(袋鼠), オポッサム(中南米産の有袋類). ᵛ≠**schnei·der** 男 (Taschendieb) きんちゃく切り, すり;《比》(Nepper) (安物を法外に高く売りつける)詐欺師.

Beu·tel·schnei·de·rei[bɔʏtəl..] 女 すり取ること; 安物を法外に高く売りつけること, 詐欺: Das ist ~ ! (高い値段に驚いて)まるで詐欺同然じゃないか.

ᵛ**Beu·tel·sieb**[bɔ́ʏtəl..] 中 =Beuteltuch

Beu·tel≠star 男 -[e]s/-e〘鳥〙コウライウグイス(高麗鶯)(南米産). ≠**tier** 中〘動〙有袋類. ᵛ≠**tuch** 中 -[e]s/..tücher (穀粉などの)篩(ふるい)布.

beu·te≠lü·stern[bɔ́ʏtə..] 形, ≠**lu·stig** 形 獲物(えじき)を欲しがっている, 略奪好きの. [<Beute[2]]

Beu·tel·wolf[bɔ́ʏtəl..] 男〘動〙フクロオオカミ(袋狼).

beu·ten[bɔ́ʏtən]《01》他 (h) (野生のミツバチ群を)巣〔箱〕に入れる. [<Beute[1]]

Beu·te≠recht[bɔ́ʏtə..] 中〘法〙鹵獲(ろかく)権. ≠**zug** 男 略奪行, 侵略. [<Beute[2]]

Beut·ler[bɔ́ʏtlər] 男 -s/- **1** =Beuteltier ᵛ**2** 袋物師; 財布職人; 皮革職人. [<Beutel[2]]

Beut·ner[bɔ́ʏtnər] 男 -s/- 〔野生〕ミツバチ飼育者, 養蜂(ようほう)家. [<beuten]

beutst[bɔʏtst] bietest (bieten の現在 2 人称単数)の雅「語形.」

ᵛ**be·vet·tern**[bəfɛ́tərn]《05》他 (h)《*jn.*》(…に)なれなれしい態度をとる. [<Vetter]

ᵛ**be·vog·ten**[bəfó:ktən]《01》他 (h) **1**《(スイス)》(bevormunden) 後見する. **2** (beherrschen) 支配する. [<Vogt]

be·völ·kern[bəfœ́lkərn]《05》他 (h) **1** (土地に)人を住まわせる, 植民する, 住民で満たす: 再帰 *sich*[4] ~ 人が住む, 住民でいっぱいになる | Allmählich *bevölkerte* sich die ganze Insel. しだいに島全体に人が住むようになった ‖ stark ⟨schwach⟩ *bevölkerte* Gebiete 人口稠密(ちゅうみつ)(希薄)な地域. **2** (人々が特定の場所に)群がる: Viele Urlauber *bevölkerten* den Strand. 休暇をとった人たちが海岸にあふれた ‖ 再帰 *sich*[4] ~ 人であふれる | Die Straßen *bevölkerten* sich allmählich. 通りはしだいに人でいっぱいになった ‖ Die Kneipen waren abends von Soldaten *bevölkert.* 晩になると酒場は兵士たちでいっぱいだった. [<Volk]

Be·völ·ke·rung[..fœ́lkərʊŋ] 女 -/-en《ふつう単数で》**1** (ある地域の)全住民; 人口: die gesamte ~ eines Landes ある国の総人口(全国民) | die werktätige ~ 職業人口. ᵛ**2** 植民.

Be·völ·ke·rungs≠ab·nah·me 女 人口減少. ≠**be·we·gung** 女 人口の増減(移動), 人口動態. ≠**dich·te** 女 人口密度. ≠**druck** 男 -[e]s/ 過剰人口による〔政治的・経済的〕圧迫. ≠**ex·plo·sion** 女 人口爆発(人口の急激な増加). ≠**kreis** 男 住民居住地域. ≠**leh·re** 女 -/ 人口論, 人口学説. ≠**po·li·tik** 女 人口政策.

be·völ·ke·rungs·po·li·tisch 形 人口政策上の.

Be·völ·ke·rungs≠schicht 女〘社〙住民階層. ≠**schutz** 男 (災害時の)住民救護: ziviler ~ 民間人(非戦闘員)の救護(=Zivilschutz). ≠**schwund** 男 人口減少, 過疎化. ≠**sta·ti·stik** 女 人口統計. ≠**struk·tur** 女 人口構成. ≠**über·schuß** 男 人口過剰(過密). ≠**zahl** 女 人口. ≠**zu·nah·me** 女, ≠**zu·wachs** 男 人口増加.

be·voll·mäch·ti·gen[bəfɔ́lmɛçtɪgən][2] 他 (h)《*jn.* 〔zu *et.*[3]〕》(…に〔…の〕)全権を委任する: Die Regierung *bevollmächtigte* ihn zu diesen Maßnahmen. 政府は彼にこの措置の全権を与えた | Er ist 〔dazu〕 *bevollmächtigt,* den Vertrag zu unterzeichnen. 彼は条約調印の全権をゆだねられている ‖ ein *bevollmächtigter* Botschafter 全権大使 | der ⟨die⟩ *Bevollmächtigte* 全権代表(委員); 全権使節; 受権者, 代理人. [<Vollmacht]

Be·voll·mäch·ti·gung[..gʊŋ] 女 -/-en《ふつう単数で》全権委任, 授権, 代理権授与; 全権.

be·vor[bəfó:r] 接《従属》**1** (英: *before*) (ehe)《時間的》…する前に, …に先立って, …しないうちに: *Bevor* wir verreisen, müssen wir unseren Koffer packen. 旅行に出かける前に 私たちはトランクの荷造りをしなければならない | Ich kam nach Hause, ~ Vater da war. 私は父が帰宅しないうちに帰宅した | Nicht öffnen, ~ der Zug hält. (ドアの注意書き)列車が止まらないうちにあけないこと ‖ Er verließ uns, noch ~ wir ihn begrüßt hatten. 私たちのあいさつの言葉が終わらないうちに 彼は行ってしまった | Kurz ⟨Lange⟩ ~ das Unwetter losbrach, erreichten wir die Schutzhütte. あらしの始まる直前(ずっと前)に 我々は避難小屋についた.

2《条件的》《多少とも時間的意味が並存していて, しばしば本来無用な nicht がそえられ, 主文も否定文である》…しないうちは, …しない限りは: *Bevor* du nicht unterschreibst ⟨unterschrieben hast⟩, bekommst du das Geld nicht. 君が署名しないうちは金はやらないぞ | Du kannst nicht gelobt werden, ~ du 〔nicht〕 etwas geleistet hast. 君が何かやりとげないうちは ほめるわけにはいかないよ.

[*ahd.* bī fora „vorn"; ◇*engl.* before]

be·vor·mun·den[bəfó:rmʊndən][1]《01》他 (h) (年少者を)後見する;《比》保護監督下に置く, (自立性を認めずに)操る: Ich lasse mich von niemand ~. 私はだれの指図も受けない | Das Land wurde von seinem Nachbarland *bevormundet.* その国は隣国に保護領化された. [<Vormund]

Be·vor·mun·dung[..dʊŋ] 女 -/-en 後見〔人による監督〕;《比》監督.

be·vor·ra·ten[bəfó:rra:tən]《01》《過 bevorratete; 過分 bevorratet》他 (h)《*et.*[4] 〔mit *et.*[3]〕》(…に〔…を〕)貯蔵(備蓄)する: Das Kaufhaus ist gut *bevorratet.* このデパートはよく品物がそろっている | die für den Winter *bevorrateten* Lebensmittel 冬に備えての貯蔵食品. [<Vorrat]

Be·vor·ra·tung[..tʊŋ] 女 -/ bevorraten すること;《集合的に》貯蔵品, ストック.

be·vor·rech·ti·gen[bəfó:rrɛçtɪgən][2] (ᵛ**be·vor·rech·ten**[..tən])《01》他 (h)《*jn.*》(…に)優先権(特権)を与える: zu *et.*[3] *bevorrechtigt* ⟨*bevorrechtet*⟩ sein …に対する特権が与えられている | eine *bevorrechtigte* ⟨*bevorrechtete*⟩ Minderheit 特権を与えられた少数者. [<Vorrecht]

Be·vor·rech·ti·gung[..tɪgʊŋ] (ᵛ**Be·vor·rech·tung**[..tʊŋ]) 女 -/-en 優先権(特権)賦与: die ~ der Fußgänger 歩行者優先.

be·vor·schus·sen[bəfó:rʃʊsən]《03》他 (h)《官》**1**

(vorausbezahlen)《*jm. et.*⁴》(給料などを)前払いする, 前貸しする, 立て替える. **2**《*et.*⁴》(企業などに)融資する: Die Firma wurde von der Bank *bevorschußt.* 会社は銀行から融資を受けた. [<Vorschuß]

Be·vor·schus·sung[..sʊŋ] 女 -/-en《ふつう単数で》bevorschussen すること.

be·vor|ste·hen*[bəfóːrʃteːən]《182》自 (h) 間近に迫っている, 間近い;《*jm.*》(…の身に)迫っている, 切迫している: Seine Ankunft *steht* unmittelbar *bevor.* 彼の到着が目前に迫っている | Ihm *stand* etwas Schlimmes *bevor.* 彼の身に悪いことが起こりそうだった ‖ die *bevorstehende* Abreise 間近に迫った旅立ち | die *bevorstehende* Gefahr 身近に迫った危険.

be·vor·tei·len[bəfɔ́rtaɪlən] 他 (h) **1**《*jn.*》優遇する,(…に)利益を与える. ▽**2** (übervorteilen) 欺く. [<Vorteil]

be·vor·wor·ten[bəfóːrvɔrtən]《01》他 (h)《*et.*⁴》(…に)序文を書き添える. [<Vorwort]

be·vor·zu·gen[bəfóːrtsuːgən]¹ 他 (h) **1** (↔benachteiligen)《*jn./et.*⁴》(他よりも)有利に扱う, 優遇する; ひいきする, 引き立てる,(…に)目をかける; (…に)特典〈特権〉を与える: *jn.* vor anderen³ ～ …を他の人たちよりもひいきする | einen Schüler ～ (教師が)生徒をひいきする ‖ eine *bevorzugte* Stellung einnehmen 特権的な〈優遇された〉地位を占める | *jn. bevorzugt* behandeln …を優遇する, …を優先的に取り扱う. **2**《*jn./et.*⁴》他よりも好む: Weißwein ～ 白ワインを好む | Diese Pflanze *bevorzugt* einen Sandboden. この植物は砂地を好む | Er *bevorzugt* Blondinen. 彼はブロンドの女性が好みだ. [<Vorzug]

Be·vor·zu·gung[..gʊŋ] 女 -/-en bevorzugen すること.

be·wa·chen[bəváxən] 他 (h) **1** 監視する, 見張る, 見守る; 警護〈護衛〉する: Gefangene 〈eine Tür〉 ～ 捕虜たち〈戸口〉を見張る | Der Hund *bewacht* das Kind. 犬が子供の番をする. **2**〚球技〛《*jn.*》(敵を)マークする.

be·wach·sen*[bəváksən]《199》他 (h) (植物が茂って)覆い隠す: Efeu *bewächst* die Mauer. / Die Mauer ist mit Efeu *bewachsen.* 塀はキヅタで覆われている. [◇Bewuchs]

Be·wach·sung[..sʊŋ] 女 -/-en **1**《単数で》(植物が)一面に茂ること. **2** 一面に茂った植物.

Be·wa·chung[bəváxʊŋ] 女 -/-en **1** 監視, 見張り; 護衛;〚球技〛(相手の)マーク: *jn.* unter ～⁴ stellen …を監視する. **2**《集合的に》監視人, 見張り役; 護衛者;〚軍〛衛兵: die ～ verstärken 監視人の数を増す.

Be·wa·chungs⸗fahr·zeug 中〚軍〛護衛艦〈船〉. **⸗fir·ma** 女 警備保障会社. **⸗ge·wer·be** 中〚法〛監視業(警備会社など). **⸗mann·schaft** 女 護衛隊.

be·waff·nen[bəváfnən]《01》他 (h) (…に)武器を持たせる, 武装させる;《比》装備〈装具〉させる: 再帰 *sich*⁴ mit *et.*³ ～ …で武装する;《戯》…を身に携える | *sich*⁴ mit einer Keule ～ こん棒を武器として持つ | *sich*⁴ mit einem Regenschirm ～ 雨傘を用意〈携行〉する ‖ *bewaffnete* Neutralität 武装中立 | *bewaffnete* Organe (旧東ドイツで)武装機関(軍隊・警官隊・国境警備隊など公的に武装している団体の総称) | mit *bewaffnetem* Auge 肉眼〈裸眼〉でなく(めがね・望遠鏡などを用いて) | mit einem Fernglas *bewaffnet* 望遠鏡を携えて | bis an die Zähne *bewaffnet* sein (→Zahn 1) ‖ der 〈die〉 *Bewaffnete* 武装した人. [◇Waffe]

Be·waff·nung[..nʊŋ] 女 -/-en《ふつう単数で》武装, 軍備;《集合的に》兵器.

Be·wahr·an·stalt[bəváːr..] 女 託児所; 少年保護施設.

be·wah·ren[bəváːrən] 他 (h) **1** (心の中に)とどめる;《雅》(aufbewahren) 保存する: die Worte in *seinem* Gedächtnis 〈im Herzen〉 ～ その言葉を記憶にとどめる〈胸のうちにしまっておく〉 | Briefe in einem Kästchen ～ 手紙を小箱に入れておく | den Wein im Keller ～ ぶどう酒を地下室に貯蔵する. **2** (ある状態を)保ち続ける, 維持する: kaltes 〈ruhiges〉 Blut ～ (→Blut 2) | *seine* Fassung ～ 落ち着きを失わない | Stillschweigen ～ 沈黙を守る ‖ *sich*³ *seine* Ehre ～ 体面を守る | *sich*³ *seine* Unabhängigkeit ～ 独立を維持する ‖ 再帰 *sich*⁴ ～ 保持される, 続く | Dieser Brauch hat sich bis heute *bewahrt.* この風習は今日まで続いてきた. **3** (behüten) 防ぐ, 守る: *jn.* 〈*et.*⁴〉 vor *et.*³ ～ …を…から守る | *jn.* vor einer Gefahr ～ …を危険から守る | *et.*⁴ vor Feuchtigkeit ～ …を湿気から守る〈湿らないようにする〉‖〖否定の強調〗Gott *bewahre* mich davor 〔, so etwas zu tun〕!《話》私がそんなこと〔をするなんてこと〕になりませんように | 〔**Gott**〕 **bewahre!** / **i** ***bewahre!***《話》そんなばかな, とんでもない (i は間投詞) | Du kommst doch nicht mit?―Gott *bewahre*! Niemals!《話》君は一緒に行かないんだろうねーとんでもない 行くもんか ‖ 再帰 *sich*⁴ vor *et.*³ ～ …から身を守る, …を用心する. ▽**4** (hüten) 見張る: einen Schatz ～ 宝の番をする.

be·wäh·ren[bəvɛ́ːrən] **I** 他 (h) **1** 再帰 *sich*⁴ ～ 真である〈適する〉ことが実証される, 確証される, 認められる, 実が現れる, 実績があがる; 試練に耐える, 試験に合格する: *sich*⁴ nicht ～ だめなことが分かる | *sich*⁴ als Lehrer ～ 教師として真価を発揮する | Er hat sich als guter Schwimmer *bewährt.* 彼はじょうずな泳ぎ手であることが分かった | Diese Methode hat sich gut *bewährt.* この方法は成功だった | Die Maschine *bewährte* sich. この機械はテストに合格した. ▽**2** (beweisen)《*et.*⁴》(…が真であることを)証明する, 実証する: Er hat seinen Mut oft *bewährt.* 彼はしばしば勇気のあるところを見せた.

II be·währt → 別出 [*ahd.*; ◇wahr]

Be·wah·rer[bəváːrər] 男 -s/- 監視人, 見張り役, 番人;《雅》(Schützer) 保護者, パトロン: der ～ des Schatzes 宝の番人.

be·wahr·hei·ten[bəváːrhaɪtən]《01》他 (h) 再帰 *sich*⁴ ～ 正しい〈真実な〉ことが確証される: Das alte Sprichwort hat sich wieder einmal *bewahrheitet.* その古い諺(ことわざ)がまたしてもほんとうであることが分かった. [*ndl.*; ◇Wahrheit]

be·währt[bəvɛ́ːrt] **I** bewähren の過去分詞. **II** 形 実証された, 確かな; 定評のある, 信頼できる; 試験ずみの, 試練を経た: ein ～*er* Freund 信頼のおける友人 | ein ～*es* Rezept 信用できる処方.

Be·währt·heit[‒haɪt] 女 -/ (証明された)有効性, 信頼性.

Be·wah·rung[bəváːrʊŋ] 女 -/-en 保管, 維持; 保護, 守護, 防衛,(保護施設への)強制収容.

Be·wäh·rung[bəvɛ́ːrʊŋ] 女 -/-en **1** (能力があることの)実証, 証明; 確証. **2**〚法〛保護観察; 執行猶予: *jn.* zu drei Jahren Gefängnis ohne ～ verurteilen …に保護観察〈執行猶予〉なしの 3 年の刑を言い渡す.

Be·wäh·rungs⸗frist 女〚法〛保護観察〈執行猶予〉期間,(刑の)執行停止期間: Strafe mit 〈ohne〉 ～ 執行猶予つき〈なし〉の刑. **⸗hel·fer** 男〚法〛保護観察司. **⸗hil·fe** 女〚法〛保護観察. **⸗pro·be** 女 真価を証明するためのテスト, きびしい試練. **⸗zeit** 女 =Bewährungsfrist

be·wal·den[bəváldən]¹《01》**I** 他 (h) 森林でおおう, 植林する: 再帰 *sich*⁴ ～ 森林でおおわれる.

II be·wal·det 過分 形 樹木でおおわれた, 樹木が生い茂った: ～*e* Hügel 森におおわれた丘. [<Wald]

be·wald·rap·pen[bəváltrapən] =bewaldrechten [◇berappen¹]

be·wald·rech·ten[..rɛçtən]《01》他 (h) (伐採した木から枝を)枝〈根〉を払う. [◇recht]

Be·wal·dung[bəváldʊŋ] 女 -/-en **1** (bewalden すること. 特に:) 造林, 植林. **2** 森林, 森林地域; 森林状態.

be·wäl·ti·gen[bəvɛ́ltɪgən]² 他 (h) (困難・障害などを)克服する,(課題・仕事などを)片づける; (過去を)清算する: *sein* Arbeitspensum ～ 課せられたノルマを果たす | Die Portion kann ich nicht allein ～. これだけの分量は一人では食べきれない. [<gewältigen]

Be·wäl·ti·gung[..gʊŋ] 女 -/-en《ふつう単数で》bewältigen すること.

be·wan·dern[bəvándərn]《05》**I** 他 (h)《*et.*⁴》(…を)旅して歩き回る; (…を)旅して見聞する.

II be·wan·dert 過分 形 in 〈auf〉 *et.*³ ～ sein …に精通している〈詳しい〉, …の経験が豊富である | Er ist in der Ge-

genwartsliteratur 〈auf dem Gebiet der Biologie〉 wohl ～ . 彼は現代文学〈生物学〉に通暁している | eine in allen Büroarbeiten ～*e* Sekretärin オフィスの仕事のすべてに通じている女性秘書.

Be·wan·dert·heit[..haɪt] 女 -/ 精通; 博識.

be·wandt[bəvánt] **I** bewenden の過去分詞.

II 形《ふつう述語的》(…な)状態の,(…の)事情の: Damit **ist** es **so** ～ . それはこういう状況である.

Be·wandt·nis[-nɪs] 女 -/-se《ふつう単数で》事情, 状態: Mit dieser Dame hat es eine ～. このご婦人にはある特別の事情がある | Damit hat es folgende ～. それには次のような事情がある.

be·warb[bəvárp][1] bewerben の過去.

be·wäs·sern[bəvɛ́sərn]《05》他 (h)《*et.*[4]》(…に)水を引く, 灌漑(かんがい)する; 水をかける, 散水する.

Be·wäs·se·rung[..sərʊŋ] (**Be·wäß·rung**[..srʊŋ]) 女 -/-en 給水, 灌漑(かんがい).

Be·wäs·se·rungs≠an·la·ge 女 給水〈灌漑(かんがい)〉設備. **≠gra·ben** 男 灌漑用水路.

be·weg·bar[bəvé:kba:r] 形 動かし得る.

be·we·gen[1*][bəvé:gən][1]《203》**be·wog**[bəvó:k][1]/**be·wo·gen**; 接II bewöge[..vø:gə] 他 (h) (veranlassen)《*jn.* zu *et.*[3]》(…を…する)気にならせる: *jn.* zum Bleiben ～ (説得が・説得して)…をとどま〔る気にな〕らせる | *jn.* durch Bitten 〈Drohungen〉 zu einem Schritt ～ …に頼んで〈…をおどして〉(…に)踏み切らせる | Das Kind war auf keine Weise 〔dazu〕 zu ～, die Arznei einzunehmen. 子供はどんなになだめすかしても薬を飲もうとしなかった ‖ *sich*[4] zu *et.*[3] *bewogen* fühlen 〈sehen〉 …する気になる. [*ahd.*; ◇ wegen[1]]

be·we·gen[2][bəvé:gən][1] **I** 他 (h) **1 a)** 動かす; 運動〈移動〉させる: den Arm 〈die Lippen〉 ～ 腕〈唇〉を動かす | Die Lokomotive wird durch Elektrizität *bewegt.* この機関車は電気で動く | ein Pferd ～ 馬を運動させる | Der Wind *bewegt* die See. 風が海を波立たせる | Truppen ～ 〘軍〙部隊を動かす ‖ 再帰 *sich*[4] ～ 動く, 移動して行く〈来る〉| *sich*[4] auf und ab ～ あちこち動く | *sich*[4] im Kreis〔e〕 ～ (→Kreis 1 a) | *sich*[4] im Wind ～ 風に揺れる | *sich*[4] nicht von der Stelle ～ その場を動かない | Ein langer Zug *bewegte* sich zum Friedhof 〈zu uns〉. 長い行列が墓地の方へ進んで行った〈私たちの方に近づいて来た〉‖ die *bewegende* Kraft 動力; 動因. **b)** 再帰 *sich*[4] ～ (議論などが)展開〈進展〉する; (数値などが)動揺する: Seine Gedanken *bewegten* sich im Kreise. 彼の考えは堂々めぐりした | Die Temperatur *bewegt* sich zwischen 20 und 30 Grad. 温度は20度と30度との間を上下している. **c)** 再帰 *sich*[4] ～ 行動する, 振舞う: *sich*[4] frei ～ können 自由に振舞える; どこからも制約を受けない | *sich*[4] in schlechten Kreisen ～ いかがわしい連中と付き合っている.

2 a) (rühren) 感動させる; 興奮〈動揺〉させる: *jn.* 〈*js.* Herz〉 tief ～ …の心を深く揺り動かす | *jn.* zum Mitleid ～ …をほろりとさせる, …の同情を誘う ‖ eine *bewegende* Geschichte 心を打つ物語 | ein *bewegender* Moment 劇的瞬間. **b)** (考えなどが)心をとらえる: Der Plan *bewegt* mich lange. その計画は長いこと私の胸にある. **c)**《雅》*et.*[4] bei *sich*[3] 〈in *seinen* Gedanken〉 ～ …をよくよく考える, …を何度も思い返す.

II be·wegt → 別出

Be·weg≠grund[bəvé:k..] 男 動機, 誘因. **≠kraft** 女 〘原〙動力.

be·weg·lich[bəvé:klɪç] 形 **1** (↔unbeweglich) 動く, 動かせる, 可動の: ～*e* Feste 〘宗〙移動祝祭日 (Ostern, Pfingsten など年によって日の変わる祝日) | ～*e* Sachen (→Sache 2 b) | ein ～*es* Spielzeug 動くおもちゃ | ～*e* Teile einer Maschine 機械の可動部分〈部品〉| ein ～*er* Trupp 遊撃隊 ‖ leicht 〈schwer〉 ～ sein 動きやすい〈にくい〉.

2 (↔träge) 活発な, 敏捷(びんしょう)な, きびきびした; ぴちぴちした, しなやかな;《比》(政策などが)流動的な, 柔軟な: ein ～*er* Geist 機敏な頭の働き, 生き生きした精神〔の人〕| eine ～*e* Politik 臨機性のある政策 | eine ～*e* Zunge haben 口がよく回る〈達者だ〉.

[▽]**3** (rührend) 感動的な, 心を打つ, 切々たる: *jn.* ～ bitten …に哀願する | *et.*[4] ～ 〈in ～*en* Worten〉 schildern …を切々たる言葉で叙述する.

Be·weg·lich·keit[-kaɪt] 女 -/ (beweglich なこと. 例えば:) 可動性; 流動性; 活発〈敏捷(びんしょう)〉さ: geistige ～ 機敏な頭の働き.

be·wegt[bəvé:kt] **I** bewegen[2]の過去分詞.

II 形 **1** 動きの激しい; 波瀾(はらん)に富む: eine ～*e* Diskussion 活発な議論 | ein ～*es* Leben führen 波瀾万丈の一生を送る | eine ～*e* See 荒海 | ～*e* Zeiten 動乱の時代. **2** 心を動かされた, 感動した: mit ～*er* Stimme 感動に震える声で ‖ von Angst 〈Freude〉 ～ 不安〈喜び〉に心を震わせて.

..bewegt[..bəve:kt]《名詞などにつけて「…の運動に熱心な」を意味する形容詞をつくる》: frauen*bewegt* 女性解放運動に熱心な | friedens*bewegt* 平和運動に熱中した.

Be·wegt·heit[-haɪt] 女 -/ bewegt なこと.

Be·we·gung[bəvé:gʊŋ] 女 -/-en **1 a)** 〘理〙運動: kreisförmige 〈geradlinige〉 ～ 円〈直線〉運動 | schwingende ～ 振動 ‖ ～ in Wärme umsetzen 運動を熱に変える〈転換する〉. **b)** (体の)運動: ～ in frischer Luft 戸外での運動 ‖ zu wenig ～ haben 運動不足である | *sich*[3] ～ machen (健康保持などのために)運動する.

2 a) 動き; (機械などの)作動; (人の)行動: *et.*[4] in ～[4] bringen 〈setzen〉 …(機械など)を動かす, …を作動させる | alles in ～ setzen あらゆる手を尽くす | alle Hebel in ～ setzen (→Hebel 1) | Himmel und Hölle in ～ setzen (→Himmel 2) | ***sich***[4] **in** ～[4] **setzen** 動きだす | Der Zug setzte sich in ～. 列車が動きはじめた ‖ *jn.* in ～[4] bringen …を動かす(ある行動をとらせる) | *jn.* ständig in ～[3] halten …に休む暇を与えない | Du hast mich heute ganz schön in ～ gesetzt. 君のおかげで きょうはさんざん働かされたよ ‖ in ～ sein 動いている; 出かけている;《比》動揺している | Die ganze Stadt ist in ～. 町じゅうが総出だ. **b)** 動作, 身ぶり: geschmeidige 〈unbeholfene〉 ～*en* haben 動作がしなやかである〈ぎごちない〉|〔mit der Hand〕 eine abwehrende ～ machen 〔手で〕防ぐ〈払いのける〉ような身ぶりをする.

3 (心の動き. 例えば:) 感動, 興奮: *jn.* in ～[4] versetzen …を感動〈興奮〉させる | Er konnte seine innere ～ nicht verbergen. 彼は興奮〈心の動揺〉を隠すことができなかった | in tiefer ～ 深く感動して | in freudiger ～ 喜びに胸を震わせて | mit starker ～ sprechen 強い感動をこめて語る | vor ～[3] nicht sprechen können 胸がつまって口がきけない.

4 a) (特定の政治的・社会的な)運動: eine literarische 〈politische/religiöse〉 ～ 文学〈政治・宗教〉運動 | Arbeiter*bewegung* 労働運動 | Protest*bewegung* 抗議〈反対〉運動 | Studenten*bewegung* 学生運動 ‖ eine ～ ins Leben rufen 運動を起こす. **b)**《集合的に》(特定の)運動に参加する人たち: die nationalsozialistische ～〘史〙ナチ党.

Be·we·gungs≠ab·lauf[bəvé:gʊŋs..] 男〘体操〙(採点項目としての)運動経過. **≠an·hang** 男 (節足動物の)運動〈移動〉肢. **≠ap·pa·rat** 男 運動器官. **≠drang** 男〘医〙(分裂病などによる)運動心迫. **≠dy·na·mik** 女〘体育〙運動力動. **≠ei·gen·schaft** 女〘体育〙運動特性. **≠emp·fin·dung** 女 運動感覚〈知覚〉. **≠ener·gie** 女〘理〙運動エネルギー. **≠er·zie·hung** 女〘体育〙運動教育.

be·we·gungs·fä·hig 形 運動能力のある, 動くことのできる.

Be·we·gungs≠fä·hig·keit 女 運動能力; 可動性. **≠fluß** 男〘体育〙運動流動. **≠frei·heit** 女 運動の自由; 活動〈行動〉の自由. **≠grö·ße** 女 運動量. **≠kraft** 女〘原〙動力. **≠krank·heit** 女 (Kinetose)〘医〙加速度病(乗り物酔いなど). **≠krieg** 男 (↔Stellungskrieg)〘軍〙野戦, 運動戦. **≠kunst** 女〘体育〙巧技. **≠leh·re** 女 -/ (Kinematik) 運動学.

be·we·gungs·los[..lo:s][1] 形 動かない, 不動の; 無表情〈無感動〉の: ～ stehenbleiben じっと動かずに立ち尽くす.

Be·we·gungs·lo·sig·keit[..lo:zɪçkaɪt] 女 bewegungslos なこと.

Be·we·gungs≠man·gel 男 運動不足. **≠nach·**

bild 中〘心〙運動残像. **≈nerv** 男 運動神経. **≈spiel** 中 運動を目的とする遊戯, 遊びとしての運動, 運動遊戯. **≈stö·rung** 女 運動障害. **≈stu·die**[..diə] 女〘美〙運動に関する研究. **≈sturm** 男〘心〙運動暴発. **≈the·ra·pie** 女〘医〙運動療法.

be·we·gungs·un·fä·hig 形 運動能力のない, 動くことのできない.

Be·we·gungs≈ver·mö·gen 中 運動能力. **≈vor·stel·lung** 女〘体育〙運動表象.

B

be·weh·ren[bəvé:rən] **I** 他 (h) 補強〈強化〉する; ▽武装させる: *bewehrter* Beton 鉄筋コンクリート | ein mit Lanze *bewehrter* Ritter 槍を携えた騎士. **II be·wehrt** 過分 形〘紋〙(動物が)つめ(きば・つの)を書き加えられた.

Be·weh·rung[..ruŋ] 女 -/-en **1** bewehren すること. **2** (コンクリートの)鉄筋. **3** (電線の)鎧装(がいそう).

be·wei·ben[bəváɪbən][1] **I** 他 (h) 再帰 *sich*[4] ～ 妻帯する. **II be·weibt** 過分 形 妻帯している. [＜Weib]

be·wei·den[bəváɪdən][1] 《01》他 (h) (家畜が牧場などの)草を食い尽くす.

be·weih·räu·chern[bəváɪrɔʏçərn] 《05》 (**be·weih·rau·chen**[..raʊxən]) 他 (h) **1** (…に)香をたきしめる. **2** 《*jn.*》(…に)おもねる,(むやみに)ほめそやす: 再帰 *sich*[4] selbst ～ 自慢する.

Be·weih·räu·che·rung[..çəruŋ] 女 -/-en beweihräuchern すること.

be·wei·nen[bəváɪnən] 他 (h) (…を)悲しんで泣く, 嘆き悲しむ; (死者を)哀悼する, 悼む.

be·wei·nens·wert 形 悲しむ〈哀れむ〉べき, いたましい.

Be·wei·nung[..nuŋ] 女 -/ beweinen すること: die ～ Christi〘宗・美〙(マリア・ヨハネなどの)キリスト哀悼〔の図〕.

Be·weis[bəváɪs][1] 男 -es/-e **1** 証拠, 証明: ein eindeutiger ～ 明らかな証拠 | ein lebender ～ 生きた証拠 | ein schlagender 〈schlüssiger〉 ～ 決定的な証拠 | schlagende ～*e* 確証;《戯》殴打 | der ～ für *js.* Behauptung 〈Schuld〉 …の主張〈有罪〉の証拠 ‖ den ～ für *et.*[4] antreten 〈erbringen〉 …を立証する ‖ wegen Mangels **an** ～*en* 証拠不十分のゆえに | *et.*[4] **unter** ～[4] **stellen** …を立証する | **zum** ～ 〈als ～〉 für *seine* Aussage 発言を裏づける証拠として. **2** (Ausdruck) 表示, しるし: ein ～ *js.* Treue[2] 〈für *js.* Treue〉 …の忠誠心のあらわれ | *jm.* einen ～ *seiner* Achtung geben …に敬意を表する.

Be·weis≈an·trag 男〘法〙証拠提出. **≈an·tritt** 男 -〔e〕s/〘法〙証拠の申し出. **≈auf·nah·me** 女〘法〙証拠調べ.

be·weis·bar[..ba:r] 形 証明〈立証〉可能な.

Be·weis·bar·keit[..kaɪt] 女 -/ beweisbar なこと.

be·wei·sen*[bəváɪzən][1] 《205》他 (h) **1 a**) (…が真実であることの)証拠を示す,(…を)証明〈立証〉する: eine Behauptung 〈die Richtigkeit einer Behauptung〉 ～ 主張の正しさを証明する | Diese Tatsache *beweist* noch gar nichts. この事実だけではまだ何の証拠にもならない | Seine Unschuld wurde klar 〈eindeutig〉 *bewiesen.* 彼の無実ははっきりと〈異論の余地なく〉立証された | Es wurde *bewiesen,* daß Ehebruch vorliegt. 姦通(かんつう)が行われたことが立証された ‖ 再帰 Das hat sich *bewiesen.* そのことは実証された. **b**) 《*jm. et.*[4]》(…に対して…の)証拠をつきつける: Ich habe ihm damit 〈dadurch〉 *bewiesen,* daß er unrecht hat. 私はそれによって 彼に不当であることの証拠をつきつけた | Dem Angeklagten konnte die Tat nicht *bewiesen* werden. 被告に対して犯行は立証できなかった.

2 a) (…を)示すものである,(…の)表れである: Diese Antwort *beweist* seine Dummheit. この返事は彼の愚かさの表れだ | Ihre Kleidung *beweist,* daß sie Geschmack hat. 服装を見ると 彼女は趣味がいいということがわかる. **b**) (自分が…を備えていることを)示す, 発揮する: *seine* Ausdauer durch Taten ～ ねばり強いことを行為で示す | *seine* Geschicklichkeit 〈*seinen* Mut〉 ～ 才能〈勇気〉を発揮する | *seine* absolute Überlegenheit ～ 自分が断然ほかよりすぐれていることを示す | großes Interesse 〈große Umsicht〉 ～ たいへん関心〈思いやり〉を持っていることを示す. ▽**c**) 再帰 *sich*[4] als ... ～ …であることがわかる.

▽**3** (erweisen) 《*jm. et.*[4]》(…にある気持を)表明する: *jm. seine* Hochachtung ～ …に敬意を表する | *jm.* 〔*seine*〕 Teilnahme ～ …に同情を寄せる.

be·weis·er·heb·lich[bəváɪs..] 形〘法〙証拠となる.

Be·weis≈er·he·bung 女〘法〙証拠調べ; 証拠採取. **≈füh·rung** 女 立証, 論証: eine geschickte ～ 巧みな論証. **≈grund** 男 立証の根拠, 論拠;〘法〙証拠原因. **≈kraft** 女 証拠〈証明〉力.

be·weis·kräf·tig 形 証明力のある, 証拠として有力な.

Be·weis≈last 女〘法〙立証責任; 証拠についての不利. **≈ma·te·ri·al** 中 証拠物件〈資料〉. **≈mit·tel** 中 証明手段, 立証方法; 証拠物件. **≈not** 女 -/ 立証困難: in ～[4] geraten 立証困難の状況に陥る. **≈pflicht** 女 -/〘法〙立証義務. **≈stel·le** 女〘法〙(文書中の)証拠個所. **≈stoff** 男〘法〙証拠資料. **≈stück** 中 証拠物件. **≈wür·di·gung** 女 -/〘法〙(裁判所の)証拠の判断.

be·wen·den[bəvɛ́ndən][1] **I** 自《もっぱら次の成句で》**es bei 〈mit〉 *et.*[3] ～ lassen** …に甘んじる, …に満足する, …だけにしておく | Wir wollen es heute bei 〈mit〉 einem Verweis ～ lassen. きょうは小言をいうだけにとどめておこう ‖ **Dabei 〈Damit〉 soll es sein *Bewenden* haben.** それでよしとしておこう, そこまでで打ち切りにしよう.

II be·wandt → 別出

Be·werb[bəvɛ́rp][1] 男 -〔e〕s/-e《オーストリア》(Wettbewerb) (スポーツの)試合.

Be·werb·chen[-çən] 中 -s/-《中部》《ふつう次の形で》*sich*[3] bei *jm.* ～ machen (もくろみを持って)…を訪ねる.

be·wer·ben*[bəvɛ́rbən][1] 《207》他 (h) ▽**1** 得ようと努める. **2** 再帰 *sich*[4] um *et.*[4] ～ (地位などを得ようとして)…を申し込む, …に志願〈応募〉する | *sich*[4] um ein Stipendium ～ 奨学金の出願をする | *sich*[4] um Stimmen ～ 選挙運動をする | *sich*[4] um *jn.* 〔für *et.*[4]〕 ～ 〔…のために〕…を得ようと努力する〈申し入れる〉 | Viele Männer *bewarben* sich um sie 〈ihre Hand〉. 多くの男が彼女に求婚した | Er *bewarb* sich bei der Bahn 〈Post〉. 彼は鉄道〈郵便局〉に職を求めた. **3** 《スイス》＝bewirtschaften

Be·wer·ber[..bər] 男 -s/- (女 **Be·wer·be·rin**[..bərɪn]-/-nen) 志望〈志願〉者; 立候補した人; 求婚者.

Be·wer·bung[..buŋ] 女 -/-en 志望, 志願, 申し込み; 立候補; 求婚.

Be·wer·bungs·schrei·ben 中 願書.

be·wer·fen*[bəvɛ́rfən] 《209》他 (h) **1** 《*jn.* 〈*et.*[4]〉 mit *et.*[3]》(…に…を)投げつける: *jn.* 〈*et.*[4]〉 mit Kot ～ (→Kot 2) | Polizisten 〈einen Zug〉 mit Steinen ～ 警官隊〈列車〉に投石する | *jn.* 〈*et.*[4]〉 mit Kot 〈Schmutz〉 ～ (→Kot 2, →Schmutz 1) ‖ 再帰 *sich*[4] mit Schneebällen ～ 雪合戦をする. **2**〘建〙(壁などを)塗る: eine Mauer mit Mörtel ～ 塀にモルタルを塗る. [◇Bewurf]

be·werk·stel·li·gen[bəvɛ́rkʃtɛlɪgən][2] 他 (h) やりとげる, 遂行〈成就〉する: Ich werde es schon ～, daß er heute abend kommt. 私は彼が今晩来るようにさせてみせるさ.

Be·werk·stel·li·gung[..guŋ] 女 -/-en bewerkstelligen すること. [＜Werkstelle „Werkstatt"]

▽**be·werk·tä·ti·gen**[..tɛ:tɪgən][2] ＝ bewerkstelligen [＜werktätig]

be·wer·ten[bəvé:rtən] 《01》他 (h) 値ぶみする, 評価〈査定〉する: *et.*[4] mit 5 Mark ～ …に5マルクの値をつける.

Be·wer·tung[..tuŋ] 女 -/-en **1** 《ふつう単数で》値ぶみ, 見積もり, 評価, 査定. **2** 評価結果, 評点.

Be·wer·tungs·maß·stab 男 評価〈査定〉基準.

be·wet·tern[bəvɛ́tərn] 《05》他 (h) 《*et.*[4]》〘坑〙(…に)新鮮な空気を入れる, 通気〈通風〉する. [＜Wetter[2] 3]

Be·wet·te·rung[..təruŋ] 女 -/-en〘坑〙通気.

be·wi·ckeln[bəvíkəln] 《06》他 (h) 《*et.*[4]》(…に糸・コイルなどを)〔かたく〕巻き付ける: *et.*[4] mit Isolierband ～ …に絶縁テープを巻く.

▽**be·wie·hern**[bəví:ərn] 《05》他 (h) 《*et.*[4]》(…のことを)大声で〔あざけり〕笑う.

be·wies[bəví:s][1] beweisen の過去.

be·wie·sen[..víːzən] beweisen の過去分詞; 過去1·3人称複数.

be·wil·li·gen[bəvílɪgən]² 他 (h) (*jm. et.*⁴) (…に…を) 認める, 承認する, 許可〈認可〉する; (議会で) 可決する: eine Gehaltserhöhung ～ 賃上げを承諾する | *jm.* ein Stipendium 〈eine Unterstützung〉 ～ …に奨学金〈援助〉を与えることを認める ‖ ***jm.* eins 〈eine/ein Ding〉 ～** 《話》 …に一発くらわせる.

Be·wil·li·gung[..gʊŋ] 女 -/-en bewilligen すること.

be·will·komm·nen[bəvílkɔmnən] 《01》 他 (h) 《雅》 (*jn.*) 歓迎〈歓待〉する. [＜willkommen]

Be·will·komm·nung[..nʊŋ] 女 -/-en 歓迎, 歓待.

be·wim·peln[bəvímpəln] 《06》 他 (h) (*et.*⁴) (…に) 三角旗を揚げる, (…を) 三角旗で飾る: bunt *bewimpelte* Boote 色とりどりの三角旗を揚げたボート. [＜Wimpel]

be·wim·pert[bəvímpərt] 形 繊毛〈まつげ〉のある: lang ～*e* Augen まつげの長い目. [＜Wimper]

be·wir·ken[bəvírkən] 他 (h) (結果として) もたらす, 生じさせる: Der Sturm hat eine Überschwemmung *bewirkt*. あらしは洪水をひき起こした | Er *bewirkte*, daß sie zurückgerufen wurde. 彼は彼女が呼び戻されるように取り計らった ‖ ein *bewirkendes* Zeitwort 〘言〙 使役〈作為〉動詞 (＝Kausativ).

Be·wir·kung[..kʊŋ] 女 -/ bewirken すること.

Be·wir·kungs·verb 中, **·zeit·wort** 中 -[e]s/ ..wörter (Kausativ) 〘言〙 使役〈作為〉動詞.

be·wir·ten[bəvírtən] 《01》 他 (h) **1** (*jn.*) (客などを) もてなす, (…に) 供応〈ごちそう〉する: *seinen* Gast mit Kaffee ～ 客にコーヒーを出してもてなす | Ich wurde fürstlich *bewirtet*. 私は豪勢なもてなしを受けた. **2** 《ス¹》 ＝bewirtschaften 1

be·wirt·schaf·ten[bəvírt-ʃaftən] 《01》 他 (h) **1** (農場·飲食店などを) 経営する: Das Hotel wird nur im Sommer *bewirtschaftet*. このホテルは夏だけ営業している. **2** (土地を) 耕作する. **3** 〘経〙 統制〈管理〉する.

Be·wirt·schaf·ter[..tər] 男 -s/- bewirtschaften する人.

Be·wirt·schaf·tung[..tʊŋ] 女 -/-en 《ふつう単数で》 bewirtschaften すること.

Be·wir·tung[bəvírtʊŋ] 女 -/-en bewirten すること.

be·wit·zeln[bəvítsəln] 《06》 他 (h) からかう, ちゃかす, ばかにする.

be·wog[bəvóːk]¹ bewegen¹の過去.

be·wö·ge[..vǿːgə] bewegen¹の接続法 II

be·wo·gen[..vóːgən] bewegen¹の過去分詞; 過去1·3人称複数.

be·wohn·bar[bəvóːnbaːr] 形 住むことのできる, 居住に適した: Das Haus ist noch ～. この家はまだ住める.

Be·wohn·bar·keit[−kaɪt] 女 -/ bewohnbar なこと.

be·woh·nen[bəvóːnən] 他 (h) (*et.*⁴) (…に) 住む, (…に) 居住する: Sie *bewohnt* ein altes Haus. 彼女は古い家に住んでいる | Diese Pflanzen *bewohnen* nur tropische Länder. これらの植物は熱帯諸国にのみ生育している | Unsere Stadt ist von fünfzigtausend Menschen *bewohnt*. 私たちの町には5万人の人が住んでいる.

Be·woh·ner[..nər] 男 -s/- **1** 住民, 居住者. **2** 《複数で》《戯》 寄生虫.

Be·woh·ner·schaft[..ʃaft] 女 -/-en 《集合的に》 住民, 居住者.

be·wöl·ken[bəvœ́lkən] 他 (h) 雲でおおう, 曇らせる: 再帰 *sich*⁴ ～ 雲でおおわれる, 曇る | Seine Stirn *bewölkte* sich. 彼の顔つきは暗くなった ‖ ein schwer *bewölkter* Himmel 重く雲の垂れこめた空.

Be·wöl·kung[..kʊŋ] 女 -/ **1** bewölken すること. **2** 《集合的に》 雲.

be·wor·ben[bəvɔ́rbən] bewerben の過去分詞.

be·wu·chern[bəvúːxərn] 《05》 他 (h) **1** (植物が) 繁茂しておおう: ein von Unkraut *bewuchertes* Grab 雑草におおわれた墓. ▽**2** (*jn.*) 暴利で苦しめる, 搾取する.

Be·wuchs[bəvúːks] 男 -es/ 《集合的に》 (壁面などを) おおった植物. [＜bewachsen]

Be·wun·de·rer[bəvʊ́ndərər] 男 -s/- (⊛ **Be·wun·de·rin**[..dərɪn]-/-nen) 賛嘆者, 賛美〈崇拝〉者.

be·wun·dern[bəvʊ́ndərn] 《05》 他 (h) 賛嘆〈感嘆〉する, 賛美する; 尊敬する: Ich *bewundere* deinen Mut. 君の勇気には頭が下がるよ ‖ *jm.* *bewundernd* zuhören …の言葉に感心して耳を傾ける.

be·wun·derns·wert, ·wür·dig ＝bewunderungswert

Be·wun·de·rung[..dərʊŋ] 女 -/-en (bewundern すること. 例えば:) 感嘆, 賛嘆, 感服: mit ehrlicher ～ 心から感心して.

be·wun·de·rungs·wert 形, **·wür·dig** 形 感嘆に値する, 賛嘆〈賛美〉すべき, すばらしい.

Be·wund·rer[bəvʊ́ndrər] 男 -s/- ＝Bewunderer

Be·wund·re·rin[..rərɪn] 女 -/-nen ＝Bewunderin

Be·wurf[bəvʊ́rf] 男 -[e]s/..würfe[..vʏrfə] 〘建〙 (壁に塗った) 漆喰(しっくい), 壁土. [＜bewerfen]

be·wur·zeln[bəvʊ́rtsəln] 《06》 他 (h) **1** (…に) 根を張らせる, 根づかせる; 〘園〙 取り木する: der *bewurzelte* Ableger 根を出した取り木 | *bewurzelte* Linde 〘紋〙 根を書き加えたシナノキ. **2** 再帰 *sich*⁴ ～ 根を張る, 根づく.

be·wußt[bəvʊ́st] 形 **1** (自分の) 知っている, 意識〈自覚〉した; 意識的な, 故意の: ein ～*er* Mensch 自覚をもった人間 | ein ～*er* Anhänger des Sozialismus 社会主義の確信者 | ～*e* Fahrlässigkeit 〘法〙 認識ある過失 (未必の故意) ‖ *jm.* ～ sein (事態などが) …によくわかっている, 自覚している | Die Folgen seines Handelns waren ihm wohl nicht ～. 彼の行為の及ぼす影響が彼にはおそらくよくわかっていなかったのだろう | Es ist mir nicht mehr ～, wie das geschah. どうしてそうなったのか私にはもうよくわからない ‖ *jm.* *seine* Situation ～ machen …に自分のおかれている状況を理解〈把握〉させる ‖ ***sich*³ *et.*² ～ sein** …を知っている, …を意識〈自覚〉している | *sich*³ *seiner* selbst ～ sein 物心つく | Ich bin mir meines Fehlers wohl ～. 私は自分の犯した過ちを十分に心得ている ‖ *jn.* ～ verletzen …を故意に傷つける | ～ die Unwahrheit sagen 故意にうそを言う | Wir waren alle ～ oder unbewußt daran schuld. 私たちは皆 意識するしないに拘らず そのことに責任があった. **2** 《付加語的》 問題の, 例の; (相手も) 知っている: Die ～*e* Dame ist eben weggegangen. 話題の女性がたったいま出ていった | Dies ist das ～*e* Haus, von dem ich sprach. これが私が言った例の家だ | zu der ～*en* Stunde 例の時間に | das ～*e* Örtchen 《話》 便所, トイレ. [＜*ahd.* be-wizzan „völlig wissen" (◇wissen)]

..bewußt[..bəvʊst] 《名詞·動詞などにつけて「…の重要性を意識した, …に配慮した」などを意味する形容詞をつくる》: problem*bewußt* 問題意識のある | umwelt*bewußt* 環境保全を十分に配慮した ‖ spar*bewußt* 節約の重要性を意識した.

Be·wußt·heit[−haɪt] 女 -/ bewußt なこと: die hohe politische ～ der Masse 大衆の高度の政治的意識 | mit ～ 意識して, 故意に.

be·wußt·los[..loːs]¹ 形 意識不明の, 失神した; 無意識の: in ～*em* Zustand 意識不明の状態で.

Be·wußt·lo·sig·keit[..loːzɪçkaɪt] 女 -/ (bewußtlos なこと. 例えば:) **1** 意識不明, 失神状態: **bis zur ～** 意識がなくなるまで; 《話》 (気が遠くなるほど) 延々と, 絶え間なく; (うんざりするほど) ひどく: *jn.* bis zur ～ fragen 〈ärgern〉 …を質問攻めにする〈怒らせる〉. ▽**2** 無意識, 無自覚.

be·wußt|ma·chen 他 (h) (*jm. et.*⁴) (…に…を) 意識〈自覚〉させる: 再帰 *sich*³ *et.*⁴ ～ …を意識〈自覚〉する.

Be·wußt·sein[bəvʊ́stzaɪn] 中 -s/ 意識, 自覚; 故意; 正気: das nationale ～ 国民的自覚 | das politische ～ 政治的意識 | Unter*bewußtsein* 潜在意識 ‖ das ～ verlieren 意識を失う, 失神する ‖ **mit** 〔vollem〕 **～** 〔十分に〕 意識して, 〔全くの〕 故意に | **ohne ～** 意識を失って | 〔wieder〕 **zum ～ kommen** 〔再び〕 意識を取り戻す, 正気に返る | Erst nachher kam es ihm voll zum ～, was er getan hatte. 後になってからはじめて 彼は自分のしたことの意味をはっきりと悟った.

Be·wußt·seins·in·halt 男 〘心〙 意識内容. **·la·ge** 女 〘心〙 意識態.

Be·wụßt·seins·lo·sig·keit[..lo:zɪçkaɪt] 女 -/ 〘心〙意識喪失.

Be·wụßt·seins≠schwel·le 女 〘心〙〔意〕識閾(いき). **≠spal·tung** 女〘医〙精神分裂〔症〕. **≠stö·rung** 女〘心〙意識障害. **≠trü·bung** 女〘医〙意識混濁. **≠wan·del** 男 意識の変化〈変革〉.

Bey[baɪ] 男 -s/-e, -s =Bei

bez =bez. 1

bez. 略 **1** =**bezahlt** 支払い済み〔の〕. **2** =**bezüglich** II

Bez. 略 **1** =**Bezirk** 地区. **2** =**Bezeichnung** 記号, 表示.

be·zạhl·bar[bətsá:lba:r] 形 (事物について)金額的に支払うことのできる, 支払い可能な.

be·zạh·len[bətsá:lən] 他 (h) **1 a)** 《*et.*[4]》(…の)代価〈料金〉を払う, (料金などを)支払う; あがなう, 償う: eine Ware 〈das Essen〉 ～ ある品物の代金〈食事代〉を払う | das Taxi 〈die Fahrkarte〉 ～ タクシー〈乗車券〉代を払う ‖ *et.*[4] teuer ～ müssen《比》…のために痛い目にあう | *seinen* Irrtum mit dem Leben ～ müssen 自分の犯した誤りのために命を失うはめになる | nicht mit Geld 〈Gold〉 zu ～ sein《話》金では買えぬほど貴重である ‖ *et.*[4] aus der linken Hosentasche ～ (→Hosentasche) | *et.*[4] in Raten ～ …の代金を分割払いにする | *et.*[4] 〔in〕 bar 〈mit 〔einem〕 Scheck〉 ～ …の代金を現金〈小切手〉で払う | *et.*[4] in ausländischer Währung 〈mit Mark〉 ～ …の代金を外貨〈マルク〉で支払う ‖ 〚目的語なしで〛 für *et.*[4] teuer ～ müssen《比》…のためにひどい目にあうはめになる | mit einem Hundertmarkschein ～ 100マルク紙幣で払う | Herr Ober, ich möchte ～! ボーイさん お勘定を願います.

b) 《*jn.*/*et.*[4]》(…に)報酬を支払う, 金銭的に報いる: *jn.* 〈*js.* Mühe〉 ～ …の労に報いる | den Friseur ～ 散髪料金を払う | Überstunden ～ 超過勤務の手当を支払う | *jn.* mit gleicher Münze ～《話》…にしっぺ返しする | Der Arbeiter 〈Die Arbeit〉 wird gut *bezahlt*. / Der Arbeiter 〈Die Arbeit〉 läßt sich gut ～. その労働者〈仕事〉に対する報酬は十分に支払われる ‖ eine schlecht *bezahlte* Stellung 収入の少ないポスト | ein gut *bezahlter* Arbeiter 高給取りの労働者 | ein *bezahlter* Zeuge 金銭ずくの証人 | ***sich***[4] ***bezahlt*** **machen**(努力・投資などが)割に合う | **als ob** ***jd.*** **es** ***bezahlt*** **bekäme**《戯》大急ぎで, やたらと急いで.

c) (休暇などを)有給〔扱い〕にする: zwei Tage *bezahlten* Urlaub nehmen 2日間の有給休暇をとる.

2 《*et.*[4]》 **a)** (家賃・税金・料金などを)支払う: die Miete 〈*seine* Schulden〉 ～ 家賃〈借金〉を支払う | die Zeche ～ (→Zeche 1) | für *et.*[4] *seinen* Zoll 〈Tribut〉 ～ müssen《比》…のためにそれ相応の犠牲を余儀なくされる.

b) (ある額の金を)支払う: *jm.* 〈an *jn.*〉 〔für *et.*[4]〕 50 Mark ～ …に〔…に対する代償として〕50マルクを支払う.

Be·zạh·ler[bətsá:lər] 男 -s/- bezahlen する人.

Be·zạh·lung[..lʊŋ] 女 -/-en **1** 支払い: die ～ der Möbel 家具の代金の支払い | nur bei sofortiger ～ 即金払いに限って. **2** (Entgelt) 報酬; 賃金, 給料: die ～ 〔in Empfang〕 nehmen 報酬〈給料〉を受け取る.

be·zähm·bar[bətsɛ́:mba:r] 形 (bezähmen できる. 例えば:) 抑えられる, 制御〈抑制〉できる.

be·zäh·men[bətsɛ́:mən] 他 (h) **1** (感情などを)抑える, こらえる, 抑制する: *seinen* Hunger 〈*seine* Neugier〉 ～ 空腹〈好奇心〉を抑える | *seinen* Zorn ～ 怒りをこらえる | *seine* Zunge ～ 言葉を慎む ‖ 再帰 *sich*[4] ～ 自制する. ▽**2** (動物などを)飼いならす, おとなしくさせる.

Be·zäh·mung[..mʊŋ] 女 -/-en bezähmen すること.

be·zau·bern[bətsáʊbərn] **I** 《05》 他 (h) **1** 《*jn.*》魅惑する, うっとりさせる: Die Musik *bezauberte* das Publikum. その音楽は聴衆を魅了した. ▽**2** 《*jn.*》(…に)魔法をかける. **II be·zau·bernd** 現分 形 魅惑的な, すばらしい: ein ～*es* Mädchen 魅力的〈チャーミング〉な女の子 ‖ ～ schön うっとりするほど美しい.

Be·zau·be·rung[..bərʊŋ] 女 -/-en bezaubern すること.

be·ze·chen[bətsɛ́çən] **I** 他 (h) 再帰 *sich*[4] ～ 酔っぱらう. **II be·zẹcht** 過分 形 酔った, 酩酊(めいてい)した.

Be·zẹcht·heit[..haɪt] 女 -/ 酩酊(めいてい).

be·zeich·nen[bətsáɪçnən] 《01》 **I** 他 (h) **1** 《*et.*[4]》(…に)しるしをつける, 表示する: die Sitzplätze mit Nummern ～ 座席に番号をつける | Wörter mit Akzenten ～ 語にアクセントをつける. **2** 示す, 指示〈指定〉する: zur *bezeichneten* Stunde 指定の時刻に. **3** 表す, 意味する; (…の)特徴を述べる: Das Wort *bezeichnet* in diesem Zusammenhang etwas ganz anderes. この語はこの文脈では全く別な意味をもっている. **4** 《*et.*[4] als *et.*[4]》(…を…と)呼ぶ, 名づける: Man *bezeichnete* ihn als Lügner. / Er wurde als Lügner *bezeichnet*. 彼はうそつきと呼ばれた | Er *bezeichnet* sich als großer Künstler 〈als großen Künstler〉. 彼は大芸術家と自称している. **II be·zeich·nend** 現分 形 特徴的な, 独特な: auf *jn.* 〈*et.*[4]〉 ein ～*es* Licht werfen (→Licht 1) | Das ist für ihn ～. これが彼の特徴である.

be·zeich·nen·der·wei·se 副 特徴的なことだが: Er hat ～ alles abgelehnt. 彼はいかにも彼らしく すべてを拒否した.

Be·zeich·nung[..nʊŋ] 女 -/-en **1** 《単数で》bezeichnen すること. **2** (略 Bez.) 記号, しるし, 表示, 標識; 名称: Dieses Wort ist die treffendste ～ dafür. この言葉はそれを表すのにいちばん適切な名称である.

Be·zeich·nungs≠leh·re 女 -/ (Onomasiologie)〘言〙表示論, 名称論. **≠wei·se** 女 表示法, 記号のつけ方, 名づけ方.

be·zei·gen[bətsáɪgən][1] 他 (h) **1** (気持や感情を)表明する, 示す, 表す: Beileid ～ 弔意を述べる | Freude 〈Mitgefühl〉 ～ 喜び〈同情〉を示す | *jm.* Respekt ～ …に敬意を示す. **2** 再帰 *sich*[4] dankbar 〈zufrieden〉 ～ 感謝〈満足〉の意を表する.

Be·zei·gung[..gʊŋ] 女 -/-en《ふつう単数で》bezeigen すること.

be·zet·teln[bətsɛ́təln] 《06》 他 (h) 《*et.*[4]》(…に)レッテル〈紙片〉をはる.

be·zeu·gen[bətsɔ́ʏgən][1] 他 (h) **1** 証言する; 証明する: *js.* Unschuld ～ …の無実を証言〈証明〉する. **2** (気持を)表明する: *jm. seine* Achtung 〈*sein* Wohlwollen〉 ～ …に敬意を表する〈好意を示す〉.

Be·zeu·gung[..gʊŋ] 女 -/-en bezeugen すること.

be·zịch·ti·gen[bətsíçtɪgən][2] 他 (h) 《*jn.* *et.*[2]》(…に…の)罪を着せる, (…を…のかどで)とがめる: *jn.* des Diebstahls ～ …に窃盗の罪を着せる. [< *ahd.* biziht „Beschuldigung" (◇zeihen)]

Be·zịch·ti·gung[..gʊŋ] 女 -/-en bezichtigen すること.

be·zieh·bar[bətsí:ba:r] 形 beziehen できる: Die Wohnung ist sofort ～. この住居はただちに入居可能である.

be·zie·hen*[bətsí:ən] 《219》 **I** 他 (h) **1 a)** 《*et.*[4] 〔mit *et.*[3]〕》(…に〔…を〕)上張りをする, (bespannen) (…にカバーなどを)かぶせる, おおう; (…に弦などを)張る: ein Bett frisch 〈neu〉 ～ ベッドのシーツを替える | Das Sofa ist mit Leder *bezogen*. そのソファーは革張りである | Röte *bezog* sein Gesicht. 彼の顔は一面に赤くなった | einen Tennisschläger 〔mit Saiten〕 ～〘テニス〙ラケットにガットを張る. **b)** 再帰 Der Himmel *bezieht* sich[4]. / 再帰・非人称 Es *bezieht* sich. 空が曇る. **2** (家などに)入居する, 入る;〘軍〙(部署に)つく: ein neues Haus ～ 新しい家に移り住む | ▽eine Hochschule ～ 大学に入学する | eine Messe ～ 見本市に参加〈出品〉する | Posten ～〘軍〙歩哨(ほしょう)に立つ | Quartier ～〘軍〙宿営地に入る | einen festen 〈klaren〉 Standpunkt ～《比》立場を明確にする | 〔zu *et.*[3]〕 Stellung ～ (→Stellung 3 b). **3 a)** (定期的・継続的に)取り寄せる, 購入する: ein hohes Gehalt 〈eine Rente〉 ～ 高給〈年金〉をもらう | Waren aus dem Ausland 〈direkt vom Erzeuger〉 ～ 品物を外国から〈生産者から直接に〉取り寄せる | *sein* Wissen aus Büchern ～ 知識を書物から仕入れる | eine Zeitung 〈eine Zeitschrift〉 〔durch die Post〕 ～ 新聞〈雑誌〉を〔郵送で〕購読する ‖ eine 〔tüchtige〕 Naht ～ (→Naht 6) | eine Ohrfeige ～《話》横つらを張られる | Schläge ～《話》殴られる. **b)** 《スイス》(einfordern) (税金などを)徴収する. **4** 《*et.*[4] auf *et.*[4]》(…を…に)適用する, 当てはめる; (…を…と)関連〈関係〉づける: eine Regel auf einen Fall ～ 規則をある事例に適用する | eine Erscheinung auf ein Gesetz ～ 現象をある法則に関連づけ〔て説明す〕る | Er *bezieht* immer alles auf sich. 彼はいつもすべてのことを自分に関連づける ‖ 再帰 *sich*[4] auf *et.*[4] ～ …に関連〈関係〉がある(→5) | Das Gedicht *bezieht* sich auf seine Jugend. この詩は彼の若いころ〔の体験〕とつながりがある | Worauf *bezieht* sich dieses Pronomen? この代名詞は何を受けるか. **5** 再帰 *sich*[4] auf *et.*[4] 〈*jn.*〉 ～ …を引き合いに出す | *sich*[4] auf eine Urkunde ～ 記録文書を盾に取る | Wir *beziehen* uns auf Ihr Schreiben vom 3. Mai und teilen Ihnen mit, daß ... 〖商〗5月3日付貴簡に関しお答えします. すなわち…. **6** 〖商〗《*jn.*》(…あてに)手形を振り出す. **7** 《スイ》(betrügen) だます.

II be·zo̲·gen → 別出 **III Be·zo̲·ge·ne** → 別出

be·zie̲·hent·lich[bətsíːəntlɪç]《官》 **I** ＝bezüglich II **II** ＝beziehungsweise

Be·zie̲·her[..ər] 男 -s/- (beziehen する人. 特に:)(新聞・雑誌の)購読者; 〖商〗手形〈小切手〉振出人.

Be·zie̲·hung[bətsíːʊŋ] 女 -/-en **1** 《ふつう複数で》交際, 交わり, 付き合い; 関係, 交渉; 縁故関係, つて, コネ: diplomatische ～*en* zu einem Staat abbrechen 〈aufnehmen〉 ある国との外交関係を断つ〈開く〉 | gute ～*en* zu *jm.* haben 〈pflegen〉 …と親しくしている, …への有力な手づるを持っている | *seine* ～*en* spielen lassen つてを活用する, コネにものを言わせる ‖ durch ～*en* コネを使って | zu 〈mit〉 *jm.* in ～〔*en*〕 stehen …と関係がある | zu 〈mit〉 *jm.* in ～〔*en*〕 treten …と関係するようになる. **2** (Zusammenhang) 関連, 関係: eine logische ～ 論理的関連 | die ～ des Menschen zu seiner Umwelt 人間と環境との関連 | die ～ zwischen Ursache und Wirkung 因果関係 ‖ *seine* ～ auf *et.*[4] haben …に関連する | beide Dinge in ～ bringen 〈setzen〉 両者を関連づける | in enger ～ zu *et.*[3] stehen …と密接に関連している | **mit ～ auf *et.***[4] …に関連して. **3** (Hinsicht) 観点: in jeder ～ あらゆる面〈意味〉で, どこから見ても | In dieser ～ hat er recht. この点では彼〔の言うこと〕は正しい.

Be·zie̲·hungs·han·del 男 -s/ 〖商〗(小売店を通さない)直接売買. **·kauf** 男 〖商〗(小売店を通さない)直接購入; (特別のつてによる)縁故購入. **·le̲h·re** 女 -/ 〖社〗関係学.

be·zie̲·hungs·lo̲s[..loːs][1] 形 関連のない, 無関係の.

Be·zie̲·hungs·sy·ste̲m 中 〖心〗枠組み, 基準系. **·wa̲hn** 男 〖心〗関係妄想.

be·zie̲·hungs·wei·se 接 《並列》(略 bzw., bezw.) **1** (oder) または, もしくは, ないしは, 場合によっては; あるいはむしろ, 詳しく言えばつまり: Die Firma X ～ die Firma Y wird die Ware liefern. X 商会か場合によっては Y 商会が納品をするだろう | Er wohnt in Hamburg ～ in einem Vorort von Hamburg. 彼はハンブルク 詳しく言えばハンブルク郊外に住んでいる | Ich ～ meine Frau ist dagegen. 私がというより妻が反対しているんだ | Ich kenne ihn gut, ～ mein Vater war mit ihm befreundet. 私は彼をよく知っています というよりむしろ父が彼と親交があったのです.

2 それぞれ〔に〕: Die Löhne der ungelernten und gelernten Arbeiter werden um 3 ～ 5 Mark wöchentlich erhöht. 未熟練工と熟練工の給与はそれぞれ週3マルクと5マルク引き上げられる | zwei Flugzeuge mit englischen ～ amerikanischen Kennzeichen イギリスの標識をつけた1機とアメリカの標識をつけた1機の計2機の飛行機.

Be·zie̲·hungs·wort 中 -〔e〕s/..wörter 〖言〗 **1** (↔ Begriffswort) 関係語(前置詞・接続詞・助詞など). **2** (関係代名詞の)先行詞. **3** 被修飾語.

be·zie̲·len[bətsíːlən] 他 (h) 目標とする, めざす.

be·zi̲f·fern[bətsífərn] 《05》 他 (h) **1** 《*et.*[4]》(…に)数字〈番号〉をつける: Buchseiten ～ 本のノンブルを打つ | *bezifferter* Baß 〖楽〗通奏低音. **2** 《*et.*[4] auf *et.*[4]》(…の額を…と)見積もる: den Schaden auf eine Million Mark ～ 損害額を100万マルクと見積もる ‖ 再帰 *sich*[4] auf *et.*[4] ～ …の額になる. [＜Ziffer]

Be·zi̲f·fe·rung[..fərʊŋ] 女 -/-en **1** beziffern すること. **2** 番号.

Be·zi̲rk[bətsírk] 男 -〔e〕s/-e (略 Bez., Bz.) **1** (画定された)区域, 地区; 《比》(Bereich) 範囲, 領域: Wahl*bezirk* 選挙区 | im kulturellen 〈religiösen〉 ～ 文化的〈宗教的〉な領域で. **2** 〖政〗管区; (旧東ドイツの)県; (オーストリア・スイスの)郡; 管区当局. [*lat.* circus (→Zirkus) - *mhd.* zirc]

Be·zi̲rks·amt 中 管区庁. **·a̲rzt** 男 管区〈地方〉医官. **·aus·scheid** 男 〖スポ〗地区予選, (旧東ドイツで)県予選. **·ge·richt** 中 (旧東ドイツの)地方裁判所; (オーストリアの)区裁判所. **·haupt·mann** 男 -〔e〕s/..leute 《オーストリア》管区長. **·haupt·mann·schaft** 女 -/-en 《オーストリア》管区庁. **·kom·man·do** 中 軍管区司令部. **·stadt** 女 (旧東ドイツで)県庁所在都市. **·ta̲g** 男 (旧東ドイツで)県議会. **·trot·tel** 男 《南部・オーストリア》大ばか者.

be·zi̲r·zen[bətsírtsən] 《02》 ＝becircen

Be·zoa̲r[betsoáːr] 男 -s/-e 糞石(ふんせき), 牛黄(ごおう)(牛などの胃の結石. 昔は解毒剤に用いた). [*pers.* pādzahr „Gegengift“ - *arab.* - *span.*]

Be·zoa̲r·stein 男 ＝Bezoar **·zie·ge** 女 〖動〗ノヤギ(野生のヤギ).

be·zo̲g[bətsóːk][1] beziehen の過去.

be·zo̲·gen[bətsóːgən] **I** beziehen の過去分詞; 過去1・3人称複数. **II** 形 相対的な; 相関的な: ～*es* Gewicht 〖理〗比重 | die ～*e* Zeit 〖言〗(主文の時称などに対する)相対的時称 ‖ aufeinander 〈wechselseitig〉 ～ sein 相関している. **III Be·zo̲·ge·ne** 男 女 《形容詞変化》(手形・小切手の)名あて人; 小切手〈約束手形〉受取人; 為替手形支払人.

be·zo̲pft[bətsɔ́pft] 形 お下げ髪の. [＜Zopf]

be·zu̲ckern[bətsʊ́kərn] 《05》 他 (h) 《*et.*[4]》(…に)砂糖をかける.

be·zu̲g[bətsúːk] →Bezug 4

Be·zu̲g[bətsúːk][1] 男 -〔e〕s/..züge[..tsýːgə] **1** (Überzug) (いす・マットレスなどの)張り布〈材料〉, カバー, (ベッドの)シーツ; (ラケットの)ガット; (弦楽器の)弦(一組); (ヴァイオリンなどの弓の)毛(→ 図 Bogen): den ～ des Sofas erneuern 〈wechseln〉 ソファーのカバーを替える. **2** 《単数で》(商品の)取り寄せ, 購入, 入手; (給与・年金などの)受給: der ～ von Waren aus dem Ausland 外国からの商品の取り寄せ〈購入〉 | der ～ von einer Zeitschrift durch die Post 郵送による雑誌の購読 ‖ bei ～ von mehr als zehn Stück 10個以上購入〈注文〉の場合に. **3** 《複数で》(Einkommen) 収入, 給料: Wie hoch sind Ihre *Bezüge*? あなたの収入はどれくらいですか. **4** 関連〔づけ〕: **mit 〈unter〉 ～ auf *et.***[4] 《官》…に関して ‖ auf *et.*[4] ～ haben …に関連する | **auf *et.***[4] **～ nehmen** 《官》…に関連させる, …を引き合いに出す | *Bezug* nehmend auf Ihr Schreiben vom 5. Mai, teile ich Ihnen mit, daß ... 《官》5月5日付貴簡に関しお答えします. すなわち… ‖〖小文字で〗**in *bezug* auf *jn.* 〈*et.*[4]〉** …に関して | in *bezug* auf diesen Plan この計画に関して. [*mhd.*, ◇beziehen]

Be·zü̲·ger[bətsýːgər] 男 -s/- 《スイ》＝Bezieher

be·zü̲g·lich[bətsýːklɪç] **I** 形 《付加語的》《auf *et.*[4]》(…に)関連〈関係〉する: ein ～*es* Fürwort 〖言〗関係代名詞(＝Relativpronomen) ‖ die auf dieses Problem ～*en* Studien この問題に関する諸研究 | Ihr darauf ～*er* Brief 《官》この件に関する貴簡.

II 前 《2格支配》(略 bez., bzgl.) 《官》(…に)関〔連〕して: *Bezüglich* Ihrer Anfrage vom 2. Mai erwidere ich Ihnen, daß ... 5月2日付ご照会に関しお答えします. すなわち….

Be·zu̲g·na̲h·me[bətsúːknaːmə] 女 -/-n 《官》関連づけ: **unter 〈mit〉 ～ auf *et.***[4] …に関〔連〕して. [＜Bezug nehmen]

Be·zu̲gs·ak·tie[..|aktsiə] 女 新株. **·be·rech·ti·gung** 女 (年金などの)受給資格.

Be·zu̲g·schein ＝Bezugsschein

be·zu̲gs·fer·tig 形 (建物が)即時入居可能の.

Be·zu̲gs·ge·nos·sen·schaft 女 購買組合, 生活協同組合. **·preis** 男 購入価格, (雑誌などの)購読料.

≠**punkt** 男〘理〙標点; 基〔準〕点. ≠**quel·le** 女 購入源,(有利な)買い物のチャンス. ≠**recht** 中〘商〙購入の権利, 新株引受権. ≠**satz** 男 (Relativsatz)〘言〙関係文. ≠**schein** 男 購入券. ≠**stoff** 男 (いす・マットレスなどの)張り布. ≠**sy·stem** 中 (価値判断の基準となる)座標系. ≠**wort** 中 -〔e〕s/..wörter〘言〙(関係詞の)先行詞; (同格語の)先行語.

be·zu̲·schus·sen[bətsú:ʃʊsən]《03》他 (h)《官》《*et.*[4]》(…に)補助金〈助成金〉を出す. [<Zuschuß]

bezw. 略 =beziehungsweise

be·zwe̲cken[1][bətsvɛ́kən] 他 (h)《*et.*[4]》目的とする, 意図する: Was *bezweckst* du mit dieser Frage? 君はこの質問によって何をもくろんでいるのか. [<Zweck]

be·zwe̲cken[2][−] 他 (h) びょう〈木くぎ〉で留める.

be·zwe̲i·feln[bətsváɪfəln]《06》他 (h)《*et.*[4]》(…を)疑う, (…に)疑念をもつ, (…を)信じない: *js.* Aussagen ~ …の陳述の真実〈信頼〉性を疑う | Ich *bezweifle*, daß er kommt (㊥..., daß er nicht kommt). 私は彼が来ないのではないかと思う.

be·zwi̲ng·ba̲r[bətsvíŋba:r] 形 bezwingen できる.

be·zwi̲n·gen*[bətsvíŋən]《220》他 (h) (敵を)屈服させる, 征服〈攻略〉する; (困難・障害などに)打ち勝つ, 克服する; (感情・欲望・苦痛などを)抑える, 抑制する: einen Berg ~ 山を征服する(頂上をきわめる) | *seinen* Zorn 〈*seine* Neugier〉 ~ 怒り〈好奇心〉を抑える ‖ 再帰 *sich*[4] ~ 自制する.

Be·zwi̲n·ger[..ŋər] 男 -s/- 征服者, 克服者.

Be·zwi̲n·gung[..ŋʊŋ] 女 -/-en bezwingen すること.

Bf. 略 **1** =Bahnhof 駅(→Bhf.). **2** =Brief 手紙, 文書. **3** =Bischof

BfA[be:|ɛf|á:] 略 女 -/ =**Bundesanstalt für Arbeit** (ドイツの)連邦雇用庁.

BFH[be:|ɛfhá:] 略 男 -/ =**Bundesfinanzhof**

bfn.[be:|ɛf|ɛ́n] 略 =**brutto für netto** 風袋こみの代価で.

BfV[be:|ɛffáʊ] 略 中 -/ =**Bundesamt für Verfassungsschutz** 連邦憲法擁護庁.

Bg. 略 =**Bogen** 全紙.

BGA[be:ge:|á:] 略 中 -/ =**Bundesgesundheitsamt**

BGB[be:ge:bé:] 略 中 -〔s〕/ = **Bürgerliches Gesetzbuch** 民法典.

BGH[be:ge:há:] 略 男 -/ =**Bundesgerichtshof**

BGL[be:ge:|ɛ́l] 略 女 -/ =**Betriebsgewerkschaftsleitung**

BGS[be:ge:|ɛ́s] 略 男 -/ =**Bundesgrenzschutz**

BH[be:há:] 略 男 -〔s〕/-〔s〕《話》=**Büstenhalter**

BHE[be:ha:|é:] 略 男 -/ =**Bund der Heimatvertriebenen und Entrechteten** 難民同盟(1950年に旧西ドイツで生まれた政党. のち DP と合併し GDP となった).

Bhf. 略 =Bahnhof 駅(→Bf. 1).

Bhu·tan[bú:tan] 地名 ブータン(インドとチベットの間に挟まれた王国. 首都はティンプー Thimbu). [*ind.*]

Bhu·ta̲·ner[butá:nər] 男 -s/- ブータン人.

bhu·ta̲·nisch[..nɪʃ] 形 ブータンの.

bi[be:|í:] 形《無変化》《俗》=bisexuell 3

bi..《名詞・形容詞などにつけて「2・二重」などを意味する》: *Bi*gamie 重婚 | *Bi*pede 二足動物 ‖ *bi*lateral 双務的な | *bi*sexuell 両性愛の. [*lat.*; ◇zwie.., Duo, bis[2]]

Bi[be:|í:, bɪsmú:tʊm] 記号 (Bismutum)〘化〙ビスマス, 蒼鉛.

Bia̲n·ca[biáŋka·], **Bia̲n·ka**[−] 女名 ビアンカ. [*it.* bianco (→blanko)]

Bi·ar·chi̲e[biarçí:] 女 -/-n [..çí:ən] 二重支配.

Bi·as[1][báɪas, bí:as, báɪəs] 中 -/-〘統計〙(世論調査の際などの数値の)かたより, 偏位, バイアス. [*fr.*−*engl.*]

Bi̲·as[2][bí:as] 人名 ビアス(前625頃-540頃; ギリシア七賢人の一人).

Bi̲·ath·le̲t[bí:atle:t] 男 -en/-en〘スキ〙バイアスロンの選手.

Bi̲·ath·lon[bí:atlɔn] 中 -s/-s〘スキ〙バイアスロン, 近代二種競技(距離レースと射撃を組み合わせた競技). [<*gr.* āthlon „Wettkampf" (◇Athlet)]

bi·ba̲·mus[bibá:mʊs]《ラテ語》(かけ声として)乾杯. [„trinken wir!"; ◇Bier]

bi̲b·bern[bíbərn]《05》自 (h)《話》(寒さ・恐怖などで)震える: um *et.*[4] ~《比》…を心配する. [<*ahd.* bibēn (→beben)]

Bi̲·bel[bí:bəl] 女 -/-n〘宗〙聖書, バイブル;《比》聖典(特定の分野で最も権威ある書物);《戯》分厚い本: die deutsche ~ ドイツ語訳の聖書 | Luther*bibel* ルター訳の聖書 ‖ die ~ aufschlagen 聖書を開く | *et.*[4] als *seine* ~ betrachten …を金科玉条とする ‖ auf die ~ schwören 聖書に手を置いて誓う | in der ~ lesen 聖書を読む | Das steht schon in der ~.《話》それは先刻承知のことだ. [*gr.* „Bücher"−*kirchenlat.*−*mhd.*; ◇biblio..; *engl.* Bible]

Bi̲·bel≠ab·schnitt 男 聖書の章節〈一部〉. ≠**aus·le·gung** 女 聖書解釈.

bi̲·bel·fest 形 聖書に精通した.

Bi̲·bel≠for·scher 男 **1** 聖書研究者. [▽]**2** エホバの証者(19世紀後半アメリカに起こり, 現体制の終末・神政の到来を近しとする一派の人). ≠**ge·sell·schaft** 女 聖書〔普及〕協会. ≠**glau·be**〔**n**〕男 聖書信仰, 聖書主義.

bi̲·bel·gläu·big 形 聖書を字義どおりに信じている.

Bi̲·bel≠in·sti·tut 中 -〔e〕s/ (教皇庁の)聖書研究所. ≠**kon·kor·danz** 女 聖書索引.

Bi·be·lot[bib(ə)ló:] 男 -s/-s (小さな)置物, 工芸品. [*fr.*]

Bi̲·bel≠re·gal[bí:bəl..] 中〘楽〙ビーベルレガール(大型本の形をした小オルガン). ≠**spra·che** 女 (特にルター訳の)聖書用語〈語法〉. ≠**spruch** 男, ≠**stel·le** 女 聖書の言葉, 聖書から引用した格言〈成句〉. ≠**stun·de** 女 **1** 聖書朗読兼祈禱(きとう)の時間. **2** 聖書講義, バイブルクラス. ≠**über·set·zung** 女 聖書の翻訳; 翻訳聖書. ≠**wis·sen·schaft** 女 -/ 聖書学. ≠**wort** 中 -〔e〕s/-e =Bibelspruch

Bi̲·ber[bí:bər] **I** 男 -s/- **1**〘動〙ビーバー, 海狸(かいり). **2** ビーバーの毛皮. **3**《戯》顔じゅうひげだらけの男. **II** 男 中 -s/ ビーバークロス(あや織り綿布の一種). [*idg.* „der Braune"; ◇braun, Bär; *engl.* beaver]

Bi̲·ber≠bau 男 -〔e〕s/-e, ≠**burg** 女 ビーバーの巣.

Bi·be·re̲t·te[bibərɛ́tə] 女 -/-n ビーベレット(ビーバーの毛皮のように加工したウサギの毛皮). [*fr.*]

Bi̲·ber·fell[bí:bər..] 中 ビーバーの毛皮.

Bi̲·ber·geil 中 -〔e〕s/ 海狸(かいり)香(ビーバーの肛門腺(こうもんせん)分泌液から作られ, 以前はけいれん止めの民間薬に使われた). [*mhd.*; ◇Geile]

Bi̲·ber·hörn·chen 中 -s/-〘動〙ヤマビーバー.

Bi·ber·ne̲l·le[bi:bərnɛ́lə] 女 -/-n (Pimpernell)〘植〙ミツバグサ(三葉草)属.

Bi̲·ber≠pelz[bí:bər..] 男 = Biberfell ≠**rat·te** 女 (Nutria)〘動〙ヌートリア. ≠**schwanz** 男 **1** ビーバーの尾. **2**〘建〙平がわら(平らな屋根がわら); 手鋸(てのこ).

Bi̲·bi[bí:bi·, bíbi·] 男 -s/-s《話》**1** (縁の狭い)紳士用帽子; (特に:) シルクハット, 山高帽; (縁なしの)帽子, ベレー帽, (ユダヤ人の)丸帽. **2**《戯》かぶり物, 帽子. [*fr.*]

biblio..《名詞・形容詞などにつけて「書籍」を意味する》[*gr.* biblíon „Büchlein"; <*gr.* bíblos „Papyrus"; ◇Bibel]

Bi·blio·gra̲ph (**Bi·blio·gra̲f**)[bibliográ:f] 男 -en/-en 書誌学者; 文献解題〈目録〉編集者.

Bi·blio·gra·phi̲e (**Bi·blio·gra·fi̲e**)[..grafí:] 女 -/-n[..fí:ən] **1** (Bücherkunde) 書誌学. **2** 書籍〈著作〉目録; 文献目録, 参考書目.

bi·blio·gra·phi̲e·ren (**bi·blio·gra·fi̲e·ren**)[..grafí:rən] 他 (h) (書籍を)書誌学的に調査〈確定〉する; 書籍目録〈参考書目〉に加える.

bi·blio·gra̲·phisch (**bi·blio·gra̲·fisch**)[..grá:fɪʃ] 形 **1** 書誌学〔上〕の; 文献解題的な. [▽]**2** (bibliophil) 愛書家向きの.

Bi·blio·ma̲·ne[bibliomá:nə] 男 -n/-n (病的な)書籍収集家, 蔵書狂.

Bi·blio·ma·ni̲e[..maní:] 女 -/ (病的な)書籍収集欲.

bi·blio·ma̲·nisch[..má:nɪʃ] 形 (病的に)書籍を集めたが

る, 本きちがいの.

Bi·blio·man·tie[..mantí:] 女 -/ (特に聖書の, 任意に開いたページの文言による)書物占い. [< *gr.* manteíā „Wahrsagerei"]

Bi·blio·pha·ge[..fá:gə] 男 -n/-n 読書狂, 本の虫.

bi·blio·phil[..fí:l] **I** 形 **1** 書籍を愛好する. **2** 愛書家向きの: eine ~*e* Ausgabe 愛蔵版. **II** **Bi·blio·phi·le** 男 女《形容詞変化》(稀覯(きこう)本などを好む)愛書家.

Bi·blio·phi·lie[..filí:] 女 -/ 書籍愛好, 書物道楽.

Bi·blio·pho·be[..fó:bə] 男 女《形容詞変化》書籍憎悪者.

Bi·blio·pho·bie[..fobí:] 女 -/ 書籍憎悪.

Bi·blio·thek[biblioté:k] 女 -/-en **1 a)** 図書館, 図書室; 書庫, 文庫: Deutsche ~ (Frankfurt a. M. にある)ドイツ国立図書館 | eine elektronische ~ 電子図書館 | Wander*bibliothek* 移動〈巡回〉図書館 ‖ an einer ~ angestellt sein 図書館に勤めている | in die ~ gehen 図書館へ行く. **b)** 蔵書〔量〕: eine ~ von zehntausend Büchern 1万冊の蔵書 | Er hat eine wertvolle ~. 彼は貴重な蔵書を持っている. **2** 双書, シリーズ. [*gr.*–*lat.* bibliotheca „Bücher-gestell"]

Bi·blio·the·kar[..teká:r] 男 -s/-e (⊛ **Bi·blio·the·ka·rin**[..rın]-/-nen) 図書館員, 司書.

bi·blio·the·ka·risch[..teká:rıʃ] 形 図書館員の, 司書の.

Bi·blio·theks·kun·de[biblioté:ks..] 女 -/ 図書館学. ⸗**saal** 男 図書閲覧室. ⸗**we·sen** 中 -s/ 図書館制度. ⸗**wis·sen·schaft** 女 -/ 図書館学. ⸗**zei·chen** 中 蔵書印, 書籍登録印.

Bi·blio·the·ra·pie[..terapí:] 女 -/《医》読書療法.

bi·blisch[bí:blıʃ] 形 聖書の, 聖書にある; 聖書に関する; 聖書ふうの: eine ~*e* Geschichte 聖書からの物語 | *Biblische* Geschichte (教科としての)聖書科 | eine ~*e* Gestalt 聖書の登場人物 ‖ ein ~*es* Alter (→Alter 2 a) | von ~*er* Kürze sein《比》きわめて簡潔である.

Bi·bli·zis·mus[biblitsísmʊs] 男 -/ (聖書を字義どおりに信じる)聖書〔絶対〕主義. [< Bibel]

Bi·bli·zist[..tsíst] 男 -en/-en 聖書〔絶対〕主義者.

Bi·car·bo·nat = Bikarbonat

bi·chrom[bí:kro:m, bikró:m] 形 (zweifarbig) 2色の.

Bi·chro·mat[bí:kroma:t, bikromá:t] 中 -〔e〕s/-e《化》重クロム酸塩.

Bi·chro·mie[bikromí:] 女 -/ 2色.

Bi·ci·nium[bitsí:niʊm] 中 -s/..nien [..niən] (..nia [..nia·])《楽》ビチニウム(15-16世紀の2声部の主に声楽用の楽曲). [< *lat.* cecinī „ich habe gesungen" (◇Kantor)]

Bick·bee·re[bík..]《北部》= Heidelbeere [< Pech]

ᵛ**bi·derb**[bidérp][1] = bieder

Bi·det[bidé:] 中 -s/-s ビデ(局部洗浄器). [*fr.*]

Bi·don[bidɔ̃:] 男 -s/-s《スイ》(栓のある)ブリキ缶; (携帯用の)ガソリン. [*it.*–*fr.*; < *gr.* píthos „Krug" (◇Bütte)]

Bi·don·ville[vidɔ̃víl] 中 -s/-s (大都市の)貧民街, スラム. [*fr.*]

bie·der[bí:dər] 形 **1** (ehrlich) 正直な, 誠実な. **2**《軽蔑的に》愚直な, 単純朴訥(ぼく)な. [*ahd.* biderbi „brauchbar"; ◇bei, dürfen]

Bie·der·herz[–hɛrts] 中 正直〈誠実〉な心〔をもった人〕.

Bie·der·keit[..kaıt] 女 -/ bieder なこと.

Bie·der·mann 男 -〔e〕s/..männer **1** 正直〈誠実〉な人. **2**《軽蔑的に》(Spießbürger) 俗物; (Heuchler) 偽善者.

bie·der·män·nisch[..mɛnıʃ] = bieder 1

Bie·der·manns·mie·ne 女 偽善者的な顔つき.

Bie·der·mei·er[bí:dərmaıər] **I** 男 -s/ (Spießbürger) 俗物, (愚直な)小市民. **II** 中 -〔s〕/ (19世紀前半, 特に1815-48年ごろのドイツの小市民的な風俗・芸術を特徴づける)ビーダーマイヤー様式〈時代〉(→ ⊠ Stilmöbel).

bie·der·mei·er·lich[–lıç] 形 ビーダーマイヤー様式〈時代〉の; 小市民的な.

Bie·der·mei·er⸗stil 男 -〔e〕s/ = Biedermeier II ⸗**zeit** 女 -/ ビーダーマイヤー時代(19世紀前半, 特に1815-48年ごろ).

Bie·der·sinn[bí:dər..] 男 -〔e〕s/ 正直, 誠実.

bie·der·sin·nig 形 正直〈誠実〉な.

bieg·bar[bí:kba:r] 形 **1** biegen できる. **2** = biegsam

Bie·ge[bí:gə] 女 -/-n《方》湾曲, 屈曲; 湾曲個所: **eine ~ drehen** 〈**fahren** / **fliegen**〉《俗》ちょっと散歩〈ドライブ・散策飛行〉をする | **die ~ machen**《俗》即刻立ち去る〈姿を消す〉.

Bie·ge⸗fe·stig·keit 女《工》曲げ強さ. ⸗**ma·schi·ne** 女《工》曲げ〈折りたたみ〉機, たわめ機.

bie·gen*[bí:gən][1]《16》 **bog**[bo:k][1] / **ge·bo·gen**[gəbó:gən]; ⊛ böge[bǿ:gə] **I** 他 (h) **1** 曲げる, たわめる: *et.*[4] nach oben 〈unten〉 ~ …を上〈下〉へ曲げる | ᵛdas Knie vor *jm.* ~ …に屈服する ‖ 再帰 *sich*[4] ~ 曲がる, たわむ, そる | Die Zweige *biegen* sich unter dem Schnee. 枝が雪の重みでたわむ | Er lügt, daß sich die Balken *biegen*. (→Balken 1) | *sich*[4] vor Lachen ~ (→lachen II) ‖〔過去分詞で〕eine *gebogene* Nase わし鼻. ᵛ**2** (beugen)《言》語形変化させる.

II 自 **1** (h) 曲がる, たわむ: Ich muß es durchsetzen, mag es 〈es mag〉 ~ oder brechen. 何がなんでも私はそれをやり通さねばならない ‖ **auf *Biegen* oder Brechen** 何がなんでも, 蛮勇を振るって | **Es geht auf *Biegen* oder Brechen.** これはのるかそるか〈食うか食われるか〉の大勝負だ. **2** (s) 曲がって進む: in eine Gasse ~ (角を曲がって)横町に入る | um die Ecke ~ 街角を曲がる | um einen Berg ~ 山を迂回(うかい)する.

[*idg.*; ◇Fuge[1], Bogen, beugen; Bucht; *engl.* bow; *gr.* pheúgein „fliehen"]

bieg·sam[bí:kza:m] 形 曲げ〈たわめ〉やすい, しなやかな, 柔軟な: ein ~*er* Geist 柔軟な精神 | ein ~*er* Körper しなやかな体.

Bieg·sam·keit[–kaıt] 女 -/ (biegsam なこと. 例えば:) しなやかさ, 柔軟さ;《理》屈撓(くっとう)性, たわみ性.

Bie·gung[bí:gʊŋ] 女 -/-en **1** 曲げる〈曲がる〉こと; 屈曲, 湾曲;《理・工》曲げ, たわみ, 屈撓(くっとう): Die Straße macht dort eine ~. 道路はそこでカーブしている. ᵛ**2** (Beugung)《言》語形変化, 活用.

ᵛ**Biel·brief**[bí:l..] = Beilbrief 1

Bie·le·feld[bí:ləfɛlt][1] 地名 ビーレフェルト (Nordrhein-Westfalen 州の工業都市. 1968年に総合大学が新設された). [◇ *mhd.* bīhel „Beil"]

Bien[bi:n] 男 -s/《集合的に》《虫》ミツバチ(蜜蜂): Der ~ muß!《戯》何がなんでもやりぬくぞ.

Bie·ne[bí:nə] 女 -/-n **1** (⊛ **Bien·chen**[bí:nçən], **Bien·lein**[..laın] 中 -s/-) **a)**《虫》ミツバチ(蜜蜂): emsig 〈fleißig〉 wie eine ~ sein ミツバチみたいに勤勉である ‖ **eine ~ drehen** 〈**machen**〉《話》そっと逃げ出す | ~*n* züchten ミツバチを飼育する, 養蜂(ようほう)に従事する ‖ von einer ~ in den Arm gestochen werden ミツバチに腕をさされる ‖ Die ~*n* schwärmen 〈summen〉. ミツバチが群がる〈ブンブンいう〉. **b)** ミツバチ科の昆虫. **2**《俗》少女, (陽気な)小娘: eine dufte ~ すてきな女の子. **3** die ~《天》蠅(はえ)座. [*germ.*; ◇ *engl.* bee]

Bie·nen⸗amei·se 女《虫》アリバチ(蟻蜂)科の昆虫. ⸗**beu·te** 女 ミツバチの巣箱. ⸗**fleiß** 男 (ミツバチのような)極度の〈盲目的な〉勤勉さ: einen ~ entwickeln 〈an den Tag legen〉 猛烈に仕事をする.

bie·nen·flei·ßig 形 ミツバチのように勤勉な.

Bie·nen⸗fres·ser 男《鳥》ハチクイ(蜂喰). ⸗**harz** 中 蜜蠟(みつろう). ⸗**haus** 中 (ミツバチ用)蜂舎(ほうしゃ), ミツバチ小屋;《戯》女子独身寮. ⸗**ho·nig** 男 はちみつ. ⸗**kö·ni·gin** 女 (ミツバチの)女王バチ.

Bie·nen·korb 男 (かご形の)ミツバチの巣箱. [*ahd.* binikar; ◇Kar]

Bie·nen⸗laus 女《虫》ミツバチシラミバエ(蜜蜂虱蠅). ⸗**mas·ke** 女 (ハチよけ用)面布. ⸗**saug**[..zaʊk][1] 男 -〔e〕s/-e《植》メリッサ(シソ科の野草). ⸗**schwarm** 男 ミツバチの群れ, (特に:) 分封〈巣分かれ〉の群れ. ⸗**spra·che** 女 (みつのありかなどを知らせる)ミツバチの踊り. ⸗**stand** 男 ミ

B

ツバチの巣箱の集合施設. ≈**stich** 男 **1** ミツバチに刺されること〈刺された傷〉. **2** (はちみつを塗った)アーモンド入りケーキ. ≈**stock** 男 -〔e〕s/..stöcke ミツバチの巣箱. ≈**va·ter** 男 養蜂(ようほう)家. ≈**volk** 中 (1匹の女王バチを中心とする)ミツバチの一群. ≈**wa·be** 女 ミツバチの巣〈房〉. ≈**wachs** 中 蜜蠟(みつろう). ≈**wei·sel** 男 (ミツバチの)女王バチ. ≈**wolf** 男 **1** 〘虫〙(ミツバチを幼虫のえさにする)ジガバチ(似我蜂). **2** =Bienenfresser ≈**zel·le** 女 ミツバチの巣房. ≈**zucht** 女 養蜂. ≈**züch·ter** 男 養蜂家.

Bien·lein Biene の縮小形.

bi·enn[biέn] 形 2年間の; 〘植〙2年生の.

bi·en·nal[biɛná:l] 形 **1** =biennn **2** 2年目ごとの.

Bi·en·na·le[..lə] 女 -/-n ビエンナーレ(2年目ごとの催し. 特に国際的な美術展覧会・映画祭など). [*it.*]

Bi·en·nium[biέniυm] 中 -s/..nien[..niən] 2年間. [*lat.*; <bi..+*lat.* annus „Jahr"]

Bier[bi:r] 中 -〔e〕s/ (種類: -e) (小 **Bier·chen** → 別出) (英: *beer*) ビール: dunkles 〈helles〉 ~ 黒〈淡色〉ビール | Münch〔e〕ner 〈Pils〔e〕ner〉 ~ ミュンヒェン〈ピルゼン〉産のビール | ein Glas 〈ein Krug〉 ~ コップ〈ジョッキ〉1杯のビール | ~ vom Faß / Faß*bier* たるから注いだ生ビール ‖ beim ~ sitzen (飲み屋などで)ビールを飲んでいる | ***et.***[4] **wie sauer 〈saures〉 ~ ausbieten 〈anpreisen〉** 《話》…(くだらぬもの)をうまいこと言って売りつけようとする | Herr Ober, ein 〔Glas〕 ~, bitte! ボーイさん ビールを1杯ください | Wein auf ~, das rat' ich dir, ~ auf Wein, das laß sein. (→Wein 1 a) | **Das ist mein ~.** 《話》それは君の知ったことではない | **Das ist nicht mein ~.** 《話》それは私の関知するところではない. [*westgerm.*; <*lat.* bibere „trinken"; ◇*engl.* beer]

Bier≈abend[bí:r..] 男 (晩の)ビアパーティー. ≈**ap·pa·rat** 男 (ビアホールなどの)ビール用サイフォン. ≈**arsch** 男 《卑》(大きな)尻(しり). ▽≈**bank** 女 ビアホールの腰掛け.

Bier·bank·po·li·ti·ker 男 (ビールなどを飲みながら気炎をあげる)居酒屋政談家; 三流政論家.

Bier≈baß 男《戯》低音の声. ≈**bauch** 男《話》ビール腹. ≈**be·cher** 男 ビアグラス(→ 図 Glas). ≈**blu·me** 女 ビールの泡. ≈**brau·er** 男 ビール醸造家〈業者〉. ≈**braue·rei** 女 **1** ビール醸造. **2** ビール醸造所. ≈**bru·der** 男《話》(ビアホールなどの)常連; ビールの飲み仲間〈友達〉.

Bier·chen[bí:rçən] 中 -s/- **1** とびきり上等の〈おいしい〉ビール. **2** 《話》1杯のビール: zwei ~ trinken ビールを2杯飲む.

Bier≈deckel 男 ビアマット, ビアコースター(ジョッキやコップをのせる厚紙などでできた下敷き). ≈**do·se** 女 ビールの缶; 缶入りビール. ≈**ei·fer** 男《話》極端な熱心さ, はりきり過ぎ.

bier≈eif·rig 形《話》極端に熱心な, はりきり過ぎた. ≈**ernst** 形《話》くそまじめな.

Bier≈ernst 男《話》くそまじめ. ≈**fah·ne** 女《話》ビールによる酒くさい息. ≈**fah·rer** 男 ビール配送運転手. ≈**faß** 中 ビール〈ビア〉だる; 《話》肥大漢, でぶ. ≈**filz** 男 =Bierdeckel ≈**fla·sche** 女 ビール瓶. ≈**gar·ten** 男 (マロニエの木陰などに作られた営業用の)屋外ビアガーデン. ≈**glas** 中 -es/..gläser ビアグラス(→ 図 Glas). ≈**hal·le** 女, ≈**haus** 中 ビアホール. ≈**he·fe** 女 ビール酵母. ≈**idee** 女《話》(ビールを飲みながらの)くだらぬ思いつき. ≈**kel·ler** 男 **1** ビール貯蔵用地下室. **2** (地下の)ビアホール. ≈**krug** 男 (多くは陶器製の)ビールジョッキ. ≈**krü·gel** 中《オーストリア》=Bierkrug ≈**kut·scher** 男 ビール運搬馬車の御者: **wie ein ~ fluchen** 《話》口ぎたなくののしる. ≈**lei·che** 女《戯》ビールの死骸(ビールを飲みすぎて正体なく酔いつぶれた人). ≈**lo·kal** 中 ビアホール. ≈**rei·se** 女《戯》(ビールの)はしご飲み. ≈**ru·he** 女《戯》泰然自若. ≈**schaum** 男 ビールの泡. ≈**schen·ke** 女 (小さな)ビアホール. ≈**sei·del** 中 (しばしばガラス製の)ビールジョッキ.

bier·se·lig 形《戯》ビールでほろ酔い気分の.

Bier≈steu·er 女 ビール税. ≈**stu·be** 女 (小さな)ビアホール. ≈**sup·pe** 女〘料理〙ビールスープ(ビールに卵・生クリームなどを加えて作る). ≈**ton·ne** 女 =Bierfaß ≈**tul·pe** 女 (チューリップ形の)ビアグラス. ≈**un·ter·satz** 男 =Bierdeckel ≈**ver·lag** 男 ビール卸売業. ≈**ver·le·ger** 男 ビール卸売業者. ≈**ver·sil·be·rer** 男《オーストリア》ビール小売商. ≈**waa·ge** 女 (濃度検査用の)ビール比重計. ≈**wa·gen** 男 ビール運搬車. ≈**wirt** 男 ビアホールの主人. ≈**wirt·schaft** 女 ビアホール. ≈**zei·tung** 女 (限られた購読者のための)こっけい新聞. ≈**zelt** 中 (祭などの)仮設〈露天〉ビアホール. ≈**zip·fel** 男 (学生組合別を示す)飾りリボン(→ 図).

Bierzipfel

Bie·se[1][bí:zə] 女 -/-n (制服のズボンや帽子の)色つき飾り縁; (衣類の)飾りひだ, フリル; (靴の)飾り縫い. [*ndd.*, ◇Binse]

Bie·se[2][−] 女 -/-n =Bise

bie·sen[bí:zən][1] 《02》自 (h) (家畜がアブに悩まされて)狂ったように走り回る〈暴れる〉. [*germ.*; ◇Bise]

Bies·flie·ge[bí:s..] 女〘虫〙ウシバエ(牛蠅)科の昆虫.

Biest[1][bi:st] 中 -es(-s)/-er《軽蔑的に》**1** (鳥・虫なども含めて)動物. **2** 卑劣〈下劣〉なやつ, 畜生(人間以外にも用いる): So ein ~! こん畜生め | Das ~ funktioniert nicht mehr. (器械などについて)こいつはもう作動しない. [*lat.* bēstia – *afr.*–*ndd.*; ◇Bestie; *engl.* beast]

Biest[2][−] 男 -es(-s)/ =Biestmilch

bie·ster[bí:stər] 形《北部》(finster) 暗い, 陰鬱な; 不快な.

Bie·ste·rei[bi:stəráι] 女 -/-en **1** 《話》卑俗, 下劣, 野卑, 卑猥(ひわい). **2** 《方》つらい〈いまいましい〉仕事.

bie·stern[bí:stərn] 《05》自 (h) **1** 《北部》(irren) 迷う, さまよい歩く. **2** 《方》(schuften) あくせく働く. **3** 〘狩〙(野獣が)鳴き声で誘う.

bie·stig[bí:stıç][2] 形《話》**1** (gemein) 下劣な, 下等な, いやらしい: ein ~*er* Kerl 下劣なやつ. **2** 《副詞的》甚だしく, ひどく: Es war ~ kalt. ひどく寒かった. [<Biest[1]]

Bie·stig·keit[−kaıt] 女 -/-en **1** 《単数で》biestig なこと. **2** biestig な言動.

Biest·milch[bí:st..] 女 (牛の産後の)初乳. [*ahd.* biost; ◇Bausch; *engl.* beestings]

Bies·wurm[bí:s..] 男〘虫〙アブ(虻)の幼虫. [<biesen]

Biet[bi:t] 中 -s/-e《スイス》《ふつう都市名にそえて》(Gebiet) 地域: Basel*biet* バーゼル地区.

bie·ten*[bí:tən] 《17》**bot**[bo:t]/**ge·bo·ten**; 現 *du* bietest (bietst, 雅: beutst[bɔʏtst]), *er* bietet (雅: beut); 命 biet〔e〕(雅: beut); 接II böte[bǿ:tə]

I 他 (h) **1** 《*jm. et.*[4]》 **a)** (…に…を)与えようと申し出る, (…に…の)提供を約束する: *jm.* eine Belohnung 〈eine Entschädigung〉 ~ …に報酬〈補償〉を申し出る | *jm.* eine Chance ~ …にチャンスを与える | *jm.* ein hohes Gehalt ~ …に高給を支払うことを約束する | Ich *biete* dem Finder fünf Mark. 発見者には5マルク差し上げます | Was 〈Welchen Preis〉 *bieten* Sie mir für dieses Bild? この絵をいくらで買ってくれますか.

b) (…に好ましからぬ事物を)押し付ける: Diese Worte sind mir noch nicht *geboten* worden. こんなひどいことを言われたのは初めてだ | Das hätte mir einer ~ sollen! そんなことをしてみろ ただでは済まないぞ ‖〘*sich*[3] *et.*[4] bieten lassen の形で〙Diese Frechheiten lasse ich mir nicht ~. そんな生意気なまねはさせないぞ | Wenn du dir alles ~ läßt, kann dir niemand helfen. そう言いなりになっていては だれも君の力になれない.

c) 《雅》(gewähren) (…に…を)供与〈提供〉する; (reichen) (…に…を)差し出す: einem Mädchen den Arm ~ 女の子に腕を貸す | *jm.* Feuer ~ …に(タバコの)火を貸す | ▽*jm.* einen Gruß 〈einen guten Morgen〉 ~ …にあいさつする〈おはようを言う〉 | *jm.* die Hand 〔zum Frieden〕 ~ …に〔和解の〕手をさしのべる | Ein Unglück *bietet* dem andern die Hand. (→Unglück 2) | *jm.* die Lippen ~ (キスしようと)…に唇を寄せる | *jm.* Obdach ~ …に宿を貸す, …を泊めてやる | *jm.* 〈*et.*[3]〉 Schach ~ (→Schach 2) | *jm.* Schutz 〈Trost〉 ~ …を保護する〈慰める〉 | *jm.* 〈*et.*[3]〉 die Stirn 〈die Spitze〉 ~ (→Stirn 1, →Spitze 1 a) | *jm.* 〈*et.*[3]〉 Trotz

～ (→trotz II) ‖ Der Saal *bietet* Plätze für hundert Personen. この広間は100人分の席がある.
2 (zeigen) 見せる, 示す, 呈する: Das Gebirge *bietet* einen schönen Anblick. 山々は美しい眺めである. | *jm.* eine Blöße ～ …にすき〈弱み〉を見せる | Die Mannschaft *bot* ausgezeichnete Leistungen. チームはすばらしい成績を挙げた | Der Beweis *bietet* Lücken. その証明には不備な点がある | Morgen *bietet* das Kino ein neues Programm. あすからこの映画館ではプログラムが新しくなる | Die Übungen *bieten* keine Schwierigkeiten. これらの練習問題はむずかしくない ‖ Bei dem Fest wurde viel 〈wenig〉 *geboten*. 祝祭の出し物は盛りだくさん〈貧弱〉だった | Mir ist heute allerhand *geboten* worden. きょう私にはいろいろなことがあった ‖ 再帰 *sich*[4] 〔*jm.*〕 ～ 〔…に〕呈示される,〔…に〕現れる | Ein schreckliches Bild *bot* sich uns 〈unseren Augen〉. ぞっとするような光景が私たちの眼前に現れた | Hier *bietet* sich dir eine günstige Gelegenheit. これは君にとっていい機会だよ | Neue Schwierigkeiten *bieten* sich ihm. 彼は新しい困難に直面する | Endlich *bot* sich ein Ausweg. ようやく一つの活路が見いだされた.
3 《auf *et.*[4] *et.*[4]》 (競売などで…に対して…の) 値をつける (→ II): Er hat auf das Grundstück zehntausend Mark *geboten*. 彼はその土地に 1 万マルク支払おうと申し出た | Wer *bietet* mehr? (競売で) もっと高い値をつける方はありませんか.
▽**4 a)** (mitteilen) 知らせる, 伝える. **b)** *jn.* zu Gast ～ …を招待する. **c)** (reizen) 〘トランプ〙(持ち札の) 点数をあげる.
II 自 (h) 《auf *et.*[4]》 (競売などで…に) 値をつける (→I 3): Nur zwei Interessenten *boten* auf das Bild. その絵には二人しか入札しなかった | Möchte noch jemand ～? ほかに値をつける方はいませんか.
[*germ.*; ◇Bote, Büttel; *engl.* bid]

Bie·ter[bíːtər] 男 -s/- 値をつける人, (特に: 競売などの) せり手, 入札者.

Bi·fi·do·bak·te·rien[bíːfido..] 複 〘細菌〙 ビフィズス菌. [< *lat.* bifidus „in zwei Teilen gespalten"]

Bi·fi·do·kei·me 複 =Bifidobakterien

Bi·fi·dus·flo·ra[bíːfidus..] 女 -/ 《集合的に》 =Bifidobakterien

Bi·fi·dus·grup·pe 女 -/-n=Bifidobakterien

bi·fi·lar[bifiláːr] 形 2 本の糸〈針金〉による, 2 本糸〈線〉の: ～*e* Aushängung 〘理〙 2 本吊(つ)り ‖ ～*e* Wicklung 〘電〙 (巻き線抵抗器の) 2 本巻き. [< *lat.* fīlum „Faden"]

Bi·fo·kal≈bril·le[bifokáːl..] 女 二重焦点レンズめがね. **≈glas** 中 -es/..gläser (遠近両用の) 二重焦点レンズ.

Bi·fur·ka·tion[..furkatsióːn] 女 -/-en 分岐, 分枝; (川の) 分流. [< *lat.* bi-furcus „zwei-zackig" (◇Forke)]

Bi·ga[bíːga·] 女 -/..gen[..gən] (古代ローマの競走・儀式用の) 2 頭立て二輪馬車. [*lat.*; < bi..+*lat.* iugum (→Jugulum)]

Bi·ga·mie[bigamíː] 女 -/-n[..míːən] (Doppelehe) 二重結婚, 重婚 (→Monogamie). [*mlat.*]

bi·ga·misch[..gáːmɪʃ] 形 重婚の.

Bi·ga·mist[..gamíst] 男 -en/-en 重婚者.

bi·ga·mi·stisch[..tɪʃ] =bigamisch

Bi·ga·ra·de[bigaráːdə] 女 -/-n 〘植〙 ビガラード (キュラソーなどに用いられる苦いダイダイの一種). [*fr.*]

Big Band[bíg bǽnd] 女 --/--s[- ..dz] ビッグバンド (大編成のジャズ楽団). [*amerik.*]

Big Busi·ness[bíg bíznɪs] 中 --/ 巨大企業, ビッグビジネス, 財閥; 巨利. [*amerik.*]

Bi·gno·nie[bɪgnóːniə] 女 -/-n 〘植〙 ビグノニア (ノウゼンカズラ科のつる性低木). [< J. P. Bignon (フランスの司書, †1743)]

bi·gott[bigɔ́t] 形 **1** 信心に凝り固まった. **2** 偽信の, 信心ぶった. [*fr.*]

Bi·got·te·rie[bigɔtəríː] 女 -/-n[..ríːən] **1** 《単数で》 bigott なこと. **2** bigott な言動. [*fr.*]

Bi·jou[biʒúː, biʒú] 男 中 -s/-s 《スイ》 (Kleinod) 宝石; 装身具.

Bi·jou·te·rie[biʒutəríː] 女 -/-n[..ríːən] **1** 〔安物の〕宝石. **2** 《スイ》 宝石店, 宝石商. [*fr.*; < *bret.* biz „Finger"]

Bi·jou·tier[..tiéː] 男 -s/-s 《スイ》 宝石商人. [*fr.*]

Bi·kar·bo·nat (**Bi·car·bo·nat**)[bíːkarbonaːt, bikarbonáːt] 中 -〔e〕s/-e 〘化〙 重炭酸塩.

Bi·ki·ni[bikíːni·] **I** 地名 ビキニ (西太平洋の環礁でアメリカ合衆国の信託統治領. 1946年以後アメリカの原水爆実験場となった). **II** 男 (スイ: 中) -s/-s ビキニ (女性用水着の一種).

bi·kon·kav[bikɔnkáːf, ..kɔŋ.., bíːkɔnkaːf][1] 形 (レンズなどの) 両凹の.

bi·kon·vex[bikɔnvέks, bíːkɔnvεks] 形 (レンズなどの) 両凸の.

bi·la·bial[bilabiáːl, bíːlabiaːl] **I** 形 **1** 〘言〙 両唇で発音される, 両唇〔音〕の. **2** 〘植〙 両唇形の. **II Bi·la·bial** 男 -s/-e 〘言〙 両唇音 (例 [b][m][p]).

Bi·lanz[biláns] 女 -/-en 〘商〙 (収支・貸借などの) 決算, 清算; 貸借対照〔表〕, バランスシート; 《比》 結果, 成果: die ～ aufstellen 清算する | die ～ frisieren 帳じりをごまかす〈粉飾する〉 | **～ machen** 《話》 手持ちの金を計算する | **aus** ***et.***[3] **～ ziehen** …の総決算をする, 《比》 …の結果を総括する. [*it.* bilancio; < *spätlat.* bi-lanx (→Balance)]

Bi·lanz·buch 中 収支決算簿.

bi·lan·zie·ren[bilantsíːrən] **I** 自 (h) **1** 収支の決算ができている, 清算されている. **2** (収支を) 決算する, 清算する. **II** 他 (h) 《*et.*[4]》 (…の収支を) 決算する, 清算する, 《比》 (…の結果を) 総括する.

Bi·lanz≈kon·to[biláns..] 中 〘商〙 残高勘定, 決算. **≈prü·fer** 男 会計検査官; 会計監査役. **≈prü·fung** 女 会計検査〈監査〉. **≈rech·nung** 女 =Bilanzkonto

bi·lanz·si·cher 形 (人について) 収支決算を一任できる.

Bi·lanz·ver·schleie·rung 女 粉飾決算, 帳じりのごまかし.

bi·la·te·ral[bíːlateraːl, bilateráːl] 形 **1** (zweiseitig) 両側〈両面〉の; 相互的な, 双務的な: ～*e* Verträge 双務契約. **2** 〘動・植〙 左右制の〔形をした〕, 左右相称の: ～*e* Symmetrie 左右相称 | ～*e* Tiere 左右相称動物.

Bi·la·te·ra·lia[bilateráːlia·] 複 =Bilateria

Bi·la·te·ra·lis·mus[bilateralísmus] 男 -/ (特に通商などにおける) 双務契約制〈主義〉.

Bi·la·te·ria[bilatéːria·] 複 〘生〙 左右相称動物.

Bilch[bɪlç] 男 -〔e〕s/-e, **Bilch·maus**[bílç..] 女 〘動〙 ヤマネ (山鼠). [*aslaw.*-*ahd.* bilih]

Bild[bɪlt][1] 中 -es (-s) /-er **1** (小 **Bild·chen**[bíltçən] 中 -s/-, Bilderchen[bíldərçən]; **Bild·lein**[..laɪn] 中 -s/-) **a)** (英: *picture*) 絵, 絵画, 画像; 図, 図版, さし絵; 《複数で》 (トランプの) 絵札: das ～ eines großen Meisters 巨匠の描いた絵; 巨匠を描いた絵〈肖像画〉 | ein ～ auf Glas 〈auf Leinwand〉 ガラス〈カンバス〉に描いた絵 | ein ～ in Öl 〈in Wasserfarben〉 malen 油絵〈水彩画〉を描く | ein ～ mit Bleistift 〈mit Kreide〉 zeichnen 鉛筆〈チョーク〉で絵を描く ‖ *et.*[4] durch ～ erklären …を絵〈図〉で説明する | *jm. et.*[4] im ～ darstellen …に…を絵〈図〉で示す | ein Buch mit vielen ～*ern* 図版〈さし絵〉の多い本 | zu einem ～ 〔als Modell〕 sitzen 絵のモデルをつとめる. **b)** (Lichtbild) 写真; 映像, 画像; (フィルムの) こま: ～ und Schnitt 〘映〙 撮影と編集 ‖ ein gestörtes ～ (テレビなどの) 乱れた画面 | Sendung von 25 ～*ern* je Sekunde 毎秒25こまの放映 ‖ ～*er* abziehen 〈vergrößern〉 lassen 写真を焼き付け〈引き伸ばし〉してもらう | *sein* ～ im Fenster 〈im Fluß〉 beschauen 窓ガラス〈川面〉に映る自分の姿をまじまじと見る. **c)** 〘理・光〙 像: ein reelles 〈wirkliches〉 ～ 実像 | ein virtuelles 〈scheinbares〉 ～ 虚像. **d)** 〘数〙 図表, グラフ. ▽**e)** (Plastik) 彫塑, 彫像; (貨幣の) 肖像〈図柄〉面, 表面 (→ 図 Münze); 〘印〙 (活字の) 字面, フェイス (→ 図 Letter): ein gegossenes ～ aus Bronze ブロンズの鋳像.
2 絵に描いたようなもの, 似姿; 化身, 権化; 絵のように美しいもの: Er ist ganz das ～ seines Vaters. 彼は父親そっくりだ | Sie war ein ～ der Reinheit. 彼女は純潔そのものだった ‖ **ein ～** von einem Mädchen 〈von einem Jüngling〉 絵のように美しい少女〈若者〉 ‖ *jn.* im ～*e* verbrennen …の

人形を作って焼いてのろいをかける | Gott schuf den Menschen ihm zu ~*e* ⟨zu seinem ~*e*⟩. 神は自分のかたちに人を創造された(聖書: 創 1,27).

3 a) (Anblick) 光景, 様子: das ~ der Stadt 都市の景観 | Ein herrliches ~ des Gebirgslandes lag vor mir. 山国のすばらしい風光が私の眼前にあった | ein ~ des Grauens ⟨des Elends⟩《雅》世にも恐ろしい⟨悲惨な⟩光景 | **ein ~ des Jammers**《雅》悲惨な⟨惨めな⟩光景 | ein ~ für 〔die〕 Götter (→Gott). **b**) 〘劇〙場, 景(現在では, 何幕何場という形式をとらないドラマの通し番号をつけて用いられることが多い): ein Schauspiel in drei ~*ern* 3 場から成る芝居. **c**) **ein lebendes ~**〘劇〙活人画.

4《ふつう単数で》(Vorstellung) 表象, 心象, イメージ, 観念: *jm.* ein richtiges ⟨falsches⟩ ~ von *et.*[3] geben …に…についての正しい⟨間違った⟩観念を与える | ***sich***[3] **ein ~ von *et.***[3] **machen** …に関するイメージを得る | 〔**über *et.***[4]〕 **im ~*e* sein** …について事情を心得ている, …がよく分かっている | ***jn.*** 〔**über *et.***[4]〕 **ins ~ setzen**《雅》…に…について事情をのみこませる | ***sich***[4] 〔**über *et.***[4]〕 **ins ~ setzen**《雅》…の事情をのみこむ ‖ Welt*bild* 世界像.

5《ふつう複数で》(Vision) 幻想, まぼろし; おもかげ, 思い出: Schreckhafte ~*er* bedrängten mich. 恐ろしい幻覚が私を苦しめた | in *jm.* schöne ⟨traurige⟩ ~*er* wecken …の心に美しい⟨悲しい⟩思い出をよみがえらせる.

6 (Gleichnis) 比喩(ゆ), たとえ; 比喩的表現: ein schiefes ⟨kühnes⟩ ~ 見当違いの⟨大胆な⟩比喩 | in ~*ern* reden 比喩的に話す | Der Baum ist ein ~ des Menschenlebens. 樹木は人生を象徴している.

[„Entsprechendes"; *ahd.*; ◇billig]

Bịld⸗ab·ta·ster[bɪ́lt..] 男〘テレビ〙〔画像〕走査機⟨板⟩. **⸗ab·ta·stung** 女〘テレビ〙画像走査. **⸗ar·chiv** 中 写真資料館⟨保存施設⟩. **⸗aus·lö·sungs·kraft** 女 (レンズなどの)解像力. **⸗aus·schnitt** 男 **1** 画面の一部. **2**〘写〙トリミング. **3**〘映〙スチール写真. **⸗aus·wer·tung** 女〔航空〕写真読図⟨解読⟩. **⸗band** 男 画帳; 写真帳. **⸗bei·la·ge** 女 (新聞などの)付録写真面. **⸗be·richt** 男 写真による報道; 報道映画⟨写真⟩. **⸗be·richt·er·stat·ter** 男 報道写真家. **⸗be·trach·ter** 男 (スライドの)ビューアー(拡大透視装置).

Bịld·chen Bild の縮小形.

Bịld⸗de·vi·se 女 (紋章と併用された)標章, バッジ. **⸗dienst** 男 =Bilderdienst 1 **⸗do·ku·ment** 中 写真ドキュメント, 記録写真.

bịl·den[bɪ́ldən][1]《01》 **I** 他 (h) **1** (英: *form*) 形作る, 形成する; 構成⟨結成⟩する; 成す, (…に)なっている, (…で)ある; 〘美〙造形する: einen Ausschuß ~ 委員会を作る | eine Figur aus ⟨in⟩ Holz ~ 木像を作る | ein Kabinett ~ 組閣する | Die Kinder *bildeten* einen Kreis. 子供たちが輪を作った | Laute ~〘言〙調音⟨構音⟩する | Melodien ~ メロディーを作る | den Plural ⟨das Präteritum⟩ ~〘言〙複数⟨過去⟩形を作る | einen Beispielssatz ~ 例文を作る | die Spitze ⟨die Nachhut⟩ ~ 先頭⟨しんがり⟩を務める | die Grundlage ~ 基礎を成す | Das *bildet* eine Ausnahme. それは例外である | Hier *bildet* ein Fluß die Grenze. ここでは川が境界を形作っている ‖ eine schön *gebildete* Hand 形のいい手.

2 作り⟨産み⟩出す: Blasen ~ 泡立つ | eine Gefahr ~ 危険をうむ | Vermögen ~ 財産を作る | Diese Frucht *bildet* wenig Saft. この果実は果汁が少ない ‖ 再帰 *sich*[4] ~ 産み出される, 生じる | Knospen ⟨Kristalle⟩ *bilden* sich. つぼみ⟨結晶⟩ができる | Auf seiner Stirn *bildeten* sich Schweißperlen. 彼の額に玉の汗が浮かんだ.

3 (人格・才能などを)陶冶(とうや)する, 教育⟨養成⟩する; 教化する: *seinen* Geschmack ~ 趣味を磨く | *jn.* zum Beamten ⟨zum Schauspieler⟩ ~ …を役人⟨俳優⟩に仕上げる ‖ 再帰 *sich*[4] ~ (才能などが)磨かれる, はぐくまれる; (人が)自己形成する, 修養⟨成長⟩する | *sich*[4] wissenschaftlich ~ 学問的修業を積む ‖〔目的語なしで〕Lesen ⟨Reisen⟩ *bildet*. 読書⟨旅行⟩は人間形成に役だつ.

II bịl·dend 現分 形 **1**〘美〙造形の, 造形に関する: die ~*en* Künste 造形芸術 | ein ~*er* Künstler 造形芸術家 | die ~*e* Kraft eines Malers 画家の造形力.

2 人格形成に役だつ, 教育的な, ためになる: ein ~*er* Vortrag 有益な講演 | Arbeit wirkt ~ auf junge Leute. 労働は若い人々の人間形成に効果がある.

III ge·bịl·det → 別出 [*ahd.*; ◇Bild]

Bịl·der Bild の複数.

Bịl·der⸗an·be·tung[bɪ́ldər..] 女 聖画像⟨偶像⟩崇拝. **⸗at·las** 男 -, -ses/..lanten(-se) 図鑑. **⸗bi·bel** 女 絵入り⟨絵解き⟩聖書. **⸗bo·gen** 男 絵物語, 絵草紙. **⸗buch** 中 (特に児童用の)絵本: eine Hochzeit **wie aus dem ~** 絵本に描かれているような理想的な結婚式 | ein Wetter **wie im ~** すばらしい好天気.

bilderbuch..《名詞につけて「絵本に描かれているような, 理想的な, 典型的な」などを意味する》: *Bilderbuch*familie 理想的な家族 | *Bilderbuch*karriere 絵に描いたような立身出世.

Bịl·der·buch⸗ehe·mann 男 理想的な夫. **⸗ka·pi·ta·list** 男 典型的な資本家. **⸗kar·rie·re** 女 絵に描いたような立身出世. **⸗lan·dung** 女《戯》(宇宙船の)計画どおりのあざやかな着陸.

Bịl·der·chen Bildchen の複数.

Bịl·der⸗dienst 男 **1** 写真提供サービス〔機関〕. **2** =Bilderanbetung **⸗ga·le·rie** 女 画廊, 絵画展示場; 絵画館. **⸗ge·schich·te** 女 **1** =Bilderbogen **2** =Bildgeschichte **⸗händ·ler** 男 画商. **⸗rah·men** 男 額縁. **⸗rät·sel** 中 判じ絵, 絵解き.

bịl·der·reich 形 絵⟨写真⟩の多い; 比喩(ゆ)に富んだ.

Bịl·der⸗reich·tum 男 -s/ bilderreich なこと. **⸗samm·lung** 女 絵画の収集⟨コレクション⟩. **⸗schrift** 女 絵文字; 象形文字. **⸗spra·che** 女 比喩(ゆ)的な言葉. **⸗streit** 男 (特に 8 世紀の)聖画像論争. **⸗sturm** 男 -〔e〕s/ (特に宗教改革期の)聖画像破壊〔運動〕, 毀像(きぞう)運動. **⸗stür·mer** 男 聖画像破壊主義者;《比》因習⟨伝統⟩打破主義者.

Bil·der·stür·me·rei[bɪldərʃtʏrməráɪ] 女 **1** =Bildersturm **2**《比》因習⟨伝統⟩打破.

bịl·der·stür·me·risch[bɪ́ldər..] 形 聖画像破壊〔主義〕の;《比》因習⟨伝統⟩打破の.

Bịld⸗flä·che[bɪ́lt..] 女 画面;〘テレビ〙受像面;〘映〙スクリーン: **auf der ~ erscheinen** 画面に映る;《話》(突然)姿を現す | **von der ~ verschwinden** 画面から消える;《話》姿を消す; 忘れ去られる; 死ぬ. **⸗fol·ge** 女 (内容的に連続した)一連の絵⟨写真⟩, 続き絵⟨写真⟩. **⸗fre·quenz** 女〘映〙秒間コマ数;〘テレビ〙秒間フレーム数. **⸗funk** 男 無線写真電送. **⸗ge·schich·te** 女 絵物語; (数こま続きの)漫画, コミックス. **⸗guß** 男 彫刻鋳造.

bịld·haft[bɪ́lthaft] 形 **1** 絵のような. **2** 造形⟨具象⟩的な: ein ~*er* Ausdruck 具体的な⟨生き生きとした⟩表現.

Bịld·haf·tig·keit[..tɪçkaɪt] 女 -/ bildhaft なこと.

Bịld·hau·er[bɪ́lthaʊər] 男 彫刻家, 彫塑(ちょうそ)家.

Bild·haue·rei[bɪlthaʊəráɪ] 女 彫刻, 彫塑(ちょうそ).

bịld·haue·risch[bɪ́lthaʊərɪʃ] 形 彫刻⟨彫塑(ちょうそ)⟩の.

Bịld·hau·er·kunst 女 -/ 彫刻⟨彫塑(ちょうそ)⟩〔術〕.

bịld·hau·ern[..ərn]《05》自 (h) 彫刻⟨彫塑(ちょうそ)⟩をする.

bịld·hübsch 形 絵のように美しい, すばらしく美しい: ein ~*es* Gesicht 絵に書いたような美貌(びぼう).

Bịld⸗jour·na·list[..ʒʊrnalɪst] 男 報道写真家⟨カメラマン⟩. **⸗kar·te** 女 **1** 絵はがき. **2** 絵地図. **⸗kon·ser·ve** 女〘テレビ〙録画. **⸗kraft** 女 -/ (言語などの)造形力, 具象表現力; 造形⟨具象⟩性.

bịld·kräf·tig 形 造形力のある; 造形⟨具象⟩的な.

Bịld·lein Bild の縮小形.

bịld·lich[bɪ́ltlɪç] 形 **1** 具象的な;〘数〙グラフによる. **2** 比喩(ゆ)的な: ein ~*er* Ausdruck 比喩的な表現 | ~ gesprochen 比喩的に言えば.

Bịld·lich·keit[−kaɪt] 女 -/ bildlich なこと.

Bịld⸗ma·te·rial 中 (本の)図版資料(さし絵・写真など); 視覚教材(掛け図・スライドなど). **⸗mi·scher** 男 (テレビの) ビデオミキサー.

Bịld·ner[bíldnər] 男 -s/- **1** 彫刻〈彫塑(ちょうそ)〉家, 造形美術家. ᐁ**2** (Erzieher) 教育者. **3** 《複合名詞の形で》bilden する人〈物〉: Bühnen*bildner* 舞台装置家 | Säure*bildner* 造酸物.

Bild·ne·rẹi[bıldnəráı] 女 -/-en 彫刻, 彫塑(ちょうそ).

bịld·ne·risch[bíldnərıʃ] 形 彫刻〈彫塑(ちょうそ)〉の; 造形的な: ~*e* Kraft 造形力.

Bịld·nis[bíltnıs] 中 -ses/-se[..nısə] 《雅》(Porträt) 肖像〔画〕(→ 図): Selbst*bildnis* 自画像. [*ahd.*; ◇Bild]

Profilbild En-face-Bild Brustbild Kniebild

Bildnis

Bịld·nis·ma·le·rei 女 肖像画〔法〕.

Bịld≈plat·te[bílt..] 女 ビデオディスク. ≈**qua·li·tät** 女 (写真・テレビなどの)画像の質, 画質. ≈**re·por·ta·ge** [..ʒə] 女 =Bildbericht ≈**röh·re** 女 (テレビの)受像管, ブラウン管.

bịld·sam[bíltza:m] 形 《雅》彫刻〈彫塑(ちょうそ)〉の可能な; 《比》教育しやすい, 柔軟な.

Bịld·sam·keit[-kaıt] 女 -/ bildsam なこと.

Bịld≈säu·le 女 **1** 〔建〕装飾円柱. **2** 〔美〕〔立〕像. ≈**schär·fe** 女 〔写・映・テレビ〕画像〈画面〉の鮮明度, ピント. ≈**schirm** 男 (テレビ受像管の)映像面; 《比》テレビ〈パソコン〉の画面: auf dem ~ erscheinen テレビの画面に映る; テレビに出演する | *et.*[4] auf den ~ bringen …をテレビ放映する | am 〈vor dem〉 ~ sitzen 《話》テレビを見ている.

Bịld·schirm·text 男 ビデオテックス(電話線と家庭用テレビを組み合わせた文字図形情報ネットワーク).

Bịld≈schnitt 男 〔映〕フィルム編集. ≈**schnit·zer** 男 木彫師〈家〉, 木版師.

Bild·schnit·ze·rẹi[bılt-ʃnıtsəráı] 女 **1** 《単数で》木彫〔術〕. **2** 木彫作品, 木像.

bịld·schön[bíltʃǿ:n] =bildhübsch

Bịld≈schrei·ber 男 **1** 写真〈模写〉電送機. **2** 写図〈縮図〉器. ≈**sei·te** 女 (貨幣などの)肖像〈図柄〉面, 表面; (新聞などの)写真・絵のページ. ≈**spra·che** =Bildersprache ᐁ≈**ste·cher** 男 銅版画家, 彫版師. ≈**stein** 男 〔鉱〕蠟石(ろうせき). ≈**stel·le** 女 (教育・宣伝用の)スライド〈映画〉保存貸与機関. ≈**stock** 男 -〔e〕s/..stöcke **1** 《南部》(路傍などにある)キリスト十字架像, 聖者像柱. **2** 〔印〕(活字の)字面(じづら). ≈**strei·fen** 男 **1** 〔写〕(べた焼きの)フィルム=ストリップ. **2** (こま続きの)漫画, 動画, コミックス. ≈**su·cher** 男 〔写〕ファインダー. ≈**ta·fel** 女 〔印〕(本の)〔原色〕図版. ≈**te·le·fon** 中 テレビ電話. ≈**te·le·gra·fie** 女 写真電送〔術〕. ≈**te·le·gramm** 中 電送写真. ≈**tep·pich** 男 (ゴブラン織の)絵模様入り壁掛け.

Bịld-Ton-Ka·me·ra 女 〔映〕サウンドカメラ(同時に録音も行うカメラ).

Bịld·über·tra·gung 女 テレビ中継.

Bịl·dung[bíldʊŋ] 女 -/-en **1** 《ふつう単数で》人間形成, 教育; 教養: eine akademische ~ 大学教育 | Bundesministerium für ~ und Wissenschaft (ドイツの)連邦教育学術省 | eine umfassende ~ besitzen 幅広い教養の持ち主である | *seine* ~ erweitern 〈vertiefen〉 教養を広げる〈深める〉| Er hat keine ~. 彼は無教養〈不作法〉だ | Tiefe ~ glänzt nicht. 《諺》能ある鷹(たか)は爪(つめ)を隠す ‖ ein Mann von ~ 教養ある男 | Das gehört zur allgemeinen ~. それは常識だ ‖ Einbildung ist auch eine ~. (→Einbildung 2). **2** 形成; 形態: die ~ eines Kabinetts 〔政〕組閣 | die ~ von Knospen 〈Kristallen〉 つぼみ〈結晶〉の形成 | Im Deutschen gibt es viele ~*en* auf -ung. ドイツ語には接尾辞 -ung を持つ造語が多い ‖ von schöner 〈seltsamer〉 ~ sein 形が美しい〈奇妙である〉.

Bịl·dungs·an·stalt 女 教育機関〈施設〉.

bịl·dungs·be·flis·sen 形 勉学熱心な.

Bịl·dungs≈chan·cen[..ʃã:sən] 複 教育を受ける機会〈可能性〉. ≈**de·fi·zit** 中 教養の不足〈欠如〉.

bịl·dungs·fä·hig 形 (人間について)教育できる, 教化の見込みのある.

Bịl·dungs≈fern·se·hen 中 教育テレビ. ≈**gang** 男 教育〈人間形成〉の過程. ≈**ge·we·be** 中 (Teilungsgewebe) 〔植〕分裂組織. ≈**grad** 男 教育〈教養〉の程度. ≈**lehn·wort** 中 -〔e〕s/..wörter (↔Bedeutungslehnwort) 〔言〕借構成語(例 Ausdruck <フランス語 expression). ≈**lücke** 女 教養上の欠陥〈欠落部分〉. ≈**not·stand** 男 教育の危機. ≈**phi·li·ster** 男 教養ある俗物 (Nietzsche の造語). ≈**plan** 男 (Curriculum) カリキュラム, 系統的教育プログラム. ≈**pla·nung** 女 (全般的な)教育改革計画; (一国の)教育計画. ≈**po·li·tik** 女 文教政策. ≈**rat** 男 -〔e〕s/ Deutscher ~ (ドイツの)全国教育審議会. ≈**rei·se** 女 (教養を広めるための)見学旅行. ≈**ro·man** 男 〔文芸〕教養小説(主人公の人間形成の過程を描いた小説で, Goethe の《Wilhelm Meisters Lehrjahre》『ヴィルヘルム・マイスターの修業時代』はその代表的なものとされている). ≈**stu·fe** 女 =Bildungsgrad ≈**ur·laub** 男 研修休暇. ≈**wär·me** 女 〔化〕生成熱. ≈**weg** 男 教育の過程, 学歴: der zweite ~ 不正規な学歴. ≈**we·sen** 中 -s/ 教育制度; 《集合的に》教育施設.

Bịld≈un·ter·schrift[bílt..] 女 さし絵〈図版〉の説明文. ≈**vor·la·ge** 女 (さし絵などの)原図. ≈**wand** 女 映写幕. ≈**wei·te** 女 焦点距離. ≈**wer·bung** 女 〔商〕視覚的宣伝. ≈**wer·fer** 男 映写機. ≈**werk** 中 彫刻〔作品〕. ≈**wir·ke·rei**[また: ⌣⌣⌣⌣] 女 (ゴブラン織の)壁掛け〔製作〕. ≈**wir·kung** 女 映像効果. ≈**wort** 中 -〔e〕s/..wörter (↔Schallwort) 〔言〕擬態語(様子・状態について視覚的印象を言語音に模写した語: 例 日本語の「ゆらゆら」). ≈**wör·ter·buch** 中 図解〈絵入り〉辞典. ≈**zei·chen** 中 (商標・交通標識などの)図形記号; 〔テレビ〕映像信号. ≈**zei·le** 女 写真〈挿絵〉説明.

Bịld-Zẹi·tung 女 ビルト紙(街頭で販売され, ドイツ最大の部数をもつ大衆新聞, 日曜版の名称は Bild am Sonntag: →Springer-Presse).

Bịld·zer·le·ger 男 〔テレビ〕解像管.

Bịl·ge[bílgə] 女 -/-n 〔海〕ビルジ, 艙底(そうてい). [*engl.*]

Bịl·ge·was·ser 中 -s/ 〔海〕淦(あか)(船底にたまる汚水).

Bil·hạr·zia·krank·heit[bılhártsia..] 女 =Bilharziose [<Th. Bilharz (ドイツの病理学者, †1862)]

Bil·hạr·zie[bılhártsiə] 女 -/-n 〔動〕ビルハルチア(住血吸虫の一種).

Bil·har·ziọ·se[bılhartsió:zə] 女 -/-n 〔医〕ビルハルチア(Bilharzie による熱帯病). [<..ose]

bi·lin·guạl[bilıŋguá:l, bí:lıŋgua:l] 形 (zweisprachig) 二言語を話す, 二言語併用の.

Bi·lin·gua·lịs·mus[bilıŋgualísmʊs, bí:lıŋgualıs..] 男 -/ =Bilinguismus

bi·lịn·guisch[bilíŋguıʃ, bí:lıŋ..] 形 (zweisprachig) 二言語による, 二言語で表記された. [<*lat.* bi-linguis „zweizüngig" (◇lingual)]

Bi·lin·guịs·mus[bilıŋguísmʊs, bí:lıŋguıs..] 男 -/ 〔言〕二言語併用.

bi·liọ̈s[biliǿ:s][1] 形 (gallig) 胆汁性の; 怒りっぽい, 短気な. [*lat.*; <*lat.* bīlis „Galle"+..ös]

Bi·li·ru·bịn[..rubí:n] 中 -s/ 〔医〕ビリルビン(胆汁赤色素).

Bill[bıl] 女 -/-s **1** (特にイギリス議会の)法案; 文書. **2** 〔商〕請求書. [*mlat.* bulla (→Bulle[2]) − *engl.*; ◇Billett]

Bịl·lard[bíljart][1] 中 -s/-e (オーストリア: [bijá:r]-s/-s) **1** ビリヤード, 玉突き, 撞球(どうきゅう) (→ 図): eine Partie ~ spielen ビリヤードを1ゲームする. **2** =Billardtisch [*fr.*; <*fr.* bille (→Billon); ◇ *engl.* billiard]

Bịl·lard·ball 男 ビリヤードの球.

bil·lar·dịe·ren[bıljardí:rən; オーストリア: bijar..] 自 (h) 〔ビリヤード〕(誤って)手球(てだま)を二度突きする. [*fr.*]

Bịl·lard≈ku·gel[bíljart..; オーストリア: bijá:r..] 女 **1** ビリヤードの球. **2** 《戯》はげ頭. ≈**queue**[..kø:] 中 (男), ≈**stock**

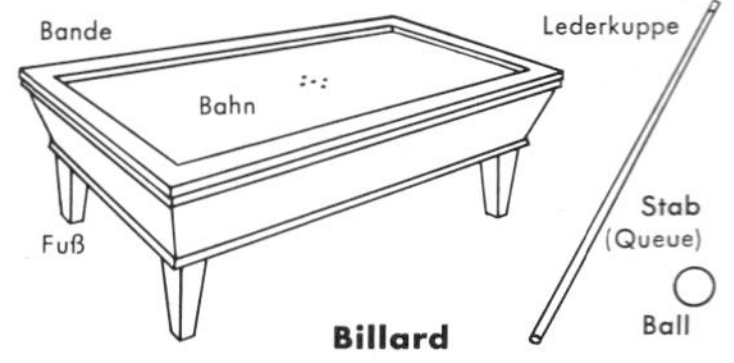

B

男 -(e)s/..stöcke ビリヤードのキュー(棒). ≈**tisch** 男 ビリヤード台. ≈**zim·mer** 中 ビリヤード室〈場〉.

Bill·ber·gia[bɪlbérgia·] 女 -/..gien[..giən], **Bill·ber·gie**[..giə] 女 -/-n 〘植〙 ビルベルギア(パイナップル科の観葉植物). [< G. J. Billberg (スウェーデンの植物学者, †1844)]

Bil·le[1][bílə] 女 -/-n 〘海〙 円形船尾. [*mndd.* „Hinterbacke"; ◇ Ball[1]]

Bil·le[2][−] 女 -/-n (石切り用の)つるはし. [*westgerm.*; ◇ beißen, Beil; *engl.* bill]

bil·len[bílən] 他 (h) (つるはしで)切る, 刻む.

Bil·let[bɪljέt, bílεt] 中 -s/-s 《スイ》 = Billett

ᐁ**Bil·let·doux**[bijεdú(:)] 中 -/-[..dú:s] (Liebesbrief) 恋文, ラブレター. [*fr.* „süßes Briefchen"; ◇ dolce]

Bil·le·teur[bɪljεtǿ:r; オーストリア: bij..] 男 -s/-e **1** (⊛ **Bil·le·teu·rin**[..tǿ:rɪn]-/-nen) 《オーストリア》 (Platzanweiser) (劇場などの) 客席案内係. **2** (⊛ **Bil·le·teu·se**[..tǿ:zə]-/-n) 《スイ》 (Schaffner) (電車・バスなどの) 車掌, 切符売り. [*fr.*]

Bil·lett[bɪljέt; オーストリア: bijé:, bɪlέt, bijέt] 中 -(e)s/-e(-s) **1** 《スイ》 **a)** (Fahrkarte) 乗車券. **b)** (Eintrittskarte) 入場券. **2** 《オーストリア》 短い手紙, グリーティングカード; 書き付け, メモ. [*afr.* bullette−*fr.*; < *mlat.* bulla (→Bulle[2]); ◇ Bill]

Bil·let·teur[bɪljεtǿ:r] 男 -s/-e = Billeteur

Bil·lett·schal·ter[bɪljέt..] 男 《スイ》 切符売り場, 出札〔窓〕口.

Bil·liar·de[bɪliárdə] 女 -/-n 1000兆 (Billion の1000倍, 10^{15}). [< bi..+Milliarde]

bil·liardst[bɪliártst] 《序数》 1000兆番目の: →fünft

bil·lig[bílɪç][2] 形 **1** (↔teuer) (値段が) 安い; 安っぽい, くだらない: eine ~*e* Ausgabe 廉価版 | ein ~*es* Hotel 安宿 | ~*e* Literatur 低級な文学 | zu ~*em* Preis / für ~*es* Geld 安価に, 安く | eine ~*e* Ware 安い品物 ‖ *et.*[4] ~ kaufen 〈verkaufen〉 …を安い値段で買う〈売る〉 | ~ 〈~*en* Kaufs〉 davonkommen 損害が軽くてすむ.
2 安易な, いいかげんな: eine ~*e* Ausrede 安易な逃げ口上 | ein ~*er* Trost おざなりの慰め ‖ So ~ darfst du nicht argumentieren. そんないいかげんな論証をしてはいけない.
3 正当な, 公正な: recht und ~ (→recht 1 d) | eine ~*e* Forderung 正当な要求 | *js.* Geduld mehr als ~ in Anspruch nehmen …の我慢しているのをいいことにつけあがる | Dein Verlangen ist nur 〈nicht mehr als〉 ~. 君の要求はまことにもっともだ.
[*ahd.* bil-līch „angemessen"; ◇ Bild, ..lich]

bil·lig·den·kend 形 公正な〔考え方をする〕.

bil·li·gen[bílɪgən][2] 他 (h) 正当と認める; 是認〈承認〉する; (…に)同意する: *js.* Entschluß 〈Vorschlag〉 ~ …の決心〈提案〉を承認する.

bil·li·ger≈ma·ßen[bílɪgərmá:sən] 副, ≈**wei·se** 副 正当に, 正当性をもって, 当然.

Bil·lig·keit[bílɪçkaɪt] 女 -/ (billig なこと. 例えば:) 正当さ, 公正: nach Recht und ~ 公正に | Das ist gegen Recht und ~. それは不当である.

Bil·lig·keits·recht 中 (英: *equity*) 〘法〙 エクイティー, 衡平法.

Bil·lig≈lohn[bílɪç..] 男 安い賃金, 低賃金. ≈**preis** 男 安値, 廉価(れんか): zum ~ / zu ~*en* 安い値段で.

Bil·li·gung[bílɪgʊŋ] 女 -/-en 是認, 承認; 同意, 賛成.

Bil·lig·wa·re 女 -/-n 《ふつう複数で》 安物の商品.

Bil·lion[bɪlió:n] 女 -/-en 1兆 (Million の2乗, 10^{12}). [< bi..+Million]

bil·lionst[..st] 《序数》 1兆番目の: →fünft

bil·lion·〔s〕tel[..(s)təl] **I** 《分数》 1兆分の1〔の〕: →fünftel **II Bil·lion·〔s〕tel** 中 (スイ: 男) -s/- 1兆分の1.

Bil·lon[bɪljɔ̃:] 男 中 -s/ (銅を多く含む)貨幣用銀合金; 《比》 悪貨. [*fr.*; < *fr.* bille „Holzpflock"]

Bill·roth·ba·tist[bílro:t..] 男 -(e)s/ ビルロート白布(防水加工した包帯布). [< Th. Billroth (ドイツの外科医, †1894)]

Bil·se[bílzə] 女 -/-n, **Bil·sen·kraut** 中 -(e)s/ 〘植〙 ヒヨス(ナス科の薬用植物). [*ahd.* bilisa]

Bi·lux·lam·pe[bí:lʊkslampə] 女 バイルックス=ランプ(ヘッドライト用の減光装置つき電球). [< bi..+Lux]

bim[bɪm] 間 (軽快な鐘の音) キン, チン: **~, bam** 〔, bum〕キンコン〔カン〕| Vom Dorf her klang es ~, bam〔, bum〕! 村からキンコン〔カン〕と(鐘の音が)響いてきた.

bim·bam[bímbám] **I** 間 (いろいろな音程のまじった鐘の音) キンコン, カランコロン. **II Bim·bam 1** 中 -s/ bimbam という鐘の音. **2** 男 《次の成句で》 **Ach du heiliger ~!** わあ大変, おったまげた.

bim·bam·bum[−bʊ́m] 間 (いろいろな音程のまじった鐘の音) キンコンカン.

Bim·bim[bímbím] 女 -/-s 《幼児語》 チンチン電車.

ᐁ**Bi·me·ster**[biméstər] 中 -s/- 2か月間. [*lat.* bi-mēstris „zwei-monatlich"; < *lat.* mēnsis „Monat"]

Bi·me·tall[bí:metal, bimetál] 中 〘理〙 バイメタル.

bi·me·tal·lisch[bí:metalɪʃ, bimetá..] 形 **1** 〘理〙 2種類の金属からなる, バイメタルの. **2** 〘経〙 〔金銀〕複本位制の.

Bi·me·tal·lis·mus[bimetalísmʊs] 男 -/ 〘経〙 (金・銀両方を本位貨幣とする) 複本位制; 複本位制主義.

Bim·mel[bíməl] 女 -/-n 《話》 (小さな) 鐘, 鈴, ベル.

Bim·mel·bahn 女 《戯》 チンチン電車, 軽便鉄道.

Bim·me·lei[bɪməláɪ] 女 -/ 《話》 鐘〈鈴・ベル〉が鳴〔り続け〕ること〈音〉.

bim·meln[bíməln] 《06》 自 (h) 《話》 (小鐘・鈴・ベルなどが) リンリン鳴る. [*mndd.*; 擬音]

Bims[1][bɪms][1] 男 -(es)/ 《俗》 (Geld) 金(かね), 金銭. [*rotw.* „Brot"]

Bims[2][−] 男 -es/-e **1** = Bimsstein **2** 《複数で》 (Prügel) 殴打: ~*e* bekommen 殴られる. [*lat.* pūmex−*ahd.* bumiz; < *lat.* spūma „Schaum" (◇ Feim[1])]

bim·sen[bímzən][1] 《02》 **I** 他 (h) **1** 軽石でこする〈磨く〉. **2** 《話》 《*jn.*》 **a)** (きびしく) 訓練する, 仕込む, しごく. **b)** 殴る. **3** 《*et.*[4]》 覚え込む: Vokabeln ~ 単語を詰め込む. **II** 自 (h) **1** 《話》 勉強する: tüchtig ~ 猛勉強する. **2** 《卑》 (koitieren) 性交する.

Bims≈sand[bíms..] 男 -(e)s/ (つや出し用の) 軽石粉. ≈**stein** 男 **1** 軽石. **2** 〘海〙 (甲板の) 磨き石. **3** 〘建〙 軽石コンクリートブロック.

bin[bɪn] sein[1]の現在1人称単数.

bi·när[binέ:r] (**bi·nar**[..ná:r], **bi·na·risch** [..ná:rɪʃ]) 形 2元の, 2成分の, 二つずつ組になった: ~*es* System 〘数〙 二進法 | eine ~*e* Verbindung 〘化〙 2元素化合物. [< *lat.* bīnī „je zwei"; ◇ *engl.* binary]

Bi·na·tion[binatsió:n] 女 -/-en 〘カトリック〙 ミサ重祭(一人の司祭が1日に2回ミサを行うこと). [< *lat.* binatim „zu zweit" + ..ion]

bi·na·tio·nal[binatsioná:l] 形 2国〈2国民〉の. [< bi.. + national]

bin·au·ral[binaʊrá:l] 形 〘医〙 両耳の〈に関する〉; 〘楽・電〙 バイノーラルの. [< *lat.* bīnī „je zwei"+auris (→Ohr)]

Bind·band[bínt..] 中 -(e)s/..bänder 《北部》 **1** 結びひも; (帽子の) リボン. **2** (リボンで飾った) 贈り物.

Bin·de[bíndə] 女 -/-n **1** 包帯; つり包帯, 三角巾(きん): Augen*binde* 眼帯 | Damen*binde* 生理〈月経〉帯 | elastische ~ 伸縮〈弾性〉包帯 ‖ den Arm in der ~ tragen 腕

を三角巾でつっている ‖ *jm.* die ～ anlegen …に包帯をする | eine ～ ums Bein wickeln 脚に包帯を巻く | eine ～ über 〈vor〉 dem Auge haben 眼帯をしている | *jm.* eine ～ um die Augen legen《比》…に事実を知らせない | ***jm.* die ～ von den Augen nehmen 〈reißen〉**《比》…の誤りを悟らせる | ***jm.* fällt die ～ von den Augen**《雅》…ははたと真相を悟る. **2 a**) (Armbinde) 腕章: eine weiße ～ tragen 白い腕章を巻いている. ▽**b**) (Schlips) ネクタイ: 〔*sich*³〕 **eine 〈eins〉 hinter die ～ gießen 〈kippen〉**《話》(酒を)一杯ひっかける.

Bin·de≈bo·gen 男〘楽〙タイ. **≈draht** 男〘工〙(鉄筋を束ねる)バインド線. **≈ge·we·be** 中〘解・生〙結合組織.

Bin·de·ge·webs·ent·zün·dung 女〘医〙結合組織炎.

Bin·de≈glied 中 結合〈媒介〉物, 仲介, きずな. **≈haut** 女〘解〙(目の)結膜.

Bin·de·haut·ent·zün·dung 女〘医〙結膜炎.

Bin·de≈kraft 女 -/ 結合〈粘着〉力. **≈mä·her** 男〘農〙バインダー, 自動刈り取り結束機. **≈mit·tel** 中 結合剤, セメント; (染色の際の)媒色剤.

bin·den*[bíndən][1]《18》 **band**[bant][1]/**ge·bun·den**[gəbʊ́ndən]; 接II bände[bɛ́ndə]

I 他 (h) **1** 結び〈縛り・くくり〉つける, つなぐ: einen Hund **an** die Kette 〈an den Baum〉 ～ 犬を鎖〈立ち木〉につなぐ | *seine* Zukunft an *jn.* ～ 自分の将来を…に託する | *sich*³ mit *jm.* 〈*et.*³〉 einen Klotz ans Bein ～ (→Klotz 1) | den Sattel **aufs** Pferd ～ 馬にくらを着ける | *sich*³ eine Rute auf den Rücken ～ (→Rute 1) | *jn.* aufs Rad ～ (→Rad 2 b) | *jm. et.*⁴ auf die Nase ～ (→Nase 1 a) | *jm. et.*⁴ auf die Seele ～ (→Seele 1 a) | *sich*³ eine Schleife **ins** Haar ～ 髪にリボンを結ぶ | *sich*³ eine Schürze **über** das Kleid ～ 服の上にエプロンを着ける | eine Schnur **um** das Päckchen ～ 包みにひもをかける | *sich*³ einen Gürtel um den Leib ～ 腰にベルトをしめる | *jm.* ein Tuch **vor** 〈um〉 die Augen ～ …に布で目隠しする ‖ 再帰 *sich*⁴ an *et.*⁴ ～ …を厳守する | *sich*⁴ an *jn.* ～ …と結託する, …と関係する; …と婚約〈結婚〉する(→2 b) | Du wirst dich doch in diesem Alter nicht an ein Mädchen ～! まさかその年で若い女の子と結婚するんじゃあるまいね.

2 a)《*et.*⁴》(ひもなどを)結ぶ, 結び目を作る: *sich*³ die Krawatte ～ ネクタイをしめる | das Haarband nach hinten ～ ヘアバンドを後ろで結ぶ. **b**)《*jn.*》縛りあげる;《比》拘束〈束縛〉する, 義務づける; 抑制〈阻止〉する: *jn.* an Händen und Füßen ～ / *jm.* Hände und Füße ～ …の手足を縛る; …を身動きできなくする | durch einen Vertrag 〈einen Eid〉 *gebunden* sein 契約〈誓約〉に縛られている | *jn.* mit Stricken ～ …を綱で縛る ‖ *js.* Aufmerksamkeit ～ …の注意をひきつける〈注目をひく〉 | feindliche Truppen ～ 敵軍をくぎづけにする | die Produktion ～〘商〙受注生産する | Wärme 〈Geruch〉 ～ 熱〈におい〉の発散を抑える, 熱〈におい〉をのがさない | Schüchternheit *band* meine Zunge. 気後れして私は口がきけなかった | Das Versprechen *bindet* dich nicht. 約束はしても君はそれに縛られることはない | Das würde mich zu sehr ～. それじゃ私は動きがとれませんよ ‖ 再帰 *sich*⁴ ～ (言質などを与えて)身を縛る; 確約〈確答〉する; 婚約〈結婚〉する(→1) | Er will sich für den Urlaub noch nicht ～. 彼は休暇中どうするかをまだ決めかねている | Er hat sich sehr früh 〈erst spät〉 *gebunden* 彼はたいへん早婚〈晩婚〉だった. **c**) die Klinge ～〘フェンシング〙相手の剣を受け払う.

3 a) 結び合せる, 束ねる;〘楽〙レガートで奏する〈歌う〉, (音符を)タイで結ぶ;〘言〙リエゾンする;〘詩〙(語を)韻で結ぶ;〘化〙融合〈化合〉させる: Blumen in einen Kranz 〈zu einem Kranz〉 ～ 花輪を編む | das Haar in Flechten 〈in die Höhe〉 ～ 髪をお下げに編む〈アップに結う〉 | Getreide in Garben ～ (刈り取った)穀物を束ねる ‖ Die Liebe hat die beiden *gebunden*. 愛情が二人を結びつけた | Ein Atom *bindet* ein anderes. 原子が融合し合う ‖ 再帰 *sich*⁴ zu einem Bund ～ 同盟する | *sich*⁴ zu einem neuen Stoff ～ 化合して新しい物質になる ‖〘目的語なしで〙falsch ～〘言〙リエゾンの仕方を間違える. **b**) (ばらばらになりやすいものを)結合〈粘着〉させる, 凝集〈凝固〉させる;〘料理〙つなぎを入れる, (ソースなどに)とろみをつける: Feine Wurzeln *binden* lockere Böden. 細い根がゆるんだ土を固める ‖〘目的語なしで〙Die Farbe hat bereits *gebunden*. ペンキはもう固まった〈乾いた〉 | Dieser Klebestoff *bindet* gut. この接着剤はよくつく. **c**) (結んで・束ねて・固めて作る. 特に:) 製本〈装丁〉する, とじる, 合本する; (化学的に)合成する: Besen 〈Fässer〉 ～ ほうき〈たる〉を作る | 〔aus 〈von〉 Blumen〕 einen Kranz ～ 花輪を編む | ein Buch in Leinen 〈Leder〉 ～ 本をクロス装〈革装〉にする ‖ Meine Manuskripte sind beim *Binden*. 私の原稿は製本中だ ‖ Das Tuch ist chemisch *gebunden*. この布は化繊だ.

II bin·dend 現分 形 (契約などが)拘束力を持った, 取り消し不能の; 粘着力のある, 凝固性の: ein ～*es* Abkommen 拘束力のある〈遵守すべき〉協定 | *jm. et.*⁴ in ～*er* Form zusichern …に…をのっぴきならぬ形で確約する | schnell ～*er* Zement すぐ固まるセメント ‖ Die Entscheidung ist für alle ～. この決定は全員を拘束する | Die Zusage ist für mich ～. 承諾したからには私はもうどうにもならない | Der Schluß ergibt sich ～. この結論は唯一のものだ.

III ge·bun·den → 別出

[*germ.*; ◇Band¹, Bund; *engl.* bind]

Bin·de·quo·te[bíndə..] 女〘印〙(印刷総部数に対する)製本〈発行〉部数率.

Bin·der[bíndər] 男 -s/- **1** (女 **Bin·de·rin**[..dərın]-/-nen) (結ぶ・束ねる人. 特に:) **a**) 花輪〈花束〉作り; ほうき〈ブラシ〉職人. **b**) (Buchbinder) 製本工. **c**)《南部》(Böttcher) おけ屋. **2** (Schlips) ネクタイ. **3** ＝Bindemäher **4**〘建〙**a**) (↔Läufer) (石壁などの)小口, 控え〈つなぎ〉石 (→図 Baustoff). **b**) (屋根組みの)主げた, トラス. **5** ＝Bindemittel

Bin·der·bar·te 女 (おけ作り用の)広刃おの(→図 Beil).

Bin·de·rei[bındəráı] 女 -/-en **1**《単数で》(しきりに束ねること. 特に:) 花輪〈花束〉作り〔の技術〕. **2** 花輪〈花束〉製作所〈販売店〉; 製本所; おけ屋.

Bin·de·rin Binder 1の女性形.

Bin·der·lohn[bíndər..] 男 おけ屋の工賃; 製本代.

bin·dern[bíndərn]《05》他 (h) **1**〘農〙バインダー〈自動刈り取り結束機〉でしばる. **2**〘製本〙とじる, 製本する.

Bin·de-s[bíndəlɛs] 中 -/- ＝Fugen-s

Bin·de≈strich 男〘言〙ハイフン, 連字符 (-). **≈wort** 中 -〔e〕s/..wörter (Konjunktion)〘言〙接続詞. **≈zeit** 女〘工〙(セメントなどの)凝結時間.

Bind·fa·den[bínt..] 男 -s/..fäden 結び〈からげ〉ひも, 細縄: ein Paket mit ～ verschnüren 包みをひもでからげる | **Es regnet *Bindfäden*.**《話》雨がどしゃ降りである(→Strippe 1).

bin·dig[bíndıç]² 形 (土などが)粘りのある.

Bin·dig·keit[–kaıt] 女 -/ bindig なこと.

Bind·ling[bíntlıŋ] 男 -s/-e〘植〙ヒルガオ(昼顔).

Bind·sel[bíntsəl] 中 -s/-《南部》(Schnur) ひも.

Bin·dung[bíndʊŋ] 女 -/-en **1 a**) 結合; 接着. **b**)〘理・化〙結合: keramische ～〘工〙陶化 | die chemische ～ 化学結合 | die ～ der Atome im Molekül 分子内の原子の結合〔様式〕. **c**) 製本, 装丁. **d**)〘織〙織り方. **e**)〘言〙リエゾン. **2**《比》結びつき, きずな; 執心; 拘束, 束縛: die ～ an die Heimat 故郷への断ちがたい思い | eine vertragliche ～ 契約上の拘束 ‖ eine ～ eingehen 関係を結ぶ; 拘束〈義務〉を負う. **3 a**) 結合〈接着〉具. **b**)〘スキ〙ビンディング(締め具: →図 Ski). **4** ＝Bindebogen

Bin·ge[bíŋə] 女 -/-n〘坑〙(陥没によって生じた)漏斗状の穴. [*mhd.*]

Bin·gel·kraut[bíŋəl..] 中〘植〙ヤマアイ(山藍)属. [*ahd.* bungil; ◇Bunge]

Bin·gen[bíŋən] 地名 ビンゲン(ドイツ Rhein 川沿岸の町; かつてはゲルマンのヴァンギオーネン Vangionen 族の町で, ローマの城砦(じょうさい)があった). [*lat.* Bingium]

Bin·ger[bíŋər] **I** 男 -s/- ビンゲンの人.

II 形《無変化》ビンゲンの: das ～ Loch ビンゲンの早瀬 (Rhein 川がビンゲン付近で岩礁のために狭くなって急流をなし,

B

岩を爆破するまでは随一の難所として知られた).

Bin·go[bíŋgo·] 中 -〔s〕/ ビンゴ(賭博(とばく)ゲームの一種). [*engl.*]

Bin·kel (**Binkl**)[bíŋkəl] 男 -s/-〔n〕《南部・オーストリア》 **1** (Bündel) 包み. **2** 《軽蔑的に》野郎.

bin·nen[bínən] 前《3格, まれに2格支配》 **1** 《時間的》 **a)** (innerhalb) …以内に: ~ **kurzem** 短期間のうちに, 近々に | ~ zehn Minuten 10分以内に | ~ einem Jahr /《雅》~ eines Jahres 1年以内に | ~ weniger Jahre そう年数のたたないうちに | ~ drei Tagen /《雅》~ dreier Tage 3日のうちに | ~ Jahr und Tag (→Jahr 1). ▽**b)** …のあいだに: ~ Mitternacht und Morgen 真夜中から朝までのあいだに. ▽**2** 《空間的》…の内側で: ~ den Stadtmauern 市〔の壁の〕内で. [*mhd.*; ◇bei, innen]

Bin·nen·ber·me 女 (堤防の)裏小段(→ 図 Deich).

bin·nen·bords[..bɔrts] 副 (↔außenbords)〖海〗船内に〈で〉. [<Bord]

Bin·nen≈brief 男《話》督促状. ≈**chor**[..ko:r] 男 -〔e〕s/-e, ..chöre (教会の)内陣聖歌隊席(→ 図 Kirche B). ≈**deich** 男 (↔Außendeich) 内堤.

bin·nen·deutsch Ⅰ 形 (特にオーストリア・スイスのドイツ語圏に対比して)ドイツ本国の. **Ⅱ Bin·nen·deutsch** 中 -〔s〕/ (オーストリア・スイスのドイツ語に対する)ドイツ本国のドイツ語. **Ⅲ Bin·nen·deut·sche** 男 女《形容詞変化》(↔ Auslandsdeutsche) ドイツ本国に住むドイツ人.

Bin·nen≈eis 中〖地〗内陸氷, 氷床, 大陸氷河. ≈**fi·sche·rei** 女 (河川・湖沼での)内陸漁業. ≈**fleet** 中 堤防内排水路網. ≈**ger·ma·nen** 複 内陸ゲルマン族. ≈**ge·wäs·ser** 中〖地〗内陸水域, 内水(河川・湖沼など). ≈**ha·fen** 男 (↔Seehafen) (河川・湖沼などにある)内陸港. ≈**han·del** 男 -s/ (↔Außenhandel) 国内〈域内〉〔商業〕取引. ≈**land** 中 -〔e〕s/..länder (海岸から離れた)内陸. ≈**markt** 男〖商〗国内〈域内〉市場. ≈**meer** 中 内海. ≈**reim** 男〖詩〗行内韻(同一詩行内の二つ以上の語が互いに韻をふむもの). ≈**schiffahrt** (≈**schiff·fahrt**) 女 (河川・湖沼などの)内水航行; 内陸水運. ≈**see** 男 内陸湖. ≈**soh·le** 女 (靴の)中底. ≈**tief** 中 (堤防内の)排水路. ≈**ver·kehr** 男 国内交通. ≈**wäh·rung** 女 国内通貨. ≈**wan·de·rung** 女 国内人口移動. ≈**was·ser·stra·ße** 女 内陸水路. ≈**wirt·schaft** 女 (↔Außenwirtschaft) 国内〈域内〉経済. ≈**zoll** 男 (↔Außenzoll) 内国〈域内〉関税, 通過税.

Bin·ode[binó:də] 女 -/-n〖電〗2極〔真空〕管, 複合管. [<*lat.* bīnī „je zwei"+..ode[1]]

Bin·okel[binó:kəl, ..nó..] **Ⅰ** 中 -s/- 両眼用光学器械(めがね・双眼鏡・両眼顕微鏡など). **Ⅱ** 男 中 -s/《スイス》ビノーケル(トランプ遊びの一種). [*fr.*; <*lat.* oculus (→ Auge)]

bin·oku·lar[binokulá:r] 形 両眼用の; 両眼の: ~*er* Wettstreit〖心〗(両眼の)視野闘争.

Bi·nom[binó:m] 中 -s/-e **1**〖数〗二項式(例 a+b). **2**〖生〗(属名と種名からなる)二〔命〕名法.

Bi·no·mial≈ko·ef·fi·zient[binomiá:lko|ɛfitsiɛnt] 男〖数〗二項係数. ≈**satz** 男〖数〗二項定理.

bi·no·misch[binó:mɪʃ] 形 **1**〖数〗二項〔式〕の: ~*er* Lehrsatz 二項定理. **2**〖生〗(学名に関して)二〔命〕名法.

Bin·se[bínzə] 女 -/-n〖植〗イグサ(藺草)属, トウシンソウ(灯心草): aus ~*n* Matten flechten イグサでござを編む | **in die** ~*n* **gehen**《話》〔い〕なくなる; だめに〈おじゃんに〉なる; 死ぬ. [*westgerm.*; ◇*engl.* bent]

bin·sen[bínzən] 形 イグサで作った〈編んだ〉.

Bin·sen≈decke 女 = Binsenmatte ≈**gras** 中 = Binse ≈**huhn** 中〖鳥〗アメリカヒレアシ(鰭足). ≈**korb** 男 イグサのかご. ≈**mat·te** 女 イグサのござ〈むしろ〉, 畳. ≈**wahr·heit** 女, ≈**weis·heit** 女 自明の理, 一般によく知られた〈わかりきった〉事柄.

bio.. 《名詞・形容詞などにつけて「生(せい)・生命・生涯」などを意味する》[*gr.* bíos „Leben"]

Bio[bí:o·] 女 -/ (<Biologie)《話》 **1** 《無冠詞で》(授業科目の)生物学; 生物学の授業: Er hat eine Eins in ~. 彼は生物で優をとっている | In der dritten Stunde haben wir ~. 3時間目は生物〔の授業〕だ. **2** 生物学の授業時間: in der ersten ~ nach den Ferien 休暇あけの最初の生物の時間に.

Bio·che·mie[bioçemí:, bí:oçemi: ; オーストリア・スイス: ..ke..] 女 -/ 生化学.

Bio·che·mi·ker[bioçé:mikər, bí:oçe:..] 男 -s/- 生化学者.

bio·che·misch[bioçé:mɪʃ, bí:oçe:..] 形 生化学〔上〕の, 生化学的な.

bio·elek·trisch[bí:o|elɛktrɪʃ, bio|elɛ́ktrɪʃ] 形 生物〈生体〉電気の.

Bio·ethik[bí:o|e:tɪk] 女 生命倫理〔学〕.

Bio·gas[bí:oga:s] 中 (有機廃棄物などが生物分解して発生する)生物ガス, バイオガス.

bio·gen[biogé:n] 形 生物〔の生活活動〕によって作られた, 生物に由来する.

Bio·ge·ne·se[..gené:zə] 女 -/-n 生物発生〔過程〕.

bio·ge·ne·tisch[..né:tɪʃ] 形 生物発生〔上〕の: ~*es* Grundgesetz (Haeckel の)生物発生原則.

Bio·geo·gra·phie[biogeografí:, bí:ogeografi:] 女 -/ 生物地理学.

bio·geo·gra·phisch[biogeográ:fɪʃ, bí:ogeogra:..] 形 生物地理学〔上〕の.

Bio·gramm[biográm] 中 -s/-e〖心〗個人生活記録.

Bio·graph (**Bio·graf**)[biográ:f] 男 -en/-en 伝記作者.

Bio·gra·phie (**Bio·gra·fie**)[..grafí:] 女 -/-n[..fí:ən] 伝記, (人間の)一生の記録: Auto*biographie* 自伝.

bio·gra·phisch (**bio·gra·fisch**)[..grá:fɪʃ] 形 伝記の; 伝記的な: ein ~*er* Roman 伝記体の小説.

Bio·kli·ma·to·lo·gie[bioklimatologí:] 女 -/ 生物気象学.

Bio≈kost[bí:okɔst] 女 自然食品. ≈**la·den**[..la:dən] 男 自然食品〔販売〕店.

Bio·lo·ge[bioló:gə] 男 -n/-n (→..loge) 生物学者.

Bio·lo·gie[..logí:] 女 -/ 生物学.

bio·lo·gisch[..ló:gɪʃ] 形 生物学〔上〕の, 生物学的な; 生物の: ~*e* Chemie 生化学(=Biochemie) | ~*e* Technik 生物工学 | ~*e* Waffen (細菌など)生物兵器.

Bi·om[bió:m] 中 -s/-e〖生〗バイオーム(生物帯の中の群集単位). [<bio..+..om]

Bio·man·tie[biomantí:] 女 -/ (手相・脈拍など身体的所見による)生命判断. [<*gr.* manteíā „Wahrsagerei"]

Bio·mas·se[bí:omasə] 女 -/〖生〗生物体総量, バイオマス.

Bio·me·cha·nik[biomeçá:nɪk, bí:omeça:..] 女 -/〖体育〗バイオメカニクス.

Bio·me·di·zin[biomeditsí:n] 女 -/ 生体臨床医学.

Bio·me·trie[..metrí:] 女 -/ **1** (人間の)寿命測定〔法〕. **2** =Biometrik

Bio·me·trik[..mé:trɪk] 女 -/ 生物計測法〈測定学〉.

Bio·müll[bí:omʏl] 男 有機ごみ〈廃棄物〉, 生ごみ.

Bio·nik[bió:nɪk] 女 -/〖生〗バイオニックス, 生体工学. [*engl.* bionics; ◇bio.., Elektronik]

Bio·no·mie[bionomí:] 女 -/ 生態学.

Bio·phy·sik[..fyzí:k, bí:ofyzi:k] 女 -/ 生物物理学.

bio·phy·si·ka·lisch[..fyziká:lɪʃ, bí:ofyzika:lɪʃ] 形 生物物理学〔上〕の.

Bi·op·sie[biɔpsí:] 女 -/-n[..sí:ən]〖医〗バイオプシー, 生検, 組織診, 組織鏡検 [<bio..+*gr.* ópsis „Sehen"]

Bio·rhyth·mik[biorýtmɪk] 女 -/, **Bio·rhyth·mus**[..rýtmus, bí:orʏtmus] 男 -/ バイオリズム(人間の身体・感情・知性の変動周期, およびその学説).

Bio·sa·tel·lit[biozatɛlí:t] 男 -en/-en 生物実験用人工衛星.

Bio·skop[bioskó:p, biɔs..] 中 -s/-e ビオスコープ(最初期の映画映写機).

Bio·so·zio·lo·gie[biozotsiologí:, bí:ozotsiologi:] 女 -/ 生物社会学.

Bio·sphä·re[biosfɛ́:rə, bí:osfɛ:rə] 女 -/ 生物圏.

bio·sphä·risch[biosfɛ́:rɪʃ, bí:osfɛ:..] 形 生物圏の.

Bio·syn·the·se[biozʏnté:zə] 女 -/-n (生細胞内での)生合成.

bio·syn·the·tisch[..zʏnté:tɪʃ] 形 生合成〔上〕の.

Bio·tech·nik[biotɛ́çnɪk, bí:otɛç..] 女 -/ (**Bio·tech·no·lo·gie**[biotɛçnologí:, bí:otɛçnologi:] 女 -/)生物工学, バイオテクノロジー.

bio·tech·nisch[biotɛ́çnɪʃ, bí:otɛç..] (**bio·tech·no·lo·gisch**[biotɛçnoló:gɪʃ, bí:otɛçnolo:..]) 形 生物工学〈バイオテクノロジー〉〔上〕の.

Bio·te·le·me·trie[biotelemetrí:] 女 -/ 〘生〙(発振器などによる)遠隔生態研究.

Bio·tin[biotí:n] 中 -s/ 〘生化学〙ビオチン(ビタミン H, 補酵素 R ともいう).

bio·tisch[bió:tɪʃ] 形 生物〈生命〉に関する; 生物の, 生物的な: eine ~*e* Umgebung 〘生〙生物的環境.

Bio·tit[biotí:t, ..tít] 男 -s/-e 〘鉱〙黒雲母(くろうんも). [<J. B. Biot (フランスの物理学者, †1862) + ..it[2]]

Bio·ton·ne[bí:otɔnə] 女 生ごみ〈有機廃棄物〉専用のごみ容器.

Bio·top[biotó:p] 男 中 -s/-e 〘生〙ビオトープ(安定した生活環境をもった動植物の生息空間). [<topo..]

Bio·typ[..tý:p] 男 -s/-en, **Bio·ty·pus**[..pʊs] 男 -/..pen[..pən] 〘生〙生物型.

bio·zen·trisch[..tsɛ́ntrɪʃ] 形 生命中心の.

Bio·zid[..tsí:t][1] 中 -〔e〕s/-e 生態環境破壊物質.

Bio·zö·no·se[..tsønó:zə] 女 -/-n 〘生〙群集. [<*gr.* koinós „gemeinsam" (◇kon..); ◇*engl.* biocenosis]

BIP[be:|i:pé:] 略 中 =**Bruttoinlandsprodukt**

Bi·pe·de[bipé:də] 男 -n/-n 〘動〙二足動物. [*lat.* bipēs „zwei-füßig"; <*lat.* pēs „Fuß"]

bi·pe·disch[..dɪʃ] 形 2本足〈両足〉の.

bi·po·lar[bipolá:r, bí:pola:r] 形 (zweipolig) 〘理〙(磁極・電池が)双極の; 〘解〙(神経細胞が)双極性の.

Bi·po·la·ri·tät[bipolaritɛ́:t] 女 -/ 両極性, 分極〈双極〉性.

Bi·qua·drat[bí:kvadra:t, bikvadrá:t] 中 -〔e〕s/-e 〘数〙4乗冪(べき).

bi·qua·dra·tisch[bikvadrá:tɪʃ, bí:kvadra:..] 形 〘数〙4乗冪(べき)の.

Bir·cher≈mus[bírçər..] 中 (男) (スイス: **≈müs·li**[..my:sli·] 中) 〘料理〙ビルヒャーミュースリ(燕麦など数種の穀類のフレークに乾ぶどう・アーモンドなどを混ぜ合わせたもの. コーンフレークと同じようにリンゴ・バナナなどの果物やミルク・ヨーグルトなどを加えて食べる. 一種のダイエット食). [<M. O. Bircher-Benner (スイスの医師, †1939)]

Bir·die[bǿ:rdi·, bə́:di·] 中 -s/-s 〘ゴルフ〙バーディー. [*engl.*; <*engl.* bird „Vogel"]

Bi·re·me[biré:mə] 女 -/-n 二橈(どう)列船(古代ギリシア・ローマの2段こぎ座のガレー船). [*lat.*-*fr.*; <*lat.* rēmus „Ruder"]

Bi·rett[birɛ́t] 中 -〔e〕s/-e 〘カトリック〙(聖職者用の)ビレッタ帽. [*mlat.*-*fr.*-*mhd.*; ◇*engl.* biretta]

birg[bɪrk] bergen の命令法単数.

birgst[..st] bergen の現在2人称単数.

birgt[..t] bergen の現在3人称単数.

Bir·ke[bírkə] 女 -/-n 〘植〙シラカバ(白樺)〔属〕(→ 図). [„Glänzende"; *germ.*; ◇braun; *engl.* birch]

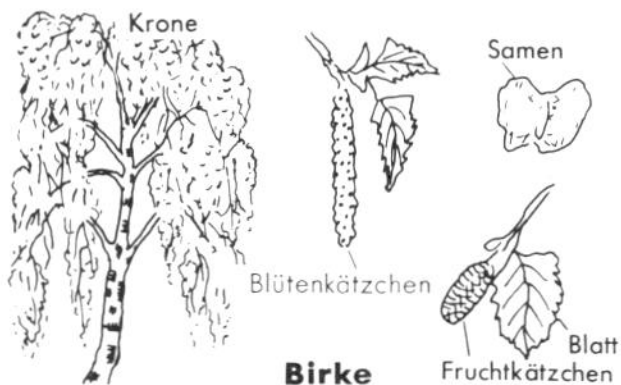

Birke

bir·ken[..kən] 形 〔シラ〕カバ材〈製〉の.

Bir·ken≈holz 中 -es/ シラカバ材. **≈span·ner** 男 〘虫〙オオシモフリエダシャク(大霜降枝尺蛾). **≈was·ser** 中 -s/..wässer シラカバ水(シラカバの樹液から作った整髪液). **≈zei·sig** 男 〘鳥〙ベニヒワ(紅鶸).

Birk≈hahn[bírk..] 男 Birkhuhn の雄. **≈hen·ne** 女 Birkhuhn の雌. **≈huhn** 中 (**≈wild** 中) 〘鳥〙クロライチョウ(黒雷鳥).

Bir·ma[bírma·] 地名 ビルマ(1948年, 連邦社会主義共和国としてイギリスから独立. 首都は Rangun, ビルマ語形 Yangon. ビルマ族が人口の70%を占め, 他にカレン族, シャヌ族などが住む. 1990年にミャンマーと改称した: Myanmar). [*ind.* Barma]

Bir·ma·ne[bɪrmá:nə] 男 女 《形容詞変化》 -n/-n ビルマ人; ビルマ族の人(→Birma).

bir·ma·nisch[..nɪʃ] 形 ビルマ〔人・語〕の: →deutsch

Bir·ming·ham[bə́:mɪŋəm] 地名 バーミンガム(イギリスの工業都市). [*aengl.*; ◇Heim]

Birn·baum[bírn..] 男 〘植〙〔セイヨウ〕ナシの木.

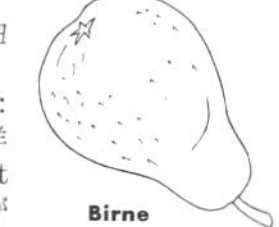

Bir·ne[bírnə] 女 -/-n **1** (英: *pear*) **a)** 〘植〙〔セイヨウ〕ナシ(西洋梨), ヨウナシ(洋梨): Die ~ blüht 〈trägt gut〉. ナシの花が咲いている〈実がよくなっている〉. **b)** 〔セイヨウ〕ナシ(果実) (→ 図): ~*n* abnehmen 〈pflücken〉 ナシをもぐ | Äpfel und ~*n* zusammenzählen / Äpfel mit ~*n* addieren (→Apfel 1 b). **2** (洋梨形のもの) **a)** (Glühbirne) 〔白熱〕電球: eine ~ zu 40 Watt 40ワットの電球 ‖ eine ~ einschrauben 電球をねじこむ | Die ~ ist durchgebrannt 〈entzwei〉. 電球が切れた〈割れた〉. **b)** 〘ボクシング〙パンチングボール. **c)** 〘楽〙(管楽器の)受け口. **d)** 〘金属〙転炉. **e)** 《話》 (Kopf) 頭: eine dicke ~ haben 頭がずきずきする(二日酔いなど) | **eine weiche ~ haben** 頭がおかしい〈弱い〉 ‖ *jm.* eins auf die ~ geben …の頭を一発殴る. [*lat.* pirum -*ahd.* bira; ◇*engl.* pear]

bir·nen·för·mig 形 洋梨形の, 電球〈だるま〉形の.

Bir·nen≈most 男 ナシ酒. **≈quit·te** 女 〘植〙マルメロ. **≈stäub·ling** 男 -s/-e 〘植〙タヌキノチャブクロ(狸茶袋).

birn·för·mig[bírn..] =birnenförmig

Birn·kraut 中 -〔e〕s/ 〘植〙イチヤクソウ(一薬草).

Birsch[bɪrʃ] 女 -/-en =Pirsch

bir·schen[bírʃən] 《04》 =pirschen

birst[bɪrst] bersten の現在2・3人称単数; 命令法単数.

bis[1][bɪs; オーストリア: bi:s] **I** 前 《4格支配. ただし代名詞を支配することはない. 無冠詞の名詞・副詞・前置詞句などの副詞句とともに用いられることが多く, 副詞的性格が強い》

1 《時間的》 (↔seit) **a)** 《単独で》…まで: 〘副詞と〙 ~ jetzt 〈dahin〉 今〈その時〉まで | ~ heute 〈morgen/gestern〉 きょう〈あす・きのう〉まで | *Bis* gleich 〈nachher/später〉! またあとで会いましょう, じゃあまたあとでね(別れのあいさつ) | *Bis* morgen 〈nächstes Mal〉! では明日までさようなら〈じゃあまた〔そのうち〕〉 | *Bis* wann kann ich das Buch behalten? いつまでこの本を借りておいていいんですか.

‖ 〘時を示す名詞と〙 ~ Ostern 〈Weihnachten〉 復活祭〈クリスマス〉まで ‖ ~ 〔einschließlich〕 August 8月〔末日〕まで | ~ Anfang 〈Ende/Mitte〉 Januar 1月の初め〈末・中旬〉まで〔に〕 ‖ ~ Abend 〈Mitternacht〉 晩〈ま夜中〉まで ‖ ~ nächstes Jahr 来年まで | ~ zum nächsten Jahr 来年〈翌年〉まで | ~ nächsten Monat 来月まで | ~ nächste Woche 来週まで | ~ kommende 〈vorige〉 Woche 来週〈先週〉まで ‖ ~ 〔nächsten〕 Sonntag 〔次の〕日曜まで | ~ zehnten 〔Tag〕 Mai 5月10日まで(=~ zum zehnten Mai) | Ferien ~ einschließlich 〈バイエルン: mit〉 15. August 休暇は8月15日まで | ~ Sonntag, den 10. Mai 5月10日日曜日まで ‖ ~ 1983 1983年まで | Er ist ~ 12 Uhr hier. i) 彼は12時まではここにいますよ; ii) 彼は12時までにはここへ来ますよ.

‖ 〘von ... bis ... の形で〙 von Anfang ~ Ende 始めから終わりまで | von Morgen ~ Abend / von morgens ~

abends 朝から晩まで | vom ersten ～ fünften August 8月1日から5日まで | von 10 ～ 12 Uhr 10時から12時まで | Die Ferien dauern vom 22. Juli ～〔zum〕31. August. 休暇は7月22日から8月31日までである.

☆時を示す名詞はふつう4格の形と前置詞句の形のいずれも bis と結びつくが, つねに言いかえ可能なわけではない. また, 次の例のように同格でそえられた名詞が3格で現れ, bis が一見3格支配のように見えることがある: ～〔zu dem Jahr〕1939, dem Jahr des Kriegsausbruchs 戦争の始まった1939年まで.

b)《前置詞句とともに》…まで: **～ an** den dritten Tag 3日目まで | ～ nahe an Mitternacht ま夜中近くまで | **～ auf** den heutigen Tag《雅》今日に至るまで | ～ auf weiteres さしあたり, 当分の間, 次の指示があるまで | **～ gegen** Mittag 昼ごろまで | **～ in** die Nacht〔hinein〕夜おそくまで | **～ nach** den Ferien 休暇の終わった後まで | ～ nach Mitternacht ま夜中すぎまで | ～ nach Weihnachten クリスマスの後まで | **～ über** 8 Tage〈übers Jahr〉1週間後〈1年たつ〉まで | **～ vor** kurzem 少し前まで | ～ vor einem Jahr 1年前まで | ～ vor wenigen Tagen ほんの数日前まで ‖ **～ zum** Abend〈Sonntag〉晩〈日曜〉まで | ～ zum Abwinken (→abwinken 1) | ～ zum zehnten Mai 5月10日まで(＝～ zehnten Mai) | ～ zum Jahre 1985 1985年まで(＝～ 1985) | ～ zur letzten Minute 最後の1分まで, ぎりぎりまで | ～ zum nächsten Mal 次回まで(＝～ nächstes Mal) | ～ zum nächsten Tag その翌日まで | Er muß diese Arbeit ～ zum 31. März erledigt haben. 彼はこの仕事を3月31日までに終わっていなければならない | ～ zu unserem nächsten Wiedersehen 次の再会の時まで | ～ zum Tod〈zum letzten Atemzug〉死に至るまで | ～ zur letzten Straßenbahn bleiben 市街電車の終車まで腰をすえる.

☆前置詞が3・4格支配の場合はふつう4格支配となる.

2《空間的》**a**)《単独で》…まで:〘副詞と〙～ hierher〔und nicht weiter〕ここまで〔でこれから先へは行かない〕| ～ dorthin〈dahin〉そこまで | von hier ～ dort ここからあそこまで | von oben ～ unten 上から下まで, 頭のてっぺんから足の先まで | von vorn ～ hinten 前から後ろまで; 初めから終わりまで | *Bis* wohin fahren wir? 僕たちどこまで行くんだい ‖〘名詞と〙～ Berlin ベルリンまで ‖ von A ～ Z A から Z まで, すっかり | von Kopf ～ Fuß 頭のてっぺんから足の先まで.

b)《前置詞句とともに》…まで: **～ an** den Rhein ライン河畔まで | ～ an die Tür〈die Grenze/die Ecke〉戸口〈国境・街角〉まで | ～ an die Knie〈zu den Knien〉ひざのところまで | ～ ans Ende der Welt 世界の果てまで, どこまでも | **～ aufs** Dach 屋根の上まで | ～ auf die Haut naß werden 肌までびしょぬれになる | ein Kampf ～ aufs Messer《比》激烈な戦い | *jn.* ～ aufs Blut quälen〈peinigen〉《比》…を徹底的に苦しめる〈痛めつける〉| **～ aus** Fernost 遠くは極東からさえも | **～ hinter** das Haus 家の裏まで | *jn.* **～ in** den Garten〈ins Hotel〉begleiten …を庭〈ホテルの中〉まで送る | ～ ins Aschgraue (→aschgrau) | *et.*[4] ～ ins kleinste〈letzte〉durchdenken …を詳細に〈徹底的に〉考えぬく | ～ in die Knochen konservativ 骨の髄まで保守的な | *jn.* ～ ins Mark treffen …を徹底的に痛めつける, …の骨の髄まで打撃を与える | von der Schweiz **～**〔**nach**〕Dänemark スイスからデンマークまで | ～〔nach〕Berlin, der größten Stadt Deutschlands ドイツ最大の都市ベルリンまで | **～ über** die Grenze 国境を越すまで | ～ über die Schulter 肩の上まで | Treue ～ über das Grab〈den Tod〉hinaus 死んだ後まで続く忠誠 | ～ über die〈beide〉Ohren in *jn.* verliebt sein《話》…に首ったけである | Alle Scheunen waren voll **～ unters** Dach. 納屋はみんな天井までいっぱいつまっていた | **～ vor** die Tür ドアの前まで | **～ zum** Äußersten《比》極端にまで, とことんまで | ～ zum Bahnhof 駅まで | ～ zur Ecke〈Grenze〉街角〈国境〉まで | vom Scheitel ～ zur Sohle 頭のてっぺんから足の裏まで.

☆前置詞が3・4格支配の場合はふつう4格支配となる.

3《数詞の前について概数・上限値などを示す》…〔ぐらい〕まで: 10 ～ 12 Mark〈Personen〉10ないし12マルク〈人〉| noch 20 ～ 25 Kilometer laufen müssen あと20キロから25キロぐらい歩かなければならない | auf 8 ～ 14 Tage verreisen 一二週間の予定で旅に出る | in 3 ～ 4 Stunden 三四時間たったら | deutsche Dichter des 18. ～ 20. Jahrhunderts 18世紀から20世紀までのドイツの作家たち | Eintritt für Kinder ～ 6 Jahre frei 6歳までの小児は入場無料 ‖〘**bis zu** の形で明確な上限値を示して〙Kinder von 6 **～ zu** 14 Jahre〔n〕haben Ermäßigung. 6歳から14歳までの子供には割引がある | Die Maschine liefert ～ zu 6 gut lesbare Durchschläge〈lesbaren Durchschlägen〉. このタイプライターは6枚まで鮮明なコピーが取れる.

4《**bis auf** の形で》**a**)《時間的・空間的》…〔の上〕まで(→1 b, 2 b).

b)《包括を示して》…に至るまで〔例外なく〕: Das Theater war **～ auf** den letzten Platz besetzt. 劇場は全席すべて満員だった | Er hat sein Geld ～ auf den letzten Pfennig ausgegeben. 彼はお金を1ペニヒ残さず使い切った | Man hat alle ～ auf den letzten Mann gerettet. 全員一人残らず救助された.

c)《除外を示して》…を除いて, …を別として: Alle trafen pünktlich ein **～ auf** dich. 君以外は全員時間どおりに集合した | Alle waren einverstanden, ～ auf einen. 一人を除いて全員同意した | Ich habe das Buch ～ auf wenige Seiten gelesen. 私はこの本を数ページ残してあとは全部読んでしまった.

II 接《従属》**1**《ある行為・状態の時間的限界を示して》(英: *untill*) …まで; Ich warte, ～ er kommt. 彼が来るまで私は待っている | Du bleibst hier, ～ der Regen aufhört. 君は雨がやむまでここにいなさい ‖〘bis daß の形で〙Wir leben beisammen, **～ daß** der Tod uns scheidet.《雅》死が我らを分かつまで共に生きん.

2《主文が否定の内容をもつとき, それに先立って完了すべき条件を示して; bis に導かれる副文にも無用の nicht がそえられることがある》(bevor〔nicht〕) …する前には: Du darfst nicht gehen, ～〔**nicht**〕die Arbeit gemacht ist. 仕事が済むまで行ってはいけない | *Bis* ich〔nicht〕über alles informiert bin, werde ich meine Meinung nicht sagen. すべての情報を聞かせてもらうまで私の意見は言わないぞ ‖ Wir dürfen nicht ruhen,〈Wir dürfen nicht eher ruhen,〔als〕〉～ die Ernte eingebracht ist. 取り入れが済んでしまうまで私たちは休むことができない | Er bemerkte mich nicht früher, als ～ wir aufeinanderstießen. 鉢合わせするまで彼は私に気づかなかった.

3《オーストリア》《同時性を示して》(sobald, als, wenn) …の時に, …したら: Ich kann die Auskunft erst geben, ～ der Chef zurück ist. 部長が帰ってからでないとご返事できません.

［*mhd.*; ◇bei, zu］

bis²[bɪs]《ラテン語》(noch einmal) **1**〘楽〙繰り返して, 反復して: *Bis!* アンコール(聴衆の叫び声). **2** →*bis* dat qui cito dat ［◇bi..］

Bị·sam[bí:zam] **I** 男 -s/-e **1**《単数で》(Moschus) 麝香(じゃこう). **2**〘生〙(麝香を分泌する動物. 例えば:) ジャコウジカ(麝香鹿); 麝香性芳香を放つ植物.

II 男 中 -s/-e, -〔s〕ジャコウネズミ(麝香鼠)の毛皮.

［*hebr.*－*mlat.*－*ahd.*; ◇Balsam］

Bị·sam≀hirsch 男〘動〙ジャコウジカ(麝香鹿). **≀hya·zin·the** 女〘植〙ムスカリ. **≀kat·ze** 女〘動〙ジャコウネコ(麝香猫). **≀rat·te** 女〘動〙ジャコウネズミ(麝香鼠), マスクラット. **≀schwein** 中〘動〙クチジロペッカリー.

bị·schen¹[bíʃən]《04》他 (h)《中部・南部》(幼児を)腕に抱いてあやす. ［＜pst］

ᵛ**bis·chen**²[bísçən] ＝bißchen

Bị·schof[bíʃɔf, ..ʃo:f] 男 -s/..schöfe[..ʃœfə, ..ʃø:fə] **1 a**)〘カトリック〙司教;〘新教〙監督(→ 図). **b**)〘東方正教会〙主教. **2** ビショップ酒(ダイダイの皮と砂糖を加えて冷やした赤ワイン).

［*gr.* epískopos (→Episkopus)－*kirchenlat.*－*ahd.*; ◇*engl.* bishop］

bị·schöf·lich[bíʃœflɪç, bíʃø:f..] 形 司教(監督・主教)の.

Bị·schofs≀amt[bíʃɔfs.., bíʃo:fs..] 中 司教〈主教・監督〉の職. **≀brọt** 中《オーストリア》ビショフスブロート(干しぶどうなどを入れたケーキの一種). **≀hụt** 男〘カトリック〙(司教が執務中以外にかぶ

der evangelische Bischof der katholische Bischof
Bischof

る黒い扁平(ﾍﾝ)な)司教帽;《比》司教の地位. ≈**kol·le·gium** 中 司教団. ≈**kon·fe·renz** 女 司教協議会. ≈**müt·ze** 女 **1** =Mitra **2**〘植〙ランポウギョク(鸞鳳玉)(とげのないサボテンの一種). **3**〘植〙チャルメルソウ. **4**〘動〙フデガイの一種. ≈**ring** 男〘カトリック〙司教指輪. ≈**sitz** 男〘カトリック〙司教座の所在地. ≈**stab** 男 司教杖(じょう), 牧杖(羊飼いの杖(つえ)に似た形で司教・大修道院長などが儀式の際に用いる). ≈**stuhl** 男〘カトリック〙司教座. ≈**wei·he** 女 司教叙階〔式〕. ≈**wür·de** 女〘カトリック〙司教の位〈職〉.

bis dat qui ci·to dat[bís dát kví: tsí:to· dát]《ラテン語》(doppelt gibt, wer schnell gibt) どうせ与えるなら早いほうがよい(すぐ与えればありがたみが倍になる).

Bi·se[bí:zə] 女 -/-n《スイス》北〔東〕の風. [*ahd.*; ◇biesen]

Bi·sek·trix[bizέktrıks] 女 -/..trizes[..zεktrí:tse:s]〘理〙(結晶体の光軸角の)等分線. [< *lat.* sector „Abschneider" (◇sezieren, Sektor)]

Bi·se·xua·li·tät[bizεksualitέ:t, bí:zεksualitε:t] 女 -/ bisexuell なこと.

bi·se·xuell[bizεksuέl, bí:zεksuεl] 形 **1** (doppelgeschlechtig) 雌雄同体の, 半陰陽の, ふたなりの. **2**〘生〙両性生殖の. **3** (異性愛と同性愛をともに備えた)両性愛の, バイセクシュアルの.

bis·her[bıshé:*r*] 副 これまで, 今日まで: wie ~ 従前どおり | die ~ kälteste Nacht des Winters この冬いちばんの寒い夜.

bis·he·rig[..hé:rıç][2] 形《付加語的》これまでの, 従来の; 直前の: der ~*e* Minister 前大臣 | der ~*e* Rekord これまでの〔最高〕記録 | das ~*e* Verfahren aufgeben 従来のやり方を改める ‖ im ~*en* (既述の一部を指して)先に.

die **Bis·ka·ya**[bıská:ja·] 地名 女 -/ ビスカヤ, ビスケー(スペインとフランスの間にはさまれる大西洋の湾で der Golf von Biskaya とも言う. スペイン語形 Vizcaya). [◇*engl.* Biscay]

Bis·kot·te[bıskɔ́tə] 女 -/-n《オーストリア》ビスコッテ(甘いビスケットの一種). [*mlat.* bis-coctum „zweimal gebackenes (Brot)" – *it.* – *mhd.*; ◇bis[2], kochen]

Bis·kuit[bıskví:t, ..kvít, ..kuí:t, ..kuít] 中 男 -[e]s/-s (-e) **1** ビスケット. **2** =Biskuitporzellan [*mlat.* – *fr.*]

Bis·kuit·por·zel·lan[bıskví:t..] 中 (二度焼きの)素焼きの陶器. [◇*engl.* biscuit]

bis·lang[bıslán] 《方》=bisher [< *mhd.* biz sō lange]

Bis·marck[bísmark] 人名 Otto von ~ オットー フォン ビスマルク(1815–98; ドイツの政治家. 1871年プロイセン王を皇帝としてドイツ統一を成しとげ, みずから初代の首相となった).

der **Bis·marck·ar·chi·pel** 地名 男 -s/ ビスマーク諸島 (Papua-Neuguinea の北東部にあり, 1884年ドイツ領, 1919–75年オーストラリア委任・信託統治領. 1975年以降パプア=ニューギニア領).

Bis·marck·he·ring 男〘料理〙(骨を抜いてマリネーした)ビスマルクふうのニシン料理.

bis·mar·ckisch[bísmarkıʃ] 形 ビスマルク的な〈式の〉;《大文字で》ビスマルクの.

Bis·mu·tit[bısmutí:t, ..tít] 男 -s/ 泡蒼鉛(ほうそうえん).

Bis·mu·tum[bısmú:tum] 中 -s/ =Wismut

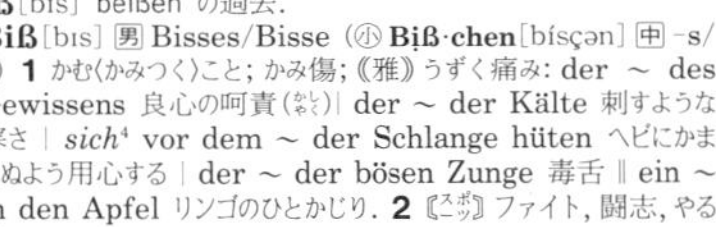
Bison

Bi·son[bí:zɔn] 男 -s/-s バイソン(北米にすむ野牛: → 図). [*germ.* – *lat.* – *engl.*; ◇Wisent]

biß[bıs] beißen の過去.

Biß[bıs] 男 Bisses/Bisse (小 **Biß·chen**[bísçən] 中 -s/-) **1** かむ〈かみつく〉こと; かみ傷;《雅》うずく痛み: der ~ des Gewissens 良心の呵責(かしゃく) | der ~ der Kälte 刺すような寒さ | *sich*[4] vor dem ~ der Schlange hüten ヘビにかまれぬよう用心する | der ~ der bösen Zunge 毒舌 ‖ ein ~ in den Apfel リンゴのひとかじり. **2**〘スポーツ〙ファイト, 闘志, やる気.

biß·chen[bísçən]《不定数詞; 無変化》《ふつう冠詞類, 特に ein を前に伴い, 付加語的・副詞的・まれに中性名詞的に用いられる》少量, 少し, ちょっぴり: ein ~ Brot 少量のパン | Ich habe jetzt ein〔klein〕~ Zeit. 私は今〔ほんの〕ちょっぴり時間がある | Gib mir ein ~ Geld! 金を少しくれ | das ~ Schnee, das heute gefallen ist きょう降った少量の雪 | Von dem ~ Geld kann man nicht leben. これっぽっちの金では生きてゆけない | Er hat kein ~ guten Willen. 彼には善意が少しもない ‖〘副詞的に〙ein ~ schlafen 少し眠る | Warte ein〔klein〕~!〔ほんの〕ちょっと待ってくれ | Er hat kein ~ 〈nicht ein ~〉 geweint. 彼は全然泣かなかった | Das ist ein ~ zuviel. それはいささかひどすぎる ‖〘名詞的に〙mit einem ~ vorliebnehmen 少しでがまんする | Gib mir ein ~ von dem Kuchen! そのケーキを少し分けてくれ | **Ach du liebes ~!**《話》(驚きを示して)おやまあ, これは驚いた. [< Bissen]

Biß·chen Biß, Bissen の縮小形.

bis·se[bísə] beißen の接続法 II.

bis·sel[bísəl]《南部・オーストリア》=bißchen

Bis·sen[bísən] 男 -s/- (小 **Biß·chen**[bísçən] 中 -s/-) **1** 一口〔の分量〕; 食べ物; 軽い食事: ein feiner 〈leckerer〉 ~ うまいもの, ごちそう | **ein fetter ~**《比》うまい話, ぼろもうけ | Das war für ihn ein harter 〈schwerer〉 ~.《比》それは彼にはやっかいなことだった | Sie ist kein übler ~.《話》彼女はなかなかいい女だ | ***jm.* bleibt der ~ im Hals**〔**e**〕**stecken**《話》…が(食物がのどにつっかえるほど)愕然とする〈びっくりする〉‖ ***sich***[3] **jeden** 〈**den letzten**〉 **~ vom Mund**〔**e**〕**absparen** 食う物も食わずに倹約する | **keinen ~ anrühren**《話》まったく何も食べない | einen ~ essen 軽い食事をする | ***jm.* keinen ~** 〈nicht den ~ Brot〉 **gönnen**《比》(パンの一切れもやりたくないほど)…を嫌う | *sich*[3] keinen ~ gönnen《比》何もかもあきらめる〈我慢する〉| einen großen ~ machen 〈nehmen〉 一度にたくさんほおばる | Kein Hund nimmt einen ~ von ihm.《比》彼はみんなに無視されている, だれも彼なんかには目もくれない | ***jm.* die ~ im Mund** 〈**in den Mund**〉 **zählen** / *jm.* die ~ zuzählen …に与える食物をけちけちする;《比》…に対して物惜しみする | ***jm.* die besten ~ zuschieben** 〈**zustecken**〉《話》…をひいきする. **2** (Bolus)(牛馬用の)大丸薬. **3**《スイス》(Keil) くさび. [*ahd.* bizzo; ◇beißen; *engl.* bit]

bis·sen·wei·se 副 (→..weise ★)ひと口〈少し〉ずつ.

bis·serl[bísərl]《南部・オーストリア》=bißchen

Biß·gurn[bísgʊrn] 女 -/-《南部・オーストリア》口うるさい女. [< *mhd.* gurre „schlechtes Pferd"]

bis·sig[bísıç][2] 形 **1** (犬・馬などに関して)かみつく〔癖のある〕; かみつくような: Vorsicht, ~*er* Hund! 猛犬に注意(掲示) | Es war ~ kalt. 身を切るような寒さだった. **2**《比》けんか早い; しんらつな, つっけんどんな: ~*e* Kritik しんらつな批判 | eine ~ aussehende Frau 気の短そうな女.

Bis·sig·keit[–kaıt] 女 -/-en **1**《単数で》bissig なこと. **2** bissig な言動.

Biß·wun·de[bís..] 女 かみ傷.

bist[bıst] sein[1]の現在 2 人称単数.

bi·sta·bil[bistabí:l] 形〘電〙双〈二〉安定の: ~*e* Schaltungen 双安定回路. 「[<pst]」

bi·sten[bístən]《01》自 (h)〘狩〙(野鳥が雌を)呼ぶ.

Bi·ster[bí:stər, bís..] 男 中 -s/ ビスタ(濃褐色の絵の具. 水彩・ペン画・油絵などの下絵に使う); ビスタ色. [*fr.* bistre]

Bi·stou·ri[bɪstú:ri·] 男 中 -s/-s〘医〙(外科手術用)折り畳み式メス. [*fr.*; ◇*engl.* bistoury]

Bi·stro[bístro:, ⌣⌐] **I** 中 -s/-s (小さな)バー, 飲み屋. **II** 男 -s/-s バー〈飲み屋〉の主人. [*fr.*]

Bis·tum[bístu:m] 中 -s/..tümer[..ty:mər]〘カトリック〙司教区. [*ahd.* biscof-tuom; ◇Bischof]

bis·wei·len[bɪsváɪlən] 副 (manchmal) ときおり, ときどき. [<bei+zuweilen]

Bis·wind[bí:s..] 男〘スイス〙=Bise

bi·syl·la·bisch[bizʏlá:bɪʃ, bí:zʏla:..] 形〘言〙2音節の.

bit[bɪt] 記号 →Bit

Bit[bɪt] 中 -[s]/-[s]〘電算〙ビット(記憶容量を表す情報量の単位; 記号 bit, bt). [*engl.*; ◇binär, digital]

bi·to·nal[bitoná:l, bí:tona:l] 形〘楽〙複調性の.

Bittag[bítta:k][1] 男 -[e]s/-e《ふつう複数で》〘カトリック〙祈願節(キリスト昇天の大祝日の前の3日間: →Bittwoche).

Bitt·brief[bít..] 男 請願書; 無心状.

bit·te[bítə] →bitten I 2

Bit·te[–] 女 -/-n **1** 頼み, 依頼, 願い, 懇願, 請願, 請い, 求め: eine dringende 〈flehentliche〉 ~ 切願〈嘆願〉| eine ~ um Geld 〈Hilfe〉 お金の無心〈援助の求め〉‖ Er äußerte die ~, verreisen zu dürfen. 彼は旅に出る許可を願い出た | Ich erfüllte seine ~ nicht. 私は彼の願いをかなえてやらなかった | *jm.* eine ~ gewähren 〈abschlagen〉 …の願いをかなえる〈拒む〉| Sie richtete 〈stellte〉 die ~ an ihn, ihr etwas Geld zu leihen. 彼女は金をいくらか貸してくれと彼に頼んだ | Ich habe eine große ~ an Sie. あなたに折り入ってお願いしたいことがあります ‖ auf Ihre ~ hin ご依頼により | *jn.* mit ~*n* bestürmen …にうるさくねだる. **2**〘聖〙祈願: die sieben ~*n* des Vaterunsers 〈im Vaterunser〉 主の祈りの七つの祈願.

bit·ten*[bítən]《19》**bat**[ba:t]/**ge·be·ten**[gəbé:tən]; 接II bäte[bɛ́:tə] **I** 他 (h) **1 a)** 《*jn.* um *et.*[4]》 ① (…に…を)与えてくれるよう頼む, 請う, 願う: *jn.* um das Geld ~ …にその金を出してくれるよう頼む | Darf ich 〔Sie〕 um Ihren Namen ~? 恐れいりますがお名前をおっしゃっていただけますか | Darf ich um das Salz ~? (食卓で)塩をとっていただけますか | um Urlaub ~ 休暇をくれるように願い出る | 〔den Vorsitzenden〕 ums Wort ~ 〔議長に〕発言の許可を求める.

② (…に…を)するように頼む: Darf ich ~? お願いできますか | Darum möchte ich *gebeten* haben. このことはぜひともお願いしたい ‖〘動作名詞などと〙*jn.* um den Besuch ~ …に訪ねてくるよう頼む | *jn.* um Erlaubnis 〈Verständnis〉 ~ …に許可〈了解〉を求める | Um pünktliches Erscheinen wird *gebeten*. 時間に遅れず来場されるようお願いします | *jn.* um Geduld 〈Schonung〉 ~ 忍耐〈思いやり〉を持つよう…に頼む | Darf ich 〔um den nächsten Tanz〕 ~? 次に一緒に踊っていただけますか | *jn.* um Verzeihung 〈Entschuldigung〉 ~ …に許してくれるように頼む, …にわびる ‖〘zu 不定詞〔句〕, daß 副文などと〙Wir *bitten* Sie 〔darum〕, uns zu besuchen 〈, daß Sie uns besuchen〉. 私たちのところへおいでくださるようお願いします(=Wir *bitten* Sie um den Besuch.) | Sie hat ihn 〔darum〕 *gebeten*, pünktlich zu erscheinen 〈, daß er pünktlich erscheinen möchte〉. 彼女は時間に遅れず出席するよう彼に頼んだ | Er *bat* 〔mich〕: „Hilf mir!“ / Er *bat* 〔mich〕, ich möchte ihm helfen. 助けてくれと彼は私に頼んだ | Es wird *gebeten*, hier nicht zu rauchen. ここでは喫煙をご遠慮願います.

③ (…に…を)許可〈承認〉するように頼む: Wir haben ihn um ein Interview *gebeten*. 私たちは彼にインタビューの許可を求めた | Ich *bitte* 〔darum / um die Erlaubnis〕, sprechen zu dürfen. 発言することをお許しください | Ich *bitte* gehorsam, jetzt gehen zu dürfen. これで退出することをお許しください | Ich *bitte* Sie, daß ich diesen Vertrag weiterhin als gültig betrachte. この契約を引き続き有効と見なすことをご承認くださるようお願いします | **~ und betteln** 切願〈懇願〉する ‖〘様態を示す語句と〙dringend 〈herzlich / sehr〉 ~ ぜひにと頼む | höflich ~ 丁重に頼む | auf den Knien ~ 伏して頼む | um alles in der Welt ~ 何にかえてもと切願する(→c) ‖ *bittender* Blick 哀願のまなざし ‖ auf *Bitten* von Herrn X X 氏の願いに基づいて | Alles *Bitten* war vergeblich. どんなに頼んでもだめだった.

[▽]**b)** 《〔*jn.*〕 *et.*[4]: ただし *et.*[4] はふつう中性の代名詞か数詞》(〔…に〕…を)頼む, 請う, 願う: Eins *bitte* ich dich. ひとつ君に頼みがある ‖ Das Einzige *bitten* wir. このことひとつだけをお願いします | Wollen wir das eben von ihm ~. 私たちは彼にそのことを頼みましょう.

c) 《憤慨・驚きの表現》**Aber, ich *bitte* Sie!** / Ich *bitte* Sie 〔um alles in der Welt〕! まあなんということです; それはあんまりです; とんでもないことです(→b) | Da muß ich doch sehr ~! まあ よくもそんなひどいことを.

2 《ich bitte の ich を省いて間投詞的に》*Bitte!* i) どうぞ; お願いします; ii) どういたしまして; iii) (聞き返す場合に)えっ なんですか | Kommen Sie *bitte* herein! どうぞお入りください | Entschuldige *bitte*! 許してくれ, すまない〔が〕; 失礼 | *Bitte*〔,〕 helfen Sie mir doch! どうか手伝ってください ‖ Wie spät ist es〔,〕 *bitte*? いま何時でしょうか ‖〘schön, sehr, wie などをそえていっそう丁寧に〙Wünschen Sie noch eine Tasse Tee?—*Bitte* sehr! お茶をもう1杯いかがですか — ちょうだいいたします | Vielen Dank!—*Bitte* schön 〈sehr〉! どうもありがとうございます — どういたしまして | Wie *bitte*? (ていねいに聞き返す場合に)えっ なんとおっしゃいましたか ‖ **Na *bitte*!** ほらね.

3 (einladen) 招待する, 来てもらう: *jn.* zu *et.*[3] ~ …を…に招待する | *jn.* zu *sich*[3] ~ …を自分のところに招く | *jn.* zu Tisch ~ …を食事に招く ‖ *jn.* **als** Zeugen ~ …を証人として招く ‖ die *gebetenen* Gäste 招かれた客人たち.

II 自 (h) 《〔bei *jm.*〕 für *jn.*》(〔…に〕…のとりなしを)願う: Keiner wird bei deinem Vorgesetzten für dich ~. だれも君のために上司にとりなしてくれる者はいないだろう.

[*germ.*; ◇beten, betteln; *engl.* bid]

bit·ter[bítər] **I** (..t[e]·r..) 形 **1** 苦い, 渋い: ~*e* Mandeln 苦みのあるアーモンド | eine ~*e* Pille verschlucken (→Pille 1 a) ‖ Diese Gurke schmeckt ~. このキュウリは苦みがある.

2 (schmerzlich) 悲痛な, つらい; (scharf) 鋭い, 激しい, むごい; (äußerst) 非常な, ひどい: das ~*e* Ende 痛ましい結末 | bis zum ~*en* Ende あくまで, とことんまで | eine ~*e* Erfahrung 苦しい〈苦い〉経験 | ~*e* Ironie しんらつな皮肉 | ~*e* Kälte 厳しい寒さ | ein ~*es* Lachen 苦しげな〈にが〉笑い | ~*e* Tränen weinen 無念の涙を流す, さめざめと泣く | *jm.* ~*e* Vorwürfe machen …に痛烈な非難を浴びせる ‖ *et.*[4] ~ bereuen …をしんから後悔する | Er ist ~ arm. 彼はすごく貧乏だ | Ich habe das Geld ~ nötig. 私はその金がぜひとも必要だ ‖ Das ist ~. それはひどい〈我慢できない〉| Das ist nicht ~. それはまあまあだ〈我慢できる〉.

3 (verbittert) 不機嫌な, 苦々しげな.

II Bit·ter[1] **1** 中 -s/ 苦味; 苦い物: Das Bier hat ein angenehmes ~. このビールにはほどよい苦味がある. **2** 男 -s/- = III 2

III Bit·te·re 《形容詞変化》**1** 中 **a)** つらい事: Ich habe viel ~*s* erlebt. 私はいろいろ苦しい目にあった. **b)** = II 1 **2** 男 苦みのあるブランデー; 健胃剤: einen ~*n* auf *jn.* haben《比》…に好意が持てない.

[*germ.* „beißend“; ◇beißen; *engl.* bitter]

Bit·ter[2][bítər] 男 -s/- bitten する人.

Bit·ter≠ap·fel 男〘植〙コロシントウリ(瓜)(アジア・地中海方面の温暖な地方に産するウリ科の植物). **≠bier** 中 苦味のあるビール.

bit·ter·bö·se 形 **1** 猛烈に怒った. **2** 極悪の.

Bit·ter·er·de 女〘化〙マグネシア, 苦土.

bit·ter·ernst 形 大まじめな, きわめて真剣な; 本気の.

Bit·ter≠fäu·le 女〘園〙(果実の)にが腐れ. **≠holz** 中, **≠holz·baum** 男〘植〙カシア(南米産のニガキ科の植物).

⸗kalk 男〖鉱〗苦灰石, 白雲石.
bit·ter·kalt 形 酷寒(厳寒)の.
Bit·ter·keit[bítərkaɪt] 女 -/-en **1** 苦いこと, 苦味. **2** 痛烈, しんらつ; 皮肉.
Bit·ter·klee 男 (Fieberklee)〖植〗ミツガシワ(三柏).
bit·ter·lich[bítərlɪç] **I** 形 ほろ苦い, ちょっと苦みのある. **II** 副 **1** 激しく, ひどく; 痛ましく, 悲痛に: ～ weinen (悲痛な心持ちで)激しく泣く. ▽**2** 苦く.
Bit·ter·ling[..lɪŋ] 男 -s/-e **1** =Bitterwasser **2** リンドウ科の植物の一種. **3**〖魚〗バラタナゴ(コイ科の淡水魚: → 図).

Bitterling

Bit·ter·man·del·öl 中〖化〗ベンザルデヒド(芳香のある無色の液体. 香料・染料を作る).
Bit·ter·mit·tel 中〖薬〗苦味薬(キニーネ・リンドウ・カシアなど).
Bit·ter·nis[bítərnɪs] 女 -/-se =Bitterkeit
Bit·ter⸗salz 中〖薬〗苦味塩, 舎利(しゃり)塩(下剤として, また浴湯に入れて発汗促進剤として用いる). ⸗**spat** 男〖鉱〗マグネサイト, 菱苦土(りょうくど)鉱, 白雲石. ⸗**stoff** 男〖化〗苦味素.
bit·ter·süß 形 苦くてあまい, ほろ苦い: eine ～*e* Liebesgeschichte ほろ苦い恋物語 | ～ lächeln ほろ苦い微笑をうかべる.
Bit·ter⸗süß 中 -(es)/〖植〗(野性のナス属の種々な有毒植物. 特に:) イヌホウズキ(犬酸漿). ⸗**was·ser** 中 -s/..wässer〖医〗苦味泉(硫酸マグネシウムを含む水). ⸗**wein** 男 ベルモット. ⸗**wurz** 女, ⸗**wur·zel** 女〖植〗リンドウ(竜胆)科の一種.
Bitt⸗gang[bít..] 男 **1** 懇願(請願)に行くこと. **2** =Bittprozession ⸗**ge·bet** 中 祈願; 請願, 嘆願. ⸗**ge·such** 中 請願, 嘆願, 陳情.
bit·tich[bítɪç] 副《オーストリア》《語調を強めて間投詞的に》ねえ, ほら. [＜ich bitte dich]
Bitt·pro·zes·sion 女〘カトリック〙祈願行列.
Bitt⸗schrei·ben[bít..] 中, ⸗**schrift** 女 =Bittbrief
bitt·sie[bítzi:]《オーストリア》=bittich [＜ich bitte Sie]
Bitt·stel·ler 男 -s/- 請願者. [＜Bitte stellen]
Bitt·tag =Bittag
bitt·wei·se 副 (相手に)頼むことによって, お願いして, 懇願して: *sich*[4] ～ an *jn.* wenden …に頼みこむ, …に懇請する.
Bitt·wo·che 女〘カトリック〙祈願週間(キリスト昇天の大祝日の前の週).
Bi·tu·men[bitú:mən, ..mɛn] 中 -s/-(..mina[..mina·])〖鉱〗瀝青(れきせい), ビツメン(天然アスファルト). [*lat.*; ◇Beton]
bi·tu·mig[..mɪç][2] 形 瀝青(れきせい)状の.
bi·tu·mi·nie·ren[bituminí:rən] 他 (h) 瀝青(れきせい)化する.
bi·tu·mi·nös[bituminø:s][1] 形 瀝青(れきせい)を含んだ.
bit·zeln[bítsəln] (06) 自 (h) **1**《南部》ちくちく(ひりひり)する: Mir ⟨Mich⟩ *bitzeln* die Finger. (寒さなどで)指がちくちく痛い. **2**《中部》細かく切る, 刻む; 切り取る: an einem Holz ～ 木の一部を切り取る. [＜beißen]
Bitz·ler[bítslər] 男 -s/《南部》**1** ブドウの搾り汁. **2** 果実酒.
bi·va·lent[bi(:)valɛ́nt, bí:valɛnt] 形〖化〗(原子価が) 2 価の.
Bi·va·lenz[bi(:)valɛ́nts, bí:valɛnts] 女 -/-en〖化〗2 価.
Bi·wak[bí:vak] 中 -s/-s, -e 露営, 野宿, ビバーク. [*ndd.*－*fr.* bivouac; ◇Beiwache]
bi·wa·kie·ren[bivakí:rən] 自 (h) 露営(野宿)する.
BIZ[be:|i:tsɛ́t, bɪts] 略 女 -/ =Bank für Internationalen Zahlungsausgleich 国際決済銀行.
bi·zarr[bitsár] 形 (seltsam) 風変わりな, 奇抜な; ひねくれた, つむじ曲がりの: ～*e* Einfälle とっぴな着想 | ～*e* Felsen 妙な形の岩 | ～ gekleidet sein 風変わりな服装をしている. [*fr.*]
Bi·zar·re 女 -/-n〖園〗(チューリップ・ナデシコなどの)変種.
Bi·zar·re·rie[bitsararí:] 女 -/-n[..rí:ən] 奇抜さ, 風変わり, 気まぐれ; 奇行. [*fr.*; ＜*it.* bizza „Zorn"]
Bi·zeps[bí:tsɛps] 男 -(es)/-e〖解〗(上腕の)二頭筋: keinen ～ haben 腕力がない. [*lat.* bi-ceps „zweiköpfig"; ＜*lat.* caput (→Haupt)]
Bi·zet[bizɛ́, ..zé:] 人名 Georges ～ ジョルジュ ビゼー(1838–75; フランスの作曲家. 作品は歌劇『カルメン』など).
Bi·zo·ne[bitsó:nə, bí:tso:nə] 女 -/ (1947–49年に経済的に統合されたドイツの)米英占領地区.
bi·zy·klisch[bitsý:klɪʃ, bitsýk.., bí:tsy:k..] 形〖化〗双環(二環)の: ～*e* Verbindung 双環(二環)式化合物.
Bk[be:ká:, bɛrké:liʊm] 記号 (Berkelium)〖化〗バークリウム.
BKA[be:ka:|á:] 略 中 -/ =**Bundeskriminalamt**
BKV[be:ka:fáʊ] 略 男 -/-= **Betriebskollektivvertrag**
Bl. 略 =**Blatt** 紙, 枚.
Bla·bla[blablá:] 中 -(s)/《軽蔑的に》(空疎な)饒舌(じょうぜつ), おしゃべり: Er redet lauter ～. 彼はとるに足らぬことばかりしゃべっている. [*amerik.* blah; 擬音]
▽**blach**[blax] 形 (flach) 平らな, 平たんな. [*mhd.*; ◇flach]
Bla·che[bláxə] 女 -/-n **1**《南部》(粗い)麻布, ズック; (車の)ほろ. **2** =Blachfeld [1: *ahd.* blaha; ◇Plane]
Blach⸗feld[bláx..] 中《雅》(広々とした)平原. ⸗**frost** 男 (霜のおりない)厳寒.
Black box[blæk bɔ́ks] 女 --/--es〘サイバネティクス〙ブラックボックス. [*engl.*; ＜*engl.* black „schwarz"]
Black·fisch[blák..] 男 (Tintenfisch)〖動〗イカ.
Black·mail[blɛ́kme:l, blǽkmeɪl] 中 (男) -s/-s (Erpressung) 恐喝, ゆすり.
Black·out[blɛ́k(|)aʊt, ⌣⌣, ⌣⌣, blǽkaʊt, ⌣⌣] 中 男 -(s)/-s **1**〖映・劇〗(急な)暗転; (テレビの)寸劇. **2 a)**〖空〗交信途絶, ブラックアウト. **b)** (衝撃による一時的な)意識(視覚)喪失. **3** (戦時下の)灯火管制; (大規模な)停電. [*engl.*]
blad[bla:t][1]《オーストリア》《話》**I** 形 (dick) でぶの. **II Bla·de** 男 女《形容詞変化》でぶ, ふとっちょ.
blä·dern[blɛ́:dərn] (05) 自 (h)《オーストリア》**1** 大声で話す, わめく. **2** 疾走する, 車を飛ばす.
blaff[blaf] **I** 間 **1** (犬などのほえ声)ワン. **2** (銃声)パン. **II Blaff** 男 -(e)s/ **1** (犬などの)ほえ声. **2** 銃声.
blaf·fen[bláfən] (**bläf·fen**[blɛ́..]) 自 (h) **1** (犬などが)ワンワンほえる. **2** (銃声が)パンと響く. **3**《話》ののしる.
Blaf·fer[bláfər] (**Bläf·fer**[blɛ́..]) 男 -s/- (しきりにほえる)犬.
Blaf·fert[bláfərt] 男 -s/-e (14–16世紀に南ドイツ・スイスで用いられた)小額銀貨. [*ahd.* bleih-faro „blaß" (◇bleich, Farbe)－*fr.* blafard－*mlat.*－*ndl.*－*ndd.*]
Blag[bla:k][1] 中 -s/-en **1**《北西部》=Blage 1 **2** (はぎ取られた)動物の皮. **3**《卑》(Mensch) やつ.
Bla·ge[..gə] 女 -/-n《北西部》**1** (行儀の悪い)子供; いたずらっ子. **2** おてんば娘. [＜Balg]
▽**bla·gie·ren**[blagí:rən] 自 (h) (prahlen) ほらを吹く. [*fr.*]
▽**Bla·gue**[blá:gə] 女 -/-n ほら, 大言壮語. [*ndl.* balg (◇Balg)－*fr.*]
▽**Bla·gueur**[blagø:r] 男 -s/-e ほら吹き, 大言壮語する人, 山師. [*fr.*]
▽**Bla·he**[blá:ə] 女 -/-n **1** =Blache 1 **2** =Bodentuch
blä·hen[blɛ́:ən] **I** 自 (h) (食物が)腸内にガスを生じる: *blähende* Speisen ガスを生じやすい食べ物. **II** 他 (h) 膨らませる: die Backen ～ ほっぺたを膨らます | Der Wind *blähte* die Segel. 風が帆を膨らませた ‖ 再帰 *sich*[4] ～ 膨らむ;《比》いばる | Die Liebe *bläht* sich nicht. 愛はおごらず. [*westgerm.*; ◇blasen, Blatter; *engl.* blow]
bläh·haft[blɛ́:haft] 形〖医〗(食べ物に関して)腸内にガスを生じやすい.
Bläh⸗hals 男 (Struma)〖医〗〔脈管性〕甲状腺腫(せんしゅ). ⸗**sucht** 女 -/〖医〗(腸内のガスによる)鼓腸, 風気症.
Blä·hung[blɛ́:ʊŋ] 女 -/-en **1** =Blähsucht **2** (腸内の)ガス, おなら; 放屁(ほうひ).
Blak[bla:k] 男 -(e)s/ **1**《北部》(ランプなどの)すす, 油煙. **2**《話》ほら, むだ話. [◇bleich]

blạ·ken[blá:kən] 自 (h)《北部》すすける; 油煙が立つ.

blä̱·ken[blɛ́:kən]《話》 **I** 自 (h) (brüllen) ほえる, (子供などが)泣きわめく. **II** 他 (h) die Zunge ~ 舌を出す. [<blöken]

Blạ·ker[blá:kər] 男 -s/- 反射板つき燭台(しょくだい) (→ 図).

Blaker

blạ·kig[..kɪç][2] 形《北部》けむる, いぶる(ランプなど); すすけた. [<blaken]

bla·mạ·bel[blamá:bəl] (..ma·bl..) 形 屈辱的〈恥さらし〉な: eine *blamable* Niederlage erleiden 情ない負け方をする, 惨敗する. [*fr.* blâmable]

Bla·mạ·ge[..má:ʒə; オーストリア: ..má:ʒ] 女 -/-n[..ʒən] 恥さらし, 醜態: *jm.* eine ~ bereiten …に恥をかかせる. [<..age]

bla·mie̱·ren[..mí:rən] 他 (h)《*jn.*》(…に)恥をかかせる, 笑い物にする: die ganze Innung ~ (→Innung) ‖ 再帰 *sich*[4] ~ 恥をさらす, 物笑いになる | *sich*[4] durch *et.*[4] 〈mit *et.*[3] / bei *et.*[3]〉 unsterblich ~《話》…で赤恥をかく. [*gr.* −*spätlat.*−*fr.*; ◇blasphemieren]

blan·chie·ren[blãʃí:rən] 他 (h) 白くする; 〔料理〕(肉・野菜などを)さっと熱湯に通す〈ゆがく〉. [*fr.*; ◇blank]

Blan·chis·seu·se[..ʃisǿ:zə] 女 -/-n 洗濯女. [*fr.*]

Blanc·man·ger[blãmãʒé:] 中 -s/-s 〔料理〕ブラマンジェ(コーンスターチ・牛乳・砂糖などで作ったプディング). [*fr.*]

bland[blant][1] 形〔医〕**1** 無刺激性の; 温和な: ~*e* Speisen 刺激の少ない食べ物. **2** (病気などが)平静な経過をとる, 緩慢な. [*lat.* blandus „schmeichelnd“]

blank[blaŋk] 形 **1** ぴかぴかの, 光沢のある; 白く輝く; 清潔な: blink und ~ (→blink I) ‖ ~*e* Augen きらきらする〈いきいきした〉目 | ein ~*er* Ärmel (すれて)てかてかの袖(そで) | ~*es* Eis きらきらする〈白く輝く〉氷 | mit ~*em* Geld 〈~*en* Talern〉 現金で | **der ~*e* Hans**《北部》《雅》(泡立つ海面が鈍く光る)荒天の北海 | ▽~*er* Wein 白ワイン ‖ den Tisch ~ scheuern テーブルをきれいにふく | ~ gewichste Schuhe 磨きたてた靴. **2** (unbedeckt) むきだしの, あらわな: mit ~*en* Waffen 剣を抜いて, 白刃をかざして | auf der ~*en* Erde schlafen 地べたにじかに眠る | die Jacke auf dem ~*en* Körper tragen 上着を素肌にじかに着ている ‖ **~ sein**《話》素裸である; (もはや)一文なしである | ~ gehen《南部》コートを着ないで行く | eine Farbe ~ haben (トランプで)ある色の札を1枚だけ持っている | ▽~ stehen i) 陳列されている; ii) 抜刀している. **3** 全くの, 純然たる: eine ~*e* Lüge 真っ赤なうそ | Das ist ja ~*er* Unsinn. それは愚の骨頂だ. [*ahd.* „glänzend“; ◇blecken, blinken, blanko]

Blän·ke[blɛ́ŋkə] 女 -/-n **1**《単数で》光沢; 曙光(しょこう). **2** 森の中の空き地; 雲の切れ目; 湿地の沼〈水たまり〉.

Blạnk·eis[bláŋk..] 中 (雪の積もっていない)はだか氷.

blän·ken[blɛ́ŋkən] 他 (h) 磨きあげる, ぴかぴかにする.

Blan·kẹtt[blaŋkɛ́t] 中 -[e]s/-e **1** 〔商〕(要件未記入の)白地小切手〈手形〉. **2** 白紙委任状. [<blanko]

blan·kie̱·ren[blaŋkí:rən] 他 (h) 〔商〕空(から)売りする.

Blạnk·le̱·der[bláŋk..] 中 光沢革, なめし革.

blạn·ko[bláŋko·] **I** 副 (所定用紙に)未記入〈記入もれ〉のままで; 〔商〕白地で: *et.*[4] 〔in〕 ~ akzeptieren 〔商〕…を白地で引き受ける | *et.*[4] 〔in〕 ~ verkaufen 〔商〕…を空(から)売りする. **II** **Blạn·ko** 中 -s/-s 未記入〈記入もれ〉の用紙. [*it.* bianco „weiß“; ◇blank]

Blạn·ko≈ak·zept[bláŋko..] 中 〔商〕白地引き受け〔手形〕. **≈kre·dit** 男 〔商〕白地信用. **≈scheck** 男 〔商〕白地小切手: ein ~ für *jn.*《比》…に対する白紙委任状. **≈ver·kauf** 男 (現品なしの)空(から)売り. **≈voll·macht** 女 〔商〕白紙委任〔状〕. **≈wech·sel** 男 〔商〕白地手形.

Blạnk·scheit[bláŋkʃait] 中 -[e]s/-e 〔服飾〕(コルセットの)張り骨(鯨骨・鋼条など). [<Planchette]

Blạnk·vers 男 〔詩〕5 脚抑揚格〈弱強格〉の無韻詩. [*engl.*]

blạnk|zie·hen* 《219》 **I** 他 (h) (刀を)抜き放つ. **II** 自 (h) 抜刀する.

Bläs·chen[blɛ́:sçən] 中 -s/- (Blase の縮小形. 特に:) 〔解・植〕小胞; 〔医〕小〔水〕疱(ほう), 肺胞, 水ぶくれ.

Bläs·chen≈aus·schlag 男, **≈flech·te** 女 〔医〕疱疹(ほうしん), ヘルペス.

Bla̱·se[blá:zə] 女 -/-n (小 **Bläs·chen** → 別出) **1** 泡, 気泡; 水ぶくれ, 火ぶくれ, まめ; 〔医〕水疱(すいほう), 疱疹(ほうしん), 丘疹: **~*n* werfen** 泡をたてる; 《話》物議をかもす | **~*n* ziehen** 泡を生じる; 〔医〕水疱を生じる; 《話》(事件などが)あとを引く | eine ~ aufstechen まめ〈水疱〉をつぶす; 《比》禍根を絶つ | *sich*[3] ~*n* 〈eine ~〉 〔am Fuß〕 laufen (歩いて)足にまめをこしらえる | Es regnet ~*n*. 水面を泡だてて雨が降る. **2 a)** (Harnblase) 〔解〕膀胱(ぼうこう): die 〈*seine*〉 ~ entleeren 排尿する | eine schwache ~ haben《話》しばしば尿意をもよおす. **b)** (Schwimmblase) (魚の)浮き袋; (フットボールなどの内側の)空気袋. **c)** 《北部》(Tüte) 紙袋. **d)** 〔化〕蒸留器, レトルト, 蘭引(らんびき); 《北部》(炉などの)水入れ. **3** (Sprechblase) (漫画などで登場人物のせりふを書き込む風船形の)吹き出し. **4** 《単数で》《話》(ならず者・友人などの)一味, 一団: Die ganze ~ ging zum Schwimmen. 一同うちそろって泳ぎに行った. [*ahd.*]

Bla̱·se·balg[blá:zə..] 男 -[e]s/..bälge ふいご(→ 図 Balg); (足踏みオルガンの)送風器.

bla̱·sen*[blá:zən][1] 《20》 **blies**[bli:s][1]/**ge·bla̱·sen**; 現 *du* bläst[blɛ:st] (bläsest), *er* bläst; 接II bliese

I 自 (h) **1** 息を吐く: an 〈gegen〉 die Fensterscheibe ~ 窓ガラスに息を吹きつける | *jm.* ins Gesicht ~ …の顔に息を吹きかける(→3) | *Blas* mir auf den Kopf!《話》ごめんだね ‖ Der Reifen hat *geblasen*. タイヤがパンクした.

2 吹き鳴らす, 吹奏する: auf der Flöte 〈ins Horn〉 ~ フルート〈ホルン〉を吹く | zum Marsch ~ 行進ラッパを吹く | zum Sammeln ~ (→sammeln I 1 c ②) ‖〔結果を示す語句と〕*jm.* die Ohren voll ~ (→Ohr 1) ‖ *blasendes* Instrument (→Instrument 2).

3 (風が)強く吹く: *jm.* ins Gesicht ~ (風が)…にまともに吹きつける(→1) ‖ Der Wind *bläst* aus 〔dem〕 Osten. 東風が強い | Woher *bläst* der Wind?《比》だれが黒幕なんだ | Daher *bläst* der Wind.《比》それが原因なのだな ‖ 非人称 Es *bläst* draußen. 外は風が強い.

II 他 (h) **1** 吹く: *et.*[4] durch ein Rohr ~ …を筒から吹き出す | *jm. et.*[4] ins Gesicht ~ …の顔に…を吹きつける | Abgase in die Luft ~ 排気ガスを空中に吐き出す | *jm. et.*[4] in die Ohren ~ (→Ohr 1) | Staub von der Kleidung ~ 服のほこりを吹き払う.

2 吹き鳴らす, 吹奏する: 〔die〕 Flöte 〈〔das〕 Horn〉 ~ フルート〈ホルン〉を吹く ‖ eine Melodie ~ あるメロディーを吹く | *jm.* den Marsch ~ (→Marsch 2) | von Tuten und *Blasen* keine Ahnung haben (→Ahnung 2) | Trübsal ~ (→Trübsal 2) ‖ **einen ~**《話》(酒を)一杯ひっかける | **jm. eins 〈〔et〕was〉 ~**《話》…の願いをはねつける.

3 《方》吹いて冷やす〈温める〉: *sich*[3] 〔zur Erwärmung〕 die Hände ~ 手に息を吹きかけて温める | die Suppe 〔kalt〕 ~ スープを吹いてさます.

4 〔工〕吹いて処理〈加工〉する: Eisen ~ (炉に送風して)鉄を溶かす | Glas ~ (吹きざおで)ガラス細工をする.

5 《卑》**a)** 《*jn.*》(…に)フェラチオをする. **b)** *jm.* einen ~ …にフェラチオをする.

[*germ.*; ◇blähen; *engl.* blaze, blast]

bla̱·sen·ar·tig[blá:zən..] 形 小泡状の, 水疱(すいほう)〈気泡〉状の; 膀胱(ぼうこう)状の.

Bla̱·sen≈bil·dung 女 泡の発生; 発疱(はっぽう), 水疱形成. **≈bin·se** 女 〔植〕ホロムイソウ. **≈bruch** 男 〔医〕脱腸, 〔膀胱(ぼうこう)〕ヘルニア; 羊膜破裂. **≈ent·zün·dung** 女 〔医〕膀胱炎. **≈fuß** 男 -es/..füße《ふつう複数で》(Fransenflügler) 〔虫〕アザミウマ(薊馬)類. **≈grieß** 男 〔医〕結砂(腎砂(じんさ)・尿砂など). **≈kä·fer** 男 〔虫〕**1** ツチハンミョウ(土斑猫)(この昆虫の体液にふれると皮膚に水疱ができる). **2** ツチハンミョウ科の昆虫. **≈kam·mer** 女 〔理〕(放射線飛跡観測用)泡箱. **≈kar·zi·nom** 中 膀胱癌(がん). **≈ka·tarrh**[..katar] 男 〔医〕膀胱カタル. **≈keim** 男 (Blastula) 〔動〕胞胚(ほうはい). **≈kir·sche** 女 〔植〕ホオズキ(酸

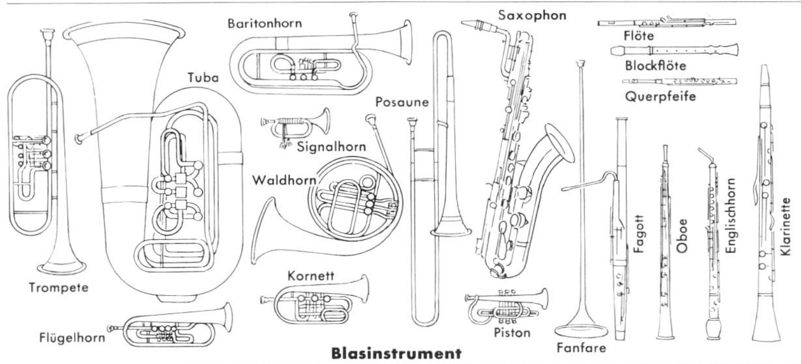

Blasinstrument

褩)〔属〕. ≈**krampf** 男〘医〙膀胱けいれん. ≈**krebs** 男〘医〙膀胱癌(ガン). ≈**laus** 女〘虫〙ワタアブラムシ(綿蚜虫)科の昆虫. ≈**lei·den** 中 膀胱疾患. ≈**mo·le** 女〘医〙胞状奇胎. ≈**pfla·ster** 中 発疱膏(こう). ≈**qual·le** 女〘動〙カツオノエボシ(鰹の烏帽子). ≈**rob·be** 女〘動〙ズキンアザラシ(頭巾海豹). ≈**schnecke** 女〘貝〙ナツメガイ(棗貝). ≈**son·de** 女〘医〙膀胱(ぼうこう)カテーテル, 導尿管. ≈**spie·gel** 男〘医〙膀胱鏡. ≈**sprung** 男〘医〙破水. ≈**spü·lung** 女〘医〙膀胱洗浄. ≈**stein** 男 膀胱結石. ≈**tang** 男 ヒバマタ属(褐藻). ≈**wan·ze** 女〘虫〙グンバイムシ(軍配虫)科の昆虫. ≈**wurm** 男〘動〙包虫, 嚢(のう)〔尾〕虫(サナダムシの幼虫).

bla·sen·zie·hend 形〘医〙発疱(はっぽう)性の.

Bla·ser[blá:zər] 男 -s/-《中部》鳥打ち帽.

Blä·ser[blɛ́:zər] 男 -s/- **1** 吹く人;〘楽〙管楽器奏者, 吹奏者. **2** 送風機; 送風装置. **3**《卑》blasen II 5 する人.

Blä·ser≈en·sem·ble 中〘楽〙管楽アンサンブル. ≈**quin·tett** 中〘楽〙**1** 管楽五重奏曲. **2** 管楽五重奏団.

blä·sest[..zəst] bläst (blasen の現在 2 人称単数)の別形.

bla·siert[blazí:rt] 形 高慢な, うぬぼれの強い, 思いあがった: *sich*[4] ～ benehmen 尊大に振舞う. [*fr.* blasé „übersättigt"]

Bla·siert·heit[–haɪt] 女 -/ blasiert なこと.

bla·sig[blá:zɪç][2] 形 水疱(すいほう)状の, 泡でいっぱいの. [<Blase]

Blas≈in·stru·ment[blá:s..] 中 吹奏楽器, 管楽器(→図). ≈**ka·pel·le** 女 吹奏楽団, ブラスバンド. ≈**mu·sik** 女 吹奏楽. [<blasen]

Bla·son[blazɔ̃:] 男 -s/-s (Wappen) 紋〔章〕. [*fr.*]

bla·so·nie·ren[..zoní:rən] 他 (h) (盾などに)紋章を描く, 紋をつける. [*fr.*; ◇ *engl.* blazon]

Bla·so·nie·rung[..ruŋ] 女 -/-en **1** blasonieren すること. **2** 紋章説明〈解説〉.

Blas·phe·mie[blasfemí:] 女 -/-n[..mí:ən] 神の冒瀆(ぼうとく), 瀆神; 不敬〔の言辞〕. [*gr.*–*spätlat.*]

blas·phe·mie·ren[..mí:rən] 自 (h) (神や神聖なものについて)不敬の言葉を吐く, 罰当たりの口をきく. [*gr.*–*spätlat.*; <*gr.* blásphēmos „lästernd"; ◇blamieren]

blas·phe·misch[..fé:mɪʃ] (**blas·phe·mi·stisch** [..femístɪʃ]) 形 神をないがしろにする, 不敬の, 冒瀆(ぼうとく)的な.

Blas≈rohr[blá:s..] 中 **1** (吹き矢用の)吹き筒. **2** (蒸気用の)送気〈排気〉管. [<blasen]

blaß[blas] **blas·ser** (**bläs·ser**[blɛ́sər])/**blas·sest** (**bläs·sest**) 形 **1** (色・光などの)淡い; 色あせた;《比》かすかな; 精彩のない: mit *et.*[3] *blasse* Ähnlichkeit haben …とかすかに似たところがある | keine *blasse* Ahnung 〈keinen *blassen* Dunst / keinen *blassen* Schimmer〉 von *et.*[3] haben (→Ahnung 1, →Dunst 1, →Schimmer 2) ‖ ～ schimmern ほのかに光る. **2** (bleich) 青ざめた, 血色の悪い: ein *blasses* Gesicht 青白い顔 ‖ ～ wie der Tod 〈eine Wand〉 sein 全く血の気がない | vor Schreck ～ werden 恐怖で真っ青になる. **3** むきだしの, あからさまな: Aus seinen Worten spricht der *blasse* Neid. 彼の言葉にはねたみが露骨に出ている. [*mhd.* blas „kahl"; ◇Blesse]

blaß·blau[blás..] 形 淡青色の, 水色〈空色〉の.

Bläß·bock[blɛ́sbɔk] =Bleßbock

Bläs·se[blɛ́sə] 女 -/-n **1**《単数で》blaß なこと. **2** =Blesse **3** =Bleßhuhn

Blas·sel[blásəl] 男 -s/-《オーストリア》額に白斑(はくはん)のある動物; (一般に)家畜, 番犬.

blas·sen[blásən]《03》**I** 自 (h)《雅》(erblassen) 青ざめる; (色などが)薄れる. **II** =blässen

bläs·sen[blɛ́sən]《03》他 (h) (顔などを)青ざめさせる.

bläs·ser blaß の比較級(=blasser).

bläs·sest blaß の最上級(=blassest).

Blaß·ge·sicht[blás..] 中 青白い顔〔の人〕; (北米インディアンからみた)白人.

blaß·grün 形 淡緑色の.

Bläß·huhn[blɛ́s..] 中 (Bleßhuhn)〘鳥〙オオバン(大鷭).

bläß·lich[..lɪç] 形 **1** 少し青白い, いくぶん青ざめた. **2** 色あせた, 生気のない; 漠然とした.

blaß·rot[blás..] 形 淡紅色の, 桃色の.

bläst[blɛ:st] blasen の現在 2・3 人称単数.

Bla·stem[blasté:m] 中 -s/-e〘生〙胚胞(はいほう), 芽体(がたい). [*gr.* blástēma „Sproß"]

Bla·sto·derm[blastodɛ́rm] 中 -s/-e〘生〙胞胚(ほうはい)葉〈膜〉, 胚盤葉. [<*gr.* blastós „Trieb"+Derma]

Bla·sto·ge·ne·se[..gené:zə] 女 -/〘生〙出芽繁殖(無性生殖の一種).

Bla·stom[blastó:m] 中 -s/-e〘医〙真性腫瘍(しゅよう), 芽細胞腫. [<..om]

Bla·sto·me·re[blastomé:rə] 女 -/-n〘生〙〔卵〕割球. [<..mer]

Bla·sto·po·rus[..pó:rʊs] 男 -/ =Urmund [<*gr.* póros (→Pore)]

Bla·stu·la[blástula·] 女 -/ (Blasenkeim)〘動〙胞胚.

Blatt[blat] 中 -es(-s)/Blätter[blɛ́tər] (⊘ **Blätt·chen** → 別出, **Blätt·lein**[blɛ́tlaɪn] 中 -s/-)

1 a) (英: *leaf*)〘植〙葉(→図); (Blütenblatt) 花弁: *Blätter* treiben 〈abwerfen〉 (木が)葉を出す〈落とす〉| Die *Blätter* sprießen 〈fallen〉. 葉が出る〈落ちる〉| *Blätter* rascheln 〈rauschen〉. 木の葉が鳴る〈さやぐ〉‖ **kein ～ vor den Mund** 〈話: vors Maul〉 **nehmen**《比》歯に衣(きぬ)着せない, 自分の考えをはっきり言う | *jm.* **schießt das ～**《比》…にとって納得がいく, …が事情を理解する | Nun schießt mir das ～. ああ これでわかった. **b)** wandelndes ～〘虫〙コノハムシ(木葉虫).

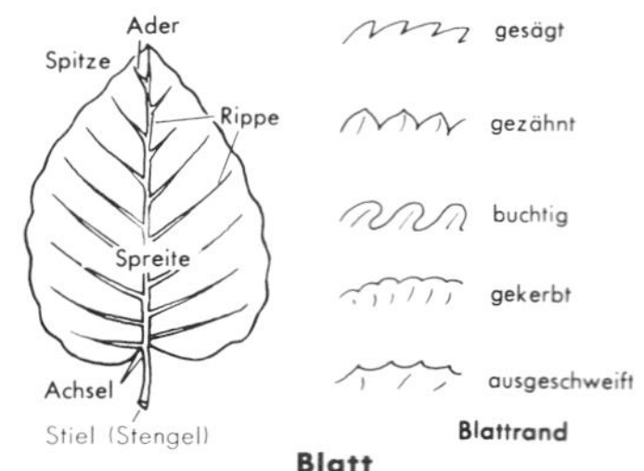

Blatt

2 《単位を表すときは無変化; ⊛ Bl.》(紙・書物の)〔1〕枚〈葉〉,〔1〕丁(全紙の1/8, 本の 2 ページ); 図〔面〕;〔版〕画; (Note)〘楽〙楽譜; ᵛ書状: lose 〈fliegende〉 *Blätter* とじてない(一枚一枚の)紙, ルーズリーフ, ビラ, ちらし | hundert *Blatt* Schreibmaschinenpapier タイプ用紙100枚 | bedruckte *Blätter* 印刷物 | 〔**noch**〕 **ein unbeschriebenes** 〈leeres〉 **~ sein** 《比》(人が)未知数である, 新米である, 白紙である | ein neues ~ 〔in〕 der Geschichte 《比》歴史の新しい一ページ | ein neues ~ beginnen 《比》心機一転する, 生活を一新する ‖ **das ~ wenden** ページをめくる; 《比》局面〈状況〉を変える | **Das ~ 〈*Blättchen*〉 hat sich gewendet.** 《比》局面〈状況〉が一変した ‖ **Das steht auf einem** 〔ganz〕 **anderen ~.** 《比》それは〔全然〕別問題だ | ~ für 〈um〉 ~ umwenden 〈umschlagen〉(紙などを)一枚一枚めくる | *et.*[4] vom ~ spielen 〈singen〉〘楽〙…を初見で演奏する〈歌う〉.

3 a) 新聞, 雑誌: im ~ stehen 〈erscheinen〉 新聞に出ている〈出る〉‖ die *Blätter* durchstöbern 新聞などをすみからすみまで調べていく | Das ~ ist eingegangen. その新聞は廃刊になった. **b)** 〘ﾄﾗﾝﾌﾟ〙〔手〕札: ein gutes ~ haben 手〈持ち札〉がいい ‖ alles auf ein ~ setzen 《比》一発勝負に出る.

4 a) (英: *blade*) (刃物の)刃, 刀身(→ ⊛ Axt); (プロペラ・タービンなどの)羽根, 翼; (扇子の)面; (道具・器具などの)平たい部分, ブレード; (オールの)水かき(→ ⊛ Riemen). **b)** (木管楽器などの)リード; (織機の)おさ; (靴の)つま先革. **c)** 〘工〙薄板, 薄片; (金属の)箔(ﾊｸ). **d)** (牛・豚・羊などの)肩肉(前脚と頸(ｸﾋﾞ)の間); 〘狩〙(シカなどの)肩甲部(→ ⊛ Reh): ein Tier aufs ~ nehmen 獲物の肩口にねらいを定める. **e)** 〘建〙スカーフ, 殺(ｿ)ぎ, すべり刃; そぎ〈合欠(ｱｲｶｷ)〉継ぎ. **f)** 《ｽｲｽ》〘医〙(舌の裏の)ガマ腫(ｼｭ).

5 aufs ~ springen 〘狩〙(葉笛に雄ジカが)おびき寄せられる(→blatten II).

[*germ.* ◇Folium, Blatter, Blume; *engl.* blade]

Blatt≈ach·sel[blát..] 女 〘植〙葉腋(ﾖｳｴｷ). **≈ader** 女 〘植〙葉脈. **≈an·la·ge** 女 〘植〙葉原基.

blatt·ar·tig 形 葉状の.

Blatt·au·ge 中 =Blattknospe

Blätt·chen[blɛ́tçən] 中 -s/-(Blätterchen[..tər..]) (Blatt の縮小形. 例えば:) 小さい葉; 〘植〙(複葉の)小葉, 羽片; (Rohrblatt) 〘楽〙(管楽器の)簧(ｺｳ), リード.

blat·ten[blátən] 《01》 **I** 他 (h) 《*et.*[4]》(…の)葉を摘む. **II** 自 (h) 〘狩〙(雄ジカをおびき寄せるために)木の葉笛を吹く.

Blat·ter[blátər] 女 -/-n **1** 〘医〙膿疱(ﾉｳﾎｳ); 《複数で》ほうそう, 天然痘. **2** あばた. **3** 《ｽｲｽ》(Blase)(動物の膀胱(ﾎﾞｳｺｳ)を利用した)袋. [*germ.*; ◇blähen, Blatt; *engl.* bladder]

Blät·ter Blatt の複数.

Blät·ter·chen Blättchen (Blatt の縮小形)の複数.

Blät·ter·erz[blɛ́tər..] 中 〘鉱〙葉状鉱.

blat·te·rig[blátərɪç][2] 形 膿疱(ﾉｳﾎｳ)〈あばた〉のある.

blät·te·rig[blɛ́tərɪç][2] 形 **1** 葉の多い〈茂った〉. **2** 葉状の; 薄板〈薄片〉状の; 薄い層からなる.

..blätterig[..blɛtərɪç][2] (**..blättrig**[..trɪç][2]) 《数詞・形容詞につけて「…〔枚〕の葉〈花弁〉をもつ」を意味する形容詞をつくる》: drei*blätterig* 3 葉の | klein*blätterig* 葉の小さい, 小葉の.

Blät·ter≈koh·le[blɛ́tər..] 女 スレート状石炭. **≈ma·gen** 男 〘動〙葉胃(ﾖｳｲ), 重弁胃(反芻(ﾊﾝｽｳ)動物の第 3 胃: → ⊛ Magen B).

Blat·ter·ma·se[blátərma:zə] 女 -/-n 《ｵｰｽﾄﾘｱ》=Blatternarbe

blät·tern[blɛ́tərn] 《05》 **I** 自 **1** (h) (本の)ページをめくる: in einem Buch ~ 本をひろい読みする | im Buch der Vergangenheit ~ 歴史をひもとく. **2** (s) (abblättern) (薄片となって)はげ落ちる.

II 他 (h) **1** (紙幣を)一枚ずつ(数えて)置く. **2** 《方》〘農〙(…の)葉を(一枚ずつ)かき取る. **3** 再帰 *sich*[4] ~ (花が)花弁を落とす; 薄片となってはげ落ちる. [*mhd.*; ◇Blatt]

Blat·ter·nar·be[blátər..] 女 あばた; 痘痕(ﾄｳｺﾝ).

blat·ter·nar·big 形 あばた〈痘痕〉のある; 痘痕状の.

Blät·ter≈pilz[blɛ́tər..] 男, **≈schwamm** 男 〘植〙ハラタケ(→ ⊛ Pilz). **≈teig** 男 パフペースト(パイ・タルトなどの皮に使う薄層状の練り粉). **≈wald** 男 《戯》《集合的に》新聞; ジャーナリズム: es rauscht 〈raunt〉 **im ~** 《戯》新聞〈マスコミ〉方面がざわつき始める, マスメディアが騒然となる. **≈werk** 中 **1** 《単数で》《集合的に》木の葉. **2** (絵画・彫刻などの)葉飾り.

Blatt≈fe·der[blát..] 女 〘工〙葉状〈重ね板〉ばね(→ ⊛ Feder). **≈floh** 男 〘虫〙 **1** キジラミ(木虱). **2** キジラミ科の昆虫. **≈fries** 男 〘建〙木の葉模様フリーズ(→ ⊛ Fries). **≈fü·ßer** 男, **≈füß·ler** 男 〘動〙葉脚類(ホウネンエビ・カブトエビ・ミジンコなど). **≈ge·mü·se** 中 葉菜類(キャベツ・ホウレンソウなど). **≈ge·wächs** 中 観葉植物. **≈gold** 中 金箔(ｷﾝﾊﾟｸ). **≈grün** 中 〘植〙葉緑素, クロロフィル. **≈grund** 男 〘植〙葉脚. **≈hal·ter** 男 (タイプライターなどの)紙押え, ペーパーベイル. **≈heu·schrecke** 女 〘虫〙コノハムシ(木葉虫).

Blatt·horn·kä·fer 男 〘虫〙コガネムシ(黄金虫)科の昆虫.

Blatt≈hühn·chen 中 〘鳥〙レンカク(蓮角). **≈kä·fer** 男 〘虫〙 **1** ハムシ(葉虫). **2** ハムシ科の甲虫. **≈kak·tus** 男 〘植〙カニバ〈シャコバ〉サボテン(蟹葉〈蝦蛄葉〉仙人掌). **≈ka·pi·tell** 中 〘建〙木の葉模様の柱頭(→ ⊛). **≈knos·pe** 女 〘植〙葉芽(花芽を含まない芽). **≈kohl** 男 〘植〙ハボタン(葉牡丹). **≈laus** 女 〘虫〙 **1** アリマキ(蟻巻). **2** アリマキ科の昆虫. **≈laus·flie·ge** 女 〘虫〙 **1** アブラコバエ(油小蠅). **2** アブラコバエ科の昆虫. **≈laus·kä·fer** (Marienkäfer) 〘虫〙 **1** テントウムシ(天道虫). **2** テントウムシ科の昆虫.

Blattkapitell

Blätt·lein Blatt の縮小形(→Blättchen).

blatt·los[blátlo:s][1] 形 葉のない.

Blatt≈me·tall 中 薄い金属板; 金属箔(ﾊｸ). **≈ner·va·tur** 女 〘植〙葉脈. **≈pe·ter·si·lie**[..liə] 女 〘植〙パセリ. **≈pflan·ze** 女 観葉植物. **≈pol·ster** 中 〘植〙葉枕(ﾖｳﾁﾝ). **≈rand** 男 〘植〙葉縁(ﾖｳｴﾝ)(→ ⊛ Blatt).

..blättrig =..blätterig

Blatt≈rip·pe[blát..] 女 〘植〙葉肋(ﾖｳﾛｸ). **≈rol·ler** 男 〘虫〙ハマキガ(葉巻蛾)〔の幼虫〕, オトシブミ(落し文). **≈ro·set·te** 女 〘植〙座葉, ロゼット(根出葉が放射状に地上に広がったもの). **≈sa·lat** 男 〘料理〙サラダ用葉菜(チシャ・レタスなど)〔のサラダ〕. **≈sau·ger** 男 〘虫〙キジラミ(木虱)科の昆虫. **≈schei·de** 女 〘植〙葉鞘(ﾖｳｼｮｳ). **≈schmet·ter·ling** 男 〘虫〙コノハチョウ(木葉蝶). **≈schuß** 男 〘狩〙(猟獣の)肩甲部への射撃. **≈sil·ber** 中 銀箔(ｷﾞﾝﾊﾟｸ). **≈sprei·te** 女 〘植〙葉身. **≈stel·lung** 女 〘植〙葉序. **≈stiel** 男 〘植〙葉柄. **≈ver·gol·dung** 女 金箔めっき, 金張り. **≈vo·gel** 男 〘鳥〙コノハドリ(木葉鳥).

blatt·wei·se 副 (→..weise ★)一枚ずつ.

Blatt≈werk =Blätterwerk **≈wes·pe** 女 〘虫〙ハバチ(葉蜂)科の昆虫. **≈wick·ler** 男 =Blattroller **≈zeit** 女 ノロジカの交尾期. **≈zinn** 中 錫箔(ｽｽﾞﾊｸ).

Blatz[blats] (**Blätz**[blɛts]) 男 -/- 《ｽｲｽ》(Lappen)(掃除などに使う)ぼろ切れ, ぞうきん. [*ahd.* blez „Fetzen"]

Blätz·li[blɛ́tsli·] 中 -〔s〕/-〔s〕 《ｽｲｽ》 薄切りの肉.

blau[blaʊ] **I** 形 **1** (英: *blue*) 青い, 青色の(しばしば誠実・あこがれのシンボルとして用いられる): himmel*blau* 空色の | tief*blau* あい色の ‖ Er hat ~*e* Augen. 彼は青い目をしている(ひとみが青い) | ein ~*es* Auge haben (殴られたりなどして)目の辺りに青いあざがある | mit einem ~*en* Auge davonkommen (→Auge 1) | das *Blaue* Band (→Band³ 1) | die ~*e* 〈*Blaue*〉 Blume (→Blume 1 a) | das ~*e* Blut in den Adern haben (→Blut 2) | ~*e* Bohnen (→Bohne 1) | ein ~*er* Brief (→Brief 1) | ~*e* Farbe 青色 | ein ~*er* Fleck 青あざ | die ~*en* Hemden (旧東ドイツの FDJ 団員の着た)青シャツ;《話》FDJ 団員 | ~*e* Jungs (→Junge² 1 a) | ~*e* Lippen 血の気のない唇 | ein ~*er* Montag (→Montag) | der ~*e* Peter (→Peter II) | der ~*e* Planet (→Planet) | die ~*e* Stunde (→Stunde 3) ‖ Aal 〈Forelle〉 ~〖料理〗bläuen 2 をしたウナギ〈カワマス〉‖ Die Nacht war ~.《雅》夜空は星で輝いていた | Er wurde vor Kälte 〈Wut〉 ~. 彼は寒さ〈怒り〉でまっさおになった | Mir wurde es grün und ~ vor den Augen. (→grün I 1) | *jn.* grün und ~ schlagen (→grün I 1) | *sich*⁴ grün und ~ ärgern (→grün I 1) ‖ ~ machen = blaumachen | *et.*⁴ ~ machen …を青く塗る〈染める〉(ただし: →blaumachen).
2 とらえどころのない, 底知れぬ: *jm.* ~*en* Dunst 〈Nebel / Dampf〉 vormachen …を煙に巻く, …をだます | *sein* ~*es* Wunder erleben びっくり仰天する.
3《話》(betrunken) 酒に酔った, 酩酊(めいてい)した: **~** 〔**wie ein Veilchen** / **ein Eckhaus** / eine Frostbeule〕 **sein** ひどく酔っている.
II Blau 中 -s/-(-s) 青〔色〕: ein dunkles 〈helles〉 ~ 濃い〈淡い〉青 | Sie ist ganz in ~ gekleidet. 彼女は青ずくめの服装をしている.
III Blaue《形容詞変化》**1** 男 **a**)《話》警察, おまわり. **b**) 100マルク紙幣. **2** 中 青い物; あてもないこと: **ins ~** 〔**hinein**〕《話》これといった目的もなく, でたらめに | eine Fahrt ins ~ (→Fahrt 1 b) | ins ~ hineinreden 口から出まかせを言う ‖ **das ~ vom Himmel** 〔**herunter**〕**lügen**《話》真っ赤なうそをつく | **das ~ vom Himmel** 〔**herunter**〕**reden**《話》とりとめもなくしゃべりまくる | ***jm.* das ~ vom Himmel** 〔**herunter**〕**versprechen**《話》…にできもせぬ事を約束する | *jm.* 〈für *jn.*〉 das ~ vom Himmel holen wollen …のために何でもしてやろうと思う. [*germ.*; ◇bleich, Blei²; *engl.* blue; *lat.* flāvus „gelb"]
Blau·al·ge[bláʊ..] 女 -/-n〖植〗藍藻(らんそう)類.
blau·äu·gig 形 **1** 青い目の. **2**《話》うぶな, ナイーブな, お人好しの. [<blaues Auge]
Blau·bart[bláʊba:rt] 男 青ひげ(フランスの童話の作中人物で, 6度も妻を次々に殺す残忍無情な男);《比》(女性に対して)残忍無情な男. [*fr.* barbe-bleue の翻訳借用]
Blau≈bee·re 女〖植〗ブルーベリー(青い実のなるコケモモ属の一種). **≈blind·heit** 女〖医〗青〔色〕色盲.
Blau·blut 中 -es/《集合的に》《皮肉》貴族.
blau·blü·tig 形《皮肉》貴族〈名門〉の出の. [*span.* sangre azul „blaues Blut" の翻訳借用]
Blau·buch 中〖政〗青書(英国政府の報告書). [*engl.* blue book の翻訳借用]
blau·bunt 形 ねずみ色に黒斑(こくはん)のある, まだらの: ~*e* Kuh まだら牛.
Blau·druck 男 -[e]s/-e 青地に白模様の捺染(なっせん).
Blaue[bláʊə] →blau III
Bläue[blɔ́ʏə] 女 -/ 青いこと; 青色.
Blau·ei·sen·erz[bláʊ..] 中〖鉱〗藍(らん)鉄鉱.
blau·en[bláʊən] **I** 自 (h)《雅》青くなる,(空などが)青く見える. **II** = bläuen 2
bläu·en[blɔ́ʏən] 他 (h) **1** 青く染める, 水色にする. **2** den Fisch ~〖料理〗(酢を加えた熱湯をかけて)魚肉を青味がかった色にする. **3** Wäsche ~ (青い色素で)洗濯物を漂白する.
Blau≈erz[bláʊ..] 中〖鉱〗藍(らん)鉄鉱. **≈fäu·le** 女〖生〗青変(切り倒した松などにつく糸状菌). **≈fel·che** 女, **≈fel·chen** 男〖魚〗サルモ属の魚(マス・イワナなど). **≈fisch** 男〖魚〗アミキリ(網切). **≈fuchs** 男〖動〗アオギツネ(青狐)(北極ギツネの一種).
blau≈grau 形 青灰色の. **≈grün** 形 青緑色の.
Blau≈hei·de 女〖植〗エゾノツガザクラ(蝦夷栂桜). **≈helm** 男 -[e]s/-e《ふつう複数で》国連軍兵士, ブルーヘルメット. **≈hemd** 中 (旧東ドイツの FDJ の団員の着る)青シャツ;《話》FDJ の団員. **≈holz** 中 ロッグウッド(中南米に産するマメ科の木で, 色素ヘマトキシリンの原料). **≈jacke** 女《比》水兵. **≈kehl·chen**[..ke:lçən] 中 -s/-〖鳥〗オガワコマドリ(小川駒鳥). **≈kis·sen** 中〖植〗オーブレチア(アブラナ科の草花. ロックガーデンなどに栽培される). **≈kraut** 中 -[e]s/《ｵｰｽﾄﾘｱ》(Rotkraut) ムラサキキャベツ. **≈kreuz** 中 毒ガスの一種.
bläu·lich[blɔ́ʏlɪç] 形 青味をおびた.
Blau·licht[bláʊ..] 中 -[e]s/-er (パトカー・救急車・消防車などの)青色警告灯.
Bläu·ling[blɔ́ʏlɪŋ] 男 -s/-e〖虫〗シジミチョウ(蜆蝶)科のチョウ(特に雄の羽が青いシジミチョウの総称).
blau|ma·chen[bláʊ..] 自 (h)《話》なまける, ぶらぶら暮らす, 仕事をさぼる(ただし: *et.*⁴ blau machen →blau I 1).
Blau≈mann[bláʊ..] 男《話》= ein blauer Anton (→Anton II). **≈mei·se** 女〖鳥〗アオガラ(青雀)(シジュウカラ属). **≈pa·pier** 中 (青い)カーボン〈複写〉紙. **≈pau·se** 女 青写真. **≈racke** 女〖鳥〗(ヨーロッパ系の)ブッポウソウ(仏法僧). **≈säu·re** 女 -/〖化〗青酸. **≈schim·mel** 男 **1** 連銭(れんせん)葦毛(あしげ)の馬. **2**〖生〗(タバコなどに寄生する)青かび. **≈schim·mel·kä·se** 男 青かびチーズ, ブルーチーズ. **≈schlamm** 男〖地〗(海底の)青泥.
blau·schwarz[bláʊ..] 形 青黒い, 濃紺〈ブルーブラック〉の.
Blau·sieb 中〖虫〗ボクトウガ(木蠹蛾).
blau|sie·den(*)《167》他 (h)〖料理〗(魚を)酢を加えて青黒く煮る.
Blau≈spat 男〖鉱〗天藍(てんらん)石, 青燐(せいりん)鉱. **≈specht** 男〖鳥〗ゴジュウカラ(五十雀). **≈stern** 男 **1**〖植〗シラ, ツルボ属(春先につりがね状の青い花をつける). **2** (Vergißmeinnicht)〖植〗ワスレナグサ(勿忘草)属. **≈stift** 男 青鉛筆.
Blau·strumpf 男 (1750年ごろロンドンの有職婦人たちが組織した)青鞜(せいとう)会 (Blue Stocking Society) の会員;《比》才気走った女性, 文学かぶれの女. [*engl.* bluestocking (◇Stock¹) の翻訳借用]
Blau≈sucht 女 -/ (Zyanose)〖医〗青色症, チアノーゼ. **≈wa·gen** 男《話》(警察の)パトロールカー. **≈wal** 男〖動〗シロナガスクジラ(白長須鯨). **≈zun·ge** 女〖動〗アオシタトカゲ(青舌蜥蜴).
Bla·zer[blé:zər, bléɪzə] 男 -s/- (運動選手などの着る)ブレザーコート. [*engl.*; ◇Blesse]
Blech[blɛç] 中 -[e]s/-e **1** (薄い)金属板, 板金: Weiß*blech* ブリキ板 | **aufs ~ hauen**《話》大ぼらを吹く | ***jm.* fliegt das ~ weg**《話》…がびっくりする〈あっけにとられる〉. **2**〖料理〗(ケーキ用の)焼き〈流し〉型; (オーブンの)天板. **3**《集合的に》〖楽〗金管楽器群. **4**《軽蔑的に》**a**) 勲章. **b**) お金, びた銭. ᐁ**5**〖軍〗認識票. **6**《話》(Unsinn) たわごと; つまらぬおしゃべり. [„Glänzendes"; *ahd.*; ◇Blei²]
Blech≈be·ar·bei·tung[blɛ́ç..] 女 金属板〈板金〉加工. **≈blä·ser** 男〖楽〗金管奏者. **≈blas·in·stru·ment** 中〖楽〗金管楽器. **≈büch·se** 女 (小さな)金属〈ブリキ〉缶. **≈damp·fer** 男《戯》大型乗用車. **≈do·se** 女 = Blechbüchse **≈druck** 男 -[e]s/〖印〗(ポスターなどを刷る)ブリキ印刷. **≈ei·mer** 男 ブリキのバケツ.
ble·chen[blɛ́çən] 自 他 (h)《話》金を払う: Ich mußte tüchtig 〈zehn Mark〉 ~. 私はしこたま〈10マルク〉払わされた.
ble·chern[..çərn] 形 **1**《付加語的》金属板〈ブリキ〉製の; 錫(すず)めっきした. **2** (声・音が)金属的な; 薄っぺらな, 空虚な.
Blech≈in·stru·ment[blɛ́ç..] = Blechblasinstrument **≈la·wi·ne** 女《戯》車の洪水. **≈leh·re** 女〖工〗金属ゲージ(→ 図 Lehre). **≈mu·sik** 女 金管楽器による吹奏楽.
Blech·ner[blɛ́çnər] 男 -s/-《南西部》(Klempner) 板金細工職人, 板金工.
Blech≈sa·lat[blɛ́ç..] 男 (衝突で)めちゃくちゃになった自動

車. ⸗**schach·tel** 女 金属〈ブリキ〉製の箱. ⸗**scha·den** 男 (交通事故による)車体破損. ⸗**sche·re** 女 ブリキ切断用のはさみ, ブリキ剪断(せんだん)機. ⸗**schmied** 男 (Klempner) 板金職人. ⸗**wa·ren** 複 板金製品.

blecken[blɛ́kən] **I** 他 (h) die Zähne ～ 歯をむき出す. ▽**II** 自 (h) 輝き現れる. [*ahd*.; ◇blicken]

Blei[1][blaɪ] 男 -[e]s/-e (Brachse) 〘魚〙ブリーム(コイ科). [„weißschimmernder (Fisch)“; *mndd*.; ◇Blei[2]]

B

Blei[2][blaɪ] **I** 中 -[e]s/-e **1** 《単数で》〘化〙鉛(記号 Pb); テトラエチル鉛(アンチノック剤): ～ gießen (大みそかの夜などに)鉛を溶かして占う(→Bleigießen) | **～ im Arsch** 〈**im Hintern**〉 **haben** 《卑》長っちりである; 朝寝坊である ‖ ***jm.* wie ～ in den Gliedern** 〈**Knochen**〉 **liegen** (疲労・驚愕などが)…の手足に鉛のように重く感じられる | *jm.* wie ～ im Magen liegen (→Magen). **2 a)** 測鉛; おもり: *et.*[4] mit ～ beschweren …に[鉛玉の]おもりをつける | *et.*[4] mit dem ～ vermessen …を測鉛で測る. **b)** 《雅》弾丸: ***jm.* ～** 〈**ein paar Unzen ～**〉 **in den Körper** [**ein**]**pumpen** 《話》…のからだに弾丸をぶち込む.

II 男 中 -[e]s/-e 《話》(Bleistift) 鉛筆. [*germ*.; ◇blau, bleich, Blech]

Blei⸗ace·tat[bláɪ..] 中 〘化〙酢酸鉛, 鉛糖. ⸗**ar·beit** 女 **1** (鉛を用いた)銀の加工. **2** 鉛細工, 鉛製品. ⸗**ar·bei·ter** 男 鉛工, 鉛職人.

blei·ar·tig 形 鉛のような.

Blei⸗asche 女 酸化鉛の結晶粒. ⸗**aze·tat** ＝Bleiacetat ⸗**baum** 男 鉛樹(針状の結晶鉛).

Blei·be[bláɪbə] 女 -/-n 《ふつう単数で》《話》宿, 宿泊施設; 住居, 滞在所: garnierte ～ 家具つき貸室 | keine ～ haben 泊まるところがない.

blei·ben*[bláɪbən][1] 《21》 **blieb**[bli:p][1]/**ge·blie·ben**; 接II bliebe

I 自 (s) **1** (↔gehen) とどまる: **a)** 《場所を示す語句と》 ① (…を)離れない, (…に)居続ける; (…から)戻らない(→2): Wo *bleibst* du so lange? 今までどこにいたんだ, いやに遅いじゃないか | Und wo *bleibe* ich ? 《比》それで私[の立場・分け前]はどうなるんだ | Er sieht, wo er *bleibt*. 《比》彼は抜け目なく自分の利益をはかっている | *Bleib* da, wo du jetzt bist! 今いる所を離れるな | Ich *bleibe* draußen. 私は(中に入らずに)外に(ずっと)います | *Bleiben* Sie immer links! 左側を通ってください | Man sollte ihn hier ～ lassen. 彼はここに残しておくほうがよかろう(ただし: →bleibenlassen) ‖ **an** *seinem* Platz ～ 自分の席を離れない | *Bleiben* Sie bitte am Apparat! (電話を)お切りにならずにそのままお待ちください | **auf** *seinem* Platz ～ 自分の席を離れない | **bei** *jm.* über Nacht ～ …のところに一晩泊まる | bei der Wahrheit ～ うそを言わない | **in** Köln ～ ケルンに残る | im Haus ～ (外に出ないで)家の中にいる | *jm.* in Erinnerung ～ …の記憶に残っている | so lange es im Rahmen *bleibt* 通常の枠を越えないかぎりは | **zu** Hause ～ 自宅にとどまる ‖ *Bleibt!* (校正で)イキ, ママ ‖ Wie lange kannst du [bei uns] ～? どれくらいの間[私たちのところに]いられるのですか | Der Kranke mußte ein paar Tage im Bett ～. 病人は何日か床についていなければならなかった | Soll ich noch etwas 〈eine Weile〉 ～? 帰らないでもう少しの間居ましょうか | Willst du nicht zum Essen ～? 食事をしていかないか.

② 《雅》(戦場などから)二度と帰らない, 不帰の客となる, 死ぬ: auf dem See ～ 海のもくずと消える | im Krieg ～ 戦死する | Ihr Mann ist bei Verdun *geblieben*. 彼女の夫はベルダンで戦死した.

b) (übrigbleiben) 《*jm.*》 残る, 無くならない, 余る: Von seinem ganzen Vermögen *blieb* ihm nur sein Haus. 全財産のうち彼に残ったのは家だけだった | Es *blieb* [ihnen] nur eine schwache Hoffnung. [彼らには]一縷(いちる)の望みが残されただけであった | Kein Kind ist ihr *geblieben*. 彼女は子供に皆死なれた | Es *bleibt* [uns] keine andere Wahl. [我々としては]ほかに仕方がない | Nur wenig Zeit *bleibt* uns für die Besorgung. 買い物をする時間は我々にはほんの少ししかない | Ihm *blieb* nichts, als sich aufzuhängen. 彼は首をつるしかなかった ‖〘数式で〙Drei von sieben *bleibt* vier./Sieben weniger 〈minus〉 drei *bleibt* vier. 7引く3は4である.

2 《述語名詞・述語形容詞などと: →sein[1] I 2, werden I 1》いつまでも〈依然として〉(…[のまま])である: 〘名詞と〙Das Werk *blieb* Fragment. その作品は断編のままに終わった | Wir wollen Freunde ～. 我々はいつまでも〈ずっと〉友人でいよう | Was Recht ist, muß Recht ～. 《諺》正しいものは正しい | Er *bleibt* doch immer mein Sohn. とはいえ彼が私の息子であることには変わりない | Soldat ～ 引き続き軍人であり続ける | Das muß ein Wunsch ～. それはしょせん実現されないことだ | Du bist ganz der alte 〈derselbe〉 *geblieben*. 君は昔の君のままだ | Er ist und *bleibt* der größte. 彼は現に第一人者であるし今後もそうである ‖〘形容詞と〙gesund ～ 病気にならない | Sie ist sich[3] gleich *geblieben*. 彼女は昔の彼女のままである | ledig ～ 独身で通す | Das Land *blieb* neutral. その国家は中立を維持した | *jm.* nichts schuldig ～ …にやられっぱなしになってはいない, …にお返しをする | *seinem* Freund treu ～ 友人を裏切らない | unbeachtet 〈unbestraft〉 ～ 注目〈処罰〉されずに終わる | Unklar *blieb*, was er damit meinte. 彼がそれをどういう意味で言ったのかはついに分からずじまいであった | Es soll alles ～, wie es ist. すべて現状のままでよい ‖〘過去分詞と〙Dieser Eingang *bleibt* heute geschlossen. この入口はきょうはしまっている | Das muß dir überlassen ～. それは君に任せておくほかはない | Die Tat kann nicht verborgen ～. その行為はいつか明るみに出る | Er ist von der Grippe verschont *geblieben*. 彼は流感にかからないですんだ ‖〘前置詞句と: →1 a ①〙**am** Leben ～ 生き残る | an 〈bei〉 der Arbeit ～ i) 仕事を続ける; ii) 仕事を変えない | **aus** dem Spiel ～ 競技〈勝負〉に加わらない | **außer** Betracht ～ 問題にならない | **bei** *et.*[3] ～ 引き続き…から離れない, …を見限らない〈使い続ける〉 | bei der Sache ～ i) 本題から外れない; ii) 物事に専念する | bei *seinem* Entschluß ～ 自分の決心を変えない | Ich *bleibe* bei Wein. 私は(別の酒にしないで)引き続きワインを飲みます | beim alten ～ 昔のままである, 従来どおりである | Es *bleibt* **dabei.** i) そうしよう, それに決めた; ii) 決定どおりだ, 変更なし | Ich *bleibe* dabei. 私はやり方〈考え〉を変えない | Ich *bleibe* dabei, daß er lügt. 彼がうそをついているという私の考えには変わりはない(ただし: →dabeibleiben) | Dabei wird es nicht ～. 事はそれでは済むまい | **in** Bewegung ～ ずっと動いている | im verborgenen ～ 表立たない | Die Sache wird nicht **ohne** Folgen ～. この問題はこのままでは済まない, これは後まで尾をひくだろう | **unter** dem Durchschnitt ～ いつまでも平均を下回っている | unter *sich*[3] 〈für *sich*[4]〉 ～ wollen 仲間うち〈一人〉だけで居たがる | Was ich dir gesagt habe, *bleibt* unter uns. 君に言ったことはほかの人には秘密だよ | Ich *bleibe* ihm mit dieser Angelegenheit **vom** Hals. 私はこの件で彼にうるさくつきまといはしない.

3 《zu 不定詞[句]と; 受動の可能・義務を表して: →sein[1] I 4》まだ…されうる, まだ…されなければならない: Es *bleibt* zu hoffen, daß ... …である見込みがまだある | Es *bleibt* abzuwarten, ob die Methode wirklich Erfolge zeigt. この方法が有効かどうかはもう少し後になってみないと分からない.

4 《zu のない不定詞[句]と; 動詞は状態を表す継続相に限られる》ずっと…したままでいる(→**hängenbleiben, sitzenbleiben, stehenbleiben, liegenbleiben, steckenbleiben**): Die Zigarre *blieb* brennen. 葉巻の火はついたままであった | Das Bild soll hängen ～. その絵は掛けたままにしておけ | leben ～ 死なずにいる, 生き残る | Er ist auf dem Stuhl sitzen *geblieben*. 彼はいすに座ったままであった.

II Blei·ben 中 -s/ (bleiben すること. 例えば:) とどまること, 逗留(とうりゅう): *jn.* zum ～ einladen …に泊まる〈逗留する〉ように招待する | Hier ist meines ～*s* nicht länger. 《雅》私はここにもうこれ以上いたくない〈いられない〉.

III blei·bend 現分 形 永久の, 永続的な, 不変の, 一定の: ein ～*er* Eindruck あとあとまで残る印象 | keine ～*e* Stätte haben 定住地がない | Das Geschenk ist von ～*em* Wert. その贈り物はいつまでも残るものである | ein ～*er* Zahn 永久歯. [*ahd*.; ◇be.., leben; *engl*. leave]

blei·ben|las·sen* [bláɪbən..] 《88》《過分 bleiben〔ge〕-lassen: →lassen I ★ ii》他 (h) 《話》(unterlassen) やらないでおく, やめておく; やめる, よす(ただし: →bleiben I 1 a ①): *seine* üble Gewohnheit ～ 悪習を改める | *Laß* das lieber *bleiben*! それはよしたほうがいいよ.

Blei·be·recht [bláɪbə..] 中 (特定の場所に)留まる〈逗留する〉権利.

Blei·berg·werk [bláɪ..] 中 鉛鉱山.

bleich [blaɪç] 形 青ざめた, 血の気のない; 《雅》淡い, おぼろげな: ein ～*es* Gesicht 青ざめた顔 | ～*e* Lippen 血の気のない唇 | die ～*e* Sonne 白っぽい太陽 | ～*es* Grausen 身の毛のよだつ恐怖. [*germ.* „glänzend"; ◇ flagrant, blau; *engl.* bleak]

Bleich·an·stalt [bláɪç..] 女 ＝Bleichplatz

Blei·chart [bláɪçart] 男 -s/-e ＝Bleichert

Blei·che [bláɪçə] 女 -/-n **1** 《単数で》(Blässe) bleich なこと; 漂白. **2** 漂白場; 漂白剤: die Wäsche auf die ～ legen 洗濯物を漂白場にさらす.

blei·chen(*) [bláɪçən] 《22》 **bleich·te** (ᵛblich[blɪç]) / **ge·bleicht** (ᵛgeblichen); 接II bleichte (ᵛbliche) **I** 自 (s) 色がぬける〈落ちる〉; さらされる; 青ざめる: Sein Haar ist in 〈von〉 der Sonne *geblichen.* 彼の髪は日に当たったせいで色がさめた. **II** 他 (h) 《規則変化》漂白する, 色抜きする; 白くする, (恐怖などが顔を)青ざめさせる: Das Alter hat seine Haare *gebleicht.* 寄る年波が彼の髪を白くした ‖ ᵛeinen Mohren ～ wollen 《比》むだ骨を折る. [◇ *engl.* bleach]

Blei·cher [bláɪçər] 男 -s/- **1** 漂白職人. **2** ＝Bleichert

Bleich·er·de [bláɪç..] 女 《地》漂白層(アルミニウム・マグネシウムなどの珪酸(けいさん)塩を含み, 脱脂・脱色に用いる).

Blei·chert [bláɪçərt] 男 -s/-e (Roséwein) ロゼ〔ワイン〕(淡紅色のぶどう酒).

Bleich≈ge·sicht [bláɪç..] 中 -〔e〕s/-er 顔色の悪い人; 《戯》白人(本来はインディアンから見て). **≈kalk** 男 さらし粉. **≈mit·tel** 中 漂白剤. **≈platz** 男 (布の)さらし〈漂白〉場. **≈pul·ver** 中 さらし粉. **≈sucht** 女 -/ (Chlorose) **1** 《医》萎黄(いおう)病(思春期の少女の一種の貧血症). **2** 《植》(葉緑素の欠乏による植物体の)黄白化, 白化, 退緑(たいりょく).

bleich·süch·tig 形 Bleichsucht にかかった.

Blei·dach [bláɪ..] 男 **1** 鉛板ぶきの屋根. **2** 《史》(ヴェネチアの総督邸にあって恐怖の的であった)鉛屋根の牢獄(ろうごく).

Bleie [bláɪə] 女 -/-n ＝Blei[1]

blei·en [bláɪən] **I** 他 (h) **1** (…に)封鉛をする; (…に)〔鉛の〕おもりをつける; (燃料に)アンチノック剤を添加する: *gebleiter* Kraftstoff アンチノック剤添加ガソリン. **2** (abloten) 《建》測鉛で正す〈ゆがみを直す〉. **II** 自 (h) 《雅》(心労などが)重くのしかかる. [＜Blei[2]]

blei·ern [bláɪərn] 形 **1** 《付加語的》鉛の; 鉛製の: ～*e* Rohre 鉛管 | wie eine ～*e* Ente schwimmen 〔können〕(→Ente 1 a). **2** 《比》鉛のような, 鉛色の; 重苦しい: ～*e* Luft 重苦しい空気 | ～*e* Müdigkeit ずっしりとした疲労 | einen ～*en* Schlaf haben 深い眠りに引き込まれる ‖ Meine Füßen waren ～. 私は足が鉛のように重かった.

Blei≈erz [bláɪ..] 中 鉛鉱. **≈es·sig** 男 《化》鉛酢. **≈far·be** 女 鉛色.

blei≈far·ben 形, **≈far·big** 形 鉛色の.

ᵛ**Blei·fe·der** 女 ＝Bleistift

Blei·fo·lie [..liə] 女 鉛の箔(はく).

blei·frei **I** 形 鉛を含まない: ～*es* Benzin 無鉛ガソリン. **II Blei·frei** 中 -s/ 《ふつう無冠詞》無鉛ガソリン: ～ fahren 〈tanken〉 無鉛ガソリンで走行する〈(タンクに)無鉛ガソリンを入れる〉.

Blei≈fuß 男 《話》**mit ～ fahren** (自動車を)つねにエンジン全開で走らせる. **≈ge·wicht** 中 鉛のおもり; 測鉛. **≈gie·ßen** 中 -s/ 鉛占い(溶けた鉛を水に注ぎ固まった形から運勢を読む俗習). **≈glanz** 男 《鉱》方鉛鉱. **≈glas** 中 -es/ 鉛〈フリント〉ガラス. **≈glät·te** 女 《化》マシコット, 密陀(みつだ)僧, 一酸化鉛.

blei·grau 形 鉛色の: der ～*e* Himmel どんよりした空.

blei·hal·tig 形 鉛を含んだ.

Blei·hüt·te 女 精鉛所.

blei·ig [bláɪɪç][2] ＝bleihaltig

Blei≈kam·mer [bláɪ..] 女 **1** (硫酸製造用の)鉛室. **2** ＝Bleidach 2 **≈kiel** 男 (ヨットの)鉛竜骨. **≈klum·pen** 男 鉛塊. **≈krank·heit** 女 鉛中毒, 鉛毒症. **≈kri·stall** 中 ＝Bleiglas **≈ku·gel** 女 鉛弾. **≈le·gie·rung** 女 鉛合金. **≈lot** 中 鉛鑞(ろう)(鉛と錫(すず)との合金); 測鉛. **≈man·tel** 男 鉛被(ぴ), 鉛被覆(→ 図 Kabel). **≈oxyd** [..ɔksy:t][1] 中 ＝Bleiglätte **≈pat·zen** 男 ＝Bleiklumpen **≈plat·te** 女 鉛板.

blei·recht 形 鉛直〈垂直〉な.

Blei≈rohr 中 鉛管. **≈rot** 中 《化》鉛丹. **≈sal·be** 女 鉛軟膏(なんこう). **≈salz** 中 《化》鉛塩. **≈schnur** 女 測鉛. **≈schwamm** 男 《化》海綿状鉛.

blei·schwer [また: ⌐‒] 形 鉛のように重い: auf *jm.* ～ lasten 《比》…に重苦しくのしかかる.

Blei·sol·dat 男 (おもちゃの)鉛の兵隊.

Blei·stift [bláɪʃtɪft] 男 -〔e〕s/-e 鉛筆: mit dem ～ schreiben 鉛筆で書く | einen ～ spitzen 鉛筆を削る. [＜Bleiweiß]

Blei·stift·ab·satz 男 《話》(婦人靴の)細くとがったハイヒール.

blei·stift·eng 形 《話》(ズボンなどが)体にぴったりした.

Blei·stift≈hül·se 女 鉛筆のキャップ. **≈ka·sten** 男 鉛筆入れ, 筆箱. **≈mi·ne** 女 鉛筆の芯(しん). **≈spit·zer** 男 鉛筆削り器. **≈stum·mel** 男 (使って)短くなった鉛筆. **≈ze·der** 女 《植》エンピツビャクシン(鉛筆柏槇)(米国産ヒノキ科の木で鉛筆の原料にする). **≈zeich·nung** 女 鉛筆画.

Blei≈ver·gif·tung [bláɪ..] 女 鉛〔中〕毒. **≈was·ser** 中 -s/ 《化》ゴーラルド水(塩基性酢酸鉛溶液), 鉛糖水. **≈weiß** 中 《化》白鉛(塩基性炭酸鉛); 鉛白(白色顔料). **≈wurz** 女 《植》ルリマツリ属, プランバゴ(イソマツ科). **≈zucker** 男 《化》鉛糖, 酢酸鉛.

Blend·bo·gen [blɛ́nt..] 男 《建》(寺院などの外壁の)アーチ形装飾(→ 図 Bogen).

Blen·de [blɛ́ndə] 女 -/-n **1** 遮光装置, 日よけ, ブラインド; ᵛ(Scheuklappe) (馬の)遮眼革(しゃがんかく). **2** 《写》絞り: ～ 8 einstellen 絞りを8に合わせる. **3** (礼服の上着の)装飾用折り襟. **4** 《建》(寺院などの外壁の)窓〈戸口〉形装飾(→ 図 Kirche A). **5** 《鉱》閃(せん)亜鉛鉱. **6** 《植》ソバ.

blen·den [blɛ́ndən][1] 《01》 **I** 他 (h) **1 a)** まぶしがらせる, (目を)くらませる; 《比》(…の)目をくらます, 眩惑(げんわく)する: *sich*[4] durch den äußeren Schein ～ lassen 外観〈外見〉にだまされる | Er war wie *geblendet,* als er ins Licht trat. (急に)明るい所へ出て彼は目がくらんだ ‖《目的語なしで》Die Sonne *blendet.* 太陽がぎらぎら照っている. ᵛ**b)** (刑罰として罪人などの)目をつぶす: auf beiden Augen *geblendet* sein 両目ともつぶれている. **c)** 《狩》おどし布でおどす(→ Blendzeug). **2** (verblenden) 《建》(…に)化粧張りをする; (tarnen) 《軍》(…に)擬装を施す, 遮蔽(しゃへい)する. **3** (abschirmen) (光・輝きなどを)鈍くする, 曇らす; 減殺する; (毛皮を)暗色に染める.

II 自 (h) **1** ぎらぎら輝く. **2** (leuchten) 照らす: mit einer Lampe ins Zimmer ～ ランプで室内を照らす.

III blen·dend 現分 形 まぶしい, まばゆい; 《比》すばらしい: eine Frau von ～*er* Schönheit まばゆいほどの美人 | in ～*er* Laune 〈Verfassung〉 sein すごく機嫌〈調子〉がいい ‖ ～ schönes Wetter すばらしい上天気 | ～ weiß まばゆいほど白い ‖ Mir geht es ～. 私はきわめて調子がいい.

[*ahd.*; ◇ blind]

Blen·den≈au·to·ma·tik [blɛ́ndən..] 女 《写》絞り自動調節装置. **≈ein·stel·lung** 女 《写》絞り調節目盛り〈装置〉. **≈ska·la** 女 《写》絞りの目盛り. [＜Blende]

Blen·der [blɛ́ndər] 男 -s/- **1** 《軽蔑的に》山師, ほら吹き; 《競馬》見かけだおしの馬; 見てくれだけの商品; (聞き手をだます)うまい言葉. **2** 《林》(日当たりをさえぎる)じゃまな木.

Blend≈fen·ster [blɛ́nt..] 中 《建》(寺院などの外壁の)窓形装飾. **≈gie·bel** 男 《建》見せかけの破風, にせ切妻(→ 図 Giebel). **≈glas** ＝Blendschutzglas **≈la·ter·ne** 女 遮光装置つきのランタン〈角灯〉, 遮眼灯. **≈le·der** 中 (馬の)遮眼革(しゃがんかく).

B

Blend·ling[bléntlɪŋ] 男 -s/-e **1** (Mischling) (動植物の)雑種, (特に:) 雑種犬, 混血児. **2** 見せかけだけのもの, まやかしもの; ぺてん師. **3** だまされやすい人, ぼんくら, まぬけ. [1: *mhd.*; ＜*mhd.* blenden „mischen"]

Blend≠rah·men[blɛ́nt..] 男〘美〙(カンバスを張るための) 木枠;〘建〙窓〈戸〉枠(→ ⊛ Fenster A). **≠schei·be** ＝Blendschutzscheibe **≠schirm** 男 (まぶしさを和らげる)目覆い, アイ＝シェード; (自動車の)サンバイザー. **≠schutz** 男 まぶしさよけ, 防眩(ぼうげん)装置.

Blend·schutz≠glas[blɛ́nt-ʃʊts..] 中 -es/..gläser まぶしさよけの眼鏡. **≠licht** 中 -〔e〕s/-er (自動車の)まぶしくない〈防眩(ぼうげん)用の〉ライト. **≠schei·be** 女 (自動車の)防眩ガラス; サンバイザー. **≠zaun** 男 (道路の中央分離帯の)防眩柵(ぼうげんさく)(→ ⊛ Autobahn).

Blend·stein[blɛ́nt..] 男 (壁などの)化粧〈仕上げ〉タイル.

Blen·dung[bléndʊŋ] 女 -/-en **1** まぶしくすること, 目をくらますこと; 眩輝(げんき); 《比》眩惑, 欺瞞(ぎまん). **2** (刑罰として) 目をつぶすこと. **3** 地下壕(ごう), 防空壕.

Blend≠werk[blɛ́nt..] 中 **1** 《雅》まやかし, ぺてん; ᵛふしぎなできごと: *jn.* mit ～ täuschen …をぺてんにかける〈たぶらかす〉. **2** 〘城〙遮蔽(しゃへい)壁, 防弾壁. **≠zeug** 中 (Lappen) 〘狩〙(野獣をおどす)おどし布(→ ⊛ Jagd). **≠zie·gel** 男 〘建〙化粧れんが.

Blen·nor·rhöe[blɛnorǿ:, ..nɔrǿ:] 女 -/-n[..rǿ:ən] 〘医〙(新生児などの)膿漏(のうろう)眼. [＜*gr.* blénna „Schleim"＋rhoḗ „Strömung"]

Ble·pha·ri·tis[blefarí:tɪs] 女 -/..tiden[..rití:dən] 〘医〙眼瞼(がんけん)炎. [＜*gr.* blépharon „Lid"＋..itis]

Bleß·bock[blɛ́s..] 男〘動〙ブレスボック(南アフリカ産の大カモシカの雄).

Bles·se[blɛ́sə] 女 -/-n **1** 鼻梁(びりょう)鼻白(馬などの鼻筋の白斑(はくはん)): → ⊛ Abzeichen). **2** 白斑のある動物(牛・馬など). [*ahd.*; ◇bleich, blaß]

Bleß·huhn[blɛ́s..] ＝Bläßhuhn

ᵛ**bles·sie·ren**[blɛsí:rən] 他 (h) (verletzen) 傷つける, けがをさせる. [*fr.*]

ᵛ**Bles·sur**[..sú:r] 女 -/-en 負傷, けが. [*fr.*]

blet·zen[blɛ́tsən] 《02》他 (h) 《南部》《*et.*⁴》(…に)継ぎを当てる, 繕う. [*mhd.*; ◇flach]

bleu[blø:] **I** 形《無変化》(緑色がかった)空色〈水色〉の. **II Bleu** 中 -s/-(-s) (緑色がかった)空色, 水色: ein Kleid in ～ tragen 空色の服を着ている. [*germ.*－*fr.*; ◇blau]

Bleu·el[blɔ́ʏəl] 男 -s/- (洗濯物などの)たたき棒, きぬた.

bleu·en[blɔ́ʏən] 他 (h) (棒・むちなどで)打つ; 殴る. [*germ.*; ◇*engl.* blow]

blich[blɪç] bleichte (bleichen I の過去)の古形.

bli·che[blíçə] bleichte (bleichen I の接続法 II)の古形.

Blick[blɪk] 男 -〔e〕s/-e **1** 視線, まなざし: ein flüchtiger ～ ちらっと目をやる〈一瞥(いちべつ)する〉こと ‖〘前置詞と〙**auf den ersten ～** / beim ersten ～ ひと目見て | Liebe auf den ersten ～ ひと目ぼれ | **auf den zweiten ～** よく見ると | *et.*⁴ **mit** einem 〔schnellen〕 ～ übersehen …をひと目で見渡す | *jn.* mit 〔*seinen*〕 ～*en* durchbohren …をじろりとにらみつける | *jn.* mit ～*en* messen …をじろじろ眺める ‖〘3格で〙*js.* ～³ ausweichen …の視線を避ける | *js.* ～〔*en*〕³ entschwinden …の視野から消えうせる ‖〘4格で〙den ～ heben 〈senken〉 目を上げる〈伏せる〉| ～*e* wechseln 視線をかわす | mit *jm.* einen ～ 〔des Einverständnisses〕 tauschen …と〔了解の〕目くばせをかわす | den ～ auf *jn.* 〈*et.*⁴〉 richten …に目を向ける | einen ～ auf *jn.* 〈*et.*⁴〉 werfen / *jm.* 〈*et.*³〉 einen ～ zuwerfen …の方に視線を投げる, …をちらっと見る | einen ～ hinter die Kulissen werfen (→Kulisse 1) | **keinen ～** 〈keine ～*e*〉 **für *jn.* haben**/《雅》***jn.* keines ～*es* würdigen** …に目もくれない, …を黙殺する | **einen ～ riskieren**《話》そっと目をやる, 盗み見する.

2 《単数で》目つき, 目の表情: **den bösen ～ haben** (にらまれると災厄にあうとされる)恐ろしい悪魔の目をしている | einen guten ～ haben 善良そうな目をしている | ein ～ tiefster Verachtung 〈Verzweiflung〉 深い軽侮〈絶望〉のまなざし. **3** 《単数で》(Einsicht) 見抜く力, 判断力: innerer ～ 心眼, 洞察力 | einen praktischen ～ haben 実務的な処理能力がある | einen weiten 〈engen〉 ～ über *et.*⁴ haben …に関して見通しがきく〈きかない〉‖ einen 〈keinen〉 ～ **für** *et.*⁴ haben …を見る目がある〈ない〉. **4** (Aussicht) 見晴らし, 展望: Von hier aus hat man einen weiten 〈herrlichen〉 ～. ここは見晴らしがきく〈ここからの眺めはすばらしい〉| Das Fenster hat einen schönen ～ auf die Stadt. 窓からは町が美しく眺められる ‖ ein Zimmer mit 〔dem〕 ～ auf die Berge 山々を見晴らせる部屋. **5** きらめき: ～ der Sonne 陽光のきらめき | der ～ des Silbers〘金属〙(溶ける際の)銀の輝き | ein ～ aus seinen Augen 彼の目の光. [*ahd.* blicch „Blitz"; ◇blicken]

Blicke[blíkə] 女 -/-n〘魚〙ホワイトブリーム(コイ科).

blicken[blíkən] 自 (h) **1** 見る, 見やる; (…な)目つきをする: flüchtig auf *et.*⁴ ～ ちらりと…に目をやる | aus dem Fenster 〈in die Ferne〉 ～ 窓から〈遠くを〉眺める | nach der Tür 〈um *sich*⁴〉 ～ ドアの方を〈自分の周りを〉見る | zur Seite 〈zu Boden〉 ～ 目をそらす〈伏せる〉‖ abwesend 〔vor *sich*⁴ hin〕 ～ ぼんやり〈放心〉した目つきをしている | finster 〈heiter〉 ～ 不機嫌な〈明るい〉目をしている | starr ～ じっと目をすえている ‖〘内容を示す4格と〙Funken aus den Augen ～ 目をぎらぎらさせる | Seine Augen *blickten* Liebe. 彼の目には愛情が表れていた ‖〘lassen と〙***sich*⁴ ～ lassen** 姿を見せる, 現れる; 訪ねて来る | **Das läßt tief ～.** それはいいヒントだ, それでわかるぞ; 《戯》そのドレスはえりぐりが大きい | *jn.* in *sein* Herz ～ lassen …に胸中を明かす〈知られる〉. **2** (ちらりと)見える, のぞいている; きらめく: Die Sonne *blickte* durch die Wolken. 太陽が雲間から顔を出した | Mitleid *blickt* aus seinen Augen. 彼の目には同情の気持が表れている. [*ahd.* blicchen „glänzen"; ◇bleich, blitzen]

Blick≠fang[blík..] 男 人目をひくもの: als ～ dienen 人目をひく, めだつ. **≠feld** 中 視界, 視野: aus dem ～ des Volkes verschwinden《比》世間の人々から忘れられてしまう. **≠feu·er** ＝Blinkfeuer **≠kon·takt** 男 (人と人の) 視線の触れ合い, 視線の交換.

blick·los[blíklo:s]¹ 形《雅》うつろな目をした: ～ vor *sich*⁴ hin stieren うつろな目をしている.

Blick≠punkt 男 **1** 視点(視線の注がれる点): im ～ des allgemeinen Interesses stehen 世間の注目の的である. **2** 観点(ものを見る立場). **≠rich·tung** 女 注視〈観照・思考〉の方向. **≠wech·sel** 男 **1** 目を見合わせること. **2** 見方〈考え方〉の変更. **≠win·kel** 男 **1** 視角. **2** 観点.

blieb[bli:p]¹ bleiben の過去.

blie·be[blí:bə] bleiben の接続法 II.

blies[bli:s]¹ blasen の過去.

blie·se[blí:zə] blasen の接続法 II.

blind[blɪnt]¹ **I** 形 **1** (英: *blind*) 目の見えない〈不自由な〉, 盲目の; 目を使わない: Er ist auf dem linken Auge ～. 彼は左の目が見えない | farben*blind* 色覚異常の, 色盲の | der ～*e* Fleck (目の)盲点 | Ein ～*es* Huhn findet auch einmal ein Korn. (→Huhn 1 a) ‖ ～ fliegen ＝blindfliegen | Maschine ～ schreiben (タイプで)キーを見ないで打つ (＝blindschreiben) | Klavier ～ spielen 鍵盤を見ずにピアノをひく.

2 盲目同然の; 眼識のない; 見境のない, 無批判の: ～*er* Gehorsam 盲従 | ein ～*er* Schuß あてずっぽうな射撃 | ～*er* Zorn むかっ腹 | *Blinder* Eifer schadet nur. (→Eifer 1) ‖ Er ist mit sehenden Augen ～. 彼には物事の本質が見えない | **für *et.*⁴ ～ sein**《比》…を見る目がない | Er ist ～ für meine Reize 〈gegen meine Fehler〉. 彼は私の魅力〈欠点〉がわからない | Das Glück ist ～. 幸運は気まぐれだ〈人を選ばぬ〉| Die Sonne machte mich ～. 日の光で私は目がくらんだ | Liebe macht ～. (→Liebe 1 a) ‖ *jm.* ～ vertrauen …を盲目的に信用する | *et.*⁴ ～ kaufen …をよく吟味しないで買う.

3 曇り〈かげり〉のある, 不透明な: ～*es* Glas 曇り〈曇った〉ガラス | Das Fenster wird ～. 窓ガラスが曇る | Die Türklinke wird ～. ドアの取っ手のつやがなくなる.

4 (vorgetäuscht) みせかけの, まがいの, 実質を伴わない; (↔scharf) (銃・砲・爆弾が)空包の: ein ～*er* Alarm (→

Alarm 1) | der ～*e* Darm〘解〙盲腸(＝Blinddarm) | ein ～*es* Fenster めくら窓; 曇った窓(→3);〘建〙(寺院などの外壁の)窓形装飾;〘劇〙(舞台装置などで)絵に描いただけの窓 | eine ～*e* Gasse 袋小路 | ～*er* Kauf〘商〙空(から)売買 | der ～*e* Mann〘海〙操舵(そうだ)助手 | ein ～*er* Schuß 空包射撃 | ～*e* Suppe 脂肪のないスープ | eine ～*e* Tasche 飾りポケット | eine ～*e* Zeile〘印〙欠行 ‖ ～ blühen〘植〙(結実しない)あだ花をつける | ～ enden 〈auslaufen〉(道が)行き止まりになる.

5 (unsichtbar) 見えない, 隠れた: eine ～*e* Klippe〘海〙暗礁 | eine ～*e* Naht〘服飾〙くけ縫い | ein ～*er* Passagier (→Passagier) | ein ～*er* Schacht〘土木〙暗渠(あんきょ).

★ 動詞と用いる場合はときに分離の前つづりとみなされる.

II Blin·de[blíndə]《形容詞変化》**1** 男 女 盲人, 目の見えない〈不自由な〉人; 盲目同然の人: wie der ～ von der Farbe redet (→Farbe 1 a) | Das sieht 〈fühlt〉 doch ein ～*r*. それは分かりきったことだ | Unter〔den〕～*n* ist der Einäugige König. (→einäugig).

2 中 見えない〈目のきかぬ〉所: im ～*n* tappen 暗中模索する | ins ～ hinein あてずっぽうに.

[*ahd.*; ◇blenden, blond; *engl.* blind]

..blind[..blɪnt][1]《名詞につけて「…に対して盲目の, …に対して無批判の」などを意味する形容詞をつくる》: gefahren*blind* 危険に気づかない | geschichts*blind* 歴史を見る目のない.

Blind≠band[blínt..] 男 -〔e〕s/..bände〘印〙(中身が印刷される前の宣伝用の)体裁〈装丁〉見本, 束(つか)見本. **≠bo·den** 男 (正式の床をはる前の)下床(ゆか)(→ ⊠ Fußboden).

Blind·darm 男〘解〙盲腸(虫垂の俗名: →Wurmfortsatz). [*mlat.* intestīnum coecum の翻訳借用]

Blind·darm≠ent·zün·dung 女〘医〙盲腸炎(虫垂炎の別名). **≠ope·ra·tion** 女 盲腸手術.

Blind·druck 男 -〔e〕s/〘印〙(表紙などに色・箔(はく)を用いずに刻印する)から押し.

Blin·de·kuh [blíndəku:, ◡◡⏤] 女 目隠し鬼ごっこ(目隠しをした鬼が捕まえた者の名を当てる遊び)〔の鬼〕(→ ⊠): ～ spielen 目隠し鬼ごっこをする. [＜blinde Kuh]

Blindekuh

Blin·den≠ab·zei·chen[blíndən..] 中 盲人記章(白い杖・黄色の腕章など). **≠an·stalt** 女 盲人ホーム, 盲学校. **≠bi·blio·thek** 女 盲人〈点字〉図書館. **≠druck** 男 -〔e〕s/-e 点字印刷〔物〕. **≠heim** 中 ＝Blindenanstalt **≠hund** 男 盲導犬. **≠schrift** 女 (盲人のための)点字; 点訳文書. **≠schu·le** 女 盲学校. **≠stock** 男 (ふつう白色の)盲人用の杖.

blind|flie·gen*[blínt..]《45》**I** 自 (s)《ふつう不定詞・過去分詞で》〘空〙盲目〈計器〉飛行をする.

II Blind·flie·gen 中 -s/〘空〙盲目〈計器〉飛行.

Blind≠flug 男 ＝Blindfliegen **≠gän·ger**[..gɛŋər] 男 -s/- 不発弾;《話》期待はずれな人: ein bevölkerungspolitischer ～《戯》独身の男; 子供のない夫. **≠ge·bo·re·ne**[..gəbo:rənə] 男 女《形容詞変化》先天的盲人.

blind·gläu·big[..glɔybɪç][2] 形 盲信的な.

Blind·heit[blínthaɪt] 女 -/ 盲目;《比》目先のきかぬこと, 暗愚: völlige 〈totale〉 ～ 全盲; 完全失明 | eine politische ～ 政治的蒙昧(もうまい) ‖〔**wie**〕**mit ～ geschlagen sein** 全く目先がきかない〈目前の大事に気がつかない〉(聖書: 創19,11; 申28, 28-29から) ‖ Es droht ihm ～. 彼は失明の危険がある | Die ～ seines Vertrauens hat ihn ins Verderben gestürzt. 彼の盲目的信頼が彼を破滅させた.

Blind≠holz[blínt..] 中〘工〙(合板の)芯材(しんざい)(→ ⊠ Holz B). **≠lan·dung** 女〘空〙(計器による)盲目着陸. **≠lei·stung** 女〘電〙無効電力.

ᵛ**Blind·ling**[blíntlɪŋ] 男 -s/-e **1** 盲人;《比》目先のきかない人, だまされやすい人; (Blender) ぺてん師. **2** ＝Furunkel

blind·lings[-s] 副 盲目的に; むちゃくちゃに, やみくもに, 見境なく: *jm.* ～ gehorchen …に盲従する ‖ ～ drauflos schlagen めったやたらに打ってかかる | ～ in *sein* Verderben rennen 破滅へ向かってつっ走る.

Blind·lings·spiel ＝Blindspiel

Blind≠maus[blínt..] 女〘動〙モグラネズミ(土竜鼠). **≠prä·gung** 女, **≠pres·sung** 女 ＝ Blinddruck **≠rah·men** ＝Blendrahmen **≠schacht** 男〘坑〙地上に通じていない立坑. **≠schlan·ge** 女〘動〙メクラヘビ(盲蛇). **≠schlei·che** 女 -/-n〘動〙アシナシトカゲ(無脚蜥蜴)(→ ⊠ Echse).

blind|schrei·ben*[blínt..]《152》他 自 (h) (タイプで)キーを見ないで打つ.

Blind·spiel 中〘チェス〙盤を見ないで対戦するゲーム.

blind|spie·len 自 (h)〘チェス〙盤を見ないでゲームをする.

Blind≠sprin·ger 男〘虫〙トビムシモドキ(擬跳虫)科の昆虫. **≠strom** 男〘電〙無効電流. **≠wan·ze** 女〘虫〙メクラカメムシ(盲亀虫)科の昆虫. **≠wi·der·stand** 男〘電〙リアクタンス.

blind·wü·tig 形 むやみに怒り狂った, 激越な.

blink[blɪŋk] **I** 形《もっぱら次の形で》**～ und blank** (磨き上げられて)ぴかぴかの. **II Blink** 男 -〔e〕s/-e **1** 閃光(せんこう). **2** ＝Eisblink **3** ＝Blinkfeuer

blin·ken[blíŋkən] **I** 自 (h) **1** ぴかぴか光る, きらめく: Die Sterne *blinken.* 星がまたたく | Der Tisch *blinkt* vor Sauberkeit. テーブルはちり一つなくぴかぴかしている. **2** まばたき〈ウィンク〉をする: mit den Augen ～ 目をぱちぱちさせる〈しばたく〉. **3** (方向指示用の)フラッシャー〈自動点滅装置〉を作動させる. **II** 他 (h) (信号を)光の明滅で送る. [*mndd.*; ◇blank]

Blin·ker[blíŋkər] 男 -s/- **1** (釣りで)スプーン(ルアーの一種: → ⊠ Angel). **2** ＝Blinkleuchte

blin·kern[blíŋkərn]《05》自 (h) **1** ＝blinken I **2** 明滅信号を発する. **3** スプーンで釣る.

Blink≠feu·er[blíŋk..] 中〘海〙明滅信号〔灯〕. **≠ge·ber** 男 Blinkleuchte 用の切り替え装置. **≠ge·rät** 中〘軍〙明滅信号〔発信〕器. **≠leuch·te** 女 明滅〔信号〕灯, (特に: 車の方向指示用の)フラッシャー, 自動点滅装置. **≠licht** 中 -〔e〕s/-er **1** ＝Blinkfeuer **2** 明滅灯. **≠si·gnal** 中, **≠zei·chen** 中 明滅信号.

blin·zeln[blíntsəln]《06》(**blin·zen**[blíntsən]《02》) 自 (h) (まぶしくて)目を細くしてまばたきする, 目をしばたかせる; 目くばせする. [„glänzen“; *mhd.*; ◇blinken]

Blitz[blɪts] 男 -es/-e **1** 電光, 稲光, 稲妻(→ ⊠); 閃光(せんこう), ひらめき: ein kalter ～ 火災にならなかった落雷 | ein ～ des Geistes 才気のひらめき | Der ～ hat in den Baum eingeschlagen. 木に落雷した | **wie ein ～ einschlagen**(ニュースなどが)電撃的効果を及ぼす | **wie vom ～ getroffen** 〈gerührt〉雷に打たれたように, 茫然(ぼうぜん)自失して |〔**schnell**〕**wie der** 〈**ein geölter**〉**～** 稲妻のような速さで, 全速力で | **wie ein ～ aus heiterem Himmel**《比》青天の霹靂(へきれき)のように, 寝耳に水とばかりに ‖ ᵛpotz ～ (→potz) | Donner und ～! (→Donner). **2** ＝Blitzlicht

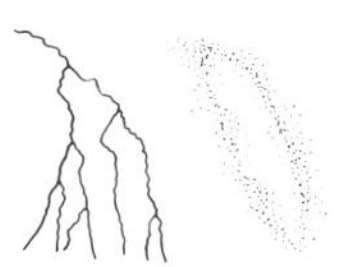

Blitz

blitz.. 1《形容詞につけて「きわめて, 非常に」などを意味する》: *blitz*dumm 大ばかの | *blitz*gescheit きわめて利口な. **2**《名詞につけて「電撃的な, きわめて迅速な」などを意味する》: *Blitz*karriere 急速な出世〈栄達〉| *Blitz*umfrage 緊急アンケート.

Blitz≠ab·lei·ter[blíts..] 男 避雷針: als ～ dienen《比》怒りのはけ口になる, 八つ当たりされる. **≠ak·tion** 女 電撃的行動, 電撃作戦. **≠an·griff** 男 電撃的攻撃, 急襲.

blitz·ar·tig 形 電光のような; 電光石火の, 電撃的な, きわめて急速な.

Blitz·be·such 男 (ごく短期, かつ突然の)電撃訪問.

blitz≠blank[blítsbláŋk] 形 光り輝く, ぴかぴかの; 真新し

B

い. ≈**blau** 形 **1** (空などが)まっさおな. **2** 《話》大いに酔っぱらった. ≈**dumm** 形 《話》きわめて愚鈍な, 大まぬけの.

blit·ze≈blank[blítsəbláŋk] = blitzblank ≈**blau** = blitzblau

blit·zen[blítsən] 《02》 **I** 自 **1** (h) (ぴかりと・きらりと)光る: Zorn *blitzte* aus ⟨in⟩ seinen Augen. 彼の目が怒りにもえた | in der Sonne ⟨im Kerzenlicht⟩ ~ 日光⟨ろうそくの光⟩を受けて光る | Das Zimmer *blitzt* vor Sauberkeit. その部屋はちり一つなくぴかぴかだ | Seine Augen *blitzen* vor Vergnügen. 彼の目は楽しげに輝いている ‖ 《非人称》 Es *blitzt* und donnert. 稲妻が光り雷鳴がとどろく | Es *blitzt* bei dir. 《話》君のスカートから下着がのぞいている | Plötzlich *blitzte* es durch mich. 突然私の頭にひらめくものがあった. **2** (h, s) (さっと)走り去る; 《話》ストリーキングする(公衆の面前を全裸で走る). **3** (h) 〘写〙フラッシュ撮影をする.

II 他 (h) **1** 《雅》光って(…を)発する: Seine Augen *blitzten* Feuer. 彼の両眼は火を放っているようだった. **2** 〘写〙フラッシュ撮影する. **3** (酒を)急いで飲みほす.

[*ahd.*; ◇blicken]

Blit·zer[blítsər] 男 -s/- **1** = Blitzlicht 2 **2** 《方》(Blitz) 稲妻. ᵛ**3** = Blick 1, 2 **4** 《話》ストリーカー(→blitzen I 2).

Blit·zes≈ei·le[blítsəs|aɪlə] 女 -/ , ≈**schnel·le** 女 -/ 稲妻のような速さ: **in ⟨mit⟩ ~** 電光石火に.

Blitz≈feu·er[blíts..] 中 (明滅する)閃光(せんこう). ≈**ge·rät** 中 〘写〙フラッシュ装置. ≈**ge·spräch** 中 特別至急〔長距離〕通話(10倍の料金を要する).

blit·zig[blítsɪç]² 形 《話》(zornig) (急に)怒り狂った.

Blitz≈jun·ge[blíts.., ∪∪∪] 男 《話》利口⟨有能⟩な若者. ≈**kar·rie·re** 女 急速な出世⟨栄達⟩. ≈**kerl**[また: ∪∪∪] 男 = Blitzjunge ≈**kon·takt** 男 〘写〙(フラッシュ撮影用の)シンクロ接点(→ 図 Kamera). ≈**krieg** 男 電撃戦. ≈**licht** 中 -〔e〕s/-er **1** 閃光; 〘写〙フラッシュ. **2** 〘写〙フラッシュバルブ.

Blitz·licht≈auf·nah·me 女 〘写〙フラッシュ撮影. ≈**fo·to** 中 フラッシュ撮影写真. ≈**ge·wit·ter** 中 (報道陣などによる)フラッシュのあらし. ≈**schuh** 男 〘写〙(カメラにフラッシュ撮影装置を差し込むための)ホットシュー.

Blitz≈mäd·chen[blíts.., ∪∪∪] 中 《話》利口⟨有能⟩な少女. ≈**mä·del** 中 **1** [また: ∪∪∪] = Blitzmädchen **2** 《話》(軍隊の)女子通信技手. ≈**mer·ker** 男 《話》のみこみの早い人; 《皮肉》のみこみの遅い人.

blitz·rasch = blitzschnell

Blitz·röh·re 女 **1** 〘地〙フルグライト, 閃電(せんでん)岩. **2** 〘写〙フラッシュバルブ, 電光管.

Blitz·röh·ren·ge·rät 中 〘写〙フラッシュ撮影装置.

blitz·sau·ber 形 ぴかぴかに磨き上げられた.

Blitz≈scha·den 男 落雷⟨電撃⟩による被害. ≈**schlag** 男 落雷, 電撃.

blitz·schnell 形 電光石火の, きわめて急速な.

Blitz≈schutz 男 避雷装置. ≈**sieg** 男 電撃的勝利. ≈**strahl** 男 電光, 稲妻. ≈**te·le·gramm** 中 特別至急電報(10倍の料金を要する). ≈**um·fra·ge** 女 (ごく短期間に特定の時局問題について行われる)電撃世論調査, 緊急アンケート. ≈**vi·si·te** 女 = Blitzbesuch ≈**wür·fel** 男 〘写〙(さいころ形の)フラッシュ電球. ≈**zug** 男 高速列車.

Bliz·zard[blízərt, blízəd] 男 -s/-s (北米の)大吹雪, 暴風雪, ブリザード. [*engl.*; ◇Blitz]

bloc →en *bloc*

Bloch¹[blɔx] 人名 **1** Ernest ~ エルネスト ブロッホ(1880–1959; スイスの作曲家). **2** Ernst ~ エルンスト ブロッホ(1885–1977; ドイツの哲学者).

Bloch²[–] 男 (中) -〔e〕s/Blöcher[blœçər] (-e) 《南部》(伐採して枝を払った)幹. [*ahd.*; ◇Block]

blo·chen[blɔ́xən] 他 (h) 《スイ》床(ゆか)を磨く.

Blo·cher[..xər] 男 -s/- 《スイ》(Bohner) (長い柄のついた)床ブラシ.

Blö·cher Bloch²の複数.

Block[blɔk] 男 **1** -〔e〕s/Blöcke[blœkə] **a)** (角ばった)かたまり; 石材; 丸太, 角材; (まき割りなどの)台(→ 図); (靴の)木型; 〘地〙地塊, 岩塊; 《比》でくのぼう: ein erratischer ~ 〘地〙漂石. **b)** (棒状のもの. 例えば:) (金属の)延べ棒, 棒せっけん, 棒チョコレート, (原子炉の)燃料棒; 〘金属〙インゴット; 〘印〙(転倒活字による)げた, 伏せ字(〓, ▮). ᵛ**c)** (足かせのついた)さらし台; 首つり(首切り)台: *jn.* in den ~ legen …をさらし台にさらす | über den ~ gehen (むち打ちなどの)刑罰を受ける. **d)** (石材の)イギリス積み(→ 図 Baustoff).

2 -〔e〕s/-s, Blöcke **a)** (Häuserblock) (街路で囲まれた)家屋群, 街区, ブロック. **b)** (はぎ取り式メモ用紙などの)一冊, はぎ取り帳, クーポン(→ 図); (記念切手の)小型シート: ein ~ mit Briefbogen ⟨für Notizen⟩ 便箋(びんせん)⟨メモ用紙⟩一冊. **c)** 《単数で》im ~ verkaufen 〘商〙卸売りする(→en bloc).

3 -〔e〕s/Blöcke(-s) **a)** (政治的な)連合体, ブロック; 議員連合: der demokratische ~ (特に旧東ドイツの)民主ブロック(→Blockpartei) | ein militärischer ⟨wirtschaftlicher⟩ ~ 軍事⟨経済⟩ブロック. **b)** 〘海〙滑車(→ 図): einscheibiger ⟨zweischeibiger⟩ ~ 単⟨複⟩滑車. **c)** 〘鉄道〙区間閉塞(へいそく)〔信号〕設備. **d)** (Herzblock) 〘医〙心〔臓〕ブロック, 心遮断. **e)** 〘ラグビー〙ブロック.

[*mndd.* blok; ◇Bloch²]

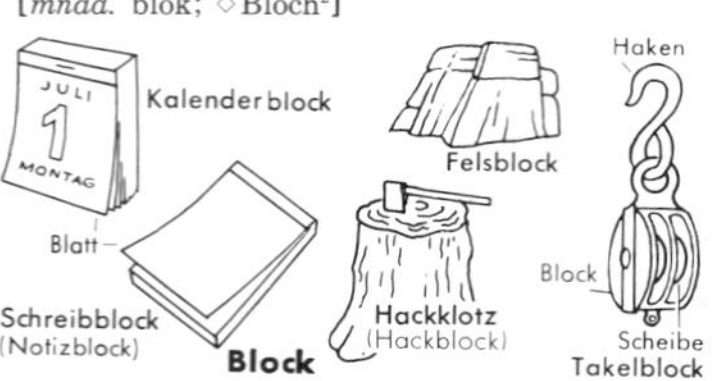

Block

Blocka·de[blɔká:də] 女 -/-n **1 a)** (港湾・国境などの)封鎖: die ~ aufheben ⟨brechen⟩ 封鎖を解く⟨破る⟩. **b)** 〘医〙(神経伝達などの)遮断. **2** 〘印〙(活字不足などを転倒活字で埋めた)伏せ字⟨げた組み⟩箇所. [<blockieren+..ade]

Blocka·de·bre·cher 男 封鎖破り(人・船など).

Block≈bil·dung[blɔ́k..] 女 〘政〙ブロック形成. ≈**buch** 中 〘印〙木版本. ≈**dia·gramm** 中 〘地〙ブロックダイアグラム, 立体断面図.

Blöcke Block 1, 3 の複数.

Block·eis[blɔ́k..] 中 (販売用の)氷塊.

blocken[blɔ́kən] **I** 他 (h) **1** 〘鉄道〙(線路のある区間を)閉塞(へいそく)する. **2** 〘スポーツ〙(相手を)ブロック⟨妨害⟩する. **3** 《南部》(床などを)蠟(ろう)で磨く.

II 自 (h) 〘狩〙(鳥などが木に)とまる.

Blocker[..kər] 男 -s/- 《南部》(Bohner) 床ブラシ.

Block·flö·te[blɔ́k..] 女 〘楽〙 **1** ブロック=フレーテ, リコーダー(木製の縦笛式フルート: → 図 Blasinstrument). **2** オルガン音栓.

block·frei 形 〘政〙ブロックに属さない, 非同盟の: ~e Länder 非同盟諸国.

Block≈frei·heit 女 -/ (blockfrei なこと. 例えば:) 非同盟主義. ≈**haus** 中 丸太小屋. ≈**hef·tung** 女 (本などの)ブロックとじ.

blockie·ren[blɔkí:rən] **I** 他 (h) (↔deblockieren) **1** (港湾・国境などを)封鎖する; (入口・通路などを)遮断する; 〘鉄道〙(線路のある区間を)閉塞(へいそく)する; (交渉などの進行を)妨害する; 〘医〙(神経伝達などを)遮断する: den Verkehr ⟨die Verhandlungen⟩ ~ 交通⟨交渉⟩を妨害する. **2** 〘印〙(活字不足などのために)転倒活字で組む, げたをはかせる. **II** 自 (h) (ブレーキ装置などが故障して)動かない. [*fr.* bloquer; ◇Block]

Blockie·rung[..rʊŋ] 女 -/-en blockieren すること.

blockig[blɔ́kɪç]² 形 **1** Block 状の. **2** 《比》無骨⟨鈍重⟩な.

Block≈kon·den·sa·tor[blɔ́k..] 男 〘電〙ブロックコンデンサー. ≈**lehm** 男 〘地〙氷成粘土, 氷礫(ひょうれき)土. ≈**par·tei** 女 連合政党(一つの政治連合・ブロックに属する個々の政党. 特に旧東ドイツの政権を翼賛した SED, CDU, LDPD, DBD など). ≈**po·li·tik** 女 連合政策(特に旧東ドイツの民主ブロックの政策).
der **Blocks·berg**[blɔ́ksbɛrk][1] 男 -[e]s/ 〘伝説〙ブロックスベルク(民間伝説で Brocken[2]のこと. 魔女の集合場).
Block≈schrift[blɔ́k..] 女 〘印〙ブロック字体(太さが一定でひげ飾りのない印刷字体 ABC). ≈**si·gnal** 中 〘鉄道〙閉塞(へいそく)信号.
Block·si·gnal·sy·stem 中 〘鉄道〙閉塞信号機系.
Block≈staa·ten 複 (連合して)ブロックを形成する国家群. ≈**sta·tion** 女, ≈**stel·le** 女 〘鉄道〙閉塞(へいそく)扱い所. ≈**stun·de** =Doppelstunde ≈**sy·stem** 中 〘鉄道〙閉塞方式.
Blockung[blɔ́kʊŋ] 女 -/-en blocken すること.
blöd[blø:t][1] 形 **1** =blöde **2** 《ス イ》(fade)(酒・食べ物などが)味のない, 気のぬけた.
blö·de[blø:də] **I** 形 **1 a)** (schwachsinnig) 精神薄弱の, 愚鈍な. **b)** (dumm) ばかな; ばかばかしい; いまいましい: ein ~*r* Kerl ⟨Hund⟩/ein ~*s* Schwein《卑》ばか者 | So ein ~*s* Wetter! なんてひどい天気だ ‖ Ich bin doch nicht ~. 私だってばかじゃない | Es ist zu ~, daß er noch nicht kommt! 彼がまだ来ないなんて いまいましいにもほどがある ‖ ~ lachen ばかみたいに笑う | *sich*[4] ~ benehmen ⟨anstellen⟩ ばかなまねをする. [▽]**2** (schüchtern) はにかみやの; おずおずした: Ein ~*r* Hund wird nicht ⟨selten⟩ fett.《諺》ぐずぐずしていては取り残される⟨損ばかりする⟩. **3 a)** 《ス イ》(服などが)よれよれの. [▽]**b)** (目・視力の)衰えた; (胃・頭などの)弱った.
II Blö·de[1]《形容詞変化》**1** 男 女 精神薄弱の⟨愚鈍な⟩人. **2** 中 ばかばかしい⟨いまいましい⟩こと. [*ahd.* „schwach“; ◇bloß]
Blö·de[2][−] 女 -/-n **1**《ス イ》(生地の)よれよれになった部分. [▽]**2** =Blödheit
Blö·de·lei[blø:dəlái] 女 -/-en =Blödheit 2
blö·deln[blø:dəln]《06》自 (h) ばか話をする; (わざと)ばかなまねをする.
Blöd·heit[blø:thaɪt] 女 -/-en **1**《単数で》blöd なこと. **2** ばかげた行為; くだらぬおしゃべり.
Blö·di·an[blø:dia:n] 男 -[e]s/-e =Blödling
Blö·dig·keit[blø:dɪçkaɪt] 女 -/《雅》**1** はにかみ; 内気: *seine* ~ ablegen はにかみを忘れる. **2** 愚かさ. **3** (目・視力の)衰え.
Blöd·ling[blø:tlɪŋ] 男 -s/-e (オーストリア: **Blö·dist**[blødíst] 男 -en/-en, 話: **Blöd·mann**[blø:t..] 男 -[e]s/..männer) (Dummkopf) ばか者, うすのろ.
[▽]**blöd·sich·tig** 形 目⟨視力⟩の弱い.
Blöd·sinn[blø:tzɪn] 男 -[e]s/ **1** (Unsinn) ばかげたこと: ~ reden ⟨treiben⟩ ばかげたことを言う⟨する⟩ | **höherer ~**《戯》全くのナンセンス;《話》くだらぬおしゃべり, たわごと. **2** (Schwachsinn) 白痴, 精神薄弱.
blöd·sin·nig[..zɪnɪç][2] 形 **1** ばかげた;《比》途方もない: ein ~*es* Gerede くだらぬおしゃべり | Es ist ~ kalt. ひどく寒い. **2** 白痴⟨精神薄弱⟩の.
blöd·sin·ni·ger·wei·se 副 ばかげたことに.
Blöd·sin·nig·keit[..kaɪt] 女 -/-en **1**《単数で》愚鈍さ; ばかばかしさ. **2** ばかげた言行.
blö·ken[blø:kən] 自 (h) (羊・牛などが)メエー⟨モー⟩と鳴く. [*mndd.*; 擬音]
blond[blɔnt][1] **I** 形 ブロンド⟨薄いとび色⟩の, 金髪の; (パンなどが)白っぽい: ein ~*es* Mädchen 金髪の娘 | ein ~*es* Gift (→Gift I) | ~*es* Bier《話》(黒ビールに対して普通の)淡色ビール ‖ *sich*[3] das Haar ~ färben lassen 髪を金髪に染めて⟨漂白して⟩もらう.
II Blon·de[1]《形容詞変化》**1** 女 男 金髪の人. **2** 女 中 《単数で》《話》(helles Bier) 淡色ビール: eine kühle ~/ein kühles ~*s* 1杯の冷えた淡色ビール(特に Berliner Weiße). [*germ.*−*fr.*; ◇blind]
Blon·de[2][blɔ́ndə] 女 -/-n《ふつう複数で》(模様入りの)絹レース.
blond·haa·rig[blɔ́nt..] 形 金髪の. [<blondes Haar]
blon·die·ren[blɔndí:rən] 他 (h) ブロンドに脱色⟨染色⟩する.
Blon·di·ne[..dí:nə] 女 -/-n 金髪の女: Von hinten ~, von vorne Ruine. 髪をブロンドに染めてめかし込んではいるが前にまわれば見るも無残. [*fr.*]
Blond·kopf[blɔ́nt..] 男 **1** 金髪の人(特に子供). **2** 金髪の頭.
blond·lockig 形 金髪の巻き毛の.
bloß[blo:s] **I** 形 **1** (unbedeckt) むきだしの, 裸の: mit ~*em* Auge 肉眼⟨裸眼⟩で | mit ~*en* Füßen はだしで | mit ~*en* Händen 素手で | mit ~*em* Kopf 無帽で | auf der ~*en* Erde schlafen 地べたで眠る ‖ Ich bin völlig ~. 《話》私は一文なしだ ‖ *sich*[4] ~ machen 裸になる | nackt und ~ liegen すっ裸で横になっている ‖ [▽]von aller Hilfe ~ 孤立無援の. **2**《付加語的》ただそれだけの, 単なる, 純然たる: im ~*en* Hemd シャツだけ着て | Es ist ein ~*er* Zufall. それはほんの偶然にすぎない | auf den ~*en* Verdacht hin ただあやしいというだけの理由で | Der ~*e* Anblick ⟨Gedanke⟩ macht mich schaudern. 〔そんなことは〕見る⟨考える⟩だけでも私は恐ろしい.
★動詞と用いる場合はときに分離の前つづりとみなされる.
II 副 **1**《特定の語〔句〕にかかり, ふつうその直前に置かれて; 制限・除外を示す》(nur) ただ…だけ, …しかない, 単に…にすぎない: Er denkt ~ an sich. 彼は自分のことしか考えない | Ich habe es ~ gehört. 私はそれを聞いただけだ | Ich habe ~ Kleingeld bei mir. 私は小銭しか手元にない | Er ist nicht dumm,~ faul. 彼はばかではなくてただ怠け者なだけだ ‖ **nicht bloß ..., sondern auch ...** …だけではなく…もまた | Sie ist nicht ~ hübsch, sondern auch klug. 彼女は美人であるばかりではなく頭もいい. **2**《条件文・願望文で》(nur) ただ, せめて, …でありさえすれば: Wenn er ~ hier wäre! 彼がここにいさえすればなあ. **3**《話し手の主観的心情を反映して》《話》(nur) **a)**《アクセントなしで: 疑問文に用いられ, 話し手の関心や不安・怪訝(けげん)・不快などの気持を表して》Was will er ~? いったい彼は何を望んでいるのか | Was soll ich ~ machen? さてどうしたものか. **b)**《しばしばアクセントをおいて: 命令文に用いられ, 話し手の要求・勧誘・激励などの気持を表して》Komm doch ~ mal her! まあいいからこっちへ来いってば | Ich lade auch Hans ein. − *Bloß* nicht! ハンスも招待するよ — とんでもない. **4**《方》(eben) たった今. [*ahd.* blōz „stolz“; ◇blöd]
bloß|decken[bló:s..] 他 (h) 覆いを取り除く: 再帰 *sich*[4] ~ 露見する; (寝相が悪くて)夜具をはぐ.
Blö·ße[blø:sə] 女 -/-n **1**《雅》裸, 裸体; 露出した肉体の一部(特に陰部): *seine* ~ bedecken (衣服で)自分の体を覆う. **2**《比》弱点; (フェンシングなどで)防備のすき: ***jm.* eine ~ bieten** …にすきを見せる | *seine* ~ nicht verbergen können 弱味を暴露する | ***sich*[3] eine ~ geben** 恥をさらす, ぼろを出す. **3** (森の中の木の生えていない)空地. **4** (なめす前の)毛をとった皮.
bloß·fü·ßig[bló:sfy:sɪç][2] =barfüßig
bloß|le·gen[bló:s..] 他 (h) さらす, 掘り出す; (秘密などを)あばく, 暴露する.
Bloß·le·gung 女 -/-en (bloßlegen すること. 例えば:) 発掘; 暴露; 〘地〙削剝(さくはく).
bloß|lie·gen* 《93》自 (h) (覆われずに)あらわになっている.
bloß|stel·len 他 (h) 《*jn.*》(…の)恥をさらす, (…を)さらし者にする; 《*et.*[4]》暴露する: *jn.* vor aller Welt ~ …を世間の笑い物にする | Er hat seine Unkenntnis *bloßgestellt.* 彼は自分の無知をさらけ出した ‖ 再帰 *sich*[4] durch *et.*[4] ~ …で恥をかく.
Bloß·stel·lung 女 -/-en (bloßstellen すること. 例えば:) 暴露, すっぱ抜き; 恥さらし.
bloß|stram·peln 《06》他 (h) 再帰 *sich*[4] ~ (子供などが寝相が悪くて)ふとんをはねのける.
Blou·son[bluzɔ̃:] 中 (男) -[s]/-s 〘服飾〙ブルゾン(すそにたるみを入れたジャンパーふうの上着). [*fr.*; <*fr.* blouse (→Bluse)]
Blow-up[blóuʌp] 中 -s/-s 〘写〙引き伸ばし;《比》(Aufbauschung) 誇張. [*engl.*; ◇blähen]
Blub·ber[blʊ́bər] 男 -s/- 《北部》下等ビール.
blub·bern[blʊ́bərn] 《05》自 (h) 《話》**1** (水の泡が)ぶくぶく上がる; ぼこぼこ煮えたつ. **2** 不明瞭⟨早口⟩にしゃべる.

B

Blụ̈·cher[blʏ́çər] 人名 Gebhard Leberecht von ～ ゲプハルト レーベレヒト フォン ブリュヒャー(1742-1819; プロイセンの将軍. 英将ウェリントンと協力して Napoleon 軍を Waterloo に破った): **rangehen wie ～**《話》臆することなく立ち向かう, 全力を投入する | **Aber sicher, sagte ～.**《話》絶対間違いないよ.

Blue jeans[blú:dʒi:ns, blú: dʒí:nz] 複〘服飾〙ブルージーンズ, ジーパン. [*engl.*]

Blues[blu:s, blu:z] 男 -/- 〘楽〙ブルース. [*amerik.*; ＜*engl.* blue (→blau)]

Bluff[bluf, blœf] 男 -s/-s はったり, こけおどし.

bluf·fen[blúfən, blœ́f..] (**blüf·fen**[blʏ́fən]) **I** 他 (h) 《*jn.*》(…に)はったりを言う〈はったりを言ってごまかす〉: *sich*[4] nicht ～ lassen 相手のはったり〈虚勢〉にごまかされない. **II** 自 (h) はったりを言う, 虚勢を張る. [*engl.* bluff]

blug[blu:k][1] (**blug·sam**[blú:kza:m]) 形《西部》きゃしゃな, 弱々しい, おずおずした. [*mhd.* blūc „zaghaft"]

blü·hen[blʏ́:ən] **I** 自 (h) **1** 花が咲いている;《比》盛りである, 栄えている;《戯》(顔が)吹き出物〈にきび〉だらけである: Die Obstbäume 〈Die Rosen〉 *blühen.* 果樹〈バラ〉の花が咲いている | Der Garten 〈Die Wiese〉 *blüht.* 庭〈草原〉が花盛りである | *js.* Weizen *blüht* (→Weizen 1) | Sie *blüht* wie eine Rose. 彼女はバラのように美しい ‖ Die Firma *blüht.* その会社は好調だ〈景気がいい〉| Mir *blühen* drei Kinder. 私のところでは3人の子供が元気に育っている | Jetzt *blüht* mein Glück. 今や私は運が向いて来ている ‖ 非人称 Es *blüht* im Garten. 庭は花盛りである. **2**《話》《*jm.*》(よくないことが…の身に)起こる: Wer weiß, was uns noch *blüht.* このさき私たちの身に何が起こるか分かったものじゃない | Mir hat das gleiche Schicksal *geblüht.* 私も同じ運命に見舞われた. **3**〘鉱〙露頭している; (結晶が)育つ. **4**《ｽｲｽ》非人称《es blüht》(急に)雲が広がる.

II blü·hend 現分 形 **1** 花の咲いている;《比》栄えている; 華麗な: ～*e* Dahlien 花盛りのダリア | ein ～*es* Gesicht 血色のいい〈はつらつとした〉顔 | ein ～*es* Geschäft 景気のいい商売〈店〉| Er steht im ～*en* Alter von 20 Jahren. 彼は20歳という若い盛りである ‖ ～ aussehen 見るからにはつらつとしている. **2** (übertrieben) 途方もない, はなはだしい: eine ～*e* Phantasie entwickeln 奔放な空想をたくましくする | ～*en* Unsinn reden 愚にもつかぬたわごとを言う | einen ～*en* Schnupfen haben ひどいかぜをひいている. [*westgerm.*; ◇Blume, Blüte, Blust]

Blü·het[blʏ́:ət] 男 -s/ ; 女 -/ 《ｽｲｽ》(Blütezeit) 開花期.

blüh·weiß[blʏ́:vaís] 形 (blütenweiß) まっ白な, 純白の.

blüh·wil·lig 形 (植物について)花のよく咲く, 今にも花を開こうとしている.

Blüm·chen Blume の縮小形.

Blüm·chen·kaf·fee 男《戯》(カップの底の花模様がすけて見えるほど)薄いコーヒー.

Blu·me[blú:mə] 女 -/-n (小 **Blüm·chen**[blʏ́:mçən], **Blüm·lein**[..laɪn], 雅: **Blü·me·lein**[..məlaɪn] 中 -s/-) **1 a)** 草花; (草花の)花; 切り花, 生花: **die blaue ～ / die Blaue ～** 青い花(ドイツロマン派文学のシンボル) | künstliche ～*n* 造花 ‖ ～*n* pflanzen 草花を植える | ～*n* pflücken 花をつむ | *jm.* ～*n* auf den Weg streuen …(新郎新婦など)の通る道に花をまく;《比》…の生活を楽しいものにしてやろうと努める | ～*n* 〈*Blümchen*〉 suchen gehen《話》便所へ行く | *jm.* einen Strauß ～*n* überreichen …に花束を手渡す〈献呈する〉| *Blumen* verbeten! (死亡通知で)供花はご辞退申しあげます | Laßt ～*n* sprechen! (花屋の標語で)花に思いを託して贈りましょう ‖ *et.*[4] **durch die ～ sagen** …を遠回しに言う | **Vielen Dank für die ～*n*!**《皮肉》ご忠告はありがたいですがね. **b)**《比》美しい〈清純な〉もの; 精華;《雅》(処女の)純潔, 処女性. **c)**〘化〙華, 露華;〘醸〙酵母, 麹(こうじ);〘医〙発疹(ほっしん). **2** (ワインの)芳香; (コップについだビールの)泡: *jm.* die ～ bringen《雅》…のために乾杯する | Prost ～! 乾杯. **3 a)** ＝Blesse 1 **b)**〘狩〙(ウサギの)尾; (キツネなどの)尾の先端. **c)**《ｽｲｽ》まだら牛. **4**〘料理〙牛のしりの赤肉(→ 図 Rind). [*germ.*; ◇Flor[2], Blatt, blühen; *engl.* bloom]

Blü·me·lein《雅》Blume の縮小形.

blü·meln[blʏ́:məln]《06》自 (h) **1** (ミツバチが)花のみつを集める. ▽**2** 言葉を飾る.

Blu·men[1][blú:mən] 男 -s/-《南部》**1** 精華; 圧巻. **2** (所有地の)収益. **3** 干し草くず. **4** ＝Graswuchs 2

Blu·men[2] Blume の複数.

▽**blü·men**[blʏ́:mən] **I** 他 (h) 花で飾る. **II ge·blümt** → 別出

Blu·men∗am·pel[blú:mən..] 女 つり下げ植木鉢(→ 図 Ampel). **∗ar·ran·ge·ment**[..|arãʒəmã:] 中 (花を盛った)花かご; 花束; 生け花, フラワーデザイン.

blu·men·ar·tig 形 花のような.

Blu·men·asch 男《中部》＝Blumentopf

Blu·men∗aus·stel·lung 女 草花の品評会, フラワーショー. **∗bau** 男 -[e]s/ 草花〈花卉(かき)〉栽培. **∗beet** 中 花壇. **∗bin·der** 男 ＝Florist 2 **∗blatt** 中〘植〙花弁. **∗brett** 中 (ベランダ・窓際などに置く)草花〈植木鉢〉用の台. **∗draht** 男 花束用の針金. **∗duft** 男 花の香り. **∗er·de** 女 (草花栽培用の)肥土. **∗fen·ster** 中 草花を飾った窓; 草花を育てられる窓辺. **∗flie·ge** 女〘虫〙ハナバエ(花蠅)科の昆虫. **∗flor** 男《雅》花盛り: im schönsten ～ stehen 美しく咲き誇っている. **∗freund** 男 草花愛好家. **∗gar·ten** 男 花園, 花畑. **∗gärt·ner** 男 草花栽培業者, 花作り. **∗ge·hän·ge** 中 ＝Blumengewinde **∗ge·schäft** 中 花屋, 生花店. **∗ge·win·de** 中 花輪, 花綵(はなづな). **∗göt·tin** 女 -/ (Flora) 花の女神. **∗grif·fel** 男〘植〙花柱. **∗gruß** 男 あいさつ〈祝い・見舞い〉に贈る花: *jm.* einen ～ schicken …にあいさつの花を届ける. **∗händ·ler** 男 花屋(人). **∗hart·rie·gel** 男〘植〙アメリカハナミズキ(花水木). **∗kä·fer** 男〘虫〙ハナムグリ(花潜)(コガネムシ科の昆虫). **∗ka·sten** 男 (ベランダなどに置く)プランター, フラワーボックス. **∗kelch** 男〘植〙萼(がく).

Blu·men·kohl 男〘植〙カリフラワー, 花野菜(→ 図 Kohl). [*it.* cavol-fiore (→Karfiol) の翻訳借用]

Blu·men∗korb 男 花かご. **∗kor·so** 男 花で飾った馬車の行列. **∗kranz** 男 花輪. **∗krip·pe** 女 (多段の)花台. **∗kro·ne** 女〘植〙花冠(花弁の集合, または花弁の合着した合弁花冠の総称). **∗la·den** 男 花屋(店). ▽**∗le·se** 女 **1** (Anthologie) 詩歌選, 詞華集. **2** 花摘み. **∗lieb·ha·ber** 男 草花愛好家. **∗mäd·chen** 中 花売り娘. **∗mu·ster** 中 花模様. **∗qual·le** 女〘動〙ハナクラゲ(花水母)(ヒドロゾアの一種). **∗ra·bat·te** 女 縁どり花壇.

blu·men·reich 形 花の多い, 花の咲き乱れた;《比》美辞麗句の多い.

Blu·men∗rohr 中 (Kanna)〘植〙カンナ[属]. **∗scha·le** 女 (生け花用の)水盤(→ 図 Schale). ▽**∗scher·be** 女, ▽**∗scher·ben** 男 ＝Blumentopf **∗schmuck** 男 花[飾り]による装飾. **∗spie·re** 女〘植〙ウメザキウツギ(梅咲空木). **∗spra·che** 女 花言葉. **∗stän·der** 男 植木鉢用の台, フラワースタンド. **∗stän·gel** ＝ Blumenstengel **∗staub** 男 花粉. **∗stecken** 中 -s/ 生け花(→ Ikebana). **∗sten·gel** 男, **∗stiel** 男〘植〙花柄. **∗stock** 男 -[e]s/..stöcke **1** 鉢植えの草花(→ 図). **2** 花を支える支柱. **∗strauß** 男 -es/..sträuße 花束. **∗stück** 中 **1**〘美〙花を描いた作品, 花の絵. **2** 花壇. **3** ＝Blume 4 **∗tie·re** 複〘動〙花虫類, サンゴ(珊瑚)虫類. **∗tisch** 男 花台. **∗topf** 男 **1** 植木鉢. **2** 鉢植えの草花: **mit *et.*[3] ist kein ～ zu gewinnen / mit *et.*[3] kann man keinen ～ gewinnen**《話》…によってでは何も達成できない | Damit ist bei ihm kein ～ zu gewinnen.《話》そんな手は彼には効かないよ. **∗un·ter·satz** 男 植木鉢の下皿〈受け皿〉. **∗va·se** 女 花瓶. **∗ver·käu·fe·rin** 女 花売り女〈娘〉. **∗wan·ze** 女〘虫〙ハナカメムシ(花亀虫)科の昆虫. **∗werk** 中 花綵(はなづな); 造

Manschette
Topf
Untersatz
Blumenstock

花. ≈**zucht** 女 花卉(かき)(草花)栽培. ≈**züch·ter** 男 草花栽培業者. ≈**zwie·bel** 女〘植〙草花の鱗茎(りんけい),(スイセンなどの)球根.

blü·me·rant[blyməránt] 形《話》(unwohl) 気分のすぐれない, 力〈気力〉のぬけた; 目まいのしている: Mir ist ~ 〔zumute〕. 私は気分が悪い | Mir wird ~ 〔vor den Augen〕. 私は目がくらくらする. [*fr.* bleu mourant „sterbend blau"]

blu·mig[blú:mıç][2] 形 **1** 花の咲き乱れた; (服などが) 花模様の; 花のように美しい. **2**《比》花の香りのする; (ワインが) 芳香のある. **3**《比》(言葉が) 美辞麗句の多い.

Blu·mist[blumíst] 男 -en/-en 草花栽培業者.

Blu·mi·stik[..místık] 女 -/ 草花栽培〔術〕.

Blüm·lein Blume の縮小形.

Blun·ze[blóntsə] 女 -/-n, **Blun·zen**[..tsən] 女 -/- 《南部・オーストリア》**1** (Blutwurst) ブラッドソーセージ: Das ist mir ~. それは私には全くどうでもいいことだ. **2**《話》太った女. [<Plunze]

Blu·se[blú:zə] 女 -/-n (小 **Blüs·chen**[blý:sçən], **Blüs·lein**[..laın] 中 -s/-) **1 a)** ブラウス; (丈の短い) 上っ張り, 仕事着: eine langärmelige ~ 長袖のブラウス | eine gefüllte 〈pralle〉 ~ haben / **etwas in** 〈**unter**〉 **der ~ haben**《話》乳房が大きい. **b)**〘軍〙(水兵服・野戦服の) 上着. **2**《話》(Mädchen) 女の子. [*fr.* blouse]

Blü·se[blý:zə] 女 -/-n (Leuchtfeuer)〘海〙有灯標識. [*ndd.*]

blu·sen[blú:zən][1] 自 (h)〘服飾〙ブラウジングがしてある,(ブラウス式に) ふっくらと仕立てられている.

blu·sen·ar·tig 形, **blu·sig**[blú:zıç][2] 形 ブラウスのような.

Blüs·lein Bluse の縮小形.

Blust[blu:st, blʊst] 男 中 -〔e〕s/《南部・スイス》(Blüte) 開花〔期〕, 花盛り. [*mhd.*; ◇blühen; *engl.* blossom]

blut.. 《名詞などにつけて「血」を意味するほか, 形容詞につけてこれを強調し, ふつうアクセントは同時に基礎語にもおかれる》: *blut*jung 全く若い | *blut*wenig ごくわずか.

Blut[blu:t] 中 -es(-s)/-e **1**〘生理〙血, 血液: ein konserviertes ~〘医〙保存血液 ‖ *jm.* ~ ablassen〘医〙…に刺胳(しらく)を施す | *jm.* ~ entnehmen〘医〙…から採血する | ~ spucken 喀血(かっけつ)する | das ~ stillen 止血する | ~ übertragen 〈spenden〉〘医〙輸血〈献血〉する.

2〘単数で〙(英: *blood*) (一般に) 血, 血液;《比》血の色; 血縁, 血統; 気質, 気分; (なま身の) 人間: **~ und Boden** 血と土 (種族とそれを培った土地の結合を強調するナチの人種主義的政策の指導理念) | **~ und Eisen** 血と鉄 (プロイセンの首相 Bismarck の演説中のことばに由来, 武力優位のいわゆる鉄血政策のこと) | *sein* eigen〔es〕Fleisch und ~ (→Fleisch 1 a) | Gut und ~ 生命財産 | wie Milch und ~ aussehen (→Milch 1 a).

‖〘形容詞と〙**blaues ~ in den Adern haben**《軽蔑的に》貴族の出である | **böses ~ machen** 〈**schaffen**〉 人々を憤激させる | dickes ~ haben 頭〈動作〉が鈍い | von edlem 〈bürgerlichem〉 ~ sein 貴族〈市民階級〉の出である | *et.*[3] frisches 〈neues〉 ~ zuführen …に新手のスタッフを入れる, …に新風を吹き込む | heißes 〈feuriges〉 ~ haben 激しやすい | junges ~《雅》《集合的に》若い人々, 後継者, 後進 | **ein junges ~**《雅》若者 | ein lustiges ~《話》陽気なやつ | **kaltes** 〈**ruhiges**〉 **~ bewahren** 冷静を保つ | 〔**Nur**〕 **ruhig ~!** まあまあ落ち着けよ ‖ das ~ der Abendsonne 血のように赤い夕日 | **das ~ Christi** (キリストの血を象徴する) 聖餐(せいさん)用赤ぶどう酒 | das ~ der Reben《雅》赤ワイン ‖ die Bande 〈die Fesseln〉 des ~*es* 血のきずな, 血縁 | Korallen ersten ~*es* 赤さが第一級のサンゴ | Kinder eines ~*es* 同じ血を分けた子供たち | die Stimme des ~*es* 血縁に基づく内心の声, 血族意識〈感情〉| Sie sind unseres ~*es*. 彼ら〈あなた・あなたがた〉は我らの一族〈一門〉である.

‖〘主語として〙*jm.* **erstarrt** 〈**gefriert** / **gerinnt** / **stockt**〉 **das ~ in den Adern** …は血の凍る思いがする (恐怖で) | **an** *js.* **Händen klebt ~**《雅》…の手は血にけがれている, …は殺人者である | *jm.* kocht 〈wallt〉 das ~ in den Adern …は血が煮えくり返る | Das ~ saust mir in den Ohren. 私は耳ががんがんする | Das ~ schoß 〈stieg〉 ihm ins Gesicht. 彼はさっと顔を赤らめた | *Blut* ist dicker als Wasser.《諺》血は水よりも濃い.

‖〘2格で〙die Bande des ~*s* 血のきずな〈つながり〉.

‖〘4格で〙**~ geleckt haben** (獣が) 血の味を覚える;《比》味をしめる | **~** 〔**und Wasser**〕 **schwitzen**《話》艱難(かんなん)辛苦〈悪戦苦闘〉する; (恐ろしくて) 冷や汗をかく, びくびく〈ひやひや〉する | ~ sehen《比》怒り狂う | ~ vergießen《比》流血の惨事を起こす, 死〔傷〕者を出す | *sein* ~ für *et.*[4] vergießen 〈hingeben〉 …のために生命をささげる.

‖〘前置詞と〙ein Kampf **bis aufs ~** 死闘, 血戦 | *jn.* bis aufs ~ aussaugen …を搾取し尽くす | ***jn.* bis aufs ~ peinigen** 〈**quälen**〉 …を徹底的に苦しめる, …をとことんまで痛めつける | ***jn.* bis aufs ~ reizen**《話》…をかんかんに怒らせる | **in ~** baden 血まみれになっている | ***et.*[4] in ~ ersticken**《雅》…を流血のうちに圧殺する | ***jm.* im ~ liegen** …の生まれつきの天分である | Die Musik liegt 〈sitzt〉 ihm im ~. 彼は天性の音楽家だ; 彼は根っからの音楽好きだ | **in *seinem* ~ schwimmen**《雅》(惨殺されて) 血の海にひたる | **im ~ waten**《比》流血の惨事をひき起こす, 大量殺戮(さつりく)を行う | *jm.* ins ~ gehen《比》…の血をわかせる | *jm.* in Fleisch und ~ übergehen (→Fleisch 1 a) | *sich*[4] 〈*seine* Hand〉 **mit** ~ beflecken《比》殺人〔の罪〕を犯す | ***et.*[4] mit *seinem* ~ besiegeln**《雅》…のために生命を捨てる | mit ~ getränkt sein (ある場所が) たくさんの血を吸っている | wie mit ~ übergossen dastehen (興奮・恥じらいで) 真っ赤になっている | **nach ~ lechzen** 〈**dürsten**〉《雅》血に飢えている | **von** reinem ~ 純血〔種〕の | voll 〔von〕 ~ sein (服などが) 血まみれである.

[*germ.*; ◇*engl.* blood]

Blut≈ader[blú:t..] 女〘解〙静脈. ≈**al·ko·hol** 男 (飲酒による) 血液中のアルコール〔含有度〕. ≈**al·ko·hol·be·stim·mung** 女 (飲酒運転取り締まりの際の) 血液中のアルコール含有度測定. ≈**an·drang** 男〘医〙〔実性〕充血. ≈**ap·fel·si·ne** 女 =Blutorange

blut·arm 形《比較変化なし》**1** [blú:t|arm] 貧血〔症〕の. **2** [ㄥㄥ] 赤貧〈極貧〉の.

Blut≈ar·mut[blú:t..] 女 (Anämie)〘医〙貧血〔症〕. ≈**auf·fri·schung** 女〘畜〙品種改良. ≈**au·ge** 中 **1** 充血した〈血走った〉目. **2**〘植〙クロバナロウゲ(黒花狼牙). ≈**aus·strich** 男 (顕微鏡検査用の) 血液塗抹. ≈**aus·tausch** 男〘医〙交換輸血. ≈**aus·wurf** 男〘医〙血痰(けったん). ≈**bad** 中 大量〔無差別〕殺戮(さつりく), 大虐殺: ein ~ anrichten / *Blutbäder* anrichten 大虐殺をやってのける. ≈**bahn** 女〘医〙血路. ≈**bank** 女 -/-en 血液銀行. ≈**bann** 男〘史〙(中世の領主の) 流血裁判権 (死刑その他の身体刑を科する裁判権).

blut≈be·deckt (≈**be·fleckt,** ≈**be·schmiert,** ≈**be·su·delt**) 形 血のついた, 血まみれ〈血染め〉の;《比》(殺戮(さつりく)による) 血にまみれた.

Blut·bild 中〘医〙血液像〔検査〕: ein ~ machen 血液像を検査する.

blut·bil·dend 形 造血の, 造血力のある.

Blut≈bil·dung 女 造血〔作用〕. ≈**bla·se** 女〘医〙血疱(けっぽう), 血豆(ちまめ). ≈**blei** 中 血液中の鉛〔含有度〕. ≈**blu·me** 女〘植〙ハエマンサス, マユハケオモト (眉刷毛万年青). ≈**bre·chen** 中 -s/〘医〙吐血. ≈**bu·che** 女〘植〙カッパービーチ (葉の色が赤褐色のブナの品種).

Blüt·chen Blüte の縮小形.

Blut·druck[blú:t..] 男 -〔e〕s/〘医〙血圧.

Blut·druck≈man·schet·te 女 血圧計の圧迫帯〈マンシェット〉. ≈**mes·ser** 男 血圧測定器, 血圧計. ≈**mes·sung** 女 血圧測定.

blut·druck·sen·kend 形 血圧を降下させる: ein ~*es* Mittel 血圧降下剤, 降圧剤.

Blut≈drü·se 女〘医〙内分泌〈脈管・血液〉腺(せん);〘生〙(甲殻類の) サイナス〈血洞〉腺. ≈**durst** 男 血に飢えていること, 残虐.

blut·dür·stig[..dʏrstıç][2] 形 血に飢えた, 残虐な.

Blü·te[blý:tə] 女 -/-n **1** (小 **Blüt·chen**[..çən] 中 -s/-) **a)** (ふつう果樹などの, また植物学上の) 花 (→Blume 1 a):

Dolden-traube Dolden-rispe die zusammengesetzte Dolde Dolde Schraube Rispe Köpfchen Körbchen 〔Blüten〕kätzchen Kolben Ähre Traube

Blütenstand

männliche 〈weibliche〉 ∼*n* 〘植〙雄花〈雌花〉‖ Die ∼ entfaltet sich 〈fällt ab〉. 花が開く〈散る〉| ∼*n* treiben (植物が)花をつける | **seltsame 〈wunderliche〉 ∼*n* treiben**《比》妙な結果を生む, 変なことになる | Die Phantasie hat üppige ∼*n* getrieben. 空想がどんどん膨らんだ〈飛躍した〉. **b)**《雅》精華, 精粋; 俊秀: die ∼ der Jugend えりぬきの若者たち. **c)**《話》(顔面の)吹き出物, ぶつぶつ, にきび. **d)** (無意識な)言葉のしゃれ; (空虚な)美辞麗句. **e)**《話》偽造紙幣, にせ札. **f)**《軽蔑的に》ろくでなし, できそこない. **g)**〘鉱・化〙〔硫黄〕華.

2《単数で》開花〔期〕, 花盛り;《比》全盛〈興隆〉〔期〕: eine 〔hohe〕 ∼ erreichen 隆盛をきわめる ‖ in ∼ stehen (樹木が)花を咲かせている | **in der ∼ *seiner* Jahre**《雅》男〈女〉ざかりのときに | in der ∼ der Jahre 〈des Lebens〉 sterben 働き盛りに死ぬ | in voller ∼ stehen (花が)満開である;《比》隆盛をきわめている | *et.*[4] in der ∼ vernichten《比》…をこれからという時にだめにしてしまう | *et.*[4] zur ∼ bringen《比》…を振興する. [*ahd.* bluot; ◇blühen]

Blut·egel[blú:t..] 男〘動〙チスイビル(血吸蛭): *jm.* ∼ ansetzen / an *et.*[3] ∼ setzen (医療のため)…にヒルをはって血を吸わせる.

blu·ten[blú:tən]《01》自 (h) (英: *bleed*) 出血する;《比》生命をなげうつ, 大散財をする; 赤色を呈する:〘人を主語として〙am Finger 〈aus der Nase〉 ∼ 指〈鼻〉から血を出す | stark ∼ ひどく出血する | **wie eine 〔an〕gestochene Sau 〈wie ein gestochenes Schwein〉 ∼**《話》ひどく出血する | fürs Vaterland ∼ 祖国のために生命をささげる | 〔für *et.*[4]〕 tüchtig 〈schön〉 ∼ müssen《話》〔…のために〕法外な代価を払わされる ‖ Der Baum *blutet.*《比》木〔の切り口〕から樹液が出る | Der Beton *blutet.*《比》コンクリートがブリージングする | Die Rebe *blutet.*《比》ブドウの木が樹液を失う ‖〘結果を示す語句と〙再帰 *sich*[4] zu Tode ∼ 出血多量で死ぬ ‖〘数量を示す4格と〙eine große Summe ∼ 大散財をする ‖〘身体部分を主語として〙Die Nase 〈Die Wunde〉 *blutet* 〔mir〕 sehr. 〔私は〕鼻〈傷口〉からひどく血が出る | *jm. blutet* das Herz (→Herz 1 a) ‖ *blutenden* Herzens 胸のはり裂ける〈断腸の〉思いで. [◇*engl.* bleed]

Blü·ten≠äh·re[blý:tən..] 女〘植〙穂状(すいじょう)花序. **≠bil·dung** 女 花のできること, 開花. **≠blatt** 中〘植〙花弁. **≠bo·den** 男〘植〙花托(かたく). **≠dia·gramm** 中〘植〙花式図(→ 図). **≠dol·de** 女〘植〙散形花序(セリ科など). **≠form** 女〘植〙花形(→ 図). **≠ho·nig** 男 (Nektar) 花蜜(かみつ). **≠hül·le** 女〘植〙花被. **≠kätz·chen** 中〘植〙尾状花序(→ 図 Blütenstand). **≠kelch** 男〘植〙萼(がく). **≠knos·pe** 女〘植〙花芽, つぼみ. **≠kol·ben** 男〘植〙肉穂(にくすい)花序(サトイモ科・パイナップル科など). **≠köpf·chen** 中〘植〙頭状花序(キク科など). **≠kro·ne** 女〘植〙花冠. **≠le·se** 女 詞華集, 名詩選, 名句集.

blü·ten·los[..lo:s][1] 形 花のない, 花の咲かない;〘植〙隠花の: ∼*e* Pflanzen 隠花植物.

Blü·ten≠öl 中 (花から採った)香油. **≠pflan·ze** 女 (Phanerogame)〘植〙顕花植物.

blü·ten·reich 形 たくさん花の咲く.

Blü·ten≠stand 男〘植〙花序(→ 図). **≠staub** 男〘植〙花粉. **≠ste·cher** 男〘虫〙ゾウムシ(象虫).

Blut·ent·nah·me[blú:t..] 女〘医〙採血.

Blü·ten·trau·be[blý:tən..] 女〘植〙総状花序(フジ・ナズナなど).

blü·ten·weiß 形 純白の: eine ∼*e* Weste haben 「(→Weste 1).」

Blü·ten·zweig 男 花のついている枝.

Blu·ter[blú:tər] 男 -s/- 〘医〙血友病患者, 出血性素因者.

..blüter[..bly:tər] = ..blütler

Blut≠er·bre·chen[blú:t..] 中 -s/〘医〙吐血. **≠er·guß** 男 (Hämatom)〘医〙血腫(けっしゅ); 内出血.

Blu·ter·krank·heit[blú:tər..] 女 -/ (Hämophilie)〘医〙血友病.

Blut·er·satz[blú:t|ɛr..] 男〘医〙血液代用剤, 代用血液.

Blü·te·zeit[blý:tə..] 女 開花期, 花盛り;《比》まっ盛り, 全盛期, 黄金時代.

blut·far·big[blú:t..] 形 血のような色をした, まっ赤な.

Blut≠farb·stoff 男〘生理〙ヘモグロビン, 血色素. **≠fa·ser·stoff** 男〘生理〙血液繊維素, フィブリン. **≠fink** 男〘鳥〙ウソ(鷽)の一種(飼育用の鳴鳥). **≠fleck** 男, **≠flecken** 男 **1** 血のあと, 血痕(けっこん). **2**〘生理〙血斑(けっぱん).

Blut·flecken·krank·heit 女 -/〘医〙血斑(けっぱん)病, 紫斑病.

Blut≠fluß 男〘医〙出血. **≠flüs·sig·keit** 女〘生理〙血漿(けっしょう).

blut·fremd[blú:tfrɛ́mt][1] 形 全く見知らぬ, 赤の他人の.

Blut·fül·le[blú:t..] 女〘医〙充血, 多血質〈症〉.

blut·ge·bun·den 形 血縁で結ばれた, 同じ血統の.

Blut≠ge·fäß 中〘解〙血管. **≠geld** 中 **1** 殺人犯引き渡し〈通告〉報償金. **2** (近親を殺された慰謝料として受ける)賠償金. **3** (殺人を依頼された者が受け取る)謝金. **≠ge·richt** 中 (中世後期の)重罪刑事法廷. **≠ge·rinn·sel** 中〘医〙凝血塊. **≠ge·rin·nung** 女〘医〙血液凝固. **≠ge·rüst** 中 死刑台, 絞首〈断頭〉台. **≠ge·schwulst** 女〘医〙血腫(けっしゅ). **≠ge·schwür** 中〘医〙疔(ちょう), 癤(せつ). **≠gier** 女 血〈殺生〉を好む性質, 残虐な性質.

blut·gie·rig 形 血に飢えている, 血〈殺生〉を好む, 残虐な.

Blut≠grup·pe 女 血液型: Ich habe die ∼ A. 私は血液がA型だ | Das ist meine ∼.《話》それは私の好みに合う. **≠hänf·ling** 男〘鳥〙ムネアカヒワ(胸赤鶸). **≠harn** 男〘医〙血尿. **≠har·nen** 中 (Hämaturie)〘医〙血尿〔が出ること〕. **≠hir·se** 女〘植〙メヒシバ(雌日芝). **≠hoch·druck** 男 -〔e〕s/〘医〙高血圧〔症〕. **≠hoch·zeit** 女 die Pariser ∼〘史〙(1572年8月24日の夜にパリのカトリック教徒がユグノー派約2000人を虐殺した)聖バーソロミューの虐殺. **≠hund** 男 **1** ブラッド=ハウンド(傷ついた獣の血をかいで追跡する猟犬). **2** 残虐な人間. **≠hu·sten** 男 (Hämoptoe)〘医〙喀血(かっけつ).

blu·tig[blú:tɪç][2] 形 **1** 血まみれの, 血を流している, 血のしたたる;《比》血なまぐさい, 流血の;《雅》残虐な, 血に飢えた: eine ∼*e* Schlacht 血戦 | eine ∼*e* Säuberung 血の粛清 ‖ *sich*[4] ∼ machen 血まみれになる;《比》殺人を犯す | *sich*[3] die Hände ～ machen 手を血でよごす; 《比》殺人を犯す | *jm.* die Nase ～ schlagen …を殴って鼻血を出させる. **2** 《付加語的》 **a**) 血液の; 〖医〗血性の: ～*er* Schweiß 血汗 | ～*er* Stuhl 血便. **b**) 血の出るほどの, ひどい, 全くの: ～*e* Tränen weinen 血涙を流す | Mir ist es ～*er* Ernst 〔damit〕./Es ist mein ～*er* Ernst. 〔そのことでは〕私は大まじめなんだ | ein ～*er* Laie ずぶの素人 | ～*es* Unrecht とんでもない不正. [*ahd.*; ◇Blut]

..blütig[1][..bly:tɪç][2] 《形容詞につけて「…の血をもつ」を意味する形容詞をつくる》: kalt*blütig* 冷血の; 冷酷な | weiß*blütig* 〖医〗白血病の.

..blütig[2][–] 《形容詞につけて「…の花をもつ」を意味する形容詞をつくる》: ein*blütig* 〖植〗単花の. [＜Blüte]

blut·jung[blú:tjúŋ] 形 まだ非常に若い.

Blut≈klee 男 〖植〗ベニバナツメクサ(紅花爪草). **≈klum·pen** 男 〖医〗血餅(けっぺい), 凝血塊. **≈kon·ser·ve** 女 〖医〗(凝固防止剤を入れた)保存用血液. **≈kör·per·chen** 中 〖生理〗血球: rotes 〈weißes〉 ～ 赤〈白〉血球.

Blut·kör·per·chen≈sen·kungs·ge·schwin·dig·keit 女 〖医〗血沈(赤血球沈降)速度. **≈zäh·lung** 女 (一定の血液量についての)血球算定.

Blut≈krank·heit 女 〖医〗血液疾患. **≈krebs** 男 -es/ (Leukämie) 〖医〗白血病. **≈kreis·lauf** 男 〖生理〗血液循環. **≈ku·chen** 男 ＝Blutklumpen **≈la·che**[..laxə] 女 **1** 血の海. **2** 〖医〗出血巣. **≈lau·gen·salz** 中 gelbes 〈rotes〉 ～ 〖化〗フェロ〈フェリ〉シアン化カリウム, 黄〈赤〉血塩. **≈laus** 女 〖虫〗リンゴワタムシ(林檎綿虫)(果樹に寄生し赤い体液を持ったアブラムシの一種).

blut·le·ben·dig[blu:t..] 形 《オーストリア》たいへん活発〈元気〉な.

blut·leer[blú:t..] 形 無血〔状態〕の, 貧血の; 《比》血のかよっていない, 人を感動させる力に乏しい.

Blut·lee·re 女 〖医〗駆血, 虚血.

..blütler[..bly:tlər] (**..blüter**[..bly:tər]) 《名詞につけて「花が…の形をした植物」または「受粉が…による植物」を意味する男性名詞 (-s/-) をつくる》: Lippen*blütler* 唇形花植物 | Insekten*blütler* 虫媒花. [＜Blüte]

blut·los[blú:tlo:s][1] 形 血のない, 無血の.

Blut≈mal 中 -〔e〕s/-e 赤痣(あかあざ) (Muttermal の一種). **≈man·gel** 男 -s/ 〖医〗貧血〔症〕. **≈mel·ken** 中 -s/ 搾乳のさい血が出て乳が赤く色づいてしまうこと.

blut·nö·tig 形 切実に必要な.

Blut≈op·fer 中 流血による犠牲; (戦乱・災害などの)犠牲者, 死者. **≈oran·ge** 女 [..orã:ʒə] (果肉・果汁の赤い)ブラッド＝オレンジ. **≈pfropf** 男 〖医〗血栓. **≈plas·ma** 中 〖生理〗血漿(けっしょう). **≈plätt·chen** 中 〖生理〗血小板. **≈pro·be** 女 **1** 血液検査. **2** (血液検査のための)採血. **≈ra·che** 女 (殺された者の)血縁者による復讐(ふくしゅう)〈仇(あだ)討ち〉. **≈rausch** 男 血に飢えた興奮状態. **≈re·gen** 男 (砂漠の砂などの混じった)赤い雨.

blut≈reich 形 血液の多い, 多血の. **≈rei·ni·gend** 形 〖医〗浄血作用のある: ein ～*es* Mittel 浄血剤.

Blut·rei·ni·gung 女 〖医〗血液浄化, 浄血.

blut·rot 形 血のようにまっかな, 深紅色の.

Blut·rot 中 〖生理〗ヘモグロビン, 血色素.

blut·rün·stig[..rʏnstɪç][2] 形 **1** 血に飢えている, 血を好む, 残虐な. **2** 流血の惨事〈大量の殺人事件〉を扱った(小説など). [*mhd.*; ◇Runse]

blut·sau·er(..sau·r..) 形 《話》やっかい極まる.

Blut·sau·ger 男 **1** 〖動〗 **a**) 吸血動物, (特に:) ヒル(蛭). **b**) アガマの一種(樹上に住む熱帯アジア産トカゲ. 吸血動物ではないが頭部が赤い): ein großer ～ チスイコウモリ(血吸蝙蝠). **2** (Vampir) (伝説上の)吸血鬼; 《比》強欲非道な人, 搾取者, 高利貸し.

Blut·sau·ge·rei[blu:tzaʊgəráı] 女 -/ 吸血; 《比》搾取, 酷使; 高利, 暴利.

Bluts≈ban·de[blú:ts..] 複 《雅》血縁のきずな. **≈bru·der** 男 《雅》(互いに血をまぜた杯を飲み合った)血盟の友, 盟友. **≈brü·der·schaft** 女 《雅》血盟〈盟友〉関係.

Blut≈schan·de[blú:t..] 女 -/ (Inzest) 近親相姦(そうかん). **≈schän·der** 男 近親相姦者.

blut·schän·de·risch[..ʃɛndərɪʃ] 形 近親相姦(そうかん)的な; 近親相姦の罪を犯した.

Blut≈schorf 男 血痂(けっか)(血液が凝固してできたかさぶた). **≈schuld** 女 《雅》殺人罪. **≈schwamm** 男 **1** 〖医〗血管性腫瘍(しゅよう). **2** ＝Feuerschwamm **≈sen·kung** 女 〖医〗赤血球沈降, 血沈; 血沈検査.

Blut·sen·kungs≈ge·schwin·dig·keit 女 〖医〗赤血球沈降速度, 血沈速度. **≈re·ak·tion** 〖医〗血沈(赤血球沈降)反応.

Blut·se·rum 中 〖医〗血清.

Bluts·ge·mein·schaft[blú:ts..] 女 血族共同体, 血縁社会.

Blut≈spen·de[blú:t..] 女 供血, 給血, 献血. **≈spen·der** 男 (輸血の)供血〈給血〉者, 献血者. **≈spucken** 中 -s/ ＝Bluthusten **≈spur** 女 血痕(けっこん). **≈stau·ung** 女 〖医〗鬱血(うっけつ). **≈stein** 男 〖鉱〗血石, 赤鉄鉱.

blut·stil·lend[..ʃtɪlənt][1] 形 〖医〗止血の: ein ～*es* Mittel 止血剤 | ～*e* Watte 止血綿.

Blut≈stil·lung 女 〖医〗止血〔法〕. **≈stockung** 女 〖医〗 **1** 鬱血(うっけつ). **2** 月経停滞. **≈strahl** 男 勢いよく噴き出る血: Ein ～ schoß aus der Wunde. 傷口からぱっと血が噴き出した. **≈strom** 男 **1** 〖生理〗(体内の)血流. **2** はげしく噴き出る血.

Bluts≈tröpf·chen[blú:ts..] 中 -s/- **1** Blutstropfen の縮小形. **2** 〖虫〗ベニモンマダラ(紅紋斑蛾)属のガ. **≈trop·fen** 男 **1** 血の滴(しずく): bis zum letzten ～ kämpfen 最後の一兵まで戦い続ける. **2** 赤い斑点(はんてん)のある虫〈草花〉.

Blut≈stuhl[blú:t..] 男 〖医〗血便, 血性下痢. **≈sturz** 男 〖医〗大喀血(かっけつ).

bluts·ver·wandt[blú:ts..] 形 血のつながりがある, 血縁〈同族〉の: der 〈die〉 *Blutsverwandte* 血縁者, 近親者.

Bluts·ver·wandt·schaft 女 血縁〔関係〕.

blutt[blʊt] **blüt·ter**[blʏ́tər]/最上級なし 形 《スイス》(nackt) 裸の, むき出しの; (arm) 貧しい; 《付加語的》(einzig) 唯一の. [*mhd.*; ◇bloß]

Blut≈tat[blú:t..] 女 《雅》殺人行為〈事件〉. **≈tau·fe** 女 〖カトリック〗血の洗礼, 殉教(洗礼の秘跡を受ける前にキリスト信仰のための殉教死を遂げること).

blüt·ter blutt の比較級.

Blut·trans·fu·sion[blú:t..] 女 〖医〗輸血.

blut≈trie·fend[..tri:fənt][1] 形 《付加語的》血がしたたっている. **≈über·strömt** 形 血だらけ〈血まみれ〉の.

Blut≈über·tra·gung 女 〖医〗輸血〔法〕. **≈um·lauf** 男 〖生理〗血液循環.

Blu·tung[blú:tʊŋ] 女 -/-en 〖医〗出血: eine innere ～ 内出血; 月経.

Blu·tungs≈an·ämie[blú:tʊŋs|anɛmi:] 女 〖医〗出血性貧血. **≈übel** 中 (出血しやすい特異体質からくる各種の)血液病.

blut·un·ter·lau·fen[blú:t..] 形 〖医〗充血〈皮下溢血(いっけつ)〉した.

Blut≈un·ter·lau·fung 女 〖医〗充血, 皮下溢血(いっけつ). **≈un·ter·su·chung** 女 〖医〗血液検査. **≈ur·teil** 中 (不正になされた)死刑の宣告. **≈ver·gie·ßen** 中 -s/ 血を流すこと, 流血〔の惨事〕: unnötiges ～ vermeiden 無用の流血をさける. **≈ver·gif·tung** 女 〖医〗(Sepsis) 敗血症, 膿毒(のうどく)症. **≈ver·lust** 男 (出血による)失血. **≈ver·mi·schung** 女 混血.

blut≈ver·schmiert 形 血まみれ〈血だるま〉の. **≈voll** 形 (lebendig) 元気のよい, はつらつとした.

Blut≈wal·lung 女 〖医〗充血, 鬱血(うっけつ). **≈wä·sche** 女 (Hämodialyse) 〖医〗血液透析. **≈was·ser** 中 -s/ ＝Blutserum **≈wei·de·rich** 男 〖植〗エゾミソハギ(蝦夷禊萩). **≈wel·le** 女 《雅》(波状の)血の流れ: Eine ～ schoß in sein Gesicht. 彼の顔はさっと紅潮した.

blut·we·nig 形 《無変化; 付加語的用法なし》ごくわずかの: von *et.*[3] ～ verstehen …のことをほんの少ししか知らない | *sich*[4] um *jn.* ～ kümmern …のことをまるで気にかけない.

Blut≈wurst 女 ブラッドソーセージ(豚の血を主原料にした暗褐色の柔かいソーセージ): Rache ist ～! (→Rache).

B

B

⸗**wurz** 女 キジムシロ(雉莚)属の草本(根を下痢止めの薬にする). ⸗**zeu·ge** 男 信念〈主義〉に殉ずる人; (Märtyrer)〘カトリック〙殉教者. ⸗**zoll** 男 (戦乱・災害などで失われた)犠牲者〔数〕: einen hohen 〈schweren〉 ~ fordern (事故などが)多数の死者を出す. ⸗**zucker** 男〘生理〙血糖.

Blut·zucker·spie·gel 男〘医〙血糖濃度, 血糖値.

B-Lym·pho·zyt[béːlʏmfotsyːt] 男〘免疫〙B リンパ球.

BLZ[beːǀɛltsɛ́t, báŋklaɪttsaːl] 略 =**Bankleitzahl** 銀行コード番号.

b. m. 略 **1** =**brevi manu** **2** =**beatae memoriae**

b-Moll[béːmɔl, ⌐⌐] 中 -/〘楽〙変ロ短調(記号 b:)→A-Dur

B. M. V.[beːǀɛmfáʊ] 略 =**Beata Maria Virgo**

BMW[beːǀɛmvéː] **I** 略 女 -/ =**Bayerische Motorenwerke AG** ベーエムヴェー (München に本社をもつ自動車製造会社). **II** 男 -〔s〕/-s 商標 ベーエムヴェー, BMW (I で製造された自動車).

BND[beːǀɛndéː] 略 男 -/ =**Bundesnachrichtendienst**

Bö[bøː] 女 -/-en〘海〙突風, はやて. [*ndl.* bui－*ndd.*]

Boa[bóːa·] 女 -/-s **1** (Königsschlange)〘動〙コモンボア, オウヘビ(王蛇). **2** ボア(羽毛・毛皮で作った細長い女性用襟巻). [*lat.*]

BOAC[bíːoʊeɪsíː] 女 -/ 英国海外航空(1974年に BEA と合併して BA と改称). [*engl.*; <*engl.* *B*ritish *O*verseas *A*irways *C*orporation]

Boar·ding·house[bóːrdɪŋhaʊs, bɔ́ːdɪŋ..][1] 中 -/-s [..haʊzɪs, ..zɪz] 下宿屋, 宿泊所. [*engl.*; ◇Bord, Haus]

Boa·schlan·gen[bóːa..] 複〘動〙ボア亜科のヘビ(アナコンダ・コモンボア・スナボアなど).

Bob[bɔp] 男 -s/-s (<Bobsleigh)〘スポーツ〙ボブスレー.

Bob·bahn[bɔ́pbaːn] 女 ボブスレーのコース.

bob·beln[bɔ́bəln] 《06》自 (h) 泡立つ. [*ndd.*]

bob·ben[bɔ́bən][1] 自 (h)〘スポーツ〙(ボブスレーで)上体を前後させてスピードをつける. [*engl.* bob]

Bo·ber[1][bóːbər] 男 -s/-〘海〙浮標, ブイ. [<*ndd.* boben „oben"]

der **Bo·ber**[2][–] 地名 男 -s/ ボーバー (Oder 川の支流). [◇Biber]

Bob⸗fah·ren[bɔ́pfaːrən] 中 =Bob ⸗**fah·rer** 男 ボブスレーの選手.

Bo·bi·ne[bobíːnə] 女 -/-n〘織〙つむ, 糸巻き, ボビン. [*fr.*; ◇*engl.* bobbin]

Bo·bi·net[bóːbinɛt, bobinɛ́t] 男 中 -s/-s〘服飾〙ボビネット(六角網目の機械編みネット地). [*engl.*; ◇Netz]

Bob·sleigh[bɔ́psle·, bɔ́bsleɪ] 男 -s/-s〘スポーツ〙ボブスレー(略 Bob). [*amerik.*; ◇Schlitten]

Boc·cac·cio[bɔkátʃo·] 人名 Giovanni ~ ジョヴァンニ ボッカチョ(1313–75; イタリアの作家. 作品《Dekameron》など).

Boc·cia[bɔ́tʃa·] 中 -〔s〕/ ; 女 -/ ボッチャ(芝生でするイタリアのボウリングに似た球戯). [*it.* „Kugel"]

Boche[bɔʃ] 男 -/-s[–] ボッシュ(フランス人のドイツ人に対する蔑称). [*fr.*]

Bo·chum[bóːxʊm] 地名 ボーフム(ドイツ Nordrhein-Westfalen 州にある工業都市. 1965年に Ruhr 大学が新設された). [◇Buche, Heim]

Bock[1][bɔk] 中 (男) -s/ =Bockbier

Bock[2][bɔk] 男 -〔e〕s/Böcke[bœ́kə] (小 **Böck·chen**[bœ́kçən], **Böck·lein**[..laɪn] 中 -s/-) **1 a)** (ヤギ・ヒツジ・シカ・ウサギなどの)雄: Reh*bock* ノロジカの雄 | Ziegen*bock* 雄ヤギ ‖ **einen ~ haben**《話》強情である | **auf** *et.*[4] **einen ~ haben**《若者語》…を欲している, …をしたがっている | **den ~ zum Gärtner machen**《話》猫にかつおぶしの番をさせる(ヤギなどが若芽を食い尽くすことから) | **den ~ melken**《話》間の抜けたことをする, むだぼねを折る | **die** *Böcke* **von den Schafen** 〈**die Schafe von den** *Böcken*〉 **scheiden** 〈**trennen**〉《比》悪人から善人を区別する(聖書: マタ25,32から) | **einen ~ schießen**《話》へまをやらかす(かつて射撃大会で雄ヤギを残念賞に与えたことから) | den ~ wegschicken《比》子供の強情をたたき直す ‖ *jn.* **stößt der ~**《話》…は強情だ; …は(強情に泣き続けて)しゃくり上げる | wenn die *Böcke* lammen《話》お日様が西から昇るとき ‖ *et.*[4] **aus ~ tun**《話》(然(しか)るべき理由もなしに)おもしろいからといって…をする. **b)**《比》不器用な人, 強情な人; 好色漢: ein alter 〈geiler〉 ~《話》助平じじい〈野郎〉. **c)**《話》(Schneider) 仕立屋.

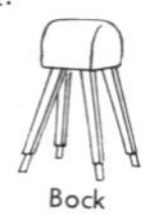
Bock

2 a) (馬跳び遊びの)馬;〘体操〙跳馬 (→ 図): 〔über den〕 ~ springen 馬跳びをする; 跳馬の演技をする | ~ stehen / *sich*[4] als ~ aufstellen 馬跳びの馬になる. **b)** (高い)スツール, 止まり木. **c)** (馬車の)御者台: auf dem hohen ~ sitzen《比》お高くとまっている, 高慢である.

3 a) 架台, 作業台; 文書架. **b)** (Sägebock) 木びき台. **c)**〘建〙トラス, 構脚. **d)** (荷車の)補助枠. **e)** (橋脚を守る)流氷よけのくい. **f)** (Prellbock)〘鉄道〙車止め. **g)**〘土木〙突き棒, 胴突(どうづき), たこ. **h)** 破城槌(つち).

4《話》**a)** 縦揺れの激しい平底船〈飛行機〉. **b)** あばれ馬.

5 a) =Bockkäfer **b)** =Bockpfeife

[*idg.*; ◇*engl.* buck]

bock·bei·nig[bɔ́kbaɪnɪç][2] 形 **1**《話》強情な, かたくなな; ぎごちない, かた苦しい. **2** 脚の曲がった.

Bock·bier[bɔ́k..] 中 ボックビール(強い黒ビール). [<Einbeck (中部ドイツの原産地名)]

Böck·chen Bock[2]の縮小形.

Böcke Bock[2]の複数.

böckeln[bœ́kəln] 《06》自 (h)《方》雄ヤギのにおいがする.

bocken[bɔ́kən] **I** 自 (h) **1**〘畜〙(雄ヤギなどが)さかりがついている;《話》性交する. **2** 頭で突く. **3** (馬などが)すねて歩かなくなる;《比》強情をはる, ふくれる; (機械などが)動かなくなる. **II** 他 (h)《方》再帰 *sich*[4] ~ 退屈する.

Bockerl[bɔ́kərl] 中 -s/-〔n〕《オーストリア》(アカマツの)松かさ.

Bock·huf[bɔ́k..] 男〘畜〙ヤギひづめ, 高ひづめ(馬のひづめの奇形).

bockig[bɔ́kɪç][2] (**böckig**[bœ́kɪç][2]) 形 **1 a)** 強情な, かたくなな, 依怙地(いこじ)な. **b)**《話》退屈な. **c)** 乱気流の. **2** ヤギのような〔におい・味のする〕; (ヤギ・ヒツジなどが)さかりのついた;《比》好色な.

Bock⸗kä·fer[bɔ́k..] 男〘虫〙**1** カミキリムシ(天牛, 髪切虫). **2** カミキリムシ科の昆虫. ⸗**kitz** 中 (↔Geißkitz)〘動〙ノロジカ(カモシカ)の若い雄.

Böck·lein Bock[2]の縮小形.

Bock·lei·ter[bɔ́k..] 女 二またばしご, 脚立(きゃたつ).

Böck·lin[bœ́kliːn] 人名 Arnold ~ アルノルト ベックリーン (1827–1901; スイスの画家. 幻想的画風をもって知られる).

Bock⸗mist[bɔ́k..] 男《話》(Unsinn) くだらぬ話, 駄弁; 大間違い. ⸗**müh·le** 女 (ドイツふうの)回転台付き風車(→ 図 Windmühle). ⸗**pfei·fe** 女〘楽〙バッグパイプ.

Bocks⸗bart[bɔ́ks..] 男 **1** ヤギのひげ. **2**〘植〙バラモンジン(婆羅門参)(根は西洋ごぼうと呼んで食用になる: →Haferwurzel). ⸗**beu·tel** 男 **1** ヤギの陰嚢(いんのう). **2** ボックスボイテル(フランケン産の上質ワイン〔を入れる袋形をした瓶〕: → 図 Flasche). ⸗**dorn** 男 -〔e〕s/〘植〙クコ(枸杞)属. ⸗**horn** 中 -〔e〕s/..hörner **1** ヤギの角(つの): *jn.* **ins ~ jagen** i)《話》…を脅してすくませる; ᵛii) …を窮地に追い込む | Laß dich nicht ins ~ jagen!《話》脅しにのってはいけない. **2** (らせん状に)ねじくれた飾り金具(戸や窓の). **3**《卑》(Penis) 陰茎, 男根. ⸗**hörndl**[..hœrndəl] 中 -s/-〔n〕《オーストリア》イナゴマメ(蝗豆)〔の果実〕.

Bocks·horn·klee 男 -s/〘植〙コロハ(胡廬巴)(マメ科の草本で芳香があり, 種子を薬用にする).

Bocks·mel·de 女〘植〙アカザ(藜)属の一種(悪臭がある).

Bock⸗sprin·gen[bɔ́k..] 中 -s/ , ⸗**sprung** 男 **1** (遊戯の)馬跳び(→ 図). **2**〘体操〙跳馬(→Bock[2] 2 a).

bock·steif 形 **1**《話》強情な. **2**《卑》(陰茎が)勃起(ぼっき)した.

Bockspringen

Bocks·tril·ler[bɔ́ks..] 男〘楽〙ボックストリラー(楽器のトリラーに似せた歌唱技術).

Bock≠stüt·ze[bɔ́k..] 女〘建〙方杖(ほうづえ), 筋交(すじかい). **≠wa·gen** 男 幌(ほろ)つき貨車. **≠wind·müh·le** =Bockmühle

Bock·wurst 女 ボックヴルスト(丸ごとゆでて食べる牛・豚肉のソーセージ). [<Bockbier]

Bod·den[bɔ́dən] 男 -s/- (バルト海沿岸に見られる入口の狭い)浅い入江. [*ndd.* boddem; ◇Boden]

Bo·de·ga[bodé:ga·] 女 -/-s (..gen[..gən]) **1** (スペインの)ワイン専門酒場. **2** (スペインの)ワイン貯蔵室. [*gr.* apothḗkē (→Apotheke)－*lat.*－*span.*; ◇Boutique]

Bo·den[bó:dən] 男 -s/Böden[bø:dən](ᵛ-s/-) **1 a)** 土地, 地表, 地面; 土, 土壌: fruchtbarer ⟨magerer⟩ ～ 肥えた⟨やせた⟩土 | jungfräulicher ～ 処女地 | lehmiger ～ 粘土質の土地 | sandiger ～ 砂地 ‖ Der ～ ist hart gefroren ⟨mit Schnee bedeckt⟩. 大地は堅く凍って⟨雪におおわれて⟩いる | Je fetter der ～ ist, umso fetter ist das Unkraut.《諺》肥えた土地には雑草もはびこる ‖〘3格で〙den Samen dem ～ anvertrauen《雅》種まきをする.

‖〘4格で〙den ～ bebauen ⟨bearbeiten⟩ 土地を耕す | **für *jn.* ⟨*et.*[4]⟩ den ～ vorbereiten**《比》…のために地ならしする, …の根回しをする | den ～ brechen《雅》土を耕す⟨すき返す⟩ | *jm.* den ～ ebnen《比》…のために障害を取り除く | ～ fassen《比》根をおろす, 根づく | **einen guten ⟨günstigen⟩ ～ für *et.*[4] finden ⟨vorfinden⟩**《比》…のために好都合な土壌を見出す, …を積極的に受け入れる地盤を見つける | einen gemeinsamen ～ für *et.*[4] finden《比》…のための共通の基盤⟨土俵⟩を得る.

‖〘前置詞と〙**auf fruchtbaren ～ fallen**《比》(思想・提案などが)積極的に受け入れられる, 広く反響を呼ぶ | Seine Vorschläge fielen auf fruchtbaren ～. 彼の提案は人々の賛同を得た | ***et.*[4] aus dem ～ stampfen**《比》(思いがけなく)…を手品のようにさっと取り出す | **wie aus dem ～ gestampft ⟨gewachsen⟩**《比》雨後のタケノコのように, あっというまに次々と | **in** fremdem ～ begraben sein 異郷の土となっている | in Grund und ～ (→Grund 1 a) | Ich wäre am liebsten in den ～ versunken. (恥ずかしくて)私は穴があったら入りたかった | *jn.* **unter** den ～ bringen《比》…を埋葬する | unter dem ～ liegen《比》地下に眠っている, 故人である | **vom** ～ freikommen ⟨loskommen⟩〘空〙離陸する.

b)《単数で》(領域としての)土地, 領土, 地盤: deutscher ⟨japanischer⟩ ～ ドイツ⟨日本⟩の国土 ‖ *jm.* ～ abgewinnen《比》…を負かす, …の上に出る | **～ gewinnen/an ～ gewinnen**《比》地歩を固める, 地盤を広げる, 普及する | **～ [wieder] gutmachen ⟨wettmachen⟩**《話》(競争相手に対して)遅れを取り戻す; 実力がつく, 進歩する | **～ verlieren / an ～ verlieren**《比》地盤⟨勢力⟩を失う.

2 (人がその上で立ったり動き回ったりしている屋外または屋内の)平面, 地面; (Fußboden) 床(ゆか); 《単数で》《比》基礎, 基盤: ***jm.* brennt der ～ unter den Füßen / *jm.* wird der ～ unter den Füßen zu heiß**《話》…は身の危険を感じる ‖ **den ～ aufsuchen**〘ボクシング〙マットに沈む, ダウンする | ***et.*[3] den ～ entziehen ⟨wegziehen⟩**《比》…の根を絶つ | **festen ～ unter den Füßen haben** ⟨bekommen⟩(船などから)大地に降り立っている⟨降り立つ⟩; 《比》基礎を固めている⟨固める⟩; (経済的に)安定している⟨安定する⟩ | **den ～ unter den Füßen verlieren** 足が宙に浮く, 足を踏みはずす; 《比》拠りどころを失う, ぐらつく | ***jm.* den ～ unter den Füßen wegziehen**《比》…の生活基盤を奪う; …の機先を制する, …の動きを封じる | Handwerk hat goldenen ～.《諺》手に職さえあれば食うには困らない, 芸は身を助く.

‖〘前置詞と〙**am** ～ liegen 地べたに横たわっている; 《比》へたばっている | *jn.* am ～ zerstören《話》…をこてんぱんにやっつける⟨完全にぶちのめす⟩ | **am ～ zerstört sein**《話》完全にまいって⟨へたばって⟩しまっている | **auf** den ～ fallen 地面⟨床の上⟩へ落ちる; 地面⟨床の上⟩に倒れる | *sich*[4] auf schwankendem ～ bewegen《比》基盤⟨前提⟩が不確実である | *sich*[4] auf schwankenden ～ begeben《比》不確実な前提に頼る, 推測や偶然を頼む | auf festem ～ stehen 足が地についている; 《比》考えがしっかりしている | auf dem ～ der Tatsache stehen《比》事実に基づいている | *sich*[4] auf den ～ der Tatsache stellen《比》事実に基礎をおく | *jn.* **zu** ～ drücken《比》…に重圧を加える, …をひどく悩ませる | zu ～ fallen 地面⟨床の上⟩に落ちる, 地面⟨床の上⟩に倒れる | **zu ～ gehen** ⟨sinken⟩〘ボクシング〙マットに沈む, ダウンする | die Augen zu ～ schlagen 目を伏せる | *jn.* zu ～ schlagen ⟨werfen⟩ …を打ち⟨投げ⟩倒す | *jn.* zu ～ strecken《雅》…を打ち⟨殴り⟩倒す | *sich*[4] vor *jm.* zu ～ werfen …の前にひれ伏す.

3 a) (英: *bottom*) 底: der ～ einer Kiste 箱の底 | der ～ des Meeres 海底(＝Meeresboden) ‖ das Glas **bis auf** den ～ leeren グラスを底まで飲みほす | ein Koffer **mit** doppeltem ～ 二重底のトランク | eine Moral mit doppeltem ～ (→doppelt) | ein Faß **ohne** ～ (→Faß 1 a) | ohne Netz und doppelten ～ (→Netz 1) ‖ Das schlägt dem Faß den ～ aus! (→Faß 1 a). **b)**〘楽〙(弦楽器の)共鳴板; (デコレーションケーキの)台; (ズボンの)しり; 〘写〙(スプリングカメラの)前ぶた.

4 (物置・物干し用などの)屋根裏[部屋](→ 図 Haus A, B): *et.*[4] auf dem ～ abstellen …を屋根裏にしまう.

5 ＝Bodenturnen

[*idg.*; ◇Fundus; *engl.* bottom]

Bo·den≠ab·gang[bó:dən..] 男 (穀物などの)貯蔵中の損耗. **≠ab·wehr** 女〘軍〙(空からの攻撃に対する)地上からの防御, 対空防御. **≠ana·ly·se** 女 土壌⟨土質⟩分析. **≠art** 女 土質, 地質. **≠be·ar·bei·tung** 女 耕作. **≠be·decker** 男 -s/-〘植〙地被(ちひ)植物. **≠be·lag** 男 (タイル・寄せ木など)床に張る⟨敷き詰める⟩建材, フロアリング材料. **≠be·la·stung** 女 (建物などの)地面にかかる荷重⟨重み⟩. **≠be·schaf·fen·heit** 女 地味, 地質; 地形, 地勢. **≠be·sitz** 男 土地所有.

Bo·den·be·sitz·re·form 女 土地[所有制度の]改革.

Bo·den-Bo·den-Ra·ke·te 女〘軍〙地対地ミサイル.

Bo·den≠brett 中 橇(そり)の底板; 〘建〙(コンクリート型枠の)底板. **≠eis** 中 (極地・高山の)一年中とけない氷, 万年氷.

bo·den·eng[bó:dən..] 形 (↔bodenweit) 閉脚の(馬の足が下ほど狭くなった姿勢: → 図 Pferd B).

Bo·den≠er·he·bung 女 土地の隆起; 高地, 台地, 高台. **≠er·trag** 男 土地[からの]収益: das Gesetz des abnehmenden ～*s* 収穫逓減の法則. **≠er·zeug·nis** 中 農産物. **≠fen·ster** 中 屋根窓, 天窓. **≠feu·er** 中 山火事のとき地面を走るように広がってゆく火. **≠fil·ter** 男 (中) (土層による汚水の)濾過(ろか)装置. **≠flä·che** 女 **1** 土地の表面, 地面; 土地の面積, 地積. **2** 床[の表面]. **≠frä·se** 女 ロータリー式耕耘(こううん)機. **≠frei·heit** 女 (自動車の)最低地上高(底面と地面との隔たり). **≠frost** 男 地面の凍結. **≠ga·re** 女〘農〙(土地・土壌などの)農耕に適した状態. **≠ge·fecht** 中〘軍〙地上戦闘. **≠ge·schoß** 中 最上階, 屋根裏部屋のある階. **≠gym·na·stik** 女 ＝Bodenturnen **≠haf·tung** 女 **1** (自動車タイヤなどの)接地性, ロードグリップ. **2**《比》現実に立脚していること. **≠kam·mer** 女 屋根裏の物置部屋(→ 図 Haus B). **≠kampf** 男 (柔道・レスリングなどの)寝技(ねわざ); 〘軍〙地上戦闘. **≠klee** 男〘植〙クローバ⟨シロツメクサ(白詰草)⟩の一種(地下に実をつける). **≠krieg** 男 地上戦争. **≠kul·tur** 女 **1** 土地の耕地化. **2** Hochschule für ～ (ウィーンにある)農科大学. **≠kun·de** 女 -/ 土壌学.

bo·den·lang 形〘服飾〙(すそが)床までの長さの.

Bo·den·le·ger 男〘建〙床張り⟨フロアリング⟩工.

bo·den·los[bó:dənlo:s][1] 形 **1** 底なしに深い; 《比》きわめがたい; 途方もない, 言語道断の: Die Schlucht schien mir ～. その渓谷は(深くて)底がないように思われた | ～*e* Tiefe 深淵(しんえん); 《比》底なし沼 | Das ist eine ～*e* Frechheit. それは全く不埒(ふらち)極まる ‖ ～ an *jm.* handeln …に対してけしからぬ振舞いをする.

2 底なし⟨底ぬけ⟩の; ずぶずぶの(道): Er ist ein ～*es* Faß. 彼は財布が底ぬけだ(だらしなく浪費する).

Bo·den-Luft-Ra·ke·te 女〘軍〙地対空ミサイル.

Bo·den≠lu·ke 女 屋根窓, 天窓; (屋根・天井の)はね上げ窓. **≠me·lio·ra·tion** 女 土地改良. **≠mü·dig·keit** 女〘農〙(連作による)土地の疲労. **≠ne·bel** 男〘気象〙(上

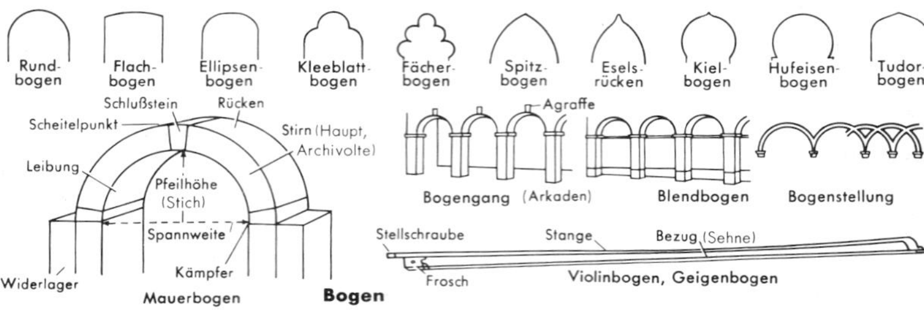

空ではなく)地上低いところに発生する霧. ≈**nut·zung** 女 土地利用. ≈**or·ga·ni·sa·tion** 女〘空〙地上施設(空港施設・航空灯台など). ≈**per·so·nal** 中〘空〙地上勤務員. ≈**prä·gung** 女 (食品の製造日などを示す)容器の底の刻印. ≈**preis** 男 土地の価格, 地価. ≈**recht** 中 **1**〘法〙土地法. **2**〘聖〙(古代イスラエルで)土地所有権. ≈**re·form** 女 土地〈農地〉改革. ≈**ren·te** 女 地代, 借地料. ≈**sa·nie·rung** 女〘農〙土地改良. ≈**satz** 男 沈殿物, おり, かす. ≈**schät·ze** 複 地下資源. ≈**schät·zung** 女〘経〙土地評価. ≈**schutz** 男 (浸食などに対する)土地の保護.

der **Bo·den·see**[bó:dənze:] 地名 男 -s/ ボーデンゼー(ドイツ・オーストリア・スイスの国境にあるドイツ最大の湖): ein Ritt über den ~ (→Ritt). [< Bodman (湖の西北畔の地名. カロリング王家の王宮があった)]

Bo·den≈sicht 女〘空〙(飛行機からの)地上の眺め, (着陸前の)地上の視界. ≈**spe·ku·la·tion** 女 土地の投機.

bo·den·stän·dig 形 土着の, はえぬきの, その地特有の, その地を動かない, その地にしばられた: ~*e* Industrie 地場産業.

Bo·den·stän·dig·keit 女 -/ bodenständig なこと.

Bo·den≈stein 男 (石うすの)下石; (溶鉱炉の)底石(→ 図 Hochofen). ≈**strö·mung** 女 海底の潮の流れ. ≈**stu·be** 女 (居住用の)屋根裏部屋. ≈**stück** 中 **1** 土台; 床板〔材〕. **2** (機関銃の)台じり. ≈**trep·pe** 女 屋根裏への階段. ≈**trup·pe** 女〘軍〙地上部隊. ≈**tuch** 中 -〔e〕s/..tü·cher〘劇〙地がすり(舞台の床に敷く布). ≈**tur·nen** 中〘体操〙床運動. ≈**ver·bes·se·rung** 女 土地改良.

bo·den·weit 形 (↔bodeneng) 開脚の(馬の足が下ほど広くなった姿勢: → 図 Pferd B).

Bo·den≈wel·le 女 **1** (土地の)うねり, 起伏. **2**〘電〙地上波. ≈**wich·se** 女《ｽｲｽ》床磨きワックス. ≈**wu·cher** 男 土地で巨利を得た人, 土地成金. ≈**zins** 男 =Bodenrente

Bo·dhi·satt·wa[bodizátva·] 男 -〔s〕/-s〘仏教〙菩提薩埵(ぼだいさった), 菩薩. [*sanskr.* „Erleuchtungs-wesen"; ◇Buddha]

bo·di·gen[bó:dɪɡən][2] 他 (h)《ｽｲｽ》《*jn.*》地面〈床〉に投げつける; やっつける: eine Aufgabe ~《比》課題をやってのける.

bod·men[bó:dmən] 《01》他 (h)〘海〙(航海資金を工面するために船舶を)抵当に入れる. [*mndd.*; ◇Boden]

Bod·me·rei[bo:dmərάɪ] 女 -/-en〘海〙船底〈船舶〉抵当貸借, 冒険貸借.

Bo·do[bó:do·] 男名 ボード.

Bo·do·mar[bo:domar] 男名 ボードマル. [< *ahd.* boto „Bote, Gebieter"+māri „berühmt"]

Bo·do·ni[bodó:ni·] **I** 人名 Giambattista ~ ジャンバッティスタ ボドーニ(1740-1813; イタリアの印刷業者・活字彫刻者). **II** 女 -/〘印〙ボドーニ〔体〕(欧文活字書体の一).

Bo·do·ni·druck 男 -〔e〕s/-e ボドーニ印刷法.

Bo·dy[bɔ́di·] 男 -s/-s《話》=Bodysuit

Body≈buil·der[bɔ́dibɪldər] 男 -s/- ボディービルをする人. ≈**buil·ding**[..bɪldɪŋ] 中 -〔s〕/《ｽﾎﾟｰﾂ》ボディービル. ≈**check**[..tʃɛk] 男《ｱｲｽﾎｯｹｰ》ボディーチェック. ≈**guard**[..ga:d] 男 -s[-z]/-s[-z] (身辺の)護衛, ボディーガード. ≈**stocking**[..stɔkɪŋ] 男 -〔s〕/-s〘服飾〙ボディーストッキング(伸縮自在な女性用下着). ≈**suit**[..sju:t] 男 -〔s〕/-s〘服飾〙ボディースーツ. [*engl.*; < *engl.* body „Körper"]

Böe[bǿ:ə] 女 -/-n =Bö

Boehm[bø:m] 人名 Theobald ~ テーオバルト ベーム(1794-1881; ドイツのフルート奏者・作曲家. 現行のベーム式フルートの考案者として知られる).

Boehm·flö·te 女 ベーム式フルート.

Boe·thius[boé:tsiʊs, ..tiʊs] 人名 ボエティウス(480頃-524頃; イタリアの哲学者. 著作は『哲学のなぐさめ』など).

Bo·fist[bó:fɪst, bofíst] 男 -es(-s)/-e〘植〙キツネノチャブクロ(狐茶袋), ホコリタケ(埃茸). [*mhd.* vohen-vist; ◇Fähe, Fist]

bog[bo:k][1] biegen の過去.

bö·ge[bǿ:ɡə] biegen の接続法 II.

Bo·gen[bó:ɡən] 男 -s/- (南部: **Bögen**[bǿ:ɡən]) **1 a)** 湾曲, 反り; 曲線, 弓形, 弧(→ 図 Kreis): der ~ eines Kreises 円弧 ‖ einen ~ beschreiben〈schlagen〉弧を描く | **einen großen**〈weiten〉**~ um** *jn.*〈*et.*[4]〉**machen** …を避けて通る, …に近づかない | **den ~ heraushaben**〈**spitzhaben**〉処理の仕方がうまい, やり方をよく心得ている | **große ~ spucken**《話》いばる, えらぶる ‖ **in** Bausch und **~** (→Bausch 2) | in großem〈hohem〉~ 大きく〈高く〉湾曲して | **in hohem**〈**im hohen**〉**~ hinausfliegen**〈**rausfliegen**〉大きな弧を描いて飛び出す;《話》みごとにはねつけられる, あっさり追い出される | *jn.* **in hohem**〈**im hohen**〉**~ hinauswerfen**〈**rauswerfen**〉《話》…を断固として追い払う | ein Ding mit einem ~《比》いかがわしいこと. **b)**〘電〙電弧, アーク. **c)**〘楽〙スラー; タイ. **d)**〘工〙曲率.

2 a) (英: *bow*) 弓;〘楽〙(弦楽器の)弓(→ 図);〘工〙(糸のこぎりの)弓;《ｽｲｽ》(干し草の)背負い網: den ~ ansetzen〈sinken lassen〉〘楽〙弓を当てがう〈離す〉| den ~ führen〘楽〙弓を動かす, 運弓する | den ~ spannen 弓を引き絞る | **den ~ überspannen**〈**zu straff spannen**〉《比》度を過ごす, はりきってやり過ぎる ‖ **mit** Pfeil und ~ schießen 弓を射る. **b)**〘建〙アーチ, せりもち(→ 図); 丸天井;〘遊戯〙(クロッケーなどの)フープ, 柱門;〘解〙眉梁(びりょう);〘楽〙(ホルンなどの)変調管: durchlaufende ~〘建〙連続アーチ. **c)** (馬のくらの)前弓; (めがねの)ブリッジ. **d)**〘劇〙(一枚ものの布に森などを描いて天井からつるす)つり物.

3 a) (略 Bg.) 全紙(一般に書籍の16ページ分); 規格判の紙: Das Buch umfaßt 20 ~. この本は全紙20枚分(320ページ)である | einen ~ in die Schreibmaschine spannen タイプ用紙をタイプライターにはさむ. **b)** 郵便切手シート. [*germ.* „Gebogenes"; ◇biegen; *engl.* bow]

Bo·gen≈an·le·ger 男〘印〙自動給紙装置機, フィーダー. ≈**boh·rer** 男 (原始人が発火に用いる)弓ドリル. ≈**brücke** 女 アーチ橋. ≈**feld** 中 (Tympanon)〘建〙ティンパヌム(玄関上部の, アーチと楣(まぐさ)で囲まれた半円形の壁部分). ≈**fen·ster** 中 アーチ形の窓. ≈**flan·ke** 女〘紋〙(盾の)両側の弓形図形(→ 図 Wappen e).

bo·gen·för·mig 形 アーチ形の, 弓形の, 円弧状の.

Bo·gen≈fries 男 (特にロマネスク建築の)アーチ形を連ねた壁装飾. ≈**füh·rung** 女〘楽〙(弦楽器の)運弓〔法〕, ボーイング. ≈**gang** 男 **1**〘建〙アーケード(→ 図 Bogen). **2**《複数で》〘解〙(内耳の)〔三〕半規管(→ 図 Ohr). ≈**hand** 女

–/ (↔Zughand)〘洋弓〙(射るときに)弓をにぎる手, ゆんで, 左手. ≈**hanf** 男〘植〙チトセラン(千歳蘭)(熱帯産のユリ科植物で, 繊維を弓の弦とする). ≈**kor·rek·tur** 女〘印〙校正〔刷り〕. ≈**lam·pe** 女 アーク灯(→ 図). ≈**län·ge** 女〘数〙曲線の長さ. ≈**licht** 中 -〔e〕s/-er アーク灯の光, 弧光. ≈**li·lie**[..liə] 女〘植〙キルタンサス(南アフリカ原産のヒガンバナ科植物). ≈**li·nie**[..niə] 女〘数〙弧, 曲線. ≈**maß** 中〘数〙弧度, ラジアン. ≈**mi·nu·te** 女 分(角度の単位; ふつう単に Minute を用いる). ≈**pfei·ler** 男〘建〙飛びばり, アーチを支える柱. ≈**sä·ge** 女 糸(弓形)のこぎり. ≈**schie·ßen** 中 -s/ 弓術;〘スポーツ〙洋弓. ≈**schuß** 男 **1 a)** 弓を射ること. **b)** 矢の届く距離. **2**〘軍〙高角射撃(→Kernschuß). ≈**schüt·ze** 男 射手, 弓術家. ≈**seh·ne** 女 弓のつる(弦): gespannt wie eine ~ 弓のつるのようにぴんと張った. ≈**se·kun·de** 秒(角度の単位; ふつう単に Sekunde を用いる). ≈**stel·lung** 女〘建〙アーチの配列(→ 図 Bogen). ≈**strich** 男 =Bogenführung

Bogenlampe

bo·gen·wei·se 副 (→..weise ★) **1** 弓形に, アーチ形に. **2**〘印〙全紙一枚ずつ: Briefmarken ~ kaufen 切手をシート単位で買う.

Bo·gen≈wei·te 女〘建〙アーチの幅. ≈**zir·kel** 男 (製図用)スプリング=コンパス.

Bo·gey[bóːgiˑ, bóʊgiˑ] 中 -s/-s〘ゴルフ〙ボギー. [*engl.*; <*engl.* bug „Spuk"]

bo·gig[bóːgɪç][2] 形 弓形の, 曲線の; うねうねした. [<Bogen]

Bo·go·tá[bogotá] 地名 ボゴタ(コロンビア共和国の首都).

Bo·gu·mil[bóːgumiːl] 男名 ボーグミール. [*slaw.* „Gottlieb"]

Bo·hai[bɔ́xăĭ] =Parhae

Bo·heme[boέːm, boέːm, bohéːm, bohέːm; ..mə] 女 -/《集合的に》ボヘミアン(市民的規律を無視した芸術家・学生など); ボヘミアンふうの生き方, 自由放縦. [*mlat.* bohemus „Böhme"–*fr.*]

Bo·he·mien[boemiɛ̃ː, bohe..] 男 -s/-s ボヘミアン. [*fr.*; ◇*engl.* Bohemian]

Boh·le[bóːlə] 女 -/-n **1** 厚板. ▽**2**《スイス》(Anhöhe) 小丘陵, 高台. **3**《北部》競売. [*mndd.*; ◇Balken]

boh·len[1][bóːlən] 形《付加語的》厚板製の.

boh·len[2][–] 他 (h)《*et.*[4]》(…に)厚板を張る.

Boh·len≈be·lag 男 厚板張り. ≈**weg** 男 (ぬかるみ・湿地などの)板敷き道.

Bohl·werk[bóːl..] 中 (厚板・鉄筋コンクリートなどで造られた)岸壁.

Böhm[bøːm] 人名 Karl ~ カルル ベーム(1894–1981; オーストリアの指揮者).

Böh·mak[bǿːmak, béːmak] 男 -s/-en《オーストリア》《軽蔑的に》ボヘミア人, チェコ人. [◇Böhmen]

böh·ma·keln[bǿːmakəln, béːm..]《06》《過分 gebö hmakelt》自 (h)《オーストリア》(radebrechen) へたなドイツ語(チェコ語なまりなど)を話す.

Böh·me[1][bǿːmə] 人名 Jakob ~ ヤーコプ ベーメ(1575–1624; ドイツの神秘主義的自然哲学者).

Böh·me[2][bǿːmə] 男 -n/-n (女 **Böh·min**[..mɪn]-/-nen) ベーメン(ボヘミア)人.

Böh·men[bǿːmən] 地名 ベーメン, ボヘミア(チェコの中核をなす地方で中心都市は Prag. 英語形 Bohemia). [*lat.* Bōi〔o〕hēmum–*ahd.* Beheim; ◇Bojer, Heim]

Böh·mer[..mər] **I** 男 -s/- =Böhme[2]
II 形《無変化》ベーメン(ボヘミア)の.

das **Böh·mer·land** 地名 中 -〔e〕s/ =Böhmen

der **Böh·mer·wald** 地名 男 -〔e〕s/ ベーメン(ボヘミア)森 (Bayern と Böhmen の間にある山地で最高峰1458m).

Böh·min Böhme[2]の女性形.

böh·misch[bǿːmɪʃ] 形 ベーメン(ボヘミア)〔人〕の;《話》奇妙な, 不可解な: *jm.* (für *jn.*) ~*e* Dörfer (ein ~*es* Dorf) sein (→Dorf 1) ‖ ***jm.* ~ vorkommen**《話》…にとって奇妙に思える, …にはほとんど信じられない | ***et.*[4] ~ einkaufen**《オーストリア》《話》…をちょろまかす(盗む).

Boh·ne[bóːnə] 女 -/-n (小 **Böhn·chen**[bǿːnçən], **Böhn·lein**[..laɪn] 中 -s/-) **1** (英: *bean*) 豆, (特に:) ソラマメ(空豆), インゲンマメ(隠元豆): Kaffee*bohnen* コーヒー豆 ‖ **blaue ~*n***《話》鉄砲玉 | dicke ~*n* ソラマメ | eigentliche ~*n* インゲンマメ属 | grüne ~*n* サヤインゲン(莢隠元) | japanische ~*n* ダイズ | türkische ~*n* ベニバナインゲン(紅花隠元) | weiße ~*n* インゲンマメ ‖ **~*n* in den Ohren haben**《話》耳が聞こえない ‖〘強い否定を示して〙**nicht die ~ / keine ~**《話》全然(まったく)…でない | Bist du müde?— Nicht die ~! / Nicht die Spur von einer ~! 疲れたかい—いや全然 | Ich verstehe ihn keine ~.《話》彼の言うことは私にはちっとも分からない | Das ist keine (nicht die) ~ wert. それはなんの価値もない. **2** (馬の)門歯のくぼみ(年齢を示す); (馬の)口蓋腫(こうがいしゅ). **3**《複数で》(羊などの)落ち毛. **4**《話》(Geld) かね, ぜに. [*germ.*; ◇*engl.* bean]

boh·nen[bóːnən]《方》=bohnern

Boh·nen≈erz[bóːnən..] 中〘鉱〙粒鉄鉱, 卵状褐鉄鉱. ≈**fest** 中〘キリスト教〙豆祭(主の公現の祝日〔1月6日〕の俗習で, 豆を1粒入れたケーキが焼かれる). ≈**hül·se** 女 豆のさや. ≈**kaf·fee** 男 (コーヒー豆による)純正コーヒー. ≈**kraut** 中〘植〙シソ科の植物(地中海地方原産で香辛料にする). ≈**ku·chen** 男 **1** (油を搾った後の)豆かす. **2** 豆粉入りのケーキ. **3** Bohnenfest に焼くケーキ. ≈**lied** 中 豆の歌(愚行・不法などを非難する中世の俗謡): *jm.* das ~ singen《比》…をくびにする | Das geht übers ~!《話》それはひどすぎる. ≈**mehl** 中 豆粉, きなこ. ≈**stan·ge** 女 豆のつるをはわせる棒(支柱);《比》(やせた)のっぽの人: lang wie eine ~ sein (ひょろひょろの)のっぽである. ≈**stroh** 中 豆殻, 豆の茎;《比》手ざわりの粗いもの, ごわごわしたもの: ~ im Kopf haben 頭がすっからかんだ | dumm wie ~ sein (→dumm 1). ≈**sup·pe** 女 豆入りスープ.

Boh·ner[bóːnər] 男 -s/- (長い柄のついた)床(デッキ)ブラシ; (電気掃除機の)床磨き用ブラシ.

Boh·ner≈be·sen 男, ≈**bür·ste** 女 =Bohner ≈**ma·schi·ne** 女 電動式床ブラシ.

boh·nern[bóːnərn]《05》他 (h) (床を)磨く: den Fußboden (die Küche) ~ 床(台所の床)を磨く | Vorsicht, frisch *gebohnert*! (はり紙で)注意！床磨きたて. [*mndd.* bōnen „blankreiben"; ◇Phase]

Boh·ner·wachs[bóːnər..] 中 床磨き用ワックス: das ~ auftragen (verreiben) 床にワックスを塗る.

Böhn·lein Bohne の縮小形.

Bohr[boːr] 人名 Niels ~ ニールス ボーア(1885–1962; デンマークの理論物理学者. 1922年ノーベル物理学賞受賞).

Bohr·ar·beit[bóːr..] 女 -/-en《ふつう複数で》〘坑〙穿孔(せんこう)(ボーリング)作業.

boh·ren[bóːrən] **I** 他 (h) **1** (英: *bore*) (穴などを)うがつ: ein Loch in (durch) *et.*[4] ~ …に穴をうがつ | einen Brunnen (einen Schacht) ~ 井戸(坑道)を掘る.
2《*et.*[4]》(…に)穴をうがつ: hartes Holz ~ 堅い木に穴をあける;《比》強い抵抗を突破する | kein hartes Holz ~ (→Holz 1 a) | **das Brett (das Holz) ~, wo es am dünnsten ist**《話》いちばん楽なやり方をする.
3 突き刺す(通す): einen Bohrer in (durch) das Holz ~ 錐(きり)(ドリル)を木に突き立てる | *jm.* ein Messer in (durch) den Leib ~ …の体にナイフを突き刺す ‖ *jm.* einen Esel (ein Eselsohr) ~ (→Esel 1) | ein Schiff in den Grund ~ 船を沈める ‖ 再帰 *sich*[4] ~ 突き刺さる(通る); (虫などが)食いこむ | Das Wasser *bohrt* sich durch die Wand. 水が壁にしみこむ | Die Zehe *bohrt* sich durch den Strumpf. 靴下の破れから指がのぞく | Seine Augen *bohrten* sich in die meinen. 彼は食い入るように私の目に見入った | Kummer *bohrte* sich in sein Herz. 悲しみが彼の心に食い入った.
4 ほじくり出す: den Kümmel aus dem Käse ~《比》つまらぬことをやたらにやかましく言う(チーズの中のウイキョウをほじくる).
II 自 (h) **1** (鉱石などを求めて)掘る, ボーリングする, 作孔する: nach Kohle[3] (auf Kohle[4]) ~ 石灰を求めて掘る.

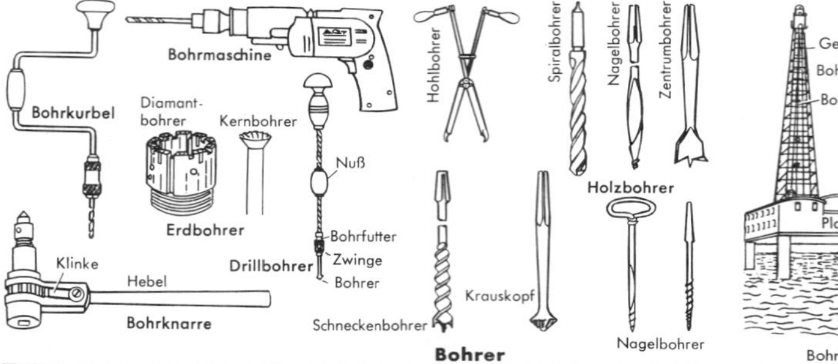

Bohrer

2 a) 《in *et.*³》(…を)ほじ〔く〕る; 《比》つつき回す; (感情などが)うずく: 〔mit dem Finger〕 **in** der Nase ～ 鼻をほじくる | in der alten Wunde ～《比》古傷をつつく | Der Holzwurm *bohrt* im Schrank. キクイムシがたんすを食い荒らす | Der Schmerz *bohrt* mir im Kopf. 私は頭がずきずき痛む | Reue 〈Haß〉 *bohrte* in ihm. 彼の心を後悔の念がさいなんだ〈憎悪の気持がえぐった〉. **b)** 《bei 〈an〉 *jm.*》(…に)しつこくたずねる: Sie hat so lange bei ihm *gebohrt*, bis sie alles erfahren hat. 彼女はすべてを知るまで彼にしつこく質問した. **3** 《話》カンニングをする.

III boh·rend 現分 形 穴をうがつ(虫); 《比》(刺すように)うずく(痛み・感情); 食い入るような: ～*e* Blicke 鋭い視線 | ～*e* Fragen くどい質問 | einen ～*en* Verstand haben 勘が鋭い.

[*germ.*; ◇Bord; *engl.* bore; *lat.* forāre „bohren"]

Boh·rer[bóːrər] 男 -s/- **1** 穴あけ器, ボーリング機, 錐(きり); 錐の先端, ドリル刃(→ 図). **2** 穴あけ〈ボーリング〉工; 〘坑〙 作孔夫. **3** 〘泳〙(飛び込みの)後ろ宙返り1回半.

Bohr≠flie·ge[bóːr..] 女 〘虫〙 ミバエ(実蠅)科の昆虫(果実に産卵する). **≠fut·ter** 中 〘工〙(刃を固定する)ドリル=チャック(→ 図 Bohrer). **≠ge·stän·ge** 中 〘工〙 穿孔(せんこう)ロッド(→ 図 Bohrer). **≠ham·mer** 男 〘工〙 穿孔機, ハンマードリル; 〘坑〙 鑿岩(さくがん)機(→ 図). **≠in·sel** 女 〈海底の地下資源開発用の〉海上掘削基地(→ 図 Bohrer). **≠kä·fer** 男 〘虫〙 ナガシンクイムシ(長芯食虫)科の昆虫. **≠knar·re** 女 〘工〙 ハンドボール, ラチェット錐(きり)(→ 図 Bohrer). **≠kur·bel** 女 〘工〙 クランクボール, 曲がり柄錐(きり)(→ 図 Bohrer). **≠loch** 中 **1** (錐・ドリル・ボーリング機などでうがった)穴, 中ぐり穴; 〘坑〙 ボーリング孔; 発破(はっぱ)孔. **2** (虫などがあけた)穴. **≠löf·fel** 男 (ボーリング用の)泥すくい器. **≠ma·schi·ne** 女 〘工〙 穿孔機, ボール盤, 中ぐり盤; 電気ドリル(→ 図 Bohrer); 〘坑〙 ボーリング機, 鑿岩機. **≠mehl** 中 〘工〙 穿孔くず; 〘坑〙 繰り粉. **≠mei·ßel** 男 穿孔〈ボーリング〉ビット. **≠mu·schel** 女 -/-n 《ふつう複数で》〘貝〙 ニナガイ科(→ 図 Muschel). **≠spin·del** 女 〘工〙 中ぐり軸. **≠turm** 男 〘坑〙 ボーリング塔〈やぐら〉(→ 図 Bohrer).

Bohrhammer

Boh·rung[bóːrʊŋ] 女 -/-en **1** (bohren すること. 例えば:) 穿孔(せんこう); 〘坑〙 ボーリング, 作孔: ～*en* nach Erdöl 石油をとるためのボーリング. **2** (管・銃身・砲身などの)内腔(ないこう)

Bohr≠win·de[bóːr..] 女 〘工〙 クランク〈曲がり柄〉ドリル. **≠wurm** 男 **1** =Bohrmuschel **2** 《比》しつこくねだる〈せんさくする〉人. **≠zet·tel** 男 《話》カンニングペーパー.

Boi[bɔʏ] 男 -s/-s フランネルの一種. [*fr.*－*ndd.*]

bö·ig[bǿːɪç]² 形 **1** 突風のような, 突風の来そうな. **2** 突風の多い. [<Bö]

Boi·ler[bɔ́ʏlər] 男 -s/- ボイラー, 〔瞬間〕湯沸かし器. [*engl.*; <*lat.* bullīre „wallen" (◇Bulle²)]

ᵛ**boi·sie·ren**[boazíːrən] 他 (h) 板張りにする: eine Fläche ～ ある面を板張りにする. [*fr.*; <*fr.* bois „Holz" (◇Busch²)]

Bo·jar[bojáːr] 男 -en/-en 〘史〙 ボヤール(中世ロシア・近世ルーマニアの大地主貴族). [*russ.*; ◇*engl.* boyar]

Bo·je[bóːjə] 女 -/-n **1** (英: *buoy*) 〘海〙 浮標, ブイ; (漁網の)浮き: ～*n* auslegen ブイを並べる | an die ～ gehen (船が)ブイに係留される. **2** 《中部》(Wiege) ゆりかご. [*afr.*－*mndl.*－*ndd.* boye]

Bo·jer[bóːjər] 男 -s/- 〘史〙 ボイイ人(ケルト系でボヘミアの最古の住民. Böhmen という地名はこれに由来する). [*lat.* Bō〔i〕ī]

Bo Juyi[bɔ́dʑỳì] =Bai Djü-i

Bok·mål[bóːkmoːl, búːk..] 中 -〔s〕/ (↔Nynorsk) ボークモール(ノルウェー東部・都市地域に普及しているノルウェー公用語. かつては Riksmål と呼ばれた). [*norw.* „Buch-sprache"]

Bol[boːl] 男 -s/ =Bolus

Bo·la[bóːla·] 女 -/-s (南米のインディオが狩りに用いる)投げなわ(→ 図). [*lat.* bulla (→Bulle²)－*span.* bola „Kugel"]

Kugel Seil
Bola

..bold[..bɔlt]¹ 《話》《名詞・動詞につけて「習慣的に…する人」を意味する男性名詞 (-〔e〕s/-e) をつくる》: Tugend*bold* 《軽蔑的に》道徳家ぶる人 | Lügen*bold* 大うそつき | Scherz*bold* 冗談を好む人 | Sauf*bold* 大酒飲み | Rauf*bold* 暴れん坊. [<bald]

Bo·le·ro[boléːro·] 男 -s/-s **1** ボレロ(スペインの民族舞踊〔曲〕). **2** ボレロ(短い女性用上衣). [*span.*]

Bo·le·ro·jäck·chen[boléːro..] 中 =Bolero 2

Bo·lid[bolíːt]¹ 男 -s/-e(-en/-en) **1** 〘天〙 大流星, 火球(非常に明るい流星). **2** (一人乗りの)レーシングカー. [*gr.* bolís „Wurfgeschoß"; ◇Balliste]

Bo·li·var[bolíːvar] 男 -〔s〕/-〔s〕 ボリーバル(ベネズエラの貨幣〔単位〕). [19世紀の南アメリカ独立運動の英雄の名]

Bo·li·via[..via·, bolíβĭa·] =Bolivien

Bo·li·via·ner[boliviáːnər] 男 -s/- ボリビア人.

bo·li·via·nisch[..nɪʃ] 形 ボリビア〔人〕の.

Bo·li·via·no[..no·] 男 -〔s〕/-〔s〕 ボリビアーノ(ボリビアの貨幣〔単位〕). [*span.*]

Bo·li·vi·en[bolíːviən] 地名 ボリビア(南アメリカ大陸中央部にある共和国で首都は Sucre). [*span.*]

Bo·li·vi·er[..viər] 男 -s/- =Bolivianer

bo·li·visch[..vɪʃ] =bolivianisch

böl·ken[bœlkən] 自 (h) 《北部》 **1** (牛・羊などが)鳴く. **2** 《話》(人が)大声でわめく; 大きくおくびを出す. [*mndd.*; ◇bellen; *engl.* belch]

Böll[bœl] 人名 Heinrich ～ ハインリヒ ベル(1917-85; ドイツの作家. 1972年ノーベル文学賞受賞).

Bol·lan·dist[bɔlandíst] 男 -en/-en 〘キリスト教〙 ボランディスト(ベルギーのイエズス会士ボランド J. de Bolland が1643年からはじめた聖人伝の編者).

Bọl·le[bɔ́lə] 女 -/-n **1**《北部》**a**)(Zwiebel) タマネギ(玉葱). **b**)(Range) 腕白坊主, きかん坊: ***sich***⁴ **wie ~**〔**auf dem Bock** / **auf dem Milchwagen**〕**amüsieren** 大いにおもしろがる. **2**《戯》懐中時計. **3**《戯》〔大きい〕鼻. **4**《話》靴下の穴: eine ~ im Strumpf haben 靴下に穴があいている. [*ahd.*; ◇Ballen, Bowle]

Bọl·len·ge·wächs 中〘植〙球根〈鱗茎(りんけい)〉植物.

Bọ̈l·ler[bœ́lər] 男 -s/- **1**(祝砲などに使う)小臼砲(きゅうほう); (昔の)投石砲; (おもちゃの)空気銃. **2** 爆音花火. [*mhd.*; < *ahd.* bolōn „schleudern"]

bọl·le·rig[bɔ́lərɪç]² 形 (plump) ぶかっこうな; 不器用な.

bọl·lern[bɔ́lərn]《05》自《話》**1** (s) ぶつかる: mit dem Kopf an den Pfosten ~ 頭を柱にぶつける. **2** (h) たたく, ノックする: mit der Faust auf den Tisch ~ こぶしでテーブルをたたく. **3** (h) とどろく, ごろごろいう〈転がる〉. **4** (h)(サッカーなどで)やみくもにシュートする.

bọ̈l·lern[bœ́lərn]《05》自 (h) **1** 祝砲〈礼砲〉を放つ; 爆竹を鳴らす; 非人称 Es *böllerte* im Dunkeln. やみの中で銃声がした. **2** ゴロゴロ〈グツグツ〉音をたてる.

Bol·lẹt·te[bolɛ́tə] 女 -/-n **1**《オーストリア》通関〈納税〉証明書. **2**《南部》入場券, 切符. [*it.*; < *lat.* bulla (→Bulle²)]

Bọll·werk[bɔ́lvɛrk] 中 **1** (Kai) 波止場, 埠頭(ふとう), 岸壁; 防波堤; (船の)波よけ板, 舷牆(げんしょう); 〘土木〙シートパイリング: Das Schiff legt am ~ an 〈liegt am ~〉. 船が岸壁に着く〈着いている〉. **2**〘史〙塁壁, とりで: ein ~ gegen *jn.* errichten …に対する防壁を築く; 《比》…の攻撃を防ごうとする | ein ~ des Friedens 平和の守り. [*mhd.*; ◇Bohle; *engl.* bulwark]

Bo·lọ·gna[bolɔ́nja·, bolóɲɲa·] 地名 ボローニャ(イタリア北部の州および州都. 1119年に創立された世界最古と言われる大学がある). [*it.*]

Bo·lo·gne·se[bolɔnjé:zə] 男 -n/-n ボローニャの人.

bo·lo·gne·sisch[..njé:zɪʃ] 形 ボローニャ〔産〕の.

Bo·lo·mẹ·ter[bolomé:tər] 中 (男) -s/- 〘理〙ボロメーター, 輻射(ふくしゃ)熱計, 放射熱計. [< *gr.* bolḗ „Wurf, Strahl"]

Bol·sche·wịk[bɔlʃevík] 男 -en/-i[..ki·], -en (↔Menschewik) ボルシェビキ(旧ロシア社会民主労働党の左派・レーニン派の通称, のちのソビエト共産党員); 《軽蔑的に》共産党員. [*russ.*; < *russ.* bolše „mehr"]

bol·sche·wi·sie̩·ren[..vizí:rən] 他 (h) ボルシェビズム化する.

Bol·sche·wi·sie̩·rung[..rʊŋ] 女 -/-en ボルシェビズム化.

Bol·sche·wịs·mus[..vísmʊs] 男 -/ ボルシェビズム, ボルシェビキ路線.

Bol·sche·wịst[..víst] 男 -en/-en =Bolschewik

bol·sche·wị·stisch[..vístɪʃ] 形 ボルシェビズムの.

Bọltz·mann[bɔ́ltsman] 人名 Ludwig ~ ルードヴィヒ ボルツマン(1844-1906; オーストリアの理論物理学者).

Bọ·lus[bó:lʊs] 男 -/ **1**〘地〙膠塊(こうかい)粘土(黄・赤色の含鉄粘土. 顔料や止血に用いる). **2**〘畜〙大丸薬; 〘医〙ボールス, かみ砕いた食物の塊. [*gr.* bõlos „Erdscholle" – *spätlat.*]

ᐁ**Bolz**[bɔlts] 男 -es/-e =Bolzen

bọl·zen[bɔ́ltsən]《02》**I** 他 (h) **1** ボルトで締める **2**《話》(*et.*⁴)《方向を示す語句と》(ボールなどを…へ)蹴る, シュートする. **3 a**)《方》再帰 *sich*⁴ ~ 取っ組み合いをする, つかみ合いのけんかをする. **b**)《話》(prügeln) 殴る. **II** 自 (h)《話》(サッカーで)漫然と〈無計画に〉プレーをする.

..bolzen[..bɔltsən]《名詞につけて「…の性格を顕著にもつ人」を意味する男性名詞(-s/-)を作る》: Charme*bolzen* 魅力的な人 | Temperaments*bolzen* 気性の活発な人.

Bọl·zen[–] 男 -s/- **1 a**)(英: *bolt*)〘工・建〙ボルト; くさび; (Dübel) 合わせくぎ, 木くぎ; 〘鉄道〙犬くぎ; 〘坑〙支柱. **b**)《方》(昔のアイロンに入れる)焼き鉄(→ 図 bügeln): ein paar ~ einlegen《話》二三杯ひっかける. ᐁ**2** (弩(いしゆみ)などで飛ばす)投げ矢: alles zu ~ drehen《比》万策を講じる ‖ alle *seine* ~ verschießen 矢だねを射尽くす; 《比》万策尽きる | einen ~ auf *jn.* abschießen《比》…を攻撃する. [*ahd.* bolz]

Bọl·zen·ge·lenk 中〘工〙ピン継ぎ手(→ 図 Gelenk).

bọl·zen·ge·rạ·de[..gərá:də] 形 (背筋などを)まっすぐに伸ばした.

Bọl·zen⸗plät·te 女 焼き鉄アイロン(→ 図 bügeln). ⸗**schloß** 中 南京錠.

Bol·ze·rei̩[bɔltsəráɪ] 女 -/-en《サッカー》漫然とした〈無計画な〉プレー.

bọlz·ge·rạ·de[bɔ́ltsgərá:də] =bolzengerade

Bö̩·mak 男 -s/-en =Böhmak

bö̩·ma·keln《06》=böhmakeln

Bom·bạ·ge[bɔmbá:ʒə] 女 -/-n **1**〘工〙(ガラスを熱して)曲げること; (ブリキなどの縁の)折り曲げ. **2** (腐った缶詰のふたの)膨れ. [*fr.*; ◇bombieren]

Bom·bạr·de[bɔmbárdə] 女 -/-n **1**〘楽〙**a**) 低音ストップ(オルガンの音栓のひとつ). ᐁ**b**) =Bomhart ᐁ**2** (14-15世紀の)射石砲(→ 図). [*fr.*; < *lat.* bombus (→Bombus)]

Bombarde (Mörser)

Bom·bar·de·ment[bɔmbardəmã́; オーストリア :..dmá:] 中 -s/-s(スイス: [..dəmɛ́nt]-s/-e) (激しい)砲撃, 爆撃; 〘理〙(原子核などへの)衝撃: das ~ auf eine Stadt eröffnen 町に対し砲撃〈爆撃〉を開始する | ~ mit Briefen 〈Komplimenten〉《比》たくさんの手紙〈あいさつ〉を浴びせかけること ‖ Ein ~ setzte auf das deutsche Tor ein. 《サッカー》ドイツ側のゴールに対して波状攻撃が始まった. [*fr.*]

bom·bar·die̩·ren[..dí:rən] 他 (h) (激しく)砲撃〈爆撃〉する; 〘理〙(原子核などを)衝撃する: *jn.* mit Fragen 〈Vorwürfen〉 ~ …に質問〈非難〉の雨を浴びせる. [*fr.*]

Bom·bar·die̩r·kä·fer[..dí:r..] 男〘虫〙ホソクビゴミムシ(細頸塵芥虫)(敵に襲われるとポンという音とともに臭い霧を吹き出す甲虫).

Bom·bar·die̩·rung[..dí:rʊŋ] 女 -/-en 砲撃, 爆撃: die ~ des Flughafens 空港に対する砲撃〈爆撃〉.

Bom·bar·don[..dɔ̃́:] 中 -s/-s〘楽〙バス=チューバ. [*it.* – *fr.*]

Bom·bạst[bɔmbást] 男 -〔e〕s/ **1** 誇張, 大げさな表現: hohler ~ 空虚な美辞麗句. ᐁ**2** (衣服に詰める)詰め綿. [*mgr.* bámbax „Baumwolle" – *mlat.* bombāx – *mfr.* bombace – *engl.*; < *gr.* bómbyx „Seidenraupe"; ◇Wams]

bom·bạ·stisch[..tɪʃ] 形 誇張した, 大げさな(表現): eine ~*e* Reklame 大げさな広告 | eine ~*e* Architektur (人を圧倒するほどの)飾り立てた〈きらびやかな〉建築物 | *et.*⁴ ~ ankündigen …を大げさに予告する.

Bọm·bay[bɔ́mbe·, bɔmbéɪ] 地名 ボンベイ(インド西岸の港湾都市 Munbai の旧称). [*Hindustani* bambai]

Bọm·be[bɔ́mbə] 女 -/-n **1** (英: *bomb*) 爆弾; ᐁ砲弾; 《単数で》《話》(Atombombe) 原爆: Brand*bombe* 焼夷(しょうい)弾 ‖ auf *et.*⁴ ~*n* 〔ab〕werfen〘軍〙…を爆撃する | eine ~ entschärfen 爆弾の信管を除去する | eine ~ legen 爆弾を仕掛ける | eine Stadt mit ~*n* belegen 〈beschießen〉 ある都市を爆撃する | **Die ~ ist geplatzt.** 爆弾が破裂した; 《比》(恐れていた)事態が急に表面化した | Die Nachricht schlug wie eine ~ ein. そのニュースは一大センセーションをまき起こした ‖ ᐁ〔**Potz**〕**~*n* und Granaten!** (驚いて)これはこれは; ええい くそっ | **mit ~*n* und Granaten durchfallen** (試験で)もののみごとに落第する.

2《話》**a**)(サッカーなどの)強烈なシュート; (興行の)大当たり. **b**) すごいやり手.

3 a)(Stahlflasche)〔ガス〕ボンベ. **b**)〘地〙火山弾. **c**) 山高帽. **d**) =Eisbombe **e**)《話》でぶ.

[*gr.* bómbos (→Bombus) – *lat.* – *it.* – *fr.*; ◇ *engl.* bomb]

bọm·ben[bɔ́mbən]¹ 他 (h) **1** 爆撃する: Das Schiff wurde von feindlichen Flugzeugen *gebombt.* 船は敵機の爆撃を受けた ‖ *jn.* zu 〈aus〉 *et.*³ ~ 爆撃を集中して…を…へ〈から〉追い立てる | den Feind aus der Stadt ~ 爆撃によって敵を市街から追い出す. **2**《話》(ボクシングなどで)パンチをきかせる; (サッカーで)強烈なシュートをする: 〔den Ball〕aufs 〈ins〉 Tor ～〘ｻｯｶｰ〙ゴールに強烈なシュートをする.

bomben..《名詞・形容詞につけて「爆弾」を意味するほか, 口語では「ものすごい・非常な・巨大な」を意味し, ふつうアクセントは同時に基礎語にもおかれる》: *Bomben*erfolg 大成功 | *Bomben*geschäft ぼろもうけ仕事 ‖ *bomben*sicher 絶対確実な.

Bọm·ben⸗ab·wurf 男 爆弾投下. **⸗an·griff** 男 爆撃. **⸗an·schlag** 男 爆弾による襲撃〔計画〕, 爆弾テロ. **⸗at·ten·tat** 中 爆弾を用いた暗殺行為, 爆弾テロ. **⸗be·set·zung** 女〘劇〙豪華配役.

Bọm·ben⸗ele·mẹnt 中《間投詞的に》《話》(驚き・感嘆・怒りなどの気持を表して)これはこれは, ちくしょう. **⸗er·fọlg** 男《話》大成功: Er hatte in dieser Rolle immer einen ～. 彼はこの役でいつも大当たりをとった.

bom·ben·fest 形 **1** [´◡◡] 爆弾(爆撃・砲撃)に耐える, 防弾の. **2** [´◡´]《話》絶対確実な: Das steht ～. それは絶対確実だ.

Bọm·ben·flug·zeug 中〘軍〙爆撃機: ein strategisches ～ 戦略爆撃機.

Bọm·ben⸗fọrm 女《話》in ～ sein〘ｽﾎﾟ〙すごく調子がよい. **⸗gẹld** 中《話》非常に多額の金. **⸗ge·schäft** 中《話》ぼろもうけ仕事.

Bọm·ben·ge·schwa·der 中 爆撃機〔編〕隊.

Bọm·ben⸗hịt·ze 女 酷暑; 非常に高度の熱. **⸗kẹrl** 男《話》好漢, やり手.

Bọm·ben⸗kra·ter 男 =Bombentrichter **⸗last** 女〘軍〙爆弾積載(投下)量: ～ über der Stadt abwerfen 積載してきた爆弾を都市の上空で投下する | Die auf diese Stadt abgeworfene ～ beträgt zweitausend Tonnen. この都市に投下された爆弾の量は2000トンにのぼる. **⸗le·ger** 男 -s/- 爆弾仕掛け人, 爆弾犯人. **⸗nacht** 女 激しい爆撃を受けた夜.

Bọm·ben⸗prẹis 男《話》驚くほどの高値〈安値〉. **⸗rọl·le** 女《話》〘劇〙当たり役.

Bọm·ben⸗scha·den 男 爆撃による被害. **⸗schüt·ze** 男 (爆撃機搭乗員のなかの)爆撃手, 爆弾投下員.

bom·ben·si·cher 形 **1** [´◡◡◡] 爆弾(爆撃・砲撃)に耐える: ein ～*er* Unterstand 防空壕(ごう). **2** [´◡´◡]《話》絶対確実な: Ich weiß es ～. 私はそのことを絶対確実に知っている | Das Geld ist dir ～. その金は絶対確実に君のものだ.

Bọm·ben·split·ter 男 爆弾の破片.

Bọm·ben⸗stịm·me 女《話》声量のすばらしく豊かな声. **⸗stịm·mung** 女《話》上機嫌, 快活さ.

Bọm·ben⸗tep·pich 男〘軍〙じゅうたん爆撃: einen ～ auf eine Stadt legen ある都市をじゅうたん爆撃する. **⸗ter·ror** 男 爆弾テロ.

Bom·ben·tref·fer 男 **1** [´◡◡◡] 命中した爆弾. **2** [´◡◡´◡]《話》〘ｻｯｶｰ〙強烈なシュート.

Bọm·ben·trich·ter 男 (爆弾の爆発によってできたすり鉢状の)弾孔.

Bọm·ber[bɔ́mbər] 男 -s/- **1** (Bombenflugzeug)〘軍〙爆撃機. **2**《話》(サッカーなどの)シュートの名手.

Bọm·ber⸗jacke 女〘服飾〙爆撃機パイロット風のジャンパー. **⸗ver·band** 男 (複数編隊からなる)爆撃機.

bom·bie·ren[bɔmbí:rən] **I** 他 (h) 反らす, (ブリキなどの)へりを曲げる: *bombiertes* Blech 波形ブリキ. **II** 自 (h) 反る, 膨らむ. [*fr.*; ◇Bombage]

bọm·big[bɔ́mbɪç][2] 形《話》すごい, すばらしい, 圧倒的な: ein ～*es* Auto 〈Mädchen〉 いかす自動車〈女の子〉. [<Bombe]

Bọm·bus[bɔ́mbʊs] 男 -/- (Hummel)〘虫〙マルハナバチ(円花蜂). [*gr.* bómbos－*lat.* bombus „Brummen"; ◇bam, Bombe]

Bọm·hart[bɔ́mhart] (**Bọm·hard**[..hart][1]) 男 -〔e〕s/-e(-s)〘楽〙ボンバルト(14-17世紀のカラムス属の木管楽器: →Pommer[1]). [<Bombarde]

Bọm·mel[bɔ́məl] 女 -/-n (男 -s/-〔s〕)《北部》(服の)飾り房; 毛糸の玉. [<Bummel[1]]

Bom·mer·lụn·der[bɔmərlʊ́ndər, ´◡◡◡] 男 -s/- ボンマールンダー(蒸留酒の一種). [産地名から]

bon《ﾌﾗﾝｽ語》→*bon* voyage

Bon[bɔŋ, bɔ̃:] 男 -s/-s **1** 食券: auf ～ essen 食券で食事をする. **2** (レジなどで出す)レシート, 受領証. [*lat.*－*fr.*]

bọ·na fị·de[bó:na· fí:də, – ..de·]《ﾗﾃﾝ語》(↔mala fide) (guten Glaubens)〘法〙善意で. [◇Bonus, fidel]

Bo·na·pạr·te[bonapártə, bɔnapárt] 人名 Napoleon ～ ナポレオン ボナパルト(→Napoleon I).

Bo·na·par·tịs·mus[bonapartísmʊs] 男 -/ ボナパルティズム(ボナパルト家の政策およびその皇統の支持).

Bo·na·par·tịst[..tíst] 男 -en/-en ボナパルティスト (Bonapartismus の信奉者).

bo·na·par·tị·stisch[bonapartístɪʃ] 形 ボナパルティズムの.

Bo·na·ven·tụ·ra[bonavɛntú:ra·] 人名 ボナヴェントゥーラ(1221-1274; イタリアの神学者・スコラ哲学者).

Bon·bọn[bɔŋbɔ́ŋ, bɔ̃bɔ̃:; ｵｰｽﾄﾘｱ: bɔ̃bɔ̃:] 男 中 -s/-s ボンボン(キャンデーの一種); 《比》おいしい〈すばらしい〉もの; 《戯》お駄賃; 《話》(特にナチの)党員章: eine Tüte ～*s* ボンボン一袋 ‖ *sich*[3] ein ～ in den Mund stecken ボンボンを一粒口に入れる | ***jm.* einen ～ 〈ein ～〉 ans Hemd 〈auf die Backe〉 kleben**《話》…をからかう〈笑いものにする〉| **Mach dir keinen ～ 〈kein ～〉 ins Hemd!**《話》そんな大げさな〈芝居がかった〉まねはやめろ ‖ Die Aufführung war für Kenner ein echter ～. その上演は通(つう)には全くすばらしいものであった. [*fr.*; ◇Bon〔us〕]

bon·bọn⸗far·ben 形, **⸗far·big** 形 けばけばしい色の.

Bon·bo〔n〕·niẹ·re[..bɔnié:rə, ..niɛ́:rə] 女 -/-n (ガラス製などの)ボンボン容器; ボンボンの詰め合わせ. [*fr.*]

Bond[bɔnt] 男 -s/-s〘商〙借用証書; 債券, 公債, 社債. [*engl.*; ◇Band[3]]

bọn·gen[bɔ́ŋən] 他 (h)《話》(商店・食堂などで代金を)レジに登録する, レシートに打つ: drei Bier ～ ビール3杯分の代金をレジで打ち込む ‖〖目的語なしで〗Der Kellner hat falsch *gebongt.* ボーイはレジを間違った. ‖ Ist *gebongt.*《話》それで決まった, 承知した | Beeile dich! Wir fahren gleich los. －*Gebongt*! 急げ すぐに出発するぞ－了解〈オーケー〉. [<Bon]

Bọn·go[1][bɔ́ŋgo·] 中 -〔s〕/-s; 女 -/-s《ふつう複数で》〘楽〙ボンゴ. [*span.*; [*afrikan.*]]

Bọn·go[2][–] 男 -s/-s〘動〙ボンゴ(アフリカ産のカモシカ).

Bọn·go⸗trom·mel[bɔ́ŋgo..] 女《ふつう複数で》=Bongo **⸗tromm·ler** 男 ボンゴを打ち鳴らす人.

Bö̱n·ha·se[bø:nha:zə] 男 -n/-n《北部》(同業組合に加入せずにこっそりと仕事をする)もぐり職人; へたくそな職人. [*ndd.*; <*ndd.* bön „Dachboden" (◇Bühne)]

Bon·heur[bɔnœ́:r] 男 -s/ (Glück) 幸福; 幸運, 僥倖(ぎょうこう). [*fr.*; ◇Bonus, Augur]

Bọn·hoef·fer[bó:nhœfər, bɔ́n..] 人名 Dietrich ～ ディートリヒ ボーンヘッファー(1906-45; ドイツのプロテスタント神学者. 反ナチ運動で逮捕, 処刑された).

Bon·ho·mịe[bɔnomí:] 女 -/-n[..mí:ən] (Gutmütigkeit) 人のよさ. [*fr.*]

▽**Bon·homme**[..nɔ́m] 男 -〔s〕/-s 気立てのよい男, お人よし. [*fr.*; ◇Bonus, Homo[1]]

Bọ·ni Bonus の複数.

Bo·ni·fạ·tius[bonifá:tsiʊs] **I** 男名 ボニファーツィウス. **II** 人名 der heilige ～ 聖ボニファティウス(673頃-754; 本名はヴィンフリート Winfrid.「ドイツ人の使徒」der Apostel der Deutschen と呼ばれた) | ～ VIII. 教皇ボニファティウス八世(1235-1303; フランス国王フィリップ四世と争って破れ, 教皇権の衰退を招いた). [*mlat.*; ◇Fatum; *engl.* Boniface]

Bo·ni·fạz[bonifá:ts; ｵｰｽﾄﾘｱ: bó:nifa:ts, bóni..] 男名 ボニファーツ.

Bo·ni·fi·ka·tiọn[bonifikatsió:n] 女 -/-en (Vergütung) 賠償, 補償; (期末の)割戻金, 特別配当金.

bo·ni·fi·ziẹ·ren[..tsí:rən] 他 (h) 賠償〈補償〉する; (金を)割り戻す.

der **Bọ·nin·gra·ben**[bó:nɪn.., bóunɪn..] 男 -s/〘地〙小笠原海溝(かいこう).

die **Bọ·nin·in·seln** 地名 複 小笠原諸島.

Bo·ni·tạ̈t[bonitɛ́:t] 女 -/-en **1**《単数で》〘商〙(十分な)

資力, 支払い能力, 信用状態. **2** 〘林・農〙(良好な)地味. [*lat.*; ◇Bonus]

Bo·ni·te[boníːtə] 男 -n/-n ＝Bonito [*fr.*]

bo·ni·tie·ren[bonitíːrən] 他 (h) (土地・商品などを)評価する. [<Bonität]

Bo·ni·tie·rung[..rʊŋ] 女 -/-en (土地・商品などの)評価.

Bo·ni·to[boníːto·] 男 -s/-s 〘魚〙カツオ(鰹). [*span.* „schöner (Fisch)"]

Bon·mot[bɔ̃móː] 中 -s/-s うまい言葉, 名文句, (機知に富んだ)警句. [*fr.*; ◇Bonus, Motto]

Bonn[bɔn] 地名 ボン(第二次大戦後, 1990年の再統一まで旧西ドイツの首都であった. Rhein川に臨み, Beethoven の生地としても知られる). [◇*kelt.* bona „Burg"?]

ᵛ**Bon·ne**[bɔ́nə] 女 -/-n 乳母, 子守女. [*fr.*; ◇Bonus]

Bon·ner[bɔ́nər] **I** 男 -s/- ボンの人. **II** 形《無変化》ボンの: das ～ Grundgesetz ボン基本法.

Bon·net[bɔnéː, ..nɛ́] 中 -s/-s ボンネット帽(→ 図 Schotte). [*mlat.*－*fr.*]

Bon·ne·te·rie[bɔnɛt(ə)ríː] 女 -/-n[..ríːən] 《スイ》小間物店. [*fr.*]

Bon·sai[bɔ́nzaɪ] **I** 中 -s/ 〘園〙盆栽. **II** 男 -s/-s 盆栽(木). [*japan.*]

Bon·sens[bɔ̃sɑ̃́s] 男 -/ 良識, 思慮分別. [*fr.*; ◇Sensus]

Bo·nus[bóːnʊs] 男 -, -ses/-, -se(Boni[..ni·]) **1** ボーナス, 特別⟨臨時⟩配当金; (輸出などの)奨励金. **2** (↔Malus) **a)** (自動車保険で, 無事故の被保険者に与えられる)割引. **b)** (スポーツ競技などで, 相手より不利な立場にある競技者に与えられる)プラス点. [*lat.* bonus „gut"; ◇Bon〔bon〕]

Bon·vi·vant[bɔ̃vivɑ̃́ː] 男 -s/-s (Lebemann) 道楽者, 享楽主義者. [*fr.*]

bon voyage[bɔ̃vwajáːʒ]《フランス語》(gute Reise) 道中ご無事で(旅立つ人を送るあいさつ). [◇Voyageur]

Bon·ze[bɔ́ntsə] 男 -n/-n **1** (仏教の)僧侶, 坊主. **2** 《軽蔑的に》(政党・組合などの)親分, ボス: die fetten ～*n* うまい汁を吸っている親分たち. [*japan.*－*port.* bonzo－*fr.*]

Bon·zen·he·ber 男《話》(幹部職員・賓客などの)特別エレベーター.

Bon·zen·tum[..tuːm] 中 -s/ , **Bon·zo·kra·tie**[bɔntsokratíː] 女 -/-n[..tíːən] ボス支配, 派閥政治.

Boom[buːm] 男 -s/-s **1** 〘経〙ブーム, (突然の)景気上昇, にわか景気, 好況: Rüstungs*boom* 軍需景気. **2** 大流行: einen ～ erleben おおいに流行する. [*engl.*; 擬音]

boo·men[búːmən] 自 (h)《話》景気づく, 好況である; 人気が上昇する, ブームである.

Boo·ster[búːstər] 男 -s/- 〘空〙ブースター, 発進用補助ロケット. [*engl.*; <*engl.* boost „fördern"]

Boot[1][boːt] 中 -es(s)/-e (方: Böte[bǿːtə]) (⊘ **Böt·chen**[bǿːtçən], **Böt·lein**[..laɪn], 方: **Boot·chen**[bóːtçən] 中 -s/-) (英: *boat*)ボート, 小舟(→ 図); 〘空〙(グライダー・飛行艇の)胴体; 《話》(大きな・不格好な)靴: ～ fahren ボートをこぐ | ein ～ aussetzen (船から)ボートを下ろす | das ～ führen (競漕(きょうそう)の)コックスを務める ‖ **in einem ⟨im gleichen / im selben⟩ ～ sitzen** 《比》運命を共にしている, 一蓮托生(いちれんたくしょう)である | mit dem ～ fahren ボートをこぐ⟨に乗る⟩. [*aengl.* bāt－*mndd.*; ◇beißen; *engl.* boat]

Boot[2][buːt] 男 -s/-s 《ふつう複数で》〘服飾〙ブーツ, 深靴. [*engl.*]

boo·ten[bóːtən] 《01》他 (h) 《*jn.*》ボートで運ぶ.

der **Bo·otes**[boóːtɛs] 男 -/ 〘天〙牛飼い座. [*gr.*－*lat.*; <*gr.* boũs „Rind"]

Bö·oti·en[bøóːtsiən] 地名 ボイオチア(中部ギリシアの地方で古代にはテーバイを中心として栄えた). [*gr.*－*lat.*]

Bö·oti·er[..tsiər] 男 -s/- ボイオチアの人; 《比》愚鈍⟨粗野⟩な人.

ᵛ**bö·otisch**[..tɪʃ] 形 ボイオチアの; 《比》愚鈍な, 粗野な.

Boots≠bau[bóːts..] 男 -〔e〕s/ ボートの建造. ≠**be·sat·zung** 女《集合的に》ボートの乗組員, クルー. ≠**deck** 中 〘海〙(救命ボートを積む)ボートデッキ, 最上甲板(→ 図 Schiff A). ≠**gast** 男 -〔e〕s/-en 〘海〙ボート⟨救命艇⟩係の船員. ≠**ha·ken** 男 (ボート用の)爪(つめ)ざお. ≠**haus** 中 ボート小屋, 艇庫; (水上スポーツの)クラブハウス. ≠**kran** 男 〘海〙(ボートをつるす)ダビット ≠**län·ge** 女 艇身: eine ～ voraus sein 1 艇身リードしている. ≠**mann** 男 -〔e〕s/..leute 〘海〙甲板長, ボースン; 海軍一等兵曹. ≠**mo·tor** 男 ボートのエンジン. ≠**steg** 男 ボート用桟橋, 船着き場. ≠**ver·leih** 男 貸しボート業. ≠**ver·lei·her** 男 貸しボート業者.

Bor[boːr] 中 -s/ 〘化〙硼素(ほうそ)(非金属元素名; 記号 B). [*mlat.* borax－*mhd.* buras; ◇Borax; *engl.* boron]

Bo·ra[bóːra·] 女 -/-s ボラ(アドリア海の北東岸に吹く冷たい山おろし). [*gr.* boréās (→Boreas)－*lat.*－*it.*]

Bo·ra·go[boráːgo·] 男 -s/ ＝Borrago

Bo·rat[boráːt] 中 -〔e〕s/-e 〘化〙硼酸(ほうさん)塩. [<Bor]

Bo·rax[bóːraks] 男 -〔es〕/ 〘化〙硼砂(ほうしゃ)(防腐剤・洗浄剤に用いられる). [*pers.* būrāh－*arab.*－*mlat.*; ◇Bor]

Bord[bɔrt][1] **I** 男 -〔e〕s/-e 《ふつう単数で》〘海〙舷側(げんそく), 船べり; 船内; 〘空〙機内: **an ～ gehen** (船・飛行機に)乗る | *et.*[4] an ～ nehmen ⟨bringen⟩ (船・飛行機に)…を乗せる, …を積む | Die Schiffe liegen ～ an ～. 船がぎっしり舷側を接し合っている | **über ～ gehen** ⟨fallen⟩ 船から落ちる | *et.*[4] **über ～ werfen** …(積み荷)を投げおろす; 《比》…(考え・用心など)を思い切って振り捨てる | Mann über ～! (→Mann[2] 3 a) | **von ～ gehen** ⟨kommen⟩ (船・飛行機から)降りる.

II 中 -〔e〕s/-e (ᵛBörde[bœ́rdə]) **1** 《北部》棚板; 棚; 書架: Bücher*bord* 本棚 | ein ～ aufhängen ⟨aufstellen⟩ 棚をつる. **2** 《ふつう単数で》《スイ》(道・川などの斜面になった)へり; 川岸. [*germ.*; ◇bohren, Brett; *engl.* board, border]

Bord·buch[bɔ́rt..] 中 〘海・空〙航海⟨航空⟩日誌.

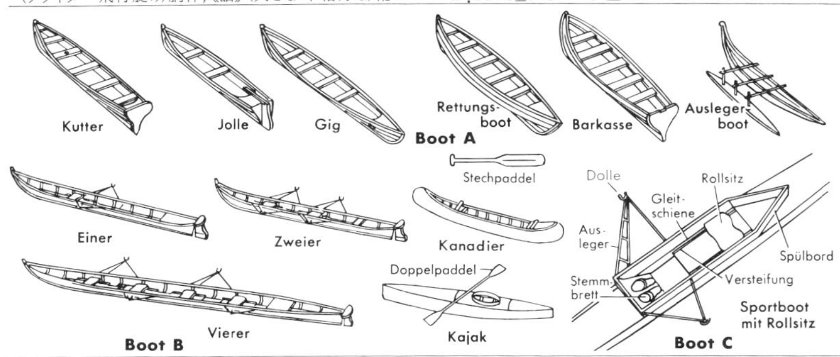

Bord·case[..keɪs] 中男 -/-, -s[..sɪz] 〘空〙ボードケース(旅客が座席の下に置ける機内用小型トランク). [< *engl.* case (→Cassa)]

Bord·dienst 男 〘海・空〙船内(機内)勤務.

Bör·de[1][bœ́rdə] 女 -/-n **1** 《北部》(特に黄土地帯の)地味の肥えた平地, 沃地(よくち), 沃野: Magdeburger ~ マクデブルク沃野. ᐁ**2** 都市・教会に対して納税を義務づけられた地域. [*mndd.*; ◇Gebühren]

ᐁ**Bör·de**[2] Bord IIの複数.

bor·deaux[bɔrdó:] 形《無変化》=bordeauxrot

Bor·deaux[−] **I** 地名 ボルドー(フランス南西部の河港都市). **II** 男 -[..dó:(s)]/ (種類: -[..dó:s]) **1** = Bordeauxwein **2** 《単数で》=Bordeauxrot

Bor·deaux·brü·he[bɔrdó:..] 女 -/ ボルドー液(農業用殺菌剤.)

bor·deaux·rot[bɔrdó:..] **I** 形 (weinrot) ワインカラーの, 深紅色の. **II Bor·deaux·rot** 中 ワインカラー, 深紅色.

Bor·deaux·wein[bɔrdó:..] 男 ボルドー産ワイン.

Bor·de·le·se[bɔrdəlé:zə] 男 -n/-n ボルドーの人.

Bor·dell[bɔrdɛ́l] 中 -s/-e 売春宿, 娼家(しょうか), 女郎屋: ein ~ besuchen 〈aufsuchen〉(女を買いに)売春宿に行く. [*fr.*; < *afr.* borde „Hütte" (◇Bord); ◇*engl.* bordel]

Bor·del·lier[bɔrdɛlié:] 男 -s/-s 売春宿の経営者.

bör·deln[bœ́rdəln] 《06》他 (h) (ブリキなどの)ふちを折り曲げる; フランジを付ける. [<Bord II 2]

Bor·de·reau (Bor·de·ro)[bɔrdəró:] 男中 -s/-s 〘商〙〔分類〕明細書, 手形リスト. [*fr,*; ◇bordieren]

Bord≠flug·zeug[bɔ́rt..] 中 (船舶の)搭載〔飛行〕機. **≠funk** 男 船内(機内)無線. **≠fun·ker** 男 乗組(搭乗)無線士.

bor·die·ren[bɔrdí:rən] 他 (h) 《*et.*[4]》(…に)へり(ふち)をつける: den Ausschnitt des Kleides mit einer Spitze ~ 服の襟ぐりにレース飾りをつける. [*fr.*; ◇Bord, Bordüre]

Bord≠in·stru·ment[bɔ́rt..] 中 (飛行機の)搭載計器: nach ~*en* fliegen 計器飛行をする. **≠ka·me·ra** 女 (航空撮影用に備えつけられた)搭載〔テレビ〕カメラ. **≠ka·no·ne** 女 (軍用機の)搭載〔機関〕砲. **≠kan·te** 女 (歩道の)縁石のへり. **≠kar·te** 女 (旅客機の)搭乗券; (客船の)乗船券. **≠mon·teur**[..mɔntø:r, ..mɔ̃..] 男 乗組機関士. **≠per·so·nal** 中 乗組員, 搭乗員. **≠pro·gramm** 中 (飛行機・船の)乗客のための娯楽番組. **≠ra·dar** 男中 (船舶・航空機などの)搭載レーダー. **≠schwel·le** 女, **≠stein** 男 (歩道の)縁石.

Bor·dun[bɔrdú:n] 男 -s/-e 〘楽〙持続低音; (風笛類の)低音管; (ギターの)低音弦; (オルガンの)ブルドン音栓. [*it.*; 擬音]

Bor·dü·re[bɔrdý:rə] 女 -/-n ふち, へり; ふち取り, (生地などの)ふち飾り. [*fr.*; ◇bordieren]

Bord≠wa·che[bɔ́rt..] 女 〘海〙当直員, 見張り員. **≠waf·fen** 複 〘軍〙(戦車・軍艦・飛行機などの)搭載兵器. **≠wand** 女 (船の)舷側; (飛行機の)横腹. **≠wart** 男 =Bordmonteur **≠zeit** 女 (移動する船・飛行機の)現地時間.

bo·real[boreá:l] 形 (nördlich) 北〔部〕の, [*spätlat.*]

Bo·real·zeit 女 -/ 〘地〙ボレアル期(氷河期以後最初の温暖な時期).

Bo·reas[bó:reas] **I** 人名 〘ギ神〙ボーレアス(北風の神). **II** 男 -/ (夏のエーゲ海に吹き荒れる)北風; 《雅》冷たい北風. [*gr.* boréās−*lat.*]

Bo·retsch[bó:rɛtʃ] 男 -〔e〕s/ =Borretsch

Borg[bɔrk][1] 男 -〔e〕s/ **1** 借り; 〘商〙掛け; 信用: **auf ~** leben 借金して暮らす | 〔*sich*[3]〕 *et.*[4] auf ~ kaufen …をつけで買う | *et.*[4] 〔von *jm.*〕 auf ~ nehmen …を〔…から〕借用する | *jm. et*[4] auf ~ geben …に…を貸す(掛けで売る). **2** 《方》(Aushilfe) 救急策; 〘海〙補助具.

bor·gen[bɔ́rgən][1] 他 (h) **1** 《〔*sich*[3]〕 *et.*[4] von 〈bei〉 *jm.*》 **a)** (…を…から)借りる, 借り出す, 借用する; 《比》(他人の説・思想などを)借用する, 盗用する: Ich habe 〔mir〕 von meinem Bruder 10 Mark 〈das Buch〉 *geborgt.* 私は兄から10マルク(その本を)借りた | Diese Ideen hat er *geborgt.* 《戯》彼のこの考えは借りもの(他人の受け売り)だ ‖〘目的語なしで〙Mancher *borgt* gern, gibt es aber nicht zurück. よく借りるくせに返さない人が少なくない ‖〘名詞的に〙*Borgen* bringt 〈macht〉 Sorgen. 《諺》i)借金は苦労の種; ii)金を貸すのは心配のもと ‖ unter *geborgtem* Namen 偽名で. **b)** (auf Borg nehmen) 掛け(つけ)で買う. **2 a)** 《*jm. et.*[4]》(…に…を)貸す, 貸し出す: *Borg* mir Geld 〈deinen Bleistift〉! お金〈君の鉛筆〉を貸してくれたまえ | Geld gegen Zinsen ~ 利子を取って金を貸す | *et.*[4] *geborgt* bekommen …を貸してもらう(借りる) ‖〘目的語なしで〙Er *borgt* nicht gern. 彼は物を貸すのを好まない ‖〘名詞的に〙*Borgen* bringt 〈macht〉 Sorgen. (→1 a). **b)** 掛け(つけ)で売る. **3** 《スイ》=schonen I

★ borgen と leihen: ともに「借りる」「貸す」の両意があり, 〔*sich*[3]〕 *et.*[4] von 〈bei〉 *jm.* ~ の場合には「借りる」, *jm. et.*[4] ~ の場合には「貸す」の意味になる. borgenよりは, leihenの方がやや改まった感じを与える. 高価・高額の物の貸借には leihen が適当である. 図書館から書物を借用するのは leihen (〔*sich*[3]〕 ein Buch von der Bibliothek leihen / aus der Bibliothek entleihen) だが, 書店から代金あと払いで書物を先に受け取るのは borgen (〔*sich*[3]〕 ein Buch vom Buchhändler borgen) である. 俗語 pumpen も「借りる」「貸す」の両方に用いる(→mieten[1], vermieten).

[*germ.*; ◇bergen, Bürge; *engl.* borrow]

Bor·ger[bɔ́rgər] 男 -s/- **1** 借り手. **2** 貸し手.

Bor·ge·rei[bɔrgəráɪ] 女 -/ ひっきりなしに借りること.

Bor·ghe·se[bɔrgé:ze·, ..zə, borgé:se·] 人名 ボルゲーゼ(イタリアの貴族の家系): die Villa ~ ボルゲーゼ園(17世紀にボルゲーゼ家がローマに造営した) | die Galleria ~ ボルゲーゼ美術館(ボルゲーゼ園にあり, ボルゲーゼ家の収集した美術品を収蔵).

Bor·ghe·sisch[bɔrgé:zɪʃ] 形 ボルゲーゼ家の.

Bor·gia[bɔ́rdʒa·] 男 -s/-s ボルジア家の人(ボルジア家は15世紀にスペインから来たイタリアの貴族で, チェーザレ ボルジア〔1475-1507〕は特に有名).

Bor·gis[bɔ́rgɪs] 女 -/ 〘印〙ブルジョア(9ポイント活字の旧称). [<Bourgeois; 市民にふさわしいとされたことから]

Bo·ris[bó:rɪs] 男名 ボーリス. [*slaw.* „Kampf"]

Bor·ke[bɔ́rkə] 女 -/-n **1** (Rinde) 樹皮(→ 図 Baum B): die ~ vom Stamm abschälen 幹から樹皮を削る | zwischen Baum und ~ sein 〈stecken〉(→Baum). **2** 《北部》かさぶた, 痂皮(かひ): die ~ von einer Wunde abkratzen 傷からかさぶたを掻(か)き取る. **3** 《軽蔑的に》垢(あか). [*mndd.*; ◇*engl.* bark]

Bor·ken≠flech·te 女 〘医〙断髪疱疹(ほうしん), 結痂(けっか)性湿疹(しっしん). **≠kä·fer** 男 〘虫〙キクイムシ(木食虫)科の昆虫.

bor·kig[bɔ́rkɪç][2] 形 《方》樹皮のような, ざらざらした; 痂皮(かひ)性の.

Bor·kum[bɔ́rkʊm] 地名 ボルクム(北海沿岸にある島. 島の西岸に同名の町がある).

Born[1][bɔrn] 男 -〔e〕s/-e 《雅》(Quelle) 泉; (Brunnen) 井戸, 噴き井; 《比》源泉: der ~ des Lebens 生命の泉 | ein unerschöpflicher ~ des Wissens 汲(く)めども尽きぬ知識の泉 | aus dem ~ *seiner* Erfahrung schöpfen 自分の経験を生かす.

[*mndd.*; ◇Brunnen; *engl.* b〔o〕urn]

Born[2][−] 人名 Max ~ マックス ボルン(1882-1970; ドイツの物理学者. ナチに追われてイギリスに亡命. 1954年ノーベル物理学賞受賞).

Bör·ne[bœ́rnə] 人名 Ludwig ~ ルートヴィヒ ベルネ(1786-1837; ドイツのジャーナリストで, 青年ドイツ派の指導者).

Bor·neo[bɔ́rneo·] 地名 ボルネオ(ジャワの北にある島. 大部分はインドネシア領, 北部はマレーシア領で一部は Brunei).

Born·holm[bɔrnhɔ́lm] 地名 ボルンホルム(バルト海にあるデンマーク領の島). [*anord.* Burgundar−holmr „Burgunderinsel"; ◇Holm[2]]

bor·niert[bɔrní:rt] 形 視野の狭い, 偏狭〈狭量〉な: ein ~*er* Mensch 偏狭な人 | ein ~*es* Verhalten 偏狭な態度. [*fr.* borné; < *fr.* borne „Grenzstein"]

Bor·niert·heit[–haɪt] 女 -/-en **1**《単数で》borniert なこと. **2** 偏狭な言動.
Bor·retsch[bɔ́rɛtʃ] 男 -[e]s/ (**Bor·ra·go**[bɔrá:go·] 男 -s/)〘植〙ルリヂシャ(サラダの味つけなどに用いられる). [*arab.* abu'araq „Vater des Schweißes" (◇Arrak) –*mlat.* borrāgō; ◇*engl.* borage]
Bör·ries[bœ́riəs] 男名 (<Liborius) ベリエス.
Bor·ro·mä·us[bɔromɛ́:ʊs] 人名 Karl ～ カール ボロメーウス(1538–84; イタリアの聖職者で聖人. イタリア語形は Carlo Borromeo).
Bor≈sal·be[bó:r..] 女 -/ 硼酸(ほうさん)軟膏(なんこう). **≈säu·re** 女 -/〘化〙硼酸.
Borschtsch[bɔrʃtʃ] 男 -[s]/〘料理〙ボルシチ(ロシアふうスープ). [*ukrain.*–*russ.*; ◇Borste; *engl.* borsch[t]]
Bör·se[bœ́rzə, bǿ:rzə] 女 -/-n **1**〘経〙株式市場, 証券取引所: die Stimmung ⟨die Haltung⟩ der ～ [株式]市況 ‖ an der ～ notierte Aktien 上場株式 ‖ an der ～ kaufen ⟨spekulieren⟩ 取引所で買う⟨思惑をやる⟩ ‖ Die ～ eröffnete ⟨schloß⟩ flau. 商況は寄りつきから⟨終値(おわりね)へかけて⟩不活発であった. **2** (英: *purse*) **a)** (ボクシングなどのプロ選手の)ファイトマネー. ▽**b)** (Geldbeutel) 財布: eine dicke ～ haben《比》金をどっさり所持している. [*gr.*–*spätlat.* bursa (→Burse)–*ndl.* beurs; ◇*engl.* bourse]
Bör·sen≈aus·schuß 男 株式取引所理事会. **≈be·richt** 男 相場表⟨報告⟩. **≈blatt** 中 相場表; 商況⟨経済⟩新聞: ～ für den Deutschen Buchhandel ベルゼンブラット(ドイツの出版関係業界誌). **≈drucker** 男〘商〙チッカー(相場テレタイプ).
bör·sen≈fä·hig 形, **≈gän·gig** 形 取引所に出入りできる(仲買人); 取引所で売買できる(株券).
Bör·sen≈ge·schäft 中 株式取引. **≈job·ber**[..dʒɔbər] 男 =Börsenspekulant **≈kurs** 男 株式⟨証券⟩相場. **≈mak·ler** 男 株式⟨取引所⟩仲買人.
Bör·sen·mak·ler·fir·ma 女 証券会社.
Bör·sen·ma·nö·ver 中 相場の駆け引き.
bör·sen·mä·ßig 形 株式取引所に関する⟨による⟩.
Bör·sen≈ord·nung 女 株式取引所法⟨規則⟩. **≈pa·pie·re** 複 株券. **≈schluß** 男 (株式市場の)取引終了, 引け. **≈schwin·del** 男 (株式の)いかさま取引, 株券詐欺. **≈spe·ku·lant** 男 相場師. **≈spe·ku·la·tion** 女 株式投機. **≈spiel** 中 投機. **≈spie·ler** 男 相場師. **≈sturz** 男 株価暴落. **≈tag** 男 (株式取引所の)取引日. **≈um·satz·steu·er** 女 取引所⟨株式⟩取引税. **≈ver·ein** 男 株式取引業者組合. **≈vor·stand** 男 株式取引所理事[会]. **≈zei·tung** 女 相場⟨商況⟩新聞. **≈zet·tel** 男 相場カード.
Bör·sia·ner[bœrziá:nər] 男 -s/- **1** 相場師. **2** 株式⟨取引所⟩仲買人. [<..aner]
borst[bɔrst] barst (bersten の過去)の古形.
Borst[–] 男 -es/-e《北部》(Riß) 裂け目, ひび. [*mndd.*; ◇*engl.* burst]
Bor·ste[bɔ́rstə] 女 -/-n (動植物, 特に豚の)剛毛; (ブラシの)毛;《戯》(人間の)髪, ひげ: ***seine ～n* aufstellen ⟨hervorkehren / zeigen⟩** 強情⟨拒否的・反抗的⟩な態度をとる. [*ahd.* bursta; ◇Bart, Bürste; *engl.* bristle]
bör·ste[bœ́rstə] bärste (bersten の接続法II)の古形.
bor·sten·ar·tig[bɔ́rstən..] 形 剛毛状の.
Bor·sten≈be·sen 男 毛ぼうき. **≈gras** 中〘植〙エノコログサ, ネコジャラシ. **≈haar** 中 五分刈りの髪. **≈hir·se** 女〘植〙エノコログサ属. **≈igel** 男〘動〙テンレック(ハリネズミの一類). **≈kie·fer** 男〘動〙ヤムシ[類](毛顎(もうがく)動物). **≈pin·sel** 男 (剛毛製の)絵筆, 刷毛;〘劇〙メーク筆. **≈schwanz** 男〘虫〙総尾(そうび)目の昆虫(シミ・トビムシの類). **≈tier** 中, **≈vieh** 中《戯》(Schwein) 豚;《比》怒りっぽい⟨短気な⟩人. **≈wurm** 男〘動〙多毛類(ゴカイなど).
bor·stig[bɔ́rstɪç][2] 形 **1** 剛毛の生えた; 剛毛製の; こわい, もじゃもじゃの(毛). **2** 粗野な; 強情⟨片意地⟩な; 無愛想な, 怒りっぽい, ぷりぷりした: ～ werden 片意地をはる; むっとする | zänkisch und ～ sein 怒りっぽく無愛想である.
Bor·stig·keit[–kaɪt] 女 -/-en **1**《単数で》borstig なこと. **2** 粗野な言動.
Borst·wisch[bɔ́rst..] 男 毛ぼうき.
Bort[bɔrt] 中 -[e]s/-e《北部》棚, 棚板. [<Bord II 1]
Bor·te[bɔ́rtə] 女 -/-n **1**〘服飾〙笹縁(ささべり), へり飾り; 組みひも, モール. **2**《方》(ビールの)泡; (新婦の)花冠. [*ahd.*; ◇Bord II 2]
Bo·rus·se[borʊ́sə] 男 -n/-n (Preuße) プロシア人.
Bo·rus·sia[..sia·] 女 -/ プロシアを象徴する女人像; 女性名によって象徴されたプロシア. [*nlat.*]
Bor≈was·ser[bó:r..] 中 -s/〘医〙硼酸(ほうさん)水. **≈wat·te** 女 -/〘医〙硼酸布.
Bor·wisch[bó:rvɪʃ] =Borstwisch
bor·zen[bɔ́rtsən]《02》自 (h) **1** そびえる. **2** いっぱいである. **3**《スイ》つき出る, とび出る. **4**《スイ》転げ回る, はう. [<*ahd.* bor „Höhe" (◇..phor, empor)]
bös[bø:s][1] =böse
bös·ar·tig[bǿ:s|a:rtɪç][2] 形 **1** (↔gutartig) たちの悪い; 悪意のある: ein ～*er* Hund (かみついたりする)猛犬 | ～ lachen 意地の悪い笑い方をする. **2**〘医〙悪性の: eine ～*e* Geschwulst 悪性腫瘍(しゅよう).
Bös·ar·tig·keit[–kaɪt] 女 -/ bösartig なこと.
Bosch[bɔʃ, bɔs] 人名 Hieronymus ～ ヒエロニムス ボス(1450頃–1516; 幻想的な作風をもって知られるオランダの画家).
Bö·sche[bœ́ʃə] 女 -/-n《南東部》(Strauch) 灌木(かんぼく); (Rasenscholle) 芝土. [*mhd.*; ◇Busch[2]]
bö·schen[bœ́ʃən]《04》他 (h)〘土木〙(壁などに)傾斜をつける, 斜めに切り落とす: ein Ufer steil ⟨sanft⟩ ～ 岸を急⟨緩⟩斜面に造る.
Bosch·horn[bɔ́ʃ..] 中 -[e]s/..hörner (自動車の)クラクション. [<R. Bosch (ドイツの工業家, †1942)]
Bö·schung[bœ́ʃʊŋ] 女 -/-en **1** (固められた)斜面, スロープ (→ 図 Deich); (鉄道などの)築堤. ▽**2** (城の)濠(ごう)の内側斜面(→ 図 Burg). [<Bösche]
Bö·schungs·win·kel 男 (斜面の)傾斜角.
Bos·co[bɔ́sko·] 人名 Don Giovanni ～ ドン ジョヴァンニ ボスコ(1815–88; イタリアの聖職者, サレジオ会創立者).
Bo·se[bó:zə] 女 -/《東部》(Zorn) 怒り.
bö·se[bǿ:zə] **I** 形 **1** (↔gut) 悪い, 邪悪な, 悪性の; 人を困らす, いやな: ein ～*r* Bub 悪童, 腕白 | der ～ Bube (→Bube 2) | in ～*r* Absicht ⟨aus ～*m* Willen⟩ handeln 悪意をもって行動する | den ～*n* Blick haben (→Blick 2) | eine ～ Ecke (事故の多発する)危険な街角 | der ～ Feind ⟨Geist⟩《比》悪魔 | ein ～*s* Gewissen haben (→Gewissen 1) | eine ～ Krankheit たちの悪い病気 | eine ～ Sieben (→sieben II) | ein ～*r* Weg 悪路 | ～ Wetter (→Wetter 3) | ～ Zeiten 苦難の年月 | eine ～ Zunge haben (→Zunge 1 a) ‖ Der Kerl sieht ～ aus. あいつは悪いやつらしい | Der Kranke ist ～ dran. 病人は容体が悪い. **2** (verärgert) 悪感情の, 怒っている: ～*s* Blut machen ⟨schaffen⟩ (→Blut 2) | *jm.* ～ Worte geben …をののしる ‖ *jm.* ⟨auf *jn.* / mit *jm.*⟩ ～ sein …に腹をたてている | über *et.*[4] ～ werden …を怒る | Mach mich nicht ～! 私を怒らせるな | Es war nicht ～ gemeint. それは悪気があって言ったんじゃない ‖〘名詞的に〙im guten wie im ～*n* (→gut 1 c). **3** (krank) 病気の; 傷ついた; 痛い: Er hat einen ～*n* Finger. 彼は指を傷めている. **4** (stark) はなはだしい, ひどい: *jn.* in ～ Verlegenheit bringen …を大いに当惑させる | Ich war ～ erschrocken. 私はひどく驚いた.
II Bö·se《形容詞変化》**1** 男 女 悪人. **2** 男 悪魔. **3** 中 悪事; 災い: nichts ～*s* ahnen 少しも不安を感じない, 安心しきっている | *jm.* etwas ～*s* wünschen …に災いあれと望む, …をのろう | *sich*[4] im ～*n* trennen 和解しないままに別れる, けんか別れする | ～*s* mit ～*m* vergelten 悪⟨敵意⟩に対するに悪⟨敵意⟩をもってする | *et.*[4] nur mit ～*m* ⟨im ～*n*⟩ erreichen …をもっぱら暴力で達成する. [„aufgeblasen"; *ahd.*; ◇Busen]
Bö·se·wicht[bǿ:zəvɪçt] 男 -[e]s/-er(-e) **1** いたずら小僧. ▽**2** 悪人; 犯罪人.

B

bos·haft[bó:shaft] 形 1 悪意のある, 意地の悪い, 邪悪な, 他人の不幸〈不運〉を喜ぶ: ein ～*er* Mensch 〈Plan〉 意地悪な人〈悪だくみ〉| ～ lächeln 意地の悪い微笑を浮かべる. 2 《スイ》怒りっぽい.

Bos·haf·tig·keit[..tıçkaıt] 女 -/-en boshaft なこと.

Bos·heit[bó:shaıt] 女 -/-en 1 《単数で》悪意; (質などの)悪さ: aus reiner 〈lauter〉 ～ 全くの悪意から | **mit konstanter ～** 《比》あきもせず, 性こりもなく; 強情に ‖ *seine* ～ an *jm.* auslassen …に八つ当たりする. 2 意地悪な行為〈言葉〉: eine ～ begehen 〈verüben〉 意地悪をする | *jm.* ～*en* sagen …にいやみを言う. [*ahd.*; ◇böse]

Bos·kett[bɔskɛ́t] 中 -s/-e (特にルネサンスやバロックの庭園の)木立ち, 植え込み. [*it.* boschetto－*fr.* bosquet; ◇Busch[2], Bukett; *engl.* bosk(et)]

Bos·kop[bɔ́skɔp] 男 -s/- ボスコープ産リンゴ. [＜Boskoop (オランダの地名)]

▽**bös·lich**[bǿ:slıç] =böswillig

Bos·niak[bɔsniá(:)k] 男 -en/-en 1 =Bosnier 2 (18世紀ポーランドおよびプロイセンのスラブ系の)槍騎(そう)兵. 3 《オーストリア》ボスニアふう小型パン.

Bos·nia·ke[..niá:kə] 男 -n/-n =Bosniak 1, 2

Bos·nickel[bó:snıkəl] 男 -s/- 《南部》意地悪な人. [＜böse]

Bos·ni·en[bɔ́sniən] 地名 ボスニア, ボスナ(1946年以後ヘルツェゴヴィナとともに一共和国としてユーゴスラヴィア社会主義連邦を構成していたが, 92年に Republik ～ und Herzegowina ボスニア=ヘルツェゴヴィナ〈ボスナ=イ=ヘルツェゴヴィナ〉共和国として独立. 首都は Sarajevo).

Bos·ni·er[..niər] 男 -s/- ボスニア人.

bos·nisch[..nıʃ] 形 ボスニア〔人〕の.

der **Bos·po·rus**[bɔ́sporʊs] 地名 男 -/ ボスポラス(バルカン半島と小アジアを分ける海峡. 黒海とマルマラ海を結ぶ). [*gr.*－*lat.*; ＜*gr.* boũs „Rind"＋póros „Furt" (◇Pore)]

Boß[bɔs] 男 Bosses/Bosse 《話》ボス, 親玉; 雇い主; 長, 上役; 党首. [*ndl.* baas (→Baas)－*amerik.* boss]

Bos·sa·ge[bɔsá:ʒə] 女 -/-n 《土木》石積み, 石垣, 切り出し面.

Bos·se[1] Boß の複数.

Bos·se[2][bɔ́sə] 女 -/-n 1 (荒削りの)石像. 2 (切り出した)岩石の表面. 3 (装飾用の)金属製のこぶ〈突出部〉. [*fr.*]

Bo·ßel[bó:səl] (**Bos·sel**[bɔ́səl]) 男 -s/-; 女 -/-n 《北部》(九柱戯・ボウリングの)ボウル.

bos·se·lie·ren[bɔsəlí:rən] =bossieren [*fr.*]

bos·seln[bɔ́səln] 《06》 I 自 (h) 1 《話》《an *et.*[3]》(…を)念入りに仕上げる: Er *bosselte* an einem Spielzeug für seinen Sohn. 彼は息子のおもちゃを念入りに作った. 2 =boßeln II 他 (h) 1 (計画などを)練る. 2 =bossieren

bo·ßeln[bó:səln] 《06》 自 (h) 《北部》(九柱戯・ボウリングの)ボウルを投げる; クレー射撃をする. [＜*ahd.* bōzzan „stoßen"; ◇Beutel[1], Beat]

Bos·sen[bɔ́sən] 男 -s/- 《スイ》(わらなどの)たば.

Bos·sen≠qua·der[bɔ́sən..] 男 《土木》(石垣用)方形石材. **≠werk** 中 石垣, 石積み. [＜Bosse[2]]

Bos·sier·ei·sen[bɔsí:r..] 中 石のみ.

bos·sie·ren[bɔsí:rən] 他 (h) 1 (石材を)荒く削る, 荒仕上げする. 2 (金属・粘土などで)型をとる, 模型を作る.

Bos·sie·rer[..rər] 男 -s/- (bossieren 2 する人. 例えば:) 蠟(ろう)人形師.

Bos·sier≠grif·fel 男, **≠holz** 中 (型をとるときに使う)木製のへら. **≠wachs** 中 模型蠟(ろう).

Bo·ston[bɔ́stɔn, ..tən] I 地名 1 ボストン(米国マサチューセッツ州の州都). 2 ボストン(イギリス, イングランドの河港都市). II 男 -s/-s 《ダンス》ボストンワルツ(社交ダンスの一種.) III 中 -s/ 《トランプ》ボストン(4人でするトランプ遊びの一種).

bös·wil·lig[bǿ:svılıç][2] 形 悪意〈敵意〉のある; 《法》故意の: ein ～*es* Kind 言うことをきかない子. [＜böse]

Bös·wil·lig·keit[–kaıt] 女 -/ böswillig なこと.

bot[bo:t] bieten の過去.

Bo·ta·nik[botá:nık] 女 -/ 1 (Pflanzenkunde) 植物学. 2 《戯》植物界. [*gr.*; ＜*gr.* botánē „Pflanze"]

Bo·ta·ni·ker[..nikər] 男 -s/- 植物学者.

bo·ta·nisch[..nıʃ] 形 植物学の: ein ～*er* Garten 植物園.

Bo·ta·ni·sier·büch·se[botanizí:r..] 女 植物採集〔箱, 胴乱.〕

bo·ta·ni·sie·ren[..zí:rən] 自 (h) 植物を採集する.

Bo·ta·ni·sier·trom·mel 女 =Botanisierbüchse

Böt·chen Boot の縮小形.

Bo·te[bó:tə] 男 -n/-n (女 **Bo·tin**[..tın]-/-nen) 1 使い〔の者〕, 使者; 《雅》使節; 《スイ》〔郵便〕配達人, 運送人: ein schneller 〈geheimer〉 ～ 急使〈密使〉| Eil*bote* 急使, 速達便配達人 | **Der hinkende ～ kommt nach 〈hinterher〉.** 《比》いいことばかりはないものだ, これではあとが怖い(足の悪い使いはあとから来る) ‖ ein ～ Gottes 〈des Himmels〉 《雅》神の御使, 天使 ‖ *et.*[4] durch einen ～*n* schicken 〈überbringen〉 …を使いの者に届けさせる ‖ einen ～*n* zu *jm.* schicken 〈senden〉 …のもとへ使いをやる. 2 《雅》(Vorbote) 先ぶれ, 予告者: der ～ des Frühlings 〈des Todes〉 春〈死〉の先ぶれ. [*germ.*; ◇bieten]

bö·te[bǿ:tə] bieten の接続法II.

Bö·te 《方》Boot の複数.

Bo·tel[botɛ́l] 中 -s/-s (船舶をホテルに改造した)水上ホテル, ボーテル. [＜Boot＋Hotel]

Bo·ten≠brot[bó:tən..] 中 -〔e〕s/ 《雅》=Botenlohn **≠frau** 女 使い走りの女. **≠gang** 男 使い走り. **≠lohn** 男 使者のもらう報酬, (使い走りの)駄賃. **≠stoff** 男 《生化学》神経伝達物質(アセチルコリンなど).

Bo·tin Bote の女性形.

Böt·lein Boot の縮小形.

bot·mä·ßig[bó:tmɛ:sıç][2] 形 《比較変化なし》《雅》(gehorsam) 服従〈従属〉した; 従順な: *jm.* ～ sein …に従属している | *sich*[3] *et.*[4] ～ machen …を自分の支配下に置く.

Bot·mä·ßig·keit[–kaıt] 女 -/ 《雅》1 (Herrschaft) 支配: unter *js.* ～ stehen …の支配下にある | *jn.* unter *seine* ～ bringen …を自分の支配下に置く. 2 服従, 従順. [＜*mhd.* bot „Gebot" (◇bieten)]

Bo·to·ku·de[botokú:də] 男 -n/-n ボトクーデ(ブラジル原始林に住むインディオの一種族). [*port.* botoque „Spund"]

bo·to·ku·disch[..dıʃ] 形 ボトクーデの.

Bot·schaft[bó:t-ʃaft] 女 -/-en 1 (重要な)知らせ, 通告; 《政》教書, メッセージ: eine frohe 〈traurige〉 ～ うれしい〈悲しい〉知らせ | **die Frohe ～** 《宗》(キリストの)福音(＝Evangelium) | eine werbliche ～ 宣伝〈広告〉文, コピー ‖ eine ～ bekommen 〈erhalten〉 知らせを受ける | *jm.* eine ～ senden 〈zukommen lassen〉 …に通知を出す | eine ～ durch Fernsehen verbreiten ある知らせをテレビ放送で広める. 2 大使館: die deutsche ～ in Japan 在日ドイツ大使館. [*ahd.*; ◇Bote]

Bot·schaf·ter[..tər] 男 -s/- (女 **Bot·schaf·te·rin**[..tərın]-/-nen) 大使: der deutsche ～ in Japan 駐日ドイツ大使 | einen ～ entsenden 〈zurückrufen〉 大使を派遣する〈帰国させる〉.

Bot·schaf·ter·ebe·ne 女 大使のレベル: Beratungen **auf ～** 大使級会談.

Bot·schafts≠rat 男 -〔e〕s/..räte 大使館参事官. **≠se·kre·tär** 男 大使館付き書記官.

Bo·tswa·na[bɔtsvá:na·] (**Bo·tsua·na**[..tsuá:na·]) 地名 ボツワナ(アフリカ南部の共和国. 1966年英連邦内で独立. 首都はハボローネ Gaborone).

Bo·tswa·ner[..vá:nər] (**Bo·tsua·ner**[..uá:nər]) 男 -s/- ボツワナ人.

Bött·cher[bœ́tçər] 男 -s/- おけ屋, おけ〈たる〉作り職人. [＜Bottich]

Bött·che·rei[bœtçəráı] 女 -/-en 1 おけ〈たる〉の製造. 2 おけ屋の仕事場.

▽**Bot·te·lier**[bɔtəlí:r] 男 -s/-s 《海》(船内の)糧食主任. [*fr.* bouteiller „Kellermeister"－*ndl.*; ◇Bouteille]

Bött·ger·por·zel·lan[bœ́tgər..] 中 ベットガー陶器(ドイツ最古の硬質陶器). [＜J. F. Böttger (ヨーロッパ最初の製陶法の発明者とされるドイツ人, †1719)]

Bot·ti·cel·li[bɔtitʃɛ́li·, bot..] 人名 Sandro ～ サンドロ ボッティチェリ(1444-1510; イタリア初期ルネサンスの代表的画家).

Bọt·tich[bɔ́tɪç] 男 -[e]s/-e おけ, たる(→ 図 Kelter). [*ahd.*; ◇Bodega, Bütte]

Bọtt·ler[bɔ́tlər] 男 -s/- =Bottelier

Bott·le·rei[bɔtləráɪ] 女 -/-en 〘海〙(船内の)糧食庫.

bọtt·nisch[bɔ́tnɪʃ] 形 ボッテン(Botten)の: der *Bottnische* Meerbusen ボスニア湾(スウェーデンとフィンランドの間にあるバルト海の支湾. Bottenはこの湾の周辺地方の名称で, 英語形は Bothnia).

Bo·tu·lịn[botulíːn] 中 -s/ 〘医〙ボツリン毒素.

Bo·tu·lị·nus·ba·zil·lus[botulíːnʊs..] 男 〘細菌〙ボツリヌス菌.

Bo·tu·lịs·mus[botulísmʊs] 男 -/ 〘医〙ボツリヌス中毒(腐敗した肉・ソーセージなどによる食中毒). [< *lat.* botulus „Wurst"]

Bou·clé[buklé:] **I** 中 -s/-s 〘織〙節糸, 輪奈(わな)糸. **II** 男 -s/-s 〘織〙ブークレ(節糸・輪奈糸などで織ったもの). [*fr.*; < *lat.* buccula (→Buckel)]

Bou·doir[budoáːr] 中 -s/-s 女性の居間, 化粧室. [*fr.* „Schmollwinkel"; < *fr.* bouder „schmollen"]

Bou·gain·vịl·lea[bugɛ̃vílea·] 女 -/ 〘植〙ブーゲンビリア(観賞用の熱帯植物). [<L. A. de Bougainville (フランスの航海家, †1811)]

Bou·gie[buʒíː] 女 -/-s 〘医〙ブージー, 消息子(尿道・食道などに挿入する医療器具). [*fr.* „Kerze"]

bou·gie·ren[buʒíːrən] 他 (h) 〘医〙 **1** 《*et.*[4]》(…に)ブージーを挿入する, ブージーで拡張する. **2** 《*jn.*》(…を)ブージーで検査〈治療〉する.

Bouil·la·baisse[bujabɛ́ːs] 女 -/-s[..bɛ́ːs] 〘料理〙ブイヤベース(海産物のスープで, フランス南部, 特に Marseille の名物).

Bouil·lon [bʊljɔ́ŋ, bʊljɔ̃ː; ｵｰｽﾄﾘｱ: bujɔ̃ː] 女 -/-s **1** (Fleischbrühe) 〘料理〙ブイヨン, 肉汁(肉の煮出しスープ). **2** 〘細菌〙ブイヨン, 肉汁(細菌の培地に用いる). [*fr.*; < *lat.* bullīre (→Boiler)]

Bouil·lon·wür·fel[bʊljɔ́ŋ..] 男 (さいころ形の)固形ブイヨン.

Bou·lẹt·te[bulɛ́tə] 女 -/-n =Bulette

Bou·le·vard[buləváːr, bʊlváːr; ｵｰｽﾄﾘｱ: bulváːr] 男 -s/-s (幅が広く並木のある)〔環状〕道路, ブルヴァール; (旧東ドイツで)歩行者天国. [*mndl.* bolwerc－*fr.*; ◇Bollwerk]

Bou·le·vard≈blatt[..váːr..] 中 =Boulevardpresse **≈dra·ma** 中 〘劇〙ブールヴァール劇, 大衆劇.

Bou·le·var·dier[..vardié:] 男 -[s]/-s (煽情(せんじょう)的な)大衆演劇作者.

Bou·le·vard≈pres·se[..váːr..] 女 (主として路上で売られる煽情(せんじょう)的な内容の)大衆向き新聞雑誌類, 赤新聞. **≈stück** 女 =Boulevarddrama **≈zei·tung** 女 =Boulevardpresse

Bou·quet[buké:] 中 -s/-s =Bukett

Bou·qui·nịst[bukiníst] 男 -en/-en (特に道端の露店ふうの)古本屋. [*fr.*; < *mndl.* boeckin „Büchlein" (◇Buch)]

Bour·bon[bǿːrbən, bɑ́ːbən] 男 -s/-s バーボンウイスキー. [*amerik.*; 産地名]

Bour·bọ·ne[burbóːnə] 男 -n/-n ブルボン家の人(ブルボンはフランスの王家. ヴァロア王朝を継いでフランスを支配し, 革命で中断したのち, 1830年シャルル十世の退位をもって終わった); ブルボン家を支持する人. [*fr.*]

bour·bọ·nisch[..nɪʃ] 形 ブルボン家〈王朝〉の.

bour·geois[bʊrʒoá; 付加語的:..ʒoáːz] 形 ブルジョアの〈的な〉; 市民の: die ～*e* Klasse ブルジョア階級. [*fr.*; ◇Burg]

Bour·geois[bʊrʒoá] 男 -[..á(s), ..á(:s)]/-[..á(:)s] **1** (Bürger) 市民. **2** ブルジョア, 資本家階級に属する人, 金持ち; (金持ちの)俗物. [*fr.*]

Bour·geoi·sie[..ʒoazíː] 女 -/-n[..zíːən] **1** 市民階級. **2** 資本家階級. [*fr.*]

Bour·rée[buré:, bʊr..] 女 -/-s[buré:] 〘楽〙ブーレ(フランス・スペインなどの古舞曲). [*fr.*]

Bour·rẹt·te[burɛ́t(ə), bʊr..] 女 -/-n くず絹; くず絹で織った生地. [*fr.*; < *fr.* bourre „Füllhaar" (◇Büre)]

[▽]**Bou·teille**[butɛ́ːj(ə), ..tɛ́ljə] 女 -/-n[..jən] (Flasche) 瓶. [*mlat.* butticula－*fr.*; ◇Bütte, Buddel; *engl.* bottle]

Bou·tique[butíːk] 女 -/-s, -n[..kən] ブティック(流行の雑貨や服飾品を売る小さな店). [*fr.*; ◇Bodega, Budike]

Bou·ton[butɔ̃ː] 男 -s/-s **1** 〘服飾〙(ボタンや花のつぼみの形をした)耳飾り. **2** (顔の)吹き出物. [*fr.* „Knospe"; < *fr.* bouter „stoßen" (◇boßeln); ◇Button]

Bou·ton·niè·re[butɔniéːr(ə), ..niɛ́ːr(ə)] 女 -/-n [..rən] ボタンの穴; 上衣の襟につける花. [*fr.*]

Bọ·vist[bóːvɪst, bovíst] 男 -es(-s)/-e =Bofist

Bow·den≈zug[báʊdən..] 男 〘工〙バウデン=ワイヤー(ブレーキなどに用い, 力を伝達する鋼索). [<H. Bowden (イギリス人発明者, †1960)]

Bọ·wie·mes·ser[bóːvi..] 中 ボーイ刀(狩猟用の短刀). [<J. Bowie (アメリカ人開拓者, †1836)]

Bow·le[bóːlə] 女 -/-n **1** 〘料理〙パンチ, ポンチ(ワイン・シャンパン・果物・砂糖などをミックスして冷やした飲み物): eine ～ mit Pfirsichen brauen 桃の入ったパンチを作る. **2** 鉢状の容器, ボウル. [*engl.*; bowl „Napf"; ◇Bolle]

Bow·ler[bóːlər, bóʊlə] 男 -s/- 山高帽. [*engl.*; <J. Bowler (19世紀ロンドンの帽子商)]

Bow·ling[bóːlɪŋ, bóʊlɪŋ] 中 -s/-s 〘球技〙ボウリング. [*engl.*; < *lat.* bulla (→Bulle[2])]

Bow·ling≈bahn[bóːlɪŋ..] 女 **1** ボウリングのレーン. **2** ボウリング場. **≈sport·hal·le** 女 ボウリング場〈センター〉.

Box[bɔks] 女 -/-en **1** (仕切られた空間, 例えば:)(厩舎(きゅうしゃ)の)単独馬房; (駐車場の)一区画; (オートレース場の)応急修理区画. **2 a)** 箱型の容器. **b)** 箱型〈ボックス〉カメラ. **3** =Musikbox [*gr.* pyxís (→Pyxis)－*spätlat.*－*engl.*]

Bọx≈ball[bɔ́ks..] 男, **≈bir·ne** 女 (ボクシング練習用の)パンチングボール. [<boxen]

Bọx·calf[bɔ́kskalf, ..kɑːf] 中 -s/-s =Boxkalf

bọ·xen[bɔ́ksən] 《02》 **I** 他 (h) (こぶしをかためて)殴る: *jn.* 〈[▽]*jm.*〉 in den Magen ～ …のみずおちにパンチをくらわす | *jn.* aus dem Anzug ～ (→Anzug 1) ‖ 再帰 *sich*[4] ～ (互いに)殴り合う ‖〘方向を示す語句と〙再帰 *sich*[4] ～ 手でおしのけて(…へ)進む | *sich*[4] durch die Menge ～ 人ごみの間をかきわけて進む | *sich*[4] in die Führungsgruppe ～ 《比》トップグループに割りこむ. **II** 自 (h) ボクシング〈拳闘(けんとう)〉をする. **III**

Bọ·xen 中 -s/ ボクシング, 拳闘. [*engl.* box]

Bọ·xer[bɔ́ksər] 男 -s/- **1** ボクサー, 拳闘(けんとう)選手. **2** 《話》パンチ, げんこつ, 殴打. **3** ボクサー(番犬の一種: → 図). **4** 〘史〙(1900年の清国の)義和団員, 拳匪(けんぴ).

Boxer

Bọ·xer·auf·stand 男 -[e]s/ 〘史〙(1900年, 清国の)義和団事件〈の暴動〉, 北清事変.

bọ·xe·risch[bɔ́ksərɪʃ] 形 ボクシングの; 《比》したたかな.

Bọ·xer≈mo·tor[bɔ́ksər..] 男 〘工〙水平対向エンジン. **≈na·se** 女 ボクサー特有の〔つぶれた〕鼻.

Bọx·hand·schuh[bɔ́ks..] 男 (ボクシングの)グローブ.

Bo·xịn[bɔksíːn] 中 -s/ ボクシーン(模造ボックス革).

Bọx·kalf[bɔ́kskalf] 中 -s/-s ボックス革(クロムなめしを施した子牛の革). [*engl.*box calf; ◇Box, Kalb]

Bọx·ka·me·ra[bɔ́ks..] 女 箱型〈ボックス〉カメラ.

Bọx≈kampf 男 ボクシング〈拳闘(けんとう)〉の試合. **≈ring** 男 (ボクシングの)リング. [<boxen]

Boy[bɔʏ] 男 -s/-s **1** (ホテルなどの)ボーイ, 使い走りの少年. **2** (Junge) 男の子, 少年; ボーイフレンド. [*engl.*]

Bọy·friend[bɔ́ʏfrɛnd] 男 -[s]/-s ボーイフレンド.

Boy·kọtt[bɔʏkɔ́t] 男 -[e]s/-s(-e) ボイコット, 不買同盟, 共同排斥: wirtschaftlicher ～ 経済ボイコット | den ～ über *et.*[4] verhängen …をボイコットする | *jn.* 〈*et.*[4]〉 mit ～ belegen …をボイコットする. [*engl.*; <C. Boycott (1880年ごろ人々からボイコットされたアイルランドの土地管理人)]

Boy·kọtt≈be·we·gung 女 ボイコット運動. **≈er·klä·rung** 女 ボイコット宣言.

boy·kot·tie·ren[bɔʏkɔtíːrən] 他 (h) 同盟して排斥する, ボイコットする: einen Kollegen ⟨eine Veranstaltung⟩ ～ ある同僚⟨催し⟩をボイコットする.

Boy·kot·tie·rung[..ruŋ] 女 -/-en boykottieren すること.

Boy-Scout[bɔ́ʏskaʊt] 男 -[s]/-s (Pfadfinder) ボーイスカウト. [*engl.*; ◇auskultieren]

Bo·zen[bóːtsən] 地名 ボーツェン(南Tirolの町. 1919年イタリア領となりボルツァーノ Bolzano と改称された). [*ligur.* „Dornburg"]

BP[1][beːpéː] 女 -/ 商標 ベー=ペー(＜Benzin und Petroleum AG; イギリスの British Petroleum Company の子会社. 石油精製・石油製品販売会社).

BP[2][－] 略 女 -/ =Bundespost

Bq[bɛkərɛ́l] 記号 中 -s/- (Becquerel) ベクレル.

Br[beː|ɛ́r, broːm] 記号 (Brom) 《化》臭素.

Br. 略 =Bruder 兄, 弟.

BR[beː|ɛ́r] 略 男 -/ =Bayerischer Rundfunk バイエルン放送.

Bra·bant[brabánt] 地名 ブラバント(中部ベルギーの一地方). [＜Bracbant „brachliegendes Grenzgebiet"; ◇brach²]

Bra·ban·ter[..tər] **I** 男 -s/- ブラバントの人. **II** 形 《無変化》ブラバントの: ～ Spitzen ブラバント製のレース.

brab·beln[brábəln] 《06》 他 自 (h) 《話》(ひとりごとで)ぶつぶつ言う, つぶやく. [*mndd.*]

Brab·bel·was·ser 中 -s/ 《戯》(Schnaps) 火酒: ～ **getrunken haben** 《比》冗舌⟨多弁⟩である.

brach[1][braːx] brechen の過去.

brach[2][－] 形 (土地が)耕されて⟨作付けされて⟩いない; 《比》利用されていない: ein ～*er* Acker 休閑地(=Brachacker) | ～ legen =brachlegen | ～ liegen =brachliegen

Brach·acker[bráːx..] 男 休閑地, 休耕田畑.

Bra·che[bráːxə] 女 -/-n 《農》**1** 休閑地. **2** 休閑期. [*ahd.* brahha „Umbrechen"; ◇brechen]

brä·che[brɛ́ːçə] brechen の接続法 II.

bra·chen[bráːxən] 他 (h) **1** (土地を)耕さずに⟨作付けせずに⟩おく, 利用せずに⟨遊ばせて⟩おく. **2** (休閑地を)掘り返す.

▽**Bra·chet**[..xət] 男 -s/-e 《ふつう単数で》(Juni) 6 月(三圃(さんぽ)式農業で休閑地を再び耕す月). [*mhd.*]

Brach·feld 中 休閑地.

bra·chial[braxiáːl] 形 上膊(じょうはく)部の, 腕の. [*lat.*; ◇..al¹]

Bra·chial·ge·walt 女 -/ 腕力: mit ～ 腕ずくで.

Bra·chi·al·gie[braxialgíː] 女 -/-n[..gíːən] 《医》上腕痛.

Bra·chi·al·neur·al·gie 女 《医》上腕神経痛.

Bra·chio·po·de[braxiopóːdə] 男 -n/-n (Armfüßer) 《動》腕足類. [＜*gr.* brachī́ōn „Arm"]

Bra·chio·sau·rus[..záurʊs] 男 -/..rier[..riər] 《古生物》ブラキオザウルス(竜脚類に属する恐竜). [◇Saurier]

Brach·land[bráːx..] 中 -[e]s/ 休閑地.

brach|le·gen 他 (h) (土地を)耕作⟨作付け⟩せずにおく; 《比》(知識・才能などを)利用せずに⟨遊ばせて⟩おく: Die Felder ⟨Seine Fähigkeiten⟩ wurden *brachgelegt.* その土地⟨彼の能力⟩は耕作⟨利用⟩されずにおかれた.

brach|lie·gen* 《93》 **I** 自 (h) **1** (土地が)耕作⟨作付け⟩されずにいる: Er ließ das Feld ein Jahr ～. 彼は畑を1年間休ませておいた. **2** 《比》(知識・才能などが)利用されないでいる, 沈滞している: ein Talent ～ lassen 才能を遊ばせておく. **II brach·lie·gend** 現分 形 休んでいる, 働いていない: ein ～*es* Land 休閑地.

▽**Brach≠mo·nat** (≠**mond**) 男 《ふつう単数で》(Juni) 6 月.

Brach≠pie·per 男 -s/- (Pieper) 《鳥》タヒバリ. ≠**schwal·be** 女 《鳥》ツバメチドリ(燕千鳥)類.

Brach·se[bráksə] 女 -/-n, **Brach·sen**[..ksən] 男 -s/- (Blei) 《魚》ブリーム(コイの一種). [*ahd.*; ◇Brasse; *engl.* bream]

Brach·sen·kraut 中 《植》ミズニラ(水韮)属.

brach·te[bráxtə] bringen の過去.

bräch·te[brɛ́çtə] bringen の接続法 II.

Brach·vo·gel[bráːx..] 男 《鳥》シャクシギ. [＜Brache]

brachy.. 《名詞・形容詞などにつけて「短い・短縮した」を意味する》 [*gr.* brachýs „kurz"]

bra·chy·dak·tyl[braxydaktýːl] 形 《医》短指症の.

bra·chy·ke·phal[..kefáːl] =brachyzephal

Bra·chy·lo·gie[..logíː] 女 -/-n[..gíːən] 《修辞》要語省略, 簡潔な表現法. [*gr.*]

bra·chy·ze·phal[..tsefáːl] 形 (↔dolichozephal) (kurzköpfig) 《医》短頭(蓋(がい))の. [＜kephalo..]

Bra·chy·ze·pha·lie[..tsefalíː] 女 -/-n[..líːən] 《医》短頭(蓋(がい))症.

Brach·zeit[bráːx..] 女 休閑期. [＜brach²]

Brack[brak] 中 -[e]s/-s(-en) 《北部》**1** 廃物; (商品などの)傷物, 不良⟨不合格⟩品. **2** (Aussonderung) 選別, えり分け. **3** 河口湖. [＜Wrack]

Bracke[brákə] 男 -n/-n (女 -/-n) (Spürhund) 《狩》猟犬. [*ahd.*; ◇*mhd.* brachen „riechen"]

bracken[brákən] 他 (h) 《北部》(aussondern) 選別する, えり分ける. [＜Brack]

Bracker[..kər] 男 -s/- 《北部》商品検査官.

brackig[brákɪç]² 形 《北部》(水などが)塩分を含んだ, 飲料に適さない; 腐敗した. [*mndl.* brac „salzig"]

brackisch[brákɪʃ] 形 《地》汽水域の, 汽水成層の. [◇Brackwasser]

Brack·vieh[brák..] 中 廃畜(役にたたなくなった家畜).

Brack≠was·ser 中 -s/- (河口などの)淡水と塩水の混合した水, 《地》汽水. ≠**wes·pe** 女 《虫》コマユバチ(小繭蜂)科の昆虫. [*ndd.*; ◇brackig]

Bra·dy·kar·die[bradykardíː] 女 -/ 《医》徐拍, 徐脈. [＜*gr.* bradýs „langsam"+kardio..]

Brä·gen[brɛ́ːgən] 男 -s/- =Bregen

Bra·gi[bráːgiˑ] 人名 《北欧神》ブラギ(詩歌の神). [*anord.*]

Brah·ma[bráːmaˑ] 人名 《ｲﾝﾄﾞ神》ブラフマ(バラモン教の主神). 梵天(ぼんてん). [*sanskr.*]

Brah·ma·is·mus[bramaísmʊs] 男 -/ =Brahmanismus

Brah·man[bráːman] 中 -s/ ブラフマナ(バラモン教の宇宙原理). [*sanskr.* „Gebet"]

Brah·ma·ne[bramáːnə] 男 -n/-n ブラフマン(バラモン教の司祭者), バラモン(婆羅門). [*sanskr.*]

Brah·ma·nen·tum[..nəntuːm] 中 -s/ バラモン信仰, バラモン教.

brah·ma·nisch[..nɪʃ] 形 バラモンの.

Brah·ma·nis·mus[bramanísmʊs] 男 -/ バラモン(婆羅門)教.

der **Brah·ma·pu·tra**[bramapʊ́traˑ, ..púːtraˑ] 地名 男 -[s]/ ブラフマプトラ(チベットに発しガンジス川と合流してベンガル湾に注ぐ川). [*sanskr.* „Brahmas Sohn"]

Brah·mi·ne[bramíːnə] 男 -n/-n =Brahmane

Brahms[braːms] 人名 Johannes ～ ヨハネス ブラームス(1833-97; ドイツ=ロマン派の作曲家. 新古典派とも言われる).

Braille·schrift[brá(ː)j(ə)..] 女 -/ ブライユ点字(世界共通の盲人用文字). [＜L. Braille (フランス人考案者, †1852)]

Brain-Drain[bréɪndreɪn] 男 -s/ (国外への)頭脳流出.

Brain·stor·ming[bréɪnstɔːmɪŋ] 中 -s/ ブレーンストーミング(自由討論による独創的アイディアの開発). [*amerik.*]

Brain-Trust[bréɪntrʌst] 男 -[s]/-s ブレーントラスト(識者顧問団). [*amerik.*; ◇Bregen]

Brain-Tru·ster[..stər] 男 -s/- ブレーントラストの一員. [*amerik.*]

Brak·teat[brakteáːt] 男 -en/-en **1** (片面のみに刻印のある中世の)硬貨. **2** (特に民族移動時代のスカンジナビアの)金のペンダント. [＜*lat.* bractea „Goldblättchen"]

Bram[braːm] 女 -/-en =Bramstenge

Bra·mar·bas[bramárbas] 男 -/-se ほら吹き(18世紀の風刺詩の主人公の名にちなむ).

bra·mar·ba·sie·ren[..marbazíːrən] 自 (h) ほらを吹く, 自慢する, 大言壮語する: von *seinen* Erfolgen ～ 自分の成功を吹聴する. [＜*span.* bramar „schreien" (◇Bremse¹)]

Bram·bu·ri[brámburiˑ] 複 《ｵｰｽﾄﾘｱ》(Kartoffeln) ジャガイ

モ. [*tschech.* brambory „Brandenburger"]

Brä·me[brɛ́:mə] 女 -/-n **1** 〘服飾〙(衣服の)ふち飾り. **2** (野原のへりをふちどる)木立.
[*mhd.* brem; ◇Brom¹, Berme; *engl.* brim]

ᵛ**brä·men**[brɛ́:mən] =verbrämen

Bram·me[brámə] 女 -/-n 〘工〙(圧延した)鉄塊, ブルーム.

Bram≠ra·he[brá:m..] 女〘海〙トガーンマストの帆桁(ほげた). ≠**se·gel** 中〘海〙トガーンスル(トガーンマストの帆). ≠**sten·ge** 女〘海〙上檣(じょうしょう), トガーンマスト. [*ndl.*; <*ndl.* bram „Prunk"]

Bran·che[brã:ʃə; オーストリア: brã:ʃ] 女 -/-n[..ʃən] (職業・業務の)分枝; 専門, 部門, 領域, 分野; 業界, 業種: Er ist in der Mode*branche* ⟨Textil*branche*⟩ tätig. 彼はファッション⟨繊維⟩業界の仕事をしている. [*fr.* „Zweig"; <*spätlat.* branca (→Pranke); ◇*engl.* branch]

Bran·che·kennt·nis[brã́:ʃə..] =Branchenkenntnis

Bran·chen≠blatt[brã́:ʃən..] 中 業界紙. ≠**fern·sprech·buch** 中 (旧東ドイツで)業種別電話番号簿.

bran·chen·fremd[brã́:ʃən..] 形 (特定の)業種部門に不慣れな.

Bran·chen≠ken·ner[brã́:ʃən..] 男 業界通. ≠**kennt·nis** 女 ((特定の)業種上の)専門的知識.

bran·chen≠kun·dig[brã́:ʃən..] 形 (特定の)業界の事情に精通⟨習熟⟩した. ≠**üb·lich** 形 (特定の)業界の習慣⟨慣行⟩となっている.

Bran·chen·ver·zeich·nis[brã́:ʃən..] 中 業種別名簿⟨電話番号簿⟩.

Bran·chiat[brançiá:t] 男 -en/-en 〘動〙有鰓(ゆうさい)類.

Bran·chie[bránçiə] 女 -/-n《ふつう複数で》えら. [*gr.* brágchia „Kiemen"–*lat.*]

Bran·chio·sau·rus[brançiozáurʊs] 男 -/..rier[..riər] 〘古生物〙ブランキオザウルス(えら竜; 石炭紀の両生類).

brand.. 《「火災・暑さ・やけど」などを意味するほか, 口語では形容詞につけて「非常に」を意味し, ふつうアクセントは同時に基礎語にもおかれる》: *brand*gefährlich 非常に危険な | *brand*neu 真新しい.

Brand[brant]¹ 男 -es(-s)/Brände[brɛ́ndə] **1 a)** 火災, 火事; 炎上; 燃えること, 燃焼: ein riesiger ～ 大火災 ‖ einen ～ anlegen ⟨löschen⟩ 火事を起こす⟨消す⟩ | Mord und ～ schreien (→Mord) ‖ *et.*⁴ in ～ [er]halten …の火が消えないようにする | in ～ geraten 火事になる, 炎上する | in ～ stehen 燃えている, 炎上中である | *et.*⁴ **in ～ setzen** ⟨**stecken**⟩ …に火をつける⟨放火する⟩ ‖ Ein ～ bricht aus. 火事が発生する. **b)** 《ふつう複数で》燃えているもの, 燃えさし. **c)** 《方》(Heizmaterial) 燃料: Haus*brand* 家庭用燃料. **2** 〘工〙(陶器・れんがなどを)焼いて造ること; (一かまどの)焼き物. **3** 《雅》(焼けつくような)暑さ, 熱気; 熱情, 激情: der ～ der Liebe ⟨des Hasses⟩ [im Herzen] 恋⟨憎悪⟩の炎 | im ～ des Mittages ⟨der Sonne⟩ 真昼⟨ひなた⟩の暑さの中で. **4** 《単数で》**a)** やけど; (紫外線による)日⟨雪⟩焼け: Sonnen*brand* 日焼け. **b)** 〘医〙壊疽(えそ). **c)** 〘農〙(作物の)黒穂(くろぼ)病. **5** 《話》(特に飲酒後の)のどの渇き; 酔い: einen [tüchtigen] ～ haben [ひどく]のどが渇く | *seinen* ～ kühlen ⟨löschen⟩ 渇きをいやす; 酔いざましの水を飲む. **6** 〘農・林〙焼いて開拓した土地, 焼き畑; 酸性土壌[の土地]. **7** 〘工〙信管, 雷管, 口火, 火縄; 〘商〙焼き印[つきの商品], 商標. **8** 《方》(Mittag) 昼, 正午: zu ～ お昼に. **9** =Brandung
[*germ.*; ◇brennen]

ᵛ**Brand·bet·tel**[bránt..] 男 (火事の罹災(りさい)者に対する当局の)物請い許可.

Brand≠bin·de 女 火傷用包帯. ≠**bla·se** 女 (やけどによる皮膚の)火ぶくれ. ≠**bom·be** 女 焼夷(しょうい)弾. ≠**brief** 男 **1** 緊急の手紙⟨警告状⟩; (金銭の)無心状. ᵛ**2** (焼け出された人に対する)物請い許可状⟨証⟩. ᵛ**3** 《北部》放火脅迫状. ≠**di·rek·tor** 男 消防隊長.

Brän·de Brand の複数.

brand·ei·lig[bránt|áılıç]² 形《話》大急ぎの.

Brand·ei·sen 中 (烙印(らくいん)用の)焼き金.

bran·deln[brándəln] 《06》自 (h) **1** 《オーストリア》こげ臭い. **2** 《比》大金を支払わされる.

bran·den[brándən]¹ 《01》自 (h) **1** 《雅》(波が岩や岸辺に当たって)砕け散る: Das Meer *brandet* an ⟨gegen⟩ die Felsen. 海の波が岩に砕ける. **2** 《比》荒れ狂う; どよめく: Die Wogen des Beifalls ⟨der Begeisterung⟩ *brandeten* um den Redner. 喝采(かっさい)⟨感激⟩の大波が講演者のまわりにどよめいた. [<Brandung; ◇brennen]

Bran·den·burg[brándənbʊrk] 地名 ブランデンブルク (Mark ～ あるいは die Mark ともいい, もと Preußen の一州で第二次大戦後ドイツ民主共和国の一部となったが,1990年の再統一に伴い, ドイツ連邦共和国の一州となった. 州都は Potsdam: →Mark² 1).

Bran·den·bur·ger[..bʊrgər] **I** 男 -s/- ブランデンブルクの人. **II** 形《無変化》ブランデンブルクの: das ～ Tor (ベルリンの)ブランデンブルク門.

bran·den·bur·gisch[..bʊrgıʃ] 形 ブランデンブルクの; ブランデンブルク方言の: →deutsch | 《die *Brandenburgischen* Konzerte》『ブランデンブルク協奏曲』(作曲者 J. S. Bach がブランデンブルク辺境伯にささげた).

Brand·en·te[bránt..] 女 〘鳥〙ツクシガモ(筑紫鴨).

Bran·der[brándər] 男 -s/- ᵛ**1** 《北部》(火薬類を満載し, これを風上に流して敵船に火を放つ)焼き討ち船. **2** 《話》=Brandfuchs 2

Brand·fackel[bránt..] 女 放火用の松明(たいまつ); 《比》(不和・戦争などの)火種.

brand·fest 形 耐火性の.

Brand≠fla·sche 女 火炎びん. ≠**fleck** 男 **1** 焼けこげた個所. **2** 酸性度の強い土地.

brand·frisch 形《話》きわめて新鮮な, 真新しい.

Brand≠fuchs 男 **1** くり毛の馬; 〘狩〙(のどや下腹が黒っぽい)キツネ. **2** 《話》(学生組合の第1学期生を Fuchs と呼ぶのに対し)第2学期生. ≠**gas·se** 女 (火災延焼防止用の)建物間の路地.

brand·ge·fähr·lich 形《話》きわめて危険な.

Brand≠ge·ruch 男 こげ臭い(きな臭い)におい. ≠**glocke** 女 (出火を知らせる)警鐘, 半鐘. ≠**grab** 中〘考古〙火葬墳墓.

brand·heiß 形《話》ほやほやの, 最新の: eine ～*e* Nachricht 最新ニュース.

Brand·herd 男 (火事の)火元; 《比》(騒動などの)震源地.

bran·dig[brándıç]² 形 **1** (brenzlig) 焦げた, きな臭い: ein ～*er* Geruch きな臭いにおい. **2** 〘医〙壊疽(えそ)の. **3** 〘農〙黒穂(くろぼ)病にかかった.

Brand≠kas·se[bránt..] 女 火災保険金庫⟨会社⟩. ≠**le·ger** 男 -s/- 《オーストリア》= Brandstifter ≠**le·gung** 女 《オーストリア》= Brandstiftung ≠**lei·ter** = Feuerleiter ≠**mal** 中 -[e]s/-e(..mäler) 焼き印, 烙印(らくいん): das ～ der Schande 《比》汚辱のしるし. ≠**ma·le·rei** 女〘美〙焼き絵[術].

brand·mar·ken 《過分 gebrandmarkt》他 (h) (家畜などに)焼き印を押す; (罪人に)烙印(らくいん)を押す: *jn.* öffentlich ～ 《比》…を弾劾する | Man hat ihn als Dieb *gebrandmarkt.* 《比》彼はどろぼうのレッテルをはられた.
[<Marke]

Brand≠mau·er 女 防火壁. ≠**mei·ster** 男 消防隊長. ≠**nar·be** 女 やけどの傷あと.

brand·neu[brántnɔ́y] 形《話》(ganz neu) 真新しい: ein ～*er* Wagen ピカピカの新車.

Brand≠op·fer 中 **1** 〘宗〙(古代ユダヤ教における)燔祭(はんさい). **2** 火災による犠牲者. ≠**ord·nung** 女 消防規則. ≠**pfeil** 男 火矢. ≠**pilz** 男〘農〙黒穂(くろぼ)菌類. ≠**re·de** 女 弾劾⟨アジ⟩演説. ≠**röh·re** 女 (砲弾などの)信管.

brand·rot 形《話》まっ赤な.

Brand≠sal·be 女 (やけど用の)鉛軟膏(なまりなんこう). ≠**satz** 男 発燃剤, 焼夷(しょうい)剤. ≠**scha·den** 男 火災による損害.

brand·schat·zen[bránt-ʃatsən] 《02》《過分 gebrandschatzt》他 (h) **1** 〘史〙(…から)火をつけると脅して金をゆする: eine Stadt ～ 焼き払うぞと脅して町から軍用金を徴収する, 町から免焼金を取る.
2 《*et.*⁴》(…から)略奪する: Die Truppen mordeten und

brandschatzten 〔die Bevölkerung〕. その部隊は〔住民に対して〕殺人奪略を行った | Ihr habt meine Kasse ganz schön *gebrandschatzt.* 《話》君たちのおかげで私の財布はすっかり底をついた. ［< *mhd.* schatzen „mit Abgaben belegen" （◇Schatz）］

Brand·schat·zung[..tsʊŋ] 女 -/-en (brandschatzen すること. 例えば:) 強奪; 免焼金〔の徴収〕.

Brand≠schie·fer 男 〘地〙瀝青(れきせい)泥板岩, 油頁(ゆけつ)岩. **≠schopf** 男 〘植〙ケイトウ属. **≠schutz** 男 火災予防, 防火. **≠seu·che** 女 壊疽(えそ)性麦角中毒. **≠sil·ber** 中 精錬銀. **≠soh·le** 女 靴の内側の底革(焼き印のついた安皮を用いた). **≠stät·te** (**≠statt**) 女 **1** 火事場, 焼け跡. **2** (Meiler) 炭焼きかまど. **≠stel·le** 女 = Brandstätte 1 **≠steu·er** 女 **1** (Brandschatzung) 免焼金. **2** (スイスの) 国営火災保険の掛け金. **≠stif·ter** 男 放火犯人: die ～ eines Krieges 戦争をひき起こした連中. **≠stif·tung** 女 放火.

Brandt[brant] 人名 Willy ～ ヴィリー ブラント(1913-92; SPD の党首. 旧西ドイツの首相〔1969-74〕).

Bran·dung[brándʊŋ] 女 -/-en **1** 波が岸・岩などに砕け散ること; 砕ける波, 寄せ波, 磯波(いそなみ) (→ 図 Strand); 波の砕け散る岩〈岸辺〉: durch die starke ～ schwimmen 砕け散る激浪の中を泳ぐ | ein Fels in der ～ (→Fels 2). **2** (海・オルガンなどの)とどろく音; 《比》(興奮などの)どよめき, うず: die ～ der Begeisterung 感激のあらし. ［*ndl.* branding; ◇brennen］

Bran·dungs·boot 中 〘海〙寄せ波船(波の荒い海岸で用いる幅広く喫水の浅いボート).

Brand≠ur·sa·che[bránt..] 女 火災原因. **≠ver·hü·tung** 女 火災予防, 防火〔施設〕. **≠ver·si·che·rung** 女 火災保険. **≠vo·gel** 男 = Rotschwänzchen **≠wa·che** 女 **1** (消防隊が再出火に備えて現場に残す) 再出火監視員; 催しの際などの防火責任者. **2** 防火係詰め所, 火の番小屋. **≠wun·de** 女 やけど, 火傷; 〘医〙熱傷〈火傷〉創.

Bran·dy[bréndi·, brǽn..] 男 -s/-s ブランデー. ［*ndl.* brande-wijn－*engl.*; ◇Branntwein］

Brand≠zei·chen[bránt..] 中 ᵛ**1** = Brandmal **2** 合図の火(かがり火・のろしなど). **≠zet·tel** 男 = Brandbrief

brann·te[bránta] brennen の過去.

Brannt·kalk[bránt..] 男 〘化〙生石灰.

Brannt·wein 男 火酒(ブランデー・ジンなどのアルコール分の多い蒸留酒の総称): Ihm steigt der ～ zu 〈in den〉 Kopf. 彼は酔っぱらう. ［*mhd.* gebranter wīn; ◇*engl.* brandy］

Brannt·wein≠bren·ner 男 火酒醸造業〔経営〕者. **≠bren·ne·rei** 女 火酒醸造所〈蔵元〉.

Brannt·wei·ner[..vaɪnər] 男 -s/- 《オーストリア》火酒酒場〔の主人〕.

Brannt·wein·schank 女 《オーストリア》火酒酒場.

Brant[brant] 人名 Sebastian ～ ゼバスティアン ブラント (1457-1521; ドイツの法学者・詩人. 作品『阿呆船』など).

Bra·sil[brazíːl, ..zɪl] **I** 男 -s/-e, -s ブラジルタバコ; ブラジルコーヒー. **II** 女 -/-〔s〕ブラジル葉巻.

Bra·si·let·to·holz[brazilέto..] 中 〘植〙ブラジルスオウ(蘇芳)の一種. ［*span.* brasiletto］

Bra·sil·holz[brazíːl..] 中 〘植〙ブラジルスオウ(蘇芳)(染料ブラジリンの原料となり, また木工にも用いられる. ブラジルの国名はこの植物名に由来する: →Brasilin). ［< *port.* brasil „Glutholz"; ◇*engl.* brazil］

Bra·sí·lia[brazílĭa·] (**Bra·si·lia**[brazíːlia·]) 地名 ブラジリア(ブラジル連邦共和国の首都. 1960年に遷都).

Bra·si·lia·ner[braziliáːnər] 男 -s/- ブラジル人.

bra·si·lia·nisch[..nɪʃ] 形 ブラジルの.

Bra·si·li·en[brazíːliən] 地名 ブラジル(南アメリカの東部にある連邦共和国. 首都は Brasília).

Bra·si·li·en·holz = Brasilholz

Bra·si·li·er[..liər] 男 -s/- = Brasilianer

Bra·si·lin[brazilíːn] 中 -s/ ブラジリン (Brazilholz からとる赤色染料).

bra·si·lisch[..zíːlɪʃ] = brasilianisch

Bra·sil·nuß 女 ブラジルナッツ(ブラジル産のアーモンドに似た木の実で食用となる).

Braß[bras] 男 Brasses/ 《方》**1** がらくた. **2** 騒音, 騒ぎ. **3** 苦悩, 怒り. ［*ndd.*］

Bras·se[1][brása] 女 -/-n 《北部・中部》= Brachse

Bras·se[2][–] 女 -/-n 〘海〙転桁(てんこう)索. ［*fr.* bras „Arm"－*ndl.*; ◇brachial; *engl.* brace］

Bras·sel[brásəl] 男 -s/ 《話》苦境, 窮地: in einen ～ kommen 窮地に陥る.

Bras·se·lett[brasəlέt] 中 -s/-e **1** (Armband) 腕輪, ブレスレット. **2** 《話》(Handschelle) 手錠. ［*fr.* bracelet］

bras·sen[brásən] 《03》他 (h) 〘海〙帆桁(ほげた)を回す, 転桁(てんこう)する.

Bras·sen[–] 男 -s/- = Brachse

brät[brεːt] braten の現在 3 人称単数.

Brät[–] 中 -s/ 《スイス》(ソーセージ用の) ひき肉; 脂肪の少ない豚肉. ［*ahd.*; ◇Braten］

Brat≠aal[bráːt..] 男 油でいためたウナギ. **≠ap·fel** 男 焼きリンゴ. **≠bock** 男 焼き串(くし)を回転させる台. ［< braten］

Brät·chen Braten の縮小形.

brä·teln[brέːtəln] 《06》**I** 他 (h) さっと焼く〈あぶる〉. **II** 自 (h) 少し焼ける.

bra·ten*[bráːtən] 《23》**briet**[briːt]/**ge·bra·ten**; 現 *du* brätst[brεːtst], *er* brät; 接II briete **I** 他 (h) 焼く, あぶる, いためる, フライにする: Fleisch 〔braun〕 ～ 肉を〔こんがりと〕焼く | Fisch 〔in Öl〕 ～ 魚を〔油で〕揚げる | *jm.* eine Extrawurst ～ (→Extrawurst) ‖ *sich*[4] in der Sonne ～ lassen 肌を日に焼く, 日光浴する ‖ Daß euch der Teufel *brate*! 《話》くたばっちまえ ‖ Da 〈Jetzt〉 *brat'* mir einer einen Storch! (→Storch 1 a).

II 自 (h) 焼ける, フライになる: Äpfel *braten* 〔in der Ofenröhre〕. リンゴが〔オーブンの中で〕焼ける〈焼きリンゴになる〉 ‖ in der Sonne ～ 日焼けする.

［*westgerm.*; ◇brauen, Brodem］

Bra·ten[–] 男 -s/- (小 **Brät·chen**[brέːtçən], **Brät·lein**[..laɪn] 中 -s/-) 焼き肉, ロースト, ステーキ; 焼き肉用の肉: ein fetter ～ 《話》大もうけ ‖ den ～ ansetzen 肉を焼く | **den ～ riechen** 〈merken〉《話》くさいとにらむ, おかしい〈怪しい〉と思う; (身の) 危険を察知する | **dem ～ nicht trauen** 《話》怪しいと思う, 信用しない | Da haben wir den ～! ちくしょう いやなことになったわい. ［*germ.*］

Bra·ten≠ap·fel[bráːtən..] = Bratapfel **≠plat·te** 女 焼き肉を盛る皿(→ 図 Eßtisch). **≠rock** 男 《戯》(Gehrock) フロックコート. **≠spicker** 男 -s/- (肉にベーコンを差し込むための) 大串(おおぐし). **≠wen·der** 男 (肉をまんべんなく焼くための) ロースト用回転器.

Brä·ter[brέːtər] 男 -s/- 《方》(Schmortopf) 深なべ.

Brat≠fisch[bráːt..] 男 **1** フライ用の魚. **2** フライにした魚, 魚フライ. **≠hendl** (**≠hen·del**) [..hεndəl] 中 -s/-〔n〕《南部・オーストリア》ロースト=チキン. **≠he·ring** 男 フライにしたニシン. **≠huhn** 中 = Brathendl

Bra·ti·sla·va[brátjislava] 地名 ブラティスラヴァ(スロヴァキア共和国の首都).

Brat·kar·tof·fel 女 《ふつう複数で》〘料理〙油でいためたジャガイモ: daher der Name ～! 《話》それで理由が分かったよ. ［< braten］

Brat·kar·tof·fel·ver·hält·nis 中 《話》恋愛関係; 同棲の間柄(本来, 女が男の食事の世話をするところから).

Bratl[bráːtəl] 中 -s/-n 《南部・オーストリア》(特に豚の) 焼き肉.

Brät·lein Braten の縮小形.

Brat·ling[bráːtlɪŋ] 男 -s/-e (野菜・豆類の) 焼きだんご.

Brät·ling[brέːtlɪŋ] 男 -s/-e **1** 〘植〙ハラタケ(原茸)(バターでいためて賞味されるキノコの一種). **2** 〘魚〙(フライ用の) ニシン(鰊)の類.

Brat≠ofen[bráːt..] 男 (蒸し焼き用の) 天火, オーブン. **≠pfan·ne** 女 フライパン. **≠röh·re** 女, **≠rost** 男 = Bratofen ［< braten］

Brat·sche[bráːtʃə] 女 -/-n 〘楽〙ヴィオラ. ［*it.* braccio „Arm"; ◇brachial］

Brat·schen·schlüs·sel[bráːtʃən..] 男 (Altschlüssel) 〘楽〙アルト記号.

Brat·schen·spie·ler 男, **Brat·scher**[..tʃər] 男 -s/-, **Brat·schist**[bratʃíst] 男 -en/-en ヴィオラ奏者.

Brat≈spieß[brá:t..] 男《料理》〔回転式の〕焼き串(ぐし). **≈spill** 中《海》ウインチ, 巻き上げ機.

brätst[brɛ:tst] braten の現在 2 人称単数.

Brat·wurst[brá:t..] 女 **1**《料理》いためたソーセージ. **2** グリル用ソーセージ. [*ahd.* „Fleischwurst"; ◇Braten]

Bräu[brɔʏ] (**Brau**[braʊ]) **I** 中 -〔e〕s/-e, -s **1** 醸造物. **2** (Brauerei) ビール醸造所. **3** 1 回に醸造されるビール. **4** (特定の醸造所の)ビール. **5** 〔醸造所直営の〕ビアホール.
II 男 -〔e〕s/-e《南部》ビール醸造者. [<brauen]

Brau·bot·tich 男 醸造桶(おけ).

Brauch[braʊx] 男 -es(-s)/Bräuche[brɔ́ʏçə] **1** 風習, 慣習, 慣行, 慣例, ならわし: nach altem ⟨dörflichem⟩ ～ 古い⟨村の⟩しきたりに従って | in ⟨im⟩ ～ sein 習慣である | außer ～ kommen すたれる ‖ Sitte und ～ 風俗習慣 | Das ist hier ⟨bei uns⟩ so ～. そうするのがここの⟨わが国の⟩習慣だ | Das ist des Landes nicht der ～. そんなことはこの土地ではだれもしておりません (Goethe). ▽**2** (Gebrauch) 使用.

brauch·bar[bráʊxba:r] 形 使える, 使用できる; 役にたつ; 有能な: ein zu allem *～er* Mensch 何にでも使える人, 何でも屋 | Dieser Mantel ist noch ～. このコートはまだ着られる.

Brauch·bar·keit[–kaɪt] 女 -/ (brauchbar なこと. 例えば:) 有用性, 有能さ.

Bräu·che Brauch の複数.

brau·chen[bráʊxən] (《接II》 brauchte, 南部: bräuchte) **I** 他 (h) **1 a)** (nötig haben) 必要とする: *et.*[4] dringend ⟨später⟩ ～ …が至急に⟨あとで⟩必要だ | Der Kranke *braucht* Ruhe. 病人は安静が必要だ | Ich *brauche* deine Hilfe nicht. 私は君の助けはいらない | Dich *brauchen* wir gerade. 君はいいところに来てくれた;《反語》よりによって君が来たとは, 君はお呼びじゃないよ | Er hat 7 Jahre zum Studium *gebraucht.* 彼は大学を出るのに 7 年かかった | Der Zug *braucht* für diese Strecke zwei Stunden. この区間は列車で 2 時間かかる | Wieviel Zeit ⟨Wie lange⟩ *braucht* man bis dahin? そこまでどのくらい時間がかかるかね.

b)《否定詞および zu 不定詞〔句〕と》*et.*[4] nicht zu tun ⟨sein⟩ ～ …する必要がない⟨…であるとは限らない⟩ | Morgen *brauchst* du nicht 〔zu〕 kommen. あすは君は来なくてもいいよ | Muß es gleich sein?–Nein, es *braucht* nicht gleich 〔zu〕 sein. すぐにですか – いやすぐでなくてもよい | Du *brauchst* gar nicht 〔zu〕 lachen. 笑うことなんかないじゃないか, 笑うとはけしからん | Niemand *braucht* es zu wissen. それはだれにも知らせることはない | Es *braucht* wohl nicht erst gesagt zu werden, daß … 今さら改めて言うまでもなかろうが… ‖〖不定詞なしで方向を示す副詞〔句〕と〗Er *braucht* nicht in die Stadt ⟨nach Berlin⟩. 彼は町⟨ベルリン⟩へ行く必要はない.

c)《nur および zu 不定詞〔句〕と》Du *brauchst* es nur zu sagen. 君はそう言いさえすればいいのだ | Ich *brauche* nur zu wissen, ob … 私は…かどうかを知りたいだけだ.

★ 口語では不定詞の zu がはぶかれることがある. また一般に不定詞を伴う場合の過去分詞は brauchen: Er hätte nicht 〔zu〕 eilen *brauchen.* 彼は急がなくてもよかったのに.

2 a) (gebrauchen) 使用する: Arzneimittel ～ 薬を服用する | *seine* Beine ～《比》逃亡する | *seine* Fäuste ～《比》腕力を用いる | das Maul ～ (→Maul 2 a) | *et.*[4] gut ～ können …が大いに役立つ | Er weiß seine Feder ⟨seine Zunge⟩ wohl zu ～. 彼は筆⟨弁⟩が立つ | Vorsicht ～ 用心する ‖ Er ist zu allem zu ～. 彼は何にでも役にたつ | Ich kann dich jetzt nicht ～. 今は君には用がない, 君は引っこんでいてくれ | Das könnte ich so ～.《反語》これはとんだ重荷だ; そいつは願い下げだ.

b) (verbrauchen) 消費する: Das Gerät *braucht* wenig Strom. この器具は少ししか電気をくわない(→1 a) | Mein Wagen *braucht* 10 Liter Benzin auf 100 Kilometer. 私の車は100キロについて10リットルのガソリンを消費する | Sie haben alles Geld *gebraucht.* 彼らはお金を全部つかってしまった.

II 自 (h) **1**《雅》(bedürfen)《*js.* / *et.*[2]》必要とする: 《非人称》Es *braucht* nur eines Winkes, und … ちょっと合図しさえすれば… | Es *braucht* keiner weiteren Erklärungen. これ以上説明する必要はない | *Braucht*'s dazu meiner? そのために私が必要なのかね.

▽**2**《*et.*[2]》使用する; 享受する, 楽しむ: *seines* Einkommens ～ 自分の収入を遣う | des Lebens ～ 人生を楽しむ.
[*germ.*; ◇*lat.* fruī „genießen"; *engl.* brook]

bräuch·lich[brɔ́ʏçlɪç] **1** ＝gebräuchlich
▽**2** ＝brauchbar

bräuch·te[brɔ́ʏçtə]《南部》brauchen の接続法 II.

Brauch·tum[bráʊxtu:m] 中 -s/..tümer[..ty:mər]《ふつう単数で》(Volksbräuche) 習俗, しきたり, ならわし.

brauch·tüm·lich[..ty:mlɪç] 形 民俗的な, 伝統的な.

Brauch·was·ser[bráʊx..] 中 -s/ (↔Trinkwasser) 使い水, 雑⟨工業⟩用水.

Braue[bráʊə] 女 -/-n **1** まゆ〔毛〕: starke ⟨dichte⟩ *～n* 太い⟨濃い⟩まゆ | die *～n* runzeln まゆをひそめる. **2**《方》ふち, かど. [*germ.*; ◇braun; *engl.* brow]

Brau·eig·ner[bráʊ..] 男 醸造場所有者.

brau·en[bráʊən] **I** 他 (h) **1** (英: *brew*) (ビールを)醸造する. **2** (混合飲料などを)調合する; (コーヒー・茶を)いれる: einen Punsch ～ ポンスをこしらえる | Er *braute* sich[3] einen starken Kaffee. 彼は濃いコーヒーを入れた. **3**《比》(悪事を)たくらむ. **4**《南部》＝brühen **II** 自 (h) 沸騰する; わきたつ: ein *brauender* Kessel 煮えたぎっている釜(かま)⟨やかん⟩ | Der Nebel *braut* über dem See. 湖上に霧が立ちのぼる. [*germ.*; ◇brennen, braten, Brot, Brut, Brei, Bärme; *engl.* brew]

Brau·er[bráʊər] 男 -s/- (ビールの)醸造者.

Braue·rei[braʊəráɪ] 女 -/-en **1**《単数で》(ビールの)醸造. **2** (ビールの)醸造所⟨場・業・法⟩.

Brau≈ge·rech·tig·keit [bráʊ..] 女 -/ (ビールの)醸造販売権. **≈haus** 中 (ビールの)醸造所.

Bräu·haus[brɔ́ʏ..]《南部》＝Brauhaus

Brau≈kes·sel[bráʊ..] 男 醸造釜(がま). **≈mei·ster** 男 醸造主任, 醸造所技術主任, 杜氏(とうじ).

braun[braʊn] **I** 形 (英: *brown*) **1** 褐色の, 茶色の, とび色の, きつね色の, 浅黒い: kastanien*braun* 栗(くり)色の | schokoladen*braun* チョコレート色の ‖ *～e* Farbe 褐色 | *～e* Augen 茶色の目 | *～es* Haar とび色の髪 | ein *～es* Pferd 栗毛の馬 ‖ von der Sonne ～ werden (皮膚が)日に焼けて黒くなる ‖ ～ braten ⟨rösten⟩ (肉などを)きつね色に焼く⟨あぶる⟩ ‖ *jn.* ～ und blau schlagen …を(あざのできるほど)さんざん殴る. **2**《軽蔑的に》ナチの: das *～e* Hemd (ナチ党員の)褐色のシャツ.

II Braun[1] **1** 中 -s/-(-s) 褐色, 茶色, とび色: ein dunkles ～ 暗褐色. **2** 男 -s/ (動物物語などで)クマ.

III Brau·ne《形容詞変化》**1** 男 女 (皮膚・毛髪が)褐色の人: die kleine ～ 小さいブリュネットの女 | der ～ 栗毛の馬;《軽蔑的に》ナチ党員;《雅》クマ(熊). **2** 中 褐色〔のもの〕. **3** 男《オーストリア》ミルク⟨生クリーム⟩入り〔モカ〕コーヒー.
[*germ.*; ◇Biber, Bär, Birke; *engl.* brown]

Braun[2][braʊn] 人名 **1** Karl Ferdinand ～ カール フェルディナント ブラウン(1850–1918; ドイツの物理学者でブラウン管の発明者. 1909年ノーベル物理学賞受賞): *～sche* Röhre《電》ブラウン管. **2** Wernher von ～ ヴェルンヘル フォン ブラウン(1912–77; ドイツの物理学者で宇宙ロケットの開発に貢献. 1945年以降は米国に在住. 1955年帰化).

Braun≈al·ge[bráʊn..] 女 -/-n《ふつう複数で》(Phäophyzee)《植》褐藻類. **≈au·ge** 中《虫》マエラチャイロジャノメ(茶色蛇目蝶).

braun·äu·gig[..|ɔʏgɪç][2] 形 茶色の目をした.

Braun≈bär 男 (Landbär)《動》ヒグマ(羆). **≈bier** 中 (Malzbier) (アルコール分の乏しい褐色の)麦芽ビール: **wie ～ und Spucke aussehen**《話》非常に顔色が悪い. **≈blei·erz** 中《鉱》緑鉛鉱. **≈buch** 中《政》(茶表紙の)外交文書記録集.

B

Brau·ne[1][bráʊnə] →braun III
[▽]**Brau·ne**[2][–] 女 -/-n =Braue
Bräu·ne[brɔ́ʏnə] 女 -/ **1** 褐色. [▽]**2**《話》(アンギーナ・ジフテリアなど)のど(気管)の病気.
Braun≠ei·sen[bráʊn..] 中 -s/ **, ≠ei·sen·erz** 中 -es/ **, ≠ei·sen·stein** 男 -[e]s/ (Limonit) 褐鉄鉱.
Brau·nel·le[1][braʊnɛ́lə] 女 -/-n《鳥》イワヒバリの一種. [*nlat.* prunella]
Brau·nel·le[2][–] 女 -/-n (Brunelle)《植》ウツボグサ(靫草). [*fr.* brunelle; <*fr.* brun „braun" (◇braun)]
bräu·nen[brɔ́ʏnən] **I** 自 (s) 褐色になる: an ⟨in⟩ der Sonne ~ 日に焼ける | Der Braten *bräunt* schön. 焼き肉がきれいに焼ける. **II** 他 (h) 褐色にする⟨染める⟩; きつね色に焼く: Zucker ~ 砂糖をこがす | Zwiebeln in Butter ~ タマネギをバターできつね色にいためる ‖ 再帰 Seine Wangen haben sich *gebräunt.* 彼のほおは日に焼けた | Im Herbst *bräunen* sich die Wälder. 秋になると森は褐色になる. [*mhd.*; ◇braun]
Braun≠erz[bráʊn..] 中 =Brauneisen **≠fäu·le** 女《植》(リンゴ・モモなどの)褐色核菌病. **≠fisch** 男《動》〔ネズミ〕イルカ.
braun≠ge·brannt 形 まっ黒に日焼けした. **≠gelb** 形 黄褐色の, カーキ色の. **≠haa·rig** 形 褐色の髪の. **≠häu·tig** 形 皮膚の色が褐色の, 褐色の肌の.
Braun≠heil 中《植》ウツボグサ(靫草). **≠hemd** 中 制服のナチ党員〔が着ている褐色のシャツ〕. **≠holz** 中 =Brasilholz
Braun·kehl·chen 中《鳥》ノビタキ(野鶲). [<Kehle]
Braun≠kohl 男 赤⟨紫⟩キャベツ. **≠koh·le** 女《鉱》「褐炭.」
bräun·lich[brɔ́ʏnlɪç] 形 **1** 褐色がかった, 茶色味をおびた. **2** ナチ的傾向のある(→Braunhemd).
Bräun·ling[..lɪŋ] 男 -s/-e **1** 褐色の髪の人. **2**《話》褐色のチョウ; 褐色の甲虫(カブトムシなど). **3** リンゴの一種.
braun·rot[bráʊn..] 形 赤褐色の.
Braun·sche Röh·re[bráʊnʃə røːrə] →Braun[2] 1
braun·schwarz[bráʊn..] 形 黒褐色の.
Braun·schweig[bráʊnʃvaɪk] 地名 ブラウンシュヴァイク(ドイツ北東部 Niedersachsen の行政区およびその首都). [*lat.* Brūnōnis vīcus „Brunos Landgut"; ザクセン侯の名から; ◇Bruno, Villa; *engl.* Brunswick]
Braun·schwei·ger[..gər] **I** 男 -s/- ブラウンシュヴァイクの人. **II** 形《無変化》ブラウンシュヴァイクの.
braun·schwei·gisch[..gɪʃ] 形 ブラウンシュヴァイク〔ふう〕の.
Braun≠spat[bráʊn..] 男《鉱》白雲石⟨岩⟩. **≠stein** 男 -[e]s/ 《地》(褐色の)砂岩; 軟マンガン鉱.
Bräu·nung[brɔ́ʏnʊŋ] 女 -/ 褐色にする⟨なる⟩こと.
Bräu·nungs·stu·dio 中 (太陽灯などで肌を褐色に染める)日焼けサロン.
Braun≠vieh[bráʊn..] 中 (スイス産の)赤牛. **≠wurz** 女《植》ゴマノハグサ(胡麻葉草)属(地中海沿岸に多い).
Braus[braʊs][1] 男 -es/ 騒ぎ:【ふつう次の成句で】in Saus und ~ leben (→Saus). [*mhd.* brūs „Lärm"; ◇brausen]
Brau·sche[bráʊʃə] 女 -/-n《中部》(Beule)(額にできた)こぶ: *sich*[3] eine ~ holen こぶをこしらえる. [*mhd.*; ◇Brust, Brüsche]
brau·schen[..ʃən]《04》自《方》**1** (s) はれる, 膨れる. **2** (h) (馬などが)高くいななく.
brau·schig[..ʃɪç][2] 形 膨れた, はれた.
Brau·se[bráʊzə] 女 -/-n **1** じょうろ⟨シャワー⟩のノズル. **2** シャワー; じょうろ; 灌水(かんすい)器: ein Zimmer mit ~ シャワーつきの部屋 | unter der ~ stehen シャワーを浴びる ‖ Blumen ⟨ein Beet⟩ mit der ~ gießen 花⟨花壇⟩にじょうろで水をかける. **3** 発酵: in der ~ sein 発酵している. **4** (Brauselimonade) 炭酸レモネード, ラムネ: Bitte eine ~! ラムネください. [*ndd.*]
Brau·se≠bad 中 (↔Wannenbad) **1** シャワー設備のある〔公共〕浴場⟨浴室⟩. **2** シャワー浴. **≠kopf** 男 **1** シャワーヘッド; じょうろの先. **2** 怒りっぽい人, かんしゃく持ち.
brau·se·köp·fig 形 怒りっぽい, 短気な.
Brau·se·li·mo·na·de 女 ラムネ, 炭酸レモネード.
brau·sen[bráʊzən][1]《02》**I** 自 **1** (h) **a)** (風・水・波・森が)ごうごう音をたてる, 立ち騒ぐ, 荒れ狂う; (喝采(かっさい)・歓声が)鳴り響く: Das Meer *braust.* 海が荒れ狂っている ‖ 非人称 Es *braust* mir in den Ohren. 私は耳鳴りがする ‖ *brausender* Beifall あらしのような喝采. **b)** (音をたてて)泡だつ, 沸騰する, 発酵する: Das kochende Wasser *braust.* お湯が煮えたぎる | Sein Blut *braust* in ihm.《比》彼の血は煮えくり返っている. **2** (s) (轟然(ごうぜん)と・騒々しく)突き進む; (ラムネなどが瓶から)ふき出す: Flugzeuge *brausen* über unseren Köpfen. 飛行機が轟音をたてて我々の頭上を飛ぶ. **3** (h) シャワーを浴びる. **II** 他 (h) **1** (…に)灌水(かんすい)器⟨じょうろ⟩で水をまく, 噴射する. **2** 再帰 *sich*[4] ~ シャワーを浴びる: Ich *brause* mich jeden Morgen. 私は毎朝シャワーを浴びる.
III Brau·sen 中 -s/ brausen すること⟨する音⟩: Er hatte ein leises ~ im Ohr. 彼はかすかに耳鳴りがした. [*mhd.*; ◇brauen]
Brau·se·pul·ver[bráʊzə..] 中 沸騰散(重曹・酒石酸・香料等を混合した粉で水に溶かすと発泡し一種のラムネになる).
Brau·ser[bráʊzər] 男 -s/- **1** よくシャワーを浴びる人. **2** (Brausekopf) 怒りっぽい人, かんしゃく持ち.
Brau·se·rei[braʊzəráɪ] 女 -/-en 騒ぎ, 興奮.
Brau·se≠salz[bráʊzə..] 中 =Brausepulver **≠was·ser** 中 -s/ ソーダ水.
Braut[braʊt] 女 -/Bräute[brɔ́ʏtə] (小 **Bräut·chen**[brɔ́ʏtçən], **Bräut·lein**[..laɪn] 中 -s/-) (↔Bräutigam) **1 a)** 婚約中の女, いいなずけの女, フィアンセ: Sie ist ~. 彼女はもう婚約している ‖ *sich*[4] nach einer ~ umsehen《話》結婚相手(女性)を探す. **b)**《軽蔑的に》情婦, いろ. **2** (婚礼の日の)新婦, 花嫁: die reich geschmückte ~ りっぱに着飾った花嫁 | ~ und Bräutigam 花嫁と花婿, 新郎新婦 ‖ eine ~ Christi ⟨des Himmels⟩《雅》修道女, 尼. **3** ~ in Haaren《植》クロタネソウ(黒種子草). [*germ.*; ◇*engl.* bride]
Braut≠abend[bráʊt..] 男 婚礼の前の晩. **≠al·tar** 男 =Traualtar **≠aus·stat·tung** 女 **1** 嫁入り支度. **2** 持参金. **≠bän·der** 複 婚礼の記念に贈るリボン. **≠bett** 中 新床, 初夜の寝床. **≠bit·ter** 男 仲人. **≠bu·kett** 中 (花嫁が手にする)結婚式の花束⟨ブーケ⟩.
Bräut·chen Braut の縮小形.
Bräu·te Braut の複数.
Braut≠ex·amen[bráʊt..] 中《カトリック》(結婚間近の男女が聖職者のところで受ける)試問. **≠fahrt** 女 **1** 花嫁出迎えの旅. **2** (連れだって男の側の親類を訪れる)婚約のあいさつ回り. **≠fu·der** 中 **, ≠fuh·re** 女《南部》嫁入り道具を積んだ花馬車. **≠füh·rer** 男 (Brautjungfer に同伴する)新婦の付添⟨介添⟩人(新郎の男性の親戚または友人). **≠ga·be** 女 =Brautgeschenk **≠ge·mach** 中 新郎新婦の寝室. **≠ge·schenk** 中 (特に男が女に贈る)婚約の贈り物. **≠ge·wand** 中 花嫁衣装.
Bräu·ti·gam[brɔ́ʏtɪgam, ..ti..] 男 -s/-e (↔Braut) **1** (婚礼の日の)新郎, 花婿. **2** 婚約中の男, いいなずけの男. [*ahd.*; <*ahd.* gomo „Mann"; ◇*engl.* bridegroom]
Braut≠jung·fer[bráʊt..] 女 花嫁の介添えをつとめる少女⟨未婚の女性⟩. **≠kam·mer** 女 = Brautgemach **≠kind** 中 婚約中に生まれた子. **≠kleid** 中 花嫁衣装. **≠kranz** 男 花嫁の花冠. **≠kro·ne** 女 花嫁の冠(真珠・金箔(きんぱく)・リボンなどで飾る). [▽]**≠lauf** 男《スイス》(Hochzeit)「結婚式.」
Bräut·lein Braut の縮小形.
Braut·leu·te[bráʊt..] 複 婚約中の男女; 新郎新婦.
bräut·lich[brɔ́ʏtlɪç] 形 花嫁の, 花嫁らしい; 婚礼の: in ~*em* Gewand 花嫁の装いで.
Braut·lied[bráʊt..] 中 婚礼を祝う歌.
[▽]**Bräut·ling**[brɔ́ʏtlɪŋ] 男 -s/-e 新婚の男.
Braut≠mes·se[bráʊt..] 女《カトリック》(結婚式に続いてとり行われる)新郎新婦のためのミサ. **≠nacht** 女 初夜. **≠paar** 中 =Brautleute **≠raub** 男 (略奪婚における)嫁取り, 嫁奪い.

Braut·schaft[bráut-ʃaft] 女 -/ 婚約関係⟨時代⟩.

ᵛ**Braut·schatz**[bráut..] 男 (花嫁の持参する)嫁資(かし).

Braut≠schau 女 -/ 嫁探し:〖ふつう次の成句で〗**auf** 〔**die**〕 ~ **gehen** 《話》嫁探しをする. ≠**schlei·er** 男 〖服飾〗ウェディングベール(→ 図 Schleier). ≠**schmuck** 男 花嫁の身につける装飾品. ≠**se·gen** 男 〖カトリック〗(結婚ミサにおける)新郎新婦のための祝福. ≠**staat** 男 -〔e〕s/ (婚礼の日の)花嫁の衣装と飾り. ≠**stand** -〔e〕s/ 婚約の状態⟨期間⟩. ≠**va·ter** 男 花嫁の父. ᵛ≠**wer·ber** 男 (本人に代わって結婚の申し込みをする)仲人: einen ~ aussenden (女性側の親の意向をさぐるために)仲人を立てる. ᵛ≠**wer·bung** 女 (仲人の)嫁探し. ≠**zeit** 女 婚約期間. ≠**zug** 男 婚礼の行列.

Brau≠we·sen[bráu..] 中 -s/ 醸造業〔およびそれに関すること〕. ≠**wirt** 男 醸造主. [<brauen]

brav[bra:f; 変化語尾がついたとき: ..fə.., ..və..] **I** 形 **1** (artig) (子供について)行儀のよい, おとなしい: Bleibe ~! お行儀よくしていなさい | wenn du schön ~ bist お利口にしていれば. **2** (wacker) しっかりした, りっぱな; (tüchtig) 有能な; 実直な: ~ und bieder 実直誠実な | eine ~*e* Hausfrau りっぱな主婦 ‖ ein Stück ~ herunterspielen 曲を一応ひきこなす. ᵛ**3** (tapfer) 勇敢な: ein ~*er* Soldat 勇敢な兵士. ᵛ**II** 副 大いに. [*it.* bravo – *fr.*; ◇*engl.* brave]

Bra·va·de[bravá:də] 女 -/-n **1** 大言壮語, からいばり. **2** 反抗〔的言動〕. [*fr.*; <*fr.* braver „trotzen"]

Brav·heit[brá:fhaɪt] 女 -/-en (brav なこと. 例えば:) 正直; 有能; 行儀のよいこと; 勇敢.

bra·vis·si·mo[bravísimo·] 間 (喝采(かっさい)・賞賛の叫び声) (ausgezeichnet) すてき, すばらしい. [*it.*]

bra·vo[brá:vo·] **I** 間 (喝采(かっさい)・賞賛の叫び声)いいぞ, うまい, よくやった: *Bravo,* bravissimo! いいぞ すてきだぞ | ~ rufen ブラボーと叫ぶ, 大声をあげて喝采する. **II Bra·vo 1** 中 -s/-s 喝采⟨賞賛⟩の〔叫び〕声: Ein lautes ~ ertönte im Saal. 大きな喝采の声がホールに響いた. **2** 男 -s/-s, ..vi [..vi·] 雇われた暗殺者, 刺客, 殺し屋. [*it.*; ◇brav]

Bra·vo·ruf[brá:vo..] 男 =Bravo 1

Bra·vour[bravú:r] 女 -/-en **1** 《単数で》勇敢, 勇気. **2** 巧妙〔な技術〕, 熟練: Sie sang die schwere Arie mit großer ~. 彼女はむずかしいアリアをすばらしいテクニックで歌った. [*it.* bravura „Tüchtigkeit"–*fr.*]

bra·vou·rös[bravurø:s][1] 形 (großartig) すばらしい, 賛嘆に値する. [<..ös]

Bra·vour·stück[bravú:r..] 中 **1** 〖楽〗(聴衆を圧倒するような華麗な)難曲. **2** すぐれた作品, 名作; 当たり芸.

Bra·vur[bravú:r] 女 -/-en =Bravour

Braz·ze[brátsə] 女 -/-n 《スイス》=Elle 2

BRD[be:|ɛrdé:] 略 女 -/ =**B**undes**r**epublik **D**eutschland ドイツ連邦共和国.

Break[bre:k, breɪk] 男 中 -s/-s **1** ブレーク(屋根のない軽快な馬車: → 図). **2** 〖楽〗ブレーク(ジャズの短い独奏部). **3** 〖ボクシング・アイスホッケー・テニス〗ブレーク. [*engl.*; ◇brechen]

Break

Break·dance[bréɪkdɑ:ns] 男 -〔s〕/ ブレークダンス. [*engl.*]

Break·fast[brɛ́kfəst] 中 -s/-s (Frühstück) 朝食. [*engl.*; ◇fasten]

bre·beln[bré:bəln] 《06》自 (h) 《南部》ぶつぶつ文句を言う. [*tschech.*]

Brec·cie[brɛ́tʃə] 女 -/-n 〖地〗角蛮岩, 角礫(かくれき)岩. [*fr.* brèche (→Bresche)–*it.* breccia]

Brech·bank[brɛ́ç..] 女 -/..bänke **1** 亜麻打ち台. **2** (パン屋の)こね台.

brech·bar[brɛ́çba:r] 形 (brechen できる. 例えば:) 砕き得る, もろい; 〖理〗屈折性の.

Brech·bar·keit[–kaɪt] 女 -/ brechbar なこと.

Brech≠boh·ne[brɛ́ç..] 女 いんげん豆. ≠**durch·fall** 男 〖医〗吐瀉(としゃ)〔を伴う胃腸カタル〕, 擬似コレラ.

Bre·che[brɛ́çə] 女 -/-n **1** 砕くための道具(特に亜麻を砕いて繊維を取り出すための). **2** 亜麻打ちの時期. **3** ブドウの葉を摘む時期. **4** 《東部》ほてい腹.

Brech·ei·sen[brɛ́ç..] 中 かなてこ, バール.

bre·chen*[brɛ́çən] 《24》 **brach**[bra:x]/**ge·bro·chen**[gəbrɔ́xən]; 現 *du* brichst[brɪçst], *er* bricht; 命 brich; 接II bräche[brɛ́:çə]

I 他 (h) **1 a)** (英: *break*) (堅い物を急激な力で分割・破砕する)折る, 割る; 砕く, 壊す; つぶす; 破る; 裂く: *sich*[3] den Arm ~ 腕を骨折する | Blumen ~ 《雅》花を折る⟨摘む⟩ | das Brot ~ 〖聖〗パンを裂く | das Eis ~ 《比》堅苦しい⟨緊張した⟩雰囲気をほぐす, (堅苦しさ・緊張などの障害をほぐして)端緒を開く | Not *bricht* Eisen. 《諺》窮すれば通ず(窮地は鉄をも破る) | *jm.* das Genick ⟨den Hals⟩ ~ …の首の骨を折る; 《比》…を破滅させる | einer Flasche den Hals ~ 《話》酒を1本飲んでしまう | Der Kummer *brach* ihm das Herz. 彼は悲嘆のあまり死なんばかりであった | Er *brach* viele Herzen. 《比》彼は多くの女を泣かせた⟨失恋させた⟩ | Körner ~ 穀物をひく | eine Lanze für *jn.* ~ 《比》…を弁護する | den Stab über *jn.* ~ 《比》…に死刑を宣告する; …を厳しく弾劾⟨非難⟩する | einen Streit vom Zaune ~ 《比》(手近の柵(さく)の棒を折って打ちかかるように)けんかを売る, 言いがかりをつける | einen Zweig vom Baum ~ 木の枝を折り取る ‖ *et.*[4] in Stücke ~ …を粉々に砕く | *et.*[4] übers Knie ~ (枝などをひざで折るように)…を急いで⟨乱暴に⟩処理する ‖ nichts zu beißen und zu ~ haben (→beißen I 1). **b)** (光線を)屈折させる: 再帰 *sich*[4] ~ 屈折する. **c)** (紙などを)折り曲げる⟨たたむ⟩: einen Rand im Heft ~ ノートの(ページの)端を折る. **d)** 《雅》(土地を)掘り(すき)返す; 〖狩〗(イノシシなどが鼻先で地面を)ほじくる; (麻などを)すく. **e)** (色を)混合してぼかす, 中間色にする, くすませる; 〖料理〗(粉を)こね合わせる, 練り上げる.

2 (勢い・力のあるものを)打倒⟨制圧⟩する; (勢い・力を)くじく, そぐ; (抵抗・束縛などを)破る: den Bann ⟨die Blockade⟩ ~ 呪縛(じゅばく)⟨封鎖⟩を打ち破る | die Ehe ~ 姦通(かんつう)する | *seinen* Eid ~ 誓いを破る | Bundesrecht *bricht* Landesrecht. 連邦法は州法に優先する | den Rekord ⟨das Schweigen⟩ ~ 記録⟨沈黙⟩を破る | den Trotz ~ 反抗〔心〕をくじく | einen Vertrag ~ 契約⟨条約⟩に違反する ‖ 再帰 Die Wellen *brachen* sich[4] am Felsen. 波は岩に当たって砕けた⟨勢いをそがれた⟩.

3 割って⟨砕いて⟩作り出す; 切り開く *sich*[3] Bahn ~ 道を切り開く | *sich*[3] durch die Menge Bahn ~ 群衆をかき分けて進む | Ein Talent *brach* sich Bahn. 新しい才能〔の持ち主〕が生まれた | einer neuen Ansicht[3] Bahn ~ 《比》新しい見解を打ち出す ‖ ein Loch durch die Mauer ~ 壁に穴をうがつ | Marmor aus dem Felsen ~ 岩から大理石を切り出す.

4 (erbrechen) 吐く: Blut ⟨Schleim⟩ ~ 血⟨たん⟩を吐く ‖ 〖目的語なしで〗Nach dem Essen mußte er mehrmals ~. 食後に彼は何度も吐いてしまった ‖ 再帰 *sich*[4] ~ 《方》吐く.

II 自 **1** (s) **a)** (堅いものが)折れる, 割れる; 砕ける, 壊れる; つぶれる; 破れる; 裂ける: in die Knie ~ くずおれる | es mag biegen oder ~ (→biegen II 1) ‖ Die Äste *brachen* unter der Schneelast. 枝が雪の重みで折れた | Das Eis *bricht.* 氷が割れる; 《比》堅苦しい⟨緊張した⟩雰囲気がほぐれる | Glück und Glas, wie leicht *bricht* das! (→Glück 2) | Das Herz *bricht* mir bei dem Anblick. それを見ると私は断腸の思いがする | Sie meinte, die Knie *brächen* unter ihr. 彼女はひざががくがくした | Der Krug geht so lange zum Brunnen ⟨Wasser⟩, bis er *bricht.* (→Krug[1] 1) | Am Wagen ist ein Rad *gebrochen.* 車の車輪が一つ壊れた. **b)** (革などが)ひび割れる, ひびがはいる; (布などが)ほころびる, 裂け目ができる. **c)** (勢い・力などが)弱まる, やわらぐ: Die Kälte ⟨Der Widerstand⟩ ist *gebrochen.* 寒気⟨抵抗⟩がゆるんだ ‖ Das Auge *bricht.* 《雅》(死に際して)目が曇る, 死ぬ | Die Stimme *bricht.* (涙で)声がつまる; 声変わりする. **d)** 《スイス》(gerinnen) (ミルクが)凝固する. ᵛ**e)** (ワインが)濁る.

2 (h) **a)** 《mit *et.*[3]》(…と)縁を切る,(…を)やめる: mit einer Partei ～ 党と縁を切る | mit einer Gewohnheit ～ ある習慣をやめる. **b)** 〔ボクシング〕ブレークする: *Brechen!* ブレーク. **3** (s) 《方向を示す語句と》 **a)** 《aus *et.*[3]/durch *et.*[4]》(…を割って・破って〔勢いよく〕)現れる, 出てくる: Die Quelle *bricht* aus den Felsen. 泉が岩の間からわき出る | Tränen *brachen* ihr aus den Augen. 涙が彼女の目からあふれた | Die Sonne ⟨Ein Flugzeug⟩ *bricht* durch die Wolken. 太陽⟨飛行機⟩が雲間から姿を現す | Das Wild ist durch das Gebüsch *gebrochen.* 〔狩〕猟獣がやぶの中から突然現れた. **b)** 《in *et.*[4]》(…に)押し入る.

III Bre·chen 中 -s/ (brechen すること. 例えば:) 折損; 違反; 嘔吐(おう と): **zum ～ voll sein** はちきれんばかりである; 超満員である(→IV) ‖ auf Biegen oder ～ (→biegen II 1) | Es geht auf Biegen oder ～.(→biegen II 1) ‖ *jn.* zum ～ finden (嫌悪で)…に吐き気を催す | Es war einfach zum ～. 《比》(不愉快で)全くむかむかした.

IV bre·chend 現分 形 (brechen しそうな. 例えば:) 折れ⟨割れ⟩そうな: ～*e* Äste 折れかかっている枝 ‖〖副詞的に〗～ **voll sein** はちきれんばかりである; 超満員である(→III).

V ge·bro·chen → 別出 [*idg.*; ◇Fragment, Bruch[2], Brocken[1], prägen; *engl.* break]

Bre·cher[brέçər] 男 -s/- **1** (英: *breaker*) (Sturzsee) 〔海〕破浪, 砕け波. **2 a)** (岩石などの)破砕機. **b)** brechen する人; 歯の生える〔月齢の〕乳児; 柵(さく)を破る牛.

Brech≈kar·tof·feln[brέç..] 複 《方》〔料理〕マッシュポテト. **≈koks** 男 粉砕コークス. **≈ma·schi·ne** 女 **1** 岩石粉砕機. **2** 亜麻を砕く機械. **≈mit·tel** 中 **1** 〔医〕催吐(さい と)剤. **2** 《比》いやなやつ⟨物⟩: Er ist für mich ein ～. 彼には吐き気を催す. **≈nuß** 女 マチン子(し), ホミカ(マチンの果実の種子でストリキニーネを含む). **≈nuß·baum** 男 〔植〕マチン(東インド原産のフジウツギ科の木). **≈pul·ver** 中 〔薬〕(粉末の)吐剤, 催吐散. **≈punkt** 男 〔理〕屈折点. **≈rand** 男 (よろいの)肩当て(→ ⊗ Harnisch). **≈reiz** 男 〔医〕悪心, 吐き気. **≈ruhr** 女 〔医〕ヨーロッパ=コレラ. **≈schnecke** 女 〔工〕クラッシャー=ウォーム. **≈stan·ge** 女 =Brecheisen

Brecht[brεçt] 人名 Bert〔olt〕 ～ ベルト〔ルト〕 ブレヒト(1898-1956; ドイツの劇作家. 作品『三文オペラ』『肝っ玉おっ母』など).

Bre·chung[brέçʊŋ] 女 -/-en **1** brechen すること. **2** 〔理〕(光・音波など進行波の)屈折: die ～ des Lichts durch ein Prisma プリズムによる光の屈折⟨分光⟩. **3 a)** 〔言〕母音混和, ブレヒュング(ゲルマン語で次音節の a, e, o, f, h, r などにより i, u がそれぞれ e, o に変化した現象: →Umlaut). **b)** (色の)混和. **4** 〔楽〕分散和音, アルペジオ.

Bre·chungs≈ebe·ne 女 〔理〕屈折面. **≈feh·ler** 男 (目の)屈折誤差. **≈in·dex** 男 〔理〕屈折率. **≈ver·mö·gen** 中 屈折〔能〕力. **≈win·kel** 男 屈折角. **≈zahl** 女 〔理〕屈折率.

Brech≈wal·zen[brέç..] 複 〔工〕粉砕⟨破砕⟩ローラー. **≈wein·stein** 男 〔化〕吐酒石. **≈wurz** 女, **≈wur·zel** 女 〔薬〕吐根(とこん)(ブラジル原産アカネ科の植物の根で, アメーバ赤痢の特効薬).

Bre·douil·le[bredύljə] 女 -/ (Verlegenheit) 困惑, 困窮: in die ～ geraten ⟨kommen⟩ 困惑する | in der ～ sein ⟨sitzen⟩ 困っている. [*fr.* bredouille „Matsch"]

Bree·ches[brítʃəs] 複 乗馬ズボン. [*engl.*]

Bree·der[brí:dər] 男 -s/- (Brutreaktor) 〔原子力〕増殖〔原子〕炉. [*engl.*; < *engl.* breed (→brüten)]

Bre·gen[bré:gən] 男 -s/- 《北部》 **1** 畜殺した家畜の脳みそ. **2** 《話》(Kopf) 頭. [*mndd.*; ◇*engl.* brain]

Bre·genz[bré:gεnts] 地名 ブレーゲンツ(オーストリア Vorarlberg 州の州都). [*lat.* Brigantium; < *kelt.* briga „Berg"]

Brehm[bre:m] 人名 Alfred ～ アルフレート ブレーム(1829-84; ドイツの動物学者でハンブルク動物園長, ベルリン水族館長. 著作『動物の生活』など).

Brei[braı] 男 -〔e〕s/-e (どろどろに煮たもの. 例えば:) かゆ, ジャム; 糊(のり); 溶融金属; 《比》ぬかるみ; できそこないの物; 幼稚な読み物: ～ aus Haferflocken オートミールがゆ(=Haferbrei) ‖ ～ kochen かゆ⟨ジャム⟩を煮る | Das wird einen schönen ～ geben. 《話》それはひどい混乱を起こすだろう | ***jm.* ～ um den Bart ⟨um den Mund / ums Maul⟩ schmieren** 《話》…にお世辞を言う, …にごまをする | Viele Köche verderben den ～.(→Koch[2] I) | Regnet's ～, fehlt ihm der Löffel. 彼は運が悪い (Goethe) ‖ **um den 〔heißen〕 ～ herumreden** 肝心なことを言わない, 枝葉のことばかり話す | wie die Katze um den heißen ～ herumgehen (→Katze 1 a) | ***jn.* zu ～ schlagen ⟨hauen⟩** 《卑》…をさんざん打ちのめす ‖ **Das ist doch alles ein ～.** 《話》どれもこれもすべて同じことさ. [*westgerm.* „Gekochtes"; ◇brauen, brühen]

Brei·ap·fel[bráı..] 男 〔植〕チューインガムノキ(中南米産アカテツ科. 果実を食用とし, 樹液をチューインガムの原料とする).

brei·ar·tig[bráı|a:rtıç][2] =breiig

Brei≈ge·trei·de 中 (↔Brotgetreide) かゆ状にして食べる穀類(カラスムギ・米など). **≈hahn** 男 白ビールの一種.

brei·ig[bráııç][2] 形 **1** かゆ状の, どろどろした. **2** (考えや行動が)はっきりしない, あいまいな. 「**2** キビがゆ.」

Brein[braın] 男 -s/ 《オーストリア》 **1** (Hirse) 〔植〕キビ(黍).

der **Breis·gau**[bráısgaυ] 地名 男 (das **Breis·gau** 〔-〕 地名 中) -s/ ブライスガウ (Baden 南部の地方): Freiburg im ～ フライブルク イム ブライスガウ.

Breis·lauch[bráıs..] 男 〔植〕ニラネギ(韮葱), リーキ. [< *gr.* prá〔s〕son „Lauch"; ◇Pras]

breit[braıt] 形 **1 a)** (↔schmal) 幅の広い: ein ～*er* Bürgersteig ⟨Korridor⟩ 広い歩道⟨廊下⟩ | ein ～*es* Fenster 横幅のある窓 | ein ～*er* Schwanz ⟨Papierstreifen⟩ 太い尾⟨紙テープ⟩ ‖ Er ist sehr ～. 彼は体格ががっしりしている ‖ *sich*[4] ～ hinsetzen (広く場所を占めて)でんと腰かける | *et.*[4] ～ schlagen …を打ち広げる(ただし: →breitschlagen) | ～ schreiben 横広がりの⟨間延びした⟩字を書く | die Schuhe ～ treten (きつい)靴を履きならす; 靴を履き崩す(ただし: →breittreten) ‖ *et.*[4] ～*er* machen …の幅を広げる(ただし: →breitmachen) ‖ groß und ～ (→groß I 1 a) | weit und ～ (→weit I 1 a). **b)** (…の)幅がある: Der Acker ist **so ～ wie lang** ⟨so lang wie ～⟩. この畑は真四角だ | Er ist so ～ wie lang ⟨so lang wie ～⟩. 《戯》彼は非常に太っている | Es ist so lang wie ～. / Es ist so lang, wie es ～ ist. 《比》どっちにしても同じことだ ‖〖数量を示す 4 格と〗 Der Schrank ist einen Meter ～. この戸棚は幅が 1 メートルある | Der Schrank ist 〔um〕 10 cm ～*er* als die Tür. この戸棚はドアより幅が10センチ広い | ein drei Finger ～*er* Verband 指 3 本分の太さの包帯.

2 (社会的に)広範囲の, 多くの人々の: ein ～*es* Echo ⟨Interesse⟩ finden 広範な反響⟨関心⟩を呼ぶ | auf ～*er* Grundlage diskutieren 多数の人が参加して論議する | die ～*e* Masse 一般大衆, 庶民 | an die ～*e* Öffentlichkeit dringen 広く世間に普及⟨浸透⟩する ‖ *et.*[4] ～ streuen …を多くの人に行き渡らせる⟨分配する⟩.

3 冗漫な, くどくどとした: eine ～*e* Darstellung 冗漫な描写 ‖ lang und ～ (→lang I 2 a).

4 (plump) ぶざま⟨不作法⟩な: ～ ⟨mit ～*em* Mund⟩ lachen 高笑いする.

5 《方》Da bist du ～? どうだびっくりしたろう.

[*germ.*; ◇*engl.* broad]

Breit·band[bráıt..] 中 -〔e〕s/..bänder 〔電〕広帯域; 〔工〕(金属の)広幅圧延板.

Breit·band≈ge·rät 中 〔電〕広帯域受信機. **≈stra·ße** 女, **≈walz·werk** 中 〔工〕広幅圧延機.

Breit·beil 中 (刃の広い)まさかり(→ ⊗ Beil).

breit·bei·nig 形 大またの; 脚を広げた⟨ふんばった⟩; 《話》横柄な, 尊大な: ～ gehen 大またに歩く | *sich*[4] *jm.* ～ in den Weg stellen 脚を広げて…の行く手に立ちはだかる.

Breit·bild 中 〔映〕ワイドスクリーンの画面.

breit≈blät·te·rig 形 〔植〕広葉の. **≈brü·stig** 形 胸幅の広い, 胸板の厚い, がっしりした.

breit|drücken[bráıtdrykən] 他 (h) 押して広げる, ぺしゃんこにする; 〔工〕圧延する.

Brei·te[bráɪtə] 女 -/-n **1**〔横〕幅,(特に左右への)広がり; 布幅: *et.*[4] der ~ nach messen …の幅を測る | **in die ~ gehen**《話》脂肪がつく, 太る | Seine Forschungen gehen in die ~, nicht in die Tiefe. 彼の研究は広く浅くという行き方だ. **2** (Latitüde) **a**)〘地〙緯度: nördliche ~ (略 nördl. Br., n. Br.) 北緯(…度) | südliche ~ (略 südl. Br., s. Br.) 南緯(…度) | auf ⟨unter⟩ 40 Grad nördlicher ~ liegen 北緯40度にある ‖ in unseren ⟨hohen⟩ ~*n* 我々⟨高緯度⟩の地方では. **b**)〘天〙黄緯. **3** 冗漫: in epischer ~ erzählen (叙事詩のように)くどくどしく物語る. **4**《方》(収穫物などの)一重ね, 一列.

Breit·ei·sen[bráɪt..] 中 広刃の石のみ.

brei·ten[bráɪtən]《01》他 (h) 広げる, のばす: *jm.* eine Decke unter ⟨auf / über⟩ die Füße ~ …の足に毛布を広げて敷く⟨掛ける⟩ | die Arme ⟨die Äste⟩ ~ 腕⟨枝⟩を広げる | Eisen mit Hammer ~ 鉄をハンマーで打ちのばす | Heu über das Feld ~ 干し草を畑にまく | den Schleier des Vergessens ⟨der Vergessenheit⟩ über *et.*[4] ~ (→Schleier 2) ‖ 再帰 *sich*[4] ~ 広がる, のびる.

Brei·ten≈aus·deh·nung 女 (↔Längenausdehnung) 横方向への膨張⟨伸張⟩. **≈dienst** 男 緯度観測. **≈feu·er** 中〘軍〙広域射撃, 掃射. **≈grad** 男 緯度. **≈kreis** 男 (↔Längenkreis) 緯線. **≈sport** 男 (広く普及した)大衆的なスポーツ. **≈wir·kung** 女 広範囲への効果⟨作用⟩: ~ anstreben 広い効果⟨作用⟩をねらう. [＜Breite]

Breit≈film[bráɪt..] 男〘映〙ワイドスクリーン用フィルム⟨映画⟩. **≈for·mat** 中 (↔Hochformat) 横長のサイズ.

breit≈fü·ßig 形 扁平足の. **≈ge·fä·chert** 形《付加語的》内容豊富な, 多彩な.

Breit≈hacke 女 (刃の広い)くわ, 唐ぐわ(図→Hacke). **≈ham·mer** 男 (かじ屋の)大⟨両手⟩ハンマー.

breit·köp·fig 形 頭の扁平な.

breit·krem·pig 形 (帽子が)つば広の. [＜Krempe]

Breit·land[bráɪtlant][1] 男 -[e]s/-e ＝Breislauch

breit|lau·fen*[bráɪt..]《89》自 (s) (こね粉などが)どろりと流れる⟨広がる⟩,(インクなどが)にじむ.

Breit·lein·wand ＝Breitwand

Breit·ling[..lɪŋ] 男 -s/-e (Sprotte)〘魚〙スプラット=イワシ.

Breit·lip·pe 女 厚い唇;〘植〙ゼニゴケ(銭苔).

breit·lip·pig 形 唇の厚い.

breit|ma·chen 他 (h) 再帰 *sich*[4] ~ (不当に)広い場所を占める, のさばる; いばる, ふんぞり返る(ただし: breit machen →breit 1 a): *sich*[4] mit *et.*[3] ~ …を誇示⟨自慢⟩する.

Breit·mäu·ler[..mɔʏlər] 男 -s/-〘鳥〙キオビヒロハシ(黄帯広嘴).

breit·mäu·lig[..lɪç][2] 形《話》口の大きい: *sich*[4] ~ rühmen (自慢して)大口をたたく.

Breit·na·sen 複 (Plattnasen)〘動〙広鼻類, オマキザル(尾巻猿)類.

breit·na·sig 形 鼻の扁平な⟨大きい⟩.

breit|quet·schen《04》他 (h) (扁平に)押しつぶす;《比》くだくだしく述べる, 詳しく説く.

breit≈ran·dig 形 縁の広い,(帽子について)つば広の. **≈rückig** 形 背⟨肩幅⟩の広い. [＜Rücken]

Breit≈rüß·ler 男〘虫〙ヒゲナガゾウムシ(鬚長象虫)科の昆虫. **≈saat** 女 ＝Breitwurf **≈schä·del** 男 (長さより幅の広い)広頭蓋(ずがい); 広頭蓋の人.

breit|schla·gen*《138》他 (h) 説得する(ただし: breit schlagen →breit 1 a): *jn.* zu *et.*[3] ~ …を説得して…させる | *sich*[4] ~ lassen 説き伏せられる.

breit≈schnä·be·lig 形 くちばしの広い. **≈schul·te·rig** 形 肩幅の広い, がっしりした.

Breit≈schwanz 男 カラクル羊の子の毛皮 (Astrachan の一種: →Karakulschaf). **≈sei·te** 女 **1**〘海〙舷側(げんそく), 片舷;《集合的に》〘軍〙片舷砲(片舷の全備砲)〔の斉射〕: eine ~ geben 片舷斉射を加える. **2** (↔Schmalseite)(建物・部屋・机・暖炉などの)間口(長辺に当たる部分). **≈spur** 女 -/ (↔Schmalspur)〘鉄道〙広軌(→Normalspur).

Breit·spur·bahn 女 広軌鉄道.

breit·spu·rig 形〘鉄道〙広軌の;《比》ごうまん⟨横柄⟩な.

breit≈|tre·ten*《194》他 (h)《軽蔑的に》(同じことを)くどくどと述べる; (特定の話題を)あちこちに言い触らす(ただし: breit treten →breit 1 a). **≈|wal·zen**《02》他 (h)《話》くだくだしく論じる.

Breit·wand 女〘映〙ワイドスクリーン.

Breit·wand·film ＝Breitfilm

Breit·wurf 男〘農〙(種子の)撒播(さんぱ).

breit·wür·fig 形〘農〙撒播(さんぱ)の, ばらまきの: ~ säen 撒播する.

Brei·um·schlag[bráɪ..] 男〘医〙パップ, かゆ状あんぽう.

Brek·zie[brέktsiə] 女 -/-n ＝Breccie

ᵛ**Bre·me**[bré:mə] 女 -/-n《南部》＝Bremse[1] 1

Bre·men[bré:mən] 地名 ブレーメン(北ドイツ Weser 川に沿う港湾都市名であるとともに, 65キロ離れた Bremerhaven と合体した旧ハンザ同盟市として, ドイツ連邦の州の名でもある): die Freie Hansestadt ~ 自由ハンザ都市ブレーメン(ブレーメン州のこと) | Radio ~ (略 RB) ブレーメン放送 (Bremen に本拠を置くドイツの放送会社). [＜*ahd.* brem „Rand, sumpfiges Ufer"]

Bre·mer[..mər] **I** 男 -s/- ブレーメンの人. **II** 形《無変化》ブレーメンの.

Bre·mer·blau 中 ブレーメン青(鉱物性染料).

Bre·mer·ha·ven[bre:mərhá:fən] 地名 ブレーマーハーフェン (Weser 川の河口にある Bremen の外港). [◇Hafen[2]]

bre·misch[bré:mɪʃ] 形 ブレーメンの.

brem·meln[brέməln]《06》自 (h)《北部》独り言をいう, つぶやく.

Brem·mer[brέmər] 男 -s/-〘坑〙小立坑. [＜*mndd.* prāmen (→Bremse[2])]

Brems≈backe[brέms..] 女 制輪子, ブレーキシュー. **≈band** 中 -[e]s/..bänder 制動帯, ブレーキバンド. **≈be·lag** 男 ブレーキライニング. **≈berg** 男〘坑〙自動⟨運搬⟩斜坑. [＜Bremse[2]]

Brem·se[1][brέmzə] 女 -/-n **1**〘虫〙**a**) アブ(虻). **b**) アブ科の昆虫. **2**《話》(Ohrfeige) 平手打ち, びんた. [*ahd.*; ＜*ahd.* breman „brummen" (◇brummen)]

Brem·se[2][‒] 女 -/-n **1** ブレーキ, 制動機, 歯止め(→図 A): Hand*bremse* 手動⟨ハンド⟩ブレーキ | die ~ betätigen ⟨[an]ziehen⟩ ブレーキをかける | Zieh die ~ an!《比》いい加減にやめろ; 落ち着け | die ~ lösen ⟨lockern⟩ ブレーキをゆるめる | auf die ~ treten ブレーキを踏む | Die ~*n* haben versagt. ブレーキがきかなかった | Seine Bedenken gegen unseren Plan wirkten als ~. 我々の計画に対する彼のためらいが計画の実行⟨進展⟩を妨げた. **2** (馬の)鼻ばさみ(→図 B). [*mndd.*; ＜*mndd.* prāmen „drücken"]

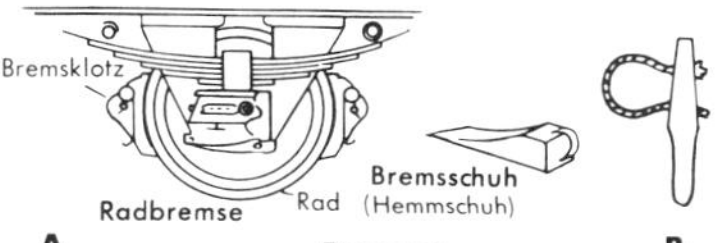

Bremse

brem·sen[brέmzən][1]《02》**I** 他 (h) スピードをゆるめる; 止める; 阻止する;《*jn.*》(…の)言動を抑える, 制止する: den Wagen ~ 車にブレーキをかけて止める | *seine* Schritte ~ 歩度をゆるめる | die Einfuhr der Waren ~ 商品の輸入を抑制する ‖ 再帰 Ich kann mich ~.《話》私は決してそうはしない | Sein Arbeitstempo wird sich von selbst ~. 彼の仕事のテンポは自然に落ちてくるだろう ‖ ein Waschmittel mit *gebremstem* Schaum 泡立ちを抑えた洗剤.

II 自 (h) ブレーキで速度を落とす;《比》制限する: Der Fahrer ⟨Das Auto⟩ *bremste.* 運転者⟨自動車⟩がブレーキをかけた | scharf ⟨plötzlich⟩ ~ 強く⟨急に⟩ブレーキをかける | mit der Handbremse ~ ハンドブレーキを引く | mit dem Trinken ~ 飲酒を制限する.

Brem·sen≈pla·ge 女 うるさいアブの群れ. **≈stich** 男 アブ

が刺すこと〈刺した傷〉.

Brem·ser[brέmzər] 男 -s/- 〘鉄道〙(貨車の)制動手.

Brems≈fe·der[brέms..] 女 ブレーキばね. **≈flüs·sig·keit** 女 ブレーキオイル. **≈fuß** 男《話》ブレーキ足(自動車のブレーキを踏むほうの足: →Gasfuß). **≈fuß·he·bel** 男 ブレーキペダル. **≈git·ter** 中〘電〙(真空管の)抑制格子. **≈git·ter·röh·re** 女 =Pentode **≈häus·chen** 中〘鉄道〙(貨車の)制動手室. **≈he·bel** 男 ブレーキレバー, 制動桿(かん): am ～ sitzen《比》ブレーキをかける, 邪魔をする. **≈keil** 男 (くさび形の)輪止め, 歯止め. **≈klap·pe** 女〘空〙エアブレーキ, スポイラーフラップ. **≈klotz** 男 **1** (車輪の)制動片, 制輪子, ブレーキシュー, ブロックブレーキ(→ 図 Bremse A). **2** 輪止めくさび, ストッパー. **≈kraft** 女〘工〙制動力. **≈kur·bel** 女 ブレーキハンドル. **≈lei·stung** 女 制動馬力, 正味馬力.

Brems·ler[brέmslər] 男 -s/- 《オーストリア》(手足や骨の)うずき.

Brems≈licht[brέms..] 中 -〔e〕s/-er (自動車などの)制動灯, ストップライト. **≈mo·ment** 中 制動トルク〈回転偶力〉. **≈pe·dal** 中 ブレーキペダル. **≈pro·be** 女 ブレーキ〈制動〉テスト. **≈rad** 中 (車輪形の)ブレーキハンドル, 制動輪. **≈ra·ke·te** 女 減速ロケット. **≈schei·be** 女 ブレーキディスク. **≈schuh** 男 (線路に当てがうくさび状の)車輪止め, 車止め, ストッパー(→ 図 Bremse A). **≈spur** 女 (急ブレーキによるタイヤの)スリップ跡. **≈stan·ge** 女, **≈stock** 男 -〔e〕s/..stöcke ブレーキ棒〈ロッド〉. **≈strah·lung** 女〘理〙制動輻射(ふくしゃ). **≈strecke** 女 =Bremsweg **≈tritt** 男 ブレーキを踏むこと. **≈trom·mel** 女 ブレーキ胴〈ドラム〉(→ 図 Kraftrad).

Brem·sung[brέmzʊŋ] 女 -/-en (bremsen すること. 例えば:) 制動.

Brems≈vor·rich·tung[brέms..] 女 制動〈ブレーキ〉装置. **≈wa·gen** 男〘鉄道〙(制動装置を備えた)緩急車, 制動車. **≈weg** 男 (ブレーキをかけてから停止までの)制動距離: einen ～ von 80 Meter haben 〈benötigen〉 制動距離が80メートルである. **≈wel·le** 女 ブレーキ軸. **≈wir·kung** 女 制動力, 減速率. **≈zy·lin·der** 男 ブレーキシリンダー, 制動筒.

Brenn·ap·pa·rat[brέn..] 男 **1** (ブランデーなどの)蒸留器. **2** (焼き画用の)バーナー;〘医〙焼灼(しょうしゃく)器.

brenn·bar[brέnbaːr] 形 燃えやすい, 可燃性の.

Brenn·bar·keit[–kaɪt] 女 -/ 可燃性.

Brenn≈bla·se 女 =Brennapparat 1 **≈blat·tern** 複 (家畜の)乳房の炎症. **≈dau·er** 女 **1** 燃焼時間; 電球の寿命. **2**〘工〙加熱時間. **≈ebe·ne** 女〘理〙焦点面. **≈ei·sen** 中 **1** 烙印(らくいん), 焼き印. **2** =Brennschere **3**〘医〙焼灼(しょうしゃく)器具. **≈ele·ment** =Brennstoffelement

bren·nen*[brέnən]《25》**brann·te**[brántə] / **ge·brannt**; 接II brennte **I** 自 (h) **1 a)** (英: *burn*)燃焼する,(火, 燃料・物体が)燃える,(家屋などが)焼ける, 焼失する; (ストーブが)〔よく〕燃焼する; (灯火が)ともる; (太陽が)照りつける: Das Feuer im Ofen *brennt.* ストーブの火が燃えている | Dürres Holz *brennt* leicht. 乾いた木材は燃えやすい | Die Scheune 〈Das ganze Dorf〉 *brannte* lichterloh. 納屋〈村全体〉が炎々と燃えさかっていた | wie Zunder ～ (→Zunder 1) ‖ Der neue Ofen *brennt* gut. この新しいストーブはよく燃える | Licht ～ lassen 明かりをともしておく | Diese Taschenlampe *brennt* nicht. この懐中電灯は明かりがつかない ‖ Haß 〈Wut〉 *brannte* in ihm. 彼は憎悪〈怒り〉に燃えていた | Die Arbeit *brannte* mir auf den Nägeln. この仕事は私にとって一刻も猶予がならなかった ‖ 非人称 **Wo *brennt* es 〔denn〕?** i) 火事はどこなのか; ii)《話》なぜそんなにあわてているのか; いったい何事が起こったのか | Es *brannte* ihm unter den Füßen.《比》(足元に火がついて)彼は一刻も早く逃げ出したい気持だった | **Es *brennt* vor dem Tor.**《話》〘サッカー〙ゴールを割られる危機が迫っている. **b)** (人が愛情・欲望・期待・焦燥感などで)激しい感情をいだく, 燃える: **auf** *et.*[4] 〈**nach** *et.*[3]〉 ～ …を熱望する | auf Rache 〈nach Rache〉 ～ 復讐(ふくしゅう)の念に燃える | **vor** Neugier ～ 好奇心に燃える.

2 (感覚的に)ひりひり〈ちくちく〉する, 焼けつくように痛む: Der Pfeffer *brannte* mir auf der Zunge. コショウが私の舌にひりひりと焼きついた | *jm.* auf der Zunge ～ (→Zunge 1 a) | Die Wunde *brennt.* 傷口がひりひり痛む | Die Haut *brennt.* (日焼けして)皮膚がほてる | Mir *brennen* die Augen 〈die Füßen〉. 私は(疲れ・寒さで)目がひりひりする〈歩き疲れて足がずきずきする〉.

II 他 (h) **1 a)** (薪などを)燃やす; 焼く,(灯火を)ともす; (髪に)こてを当てる: In diesem Ofen kann man nur Papier und Holz ～. このストーブは紙と薪しかたけない | Licht 〈Kerzen〉 ～ 明かりを〈ろうそくに火を〉ともす ‖〘目的語なしで〙sengen und ～ (→sengen 1) | Sie morden und *brennen.* 彼らは殺人をし　放火をする. **b)** 《*jn.*》(…に)やけどをさせる: Was dich nicht *brennt*, das blase nicht!《諺》関係ないことに手を出すな(自分にやけどの危険のない火をわざわざ吹き消すな) | 〔Ein〕 *gebranntes* Kind scheut das Feuer. (→Kind) ‖ 再帰 *sich*[4] ～ やけどをする | Ich habe mich am Bügeleisen 〈am Ofen〉 *gebrannt.* 私はアイロン〈ストーブ〉でやけどをした. **c)** (家畜に)焼きごてで印を押す: Die Pferde werden *gebrannt.* 馬は焼き印をつけられる.

2 《*jm. et.*[4] auf 〈in〉 *et.*[4]》焼きつける: einem Tier ein Zeichen auf das Fell ～ 家畜の皮膚に焼き印を押す | *jm.* eins 〈eine Kugel〉 auf den Pelz ～ (Pelz →2) ‖ mit der Zigarette ein Loch in die Tischdecke ～ タバコの火でテーブルクロスに焼け焦げの穴をあける | mit der Brennschere eine Welle ins Haar ～ 焼きごてで髪の毛にウェーブをつける.

3 高熱を加えて作る,(炭・れんが・陶器などを)焼く; (火酒を)蒸留する: Kohlen aus Holz 〈Holz zu Kohlen〉 ～ 木材を焼いて炭を作る | Ziegel ～ かわらを焼く | Branntwein aus Kartoffeln 〈Kartoffeln zu Branntwein〉 ～ ジャガイモから蒸留酒を作る ‖〘目的語なしで〙Er *brennt* heimlich. 彼は蒸留酒を密造している ‖ *gebrannter* Kalk 生石灰.

4 (rösten) あぶる, 炒(い)る, ほうじる: Kaffee ～ コーヒー〔の豆〕を炒る | Mehl ～〘料理〙小麦粉を炒って茶色に焦がす.

5〘医〙(患部を)焼灼(しょうしゃく)する.

III Bren·nen 中 -s/ brennen すること.

IV bren·nend 現分 形 **1** brennen する〔ような〕: mit ～*er* Zigarette 火のついたタバコを口〈手〉に | ～*er* Durst 激しいのどの渇き | das Gefühl ～*en* Ehrgeizes 激しい功名心 | ein ～*es* Geheimnis 他人に漏らしたくなる秘密 | die ～*e* Glut der Mittagssonne 真昼の太陽の灼熱 | ～*e* Liebe〘植〙アメリカセンノウ(仙翁) | ein ～*es* Rot 燃えるような赤色, 火色 | ～*e* Scham 顔から火の出るような恥ずかしさ ‖ *sich*[3] *et.*[4] ～ wünschen …を切望する.

2 焦眉(しょうび)の, 緊急の: ein ～*es* Problem 焦眉の〈きわめて重要な〉問題 | *et.*[4] ～ nötig haben …を緊急〈切実〉に必要とする. [*germ.*; ◇brauen, Brand, Brunst; *engl.* burn]

Bren·ner[1][brέnər] 男 -s/- **1** 燃焼器, 燃焼装置, バーナー, 火口(ひぐち); 燃焼炉: Atom*brenner* 原子炉 | Gas*brenner* ガスバーナー ‖ den ～ am Gasherd anzünden ガスレンジ〈コンロ〉の火口に点火する. **2** (brennen する人. 特に:) 炭〈石灰〉焼き, 陶磁器〈れんが〉職人; 蒸留酒醸造者〈所〉; (Brandstifter) 放火犯人. **3**《単数で》(植物の)さび病, 枯死病. **4** (Blütenstecher)〘虫〙ハナゾウムシ(花象虫)類. **5**《方》(Magenbrennen) 胸やけ. **6**《方》(Wetterleuchten) 稲光. [▽]**7**〘化〙燃素, フロジストン.

der **Bren·ner**[2][–] 地名 男 -s/ ブレンナー(オーストリア・イタリアの国境にあるアルプス越えの峠, 標高1370m. イタリア語形 Brennero).

Brenn·er·de[brέn..] 女 -/ (Torf) 泥炭.

Bren·ne·rei[brɛnəráɪ] 女 -/-en **1** 蒸留酒製造〔所〕. **2** (石灰・れんがなどの)焼き窯.

Bren·nes·sel[brέnnɛsəl] 女 -/-n〘植〙イラクサ(刺草)属: *sich*[4] in die ～*n* setzen 窮地に陥る, いやな目にあう. [◇Nessel]

Brenn≈flä·che[brέn..] 女〘理〙焦点面, 火面. **≈glas** 中 -es/..gläser 集光レンズ, 凸レンズ. **≈haar** 中 (イラクサ・毛虫などの)刺毛, とげ. **≈haus** 中 蒸留酒製造場; パン工場; (金属・ガラスの)鋳造所.

brenn·heiß 形《ｵｰｽﾄﾘｱ》ひどく暑い〈熱い〉.

Brenn≈he·xe 女 まめ〈小型〉ストーブ. **≈holz** 中 まき, たきぎ. **≈kam·mer** 女〘工〙(動力用燃料などの)燃焼室. **≈li·nie**[..li:niə] 女〘理〙焦線. **≈lin·se** 女 凸レンズ. **≈ma·te·ri·al** 中 燃料. **≈mit·tel** 中 腐食〈焼灼(しょうしゃく)〉剤. **≈nes·sel** ＝Brennessel **≈ofen** 男 (れんが・陶器などの)焼き窯. **≈öl** 中 燃料油. **≈pal·me** 女〘植〙(インド産の)クジャクヤシ.

Brenn·punkt 男 焦点: den ～ einer Linse bestimmen レンズの焦点をあわせる | Dieses Problem steht im ～ des Interesses. この問題は注目〈関心〉の的になっている. [*lat.* punctum ūstiōnis (◇Ösel) の翻訳借用]

Brenn≈sche·re 女 (整髪用)焼きごて, ヘアアイロン. **≈schluß** 男 (ロケットなどの)燃焼終止. **≈spie·gel** 男 凹面鏡, 集光鏡. **≈spi·ri·tus** 男 燃料用アルコール.

Brenn·spi·ri·tus·lam·pe 女 アルコールランプ.

Brenn≈stab 男〘原子力〙燃料棒. **≈stahl** 男 転炉鋼. **≈stel·le** 女〘電〙(壁面・天井などの)配線端末(ソケットなど). **≈stift** 男 (焼き絵を彫る)焼きのみ;〘医〙焼灼(しょうしゃく)棒. **≈stoff** 男 **1 a)** 燃料, 可燃物. **b)** (Kernbrennstoff)〘原子力〙核燃料. ∇**2** 燃素(酸素の発見前まで可燃物の主成要素と信じられていた), フロジストン.

Brenn·stoff≈auf·be·rei·tung 女〘原子力〙燃料再処理. **≈dü·se** 女 燃料ノズル. **≈ele·ment** 中〘原子力〙燃料要素(核燃料物質の最小単位). **≈kreis·lauf** 男〘原子力〙燃料サイクル. **≈pum·pe** 女 燃料ポンプ. **≈stab** ＝Brennstab **≈ver·brauch** 男 燃料消費〔量〕.

Brenn·sup·pe 女《南部・ｵｰｽﾄﾘｱ》ルーで作ったスープ.

brenn·te[brɛ́ntə] brennen の接続法 II.

Brenn≈wei·te[brɛ́n..] 女〘理〙焦点距離. **≈wert** 男 発熱量. **≈zeit** 女 燃焼時間. **≈zie·gel** 男 **1** 耐火れんが. **2** 練炭. **≈zün·der** 男 時限信管.

bren·schen[brɛ́nʃən]《04》自 (h) (wiehern) (声高く)いななく. [*ndd.*; ◇brauschen]

Bren·ta·no[brɛntá:no·] 人名 **1** Clemens ～ クレーメンス ブレンターノ(1778-1842; ドイツ＝ロマン派の詩人. 民謡集『少年の魔法の角笛』の編纂(へんさん)のほか, 多くの童話を書いた). **2** Franz ～ フランツ ブレンターノ(1838-1917; ドイツの哲学者. 1の甥(おい)).

Bren·te[brɛ́ntə] 女 -/-n《ｽｲｽ》(牛乳などをいれる)平たいおけ.

Brenz[brɛnts] 男 -es/-e **1**《複数で》可燃物; 可燃性鉱物. **2** (Branntwein) 火酒. [<brennen]

bren·zeln[brɛ́ntsəln]《06》自 (h) **1**《方》焦げるにおいがする. **2** 焦げる.

Brenz·ka·te·chin[..katɛçi:n] 中 -s/〘化〙ピロカテキン, カテコール, ブレンツカテヒン. [<Katechu+..in²]

brenz·lig[brɛ́ntslɪç]²(ｵｰｽﾄﾘｱ: **brenz·lich**[..lɪç]) 形 **1** 焦げ臭い, きな臭い: ein ～*er* Geruch 焦げ臭いにおい | Es riecht ～. 焦げ臭い. **2**《話》(bedenklich) うさん臭い, 怪しい; (heikel) やっかいな: eine ～*e* Geschichte 疑わしい話 | eine ～*e* Lage 難しい状況.

Brenz≈trau·ben·säu·re 女 -/〘化〙ピルビン酸, 焦性ブドウ酸. **≈ver·bin·dung** 女 臭性化合物.

Bre·sche[brɛ́ʃə] 女 -/-n (力ずくで開けた)すきま, 裂け目, (壁・城壁の)破れ穴; (城壁・戦線・困難などの)突破口: **für** *jn.* 〈*et.*⁴〉 **eine ～ schlagen** …のために突破口を開く | **für** *jn.* 〈*et.*⁴〉 **in die ～ springen** 〈**treten**〉 / *sich*⁴ **für** *jn.* 〈*et.*⁴〉 **in die ～ werfen** …のために身を挺(てい)して助力する. [*afränk.*-*fr.* brèche; ◇brechen; *engl.* breach]

Bresch·new[brɛ́ʃnɛf, brɛ́ʃnjɛf] 人名 Leonid Iljitsch ～ リアニト イリイッチ ブレジネフ(1906-82; ソ連の政治家).

Bres·lau[brɛ́slaʊ] 地名 ブレスラウ(ポーランド南西部 Oder 川に臨む Schlesien の中心都市. 1945年までドイツ領. ポーランド語形 Wrocław). [*slaw.*; <(Herzog) Wratisław]

Bres·lau·er[-ər] **I** 男 -s/- ブレスラウの人. **II** 形《無変化》ブレスラウの.

bres·lau·isch[..ɪʃ] 形 ブレスラウ〔ふう〕の.

Brest[brɛst] 男 -〔e〕s/-e (**Bre·ste**[brɛ́stə] 女 -/-n)《南部》(Gebrechen) (肉体的な)欠陥, 障害; 病弱.

bre·sten[..tən]《01》他 (h)《南部》(ärgern)《*jn.*》怒らせる, (…の)気分を害する. [*germ.*; ◇bersten, prasseln; *engl.* burst]

brest·haft[..haft]《ｽｲｽ》心身障害のある, 病身な.

die **Bre·ta·gne**[bretánjə, brə.., brətáɲ] 地名 女 -/ ブルターニュ(フランス北西部の半島).

Bre·ta·gner[..njər] 男 -s/- ＝Bretone

bre·ta·gnisch[..njɪʃ] ＝bretonisch

Bre·te·sche[bretɛ́ʃə, brə..] 女 -/-n 要塞(ようさい)の張り出し窓, 銃眼. [*mlat.*-*fr.* bretèche]

Bre·to·ne[bretó:nə] 男 -n/-n ブルターニュ人 (Bretagne に住むケルト系の住民). [◇Brite]

bre·to·nisch[..nɪʃ] 形 ブルターニュ〔人・語〕の: →deutsch

Brett[brɛt] 中 -es(-s)/-er (⑥ **Brett·chen** → 別出) **1** (木の)板(床板・棚板・仕切り板など); ∇(Tragbrett) 盆: ein dünnes 〈breites〉 ～ 薄い〈幅の広い〉板 | sechs ～*er* 〔und zwei Brettchen〕《比》棺 | **Schwarzes Brett** 掲示板 ‖ das ～ bohren, wo es am dünnsten ist (→bohren I 2) | **ein ～ vor den Augen haben**《話》目がみえない; 現実を認識しない | **ein ～ vor dem Kopf haben**《話》物事の理解がおそい, 愚かである | ～*er* schneiden 〈sägen〉 板をのこぎりで切る ‖ **auf einem ganz anderen ～ stehen**《比》全く別問題である | ***et.***⁴ **auf einem ～ bezahlen** …を即金〈現金〉で払う | bei *jm.* einen Stein **im ～** haben …に受け〈評判〉がよい | *et.*⁴ **mit** ～*ern* verschlagen …に板を打ちつけてふさぐ | Die Welt ist hier mit ～*ern* vernagelt.《比》ここは行き止まりだ | Er ist wie mit ～*ern* vernagelt. 彼は目先が利かない〈頭が固い〉.

2 (チェスなどの)盤(→ ⑧ Dame): die Figuren auf das ～ setzen 駒(こま)を盤上におく〈並べる〉.

3《複数で》(Bühne) (劇場の)舞台;〘ボクシング〙(リングの)フロアー: **die ～*er*, die die Welt bedeuten**《雅》(劇場の)舞台 | die ～*er* betreten / auf die ～*er* gehen〘劇〙舞台に立つ, 俳優になる | auf den ～*ern* stehen〘劇〙舞台に立っている, 俳優である | *jn.* auf die ～*er* schicken〘ボクシング〙…をノックダウンする | Das Stück ging zehnmal über die ～*er*. この作品は10回上演された.

4《複数で》(Ski) スキー; ∇かんじき: 〔*sich*³〕 die ～*er* anschnallen (留め金をとめて)スキーをはく.

[*westgerm.* „Geschnittenes"; ◇Bord]

Brett·chen[brɛ́tçən] 中 -s/- (Brett の縮小形. 特に:) 小さい〈薄い〉板; (のりづけした)ワイシャツの胸当て; (あや織り機の)目板, コーマーボード.

Bret·tel[brɛ́təl] 中 -s/-〔n〕＝Brettl

Bret·ter≈bo·den[brɛ́tər..] 男 板張りの床. **≈bu·de** 女 小屋掛け, 仮小屋, 屋台, 掘っ建て小屋, バラック. **≈büh·ne** 女 小屋掛け舞台, 芝居小屋. **≈dach** 中 板ぶき屋根.

bret·tern¹[brɛ́tərn]《05》他 (h) (…に)板を張る, 板張りにする.

bret·tern²[-] 形《付加語的》板造りの, 板張りの.

Bret·ter≈ver·klei·dung 女 (壁面などの)板張り. **≈ver·schlag** 男 **1** ＝Bretterwand **2** 板張りの小屋. **3** (荷物の)木枠. **≈wand** 女 板壁, 板仕切り. **≈werk** 中 -〔e〕s/ 板張り. **≈zaun** 男 板塀, 板囲い.

Brettl[brɛ́təl] 中 -s/-n《ふつう複数で》《南部・ｵｰｽﾄﾘｱ》小さな板, 板きれ; (Ski) スキー.

Brett≈müh·le[brɛ́t..] 女 製材所. **≈na·gel** 男 板くぎ. **≈schau·kel** 女 シーソー. **≈schnei·der** 男 木(こ)びき職人. **≈spiel** 中 **1** 盤上ゲーム(盤の上で石・駒(こま)などを動かして行う遊戯. Dame, Mühle, Schach など). **2**〘虫〙シロジャノメチョウ(白蛇目蝶)(市松模様がある). **≈stein** 男 (チェスなどの)駒.

Breu·ghel (**Brue·g**〔**h**〕**el**)[brɔ́ʏgəl, brø:xəl] 人名 Pieter ～ ピーター ブリューゲル(1520頃-69; フランドルの画家. 一族に画家が多いので, 特に「農民ブリューゲル」と呼ばれる).

Bre·ve[bré:və, ..ve·] 中 -s/-s, -n[..vən]〘カトリック〙(教皇の)小勅書(→Bulle² 2). [*mlat.*; <*lat.* brevis „kurz"; ◇Brief]

Bre·ves Brevis の複数.

Bre·vet[brevé:, ..vɛ́(:)] 中 -s/-s (特にフランスで)免許〈特許〉証; 辞令;〘史〙(フランス王の)叙任状. [*fr.*]

bre·ve·tie·ren[..vetí:rən] 他 (h) (…に) Brevet を与え

る.

brevi《ラテ語》→*brevi* manu

Bre·vi̤a·rium[breviá:riʊm] 中 -s/..rien[..riən] **1** (Auszug) 抜粋, 概要, 概略, 梗概(こうがい). **2** =Brevier I 1

Bre·vi̤er[breví:r] **I** 中 -s/-e **1**〘カトリック〙聖務日課〔書〕. **2** (ある作家の著作から抜粋した)文選: Schiller*brevier* シラー文選. **3** =Breviarium 1

II 女 -/ 〘印〙ブレーピヤ(もと聖務日課書に用いられた 8 ポイント活字). [*lat.*; ◇Brimborium]

Bre·vi·lo·quenz[brevilokvɛ́nts] 女 -/ (Brachylogie)〘言〙簡約法. [*lat.*; < *lat.* loquī (→Lokution)]

bre̤·vi ma̤·nu[bré:vi· má:nu·]《ラテ語》(略 b. m., br. m.) (kurzerhand) 即座に, てっとり早く, 簡単に.

Bre̤·vis[bré:vɪs] 女 -/..ves[..ve:s]〘楽〙二全音符. [*mlat.*]

Bre̤·zel[bré:tsəl] 女 -/-n (オーストリア: **Bre̤·ze**[bré:tsə] 女 -/-n) ブレーツェル(8 の字形の〔塩味の〕ビスケット: → 図 Brot). [*ahd.*; ◇brachial; うでを組んだ形の連想から]

Bre̤·zel·backen 中 -s/ ブレーツェルを焼くこと: Das geht ja wie das ~.《比》それはごく簡単に(あっというまに)できる.

Bre̤·zen[bré:tsən] 男 -s/-; 女 -/-《オーストリア》=Brezel

brich[brɪç] brechen の命令法単数.

brichst[brɪçst] brechen の現在 2 人称単数.

bricht[brɪçt] brechen の現在 3 人称単数.

Bri̤cke[brɪ́kə] 女 -/-n《方》=Neunauge [< Pricke 1]

▽**Bri̤·de**[brí:də] 女 -/-n (Zügel) 手綱; (Rangabzeichen) 官等記章, 階級章; ブライド(ししゅう・レースのふち飾り). [*fr.*]

Bridge[brɪtʃ, brɪdʒ] 中 -/ ブリッジ(トランプ遊びの一種): 〔eine Partie〕 ~ spielen ブリッジを〔一勝負〕する. [*engl.*]

bri·di̤e·ren[bridí:rən] 他 (h) (丸ごとの肉を焼く前に)ひもで縛って形を整える. [*fr.* brider „schnüren"; ◇Bride]

Brief[bri:f] 男 -es(-s)/-e (小 **Bri̤ef·chen** → 別出, 雅: **Bri̤ef·lein**[brí:flaɪn] 中 -s/-) **1** (略 Bf.) 手紙, 書状, 郵便(→ 図); 文書; 〘聖〙使徒書簡: ein eigenhändig geschriebener ~ 自筆の書簡 | ein eingeschriebener 〈postlagernder〉 ~ 書留〈局留め〉郵便 | **ein blauer ~** (成績・素行の悪い生徒の親に出す)通知状; 解雇〈解約〉通告状 | **ein offener ~** 公開状 | der erste ~ des Petrus (新約聖書の)ペテロの第一の手紙 ‖ *jm.* 〈an *jn.*〉 einen ~ schreiben …に手紙を書く | einen ~ aufmachen 〈zumachen〉《話》手紙の封を切る〈に封をする〉 | einen ~ frankieren 手紙に切手をはる | einen ~ aufgeben (郵便局で)手紙を出す | mit *jm.* ~*e* wechseln …と文通する | ***jm.* ~ und Siegel** 〔**auf *et.*[4]**〕 **geben**《比》…に〔…を〕確約〈保証〉する. **2** (台紙・包装紙・紙箱でまとめた1単位)包み, 箱: ein ~ 〈drei ~*e*〉 Nadeln 1〈3〉包みの針. **3**〘商〙証券, 手形; (略 B) (↔Geld) (証券取引で)売り〔注文〕. [*lat.* brevis (→Breve) – *ahd.*]

Brief

Bri̤ef≠ab·la·ge[brí:f..] 女 書状〈書類〉整理箱. **≠adel** 男〘史〙(皇帝の叙爵書によって初めて貴族の位を授与された14世紀後半以降の)新貴族. **≠ant·wort** 女《官》回答文書. **≠be·schwe̤·rer** 男 文鎮. **≠beu·tel** 男 郵袋, 郵便行嚢(こう). **≠blatt** 中 (1 枚ずつの)便箋(びんせん). **≠block** 男 -〔e〕s/-s, ..blöcke (冊子になった)便箋. **≠bo̤·gen** 男 便箋. ▽**≠bo̤·te** 男 =Briefträger **≠buch** 中 郵便物発信控え帳.

Bri̤ef·chen[brí:fçən] 中 -s/- (Brief の縮小形) **1** 短信. **2** 小さく平たい包み, つづり, セット: ein ~ Streichhölzer ブックマッチ 1 個.

Bri̤ef≠ein·wurf 男 **1** 手紙の投函(とうかん). **2** (郵便箱やポストの)差し入れ口. **≠ent·wurf** 男 手紙の下書き.

▽**Bri̤e·fer**[brí:fər] 男 -s/- **1** 絵入り書(祈禱(きとう)書・暦など)をつくる職人. **2** (身分証明書を持つ)旅職人.

Bri̤ef≠fach[brí:f..] 中 郵便物整理〈分類〉箱; 〘郵〙私書箱. **≠form** 女 書簡の形式; 書簡文体: ein Roman in ~ 書簡体小説. **≠freund** 男 (まだ面識のない)文通仲間, ペンフレンド. **≠ge·heim·nis** 中 信書の秘密. **≠grund·schuld** 女〘法〙証券土地債務. **≠hef·ter** 男 書状〈文書〉ファイル. **≠hy·po·the̤k** 女 (↔Buchhypothek)〘法〙保証抵当.

Bri̤e·fing[brí:fɪŋ] 中 -s/-s (口頭による簡潔な)概況説明, 状況報告; (仕事に関する)打ち合わせ. [*engl.*]

Bri̤ef≠kar·te 女 (封筒に入れて出す)グリーティングカード. **≠ka·sten** 男 -s/..kästen **1** 郵便ポスト; (各戸の)郵便受け: **lebender ~** (諜報(ちょうほう)機関と諜報部員とを仲介する)連絡員, レポ | **toter ~** (諜報部員が連絡用に使う)秘密書類の保管場所. **2** (新聞・雑誌の)読者通信〈相談〉欄, 投書〈投稿〉欄.

Bri̤ef·ka·sten≠ecke 女 =Briefkasten 2 **≠fir·ma** 女 郵便受けだけしかない架空会社. **≠lee·rung** 女〘郵〙(ポストの)開函(かいかん)〈集納〉〔時刻〕. **≠schlitz** 男 =Briefeinwurf 2

Bri̤ef≠klam·mer 女 クリップ(→ 図 Klammer). **≠kopf** 男 便箋(びんせん)の頭書き(左上に記される発信人・受信人の住所・氏名: → 図 Brief). **≠korb** 男 (卓上の)〔郵便物〕整理かご. **≠kurs** 男 (↔Geldkurs)〘商〙(証券の)売り相場. **≠ku·vert**[..kuve:r, ..kuvɛ:r] 中 =Briefumschlag

Bri̤ef·lein《雅》Brief の縮小形(→Briefchen).

bri̤ef·lich[brí:flɪç] 形 手紙の; 手紙〈書面〉による: *et.*[4] ~ mitteilen …を手紙で知らせる.

Bri̤ef≠lo·cher 男 (書類などをとじる穴をあける)パンチ. ▽**≠ma̤·ler** 男 =Briefer 1 **≠map·pe** 女 紙ばさみ, ファイル; 書類かばん, アタッシュケース. **≠mar·ke** 女 郵便切手, 郵券: Sonder*briefmarke* 記念切手 | platt wie eine ~ sein (→platt I 1).

Bri̤ef·mar·ken≠al·bum 女 切手帳, 切手アルバム. **≠au·to·ma̤t** 男 切手自動販売機. **≠kun·de** 女 -/ (Philatelie) 切手研究. **≠samm·ler** 男 (Philatelist) 切手研究〈収集〉家. **≠samm·lung** 女 切手収集.

Bri̤ef≠öff·ner 男 開封ナイフ, ペーパーナイフ. **≠ord·ner** 男 書状ばさみ〈ファイル〉. **≠pa·pier** 中 =Briefblatt **≠por·to** 中 郵便料金, 郵税. **≠post** 女 -/ 郵便〔による送達〕. **≠ro·ma̤n** 男 書簡体小説.

Bri̤ef·schaf·ten[brí:fʃaftən] 複《集合的に》郵便物, 手紙類.

Bri̤ef≠schal·ter 男 郵便窓口. **≠schlitz** 男 =Briefeinwurf **≠schrei·ber** 男 **1** 手紙を書く人; 発信人: ein fleißiger ~ 筆まめに手紙を代筆する人. **2** =Briefsteller 1 **≠schul·den** 複 **1** 手紙の借り(出すべき手紙を出していない状態): bei *jm.* in ~ stehen …に手紙の借りがある | Meine ~ wachsen immer mehr an. 返事を出さなければならない手紙がたまる一方だ. **2** 文書に明記された借金; 証券公債. **≠stel·ler** 男 ▽**1** 書簡文範, 手紙文例集. **2** 手紙を書く人. **3**〘商〙手形振出人. **≠stem·pel** 男〘郵〙消印. **≠stem·pel·ma·schi̤·ne** 女〘郵〙〔自動〕消印機. **≠stil** 男 書簡体, 手紙文体. **≠ta·sche** 女 **1** (懐中用の)札(さつ)入れ, 紙入れ: eine dicke ~ haben《話》金をたくさんもっている. **2**〘郵〙配達かばん. **≠tau·be** 女 伝書バト. **≠te·le·gramm** 中 (普通郵便なみに配達される低料金の)間送電報. **≠trä·ger** 男 郵便配達人〈集配係〉. **≠um·schlag** 男 封筒. **≠ver·ke̤hr** 男 手紙のやりとり, 文通. **≠ver·teil·ma·schi̤·ne** 女 郵便物自動仕分け機. **≠waa·ge** 女 郵便物計量器, 手紙用はかり. **≠wahl** 女 郵送投票(不在投票の一形式). **≠wech·sel** 男 手紙の交換, 文通; 往復書簡: mit *jm.* in 〈im〉 ~ stehen …と文通している | den ~ mit *jm.* aufnehmen 〈führen〉 …と文通を始める〈続ける〉 ‖ Goethes ~ mit Schiller ゲーテとシラーの往復書簡.

brief·wech·seln ⟪06⟫ ⟪過分 gebriefwechselt⟫ 自 (h) ⟪mit *jm.*⟫ (…と)文通する.

Brief≠zen·sur 女 手紙の検閲. **≠zu·stel·ler** 男 郵便配達人. **≠zu·stel·lung** 女 郵便の配達.

brie·geln[brí:gəln] ⟪06⟫ 自 (h) ⟪スイス⟫ 陰謀〈策略〉をめぐらす. [*it.*]

Brie·kä·se[brí:..] 男 ブリーチーズ(一種のクリームチーズ). [◇Fromage de Brie]

Bries[bri:s][1] 中 -es/-e **1** 〖医〗胸腺(きょうせん). **2** (Kalbsbries) 〖料理〗子牛の膵(すい)〈胸腺〉. [◇Brosame]

Brie·sche[brí:ʃə] 女 -/-n ⟪北部⟫ (Beule)〔頭の〕こぶ.

brie·schen[brí:ʃən] ⟪04⟫ 自 (h) ⟪北部⟫ (losschlagen) 殴りかかる.

Bries·chen[brí:sçən] 中 -s/-, **Brie·sel**[brí:zəl] 中 -s/- =Bries 2

briet[bri:t] braten の過去.

brie·te[brí:tə] braten の接続法 II.

Bri·ga·de[brigá:də] 女 -/-n **1** 〖軍〗旅団: eine ~ formieren 旅団を編成する. **2** (旧東ドイツの工場などの)〔作業〕班: der Wettbewerb der ~*n* untereinander 作業班同士の〔生産向上〕競争. [1: *it.*–*fr.*; 2: *russ.*]

Bri·ga·de≠füh·rer 男 =Brigadier **≠ge·ne·ral** 男 (陸軍・空軍の)准将; 旅団長. **≠kom·man·do** 中 旅団司令部. **≠lei·ter** 男 =Brigadier 2

Bri·ga·dier[brigadié:] 男 -s/-s[..dié:s] **1** 〖軍〗旅団長; 准将. **2** (また: [..dí:r] -s/-e) (⊛ **Bri·ga·die·rin**[..dí:rɪn]-/-nen) (旧東ドイツの工場などの)作業〈労働〉班長. [1: *fr.*; 2: *russ.*]

Bri·gant[brigánt] 男 -en/-en (Straßenräuber) (特に19世紀のイタリア南部の)山賊, 追いはぎ. [*it.*; <*it.* briga „Streit"; ◇*engl.* brigand]

Bri·gan·ten·tum[brigántəntu:m] 中 -s/ 略奪, 山賊行為.

Bri·gan·ti·ne[..gantí:nə] 女 -/-n **1** = Schonerbrigg ᵛ**2** (Schuppenpanzer) 小札鎧(こざねよろい). [*it.* brigantino „Raubschiff"]

Brigg

Brigg[brɪk, brɪg] 女 -/-s ブリッグ(一種の2本マスト帆船: → 図). [*engl.* brig]

Bright·sche Krank·heit[bráɪt-ʃə..] 女 〖医〗ブライト病(腎炎(じんえん)の旧名). [<R. Bright (イギリスの医師, †1858)]

Bri·git·ta[brigíta·] 女名 ブリギッタ.

Bri·git·te[..tə] 女名 ブリギッテ. [*kelt.* „die Erhabene"]

Bri·kett[brikɛ́t] 中 -s/-s (-e) ブリケット(練炭の一種: → 図). [*fr.*; <*fr.* brique „Ziegelstein" (◇brechen)]

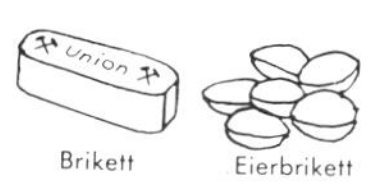

Brikett

Bri·ket·tier·an·la·ge[brikɛtí:r..] 女 ブリケット製造工場〈設備〉.

bri·ket·tie·ren[brikɛtí:rən] 他 (h) (粉炭を固めて)ブリケットを作る.

Bri·ko·le[brikó:lə] 女 -/-n **1** 〖ビリヤード〗からクッション, はね返り. ᵛ**2 a)** (発砲の際の)反撥(はんぱつ), 反動. **b)** (中世の)弩砲(どほう).

bri·ko·lie·ren[brikolí:rən] 他 (h) **1** 〖ビリヤード〗からクッションで当てる. ᵛ**2** はね返らせる. ᵛ**3** (betrügen) 欺く, だます. [*fr.*]

bril·lant[brɪljánt] 形 輝かしい, すばらしい, りっぱな: ein ~*er* Tänzer 〈Kopf〉 すばらしい踊り手〈頭脳の持ち主〉 | eine ~*e* Leistung 〈Technik〉 みごとな業績〈技術〉 ‖ Mir geht es ~. 私〔の健康・生活〕はすばらしく快調である. [*fr.*]

Bril·lant[−] **I** 男 -en/-en (ブリリアント=カットの)ダイヤモンド: den ~*en* in Gold fassen ブリリアント=カットのダイヤモンドを金の台にはめる. **II** 女 -/ 〖印〗ブリリアント活字(3ポイント). [*fr.*; ◇brillieren; *engl.* brilliant]

Bril·lant·bro·sche[brɪljánt..] 女 (ブリリアント=カットの)ダイヤのブローチ.

bril·lan·te[brɪlántə] 副 〖楽〗ブリランテ, はなやかに. [*it.*]

bril·lan·ten[brɪljántən] 形 ブリリアント=カットのダイヤモンドをつけた; ダイヤモンドのように輝く.

Bril·lant·feu·er·werk[brɪljánt..] 中 豪華な花火.

bril·lan·tie·ren[brɪljantí:rən] 他 (h) (ダイヤモンドを)ブリリアント=カットにする; (金属を)研磨する.

Bril·lan·ti·ne[brɪljantí:nə] 女 -/-n (オーストリア: **Bril·lan·tin**[..tí:n] 中 -s/-e) 頭髪用ポマード〈チック〉. [*fr.*]

Bril·lant≠kä·fer[brɪljánt..] 男 〖虫〗タカラゾウムシ(宝象虫)(光彩ある羽をもつ). **≠kol·lier**[..kɔlie:] 中 (ブリリアント=カットの)ダイヤの首飾り. **≠na·del** 女 (ブリリアント=カットの)ダイヤのネクタイピン. **≠ring** 男 (ブリリアント=カットの)ダイヤ入り指輪(→ 図 Ring). **≠satz** 男 -es/..sätze ⟪ふつう複数で⟫ (花火)照明剤(強い光を出す金属片). **≠schliff** 男 (ダイヤの)ブリリアント研磨. **≠schmuck** 男 -〔e〕s/ (ブリリアント=カットの)ダイヤの装身具. **≠schnitt** 男 (宝石を)ブリリアント=カットに切ること; ブリリアント=カット. **≠su·cher** 男 〖写〗強力ファインダー.

Bril·lanz[brɪljánts] 女 -/ (Glanz) 輝き, 光沢; (わざの)さえ, すばらしさ, 精巧: mit ~ singen みごとな歌い方をする. [*fr.*; ◇*engl.* brilliance]

Bril·le[brílə] 女 -/-n **1** めがね, 眼鏡(→ 図): eine scharfe 〈schwache〉 ~ 度の強い〈弱い〉めがね | eine dunkle ~ / eine ~ mit dunklen Gläsern 黒めがね | eine ~ für die Nähe 〈話: für nah〉 近視用のめがね | eine ~ für die Ferne 〈話: für weit〉 遠視用のめがね | Schutz*brille* 保護めがね, ゴーグル | Sonnen*brille* サングラス ‖ eine ~ aufsetzen 〈absetzen〉 めがねをかける〈外す〉 | eine ~ tragen めがねをかけている | *sich*[3] eine ~ anpassen 〈verschreiben〉 lassen めがねの度を合わせて〈処方して〉もらう ‖ *et.*[4] **durch eine fremde** 〈*seine* **eigene**〉 **~ sehen** 〈**betrachten**〉 …を第三者の目で〈主観的に〉見る | *et.*[4] **durch eine rosa**〔**rote**〕 〈**schwarze**〉 **~ sehen** 〈**betrachten**〉 …を楽観的〈悲観的〉に見る | *et.*[4] **durch eine gefärbte ~ sehen** 〈**betrachten**〉 ⟪比⟫ …を色めがねで〈偏見をもって〉見る | Das sieht man 〔ja〕 doch **ohne** ~. ⟪話⟫ それは分かりきったことだ. **2** (めがね状のもの. 例えば:) **a)** (Klosettbrille) 便座(→ 図 Klosett): auf der ~ sitzen 便器に腰かける. **b)** (馬の)遮眼革; (動物の)目の周囲のぶち; 〖スケート〗8字旋回; 〖フェンシング〗(剣の)十字つば; 〖工〗(ピストンなどの)パッキン押え. [<Beryll]

Brille

Bril·len≠bär[brílən..] 男 〖動〗メガネグマ(眼鏡熊). **≠bäs·se** 複 〖楽〗めがねバス(同じ長さの音が反復するときの略記法). **≠bü·gel** 男 めがねのつる. **≠〔ein·〕fas·sung** 女 めがねのふち〈フレーム〉. **≠etui**[..|ɛtvi:] 中, **≠fut·te·ral** 中 めがねのサック〈ケース〉. **≠ge·stell** 中 =Brilleneinfassung **≠glas** 中 -es/..gläser めがねのレンズ.

bril·len·los[..lo:s][1] 形 めがねをかけていない.

Bril·len≠rand 男 めがねのふち. **≠schlan·ge** 女 〖動〗メガネヘビ(眼鏡蛇)(コブラなど).

Bril·len≠trä·ger 男 めがねをかけた人. **≠vo·gel** 男 〖鳥〗メジロ(眼白).

bril·lie·ren[brɪljí:rən; オーストリア: brɪjí:rən, brɪlí:rən] 自 (h) 光る, 輝く; (機知などが)ひらめく; 異彩を放つ, ぬきんでる; 目立つ. [*it.*–*fr.*; ◇Beryll]

Brim·bo·rium[brɪmbó:riʊm] 中 -s/ ⟪話⟫ から騒ぎ; むだなおしゃべり; くだらぬこと: viel 〈ein großes〉 ~ 〔um *et.*[4]〕 machen 〔…のことで〕大騒ぎする. [*lat.* breviārium–*fr.* brimborion „Kleinigkeit"; ◇Brevier]

Brịm·sen[brímzən] 男 -s/-《ｵｰｽﾄﾘｱ》(Schafkäse) 羊乳チーズ. [*rumän.* brinza]

Brịn·di·si[bríndizi·] 中 -s/-s **1** 乾杯. **2**〘楽〙酒宴歌. [*dt.* bringe dir's — *it.*]

Bri·nẹll·här·te[brinέl..] 女 -/〘金属〙ブリネル〔金属〕硬度(記号 HB). [<A. Brinell (スウェーデンの技師, †1925)]

bring[brɪŋ] 形《南部》(schmächtig, gering) やせた, 貧弱な.

Brịn·ge[bríŋə] 女 -/-n《方》雌の小動物.

brịn·gen*[bríŋən]《26》 **brạch·te**[bráxtə; ｽｲｽ: brá:xtə] / **ge·brạcht**; 接II brächte[brέçtə] 他 (h) (英: *bring*)もたらす: **1**《(*jm.*) *et.*[4]》**a**) ((…のところに)…を)持って来る〈行く〉, 運んで来る〈行く〉, 行って渡す, 届ける: *jm.* Blumen 〈einen Brief〉 ～ …に花〈手紙〉を届ける | *jm.* einen Stuhl ～ …にいすを持って行ってやる | *sich*[3] eine Tasse Kaffee ～ lassen コーヒーを1杯持って来てもらう ‖ *jm.* ein Glas ～《比》…のために乾杯する | *jm.* Grüße von *jm.* ～ …に…からのあいさつを伝える.

b) ((…に)…を)もたらす, 提供する, ささげる: *jm.* Hilfe 〈Unterstützung〉 ～ …を援助する | *jm.* Trost ～ …を慰める | den Göttern Opfer ～ 神々に犠牲をささげる ‖ Sie *brachte* große Opfer, damit der Sohn studieren konnte. 彼女は息子が大学に行けるようにと大きな犠牲を払った | Was *bringen* Sie 〔Neues〕? 何か変わったこと〈ニュース〉がありますか | Wer vieles *bringt,* wird manchem etwas ～. (→viel I 2 b).

2《方向を示す語句と》**a**)《*et.*[4]》(…を…へ)運ぶ, 持って行く, 届ける: das Geschirr **auf** den Tisch 〈**in** die Küche〉 ～ 食器をテーブル〈台所〉に運ぶ | *jm.* die Ware ins Haus ～ 品物を…の家へ届ける | Kleider **zur** Reinigung ～ lassen 服をクリーニング店へ持って行かせる.

b)《*jn.*》連れて行く〈来る〉, 送り届ける: *Bring* ihn hierher! 彼をここへ連れて来なさい | Ich *bringe* dich noch ein Stück Weges. もう少し送って行こう | Keine zehn Pferde *bringen* mich dahin 〈dazu〉. (→Pferd 1) ‖ *jn.* **an** den Bahnhof 〈zum Bus〉 ～ …を駅〈バス停〉まで送る | *jn.* **ins** Krankenhaus ～ …を病院へ連れて行く〈入院させる〉 | *jn.* ins Gefängnis ～ …を投獄する | *jn.* **nach** Hause ～ …を家まで送り届ける | Was *bringt* Sie **zu** mir? どういうご用で来られたのですか | *sich*[4] von *jm.* zum Arzt ～ lassen …に医者へ連れて行ってもらう.

c)《抽象的・成句的に用いられて》(kommen lassen) 移す, 動かす, 変える: Er *brachte* mich dahin, mit spazierenzugehen. 彼は私を一緒に散歩に行く気にさせた | die beiden auseinander ～ 両者を仲たがいさせる ‖ ***et.***[4] **an *sich***[4] **～** …を着服〈横領〉する | *jn.* an den Bettelstab ～ …を零落させる | *et.*[4] ans Licht 〈an den Tag〉 ～ …を明るみに出す | *seine* Tochter an den Mann ～ 娘を嫁がせる | Waren an den Mann ～ 商品をさばく | Die Blutung *brachte* ihn an den Rand des Grabes. 出血で彼は命が危なかった | die Sprache **auf** *et.*[4] ～ …について話し始める, …の話を持ち出す | einen Satelliten auf die Bahn ～ 衛星を軌道に乗せる | *jn.* 〔wieder〕 auf die Beine ～ (→Bein 1 a) | *et.*[4] auf die Bühne ～ …を上演する | *jn.* auf die richtige 〈falsche〉 Fährte ～ …を正道〈邪道〉に導く | *jn.* auf eine Idee 〈auf einen guten Gedanken〉 ～ …にいい考えを思いつかせる | *et.*[4] auf den Markt 〈in den Handel〉 ～ …を売りに出す | *jn.* auf *seine* Seite ～ …を味方につける | Geld auf die Seite ～ 金を着服〈横領〉する | *et.*[4] aufs Tapet ～《話》…の話を持ち出す | *et.*[4] mit auf die Welt ～ 生まれつき…を備えている | Flecke **aus** dem Anzug ～ 服のしみを抜く | *jn.* aus 〔Amt und〕 Brot ～ …の生計の道を奪う | *jn.* aus der Fassung 〈aus dem Konzept〉 ～ …をろうばいさせる | *jn.* aus der Stellung ～ …を地位〈ポスト〉から追う | ***et.***[4] **hinter *sich***[4] ～ …をやりとげる〈果たす〉, …を乗り切る | *jn.* hinter Schloß und Riegel ～ …を投獄〈幽閉〉する | Leben **in** die Bude 〈in die Gesellschaft〉 ～ 一座を活気づける, にぎわす | *jn.* ins Gerede ～ …の悪口を言う, …をあげつらう | *jn.* ins Grab ～ (苦しめたりして)…を死なせる, …の寿命を縮める | *et.*[4] in *seine* Hand ～ …を手に入れる | den Betrieb wieder in die Höhe ～ 企業を立て直す | *et.*[4] in die Mode ～ …を流行させる | *jn.* in schlechten Ruf ～ …の評判を落とさせる | *et.*[4] in ein System ～ …を体系化する | Worte in Verse 〈in Reime〉 ～ 韻文を作る | ***et.***[4] **über *sich***[4] **～** …(気の進まないこと)をあえて決心する | Ich *bringe* es nicht **über** mich, ihm die volle Wahrheit zu sagen. 私は彼にどうしても本当の事を言う気になれない | kein Wort über die Lippen ～ (驚いたりして)口がきけない | *et.*[4] **unter *sich***[4] 〈unter *seine* Gewalt〉 ～ …を支配する〈支配下に置く〉 | *jn.* unter die Erde ～ (苦労させたりして)…を死なせる, …の寿命を縮める | *et.*[4] unter den Hammer ～ …を競売(せり)にかける | *seine* Tochter unter die Haube ～ 娘を嫁がせる | Ansichten unter einen Hut ～ 意見を統一する | Geld unter die Leute ～ 金をばらまく, 散財する | ein Gerücht unter die Leute ～ うわさを広める〈言いふらす〉 | *et.*[4] **vor *sich***[4] ～ …(金など)を蓄える〈かき集める〉; …をなしとげる | *et.*[4] vors Gericht ～ …を裁判にかける | *jn.* vor den Richter ～ …を訴える | *jn.* wieder **zu *sich***[3] ～ (失神者などを)正気に返らせる | *jn.* zu Bett 〈ins Bett〉 ～ …を寝かしつける | *jn.* vom Leben zum Tod ～ …を死刑にする | ein Kind zur Welt ～ 子供を産む.

‖〘es を目的語とする慣用的表現で〙**es** auf 90 Jahre ～ 90歳にまでなる | Der Wagen hat es auf 100 000 Kilometer *gebracht.* この車は10万キロも走っている | es 〔in *et.*[3]〕 **weit** ～ 〔…の分野で〕成功する〈偉くなる〉 | Du hast es weit *gebracht.* 君も偉くなったものだ;《反語》君も落ちぶれたものだ | Er hat es 〔bis〕 zum Professor *gebracht.* 彼は教授にまでなった | es zu etwas 〈nichts〉 ～ (人生において)ひとかどの事をやりとげる〈何もやりとげない〉.

d)《bringen 自体の意味が希薄化し, **in** または **zu** を伴う動作名詞とともに機能動詞として動詞句を構成する. 4格の目的語がその動作名詞の表す行為・状態の意味上の主語にあたる場合と目的語にあたる場合とがあるが, 不定詞の形の中性名詞の場合はつねに前者である: →kommen I 12)〘主語にあたる場合〙*jn.* in Erstaunen ～ …をびっくりさせる | *et.*[4] in Gang ～ (→Gang[1] 2) | *et.*[4] ins Rollen ～ …を転がす;《比》…が進行し始めるよう手をうつ | ein Gerücht in Umlauf ～ うわさを広める ‖ einen Streit zum Entstehen ～ 争いを生じさせる | *jn.* zu Fall ～ …を転ばせる;《比》…を没落〈挫折(ざ)〉させる | *et.*[4] zur Geltung ～ …の効果〈真価〉を発揮させる(= *et.*[4] geltend machen) | *jn.* zum Sprechen 〈Schweigen〉 ～ …をしゃべらせる〈黙らせる〉 | eine Blutung zum Stehen ～ 止血する | *jn.* zur Verzweiflung ～ …を絶望させる ‖〘目的語にあたる場合〙die Unkosten in Abzug ～ 雑費を差し引く(=die Unkosten abziehen) | *et.*[4] in Bewegung ～ …(機械など)を動かす | bei *jm. et.*[4] in Erinnerung ～ …に…を思い出させる | *et.*[4] mit *et.*[3] in Verbindung ～ …を…と結びつける | *jn.* in Versuchung ～ …を誘惑する | *et.*[4] in Vorschlag ～ …を提案する ‖ *et.*[4] zum Abschluß ～ …を終わらせる | *et.*[4] zur Aufführung ～ …を上演する | *et.*[4] zum Ausdruck ～ …を表現する | *et.*[4] zur Sprache ～ …について論じる | *et.*[4] zum Verkauf ～ …を売る.

☆ 機能動詞としての bringen と kommen の関係: bringen は意味の上で kommen lassen と対応する. したがってこの両動詞を機能動詞とする動詞句には i) 他動詞と自動詞, ii) 能動と受動の関係にあるものが少なくない. 例 *et.*[4] in Gang *bringen* …を動かす | in Gang *kommen* 動く | Man *bringt* das Wasser zum Kochen. 水を沸騰させる | Das Wasser *kommt* zum Kochen. 水が沸騰する ‖ *et.*[4] zur Anwendung 〈in Anwendung[4]〉 *bringen* …を適用する | zur Anwendung 〈in Anwendung[4]〉 *kommen* 適用される.

3《*jn.* um *et.*[4]》(…の…を)奪う: *jn.* um die Freude ～ …の喜びを奪う | *jn.* ums Leben ～ …を殺す | *jn.* um *sein* Vermögen ～ …に財産を失わせる | Er *brachte* mich um das Abendessen. 彼のせいで私は夕食を食べそこなった | Er *brachte* die Firma um den Ruf. 彼は会社の評判を落とした | Die Inszenierung *brachte* das Drama um seine Wirkung. 演出のせいで戯曲の効果がそがれた ‖ 再帰 *sich*[4] ums Leben ～ 自殺する.

4 《*et.*⁴》生み出す; ひき起こす: einen hohen Ertrag ～ 高い収益を生む | Erfolg *bringt* oft Neid. 成功はしばしば嫉妬(しっと)を招く | Die Wolken *bringen* 〈Der Winter *bringt*〉 viel Schnee. あの雲が出る〈冬になる〉と大雪が降る | Unglück über die ganze Familie ～ 家族全体に不幸をもたらす | Zinsen ～ 利子を生む | Dieser Boden *bringt* nicht viel. この土地からの収穫は多くない | Das Haus *bringt* monatlich tausend Mark. この家を貸すと月々1000マルクの家賃が入る | Das *bringt* nichts. 《話》そんなことをしても何にもならない ‖ ***et.***⁴ **mit *sich***³ **～** 必然的に…を伴う, …が付きものである; …を当然必要とする | Die Jahre *bringen* es mit sich, daß ... 年をとるとどうしても…ということになる | Das *brachte* vielen Aufwand mit sich. それはばく大な費用を要した.

5 《*et.*⁴》(公衆の前に)持ち出す, 公表〈発表〉する,(番組などとして)提供する: in der Zeitschrift einen Artikel ～ 雑誌に論説をのせる | eine Komödie ～ 喜劇を公演する | deutsche Lieder ～ ドイツ歌曲を歌う | Der Verlag *bringt* Lexika. この出版社は事典類を出している | den Monolog ganz anders als bisher ～ 独白の部分を今までと全く違ったふうに演じてみせる | Die Zeitung *brachte* nichts darüber. 新聞はそれについて何も報じていなかった | Das Fernsehen *bringt* jetzt nichts Vernünftiges. テレビは今ろくなものをやっていない.

6 《話》やってのける: Ich hoffe, ich *bringe* es noch. 私は何とかそれをやりとげたいものだ | Ich *bringe* diese Übung nicht 〔zustande〕. 私にはこの練習問題はこなせない ‖ *jn.* satt ～ …を満足させる. 〔*germ.*; ◇ *engl.* bring〕

ᵛ**Bri̱n·ger**[brɪ́ŋər] 男 -s/- もたらす人, 持参人.

Bri̱n·ger·lo̲hn 男 -〔e〕s/ 持参者への報酬.

Bri̱ng·schuld[brɪ́ŋ..] 女 -/ (↔Holschuld) 《法》持参債務.

Bri̱ng·sel[brɪ́ŋzəl] 中 -s/- (看護犬などの首輪につける)通信用革ひも〈鎖〉.

Brink[brɪŋk] 男 -〔e〕s/-e 《北部》草丘, 草地, 牧場.

Bri̱n·kel[brɪ́ŋkəl] 中 -s/- 《南部・東部》(Bröckchen) 小片, ひとかけら: ein ～ 少しばかり. 〔<Brocken¹〕

Bri̱nk·sit·zer[brɪ́ŋk..] 男 《北部》(Kätner) 小百姓, 小作人; 日雇いの労働者. 〔<sitzen〕

Bri̱o[brí:o·] 中 -s/ 《楽》活気; 元気, 生気. 〔*kelt.*–*it.*〕

Brioche[briɔ́ʃ] 女 -/-s 〔–〕 ブリオッシュ(菓子パンの一種). 〔*fr.*〕

Brio·lẹt·ten[briolέtən], **Brio·lẹtts**[..lέts] 複 ブリオレット(西洋梨形にカットしたダイヤモンドのイヤリング). 〔*fr.*〕

brio̱·so[brió:zo·] 副 (lebhaft, feurig) 《楽》ブリオーソ, 生き生きと, 力強く. 〔*it.*; <Brio〕

bri·sạnt[brizánt] 形 破砕〈爆発〉力の強い(高性能の火薬など); 《比》(発言などが)論議をよぶ; 危険な: ～*e* Stoffe 爆発物. 〔*fr.*; <*fr.* briser „zerbrechen"〕

Bri·sạnz[..zánts] 女 -/-en 破砕〈爆発〉力; 《比》(発言などの)衝撃性.

Bri·sạnz·ge·schoß 中 破砕性砲弾.

Bri̱·se[brí:zə] 女 -/-n **1** (Fahrwind) (帆走に適した)海風; 順風: steife ～ (方向の)安定した風. **2** 弱い風, そよ風: leichte 〈schwache / mäßige / frische〉 ～ 《気象》軽風〈軟風・和風・疾風〉. 〔*fr.*; ◇ *engl.* breeze〕

Brise-bise[brizbí:z, brí:zbí:z] 男 -/ 《ス'イ》(窓の下半分の)半カーテン. 〔*fr.*; ◇ brisant, Bise〕

Bri̱s·ling[brɪ́slɪŋ] 男 -s/-e 《魚》(北欧産の)小イワシ. 〔*norw.*; ◇ Breitling〕

Bri·so·lẹtt[brizolέt] 中 -s/-e, **Bri·so·lẹt·te**[..tə] 女 -/-n (ベーコンと一緒に焼いた)子牛の肉だんご. 〔<*fr.* briser (→brisant)〕

Bris·sa̲·go[brɪsá:go·] 女 -/-〔s〕 ブリサーゴ(葉巻の一種). 〔スイス南部の保養地〕

Bri·tạn·nia·me·tall[británia..] 中 -s/ ブリタニア合金(すず・アンチモン・銅および少量の亜鉛の合金).

Bri·tạn·ni·en[britániən] 地名 ブリタニア(イングランド・スコットランド一帯の古称. ラテン語形 Britannia). 〔*lat.*〕

bri·tạn·nisch[..nɪʃ] 形 ブリタニア〔人・語〕の: →deutsch

Bri̱·te[brítə, brí:tə] 男 -n/-n (⊛ **Bri̱·tin**[..tɪn] -/-nen) **1** ブリタニア人(アングロサクソン人移住前のケルト系ブリタニア住民). **2** 大ブリテン島の住民; イギリス人. 〔*kelt.*–*mlat.*–*ahd.*; ◇Bretone; *engl.* Briton〕

bri̱·tisch[..tɪʃ] 形 イギリスの: das *Britische* Museum 大英博物館 | das *Britische* Reich i) 大英帝国 (the British Empire にあたる); ii) イギリス連邦 (the Commonwealth of Nations にあたる).

Bri̱tsch·ka[brítʃka·] 女 -/-s ブリツカ(軽快な4輪のほろ馬車). 〔*it.* baroccio–*fr.* birouche–*poln.*; <*spätlat.* birotus „zwei-rädig"; ◇ *engl.* britska, britzka〕

br. m. 略 ＝**brevi manu**

Broad·ca·sting[brɔ́:dkɑ:stɪŋ] 中 -s/-s (Rundfunk) 放送. 〔*engl.*; <*engl.* broad (→breit)〕

der **Broad·way**[..weɪ] 地名 男 -s/ ブロードウェイ(ニューヨーク市を南北に走る大通りで, 演劇・映画興行の中心地). 〔*engl.*〕

Broch[brɔx] 人名 Hermann ～ ヘルマン ブロッホ(1886–1951; オーストリアの作家. 作品『夢遊の人々』『ウェルギリウスの死』など).

Brö̤ck·chen, Brö̤ckel Brocken¹の縮小形.

brö̤cke·lig[brœ́kəlɪç]² ＝bröcklig

Brö̤ckel·ko̲hl 男 (Brokkoli) 《植》ブロッコリ, キダチハナヤサイ(木立花椰菜).

bröckeln[brœ́kəln] 《06》 **I** 自 **1** (h) (ぼろぼろに)砕ける: Das Brot *bröckelt.* パンが(堅くなって)ぼろぼろ砕ける ‖ 非人称 Unter den Füßen des Bergsteigers *bröckelte* es. 登山者の足下で岩がぼろぼろ崩れ落ちた | Das große Reich *bröckelte* hier und da. 大帝国のそこここが崩壊してきた. **2** (s) (ぼろぼろ)はがれて落ちる: Der Mörtel 〈Die Farbe〉 *bröckelt.* モルタル〈塗料〉がぼろぼろはげ落ちる.

II 他 (h) 細かく砕く〈ちぎる〉: das Brot in die Suppe ～ パンを細かくちぎってスープに入れる.

brọcken[brɔ́kən] 他 (h) **1** 砕く, 細かくする. **2** (パンを牛乳やスープなどに)ちぎって入れる: nicht viel in die Milch zu ～ haben (→Milch 1 a). **3** 《南部》(pflücken) (花などを)摘む, むしる.

Brọcken¹[brɔ́kən] 男 -s/- (⊚ **Brö̤ck·chen**[brœ́kçən], **Brö̤ckel**[..kəl], **Brö̤ck·lein**[..laɪn] 中 -s/-) **1** (土・岩・石炭・肉・パンなどの砕いたりちぎったりした)一片,(形の整わない)塊: ein ～ Erde 土くれ | ein paar ～ Englisch können 片言の英語ができる | *jm.* ein paar ～ hinwerfen 《比》ろくに話もしないで…を追い払う | **die ～ hinwerfen 〈hinschmeißen〉** 《話》(腹を立てて)仕事を投げ出す ‖ dicke 〈schwere〉 ～ 《話》砲弾 | Das war ein 〔dicker〕 ～ für mich. 《話》それは私には苦しい〈つらい〉ことだった | Er ist ein 〔dicker〕 ～. 《話》彼はでっぷりした〈押し出しのいい〉男だ | ein fetter ～ 《比》うまみのある〈もうけの多い〉仕事 | gelehrte ～ 生半可な知識, 学ありげな言葉 | mit gelehrten ～ um *sich*⁴ werfen 学をひけらかす | ein harter ～ 《比》難しいこと; 手ごわい相手 | an einem harten ～ zu kauen haben 《比》苦心さんたんする | von schmalen ～ leben 粗末な〈乏しい〉食事をしている, 暮らしが貧しい ‖ ***sich***³ **die besten ～ aus der Suppe fischen** 《比》うまい汁を扱う. **2** 《狩》(わなに仕掛ける)おとり餌. 〔*ahd.*; ◇brechen〕

der **Brọcken**²[brɔ́kən] 地名 男 -s/ ブロッケン (Harz 山脈最高の山で標高1142m. 霧の名所でブロッケンの妖怪(ようかい)現象は有名. 民間伝説では Blocksberg という: →Brockengespenst, Walpurgisnacht).

Brọcken·ge·spenst 中 ブロッケン山の妖怪(ようかい), 影入道(山頂の霧に映る観察者自身の巨大な影).

Brọcken·haus¹[brɔ́kən..] 中 《ス'イ》 **1** ＝Brockensammlung **2** (古着・中古品などを回収・更生して売る)古物商, 古物交換所.

Brọcken·haus² 中 ブロッケン山上の建物.

Brọcken·samm·lung 女 《ス'イ》(古着・中古品など)廃品回収更生制度〈機関〉.

brọcken·wei·se 副 (→..weise ★)砕いて, 少しずつ, 断片的に.

Brọck·haus[brɔ́khaʊs] **I** ブロックハウス(ドイツの有力な出版社. F. A. Brockhaus が1805年 Amsterdam で創業

し, 1817年 Leipzig に移り1945年以後は Wiesbaden で事業を継続している. 百科事典の刊行によって特に有名).
II 男 -es/ 商標 ブロックハウス (Brockhaus 社出版の百科事典).

Bröck·lein Brocken[1]の縮小形.
bröck·lig[brœklıç][2] 形 もろい, 砕けやすい; 小片〈砕片〉の: ~*e* Kohle 砕炭, もろい石炭 | Seine Stimme klang ~. 《比》彼はしわがれ声だった.
Bröck·lig·keit[–kaıt] 女 -/ もろさ, 砕けやすさ.

Bro·del[bró:dəl] 男 -s/-= Brodem
bro·deln[bró:dəln] 《06》自 (h) **1** (湯などが) たぎる, 沸騰する; (蒸気・霧などが) 立ちのぼる; (ラジオなどが) ブーンと鳴る; (腹が) ごろごろする: Die Suppe *brodelt* im Topf. なべのスープが煮立っている ‖ 非人称 Unter der Bevölkerung *brodelt* es. 《比》民衆の間に不穏な動きがある. **2** 《オーストリア》のらくらする, 怠けて暮らす. [< *ahd.* brod „Brühe"; ◇ *engl.* broth]
Bro·dem[bró:dəm] 男 -s/ 《雅》湯気, 蒸気; もや. [*ahd.* brādam „Hauch"; ◇ braten; *engl.* breath]

Bro·de·rie[brodərí:] 女 -/-n[..rí:ən] ししゅう; 縁飾り.
bro·die·ren[brodí:rən] 他 (h) (…に) ししゅうをする; 縁飾りをつける. [*fr.*]

Brod·ler[bró:dlər] 男 -s/- のろま, 怠け者 [< brodeln]

Brög·ge·rit[brœgərí:t, ..rít] 男 -(e)s/-e 《鉱》ブレッガー鉱(閃(せん)ウラン鉱の一種). [< W. Ch. Brøgger (ノルウェーの鉱物学者, †1940)]

Broi·ler[brɔ́ʏlər] 男 -s/- (特に旧東ドイツで) (ローストチキン用の) ブロイラー. [*engl.*; < *engl.* broil „braten"]
Broi·ler·mast 女 (旧東ドイツで) ブロイラーの肥育.

Bro·kat[broká:t] 男 -(e)s/-e **1** 金襴(きんらん), 緞子(どんす), にしき. **2** 青銅の粉末塗料. [*it.* broccato „gekräuselt"; < *lat.* brocc(h)us „raffzähnig"; ◇ Brosche; *engl.* brocade]
Bro·ka·tell[brokatɛ́l] 男 -s/-e, **Bro·ka·tel·le**[..lə] 女 -/-n 浮き織りにしき〈紋しゅす〉. [*it.*]
bro·ka·ten[broká:tən] 形 にしき織りの, にしき模様の.
Bro·kat≈mar·mor 男 《鉱》(イタリア・スペイン産の) 装飾用色紋入り大理石. **≈pa·pier** 中 にしき模様の色紙.

Bro·ker[bró:kər, bróukə] 男 -s/- 仲買人, ブローカー; 証券業者. [*engl.*]
Bro·ker≈fir·ma 女, **≈haus** 中 証券会社.

Brok·ko·li[brɔ́koli·] (**Brok·ku·li**[..kuli·]) 複 《植》ブロッコリ, キダチハナヤサイ(木立花椰菜). [*it.*; < *it.* brocco „Sprosse"]

Brom[1][bro:m] 男 -(e)s/-e 《南部》花や果実のついている枝. [*ahd.* brāma „Dornstrauch"; ◇ Bräme; *engl.* broom]

Brom[2][–] 中 -s/ 《化》臭素, ブロム(ハロゲン元素名; 記号 Br). [*gr.* brõmos „Gestank"; ◇ *engl.* bromine]
Brom·ar·gy·rit[brom|argyrí:t, ..rít] 男 -s/-e = Bromit II [< *gr.* árgyros „Silber"]
Bro·mat[bromá:t] 中 -(e)s/-e 臭素酸塩. [< ..at]
Brom·äthyl[bró:m|ɛty:l] 中 -s/ 《化・薬》ブローマル, ブロームエチル(油状液で麻酔剤として用いる).

Bro·ma·tik[bromá:tık] 女 -/ = Bromatologie
Bro·ma·to·lo·ge[bromatoló:gə] 男 -n/-n (→ ..loge) 食品学者.
Bro·ma·to·lo·gie[..logí:] 女 -/ (Nahrungsmittellehre) 食品学. [< *gr.* brõma „Speise"]

Brom·bee·re[brɔ́mbe:rə] 女 -/-n 《植》キイチゴ(木苺) 属(の実). [*ahd.* brām-beri; ◇ Brom[1]; *engl.* bramble]
Brom·beer≈perl·mut·ter·fal·ter[brɔ́mbe:r..] 男 《虫》ヒョウモンチョウ(豹紋蝶). **≈stau·de** 女, **≈strauch** 男 《植》キイチゴ(の株).

Brom·druck[bró:m..] 男 -(e)s/-e 《写》ブロマイド(写真).

Bro·me·lie[bromé:liə] 女 -/-n ブロメリア(パイナップル科の観賞植物). [< O. Bromel (スウェーデンの植物学者, †1705)]

[▽]**Bro·men**[bró:mən] 中 -s/- = Brom[1]

Bro·mid[bromí:t][1] 中 -(e)s/-e 《化》臭化物. [< ..id[2]]
bro·mie·ren[bromí:rən] 他 (h) 《化》臭素〈臭化物〉で処理する, ブローム化する.
Bro·mit[..mí:t, ..mít] **I** 男 -s/ 《鉱》臭化銀鉱. **II** 中 -s/-e 臭銀酸.

Brom·ka·lium[bró:m..] 中 臭化カリウム.

Brom·mel·bee·re[brɔ́məl..] = Brombeere

Brom≈me·tall[bró:m..] 中 = Bromid **≈na·trium** 中 臭化ナトリウム.
Bro·mo·form[bromofɔ́rm] 中 -s/ 《化・薬》ブロモホルム(鎮咳(ちんがい)剤). [< Brom[2]+Chloroform]
Brom≈öl·druck[bró:m..] 男 -(e)s/-e ブロモイル写真. **≈prä·pa·rat** 中 《薬》ブロム製剤(臭化物を主剤とする). **≈säu·re** 女 -/ 《化》臭素酸, ブローム酸. **≈sil·ber** 中 《化》臭化銀.
Brom·sil·ber≈ge·la·ti·ne 女 《化・写》臭化銀乳剤. **≈pa·pier** 中 《写》ブロマイド紙, 臭素紙.
Brom·spat 男 = Bromit I
Bro·mu·ral[bromurá:l] 中 -s/ 商標 ブロムラール(鎮静剤).
Brom≈ver·bin·dung[bró:m..] 女 臭化物. **≈ver·gif·tung** 女 ブローム中毒. **≈was·ser** 中 -s/ 《化》臭素水, ブローム水.

Bron·che[brɔ́nçə] 女 -/-n = Bronchie
Bron·chen, Bron·chi Bronchus の複数.
bron·chial[brɔnçiá:l] 形 《解》気管支の. [< ..al[1]]
Bron·chial≈ast 男 《解》気管支分枝. **≈asth·ma** 中 《医》気管支喘息(ぜんそく). **≈at·men** 中 《医》気管支呼吸音. **≈drü·sen** 複 気管支腺(せん). **≈kar·zi·nom** 中 = Bronchialkrebs **≈ka·tarrh**[..katar] 男 《医》気管支カタル. **≈krebs** 男 《医》気管支癌(がん); (Lungenkrebs) 肺癌.
Bron·chie[brɔ́nçiə] 女 -/-n 《ふつう複数で》(Luftröhrenast) 《解》気管支. [*gr.* brógchia–*spätlat.*]
Bron·chi·ek·ta·sie[brɔnçiɛktazí:] 女 -/-n[..zí:ən] 《医》気管支拡張症.
Bron·chi·tis[..çí:tıs] 女 -/ ..tiden[..çití:dən] 《医》気管支炎. [< ..itis]
Bron·cho·pneu·mo·nie[brɔnçopnɔʏmoní:, ..çɔp..] 女 -/-n[..ní:ən] 《医》気管支肺炎.
Bron·cho·sko·pie[..çoskopí:, ..çɔs..] 女 -/-n [..pí:ən] 《医》(気管支鏡での) 気管支直視検査.
Bron·cho·to·mie[..tomí:] 女 -/-n[..mí:ən] 《医》気管支切開術.
Bron·chus[brɔ́nçʊs] 男 -/ ..chen[..çən] (..chi[..çi·]) = Bronchie [*gr.* brógchos]

[▽]**Bronn**[brɔn] 男 -(e)s/-en, [▽]**Bron·nen**[brɔ́nən] 男 -s/- = Brunnen

Bron·te·um[brɔnté:ʊm] 中 -s/ ..teen[..té:ən] (芝居の) 雷鳴擬音装置. [< *gr.* brontḗ „Donner"]
Bron·to·sau·rus[brɔntozáurʊs] 男 -/ ..rier[..riər] 《古生物》雷竜, ブロントサウルス(竜脚類に属する巨大な恐竜: → 図 Echse). [< *gr.* saũros (→Saurier)]

Bron·ze[brɔ̃:sə, brɔ́ŋsə; オーストリア: brɔ̃:s] 女 -/-n[..sən] **1** 《ふつう単数で》ブロンズ, 青銅, 唐金(からかね). **2** ブロンズ製工芸品: eine ~ eines Löwen ブロンズのライオン. **3** 《単数で》ブロンズ色塗料. **4** 《話》= Bronzemedaille [*pers.*–*mlat.*–*it.*–*fr.*]
Bron·ze≈druck[brɔ̃:sə.., brɔ́ŋsə..] 男 -(e)s/ 《印》(文字面に光沢を出す) ブロンズ粉末塗布. **≈far·be** 女 ブロンズ色; ブロンズ色塗料〈絵の具〉.
bron·ze≈far·ben[brɔ̃:sə.., brɔ́ŋsə..] 形, **≈far·big** 形 ブロンズ色の; (日焼けして) 赤銅(しゃくどう)色の.
Bron·ze≈guß[brɔ̃:sə.., brɔ́ŋsə..] 男 ブロンズの鋳造(物). **≈haut·krank·heit** 女, **≈krank·heit** 女 《医》アジソン病(副腎(ふくじん)失調により皮膚が青銅色になる). **≈kunst** 女 -/ ブロンズ工芸. **≈me·dail·le**[..daljə] 女 (オリンピック競技などの) 銅メダル.
bron·zen[brɔ̃:sən] **I** 形 **1** 《付加語的》ブロンズの; ブロンズ製の. **2** ブロンズ色の. **II** = bronzieren
Bron·ze≈sta·tue[brɔ̃:sə.., brɔ́ŋsə..] 女 ブロンズ像, 銅像. **≈wa·re** 女 ブロンズ製品. **≈zeit** 女 -/, **≈zeit·al·ter** 中 -s/ 《人類》青銅器時代.

bron·ze·zeit·lich[brɔ̃:sə.., brɔ́ŋsə..] 形 青銅器時代の.

bron·zie·ren[brɔ̃sí:rən, brɔŋ..] 他 (h) (…に)ブロンズめっきをする,(…の表面を)ブロンズ色(まがい)に仕上げる.

Bro·sa·me[bró:za:mə] 女 -/-n (男 -n/-n) (ᵛ**Bro·sam**[..za:m] 男 -[e]s/-e[n]) (小 **Bro·säm·chen**[..zɛ:mçən], **Bro·säm·lein**[..laɪn] 中 -s/-) 《ふつう複数で》(パンなどの)小片, パンくず; 《比》少々, 少量: die *Brosamen* von Kuchen ケーキのくず | die ~ der Gutwilligkeit ささやかな親切. [*ahd.* brōs[a]ma „Bröckchen“]

brosch. 略 =broschiert

Bro·sche[brɔ́ʃə; ｵｰｽﾄﾘｱ: bro:ʃ, brɔʃ] 女 -/-n[..ʃən] 《服飾》ブローチ. [*gall.－fr.* broche „Spieß“; ◇Brokat; *engl.* broach, brooch]

Brös·chen[brø:sçən] 中 -s/- =Bries 2

bro·schie·ren[brɔʃí:rən] **I** 他 (h) **1** (heften)(本などを)仮とじにする. **2** 《織》紋織りにする. **II bro·schiert** 過分 形 **1** (略 brosch.) 仮とじの. **2** 紋織りの. [*fr.*]

Bro·schur[..ʃú:r] 女 -/-en **1** 《単数で》仮とじ製本. **2** 仮とじ(紙表紙)本.

Bro·schü·re[..ʃý:rə] 女 -/-n (薄い)仮とじ本, 小冊子, パンフレット. [*fr.*; <*fr.* broche (→Brosche)]

Brö·sel[brø:zəl] 男 (ｵｰｽﾄﾘｱ: 中) -s/-, **Brö·se·lein**[..zəlaɪn] 中 -s/- パンくず. [<Brosame]

brö·se·lig[brø:zəlɪç]² 形 (パンなどが)小さく砕けた; ぼろぼろ砕けやすい.

brö·seln[brø:zəln] 《06》 **I** 他 (h) (パンなどを)小さくちぎる(砕く), 粉々にする. **II** 自 (h) **1** (パンなどが)小さく砕ける, 粉々になる. **2** (自分用に)特別料理を作る. **3** (brutzeln) 煮立つ. **4** 《狩》(野獣が)糞(ふん)をする.

Brö·si[brø:zi·] 《南部》 **I** 男名 (<Ambrosius) ブレージ. **II** 男 -s/-s でぶっちょ.

Brös·lein[brø:zlaɪn] 中 -s/- =Bröselein

Brot[bro:t] 中 -es(-s)/-e (小 **Bröt·chen** → 別出) 《ふつう単数で》(英: *bread*) パン(→ 図); 《比》生活の糧: ein Laib ~ (切ってない)一塊のパン | zwei Scheiben ~ (切った)パン2枚 | drei Stück ~ / drei ~*e* パン3個 | ~ für die Welt 助け合い募金 | Lohn und ~ (→Lohn 1) | ~ und Wein 《宗》聖体(パンとぶどう酒) | Schwarz*brot* 黒パン | belegtes ~ (チーズ・ハムなどの)具をのせたパン, オープンサンドイッチ | **flüssiges ~** 《戯》ビール | **ein hartes (schweres) ~** 《比》きつい(困難な)仕事 | trockenes ~ 何もつけてないパン ‖ Ihm ist sein ~ gebacken. 《話》彼の運命(刑罰)はもう決まった | Ich weiß, auf welcher Seite das ~ gebuttert (gestrichen) ist. 《話》私はどうするのが有利か知っている | Salz und ~ macht [die] Wangen rot. (→Salz 1 a). ‖ 《目的語として》~ backen パンを焼く | ~ brechen ((ab)schneiden) パンをちぎる(切る) | *sein* ~ mit Tränen essen 生活苦にあえいでいる | **mehr als ~ essen können** 人並み以上の能力がある | Dazu gehört mehr als ~ essen. 《比》それはあまり簡単(容易)ではない | ***sein* eigen ~ essen** 《雅》(他人に雇われないで)独立した商売(職業)を営んでいる | anderer Leute ~ essen 《雅》他人に雇われている | **Wes[sen] ~ ich esse, des[sen] Lied ich singe.** 《諺》世話になった人のことはほめてあげるさ | **überall *sein* ~ finden** 《雅》どこでも(何をしても)食べていける(能力がある) | *jm.* Arbeit und ~ geben …に職を与える | ᵛ***sein* gutes ~ haben** 暮らしが楽である | ***et.*⁴ nötig haben wie das tägliche ~** …がぜひとも必要である | nicht einmal das liebe (tägliche) ~ haben ひどく貧乏である | [*sich*³] *sein* ~ verdienen 生活費を稼ぐ, 生計を立てる | [*sich*³] *sein* ~ sauer (*sein* saures ~) verdienen 生活が苦しい.
‖ 《前置詞と》**ans** ~ gewöhnt sein 《比》いつも自宅にいたがる | *jm. et.*⁴ **aufs** ~ schmieren (streichen) 《比》…に…を(やたらに)とがめ立てする | *jm.* die Butter (die Wurst) auf dem ~ nicht gönnen (→Butter, →Wurst 1) | **bei** Wasser und ~ sitzen (eingesperrt sein) (→Wasser 1) | **für ein Stück** ~ 二束三文で(パン一切れの代価で) | *jn.* **in** Lohn und ~ nehmen (→Lohn 1) | in Lohn und ~ stehen (→Lohn 1) | **nach** ~ gehen 働きに出る, 仕事に行く | Die Kunst geht nach ~. 《諺》芸術も金しだい(芸術家とて食っていかねばならない) | *jn.* **um** Lohn und ~ bringen (→Lohn 1) | Ihm ist die Butter **vom** ~ gefallen, als … (→Butter) | *sich*³ nicht die Butter vom ~ nehmen lassen (→Butter) | *jn.* **zu** Wasser und ~ verurteilen (→Wasser 1).
[„Gegorenes“; *germ.*; ◇brauen; *engl.* bread]

Brot

brot.. 《名詞につけて「パンのための, 生きる手段としての」などを意味する》: *Brot*arbeit 食うための仕事 | *Brot*studium 就職のための大学での勉強.

Brot≈auf·strich[bró:t..] 男 パンに塗るもの(バター・ジャムなど). **≈bäcker** 男 製パン業者. **≈bäcke·rei** 女 製パン所, ベーカリー. **≈bank** 女 -/..bänke パン屋のカウンター, パンの売店. **≈baum** =Brotfruchtbaum **≈be·ruf** 男 = Broterwerb **≈beu·tel** 男 (兵士・旅人などの)パン(食料)袋, 糧嚢(りょうのう) (→ 図).

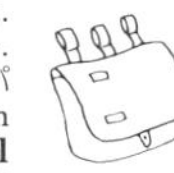
Brotbeutel

Bröt·chen[brø:tçən] 中 -s/- **1** Brot の縮小形; (特に:) ブレーチェン(小型で皮の堅い白パン: → 図 Brot): **klein[er]e ~ backen** 《話》要求(主張)を引き下げる | ***seine* ~ verdienen** 生計を立てる. **2** 《話》女性の胸(乳房).

Bröt·chen·ge·ber 男 《話》=Brotherr

Brot≈dieb[bró:t..] 男 (他人の)生計を奪う人; 《比》ごくつぶし, 無能な雇い人. **≈er·werb** 男 (もっぱら)パン(生活)のための職業, 生活の方便. **≈fa·brik** 女 (大規模な)製パン工場. **≈frucht·baum** 男 《植》パンノキ. **≈ge·ber** 男 =Brotherr **≈ge·trei·de** 中 **1** (その地方の)主食穀類. **2** (↔Breigetreide) パン用穀類. ᵛ**≈herr** 男 (Arbeitgeber) 雇主. **≈ho·bel** 男 パン用スライサー, パン切り器. **≈kä·fer** 男 《虫》ジンサンシバンムシ(人参死番虫)(パンや乾燥食品・標本の害虫). **≈känt·chen** 中, **≈kan·ten** 男 パンの耳(堅い部分). **≈kap·sel** 女 (きちんとふたのできる)パンケース. **≈kar·te** 女 パン配給券. **≈knust** 男 《北部》 =Brotkanten **≈korb** 男 パンかご: ***jm.* den ~ höher hängen** 《話》…にひもじい思いをさせる. **≈kru·me** 女 **1** パンくず. **2** パンの中身(柔らかい部分). **≈kru·ste** 女 パンの皮: Dich haben sie wohl mit der ~ aus dem Urwald gelockt. 《話》君はなんて単純素朴な人なんだ. **≈la·den** 男 《話》(Mund) 口. **≈laib** 男 (一定の形に焼き上げた)パンの塊, 丸ごと(1本)のパン.

Bröt·lein Brot の縮小形(→Brötchen).

brot·los[bró:tlo:s]¹ 形 **1** (arbeitslos) 仕事のない: ~ werden 失業する. **2** 金にならない, もうけのない: eine ~*e* Kunst (→Kunst 2 a).

Brot≈man·gel[bró:t..] 男 -s/ パン(食料)不足. **≈ma·schi·ne** =Brotschneidemaschine **≈mes·ser** 中 パン切りナイフ. **≈neid** 男 商売上の嫉妬(しっと). **≈nuß·baum** 男 《植》西インド産のクワ科の木(実を粉にしてパンを焼く). **≈rin·de** 女 パンの皮. **≈rö·ster** 男 トースター. **≈sä·ge** 女 (のこぎり歯の)パン切りナイフ. **≈schei·be** 女 **1** スライスしたパン: eine geröstete ~ トースト1枚. **2** =Brotschieber **3** 花粉だんごの詰まったハチの巣. **≈schie·ber** 男 (パンをかまから出し入れする長柄の)パン焼きべら. **≈schnei·**

B

de·ma·schi̱·ne 女, **≈schnei·der** 男 パン用スライサー, パン切り器. **≈schnit·te** 女 パンの一切れ. **≈schrank** 男 食料〈パン〉庫. **≈schrift** 女〘印〙本文活字. **≈stu̱·dium** 中 (就職だけを目ざす)パンのための大学での勉学. **≈sup·pe** 女 パンがゆ〈スープ〉. **≈teig** 男 パン用の練り〈こね〉粉, 生パン. **≈wecken** 男《オーストリア》(ふつう1キログラムの)棒状のパン. **≈wür·fel** 男 さいの目に切ったパン: gerösteter ～〘料理〙(スープに浮かす)クルトン. **≈zeit** 女《南部》**1** 軽い食事をとる〔休憩〕時間: ～ halten 軽い食事をとる. **2**《単数で》軽い食事(昼食・夕食, 特におやつ・間食など).

bro̱t·zeln[brɔ́tsəln]《06》＝brutzeln

Bro̱t·zucker[bró:t..] 男 (円錐(えんすい)形に固めた)棒砂糖.

brouil·lie·ren[brují:rən] 他 (h) **1** 混乱させる, かき乱す. **2** 仲たがいさせる: 再帰 *sich*[4] mit *jm.* ～ …と不和になる | **mit *jm.* brouilliert sein** …と仲たがいしている.

Brouil·lon[brujɔ̃:, brʊljɔ̃:] 中 -s/-s **1** 下書き, 草案. **2**〘商〙当座帳, 控え帳. [*fr.*; ＜*afr.* brou „Suppe"]

Brow·ning[bráʊnɪŋ] 男 -s/-s (**Brow·ning·pi·sto̱·le**[bráʊnɪŋ..] 女) ブローニング自動ライフル銃. [＜J. M. Browning (アメリカ人発明者, †1926)]

Bro̱y·ha̱n[brɔ́ʏha:n] 男 -s/ ブロイハーン (Hannover 産の甘ずっぱい白ビール). [16世紀のドイツの醸造家の名]

brr[br] (この場合[r] は舌尖(ぜっせん)または両唇のふるえ音) 間 **1** (嫌悪の気持を表して)ウッ, ペッ(いやだ). **2** (寒くてたまらぬ気持を表して)ぶるる: *Brr*, ist das hier kalt! ぶるる ここはなんて寒いんだ. **3** (馬を止める掛け声)止まれ.

BRT[be:|ɛrté:] 略 中 ＝Bruttoregistertonne

Bruch[1][brʊx, bru:x] 男 中 -[e]s/Brüche[brʏ́çə, brý:..], Brücher[..çər] (木・やぶの多い)沼沢地. [*westgerm.*; ◇*engl.* brook]

Bruch[2][brʊx] 男 -[e]s/ Brüche[brʏ́çə] **1** (brechen すること) **a**) 破損, 崩壊: der ～ einer Achse 車軸の折損 | der ～ eines Dammes ダム〈堤防〉の決壊 ‖ **～ machen** 物を壊す;〘空〙(緊急着陸などで)機体を損傷する | **zu ～ gehen** 壊れる;《比》挫折(ざせつ)する. **b**)〘医〙骨折; ヘルニア, 脱腸: ein einfacher 〈komplizierter〉 ～ 単純〈複雑〉骨折 | ein eingeklemmter ～ 嵌頓(かんとん)ヘルニア ‖ den ～ einrichten 骨折〈脱腸〉を治療する | *sich*[3] einen ～ heben 重い物を持ち上げてヘルニアを起こす | ***sich*[3] einen ～ lachen**《話》腹がよじれるほど笑う. **c**) 破壊, 破砕; 断絶, 疎隔; 破棄: der ～ der Freundschaft 絶交, 断交 | der ～ des Gesetzes 〈des Vertrages〉 法律〈契約〉違反 | der ～ der Verlobung 婚約解消 | der ～ eines Versprechens 約束不履行 | Das bedeutet einen ～ mit der Vergangenheit. それは過去との決別である | Es kam zwischen ihnen zum offenen ～. 彼らは公然と反目するに至った. **d**) 声変わり. **e**)〘林〙(木の)損傷, 枝折れ被害. **f**) (ビールを温めたときの)たんぱく分離. ▽**g**) (Einbruch) 侵入. ▽**h**) (Bankrott) 破産.
2 (brechen したもの) **a**) かけら, スクラップ, くず; (ビスケット・チョコレートなどの)くずれ物; きず物;《比》くだらぬ(無価値な)もの: **in die *Brüche* gehen** (ばらばらに)壊れる;《比》だめになる, 失敗に終わる | *sich*[3] ～ aufschwatzen lassen きず物をつかまされる | Das ist ～ und Kompanie. それはろくなものではない. **b**)〘数〙分数: ein echter 〈unechter〉 ～ 真〈仮〉分数 | einen ～ erweitern 〈kürzen〉 通分〈約分〉する | mit *Brüchen* rechnen 分数計算する. **c**)〘狩〙(獲物の数だけ帽子に差したり, 仲間への合図や野獣の足跡などに置く)折り取った小枝. **d**) 凝乳(チーズの原料).
3 a) 断面, 切り口; 割れ目, ひび;〘鉱〙断口;〘地〙断層. **b**) 折り目: *et.*[4] in die alten *Brüche* legen …を元どおりに畳む ‖ einen ～ in die Hose bügeln アイロンでズボンに折り目をつける | keinen ～ mehr haben (ズボンなどが)折り目が消えている.
4 (Steinbruch) 石切り場, 採石〈採鉱〉場. [*ahd.*; ◇brechen]

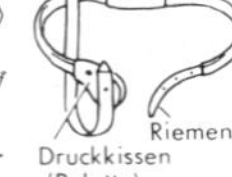

Bruchband

Bruch[3][brʊx] 人名 Max ～ マックス ブルッフ(1838-1920; ドイツの作曲家).

Bru̱ch≈band[brʊ́x..] 中 -[e]s/..bänder 脱腸〈ヘルニア〉帯(→ 図). **≈be·la·stung**[brʊ́x..] 女〘工〙破壊荷重. **≈bu̱·de** 女《話》おんぼろ家屋, あばら屋. **≈de̱h·nung** 女〘工〙伸び率.

Brü̱·che[1][brʏ́çə] 女 -/-n 軽い〔罰金〕刑.

Brü̱·che[2] Bruch の複数.

Bru̱ch≈ein·klem·mung[brʊ́x..] 女〘医〙ヘルニア嵌頓(かんとん). **≈ei·sen** 中 くず鉄, 古鉄.

bru̱ch·emp·find·lich 形 壊れやすい, もろい.

Brü̱·cher Bruch[1]の複数.

Bru̱ch·feld[brʊ́x..] 中〘坑〙落盤, 地盤沈下.

bru̱ch·fest 形 割れない, 壊れない.

Bru̱ch≈fe·stig·keit 女 -/ (bruchfest なこと. 例えば:)〘理〙最大応力, 極限〈引っ張り〉強度. **≈flä·che** 女〘坑〙破面, 破断面;〘地〙断層面.

bru̱ch·frei 形 壊れていない, 破損のない, 無傷の.

Bru̱ch≈ge·fahr 女 壊れる〈折れる〉危険. **≈gla̱s** 中 -es/ 割れたガラス, ガラスくず. **≈hals** 男 -es/ ＝Bruchsack

bru̱·chig[brʊ́xɪç, brú:..][2] 形 沼〔沢〕地の, 湿地の.

brü̱·chig[brʏ́çɪç][2] 形 **1** 砕け〈壊れ〉やすい, もろい; 砕け〈破れ〉た, 壊れた: ～*es* Eis 割れやすい〈ひび割れた〉氷 | ～*e* Seide もろくなった絹 | eine ～*e* Stimme《比》しわがれ〈おろおろ〉声 | eine ～*e* Moral 崩壊し〔かけ〕たモラル. **2**〘医〙脱腸の.

..brüchig[..brʏçɪç][2] **1**《名詞につけて「…を破った」を意味する形容詞をつくる》: eid*brüchig* 誓いを破った | ehe*brüchig* 姦通(かんつう)した | wort*brüchig* 約束を守らない. **2**《形容詞につけて「(金属などが)…にもろい」を意味する形容詞をつくる》〘理〙: rot*brüchig* 高温脆性(ぜいせい)の | kalt*brüchig* 低温脆性の | blau*brüchig* 青熱脆性の. [＜Bruch[2]]

Brü̱·chig·keit[brʏ́çɪçkaɪt] 女 -/ brüchig なこと.

Bru̱ch≈ki·ste[brʊ́x..] 女《話》ぼろ自動車, ぽんこつ車. **≈kraut** 中〘植〙(地中海地方産の)ナデシコ科植物(脱腸の薬草). **≈kup·fer** 中 くず銅.

bru̱ch|lan·den《01》自 (s)《ふつう過去分詞で》Bruchlandung をする: Die Maschine ist *bruchgelandet*. 飛行機は〔緊急〕着陸して破損した.

Bru̱ch·land·schaft[brʊ́x.., brú:x..] 女 沼沢地, 湿地帯.

Bru̱ch·lan·dung[brʊ́x..] 女〘空〙機体の破損を伴う〔緊急〕着陸: eine ～ machen 〔緊急〕着陸して機体を壊す.

bru̱ch·lei·dend 形 脱腸をわずらっている.

Bru̱ch·li̱·nie[..niə] 女 **1**〘地〙断層線;《比》ひび, 亀裂(きれつ). **2** ＝Bruchstrich

bru̱ch·lo̱s[brʊ́xlo:s] 形 故障〈とどこおり〉のない, 円滑な.

Bru̱ch≈ope·ra·tio̱n 女 脱腸手術. **≈pfor·te** 女〘医〙ヘルニア門.

bru̱ch|rech·nen《01》自 (h) 分数計算をする.

Bru̱ch≈rech·nung 女 -/ 分数計算;《話》分数. **≈sack** 男〘医〙ヘルニア嚢(のう). **≈scha̱·den** 男〘商〙(商品の)破損高;〘医〙脱腸. **≈schie·ne** 女〘医〙(骨折治療の)副木(ふくぼく), そえ木. **≈schlan·ge** 女〘動〙アシナシトカゲ(無脚蜥蜴). **≈schnitt** 男〘医〙ヘルニア切開. **≈schrift** 女 (Fraktur) ドイツ印刷字体, かめのこ文字.

bru̱ch·si·cher 形 割れ〈壊れ〉ないようにした: ～ verpackt 堅固に荷造りした.

Bru̱ch≈sil·ber 中 溶解用のくず銀器; (古代中国で通貨に使われた)銀片. **≈stein** 男 (切り出したままの)荒石, 切り石 (→ 図 Baustoff). **≈stel·le** 女 **1** 破面, 破損個所. **2** 持ちこたえられる限度. **≈strich** 男〘数〙(分数表記のさい分母・分子の間に引く)分数の横線. **≈stück** 中 **1** (本来まとまっていた物の)かけら, 破片, 断片, きれはし. **2** (未完成の, あるいは残存する作品の)断片. **3**〘商〙(売買単位に満たない)端株(はかぶ).

bru̱ch·stück≈haft 形 断片的な, 切れ切れの: Daran kann ich mich nur ～ erinnern. そのことは断片的にしか記憶していない. **≈wei·se** 副 (→..weise ★)断片的に, 切れ切れに.

Brü̱ch·te[brʏ́çtə] 女 -/-n ＝Brüche[1]

Bru̱ch·teil[brʊ́x..] 男 **1** 一部分: einen ～ des großen Vermögens erben ばく大な財産の〔ほんの〕一部を相続する. **2** 微小な部分: im ～ einer Sekunde ほんの一瞬のうちに.

brü̱ch·ten[brʏ́çtən]《01》他 (h)《*jn.*》(…に)軽い〔罰金〕

刑を科する. [＜Brüchte]

Bruch·wald[brúx.., brú:x..] 男 (ハンノキ属とイチイ属からなる)沼地〈湿地〉の森林.

Bruch·zahl[brúx..] 女〘数〙分数. [＜Bruch² 2 b]

Brücke[brʏ́kə] 女 -/-n (小 **Brück·chen**[..çən], **Brück·lein**[..laın] 中 -s/-) **1** (英: *bridge*) 橋;《比》橋渡し, 連絡通路: eine breite 〈schmale〉 ～ 幅の広い〈狭い〉橋 | eine bewegliche ～ 可動橋 | eine fliegende ～ ロープ式渡し舟 | eine hängende ～ つり橋 ‖ eine ～ über den Rhein ライン川にかかる橋 | über eine ～ gehen 橋を渡る ‖ **alle ～*n* hinter *sich*³ abbrechen**《比》過去とのつながりをすべて断ち切る | eine ～ bauen 〈schlagen〉 橋を築く〈渡す〉| ***jm.* goldene ～*n* 〈eine goldene ～〉 bauen**《比》…に妥協の余地を残してやる | Musik schlägt ～*n* zwischen Völkern 〈von Volk zu Volk〉. 音楽は諸国の人々の心をつなぐ | *jm.* die ～ vertreten《比》…を援助する | Über die ～ möchte ich nicht gehen.《比》そんなこと言ったってだまされないよ.

2 a) (Kommandobrücke)〘海〙船橋, ブリッジ;〘軍〙艦橋. **b)** (Beleuchterbrücke)〘劇〙(舞台の天井から下がっている)照明ブリッジ. **c)**〘歯〙橋義歯, ブリッジ(→ 図 Zahn). **d)**〘体操・レスリング〙ブリッジ(→ 図 B). **e)** 帯状の敷物〈じゅうたん〉. **f)**〘電〙(抵抗測定用の)ブリッジ, 電橋. **g)**〘解〙脳橋(→ 図 Gehirn). **h)** (めがねの)ブリッジ(→ 図 Brille).

Brücke B

[*germ.* „Knüpfeldamm"; ◇Prügel; *engl.* bridge]

brücken[brʏ́kən] 他 (h) (…に)橋をかける; (…のために)橋渡しをする.

Brücken≈bahn 女 橋の路面〈車道〉. **≈bal·ken** 男 橋げた. **≈bau** 男 -[e]s/ 架橋. **≈bil·dung** 女 (エンジンの)点火不良. **≈bo·gen** 男 橋のアーチ形径間(→ 図 Viadukt). **≈boot** 中 (船橋用の)ポントン, 平底鉄舟. **≈deck** 中 船橋楼甲板(→ 図 Schiff A). **≈ech·se** 女〘動〙(ニュージーランド産の)ムカシトカゲ. **≈ge·län·der** 中 橋の欄干〈手すり〉. **≈geld** 中 -[e]s/ 橋の通行料, 橋銭. **≈glied** 中 (船橋の)橋板. **≈joch** 中 橋げた; 橋脚間の空間. **≈kopf** 男 橋のたもと;〘軍〙橋頭堡(ほ). **≈kran** 男 橋形クレーン. **≈pfei·ler** 男 橋脚(→ 図 Viadukt). **≈schlag** 男 -[e]s/ 架橋. **≈steg** 男 (車などの通れない)狭い橋, 歩行橋. **≈waa·ge** 女 (重量物を量る)計量台, 台貫. **≈zoll** 男 ＝Brückengeld

Brücker[brʏ́kər] 男 -s/- **1** ＝Brückner **2**《北部》舗装工.

Brück·lein Brücke の縮小形.

Bruck·ner[brúknər] 人名 Anton ～ アントーン ブルックナー (1824-96; オーストリアの作曲家. 九つの交響曲がある).

Brück·ner[brʏ́knər] 男 -s/- (通行料を徴収する)橋番.

Brückung[..kʊŋ] 女 -/-en **1** 架橋. **2** 厩舎(きゅうしゃ)の傾斜した床.

brud·deln[brúdəln] 《06》自 (h)《方》(meckern) 不平を言う. [＜brodeln]

Brü·den[brý:dən] 男 -s/-〘工〙(もうもうたる)蒸気; 排気. [*ndd.*; ◇Brodem]

Bru·der[brú:dər] 男 -s/ Brüder[brý:dər] (小 **Brü·der·chen**[brý:dərçən], **Brü·der·lein**[..laın] 中 -s/-) **1** (英: *brother*) (略 Br.) 兄, 弟;《複数で》兄弟: mein älterer 〈großer〉 ～ 私の兄 | mein jüngerer 〈kleiner〉 ～ 私の弟 ‖ die *Brüder* Grimm グリム兄弟 ‖ **der große ～** i) (偉大な・権力をもった)兄貴分; ii) (全体主義国家の)独裁者 ‖ Er ist zu mir wie ein ～. 彼は私に兄弟みたいに親切だ | *sich*³ wie die feindlichen *Brüder* gegenüberstehen 互いに反目し合っている ‖ Er hat ein *Brüderchen* bekommen. 彼には弟が生まれた. **2** (兄弟のような)親友, 仲間, 同志, 同僚, 同郷人; (Mitmensch) 人間同士;〘宗〙同信徒;〘カトリック〙修道士, 助修士: ein ～ in Apoll 詩友, 文士仲間 | *Brüder* in Christo キリストにおける兄弟 | *Brüder* vom gemeinsamen Leben〘カトリック〙共住修道士会〔会員〕| die Barmherzigen *Brüder*〘カトリック〙慈悲の修道士会〔修道士〕|〘呼び掛けとして〙～ Andreas! 兄弟アンドレーアスよ ‖ **Gleiche *Brüder*, gleiche Kappen.**《諺》類は友を呼ぶ, 同類あい集う; 一蓮托生(いちれんたくしょう) ‖ **unter *Brüdern***《話》正直に言って, 打ち開けた話 | Das ist unter *Brüdern* zehn Mark wert. (安く踏んでも, また高くみても)それは本当のところ10マルクの値うちだ. **3**《軽蔑的に, また親しみをこめて》(Kerl) 野郎, やっこさん: feindliche *Brüder* 敵さんたち | ein lockerer ～ (→locker) | ein nasser ～ 飲んべえ | ein warmer ～ (→warm 3 c) ‖ ～ Jonathan ヤンキー, アメ公 | ～ Leichtfuß (→Leichtfuß) | ～ Liederlich (→liederlich 2) | ～ Lustig (→lustig I 1 a) | ～ Saufaus (→Saufaus) | ～ Straubinger (→Straubinger) | ～ Studio 学生さん. [*idg.*; ◇Frater; *engl.* brother]

Bru·der·bund 男《雅》(兄弟のような)親密な関係.

Brü·der≈ge·mei·ne (**≈ge·mein·de**)[brý:dər..] 女 -/ 〔ヘルンフート〕兄弟団(→Herrnhuter).

Bru·der≈hand[brú:dər..] 女《雅》(兄弟のような)愛情のこもった〈頼りになる〉手. **≈haus** 中〘カトリック〙国内伝道師養成所. **≈herz** 中 兄弟の情;《戯》兄, 弟;〘呼び掛けとして〙Was hast du, ～? (友人などに)ねえ君どうしたの. **≈kas·se** 女《オーストリア》鉱員の共済保険. **≈kind** 中 兄〈弟〉の子, 甥(おい), 姪(めい). **≈krieg** 男 内乱, 内戦. **≈kuß** 男 友情のしるしとしての〔両頰(ほお)への〕キス. **≈land** 中 -[e]s/..länder (社会主義陣営内での, 同盟関係にある)兄弟国.

Brü·der·lein Bruder の縮小形.

brü·der·lich[brý:dərlıç] 形 兄弟〔として〕の; 兄弟のような, 仲のよい, 親身の: ～*e* Hilfe 親身の助力 | meine ～*e* Liebe《話》私の兄〈弟〉| *et.*⁴ ～ teilen …を仲よく分けあう | ～ zusammenstehen 兄弟のように結束している.

Brü·der·lich·keit[–kaıt] 女 -/ 兄弟としての〈のような〉親密さ, 親愛, 友愛.

Bru·der≈lie·be[brú:dər..] **1** 兄弟愛. **2** (Nächstenliebe) 隣人愛. **≈mord** 男 兄弟殺し(犯罪). **≈mör·der** 男 兄弟殺し(犯人).

bru·der·mör·de·risch 形 兄弟殺しの.

Bru·der·par·tei 女 (主義を同じくする)友党.

Bru·der·schaft[brú:dərʃaft] 女 -/-en **1**〘カトリック〙(信徒の)兄弟団, 信心会;〘新教〙(第一次大戦後にできた牧師〔と信徒〕の)信仰団体. **2**《単数で》＝Brüderschaft 1

Brü·der·schaft[brý:dər..] 女 -/-en **1**《単数で》兄弟関係; (兄弟のような)親密さ, 友誼(ゆうぎ), 同胞愛: *jm.* die ～ anbieten 〈antragen〉 互いに du と呼び合うように(親しくしようと)…に提案する | 〔**mit *jm.***〕 **～ trinken** 〔…と〕兄弟の杯をかわす. **2** ＝Bruderschaft 1

Bru·ders≈kind[brú:dərs..] ＝Bruderkind ▽**≈sohn** 男 (Neffe) 兄〈弟〉の息子, 甥(おい). ▽**≈toch·ter** 女 (Nichte) 兄〈弟〉の娘, 姪(めい).

Bru·der≈volk 中 同種族の国民〈民族〉. **≈zwist** 男 兄弟げんか, 兄弟〈同胞〉間の不和.

Brue·g〔h〕el ＝Breughel

Brü·he[brý:ə] 女 -/-n **1** (肉・骨・野菜などの)ブイヨン, 肉汁, 煮出し汁: eine ～ von Rindsknochen 牛の骨のスープ |

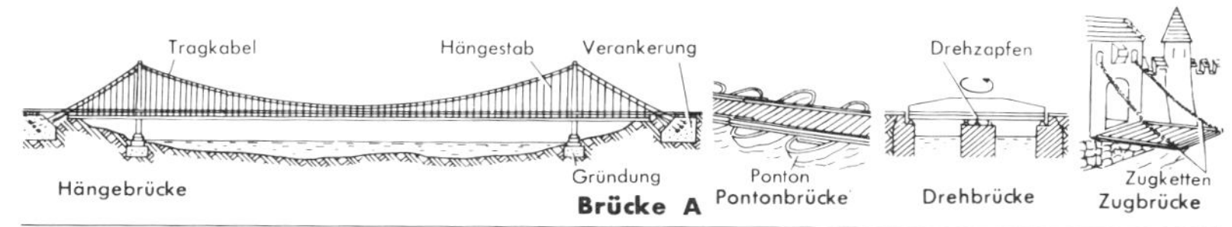

Brücke A

eine Tasse ～ mit Ei 卵入りスープ1杯 | klare ⟨stärkende⟩ ～ コンソメ⟨ポタージュ⟩スープ ‖ eine 〔Tasse〕 ～ trinken ⟨löffeln⟩ スープを飲む. **2** 《比》くだらない⟨よけいな⟩こと; ひどい飲み物, きたない水: diese dünne ～《話》このひどいコーヒー⟨紅茶⟩ | **eine lange ⟨große⟩ um *et.*[4] ～ machen**《話》…について多くのむだ口を費やす | mit *jm.* viel zuviel ～ machen …をやたらにもてなす | **in der ～ sitzen ⟨stecken⟩**《話》困惑している, ひどい目にあっている | Immer wieder die alte ～!《話》相変わらずの話だ. **3** 〔織〕染料液; 〔製革〕(なめし革の)浸液.

brü·hen[brýːən] 他 (h) 煮る, ゆでる; 煮沸する; 熱湯に浸す: Kohl ～ キャベツをゆでる | Kaffee ～ コーヒーをわかす | einen neuen Topf ⟨die neue Wäsche⟩ ～ 新しいなべ⟨下着⟩を煮沸〔消毒〕する ‖ 再帰 *sich*[4] ～ 熱湯でやけどする. [*mhd.*; ◇brüten]

Brüh·ex·trakt[brýː..] 男 =Brühwürfel

brüh·heiß[brýːháɪs] 形 ひどく熱い.

brü·hig[brýːɪç][2] 形 スープ⟨肉汁⟩様の.

Brüh·kar·tof·feln 複 肉汁で煮たじゃがいも〔料理〕.

▽**Brühl**[bryːl] 男 -〔e〕s/-e 湿原, 沼沢地. [*mlat.* brogilus－*ahd.*; ◇Bruch[1]]

brüh·warm[brýːvárm] 形《話》新しい, ほやほやの: die ～*e* Neuigkeit ホットニュース | *et.*[4] ～ weitererzählen …を即刻言い広める.

Brüh≠wür·fel 男 〔料理〕(さいころ形の)固形ブイヨン⟨肉汁⟩. **≠wurst** 女 ゆでソーセージ.

Brüll·af·fe[brʏ́l..] 男 **1** 〔動〕ホエザル(吠猿). **2** 《話》(大声で)わめき散らす人.

brül·len[brʏ́lən] **I** 自 (h) (子供などが)大声でわめく, 叫ぶ; (動物が)うなる, ほえる; (大砲・雷などが)とどろく: vor Schmerz ⟨Wut⟩ ～ 苦痛で⟨怒って⟩うなる, わめく | vor Lachen ～ ゲラゲラ笑う | vor Dummheit ～ (→Dummheit 1) | in ein *brüllendes* Gelächter ausbrechen どっと笑う | wie ein Stier ～ (→Stier 1) | wie am Spieß ～ (→Spieß[2] 1) ‖ **zum *Brüllen* sein**《話》噴飯ものである, こっけいきわまりない | Das ist ja zum *Brüllen*! そいつはおもしろい⟨ゆかいだ⟩ ‖ Gut *gebrüllt*, Löwe! よく言ったぞ (Shakespeare). **II** 他 (h) 大声で言う: Befehle in ⟨durch⟩ das Megaphon ～ 命令をメガホンでがなる | Alles *brüllt* laut〔en〕 Beifall. 聴衆はそろって喝采(かっさい)を叫ぶ. [*mhd.*]

Brül·ler[brʏ́lər] 男 -s/- **1** わめきたてる⟨どなる⟩人. **2** 一斉に起こるうなり声⟨泣き声⟩.

Brül·ler·krank·heit 女 〔畜〕(雌牛・雌馬の)淫乱(いんらん)症.

Brüll·frosch[brʏ́l..] 男 〔動〕ウシガエル(牛蛙), 食用ガエル.

Bru·maire[brymɛ́ːr] 男 -〔s〕/-s 〔史〕霧月(フランス革命暦の第2月; 10月22日－11月20日に当たる: →Vendemiaire ★). [*fr.*; ＜*fr.* brume „Nebel“ (◇Breve)]

Brumm≠bär[brʊ́m..] 男 **1** 《幼児語》ブルンブルンくまちゃん. **2** 《話》=Brummbart **≠bart** 男《話》不平家, 気むずかし屋, うるさ型. **≠baß** 男《話》特に低音のバス; (Baßgeige) コントラバス.

Brum·me[brʊ́mə] 女 -/-n《話》かわいい小娘; ガールフレンド.

Brumm·ei·sen[brʊ́m..] 中 **1** = Maultrommel **2** 《卑》(Gefängnis) 〔刑〕務所, 〔監〕獄.

brum·meln[brʊ́məln] 《06》 (方: **brüm·meln** [brʏ́məln] 《06》) 他 自 (h) (小声で)ぶつぶつ言う, つぶやく; 低くうなる: 〔*et.*[4]〕 leise ～ 〔…を〕低い声でぼそぼそとつぶやく.

brum·men[brʊ́mən] **I** 自 (h) **1** うなる, うなり声を発する; (羽音が)ブンブンという; (エンジンなどが)ごう音をたてる; (大砲・雷などが)とどろく: Der Bär ⟨Die Fliege⟩ *brummt.* クマがうなる⟨ハエがブンブンいう⟩ | Die Glocke *brummt.* 鐘がなる | Der Kreisel ⟨Der Lautsprecher⟩ *brummt*. こまがブンブンうなる⟨ラウドスピーカーががなりたてる⟩ | Er singt nicht, er *brummt* nur. 彼は歌っているのではなくうなっているのだ | *jm. brummt* der Kopf (→Kopf 1) | *jm. brummt* der Magen …は腹がグウグウ鳴る. **2** ぶつぶつ〔不平を〕言う. **3** 《話》刑務所暮らしをする, 刑に服する; (生徒が)罰で居残る: Der Schüler mußte am Nachmittag ～. その生徒は午後居残りの罰を受けた. **II** 他 (h) ぶつぶつ言う, つぶやく: etwas 〔Unverständliches〕 vor *sich*[4] hin ～ 何かわけのわからないことをぼそぼそ言う | *et.*[4] in *seinen* Bart ～ (→Bart 1) | *et.*[4] in *sich*[4] hinein ～ …をもぐもぐ口の中でつぶやく | mürrisch eine Antwort ～ 不機嫌そうにぶつぶつ返事をする. [*ahd.*; ◇Bremse[1], Brunft]

Brum·mer[brʊ́mər] (**Brüm·mer**[brʏ́m..]) 男 -s/- **1** 《話》(うなり声を出す動物. 特に:) 雄牛; (ブンブン音をたてる虫. 特に:) クロバエ. **2** (うなりをたてる器具. 例えば:) ブザー. **3** 《話》**a**) 大きな乗用車; 貨物自動車, トラック; 貨物列車. **b**) 〔軍〕重砲; 爆撃機. **c**) (太った)のろま. **4** 《戯》へたな歌い手. **5** 《話》きれいな女の子. **6** 《軽蔑的に》ばかな⟨変な⟩やつ.

Brumm≠flie·ge[brʊ́m..] 女 (Schmeißfliege) 〔虫〕クロバエ(黒蠅). **≠hahn** 男 (Birkhahn) 〔鳥〕クロライチョウ(黒雷鳥)(雄).

Brum·mi[brʊ́miˑ] 男 -s/-s《話》**1** (Fernlastfahrer) 長距離トラック運転手. **2** (Fernlaster) 長距離輸送トラック; (Lastzug) トレーラートラック.

brum·mig[brʊ́mɪç][2] 形 怒りっぽい, 不機嫌な.

Brumm≠ka·ter[brʊ́m..] 男《話》**1** =Brummbart **2** =Brummschädel **≠krei·sel** 男 (金属の)うなりごま. **≠och·se** 男 雄牛;《卑》ばか者. **≠schä·del** 男《話》(二日酔い・頭痛などで)ぼんやりした頭: **einen ～ haben** 二日酔いである, 頭痛がする. **≠stim·me** 女 〔楽〕ハミング, 鼻歌〔を歌う声〕.

Bru·nei[bruːnáɪ, ⌐−] 地名 ブルネイ(ボルネオ北東部の首長国. 1983年まで英連邦内の自治領で首都は Bandar Seri Begawan).

Bru·nel·le[brunɛ́lə] 女 -/-n =Braunelle[2]

brü·nett[brynɛ́t] **I** 形 (髪・皮膚などが)ブルネットの, 〔黒みがかった〕茶色の, 褐色の(→blond): Sie ⟨Ihr Haar⟩ ist ～. 彼女は黒みがかった茶色の髪をしている. **II Brü·net·te** 女 -/-n《また形容詞変化》ブルネットの女. [*fr.*; ◇braun]

Brunft[brʊnft] 女 -/ Brünfte[brʏ́nftə] 〔狩〕(シカなどの)発情〈交尾〉〔期〕: in der ～ sein さかりがついている. [*mhd.*; ＜*ahd.* breman (→Bremse[1]); ◇brummen]

brunf·ten[brʊ́nftən] 《01》 自 (h) 〔狩〕さかりがついている; 交尾する.

Brunft·hirsch 男 〔狩〕発情期の雄ジカ.

brunf·tig[..tɪç][2] 形 〔狩〕発情⟨交尾⟩期の.

Brunft≠platz 男 〔狩〕交尾する空き地. **≠ruf** 男, **≠schrei** 男 〔狩〕(雄ジカなどの)発情期の鳴き声. **≠zeit** 女 =Brunft

Brun·hild[brúːnhɪlt] **I** 女名 ブルーンヒルト. **II** 人名 ブルーンヒルト(ドイツの諸伝説に登場する女性. Nibelungenlied では Burgund の王妃).

Brün·hild[brʏ́n.., brýːn..] **I** 女名 ブリュンヒルト. **II** =Brunhild II

Brun·hil·de[bruːnhɪ́ldə] 女名 **1** ブルーンヒルデ. **2** =Brunhild II [＜*ahd.* brunnī „Brünne“＋hiltja „Kampf“]

brü·nie·ren[bryníːrən] 他 (h) (さび止めのために金属を化学薬品で)褐色にする, 黒ずませる. [*fr.* brunir; ◇braun]

▽**Brunn**[brʊn] 男 -〔e〕s(-en)/-en =Brunnen

Brünn·chen Brunnen の縮小形.

Brün·ne[brʏ́nə] 女 -/-n (中世の)甲冑(かっちゅう), 鎖かたびら. [*kelt.*－*ahd.*; ◇Brust]

Brun·nen[brʊ́nən] 男 -s/- (⑪ **Brünn·chen**[brʏ́nçən], **Brünn·lein**[..laɪn] 中 -s/-) **1** 井戸; 噴泉, 噴水(→ 図); 《雅》泉, わき水(→Born[1]): einen ～ graben ⟨bohren⟩ 井戸を掘る | Der ～ rauscht ⟨ist versiegt⟩. 井戸の水がちょろちょろわき出る⟨かれてしまった⟩ | der ～ der Freude ⟨des Lebens⟩《雅》歓喜⟨生命⟩の泉 | ein unerschöpflicher ～ der Weisheit《雅》汲(く)めども尽きぬ知恵の泉 ‖ in den ～ fallen《比》水泡に帰する | **den ～ 〔erst〕 zudecken, wenn das Kind hineingefallen ist**《比》事故が生じてから対策を講じる, どろぼうを見て縄をなう(子供が落ちてから井戸にふたをする). **2 a**) 鉱泉の水: ～ trinken (湯治のために)鉱泉の水を飲む. **b**) 鉱泉; 湯治場. **3** 《南部》**a**) (Wasserhahn) (水道の)蛇口. **b**) einen ～ machen 小便をする.

★ Quelle と Brunnen: →Quelle 1 a ☆

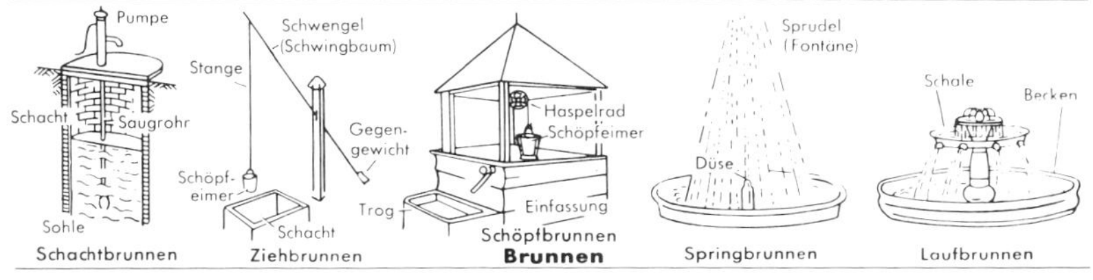

B

[*germ.*; ◇brennen, Born]
Brun·nen≈bau·er 男 -s/- 井戸掘り人, ポンプ屋. **≈becken** 中 泉水盤. **≈boh·rer** 男 **1** 井戸掘り人. **2** 井戸掘り機, 井戸掘削(くっさく)機. **≈ei·mer** 男 つるべ. **≈fa·den** 男〘生〙多芽胞(たがほう)毛状菌(井戸管の中などに生じる). **≈haus** 中 井戸屋形(やかた), ポンプ室; 鉱泉〈湯治場〉のあずまや. **≈kres·se** 女〘植〙オランダガラシ, ミズガラシ, ウォータークレス, クレソン. **≈kur** 女 鉱泉飲用療法. **≈mei·ster** 男 井戸〈鉱泉〉監督官. **≈moos** 中〘植〙シミズゴケ. **≈pest** 女 =Brunnenfaden **≈röh·re** 女 (地下水を吸い上げる)井戸管パイプ. **≈schacht** 男 井戸〔用〕の縦穴. **≈stu·be** 女 井戸水の貯水槽. **≈trog** 男 (家畜用の)水飲み場のおけ. **≈ver·gif·ter** 男 **1**〘法〙井戸に毒をいれる者. **2**《比》《軽蔑的に》(Verleumder) 中傷者. **≈ver·gif·tung** 女 **1**〘法〙井戸に毒をいれること. **2**《比》中傷. **≈was·ser** 中 -s/- 井戸水, 泉の水.
Brünn·lein Brunnen の縮小形.
Brunn·quell[brʊ́n..] 男《雅》(Ursprung) 源泉: der ~ des Lebens 生命の泉.
Bru·no[brú:no·] 男名 ブルーノ. [*ahd.* brūn „braun"; ◇braun]
Brunst[brʊnst] 女 -/ Brünste[brʏ́nstə] **1** (動物の)発情〈交尾〉〔期〕, さかり. ▽**2** (Leidenschaft) 情熱, 激情. ▽**3** (Brand) 火災. [*ahd.*; ◇brennen]
brun·sten[brʊ́nstən] ⦅01⦆ 自 (h) さかりがついている.
brün·stig[brʏ́nstɪç]² 形 **1** (動物が)交尾〈発情〉期の, さかりのついた. **2** (人間が)性欲の激しい. **3**《雅》(inbrünstig) 激しい, 熱烈な: eine ~*e* Bitte 懇願 | ein ~*es* Gebet 熱心な祈り.
▽**brün·stig·lich**[..stɪklɪç] 形 激しい, 熱烈な: ~ beten 一心に祈る.
brün·zeln[brʏ́ntsəln] ⦅06⦆ 自 (h), **brun·zen**[brʊ́ntsən] ⦅02⦆ 自 (h)《卑》小便をする. [＜Brunnen]
Brü·sche[brý:ʃə] 女 -/-n《特に:ベルリン》(Beule) (特に頭の)こぶ: *sich*³ für *jn.* sieben ~*n* rennen《比》(感謝もされずに)…のためにさんざん骨を折る. [*mndd.*; ◇Brausche]
brü·seln[brý:zəln] ⦅06⦆ 自 (h) (plätschern) (泉の水が)ちょろちょろ流れる.
brüsk[brʏsk] 形 (barsch) ぶっきらぼうな; (rücksichtslos) 遠慮会釈のない: eine ~*e* Antwort 無愛想な返答 | ein ~*es* Auftreten 唐突な行動 ‖ *et.*⁴ ~ ablehnen …をすげなく拒絶する. [*it.* brusco „rauh"–*fr.* brusque]
brüs·kie·ren[..kí:rən] 他 (h) ぶっきらぼうに〈そっけなく〉扱う: *jn.* ~ …に無愛想な扱いをする. [*fr.*]
Brüs·sel[brʏ́səl] 地名 ブリュッセル(フランス語形 Bruxelles. ベルギー王国の首都). [„Niedlung im Bruch"; ◇Bruch¹]
Brüs·se·ler[..sələr] (**Brüß·ler**[brʏ́slər]) **I** 男 -s/- ブリュッセルの人. **II** 形《無変化》ブリュッセルの: ~ Vertrag ブリュッセル条約(1948–54).
brüß·le·risch[..lərɪʃ] 形 ブリュッセルの.
Brust[brʊst] 女 -/ Brüste[brʏ́stə] (小 **Brüst·chen**[brʏ́stçən], **Brüst·lein**[..laɪn] 中 -s/-) **1 a)** (英: *breast*)《単数で》胸, 胸郭(→ 図 Mensch A); 肺;《雅》胸〔のうち〕, 胸中, 心: eine breite 〈flache〉 ~ 幅の広い〈扁平(へんぺい)な〉胸 | eine schwache ~ haben 胸〈肺〉が弱い ‖ ~ an ~ 向かい合って, あい対峙(たいじ)して | ~ an ~ kämpfen せり合いながら互角に戦う | ~ an ~ stehen ぴったり並んでいる; じかに向かい合っている | *jn.* an *seine* ~ drücken …をだきしめる | an *js.* ~ 〈*jm.* an die ~〉 sinken …の胸にくずおれる | *sich*³ **an die ~ schlagen** (胸をたたいて)悔やむ ‖ es **auf der ~ haben**《話》i) 胸(気管支・肺)が悪い; ii) 虚弱である, からだが弱い; iii) 能力〈学力〉が劣っている | **schwach auf der ~ sein**《話》肺が弱い, 肺病である; 懐がさびしい, 金の持ち合わせが少ない | In Grammatik ist er schwach auf der ~.《話》彼は文法が弱い. | **aus** voller ~ singen 大声で〈力いっぱい〉歌う | von hinten **durch** die ~ 〔ins Auge〕 (→hinten) | *et.*⁴ **in** *seiner* **~** begraben 〈verschließen〉 …(秘密など)を胸にしまっておく | *sich*⁴ **in die ~ werfen**《話》そっくり返る, いばる | **mit geschwellter ~** (誇り・希望に)胸ふくらませて | **einen zur ~ nehmen**《話》〔大〕酒を飲む. **b)**〘料理〙胸肉: Hühner*brust* 鶏の胸肉 | Kalbs*brust* 子牛の胸肉.
2《しばしば複数で》(女性の)乳房: eine üppige 〈straffe / schlaffe〉 ~ 豊満な(はちきれんばかりの・しぼんだ)乳房 ‖ *jm.* die 〔rechte〕 ~ geben (子供に)〔右の〕乳房をふくませる | die ~ nehmen (子供が)乳首を吸う | an den *Brüsten* der Weisheit saugen《雅》知恵の泉を飲む, 熱心に学ぶ, 教養を積む.
▽**3** (女性用の)胴衣, コルセット.
4〘海〙船首のそり〈湾曲部〉.
5《ふつう無冠詞単数で》(Brustschwimmen)〘スポーツ〙平泳ぎ, ブレスト: 200m ~ 200メートル平泳ぎ.
[*germ.*; ◇Brünne; *engl.* breast]
Brust≈arz·nei[brʊ́st..] 女 せき止め薬. **≈at·mung** 女 胸式呼吸. **≈baum** 男 (織機の)胸木. **≈bee·re** 女〘植〙ナツメの実. **≈bein** 中〘解〙胸骨(→ 図 Mensch C). **≈be·klem·mung** 女〘医〙胸部狭窄(きょうさく)感. **≈beu·le** 女 (馬の)伝染性肩関節腫瘍(しゅよう). **≈beu·tel** 男 (首からつって肌身につけている)貴重品袋. **≈bild** 中 胸像(→ 図 Bildnis). **≈bon·bon**[..bɔŋbɔŋ] 男 中 せき止めボンボン〈あめ〉. ▽**≈bräu·ne** 女 =Brustenge **≈brei·te** 女 胸の幅〈厚さ〉: mit 〈um〉 ~ siegen (競走などで)僅少(きんしょう)の差で勝つ.
Brüst·chen Brust の縮小形.
Brust·drü·se[brʊ́st..] 女〘解〙乳腺(にゅうせん).
Brust·drü·sen≈ent·zün·dung 女〘医〙乳腺(にゅうせん)炎. **≈krebs** 男〘医〙乳癌(にゅうがん).
Brü·ste Brust の複数.
brü·sten[brʏ́stən] ⦅01⦆ 他 (h) 再帰 *sich*⁴ ~ 胸をはる; いばる, 自慢する; (鳥が)翼を広げて立つ: *sich*⁴ als Held ~ 英雄を気取る | *sich*⁴ mit *seinen* Erfolgen ~ 成功を鼻にかける.
Brust≈en·ge[brʊ́st..] 女 -/ (Angina pectoris)〘医〙狭心症. **≈fell** 中〘解〙胸膜, 肋膜(ろくまく).
Brust·fell·ent·zün·dung 女〘医〙胸膜炎.
Brust≈flos·se 女 (魚の)胸びれ. **≈gang** 男〘動〙胸管. **≈gurt** 男 鞅(むながい)(馬具). **≈haar** 中 胸毛. **≈har·nisch** 男 (よろいの)胸当て, 胴よろい.
brust·hoch 形 胸の高さの: eine *brusthohe* Mauer 胸の高さの壁.
Brust≈hö·he 女 -/ 胸の高さ. **≈höh·le** 女〘解〙胸腔(きょうくう).
..brüstig[..brʏstɪç]²《形容詞につけて「胸が…の」を意味する形容詞をつくる》: eng*brüstig* 胸幅の狭い | hoch*brüstig* 胸のつき出た.
Brust≈ka·sten[brʊ́st..] 男 -s/..kästen《話》=Brustkorb **≈kind** 中 (↔ Flaschenkind) 母乳栄養児. **≈korb** 男〘解〙胸郭(胸部の外郭を形成する部分: → 図 Mensch C). **≈krampf** 男〘医〙喘息(ぜんそく).

B

brust·krank 形 胸を病んでいる, 肺病の.
Brust≈krebs 男 〘医〙 乳癌(にゅうがん). **≈kreuz** 中 胸の十字架(→ 図 Bischof) (→ Pektorale). **≈lat·tich** 男 〘植〙 フキタンポポ. **≈latz** 男 〘服飾〙 (スカート・エプロン・ズボンなどの)胸当て. **≈le·der** 中 (中世剣士の)革の前だれ. **≈leh·ne** 女 =Brüstung **≈lei·den** 中 肺病. **≈lei·er** 女 =Bohrwinde
Brüst·lein Brust の縮小形.
Brust≈mau·er[brʊ́st..] 女 =Brüstung **≈mi·kro·phon** 中 〘電〙 襟〈胸〉マイクロホン, タイピンマイク. **≈mit·tel** 中 胸部疾患剤, 和胸剤. **≈mus·kel** 女 〘解〙 胸筋. **≈na·del** 女 ネクタイピン; 胸の飾りピン. **≈nah·rung** 女 -/ (人工栄養に対しての)母乳. **≈pan·zer** 男 胸甲(→ 図 Panzer). **≈pul·ver** 中 〘薬〙 複方甘草(かんぞう)散(カンゾウの根から作った去痰(きょたん)剤・下剤の散薬).
brust·rei·ni·gend 形 〘薬〙 痰(たん)を除く, 去痰性の.
Brust≈schild I 中 (よろいなどの)胸当て. II 男 〘動〙 (カメなどの)腹甲; (昆虫の)胸部. **≈schmerz** 男 胸痛, 胸の痛み. **≈schüt·zer** 男 〘フェンシング〙 (胸部の)プロテクター.
brust·schwim·men I 自 (s) 《ふつう不定詞で》 平泳ぎをする(口語では分離動詞として用いることもある).
II **Brust·schwim·men** 中 -s/ 平泳ぎ, ブレスト.
Brust≈schwim·mer 男 平泳ぎの泳者. **≈stich** 男 -[e]s/-e **1** 〘医〙 穿胸(せんきょう), 胸部切開. **2** 《ふつう複数で》 刺すような胸の痛み. **≈stim·me** 女 (↔Kopfstimme) 〘楽〙 胸声(低音域の声). **≈stück** 中 **1 a)** 〘服飾〙 (衣類の)胸部, 胸飾り. **b)** 〘史〙 (よろいの)胸甲(→ 図 Harnisch). **2** 〘美〙 胸像. **3** 〘料理〙 胸肉(→ 図 Schwein) (→Brust 1 b). **4** 〘虫〙 腹甲. **≈ta·sche** 女 胸の内ポケット. **≈tee** 男 せき〈痰(たん)〉止め煎(せん)じ薬, 和胸茶剤. **≈ton** 男 -[e]s/ ..töne **1** 〘楽〙 胸声音(低音域の声音); 《比》 力強い調子: **im ~ der Überzeugung** 深い確信にみちた声で, 説得力に満ちた調子で. **2** 〘医〙 胸音, 肺音. **≈trop·fen** 複 去痰(きょたん)用点滴薬. **≈tuch** 中 -[e]s/..tücher 《南部・オーストリア》 (女性の)肩から胸をおおう飾り布(→ 図 Benediktinerin). **≈um·fang** 男 胸囲. **≈um·schlag** 男 =Brustwickel
Brü·stung[brʏ́stʊŋ] 女 -/-en 胸壁, 胸墻(きょうしょう); 胸〈腰〉の高さの囲い(手すり・欄干・窓下の壁など: → 図 Fenster A, Pergola).
Brust·war·ze[brʊ́st..] 女 〘解〙 乳頭, 乳首(ちくび) (→ 図 Mensch A).
Brust·war·zen·ring 男 (Warzenhof) 〘解〙 乳輪.
Brust≈was·ser·sucht 女 〘医〙 水胸, 胸水腫(すいしゅ). **≈wehr** 女 (城などの胸の高さの)塁壁, 胸壁. **≈werk** 中 〘楽〙 ブルスト鍵盤(けんばん), クワイア=オルガン(オルガン中央部上方のパイプ群[を支配する手鍵盤]. ふつう主鍵盤の下, すなわち鍵盤の第一段にある). **≈wickel** 男 胸部あんぽう〈湿布〉. **≈wir·bel** 男 〘解〙 胸椎. **≈wurz** 女, **≈wur·zel** 女 (Angelika) 〘植〙 アンゼリカ, シシウド(猪独活)属.
Brut[bru:t] 女 -/-en **1** 《ふつう単数で》 卵をかえすこと, 孵化(ふか), 抱卵: die künstliche ~ 人工孵化 | bei 〈in〉 der ~ sein 抱卵中である | Bei diesem Vogel findet nur eine ~ im Jahr statt. この鳥は年に1回しか卵をかえさない. **2** 《集合的に》 (ふつう卵生の)一腹のひな〈幼虫・子〉; 《戯》 (一家の)子供たち: die ~ aufziehen ひな〈幼虫・子〉を育てる | Die ~ schlüpft aus. ひな〈幼虫・子〉がかえる | In Höhlen wohnt der Drachen alte ~. ほら穴には竜の古いやからが棲(す)んでいる (Goethe) | Das ist meine ~. 《戯》 これが私の子供らです. **3** 《単数で》 (Gesindel) 無頼の連中, ろくでもない奴ら. **4** 〘植〙 さし枝, 取り木; 無性芽. **5** 磨いてない宝石. [*westgerm.*; ◇brauen, brüten; *engl.* brood]
bru·tal[brutá:l] 形 粗暴〈野蛮〉な, 残忍な; 情け容赦のない: ein ~*er* Mensch 乱暴な〈残忍な〉人 | ein ~*es* Benehmen 粗暴な振舞い ‖ *jn.* ~ mißhandeln …を冷酷に虐待する. [*spätlat.*; < *lat.* brūtus „schwerfällig" (◇brutto)]
bru·ta·li·sie·ren 他 (h) 《*jn.*》 粗暴化〈野蛮化〉させる.
Bru·ta·list[..talíst] 男 -en/-en 《話》 粗暴〈残忍〉な男.
Bru·ta·li·tät[..talitɛ́:t] 女 -/-en **1** 《単数で》 brutal なこと. **2** brutal な言動.
Bru·ta·lo[brutá:lo·] 男 -s/-s 《話》 粗暴な〈暴力的な〉男.
Brut≈an·stalt[brú:t..] 女 人工孵化(ふか)場. **≈ap·pa·rat** 男 人工孵化〈孵卵〉器. **≈blatt** 中 〘植〙 セイロンベンケイ属. **≈ei** 中 **1** 孵化卵, 種卵. **2** 孵化しかかった卵.
brü·ten[brý:tən] 《01》 I 自 (h) **1** (鳥がひなをかえすために)卵を温める, 抱卵する. **2** (困難・不快なことに)悩み続ける, 熟慮を重ねる: über *seinem* Unglück ~ 自分の不幸に思い悩む | über einer Aufgabe ~ 課題をじっくり考える | Er *brütet* vor sich hin. 彼は沈思黙考している. **3** 重苦しく覆う, 押しかぶさる: Die Sonne *brütet* über dem Acker. 日が畑にかんかん照りつけている | Die Stille *brütet* über der Stadt. 静寂が町を押し包んでいる ‖ Es herrscht *brütende* Hitze. うだるように蒸し暑い(→brütendheiß).
II 他 (h) ᵛ**1** (鳥がひなを)かえす. **2** (よからぬことを)胸にいだく, たくらむ: finstere Gedanken ~ よからぬ考えをいだいている | gegen *jn.* Rache ~ …への復讐(ふくしゅう)を企てている | Der Himmel *brütet* Sturm. あらしになりそうな空模様である. **3** 〘原子力〙 (核燃料を)増殖する.
III **Brü·ten** 中 -s/ brüten すること: künstliches ~ 人工孵化 | während des ~*s* 抱卵中に, 卵をかえしている間に | in dumpfes ~ versinken 〈verfallen〉 ぼんやりと物思いにふける. [*ahd.*; ◇Brut, brühen; *engl.* breed]
brü·tend·heiß 形 《付加語的》 《話》 うだるように蒸し暑い.
Brü·ter[brý:tər] 男 -s/- (brüten する人・もの. 特に:) **1** 抱卵中の鳥. **2** (Brutreaktor) 〘原子力〙 増殖炉: ein schneller ~ 高速増殖炉.
Brut·hen·ne[brú:t..] 女 抱卵中のめんどり.
Brut·hit·ze 女 **1** [brú:thɪtsə] 孵化(ふか)熱. **2** [ム◡◡] 《話》 うだるような蒸し暑さ, 炎暑.
bru·tig[brú:tɪç][2] 《オーストリア》 =brütig 1
brü·tig[brý:tɪç][2] 形 **1** (鳥が)卵をだく用意のできた. **2** (卵が)孵化(ふか)しかかった. **3** 《南部》 うだるように蒸し暑い.
Brut≈ka·sten[brú:t..] 男 -/..kästen **1** 〘医〙 早産児保育器. **2** 《話》 ひどく蒸し暑い部屋. **≈knos·pe** 女 〘植〙 無性芽; 〘動〙 芽体(がたい). **≈ma·schi·ne** 女 =Brutapparat
Brüt·ma·schi·ne[brý:t..] 女 =Brutapparat
Brut≈ofen[brú:t..] 男 =Brutapparat **≈pa·ra·si·tis·mus** 男 -/ 〘鳥〙 托卵(たくらん). **≈pfle·ge** 女 -/ (孵化(ふか)したひなの)哺育(ほいく). **≈re·ak·tor** 男 〘原子力〙 増殖炉. **≈schrank** 男 =Brutapparat **≈stät·te** 女 孵化〈孵卵〉所; 《比》 (悪疫・悪徳・犯罪などの)温床. **≈ta·sche** 女 〘動〙 育房; (有袋類などの)育児嚢(のう).
brut·to[brʊ́to·] 副 (略 btto.) (↔netto) 〘商〙 風袋こみで, 包装を含めた目方で; 手数料や税額を差し引かないで; 全部で, 総計で: ~ für netto (略 bfn.) 風袋こみの代価で. [*lat.* brūtus (→brutal) – *it.* „roh"]
Brut·to≈be·trag[brʊ́to..] 男 総額. **≈ein·kom·men** 中, **≈ein·nah·me** 女 (税額その他を差し引く前の)総収入. **≈er·trag** 男 総収益. **≈ge·halt** 中 (給料などの)総支給額. **≈ge·wicht** 中 総重量. **≈ge·winn** 男 総利得. **≈in·lands·pro·dukt** 中 (略 BIP) 国内総生産[高]. **≈na·tio·nal·pro·dukt** 中 《オーストリア》 =Bruttosozialprodukt **≈preis** 男 総価格. **≈re·gi·ster·ton·ne** 女 (略 BRT) 〘海〙 (船の)総登録トン数. **≈so·zial·pro·dukt** 中 (略 BSP) 国民総生産[高]. **≈ver·mö·gen** 中 (負債をも含めた)総財産.
Brut·trog[brú:t..] 男 (魚の)孵化(ふか)槽, 養魚槽.
Bru·tus[brú:tʊs] 人名 Marcus Junius ~ マルクス ユニウス ブルートゥス(前85–42; ローマの政治家で Cäsar 暗殺の首謀者): auch du, mein [Sohn] ~? ブルータス お前もか (Shakespeare: *Julius Caesar*). [*lat.*; ◇brutal]
Brut·zeit[brú:t..] (**Brüt·zeit**[brý:t..]) 女 孵化(ふか)期(抱卵開始より孵化まで); 〘生〙 繁殖期.
brut·zeln[brʊ́tsəln] 《06》 I 自 (h) 《話》 (バター・油などが熱で溶ける際に)パチパチ〈シューシュー〉いう. II 他 (h) 《話》 (油で)揚げる. [<brodeln]
Brut·zwie·bel[brú:t..] 女 **1** 〘植〙 鱗芽(りんが), 珠芽. **2** 〘園〙 小球, オフセット.
Bruy·ère≈holz[bryjɛ́:r..] 中 ブリュイエール〈ブライヤー〉材(コルシカ島産のシャクナゲ科の木材で, タバコのパイプを作る).

≠**pfei·fe** 女 ブリュイエール〈ブライヤー〉製パイプ. [<*fr.* bruyère „Heidekraut"; ◇*engl.* brier, briar]

Bryo·lo̤·ge[bryoló:gə] 男 -n/-n (→..loge) 蘚苔(せんたい)学者. [<*gr.* brýon „Moos"]

Bryo·lo·gie̤[..logí:] 女 -/ 蘚苔(せんたい)学.

Bryo̤·nie[bryó:niə] 女 -/-n 〚植〛ブリオニア(ウリ科に属し, 根を干して緩下剤に用いる). [*gr.*–*lat.*; <*gr.* brýein „sprudeln"]

Bryo·phy̤t[bryofý:t] 男 -en/-en 蘚苔(せんたい)植物, コケ植物(スギゴケ・ゼニゴケなど). [<*gr.* brýon „Moos"]

BSG[be:|ɛsgé:] 略 **1** = **Blutkörperchensenkungsgeschwindigkeit** **2** 中 -/ =**Bundessozialgericht**

BSP[be:|ɛspé:] 略 中 -〔s〕/ =**Bruttosozialprodukt** (国民総生産〔高〕).

Bsp. 略 =**Beispiel** 例.

bst[pst, bst] =pst

bt[bɪt] 記号 (Bit) 〚電算〛ビット.

btto. 略 =**brutto**

Bub[bu:p][1] 男 -en/-en (⑪ **Bṳ̈b·chen**[bý:pçən], **Büb·lein**[..laɪn] 中 -s/-) 《南部・オーストリア・スイス》 **1 a**) (Junge) 男の子, 少年; 若者: ein wilder 〈ungezogener〉 ~ 乱暴な〈しつけの悪い〉少年 | Laus*bub* 悪童 | Schul*bub* 学童. **b**) (Sohn) 息子: Ist's ein ~ oder ein Mädel? (生まれたのは)男の子かそれとも女の子かね. **2** 徒弟, 小僧. [*mhd.* buobe; ◇*engl.* baby]

bṳb·bern[búbərn] 《05》 自 (h) 《話》 (pochen) 動悸(どうき)を打つ; (beben) 震える. [◇puppern]

Bṳ̈b·chen Bub の縮小形.

Bṳ·be[bú:bə] 男 -n/-n ▽**1 a**) =Bub **b**) (Lehrling) 徒弟: Schuster*bube* 靴屋の徒弟. **c**) 〚史〛騎士見習, 小姓. **2** いやな〈破廉恥な〉やつ, 悪者: Spitz*bube* 悪党; わんぱく小僧 | **der böse ~** 悪者, 悪人 ‖ *jn.* einen ~*n* nennen 〈schelten〉 …をならず者とののしる. **3** 〚トランプ〛ジャック: Herz*bube* ハートのジャック | *et.*[4] mit dem ~*n* stechen …(相手のカード)をジャックで切る.

Bṳ̈·bel[bý:bəl] 中 -s/-n 《オーストリア》 (幼い)男の子, 坊や.

▽**bṳ·ben**[bú:bən][1] **I** 自 (h) **1** 男の子のような〔乱暴な・粗野な〕振舞いをする. **2** けがれた〈乱れた〉生活をする.

II 他 (h) 《*jn.*》 (…を)悪いやつとののしる.

bṳ·ben·haft[–haft] 形 **1** 男の子らしい, わんぱくな. **2** 悪がしこい, 卑劣な.

Bṳ·ben≠streich 男 **1** (男の子の)いたずら, わるさ. ▽**2** 卑劣な行為, 悪業. ≠**stück** 中 破廉恥な行為, 悪業.

Bṳ·ber[bú:bər] 人名 Martin ~ マルティーン ブーバー(1878–1965; オーストリア生まれのイスラエルの宗教哲学者).

Bü·be·rei̤[by:bəráɪ] 女 -/-en =Bubenstück

Bṳ·bi[bú:bi·] 男 -s/-s **1** (Bub の愛称形) 坊や: ein blonder 〈niedlicher〉 ~ ブロンドの〈かわいい〉坊や.

2 (⊛ **Bṳ̈·bin** → 別出) 《話》 (青少年に対して軽蔑的に)がき, チンピラ, 青二才.

Bṳ·bi·kopf[bú:bi..] 男 (女性の)ボーイッシュな髪型, ショート=カット.

Bṳ̈·bin[bý:bɪn] 女 -/-nen (Bubi 2 の女性形)あばずれ, 「はすっぱ.」

bṳ̈·bisch[..bɪʃ] 形 ▽**1** 卑劣な: ein ~*er* Kerl 卑劣漢 | ~*er* Verrat 卑劣な裏切り. **2** (verschmitzt) いたずらっぽい: ~ lächeln いたずらっぽく薄笑いを浮かべる〈ほくそえむ〉.

Bṳ̈b·lein Bub の縮小形.

Bṳ·bo[bú:bo·] 男 -s/-nen[bubó:nən] 〚医〛鼠径(そけい)腺腫(せんしゅ), よこね. [*gr.* boubṓn „Unterleib"–*mlat.*]

Buch[bu:x] 中 -es(-s)/ Bücher[bý:çər] (⑪ **Bṳ̈ch·lein** [bý:çlaɪn], **Bṳ̈·chel·chen**[..çəlçən] 中 -s/-) **1** (英: *book*) 本, 書物, 書籍, 図書(→ 図); (Drehbuch) 〚映〛シナリオ, 脚本; (Textbuch) 〚劇〛台本: ein ~ in Leder 〈von 200 Seiten〉 革装〈200ページ〉の本 | **das ~ der Bücher** 聖書(=die Bibel) | das ~ des Lebens 〈der Natur〉 《比》人生〈自然〉という本 | **ein aufgeschlagenes 〈offenes〉 ~ für *jn.*** 《比》…が親しく心の底まで知っている人物 | **ein ~ mit sieben Siegeln** 不可解なこと, 解けぬ謎(なぞ)(聖書: 黙 5, 1-5から) | Das ist mir 〈für mich〉 ein ~ mit sieben Siegeln. それは私にはちんぷんかんぷんだ | **ein schlaues ~** 《話》知識のいっぱい詰まっている参考書(辞典・事典・便覧など) | Bilder*buch* 絵本 | Fach*buch* 専門書 | Lese*buch* 読本 | Wörter*buch* 辞書 ‖ wie ein ~ reden (→reden I) ‖ ein ~ aufschlagen 〈zuklappen〉 本を開く〈閉じる〉 | kein ~ in die Hand nehmen 《比》読書が好きでない | ein ~ schreiben 〈verfassen〉 本を著す | Bücher wälzen 多くの本を渉猟する ‖ **in einem ~ blättern** 本をぱらぱらめくる | ***sich***[4] **mit *et.***[3] **ins ~ der Geschichte eintragen** …によって歴史に名をとどめる | *et.*[4] wie in einem ~ lesen …をはっきり読み取る | die 〈*seine*〉 Nase in ein ~ stecken (→Nase 1 a) | ein Arzt, **wie er im ~〔*e*〕 steht** 典型的な医者 | eine Kneipe, wie sie im ~〔*e*〕 steht 典型的な居酒屋 | den ganzen Tag über *Büchern* sitzen 〈hocken〉 一日じゅう本を読みふけっている ‖ 〔Auch〕 *Bücher* haben ihre Schicksale. 《諺》本にもそれぞれ運命〈人気の浮き沈み〉がある | *Bücher* machen keine Weisen. 《諺》書物で賢人はできない〈世の中は変わらない〉.

2 (⊛ Bch.) (書籍の)巻, 冊, 編: ein Roman in drei *Büchern* 全 3 巻の小説 | das ~ Hiob (旧約聖書の)ヨブ記 | das erste ~ 第 1 巻.

3 a) (厚手の)帳面, ノート; 名簿: Haushalts*buch* 家計簿 | Tage*buch* 日記帳 | Gäste*buch* 来客名簿 | Telefon*buch* 電話帳 | **das 〔Goldene〕 ~** (市役所などが備えている)賓客署名簿 ‖ **über *et.***[4] **~ führen** …をたえず〈整然と〉記録する. **b**) 《ふつう複数で》〚商〛帳簿, 会計簿: die *Bücher* führen 〈prüfen〉 帳簿をつける〈検査する〉 | *et.*[4] in die *Bücher* eintragen …を帳簿につける〈記録する〉 | **mit** 30 000 Mark **zu ~〔*e*〕 stehen** 3 万マルクと〔帳簿上〕評価されている | **zu ~〔*e*〕 schlagen** (金額が)会計に響く, ばかにならない; 《比》(方策が)有効である. **c**) (競馬の)賭馬(かけうま)控え帳: 〔*sein*〕 ~ machen 賭馬をノートする.

4 《単位としては無変化》 ▽**a**) 〚印〛(全紙の)帖(じょう)(100 Bogen). **b**) 〚商〛(金銀箔(はく)の)帖(じょう)(250 Blatt): drei ~ Blattgold 金箔 3 帖.

5 =Blättermagen **6** (トランプの札の)一そろい.
[*germ.*; ◇Buche; *engl.* book]

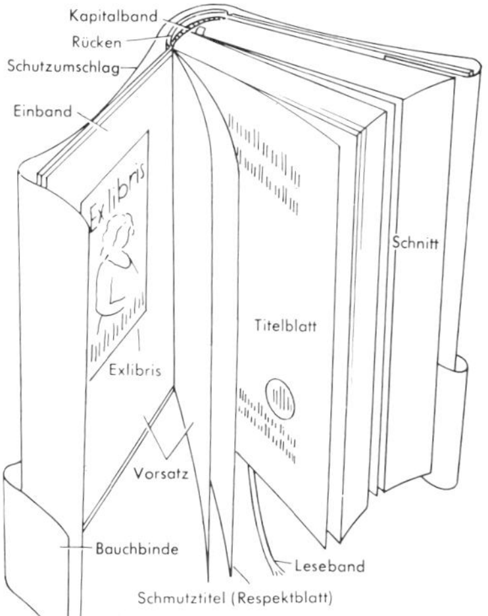

Buch

Bṳch·adel[bú:x..] =Briefadel

Bu·cha̤·ra[buxá:ra·] **I** 地名 ブハラ(ウズベキスタン共和国の都市. シルク=ロードに沿うオアシスとして発達した).

II 男 -〔s〕/-s ブハラじゅうたん.

Bu·cha·re[..rə] 男 -n/-n ブハラの人.
Buch≠aus·stat·tung[búːx..] 女 本の装丁, 図書装飾. **≠aus·stel·lung** 女 図書展示〔会〕. **≠be·spre·chung** 女 書評. **≠bin·der** 男 製本業者, 製本工, 諸師(もろし).
Buch·bin·de·rei[buːxbındərái] 女 製本〔業〕; 製本所.
Buch·bin·der≠le·der[búːxbındər..] 中 装丁用の皮革. **≠lein·wand** 女 製本用クロース.
Buch≠deckel 男 (本の)表紙. **≠dra·ma** ＝Lesedrama **≠druck** 男 -〔e〕s/〔図書〕印刷〔業〕. **≠drucker** 男 印刷工, 印刷屋, 印刷業者.
Buch·drucke·rei[buːxdrʊkərái] 女 印刷業; 印刷所.
Buch·drucker·kunst[búːx..] 女 -/ 印刷術.
Buch·druck·pres·se 女 印刷機.
Bu·che[búːxə] 女 -/-n **1** 〘植〙ブナ(橅)属. **2** 《単数で》ブナ材: eine Kommode aus 〈in〉 ～ ブナの整理だんす. [*idg.*; ◇Buch; *engl.* beech; *lat.* fāgus „Buche"]
Buch≠ecker[búːx..] 女, **≠ei·chel** 女 〘植〙ブナの実.
Buch·ein·band[búːx..] 男 -〔e〕s/..bände (図書の)装丁.
Bu·chel[búːxəl] (**Bü·chel**[býːçəl]) 女 -/-n《南部》＝Buchecker [*mhd.*]
Bü·chel·chen Buch の縮小形.
bu·chen[1][búːxən] 他 (h) **1** 〘商〙記帳する: die Zinsen 〈die Beträge〉〔auf ein Konto〕～ 利子〈金額〉を〔口座勘定に〕記帳する. **2** (旅行のために座席を)予約する, 予約を受けつける: einen Platz im Flugzeug 〈auf dem Schiff〉 ～ 飛行機〈船〉の席を予約する | einen Flug 〈eine Reise〉 ～ 飛行機〈旅行〉を予約する ‖ Die Auskunftsdame *buchte* einen Platz für mich. 受付の女性が私のために座席の予約を受けつけた. **3** 《*et.*[4] als *et.*[4]》(…を…と)みなす, 認める: *et.*[4] als〔einen〕Fortschritt 〈Erfolg〉 ～ …を進歩〈成功〉と認める.
bu·chen[2][búːxən] (**bü·chen**[býːçən]) 形《付加語的》ブナの〔木で作った〕. [*ahd.*; ◇Buche]
Bu·chen≠farn[búːxən..] 男 〘植〙ミヤマワラビ(深山蕨). **≠hain** 男《雅》ブナの林〈森〉. **≠holz** 中 -es/ ブナ材.
das **Bu·chen·land** 地名 中 -〔e〕s/ ブーヘンラント (Bukowina のドイツ語名).
Bu·chen·spin·ner 男 〘虫〙シャチホコガ(鯱鉾蛾)(幼虫がブナの葉を食べる).
Bu·chen·wald I 男 ブナの森. **II** 地名 ブーヘンヴァルト (Weimar 近郊にあり1945年までナチの強制収容所が置かれた).
Bü·cher Buch の複数.
Bü·cher≠ab·schluß[býːçər..] 男 〘商〙帳簿の決算〈締め切り〉. **≠auk·tion** 女 図書競売. **≠bord** 中 -〔e〕s/-e, **≠brett** 中 本をのせておく棚板.
Bü·che·rei[byːçərái] 女 -/-en **1** 図書館, 図書室: Deutsche ～ (Leipzig にある)国立図書館. **2** 双書, シリーズ, 文庫. [*ndl.* boekerij の翻訳借用]
Bü·cher≠freund[býːçər..] 男 (Bibliophile) 愛書家, 稀覯本(きこうぼん)収集家. **≠ge·stell** 中 書架, 本棚. **≠hal·le** 女 ＝Volksbibliothek **≠ka·sten** 男 -s/..kästen《オーストリア》＝Bücherschrank **≠ka·ta·log** 男 書籍目録. **≠ken·ner** 男 書物通. **≠kun·de** 女 -/ 書誌〈図書〉学.
bü·cher·kund·lich 形 書誌〈図書〉学〔上〕の.
Bü·cher≠laus 女 〘虫〙コナチャタテ(粉茶立虫)(標本・書籍などを食害する). **≠lieb·ha·ber** 男 ＝Bücherfreund **≠narr** 男 (極端な)愛書家, 書物気ちがい. **≠re·gal** 中 書架, 本棚. **≠re·vi·sor** 男 (Buchprüfer) 会計士, 税理士. **≠saal** 男 読書室, 図書閲覧室. **≠samm·lung** 女 蔵書. **≠schaft** 男《南部・スイス》書架, 書棚. **≠schrank** 男 本箱. **≠sen·dung** 女 〘郵〙(特別料金の)書籍小包. **≠stu·be** 女 書店, 本屋. **≠stüt·ze** 女 本立て, ブックエンド. **≠ver·bot** 中 〘カトリック〙禁書. **≠ver·bren·nung** 女 焚書(ふんしょ). **≠ver·lei·her** 男 貸本屋. **≠ver·zeich·nis** 中 図書目録, 書籍のカタログ. **≠wand** 女 壁面書架; 書架でおおわれた壁. **≠wurm** 男 〘虫〙書籍を食害する虫(フルホンシバンムシなどの幼虫);《戯》本の虫, 読書狂; くそ勉強家; 珍書マニア. **≠zei·chen** 中 ＝Exlibris **≠zen·sur** 女 図書の検閲. **≠zet·tel** 男 (はがき形式の)図書注文カード; (図書館の)図書請求票, 図書閲覧票.
Buch·fink[búːx..] 男 〘鳥〙ズアオアトリ(頭青花鶏). [＜Buche]
Buch≠for·de·rung[búːx..] 女 〘商〙帳簿〔に基づく〕債権. **≠for·mat** 中 本の型〈大きさ〉(Folio, Quart など). **≠füh·rer** 男 **1** ＝Buchhalter [▽]**2** (15-16世紀の)書籍行商人. **≠füh·rung** 女 ＝Buchhaltung **≠geld** 中 〘商〙帳簿貨幣. **≠ge·lehr·sam·keit** 女《ふつう軽蔑的に》書物〈机上の〉学問, 非実用的な知識〈博識〉.
buch·ge·mäß 形 帳簿による, 帳簿どおりの.
Buch≠ge·mein·schaft 女 (会員形式の)書籍販売組織, ブッククラブ. **≠ge·wer·be** 中 -s/ 書籍出版業(印刷・製本・販売を含む). **≠ge·winn** 男 帳簿上の利益. **≠gläu·bi·ger** 男 〘商〙帳簿債権者. **≠hal·ter** 男 (女 **≠hal·te·rin**) 簿記〈会計〉係.
buch·hal·te·risch[..tərıʃ] 形 簿記〈会計〉に関する.
Buch≠hal·tung 女 〘商〙**1** 簿記: die einfache 〈doppelte〉 ～ 単式〈複式〉簿記. **2** 簿記室, 会計課. **≠han·del** 男 -s/ 書籍出版〈販売〉業. **≠händ·ler** 男 書籍出版〈販売〉業者. **≠händ·ler·mes·se** ＝Buchmesse **≠hand·lung** 女 書店(小売店), 本屋: in einer ～ 本屋で. **≠hül·le** 女 書物のカバー, ブックカバー. **≠hy·po·thek** 女 (↔Briefhypothek) 〘法〙登記抵当. **≠kre·dit** 男 〘商〙帳簿信用.
Büchl[býːçəl] 中 -s/-n《オーストリア》(親しみをこめて)書物: ein Gauner, wie es 〈er〉 im ～ steht《比》よくあるような〈典型的な〉悪者.
Buch·la·den 男《俗》＝Buchhandlung
Büch·lein[býːçlaın] 中 -s/- **1** Buch の縮小形. **2** (古代ドイツの)短詩. **3** ＝Blättermagen
Buch≠ma·cher[búːx..] 男 (英: *bookmaker*)(競馬の)呑屋(のみや). **≠ma·le·rei** 女 (本などのさし絵として用いられた)細密画. **≠markt** 男 書籍市場(しじょう).
buch·mä·ßig ＝buchgemäß
Buch·mes·se 女〔国際〕書籍見本市: die Frankfurter 〈Leipziger〉 ～ フランクフルト〈ライプツィヒ〉書籍見本市.
Büch·ner[býːçnər] 人名 Georg ～ ゲオルク ビューヒナー (1813-37; ドイツの劇作家. 作品『ダントンの死』『ヴォイツェク』など).
Buch≠prü·fer 男 (Bücherrevisor) 会計士, 税理士. **≠rei·he** 女 本のシリーズ, 叢書. **≠rücken** 男 本の背.
Buchs[bʊks] 男 -es/-e **1** 〘植〙ツゲ(黄楊). **2** ツゲ材. [*gr.* pýxos－*lat.* buxus－*ahd.*; ◇Pyxis, Büchse; *engl.* box]
Buchs·baum[bʊ́ks..] 男 ツゲ(黄楊)属.
buchs·bau·men 形 ツゲ材〈製〉の.
Buchs·baum·ra·bat·te 女 (花壇などの)ツゲの縁取り.
Büchs·chen Büchse の縮小形.
Buch·schuld[búːx..] 女 〘商〙帳簿債務.
Buch·se[bʊ́ksə] 女 -/-n **1** 〘工〙ブッシュ, 軸受け筒; 入れ子, スリーブ, ライナー, 輪筒. **2** 〘電〙差し込み, ソケット, ジャック. **3** 《話》(Hose) ズボン.
Büch·se[býksə] 女 -/-n (小 **Büchs·chen**[býksçən], **Büch·sel**[býksəl], **Büchs·lein**[..laın] 中 -s/-) **1** (金属など硬い材質の小さな円筒形容器) **a)** 缶, 筒; 小箱(→ 図 Gefäß): Tabak 〈Kaffee〉 in einer ～ aufbewahren タバコ〈コーヒー〉を缶にしまっておく | die ～ der Pandora (→Pandora). **b)** 缶詰: eine ～ Ananas 〈Thunfisch〉 パイナップル〈マグロ〉の缶詰 | eine ～ öffnen 缶詰を開ける | wie die Sardinen in der ～ (→Sardine). **c)** 募金箱; 貯金箱: mit der ～ herumgehen 募金して回る. **2** 小銃,(特に:) ライフル: die ～ laden 〈schießen〉 銃に装塡(そうてん)〈銃を発射〉する. **3** ＝Buchse [*gr.* pyxís (→Pyxis)－*spätlat.* buxis－*ahd.*; ◇Buchs; *engl.* box]
büch·sen[býksən] 《02》他 (h) **1** 《卑》盗む, かっぱらう. [▽]**2** 発射する.
Büch·sen≠bier 中 缶ビール. **≠fleisch** 中 缶詰の肉.

⸗**frucht** 女 缶詰の果物; 〖植〗蒴果(さくか). ⸗**ge·mü·se** 中 缶詰の野菜. ⸗**kleid** 中 筒形ケース入り婦人服. ⸗**kon·ser·ve** 女 缶詰. ⸗**ku·gel** 女 小銃弾. ⸗**lauf** 男 銃身. ⸗**licht** 中 -〔e〕s/ 〖狩〗(猟銃でねらう際に)照準に十分の明るさ. ⸗**ma·cher** 男 銃器製造家, 銃工; 〖軍〗携帯火器整備兵. ⸗**milch** 女 缶入りミルク. ⸗**öff·ner** 男 缶切り. ⸗**rohr** 中 銃身. ⸗**schaft** 男 銃床. ⸗**span·ner** 男 〖狩〗銃弾装塡(そうてん)係の下僕; 《比》下働きの助手, 手先. ⸗**wa·re** 女 -/-n《ふつう複数で》缶詰. ⸗**wett·schie·ßen** 中 射撃競技.

Büchs·flin·te[bʏ́ks..] 女 (狩猟用の)双身銃.

Büchs·lein Büchse の縮小形.

Buch·sta·be[búːxʃtaːbə] 男 2格 -ns(-n), 3格 -n, 4格 -n, 複数 -n 文字, 字母; 字体; 《比》字句, 字義: große 〈kleine〉 ~*n* 大〈小〉文字 | gedruckte 〈geschriebene〉 ~*n* 活字〈筆記〉体 | lateinische 〈griechische〉 ~*n* ラテン〈ギリシア〉文字 | der ~ A A という文字 ‖ ***sich***[4] **an den ~*n* halten 〈klammern〉 / am ~*n* kleben** 字句に拘泥する, 杓子(しゃくし)定規である | **auf** den ~*n* genau 一字一句ゆるがせにせずに, 極めてきちょうめんに | ***sich***[4] **auf *seine* vier ~*n* setzen**《戯》腰をおろす (Popo「しり」が4文字であるところから. また Arsch, Gesäß が5文字であるところから vier の代わりに fünf を用いることもある) | ***et.***[4] **bis auf den letzten ~*n* erfüllen**《比》…を完全に(最後まで)遂行する | eine Zahl **in ~*n*** schreiben 数を文字で書く(10の代わりに zehn というふうに) | **nach dem ~*n* des Gesetzes** (情状酌量せずに)法の条文どおりに | zu sehr nach dem ~*n* gehen (自主性がなくて)言われたとおりのことをする ‖ Der ~ tötet, aber der Geist macht lebendig. 文字は人を殺し霊は人を生かす(聖書: IIコリ 3, 6. 文字は旧約の律法, 霊は新約の聖霊すなわちキリストの福音を意味する). [*ahd.* buoh-stap „im Buch verwendetes Schriftzeichen"]

Buch·stä·be·lei[buːxʃtɛːbəlái] 女 -/-en 字句に拘泥すること, 杓子(しゃくし)定規.

buch·stä·beln[búːxʃtɛːbəln] 《06》《過分 gebuchstäbelt》自 (h) 字句に拘泥する, 杓子(しゃくし)定規である.

Buch·sta·ben·fol·ge[búːxʃtaːbən..] 女 nach der ~ ABC 〈アルファベット〉順に.

buch·sta·ben·ge·treu 形 一字一句ゆるがせにしない: eine ~*e* Übersetzung 逐語訳.

Buch·sta·ben⸗glau·be 男 文字信仰(文字に書かれたものを盲信すること), 頑迷な教条主義. ⸗**glei·chung** 女 -/ 〖数〗文字方程式. ⸗**rät·sel** 中 (語の)つづり置き換え遊び(Rat, Tat のように, 語のつづり字の一部を変えて新しい語をつくる一種の文字なぞ). ⸗**rech·nung** 女 -/ (数字の代わりに)文字による計算; (Algebra) 代数学. ⸗**schloß** 中 (一定の文字の組み合わせで開く)文字錠. ⸗**schrift** 女 (↔Begriffsschrift) 〖言〗表音文字(アルファベット・仮名など). ⸗**spiel** 中 文字遊び. ⸗**ver·set·zung** 女 = Metathese

buch·sta·bie·ren[buːxʃtabíːrən] 他 (h) (語を構成する字母を) 1字ずつ区切って読む; (子供などが語のつづり字を1字ずつたどりながら)ゆっくりと〈たどたどしく〉読む; 判読する: Ich hatte Mühe, seine unleserliche Schrift zu ~. 私は彼の読みにくい字体を判読するのに苦労した.

Buch·sta·bier·ta·fel[..bíːr..] 女 (相手に語のつづりなどを明示するための補助手段としての)字母一覧表(例 A = Anton, B = Berta, C = Cäser).

Buch·sta·bie·rung[..bíːrʊŋ] 女 -/ 綴字(ていじ)〔法〕, つづり, スペリング.

buch·stäb·lich[búːxʃtɛːplɪç; 強調: ⸗⸗⌣] 形《述語的用法なし》文字どおりの, 字義そのままの; 《比》ほんとうの: im ~*en* Sinne 文字〈字義〉どおりの意味で | ~*e* Treue まぎれもない誠実 ‖ *et.*[4] ~ übersetzen …を逐語訳する | Er ist ~ in Schweiß gebadet. 彼は文字どおり水を浴びたように汗をかいている.

Buch·stüt·ze = Bücherstütze

Bucht[bʊxt] 女 -/-en **1** 湾, 入江(→ 図 Küste): in 〈vor〉 der ~ vor Anker gehen (船が)湾の中〈外〉に停泊する. **2** (三方を山に囲まれた)盆地; (三方を壁で囲った)家畜小屋; 《話》ベッド: *jm.* ~ geben …を休ませる. **3** 《雅》避難所. **4** ベイ, 側路駐車帯(歩道に湾状に食いこんだ駐車区画). **5** 〖海〗(甲板の)側方のそり; (索の)結び輪. **6** 《単数で》《東部》《集合的に》くだらぬやつら, 無頼漢ども. [*mndd.*; ◇biegen; *engl.* bight]

Buch·tel[bʊ́xtəl] 女 -/-n《オーストリア》ブフテルン(酵母入りの生地でジャム・クリームチーズなどを包んで焼いた菓子). [*tschech.* buchta]

buch·tig[bʊ́xtɪç][2] 形 **1** 湾〈入江〉状の; 湾〈入江〉に富んだ. **2** (丸味のある)刻み目〈ぎざぎざ〉のある, 波形の; 〖植〗(葉縁が)深波状の(→ 図 Blatt).

Buch·ti·tel[búː..] 男 本の標題, 書名.

Bucht·krebs[bʊ́xt..] 男 〖動〗ユメエビ(サクラエビ科).

Buch·um·schlag[búː..] 男 本のカバー.

Bu·chung[búːxʊŋ] 女 -/-en **1** 記帳. **2** (旅行・座席の)予約.

Bu·chungs·ma·schi·ne 女 出納計算記帳機.

Buch·ver·leih[búːx..] 男 **1** 《単数で》図書の貸し出し. **2** 貸出文庫〈図書館〉; 貸本屋.

Buch·wei·zen[búːx..] 男 〖植〗ソバ(蕎麦)(→ 図). [＜Buche; ◇ *engl.* buckwheat]

Buchweizen

Buch·wei·zen·aus·schlag 男 〖畜〗(羊・豚などの)丹毒, そば疹(しん).

Buch⸗wert[búːx..] 男 〖商〗帳簿価格. ⸗**wis·sen** 中 -s/ = Buchgelehrsamkeit ⸗**zei·chen** 中 **1** (Lesezeichen) (本の差し込み用の)しおり. **2** 図書番号〈記号〉.

Bücke

Bücke[bʏ́kə] 女 -/-n 〖体操〗屈身跳び(→ 図). [＜bücken]

Buckel[bʊ́kəl] 男 -s/- **1** 《話》(Rücken) 背中: *sich*[3] den ~ freihalten《比》逃げ道を作っておく | einen breiten ~ haben 肩幅が広い; 《比》(批判などに対して)びくともしない, がまん強い | Der kann mir den ~ hinaufsteigen 〈hinunterrutschen / herunterrutschen〉!《話》(どうしようと)あいつなんか勝手にしやがれ | Rutsch mir den ~ runter! / Steig mir den ~ rauf!《話》ほっといてくれ, うるさいぞ | **den 〈*seinen*〉 ~ hinhalten** (まずいことになった場合の)責任をとる | **einen krummen ~ machen**《話》ぺこぺこする, 卑屈に振舞う | *jm.* den ~ zudrehen …に背を向ける, …を眼中におかない | *jm.* 〈*jn.*〉 juckt der ~ (→jucken II) ‖ **den ~ voll Schulden haben**《話》しこたま借金している | *jm.* den ~ voll hauen 〈schlagen〉《話》…をさんざん殴る | den ~ voll kriegen 〈bekommen〉《話》さんざん殴られる | *jm.* den ~ voll lügen …に大うそをつく ‖ *et.*[4] **auf dem ~ haben**《比》…を負って〈仕事にして〉いる | **genug 〈viel〉 auf dem ~ haben**《話》(仕事がたくさんあって)つらい思いをしている | Er hat 〔seine〕 70 〔Jahre〕 auf dem ~. 彼は70歳だ | *et.*[4] auf den ~ nehmen …を背負う; 《比》…の責任をとる | einen Rucksack auf dem ~ tragen リュックをしょって〈かついで〉いる | Es lief mir 〔eis〕kalt **über** den ~. / Es lief mir 〔eis〕kalt den ~ hinunter. 私は背筋が冷たくなった, 私はぞっとした. **2** 曲がった背中, 猫背, (背中の)こぶ: einen ~ haben せむし〈猫背〉である | *sich*[3] einen ~ lachen 腹を抱えて笑う | Die Katze machte einen ~. 猫が(怒って)背中を弓なりにそらせた | Mach nicht so einen ~! しゃんと背筋を伸ばせ. **3 a)** 盛り上がり, 隆起したもの; 小高い丘. **b)** (まれ: 女 -/-n) 盾の中央のふくらみ. **c)** 《雅》(Locken) 巻き毛. **4** (Spange) 留め金, バックル. [*lat.* buccula－*afr.*－*mhd.*; ＜*lat.* bucca „aufgeblasene Backe"; ◇Beule, Bouclé; *engl.* buckle]

Buckel·flie·ge 女 〖虫〗ノミバエ(蚤蠅)科の昆虫.

bucke·lig[bʊ́kəlɪç][2] (ᵛ**bucke·licht**[..lɪçt]) = bucklig

Buckel⸗kä·fer[bʊ́kəl..] 男 〖虫〗セマルヒョウホンムシ(背丸標本虫)(乾燥した動植物標本を食害する). ⸗**kra·xe** 女

《南部・ｵｰｽﾄﾘｱ》(Rückentrage) 背負いかご.

bu̥ckeln[búkəln]《06》 **I** 自 (h) **1** 背中を丸める. **2**《軽蔑的に》《vor *jm.*》(…に)へいこら〈ぺこぺこ〉する. **II** 他 (h) **1**(重荷を)背負う. ▽**2** (金属板に)打ち出し細工をする, 浮き彫りをつける. **III ge・bu̥ckelt** → 別出

Bu̥ckel≠rind[búkəl..] 中 (Zebu)〖動〗コブウシ(瘤牛). **≠wa̱l** 男〖動〗ザトウクジラ(座頭鯨). **≠wan・ze** 女〖虫〗**1** グンバイムシ(軍配虫). **2** グンバイムシ科の昆虫. **≠zir・pe** 女〖虫〗**1** ツノゼミ(角蟬). **2** ツノゼミ科の昆虫.

B

bü̥cken[bʏ́kən] 他 (h) **1** 再帰 *sich*⁴ ～ 身をかがめる, かがみこむ; おじぎする: *sich*⁴ zur Erde 〈nach Pilzen〉 ～ 地面に〈キノコをとろうとして〉身をかがめる | ***sich*⁴ vor *jm.* ～** ▽i)…におじぎをする; ii)《軽蔑的に》…にぺこぺこする | unter einer Last 〈vor Alter〉 *gebückt* gehen 重い荷を背負って〈老齢のために〉背を丸めて歩く. **2** (頭・肩などを)曲げる, 屈する: das Haupt ～ 頭を下げる. [*mhd.*; ◇biegen]

Bu̥ckerl[búkərl] 中 -s/-〔n〕《ｵｰｽﾄﾘｱ》(特に子供の)おじぎ;《比》屈従: ～ machen おじぎする; へいこらする.

▽**Bü̥cking**[..kɪŋ] 男 -s/-e《方》= Bückling²

bu̥ck・lig[búklɪç]² **I** 形 **1** 背中にこぶのある, 背中の曲がった, せむしの: *sich*⁴ ～ lachen 腹を抱えて笑う. **2** 膨らんだ, 隆起のある: ein ～*es* Land 起伏のある土地 | ein ～*es* Pflaster でこぼこの舗道. **II Bu̥ck・li・ge**[búklɪgə] 男 女《形容詞変化》せむしの人.

Bü̥ck・ling¹[bʏ́klɪŋ] 男 -s/-e《戯》(腰をかがめての)おじぎ: vor *jm.* einen tiefen ～ machen …に平身低頭する | mit vielen ～*en* なんどもなんどもおじぎをして. [<bücken]

Bü̥ck・ling²[−] 男 -s/-e 燻製(くんせい)ニシン(鰊). [*mndd.*; ◇Bock²]

Bu̥ck・ram[búkram] 男 中 -s/ バックラム(本の装丁に用いる材料). [*engl.*]

Bu̥ck・skin[búkskɪn] 男 -s/-s バックスキン(シカ・羊の淡黄色のなめし革, またはその模造品). [*engl.*; ◇Büx]

Bu̥・da[búdɔ] 地名 ブダ(→Budapest).

Bu̥・da・pest[bú:dapɛst, búdɔpɛʃt] 地名 ブダペスト(ハンガリー共和国の首都. 1872年ドナウ川右岸の Buda と左岸の Pest とが合併してできた).

Bu̥・da・pe・ster[..tər] **I** 男 -s/- ブダペストの人. **II** 形《無変化》ブダペストの.

Bü̥d・chen Bude の縮小形.

Bu̥d・del[búdəl] 女 -/-n《話》(Flasche) 瓶. [*fr.* bouteille (→Bouteille)−*ndd.*]

Bud・de・le̱i[bʊdəlái] 女 -/-en さんざん掘り返すこと.

bu̥d・deln[búdəln]《06》 **I** 自 (h) 掘り返す: Kinder *buddeln* gern im Sand. 子供は砂遊びが好きだ. **II** 他 (h) 掘り出す: Kartoffeln ～ ジャガイモを掘る. [*ndd.*; ◇pudeln]

Bu̥d・del・platz 男《方》(Spielplatz)〔砂〕遊び場.

Bu̥d・del・schiff 中《話》(Flaschenschiff) ボトルシップ(瓶の中に入れてある船の模型).

Bu̥d・dha[búda·] **I** 人名 仏陀(ぶっだ), 釈尊(前5世紀ごろの人で, 仏教の始祖. 本名ゴータマ シッダールタ Gotama Siddhartha). **II** 男 -s/-s 仏陀像. [*sanskr.* „Erleuchteter"]

Bud・dhi̥s・mus[bʊdísmʊs] 男 -/ 仏教.

Bud・dhi̥st[bʊdíst] 男 -en/-en 仏教徒, 仏教信者.

bud・dhi̥・stisch[..dístɪʃ] 形 仏教〔徒〕の.

Bu̥・de[bú:də] 女 -/-n (⑥ **Bü̥d・chen**[bý:tçən] 中 -s/-) **1** (市場などの)小屋掛けの店, 屋台, 売店; (建築現場の)作業員宿舎;《軽蔑的に》店, 商店: Markt*bude* (市の)売店, 露店 ‖ eine ～ aufstellen 〈abreißen〉 小屋を建てる〈壊す〉 | die ～ zumachen 〈dichtmachen〉(経営不振などで)店を畳む.

2《軽蔑的に》(老朽化した)家, 建物;《戯》部屋,(特に:) 貸間, 下宿部屋: Studenten*bude* 学生の下宿部屋 | eine sturmfreie ～ (→sturmfrei) ‖ ***jm.* fällt die ～ auf den Kopf**《話》…は一人で部屋の中にいるのが我慢できなくなって人ごみの中へ出たいと思っている ‖ die ～ ausräumen 部屋〈家〉の中を片づける | ***jm.* die ～ einlaufen 〈einrennen〉**《話》…の家にうるさく押しかける | *sich*³ eine ～ mieten 間借り〈下宿〉する | **die ～ auf den Kopf stellen**《話》はめをはずしてドンチャン騒ぎをする ‖ ***jm.* auf die ～ rücken** 〈steigen〉《話》(談判・督促などのために自分勝手に)…の家へ押しかける | Leben **in** die ～ bringen (→Leben 5) | ***jm.* in die ～ schneien 〈geschneit kommen〉**(訪問客・手紙などが)…のもとに舞い込む. [*mhd.*; ◇bauen; *engl.* booth]

Bu̥・del[bú:dəl] 女 -/-〔n〕《南部・ｵｰｽﾄﾘｱ》(店の)カウンター, 売り台.

Bu̥・den≠angst[bú:dən..] 女《話》ひとり暮らしの不安〔から仲間を欲しがる気持〕. **≠be・sit・zer** 男 売店〈屋台〉の主人. **≠gas・se** 女 露店〈屋台〉の並んだ間の通路(→ 図 Markt). ▽**≠geld** 中 露店〈屋台〉の場所代, 小屋掛け料. **≠zau・ber** 男 -s/ (自宅・自室での)ばか騒ぎ, 無礼講.

Bud・get[bʏdʒé:] 中 -s/-s (国の)予算〔案〕;《戯》資金: das ～ aufstellen 〈bewilligen〉 予算案を立てる〈可決する〉. [*afr.* bougette−*engl.*; <*lat.* bulga „Ledersack"]

bud・ge・tä̱r[bʏdʒetέ:r] 形 予算に関する, 予算面〈上〉の.

Bud・get・be・ra̱・tung[bʏdʒé:..] 女 予算審議.

bud・ge・ti̱e・ren[bʏdʒetí:rən] 自 (h) 予算案を作る.

Bud・get・kom・mis・sio̱n[bʏdʒé:..] 女 予算委員会.

Bu・di̱・ke[budí:kə; ｵｰｽﾄﾘｱ:..dík] 女 -/-n[..kən]《方》**1** (Kramladen) 小間物店. **2** (Kneipe) 飲み屋, 酒場. **3** = Boutique

Bu・di̱・ker[..kər] -s/-《方》Budike の主人. [<Boutique]

Bü̱d・ner[bý:dnər] 男 -s/-《北部》(Kleinbauer) 小農, 小作人. [<Bude]

Bu̱・do[bú:do·] 中 -s/ 武道(柔道・剣道・弓道・空手・合気道などの総称). [*japan.*]

Bu・do̱・ka[budó:ka·] 男 -s/-s 武道家.

Bue̱・nos A̱i・res[bué:nɔs áirɛs, buέn.. −] 地名 ブエノスアイレス(アルゼンチン共和国の首都). [*span.* „gute Lüfte"]

Bü・fe̥tt[byfέt] 中 -〔e〕s/-e ([..fé:]-s/-s) **1** 配膳(はいぜん)台; 食器戸棚; サイドボード(→ 図 Schrank): das Geschirr aus dem ～ holen 〈ins ～ stellen〉 食器を食器棚から取り出す〈棚にしまう〉. **2** (食堂・バーなどの)スタンド, カウンター; (駅・劇場などの)簡易食堂, ビュッフェ: am ～ ein Bier trinken (テーブルでなく)スタンドでビールを1杯飲む. **3** 〔kaltes〕 ～ (パーティーなどでセルフサービス用の)冷肉料理〔の載っているテーブル〕. [*fr.* buffet]

Bü・fe̥tt≠fräu・lein 中 (≠**mam・sell** 女)(簡易食堂・バーなどの)ウエートレス.

Bü・fet・tier[byfɛtié:] 男 -s/-s (スタンドの中にいて飲み物・食物などを出す)給仕. [*fr.* buffetier]

Bü̥f・fel[bʏ́fəl] 男 -s/- **1** 野牛, 水牛. ▽**2** = Büffler [*gr.*−*lat.*−*it.* bufalo−*fr.* buffle; <*gr.* boũs „Rind"; ◇*engl.* buffalo]

Büf・fe・le̱i[bʏfəlái] 女 -/-en《ふつう単数で》《話》猛勉強(特に丸暗記など).

Bü̥f・fel≠fell[bʏ́fəl..] 中 野牛〈水牛〉の皮. **≠gra̱s** 中 (北米産の)牧草の一種. **≠horn** 中 -〔e〕s/..hörner〖紋〗牛角図形. **≠jagd** 女 野牛〈水牛〉狩り.

Bü̥f・fel・kopf・en・te 女〖鳥〗ヒメハジロ.

bü̥f・feln[bʏ́fəln]《06》《話》 **I** 自 (h) がり勉する. **II** 他 (h)《*et.*⁴》(…を)がり勉して覚える, 頭につめ込む: Vokabeln ～ 単語を丸暗記する.

Buf・fet[bʏfé:, by..; ｽｲｽ: bʏ́fe·, bý..] (ｵｰｽﾄﾘｱ: **Büf・fet**[bʏfé:, by..]) 中 -s/-s = Büfett

Bu̥f・fi Buffo の複数.

Bü̥ff・ler[bʏ́flər] 男 -s/- 猛烈な勉強家, がんばり屋.

Bu̥f・fo[búfo·] 男 -s/-s (Buffi[búfi·])〖楽〗(オペラの)道化役〔専門の男性歌手〕. [*it.*; <*it.* buffare „puffen" (◇Puff)]

Bu̱g[bu:k]¹ 男 **1** -〔e〕s/-e (↔Heck)〖海〗船首(→ 図 Schiff A); (飛行機の)機首; (戦車の)前部: einen Schuß vor den ～ bekommen (→Schuß 1 a) | ***jm.* einen vor den ～ knallen**《話》(警告の意味を込めて)…に一発くらわせる, …にきびしい訓戒を与える | *jm.* einen Schuß vor den ～ geben 〈setzen〉 (→Schuß 1 a). **2** -〔e〕s/-e, Büge [bý:gə] (牛・豚・羊などの)肩肉(前脚と頸(くび)の間: → 図

Rind, Schaf): 2 Pfund Rindfleisch vom ～ 牛の肩肉2ポンド. **3** -[e]s/Büge **a**) 〘建〙(屋根組みの)筋交(すじかい). **b**) (Biegung) 湾曲. [*germ.* „Arm"; ◇ *engl.* bow, bough]

Bug·an·ker[bʊ́:k..] 男 〘海〙主錨(しゅびょう)(船首のいかり: → 図 Schiff A).

Bü·ge Bug 2, 3 の複数.

Bü·gel[bý:gəl] 男 -s/- (湾曲した木または金属) **1** 洋服掛け, ハンガー: den Mantel auf den ～ hängen ⟨vom ～ nehmen⟩ コートをハンガーに掛ける⟨ハンガーから外す⟩. **2** (Steigbügel) あぶみ(馬具): in den ～ steigen あぶみに足をかけて馬に乗る | *jm.* den ～ halten 《比》…の立身出世の手助けをする. **3** (眼鏡の)つる(→ 図 Brille). **4** (ハンドバッグ・財布などの)口金: den ～ ins Schloß drücken 口金をしめる. **5** (アイロン・かごなどの)湾曲した柄⟨取っ手⟩. **6** (糸のこの)のこぎり弓(→ 図 Laubsäge). **7** (銃の)用心鉄(ようじんがね). **8** (電車の)パンタグラフ. [＜biegen]

Bü·gel·brett[bý:gəl..] 中 **1** アイロン台(→ 図 bügeln). **2** 《戯》(女の)平べったい胸, ペチャパイ.

bü·gel·echt ＝bügelfest 1

Bü·gel≠ei·sen 中 アイロン(→ 図 bügeln): das ～ anstellen ⟨abstellen⟩ アイロンをつける⟨消す⟩. **≠fal·te** 女 (ズボンなどの)アイロンによる折り目(→ 図 Anzug).

bü·gel≠fest 形 **1** (生地などが)アイロンの熱に耐え得る. **2** (騎手に関して)落馬などしない, 乗馬の腕前の確実な. **≠frei** 形 アイロン不要の: ein ～*es* Oberhemd ノーアイロンのワイシャツ.

Bü·gel≠helm 男 〘史・紋〙格子つきヘルメット⟨かぶと⟩(→ 図 Wappen c). **≠horn** 中 -[e]s/..hörner 〘楽〙(3個のピストンのある)コルネット. **≠kis·sen** 中 (アイロンかけ用の)まんじゅう. **≠la·den** 男 -s/..läden 《オーストリア》＝Bügelbrett **≠ma·schi·ne** 女 (アイロンかけ用の)電気プレス機. **≠meß·schrau·be** 女 ＝Mikrometer

bü·geln[bý:gəln] 《06》 **I** 他 (h) **1** 《*et.*[4]》(…に)アイロンをかける: *et.*[4] glatt ⟨gerade⟩ ～《話》…をもとどおりにする | frisch *gebügelt* アイロンをかけたばかりの | geschniegelt und *gebügelt* (→schniegeln) ‖ Wachs auf die Schier ～ (アイロンで)スキーにワックスを塗る. **2** 《*jn.*》 **a**) 《話》(…に)圧勝する(スポーツなどで). **b**) 《卑》(女と)寝る. **II ge·bü·gelt** → 別出

Bü·gel≠rie·men 男 (鞍(くら)とあぶみの間の)あぶみの革ひも. **≠sä·ge** 女 〘工〙弓のこ. **≠schrau·be** 女 ＝Mikrometer

Bug≠fi·gur[bú:k..] 女 (Galionsfigur) 船首像. **≠flag·ge** 女 船首旗.

Bug·gy[bági·, bʌ́gi·] 男 -s/-s **1** バギー(1頭立ての軽装馬車: → 図). **2** 不整地走行に耐える軽量オープンカー. [*engl.*]

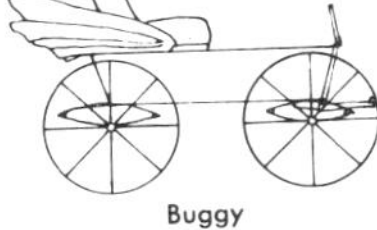

bug·lahm[bú:k..] 形 (牛・馬が)肩を脱臼(だっきゅう)した.

Büg·ler[bý:glər] 男 -s/- (女 **Büg·le·rin**[..lərɪn]-/-nen) アイロンかけ職人. [＜bügeln]

Bug·rad[bú:k..] 中 〘空〙(大型機の)前輪(→ 図 Flugzeug).

Bug·sier≠boot[bʊksí:r.., ..kzí:r.., ..gzí:r..] 中, **≠damp·fer** 男 ＝Bugsierer

bug·sie·ren[bʊksí:rən, bʊkzí:rən] 他 (h) **1** 〘海〙(船を)引き綱で引く, 曳航(えいこう)する: das Schiff in den Hafen ⟨ins offene Meer⟩ ～ 船を港へ⟨沖合へ⟩曳航する. **2** 《比》(骨折って・だまして)連れて行く: *jn.* aus dem Lokal ⟨nach Hause⟩ ～ …をやっと酒場から連れ出す⟨家へ連れて帰る⟩. [*lat.* pulsāre (→pulsieren) − *port.* puxar „ziehen" − *ndl.* boegseeren]

Bug·sie·rer[..rər] 男 -s/- 〘海〙曳(ひ)き船, タグボート.

Bug·sier≠lohn[bʊksí:r.., bʊgzí:r..] 男 曳航(えいこう)料. **≠tau** 中 (曳航用の)引き綱, 曳索(えいさく).

Bug≠spriet[bú:kʃpri:t] 中 男 -[e]s/-e 〘海〙(帆船の船首から突き出た)船首斜檣(しゃしょう). **≠ste·ven** 男 〘海〙船首材. **≠stück** 中 **1** 〘料理〙(牛・羊などの)肩肉. **2** 〘工〙(導管の)湾曲部. **≠wel·le** 女 船首に立つ波頭.

buh[bu:] **I** 間 **1** (不快・軽蔑・不満・非難などの気持を表して)ブー, ヒャー, ウヘー, ヘヘーン(いやだ, ばかめ, だめだぞ): ～ rufen (集会・劇場などで) buh と言ってやじる, ブーイングする ‖ *Buh*, so ein unangenehmer Mensch! ヒャーあんないやなやつ. **2** (びっくりさせようとして)バア. **II Buh** 中 -s/-s buh という[叫び]声. [1: *engl.* boo; 2: *ndd.*]

Bü·hel[bý:əl] 男 -s/- ＝Bühl

bu·hen[bú:ən] 自 (h) 《話》(劇場・競技場などで観衆・聴衆が) buh と言ってやじる⟨不満を表す⟩, ブーイングする.

Buh·kon·zert 中 ブーイングの大合唱.

Bühl[by:l] 男 -[e]s/-e **1** 《南部・オーストリア・スイス》(Hügel) 丘, 丘陵, 高地. [▽]**2** こぶ. [*ahd.* buhil]

[▽]**Bu·hle**[bú:lə] **I** 男 -n/-n (Geliebter) 愛人, 情夫. **II** 女 -/-n (Geliebte) 愛人, 情婦. [*mhd.*]

buh·len[bú:lən] 自 (h) **1 a**) 《軽蔑的に》《um *et.*[4]》(…を得ようと)切望する, こびる: um Mitleid ⟨Beifall⟩ ～ 同情⟨喝采(かっさい)⟩をへつらい求める. **b**) 《um *jn.*》(…に)求愛⟨求婚⟩する. [▽]**2** 《mit *jm.*》(…と)恋愛⟨肉体⟩関係をもつ; (…と)戯れる: Die Winde *buhlen* mit den Wellen. 《比》風が波と戯れる. **3** 《mit *jm.* um *et.*[4]》(…と…を得ようと)張り合う, 競い合う.

Buh·ler[..lər] 男 -s/- (女 **Buh·le·rin**[..lərɪn]-/-nen) [▽]**1** ＝Buhle I **2** 《軽蔑的に》(Nebenbuhler) 競争者, かたき, ライバル; 悪がたき.

[▽]**Buh·le·rei**[bu:lərái] 女 -/-en 《ふつう単数で》 **1** つやごと, 情事. **2** 《軽蔑的に》《um *jn.* ⟨*et.*[4]⟩》(…をめぐる)執拗(しつよう)な競り合い, さやあて.

buh·le·risch[bú:lərɪʃ] 形 [▽]**1** 《軽蔑的に》みだらな, 色っぽい, なまめかしい: *jm.* ～*e* Blicke zuwerfen …に秋波を送る. **2** 《雅》こびるような: ～*e* Träume ⟨Klänge⟩ 心をとろかすような夢⟨響き⟩.

[▽]**Buh·lin**[bú:lɪn] 女 -/-nen ＝Buhle II

[▽]**Buhl·schaft**[bú:lʃaft] 女 -/-en **1** (Liebschaft) 恋愛関係, 情事, 色事. **2** ＝Buhle

Buh·mann[bú:man] 男 -[e]s/..männer 《話》悪役⟨憎まれ役⟩を引き受けさせられる人: *jn.* zum ～ machen …を悪役⟨スケープゴート⟩に仕立てる. [＜buh]

Buh·ne[bú:nə] 女 -/-n (護岸用の)突堤, 水制(すいせい)(→ 図 Strand). [*mndd.* bune]

Büh·ne[bý:nə] 女 -/-n **1** 舞台(→ 図); 劇場; 《比》活動の場: eine drehbare ～ 回り舞台(＝Drehbühne) | eine städtische ～ 市立劇場 | die ～ betreten 舞台を踏む | **die ～ verlassen** 《比》舞台を去る, (公的生活から)引退する ‖ **an ⟨bei⟩** der ～ sein 《比》俳優である | *et.*[4] **auf** die ～ bringen …を上演する | auf der ～ stehen 《比》俳優である | *sich*[4] **hinter** der ～ abspielen 《比》黒幕を演じる | *et.*[4] **über die ～ bringen** 《話》…を[成功裡に]遂行する | **über die ～ gehen** (作品などが)上演される; 《話》(催しなどが)行われる | **von der ～ abtreten ⟨verschwinden⟩** 舞台を退く; 《比》俳優を引退する; (公的生活から)引退する | **von der ～ des Lebens abtreten** 《雅》死亡する | von der po-

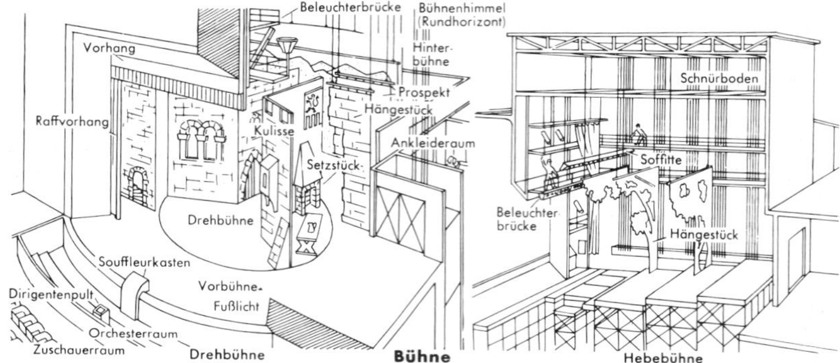

Bühne

litischen ～ verschwinden《比》政界から引退する｜*sich*⁴ von der ～ zurückziehen《比》舞台を去る, 俳優を引退する｜**zur** ～ gehen《比》舞台に立つ, 俳優になる. **2 a)**〖坑・工〗足場, 床地. **b)** ＝Hebebühne 1 **3**《方》(Dachboden) 屋根裏, 納戸; 干し草置き場. [*mhd*.; ◇Boden]

büh·nen[bý:nən] 他 (h) 《*et.*⁴》(…に)板を張る,〔丸〕天井をつける.

Büh·nen≈an·wei·sung 女 (戯曲などの)舞台上演用の指定,(芝居の)ト書き. **≈ar·bei·ter** 男 (芝居の)道具方, 裏方. **≈aus·spra·che** 女 -/ (舞台俳優の用いる)舞台発音(かつてドイツでは標準発音とされた). **≈aus·stat·tung** 女 舞台装置. **≈be·ar·bei·tung** 女 (上演のための)脚色. **≈be·leuch·tung** 女 舞台照明. **≈bild** 中 舞台面, 舞台装置. **≈bild·ner** 男 舞台装置家, 舞台美術家. **≈de·ko·ra·tion** 女 舞台装置. **≈dich·ter** 男 劇作家, 脚本家. **≈dich·tung** 女 戯曲, 脚本. **≈ef·fekt** 男 舞台効果. **≈ein·gang** 男〖劇〗楽屋〔入り〕口; 舞台搬入口.

büh·nen·fä·hig ＝bühnenreif

Büh·nen·fas·sung 女〖劇〗上演用脚本.

büh·nen·ge·recht ＝bühnenreif

Büh·nen≈held 男 (◎ **≈hel·din**) 劇の主役〈主人公〉. **≈him·mel** 男 (舞台の奥の)半円形背景, 円形地平. **≈hin·ter·grund** 男 (舞台の)背景, 舞台の奥. **≈kri·ti·ker** 男 演劇批評家, 劇評家. **≈kunst** 女 舞台芸術, (俳優の)演技. **≈künst·ler** 男 舞台芸術家; 俳優. **≈lei·ter** 男 劇場監督, 劇場支配人. **≈ma·ler** 男 舞台装置画家〈彩色師〉.

büh·nen·mä·ßig 形 **1** 芝居ふうの. **2** ＝bühnenreif

Büh·nen≈mei·ster 男 舞台装置の技術監督, 道具方〈裏方〉の長. **≈mu·sik** 女 舞台音楽. **≈pro·be** 女 舞台稽古(けいこ), 舞台でのリハーサル.

büh·nen·reif 形 (戯曲が)上演に適した, 上演可能の.

Büh·nen≈re·qui·si·ten 複 (舞台用の)小道具類. **≈sän·ger** 男 (◎ **≈sän·ge·rin**) (オペラなどの)舞台歌手(→Konzertsänger). **≈schaf·fen·de** 男 女《形容詞変化》舞台関係者. **≈schrift·stel·ler** 男 ＝Bühnendichter **≈spra·che** 女 -/ ＝Bühnenaussprache **≈stück** 中 戯曲, 脚本; 演劇, 芝居. **≈tech·nik** 女 -/ 舞台〔効果のための種々の〕技術, 舞台工学.

büh·nen·tech·nisch 形 舞台技術〈工学〉上の.

Büh·nen≈tep·pich 男〖劇〗地がすり. **≈werk** 中 **1** 舞台作品(芝居・オペラ・バレエなど). **2** ＝Bühnenstück

büh·nen·wirk·sam 形 舞台効果の大きい.

Büh·nen·wir·kung 女 -/ ＝Bühneneffekt

büh·nisch[bý:nɪʃ] 形 舞台の, 舞台に関する.

Buh·ruf[bú:..] 男 (軽蔑・不満などを表す) buh という声: *jn*. mit ～*en* empfangen …を buh というやじで迎える.

Bu·hurt[bú:hʊrt] 男 -〔e〕s/-e (中世騎士の集団による)武芸試合. [*afr.－mhd*.; ＜*afr*. hurter „stoßen"]

buk[bu:k] backte (backen¹の過去)の古形.

Bu·ka·ni·er[buká:niər] 男 -s/-(Flibustier) (17世紀のカリブ海の)海賊. [*fr*. boucanier „Büffeljäger"; ◇*engl*. buccaneer]

Bu·ka·rest[bú:karɛst] 地名 ブカレスト(ルーマニア共和国の首都. ルーマニア語形 București). [*rumän*.; ◇*engl*. Bucharest]

Bu·ka·re·ster[..tər] **I** 男 -s/- ブカレストの人. **II** 形《無変化》ブカレストの.

bü·ke[bý:kə] backte (backen¹の接続法 II)の古形.

Bu·ke·pha·los[buké:falɔs] 男 -/ ブケファロス (Alexander 大王の愛馬); 《比》愛馬, 駿馬(しゅんめ). [*gr*.; ＜*gr*. boũs „Rind"＋kephalo.. ; ◇*engl*. bucephalus]

Bu·kett[bukɛ́t] 中 -〔e〕s/-s, -e (ᵒオーストリア: [buké:] 中 -s/-s) **1**《雅》(Blumenstrauß) (大きな)花束(→ 図). **2** (Blume) (ワインの)香り: Der Wein hat ein volles ～. このワインにはふくよかな香りがある. [*fr*. bouquet „kleiner Busch"; ◇Boskett]

Bukett

Bu·ki·nist[bukiníst] 男 -en/-en ＝Bouquinist

Buk·lee[buklé:] 中 男 -s/-s ＝Bouclé

Bu·ko·lik[bukó:lɪk] 女 -/ 田園詩, 牧歌ふうの文学, 牧人文学. [＜*gr*. bou-kólos „Rinder-hirt"; ◇*engl*. bucolics]

Bu·ko·li·ker[..likər] 男 -s/- 田園〈牧歌〉詩人.

bu·ko·lisch[..lɪʃ] 形 田園的な, 牧歌ふうの.

die **Bu·ko·wi·na**[bukoví:na·] 地名 女 -/ ブコヴィナ(ルーマニアの北部地方. ドイツ語形 Buchenland).

Bu·ko·wi·ner[..nər] **I** 男 -s/- ブコヴィナの人〈住民〉. **II** 形《無変化》ブコヴィナの.

bul·bär[bʊlbɛ́:r] 形〖医〗延髄の; 延髄麻痺(まひ)〔性〕の. [＜Bulbus]

Bul·bär·pa·ra·ly·se 女〖医〗延髄麻痺(まひ).

Bul·ben, Bul·bi Bulbus の複数.

Bül·bül[býlbʏl] 男 -s/-s ビュルビュル(ペルシア・トルコなどの詩歌に登場する鳴鳥の一種). [*arab.－pers*.; ◇*engl*. bulbul]

Bul·bus[bʊ́lbʊs] 男 -/..bi[..bi·], ..ben[..bən] **1**〖植〗球茎, 球根. **2**〖医〗(球状の)腫脹(しゅちょう)〔部〕, 球; 十二指腸球部; 眼球; 延髄. [*gr*. bolbós „Knolle"－*lat*.]

Bu·let·te[bulɛ́tə] 女 -/-n〖料理〗ブーレット, ミートボール(肉だんごの一種): **Ran an die ～*n*!**《戯》さあ始めようぜ｜rangehen wie Hektor an die ～*n* (→Hektor I). [*fr*. boulette; ＜*lat*. bulla (→Bulle²); ◇*engl*. bullet]

Bul·ga·re[bʊlgá:rə] 男 -n/-n (◎ **Bul·ga·rin**[..rɪn]-/

-nen) ブルガリア人.

Bul·ga·ri·en[..riən] 地名 ブルガリア(東ヨーロッパ南部の国で首都は Sofia): Republik ~ ブルガリア共和国.

bul·ga·risch[..rɪʃ] 形 ブルガリア〔人・語〕の: →deutsch

Bu·li·mie[bulimí:] 女 -/ 〘医〙 大食症, 病的飢餓(きが). [*gr.*; *gr.* boulimia „Heißhunger"]

bu·li·misch[bulí:mɪʃ] 形 病的飢餓の, 大食症の.

Bu·lin[bulí:n] 女 -/-en, **Bu·li·ne**[..nə] 女 -/-n 〘海〙 はらみ索(づな), ボーライン. [*engl.* bow-line; ◇Bug, Linie]

Bulk·car·ri·er[bʌ́lkkærɪə] 男 -s/- ばら荷積み貨物船. [<*engl.* bulk „Schiffsladung"+carrier „Träger"]

Bulk·la·dung[bʊ́lk.., bʌ́lk..] 女 〘海〙 ばら積み.

Bull·au·ge[bʊ́l..] 中 (舷側(げんそく)の)丸窓, 舷窓; (舷窓ふうの)丸窓. [*ndd.* bull-oog; ◇Bulle³; *engl.* bull's eye]

Bull·dog[bʊ́ldɔk] 男 -s/-s 商標 ブルドッグ(小型トラクター).

Bull·dog·ge[..dɔgə] 女 -/-n ブルドッグ(昔, 牛攻め用に飼育された英国種の犬: →図). [*engl.* bull-dog „Bullen-beißer"; ◇Bulle³]

Bulldogge

Bull·do·zer[..do:zər] 男 -s/- ブルドーザー. [*amerik.*]

Bul·le¹[bʊ́lə] 女 -/-n =Pulle

Bul·le²[–] 女 -/-n **1** 封印; 封印された文書〔のケース〕: die Goldene ~ 〘史〙 金印勅書(特に1356年に神聖ローマ皇帝カール四世が出したもの). **2** 〘カトリック〙(教皇の)大勅書(→Breve). [*lat.* bulla „Blase"–*mlat.* bulla „Siegel"–*mhd.*; ◇*engl.* bull, bill]

Bul·le³[–] 男 -n/-n **1 a)** (Stier) (成熟した)雄牛, 種牛 (→Rind 1). **b)** (↔Kuh) (シカ・ゾウ・サイ・カバなど, 一般に大きい動物の)雄: Elefanten*bulle* 象の雄. **2** 《比》男性的な〈がっしりした・強そうな〉男. **3** 《話》刑事, でか; 警官. [*mndd.*; ◇Ball¹; *engl.* bull]

Bul·len·bei·ßer 男 **1** 《話》(Bulldogge) ブルドッグ. **2** 《軽蔑的に》しんらつな〈がみがみどなる〉人.

bul·len·heiß 形 《話》ひどく暑い.

Bul·len·hit·ze 女 -/ 《話》酷暑.

Bul·len≈kalb 中 雄の子牛. **≈klo·ster** 中 《話》青年〔労働者〕寮, 独身寮.

bul·le·rig[bʊ́lərɪç]² 形 (ゴロゴロ・ガタガタと)やかましい; (がみがみと)口やかましい.

bul·lern[bʊ́lərn] 《05》 自 (h) **1** (液体が)音をたてて沸き立つ〈沸騰する〉; (薪(まき)などが)パチパチ燃える; ゴロゴロ〈ガタガタ〉鳴動する. **2** (戸や窓を)ドシンドシンたたく. **3** 《比》がみがみ言う, ののしる. [<bollern]

Bulle·tin[bʏl(ə)tɛ̃:, byltɛ̃:] 中 -s/-s (公式機関の)日報, 公報, 公示; 戦報; (医師の発表する要人の)容体書. [*it.*–*fr.*; <*lat.* bulla (→Bulle²)]

bul·lig[bʊ́lɪç]² 形 《話》**1** (体格などの)がっしりした, ごつい. **2** すごい, ひどい: eine ~*e* Hitze すごい暑さ ‖ 〘副詞的に〙 Es ist ~ heiß. すごく暑い. [<Bulle³]

bull·rig[bʊ́lrɪç]² =bullerig

Bull·ter·ri·er[bʊ́ltɛriər] 男 ブルテリア(英国種の犬で, Bulldogge と Terrier の混血種). [*engl.*; ◇Bulldogge]

Bul·ly[bʊ́li·] 中 -s/-s (Abschlag) 〘ホッケー〙 ブリー(ボールを打ち出すこと, 試合開始). [*engl.*]

Bü·low[bý:lo] 人名 **1** Bernhard von ~ ベルンハルト フォン ビューロ(1849–1929; ドイツの政治家. 1900–09首相). **2** Hans Guido von ~ ハンス グイード フォン ビューロ(1830–94; ドイツの指揮者・ピアニスト).

Bult[bʊlt] 男 -s/-en, Bülte[bʏ́ltə], **Bül·te**[bʏ́ltə] 女 -/-n 《北部》(湿地帯の中の)芝の生えた小高い場所. [*mndd.* bulte „Haufen"; ◇Ball¹]

Bult·sack[bʊ́lt..] 男 海員用マットレス.

bum[bʊm] 間 **1** (砲弾の音, 衝突・落下の際の鈍い音)ドン, ズドン, ズシン, ドシン. **2** (鐘の音)カン: bim bam ~ キンコンカン(→bim, bimbambum).

Bum·baß[bʊ́mbas] 男 ..basses/..basse ブンバス(昔, 大道芸人などが使った鈴のついた打楽器の一種).

Bum·boot[bʊ́m..] 中 〘海〙(停泊中の船に物品を売り回る)物売り船. [*engl.* bumboat]

Bu·me·rang[bú:məraŋ, bʊ́m..] 男 -s/-e, -s ブーメラン(オーストラリアの狩猟用飛び道具. 的を外れると手元に戻ってくる: →図): einen ~ schleudern ブーメランを投げる. [*austr.*–*engl.* boomerang]

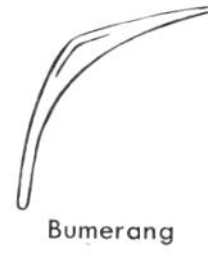
Bumerang

Bum·mel¹[bʊ́məl] 女 -/-n 《話》(Quaste) 房(ふさ): eine Mütze mit einer ~ 房のついた帽子.

Bum·mel²[–] 男 -s/- 《話》ぶらぶら歩き; (飲み屋の)はしご: einen 〔kleinen〕 ~ machen 〔ちょっと〕ぶらつく.

Bum·me·lant[bʊməlánt] 男 -en/-en 《話》=Bummler 1

Bum·me·lei[..lái] 女 -/-en 《ふつう複数で》**1** のろのろ〈ぐずぐず〉していること. **2** 《話》(Nachläßigkeit) ずぼら, 無精; 怠惰, 怠慢.

bum·me·lig[bʊ́məlɪç]² 形 《話》**1** のろのろした, ぐずの, のろまな. **2** 怠慢な, ずぼらな.

Bum·mel·le·ben[bʊ́məl..] 中 -s/ のらくら〈ぶらぶら〉暮らすこと.

bum·meln[bʊ́məln] 《06》 自 **1 a)** (s) ぶらつく, 漫然と散歩する; (楽しみを求めて)ほっつき歩く; 飲み歩く: Er wollte durch die Stadt ~ und Schaufenster ansehen. 彼は町をぶらついてショーウインドーを眺めようと思った ‖ ~ gehen 散歩に〈飲みに〉出かける. **b)** (h) ぐずぐず〈のろのろ〉する, だらだら仕事をする: *Bummele* nicht so! そんなにぐずぐずするな. **2** (h) 《話》のらくらする, 怠ける, さぼる. [*ndd.*; ◇bum]

Bum·mel≈streik 男 (仕事の能率を下げる)怠業, 遵法闘争. **≈zug** 男 《話》(各駅停車の)鈍行〈普通〉列車.

Bum·merl[bʊ́mərl] 中 -s/-〔n〕《オーストリア》〘トランプ〙 失点.

Bumm·ler[bʊ́mlər] 男 -s/- **1** ぶらぶら散歩する人; 《比》(ぶらぶら時間を過ごす)怠け者. **2** 《スイス》=Bummelzug

Bumm·le·rei[bʊmləráɪ] 女 -/-en 《オーストリア》=Bummelei

bumm·lig[bʊ́mlɪç]² =bummelig

bums[bʊms] **I** 間 (鈍い衝突音・落下音など)ドシン, ズシン, ドン. **II Bums**[bʊms]¹ 男 -es/-e 《話》**1** 鈍い衝突〈落下〉音: mit einem ~ ドシン〈ズシン〉と. **2** =Bumslokal

bum·sen[bʊ́mzən]¹ 《02》 **I** 自 (h) **1** 《話》(衝突などで)ドシン〈ズシン〉という音がする: 非人称 Es *bumste* furchtbar, als die Wagen gegeneinander prallten. 車が衝突したとき恐ろしい音がした | Wenn du nicht hören kannst, wird es gleich ~. 《比》言うことを聞けないのならすぐにも殴られるぞ | Jetzt hat es 〔bei uns〕 *gebumst*! 《比》もう〔我々は〕がまんできないぞ.

2 a) (h) (戸や窓を)ドシンドシンたたく: 〔mit der Faust〕 an 〈gegen〉 die Tür ~ 〔こぶしで〕扉をたたく. **b)** (s) (何度も)ぶつかる: Ein Maikäfer *bumst* gegen die Fensterscheibe. カナブンが窓ガラスにぶつかっている.

3 《話》(サッカーなどで)シュートする.

4 《卑》《mit *jm.*》(…と)性交する(→II).

II 他 (h) 《卑》《*jn.*》(…と)性交する(→I 4).

Bums≈knei·pe[bʊ́ms..] 女 《話》, **≈lo·kal** 中 《話》低級な〈怪しげな〉ダンスホール, 安キャバレー. **≈mu·sik** 女 《話》騒々しい音楽.

bums·voll 形 《話》いっぱい詰まった, ぎゅうぎゅう詰めの.

Bu·na[bú:na·] 男 中 -〔s〕/ 商標 ブナ(合成ゴム). [<Butadien+Natrium]

Bund[bʊnt]¹ **I** 男 -es(-s)/Bünde[bʏ́ndə] **1 a)** (同志的な)結びつき, 結束, 提携, 盟約: ein enger 〈fester〉 ~ 緊密な〈強固な〉結合 | **der Alte** 〈**Neue**〉 **~** 旧約〈新約〉聖書 | der ~ der Freundschaft 友情のきずな ‖ **den ~ der Ehe eingehen** / **den ~ fürs Leben schließen** 《雅》夫婦のちぎりを結ぶ ‖ **mit *jm.* im ~*e* sein** 〈**stehen**〉 …と連携している | der Dritte im ~*e* (→dritt) | *jm.* die Hand zum ~ reichen …に提携を申し出る. **b)** (団体・国家などの)連合〔組織〕, 同盟, 連盟, 組合; 連邦; (特に:)〔ドイツ〕連邦共和国: ein militärischer ~ 軍事同盟 | der Deutsche ~ 〘史〙 ドイツ連邦(1815–66) | der ~ und die Länder (ドイツの)連邦〔政府〕と諸州〔政府〕‖ einem ~ beitreten /

sich^4 einem ～ anschließen 同盟に加わる | aus einem ～ austreten 同盟から脱退する.

2 (小 **Bünd·chen**[bʏ́ntçən], **Bünd·lein**[..laın] 中 -s/-) **a**) 〔服飾〕(ズボン・スカートの)腰回り芯地(しんじ) (→ 図 Anzug); 《ふつう縮小形で》(襟・そでなどの)芯地: Der ～ an der Hose ist zu eng 〈zu weit〉. ズボンのウエストがきつい〈ゆるい〉. **b**) 〔工〕軸つば, フランジ. **c**) (瓶のふたなどの)密閉用ゴム輪, リング=パッキング. **d**) 丸いパウンドケーキ. **e**) 〔楽〕(ギターなどの)こま, フレット(→ 図 Laute). **f**) (製本用の)背かがりテープ, 力ひも.

II 中 -es(-s)/-e (小 **Bünd·chen, Bünd·lein**: → I 2) 《単位としてはときに無変化》束(たば): drei ～〔e〕 Stroh わら3把(わ). [*mhd.*; ◇binden]

Bụnd·axt[bʊ́nt..] 女 (大工用の)手斧(ちょうな) (→ 図 Axt).

bụnd·brü·chig 形 盟約違反の, 背信的な.

Bụ̈nd·chen[bʏ́ntçən] 中 -s/- Bund I 2, IIの縮小形; 〔服飾〕(襟・そでなどの)芯地(しんじ); カフス.

Bụ̈n·de Bund I の複数.

Bụ̈n·del[bʏ́ndəl] 中 -s/- **1** 束(たば); 包み, 荷物: ein ～ Stroh 一束の麦わら | *sein* **～ packen** 〈**schnüren**〉《比》旅支度をする; (道具をしまって)仕事場を立ち去る | **Jeder hat sein ～ zu tragen.** 人はだれでもそれぞれ悩みをもっている. **2** 《比》赤ん坊: ein schreiendes ～ 泣き叫ぶ乳児. **3** 〔数〕〔直〕線束, 平面束. **4** 〔理〕光束; ビーム. [*mhd.*; ◇Bund; *engl.* bundle]

Bün·de·lei[bʏndəláı] 女 -/-en **1** (ひもで)縛ること. **2** 《軽蔑的に》陰謀〔をたくらむこと〕.

bụ̈n·del·för·mig[bʏ́ndəl..] 形 束状の.

Bụ̈n·del·lei·ter 男 〔電〕複導体.

bụ̈n·deln[bʏ́ndəln] 《06》 **I** 他 (h) **1** 束ねる, (荷物を)まとめる: Getreide 〈Briefe〉 ～ 穀物〈手紙〉を束ねる ‖ *gebündeltes* Brennholz たきぎの束. **2** 〔理〕(光線を)焦点に集める, ビーム化する.

II 自 (h) **1** 《話》(荷物をまとめて)逃げる. ▽**2** 陰謀をたくらむ.

Bụ̈n·del≠pfei·ler 男 〔建〕(特にゴシック建築の)簇(そう)柱(→ 図 Baukunst). **≠pres·se** 女 (製本用の)結束プレス.

bụ̈n·del·wei·se 副 (→..weise ★)束にして, 束に包んで.

Bụn·des≠ak·te[bʊ́ndəs..] 女 -/ 〔史〕ドイツ連邦規約(1815). **≠amt** 中 (特にドイツの)連邦上級官庁, 庁: ～ für Finanzen 連邦財務庁 | Statistisches ～ 連邦統計庁. **≠an·ge·stell·ten·ta·rif** 男 (略 BAT)(ドイツの)連邦公務員給与表. **≠an·stalt** 女 (ドイツの)連邦行政〈調査〉機関: die ～ für Arbeit (略 BfA) 連邦雇用庁 | die ～ für Fleischforschung 連邦食肉研究所 | Physikalisch-Technische ～ 連邦科学技術院. **≠an·walt** 男 (ドイツの)連邦検事, 連邦検察官. **≠an·zei·ger** 男 -s/ 〔法〕連邦官報. **≠ar·chiv** 中 -s/ (ドイツの)連邦公文書館. **≠au·to·bahn** 女 連邦自動車道路(→Bundesfernstraße). **≠bahn** 女 (ドイツ・オーストリア・スイスの)国有鉄道: die Deutsche ～ (略 DB)(ドイツの)連邦国有鉄道. **≠bank** 女 -/ die Deutsche ～ ドイツ連邦銀行(ドイツの中央発券銀行). **≠be·hör·de** 女 (ドイツの)連邦官庁(州の官庁でなく連邦直属の官庁). **≠bru·der** 男 (同一の団体・組織, 特に学生組合に所属する)仲間; 《比》盟友, 盟邦. **≠bür·ger** 男 連邦市民, (特に:) 旧西ドイツ国民.

bụn·des·deutsch I 形 ドイツ連邦共和国の, 旧西ドイツの. **II Bụn·des·deut·sche** 男 女 《形容詞変化》旧西ドイツ人.

Bụn·des≠dorf 中 -〔e〕s/ 《戯》=Bonn (→Bundeshauptstadt) **≠ebe·ne** 女 -/ (ドイツで, 州ではなく)連邦〔政治〕レベル(→Landesebene): auf ～ 連邦〈中央政府〉のレベルで.

bụn·des·ei·gen 形 (ドイツで)連邦所有の, 国有の: ～*e* Verwaltung 連邦固有行政.

Bụn·des≠far·ben 複 **1** 学生組合のシンボルカラー. **2** (ドイツの)国旗の色(上から黒・赤・金). **≠fern·stra·ße** 女 連邦遠距離道路 (Bundesautobahn と Bundesstraße の総称). **≠fi·nanz·hof** 男 -〔e〕s/ (略 BFH)(ドイツの)連邦財務裁判所. **≠forst·amt** 中 -〔e〕s/ (ドイツの)林野管理局. **≠ge·biet** 中 -〔e〕s/ ドイツ連邦共和国領土, 連邦領域. **≠ge·nos·se** 男 同盟者, 盟友; 盟邦. **≠ge·nos·sen·schaft** 女 同盟, 連合; 《集合的に》連合国. **≠ge·richt** 中 連邦裁判所: Schweizerisches ～ スイス連邦最高裁判所. **≠ge·richts·hof** 男 -〔e〕s/ (略 BGH)(ドイツの)連邦〔最高〕裁判所. **≠ge·setz** 中 連邦法. **≠ge·setz·blatt** 中 -〔e〕s/ (ドイツ・オーストリアの)連邦官報. **≠ge·sund·heits·amt** 中 -〔e〕s/ (略 BGA)(ドイツの)連邦保健庁. **≠grenz·schutz** 男 -es/ (略 BGS)(ドイツの)連邦国境守備隊. **≠haupt·stadt** 女 《ふつう単数で》連邦首都(連邦政府の所在地). **≠haus** 中 -es/ (ドイツ・スイスの)連邦議会〈国会〉議事堂. **≠haus·halt** 男 《ふつう単数で》**1** 連邦財政〈予算〉. **2** =Bundeshaushaltsplan **≠haus·halts·plan** 男 連邦予算案. **≠heer** 中 (オーストリアの)連邦軍. **≠ju·gend·ring** 男 -〔e〕s/ (ドイツの)青少年団体連合. **≠ka·bi·nett** 中 -s/-e (ドイツの)連邦政府内閣. **≠kanz·lei** 女 -/ (ドイツの)総理府首相官房; (スイスの)連邦評議会事務局. **≠kanz·ler** 男 **1** (ドイツ・オーストリアの)連邦首相; 〔史〕(北ドイツ連邦の)連邦宰相(1867-71). **2** (スイスの)連邦評議会〈連邦内閣〉事務総長(→Bundesrat 3 a). **≠kanz·ler·amt** 中 -〔e〕s/ (ドイツの)連邦首相官房; (オーストリアの)連邦総理府. **≠kar·tell·amt** 中 -〔e〕s/ (ドイツの)連邦カルテル庁. **≠kri·mi·nal·amt** 中 -〔e〕s/ (略 BKA)(ドイツの)連邦刑事局. **≠la·de** 女 -/ 〔聖〕契約の聖櫃(せいひつ)(神とイスラエルとの契約の基礎をなす十戒を記載した石板を納めた箱). **≠land** 中 -es/..länder (連邦国家を構成する)州: die alten 〈neuen〉 *Bundesländer* 旧来の〈新たに加わった〉連邦諸州(旧西ドイツ〈旧東ドイツ〉の諸州). **≠li·ga** 女 《ふつう単数で》〔スポ〕一部リーグ; 〔サッカー〕(ドイツの)ブンデスリーガ. **≠ma·ri·ne** 女 -/ (ドイツの)連邦海軍. **≠mi·ni·ster** 男 (ドイツ・オーストリアの)連邦〔政府の〕大臣〈閣僚〉. **≠mi·ni·ste·rium** 中 (ドイツ・オーストリアの)(連邦政府の)省: ～ der Finanzen (ドイツの)連邦大蔵省 | ～ für Finanzen (オーストリアの)大蔵省 | ～ des Auswärtigen (ドイツの)連邦外務省 | ～ für Auswärtige Angelegenheiten (オーストリアの)外務省. **≠nach·rich·ten·dienst** 男 -〔e〕s/ (略 BND) 連邦情報局. **≠ober·be·hör·de** 女 連邦上級官庁. **≠po·li·zei** 女 -/ 連邦警察. **≠post** 女 -/ (略 BP) 連邦郵便: die Deutsche ～ (略 DBP)(ドイツの)連邦郵便. **≠prä·si·dent** 男 (ドイツ・オーストリア・スイスの)連邦大統領(スイスでは連邦評議会議長を兼ねる). **≠prä·si·di·al·amt** 中 -〔e〕s/ (ドイツの)連邦大統領府. **≠prä·si·dium** 中 -s/ 〔史〕(北ドイツ連邦の)連邦主席〔職〕. **≠rat** 男 -〔e〕s/..räte **1** 《単数で》 **a**) (ドイツの)連邦参議院(各州の代表からなり, 上院に相当する: →Bundestag 1). **b**) 〔史〕(北ドイツ連邦の)連邦参議院(1867-71). **2 a**) 《単数で》(オーストリアの)連邦議会(各州の代表からなり, 上院に相当する: →Nationalrat 2 a). **b**) (オーストリアの)連邦議会議員. **3 a**) (スイスの)連邦評議会, 連邦内閣(7人の閣僚からなる). **b**) (スイスの)連邦内閣閣僚. **≠rech·nungs·hof** 男 -〔e〕s/ 連邦会計検査院. **≠recht** 中 -〔e〕s/ (↔Landesrecht) 〔法〕(ドイツの)連邦法: *Bundesrecht* bricht Landesrecht. 連邦法は州法に優先する. **≠re·gie·rung** 女 連邦政府. **≠re·pu·blik** 女 -/ 連邦共和国: die ～ Deutschland (略 BRD) ドイツ連邦共和国(第二次大戦後1949年5月23日成立し,1990年10月3日再統一).

bụn·des·re·pu·bli·ka·nisch 形 連邦共和国の.

Bụn·des≠säckel 中 -s/ 《戯》(ドイツの)国庫. **≠so·zi·al·ge·richt** 中 -〔e〕s/ (略 BSG) 連邦社会保障裁判所. **≠staat** 男 **1** 連邦〔国家〕. **2** 連邦を構成する州. **≠stadt** 女 -/ (スイスの)連邦首都 (Bern). **≠stra·ße** 女 (略 B)(ドイツ・オーストリアのバイパス付きの)連邦道(→Bundesfernstraße). **≠tag** 男 -〔e〕s/ **1** (ドイツの)連邦議会(下院に相当する: →Bundesrat 1 a). **2** 〔史〕ドイツ連邦議会(1815-66).

Bụn·des·tags≠ab·ge·ord·ne·te 男 女 (ドイツの)連邦議会議員, 代議士. **≠wahl** 女 (ドイツの)総選挙.

Bụn·des≠ver·dienst·kreuz 中 (ドイツの)連邦功労十字章. **≠ver·fas·sung** 女 連邦憲法. **≠ver·fas·sungs·ge·richt** 中 -〔e〕s/ (略 BVG)(ドイツの)連邦憲

法裁判所. ≈**ver·mö·gens·amt** 中 連邦理財局. ≈**ver·samm·lung** 女 **1** (ドイツの)連邦会議 (Bundestag 議員および同数の Landtag 議員からなる大統領選挙機関); (スイスの)連邦会議, 両院合同会議 (Nationalrat と Ständerat からなる最高議決機関). **2** =Bundestag 2 ≈**ver·sor·gungs·ge·setz** 中 -〔e〕s/ (略 BVG) (ドイツの)連邦〔戦争犠牲者〕援護法. ≈**ver·wal·tungs·ge·richt** 中 -〔e〕s/ 連邦行政裁判所. ≈**vor·stand** 男 同盟〈連盟〉代表者. ≈**wehr** 女 -/ (ドイツの)連邦国防軍.

bun·des·weit 形 連邦レベルの, 連邦全体にわたる.

Bun·des·zen·tral·re·gi·ster 中 -s/ 連邦中央登録簿.

Bund·ho·se[bʊ́nt..] 女 〘服飾〙ニッカー〔ボッカー〕ズ.

bün·dig[bʏ́ndɪç][2] 形 **1** 的確〈明確〉な, 断固とした; 説得力のある: ～*e* Ausdrucksweise 簡潔な表現法 | ein ～*er* Beweis 説得力ある証明 | *jm.* eine ～*e* Erklärung geben …に対して明快に説明する | mit einem ～*en* Nein antworten 断固として否と答える ‖ kurz und ～ (→kurz I 4). **2** 拘束〈強制〉力のある. **3** 〘建〙同一平面上の, 面一(つらいち)の.

Bün·dig·keit[–kaɪt] 女 -/ 的確〈明確〉さ.

bün·disch[bʏ́ndɪʃ] 形 同盟に属する, 同盟員の: die *Bündische* Jugend 同盟青少年団(1923-33年ごろのドイツの自由な青年運動グループの総称で, ワンダーフォーゲルはその一つ).

Bünd·lein Bund I 2, IIの縮小形(→Bündchen).

Bund·lei·ste[bʊ́nt..] 女 (木箱の)帯板.

Bünd·ner[bʏ́ndnər] **I** 男 -s/- ᐁ**1** 同盟〈連盟〉員. **2** =Graubündner I **II** 《無変化》=Graubündner II: ～ Fleisch ビュンドナー=フライシュ(乾燥した塩漬け牛肉の一種).

bünd·ne·risch[..nərɪʃ] =graubündnerisch

Bünd·nis[bʏ́ntnɪs] 中 -ses/-se **1** 同盟, 盟約, 同盟条約: ～ 90 〘政〙(1990年の東西ドイツ再統一を機に, 旧東ドイツの市民運動から生まれた) 90年同盟 ‖ ein festes 〈enges〉 ～ mit *jm.* eingehen 〈schließen〉 …と固い同盟を結ぶ | ein ～ lösen 同盟を解消〈廃棄〉する | einem ～ beitreten 同盟に加入する. **2** 《雅》契り: Er schloß mit ihr ein ～ fürs Leben. 彼は彼女と終生の縁(えにし)を結んだ.

Bund≈schuh[bʊ́nt..] 男 (くるぶしの上でひもを結ぶ中世の)農民靴(→ 図); 〘史〙(1492-1517における西南ドイツの)農民一揆(いっき)〔の旗印〕: den ～ aufwerfen 《比》反乱を起こす. ≈**steg** 男 〘印〙のど(各ページのとじ目の余白); のどあき(版面上で左右2ページ間の余白; 製本されたときの左右見開きページの中央余白部分).

Bundschuh

≈**wei·te** 女 〘服飾〙(ズボン・スカートの)ウエストサイズ.

Bun·ga·low[bʊ́ŋgalo·] 男 (中) -s/-s バンガロー式住宅 (通例屋根の平らな平屋式高級住宅: → 図). [*Hindi* bānglā „bengalisch"–*engl.*]

Bungalow

Bun·ge[bʊ́ŋə] 女 -/-n **1** 〘漁〙(太鼓形の)やな. ᐁ**2** 太鼓. **3** 〘植〙クワガタソウ(鍬形草)(水辺の雑草). [*ahd.* bungo „Knolle"]

Bun·gee[bʌ́ndʒɪ] 中 -〔s〕/ =Bungeejumping

Bun·gee·jum·ping[bʌ́ndʒɪdʒampɪŋ] 中 -s/ バンジージャンプ. [*engl.*]

Bun·gee-Sprin·gen 中 -s/ =Bungeejumping

Bun·ker[bʊ́ŋkər] 男 -s/- **1** (コンクリート製の)掩蔽壕(えんぺいごう), 〔地下〕待避壕; 防空壕; 〘軍〙トーチカ; 《話》牢屋. **2 a**) 〘海〙ばら荷船倉, (特に:) 燃料〈貯炭〉庫. **b**) 〘農〙穀倉, サイロ. **3** (Gefängnis) 監獄, 刑務所. **4** 〘ゴルフ〙バンカー. [*engl.*]

Bun·ker·men·ta·li·tät 女 防空壕〈地下待避壕〉に逃げ込んだときのような自己防衛的な心理状態.

bun·kern[bʊ́ŋkərn] 《05》 **I** 他 (h) (鉱石・石炭・穀物などを)貯蔵する. **II** 自 (h) 〘海〙(船が)燃料を積み込む.

Bun·ny[bʌ́ni·] 中 -s/..nies[..nɪz] バニーガール(クラブなどでうさぎをかたどった水着スタイルでサービスする女性). [*engl.*; < *engl.* bun „Kaninchen〔schwanz〕"]

Bun·sen[bʊ́nzən] 人名 Robert Wilhelm ～ ローベルト ヴィルヘルム ブンゼン (1811-99; ドイツの化学者. スペクトル分析を発見しブンゼン灯を作った).

Bun·sen·bren·ner 男 ブンゼン灯 (→ 図).

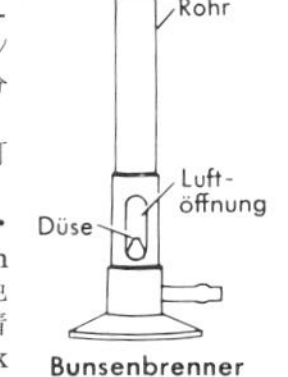

Bunsenbrenner

bunt[bʊnt] **I** 形 **1 a**) (白色・灰色・黒色以外の)色つきの, カラーの: ein schreiend ～*es* Kleid けばけばしい色のドレス | ～*e* Wäsche 色物の下着 (=Buntwäsche) | ᐁder ～*e* Rock (→Rock[1] 3 b) | den ～*en* Rock anziehen 〈ausziehen〉 (→Rock[1] 3 b). **b**) 多色の, 色とりどりの, 多彩な, 色彩豊かな, カラフルな: ein ～*es* Kostüm カラフルな衣装 | eine ～*e* Wiese 花の咲き乱れた草原 ‖ ～ bemalt sein 色華やかに塗ってある. **c**) 雑色の, まだらの: eine ～*e* Kuh (白と褐色斑(はん)など)まだらの牛 | ～*es* Laub 色づいた〈雑色の〉葉.

2 いろいろな, 変化にとむ: ein ～*es* Leben hinter *sich*[3] haben 波瀾(はらん)にみちた人生を経ている | einen ～*en* Abend veranstalten 種々の出し物のある夕べの催しをする | eine ～*e* Platte (→Platte 3) | ein ～*er* Teller (→Teller 1) | ～*e* Reihe machen (→Reihe 1) | in ～*er* Reihe sitzen (→Reihe 1).

3 乱雑な; ひどい: ～ durcheinander ごちゃまぜに | ～ zugehen ごたごたになる, 混乱する | **es zu ～ treiben** 《話》度がすぎる, やりすぎる | ***et.***[1] **wird *jm.* zu ～** 《話》…が…にとって我慢の限界を超える | Jetzt wird mir der Lärm zu ～. 《話》もう私はこの騒ぎは我慢できない.

II Bunt 中 -s/ in ～ gekleidet sein 色物の〈はでな〉服を着ている.

[*mlat.*–*mhd.* „schwarzweiß gefleckt"; ◇Punkt]

bunt·be·malt[bʊ́ntbəma:lt] 形 色華やかに塗ってある.

Bunt·blätt·rig·keit[bʊ́ntblɛtrɪçkaɪt] 女 -/ 〘植〙斑葉(はんよう), (葉の)斑(ふ)入り. [< Blatt]

Bunt≈blei·erz 中 〘鉱〙緑鉛鉱. ≈**druck** 男 -〔e〕s/-e 多色刷り, カラー印刷.

bunt·far·big 形 多色〈多彩〉の.

Bunt≈fern·se·hen 《話》=Farbfernsehen ≈**film** 《話》=Farbfilm

bunt·fleckig 形 まだらの, 斑点(はんてん)のある.

Bunt·fo·to 《話》=Farbfoto

bunt≈ge·fie·dert 形 (鳥が)多色の羽毛のある. ≈**ge·fleckt** =buntfleckig ≈**ge·mischt** 形 さまざまに混じり合った: ein ～*es* Programm 多彩なプログラム. ≈**ge·mu·stert** 形 色模様の. ≈**ge·wür·felt** 形 多色格子縞(じま)の, タータン=チェックの.

Bunt·heit[bʊ́nthaɪt] 女 -/ bunt なこと.

Bunt≈kä·fer 男 〘虫〙カッコウムシ(郭公虫)科の昆虫. ≈**kup·fer·erz** 中 〘鉱〙斑銅(はんどう)鉱. ≈**lip·pe** 女 〘植〙ニシキジソ(錦紫蘇)属. ≈**me·tall** 中 (貴金属以外の)非鉄重金属. ≈**pa·pier** 中 色紙(いろがみ), 千代紙. ≈**sand·stein** 男 〘地〙ブンター統, 斑砂統(はんさとう).

bunt≈scheckig 形 多色斑点(はんてん)のある, 色とりどりの; 雑然とした. ≈**schil·lernd**[..ʃɪlərnt][1] 形 玉虫色の, 多彩に変化する.

Bunt≈specht 男 〘鳥〙アカゲラ(赤啄木鳥). ≈**stift** 男 色鉛筆, クレヨン. ≈**wä·sche** 女 色物の下着.

Buph·thal·mus[bʊftálmʊs] 男 -/..mi[..mi·] 〘医〙牛眼, 眼球水腫(すいしゅ). [< *gr.* boũs „Rind"+ophthalmo..]

Bur[bu:r] 男 -en/-en =Bure

Burck·hardt[bʊ́rkhart] 人名 Jakob ～ ヤーコプ ブルクハルト(1818-97; スイスの歴史家. 著書『イタリア=ルネサンスの文化』など).

Bür·de[bʏ́rdə] 女 -/-n **1** 《雅》重い荷物, 重荷; 《比》負担: eine ～ tragen 重荷を背負う | Die Äste brachen unter der ～ des Schnees. 枝は雪の重みに耐えかねて折れた. ᐁ**2** 胎児. [*germ.*; ◇gebären, Bahre; *engl.* burden]

B

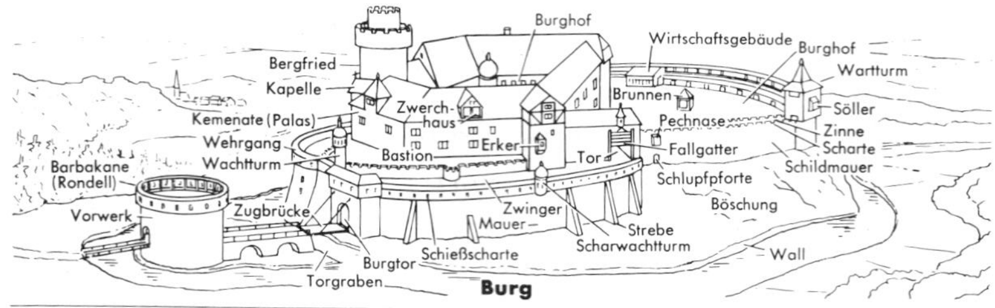

Burg

ᐁ**bür·den**[bʏ́rdən][1] 《01》 他 (h) 《*et.*[4] auf *jn.*》 (…に重荷・罪・責任などを)負わせる.

Bu̱·re[búːrə] 男 -n/-n ボーア人(南アフリカのオランダ系移住民). [*ndl.* boer „Bauer"; ◇Bauer[1]; *engl.* boor]

Bü̱·re[bʏ́ːrə] 女 -/-n 《北部》ベッドシーツ, 敷布, ベッドパッド. [*spätlat.* burra „zottiges Gewand"－*afr.*－*mndl.*－*mndd.*]

Bu·reau[byróː] 中 -s/-s ＝Büro

Bu̱·ren·krieg[búːrən..] 男 -[e]s/ 《史》ボーア戦争(ボーア人の建てたトランスヴァール, オレンジ両国とイギリスとの戦争〔1899-1902〕. ボーア人は敗れてイギリスの支配下にはいった).

Bü·rẹt·te[byrɛ́tə] 女 -/-n 《化》ビュレット(→ 図 Chemie). [*fr.* burette „Kännchen"; ◇Bauch]

Burg[bʊrk][1] 女 -/-en **1 a)** 城, 城塞(じょうさい) (→ 図); 《比》隠れ家, 庇護(ひご)〔者〕: eine feste ～ 堅固な城 | Ein' feste ～ ist unser Gott. われらが神は堅きやぐら (Luther) | eine ～ belagern 城を包囲する ‖ in einer alten ～ leben 《軽蔑的に》古い家に住んでいる. **b)** 《狩》(ビーバーの)巣. **2** ＝Strandburg **3** 《オーストリア》 die ～ ブルク劇場(＝Burgtheater). [*germ.*; ◇Berg[3]; *engl.* borough]

Bụrg·bann[bʊ́rk..] 男 (周辺の住民に対する)城主の管轄〈支配〉権.

bür·ge[bʏ́rgə] bärge (bergen の接続法 II)の古形.

Bụ̈r·ge[bʏ́rgə] 男 -n/-n (⊛ **Bür·gin**[..gɪn]-/-nen) **1** 保証人: einen ～*n* stellen 保証人を立てる. **2** 証人: für *et.*[4] ～ sein …の証人である. **3** 保証〔するもの〕.

bụ̈r·gen[bʏ́rgən][1] 自 (h) **1** 《für *jn.* 〈*et.*[4]〉》《法》(…の)保証人になる. **2** 《〔*jm.*〕 für *et.*[4]》 (〔…に〕…を)保証する: für die Richtigkeit der Tatsache ～ その事実の正しさを保証する. [*ahd.*; ◇borgen]

das **Bụr·gen·land**[bʊ́rgən..] 地名 中 -[e]s/ ブルゲンラント(オーストリアの東端にある州. 州名は Wieselburg, Ödenburg, Eisenburg 3県の名にちなむ).

bụr·gen·län·disch 形 ブルゲンラントの.

Bụ̈r·ger[bʏ́rgər] 男 -s/- (⊛ **Bụ̈r·ge·rin**[..gərɪn]-/-nen) **1** (自治体または国家の公民権を有する住民)市〔町村〕民; 公民, 人民, 国民; (プロレタリアに対して)ブルジョア, 中産階級の人; 《史》(貴族・僧侶(そうりょ)に対して)〔都〕市民, 町民, 平民: ein solider 〈wohlhabender〉 ～ 堅実な〈裕福な〉市民 | die *Bürger* der Bundesrepublik 〔ドイツ〕連邦共和国の国民 | Stadt*bürger* 市民 | Staats*bürger* 国民 ‖ ᐁder akademische ～ 大学生 | **～ in Uniform** 制服を着た市民(ドイツの連邦国防軍の兵士). **2** 《軽蔑的に》凡人, 俗物. **3** (Zivilist)(軍人に対して)シビリアン, 文民. [*ahd.*; ◇Burg, Bourgeois]

Bụ̈r·ger≈ak·tio̱n 女 市民運動. **≈be·tei·li·gung** 女 市民参加. **≈be·we̱·gung** 女 市民運動. **≈eid** 男 《史》(市民権を与えられるときの)市民宣誓. **≈fa·mi̱·lie** [..liə] 女 ブルジョア〈中産階級〉の家系. ᐁ**≈gar·de** 女 ＝ Bürgerwehr **≈ge·sell·schaft** 女 市民社会. **≈haus** 中 **1** ブルジョア〈中産階級〉の家; (特に15-17世紀の)市民の家, 民家. ᐁ**2** ＝Bürgerfamilie

Bụ̈r·ge·rin Büger の女性形.

Bụ̈r·ger≈in·itia·ti̱·ve[bʏ́rgər..] 女 市民〈住民〉運動: eine ～ ins Leben rufen 住民運動を組織する. **≈krieg** 男 国内戦争, 内戦, 内乱.

bụ̈r·ger·lich[bʏ́rgərlɪç] **I** 形 **1** 市民の, 中産階級の: ein ～*es* Leben führen (特に富裕でもなく, 特に貧しくもない)市民的な〈堅実な〉生活を送る | von ～*er* Abkunft sein 市民階級の出である | die ～*e* Ehe (戸籍役場で結ばれた)正式の婚姻 | die ～*e* Küche 簡素〈庶民的〉な料理 | ein ～*es* Trauerspiel 《劇》(英雄悲劇などに対し)市民悲劇 ‖ der Verlust der ～*en* Ehrenrechte 公民権喪失 | *jm.* die ～*en* Ehrenrechte aberkennen …の公民権を停止する ‖ Wir essen ～. 私たちは簡素な食事をする. **2** 《法》民事の: ein ～*er* Prozeß 民事訴訟 | das ～*e* Recht i) 民法(＝Zivilrecht); ii) ＝Bürgerrecht 1 | das *Bürgerliche* Gesetzbuch (略 BGB)(ドイツの)民法〔典〕. **3** (軍人に対して)シビリアン〈文民〉の. **4** 《軽蔑的に》市民階級の因習にとらわれた, プチブル的な, 俗物根性の, 偏狭な: ～*e* Vorurteile 小市民的偏見. **5** ブルジョア的な: die ～*e* Geschichtsauffassung ブルジョア的〔歴〕史観.

II Bụ̈r·ger·li·che 男 女 《形容詞変化》市民, 市民〈中産〉階級の人: Er hatte eine ～ geheiratet. 彼は市民階級〈平民出〉の娘と結婚した.

Bụ̈r·ger·lich·keit[−kaɪt] 女 -/ (bürgerlich なこと. 特に:) 中産階級的な生き方, プチブル的な考え方.

Bụ̈r·ger≈mäd·chen[bʏ́rgər..] 中 市民〈中産〉階級の少女. **≈mei·ster**[また: ◡◡⏊◡] 男 (⊛ **≈mei·ste·rin** → 別出) 市長, 町〈村〉長, (一般に)地方自治体の長; (大都市の)副市長(→Oberbürgermeister).

Bụ̈r·ger·mei·ster·amt 中 **1** 市長の職. **2** 市庁〔舎〕, 町〈村〉役場.

Bụ̈r·ger·mei·ste·re̱i[bʏrgərmaɪstəráɪ] 女 -/-en 市庁〔舎〕, 連合自治体の庁舎.

Bụ̈r·ger·mei·ste·rin[bʏ́rgər.., ◡◡⏊◡◡] 女 **1** Bürgermeister の女性形. **2** 市〔町村〕長夫人.

bụ̈r·ger·nah[bʏ́rgərnaː] 形 (政治などが)市民〈国民〉の立場に立った.

Bụ̈r·ger≈pflicht 女 市民の義務: Ruhe ist die erste ～! (→Ruhe 4). **≈recht** 中 -[e]s/-e **1** 《ふつう複数で》市民の権利; 市民権, 公民権: das ～ erwerben 市民権を獲得する; 《比》公に認められる | *jm.* die ～*e* entziehen …の市民〈公民〉権を剝奪(はくだつ)する. **2** (中世都市の)市民法.

Bụ̈r·ger·recht·ler 男 -s/- 公民権運動の信奉者.

Bụ̈r·ger·rechts·be·we̱·gung 女 公民権運動(特に人種差別問題などと関連しての).

Bụ̈r·ger·schaft[bʏ́rgərʃaft] 女 -/-en 《ふつう複数で》**1** 《集合的に》市民, 地方自治団体の住民. **2** (ハンザ同盟都市 Hamburg と Bremen の)市議会.

Bụ̈r·ger≈schreck[bʏ́rgərʃrɛk] 男 -s/ (市民の平和を乱す)挑発〈煽動(せんどう)〉家. ᐁ**≈schu̱·le** 女 《史》(市立の)高等小学校. **≈sinn** 男 -[e]s/ 《雅》市民的感覚, 市民精神.

Bụ̈r·gers·mann[bʏ́rgərs..] 男 -[e]s/..leute 市民, 「中産〈庶民〉階級の人.」

Bụ̈r·ger≈stand[bʏ́rgər..] 男 -[e]s/ 市民〈中産〉階級, ブルジョアジー; (貴族・僧侶に対する)第三〈町人〉階級, 平民. **≈steig** 男 (↔Fahrbahn)(車道より一段高くなった)歩道. **≈stolz** 男 市民〔階級〕としての誇り. **≈tu̱·gend** 女 市民道徳, 公徳心.

Bür·ger·tum[bʏ́rgərtu:m] 中 -s/ 《集合的に》市民, 市民(中産)階級. [*fr.* bourgeoisie の翻訳借用]

▽**Bür·ger·wehr** 女 (市民の自衛組織としての)市民軍, 自警団.

Burg≈frau[bʊ́rk..] 女 城主の夫人. ≈**fräu·lein** 中 城主の息女. ≈**fried**[..fri:t][1] =Bergfried 1 ≈**frie·de**〔**n**〕 男 **1** (非常時における議会内の党争の)一時的停戦. **2** 〖史〗城内平和. ≈**gra·ben** 男 城の〔まわりの〕堀. ≈**graf** 男〖史〗(中世ドイツの)城伯(城市の司令長官. 東部ドイツやニュルンベルクでは裁判権ももっていた). ≈**grä·fin** 女 城伯夫人. ≈**graf·schaft** 女 城伯の職; 城伯の支配領域. ≈**herr** 男〖史〗城主, 領主. ≈**her·rin** 女 女城主(領主). ≈**hof** 男 城の中庭(→ 図 Burg).

Bür·gin Bürge の女性形.

Burg·rui·ne[bʊ́rk..] 女 城の廃墟(はいきょ).

Bürg·schaft[bʏ́rkʃaft] 女 -/-en 保証; 保証契約; 担保, 保証金: für *jn.* eine ～ übernehmen 〈auf *sich*[4] nehmen〉 …のために保証を引き受ける, …の保証人になる | eine ～ leisten 保証する.

bürg·schafts·fä·hig 形 保証能力のある.

Bürg·schafts≈schein 男 保証書; 保釈保証書. ≈**ver·trag** 男 保証契約.

Burg·schau·spie·ler[bʊ́rk..] 男 Burgtheater の俳優.

das **Burg·thea·ter** 中 -s/ ブルク劇場(ウィーンにあるオーストリアの国立劇場. 1741年創設, 1776年国立となる).

Burg·tor 中 城門(→ 図 Burg).

Bur·gund[bʊrgʊ́nt] 地名 ブルゴーニュ(フランス南東部の地方. フランス語形 Bourgogne); 〖史〗ブルグント (Burgunder の建てた王国). [◇ *engl.* Burgundy]

Bur·gun·de[..də] 男 -n/-n =Burgunder I 1

Bur·gun·der[..dər] **I** 男 -s/- **1 a)** ブルグント人(東ゲルマンの一種族. 406年ライン川沿岸に王国を建て,436年フン族に滅ぼされたのち,443年ローヌ川沿岸に再び王国を建てた. この王国は534年, フランク王国に併合された). **b)** ブルゴーニュの人. **2** ブルゴーニュ産のワイン.

II 形《無変化》ブルグントの; ブルゴーニュの.

Bur·gun·der·wein 男 =Burgunder I 2

bur·gun·disch[bʊrgʊ́ndɪʃ] 形 ブルグント〔ふう〕の; ブルゴーニュ〔ふう〕の: die *Burgundische* Pforte ブルグントの門 (Vogesen と Jura 山脈の間の低地帯で古くからドイツとフランスを結ぶ重要な交通路).

Burg≈ver·lies[bʊ́rk..] 中 城内の〔地下〕牢獄(ろうごく). ≈**vogt** 男 **1** 〖史〗城代, 城守(じょうもり). **2** =Burgherr ≈**war·te** 女 城の望楼.

bu·risch[bú:rɪʃ] 形 ボーア〔人〕の(→Bure).

Bur·jä·te[bʊrjɛ́:tə] (**Bur·ja·te**[..já:tə]) 男 -n/-n ブリヤート人 (Baikal 湖周辺に住むモンゴル族. ロシア連邦内でブリヤート自治共和国を形成する). [◇ *engl.* Buryat]

bur·ja·tisch[..já:tɪʃ] 形 ブリヤート〔人〕の.

bur·lesk[bʊrlɛ́sk] 形 (possenhaft) ふざけた, おどけた, 道化じみた; 野卑な. [*it.*－*fr.*; ＜*it.* burla „Posse" (◇Büre)] [*fr.* burlesque]

Bur·les·ke[..kə] 女 -/-n バーレスク, 茶番喜劇, 道化芝居.

Bur·ma[bʊ́rma·] =Birma

Bur·ma·ne[bʊrmá:nə] 男 -n/-n =Birmaner

bur·ma·nisch[..nɪʃ] =birmanisch

Bur·me·se[..mé:zə] 男 -n/-n =Birmaner

Bur·nus[bʊ́rnʊs] 男 -, -ses/-se ビュルヌー, バーヌース(元来はアラビア人男子の着用するウールのフードつきマント). [*gr.* bírros „Oberkleid"－*arab.*－*fr.* burnous; ◇ *engl.* burnoose]

Bü·ro[byró:] 中 -s/-s **1** 事務所〈室〉, オフィス, 役所; 事務所〈オフィス〉の人たち: ins ～ gehen オフィスに行く | im ～ arbeiten オフィスで働く ‖ das ganze ～ einladen 事務所の全員を招待する | Das erledigt mein ～. それは私の事務所の人たちが処理します. ▽**2** (上面にラシャを張った)事務机. [*fr.* bureau; ◇Büre]

Bü·ro≈an·ge·stell·te[byró:..] 男 女 事務員. ≈**be·darfs·ar·ti·kel** 男 -s/- 《ふつう複数で》事務用品. ≈**com·pu·ter**[..kɔmpju:tər] 男 オフィス=コンピューター. ≈**haus** 中 オフィスビル. ≈**klam·mer** 女 クリップ. ≈**kraft** 女 事務〔職〕員.

Bü·ro·krat[byrokrá:t] 男 -en/-en 官僚, 官吏; 《軽蔑的に》官僚的な人; 杓子(しゃくし)定規な人. [*fr.* bureaucrate]

Bü·ro·kra·tie[..kratí:] 女 -/-n[..tí:ən] **1 a)** 官僚政治〈支配〉; 官僚機構. **b)** 《集合的に》(官庁の)全庁員. **2** =Bürokratismus [*fr.*]

bü·ro·kra·tisch[..krá:tɪʃ] 形 官僚〔制〕の; 官僚主義的な, 形式主義の, お役所式の; 杓子(しゃくし)定規の.

bü·ro·kra·ti·sie·ren[..kratizí:rən] 他 (h) 官僚主義化する.

Bü·ro·kra·tis·mus[..tísmʊs] 男 -/ 官僚主義, お役所式のやり方, (杓子(しゃくし)定規な)形式主義.

Bü·ro·kra·tius[..krá:tsiʊs] 男 -/ 《戯》官僚主義の権化.

Bü·ro·list[..líst] 男 -en/-en 《スイ》=Büroangestellte

Bü·ro≈ma·schi·ne[byró:..] 女 -/-n 《ふつう複数で》事務機械(タイプライター・計算機・データ処理機械など). ≈**mensch** 男 杓子(しゃくし)定規の〈融通のきかない〉人間. ≈**mö·bel** 中 -s/- 《ふつう複数で》事務室用家具. ≈**raum** 男 事務室. ≈**schlaf** 男 -〔e〕s/ 《戯》いいかげんな執務ぶり. ≈**schluß** 男 ..sses/ 退社〈退庁〉時間, 終業時刻. ≈**stun·de** 女 -/-n 《ふつう複数で》(役所・会社などでの)勤務〈執務〉時間.

Bü·ro·tel[byrotɛ́l] 中 -s/-s 貸事務所つきホテル. [＜Büro＋Hotel]

▽**bur·ren**[bʊ́rən] 自 **1** (h) (虫などが)ブンブンいう; (馬に)どうどうと声をかける. **2** (s) (虫などが)ブーンと羽音をたてて飛び去る.

Bur·sa[bʊ́rza·] 女 -/..sae[..zɛ·] 〖解〗滑液包.

Bursch[bʊrʃ] 男 -en/-en **1** 学生組合の正会員; 《話》学生. **2** 《方》=Bursche 1

Bur·sche[bʊ́rʃə] 男 -n/-n (⑥ **Bürsch·chen**[bʏ́rʃçən], **Bürsch·lein**[..laɪn] 中 -s/-) **1** (主として未婚の)青年, 若者: ein geriebener 〈prächtiger〉 ～ 抜け目のない〈すてきな〉若者. **2** (親しみ・軽蔑などをこめて)やつ, 若い衆: Alter ～! おい君 | *Bursche*, ～! (警告的に)おいおい〔お若いの〕. **3** (ホテル・レストランなどの)ボーイ; (職人の)徒弟; ▽〖軍〗従卒当番兵. **4** 《話》(動物などについて)一匹: Er hat einen ganz schönen ～*n* geangelt 〈geschossen〉. 彼はすばらしいやつを釣った〈射とめた〉. **5** =Bursch 1

bur·schen·haft[..haft] 形 若者らしい; 大学生気質の.

▽**Bur·schen·le·ben** 中 -s/ 大学生生活.

Bur·schen·schaft[..ʃaft] 女 -/-en 学生組合(特に19世紀初頭の対ナポレオン解放戦争以降, イェーナ大学ほか各地で作られた: →Studentenverbindung).

Bur·schen·schaf·ter[..tər] 男 -s/- 学生組合員.

bur·schi·kos[bʊrʃikó:s][1] **1** 若者〈学生〉らしい, 書生気質の; 元気のよい; 遠慮のない, 不作法な: eine ～*e* Natürlichkeit 学生らしい自然さ. **2** (若い女性の言動に関して)おきゃんな, おてんばな, はきはきした: Sie hat ein ～*es* Benehmen. 彼女は男の子のような〈不作法な〉振舞いをする.

Bur·schi·ko·si·tät[..kozitɛ́:t] 女 -/-en **1** 《ふつう単数で》burschikos なこと. **2** burschikos な言動.

Bürsch·lein Bursche の縮小形.

▽**Bur·se**[bʊ́rzə] 女 -/-n **1** 財布. **2** (中世の)学生寮. [*gr.* býrsa „Rindsfell"－*mlat.* bursa „Beutel"－*mhd.*; ◇Börse]

Bur·si·tis[bʊrzí:tɪs] 女 -/..tiden[..zití:dən] 〖医〗滑液包炎.

Bür·ste[bʏ́rstə] 女 -/-n (⑥ **Bürst·chen**[..çən], **Bürst·lein**[..laɪn] 中 -s/-) ブラシ, はけ(刷毛); 〖電〗(モーターなどの)ブラシ; 《話》短くこわい髪〈毛〉, いがぐり頭〔の髪〕: den Anzug mit einer ～ säubern 服にブラシをかける | ein *Bürstchen* auf der Oberlippe 《比》ちょびひげ. [*mhd.*; ◇Borste]

bür·sten[bʏ́rstən] 《01》 他 (h) **1** (…に)ブラシをかける, (髪を)ブラッシングする: die Jacke ～ 上着にブラシをかける | *sich*[3] die Zähne ～ 歯を磨く | ein sauber *gebürsteter* Anzug きれいにブラシした服 ‖ den Staub von der Hose ～ ブラシをかけてズボンのほこりを払う | *et.*[4] gegen den Strich ～ (→Strich 3). **2** 《卑》(koitieren) 《*jn.*》(…と)性交する.

B

B

Bür·sten⸗ab·zug 男〘印〙ブラシプルーフ, 分色校正刷り; (むらとり前の, また腐食後にまだ仕上げしていない版面からの)試刷(しずり), 試(し)刷り; 未校(内校正をしていない校正刷り). **⸗bad** 中 温水中でのブラシ=マッサージ. **⸗bin·der** 男 -s/- **1** ブラシ〈ほうき〉類製造職人:〖ふつう次の形で〗**wie ein ~** 《話》大いに | wie ein ~ arbeiten せっせと働く | wie ein ~ trinken 〈saufen〉(→trinken II, →saufen II) | wie ein ~ laufen 〈rennen〉 疾走する, 大いに走り回る ‖ wie ein ~ fluchen 激しくののしる. **2** 〘虫〙ドクガ(毒蛾)類の幼虫. **⸗fri·sur** 女 =Bürstenhaarschnitt **⸗haar** 中 -〔e〕s/ 短くこわい髪. **⸗haar·schnitt** 男〘理容〙ブラッシュ=カット(短髪ふうの刈り方). **⸗hal·ter** 男 ブラシ掛け;〘電〙ブラシホルダー. **⸗ma·cher** 男 ブラシ製造職人. **⸗mas·sa·ge** [..masa:ʒə] 女 ブラシ=マッサージ. **⸗schnitt** 男〘理容〙丸刈り, いがぐり〔頭〕.

Bürst·lein Bürste の縮小形.

Bu·run·di[burúndi·] 地名 ブルンジ(アフリカ中央部にある共和国で,1962年ベルギーから王国として独立,1966年以来共和制. 首都はブジュンブラ Bujumbura).

Bu·run·di·er[..diər] 男 -s/- ブルンジ人.

bu·run·disch[..dɪʃ] 形 ブルンジ〔人〕の.

Bür·zel[bʏ́rtsəl] 男 -s/- **1** (鳥類の)尾羽のつけ根(→ 図 Vogel A). **2** 〘狩〙(イノシシ・アナグマなどの)尾. **3** 〘植〙スベリヒユ. [＜borzen]

Bür·zel⸗dorn 男〘植〙ハマビシ(浜菱)属. **⸗drü·se** 女〘鳥〙尾腺(びせん).

Bus[bʊs] 男 -ses/-se (＜Omnibus) バス, 乗合自動車: Klein*bus* マイクロバス | Reise*bus* 観光バス | Trolley*bus* トロリーバス ‖ aus dem ~ steigen バスを降りる | in den ~ steigen バスに乗る | mit dem ~ fahren バスに乗って行く.

Bu·sam[bú:zam] 男 -s/ 《オーストリア》《話》=Busen 1

Bus·bahn·hof 男 バスのターミナル駅.

Busch[1][bʊʃ] 人名 Wilhelm ~ ヴィルヘルム ブッシュ(1832-1908; ドイツの詩人・風刺画家. 作品『マックスとモーリツ』など).

Busch[2][bʊʃ] 男 -es(-s)/Büsche[bʏ́ʃə] (⑪ **Büsch·chen** [bʏ́ʃçən], **Büsch·lein**[..laɪn] 中 -s/-) **1** (英: *bush*)〔茂った〕灌木(かんぼく)〈低木〉; (低木の)茂み, やぶ: ein blühender ~ 花の咲いている灌木〈茂み〉‖ **bei** *jm.* **auf den ~ klopfen** 《話》…の意向を打診する; …に誘導尋問をする(やぶをたたいて獲物を追い出すことから) | wie Zieten **aus dem ~** (→Zieten) | *sich*[4] **hinter** einem ~ verstecken 茂みに隠れる | **mit** *et.*[3] **hinter dem ~ halten** 《話》…(考えなど)を言わずに〈隠して〉おく | **Es ist etwas im ~.** 《話》何か裏〈怪しいこと〉があるぞ | *sich*[4] 〔**seitwärts**〕 **in die *Büsche* schlagen** 《話》こっそり逃げる〈姿をくらます〉. **2** 《単数で》 **a)** 〘地〙(熱帯の)叢林(そうりん); 《話》原生林, (深い)森: der afrikanische ~ アフリカの未開地域〈叢林地〉| Du kommst wohl aus dem ~? 《俗》君はひどく世間知らずだね. [▽]**b)** 《雅》(灌木の生い茂った)小さな森. **3 a)** (Büschel) 束: ein ~ Haar 一束の髪〈毛〉. **b)** 大きな花束: ein ~ Rosen バラの花束. [*ahd.*; ◇Bausch; *engl.* bush]

Busch·boh·ne[bʊ́ʃ..] 女〘植〙インゲンマメ(隠元豆)属の一種.

Büsch·chen Busch[2]の縮小形.

Bü·sche Busch[2]の複数.

Bü·schel[bʏ́ʃəl] 中 -s/- **1** (植物・毛髪・羽毛などの)小さい束, 小さい房; (鳥の)冠毛; (かぶと・帽子の)羽根飾り. **2** 〘数〙線束. **3** 〘電〙芒光(ぼうこう).

Bü·schel·ent·la·dung 女〘電〙ブラシ放電.

bü·schel·för·mig 形 束状の, 房の形をした.

Bü·schel⸗kie·mer[..ki:mər] 男 -s/- 〘魚〙冠鰓(かんさい)目(カミソリウオ・タツノオトシゴなど). **⸗licht** 中 -〔e〕s/-er (特にマスト・塔の先端などに現れる)芒光(ぼうこう), 聖エルモの火. **⸗nel·ke** 女〘植〙アメリカナデシコ(撫子).

Bu·schen[bʊ́ʃən] 男 -s/- 《南部・オーストリア》=Busch[2] 3 b

Bu·schen·schen·ke 女《南部・オーストリア》=Straußwirtschaft

Busch⸗hemd[bʊ́ʃ..] 中〘服飾〙ブッシュシャツ. **⸗holz** 中 灌木(かんぼく)林, 叢(そう)林, やぶ, 下生え.

bu·schig[bʊ́ʃɪç][2] 形 (灌木の)生い茂った, やぶのような; 毛深い: ~*e* Augenbrauen (毛が密生して突き出た)濃い眉(まゆ).

[▽]**Busch·klep·per**[bʊ́ʃ..] 男 山賊, 追いはぎ; 密猟者. [＜Klepper „Reiter"]

Büsch·lein Busch[2]の縮小形.

Busch·mann[bʊ́ʃman] 男 -〔e〕s/..männer[..mɛnər] ブッシュマン(アフリカの原住民. もとは南アフリカ一帯に分布していたが, 今は Kalahari 砂漠にのみ住む).

busch·män·nisch[..mɛnɪʃ] 形 ブッシュマンの.

Busch⸗mei·ster[bʊ́ʃ..] 男〘動〙ブッシュマスター(中米産の毒蛇). **⸗mes·ser** 中 (森・やぶなどで用いる枝払い用の)大型ナイフ, なた. **⸗ne·ger** 男 (西インド・中南米の)叢林(そうりん)に住む黒人. **⸗schwein** =Flußschwein **⸗werk** 中 -〔e〕s/ 灌木(かんぼく)林, 茂み, やぶ. **⸗wind·rös·chen** 中〘植〙アネモネ.

Bü·se[bý:zə] 女 -/-n (ニシン漁獲用の)漁船. [*mlat.*–*afr.*–*mndl.*–*ndd.*; ◇*engl.* buss]

Bu·sen[bú:zən] 男 -s/- **1** (女の)胸; (乳房と乳房の間の)くぼみ, たにま: ein voller 〈üppiger〉~ 豊満な胸 ‖ Die Mutter drückte ihr Kind an den ~. 母親はわが子を胸に抱きよせた | Ihr ~ wogt. 彼女の胸は〔大きく〕波打っている. **2** 《雅》(Brust) 胸: am ~ des Freundes 〈der Natur〉 ruhen 友の胸〈自然のふところ〉に抱かれて休息する. **3** 心, 胸のうち: *jm.* *seinen* ~ öffnen …に心底を明かす ‖ ein Geheimnis im ~ verschließen 秘密を胸に持つ | eine Schlange am 〈an *seinem*〉 ~ nähren (→Schlange 1 a). **4** (衣服の)胸部, ふところ: Sie steckte den Brief in den ~. 彼女はその手紙をふところにしまった. **5** (Meerbusen) 湾, 入江.
[*westgerm.*; ◇Bauch, Bausch, böse; *engl.* bosom]

bu·sen·frei 形 (とくに女性が)胸をあらわにした, 胸をはだけた.

Bu·sen⸗freund 男 **1** 《しばしば皮肉に》心の友, 親友. **2** 《話》豊満な胸の女に恋する男. **⸗freun·din** 女 **1** Busenfreund の女性形. **2** 《話》豊満な胸を見せびらかす女. **3** 《話》ブラジャー; コルセット. [▽]**⸗na·del** 女 ブローチ, 胸につける飾りピン. **⸗tuch** 中《南部・オーストリア》ショール, スカーフ.

Bus⸗fah·rer[bʊ́s..] 男 バスの運転手. **⸗hal·te·stel·le** 女 バスの停留所.

Bu·shel[bʊ́ʃəl] 男 -s/-s《単位としてはときに無変化》ブッシェル(英国の穀量〔単位〕: 約36 *l*). [*mfr.*–*engl.*]

bu·sig[bú:zɪç][2] 形 胸の膨らんだ; 入江になった. [＜Busen]

Busi·neß[bíznɪs] 中 -/ 《しばしば軽蔑的に》(利潤追求の・利潤をもたらす)ビジネス; 実務生活, 実業界: Big 〈Small〉 ~ i) 大〈小〉企業; ii) 大きな〈小さな〉取引. [*engl.*]

Busi·ness·man[..mən] 男 -〔s〕/..men[..mən] ビジネスマン. [*engl.*; ＜*aengl.* bysig „beschäftigt"]

Bus·li·nie[bʊ́sli:niə] 女 バスの路線.

bus·per[bʊ́spər] 形《南西部・スイス》(wohlauf) 陽気〈快活〉な, いきいきした.

Buß·an·dacht[bú:s..] 女〘カトリック〙悔い改めの礼拝.

Bus·sard[bʊ́sart][1] 男 -s/-e〘鳥〙ノスリ(ワシタカ科. ノネズミ・ヘビなどを食う). [*lat.* būteō–*afr.*–*fr.* busard; ◇*engl.* buzzard]

Bus·se[1][bʊ́sə] 人名 Karl ~ カール ブッセ(1872-1918; ドイツの詩人. わが国では上田敏の訳詩『山のあなたの空遠く』によって知られている).

Bus·se[2] Bus の複数.

Bu·ße[bú:sə] 女 -/-n **1** 〘宗〙悔い改め; 改悛(かいしゅん); 償い, 贖罪(しょくざい): das Sakrament der ~〘カトリック〙悔悛の秘跡(=Bußsakrament) ‖ ~ tun 贖罪(しょくざい)する | ~ predigen 罪をざんげせよと説教する ‖ *jn.* zur ~ ermahnen …に悔い改めるように警告する. **2** 〘法〙賠償〔金〕;《スイス》過料, 罰金〔刑〕;〘史〙(ゲルマンの)贖罪金: eine hohe 〈schwere〉 ~ 重い罰金〔刑〕‖ *jn.* mit ~ belegen …に賠償金〈過料〉を科する | *jn.* zu einer ~ verurteilen …を過料〈罰金刑〉に処する ‖ eine ~ zahlen 〈entrichten〉 賠償金〈過料〉を支払う. [*germ.* „Besserung"; ◇besser, büßen; *engl.* boot]

Bus·sel[bʊ́səl] 中 -s/-〔n〕《南部》(Kuß) キス, くちづけ.

bus·seln[..səln] 《06》 他 (h) 《南部》《*jn.*》(…に)キスする. [*mhd.* bussen]

bü·ßen[bý:sən] 《02》 **I** 他 (h) **1** 《*et.*[4]》(…の)償いをする,

罰を受ける: eine Unvorsichtigkeit ⟨ein Versehen⟩ ～ 軽率な行為⟨過失⟩の償いをする | *et.*[4] mit *seinem* Leben ⟨mit dem Tode⟩ ～ 死をもって…の罪を償う ‖ *seine* Sünden ～〘宗〙罪を告解して贖罪(しょくざい)する ‖ Das sollst du mir ～!《話》〔いずれ〕償いはさせてやるからな. **2**《スイス》*jn.* mit einer Geldstrafe ～ …に罰金刑を科す. ▽**3**《*et.*[4]》(欲望などを)みたす. **II** 自 (h)《für *et.*[4]》(…の)償いをする; 贖罪する: eine *büßende* Nonne 贖罪の尼僧. **III Bü̱·ßen·de** 男 女《形容詞変化》悔悛者; 贖罪者. [*germ.* „aufbessern“; ◇besser, Buße]

Bü̱·ßer[bý:sər] 男 -s/- (女 **Bü̱·ße·rin**[..sərɪn]-/-nen)〘宗〙悔悛者; 贖罪(しょくざい)者: ein christlicher ⟨ein sich kasteiender⟩ ～ キリスト教徒の⟨苦行する⟩贖罪者.

Bü̱·ßer·hemd 中 苦行衣(贖罪(しょくざい)者が着る馬毛のまじった粗毛のシャツ).

Bü̱·ße·rin Büßer の女性形.

Bu̱s·serl[bʊ́sərl] 中 -s/-〔n〕《南部・オーストリア》**1** =Bussel **2** ブッセルル(甘い小型ビスケット).

Bü̱·ßer·schnee[bý:sər..] 男〘地〙アイスペニテント(高山地域の巡礼姿を思わせる氷雪の尖柱).

bu̱ß·fer·tig[bú:s..] 形 罪をあがなう気持のある, 改悛(かいしゅん)の情のある.

Bu̱ß·fer·tig·keit 女 -/ bußfertig なこと.

Bu̱ß·geld 中〘法〙(秩序違反行為に対する)過料.

Bu̱s·si[bʊ́si·] 中 -s/-s =Bussel

Bu̱ß·lied[bú:s..] 中 改悛(かいしゅん)〔をテーマとした〕聖歌.

Bü̱ß·ling[býslɪŋ] 男 -s/-e《方》〘植〙大麻の雌株.

Bus·so̱·le[bʊsó:lə] 女 -/-n〘海〙コンパス, 羅針盤(儀). [*mlat.* buxula－*it.*; ＜*spätlat.* buxis (→Büchse)]

Bu̱ß≠pre̱·di·ger[bú:s..] 男 ざんげ〔を勧める〕説教師. ≠**pre̱·digt** 女〘宗〙ざんげ説教. ≠**psalm** 男〘聖〙改悛(かいしゅん)詩篇(旧約聖書詩篇第 6, 32, 38, 51, 102, 130, 143の 7 篇). ≠**sa·kra·ment** 中〘カトリック〙悔悛の秘跡, ざんげ礼. ≠**sei·te** 女 (靴・衣服などの)修理を要する側〔面〕. ≠**stück** 中 継ぎ, 当て布. ≠**ta̱g** 男〘宗〙悔改めの日, 贖罪(しょくざい)の日: →Buß- und Bettag ≠**übung** 女〘カトリック〙贖罪の行, ざんげの苦行(祈禱・断食など).

Bu̱ß- und Be̱t·ta̱g 男〘新教〙ざんげと祈りの日(教会暦年の最終日曜日の前の水曜日).

Bü̱·ßung[bý:sʊŋ] 女 -/-en ざんげ, 改悛(かいしゅん), 悔悟, 贖罪(しょくざい); 賠償.

Bü̱·ste[býstə] 女 -/-n **1** 胸像(→ 図): eine ～ aus Marmor ⟨Bronze⟩ 大理石⟨ブロンズ⟩の胸像 ‖ eine ～ aufstellen 胸像を建てる | eine ～ in Stein meißeln 石の胸像を彫る. **2** 女性の胸〔部〕, バスト: eine gut geformte ⟨gut entwickelte⟩ ～ 形のよい⟨よく発達した⟩バスト. **3**〘服飾〙人台, ボディー. [*it.*－*fr.*; ◇*engl.* bust]

Büste

Bü̱·sten·hal·ter 男 (略 BH)〘服飾〙ブラジャー.

Bu·stro·phe·do̱n[bʊstrofedɔ́n] 中 -s/ 犂耕体(りこうたい)⟨左右交互⟩書法(一行を左から書くと次行を右から書く古代ギリシアの方式). [*gr.*; ＜*gr.* boũs „Rind“＋stréphein (→Strophe); ◇*engl.* boustrophedon]

Bu·ta·die̱n[butadié:n] 中 -s/〘化〙ブタジエン(合成ゴムの原料). [＜di..[1]＋..en[2]]

Bu·ta̱n[butá:n] 中 -s/-e〘化〙ブタン. [＜Butyl＋..an]

butch[bʊtʃ] 形《無変化》(男性が)際立って男っぽい. [*engl.*－*amerik.*; 同性愛者の隠語]

bu̱·ten[bú:tən] 副《北部》(draußen)(堤防の)外で, 沖合で. [◇bei, aus]

Bu·ti̱·ke[butí:kə] 女 -/-n =Budike

Bu·ti̱·ker[..kər] 男 -s/- =Budiker

But·ler[bátlər, bœ́t.., bʌ́tlə] 男 -s/- (特に英国で)執事, 家令; 司厨(しちゅう)長. [*afr.*－*engl.* „Kellermeister“; ◇Bouteille, Bottelier]

Butsch[bʊtʃ] 男 -〔e〕s/-e《西部》**1** (Kuß) キス. **2** ボール. **3** シチューなべ, ソースパン.

bu̱t·schen[bʊ́tʃən]《04》他 (h)《西部》(küssen)《*jn.* / *et.*[4]》(…に)キスする.

Bu̱ts·kopf[bʊ́ts..] =Butzkopf

butt[bʊt] 形《北部》のっぺり⟨ずんぐり⟩した, 目立たない, 小さい, 見すぼらしい; 無骨(鈍重)な.

Butt[－] 男 -〔e〕s/-e〘魚〙ヒラメ・オヒョウ・カレイの類;《比》ずんぐりした人. [*ndd.*; ◇Beutel[1]]

Bütt[bʏt] 女 -/-en《方》(おけに似たカーニバルの)演壇: die ～ besteigen / in die ～ steigen (カーニバルの)演壇にのぼる.

Bu̱t·te[bʊ́tə] 女 -/-n **1** (牛・羊の)盲腸(ソーセージの外皮に用いられる). **2**《南部・オーストリア・スイス》=Bütte

Bü̱t·te[bʏ́tə] 女 -/-n **1 a)** たる, おけ, 洗いおけ, たらい; 紙すき用おけ; (ブドウ収穫用の)背負いおけ. **b)** 容積量の単位. **2** =Bütt [*gr.* pytínē „Weinflasche“－*mlat.* butina－*ahd.*; ◇*engl.* butt]

Bu̱t·tel[bʊ́təl] 女 -/-n =Buddel

..büttel[..bʏtəl]《本来は「家屋敷」を意味し, 人名と結合して, 地名に見られる》: Wolfen*büttel* [*westgerm.*; ◇bauen]

Bü̱t·tel[bʏ́təl] 男 -s/- ▽**1** 裁判所の下役人; 刑吏, 捕吏. **2**《軽蔑的に》**a)** 警官. **b)** 不名誉ないやな仕事を唯々(いい)としてする人, 奴隷のような人: Ich bin doch nicht dein ～! 私は君の召使いじゃないよ. [*westgerm.*; ◇bieten; *engl.* beadle, bedel〔l〕]

bü̱t·ten[bʏ́tən]《01》他 (h) (ブドウなどを)おけ⟨たる⟩に詰める.

Bü̱t·ten[－] 中 -s/ =Büttenpapier [＜Bütte]

Bü̱t·ten≠pa·pier 中 手すき紙. ≠**rand** 男 手すき紙のへり〔のぎざぎざ〕(これを切り落とさずに製本して本に一種の味わいをつけることがある). ≠**re̱·de** 女 カーニバルの演説(たるの上で演説したことから). ≠**re̱d·ner** 男 (カーニバルの)弁士.

Bu̱t·ter[bʊ́tər] 女 -/ (英: *butter*) バター: frische ⟨ranzige⟩ ～ 新鮮な⟨悪くなった⟩バター | ein Pfund ～ バター 1 ポンド ‖ weich wie ～ バターのように柔らかい;《比》柔和で従順な | Sie hat ein Herz wie ～. 彼女は心がとても優しい⟨気が良すぎる⟩ | **dastehen wie ～ an der Sonne**《話》途方に暮れている | **wie ～ an der Sonne dahinschmelzen ⟨schmelzen / zerrinnen⟩**《話》たちまち無くなってしまう, 雲散霧消する ‖ ～ dick auftragen バターをたっぷりと塗る | ～ aufs Brot streichen バターをパンに塗る | ***jm.* die ～ auf dem Brot nicht gönnen**《話》…をねたむ⟨うらやむ⟩ | **～ auf dem Kopf haben**《南部・オーストリア》《話》(へまなどをやって)やましさを感じている | ***jm.* fällt die ～ vom Brot**《話》…ががっかり⟨びっくり⟩する | ***sich*[3] nicht die ～ vom Brot nehmen lassen**《話》他人の思惑などは気にしない, 自分の損になるようなことには黙っていない | Er sieht aus, als hätte man ihm die ～ vom Brot genommen ⟨gestohlen⟩.《比》彼はすっかりしょげ返っている ‖〘前置詞と〙bei *jm.* liegt ja der Kamm **auf ⟨bei⟩** der ～ (→Kamm 1) | *et.*[4] **in** ～ braten …をバターいため⟨焼き⟩にする | **Es ist alles in 〔bester〕 ～.**《話》万事好調だ | eine Scheibe Brot dick **mit** ～ bestreichen 切ったパンにバターをたっぷりと塗る. [*gr.*－*lat.* būtȳrum－*westgerm.*; ＜*gr.* boũs „Kuh“＋tȳrós (→Tyrosin); ◇*engl.* butter]

bu̱t·ter·a̱r·tig[bʊ́tər..] 形 バターのような, バター状の.

Bu̱t·ter≠äther 男〘化〙酪酸エーテル. ≠**bir·ne** 女〘植〙(果汁の多い)バター=ナシ. ≠**blu̱·me** 女 黄色の花の咲く植物(キンポウゲ・タンポポなど);《戯》麦わら帽子. ≠**brief** 男〘カトリック〙(肉食を断つ四旬節中の)油脂⟨バター⟩食用許可証.

Bu̱t·ter·bro̱t 中 **1** 〔ハムなどをそえた〕バター付きパン; 手軽な⟨質素な⟩食事: 〔belegtes〕 ～ オープンサンドイッチ | ein ～ streichen パンにバターを塗る | Ihm fiel das ～ regelmäßig auf die Fettseite.《話》彼はいつもへまばかりしていた ‖ ***jm. et.*[4] aufs ～ schmieren ⟨streichen⟩**《話》…に…をいつまでも非難がましく⟨自慢たらしく⟩言う | ***et.*[4] aufs ～ geschmiert bekommen ⟨kriegen⟩**《話》…を耳にたこができるほど聞かされる | auf ～《幼児語》ためしに | **für ein ～ arbeiten**《話》(ただ同然の)安い賃金で働く | ***et.*[4] für ⟨um⟩ ein ～ kaufen ⟨verkaufen⟩**《話》…を安い値段で買う⟨売る⟩. **2**《方》(水切り遊びの)平たい石.

Bu̱t·ter·bro̱t·pa·pier 中 (サンドイッチなどを包む)パラフィン紙.

Bu̱t·ter≠creme[..kre:m] 女 バタークリーム. ≠**do̱·se** 女

B

食卓用バターケース. ≈**elf** 男 -en/-en《話》とんま, おろか者. ≈**faß** 中 バター製造用の攪乳(かくにゅう)おけ; バター発送〈貯蔵〉用のおけ. ≈**fisch** 男 (Messerfisch)〔魚〕サギフエ(鷺笛).

But·ter·fly[bʌ́təflaɪ] 男 -〔s〕/- **1 a)** =Butterflystil **b)**〔スケート〕バタフライ(フィギュアスケートのジャンプの一種. 空中で上体を水平にする). **c)** =Schmetterling 4 **2** (幅広の)蝶(ちょう)ネクタイ. [*engl.* „Schmetterling"–*amerik.*; ◇Butter, Fliege]

But·ter·fly·stil[bʌ́təflaɪ..] 男 -〔e〕s/ 〔泳〕バタフライ〔泳法〕.

Bụt·ter≈form[bʊ́tər..] 女 バターの抜き型. ≈**frau** 女 バター売り女.

bụt·ter·gelb 形 バター色〈鮮黄色〉の.

Bụt·ter·glocke 女 (つり鐘型の)バター入れ.

bụt·ter≈hal·tig 形 バターのはいった, バターを含んだ. ≈**her·zig** 形 心の優しい.

Bụt·ter·ho̱·se 女 (長めの)バターおけ.

bụt·te·rig[bʊ́tərɪç][2] (ᵛ**bụt·te·richt**[..rɪçt]) 形 バターを含んだ; バター状の, バターのように柔らかい.

ᵛ**Bụt·ter·kar·te**[bʊ́tər..] 女 (物資不自由な時代の)バター購入券〈切符〉.

Bụt·ter≈kne̱t·ma·schi̱·ne 女 攪乳(かくにゅう)機(バターミルクを除去する). ≈**krin·gel** 男 バター=ブレッツェル(バターで焼いた輪形のビスケット). ≈**ku̱·chen** 男 (バター・砂糖・ミルク・卵などで作った)バターケーキ. ≈**ku̱·gel** 女〔料理〕ボールバター. ≈**küh·ler** 男 バター冷却器. ≈**land** 中 -〔e〕s/〔海〕水平線上に陸のように見える(が, バターのように消える)雲. ≈**mann** 男 -〔e〕s/..männer バター商人. ≈**mes·ser I** 中 バターナイフ. **II** 男〔化〕牛酪〈乳脂〉計, バター計. ≈**milch** 女 (バター採取後の)脱脂乳.

bụt·tern[1][bʊ́tərn]《05》 **I** 他 (h) **1** (バター製造のために乳脂を)攪拌(かくはん)する,(乳脂を)攪拌してバターを作る. **2 a)** (…に)バターを塗る;〔料理〕バターで風味をつける. **b)**《方》(食事を)持参したバターパンですます. **3**《話》Geld in *et.*[4] ～ …にむだに金(かね)をつぎこむ. **4**〔スポ〕(ボールを強く)シュートする. **II** 自 (h) **1** (乳脂から)バターを作る; (ミルクが)バターになる. **2**《話》**a)** (傷などが)化膿(かのう)する, うむ. **b)** (事が)予想どおりすらすら運ぶ: Das will nicht ～.《話》それはものにならない〈むだになる〉だろう ‖ 〈非人称〉 Es *buttert*. スムーズに進行する.

bụt·tern[2][–] 形 バターでできた, バターを含んだ.

Bụt·ter≈ö̱l[bʊ́tər..] 中 酪油, 乳脂. ≈**pilz** 男〔植〕ヌメリイグチ(食用キノコの一種). ≈**säu·re** 女〔化〕酪酸. ≈**schmalz** 中 (溶かしたバターからとった)純乳脂肪. ≈**schnit·te** 女《方》=Butterbrot 1 ≈**sei·te** 女《話》(物事の)有利な面; うまいやり方:〔stets〕auf die ～ fallen《話》〔いつも〕うまくいく, 幸運児である. ≈**ste·cher** 男 (バターの塊に突き刺して容器から取るための木製の)バターナイフ. ≈**stem·pel** 男 バター製造用の乳脂攪拌(かくはん)器〈棒〉. ≈**stul·le** 女《ベルリン》=Butterbrot 1 ≈**teig** 男 (パイなどを焼く)バター入り練り粉. ≈**weck** 男, ≈**wecken** 男 **1** バター入り菓子パン, バターロール. **2**〔貝〕イモガイ.

bụt·ter·we̱ich 形 バターのように柔らかい;《比》穏やかな, 従順な, 思いやりのある.

Bụt·ter·wo·che 女 四旬節の前週;《比》ハネムーン.

bụt·tig[bʊ́tɪç][2] 形《北部》小さい, ちっぽけな.

Bụtt·je[bʊ́tjə] 男 -s/-s《北部》**1** 男の子, 少年. **2** ずんぐりした人. **3** 臨時雇いの労働者. [*ndd.*; <butt]

Bụ̈tt·ner[bʏ́tnər] 男 -s/-《中部》(Böttcher) おけ屋, おけ職人. [*mhd.*; ◇Bütte]

But·ton[bʌtn] 男 -s/-s バッジ. [*fr.*–*engl.*; ◇Bouton]

bụtt·rig[bʊ́trɪç][2] (ᵛ**bụtt·richt**[..trɪçt]) =butterig

Bu·ty̱l[butýːl] 中 -s/ 〔化〕ブチル(ブタンの1価基). [<*lat.* būtȳrum „Butter"+..yl; ◇Butter, Butan]

Bu·ty̱l·al·ko·ho̱l 男 ブチルアルコール, ブタノール.

Bu·ty·ra̱t[butyráːt] 中 -〔e〕s/-e 酪酸塩. [<..at]

Bu·ty·ro·me̱·ter[butyroméːtər] 中 (男) -s/- 乳脂計.

Butz[1][bʊts] 男 -es/Bütze[bʏ́tsə] (小 **Bü̱tz·chen**[bʏ́tsçən] 中 -s/-)《西部》鈍い衝撃〔音〕; キス, せっぷん.

Butz[2][–] 男 -en/-en, **Bụt·ze**[1][bʊ́tsə] 男 -n/-n **1**《方》**a)** ちび, 小さい子; 小人, 小妖精(ようせい). **b)** 生徒監, 舎監, 守衛; 警官. **2**《方》**a)** (果実の)芯(しん); (ろうそくの)燃えて固まった芯; (固まった液. 例えば:) 目やに, 鼻くそ, うみ. **b)** (レンズ・ガラス板の)中央の膨らみ. **3**〔地〕不均質鉱床.

Bụt·ze[2][–] 女 -/-n《北部》板仕切り; (室内の)羽目板; (壁につくりつけた)はめ込み式ベッド. [<butt]

Bụt·ze≈mann 男 -〔e〕s/..männer, ≈**mum·mel**[..mʊməl] 男 -s/- 小妖精(ようせい), 妖怪; (子供をおどすための)おばけ, 仮装〈変装〉した人; かかし. [*mhd.* butze]

Bụt·zen[bʊ́tsən] 男 -s/- =Butz[2]

Bụt·zen≈mann =Butzemann ≈**schei·be** 女 中央部の厚いガラス板(明かり取りの丸窓などに用いる).

Bụt·zen·schei·ben·ly̱·rik 女《軽蔑的に》(19世紀の)擬古的感傷詩.

bụt·zig[bʊ́tsɪç][2] 形 **1** 分厚い, ずんぐりした. **2** 鼻たれの.

Bụtz·kopf 男《方》**1**〔動〕シャチ(鯱), サカマタ(逆戟). **2**《戯》(頭での)鉢合わせ.

Bux[bʊks] 男 -es/-en =Buchsbaum

Büx[bʏks] 女 -/-en, **Bụ·xe**[bʊ́ksə] (**Bü̱·xe**[bʏ́ksə]) 女 -/-n 《北部》(Hose) ズボン. [*mndd.*; <*mndd.* buck „Bocksfell"; ◇Bock[2]; *engl.* buckskins]

Bux·te·hu̱·de[bʊkstəhúːdə] **I** 地名 ブクステフーデ(Hamburg に近い Niedersachsen の古い小都市): **aus** ～《話》どこか遠い田舎から〔の〕| irgendwo **in** ～[3]《話》どこか遠い〈へんぴな〉所で | *jn.* **nach** ～ wünschen《話》…が消えてなくなれと呪(のろ)う. **II** 人名 Dietrich ～ ディートリヒ ブクステフーデ(1637頃-1707; ドイツの作曲家・オルガン奏者). [I: <*ahd.* buohha „Buche"+stado „Gestade"+*mndd.* hude „Anlegeplatz"]

Bu·zen·ta̱ur[butsɛntáʊər] 男 -en/-en〔史〕ブチントロ(へさきに半牛半人の怪物像を飾った12-18世紀のヴェネチア総督の装飾船). [<*gr.* boũs „Rind"; ◇Zentaur]

Bu·ze̱·pha·lus[butséːfalʊs, ..tséf..] 男 -/ =Bukephalos

BV[beːfáʊ] 略 女 -/ =Bundesverfassung (スイスの)連邦憲法.

BVG[beːfaʊgéː] 略 中 -/ **1** =**Bundesverfassungsgericht** **2** =**Bundesversorgungsgesetz**

b. w. 略 =**bitte wenden!** 裏面を見てください.

BW[beːvéː] 略 =**Baden-Württemberg**

BWV 略 =**Bach-Werke-Verzeichnis**〔楽〕バッハ作品目録〔番号〕.

bye-bye[baɪbáɪ, ⌐⌐] 間《話》バイバイ, さよなら. [*engl.*]

By·li̱·ne[bylíːnə] 女 -/-n ロシアの英雄叙事詩. [*russ.* „Geschehnis"]

By·pass[báɪpɑːs] 男 -/-es[..pɑːsɪz] **1**〔医〕(血管などの)バイパス, 副行路, 側副路. **2**〔電〕バイパス, 側路. **3** (ガス・水道などの)側管, 補助管. [*engl.*]

By·ron[báɪrən] 人名 George Gordon ～ ジョージ ゴードン バイロン(1788-1824; イギリス=ロマン派の代表的詩人).

By̱s·sus[bʏ́sʊs] 男 -/ **1** (精巧な)古代布. **2** (Muschelseide)〔貝〕(斧足(おのあし)類の)足糸. [*semit.*–*gr.*–*lat.*]

By̱s·sus·sei·de 女 =Byssus 2

Byte[baɪt] 中 -〔s〕/-〔電算〕バイト(情報量の単位. 8ビット(Bit) で1バイト). [*engl.*]

By·zan·ti̱·ner[bytsantíːnər] 男 -s/- **1** ビザンチウムの人. **2**《比》(Schmeichler) 追従者, おべっか使い.

by·zan·ti̱·nisch[..nɪʃ] 形 **1** ビザンチウムの: die ～*e* Kunst ビザンチン美術 | das *Byzantinische* Reich ビザンチン帝国(東ローマ帝国). **2**《比》追従的な, 卑屈な.

By·zan·ti·ni̱s·mus[..tinísmʊs] 男 -/ **1** ビザンチン〔の宮廷・芸術〕様式. **2**《比》卑屈な追従, へつらい, おべっか.

By·zan·ti·ni̱st[..tiníst] 男 -en/-en ビザンチン学者.

By·za̱nz[bytsánts] 地名 ビザンチウム (Istanbul の古名で, ラテン語形 Byzantium). [*gr.* Byzántion–*lat.*]

bz. 略 =**bezahlt**〔商〕支払い済み.

Bz. 略 =**Bezirk**

B-Zel·le[béːtsɛlə] 女〔免疫〕(リンパ球の) B 細胞, B リンパ球.

bzgl. 略 =**bezüglich**

bzw. 略 =**beziehungsweise**

C

c[1][tseː], **C**[1][–] 中 -/- (→a[1], A[1] ★)ドイツ語のアルファベットの第3字(子音字): →a[1], A[1] 1 | *C* wie Cäsar (通話略語) Cäsar の C〔の字〕(国際通話では *C* wie Casablanca).
★ c は ch, ck, sch 以外ではもっぱら外来語に現れ, a, o, u, l, r の前, および語末では[k], ギリシア・ラテン語系の語の ä (ae), e, i, ö (oe), y の前では[ts] と発音される. また英語・フランス語・スペイン語系の語の e, i, y の前では[s], イタリア語系の語の e, i の前では[tʃ] の音になる. 発音に従って c は k, ck, z, また ch は sch とつづられることが多い. 例 Camera / Kamera, Code / Kode, Club / Klub, circa / zirka, chic / schick.

c[2] **I** [tseː] 中 -/- 〘楽〙ハ音: →a[2] I | *c*-Moll ハ短調.
II 記号 **1** [tseː] (c-Moll) 〘楽〙ハ短調: →a[2] II 1 **2 a)** (zenti..) センチ. ▽**b)** (kubik..) 立方. **3** [karáːt] (Karat) カラット.
III 略 (貨幣単位) **1** =Cent (イギリスの)セント. **2** =Centime (フランスの)サンチーム.

C[2] **I** [tseː] 中 -/- 〘楽〙ハ音: →A[2] I | *C*-Dur ハ長調 | *C*-Schlüssel ハ音記号 | Ritter vom hohen *C*《戯》テノール歌手(=Tenor).
II 記号 **1** [tseː] (C-Dur) 〘楽〙ハ長調: →A[2] II 1 **2** [tseː, kóːlənʃtɔf] (Carboneum) 〘化〙炭素(=Kohlenstoff). **3** [kulɔ̃ː] (Coulomb) 〘電〙クーロン. **4** [tsɛ́lziʊs] (Celsius) 〘理〙摂氏(華氏は F): 10°*C* 摂氏10度. **5** [hʊ́ndərt] (ローマ数字の) 100(→付録).

C. 略 =Cajus[káːjʊs] カーユス(ローマ人の男名. C とも略す. のち Gaius[gáɪʊs] とつづる).

ca. 略 =circa 約, おおよそ.

Ca[tseː|áː] **I** [また: káltsiʊm] 記号 (Calcium) 〘化〙カルシウム. **II** 略 =Carcinoma 〘医〙癌(がん).

Ca·bal·le·ro[kabaljéːroˑ, kava..] 男 -s/-s **1** (スペインの) 騎士; 貴人. **2** (Herr) (男性に対する呼び掛け)(…)殿. [*span.* „Ritter"; < *lat.* cabāllus (→Kaval)]

Ca·ba·ret[kabaréː, ⌣⌣–] 中 -s/-s =Kabarett

Ca·bo·chon[kabɔʃɔ̃ː] 男 -s/-s カボション(頂部を丸く磨いた宝石). [*fr.*; < *fr.* caboche „Kuppe" (◇Chef)]

Ca̱·brio[káːbrioˑ] 中 -〔s〕/-s =Kabrio

Ca·brio·let[kabrioléː] 中 -s/-s =Kabriolett

Ca·che·nez[kaʃ(ə)néː] 中 -[..néː(s)]/-[..néːs] (絹の)マフラー. [*fr.*; < *fr.* cache le nez „verstecke die Nase!"]

Ca·che-sex[kaʃsɛ́ks] 中 -/- (Slip) 〘服飾〙パンティー. [*fr.*]

▽**Ca·chet**[kaʃɛ́ː, ..ʃɛ́] 中 -s/-s (Siegel) 印鑑, 印章; 封印; 《比》(Eigenart) 特徴, 特性. [*fr.*]

ca·chie·ren[kaʃíːrən] =kaschieren [*fr.* cacher]

Ca·chou[kaʃúː] 中 -s/-s **1** カシュー(せき止め薬). **2** =Katechu [*malai.* kāchu–*fr.*]

Cä·ci̱·lia[tsɛtsíːliaˑ] 女名 ツェツィーリア.

Cä·ci̱·lie[..liə] **I** 女名 ツェツィーリエ. **II** 人名 die heilige ～ 聖ツェツィーリエ(カエキリア・セシリア)(古代ローマの殉教者・音楽の保護聖人). [*lat.*]

Cä·ci̱·li·en-Ver·band[tsɛtsíːliən..] 男 -〔e〕s/ セシリア会(カトリックの教会音楽協会).

Cad·die[kɛ́diˑ, kǽdiˑ] 男 -s/-s **1** 〘ゴルフ〙 **a)** キャディー. **b)** キャディーカート(クラブなどを運ぶ二輪車). **2** (スーパーマーケット内で使う)ショッピングカート. [*fr.* cadet (→Kadett[2])–*schott.*–*engl.*]

Cá·diz[káːdɪs, káðiθ] 地名 カディス(スペイン南西部の港湾都市).

Ca̱d·mium[kátmiʊm] 中 -s/ =Kadmium

Ca·fé[kaféː] 中 -s/-s **1** (Kaffeehaus) コーヒー店, 喫茶店: *sich*[4] in einem ～ verabreden 喫茶店で落ち合う約束をする | ins ～ gehen 喫茶店へ行く. **2** 《ふつう単数で》《スイス》(Kaffee) コーヒー. [*it.* caffè (→Kaffee)–*fr.*]

Ca·fé com·plet[kafekɔ̃plɛ́] 中 --/-s -s[–]《スイス》カフェ=コンプレ(コーヒーのほかミルク・砂糖・バター・ジャムおよびパン・ケーキをそろえた朝食). [*fr.*; ◇komplett]

Ca·fé crème[..krɛ́ːm] 男 --/-s -[–]《スイス》生クリーム入りコーヒー. [*fr.*]

Ca·fe·te·ri̱a[kafetəríːaˑ, ..te..] 女 -/-s カフェテリア(セルフサービスの食堂・喫茶店). [*span.*–*amerik.*]

▽**Ca·fe·tier**[..tiéː] 男 -s/-s (女 **Ca·fe·tie̱·re** → 別出) コーヒー店の主人(経営者・マスター). [*fr.*]

▽**Ca·fe·tie̱·re**[..tiéːrə, ..tiɛ́ːrə] 女 -/-n **1** Cafetier の女性形. **2** (Kaffeekanne) コーヒーポット. [*fr.*]

Cais·son[kɛsɔ̃ː] 男 -s/-s (Senkkasten) (水中工事用の)潜函(せんかん), ケーソン. [*it.* cassone–*fr.*; < *lat.* capsa (→Cassa)]

Cais·son·krank·heit[kɛsɔ̃ː..] 女 〘医〙潜函(せんかん)病.

Cake·walk (**Cake-Walk**) [kéːkwɔːk, kéɪk..] 男 -〔s〕/-s ケークウォーク(アメリカ黒人のダンス). [*amerik.*]

cal[kaloríː] 記号 (Kalorie) カロリー.

▽**Cal**[kilokaloríː] 記号 (Kilokalorie) キロカロリー(古称 große Kalorie「大カロリー」の記号. 今日では kcal を用いる).

Ca·lais[kalɛ́ː] 地名 カレー(ドーヴァー海峡に臨むフランスの港湾都市).

ca·la̱n·do[kalándoˑ] 副 〘楽〙カランド, しだいに緩やかに弱く. [*it.*; < *gr.* chalán (→Kalo)]

Ca̱l·ce̱s Calx の複数.

Ca̱l·cium[káltsiʊm] 中 -s/ =Kalzium

Cal·de·rón de la Bar·ca[kalderɔ́n de la bárkaˑ] 人名 Pedro ～ ペドロ カルデロン デ ラ バルカ(1600–81; スペインの劇作家. バロック期の代表的作家で, 作品『人生は夢』『サラメーアの村長』など).

▽**Ca·lem·bour**〔**g**〕[kalãbúːr] 男 -s/-s (Wortspiel) 言葉遊び, 語呂(ごろ)合わせ, 地口. [*fr.*]

Ca·le̱n·dae[kalɛ́ndɛˑ] 複 =Kalenden

Ca·li·fo̱r·nium[kalifɔ́rniʊm] 中 -s/ =Kalifornium

Ca·li̱·gu·la[kalíːgulaˑ] 人名 カリグラ(12–41; ローマ帝国第3代の皇帝). [*lat.*; < *lat.* caliga „Soldatenstiefel"]

Ca̱l·la[kálaˑ] 女 -/-s 〘植〙カラー, 海芋(かいう).

Call·boy[kóːlbɔʏ, kɔ́ːlbɔɪ] 男 -s/-s コールボーイ(電話で呼び出す売春少年). [*engl.*; < *engl.* call „anrufen"]

Call·girl[kóːlgøːrl, kɔ́ːlgəːl] 中 -s/-s コールガール(電話で呼び出す売春婦).

Call·girl·ring[kóːlgøːrl.., kɔ́ːlgəːl..] 男 コールガールの組織(グループ).

Cal·mette-Imp·fung[kalmɛ́t|ɪmpfʊŋ] 女 〘医〙カルメット接種法(BCG 注射). [< A. Calmette (フランスの細菌学者, †1933)]

Ca̱·lu·met[káːlumɛt, kalumɛ́t, kalymɛ́] 中 -s/-s=Kalumet

Cal·va·do̱s[kalvadóːs, ..dɔ́s] 男 -/- カルヴァドス, カルバドス(フランス北西部カルバドス産の, リンゴから作ったブランデー). [*fr.*]

Cal·vi̱n[kalvíːn; オーストリア: kálviːn] 人名 Jean ～ ジャン カルヴァン(1509–64; フランス生まれのスイスの宗教改革者. ドイツ語形 Johannes Calvin).

cal·vi̱·nisch[kalvíːnɪʃ] =kalvinisch

Cal·vi·ni̱s·mus[kalvinísmʊs] 男 -/ =Kalvinismus

Cal·vi·ni̱st[..níst] 男 -en/-en= Kalvinist

cal·vi·ni·stisch[..tɪʃ] =kalvinistisch
Calx[kalks] 女 -/Calces[káltseːs] (Kalk) 石灰. [*lat.*]
Ca·lyp·so[kalɪ́pso·, ..lʏ́pso·] 男 -[s]/-s 〘楽〙 **1** カリプソ (西インド諸島起源の舞曲). **2** カリプソ(ルンバ調のダンス).
Cam·bridge[kéɪmbrɪdʒ] 地名 ケンブリッジ(イギリス London の北方にある都市. 古い歴史をもつ大学で有名).
Cam·cor·der[kámkɔrdər] 男 -s/- ビデオカメラ. [<*engl.* camera+recorder]
Ca·mem·bert[káməmbeːr, ..bɛːr, kamãbέːr] 男 -s/-s カマンベール(強い香りと濃厚な味をもつフランスチーズ). [*fr.*; ノルマンディーの産地名]
Ca·me·ra ob·scu·ra[kámera· ɔpskúːra·] 女 --/..rae ..rae[..rɛ· ..rɛ·] (Lochkamera) 〘写〙 カメラ=オプスキュラ, 孔カメラ(写真機の前身). [*lat.* „dunkle Kammer"]
Ca·mil·la[kamɪ́la·] 女名 カミラ. [*lat.* „Opferdienerin"]
Ca·mion[kamiɔ̃ː, kámiɔ̃·] 男 -s/-s 《スイ》 (Lastkraftwagen) トラック, 貨物自動車. [*fr.*]
Ca·mion·na·ge[kamiɔnáːʒə, kámiɔnaːʒ(ə)] 女 -/ 《スイ》 **1** (Spedition) 運送〔業〕. **2** 運送料. [*fr.*; <..age]
Ca·mion·neur[kamiɔnǿːr, kámiɔnøːr] 男 -s/-e 《スイ》 (Spediteur) 運送業者. [*fr.*; <..eur]
ᵛ**Ca·mou·fla·ge**[kamufláːʒə] 女 -/-n (Tarnung) 〘軍〙 カムフラージュ, 偽装, 迷彩. [*fr.*]
ᵛ**ca·mou·flie·ren**[..flíːrən] 他 (h) (tarnen) カムフラージュする, 偽装する. [*it.*−*fr.*]
Camp[kɛmp, kæmp] 中 -s/-s **1** キャンプ場, 野営地. **2** (Gefangenenlager) 捕虜収容所. [*lat.* campus (→Campus)−*it.*−*fr.*−*engl.*]
die **Cam·pa·gna**[kampánja·] 地名 女 -/ カンパーニャ(ローマ郊外の平原). [*lat.* Campānia−*it.*; ◇Champagne]
Cam·pa·ni·le[kampaníːlə] 男 -/- =Kampanile
Cam·pa·nu·la[..páːnula·] 女 -/-s =Kampanula
Cam·pa·ri[kampáːri·] 男 -s/- 商標 カンパーリ(イタリア産のリキュール). [会社名から]
Cam·pe·che·holz[kampétʃe..] =Kampescheholz
cam·pen[kέmpən] 自 (h) キャンプをする. [*engl.*; <Camp]
Cam·per[..pər] 男 -s/- キャンプをする人, キャンパー. [*engl.*]
cam·pie·ren[kampíːrən] 《オーストリア・スイス》 =campen
Cam·pi·gnien[kãpɪnjɛ̃ː] 中 -[s]/ 〘考古〙 カンピニー文化期(中石器時代のフランス北部の粗器文化). [<Campigny (出土地名)]
Cam·ping[kέmpɪŋ, kám..] 中 -s/ キャンプ生活: zum ~ fahren キャンプに行く. [*engl.*; ◇campen]
Cam·ping·platz[kέmpɪŋ..] 男 キャンプ場.
Cam·po·san·to[kamposánto·] 男 -s/-s (..ti[..ti·]) (Friedhof) 墓地. [*it.* „heiliges Feld"]
Cam·pus[kámpʊs, kǽmpəs] 男 -/- (特にアメリカやイギリスで大学などの)敷地, 構内, キャンパス. [*lat.* campus „Feld"−*engl.*; ◇Kampf, Camp; *gr.* kampḗ „Krümmung"]
Ca·mus[kamý(ː)] 人名 Albert ~ アルベール カミュ(1913–60; フランスの作家. 1957年ノーベル文学賞受賞. 作品『ペスト』など).
Ca·nail·le[kanáljə] 女 -/-n =Kanaille
Ca·na·ris[kanáːrɪs] 人名 Wilhelm ~ ヴィルヘルム カナーリス(1887–1945; ドイツの軍人. ヒトラーに対する抵抗運動に積極的に参加し, 処刑された).
Ca·na·sta[kanásta·] 中 -s/ 《トランプ》 カナスタ(ウルグアイから伝わったトランプ遊び). [*span.* „Korb"; ◇Kanister]
Can·ber·ra[kέnbərə, kǽn..] 地名 キャンベラ(オーストラリア連邦の首都).
Can·can[kãkã́ː, kaŋkáŋ] 男 -s/-s (女性ダンサーがスカートの前を上げ, 足を高くけり上げる)カンカン踊り. [*fr.*]
cand.[kant] 略 =**candidatus**[kandidáːtʊs] (→Kandidat 2 a).
Can·de·la[kandéːla·] 女 -/- 〘理〙 カンデラ, 新燭(しんしょく)(光度単位; 記号 cd). [*lat.* candēla „Kerze"; <*lat.* candēre „glänzen"; ◇*engl.* candle]
cand. med.[kant méːt, − mέt] 略 =**Kandidat der Medizin** 医学ドクトル受験資格者.
Ca·net·ti[kanέti·] 人名 Elias ~ エリーアス カネッティ(1905–94; イギリスの思想家・文学者).
Can·na[kána·] 女 -/-s =Kanna
Can·na·bis[kánabɪs] 男 -/ カンナビス(インド大麻, またはそれから作るマリファナ・ハシッシュの類). [*gr.*−*lat.*; ◇Hanf, Kanevas]
Can·nae[kánɛ·] 地名 カンネー(イタリア南東部の古戦場. Hannibal が前216年ローマ軍を全滅させた: →Kannä).
Can·nel·lo·ni[kanɛlóːni·] 複 〘料理〙 カネローニ(イタリアふうの肉入りパスタ). [*it.*; <*lat.* canna (→Kanne)]
Ca·ñon[kánjɔn, kanjóːn] 男 -s/-s (特に北米西部の深い)峡谷, キャニヨン(→ 図 Tal). [*span.* „Röhre"; <*lat.* canna (→Kanne); ◇*engl.* canyon]
Ca·nos·sa[kanɔ́sa·, ..nɔ́ssa·] 地名 カノッサ(北イタリアの村. その岩上の城の前でドイツ皇帝ハインリヒ四世が1077年教皇グレゴリウス七世の赦免を請い, 三日三晩立ち尽くしたという「カノッサの屈辱」で有名): Nach ~ gehen wir nicht. 我々はカノッサ詣(もう)ではしない(文化闘争のさい Bismarck の言った言葉: →Kanossagang).
Ca·nos·sa·gang 男 =Kanossagang
Cant[kɛnt, kænt] 男 -s/ **1** 偽善的言葉づかい. **2** (Gaunersprache) (盗賊・悪党仲間の)隠語. [*engl.*; ◇Canto]
can·ta·bi·le[kantáːbilə, ..le·] 副 〘楽〙 カンタービレ, 歌うように〔表情豊かに〕. [*lat.*−*it.*]
Can·ta·te[kantáːtə] 女 -/-n =Kantate[1]
Can·ter·bu·ry[kǽntəbəri·] 地名 カンタベリ(イギリスの都市で, カンタベリ寺院の所在地). [*aengl.*; ◇Burg]
Can·ti·ca[kántika·] 複 **1** (↔Diverbia) 〘劇〙 カンティカ(古代ローマ喜劇の歌唱部). **2** 《カトリック》 カンティカ(聖書に基づく賛歌の総称). [*lat.*]
Can·to[kánto·] 男 -s/-s (..ti[..ti·]) (Gesang) 〘楽〙 歌曲. [*lat.* cantus (→Kantus)−*it.*]
Can·tus[kántʊs] 男 -/- [..tuːs] 〘楽〙 (Gesang) 歌; (Melodie) 旋律. [*lat.*]
Can·tus fir·mus[kántʊs fírmʊs] 男 --/- ..mi[..tuːs ..mi·] (略 c. f., C. f.) 〘楽〙 (対位法の)定旋律. [*mlat.*; ◇firm]
Cao Cao[tsáŭtsăŭ] =Tschautschau
Ca·pa[kápa·] 女 -/-s カーパ(闘牛士の用いる赤いケープ). [*span.*]
Cape[keːp, keɪp] 中 -s/-s 〘服飾〙 ケープ. [*engl.*]
Cap·pa[kápa·] 女 -/-s 《カトリック》 カッパ(祭式用の頭巾(ずきん)つき袖(そで)なしマント). [*spätlat.*; ◇Kappe]
Cap·puc·ci·no[kaputʃíːno·] 男 -[s]/-[s] カプチーノ(エスプレッソコーヒーに熱いミルクを加えたもの). [*it.*; ◇Kapuze]
Ca·pri[káːpri·] 地名 カプリ(イタリア西部, ナポリ湾内の島).
Ca·pric·cio[kaprítʃo·] 中 -s/-s **1** 〘楽〙 カプリッチョ, 狂想曲, 綺想(きそう)曲. **2** (Laune) 気まぐれ. [*it.*; <*it.* capo „Kopf"+riccio „Igel"; ◇Kaprice]
ca·pric·cio·so[kaprɪtʃóːzo·] 副 (launenhaft) 〘楽〙 カプリッチョーソ, 気まぐれに, 空想的に. [*it.*]
Cap·sien[kapsiέː] 中 -[s]/ 〘考古〙 (地中海西部の中石器時代の)カプサ文化. [チュニジアの都市 Gafsa の古名から]
Cap·ta·tio be·ne·vo·len·tiae[kaptáːtsio· benevolέntsiɛ·] 女 --/ 〘修辞〙 読者(聴衆)の意を迎えようとすること, 人気取り. [*lat.* „Haschen nach Wohlwollen"]
Ca·pu·chon[kapyʃɔ̃ː] 男 -s/-s (修道僧の)頭巾(ずきん)つきマント; 〘服飾〙 (女性用の)フードつきコート. [*fr.*; ◇Cappa]
Ca·put mor·tu·um[ká(ː)pʊt mɔ́rtuʊm] 中 --/ **1** (Englischrot) ベンガラ, 鉄丹(顔料・研磨材). ᵛ**2** 無価値なもの. [*lat.* „toter Kopf"; ◇Haupt, Mord]
Car[kaːr] 男 -s/-s (<Autocar) 《スイ》 観光〈遊覧〉バス.
Ca·ra·bi·nie·re[karabiniéːrə] -s/..ri[..ri·] =Karabiniere
Ca·ra·cal·la[karakála·] 人名 カラカラ(186–217; ローマの皇帝で, 在位211–217. 大浴場の建設者として著名. 本名 Marcus Aurelius Antoninus).

Ca·ra·cas[karákas] 地名 カラカス(ヴェネズエラ共和国の首都).

Car al·pin[ka(:)ralpɛ̃] 男 --/-s-s[ka(:)r(z)alpɛ̃]《ｽｲ》(スイスの)登山用観光バス. [*fr.*]

ca·ram·ba[karámba·] 間《俗》(驚き・賛嘆の気持を表して)これはこれは, ひゃあ; (いまいましい気持を表して)ちくしょう. [*span.*]

Ca·ra·vag·gio[karaváddʒo·] 人名 カラヴァッジョ(1573-1610; 本名ミケランジェロ メリジ, イタリアの画家).

Ca·ra·van[ká(:)ravan, karavá:n; まれ: kɛ́rəvɛn, ◡◡◡́] 男 -s/-s **1 a)** 貨物兼乗用自動車, ライトバン. **b)** キャンピングカー, トレーラーハウス. **2** (肉・魚などの)販売カー. [*pers.* kārwān (→Karawane)－*fr.*－*engl.*]

Ca·ra·va·ner[ká(:)rava:nər, ◡◡◡́◡] 男 -s/- オートキャンプをする人.

Ca·ra·va·ning[..nɪŋ, ◡◡◡́◡] 中 -s/ キャンピングカー(トレーラーハウス)による旅行, オートキャンプ. [*engl.*]

Car·bid[karbí:t][1] 中 -[e]s/-e ＝Karbid

carbo.. ＝karbo..

Car·bo·li·ne·um[karboliné:ʊm] 中 -s/ ＝Karbolineum

ᵛ**Car·bo·ne·um**[karboné:ʊm] 中 -s/ (Kohlenstoff)〖化〗炭素(記号 C). [*fr.* carbone をラテン語めかした形; ＜karbo..; ◇ *engl.* carbon]

Car·ci·no·ma[kartsinó:ma·] 中 -s/-s ＝Karzinom

Car·di·gan[kárdigan, ká:dɪgən] 男 -s/-s〖服飾〗カーディガン. [*engl.*; ウェールズ西部の州都名]

care of[kɛ́ər əv]《英語》(bei)(…)気付,(…)方(ふつう c/o と略して手紙の上書きに用いる). [◇karg, ab[2]]

Car·go[kárgo·] 男 -s/-s ＝Kargo

Ca·ries[ká:riɛs] 女 -/ ＝Karies

Ca·rio·ca[karĭó̆ka·] 女 -/-s カリオカ(ルンバに似た南米のダンス). [*indian.* „weißes Haus"－*port.*]

Ca·ri·tas[ká:ritas] 女 -/ **1** ＝Karitas **2** ＝Deutscher Caritasverband (→Caritasverband) [*lat.* cāritās „Hochschätzung"; ＜*lat.* cārus „teuer"; ◇Charité]

Ca·ri·tas·ver·band 男 -[e]s/《ｶﾄﾘｯｸ》カリタス会: Deutscher ～ ドイツカリタス会(カトリック社会福祉事業団. ふつう die Caritas と略称する).

ca·ri·ta·tiv[karitatí:f][1] ＝karitativ

Car·los[kárlɔs] **I** 男名 カルロス. **II** 人名 Don ～ ドン カルロス(スペインの王子の名. 特にフェリペ二世の太子 Don ～ de Austria[1545-68]を指すことが多い). [*span.*; ◇Karl]

Car·ma·gno·le[karmanjó:lə] 女 -/-n **1**《単数で》〖楽〗カルマニョール(フランス革命当時流行した舞踏歌). **2** カルマニョール服(革命家たちが着た短いチョッキ). [*fr.*]

Car·men[1][kármən] 女名 カルメン. [*span.*; ◇Karmeliter]

Car·men[2][－] 中 -s/..mina[..mina·](Gedicht) 詩, 歌(特に祝婚歌・挽歌(ばん)). [*lat.*; ◇Charme]

Car·mi·na Bu·ra·na[kármina· burá:na·] 複 カルミナ ブラーナ(ラテン語とドイツ語で書かれた中世の放浪詩人たちの詩集).

Car·nal·lit[karnalí:t, ..lít] 男 -s/ ＝Karnallit

Car·net [**de pas·sa·ges**][karnɛ́ (də pasá:ʒə)] 中 -[－－]/-s[－－][－(－－)](自動車の)通関証(国境通過許可証)つづり. [*fr.* „(Notiz)buch"; ＜*lat.* quaternī (→Quaterne)]

Ca·ros·sa[karɔ́sa·] 人名 Hans ～ ハンス カロッサ(1878-1956; ドイツの詩人・小説家. 作品『医師ギオン』など).

Ca·ro·tin[karotí:n] 中 -s/ ＝Karotin

car·pe di·em[kárpə dí:ɛm, ..pe· －]《ﾗﾃﾝ語》(genieße den Tag!) きょうという日をむだにするな; 現在を楽しめ(Horatius の言葉).

Car·ra·ra[kará:ra·] 地名 カラーラ(イタリア北西部の都市で, 付近の海岸は大理石の産地として著名).

car·ra·risch[kará:rɪʃ] 形 カラーラ[産]の.

Carte blanche[kart(ə)blɑ̃́:ʃ] 女 --/-s-s[－](unbeschränkte Vollmacht) 白紙委任, 全権: *jm.* ～ geben …に全権を与える. [*fr.*; ◇Karte, blank]

car·te·sia·nisch[karteziá:nɪʃ] ＝kartesianisch

car·te·sisch[..té:zɪʃ] ＝kartesisch

Car·te·sius[..ziʊs] →Descartes

Car·toon[kartú:n, kɑ:tú:n] 男 中 -[s]/-s **1** [風刺]漫画. **2**《複数で》＝Comic strips [*it.* cartone (→Karton)－*engl.*]

Car·too·nist[kartuníst] 男 -en/-en [風刺]漫画家. [*engl.*]

Ca·sa·blan·ca[kazablάŋka·] 地名 カサブランカ(モロッコ最大の港湾都市). [*span.* „weißes Haus"; ◇blank]

Ca·sals[kəzáls, kasáls] 人名 Pablo ～ パブロ カザルス(1876-1973; スペインのチェリスト).

Ca·sa·no·va[kazanó:va·] **I** [また: kasanɔ́:va·] 人名 Giacomo ～ ジャコモ カサノーヴァ(1725-98; イタリアの文人. 漁色家としても有名). **II** 男 -[s]/-s《話》女たらし, 漁色家.

Cä·sar[tsɛ́:zar] **I** 人名 Gaius Julius ～ ガイウス ユリウス カエサル, シーザー(前100-44; 古代ローマの軍人・政治家. ラテン語形 Caesar). **II** 男 -en[tsɛzá:rən]/-en カエサル(ローマ皇帝の名誉称号). [*lat.*; ◇Kaiser]

Cä·sa·ren·herr·schaft[tsɛzá:rən..] 女 -/ 独裁君主制.

Cä·sa·ren·tum[..tu:m] 中 -s/ **1** ローマの帝政. **2** 独裁君主制, 皇帝政治.

Cä·sa·ren·wahn[·sinn] 男 皇帝妄想(君主や独裁者に見られる病的な権力欲. 誇大妄想・残忍な行為などを伴う).

cä·sa·risch[tsɛzá:rɪʃ] 形 **1** (kaiserlich) 皇帝の. **2** (selbstherrlich) 独裁的な. **3**《大文字で》カエサルの(→Cäsar I).

Cä·sa·ris·mus[tsɛzarísmʊs] 男 -/ 独裁君主主義, 圧制政治.

Cä·sa·ro·pa·pis·mus[tsɛzaropapísmʊs] 男 -/ 皇帝教皇主義(世俗的支配者が同時に宗教界の首長を兼ねる支配形態).

Ca·se·in[kazeí:n] 中 -s/ ＝Kasein

Cash[kæʃ] 中 -/ **1** (Bargeld) 現金. **2** (Barzahlung) 現金払い. [*lat.* capsa (→Cassa)－*it.*－*fr.*－*engl.*]

Cash-and-car·ry-Klau·sel[kǽʃ ənd kǽri..] 女 -/〖商〗現金払い持ち帰り条項(掛け売りも配達もしない販売方式). [＜*amerik.* cash and carry „zahle bar und transportiere (selbst)!"]

Ca·shew⸗baum[kɛ́ʃubaʊm, kəʃú:..] 男 (Nierenbaum)〖植〗カシュー(熱帯アメリカ産ウルシ科植物). ⸗**nuß**[..nʊs] 女 カシューナッツ(食用果実). [*port.* (a)cajú－*engl.* cashew (nut); ◇Acajou]

Cash·ge·schäft[kǽʃ..] 中 (Bargeschäft) 現金取引(売買).

Cä·sium[tsɛ́:ziʊm] 中 -s/〖化〗セシウム(金属元素名; 記号 Cs). [＜*lat.* caesius „blaugrau"; ◇ *engl.* cesium]

Cas·sa[kása·] 女 -/ **1** (Kasse) 現金: per ～ 現金で. **2** (Trommel)〖楽〗太鼓: gran ～ 大太鼓. [*lat.* capsa „Kasten"－*it.*; ＜*lat.* capere (→kapieren); ◇ *engl.* case]

Cas·sa·tion[kasatsió:n] 女 -/-en ＝Kassation 2

Cas·sa·va[kasá:va·] 女 -/-s ＝Kassawa

Cas·set·te[kasɛ́tə] 女 -/-n ＝Kassette

★ Cassetten.. に始まる複合語はすべて Kassetten.. に始まる語と同じ.

Cas·sio·pei·um[kasiopáiʊm] 中 -s/ ＝Kassiopeium

Ca·stris·mus[kastrísmʊs] 男 -/ カストロ主義.

Ca·stro[kástro·] 人名 Fidel ～ [Ruz][fiðɛ́l － (rruθ)] フィデル カストロ[ルス](1927-2013; キューバの政治家・首相).

Ca·stro·is·mus[kastroísmʊs] 男 -/ ＝Castrismus

Cä·sur[tsɛzú:r] 女 -/-en ＝Zäsur

Ca·sus[ká:zʊs] 男 -/- ＝Kasus

Ca·sus bel·li[ká:zʊs bɛ́li·] 男 --/--[ká:zu:s －] **1** (Kriegsfall) 戦争の場合. **2** 開戦理由となる事実, 戦争原因. [*lat.*]

Ca·sus ob·li·quus[－ oblí:kvʊs] 男 --/-- ..qui[ká:zu:s ..kvi·](abhängiger Fall)〖言〗斜格, 従属格(Casus rectus 以外の格の総称). [*lat.*; ◇oblique]

Ca·sus rec·tus[－ rɛ́ktʊs] 男 --/-- ..ti[ká:zu:s ..ti·](unabhängiger Fall)〖言〗直立格(Nominativ と Vokativ). [*lat.*; ◇recht]

Ca·ta·ma·ran[katamará:n] 男 -s/-e ＝Katamaran

Cat·boot[kέtbo:t] 中 -(e)s/-e 〘海〙キャットボート(船首端に1本マストを立てた小帆船). [*engl.* catboat; ◇Katze]

Catch-as-catch-can[kǽtʃ əz kǽtʃ kǽn] 中 -/ **1** プロレス. **2** 《軽蔑的に》目的達成のためには手段を選ばぬ強引なやり方. [*engl.*]

cat·chen[kέtʃən] 自 (h) プロレスをする. [*afr.*–*engl.* catch; <*lat.* capere (→kapieren)]

Cat·cher[kέtʃər] 男 -s/- **1** プロレスラー. **2** 〘野球〙捕手, キャッチャー.

Catch·up[kέtʃap, kǽtʃəp] 男 中 -(s)/-s =Ketchup

Ca·ter·pil·lar[kǽtəpɪlə] 男 -s/-(s) 商標 カタピラー(道路建設用などの無限軌道式トラクター). [*afr.* chate-pelose „haarige Katze" (◇Katze, Plüsch)–*engl.*]

Cạ·the·dra[ká(:)tedra·] 女 -/..drae[..drɛ·] 〘カトリック〙司教座; 教皇座: ～ Petri 教皇座. [*gr.* kathédrā „Stuhl"–*lat.*–*mlat.*; <kata..+*gr.* hédrā „Sitz"; ◇Katheder]

Cạ·to[ká:to·] 人名 Marcus Porcius ～ マルクス ポルキウス カトー(古代ローマの政治家で大カトー〔前234-149〕またはその曾孫(まご)小カトー〔前95-46〕). [*lat.*]

Catt·lẹya[katláɪa·] 女 -/..leyen[..láɪən] 〘植〙カトレア(ランの一種). [<W. Cattley (イギリスの園芸家, †1832)]

Cau·dịl·lo[kaʊdíljo·] 男 -(s)/-s **1** (スペイン系諸国の)権力者, 独裁者; (スペインの元首としての Franco 将軍の称号)総統. **2** (Häuptling)首領, 司令官. [*spätlat.* capitellum (→Kapitell)–*span.* „Führer"]

Cạu·sa[káʊza·] 女 -/..sae[..zɛ·] (Grund) 〘法〙原因, 事由; (Streitsache) 訴訟事件. [*lat.*; ◇*engl.* cause]

Cau·se cé·lè·bre[ko:z(ə)selέ:bər, kozselέbr] 女 --/-s-s[–] 有名な訴訟事件. [*fr.*; ◇zelebrieren]

ᵛ**Cau·se·rịe**[kozəríː] 女 -/-n[..ríːən] (Plauderei)おしゃべり, 座談, 雑談; くだけた随想, 閑話. [*fr.*]

ᵛ**Cau·seur**[kozǿːr] 男 -s/-e (女 **Cau·seu·se** → 別出) (Plauderer) 話し上手な人, 座談のうまい人. [*fr.*; <*lat.* causārī „vorschützen"]

Cau·seu·se[..zǿːzə] 女 -/-n ᵛ**1** Causeur の女性形. **2** (二人用の)小ソファー. [*fr.*]

cạ·ve cạ·nem[ká:və ká:nεm, ..ve· –] 《ラテン語》 **1** (hüte dich vor dem Hunde!) (古代ローマの戸口の注意書き)猛犬に注意. **2** (nimm dich in Acht!) 用心(注意)されたし.

Ca·yenne·pfef·fer[kajέn..] 男 赤トウガラシ(唐芥子), カイエンヌペッパー. [<Cayenne (南米仏領ギアナの首都)]

ᵛ**cbkm**[kubí:kkilome:tər, kilomé:tər hó:x dráɪ] =km^3

ᵛ**cbm**[kubí:kme:tər, mé:tər hó:x dráɪ] =m^3

ᵛ**ccm**[kubí:ktsεntime:tər, tsεntimé:tər hó:x dráɪ] =cm^3

cd[kandé:la·] 記号 (Candela) 〘理〙カンデラ(光度単位).

c. d. 略 =colla destra[kɔ́la· dέstra·] (↔c. s.) 〘楽〙右手で. [*it.*; <*lat.* dexter „rechts"]

Cd[tse:dé:, kátmiʊm] 記号 (Cadmium) 〘化〙カドミウム.

CD[tse:dé:] 略 **1** =Corps diplomatique **2** 女 -/-s =Compact Disc

ᵛ**cdm**[kubí:kdetsime:tər, detsimé:tər hó:x dráɪ, dé: tsime:tər – –] =dm^3

CD-Plat·te[tse:dé:platə] 女 コンパクトディスク, CD.

CD-Plat·ten·spie·ler[tse:dé:platən..] 男 CD 〈コンパクトディスク〉プレーヤー.

CD-Play·er[tse:dé:pleiə] 男 -s/- =CD-Spieler

CD-Spie·ler[tse:dé:..] =CD-Plattenspieler

CDU[tse:de:|ú:] 略 女 -/ =Christlich-Demokratische Union キリスト教民主同盟(1945年に創立されたドイツ最大の保守政党).

C-Dur[tsé:du:r, ⊥⊥] 中 -/ 〘楽〙ハ長調(記号 C): →A-Dur

Ce[tse:|é:, tse:r] 記号 (Cer) 〘化〙セリウム.

Ce·dil·le[sedí:j(ə)] 女 -/-n[..jən] 〘言〙セディーユ, S 音符(c が[s] 音となることを示すために c の下に添えるかぎ符号. 例 ç). [*span.* zedilla „kleines z"–*fr.*; ◇Zeta]

Ce·lạn[tselá:n] 人名 Paul ～ パウル ツェラーン(1920-70; 本名 Paul Antschel; ユダヤ系のルーマニア人で, ドイツ語を母語とする詩人. 作品『糸の太陽たち』『光の強迫』『時の館』など).

Ce·lẹ·bes[tselé:bεs, tsé:lebεs, selé:bεs] 地名 セレベス(インドネシアの一州を構成する島. インドネシア語名スラウェシ Sulawesi).

Ce·lẹ·sta[tʃelέsta·] 女 -/-s, ..sten[..tən] 〘楽〙チェレスタ(ピアノに似た小型の有鍵(ゆうけん)楽器). [*it.*; ◇zölestisch]

Cẹl·la[tsέla·] 女 -/..lae[..lɛ·] **1** 〘建〙(古代ギリシア・ローマの神殿の)内陣, 神像安置所(→ 図 Baukunst). ᵛ**2** (Mönchszelle) (修道院の)僧房. **3** (Zelle) 〘医〙細胞. [*lat.* cella „Vorratskammer"; ◇Halle[1], Zelle]

Cẹl·le[tsέlə] 地名 ツェレ(ドイツ Niedersachsen 州の都市). [<*ahd.* kela „Kehle"]

Cel·li Cello の複数.

Cel·lị·ni[tʃelí:ni·] 人名 Benvenuto ～ ベンヴェヌート チェリーニ(1500-71; イタリア=ルネサンス後期の彫刻家.『自叙伝』によって知られる).

Cel·lịst[tʃεlíst, ʃε..] 男 -en/-en (女 **Cel·lị·stin**[..tɪn]-/-nen) チェロ奏者, チェリスト.

cel·lị·stisch[..lístɪʃ] 形 チェロの; チェロのような.

Cel·lo[tʃέlo·, ʃέ..] 中 -s/-s, Celli[..li·] (<Violoncello) 〘楽〙チェロ: ～ spielen チェロを弾く.

Cel·lo·kon·zert[tʃέlo.., ʃέlo..] 中 〘楽〙チェロ協奏曲.

Cel·lo·phạn[tsεlofá:n] 中 -s/ , **Cel·lo·phạ·ne**[..nə] 女 -/ 商標 セロファン. [*fr.*; ◇Zellulose, diaphan]

cel·lo·pha·niẹ·ren[..faní:rən] 他 (h) セロファンで包む〈包装する〉.

Cel·lo≈so·nạ·te[tʃέlo.., ʃέlo..] 女 〘楽〙チェロソナタ. **≈spie·ler** 男 =Cellist

Cẹl·sius[tsέlziʊs] **I** 人名 Anders ～ アンデルス セルシウス(1701-44; スウェーデンの天文学者. 摂氏温度目盛りを創案). **II** 摂氏(記号 C: →Fahrenheit II): 20 Grad ～ 摂氏20度 | die Temperatur des Wassers von 18°C 摂氏18度の水温.

Cẹl·sius·skạ·la 女 摂氏温度目盛り.

Cem·ba·li Cembalo の複数.

Cem·ba·lịst[tʃεmbalíst] 男 -en/-en (女 **Cem·ba·lị·stin**[..tɪn]-/-nen) チェンバロ奏者.

cem·ba·lị·stisch[..lístɪʃ] 形 チェンバロの; チェンバロのような.

Cem·ba·lo[tʃέmbalo·] 中 -s/-s, ..li[..li·] (<Clavicembalo) 〘楽〙チェンバロ, ハープシコード, クラヴサン(→ 図).

Cembalo

Ce·no·mạn[tsenomá:n] 中 -s/ 〘地〙セノマニア紀(上部白亜紀の最下位層). [<*lat.* Cenomanī (ケルトの種族名)]

Cent[tsεnt, sεnt] 男 -(s)/-(s) (略 c, ct, 複数: cts) セント(ユーロの小額貨幣〔単位〕: $^1/_{100}$ Euro; アメリカ・カナダなどの小額貨幣〔単位〕; オランダの旧小額貨幣〔単位〕). [*lat.* centum (→zenti..)–*fr.*–*engl.*]

Cen·tạ·vo[sεntá:vo·] 男 -(s)/-(s)センターボ(中南米諸国の小額貨幣〔単位〕; ポルトガルの旧小額貨幣〔単位〕). [*span.*]

Cen·ter[sέntər] 中 -s/- 中心施設, センター: Einkaufs-～ ショッピングセンター | Vergnügungs-～ 娯楽センター. [*lat.* centrum (→Zentrum)–*fr.*–*engl.*]

Cen·tẹ·si·mo[tʃεnté:zimo·] 男 -(s)/..mi[..mi·] チェンテジモ(イタリアの旧小額貨幣〔単位〕: $^1/_{100}$ Lira). [*lat.* centēsima „Hundertstel"–*it.*; ◇zentesimal]

Cen·té·si·mo[sεnté:zimo·] 男 -(s)/-(s)センテシモ(チリ・ウルグアイなどの小額貨幣〔単位〕). [*lat.*–*span.*]

Cen·tịme[sãtí:m] 男 -s[–(s)]/-s[–(s)] (略 c, ct, 複数: ct, cts) サンチーム(スイスの少額貨幣〔単位〕: $^1/_{100}$ Franc; フランス・ベルギーの旧小額貨幣〔単位〕). [*fr.*; ◇Cent]

Cén·ti·mo[sέntimo·] 男 -(s)/-(s)センティモ(スペイン・南米諸国の小額貨幣〔単位〕; スペインの旧小額貨幣〔単位〕). [*fr.*–*span.*]

Cẹn·to[tsέnto·] 男 -s/-s, -nes[tsεntó:ne:s] (-nen[tsεntó:nən]) (有名詩人たちの詩句をつづり合わせて作った)寄せ集め〈つぎはぎ〉の詩. [*lat.*; ◇Hader[1]]

Cen·tre·court[sέntə(r)kɔ:(r)t] 男 -s/-s 〘テニス〙センターコート. [*engl.*]

Cen·tụ·rie[tsεntú:riə] 女 -/-n =Zenturie

Cen·tu̩·rio[..rio·] 男 -s/..nen[..turió:nən] = Zenturio
Cen·tu̩·rium[tsɛntú:riʊm] 中 -s/ 〘化〙 センチュリウム (Fermium の旧称; 記号 Ct). [*nlat.*; ◇Cent]
Cent·weight[séntwe:t] 中 -/-s (単位: -/-) = Zentner [*engl.*]
Ce̩r[tse:r] 中 -s/ 〘化〙 セリウム(希土類元素名; 記号 Ce). [< Ceres; ◇*engl.* cerium]
Ce̩r·be·rus[tsέrberʊs] 男 -/-se = Zerberus
Cer·cle[sέrkəl] 男 -s[-(s)]/-s[-(s)] ᵛ**1 a)** (宮廷などでの)接見; レセプション. **b)** (上流社会の)サークル, クラブ; 社交界. **2** 《オーストリア》= Cerclesitz [*lat.* circulus (→Zirkel)－*fr.*; ◇*engl.* circle]
Cer·cle·sitz[sέrkəl..] 男 《オーストリア》(劇場などの)前列〈かぶりつき〉の席.
Ce·rea̩·li·en[tsereá:liən] 複 (古代ローマの) Ceres の祭り (→Zerealien). [*lat.*]
Ce·re·be̩l·lum[tserebέlʊm] 中 -s/..bella[..la·] = Zerebellum
Ce̩·re·brum[tsé:rebrʊm] 中 -s/..bra[..bra·] = Zerebrum
Ce̩·res[tsé:rɛs] 人名 〘ロ神〙 ケレス(農耕の女神. ギリシア神話の Demeter に当たる). [*lat.*; ◇kreieren]
ce·rise[sərí:z] 形 《無変化》(kirschrot) (さくらんぼのように)つややかに赤い. [*vulgärlat.*－*fr.*; ◇Kirsche]
Cer·va̩n·tes[sɛrvántɛs] 人名 Miguel de ～ Saavedra [zaavé:dra·] ミゲール デ セルバンテス サベードラ(1547-1616; スペインの作家. 作品『ドン キホーテ』など).
ces[tsɛs] 中 -/- 〘楽〙 変ハ音.
Ces[–] **I** 中 -/- 〘楽〙 変ハ音. **II** 記号 (Ces-Dur) 〘楽〙 変ハ長調.
Ce̩s-Du̩r[tsέsdu:r, ⌣⌣] 中 -/ 〘楽〙 変ハ長調(記号 Ces): →A-Dur
ce̩s·es[tsέs|ɛs, ⌣⌣], **Ce̩s·es**[–] 中 -/- 〘楽〙 重変ハ音.
ce̩·te·ri̩s pa̩·ri·bus[tsé:teri:s pá:ribʊs] 《ラテン語》((wenn) das übrige gleich (ist)) 他の事情が同じならば; 〘経〙 他の事情が一定ならば(部分均衡理論での仮定).
Ce̩·te·rum ce̩n·seo[tsé:terʊm tsέnzeo·] 中 --/ 持論 (古代ローマの政治家大 Cato が口癖のように「それにしても(カルタゴは滅ぼさねばならぬ)」と述べたことから). [*lat.* „übrigens meine ich"; ◇et cetera, Zensor]
Ce̩y·lon[tsáilɔn; オーストリア: tséilɔn] 地名 セイロン(→Sri Lanka). [*singhales.* Sinhalawipa „Löweninsel"]
Cey·lo·ne̩·se[tsailoné:zə] 男 -n/-n セイロン人; セイロン島の住民.
cey·lo·ne̩·sisch[..zɪʃ] 形 セイロン〔島〕の.
Cé·zanne[sezán] 人名 Paul ～ ポール セザンヌ(1839-1906; フランスの画家).
cf 略 = cost and freight[kɔ́st ənd fréit] 〘商〙 運賃込み値段. [◇Kosten, Fracht]
cf. 略 = confer 参照せよ.
Cf[tse:|έf, kalifɔ́rniʊm] 記号 (Californium) 〘化〙 カリフォルニウム.
c. f. (**C. f.**) 略 = Cantus firmus
C-Fal·ter[tsé:faltər] 男 〘虫〙 シータテハ(C立羽蝶).
cfr. 略 = confer 参照せよ.
cg[tsɛntigrám] 記号 (Zentigramm) センチグラム.
CGS-Sy·ste̩m[tse:ge:|έs..] 中 -s/ (< Zentimeter-Gramm-Sekunden-System) 〘理〙 CGS 単位系(長さ・質量・時間の基本単位をそれぞれセンチメートル・グラム・秒とする).
ch[tse:há:], **Ch**[–] 中 -/- ドイツ語では a, o, u, au の後で [x], その他では[ç] と発音される. ドイツ文字の小文字は合字 𝔠𝔥 になる: *Ch* wie Charlotte (通話略語) Charlotte の Ch 〔の字〕.
CH (国名略号: →A² II³) スイス (Confoederatio Helvetica = Schweiz).
Cha·blis[ʃablí:] 男 -s[-(s)]/-s[-s] シャブリ(フランスのブルゴーニュ地方で産する白ワイン). [*fr.*; 産地名]
Cha-Cha-Cha[tʃátʃátʃá] 男 -[s]/-s 《ダンス》 チャチャチャ(マンボに似たキューバのダンス). [*kuban.*－*span.*; 擬音]
Cha·conne[ʃakɔ́n] 女 -/-s, -n[..nən] **1** シャコンヌ(スペイン起源の緩やかな 4 分の 3 拍子の古い舞踏). **2** 〘楽〙 シャコンヌ(バロック時代の器楽変奏曲の一種). [*span.*－*fr.*]
cha·cun à son goût[ʃakœ̃(n) asɔ̃gú(:)] 《フランス語》(jeder nach seinem Geschmack) 好みは人それぞれ, 十人十色, 蓼(たで)食う虫も好き好き.
Cha·ga̩ll[ʃagál] 人名 Marc ～ マルク シャガール(1887-1985; ロシア生まれのユダヤ系画家でシュールレアリスムの先駆者).
Cha·grin[1][ʃagrɛ̃:] 中 (男) -s/-s 《方》 悲しみ, 苦しみ; 不機嫌, 憂鬱(ゆううつ). [*fr.*]
Cha·grin[2][–] 中 -s/ **1** 粒起(りゅうき)革(人工的に粒状突起をつけた馬・ロバの皮革). **2** シャグラン絹布. [*türk.* sagri „Kruppe"－*fr.*; ◇*engl.* shagreen]
cha·gri·nie̩·ren[ʃagriní:rən] 他 (h) (皮革に)粒状突起をつける.
Cha·grin·le̩·der[ʃagrɛ̃:..] 中 = Chagrin² 1
Chai·se[ʃέ:zə] 女 -/-n ᵛ**1 a)** (Stuhl) いす; (Sessel) 安楽いす. **b)** = Chaiselongue **2** ᵛ**a)** (半分屋根のついた)四輪馬車. **b)** 《話》 おんぼろ〈ぽんこつ〉自動車. [*fr.*; ◇Cathedra]
Chai·se·longue[ʃɛzəlɔ́ŋ, ..lɔ̃:(k)] 女 -/-n[..lɔ́ŋən, ..lɔ̃:gən], -s (中 -s[..lɔ́ŋs]/-s[..lɔ́ŋs]) (頭もたれのある)寝いす. [*fr.*]
Cha̩·la·za[çá:latsa] 女 -/ ..zen[çalá:tsən], **Cha·la̩·ze**[çalá:tsə] 女 -/-n **1** 〘植〙 合点(珠心と珠皮と珠柄の合一した部位にあたる組織). **2** (Hagelschnur) (鳥類の卵黄の両側のひも状の)カラザ. [*gr.* chálaza „Hagel"]
Chal·dä̩a[kaldέ:a·] 地名 カルデア (Babylonien の別称. 元来は南部メソポタミアの一地方). [*gr.*－*lat.*]
Chal·dä̩·er[..dέ:ər] 男 -s/- カルデア人.
Cha·let[ʃalé:, ..lέ] 中 -s/-s 《スイス》 シャレー(山地の牧人小屋); シャレーふうの別荘. [*fr.*]
chalko.. 《名詞・形容詞につけて「金属・銅」を意味する》 [*gr.*]
Chal·ko·che·mi·gra·phi̩e[çalkoçemigrafí:] 女 -/ 〘印〙 金属版彫刻術.
Chal·ko·ge̩n[..gé:n] 中 -s/-e 《ふつう複数で》 〘化〙 カルコゲン, 酸素族.
ᵛ**Chal·ko·gra̩ph**[..grá:f] 男 -en/-en (Kupferstecher) 銅版彫刻家.
ᵛ**Chal·ko·gra·phi̩e**[..grafí:] 女 -/-n[..fí:ən] 《単数で》 (Kupferstich) **1** 銅版彫刻術. **2** 銅版彫刻.
chal·ko·phi̩l[çalkofí:l] 形 〘化〙 親銅の: ein ～*es* Element 親銅元素.
Chal·ze·do̩n[kaltsedó:n] 男 中 -s/-e 〘鉱〙 玉髄(半透明の石英の一種). [*gr.*; ◇*engl.* chalcedony]
Cha·mä̩·leon[kamέ:leɔn] 中 -s/-s **1** 〘動〙 カメレオン; 《比》 節操のない人: die Farbe wie ein ～ wechseln カメレオンのように色を変える, 節操がない. **2** das ～ 〘天〙 カメレオン座(天の南極に近い星座). [*gr.*－*lat.*; < *gr.* chamaí „auf der Erde"＋léōn (→Löwe)]
cha·mä̩·leon·a̩r·tig 形 《比》 カメレオンのような, 節操のない.
Cham·bre des Dé·pu·tés[ʃɑ̃brədedepyté] 女 - - -/ (フランス第三共和国の)下院. [*fr.*; ◇Kammer, Disput]
ᵛ**Cham·bre gar·nie**[..garní] 中 --/-s-s[–] (möbliertes Zimmer) 家具つき貸室. [*fr.*; ◇garnieren]
ᵛ**Cham·bre sé·pa·rée**[..separé] 中 --/-s-s[–] (レストランなどの会合用の)別室. [*fr.*; ◇separieren]
Cha·mi̩s·so[ʃamíso·] 人名 Adelbert von ～ アーデルベルト フォン シャミッソー(1781-1838; ドイツ後期ロマン派の詩人で自然科学者. フランス系で, 本名は Louis Charles Adélaïde de ～ ルイ シャルル アデレード ド シャミッソー).
cha·mois[ʃamoá] **I** 形 《無変化》 (gemsfarben) (アルプスカモシカのような)淡黄色の: ～ Strümpfe 淡黄色のストッキング. **II Cha·mois** 中 -[-(s)]/ **1** 淡黄色: eine Bluse in ～ 淡黄色のブラウス. **2** = Chamoisleder [*spätlat.* camox－*fr.* „Gemse"; ◇Gemse]
cha·mois·far·ben[ʃamoá..] = chamois
Cha·mois·le̩·der[ʃamoá..] 中 (カモシカ・シカ・ヤギなどの皮をなめした)セーム革.
Champ[tʃɛmp] 男 -s/-s 《話》 = Champion
die **Cham·pa̩·gne**[ʃampánjə] 地名 女 -/ シャンパーニュ(フ

C

ランス北東部の地方. シャンパンの産地として知られる).
[*spätlat.* campānia „Ebene"−*fr.*; ◇Campagna]

cham·pa·gner[ʃampánjər] **I** 形《無変化》シャンパン色〈淡黄色〉の. **II Cham·pa·gner** 男 -s/-《ふつう単数で》(フランス産の)シャンパン, シャンペン(→Sekt): Der ~ floß in Strömen. シャンパンがたくさん出された.

cham·pa·gner≈far·ben, ≈far·big =champagner

Cham·pa·gner≈glas 中 -es/..gläser シャンパングラス. **≈wein** 男 =Champagner

Cham·pi·gnon[ʃámpɪnjɔŋ, ..jɔ̃·, ʃã:pɪnjɔ̃·] 男 -s/-s (Egerling)〘植〙ツクリタケ(作茸), マッシュルーム, シャンピニオン. [*fr.*]

Cham·pi·gnon·zucht[ʃámpɪnjɔŋ.., ..jɔ̃..] 女 シャンピニオン〈マッシュルーム〉栽培.

Cham·pion[tʃɛ́mpiən, ʃãpiɔ̃:] 男 -s/-s(Meister)〘スポ〙選手権保持者, チャンピオン: der ~ im Tennis 〈im Schwergewicht〉 テニス〈ヘビー級〉のチャンピオン. [*spätlat.* campiō „Kämpfer"−*fr.*−*engl.*]

Cham·pio·nat[ʃampioná:t, ʃã..] 中 -[e]s/-e (Meisterschaft)〘スポ〙選手権: das ~ im Ringen gewinnen 〈erringen〉 レスリングの選手権を獲得する. [*fr.*]

die **Champs-Ély·sées**[ʃãzelizé] 地名 複 シャンゼリゼー(パリのメインストリート). [*fr.* „Elysäische Felder"]

Chan[ka:n, xa:n] 男 -s/-e =Khan

Chan·ce[ʃã:sə, ʃã:s, ʃáŋsə; オーストリア: ʃã:s] 女 -/-n[..sən] **1** 機会, 好機, チャンス: eine einmalige ~ 二度とないチャンス | die letzte ~ 最後のチャンス ‖ eine ~ ausnützen 〈wahrnehmen〉 好機をとらえる | eine ~ verpassen 〈versäumen〉 / *sich*[3] eine ~ vorübergehen lassen 好機をのがす, チャンスを逸する | *jm.* eine ~ geben 〈bieten〉 …にチャンスを与える. **2**《ふつう複数で》(…の)見込み, 見通し, 公算: große 〈keine〉 ~*n* auf den Sieg haben 勝ち目が十分にある〈まったくない〉 ‖ Die ~*n* sind gegen ihn 〈[gut] für ihn〉. 見通しは彼に不利〈有利〉である | Die ~*n* stehen gleich 〈zehn zu eins〉. 見通しは五分五分〈10対1〉である | Er hat bei ihr keine ~*n*.《話》彼は彼女に気に入られる見込みはない. [*vulgärlat.*−*fr.*; ◇Kadenz, Schanze[1]]

chan·cen·gleich[ʃã:sən..] 形 機会均等の.

Chan·cen·gleich·heit 女 -/ 機会均等.

chan·cen·los 形 チャンスのない; 勝ち目のない.

Chang'an[tʃáŋ-ān] =Tschangan

Chang·chun[tʃáŋtʃūən] =Tschangtschun

Change[ʃã:ʒ, ʃã:ʒə] 女 -/ ([tʃeɪndʒ] 男 -/) 交換; (特に:) 両替(両替所や銀行窓口の標識に用いられる). [*fr.*−*engl.*]

chan·geant[ʃãʒã:] **I** 形《無変化》(生地などが)玉虫色の. **II Chan·geant** 男 -[s]/-s **1** (光を受けるとさまざまな色に光る)玉虫色織布. **2**〘鉱〙曹灰(そうかい)長石. [*fr.*]

Chang Hsüeh-liang[tʃaŋsyělīáŋ] 人名 張学良, チャンシュエリアン(1898- ; 中国の軍人・政治家. 1936年蔣介石を監禁した西安事件を起こした).

chan·gie·ren[ʃãʒí:rən, ʃaŋ..] **I** 自 (h) **1** (生地などが視点によって)さまざまに色を変える, 玉虫色に光る: *changierende* Seide 玉虫色の絹布. **2 a)**〘狩〙(猟犬が)追跡路を変える. ▽**b)**〘馬術〙(ギャロップで)踏足変換をする. ▽**II** 他 (h) (tauschen) 取り替える, 交換する; (verändern) 変える. [*fr.*; <*lat.* cambīre „tauschen" (◇Kambio)]

Chang Jiang[tʃáŋdzīāŋ] =Jangtsekiang

Chang·sha[tʃáŋʃā] =Tschangscha

Chang Tso-lin[tʃaŋtsolín] 人名 張作霖, チャン ツォウリン(1875-1928; 中国の軍人政治家. 日本の関東軍による列車爆破で死亡).

Chan·son[ʃãsɔ̃:] 中 -s/-s **1** シャンソン: ein ~ singen 〈vortragen〉 シャンソンを歌う. **2** (中世フランスの)歌謡, 詩歌, 英雄詩. [*lat.* cantiō (→Kanzone)−*fr.*]

Chan·son de geste[ʃãsɔ̃d-ʒέst] 女 ---/-s--[-] (中世フランスの)武勲詩. [*fr.*]

Chan·son de Ro·land[..drolã] 中 -s--/ ロランの歌(中世フランス武勲詩の一編). [*fr.*]

Chan·so·net·te[ʃãsonέtə] (**Chan·son·net·te**[..sɔ..]) 女 -/-n **1** (女性の)シャンソン歌手. **2** シャンソネット(くだけた内容の小歌謡). [2: *fr.*]

Chan·so[n]·nier[ʃãsonié:] 男 -s/-s **1** (男性の)シャンソン歌手; シャンソン作詞家. **2 a)** (中世フランスの)吟遊詩人. **b)** (吟遊詩人の)歌謡集. [*fr.*]

Chan·so[n]·niè·re[..niέ:rə, ..niέ:rə] 女 -/-n =Chansonette 1 [*fr.*]

Chaos[ká:ɔs] 中 -/ **1** 混乱, 無秩序: ein ~ auslösen 〈heraufbeschwören〉 混乱をひき起こす. **2** (↔Kosmos) (天地創造以前の)混沌(こんとん). [*gr.* cháos „Kluft"−*lat.*; <*gr.* chaínein „klaffen"; ◇Gas, gähnen]

Chaot[kaó:t] 男 -en/-en《ふつう複数で》(政治的目標を過激な手段によって達成しようとする)暴力〈破壊主義〉派.

chao·tisch[kaó:tɪʃ] 形 (↔kosmisch) 混乱した, 無秩序の, 混沌(こんとん)とした.

Cha·peau[ʃapó:] 男 -s/-s《戯》(Hut) 帽子, シャッポ. [*fr.*; ◇Cappa, Kappe, Schapel]

Cha·peau claque [ʃapoklák] 男 --/-x -s[-] (Klapphut)〘服飾〙(折り畳みできる)オペラハット. [*fr.*]

Chap·lin[tʃǽplɪn] 人名 Charles Spencer ~ チャールズ スペンサー チャプリン(1889-1977; イギリスの映画俳優・監督・製作者).

chap·li·nesk[tʃaplinέsk] 形 チャプリンふうの. [<..esk]

Cha·rak·ter[karáktər] 男 -s/-e[..rakté:rə] **1 a)** (人の)性格, 気性;《ふつう単数で》(倫理的にすぐれた)性格, 気骨, 節操, バックボーン: ein kleinlicher 〈schwieriger〉 ~ こせこせした〈気むずかしい〉性格 | *seinen* wahren ~ zeigen 本性を現す ‖ ein Mann von 〈mit〉 ~ 性格のしっかりした男, 気骨のある男 | Er hat ~ 〈keinen ~〉. 彼は芯(しん)がしっかりしている〈気骨がない〉. **b)** (特定の性格をもった)人物; 気骨のある人物: historische ~*e* 歴史上の人物たち | Er ist ein problematischer 〈sensibler〉 ~. 彼は問題のある〈繊細な性格の〉人物である | Er ist ein ~. 彼はなかなかの〈気骨のある〉人物だ. **c)** (劇・小説などの)作中人物; (Rolle) 役柄: ~*e* der Dramen Shakespeares シェークスピアのドラマの中の人物たち ‖ aus dem ~ fallen (役者が)役柄になりきれない. ▽**d)** (Rang) 地位, 身分, 資格;〘軍〙名誉階級: ein Dozent mit Titel und ~ eines Professors 教授の称号資格をもつ講師 | ein Hauptmann mit [dem] ~ eines Majors 少佐待遇の大尉.

2《ふつう単数で》(事物の)性格, 性質, 特性, 特色, 独特の持ち味, 風味: der nationale ~/der ~ einer Nation 国民性 | der ~ eines Baustils 建築様式の特色 ‖ ein Bauwerk mit ~ 特色のある建築物 | Die Krankheit ist von bösartigem ~. この病気は悪性である ‖ Sein Spiel hat ~. 彼の演技には独特のおもむきがある | Die Besprechung trug 〈hatte〉 vertraulichen ~. 話し合いは内密のものであった | Das Interview nahm fast den ~ eines Verhörs an. インタビューは尋問に近い調子を帯びた.

3《ふつう複数で》**a)** (Schriftzeichen) 文字: chinesische ~*e* 漢字 | griechische ~*e* ギリシア文字. **b)**〘数〙(行列の)トレース, 跡(せき); (代数などの)文字; 略符号(例えば円周率を表すπ); 指標.

[*gr.* „Eingeprägtes"−*lat.*; <*gr.* charássein „einritzen"]

Cha·rak·ter≈an·la·ge[karáktər..] 女 -/-n《ふつう複数で》(性格的な)素質. **≈bild** 中 性格描写. **≈bil·dung** 女 -/ 性格形成〈教育〉. **≈dar·stel·ler** 男 (女 **≈dar·stel·le·rin**)〘劇〙性格俳優. **≈dra·ma** 中〘劇〙性格劇. **≈ei·gen·schaft** 女 (特徴的な)性格, 性格特徴. **≈feh·ler** 男 性格上の欠陥, 性格異常.

cha·rak·ter·fest 形 (人が)性格の堅固な〈しっかりした〉, 気骨のある.

Cha·rak·ter·fe·stig·keit 女 -/ charakterfest なこと.

cha·rak·te·ri·sie·ren[karakterizí:rən] 他 (h) **1 a)** 特徴〈特色〉づける, (…の)特徴〈特質〉をなしている: Diese Tat *charakterisiert* ihn als einen ehrlichen Menschen. この行為は彼が正直者であることをよく示している | Die Stadt ist durch mittelalterliche Bauwerke *charakterisiert.* この町の特色をなしているのは中世建築物である. **b)** (…の)性格〈特徴・特色〉を描写する; (…の)特徴を的確に描き出す: Es ist schwer, die Situation in wenigen Worten zu ～. 状況をかいつまんで述べることはむずかしい | Er hat die Gestalten in seinem Roman gut *charakterisiert.* 彼は小説中の人物の性格をうまく描き分けた. ▽**2** 《*jn.*》〘軍〙(…に)名誉階級を与える:〖ふつう過去分詞で〗Major *charakterisiert* 〔als〕 Oberstleutnant 中佐待遇の少佐. [*gr.－mlat.*]

Cha·rak·te·ri·si̱e·rung[..rʊŋ] 女 -/-en charakterisieren すること.

Cha·rak·te·ri̱·stik[karakterístɪk] 女 -/-en **1** 特徴づけ, 性格描写: die ～ der Personen im Drama 劇中人物の性格づけ | eine ausführliche ～ einer Zeit geben 時期をくわしく特徴づける. **2** 〘数〙 **a**) (Kennziffer) (対数の)指標, 標数. **b**) (Kennlinie) 特性曲線.

Cha·rak·te·ri̱·sti·kum[..tikʊm] 中 -s/..ka[..ka·] 特徴: ein ～ der deutschen Sprache 〈für seine Malerei〉 ドイツ語〈彼の絵〉の特徴 | keine besonderen *Charakteristika* haben 〈aufweisen〉 特にこれという特徴がない.

cha·rak·te·ri̱·stisch[..tɪʃ] 形 特徴的な, 特有の: ～*e* Merkmale 特徴 | ～*e* Eigenschaften 特性 | eine ～*e* Kurve 〘数〙 特性曲線 | ～*e* Röntgenstrahlen 〘理〙 固有エックス線 ‖ Die Handlungsweise ist für ihn ～. このやり方は彼独特のものである ‖ etwas *Charakteristisches* an *sich*[3] haben 一種独特のものをもっている. [*gr.*]

cha·rak·te·ri̱·sti·scher·we̱i·se[..ʃər..] 副 特徴的に, 特有〈独特〉のやり方で.

Cha·ra̱k·ter≈ko·mö̱·die[karáktərkomø:diə] 女 〘劇〙 性格喜劇. ≈**kopf** 男 **1** 特徴のある顔. **2** 特徴のある顔の人, きわめて印象的な風貌(ふう)の持ち主. ≈**kun·de** 女 -/ ＝Charakterologie

cha·ra̱k·ter·lich[..lɪç] 形 性格的な, 性格上の: eine ～*e* Ausbildung 性格陶冶(とうや) | ein ～ fragwürdiger Mensch 性格的に問題のある人.

cha·ra̱k·ter·lo̱s[..lo:s][1] 形 **1** はっきりとした特徴のない, 無性格の: Dieser Baustil ist ～. この建築様式はこれといった特徴がない. **2** (人が)性格の弱い, 気骨のない, 主義〈節操〉のない.

Cha·ra̱k·ter·lo̱·sig·keit[..lo:zɪçkaɪt] 女 -/ charakterlos なこと.

Cha·rak·te·ro·lo·gi̱e[karakterologí:] 女 -/ 性格学.

cha·rak·te·ro·lo̱·gisch[..ló:gɪʃ] 形 性格学〔上〕の.

Cha·ra̱k·ter≈rol·le[karáktər..] 女 〘劇〙 個性的な役(強烈・特異な性格の人物の役). ≈**sa·che** 女《話》性格上の問題: Das ist reine ～. それは全く人物次第だ. ≈**schau·spie·ler** 男 (⊗ ≈schau·spie·le·rin) ＝Charakterdarsteller ≈**schil·de·rung** 女 性格描写.

cha·ra̱k·ter·schwach 形 性格の弱い, 意志薄弱な.

Cha·ra̱k·ter≈schwä·che 女 性格の弱さ, 意志薄弱. ≈**spie·ler** 男 (⊗ ≈spie·le·rin) ＝Charakterdarsteller

cha·ra̱k·ter·stark 形 性格の強い, 意志強固な.

Cha·ra̱k·ter≈stär·ke 女 性格の強さ, 意志強固. ≈**stück** 中 **1** 〘劇〙 性格劇. **2** 〘楽〙 性格的小品, キャラクターピース. ≈**stu̱·die**[..ʃtu:diə] 女 性格描写. ≈**tra·gö̱·die**[..tragø:diə] 女 〘劇〙 性格悲劇.

cha·ra̱k·ter·voll 形 **1** 性格〈特徴〉のはっきりした, 特色のある: ein ～*es* Gemälde 特色のある絵. **2** (人が)性格のしっかりした, 気骨のある.

Cha·ra̱k·ter·zug 男 特性, 特徴.

▽**Char·cu·te·ri̱e**[ʃarkytərí:] 女 -/-n[..rí:ən]《南部・スイス》＝Fleischerei [*fr.*]

▽**Char·cu·tier**[..tié:] 男 -s/-s《南部・スイス》＝Fleischer [*fr.*; ＜*mfr.* chair „Fleisch"＋*lat.* coquere (→kochen)]

Char·ge[ʃárʒə] 女 -/-n **1 a**) 地位, 官職; (Dienstgrad) 〘軍〙 官等, 階級: eine hohe ～ bekleiden 高い官職〈官等〉を帯びている | die ～ eines Korporals haben 伍長(ごちょう)の階級である. **b**) 《複数で》将校, 下士官: die ～*n* und die Mannschaften 将校・下士官および兵. **c**) 《話》＝Chargierte **2** 〘劇〙 (単純な性格を与えられた)あくの強いわき役. **3 a**) (Ladung) 〘金属〙 (高炉への)原料の装入. **b**) (1回分の)装入〈仕込み〉量; 〘工〙 (化学的加工の)一工程量〈原料〉. [*fr.*]

Char·gé d'af·faires[ʃarʒé: dafɛ́:r] 男 --/- s-[--] (大使・公使不在中の)代理大使〈公使〉. [*fr.*]

Char·gen≈rol·le[ʃárʒən..] 女 ＝Charge 2 ≈**spie·ler** 男 〘劇〙 あくの強いわき役むきの俳優.

char·gie·ren[ʃarʒí:rən] **I** 他 (h) **1 a**) (beschicken) 〘金属〙 (溶鉱炉に)原料を装入する. ▽**b**) 〘軍〙 (火器に)弾丸を装填(そうてん)する. ▽**2** (beauftragen) 《*jn.*》(…に)任務を負わせる. **3** 〘織〙 (織物に混ぜ物をして)重みをつける. **II** 自 (h) **1** 〘劇〙 (あくの強いわき役を)演じる; (役を)誇張して演じる. **2** 学生組合を代表する; (学生組合が)代表を送る. **III Char·gier·te**[..ʒí:rtə] 男《形容詞変化》(学生組合の)幹部, 代表(三役の一つ).

[*vulgärlat.* carricāre－*fr.* charger „beladen"; ＜*lat.* carrus (→Karren[1])]

Cha̱·ris[çá(:)rɪs] **I** 女 -/..riten[çarí:tən] **1** 《ふつう複数で》〘ギ神〙 カリス(美と優美の女神. Aglaia, Euphrosyne, Thalia の三姉妹をさす). **2** 《単数で》優美. **II** 女名 ヒャーリス. [*gr.* cháris „Freude, Anmut, Gunst"; ◇Gier]

Cha̱·ris·ma[çá(:)rɪsma, çarísma·] 中 -s/..men[çarísmən], -ta[çarísmata·] 〘神〙 カリスマ, 霊の賜物(神から授かった伝道上の特殊な能力); (一般に, 多数の人たちに影響力を及ぼし, これを心服させる個人の)非凡〈特殊〉な能力: ～ besitzen 〈haben〉 カリスマをもっている. [*gr.－lat.* „Geschenk"]

Cha·ris·ma̱·ti·ker[çarɪsmá:tɪkər] 男 -s/- (⊗ **Cha·ris·ma̱·ti·ke·rin**[..kərɪn]) カリスマ的人物.

cha·ris·ma̱·tisch[..tɪʃ] 形 カリスマ的な; カリスマをもった.

Cha·ri̱s·men Charisma の複数.

Cha·ri·té[ʃarité:] 女 -/-s ▽**1** 〔慈善〕病院. **2** (病院名として)シャリテ(特にベルリンのフンボルト大学付属病院). [*lat.* cāritās (→Caritas)－*fr.* „Nächstenliebe"; ◇*engl.* charity]

Cha·ri̱·ten Charis I 1 の複数.

Cha·ri̱·tin[çarí:tɪn] 女 -/-nen ＝Charis I 1

Cha·ri·va̱·ri[ʃarivá:ri·] 中 -s/-s ▽**1** 《単数で》(Wirrwarr) 混乱, ごたごた. **2** (Katzenmusik) やかましい〈耳ざわりな〉音楽. [*gr.－spätlat.－fr.*; ＜*gr.* kárā „Kopf"＋bary..]

Charles·ton[tʃárlstən, tʃá:lstən] 男 -/-s チャールストン(1920年代に流行したダンスで軽快なフォックストロットの一種). [*amerik.*; サウスカロライナ州の都市名]

Char·lo̱t·te[ʃarlɔ́tə] **I** 女名 シャルロッテ(短縮形: Lotte). **II** 女 -/-n 〘料理〙 シャルロット(パンくずをまぜて焼いた一種のフルーツプディング). [*fr.*; II: 創製者の名]

Char·lo̱t·ten·burg[ʃarlɔ́tənbʊrk] 地名 シャルロッテンブルク(ベルリンの一市区. プロイセン王フリードリヒ一世の妃ゾフィー シャルロッテ Sophie Charlotte の居館シャルロッテンブルク宮がある).

Char·lo̱t·ten·bur·ger[..bʊrgər] **I** 男 -s/- シャルロッテンブルクの人: einen ～ machen 《ベルリン》(ハンカチを用いずに, 親指と人さし指を使って)手で鼻をかむ. **II** 形《無変化》シャルロッテンブルクの.

char·ma̱nt (**schar·ma̱nt**)[ʃarmánt] 形 (bezaubernd) 魅力的な, 人の心をひきつける, チャーミングな: eine ～*e* Frau 〈Stimme〉 魅力的な女〈声〉 | ～ lächeln 魅力的な微笑を浮かべる. [*fr.* charmer „bezaubern"; ◇*engl.* charming]

Charme (**Scharm**)[ʃarm] 男 -s/ 人の心をひきつける力, 魅力, チャーム. [*lat.* carmen „Zauberformel"－*fr.*; ◇Carmen[2]; *engl.* charm]

Char·meur[ʃarmø:r] 男 -s/-s, -e 女性の心をとらえるすべを心得ている男. [*fr.* „Zauberer"]

Char·meuse[..mø:z] 女 -/ 〘織〙 シャルムーズ(合成繊維の肌着用ニット布地). [*fr.* „Bezauberin"]

Cha̱·ron[çá:rɔn] 人名 〘ギ神〙 カロン (Acheron の渡し守). [*gr.－lat.*]

Chart[tʃart, tʃa:t] 男 中 -s/-s **1** 図表, グラフ. **2** 《複数で》(Hitliste) ヒットチャート. [*engl.*]

Char·ta[kárta·] 女 -/-s (..tae[..tɛ·]) 憲章: die ～ der Vereinten Nationen 国連憲章 | Magna *Charta* → 別出 [*gr.* chártēs－*lat.* charta „Papier"; ◇ Karte; *engl.* chart〔er〕]

Char·te[ʃártə, ʃart] 女 -/-n[..tən] = Charta [*fr.*]

Char·te·par·tie[ʃártə..] 女 (Frachtvertrag) 〘商〙 用船契約〔書〕. [*fr.* „geteiltes Blatt"; ◇ *engl.* charter party]

Char·ter[tʃártər, ʃár.., tʃá:tə] 男 -s/-s (女 -/-) **1** (船舶・飛行機などの) チャーター〔契約〕, 貸し切り〈借り切り〉〔契約〕. **2** (Freibrief) 特許証, 認可状. [*lat.* chartula „Blättchen"－*fr.*－*engl.*; ◇ Charta]

Char·te·rer[tʃártərər, ʃár..] 男 -s/- (船舶・飛行機の) チャーター主, 用船主.

Char·ter≠flug[tʃártər.., ʃár..] 男 (↔Linienflug) 〘空〙 チャーター機による飛行. **≠flug·zeug** 中, **≠ma·schi·ne** 女 〘空〙 チャーター機.

char·tern[tʃártərn, ʃár..] 《05》 他 (h) **1** (船舶・飛行機などを) チャーターする, 貸し切りにする, 借り切る: einen Dampfer für eine Ferienreise ～ 休暇旅行用に汽船をチャーターする ‖ ein *gechartertes* Flugzeug チャーター〔した飛行〕機. **2** 《話》 (若干の困難を排除して) 確保する, 〔やっと〕手に入れる: *sich*³ ein Taxi ～ タクシーをつかまえる. [*engl.* charter]

Char·te·rung[..tərʊŋ] 女 -/-en 《ふつう単数で》 (船舶・飛行機などを) チャーターする〈借り切る〉こと.

Char·ter·ver·trag[tʃártər.., ʃár..] 男 チャーター〈用船〉契約.

Char·tis·mus[tʃartísmʊs, ʃar..] 男 -/ チャーティスト運動 (19世紀前半に英国に起こった労働者階級の民権運動).

Char·tist[..tíst] 男 -en/-en チャーティスト運動の信奉者.

Char·treu·se[ʃartrø:zə] **I** 男 -/ 商標 シャルトルーズ (フランスの Grenoble でカルトゥジア会修道士の造る芳香性の, 甘いリキュール). **II** 女 -/-n 〘料理〙 シャルトルーズ (野菜・肉・ベーコンなどを用いたカルトゥジア修道会由来の料理). [*fr.*; ＜la Grande Chartreuse (フランスの修道院の名); ◇ Kartause]

Cha·ryb·dis[çarýpdɪs] 人名 〘ギ神〙 カリュブディス (メッシナ海峡に住むといわれた女怪. 渦潮の擬人化): zwischen Szylla und ～ (→Szylla). [*gr.*－*lat.*]

Chas·sé[ʃasé:] 男 -s[-(s)]/-s[-s] 〘ダンス〙 シャッセ (位置を変えるためのすべり足のステップ). [*fr.*]

Chas·si·dim[xasidí:m] 複 〘宗〙 ハシディズムの信奉者. [*hebr.* „die Frommen"; ＜*hebr.* hasīdh „fromm"]

Chas·si·dis·mus[..dísmʊs] 男 -/ 〘宗〙 ハシディズム (18世紀ウクライナ・ポーランドのユダヤ神秘主義運動).

Chas·sis[ʃasí:] 中 -[-(s)]/-[-s] **1** (Fahrgestell) (自動車などの) 車台, シャシー. **2** (ラジオ・テレビ・拡声器などの) シャシー (セットを組み込む台). [*fr.*; ＜*fr.* châsse „Kästchen"; ◇ Cassa]

Cha·suble[ʃazýbl, tʃǽzjʊbl] 中 -s/-s 〘服飾〙 チャジュブル (そでのない女性用上着). [*fr.*; ＜*spätlat.* casula (→Kasel)]

Châ·teau (**Cha·teau**)[ʃató:] 中 -s/-s **1** (Schloß) 城館; (りっぱな) 邸宅. **2** (フランス, 特にブルゴーニュ地方の) ぶどう農園. [*lat.* castellum (→Kastell)－*fr.*]

Cha·teau·briand[ʃatobriã́(:)] 中 -[s]/-s 〘料理〙 シャートブリアン (ヒレ肉ステーキ). [＜*Fr.* R. Chateaubriand (フランスの作家, †1848)]

Chat·te[kátə, çá..] 男 -n/-n カッテン〈カッティー〉人 (ゲルマンの一部族で Fulda 川と Lahn 川の間に居住した Hessen 人の先祖に当たる). [*lat.* C〔h〕attī]

Chau·deau[ʃodó:] 男 -[s]/-s 〘料理〙 ショードー (卵に熱い牛乳をかけ砂糖・香料などを加えて作るクリーム状の飲み物またはソース). [*fr.*; ＜*fr.* chaud „heiß"＋eau „Wasser"]

Chauf·feur[ʃɔfø:r] 男 -s/-e (自家用車・タクシー・トラックなどの) 職業運転手 (→Fahrer). [*fr.*; ◇ Kalfaktor]

chauf·fie·ren[ʃɔfí:rən] **I** 自 (h) 自動車を運転する. **II** 他 (h) **1** (自動車を) 運転する. **2** 《*jn.*》 (職業運転手として…を) 自動車で運ぶ: Er wurde in seinem Dienstwagen nach Hause *chauffiert.* 彼は公用車で家まで送られた. [*lat.* cale-facere „heiß machen"－*fr.*; ◇ *engl.* chafe]

Chau·ke[çáʊkə] 男 -n/-n ヒャウケン〈カウキー〉人 (Elbe 川と Ems 川のほとりに居住したゲルマンの一部族). [*lat.* Chaucī]

Chaul·moo·gra·öl[tʃo:lmú:gra|ø:l, tʃɔ:l..] 中 チャウルムグラ油 (東インド産のチャウルムグラ〈ダイフウシノキ〉の種子から採る油で, 昔はハンセン病の特効薬として使われた). [*bengal.* cāul-mugrā]

Chaus·see[ʃosé:, ʃɔ..] 女 -/-n[..sé:ən] (舗装された) 街道, 幹線道路. [*mlat.* 〔via〕 calciāta „mit Kalkstein gepflasterte Straße"－*fr.*; ＜*lat.* calx (→Kalk)]

Chaus·see≠baum[ʃosé:.., ʃɔ..] 男 街道わきの樹木〈並木〉. **≠floh** 男 《戯》 自転車; オートバイ; 小型自動車. **≠geld** 中 (Weggeld) (昔の) 道路通行料. **≠gra·ben** 男 街道沿いの堀〈溝〉. **≠wan·ze** 女 《戯》 小型自動車.

chaus·sie·ren[ʃosí:rən, ʃɔ..] 他 (h) (道路を) 舗装する.

Chau·vi[ʃó:vi·] 男 -s/-s 《話》 = Chauvinist 2

Chau·vi·nis·mus[ʃovinísmʊs] 男 -/..men[..mən] **1** ショービニズム (狂信的な愛国・国粋主義): männlicher ～ 男性優越主義 (男の誇張された自意識, 男尊女卑). **2** 偏狭な愛国〈国粋〉主義的言動. [*fr.*; ＜Chauvin (19世紀フランス喜劇の登場人物)]

Chau·vi·nist[ʃoviníst] 男 -en/-en **1** ショービニスト (狂信的な愛国・国粋主義者). **2** 男性優越主義者. [*fr.*]

chau·vi·ni·stisch[..nístɪʃ] 形 愛国〈国粋〉主義的な, ショービニズム的な, 偏狭な.

Check[1][ʃɛk] 男 -s/-s 《スイス》 = Scheck[1]

Check[2][tʃɛk] 男 -s/-s **1** 点検, チェック. **2** 〘アイスホッケー〙 チェック, 妨害.

checken[tʃɛ́kən] 他 (h) **1** 〘アイスホッケー〙 チェックをする, 妨害する. **2** (nachprüfen) 照合〈点検〉する, チェックする. **3** 《俗》 《*et.*⁴》 (…を) 理解する. [*engl.* check; ＜*arab.* šāh (→Schach)]

Check≠li·ste[tʃɛ́k..] 女 チェック〈点検〉リスト. **≠point** [..pɔʏnt] 男 -s/-s 検問所, チェックポイント. [*engl.*]

chee·rio[tʃí:rio·] 間 《話》 **1** さようなら, お元気で. **2** (乾杯のあいさつ) おめでとう, ご健康を祝して. [*engl.*; ＜*engl.* cheer „Fröhlichkeit" (◇ Karotte)]

Chef[ʃɛf; オーストリア: ʃe:f] 男 -s/-s (女 **Che·fin** → 別出) **1** (課・部・局の) 長, かしら, チーフ (所長, 署長, 工場長, 主任, 部課長など); 上司, 上役; 事業主, 雇い主; 店長, 支配人; 親分, ボス. **2** 《話》 (未知の人へのなれなれしい呼び掛けとして) だんな, 大将. [*lat.* caput „Haupt"－*fr.*; ◇ *engl.* chief]

Chef·arzt[ʃɛ́f..] 男 (病院の) 主任医師, 院長; (各科の) 医長; 〘軍〙 軍医長.

Chef de mis·sion[ʃɛ́f də misiɔ̃́:] 男 -[s]--/-s-- 〘スポーツ〙 選手団長, 主将. [*fr.*]

Chef·di·ri·gent[ʃɛ́f..] 男 〘楽〙 主席指揮者.

Chef d'œuvre[ʃɛdœ́:vr] 中 --/-s-[-] (Hauptwerk) 代表作, 主著; (Meisterstück) 傑作. [*fr.*]

Chef·eta·ge[ʃɛ́f|ɛta:ʒə] 女 (社屋などの) 社長室や重役室のある階.

Che·feu·se[ʃɛfǿ:zə] 女 -/-n 《戯》 = Chefin [＜..euse]

Chef≠fah·rer[ʃɛ́f..] 男 Chef 付きの運転手. **≠ideo·lo·ge** 男 (政党・政治団体などの) 理論指導者.

Che·fin[ʃɛ́fɪn] 女 -/-nen **1** Chef の女性形. **2** 《話》 Chef の夫人.

Chef≠in·ge·nieur[ʃɛ́f|ɪnʒeniø:r] 男 主任技師, 技師長. **≠koch** 男 コック長, 料理長. **≠pi·lot** 男 〘空〙 機長. **≠re·dak·teur**[..tø:r] 男 編集長, 主筆. **≠sa·che** 女 Chef の担当〈決定〉すべき事柄. **≠se·kre·tär** 男 **1** (女 **≠se·kre·tä·rin**) Chef 付きの秘書. **2** (協会などの) 事務局長. **≠vi·si·te** 女 (病院での) 医長〈主任教授〉の回診.

Chei·ro·to·nie[çaɪrotoní:] 女 -/ = Handauflegung [*gr.* „Handausstreckung"; →hiro..]

Che·ju-Do[tʃé:dʒudo·] 地名 済州島, チェジュド (朝鮮半島の南にある韓国最大の島).

chem.. →chemo..

Che·mie[çemíː; ｵｰｽ･ｽｲ･ﾄﾘｱ･ｽ: kemíː] 女 -/ **1 a)** 化学: angewandte ～ 応用化学 | organische 〈anorganische〉 ～ 有機〈無機〉化学 | pharmazeutische ～ 薬化学 | Bio*chemie* 生化学 ‖ ～ studieren (大学で)化学を学ぶ ‖ **Die ～ stimmt.** 《話》相性〈折り合い〉がいい. **b)** 《ふつう無冠詞で》(授業科目としての)化学; 化学の授業. **2** 《話》＝Chemikalie [＜Alchimie; ◇ *engl.* chemistry]

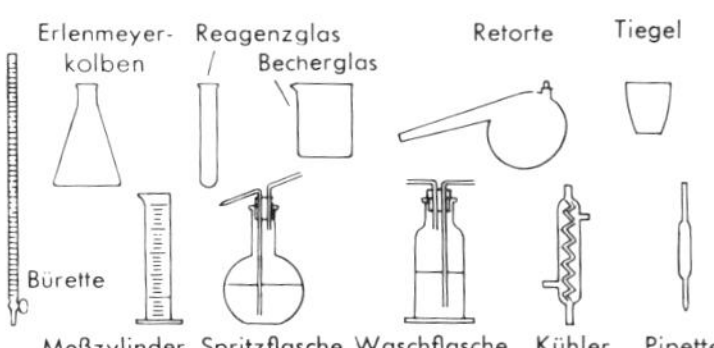

Chemie

Che·mie≈ar·bei·ter 男 化学工場の労働者. **≈be·trieb** 男 化学工場. **≈fa·brik** 女 化学工場. **≈fa·ser** 女 化学繊維.

che·mie·frei 形 (食品などが)化学物質を含まない, 化学物質無添加の.

Che·mie≈in·du·strie 女 化学工業. **≈in·ge·nieur** [..ɪnʒeniøːr] 男 化学工場の技師. **≈wer·ker** 男 《話》＝Chemiearbeiter

Che·mi·graph[çemigráːf] 男 -en/-en 《印》写真凸版の製版工.

Che·mi·gra·phie[..grafíː] 女 -/ 《印》写真凸版〔法〕.

Che·mi·kal[çemikáːl] 中 -s/..lien[..liən], **Che·mi·ka·lie**[..káːliə] 女 -/-n 《ふつう複数で》化学物質, 化学製品〈薬品〉.

Che·mi·ker[çéːmikər; ｵｰｽ･ｽｲ･ﾄﾘｱ･ｽ: kéː..] 男 -s/- (女 **Che·mi·ke·rin**[..kərɪn]-/-nen) 化学者.

Chemi·née[ʃmíneˑ] 中 -s/-s 《ｽｲｽ》マントルピース. [*spätlat.*－*fr.*; ＜*gr.* kámīnos (→Kamin)]

che·misch[çéːmɪʃ; ｵｰｽ･ｽｲ･ﾄﾘｱ･ｽ: kéː..] 形 化学の; 化学的な; 化学用の; 化学製品による: ～*e* Elemente 化学元素 | eine ～*e* Formel 化学式 | eine ～*e* Gleichung 化学方程式 | die ～*e* Industrie 化学工業 | eine ～*e* Reaktion 化学反応 | eine ～*e* Verbindung 化合物 | ～*e* Waffen 化学兵器 | ein ～*es* Zeichen 化学記号 ‖ eine Hose ～ reinigen ズボンをドライクリーニングする. [＜Chemie]

Che·mise[ʃəmíːz(ə)] 女 -/-n[..zən] ᵛ**1** (Hemd) シャツ. **2** 《服飾》シュミーズドレス. [*fr.*; ＜*spätlat.* camīsia (→Kamisol)]

Che·mi·sett[ʃəmizɛ́t] 中 -〔e〕s/-s, -e, **Che·mi·set·te**[..tə] 女 -/-n 《服飾》**1** (女性用)シュミゼット. **2** (男子用礼服の)シャツフロント, ディッキー, 胸当て. [*fr.*]

che·mi·sie·ren[çemizíːrən; ｵｰｽ･ｽｲ･ﾄﾘｱ･ｽ: ke..] 他 (h) (旧東ドイツで) (生産方法などを)化学〔工業〕化する. [＜Chemie]

Che·mi·sier·kleid[ʃəmizié..] 中 《ｽｲｽ》《服飾》シュミーズドレス. [*fr.* chemisier „Hemdbluse"; ＜Chemise]

Che·mis·mus[çemísmus; ｵｰｽ･ﾄﾘｱ: ke..] 男 -/ (動植物の)化学機序, 化学機構. [＜Chemie]

Chem·nitz[kɛ́mnɪts] 地名 ケムニッツ(ドイツ Sachsen 州の都市. 1953年から90年まで Karl-Marx-Stadt). [*wend.* Kamjenica „Steinbach"]

chemo.. 《名詞・形容詞などにつけて「化学〔的〕」を意味する. 母音の前では chem.. となる: →*Chem*urgie》[＜Chemie]

Che·mo·na·stie[çemonastíː] 女 -/-n[..tíːən] 《植》化学傾性, 傾化性(化学的刺激によって起こる植物器官の成長運動).

Che·mo·syn·the·se[..zyntéːzə] 女 -/ 《生》化学合成.

che·mo·tak·tisch[..táktɪʃ] 形 《植》化学走性の, 走化性の.

Che·mo·ta·xis[..táksɪs] 女 -/..xen[..ksən] 《生》化学走性, 走化性(化学刺激に対する走性).

Che·mo·tech·nik[..tɛ́çnɪk] 女 化学技術.

Che·mo·tech·ni·ker[..tɛ́çnikər] 男 化学技術者.

Che·mo·the·ra·peu·ti·kum[..terapɔ́ʏtikum] 中 -s/..ka[..ka·] 《ふつう複数で》化学治療薬.

che·mo·the·ra·peu·tisch[..terapɔ́ʏtɪʃ] 形 化学療法の.

Che·mo·the·ra·pie[..píː] 女 -/ 《医》化学療法.

Che·mo·tro·pis·mus[..tropísmus] 男 -/..men[..mən] 《生》化学屈性, 屈化性(化学的刺激の方向への植物器官の成長運動).

Chem·ur·gie[çemurgíː] 女 -/ 農産化学.

..chen[..çən] 《..lein と並んで, 名詞につけて中性名詞 (-s/-) をつくる. いわゆる縮小の後つづりの一つで,「小さいもの・かわいらしいもの」を表すほか,「親しみ」や「軽蔑」の表現にも用いられるが, 合成名詞として新たな意味が生じたため「縮小」の意味は失われてしまっている場合もある. もとは中部の語法であるが, 17世紀以来しだいに南部の ..lein を駆逐した. この後つづりのついた名詞のウムラウト可能な幹母音はふつうウムラウトする. 俗語では, ..ch または ..g などの後では ..elchen となる. 名詞の語尾の ..e, ..en の脱落を誘ったり, まれには複数名詞につけられたり, 形容詞や副詞にそえられることもある》: Väter*chen* おとうちゃん | Hüt*chen* 小さな帽子 | Häus*chen* 小さい家 ‖ Frau*chen* 小柄な女性 ‖ Weib*chen* かわいい女; (動物の)雌 ‖ Mäd*chen* (＜Magd) 少女, 女の子 | Kanin*chen* 《動》カイウサギ ‖ Dächel*chen* (＜Dach) 小屋根 | Ringel*chen* (＜Ring) 小さな指輪 ‖ Häs*chen* (＜Hase) 小ウサギ | Häk*chen* (＜Haken) 小さな鉤(かぎ) ‖ Häuser*chen* 小さい家々 ‖ Gelehrt*chen* 青二才学者 ‖ still*chen* そうっと | gemächel*chen* ゆっくりと. [*asächs.*－*mndd.* ..ken; ◇ *engl.* ..kin]

Chen Du·xiu[tʃə́ndúçǐə̌ŭ] ＝Chen Tu-hsiu

Cheng·du[tʃə́ŋdū] ＝Tschengtu

Che·nil·le[ʃəníljeˑ, ..níːjə] 女 -/-n 《織》シェニール糸, 毛虫糸. [*lat.* canīcula „Hündchen"－*fr.* „Raupe"; ◇Kaniden]

Chen·nai[tʃɛ́nnaɪ] 地名 チェンナイ(インド南部タミールナドゥ州の州都. 旧称 Madras).

Chen Tu-hsiu[tʃɛntusiú:] 人名 陳独秀, チェン トゥーシウ(1880-1942; 中国の思想家・政治家. 中国共産党の初代委員長).

Che·ops[çéːɔps, kéː..] 人名 ケオプス(エジプト第 4 王朝の王で, 古代エジプト語ではクフ Chufu という. ケオプスはギリシア語名. ギゼーにある現存最大のピラミッドはこの王の陵墓).

Cheque[ʃɛk] 男 -s/-s ＝Scheck[1]

cher·chez la femme[ʃɛrʃelafám] 《ﾌﾗﾝｽ語》(sucht nach der Frau!) 事件の陰に女あり. [◇zirkum..]

Cher·ry Bran·dy[tʃɛ́riˑ brɛ́ndiˑ, ʃɛ́riˑ －, tʃɛ́riˑ brǽndiˑ] 男 --s/--s チェリーブランデー(桜桃のリキュール). [*engl.*; ◇Kirsche]

Che·rub[çéːrup][1] 男 -s/..bim[..rubiːm], ..binen[çerubíːnən] 人名 《聖》ケルビム, 智天使(生命の木・契約の箱などを警護し, 有翼の人間・ライオンなどの形で示される). [*hebr.*; *gr.*－*kirchenlat.*; ◇Greif]

che·ru·bi·nisch[çerubíːnɪʃ] 形 Cherub のような; 《比》天使のような.

Che·rus·ker[çerúskər] 男 -s/- ヒェルスカー〈ケルスキー〉人(ゲルマンの一部族. Arminius に率いられてローマ軍を破った). [*lat.* Cheruscī]

che·rus·kisch[..kɪʃ] 形 ケルスキー人の.

Che·ster[tʃɛ́stər, ..tə] **I** 地名 チェスター(イギリス中部の都市). **II** 男 -s/- ＝Chesterkäse [*aengl.*; ◇Kastell]

Che·ster·kä·se[tʃɛ́stər..] 男 チェスターチーズ.

che·va·le·resk[ʃəvalərɛ́sk] 形 (ritterlich) 騎士らしい, 騎士道にかなった. [*it.*－*fr.*; ＜*lat.* caballus (→Kaval)]

Che·va·lier[..liéː] 男 -s/-s **1** (Ritter) 騎士. **2** (フランスの貴族制度で)シェヴァリエ(男爵の下の位およびその爵位をもったもの). [*spätlat.* caballārius (→Kavalier)－*fr.*]

ᵛ**Che·vau·le·ger**[ʃəvoleʒéː] 男 -s/-s[－] 軽騎兵. [*fr.*; ＜*fr.* cheval „Pferd"＋léger „leicht"]

Che·viot[ʃéviɔt, tʃɛ́.., ʃéː..; ｵｰｽ･ﾄﾘｱ: ʃɛ́ː..] 男 -s/-s 《織》チェビ

オット(毛織物の一種). [*engl.*; <Cheviot Hills (原産地)]

Che·vreau[ʃəvróː, ʃévro·] 中 -s/ , **Che·vreau·le·der**[ʃəvróː.., ʃévro..] 中 ヤギ革. [*fr.* chevreau „Zicklein"; < *lat.* capra (→Kapella)]

Che·vron[ʃəvrɔ̃ː] 男 -s/-s **1** 〘織〙シェブロン(杉綾(すぎあや)の婦人服地). **2** =Sparren 2 **3** (フランスの)山形袖章(そでしょう). [*fr.* „Dachsparren"]

Chi[çiː] 中 -〔s〕/-s ヒー(ギリシア字母の第22字: Χ, χ). [*gr.*]

Chiang Chieh-shih[tʃĭaŋtʃĭeʃíː] 人名 蔣介石, チアンチェシー(カイシェク)(1887-1975; 中国の軍人・政治家).

Chian·ti[kiánti·] 男 -〔s〕/ キアンティ(イタリア Toskana のキアンティ原産の赤ワイン). [*it.*]

Chias·ma[çiásma·] 中 -s/..men[..mən](-ta[..ta·]) 〘生〙キアズマ(染色分体が交差し, 互いに一部を交換する部位); 〘解〙交差, (特に)視神経交差.

Chias·mus[..mʊs] 男 -/ 〘修辞〙交差対句法, 交差(交錯)配列(対照句の順序を逆にする配列法で, ギリシア文字 χ の形による命名. 例 Rubens, der König der Maler und der Maler der Könige). [*gr.*; <Chi(X)]

chias·tisch[..tɪʃ] 形 交差対句法〔上〕の; 交差配列の.

chic[ʃɪk] →schick

Chi·ca·go[ʃikáːgo·, ʃɪkáːgoʊ] **I** 地名 シカゴ(アメリカ, イリノイ州の大都市). **II der Chi·ca·go** 地名 男 -s/ シカゴ(Chicago を流れミシガン湖に注ぐ川). [*indian.*－*fr.*－*amerik.*]

Chi·co·rée[ʃíkore·, ʃikoréː] 女 -/ (男 -s/) 〘植〙キクニガナ, チコリ(サラダ用野菜. 根の粉末をコーヒーの苦味つけに用いる). [*mlat.* cichōrea (→Zichorie)－*fr.*]

der **Chiem·see**[kíːmzeː] 地名 男 -s/ キームゼー(ドイツ Bayern 州最大の湖).

Chif·fon[ʃífɔ̃·, ʃɪfɔ̃ː] 男 -s/-s (オーストリア: [ʃɪfóːn] -s/-e) 〘織〙シフォン, 絹モスリン. [*fr.*; <*fr.* chiffe „Fetzen" (◇Chip)]

Chif·fon·nier[ʃɪfɔnié:] 男 -s/-s **1** (開閉式書板付きの)机兼用たんす. ᵛ**2** くず屋. [*fr.*]

Chif·fon·niè·re[..niéːr(ə), ..niɛ́ːr(ə)] 女 -/-n[..rən] **1** 裁縫台; (小間物・裁縫道具用)小だんす, 手箱. **2** 《スイス》(Kleiderschrank) 洋服だんす. [*fr.*]

Chif·fre[ʃífər, ..frə] 女 -/-n[..fərn, ..frən] **1 a)** 暗号, 符丁: ~*n* entschlüsseln ⟨entziffern⟩ 暗号を解読する | einen Brief in ~*n* schreiben 暗号文で手紙を書く. **b)** 符号, 略号; (名前の頭文字などの)組み合せ文字: unter 〔einer〕 ~ (新聞広告などの)広告主略号(番号)で | eine Anzeige ⟨eine Annonce⟩ unter der ~ XYZ aufgeben ⟨veröffentlichen⟩ XYZ の符号で新聞広告を出す. **2** (Ziffer) 数字. **3** (Figur) 〘修辞〙(文体上の)あや, 文彩, 詞姿. [*fr.*; ◇Ziffer]

Chif·fre≈num·mer[ʃífər.., ..frə..] 女 (新聞広告の)照会番号(→Chiffre 1 b). **≈schlüs·sel** 男 暗号解読の鍵(かぎ), 暗号解. **≈schrift** 女 暗号文. **≈te·le·gramm** 中 暗号電報.

Chif·freur[ʃɪfrǿːr] 男 -s/-e 暗号作成(解読)者. [*fr.*]

chif·frie·ren[..ríːrən] 他 (h) (↔dechiffrieren) 暗号にする, 暗号で書く: ein *chiffriertes* Telegramm 暗号電報. [*fr.*; ◇ *engl.* cipher, cypher]

Chif·frier≈kunst[ʃɪfríːr..] 女 -/ 暗号作成(解読)術. **≈ma·schi·ne** 女 (暗号を作成また解読する)暗号機. **≈ver·fah·ren** 中 暗号作成法.

Chi·gnon[ʃɪnjɔ̃ː] 男 -s/-s シニョン(女性の髪型で後頭部へ束ね上げたまげ: → 図 Haar A). [*fr.*; <*lat.* catēna „Kette"]

Chi·hua·hua[tʃiŭáŭa·] 男 -s/-s チワワ(メキシコ原産の小型犬). [*span.*; メキシコ北部の州名]

Chi·ka·go[ʃikáːgo·] 地名 シカゴ (Chicago I のドイツ語形).

Chi·le[tʃíːle·, çíː..] 地名 チリ(南アメリカ太平洋岸の共和国で首都は Santiago de Chile).

Chi·le·ne[tʃiléːnə, çi..] 男 -n/-n (女 **Chi·le·nin**[..nɪn] -/-nen) チリ人.

chi·le·nisch[..nɪʃ] 形 チリ〔人〕の.

Chi·le·sal·pe·ter[tʃíːle.., çíː..] 男 〘鉱〙チリ硝石.

Chi·li[tʃíːli·] 男 -s/ チリ(中米産のトウガラシ).

ᵛ**Chi·lia·de**[çiliáːdə] 女 -/-n 千, 千の数(集まり); (Jahrtausend) 千年〔間〕. [*gr.* chīliás „Tausendzahl"; ◇kilo..]

Chi·lias·mus[..ásmʊs] 男 -/ 〘宗〙千年至福説(世界の終末が来る前にキリストが再臨して1000年間この世を治めるという初期キリスト教の信仰. 聖書: 黙20, 4 から). [*gr.*]

Chi·liast[..ást] 男 -en/-en 千年至福説の信奉者.

chi·lia·stisch[..ástɪʃ] 形 千年至福説の.

Chi·lon[çíːlɔn] 人名 キロン(前6世紀ごろのギリシアの哲学者で七賢人の一人).

Chi·mä·ra[çimɛ́ːra·] 女 -/ 〘ギ神〙キマイラ(頭はライオン, 尾はヘビ, 胴はヤギの怪物で Bellerophon に退治された). [*gr.* „Ziege"－*lat.*]

Chi·mä·re[..rə, ʃi..] 女 -/-n **1** 《単数で》=Chimära **2** 〘遺伝〙キメラ(個体上に遺伝型の異なる2個以上の組織が接触融着して作るもの). **3** 〘魚〙ギンザメ. **4** =Schimäre

der **Chim·bo·ras·so**[tʃɪmboráso·] 地名 男 -〔s〕/ チンボラッソ(エクアドルの火山. 標高6310m).

Chin[tʃɪn] 女 -/ 秦(しん)(中国古代の王朝; 前221-前207): die ~-Dynastie 秦王朝(→Shih Huang Ti).

Chi·na[çíːna·; オーストリア・スイス: kíːna·] 地名 中国(今日の正式名は Volksrepublik ~ 中華人民共和国. 首都は北京 Peking): Republik ~ / National*china* 中華民国(1912-49).

Chi·na≈gras[çíːna..; オーストリア・スイス: kíːna..] 中 (Ramie) 〘植〙ラミー. **≈kohl** 男 〘植〙〔直隷(ちょくれい)〕ハクサイ(白菜). **≈krepp** 男 (Crêpe de Chine) 〘織〙クレープデシン. **≈pa·pier** 中 (中国・日本製の)〔手すき〕薄葉紙; (Reispapier) 蓪草(つうそう)紙, ライスペーパー.

Chi·na·rin·de[çíːna..; オーストリア・スイス: kíːna..] 女 キナ皮(キナノキの樹皮). [*peruan.* quinaquina „Rinde der Rinden"－*span.* quina; ◇Chinin]

Chi·na·rin·den·baum 男 〘植〙キナノキ(南米原産アカネ科の木. 樹皮からマラリアの特効薬キニーネを採る).

Chi·na·säu·re 女 〘化〙キナ酸.

Chi·na·sil·ber 中 (Alfenid) アルフェニド(洋銀の一種). [<China]

Chi·na·tink·tur 女 〘薬〙キナチンキ(健胃剤).

Chi·na·wa·re 女 《ふつう単数で》(中国産の)陶磁器.

Chin·chil·la[tʃɪntʃíla·; まれ: ..tʃílja·] **I** 女 -/-s 〘動〙チンチラ(南米アンデス山地産のリスに似た小動物). **II** 中 -s/-s **1** チンチラの毛皮. **2** =Chinchillakaninchen [*span.*]

Chin·chil·la·ka·nin·chen[tʃɪntʃíla..] 中 〘動〙チンチラウサギ(飼いウサギの一品種).

chin-chin[tʃɪntʃɪn] =cheerio [*chines.* 請請 －*engl.*]

Chi·né[ʃinéː] 男 -〔s〕/-s 〘織〙シネ(多色織りでぼかし模様の絹織物). [*fr.*; ◇China, chiniert]

Chi·ne·se[çinéːzə; オーストリア・スイス: ki..] 男 -n/-n (女 **Chi·ne·sin**[..zɪn] -/-nen) 中国人.

Chi·ne·sen·vier·tel 中 (外国の都市での)中華街, チャイナタウン.

chi·ne·sisch[..zɪʃ] 形 中国〔人・語〕の: →deutsch ‖ ~*er* Kohl =Chinakohl | ~*e* Rose 〘植〙コウシン(庚申)バラ | die *Chinesische* Mauer 万里の長城 ‖ Du redest ~. 《話》君の言うことはさっぱり理解できない | Das ist ~ für mich. 《話》それは私にはさっぱり理解できない(ちんぷんかんぷんだ)(→Parteichinesisch).

..chinesisch[..çineːzɪʃ; オーストリア・スイス: ..kineːzɪʃ] 《名詞につけて「門外漢には難解な言葉, ちんぷんかんぷんな言葉」などを意味する中性名詞をつくる》: Behörden*chinesisch* 難解なお役所言葉 | Fach*chinesisch* ちんぷんかんぷんな専門用語.

Ching[tʃɪŋ] 女 -/ 清(しん)(中国最後の王朝; 1616-1912): die ~-Dynastie 〘史〙清王朝.

Ching·an·ling[çíŋ|anlɪŋ] 地名 男 -s/ 興安嶺: Großer ~ 大興安嶺, ターシンアンリン(中国, 東北地区と内蒙古自治区との境を北東から南西に連なる山脈).

chi·niert[ʃiníːrt] 形 多色織りでぼかし模様の. [<Chiné]

Chi·nin[çiní:n; ｵｰｽﾄﾘｱ: ki..] 中 -s/ キニーネ; 〘薬〙キニーネ剤(マラリア熱などの解熱剤). [*it.* chinina; ◇*engl.* quinine]

Chi·nin≈prä·pa·rat 中 キニーネ剤. **≈ver·gif·tung** 女〘医〙キニーネ中毒.

Chi·noi·se·rie[ʃinoazərí:] 女 -/-n[..rí:ən] **1 a)**《単数で》(特にロココ時代の)中国ふう装飾様式. **b)** 中国ふうの美術工芸(室内装飾)品. **2** 没趣味, 野暮. [*fr.*; <*fr.* chinois „chinesisch" (◇China)]

Chintz[tʃınts] 男 -[es]/-e 〘織〙チンツ, インドサラサ(更紗). [*Hindi*−*engl.*; ◇Zitz]

Chip[tʃıp] 男 -s/-s **1** (木の)切れ端; 〘工〙チップ. **2** (ルーレットなどに用いる象牙(ぞうげ)や骨製の)数取り札. **3**《ふつう複数で》〘料理〙ポテト=チップス. **4**〘電子工学〙〔半導体〕チップ(集積回路をはめ込んだ半導体素子). [*engl.*]

Chip·kar·te 女〘電子工学〙チップカード(必要な情報を記憶させた集積回路を組み込んだプラスチック製のカード).

Chip·pen·dale[tʃípəndeːl, ʃí.., tʃípəndeıl] 中 (男) -[s]/, **Chip·pen·dale·stil** 男 -[e]s/ チッペンデール様式(18世紀に流行した家具装飾様式: → ⊗ Stilmöbel). [<Th. Chippendale (イギリス人製作者, †1779)]

chir.. →chiro..

Chir·agra[çí:ragra·] 中 -s/ 〘医〙手痛風(→Gicht² 1). [*gr.*−*lat.*; <*gr.* ágrā „Fang"]

chiro..《名詞・形容詞につけて「手」を意味する. 母音の前では chir.. となる》[*gr.* cheír „Hand"]

Chi·ro·graph[çirográ:f] 中 -s/-en, **Chi·ro·gra·phum**[çiró(:)grafʊm] 中 -s/..phen[..rográ:fən], ..pha[..ró(:)grafa·] **1** (古典古代後期の)親書; (中世の)自筆証書. **2**〘ｶﾄﾘｯｸ〙(教皇の)自筆書簡. [*gr.*−*lat.*]

Chi·ro·lo·gie[çirologí:] 女 -/ **1** 手相学, 観掌学. **2** 手話(指話)法.

Chi·ro·mant[çirománt] 男 -en/-en 手相見.

Chi·ro·man·tie[..mantí:] 女 -/ 手相術. [<*gr.* mántis „Wahrsager"]

Chi·ro·prak·tik[..práktık] 女 -/ カイロプラクティック, 脊椎(せきつい)指圧療法.

Chi·ro·prak·ti·ker[..práktikər] 男 -s/- カイロプラクティック治療師, 脊椎(せきつい)指圧療法師.

Chi·ro·spas·mus[çirospásmʊs, ..rɔs..] 男 -/..men[..mən] (Schreibkrampf) 〘医〙書痙(しょけい).

Chir·urg[çirʊ́rk; ｵｰｽﾄﾘｱ・ｽｲｽ: ki..][1] 男 -en/-en (⊗ **Chir·ur·gin**[..gın]-/-nen) 外科医.

Chir·ur·gie[çirʊrgí:; ｵｰｽﾄﾘｱ・ｽｲｽ: ki..] 女 -/-n[..gí:ən] **1** 外科〔学〕: die orthopädische ⟨plastische⟩ ～ 整形⟨形成⟩外科〔学〕| Herz*chirurgie* 心臓外科〔学〕. **2** (病院の)外科部門⟨病棟⟩: in der ～ liegen 外科に入院している. [*gr.* cheirourgíā „Hand-arbeit"−*lat.*; ◇Ergon; *engl.* surgery]

chir·ur·gisch[..rʊ́rgıʃ] 形 外科〔学〕の, 外科的な: die ～*e* Abteilung (病院の)外科 | eine ～*e* Operation 外科手術 ‖ *jn.* ～ behandeln …を外科的に治療する.

Chi·tar·ro·ne[kitaró:nə] 男 -[s]/-[s], ..ni[..ni·] (女 -/-n) 〘楽〙キタローネ(17世紀イタリアの低音弦楽器). [*it.*; < *gr.* kithárā (→Kithara)]

Chi·tin[çití:n] 中 -s/ 〘動〙(節足動物の外骨格を形成する)キチン.

chi·ti·nig[..nıç][2] 形 キチンのような.

chi·ti·nös[çitinǿ:s][1] 形〘動〙キチン質の. [<..ös]

Chi·ton[çitó:n] 男 -s/-e キトン(古代ギリシア人が肌にじかに着た服). [*semit.*−*gr.* chitṓn „Unterkleid"]

Chla·mys[çlá:mʏs, çlamʏ́s] 女 -/- クラミス(古代ギリシアの乗馬者や戦士が着用した膝までの短い外衣). [*gr.*−*lat.*]

Chlod·wig[kló:tvıç] 人名 クロートヴィヒ, クロヴィス(466頃-511; メロヴィング朝のフランク王で, フランク族の統一を完成した. フランス語形 Clovis). [*afränk.*; ◇Ludwig]

Chloe[kló:ə, xló:ə, ..ó:e·] **I** 人名〘ギ神〙クロエ(まだ青い穀物の女神としての Demeter の別名). **II** 女名 クローエ(特に牧歌・田園小説に用いられる). [*gr.* chlóē „junges Grün"]

Chlor[klo:*r*] 中 -s/ 〘化〙塩素(ハロゲン元素名; 記号 Cl). [*gr.* chlōrós „gelbgrün"; ◇gelb; *engl.* chlorine]

Chlor·ak·ne[kló:*r*..] 女〘医〙クロル痤瘡(ざそう).

Chlo·ral[klorá:l] 中 -s/ 〘化〙クロラール(無色油状のアルデヒドの一種). [<..al²]

Chlo·ral·hy·drat 中 -[e]s/ 〘化〙抱水クロラール(催眠剤).

Chlor·am·mo·nium[kló:*r*..] 中〘化〙塩化アンモニウム, 鹵砂(ろしゃ).

Chlo·rat[klorá:t] 中 -s/-e 〘化〙塩素酸塩. [<..at]

Chlor·äthyl[kló:*r*|ɛty:l] 中 -s/ (Äthylchlorid) 〘化〙塩化⟨クロール⟩エチル.

Chlo·rel·la[kloréla·] 女 -/..llen[..lən] 〘植〙クロレラ(淡水性の単細胞緑藻).

chlo·ren[kló:rən] 他 (h) 塩素消毒⟨殺菌⟩する: Das Wasser ist stark *gechlort.* この水は十分に塩素殺菌してある.

Chlor·gas[kló:*r*..] 中 -es/ 〘化〙塩素ガス.

chlor·hal·tig[..haltıç][2] 形 塩素を含んだ.

Chlo·rid[klorí:t][1] 中 -[e]s/-e 〘化〙塩化物. [<..id²]

chlo·rie·ren[..rí:rən] 他 (h) **1** 塩素化する, 塩素で処理する. **2** 塩素置換する. **3** ＝chloren

Chlo·rie·rung[..rʊŋ] 女 -/ 〘化〙塩素置換; 塩素殺菌⟨消毒⟩.

chlo·rig[kló:rıç][2] 形〘化〙塩素の, 塩素を含んだ: ～*e* Säure 亜塩素酸.

Chlo·rit[klorí:t] **I** 中 -s/-e 〘化〙亜塩素酸塩. **II** 〔また: ..rít〕男 -s/-e 〘鉱〙緑泥石.

Chlor≈ka·lium[kló:*r*..] 中〘化〙塩化カリウム. **≈kalk** 男 漂白粉, さらし粉. **≈kal·zium** 中〘化〙塩化カルシウム. **≈knall·gas** 中〘化〙塩素爆鳴気(同体積の塩素と水素の混合物で, 光の作用で爆発音とともに塩化水素となる). **≈mon·oxyd**[klo:*r*mó:nɔksy:t, kló:*r*monɔksy:t][1] (**≈mon·oxid**[..si:t][1]) 中〘化〙一酸化塩素. **≈na·trium** 中 (Natriumchlorid) 〘化〙塩化ナトリウム.

Chlo·ro·form[klorofɔ́rm] 中 -s/ 〘化・薬〙クロロフォルム(麻酔剤): *jn.* mit ～ betäuben …をクロロフォルムで麻酔する. [<Chlor+Formyl]

chlo·ro·for·mie·ren[..fɔrmí:rən] 他 (h) 〘医〙クロロフォルムで麻酔をかける; 《話》頭をぼうっとさせる: *jn.* mit einem Stock ～《話》…を殴って昏倒(こんとう)させる ‖ ein *chloroformiertes* Taschentuch クロロフォルムをしみ込ませたハンカチ | ganz *chloroformiert* sein《話》すっかり酔っぱらっている.

Chlo·ro·form·nar·ko·se[..fɔ́rm..] 女〘医〙クロロフォルム麻酔法.

Chlo·ro·phyll[klorofʏ́l] 中 -s/ (Blattgrün) 葉緑素. [<*gr.* phýllon „Blatt" (◇Folium)]

Chlo·ro·se[kloró:zə] 女 -/-n (Bleichsucht) **1** 〘植〙(葉緑素の結合による植物体の)黄白化, 白化, 退緑(たいりょく). **2** 〘医〙萎黄(いおう)病(発育期の少女の一種の貧血症). [<..ose]

Chlor·oxyd[kló:*r*..] 中〘化〙酸化塩素.

chlor·sau·er 形〘化〙塩素酸の: *chlorsaures* Kalium 塩素酸カリ.

Chlor≈säu·re 女〘化〙塩素酸. **≈sil·ber** 中〘化〙塩化銀. **≈stick·stoff** 男〘化〙塩化窒素.

Chlo·rung[kló:rʊŋ] 女 -/-en 塩素消毒⟨殺菌⟩〔法〕.

▽**Chlo·rür**[klorý:*r*] 中 -s/-e 〘化〙低位塩化物. [*fr.*]

Chlor≈ver·bin·dung[kló:*r*..] 女〘化〙塩化物. **≈was·ser** 中 -s/ 〘化〙塩素水. **≈was·ser·stoff** 男〘化〙塩化水素. **≈zink** 中〘化〙塩化亜鉛.

Choke[tʃo:k, tʃoʊk] 男 -s/-s 〘自動車〙チョーク. [*engl.*]

Cho·ker[tʃó:kər] 男 -s/- 〘自動車〙チョークボタン.

Chol·ämie[çolɛmí:] 女 -/-n[..mí:ən] 〘医〙胆血症. 胆毒症. [<*gr.* cholḗ (→Galle²)+..ämie; ◇*engl.* cholemia]

Cho·le·ra[kó:lera·; ｵｰｽﾄﾘｱ: kó..] 女 -/ 〘医〙コレラ: an 〔der〕 ～ sterben コレラで死ぬ | Die asiatische ～ grassierte 〈brach aus〉. アジアコレラが猛威を振るった(突然発生した). [*gr.* „Gallensucht"–*lat.*–*mhd.*; ◇Galle², Koller²]

Cho̱·le·ra≈ba·zil·lus[kó:lera..] 男 コレラ菌. **≈er·re̱·ger** 男 コレラ病原体. **≈trop·fen** 複 コレラ滴剤.

Cho·le̱·ri·ker[kolé:rikər] 男 -s/- **1** かんしゃく持ち, 短気者, 怒りっぽい人. **2** 〖心〗 **a**) 《単数で》胆汁質型. **b**) 胆汁気質者, 胆汁質の人. [<*gr.* cholḗ „Galle, Zorn"]

cho·le̱·risch[..rɪʃ] 形 胆汁質の; (jähzornig) 怒りっぽい, かっとなりやすい: ein ~*er* Mensch 短気な人 | ein ~*es* Temperament 胆汁質(昔の生理学で考えられた4種類の気質の一つ: →Temperament 1 a); 怒りっぽい気性.

Cho·le·ste·ri̱n[çolɛsterí:n, ko.., çoles..] 中 -s/ 〖生化学〗コレステロール, コレステリン.

Cho·le·ste·ri̱n·spie·gel 男 〖生化学〗(血液中の)コレステロール含有量.

Chol·ia̱m·bus[çoliámbʊs] 男 -/..ben[..bən] 〖詩〗(ギリシア・ラテン詩の)跛行(はこう)短長格(1行が6脚からなり, 最後の脚だけが長短格, 他は短長格). [*gr.*–*spätlat.*; <*gr.* chōlós „lahm"; ◇Jambus]

Cho·li̱n[çolí:n] 中 -s/ 〖生化学〗コリン(抗脂肪肝作用をもつ). [<*gr.* cholḗ (→Galle²)+..in²]

Cho·mai·ni̱[xomeiní:] =Khomeini

Chong·qing[tʃʊ́ŋtçɪŋ] =Tschungking

Cho·pin[ʃɔpɛ̃:, ʃɔpɛ̃] 人名 Frédéric François ~ フレデリック フランソワ ショパン(1810–49; ポーランドの作曲家).

Cho̱r[ko:r] **I** 男 -〔e〕s/Chöre[kǿ:rə] (小 **Chö̱r·chen**[kǿ:rçən] 中 -s/-) **1** (英: *chorus*)合唱団; 聖歌隊; 合唱; 合唱曲: ein gemischter ~ 混声合唱〔団〕| einen ~ leiten 〈dirigieren〉 コーラスを指揮する | **im ~** rufen 声をそろえて(いっせいに)叫ぶ | Wir singen im ~. 我々は合唱する; 我々は合唱団のメンバーだ. **2** (古代ギリシア悲劇の)合唱〔舞踊〕隊, コロス. **3** (管弦楽の)同種楽器群〔の合奏〕. **II** 男 (中) -〔e〕s/-e, Chöre (英: *choire*) 〖カトリック〗聖堂内陣(→ 図 Kirche A); 聖歌隊席; オルガン演奏席. ᵛ**III** 中 -〔e〕s/ 《話》(Gesindel) 連中, やつら: So ein freches ~! なんてずうずうしい手合いだ. [*gr.* chorós „Reigen"–*lat.*–*ahd.*; ◇Chorea, Chorus]

Cho·ra̱l[korá:l] 男 -s/..räle[..rɛ́:lə] 〖新教〗賛美歌, コラール(Luther 以降100年のあいだに作られたドイツ=ルター派の賛美歌); 〖カトリック〗聖歌: der Gregorianische ~ グレゴリオ聖歌. [*mlat.* (cantus) chorālis]

Cho·ra̱l≈be·ar·bei·tung 女 〖楽〗コラールの編曲. **≈bu̱ch** 中 〖宗〗(オルガン奏者用の)コラール集; 聖歌集.

Cho·rä̱·le Choral の複数.

Cho̱r≈al·ta̱r[kó:r..] 男 主〈本〉祭壇. **≈bu̱ch** 中 (15–17世紀の)合唱用譜本.

Cho·ra̱l·vo̱r·spiel[korá:l..] 中 〖楽〗コラール前奏曲.

Chö̱r·chen Chor I の縮小形.

Cho̱r·da[kɔ́rda·] 女 -/..den[dən] (Sehne) 〖解〗腱(けん), 索(さく); 〖動〗脊索(せきさく). [*gr.* chordḗ „Darm〔saite〕"–*lat.*; ◇Garn, Hernie]

Chor·da̱·ten[kɔrdá:tən] 複 脊索(せきさく)動物(原索動物・脊椎(せきつい)動物の総称).

Cho̱r·dienst[kó:r..] 男 〖カトリック〗(日々の)聖務共唱, 共唱祈禱の務め.

Chor·do·to·na̱l·or·ga̱n[kɔrdotoná:l..] 中 〖虫〗弦音器(昆虫の聴覚器官). [◇Chorda, tonal]

Chö̱·re Chor I, IIの複数.

Cho·re̱a[koré:a·] 女 -/ (Veitstanz) 〖医〗舞踏病. [*gr.* choreíā „Reigen"–*lat.*; ◇Chor]

Cho·re̱·en Choreus の複数.

Cho·reo·gra̱ph (**Cho·reo·gra̱f**)[koreográ:f] 男 -en/-en 〖バレエ〗振付師, コレオグラフ.

Cho·reo·gra·phi̱e (**Cho·reo·gra·fi̱e**)[..grafí:] 女 -/-n[..fí:ən] 〖バレエ〗振り付け; 振り付け譜面.

cho·reo·gra·phi̱e·ren (**cho·reo·gra·fi̱e·ren**) [..grafí:rən] 他 (h) (バレエの)振り付けをする.

cho·reo·gra̱·phisch (**cho·reo·gra̱·fisch**) [..grá:fɪʃ] 形 〖バレエ〗振り付けに関する; 振り付け記譜上の.

Cho·reo·ma·ni̱e[..maní:] 女 -/-n[..ní:ən] (Tanzwut) 〖医〗流行性舞踏病.

Cho·re̱·us[çoré:ʊs] 男 -/..reen[..ré:ən] =Trochäus [*gr.*–*lat.*]

Cho·reu̱t[çorɔ́ʏt] 男 -en/-en (古代ギリシアの)合唱輪舞の踊り手. [*gr.*; <*gr.* choreúein „Reigen tanzen"]

Cho·reu̱·tik[..tɪk] 女 -/ (古代ギリシアの)合唱舞踏術〈論〉.

Cho̱r≈frau[kó:r..] 女 (Kanonisse) 〖カトリック〗聖務共唱修道女. **≈füh·rer** 男 (古代ギリシア・ローマの劇場の)合唱指揮者. **≈gang** =Chorumgang **≈ge·be̱t** 中 〖カトリック〗聖務共唱の祈り. **≈ge·sang** 男 合唱〔歌〕. **≈ge·stühl** 中 《集合的に》〖カトリック〗(聖堂内陣の)参事会員席, 聖務共唱席(内陣両壁側にある聖職者席の総称: →Chorstuhl). **≈hemd** 中 = Chorrock **≈herr** 男 (Kanoniker) 〖カトリック〗(Chorgebet を務める)司教座聖堂参事会員; 修道参事会員.

chor·ia̱m·bisch[çoriámbɪʃ] 形 〖詩〗Choriambus の〈で書かれた〉.

Chor·ia̱m·bus[çoriámbʊs] 男 -/..ben[..bən] 〖詩〗コリアンボス, 長短短長(揚抑抑揚)格 (–⏑⏑–); (ドイツ語の韻文では)強弱弱強格(×́××x́). [*gr.*–*spätlat.*; ◇Choreus, Jambus]

Cho̱·ri·on[kó:riɔn] 中 -s/ 〖解〗絨毛(じゅうもう)膜; 〖生〗卵膜, (魚卵・昆虫卵の)卵殻. [*gr.* chórion „Haut"; ◇Chorda]

cho̱·risch[kó:rɪʃ] 形 合唱〔について〕の; 合唱用の; 合唱による; 声をそろえての, 異口同音の: eine ~*e* Antwort 異口同音の返事 | ein Lied ~ bearbeiten 歌を合唱用に編曲する.

Cho·ri̱st[koríst] 男 -en/-en (女 **Cho·ri̱·stin**[..tɪn]-/-nen) (Chorsänger) 合唱歌手, 合唱団員.

Cho̱r·kna·be[kó:r..] 男 **1** (教会の)少年聖歌隊員. **2** (Meßdiener) 〖カトリック〗ミサの侍者, ミサ答え.

Chö̱r·lein[kǿ:rlaɪn] 中 -s/- 〖建〗(中世の住居の半円または多角形の小さな)張り出し窓(本来は私聖堂として造られた).

Cho̱r≈lei·ter[kó:r..] 男 合唱団指揮者. **≈man·tel** 男 (聖職者の)大外衣, コープ(→ 図 Benediktiner). **≈mu·sik** 女 合唱音楽. **≈ni̱·sche** 女 =Apsis 1

Cho·ro·gra·phi̱e[çorografí:, ko..] 女 -/-n[..fí:ən],

Cho·ro·lo·gi̱e[..logí:] 女 -/-n[..gí:ən] **1** 空間と地域に関する学(特に地理学・天文学). **2** 生物地誌(分布学). [<*gr.* chṓrā „Gelände"]

Cho̱r≈re·gent[kó:r..] 男 《南部》(カトリック教会の)聖歌隊長; 合唱団の指揮者. **≈rock** 男 (Chorhemd) 〖カトリック〗(聖職者・聖歌隊員などの)白い外衣(→ 図 Geistliche). **≈sän·ger** 男 (女 **≈sän·ge·rin**)〔オペラ〕合唱団員, 合唱歌手. **≈schran·ke** 女 内陣格子(祭壇と本廊との仕切り). **≈stuhl** 男 -〔e〕s/..stühle 《ふつう複数で》〖カトリック〗(聖堂内陣の)参事会員席, 聖務共唱席(→ 図). **≈um·gang** 男 (教会の)内陣後方の回廊(→ 図 Kirche A).

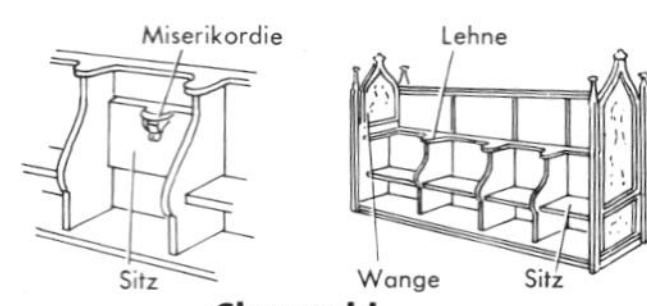

Chorstuhl

Cho̱·rus[kó:rʊs] 男 -/-se **1** 〖楽〗(ジャズの)コーラス; 《単数で》(流行歌などの)リフレイン, 繰り返し部分. ᵛ**2** 《単数で》 **a**) (Sängerchor) 合唱団. **b**) (Schar) 群, グループ: ein ~ von Studenten 学生の一団. [*gr.* chorós–*lat.*; ◇Chor]

cho̱r·wei·se[kó:r..] 副 (→..weise ★) 〖楽〗合唱で; いっせいに.

Cho̱r·werk 中 合唱曲.

Cho·se[ʃó:zə] 女 -/-n =Schose

Chou[tʃaʊ] 女 -/ 周(しゅう)(中国古代の王朝; 前1122頃–前

256): die ~-Dynastie 周王朝.

Chou En-lai[tʃu|ɛnlái] =Tsch(o)u En-lai

Chow-Chow[tʃaʊtʃáʊ, ʃaʊʃáʊ] 男 -s/-s チャウチャウ(中国産の犬). [*chines.–engl.*]

Chr. 略 **1** =**Christus** I **2** =**Chronik** 2

Chre·sto·ma·thie[krɛstomatí:] 女 -/-n[..tí:ən] (教材用の散文や詩の)選集, 詩文選, 詞華集. [*gr.*; <*gr.* chrēstós „brauchbar"+manthánein „lernen"]

ᐁ**Chrie**[çrí:ə, çri:] 女 -/-n[çrí:ən] **1** 処世訓, 金言. **2** (古典古代の雄弁術入門用の, のち学校作文指導用の)格言名句解. [*gr.* chreíā „Gebrauch"]

Chri·sam[çrí:zam] 中 男 -s/ , **Chris·ma**[çrísma·] 中 -s/ 《カトリック》(堅信の秘跡などに用いる)聖香油(オリーブ油とバルサム油を混ぜたもの). [*gr.* chrī(s)ma „Salbe"; <*gr.* chríein „bestreichen"; ◇ *engl.* chrism]

Christ[krɪst] **I** 男 -en/-en (⊛ **Chri·stin**[krístɪn]-/-nen) キリスト者〈教徒〉, クリスチャン: ein evangelischer 〈katholischer〉 ~ 新教〈カトリック教〉徒 ‖ *jn.* zum ~*en* bekehren …をキリスト教に改宗させる | als (guter) ~ sterben キリストを信じつつ死ぬ. **II** 男 -/ ᐁ**1** (Christus) (特に賛美歌で)キリスト: *Christ* ist erstanden. キリストはよみがえりたまえり. **2** der Heilige 〈heilige〉 ~《方》クリスマス(プレゼント); クリスマスプレゼントを持ってくる天使(→Christkind 2) | zum Heiligen ~ クリスマスに. [*gr.–lat.* Chrīstiānus „christlich"–*ahd.* kristāni; ◇Christus; *engl.* Christian]

Chri·sta[krísta·] 女名 (<Christiane) クリスタ.

Christ≠abend[kríst..] 男 (Weihnachtsabend) クリスマスイブ〈前夜〉. **≠baum** 男《方》(Weihnachtsbaum) クリスマスツリー;《話》(夜間爆撃のための)照明弾の光: **nicht alle auf dem ~ haben**《話》頭がおかしい(ろうそくが足りないクリスマスツリーを精神薄弱にたとえたもの).

Christ·baum·schmuck 男 クリスマスツリーの飾り;《戯》(胸にごてごて飾った)勲章類.

Christ≠blu·me 女 = Christrose **≠dorn** = Christusdorn

Chri·ste Christus のラテン語式呼格形.

Chri·stel[krístəl] **I** 女名 (<Christiane) クリステル. **II** 男名 (<Christian) クリステル.

chri·sten·feind·lich[krístən..] 形 反キリスト教徒の, キリスト教に反対の.

Chri·sten≠ge·mein·de 女 **1** キリスト教徒団, キリスト教共住団〈共同体〉. **2** =Christenheit **≠glau·be(n)** 男 キリスト教の信仰.

Chri·sten·heit[krístənhaɪt] 女 -/《集合的に》全キリスト教徒.

Chri·sten≠leh·re 女《ふつう単数で》**1** (堅信礼を済ませた後の青少年に対する)キリスト教教理の教育. **2** (旧東ドイツで)キリスト教による宗教教育. ᐁ**≠mensch** 男 (Christ) キリスト者:《Von der Freiheit eines ~*en*》『キリスト者の自由について』(Luther の論文名). **≠pflicht** 女 キリスト教徒としての義務: die ~ der Nächstenliebe キリスト教徒の隣人愛の義務. ᐁ**≠see·le** 女 (Christ) キリスト教徒: keine ~《比》だれ一人として…ない(=niemand).

Chri·sten·tum[krístəntu:m] 中 -s/ **1** キリスト教; キリスト教の教義〈信仰〉; キリスト教(徒)的精神: das evangelische ~ 新教 | das katholische ~ カトリック ‖ *jn.* zum ~ bekehren …をキリスト教に改宗させる | *sich*[4] zum ~ bekennen キリスト教徒となる(ことを公言する) | das ~ annehmen キリスト教徒となる,(国などが)キリスト教化される. **2** 《集合的に》キリスト教徒, キリスト教界.

Chri·sten·ver·fol·gung 女 (古代ローマ帝国, 特にネロ統治下の)キリスト教徒迫害.

Christ·fest《方》=Weihnachtsfest

Chri·sti[krísti·] Christus のラテン語式 2 格形.

Chri·stian[krístian] 男名 クリスティアン.

Chri·stia·ne[krɪstiá:nə] 女名 クリスティアーネ.

chri·stia·ni·sie·ren[krɪstianizí:rən] 他 (h) キリスト教化する; キリスト教に改宗させる, キリスト教徒にする: einen Stamm 〈ein Land〉 ~ ある部族〈国〉をキリスト教に帰依させる | *christianisierte* Franken キリスト教に改宗したフランク人 ‖ die heidnische Kunst ~ 異教芸術にキリスト教的外観を与える.

Chri·stia·ni·sie·rung[..rʊŋ] 女 -/ christianisieren すること.

Chri·stin Christ I の女性形.

Chri·sti·ne[krɪstí:nə] 女名 (<Christiane) クリスティ「ーネ.」

christ·ka·tho·lisch[kríst..] 形《スイス》(altkatholisch) 古カトリック派の.

Christ≠kind[kríst..] 中 -(e)s/ (⊘ **≠kind·chen, ≠kind·lein** 中 -s/ ; オーストリア: **≠kindl**[..kɪndəl] 中 -s/) **1** 幼児キリスト(像). **2** (子供たちにクリスマスの贈り物を運んでくるという)天使の姿をした子供. **3**《南部・オーストリア》《話》(Weihnachtsgeschenk) クリスマスプレゼント. **≠kö·nigs·fest** 中《カトリック》王であるキリストの祝日(教会暦年最後の日曜日: → Kirchenjahr).

christ·lich[krístlɪç] 形 **1 a)** キリストの〈に基づく〉: der ~*e* Glaube キリスト(教)信仰 | die ~*e* Religion 〈Kirche〉 キリスト教〈教会〉. **b)** キリスト教を信じる: ~*e* Länder キリスト教諸国 ‖ der *Christliche* Verein Junger Männer (略 CVJM) キリスト教青年会, YMCA | die *Christlich*-Demokratische Union キリスト教民主同盟(→CDU) | die *Christlich*-Soziale Union キリスト教社会同盟(→CSU). **c)** キリストの教えにかなう: die ~*e* Nächstenliebe キリスト教的隣人愛 ‖ ~ handeln クリスチャンらしい行動をする | *et.*[4] ~ teilen《比》…を他人本位に分割する(自分の分け前を少なくする) | Wecke mich bitte zu einer ~*en* Zeit!《戯》あまり早朝に起こさないでくれよ. **2 a)** キリスト教会の教義に従った: ein ~*es* Begräbnis キリスト教式の埋葬 ‖ *jn.* ~ trauen (司祭・牧師が)キリスト教式に…の結婚の式を行う. **b)** キリスト教的な: ~*e* Kunst キリスト教芸術 ‖ *Christliche* Wissenschaft クリスチャン=サイエンス(信仰の力で病気を治療することを特色とするキリスト教の一派).

Christ·lich·keit[–kaɪt] 女 -/ christlich なこと; キリスト教精神.

christ·lich·li·be·ral 形 キリスト教民主同盟(→CDU) とキリスト教社会同盟(→CSU) と自由民主党(→FDP) の連合政権の.

christ·lich·so·zial 形 キリスト教社会主義の: ~*e* Bewegung キリスト教社会主義運動.

ᐁ**Christ·markt**[kríst..] 男 (Weihnachtsmarkt) クリスマスの市(いち).

Christ·mas-Ca·rol[krísməskǽrəl] 男 -s/-s クリスマス=キャロル. [*engl.*]

Christ≠mes·se 女《カトリック》クリスマス聖務日課の朝課; クリスマス深夜ミサ. **≠met·te** 女《カトリック》クリスマス深夜ミサ;《新教》(12月24日夜から25日朝にかけての)クリスマス礼拝. ᐁ**≠mo·nat** (ᐁ**≠mond**) 男《ふつう単数で》(Dezember) 12月. **≠nacht** 女 (12月24日から25日にかけての)クリスマスの夜.

Chri·sto Christus のラテン語式 3 格形.

Chri·sto·gramm[krɪstográm] 中 -s/-e = Christusmonogramm

Chri·sto·la·trie[krɪstolatrí:] 女 -/ キリスト崇拝. [<*gr.* latreíā „(Gottes)dienst"]

Chri·sto·lo·gie[..logí:] 女 -/-n[..gí:ən] 《神》キリスト論(キリストの人格性についての神学理論).

chri·sto·lo·gisch[..ló:gɪʃ] 形 キリスト論の.

Chri·stoph[krístɔf] 男名 (<Christophorus) クリストフ.

Chri·sto·pha·nie[krɪstofaní:] 女 -/-n[..ní:ən] (復活後の)キリスト顕現. [<*gr.* phaínesthai „erscheinen"]

Chri·sto·pho·rus[krɪstó(:)forʊs] 人名 クリストフォルス (3 世紀ごろの殉教者・聖人. 旅人の保護聖人とされる). [*gr.* Christo-phóros „Christus tragend"]

Chri·stophs·kraut[krístɔfs..] 中《植》ルイヨウショウマ(類葉升麻)属(キンポウゲ科の有毒植物).

Christ≠ro·se[kríst..] 女《植》クリスマス=ローズ(真冬に白色または紫色の花が咲く. キンポウゲ科の植物). **≠stol·le** 女 , **≠stol·len** 男 シュトレン(クリスマス用のケーキ: →Stol-

C

le).

Chrị·stum Christus のラテン語式 4 格形.

Chrị·stus[krístʊs] **I** 人名 Jesus ～ [jé:zʊs –]《無変化, またはラテン語式変化: 2 格 Jesu Christi[jé:zu· ..sti·], 3 格 Jesu Christo[– ..sto·], 4 格 Jesum Christum [jé:zʊm krístʊm], 呼格 Jesu Christe[jé:zu· ..stə, – ..te·]》イエ〔ズ〕ス キリスト(シンボルは: → 図 Symbol): in *Christi* Namen キリストの御名(みな)において ‖ 100 nach ～ ⟨nach *Christo*⟩(略 n. Chr.) / 100 nach *Christi* Geburt (略 n. Chr. G.) 西暦〔紀元後〕100年 | 100 vor ～ ⟨vor *Christo*⟩(略 v. Chr.) / 100 vor *Christi* Geburt (略 v. Chr. G.)〔西暦紀元〕前100年 ‖ an Jesum *Christum* glauben イエスキリストを信じる ‖ Er sieht aus wie das Leiden *Christi*.《話》彼はひどく顔色が悪い. **II** 男 -/- キリスト像. [*gr*. chrīstós „gesalbt"–*lat*.; <*gr*. chríein (→Chrisma); *hebr*. māšīah (→Messias) の翻訳]

Chrị·stus·aka̤·zie[..tsiə] 女〖植〗アメリカサイカチ(公園用樹木). ⸗**au·ge** 中〖植〗スイセンノウ(酔仙翁). ⸗**bild** 中(十字架上の)キリスト像, キリスト磔刑(たっけい)像. ⸗**dorn** 男〖植〗ハナキリン(花麒麟), セイヨウヒイラギ(西洋柊)(キリストのいばらの冠がこの枝で作られたという). ⸗**mo·no·gramm** 中〖キリスト教〗キリストの名前のシンボル(ギリシア文字 X (=Ch) と P (=R) による組み合わせ記号: →Christus I). ⸗**or·den** 男 **1**〖カトリック〗聖庁最高勲章. **2**《単数で》キリスト騎士修道会(1319–1797).

Chrịst·wurz[kríst..] 女 =Christrose

Chrọm[kro:m] 中 -s/〖化〗クロム(金属元素名; 記号 Cr): *et.*[4] mit ～ überziehen …をクロムめっきする. [<chromato..]

Chrọm·alaun[kró:m|alaʊn] 男 クロムみょうばん.

Chro·mạt[kromá:t] 中 -s/-e 〖化〗クロム酸塩. [<..at]

chromat.. →chromato..

Chro·mạ·tik[..má:tɪk] 女 -/ **1** (↔Diatonik)〖楽〗半音階. **2** (Farbenlehre)〖理〗色彩論.

Chro·ma·tịn[..matí:n] 中 -s/-e〖生〗クロマチン, 染色質. [<..in[2]]

chro·mạ·tisch[..má:tɪʃ] 形 **1** (↔diatonisch)〖楽〗半音の: eine ～*e* Tonleiter 半音階. **2**〖理〗色彩の: ～*e* Aberration 色(しき)収差. [*gr*.; <*gr*. chrõma „Farbe"]

chromato..《名詞などにつけて「色彩」を意味する. 母音の前では chromat.. となる: →*Chromat*in; 短縮形 chromo.. もある: →*Chromo*sphäre》

Chro·ma·to·gra·phịe[kromatografí:] 女 -/〖化〗色層分析, クロマトグラフィ.

chro·ma·to·gra·phị·ren[..fí:rən] 他 (h) クロマトグラフィによって分析する.

Chro·ma·to·mẹ·ter[..mé:tər] 中 (男) -s/- 色光度計, 測色計.

Chro·ma·to·phọr[..fó:r] 中 -s/-en《ふつう複数で》〖動〗色素細胞;〖植〗色素体, プラスチド, (広義で)有色体.

Chro·ma·to·skọp[..skó:p] 中 -s/-e **1**〖理〗クロマトスコープ;〖天〗反射望遠鏡. **2** =Chromoskop

Chro·ma·tro·pịe[..tropí:] 女 -/-n[..pí:ən] (Farbenspiel) 多彩な色の変化. [<*gr*. tropé „Wechsel"]

Chro·ma·ty·pịe[..typí:] 女 -/〖写〗クロム紙写真法, 着色写真術. [<*gr*. týpos (→Typ)]

Chrọm·bei·ze[kró:m..] 女 クロム媒染剤.

chrọm·blit·zend 形 クロムめっきのぴかぴか輝いた.

Chrọm·chlo·rịd 中〖化〗塩化クロム. ⸗**di·oxịd** 中〖化〗二酸化クロム. ⸗**ei·sen·stein** 男 クロム鉄鉱. ⸗**gelb** 中〖化〗クロム黄, 黄鉛. ⸗**ger·bung** 女 (皮革の)クロムなめし〔法〕. ⸗**grün** 中〖化〗クロム緑(緑色顔料), ベルリン青.

chro·mị·ren[kromí:rən] 他 (h) (毛織物を)クロム染料で染める; クロム媒染法で処理する; (verchromen) クロムめっきする.

Chrọm·lẹ·der[kró:m..] 中 クロム革.

Chrọm·nickel·stahl 男 ニッケルクロム⟨ニクロム⟩鋼.

chromo.. →chromato..

Chro·mo·lịth[kromolí:t, ..lít] 男 -s/-e; -en/-en (釉(うわぐすり)のかかっていない)下絵を施した陶磁器.

Chro·mo·li·tho·grạph[..litográ:f] 男 -en/-en 多色石版刷り工.

Chro·mo·li·tho·gra·phịe[..grafí:] 女 -/-n[..fí:ən] **1**《ふつう単数で》多色石版術, クロモ石版術. **2** 多色石版.

Chro·mo·plạst[kromoplást] 男 -en/-en〖植〗雑色体, 有色体.

Chro·mo·pro·teị·de 複〖生化学〗色素蛋白(たんぱく)質(ヘモグロビン・ヘモシアニンなど).

Chro·mo·skọp[kromoskó:p, ..mɔs..] 中 -s/-e〖写〗クロモスコープ, 色度計.

Chro·mo·sọm[..mozó:m] 中 -s/-en《ふつう複数で》〖遺伝〗染色体.

chro·mo·so·mạl[..zomá:l] 形 染色体の. [<..al[1]]

Chro·mo·sọ·men·ab·er·ra·tiọn[..zó:mən..] 女〖遺伝〗染色体異常. ⸗**satz** 男〖生〗(核・細胞の)全染色体, 染色体の一組. ⸗**zahl** 女〖遺伝〗染色体数.

Chro·mo·sphạ̈·re[kromosfɛ́:rə, ..mɔs..] 女 -/〖天〗彩層(太陽の光球のすぐ外側の白熱ガス層).

Chro·mo·ty·pịe[..motypí:] 女 -/ (Farbendruck) 色刷り印刷, 多色印刷法. [<*gr*. týpos (→Typ)]

Chrọm·oxỵd[kró:m|ɔksy:t][1] 中〖化〗酸化クロム. ⸗**rot** 中〖化〗クロム赤.

chrọm·sau·er 形〖化〗クロム酸の: *chromsaures* Salz クロム酸塩.

Chrọm·säu·re 女〖化〗クロム酸. ⸗**stahl** 男 クロム鋼.

chron.. →chrono..

Chrọ·nik[kró:nɪk] 女 **1** -/-en 編年史, (特に中世の)史書; 年代記, (町・家などの)編年式記録: in der ～ aufgezeichnet sein 記録にのっている | in die ～ eingehen 歴史に残る ‖ Er ist eine wandelnde ⟨lebende⟩ ～ der Stadt.《話》彼はこの町のことはなんでも覚えている. **2** -/-a [..ka·] (旧約聖書の)歴代誌(上下 2 編をさすときは複数): das erste ⟨zweite⟩ Buch der ～ (旧約聖書の)歴代誌上⟨下⟩. [*gr*. chronikà (biblía) „Zeit(bücher)"–*mlat*.–*mhd*.; ◇*engl*. chronicle]

chro·ni·kạ·lisch[kroniká:lɪʃ] 形 編年式⟨年代記形式⟩の.

Chro·nique scan·da·leuse[krɔnikskɑ̃dalø:z] 女 -/-s-s[–] (Skandalgeschichte) 醜聞録, ゴシップ集. [*fr*.]

chrọ·nisch[kró:nɪʃ] 形 (↔akut)〖医〗慢性の;《話》持続的な, 常時の: eine ～*e* Krankheit 慢性疾患 | an ～*em* Geldmangel leiden《戯》慢性金欠病にかかっている ‖ ～ werden (病気が)慢性化する. [*gr*.–*lat*.]

Chro·nịst[kroníst] 男 -en/-en 編年史著者, 年代記編者; (同時代の事件の)記録者; (旧約聖書の)歴代誌史書の編者.

chro·nị·stisch[kronístɪʃ] 形 (旧約聖書の)歴代誌史家の: das ～*e* Geschichtswerk 歴代誌史書(歴代誌, エズラ, ネヘミア記の総称).

chrono..《名詞・形容詞につけて「時」を意味する. 母音の前では chron.. となる: →*Chron*ik》[*gr*. chrónos „Zeit"]

Chro·no·grạmm[kronográm] 中 -s/-e クロノグラム, 紀年銘(銘文中のローマ数字に当たる文字を大文字化してその合算で年代を示す).

Chro·no·grạph[..grá:f] 男 -en/-en **1** クロノグラフ, 計時装置; (腕時計兼用の)ストップウォッチ. **2** 編年史記録者.

Chro·no·gra·phịe[..grafí:] 女 -/-n[..fí:ən] 編年史記録⟨編集⟩.

chro·no·grạ·phisch[..grá:fɪʃ] 形 年代順の.

Chro·no·lọ·ge[..ló:gə] 男 -n/-n (→..loge) 年代学者.

Chro·no·lo·gịe[..logí:] 女 -/ 年代研究; 年代順; 年表.

chro·no·lọ·gisch[..ló:gɪʃ] 形 年代研究上の; 年代〔順〕の: in ～*er* Folge 年代順に.

Chro·no·mẹ·ter[..mé:tər] 中 (男) -s/- **1** クロノメーター, 経線儀. **2** (Taktmesser)〖楽〗メトロノーム.

Chro·no·me·trie[..metrí:] 女 -/-n[..rí:ən] 時間〈時刻〉測定〔法〕.
chro·no·me·trisch[..mé:trɪʃ] 形 クロノメーター〔測定〕の.
Chro·no·skop[kronoskó:p, ..nɔs..] 中 -s/-e クロノスコープ, 精密時間測定器.
Chru·schtschow[xruʃtʃɔ́f, krʊʃ..] 人名 Nikita Sergejewitsch ～ ニキータ セルギェイエビチ フルシチョフ(1894-1971; ソ連の政治家・首相〔1958-64〕).
chrys.. →chryso..
Chry·sa·li·de[çryzalí:də] 女 -/-n (Puppe)〘虫〙蛹(さなぎ). [*gr.* chrȳsallís－*lat.*]
Chrys·an·the·me[kryzanté:mə, çry..] 女 -/-n, **Chrys·an·the·mum**[çryzántemum, kry..] 中 -s/ ..themen[..zanté:mən]〘植〙キク(菊). [*gr.*－*lat.*; ＜antho..]
chryso..《名詞などにつけて「金」を意味する. 母音の前では chrys.. となる》[*gr.* chrȳsós „Gold"]
Chry·so·be·ryll[çryzoberýl] 男 -s/-e〘鉱〙金緑石(宝石). [*gr.*－*lat.*]
Chry·soi·din[..zoidí:n] 中 -s/ 〘化〙クリソイジン. [＜..oid＋..in[2]]
Chry·so·lith[çryzolí:t, ..lít] 男 -s/-e(-en/-en) (Olivin)〘鉱〙貴橄欖(きかんらん)石. [*gr.*－*lat.*]
Chry·so·pras[..prá:s][1] 男 -es/-e〘鉱〙緑玉髄. [*gr.*－*lat.*]
chtho·nisch[çtó:nɪʃ] 形 (irdisch)(天に対して)地の, 地上〈大地〉の; (unterirdisch) 地下〈冥府(めいふ)〉の: ～*e* Götter〘ギ神〙下界の神々 (Dionysos, Gäa, Pluto など). [＜*gr.* chthṓn „Erde"]
Chuang-tzu[tʃŭáŋtsə] 人名 荘子(生没年不明, 名は周. 中国, 戦国時代の思想家).
Chu·bi·lai[kú:bilaɪ] 人名 忽必烈, クビライ, フビライ(1215-94; 中国, 元朝の初代皇帝. 世祖).
Chu Hsi[tʃusí:] 人名 朱熹(しゅき)(1130-1200; 中国, 宋の儒者).
Chu-ko Kung-ming[tʃukokʊŋmíŋ] 人名 諸葛孔明(→Chu-ko Liang).
Chu-ko Liang[..liáŋ] 人名 諸葛亮(181-234; 中国, 三国時代の蜀(しょく)の宰相. 字(あざな)は孔明).
Chur[ku:r] 地名 クール(スイス Graubünden 州の州都). [*lat.*; ◇Kurie]
Chur·chill[tʃə́:tʃɪl] 人名 Winston Leonard Spencer ～ ウィンストン レオナルド スペンサー チャーチル(1874-1965; イギリスの政治家. 1940-45,1951-55年の2度にわたって首相. 1953年ノーベル文学賞を受けたほか風景画家としても知られる).
Chü Yüan[tʃyjyǎn] 人名 屈原(前343頃-277頃; 中国, 戦国時代の政治家・詩人).
Chuz·pe[xʊ́tspə] 女 -/ 《話》(Frechheit) ずうずうしさ, 厚顔: mit ～ 厚かましく, ずうずうしく. [*hebr.*－*jidd.*]
Chy·lus[çý:lʊs] 男 -/ (Speisesaft)〘生理〙乳糜(にゅうび)(脂肪を含む乳状のリンパ液). [*gr.* chȳlós „Saft"－*spätlat.*; ◇*engl.* chyle]
Chy·lus·ge·fäß 中〘解〙乳糜(にゅうび)管.
Chy·mo·sin[çymozí:n] 中 -s/ 〘生化学〙キモシン(子牛などの胃にあってカゼインを凝固させるプロテアーゼの一種. レンニンともいう).
Chy·mus[çý:mʊs] 男 -/ 〘生理〙糜汁(びじゅう)(胃でかゆ状になった食物). [*gr.* chȳmós „Saft"－*spätlat.*; ◇*engl.* chyme]
c. i. 略 ＝cum infamia
Ci[kyrí:, tse:|í:] 記号 (Curie)〘理〙キュリー(放射能単位).
CIA[sí:aiéɪ] 男 (女) -/ (アメリカの)中央情報局. [*amerik.*; ＜*amerik.* Central Intelligence Agency]
ciao[tʃaʊ] 間 (特に若い人々の間での別れのあいさつ)あばよ, バイバイ(ドイツ語ふうに tschau とつづることが多い). [*it.*; ＜*it.* schiavo „Sklave" (◇Sklave)]
CIC[sí:aɪsí:] 中 (男) -/ (米国の)防諜(ぼうちょう)部隊. [*amerik.*; ＜*amerik.* Counter Intelligence Corps]
Ci·ca·de[tsiká:də] ＝Zikade
Ci·ce·ro[tsí:tsero·, tsíts..] **I** 人名 Marcus Tullius ～ マルクス トゥリウス キケロ(前106-43; ローマの共和政治家・雄弁家). **II** 女 (スイス: 男) -/ 〘印〙12ポイント活字. [*lat.*]
Ci·ce·ro·ne[tʃitʃeró:nə, .ne·] 男 -[s]/-s, ..ni[..ni·]《戯》(Fremdenführer)(外人・観光客のための)案内人, ガイド (Cicero のような雄弁家の意); (観光旅行用の)案内書, ガイドブック. [*it.*]
Ci·ce·ro·nia·ner[tsitseroniá:nər] 男 -s/- キケロ〔の文章・表現法の〕崇拝者〈模倣者〉.
ci·ce·ro·nia·nisch[..nɪʃ] 形, **ci·ce·ro·nisch**[..ró:nɪʃ] 形 キケロのような, キケロふうの, キケロばりの; 文章典雅な: eine ～*e* Beredsamkeit キケロばりの雄弁.
Ci·cis·beo[tʃitʃɪsbé:o·] 男 -[s]/-s (Hausfreund)(人妻の公然の)愛人, 情夫(元来はイタリアの貴婦人の従者). [*it.*]
..cid[..tsi:t][1] →..zid
der **Cid**[tsi:t, si:t] 男 -[s]/ シッド(1043頃-99; スペインの国民的英雄ロドリゴ ディアス Rodrigo Díaz の通称. アラビア人に対するその勇猛な戦いぶりは, しばしば叙事詩・歌劇・小説の題材となった). [*arab.* sayyid „Herr"－*span.*]
Ci·dre[sí:dər] 男 -s/ ＝Zider
Cie. 略 《スイス》＝Compagnie 会社(スイス以外では: →Co., Co, Komp.).
cif[tsɪf, sɪf] 略 ＝cost, insurance, freight〘商〙シー＝アイ＝エフ, 運賃保険料込み値段.
Cim·bal[tsímbal] 中 -s/-e, -s ＝Zimbal
Cin·cho·na[sɪntʃó:na·] 女 -/..nen[..nən]〘植〙キナノキ. [17世紀のペルー総督 Chinchón 伯が夫人のためにスペインに輸入したことから]
Cin·cho·nin[sɪntʃoní:n, ..ço..] 中 -s/ 〘薬〙シンコニン. [＜..in[2]]
Ci·ne·ast[sineást] 男 -en/-en 映画製作者; 映画評論家; 映画ファン. [*fr.*; ◇Kinematograph]
Ci·nea·stik[sineástɪk] 女 -/ 映画芸術.
ci·nea·stisch[sineástɪʃ] 形 映画芸術〔上〕の.
Ci·ne·ma·scope[sinemaskó:p] 中 -/ 商標〘映〙シネマスコープ. [*engl.*; ◇..skop]
Ci·ne·ma·thek[sinematé:k] 女 -/-en (Filmothek)〘映〙フィルム＝ライブラリー.
Ci·ne·ra·ma[sinerá:ma·] 中 -[s]/ 商標〘映〙シネラマ. [*engl.*; ◇Panorama]
Ci·ne·ra·rie[tsinerá:riə] 女 -/-n (Aschenpflanze)〘植〙フウキギク(富貴菊), シネラリア, サイネリア. [*lat.*]
Cin·que·cen·tist[tʃɪŋkvetʃɛntíst] 男 -en/-en Cinquecento の芸術家. [*it.*]
Cin·que·cen·to[..tʃɛ́nto·] 中 -[s]/ (イタリア＝ルネサンスの文化・芸術の) 16世紀〔様式〕. [*it.* (mille) cinquecento „(tausend) fünfhundert"; ＜*lat.* quīnque (→fünf)]
CIO[siaɪóʊ] 女 -/ アメリカ産業別組合会議(1935年 AFL 内に組織され, のち分離したが1955年に再び合同した: →AFL-CIO). [*amerik.*; ＜*amerik.* Congress of Industrial Organizations]
Ci·pol·lin[tʃipɔlí:n] (**Ci·pol·li·no**[..no·]) 男 -s/〘鉱〙シポリン, 雲母大理石(イタリア産の白と緑のしまのある大理石). [*it.*; ＜*it.* cipolla „Zwiebel" (◇Zipolle)]
cir·ca[tsírka·] 副 (略 ca.) (ungefähr) 約, おおよそ(ドイツ語ふうに zirka ともつづる). [*lat.* circa „ringsum"; ◇zirkum..]
Cir·ce[tsírtsə, ..tse·] **I** 人名〘ギ神〙キルケ(魔法に優れた女神で,《Odyssee》に登場). **II** 女 -/-n《比》(男を惑わす)妖婦(ようふ). [*gr.* Kírkē－*lat.*; ◇becircen]
Cir·cuit·trai·ning[sə́:kɪttrɛ:nɪŋ] 中 -s/ 〘スポ〙サーキット＝トレーニング. [*engl.*; ＜*lat.* circu[m]-itus „Herumgehen" (◇zirkum..)]
Cir·cu·lus vi·tio·sus[tsírkulʊs vitsió:zʊs] 男 --/..li ..si[..li· ..zi·] **1** (Zirkelschluß)〘論〙循環論法〈論証〉. **2** (Teufelskreis)《比》悪循環. [*lat.*; ◇Zirkel, Vitium]
cis[tsɪs] **I** 中 -/-〘楽〙嬰(えい)ハ音. **II** 記号 (cis-Moll)〘楽〙嬰ハ短調.
Cis[－] **I** 中 -/-〘楽〙嬰(えい)ハ音. **II** 記号 (Cis-Dur)

C

〘楽〙嬰ハ長調.

Cis-Dur[tsísdu:r, ⌣⌣́] 中 -/ 〘楽〙嬰(えい)ハ長調(記号 Cis): →A-Dur

cịs·is[tsísǀɪs, ⌣⌣], **Cịs·is**[−] 中 -/- 〘楽〙重嬰(えい)ハ音.

cịs-Moll[tsísmɔl, ⌣⌣] 中 -/ 〘楽〙嬰(えい)ハ短調(記号 cis): →A-Dur

▽**ci·tịs·si·me**[tsitísime·] 副 (eiligst) 大至急で(特に文書などの注意書き). [*lat.*]

▽**cị·to**[tsí:to·] 副 (eilig) 至急に(特に文書などの注意書き). [*lat.*; <*lat.* ciēre (→heißen[1])]

Ci·toy·en[sitoajɛ̃:] 男 -s/-s (Bürger) 市民, 公民, 人民. [*fr.*; <*fr.* cité (→City)]

Cị·trus·frucht[tsí:trʊs..] =Zitrusfrucht

Ci·ty[síti·] 女 -/-s (Geschäftsviertel) (大都市の)中心地区, 都心, 商業地区, 繁華街. [*fr.* cité−*engl.*; ◇Civitas]

Ci·vet[sivé:, ..vɛ́] 中 -s/-s 〘料理〙シヴェー(野ウサギなどの肉のシチュー). [*fr.*; <*lat.* cēpa „Zwiebel" (◇Zipolle)]

Cị·vi·tas[tsí:vitas] 女 -/ **1** 国家; 〘史〙キヴィタス(ローマでは初め独立国家, 帝政時代には自治都市; また古代ゲルマン人の小国家): ~ Dei[dé:i·] 〘宗〙(Augustinus の)神の国 (=der Staat Gottes). **2** (Bürgerrecht) 市民権. **3** 《集合的に》市民. [*lat.*; <*lat.* cīvis (→zivil)]

cl[tsɛntilí:tər] 記号 (Zentiliter) センチリットル.

c. l. 略 =citato loco[tsitá:to· ló:ko·] (論文などで)上記(別掲)の個所で.

Cl[tse:ǀɛ́l, klo:r] 記号 (Chlor) 〘化〙塩素.

Claim[kle:m, kleɪm] 中 -[s]/-s (Anspruch) 請求権; (金鉱などの)採掘参加権. [*engl.*; <*lat.* clāmāre „schreien"]

Clair-ob·scur[klɛrɔpský:r] 中 -s/ (絵画・版画などの)明暗[画法]. [*fr.*; ◇klar, obskur]

Clan[kla:n] 男 -s/-e; [klæn] -s/-s 〘民族〙 **1** 一族; (特にスコットランド・アイルランド高地人の)氏族. **2** 《話》一族郎党, 一派. [*lat.* planta (→Pflanze)−*gäl.*−*engl.*]

Cla·que[klákə, klak] 女 -/ (聴衆・観客のなかの)さくらのグループ. [*fr.*]

Cla·queur[klakǿ:r] 男 -s/-e (聴衆・観客のなかで雇われて拍手する)さくら. [*fr.*; <*fr.* claquer „klatschen"]

Cla·ra[klá:ra] 女名 クラーラ.

Clau·dia →Klaudia [*lat.*]

Clau·dị·ne →Klaudine

Clau·di·us[kláudiʊs] **I** 男名 クラウディウス. **II** 人名 Matthias ~ マッティーアス クラウディウス(1740−1815; ドイツの詩人.『死と乙女』など Schubert の曲で有名).

Claus →Klaus

Clau·se·witz[kláuzəvɪts] 人名 Carl von ~ カール フォン クラウゼヴィッツ(1780−1831; ドイツの軍人で著書『戦争論』がある).

Clau·su·la[kláuzula] 女 -/..lae[..lɛ] =Klausel

Cla·vi·cem·ba·lo[klavitʃémbalo·] 中 -s/-s, ..li[..li·] 〘楽〙〔クラヴィ〕チェンバロ(ピアノの前身). [*mlat.* clāvicymbalum−*it.*; ◇Klavier, Zimbal]

clean[kli:n] 形 《述語的》《話》(人が麻薬・ドーピング剤など)薬物に汚染されていない. [*engl.*; ◇klein]

Clea·ring[klí:rɪŋ, klíərɪŋ] 中 -s/-s 〘商〙(国際間の)債務清算, 手形交換. [*engl.*; ◇klar]

Clea·ring≠haus[klí:rɪŋ..] 中, ≠**stel·le** 女 手形交換所. ≠**ver·kehr** 男 〘商〙手形交換.

Clẹ·mens →Klemens

Cle·mẹn·ti[kleménti] 人名 Muzio ~ ムツィオ クレメンティ(1752−1832; イタリアの作曲家・ピアニスト).

Clerk[klark, klɑ:k] 男 -s/-s **1** (裁判所・官庁などの)書記. **2** (英国教会の)聖職者; 教会事務員. [*kirchenlat.* clēricus (→Kleriker)−*engl.*]

clẹ·ver[klévər, klévə] 形 (klug) 頭のいい, 利口な; (geschickt) たくみな, 器用な; (スポーツなどで)策(戦術)に長じた, テクニックに優れた; (schlau) ずるい, 老獪(ろうかい)な: ein ~*er* Geschäftsmann やり手のビジネスマン. [*engl.*]

Clẹ·ver·le[−lə] 男 -s/- 《話》頭のいいやつ, 利口者.

Clẹ·ver·ness (**Clẹ·ver·neß**)[−nɛs] 女 -/ clever なこと. [*engl.*]

Clinch[klɪntʃ, klɪnʃ] 男 -[e]s/ 〘ボクシング〙クリンチ: mit *jm.* im ~ liegen ⟨sein⟩《比》…といがみ合っている ǀ mit *jm.* in den ~ gehen …とクリンチの状態になる; 《比》…と争いを始める ǀ *jn.* in den ~ nehmen …をクリンチする; 《比》…を追いつめる. [*engl.*]

clịn·chen[klíntʃən, ..ʃən] 自 (h) 〘ボクシング〙クリンチする.

Clip[klɪp] 男 -s/-s **1** =Klipp **2** (映画・ビデオなどの)一こま.

Clịp·per[klípər] 男 -s/- =Klipper

Clị·que[klíkə, klí:..] 女 -/-n 《ふつう軽蔑的に》(Klüngel) 仲間, 一味, 一派, 徒党, 派閥; (特に若い人たちの)グループ, 仲間: eine ~ von Gaunern 山師の一味 ǀ eine ~ bilden 派閥をつくる, 徒党を組む ‖ eine ganze ~ einladen 友人一同を招待する. [*fr.*; <*afr.* cliquer „klatschen"]

Clị·quen≠[un·]we·sen[klíkən.., klí:kən..] 中 -s/, ≠**wirt·schaft** 女 -/ 派閥(閨閥(けいばつ))支配.

Clị·via[klí:via·] 女 -/..vien[..viən] クンシラン(君子蘭)(ヒガンバナ科の観賞植物). [<Ch. Clive (イギリスの公爵夫人, †1866)]

Clo·chard[klɔʃá:r] 男 -[s]/-s 《話》(Landstreicher)(大都市, 特にパリの)浮浪者. [*fr.*; <*fr.* clocher „hinken"]

Clog[klɔk] 男 -s/-s 《ふつう複数で》木靴, 木製サンダル. [*engl.*]

Cloi·son·né[kloazɔné:] 中 -s/-s 七宝焼. [*fr.*; <*lat.* claudere (→Klause)]

Clo·qué[kloké:] 男 -[s]/-s 〘織〙クロッケ(水泡状の浮き模様のある婦人服地). [*fr.*; <*fr.* cloque „Wasserblase"]

Cloth[klɔ(:)θ] 男 (中) -/ 〘織〙しゅす織り綿布. [*engl.*; ◇Kleid]

Clou[klu:] 男 -s/-s (催し物の)呼び物; 最高潮〔の場面〕, クライマックス; ハイライト, キーポイント. [*lat.* clāvus „Nagel"−*fr.*]

Clo·vịs[klɔvís] →Chlodwig

Clown[klaun] 男 -s/-s (サーカスなどの)クラウン, 道化師(→ 図). [*lat.* colōnus (→Kolonie)−*fr.* colon−*engl.*]

Clow·ne·rịe[klaunərí:] 女 -/-n[..rí:ən] おどけ, 道化のしぐさ. [*engl.* clownery]

clow·nẹsk[klaunésk] (**clow·nisch**[kláunɪʃ]) 形 道化の, 道化らしい; 道化じみた.

Clown

Club[klup, klub, klʌb] 男 -s/-s =Klub

Clu·nia·zẹn·ser[kluniatsénzər] 男 -s/- =Kluniazenser

Clu·ny[klyní:, ..ní] 地名 クリュニー(フランス東部リヨン北方の町でベネディクト派修道院の遺跡がある).

Clu·ster[klástər, klʌ́stə] 男 -s/-[s] **1** 〘理〙(原子核の)クラスター; 〘言〙〔語音〕群, クラスター (Text の[kst] などに見られる音連結); 〘楽〙クラスター, 音群(音階的に連結する音を縦に重ねて作る音群). **2** (Bündel) 房, かたまり. [*engl.*; ◇Klut]

Clu·ster·ent·wick·lung[klástər..] 女 〘理〙クラスター展開.

cm[tsɛntimé:tər] 記号 (Zentimeter) センチメートル.

cm²[kvadrá:ttsɛntime:tər, tsɛntimé:tər hó:x tsvaɪ] 記号 (Quadratzentimeter) 平方センチメートル.

cm³[kubí:ktsɛntime:tər, tsɛntimé:tər hó:x draɪ] 記号 (Kubikzentimeter) 立方センチメートル.

Cm[tse:ǀɛ́m, kú:riʊm] 記号 (Curium) 〘化〙キュリウム.

CMB[tse:ǀɛmbé:] 略 = **Caspar, Melchior, Balthasar** (東方の三博士の名で, 悪魔をはらうときに唱える呪文(じゅもん)).

▽**cmm**[kubí:kmɪlime:tər, mɪlimé:tər hó:x draɪ] =mm³

c-Moll[tsé:mɔl, ⌣⌣] 中 -/ 〘楽〙ハ短調(記号 c): →A-Dur

cm/s (▽**cm/sec**)[tsɛntimé:tər ɪn der zekúndə, tsɛntimé:tər pro: zekúndə] 記号 (Zentimeter in der Sekunde ⟨pro Sekunde⟩) 秒速(…)センチメートル(速度の単位).

c/o 略 =care of

Co[1][tse:|ó:, kó:balt] 記号 (Kobalt) 〘化〙コバルト.

Co. (**Co**[2]) [ko:] 略 =**Co**mpagnie (Kompanie) 会社: Müller & ～ ミュラー商会(ミュラーおよび共同経営者による会社の意).

Coach[ko:tʃ, koʊtʃ] 男 -[s]/-s 〘スポ〙コーチ. [*dt.* Kutsche－*fr.* coche－*engl.*]

coa·chen[kó:tʃən] 他 (h) 《*jn.*》(…を)コーチする.

Cọb·bler[kɔ́blər, ..lə] 男 -s/-s コブラ(カクテルの一種). [*engl.*]

COBOL[kó:bɔl] 中 -s/ 〘電算〙コボル(事務処理用コンピューター言語). [*engl.*; <*engl.* **Co**mmon **b**usiness **o**riented **l**anguage]

Cọ·burg[kó:bʊrk] 地名 コーブルク(ドイツ Oberfranken の都市).

Cọ·ca[kó:ka·] **I** 女 -/-=Koka **II** 中 -[s]/ (女 -/) 《話》=Coca-Cola

Co·ca-Cọ·la[kokakó:la·] 中 -[s]/ (女 -/) 商標 コカコーラ(清涼飲料). [*amerik.*]

Cọch·lea[kɔ́xlea·] 女 -/..chleae[..xleɛ́·] **1** カタツムリの殻. **2** 〘解〙(内耳の)蝸牛殻(かぎゅうかく). [*gr.*－*lat.* „Schneckenhaus"]

[▽]**Co·chon**[kɔʃɔ̃́:] 男 -s/-s《話》下品(卑猥(ひわい))な人, 助平.

[▽]**Co·chon·ne·rịe**[kɔʃɔnərí:] 女 -/-n[..rí:ən] 下品〔な振舞い〕. [*fr.*]

Cọcker·spa·niel[kɔ́kərʃpa:niəl, ..spɛ..] 男 -s/-s コッカスパニエル(猟犬の一種). [*engl.*]

Cọck·ney[kɔ́kni·] **I** 中 -[s]/ ロンドンなまり(ロンドンの East End 地区はえぬきの下町っ子の方言). **II** 男 -[s]/-s (ロンドンなまりで話す)きっすいのロンドン子. [*engl.*; <*mengl.* coken-ei „Hahnen-ei"]

Cọck·pit[kɔ́kpɪt] 中 -s/-s **1** 〘空〙(飛行機の)操縦士席(→ 図 Flugzeug). **2** (ヨット・モーターボートなどの)船尾座席; (レーシングカーなどの)運転席. [*engl.* „Hahnen-Grube"; ◇Pfütze]

Cọck·tail[kɔ́kte:l, ..teɪl] 男 -s/-s **1 a)** カクテル(混合酒): einen ～ mixen カクテルを作る. **b)** カクテル(エビ・カニなどをソースであえた前菜). **2 a)** =Cocktailparty **b)** (Empfang) (旧東ドイツで)レセプション. [*engl.* „Hahnenschwanz"; 雑種の馬は尾を鶏の尾のように短く切られた; ◇Zagel]

Cọck·tail≠kleid 中 (簡単な社交パーティー用の)カクテル=ドレス. **≠par·ty** 女 カクテル=パーティー.

COCOM, CoCom[kɔ́kɔm] 略 = Coordinating Commitee for East-West Trade Policy ココム, 対共産圏輸出統制委員会.

COCOM-Lị·ste 女 ココム輸出禁止品目リスト.

Cod. 略 =**Cod**ex

Cọ·da[kó:da·] 女 -/-s =Koda

Code[ko:t] 男 -s/-s =Kode

Code ci·vịl[kɔdsivíl] 男 --/ フランス民法典. [*fr.*; ◇zivil]

Code Na·po·léon[..napɔleɔ̃] 男 --/ 〘史〙ナポレオン法典. [*fr.*]

Cọ·dex[kó:dɛks] 男 -[es]/-e, ..dices[..ditse:s] (略 Cod.) =Kodex

Cọ·dex ar·gẹn·teus[– argɛ́nteʊs] (Ulfilas のゴート語訳の)銀字聖書(緋色(ひいろ)地に銀文字で書かれている). [*lat.* „Silber-Kodex"; ◇Argentum]

co·dịe·ren[kodí:rən] =kodieren

Co·dịe·rung[..rʊŋ] 女 -/-en=Kodierung

Cœur[kø:r] 中 -[s]/-[s] 《無冠詞で》(Herz) 〘トランプ〙ハート (→Pik[2]). [*lat.* cor (→kordial)－*fr.*]

Cœur·as[**s**] (**Cœur-As**[**s**]) [kø:r|as, –⌣] 中 -ses/-se 〘トランプ〙ハートのエース.

cọ·gi·to, ẹr·go sụm[kó:gito· ɛ́rgo· zʊ́m] 《ラテン語》(ich denke, also bin ich) われ思うゆえにわれあり (Descartes 哲学の根本命題). [<*lat.* cōgitāre „denken"]

Cọ·gnac[kɔ́njak] 男 -s/-s (特にフランスのコニャック地方産の)コニャック(→Kognak).

co·gnac·far·ben 形 コニャック色の, 琥珀(こはく)色の.

Coif·feur[koafǿ:r] 男 -s/-e (⊛ **Coif·feu·se**[..fǿ:zə]-/-n) 《雅》(Friseur) 理髪師. [*fr.*; <*fr.* coiffe „Haube"]

Coif·fure[..fý:r] 女 -/-n[..rən] **1** 《雅》理髪術. **2** 《スイス》理髪店. [▽]**3** (手の込んだ)髪型. [*fr.*]

Co·in·ci·dẹn·tia op·po·si·tọ·rum[ko|ɪntsidɛ́ntsia· ɔpozitó:rʊm] 女 --/ (Zusammenfall der Gegensätze) 〘神〙(神的同一性における)〔地上的〕対立の一致(帰一). [*nlat.*; ◇Koinzidenz, opponieren]

Coịr[koí:r, kɔ́ɪə] 中 -[s]/ (女 -/)ココヤシの実の皮の繊維(なわ・マットなどの原料). [*tamil.* kayiru „Seil"－*engl.*]

Cọ·itus[kó:itʊs] 男 -/-[..tu:s] =Koitus

Coke[ko:k, koʊk] 中 -[s]/-s コーク (Coca-Cola の略称). [*amerik.*]

Cọ·la[kó:la·] **I** 女 -/..len[..lən] 〘植〙コラの木(熱帯アフリカ産). **II** 中 -[s]/ (女 -/)コーラ (Coca-Cola の略称): ein ～ コカコーラ1本. [*afrikan.*]

Col·chi·cịn 中 -s/ =Kolchizin

Cold Cream[kóʊld krí:m] 女 --/--s; 中 --s/--s コールド=クリーム. [*engl.*; ◇kalt, Creme]

Cọ·len Cola I の複数.

Co·leọ·pter[koleɔ́ptər] 男 -s/- 〘空〙コレオプター(垂直離着陸機の一種). [<Koleopteren]

Col·lạ·ge[kɔlá:ʒə] 女 -/-n **1** 〘美〙**a)** 《単数で》コラージュ(新聞・広告・写真などの切り張りを加えて画面を構成するシュールレアリスム美術の一手法). **b)** コラージュによる作品, 張りつけ絵. **2** 〘文芸〙(引用句・格言など)種々の言語素材の組み合わせ〔による作品〕. [*fr.*; <Kolla+..age]

coll' ạr·co[kɔl árko·] 《イタリア語》(↔col legno) (mit dem Bogen) 〘楽〙(弦楽器演奏の際に)弓で〔弾け〕, コラルコ. [<*lat.* arcus (→Arkus)]

Col·lege[kɔ́lɪtʃ, kɔ́lɪdʒ] 中 -[s]/-s[..lɪtʃ(s), ..dʒɪs, ..dʒɪz] (英国の)カレッジ(大学・自治学寮・専門学校・パブリックスクール); (アメリカの)カレッジ(総合大学の前期課程・学部・研究所; 単科大学). [*lat.*－*fr.*－*engl.*; ◇Kollegium]

Col·lège[kɔlɛ́:ʃ, ..lɛ́:ʒ] 中 -[s]/-s[..lɛ́:ʃ(s)] コレージュ(フランス・ベルギー・スイスのフランス語地域の中学校). [*lat.*－*fr.*]

Col·lẹ·gium mụ·si·cum[kɔlé:giʊm mú:zikʊm] 中 --/..gia ..ca[..gia· ..ka·] **1** (特に17-18世紀の大学の)音楽同好会. **2** (古い音楽を保護する)音楽愛好家協会.

Col·lẹ·gium pụ·bli·cum[– pú:blikʊm] 中 --/..gia ..ca[..gia· ..ka·] 大学の公開講座. [*lat.*; ◇publik]

col lẹ·gno[kɔl lɛ́njo·] 《イタリア語》(↔coll' arco) (mit dem Holz) 〘楽〙(弦楽器演奏の際に弓の背の)木〔部〕で〔弾け〕, コル=レーニョ. [<*lat.* līgnum „Holz"]

Cọl·lie[kɔ́li·] 男 -s/-s コリー犬. [*engl.*]

Col·lier[kɔlié:] =Kollier

Co·lọm·bo[kolɔ́mbo·] 地名 コロンボ(スリランカ民主社会主義共和国最大の都市).

Co·lón[kolɔ́n] 男 -[s]/-[s] コロン (Costa Rica, El Salvador の貨幣〔単位〕). [*span.*; ◇Kolumbus]

Co·lo·nẹl[kolonɛ́l] 男 -s/-s(Oberst) 〘軍〙(フランス・イギリスの)陸軍大佐. [*it.* colonnello－*fr.*〔－*engl.*〕; ◇Kolonne]

Co·lọ·nia·kü·bel[koló:nia..] 男 《オーストリア》(Mülleimer) (大型の)ごみバケツ (Wien ではバケツによるごみ処理法を Köln から取り入れた). [<*lat.* Colōnia Agrippīnēnsis (→Köln)]

Co·lor·film[kó:lo:r.., koló:r..] =Farbfilm

Colt[kɔlt] 男 -s/-s 商標 コルト(自動拳銃). [*amerik.*; <S. Colt (アメリカの企業家, †1862)]

com.. →kom..

Cọm·bo[kɔ́mbo·] 女 -/-s 〘楽〙(ジャズの)小編成楽団, コンボ. [*amerik.*; ◇Kombination]

Come·back[kambɛ́k, kʌ́mbæk] 中 -[s]/-s (芸術家・政治家・スポーツマンなどの)返り咲き, カムバック: ein geglücktes ～ erleben ⟨wagen⟩ うまくカムバックする. [*engl.*; ◇kom-

men]
COMECON (**Co̤·me·con**)[kɔ́mekɔn] 男中 -/ コメコン,(共産圏の)経済相互援助協議会(1949-91: →RGW). [*engl.*; <*engl.* *C*ounci*l* for *M*utual *E*cono*m*ic Assistance 〈Aid〉]
Co̤·mer[kó:mər] 形《無変化》コモの: der ～ See コモ湖(イタリア北部の氷河湖. コモ Como は湖畔の都市).
Co·me·sti̤·bles[komɛstí:bəl] 複《スイス》(Feinkost) 高級食料品. [*fr.*; ◇komestibel]
Co̤·mic[kɔ́mɪk] 男 -s/-s (続きこまの)漫画, 劇画, コミックス. [*engl.*〔-*amerik.*〕; ◇komisch]
Co̤·mic·heft 中 漫画〈コミック〉本.
Co̤·mic strip[kɔ́mɪk stríp] 男 --s/--s《ふつう複数で》=Comic
comme《フランス語》→*comme* il faut
Com·me̤·dia del·l'ar·te[komé:dia· dɛlártə] 女 --/ 〘劇〙コメディア デラルテ(16世紀にイタリアで成立した仮面つきの即興喜劇). [*it.*; ◇Komödie]
comme il faut[kɔmɪlfó:]《フランス語》(vorbildlich) 模範的に, 申し分なく. [„wie es sich gehört"; ◇Komment]
▽**Com·mis**[kɔmí:] 男 -[-(s)]/-[-s] 店員, 手代(てだい).
Com·mis voya·geur[kɔmivoajaʒǿ:r, ..vwajaʒœ́:r] 男 --/--s[-](Handlungsreisende)(会社の)出張販売員. [*fr.*; ◇Kommis]
Com·mon sense[kɔ́mən sɛ́ns] 男 --/ (gesunder Menschenverstand) 良識, 常識. [*engl.*; *lat.* sēnsus commūnis (*gr.* koinḕ aísthēsis の翻訳借用)の翻訳借用]
Com·mon·wealth[kɔ́mənwɛlθ] 中 -/ (英連邦の自治領としての)連邦. [*engl.* „Gemein-wohl"; ◇wohl]
Com·mṳ·nia[kɔmú:nia·] 複〘言〙(ラテン語などで男女両性に共通して用いられる)共性名詞(例 ラテン語 cīvis „Bürger, Bürgerin": →Mobilia).
Com·mu·ni·qué[kɔmyniké:] 中 -s/-s コミュニケ, 公式声明. [*fr.*; ◇kommunizieren]
Com·mṳ·nis opi̤·nio[kɔmú:nɪs opí:nio·] 女 --/ =Opinio communis
Comp. =Compagnie
Com·pa̤ct Disc[kəmpɛ́kt dísk] 女 --/--s コンパクトディスク, CD (略 CD). [*engl.*]
Com·pa·gnie[kɔmpanjí:] 女 -/-n[..njí:ən] =Kompanie
Com·po̤·ser[kɔmpó:zər] 男 -s/- 〘印〙電子植字機. [*engl.*; ◇komponieren]
Com·po̤·ser·satz 男 -es/ (Schreibsatz)〘印〙電子植字〈組版〉.
Com·pound·ma·schi̤·ne[kɔmpáʊnt.., ⌣-⌣-⌣] 女〘工〙複合機関;〘電〙複巻電動機. [*engl.*]
Com·pṳr[kɔmpú:r] 男 -s/-e 商標, **Com·pṳr·ver·schluß** 男〘写〙レンズシャッター(→ 図 Kamera).
Com·pu·ter[kɔmpjú:tər] 男 -s/- コンピューター, 電子計算機(→ 図): einen ～ programmieren 〈話: füttern〉 / ein Programm in den ～ eingeben コンピューターにプログラムを入れる | Daten in den ～ einspeisen コンピューターにデータを入力する. [*engl.*; <*lat.* computāre (→Konto)]
Com·pu·ter≠dia·gno·stik[kɔmpjú:tər..] 女 コンピューター診断学. **≠fach·mann** 男 コンピューター専門家. **≠freak** 男 コンピューター狂〈マニア〉. **≠ge·ne·ra·tio̤n** 女 コンピューター世代.
com·pu·ter·ge·recht 形 コンピューター処理に向いている.
Com·pu·ter·ge·sell·schaft 女 コンピューター社会.
com·pu·ter≠ge·steu·ert 形 コンピューター制御の. **≠ge·stützt** 形 コンピューターで支えられた, コンピューターを利用した.
Com·pu·ter≠gra̤·phik 女 コンピューターグラフィクス. **≠in·du·strie** 女 コンピューター産業.
com·pu·te·ri·sie̤·ren[..pjutərizí:rən] 他 (h) **1** (情報などを)コンピューターに入れる〈で処理する〉: Daten ～ データをコンピューターに入れる〈で処理する〉. **2** コンピューター化する: einen Betrieb ～ 企業をコンピューター化する | die Gesellschaft ～ 人間社会をコンピューター化する〈没個性的にする〉.
Com·pu·ter≠kri·mi·na·li·tät[kɔmpjú:tər..] 女 コンピューター犯罪. **≠kunst** 女 コンピューター利用の芸術, コンピューターアート. **≠lin·gui·stik** 女 コンピューター言語学.
com·pu·tern[kɔmpjú:tərn]《05》自 (h)《話》コンピューターを操作する, コンピューターを使って仕事をする.
Com·pu·ter≠pro·gramm 中 コンピューター用プログラム. **≠satz** 男〘印〙電算〈コンピューター〉写植. **≠si·mu·la·tio̤n** 女 コンピューターシュミレーション. **≠spe·zia·list** 男 コンピューター専門家. **≠spiel** 中 コンピューターゲーム. **≠spra̤·che** 女 コンピューター言語. **≠tech·nik** 女, **≠tech·no·lo·gie** 女 コンピューター技術. **≠to·mo·gra̤ph** 男 コンピューター断層撮影装置. **≠to·mo·gra·phie** 女 (略 CT) コンピューター断層撮影〔法〕.
com·pu·ter·un·ter·stützt 形 =computergestützt
Com·pu·ter≠ver·bund·sy·ste̤m 中 コンピューターネットワーク. **≠vi̤·rus** 男〘電算〙コンピューターウイルス. **≠zeit·al·ter** 中 コンピューター時代.
Comte[1][kɔ̃:t] 人名 Auguste ～ オーギュスト コント(1798-1857; フランスの哲学者・社会学者. 主著は『実証哲学講義』).
Comte[2][kɔ̃:t] 男 -/-s(Graf)(フランスの)伯爵.
Com·tesse[kɔ̃tɛ́s] 女 -/-n[..sən] =Komtesse
con《イタリア語》→*con* amore, *con* brio, *con* fuoco, *con* moto, *con* sordino, *con* spirito
con.. →kon..
con amo̤·re[kɔn amó:rə]《イタリア語》(zärtlich)〘楽〙コン=アモーレ, 優しく, 愛らしく. [„mit Liebe"; ◇Amor]
con bri̤o[kɔn brí:o·]《イタリア語》(lebhaft)〘楽〙コン=ブリオ, いきいきと. [◇Brio, brioso]
Con·ce̤p·tio im·ma·cu·la̤·ta[kɔntsɛ́ptsio· ɪmakulá:ta·] 女 --/ =Immaculata conceptio
Con·cer·ta̤n·te[kɔntsɛrtántə] 女 -/-n〘楽〙協奏交響曲. [*it.*; ◇konzertant]
Con·cer·ti̤·no[kɔntʃɛrtí:no·] 中 -s/-s〘楽〙**1** 小協奏曲. **2** (合奏協奏曲の)独奏楽器群. [*it.*]
Con·cer·to gros·so[kɔntʃɛ́rto· grɔ́so·] 中 --/..ti ..ssi[..ti· ..si·]〘楽〙コンチェルト=グロッソ, 合奏協奏曲. [*it.* „großes Konzert"; ◇Konzert, gros]
Con·cet·ti[kɔntʃɛ́ti·] =Konzetti
Con·cierge[kɔ̃siɛ́rʃ, ..sjɛ́rʒ] 男女 -/-s[-(s)](Haus-

meister〔in〕)管理人〔の女〕; 守衛, 門衛, 受付係〔の女〕. [*lat*. cōn-servus „Mit-sklave"–*fr*.; ◇Servus]
Con·cours hip·pique[kɔ̃kuripík] 男 --/--s[..kurzipík] 馬匹(ばひつ)共進会; 馬術競技会. [*fr*.; ◇Konkurs, hippo..]
Con·di·tio·na·lis (**Con·di·cio·na·lis**)[kɔnditsioná:lɪs] 男 -/..les[..le:s] =Konditional
Con·di·tio si·ne qua non[kɔndí:tsio· zí:nə kvá: nó:n] 女 ----/ (notwendige Bedingung)〘哲〙不可欠条件, 必須的制約. [*lat*. „Bedingung, ohne die nicht"]
conf. 男 =confer
con·fer[kɔ́nfɛr]《ラテン語》(略 cf〔r〕., conf.)(vergleiche) 参照せよ. [◇konferieren]
Con·fé·rence[kɔ̃ferɑ̃́:s] 女 -/ (Ansage)(Kabarett, Varieté などの)司会. [*fr*.; ◇Konferenz]
Con·fé·ren·cier[..rɑ̃sié:] 男 -s/-s (Ansager)(Kabarett, Varieté などの)司会者: eine Veranstaltung als ~ leiten ショーの司会をする. [*fr*.]
Con·fi·te·or[kɔnfí:teɔr] 中 -/ 《カトリック》(ミサにおける)罪の告白の祈り, コンフィテオル. [*lat*. „ich bekenne"; ◇Konfitent]
Con·foe·de·ra·tio Hel·ve·ti·ca[kɔnfødərá:tsio· hɛlvé:tika·] 女 --/ (略 CH)(Schweizerische Eidgenossenschaft) スイス連邦. [*spätlat*.; ◇Konföderation, helvetisch]
con fuo·co[kɔn fuó:ko·]《イタリア語》(heftig)〘楽〙コン=フオーコ, 熱情的に, 情熱をもって. [„mit Feuer"; ◇Fokus]
con mo·to[kɔn mó:to·]《イタリア語》(bewegt)〘楽〙コン=モート, 活発に, 元気よく. [◇Motilität]
Con·nais·seur[kɔnɛsǿ:r] 男 -s/-s (料理・酒などの)通人. [*fr*.; <*lat*. cō-gnōscere (→Kognition); ◇*engl*. connoisseur]
Con·se·cu·tio tem·po·rum[kɔnzekú:tsio· tɛ́mporum] 女 --/ 〘言〙(主文と副文の)時称〈時制〉の一致. [*lat*. „Zeiten-folge"; ◇konsekutiv, Tempus]
Con·seil[kɔ̃sɛ́:j] 男 -s/-s (Rat) 評議会, 会議. [*lat*. cōnsilium–*fr*.; ◇Konsilium]
Con·sen·sus[kɔnzɛ́nzus] 男 -/- =Konsens
Con·si·lium ab·eun·di[kɔnzí:lium abeúndi·] 中 --/ (高等学校の)諭旨退学. [*lat*.; ◇Conseil, Abitur]
Con·som·mé[kɔ̃sɔmé:] 女 -/-s (中 -s/-s) =Konsommee
con sor·di·no[kɔn zɔrdí:no·]《イタリア語》(mit Dämpfer)〘楽〙コン=ソルディーノ, 弱音器をつけて.
con spi·ri·to[kɔn spí:rito·]《イタリア語》(geistvoll)〘楽〙コン=スピリト, 活気をもって, いきいきと. [◇Spiritus]
Con·struc·tio ad sen·sum[kɔnstrúktsio· at zɛ́nzum] 女 ---/ =Synesis [*lat*.; ◇Konstruktion, Sensus]
Con·tai·ner[kɔnté:nər, kɔntéɪnə] 男 -s/- **1** (貨物輸送用の)コンテナ. **2**〘園〙容器コンテナ. [*engl*.; <*lat*. continēre (→Kontinent)]
Con·tai·ner≈bahn·hof[kɔnté:nər..] 男 コンテナ輸送用貨物駅. **≈frach·ter** 男 コンテナ貨物船. **≈ha·fen** 男 コンテナ船用の港.
con·tai·ne·ri·sie·ren[kɔntenərizí:rən] 他 (h)《*et*.[4]》コンテナ方式化する; コンテナ輸送する.
Con·tai·ner≈kul·tur 女〘園〙容器入れ替えコンテナ栽培. **≈last·zug** 男 コンテナ用トレーラートラック. **≈pflan·ze** 女〘園〙容器入れ替えコンテナ栽培植物. **≈schiff** 中 コンテナ船. **≈ter·mi·nal** 男 中 コンテナターミナル. **≈ver·kehr** 男 コンテナ輸送. **≈zug** 男 コンテナ列車.
Con·tain·ment[kɔntéɪnmənt] 中 -s/-s **1** (原子炉の)外郭防御壁. **2**《ふつう単数で》(特に東欧に対する西欧の)抑止戦略態勢. [*engl*.]
Conte[1][kɔ̃:t] 女 -/-s[–]〘文芸〙コント, 短編, 小話(特に異常で空想的な内容のもの). [*fr*.; <*lat*. computāre (→Konto)]
Con·te[2][kɔ́ntə] 男 -/-s, ..ti[..ti·] (Graf)(イタリアの)伯爵. [*lat*. comes (→Count)–*it*.]
Con·ter·gan[kɔntɛrgá:n] 中 -/ 商標 コンテルガーン(睡眠薬).
Con·ter·gan·kind 中《話》サリドマイド児.
Con·tes·sa[kɔntɛ́sa·] 女 -/..sen[..sən] Conte[2]の女性形. [*mlat*.–*it*.]
con·tra[kɔ́ntra·] =kontra
contra.. →kontra..
Con·tra·dic·tio in ad·jec·to[kɔntradíktsio· ɪn atjɛ́kto·] 女 ---/ 〘修辞〙形容の矛盾(例 armer Krösus 貧しい富豪). [*lat*.; ◇Kontradiktion, Adjektiv]
contre.. →konter..
Con·tre·coup[kɔ̃tərkú:, kɔ̃trə..] 男 -s/-s (Gegenstoß)〘医〙反衝. [*fr*.]
Con·vent[kɔnvɛ́nt] 男 -〔e〕s/-e =Konvent
Con·vey·er[kɔnvé:ər] 男 -s/- コンベヤー. [*engl*.; <kon..+*lat*. via „Weg"; ◇Konvoi]
Cook[kuk] 人名 James ~ ジェイムズ クック(1728–79; イギリスの軍人・探検家. 通称キャプテンクック).
cool[ku:l] 形《俗》**1** 冷静な, 覚めた, クールな. **2** 安全な, 確実な, 危険のない: ein ~*er* Versteck 安全な隠れ場所. **3** すばらしい, すてきな: Die Band spielte echt ~. そのバンドの演奏は実にすばらしかった.
Cop[kɔp] 男 -s/-s《話》警官. [*amerik*.]
Co·py·right[kɔ́piraɪt] 中 -s/-s (Urheberrecht) 著作権, 版権(記号 ©). [*engl*.; ◇Kopie, Recht]
Co·quil·le[kokí:j(ə)] 女 -/-n[..jən]《ふつう複数で》**1** 貝殻. **2**〘料理〙コキーユ, 貝焼き料理(材料を貝殻に入れて焼いたグラタンふうの料理). [*gr*. kogchýlion–*lat*.–*fr*.; ◇Konchylie]
co·ram pu·bli·co[kó:ram pú:bliko·]《ラテン語》(vor aller Öffentlichkeit) 公然と, 公衆の面前で: *et*.[4] ~ sagen …を公言する. [◇koram, publik]
Cord[kɔrt][1] 男 -〔e〕s/ (種類: -e) =Kord
Cór·do·ba[kɔ́rdoba·, ..va·] **I** 地名 コルドバ(古い歴史をもつスペイン南部の都市). **II** 男 -〔s〕/-〔s〕コルドバ(中南米ニカラグア共和国の貨幣〔単位〕). [スペインの探検家の名]
Cor·du·la →Kordula
Cor·ned beef[kɔ́:nd bí:f] 中 --/ コーンビーフ. [*engl*.; <*engl*. corn „(mit Salzkörnern) einpökeln" (◇Korn)]
Cor·neille[kɔrnɛ́j] 人名 Pierre ~ ピエール コルネーユ(1606–84; フランスの古典劇詩人).
Cor·ne·lia →Kornelia
Cor·ne·lius →Kornelius
Cor·ner[kó:rnər, kɔ́:nə] 男 -s/- **1**〘商〙(株などの)買い占めグループ. **2 a)**《ボクシング》コーナー. **b)**《オーストリア》(Eckball)《サッカー》コーナーキック. [*afr*. cornier–*engl*.; <*lat*. cornū (→Horn)]
Corn-flakes[kɔ́:rnfle:ks, kɔ́:nfleɪks] 複〘料理〙コーンフレーク. [*amerik*.; ◇Korn]
Cor·ni·chon[kɔrniʃɔ̃́:] 中 -s/-s〘料理〙コルニション(小さな酢づけキュウリ). [*fr*.; <*lat*. cornū (→Horn)]
Cor·po·ra Corpus の複数.
Corps[ko:r] 中 -[–(s)]/-[–s] =Korps
Corps de bal·let[kɔrdəbalɛ́] 中 ---/--- (Ballettkorps)〘劇〙コールドバレエ, 群舞. [*fr*.]
Corps di·plo·ma·tique[kɔrdiplɔmatík] 中 --/--s (略 CD)(Diplomatisches Korps) 外交団;《略号で》(大公使館関係者の)公用車. [*fr*.]
Cor·pus[kɔ́rpus] 中 -/..pora[..pora·] **1** (Körper) からだ, 肉体;〘解〙(器官の)体(たい). **2 a)** (法典などの)集録, 集成, 大全. **b)**〘言〙コーパス(記録の集積としての言語資料). **3** (↔Tunica)〘植〙内体. [*lat*.; ◇Körper]
Cor·pus Chri·sti[– krísti·] 中 --/ (Leib Christi)《カトリック》キリストのからだ, 聖体. [*lat*.]
Cor·pus de·lic·ti[– delíkti·] 中 --/..pora –《ふつう単数で》〘法〙罪体有罪認定証拠(犯罪行為の対象となった物体を含め, その客観的側面全体);《戯》(Beweisstück) 証拠物件. [◇Delikt]
Cor·pus ju·ris[– jú:rɪs] 中 --/ 〘法〙法規類集,〔全〕

C

法典: ～ civilis[tsiví:lɪs] ローマ法大全. [*spätlat.*; ◇Jura[1]]

corr. corr. impr. 略 = correctis corrigendis imprimatur 〘印〙責任校了, 責了.

Cor·ren·te[kɔrɛ́ntə] 女 -/-n = Courante [*it.*]

Cor·ri·da (**de to·ros**)[kɔrí:da (de tó:rɔs)] 女 -[--]/-s[--](Stierkampf) 闘牛. [*span.* „Laufen der Stiere"]

Cor·ri·gen·da[kɔrigɛ́nda·] 複 = Korrigenda

cor·ri·ger la for·tune[kɔriʒelafɔrtýn]《フランス語》(賭博(とばく)などで)いかさまをする. [◇korrigieren]

Cor·tes[kɔ́rtɛs] 複 (スペイン・ポルトガルの)議会, 国会. [*span.*; < *lat.* cohors (→Kohorte); ◇Cour]

Cor·tez[kɔ́rtɛs] 人名 Hernando ～ ヘルナンド コルテス(1485–1547; スペインのメキシコ征服者. スペイン語形 Hernán Cortés).

Cor·ti·son[kɔrtizó:n] 中 -s/ = Kortison

cos[kó:zinʊs] 記号 (Kosinus)〘数〙コサイン.

cosec[kó:zekans] 記号 (Kosekans)〘数〙コセカント.

Co·si fan tut·te [kozí: fán tútə]《イタリア語》(so machen's alle Frauen) 女はすべてこうしたものだ (Mozart の歌劇の題名).

Co·si·ma[kó:zima·] 女名 コージマ. [*it.*]

Co·si·mo[..mo·] 男名 コージモ. [*it.*; < *gr.* kósmios „wohlgeordnet" (◇Kosmos)]

Co·sta Ri·ca[kɔ́sta· rí:ka·] 地名 コスタリカ(中央アメリカにある共和国で首都は San José). [*span.* „reiche Küste"]

Co·sta·ri·ca·ner[kɔstariká:nər] 男 -s/- コスタリカ人.

co·sta·ri·ca·nisch[..nɪʃ] 形 コスタリカの.

cot[kó:taŋgɛns] 記号 (Kotangens)〘数〙コタンジェント.

die **Côte d'Azur**[ko(:)tdazý:r] 地名 女 --/ コート ダジュール(地中海 Riviera 海岸のフランス側の呼び名). [*fr.* „blaue Küste"; ◇Küste]

die **Côte d'Ivoire**[..divwá:r] 地名 女 --/ コート ジボアール(アフリカ西部の共和国で,1960年にフランスから独立. 首都はヤムスクロ Yamoussoukro). [*fr.*; ◇Elfenbeinküste]

cotg = cot

Cot·ta[kɔ́ta·] 人名 Johann Friedrich ～ von Cottendorf ヨーハン フリードリヒ コッタ フォン コッテンドルフ(1764–1832; ドイツの出版業者. Goethe, Schiller の著作を出版して当時のドイツ文学の最も重要な出版業者となった).

Cot·tage[kɔ́tɪtʃ, kɔ́tɪdʒ] 中 -/-s[..tʃ(s), ..dʒɪz] **1** (郊外・田舎などの)小さな別荘. ▽**2** [kɔtɛ́:ʃ]《オーストリア》(Villenviertel) 高級住宅街. [*engl.*; < *engl.* cot „Hütte"]

Cot·ton[kɔ́tən] 男 中 -s/ (Baumwolle) もめん(木綿); 綿布, コットン. [*arab.* qutun (→Kattun) − *roman.* − *engl.*]

Cot·ton≈ma·schi·ne[kɔ́tən..] 女, **≈stuhl** 男〘工〙コットン式婦人靴下製造機. [< W. Cotton (イギリス人発明者, †1866)]

Cou·ber·tin[kubɛrtɛ̃́] 人名 Pierre de ～ ピエール ド クーベルタン(1863–1937; 近代オリンピックの創始者).

Couch[kaʊtʃ] 女 (スイス: また 男) -/-es[káʊtʃɪs](-en) 寝いす, ソファー〔ベッド〕(→ 図): *sich*[4] auf die ～ legen 〈setzen〉 寝いすに身を横たえる〈座る〉. [*fr.* couche (→kusch) − *engl.*]

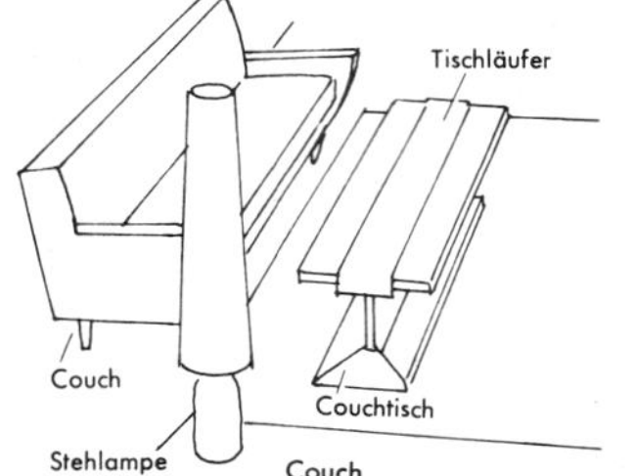

Couch≈gar·ni·tur[káʊtʃ..] 女 (Couch と安楽いすとの)応接セット. **≈tisch** 男 (低い)応接セット用テーブル(→ 図 Couch).

Coué·is·mus[kueísmʊs] 男 -/〘医〙(自己暗示を利用する)クエ療法. [< E. Coué (フランス人創始者, †1926)]

Cou·leur[kulǿ:r] 女 -/-s(-en) **1**《単数で》色合い, 特性, 傾向, 方向: Politiker verschiedener ～ さまざまな色合いの政治家たち. **2** (Trumpf)〘トランプ〙切り札. **3** (各学生組合固有の)色, クラブカラー. [*lat.* color − *fr.*; ◇*engl.* colour]

Cou·loir[kuloá:r] 男 -s/-s ▽**1** (Gang) 通路, 廊下. **2** (峡谷状の)岩溝. **3**〘馬術〙楕円(だえん)形の馬場. [*fr.*; < *lat.* cōlāre (→kolieren)]

Cou·lomb **I** [kulɔ̃́] 人名 Charles Augustin de ～ シャルル オーギュスタン ド クーロン(1736–1806; フランスの物理学者). **II** [kulɔ̃́:] 中 -s/- クーロン(電気量の単位; 記号 C).

Cou·lomb·zäh·ler[kulɔ̃́:..] 男 クーロンメーター, 電量計.

Count[kaʊnt] 男 -s/-s (女 **Coun·teß** → 別出)(イギリス以外のヨーロッパの)伯爵. [*lat.* comes „Gefolge" − *afr.* − *engl.*; ◇Komitat, Conte[2]]

Count·down[káʊntdáʊn, ⌣⌣́] 男 中 -[s]/-s (ロケット発射時などの)秒読み; (ロケット発射前の)総点検;《比》(事業の)最後の準備; 開始準備: Der ～ hat begonnen. いよいよ秒読みが始まった. [*engl.*; ◇Conte[1]]

Coun·ter·part[káʊntərpart, káʊntəpɑ:t] 男 -s/-s (開発途上国への技術援助要員と交換にドイツが受け入れる)見返り入国者. [*engl.*; ◇kontra]

Coun·teß[káʊntɪs] 女 -/..tessen[kaʊntɛ́sən], ..tesses[káʊntɪsɪs](Count の女性形)伯爵夫人. [*afr.* − *engl.*]

Coun·ty[káʊnti·] 女 -/..ties[..ti:s](英国の)州; (米国の)郡. [*afr.* − *engl.*; < *lat.* comes (→Count)]

Coup[ku:] 男 -s/-s(Schlag) 一撃; 不意打ち〔による大成功〕; 策略, 手管: **einen** 〔**großen**〕 **～ landen**《話》まんまと成功する. [*gr.* kólaphos „Ohrfeige" − *lat.* − *fr.*]

Coup d'Etat (**Coup d'état**)[kudetá] 男 --/-s-[−] (Staatsstreich) クーデター. [*fr.*]

Cou·pé[kupé:] 中 -s/-s **1** (ツードアで二人乗り用の)クーペ型の自動車. ▽**2** (二人乗りの)箱馬車. ▽**3** (Abteil)〘鉄道〙(客車内の仕切られた)車室, コンパートメント. [*fr.*; < *fr.* couper (→kupieren)]

Cou·plet[kuplé:] 中 -s/-s クープレ(こっけいなリフレインを伴う風刺・時事小唄). [*fr.*; < *fr.* couple „Koppel" (◇Koppel)]

Cou·pon[kupɔ̃́:] 男 -s/-s **1** クーポン〔券〕(切り取り式の切符・申込券・配給券など): ～s für Benzin ガソリン=クーポン券. **2** (公債・債券などの)利札. **3** 布きれ. [*fr.*; ◇Coupé]

Cour[ku:r] 女 -/ (Hof) 宮廷; (宮廷での)レセプション: ***jm.* die ～ machen** 〈**schneiden**〉《雅》…(女性)のご機嫌をとる, …に言い寄る. [*lat.* cohors (→Kohorte) − *fr.*; ◇*engl.* court]

Cou·ra·ge[kurá:ʒə; オーストリア: ..rá:ʒ] 女 -/ **1 a)**《話》(Mut) 勇気: ***jm.* die ～ abkaufen** …の勇気をくじく, …をがっかりさせる | Dazu gehört eine gute Portion ～. それには相当の勇気が必要だ. **b)**《方》(Kraft) 力. **2**《話》強い酒の大グラス. [*fr.*; ◇Cœur, ..age]

cou·ra·giert[kuraʒí:rt] 形 (beherzt) 勇気のある, 勇〔敢な.〕

Cou·ran·te[kurã́:t(ə)] 女 -/-n[..tən]〘楽〙クラント(16–17世紀フランスの舞踊・舞曲, のち組曲の一部にも用いられた). [*fr.*; ◇kurrent]

▽**cour·fä·hig**[kú:r..] 形 (hoffähig) 参内資格のある.

Cour≈ma·cher[kú:r..] 男, **≈schnei·der** 男 女に取り入る男, 女たらし.

Cour·ta·ge[kʊrtá:ʒə] 女 -/-n(Maklergebühr)〘商〙仲買手数料. [*fr.*; < *lat.* cūrāre (→kurieren)]

Cour·toi·sie[kʊrtoazí:] 女 -/-n[..zí:ən](騎士・紳士などの)洗練された礼儀正しさ. [*fr.*; ◇Cour; *engl.* courtesy]

Cous·cous[kɔ́skʊs] 男 -/- = Kuskus

Cou·sin[kuzɛ̃́:] 男 -s/-s(Vetter)(男の)いとこ. [*lat.*

cōnsobrīnus „Sohn der Mutterschwester"–*fr.*; <*lat.* soror (→Schwester)]
Cou·si·ne[..zíːnə] 女 -/-n (女の)いとこ(→Vetter 1). [*lat.*–*fr.*]
Couture →Haute *Couture*
Co·ver[kʌ́vər] 中 -s/-s **1** (グラフの)タイトルページ; 口絵. **2** =Plattenhülle [*engl.*]
Co·ver·coat[kʌ́vərkoːt, kʌ́vəkoʊt] 男 -[s]/-s **1** 〘織〙カバートクロス(コート用梳毛(そも)織物). **2** (カバートクロス製の)紳士用半コート, カバートコート, ダスターコート. [*engl.* covert coat; ◇kuvrieren]
Cow·boy[káʊbɔʏ] 男 -s/-s (アメリカの)カウボーイ. [*engl.*; ◇Kuh]
Cow·per[káʊpər] 男 -s/-s, **Cow·per·ap·pa·rat**[káʊpər..] 男 カウパー装置(溶鉱炉の熱風装置). [<E. A. Cowper (イギリス人技師, †1893)]
Cow·per-Drü·se[káʊpər ..] 女, **Cow·per·sche Drü·se**[káʊpərʃə ..] 女 〘解〙カウパー腺(せん). [<W. Cowper (イギリスの解剖学者, †1709)]
Co·yo·te[kojóːtə] 男 -n/-n =Kojote
∇**Cp**[tseːpéː, kasiopáɪʊm] 記号 (Cassiopeium) 〘化〙カシオペイウム.
cr. 略 =currentis
Cr[tseː|ɛ́r, kroːm] 記号 (Chrom) 〘化〙クロム.
ČR[tʃeː|ɛ́r] 略 女 -/ =**Česká republika** チェコ共和国(→Tschechien).
Crack[krɛk] 男 -s/-s **1 a)** 〘スポ〙卓越した(超一流の)スポーツマン, 名選手. **b)** (一般に特定の分野での)卓越した人, 熟練者, ベテラン. **2** 〘馬術〙最優秀馬, 名馬. **3** クラック(コカインから作る強力な麻薬). [*engl.* „Knall"]
Cracker[krɛ́kər] 男 -s/-[s] **1** 《ふつう複数で》クラッカー(ビスケットの一種). **2** クラッカー(南京花火). [*engl.*; <*engl.* crack (→krachen)]
Crack·ver·fah·ren[krɛ́k..] 中 〘化〙クラッキング, 分解蒸留法, 分留. [◇*engl.* cracking]
Cra·nach[kráːnax] 人名 Lucas ～ ルーカス クラーナハ(1472–1553; ドイツの画家で北方ルネサンスの代表的作家).
Cra·que·lé[krakəléː] **I** 中 -s/-s (陶磁器・ガラスなどの)網状ひび模様. **II** 中 男 -s/-s (表面に縮みのある)クレープ生地, ちりめん. [*fr.* „rissig"; <*fr.* craquer „krachen"]
Cra·que·lée[–] 女 -/-s =Craquelé I
Cra·que·lu·re[krakəlýːrə] 女 -/-n =Krakelüre
Crash[krɛʃ] 男 -s/-s **1** (オートレースなどでの車の)衝突. **2** 〘経〙(企業などの)破産; (株価などの)崩壊, 値くずれ. [*engl.*]
Crash≈kurs[krɛ́ʃ..] 男 《話》(職業訓練などの)短期集中コース, 達成コース. **≈test** 男 (自動車・オートバイなどの安全性を調べるための)衝突テスト.
Cre·do[kréːdoˑ] 中 -s/-s =Kredo
cre·do quia ab·sur·dum [**est**][kréːdoˑ kvíːaˑ apzʊ́rdʊm (ɛ́st)] 《ラテ語》(ich glaube, weil es unsinnig ist) 不条理ゆえに我信ず. [◇absurd]
Creek[kriːk] 男 -s/-s **1 a)** (北米の)小川. **b)** (特にオーストラリアの雨期だけ水の流れる)クリーク, 水路. **2** (アフリカ東海岸の)入江, 河口. [*anord.*–*engl.*]
creme[kreːm, krɛːm] 形 《無変化》クリーム色の. [*fr.*]
Creme[–] 女 -/-s (スイ: -n[..mən]) **1** 〘料理〙[生]クリーム, 乳脂: die ～ rühren ⟨schlagen⟩ 生クリームを泡立てる. **2** (肌などに塗る)クリーム, 乳剤: *sich*³ die Hand mit ～ einreiben 手にクリームをすり込む. **3** 《単数で》《しばしば皮肉》(社会の)上層階級: die ～ der Stadt 町の上流社会. [*fr.*; <*gr.* chrī[s]ma „Salbe"+*vulgärlat.* crāma „Sahne"; ◇*engl.* cream]
Crème de la crème[krɛ́ːm də la krɛ́ːm] 女 ----/ 《しばしば皮肉》最上流階級の人々. [*fr.*]
Creme·far·be[krɛ́ːm.., kréːm..] 女 クリーム色.
creme≈far·ben 形, **≈far·big** 形 クリーム色の.
cre·men[kréːmən, krɛ́ː..] 他 (h) (…に)クリームを塗る.
Crêpe¹[krɛp] 女 -/-s 〘料理〙クレープ(パンケーキの一種). [*fr.*]
Crêpe²[krɛp] 男 -/-s =Krepp
Crêpe de Chine[krɛpdəʃín] 男 ---/-s--[–] 〘織〙クレープデシン. [*fr.*; <*fr.* crêpe (→Krepp); ◇China]
Crêpe Geor·gette[krɛpʒɔrʒɛ́t] 男 --/-s-[–] 〘織〙ジョーゼット. [*fr.*; パリの裁縫師の名から]
Crêpe Sa·tin[krɛpsatɛ̃́] 男 --/-s-[–] 〘織〙クレープサテン.
cresc. 略 =**crescendo**
cre·scen·do[krɛʃɛ́ndoˑ] 副 (↔decrescendo) (anschwellend) 〘楽〙クレッシェンド, だんだん強く. [*it.*; <*lat.* crēscere „wachsen"; ◇kreieren, Krescendo]
Crew[kruː] 女 (∇男) -/-s 〘海〙**1** (艦船の)乗組員[全員]; ボートチーム, クルー; (飛行機の)搭乗員[全員]. **2** (海軍士官などの)年次. **3** (特定の任務を共にする)作業団, 班, グループ. [*afr.*–*engl.*; <*lat.* crēscere (→crescendo)]
Croi·sé[kroazéː] 中 -[s]/-s **1** 〘織〙クロワゼ, あや織り布. **2** 〘ダンス〙クロアゼ(交差ステップ). [*fr.* „gekreuzt"; ◇Crux]
croi·siert[..zíːrt] 形 (geköpert) あや織りの.
Crois·sant[kroasɑ̃́ː] 中 -[s]/-s[–] (Hörnchen) クロワッサン(三日月形のフランスのパン). [*fr.*; ◇crescendo]
Cro·ma·gnon·ras·se[kromanjɔ̃́(ː).., ..maɲɔ̃́(ː)..] 女 -/ クロマニョン人種(後期旧石器時代の化石人類). [<Cro-Magnon (南西フランスの洞窟(どうくつ))]
Crom·well[krɔ́mwəl] 人名 Oliver ～ オリヴァー クロムウェル(1599–1658; イギリスの政治家で, 清教徒革命の指導者).
Crookes·glas[krʊ́ksglaːs]¹ 中 -es/ クルックス=ガラス(赤外線・紫外線を通さない眼鏡レンズ). [<W. Crookes (イギリスの理学者, †1919)]
Cro·quet[krɔ́kɪt] 中 -s/-s =Krocket
Cross-Coun·try (**Croß-Coun·try**)[krɔskʌ́ntriˑ, krɔ́skʌ́ntriˑ] 中 -[s]/-s (田野・森林などを横断する)クロス=カントリー, 断郊競走. [*engl.* „querfeldein"; ◇Crux, kontra]
Crou·pier[krupiéː] 男 -s/-s (賭博(とばく)台の)胴元, クルピエ. [*fr.*; <*fr.* croupe (→Kruppe)]
Crou·pon[krupɔ̃́ː] 男 -s/-s 牛の背部の[なめし]革. [*fr.*; ◇Kropf]
Croû·ton[krutɔ̃́ː] 男 -[s]/-s 《ふつう複数で》クルトン(スープその他の料理に添える焼いたり揚げたりしたパンの小片). [*fr.*; <*lat.* crūsta (→Kruste)]
crt. 略 =**kurant**
Crux[krʊks] 女 -/ **1** 困難, 重荷, 難事; 悩みの種: Die ～ dabei ist, daß ... その際にやっかいなのは…ということだ. **2** die ～ 〘天〙南十字星. [*lat.*; ◇Kreuz]
Cru·zei·ro[kruzéɪ̯ruˑ] 男 -s/-s (単位: -/-) クルゼイロ(ブラジルの貨幣[単位]). [*port.*; <*port.* cruz „Kreuz"]
c. s. 略 =**colla sinistra**[kɔ́laˑ zinístraˑ] (↔c. d.) 〘楽〙左手で. [*it.*; <*lat.* sinister „links"]
Cs[tseː|ɛ́s, tsɛ́ːziʊm] 記号 (Cäsium) 〘化〙セシウム.
Csár·dás (**Csar·das**)[tʃárdas] 男 -/- 〘楽〙チャルダッシュ(ハンガリーの民族舞曲). [*ungar.*; ◇*engl.* czardas]
ČSFR[tʃeː|ɛs|ɛf|ɛ́r] 略 女 -/ =**Česka a Slovenká federativná republika** チェコスロヴァキア連邦共和国(1990–1992; →Tschechoslowakei). [*tschech.*]
Csi·kós[tʃíːkoːʃ] 男 -/- (ハンガリーの)馬飼い, チコシュ. [*ungar.*]
ČSSR[tʃeː|ɛs|ɛs|ɛ́r] 略 女 -/ =**Československá Socialistická Republika** チェコスロヴァキア社会主義共和国(1960–1990; チェコスロヴァキア連邦共和国の旧称→ČSFR,→Tschechoslowakei). [*tschech.*]
CSU[tseː|ɛs|úː] 略 女 -/ =**Christlich-Soziale Union** キリスト教社会同盟(1945年に創立されたバイエルンの政党. CDUとほぼ主張を同じくし, 国会活動も共同して行っている).
ct 略 **1** =**Cent** **2** =**Centime**
c. t.[tseːtéː] 略 =**cum tempore**
∇**Ct**[tseːtéː, tsɛntúːriʊm] 記号 (Centurium) 〘化〙センツリウム (Fermium の旧称).
CT[tseːtéː] 略 女 -/ =**Computertomographie**

ctg =cot
cts 略 **1** =Cents (→Cent). **2** =Centimes (→Centime).
Cu[tseːǀúː, kúpfər] 記号 (Cuprum)〘化〙銅(=Kupfer).
Cu·bi̦·cu·lum[kubíːkulʊm] 中 -s/..la[..laˑ] **1** (古代ローマの)寝室, 居間. **2** (地下墓所 Katakombe などの)墓室. [*lat.*; <*lat.* cubāre „lagern“]
Cu̦·bi·tus[kúːbitʊs] 男 -/..ti[..tiˑ] **1** (Ellbogen)〘解〙ひじ. **2**〘虫〙肘脈(ちゅうみゃく)(翅脈(しみゃく)の一つ). [*lat.*; ◇kubital]
cu̦i bo̦·no[kú(ː)iˑ bó(ː)noˑ]《ラテン語》それはだれ〈何〉のために, それによって益するのはだれか(犯罪動機を究明する際の核心的問いかけ; Cicero の言葉). [„wem zum Guten?“; ◇Bonus]
cu̦i·us re̦·gio, e̦i·us re·li̦·gio[kúːjʊs réːgioˑ éːjʊs relíːgioˑ]《ラテン語》領土を治める者が宗教を決める(1555年のアウクスブルク宗教和議における領邦教会制の原則によって, 領主の宗教がその領内に行われることになった). [„wessen das Land, dessen (ist) die Religion“]
Cul[ky] 男 -/-s[-] =Cul de Paris
Cul de Pa·ris[kydparí] 男 ---/-s--[-]〘服飾〙キュドゥパリ(18世紀の婦人服でフープスカートを支える腰当て: →図). [*fr.*; <*lat.* cūlus „Gesäß“]
Cu·lotte[kylɔ́t] 女 -/-n[..tən] キュロット(18世紀の貴族がはいた細身の半ズボン: →図 Jabot). [*fr.*]

Kastorhut
Fichu (Follette)
Cul (de Paris)

Cul (de Paris)

cum gra̦·no sa̦·lis[kʊm gráːnoˑ záːlɪs]《ラテン語》(mit einer gewissen Einschränkung zu verstehen) いくぶん割引して, 適当に考量して. [◇Gran, Saline]
cum in·fa̦·mia[kʊm ɪnfáːmiaˑ]《ラテン語》(略 c. i.) (mit Schimpf und Schande) 恥辱を伴って, 恥ずかしめて, 恥をかかせて. [◇infam]
cum la̦u·de[kʊm láʊdə, - ..deˑ]《ラテン語》良で(ドクトル試験の評点の第3位で: →rite 2): magna 〈summa〉 ~ 優〈秀〉で. [„mit Lob“; ◇Laudes]
cum te̦m·po·re[kʊm tέmporeˑ]《ラテン語》(略 c. t.) (↔sine tempore) (大学の講義などの開始が)定刻より15分遅れて. [„mit Zeit“; ◇Tempus]
Cun·ni·li̦n·gus[kʊnilíŋgʊs] 男 -/ クンニリングス(女性性器への口唇部による刺激). [<*lat.* cunnus „Scham“+lingere „lecken“ (◇lecken[1])]
Cup[kap, kʌp] 男 -s/-s **1** (Pokal)〔優勝〕カップ;《比》賞, 賞品. **2**〘服飾〙(ブラジャーの)カップ, ブラカップ. [*engl.*]
Cu·pi̦·do[kupíːdoˑ] 人名〘ロ神〙クピド, キューピッド(恋愛の神. Venus の息子でギリシア神話の Eros に当たる). [*lat.*; <*lat.* cupere „begehren“]
Cu·ra·çao[kyrasáːoˑ] **I** 地名 キュラソー(西インド諸島の一つでオランダ領). **II** 男 -[s]/-s 商標 キュラソー(オレンジの皮で味つけしたリキュール). [I: *span.*; II: *ndl.*; <*ndl.* curaçao-oranje-appel „Curaçao-Orange“]
Cu̦·ra po·ste̦·rior[kúːraˑ pɔstéːriɔr] 女 --/ (まず重大なことを片づけてしまってから)もっと後でやるべき問題, 将来の心配事. [*lat.* „spätere Sorge“; ◇Kur[2]]
Cu·ré[kyréː] 男 -s/-s〘カトリック〙(フランス語圏内の)主任司祭. [*mlat.* cūrātus–*fr.*; ◇Kurat]
Cu·ret·ta̦·ge[kyrεtáːʒə] 女 -/-n =Kürettage
Cu·rie I[kyríː] 人名 Marie ~ マリー キュリー(1867–1934; ポーランドに生まれたフランスの女流物理学者・化学者. 夫ピエール Pierre〔1859–1906〕とともにラジウムを発見し, ノーベル物理学賞を受けた. 夫の死後ノーベル化学賞をも受賞). **II**[kyríː] 中 -/- キュリー(放射能単位; 記号 Ci).
Cu̦·rium[kúːriʊm] 中 -s/〘化〙キュリウム(放射性元素名; 記号 Cm).
Cur·ling[kǿːrlɪŋ, kə́ːlɪŋ] 中 -s/ カーリング(柄のついた石をすべらせて目標に入れ合うスコットランドの氷上遊戯). [*engl.*]
▽**cur·re̦n·tis**[kʊrέntɪs]《ラテン語》(略 cr.) (des laufenden Jahres 〈Monats〉) 今年〈月〉の. [◇kurrent]
cur·ri·cu·la̦r[kʊrikuláːr] 形 教科課程〈カリキュラム〉に関する.
Cur·ri̦·cu·lum[kʊríːkulʊm, kʊrík..] 中 -s/..la[..laˑ] (Lehrplan)〘教育〙教科課程, カリキュラム. [*lat.*–*engl.*]
Cur·ri̦·cu·lum vi̦·tae[– víːtεˑ] 中 --/ (Lebenslauf) 履歴〔書〕. [*lat.* „Lauf des Lebens“]
Cur·ry[kári·, kʌ́..] **I** 男 (中) -s/ カレー粉. **II** 中 -s/-s カレー料理. [*tamil.* kari „Tunke“–*engl.*]
Cur·ry≠pul·ver[kári..] 中〘料理〙カレー粉. **≠sau·ce** 女, **≠so̲·ße** 女〘料理〙カレーソース. **≠wurst** 女〘料理〙(油でいためたソーセージにカレーソースをかけた)カレーソーセージ.
Cur·sor[kǿːsər, kœ́ːsər, kə́ːsə] 男 -s/-s〘電算〙(画面上で入力位置を示す)カーソル. [*engl.*]
Cur·tain-wall[kə́ːtənwɔːl] 男 -s/-s〘建〙カーテン=ウォール(構造耐力を期待しない単なる仕切りとしての壁). [*engl.*; ◇Kurtine, Wall[1]]
Cu̦r·tius[kúrtsiʊs] 人名 Ernst ~ エルンスト クルツィウス(1814–96; ドイツの歴史家・考古学者. ギリシアのオリンピアを発掘).
Cu·stard[kástərt, kʌ́stəd] 男 -/-s〘料理〙カスタード(卵・ミルク・砂糖・香料を混合して蒸したもの). [*engl.*; ◇Kruste]
Cut[kœt, kat, kʌt] 男 -s/-s **1** =Cutaway **2**〘ボクシング〙(特に目の周辺の)裂傷. [2: *engl.* „Schnitt“]
Cut·away[kœ́tǝveˑ, kát.., kʌ́təweɪ] 男 -s/-s〘服飾〙カッタウェイ(前すそを斜めに裁った上着. 燕尾(えんび)服・モーニングコートなど). [*engl.*; <*engl.* cut〔away〕„〔weg〕schneiden“]
cut·ten[kátən]《01》他 (h) (zusammenschneiden) (フィルム・テープなどを)編集する. [*engl.* cut]
Cut·ter[kátər, kœ́t.., kʌ́tə] 男 -s/- **1** (女 **Cut·te·rin**[..tərɪn]-/-nen) (Schnittmeister) (フィルム・テープの)編集者, カッター. **2** 肉ひき機. **3** (北アメリカの)一人用そり. [*engl.*]
cut·tern[kátərn, kœ́t..]《05》=cutten
Cu·vée[kyvéː] 女 -/-s; 男 -s/-s キュヴェー(フランスの混合ワイン). [*fr.*]
Cux·ha̦·ven[kʊkshá:fən] 地名 クックスハーフェン(ドイツ Hamburg の外港). [◇Koog, Hafen[2]]
Cu̦z·co[kúskoˑ, kúːθkoˑ] 地名 クスコ(ペルー南部, アンデス山中の都市で, かつてインカ帝国の首都であった).
CVJF[tseːfaʊjɔtǀέf] 略 男 -/ =Christlicher Verein Junger Frauen キリスト教女子青年会 (YWCA).
CVJM[..ǀέm] 略 男 -/ =Christlicher Verein Junger Männer キリスト教青年会 (YMCA).
Cya̦n[tsyáːn] 中 -s/ =Zyan
Cya·na̦t[tsyanáːt] 中 -〔e〕s/-e =Zyanat
Cya·ni̦d[..níːt][1] 中 -s/-e =Zyanid
Cy·ber·space[sáɪbərspeɪs] 中 -s/-s〘電算〙サイバースペース(コンピューターネットワークが張り巡らされた仮想現実空間). [*engl.*]
cy̦·clisch[tsýːklɪʃ, tsýk..] =zyklisch
Cy·kla̦·men[tsykláːmən] 中 -s/- =Zyklamen
Cy̦m·bal[tsýmbal] 中 -s/-e(-s) =Zymbal
cy·ri̦l·lisch[tsyrílɪʃ] =kyrillisch

D

d¹[deː], **D**¹[−] 中 -/- (→a¹, A¹ ★)ドイツ語のアルファベットの第4字(子音字): →a¹, A¹ 1 | *D* wie Dora (通話略語) Dora の D〔の字〕(国際通話では *D* wie Denmark).

d² **I** [deː] 中 -/- 〘楽〙二音: →a² I | *d*-Moll 二短調.

II 記号 **1** [deː] (d-Moll) 〘楽〙二短調: →a² II 1 **2** (dezi..) デシ. **3** [dɔ́ʏterɔn] (Deuteron) 〘理〙重陽子. **4** [dɛkstrogýːr] (↔ 1) (dextrogyr) 〘理〙右旋〔性〕の. **5** [(totáːləs) dɪfərɛntsiáːl] ([totales] Differential) 〘数〙〔全〕微分. **6** [taːk] 〘天〙日(ラテン語 dies „Tag" の略): 1*d*=24h 1日=24時間.

III 略 **1** =**Denar** **2** =《ラテン語》**da** 〘薬〙(処方箋(せん)で)投与せよ. **3** =《ラテン語》**deleatur** 削除せよ(記号としては ₰ を用いる. これは本来はドイツ式筆記体).

d[dʊ́rçmɛsər] 記号 (Durchmesser) 〘数〙直径(また記号として: ∅).

D² **I** [deː] 中 -/- 〘楽〙二音: →A² I | *D*-Dur 二長調.

II 記号 **1** [deː] (D-Dur) 〘楽〙二長調: →A² II 1 **2** [deː, dɔʏtéːriʊm] (Deuterium) 〘化〙重水素. **3** (国名略号: →A² II 3)ドイツ (Deutschland). **4** (硬貨表面で: →A² II 2)ミュンヒェン (München). **5** [fýnfhʊ́ndərt] (ローマ数字の) 500(→付録). **6** (Dioptrie) 〘理〙ジオプター.

III 略 **1 a)** = **Deutschland** ドイツ(→ BRD). **b)** =**Deutsch** ドイツの(→DDR). **2** =**Dinar** **3** =**Damen** (↔H) 婦人〈女性〉用(入口の表示などで). **4** =**D-Zug** 〘鉄道〙(時刻表などで)急行〔列車〕. **5** =**Dampfer** 〘海〙汽船. **6** =**dringend** 〘郵〙至急.

D. 略 **1** →D. 〔theol.〕 **2** =**Dativ**

da¹ 《イタリア語》→*da* capo

da² 記号 **1** [detsi(|)áːr, déːtsi(|)aːr] (Deziar) デシアール. **2** (deka..) デカ.

da³[daː]

> **I** 副
> **1**《空間的》
> **a)**《文脈・話し手の身振りなどで示される場所》そこに〈で〉, あそこに〈で〉, ここに〈で〉
> **b)**《指示的な意味が薄れて対句の形で》
> **2**《状況的》
> **a)**《文脈などで示される状況・理由・条件など》そういうわけで, そのような場合に, それなら; それなのに
> **b)**《文頭におかれて叙述に具体性を与え, 驚き・あきれなどの感情的ニュアンスをそえる》
> **c)**《関係代名詞にそえて一般性・具体性を表す》実に, 現に
> **3**《時間的》
> **a)**《文脈などで示される時点》その〈あの・この〉とき, すると; 〔その〕当時
> **b)**《指示的意味が薄れて対句の形で》hie〔r〕 und ～ ときどき
> **4a)**《da+前置詞の形を予示して文頭におかれて》それには, その点〈事〉については
> **b)**《北部》《da+前置詞の形から da だけが分離し, 文頭におかれて》それに〔ついて〕は
> ▽**5**《雅》《時・所などを示す語句を先行詞とする関係副詞として》(wo) (…した・する)その(時・所)
> **II** 接《従属》
> **1**《〔主文に先行する〕原因・理由を表す副文を導く》(なんといっても実際・現に)…なので, …であるからには
> **2**《相反・譲歩の副文を導く; ふつう副詞 doch を伴う》(während) …であるのに, …ではあるけれども, …でありながら
> ▽**3**《時の副文を導く》
> **a)**《過去時称の文で》《雅》(als) (…した)とき〈当時に〉
> **b)**《完了時称の文で》(nachdem) (…した)あとで, (…して)から

I 副《空間的》**a)** (英: *there*)《文脈・話し手の身振りなどで示される場所》そこに〈で〉, あそこに〈で〉, ここに〈で〉: 〘身振りなどを伴って〙Bleib ～! そこにじっとしていろ, そこを動くな(ただし: →dableiben) | Wo liegt die Brille?−〔Sie liegt〕 ～. めがねはどこだ−そこにあるよ(ただし: →daliegen) | Wer ist denn ～? そこにいるのはだれなの, おやだれかと思ったよ(ただし: →dasein ★) | Darf ich ～ sitzen? そこに腰かけていいですか(ただし: →dasitzen) | Ich stand ～, und er dort. 私はそこに彼は向こうに立っていた(ただし: →dastehen) | Platz 〈Weg[vɛk]〉 ～! そこどけ, どいたどいた | 〔Halt!〕 Wer ～? 〔止まれ〕だれだ(歩哨(ほしょう)・番人などの問いかけ) ‖ 〘場所の副詞〔句〕と〙～ draußen 戸外のそこで, そのほかの所で | ～ drüben 向こうのあそこで | ～ herein 〈hinauf〉 そこを入って〈登って〉 | ～ herum 〈ungefähr〉 / ungefähr ～ その辺りに | ～ an der Ecke その隅〈かど〉の所で | ～ zu Lande その地方では ‖ 〘前出の語句が示す場所をさして〙Im Hafen, ～ liegen viele Schiffe. 港 そこには多くの船がいる | Er fährt werktags nach Hamburg. Er arbeitet ～ in einer Fabrik. 彼はウイークデーにはハンブルクに通っている. そこで工場に勤めているのだ | Ich schlug im Lexikon nach und las ～ folgendes. 私が事典を調べると そこには次のように書いてあった | Sie kennen wohl die Familie Mayer. *Da* ist ein Baby angekommen. マイヤー一家をご存じでしょう. あそこに赤ちゃんが生まれたんです | Im Englischen ist er sehr gut. *Da* sind seine Leistungen immer besser geworden. 彼は英語がたいへんよくできる. そして英語の成績はますますよくなった ‖ 〘関係副詞 wo と呼応して〙*Da*, wo er vermutete, war kein Schatz. 彼が見当をつけていたところには宝なんぞなかった | Wo er ist, ～ ist sie auch. 彼のゆくところつねに彼女の姿も見られる ‖ 〘前置詞と〙**Von** ～ 〔aus〕 fuhren wir nach Rom. そこから私たちはローマへ向かった | Von ～ oben hat man eine wunderbare Aussicht. あの上からの眺めはすばらしい ‖ 〘名詞・代名詞にそえて付加語的に; ふつうアクセントなしで〙Der Mann ～ ist Peters Vater. あそこにいる あの男はペーターの父親だ | Der ～ 〔ist es gewesen〕! そいつがやったんですよ | Dieser ～ ist ein besserer Wein. こっちのワインの方が上等です | Du ～, sieh dich vor! 《話》おいお前 気をつけろよ | He, Sie ～, Sie haben Ihren Handschuh verloren. 《話》ちょっとあなた 手袋をお忘れですよ ‖ 〘相手の注意を喚起して間投詞的に〙Sieh ～! 《話》〔それ〕見てごらん, ほらね; すると〔まあ〕どうだろう, やっぱり案の定 | *Da*, horch 〈es klingelt〉! そら聞こえるでしょう〈ベルが鳴ってるよ〉 | *Da* 〔nimm es〕! 《話》ほら〔取りたまえ・あげるよ〕 | *Da* schau her! 《方》こりゃたまげた | *Da* haben wir's. やれやれ思ったとおりだ | *Da* hast du's! そらあげるよ; 《話》ほらみたことか.

☆ da は hier や dort とは違い, 話し手からの遠近というより文脈上の近さを示すことが多い. また hier が話し手に近い場所を指示する1人称的性格, dort が話し手から遠い場所を指示する3人称的性格をもつのに対して, da はしばしば相手に近い場所を指示する2人称的性格をもつともいわれる. ただしオーストリアでは, da は hier の意味にだけ用いられ, 「そこ」の意味には dort を用いる.

b)《指示的な意味が薄れて対句の形で》**～ und ～** (はっきり言う必要のない)しかじかの場所で, ある所で | ～ und in der

Stadt 市内の某所で | **~ und dort** / **hier und ~** ここかしこ(あちこち)に, ところどころ(→3 b).

2《状況的》**a)**《文脈などで示される状況・理由・条件など》そういうわけで, そのような場合に, それで〔は〕, それなら; それなのに:〖言外に了解される状況を示して〗Was soll man ~ noch sagen? これじゃ何を言ってもしようがない〈何をか言わんやだ〉| *Da* wäre ich doch dumm. それじゃ私がまるきりばかみたいじゃないか, 私はそれほどばかじゃないよ | Nichts ~! それはだめだ ‖〖前出の語句などが示す状況をさして〗Ohnmächtig fiel sie nieder. Was war ~ zu machen? 彼女は気を失って倒れたんだ. あれじゃどうしようもなかったよ | Er hatte mich unfreundlich empfangen. *Da* bin ich nicht mehr zu ihm gegangen. 彼は私を冷たくあしらった. それ以来私はもう彼のところには行かなかった | Es ist nichts passiert, ~ habe ich noch einmal Glück gehabt. 何事もなかった. してみると私はまたしても幸運にめぐまれたというわけだ | Man muß sehr streng bei ihm sein, ~ gehorcht er. 彼には大いに厳しくしなければならぬ. そうすれば言うことを聞くんだ | Er arbeitet Tag und Nacht, und ~ gibt es Leute, die ihn nicht liebhaben. 彼は昼となく夜となく働いているのに〈働くので〉彼を好きでない人たちがいる ‖〖接続詞 wenn と呼応して〗Wenn ich schon gehen muß, ~ gehe ich lieber gleich. どうせ行かねばならないのなら私は今すぐのほうがいい.

☆ しばしば da+前置詞の結合形の代わりに用いられる: *Da* (=Darin) irren Sie sich. それはあなたの思い違いです | Wollen wir zusammen ein Glas Bier trinken?－*Da* (=Damit) bin ich einverstanden. 一緒にビールでもいかがですかーいいですね.

b)《文頭におかれて叙述に具体性を与え, 驚き・あきれなどの感情的ニュアンスをそえる》*Da* wohnt in einem Dorf eine Frau, die ist bald hundert Jahre alt. (いいですか)ある村に一人の女がいてもうじき100歳に〔も〕なるんです | *Da* sitzen sie und halten Reden, und dabei sind es Taten, die not tun. 彼らは座って議論ばかりしているがいまの場合必要なのは行動だよ.

c)《関係代名詞にそえて一般性・具体性を表す》実に, 現に: Es gibt Leute, die ~ glauben, daß ... (ほんとに)…と思っている人がいる | alles, was ~ lebt 生きとし生けるすべてのもの | Wer ~ hat, dem wird gegeben ... おおよそ持っている人は与えられて…(聖書: マタ13,12).

3《時間的》**a)**《文脈などで示される時点》その〈あの・この〉とき, すると; 〔その〕当時:〖言外に了解される時を示して〗Ich weiß nicht, ob ich ~ Zeit habe. 私がそのとき暇があるかどうかは分からない | *Da* erst 〈Erst ~〉 verstand ich, was er meinte. そのとき初めて私は彼の言おうとしたことが分かった ‖〖前出の語句などが示す時をさして〗Nächstes Jahr gehe ich nicht mehr zur Schule, ~ bin ich schon im Beruf. 私は来年はもう学校には行かない. そのときはもう就職している | Vor zehn Jahren, ~ sah es hier noch anders aus. 10年前 当時はここはまだこんなじゃなかった ‖ Ich ging nichtsahnend spazieren, ~ sprang ein Hund auf mich zu. 私がゆうゆうと散歩していると〔そのとき〕犬が飛びかかって来た | Plötzlich stolperte er über seine eigenen Beine. Haben wir ~ gelacht! 突然彼は足がもつれてよろめいた. あのとき私たちは笑ったのなんのって | Ich gab ihm das Geld, ~ schien er sich sehr zu freuen. 私は彼にその金を渡した. すると彼はいかにもうれしそうだった ‖〖前文の時の副詞 eben, fast, kaum などと呼応して〗Kaum war er auf dem Gerüst, ~ passierte das Unglück. 彼が足場に登ったちょうどそのとき事故が起こった ‖〖主文の文頭におかれ, 時の従属接続詞と呼応して〗Als es schließlich so weit war, ~ sank ihm der Mut. さあいよいよというときになって彼は勇気がなえてしまった | Bevor du dich beschwerst, ~ erkundigst du dich erst einmal genau. 《話》文句を言う前にさしあたりまず詳しく問い合わせたらどうだ | Nachdem alle zugestimmt hatten, ~ mochte auch sie sich nicht mehr länger weigern. 皆が同意したとなると彼女もそれ以上もう拒絶する気はなかった ‖〖前置詞と〗Bald ist es elf Uhr nachts, von ~ an 〈ab〉 muß Ruhe herrschen. まもなく夜の11時だ. それからは静かにしなければならない.

b)《指示的意味が薄れて対句の形で》**hie〔r〕 und ~** ときどき, ときたま(→1 b).

4 a)《da+前置詞の形を予示して文頭におかれて》それには, その点〈事〉については: *Da* habe ich nichts dagegen. それについては全く異論はありません.

b)《北部》《da+前置詞の形から da だけが分離し, 文頭におかれて》それに〔ついて〕は: *Da* bin ich auch für. 私もそれに賛成です(=Dafür bin ich auch.).

ᐁ**5**《雅》《時・所などを示す語句を先行詞とする関係副詞として》(wo) (…した・する)その(時・所): zu der Zeit, ~ ... …の時期〈時代〉に | das letzte Mal, ~ ich ihn sah 私が彼に会った最後の時 | nun, ~ ...《雅》…したからには, …なのだから ‖ die Stätte, ~ mein Vater gewirkt hatte 私の父が活躍していた場所 | Ich erinnere mich an jene nicht seltenen Fälle, ~ berühmte Politiker vor Gericht standen. 有名な政治家が裁判にかけられたという あのよくある事例を私は思い起こす.

★ 動詞と用いる場合は分離の前つづりともみなされる.

II 接《従属》**1**《〔主文に先行する〕原因・理由を表す副文を導く. しばしば副詞 ja, doch, nun, 〔nun〕 einmal などを伴う》(英: *as*) (なんといっても実際・現に) …なので, …だから, …であるからには, …である以上は: *Da* er krank war, konnte er nicht kommen./ Er konnte nicht kommen, ~ er krank war. 彼は病気だったので来られなかった | *Da* es doch nicht mehr zu ändern ist, müssen wir uns darein schicken. 事態はもう変えようがない以上 私たちはそれに順応するしかない | ~ aber 〈hingegen〉 ... ところが〈しかるに〉…なので | zumal ~ ... …であるだけに(→zumal I 1).

☆ da と weil との違い: →weil 1 ☆ i

2《相反・譲歩の副文を導く; ふつう副詞 doch を伴う》(während) …であるのに, …ではあるけれども, …でありながら: Wie kannst du ihr so etwas sagen, ~ du doch weißt, wie empfindlich sie ist? 彼女がとても感じやすいのを知っているのに 君はよくも彼女にそんなことが言えるね.

ᐁ**3**《時の副文を導く》**a)**《過去時称の文で》《雅》(als) (…した)とき(当時)に: *Da* ich noch jung war, da reiste ich viel. 若いころ私はよく旅行したものだ.

b)《完了時称の文で》(nachdem) (…した)あとで, (…して)から.

[*germ.*; ◇der; *engl.* there]

da.. **1**《前置詞 bei, durch, für, gegen, hinter, mit, nach, neben, von, vor, wider, zu, zwischen と結合して副詞をつくる. 母音で始まる前置詞の場合は dar.. となる: →dar.. 1, hier..[1] 1》:〖事物を意味する名詞を受ける人称代名詞・指示代名詞の 3・4 格に相当して〗Er nahm den Brief und ging *da*mit zur Post. 彼は手紙を手に取り それを持って郵便局へ行った | Dort ist die Kirche, *da*hinter ist gleich meine Wohnung. そこに教会があり そのすぐ後ろに私の住まいがある ‖〖hier.. と対比的に: →da[3] I 1 a ☆〗Ich sehe zwei Türen. Soll ich hierdurch gehen oder *da*durch? ドアが二つ見えるが私はこっちを通ったらいいのか そっちを通ったらいいのか ‖〖前文の内容や場面を受ける es, das に相当して〗Dein Vater kommt heute.－Wirklich? *Da*mit habe ich nicht gerechnet. きょう君のお父さんが見えるよーほんとうかい それは予想外だ ‖〖接続詞的に〗Er ist ein Säufer, *da*gegen trinkt sein Sohn gar nicht. 彼は大酒飲みだが(これに反して)息子はちっとも飲まない ‖〖後続の zu 不定詞〔句〕や副文の内容を指す es, das に相当して〗Ich war gerade *da*mit beschäftigt, das Paket zu öffnen. 私はちょうど小包を開けようとしていた | Er besteht *dar*auf, daß ich mich entschuldige. 彼は私が陳謝することに固執している | Wir würden uns schon *dar*auf freuen, wenn Sie zu uns kommen könnten. 宅へおいでいただけるとしたら今から楽しみにしていますが.

☆ i) da.. が名詞ではなく前文の内容に相当するように誤解されそうな場合は, その名詞が事物を意味していても, 結合形の代わりに前置詞+人称代名詞の形を用いることがある: Er schenkte mir eine Brosche, und ich freute mich sehr über *sie*. 彼は私にブローチをくれたが 私はそのブローチがとてもうれしかった (... *dar*über とすれば「ブローチをくれたことを喜んだ」の意味にもなる).

ii) da.. は原則として人を意味する名詞に相当することはないが, 次のような用法がある: Er saß neben Hans auf der Bank, und ich stand *da*hinter 〈hinter ihnen〉. 彼はハンスと並んでベンチに腰かけていて私はその後ろに立っていた.

iii) da.. は関係代名詞 was の先行詞としての人称代名詞・指示代名詞に相当する用法はない: Du darfst über das (㊙ *dar*über), was ich dir anvertraut habe, nicht sprechen. 君は私が君に打ち明けたことを口外してはいけない.

iv) 古風な表現や口語調では da.. と前置詞とが分離することがある(→da³ I 4 b): *Da* weiß ich nichts von. それについては私は何も知らない(=*Da*von weiß ich nichts.).

v) 古風な表現では関係文を導く用法がある: Das Haus, *dar*in (=in dem) er geboren wurde, steht noch. 彼が生まれた家はまだ現存している.

2 《場所・方向を示す副詞 her, hin, hinten などと結合して副詞をつくる. 母音で始まる副詞の場合は dar.. となる: →dar.. 2》: *da*her そこ〈向こう〉から〔こちらへ〕| *da*hinten そこ〈向こう〉の後ろに.

☆ i) *da*herab, *da*hinunter など複合した副詞と結び付いた形では da.. が分離することがある: Er wird *da* die Treppe herauf kommen. 彼はそこの階段を上がって来るだろう.

ii) 古風な表現では母音で始まる副詞が da.. と結び付いていることがある: *da*innen その内部で(=*dar*innen).

iii) 古風な表現では関係文を導く用法がある: Führe das Volk, *da*hin (=wohin) ich dir gesagt habe! 私があなたに告げたところに民を導きなさい(聖書: 出32,34).

3 《分離動詞の前つづり. 存在・現存の意味を強めて》: *da*sein 存在〈現存〉している | stumm *da*sitzen 黙って座っている.

☆「そこに」という空間的な指示の意味が強い場合は da を独立の副詞として分かち書きする: Er mußte drei Stunden *da* sitzen. 彼は3時間そこに座っていなければならなかった.

★ 3の場合はつねに da.. の部分にアクセントがあるが,1,2の場合は一般に da.. の部分にアクセントがない. ただしこの場合も(関係副詞的用法を除いて)「それ・そこ」という指示的意味を強調するときには, da.. の部分にアクセントがおかれる: Eben *dar*um bin ich gekommen. そのためにこそ私はやって来たのだ.

d. Ä. 略 =**d**er **Ä**ltere《父子・兄弟などに同名者があるとき, 人名にそえて》年上の人, 年長者: Johann Strauß ~ 父ヨハン シュトラウス.

DAAD[de:|a:|a:dé:] 略 男 -/ =**D**eutscher **A**kademischer **A**ustausch**d**ienst ドイツ学術交流会.

DAB[de:|a:bé:] 略 中 -/ =**D**eutsches **A**rznei**b**uch ドイツ薬局方.

da|be·hal·ten*[dá:bəhaltən] 《65》 他 (h) (手元に)取っておく, 残しておく: einen Gast zum Mittagessen ~ 客を昼食に引き留めておく.

★ ただし: das Buch *da behalten,* wo es jetzt ist その本を今ある場所に保存する.

da·bei[dabáɪ; 指示的強調: dá:baɪ] 副 《bei+人称代名詞・指示代名詞に相当する: bei I, da.. 1》(前置詞 bei のさまざまな意味に対応して. 例えば:) そのそば〈かたわら〉に; その時〈場合〉に; その点で; その上〔さらに〕; それにもかかわらず, それなのに: 〖da.. が事物を意味する名詞を受けて〗In der Mitte steht eine alte Buche, und 〔nahe〕 ~ ein Gedenkstein. まん中にブナの老木があり その〔すぐ〕わきに石碑がある ‖〖da... が前文の内容や場面を受ける es, das に相当して〗Die Kinder gingen baden, und ~ ertrank ein Junge. 子供たちは水浴びに行ったがそのさい少年の一人が水死した | Ich dachte nichts ~.(相手の言動などについて)私は何も気にとめなかった; (自分の言動について)私は他意はなかった ‖〖接続詞的に〗Das Kleid ist alt und ~ schmutzig. そのドレスは古い上に汚れている | Er ist krank und ~ immer guter Dinge. 彼は病気なのにいつも上機嫌だ ‖〖da.. が後続の zu 不定詞〔句〕や副文の内容を指す es, das に相当して〗Er überraschte mich ~, daß ich am Pudding naschte. 彼は私がプリンをつまみ食いしているところへ不意に現れた ‖〖成句的に〗Er wird 〔unter allen Umständen〕 ~ **bleiben**. 彼は〔どんなことがあろうと〕考え〈主張〉を変えないだろう(ただし: →dabeibleiben) | **Laß** ihn doch ~! 彼がそう思うならそう思わせておけ | Lassen wir es ~! それはそのままにしておこう | Ich **bin** ~! 私も賛成だ(ただし: →dabeisein) | Es ist nichts ~./ Was ist schon ~?/ Ich finde nichts ~. 驚くほどのことはないさ, たいしたことはないぜ, 簡単なことだよ.

★ i) 古風な表現では関係文を導くことがある: mein Name ..., ~ man mich nennen soll 私を呼ぶべき名(聖書: 出3,15).

ii) 動詞と用いる場合は分離の前つづりともみなされる.

da·bei|blei·ben*[dabáɪ..] 《21》 自 (s) (会合などに)居残って〈そのまま出席して〉いる; (活動などを)やめないで〈続けて〉いる(ただし: dabei bleiben →dabei): Die Sitzung dauerte drei Stunden, ich konnte nicht so lange ~. 会議は3時間も続いたから私は途中で退席せざるをえなかった | Er ist beim Militär und wird ~. 彼はいま軍隊にいるが これからもいるだろう.

da·bei|ha·ben* 《64》 他 (h) **1** 《*jn.*》(…に会合などに)来て〈参加して〉もらう: *jn.* bei einem Ball ~ wollen …を舞踏会に招く. **2** 《南部》手元に置いて〈持って〉いる; 同伴して〈連れて〉いる: einen Hund ~ 犬を飼って〈連れて〉いる.

★ ただし: Durst *dabei haben* (運動などをして)その際にのどが渇く.

da·bei|sein* 《165》 自 (s) **1** 居合わせて〈参加して〉いる: Viele kamen mit diesem Zug, Paul *war* aber nicht *dabei.* 多くの人々がこの列車で来たが パウルはその中にいなかった | Er muß immer ~, wenn ein Streich geplant wird. いたずらの計画があると彼はいつも一枚加わらないと気がすまない | Ein wenig Angst *ist* immer *dabei.* 多少の不安はいつでもつきまとう. **2** 《zu 不定詞〔句〕と》〔ちょうど〕…しているところである: Er *war* gerade *dabei,* den Koffer zu packen. 彼はちょうどトランクに荷物をつめているところだった | Ich *bin* schon *dabei*〔, das zu tun〕. 私はもう始めて〈取りかかって〉います.

★ しばしば2語に書く→dabei

da·bei|sit·zen* 《171》 自 (h) その場に座っている: Er *saß* bloß *dabei* und sagte nichts. 彼はそこに座っていただけで何も言わなかった.

★ ただし: Ich wartete sehr lange, aber durfte *dabei sitzen.* 私はとても長く待ったがそのさい座っていてもよかった.

da·bei|ste·hen* 《182》 自 (h) その場に立っている: Er hat *dabeigestanden* und mir nicht geholfen. 彼はそこに立っていただけで私に手を貸してはくれなかった.

★ ただし: Du kannst besser bügeln, wenn du *dabei stehst.* アイロンをかける際には立っていたほうがうまくいくよ.

da|blei·ben*[dá:blaɪbən][1] 《21》 自 (s) 立ち去らないでいる: ~ müssen (学校で罰として)居残りさせられる.

★ ただし: Ich mußte *da bleiben.* 私はその場所にじっとしていなければならなかった(→da³ I 1 a).

da ca·po[da ká:po·] **I** 《イタリア語》(von Anfang an 〔wiederholen〕) **1** (略 d. c.) 〖楽〗ダカーポ, 曲頭から〔反復して〕: ~ al fine 曲頭に戻り fine (終わりの記号)まで反復せよ. **2** (劇場・音楽会で)アンコール: ~ rufen アンコールを叫ぶ.

II Da·ca·po[daká:po·] 中 -s/-s =Dakapo

[„von Kopf an"; < *lat.* caput (→Haupt)]

Da·ca·po-Arie[daká:po..] 女 =Dakapoarie

Dac·ca[dáka·] =Dakka

ᵛd'ac·cord[dakó:r] 《フランス語》(einverstanden) 合意〈賛同〉して: mit *jm.* 〈*et.*³〉 ~ sein …に同意〈賛成〉する | Wir sind ~. 我々は同意見だ. [◇Akkord]

Dach[dax] 中 -es(-s)/ Dächer[déçər] (⊕ **Däch·chel·chen**[déçəlçən] 中 -s/-, Dächerchen[..çərçən], **Däch·lein**[déçlaɪn] 中 -s/-) **1** (英: *roof*) 屋根(→ 図); 《雅》(Haus) 家: ein flaches 〈spitzes〉 ~ 平〈とんがり〉屋根 | mein bescheidenes ~ 《雅》拙宅 ‖ das ~ eines Autos 自動車の屋根 | das ~ des Himmels 《雅》青天井, 大空 | das ~ der Welt 《比》世界の屋根(ヒマラヤ山脈) ‖ ein ~ mit Stroh 〈Ziegeln〉 decken わら〈かわら〉で屋根をふく |

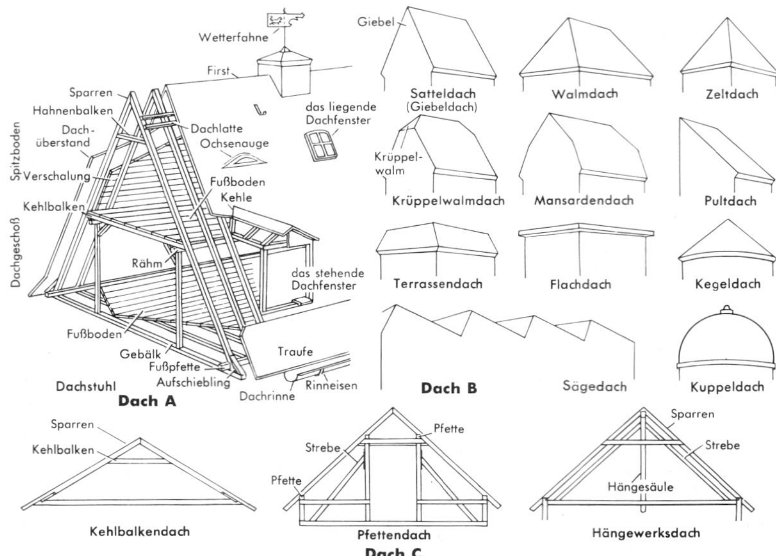

kein ~ überm Kopf haben 宿なしである | *jm.* das ~ überm Kopf anzünden …の家に放火する ‖〖前置詞と〗 *jm.* den roten Hahn **aufs** ~ setzen (→Hahn 1 a) | ***jm.* auf dem ~ sein ⟨sitzen⟩**《比》…をつけ回す, …をねらう | Es regnet **durch** das ~. 雨もりがする | **Bei dem regnet's durchs ~.**《話》彼は少し頭がおかしい | Feuer im ~ haben (→Feuer 2) | 〔**mit *jm.***〕 **unter einem ~ wohnen ⟨hausen** / leben⟩ …と同じ屋根の下に住む | Ein Ach wohnt unter jedem ~.《諺》悩みの種のない家はない | **unterm ~ juchhe**《戯》(山頂に達してヤッホーと叫びたくなるほど高い)屋根裏〔部屋〕で | unter *js.* ~⁴ treten …の家を訪れる | unter *js.* ~³ weilen …の家に滞在している | Feuer unter dem ~ haben (→Feuer 2) | **unter Dach und Fach sein** 屋内⟨安全な状態⟩にある;《比》仕上がっている | Bis zum November muß meine Doktorarbeit unter ~ und Fach sein. 11月までに私は博士論文を仕上げてしまわなければならない | Sie ist unter ~ und Fach.《戯》彼女は結婚している | ***et.*⁴ unter ~ und Fach bringen** …を〔屋内に取り入れて〕安全にする;《比》…を仕上げる⟨まとめ上げる⟩.

2《話》(Kopf) 頭: ***jm.* eins aufs ~ geben** / ***jm.* aufs ~ steigen** …をこらしめる⟨しかりつける⟩ | **eins aufs ~ bekommen ⟨kriegen⟩** お目玉をくう, しかられる | Mir regnete es aufs ~. 私は罪を着せられた | Er bekommt gleich Feuer **ins** ~./ Er hat ⟨Bei ihm ist⟩ gleich Feuer im ~. 彼はすぐかっとなる | Er ist ⟨Bei ihm ist's⟩ **unterm ~** nicht ganz richtig. 彼は少し頭がおかしい | Er hat einen ⟨etwas⟩ unter dem ~. 彼は少し酔っている.

3 (屋根を連想させるもの) **a)** 〔坑〕鉱脈を覆う岩石, 天井. **b)** (カタツムリなどの)殻. **c)** 〔狩〕(鳥の)背と翼. **d)** 〔言〕シルコムフレクス, 長音符号(㊀ ê). **e)**《北部》屋根ふき用のわら.
[*idg.*; ◇decken, Ziegel, Toga; *gr.* tégos „Dach“; *engl.* thatch]

Dạch·an·ten·ne[dáx..] 女 屋上アンテナ.

dạch·ar·tig 形 屋根状⟨形⟩の.

Dạch·ate·lier[..|atelie:] 中 屋根裏のアトリエ.

Dạch·au[dáxaʊ] 地名 ダッハウ(ドイツ Bayern 州の都市. ナチ時代に強制収容所があったことで知られる). [＜*ahd.* dāhā „Lehm“; ◇Aue² 1]

Dạch≈bal·ken[dáx..] 男〔建〕小屋梁(ばり). **≈bin·der** 男〔建〕屋根のけた構え⟨トラス⟩. **≈bo̲·den** 男 (物置・物干し用などの)屋根裏〔部屋〕. **≈decker** 男 屋根ふき職人. **≈deckung** 女 **1** 屋根ふき工事. **2** 屋根ふき材料.

Dạ̈·chel·chen Dach の縮小形.

ᵛ**dạ·chen**[dáxən] 他 (h) (建物に)屋根をつける.

Dạ̈·cher Dach の複数.

Dạ̈·cher·chen Dächelchen (Dach の縮小形)の複数.

Dạch≈fa̲h·ne[dáx..] ＝Wetterfahne **≈fen·ster** 中 天窓, 屋根窓(→ 図 Dach A). **≈first** 男 (屋根の)棟, 棟木(むなぎ). **≈flä·che** 女〔建〕屋根の面.

dạch·för·mig ＝dachartig

Dạch≈gar·ten 男 **1** 屋上庭園. **2** ＝Dachterrasse **≈gau·be** 女, **≈gau·pe** 女 屋根窓(屋根の途中に張り出した明かり取り用の窓). **≈ge·bälk** 中《集合的に》屋根の木組み. **≈ge·schoß** 中 屋階(屋根の部分に設けた最上階: → 図 Dach A). **≈ge·sell·schaft** 女 (コンツェルンの諸企業を統括する)親会社. **≈ge·sims** 中〔建〕軒蛇腹(のきじゃばら), ルーフコルニス(→ 図 Gesims). **≈ge·spär·re** 中《集合的に》〔建〕たるき⟨小屋⟩組み. **≈gie·bel** 男〔建〕破風, 切妻. **≈glei·che** 女 -/-n, **≈glei·chen·fei·er** 女《オーストリア》(Richtfest)〔建〕上棟式. **≈gra̲t** 中〔建〕隅棟(すみむね). **≈ha̲·se** 男《戯》(Katze) ネコ. **≈kam·mer** 女 屋根裏部屋. **≈ke̲h·le** 女〔建〕屋根の谷. **≈lat·te** 女〔建〕屋根下地の小舞(こまい)(→ 図 Dach A). **≈lauch** 男 ＝Dachwurz

Dạ̈ch·lein Dach の縮小形.

Dạch≈lu̲·ke[dáx..] 女 天窓, 屋根突(→ 図 Haus B). **≈or·ga·ni·sa·tio̲n** 女 **1** 上部⟨上位⟩機構. **2** ＝Dachgesellschaft **≈pap·pe** 女〔建〕屋根紙, ルーフィングシート. **≈pfan·ne** 女〔建〕桟がわら, パンタイルがわら. **≈rat·te** 女〔動〕エジプトネズミ. **≈rei·ter** 男〔建〕棟の上の小塔(教会の屋根の上の鐘塔など: → 図 Kirche A). **≈re·stau·rant** 男 (ビルなどの)最上階レストラン. **≈rin·ne** 女

〘建〙軒(のき)どい, 雨どい(→ 図 Dach A).

Dachs[daks] 男 -es/-e **1** (⊛ **Dặch·sin**[dɛ́ksɪn]-/-nen; 小 **Dặchs·chen**[dɛ́ksçən], **Dặchs·lein**[..laɪn] 中 -s/-) **a**) 〘動〙アナグマ(穴熊): wie ein ～ schlafen (→schlafen I 1 a ①). **b**) ＝Dachshund **2** 《話》**a**) 青二才, 若造: Er ist noch ein junger ～. 彼はまだほんの駆け出しだ | So ein frecher ～! 小生意気な若造め. **b**) 組合に属さない学生. **3** 《戯》(Tornister) 背嚢(はいのう). [*germ.*]

Dạchs·bau[dáks..] 男 -[e]s/-e アナグマのすむ地下穴.

Dạchs·beil 中 ＝Dechsel

Dạch·scha·den[dáx..] 男 屋根の破損: einen ～ haben 《話》頭がいかれている.

Dặchs·chen Dachs の縮小形.

Dạch≠schicht[dáx..] 女 〘坑〙直接天盤(鉱脈のすぐ上の地層). **≠schie·fer** 男 屋根用スレート. **≠schin·del** 女 (屋根の)こけら[板]. **≠schwel·le** 女 軒桁(のきげた).

Dạchs·ei·sen[dáks..] 中 〘狩〙アナグマ捕獲用の鉄製わな.

Dặch·sel[1][dɛ́ksəl] 男 -s/- ＝Dachshund

Dặch·sel[2][–] 男 -s/- ＝Dechsel

dạch·sen[dáksən] 《02》自 (h) 《方》(アナグマのように) ぐっすり眠る(→Dachs 1 a).

Dạch·ser[..sər] 男 -s/- ＝Dechsel

Dạchs≠fän·ger[dáks..] 男 ＝Dachshund **≠fell** 中 アナグマの毛皮. **≠haar** 中 アナグマの毛.

Dạchs·haar·pin·sel 男 (アナグマの毛で作ったひげそり用の) ひげブラシ.

Dạchs·hund 男 (Dackel) ダックスフント(本来はアナグマ狩りに使われた胴長・短足のドイツ種の犬: → 図).

Dachshund (Dackel)

Dặch·sin Dachs 1の女性形.

Dặchs·lein Dachs の縮小形.

Dạchs·loch[dáks..] 中 ＝Dachsbau

Dạch·spar·ren[dáx..] 男 〘建〙たるき(垂木).

Dạchs·pin·sel[dáks..] ＝Dachshaarpinsel

Dạch·spit·ze[dáx..] 女 屋根の棟(先端).

Dạchs≠röh·re[dáks..] 女 アナグマの巣に通じる地下の通路. **≠schwar·te** 女 アナグマの毛皮.

Dạch≠stein[dáx..] 男 〘建〙セメントがわら; (広義で) 屋根がわら. **≠stock** 男 -[e]s/..stöcke **1** (屋根のふきわらを留める) 木くぎ. **2** 《南部》屋根裏部屋. **≠stroh** 中 屋根ふき用のわら. **≠stüb·chen** 中 **1** Dachstube の縮小形. **2** 《話》(Kopf) 頭: Bei ihm ist es im ～ nicht ganz richtig. 彼は少し頭がおかしい. **≠stu·be** 女 屋根裏部屋. **≠stuhl** 男 〘建〙小屋組み(屋根を支える骨組み: → 図 Dach A).

dạch·te[dáxtə] denken の過去.

dặch·te[dɛ́çtə] denken の接続法 II.

Dạch·tel[dáxtəl] 女 -/-n 《方》(Ohrfeige) びんた: eine ～ bekommen 一発横つらをはられる.

dạch·teln[dáxtəln] 《06》他 (h) **1** *jm.* eine ～ …の横つらをはる, …に一発びんたをくらわす. **2** (verprügeln) 《*jn.*》さんざんぶん殴る.

Dạch≠ter·ras·se[dáx..] 女 屋上テラス. **≠trau·fe** 女 ＝Dachrinne **≠über·stand** 男 軒の突き出し(→ 図 Dach A). **≠ver·band** 男 (いくつかの組合・団体を傘下に持つ) 組合連合; 上部団体. **≠werk** 中 -[e]s/ 屋根(という構造体の全体); 《集合的に》屋根の木組み. **≠woh·nung** 女 屋階(→Dachgeschoß) の住まい. **≠wurz** 女 〘植〙ヤネバンダイソウ(屋根・壁などに生える雑草). **≠zie·gel** 男 屋根がわら: Bei ihm ist ein ～ locker. 《俗》彼は頭のねじが一本ゆるんでいる. **≠zim·mer** 中 屋根裏部屋.

Dạckel[dákəl] 男 -s/- **1** ＝Dachshund **2** 《話》のろま, とんま.

Dạckel·bei·ne 複 《戯》(ダックスフントのような) 短くて湾曲した足.

Da·crọn[dakró:n] 中 -s/ 商標 デークロン(ポリエステル系の合成繊維).

Da·da·ịs·mus[dadaísmʊs] 男 -/ 〘美・文芸〙ダダイズム (1910年代後半の急進的芸術運動). [＜*fr.* dada „Schaukelpferd"]

Da·da·ịst[..íst] 男 -en/-en ダダイスト.

da·da·ịs·tisch[..ístɪʃ] 形 ダダイズム的な.

dä·dạ·lisch[dɛdá:lɪʃ] 形 **1** (Dädalus のように) 創意くふうに富んだ. **2** 〘美〙古代ギリシア初期の.

Dạ̈·da·lus[dɛ́:dalʊs] 人名 〘ギ神〙ダイダロス(すぐれた工匠で, Kreta に有名な迷宮を造り, ここに捕らえられると息子の Ikarus とともに人工の翼を造って脱出した). [*gr.–lat.*; ＜*gr.* daídalon „Kunstwerk"]

Dad·dy[dɛ́di·] 男 -s/-s (Daddies[..di:s]) 《話》(Vater) おやじ, とうちゃん. [*engl.*]

Dädl[dɛ́:dəl] 男 -s/-[n] 《南部・オーストリア》薄のろ. [„Vater"]

da·dụrch[dadʊ́rç; 指示的強調: dá:dʊrç] 副 《durch＋人称代名詞・指示代名詞に相当する: →durch I, da.. 1》(前置詞 durch のさまざまな意味に対応して. 例えば:) それを通って; それを手段として; それが原因で: 〚da.. が事物を意味する名詞に相当して〛Der Vorhang ist dicht, ～ fällt kein Licht. このカーテンは目がつんでいて光を通さない | Er kann auch bei starkem Lärm arbeiten, ohne ～ gestört zu werden. 彼はひどい騒音の中でもそれに煩わされずに仕事ができる ‖〚da.. が前文の内容や場面を受ける es, das に相当して〛Er wurde rasch operiert und ～ gerettet. 彼はすぐ手術を受けて そのおかげで助かった | alle ～ verursachten Schäden そのために生じたいっさいの損害 ‖〚da.. が後続の副文の内容を指す es, das に相当して〛Man hat mich ～ von meinen Schmerzen befreit, daß man mir Spritzen gegeben hat. 私は注射してもらうことでその痛みから解放された | *Dadurch*, daß er sparte, hat er jetzt eine Menge Geld. 彼は節約によって今では大金を持っている.

★ i) 他の前置詞の場合と違って dadurch はふつう zu 不定詞句とは用いられない: 誤 Man hat mich ～ von meinen Schmerzen befreit, mir Spritzen gegeben zu haben.

ii) 古風な表現では関係文を導くことがある: Der wird dir die Botschaft sagen, ～ (＝durch die) du selig wirst. その男はあなたが(それによって)救われる知らせを語ってくれるだろう(聖書: 使11,14).

Daf[daf] 略 中 -/ ＝**D**eutsch **a**ls **F**remdsprache 外国語としてのドイツ語.

DAF[de:|a:|ɛf] 略 女 -/ ＝**D**eutsche **A**rbeits**f**ront 〘史〙ドイツ労働戦線(ナチ体制下における労働者組織).

ᵛ**da·fẹrn**[daférn] ＝sofern, wofern

Dạff·ke[dáfkə] 《ベルリン》《話》《もっぱら次の形で》**aus ～** 反抗心から, たてついて, 意地になって, 当てつけで, 腹いせに. [*jidd.* davko „sicher"]

da·fụ̈r[dafý:r; 指示的強調: dá:fy:r] 副 《für＋人称代名詞・指示代名詞に相当する: →für I, da.. 1》(前置詞 für のさまざまな意味に対応して. 例えば:) その[目的の]ために; (↔dagegen) それに賛成(味方)して; それに対して; その代価(代償)として, その代わりに; それについて(とって); (dagegen) それに[反]対して, それを防いで: 〚da.. が事物を意味する名詞を受けて〛Das ist eine gute Sache, ～ will ich etwas tun. それはいいことだ. そのためには私も一肌ぬごう | Er hat seinen Wagen verkauft, aber ～ nicht viel bekommen. 彼は自分の車を売り払ったがあまり金にはならなかった | Du hast Husten. *Dafür* (＝Dagegen) weiß ich ein gutes Mittel. 君はせきが出るね. 私はそれに効くいい薬を知っているよ ‖〚da.. が前文の内容や場面を受ける es, das に相当して〛Sie arbeitet langsam, ～ aber desto gründlicher. 彼女は仕事はのろいが その代わりそれだけ念入りだ | [Ich bin] ～! 賛成だ | Es gab zwanzig Stimmen ～ und fünf dagegen. 賛成20票対反対5票だった | *Dafür* spricht (läßt sich sagen), daß ... それを裏づける点としては…ということがあげられ得る ‖〚接続詞的に〛Du mußt die Sache entscheiden, ～ bist du der Chef. 決定を下すのは君だ. そのためにこそ君は長なんだ ‖〚da.. が後続の zu 不定詞[句]や副文の内容を指す es, das に相当して〛Er hat alles ～ aufgegeben, ans Theater zu kommen./ Ans Theater zu kommen, ～ hat er alles aufgegeben. 彼は舞台俳優になるために一切を犠牲にした | Das ist der beste Beweis ～, daß er schuldlos ist. それは彼が無実であることの最良の証拠だ | *Dafür*, daß er niemals in Deutschland war, spricht er gut deutsch. 彼は一度もドイツに行ったことがないにしてはドイツ

D

語がうまい.

★ i) 古風な表現では関係文を導くことがある: Ich bin nicht der, ~ du mich hältst. 私は君が思っているような者ではない.

ii) 指示的意味が薄れて分離動詞をつくることがある.

iii) 北部では da と für が離れることがある: *Da* kann ich nichts *für*. それは私のせいではない(→dafürkönnen).

da·für|hal·ten* [dafý:r..]《65》 ▽**I** 自 (h) (meinen)《daß 副文を伴って》(…という)意見を持つ(ただし: Er war kein Soldat, wurde aber *dafür gehalten*. 彼は軍人ではなかったが そう思われていた).

II Da·für·hal·ten 中 -s/《雅》(Meinung) 意見, 見解: **nach *js.* ~** …の意見によれば | nach meinem ~ 私の考えでは.

da·für|kön·nen* 《81》 自 (h) 責任がある: Er behauptete, nichts *dafürzukönnen*. 彼は自分のせいではないと主張した | Ich *kann* nichts ⟨etwas⟩ *dafür*, daß ... 私は…には責任がない⟨多少責任がある⟩ | **Du *kannst* wohl nichts *dafür*!**《話》君は少し頭がおかしいぞ.

da·für|ste·hen* 《182》 自 ▽**1** (h) *jm.* ~, daß ... …に…と保証する. **2** (s)《オーストリア》(sich lohnen) (…)しがいがある: Das *steht* nicht *dafür*. それはやってもむだだ.

dag [dekagrám] 記号 (Dekagramm) デカグラム.

DAG [de:|a:gé:] 略 女 -/ ＝**Deutsche Angestellten-Gewerkschaft** (ドイツの全産業部門にわたる)全国職員労働組合.

da·ge·gen [dagé:gən; 指示的強調: dá:ge:gən] 副《gegen＋人称代名詞・指示代名詞に相当する: →gegen I, da.. 1》(前置詞 gegen のさまざまな意味に対応して. 例えば:) それに向かって⟨逆らって⟩; それに対して⟨対抗して⟩; (↔dafür) それに反対⟨抵抗⟩して; それを犯して; それに比べて⟨引き換え⟩; それと交換に:〚da.. が事物を意味する名詞を受けて〛Ich hatte den Eimer übersehen und stieß ~. 私はバケツに気づかずにそれをけとばした | Seine Arbeit ist hervorragend, ~ ist meine nichts. 彼の仕事⟨論文⟩は抜群でそれに比べたら私のはゼロだ | Er hat Husten. *Dagegen* weiß ich ein gutes Mittel. 彼はせきをしている. 私はそれに効くよい薬を知っている (→dafür) ‖〚da.. が前文の内容や場面を受ける es, das に相当して〛Die Leute, die ihre Zimmer räumen sollten, lehnten sich ~ auf. 部屋を明け渡すように言われた人々はそれに反抗した | 〔Ich bin〕~! 反対だ | Man zählte zehn Stimmen dafür und zwölf ~. 賛成10票対反対12票だった | *Dagegen* spricht ⟨läßt sich sagen⟩, daß ... それに対する反証としては…ということがあげられ得る ‖〚接続詞的に〛Er saß, wir ~ mußten stehen. 彼は座っていたが 私たちは反対に立っていなければならなかった | Bier mag er nicht, ~ trinkt er Wein. 彼はビールは好きでないが ワインなら飲む ‖〚da.. が後続の zu 不定詞(句)や副文の内容を指す es, das に相当して〛Ich bin ~, daß ... 私は…ということには反対だ | Diese Feststellung besagt nichts ~, daß ... こう確認したからと言って…でないということには全然ならない | Hätten Sie etwas ~, wenn ich rauche? タバコを吸ってかまいませんか.

★ i) 古風な表現では関係文を導くことがある: Ich zahlte hundert Thaler, ~ (＝wogegen) er auf alle Ansprüche verzichtete. 私は100ターラーを支払い それと引き換えに彼はすべての請求権を放棄した (Thaler は Taler の古形).

ii) 指示的意味が薄れて分離動詞をつくることがある.

iii) 北部では da と gegen が離れることがある: *Da* hab' ich was *gegen*. 私はそれにはいささか異存がある.

da·ge·gen|hal·ten* [dagé:gən..]《65》 他 (h) **1** 対比する, つき合わせる: die Nachteile ~ 不利な点を引き比べてみる. **2** (反論として)持ち出す, 言い返す: *seine* Ansicht ~ 反対意見を述べる | nichts ~ können なんの反論もできない | Was hast du ihm *dagegengehalten*? 彼になんて言ってやったのかね.

★ ただし: Als die Wand ein Loch bekam, wollte er die Hand *dagegen halten*. 壁に穴があいたとき 彼はそれに手を当ててふさごうとした.

da·ge·gen|set·zen 《02》 他 (h) (反論として)持ち出す, 言い返す(ただし: das Brett *dagegen setzen* それに板を当てる).

da·ge·gen|stel·len 他 (h) 対置する: 再帰 *sich*[4] ~ 対立⟨反対⟩する.

★ ただし: eine Stütze *dagegen stellen* それにつっかい棒をする.

da·ge·gen≈|stem·men 他 (h) 再帰 *sich*[4] ~ 抵抗する. **≈|wir·ken** 自 (h) 阻止⟨反対⟩行動に出る.

Dag·mar [dágmar] 女名 ダグマル. [*dän.*; ＜*ahd.* māren „rühmen"]

Da·go·bert [dá:gobεrt] 男名 ダーゴベルト.

Da·guer·reo·typ [dagεrotý:p] 中 -s/-e〘写〙(昔の)銀板写真, ダゲレオタイプ. [*fr.* daguerréotype]

Da·guer·reo·ty·pie [..typí:] 女 -/ **1**《単数で》〘写〙(昔の)銀板写真法. **2** ＝Daguerreotyp [*fr.*; ＜L. Daguerre (フランス人画家で銀板写真法の発明者, †1851)]

da|ha·ben* [dá:ha:bən][1]《64》 他 (h)《話》**1** 持ち合わせている, 手元に〔蓄えて〕ある: genug Kohle ~ 石炭を十分蓄えている. **2**《*jn.*》(客・手伝いなどとして)来てもらっている, 呼んである: Wir *haben* seit einer Woche unsere Mutter *da*. 1週間前からうちに母が来て〔くれて〕いる.

★ da は副詞と見ることもできる.

da·heim [daháım] **I** 副《特に南部・オーストリア・スイス》(zu Hause) 自宅で, くに⟨故郷・故国⟩で: ~ bleiben 外出しないで家にいる | ~ essen 家で食事をとる | Er wird bald ~ sein. 彼はまもなく帰宅⟨帰国⟩するだろう | Wie geht's ~? うちでは⟨家族は⟩どんな様子かな | Ich bin für niemanden ~. きょうは私はだれが来ても会わない | Hier bin ich ~. ここに私は住んでいる | Er ist in Bayern ~. 彼はバイエルン生まれ⟨出身⟩だ | *Daheim* ist ~! わが家にまさるものなし ‖ Hier fühle ich mich 〔wie〕 ~. ここでは私は(わが家にいるように)くつろいだ気分がする | Auf diesem Gebiet ist er ~.《比》彼はこの方面には精通している | hinter dem Mond ~ sein (→Mond 1 a) ‖ an ~ denken 故郷を思う | ein Brief von ~ 家からの手紙.

II Da·heim 中 -s/ わが家; 落ち着ける⟨くつろげる⟩場所.

da·her [dahé:r; 指示的強調: dá:he:r] 副《da.. が場面や前後の語句・〔副〕文の示す場所・事態などを指して: →da.. 2》**1 a)** (↔dahin) そこから〔こちらへ〕: Fahren Sie nach Paris?—*Daher* komme ich. パリへいらっしゃるのですか―そこから来たのです(→daherkommen) | Sind Sie aus Sachsen?—Ja, ~ bin ⟨stamme⟩ ich. あなたはザクセンのご出身ですか―ええそこの出身です | Von ~ droht keine Gefahr. その方面からの危険はない | Aha, ~ weht ⟨pfeift⟩ der Wind! (→Wind 1 a) | ~ der Name Bratkartoffel! (→Bratkartoffel). **b)**《方》(hierher) こちらへ: Das Buch gehört nicht ~, sondern ins Regal. その本はここへではなく書架に置くべきだ.

2 [dá:he:r] その事から, それに起因⟨由来⟩して: Er ist kränklich. *Daher* kommt seine Trägheit ⟨*Daher* kommt es, daß er träge ist⟩. 彼は病気がちだ. 彼の無精さはそのせいだ(→daherkommen) ‖〚後続の副文と相関的に〛Seine Kopfschmerzen kommen ~, daß ⟨weil⟩ er zu wenig schläft. 彼の頭痛は睡眠不足から来ている(→daherkommen).

3《接続詞的に》(deshalb) それゆえ, だから: Er geht immer spät schlafen, ~ kann er nie morgens früh aufstehen. 彼はいつも夜更かしするので 朝は早く起きられたためしがない.

▽**4** (dahin) 〔bis〕 ~ その時まで | die Tage ~ それまでの日々.

★ i) 古風な表現では関係副詞的に副文を導くことがある: an die Seite des Gebirges Ephraim, ~ ich bin 私の出身地であるエフライムの山地の辺りへ(聖書: 士19,18).

ii) 指示的意味が薄れて分離動詞をつくることがある.

iii) 口語で da と her が離れることがある: *Da* kommt das *her*. これはそこから来ている⟨それが原因だ⟩.

da·her≈|brin·gen* [dahé:r..]《26》 他 (h)《南部・オーストリア》《しばしば軽蔑的に》**1** 運んで⟨持ち込んで⟩来る. **2** (形式・内容などを気にせずに)べらべらしゃべる. **≈|ei·len** 自 (s)《ふ

つう dahergeeilt kommen の形で》急いでやって来る. ≈|**flie·gen*** 《45》自 (s) **1**《ふつう dahergeflogen kommen の形で》飛んで来る. **2** (umherfliegen) (ゆうゆうと) 飛び回る. ≈|**kom·men*** 《80》自 (s) (向こうから) 近づいて来る(ただし: daher kommen →daher 1, 2): Ich sah ihn lässig ~. 彼がぶらぶらやって来るのが見えた.

da·her|lau·fen* 《89》 **I** 自 (s) 《ふつう dahergelaufen kommen の形で》走って来る. **II da·her·ge·lau·fen** 過分 形《付加語的》素性の知れぬ: ein ~*er* Kerl / ein *Dahergelaufener* どこの馬の骨か分からぬやつ.

da·her|re·den 《01》自 他 (h) 《話》(内容・形式などを気にせずに) べらべらしゃべる: geschwollen ~ 大口をたたく ‖ *Red'* nicht so dummes Zeug *daher*! そんなつまらぬおしゃべりはよせ.

▽**da·hier**[dahíːr] 副《(オース・スイ)トリア・ス》ここに, この場〈この世〉で.

da·hin[dahín; 指示的強調: dáːhɪn] 副《da.. が場面や前後の語句・〔副〕文の示す場所・事態などを指して: →da.. 2)》 **1** (↔daher) そこへ〈まで〉, その方へ: Morgen gibt es einen Vortrag. Werden Sie ~ gehen? あす講演がありますがあなたは(そこへ) いらっしゃいますか(→dahingehen) | der Weg ~ そこへ行く道 | ~ und dorthin あちこちへ, ほうぼうへ | Ich habe es bis ~ satt. (自分ののど元を指しながら) それはもううんざりだ〈食傷している〉 ‖ Er führte mich ~, wo es die meisten Pilze gab. 彼は私をキノコのいちばん多い場所へ連れて行ってくれた | *jn.* ~ wünschen, wo der Pfeffer wächst (→Pfeffer 1 a).

2 そういう事態へ; それほどまで: ein ~ zielender Vorschlag そういうねらいの提案 | *Dahin* hat ihn der Alkohol gebracht. 彼は酒のためにあんなことになった | Ist es wirklich ~ gekommen? ほんとに事態はそこまで進んでいるのか ‖ Sie arbeiten 〈wirken〉 ~, die Regierung umzustürzen. 彼らは政府を転覆させようと活動している | Er brachte es ~, daß der Plan scheiterte. 彼はその計画を挫折(ざ)させるところまでこぎつけた | Es kam schon ~, daß einer nicht mehr dem anderen traute. もうお互いに相手を信用しないところまで来てしまった ‖ Meine Ansicht geht ~, daß er unschuldig ist. 私の見解は彼が無実だということだ(→dahingehen) | eine ~ gehende Äußerung そういう趣旨の発言 | die Worte ~ 〔gehend〕 auslegen, daß ... その言葉〈発言〉を…という意に解釈する | *sich*[4] ~ 〔gehend〕 äußern, daß ... …という趣旨の発言をする.

3 bis ~ その時まで | Wir treffen uns morgen. Also bis ~. あした会いますね. じゃそれまで〔さようなら〕.

4 [dahín] (vorbei) 過ぎ去って, 消え去って; だめになって; 《婉曲に》死んだ (→dahinsein).

★ i) 古風な表現では関係副詞的に副文を導くことがある: Ihr Quellen alles Lebens ..., ~ die welke Brust drängt. このなえ衰えた胸がそこへあこがれる なんじらすべての生命の源よ (Goethe: *Faust* I).

ii) 指示的意味が薄れて分離動詞をつくることがある.

da·hin·ab[dahɪnáp; 指示的強調: dáːhɪnap] 副 (da hinab) そこを下って.

da·hin·auf[dahɪnáuf; 指示的強調: dáːhɪnauf] 副 (da hinauf) そこを上って.

da·hin·aus[dahɪnáus; 指示的強調: dáːhɪnaus] 副 (da hinaus) そこから外へ: **bis ~** 《話》すっかり, 全く | Er ist verwöhnt bis ~. 彼は手のつけられないほどわがままだ.

da·hin≈|däm·mern[dahín..] 《05》自 (s, h) うつらうつら〈ぼんやり〉して日を過ごす. ≈|**ei·len** 自 (s) 急いで行く; (時が) すみやかに過ぎ去る.

da·hin·ein[dahɪnáin; 指示的強調: dáːhɪnain] 副 (da hinein) そこから中へ〔入って〕.

da·hin≈|fah·ren*[dahín..] 《37》自 (s) **1** (乗り物が) 走って行く; 走り過ぎる: *et.*[4] ~ lassen 《雅》…を逸する. ▽**2** みまかる, 世を去る. ≈|**fal·len*** 《38》自 (s) 《(スイ)ス》(entfallen) 脱落する, なくなる. ≈|**flie·gen*** 《45》自 (s) 飛んで行く; 《比》(列車などが) 飛ぶようにすみやかに走り去る; (時が) 飛ぶように過ぎ去る. ≈|**flie·ßen*** 《47》自 (s) 流れて行く; 《比》(談話などが) 流れるようにスムーズに進んでいく; (時が) 流れ去る. ≈|**ge·ben*** 《52》他 (h) 《雅》(preisgeben) 犠牲にする.

da·hin·ge·gen[dahɪngéːɡən] 副 それに反して.

da·hin|ge·hen*[dahín..] 《53》自 (s) **1** 歩いて行く, 歩み去る; 《比》(時が) 過ぎ去る: Die Tage *gehen* schnell *dahin*. 日々はすみやかに過ぎていく ‖ im *Dahingehen* 歩きながら.

2 《雅》みまかる, 死去する: Er ist jung 〈früh〉 *dahingegangen*. 彼は若くしてこの世を去った | der 〈die〉 *Dahingegangene* みまかれし人, 故人.

★ ただし: dahin gehen, dahin gehend →dahin 2

da·hin·ge·hend[dáːhɪn..] 副 ＝dahin gehend (→dahin 2).

da·hin≈ge·stellt[dahín..] 形《述語的》未決定のままの: Das ist 〈bleibt〉 ~. それは決められない | ***et.***[4] **~ sein lassen** …を(これ以上詮索(せん)せずに) そのままにしておく | Ob das möglich ist, wollen wir ~ sein lassen. それが可能か否かは(いまは) 問うまい. ≈|**krie·chen*** 《83》自 (s) はって行く; (自動車などが) はうように〈のろのろと〉動いて行く. ≈|**le·ben** 自 (h) 漫然〈のんべんだらり〉と日を過ごす, のんびりと〈屈託もなく〉暮らす: kümmerlich ~ 細々とその日暮らしの生活をする. ≈|**raf·fen** 他 (h) 《*jn.*》(…の生命を) 奪い去る: Die ganze Familie wurde von der Seuche *dahingerafft*. 一家ことごとく伝染病のために命を奪われた. ≈|**schei·den*** 《129》自 (s) 《雅》世を去る, 死ぬ: der 〈die〉 *Dahingeschiedene* 亡くなった人, 故人. ≈|**schmel·zen*** 《146》自 (s) (熱などで) 溶けて消える, 溶け去る: wie Butter an der Sonne ~ (→Butter). ≈|**schwin·den*** 《161》自 (s) 消え去る, なくなる; (歳月が) 過ぎ去る. ≈|**se·geln** 《06》自 (s) (船などが) 走って行く, 走り去る. ≈|**sein*** 《165》自 (s) 過ぎ去っている, 過去のものである; 無くなっている; 壊れて〈だいなしになって〉いる; 《雅》(人が) 亡くなっている: Alles Geld *ist dahin*. お金がすっかり無くなった | Der Teller *ist dahin*. 皿は壊れている | Er *ist* schon lange *dahin*. 彼が亡くなって久しい. ≈|**sie·chen** 自 (s) (長患いをして) 病み衰える, 徐々に死に近づく. ≈|**ste·hen*** 《182》自 (h) 未決定〈不確定〉である: Es *steht* 〔noch〕 *dahin*, ob ... …かどうか〔まだ〕分からない. ≈|**stel·len** 他《もっぱら過去分詞で》→dahingestellt ≈|**ster·ben*** 《185》自 (s) 《雅》みまかる, 死去する; 《比》(erlöschen) 消え去る. ≈|**stür·men** 自 (s) 勢いよく突進する.

da·hin·ten[dahíntən; 指示的強調: dáːhɪntən] 副《da.. が場面や前後の語句・〔副〕文の示す場所・事態などを指して: →da.. 2)》(dort hinten) あそこの後ろに〈で〉, その背後に〈で〉.

da·hin·ten|las·sen* 《88》他 (h) (zurücklassen) 置き去りにする.

da·hin·ter[dahíntər; 指示的強調: dáːhɪntər] 副《hinter＋人称代名詞・指示代名詞に相当する: →hinter I, da.. 1)》(前置詞 hinter のさまざまな意味に対応して. 例えば:) (↔davor) その後ろ〈背後〉に, その裏手〈奥〉に: 〖da.. が事物を意味する名詞を受けて〗ein Haus mit einer Garage ~ 裏にガレージのある家 | Viel Worte und nichts ~! 大口をたたくだけで腹はできていない〈実行力がない〉 ‖〖da.. が前文の内容や場面を受ける es, das に相当して〗Jetzt besucht er uns seltener; man braucht aber nicht eine Absicht ~ zu vermuten. このごろ彼はあまり訪ねて来なくなったが何か他意があると思う必要はない | Es ist etwas ~. 《比》この話はまんざらでたらめではない; これには何かいわくがある | Es ist nichts ~. 《比》その話には格別意味はない, それは気にするほどのことではない | **Dampf ~ setzen** 《話》がんばる, 能率を上げる.

★ i) da.. が人を意味する名詞に相当することがある: Hinter mir stand ein Junge, ~ dessen Mutter. 私の後ろに一人の少年がいてその後ろにその母親が立っていた (→dahinterstehen).

ii) 古風な表現では関係文を導くことがある.

iii) 指示的意味が薄れて分離動詞をつくることがある.

da·hin·ter·her [dahɪntərhéːr, 指示的強調: dáːhɪntərheːr] 副《話》《dahinterher sein＋zu 不定詞〔句〕・daß 副文の形で》(…となるように) 努力して: Er ist sehr ~, mich zu überzeugen 〈daß alles klappt〉. 彼は私を説得しようと〈万事うまくいくようにと〉けんめいである.

D

da·hịn·ter|klem·men[dahíntər..] 他 (h) 《話》 再帰 *sich*[4] ～ (目的達成のために)大いに努力する, がんばる.

da·hịn·ter|knien[dahíntər..] 他 (h) 《話》 再帰 *sich*[4] ～ (仕事に)励む, 没頭する.

★ ただし: *sich*[4] *dahinter knien* その後ろにひざまずく.

da·hịn·ter|kom·men* 《80》 自 (s) 隠れた事情をかぎつける: Ich muß ～, was er eigentlich will. 私は彼がほんとうは何を望んでいるか探り当てねばならない.

★ ただし: *Dahinter kommen* erst die Wiesen. その後にまず草原が見えて来る.

da·hịn·ter|ma·chen 他 (h) 《話》 再帰 *sich*[4] ～ 馬力を出してやり始める.

da·hịn·ter|set·zen 《02》 他 (h) 《話》 再帰 *sich*[4] ～ 腰をすえてかかる, 大いに努力する; 肩入れ〈支援〉する.

★ ただし: *sich*[4] *dahinter setzen* その後ろに腰をかける | Dampf *dahinter setzen* (→dahinter).

da·hịn·ter|stecken(*) 《181》 自 (h) 《話》 (背後に) ひそんでいる: Da *steckt* etwas *dahinter*. これには何かいわくがある | Ich weiß, wer *dahintersteckt*. 私は裏で糸を引いているやつを知っている.

★ ただし: *et.*[4] *dahinter stecken* …をその後ろに入れる.

da·hịn·ter|ste̱·hen* 《182》 自 (h) (背後に)ひそんでいる; 後ろについている, 肩入れ〈支援〉している: Die ganze Bevölkerung *steht dahinter*. 住民全体がそれを支持している.

★ ただし: *dahinter stehen* その後ろに立っている.

da·hin·ụn·ter[dahınʊ́ntər; 指示的強調: dá:hınʊntər] 副 (da hinunter) そこを下って.

da·hịn≠|ve·ge·tie·ren[dahín..] 自 (h) かろうじて生き続ける, 露命をつなぐ. ≠|**wel·ken** 自 (s) 《雅》 しぼんで〈しおれて〉しまう; 《比》 うちしおれる. ≠|**zie·hen*** 《219》 **I** 自 (s) 進んで〈歩み去って〉行く: Die Wolken *ziehen* langsam am Himmel *dahin*. 雲がゆっくりと空を流れてゆく. **II** 他 (h) 再帰 *sich*[4] ～ (道などが) 延々と続く.

Däh·le[dɛ́:lə] 女 -/-n 《スイス》 (Föhre) 〘植〙 マツ(松).

Dah·lie[dá:liə] 女 -/-n 〘植〙 ダリア. [＜A. Dahl (18世紀のスウェーデンの植物学者)]

Da·ho·me̱[dahomé:] (**Da·ho·mey**[dahomɛ́:, daomɛ́:, daomɛ́]) 地名 ダオメー (Benin の旧称).

Dạim·ler[dáımlər] 人名 Gottlieb ～ ゴットリープ ダイムラー(1834-1900; ドイツの技術者. ガソリン機関を発明して自動車を製作した).

Dạim·ler-Bẹnz[–bɛ́nts] 男 -/- 商標 ダイムラー=ベンツ(自動車).

Da·kạ·po[daká:po·] 中 -s/-s 〘楽〙 ダカーポ, 反復; アンコール: ein ～ wünschen アンコールを求める. [＜da capo]

Da·kạ·po·arie[daká:po|a:riə] 女 〘楽〙 ダカーポ=アリア(18世紀ごろの3部形式アリア).

Dạ·kar[dákar, daká:r] 地名 ダカール(セネガル共和国の首都).

Dạk·ka[dáka·] 地名 ダッカ(バングラデシュ人民共和国の首都. Dacca, Dhaka ともつづる).

Da·kọ·ta[dakó:ta·, dəkóʊtə] **I** 男 -[s]/-[s] ダコタ人 (Sioux 語族に属する北米インディアンの部族). **II** 地名 ダコタ(アメリカ中西部の地方. 南北の2州に分かれる). [*indian.*]

daktyl.. →daktylo..

dak·ty̱·lisch[daktý:lıʃ] 形 〘詩〙 Daktylus の.

Dak·ty·lị·tis[..tylí:tıs] 女 -/..litiden[..lití:dən] 〘医〙 指炎. [＜..itis]

daktylo.. 《名詞などにつけて「指」を意味する. 母音の前では daktyl.. となる》 [*gr.* dáktylos „Finger"; ◇Zehe, zeihen]

Dạk·ty·lo[dáktylo·] 女 -/-s 《スイス》 ＝Daktylographin

Dak·ty·lo·grạmm[daktylográm] 中 -s/-e (Fingerabdruck) 指紋.

Dak·ty·lo·grạph[..grá:f] 男 -en/-en (女 **Dak·ty·lo·gra̱·phin**[..fın]-/-nen) 《スイス》 (Maschinenschreiber) タイピスト (略 Daktylo).

Dak·ty·lo·lo·gi̱e[..logí:] 女 -/ (言語障害者の)指話術, 手話術.

Dak·ty·lo·sko·pi̱e[..loskopí:, ..lɔs..] 女 -/-n [..pí:ən] (Fingerabdruckverfahren) 指紋〔検出〕法.

Dạk·ty·lus[dáktylʊs] 男 -/ ..len[daktý:lən] 〘詩〙 ダクテュロス, 長短短(揚抑抑)格 (—◡◡); (ドイツ語の韻文では) 強弱弱格 (×́××). [*gr.*–*lat.*]

dal[1] 《イタリア語》 →*dal* segno

dal[2][dekalí:tər] 記号 (Dekaliter) デカリットル.

Da̱·lai-La̱·ma[dá:laılá:ma·] 男 -[s]/-s ダライ=ラマ(チベットのラマ教教主). [＜*mongol.* dalai „Meer"]

da̱|las·sen*[dá:lasən] 《88》 他 (h) 《話》 置いて〈置きっぱなしにして〉おく, (後に)残す: den Koffer ～ トランクを(一時預かりなどに) 預けておく | Er ist zurückgekommen, aber er hat die Familie *dagelassen*. 彼は帰って来たが家族は置いてきた.

★ ただし: Er hat seinen Mantel *da gelassen*. 彼はコートをそこへ置いてきた.

Dạl·be[dálbə] 女 -/-n (**Dạl·ben**[1][dálbən] 男 -s/-) 《ふつう複数で》 (丸太を組んだ) 係船ぐい (→ 図 Seezeichen). [*fr.* Duc d'Albe „Herzog von Alba"–*ndl.* duc Dalba]

Dal·be·re̱i[dalbəráı] 女 -/-en 《話》 (Alberei) たわいのない言動; (子供などの) いたずら, はしゃぎまわり.

dạl·be·rig[dálbərıç][2] (**dạlb·rig**[..brıç][2]) 《話》 ＝albern[1]

dạl·bern[dálbərn] 《05》 自 (h) 《話》 ばかげた行いをする.

Dä̱·le[dɛ́:lə] 女 -/-n ＝Dähle

da̱|lie·gen*[dá:li:gən][1] 《93》 自 (h) 横たわって〈寝そべって〉いる: wie tot ～ 死んだように横たわっている.

★ ただし: Er ließ die Zeitung *da liegen,* wo sie lag. 彼は新聞をもとの場所に置きっぱなしにした(→da[3] I 1 a).

Da̱·lian[dá:liən] 地名 大連, ダーリエン(中国, 遼東半島の先端にある都市).

Dalk[dalk] 男 -[e]s/-e 《南部・オーストリア》 **1** (くだらぬ)おしゃべり. **2** 単純〈不器用〉な人, とんま.

dạl·ken[dálkən] 自 (h) 《オーストリア》 子供っぽい〈愚かしい〉おしゃべりをする.

Dạl·ken[–] 複 《オーストリア》 〘料理〙 ダルケン(パンケーキの一種). [*mhd.* talke „klebrige Masse"]

dạl·kert[dálkərt] (**dạl·ket**[..kət]) 形 《南部・オーストリア》 《話》 とんまな, ばかげた; センスのない; 子供っぽい; くだらない.

dạl·kig[..kıç][2] ＝dalkert

Dạl·les[dáləs] 男 -/ 《話》 金欠病: **den ～ haben** / an ～ leiden / im ～ sein 〈sitzen〉 金欠病にかかっている. [*hebr.* dallūth „Armut"–*jidd.*]

dạl·li[dáli·] 副 《話》 (schnell) 早く: ～ machen 急ぐ | *Dalli,* ～! 急げ急げ. [*poln.* dalej! „vorwärts!"]

Dal·ma̱·ti·en[dalmá:tsiən] 地名 ダルマチア(クロアチア共和国西部, Adria 海に面する地方). [*lat.*]

Dal·ma̱·tik[dalmá:tık] 女 -/-en, **Dal·ma̱·ti·ka**[..tika·] 女 -/ ..ken[..kən] 〘カトリック〙 ダルマチカ(ミサなどに際し助祭が着用する祭服: → 図). [*lat.* Dalmaticus „dalmatisch"]

Dalmatika

Dal·ma·ti̱·ner[dalmatí:nər] 男 -s/- **1** ダルマチア人. **2** ダルマチア犬. **3** ダルマチア酒 (ダルマチア産のワイン).

dal·ma·ti̱·nisch[..nıʃ] 形, **dal·ma̱·tisch**[dalmá:tıʃ] 形 ダルマチアの.

dal se̱·gno[dal zénjo·] 《イタリア語》 (略 d. s.) (vom Zeichen an 〔wiederholen〕) 〘楽〙 ダル=セーニョ, 記号(𝄋)から繰り返せ.

Dal·to·nịs·mus[daltonísmʊs] 男 -/ (先天性の)〔赤緑〕色盲. [＜J. Dalton (イギリスの物理学者, †1844)]

dam[dekamé:tər] 記号 (Dekameter) デカメートル.

da̱·ma·lig[dá:ma:lıç][2] 形 《付加語的》 当時の: sein ～*es* Alter 当時の彼の年齢 | in 〈zu〉 ～*er* Zeit 当時, そのころ.

da̱·mals[..ma:ls] 副 当時, そのころ: ～, als sie sich kennenlernten 彼らが知り合った当時 | seit ～ そのとき以

来｜die Leute〔von〕～ 当時の人々‖Er ist noch von ～. 彼は古風な人間だ.

Da·mas·kus[damáskʊs] 地名 ダマスカス(シリア=アラブ共和国の首都; 使徒 Paulus の回心の地): ***sein* ～** 〈***seinen* Tag von ～**〉 **erleben**《比》回心する, 別人となる. [*gr.－lat.*]

Da·mast[damást] 男 -[e]s/-e ダマスク〔織り〕, 紋織り, どんす. [*it.* damasto; ◇*engl.* damask]

da·ma·sten[damástən] 形 ダマスク織り〈紋織り〉の.

Da·mas·ze·ner[damastsé:nər] **I** 男 -s/- **1** ダマスカスの人. **2** ＝Damaszenerklinge **II** 形《無変化》ダマスカスの: ～ Stahl (ダマスク紋様のある特殊加工の)ダマスク鋼.

Da·mas·ze·ner≈klin·ge 女 ダマスク剣(炎状の紋のある, しなやかなサーベル). ≈**pflau·me** 女〘植〙セイヨウスモモ. ≈**ro·se** 女〘植〙ダマスクバラ.

da·mas·ze·nisch[damastsé:nɪʃ] 形 ダマスカスの.

da·mas·zie·ren[damastsí:rən] 他 (h)〘金属〙(鉄材を)ダマスク鋼に鍛造する.

Da·mas·zie·rung[..rʊŋ] 女 -/-en **1** damaszieren すること. **2** ダマスク紋様;〘紋〙(盾の)地模様.

Dam·bock[dám..] 男 Damhirsch の雄.

Dam·brett[dá:mbrɛt] ＝Damebrett

Däm·chen[dɛ́:mçən] 中 -s/- **1** Dame の縮小形. **2**《軽蔑的に》貴婦人を気取る小娘; ふしだら女, 売笑婦; マネキン人形.

Da·me[dá:mə] 女 -/-n (小 **Däm·chen** → 別出, **Däm·lein**[dɛ́:mlaɪn] 中 -s/-) **1 a)** (英: *lady*) (↔Herr) (敬称的に)ご婦人, 女性, 女の方; 淑女, レディー; 貴婦人: eine junge 〈ältere〉 ～ 若い〈中年の〉女性｜eine vornehme ～ 上品なご婦人; 貴婦人｜～*n* (略 D) (入口の表示などで)婦人〈女性〉用｜die ～ des Hauses 女あるじ, ホステス｜die ～ *seines* Herzens 意中の女性｜eine ～ vom Stand〘劇〙(優雅で聡明(そうめい)でときに術策にたけた)社交界の貴婦人役｜**eine ～ von Welt** 上流婦人｜die ～ Glück 幸運の女神‖Schwimmen 〈Eislaufen〉 der ～*n*〘スポ〙女子水泳〈スケート〉‖*js.* Alte ～《戯》…の母親｜Ich hatte vergessen, daß die Alte ～ heute Geburtstag hat. きょうがおふくろの誕生日だということ すっかり忘れていたよ｜die Chefs mit ihren ～*n* 令夫人同伴の幹部連｜Meine ～*n* und Herren! (スピーチの冒頭で)お集まりの皆様｜Was darf es sein, meine ～? (女性客に対して)何をお求めでしょうか お客様｜Sie ist ganz ～. 彼女は実におしとやかだ｜Das Kind ist schon eine kleine ～ geworden. この子はもうレディーだよ. **b)**《話》(Dämchen) ふしだら女. **2**〘トランプ〙クイーン;〘チェス〙クイーン(→ 図 Schach B): Pik*dame* スペードのクイーン. **3 a)**《単数で》チェッカー(→ 図): ～ spielen チェッカーをする. **b)** (チェッカーの)成りごま, キング. **4**《単数で》〘土木〙(地面を突き固める)胴突(どうつき), (舗石工の)突き棒. [*lat.* domina－*fr.*; ◇Domina, Madam]

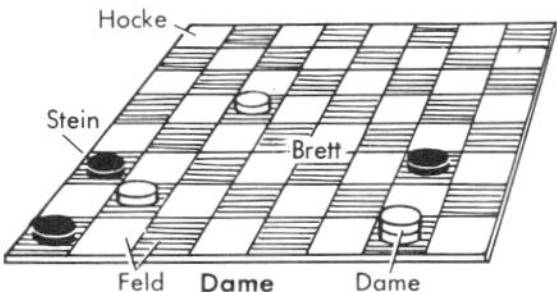

Da·me·brett[dá:mə..] 中 チェッカー盤.

Dä·mel[dɛ́:məl] 男 -s/-, **Dä·me·lack**[dɛ́:məlak] ＝Dämlack

Dä·me·lei[dɛ:məlái] 女 -/-en《話》たわけたこと, まぬけな言動.

da·meln[dá:məln] (**dä·meln**[dɛ́:məln]) 《06》自 (h)《話》たわけた言動〈愚かな振舞い〉をする; 頭がおかしい〈どうかしている〉. [*ndd.*; ◇damisch]

Da·men≈bad[dá:mən..] 中 (公衆浴場・プールなどの)女子用区画. ≈**bart** 男 (毛深い女性の)ひげ. ≈**be·glei·tung** 女 -/ 女性同伴: in ～ 女性同伴で. ≈**be·kannt·schaft** 女 女友達: eine ～ machen 女〔の子〕と知り合いになる. ≈**be·klei·dung** 女 女性用衣料品. ≈**be·such** 男 (男性の所への)女性の訪問〔客〕. ≈**bin·de** 女 生理〈月経〉帯. ≈**brett** 中 **1** ＝Damebrett **2** (Schachbrett)〘虫〙シロジャノメ(白蛇目蝶). ≈**dop·pel** 中, ≈**dop·pel·spiel** 中〘テニ・卓球〙女子ダブルス. ≈**ein·zel** 中, ≈**ein·zel·spiel** 中〘テニ・卓球〙女子シングルス. ≈**fahr·rad** 中 女性用自転車. ≈**frie·den** 男〘史〙(1529年の)カンブレ (Cambrai) の和約. ≈**fri·seur**[..zø:r] 男 女性客専門の美容師. ≈**ge·sell·schaft** 女 **1** 女たちだけの集会, パーティー. **2**《単数で》女性同伴: Er war in ～. 彼には女性の連れがあった.

da·men·haft 形 貴婦人〈淑女〉らしい, 上品〈しとやか〉な.

Da·men≈hemd 中 女性用シャツ. ≈**hut** 男 婦人帽. ≈**klei·dung** 女 女性用衣料品. ≈**kon·fek·tion** 女 女性用既製服. ≈**mann·schaft** 女〘スポ〙女子チーム. ≈**mo·de** 女 女性用服飾品の流行. ≈**rad** 中 女性用自転車(→ 図). ≈**reit·kleid** 中 女性用乗馬服. ≈**sa·lon**[..zalɔ̃:] 男 (女性のための)美容院, (理髪店の)女性専用室. ≈**sat·tel** 男 (女性用の)横乗り乗馬鞍(くら)(→ 図 Sattel). ≈**schirm** 男 女性用雨傘. ≈**schnei·der** 男 婦人服の仕立屋. ≈**schuh** 男 婦人靴. ≈**stie·fel** 男 女性用ブーツ. ≈**stift** 中 (身分ある女性のための)婦人養老院〔基金〕. ≈**toi·let·te**[..toalɛtə] 女 **1** 女性用便所. **2** (女性の)正装, 夜会服. ≈**un·ter·wä·sche** ＝ Damenwäsche ≈**wahl** 女 -/ (舞踏会で)女性の方がダンスの相手を選ぶこと. ≈**wä·sche** 女 -/ 女性用肌着〈下着〉類. ≈**welt** 女 -/《戯》《集合的に》(たまたまその場に居合わせた)ご婦人たち. ᵛ≈**zim·mer** 中 女性用の部屋, 婦人の私室.

Damenrad

Da·me≈spiel[dá:mə..] 中 ＝Dame 3 a ≈**stein** 男 チェッカーのこま.

Dam·hirsch[dám..] 男 -[e]s/-e〘動〙ダマジカ(ヨーロッパ・小アジア産). [*lat.* dā〔m〕ma－*ahd.* tām〔o〕; ◇*engl.* doe]

Da·mian[damiá:n, dá:mia:n] 男名 ダミアーン. [<*gr.* damázein „bändigen" (◇zähmen)]

da·misch[dá:mɪʃ] 形《南部・オーストリア》《話》 **I** 形 愚かな; ばかげた, 少し頭のおかしい; 頭がぼうっとした, 目がくらんだ. **II** 副 **1** →I **2** 非常に: *sich*^{4} ～ freuen ひどく喜ぶ. [*germ.* „betäubt"; ◇dämeln; *lat.* tēmētum „Wein"]

da·mit I[damít; 指示的強調: dá:mɪt] 副《mit＋人称代名詞・指示代名詞に相当する: →mit I, da.. 1》(前置詞 mit のさまざまな意味に対応して. 例えば:) それとともに, それを携えて〈用いて〉; それに関連して; それと同時に:〘da.. が事物を意味する名詞を受けて〙Er nahm den Schlüssel und öffnete ～ den Geldschrank. 彼はキーを手にとってそれで金庫を開けた｜Ist das Radio kaputt?－Nein, ～ ist nichts. このラジオは壊れているのかーいや異常ないよ｜Heraus ～!《話》それを出しなさい‖〘da.. が前文の内容や場面を受ける es, das に相当して〙Er sagte, er werde wiederkommen, ～ entschwand er unseren Blicken. また来るよと言って彼は私たちの視界から消えた｜*Damit* komme ich zum Schluß meiner Rede. これで私の話はおしまいです｜Du hilfst deinem Vater, und ～ basta! お父さんの手伝いをしなさい 分かったな〈文句はないね〉｜alle ～ verbundenen Ausgaben それに伴うあらゆる出費｜Was hat es ～ auf sich? それがどうしたというのか, そんなのたいしたことじゃない｜Es ist nichts ～. それはだめだ〈不可能だ〉｜Was soll ich ～? これでどうしろというのか, これは私にはどうしようもない｜Wie steht es ～? それはどんな具合なのか‖〘接続詞的に〙Er spielte diese Rolle ruhig, selbstsicher und ～ (＝somit) überzeugend. 彼はこの役を落ち着いて自信たっぷりに したがって説得力をもって演じた‖〘da.. が後続の zu 不定詞〔句〕や副文の内容を指す es, das に相当して〙Sie war gerade ～ beschäftigt, eine Suppe zu kochen. 彼女はちょうどスープを作っているところだった | Du machst die Sache nicht besser ~, daß du jetzt heulst. 今泣きわめいても事態はよくならないよ.

☆ 古風な表現では関係文を導くことがある: Das Brot, ~ (=mit dem) ich euch gespeist habe. 私があなた方に食べさせたパン(聖書: 出16,32).

II [damít] 接《従属》《目的》(英: *in order that*)…するために, …であるように: Ich sage es, ~ alle es wissen. 私は皆に知ってもらうためにこのことを言うのだ | *Damit* er rechtzeitig ankommt (=Um rechtzeitig anzukommen), beeilt er sich. 彼は到着時間に遅れないように急いでいる.

☆ 副文の動詞は古くは接続法Iが多かったが今日ではふつう直説法である. 主文の動詞が過去のときは接続法IIの例もある: Er tat das, ~ die Leute auf ihn aufmerksam wurden 〈würden〉. 彼は自分に人々の注意を引きつけるためにそうしたのだ.

Dam·kuh [dám..] 女 Damhirsch の雌.

Däm·lack [dɛ́:mlak] 男 -s/-e, -s《話》(Dummkopf) 薄ばか, あほう, とんま. [◇damisch]

dam·le·dern [dám..] 形 Damhirsch の革の.

Däm·lein Dame の縮小形.

däm·lich [dɛ́:mlɪç] 形《話》愚かな, ばかげた: dumm und ~ (→dumm 1) | ~ aus der Wäsche gucken (→Wäsche 2). [<dämeln]

Däm·lich·keit [−kaɪt] 女 -/-en **1**《単数で》dämlich なこと. **2** dämlich な言動.

Damm [dam] 男 -[e]s/ Dämme [dɛ́mə] **1** 堤防, 土手; ダム, 堰堤(えんてい); 防波堤; 〘海〙(航行を妨げる)砂州: einen ~ bauen 〈errichten〉 堤防を築く | *et.*[3] 〈*jm.*〉 einen ~ entgegensetzen / gegen *et.*[4] 〈*jn.*〉 einen ~ aufrichten《比》…をはばむ, …に抵抗する | Der ~ ist gebrochen 〈gerissen〉. 堤防が切れた. **2** 盛り土した車道;《北部》車道: der ~ der Eisenbahn 鉄道築堤 | Kurfürsten*damm* クーアフュルステンダム (Berlin の繁華街) ‖ **nicht auf dem ~ sein**《話》健康がすぐれない, 体調がよくない | **wieder auf dem ~ sein**《話》ふたたび元気〈健康〉である | *jn.* **wieder auf den ~ bringen**《比》…をふたたび元気〈健康〉にする. **3** (Perineum) 〘解〙会陰(えいん)〔部〕(肛門と陰部の中間部). **4** 〘楽〙(オルガンの)音栓支持用の横木. **5** =Dammgrube [*mhd.*; ◇dämmen; *engl.* dam]

Dam·mar [dámar] 中 -s/ ダンマー, ダマール(東南アジア産フタバガキ科の木から採れる硬質の樹脂. 謄写版原紙・ワニス・絆創膏(ばんそうこう)などの原料にする). [*malai.* damar „Harz"]

Dam·mar·harz [dámar..] 中 =Dammar

Damm·bruch [dám..] 男 **1** 堤防の決壊; 〘土木〙破堤. **2** 〘医〙会陰(えいん)ヘルニア.

Däm·me Damm の複数.

däm·men [dɛ́mən] 他 (h) (堤防で水を)せき止める;《比》阻止〈抑止〉する; 緩和する; 〘工〙(音響・熱などを)遮断する: *seinen* Zorn ~ 怒りを抑える | die Wohnungsnot ~ 住宅難を緩和する. [*germ.*; ◇tun, Damm; *engl.* dam]

Däm·mer [dɛ́mər] 男 -s/《雅》=Dämmerung

Damm·er·de [dám..] 女 -/ **1** 〘農〙(耕地表層の)沃土(よくど), 肥土(ひど). **2** 〘金属〙鋳砂. **3** 〘土木〙築堤用の土.

däm·me·rig [dɛ́mərɪç][2] (**däm·mer·lich** [dɛ́mərlɪç]) 形《ふつう比較変化なし》(夕暮れ・夜明け時など)薄暗い; (部屋などが)薄暗い; どんより曇った;《比》漠とした, おぼろな: Es wird schon ~. もう日が暮れる〈夜が明ける〉‖ ein ~*er* Tag 曇り日 | der ~*e* Schein der Kerze ほの暗いろうそくの光.

Däm·mer·licht [dɛ́mər..] 中 -[e]s/ (夕暮れ・夜明け時などの)薄明, 薄暗がり.

däm·mern [dɛ́mərn] (05) **I** 自 (h) **1** 非人称 《es dämmert》(あたりが)薄暗く〈薄明るく〉なる, (特に夕暮れ・夜明けに)しだいにたそがれて〈明けそめて〉いく;《比》分かりかけてくる, 記憶が戻る: Im Osten fängt es an zu ~. 東の空が白み始める | [Bei] mir *dämmert*'s langsam. 私は少しずつ分かりかけてきた | [Na,] *dämmert*'s nun? 〔ね〕ようやく分かったかね ‖〘人称動詞として〙Der Abend *dämmerte*. 日が暮れた | Der Morgen *dämmerte*. 夜が明けた | Mir *dämmert* die Erinnerung. 私は記憶がよみがえりつつある ‖ in *dämmernder* Frühe 未明に | im *dämmernden* Saal 薄暗い広間で | der *dämmernde* Schein der Kerzen ほの暗いろうそくの光. **2** なかば眠っている: **vor *sich*[4] hin ~** うつらうつらする, もうろう状態にある.

[▽]**II** 他 (h)〔薄〕暗くする, 曇らせる: Tränen *dämmerten* seinen Blick. 涙で彼の目がかすんだ.

[<*ahd.* demar „Finsternis"]

Däm·mer≈schein [dɛ́mər..] 男《雅》=Dämmerlicht ≈**schlaf** 男 -[e]s/ **1** 半睡〈もうろう〉状態, 夢うつつ. **2** 〘医〙昏睡(こんすい). ≈**schop·pen** 男 (↔Frühschoppen) たそがれの酒(夕方に仲間と軽く酒を飲むこと): zum ~ gehen 夕食前の一杯を飲みに行く. ≈**stun·de** 女《雅》たそがれどき: ~ halten 日暮れ時の語らいをする.

Däm·me·rung [dɛ́mərʊŋ] 女 -/-en (夕暮れ・夜明け時などの)薄明, 薄暗がり; 日暮れ, 夜明け, たそがれ, かわたれどき: beim ersten Schein der ~ 曙光(しょこう)のさしそめる時 | Er kam mit der ~ nach Hause. 彼は日暮れとともに帰って来た.

Däm·mer·zu·stand [dɛ́mər..] 男 **1** 夢うつつの状態. **2** 〘医〙もうろう状態.

Damm≈fluß [dám..] 男 〘地〙(土砂がたまって河床が両岸より高くなった)天井川. ≈**gru·be** 女 〘工〙鋳込坑(いこみあな).

dämm·rig [dɛ́mrɪç][2] =dämmerig

Damm≈riß [dám..] 男 〘医〙(分娩(ぶんべん)の際などの)会陰(えいん)裂傷. ≈**rutsch** 男 堤防〈築堤〉の地すべり, 土手崩れ.

Dämm·stoff [dɛ́m..] 男 断熱〈遮音〉材. [<dämmen]

Damm·stra·ße [dám..] 女 堤防〈築堤〉の上の道.

Däm·mung [dɛ́mʊŋ] 女 -/-en (dämmen すること. 特に:)(音響・熱などの)遮断: Schall*dämmung* 遮音, 防音 | Wärme*dämmung* 断熱.

Damm·weg [dám..] 男 堤防上の歩道, 堤道, 土手道.

dam·na·tur [damná:tʊr] 《ラテン語》(es wird verworfen) 印刷不許可(検閲用語). [◇verdammen]

Dam·no [dámno·] 男 中 -s/-s , **Dam·num** [..nʊm] 中 -s/..na [..na·] 〘商〙(為替相場・貸付業務などにおける)損害, 損失. [*lat.* [−*it.*]]

Da·mo·kles [dá:moklɛs] 人名 ダモクレス(前 4 世紀の Syrakus の廷臣. 独裁王 Dionysius 一世に仕えてその栄華をたたえた. 王は彼を豪華な祝宴に招き, その頭上に 1 本の馬の尾の毛で剣をつるし支配者の危険を教えたという): das Schwert des ~ (→Damoklesschwert). [*gr.*]

Da·mo·kles·schwert 中 -[e]s/ ダモクレスの剣;《比》常に危険をはらむ幸福: **wie ein ~ über *jm.* 〈über *js.* Haupt〉 hängen 〈schweben〉** (何も知らない)…を(危険・不幸が)ダモクレスの剣のようにおびやかしている.

Dä·mon [dɛ́:mɔn] 男 -s/-en [dɛmó:nən] デーモン, 鬼神, 魔神, 悪魔, 悪霊(古代ギリシアでは神と人間の中間的存在であったが, キリスト教の普及以後悪霊の意に転じた); 魔力, (人の内奥にひそむ)超自然力, 理性を超えた力: der ~ Alkohol アルコールの魔力 ‖ Ihm sitzt ein ~ im Nacken. / Er ist von einem ~ besessen. 彼は悪魔にとりつかれている. [*gr.* daímōn „[Schicksals]verteiler"−*lat.*; ◇Demos; *engl.* d[a]emon]

dä·mo·nen·haft [dɛmó:nənhaft] 形《ふつう比較変化なし》デーモン〈鬼神・悪魔〉のような.

Dä·mo·nie [dɛmoní:] 女 -/-n [..ní:ən] (不気味・不可思議な)魔力, 超自然的な力; (悪魔に)とりつかれた状態: die ~ des Schicksals 運命の摩訶(まか)不思議な力 | die ~ der Technik 技術の魔力.

Dä·mo·ni·en Dämonium の複数.

dä·mo·nisch [dɛmó:nɪʃ] 形 デーモンの〈による〉, 魔神の, 〔悪〕魔的な, 超自然的な, 人知〈人間の分別〉を超えた, 抵抗しがたい, 不気味な, ものすごい; 悪魔にとりつかれた: das *Dämonische* 魔的なもの | ein ~*er* Mensch 魔につかれたような〈ものすごい〉人物.

dä·mo·ni·sie·ren [dɛmonizí:rən] 他 (h) 《*jn.*》(…に)魔力を備えさせる, (…を)悪魔視する.

Dä·mo·nis·mus [dɛmonísmʊs] 男 -/ 悪魔信仰.

Dä·mo·nium [dɛmó:niʊm] 中 -s/..nien [..niən] (特に Sokrates の)内なる声. [*gr.*−*lat.*]

Dä·mo·no·lo·gie[dɛmonologí:] 女 -/-n[..gí:ən] 悪魔〈魔神〉研究, 鬼神学.

Dampf[dampf] 男 -es(-s)/Dämpfe[dɛ́mpfə] **1** (英: *steam*) 蒸気; 湯気, 霧; 煙, 硝煙; 《比》推進力, 馬力, 闘志, 気力: gesättigter 〈überhitzter〉 ~ 飽和〈過熱〉蒸気 | ~ in der Waschküche 《話》(父親・上役などの不機嫌による)気まずい空気 ‖ **~ ablassen** 蒸気を排出する; 《話》憤激をぶちまける | **~ aufmachen** ボイラーの出力を上げる; 《話》頑張る, 張り切る | ~ aufsetzen 《比》馬力をあげる | ~ drauf haben 《話》猛スピードで突っ走る; 張り切る | ***jm.* ~ machen** 《話》…をせきたてる, …にはっぱをかける | **~ hinter *et.*[4] machen 〈setzen〉** 《話》…を精力的に〈大車輪で〉する | **~ dahinter setzen** (→dahinter) ‖ *et.*[4] **im ~** gar machen 〈**mit ~** kochen〉 〘料理〙 …を蒸す | *et.*[4] mit ~ sterilisieren …を蒸気消毒する | mit 〔vollem〕 ~ arbeiten 《話》大車輪で働く | den Kessel **unter ~** halten ボイラーをたいている | **unter ~ stehen** (船・汽車などが)すぐ出航〈発車〉できる状態にある; 《話》エネルギーに溢れている ‖ **aus *et.*[3] ist der ~ raus** 《話》…がだらけてしまった〈魅力を失った〉.

2 《話》 **a)** (Hunger) 空腹, 飢え: ~ bekommen 腹がへる. **b)** (Angst) 不安, 恐怖, 恐れ: ~ bekommen おじけづく | vor *jm.* 〈*et.*[3]〉 ~ haben …を恐れている.

3 《南部》酒の酔い, 酩酊(めいてい): einen ~ haben 酩酊している | im ~ des Weines 酒に酔って.

4 =Dämpfigkeit

[*westgerm.*; ◇dunkel; *engl.* damp]

Dampf≠bad[dámpf..] 中 蒸気浴室; 蒸気浴, 蒸しぶろ. **≠be·hand·lung** 女 〘医〙 蒸気〔浴〕治療. **≠boot** 中 (小型の)蒸気船. **≠bü·gel·ei·sen** 中 スチームアイロン.

dampf·dicht 形 蒸気のもらない, 蒸気止めの.

Dampf≠dich·te 女 蒸気密度. **≠dom** 男 (ボイラー上部の)蒸気ドーム, 蒸気だめ. **≠druck** 男 -〔e〕s/..drücke 蒸気圧. **≠〔druck·〕mes·ser** 男 蒸気圧〔力〕計.

Däm·pfe Dampf の複数.

damp·fen[dámpfən] **I** 自 **1** (h) 湯気をたてる, 蒸気〈煙〉を出す; 《比》大汗をかく; パイプ〈葉巻〉をふかす: Die Suppe *dampft*. スープが湯気をたてる ‖ 非人称 Es *dampft* aus der Wiese. 草原から水蒸気が立ちのぼる ‖ Die Kacke ist am *Dampfen*. (→Kacke). **2** (s) (湯気・霧となって)立ちのぼる: Aus den Tälern *dampft* der Nebel. 谷々から霧がわく. **3** (s) (汽車・汽船が)走る; 《話》(汽車・汽船で)行く: Er *dampft* 〔mit dem Schiff / mit dem Zug〕 nach London. 彼は汽船〈汽車〉でロンドンへ行く.

II 他 (h) **1** (dämpfen) (布・材木などを)蒸気で処理する. **2** (パイプ・葉巻を)くゆらす. **3** 《雅》(芳香などを)発散させる: Die Erde *dampft* einen erquickenden Geruch. 大地がさわやかな香を放つ.

dämp·fen[dɛ́mpfən] 他 (h) **1 a)** (布・材木などを)蒸気で処理する. **b)** 〘料理〙 蒸す, とろ火で煮込む: Kartoffeln ~ ジャガイモをふかす ‖ *gedämpftes* Fleisch 肉のシチュー煮.

2 a) (炉の)火を落とす〈いける〉; (火を)消す: einen Hochofen ~ 高炉の火を落とす. ▽**b)** 《比》(暴動を)鎮圧する.

3 a) (音・光・色・衝撃・反応などを)弱める, 和らげる: das Licht im Krankenzimmer ~ 病室の明かりを暗くする | Dicke Teppiche *dämpfen* den Schritt. 厚いじゅうたんは足音を消す ‖ *gedämpfte* Farben くすんだ色 | ein *gedämpftes* Lachen 忍び笑い | mit *gedämpfter* Stimme 声をひそめて | *sich*[4] gedämpft unterhalten ひそひそと語り合う. **b)** 〘楽〙 (楽器に)弱音器をつける(→Dämpfer 1 a). **c)** 〘写〙 (映像を)軟調にする. **d)** 〘化〙 (酸を)中和する. **e)** 〘劇〙 (演技を)抑える.

4 《比》 **a)** (苦痛などを)和らげる, 静める, 軽減する; (喜び・熱情などに)水をかける: *js.* Erregung 〈Zorn〉 ~ …の興奮〈怒り〉を静める | *js.* Erwartung ~ …の期待をそぐ | das Fieber ~ 熱を下げる | *js.* Übermut ~ …の高慢にブレーキをかける. **b)** 《*jn.*》(…の)気分を落ち着かせる, 気持を静める〈なだめる〉.

5 〘狩〙 (タカなどを)暗いかごに入れる.

[*ahd.*; ◇Dampf, dumpf]

Damp·fer[dámpfər] 男 -s/- (Dampfschiff) 汽船: **auf dem falschen ~ sein 〈sitzen〉 / *sich*[4] auf dem falschen ~ befinden** 《比》見込み違いをしている, 間違っている | ein flotter ~ 《話》陽気な小娘. [*ndd.*; *engl.* steamer の翻訳借用]

Dämp·fer[dɛ́mpfər] 男 -s/- **1 a)** 〘楽〙 弱音器, ダンパー, ミュート(→ 図 Geige). **b)** (自動車・オートバイなどの)消音器, マフラー. **2** (Stoßdämpfer) (車両などの)緩衝器. **3 a)** 〘理〙 (原子炉などの)減速機. **b)** 〘電〙 制動子. **4** 《話》(調子に乗ったり, はめをはずしたりしたものに対して)勢いをそぐもの, 制止するもの: **einen ~ bekommen 〈erhalten〉** たしなめられる | ***jm.* 〈*et.*[3]〉 einen ~ aufsetzen** …の気勢をそぐ, …にブレーキをかける | *js.* Begeisterung[3] 〈Übermut[3]〉 einen ~ aufsetzen …の感激〈高慢〉にブレーキをかける. **5 a)** 圧力〈高圧〉がま, 蒸気処理装置. **b)** 〘料理〙 蒸し器.

Damp·fer≠an·le·ge·stel·le[dámpfər..] 女 (汽船用)波止場, 岸壁. **≠li·nie**[..li:niə] 女 (汽船の)定期航路.

Dampf≠er·zeu·ger[dámpf..] 男 = Dampfkessel **≠far·be** 女 〘織〙 蒸気捺染(なっせん). **≠faß** 中 〘料理〙 蒸し器.

dampf·för·mig 形 蒸気状の.

Dampf≠ham·mer 男 〘工〙 蒸気〈スチーム〉ハンマー. **≠hei·zung** 女 蒸気〈スチーム〉暖房.

damp·fig[dámpfɪç][2] 形 蒸気にみちた, 湯気の立ちこめた; もや〈霧〉に包まれた.

dämp·fig[dɛ́mpfɪç][2] **1** (schwül) 蒸し暑い. **2** (特に馬が)息切れしている. [< *mhd.* dempfe „Engbrüstigkeit"; ◇Dampf]

Dämp·fig·keit[–kaɪt] 女 -/ (馬の病的な)呼吸促迫, 息切れ.

Dampf≠kar·tof·feln[dámpf..] = Salzkartoffeln **≠kes·sel** 男 蒸気ボイラー, 汽缶. **≠koch·topf** 男 〘料理〙 圧力なべ〈がま〉. **≠kol·ben** 男 〘工〙 蒸気ピストン. **≠kom·pres·se** 女 〘医〙 温湿布. **≠kraft** 女 -/ 蒸気力. **≠kraft·werk** 中 汽力〈火力〉発電所. **≠lei·tung** 女 (蒸気機関の)蒸気管. **≠lo·ko·mo·ti·ve** 女 蒸気機関車. **≠man·tel** 男 〘工〙 蒸気ジャケット. **≠ma·schi·ne** 女 蒸気機関. **≠mes·ser** =Dampfdruckmesser **≠mo·tor** 男 =Dampfmaschine **≠nu·del** 女 -/-n 《ふつう複数で》〘料理〙 ダンプヌーデル(発酵生地をまるめて焼いたドイツ・オーストリアの菓子): **wie eine ~ aufgehen** 《話》太る, 肥満する; ますます得意になる. **≠pfei·fe** 女 汽笛. ▽**≠pflug** 男 〘農〙 (蒸気機関で操作する旧式の)蒸気すき. **≠pum·pe** 女 蒸気ポンプ. **≠rohr** 中 (ボイラーの)蒸気管, スチーム=パイプ. **≠roß** 中 《戯》(Lokomotive) 蒸気機関車.

Dampf·schiff 中 汽船, 蒸汽船. [*engl.* steamship の翻訳借用]

Dampf·schiffahrt (**Dampf·schiff·fahrt**) 女 汽船による航行.

Dampf≠spei·cher 男 (蒸気機関の)蒸気アキュムレーター. ▽**≠sprit·ze** 女 消防用蒸気ポンプ. **≠strahl** 男 蒸気噴射. **≠tur·bi·ne** 女 蒸気タービン. **≠über·hit·zer** 男 (ボイラーの)蒸気過熱器.

Dämp·fung[dɛ́mpfʊŋ] 女 -/-en **1** (dämpfen すること. 例えば:) 蒸気処理; 抑制, 鎮静; 〘理〙 減衰, 減幅, ロス, 制動; 〘楽〙 弱音器をつけること: die ~ der Konjunktur 景気の鎮静 | die ~ des Preisauftriebs 値上げの抑制. **2** 消音装置. **3** 〘医〙 (打診の際の)濁音.

Dämp·fungs·flos·se 女 〘空〙 安定板.

Dampf≠ven·til[dámpf..] 中 蒸気弁. ▽**≠wa·gen** 男 蒸気自動車; 蒸気機関車. **≠wal·ze** 女 **1** (地ならし用の)蒸気ローラー. **2** 《戯》(特に女の)ふとっちょ, でぶ. **≠win·de** 女 -/-n 蒸気ウィンチ〈巻き上げ機〉. **≠zy·lin·der** 男 蒸気シリンダー, 汽筒.

Dam≠spiel[dá:m..] 中 =Dame 3 a **≠stein** =Damestein

Dam≠tier[dám..] 中, **≠wild** 中 =Damhirsch

da·nach[daná:x; 指示的強調: dá:na:x] 副 《nach+人称代名詞・指示代名詞に相当する: →nach I, da.. 1》(前置詞 nach のさまざまな意味に対応して. 例えば:) その方へ, それを目ざして; (↔davor) その後ろに; そのあとで; それに従って〈ふさわしく〉: 〘da.. が事物を意味する名詞を受けて〙 Sie ging an seinem Haus vorüber, ohne sich ~ umzuschauen. 彼女

は彼の家の前を通りながら 彼の家の方へは振り向きもしなかった | während des Krieges und ~ 戦中戦後に ‖〖da.. が前文の内容や場面を受ける es, das に相当して〗Man darf hier kein Wasser trinken. Sonst bekommt man ~ Leibschmerzen. ここで水を飲んではいけない. そんなことをするとあとで腹痛を起こす | Das Kleid ist zwar billig, aber es ist auch ~. 《話》そのドレスは安いには安いが 値段相応のものでしかない | Du siehst auch ~ aus. 君はいかにもそんなふうに見える;《反語》君はとてもそうは見えない | Der Sinn steht mir nicht ~. 私はどうもその気になれない ‖〖接続詞的に〗Er hat Tabletten genommen, ~ ist ihm übel geworden. 彼は錠剤を飲んだらそのあと気分が悪くなった | Zuerst wurden die Straßen gebaut, ~ die Wohnhäuser. まず道路がつくられ 次いで住宅が建てられた ‖〖da.. が後続の zu 不定詞〔句〕や副文の内容を指す es, das に相当して〗Er hat sich ~ gesehnt, eine Reise zu machen ⟨daß er in Frieden lebt⟩. 彼は旅をする〈平穏に暮らす〉ことにあこがれた.

★ i) 古風な表現では関係文を導くことがある: das Glück, ~ (=nach dem) ich strebe 私が求めている幸福.
ii) 北部では da と nach が離れることがある: *Da* richtet er sich nicht *nach*. 彼はそれに従わない.

Da·nach·ach·tung[daná:x..] =Darnachachtung

Da·nae[dá:nae·] 人名〖ギ神〗ダナエ(黄金の雨に身を変じた Zeus と交わって Perseus を産んだ). [*gr.–lat.*]

Da·na·er[dá:naər] 男 -s/- 《雅》ギリシア人. [*gr.–lat.*]

Da·na·er·ge·schenk 中《比》危険な贈り物 (Troja 落城のもととなった木馬をギリシア人の贈り物と見たてて).

Da·na·ide[danaí:də] 女 -/-n《ふつう複数で》〖ギ神〗ダナイス(アルゴスの王ダナオス Danaos の50人の娘. 結婚初夜にそれぞれの夫たちを殺したために死後地獄で穴のあいている桶(おけ)で永久に水をくまされたという): das Faß der ~*n* füllen《比》果てしのないむだ骨を折る, 賽(さい)の河原の石を積む. [*gr.–lat.*]

Da·na·iden≈ar·beit 女《比》(穴のあいている桶(おけ)で水をくみ続けるような)果てしないむだな骨折り, 賽(さい)の河原の石積み. ≈**faß** 中《比》(精力・時間・金銭の)無益な投入対象.

Dan·cing[dá:nsıŋ, dá:..] 中 -s/-s (Tanzbar) ダンスフロアつきバー. [*engl.*; ◇tanzen]

Dan·dy[déndi·, dǽndi·] 男 -s/-s ダンディー, だて男, しゃれ者. [*engl.*]

Dan·dy·fie·ber[déndi..] =Denguefieber

dan·dy·haft[déndi..] 形 ダンディーな, おしゃれな, きざな.

Dan·dy·is·mus[dɛndiísmʊs] 男 -/ ダンディズム(18世紀半ばイギリスに起こり のちフランスでも流行したダンディーな生活様式).

Dan·dy·tum[déndituːm] 中 -s/ ダンディー気質, だて, 「おしゃれ.」

Dä·ne[dɛ́:nə] 男 -n/-n (⊛ **Dä·nin**[..nın]-/-nen) デンマーク人. [*ahd.*; ◇Dänemark; *engl.* Dane]

da·ne·ben[dané:bən; 指示的強調: dá:ne:bən] 副《neben+人称代名詞・指示代名詞に相当する: →neben I, da.. 1》(前置詞 neben のさまざまな意味に対応して. 例えば:) その横〈かたわら〉に; それと比べて; それに加えて: Dort steht ein Tisch, ~ ein Kleiderschrank. あそこにテーブルがあり その横に洋服だんすがある | Er hat eine gute Stellung und ~ noch mehrere Ämter. 彼はいいポストに就いていて そのうえ幾つかの役職を兼ねている | Sein Spiel war sehr hervorragend, ~ fiel das der übrigen Schauspieler stark ab. 彼の演技は抜群だった. それに比べると他の役者の演技はひどく見劣りがした.

★ i) 古風な表現では関係文を導くことがある.
ii) 指示的意味が薄れて分離動詞をつくることがある.

da·ne·ben≈|be·neh·men*[dané:bən..] 《104》他 (h)《話》再帰 sich⁴ ~ 不適当な〈場違いな〉振舞いをする, 態度〈行儀〉が悪い. ≈|**fal·len*** 《38》自 (s) (落ちてくるものが)的を外れる, 当たらない.

da·ne·ben|ge·hen* 《53》自 (s) **1** (弾丸・ボールなどが)的〈ねらい〉を外れる. **2** 《話》(mißlingen) 失敗に終わる: Der Versuch ist *danebengegangen*. その試みは失敗した.

★ ただし: *daneben gehen* そのわきを〈それと並んで〉歩く.

da·ne·ben≈|ge·lin·gen* 《95》自 (s), ≈|**ge·ra·ten*** 《113》自 (s) =danebengehen 2 ≈|**grei·fen*** 《63》他 (h) **1** (目標を誤って)つかみ損なう; (ピアノ演奏などで)ミスタッチする. **2** 《話》しくじる, 間違える. ≈|**hal·ten*** 《65》他 (h)《話》対比〈対照〉する(ただし: *et.*⁴ *daneben halten* …をそのわきにあてがう). ≈|**hau·en**(*) 《67》(過 hieb 〈話: haute〉 daneben) 自 (h) **1** (目標を誤って)打ち〈たたき〉損なう. **2** 《話》間違った答えをする, (試験などで)へまをする. ≈|**lie·gen*** 《93》自 (h)《話》《mit *et.*³》間違っている. ≈|**ra·ten** 《113》自 (h)《話》推測がはずれる, 〔言い〕当て損なう. ≈|**schät·zen** 《02》 **I** 自 (h)《話》見込み違いをする. **II** 他 (h)《戯》《*et.*⁴/*jn.*》受け付けない, 拒む, 好まない. ≈|**schie·ßen*** 《135》自 (h) **1** 射損じる, 撃ち損なう. **2** 《話》間違える, 見当違いをする: Er hat mit ⟨in⟩ seiner Beurteilung ganz schön *danebengeschossen*. 彼はみごと判定を間違えた. ≈|**sein*** 《165》自 (s)《話》的をはずれている; 気持を集中できない, 気分がすぐれない; 頭が変になっている (ただし: *daneben sein* その横〈かたわら〉にある): Dicht ⟨knapp⟩ vorbei *ist* auch *daneben*. (→vorbei 1).

da·ne·ben|set·zen 《02》他 (h)《話》再帰 *sich*⁴ 〔mit *et.*⁴〕~ 〔…を〕失敗する; 〔…で〕見当違いをする.

★ ただし: *et.*⁴ *daneben setzen* …をその横〈かたわら〉に置く | *sich*⁴ *daneben setzen* その横〈かたわら〉に腰かける.

da·ne·ben≈|tip·pen 自 (h)《話》推測し損なう, 〔言い〕当て損なう. ≈|**tref·fen*** 《192》自 (h) **1** (弓術などで)命中し損なう, 的に当たらない. **2** (皮肉などが)的外れである, 当を得ていない.

Da·ne·brog[dá:nəbro:k] 男 -s/ デンマーク国旗(赤地に白十字). [*dän.*; < *dän.* Da〔n〕ne „Däne"+brog „Tuch"]

Dä·ne·mark[dɛ́:nəmark] 地名 デンマーク(北ヨーロッパにある王国. 首都は Kopenhagen): Etwas ist faul im Staate ~. 《話》それは納得がいかない (Shakespeare のせりふから). [*dän.*; ◇*engl.* Denmark]

Dä·ne·werk[dá:nəvɛrk] 中 -〔e〕s/ デンマーク砦(とりで) (ドイツ Schleswig にあるデンマークの昔の国境塁壁). [*dän.*]

dang[daŋ] dingte (dingen の過去)の古形.

dän·ge[dɛ́ŋə] dingte (dingen の接続法 II)の古形.

▽**da·nie·den**[daní:dən] 副《雅》この世で, 天(あめ)が下に.

▽**da·nie·der**[daní:dər] 副 (unten) 下に; (nach unten) 下方へ.

da·nie·der≈|beu·gen 他 (h)《雅》下方に曲げる: 再帰 *sich*⁴ ~ 身をかがめる | Das Alter hat ihn *daniedergebeugt*. 寄る年波で彼は腰が曲がった. ≈|**lie·gen*** 《93》自 (h)《雅》**1** (病気で)寝込んでいる: schwer ⟨an Grippe⟩ ~ 重病〈流感〉で寝たきりになっている. **2** (活動が)沈滞している, 不振である: Der Handel *liegt danieder*. 商況が振るわない | Seine Kräfte *lagen danieder*. 彼の体力は衰えきっていた. ≈|**wer·fen*** 《209》他 (h)《雅》《*jn.*》(病気などが)たおす, 病床に臥(ふ)させる.

Da·niel[dá:nie:l, ..niɛl] **I** 男名 ダーニエール. **II** 人名〖聖〗ダニエル(前 6 世紀初めのユダヤの預言者): der Prophet ~ 預言者ダニエル; (旧約聖書の)ダニエル書. [*hebr.* „Gott ist (mein) Richter"]

Da·nie·la[danié:la] 女名 ダニエーラ.

Da·niell-Ele·ment[dénjɛl.., dǽnjəl..] 中〖電〗ダニエル電池. [<J. F. Daniell (イギリスの科学者, †1845)]

Dä·nin Däne の女性形.

dä·nisch[dɛ́:nıʃ] 形 デンマーク〔人・語〕の: →deutsch

Dank[daŋk] **I** 男 -es(-s)/ **1** 感謝〔の念〕; 謝辞, 謝礼, お返し: *jm.* 〔den〕 herzlich〔st〕en ⟨aufrichtig〔st〕en⟩ ~ sagen …に心から礼を言う(→danksagen) | *jm. seinen* ~ abstatten《雅》…に御礼を申し上げる | 〔Haben Sie〕 vielen ⟨besten / schön〔st〕en⟩ ~! ほんとうにありがとう | Vielen ~!《反語》ごめんこうむる ‖ **als** ~ 〔dafür, daß ...〕 ~ 〔…に対する〕謝礼として | **mit** ~ 感謝の念をもって; 礼を言って | *et.*⁴ mit ~ annehmen …を感謝して〈喜んで〉受け取る | Mit ~ erhielt ich Ihre Zahlung. 〖商〗代金ありがたく領収いたしました | **ohne** ~ 礼も言わずに; 報いられることなく | **zum** ~ 〔dafür, daß ...〕 〔…に対する〕謝礼として | Ich bin Ihnen für Ihre Bemühungen zu ~ verpflichtet. お骨

折りありがたく存じます ‖〔es〕*jm.* ～ **wissen**《雅》…に恩を感じている（es は古い 2 格形で dessen の意）| Ich weiß dir's keinen ～. 君に世話になった覚えはない ‖ Gott[3] sei ～[1]! ありがたや, やれやれ, ああよかった | Er ist, Gott sei ～, nicht gestürzt. 彼は運よく堕落を免れた. **2**《方》意思: ohne 〈wider〉 *seinen* ～ 自分の意思でなく〈に反して〉| **es** *jm.* **zu** ～*e* **machen** …の気に入るようにする | Ihm kann man nichts zu ～*e* machen. 彼は満足を知らぬ男だ. ▽**3**（試合の）賞品.

II dank 前《3 格または 2 格支配》…のおかげで, …のせいで: *Dank* seinem Fleiß 〈seines Fleißes〉 bestand er die Prüfung. 熱心な勉強のかいあって彼は試験に合格した. [*germ.* „Gedanke"; ◇denken; *engl.* thank]

Dank≠adres·se[dáŋk..] 女《雅》(公的な)謝辞; 感謝状: eine ～ an den Präsidenten richten 大統領に謝辞を贈る. **≠al·tar** 男 感謝の供物を捧げる祭壇; 感謝の寄進による祭壇.

dank·bar[dáŋkba:r] 形 **1** 感謝している, 恩を感じている, ありがたく思っている: ein ～*er* Blick 感謝のまなざし | ein ～*es* Publikum 好意的な反応を示している聴衆〈観客〉| *jm.* eine ～*e* Erinnerung bewahren …の恩を忘れない ‖ *jm.* **für** *et.*[4] ～ sein …に対して…を感謝している | Dafür ist er dir tief ～. そのことで彼は君に深く感謝している ‖ *et.*[4] ～ anerkennen …をありがたいことと思う | *sich*[4] 〔*jm.* gegenüber〕 ～ 〔er〕zeigen 〔…に対して〕謝意を表す. **2**《付加語的》(仕事・役割などが) わりのいい: eine ～*e* Aufgabe 報いられることの多い任務 | eine ～*e* Rolle〘劇〙得な役. **3**《話》(布地などが)持ちのよい, 丈夫な: ein ～*er* Stoff 持ちのいい布地 | Der Anzug ist ～ im Tragen. この背広は長持ちする. **4**《話》(鉢植え植物が)手入れの楽な, 手のかからない.

Dank·bar·keit[‒kaɪt] 女 -/ (dankbar なこと. 例えば:) 感謝, 謝意; (仕事・役割などの)わりのよさ: **aus** reiner ～ 純粋な感謝の気持から | **in** 〈**mit**〉 aufrichtiger ～ 心から感謝して | mit großer ～ 深い感謝の念をこめて ‖ *jm. seine* ～ 〔be〕zeigen …に謝意を表す.

Dank·bar·keits·ge·fühl 中 感謝の気持.

Dank·brief[dáŋk..] 男 感謝の手紙, 礼状.

dan·ke[dáŋkə]《感謝または謝絶のあいさつとして》→danken I 1

dan·ken[dáŋkən] **I** 自 (h) **1** (英: *thank*)《*jm.* für *et.*[4]》感謝する; (…に…の)礼を言う, 謝辞を述べる: Ich *danke* Ihnen herzlich für Ihre freundliche Hilfe. ご親切に助けていただいてどうもありがとう ‖〘しばしば 1 人称単数の主語 ich を省略して〙*Danke* schön 〈sehr〉! どうもありがとう | *danke* schön (=Dankeschön) sagen ありがとうを言う | Sonst geht's dir 〔wohl〕 *danke*!《話》お前はどうかしているんじゃないか, お前いかれてるよ ‖ Bitte, bitte, nichts zu ～! (相手の謝辞に対して)いえいえどういたしまして | Gott sei's *gedankt*. やれありがたや ‖ *et.*[4] *dankend* annehmen 〈ablehnen〉 …を感謝して受け取る〈断る〉| Ihren Brief habe ich *dankend* erhalten.〘商〙貴信拝受 ‖〘謝絶に用いて〙Nein,〔ich〕 *danke*!/ *Danke*〔, nein〕! いえ 結構です | Na, ich *danke* 〔schön〕! ごめんだね |〔**Ich**〕 ***danke* für Obst** 〔**und Südfrüchte**〕**!** / ***Danke* für Backobst!**《話》まっぴらごめんだよ, いいかげんにしてくれ | für *et.*[4] bestens *danken*《反語》…は全くありがたくない, …はまっぴらごめんだ ‖〘まれに 2 格と〙〔Ich〕*danke* der Nachfrage[2]. お尋ねありがとう. **2** あいさつを返す: auf *js.* Gruß kühl ～ …のあいさつに冷ややかに答える.

II 他 (h) **1**《*jm. et.*[4]》(…の…に対して)報いる: Deine Mühe *dankt* dir keiner. 君の骨折りは報いられないぞ | Wie soll ich dir das jemals ～? どうやって君にそのお礼をしたものか;《反語》なんとかして君に思い知らせてやるぞ. **2** (verdanken)《*jm. et.*[4]》(…に…を)負うている: *jm. sein* Leben ～ 生き〔長らえ〕ているのは…のおかげである | Das hast du dir selbst zu ～. それは君自身の招いたことだ.

[◇*engl.* thank]

dan·kens·wert 形 感謝されるに値する, ありがたい; わりのいい.

dan·kens·wer·ter·wei·se 副 ありがたいことに.

dank·er·füllt[dáŋk..] 形 感謝にみちた, 心から感謝している.

Dan·kes≠be·zei·gung[dáŋkəs..] 女 -/-en《ふつう複数で》感謝の表明〈言葉〉. **≠brief** =Dankbrief

Dan·ke·schön[dáŋkəʃø:n] 中 -s/ (<danke schön) **1** (「どうもありがとう」という)お礼の言葉: ein herzliches ～ sagen ありがとうを言う. **2** ささやかな感謝の贈り物: *jm.* ein kleines ～ überreichen …に心ばかりの贈物をする.

Dan·kes≠for·mel[dáŋkəs..] 女 (慣習的に決まっている)感謝〈お礼〉の形式. **≠schuld** 女 恩義: *sich*[3] *seiner* ～[2] bewußt sein 恩義を感じている | *seine* ～ abtragen《雅》感謝の意を表する. **≠wor·te** 複 感謝の言葉, 謝辞.

Dank≠fest[dáŋk..] 中 感謝祭. **≠ge·bet** 中 感謝の祈り. **≠got·tes·dienst** 男 感謝の礼拝. **≠lied** 中 感謝の〔賛美〕歌.

Dank·mar[dáŋkmar] 男名 ダンクマル. [<*ahd.* danc „Gedanke"+mären „rühmen"]

Dank·op·fer[dáŋk..] 中 (神への)感謝の供物.

dank·sa·gen[dáŋkza:gən][1]《zu 不定詞 dankzusagen; 過去分詞 dankgesagt》自 (h) 礼〈感謝の辞〉を述べる (Dank sagen という表現もある: Er *danksagt* 〈*sagt Dank*〉.).

Dank·sa·gung[..guŋ] 女 -/-en **1** 謝辞〔を述べること〕; (特に悔やみ状に対する)礼状. **2** =Dankgebet

Dank〔**·sa·gungs**〕**·schrei·ben** 中 礼状, 感謝状.

Dank·ward[dáŋkvart] 男名 ダンクヴァルト(《Nibelungenlied》では Hagen の弟の名). [<*ahd.* danc „Gedanke"+wart „Hüter"]

dann[dan] 副 **1 a)** (英: *then*)《時間的・空間的その他の順序を示して》次いで, それから: Es knallte ein Schuß, ～ war alles still. 一発の銃声が響いて それから静まり返った | Ich bin der Beste in der Klasse, ～ kommt er als Zweitbester. 私がクラスのトップで 2 番が彼だ ‖ **Erst** die Arbeit, ～ das Vergnügen! まず仕事をしろ. 遊びはその後だ | **Vorweg** 〈**Voran**〉 fahren die Motorräder, ～ folgen die Kraftwagen. オートバイが先に立ち 自動車がそれに続く | **Zuerst** wurde er krank, ～ seine Frau. 最初彼が 続いて妻君が病気になった.

b) (ferner) さらに, なお, それに加えて: Eine sengende Hitze, **und** ～ keine Quelle weit und breit. 焼けつく暑さで おまけに辺り一帯には泉などないときている | Und ～ vergiß bitte nicht, zur Post zu gehen! 郵便局へ寄るのも忘れないでくれ.

2 a)《他の時点と関連して》そのとき〔に〕: Noch eine Woche, ～ ist Weihnachten. あと 1 週間 そうすればクリスマスだ | Bald habe ich Urlaub, ～ besuche ich dich. やがて休暇だから 君を訪ねるよ | Oft hatten wir Gäste, und ～ ging es sehr lustig bei uns zu. うちにはたびたび客が集まりたいそうにぎやかなことになった | Du kommst immer **gerade** ～, wenn ich keine Zeit habe. 君は私の多忙な時に限ってやって来る | Wenn ich ihn sah, ～ mußte ich **immer** an dich denken. 私は彼を見るたびに君のことを思わずにいられなかった.

b)《条件と関連して》その場合〔には〕;《命令文を受けて》そうすれば: Wenn ich mehr Zeit haben werde, ～ werde ich das Buch lesen. 私にもっと暇ができたら その本を読みます | Wenn du noch einmal schwatzt, ～ bekommst du einen Verweis. もう一度しゃべったら君はお目玉だぞ ‖ Faste, ～ wirst du schlank. 食べずにいればやせられる | Du mußt vernünftig sein, **nur** ～ wirst du gesund. 聞き分けをよくしていないとお前は健康になれないよ ‖ **Selbst** ～, wenn er recht hätte, dürfte er nicht in diesem Ton sprechen. かりに彼の言うとおりだとしても こんな言い方をすべきではない.

c)《前提と関連して》それなら, そうであるからには: Wenn ich dir das sage, ～ stimmt es. 私が君にそう言う以上 まちがいはない | Wenn du das nicht weißt, wer soll es ～ wissen? 君がそれを知らないとしたら だれが知ってるというのか ‖ Bist du müde? *Dann* brauchst du nicht mitzukommen. 疲れてるんなら君は同行しなくていい | Ich möchte mitgehen.—*Dann* komm doch! 私も行きたい—じゃ来いよ |

Dann bis morgen! じゃ あすまたね | Also ～: auf Wiedersehen! だったらこれでさよならだ.
3 《漠然と時を示して》 **a)** (nachher) あとで: *Dann* komme ich. また来ます | Ich sehe ～ mal nach. あとで調べておくよ | **bis ～!** ではまた, またね(別れのあいさつ).
b) いつか: **von dann bis dann** これこれの期間, 某日から某日まで ‖ **dann und dann** いついつに, これこれの時間に | **dann und wann** ときどき, ときおり | Wir treffen uns ～ und wann auf der Post. 私たちはときおり郵便局で出会う.
[*germ.*; ◇der, denn; *engl.* than]

dan·nen[dánən] 副 《雅》《もっぱら次の成句で》**von ～** そこから(単に weg, fort「去って」の意で用いられることが多い) | von ～ gehen 立ち去る; 《婉曲に》この世に決別する, みずからの命を絶つ | 〔gut〕 von ～ gehen 《比》はかどる.
★ 古くは関係副詞の用法もある: Er wird nach Holland abreisen, von ～ (＝wo) er nach Surinam zu Schiffe gehen wird. 彼はオランダへ旅立ち そこから船でスリナムへ行くであろう (Lessing).
[*westgerm.*; ◇da³; *engl.* thence]

dann·zu·mal[dán..] 副 《ｽｲｽ》 そのあかつきには.

Danse ma·cabre[dãsmaká:br] 男 --/-s-s〔-〕 ＝Totentanz [*fr.*; ◇Tanz, makaber]

Dan·te Ali·ghie·ri[dántə aligié:ri·] 人名 ダンテ アリギエーリ(1265–1321; イタリアの詩人で『神曲』の作者).

Dan·tes[dántəs] 複 (Spielmarken) チップ(トランプなどで用いる数取りの札); 《比》無価値な貨幣. [*lat.* tantum (→Tand) – *span.* tanto „Kaufpreis"]

dan·tesk[danté sk] 形 ダンテふうの〔荘重さをもった〕.
[＜..esk]

dan·tisch[dántɪʃ] 形 ダンテのやり方による, ダンテ流の; 《大文字で》ダンテの: *Dantische* Gedichte ダンテの詩.

Dan·ton[dãtɔ̃] 人名 Georges Jacques ～ ジョルジュ ジャック ダントン(1759–94; フランス大革命の指導者の一人. Robespierre 派によって処刑された).

Dan·zi[dántsi·] 人名 Franz ～ フランツ ダンツィ(1763–1826; ドイツの作曲家).

Dan·zig[dántsɪç] 地名 ダンツィヒ(バルト海に面する港湾都市. ハンザ同盟市の一つで1919年自由市となったが, 第二次大戦後ポーランド領となった. ポーランド語形 Gdańsk). [◇..zig²]

Dan·zi·ger[..tsɪgər] **I** 男 -s/- ダンツィヒの人. **II** 形 《無変化》ダンツィヒの: die ～ Bucht ダンツィヒ湾.

Dao·de·jing[dàùdʌ́dʑī ŋ] ＝Tao-te-king

Daph·ne I 人名 [dáfnə, ..ne·] 〘ギ神〙ダプネ (Apollo の求愛をのがれて月桂樹(げっけいじゅ)に変身した河神の娘). **II**[dáfnə] 女 -/-n (Seidelbast) 〘植〙セイヨウオニシバリ(西洋鬼縛)(ジンチョウゲ属). [*gr.* dáphnē „Lorbeer"]

Daph·nia[..nia·] 女 -/..nien[..niən], **Daph·nie**[..niə] 女 -/-n (Wasserfloh) 〘動〙ミジンコ(微塵子).

dap·peln[dápəln] 《06》 自 (h) 《方》 (trippeln) (ちょこちょこと)小またで歩く. [＜tappen]

dar.. 1 《前置詞 an, auf, aus, in (4格支配では ein の形で), ob, über, um, unter と結合して副詞をつくる》: →da.. 1
☆ 口語ではしばしば母音 a が脱落して dr.. となることがある: *dr*an (＝*dar*an). 俗語ではこれにさらに da.. の加わることがある: *dadr*auf (＝*dar*auf). また古風な表現では子音で始まる前置詞も dar.. と結合していることがある: *dar*durch (＝*da*durch).
2 《場所・方向を示す副詞 außen, innen, oben などと結合して副詞をつくる》: →da.. 2
☆ 今日ではこの場合ふつう母音 a が脱落して dr.. となる: *dr*außen. 俗語ではこれにさらに da.. の加わることがある: *dadr*innen. また古風な表現では子音で始まる副詞も dar.. と結合していることがある: *dar*nieder (＝danieder).
3 《分離動詞の前つづり; 提示・表出の意味を強めて》: *dar*bieten 提供する | *dar*stellen 表す.
★ 3の場合はつねに dar.. の部分にアクセントがあるが, 1, 2 の場合のアクセントのおき方は da.. の 1, 2に準じる.

dar·an[darán; 指示的強調: dá:ran] 副 《an＋人称代名詞・指示代名詞に相当する: →an I, dar.. 1, da.. 1》(前置詞 an のさまざまな意味に対応して. 例えば:) それについて〈接して〉; それを手がかりに, それによって; その点について; そのせいで, そのために: 〘dar.. が事物を意味する名詞を受けて〙 Er ging an den Tisch und setzte sich ～. 彼はテーブルのところへ行ってそこに座った(ただし: →daransetzen) | Er hat seine eigene Meinung und hält ～ fest. 彼には独自の意見があってそれに固執している(ただし: →daranhalten) | Sie hat Krebs gehabt und ist ～ gestorben. 彼女は癌(がん)にかかっていてそれで死んだ | ein Hut mit einer Feder ～ 羽根飾りのついた帽子 ‖ 〘dar.. が前文の内容や場面を受ける es, das に相当して〙 Ich aß zu Mittag und machte ～ anschließend 〈im Anschluß ～〉 einen Spaziergang. 私は昼食を食べて そのあと続いて散歩をした | Er ist gut 〈schlecht〉 ～. 彼は生活が楽だ〈苦しい〉 | Da ist 〔et〕was ～. そこには何かわけがありそうだ, これは無視できない ‖ 〘dar.. が後続の zu 不定詞〔句〕や副文の内容を示す es, das に相当して〙 gut ～ tun (→gut I 3 a) | nahe ～ sein (→nah 3 b ②) | Ich denke nicht ～, dir zu helfen. / Dir zu helfen, ～ denke ich nicht. 君に手を貸す気など私にはない | Er ist schuld ～, daß ... …ということの責任は彼にある | Es liegt ihm viel 〈nichts〉 ～. (→liegen I 6 c).
★ i) 古風な表現では関係文を導くことがある: etwas, ～ (＝woran) das Herz sich erfreuen kann 心が楽しくなりうるようなもの〈こと〉.
ii) 口語ではしばしば dran となる.
iii) 指示的意味が薄れて分離動詞をつくることがある.

dar·an|ge·ben*[darán..] 《52》 他 (h) (opfern) (自分の健康などを) 犠牲にする, ささげる.

dar·an|ge·hen* 《53》 自 (s) 《しばしば zu 不定詞〔句〕を伴って》 (anfangen) (…に) 取りかかる, 着手する: Ich *ging* sofort *daran*, mein Zimmer aufzuräumen. 私はすぐ部屋を片づけ始めた.
★ ただし: Die Wand ist frisch gestrichen, du kannst nicht *daran gehen*. その壁はペンキ塗りたてだ. それに近寄ってはいけない.

dar·an≠hal·ten* 《65》 他 (h) 再帰 *sich*⁴ ～ 急ぐ, スピードアップする, さっさと〈張り切って〉やる; 《方》根気よく〈あきらめないで〉やる(ただし: daran halten →daran). **≠kom·men*** 《80》 ＝drankommen **≠krie·gen** ＝drankriegen **≠ma·chen** 他 (h) 再帰 *sich*⁴ ～ 《しばしば zu 不定詞〔句〕を伴って》 (…に) 取りかかる, 着手する. **≠neh·men*** 《104》 ＝drannehmen **≠set·zen** 《02》 他 (h) (ある目的のために) ささげる, 投入する(ただし: daran setzen →daran): *sein* Leben 〈*sein* ganzes Vermögen〉 ～ 自分の命〈全財産〉をささげる | Wir wollen alles ～, 〔um〕 das Ziel zu erreichen. 私たちは目標達成に全力を尽くそう ‖ 再帰 Endlich hat er sich *darangesetzt*, den Brief zu schreiben. やっと彼は手紙を書きにかかった. **≠wen·den**⁽*⁾ 《206》 他 (h) 《雅》 (aufwenden) (労働・時間などを) 費やす.

dar·auf[daráuf; 指示的強調: dá:rauf] 副 《auf＋人称代名詞・指示代名詞に相当する: →auf I, dar.. 1, da.. 1》(前置詞 auf のさまざまな意味に対応して. 例えば:) その上に; それを目ざして; それに応じて: 〘dar.. が事物を意味する名詞を受けて〙 Er machte Feuer an und setzte den Topf ～. 彼は火をおこして(その上に)なべを掛けた | Er kennt meine Gefühle, aber er achtet nicht ～. 彼は私の気持を知っているのにそれを無視している | eine Liste mit vielen Namen ～ たくさんの名前の載っているリスト ‖ 〘dar.. が前文の内容や場面を受ける es, das に相当して〙 bald ～ その直後に, その後まもなく | den Tag ～ その翌日に | zwei Jahre ～ その2年後に | Wenn es ～ ankommt, ist er stets zur Stelle. いざというときは彼はすぐ駆けつける | Es kommt ～ an. それは事情によりけりだ | Ich komme nicht ～. 私はどうしてもそれを思い出せない〈思いつかない〉 | Wir kommen später ～. それについてはあとで話そう | Ich bin nicht ～ aus. 私はそれをねらって〈そんなつもりで〉いるわけではない | *Darauf* kannst du 〈können Sie〉 Gift nehmen. (→Gift I) ‖ 〘接続詞的に〙 Zuerst regnete es, ～ folgte Sonnenschein. 初め雨が降り そのあと日が照った | Er hatte sich als tüchtig erwiesen, ～

wurde er befördert. 彼は有能ぶりを発揮し その結果昇進した ‖〘dar.. が後続の zu 不定詞〔句〕や副文の内容を指す es, das に相当して〙Sie ist stolz ~, schön zu sein. 彼女は美人だということを鼻にかけている | Er besteht ~, daß er recht hat. 彼は自分が正しいといってがんばっている | Er weist ~ hin, daß hier ein Fehler vorliegt. 彼はここに誤りがあると指摘している | Das kommt ~ an, ob er Zeit hat. それは彼に時間があるかどうかにかかっている.

★ i) 古風な表現では関係文を導くことがある: ein tröstliches Zeichen, ~ (＝auf das) er seine Hoffnung baute 彼が希望を託した吉兆.
ii) 口語でしばしば drauf となる(特に: →drauf 2).
iii) 指示的意味が薄れて分離動詞をつくることがある.

dar·auf·fol·gend[daráuf..] 形 (nächst) その次の: am ~ *en* Tag その翌日に.

★ ただし: sein Schreiben und der *darauf folgende* Briefwechsel 彼の手紙とそれに続く文通.

Dar·auf·ga·be ＝Draufgabe

dar·auf≠ge·ben*《52》＝draufgeben ≠**ge·hen***《53》＝draufgehen

dar·auf·hin[daraufhín; 指示的強調: dá:raufhın] 副 そのあとで; それに基づいて, その結果として; その観点から; それを目ざして.

dar·auf·los[dáraufloːs] ＝drauflos

dar·aus[daráus; 指示的強調: dá:raus] 副《aus＋人称代名詞・指示代名詞に相当する: →aus I, dar.. 1, da.. 1》(前置詞 aus のさまざまな意味に対応して. 例えば:) (↔darein) そこから〔外へ〕; それに由来して; それを材料にして; それから推して:〘dar.. が事物を意味する名詞を受けて〙Er hatte interessante Bücher und las oft ~ vor. 彼はおもしろい本を持っていて その中からよく読んで聞かせたものだ | Sie kaufte einen blauen Stoff und machte sich ein Kleid ~. 彼女は青い生地を買って それで服を作った ‖〘dar.. が前文の内容や場面を受ける es, das に相当して〙Sie hat ihn beleidigt, aber er macht sich nichts ~. 彼女は彼を侮辱したが 彼はそれを全く意に介さない | Was ist ~ geworden? それはどうなったか | *Daraus* werde ich nicht klug. それは私には何のことか全然わからない | als Sieger ~ hervorgehen その事での勝者となる | jegliche ~ erwachsende Schwierigkeit それから生じる一切の困難 ‖〘dar.. が後続の副文の内容などを指す es, das に相当して〙Der Schaden erklärt sich ~, daß im Gesetz dieser Fall nicht vorgesehen ist. この損害は法律にこの場合についての規定がないために生じたのである.

★ i) 古風な表現では関係文を導くことがある: Ich will wieder umkehren in mein Haus, ~ (＝aus dem) ich gegangen bin. 私は自分が出て来たもとのわが家へ戻ろうと思う(聖書: マタ12, 44).
ii) 場所の移動を意味する場合は今日ではふつう heraus.. による分離動詞が用いられる: Nimmst du das Buch aus dem Regal?—Ja, ich nehme es *heraus*. 君はその本を書架から取り出すのか—ええ私はそれを取り出します.
iii) 口語ではしばしば draus となる.

dar·ben[dárbən][1] 自 (h) 欠乏(特に: 空腹)に悩む: *jn.* ~ lassen …を飢えさせる | Er hat zeitlebens *gedarbt*. 彼は一生涯生活に困窮した. [*westgerm.*; ◇dürfen]

dar|bie·ten*[dá:rbi:tən]《17》他 (h) **1** 上演する,(作品を)演奏〈朗読〉する: ein Ballett 〈Werke von Mozart〉 ~ バレエを上演する〈モーツァルトの作品を演奏する〉. **2** (anbieten)《*jm. et.*[4]》差し出す, 提供する: *jm.* Getränke ~ …に飲み物を出す | *jm.* einen Blumenstrauß als Gruß ~ …に歓迎の花束をささげる | *jm.* Hilfe ~ …に援助を与える〈申し出る〉 | *jm.* die Hand zur Versöhnung ~ …に和解の手を差しのべる〈和解を申し出る〉 ‖ 再帰 *sich*[4] *et.*[3] ~ …に身をさらす | *sich*[4] den Blicken der Menge ~ 群衆の視線に身をさらす | *sich*[4] *jm.* ~ (光景・状況などが)…の眼前に現れる〈展開される〉 | Ich werde warten, bis sich 〔mir〕 eine günstige Gelegenheit *darbietet*. 私は好機の来るまで待つよ | Seinen Augen *bot* sich ein herrlicher Anblick *dar*. 彼の眼前にすばらしい光景が展開された | *sich*[4] zum Opfer ~ わが身を犠牲にする. [◇Dargebot]

Dar·bie·tung[..tuŋ] 女 -/-en **1**《ふつう単数で》(darbieten すること. 例えば:) 上演: die ~ eines Theaterstücks 劇作品の上演 ‖ *et.*[4] zur ~ bringen …を上演〈演奏〉する. **2** だし物, 演目.

Dar·bie·tungs·kunst 女 舞台芸術.

dar|brin·gen*[dá:rbrıŋən]《26》他 (h)《*jm. et.*[4]》贈る, ささげる: ein Opfer ~ 犠牲をささげる | *jm.* Dank 〈*seine* Freundschaft〉 ~ …に感謝〈友情〉をささげる.

Dar·brin·gung[..ŋuŋ] 女 -/-en darbringen すること.

die **Dar·da·nel·len**[dardanɛ́lən] 地名 複 ダーダネルス(小アジアの西端にありエーゲ海とマルマラ海を結ぶ海峡. ギリシア語からきたダーダネルスの代わりに今はトルコ語名のチャナカレ Çanakkale を用いる. 古称 Hellespont). [＜*gr.* Dárdanos (海峡のアジア側にあった Troja の植民都市〔を開いた王の名〕)]

dar·ein[daráin; 指示的強調: dá:rain] 副《in＋4格の人称代名詞・指示代名詞に相当する: →in[1], dar.. 1, da.. 1》(前置詞 in が4格を支配する場合のさまざまな意味に対応して. 例えば:) (↔daraus) その中へ:〘dar.. が事物を意味する名詞を受けて〙Das ist dein Los; du mußt dich ~ fügen. それが君の運命なのだ. 君はそれに従うほかない ‖〘dar.. が前文の内容や場面を受ける es, das に相当して〙Er ist arm geworden, er ergibt sich ~. 彼は貧乏になったがそれに逆らう気はない ‖〘dar.. が後続の副文の内容などを指す es, das に相当して〙Er hat sich ~ ergeben, daß er sich nicht durchsetzen kann. 彼は自分の思いどおりにならないと思ってもうあきらめている.

★ i) 古風な表現では関係文を導くことがある: Kanaan, ~ ich euch führen will 私があなた方を導き入れるカナンの地(聖書: レビ18, 3).
ii) 空間的に場所の移動を意味する場合は今日ではふつう in＋4格の指示代名詞〔＋hinein〕の形, または hinein.. を持つ分離動詞が用いられる: Er besorgte eine Tasche; *in* diese tat er das Nötige 〔*hinein*〕. 彼はバッグを買ってその中へ必要な物を入れた.
iii) 口語でしばしば drein となる(特に: →drein 2). また darein の代わりに darin が用いられることがある.
iv) 指示的意味が薄れて分離動詞をつくることがある.

dar·ein≠fin·den*[daráin..]《42》他 (h) 再帰 *sich*[4] ~ それで満足する, それに甘んじる. ≠**mi·schen**《04》他 (h) 再帰 *sich*[4] ~ 干渉〈介入〉する. ≠**re·den** ＝dreinreden

darf[darf] dürfen の現在1・3人称単数.

darfst[−st] dürfen の現在2人称単数.

Darg[dark][1] 男 -s/-e《北部》(湿地帯の)泥炭. [*mndd.*]

Dar·ge·bot[dá:r..] 中 -〔e〕s/ (自然界からの)供給; (特に:) 水〈エネルギー〉の供給, 水〈エネルギー〉資源. [＜darbieten]

dar·in[darín; 指示的強調: dá:rın] 副《in＋3格の人称代名詞・指示代名詞に相当する: →in[1], dar.. 1, da.. 1》(前置詞 in が3格を支配する場合のさまざまな意味に対応して. 例えば:) その中で; その点で, それに関して:〘dar.. が事物を意味する名詞を受けて〙Im Zimmer steht nur ein Tisch, sonst sind keine Möbel ~. 室内にはテーブルが一つあるだけで ほかには家具はない ‖〘dar.. が前文の内容や場面を受ける es, das に相当して〙Er ist ein guter Rechner; ~ liegt seine Stärke. 彼は計算が得意で そこに彼の強みがある ‖〘dar.. が後続の zu 不定詞〔句〕や副文の内容を指す es, das に相当して〙Er sieht seine Pflicht ~, anderen zu helfen. 彼は他人に助力することを自分の義務と心得ている | Ich habe mich ~ geirrt, daß... 私は…という点で思い違いをしていた.

★ i) 古風な表現では関係文を導くことがある: den Weg, ~ (＝in dem) sie wandeln sollen 彼らの歩むべき道 (聖書: 出18, 20).
ii) 口語ではしばしば drin となる(特に: →drin 2). また darein の代わりに用いられることがある.

dar·in·nen[darínən; 指示的強調: dá:rınən] 副《雅》(darin) その中で, その内部で.

★ 古風な表現では関係文を導くことがある.

D

Da·ri̱us[daríːʊs] 人名 ダリウス(前 6 世紀から前 4 世紀にわたるペルシア王. 一世・二世・三世の 3 人がいた). [*pers.*–*gr.* Dāreĩos–*lat.*]

Dark[dark] 男 -s/-e =Darg

▽**da̱r|le̱·ben**[dáːrleːbən][1] 他 (h) **1** 《*et.*[4]》(…を)自分の生活〈生き方〉によって明らかにする. **2** 再帰 *sich*[4] ~ 生活〈生き方〉によって明らかになる: das im Krieg sich *darlebende* Heldentum 戦争のさいに発露する英雄的精神.

da̱r|le̱·gen[dáːrleːgən][1] 他 (h) 説明〈詳述〉する: *jm.* *seine* Gründe ausführlich ~ …に自分の論拠を詳しく説明する | *seine* politischen Ansichten öffentlich ~ 政治的見解を公表する.

Da̱r·le̱·gung[..gʊŋ] 女 -/-en 説明, 詳述.

Da̱r·le̱·hen[dáːrleːən] 中 -s/- 貸付〔金〕, 消費貸借, ローン: ein langfristiges 〈kurzfristiges〉 ~ 長期〈短期〉貸付〔金〕| Wohnungsbau *darlehen* 住宅建築貸付金, 住宅ローン | ~ auf Hypotheken 抵当貸付〔金〕‖ ein ~ aufnehmen 貸付金を借り入れる | *jm.* ein ~ gewähren.. に金を貸し付ける.

Da̱r·le̱·hens≠be·din·gung 女 貸付条件. ≠**ge̱·ber** 男 (消費貸借の)貸し主, 貸し手. ≠**kas·se** 女 貸付金庫〈基金〉. ≠**ne̱h·mer** 男 (消費貸借の)借り主, 借り手. ≠**sum·me** 女 貸付額. ≠**ver·tra̱g** 男 貸付契約. ≠**zins** 男 -es/-en 貸出金利〈利率〉; 《ふつう複数で》消費貸借利息, 貸付利子.

Da̱r·le̱hn[..leːn] 中 -s/- =Darlehen

da̱r|lei·hen*[..laɪən] 《91》 **I** 他 (h) (verleihen) (金を)貸す〈貸し付ける〉. **II** **Da̱r·lei·hen** 中 -s/- 《スイス》 =Darlehen

Da̱r·lei·her[..laɪər] 男 -s/- =Darlehensgeber

Dar·ling[dáːrlɪŋ, dɑ́ːlɪŋ] 男 -s/-s (Liebling) (ふつう戯れの呼びかけとして)ダーリン. [*engl.*; ◇teuer]

Darm[darm] 男 -es(-s)/Därme[dɛ́rmə] **1 a)** 〔解〕腸: Blind*darm* 盲腸 | Zwölffinger*darm* 十二指腸 ‖ den ~ entleeren 腸をからにする, 排便する | auf den ~ stoßen 〈schlagen〉 下痢を起こさせる; 便通に効く | einen kurzen ~ haben 《戯》よくわからないままにすぐ受け売りをする | *sich*[3] in den ~ stechen 《話》放屁(ほうひ)する, おならをする. **b)** 《複数で》はらわた, 内臓. **2** 〔料理〕(ソーセージの材料となる)臓物. **3** 《話》=Darmsaite [*germ.* „Durchgang"; ◇drehen; *gr.* tórmos „Loch"]

Da̱rm≠ana·sto·mo̱·se[dárm..] 女 〔医〕腸吻合(ふんごう)〔術〕. ≠**ba̱d** 中 〔医〕腸浴(全身浴中の腸洗浄). ≠**bak·te̱·ri·en** 複 腸内〔細〕菌類. ≠**bein** 中 腸骨(腰骨の上部: → ⊗ Mensch C). ≠**be·we̱·gung** 女 腸運動, 腸の蠕動(ぜんどう). ≠**blu̱·tung** 女 腸出血. ≠**bruch** 男 〔医〕脱腸, ヘルニア. ≠**durch·bruch** 男 〔医〕腸穿孔(せんこう).

Dä̱r·me Darm の複数.

Da̱rm≠ent·lee·rung[dárm..] 女 排便; (下剤などを用いて)便通をつけること. ≠**ent·zün·dung** 女 〔医〕腸炎. ≠**fi·stel** 女 〔医〕腸フィステル, 腸瘻(ろう). ≠**flo·ra** 女 《集合的に》腸菌群落. ≠**ga̱·se** 複 腸内ガス. ≠**ge·krö̱·se** 中 〔解〕腸間膜. ≠**ge·schwü̱r** 中 〔医〕腸潰瘍(かいよう). ≠**in·halt** 男 腸内物. ≠**in·va·gi·na·tio̱n** 女 〔医〕腸重積, 腸嵌入(かんにゅう). ≠**ka·na̱l** 男 腸管. ≠**ka·tarr**〔**h**〕 男 〔医〕腸カタル. ≠**ko̱·lik** 女 〔医〕腸疝痛(せんつう). ≠**krank·heit** 女 腸疾患. ≠**kre̱bs** 男 〔医〕腸癌(がん). ≠**lä̱h·mung** 女 腸麻痺(まひ). ≠**na̱ht** 女 〔医〕腸縫合. ≠**neu·ro̱·se** 女 〔医〕腸神経症. ≠**pa·ra·si̱t** 男 腸内寄生虫. ≠**per·fo·ra·tio̱n** 女 〔医〕腸穿孔(せんこう). ≠**ro̱hr** 中 〔医〕洗腸用ゴム管. ≠**saft** 男 〔生理〕腸〔粘〕液. ≠**sai·te** 女 腸絃(げん), ガット(子ヒツジなどの腸から作ったひもで, 弦楽器の弦やテニスのラケット線などに用いる). ≠**schleim** 男 = Darmsaft ≠**schleim·haut** 女 〔解〕腸粘膜. ≠**schlin·ge** 女 〔医〕腸係蹄(けいてい). ≠**spü̱·lung** 女 〔医〕腸の洗浄, 洗腸.

Da̱rm·stadt[dármʃtat] 地名 ダルムシュタット(ドイツ西部の工業都市). [<Darmund (人名; <*ahd.* dart „Lanze"+munt „Schutz")]

Da̱rm·städ·ter[..ʃtɛtər] **I** 男 -s/- ダルムシュタットの人. **II** 形 《無変化》 ダルムシュタットの.

da̱rm·städ·tisch[..ʃtɛtɪʃ] 形 ダルムシュタットの.

Da̱rm≠stein[dárm..] 男 〔医〕腸石, 腸結石. ≠**ste·no̱·se** 女 〔医〕腸閉塞(へいそく). ≠**tä̱·tig·keit** 女 =Darmbewegung ≠**trä̱g·heit** 女 便秘, 秘結. ≠**trakt** 男 〔解〕(Darmkanal) 腸管. ≠**tu·ber·ku·lo̱·se** 女 〔医〕腸結核. ≠**ver·en·gung** 女 〔医〕腸〔管〕狭窄(きょうさく). ≠**ver·schlin·gung** 女 〔医〕腸捻転(ねんてん). ≠**ver·schluß** 男 (Ileus) 〔医〕腸閉塞〔症〕, イレウス. ≠**ver·stop·fung** 女 便秘. ≠**vo̱r·fall** 男 〔医〕腸脱出. ≠**wand** 女 〔解〕腸壁. ≠**wind** 男 (Blähung) 腸内ガス, 屁(へ), おなら. ≠**zot·te** 女 〔解〕腸絨毛(じゅうもう).

▽**dar·na̱ch**[darnáːx; 指示的強調: dárnaːx] =danach

Dar·na̱ch·ach·tung 女 -/-en 《オーストリア》《官》(Beachtung) 注意, 顧慮.

▽**dar·ne̱·ben**[darnéːbən] =daneben

▽**dar·nie̱·der**[darníːdər] =danieder

dar·o̱b[darɔ́p; 指示的強調: dáːrɔp] 副 《ob+人称代名詞・指示代名詞に相当する: →ob[2], dar.. 1, da.. 1》(前置詞 ob のさまざまな意味に対応して. 例えば:) (deshalb) それが原因で; (darüber) それについて; その場所〈状態〉で: 〖dar.. が事物を意味する名詞, 前文の内容や場面, 後続の副文の内容などを指して〗 Er hat Großartiges geleistet, ich bewundere ihn ~. 彼はすばらしい仕事を成しとげた. 私はそれゆえに彼に感心する ‖ Er war verwundert ~, daß... 彼は…ということを変に思った ‖ ▽~ sein 見張っている.

★ i) darob は戯語的に用いられる以外には, 一般には廃れつつある. さらに古風な表現では関係文を導くことがある: der Harnisch, ~ sie sich stützten 彼らが頼りにしていた鎧(よろい).

ii) 口語では drob となることがある.

Da̱r·re[dárə] 女 -/-n **1** (果物・穀物などをあぶって乾燥させる)乾燥用格子網; 乾燥がま〈炉〉; 乾燥室. **2** 〔金属〕溶出, 溶離, 絞り吹き; 溶出炉. ▽**3** =Darrsucht [*ahd.*; ◇darren]

da̱r|rei·chen[dáːrraɪçən] 他 (h) 《雅》《*jm. et.*[4]》差し出す, 手渡す; 与える, 贈る: *jm.* eine Gabe ~ …に贈り物を差し出す | *jm.* Arznei ~ …に薬を手渡す ‖ die *dargereichte* Hand zurückweisen 差しのべられた手〈和解の申し出〉を拒む.

Da̱r·rei·chung[..çʊŋ] 女 -/-en darreichen すること.

da̱r·ren[dárən] 他 (h) **1** (果物・穀物などを)あぶって乾燥させる. **2** 〔金属〕溶出〈溶離〉する, 絞り吹きする. [*germ.*; ◇dürr, toasten; *gr.* térsein „trocknen"]

Da̱rr≠ge·wicht[dár..] 中 乾燥重量. ≠**malz** 中 乾燥麦芽. ≠**o̱fen** 男 乾燥炉. ≠**sucht** 女 -/ 〔畜〕(特に子馬など, 若い家畜の)消耗症, 衰弱病.

da̱r·stell·bar[dáːrʃtɛlbaːr] 形 darstellen できる: Ihre Schönheit ist 〔in Worten〕 nicht ~. 彼女の美しさは言葉では言い表せないほどだ.

da̱r|stel·len[dáːrʃtɛlən] **I** 他 (h) **1 a)** (絵画・彫刻などで, また絵画・彫刻などが)表す, 描き出す, 表現する: Der Bildhauer versuchte die Lebensfreude *darzustellen.* その彫刻家は生の喜びを描こうと試みた | Das Gemälde *stellt* die Flucht nach Ägypten *dar.* この絵は(聖家族の)エジプトへの避難の図である | *et.*[4] graphisch ~ …をグラフで示す | *et.*[4] in rosigem 〈im rosigsten〉 Licht ~ (→ Licht 1). **b)** 《*jn.*》(舞台で…の)役を演じる, (…に)扮(ふん)する: 〔den〕 Hamlet ~ ハムレットを演じる. **c)** (schildern) (言葉で)描写〈叙述〉する: ein Ereignis falsch ~ ある出来事を誤り伝える | Er *stellte* die Angelegenheit so *dar,* als wäre er unschuldig. 彼はその事件をまるで自分に責任がないかのように述べ立てた.

2 《*et.*[4]》(…で)ある, (…を)意味する, 表す, 示す; 具現する: Diese Maschine *stellt* ein Meisterwerk *dar.* この機械は傑作である(=Diese Maschine ist ein Meisterwerk.) | Er *stellt* einen guten Vater *dar.* 彼はよい父親だ(=Er ist ein guter Vater.) | Das *stellt* keine strafbare Tat *dar.* それは処罰の対象となる行為ではない | Sein plötzlicher Entschluß *stellt* immer noch ein

Rätsel *dar*. 彼の突然の決心はいまだになぞである | Was *stellt* dieses Zeichen *dar*? この記号は何を表しているのか ‖ Er *stellt* etwas 〈nichts〉 *dar*. 《話》彼はなかなかいい印象を与える〈さっぱり印象に残らぬ〉人だ | Du mußt das Geschenk hübsch verpacken, damit es auch etwas *darstellt*. いい印象を与えるよう 贈り物をきれいに包装しなくてはいけないよ. **3** 《雅》 **a)** 再帰 *sich*⁴ als ... ~ …として現れる, …になる, …であることが明らかになる | Es *stellte* sich als unwahr *dar*. それは真実でないことがはっきりした | Die Lösung dieser Frage *stellte* sich ihm als sehr schwierig *dar*. 彼にはこの問題の解決がきわめて困難だということが分かった. **b)** 再帰 *sich*⁴ *et*³. ~ …にわが身をさらす | *sich*⁴ *jm*. ~ …の眼前に現れる.

4 (präparieren) 〘化〙 析出する, 製造〈製出・調製〉する.

II dar·stel·lend 現分 形 表す, 描く, 描写的な, 図示的な: ~*e* Geometrie 〘数〙 画法幾何学 | ~*e* Künste i) 演技芸術(演劇・舞踏); ii) 描写芸術(建築・装飾・音楽に対して絵画・彫刻をいう) | ein ~*er* Künstler 演技をする芸術家(俳優・舞踏家など).

Dar·stel·ler [dá:rʃtɛlər] 男 -s/- (女 **Dar·stel·le·rin** [..lərɪn] -/-nen) (Schauspieler) 俳優, 役者; オペラ歌手: der ~ des Faust ファウストを演じる俳優.

dar·stel·le·risch [..lərɪʃ] 形 (schauspielerisch) 役者としての; 演技の: die ~*e* Fähigkeit 演技能力 | Er ist ~ begabt. 彼は役者としての天分に恵まれている.

Dar·stel·lung [..lʊŋ] 女 -/-en (darstellen すること・されたもの. 例えば:) **1** (図・言葉などによる)描写, 描出, 表現; 作図: die ~ der Natur 自然描写 | geschichtliche ~*en* 歴史的叙述 | eine graphische ~ 図形, グラフ ‖ eine realistische ~ von einem Vorfall geben ある事件を写実的〈リアル〉に描写する | *et.*⁴ zur ~ bringen …を描写する | Das kommt 〈gelangt〉 zur ~. そのことが描写の対象となる, それが描写される. **2** (ある役を舞台で)演じること, 演技: eine reife ~ des Faust ファウスト役の円熟した演技. **3** 〘化〙 析出, 製造, 調製.

Dar·stel·lungs≠form 女 描写形式; 演技の型. ≠**ga·be** 女 -/ (生まれつきの)描写〈表現・演技〉の才能. ≠**kraft** 女 描写〈表現〉力. ≠**kunst** 女 描写〈表現〉の技巧; 演技力. ≠**mit·tel** 中 描写手段. ≠**ob·jekt** 中 描写〈表現〉の対象〈主題〉. ≠**stil** 男 描写〈演技〉様式. ≠**wei·se** 女 描写〈表現・演技〉法; 〘化〙 調製法.

dar|tun* [dá:rtu:n] 《198》 他 (h) 《雅》 明らかにする, 示す, 説明する, 証明する: *seine* Meinung ~ 自分の意見を開陳する | Sein Verhalten *tat dar*, daß er nichts begriffen hatte. 彼の態度から見て 彼には何もわかっていなかったことが明らかだった.

dar·über [darý:bər; 指示的強調: dá:ry:bər] 副 《über+人称代名詞・指示代名詞に相当する: →über I, dar.. 1, da.. 1》 (前置詞 über のさまざまな意味に対応して. 例えば:) (↔darunter) その上方に, それを越えて, それにまさって; (mehr) それ以上に; それに従事〈没頭〉して; それについて: 〘dar.. が事物を意味する名詞を受けて〙 Ein hoher Zaun stand ihm im Wege, aber er stieg schnell ~. 高い柵(さく)が彼の行く手をさえぎったが 彼はすばやくそれを乗り越えた | Er arbeitet oft bis Mitternacht und manchmal noch ~ 〔hinaus〕. 彼はよく夜半まで仕事をするが 時にはそれを過ぎることもある | *Darüber* geht nichts. それにまさるものは〔何も〕ない | Er konnte die Oper nicht mehr vollenden, er ist ~ gestorben. 彼はもはやそのオペラを完成できなかった. 途中で亡くなったのである | Dieses Thema bleibt unerschöpflich, obwohl ~ schon viel geschrieben wurde. このテーマについては既にいろいろ書かれてはいるが 依然として窮め尽くされていない(→darüberschreiben) ‖ **~ hinaus** それを越えて, それ以上に, そのほかに, さらに | **~ hinaus sein** 《話》(一定の段階・難関などを)乗り越えてしまっている | Er bekommt ein festes Gehalt und ~ hinaus Spesen für bestimmte Leistungen. 彼は固定給のほかに特定の業務に対する手当ももらっている | *Darüber* hinaus möchte ich bemerken, daß ... さらに述べておきたいのは…ということです ‖ 〘dar.. が前文の内容や場面を受ける es, das に相当して〙 Er erzählte eifrig und versäumte ~ die Verabredung. 彼は話に夢中になっていて そのために約束をすっぽかしてしまった ‖ 〘dar.. が後続の zu 不定詞〔句〕や副文の内容を指す es, das に相当して〙 Ich freue mich 〔~〕, ihn besuchen zu können 〈daß ich ihn besuchen kann〉. 私は彼を訪問できるのを喜んでいる | eine Erklärung ~, daß ... …ということに関する言明〈説明〉 | *sich*⁴ ~ hinwegsetzen, daß ... …ということを無視する〈意に介しない〉.

★ i) 古風な表現では関係文を導くことがある: die Kleinigkeiten, ~ sie dicke Bücher schreiben それについて彼らが分厚い本を書いている こまごました事柄.
ii) 口語ではしばしば drüber となる.
iii) 指示的意味が薄れて分離動詞をつくることがある.

dar·über|fah·ren* [darý:bər..] 《37》 自 (h, s) mit der Hand 〈dem Lappen〉 ~ それを手でさする〈布きれでぬぐう〉.

★ ただし: Die Brücke war schmal; der Wagen konnte nur langsam *darüber fahren*. 橋は狭くて車は徐行しないと渡れなかった.

dar·über≠|ma·chen 他 (h) 再帰 *sich*⁴ ~ それに着手する; それ(食物など)にとびつく. ≠|**schrei·ben*** 《152》 他 (h) (標題・見出し・メモなどを)その上欄に書きつける〈添える〉(ただし: darüber schreiben →darüber).

dar·über|ste·hen* 《182》 自 (h) (精神的に)それを超越している〈歯牙(しが)にもかけない〉.

★ ただし: Unten liegen Zeitungen, *darüber stehen* Bücher. 下の方に新聞があり その上に本が並んでいる.

dar·um [darʊ́m; 指示的強調: dá:rʊm] 副 **1** 《um+人称代名詞・指示代名詞に相当する: →um I, dar.. 1, da.. 1》 (前置詞 um のさまざまな意味に対応して. 例えば:) その回り〈周囲〉に; それを迂回(うかい)して〈よけて〉; そのことをめぐって, それについて; それを求めて; それと引きかえに: 〘dar.. が事物を意味する名詞を受けて〙 ein Paket mit einer Schnur ~ 〔まわりに〕ひもをかけた小包 | Er sagt nicht die Wahrheit, sondern redet ~ herum. 彼は真実を言わないで言を左右にする ‖ 〘dar.. が前文の内容や場面を受ける es, das に相当して〙 Er kann mir beim Umzug helfen, ich werde ihn ~ bitten. 彼は私の引っ越しを手伝えるはずだ. 彼にそれを頼んでみよう | Wenn ich das machen könnte, würde ich etwas ~ geben. 私にそれをやらせてもらえるなら代償に何かあげてもいいよ | *Darum* keine Feindschaft. (→Feindschaft) ‖ 〘dar.. が場所を指して〙 Ob sie hierum oder ~ stand, weiß ich nicht mehr. 彼女の立っていたのがこの辺だったか あの辺だったか 私はもう覚えていない | Nicht hierum geht es zum Bahnhof, sondern ~. 駅へはここでなくあそこを曲がって行くのです ‖ 〘dar.. が後続の zu 不定詞〔句〕や副文の内容を指す es, das に相当して〙 Mir geht es ~, eine Einigung zu erzielen. 私にとっては合意に達するのがねらいだ | Es ist mir sehr ~ zu tun, daß ... 私は…ということを切望している | Du brauchst nicht ~ besorgt zu sein, daß er Schaden erleidet. 君は彼が損害を受けることを心配する必要はない.

☆ i) 古風な表現では関係文を導くことがある: die Sache, ~ ihr hier seid. あなた方が(そのために)ここへおいでになった用件(聖書: 使10, 21).
ii) 口語では drum となることがある.
iii) 指示的意味が薄れて分離動詞をつくることがある.

2 [dá:rʊm] 《接続詞的に》 (deshalb) それゆえに, だから: Er war krank, ~ fehlte er. 彼は病気だった. それで欠席した | Warum hast du das getan?—*Darum!* なぜそんなことをしたんだ―どうしてもこうしてもないよ | Ach, ~ ist er so schlecht gelaunt. 道理で彼の機嫌が悪いはずだ | *Darum* eben! だからこそだよ ‖ So, ~ ! なるほどそういうわけか ‖ von ~ 《雅》 しかるがゆえに ‖ 〘aber, doch などと〙 〔aber〕 ~ doch それでもやっぱり | Wenn es Ausnahmen gibt, die Regeln gelten ~ doch. 例外はあるにせよ規則が通用することには変わりない | Sie ist nicht groß, 〔aber〕 ~ doch nicht klein. 彼女は大きくはないが さりとて小さいわけではない ‖ 〘weil, damit などに導かれる副文と相関して〙 Er hat es 〔~〕 getan, weil er keinen anderen Ausweg wußte. 彼はほかに仕方がなかったからそうしたまでだ | Wir hatten es ihm 〔~〕 verheimlicht, damit er sich nicht beunruhigen solle. 私たちは彼を不安がらせまいとして彼にそれを隠していたのだ | Ich habe es ihm 〔～〕 gesagt, daß er Bescheid weiß. 《話》私が彼にそれを言ったのは彼に事情を知ってもらいたかったからだ.

dar·ụm|brin·gen* [darʊ́m..] 《26》 他 (h) 《*jn.*》 (…から)それを奪う, (…に)それを失わせる.

dar·ụm|kom·men* 《80》 自 (s) それを失う, それが手にはいらない.

★ ただし: *Darum kommen* sie alle. それゆえに彼らはみんな来る.

dar·ụm≠|lẹ·gen 他 (h) (包帯などを)それに巻きつける. **≠|stẹ·hen*** 《182》 自 (h) その回りに〈それを囲んで〉立っている: die Leute, die *darumstanden* それを取り囲んでいた人々.

dar·ụn·ter [darʊ́ntər; 指示的強調: dá:rʊntər] 副 《unter＋人称代名詞・指示代名詞に相当する: →unter I, dar.. 1, da.. 1》 (前置詞 unter のさまざまな意味に対応して. 例えば:) (↔darüber) その下に; そのもとに, それに属して; それ以下に; (多者間で)その中〈間〉に: 〖dar.. が事物を示す名詞を受けて〗 Das Kleid ist länger als der Mantel, es guckt ～ hervor. ドレスはコートより長くて その下からのぞいて見える | Er verlangt acht Mark für die Arbeitsstunde, ～ tut er's nicht. 彼は労働1時間当たり8マルクを要求し それ以下では働かない | Wenn man von ihm Kohlen kauft, findet man immer Steine ～. 彼から石炭を買うと その中にいつも石が混じっている ‖ 〖dar.. が前文の内容や場面を受ける es, das に相当して〗 Arbeitet er so angestrengt, so leidet seine Gesundheit ～. 彼はそんなに懸命に働くと健康が損なわれる ‖ 〖dar.. が後続の zu 不定詞〔句〕や副文の内容などを指す es, das に相当して〗 Er leidet sehr ～, daß sie so unfreundlich zu ihm ist. 彼はひどく冷たい彼女の態度をたいへん気にしている.

★ i) 古風な表現では関係文を導くことがある: die Berge, ～ sie sicher sind その中にひそんでいれば彼らが安全な山々.
ii) 口語では drunter となることがある.
iii) 多者間の混在・介在を表す場合は dar.. が人を意味する名詞を受けることがある(→davon ★ i): bei den meisten Versuchspersonen, ～ auch Lehrer〔n〕 und Pfarrer〔n〕 教師や牧師も含む大多数の被験者において.
iv) 指示的意味が薄れて分離動詞をつくることがある.

dar·ụn·ter≠|fal·len* [darʊ́ntər..] 《38》 自 (s) それに属する〈含まれる〉, それに該当する (ただし: darunter fallen その下へ落ちる). **≠|mi·schen** 《04》 他 (h) その中に混ぜる: 再帰 *sich*[4] ～ (群集の中などに)紛れこむ. **≠|schrei·ben*** 《152》 他 (h) (署名・注などを)その下欄に書きつける〈添える〉. **≠|set·zen** 《02》 他 (h) (署名などを)その下に書きこむ. **≠|zie·hen*** 《219》 他 (h) **1** (シャツなどを)その下に着込む. **2** 〖料理〗 それに混ぜる.

▽**dar·wị·der** [darví:dər] ＝dawider

Dạr·win [dárvi:n, dá:wɪn] 人名 Charles Robert ～ チャールズ ロバート ダーウィン(1809-82; イギリスの生物学者で進化論の確立者).

Dar·wi·nịs·mus [darvinísmʊs] 男 -/ ダーウィンの生物進化論, ダーウィニズム.

Dar·wi·nịst [..níst] 男 -en/-en ダーウィン〔説〕の信奉者, 生物進化論者.

dar·wi·nị·stisch [..tɪʃ] 形 ダーウィン流の, 生物進化論の.

▽**dar·zụ** [dartsú:] ＝dazu

das [das] **I** 《定冠詞》 der の単数中性1・4格. **II** 《指示代名詞・関係代名詞》 der の単数中性1・4格(→der II 2 c).

das. 略 ＝daselbst そこで〈に〉.

dạ|sein* [dá:zaɪn] **I** 《165》 自 (s) **1** (現に)ある, いる; 来ている, 出席している: *Ist* jemand *da*? だれかいるか | Es *ist* niemand *da*. だれもいない | Man muß vor allen Dingen ～. なによりもまずその場に〔出席して〕いなくてはならない | In zehn Minuten *bin* ich wieder *da*. 10分したら私は戻って来ます | Es *ist* kein Brot mehr *da*. もうパンはない | Wozu *ist* dieser Hebel *da*? この梃子(てこ)は何に使うのか. **2 a)** 存在する, 生きている: Sie *war* nur noch für ihn *da*. 彼女はもはやひたすら彼のためだけに生きていた. **b)** 《話》目がさめている, 正気である. **3** 到来する, 起こる: Die rechte Zeit *ist* nun *da*. いまや時機が到来した | So etwas ist noch nie *dagewesen*. そんなことはいまだかつてなかった ‖ ein nie *dagewesener* Erfolg 未曾有(みぞう)の大成功 | etwas noch nicht *Dagewesenes* いまだ前例のないこと.

★ 不定詞・分詞以外はふつう2語に書く: wenn er *da ist* 彼が来ていれば(→da[3] I 1 a).

II Dạ·sein 中 -s/ **1 a)** (Existenz) 存在, 現存; 〖哲〗 (ヘーゲル哲学の)定有; (ハイデッガー哲学の)現存在: das ～ Gottes leugnen 神の存在を否定する. **b)** (Leben) 生存, 生活: ein besseres ～ erstreben 生活の向上に努める | ein elendes ～ führen みじめな暮らしをする | *sein* ～ fristen 細々と暮らす | *et.*[4] ins ～ rufen …を創造する | ins ～ treten 生まれる | der Kampf ums ～ 生存競争. **2** 現にある〈いる〉こと, 居合わせること: Sein bloßes ～ genügte, um alle Kritiker zum Schweigen zu bringen. 口うるさい連中みなの口を封じるには彼がただその場にいるだけで十分だった.

Dạ·seins≠ana·ly̲·se [dá:zaɪns..] 女 〖心〗 実存分析. **≠angst** 女 〖哲・心〗 生の不安.

dạ·seins·be·din·gend 形 存在〈生存〉条件となっている.

Dạ·seins≠be·din·gung 女 存在〈生存〉条件. **≠be·rech·ti·gung** 女 存在〈生存〉権; 存在理由: *jm.* 〈*et.*[3]〉 die ～ absprechen …に存在の資格なしと判定する. **≠form** 女 存在〈生存〉形態; 生の様式, 生き方. **≠freu·de** 女 《雅》 ＝Lebensfreude

dạ·seins·hung·rig 形 《雅》 ＝lebenshungrig

Dạ·seins·kampf 男 《雅》 ＝(Existenzkampf) 生存競争.

dạ·seins·mü̲·de 形 《雅》 ＝lebensmüde

Dạ·seins≠recht 中 生存権. **≠wei·se** 女 ＝Daseinsform **≠zweck** 男 《雅》 ＝Lebenszweck

▽**da·sẹlbst** [dazɛ́lpst] 副 (略 das.) そこで〈に〉, 同所で〈に〉.

Dash [dɛʃ, dæʃ] 男 -s/-s (カクテル調合での)少量, 微量: ein ～ Orangensaft オレンジジュース少々. [*engl.*]

da·sig[1] [dɔ́:zɪg..] 形 《付加語的》 《オーストリア・スイス》 そこの, 同所の. [＜da[3]]

dạ·sig[2] [dá:zɪç][2] 形 《南部・オーストリア》 (verwirrt) 混乱〈困惑〉した, おじけづいた: *jn.* ～ machen …をおどしつける. [*mhd.*; ◇dösig]

dạ|sit·zen* [dá:zɪtsən] 《171》 自 (h) (そのまま)座っている (ただし: da sitzen →da[3] I 1 a): untätig ～ 手をつかねて〈何もせずに〉座っている | wie ein Stück Holz ～ (→Holz 1 a) | Nun *sitzt* er ohne jede Unterstützung *da*. 《比》 いまや彼はどこからの援助もなしにやっていかなければならない.

das·jẹ·ni·ge [dásje:nɪgə] derjenige の単数中性1・4格.

daß (dass) [das] 接 《従属》

> **I** 《名詞に相当する副文を導いて》 (…)ということ, (…する)こと
> **1** 《主語として: es を先行させて daß 副文を主文の後へ置くことが多い》 (…)ということが〈は〉
> **2** 《述語として》 (…)ということ(である)
> **3** 《4格の目的語として》 (…)ということを
> **4** 《2格・3格の目的語として》
> **5** 《da〔r〕＋前置詞の形を仲立ちとして. ただしこの形はしばしば省略される》 daran, daß…
> **6** 《daher, dahin と呼応して》
> **II** 《前置詞, 従属接続詞, kaum, nur などの直後に置かれる副文を導いて》 (…する)こと.
> **1** 《前置詞と》 anstatt daß…
> **2** 《従属接続詞と》 als daß…
> **3** 《kaum, nur などと》 kaum daß…
> **III** 《副詞句に相当する副文を導いて》
> **1** 《結果を示して》
> **a)** 《so などと呼応して》 その結果(…), そのため(…)
> **b)** 《結果から原因を推定して》 (…する)とは, (…する)と

ころをみると
c)《一定期間経過後の結果》(bis)(…する)までに
2《目的を示して: →II 1》
a)(damit)(…する)ように,(…の)ために
b)《挿入句的に用いられて: →V》(…の)ために言うのだが
3《nicht, daß の形で理由を示して: →V 2 a)》(…)というわけではないが
4《daher, dahin と呼応して》daher…, daß…
IV《名詞の同格的付加語として機能する副文を導いて》
1《抽象名詞と》(…)という: die Behauptung, daß…
▽2《時を表す名詞と》(wo)(…)する(…)
3《具象名詞の様子・ありさまを形容する》
V《独立的に用いられる副文を導いて》
1《感嘆文として》
a)《願望》(…)ということであればよいのに
b)《勧告: 2人称で》(…)してほしいものだ
c)《遺憾》(…)ということは残念なことだ,(…する)なんて
2《nicht, daß の形で》
a)→III 3
b)《問いに答える文で: 不確実な否定の気持を表す》

I《名詞に相当する副文を導いて》(英: *that*)(…)ということ,(…する)こと:
1《主語として: es を先行させて daß 副文を主文の後へ置くことが多い》(…)ということが〈は〉: Es ist sicher, ~ er kommt. / Sicher ist es, ~ er kommt. / *Daß* er kommt, ist sicher. 彼が来ることは確かだ | *Daß* ein neuer Versuch gemacht werden mußte, 〔es〕 stand außer allem Zweifel. 新しい試みがなされねばならないことは全く疑いなかった ‖ 〔Es ist〕 gut, ~ du kommst. よく来てくれた | 〔Es war〕 vergebens, ~ er sie bald freundlich fragte, bald eindringlicher mahnte. 彼が彼女に優しく尋ねても きつい言葉で促してもむだだった | 〔Es ist〕 ein Glück, ~ wir nicht ausgingen! 私たちが外出しなかったのは幸運だった ‖ Wie kommt es, ~ du das nicht weißt? 君がこのことを知らないなんてどうしたわけだ | Daher geschah es, ~ sie sich nicht trafen. そういうわけで彼らは行き会わなかった ‖〘es ist …, daß … の形で強調構文として〙Es war im Jahre 1968, ~ er nach Deutschland reiste. 彼がドイツに旅したのは1968年のことであった | Es ist 〈Es sind〉 zwei Jahre her, ~ er mir geschrieben hat. 彼が手紙をくれてから2年になる | Es sind zehn Jahre, ~ ich hier wohne. 10年来私はここに住んでいる | Es war 1983 in München, ~ ich ihn kennengelernt habe. 私が彼と知りあったのは1983年ミュンヒェンにおいてであった ‖ **es sei denn, daß …** …という場合は別だが, …でもないかぎり | Ich werde mit dir ausgehen, es sei denn, ~ mein Besuch inzwischen angekommen ist. 客がそれまでに来たら別だが そうでなければ君と一緒に出かけます.
2《述語として》(…)ということ(である): Die Hauptsache ist, ~ er gesund ist. 肝心なのは彼が健康〈元気〉であることだ.
3《4格の目的語として》(…)ということを,(…する)ことを: Ich weiß, ~ er krank ist. 私は彼が病気であることを知っている | Ich sah, ~ es nutzlos war. 私にはそれが何の役にもたたないことがわかっ〔てい〕た | Sie hörten, ~ der Wagen abfuhr. 彼らは車が走り出す音を耳にした ‖ Ich fahre mit euch zum Wochenende, vorausgesetzt 〈angenommen〉, ~ das Wetter gut ist. 週末に君たちとドライブに行くよ ただし天気がよければだ(→II 2) ‖〘間接引用文を導いて〙Sie hörten, ~ der Wagen abgefahren sei. 彼らは車が出発してしまったということを告げられた | Er sagte, ~ er nicht kommen könne. 彼は来られないと言った ‖〘es, das を仲立ちにして〙Ich halte es für möglich, ~ er kommen wird. 彼がやって来るということはありうることだと思う | **Das** müßte er verstehen, ~ sie das Kind nicht weggeben will. 彼女がその子供を手離したがらないことを彼は分かってやるべきだろう | *Daß* er tot ist, 〔das〕 kann ich mir nicht denken. 彼が死んだなんて私には考えられない ‖〘疑問詞をもつ疑問文や関係代名詞に導かれる副文で glauben, meinen などの目的語として〙Wann 〈Warum〉 glauben Sie, ~ Hans das Buch gekauft hat? いつ〈なぜ〉ハンスがその本を買ったと思いますか | Wie alt denken Sie, ~ ich sei? 私の年は幾つだとお思いですか | ein Rätsel, das ich nicht glaube, ~ jemand lösen wird だれかに解けるとは私には思えないような謎(なぞ) | Was du nicht willst, ~ man dir tu', das füg auch keinem andern zu!《諺》自分がされたくないことは人にもするな.
4《2格・3格の目的語として: 本来は dessen, dem を仲立ちとする》Wir sind uns 〔dessen〕 bewußt, ~ ein Anfang gemacht werden muß. とにかく始めなければならないことは我々はよく承知している ‖ Lange widersetzte er sich 〔dem〕, ~ man die Steuern erhöhe. 彼は前々から増税案に反対していた.
5《da〔r〕+前置詞の形を仲立ちとして. ただしこの形はしばしば省略される》Denkt **daran,** ~ ihr pünktlich sein müßt. 君たちは時間を守らねばならないことを忘れるなよ | Ich zweifle nicht 〔daran〕, ~ er kommt. 彼が来ることを私は疑わない | Man befreite den Kranken **dadurch** von seinen Schmerzen, ~ man ihm eine Spritze gab. / Dadurch, ~ man dem Kranken eine Spritze gab, befreite man ihn von seinen Schmerzen. 患者は注射によって痛みから解放された | Er sorgt **dafür,** ~ alles klappt. 万事うまくいくように彼が取り計らう | Gott sei Dank 〔dafür〕, ~ alles so gut geht. 何もかもこんなにうまくいってありがたいことだ〈やれやれだ〉 | Er verdient seinen Unterhalt **damit,** ~ er Zeitungen austrägt. 彼は新聞配達をすることによって生活費を稼いでいる | Er war ärgerlich 〔**darüber**〕, ~ sich der Zug verspätete. 列車が遅れたことに彼は腹をたてていた | Es besteht kein Zweifel 〔darüber〕, ~ er tot ist. 彼が死んでいること〔について〕は疑う余地がない | Gewiß sind Sie voll Unruhe 〔darüber〕, ~ wir so lange nicht geschrieben haben. 私たちがこんなに長い間お手紙を差し上げなかったのできっとご心配くださっていることと思います | Mir hat schon lange **davor** gegraut, ~ sie mich danach fragen könnte. 彼女にその事を聞かれることを私はかねがね恐れていた | Schilt mich nicht, ~ ich so etwas frage! こんなことを尋ねるからといって しからないでください.
6《daher, dahin と呼応して》→III 4

II《前置詞, 従属接続詞, kaum, nur などの直後に置かれる副文を導いて》(…する)こと: **1**《前置詞と》〔**An**〕**statt** ~ er selbst kam, schickte er einen Vertreter. 彼は自分で来ないで代理をよこした | ▽Iß mehr, **auf** ~ du kräftig wirst. 力がつくようにもっと食べなさい | Ich weiß nichts über ihn, **außer** ~ er Bäcker ist. 私は彼についてはパン屋であることしか知らない | ▽**bis ~** der Tod euch scheidet (結婚式の牧師の言葉などで)死がなんじらを分かつまで | Er verkaufte den Wagen, **ohne** ~ wir es wußten. 我々の知らない間に彼はその車を売った | Ohne ~ du das ganze Buch gelesen hast, kannst du nicht urteilen. 君はその本を全部読まなくては何とも判断できないよ.
2《従属接続詞と》Er würde lieber sterben, **als** ~ er die Namen preisgäbe. 彼はそれらの名前を明かすくらいならむしろ死を選ぶだろう | Sie strengt sich im Urlaub mehr an, als ~ sie sich schont. 彼女は休暇中に体をいたわるどころかむしろ消耗させているくらいだ ‖ **nichts anders, als daß…** …以外には何もない | Man kann nichts anders vermuten, als ~ … …としか推定できない | Was verlangen Sie denn sonst noch von ihm, als ~ … …ということ以外に何を彼に期待なさるのですか ‖ **zu …, als daß** … …するにしてはあまりにも… | Er ist zu klug, als ~ ihm ein solcher Fehler unterlaufen könnte. 彼はうっかりそんな間違いを犯すようなばかな人間ではない(→als[1] I 2 a ②) ‖ **angenommen, ~ …**(→I 3) | ▽**außerdem ~ …** …ということに加えて, …というばかりでなく | ▽**obwohl ~ …** =obwohl … | **vorausgesetzt, ~ …**(→I 3) | ▽**weil ~ …** =weil …
3《kaum, nur などと》Er treibt keine Musik, **höchstens** ~ er ein wenig auf der Ziehharmonika spielt.《話》彼はせいぜいアコーデオンをいじるくらいで音楽はやらない ‖ **kaum ~ …** i)…するや否や; ii)…ということもなく | Kaum ~ er da war, begann er schon Streit. 彼は姿を見せたと

思ったら もうけんかを始めた | Es war ganz dunkel auf der Bühne, kaum ～ wir die Umrisse erkannten. 舞台の上はまっ暗で物の輪郭も定かでないほどだった(→III 1 a) | Das Schiffchen flog von selbst, kaum ～ er die Hände zu rühren brauche. 杼(ひ)がひとりでにすばやく動いて彼はほとんど手を動かす必要がなかった ‖ **nur ～ ...** i)《例外》ただし…である点は別だ; ii)《目的》ただもう…するために(→III 2 a): Das Wetter war schön, nur ～ es ab und zu ein Gewitter gab. 天気はよかったのだが ただ時おり雷雨に見舞われた.

III《副詞句に相当する副文を導いて》**1**《結果を示して》**a)**《so などと呼応して》その結果(…), そのため(…): Der Chor stimmte in die Kantate ein, ～ es im Saal widerhallte. コーラスがカンタータに加わり 音がホールにこだました | Er arbeitete, ～ es eine Lust war zuzusehen. 彼の働きぶりは見ていて楽しいほどだった | Er lachte **derart〔ig〕, ～** man die Kapelle nicht mehr hörte. 彼が大声で笑ったので楽隊の音が聞こえなくなった | Er raste 〔so〕 über die Piste, ～ der Schnee hochwirbelte. 彼がコースを猛烈な勢いで滑ったため雪が高く舞い上がった ‖〖so ... 〈solch ...〉, daß ... などの形で〗Das Buch war **so** 〈dermaßen〉 interessant, ～ es jeder lesen wollte. その本は非常におもしろかったのでだれもが読みたがった | Die Sonne blendete ihn so 〔sehr〕, ～ er nichts erkennen konnte. 太陽がまぶしくて彼は何も見分けることができなかった ‖ Es ist keineswegs so, ～ wir die Probleme nicht sehen. 問題があることが我々に分かっていないというわけではない | Es herrschte eine **solche** Stimmung, ～ keiner nach Hause gehen wollte. その場の雰囲気に引か〈押さ〉れて だれも家に帰ろうとする者はいなかった ‖〖**so daß** の形で〗Er war sehr entgegenkommend, so ～ es leicht war, ihn für unseren Plan zu gewinnen. 彼はたいへん好意的だったので 我々の計画に加わってもらうのは簡単だった.

b)《結果から原因を推定して》(…する)とは, (…する)ところをみると: Was ist denn passiert, ～ du so weinst ? そんなに泣いていったい何があったんだ | Er ist offenbar krank, ～ er nicht kommt. 来ないところをみると彼はきっと病気なのだ.

c)《一定期間経過後の結果》(bis)(…する)までに: Es dauerte nicht lange, ～ er mir die Geschichte erzählte. まもなく彼は私にその話をしてくれた | Es fehlte wenig 〈nicht viel〉, ～ ich ihr 〔nicht〕 auf der Stelle mein ganzes übervolles Herz eröffnete. 私はすんでのところで あふれんばかりの胸の内をその場で彼女に打ち明けるところだった.

2《目的を示して: →II 1》**a)** (damit)(…する)ように, (…の)ためには: Beeilen Sie sich doch, ～ (＝auf daß) Sie endlich damit fertig werden! いいかげんにそれを済ませるよう急ぎなさい | Ganz leise, nur ～ niemand mich höre, schlich ich in mein Zimmer hinauf. だれにも聞かれないよう 私はそっと忍び足で自分の部屋に上がって行った ‖ Mach, ～ du fortkommst! (→machen I 7 e).

b)《挿入句的に用いられて: →V》《話》(…の)ために言うのだが: **Daß** ich's nicht vergesse, du sollst zu Hause anrufen. 忘れるといけないから言っておくけど 家に電話をかけてくれということだ | *Daß* du es weißt, den Kuchen hat der Hund gefressen. 参考までに〈念のために〉言っておくけど ケーキを食べちまったのは犬のやつだからね | Ich bin verdrießlich, ～ ich dir's gestehe. 打ち明けて言えば おれは腹をたててるんだ | ～ ich es nur kurz sage 簡単に言うと, 要するに.

3《**nicht, daß** の形で理由を示して: →V 2 a》(…)というわけではないが: Nicht, ～ ich keine Lust hätte, aber ich möchte noch warten. その気がないというわけではないのだが もう少し時機を待ちたいと思う | Als ich dich sah, da habe ich mich entsetzt. Nicht, ～ ich gefürchtet hätte, versucht zu werden. あなたを見た瞬間ぎょっとしました. といっても誘惑に負けることが怖かったからというわけではありません.

4《daher, dahin と呼応して》Ihre Kopfschmerzen kommen **daher, ～** (＝weil) sie zu wenig schläft. 彼女の頭痛は睡眠が足りないことから来ている | Er hat es durch List **dahin** gebracht, ～ er nicht mehr zu arbeiten brauche. 彼は策略を用いて 自分がもう働かなくてもすむようにした.

IV《名詞の同格的付加語として機能する副文を導いて》**1**《抽象名詞と》(…)という: unter der Bedingung, ～ ... …という条件のもとに | die Behauptung 〈die Hoffnung〉, ～ ... …という主張〈希望〉| Wir sind der Ansicht, ～ wir das Problem lösen können. 我々はその問題を解決できるという考えである | Im Fall, ～ er krank ist, werde ich die Arbeit übernehmen. 彼が病気の場合には私がその仕事を引き受けます | Die Tatsache, ～ er hier war, zeigt sein Interesse. 彼がここにいたということは彼に関心がある証拠だ ‖ Der Grund ist der, ～ sie ihn verachtet. 原因は彼女が彼を軽蔑しているところにある | Die Sache ist die, ～ sie ihn verachtet. 要するに彼女が彼を軽蔑しているということだ.

ᐁ**2**《時を表す名詞と》(wo)(…)する(…): in dem Augenblick, ～ ... …する瞬間に | Das erste Mal, ～ (＝wo) ich ihn sah, war in meinen Kinderjahren. 彼に初めて会ったのはまだ私が子供だったころだ.

3《具象名詞の様子・ありさまを形容する; ふつうは wie が用いられる》Ich fand den Baum, ～ (＝wie) er über das Dach hochgewachsen war. 見ると木は屋根よりも高く成長していた | Das Mädchen denkt dann an den Vater, ～ er wohl noch vor der Tür sitzt. それから少女は おそらくまだ戸口に座っているであろう父に思いをはせる.

V《独立的に用いられる副文を導いて》**1**《感嘆文として》**a)**《願望》(…)ということであればよいのに; (…)ということになってしまえ: *Daß* er doch noch bei uns wäre! 彼がまだ我々の所にいてくれたらなあ | *Daß* ihn der Teufel hole! あいつなんか悪魔にさらわれてしまえ ‖ *Daß* ich nicht lache!《話》笑わせないでくれ(→III 2 b).

b)《勧告: 2人称で》(…)してほしいものだ: *Daß* du nicht etwa auf den Gedanken kommst, zu ihm zu gehen! 彼の所へ行こうなんて考えるんじゃないよ.

c)《遺憾》(…)ということは残念なことだ, (…する)なんて: *Daß* ich das vergessen habe! 私としたことが それを忘れてるなんて.

2《**nicht, daß** の形で》**a)** →III 3: Nicht, ～ er dazu zu dumm gewesen wäre. 彼は頭が悪くてそれが分からなかったわけではない | nicht, ～ es etwas ausmacht それがどうということではないが.

b)《ふつう問いに答える文で: 不確実な否定の気持を表す》Ist sie krank?—Nicht, ～ ich wüßte./ *Daß* ich 〔nicht〕 wüßte. 彼女が病気だって—さあどうですかね(そんなことは聞いてませんよ). [*ahd.*; ◇das; *engl.* that]

das·sel·be[daszɛ́lbə] (ᐁ**das·sel·bi·ge**[..bɪgə]) derselbe (ᐁderselbige)の単数中性 1・4 格.

Das·sel≠beu·le[dásəl..] 女〖畜〗牛虻(あぶ) 腫 (Dassellarve の寄生による牛の背の腫瘍(しゅよう)). **≠flie·ge** 女〖虫〗**1** ウシバエ(牛蠅). **2** ウシバエ亜科の昆虫. **≠lar·ve** 女 Dasselfliege の幼虫.

daß-Satz (**dass-Satz**)[dászats] 男〖言〗(従属接続詞 daß に導入される) daß 文.

da|ste·hen*[dá:ʃte:ən] 《182》自 (h)《様態を示す語句と》**1** 立っている: verdutzt 〈stumm〉 ～ ぼうぜんと〈無言のまま〉立ちつくす | Das Auto *steht* zur Abfahrt bereit *da*. 自動車はすぐにも発車できる態勢にある ‖ wie angewurzelt ～ (→anwurzeln) | wie ein Stück Holz ～ (→Holz 1 a).

2《比》(…の状態)である: allein ～ (→allein II 1) | einzig 〈unerreicht〉 ～ 並ぶものがない | eine einzig *dastehende* Leistung 他に比を見ない業績 | gut 〈schlecht〉 ～ 景気がいい〈悪い〉‖ ohne Mittel ～ / mit leeren Händen ～ 素寒貧(すかんぴん)である ‖ Wie *stehe* ich nun *da*!《話》どんなもんだい(すごいだろう); これじゃ形無しだ.

★ ただし: da stehen →da[3] I 1 a

Da·sy·me·ter[dazymé:tər] 中 (男) -s/- ガス密度計. [＜*gr.* dasýs „dicht" (◇Densität)]

dat. 略 **1** ＝datum **2** ＝datiert (…の)日付の.

Dat. 略 ＝Dativ

Da·ta·ma·tion[datamatsió:n] 女 -/-en (Datenverarbeitung) データ処理.

da·ta·mie·ren[..mí:rən] 自 (h) データ処理をする.

Date[de:t, deɪt] 中 -〔s〕/-s《若者語》**1** (特に異性との)待

ち合わせ〔の約束〕, デート: mit *jm.* ein ～ haben …とデートする. **2** デートの相手. [*mlat.–engl.–amerik.*; <*lat.* datum (→datum)]

Da·tei[datáɪ] 女 -/-en 〘電算〙ファイル, データ. [<..ei]

Da·ten Datum の複数.

Da·ten≠au·to·bahn[dá:tən..] 女 〘電算〙データ〈情報〉ハイウエー. **≠bank** 女 -/-en 〘電算〙データベース, データバンク. **≠ein·ga·be** 女 〘電算〙データ入力. **≠er·fas·sung** 女 データ収集〈捕捉(ほそく)〉. **≠er·he·bung** 女 データ収集. **≠ge·heim·nis** 中 データの守秘義務. **≠ma·te·rial** 中 データ資料. **≠miß·brauch** 男 データ濫用(情報資料の不法利用). **≠satz** 男 〘電算〙データレコード. **≠schutz** 男 データ保護(守秘・機密保持). **≠schutz·ge·setz** 中 データ保護法. **≠spei·cher** 男 〘電算〙データ記憶装置. **≠spei·che·rung** 女 〘電算〙(記憶装置への)データ入力, データ保存. **≠trä·ger** 男 データ記憶媒体(磁気テープ・フロッピーなど). **≠über·tra·gung** 女 データ通信.

da·ten·ver·ar·bei·tend 形 データ〈情報〉処理の, データ〈情報〉を処理する.

Da·ten·ver·ar·bei·tung 女 (略 DV) データ〈情報〉処理: elektronische ～ (略 EDV) 電子式データ処理.

Da·ten·ver·ar·bei·tungs≠an·la·ge 女 データ処理施設. **≠ma·schi·ne** 女 データ〈情報〉処理機械, 電〔子計〕算機, コンピューター.

da·tie·ren[datí:rən] **I** 他 (h) **1** (*et.*[4]) (…に)日付を記入する; (…の)日付〈年代〉を決定〈推定〉する: Der Brief ist vom 2.(=zweiten) August *datiert*. この手紙は8月2日付である ‖ die Funde in die Mitte des 6.(=sechsten) Jh.s ～ 発掘品の年代を6世紀半ばと〔決定・推定〕する | Das Bild ist nicht genau *datiert*. この絵は製作年月日が明らかでない. **2** 再帰 *sich*[4] ～ …の日付である, …に始まる〈由来する〉.

II 自 (h) (…の)日付である,(…に)始まる, 由来する: Der Brief *datiert* vom 2. August. この手紙は8月2日付である | Das Dokument *datiert* aus der Zeit vor dem Kriege. この公文書は戦前に作られたものである.

Da·tie·rung[..rʊŋ] 女 -/-en 日付〔の記入〕; 日付〈年代〉の推定〈決定〉.

Da·tiv[dá:ti:f, datí:f][1] 男 -s/-e (略 D., Dat.) (Wemfall) 〘言〙与格, 3格: ～ des Interesses 利害の3格(例 Er öffnete *mir* die Tür. 彼は私のためにドアをあけてくれた) ‖ ethischer ～ 関心の3格(ふつう1・2人称の代名詞の形で話し手の関心を示す〈聞き手の関心を引く〉ために定動詞の直後に挿入される. 例 Ich war *dir* ein Soldat. 〔いいかね君〕私は軍人だったんだよ) ‖ freier ～ 任意の3格(動詞などの支配を受けず構文上必須でない ethischer Dativ, Dativ des Interesses など) ‖ possessiver ～ 所有の3格(身体部分などの所属を示す. 例 Er küßte *ihr* die Hand. 彼は彼女の手にキスした: →Pertinenzdativ) | ▽sympathetischer ～ 共感の3格 (posessiver Dativ と近い. 例 Ich verband *dem Kind* die Hand. 私は(見かねて)その子の手に包帯をしてやった). [*lat.* (cāsus) datīvus (*gr.* ptōsis dotikḗ の翻訳借用); <*lat.* dare „geben" (◇Dos)]

da·ti·visch[datí:vɪʃ] 形 〘言〙与格の, 3格の.

Da·tiv·ob·jekt[dá:ti:f..] 中 〘言〙与格〈3格〉目的語.

Da·ti·vus com·mo·di[datí:vʊs kɔ́modi·] 男 --/..vi -[..vi· -] =Dativ des Interesses (→Dativ).

Da·ti·vus ethi·cus[- é:tikʊs] 男 --/..vi ..ci[..vi· ..tsi·] =ethischer Dativ (→Dativ).

▽**Da·ti·vus sym·pa·the·ti·cus**[- zʏmpaté:tikʊs] 男 --/..vi ..ci[..vi· ..tsi·] =sympathetischer Dativ (→Dativ).

da·to[dá:to·] 副 (heute) 〘商〙本日: **bis** ～ 本日まで. [*it.*; <*lat.* datum (→datum)]

Da·to·wech·sel[dá:to..] 男 〘商〙確定日掛手形; 日付後定期払い手形(→Sichtwechsel, Nachsichtwechsel).

Dat·scha[dátʃa·] 女 -/-s (..schen[..tʃən]), **Dat·sche**[..tʃə] 女 -/-n (ロシアの木造の)〔夏の〕山荘. [*russ.* „Schenkung (vom Fürst)"; ◇Dativ; *engl.* da〔t〕cha]

Dat·tel[dátəl] 女 -/-n **1** 〘植〙ナツメヤシ(棗椰子)〔の実〕: chinesische ～ ナツメ. **2** 《卑》(Vagina) 膣(ちつ), ワギナ. [*gr.* dáktylos (→daktylo..)–*lat.*–*it.* *roman.*; ◇*engl.* date]

Dat·tel·pal·me 女 ナツメヤシの木.

Dat·te·rich[dátərɪç] 男 -s/ 《方》=Tatterich

da·tum[dá:tʊm] 《ラテン語》(略 dat.) 《官》《文書・手紙の頭部で日付に冠して》(…日付)発行, 発信, 作製. [*lat.* datum „gegeben"; <*lat.* dare (→Dativ)]

Da·tum[−] 中 -s/..ten[..tən] **1** 日付: das ～ des Poststempels 〘郵〙消印の日付 | die genauen *Daten* der Reise 旅行の詳しい日程 | die wichtigsten *Daten* der Geschichte 歴史上の重要年代 ‖ ohne ～ (略 o. D.) 日付の記載のない | unter heutigem 〈unter dem heutigen〉 ～ きょうの日付で | unter dem ～ des 2.(=zweiten) August 8月2日付で ‖ Von welchem ～ ist die Zeitung? この新聞は何日〔付〕のものか | Die Nachricht ist neuesten ～*s*. このニュースは最新のものである ‖ Welches ～ haben wir heute? / Welches ～ ist heute?—〔Wir haben〕den 4.(=vierten) Mai. /〔Heute ist〕der 4.(=vierte) Mai. きょうは何日か—5月4日です | Das heutige ～ ist der 3.(=dritte) April. きょうは4月3日である.

2 《複数で》データ,〔基礎〕資料, 数値; 〘電算〙データ: statistische *Daten* 統計上の数値 | die notwendigen *Daten* für eine Berechnung 計算に必要なデータ.

Da·tums≠an·ga·be 女 日付〔の表示〕: ein Brief ohne ～ 日付のない手紙. **≠auf·druck** 男 -〔e〕s/-e 日付印. **≠gren·ze** 女 〘地〙日付変更線. **≠stem·pel** 男 日付印; 〘郵〙消印.

Dau·be[dáʊbə] 女 -/-n **1** おけ〈たる〉板(→ 図 Faß). **2** 〘スポーツ〙カーリングの的(まと)〈目標〉. [*gr.* dochḗ „Aufnahme, Gefäß"–*mlat.* dōga, dōva]

Dau·bel[dáʊbəl] 女 -/-n 《オーストリア》(Fischnetz) 漁網.

Dau·ben≠holz[dáʊbən..] 中 おけ〈たる〉板材. **≠rei·ßer** 男 (おけ・たる用の板を削る)丸かんな.

Dau·er[dáʊər] 女 -/ **1** (時間の)長さ, 継続〈持続〉時間; 期間, 期限: für die ～ von drei Jahren gewählt werden 3年の任期で選挙される | **von kurzer 〈nicht von langer〉 ～ sein** 長続きしない | während der ganzen ～ der Reise 旅行中ずっと. **2** 長時間; 持続〈耐久〉性: **auf die ～** 長い間には, 長く続けば〔結局は〕| Dieser Zustand ist auf die ～ nicht zu ertragen. この状態は長くは耐えられない | auf ～ 〈für die ～〉 gearbeitet sein (製品が)長持ちするように作られている | für die ～ sein 半永久的なものである | **von ～ sein** 長続きする ‖ ～ haben 長続きする. [<dauern[2]]

Dau·er≠alarm 男 常時非常警戒体制. **≠an·le·ger** 男 長期の投資をする人. **≠ap·fel** 男 貯蔵用リンゴ. **≠auf·trag** 男 〘商〙(口座からの)自動継続払い込み依頼. **≠aus·schei·der** 男 〘医〙持続排菌者. **≠aus·stel·lung** 女 (期間を定めない)常設展示. **≠aus·weis** 男 = Dauerkarte **≠be·la·stung** 女 〘工〙連続負荷, 連続荷重. **≠be·schäf·ti·gung** 女 継続〈長期〉雇用. **≠brand·ofen** 男 =Dauerbrenner 1 **≠bren·ner** 男 **1** 貯炭式ストーブ (Kohlenofen など). **2** 《話》長いキス. **3** 《話》ロングランの映画〈芝居〉; 人気が持続している流行歌. **≠bruch** 男 〘工〙(金属などの)疲労破壊. **≠bü·gel·fal·te** 女 (ズボンの折り目などの)パーマネントプリーツ. **≠but·ter** 女 (長期間腐らない)貯蔵用バター. **≠er·folg** 男 (興行などの)長期にわたる成功. **≠fah·rer** 男 (自転車競技の)長距離選手. **≠fe·stig·keit** =Dauerschwingfestigkeit **≠feu·er** 中 連続射撃. **≠flug** 男 耐久〈長時間〉飛行. **≠form** 女 -/-en **1** =Verlaufsform **2** 《ふつう複数で》〘生〙永生菌. **3** 〘動〙永続型(地史上かなり長期間にほとんど変化しなかった動物群). **≠frost·bo·den** 男 〘地〙永久凍土層. **≠gast** 男 (酒場などの)常連; (ホテルなどの)長期宿泊〈滞在〉客. **≠ge·schwin·dig·keit** 女 (車両の)走行速度; (船舶・航空機の)巡航速度. **≠ge·wächs** 中 =Dauerpflanze **≠ge·we·be** 中 (↔Teilungsgewebe) 〘植〙永久組織.

D

dau·er·haft[dáuərhaft] 形 永続する, 耐久性のある, 堅牢(けんろう)な, 不変の; (色の)あせない: ~*e* Lebensmittel 長持ちする食料品 | Der Friede war nicht ~. 平和は長続きしなかった.

Dau·er·haf·tig·keit[..haftıçkaıt] 女 -/ (dauerhaft なこと. 例えば:) 持久〈耐久〉性, 堅牢(けんろう)さ.

Dau·er≈heim 中 (特に旧東ドイツの) 長期託児所. **≈kar·te** 女 定期〔乗車・入場〕券. **≈kri·se** 女 継続的な〈長期にわたる〉危機的状況. **≈kun·de** 男 **1** (↔Laufkunde) 固定客, 常連, お得意. **2** 《戯》(警察の) お得意様 (常習犯で警察の要注意人物). **≈kund·schaft** 女《集合的に》固定客〔層〕. **≈lauf** 男 走り続けること; 耐久〈長距離〉競走: Im ~ lief er zur nächsten Telefonzelle. 走りどおしに走って彼は最寄りの公衆電話に駆け込んだ. **≈laut** 男 (↔Momentanlaut) 〚言〛継続音, 持続子音 (摩擦音など). **≈lei·stung** 女 持続能力; 〚工〛連続出力. **≈lut·scher** 男《話》棒付き〈ペロペロ〉キャンディー. **≈ma·gnet** 男 永久磁石. **≈marsch** 男 長距離行軍. **≈mie·ter** 男 長期借家〈間借り〉人. **≈mo·di·fi·ka·tion** 女 〚遺伝〛永続〈継続〉変異.

dau·ern[1][dáuərn] 《05》他 (h) 《雅》《*jn.*》(…を) 悲しませる, 残念がらせる, 惜しませる: Du *dauerst* mich wirklich. 君はほんとうにかわいそうだ | Er kann einen ~. 彼は気の毒な男だ | Das wird dich noch ~! 君は今に後悔するぞ ‖ Die Zeit 〈Die Mühe〉 *dauert* mich. 時間〈労力〉がもったいない | Es *dauert* mich, so viel Geld ausgegeben zu haben. 私はこんなに金を遣ったのが悔やまれる. [*mhd.* türen „kostbar vorkommen"; ◇teuer]

dau·ern[2][dáuərn] 《05》**I** 自 (h) **1** 《期間を示す語句と》(…だけ) 時間がかかる, 経過する, 続く, 継続する: ewig 〈bis in alle Ewigkeit〉 ~ 永遠に続く | solange die Welt *dauert* この世の続くかぎり | Der Krieg *dauerte* und *dauerte*. 戦いはいっこうに終わらなかった ‖ 非人称 Es wird nicht lange ~, so 〈dann〉 blühen die Bäume wieder! 間もなくまた木々が花をつけるだろう | Es *dauerte* lange 〈eine halbe Stunde〉, bis er endlich das Ufer erreichte. 長いこと〈半時間〉かかって彼はやっと岸についた ‖〚4 格と〛Eine Unterrichtsstunde *dauert* 45 Minuten. 1授業時間は45分である | Diese Dinge *dauern* ihre Zeit. こういう事柄はそれ相応の時間がかかる | Das *dauert* ja eine Ewigkeit. これでは全くきりがない.

2 《雅》長続きする, 長持ちする, いつまでも変わらない: Dieser Friede wird ~. この平和は長続きするだろう.

▽**II** 他 (h) 《非人称の es を目的語とする成句で》我慢する: Er konnte es nicht länger ~. 彼はこれ以上我慢できなかった.

III dau·ernd 現分 形〔長く〕続く, 永続的な; たえ間ない: ewig ~*e* Jugend 永遠に失われぬ若さ | eine ~*e* Stellung 永続的な勤め口 | ein ~*er* Wohnsitz 定住地 | eine ~*e* Gefahr 不断の危険 ‖ Es regnet ~. たえず雨が降る | Er ist ~ unterwegs 〈auf Reisen〉. 彼は始終旅に出ている | *et.*[4] ~ im Munde führen (→Mund[1] 1).

[*lat.* dūrāre „härten"–*mndd.*–*mhd.*; ◇Dur; *engl.* dure]

Dau·er≈pflan·ze[dáuər..] 女 〚植〛多年生植物. **≈prü·fung** 女 (特に自動車レースの) 長距離耐久試験; (材料の) 耐久試験. **≈re·gen** 男 長雨. **≈ren·nen** 中 〚スポーツ〛長距離競走. **≈schlaf** 男 〚医〛持続睡眠〔療法〕. **≈schwing·fe·stig·keit** 女 (工材の) 長期耐久限度. **≈sel·ler**[..zɛlər] =Longseller **≈streß** 男 (≈stress 男) (肉体的・精神的な) 持続的緊張〈ストレス〉. **≈test** 男 耐久テスト. **≈tropf·in·fu·sion** 女 〚医〛持続点滴〔注入〕. **≈ver·such** 男 〚工〛耐久試験. **≈wa·re** 女 保存食品. **≈wel·le** 女 -/-n 《ふつう複数で》パーマ〔ネント=ウェーブ〕: *sich*[3] ~*n* machen lassen パーマをかけてもらう. **≈wir·kung** 女 持続的効果. **≈wohn·recht** 中 継続〔的〕居住権, 永住権. **≈wurst** 女 保存用ソーセージ (サラミなど, 燻製(くんせい)にして長持ちするようにしたソーセージ). **≈zu·stand** 男 持続的な〔不快な〕状態: zum ~ werden おきまりのこと〈癖〉になる | Das darf kein ~ werden. それがいつものことになってはいけない.

Dau·men[dáumən] 男 -s/- **1** (小 **Däum·chen**[dɔ́ymçən], **Däum·lein**[..laın] 中 -s/-) **a**) (英: *thumb*) (手の) 親指: 〔die〕 **~** 〈***Däumchen***〉 **drehen** 《比》何もせずにぶらぶらしている; 退屈している | ***jm.*** 〈**für** ***jn.***〉 **den ~ drücken** 〈**halten**〉 《比》…の成功を念じる, …に心の中で声援を送る | auf *et.*[4] den ~ drücken 《比》…に固執する | ***jm.* den ~ aufs Auge drücken** 〈**halten/setzen**〉 《話》…に圧力をかけて何かをむりやりさせる, …を強制的に屈服させる | den ~ einschlagen 親指を内側へ折り曲げる | **einen trockenen ~ haben** 《話》一文なしである | **den ~ auf *et.***[4] **halten** 《比》…を出し惜しみする | den ~ drauf 〈auf den Beutel〉 halten 《比》けちである | den ~ rühren 《話》金を支払う ‖ **am** ~ lutschen 〈saugen〉 (幼児が) 親指をしゃぶる; 《比》食うに困っている | **per ~** 《話》ヒッチハイクで, ヒッチハイカーとして (→Anhalter) | ***et.***[4] **über den ~ peilen** 〈**schätzen**〉 《比》…を大ざっぱに見積もる | ***jn.* über den ~ drehen** 《比》…をあざむく | nicht **um** eines ~*s* Breite nachgeben 〈zurückweichen〉 《比》いささかも譲歩しない〈あとへ引かない〉 | ***jn.* unter dem ~ halten** 《比》…を完全に支配下に置いている | **unter *js.* ~**[3] **sein** 《比》…の支配下にある〈言うなりになっている〉 | Rheumatismus **zwischen** ~ und Zeigefinger haben (→Rheumatismus). ▽**b**) 足の親指. **2** 〚工〛カム, タペット, つつき棒. ▽**3** (Zoll) インチ. [*germ.* „Geschwollener"; ◇ *engl.* thumb]

Dau·men≈ab·druck[dáumən..] 男 親指の指紋; 拇印(ぼいん). **≈bal·len** 男 親指の指球 (付け根の膨らみ).

dau·men·breit 形 親指の幅ぐらいの.

Dau·men·brei·te 女 親指の幅: um ~ ほんのちょっぴり.

dau·men·dick 形 親指の太さの.

Dau·men≈dre·her 男《話》怠け〈のらくら〉者. **≈kap·pe** 女 (親指にはめる) 指サック. **≈lut·scher** 男 しきりに親指をしゃぶる子供. **≈re·gi·ster** 中 (辞書など分厚い本の小口に半月形に切り込んだ検索用の) つめ〔かけ〕. **≈ring** 男 〚工〛カム輪. **≈schei·be** 女 〚工〛カム板. **≈schrau·be** 女 -/-n 《ふつう複数で》親指ねじ (親指を締めつける中世の拷問器具): ***jm.*** 〔**die**〕 **~*n* anlegen** 〈**ansetzen**〉 《比》…を残忍な手段で責めたてる. **≈wel·le** 女 〚工〛カム軸.

Däum·lein Daumen の縮小形.

Däum·ling[dɔ́ymlıŋ] 男 -s/-e **1** 親指サック; (手袋の) 親指の部分. **2** 《単数で》親指太郎 (グリム童話の主人公).

Daum·schrau·be[dáum..] =Daumenschraube

Dau·ne[dáunə] 女 -/-n 綿毛; (特にガチョウ・カモなどの) 羽毛. [*anord.* dūnn–*mndd.* dūn(e); ◇Düne; *engl.* down]

Dau·nen≈ano·rak 男 〚服飾〛ダウンジャケット. **≈bett** 中, **≈decke** 女 (Federbett) 羽〔入り掛け〕ぶとん. **≈jacke** 女 〚服飾〛ダウンジャケット. **≈kis·sen** 中 羽毛入りまくら〈クッション〉.

dau·nen·weich 形 綿毛のように柔らかな.

Dau·phin[dofɛ̃ː] 男 -s/-s 〚史〛ドーファン (フランスのヴィエンヌ藩侯の称号: 1349–1830のフランス王太子〈第一王子〉の称号); 《比》(Nachfolger) (元首などの) 後継首班. [*fr.*]

die **Dau·phi·né**[dofinéː] 地名 女 -/ ドーフィネ (グルノーブル Grenoble を州都とする旧フランスの州). [*fr.*]

▽**Daus**[1][daus][1] 男 -es/-e (Teufel) 悪魔; 《比》いいやつ: Er tanzt wie ein ~. 彼はめっぽうダンスがうまい ‖ Ei 〈Was〉 der ~! / Potz ~! なんたることぞ, いやはやあきれたわい; こいつはすごい, なんてすてきだ.

Daus[2][–] 中 -es/-e, Däuser[dɔ́yzər] (さいころの) 2 の目; (ドイツふうトランプの) エース. [*afr.* dous „zwei"–*ahd.* dūs; <*lat.* duo (→Duo); ◇ *engl.* deuce]

Da·vid[dáːfıt, dáːvıt] **I** 男名 ダーフィト. **II** 人名 〚聖〛ダビデ, ダビド (前10世紀の Israel 第 2 代の王). [*hebr.* „Liebling"]

Da·vid〔**s**〕**·stern** 男 ダビデの星 (正三角形を二つ組み合わせた六角星形. ユダヤ教のシンボル: ✡).

Da·vis≈-Cup[déːvıskap, déıvıskʌp] 男 -s/, **≈-Po·kal** 男 -s/ 〚テニス〛デビスカップ, デ杯. [<D. F. Davis (アメリカのテニス選手, †1945)]

die **Da·vis·stra·ße**[déːvıs] 地名 女 -/ デービス海峡

(Grönland と北アメリカの間にある). [<J. Davis (イギリス人探検家, †1605); ◇engl. the Davis Strait]

Da·vit[dé:vɪt] 男 -s/-s 〘海〙ダビット(救命ボートなどをつり上げる回転起重機のついた鋼柱). [*afr.*–*engl.*; ◇David]

da·vọn[dafɔ́n; 指示的強調: dá:fɔn] 副《von+人称代名詞・指示代名詞に相当する: →von, da.. 1》(前置詞 von のさまざまな意味に対応して. 例えば:) そこから; それが原因で; それを材料にして; そのうちで; それについて: 〘da.. が事物を意味する名詞を受けて〙Ich kenne das Dorf, denn ich wohne nicht weit ～. その村は知っています. 私はそこからあまり遠くないところに住んでいますから | Ich habe drei Meter Stoff gekauft und mir ～ ein neues Kleid gemacht. 私は生地を 3 メートル買って それで新しいドレスを仕立てた(→davonmachen) ‖〘da.. が前文の内容や場面を受ける es, das に相当して〙Der Lärm war unerträglich. Ich wurde ～ aufgeweckt. 騒音は耐えきれぬほどだった. 私はそれで目がさめた | *Davon* hast du doch nichts. そんなことしたって君は一文の得にもなりゃしないよ | Kein Wort mehr ～! その話には一切ふれるな | Ein andermal mehr ～! それについてはまたの機会にさらに話そう | Das kommt ～! そんなことをするからだ, それみたことか ‖〘da.. が後続の zu 不定詞〔句〕や副文の内容を指す es, das に相当して〙Ich bin weit ～ entfernt, dir zu glauben. 私は君〔の言うこと〕はとうてい信じる気になれない | Sehen wir einmal ～ ab, daß ... …ということはひとまず度外視しよう | Das kommt ～, daß ... それは…ということが原因だ(ただし: →davonkommen).

★ i)「そのうちで」の意味では人を意味する名詞を受けることがある(→darunter ★ iii): Sie hat drei Brüder. Einen ～ kenne ich. 彼女には兄弟が 3 人いるが そのうちの一人を私は知っている.

ii) **auf und ～** の形で「逃亡」の意を表すことがある: auf und ～ gehen 〈laufen〉 一目散に逃げる | Er war schon auf und ～. 彼はもうずらかったあとだった.

iii) 古風な表現では関係文を導くことがある: Apostelamt, ～ Judas abgewichen ist ユダが離れて行った使徒の職務 (聖書: 使1, 25).

iv) 指示的意味が薄れて分離動詞をつくることがある.

da·vọn|blei·ben*[dafɔ́n..] 《21》自 (s) それ〈そこ〉から身を遠ざけている, それに関与しないでいる.

★ ただし: *Davon bleiben* zwei Stück übrig. そのうち 2 個が残っている.

da·vọn|ei·len 自 (s) 急いで立ち去る, 走り去る.

da·vọn|fa̱h·ren* 《37》自 (s) (乗り物で・乗り物が) 走り去る.

★ ただし: *Davon fuhren* drei Wagen in die Stadt. それらの車の中から 3 台が市中へ向かった.

da·vọn|flie·gen* 《45》自 (s) 飛び去る.

★ ただし: *Davon flogen* zehn Bomber nach Süden. それらの爆撃機の中から10機が南方へ飛んで行った.

da·vọn|ge̱·hen* 《53》自 (s) 立ち去る; 《雅》死去する.

★ ただし: *Davon gingen* zehn zu Fuß. そのうちの10人は徒歩だった.

da·vọn|ja̱·gen I 自 (s) (ものすごい速さで) 走り去る. **II** 他 (h) 追い払う; (独裁者などを) 失脚させる, 追放する; 《話》解雇する, 馘(くび)にする.

da·vọn|kom·men* 《80》自 (s) (危険・災難などを) のがれる: glücklich ～ 無事に助かる | mit einem blauen Auge ～ (→Auge 1) | mit dem Leben 〈mit heiler Haut〉 ～ (→Leben 1, →Haut 1 a) | Ich bin mit einer Verwarnung *davongekommen.* 私はしかられただけで済んだ.

★ ただし: *Davon kommen* viele Fehler. 多くの間違いはそこから生じる(→davon).

da·vọn|las·sen* 《88》他 (h) die Finger 〈die Hände〉 ～ 危険な事に手出しをしない, 安全第一を心がける.

★ ただし: *Davon* hat er 20 Stück anfertigen *lassen.* 彼はそれを20個作らせた.

da·vọn|lau·fen* 《89》自 (s) 走り去る, 逃亡する; 《比》制御がきかなくなる, むやみに突っ走る: 〔vor〕 *jm.* ～ …から逃げ出す | Er redete, und die Worte *liefen* ihm *davon.* 彼は話しだすと止まらなかった | Die Preise *liefen* den Löhnen *davon.* 物価は賃金が追いつかぬほど上がり続けた ‖ **zum *Davonlaufen* sein** 《話》(逃げ出したくなるほど) ひどい〈耐えがたい〉状態である | Das ist ja zum *Davonlaufen.* 《話》これはひどい〈たまらぬ〉.

da·vọn|ma·chen 他 (h) 再帰 *sich*⁴ ～ 《話》(こっそり) 立ち去る, 逃げ出す; 《比》死去する.

★ ただし: davon machen →davon

da·vọn⸗|schlei·chen* 《139》他 (h) 再帰 *sich*⁴ ～ そっと立ち去る, こっそり逃げ出す. **⸗|schwim·men*** 《160》自 (s) 泳ぎ去る; 漂い去る. **⸗|ste̱h·len*** 《183》他 (h) 再帰 *sich*⁴ ～ こっそり立ち去る.

da·vọn|tra̱·gen* 《191》他 (h) 運び去る; (損害などを) こうむる; 《雅》(賞などを) さらう: eine Erkältung ～ かぜをひく | von dem Unfall Schaden ～ 事故で損害を受ける ‖ den ersten Preis ～ 一等賞をさらう | in einem Streit den Sieg ～ 争いに勝つ.

★ ただし: *Davon trägt* er zwei Säcke auf einmal. 彼はそのうちの 2 袋を一度に持って行く.

da·vọn|zie·hen* 《219》自 (s) **1** (渡り鳥・軍隊などが) 移動する, 立つ. **2** 《*jm.*》〘スポ〙(相手を) 引き離す, 抜く.

da·vo̱r[dafó:r; 指示的強調: dá:fo:r] 副《vor+人称代名詞・指示代名詞に相当する: →vor I, da.. 1》(前置詞 vor のさまざまな意味に対応して. 例えば:) (↔dahinter) その前方〈前面〉に; (↔danach) それ以前に; それに対して, それから(守って): 〘da.. が事物を意味する名詞を受けて〙ein Haus mit einem Blumenbeet ～ 前に花壇のある家 | Gestern hatte er Examen; er war schon viele Tage ～ aufgeregt. 彼はきのう試験だったが その何日も前から興奮していた ‖〘da.. が前文の内容や場面を受ける es, das に相当して〙Er hätte Kritik üben müssen, scheute sich aber ～. ほんとうは彼は批判をすべきだったのに それをしりごみした ‖〘da.. が後続の zu 不定詞〔句〕や副文の内容を指す es, das に相当して〙Sie fürchtete sich ～, allein durch den Wald zu gehen. 彼女はひとりで森を通るのが恐ろしかった | Hüte dich 〔～〕, daß du dich erneut erkältest. またかぜをぶりかえさないよう気をつけてね.

★ i) 古風な表現では関係文を導くことがある: ein Licht in seinen Augen, ～ (=vor dem) mir ein Grauen ankam. それを見ていると私がぞっとしてくるような彼の目の光.

ii) 指示的意味が薄れて分離動詞をつくることがある.

da·vo̱r|ste̱·hen*[dafó:r..] 《182》自 (h) 目前に迫っている.

★ ただし: Das Auto muß *davor stehen,* nicht dahinter. その自動車はその裏手ではなく手前に止めなければならない.

Da·vo̱s[davó:s] 地名 ダヴォース(スイス東部の観光・保養地).

Da·vo̱·ser[..zər] **I** 男 -s/- ダヴォースの人. **II** 形《無変化》ダヴォースの.

Da·vy[dé:vi·, déɪvi·] 人名 Sir Humphry ～ サー ハンフリー デーヴィ(1778-1829; イギリスの化学者. 安全灯の発明で知られる).

da·vysch (**Da·vysch**)[dé:vɪʃ] 形 デーヴィの: ～*e* Lampe デーヴィ灯(炭坑用の安全灯).

da·wa̱i[davái] 間 (los) (勧誘・催促・激励の気持を表して) さあやれ, 始め, かかれ. [*russ.*]

Dawes[dɔ:z] 人名 Charles Gates ～ チャールズ ゲイツ ドーズ(1865-1951; アメリカの財政家. 第一次大戦後, ドーズ案 Dawesplan によってドイツの賠償問題を解決. 1925年ノーベル平和賞を受賞).

ᵛ**da·wi̱·der**[daví:dər; 指示的強調: dá:vi:dər] 副《wider+人称代名詞・指示代名詞に相当する: →wider I, da.. 1》(前置詞 wider のさまざまな意味に対応して. 例えば:) (dagegen) それに向かって〈対して〉, それに対抗して〈逆らって〉: 〘da.. が事物を意味する名詞を受けて〙In der Dunkelheit sah ich den Ofen nicht und stieß ～. 暗くて暖炉が見えず 私はそれにぶつかった ‖〘da.. が前文の内容や場面を受ける es, das に相当して〙etwas ～ unternehmen そのことに対して何らかの対策を立てる | Ich habe nichts ～. 私はそれに全く異論がない | Wenn Sie nicht ～ gewesen wären, wäre er

Lehrer gewesen. あなたが反対しなかったら彼は教師になったろうに ‖〖da.. が後続の副文などの内容を指す es, das に相当して〗Ich bin ~, daß er als Kandidat aufgestellt wird. 彼を候補に立てることには私は反対だ.

★ i) 古風な表現では関係文を導くことがある.
ii) 指示的意味が薄れて分離動詞をつくることがある.

ᐁ**da·wi̱·der|re̱·den**[daví:dər..]《01》自(h)《雅》(…に)反対する, 異論を唱える.

DAX[daks] 略 男 -/ =**Deutscher Aktienindex** ドイツ株価指数.

da·zu̱[datsú:; 指示的強調: dá:tsu:] 副《zu+人称代名詞・指示代名詞に相当する: →zu I, da.. 1》(前置詞 zu のさまざまな意味に対応して. 例えば:) その方へ, それを目ざして; そのために, その目的〈用途〉で; それに対比して; それに加えて〈添えて〉: 〖da.. が事物を意味する名詞を受けて〗Es war keine Sensation, sie hat es ~ gemacht. それは別にセンセーショナルなことではなく 彼女がそう仕立て上げただけだ ‖〖da.. が前文の内容や場面を受ける es, das に相当して〗Du darfst nicht nur trinken, du mußt auch ~ essen. 君は飲んでばかりいてはだめだ. 何かいっしょに食べなくては | andere ~ erforderliche Papiere それに必要なその他の書類 ‖〖接続詞的に〗Er ist Pianist und ~ Dirigent. 彼はピアニストでそのうえ指揮者でもある ‖〖da.. が後続の zu 不定詞〔句〕や副文の内容を指す es, das に相当して〗Diese Vorrichtung dient ~, Holz aufzuladen. この装置は木材を積むのに用いられる | Wir alle trugen ~ bei, daß das Werk gelang. その仕事が成功したのは私たちが皆で力を出し合ったからだ.

★ i) 古風な表現では関係文を導くことがある: die Tür gegen Mittag, ~ man kommt von den Mauern 囲壁の方から通じている南向きの戸口.
ii) 指示的意味が薄れて分離動詞をつくることがある.

da·zu̱⸗|ge̱·ben*[datsú:..]《52》他(h) つけ加える, 補足する: 〔immer / überall〕*seinen* Senf ~ (→Senf 2). **⸗|ge·hö̱·ren** 自(h) それに所属している; その一員になっている. **⸗ge·hö̱·rig** 形 それに所属〈付属〉の: die Abbildungen und die ~*en* Erläuterungen さし絵とその説明文.

da·zu̱|hal·ten*《65》他(h)《話》再帰 *sich*⁴ ~ 急ぐ; (実現するよう)努力する, がんばる.

★ ただし: *et.*⁴ dazu halten …をそのために保持する.

da·zu̱·hi̱n[datsu:hín, dá:tsu:hın] 副《方》(außerdem) それに加えて, おまけに.

da·zu̱⸗|kom·men*《80》自(s) **1 a)** (事件の現場などに)来かかる, 来あわせる, 到着する: Ich *kam* gerade *dazu,* als der Unfall passierte. その事故が起こったとき私はちょうどその現場に来あわせた. **b)** 加わる, 追加される; (病気が)併発する: *Kommt* noch etwas *dazu*? (店員が客に)何かほかにご入用なものは. **2** (bekommen) 入手する: Wie sind Sie denn *dazugekommen*? どうやってそれを手に入れましたか. **3**《オーストリア・スイス》(…をする)機会〈時間〉を得る: Ich bin heute nicht *dazugekommen.* きょう私はその暇がなかった. **⸗|kön·nen***《81》他(h)《話》《ふつう次の形で》nichts ~ それに責任がない; それをどうすることもできない. **⸗|ler·nen** 他(h)(既知の事柄に加えて)さらに〈新しく〉習い覚える; さらに経験を積む.

ᐁ**da̱·zu·mal**[dá:tsuma:l] 副 (damals) 当時〈そのころ〉〔は〕: **Anno** 〈**anno**〉 **~**《話》大昔に | von 〔Anno/anno〕 ~ 〔her〕 大昔から.

da·zu̱⸗|rech·nen[datsú:..]《01》他(h) 加算する. **⸗|schau·en** 自(h)《オーストリア》**1** (実現するよう)努力する, がんばる, 気を配る. **2** 急ぐ. **⸗|schla̱·gen***《138》他(h)(利息などを)加算する. **⸗|schrei·ben***《152》他(h) 書き加える, 書き添える. **⸗|set·zen**《02》他(h) **1** 再帰 *sich*⁴ ~ 仲間入りする, 一座に加わる. **2** (署名などを)書き加える. **⸗|tu̱n***《198》他(h) **1** つけ加える, 付加〈添加〉する. **2** 手出しをする, 関与〈助力〉する: **ohne** *js.* **Dazutun** …の関与なしで, …がなにもしないのに. **⸗|ver·die·nen** 他(h) 追加して〈余分に〉稼ぐ. **⸗|za̱h·len** 他(h) 追加して支払う.

da·zwi̱·schen[datsvíʃən; 指示的強調: dá:tsvıʃən] 副《zwischen+人称代名詞・指示代名詞に相当する: →zwischen I, da.. 1》(前置詞 zwischen のさまざまな意味に対応して. 例えば:) その中間に〈へ〉; その期間中に: 〖da.. が事物を意味する名詞を受けて〗zwei Wiesen mit einer Hecke ~ 間を生け垣で仕切った二つの牧草地 | Man berichtet von 1960 und 1965, aber was geschah ~? 1960年と1965年とのことが報告されているがこの両年の間にどんなことがあったか | Ich habe Pilze gesammelt, es sind sicher giftige ~. 私はキノコを取って来たがその中にはきっと毒キノコがまじっている.

★ i) 空間的意味では da.. が人を意味する名詞などを受けることがある: Ich konnte mich mit ihm kaum unterhalten, weil noch jemand ~ saß. 間にほかの人が座っていたので私は彼とほとんど話ができなかった.
ii) 古風な表現では関係文を導くことがある.
iii)「介入・介在」を表す分離動詞をつくることがある.

da·zwi̱·schen⸗|fa̱h·ren*[datsvíʃən..]《37》自(s)(争っているときなどに)間に割ってはいる; ひとの話に口をさしはさむ(ただし: *dazwischen fahren* (乗り物で・乗り物が)その間を走る; その間へ割り込む). **⸗|fun·ken**《話》=dazwischenfahren **⸗|ge·ra̱·ten***《113》自(s)(争いなどのときに)それに巻き込まれる.

da·zwi̱·schen|kom·men*《80》自(s) **1** (予期しない障害などが)突発する. **2** 介入〈干渉〉する. **3** mit der Hand ~ (機械などに)手をはさまれる.

★ ただし: *dazwischen kommen* その間にはいる.

Da·zwi̱·schen·kunft [..kʊnft] 女 -/ ..künfte [..kʏnftə] dazwischenkommen すること.

da·zwi̱·schen|lie·gen*《93》自(h)(二つの時点の)間にある〈経過している〉: Jahre, die *dazwischenlagen* その間に経過した年月 ‖ die *dazwischenliegenden* Ereignisse その間に起こった諸事件.

★ ただし: Die Wahrheit kann *dazwischen liegen.* 真実はその中間にあるかもしれぬ.

da·zwi̱·schen|re̱·den《01》**I** 自(h) 口をはさむ; 《比》介入〈干渉〉する: *jm.* ~ …の話を遮る〈話の腰を折る〉. **II** 他(h) 他人の話を遮って言う: Unverständliches ~ わけの分からぬことを言ってひとの話の腰を折る.

★ ただし: *Dazwischen redeten* die Vertreter. その間に代表者たちが話し合った.

da·zwi̱·schen|ru̱·fen*《121》**I** 自(h) やじをとばす. **II** 他(h) 大声でやじる: „Schluß!" ~ 「やめろ」とやじる.

★ ただし: *Dazwischen riefen* Kinder im Garten. その間に庭で子供たちが叫んだ.

da·zwi̱·schen|schal·ten《01》他(h) 介入させる: 再帰 *sich*⁴ ~ 介入する.

da·zwi̱·schen|schla̱·gen*《138》自(h)(争いなどに)〔殴りかかって〕割って入る.

da·zwi̱·schen|ste̱·hen*《182》自(h) **1** (…の)間に立つ; (二つの意見の間の)中間的〈仲介的〉な立場をとる. **2** 邪魔をする, 障害になる.

★ ただし: *Dazwischen stehen* mehrere Bäume. その間に何本かの木がある.

da·zwi̱·schen|tre̱·ten*《194》自(s) **1** 介入〈干渉〉する; 仲裁〈調停〉する: in einem Streit ~ 争いの仲裁をする ‖ Seinem *Dazwischentreten* war es zu verdanken, daß … …は彼の介入〈調停〉のおかげだった. **2** (…の間に割り込んで)その仲を裂く, 不和をかもす.

★ ただし: *Dazwischen traten* noch Schwierigkeiten auf. その間にさらに難問が生じた.

da·zwi̱·schen|wer·fen*《209》他(h) **1** (意見・質問などを)さしはさむ. **2** 再帰 *sich*⁴ ~ 仲裁に割り込む.

★ ただし: *Dazwischen warf* er den Ball. その間へ彼はボールを投げた.

dB[de:bé:] 記号 (Dezibel) デシベル.

DB[de:bé:] 略 女 -/ **1** =**Deutsche Bundesbahn** (1993年までの)ドイツ連邦〈国有〉鉄道. **2** =**Deutsche Bahn** (1994年以降の)ドイツ鉄道.

DBB[de:be:bé:] 略 **1** 女 -/ =BBk **2** 男 =**Deutscher Beamtenbund** ドイツ公務員連盟.

DBD[de:be:dé:] 略 女 -/ =**Demokratische Bauernpartei Deutschlands** ドイツ民主農民党(1948年に創立された旧東ドイツの政党: →**Volkskammer**).

DBGM[de:be:ge:|ɛ́m] 略 中 ＝**Deutsches Bundes-Gebrauchsmuster** （ドイツの）連邦実用新案.

DBP[de:be:pé:] 略 女 -/ ＝**Deutsche Bundespost** ドイツ連邦郵便.

d. c. 略 ＝**da capo**

d. d. 略 ＝**de dato**

Dd. 略 ＝**Doktorand**

ddp[de:de:pé:] 略 男 ＝**Deutscher Depeschendienst** ドイツ通信社.

DDR[de:de:|ɛ́r] 略 女 -/ ＝**Deutsche Demokratische Republik** ドイツ民主共和国（いわゆる旧東ドイツ）.

DDT[de:de:té:] 中 -/ 商標 ディーディーティー（殺虫剤）. [*engl.*; ＜*engl.* **d**ichloro**d**iphenyl**t**richloroethane]

D-Dur[dé:du:r, ⌒⌒] 中 -/ 〘楽〙二長調（記号 D）: →A-Dur

de[1] 《ラテ語》→*de* dato, *de* facto, *de* gustibus non est disputandum, *de* jure, *de* mortuis nil nisi bene

de[2] 《フラ語》→*de* Luxe

de[3][də, de] 《広くロマンス語系の人名の姓によく用いられ, 本来は出身地を示す; 母音の前では d' となる》: ～ Gaull ドゴール | Jeanne *d'*Arc ジャンヌ ダルク.

de.. 《動詞などにつけて「除去・分離・欠落」などを意味する. 母音の前では des.. となることもある》: *de*couragieren 意気沮喪(そう)させる | *de*komponieren 分解する | *de*moralisieren 風紀を退廃させる ‖ *Des*aminierung アミノ基の分離 | *des*odori〔si〕eren 除臭〈脱臭〉する. [*lat.*〔－*fr.*〕; ◇dis..]

Dead·line[dɛ́dlaɪn] 女 -/-s （原稿などの）締め切り日時; 日限. [*engl.* „Todes-streifen"; ◇tot, Linie]

Deal[di:l] 男 -s/-s （商売の）取引: mit *jm.* einen ～ machen …と取引をする. [*engl.*]

dea·len[dí:lən] 自 (h) 麻薬の違法な取引〈密売〉をする.

Dea·ler[dí:lər] 男 -s/- **1** （違法な）麻薬取引業者, 麻薬密売人; （禁制品の）商売人. **2** ＝Jobber [*engl.*; ◇teilen]

De·bạ·kel[debá:kəl] 中 -s/- (Zusammenbruch) 崩壊, 瓦解(がかい); 敗北: ein ～ erleiden 崩壊する; 敗北を喫する. [*fr.*; ＜*lat.* baculum „Stock"; ◇*engl.* debacle]

De·bar·deur[debardǿ:r] ▽**I** 男 -s/-e 〘海〙陸揚げ作業員. **II** 中 -s/s （陸揚げ作業員の）丸首シャツ. [*fr.*; ＜..eur]

de·bar·die·ren[..dí:rən] 他 (h) (ausladen) （船の）積み荷をおろす, 陸揚げする, 荷おろしする. [*fr.*]

▽**de·bar·kie·ren**[debarkí:rən] 他 (h) (ausschiffen) 揚陸する, 荷おろしする; 上陸〈下船〉させる. [*fr.*; ◇Bark]

De·bạt·te[debátə] 女 -/-n 討議, 議論; （議会での）討論, 審議; 議事: ～ über *et.*[4] …についての討議 ‖ eine ～ eröffnen 〈unterbrechen〉 討論を開始〈中止〉する ‖ **in die ～** eingreifen 論争の仲間入りをする | *et.*[4] in die ～ werfen …を討議に付する | Ich lasse mich mit dir in keine ～ ein. 私は君とあえて議論はしない | **zur ～ stehen** 討議の対象となっている, 討議されている | Das steht nicht zur ～. それは当面の論題から外れている | ***et.***[4] **zur ～ stellen** …を議題とする. [*fr.*]

▽**De·bạt·ten·schrift** 女 -/ 〔討論記録用〕速記文字.

De·bạt·ter[debátər] 男 -s/- （積極的な・弁の立つ）討論参加者. [*engl.* debater]

de·bat·tie·ren[debatí:rən] **I** 他 (h) 討議〈議論〉する: eine Gesetzvorlage im Parlament ～ 議会で法案を審議する. **II** 自 (h) 討議〈議論〉をする: mit *jm.* über *et.*[4] ～ …と…について討論する | Es wurde lebhaft 〈hitzig〉 *debattiert.* 活発な〈激しい〉論議があった. [*fr.*; ◇Batterie, *engl.* debate]

De·bat·tier·klub 男 《軽蔑的に》弁論クラブの連中（実のない議論に熱中する一派）.

▽**De·bauche**[debó:ʃ(ə)] 女 -/n[..ʃən] (Ausschweifung) 放埒(ほうらつ), 耽溺(たんでき), 遊蕩(ゆうとう), 道楽三昧(ざんまい). [*fr.*]

▽**de·bau·chie·ren**[deboʃí:rən] 自 (h) 放蕩(ほうとう)生活をする, 遊蕩にふける. [*fr.*; ◇Balken]

Dẹ·be·ka[dé:beka·] 女 -/ （＜Deutsche Beamten-Krankenversicherung） ドイツ公務員健康保険組合.

De·bel·la·tion[debɛlatsió:n] 女 -/-en 完全な征服〈制圧〉; 〘法〙敵国の絶滅〈占領〉による戦争終結. [*lat.*; ＜*lat.* bellum „Krieg"]

Dẹ·bet[dé:bɛt] 中 -s/-s (↔Kredit) 〘商〙（帳簿の）借方; 債務, 負債: bei *jm.* in ～ sein …に借りがある. [*lat.* dēbēre „schulden"; ＜de..＋*lat.* habēre „haben"; ◇*engl.* deb〔i〕t]

Dẹ·bet≠no·te 女 〘商〙借方票, 借方勘定. **≠po·sten** 男 〘商〙借方項目〈勘定〉. **≠sal·do** 男 〘商〙借方残高. **≠sei·te** 女 〘商〙（帳簿の）左のページ, 借方.

de·bil[debí:l] 形 〘医〙（軽度の）精神薄弱の, 軽愚の. [*lat.* dēbilis „gelähmt"]

De·bi·li·tät[debilitɛ́:t] 女 -/ 〘医〙軽愚（軽度の精神薄弱）.

▽**De·bit**[debí:(t)] 男 -s/ **1** （商品の）販売. **2** (Ausschank) （酒類の）小売り; 居酒屋. [*fr.*; ＜*fr.* débiter „zerteilen"]

de·bi·tie·ren[debití:rən] 他 (h) 〘商〙 **1** *jn.* mit einem Betrag ～ / *jm.* einen Betrag ～ ある額を…の借方に記入する, …にある額の債務を負わせる. **2** （商品を）販売する. [1: ＜Debitor; 2: ＜Debit]

Dẹ·bi·tor[dé:bitɔr, ..to:r] 男 -s/-en[debitó:rən] 《ふつう複数で》(↔ Kreditor) 〘商〙債務者, 借主. [*lat.*; ＜*lat.* dēbēre (→Debet): ◇*engl.* debtor]

de·blockie·ren[deblɔkí:rən] 他 (h) (↔blockieren) **1** （町などの）包囲を解く; （押収品などの）封鎖を解除する. **2** 〘鉄道〙（線路区間の）閉塞(へいそく)を解除する. **3** 〘印〙げた（▮）を差しかえる. [*fr.* dé-bloquer]

De·bọ·ra〔h〕[debó:ra·] **I** 女名 デボラ. **II** 人名 〘聖〙デボラ (Israel の士師, 女預言者): *Debora*lied デボラの歌（士師記 5）. [*hebr.* „Biene"]

▽**de·bou·chie·ren**[debuʃí:rən] 自 (s) 〘軍〙（狭い所から広い所へ）進出〈出現〉する. [*fr.*; ＜*lat.* bucca (→Buckel)]

Dẹ·bre〔c〕·zi·ner[dé:brɛtsi:nər] 複 デブレツェンソーセージ（ハンガリー産の薬味のきいた小型ソーセージ）. [＜Debrecen （ハンガリー東部の都市）]

De·bus·sy[dəbysí(:)] 人名 Claude ～ クロード ドビュッシー (1862‒1918; フランス印象派の作曲家).

De·büt[deby:] 中 -s/-s （芸術家・スポーツ選手などの）デビュー, 初登場, 初舞台: ***sein* ～ geben** 〈machen〉 デビューする, 初舞台を踏む. [*fr.*; ＜*fr.* (jouer) de but „auf das Ziel hin (spielen)"]

De·bü·tạnt[debytánt] 男 -en/-en (⊛ **De·bü·tạn·tin** → 別出) **1** デビューする人（俳優・音楽家など）. **2** (Anfänger) 初心者, 新人.

De·bü·tạn·tin[..tɪn] 女 -/-nen **1** Debütant の女性形. **2** 初めて社交界に出る上流家庭の子女.

de·bü·tie·ren[debytí:rən] 自 (h) デビュー〈初登場〉する: mit einer Erzählung ～ （作家が）短編小説をひっさげてデビューする. [*fr.*]

Dec·ame·ro·ne[dekameró:ne·] 中 -s/ ＝Dekameron

De·cha·nạt[deçaná:t] 中 -〔e〕s/-e ＝Dekanat 2

De·cha·nei[..náɪ] 女 -/-en ＝Dekanei

De·chạnt[deçánt; オース・トリア: ⌒⌒] 男 -en/-en ＝Dekan 2

De·chan·tei[deçantáɪ] 女 -/-en 《オース・トリア》 **1** Dechant の管轄区域. ▽**2** Dechant の公邸.

De·chạr·ge[deʃárʒə] 女 -/-n **1** 〘海〙荷おろし, 陸揚げ. **2** 〘商〙債務解除, 弁済償却. [*fr.*]

de·char·gie·ren[..ʃarʒí:rən] 他 (h) **1** 〘海〙（…の）積み荷をおろす. **2** 〘商〙債務を解除〈弁済〉する. [*vulgärlat.*－*fr.*; ◇*engl.* discharge]

Dẹ·cher[déçər] 中 男 -s/- 〘史〙デヒャー（特に毛皮・毛皮製品について10個一組の単位）. [*lat.* decuria－*mhd.*; ＜*lat.* decem (→Dezem); ◇Dekurie]

de·chif·frie·ren[deʃɪfrí:rən] 他 (h) (↔ chiffrieren) （暗号などを）解読する. [*fr.*; ◇*engl.* decipher]

Dẹch·sel[déksəl] 女 -/-n 手斧(ちょうな) (→ 図). [*germ.*]

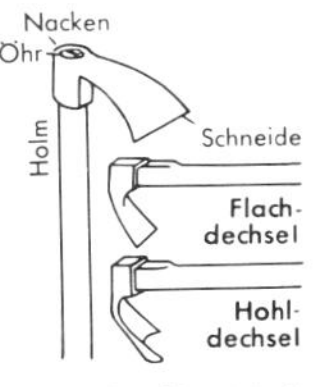

Dechsel (Dachsbeil)

D

Deck[dɛk] 中 -[e]s/-s(-e) **1 a)** 〘海〙甲板, デッキ: auf [dem] ~ promenieren 甲板を散歩する | klar ~ 〘海〙甲板上の[戦闘]準備が完了して | Alle Mann an ~! 〘海〙総員甲板へ | **nicht auf ~ sein** 《話》体調〈気分〉がよくない | **wieder auf ~ sein** 《話》体の調子が回復している. **b)** (二階つきのバスなどの)上階(→Doppeldecker 1). **2** デッキ(カセットデッキ・テープデッキなど). [*ndd.*; ◇decken, Decke]

Deck≠adres·se[dɛ́k..] 女 (受取人またはその居所を偽装するための)仮のあて名. **≠akt** 男 (動物の)交尾. **≠an·schrift** 女 =Deckadresse **≠an·strich** 男 (ペンキなどの)上塗り. [<decken]

Deck·bal·ken[dɛ́k..] 男 〘海〙甲板梁〈ビーム〉.

Deck≠bett[dɛ́k..] 中 (羽毛入りの)掛けぶとん. **≠blatt** 中 **1** (葉巻の)外巻き葉(→ 図 Tabak). **2** (本などの)タイトルページ; (地図などに重ねる)記入事項のある透明の紙, オーバーレイ; (本・時刻表・官報などの)補充〈訂正〉つき差し込みページ. **3** 〘植〙苞葉(ほうよう). **≠brett** 中 (温室の屋根の)覆い板, 日よけ. [<decken]

Deck·chen Decke の縮小形.

Decke[dɛ́kə] 女 -/-n (⑪ **Deck·chen**[..çən] 中 -s/-) **1** 覆い, 被覆: **a)** (Bettdecke) 掛けぶとん; 毛布: eine wollene ~ 毛布 ‖ *jn.* **in** eine ~ wickeln …を毛布にくるむ | *sich*[4] in eine ~ wickeln 毛布にくるまる | ***sich*[4] nach der ~ strecken** 《比》身分相応の(きりつめた)暮らしをする, 事態に順応する | **unter** die ~ kriechen ふとんの中に潜りこむ | *sich*[4] unter der ~ verstecken ふとんの下に隠れる | ***mit jm. unter einer ~ stecken*** 《比》…と結託している, …とぐるである. **b)** (Tischdecke) テーブルクロス, 卓布: eine ~ auflegen 卓布をかける. **c)** 一面に覆ったもの, 層: eine ~ von Schnee 〈Blumen〉 一面の積雪〈花もうせん〉 | eine ~ der Nacht 《雅》夜のとばり. **d)** (Reifendecke) タイヤの外被(→ 図 Reifen). **e)** (本の)装丁; (Einbanddecke) [とじ込み]表紙. **f)** 〘狩〙(シカ・クマ・オオカミなどの)毛皮: einen Hirsch auf die ~ bringen シカを倒す. **g)** 〘楽〙(弦楽器の)共鳴蓋. **2** (部屋・車などの)天井(→ 図): eine gewölbte ~ 円天井 | eine hohe 〈niedrige〉 ~ 高い〈低い〉天井 | ***jm.* fällt die ~ auf den Kopf** 《話》…は部屋が狭くてうっとうしくてたまらない; …は家にいると退屈で〈さびしくて〉我慢ならない ‖ **an die ~ gehen** 《話》ひどく腹をたてる, かっと頭にくる | **vor Freude [bis] an die ~ springen** 《話》うれしくて天にも昇る心地である | **von** der ~ herabhängen 天井からつり下がる | **zur** ~ aufblicken 天井を見上げる. [*ahd.*; ◇decken]

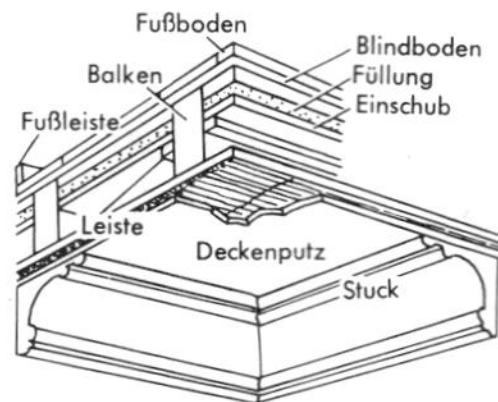

Decke

Deckel[dɛ́kəl] 男 -s/- **1** (容器・箱などの)ふた, キャップ: den ~ abnehmen 〈aufklappen〉 ふたを取る〈パタンと開ける〉 | Der ~ paßt 〈schließt〉 gut. このふたはよく合う〈ぴったり閉まる〉 | den ~ von den Töpfen heben 《比》臭いもののふたを取る, 真相をばらす; 直言する | Jeder Topf findet seinen ~. (→Topf 1 a) ‖ wie Topf und ~ zusammenpassen (→Topf 1 a).

2 《話》(Hut) 帽子: *seinen* ~ abnehmen 帽子を脱ぐ ‖ **eins auf den ~ bekommen 〈kriegen〉** 頭を一発殴られる; どやされる, 小言をくらう | ***jm.* eins auf den ~ geben** …に一発くらわせる; …をどやしつける.

3 (書籍の)[かたい]表紙, 平(ひら): ein ~ aus Leder 〈Pappe〉 革〈厚紙〉表紙. [<decken]

Deckel≠be·cher 男 ふた付きの杯. **≠glas** 中 -es/..gläser ふた付きのコップ〈ガラス製ジョッキ〉. **≠kan·ne** 女 ふた付きのポット〈水差し〉. **≠kap·sel** 女 〘植〙蓋果(がいか)の殻(→ 図 Kapselfrucht). **≠korb** 男 ふた付きのかご〈バスケット〉. **≠krug** 男 ふた付きのジョッキ〈水差し〉.

deckeln[dɛ́kəln] **I** 《06》 他 (h) **1** ふたを付ける, ふたで覆う. **2** 《話》《*jn.*》殴る; しかりつける, たしなめる; (計画などを)抑えつける. **II** 自 (h) 《戯》帽子を取ってあいさつする.

Deckel≠schnecke 女 へた〈貝ぶた〉を持った巻貝の類. **≠spin·ne** 女 〘虫〙トタテグモ(戸立蜘蛛).

decken[dɛ́kən] **I** 他 (h) **1 a)** 《*et.*[4] mit *et.*[3]》(…を…で)覆う: das Dach mit Schiefer ~ 屋根をスレートでふく | eine mit Stroh *gedeckte* Hütte わらぶきの小屋 | [den Tisch] ~ (クロスをかけ食器を並べて)食事の用意をする, お膳立(ぜんだ)てをする | Es ist für 12 Personen *gedeckt.* 12人分の食事の用意ができている. **b)** かぶせる: ein Tuch über *et.*[4] ~ …に布をかぶせる.

2 a) 《雅》(bedecken) (一面に)覆い包む, 覆い隠す: Schnee *deckt* die Erde. 雪が大地を覆っている | *jn. deckt* die kühle Erde / *jn. deckt* der grüne 〈kühle〉 Rasen (→Erde 1, →Rasen[2] 1 a). **b)** 上塗り塗料が(下地を)隠す, 透けて見えないようにする: 〘ときに目的語なしで〙 Die Farbe *deckt* [den Untergrund] gut. この塗料〈絵の具〉は下地をうまく隠す.

3 a) かばう, かくまう; 援護する: den Flüchtling ~ 逃亡者をかくまう | die Flucht ~ 逃亡を助ける | den Rückzug ~ 退去を援護する ‖ Sie *deckte* das Kind mit ihrem Körper. 彼女は身をもって子をかばった. **b)** 再帰 *sich*[4] ~ 身を守る, 自衛する: Der Boxer *deckt* sich schlecht. そのボクサーはガードがへただ. **c)** 《*jn.*》〘球技〙(敵を)マークする. **d)** 〘チェス〙カバーする.

4 〘商〙 **a)** 補償する, 償う; 弁済する; (手形・小切手などをその額に見合う現金で)保証する, 裏づける; (借款などを担保で)保証する: ein Manko ~ 欠損を補償する | Schulden ~ 負債を弁済する ‖ Der Schaden wurde durch eine Versicherung *gedeckt.* 損害は保険で補償された | Der Scheck ist nicht *gedeckt.* この小切手は不渡りだ〈現金の裏づけがない〉. **b)** (需要を)満たす: den Bedarf 〈die Nachfrage〉 ~ 需要を満たす | Mein Bedarf ist *gedeckt.* 《話》私はもうたくさんだ, 間に合ってます.

5 (begatten) (哺乳(ほにゅう)動物の雄が雌に)かかる, (…と)交尾する: Die Stute wurde *gedeckt.* 雌馬は種つけされた.

6 再帰 *sich*[4] ~ 合致〈一致〉する, 重なり合う, 符合する: Unsere Ansichten *decken* sich nicht. 我々の意見は合わない | Die beiden Dreiecke *decken* sich. 両三角形は合同である | Seine Aussage *deckte* sich mit der meinen. 彼の証言は私のそれと一致した.

II ge·deckt → 別出 [*idg.*; ◇Dach; *lat.* tegere „bedecken"; *engl.* thatch]

Decken≠bal·ken[dɛ́kən..] 男 〘建〙天井の梁(はり), 天井野縁(のぶち). **≠be·leuch·tung** 女 **1** =Deckenlampe **2** 天井の照明. **≠feld** 中 〘建〙格間(ごうま), 天井パネル. **≠ge·mäl·de** 中 (個々の)天井画. **≠hei·zung** =Deckenstrahlungsheizung **≠lam·pe** 女, **≠leuch·te** 女 〘建〙天井[照明]灯; (車の)天井灯. **≠licht** 中 -[e]s/-er **1** = Deckenlampe **2** (Oberlicht) 〘建〙天窓. **≠ma·le·rei** 女 天井画. **≠plat·te** 女 〘建〙天井板, シーリングボード, 目板. **≠putz** 男 〘建〙天井しっくい(→ 図 Decke). **≠strah·lungs·hei·zung** 女 〘建〙天井組み込み式の放熱暖房[設備]. **≠ven·ti·la·tor** 男 天井換気装置; 天井扇風機. [<Decke]

Decker[dɛ́kər] 男 -s/- 屋根ふき職人.

Deck≠er·in·ne·rung[dɛ́k..] 女 〘心〙(自分にとって不都合な他の記憶をおおい隠す)隠蔽(いんぺい)記憶. **≠far·be** 女 (↔Lasurfarbe) 不透明塗料〈絵の具〉. **≠fe·der** 女 〘鳥〙雨覆羽(あまおおいばね), 翼覆(→ 図 Vogel A). **≠feld** 中 〘生〙重複視野. **≠flä·che** 女 〘数〙上面. **≠flü·gel** 男 〘虫〙鞘翅(しょうし). **≠flüg·ler** 男 (Käfer) 〘虫〙甲虫, 鞘翅(しょうし)類.

Deck·fracht[dɛ́k..] 女 =Deckladung

Deck≠frucht[dɛ́k..] 女 〘農〙二重作〈上作〉の作物(クローバ

一の上にまかれたライ麦など). ≈**garn** 中〘狩〙(キツネ・ウサギ・鳥などを捕らえるための鉛玉のおもりをつけた)狩猟用の網. ≈**glas** 中 -es/..gläser, ≈**gläs·chen** 中 (顕微鏡標本・スライド・フィルムなどの)カバーガラス: das ~ einer Uhr 時計のガラス. ≈**haar** 中 頭頂部の髪. [<decken]

Deck·haus[dɛ́k..] 中 (小型船の)甲板上の構造物(居住室・作業室など).

Deck≈hengst[dɛ́k..] 男 (Zuchthengst) 種馬. ≈**kno·chen** 男〘解〙膜骨, 被蓋骨(ひがいこつ), 結合組織骨. ≈**kraft** 女 (塗料の)塗覆力. ≈**la·den** 男 =Deckbrett

Deck≈la·dung[dɛ́k..] 女, ≈**last** 女〘船〙甲板積み荷.

Deck≈man·tel[dɛ́k..] 男 -s/ ごまかしの手段, 口実, 仮面, 隠れみの: als ~ für *et.*⁴ dienen …のための口実となる | der ~ für andere werden 他人の悪事の責任をかぶる ‖ unter dem ~ der Freundschaft 友情という美名に隠れて. ≈**na·me** 男 (Pseudonym) 仮名, 筆名, 芸名; 〘軍〙(機密保持のための)符丁名, 暗号名: unter einem ~*n* 仮名を用いて(本名を隠して) | Das Projekt läuft unter dem ~*n* X. その計画は X という暗号で呼ばれている. ≈**netz** 中 =Deckgarn ≈**num·mer** 女 (ほんとうの名称を隠すための)秘密〈暗証〉番号, 仮称ナンバー. [<decken]

Deck·of·fi·zier[dɛ́k..] 男 (1918年までの)海軍准士官.

Deck≈plat·te[dɛ́k..] 女〘建・土木〙カバープレート, 笠石(かさいし), 笠木(→ 図 Kapitell). ≈**schein** 男 (雄の家畜の)種付け証明書. ≈**schicht** 女〔最〕上層; (ペンキなどの)上塗り; 〘坑〙地表層. [<decken]

Decks·haus[dɛ́ks..] =Deckhaus

Deck·sitz[dɛ́k..] 男 甲板上の座席; (二階建てバスなどの)二階席.

Decks≈la·dung[dɛ́ks..] = Deckladung ≈**last** =Decklast

Deck≈sta·tion[dɛ́k..] 女 (馬の)種付け場. ≈**stroh** 中 屋根ふき用のわら. ≈**stuhl**¹ 男〘建〙屋根ふき用つり支脚〈足場〉(→ 図). [<decken]

Deckstuhl¹

Deck≈stuhl²[dɛ́k..] 男〘海〙デッキ=チェア. ≈**stüt·ze** 女〘船〙甲板ピラー.

Deckung[dɛ́kʊŋ] 女 -/-en **1** (decken すること) **a)**〘建〙屋根ふき. **b)**〘軍〙掩蔽(えんぺい); 援護行動〈射撃〉: ~ gegen Luftangriff 空襲に備えての掩蔽 | in volle ~ gehen 完全に身を掩蔽する ‖ *jm.* ~ geben …のために援護射撃をする. **c)**〘スポ〙防御, ディフェンス, ガード, カバリング, マーク. **d)**〘スケ〙(トレースの)重なり. **e)**〘商〙補償, 塡補(てんぽ), 償還; (需要の)充足: *et.*⁴ ohne ~ verkaufen …を空売りする. **f)**〘数〙一致, 合同: *et.*⁴ mit *et.*³ in ~ bringen《比》…を…と一致させる | verschiedene Interessen in ~ bringen さまざまな利害を一致させる. **g)**〘畜〙交尾.

2 (decken するもの) **a)**〘建〙屋根. **b)**〘軍〙援護物〈部隊〉. **c)**〘スポ〙ディフェンス陣: die ~ durchbrechen ディフェンスを突破する. **d)**〘狩〙(獣の)隠れ場. **e)**〘商〙補償〈償還〉資金.

Deckungs·ge·schäft 中〘商〙**1** 塡補(てんぽ)行為, 資金行為. **2** =Deckungskauf

deckungs·gleich 形 (kongruent)〘数〙完全に等しい, 合同の; 《比》ぴったりの.

Deckungs≈gra·ben 男〘軍〙掩壕(えんごう). ≈**kauf** 男〘商〙補償売買, 塡補(てんぽ)購入. ≈**zu·sa·ge** 女〘商〙保証の約束(保険会社が契約締結前に行う. 契約の締結ないしは契約交渉の打ち切りと同時に無効になる).

Deck≈vor·hang[dɛ́k..] 男〘劇〙一文字(いちもんじ)(天井からつった照明器具などを客席から見えないようにする幕). ≈**weiß** 中 白の不透明絵の具. ≈**wort** 中 -〔e〕s/..wörter (暗号用の)電信略号. ≈**zeit** 女 交尾期.

de·co·die·ren[dekodíːrən] =dekodieren

De·co·die·rung[..rʊŋ] 女 -/-en =Dekodierung

De·col·la·ge[dekɔláːʒə] 女 -/-n〘美〙デコラージュ(表面はぎ取り技法〔による作品〕). [*fr.*]

Dé·cou·pa·ge[dekupáːʒə] 女 -/-n (Drehbuch)〘劇・映〙脚本, シナリオ. [*fr.*; <*fr.* dé-couper „zer-schneiden" (◇Coupé)]

de·cou·ra·gie·ren[dekuraʒíːrən] **I** 他 (h) (entmutigen) 気力をくじく, がっかりさせる. **II de·cou·ra·giert** 過分 形 (mutlos) 元気のない, おじけづいた. [*fr.*; ◇Courage; *engl.* discourage]

de·cresc. 略 =**decrescendo**

de·cre·scen·do[dekrɛʃɛ́ndo·] 副 (↔crescendo) (leiser werdend)〘楽〙デクレッシェンド, だんだん弱く. [*it.*]

▽**de da·to**[deː dáː(ː)to·]《ラテ語》(略 d. d.)〘商〙日付日より, 日付後.

De·di·ka·tion[dedikatsióːn] 女 -/-en《雅》**1** (Widmung) 献呈の辞, 献辞, ささげる言葉. **2 a)** 寄贈, 贈呈; 〘宗〙献納, 奉納. **b)** 寄贈品〈物〉, 贈り物, プレゼント. [*lat.*; ◇dedizieren]

De·di·ka·tions·ex·em·plar 中《雅》著者の献辞のある贈呈本.

de·dit[déːdɪt]《ラテ語》(略 dt.)〘商〙領収済. [*lat.* dedit „(er) hat gegeben"; <*lat.* dare (→Dativ)]

de·di·zie·ren[deditsíːrən] 他 (h) 《*jm. et.*⁴》**1** (widmen) (著書などを)献呈する, ささげる. **2**《戯》(schenken) 進呈〈贈呈〉する, プレゼントする. [*lat.*; <*lat.* dīcere (→Diktion); ◇*engl.* dedicate]

De·duk·tion[dedʊktsióːn] 女 -/-en (↔Induktion)〘論〙演繹(えんえき)〔法〕; (↔Heuristik)〘サイバネティクス〙(他人の言葉からの)演繹的推理〈推論〉〔法〕. [*lat.*]

de·duk·tiv[..tíːf, déːdʊktiːf]¹ 形 (↔induktiv)〘論〙演繹(えんえき)的な: die ~*e* Methode 演繹法.

de·du·zie·ren[dedutsíːrən] 他 (h) (↔ induzieren) 《*et.*⁴ aus *et.*³》〘論〙演繹(えんえき)〔的に推論〕する: *sich*⁴ aus *et.*³ ~ lassen …から演繹できる. [*lat.* dē-dūcere „ab-führen" (◇Duktus)]

Deern[deːrn] 女 -/-s《北部》(Mädchen) 娘, 少女. [*mndd.*; ◇Dirne]

De·es·ka·la·tion[de|ɛskalatsióːn, déː|ɛskalatsioːn] 女 -/-en (段階的な)縮減, (緊張などの)段階的緩和.

de·es·ka·lie·ren[de|ɛskalíːrən, déː|ɛskaliːrən] 他 (h) (段階的に)縮減させる, (緊張などを)段階的に緩和する.

Deez (**Deets**)[deːts] 男 -es/-e =Dez

DEFA[déːfa·] 女 -/ (<Deutsche Film-AG) デーファ(ドイツの映画会社).

de fac·to[de(ː) fákto·]《ラテ語》(↔de jure)〘法〙事実上: eine Regierung ~ anerkennen ある政権を事実上承認する. [„von der Tatsache aus"; ◇Faktum]

De-fac·to-An·er·ken·nung [de(ː)fákto.., ーᴗᴗ́ᴗᴗᴗ] 女 (法的な根拠はないままの)事実上の承認.

De·fai·tis·mus[defɛtísmʊs] 男 -/ =Defätismus

De·fai·tist[..tíst] 男 -en/-en =Defätist

De·fä·ka·tion[defɛkatsióːn] 女 -/-en **1**〘医〙排便, 脱糞(だっぷん), 便通. **2**〘化〙(製糖の)清澄法. [*spätlat.*]

de·fä·kie·ren[..kíːrən] 自 (h) 排便〈脱糞(だっぷん)〉する. [*lat.*; ◇fäkal; *engl.* defecate]

De·fä·tis·mus[defɛtísmʊs] 男 -/ **1** 敗北主義, 無気力. **2**〘商〙弱気, 投げ. [*fr.*; <*fr.* dé-fait „Niederlage" (◇..fizieren); ◇*engl.* defeatism]

De·fä·tist[..tíst] 男 -en/-en **1** 敗北主義者, 悲観論者. **2**〘商〙弱気〈投げ〉筋(すじ). [*fr.*]

de·fä·ti·stisch[..tɪʃ] 形 **1** 敗北主義の, 無気力な. **2**〘商〙弱気の, 投げの.

de·fä·zie·ren[defɛtsíːrən] =defäkieren

de·fekt[defɛ́kt] **I** 形 **1** (機械などが)欠陥〈故障〉のある: ~*er* Buchstabe〘印〙つぶれ〈欠け〉活字 | ein ~*er* Motor 故障のあるモーター〈エンジン〉‖ Die Ölleitung ist ~. この送油管は欠陥がある. **2** (全集・定期刊行物が)不ぞろいな, 欠本のある, 端本(はほん)の. **II De·fekt** 男 -〔e〕s/-e **1** 欠陥, 故障: einen geistigen 〈körperlichen〉 ~ haben 精神的〈肉体的〉な欠陥がある | An dem Wagen entstand ein leichter ~. 車に軽度の故障を生じた. **2**《複数で》**a)**〘印〙(そろい活字中の新鋳補充を要する)不ぞろい活字. **b)**〘製本〙脱落あるいは重複したページ, 落丁, 乱丁; 欠陥本, 落丁本. ▽**3**〘商〙欠損. [*lat.*; <*lat.* dē-ficere „〔sich〕 los-machen" (◇Defizit)]

De·fekt≠bo·gen 男〘印〙損紙予備; 脱落あるいは重複したシート〈全紙〉. **≠buch** 中 必要品メモ, 注文帳. **≠elek·tron** 中〘電〙正孔.

De·fek·ten≠ka·sten 男〘印〙滅箱(滅活字などを入れる). **≠pro·to·koll** 中〘商〙欠損調書; 不足備品表.

De·fekt≠ex·em·plar 中(製本上)欠陥〔のある〕本. **≠he·xe** 女《話》(自転車競技などで故障を起こさせるとされる架空の)故障魔女: An der dritten Ecke lauerte die ~. 第3コーナーで故障が起きた.

de·fek·tiv[defɛktí:f, dé:fɛkti:f][1] 形 **1** (mangelhaft) 欠陥〈故障〉のある, 不完全な. **2**〘言〙語形変化が完全にそろっていない,〔語形〕欠如の. [*spätlat.*]

De·fek·tiv[defɛktí:f][1] 中 -s/-e, **De·fek·ti·vum**[..vʊm] 中 -s/..va[..va·]〘言〙(変化形が完全にそろっていない)欠如語(例 単数形のない Leute).

De·fe·mi·na·tion[defeminatsió:n] 女 -/en (女性の)男性化, 女性的特徴の除去〈喪失〉. [◇feminin]

de·fe·mi·niert[..ní:rt] 形 (女性が)男性化した, 女性的特徴を失った.

de·fen·siv[defɛnzí:f, dé:fɛnzi:f][1] 形 **1** (↔offensiv) 防御〈防衛〉的な, 守勢の. **2** (↔aggressiv) 遠慮がちな, むちゃをしない: ~ fahren 安全運転をする. [*mlat.*]

De·fen·siv·bünd·nis 中〘政〙防御同盟.

De·fen·si·ve[defɛnzí:və] 女 -/-n《ふつう単数で》(↔ Offensive) (Abwehr) 防御, 防衛, 守備: aus der ~ zur 〈in die〉 Offensive übergehen 守勢から攻勢に転ずる | in die ~ gedrängt werden 守勢に立たされる.

De·fen·siv≠krieg[defɛnzí:f..] 男 防衛戦争. **≠spiel** 中〘スポーツ〙防御〈守備〉プレー. **≠waf·fe** 女 防御兵器.

De·fen·sor[defɛ́nzɔr, ..zo:r] 男 -s/-en[..fɛnzó:rən] **1** (Verteidiger) 防衛者, 守護者, 擁護者, 弁護人. **2** 管理人, 管財人. [*lat.*; < *lat.* dē-fendere „ab-wehren"]

ᐁ**de·fe·rie·ren**[deferí:rən] 他 (h) (宣誓を)要求する; (請願を)聴許〈認可〉する. [*lat.* dē-ferre „ab-bringen"–*fr.*]

De·fi·bra·tor[defibrá:tɔr, ..to:r] 男 -s/-en[..bratóːrən] (合板・パルプ製造用の)木材繊維をほぐす機械. [<Fiber]

de·fi·bri·nie·ren[..briní:rən] 他 (h)〘医〙(血液の)繊維素を除く. [<Fibrin]

De·fi·lee[defilé:] 中 -s/-s(-n[..lé:ən]) **1** (高官の面前での)行列, 分列行進. ᐁ**2** (Engpaß) 狭い道, 隘路(あいろ), はざま. [*fr.*]

De·fi·lier·cour[..lí:rku:r] 女 閲兵式.

de·fi·lie·ren[defilí:rən] 自 (h, s) 狭い道を通る; 縦列を組んで進む, 分列行進をする. [*fr.*; < *fr.* fil „Faden" (◇Filet)]

De·fi·lier·marsch[..lí:r..] 男 分列行進〔曲〕.

de·fi·nier·bar[definí:rba:r] 形 定義できる, 説明できる: ein schwer ~*er* Begriff 定義のむずかしい概念.

de·fi·nie·ren[..ní:rən] 他 (h) (語・概念などを)定義する; (本質・内容・性質を)限定〈明示〉する, 厳密に説明〈記述〉する: den Begriff „Sünde" ~「罪」という概念を定義する | Die Farbe des Kleides ist schwer zu ~. このドレスの色ははっきりと説明するのがむずかしい | *sich*[4] nicht ~ lassen (ある事物が)定義できない, 説明がつかない ‖ 再帰 *sich*[4] ~ (その地位・立場が)決まる. [*lat.* dē-fīnīre „ab-grenzen"; ◇Finis]

de·fi·nit[definí:t] 形 (↔indefinit) (bestimmt) 確定的な;〘言〙限定的な;〘数〙定記号の. [*lat.*]

De·fi·ni·tion[definitsió:n] 女 -/-en 定義: eine genaue 〈falsche〉 ~ 厳密な〈誤った〉定義 | ~ eines Dogmas〘カトリック〙教義の決定. [*lat.*]

De·fi·ni·tions·men·ge 女〘数〙定義域.

de·fi·ni·tiv[..nití:f, dé:finiti:f][1] 形《比較変化なし》決定的な, 最終的な: eine ~*e* Entscheidung 最終決定 ‖ *et.*[4] ~ beenden …を完全に終わらせる | Das tue ich nicht, ~ nicht. そんなことは私はしない 絶対にしない. [*lat.*]

De·fi·ni·ti·vum[definití:vʊm] 中 -s/..va[..va·] 決定的宣言, 最終判決, 最後的状態.

de·fi·ni·to·risch[definitó:rɪʃ] 形 定義〔上〕の, 定義に関する.

de·fi·zient[defitsiɛ́nt] **I** 形 不足している, 欠けている; 欠陥のある; 不十分な. **II De·fi·zient** 男 -en/-en ᐁ**1** 職務不適格〈勤務不能〉者. **2**《南部》(病気・高齢による)執務不能な聖職者. [*lat.*]

De·fi·zit[dé:fitsɪt] 中 -s/-e **1** (Fehlbetrag) 不足額; 欠損, 赤字: ein ~ von 1 000 Mark haben 1000マルクの欠損がある | das ~ ausgleichen 〈decken〉 赤字を補塡(ほてん)する. **2**《比》(Mangel) 不足, 欠乏: ein ~ an Nährstoffen 栄養分の不足. [*lat.* dēficit „(es) fehlt"–*fr.*; ◇defekt]

de·fi·zi·tär[defitsitɛ́:r] 形 **1** 欠損を出した, 赤字の;《比》不足〈欠乏〉した: ein ~*er* Haushalt 赤字会計. **2** 欠損を出すような, 赤字をもたらす. [*fr.*]

De·fi·zit≠fi·nan·zie·rung[dé:fitsɪt..] 女 赤字財政. **≠po·li·tik** 女 (政府による)赤字政策.

De·fla·gra·tion[deflagratsió:n] 女 -/-en〘化〙爆燃, 突燃. [*lat.*; < *lat.* flagrāre (→flagrant)]

De·fla·tion[deflatsió:n] 女 -/-en **1** (↔Inflation)〘経〙デフレーション, デフレ, 通貨収縮. **2**〘地〙デフレーション, 乾食. [<de..+Inflation]

de·fla·tio·när[..tsionɛ́:r] 形 デフレ〈通貨収縮〉の; デフレをひき起こすような: ~*e* Maßnahmen デフレを目ざす措置〈方策〉.

de·fla·tio·nie·ren[..ní:rən] 他 (h) (通貨を)収縮させる, (政策により)デフレにする;《比》(高ぶった気分などを)しぼませる, ぺしゃんこにする.

de·fla·tio·ni·stisch[..nístɪʃ] =deflationär

De·fla·tions≠maß·nah·me[deflatsió:ns..] 女 -/-n《ふつう複数で》デフレを目ざす措置. **≠po·li·tik** 女 -/ デフレ政策.

de·fla·to·risch[deflató:rɪʃ] =deflationär

De·flek·tor[deflɛ́ktɔr, ..to:r] 男 -s/-en[..flɛktó:rən] (煙突の)笠(かさ), 吸引筒;〘理〙(粒子加速装置の)軌道誘導装置. [< *lat.* dē-flectere „ab-lenken" (◇flektieren)]

De·flo·ra·tion[defloratsió:n] 女 -/-en 処女を奪うこと, 破瓜(はか). [*spätlat.*]

De·flo·ra·tions·an·spruch 男 =Kranzgeld

de·flo·rie·ren[..rí:rən] 他 (h) 《*jn.*》(…の)処女を奪う. [*spätlat.*; < *lat.* flōs (→Flor[2]); ◇*engl.* deflower]

De·foe[dəfó:] 人名 Daniel ~ ダニエル デフォー(1659頃-1731; イギリスの小説家. 作品『ロビンソン クルーソー』など).

de·form[defɔ́rm] 形 形のゆがんだ, 変形した; 奇形の. [*lat.* dē-fōrmis „form-los"; < *lat.* fōrma (→Form)]

De·for·ma·tion[defɔrmatsió:n] 女 -/-en **1** deformieren すること. **2**〘理〙ひずみ;〘医〙変形, 奇形. [*lat.*]

de·for·mie·ren[..mí:rən] 他 (h) 《*et.*[4]》(…の)形をゆがめる, 変形させる; 不具にする, 醜くする. [*lat.*]

De·for·mie·rung[..rʊŋ] 女 -/-en deformieren すること.

De·for·mi·tät[defɔrmitɛ́:t] 女 -/-en **1**《単数で》deform なこと. **2**〘医〙変形, 奇形. [*lat.*]

De·frau·dant[defraudánt] 男 -en/-en 詐欺師; 横領〈着服〉者; 脱税者.

De·frau·da·tion[..datsió:n] 女 -/-en 詐欺; 横領, 着服; 脱税.

de·frau·die·ren[..dí:rən] 他 (h) 詐取する; 横領〈着服〉する; (税を)ごまかす. [*lat.*; < *lat.* fraus „Betrug"]

De·fro·ster[defrɔ́stər] 男 -s/-, **De·fro·ster·an·la·ge** 女 (冷蔵庫や自動車のフロントガラスの)霜取り装置, デフロスター. [*engl.* defroster; ◇Frost]

def·tig[dɛ́ftɪç][2] 形《話》**1 a)** (derb) 粗野な, 野卑な: in ~*en* Worten 下品な言葉で. **b)** ひどい, 非常な: eine ~*e* Lüge まっかなうそ ‖ *jn.* ~ prügeln …をさんざん殴る. **2** (食物が)実質のある, 栄養に富んだ. [*ndd.*]

Def·tig·keit[–kaɪt] 女 -/en deftig なこと.

De·ga·ge·ment[degaʒəmɑ̃:] 中 -s/-s ᐁ**1 a)** (義務・責任などの)解除; (約束の)免除, 取り消し; (抵当物の)請け戻

し, 質請け. **b**) 拘束のない状態, 気楽さ. **2** 〖フェンシング〗 デガジマン (相手の剣の下からの攻撃). [*fr.*]

de·ga·gie·ren[..ʒí:rən] **I** 他 (h) ▽**1** 《*jn.*》〔義務から〕解放する. **2** 〖フェンシング〗 デガジマンをする.
▽**II de·ga·giert** 過分 形 自由な, 抑制を受けない, 気楽な. [*fr.*; ◇Gage; *engl.* disengage]

de Gaulle[dəgó:l] →Gaulle

De̤·gen[1][dé:gən] 男 -s/- 《雅》勇士. [*germ.* „Knabe"; ◇Dirne, Than; *gr.* téknon „Kind"]

De̤·gen[2][–] 男 -s/- **1 a**) 剣(→ 図); 〖フェンシング〗 エペ用の剣; 〖紋〗両刃の剣: einen ~ führen 〈tragen〉 剣を帯びる | *seinen* ~ 〔blank〕 ziehen 剣を抜き放つ | *seinen* ~ einstecken 剣を納める | mit *jm.* die ~ kreuzen …と剣を交える. **b**) 《単数で》=Degenfechten **2** チーズナイフ. ▽**3** =Kerbholz [*fr.* dague; ◇*engl.* dagger]

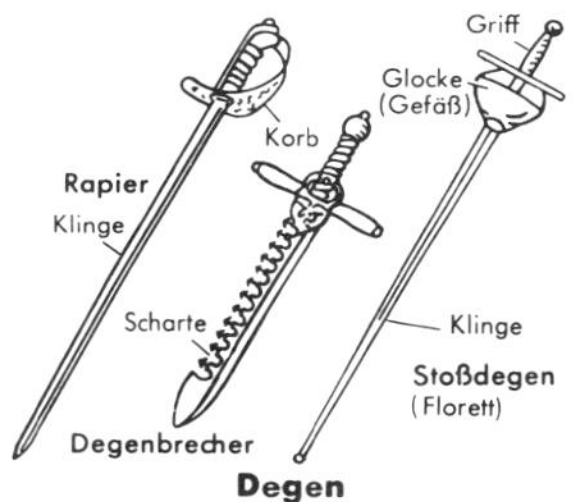

Degen

De̤·gen·bre·cher 男 デーゲンブレッヒャー(16世紀に考案された, 相手の剣を折るための刻み目のついた剣: → 図 Degen).

De·ge·ne·ra·tio̤n[degeneratsió:n] 女 -/-en **1** 〖医〗変性, 変質; 〖生〗退化. **2** 墜落, 退廃, 退化.

de·ge·ne·ra·ti̤v[..ratí:f][1] 形 退化〈変性〉しつつある, 退廃的な.

de·ge·ne·rie̤·ren[..rí:rən] 自 (s) **1** 〖生〗退化する; 〖医〗変性〈変質〉する. **2** 墜落〈退廃・退化〉する. [*lat.*]

De̤·gen⸗fech·ten[dé:gən..] 中 -s/ 〖フェンシング〗 エペ競技(→ 図 Fechten). **⸗ge·fäß** 中 剣の柄(つか). **⸗ge·henk** 中 剣帯. **⸗griff** 男 剣の柄〈握り〉.

De̤·gen·hard[dé:gənhart] 男名 デーゲンハルト. [< *ahd.* degan „Krieger"+harti „hart"; ◇Degen[1], hart]

De̤·gen⸗klin·ge[dé:gən..] 女 剣の刃, 刀身. **⸗kop·pel** 中 剣帯. **⸗korb** 男 (手を守るための)剣の籠柄(かごつか). **⸗qua·ste** 女 剣の柄総(つかぶさ)〈飾りひも〉. **⸗schei·de** 女 剣の鞘(さや). **⸗stoß** 男 剣の一突き.

De·glu·ti·na·tio̤n[deglutinatsió:n] 女 -/-en 〖言〗剝離(はくり)(語頭音が先行する冠詞と混同されて起こる変化. 例 Natter < ein Otter).

De·gout[degú:] 男 -s/ (Ekel) いやけ, 嫌悪, うんざりした気持; むかつき. [*fr.*]

de·gou·ta̤nt[degutánt] 形 (abstoßend) いやな, むかつくような.

de·gou·tie̤·ren[..tí:rən] 他 (h) (anekeln) いやにならせる, むかつかせる. [*fr.* dégoûter; ◇*engl.* disgust]

De·gra·da·tio̤n[degradatsió:n] 女 -/-en **1** 格下げ, 降格, 降等; 〖カトリック〗聖職剝奪(はくだつ). **2** 〖農〗地力低下; 〖地〗低変; 〖理〗(エネルギーの)散逸; 〖化〗減成, 変質. [*spätlat.*]

de·gra·die̤·ren[..dí:rən] 他 (h) 格下げ〈降格〉する; 〖カトリック〗(…の)聖職を剝奪する; 〖農〗(畑の)地力を低下させる: *jn.* zum Unteroffizier ~ …を下士官に降格する. [*spätlat.*]

De·gra·die̤·rung[..ruŋ] 女 -/-en =Degradation 1

de·grais·sie̤·ren[degrεsí:rən] 他 (h) (entfetten) 脱脂する, (スープなどの)脂肪をぬく. [*fr.*; < *lat.* crassus (→ kraß)]

De·gras[degrá] 中 -[-(s)] / 皮革用油脂. [*fr.*]

De·gres·sio̤n[degrεsió:n] 女 -/-en 〖経〗逓減, 累退, 累減〔課税〕. [*lat.*; < *lat.* dē-gredī „hinab-schreiten"]

de·gres·si̤v[..sí:f][1] 形 減少する, 逓減〈累減〉する [*fr.*]

DEGUSSA[degúsa·] 女 -/ (< Deutsche Gold-u. Silber-Scheideanstalt) デグッサ(ドイツの化学・非鉄金属・貴金属会社).

De·gu·sta·tio̤n[degustatsió:n] 女 -/-en 《特に: スイス》(Kostprobe) (食品の)味〈におい〉の鑑定, 味見, 味きき, 試食, 試飲. [*fr.*]

de̤ gṳ·sti·bus no̤n e̤st dis·pu·ta̤n·dum[de: gústibus nó:n ést dısputándum] 《ラテン語》(über Geschmack läßt sich nicht streiten) 《諺》好みは各人各様.

de·gu·stie̤·ren[degustí:rən] 他 (h) 《特に: スイス》(食品の)味〈におい〉を鑑定する, 味見する, 味ききをする, 試食する, 試飲する; 試してみる. [*lat.*]

De̤h·mel[dé:məl] 人名 Richard ~ リヒャルト デーメル(1863–1920; ドイツの詩人).

de̤hn·ba̤r[dé:nba:*r*] 形 伸長性のある, 伸縮できる; 弾力のある; しなやかな, 融通のきく; 《比》いろいろに解釈できる, 意味のあいまいな: eine ~*e* Skihose エラスティック=スキーパンツ | ein ~*er* Begriff さまざまな解釈が可能な概念.

D

De̤hn·ba̤r·keit[–kaıt] 女 -/ (dehnbar なこと. 例えば:) 伸長性, 延性, 弾力性, 融通性.

de̤h·nen[dé:nən] 他 (h) **1** 〔引き〕のばす; 《比》拡張解釈する: Metalle ~ 金属を打ち延ばす | *seine* Glieder ~ 手足を伸ばす | den Vokal ~ 母音を長く発音する | die Note ~ 音符をのばして演奏する ‖ eine *gedehnte* Aussprache 間のびした発音 | „…" sagte er *gedehnt* 〈in *gedehntem* Ton〉. 「…」と彼はゆっくりした口調で言った(ためらい・念を押す気持から). **2** 再帰 *sich*[4] ~ のびる, 広がる; 体を伸ばす, 伸びをする; (時間が)のろのろと過ぎる, ながびく: Die Handschuhe *dehnen* sich mit der Zeit. 手袋は使ううちにのびる | Seine Brust *dehnt* sich vor Glück. 彼の胸は幸福感で膨らむ | Der Weg 〈Die Besprechung〉 *dehnt* sich in die Länge. 道が長々と続く〈話し合いはなかなか終わらない〉 | Die Zeit bis zur Abfahrt *dehnt* sich. 発車までの時間はたつのがおそい | Die Minuten *dehnen* sich zu Stunden. 1分1分が何時間ものように長く思える | Im Süden *dehnte* sich das Meer. 南には海が広がっていた | Ich reckte und *dehnte* mich. / Ich *dehnte* mich und reckte meine Glieder. 私は長々と手足をのばし〔て寝そべっ〕た. [*germ.*; ◇Tension, Tonus, dünn, Deichsel[2]]

De̤hn⸗fṳ·ge[dé:n..] = Dehnungsfuge **⸗stṳ·fe** 女 〖言〗(Ablaut における) 延長階梯(かいてい) (例 bat < bitten).

De̤h·nung[dé:nuŋ] 女 -/-en **1** 〔引き〕のばすこと; 〖詩〗音節延長; 《比》(法律の)拡張適用; 〖医〗拡延, 伸展: die ~ eines Vokals 〖言〗母音の長音化 | die ~ eines Herzens 〖医〗心臓拡張 | von 'ner ~ keine Ahnung haben (→ Ahnung 2). **2** 延び, 膨張.

De̤h·nungs·fṳ·ge 女 〖建〗伸縮目地(めじ), (熱膨張係数を考慮した)開き継ぎ目.

De̤h·nungs-h[..ha:] 中 -/- 〖言〗長音符号としての h というつづり字(例 dehnen の h).

De̤h·nungs⸗mes·ser 男 〖理〗膨張計; 〖工〗伸張計. **⸗zei·chen** 中 〖言〗長音符号 (â, ē などのほか h などのつづり字も含む).

De·hors[deó:*r*(s), dəɔ́:r] 複 外見, 体裁: 〖ふつう次の成句で〗 die ~ wahren 体裁〈うわべ〉を繕う. [*fr.*; < *spätlat.* dēforīs „von außen"]

De·hu·ma·ni·sa·tio̤n[dehumanizatsió:n] 女 -/-en dehumanisieren すること.

de·hu·ma·ni·sie̤·ren[..zí:rən] 他 (h) 《*jn.*》(…の)人間性を失わせる; 人間としての尊厳を奪う, 人権を損なう.

De·hy·dra̤·se[dehydrá:zə] 女 -/-n 〖化〗デヒドラーゼ, 脱水素酸素. [< ..ase]

De·hy·dra·ta·tio̤n[..dratatsió:n] 女 -/-en 〖化〗脱水.

De·hy·dra·tio̤n[..dratsió:n] 女 -/-en **1** 〖医〗脱水〔症〕 **2** (Dehydrierung) 〖化〗脱水素〔作用〕.

de·hy·drie̤·ren[..drí:rən] 他 (h) 〖化〗(…から)水素を除く, 脱水する.

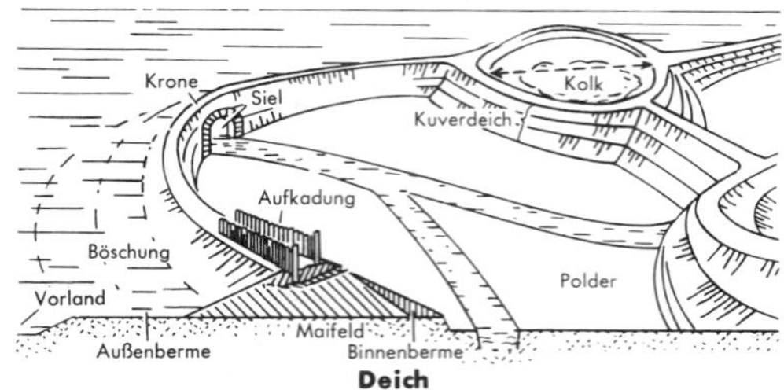

Deich

De·hy·drie·rung[..rʊŋ] 女 -/-en 〘化〙脱水素〔作用〕.
Dei →*Dei* ex machina, *Dei* gratia
Dei·bel[dáɪbəl] 男 -s/- 《方》 **1** = Teufel 1 **2** = Karausche [<Deiwel]
Deich[daɪç] 男 -〔e〕s/-e **1** 堤防, 土手, ダム(→ 図): einen ~ bauen 堤防を築く | einen ~ ausbessern 〈verstärken〉 堤防を修理〈補強〉する | auf dem ~ spazierengehen 堤の上を散歩する | mit *et.*[3] über den ~ gehen 《話》 …をくすねて姿をくらます. **2** 《方》 小水路. [*mndd.* dīk; ◇fix, Teich; *engl.* dike]
Deich·bruch[dáɪç..] 男 堤防決壊.
dei·chen[dáɪçən] **I** 他 (h) (…に)堤防を備える, (…を)堤防で囲む. **II** 自 (h) **1** 堤防工事に従事する. **2** 《方》 (schleichen) こっそり歩く.
Deich≈fuß 男 堤防基底. **≈ge·nos·sen·schaft** 女 (堤防沿いの地主たちによる)堤防維持管理組合. **≈ge·schwo·re·ne** 男 女 Deichgenossenschaft の組合員, 堤防監視員. ᵛ**≈graf** 男, **≈haupt·mann** 男 Deichgenossenschaft の組合長. **≈kro·ne** 女 堤防の上辺. **≈land** 中 -〔e〕s/ 堤防によって守られた地域. **≈ord·nung** 女 〘法〙 堤防条例. **≈rich·ter** 男 = Deichhauptmann **≈schleu·se** 女 堤防の水門, 水閘(すいこう).
Deich·sel[1][dáɪksəl] 女 -/-n 《方》 = Dechsel
Deich·sel[2][−] 女 -/-n **1** (車の)ながえ(轅) (1本または2本の棒からなる: → 図 Leiterwagen); 〘紋〙 Y 字図形(→ 図 Wappen e): das Pferd an die ~ 〈in die ~〉 spannen 馬をながえにつなぐ | an die gleiche ~ gespannt sein 《比》 いやでも応でも協力せざるを得ない. **2** 《卑》 勃起(ぼっき)したペニス. [*germ.*; ◇dehnen]
Deich·sel≈arm 男 ながえの先の横棒, かじ棒(→ 図 Leiterwagen). **≈frei·heit** 女 ながえの遊び(動かし得る余地). **≈kreuz** 中 Y 字形十字架.
deich·seln[dáɪksəln] 《06》 他 (h) 《話》 うまくやってのける, なしとげる; (事を)あやつる: Er *deichselt* die ganze Sache. すべては彼の采配(さいはい)で動く | Ich werde das schon ~. 私がなんとかするよ.
Deich·sel≈na·gel 男 ながえの止めくぎ. **≈schnitt** 男 〘紋〙 Y 字分割線(→ 図 Wappen d). **≈stan·ge** 女 (車の)ながえの棒. **≈stück** 中 〘紋〙 (上部を埋めた) Y 字図形(→ 図 Wappen e).
Deich≈ver·band[dáɪç..] 男 = Deichgenossenschaft **≈vogt** 男, **≈vor·ste·her** 男 = Deichhauptmann
Dei ex ma·chi·na Deus ex machina の複数.
Dei·fi·ka·tion[deifikatsió:n] 女 -/-en 神格化; 神のようにあがめること. [*kirchenlat.*; < *lat.* deus „Gott" (◇theo..)]
dei·fi·zie·ren[deifitsí:rən] 他 (h) (vergotten) 神格化する, 神にまつる; (vergöttern) 神のようにあがめる. [*mlat.*]
Dei gra·tia[dé:i· grá:tsia·] 《ラテン語》 (略 D.G.) 神の恵みによって. [„von Gottes Gnaden"; ◇Grazie]
Deik·ti·kum[dáɪktikʊm, deík..] 中 -s/..ka[..ka·] 〘言〙 指示詞.
deik·tisch[..tɪʃ, deíktɪʃ] 形 **1** (↔anaphorisch) 〘言〙 指示〈直示・指呼〉的な, 状況定位的な. **2** 直証的な; 実物教授による. [*gr.*; ◇Deixis; *engl.* deictic]
dein[daɪn] **I** 《所有代名詞, 2人称単数親称: →du[2]; 変化は mein に準じる》 きみ〈おまえ・あなた〉の: →mein I | mein und ~ verwechseln 〈nicht unterscheiden können〉 (→mein 2 a) ᵛ**II** 《人称代名詞》 = deiner I
★手紙文では大文字書きしてきた: zu *Deinem* Geburtstag 君のお誕生日にあたって ‖ 〘結びに〙 Hezliche Grüße auch an die *Deinen* 〈die *Deine* / den *Deinen*〉 ご家族の皆さん〈奥さん・ご主人〉へもよろしく | Immer der 〈die〉 *Deine* さようなら | Mit vielen Grüßen *Dein* Hans 〈*Deine* Anne〉 さようなら ハンス〈アンネ〉より.
[*idg.*; ◇ *engl.* thy, thine]
De·in·du·stria·li·sie·rung[de|ɪndʊstrializí:rʊŋ] 女 -/ 産業の空洞化.
dei·ner[dáɪnər] **I** du[2]の2格(→du[2] I ★ iv). **II** dein の語尾変化した形(→dein ★).
dei·ner·seits[−záɪts] 副 君の側〈立場〉で(→dein ★): →meinerseits
dei·nes≈glei·chen[dáɪnəsgláɪçən] 《指示代名詞; 無変化》 君と同様〈同等〉な人(→dein ★): →meinesgleichen **≈teils**[..táɪls] = deinerseits (→dein ★).
ᵛ**dei·net·hal·ben**[dáɪnəthálbən] = deinetwegen (→dein ★).
dei·net≈we·gen 副 君のために(→dein ★): →meinetwegen **≈wil·len** 副 um ~ = deinetwegen (→dein ★).
dei·ni·ge[dáɪnɪgə] 《所有代名詞, 2人称単数親称: →du[2]; 変化は meinige に準じる》 きみ〈あなた・おまえ〉のもの(→dein ★): →meinige | Immer der 〈die〉 *Deinige* さようなら.
Dei·ning[dáɪnɪŋ] 女 -/en 〘海〙 砕ける荒波, 逆巻く大波; 巨浪, 高波. [◇Dünung]
dein·sen[dáɪnzən][1] 《02》 **I** 他 (h) (船を)後退させる. **II** 自 (h) (船が)後進する; (船が)落後する, 遅れる. [◇dasig]
Dei·nung[dáɪnʊŋ] 女 -/-en = Deining
De·is·mus[deísmʊs] 男 -/ 理神論(世界創造者としての神の存在を認めるが, 神が世界の出来事に関与することは信じない宗教哲学). [*fr.*; < *lat.* deus „Gott" (◇theo..)]
De·ist[deíst] 男 -en/-en 理神論者. [*fr.* déiste]
dei·stisch[deístɪʃ] 形 理神論の.
Dei·wel[dáɪvəl] (**Dei·xel**[dáɪksəl]) 男 -s/ 《北部》 《話》 (Teufel) 悪魔: Pfui ~! なんてこった | wie ein ~ arbeiten がむしゃらに働く. [<Teufel]
Dei·xis[dáɪksɪs, deíksɪs] 女 -/ (↔Anapher) 〘言〙 状況定位, 直示, 指呼(代名詞・副詞のもつ発話・伝達状況における時空・人称などの定位的機能). [*gr.*; < *gr.* deiknýnai „zeigen" (◇zeihen)]
Dé·já-vu-Er·leb·nis[deʒavý:..] 中 〘心〙 既視体験, 既視感(初めて見た〈体験した〉事象をすでにいつか見たことがあるように思う記憶障害). [< *fr.* déjà vu „schon gesehen"]
De·jekt[dejɛ́kt] 中 -〔e〕s/-e (Auswurf) 〘医〙 (身体からの)排出物, (特に:) 糞便(ふんべん).

De·jek·tio̱n[..jɛktsió:n] 女 -/-en **1** (Entleerung) 〘医〙排出, 排泄(はいせつ), 排便. **2** 《複数で》排泄物, 糞便(ふんべん). [*lat.*; < *lat.* dē-icere „ab-werfen"]

De·jeu·ner[deʒøné:] 中 -s/-s ▽**1** (Frühstück) 朝食; (Gabelfrühstück) (祝祭日などの正午前後にとる)朝餐(ちょうさん). **2** 二人用のコーヒーセット, モーニングカップ. [*fr.*]

▽**de·jeu·ni̱e̱·ren**[..ní:rən] 自 (h) (frühstücken) 朝食をとる. [*fr.*; < *lat.* iēiūnāre „fasten"; ◇ dinieren]

de̱ ju̱·re[de(:) jú:rə, de(:) ..re·] 《ラテン語》(↔de facto) 法的に, 法律上は: einen Staat ～ anerkennen ある国を正式に承認する. [„von Rechts wegen"; ◇ Jura¹]

De̱·ju̱·re-An·er·ken·nung [de(:)jú:rə.., –⌐◡◡◡◡◡] 女 (国家・政権に対する)法的原則〈協定〉に基づいた承認, 正式承認.

dek.. →deka..

deka.. 《名詞・単位名などにつけて「10」を意味する. 母音の前では dek.. となることが多い: → *Dek*urie; 記号 da》: *Deka*meter デカメートル. [*gr.*; ◇ zehn]

De̱·ka[dɛ́ka·] 中 -[s]/- 《オーストリア》(< Dekagramm) デカグラム, 10グラム: zehn ～ Schinken ハム100グラム.

De·ka·bri̱st[dekabríst] 男 -en/-en デカブリスト, 十二月党員(1825年12月ロシアにおいてニコライ一世に対して反乱を起こした将校たち). [< *russ.* dekabr „Dezember" (◇ Dezember); ◇ *engl.* Decembrist]

De·ka̱·de[deká:də] 女 -/-n 10個; 10による単位期間(10日, 10週, 10か月, 10年): die erste 〈dritte〉 ～ dieses Monats 今月の上〈下〉旬. [*gr.* dekás „Zehnzahl"–*fr.*]

de·ka·de̱nt[dekadɛ́nt] 形 退廃的な, 病的な, デカダンの.

De·ka·de̱nz[..dɛ́nts] 女 -/ (文化的)衰退, (道徳的)退廃, 無気力, (特に19世紀末の)デカダンス. [*fr.*]

de·ka̱·disch[deká:dɪʃ] 形 10を基礎とする, 十進法の: ～*er* Logarithmus 〘数〙常用対数 | ～*es* System 十進法. [< Dekade]

De·ka·e̱·der[deka|é:dər] 中 -s/- (Zehnflächner) 〘数〙十面体.

De·ka·go̱n[dekagó:n] 中 -s/-e (Zehneck) 〘数〙十角形.

De·ka·gra̱mm[..grám; オーストリア: dɛ́kagram] 中 デカグラム (10g; 記号 dag, dkg, Dg): →Gramm [*fr.*]

De·ka·li̱·ter[dekalí:tər] 男 (中) デカリットル (10*l*; 記号 dal, Dl): →Liter [*fr.*]

De·kal·ki̱e̱r·pa·pier[dekalkí:r] 中 (画を陶器・ガラスに移す)転写紙. [*fr.* décalquer „abziehen" (◇ Kalkant)]

▽**De·ka̱·lo**[deká:lo·] 男 中 -/..li[..li·] (Gewichtsverlust) 減量, 量目不足, 目減り. [*it.*]

De·ka·lo̱g[dekaló:k]¹ 男 -[e]s/ (die Zehn Gebote) 〘聖〙(Moses の)十戒. [*gr.*–*kirchenlat.*]

Dek·a̱me·ron[deká:merɔn] 中 -s/ デカメロン (Boccaccio の小説で「十日物語」の意. 1348–53年に書かれたルネサンス文学の代表作の一つ. 原題 Il Decamerone). [*it.*; < *gr.* hēmérā „Tag"]

De·ka·me̱·ter[dekamé:tər] 男 (中) デカメートル (10m; 記号 dam, Dm): →Meter [*fr.*]

De·ka̱n[deká:n] 男 -s/-e **1** 学部長. **2** (Superintendent) 〘新教〙教区監督, ディーン; 〘カトリック〙首席司祭; 主席枢機卿; 聖堂参事会会長. [*spätlat.* decānus „Führer von 10 Mann"; < *lat.* decem (→Dezem); ◇ *engl.* dean]

De·ka·na̱t[dekaná:t] 中 -[e]s/-e **1** 学部長室, 学部本部. **2** Dekan の職〈教区〉. [*mlat.*]

De·ka·ne̱i[..nái] 女 -/-en Dekan 2 の公邸. [< ..ei]

de·kan·ti̱e̱·ren[dekantí:rən] 他 (h) 〘化〙(溶液の)上澄みを取る, 傾瀉(けいしゃ)する, デカントする. [*mlat.* dē-canthāre –*fr.*; < *gr.* kanthós „Augenwinkel" (◇ Kante)]

de·ka·pi̱e̱·ren[dekapí:rən] 他 (h) 〘工〙(赤熱した金属の)表面酸化物を除く, 酸洗いする. [*fr.*; ◇ Kappe]

De·ka·pi·ta·tio̱n[dekapitatsió:n] 女 -/-en 〘医〙(産婦の命を救うため胎児に行う)除脳, 断頭[術]. [*mlat.*]

de·ka·pi·ti̱e̱·ren[..tí:rən] 他 (h) 〘医〙(胎児に)除脳を行う, 断頭する. [*mlat.*; < *lat.* caput (→Haupt)]

De·ka·po̱·de[dekapó:də] 男 -n/-n 《ふつう複数で》〘動〙(甲殻類の)十脚類(エビ・ザリガニなど), 十腕類(イカなど).

de·kap·ti̱e̱·ren[dekaptí:rən] =dekapitieren

Dek·a̱r[deká:r] 中 (スイス: **Dek·a̱re**[..rə] 女) デカアール (10 a): →Ar¹

de·kar·tel·li̱e̱·ren[dekartɛlí:rən] =dekartellisieren

De·kar·tel·li̱e̱·rung[..rʊŋ] 女 -/-en =Dekartellisierung

de·kar·tel·li·si̱e̱·ren[dekartɛlizí:rən] 他 (h) 〘経〙(…の)カルテルを解く, (企業連合を)解体させる.

De·kar·tel·li·si̱e̱·rung[..rʊŋ] 女 -/-en 〘経〙カルテル解体.

De·ka·ste̱r[dekasté:r] 男 〘林〙デカステール (10 Ster) (→Raummeter).

De·ka·teur[dekatø:r] 男 -s/-e Dekatur を施す工員.

de·ka·ti̱e̱·ren[..tí:rən] 他 (h) (…に) Dekatur を施す. [*fr.*; < de..+ *lat.* cōgere (→kaschieren)]

De·ka·ti̱e̱·rer[..rər] 男 -s/- =Dekateur

De·ka·tu̱r[dekatú:r] 女 -/-en 〘織〙(布の防縮のための)蒸気処理.

De·kla·ma·tio̱n[deklamatsió:n] 女 -/-en (文学作品の)朗読, 朗唱, 暗唱; 〘楽〙デクラマツィオーン(歌曲において歌詞を音楽面より優先させる技法. 広義では歌詞と音楽の関係); 《話》誇張した〈美辞麗句をつらねた〉おしゃべり, 熱弁. [*lat.*]

De·kla·ma̱·tor[deklamá:tɔr, ..to:r] 男 -s/-en [..mató:rən] 朗読家; 《話》熱弁家, [*lat.*]

De·kla·ma·to̱·rik[..mató:rɪk] 女 -/ 朗読〈朗唱〉術.

de·kla·ma·to̱·risch[..rɪʃ] 形 朗読調の; 《話》熱弁の, 悲壮ぶった [*lat.*]

de·kla·mi̱e̱·ren[deklamí:rən] **I** 他 (h) (文学作品を)朗読〈朗唱〉する; 〘楽〙(歌曲を)言葉の本来のアクセントを生かして歌う〈作曲する〉; 《話》熱弁をふるって〈美辞麗句をつらねて〉しゃべる. **II** 自 (h) 《aus *et.*³》(…の一部を)朗読〈朗唱〉する. [*lat.*; < *lat.* clāmāre (→Claim)]

De·kla·ra̱nt[deklaránt] 男 -en/-en 〘商〙申告者.

De·kla·ra·tio̱n[..ratsió:n] 女 -/-en **1** 宣言, 布告, 宣告. **2** 〘商〙[関]税の申告; 価格〈内容〉表記, 表示. [*lat.*]

de·kla·ri̱e̱·ren[..rí:rən] **I** 他 (h) **1** 宣言〈布告〉する. **2** (税金・関税を)申告する; 〘商〙(価格・内容を)表示〈表記〉する. **3** 《*et.*⁴ als *et.*⁴》(…を…と)呼ぶ, 称する; 《*jn.* zu *et.*³》(…を…に)指定する: *jn.* zu *seinem* Berater ～ …を自分の顧問に指名する ‖ 再帰 *sich*⁴ als Arzt ～ 医師と自称する. **II de·kla·ri̱ert** 過分 形 公然の, 明白な. [*lat.*–*mhd.*; < *lat.* clārus (→klar); ◇ *engl.* declare]

de·klas·si̱e̱·ren[deklasí:rən] 他 (h) 下の階級〈階層〉へ落とす; 零落させる; 〘スポーツ〙(ほぼ同じランクの相手に)大差をつけて勝つ, 圧勝する. [*fr.*; ◇ Klasse]

De·klas·si̱e̱·rung[..rʊŋ] 女 -/-en deklassieren すること.

de·kli·na̱·bel[dekliná:bəl] (..na·bl..) 形 (↔indeklinabel) 〘言〙(名詞・代名詞・形容詞に関して)語形変化する.

De·kli·na·tio̱n[..natsió:n] 女 -/-en **1** 〘言〙(名詞・代名詞・形容詞の)[格]変化, 曲用(格・数・性による語形変化: →Flexion 1). **2** 〘理〙(地磁気の)方位角, 偏角; 〘天〙(星の)赤緯. [*lat.*]

De·kli·na̱·tor[..ná:tɔr, ..ná:to:r] 男 -s/-en [..nató:rən], **De·kli·na·to̱·rium**[..nató:riʊm] 中 -s/ ..rien[..riən] 〘理〙方位角計, 磁針偏差計.

de·kli·ni̱e̱r·bar[..ní:rba:r] =deklinabel

de·kli·ni̱e̱·ren[..ní:rən] **I** 他 (h) 〘言〙(名詞・代名詞・形容詞を格・数・性によって)語形変化させる, 曲用する(→flektieren). **II** 自 (h) 〘理・天〙偏倚(へんい)する. [*lat.*; ◇ lehnen¹]

de·ko·di̱e̱·ren[dekodí:rən] 他 (h) (↔kodieren) 解号する, (符号・コード・暗号などを)解読する. [*engl.* decode]

De·ko·di̱e̱·rung[..rʊŋ] 女 -/-en 解号(記号化された伝達情報を信号体系に従って復原解読する過程. 言語伝達では聞き手・読み手による音声記号の了解過程).

De·ko̱kt[dekɔ́kt] 中 -[e]s/-e 〘薬〙せんじ薬. [< *lat.* dē-coquere „ab-kochen" (◇ kochen); *engl.* decoction]

De·kolle·té[dekɔlté:, ..ləté:, ..lɛté:, ..leté:] 中 -s/-s 〘服

飾》デコルテ(胸・背の一部と肩をあらわにした広い襟あき): ein Abendkleid mit ~ デコルテのイブニングドレス | ein tiefes ~ tragen 深い襟あきの服を着ている. [*fr.*]

de·kolle·tie·ren[..tíːrən] 他 (h) **1** (服を)デコルテ形の襟に仕立てる: ein *dekolletiertes* Kleid 襟がデコルテの服 | eine *dekolletierte* Dame デコルテの服を着た婦人. **2** 《話》 再帰 *sich*[4] ~ さらし者(もの笑いの種)になる. [*fr.*; ◇Kollo]

de·ko·lo·ni·sie·ren[dekolonizíːrən] 他 (h) (植民地の)本国依存(隷属)を解除する, 非植民地化する.

de·ko·lo·rie·ren[dekoloríːrən] 他 (h) (…の)色を消す(あせさせる). [*lat.*–*fr.*; ◇*engl.* decolo(u)r]

De·kom·pen·sa·tion[dekɔmpɛnzatsióːn] 女 -/-en 《医》臓器の代償不全, 失調.

de·kom·po·nie·ren[dekɔmponíːrən] 他 (h) (要素・成分に)分解する, 分析する.

De·kom·po·si·tion[..zitsióːn] 女 -/-en **1** (要素・成分の)分解, 分析. **2** 《医》(小児の)消耗症.

De·kom·po·si·tum[..póːzitʊm] 中 -s/..ta[..ta·] 《言》**1** 重複合語 (Mitternachtssonne のような重複した複合語). **2** 複合語由来派生語 (Haushaltung, hauptstädtisch のような複合語の派生語).

De·kon·ta·mi·na·tion[dekɔntaminatsióːn] 女 -/-en =Dekontaminierung [*engl.* decontamination]

de·kon·ta·mi·nie·ren[..níːrən] 他 (h) **1** 《理》(核分裂生成物を)原子炉から除去する. **2** (ある地域の放射能などによる)汚染をとり除く.

De·kon·ta·mi·nie·rung[..rʊŋ] 女 -/-en dekontaminieren すること.

De·kon·zen·tra·tion[dekɔntsɛntratsióːn] 女 -/-en 拡散, 分散, 分解, 解散.

de·kon·zen·trie·ren[..tríːrən] 他 (h) 分散させる, 解散する; 分解(解体)する.

De·kor[dekóːr] 男 中 -s/-s(-e) **1** (彩色の)装飾; (ガラスや陶器の)模様. **2** 《劇》舞台装置, 書割(かきわり). [*fr.* décor]

De·ko·ra·teur[dekoratǿːr] 男 -s/-e (女 **De·ko·ra·teu·rin**[..tǿːrɪn]-/-nen) 室内(ショーウインドー)装飾業者; 《映・劇》(特にインテリア専門の)舞台芸術家. [*fr.*; <..eur]

De·ko·ra·tion[..tsióːn] 女 -/-en **1 a)** 装飾, 飾りつけ. **b)** 飾り; 《劇》書割, 舞台装置. **2** 叙勲, 勲章授与; 勲章. [*spätlat.*]

De·ko·ra·tions≠ma·ler 男 [室内]装飾画家(塗装業者); 《劇》舞台装置彩色者, 大道具色塗り係. **≠ma·le·rei** 女 [室内]装飾画(塗装). **≠pa·pier** 中 (家具・壁面などにはる)装飾紙(壁紙など). **≠stoff** 男 装飾布(壁布・カーテン地など).

de·ko·ra·tiv[dekoratíːf][1] 形 装飾的な, きらびやかな; 《劇》舞台装置(背景)[について]の. [*fr.*]

de·ko·rie·ren[..ríːrən] 他 (h) **1** 装飾する, 飾りつける, (…に)飾りをつける: einen Saal ⟨einen Tisch⟩ mit Blumen ~ 広間(テーブル)に花を飾る. **2** (…に)勲章を与える. [*lat.*; <*lat.* decus „Zierde" (◇dezent)]

De·ko·rie·rung[..rʊŋ] 女 -/-en =Dekoration

De·kort 男 [dekóːr] -s/-s; [dekɔ́rt]-s/-e (Abzug) 《商》(ある金額の)割引, 値引き.

de·kor·tie·ren[dekɔrtíːrən] 他 (h) (abziehen) 《商》割り引く. [*lat.* dē-curtāre „ab-kürzen"; ◇kurz]

De·ko·rum[dekóːrʊm] 中 -s/ 身だしなみ, 礼儀[作法]: das ~ wahren 体裁を損わない, 面目を保つ. [*lat.*; <*lat.* decus (→dekorieren)]

De·ko·stoff[déːko.., dɛ́ko..] =Dekorationsstoff

De·kre·ment[dekremɛ́nt] 中 -[e]s/-e (↔ Inkrement) (Abnahme) 減少, 低下; 消耗, 衰微; 《数》減量, 減分; 減衰率. [*lat.*; ◇Dekreszenz]

de·kre·pit[dekrepíːt] 形 老衰した; 衰弱した; 零落した. [*lat.*–*fr.*; <*lat.* crepāre (→krepieren)]

De·kre·pi·ta·tion[..pitatsióːn] 女 -/-en dekrepitieren すること.

de·kre·pi·tie·ren[..tíːrən] 自 (s) 《化》(塩などが)焼かれてパチパチ音をたてて砕ける. [*fr.*; <*lat.* crepitāre „knattern"]

De·kre·scen·do[dekrɛʃɛ́ndo·] 中 -s/-s, ..di[..di·] 《楽》デクレッシェンド[すること], 漸弱[音]. [<decrescendo]

De·kres·zenz[..krɛstsɛ́nts] 女 -/-en 減少; 《楽》漸弱(音がしだいに弱まること). [*lat.*; ◇Dekrement]

De·kret[dekréːt] 中 -[e]s/-e (Verordnung) (官公庁・裁判所の)指令, 指示, 布告, 決定; 《カトリック》教令. [*lat.*–*mhd.*; <*lat.* dēcernere (→Dezernent); ◇*engl.* decree]

De·kre·ta·le[dekretáːlə] 中 -/..lien[..liən]; 女 -/-n 《ふつう複数で》《カトリック》(ローマ教皇の)教令, 教書; 教令集.

de·kre·tie·ren[..tíːrən] 他 (h) 指令(指示)する, 布告する; 決定する. [*mlat.*]

De·ku·bi·tus[dekúːbitʊs] 男 -/ (Wundliegen) 《医》床ずれ, 褥瘡(じょくそう); 臥位(がい). [<*lat.* dēcumbere „sich niederlegen"]

De·ku·ma·ten·land[dekumáːtən..] (**De·ku·mat·land**[..máːt..]) 中 -[e]s/ 《史》アグリ=デクマーテス (Rhein 川中流と Donau 川上流の間の国境塁壁に囲まれた古代ローマ植民地). [*lat.* agrī decumātēs (◇dezi..; 作物の10分の1を年貢として納める土地の意)の翻訳借用]

de·ku·pie·ren [dekupíːrən] 他 (h) 糸のこで切る, 波形に切る. [*fr.*]

De·ku·pier·sä·ge[..píːr..] 女 電動糸のこ(→ 図).

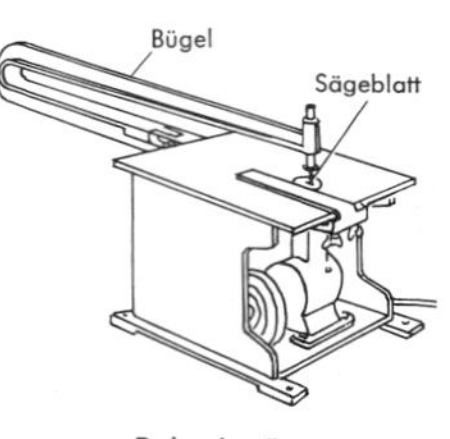

Dekupiersäge

De·ku·rie[dekúːriə] 女 -/-n (古代ローマの)十人組.

De·ku·rio[..rio·] 男 -s, -nen[dekurióːnən]/-nen 《史》Dekurie の長(組員). [*lat.*; ◇Decher]

de·kus·siert[dekʊsíːrt] 形 (kreuzständig) 《植》(葉が)十字対生の. [<*lat.* decussis „Zahl 10(ローマ数字: X)" (◇Dezem, As[2]); ◇*engl.* decussate]

De·ku·vert[dekuvéːr, ..vɛ́ːr] 中 -s/-s 《商》受取欠損, 未払い債務; 無担保債務. [*fr.* „unbedeckt"]

de·ku·vrie·ren[..vríːrən] 他 (h) **1** (…の)おおいを取る, 暴露する. **2** 再帰 *sich*[4] ~ 正体を現す. [*fr.*; ◇*engl.* discover]

del. 略 **1** =deleatur **2** =delineavit

▽**De·lat**[deláːt] 男 -en/-en 宣誓を要求される者, 被告.

▽**De·la·tion**[delatsióːn] 女 -/-en 告訴, 密告, 告発; (相続財産の)譲渡, 帰属; 宣誓要求. [*lat.*; ◇deferieren]

▽**de·la·to·risch**[..tóːrɪʃ] 形 (verleumderisch) 中傷的な; 密告好きの.

De·la·wa·re[1][delawáːrə] 男 -n/-n デラウェア人 (Algonkin 語族に属する北米インディアンの部族).

De·la·ware[2][dɛ́ləvɛːr, dɛ́ləwɛə] **I** 地名 デラウェア(アメリカ合衆国大西洋岸の州). **II der De·la·ware**[3] 地名 男 -s/ デラウェア川.

[<De La Warr (Virginia 州初代総督, †1618)]

de·lea·tur[deleáːtʊr] **I** 《ラテン語》(略 del.) 《印》削除せよ. **II De·lea·tur** 中 -s/- 《印》削除記号 (₰).

[<*lat.* dēlēre (→tilgen); ◇*engl.* dele]

De·le·gat[delegáːt] 男 -en/-en **1** 代表者, 代理人, 全権使節: Apostolischer ~ 《カトリック》教皇使節. **2** 《法》(転付債権の)被転付者. [*mlat.*]

De·le·ga·tion[..gatsióːn] 女 -/-en **1** 代表(全権使節)の派遣; 《集合的に》派遣代表(使節), 代表団: eine ~ entsenden 代表団を送る. **2** 《法》権限の委譲; 債務の転付. [*lat.*]

De·le·ga·tions≠lei·ter 男 代表団長. **≠mit·glied** 中 代表団員.

De·le·ga·tur[..túːr] 女 -/-en 《カトリック》教皇使節の職(派遣地区).

de·le·gie·ren[..gíːrən] **I** 他 (h) **1** 《*jn.*》代表として派遣する. **2** 《*et.*^{4} an 〈auf〉 *jn.*》(任務・権限などを…に)ゆだねる, 委譲する. **II De·le·gier·te** 男 女 《形容詞変化》派遣代表, 全権使節. [*lat.*]

De·le·gie·rung[..gíːrʊŋ] 女 -/-en delegieren すること.

de·lek·tie·ren[delɛktíːrən] 他 (h) 楽しませる: 再帰 *sich*^{4} an *et.*^{3} ～ …(特に飲食)を楽しむ; …にふける. [*lat.*; < *lat.* lactāre „verlocken"; ◇delikat; *engl.* delight]

De·le·tion[deletsióːn] 女 -/-en **1** 〘遺伝〙(染色体の一部の)欠失. **2** 〘言〙削除, 消去.

Del·fin[dɛlfíːn] 男 -s/-e ＝Delphin

del·fin|schwim·men ＝delphinschwimmen

Delft[dɛlft] 地名 デルフト(オランダ南西部の都市. 陶器の産地として知られる). [*mndl.* delft „〔schiffbarer〕 Graben"]

Delf·ter[dɛ́lftər] **I** 男 -s/- デルフトの人. **II** 形 《無変化》デルフトの: ～ Fayencen デルフト陶器.

Delft·wa·re[dɛ́lft..] 女 デルフト焼きの陶器.

Dẹ·lhi[déːliˑ] 地名 デリー(インド北部の都市. 1931年までインドの首都).

De·li·be·ra·tion[deliberatsióːn] 女 -/-en (Beratung) 協議, 相談; (Überlegung) 熟慮. [*lat.*]

De·li·be·ra·tiv[..tíːf]^1 男 -s/-e 〘言〙思案法(ギリシア語などで１人称主語の「どうしたものか」と思案する気持を表す接続法の一用法). [*lat.* „erwägend"]

de·li·be·rie·ren[..ríːrən] 他 (h) 協議〈相談〉する; 熟慮する. [*lat.*; < *lat.* lībrāre (→Libration)]

de·li·kạt[delikáːt] 形 (↔indelikat) **1** 美味な, おいしい: ～ schmecken 〈sein〉 美味である ‖ ～*es* Gemüse 〈Fleisch〉 おいしい野菜〈肉〉 | das ～*e* Aroma des Tabaks タバコの芳香 ‖ Wir haben ～ gespeist. 私たちはおいしい食事をした.

2 繊細な, 細心な, 思いやりのある; 感じ〈傷つき〉やすい; 扱いにくい, 微妙な: eine ～*e* Angelegenheit 微妙な〈やっかいな〉事件 | ein ～*es* Problem めんどうな〈慎重を要する〉問題.
[*lat.*－*fr.*; < *lat.* lacere „bestricken" (◇Latz); ◇deliziös]

De·li·ka·tẹs·se[delikatɛ́sə] 女 -/-n **1 a)** 特選食品, 珍味, 佳肴(かこう); 《比》すばらしいもの. 絶品: eine musikalische ～ 名曲; 名演奏. **b)** 《複数で》高級調製食品(ハム・ソーセージ・チーズ・テリーヌ・瓶詰・缶詰など); 調理ずみ食品, 高級総菜. **2** 《単数で》《雅》繊細, 細心: 趣味のよさ: *et.*^{4} mit äußerster ～ behandeln …をきわめて慎重に扱う. [*fr.*]

De·li·ka·tẹß·ge·schäft[..tɛ́s..] (**De·li·ka·tẹs·sen·ge·schäft**[..tɛ́sən..]) 中 (Delikatesse 1 b を売る)高級食品店.

De·lịkt[delíkt] 中 -〔e〕s/-e (Vergehen) 不法〈違法〉行為, 犯罪: ein schweres ～ begehen 重い罪を犯す. [*lat.*; < *lat.* dēlinquere (→deliquent)]

De·lịkts·fä·hig·keit 女 -/ 〘法〙不法行為能力.

de·li·nea·vit[delineáːvɪt] 《ラテ語》(略 del.) (絵の署名につけて)…画, …作. [*lat.* dēlīneāre „zeichnen"; ◇Linie]

de·lin·quẹnt[delɪŋkvɛ́nt] **I** 形 (straffällig) 処罰に値する. **II De·lin·quẹnt** 男 -en/-en 法律違反者, 犯罪人; 被告人. [*lat.* dē-linquere „sich vergehen"; ◇leihen]

De·lịr[delíːr] 中 -s/-e ＝Delirium

de·li·rie·ren[deliríːrən] 自 (h) 譫妄(せんもう)〈精神錯乱〉状態にある, うわごとを言う. [*lat.*; < *lat.* dē līrā īre „von der Furche abweichen" (◇Geleise)]

De·lị·rium[delíːriʊm] 中 -s/..rien[..riən] 譫妄(せんもう), うわごとを言う状態, 精神錯乱: in ein ～ geraten 譫妄〈精神錯乱〉状態に陥る. [*lat.*; < *lat.* dēlīrus „irre"]

De·lị·rium trẹ·mens[－ tréːmɛns] 中 --/ 〘医〙飲酒家譫妄(せんもう), 振顫(しんせん)譫妄. [◇Tremor]

dẹ·lisch[déːlɪʃ] 形 デーロスの: das ～*e* Problem デーロスの問題(コンパスと定規だけでは解けない古代ギリシアの幾何学の問題: →Delos).

de·li·ziös[delitsiǿːs]^1 形 (köstlich) 美味な, おいしい; すてきな. [*spätlat.*－*fr.*; < *lat.* dēliciae „Vergnügen"; ◇delikat; *engl.* delicious]

Del·krẹ·de·re[dɛlkréːdərə, ..derə] 中 -/- **1** 〘商〙支払い保証: für *et.*^{4} ～ stehen …の支払いを保証する. **2** 〘商〙貸倒れ再評価. [*it.* „auf Vertrauen"; ◇Kredo]

Dẹl·krẹ·de·re·pro·vi·sion 女 〘商〙支払い保証料.

Dẹl·le[dɛ́lə] 女 -/-n **1** 《話》(Vertiefung) へこみ, くぼみ: eine ～ in den Hut drücken (押して)帽子にくぼみをつくる (→ 図 Hut). **2** くぼ地. [*germ.*; ◇Tal; *engl.* dell]

de·lo·gie·ren[deloʒíːrən] **I** 他 (h) 《特に: オーストリア》《*jn.*》(住居から)立ち退かせる, 追い出す. **II** 自 (s) 〘軍〙駐留〈宿営〉地を引き払う, 陣営を撤去する, 出発〈移動〉する. [*fr.*; ◇ *engl.* dislodge]

De·lo·gie·rung[..ʒíːrʊŋ] 女 -/-en (delogieren すること. 例えば:) 立ち退き強制.

Dẹ·los[déːlɔs] 地名 デーロス(ギリシアの Kykladen 諸島中央の小島. Apollo 崇拝の一中心地でデーロス同盟の本拠地: →delisch). [*gr.*－*lat.*]

Dẹl·phi[dɛ́lfiˑ] 地名 デルポイ (Apollo の神託所があり, ギリシア人の宗教的政治的中心地の一つであった). [*gr.*－*lat.*]

Del·phịn[dɛlfíːn] 男 -s/-e **1** 〘動〙イルカ(海豚). **2** 《ふつう無冠詞で》〘泳〙ドルフィン〔＝キック泳法〕; (シンクロナイズド＝スイミングの)ドルフィン. **3** der ～ 〘天〙海豚(いるか)座. [*gr.* delphís－*lat.*; < *gr.* delphýs „Gebärmutter"; ◇Kalb; *engl.* dolphin]

Del·phi·nạ·rium[..fináːriʊm] 中 -s/..rien[..riən] イルカ飼育〈曲芸〉場.

del·phịn|schwim·men*[dɛlfíːn..] 《160》 **I** 自 (s, h) 《ふつう不定詞で》ドルフィン〔＝キック泳法〕で泳ぐ.

II Del·phịn·schwim·men 中 -s/ 〘泳〙ドルフィン〔＝キック泳法〕, バタフライ〔泳法〕.

dẹl·phisch[dɛ́lfɪʃ] 形 (doppelsinnig) (デルポイの神託のように)意味のあいまいな(→Delphi); 《大文字で》デルポイの: das *Delphische* Orakel デルポイの神託. [*gr.*－*lat.*]

Dẹl·ta[dɛ́ltaˑ] 中 **1** -〔s〕/-s デルタ(ギリシア字母の第４字: Δ, δ); 〘数〙デルタ(増分, 変分). **2** -s/-s, ..ten[..tən] デルタ地帯, (河口などの)三角州. [*gr.*]

dẹl·ta·för·mig[dɛ́lta..] 形 デルタ状〈三角形〉の.

Dẹl·ta≈me·tall 中 デルタ＝メタル(銅・鉄・亜鉛の合金). **≈mün·dung** 女 〘地〙デルタ河口. **≈mus·kel** 男 〘解〙三角筋. **≈strah·len** 複 〘理〙デルタ線(δ -Strahlen とも書く). **≈werk** 中 (オランダの)デルタ築堤作業.

Dẹl·ten Delta 2 の複数.

Del·to·ịd[dɛltoíːt]^1 中 -〔e〕s/-e **1** デルタ字形(Δ), 紙鳶(たこ)形. **2** 〘数〙偏菱(へんりょう)形. [<..oid]

Del·to·ịd·do·de·ka·eder 男 〘鉱〙(結晶の)偏菱(へんりょう)〔形〕十二面体.

de Luxe[dəlýks] (mit Luxus) デラックスな: China-Tourismus ～ デラックスな中国観光旅行. [*fr.*]

dem I[dem, dəm] 《定冠詞・関係代名詞》der の単数男性・中性３格. **II**[deːm] 《指示代名詞》der の単数男性・中性３格.

dem.. →demo..

DEMAG[déːmak] 女 -/ (<Deutsche Maschinenfabrik Aktiengesellschaft) デーマク(ドイツの電力機械・運搬・建設機械製造会社).

Dem·agọ·ge[demagóːgə] 男 -n/-n (ᵛ**Dem·agọg**[..góːk]^1 男 -en/-en) 煽動(せんどう)〔政治〕家, デマゴーグ. [*gr.* dēm-agōgós „Volks-führer"; <*gr.* ágein (→Agon)]

Dem·agọ·gen·tum[..gəntuːm] 中 -s/ ＝Demagogie

Dem·ago·gie[..gogíː] 女 -/-n[..gíːən] 〔大衆〕煽動.

dem·agọ·gisch[..góːgɪʃ] 形 煽動(せんどう)的な, 事実をゆがめる; デマゴーグ的な: ～*e* Umtriebe 大衆を迷わす策動. [*gr.*]

Dẹ·mant[déːmant, demánt] 男 -〔e〕s/-e 《雅》(Diamant) ダイヤモンド. [<Diamant]

de·mạn·ten[demántən, まれ; déːman..] 形 《雅》(diamanten) ダイヤモンドの〔ような〕.

D

De·man·to·ịd[demantoí:t][1] 男 -〔e〕s/-e 〘鉱〙翠柘榴(みどりざくろ)石.

De·mạr·che[demárʃ(ə)] 女 -/-n[..ʃən] 外交的措置,(特に: 口頭による外国政府への)抗議: eine ～ unternehmen 外交上の措置をとる. [*fr.*; ◇Marsch[1]]

De·mar·ka·tiọn[demarkatsió:n] 女 -/-en(Abgrenzung)(協定による)境界決定; 〘医〙分画, 限界設定. [*span.–fr.*; ◇Mark[2]]

De·mar·ka·tiọns·li·nie[..niə] 女 (協定による)境界線, 国境線.

de·mar·kie̩·ren[..kí:rən] 他 (h) (abgrenzen) (…の)境界を決定する.

de·mas·kie̩·ren[demaskí:rən] 他 (h) 《*jn.*》(…の)仮面をはぐ, 正体をあばく; 〘軍〙(大砲の)偽装を外す: 再帰 *sich*[4] ～ 仮面を脱ぐ, 正体を現す. [*fr.*]

De·mas·kie̩·rung[..rʊŋ] 女 -/-en demaskieren すること.

∇**De·me·lẹe**[demelé:] 中 -〔s〕/-s (Streit) 争い, 格闘. [*fr.*; <*fr.* mêler „mischen" (◇mischen)]

Dẹ·men Demos の複数.

dẹm·ent·gẹ·gen[dé:m|ɛntgé:gən] 副 (dagegen) これに反して.

De·mẹn·ti[deménti·] 中 -s/-s (公式の)否認; 取り消し; 訂正. [*fr.*]

De·mẹn·tia[deméntsia·] 女 -/..tiae[..tsiɛ·] 〘医〙(後天性の)痴呆(ちほう): senile ～ 老人性痴呆. [*lat.*; <*lat.* dēmēns „verständnis-los" (◇mental)]

de·men·tie̩·ren[dementí:rən] 他 (h) (公式に)否認する; 取り消す; 訂正する. [*fr.*; <*lat.* mentīrī „erdenken"]

dẹm·ent·sprẹ·chend[dé:m|ɛntʃpréçənt][1] **I** 形 それに応じた: ein großes Auto und eine ～*e* Garage 大型の自動車とそれにふさわしい車庫. **II** 副 それに応じて.

De·mẹnz[deménts] 女 -/-en ＝Dementia

De·me·rịt[demerí:t] 男 -en/-en 〘カトリック〙(罪を犯して)教会公職停止の処分を受けた聖職者. [*mlat.*; ◇Meritum]

De·mẹ·ter[demé:tər; オーストリア: dé:metər] 人名 〘ギ神〙デメーテル(農産の女神. ローマ神話の Ceres に当たる). [*gr.*]

De·mẹ·trius[demé:triʊs] 男名 デメートリウス. [*gr.–lat.*]

dẹm≠gẹ·gen·ụ̈ber[dé:mge:gən|ý:bər] 副 それに対して, それに比べて. **≠ge·mạ̈ß**[..gəmɛ́:s] ＝dementsprechend

Dẹ·mi·john[dé:midʒɔn] 男 -s/-s (かご細工入りの)細口の大瓶. [*engl.*]

de·mi·li·ta·ri·sie̩·ren[demilitarizí:rən] 他 (h) 非武装化する,(…の)軍備〈軍事施設〉を撤廃する.

De·mi·li·ta·ri·sie̩·rung[..rʊŋ] 女 -/-en demilitarisieren すること.

De·mi·mon·de[dəmimɔ̃:d(ə)] 女 -/ (Halbwelt) (有閑階級の出入りする)花柳界; 高級売春婦の世界. [*fr.*; <*lat.* dīmidius „halb"+mundus „Welt"]

de·mi·nu·tị̈v[deminutí:f][1] ＝diminutiv

De·mi·nu·tịv[–] 中 -s/-e ＝Diminutivum

De·mi·nu·tịv·suf·fix ＝Diminutivsuffix

De·mi·nu·tị·vum[..vʊm] 中 -s/..va[..va·] ＝Diminutivum

De·mis·siọn[demɪsió:n] 女 -/-en 辞職, 辞任; 罷免: *seine* ～ nehmen 辞職する. [*lat.–fr.*]

De·mis·sio·nạ̈r[..sionɛ́:r] 男 -s/-e 退職官吏. [*fr.*]

de·mis·sio·nie̩·ren[..ní:rən] 自 (h) **1** 辞職〈辞任〉する. **2** 罷免される. [*fr.*; ◇dimittieren]

De·mi·ụrg[demiʊ́rk][1] 男 -en(-s)/ **1** 〘哲〙(Platon が世界の形成者と考えた)デミウルゴス; 造物主. ∇**2** (Handwerker) 職人, 芸術家. [*gr.–lat.*; ◇Demos, Ergon]

De·mi-vierge[dəmivjɛ́rʒ] 女 -/ (男たちと付き合っているがまだ処女だけは保っている)半処女. [*fr.*; <*lat.* dīmidius „halb"+virgō (→Virginität)]

dẹm·je·ni·gen[dé:mje:nɪgən] derjenige の単数男性・中性3格.

dẹm≠nạch[dé:mná:x] 副 それに従って, それによれば; (folglich) したがって, それゆえに: Du weißt, was dir droht, du solltest dich ～ verhalten. 君は自分の身に何が迫っているか知っているのだからそれに応じた態度を取るべきだろう | Er ist noch vor dem Krieg geboren, ～ muß er älter sein als sie. 彼は戦前の生まれだ. だから彼女より年上のはずだ. **≠nä̩chst**[..nɛ́:çst] 副 **1** (bald) まもなく, もうすぐ, やがて: Unser Vertreter wird Sie ～ besuchen. 我々の代表がほどなくあなたをお訪ねするでしょう. ∇**2** (danach) それに続いて, そのあとで.

demo.. 《名詞などにつけて「人民・民衆」などを意味する. 母音の前では dem.. となる》: *Demo*kratie 民主主義 | *Demo*skopie 世論調査 ‖ *Dem*agoge 煽動(せんどう)〔政治〕家. [*gr.*; ◇Demos, demotisch]

Dẹ·mo[dé:mo·, démo·] 女 -/-s (<Demonstration) 《話》デモ.

De·mo·bi·li·sa·tiọn[demobilizatsió:n] 女 -/-en (↔Mobilisation) (軍隊の)動員解除; (経済・産業などの)戦時編制解除. [*fr.*]

de·mo·bi·li·sie̩·ren[..zí:rən] 他 (h) **1** (↔mobilisieren) (軍隊などの)動員を解除する; (経済・産業などの)戦時編制を解く. ∇**2** 《*jn.*》除隊〈復員〉させる. [*fr.*]

De·mo·bi·li·sie̩·rung[..rʊŋ] 女 -/-en demobilisieren すること.

De·mo·bịl·ma·chung[demobí:lmaxʊŋ] 女 -/-en (軍隊の)動員解除.

De·mo·du·la·tiọn[demodulatsió:n] 女 -/-en 〘電〙復調.

De·mo·du·lạ·tor[..lá:tɔr, ..to:r] 男 -s/-en [..lató:rən] 〘電〙復調器.

de·mo·du·lie̩·ren[..lí:rən] 他 (h) 〘電〙復調する; (gleichrichten) 検波する.

De·mo·grạph[demográ:f] 男 -en/-en 人口統計の専門家, 人口統計学者.

De·mo·gra·phie̩[..grafí:] 女 -/-n[..fí:ən] 人口統計学.

de·mo·grạ·phisch[..grá:fɪʃ] 形 人口統計学〔上〕の.

∇**De·moi·selle**[dəmoazél, de..] 女 -/-n[..lən] (Fräulein) 未婚の女性, 令嬢, 若いレディー. [*mlat.–fr.*; <*lat.* domina (→Domina); ◇Dunzel; *engl.* damsel]

Dem·öko·lo·gie̩[demøkologí:] 女 -/-n[..gí:ən] 〘生〙個体群生態学.

De·mo·krạt[demokrá:t] 男 -en/-en **1** 民主主義者. **2** (特に米国の)民主党員. [*fr.*]

De·mo·kra·tie̩[..kratí:] 女 -/-n[..tí:ən] **1** 《単数で》民主主義; 民主制, 民主政治, 民主政体: die unmittelbare 〈repräsentative〉 ～ 直接〈代表〉民主制 | eine parlamentarische ～ 議会制民主主義 | Sozial*demokratie* 社会民主主義. **2** 民主制〈主義〉国家: die westlichen ～*n* 西欧の民主主義諸国. [*gr.–mlat.–fr.*; ◇*engl.* democracy]

De·mo·kra·tie̩·be·wẹ·gung 女 民主主義運動, 民主化運動.

de·mo·krạ·tisch[..krá:tɪʃ] 形 民主〔主義〕的な; 民主制〈政体〉の: ein ～*er* Staat 民主主義国 | ～*e* Reformen 民主的な改革 ‖ die *Demokratische* Partei (特に米国の)民主党 | die Deutsche *Demokratische* Republik (略 DDR) ドイツ民主共和国(旧東ドイツの正式名称) ‖ ～ handeln/*sich*[4] ～ verhalten 民主的に行動する.

de·mo·kra·ti·sie̩·ren[..kratizí:rən] 他 (h) 民主化する: das Erziehungswesen ～ 教育制度を民主化する | *jn.* ～ …の考え方を民主化する. [*fr.*]

De·mo·kra·ti·sie̩·rung[..rʊŋ] 女 -/-en 民主化.

De·mo·kra·tịs·mus[..tísmʊs] 男 -/ 《軽蔑的に》(行き過ぎの)形式民主主義.

De·mo·krịt[demokrí:t] 人名 デモクリトス(前460頃-370頃; 原子論を説いた古代ギリシアの哲学者. ギリシア語形 Demokritos). [*gr.–lat.*]

de·mo·lie̩·ren[demolí:rən] 他 (h) (建物・設備・機械などを故意に)取り壊す, 破壊する: ein total *demoliertes* Auto めちゃめちゃに壊された自動車. [*lat.*; <*lat.* mōlēs (→Mole[1]); ◇*engl.* demolish]

De·mo·lie̩·rung[..rʊŋ] 女 -/-en 取り壊し, 破壊.

D

de·mo·ne·ti·si̱e·ren[demonetizí:rən] 他 (h) (貨幣などの)流通を停止する, 通用を廃止する. [*fr.*; < *lat.* monēta (→Münze[2])]

De·mo·ne·ti·si̱e·rung[..ruŋ] 女 -/-en (貨幣などの)流通停止, 通用廃止.

De·mon·strant[demɔnstránt] 男 -en/-en デモ〈示威運動〉をする人, デモ参加者.

De·mon·stra·ti̱on[..stratsió:n] 女 -/-en **1** デモンストレーション, デモ, 示威運動, 大衆抗議行動(→ 略 Demo): eine ～ gegen den Krieg 反戦デモ ‖ an einer ～ teilnehmen デモに参加する | *jn.* zu einer ～ aufrufen …にデモ参加を呼びかける | Die Polizei löste die ～ mit Gewalt auf. 警察は実力を行使してデモを解散させた. **2** (意図・感情・態度などの)表明, 表出: *et.*[4] als eine ～ des guten Willens ansehen …を善意の表れとみなす. **3** (実例などによる)具体的説明, 実演, デモンストレーション: ein Unterricht mit ～*en* 実物による〈実演つきの〉授業. [*lat.*〔–*engl.*〕]

De·mon·stra·ti̱ons≠marsch 男 デモ行進. ≠**ma·te·ri̱al** 中 実演用器材. ≠**recht** 中 **1** デモを行う権利. **2** デモに関する法律, デモ〔規制〕法. ≠**straf·recht** 中 〘法〙デモ処罰〈規制〉法. ≠**ver·bo̱t** 中 デモ禁止. ≠**zug** 男 デモ隊〔の隊列〕.

de·mon·stra·ti̱v[..tí:f][1] 形 **1** あからさまな, 露骨に見せつける, 当てつけがましい: ein ～*es* Schweigen 故意の沈黙 | Er verließ ～ das Zimmer. 彼はこれ見よがしに退席した. **2** 具体的に説明する, 説明的な, 例証的な: ein ～*es* Beispiel 具体例, 実例. **3** (hinweisend)〘言〙指示的な: ein ～*es* Pronomen 指示代名詞. [*lat.*]

De·mon·stra·ti̱v[−] 中 -s/-e, **De·mon·stra·ti̱v·pro·no̱·men** 中, ▽**De·mon·stra·ti̱·vum**[..vʊm] 中 -s/..va[..va·]〘言〙指示代名詞.

▽**De·mon·stra̱·tor**[..rá:tɔr, ..to:r] 男 -s/-en [..rató:rən] 具体的説明をする人, 実地教示〈実物教授〉者, 実演者.

de·mon·stri̱e·ren[demɔnstrí:rən] **I** 自 (h) デモ〈示威運動〉をする, デモに参加する: gegen den Krieg 〈für den Frieden〉 ～ 戦争反対〈平和擁護〉のデモをする.

II 他 (h) **1** (意図・感情・態度などを)あらわに示す, 明らかにする, 表明する: *seine* Absicht ～ 意図を明らかにする | *seine* Entschlossenheit ～ 決意の固さを示す. **2** 《*jm. et.*[4]》実地に〈具体的に・実例によって〉説明する, 実演して見せる: anhand von Lichtbildern die Funktion der Leber ～ スライドを使って肝臓の機能を説明する.

[*lat.*〔–*engl.*〕; < *lat.* mōnstrāre (→Monstranz)]

de·mon·ta̱·bel[demɔntá:bəl] (..ta·bl..) =demontierbar [*fr.*]

De·mon·ta̱·ge[demɔntá:ʒə, ..mɔ̃t..; ｵｰｽﾄﾘｱ: ..tá:ʒ] 女 -/-n[..ʒən] (Abbau) 解体, 撤去, 取り壊し, 取り払い; 分解; 取り外し: die ～ der Fabrikanlagen 工場施設の撤去〈解体〉| die ～ der Maschinen 機械の分解. [*fr.*; <..age]

de·mon·ti̱er·ba̱r[..tí:rba:r] 形 解体できる; 分解できる; 取り外しできる, 移動式の, 組み立て式の.

de·mon·ti̱e·ren[..tí:rən] 他 (h) (工場施設などを)解体する, 撤去する; (機械などを)分解する; 取り外す: Nach dem Krieg wurden Fabriken *demontiert*. 戦争後工場が解体された | Vorurteile ～ 《比》先入観を〔徐々に〕取り除く. [*fr.*; ◇ *engl.* demount]

De·mo·ra·li·sa·ti̱on[demoralizatsió:n] 女 -/-en **1** 風紀の退廃, 堕落, 背徳: die ～ der Oberschicht 〔社会〕上層部の退廃. **2** 〘軍〙(士気の)沮喪(そそう), (軍規の)紊乱(びんらん). [*fr.*]

de·mo·ra·li·si̱e·ren[..zí:rən] 他 (h) **1** 《*jn.*》(…の)精神的基盤をぐらつかせる, 精神的に動揺させる; (…の)風紀を退廃させる, (…を)堕落させる. **2** 〘軍〙《*jn.*》(…の)士気を沮喪(そそう)させる.

De·mo·ra·li·si̱e·rung[..ruŋ] 女 -/-en demoralisieren すること.

de̱ mor·tu̱is ni̱l ni̱·si be̱·ne[de: mɔ́rtui:s ní:l ní:zi bé:nə] 《ﾗﾃﾝ語》死者についてはよいこと以外は語るな, 死者をむち打つなかれ. [„über die Toten nichts als Gutes“]

De̱·mos[dé:mɔs] 男 -/..men[..mən] **1 a)** (古代ギリシアの)市区. **b)** (古代ギリシアの都市国家の)市民, 民衆. **2** ディモス(現代ギリシアの最小の行政区域町区). [*gr.* dē̆mos „Abteilung“; ◇demo..]

De·mo·sko̱p[demoskó:p, demɔs..] 男 -en/-en 世論調査専門家.

De·mo·sko·pi̱e[..skopí:] 女 -/-n[..pí:ən] (Meinungsforschung) 世論調査; 世論調査アンケート: eine ～ durchführen 世論調査をする, アンケートをとる.

de·mo·sko̱·pisch[..skó:pɪʃ] 形 世論調査の; 世論調査に基づいた: eine ～*e* Umfrage 世論調査アンケート.

De̱·mo·spruch 男 デモのスローガン.

De·mo̱·sthe·nes[demɔ́stenɛs] 人名 デモステネス(前384–322; 古代ギリシアの雄弁家・政治家). [*gr.*–*lat.*]

de·mo·sthe̱·nisch[demɔsté:nɪʃ] 形 デモステネスのような: ～*e* Beredsamkeit デモステネスを思わせる大雄弁.

de·mo̱·tisch[demó:tɪʃ] 形 民衆の; 大衆的な, 通俗的な: ～*e* Schrift (古代エジプトの)民衆文字(→hieratisch). [*gr.*; ◇Demos, demo..]

De·mo·ti·va·ti̱on[demotivatsió:n] 女 -/-en **1** demotivieren すること. **2** 興味〈関心〉を失っていること, やる気をなくしていること.

de·mo·ti·vi̱e·ren[demotiví:rən] 他 (h) 《*jn.*》(…の)動機を弱める, (…の)関心〈興味〉を失わせる.

De·mo·ti·vi̱e·rung[..ruŋ] 女 -/-en demotivieren すること.

de̱m·se̱l·ben[de(:)mzɛ́lbən, dəm..] (▽**de̱m·se̱l·bi·gen**[..bɪgən]) derselbe (▽derselbige)の単数男性・中性3格.

de̱m≠un·er·a̱ch·tet[dé:m|ʊn|ɛr|áxtət, ⏑⏑⏑⏑⏑], ≠**un·ge·a̱ch·tet**[..gə|áxtət, ⏑⏑⏑⏑⏑] =dessenungeachtet

De̱·mu̱t[dé:mu:t] 女 -/ 謙遜(けんそん), 卑下, へりくだり; 恭順: in ～ へりくだって, おとなしく. [*ahd.*; ◇dienen, Mut]

de̱·mü̱·tig[dé:my:tɪç][2] 形 謙虚〈謙遜〉な, へりくだった; うやうやしい: eine ～*e* Bitte 嘆願 | ein ～*er* Mensch 謙虚な人.

de̱·mü̱·ti·gen[..tɪgən][2] 他 (h) 《*jn.*》(…を)はずかしめる, (…に)屈辱を与える, (…の)自尊心を傷つける: *js.* Stolz ～ …の誇りを傷つける ‖ 再帰 *sich*[4] vor *jm.* ～ …に対してへりくだる ‖ eine *demütigende* Erfahrung 屈辱的な経験 | für *jn.* *demütigend* sein …にとって屈辱的である.

De̱·mü̱·ti·gung[..tɪgʊŋ] 女 -/-en **1** 屈辱: *jm.* eine ～ antun 〈bereiten/zufügen〉 …をはずかしめる, …に屈辱を与える | eine ～ erleiden はずかしめを受ける. **2** へりくだり.

de̱·mu̱t(s)·voll[dé:mu:t(s)..] =demütig

de̱m·zu·fo̱l·ge[dé:mtsufɔ́lgə] 副 その結果として, したがって, それゆえ.

den[1] **I** [den, dən] 《定冠詞》der の単数男性4格および複数3格. **II** [de:n] 《指示代名詞》der の単数男性4格. **III** [den, dən] 《関係代名詞》der の単数男性4格.

den[2][denié:, də..] 記号 (Denier) デニール.

De·na̱r[dená:r] 男 -s/-e (単位: -/-) (→ 略 d). **1** デナリウス(古代ローマの小銀貨で貨幣単位). **2** デナール(メロヴィング・カロリング両朝時代の小銀貨で Pfennig のもとになった. Pfennig を ₰ と略記するのは d のドイツ式筆記体による). [*lat.* (nummus) dēnārius; < *lat.* dēnī „je zehn“; ◇Dezem]

De·na·tu·ra·li·sa·ti̱on[denaturalizatsió:n] 女 -/-en 国籍〈市民権〉剝奪(はくだつ).

de·na·tu·ra·li·si̱e·ren[..zí:rən] 他 (h) 《*jn.*》(…の)国籍〈市民権〉を剝奪(はくだつ)する.

de·na·tu·ri̱e·ren[denaturí:rən] **I** 他 (h) (…の)特性を失わせる, 変性させる; (飲食用の原料を)変性させる(混ぜ物をして飲食用に適さないようにする); (核燃料を)変性させる(核分裂性の物質に他の物質を混入して核兵器に適さないようにする): Speisesalz durch Eisenoxyde zu Viehsalz ～ 食塩に酸化鉄を混ぜて家畜用食塩に変性させる | *denaturierter* Alkohol (工業用の)変性アルコール. **II** 自 (s) (entarten) 《zu *et.*[3]》(…に)変性〈変質〉する, 堕落〈退化〉する.

[*fr.*; ◇Natur]

de·na·zi·fi·zie·ren[denatsifitsí:rən] 他 (h) (entnazifizieren) 非ナチ化する.

De·na·zi·fi·zie·rung[..rʊŋ] 女 -/-en 非ナチ化.

Den·drit[dɛndrí:t, ..rít] 男 -en/-en **1** 〘鉱〙模樹石, しのぶ石. **2** 〘解〙(神経細胞の)樹状突起. **3** 〘化〙樹枝〔状〕結晶. [*gr.* dendrítēs „zum Baum gehörig"]

den·dri·tisch[..drí:tɪʃ] 形 樹枝状の.

Den·dro·bium[dɛndró:biʊm] 中 -s/ 〘植〙デンドロビウム(ランの一種). [< *gr.* déndron „Baum"+bio..]

Den·dro·chro·no·lo·gie[dɛndrokronologí:] 女 -/ 年輪年代学.

Den·dro·gramm[..grám] 中 -s/-e (類縁関係・系統を示す)樹形〔状〕図, 系統樹.

Den·dro·kli·ma·to·lo·gie[..klimatologí:] 女 -/ 〘気象〙(樹木の年輪で過去の気候状況やその変動を調べる)樹木気候学.

Den·dro·lo·ge[..ló:gə] 男 -n/-n (→..loge) 樹木学者.

Den·dro·lo·gie[..logí:] 女 -/ 樹木学.

den·dro·lo·gisch[..ló:gɪʃ] 形 樹木学〔上〕の.

Den·dro·me·ter[..mé:tər] 中 (男) -s/- (樹木の高さ・太さを測る)測樹器.

de·nen[dé:nən] 《指示代名詞・関係代名詞》der の複数3格.

De·ner·vie·rung[denɛrví:rʊŋ] 女 -/-en 〘医〙除神経; 脱神経.

Den·gel[déŋəl] 男 -s/- 鎌(かま)〈鋤(すき)〉の刃.

Den·gel≈am·boß 男 鎌(かま)〈鋤(すき)〉の刃を鍛える金敷. **≈ham·mer** 男 鎌〈鋤〉の刃を鍛えるハンマー.

den·geln[déŋəln] 《06》他 (h) (鎌(かま)・鋤(すき)の) 刃を鍛える〈打って鋭くする〉. [*mhd.*; < *ahd.* tangol „Hammer"; ◇ *engl.* ding]

Den·gue·fie·ber[déŋge..] 中 -s/ 〘医〙デング熱. [*afrikan.–span.* dengue]

Deng Xiao·ping[dɐ̀ŋsǐǎʊ̆píŋ] = Teng Hsiao-ping

Den Haag[de(:)n há:k] →Haag[1]

De·nier[denié:, də..] 中 男 -[s]/- デニール(生糸・化学繊維の太さの単位; 記号 den). [*lat.–fr.*; ◇ Denar]

de·ni·trie·ren[denitrí:rən] 他 (h) 《*et.*[4]》〘化〙(…から)硝酸を除去する, 脱硝する.

De·ni·tri·fi·ka·tion[..nitrifikatsió:n] 女 -/-en 〘生〙脱窒素作用, 脱窒.

de·ni·tri·fi·zie·ren[..nitrifitsí:rən] 他 (h) 《*et.*[4]》〘化〙(…から)窒素〔硝化物〕を除去する, 脱窒する.

den·je·ni·gen[dé:nje:nɪgən] derjenige の単数男性4格および複数3格.

Denk≈art[déŋk..] 女 考え方, 思考方法; 心の持ち方, 志向: eine typisch bürgerliche ~ 典型的な市民〈ブルジョア〉のものの考え方 | die Milch der frommen ~ (→Milch 1 a). **≈auf·ga·be** 女 あれこれ考えなければ解けない難問, 判じ物, なぞなぞ.

denk·bar[déŋkba:r] **I** 形 考えられる, 想像できる; (möglich) 可能な, あり得る: ein ~*er* Fall 考えられ得る事態 | Das ist kaum ~. それはほとんど考えられないことだ. **II** 副 **1** 《形容詞の最上級と》考えられるかぎり: die ~ besten Waren 極上品 | Er hat den ~ schlechtesten Ruf. 彼は悪評ふんぷんだ. **2** 《程度の強調》(sehr) 非常に; (äußerst) きわめて: ~ günstige Bedingungen きわめて有利な条件 | Er ist als Lehrer ~ ungeeignet. 彼は教師にはおよそ不適任だ.

Denk·bild 中 **1** (Vorstellung) 表象. [▽]**2** = Denkmal 1

Den·ke[déŋkə] 女 -/ 《俗》= Denkart

den·ken*[déŋkən] 《28》**dach·te**[dáxtə]/**ge·dacht**; 接II dächte[dɛ́çtə] **I** 自 (h) **1** (英: *think*) **a)** 考える, 思考する, 思索する, 頭を使う: Erst ~, dann handeln! まず考えて それから行動せよ | *Gedacht*, getan! / Getan wie *gedacht*! 瞬時に決断 即座に実行 ‖ laut ~ ひとりごとを言う | ***jm.* zu ~ geben** …を考え込ませる, …に奇異の念を抱かせる | Das gibt 〔mir〕 sehr zu ~. これは大いに〔私の〕頭を悩ませる〈〔私を〕考え込ませる〉 | Bei dieser Arbeit muß man viel ~. この仕事にはたいへん頭を使わねばならない | **Wo *denkst* du 〈*denken* Sie〉 hin!** 何を思い違いしているのか, とんでもない ‖〘4格と〙einen Gedanken 〔zu Ende〕 ~ 考えをまとめる | *sich*[3] *sein*〔*en*〕 Teil 〔bei *et.*[3]〕 ~ 〔…について〕(口には出さないが)自分なりの考えを持っている. **b)** 《様態を示す語句と》(…の)考え方をする: berechnend 〈egoistisch〉 ~ 打算的〈利己的〉な考え方をする | edel 〈gemein〉 ~ 考え方が高潔〈低俗〉である | Er *denkt* national 〈kosmopolitisch〉. 彼はナショナリスト〈コスモポリタン〉だ ‖ Der Mensch ist ein *denkendes* Tier. 人間は考える動物である | *denkend* zu einer Kenntnis kommen 思索してある認識に達する.

2 《an *et.*[4]》《zu 不定詞句と》…を意図する, …するつもりである: Ich *denke* nicht daran, ihn zu heiraten. 私は彼と結婚するつもりはない | Ich *denke* gar nicht daran! そんなことは思いもよらない, そんなつもりは毛頭ない | Daran ist überhaupt nicht zu ~! そんなこと とんでもない.

3 a) 《様態を示す語句と》(…という)判断〈評価〉をする, (…と)受け取る(→II 3): gering 〈niedrig〉 von *jm.* ~ …を軽んじる, …を見くびる | gut 〈schlecht〉 von *jm.* ~ …のことをよく〈悪く〉思う | Darüber kann man verschieden ~. それはいろいろな受け取り方ができる | Wie *denkst* du darüber? それをどう思うかね | 〔Ganz〕 wie Sie *denken*! そうかもしれませんね | Machen Sie es, wie Sie *denken*! どうぞご随意に. **b)** →II 2 a

4 (gedenken) **a)** 《an *et.*[4]》(…のことを)思う, 念頭におく, 顧慮する; (…を)思い出す, 想起する; (…に)思いを寄せる: an *sich*[4] selbst ~ 自分のことを考える | an *seine* Kindheit ~ 子供のころを想起〈回想〉する | an *seine* alten Tage ~ 老後のことを考える | Wir hatten bei dem Projekt an Sie *gedacht*. この計画に当たって私たちはあなたのことを念頭においていたのです | Er *denkt* nun daran, daß seine Frau wartet. そこで彼は妻が待っているのを思い出す | Das ist so, solange ich 〔daran〕 ~ kann. それは私の覚えている限りはそうだ. **b)** 《雅》《*js.*/*et.*[2]》(…のことを)思う: der alten Zeiten ~ 昔を思う | Ich *denke* immer dein〔er〕. 私はいつも君のことを思っている. **c)** 《南部》《auf *et.*[4]》(…を)心がける: auf *seine* Sicherheit ~ 身の安全を考える.

II 他 (h) **1** 考える, 思う: Was *denken* Sie? 何をお考えですか | Jeder *denkt* im geheimen dasselbe. だれもがひそかに同じことを考えている | Was ich *denk'* und tu', trau' ich andern zu. 《諺》人は自分を尺度にして他人を判断するものだ ‖〘副文・zu 不定詞〔句〕と〙Ich *denke*, daß alles gut geht. 万事うまく行くと思う | Ich *denke*, er kommt bestimmt. 彼はきっと来ると思う | Er *dachte* bei sich, ob es nicht besser wäre, wenn ... …するほうがよいのではないかと彼はひそかに思った | Du *denkst* wohl, ihn einholen zu können? 君は彼に追いつけると思っているらしいね | Er *denkt*, wunder was getan zu haben. 彼はどえらいことをやったとうぬぼれている.

2 a) 《〔*sich*[3]〕 *et.*[4]》想定〈予想〉する, 思い浮かべる: Ich habe mir nichts 〔Böses〕 dabei *gedacht*. そのとき私は何の底意もなかった | Wer hätte das *gedacht*! だれがそんなことを予想したろうか | Das habe ich 〔mir〕 gleich *gedacht*! / Dacht' ich 〔mir〕's doch! そんなことだろうと思ったよ ‖ *Denke* dir, wie groß die Freude war! どれほどの喜びだったか思ってもみたまえ | Du hättest dir doch ~ können, daß ... …ということぐらい君にも分かりそうなものだ | Das hast du dir *gedacht*. 君はそう思ったろうがそうじゃないんだ ‖〘目的語なしで〙Ich *denke* schon. 私もそうだと思う | Ich *dächte* gar! そんなことあるものか | Ich *dächte* doch! そうじゃないはずだがな | *denkste* → 別出 **b)** 再帰 *sich*[3] *et.*[4] ~ …を心に思い描く〈想像する〉(= *sich*[3] *et.*[4] vorstellen) | Das kann ich mir ~. それは私にも想像がつく | Das ist viel teurer, als ich mir *dachte*. それは私が思ったよりずっと高価だ ‖〘様態を示す語句と〙*sich*[3] *et.*[4] ganz anders ~ …を全く違ったふうに想像する | *sich*[3] *jn.* klug 〈als klugen Menschen〉 ~ …を頭のいい人だと思う | Wie *denkst* du dir deine weitere Laufbahn? 君は自分の将来をどう考えているのか. **c)** 再帰 *Denke* dich in meine Lage 〈an meine Stelle〉! 私の身になって考えてくれよ.

3 《*et.*[4] von *jm.* 〈über *jn.*〉》(…について…という)判断〈評価〉を下す: Gutes 〈Schlechtes〉 von *jm.* ~ …のことをよく

〈悪く〉思う | Wer hätte so etwas von ihm *gedacht*! 彼がそんなやつだとだれが思ったろうか ‖ Ich weiß nicht, was ich davon 〈darüber〉 ~ soll. 私はそれをどう判断したらいいか分からない.

Ⅲ Dẹn·ken 中 -s/ (denken すること. 例えば:) 思考, 思索; 考え方; 思想: kleinbürgerliches 〈revolutionäres〉 ~ プチブル的〈革命的〉な考え | Sein ~ und Handeln stimmen nicht überein. 彼の考えと行いとは一致しない | Sein ~ und Trachten ist immer auf die Zukunft gerichtet. 彼は将来のことしか眼中にない ‖ *jn.* im ~ stören …の思索のじゃまをする.

Ⅳ ge·dạcht → 別出

[*germ.*; ◇Dank, dünken; *engl.* think]

Dẹn·ker[déŋkər] 男 -s/- 思想家, 哲学者; 思索家.

Dẹn·ker·fal·te[déŋkər..] 女《戯》考えこむときに額にできる深いしわ.

dẹn·ke·risch[déŋkərɪʃ] 形 思想家のような〈としての〉; 哲学的な, 思索的な.

Dẹn·ker·stirn[déŋkər..] 女《しばしば戯語的に》(幅の広い)思索家ふうの額.

Dẹnk·fa·brik[déŋk..] 女《俗》シンクタンク, 頭脳集団.

dẹnk·fä·hig[déŋkfɛːɪç][2] 形 思考能力のある.

Dẹnk≠fä·hig·keit[déŋk..] 女 -/ 思考能力. **≠fal·te** =Denkerfalte

dẹnk·faul[déŋk..] 形 思考に関して怠惰な, 考えることのきらいな.

Dẹnk≠faul·heit 女 思考上の怠惰. **≠feh·ler** 男 論理的誤謬(ごびゅう), 推理の誤り. **≠fi·gur** 女 思考図形〈パターン〉. **≠form** 女 思考形式. **≠frei·heit** 女 思想の自由. **≠ge·bäu·de** 中 =Denksystem **≠ge·wohn·heit** 女 習慣的思考, 身についた考え方. **≠hil·fe** 女 考えるヒント. **≠in·halt** 男 思考内容. **≠ka·te·go·rie** 女 思考範疇(はんちゅう). **≠kraft** 女 思考力. **≠leh·re** 女 -/ (Logik) 論理学.

Dẹnk·mal 中 -s/..mäler[..mɛːlər] (雅: -e) **1** 記念碑〈像・建造物〉: ein ~ für *jn.* 〈zu *js.* Erinnerung〉 errichten …の記念碑を建てる | ~ machen《話》(突っ立っているだけで)なにもしない, 勤勉を装う | *jn.* ein ~ setzen …のために記念碑を建てる ‖ ***sich***[3] ***ein ~ setzen*** 後世に残るようなすばらしい仕事をする | Mit diesem Buch hast du dir ein bleibendes ~ gesetzt.《比》この書物によって君は歴史に長く名を残すことになった. **2** (歴史上の)文化遺産: die *Denkmäler* der Literatur 文学的遺産, (文学史を構成する)文学作品.

Dẹnk·mal[s]≠pfle·ge 女, **≠schutz** 男 史跡〈文化財・記念物〉保護.

Dẹnk≠me·tho·de[déŋk..] 女 思考方法. **≠mo·dell** 中 思考モデル. **≠mün·ze** 女 記念硬貨; 記念メダル. **≠mu·ster** 中 思考のパターン. **≠öko·no·mie** 女《哲》思惟(しい)経済. **≠pau·se** 女 **1** (会議などの途中で入れる)熟考のための中休み. **2** 頭を休めるための休憩. **≠pro·zeß** 男 思考の過程. **≠psy·cho·lo·gie** 女《心》思考心理学. **≠re·de** 女 (Gedenkrede) 記念〈追悼〉演説.

dẹnk·rich·tig 形 (logisch) 論理的な.

Dẹnk≠säu·le 女 記念柱〈像〉. **≠scha·blo·ne** 女 月並みな思考パターン, 型にはまった考え方. **≠sche·ma** 中 思考のパターン. **≠schrift** 女 **1** (当局に提出する)覚書; 請願〈陳情〉書, 建白書. **2** 追想〈追悼〉録; 銘文.

dẹnk·schwach 形 思考力の弱い, 思考能力の劣った.

Dẹnk≠spiel 中, **≠sport** 男 なぞ解き遊び, 頭の体操.

Dẹnk·sport·auf·ga·be =Denkaufgabe

Dẹnk·spruch 男 金言, 格言; 箴言(しんげん), 警句.

dẹnk·ste[déŋkstə] 間 (<denkst du)《話》(君はそんなふうに思っているが)そうじゃないんだ, 違うんだよ(=Das hast du dir [so] gedacht!): ein typischer Fall von ~ 思い違いのお手本みたいなもの, とんでもない見当違い.

Dẹnk≠stein[déŋk..] 男 (石造の)記念碑, 石碑. **≠stil** 男 思考様式〈スタイル〉. **≠stö·rung** 女《医》思考障害. **≠struk·tur** 女 思考構造. **≠sy·stem** 中 思考体系. **≠tä·tig·keit** 女 思考活動. **≠träg·heit** 女 =Denkfaulheit **≠übung** 女 (論理的な)思考の訓練.

Dẹn·kungs≠art[déŋkʊŋs..] 女, **≠wei·se** 女 =Denkart

Dẹnk≠ver·mö·gen[déŋk..] 中 -s/ 思考能力. **≠vers** 男 記憶を助ける〈備忘用の〉詩句. **≠wei·se** 女 =Denkart

dẹnk·wür·dig[..vʏrdɪç][2] 形 記憶に値する, 重要な.

Dẹnk·wür·dig·keit[..kaɪt] 女 -/-en **1**《単数で》denkwürdig なこと. ▽**2**《複数で》(Memoiren) 回顧録, 回想録.

Dẹnk≠zen·trum[déŋk..] 中 (脳の)思考中枢. **≠zet·tel** 男 **1** メモ〈覚書〉用の紙片. **2**《俗》(記憶に残る)訓戒, おしおき, 罰(16世紀の学校で生徒の処罰に違反行為を記した下げ札を用いたことに由来するといわれる): einen ~ bekommen 〈erhalten〉 おきゅうをすえられる | *jm.* einen ~ geben 〈verpassen〉 …におきゅうをすえる.

denn[dɛn] **Ⅰ** 接《並列》**1**《つねに文頭に置かれ, 先行する叙述・主張・用語などの発言の根拠を話し手の立場から付加的に説明する》(英: *for*)というのは, なぜなら, つまり, すなわち: Ich komme später, ~ ich habe noch etwas zu erledigen. あとで参ります. まだちょっと済まさねばならない用事がありますので | Es muß draußen kalt sein, ~ es fängt an zu schneien. 外は寒いに違いない. 雪が降りだしてるもの | Selbst der Hunger — ~ er hatte den ganzen Tag nichts gegessen — konnte sein Gewissen nicht einschläfern. 空腹さえも — つまり彼はその日一日何も食べていなかったのだが — 彼の良心を眠らせることはできなかった.

☆ denn と weil の違い: i) 並列接続詞 denn は主文と主文とをつなぐが, 従属接続詞 weil に導かれる副文は主文の一成分である. 従って weil 副文の内容と主文の内容との間には因果関係が成立しなければならないが, denn に続く文は先行の発言に対する話し手の判断の根拠を述べるもので, 文内容自体の因果関係は必ずしも要求されない. したがって weil 副文はつねに denn に続く文で言いかえられるが, その逆はありえないことがある. 例えば denn を用いると ⓐ Die Sonne scheint, *denn* der Baum wirft Schatten. (太陽が照っている. 木が影を投げているのだから) ⓑ Der Baum wirft Schatten, *denn* die Sonne scheint. (木が影を投げている. 太陽が照っているからだ)という意味の異なる二つの文ができるが, weil を用いると ⓑ の意味に対応する文 (Der Baum wirft Schatten, *weil* die Sonne scheint.) しかできない. また Er muß krank sein, *denn* er sieht blaß aus. (彼は病気に違いない. 顔色が悪いから)とは言えるが, weil を用いることはできない.

ii) weil の意味を否定して「…だからではない」という表現があるが, denn を否定することはできないので, 次のような違いが生じる: Er leugnete nicht [deshalb], *weil* er Angst vor Strafe hatte. 彼は罰を恐れたから否認したのではない | Er leugnete nicht, *denn* er hatte Angst vor Strafe. 彼は否認しなかった. 罰を恐れたのである.

2 (英: *than*) (als)《比較級のあとで》…よりも:〚als の重複を避けて〛Das rate ich dir mehr als Arzt ~ als Freund. 私は君にそのことを友人としてよりはむしろ医者として忠告する ‖〚比較級+denn+je 〈zuvor〉 の形で〛Mehr ~ je muß ich auf meiner Forderung bestehen. これまで以上に私は自分の要求に固執せざるをえない ‖〚聖書など古風な表現で〛Meine Sünde ist größer, ~ daß sie mir vergeben werden möge. 私の罪はあまりにも大きくて 許していただくことはできません(聖書: 創4, 13).

3 …の場合を除いて, ただし…は別として:〚**es sei denn ...** の形で, 後続文(ふつう daß 副文, ときに主文形式)には接続法Ⅰまたは直接法が用いられる〛Ich werde ihn so bald nicht wiedersehen, es sei ~, daß ein Wunder geschehe 〈geschieht〉. そうすぐまた彼に会うことはあるまい. 奇跡でも起これば別だがね | Ich gehe nicht zum Arzt, es sei ~, das Fieber steigt. 医者には行かないよ. 熱が上がらない限りはね ‖ ▽〚接続法Ⅰ(まれにⅡ)を用いた文で〛Ich kann nichts für ihn tun, er bessere sich ~. 彼の行状が改まらぬ限り 私は何一つ彼のためにしてやることはできない | Ich verzeihe ihm; er müßte ~ seinen Fehler leugnen. 私は彼を許してやる. 彼が自分の誤りを否認しなければね ‖ ▽〚否定詞や anders

とともに》Ich gehe nicht, ～ mit dir. 君と一緒でなければ私は行かない.
4《**geschweige denn** の形で》→geschweige
II 副《文頭に置かれることはない》**1**《先行文の内容を受けて》**a**) そこで, それならば, では: Hast du ihn ～ gesehen! じゃあ君は彼に会ったんだな | Fort ～ nach Hause! では家へ帰りたまえ.
b)《特に denn auch, denn doch などの形で》はたして, やっぱり, 実際また: Er hatte mir das Hotel sehr empfohlen; ich fühlte mich ～ auch sehr wohl dort. 彼は私にそのホテルをたいそう推賞したのだが 事実そこは居心地がよかった | Das ist ～ doch nicht zu verachten. そいつはやっぱり無視はできないよ.
c)《wie denn überhaupt ... の形で》一般に…であるが, なにしろ…であるからご多分にもれず: Das war schon am nächsten Tag in der ganzen Stadt bekannt, wie ～〔überhaupt〕das Gerücht Beine hat. うわさは脚が速いものであるが ご多分にもれずこのことは翌日にはもう町じゅうに知れ渡っていた.
2《文中でのアクセントなしで: 疑問文に用いられ, 話し手の主観的心情, 特に疑念と気安さを反映して》: Hast du ihn ～ gesehen? 君は彼に会ったのかね | Kannst du ～ Englisch? そもそも君は英語ができるのかい | Wie siehst du ～ aus? なんだい君のそのかっこうは | Darf ich mitgehen?—Warum ～ nicht? 一緒に行っていいの — どうしていけないのだね(いいに決まってるよ) | Wieso ～? いったいどうして | Wo werd' ich ～! (→wo 1 c).
★ もと dann と同義で, 意味が分かれたのは18世紀以来であるが, 方言では今日でも混用されることがある.
[*ahd*.; ◇dann; *engl*. then, than]

dẹn·noch[dɛ́nɔx] 副 (trotzdem) それでもなお, それにもかかわらず: Er war krank, ～ wollte er seine Reise nicht verschieben. 彼は病気だったが それでも旅行を延ばそうとはしなかった | Alle Voraussetzungen für den Erfolg waren da, und ～ ist es mißlungen. 成功の前提条件はすべてそろっていたが それにもかかわらず失敗した. [*ahd*.; ◇dann, noch]

dẹnn·schon[dɛ́nʃoːn] →wennschon 2

De·no·mi·na·tion[1][denominatsi̯óːn] 女 -/-en ▽**1 a**) (Benennung) 命名; (Ernennung) 任命, 指名; 名称, 名儀. **b**) (Anzeige) 公示, 公告. **2**〔商〕(株券の)額面価格変更(引き下げ);〔経〕デノミネーション(貨幣単位名の変更).
De·no·mi·na·tion[2][−, dɪnɔmɪnéɪʃən] 女 -/-en (アメリカなどでの)宗派, 教派. [〔*spätlat*.−〕*engl*.]
De·no·mi·na·tiv[denominatíːf][1] 中 -s/-e (**De·no·mi·na·ti·vum**[..tíːvʊm] 中 -s/..va[..vaˑ])〔言〕名詞・形容詞由来〈派生〉語(例 eisern<Eisen, vergrößern<groß).

▽**de·no·mi·nie·ren**[..níːrən] 他 (h) (benennen) 命名する; (ernennen) 任命する. [*lat*.]

De·no·tat[denotáːt] 中 -s/-e (↔ Konnotat)〔言〕**1** (Referent) 指示対象, 被表示物(言語記号の表示する言語外対象). **2** ＝Denotation 1 [*lat*.; ◇notieren]
De·no·ta·tion[..tatsi̯óːn] 女 -/-en **1** (↔Konnotation)〔言〕(言語記号の文脈・状況に依存しない本来の明示的・認知的・概念的)意味, 表示義. **2** (Extension)〔論〕(概念の)外延. [*lat*.]
de·no·ta·tiv[..tíːf, déːnotatiːf][1] 形 (↔konnotativ)〔言〕表示的な;〔論〕外延的な: eine ～*e* Bedeutung 表示義(→Denotation 1). [*lat*.]

den·sel·ben[de(ː)nzɛ́lbən, dən..] (▽**den·sel·bi·gen**[..bɪgən]) derselbe (▽derselbige)の単数男性 4 格および複数 3 格.

Den·si·me·ter[dɛnziméːtər] 中 (男) -s/- (Dichtemesser)〔理〕比重〈密度〉計.
Den·si·tät[..tɛ́ːt] 女 -/-en (Dichte)〔理〕密度, 濃度. [*lat*.; <*lat*. dēnsus „dicht"]
Den·si·to·me·ter[..toméːtər] 中 (男) -s/-, **Den·so·graph**[dɛnzográːf] 男 -en/-en〔写〕写真濃度計.

den·tal[dɛntáːl] **I** 形 歯の;〔言〕歯音の. **II Den·tal** 男 -s/-e (Zahnlaut)〔言〕歯音(例 [d][t][l]). [*mlat*.; <*lat*. dēns (→Zahn)]
Dent·al·gie[dɛntalgíː] 女 -/-n[..gíːən] (Zahnschmerz)〔医〕歯痛.
▽**Den·ta·lis**[dɛntáːlɪs] 女 -/..les[..leːs] ＝Dental
Den·ta·li·sie·rung[dɛntalizíːrʊŋ] 女 -/-en〔言〕歯音化.
Den·tal·laut[dɛntáːl..] 男 ＝Dental
den·te·lie·ren[dɑ̃təlíːrən] 他 (h)《*et*.[4]》(…に)ぎざぎざをつける, 鋸歯(きょし)状にする. [*fr*.; <*fr*. dent „Zahn"]
Den·tin[dɛntíːn] 中 -s/ 〔解〕(歯の)象牙(ぞうげ)質. [<..in[2]]
▽**Den·tist**[dɛntíst] 男 -en/-en 歯科療士 (Zahnarzt と異なり, 一定の範囲内でしか診療を許されなかった). [*fr*.]
Den·ti·tion[dɛntitsi̯óːn] 女 -/-en (Zahndurchbruch)〔医〕歯牙(しが)発生〈萌出〉, 生歯. [*lat*.]
den·to·gen[dɛntogéːn] 形〔医〕歯牙(しが)の, 歯性の.
Den·to·lo·gie[dɛntologíː] 女 -/ (Zahnheilkunde) 歯科学.

De·nu·da·tion[denudatsi̯óːn] 女 -/-en **1**〔地〕(水・氷河・風などによる)表面侵食. **2**〔医〕露出, 裸出. [*spätlat*.; <*lat*. dē-nūdāre „ent-blößen" (◇Nudität)]

De·nu·kle·ari·sie·rung[denukleariziːrʊŋ] 女 -/-en 非核武装化. [<nuklear]

De·nun·ziant[denʊntsi̯ánt] 男 -en/-en 密告者.
De·nun·zian·ten·tum[..təntuːm] 中 -s/ **1** 密告者的性格. **2**《集合的に》密告者.
De·nun·ziat[..tsi̯áːt] 男 -en/-en 密告された人.
De·nun·zia·tion[..tsi̯atsi̯óːn] 女 -/-en 密告, 告発;〔法〕誣告(ぶこく). [*lat*.]
de·nun·zia·to·risch[..tóːrɪʃ] 形 密告〈告発〉の.
de·nun·zie·ren[..tsíːrən] 他 (h) **1**《*jn*.〔bei *jm*.〕》(…を〔…に〕)密告〈告発〉する: *jn*. beim Gericht 〈bei der Polizei〉 ～ …を裁判所〈警察〉に告発する. **2**《*jn*./*et*.[4]》公然と非難する, 弾劾する: *js*. Ausrichtung als nationalistisch ～ …の思想傾向を国家主義的と非難する. [*lat*.; ◇Nuntius; *engl*. denunciate, denounce]

deo《ラテン語》→*deo* gratias
Deo[déːo] 中 -s/-s《話》＝Deodorant
De·odo·rant[de|odoránt] 中 -s/-e, -s 脱臭〈防臭〉剤; (特に:) 体臭除去剤. [*engl*.; ◇Desodorans]
De·odo·rant·spray[..ʃpreː, ..sp..] 男 中 スプレー式脱臭〈防臭〉剤.
de·odo·rie·ren[de|odoríːrən] ＝desodorisieren
De·odo·rie·rung[..rʊŋ] 女 -/-en ＝Desodorisation
de·odo·ri·sie·ren[..rizíːrən] ＝desodorisieren
De·odo·ri·sie·rung[..rʊŋ] 女 -/-en ＝Desodorisation

deo gra·tias[déːoˑ gráːtsi̯a(ː)s]《ラテン語》(Gott sei Dank)〔カトリック〕神に感謝, 神様のおかげで(典礼中に唱える呼びかけ). [◇Grazie]

de·on·tisch[deɔ́ntɪʃ] 形 (↔epistemisch)〔論・言〕義務的な.
De·on·to·lo·gie[deɔntologíː] 女 -/ (Pflichtlehre)〔哲〕義務論. [<*gr*. déon „Nötiges"]

Deo·spray[déːoʃpreː] ＝Deodorantspray

De·par·te·ment[depart(ə)mɑ̃ː] 中 -s/-s (スイス: [..təmɛ́nt]-s/-e) **1**《スイス》(連邦政府の)省:〔Eidgenössisches〕～ für auswärtige Angelegenheiten 外務省. **2** (フランスの)県. ▽**3** (Abteilung) 部門, 部局. [*fr*.; <*lat*. dis-pertīre „zer-teilen" (◇partieren)]
De·part·ment[dɪpáːtmənt] 中 -s/-s **1** (英米の大学の)学部, 科. **2** ＝Departement 3 [*fr*.−*engl*.]

De·pen·dance (**Dé·pen·dance**)[depɑ̃dɑ̃ːs] 女 -/-n [..sən] **1** (ホテルなどの)別棟, 別館. **2** (会社などの)支店. [*mlat*.−*fr*.; <*lat*. dē-pendēre „ab-hängen" (◇Pendel)]
De·pen·denz[depɛndɛ́nts] 女 -/-en **1** (↔Independenz) (Abhängigkeit) 依存〔関係〕. ▽**2** ＝Dependance 1 [*mlat*.]
De·pen·denz·gram·ma·tik 女 -/〔言〕依存関係文法.

De·per·so·na·li·sa·ti̥on[depɛrzonalizatsió:n] 女 -/-en 〘心・医〙自我感〈人格感〉喪失, 人格喪失感, 離人症. [<Person]

De·pe̥·sche[depɛ́ʃə] 女 -/-n **1** (特に外交上の)急送公文書, 急送公電. **2** (Telegramm) 電報; (Eilbrief)〘郵〙至急便. [*fr.* dépêche]

De·pe̥·schen≠agen·tu̥r 女 通信社: Schweizerische ～ (略 SDA) スイス通信社. **≠dienst** 男 通信社: Deutscher ～ (略 ddp) ドイツ通信社. **≠schlüs·sel** 男 電信略号. **≠wech·sel** 男 (外交上の)急送公文書〈急送公電〉の交換.

de·pe·schi̥e·ren[depɛʃí:rən] 他 自 (h) 急報する, 打電〈電送〉する. [*fr.* dépêcher „beschleunigen"; <*lat.* pedica „Fußfessel" (◇Pedal); ◇*engl.* dispatch]

De·phleg·ma·ti̥on[deflɛgmatsió:n] 女 -/-en 〘化〙分留. [<Phlegma]

De·phleg·mḁ·tor[..má:tɔr, ..to:r] 男 -s/-en [..mató:rən]〘化〙分留器, 分留管.

De·pi·la·ti̥on[depilatsió:n] 女 -/-en (Enthaarung) 除毛, 抜毛;〘医〙(病気などによる)脱毛.

De·pi·la·to̥·rium[..tó:rium] 中 -s/..rien[..riən] 脱毛剤.

de·pi·li̥e·ren[..lí:rən] 他 (h) (enthaaren) 除毛する, 脱毛させる. [*lat.*; <*lat.* pilus „Haar"]

De·place·ment[deplas(ə)mã́:] 中 -s/-s **1** (Wasserverdrängung)〘海〙排水量. ▽**2** 移動; 配置転換; 転任.

▽**de·pla·ci̥e·ren**[..sí:rən, ..tsí:rən] **I** 他 (h) **1** (verdrängen) 排除する. **2** 移動させる; 配置転換する. **II de·pla·ci̥ert** 過分 形 適所にない, 所を得ない, 場違いな: Ihre Äußerung halte ich für ～. あなたの発言は場違い〈不穏当〉だと思う. [*fr.*; ◇Platz; *engl.* displace]

De·pla·ci̥e·rung[..ruŋ] 女 -/-en deplacieren すること.

De·plan·ta·ti̥on[deplantatsió:n] 女 -/-en (Umpflanzung) 移植. [*fr.*; ◇Pflanze]

de·plan·ti̥e·ren[..tí:rən] 他 (h) 移植する. [*fr.*]

de·pla〔t〕·zi̥ert[deplatsí:rt] ＝deplaciert

de·plo·rḁ·bel[deplorá:bəl] (..ra·bl..) 形 (beklagenswert) 嘆かわしい, 悲しむべき. [*fr.*; ◇Pleureuse]

De·po·la·ri·sa·ti̥on[depolarizatsió:n] 女 -/-en 〘理〙(電池・電気分解系などの)復極, 消極.

De·po·la·ri·sḁ·tor[..zá:tɔr, ..to:r] 男 -s/-en [..zató:rən]〘理〙復極〈消極〉剤.

de·po·la·ri·si̥e·ren[..zí:rən] 他 (h)〘理〙復極〈消極〉する;〘光〙(…の)偏光を消す.

De·po·ly·me·ri·sa·ti̥on[depolymerizatsió:n] 女 -/-en 〘化〙解重合.

De·po̥·nens[depó:nɛns] 中 -/..nentia[..ponɛ́ntsia·], ..nenzien[..ponɛ́ntsiən]〘言〙異態〈異相〉動詞(ギリシア・ラテン語などで形は受動で能動の意味を表す). [*spätlat.*]

De·po·ne̥nt[deponɛ́nt] 男 -en/-en **1** 寄託〈供託〉者, 預金者. **2**〘法〙宣誓証人. [*mlat.*]

De·po·ne̥n·tia, De·po·ne̥n·zi·en Deponens の複数.

De·po·ni̥e[..ní:] 女 -/-n[..ní:ən] (Mülldeponie) ごみ捨て場, ごみ処理場, 塵芥(じんかい)集積場.

de·po·ni̥e·ren[..ní:rən] 他 (h) **1** 寄託〈供託〉する; 預金する; (金庫などに)預ける, 保管させる; (特定の場所に)置く, しまう: Geld auf 〈bei〉 der Bank ～ 金(かね)を銀行に預ける | Schmuck im Safe ～ 宝石類を貸金庫に預ける. **2**〘法〙証言する. [*lat.* dē-pōnere „ab-legen"; ◇Position]

De·po·ni̥e·rung[..ruŋ] 女 -/-en deponieren すること.

De·po·pu·la·ti̥on[depopulatsió:n] 女 -/-en depopulieren すること. [*lat.*; <*lat.* populus (→Pöbel)]

de·po·pu·li̥e·ren[..lí:rən] 他 (h) (entvölkern) (…の)住民を減少〈絶滅〉させる, 過疎化する. [*lat.*]

De·po̥rt[depɔ́rt] 男 -s/-e; [..pó:r] -s/-s (↔Report)〘商〙(繰り延べ取引に際しての相場の)値下がり; (繰り延べ取引の相手に支払うべき)追加金. [*fr.*]

De·por·ta·ti̥on[depɔrtatsió:n] 女 -/-en (政治犯などの)国外追放, 流刑; (強制収容所への)抑留. [*lat.*]

de·por·ti̥e·ren[..tí:rən] 他 (h)〔国外〕追放〈流刑〉に処する: *jn.* in die Strafkolonie ～ …を流刑地に送る | der 〈die〉 *Deportierte*〔国外〕追放された者, 流刑囚; (強制収容所の)抑留者. [*lat.*−*fr.*]

De·por·ti̥e·rung[..ruŋ] 女 -/-en ＝Deportation

De·po·si·tḁr[depozitá:r] (**De·po·si·tḁ̈r**[..tɛ́:r]) 男 -s/-e (有価証券などの)受託者, 保管者. [*spätlat.*−*fr.*]

De·po·si̥·ten Depositum の複数.

De·po·si̥·ten≠bank[depozí:tən..] 女 -/-en (↔Effektenbank) 預金銀行. **≠gel·der** 複 寄託〈供託〉金, 預金. **≠ge·schäft** 中 (銀行の)預金業務. **≠kas·se** 女 預金銀行, (銀行の)預金部. **≠kon·to** 中 預金勘定.

De·po·si·ti̥on[depozitsió:n] 女 -/-en **1** 寄託, 供託. **2**〘法〙供述, 証言; 供述書. **3**〘カトリック〙(聖職者の)免職, 解任. [*spätlat.*; ◇deponieren]

De·po·si·to̥·rium[..tó:rium] 中 -s/..rien[..riən] 寄託〈供託〉所, 保管所, 金庫〔室〕. [*mlat.*]

De·po̥·si·tum[depó:zitum] 中 -s/..ten[..pozí:tən] **1** 寄託〈供託〉物, 保管品. **2**《複数で》預金, 信託金, 寄託有価証券; (長期の)貸出図書. [*lat.*; ◇Depot]

de·pos·se·di̥e·ren[depɔsedí:rən] 他 (h)《*jn.*》(…の)所有物を没収する; (…の)公権を剝奪(はくだつ)する; (王などを)廃位する, 退位させる: der 〈die〉 *Depossedierte* 廃位させられた君主, 廃王. [*fr.*; <*lat.* possidēre (→possessiv); ◇*engl.* dispossess]

De·pos·se·di̥e·rung[..ruŋ] 女 -/-en depossedieren すること.

De·pot[depó:] 中 -s/-s **1 a)** (Aufbewahrungsort) 貯蔵所, 置き場, 倉庫: ein ～ für Nahrungsmittel 食料品倉庫. **b)** (銀行の)有価物受託課, 保管金庫〔室〕. **2 a)** 保管, 貯蔵; 寄託, 供託: *et.*[4] in ～[4] geben …を寄託〈供託〉する, 預金する. **b)** 寄託〈供託〉物, 預かり品, 預金, 供託金. **3** (電車・バスの)車庫: Die Linie 4 fährt jetzt ins ～. 4番の市電〈バス〉はいま車庫へ入る. **4**〘軍〙需品部; 留守〈補充〉部隊. **5 a)** 沈積〈沈殿〉物, かす; (飲料, 特に赤ぶどう酒の)澱(おり). **b)**〘医〙貯留物; 寄託剤, デポー〔製〕剤. [*lat.* dēpositum−*fr.*; ◇deponieren, Depositum]

De·pot≠fett[depó:..] 中〔皮下〕蓄積脂肪. **≠fund** 男《集合的に》〘考古〙埋蔵品, 出土品. **≠ge·bü̥hr** 女 (銀行の)有価物保管手数料, 預かり料. **≠prä·pa·rḁt** 中〘薬〙デポー製剤. **≠schein** 男 寄託〈預金〉証書. **≠wech·sel** 男〔寄託〕担保手形, 補償手形.

depp[dɛp] **I** 形《南部・オーストリア》**1** ＝deppert **2** 精神薄弱の, 白痴の. **II Depp** 男 -en/-en (-s/-e)《南部・オーストリア》**1** まぬけ, とんま. **2** 精神薄弱者, 白痴. [<tappen]

de̥p·pen[dɛ́pən] 他 (h)《南部》《*jn.*》**1** だます, ぺてんにかける. **2** はずかしめる, へこます.

de̥p·pert[dɛ́pərt] 形《南部・オーストリア》まぬけな, とんまな.

De·pra·va·ti̥on[depravatsió:n] 女 -/-en **1** 堕落, 腐敗. **2** (貨幣の)品質〈貴金属含有量〉低下. **3**〘医〙(病状の)悪化. [*lat.*; <*lat.* prāvus „krumm"]

de·pra·vi̥e·ren[..ví:rən] **I** 他 (h) **1** 堕落〈腐敗〉させる. **2** (貨幣の)品質〈貴金属含有量〉を低下させる. **3** (病状を)悪化させる. **II** 自 (s) 退廃する, 堕落する, 悪化する.

▽**De·pre·ka·ti̥on**[deprekatsió:n] 女 -/-en **1** (Abbitte) 陳謝, 謝罪. **2** (Fürbitte) 他人に代わっての願い, とりなし. [*lat.*; ◇deprezieren]

De·pres·si̥on[deprɛsió:n] 女 -/-en **1** (Niedergeschlagenheit) 意気消沈, 落胆, 気落ち;〘心・医〙抑鬱(よくうつ)〔症〕, 鬱病: psychische ～ 精神抑鬱〔症〕| an 〈unter〉 ～ leiden 意気消沈している. **2**〘経〙不景気, 沈滞, 不況. **3** (Tief)〘気象〙低気圧〔地域〕, 低圧部. **4**〘医〙(骨などの)陥凹, 陥没. **5**〘地〙(海面よりも低い)凹地, 低地. **6**〘天〙水平俯角(ふかく). **7**〘坑〙(ガスの)負圧. [*mlat.*−*fr.*; ◇deprimieren]

De·pres·si̥ons·frak·tu̥r 女〘医〙(頭蓋(ずがい)骨の)陥没骨折.

de·pres·si̥v[..sí:f][1] 形 **1** 意気消沈した, 沈鬱(ちんうつ)な;〘医〙抑鬱性の: *sich*[4] in einem ～*en* Zustand befinden 抑鬱状態にある. **2**〘経〙不況の, 不景気の. [*fr.*]

De·pres·si·vi·tḁ̈t[..sivitɛ́:t] 女 -/ depressiv なこと.

▽**de·pre·zi̥e·ren**[depretsí:rən] 自 (h) 謝罪する. [*lat.*; <*lat.* precārī (→preien); ◇*engl.* deprecate]

D

de·pri·mie·ren[deprimí:rən] 他 (h) 《*jn.*》(…の) 気分をめいらせる, 意気消沈させる, 落胆させる: Das Wetter *deprimiert* mich. この天気では気分がめいってしまう ‖〘分詞で〙 *deprimierende* Zustände 意気沮喪(そう)させる状態 | Er war schrecklich *deprimiert*. 彼はひどく落ち込んでいた. [*lat.*−*fr.*; < *lat.* premere (→pressen); ◇*engl.* depress]

De·pri·va·tion[deprivatsió:n] 女 -/-en **1** (官職・位階・特権などの) 剥奪(はくだつ); 〘カトリック〙聖職剥奪〈停止〉. **2** 〘心〙妨害, 奪取. [*mlat.*]

De pro·fun·dis[de: profúndi:s] 中 --/ 悲嘆の底からの叫び(聖書の詩篇130の冒頭「主よ わたしは深い淵(ふち)からあなたに呼ばわる」による). [*lat.* „aus der Tiefe"; ◇profund]

De·pu·rans[depú:rans] 中 -/..rantia[..purántsia·] 〘医〙浄化剤. [*mlat.* „reinigend"; ◇pur; *engl.* depurant]

De·pu·tant[deputánt] 男 -en/-en 現物給与を受ける「労働者.」

De·pu·tat[..tá:t] 中 -[e]s/-e **1** (報酬の一部としての) 現物給与. **2** (Lehrdeputat) (教師の) 基準授業時間数. [*lat.*]

De·pu·ta·tion[..tatsió:n] 女 -/-en (労働者などの要求を主張する) 代表団, 交渉委員会. [*mlat.*]

de·pu·tie·ren[..tí:rən] 他 (h) 《*jn.*》代表として派遣する. [*lat.* dē-putāre „ab-schneiden"; ◇putativ]

De·pu·tier·te[..tí:rtə] 男 女 《形容詞変化》**1** 代表団員, 交渉委員. **2** (フランスなどで) 代議士.

De·pu·tier·ten·kam·mer 女 -/ (1946年までのフランスの) 下院.

der

I 《定冠詞; 性・数・格により次のように変化する》(英: *the*)

	単数男性	単数女性	単数中性	複数
1格	der	die	das	die
	[der, dɛr]	[di:, di·]	[das]	[di:, di·]
2格	des	der	des	der
	[dɛs, dəs]	[der, dɛr]	[dɛs, dəs]	[der, dɛr]
3格	dem	der	dem	den
	[dem, dəm]	[der, dɛr]	[dem, dəm]	[den, dən]
4格	den	die	das	die
	[den, dən]	[di:, di·]	[das]	[di:, di·]

1 《一般の名詞につけて》**a**) 《文脈上・発話場面上で既知のものとして》Er hat einen Sohn. ... *Der* Sohn studiert Medizin. 彼には息子がある … 〔その〕息子は医学を学んでいる | Ich klopfte, und sie öffnete *die* Tür. 私がノックすると彼女はドアをあけた | Mein Zimmer geht auf *den* Hof. 私の部屋は中庭に面している ‖〘名詞が省略されて〙 Ich habe zwei Wagen, *der* eine ist aber kaputt. 私は車を2台持っているが1台は壊れている.

b) 《修飾語で特定化されて》*der* Weg zur Schule 学校への道 | *das* Wasser dieses Flusses この川の水 | *die* obengenannten Tatsachen 上述の諸事実 | *die* Tage, die ich mit ihr verbrachte 私が彼女とともに過ごした日々 | *jm. die* Hand drücken …の手を握る, …と握手する.

c) 《唯一的存在として》*Der* Mond kreist um die Erde. 月は地球の周りを回る | Ich fürchte nicht *den* Tod. 私は死を恐れない | die Geschichte *der* Menschheit 人類の歴史.

d) 《種属を一般的・包括的に示して》*Der* Hund ist ein Tier. 犬〔というもの〕は動物である | *Der* Zweck heiligt *die* Mittel. 目的は手段を正当化する | *Das* Thermometer zeigt 28 Grad. 寒暖計は28度を示している ‖〘単位を示して〙 Er kommt zweimal *die* Woche. 彼は週に2回来る.

2 《固有名詞につけて》**a**) 《人名につけて》〘形容詞を伴うとき〙 *der* junge Schiller 若き日のシラー ‖〘2格・複数を明示して〙 das Ei *des* Kolumbus コロンブスの卵(ただし: das Ei von Kolumbus) | die Werke *der* Rinser リンザーの作品(ただし: die Werke Luise Rinsers ルイーゼ リンザーの作品) | *die* Hermanns ヘルマンという名の〈ヘルマン家の〉人々 ‖〘普通名詞的用法で〙 *den* Faust spielen ファウスト(の役)を演じる | *die* Venus von Milo ミロのヴィーナス(像).

☆ 南部の方言ではしばしば単なる人名にもそえられる: *Der* Karl ist verheiratet. カールは結婚している.

b) 《地名につけて》① 《男性・女性の地名のすべて, および中性の地名の一部で》*der* Balkan バルカン | *der* Haag〔デン〕ハーグ(→Haag²) | *die* Schweiz スイス | in *der* Türkei トルコで ‖ *das* Elsaß アルザス.

☆ i) 中性の地名でも修飾語を伴うときは定冠詞をそえる: *das* heutige Wien 今日のウィーン | *das* Frankreich Napoleons ナポレオン〔時代〕のフランス.

ii) したがって複合語としての由来・意味がまだ意識されている地名は, 性が基礎語によって決まると同時に中性の場合でも定冠詞を伴うが, この意識しだいで用法に揺れのある場合もある: *der* Rheingau ラインガウ(→Gau) | *der* Schwarzwald シュヴァルツヴァルト(→Wald) | *die* Steiermark シュタイアーマルク(→Mark²) ‖ *das* Allgäu アルゴイ(→Gäu) | *das* Rheinland ラインラント(→Land) | 〔*das*〕 Vogtland フォークトラント.

② 《山河・海洋・船・建物などの名前につけて》〘山; ふつう男性〙 *der* Brocken ブロッケン〔山〕 | *der* Kilimandscharo キリマンジャロ〔山〕 ‖〘山脈〙 *der* Harz ハルツ山脈 | *der* Himaraja ヒマラヤ山系 | *die* Eifel アイフェル山脈 | *die* Alpen アルプス山脈 | *die* Pyrenäen ピレネー山脈 ‖〘川; ドイツの川はふつう女性〙 *die* Donau ドナウ川 | *die* Mosel モーゼル川 | *der* Rhein ライン川 | *die* Themse テムズ川 | *der* Nil ナイル川 | *der* Mississippi ミシシッピー川 ‖〘船; ふつう女性〙 *die* Deutschland ドイチュラント号 | *die* Bismarck ビスマルク号 ‖〘ホテルその他の施設〙 *das* Continental コンティネンタルホテル | *das* Kranzler (ベルリンの) カフェ=クランツラー.

★ i) 定冠詞と前置詞の融合形: 定冠詞を伴った名詞が前置詞とともに用いられるときはふつう融合形(例 am<an *dem*, ins<in *das*, zur<zu *der*)が用いられるが, 定冠詞が指示的意味をもつ(→II)ときは別である: *am* Tag seiner Geburt / an *dem* Tag, wo er geboren ist 彼の生まれた日に.

ii) 性・数を同じくする名詞が連結されて同一事物を示すときは冠詞は最初の名詞のみにつくが, 同一事物でないときは冠詞を繰り返す: *der* Techniker und Unternehmer Carl Benz 技術家であり企業家でもあったカール ベンツ | die Ausbildung *der* Techniker und *der* Unternehmer 技術者と企業家の養成.

II 《指示代名詞》**1** 《付加語的; 性・数・格により次のように変化する. つねにアクセントをもち, 印刷の際は隔字体 (d e r など) を用いることがある》

	単数男性	単数女性	単数中性	複数
1格	der[de:r]	die[di:]	das[das]	die[di:]
2格	des[dɛs]	der[de:r]	des[dɛs]	der[de:r]
3格	dem[de:m]	der[de:r]	dem[de:m]	den[de:n]
4格	den[de:n]	die[di:]	das[das]	die[di:]

その, この, あの: *Das* Buch gehört mir. その本は私のだ | ausgerechnet in *dem* Dorf よりによって〈ほかならぬ〉その村で | *Die* Blume ist schöner als jene. この花の方があの花より美しい ‖ an *dem* und *dem* Tage これこれの日に | Ich habe *den* und jenen Menschen gesehen. 私はあれやこれやの〈何人かの・いろいろな〉人に会った.

2 《名詞的; 付加語的とは一部異なる変化をする》

	単数男性	単数女性	単数中性	複数
1格	der[de:r]	die[di:]	das[das]	die[di:]
2格	dessen	deren	dessen	deren
	[dɛ́sən]	[dé:rən]	[dɛ́sən]	[dé:rən]
	(ᵛdes[dɛs])		(ᵛdes[dɛs])	(derer[..rər])
3格	dem[de:m]	der[de:r]	dem[de:m]	denen[dé:nən]
4格	den[de:n]	die[di:]	das[das]	die[di:]

a) 《性・数の一致する〔代〕名詞を受けて》それ, これ, あれ; その人, この人, あの人: Mein Tisch ist kleiner als *der* meines Freundes. 私の机は私の友人の〔それ〕より小さい ‖〘性・数の一致するものが二つ以上あるとき最も近いものを指して〙 Er traf einen Mann mit einem Hund; *der* wedelte freudig. 彼は犬をつれた一人の男に出会ったが その犬はうれしそうに尾を振っていた | Er reist mit seinem Lehrer und *dessen* Tochter. 彼は先生およびその娘と一緒に旅行する ‖〘関係代名詞 wer, was に呼応して〙 Wer einmal gelogen hat, *dem* glaube ich nicht. 一度うそをついた者には私は信頼をおかない | Was du da sagst, 〔*das*〕 stimmt nicht. 君がいま言っていることは当たっていない | *Dem*, was er sagte, war nichts hinzuzufügen. 彼の言ったことには何も付け加える余地がなかった.

b) 《独立的に男性・女性・複数の形で人間を指して》その人, この人, あの人: *Den* 〈*Die*〉 kenne ich nicht. あの男〈女〉は私の知らない人だ | *Die* sind aus Italien. あの連中はイタリア生まれだ | *der* mit den langen Fingern 盗癖のある男, どろぼう(→Langfinger) | *Der* 〈*Die*〉 und Wort halten! あの男〈女〉が約束を守るなんてあり得ない ‖ Ich habe es von *dem* und *dem* 〈*der* und *der*〉 gehört. 私はそれをさる男〈女〉から聞いたんだ | Er sprach von *der* und jener. 彼はあれやこれやの〈何人かの・いろいろな〉女の話をした ‖〖関係代名詞の先行詞として〗Wehe *dem*, der lügt! うそをつく者に災いあれ | Es waren nur *die* da, die ich einmal gesehen hatte. そこに居合わせたのは私が前に会ったことのある人たちばかりだった.

☆ 複数 die は不定代名詞的意味をもつことがある(→sie[2] I 2): Hier haben *die* den Weg gesperrt. ここは道が通行止めになっている.

c) 《独立的に単数中性 **das** の形で主として事物を指して: 同じ用法の es の強調形にあたる: →es[1] I 1 b》それ, そのこと; その人〔たち〕: ①《主語または目的語などとして》〖話題に上っている事物を指示して〗Wo hast du *das* gefunden? どこで君はそれを見つけたのか | Nur *das* nicht! それだけは困ります〈だめです〉| *Das* und *das* soll die Ursache des Unfalls sein. なにかしらが事故の原因なんだそうだ | *Das* wäre es.(私の言いたいことは)これで全部です, 以上のとおりです, こんなところでしょう | Ja, *das* ist es. ええそのとおりです | *Das* hätte ich dir nicht zugetraut. 君にこんなことができようとは思いもよらなかった | Auch *das* noch. またひどいことになったわい, ついてないなあ | *Das* mit dem Ring war eine Verleumdung. 指輪がどうのこうのという話は中傷だった ‖ Wie *das* blitzt und donnert! なんと電光がきらめき雷鳴がとどろくことか | *Das* tanzt und singt! みんな踊ったり歌ったりしている ‖ bei *dem* allen それにもかかわらず(＝bei alledem) | wenn *dem* so ist 事の次第がそうなら | Wie *dem* auch sei 〈*Dem* sei nun, *dem* es wolle〉, ich bleibe bei meinem Entschluß. 事態がどうあろうと私は決心を変えぬ | *Dem* ist nicht so. 事情はそうではない | Es ist nicht an *dem*, daß ... …ということは事実ではない ‖〖**das ist, das sind** の形で: いわゆる紹介の主語として〗Was ist *das* hier?―*Das* ist ein Stuhl. ここにあるこれは何ですか ― それはいすです | Siehst du diesen Mann dort? *Das* ist mein Chef. あそこにいる男が見えますか. あの人が私の上役です | Siehst du den Jungen und das Mädchen? *Das* sind meine Kinder. 男の子と女の子が見えるでしょう. あれが私の子供たちです | *Das* war ein schöner Tag. それはすばらしい一日であった ‖〖先行の語〔句〕や文の内容を受けて〗Meine Mutter kann schwimmen, aber *das* kann ich nicht. 母は泳げますが私は泳げません | Sie sang, und wir taten *das* alle. 彼女は歌を歌い私たち全員もそうした | Wer hat den Brief geschrieben?―*Das* bin ich.(＝Ich bin es.) この手紙を書いたのはだれだ ― 私です | Er hat gelogen, will aber *das* nicht wahrhaben. 彼はうそをついているくせにそれを認めようとしない | Sie ist verreist.―*Das* weiß ich. 彼女は旅行中だよ ― それは分かっています | Er ist ausgezeichnet worden, und *das* mit Recht. 彼は表彰されたがそれは当然だ ‖ **das heißt**(㊔ d. h.)/ **das ist**(㊔ d. i.) すなわち, 言いかえると, つまり(→heißen[1] I 2, sein[1] I 2 a).

②《1格で; 述語名詞・述語形容詞など述語部分の代わりとして sein, werden, bleiben とともに: →es[1] I 1 b ②》Er ist noch Schüler 〈jung〉, *das* (㊐ es) aber bin ich nicht. 彼はまだ生徒である〈若い〉が 私はそうではない | Sie hält sich für eine Künstlerin, ohne *das* zu sein. 彼女は芸術家でもないくせにそう思いこんでいる | Er wird nächstes Jahr Vater, *das* (㊐ es) werde ich aber nie. 彼は来年父親になるが 私は決して父親にはならない.

★ i) 4格の das は文頭にも用いられるが, 4格の es は他の人称代名詞と違って文頭におかれることがない(→es[1] ★ ii).

ii) 複数2格の別形 **derer**: 複数で関係文や名詞の2格・前置詞格で修飾されるときに限って用いられる. 単数女性にも同じ用法があるがあまり用いられない: das Schicksal *derer*, die in der Stadt wohnen 町に住む人々の運命 | viele Physiker Amerikas und ein Teil *derer* Europas アメリカの多くの物理学者とヨーロッパの物理学者の一部.

iii) 指示代名詞が事物を指し前置詞を伴うときには, 人称代名詞の場合と同じ結合形 (damit, darin など)をつくる(→da.. 1, er I 1 c). なお da.. に強調がおかれる場合が指示代名詞に相当する: Gespenster? Nein, *daran* glaube ich nicht. 幽霊だって. いやそんなものは信じないよ.

III 《関係代名詞; 性・数・格により次のように変化する》

	単数男性	単数女性	単数中性	複数
1格	der [der, dɛr]	die [di:, di·]	das [das]	die [di:, di·]
2格	dessen [dɛ́sən] (▽des[dɛs])	deren [dé:rən]	dessen [dɛ́sən] (▽des[dɛs])	deren [dé:rən]
3格	dem [dem, dəm]	der [der, dɛr]	dem [dem, dəm]	denen [dé:nən]
4格	den [den, dən]	die [di:, di·]	das [das]	die [di:, di·]

der Baum, *den* er gepflanzt hat 彼が植えた木 | die Kinder, mit *denen* ich gestern spielte きのう私が一緒に遊んだ子供たち | der Vater 〈die Mutter〉, *dessen* 〈*deren*〉 Kind erkrankt ist 子供が病気になった父親〈母親〉| die Frau, *deren* (㊐ *derer*) er sich annahm 彼が引き取った女 ‖ Wehe dem, *der* lügt! うそをつく者に災いあれ ‖ sie, *die* Deutsch lernt ドイツ語を習っている彼女 ‖〖1・2人称の人称代名詞を受けて: 単数では性は指されている人の男女別で決まる. また関係文の主語となるときは人称代名詞を反復してそれに定動詞を一致させることが多い〗du, *der* 〈*die*〉 du Deutsch lernst / du, *der* 〈*die*〉 Deutsch lernt ドイツ語を習っている君 | Er tadelte uns, *die* 〔wir〕 immer faul waren. 彼はいつも怠けていた私たちをしかった ‖〖動詞 sein とともに用いられる es を先行詞とする構文で: ただし性・数の呼応は es と sein で結ばれている名詞・代名詞に従う〗Es war ein Hund, *der* mich erweckt hatte. 私の目をさまさせたのは犬だった ‖ Seine Brüder waren es 〈Es waren seine Brüder〉, *die* so spät ritten. そんなおそい時間に馬に乗っていたのは彼の兄弟たちであった | Er ist es, *der* den Brief geschrieben hat. この手紙を書いたのは彼だ ‖〖同じ語形が重なるため先行詞が省略された形で〗*Der* es gesehen hat, (＝Der, *der* es gesehen hat,) ist schon lange weg. それを目にした男はとっくに行ってしまった.

☆ i) 関係代名詞 der も, 事物を示して前置詞を伴うときは was と同様に wo〔r〕＋前置詞の結合形をつくることがあったが, 今日では廃れた(→wo.. I 2 c). ただし halben, wegen, um ... willen とは男性・中性 dessent.., 女性・複数 derent.. の形で結合する: das Ereignis, *dessentwegen* er seine Abreise beschleunigte 彼が出発を早める原因となった事件.

ii) deren と derer: 3人称の複数および単数女性の2格は deren であって, derer は関係代名詞としては用いられないとされているが, 誤用されることが少なくない: die Beweise, aufgrund *deren* (㊐ *derer*) er verurteilt wurde 彼の有罪の根拠とされた証拠.

[*idg*.; ◇da; *engl*. that, the]

De·ran·ge·ment[derɑ̃ʒəmɑ̃ː] ㊥ -s/-s《雅》(Störung) 妨害; 混乱, 攪乱(かくらん); 破壊. [*fr*.]

de·ran·gie·ren[..ʒíːrən] ㊐ (h) ▽**1** (stören) 妨げる, 妨害する. **2** (durcheinanderbringen) 混乱させる, 攪乱(かくらん)する; めちゃめちゃにする, 破壊する: mit *derangierter* Kleidung und Frisur 服も乱れ髪型も崩れて. [*fr*.]

der≠art[déːr|áːrt] (＜der Art) ㊔《ふつう daß 副文と》(so) そんなに, これほどに: Er war ～ erschöpft, daß er sich sofort legen mußte. 彼はすぐに横にならねばならないほど疲れきっていた | Es hat lange nicht mehr ～ geregnet. もう長い間こんなに雨の降ったことはなかった. **≠ar·tig**[..|

á:rtɪç][2] **I** 形 (solch) このような: Eine ~e Frechheit habe ich noch nicht erlebt! こんな厚かましさには出会ったことがない ‖ etwas *Derartiges* このようなもの. **II** 副 (derart) それほどに: Er schnarchte ~, daß das Möbel wackelte. 彼は家具が揺れるほどに大いびきをかいた.

derb[dɛrp][1] 形 **1** (kräftig) じょうぶな, がっしり(ずっしり)した: ein ~er Arm がんじょうな腕 | ~es Gestein ごつごつした岩石;〖坑〗塊状鉱石 | ~e Kost こってりした食物 | ~es Leder 強い(ごわごわした)皮革 | ~es Tuch 目のつんだ布 ‖ Der Vorhang faßt sich ~ an. このカーテンは手触りがどっしりしている ‖ *jn.* ~ am Arm fassen …の腕をむんずとつかむ | *jm.* ~ die Hand drücken …の手をぎゅっと握る. **2** 野卑な, 粗野な; 無遠慮な: ~e Späße 卑猥(ﾋﾜｲ)な冗談 | eine ~e Antwort bekommen つっけんどんな返事をされる | einen ~en Ausdruck gebrauchen ぶっきらぼうな物の言い方をする; 品のよくない表現を用いる ‖ *jn.* ~ anfahren …を口汚くどなりつける. [*ahd.*; ◇stark]

Derb·heit[dɛ́rphaɪt] 女 -/-en **1**《単数で》derb なこと. **2** derb な言動.

Derb·holz 中 (直径 7 cm 以上の) 太い幹(枝), (太い)丸太材.

derb·kno·chig 形 骨太の, ごつごつした(手・体格など).

Derb·stan·ge 女 =Derbholz

Der·by[dɛ́rbi·] 中 -(s)/s, **Der·by·ren·nen**[dɛ́rbi..] 中 競馬; (特に:) (イギリスのエプソム市で毎年行われる)ダービー競馬. [<Derby (イギリスの伯爵家)]

De·re·gu·la·tion 女 -/-en =Deregulierung

de·re·gu·lie·ren 他 (h)《*et.*[4]》(…の)規制を外す(撤廃する); (…の)規制を緩和する.

De·re·gu·lie·rung 女 -/-en 規制撤廃; 規制緩和.

der≠einst[de:r|áɪnst, der..] 副 (einst) **1**《雅》将来いつか, 他日. ▽**2** かつて, 以前. ▽**≠ein·stig**[..|áɪnstɪç][2] 形《付加語的》(künftig) 将来(他日)の: mein ~er Erbe 私の未来の相続人. [<dermaleinst]

de·ren[dé:rən]《指示代名詞・関係代名詞》der の単数女性および複数 2 格.

▽**de·rent·hal·ben**[dé:rənthálbən] =derentwegen

de·rent≠we·gen 副《女性名詞・複数名詞を受けて》彼女(ら)(彼ら)のために, それ(ら)のために: Mutter war krank, ~ mußte ich zu Hause bleiben. 母が病気で 私は母のために家にとどまっていなければならなかった ‖〖関係文を導いて〗Es gibt Krankheiten, ~ man nicht im Bett zu liegen braucht. ベッドに寝ている必要のない病気がある. **≠wil·len** 副 **um ~** =derentwegen

de·rer[dé:rər]《指示代名詞》der の単数女性および複数 2 格(関係文の先行詞などにのみ用いられる形で, 女性形はまれ: →der II ★ii; しばしば関係代名詞としても用いられるが, これは誤りとされる: →der III ☆ ii).

▽**de·ret≠hal·ben**[dé:rət..], **≠we·gen** =derentwegen **≠wil·len** =derentwillen

der·ge·stalt[dé:rgəʃtált, ⌐⌣⌣] (<der Gestalt) 副《ふつう daß 副文と》《雅》(derart) それほどに: Die Auswirkungen waren ~ groß, daß ... 影響は大きくて…するほどであった.

der·glei·chen[dé:rgláɪçən] **I**《指示代名詞; 無変化》**1**《名詞的》(so etwas) そのような物(事): Ich habe ~ noch nie gehört. 私はそんなことはまだ一度も聞いたことがない | Bleistifte oder ~ 鉛筆やなにか | und ~ (mehr) (㊙ u. dgl. (m.)) …等々 ‖ Ich habe ihn aufgefordert, aber er tat nicht ~. 私は彼に促したのだが彼は知らん顔であった. **2**《付加語的》(derartig) そのような: in ~ Fällen そういう場合には.

▽**II**《関係代名詞; 無変化》…のような: die Geschichte, ~ man nie gelesen hat 一度も読んだことのないような物語. [<*mhd.* der (指示代名詞, 複数 2 格)]

De·ri·vat[derivá:t] 中 **1** -(e)s/-e (Ableitung)〖言〗派生語. **2** -(e)s/-e〖化〗誘導体. **3**〖経〗金融派生商品, デリバティブ.

De·ri·va·tion[..vatsió:n] 女 -/-en (Ableitung) 誘導; 由来, 起源;〖言〗派生;〖軍〗(弾丸の)定偏. [*lat.*]

de·ri·va·tiv[derivatí:f][1] 形 誘導した; 派生した.

De·ri·va·tiv[-] 中 -s/-e, **De·ri·va·ti·vum**[..tí:vʊm] 中 -s/..va[..va·] (Ableitung)〖言〗派生語.

de·ri·vie·ren[derivi:rən] **I** 他 (h) (ableiten) 誘導する;〖言〗派生させる. **II De·ri·vier·te**[..ví:rtə] 女《形容詞変化》〖数〗導関数. [*lat.*; <*lat.* rīvus (→Ria)]

der·je·ni·ge[dé:rje:nɪgə]《指示代名詞; der- の部分は定冠詞 der の変化, -jenig の部分は形容詞の弱変化》**1**《名詞的》それ; その人:〖2 格と〗mein Wagen und *derjenige* des Vaters 私の車と父のそれ ‖〖関係文と〗Ich bin *derjenige*, der das getan hat. それをしたのはこの私だ | *diejenigen*, die am meisten reden いちばん口数の多い人々 | Wir müssen *diejenige* herausfinden, welche die größte musikalische Begabung hat. 私たちは最大の音楽的才能をもっている女性を見つけ出さなければならない ‖〖口語調では関係文の関係代名詞以外の部分を省略することがある〗Du bist also *derjenige*, welcher (das getan hat)! さてはお前の仕業だな, じゃあお前がそれなのか | Ich will nicht immer *derjenige* sein, welcher. 私だけがいつも責任をひっかぶるのはいやだ. **2**《付加語的》その:〖関係文と〗*dasjenige* Buch, das er geschrieben hat 彼の書いたその本 | Ich stimme *demjenigen* Plan zu, den er entworfen hat. 私は彼の立てた計画に賛成だ. [<der+jener]

der·je·ni·gen derjenige の単数女性 2・3 格および複数 2 格.

der·lei[dé:rlaɪ] 形《無変化》そのような種類の: ~ Geschichte そんな類(ﾀｸﾞｲ)の話 ‖〖名詞的に〗*Derlei* habe ich nicht gesagt. 私はそんなことは言わなかった. [◇..erlei]

derm.. →derma..

derma.. 《名詞などにつけて「皮膚」を意味する. dermo.., dermato.. という形もある. 母音の前では derm.. となる》: *Derma*titis〖医〗皮膚炎 ‖ *Dermo*pathie〖医〗皮膚病 | *Derm*(*at*)oplastik〖医〗植皮術 ‖ *Derm*algie〖医〗皮膚痛.

Der·ma[dɛ́rma·] 中 -s/-ta[..ta·] (Haut)〖解〗皮膚. [*gr.*; <*gr.* dérein (→zerren)]

der·mal[dɛrmá:l] 形〖医〗皮膚の, 皮膚(病)に関する.

▽**der·mal·einst**[dé:rma:l|áɪnst] =dereinst [<*mhd.* der māle eines „von den Malen einmal"]

▽**der·ma·len**[dé:rma:lən, ⌐⌐⌣, ⌐⌐⌣; ｵｰｽﾄﾘｱ: ⌐⌐⌣] 副 (jetzt) この時, 目下, 当今.

Derm·al·gie[dɛrmalgí:] 女 -/-n[..gí:ən]〖医〗皮膚痛.

▽**der·ma·lig**[dé:rma:lɪç, ⌐⌐⌣, ⌐⌐⌣; ｵｰｽﾄﾘｱ: ⌐⌐⌣][2] 形 (jetzig) この時の, 目下の, 当今の.

der·ma·ßen[dé:rmá:sən] 副 (so)《ふつう daß 副文と》それほどに: Er war ~ müde, daß.. 彼は…するほどに疲れていた. [*mhd.* der māzen (単数 2 格) „dieser Art"]

Der·ma·ta Derma の複数.

der·ma·tisch[dɛrmá:tɪʃ] =dermal

Der·ma·ti·tis[..matí:tɪs] 女 -/..titiden[..tití:dən] (Hautentzündung)〖医〗皮膚炎. [<..itis]

dermato.. →derma..

Der·ma·to·gen[dɛrmatogé:n] 中 -s/〖植〗原(初)表皮(頂端分裂組織の 3 原組織の一つ).

Der·ma·to·id[..toí:t][1] 中 -(e)s/-e 商標 デルマトイート(製本などに用いられるレザークロス). [<..oid]

Der·ma·tol[..tó:l] 中 -s/ 商標 デルマトール(粉末状外傷薬).

Der·ma·to·lo·ge[dɛrmatoló:gə] 男 -n/-n (→..loge) (Hautarzt) 皮膚病学者, 皮膚科医.

Der·ma·to·lo·gie[..logí:] 女 -/〖医〗皮膚科学, 皮膚病学.

Der·ma·to·pa·tho·lo·gie[dɛrmatopatologí:] 女〖医〗皮膚病理学.

Der·ma·to·phy·ten[..fý:tən] 複 (Hautpilz)〖医〗皮膚糸状菌, 植物性皮膚病原菌.

Der·ma·to·pla·stik[..plástɪk] =Dermoplastik 1

Der·ma·to·se[dɛrmató:zə] 女 -/-n 皮膚病. [<..ose]

Der·ma·to·zo·on[dɛrmatotsó:ɔn] 中 -s/..zoen[..tsó:ən]《ふつう複数で》皮膚寄生虫. [<zoo..]

dermo.. →derma..

Der·mo·gra·phie[dɛrmografí:] 女 -/ , **Der·mo·gra·phis·mus**[..grafísmʊs] 男 -/ 〘医〙皮膚描画症.

Der·mo·pla·stik[..plástɪk] 女 -/-en **1** 〘医〙(植皮などによる)皮膚形成術. **2** 剝製(はくせい)術.

Der·nier cri [dɛrnjekrí] 男 --/-s -s[-] (neueste Mode) 最新流行: nach dem ～ gekleidet sein 最新流行の服装をしている. [*fr*. „letzter Schrei"]

de·ro[dé:ro·] deren (指示代名詞 der の複数 2 格)の古形: *Dero* Gnaden (=Euer ⟨Ihro⟩ Gnaden) (高位の貴族・僧侶(そうりょ)の尊称:) 殿下, 閣下, 猊下(げいか).

De·ro·ga·tion[derogatsió:n] 女 -/-en 侵害, 制限; 〘法〙(旧法令の新法令による)部分的廃止, 一部廃止. [*lat*.]

de·ro·ga·tiv[..tí:f][1] (**de·ro·ga·to·risch**[..tó:rɪʃ]) 形 侵害する, 制限的な; (法律の)一部廃止の. [*spätlat*.]

de·ro·gie·ren[..gí:rən] 他 (h) 侵害する, 制限する; (法律を)部分的に廃止する. [*lat*.; ◇ *engl*. derogate]

▽**de·ro·hal·ben**[dé:rohálbən] =derenthalben

De·rou·te[derú:t(ə)] 女 -/-n[..tən] ▽**1** (Zerrüttung) 崩壊, 瓦解(がかい); 壊走. **2** (Kurssturz) 〘経〙(相場の)暴落.

de·rou·tie·ren[..rutí:rən] 他 (h) ▽**1** 崩壊させる; 壊走させる. **2** 〘経〙(相場・価格を)暴落させる. [*fr*.]

▽**de·ro·we·gen**[dé:rové:gən] =derentwegen

Der·rick[dɛ́rɪk] 男 -s/-s, **Der·rick·kran** 男 〘工〙デリック(ジブクレーンの一種). [*engl*. derrick; 17世紀イギリスの死刑執行人の名から]

der·sel·be[de:rzɛ́lbə, der.., dɛr..] 《指示代名詞; der- の部分は定冠詞 der の変化, -selb の部分は形容詞の弱変化》 **1** 《付加語的》 **a)** 同一の, 同じ: an *demselben* Tag その同じ日に(=am selben Tag) | Er trägt *denselben* Anzug wie gestern. 彼はきのうと同じ服を着ている | Er stammt aus *demselben* Dorf wie ich. 彼は私と同じ村の出身だ ‖ 〘基数 ein (変化は不定冠詞に準ずるがふつう無変化)を伴って〙 Ich wohne in ein〔er〕 und *derselben* Stadt wie er. 私は彼と同じ町に住んでいる. **b)** 《話》同じ性質⟨種類⟩の, 同様な: Sie trägt *denselben* (=den gleichen) Hut wie ich. 彼女は私と同じ帽子をかぶっている.

2 《名詞的》 **a)** 同一人; 同一⟨同種⟩の事物: Ich habe ihm 〔ganz〕 *dasselbe* gesagt. 私は彼に〔全く〕同じことを言った | Er ist immer *derselbe*. 彼は相変わらずだ⟨いつも同じようにしている⟩ ‖ 〘基数 ein を伴って: →1 a〙 Er spielt immer mit ein〔em〕 und *demselben*. 彼はいつも同じ人と遊んでいる. **b)** 《雅》(人称代名詞 er, 指示代名詞 der, dieser, 所有代名詞 sein の強調として)〔まさに〕それ: ▽das Haus, vor allem das Dach *desselben* (=sein Dach) 家屋とりわけその屋根 | Als er den Gast traf, grüßte er *denselben* (=ihn) sehr höflich. 彼は客に会うとその人に丁重にあいさつした | Es traten Soldaten, und an der Spitze *derselben* (=an ihrer Spitze) ein junger Offizier. 兵士たちが登場し その先頭には若い士官がいた. **c)** 《複数で》(Sie) あなた〔がた〕(敬称).

der·sel·ben[de:rzɛ́lbən, der.., dɛr..] derselbe の単数女性 2・3 格および複数 2 格.

▽**der·sel·bi·ge**[..bɪgə] 《指示代名詞; der- の部分は定冠詞 der の変化, -selbig の部分は形容詞の弱変化》 =derselbe

der⸗weil[dé:rváɪl] (⸗**wei·le**〔**n**〕[..lə(n)]) **I** 副 (inzwischen) その間に, そうしているうちに. **II** 接 《従属》(während) …する間に. [*mhd*. der wīle〔n〕(2 格); ◇Weile]

Der·wisch[dɛ́rvɪʃ] 男 -〔e〕s/-e 〘イスラム教〙苦行派修道僧, 托鉢(たくはつ)僧. [*pers*. darwīš „Bettler"－*türk*.; ◇ *engl*. dervish]

der·zeit[dé:rtsáɪt] 副 (略 dz., dzt.) **1** (zur Zeit) 目下, 現在. **2** (damals) 当時, そのころ. [*mhd*. der zīt〔e〕(2 格)]

der·zei·tig[..tɪç][2] 形 (略 dz.) **1** 目下⟨現在⟩の. **2** 当時⟨そのころ⟩の.

des[1] **I** [dɛs, dəs] 《定冠詞》der の単数男性・中性 2 格. ▽**II** [dɛs] 《指示代名詞・関係代名詞》der の単数男性・中性 2 格.

des[2] 中 -/- 〘楽〙変ニ音(→Des).

des.. →de.. [*fr*.]

des. 略 =designatus

Des[dɛs] **I** 中 -/- 〘楽〙変ニ音. **II** 記号 (Des-Dur) 〘楽〙変ニ長調(→des[2]).

Des·ami·nie·rung[dɛs|aminí:rʊŋ, deza..] 女 -/-en 〘化〙アミノ基の分離. [＜amino..]

Des·an·ne·xion[dɛs|anɛksió:n, deza..] 女 -/-en (合併した領土の)還付, 返還. [*fr*.]

des·ar·mie·ren[dɛs|armí:rən, deza..] 他 (h) 武装解除⟨非武装化⟩する, 軍備を撤廃⟨縮小⟩する; 〘フェンシング〙(相手の)剣を打ち落とす. [*fr*.; ◇ *engl*. disarm]

Des·ar·mie·rung[..rʊŋ] 女 -/-en desarmieren すること.

De·sa·ster[dezástər] 中 -s/- (Unglück) 災害, 不幸; (Zusammenbruch) 瓦解(がかい), 挫折(ざせつ). [*it*. disastro „Unstern"－*fr*. désastre; ◇astro..; *engl*. disaster]

de·sa·strös[dezastrǿ:s][1] 形 災禍をもたらす, 災難の, 不幸な [*fr*.]

de Saus·sure[də sosý:r] →Saussure

des·avou·ie·ren[dɛs|avuí:rən, deza..] 他 (h) **1** 《*et*.[4]》否認する, 是認⟨承認⟩しない: einen Beschluß ～ 決定を認めない. **2** 《*jn*.》見捨てる, (…に)恥をかかせる: *jn*. in aller Öffentlichkeit ～ …を公衆の面前で笑い物にする⟨侮辱する⟩. [*fr*.; ＜*lat*. advocāre (→Advokat); ◇ *engl*. disavow]

Des·cartes[dekárt, dɛ..] 人名 René ～ ルネ デカルト(1596–1650; フランスの哲学者・数学者. 近代哲学の父と呼ばれる. ラテン語形 Renatus Cartesius).

Des-Dur[dɛ́sdu:r, ⌣́⌣] 中 -/ 〘楽〙変ニ長調(記号 Des): →A-Dur

Des·en·ga·ge·ment[dezãgaʒəmã́:] 中 -s/ =Disengagement [*fr*.]

De·sen·si·bi·li·sa·tor[dezɛnzibilizá:tɔr, ..to:r] 男 -s/-en [..zató:rən] 〘写〙減感剤.

de·sen·si·bi·li·sie·ren[..zí:rən] 他 (h) **1** 〘写〙(フィルムなどの)感光度を減じる, 減感する. **2** 〘医〙(…の)知覚を鈍麻させる, 脱⟨除⟩感作(かんさ)する.

De·sen·si·bi·li·sie·rung[..rʊŋ] 女 -/-en desensibilisieren すること.

De·ser·teur[dezɛrtǿ:r] 男 -s/-e 脱走兵, 逃亡兵(→fahnenflüchtig). [*lat*.－*fr*.]

de·ser·tie·ren[..tí:rən] 自 (s, h) (軍人が)脱走する, 逃亡する: zum Feind ～ 敵軍に投降する. [*fr*.]

De·ser·tion[..tsió:n] 女 -/-en 脱走, 逃亡. [*spätlat*.－*fr*.; ＜*lat*. dē-serere „ab-reihen" (◇Serie)]

des·es[dɛ́s|ɛs, ⌣́⌣], **Des·es**[–] 中 -/- 〘楽〙重変ニ音.

▽**des·falls**[dɛ́sfáls] 副 (für diesen Fall) この場合に〔は〕; そういう次第だから. [＜des Falls]

desgl. 略 =**desgl**eichen

des·glei·chen[dɛ́sgláɪçən] **I** 副 (ebenfalls) 同様に〔また〕: Er war froh, ～ seine geliebte Frau. 彼はうれしかったし 彼の愛する妻もそうだった | Er hatte bei sich kein Geld mehr, ～ hatte er heute gar nichts gegessen. 彼はもう手元に一文もなかったし きょうは全く何も食べていなかった. ▽**II** 《指示代名詞・関係代名詞; 無変化》=dergleichen

Dés·ha·bil·lé[dezabijé:] 中 -〔s〕/-s 〘服飾〙デザビエ(ゆったりした室内着). [*fr*. „ent-kleidet"; ◇habil]

des·halb[dɛ́shálp] 副 **1** それだから, そういうわけで, その理由⟨目的⟩で: Er war erkältet, ～ fehlte er ⟨er hat ～ drei Tage gefehlt⟩. 彼はかぜをひいていたので欠席した⟨3 日間欠席した⟩ ‖ 〘weil に導かれる副文に対応して〙 Sie kommt nur ～, **weil** sie dich nicht enttäuschen will. 彼女が来るのはただ君をがっかりさせたくないからなのだ | Der Brief ist mir ～ doppelt wert, weil ich ihn verloren glaubte. この手紙はそれを紛失したと思っていただけに私にはいっそう貴重だ.

2 《しばしば doch, aber を伴って》だからといって: Der Versuch ist zwar geglückt, ～ dürfen **aber** unsere Bemühungen nicht nachlassen. その試みはうまくいったが だか

らといって我々は努力を怠ってはならない | Die Puppe ist schon alt, ～ habe ich sie **doch** gern. この人形はもう古いが それでも私は好きだ ‖ *Deshalb*, weil ich meinen Mann liebe, brauche ich meine Brüder doch nicht zu hassen. 私は夫を愛しているからといって なにも自分の兄弟たちを憎まねばならぬ理由はない. ▽**3** ＝weshalb 2

de·si·de·ra·bel[deziderá:bəl](..ra·bl..) 形 (begehrenswert) 望ましい, 願わしい. [*lat.*; ◇sideral]

De·si·de·rat[..tá:t] 中 -[e]s/-e **1** 望ましい〈願わしい〉もの; なくて困っているもの, 切実な要求; 欠落していること, 欠陥, 不備. **2** 購入希望図書; (双書・全集などの)欠本.

De·si·de·ra·ten·buch 中 (図書・備品などの)購入希望品目の目録〈リスト〉.

De·si·de·ra·tum[..tʊm] 中 -s/..ta[..ta·] ＝Desiderat

De·sign[dizáɪn] 中 -s/-s 〘工〙デザイン, モデル: ～ für Möbel entwerfen 家具をデザインする. [*engl.*; ◇Dessin]

De·si·gna·tion[dezɪgnatsió:n] 女 -/-en **1 a)** 指示, 指定. **b)** (特定の役職への)指名,(あらかじめの)任命, 内定. **2** 名称, 呼称. [*lat.*]

de·si·gna·tus[..ná:tʊs] 《ラテ語》(略 des.)(特定の役職に)指名された, 任命予定の: Doktor ～ ドクター予定者.

De·si·gner[dizáɪnər] 男 -s/- (女 **De·si·gne·rin**[..nərɪn]-/-nen) デザイナー. [*engl.*]

de·si·gnie·ren[dezɪgní:rən] 他 (h) **1** 《*jn.* zu *et.*³》(…を特定の役職に)指名〈任命〉する: der *designierte* Rektor 学長予定者(任命はされたが未就任). **2** 《*et.*⁴》(あらかじめ)指示〈指定〉する, 予定する. [*lat.* dē-sīgnāre „bezeichnen"]

De·sign·schu·le[dizáɪn..] 女 デザイン学校.

Des·il·lu·sion[dɛs|ɪluzió:n, dezɪ.., dɛ́s|ɪluzio:n] 女 -/-en (Enttäuschung) 幻想〈迷い〉からさめること, 幻滅: eine ～ erleben 幻滅を味わう. [*fr.*; ◇*engl.* disillusion]

des·il·lu·sio·nie·ren[..zioní:rən] 他 (h) 《*jn.*》(…の)迷いをさまさせる,(…に)幻滅を感じさせる. [*fr.*]

Des·in·fek·tion[dɛs|ɪnfɛktsió:n, dezɪ.., dɛ́s|ɪnfɛktsio:n] 女 -/-en 消毒, 殺菌. [◇*engl.* disinfection]

Des·in·fek·tions·mit·tel 中 消毒〈殺菌〉剤.

Des·in·fek·tor[..fɛ́ktɔr, ..to:r] 男 -s/-en [..fɛktó:rən] **1** 消毒をする人, 殺菌の専門家. **2** 消毒器.

Des·in·fi·ziens[..fí:tsiɛns] 中 -/..zienzien[..fitsiɛ́ntsiən], ..zientia[..fitsiɛ́ntsia·] ＝ Desinfektionsmittel

des·in·fi·zie·ren[..fitsí:rən] 他 (h) 殺菌〈消毒〉する: *et.*⁴ mit 〈durch〉 Alkohol ～ …をアルコールで消毒する.

Des·in·fi·zie·rung[..rʊŋ] 女 -/-en 殺菌, 消毒.

Des·in·for·ma·tion[dɛs|ɪnfɔrmatsió:n, dezɪ..] 女 -/-en (意図的な)偽りの〈間違った〉情報.

Des·in·te·gra·tion[dɛs|ɪntegratsió:n, dezɪ..] 女 -/-en (↔Integration)(Auflösung) 分解, 崩壊, 分裂; 分散, 解散.

Des·in·te·gra·tor[..grá:tɔr, ..to:r] 男 -s/-en [..grató:rən] 〘工〙(原料などの)砕解機, ジスインテグレーター.

des·in·te·grie·ren[..grí:rən] 自 (h) 分解する, 崩壊〈分裂〉する; 分散〈解散〉する.

Des·in·ter·es·se[dɛs|ɪntərɛ́sə, dezɪ.., dɛ́s|ɪntərɛsə, ..t(e)r..] 中 -s/ 無関心, 冷淡: *sein* ～ an *et.*³ 〈für *et.*⁴〉 zeigen …に関心がないことを示す. [◇*engl.* disinterest]

Des·in·ter·esse·ment[dɛs|ɛ̃tərɛs(ə)mɑ̃:, dezɛ̃.., ..te..] 中 -s/ ＝Desinteresse [*fr.*]

des·in·ter·es·sie·ren[dɛs|ɪntərɛsí:rən, dezɪn.., dɛ́s|ɪntərɛsi:rən, dé:zɪ.., ..t(e)r..] **I** 他 (h) 再帰 *sich*⁴ an *et.*³ 〈für *et.*⁴〉 ～ …に対する興味を失う, …に対して無関心である. **II des·in·ter·es·siert** 過分 形 興味をもたない, 関心のない: ein ～*es* Gesicht machen 興味のなさそうな顔をする | Er ist politisch ～. 彼は政治に無関心である.

Des·in·ter·es·siert·heit[..haɪt] 女 -/ desinteressiert なこと.

▽**de·si·stie·ren**[dezɪstí:rən] 自 (h) (↔ insistieren) 《von *et.*³》(…を)断念する, やめる, 放棄する. [*lat.*]

Des·ja·ti·ne[dɛsjatí:nə] 女 -/-n デスヤティーナ(ロシアの古い地積単位: 1.0925ha). [*russ.*; ＜*russ.* desjat „zehn"]

des·je·ni·gen[dɛ́sje:nɪgən] derjenige の単数男性・中性2格.

de·skri·bie·ren[deskribí:rən, dɛs..] 他 (h) (beschreiben) 記述する. [*lat.* dē-scrībere „ab-zeichnen"]

De·skrip·tion[deskrɪptsió:n, dɛs..] 女 -/-en 叙述, 描写; 記述. [*lat.*]

de·skrip·tiv[..tí:f]¹ 形 叙述〈描写〉的な; (↔präskriptiv) 〘言〙記述的な: eine ～*e* Grammatik 記述文法.

De·skrip·tor[deskrɪ́ptɔr, ..to:r] 男 -s/-en [..rɪptó:rən] 〘電算〙記述子, キーワード(情報の類別に用いる語句).

Des·odo·rans[dɛs|odó:rans, dezo..] 中 -/..ranzien [..dorántsiən], ..rantia[..tsia·], **Des·odo·rant**[dɛs|odoránt, dezo..] 中 -s/-e, -s ＝Deodorant

des·odo·rie·ren[..dorí:rən] ＝desodorisieren

Des·odo·rie·rung[..rʊŋ] 女 -/-en ＝Desodorisation

Des·odo·ri·sa·tion[..dorizatsió:n] 女 -/-en 防臭, 除臭, 脱臭; 体臭除去.

des·odo·ri·sie·ren[..zí:rən] 他 (h) 《*et.*⁴》(…の)臭気〈悪臭・体臭〉を除去する, 防臭〈除臭・脱臭〉する. [*fr.*; ＜*lat.* odor (→Odeur); ◇*engl.* deodorize]

Des·odo·ri·sie·rung[..rʊŋ] 女 -/-en ＝Desodorisation

de·so·lat[dezolá:t] 形 見捨てられた, 孤独な; わびしい, 荒涼とした; 荒廃した, 荒れ果てた: ein ～*er* Anblick わびしい眺め. [*lat.*; ＜*lat.* dē-sōlāre „ver-einsamen" (◇solo)]

De·so·la·tion[..latsió:n] 女 -/-en 荒廃〔状態〕, 荒涼たるさま, わびしさ. [*spätlat.*]

▽**Des·or·dre**[dezɔ́rdər] 男 -s/-s (Unordnung) 混乱, 無秩序. [*fr.*; ◇Order; *engl.* disorder]

Des·or·ga·ni·sa·tion[dɛs|ɔrganizatsió:n, dezɔ.., dɛ́s|ɔrganizatsio:n] 女 -/-en **1** (組織・秩序などの)解体, 破壊. **2** 混乱, 無秩序. [*fr.*]

des·or·ga·ni·sie·ren[..zí:rən, ⏑⏑⏑⏑–⏑] 他 (h) (組織・秩序などを)解体させる, 破壊する; 混乱〈無秩序〉におとしいれる. [*fr.*; ◇*engl.* disorganize]

Des·or·ga·ni·sie·rung[..rʊŋ, ⏑⏑⏑⏑–⏑] 女 -/-en ＝Desorganisation

des·orien·tie·ren[dɛs|oriɛntí:rən, dezo.., dɛ́s|oriɛnti:rən] **I** 他 (h) 《*jn.*》(…の)方向感覚を失わせる; (不十分な・間違った情報を与えるなどして)誤らせる, 混乱させる, まごつかせる: die Öffentlichkeit durch falsche Meldungen ～ 間違った報道で世間を混乱させる | In der fremden Gegend war ich völlig *desorientiert.* 知らない土地で私はさっぱりようすが分からなかった. **II des·orien·tiert** 過分 形 地理不案内な, 土地勘のない. [*fr.*; ◇*engl.* disorientate]

Des·orien·tie·rung [..rʊŋ, ⏑⏑⏑⏑–⏑] 女 -/-en **1** desorientieren すること. **2** 〘心〙失見当〔識〕, 見当識喪失.

Des·oxi·da·tion[dɛs|ɔksidatsió:n, dezɔ..] 女 -/-en ＝Desoxydation

des·oxi·die·ren[..dí:rən] ＝desoxydieren

Des·oxy·da·tion[dɛs|ɔksydatsió:n, dezɔ..] 女 -/-en 〘化〙脱酸.

des·oxy·die·ren[..dí:rən] 他 (h) 《*et.*⁴》(…の)酸素を除く, 脱酸する.

Des·oxy·ri·bo·nu·kle·in·säu·re[..ribonukleí:n..] 女 -/ (略 DNS) 〘生化学〙デオキシリボ核酸, DNA (遺伝子の本体).

Des·oxy·ri·bo·se[..ribó:zə] 女 -/ 〘生化学〙デオキシリボース(リボースより酸素が1個少ない五炭糖).

▽**de·spek·tie·ren**[despɛktí:rən, dɛs..] 他 (h) (geringschätzen) 軽蔑〈軽視〉する. [*lat.*; ＜*lat.* specere (→spähen)]

de·spek·tier·lich[..tí:rlɪç] 形 《雅》(geringschätzig) 軽蔑的な: eine ～*e* Äußerung 侮蔑的な言葉 | *jn.* ～ ansehen …を軽蔑の目で見る.

De·spe·ra·do[dɛsperá:do·] 男 -s/-s **1** (手段を選ばぬ政治的な)過激分子; 捨てばちな行動に走る人. **2** 浮浪人, 無頼漢, 無法者. [*span.*-*amerik.*]

de·spe·rat[..rá:t] 形 (verzweifelt) 絶望的な, 自暴自棄の; 希望のない: in ~*er* Stimmung 救いのない気分で. [*lat.*; < *lat.* spērāre „erwarten"]

Des·pot[dɛspó:t] 男 -en/-en 独裁〈専制〉君主; (一般に:) 独裁者, 暴君: *sich*⁴ als ~ aufspielen《比》暴君ぶる. [*gr.*; <*gr.* dōma „Haus"+pósis „Herr"]

Des·po·tie[..potí:] 女 -/-n[..tí:ən] 専制〔政治〕, 暴政.

des·po·tisch[..pó:tɪʃ] 形 専制的な, 独裁的な, 暴君の; 横暴な.

des·po·ti·sie·ren[..potizí:rən] **I** 自 (h) 専制政治を行う. **II** 他 (h) (…に)圧制を加える.

Des·po·tis·mus[..tísmʊs] 男 -/ 専制〈独裁〉政治, 絶対権力; 暴政.

De·squa·ma·tion[dɛskvamatsió:n] 女 -/-en **1** 〖地〗鱗剝(りんぱく)作用, たまねぎ状風化. **2** 〖生·医〗剝離(はくり), 落屑(らくせつ), 鱗屑(りんせつ)脱落. [< *lat.* squāma „Schuppe"]

Des·sau[dέsaʊ] 地名 デッサウ(ドイツ東部 Sachsen-Anhalt 州の工業都市).
[*mhd.* Dissowe; ◇ *mhd.* diezen „rauschen", Aue²]

Des·sau·er[−ər] **I** 男 -s/- デッサウの人: der Alte ~ レオポルト一世(1676-1747; アンハルト=デッサウ侯). **II** 形《無変化》デッサウの.

des·sau·isch[−ɪʃ] 形 デッサウの.

des·sel·ben[dɛszέlbən, dəs..] (ᵛ**des·sel·bi·gen**[..bɪgən]) derselbe (ᵛderselbige)の単数男性·中性 2 格.

des·sen[dέsən]《指示代名詞·関係代名詞》der の単数男性·中性 2 格.

ᵛ**des·sent·hal·ben**[dέsənthálbən] =dessentwegen 1

des·sent·we·gen 副 **1**《男性名詞·中性名詞を受けて》そのために:〖関係文を導いて〗der Mann, ~ ich lange gewartet hatte 私が長いこと待っていた原因であったその男. **2** (deswegen) それゆえに.

ᵛ**des·sent·wil·len** 副 **um ~** =dessentwegen 1

des·sen·un·ge·ach·tet [dέsən|ʊngə|áxtət, ◡◡◡◡◡◡] 副 それにもかかわらず.

Des·sert[dɛsé:r, dɛsέ:r, dɛsέrt; オーストリア: dɛsέ:r] 中 -s/-s (Nachspeise, Nachtisch) デザート: Als ~ 〈Zum ~〉 gab es Weintrauben. デザートにぶどうが出た. [*fr.*; ◇ servieren]

Des·sert≈löf·fel[dɛsé:r..] 男 デザートスプーン, 小さじ(→ ⊠ Eßtisch). **≈me·lo·ne** 女〖植〗マクワウリ. **≈mes·ser** 中 デザートナイフ(→ ⊠ Eßtisch). **≈tel·ler** 男 デザートの皿, 小さな皿(→ ⊠ Eßtisch). **≈wein** 男 (甘口でアルコール分の強い)デザートワイン.

Des·sin[dɛsɛ̃:] 中 -s/-s **1** (Zeichnung) デッサン, 素描. **2** (Muster) 模様, 図案, 意匠, デザイン. **3** (Entwurf) 計画, 構想. **4** 〖ビリヤード〗突かれた球の進路. [*fr.*; ◇ Design]

Des·si·na·teur[dɛsinatǿ:r] 男 -s/-e (織物の)下絵かき; 意匠家, 図案家 [*fr.*; <..eur]

des·si·nie·ren[..ní:rən] 他 (h) (zeichnen) 素描する, デッサンする; 下絵をかく; 意匠〈図案〉を描く. [*lat.* dēsīgnāre (→designieren)−*it.*−*fr.*]

Des·sous[dɛsú:] 中 -[-(s)]/-[-s]《ふつう複数で》〖服飾〗女性用下着〔類〕. [*fr.* des-sous „darunter"; ◇ sub..]

de·sta·bi·li·sie·ren[destabilizí:rən] 他 (h) 不安定にする.

De·sta·bi·li·sie·rung[..rʊŋ] 女 -/-en 不安定にすること.

De·stil·lat[dɛstɪlá:t] 中 -[e]s/-e〖化〗留出物; 蒸留液.

De·stil·lat·bren·ner 男 =Destillateur 1

De·stil·la·teur[..latǿ:r] 男 -s/-e **1** 火酒醸造人. **2** (火酒を売る)飲み屋の主人. [*fr.* distillateur]

De·stil·la·tion[..tsió:n] 女 -/-en **1**〖化〗蒸留: trockene ~ 乾留 | fraktionierte ~ 分留. **2 a)** 火酒醸造〔所〕. **b)** 居酒屋. [*lat.*; ◇ *engl.* distillation]

De·stil·le[dɛstílə] 女 -/-n《話》**1** (Kneipe) 居酒屋. **2** 火酒醸造〔所〕.

De·stil·lier·ap·pa·rat[dɛstɪlí:r..] 男〖化〗蒸留装置, 蒸留器.

de·stil·lier·bar[..ba:r] 形〖化〗蒸留可能の.

De·stil·lier·bla·se 女〖化〗蒸留レトルト, 蒸留容器.

de·stil·lie·ren[dɛstɪlí:rən] 他 (h) **1**〖化〗蒸留する: *destilliertes* Wasser 蒸留水. **2**《比》(長大な論文などから要点を)抜粋〈要約〉する. [*lat.*; < *lat.* stīlla „Tropfen"; ◇ *engl.* distil[l]]

De·stil·lier·kol·ben 男 蒸留フラスコ(の球形部分).

De·sti·na·tar[dɛstinatá:r] (**De·sti·na·tär**[..tέ:r]) 男 -s/-e〖商〗荷受人; (特に船荷証券に記された)受取人.

De·sti·na·tion[..tsió:n] 女 -/-en (Bestimmung) 目的地, 行き先; 目的, 任務, 使命. [〔*lat.*−〕*fr.*; < *lat.* dēstināre „festmachen" (◇ stehen)]

ᵛ**de·sti·tu·ie·ren**[dɛstituí:rən] 他 (h) (absetzen) 解任〈免職〉する. [*lat.*; ◇ statuieren; *engl.* destitute]

de·sto[dέsto·] 副《つねに比較級を伴って接続詞的に》(umso) それだけいっそう, それだけますます, それだけに:〖je+比較級と対応して〗Je mehr, ~ besser!《諺》多ければ多いほどよい, 多々ますます弁ず | Je länger die Nächte sind, ~ kürzer werden die Tage. 夜が長くなればなるほど昼は短くなる ‖〖als, da, weil に導かれる理由の副文と対応して〗Die Gefahr war für ihn ~ größer, als 〈da〉 niemand zu seiner Unterstützung in der Nähe war. 彼を援助するような人がだれも近くにいなかっただけに 危険は彼にとっていっそう大きかった ‖〖前文に対応関係が暗示されて〗Er kommt nicht? *Desto* besser! 彼は来ないのか. そいつはますます結構だ. [*ahd.* des diu „dadurch"]

de·stru·ie·ren[destruí:rən, dɛs..] 他 (h) (zerstören) 破壊する, 破滅〈荒廃〉させる. [*lat.*; ◇ Struktur; *engl.* destroy]

De·struk·tion[..strʊktsió:n] 女 -/-en 破壊;〖地〗表層風化. [*lat.*]

de·struk·tiv[..tí:f]¹ 形 (↔konstruktiv) 破壊的な;〖医〗破壊性の, 悪性の. [*spätlat.*]

ᵛ**de·sul·to·risch**[dezʊltó:rɪʃ] 形 (unbeständig) 不定の, 永続しない, 散漫な. [*lat.*; < *lat.* dē-silīre „ab-springen" (◇ Salto); ◇ *engl.* desultory]

des≈un·ge·ach·tet[dɛs|ʊngə|áxtət, ◡◡◡◡◡◡] =dessenungeachtet **≈we·gen** 副 =deshalb ᵛ**≈wil·len** 副 **um ~** =dessentwegen 1

De·szen·dent [dɛstsɛndέnt, dɛs..] 男 -en/-en (↔Aszendent) **1** (Nachkomme) 子孫, 後裔(こうえい);〖法〗卑属. **2**〖天〗沈む天体; (天体の)降交点.

De·szen·denz[..dέnts] 女 -/-en **1**《単数で》血統, 素性;《集合的に》子孫, 後裔(こうえい). **2**〖天〗(天体の)下降, 没すること.

De·szen·denz·theo·rie 女 (Abstammungslehre) 進化論.

de·szen·die·ren[..dí:rən] 自 (s) (↔ aszendieren) (absteigen) (天体などが)沈む, 下降する. [*lat.*; < *lat.* scandere (→skandieren)]

De·ta·che·ment[detaʃ(ə)mã:] 中 -s/-s (スイス: [..mέnt] -s/-e) **1** 超脱, 無関心. ᵛ**2**〖軍〗分遣隊. [*fr.*]

De·ta·cheur¹[detaʃǿ:r] 男 -s/-e 製粉〈粉砕〉機.

De·ta·cheur²[−] 男 -s/-e (⊛ **De·ta·cheu·se**[..ʃǿ:zə] -/-n) (クリーニング業の)しみ抜き工. [*fr.*]

de·ta·chie·ren¹[detaʃí:rən] 他 (h) 《*et.*⁴》(…の)汚れを取り除く, (…の)しみを抜く. [*fr.*; < *fr.* tache „Fleck"]

de·ta·chie·ren²[−] **I** 他 (h) **1** (製粉用の穀物を)細かく砕く. ᵛ**2**〖軍〗(部隊の一部を特別任務のために)派遣する, 分遣する. **II de·ta·chiert**[..ʃí:rt] 過分 形 (俗事などに)超然とした; 無関心の, 冷静な. [*fr.*; < *afr.* tache „Nagel"]

De·ta·chiert·heit[..ʃí:rthaɪt] 女 -/ detachiert なこと.

De·tail[detái, detá(:)j, detáɪl] 中 -s/-s 細目, 詳細〔図〕, 細部, デテール;〖商〗小売り: auf ~*s* 〈auf jedes ~〉 eingehen / ins ~ gehen 細目にわたる | *sich*⁴ in ~*s* verlieren 細かいことに目を奪われて大局を見失う | *jm.* in 〈mit〉 allen ~*s* von *et.*³ berichten …に…について詳細に報告する | einen Vorgang bis ins kleinste ~ 〈bis in die kleinsten ～*s*〉 schildern 経過を微に入り細をうがって叙述する ‖ Verkauf im ～ 小売り(→en détail 1) | *et.*[4] im ～ verkaufen …を小売りする. ［*fr.*］

De·tail≠fra·ge[detáɪ..] 女 細部についての質問〈問題〔点〕〉. ▽**≠han·del** 男 -s/ (Einzelhandel)〘商〙小売〔業〕. ▽**≠händ·ler** 男〘商〙小売業者.

de·tail·lie·ren[detajíːrən] 他 (h) **1** (細目にわたって)詳述する, 委曲を尽くす; 細かく描写〈模写・模造〉する; 分析〈細別〉する: einen *detaillierten* Bericht geben 詳細な報告をする. ▽**2**〘商〙小売りする. ［*fr.*; ◇Taille］

De·tail·lie·rung[..rʊŋ] 女 -/-en 詳述; 分析, 細別.

▽**De·tail·list**[detajíst] 男 -en/-en =Einzelhändler

De·tail≠preis[detáɪ..] 男 小売値段. **≠schil·de·rung** 女 詳述. **≠un·ter·su·chung** 女 詳細な調査, 精査. **≠zeich·nung** 女 詳細図.

De·tek·tei[detɛktáɪ] 女 -/-en〔私立〕探偵事務所, 興信所. ［＜Detektiv＋..ei］

De·tek·tiv[..tíːf][1] 男 -s/-e〔私立〕探偵, 興信所員; (アメリカなどの)〔私服〕刑事: *jn.* durch einen ～ überwachen lassen …を探偵に見張らせる. ［*engl.* detective (policeman); ＜*lat.* dē-tegere „ab-decken" (◇decken)］

De·tek·tiv≠bü·ro 中, **≠in·sti·tut** 中 =Detektei

de·tek·ti·visch[detɛktíːvɪʃ] 形 探偵の〔ような〕.

De·tek·tiv≠ka·me·ra[detɛktíːf..] 女 (隠し撮り用の)〔超〕小型カメラ. **≠ro·man** 男 探偵〈推理〉小説.

De·tek·tor[detɛ́ktɔr, ..toːr] 男 -s/-en [..tɛktóːrən] **1** 探知器: Metall*detektor* 金属探知器. **2**〘電〙検波器; 検電器. ［*spätlat.*－*engl.*］

De·tek·tor≠emp·fän·ger 男, **≠ge·rät** 中 鉱石〈クリスタル〉受信機, 検波受信機. **≠röh·re** 女 検波管.

Dé·tente[detãːt] 女 -/ (Entspannung)(国際関係の)緊張緩和, デタント. ［*fr.*; ＜*lat.* dē-tendere „ab-spannen" (◇tendieren)］

Dé·tente·po·li·tik[detãːt..] 女 緊張緩和政策.

De·ten·tion[detɛntsióːn] 女 -/-en **1** (ローマ法で, 法的保護を受けない)所持, 占有. ▽**2** (Haft) 拘留. ［*spätlat.*; ＜*lat.* dē-tinēre „ab-halten" (◇Tenor[1])］

De·ter·gens[detɛ́rgɛns] 中 -/..gentia[detɛrgɛ́ntsia·], ..genzien[..gɛ́ntsiən] **1**《複数で》〘化〙洗剤. **2**〘医〙創面洗浄〈清浄〉剤. ［＜*lat.* dē-tergēre „ab-wischen"; ◇*engl.* detergent］

De·te·rio·ra·tion[deterioratsióːn] 女 -/-en **1** (Verschlechterung) 悪化, 低下, 退化. **2**〘法〙破損, 損壊. ［*spätlat.*－*fr.*］

De·te·rio·ra·ti·vum[..tíːvʊm] 中 -s/..va[..va·] =Pejorativum

de·te·rio·rie·ren[..ríːrən] 他 (h) **1** (verschlechtern) 悪化〈退化〉させる. **2**〘法〙破損〈損壊〉する. ［*spätlat.*－*fr.*; ＜*lat.* dēterior „schlechter"］

De·te·rio·rie·rung[..rʊŋ] 女 -/-en =Deterioration

De·ter·mi·nan·te[determinántə] 女 -/-n **1**〘数〙行列式. **2**〘生〙デテルミナント, 決定子(生物の遺伝と発生を支配する要素).

De·ter·mi·na·tion[..natsióːn] 女 -/-en **1** 決定, 確定; 限定, 規定; 決断. **2**〘生〙(胚(はい)の)発生的運命の決定.

de·ter·mi·na·tiv[..tíːf][1] **I** 形 決定力のある, 限定的な. **II De·ter·mi·na·tiv** 中 -s/-e〘言〙限定詞, 指示代名詞(例 derjenige, derselbe); (表意文字の)限定符(例えば楔(くさび)形文字で男名・女名・地名などの種別を表すために語の前後におかれる添加記号): Wurzel*determinativ* 語根決定辞(例 Halm, Qualm の m: →Formans). ［〔*m*〕*lat.*］

De·ter·mi·na·tiv·kom·po·si·tum 中〘言〙限定的複合〈合成〉語(第1構成要素によって第2構成要素が限定される複合語. 例 Haustür).

De·ter·mi·na·ti·vum[..vʊm] 中 -s/..va[..va·] =Determinativ

de·ter·mi·nie·ren[..níːrən] 他 (h) 決定〈確定〉する; 限定する; (動植物を)分類する: die *determinierende* Deklination des Adjektivs〘言〙形容詞の強変化 | *determiniert* sein 決定〈限定・制約〉されている | *determinierte* Furchung〘生〙決定的卵割. ［*lat.* dē-termināre］

De·ter·mi·niert·heit[..haɪt] 女 -/ 決定性, 制約性.

De·ter·mi·nis·mus[..nísmʊs] 男 -/ (↔Indeterminismus)〘哲〙決定論.

De·ter·mi·nist[..níst] 男 -en/-en〘哲〙決定論者.

de·ter·mi·ni·stisch[..nístɪʃ] 形〘哲〙決定論の; 決定論的な.

De·ter·rent[ditɛ́rənt, de..] 中 -s/-s〘政・軍〙(攻撃に対する)抑止力〔をもつ兵器〕. ［*engl.*］

de·ter·rie·ren[ditɛríːrən, de..] 他 (h) (abschrecken)〘政・軍〙(優勢な力で)威嚇する, (…の)攻撃を抑止する. ［*lat.*; ＜*lat.* terrēre (→terribel); ◇*engl.* deter］

De·ter·ri·tion[ditɛritsióːn, de..] 女 -/-en〘政・軍〙(優勢な力による)攻撃阻止〈抑止〉.

▽**de·te·sta·bel**[detɛstáːbəl] (..sta·bl..) 形 嫌悪すべき, 忌まわしい. ［*lat.*－*fr.*］

▽**de·te·stie·ren**[..stíːrən] 他 (h) (verabscheuen) 嫌悪する. ［*lat.*－*fr.*］

Det·lef (**Det·lev**)[déːtlɛf, dɛ́tlɛf] 男名 デートレフ. ［*ndd.*; ＜*ahd.* diot „Volk"＋leib „Erbe"; ◇deutsch, Leib］

Det·mold[dɛ́tmɔlt] 地名 デトモルト(ドイツ Nordrhein-Westfalen 州の都市). ［＜*ahd.* mahal „Gerichtsstätte"］

De·to·na·tion[1][detonatsióːn] 女 -/-en〘楽〙(演奏・歌の際などの)調子はずれ. ［*fr.*; ◇detonieren[1]］

De·to·na·tion[2][－] 女 -/-en **1** (大音響を伴う)爆発, 爆裂. **2**〘化〙爆轟(ごう).

De·to·na·tor[..náːtɔr, ..toːr] 男 -s/-en[..natóːrən] 起爆剤, 雷管.

de·to·nie·ren[1][detoníːrən] 自 (h)〘楽〙(演奏の際などに)調子をはずす, 調子はずれに演奏する〈歌う〉. ［*fr.* détonner; ＜*lat.* tonus (→Tonus)］

de·to·nie·ren[2][－] 自 (s) (大音響とともに)爆発〈破裂〉する. ［*lat.* dē-tonāre „herab-donnern"－*fr.*; ◇Donner; *engl.* detonate］

▽**De·tri·ment**[detrimɛ́nt] 中 -〔e〕s/-e (Schaden) 損害; 損失, 減損.

De·tri·tus[detríːtʊs] 男 -/〘地〙岩屑(がんせつ);〘生〙(死んだ微生物の)水底沈積物;〘医〙退廃物, 組織敗残. ［*lat.*; ＜*lat.* dē-terere „ab-reiben" (◇drehen)］

De·troit[ditrɔ́ʏt, dətrɔ́ɪt, dɪ..] 地名 デトロイト(アメリカ, ミシガン州の大工業都市. 18世紀初めフランス人開拓者によって建設された). ［*fr.*］

det·to[déto·]《南部・オーストリア》=dito

De·tu·mes·zenz[detumɛstsɛ́nts] 女 -/〘医〙**1** 腫脹(しゅちょう)消失. **2** 緊張消散. ［＜*lat.* dē-tumēscere „abschwellen" (◇Tumor)］

De·tu·mes·zenz·trieb 男〘医〙(性的な)緊張消散衝動, 射精欲.

Deu·bel[dɔ́ʏbəl] 男 -s/-《北部》(Teufel) 悪魔.

deuchst[dɔʏçst] dünkst (dünken の現在2人称単数)の古形.

deucht[dɔʏçt] dünkt (dünken の現在3人称単数)の古形.

deuch·te[dɔ́ʏçtə] dünkte (dünken の過去および接続法II)の古形.

Deu·ka·lion[dɔʏkáːliɔn] 人名〘ギ神〙デウカリオン (Prometheus の息子. 妻とともに箱船に乗って, Zeus の起こした洪水をのがれ, 新しい人類の祖となった). ［*gr.*－*lat.*］

Deu·ka·lio·nisch[..kalióːnɪʃ] 形 デウカリオンの: ～*e* Flut デウカリオンの大洪水.

Deul[dɔʏl] 男 (中) -〔e〕s/-e (Eisenluppe) 鉄塊.

De·us ex ma·chi·na[déːʊs ɛks máxina·] 男 ---/Dei --[déːi·--]《ふつう単数で》(古代ギリシア劇で)突然舞台に現れて急場を救う神;《比》意外な救い手, 唐突で不自然な〈安易すぎる〉解決. ［*lat.* „Gott aus der〔Theater〕maschine"］

deut.. →deutero..

Deut[1][dɔʏt] 男 -〔e〕s/-e ドイト(昔のオランダの銅貨);《比》ほんの少し:〔um〕**keinen** 〈**nicht einen**〉 ～ これっぽちも…で

ない, 全然…でない | keinen ⟨nicht einen⟩ ~ wert sein 一文の価値もない | Er ist keinen ⟨nicht einen⟩ ~ besser als sein Vorgänger. 彼は前任者よりも少しもよくない ‖ *sich*[4] keinen ~ aus *et.*[3] machen …に全く関心がない | Dafür gebe ich keinen ~. そんなものには私はびた一文でも出しはしない | *sich*[4] keinen ⟨einen⟩ ~ um *et.*[4] kümmern …を全然⟨少ししか⟩気にかけない | keinen ~ von *et.*[3] verstehen ⟨begreifen⟩ …が少しもわからない | Davon ist nicht ein ~ wahr. それは全部うそっぱちだ.
[*mndl.* duyt „Abgehauenes"; ◇ *engl.* doit]

Deut[2][–] 男 -[e]s/-e《スイス》(Wink) 合図, 目くばせ(→Deuter 3).

deut·bar[dɔ́ʏtba:r] 形 解釈⟨説明⟩できる.

Deu·te·lei[dɔʏtəlái] 女 -/-en こじつけ, へりくつ; 詭弁(きべん): gewagte ~*en* 無理なこじつけ.

deu·teln[dɔ́ʏtəln]《06》自 (h) こじつける, 詭弁(きべん)を弄(ろう)する: an *et.*[3] ~ …にこじつけの解釈をする | an *et.*[3] drehen und ~ (→drehen II 1) | an *et.*[3] ist nichts zu drehen und ~ (→drehen II) | an *et.*[3] ist nicht zu rütteln und zu ~ (→rütteln II 1) | Daran gibt's nichts zu ~. このことについてはあれこれ言う余地はない.

deu·ten[dɔ́ʏtən]《01》**I** 自 (h)《auf *jn.* ⟨*et.*[4]⟩》(…を)さし示す, 指向する; 暗にさす, ほのめかす; (…の)現れ⟨前兆⟩である: mit dem Finger auf die Tür ⟨den Täter⟩ ~ ドア⟨犯人⟩を指さす | Diese Bemerkung *deutet* auf dich. これは君のことを言っているのだ | Das Morgenrot *deutet* auf Regen. 朝焼けは雨の前ぶれだ | Das *deutet* auf nichts Gutes. これはろくなことにならない ‖ Die Spur *deutet* in östliche Richtung ⟨nach Osten⟩. 足跡は東を指している, 足跡からすると東の方へ向かったらしい.

II 他 (h) **1** 解釈⟨解明⟩する; 占う: ein Gedicht ~ 詩の解釈をする | Träume ~ 夢占いをする | *jm.* die Zukunft ~ …の将来を占う ‖ *jm. et.*[4] übel ~ …の…を悪く取る, …を…の悪意の現れと解する | *et.*[4] in *seinem* Sinn ⟨nach *seinen* Wünschen⟩ ~ …を自己流に⟨都合よく⟩解釈する. ▽**2** (bedeuten) 意味する: Was *deutet* das Geschrei? その叫び声は何だ ‖ ein Unheil *deutendes* Zeichen 不吉な前兆, 凶兆. **3**《*jm. et.*[4]》指示⟨指図⟩する; 指摘する. [„volksverständlich machen"; *ahd.*; ◇deutsch]

deuter.. →deutero..

Deu·ter[dɔ́ʏtər] 男 -s/- **1** 解釈⟨説明⟩者; 占い師. **2** 指示棒; 人さし指. **3**《南部・オーストリア》(Wink)(手・首などによる)合図: *jm.* einen ~ geben …に合図する.

Deu·ter·ago·nist[dɔʏteragoníst] 男 -en/-en《劇》(古代ギリシア劇の)第二俳優. [*gr.*; ◇Protagonist]

Deu·te·rei[dɔʏtərái] 女 -/-en こじつけ. [<deuten]

Deu·te·rium[dɔʏté:riʊm] 中 -s/《化》重水素, ジューテリウム(記号 D).

Deu·te·rium·oxyd 中《化》酸化ジューテリウム(重水の一種).

deutero..《名詞などにつけて「2番目の・再度の」などを意味する. deut.., deuto.. の形もある. 母音の前では deuter.. となる》: *Deutero*gamie 再婚 ‖ *Deuter*agonist《劇》(古代ギリシア劇の)第二俳優 ‖ *Deut*oxyd《化》二酸化物. [*gr.* deúteros „zweiter"]

deu·te·ro·ka·no·nisch[dɔʏtərokanó:nɪʃ] 形《カトリック》第二正典の.

Deu·te·ron[dɔ́ʏterɔn] 中 -s/..ronen[dɔʏteró:nən]《理》重陽子, ジューテロン. [<Deuterium]

deu·te·ro·no·misch[dɔʏteronó:mɪʃ] 形 (旧約聖書)申命記の: das ~*e* Gesetz 申命記法.

Deu·te·ro·no·mium[dɔʏteronó:miʊm] 中 -s/ (旧約聖書の)申命(しんめい)記(モーセ五書の第5書). [*gr.*–*spätlat.*; <*gr.* nómos (→Nomos); ◇ *engl.* Deuteronomy]

..deutig[..dɔʏtɪç][2]《数詞・形容詞などにつけて「…義的な」を意味する形容詞をつくる》: ein*deutig* 一義的な, 明白な | zwei*deutig* 二義的な; あいまいな.

Deut·ler[dɔ́ʏtlər] 男 -s/- あらさがし⟨こじつけ⟩屋, 詭弁(きべん)家. [<deuteln]

deut·lich[dɔ́ʏtlɪç] 形 はっきりした, 明白⟨明確・明瞭⟩な; わかりやすい; あからさまな: eine ~*e* Antwort 確答 | eine ~*e* Erklärung 平明な説明 | Er hat eine ~*e* Schrift. 彼の筆跡は読みやすい | eine ~*e* Sprache [mit *jm.*] reden ⟨sprechen⟩ (→Sprache 3) ‖ [*jm.* gegenüber] **~ werden** ([…に対して]態度・口調などが)あからさまになる | Er wurde sehr ~. 彼は[がらりと態度が変わって]ひどく無遠慮になった⟨ずけずけと物を言うようになった⟩ | *jm. et.*[4] ~ machen …に…を説明する⟨わからせる⟩ ‖ *sich*[4] ~ ausdrücken (言いたいことを)はっきり言う | *sich*[4] an *et.*[4] ~ erinnern …をまざまざと思い出す | Die Berge traten ~ aus dem Nebel hervor. 山々が霧の中からくっきり浮かび出た. [<deuten]

Deut·lich·keit[–kaɪt] 女 -/-en **1** (deutlich なこと. 例えば:) 明白⟨明確⟩さ; 平明さ; 露骨さ: an ~ gewinnen 一段とはっきりする | in voller ~ 全くはっきりと | mit aller ~ sagen あけすけに言う. **2**《複数で》遠慮のない⟨ぶしつけな⟩言辞: *jm.* einige ~*en* sagen …に無遠慮なことを言う.

deut·lich·keits·hal·ber 副 (事態を)はっきりさせるために, 理解しやすいように.

deuto.. →deutero..

Deu·to·plas·ma[dɔʏtoplásma·] 中《生》黄卵質, 副形質. [*gr.*]

▽**deut·sam**[dɔ́ʏtza:m] 形 **1** (bedeutsam) 意味深い, 重要な. **2** 解釈のうまい.

deutsch[dɔʏtʃ] **I** 形 **1 a)** (英: *German*) ドイツ[国]の: ein ~*er* Berg ⟨Fluß⟩ ドイツの山⟨川⟩ | die ~*e* Geschichte ⟨Nation⟩ ドイツ史⟨国民⟩ | die *deutsche* Vereinigung ドイツ統一 ‖《大文字で》die *Deutsche* Demokratische Republik (略 DDR) ドイツ民主共和国(旧東ドイツの正式名称,1949年10月から1990年10月まで) | *Deutsche* Industrie-Norm[en] (略 DIN) ドイツ工業規格 | der *Deutsche* Krieg ドイツ戦争, 普墺戦争(1866年, プロイセン対オーストリア) | *Deutsche* Mark (略 DM) ドイツマルク | der *Deutsche* Orden《史》ドイツ騎士団(→Deutschherren) | das *Deutsche* Reich ドイツ帝国. **b)** ドイツ人⟨民族⟩の: die ~*e* Musik ⟨Sprache⟩ ドイツ音楽⟨語⟩ | ~*e* Sagen ⟨Trachten⟩ ドイツの伝説⟨民俗衣装⟩. **c)** ドイツ産⟨系⟩の: ein ~*er* Film ドイツ映画 | ~*e* Auswandrer ドイツ系海外移住者たち. **d)** ドイツ語の: eine ~*e* Grammatik ドイツ文法 | die ~*e* Übersetzung eines Buches ある本の独訳[書] | die ~*e* Schweiz スイスのドイツ語地域 ‖《副詞的に》Hier redet man ~. ここではドイツ語が話される | *sich*[4] mit *jm.* [auf] ~ unterhalten …とドイツ語で話し合う | ein Fremdwort ~ aussprechen 外来語をドイツ語流に発音する.

2 ドイツ式⟨風⟩な, ドイツ人的な(よい意味では誠実・素朴・剛毅(ごうき)・徹底性など, 悪い意味では粗野・愚直・旧弊など): das ~*e* Gemüt ドイツ人的な心情 | der *Deutsche* Gruß (ナチ時代の)ドイツ式あいさつ⟨敬礼⟩(右手を斜め前方にまっすぐ挙げる) | der [neue] ~*e* Gruß《話》ドライバーのあいさつ(人さし指を額に当てて歩行者や他の運転者の注意を促す) ‖ der ~*e* Michel (→ Michel II 1) ‖《副詞的に》~ denken ⟨fühlen⟩ ドイツ的な考え方⟨感じ方⟩をする | **mit *jm.* ~ reden** ⟨**sprechen**⟩《話》…と率直に話す, …にはっきり意見を言う, …にずけずけ物を言う | **auf** [**gut**] **~**《話》歯に衣(きぬ)着せずに, ざっくばらんに | Das heißt auf gut ~, daß ... はっきり言えば…ということだ.

II Deutsch 中 -[s]/ ドイツ語(→III 2):《個人・特定集団の》Luthers ⟨unser⟩ ~ ルターの⟨我々の⟩ドイツ語 ‖《特徴的な》[ein] gutes ⟨schlechtes⟩ ~ りっぱな⟨まずい⟩ドイツ語 | im heutigen ⟨in heutigem⟩ ~ 現代のドイツ語で ‖《科目として》Unterricht in ~ ドイツ語の授業 | Morgen haben wir ~. あすはドイツ語の時間がある ‖《特定の慣用で》~ sprechen ⟨lernen⟩ ドイツ語を話す⟨習う⟩ | **Du verstehst wohl nicht mehr ~ ⟨kein ~ mehr⟩?**《話》君はもう ひとの言うことを聞こうとしないのだね.

III Deut·sche《形容詞変化》**1** 中 ドイツ的なもの, ドイツ的性格: das typisch ~ an ihm 彼のもつ典型的ドイツ人らしさ.

2 中《つねに定冠詞を伴って》(外国語に対しての, 一般的意味での)ドイツ語(→II): der Satzbau im ~*n* ドイツ語の構文 | *et.*[4] aus dem ~*n* ⟨ins ~⟩ übersetzen …をドイツ語から⟨ド

D

イツ語へ)訳す | Das ~ und das Englische sind Schwestersprachen. ドイツ語と英語とは姉妹語である.

3 男 女 ドイツ人: Er ist ~*r*. 彼はドイツ人だ | Sie ist ~. 彼女はドイツ人だ | alle ~*n* あらゆるドイツ人 | ein echter ~*r* きっすいのドイツ人 | wir ~〔*n*〕 我々ドイツ人(→wir ★ i).

[*ahd.* diutisc „volksmäßig"; < *ahd.* diot „Volk"; ◇ *engl.* Dutch]

Deutsch·ame·ri·ka·ner[dɔ́ʏtʃ|amerika:nər, –◡◡◡◡–́◡] 男 ドイツ系アメリカ人.

deutsch·ame·ri·ka·nisch[..nɪʃ, –◡◡◡◡–́◡] 形 ドイツ系アメリカ人の.

deutsch-ame·ri·ka·nisch[–́◡◡◡◡–́◡] 形 ドイツとアメリカと〔の間〕の: die ~*en* Beziehungen 独米関係.

deutsch·bür·tig[..bʏrtɪç][2] 形 ドイツ生まれの.

deutsch-deutsch 形〘政〙(統一前の)東西ドイツの: die ~*en* Beziehungen 東西両ドイツの関係.

Deut·sche →deutsch III

[▽]**deut·schen**[dɔ́ʏtʃən]《04》他 (h) ドイツ語に訳す.

Deut·schen≠feind 男 反ドイツ主義者, ドイツ嫌いの人. **≠freund** 男 親独家, ドイツびいきの人.

deutsch-eng·lisch[dɔ́ʏtʃ|ɛ́ŋlɪʃ] 形 ドイツとイギリスと〔の間〕の: ein ~*es* Wörterbuch 独英辞典.

Deut·schen≠haß 男 ドイツ嫌い, 反独感情. **≠has·ser** 男 ドイツ〔人〕嫌いの人.

deutsch·feind·lich 形 ドイツ嫌いの, 反ドイツ的な.

deutsch-fran·zö·sisch[dɔ́ʏtʃfrantsǿ:zɪʃ] 形 ドイツとフランスと〔の間〕の: der *Deutsch-Französische* Krieg 普仏〈独仏〉戦争(1870–71) | ein ~*es* Wörterbuch 独仏辞典.

deutsch·freund·lich 形 ドイツびいきの, 親独的な.

Deutsch·heit[dɔ́ʏtʃhaɪt] 女 -/ ドイツ的なこと, ドイツ気質, ドイツの国民性.

Deutsch·her·ren 複〘史〙ドイツ騎士団.

Deutsch·her·ren·or·den 男 -s/- =Deutschritterorden

Deutsch≠kun·de 女 -/ ドイツ〔語〕学; ドイツ関係学科目. **≠kund·ler** 男 ドイツ〔語〕学〈研究〉者, ゲルマニスト.

deutsch·kund·lich 形 ドイツ〔語〕学〈研究〉の.

Deutsch·land[dɔ́ʏtʃlant] 地名 ドイツ: die Bevölkerung ~*s* ドイツの人口 | in ~ ドイツで(ただし: in der BRD 〈DDR〉旧西〈旧東〉ドイツで) ‖ die Bundesrepublik ~ (略 BRD) ドイツ連邦共和国(1949年5月24日に成立し1990年10月3日に DDR を編入) | das Junge ~ 青年ドイツ派(19世紀の文学流派の一つ) | das geteilte ~ 分割されたドイツ(2格: des geteilten ~〔*s*〕) | die beiden ~〔*s*〕 旧東西両ドイツ | die Wiedervereinigung ~*s* ドイツ再統一 | das vereinte ~ 統一ドイツ.

[< *mhd.* daz tiutsche lant „das deutsche Land"]

Deutsch·land≠funk 男 -s/ ドイツ放送 (Köln にある連邦政府の施設で, 長波・中波により主として東欧向けのドイツ語放送を行っている). **≠lied** 中 -[e]s/ (かつてのドイツ帝国の)ドイツ国歌 (Hoffmann von Fallersleben 作: Deutschland, Deutschland über alles ... 第3節がドイツの国歌となっている). **≠po·li·tik** 女 対ドイツ政策. **≠sen·der** 男 -s/ ドイツ放送(1933–45: ナチ政府の国際宣伝放送; 1948–71: 旧東ドイツの国際放送. その後 Stimme der DDR と改称). **≠-Ver·trag** 男 -[e]s/ ドイツ条約(1952年に旧西ドイツと米・英・仏との間に結ばれ, 占領状態の終結と旧西ドイツの北大西洋条約への加盟を決めた).

Deutsch≠leh·rer[dɔ́ʏtʃ..] 男 ドイツ語教師; (ドイツ人にとっての)国語教師. **≠mei·ster** 男 -s/- **1**〘史〙ドイツ騎士団団長. **2**《複数で》《ｵｰｽﾄﾘｱ》(Regiment)〘軍〙連隊. **≠na·tio·na·le** 男 女《形容詞変化》〘史〙ドイツ国家人民党 (Deutschnationale Volkspartei, 1918–33)の党員.

Deutsch·or·dens·rit·ter[dɔʏtʃ|ɔ́rdəns.., –́◡◡◡◡] 男〘史〙ドイツ騎士団団員.

Deutsch-Ost·afri·ka[dɔ́ʏtʃ|ɔ́st|á:frika·] 地名 ドイツ領東アフリカ(1885年から1919年までドイツの保護領で, 今日では Tansania 連合共和国).

Deutsch·rit·ter·or·den[dɔʏtʃrítər|ɔrdən, –́◡◡◡◡] 男 -s/ 〘史〙ドイツ騎士団(十字軍時代に設立された3大宗教騎士団の一つ).

Deutsch≠schweiz[dɔ́ʏtʃ..] 女 ドイツ語圏スイス. **≠schwei·zer**[dɔ́ʏtʃ..] 男 ドイツ語地域の〈ドイツ語を常用する〉スイス人.

deutsch≠schwei·ze·risch 形 ドイツ語を常用するスイスの, スイスのドイツ語〔地域〕の: die ~*en* Mundarten スイスのドイツ語方言 | ein ~*es* Gedicht スイスドイツ語の詩. **≠spra·chig**[..ʃpra:xɪç][2] 形 ドイツ語を話す; ドイツ語による: die ~*e* Schweiz スイスのドイツ語地区 | ~*er* Unterricht ドイツ語による授業. **≠sprach·lich** 形 ドイツ語の〈に関する〉: ~*er* Unterricht im Ausland 外国におけるドイツ語教育.

Deutsch·spre·chen 中 -s/ ドイツ語を話すこと: *sich*[4] im ~ üben ドイツ語の会話を練習する.

deutsch·spre·chend 形 ドイツ語を話す: ein ~*er* Ausländer ドイツ語を話す外国人.

deutsch·stäm·mig 形 ドイツ系の.

Deutsch·stun·de 女 ドイツ語の授業時間.

Deutsch-Süd·west·afri·ka[dɔ́ʏtʃzy:tvɛ́st|á:frika·] 地名 ドイツ領南西アフリカ(→Südwestafrika).

Deutsch·tum[dɔ́ʏtʃtu:m] 中 -s/ ドイツ的であること, ドイツ人気質;《集合的に》ドイツ人: das ~ im Ausland i) ドイツ系移民の保持しているドイツ人気質; ii)《集合的に》在外ドイツ人 | Er bewahrt sein ~. 彼はドイツ人らしさを保っている.

Deutsch·tü·me·lei[dɔʏtʃty:məláɪ] 女 -/-en ドイツかぶれ〈心酔〉; 誇張したドイツ風.

Deutsch·un·ter·richt[dɔ́ʏtʃ..] 男 ドイツ語の授業, ドイツ語教育.

Deu·tung[dɔ́ʏtʊŋ] 女 -/-en **1** 解釈, 説明: die ~ der Bibel〔stelle〕聖書〔の章句〕の注釈 | die ~ des Traumes 夢判断 ‖ eine kühne 〈willkürliche〉 ~ 大胆な〈勝手な〉解釈. [▽]**2** (Bedeutung) 意味; 予示, 前兆.

Deu·tungs≠mit·tel[dɔ́ʏtʊŋs..] 中 解釈手段. **≠ver·such** 男 解釈〈説明〉の試み.

Deut·zie[dɔ́ʏtsiə] 女 -/-n〘植〙ウツギ(空木)属. [< J. van der Deutz (18世紀オランダの植物愛好者)]

Deux-pièces[døpiɛ́:s] 中 -/-〘服飾〙ツーピース. [*fr.*]

De·val·va·tion[devalvatsió:n] 女 -/-en (Abwertung)〘経〙平価切り下げ. [*fr.* devaluation]

de·val·va·tio·ni·stisch[..tsionístɪʃ] (**de·val·va·to·risch**[..tó:rɪʃ]) 形〘経〙平価切り下げの〔原因となる〕.

de·val·vie·ren[..ví:rən] 他 (h)〘経〙(…の)平価切り下げを行う; [▽](…の)価値を減じる. [*fr.* dévaluer; ◇ Valor; *engl.* devalu〔at〕e]

De·va·sta·tion[devastatsió:n] 女 -/-en (Verwüstung) 荒廃させること, 破壊, 蹂躪(じゅうりん). [*spätlat.*]

de·va·stie·ren[..tí:rən] 他 (h) (verwüsten) 荒廃させる, 破壊する. [*lat.*]

De·ve·lo·per[dɪvɛ́ləpə] 男 -s/- **1** (Entwickler)〘写〙現像薬. **2**〘染〙顕色剤, 現色剤. **3**〘美容〙豊胸術; 豊胸用具. [*engl.*; < *engl.* develop „entwickeln"]

De·ver·ba·tiv[devɛrbatí:f][1] 中 -s/-e (**De·ver·ba·ti·vum**[..tí:vʊm] 中 -s/..va[..va·])〘言〙動詞由来〈派生〉語(例 Fahrt < fahren, hörbar < hören). [< Verb]

de·ve·stie·ren[devɛstí:rən] 他 (h)《*jn.*》(…から)聖職を剝奪(はくだつ)する;〘史〙采邑(さいゆう)を没収する. [< *lat.* vestīre „kleiden" (◇ Weste); ◇ *engl.* divest]

De·ve·sti·tur[..stitú:r] 女 -/-en devestieren すること.

de·viant[deviánt] **I** 形 (規準・規範から)外れた, 逸脱した. **II De·viant** 男 -en/-en 社会的規範から逸脱した人, 無軌道者.

De·vianz[deviánts] 女 -/-en (規準・規範からの)逸脱.

De·via·tion[deviatsió:n] 女 -/-en (本来の方向・進路などから)外れること, 逸脱; (羅針(らしん)の)偏向, ふれ;〘統計〙偏差;〘生〙(個体変異における)偏差, 偏向;〘医〙偏視, 斜位, 偏位, 湾曲.

de·vi·ieren[..vií:rən] 自 (s) (本来の方向・進路などから)外れる, それる; (規準・規範から)逸脱する. [*spätlat.*; < *lat.*

dē-vius „vom Wege“ (◇via)]

De·vi̱·se[deví:zə] 女 -/-n **1** (Wahlspruch) 標語, モットー, スローガン. **2** 《ふつう複数で》 **a)** 外国為替. **b)** 外国通貨, 外貨. [*fr.* „abgeteiltes (Wappenfeld mit einem Sinnspruch)“; ◇dividieren]

De·vi̱·sen≈aus·län·der 男 非居住者(外国為替上の非自国人). **≈aus·tausch·ge·schäft** 中 (Swapgeschäft) 〘商〙(為替の)スワップ〈乗り換え〉取引. **≈bank** 女 -/-en 外国為替銀行. **≈be·stim·mun·gen** 複 外国為替条例. **≈be·wirt·schaf·tung** 女 外国為替管理. **≈brin·ger** 男《話》外貨の稼ぎ手(商品・産業部門など). **≈ge·schäft** 中 外国為替〔取引〕. **≈ho·tel** 中 (特に旧東欧圏の国々で, 外国人のための)外貨専用ホテル. **≈kurs** 男 外国為替相場. **≈man·gel** 男 外貨不足. **≈markt** 男 外国為替市場. **≈re·ser·ve** 女 外貨保有高. **≈schie·ber** 男 外国為替やみ商人. **≈schie·bung** 女 外国為替やみ取引. **≈schmug·gel** 男 外国為替密売買. **≈sper·re** 女 外国為替取引〈輸出〉禁止. **≈stel·le** 女 外国為替管理課〈事務所〉. **≈ver·ge·hen** 中 外国為替条例違反.

De·vo·lu·tio̱n[devolutsió:n] 女 -/-en ▽**1** 〘法〙(権利・財産などの)移転, 移行, 譲渡; (財産の)帰属; 移審. **2** 〘カトリック〙(教会禄(ろく)への)任職権移動. [*mlat.*]

▽**de·vol·vie̱·ren**[devɔlví:rən] **I** 他 (h) 〘法〙(権利・財産などを)移転する; 帰属させる, 転嫁する. **II** 自 (h) 上級審〈裁判所〉へ移る, 移審する. [*lat.*; < *lat.* volvere (→volta)]

De·vo̱n[devó:n] 中 -[s]/ 〘地〙(古生代の)デボン紀; デボン系. [<Devon〔shire〕(イギリスの伯爵領)]

de·vo̱·nisch[..nɪʃ] 形 デボン紀の.

de·vo̱t[devó:t] 形 **1** 《軽蔑的に》(unterwürfig) 恭順な, 恭しい; 卑下した, へりくだった, 卑屈な: *jn.* ~ grüßen …に恭しくあいさつをする. ▽**2** (andächtig) 敬虔(けいけん)な, 謙虚な. [*lat.*]

De·vo·tio̱n[devotsió:n] 女 -/-en **1** 恭順, 慇懃(いんぎん); 卑下, 卑屈. **2** 信心, 敬虔. [*lat.*; < *lat.* vovēre (→Votum)]

De·vo·tio·na̱·li·en[..tsioná:liən] 複 〘カトリック〙礼拝用具(聖徒像・ロザリオなど). [<..al[1]]

De·vo·tio·na̱·lien·hand·lung 女 礼拝用具販売店.

De̱·xel[déksəl] 女 -/-n =Dechsel

De·xio·gra·phie̱[dɛksiografí:] 女 -/ (左から右へつづってゆく)左書き〔法〕. [<*gr.* dexiós „rechts“]

Dex·tri̱n[dɛkstrí:n] 中 -s/-e 〘化〙デキストリン, 糊精(こせい). [*fr.*; < *lat.* dexter „rechts“+..in[2]]

dex·tro·gy̱r[dɛkstrogý:r] 形 (↔lävogyr) 〘理〙右旋性の(記号 d). [◇Giro; *engl.* dextrogyrate]

Dex·tro·kar·die̱[..kardí:] 女 -/-n[..dí:ən] 〘医〙右〔胸〕心症(心臓が右にあること). [<kardio..]

Dex·tro·pu̱r[..pú:r] 中 -s/ 商標 デキシトロプーア(純ぶどう糖剤). [<Dextrose+pur]

Dex·tro̱·se[dɛkstró:zə] 女 -/ (Traubenzucker) 〘化〙デキストロース, D-グルコース, 右旋糖. [<Glucose]

De̱z[de:ts] 男 -es/-e 《話》(Kopf) 頭: eins auf 〈über / vor〉 den ~ bekommen 〈kriegen〉 頭に一発くらう | *jm.* eins auf 〈über / vor〉 den ~ geben …の頭に一発くらわす. [<Tete]

Dez. 略 =Dezember

▽**De̱·zem**[dé:tsɛm] 男 -s/-s (Zehnt) 〘史〙十分の一税. [*lat.* decem „zehn“; ◇deka.., dezi..]

De·ze̱m·ber[detsɛ́mbər] 男 -[s]/- 《ふつう単数で》(略 Dez.) 12月: →August[1] | Auf jeden ~ folgt wieder ein Mai. 《諺》苦あれば楽あり(12月のあとには必ず5月が来る).

★ 古名: Julmonat, Julmond, Christmonat, Christmond

[*lat.* (mēnsis) December „der zehnte (Monat)“; 古代ローマ暦では März が第1月; ◇*engl.* December]

De·ze̱m·vir[..vɪr] 男 -n, -s/-n 〘史〙Dezemvirat の構成員. [*lat.* decem-virī „Zehn-Männer〔-Rat〕“]

De·zem·vi·ra̱t[detsɛmvirá:t] 中 -[e]s/-e 〘史〙(古代ローマの)十大官〔の職〕. [*lat.*; ◇..at]

De·ze̱n·nium[detsɛ́niʊm] 中 -s/..nien[..niən] 《雅》=Jahrzehnt [*spätlat.*; < *lat.* decennis „zehnjährig“]

de·ze̱nt[detsɛ́nt] 形 (↔indezent) 穏当な, 控え目な, おとなしい: ein ~*es* Benehmen しとやかな〈ゆかしい〉振舞い | ein ~*er* Geschmack 上品な趣味 | ~*e* Musik 静かな音楽 | ein ~*es* Parfüm かおりの強すぎない香水 | ein Kleid in einem ~*en* Rot おとなしい赤い色のドレス ‖ ~ gekleidet sein おとなしい〈地味な〉服装をしている. [*lat.*–*fr.*; < *lat.* decēre „anstehen“ (◇dekorieren)]

de·zen·tra̱l[detsɛntrá:l] 形 中心から離れた; 分散した.

De·zen·tra·li·sa·tio̱n[detsɛntralizatsió:n] 女 -/-en 集中排除, 分散; 〘政〙地方分権.

de·zen·tra·li·sie̱·ren[..zí:rən] 他 (h) (行政権・権力などを)分散させる; 地方分権化する. [*fr.*]

De·zen·tra·li·sie̱·rung[..rʊŋ] 女 -/-en dezentralisieren すること.

De·ze̱nz[detsɛ́nts] 女 -/ 《雅》dezent なこと. [*lat.* decentia „Anstand“; ◇*engl.* decency]

De·zer·na̱t[detsɛrná:t] 中 -[e]s/-e (Geschäftsbereich) (官庁業務の)部門, 分科; (Dezernent の)担当分野.

De·zer·ne̱nt[..nɛ́nt] 男 -en/-en (部門の)責任者, 長. [<*lat.* dē-cernere „ent-scheiden“ (◇scheren[1])]

dezi.. 《単位名につけて「10分の1」を意味する; 記号 d》: *Dezi*meter デシメートル. [*fr.*; < *lat.* decimus „zehnt“ (◇Dezem)]

De̱·zi[dé:tsi·] 男 -[s]/- (単位: -/-) (<Deziliter) 《方》デシリットル; 1デシリットルの酒.

De·zi·a̱r[detsi(ǀ)á:r, dé:tsi(ǀ)a:r] 中 (スイス: **De̱·zi·a̱re** [dé:tsi(ǀ)a:rə] 女) デシアール ($^1/_{10}$ a; 記号 da): →Ar[1] [*fr.*]

De·zi·be̱l[detsibɛ́l, dé:tsibɛl] 中 -s/- 〘理〙デシベル ($^1/_{10}$ Bel; 記号 dB).

de·zi·die̱·ren[detsidí:rən] **I** 他 (h) (entscheiden) 決定する, 決裁する.

II de·zi·die̱rt 過分 形 (entschieden) 決然たる, 断固とした: eine ~*e* Haltung 断固たる態度.

[*lat.* dē-cīdere „ab-schneiden“ (◇..zid); ◇*engl.* decide]

De·zi·gra̱mm[detsigrám, dé:tsigram; オーストリア: ∠◡◡] 中 デシグラム ($^1/_{10}$ g; 記号 dg): →Gramm [*fr.*]

De·zi·li̱·ter[detsilí:tər, dé:tsili:tər; オーストリア: ∠◡–◡] 男 (中) デシリットル ($^1/_{10}$ l; 記号 dl): →Liter [*fr.*]

de·zi·ma̱l[detsimá:l] 形 10による, 十進法の. [*mlat.*; ◇Dezem, ..al[1]]

De·zi·ma̱l·bruch 男 〘数〙小数: der periodische ~ 循環小数.

De·zi·ma̱·le[detsimá:lə] 女 -/-n 《まれに形容詞変化》〘数〙小数位: die zweite ~ 小数第2位.

de·zi·ma·li·sie̱·ren[detsimalizí:rən] 他 (h) 十進法に転換する. [*engl.* decimalize]

De·zi·ma·li·sie̱·rung[..rʊŋ] 女 -/-en dezimalisieren すること.

De·zi·ma̱l≈klas·si·fi·ka·tio̱n[detsimá:l..] 女 (略 DK) (図書の)十進分類法. **≈kom·ma** 中 小数点(ドイツ語では小数点をコンマで表す: →Dezimalpunkt). **≈maß** 中 十進法度量衡. ▽**≈punkt** 男 《オーストリア》(Komma) 小数点(古くは1,5を1˙5と記した). **≈rech·nung** 女 小数を含む計算. **≈stel·le** 女 (Dezimale) 小数位: auf fünf ~*n* genau 小数第5位まで精確な〈に〉. **≈sy·ste̱m** 中 -s/ 〘数〙十進法. **≈waa·ge** 女 十分度秤(ばかり)(測定物の10分の1のおもりでつり合う: →図). **≈zahl** 女 小数. **≈zei·chen** 中 《オーストリア》小数記号(小数点・コンマなど).

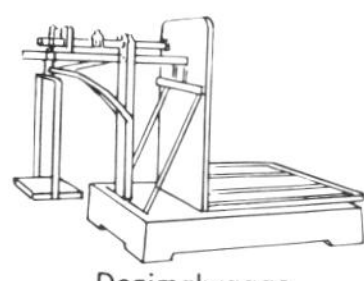
Dezimalwaage

De·zi·ma·tio̱n[detsimatsió:n] 女 -/-en **1**

(古代ローマの軍隊で) 10人に1人の割の処刑. **2** 十分の一税の徴収. [*spätlat.*; ◇dezimieren]

Dẹ·zi·me[déːtsimə, detsíːmə] 女 -/-n **1** 〘楽〙10度〔音程〕. **2** 〘詩〙(スペインの) 10行詩. [*mlat.*; ◇dezi..]

De·zi·mẹ·ter[detsiméːtər, déːtsimeːtər; ｵｰｽ･ﾄﾘｱ: ⏑⏑–⏑] 男 (中) デシメートル ($^1/_{10}$ m; 記号 dm): →Meter [*fr.* décimètre]

De·zi·mẹ·ter·wel·le 女 〘理〙デシメートル波.

de·zi·mi̲e̲·ren[detsimíːrən] 他 (h) **1** 〘史〙(ローマの軍隊で行われた処罰法で) 10人に1人を選んで死刑にする. **2** 《比》《*et.*[4]》(戦争・疫病などが…の)多くを死亡させる, 多くの命を奪う; (…に)大損失をもたらす; (人員などを)大削減する: Seuchen haben die Bevölkerung stark *dezimiert.* たびたびの疫病で人口が激減した. [*lat.*]

De·zi·mi̲e̲·rung[..ruŋ] 女 -/-en (dezimieren すること. 例えば:) (兵力・人口・人員の) 激減, 大削減.

De·zi·sio̲n[detsizióːn] 女 -/-en (Entscheidung) 決定, 裁決, 判決. [*lat.*; ◇dezidieren]

de·zi·si̲v[..zíːf][1] 形 決定的な, 断固とした. [*mlat.*–*fr.*]

De·zi·stẹr[detsistéːr, déːtsisteːr] 男 デシステール ($^1/_{10}$ Ster). [*fr.*]

DFB[deː|ɛfbéː] 略 男 -/ =**Deutscher Fußball-Bund** ドイツサッカー連盟.

DFD[deː|ɛfdéː] 略 男 -/ =**Demokratischer Frauenbund Deutschlands** ドイツ民主婦人同盟(旧東ドイツ時代に人民会議に代表を送っていた組織).

DFG[deː|ɛfgéː] 略 女 -/ = **Deutsche Forschungsgemeinschaft** ドイツ学術振興協会.

DFU[deː|ɛf|úː] 略 女 -/ =**Deutsche Friedensunion** ドイツ平和同盟(1960年に発足した旧西ドイツの政党. 69年に消滅).

dg[detsigrám, déːtsigram] 記号 (Dezigramm) デシグラム.

[▽]**Dg**[dekagrám] 記号 (Dekagramm) デカグラム.

D. G. 略 =**Dei gratia**

DGB[deːgeːbéː] 略 男 -/ = **Deutscher Gewerkschaftsbund** ドイツ労働〔組合〕総同盟(1949年設立).

dgl. 略 =**dergleichen**

d. Gr. 略 =**der Große** (→groß III 1 b): Karl ～ カール大帝.

d. h. 略 =**das heißt** すなわち, つまり; ただし(→heißen[1] 「I 2」).

Dha·ka[dáka·] =Dakka

DHfK[deːhaː|ɛfkáː] 略 女 -/=**Deutsche Hochschule für Körperkultur** 〔**und Sport**〕(旧東ドイツの)ドイツ体育大学.

d'Hondtsch[dɔ́nt-ʃ] 形 〘政〙ドントの〈による〉: ～*es* Verfahren 〈System〉 ドント方式(ベルギーの法学者 Victor d'Hondt 〔1841-1901〕が考案した比例代表制における議席算出法. 旧西ドイツで1985年の選挙法の改正まで連邦議会選挙に用いられた).

di..[1] 《名詞・形容詞などにつけて「二重の・複」などを意味する》: *Di*phthong 二重母音 | *di*morph 〘生〙二形〔性〕の. [*gr.* dís „zweimal"; ◇zwie..]

di..[2] →dia..

di..[3] →dis..

d. i. 略 =**das ist** すなわち.

Di. 略 =**Dienstag**

dia.. 《名詞・形容詞などにつけて「貫通・横断」などを意味する. 母音の前では di.. となる》: *Dia*meter 直径 | *dia*chronisch 〘言〙通時的な ‖ *Di*orama ジオラマ, 透視画. [*gr.*; ◇zer..]

Dị̣a[díːa·] 中 -s/-s (＜Diapositiv) 〘写〙スライド: ～*s* vorführen スライドを映写する.

Dia·ba̲s[diabáːs][1] 男 -es/-e 〘鉱〙輝緑岩. [*gr.*]

Dia·bẹ·tes[diabéːtɛs] 男 -/ 〘医〙**1** (Zuckerharnruhr, Zuckerkrankheit) 糖尿病: ～ mellitus[mɛlíːtʊs] 糖尿病. **2** (Wasserharnruhr) 尿崩症. [*gr.*; ＜*gr.* diabaínein „durch-schreiten"]

Dia·bẹ·ti·ker[..tikər] 男 -s/- 〘医〙糖尿病患者.

dia·bẹ·tisch[..tɪʃ] 形 〘医〙糖尿病の.

Dia·bo·li̲e̲[diabolíː] 女 -/ , **Dia·bọ·lik**[..bóːlɪk] 女 -/ 悪魔的〈意地悪〉な態度.

dia·bọ·lisch[diabóːlɪʃ] 形 (teuflisch) 悪魔の〔ような〕, 意地の悪い: ein ～*es* Grinsen 残忍な薄笑い | ein ～*es* Quadrat 〘数〙魔方陣.

Dia̤·bo·lo[diáːbolo·] 中 -s/-s, **Dia̤·bo·lo·spiel** [..bolo..] 中 〘遊戯〙ディアボロ(両端に柄のついたひもを両手で張って, 鼓形のこまをその上で転がし, 投げ上げたり受けとめたりする: → 図). [＜dia.. ＋*gr.* bolé „Wurf" (◇Balliste)]

Diabolo

Dia̤·bo·lus[..lʊs] 男 -/ (Teufel) 悪魔. [*gr.* diábolos „Verleumder"–*kirchenlat.*; ◇Teufel; *engl.* devil]

dia·chro̲n[diakróːn] =diachronisch

Dia·chro·ni̲e̲[diakroníː] 女 -/ (↔Synchronie) 〘言〙通時態.

dia·chro̲·nisch[..króːnɪʃ] 形 (↔synchronisch) 〘言〙通時態の, 通時〔論〕的な.

Dia·dẹm[diadéːm] 中 -s/-e **1** ダイアデム(宝石入り環状頭飾り: → 図); 王冠. **2** 《比》王位. [*gr.*–*lat.*; ＜*gr.* diadein „umbinden"]

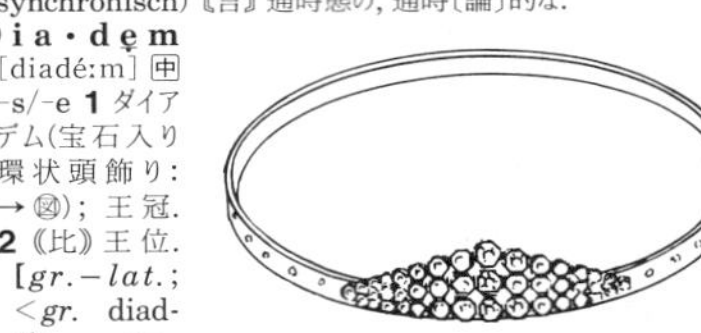
Diadem

Dia·dọ·chen[diadɔ́xən] 複 ディアドコイ (Alexander 大王の後継者をもって任じ, 大王の死後, 帝国を分割した将軍たち); 《比》(ある重要人物の跡目をねらって争う)後継者たち. [*gr.* diádochos „Nachfolger" の複数]

Dia·dọ·chen·kampf 男 -〔e〕s/..kämpfe 《ふつう複数で》後継者決定の戦い; 跡目争い.

Dia·ge·nẹ·se[diagenéːzə] 女 -/-n 〘地〙続成作用.

Dia·gno̲·se[diagnóːzə] 女 -/-n **1** 〘医〙診断; 〘気象〙(予報のため)総合判断: eine falsche ～ / Fehl*diagnose* 誤診 | eine ～ stellen 診断する. **2** 〘生〙標徴, 記相(分類のための総合的な特徴記述). [*gr.*–*fr.*]

Dia·gno̲·se≠ver·fa̲h·ren 中 〘医〙診断手続き〈作業〉. ≠**zen·trum** 中 〘医〙診断センター〈専門病院〉.

Dia·gnọ·stik[..gnɔ́stɪk] 女 -/ 〘医〙診断学〈法〉.

Dia·gnọ·sti·ker[..stikər] 男 -s/- 診断〔学〕者, 専門医.

dia·gnọ·stisch[..stɪʃ] 形 診断〔上〕の.

dia·gno·sti·zi̲e̲·ren[..gnɔstitsíːrən] 他 自 (h) 〘医〙診断する.

dia·go·na̲l[diagonáːl] **I** 形 対角線状の; 斜めの, はすかいの: 〔*et.*[4]〕 **～ lesen**〔…を〕斜め読みする,〔…に〕ざっと目を通す.

II Dia·go·na̲l 男 -〔s〕/-s 斜子(ななこ)織り, 斜め綾(あや)織り. [*spätlat.*; ◇Gon, ..al[1]]

Dia·go·na̲·le[diagonáːlə] 女 -/-n 《また形容詞変化》**1** 〘数〙対角線: eine ～ ziehen 対角線を引く. **2** 〘ﾁｪｽ〙斜め(盤の斜めに連なるます目).

Dia·grạmm[diagrám] 中 -s/-e **1** ダイヤグラム, グラフ, 図表: *et.*[4] in einem ～ darstellen …をグラフで示す. **2** =Blütendiagramm **3** 〘ﾁｪｽ〙棋譜. **4** =Pentagramm [*gr.*]

Dia·grạmm·pa·pier 中 グラフ用紙, 方眼紙.

Dia·gra̲ph[..gráːf] 男 -en/-en 分度尺; 拡大写図器. [＜*gr.* dia-gráphein „mit Linien umziehen"]

Dia·ka̲u·stik[diakáustɪk] 女 -/-en 〘理〙(レンズによる)火面, 焦面.

dia·ka̲u·stisch[..stɪʃ] 形 〘理〙火面〈焦面〉の.

Dia·ko̲n[diakóːn; ｵｰｽ･ﾄﾘｱ: díːakoːn] 男 -s/-e; -en/-en **1** 〘ｶﾄﾘｯｸ〙助祭; 〘東方正教会〙輔祭(ほさい). **2** (女 **Dia·ko·nịs·se**[..konísə]-/-n, **Dia·ko·nịs·sin**[..sɪn]-/-nen) 〘新教〙(聖公会の)牧師補, 執事(→ 図); (信徒の)教会役員; 社会奉仕員. [*gr.* diákonos „Diener"; ◇*engl.* deacon]

Dia·ko·nat[..koná:t] 中 (男) -[e]s/-e Diakon の職〈住宅〉. [*kirchenlat.*; ◇..at]

Diakonisse

Dia·ko·ne[n] Diakonus の複数.

Dia·ko·nie[..ní:] 女 -/ 〘新教〙(自発的または職業的な)社会奉仕活動(病人看護・貧民救済など): in der ～ arbeiten〈tätig sein〉(教会の)社会奉仕活動の仕事をしている. [*gr.* diākonía „Dienst"]

Dia·ko·ni·kon[diakonikɔ́n] 中 -[s]/..ka[..ka] ギリシア正教会の聖具室. [*gr.*]

dia·ko·nisch[..kó:nɪʃ] 形 〘新教〙社会奉仕活動に関する: *Diakonisches* Werk ドイツ新教社会奉仕団(1957年結成).

Dia·ko·nis·se Diakon 2の女性形. [*kirchenlat.*]

Dia·ko·nis·sen≈an·stalt[diakonísən..] 女, **≈haus** 中 〘新教〙婦人社会奉仕員養成所(病院・養老院を併設する).

Dia·ko·nis·sin Diakon 2の女性形.

ᵛ**Dia·ko·nus**[diá:konʊs] 男 -/..ne[n][diakó:nə(n)] 〘新教〙牧師補. [*gr.－kirchenlat.*]

Dia·kri·se[diakrí:zə] 女 -/-n, **Dia·kri·sis**[diá(:)krizɪs] 女 -/..krisen[diakrí:zən] 分離; 区別; 〘医〙鑑別診断. [*gr.*; ＜*gr.* dia-krī́nein „[ent]scheiden"]

dia·kri·tisch[diakrí:tɪʃ] 形 (↔synkritisch) 区別する, 識別〈弁別〉的な: ein ～*es* Zeichen 識別〈鑑別〉的特徴; 〘言〙(同形の他の文字と区別するため文字の上下につけられる)区別的発音符, 分音〈発音区別〉符号(⑳ ç, ã).

Dia·lekt[dialέkt] 男 -[e]s/-e 〘言〙**1** (Mundart) 方言; 地方なまり: die deutschen ～*e* ドイツ語の諸方言 ‖ ～〈im ～〉sprechen 方言を〈で〉しゃべる | ohne ～ sprechen なまりのないことば〈標準語〉を話す | Er fällt manchmal in den ～ seiner Heimat. 彼はときどきお国なまりが出る. **2** (共通祖語をもつ語族に属する)言語: germanische ～*e* ゲルマン諸言語(＝germanische Sprachen). [*gr.* diálektos „Rede[weise]"－*lat.*; ＜*gr.* dia-légesthai „[be-]sprechen"]

dia·lek·tal[..lεktá:l] 形 (mundartlich) 〘言〙方言の. [＜..al¹]

Dia·lekt≈aus·druck[dialέkt..] 男 方言的な表現. **≈dich·ter** 男 方言作家〈詩人〉. **≈dich·tung** 女 方言文学. **≈fär·bung** 女 方言的色彩, なまり. **≈for·schung** 女 方言研究, 方言学.

dia·lekt·frei 形 〘言〙なまりのない: eine ～*e* Aussprache 地方なまりのない発音 ‖ ～ sprechen なまりのないことば〈標準語〉を話す.

Dia·lekt·geo·gra·phie 女 〘言〙方言地理学.

Dia·lek·tik[dialέktɪk] 女 -/ 〘哲〙弁証法; 〘史〙(古代ギリシアの)討論術; 《比》(ずるい)論法: die materialistische〈marxistische〉～ 唯物〈マルクス主義〉弁証法. [*gr.* －*lat.*]

Dia·lek·ti·ker[..tikər] 男 -s/- 〘哲〙弁証法〈討論術〉の大家; 弁証法論者, 弁証家.

dia·lek·tisch[..tɪʃ] 形 ᵛ**1** ＝dialektal **2** 〘哲〙弁証法的な; 《比》(spitzfindig) 論理をもてあそぶ, 巧妙に論理をあやつる: die ～*e* Methode 弁証法[的方法] | der ～*e* Materialismus 弁証法的唯物論(⑱ Diamat). [*gr.－lat.*]

Dia·lek·to·lo·ge[dialεktoló:gə] 男 -n/-n (→..loge) 方言学者, 方言研究家.

Dia·lek·to·lo·gie[..logí:] 女 -/ (Mundartforschung) 方言研究, 方言学.

dia·lek·to·lo·gisch[..ló:gɪʃ] 形 方言学〈研究〉に関する.

Di·al·le·le[dialé:lə] 女 -/-n (Zirkelschluß) 〘哲〙ディアレーレ, 循環論法. [＜dia..＋allel]

Dia·log[dialó:k]¹ 男 -[e]s/-e (↔Monolog) (Zwiegespräch) 対話, 問答, 対談; (小説・劇などの)会話の部分; 《比》話し合い, 意見の交換: ein ～ der beiden〈zwischen den beiden〉両者[間]の対話 | einen ～ [mit *jm.*] führen […と]対話をする. [*gr.－lat.－fr.* dialogue; ◇Dialekt]

Dia·log≈be·reit·schaft[dialó:k..] 女 話し合う用意のあること. **≈form** 女 対話形式, 問答体.

dia·lo·gisch[..ló:gɪʃ] 形 対話の; 対話ふうの, 問答形式の.

dia·lo·gi·sie·ren[..logizí:rən] 他 (h) 対話体で述べる, 対話体にする.

Dia·lo·gis·mus[..gísmʊs] 男 -/..men[..mən] 〘文芸〙対話体[の作品]. [*gr.－spätlat.*]

Dia·log≈kunst[dialó:k..] 女 -/ 対話術. **≈part·ner** 男 対話の相手. **≈ro·man** 男 〘文芸〙対話体小説.

Dia·ly·sa·tor[dialyzá:tɔr, ..to:r] 男 -s/-en[..zató:rən] **1** 〘化〙透析器. **2** ＝Dialysegerät

Dia·ly·se[..lý:zə] 女 -/-n **1** 〘化〙透析, 隔膜〈濾膜〉分析: Elektro*dialyse* 電気〈電解〉透析. **2** (Hämodialyse) 〘医〙血液透析. [*gr.* „Auflösung"]

Dia·ly·se≈ge·rät 中 〘医〙透析装置. **≈pa·tient** 男 (⊛ ≈pa·tien·tin) 透析患者.

dia·ly·sie·ren[..lyzí:rən] 他 (h) **1** 〘化〙透析する; 透析によって分離する. **2** 〘医〙(…の)血液透析を行う.

dia·ly·tisch[..lý:tɪʃ] 形 〘化〙透析の〈による〉; 溶解力のある, 分解性の.

dia·ma·gne·tisch[diamagné:tɪʃ] 形 〘理〙反〈逆〉磁性の.

Dia·ma·gne·tis·mus[..gnetísmʊs] 男 -/ 〘理〙反〈逆〉磁性.

Dia·mant[diamánt] **I** 男 -en/-en ダイヤモンド, 金剛石; ダイヤモンドのついた装飾品; (ダイヤを使った)ガラス切り: ein ～ von 10 Karat 10カラットのダイヤ | **schwarze ～*en*** 《比》黒ダイヤ(石炭) | hart wie ein ～ ダイヤのように非常に硬い | mit ～*en* besetzt ダイヤをちりばめた | einen ～*en* in Gold fassen 金台にダイヤモンドをはめこむ. **II** 女 -/ 〘印〙ダイヤモンド(約 4 ¹/₂アメリカンポイントに相当する小さな欧文活字). [*vulgärlat.* adiamās－*roman.－mhd.*; ＜*gr.* a-dámās „Unbezwingbares, Stahl"＋diaphanḗs (→diaphan); ◇*engl.* diamond]

dia·mant≈ar·tig 形 ダイヤモンドのように輝く〈硬い〉. **≈be·setzt** 形 ダイヤモンドをはめた〈ちりばめた〉.

Dia·mant·bohr·rer 男 〘工〙ダイヤモンド=ドリル(→ ⊠ Bohrer).

dia·man·ten[diamántən] 形 **1** 《付加語的》ダイヤモンド[製]の; ダイヤモンドをはめこんだ: die ～*e* Hochzeit (→Hochzeit 1) | ein ～*es* Armband ダイヤをちりばめた腕輪. **2** 《副詞的用法なし》ダイヤモンドのような, (ダイヤのように)堅固な, 光り輝く: ein ～*er* Glanz ダイヤモンドのような輝き.

dia·man·ten·be·setzt ＝diamantbesetzt

Dia·man·ten·schmuck ＝Diamantschmuck

Dia·mant≈film 男 ダイヤモンドの薄い被膜. **≈na·del** 女 〘工〙ダイヤモンド=ポイント; 〘服飾〙ダイヤモンドのついたピン. **≈ring** 男 ダイヤモンド[入り]の指輪. **≈schlei·fer** 男 ダイヤモンド研磨工. **≈schmuck** 男 ダイヤ入りの装身具. **≈schnie·der** 男 ダイヤモンド研磨工. **≈schrift** 女 ＝Diamant II **≈schwarz** 中 ダイヤモンド=ブラック(アゾ染料). **≈spat** 男 〘鉱〙コランダム, 鋼玉. **≈stahl** 男 超硬度鋼. **≈staub** 男 ダイヤモンドの粉末; 微細な氷の結晶. **≈tin·te** 女 ダイヤモンド=インク(ガラス腐食剤).

Dia·mat (DIAMAT)[diamá(:)t] 男 -/ (＜dialektischer Materialismus) 〘哲〙弁証法的唯物論.

Dia·me·ter[diamé:tər] 男 -s/- (Durchmesser) 直径. [*gr.－lat.*]

dia·me·tral[..metrá:l] 形 直径の, 直径上の; 《比》正反対の, 対立的な: ～*e* Ansichten 真っ向から対立し合う見解 ‖ ～ entgegengesetzt 正反対の. [*mlat.*; ◇..al¹]

dia·me·trisch[..mé:trɪʃ] 形 直径の.

Di·amid[diamí:t] 中 -s/ (Hydrazin) 〘化〙ジアミド.

Di·amin[..mí:n] 中 -s/-e 〘化〙ジアミン. [＜di..¹]

Dia·na[diá:na·] **I** 人名 〘ロ神〙ディアナ(狩猟・多産の女神. ギリシア神話の Artemis に当たる). **II** 女名 ディアーナ. [*lat.*; ＜*lat.* dī[v]us „göttlich" (◇Diva)]

Dia·na≈meer·kat·ze[diá:na..] 女 (≈af·fe 男) 〘動〙ダイアナザル(オナガザル科).

Dia・pa・son[diapá:zɔn] 男 中 -s/-s, -e[..pazó:nə]〖楽〗 **1** (古代ギリシアの) 1 オクターブの音程. **2** 標準音. **3** (Stimmgabel) 音叉(おんさ). **4** (英米のオルガンの)基本音栓. [*gr.* dià pāsõn „durch alle (acht Saiten) hindurch" −*lat.*]

Dia・pau・se[diapáʊzə] 女 -/-n〖生〗休眠. [*gr.*]

dia・phan[diafá:n] 形 (durchsichtig) 透明な. [*gr.* diaphanés „durch-scheinend"; <*gr.* dia-phaínein „zeigen"]

Dia・pha・nie[..faní:] 女 -/-n[..ní:ən] 透明画.

Dia・pho・ra[diá(:)fora·] 女 -/ 〖修辞〗相違の強調; 別の意義の同一語の繰り返し. [*gr.* „Verschiedenheit"; <*gr.* dia-phérein „auseinander-tragen"]

Dia・pho・re・se[diaforé:zə] 女 -/-n〖医〗発汗. [*gr.*−*spätlat.;* <*gr.* dia-phoreĩn „durch-tragen"]

Dia・pho・re・ti・kum[..tikʊm] 中 -s/..ka[..ka·] 発汗剤.

dia・pho・re・tisch[..tɪʃ] 形 発汗性の.

Dia・phrag・ma[diafrágma·] 中 -s/..men[..mən] **1**〖解〗隔膜; (狭義で) (Zwerchfell) 横隔膜. **2**〖理〗隔壁, 隔膜, 薄膜. **3**〖写〗しぼり, 遮光板. [*gr.*−*spätlat.;* <*gr.* phrágma „Zaun"]

Dia・phy・se[diafý:zə] 女 -/-n〖解〗骨幹. [<*gr.* dia-phýsethai „dazwischen-wachsen" (◇physio..)]

Dia・po・si・tiv[diapozití:f, dí:apoziti:f][1] 中 -s/-e〖写〗スライド, 透明陽画(略 Dia). [<diaphan]

Dia≈pro・jek・tor[dí:a..] 男 スライド=プロジェクター(映写機). ≈**rah・men** 男〖写〗スライド枠.

Di・ä・re・se[diɛré:zə] 女 -/-n, **Di・ä・re・sis**[diɛ́:rezɪs] 女 -/..resen[diɛré:zən] **1**〖言〗音節分解, 分音(連続する母音を二重母音としてではなく別々に発音すること. 例 naiv); トレマ, 分音記号(例 ë). **2**〖詩〗一致分切(語の終わりと韻脚の終わりが一致すること). **3 a)**〖哲〗概念の(最小単位への)分析. **b)**〖修辞〗(詳説・敷衍(ふえん)のための上位概念の下位概念への)概念分解, 下位概念列挙. **4**〖医〗(血管の)破裂, 切断. [*gr.*−*lat.*; ◇dia.., Häresë; *engl.* di(a)eresis]

Di・a・rium[diá:riʊm] 中 -s/..rien[..riən] ᵛ**1** (Tagebuch) 日記(帳). **2** 当座帳, 帳簿. **3** (厚手の)ノート, メモ帳. [*lat.*; <*lat.* diēs „Tag"; ◇*engl.* diary]

Di・ar・rhö[diarǿ:] 女 -/-en[..rǿ:ən], **Di・ar・rhöe**[diarǿ:] 女 -/-n[..rǿ:ən] (Durchfall)〖医〗下痢(げり). [*gr.*−*spätlat.;* <*gr.* dia-rrheĩn „durch-fließen" (◇rheo..)]

di・ar・rhö・isch[diarǿ:ɪʃ] 形〖医〗下痢(げり)(性)の: ~*er* Stuhl 下痢便.

Dia・skop[diaskó:p] 中 -s/-e =Diaprojektor

Dia・sko・pie[diaskopí:] 女 -/-n[..pí:ən]〖医〗**1** ガラス圧診法(皮膚検査法の一つ). **2** レントゲン透視(法).

Dia・spor[diaspó:r] 男 -s/-e〖鉱〗ジアスポル, 斜方晶系.

Dia・spo・ra[diáspora·] 女 -/ (宗教的・民族的)少数派(の居住地域). [*gr.;* <*gr.* speírein (→Sperma)]

Dia・sta・se[diastá:zə] 女 -/-n **1** 《単数で》〖化〗ジアスターゼ, アミラーゼ, でんぷん糖化酵素. **2**〖医〗(筋肉または骨の)離開, 断裂. [*gr.* diá-stasis „Trennung"]

Dia・sto・le[diástole·, diastó:lə] 女 -/-n[diastó:lən] (↔Systole) **1**〖医〗(心)弛緩〈拡張〉(期). **2**〖詩〗音節延長. [*gr.*−*spätlat.;* <*gr.* dia-stéllein „auseinander-setzen"]

dia・sto・lisch[diastó:lɪʃ] 形〖医〗(心)弛緩〈拡張〉期(性)の.

diät[diɛ́:t] **I** 形 《ふつう副詞的》食物のとり方の正しい, 食養生にかなった: ~ kochen 食養生にかなった料理をする〈規定食をつくる〉| ~ leben 食養生をする | ~ essen 病人(用規定)食を食べる ‖ eine ~*e* Lebensweise 食養生(にかなった生活) ‖ Diese Kost ist streng ~. この食事はきちんと規定食どおりになって〈食養生にかなって〉いる. **II Diät** 女 -/ 食養生, 摂生; (食餌(しょくじ)療法のための)規定食: eine ~ für Zuckerkranke 糖尿病患者用の規定食 ‖ eine genaue ~ (ein)halten きちんと食養生をする.

[*gr.* díaita „Leben(sweise)" −*lat*; ◇*engl.* diet]

ᵛ**Diä・tar**[diɛtá:r] 男 -s/-e (官庁の)臨時職員〈雇い〉; 日雇い. [<Diäten+..ar]

diä・ta・risch[..rɪʃ] 形 日雇いの, 日給の.

Diät・as・si・sten・tin[diɛ́:t..] 女 =Diätistin

Diä・ten[diɛ́:tən] 複 (代議士・出張官吏などの)日当, 手当; (大学の)講師手当. [*mlat.* diēta „Tagung"−*fr.*diète; <*lat.* diēs „Tag"; ◇*engl.* diet]

Diä・ten≈do・zen・tur 女 (大学の)有給講師の職. ≈**er・hö・hung** 女 (議員などの)歳費値上げ.

Diä・te・tik[diɛté:tɪk] 女 -/-en 食養生法〈食餌(しょくじ)療法〉(学). [*gr.*−*lat.*; ◇Diät; *engl.* dietetics]

Diä・te・ti・kum[..tikʊm] 中 -s/..ka[..ka·] 健康〈養生〉食.

diä・te・tisch[..tɪʃ] 形 食養生法にかなった: ~*e* Nährmittel 病人用特別食; 滋養食.

Diät・feh・ler[diɛ́:t..] 男 食養生上の誤り.

Dia・thek[diaté:k] 女 -/-en スライド貸出〈収集〉所.

dia・ther・man[diatɛrmá:n] 形 (↔atherman)〖医・理・気象〗透熱(性)の. [<thermo..]

Dia・ther・mie[..mí:] 女 -/ 〖医〗ジアテルミー, 透熱(療法).

Dia・the・se[diaté:zə] 女 -/-n **1**〖医〗(先天的に特定の病気にかかりやすい)素質, 素因: allergische ~ アレルギー体質. **2** (Genus verbi)〖言〗(動詞の)態. [*gr.* diá-thesis „Disposition"]

diä・tisch[diɛ́:tɪʃ] 形〖医〗栄養に関する.

Diä・ti・stin[diɛtístɪn] 女 -/-nen 女性栄養士.

Diät≈koch[diɛ́:t..] 男 (病院などの)規定食調理師. ≈**kü・che** 女 **1** (病院などの)規定食調理室. **2** 《単数で》=Schonkost **3** 《単数で》規定食ふうの料理(法). ≈**kur** 女〖医〗食餌(しょくじ)療法.

Dia・to・mee[diatomé:(ə)] 女 -/-n[..mé:ən] 《ふつう複数で》〖植〗珪藻(けいそう). [<*gr.* dia-témnein „durch-schneiden" (◇..tomie); 細胞が上下二つの殻におおわれていることから]

Dia・to・me・en≈er・de 女, ≈**schlamm** 男 (Kieselgur)〖地〗珪藻(けいそう)土.

Dia・to・mit[..mí:t, ..mít] 男 -s/ ディアトミート(珪藻(けいそう)土を用いた濾過(ろか)剤・断熱材). [<..it²]

Dia・to・nik[diató:nɪk] 女 -/ (↔Chromatik)〖楽〗全音階.

dia・to・nisch[..nɪʃ] 形 (↔chromatisch)〖楽〗全音の: eine ~*e* Tonleiter 全音階. [*gr.*−*spätlat.*; ◇Ton²]

Diät・plan[diɛ́:t..] 男〖医〗食餌療法〈規定食〉献立表.

Dia・tri・be[diatrí:bə] 女 -/-n 反論, 論駁(ろんばく)文; 学術論文; (問答形式をかりた)道徳講話. [*gr.* „Zeitvertreib"; <*gr.* dia-tríbein „zer-reiben"]

Dia・vo・lo[diá:volo·] 男 -/..li[..li·] (Teufel) 悪魔. [*gr.* diábolos−*lat.*−*it.*; ◇Diabolus]

Di・azo・ty・pie[diatsotypí:] 女 -/-n[..pí:ən] ジアゾタイプ(ジアゾ化合物を用いる印画法). [<di..¹+Azote+Typ]

Di・azo・ver・bin・dung[di|átso..] 女〖化〗ジアゾ化合物.

Dib・bel・ma・schi・ne[díbəl..] 女〖農〗点播(てんぱ)機.

dib・beln[díbəln] 《06》他 (h)〖農〗点播(てんぱ)する, 点播機でまく. [*engl.* dibble]

Dib・bel・saat 女 -/ 点播(てんぱ).

dib・bern[díbərn] 《05》自 (h) 《話》ひそひそ声で(しきりに)話す. [*jidd.*]

Di・bra・chys[dí:braxʏs] 男 -/- 〖詩〗短短格 (◡◡). [*gr.*−*lat.*; <di..¹+brachy..]

dich[dɪç] du²の 4 格.

Di・cha・sium[diçá:ziʊm] 中 -s/..sien[..ziən]〖植〗二出集散花序, 岐散花序.

Di・cho・ga・mie[diçogamí:] 女 -/ (↔ Homogamie)〖植〗雌雄異熟, 異熟受精. [<*gr.* dícha „entzwei" (◇di..¹)]

Di・cho・re・us[diçoré:ʊs] 男 -/..reen[..ré:ən]〖詩〗二重長短格 (−◡−◡). [*gr.*−*lat.*; ◇di..¹]

di・cho・tom[..tó:m] =dichotomisch

Di・cho・to・mie[..tomí:] 女 -/-n[..mí:ən] **1**〖論〗二分法(区分肢を二つにするもの. 物体を Form と Inhalt に分けたり, 数を奇数と偶数に分けたりする: →Trichotomie 1). **2**

〖植〗(枝が次々に二またに分かれる)二叉(さ)〈叉状〉分枝. [*gr.*; <*gr.* dícha „entzwei“]

di·cho·tọ·misch[..tóːmɪʃ] 形 **1**〖論〗二分法の. **2**〖植〗二叉(さ)分枝の.

Di·chro·ịs·mus[dikroísmʊs] 男 -/ 〖理〗二〈複〉色性.

di·chroị·tisch[..íːtɪʃ] 形〖理〗二〈複〉色性の. [<*gr.* dí-chroos „zwei-farbig“ (◇chromato..)]

Di·chro·ma·sịe[..kromazíː] 女 -/-n[..zíːən]〖医〗二色性色盲, 部分色盲. [<di..¹+*gr.* chrõma „Farbe“]

Di·chro·mạt¹[dikromáːt] 中 -〔e〕s/-e〖化〗重クロム酸塩.

Di·chro·mạt²[−] 男 -〔e〕s/-e〖医〗二色性色盲者.

di·chro·mạ·tisch[..tɪʃ] 形 (zweifarbig) 二色の; 二色性の.

Di·chrọm·säu·re[dikróːm..] 女 -/ 〖化〗重クロム酸.

Di·chro·skọp[dikroskóːp, ..rɔs..] 中 -s/-e〖理〗二色鏡. [<Dichroismus]

dicht[dɪçt] **I** 形 (↔dünn) 密な, こみ合っている; (光・水・空気などを)通さない, もらさない; 見通せない, 不透明の: in ～*er* Folge 絶えまなく連続して | ～*es* Gedränge 密集した群衆 | ein ～*es* Gewebe 目のつんだ〈厚手の〉織物 | ～*es* Gewölk 密雲 | ～*es* Haar haben 髪〈毛〉が濃い | eine ～*e* Hecke よく茂った生け垣 | eine ～*e* Nacht まっ暗な夜 | ～*er* Nebel 濃霧 | ein ～*es* Programm ぎっしりつまったプログラム | ～*es* Schweigen 固い沈黙 | ein ～*er* Wald 密林 ‖ Das Boot ist 〈hält〉 nicht mehr ～. このボートは水がもりだした(ただし: →dichthalten) | **nicht ganz ～ sein**《話》(子供が)おもらしをする;《軽蔑的に》頭がどうかしている | Er ist ～.《比》彼は口が堅い ‖ Ritzen ～ machen 割れ目をつめる〈ふさぐ〉 | den Laden ～ machen《話》閉店〈廃業〉する;〖球技〗ゴールの守りを固める(ただし: →dichtmachen I) | die Tür ～ schließen ドアをぴったり閉める ‖ Das Land ist ～ bevölkert. この国は人口密度が高い | ～ an 〈bei〉 ～ stehende Bäume びっしり立ち並んでいる木々.

II 副 **1** →I **2** すぐ接して: ～ an der Wand ぴったり壁ぎわに | *sich*⁴ ～ am Wind halten (帆船が)きちんと風向きどおりに走る | *jm.* ～ auf den Fersen folgen …のすぐ後ろについて行く | ～ nach 〈vor〉 dem Examen 試験の直後〈直前〉に ‖ Sein Geburtstag steht ～ bevor. もうすぐ彼の誕生日だ | *Dicht* vorbei ist auch daneben. (→vorbei 2). [*germ.*; ◇gedeihen, Ton¹; *engl.* tight]

..dicht[..dɪçt]《名詞などにつけて「…をもらさない」を意味する形容詞をつくる》: luft*dicht* 気密の | wasser*dicht* 水密の.

dịcht·auf[dɪ́çt|aʊf, ⌣⌣] 副 すぐあとに接して: ～ folgen ぴったりとあとに続く.

dịcht≠be·haart[dɪ́çt..] 形 毛の密生した: ein ～*er* Arm 毛むくじゃらな腕. **≠be·laubt** 形 葉の密生した: ein ～*er* Zweig 葉の茂った枝. **≠be·sie·delt, ≠be·völ·kert** 形 人口密度の高い.

Dịch·te[dɪ́çtə] 女 -/-n《ふつう単数で》**1**〖理〗密度, 濃度, 比重: die mittlere ～ der Luft 空気の平均密度 | Strom*dichte* 電流密度. **2**《比》(人口などの)密度〔の高さ〕; (霧・闇(やみ)などの)深さ; 濃密, 緊密, 充実: die ～ des Verkehrs 交通のひんぱんさ | eine Novelle von unübertrefflicher ～ きわめて密度の濃い短編小説. **3** (Nähe) 近接.

Dịch·te·mes·ser 男 (Densimeter)〖理〗比重〈密度〉計.

dịch·ten¹[dɪ́çtən]《01》他 (h) **1** (水・空気などの)もれをふさぐ: einen Wasserhahn ～ 蛇口の水もれを止める | Fugen mit *et.*³ ～ 継ぎ目を…で塗り固める ‖〖目的語なしで〗Der Kitt *dichtet* gut. このパテは継ぎ目をふさぐのに有効だ. **2**《比》緊密化する.

dịch·ten²[−]《01》**I** 他 (h) **1** (詩・文芸作品を)作る;《比》夢想する: ein Drama ～ ドラマを書く | *et.*⁴ in Versen ～ …を詩に作る ‖〖目的語なしで〗Du *dichtest* wohl!《比》君は恐らく夢でも見てるんだ. ᵛ**2** (erdichten) 考え出す, でっちあげる. ᵛ**II** 自 (h)《auf *et.*⁴》志す, 得ようと努める.

III Dịch·ten 中 -s/ **1** 創作, 作詩; 考案. **2** 志向: **das ～ und Trachten** すべての考えと努力(聖書: 創 6, 5; 8, 21から) | Sein ganzes ～ und Trachten ist auf Erwerb gerichtet. 彼はもうけることしか眼中にない. [*lat.* dictāre (→diktieren)−*ahd.*]

Dịch·ter[dɪ́çtər] 男 -s/- (㊛ **Dịch·te·rin**[..tərɪn]-/-nen) 作家, 詩人;《雅》夢想家: ein lyrischer 〈epischer〉 ～ 叙情〈叙事〉詩人 | ein dramatischer ～ 劇作家 | der ～ des 〈von〉《Faust》『ファウスト』の作者 | die ～ der Romantik ロマン派の詩人たち | einen ～ gern lesen ある作家の作品を好んで読む.

Dich·te·rẹi[dɪçtəráɪ] 女 -/-en《軽蔑的に》へぼ詩作り.

Dịch·ter·fürst[dɪ́çtər..] 男 詩聖, 大作家, 大文豪.

Dịch·te·rin Dichter の女性形.

dịch·te·risch[dɪ́çtərɪʃ] 形 詩〈文学〉的な; 作家〈詩人〉にふさわしい; 詩趣〈詩情〉のある: ein ～*er* Ausdruck 文学的表現 | eine ～*e* Begabung 文学的才能 | ～*e* Freiheit (伝統や史実からの逸脱が許される)詩的〈詩人の〉自由(=poetische Lizenz) | ein ～*es* Werk 文芸作品 | ～*e* Worte 詩的な〈詩情豊かな〉ことば ‖ eine ～*e* Ader haben 文学的センスがある.

Dịch·ter≠kom·po·nist[dɪ́çtər..] 男 詩人兼作曲者, 作詞作曲する人. **≠kö·nig** 男 =Dichterfürst **≠kreis** 男 (志を同じくする)作家集団, 文学流派. **≠le·sung** 女 (詩人・作家の)自作朗読会.

Dịch·ter·ling[dɪ́çtərlɪŋ] 男 -s/-e《軽蔑的に》へぼ詩人, 三文文士.

Dịch·ter≠mund 男《比》=Dichterwort **≠nar·zis·se** 女〖植〗クチベニスイセン(口紅水仙). **≠roß** 中 ..rosses/ 〖ギ神〗ペガソス(→Pegasus I). ᵛ**≠schu·le** 女 =Dichterkreis **≠spra·che** 女 詩語, 詩的言語, 文学語.

Dịch·ter·tum[dɪ́çtərtuːm] 中 -s/ 作家精神, 詩人かたぎ; 作家〈詩人〉であること.

Dịch·ter≠werk 中 文学作品. **≠wort** 中 -〔e〕s/-e 作家〈詩人〉の言葉.

dịcht·ge·drängt[dɪ́çt..] 形 密集した: die ～*en* Zuschauer ぎっしりつまった観衆.

dịcht|hal·ten* 《65》自 (h)《話》沈黙〈秘密〉を守る, 他言しない(ただし: dicht halten →dicht I).

Dịch·tig·keit[dɪ́çtɪçkaɪt] (**Dịcht·heit**[dɪ́çthaɪt]) 女 -/ =Dichte 2

Dịcht·kunst[dɪ́çt..] 女 -/ 創作〔能力〕, 詩作〔力〕; (ジャンルとしての)文芸, 文学. [<dichten²]

dịcht|ma·chen[dɪ́çt..] **I** 他 (h)《話》(schließen) しめる, 閉じる; (…の)営業を停止する: den Laden ～ 店をしめる(→dicht I). **II** 自 (h)《話》**1** 閉店する, 店じまいする. **2**〖スポ〗防御を固める.

dịcht·schlie·ßend 形 密閉の.

Dịch·tung¹[dɪ́çtʊŋ] 女 -/-en **1**《ふつう単数で》dichten¹ すること. **2** 詰め物, パッキング, ガスケット, 座がね: eine neue ～ in den Hahn einlegen 蛇口のパッキングを新しいのに替える.

Dịch·tung²[−] 女 -/-en **1** 文芸作品: eine lyrische 〈epische〉 ～ 叙情〈叙事〉詩 | eine dramatische ～ in drei Akten 3幕物のドラマ. **2**《単数で》《集合的に》文学: die deutsche ～ des neunzehnten Jahrhunderts 19世紀ドイツ文学. **3**《単数で》創作, フィクション, 作り話; 空想:《～ und Wahrheit》『詩と真実』(Goethe の作品) | Was er sagt, ist bloße 〈reine〉 ～. 彼の言うことは全くのでっちあげである. [<dichten²]

Dịch·tungs≠art 女 作風, 詩体. **≠form** 女 文学形式. **≠gat·tung** 女 文学のジャンル.

Dịch·tungs≠ma·te·rial 中〖工〗パッキング〈充塡(じゅうてん)〉材料. **≠ring** 男, **≠schei·be** 女〖工〗パッキング=リング, 抑圧環.

Dịcht·werk[dɪ́çt..] 中 文芸作品, 詩作, 詩歌. [<dichten²]

dick[dɪk] **I** 形 **1 a)** (英: *thick*) (↔dünn) 厚い, 厚みのある, 分厚い: ein ～*es* Buch 厚い〈大部の〉本 | **ein ～es Fell haben** (→Fell 2) | ein ～*er* Pfahl 太い柱 | einen ～*en* Schädel haben (→Schädel) | eine ～*e* Scheibe Brot 一切れの分厚いパン | ein ～*er* Teppich 厚地のじゅうたん ‖ Butter ～ auftragen バターをこってり〈たっぷり〉塗る | das

Brot ~ schneiden パンを厚切りにする | ~ verschneit sein 雪に深く埋もれている ‖ Er sitzt ~ in der Tinte.《比》彼は動きがとれないでいる. **b**)（…の）厚さのある:〖4格と〗Die Wand ist einen halben Meter ~. この壁は厚さが50センチある | ein zwei Finger ~*es* Panzerbrett 指2本分の厚さの装甲板.

2 a)（人間について）太った, でぶの;《話》(schwanger) はらんだ: ~ und fett ぶくぶく太った, でぶでぶの | ein ~*er* Mann 太った男 ‖ Das Baby ist ~ und rund geworden. 赤ん坊は丸々と太った | *jn.* ~ machen《卑》…に子をはらませる | Die Katze geht 〈ist〉 ~.《話》この猫ははらんでいる. **b**)（腹・幹・棒などが）太い; 膨れた: ein ~*er* Balken 〈Baum〉 太い角材〈木〉| ein ~*er* Bauch 太鼓腹 | ~*e* Beine 〈Arme〉 haben 脚〈腕〉が太い | ~*e* Buchstaben 太字 | das ~*e* Ende (→Ende 2) | einen ~*en* Kopf haben (→Kopf 1) | ~*e* Lippen はれあがった唇 | eine ~*e* Lippe riskieren (→Lippe) | ein ~*es* Gesicht bekommen 顔がはれあがる | **einen ~*en* Strich unter *et.*[3] machen**《話》…に完全にけりをつける | ~*e* Tränen vergießen 大粒の涙を流す ‖ *sich*[4] ~〔und rund〕essen《話》たらふく食べて太る | Meine Füße 〈Meine Mandeln〉 sind ~ geworden. 私は足〈扁桃腺(へんとうせん)〉がはれている | Das werde ich ihm ~ ankreiden 〈anstreichen〉!《話》彼のやったその事を私は決して忘れないぞ | ***sich*[4] mit *et.*[3] ~ machen**《話》…を自慢する.

3 濃厚〈濃密〉な, ぎっしりつまった; 密接な: ~*e* Finsternis まっ暗やみ | ~*e* Freundschaft 〈Beziehungen〉 親密な友情〈関係〉| Sie sind ~*e* Freunde. 彼らは親友だ | ~*er* Kaffee《話》濃いコーヒー | ~*e* Luft 濁った〈どんよりした〉空気 | Es ist 〈herrscht〉 ~*e* Luft. (→Luft 1) | ~*er* Nebel 〈Rauch〉 濃い霧〈煙〉| ~*e* Suppe どろりとしたスープ | im ~*sten* Verkehr 交通のひどいラッシュの中で ‖ mit *jm.* ~〔befreundet〕sein / mit *jm.* ~*e* Freundschaft haben …と深交がある | Ihr Haar ist sehr ~.《話》彼女は髪の毛が濃い〈多い〉‖ Blut ist ~*er* als Wasser.《諺》血は水よりも濃い ‖〖名詞的に〗**mit *jm.* durch ~ und dünn gehen** …と苦楽を共にする.

4《話》たいそうな, はなはだしい: ein ~*es* Auto すごい高級車 | ein ~*er* Bruder《(スイ)》金持ちの男 | ein ~*er* Fehler 大きな間違い | ein ~*es* Gehalt bekommen すごい給料をもらう | ~*e* Gelder haben どえらい大金を持っている | ein ~*er* Hund (→Hund 1 a) | ein ~*es* Lob ernten べたぼめされる | ein ~*er* Mißerfolg ひどい失敗 | ~*e* Reden halten / ~*e* Töne reden 大言壮語する ‖〖副詞的に. しばしば dicke の形で〗**~ auftragen** 〈lügen〉 誇張する〈大ぼらをふく〉| ~ werden〘劇〙オーバーに演技する | **es dick〔e〕haben** 金持ちである | Er hat es nicht so ~〔e〕. 彼はさほど裕福ではない | ***jn.* 〈*et.*[4]〉 ~〔*e*〕haben 〈kriegen〉** …にあきあきする, …がいやになる | ~*e* satt sein 満腹している | ~*e* geschwollen sein ひどくはれあがっている.

II Dịcke[1]《形容詞変化》**1** 男 女 太った人, でぶ. **2** 中 **a**)（酒の）おり. **b**)《戯》おでぶちゃん.

[*germ.*; ◇ *engl.* thick]

..dick《名詞につけて「…ほどの太さの」を意味する形容詞をつくる》: arm*dick* 腕ほどの太さの | bleistift*dick* 鉛筆ほどの太さの.

dịck·bän·dig[dík..] 形（書籍が）分厚い.

Dịck·bauch 男 太鼓腹〔の人〕.

dịck≠bau·chig[..baʊxɪç][2] 形（ふつう物の形状について）腹の膨れた, 膨らみのある: eine ~*e* Flasche 膨らみのある瓶. **≠bäu·chig**[..bɔʏçɪç][2] 形（ふつう人間について）太鼓腹の: ein ~*er* Mensch 太鼓腹の人.

Dịck≠bein 中 (Oberschenkel) 太もも; 豚の足. **≠blatt** 中〘植〙クラスラ(ベンケイソウ科の多肉植物). **≠darm** 男 (↔Dünndarm)〘解〙大腸.

Dịck·darm·ent·zün·dung 女〘医〙大腸炎.

dịcke[díkə] 副《話》たっぷりと: ***jn.* 〈*et.*[4]〉 ~ haben 〈kriegen〉**(→dick I 4). [*mhd.* dicke „oft"; ◇dick]

Dịcke[1][−] →dick II

Dịcke[2][−] 女 -/-n **1**《ふつう単数で》(↔Dünne[2]) 厚さ, 太さ, 幅: Bretter von verschiedener ~ いろいろな厚さの板 | eine ~ von einem Meter 1メートルの厚さ. **2**《単数で》肥満; 厚い〈太い〉こと;（肉汁などが）濃い〈どろりとしている〉こと.

Dịcke·bọh·nen·kä·fer 男〘虫〙ソラマメゾウムシ(空豆象虫)(ソラマメの害虫).

dịcken[díkən] **I** 他 (h)〘料理〙(ソースなどを) 濃くする. **II** 自 (h, s)〘料理〙濃くなる.

Dịcken·mes·ser 男〘工〙厚み計.

Dịckens[díkɪnz] 人名 Charles ~ チャールズ ディケンズ(1812-70; イギリスの小説家. 作品『デーヴィッド カパフィールド』など).

Dịcker·chen[díkərçən] 中 -s/-《戯》おでぶちゃん. [<dick]

dịcke|tun*[díkə..]《198》=dicktun

dịck·fel·lig[díkfɛlɪç][2] 形 皮膚の厚い;《話》(他人の非難・要求などに対して) 無神経な, 鈍感な, つらの皮の厚い. [<Fell]

Dịck·fel·lig·keit[−kaɪt] 女 -/ dickfellig なこと.

dịck≠flei·schig 形（葉などが）厚〔くて柔らか〕い. **≠flüs·sig** 形 (↔dünnflüssig)（液体が）ねばねばした, どろっとした, 凝固した.

dịck|füt·tern[díkfʏtərn]《05》他 (h)《話》餌をやって太らせる, 肥育する.

Dịck·häu·ter[..hɔʏtər] 男 -s/-〘動〙厚皮類(ゾウ・カバ・サイなど);《比》鈍感な人, 無感動の人. [<Haut]

dịck·häu·tig 形 **1**〘動〙厚皮類の. **2** =dickfellig

Dịck·horn·schaf 中〘動〙ビッグホーン, ロッキー=ヒツジ.

Dịckicht[díkɪçt] 中 -s/-e（木の入り組んだ）茂み, やぶ, 叢林(そうりん);《比》もつれ, 入り組んだもの, 錯雑: einen Pfad durch das ~ bahnen やぶを切り開いて通り道をつくる | ein ~ von Problemen 錯綜(さくそう)した難問. [<dick+..icht; ◇ *engl.* thicket]

Dịck·kopf[díkkɔpf] 男 **1**《話》強情〈がんこ〉〔な態度〕; 強情〈がんこ〉な人: ***seinen* ~ aufsetzen**《話》強情をはる, がんこ〈つむじ曲がり〉である. **2** =Döbel[1] **3** =Dickkopffalter

Dịck·kopf·fal·ter 男〘虫〙**1** セセリチョウ. **2** セセリチョウ科のチョウ.

dịck·köp·fig[..kœpfɪç][2] 形 がんこな, 強情な; つむじ曲がりの.

Dịck·kopf·rüß·ler 男〘虫〙オトシブミ(落し文).

dịck·lei·big 形 **1** 太った, 肥満した. **2**（本などが）分厚い, 大部の.

dịck·lich[díklɪç] 形 **1** 厚みを帯びた, やや太った: Sie ist etwas ~. 彼女は太り気味である. **2** ねばねばした, どろっとした. **3** 強情な.

dịck·lip·pig 形 くちびるの分厚い〈ふっくらした〉.

Dịck≠milch 女 凝乳, ヨーグルト. **≠sack** 男《話》太っちょ, でぶ. **≠schä̱·del** 男《話》=Dickkopf 1

dịck·schä̱·lig 形 殻の厚い. [<Schale[2]]

Dịck·te[díktə] 女 -/-n **1**〘印〙(活字の) 幅(→ 図 Letter). **2** 合板, ベニヤ板. [<dick]

Dịck·ten·ho̱·bel·ma·schi̱·ne 女〘工〙自動一面かんな盤.

Dịck·tu̱·er[díktu:ər] 男 -s/-《方》《軽蔑的に》いばり屋, ほら吹き.

Dịck·tue·re̱i[dɪktu:əráɪ] 女 -/-en《ふつう単数で》《方》《軽蔑的に》いばり散らすこと, 自慢, 大ぶろしき.

dịck·tu̱e·risch[díktu:ərɪʃ] 形《方》《軽蔑的に》高慢ちきな.

dịck|tu̱n*[díktu:n]《198》他 (h)《話》再帰 *sich*[4] ~ いばる: *sich*[4] mit *et.*[3] ~ …を自慢する.

Dịckung[díkʊŋ] 女 -/-en〘林〙若木の密生したやぶ, 叢林(そうりん). [<dick]

dịck·wan·dig 形 隔壁の厚い. [<Wand]

Dịck≠wanst 男《話》太鼓腹の人. **≠wurz** 女 =Runkelrübe

Dịc·ta Dictum の複数.

dic·tạn·do[dɪktándo·] 副 口述して〈によって〉: ~ schreiben 口述〔どおり〕を書き取る. [*lat.*−*it.*; ◇diktieren]

Dic·tion·naire[dɪktsionɛ́:r] 中 (男) -s/-s =Diktionär

Dịc·tum[díktʊm] 中 -s/..ta[..ta·]=Diktum

Di·dak·tik[didáktɪk] 女 -/-en (Unterrichtslehre) 教授学, 教授法〔理論〕.

Di·dạk·ti·ker[..tikər] 男 -s/- 教授法学者,（単に研究

者であるだけでなく）教授法にも詳しい人.

di·dak·tisch[..tɪʃ] 形 **1** 教授法〔上〕の, 教授法に関する: ～*e* Fähigkeiten 教授能力 | ～*e* Theorien 教授理論. **2** (lehrhaft) 教訓的な, 教育的な; 教授の目的に適した: eine ～*e* Dichtung 教訓詩〈文学〉. [*gr.*; ＜*gr.* didáskein „lehren"]

di·dak·ti·sie·ren[didaktizíːrən] 他 (h) 教授目的に適するように手を加える, 教材化する.

di·del·dum[diːdəldúm], **di·del·dum·dei**[..dʊmdáɪ] 間 (バッグパイプ・手回しオルガンなどの音)ピーピーブーブー, ブカブカ; (歌の中の無意味な繰り返し文句)ラララ, ピーヒャララ, ほいほいほい, えっさっさ.

Di·derot[didəróː, didró] 人名 Denis ～ デニス ディドロ (1713-84; フランスの啓蒙思想家. 百科全書派の一人).

Di·do[díːdoˑ] 人名〖ギ神〗ディド (Karthago の祖といわれる女王.《Äneide》では Äneas に恋して自殺した). [*gr.*－*lat.*]

Di·dot[didóː, didó] 人名 François Ambroise ～ フランソワ アンブロアーズ ディド(1730-1804; フランスの印刷業者. 活字のポイントを定めた).

die I [diː, diˑ]《定冠詞・関係代名詞》der の単数女性および複数 1・4 格.

II [diː]《指示代名詞》der の単数女性および複数 1・4 格.

Dieb[diːp][1] 男 -es(-s)/-e **1** (⊛ **Die·bin**[díːbɪn]-/-nen) **a**) (英: *thief*) どろぼう, 盗人(ぬすびと), こそどろ;〖法〗窃盗犯人: Taschen*dieb* すり ‖ Ein ～ bricht ein. どろぼうがはいる | Er hat sich davongestohlen wie ein ～. 彼は人目をはばかるようにこっそり立ち去った | **wie ein ～ in der Nacht**《雅》ひそかに, こっそりと; 思いがけず | Das Unglück kam wie ein ～ in der Nacht. 不運は思わぬ時に起こった ‖ einen ～ ertappen 〈festnehmen〉 どろぼうを捕まえる | Haltet den ～! どろぼう〔を捕まえてくれ〕| Die kleinen ～*e* hängt man, die großen läßt man laufen.《諺》小盗は罰を受け大盗は横行す | Gelegenheit macht ～*e*. (→Gelegenheit). ▽**b**)《話》ならず者, 悪者. **2** (ろうそくの)芯(しん)のこぶ;〖園〗むだ枝. [*germ.*; ◇Ducht; *engl.* thief]

▽**die·ben**[díːbən][1] 他 (h) (stehlen) 盗む;〖狩〗密猟する.

Die·be·rei[diːbəráɪ] 女 -/-en 盗み, 窃盗; 盗癖, どろぼう根性.

Die·bes≠ban·de[díːbəs..] 女 窃盗団. ≠**beu·te** 女 盗品. ≠**ge·sel·le** 男 どろぼう〔仲間〕, 窃盗共犯者. ≠**ge·sicht** 中 どろぼう面(づら), げびた顔. ≠**gut** 中 盗品. ≠**ha·ken** 男 =Dietrich III ≠**höh·le** 女, ≠**nest** 中 盗賊の隠れ家. ≠**pack** 中 =Diebsgesindel ≠**schlüs·sel** 男 =Diebeshaken

die·bes·si·cher 形 盗難の恐れのない: ein ～*er* Geldschrank 防盗金庫.

Die·bin Dieb の女性形.

die·bisch[díːbɪʃ] 形 **1**《付加語的》盗癖のある; どろぼうのような: eine ～*e* Elster (→Elster[2]). **2**《話》ひそかな, 表に出しにくいような: 〔eine〕 ～*e* Freude an *et.*[3] haben / *sich*[4] ～ an *et.*[3] freuen …を心ひそかに痛快がる | mit ～*em* Lächeln ほくそえみながら. **3**《話》たいへんな: ～*e* Kälte すごい寒さ.

die·bi·scher·wei·se[..ʃər..] 副 どろぼうのように, ひそか〔に.〕

Dieb·kä·fer[díːp..] 男〖虫〗ヒョウホンムシ(標本虫)科の昆虫(動植物標本を食害する).

Diebs≠amei·se[díːps..] 女〖虫〗トフシアリ(十節蟻)(大型アリの幼虫を略奪して食べる). ≠**ge·sin·del** 中 盗賊〈どろぼう〉の一味.

Dieb·stahl[díːpʃtaːl] 男 -〔e〕s/..stähle[..ʃtɛːlə] **1** 盗み;〖法〗窃盗: geistiger ～ (著作物などの)剽窃(ひょうせつ), 盗作 | Laden*diebstahl* 万引き ‖ einen ～ begehen 〈verüben〉 盗みを働く | *jn.* wegen ～*s* anklagen …を窃盗の罪で告訴する. **2**〖虫〗盗食共生. [*mhd.*; ＜*ahd.* diub〔i〕a „Gestohlenes"＋stāla „Stehlen"]

Dieb·stahl≠schutz 男 盗難防止. ≠**ver·si·che·rung** 女 盗難保険.

Diech·ling[díːçlɪŋ] 男 -s/-e (よろいの)もも甲(→ ⊠ Harnisch). [＜*ahd.* dioh „Oberschenkel"; ◇ *engl.* thigh]

▽**Di·ege·se**[diegéːzə] 女 -/-n (詳細な)陳述, 物語, 報告. [*gr.*; ＜*gr.* di-hēgeĩsthai „auseinander-setzen" (◇Hegemonie)]

▽**di·ege·tisch**[..tɪʃ] 形 物語ふうの, 陳述的な.

die·je·ni·ge[díːjeːnɪɡə] derjenige の単数女性 1・4 格.

die·je·ni·gen derjenige の複数 1・4 格.

Die·le[díːlə] 女 -/-n **1 a**) 床板: ～*n* legen 床板を張る. **b**)《北部》(Fußboden) ゆか; (農家の)土間, 脱穀場. **c**)《南部》天井; 天井裏〔の納屋〕. **2** (Flur) 玄関ホール, ラウンジ(→ ⊠ Haus B). **3** パーラー; (Tanzdiele) ダンスのできるバー. [*germ.* „Brett"; ◇ *lat.* tellūs „Erde"; *engl.* thill]

Di·elek·tri·kum[dielɛ́ktrikʊm] 中 -s/..ka[..kaˑ] (..ken[..kən])〖電〗誘電体, 電気的絶縁体.

di·elek·trisch[..trɪʃ] 形〖電〗誘電性〈体〉の, 不伝導性の, 絶縁の: ～*e* Festigkeit 絶縁耐力 | ～*e* Polarisation 誘電分極. [＜dia..; ◇ *engl.* dielectric]

Di·elek·tri·zi·täts·kon·stan·te[..tritsitɛ́ːts..] 女〖理・電〗誘電率(記号 ε).

die·len[díːlən] 他 (h) (…に)床板を張る.

Die·len≠fuß·bo·den 男 板張りのゆか(→ ⊠ Fußboden). ≠**lam·pe** 女 玄関ホール〈ラウンジ〉の電灯.

Diem[diːm] 人名 Carl ～ カール ディーム(1882-1962; 現代ドイツスポーツ界の功労者).

Die·me[díːmə] 女 -/-n, **Die·men**[..mən] 男 -s/-《北部》(干し草・麦わらなどの)積み重ね, 稲むら. [＜Dime]

Di·en[diéːn] 中 -s/-e 《ふつう複数で》〖化〗ジエン. [◇di..[1]]

die·nen[díːnən] 自 (h) **1** 勤務する, 働いている;〖軍〗服役する: bei *jm.* als Koch ～ …の家でコックを務める ‖ bei der Luftwaffe 〈der Marine〉 ～ 空軍〈海軍〉にはいっている ‖ achtzehn Monate ～〖軍〗18か月の兵役に服する | 再帰 *sich*[4] hoch ～ 勤め上げて高い地位に至る ‖ ein *gedienter* Soldat 満期除隊兵.

2 a)《*jm.*》(…の)用をしてやる, 世話をやく; (…に)仕える, 奉仕する: Gott[3] ～ 神に仕える | Niemand kann zwei Herren ～ だれも二人の主人に兼ね仕えることはできない(聖書: マタ 6, 24) | dem Kunden ～ (店員が)客にサービス〈応対〉する | 〔Ihnen〕 zu ～! かしこまりました, はいどうぞ ‖ Auf deine Frage kann ich dir ～. 君の質問には私が答えてあげられる | Womit kann ich 〔Ihnen〕 ～? (店員が客に)どういうご用でしょうか, 何をお求めですか | Damit kann ich leider nicht ～. (品切れなどで)それはおあいにくでございます | Damit ist mir nicht 〈nur halb〉 *gedient.* それは私には役にたたない〈十分ではない〉‖〘しばしば目的語なしで〙〔*jm.*〕 **als** *et.*[1] 〈zu *et.*[3]〉 ～ 〔…に〕…として役に立つ, 〔…の〕…に用いられる | Dieses Sofa *dient* als Bett. このソファーはベッドとして使える〈使われている〉| Das alte Schloß *dient* jetzt als Museum. その古い城はいまでは博物館になっている | *jm.* als Sprungbrett ～ …の出世の踏み台にされる | Es *dient* mir als Zeitvertreib 〈zum Zeitvertreib〉. それは私の暇つぶしになる | Das *dient* mir zum Besten. それは私に得になる | *jm.* zum Gelächter ～ …の笑いを誘う | *sich*[3] *et.*[4] zum Vorteil ～ lassen …を自分の利益のために利用する | Laß dir das zur 〈als〉 Warnung ～! このことを今後の戒めとしなさい. **b**)《*et.*[3]》(…のために)尽力〈貢献〉する; (…に)役立つ: der Gesundheit ～ 健康によい | einem Laster 〈*seinen* Leidenschaften〉 ～《雅》悪習〈情熱〉のとりこになる | dem Vaterland 〈der Wahrheit〉 ～《雅》祖国〈真理〉のために尽くす.

[*germ.*; ◇Dienst, Demut]

Die·ner[díːnər] 男 -s/- **1** (⊛ **Die·ne·rin**[..nərɪn]-/-nen) (dienen する人. 例えば:) 奉仕者; 召使い, 従者, しもべ: ein ～ des Friedens 平和のために尽くす人 | ein ～ Gottes 神のしもべ, 聖職者 | ein ～ *seines* Lasters sein 悪習のとりこになっている | ein ～ der leidenden Menschheit 病める人類への奉仕者, 医師 | ein ～ des Staates 国家〈国民〉の奉仕者, 公務員 ‖ ～ bei *jm.* sein …に奉公している ‖ **ein stummer ～**《比》もの言わぬボーイ(配膳(はいぜん)用ワゴン・スタンド式帽子掛けなど) | ▽〔Ich verbleibe〕 Ihr ergeben〔st〕er ～! 敬具(手紙の結び) | Gehorsamster ～! 《ｵｰｽﾄﾘｱ》(旅館側のあいさつ)ようこそいらっしゃいました. **2** 《しばしば幼児語》(Verbeugung)(あいさつをする際の)おじぎ: 〔vor〕 *jm.* einen ～ machen …におじぎをする | viele ～ machen やたらにぺこぺこする.

Die·ne·rei[di:nəráɪ] 女 -/-en **1** (やたらに)ぺこぺこすること; (卑屈な)追従(ついしょう). **2** ＝Dienerschaft

die·ner·haft[dí:nərhaft] 形 召使いのような, 卑屈な.

Die·ne·rin Diener 1の女性形.

die·ne·risch[..nərɪʃ] ＝dienerhaft

die·nern[dí:nərn] 《05》 自 (h) 《vor *jm.*》ぺこぺこする; 卑屈な態度をとる: nach oben ～ und nach unten treten 上の者にはぺこぺこし 下の者は踏みつけにする.

Die·ner·schaft[dí:nərʃaft] 女 -/ 《集合的に》召使い〈家来〉〔一同〕; 召使い〈家来〉の身分: eine große ～ (同じ場所で働く)大ぜいの召使いたち.

Die·ner≈schar 女 -/ 召使い一同. **≈tracht** 女 (使用人の)制服, お仕着せ.

dien·lich[dí:nlɪç] 形 役に立つ: ～*e* Auskünfte 有益な情報 | ein zu allem ～*es* Werkzeug 万能工具 ‖ ***jm.*** 〈***et.***[3]〉 **～ sein** …の役に立つ | der Gesundheit[3] ～ sein 健康のためになる | *jm.* 〈*js.* Zwecke〉 ～ sein …のためになる | Mit meinem Vorschlag kann ich dir vielleicht ～ sein. 私の提案はたぶん君の役に立つと思う.

Dien·lich·keit[−kaɪt] 女 -/ 有用さ.

ᵛ**dien·sam**[dí:nza:m] ＝dienlich

Dienst[di:nst] 男 -es(-s)/-e **1 a)** 勤務, 服務, 就業; 職務, 業務; 〘宗〙礼拝, 勤行: ein harter 〈langweiliger〉 ～ きびしい〈退屈な〉勤務 | der militärische ～ 軍務 | **der öffentliche ～** (国・州・市町村の)公勤務, 公務; 《集合的に》公共部門; 公務員 | im öffentlichen ～ stehen 公務についている, 公務員である | Gewerkschaft Öffentliche ～*e*, Transport und Verkehr (→ÖTV) | der ～ an der Front 〈unter der Fahne〉 〘軍〙前線〈現役〉勤務 ‖ einen ～ antreten 勤務につく, 就職する | ～ haben 勤務〈当直〉中である | Er hat heute keinen ～. 彼はきょうは非番〈休み〉だ | Ich habe ～ von 9 bis 17 Uhr. 私は9時から17時まで勤務があります | Welche Apotheke hat heute ～? きょうはどの薬局が当番ですか〈開いていますか〉 | ～ machen 〈tun〉 勤務する | ～ nach Vorschrift machen 《話》遵法闘争を行う | **～ nehmen** 〘軍〙兵役につく | *sich*[3] einen ～ suchen 勤め口をさがす | *seinen* ～ verrichten 〈vernachlässigen〉 職責を果たす〈おろそかにする〉 ‖ ***Dienst* ist ～** 〔**und Schnaps ist Schnaps**〕. 《諺》仕事は仕事〔酒は酒〕(公私のけじめが肝要) ‖ *jn.* **aus** dem ～ entlassen …を解雇〈免職に〉する | **außer ～** (略 a. D.) 退官〈退役〉した, 退職の | Bürgermeister außer ～ 元〈前〉市長 | ***et.***[4] **außer ～ stellen** …を廃棄処分にする | *jn.* 〈*et.*[4]〉 **in** ～ nehmen …を雇う〈使う〉 | im ～ sein 勤務〈就職〉している; 勤務〈当直〉中である | im ～ der Stadt 〈in städtischen ～*en*〉 stehen 市に勤めている | bei *jm.* in ～ stehen / in *js.* ～〔*en*〕 stehen …に雇われている | *et.*[4] in ～ stellen …を使い始める; …(船舶)を就役させる | bei *jm.* in 〔den〕 ～ treten / in *js.* ～〔*e*〕 treten …に雇われる | ein Offizier in aktivem ～ 現役将校〈士官〉 | ein Beamter im gehobenen 〈mittleren〉 ～ 上級〈中級〉公務員 | **vom ～** (略 v. D.) 勤務中の, 当直の | der Arzt 〈der Offizier〉 vom ～ 当直医師〈将校・士官〉 | *sich*[4] vom ～ drücken 勤務をさぼる. **b)** 特定の業務に携わる集団〈機関〉: Nachrichten*dienst* 通信部〈社〉 | der innerdeutsche ～ der Lufthansa ルフトハンザ航空のドイツ国内サービス網.

2 奉仕, 尽力, 世話, サービス: 〔**Das ist**〕 **～ am Kunden.** 《しばしば戯語的に》これはお得意さまへの〔無料〕サービスです | *jm. seine* ～*e* 〈*seinen* ～〉 anbieten …のために尽力を申し出る | *jm.* einen 〔guten〕 ～ erweisen 〈leisten〉 …のために尽くす | ***jm.* mit *et.***[3] **einen schlechten ～ erweisen** …を…でひどい目にあわせる | Sie haben mir einen großen ～ erwiesen. たいへんお世話さまでした | ***jm.* gute ～*e* tun** 〈**leisten**〉 …にとって役にたつ〈貢献する〉 | Der warme Mantel hat mir gestern gute ～*e* getan. この暖かいコートのおかげで私はきのうは大助かりだった | ***seine* ～*e*** 〈***seinen* ～**〉 **tun** 役目を果たす, (機械などが)働く, 使える | den ～ versagen (機械などが)働かない | ***jm.* den ～ versagen** …の身体の一部や機能が作動しなくなる, 動かなくなる | Die Beine versagten mir den ～. 私は足がいうことをきかなかった〈歩けなくなった〉 | Die Stimmen versagten ihr den ～. 彼女は声が出なかった ‖ **im** ～ der Menschheit stehen 人類のために働いている | *sich*[4] in den ～ der Wissenschaft stellen 学問に貢献する | **zu *js.* ～*en*** 〈***jm.* zu ～*en***〉 **stehen** …の役にたっている | Was steht zu 〔Ihren〕 ～*en* 〈Ihnen zu ～*en*〉? (店員が客に)どういうご用でしょうか, 何をお求めですか | Jedes Buch steht Ihnen gern zu ～*en*. どの本でもご遠慮なくお使いください.

3 〘建〙(ゴシック様式の)添え柱(→ 図 Kirche B).

4 -en/-en 《ｽｲｽ》(Diener) 召使い, 奉公人.

[*ahd.*; ◇dienen]

Dienst≈ab·teil[dí:nst..] 中 (列車などの)乗務員室. **≈adel** 男 (中世ドイツの)臣従貴族, 職封貴族.

Diens·tag[dí:nsta:k][1] 男 -〔e〕s/-e (略 Di.) 火曜日: ～, den 3. Juli (手紙などの日付として) 7月3日火曜日 | ～ 〈am ～〉 abend 火曜の晩に | ～ vor acht Tagen 1週間前の火曜日 | ～ in acht Tage 1週間後の火曜日 | am nächsten 〈kommenden〉 ～ 次の火曜日に | am letzten 〈vergangenen〉 ～ この前の火曜日に | Am ～, dem 3. Juli ist es geschehen. 7月3日火曜日にそれは起こった ‖ ～ morgens 〈abends〉 火曜の朝〈晩〉ごとに | jeden ～/ᵛdes ～*s* 毎火曜日に(→dienstags). [*mndd.* din〔ge〕s-dach „Tag des (Mars als) Thingbeschützers" (◇Thing); *lat.* Martis diēs の翻訳借用; ◇Ziestag; *engl.* Tuesday]

Diens·tag·abend[di:nsta:k|á:bənt, ⏊−⏊⏑][1] 男 火曜日の晩〈夕方〉: →Sonntagabend

diens·tä·gig[dí:nstɛ:gɪç][2] 形 《付加語的》火曜日の, 火曜日に催される: Die ～*e* Versammlung war gut besucht. 火曜日の会は盛況だった.

diens·täg·lich[..tɛ:klɪç] 形 《述語的用法なし》毎火曜日の, 毎火曜日に催される: Wir nehmen an dem ～*en* Kursus teil. 私たちは毎火曜日の講習に参加する〈している〉.

Diens·tag≈mit·tag[di:nsta:kmíta:k, ⏊−⏑−][1] 男 火曜日の昼〈正午〉. **≈mor·gen**[また: ⏊−⏑⏑] 男 火曜日の朝〈午前〉: → Sonntagmorgen **≈nach·mit·tag**[また: ⏊−⏊⏑−] 男 火曜日の午後.

diens·tags[dí:nsta:ks] 副 〔毎〕火曜日に: ～ abends 火曜の晩ごとに | Sprechstunde ～ von 9 bis 12 Uhr. 面会〈診察〉時間は毎週火曜日の9時から12時まで(掲示などで).

Diens·tag·vor·mit·tag[di:nsta:kfó:rmɪta:k, ⏊−⏊⏑−][1] 男 火曜日の午前.

Dienst·al·ter[dí:nst..] 中 (公務員の)在職〈勤務〉年数: die Beförderung nach dem ～ 年功序列〈勤務年数〉による昇任.

dienst·äl·test 形 (職場で)最先任の, 最古参の: der 〈die〉 *Dienstälteste* 最古参者.

Dienst≈an·tritt 男 就任. **≈an·wei·sung** 女 ＝Dienstvorschrift **≈an·zug** 男 (勤務中に着る)制服. **≈auf·fas·sung** 女 職務観念. **≈auf·sicht** 女 部下の監督. **≈auf·wand** 男 勤務遂行上の必要経費, 職務費用. **≈aus·ga·be** 女 〘軍〙(翌日の)日課〈予定〉の伝達. **≈aus·weis** 男 勤務者身分証明書. **≈aus·zeich·nung** 女 永年勤続または功労に対する表彰.

dienst·bar[dí:nstba:r] 形 **1** 働き者の, 役にたつ: ein ～*er* Geist (→Geist 3 a ③) ‖ *et.*[4] 〔*seinen* Zwecken〕 ～ machen …を利用する | *sich*[4] aufdringlich ～ machen 押しつけがましく世話をやく. **2** 《*jm.*/*et.*[3]》雇われた, 従属した, (…の)意のままに動く: *jm.* ～ sein …に雇われている | der Sünde[3] ～ sein 罪業にとりつかれている | ***sich***[3] ***jn.*** 〈***et.***[4]〉 **～ machen** … を自分に従わせる, …を自分のために利用する | Die Physiker machen sich die Atomenergie ～. 物理学者たちは原子エネルギーを〔うまく〕利用する.

Dienst·bar·keit[−kaɪt] 女 -/-en **1** よく仕える〈尽くす〉こと, 従順, 恭順; 雇われていること, 従属; 〘史〙隷属, 臣従: in *js.* ～ geraten …の家来になる, …に屈服する. **2** (Servitut)〘法〙地役(ちえき)権, 使用権.

Dienst·be·fehl[dí:nst..] 男 業務命令.

dienst·be·flis·sen 形 熱心に奉仕(サービス)する, 世話好きな; 仕事熱心な: *jm.* ～ zur Hand gehen いっしょうけんめい…の手助けをする.

Dienst≈be·ginn 男 始業〔時刻〕. **≈be·hör·de** 女 所轄官庁. **≈be·klei·dung** =Dienstkleidung **≈be·reich** 男 職務権限範囲.

dienst·be·reit 形 **1** 職務(仕事)熱心な; 世話好き(親切)な. **2** (緊急時に備えて規定の営業時間以外に)開店している: Die Apotheke ist auch am Sonntag ～. この薬局は日曜日も開いている.

Dienst≈be·schä·di·gung 女 公務傷害, 公傷. **≈be·zü·ge** 複 (公務員の)俸給. ᵛ**≈bo·te** 男 使用(奉公)人, 召使い. **≈buch** 中 **1** 勤務日誌. ᵛ**2** (使用人の)勤務評定簿. **≈eid** 男 (就任時の)宣誓: *et.*[4] auf *seinen* ～ nehmen …の職責を果たすことを宣誓する | **einen auf den ～ nehmen**《戯》勤務(仕事)中に一杯やる. **≈ei·fer** 男 職務(仕事)熱心, 精励.

dienst·eif·rig 形 職務(仕事)熱心な.

Dienst≈ent·he·bung 女 停職. **≈ent·las·sung** 女 免職, 解雇: um *seine* ～ bitten (nachsuchen) 辞職を願い出る.

dienst≈er·ge·ben 形 仕事熱心な, 精勤な; 献身的な, 世話好きな. **≈fä·hig** 形 勤務能力(任用資格)のある; 兵役(軍務)に適した;〘海〙耐航性(力)のある.

Dienst≈fahrt 女 公用出張(旅行). **≈fahr·zeug** 中 公用車.

dienst≈fer·tig 形 精勤な, かいがいしい; 親切な, 世話好きの, めんどう見のいい, 献身的な. **≈frei** 形 勤務のない, 非番の; 無職の; 貢納義務のない: ～ haben 非番である.

Dienst≈gang 男 (守衛などの職務上の)見回り. **≈ge·ber**《ｵｰｽﾄﾘｱ》= Arbeitgeber **≈ge·brauch** 男 -〔e〕s/ 公務上の使用: nur für den ～ 公務専用〔で〕. **≈ge·heim·nis** 中 **1** 職務上の秘密. **2**《単数で》職務上の守秘義務: das ～ verletzen 守秘義務に違反する, 職務上の秘密をもらす. **≈ge·richt** 中 裁判官服務裁判所. **≈ge·spräch** 中 公用電話〔通話〕. **≈grad** 男 **1**〘軍〙階級: den ～ eines Majors haben 少佐である. **2** 下士官.

Dienst·grad·ab·zei·chen 中〘軍〙階級章.

dienst·ha·bend 形 当直(勤務)中の: der ～*e* Arzt (Offizier) 当直医師(将校・士官) ‖ der (die) *Diensthabende* 当直員.

Dienst≈herr 男 **1 a)** 所属の上級官庁(郵便局〔員〕にとっての郵政省など); 所属の長(郵便局〔員〕にとっての郵政大臣など). **b)** (Arbeitgeber) 雇い主, 雇用者. **2**〘史〙〔封建〕領主. **≈herr·schaft** 女《集合的に》雇い主, 雇用者; ᵛ雇い主の一家, 主家. **≈hund** 男 (特別の訓練を受けた)番犬; 警察犬. **≈jahr** 中 -〔e〕s/-e《ふつう複数で》勤続年〔数〕: zehn ～*e* 〔hinter *sich*[3]〕 haben 勤続10年である | im zweiten ～ stehen 勤め始めて2年目である. **≈klei·dung** 女 制服, ユニホーム, お仕着せ. **≈lei·stung** 女 -/-en **1** 職務の遂行, 服務; (自発的な)世話, 奉仕, サービス. **2**《ふつう複数で》〘経〙サービス行為(飲食業・理髪業・医療部門など生産とは直接かかわりをもたない労働). **3**〘軍〙出向.

Dienst·lei·stungs≈be·trieb 男〘経〙サービス業〔会社〕 **≈ge·sell·schaft** 女 (サービス業が中心的な役割りを演じる現代の)サービス社会. **≈ge·wer·be** 中〘経〙サービス業. **≈in·du·strie** 女 サービス産業. **≈sek·tor** 男 サービス部門. **≈un·ter·neh·men** 中 サービス企業. **≈zen·trum** 中 サービスセンター.

Dienst·leu·te Dienstmann の複数.

dienst·lich[dí:nstlıç] 形 **1** 職務(業務)上の; 事務的な, 形式ばった, 堅苦しい: ～*e* Angelegenheiten 職務案件 | ein ～*er* Befehl 職務命令; 厳命 | mit ～*er* Miene しかつめらしい顔つきで | *et.*[4] auf dem ～*en* Wege erledigen …を事務的に処理する ‖ wieder ～ werden 事務的な(堅苦しい)態度に戻る ‖ ～ verreist sein 公用旅行(出張)中である | Ich war ～ 〔am Kommen〕 verhindert. 私は仕事(勤務)の都合で参れませんでした. ᵛ**2** まめまめしい, 従順な; (dienlich) 役にたつ.

Dienst·ling[..lıŋ] 男 -s/-e (奴隷・農奴のような)自由を拘束された使用人.

Dienst≈lohn 男 (召使いの)賃金, 給料. **≈mäd·chen** 中, **≈mä·del** 中 女中, 下女, 小間使い(今日では Hausmädchen とともにすたれつつあり, 一般には Hausangestellte, Hausgehilfin という). ᵛ**≈magd** 女 (農家などの荒仕事をする)下女. **≈mann** 男 **1** -〔e〕s/..männer, ..leute (Gepäckträger) (鉄道などの)荷物運搬人, ポーター: einen ～ rufen ポーターを呼ぶ. ᵛ**2** -〔e〕s/..leute《ふつう複数で》召使いたち. ᵛ**3** -〔e〕s/..mannen (Ministeriale)〘史〙(中世封建領主に仕えた)家人(けにん). **≈mar·ke** 女 **1** (官庁の)公用郵便用切手. **2** (私服刑事の)身分証明記章. **≈miet·woh·nung** =Dienstwohnung **≈müt·ze** 女 (鉄道員などの)制帽; 軍帽. **≈neh·mer**《ｵｰｽﾄﾘｱ》=Arbeitnehmer **≈ord·nung** 女 勤務規則, 服務規律. **≈ort** 男 -〔e〕s/-e 勤務地. **≈per·so·nal** 中《集合的に》従業員, 勤務者, 職員; 使用人, 召使い. **≈pflicht** 女 服務(就業)義務;〘軍〙兵役義務;〘史〙(領主への)奉仕義務: *seine* ～*en* erfüllen 職務を果たす.

dienst·pflich·tig 形 服務(就業)義務のある;〘軍〙兵役義務のある.

Dienst≈pi·sto·le 女 職務上携帯するピストル. **≈plan** 男 勤務予定表. **≈prag·ma·tik** 女《ｵｰｽﾄﾘｱ》公務員服務規程. **≈rad** 中 公用(勤務用)自転車. **≈rang** 男 =Dienstgrad **≈raum** 男 勤務室, 事務室. **≈rei·se** 女 公用旅行, 出張: *jn.* auf eine ～ schicken …を公用出張させる. **≈sa·che** 女 公用, 公務; 公文書. **≈schluß** 男 ..schlusses/ 終業〔時刻〕. **≈stel·le** 女 **1** 役所, 出先機関,〔地方〕事務所; 執務(勤務)場所: *sich*[4] bei der 〔zuständigen〕 ～ melden 〔所轄の〕役所に届け出る | die ～ Berlin des Deutschen Patentamts ドイツ特許庁ベルリン支所. **2** 職, 地位, ポスト. **≈stel·lung** 女 職務権限(範囲), 職能. **≈stem·pel** 男 公印, 職印. **≈stra·fe** 女 (勤務規程違反に対する)懲戒処分. **≈straf·ge·walt** 女 懲戒処分権. **≈stun·de** 女 -/-n《ふつう複数で》勤務(就業)時間; 事務取扱時間, 営業時間.

dienst·taug·lich =dienstfähig

Dienst·te·le·fon 中 公用のための電話〔機〕.

dienst≈tu·end = diensthabend **≈un·fä·hig** 形 (健康上の理由で)勤務能力のない; 兵役(軍務)に不適の.

Dienst·un·fall 男 勤務(服務)中の事故.

dienst·un·taug·lich 形 (健康上の理由で)勤務能力のない; 兵役(軍務)に不適の.

Dienst≈ver·ge·hen 中 服務規律違反. **≈ver·hält·nis** 中 -ses/-se **1** (契約による)雇用関係: ein ～ eingehen (auflösen) 雇用関係に入る(を解消する). **2**《ふつう複数で》職務の状況, 職場環境.

dienst|ver·pflich·ten[dí:nstfɛrpflıçtən]《01》 **I** 他《*jn.*》徴用する; (兵役に)召集する. **II dienst·ver·pflich·tet** 過分 形 (非常事態などに)勤務を義務づけられた;〘軍〙応召義務のある, 予備役の.

Dienst≈ver·trag 男 雇用契約. **≈vor·schrift** 女 服務(勤務)規程. **≈wa·gen** 男 公用〔自動〕車. **≈weg** 男〔所定の〕事務手続き: den ～ einhalten 規定どおりの事務手順を踏む | auf dem ～ (略 a. d. D.) 所定の手順を踏んで.

dienst≈wid·rig 形 服務規律違反の. **≈wil·lig** 形 精勤な; 世話好きな; 兵役志願の.

Dienst≈woh·nung 女 官舎, 公舎, 社宅: eine ～ zugewiesen bekommen 社宅をもらう(割り当てられる). **≈zeit** 女 **1**《ふつう単数で》勤務年限, 年期: *seine* ～ ableisten (abdienen) (兵役年限などを)満期まで勤め上げる. **2** (事務所・官庁などの)勤務(執務)時間. **≈zeug·nis** 中 (離職時に雇い主から与えられる)勤務実績証明書. **≈zim·mer** 中 勤務(執務)室, 事務室. **≈zu·la·ge** 女 勤続給(加俸); 職務加俸(手当). **≈zweig** 男 職務部門, 服務分掌.

Die·pel[dí:pəl] 男 -s/-〔n〕 =Tippel 2

dies[di:s] dieses (dieser の単数中性1・4格)の別形.

Dies →*Dies* academicus, *Dies* ater, *Dies* irae

Dies aca·de·mi·cus[díːɛs akadéːmikʊs, díːɛs −] 男 −−/ (祝典・一般講演などのための)大学の休日. [*lat.*; ＜*lat.* diēs (→Diarium); ◇akademisch]

Dies ater[−́ áːtɛr, − ..tər] 男 −−/ (Unglückstag) 厄日. [*lat.*; ＜*lat.* āter „schwarz"]

dies·be·züg·lich[díːsbətsyːklɪç] 《官》 **I** 形 これに関する: eine ～*e* Vereinbarung これに関する取り決め. **II** 副 これに関して.

die·se[díːzə] →dieser

Di·ese[diéːzə] 女 −/−n ＝Diesis

Die·sel[díːzəl] **I** 人名 Rudolf ～ ルードルフ ディーゼル (1858-1913; ドイツの技術者で, ディーゼル機関の発明者).

II 男 −[s]/− **1** ディーゼル機関. **2** ディーゼル機関つきの車, ディーゼル車. **3** ＝Dieselkraftstoff

Die·sel·an·trieb[díːzəl..] 男 ディーゼル〔機関〕推進〈駆動〉.

die·sel·be[diːzɛ́lbə, di..] (ᵛ**die·sel·bi·ge**[..bɪɡə]) derselbe の単数女性 1・4 格.

die·sel·ben[diːzɛ́lbən, di..] (ᵛ**die·sel·bi·gen**[..bɪɡən]) derselbe の複数 1・4 格.

die·sel·elek·trisch[díːzəl..] 形 ディーゼル機関で発電する: eine ～*e* Lokomotive 電気式ディーゼル機関車.

Die·sel≈fahr·zeug 中 ディーゼル車. **≈kar·ren** 男 ディーゼル機関つき小型荷物運搬車. **≈kraft·stoff** 男 ディーゼル機関用燃料(軽油). **≈lok** 女, **≈lo·ko·mo·ti·ve** 女 ディーゼル機関車. **≈mo·tor** 男 ディーゼル機関.

die·seln[díːzəln] 《06》 自 (h) (エンジンが)点火を要せずに回転する.

Die·sel≈öl 中 ＝Dieselkraftstoff **≈trieb·wa·gen** 男 《鉄道》 ディーゼルカー, ディーゼル動力車.

Di·esen Diese, Diesis の複数.

die·ser[díːzər] 《指示代名詞: 性・数・格により次のように変化するが, 単数中性 1・4 格には別形 **dies**[diːs] がある》

	単数男性	単数女性	単数中性	複数
1 格	dieser	diese	dieses	diese
2 格	dieses	dieser	dieses	dieser
3 格	diesem	dieser	diesem	diesen
4 格	diesen	diese	dieses	diese

1 《付加語的に; 単数中性1・4格はふつう dieses》《空間的・時間的に近くにあるものを指して》 この, その, こちらの, 近い方の; 今度の, 今の: *dieses* Buch この本 | *dieser* Baum hier ここにある〔この〕木 | *dieses* neue Auto dort あそこにある〔その〕新しい自動車 | *diese* Dame da そこにいるその婦人 | am Ende *dieses* Monats 今月〈その月〉の末に | in *diesem* Jahr 今年; その年に | das Schicksal all〔er〕 *dieser* Kinder これらすべての子供たちの運命 | in *diesen* Tagen / *dieser* Tage[2] 近日中に, 近いうちに; 近ごろ, 最近〔では〕 | *diese* Nacht[4] (朝になって)昨夜〔には〕; (夕方になって)今夜〔には〕 | *Diesen* Sonntag machen wir einen Ausflug. この次の日曜に私たちは遠足をする ‖ 《jener と対照的に用いて》 *Dieser* Wagen ist älter als jener. この車はあちらのより古い | Ich las *diese* und jene Zeitung. 私はあれこれ〈いくつか〉の新聞を読んだ.

☆ i) 空間的・時間的距離とは無関係に心理的に近いものを指し, ときに非難のニュアンスが伴うことがあり, このばあい訳語としてはむしろ「あの」がふさわしいことが多い: *Dieser* Esel! あのばかめ | Das alles hat *diese* Anna verraten! 〔あの〕アンナのやつが何もかもばらしたんだ.

ii) dieser に続く付加語形容詞は弱変化となるが, mein などの所有代名詞は dieser の影響を受けない: *dieses* neue Radio この新しいラジオ | unter *diesem* alten Baum この老木の下で | der Vortrag *dieses* Gelehrten この学者の講演 ‖ *dieser mein* Hut 私のこの帽子 | Die Vertriebenen sind außer *dieser ihrer* Rolle voll in die Gesellschaft integriert. 難民たちはこの難民であるという一点を除けばすっかり社会の一員になりきっている | das Schicksal all〔er〕 *dieser* Kinder これらすべての子供たちの運命.

iii) 商用文では特定の名詞を省略して一見名詞的用法のような使い方をすることがある: der Schreiber 〈der Überbringer〉 *dieses* 〔Schreibens〕 この文書の筆者〈持参者〉 | am dritten *dieses* 〔Monats〕 本月 3 日に.

2 a) 《名詞的に; 単数中性 1・4 格はしばしば **dies**》 これ, この人〈事物〉, こちらの〔人〕: Welches Zimmer gefällt Ihnen? — *Dieses* hier. どちらの部屋がお気に召しますか — こちらのです | Hans grüßte seinen Vorgesetzten, *dieser* dankte ihm aber nicht. ハンスは上役にあいさつしたが上役は彼に答礼しなかった ‖ ᵛ*diesem* nach これによれば(＝hiernach) ‖ 《jener などと対照的に用いて》 ***dieser* oder jener** だれか〔ある人〕; 《話》 悪魔 | ***dieser* und jener** あの人この人, いろいろな〈何人かの〉人々 | *Dieser* und jener war dagegen. (だれかれではなく)二三の人はそれに反対だった | *Dieser* und jener wird sicher kommen. だれか二, 三人はきっとやってくるだろう | Ich habe im Theater *diesen* und jenen getroffen, aber jemand, der dich interessieren könnte, war nicht darunter. 劇場であれやこれやの人に出会ったが 君の関心をひきそうな人はその中にはいなかった | ***dies* und jenes** あれこれいろいろなもの, たいした値うちもないこと〈もの〉 | Ich habe *dies* und jenes gekauft. 私はあれこれ〈いくつか〉買いものをした | Darüber habe ich ***dies* und das** gehört. それについては私はいろいろ耳にした ‖ 《dies または dieses の形で先行文または後続副文の内容を受けて》 All *dies*〔es〕 〈*Dies* alles〉 ist schon allgemein bekannt. これは全部すでに周知のことだ | *Dies* ist der Grund, warum ... これ〈それ〉〔こそ〕がなぜ…かという理由である | *Dies* eben 〈Eben *dies*〉 wollte ich auch sagen. (君の言った)まさにそのことを私も言おうと思っていたのだ | Nur *dies* ist sicher, daß ... …というこのことだけは確実だ ‖ 《ふつう dies の形で動詞 sein とともにいわゆる紹介文をつくって; 定動詞の形は1格の名詞によってきまる》 *Dies* ist mein Sohn 〈sind meine Kinder〉. これが私の息子〈私の子供たち〉です | *Dies*〔es〕 ist ein Kater, jenes eine Katze. これは雄猫で あれは雌猫だ.

b) 《jener と対照的に用いて》 後者: Hier laufen eine breite und eine schmale Straße: *diese* führt zum Rathaus, jene zum Bahnhof. ここには広い道と狭い道とが走っているが 後者は市役所へ 前者は駅へ通じる.

[*ahd.*; ◇der; *engl.* this, these]

die·ser·art[díːzər|aːrt, ⌐⌣⌐] **I** 形 《無変化》 《付加語的》 このような性質の: Ich kann mit ～ Leuten nicht umgehen. 私はこの種の人たちと付き合う気にはなれない. **II** 副 《ｵｰｽﾄﾘｱ》 (auf diese Weise) このようにして.

die·ser·halb[..halp] 副 《雅》 (deshalb) そのために, それゆえに.

die·ses[díːzəs] →dieser

dies·falls[díːsfals] 副 《官》 (desfalls) この場合には; この件に関しては; それゆえに.

die·sig[díːzɪç][2] 形 薄霧のかかった, もやの立ちこめた; 《比》 不透明な, ぼんやりした, あいまい模糊(ᵏ)とした. [*ndd.*; ◇dämmern]

Die·sig·keit[−kaɪt] 女 −/ diesig なこと.

Dies irae[díːɛs íːrɛˑ, díːɛs −] 中 (男) −−/ 怒りの日(最後の審判を歌った中世ラテン語の賛美歌の冒頭の句). [*lat.*; ＜*lat.* diēs (→Diarium)＋īra „Zorn"]

Di·esis[díːezɪs, díezɪs] 女 −/Diesen[diéːzən] (Kreuz) 《楽》 シャープ, 嬰(ᵉⁱ)記号(♯). [*gr.*−*lat.*; ＜*gr.* diiénai „durch-lassen"]

dies≈jäh·rig[díːsjɛːrɪç][2] 形 《付加語的》 今年の. **≈mal** [..maːl] 副 今度〈今回〉〔は〕. **≈ma·lig**[..maːlɪç][2] 形 今度〈今回〉の. **≈sei·tig**[..zaɪtɪç][2] 形 (↔jenseitig) **1** 《付加語的》 こちら側の: das ～*e* Ufer des Sees 湖のこちら側の岸. **2** 《比》 (irdisch) この世の, 世俗的な: ～*e* Wünsche 俗世の願望.

Dies·sei·tig·keit[..kaɪt] 女 −/ 《雅》 現世肯定的な態度〈人生観〉.

dies·seits[..zaɪts] (↔jenseits) **I** 前 《2 格支配》 …のこちら側に〈で〉: ～ des Flusses 川のこちら側に.

II 副 こちら側に〈で〉; 《比》 現世で: ～ von der Grenze 境界線のこちら側に〈で〉.

III Dies·seits 中 −/ 《雅》 現世, 俗世, 此岸(ᵗʰ).

Dies·seits·glau·be 男 −ns/ 現世〔肯定〕主義.

Die·ter[díːtər] 男名 ディーター.

Die·te·rich[..tərıç] 男名 (＜Dietrich) ディーテリヒ.
Die·ther[dí:tər, dí:thɛr] 男名 ディーター.
Diet·lind[dí:tlınt] 女名 ディートリント. [＜*ahd.* diot „Volk"+linta „Schild (aus Lindenholz)"]
Diet·lin·de[di:tlíndə] 女名 ディートリンデ.
Diet·mar[dí:tmar] 男名 ディートマル. [＜*ahd.* māri (→Mär)]
Diet·rich[dí:trıç] **I** 男名 ディートリヒ. **II** 人名 **1** ～ von Bern ベルン(ヴェローナ)のディートリヒ(ゲルマン英雄叙事詩の英雄). **2** Marlene ～ マルレーネ ディートリヒ(1902-92; ドイツの映画女優・歌手). **III** 男 -s/-e (錠前を開けるために, 鍵の代用として針金などで作る)鉤(かぎ)状の合鍵. [*ahd.* rīhhi „mächtig" (◇reich)]
diet·ri·chen[dí:trıçən] 《話》 **I** 自 (h) 合鍵(あいかぎ)を使う. **II** 他 (h) 合鍵(あいかぎ)で開ける.
Dieu le veut[djølvø] 《フランス語》(Gott will es) 神それを欲したもう(第1回十字軍の合言葉).
ᵛ**die·weil**[di(:)váıl] **I** 副 (inzwischen) とかくするうちに. **II** 接《従属》**1** (während) …する間に. **2** (weil) …する〈であるが〉ゆえに. [*mhd.* die wīle; ◇Weile]
dif.. →dis..
Dif·fa·ma·tion[dıfamatsió:n] 女 -/-en (Verleumdung) 中傷, 誹謗(ひぼう), 名誉毀損(きそん). [*mlat.*]
dif·fa·ma·to·risch[..tó:rıʃ] 形 中傷的な, 名誉毀損の. [*mlat.*]
Dif·fa·mie[dıfamí:] 女 -/-n[..mí:ən] **1** 中傷しようという底意〈悪意〉. **2** 中傷〈侮辱〉的な言辞, 誹謗(ひぼう)の言葉.
dif·fa·mie·ren[−rən] 他 (h) 中傷〈誹謗(ひぼう)〉する, (…の)名誉〈体面〉を傷つける: *diffamierende* Äußerungen 中傷的な言辞. [*lat.*−*fr.*; ◇Fama; *engl.* defame]
Dif·fa·mie·rung[..ruŋ] 女 -/-en ＝Diffamation
dif·fe·rent[dıfərέnt, dıfer..] 形 (↔indifferent) (verschieden) 違った, 異なる, 同じで〈等しく〉ない. [*lat.*]
dif·fe·ren·tial[..rɛntsiá:l] **I** 形 区別する, 差別的な; 〖数〗微分〔法〕の; 〖工〗差動の. **II Dif·fe·ren·tial** 中 -s/-e **1** (↔Integral) 〖数〗微分. **2** ＝Differentialgetriebe [＜..al[1]]
Dif·fe·ren·tial∠ana·ly·sa·tor 男 〖数〗微分解析器. **∠brem·se** 女 〖工〗差動ブレーキ. **∠dia·gno·se** 女 〖医〗鑑別診断, 類症鑑別. **∠dia·gno·stik** 女 〖医〗鑑別診断学. **∠fla·schen·zug** 男 〖工〗差動滑車. **∠geo·me·trie** 女 〖数〗微分幾何学. **∠ge·trie·be** 中 〖工〗差動歯車装置. **∠glei·chung** 女 〖数〗微分方程式. **∠kreis** 男 微分回路. **∠ma·no·me·ter** 中 (男) 圧力差計. **∠quo·tient**[..kvotsiɛnt] 男 〖数〗微分商. **∠rech·nung** 女 -/ 〖数〗微分法〈計算〉. **∠ren·te** 女 〖商〗差額地代. **∠schrau·be** 女 〖工〗差動ねじ. **∠ta·rif** 男 〖商〗例外〈差別〉賃率. **∠zoll** 男 差別〈区別〉税関.
Dif·fe·ren·tia·tion[dıfərɛntsiatsió:n, dıfer..] 女 -/-en 〖生・地〗分化; 〖医〗鑑別; (↔Integration) 〖数〗微分〔法〕. [*mlat.*]
dif·fe·ren·tiell[..tsiέl] ＝differential
dif·fe·ren·ti·ieren[..tsií:rən] ＝differenzieren
Dif·fe·renz[dıfərέnts, dıfer..] 女 -/-en **1 a)** 〖数〗差, 余り: Die ～ zwischen 5 und 2 ist 〈beträgt〉 3. 5と2の差は3である. **b)** 〖商〗過不足, 差額; 不足額, 欠損. **2** 意見の相違〈不一致〉; 衝突, いさかい: die ～*en* beilegen 〈ausgleichen〉 意見の相違を調整する | mit *jm.* eine kleine ～ haben …との間にちょっとした意見の食い違いがある. [*lat.*]
Dif·fe·ren·zen·rech·nung 女 -/ 〖数〗差分法.
Dif·fe·renz∠ge·schäft 中, **∠han·del** 男 -s/ 〖商〗さや取り, 差額取引, 定期的清算取引.
dif·fe·ren·zie·ren[dıfərɛntsí:rən, dıfer..] **I** 他 (h) **1** 区分〈細分〉する; 分化〈特殊化〉させる: 再帰 *sich*[4] ～ 分化〈特殊化〉する; (見解などが)分かれる. **2** 〖数〗微分する: eine Gleichung ～ ある方程式を微分する. **3** 〖生〗弁色する; 〖医〗鑑別する.
II 自 (h) (厳密に)ことがらを識別〈弁別〉する: bei *et.*[3] ～ …に際して事理をわきまえる | zwischen Dummheit und Unwissenheit ～ 愚かさと無知との区別〈差異〉を認める.
III dif·fe·ren·ziert 過分 形 **1** 細分化された; さまざまなニュアンスをもった, きめ細かな. **2** 異なった, 多種多様な.
Dif·fe·ren·ziert·heit[..haıt] 女 -/-en differenziert なこと.
Dif·fe·ren·zie·rung[..ruŋ] 女 -/-en **1** 区分, 細分; 分化, 特殊化: die ～ der Berufe 職業の分化. **2** 〖数〗微分: die ～ einer Kurve ある曲線の微分. **3** 〖生〗弁色; 〖医〗鑑別.
Dif·fe·renz·ton[..rέnts..] 男 -〔e〕s/..töne 〖楽〗差音.
dif·fe·rie·ren[dıfərí:rən, dıfer..] 自 (h) 異なる, 差がある, 食い違う: Unsere Ansichten *differieren* erheblich. 私たちの見解ははなはだしく異なっている | Die beiden Uhren *differieren*. その二つの時計は時刻が食い違っている ‖ *differierende* Angaben 互いに異なる陳述. [*lat.* dif-ferre „auseinander-tragen"−*fr.*]
dif·fi·zil[dıfitsí:l] 形 **1** 困難な; (取り扱いの)むずかしい: ein ～*es* Problem デリケートな問題. **2** (人が)扱いにくい, 気むずかしい: ein ～*er* Charakter 扱いにくい性格〔の人〕. **3** 極端に綿密な, 重箱の隅をつつくような: eine ～*e* Untersuchung 微に入り細をうがった調査 | Sei doch nicht so ～! そんなに小うるさいことを言うな. [*lat.*−*fr.*; ◇Fazilität; *engl.* difficile]
Dif·fluenz[dıfluέnts] 女 -/-en (↔Konfluenz) 〖地〗(氷河の)分流, 分枝.
dif·form[dıfɔ́rm] 形 (mißgestaltet) 〖医〗奇形の.
Dif·for·mi·tät[dıfɔrmitέ:t] 女 -/-en 〖医〗difform なこと; difform なもの. [＜*lat.* dēformis (→deform)]
Dif·frak·tion[..fraktsió:n] 女 -/-en (Beugung) 〖理〗(光などの)回折. [＜*lat.* dif-fringere „zer-brechen"]
dif·fun·die·ren[dıfundí:rən] **I** 自 (h) 〖理〗(気体・液体が)拡散〈混和〉する: in 〈durch〉 *et.*[4] ～ …に溶解〈浸透〉する. **II** 他 (h) 〖理〗拡散させる. [*lat.*; ◇*engl.* diffuse]
dif·fus[dıfú:s][1] 形 〖理〗拡散した; 《比》散漫な, とりとめのない; 〖医〗瀰漫(びまん)性の, 汎発(はんぱつ)性の: ein ～*es* Gerede とりとめのないおしゃべり | das ～*e* Licht 〖理〗散光 | ～*er* Nebel 〖天〗散光〈不定形・無定形〉星雲 | ～*e* Reflexion 〖理〗散乱反射 | ein ～*es* Ziel 漠然とした目標 ‖ eine *Diffuse* 〖理〗分散核. [*lat.*; ◇*engl.* diffused]
Dif·fu·sat[dıfuzá:t] 中 -s/-e 〖化〗透析物〈液〉; 拡散〈混和〉物.
Dif·fu·sion[dıfuzió:n] 女 -/-en 〖理〗(気体・液体の)拡散, 散乱, (光の)分散; 〖化〗混和, 浸透; 透析; (製糖の際の)浸出. [*lat.*]
Dif·fu·sions·pum·pe 女 〖理〗拡散〈凝結〉ポンプ.
Dif·fu·sor[dıfú:zɔr, ..zo:r] 男 -s/-en[..fuzó:rən] 〖工〗ディフューザー, 散気筒; (自動車などの)消音器〈装置〉.
Di·gam·ma[digáma·] 中 -〔s〕/-s ディガンマ(最古のギリシア語アルファベットの第6字で Ϝ と書かれ[w]を表した). [*gr.*−*lat.*]
di·gen[digé:n] 形 〖生〗両性的な, 有性の.
di·ge·rie·ren[digerí:rən] 他 (h) **1** 〖化〗浸漬(しんし)する; 蒸解する. **2** (verdauen) 〖医〗消化する. [*lat.* dī-gerere „auseinander-tragen"; ◇*engl.* digest]
Di·gest[dáıdʒɛst, ..dʒəst] 男 中 -〔s〕/-s 摘要, 抜粋, ダイジェスト; (既刊の本・雑誌の抜粋を編集した)ダイジェスト誌. [*lat.* dīgesta−*engl.*]
Di·ge·sten[digέstən] 複 (Pandekten) 〖史〗学説集成〈彙集〉(ローマ法典のうちユスティニアヌス帝が紀元1-3世紀の法学説を集成公布した部分). [*lat.* dīgesta „Geordnete"]
Di·ge·stif[diʒɛstí:f] 男 -s/-s (消化促進用の)食後酒, ディジェスティフ. [*mlat.*−*fr.*]
Di·ge·stion[digɛstió:n] 女 -/-en **1** 〖化〗浸漬(しんし). **2** (↔Indigestion) (Verdauung) 〖医〗消化. [*lat.*]
di·ge·stiv[..tí:f][1] 形 消化に関係した; 消化を促進する.
Di·ge·stiv·mit·tel 中 消化剤.
Di·ge·sti·vum[..tí:vum] 中 -s/..va[..va·] **1** 〖医〗消化剤. **2** 〖化〗浸漬(しんし)剤.
Di·ge·stor[digέstɔr, ..to:r] 男 -s/-en[..gɛstó:rən] **1** 〖化〗浸漬器; 蒸解室〈装置〉. ᵛ**2** (Dampfkochtopf) 蒸し

D

器.

Dig·ger[dígər] 男 -s/- **1** (Goldgräber) 金採掘者, 金鉱探し屋. **2** 〖史〗 ディッガーズ(イギリスのピューリタン革命における最左翼党派). [*engl.*]

di·gi·tal[digitá:l] 形 **1** 〖医〗 指に関する, 指の; 指による: *et.*[4] ~ untersuchen …を指頭診察する. **2** (↔analog) (計算機・測定器具などについて)デジタル方式の, 計数型の. [*lat.* 〔−*engl.*〕; <*lat.* digitus „Finger" (◇Zehe)+..al[1]]

Di·gi·tal≈an·zei·ge 女 (時計・計器などの)デジタル表示. **≈auf·nah·me** 女 デジタル録音.

Di·gi·ta·lin[..talí:n] 中 -s/-e 〖薬〗 ジギタリン. 「[<..in[2]]」

Di·gi·ta·lis[..tá:lɪs] 女 -/- **1** (Fingerhut) 〖植〗 ジギタリス, キツネノテブクロ(狐手袋)属. **2** 《単数で》 〖薬〗 ジギタリス(1の葉から精製した強心剤). [*nlat.*]

di·gi·ta·li·sie·ren[digitalizí:rən] 他 (h) (測定数値を)デジタル化する, 数字で表す(→digital 2).

Di·gi·ta·li·sie·rung[..rʊŋ] 女 -/-en デジタル化.

Di·gi·tal≈kom·pres·sion[digitá:l..] 女 〖医〗 (止血のための)指圧法. **≈re·chen·ge·rät** 中, **≈rech·ner** 男 デジタル〈計数型〉計算機. **≈si·gnal** 中 デジタル信号. **≈tech·nik** 女 デジタル技術. **≈uhr** 女 デジタル時計. **≈un·ter·su·chung** 女 〖医〗 指頭診.

Di·gi·to·xin[digitɔksí:n] 中 -s/ 〖薬〗 ジギトキシン. [<Digitalis+Toxin]

Di·glos·sie[diglɔsí:] 女 -/-n[..sí:ən] 〖言〗 二言語兼用, ダイグロシア(スイスのドイツ語地域における標準ドイツ語とスイス・ドイツ語の関係のように周囲の状況によって 2 言語を使い分けること). [<*gr.* di..[1]+glōssa „Zunge, Sprache"]

Di·glyph[diglý:f] 男 -s/-e 〖建〗 ディグリフ(2本溝, トリグリフの一変形: →Triglyph). [<*gr.* glyphís „Kerbe"; (◇Glyphe)]

Di·gni·tar[dɪgnitá:r] (**Di·gni·tär**[..tέ:r]) 男 -s/-e 〖カトリック〗 高位聖職者. [*fr.* dignitaire; ◇*engl.* dignitary]

Di·gni·tät[..tέ:t] 女 -/-en 高い価値〈地位〉, 尊厳, 品位; 〖カトリック〗 高位, 顕職; 高位聖職者. [*lat.*; <*lat.* dignus „würdig" (◇dezent)]

Di·graph[digrá:f] 男 -s/-e〔n〕 〖言〗 二字一音字(例 [x] [ç] と発音される ch). [◇di..[1]]

Di·gres·sion[digrɛsió:n] 女 -/-en **1** 本題からそれること; 逸脱, 脱線; 余談. **2** 〖天〗 離角. [*lat.*; <*lat.* dī-gredī „auseinander-gehen" (◇Grad)]

di·hy·brid[dihybrí:t, dí:hybri:t][1] 形 〖生〗 両性〈二遺伝子〉雑種の. 「雑種.」

Di·hy·bri·de[..də] 男 -n/-n 〖生〗 両性〈二遺伝子〉

Di·jam·bus[dijámbʊs] (**Di·iam·bus**[diiámbʊs]) 男 -/..ben[..bən] 〖詩〗 二重イアンボス (◡−◡−) (→Jambus).

Di·ka·ste·rium[dikasté:riʊm] 中 -s/..rien[..riən] (古代ギリシアの)裁判所, 法廷. [*gr.*; <*gr.* dikázein „richten"]

Di·ke[dí:kə, ..ke·] 人名 〖ギ神〗 ディケ(正義の女神: →Hora[1] 2). [*gr.*; ◇Deixis]

di·klin[diklí:n] (**di·kli·nisch**[..nɪʃ]) 形 (↔monoklin) 〖植〗 単性花の, 雌雄異花の. [<*gr.* klī́nē „Bett"]

di·ko·tyl[dikotý:l] 形 〖植〗 双子葉の.

Di·ko·ty·le[..lə] 女 -/-n, **Di·ko·ty·le·do·ne** [..tyledó:nə] 女 -/-n 〖植〗 双子葉植物.

Di·kro·tie[dikrotí:] 女 -/-n[..tí:ən] 〖医〗 **1** 重複脈, 重拍脈. **2** 重拍性. [<*gr.* dí-krotos „doppelt rauschend" (◇Krotalin); ◇*engl.* dicrotism]

Dik·ta Diktum の複数.

Dik·ta·fon[dɪktafó:n] 中 -s/-e =Diktaphon

dik·tan·do[dɪktándo·] =dictando

Dik·ta·phon[dɪktafó:n] 中 -s/-e ディクタフォン, 速記用口述録音器. [<Diktat+Phon]

Dik·tat[dɪktá:t] 中 -〔e〕s/-e **1** (筆記させるための)口述, (学校での)書き取り: nach ~ schreiben 口述どおり書き取る | ein ~ schreiben 書き取りをする. **2** 口述されたもの, (口述を)筆記したもの; (学校での)書き取りの答案: das ~ in die Maschine übertragen 口述タイプする | ~*e* korrigieren 書き取りの答案を添削する. **3** 絶対的な命令, 無理強い; 強要された協定: *sich*[4] dem ~ fügen 〈unterwerfen〉 無理強いを甘受する | dem ~ der Mode gehorchen 易々として流行に流される. [*lat.*]

Dik·tat·frie·den 男 過酷な条件で敗者に押しつけられた和平.

Dik·ta·tor[dɪktá:tɔr, ..to:r] 男 -s/-en[..tató:rən] 独裁者, 絶対権力者, 暴君; 〖史〗 (ローマの)独裁官(非常時に半年以内の期限つきで全権をゆだねられた). [*lat.*]

dik·ta·to·risch[dɪktató:rɪʃ] 形 独裁〔者〕的な, 強圧的な: ein ~*es* Auftreten haben / ~ auftreten 暴君的に振舞う. [*lat.*]

Dik·ta·tur[..tú:r] 女 -/-en **1** 独裁〔制〕, 絶対的支配: die ~ des Proletariats 〈einer Partei〉 プロレタリア〈一党〉による独裁. **2** 〖史〗 (ローマの)独裁官職〈制度〉. [*lat.*]

dik·tie·ren[dɪktí:rən] 他 (h) **1** 《*jm.* *et.*[4]》 (…に…を)口述する: *jm.* einen Brief in die Feder 〈Maschine〉 ~ …に手紙を〔口述して〕筆記〈タイプ〉させる. **2** (aufzwingen) 《*jm.* *et.*[4]》 (…に条件・要求などを)一方的に押しつける, 強制的に課する: *jm.* eine Strafe ~ …に罰を科する | Der Sieger *diktierte* einen harten Frieden. 勝者は過酷な講和を強いた. **3** 《*et.*[4]》 定める; 指図する, (…の)主導権を握る: Preise 〈Gehälter〉 ~ 価格〈俸給〉を定める | Der Gegner *diktierte* das Spiel. 敵〔方〕がゲームをリードした ‖ eine von taktischen Erwägungen *diktierte* Handlung 戦術的考慮から出た行動〈かけひき〉. [*lat.* dictāre; ◇*engl.* dictate]

Dik·tier≈ge·rät[dɪktí:r..] 中, **≈ma·schi·ne** 女 =Diktaphon

Dik·tion[dɪktsió:n] 女 -/-en **1** 用語〔法〕, 言葉づかい; 文体. **2** 〖劇〗 話法, せりふの表現法. [*lat.*; <*lat.* dīcere „sagen"]

ᵛDik·tio·när[dɪktsionέ:r] 中 (男) -s/-e (Wörterbuch)〔二か国語〕辞書. [*mlat.*−*fr.*; ◇*engl.* dictionary]

Dik·tum[díktʊm] 中 -s/..ta[..ta·] **1** 格言, 有名な言葉, (引用される)章句; 《複数で》 名言集. **ᵛ2** 断定; 断言〔的命令〕. [*lat.* dictum „Gesagtes"]

di·la·ta·bel[dilatá:bəl] (..ta·bl..) 形 拡張し得る, 延長〈延期〉できる: *dilatable* Buchstaben=Dilatabiles

Di·la·ta·bi·les[..bile:s, ..lɛs] 複 (行をいっぱいにするために)幅広く書かれたヘブライ語の字母.

Di·la·ta·tion[..tatsió:n] 女 -/-en 拡張, 膨張; 延長; 〖医〗 拡張〔症〕; (樹木の幹の)成長. [*spätlat.*]

Di·la·ta·tor[dilatá:tɔr, ..to:r] 男 -s/-en[..tató:rən] 〖医〗 拡張器; 拡張筋. [*spätlat.*]

di·la·tie·ren[..tí:rən] **I** 他 (h) (erweitern) 広げる, 拡張する; 延長する. **II** 自 (h) 広がる; 〖医〗 拡張手術をする. [*lat.*; <dis..+*lat.* lātus „breit" (◇Latus)]

Di·la·tion[dilatsió:n] 女 -/-en **1** 拡張. **2** 延期; 〖法〗 延引, 猶予〔期間〕. [*lat.*; <*lat.* differre (→differieren)]

Di·la·to·me·ter[dilatomé:tər] 中 (男) -s/- 〖理〗 〔体積〕膨張計; (液体の)アルコール含有量測定器. [◇dilatieren]

di·la·to·risch[dilató:rɪʃ] 形 引きのばしのための; (↔perem〔p〕torisch) 〖法〗 一時的に阻止する: eine ~*e* Einrede 〖法〗 一時的〈延期的〉抗弁. [*spätlat.*; ◇Dilation]

Dil·do[díldo·] 男 -s/-s 張形(はりかた), ディルド(ラテックス製などの人造男根). [*engl.*]

Di·lem·ma[dilέma·] 中 -s/-s, -ta[..ta·] **1** 〖論〗 両刀論法. **2** ジレンマ, 板ばさみの窮地: aus dem ~ herauskommen 窮地を脱する | in einem ~ sein / *sich*[4] in einem ~ befinden ジレンマに落ちこんでいる, 進退きわまっている. [*gr.* dílēmma „Doppel-satz"−*spätlat.*]

Di·let·tant[dilɛtánt] 男 -en/-en (女 **Di·let·tan·tin** [..tɪn]-/-nen) しろうと愛好家, アマチュア; 半可通, ディレッタント: als ~ malen 〈musizieren〉 しろうと芸の絵をかく〈音楽をやる〉. [*it.*; ◇delektieren]

di·let·tan·ten·haft ＝dilettantisch

Di·let·tan·ten·tum［..tu:m］ 中 -s/ ＝Dilettantismus

di·let·tan·tie·ren［..tantí:rən］ ＝dilettieren

di·let·tan·tisch［..tántɪʃ］ 形 しろうとの; しろうとくさい, 道楽の; うわっつらだけの, なまかじりの.

Di·let·tan·tis·mus［..tantísmʊs］ 男 -/ しろうと芸, 趣味, 道楽, 物好き; ディレッタンティズム; なまかじり.

di·let·tie·ren［dilɛtí:rən］ 自 (h) 《in *et.*³》 しろうと芸として行う, 趣味でや〔ってい〕る.

Dill［dɪl］ 男 -s/-e, (ｵｰｽﾄﾘｱ: **Dil·le**¹［dílə］ 女 -/-n) 〘植〙 ヒメウイキョウ(姫茴香), イノンド(香辛料に用いる: →図).
［*ahd.* tilli; ◇ *engl.* dill］

Dill

Dil·le²［dílə］ 女 -/-n ＝Tülle

dil·len［dílən］ 他 (h) 《*et.*⁴》 (…に)ヒメウイキョウで味つけする.

Dil·len⸗kraut［dílən..］ 中 《ｵｰｽﾄﾘｱ》 ＝Dill ⸗**so·ße** 《ｵｰｽﾄﾘｱ》 ＝Dillsoße

Dill·so·ße 女 〘料理〙 ヒメウイキョウで味つけしたソース.

Dil·they［díltaɪ］ 人名 Wilhelm ～ ヴィルヘルム ディルタイ (1833-1911; ドイツの哲学者. 主著『体験と創作』).

di·lu·vial［diluviá:l］ 形 〘地〙 洪積層の. ［*spätlat.*］

Di·lu·vium［dilú:viʊm］ 中 -s/ 〘地〙 洪積層. ［*lat.*; ＜*lat.* dī-luere „zer-spülen"］

dim. 略 ＝diminuendo

Dime［daɪm］ 男 -s/-s (単位: -/-) (アメリカの) 10セント銀貨. ［*lat.* decima－*fr.* dîme „Zehnt"－*engl.*; ◇dezi.., Dieme］

Di·men·sion［dimɛnzió:n］ 女 -/-en **1** 〘理・数・電算〙 次元, ディメンション: die vierte ～ 〘数〙 第四次元; 《比》 霊界 ｜ drei ～*en* haben 立体である. **2** 《ふつう複数で》 寸法, 大きさ, 広がり, 規模: eine Maschine von gewaltigen 〈ungeheuren〉 ～*en* とてつもなく大きな機械 ｜ immer größere ～*en* annehmen しだいに大規模になる〈広がる〉.
［*lat.*; ＜*lat.* dīmētīrī „aus-messen" (◇Mensur)］

di·men·sio·nal［..zioná:l］ 形 次元の; 大きさ〈広がり〉をもつ: drei*dimensional* 三次元の, 立体の. ［＜..al¹］

di·men·sio·nie·ren［..ní:rən］ 他 (h) 《*et.*⁴》 寸法を測って(…の)大きさを定める: eine normal *dimensionierte* Maschine 規格サイズの機械.

di·mer［dimé:r］ 形 〘化・薬〙 二部分からなる, 二量〔体〕の.

Di·me·ter［dí:metər］ 男 -s/- 〘詩〙 2 歩格(二つの同一の詩脚または単位韻律からなる詩行). ［*gr.*－*spätlat.*］

di·mi·nuen·do［diminuéndo·］ 副 (略 dim.) (abnehmend) 〘楽〙 ディミヌエンド, だんだん弱く. ［*it.*］

Di·mi·nu·tion［..nutsió:n］ 女 -/-en 縮小, 減少; 〘楽〙 (楽句などの)短縮, 縮小. ［*lat.*; ＜*lat.* dē-minuere „ver-mindern" (◇minus)］

di·mi·nu·tiv［..tí:f］¹ **I** 形 〘言〙 縮小形〈指小詞〉の. **II Di·mi·nu·tiv** 中 -s/-e ＝Diminutivum ［*mlat.*］

Di·mi·nu·tiv⸗form 女 〘言〙 縮小〈指小〉形. ⸗**suf·fix** 中 (↔Augmentativsuffix) 〘言〙 縮小語尾, 指小接尾辞(小さい・愛らしいことを表す. 例..chen, ..lein).

Di·mi·nu·ti·vum［diminutí:vʊm］ 中 -s/..va［..va·］ (↔ Augmentativum) 〘言〙 縮小形〈詞〉, 指小詞(例 Bäumchen＜Baum, Kindel＜Kind). ［*mlat.*］

ᵛ**Di·mis·sion**［dimisió:n］ 女 -/-en ＝ Demission ［*lat.*］

ᵛ**di·mit·tie·ren**［..tí:rən］ **I** 他 (h) (entlassen) 解雇〈解任〉する; 除名する. **II** 自 (h) 辞職〈辞任〉する. ［*lat.*; ◇demissionieren; *engl.* dismiss］

Dim·mer［dímər］ 男 -s/- 調光器, 明暗調節スイッチ.

di·morph［dimɔ́rf］ 形 〘生〙 二形〔性〕の; 〘鉱〙 同質二像〈形〉の. ［*gr.*］

Di·mor·phis·mus［..mɔrfísmʊs］ 男 -/..men［..mən］ 〘生〙 二形〔性〕; 〘鉱〙 同質二像〈形〉.

Din 略 ＝Dinar

DIN 略 **1**［di:n, dɪn］＝**D**eutsche **I**ndustrie-**N**orm〔en〕ドイツ工業規格 (DNA, 現在の Deutsches Institut für Normung e. V. によって定められる紙・写真フィルム・機械部品などのドイツの標準規格. 旧東ドイツでは TGL. のちに Das ist Norm の略と解されるようになった: → 2). **2** 中 -/ ＝**D**eutsches **I**nstitut für **N**ormung e. V. ドイツ規格統一協会(前身は DNA).

Di·na¹［dí:na·］ 女名 ディーナ. ［*hebr.* dīnāh］

Di·na²［－］ 女名 (＜Bernhardine, Christine) ディーナ.

Di·nar［diná:r］ 男 -s/-e(-s) (単位: -/-) (略 Din) ディナール(ユーゴスラビア・イラク・ヨルダンなどの貨幣〔単位〕). ［*lat.* dēnārius (→Denar)－*gr.*－*arab.*］

di·na·risch［..rɪʃ］ 形 ディナル人種〈地方〉の: die *Dinarischen* Alpen / *Dinarisches* Gebirge ディナル=アルプス(ユーゴスラビア西部, Dalmatien の海岸に沿う山脈) ｜ die ～e Rasse ディナル〈ディナリック〉人種 (Europide に属する). ［＜Dinara (ユーゴスラビアの山岳名)］

Di·ner［diné:］ 中 -s/-s 《雅》 正餐(せいさん), ディナー(一日のうちいちばん正式で豪華な食事. ドイツでは昼食, フランスでは夕食を指すことが多い); 午餐〈晩餐〉会, 宴会: ein ～ von fünf Gängen 5 コースからなる正餐. ［*fr.*; ◇dinieren, Dinner］

DIN-For·mat (**Din·for·mat**)［dí:n..］ 中 ドイツ工業規格判 (DIN による紙の判型): DIN-A4-Format ドイツ工業規格A 4 判.

Ding［dɪŋ］ 中 -es(-s)/-e (話: -er) **1** (小 **Din·gel·chen**［díŋəlçən］ 中 -s/-, Dingerchen［..ŋər..］, **Ding·lein**［..laɪn］ 中 -s/-) **a)** (具象的な・また人に対しての) 物, 物品, 物件; 《話》 しろもの, (強いて名指しするまでもない)そいつ, それ: ～e täglichen Bedarfs 日常生活に要する品々, 日用品 ｜ das ～ an sich 〘哲〙 物それ自体 ｜ gute ～*e* zum Abendessen 夕食のごちそう ｜ ～*e* zum Verschenken プレゼント用品 ｜ den Weg aller ～*e* gehen 《比》 (形や生命のある物の常として)死滅する ｜ **die ～*e* beim 〔rechten〕 Namen nennen** 《比》 歯にきぬ着せず物を言う ｜ Was ist das blaue ～, das du um den Hut hast? 君の帽子に巻いてあるその青いのは何かね ｜ Die alten ～*er* solltest du endlich wegwerfen. 古いがらくた類はいいかげん捨てればいいのに ｜ **Jedes ～ hat zwei Seiten.** 《諺》 物にはすべて両面〈表裏〉がある.
b) 《話》 (Kind) 子供, ちび; (Mädchen) 女の子; (Kerl) やつ: Du dummes ～! ばかだなあ お前は, このばかめ ｜ Anna und Elsa sind hübsche ～*er*. アンナとエルザはかわいい子だ.
c) 《話》 ＝Dingsda **d)** 《話》 (男女の) 陰部, 性器.
2 a) 《ふつう複数で》 ことがら, 案件; できごと, 事件; 事態, 情況: alltägliche ～*e* 日常茶飯事 ｜ **die Letzten ～*e*** 〘ｶﾄﾘｯｸ〙 四終(死・審判・天国・地獄); 《比》 この世の終わり ‖ **Das ist ein ～ der Unmöglichkeit.** それは不可能なことだ ｜ ᵛDas ist ein ander ～. それはまた別のことだ〈話が別だ〉 ｜ ᵛDamit 〈Darum〉 ist es ein eigen ～. その件についてはいささか特殊な事情がある ｜ Aller 〈俗: Alle〉 guten ～*e* sind drei. (→gut I 5 a) ｜ **Gut ～ will Weile haben.** 《諺》 せいては事を仕損ずる ｜ Jedes ～ hat seine Zeit. 《諺》 物事にはすべて潮時というものがある; 諸行無常 ‖〖2 格で〗 **guter ～*e* sein** 《雅》 i) 陽気〈上機嫌〉である; ii) 楽観している, 自信満々である ｜ **unverrichteter ～*e***² 《ｵｰｽﾄﾘｱ・ｽｲｽ》 なすところなく, 目的を果たさずに(＝unverrichteterdinge) ｜ hinter den Kern der ～*e* kommen 事態の核心を見抜く ｜ nach Lage der ～*e* (→Lage 3) ｜ die Natur der ～*e* 事の本質, ものの道理 ｜ *sich*⁴ vom Stand der ～*e* unterrichten 事態〈現状〉を認識する ‖〖4 格で〗 andere ～*e* im Kopf haben 別のことを考えている ｜ die ～*e* an *sich*⁴ herankommen lassen (あせらずに)ゆっくり構える ｜ **die ～*e* auf *sich*⁴ zukommen lassen** ことを成りゆきに任せる, へたな手出しを控える ｜ die ～*e* treiben lassen ことを成りゆきに任せる, くよくよしない ｜ Da hast du mir ja schöne ～*e* erzählt. 《反語》 それはまた結構な話を聞かせてくれたものだね ‖〖3 格で〗 den ～*en* auf den Grund gehen ことの真相を究める ｜ den ～*en* ihren freien Lauf lassen ことを成りゆきに任せる, へたな手出しを控え

る ‖〖前置詞と〗 **nicht mit rechten ～*en* zugehen** ただごとではない, 尋常ではない; どこか怪しい, うさんくさい | **über den ～*en* stehen** 超然としている | **vor allen ～*en*** 何よりもまず, とりわけ.

b) 《話》(よくも悪くも顕著な・すごい)一大事, たいしたこと; (思いきった)行い: ein tolles ～ versuchen 思いきったことをやってみる | **ein ～ wie eine Wanne** すごい(すばらしい)こと ‖ **Das ist ja ein ～! / Ist das ein ～!** これは驚いた | Das ～ ist gut. 《反語》これはひどい(たまげた) | Das ～ wird mir zu bunt. これには私はついて行けない ‖ Das ist nicht jedermanns ～. これは並たいていのことじゃない, それは大変だ ‖ **ein〔krummes〕～ drehen〈schieben〉** 悪事を働く | ein ～ steigen lassen とんでもないことをしでかす | **krumme ～*er* machen** よからぬことをする(たくらむ) | Du machst ja schöne ～*er*. 《反語》君ときたらえらいことをしてくれるもんだね | Mach keine ～*er*! ああ驚いた | ***jm.* ein ～ verpassen** …に意趣返しをする; …を殴り(しかり)飛ばす. ᵛ**3** ＝Thing [*germ.* „Volksversammlung"; ◇dehnen; *engl.* thing]

Din·gel·chen Ding の縮小形.

din·gen⁽*⁾[díŋən]《30》**ding·te** (ᵛdang[daŋ])/**ge·dun·gen**[gədúŋən](まれ: gedingt); 接II dingte (ᵛdänge [déŋə]) **I** 他 (h)《軽蔑的に》(暗殺者などを)金で雇う; ᵛ(召使い・案内人などを)雇う: ein *gedungener* Killer 殺し屋. **II** 自 (h) ᵛ**1** (feilschen) 値切る. **2**《mit. *jm.*》〖史〗裁判でやり合う.
[*germ.* „gerichtlich verhandeln"; ◇Ding]

Din·ger·chen Dingelchen(Ding の縮小形)の複数.

Din·ge·rich[díŋərıç] 男 -s/-e《話》くだらぬ(つまらぬ)やつ, 小者; (名指しにくいものを指して)あれ.

ding·fest[díŋ..] 形《もっぱら次の形で》***jn.* ～ machen** …を逮捕する | *et.*⁴ ～ machen《比》…を把捉(はそく)する.

Ding·ge·dicht 中〖文芸〗事物詩.

Din·gi (Din·ghi)[díŋgi·] 中 -s/-s ディンギー(小型ヨットの一種, また艦載艇など). [*Hindi*－*engl.* ding〔h〕y]

Ding·lein Ding の縮小形.

ding·lich[díŋlıç] 形 具体的な; 実体のある; 〖法〗物的(物権的)な: ～*er* Anspruch 物上(物権的)請求権 | ～*es* Geschäft 物権行為.

Ding·na·me 男《オーストリア》(Konkretum)〖言〗具象名詞.

Din·go[díŋgo·] 男 -s/-s ディンゴ(オーストラリア産の野生犬). [*austr.*]

DIN-Grad[dí:n..] 男 -s/-e (単位: -/-)〖写〗ディーン度(工業規格表 DIN による陰画素材の感光度. 1964年以来単位としてはふつう Grad を省いて用いる: →DIN 1).

Ding·rich[díŋrıç] ＝Dingerich

dings[dıŋs] 形《南部》(auf Borg)〖商〗掛けで.

..dings[..dıŋs]《形容詞につけて副詞をつくる》: aller*dings* もちろん | neuer*dings* 近ごろ | glatter*dings* 率直に.

Dings[dıŋs] 男 女 中 -/ ＝Dingsda

Dings≈bums[díŋsbʊms] 男 女 中 -/ (名前の思い出せない人・物を指して)あれ, あいつ, あの人. **≈da**[..da:, ..da·] 男 女 中 -/《話》(名を忘れたり, わざと伏せたりして) **1** 何とかいうもの〈人〉, あれ: dieses dumme ～ あの何とかいうばか者 | Da kam Herr ～. そこへだれそれさんがやって来た | Gib mal das ～ her! (何とかいう)あれをこっちへよこしてくれ ‖〖特定の人を指して〗Kennst du den〈die〉～? あの何とかいう男〈女〉を知っているかい | Diese Rolle hat wieder mal der〈die〉～ gespielt. この役をまたもやあの男〈女〉が演じた. **2**《無冠詞で》何とかいうところ: Er lebt jetzt in ～. 彼は今あの何とかいうところに住んでいる. **≈kir·chen**[díŋskırçən, ⌣⌣⌣]《話》**1** 中 -/ ＝Dingsda 2 **2** 男 -/ 何とかいうやつ(男).

Ding·stät·te[díŋ..] ＝Thingstätte

ᵛ**Din·gung**[díŋʊŋ] 女 -/-en 雇用.

Ding·wort[díŋ..] 中 -〔e〕s/..wörter ＝Substantiv

di·nie·ren[diní:rən] 自 (h)《雅》Diner をとる(食べる). [*vulgärlat.*－*fr.*; ◇dejeunieren; *engl.* dine]

Di·ning-room[dáınıŋrʊm] 男 -s/-s (Eßzimmer) 食事室, 食堂, ダイニングルーム. [*engl.*; ◇Raum]

Din·kel[díŋkəl] 男 -s/- (Spelt)〖植〗スペルトコムギ(小麦). [*ahd.*]

Din·ner[dínər] 中 -s/-〔s〕正餐(せいさん)(晩餐)〔会〕. [*afr.*－*engl.*; ◇Diner]

Di·no[dí:no·] 男 -s/-s《話》＝Dinosaurier

Di·no·sau·ri·er[dinozáʊriər] 男 -s/-, **Di·no·sau·rus**[..rʊs] 男 -/..rier[..riər]〖古生物〗ディノサウルス, 恐竜〔類〕. [＜*gr.* deinós „furchtbar"]

Di·no·the·rium[..té:riʊm] 中 -s/..rien[..riən]〖古生物〗ダイノソア, 恐獣〔類〕(第三紀後期の象に似た哺乳類). [＜*gr.* thēríon „wildes Tier"]

Di·ode[di|ó:də] 女 -/-n〖電〗2 極〔真空〕管, ダイオード. [＜..ode¹]

Dio·ge·nes[dió:genɛs] 人名 ディオゲネス(? － 前323; ギリシアの哲学者.「たるの中のディオゲネス」と呼ばれ, 奇行で有名). [*gr.*－*lat.*]

Dio·len[diolé:n] 中 -〔s〕/ 商標 ディオレーン(ポリエステル繊維).

Di·on[dió:n] 女 -/-en《オーストリア》**1** (Direktion)〔鉄道〕管理局. **2** (Division)〖軍〗師団.

Dio·nys[dioný:s] 男名 (＜Dionysius) ディオニュース.

Dio·ny·si·en[..ný:ziən] 複 (古代ギリシアの)ディオニュソスの祭り. [*gr.*－*lat.*]

dio·ny·sisch[..zıʃ] 形 **1** ディオニュソスの, ディオニュソスに関する. **2** (↔apollinisch) ディオニュソス的な, 生に酔いしれた, 抑制のきかない, 熱狂的な.

Dio·ny·sius[..ziʊs] 男名 ディオニュージウス. [*gr.*－*lat.*]

Dio·ny·sos[dió:nyzɔs, dión..] 人名〖ギ神〗ディオニュソス(酒・陶酔・豊穣(ほうじょう)の神. バッコス Bakchos ともいい, ローマ神話の Bacchus に当たる). [*gr.*－*lat.*]

dio·phan·tisch[diofántıʃ] 形 ～*e* Gleichung〖数〗ディオファントスの方程式. [＜Diophantos (3 世紀のギリシアの数学者)]

Di·op·ter[diɔ́ptər] 中 -s/- (銃・カメラなどの)照準儀. [*gr.*－*lat.*; ◇optisch]

Di·op·trie[diɔptrí:] 女 -/-n[..rí:ən]〖理〗ジオプター, ジオプトリー(レンズの焦点距離をメートルで表したものの逆数; 記号 D).

Di·op·trik[diɔ́ptrık] 女 -/〖理〗屈折光学.

di·op·trisch[..rıʃ] 形〖理〗屈折光学の; 光線屈折の.

Di·ora·ma[diorá:ma·] 中 -s/..men[..mən] ジオラマ, 透視画; 立体模型. [＜dia..＋*gr.* hórāma „Anblick"]

Di·oris·mus[diorísmʊs] 男 -/..men[..mən] 概念規定. [*gr.*; ＜*gr.* di-orízein „ab-grenzen" (◇Horizont)]

Di·orit[diorí:t, ..rít] 男 -s/-e〖鉱〗閃緑(せんりょく)岩. [＜..it²]

Di·os·ku·ren[dioskú:rən] 複〖ギ神〗ディオスクロイ (Zeus の息子たち, Kastor と Pollux をさす). [*gr.* Dióskо〔u〕roi „Zeus' Söhne"－*lat.*]

Dio·ti·ma[dió:tima·, diotí:ma·] 女名 ディオーティマ (Platon の対話編『饗宴(きょうえん)』に登場するギリシアの女祭司で, Sokrates に愛の本質を語って聞かせる. ドイツの詩人 Hölderlin は ズゼッテ ゴンタルト Susette Gontard 夫人にこの名を与えてたたえた). [*gr.*]

Di·oxid[dí:|ɔksi:t, di|ɔksí:t]¹ (**Di·oxyd**[dí:|ɔksy:t, di|ɔksý:t]¹) 中 -〔e〕s/-e〖化〗二酸化物.

Di·oxin[diɔksí:n] 中 -s/〖化〗ダイオキシン(毒性の強い有機塩素化合物).

di·öze·san[diøtsezá:n] 形 **1**《カトリック》司教区の. ᵛ**2**〖新教〗教区民の.

Di·öze·san 男 -en/-en **1**《カトリック》司教区民. ᵛ**2**〖新教〗教区民.

Di·öze·se[..tsé:zə] 女 -/-n **1**《カトリック》司教区. ᵛ**2**〖新教〗教区. [*gr.*－*kirchenlat.*; ＜*gr.* di-oikeĩn „verwalten" (◇Ökumene); ◇*engl.* diocese]

Di·özie[diøtsí:] 女 -/ (↔Monözie) (Zweihäusigkeit)〖植〗雌雄異株(異体), 二家花. [＜*gr.* oĩkos „〔Wohn〕haus"]

di·özisch[diǿ:tsıʃ] 形 (↔monözisch) (zweihäusig)〖植〗雌雄異株(異体)の, 二家花の.

Di·özis·mus[diøtsísmʊs] 男 -/ ＝Diözie

Diph·the·rie[dıfterí:] 女 -/-n[..rí:ən]〖医〗ジフテリア. [＜*gr.* diphthérā „Leder"]

Diph·the·rie·〔heil·〕se·rum 中《医》ジフテリア〔治療〕血清.
diph·the·risch[..téːrɪʃ] 形《医》ジフテリアの.
Diph·the·ri·tis[..teríːtɪs] 女 -/《話》= Diphtherie
Di·phthong[dɪftɔ́ŋ] 男 -s/-e (↔Monophthong)《言》二重母音(例 [aɪ][aʊ][ɔʏ]). [*gr.*–*spätlat.*; <*gr.* phthóggos „Stimme, Laut"]
di·phthon·gie·ren[..tɔŋgíːrən] **I** 他 (h)(単母音を)二重母音化する. **II** 自 (h) zu *et.*³ ~ 二重母音化して…になる.
Di·phthon·gie·rung[..rʊŋ] 女 -/-en《言》二重母音化.
di·phthon·gisch[dɪftɔ́ŋɪʃ] 形《言》二重母音の; 二重母音として発音される.
dipl.. →diplo..
Dipl. 略 = Diplom 1
Dipl.-Chem. 略 = Diplomchemiker
Dipl.-Dolm. 略 = Diplomdolmetscher
Di·plex·be·trieb[dí(ː)plɛks..] = Duplexbetrieb
Dipl.-Gwl. 略 = Diplomgewerbelehrer
Dipl.-Hdl. 略 = Diplomhandelslehrer
Dipl.-Holzw. 略 = Diplomholzwirt
Dipl.-Ing. 略 = Diplomingenieur
Dipl.-Kfm. 略 = Diplomkaufmann
Dipl.-Ldw. 略 = Diplomlandwirt
Dipl.-Met. 略 = Diplommeteorologe
diplo.. 《名詞・形容詞などにつけて「二重の・ペアの」などを意味する. 母音の前では dipl.. となる: →*Diplopie*》[*gr.* diplóos „zwei-fach"; ◇Zweifel]
Di·plo·do·kus[dipló:dokʊs] 男 -/..ken[..plodóːkən]《古生物》ディプロドクス(竜脚類に属する恐竜). [<*gr.* dokós „Balken"]
di·plo·id[diploíːt]¹ 形《生》(染色体について)倍数の, 二倍体の.
Di·plo·kok·kus[..kɔ́kʊs] 男 -/..kokken[..kən](↔Mikrokokkus)《医》双球菌.
Di·plom[diplóːm] 中 -〔e〕s/-e **1** (略 Dipl.) 資格証書, 免〔許〕状; 大学卒業証書, 学位記: *sein* ~ machen 卒業〈資格〉試験を受ける. **2** 賞状, 勲記; 辞令. ᵛ**3** (Urkunde) 古文書. [*gr.* díplōma „zweifach Gefaltetes"–*lat.*; ◇diplo..]
Di·plo·mand[diplománt]¹ 男 -en/-en Diplom 試験の受験〔準備〕者.
Di·plom·ar·beit[dipló:m..] 女 Diplom 1 請求論文.
Di·plo·mat[diplomáːt] 男 -en/-en (女 **Di·plo·ma·tin**[..tɪn]-/-nen) 外交官;《比》外交的手腕のある人, かけひき上手. [*fr.*]
Di·plo·ma·ten≈aus·weis 男 外交官〔身分〕証明書. **≈ge·päck** 中 外交官荷物. **≈paß** 男 外交官旅券. **≈schreib·tisch** 男《話》大きな事務机.
Di·plo·ma·tie[diplomatíː] 女 -/ **1** 外交〔術〕; かけひき, 手くだ. **2**《集合的に》(ある国またはその首都などに駐在する)外交官〔全員〕, 外交団. [*fr.*; ◇*engl.* diplomacy]
Di·plo·ma·tik[..máːtɪk] 女 -/ (Urkundenlehre) 古文書学. [*fr.*]
Di·plo·ma·ti·ker[..tikər] 男 -s/- 古文書学者.
Di·plo·ma·tin Diplomat の女性形.
di·plo·ma·tisch[diplomáːtɪʃ] 形 **1 a)**《述語的用法なし》外交に関する, 外交上の: das *Diplomatische* Korps in Tokio 東京駐在外交団 | ~*e* Verhandlungen 外交交渉 | das ~*e* Viertel 大使〈公使・領事〉館員居住地区 | die ~*en* Beziehungen zu einem Staat abbrechen ある国との外交関係を断つ ‖ einen Staat ~ anerkennen ある国を正式に承認する. **b)**《比》かけひきを心得た, 用心深い: ein ~*es* Lächeln おあいそ笑い | Er ist ~〔veranlagt〕. 彼は世才にたけている ‖ ~ vorgehen ぬけ目なく立ちまわる. **2** 古文書学的な; 原典そのままの. [*fr.* diplomatique]
Di·plom≈che·mi·ker[dipló:m..] 男 (略 Dipl.-Chem.) 化学士. **≈dol·met·scher** 男 (略 Dipl.-Dolm.) 大学卒の通訳. **≈ge·wer·be·leh·rer** 男 (略 Dipl.-Gwl.) 大学卒の実業専門学校教員. **≈han·dels·leh·rer** 男 (略 Dipl.-Hdl.) 大学卒の商業専門学校教員. **≈holz·wirt** 男 (略 Dipl.-Holzw.) 林学士.
di·plo·mie·ren[diplomíːrən] 他 (h)《*jn.*》(…に) Diplom 1 を授ける: ein *diplomierter* Arzt Diplom 1 を持っている医師.
Di·plom≈in·ge·nieur[dipló:m|ɪnʒeniøːr] 男 (略 Dipl.-Ing.) 工学士. **≈kauf·mann** 男 (略 Dipl.-Kfm.) 商学士. **≈land·wirt** 男 (略 Dipl.-Ldw.) 農学士. **≈me·teo·ro·lo·ge** 男 (略 Dipl.-Met.) 気象学士. **≈phy·si·ker** 男 (略 Dipl.-Phys.) 物理学士. **≈prü·fung** 女 学士試験, (大学卒業の際の)専門資格試験. **≈sport·leh·rer** 男 (略 Dipl.-Sportl.) 体育学士, 大学卒の体育〔専門学校〕教員. **≈volks·wirt** 男 (略 Dipl.-Volksw.) 経済学士.
Di·plo·pie[diplopíː] 女 -/ (Doppeltsehen)《医》複視, 二重視. [<diplo..+..opie]
Dipl.-Phys. 略 = Diplomphysiker
Dipl.-Sportl. 略 = Diplomsportlehrer
Dipl.-Volksw. 略 = Diplomvolkswirt
Di·po·die[dipodíː] 女 -/-n[..díːən]《詩》2 詩脚〈主副 2 揚格〉拍節, 2 歩句(x́x|x̀x)(→Monopodie, Tripodie). [*gr.*–*spätlat.*; <*gr.* dí-pous „zwei-füßig"]
di·po·disch[dipóːdɪʃ] 形 Dipodie の.
Di·pol[díːpoːl] 男 -s/-e《理》双極子, ダイポール.
Di·pol≈an·ten·ne 女《電》双極〈ダイポール〉アンテナ. **≈mo·ment** 中《電》双極子〈ダイポール〉モーメント.
Dip·pel[dípəl] 男 -s/- **1**《南部・オーストリア》(Dübel) 栓. **2**《オーストリア》《話》(Beule) こぶ. [<*ahd.* tubili (→Dübel)]
Dip·pel·baum 男《オーストリア》(Tragbalken)《建》梁(はり), けた, 根太(ねだ).
dip·pen[dípən] 他 (h) **1 a)**《*et.*⁴ in *et.*⁴》(…を…のなかに)浸す: Brotstücke in die Soße ~ パン切れをソースに浸す. **b)**《*et*⁴》(パンなどを浸して…を)きれいに食べ尽くす: Soße ~ (パン切れなどで)ソースをきれいに平らげる. **2**《海》(船舶が別の船舶などに敬意を表するために船旗を)いったん半旗の位置にまで下ろしたあと再び元の状態に上げ戻す. **3** (動物を)薬浴させる, 薬湯に入れる. [*engl.* dip–*ndd.*; ◇taufen]
Dip·so·ma·ne[dɪpsomáːnə] 男 -n/-n《医》飲酒〈渇酒(かつしゅ)〉癖の人.
Dip·so·ma·nie[..maníː] 女 -/-n[..níːən](Trunksucht)《医》飲酒癖, 渇酒(かつしゅ)癖. [<*gr.* dípsa „Durst"]
Di·ptam[díptam] 男 -s/《植》ハクセン(白鮮)(ミカン科の草本. 根茎を駆虫剤・堕胎剤などに用いる). [*gr.* díktamnon –*lat.*–*mlat.*; ◇*engl.* dittany]
Di·pte·ren[dɪptéːrən, dipt..] 複 (Zweiflügler)《虫》双翅(そうし)目(ハエ・アブ・カなど羽が二枚の昆虫).
Di·pte·ros[díptərɔs] 男 -/..roi[..rɔʏ]《建》(ギリシア神殿などの)二重柱列堂. [*gr.* „zwei-flüglig"; ◇Feder]
Di·pty·chon[..tʏçɔn] 中 -s/..chen[..çən], ..cha[..çaˑ] **1** (古代ローマの) 2 枚折りの書板. **2**《美》ディプティーク(2 枚折り祭壇画). [*gr.*; <*gr.* ptýssein „falten"; ◇*engl.* diptych]
Di·py·lon[dí(ː)pylɔn] 中 -s/ ディピュロン(古代ギリシアの Athen の市門). [*gr.*; <*gr.* pýlē „Tor〔flügel〕"]
Di·py·lon≈stil 男 -〔e〕s/ ディピュロン様式 (Dipylon で発掘された葬儀用の彩色つぼの幾何学模様). **≈va·sen** 複 ディピュロン式つぼ類.
dir[diːr] du² の 3 格.
Dir. 略 = Direktor 1
Di·rec·toire[dirɛktoáːr] 中 -〔s〕/《美》ディレクトワール様式(18世紀末期フランスの家具や装飾の様式). [*mlat.*–*fr.*; ◇Direktorium]
di·rekt[dirɛ́kt] 形 **1** まっすぐな, 一直線の; わき道にそれない: der ~*e* Weg 最短の道 | ein ~*er* Zug nach Paris パリ行きの直通列車 ‖ Diese Straße führt ~ nach der Stadt. この道路はまっすぐ町に通じている | Er kam ~ zu mir. 彼はまっすぐ私のところへ来た.
2 (↔indirekt)(unmittelbar) **a)** (中間に介在するものがなく)直接の, じかの, じきじきの: eine ~*e* Aktion 直接行動 |

D

ein ~es Interesse 直接の利害関係 | die ~e Methode (外国語などの)直接教授法 | die ~e Rede〘言〙直接説話 | ~e Steuern 直接税 | die ~e Ursache 直接の原因 ‖ ~ hinter ⟨gegenüber⟩ et.[3] …の真後ろ⟨真向かい⟩に | ~ in der Mitte まんまん中に | ~ nach der Arbeit 仕事が終わるとすぐに | Das Hotel liegt ~ am Bahnhof. ホテルは駅にじかに面している ‖ von jm. ~ abstammen …の直系の子孫である | sich[4] ~ an jn. wenden …と直接交渉する | jm. et.[4] ~ ins Gesicht sagen …に…を面と向かって言う | et.[4] ~ vom Erzeuger kaufen ⟨beziehen⟩ …を生産者から直接購入する⟨取り寄せる⟩. b) (歯にきぬを着せずに)あけすけの, 露骨な: eine sehr ~e Frage きわめて露骨な質問 | jn. ~ fragen …に単刀直入に尋ねる.
3《話》全くの: eine ~e Beleidigung ひどい侮辱 | eine ~e Lüge まっかなうそ ‖〖ふつう副詞的に〗Das ist ja ~ lächerlich. そいつは全くのお笑い草だ | Es ist ~ kalt heute. きょうはほんとうに寒い | Du hast ja ~ Glück gehabt. 君は全く運がよかったよ.
[*lat.* dīrēctus; ◇dirigieren, dressieren]

Di·rẹkt·flug 男 (目的地まで無着陸で飛ぶ)直通飛行; (航空機による)直行〔便〕.

Di·rẹkt·heit[dirɛ́kthaɪt] 女 -/-en 1《単数で》(発言などの)あけすけなこと, 露骨さ. 2 あけすけな⟨露骨な⟩言動.

Di·rek·tiọn[dirɛktsió:n] 女 -/-en 1《単数で》指揮, 監督, 管理: unter js. ~[3] stehen …の管理下にある | ein Konzert unter der ~ Furtwänglers フルトヴェングラー指揮のコンサート. 2 管理部門, 管理部, 総務部⟨課⟩;《集合的に》指導幹部. ᵛ3 (Richtung) 方向. 4《スイ》(kantonales Ministerium) (スイス各州の)省. [*lat.*; ◇dirigieren]

Di·rek·tiọns·kraft 女〘理〙復原力.

di·rek·tiọns·lọs[..lo:s][1] 形 管理⟨指導⟩の行われない; 方向の定まらない.

Di·rek·tiọns≈se·kre·tä·rin 女 管理職付きの女性秘書. **≈zim·mer** 中 管理〔者〕室(所長室・校長室など).

Di·rek·tị·ve[dirɛktí:və] 女 -/-n《しばしば複数で》(上からの)指示, 指令, 訓令: ~n geben ⟨erhalten⟩ 指令を出す⟨受ける⟩. [*mlat.* dīrectīvus „richtungweisend“; ◇direkt]

Di·rẹk·tor[dirɛ́ktɔr, ..to:r] 男 -s/-en[..rɛktó:rən] 1 (⊗ **Di·rek·tọ·rin**[..rɛktó:rɪn, ..rɛ́ktorɪn]-/-nen) (略 Dir.) a) (公的機関や部局などの)長, 管理者(所長・局長・部長・院長・校長・館長など): der ~ des Instituts ⟨des Zoos⟩ 研究所⟨動物園⟩長 | Schul*direktor* 学校長. b) (会社・企業の)取締役, 重役: kaufmännischer ⟨technischer⟩ ~ 営業⟨技術⟩担当重役. 2〘電〙(指向性アンテナの)導波器. [*spätlat.*; ◇dirigieren]

Di·rek·to·rạt[dirɛktorá:t] 中 -[e]s/-e Direktor 1 の職務⟨執務室・在職期間⟩.

di·rek·to·riạl[..riá:l] 形 Direktor 1 の; Direktor 1 の権限にもとづく.

Di·rek·tọ·rin Direktor 1 の女性形.

Di·rek·tọ·rium[dirɛktó:riʊm] 中 -s/..rien[..riən] 1 a) 管理局; 幹部〔会〕, 理事会. b)《単数で》〘史〙(フランス革命当時の)総裁政府(1795-99). 2〘カトリック〙聖務案内. [*mlat.*]

Di·rek·trị·ce[..trí:sə; オーストリア: ..trí:s] 女 -/-n[..sən] (婦人服店などの)女主任, 女性支配人. [*fr.*; ◇*engl.* directress]

Di·rẹk·trix[dirɛ́ktrɪks] 女 -/ (Leitlinie)〘数〙準線.

Di·rẹkt≈sen·dung[dirɛ́kt..] 女 (ラジオ・テレビの)生放送. **≈stu·dent** 男 (↔Fernstudent) (旧東ドイツで)通学大学生. **≈stu·dium** 中 (↔Fernstudium) (旧東ドイツで, 大学生の)通学による勉学. **≈über·tra·gung** 女 (ラジオ・テレビの)生中継. **≈ver·kauf** 男, **≈ver·trieb** 男〘商〙(生産者または卸商から消費者への)直売. **≈wahl** 女 1 (電話の)ダイヤル直通. 2 (Mehrheitswahl) 直接選挙. **≈wer·bung** 女〘商〙(ダイレクトメールなどによる)直接宣伝.

Di·ret·tịs·si·ma[dirɛtísima] 女 -/-s〘登山〙(自然の地形を無視した)直進登攀(とうはん)コース. [*it.*; ◇direkt]

Dị·rex[dí:rɛks] 男 -/-e; 女 -/-en《ふつう単数で》《生徒語》(Direktor, Direktorin) 校長.

Di·ri·gạt[dirigá:t] 中 -[e]s/-e〘楽〙1 (オーケストラの)指揮者であること, (職業としての)指揮者. 2 (オーケストラの)指揮〔契約〕.

Di·ri·gẹnt[..gɛ́nt] 男 -en/-en (⊗ **Di·ri·gẹn·tin**[..tɪn] -/-nen) 1〘楽〙指揮者; 楽長. 2 (一般に)指揮する人, 指導⟨管理⟩する人. 3 (Besteder)〘海〙(船の)建造主. [*lat.*]

Di·ri·gẹn·ten≈po·dium 中 指揮台. **≈pult** 中 指揮者用譜面台. **≈stab** 男, **≈stock** 男 -[e]s/..stöcke 指揮棒.

di·ri·gie·ren[dirigí:rən] 他 (h) 1〘楽〙(楽団・楽曲を)指揮する. 2 (一般に)指揮する, 指導⟨管理⟩する; (…の)舵(かじ)をとる, 操縦する; 送〔り届け〕る: den Verkehr ~ (警官が)交通整理をする | die Wirtschaft ~ (国家が)経済を統制する | die Fracht an ihren Bestimmungsort ~ 貨物をあて先に送り届ける | jn. in das richtige Zimmer ~ …をしかるべき部屋まで案内する. [*lat.* dī-rigere „gerade richten“; ◇regieren, direkt]

Di·ri·gier≈par·ti·tur[dirigí:r..] 女 指揮者用総譜. **≈stab** 男, **≈stock** 男 -[e]s/..stöcke 指揮棒.

Di·ri·gịs·mus[..gísmʊs] 男 -/ (国の手による)経済の操作, 統制経済.

di·ri·gị·stisch[..tɪʃ] 形 統制⟨操作⟩的な: ~e Eingriffe ⟨Maßnahmen⟩ 経済統制.

Dirk[1][dɪrk] 男 -s/-e〘海〙トッピングリフト(帆桁(ほげた)のつり綱: → 図 Segel B). [*ndd.*]

Dirk[2][dɪrk] 男名 ディルク.

Dirn[dɪrn] 女 -/-en 1《南部・オーストリア》(Magd) (農家の)下女; (いなかの)少女. 2《北部》(Mädchen) 小娘, 少女.

Dirndl[dírndəl] 中 -s/-[n] 1 a)《南部・オーストリア》(Mädchen) 少女, 娘. b) =Dirndlkleid 2《オーストリア》(Kornelkirsche)〘植〙ハナミズキ(花水木).

Dịrndl≈baum 男《オーストリア》=Dirndl 2 **≈kleid** 中〘服飾〙ダーンドゥル(きっちりした胴衣とゆるやかなギャザースカートからなるバイエルンやオーストリアの女性の民俗衣装). **≈schnaps** 男《オーストリア》Dirndl 2 の果実酒. **≈strauch** 男《オーストリア》=Dirndl 2

Dịr·ne[dírnə] 女 -/-n 1 (Prostituierte) 売春婦, 娼婦(しょうふ);《比》身持ちの悪い女: eine öffentliche ~ 公娼 | eine ~ werden 売春婦になる. ᵛ2 (Mädchen) 小娘, 少女; いなか娘. 3《雅》下女. [*germ.* „Jungfrau“; ◇Degen[1]]

Dịr·nen·haus 中 (Bordell) 娼家(しょうか), 売春宿.

Dirt-Track-Ren·nen[dǿ:rttrɛk.., dǿ:ttræk..] 中 (自転車・オートバイの)ダートコース⟨トラック⟩レース. [＜*engl.* dirt track „Schmutz-bahn“]

dis[dɪs] **I** 中 -/-〘楽〙嬰(えい)ニ音. **II** 記号 (dis-Moll)〘楽〙嬰ニ短調.

Dis[−] 中 -/-〘楽〙嬰(えい)ニ音.

dis..《名詞・形容詞などにつけて「分離・不一致・逆・否定」などを意味する. di.. となることもある. f の前では dif.. となる》: *Dis*harmonie 不調和 | *dis*kontinuierlich 不連続の ‖ *dif*famieren 中傷する ‖ *di*vergent (方向の)異なる. [*lat.*; ◇zer.., di..[1], de..]

Di·sac·cha·rịd[dizaxarí:t, dí:zaxari:t][1] 中 -s/-e〘化〙二糖類.

Dis·ạgio[dɪs|á:dʒo·] 中 -s/-s (↔Agio)〘商〙逆打歩(ぶ)(株券などの実勢額が額面価格を下回った場合の差額). [*it.*]

dis·am·bi·gui·e·ren[dɪs|ambiguí:rən] 他 (h)《et.[4]》〘言〙(…の)あいまいさ⟨両義性⟩を取り除く. [◇ambiguos]

Disc·jockey (**Disc-Jockey**)[dískdʒɔke·, ..ki·] =Diskjockey

Dịs·co[dísko·] =Disko

Dis·count·be·trieb[dɪskáʊnt..] 男 = Discountgeschäft

Dis·coun·ter[dɪskáʊntər] 男 -s/- Discountgeschäft の経営者. [*engl.*; ◇Diskont]

Dis·count≈ge·schäft[dɪskáʊnt..] 中, **≈haus** 中,

⸗**la·den** 男 割引〈安売り〉商店, ディスカウント=ショップ〈ストア・ハウス〉,(安売り)量販店. ⸗**preis** 男 割引〈安売り〉価格.
Dis·en·gage·ment[dɪsɪngéɪdʒmənt] 中 -s/ (国際緊張緩和のための)自発的撤兵, 戦闘回避. [*engl.*]
Di·seur[dizǿːr] 男 -s/-e (⊛ **Di·seu·se**[..zǿːzə]-/-n) (キャバレー・寄席などの)語り手, 弁士. [*fr.*; ◇Diktion]
dis·gruent[dɪsgruɛ́nt] 形 (↔kongruent) 一致〈適合〉しない. [<dis..+kongruent]
Dis·har·mo·nie[dɪsharmoníː, ⌣⌣⌣–] 女 -/-n [..níːən] **1** 〘楽〙(音の)不協和;〘美〙(色彩・形などの)不調和. **2** 《比》不調和, 不一致, 不和.
dis·har·mo·nie·ren[..níːrən, ⌣⌣⌣–⌣] 自 (h) **1** 〘楽〙(音が)協和しない, 不協和音を出す;〘美〙(色彩・形などが)調和しない, 不調和である. **2** 《比》調和を欠く, 融和しない, しっくりしない.
dis·har·mo·nisch[..móːnɪʃ, ⌣⌣–⌣] 形 **1** 〘楽〙(音が)不協和の; (色彩・形などが)不調和な: ein ~*er* Akkord 不協和音. **2** 《比》調和を欠いた, 不一致の, しっくりしない.
dis·is[díslɪs, ⌣⌣], **Dis·is**[−] 中 -/- 〘楽〙重嬰(じゅうえい)ニ音.
Dis·junk·tion[dɪsjʊŋktsióːn] 女 -/-en **1** ᵛ**a**) 分離. **b**) 〘論・言〙離接, 選言. **2** 〘生〙(動植物の)不連続分.
[*lat.*; ◇Junktim]
dis·junk·tiv[..tíːf][1] 形 **1** 分離する, 分離的な. **2** (↔konjunktiv) 〘論・言〙離接的な, 選言的な: eine ~*e* Konjunktion 離接的接続詞(㊞ oder, entweder ... oder) | ein ~*es* Urteil 選言〔的〕〈離接〔的〕〉判断.
[*lat.*; <*lat.* dis-iungere „los-binden"]
Dis·kant[dɪskánt] 男 -s/-e 〘楽〙(ピアノなどの)高音部; (Sopran)〔最〕高音〈上声〉部, ソプラノ. [*mlat.* dis-cantus „Auseinander-Gesang"−*mhd.*; ◇Canto]
Dis·kant⸗schlüs·sel 男 〘楽〙ソプラノ〈〔最〕高音部〉記号. ⸗**stim·me** 女 〔最〕高音〈上声〉部, ソプラノ.
Dis·ken Diskus の複数.
Dis·ket·te[dɪskɛ́tə] 女 -/-n 〘電算〙フロッピーディスク.
Dis·ket·ten·lauf·werk[dɪskɛ́tən..] 中 〘電算〙ディスクドライブ, フロッピードライブ.
Disk·jockey[dískdʒɔkeˑ, ..kiˑ] 男 -s/-s (略 DJ) ディスクジョッキー(人). [*engl.*]
Dis·ko[dískoˑ] 女 -/-s (<Diskothek) ディスコ: in die ~ gehen ディスコに行く.
Dis·ko·gra·phie[dɪskografíː] 女 -/-n[..fíːən] **1** レコード目録. **2** 〘医〙椎間板(ついかんばん)造影〔法〕.
Dis·kont[dɪskɔ́nt] 男 -s/-e 〘商〙 **1** (手形などの)割引利子〔額〕. **2** (Diskontsatz) 割引歩合, 割引率: den ~ erhöhen 〈senken〉 割引歩合を引き上げる〈引き下げる〉. [*it.*; <*mlat.* dis-computāre „ab-rechnen"; ◇*engl.* discount]
Dis·kon·ten[..tən] 複 〘商〙割引手形.
Dis·kont⸗er·hö·hung 女 〘商〙割引歩合の引き上げ. ⸗**ge·schäft** 中 〘商〙〔手形〕割引業務〈営業〉. ⸗**her·ab·set·zung** 女 =Diskontsenkung
dis·kon·tie·ren[dɪskɔntíːrən] 他 (h) 〘商〙割引〈ディスカウント〉する: einen Wechsel ~ 手形を割り引く.
dis·kon·ti·nu·ier·lich[dɪskɔntinuíːrlɪç] 形 連続しない, 不連続の; とぎれとぎれの, 断続的な: eine ~*e* Entwicklung 断続的な発展.
Dis·kon·ti·nui·tät[..nuitɛ́ːt] 女 -/-en 非〈不〉連続〔性〕; 中絶, 断絶. [*mlat.*; ◇kontinuieren]
Dis·kon·ti·nui·täts⸗flä·che 女 〘気象〙不連続面. ⸗**li·nie**[..niə] 女 〘気象〙不連続線.
Dis·kon·to[dɪskɔ́ntoˑ] 男 -〔s〕/-s, ..ti[..tiˑ] =Diskont
Dis·kont⸗ra·te 女, ⸗**satz** 男 〘商〙割引歩合, 割引率: der amtliche *Diskontsatz* 公定〔割引〕歩合. ⸗**sen·kung** 女 割引歩合の引き下げ.
Dis·ko·pa·thie[dɪskopatíː] 女 -/-n[..tíːən] 〘医〙椎間板(ついかんばん)症. [<Diskus 4]
dis·kor·dant[dɪskɔrdánt] 形 **1** 調和を欠いた, 不調和の; 〘楽〙不協和〔音〕の. **2** (地層などが)非調和の, 不整合の.
Dis·kor·danz[..dánts] 女 -/-en **1** 不調和; 《ふつう複数で》〘楽〙不協和. **2** 〘地〙(地層などの)非調和, 不整合.
[〔*m*〕*lat.*; <*lat.* discors „uneinig" (◇kordial)]
Dis·ko·thek[dɪskotéːk] 女 -/-en **1** (放送局などの)レコード資料室, レコードライブラリー. **2** ディスコ〔テーク〕(レコード音楽を主にしたダンスホール; ㊜ Disko). [*fr.*; ◇Diskus]
Dis·ko·the·kar[..tekáːr] 男 -s/-e (⊛ **Dis·ko·the·ka·rin**[..káːrɪn]-/-nen) Diskothek 1 の管理者〈係員〉.
Dis·kre·dit[dískrediːt, ⌣⌣–́] 男 -〔e〕s/ 不信, 不信用; 不評, 悪評: *jn.* in ~ bringen …の信用を失わせる, …の評判を落とす. [*it.*−*fr.*]
dis·kre·di·tie·ren[dɪskreditíːrən] 他 (h) 《*jn.*》(…の)信用を失わせる, 評判を落とす. [*fr.*]
dis·kre·pant[dɪskrepánt] 形 **1** 相違した, (互いに)矛盾した, 不一致の. **2** さまざまの, 多種多様な. [*lat.* dis-crepāre „ungleich klingen" (◇krepieren)]
Dis·kre·panz[..pánts] 女 -/-en 相違, 矛盾, 不一致: Zwischen beiden Aussagen gibt es eine erhebliche ~. この二つの発言の間にはかなりの矛盾がある. [*lat.*]
dis·kret[dɪskréːt] 形 **1 a**) (↔indiskret) 慎重な, 思慮深い, 控え目の; 口の堅い: ein ~*es* Benehmen 控え目な態度 | ~*en* Gebrauch von *et.*[3] machen …を慎重に使う ‖ Das kann man ihr ruhig sagen. Sie ist sehr ~. それは彼女に話してもかまわない. 彼女はたいへん口が堅いから. **b**) 目立たない, 地味な: ~*e* Farben おとなしい色 | ein ~*es* Muster 地味な模様 | *jm.* einen ~*en* Wink geben …にそっと〔目で〕合図する ‖ *sich*[4] ~ kleiden 地味に装う. **2** 内緒の, 内密の, 秘密を要する; 微妙な: ~*e* Angelegenheiten デリケートな問題 | *jm.* ~*e* Ratschläge geben …に内々に助言する ‖ *et.*[4] sehr ~ behandeln …をごく内々に扱う | *jm. et.*[4] ~ mitteilen …に…をこっそり知らせる. **3** 不連続の, 非連続の; 離散〈散在〉した: ein ~*es* Spektrum 〘理〙不連続スペクトル | ~*e* Veränderliche 離散量. [*mlat.*−*fr.*; <*lat.* dis-cernere „ab-sondern"; ◇scheren[1], diskriminieren; *engl.* discreet, discrete]
Dis·kre·tion[..kretsióːn] 女 -/ **1** 思慮, 分別; 配慮, 心づかい: *sich*[4] auf ~ ergeben 無条件降伏する | nach ~ 随意に | Brot à ~ (レストランの料金表で)パンはご自由に(無料) ‖ *et.*[4] *js.* ~[3] überlassen …を…の〔自由〕裁量に任せる. **2** 秘密保持: größte 〈vollste〉 ~ wahren 秘密を厳守する ‖ *et.*[4] mit ~ behandeln …を内々で扱う | *jm. et.*[4] unter ~ sagen …に…を内緒で言う | *Diskretion* 〔ist〕 Ehrensache! (新聞の求人広告などで)秘密厳守〔はお約束します〕. [*spätlat.*−*fr.*]
dis·kre·tio·när[..tsionɛ́ːr] 形 〘法〙自由裁量に任された: ~*e* Gewalt 自由裁量権.
Dis·kri·mi·nan·te[dɪskriminántə] 女 -/-n 〘数〙判別式.
Dis·kri·mi·na·tion[..natsióːn] 女 -/-en =Diskriminierung [*spätlat.*]
Dis·kri·mi·na·tor[..náːtɔr, ..toːr] 男 -s/-en [..natóːrən] 〘電〙弁別器, 弁別回路. [*spätlat.*]
dis·kri·mi·nie·ren[..níːrən] 他 (h) **1** (人種・階級などによって)不利になるように差別する, 差別待遇をする, 蔑視する; 差別的言辞を弄(ろう)しておとしめる: die Farbigen ~ 有色人種を差別する ‖ *diskriminierende* Zölle 差別関税. **2** 〘心〙(類似のものを)弁別する.
[*lat.*; <*lat.* discrīmen „Scheidendes"; ◇diskret]
Dis·kri·mi·nie·rung[..rʊŋ] 女 -/en **1** 差別, 差別待遇; 差別的言辞〈行為〉. **2** 〘心〙弁別.
dis·kur·rie·ren[dɪskʊríːrən] 自 (h) 《über *et.*[4]》(…について熱心に)論じる, 討論〈議論〉する; 話し合う. [*lat.*; ◇*engl.* discourse]
Dis·kurs[dɪskʊ́rs][1] 男 -es/-e **1** (言葉による)思想の伝達, 会話, 談話; 〘言〙談話, ディスコース. **2** (熱心な)討論, 論議: mit *jm.* über *et.*[4] einen heftigen ~ führen …と…について激論する. **3** (特定のテーマに関する)論説, 論考, 叙説.
[*spätlat.*]
Dis·kurs·ana·ly·se 女 〘言〙談話分析.
dis·kur·siv[..zíːf][1] 形 会話〈談話〉体の; (↔intuitiv) 〘哲〙比量的な, 論弁〈論証〉的な. [*mlat.*]
Dis·kus[dískʊs] 男 -/..ken[kən]; -ses[..səs]/-se[..sə] **1** 〘陸上〙 **a**) (投擲(とうてき)用の)円盤. **b**) =Diskuswerfen

D

2〘植〙花盤. 3〘ｷﾘｽﾄ教〙(ビザンツ式典礼の)聖体拝領皿. 4〘解〙(関節などの)円盤, 円板. [*gr.*－*lat.* discus; <*gr.* dikeīn „werfen"; ◇Tisch]

Dis·kus·sion[dɪskʊsió:n] 女 -/-en 討論, 討議; 論争, 議論: eine heftige 〈lebhafte〉 ～ 激しい論争〈活発な議論〉| endlose ～*en* 果てしない議論 ‖ die ～ eröffnen 〈schließen〉 討論を始める〈終える〉| die ～ leiten 討論を司会する | außer ～ stehen 議論の余地がない, 明白である | in der ～ bleiben 討議中である | *et.*[4] in die ～ werfen …を討議に付する | *jn.* in eine ～ verwickeln …を論争に巻き込む | **zur ～ stehen** 議題〈討論の対象〉となっている | ***et.*[4] zur ～ stellen** …を議題〈討論の対象〉とする. [*spätlat.*; ◇diskutieren]

dis·kus·sions·freu·dig 形 議論好きの.

Dis·kus·sions≈lei·ter 男 討論の司会者. **≈teil·neh·mer** 男 討論の参加者. **≈the·ma** 中 討論のテーマ, 議題.

Dis·kus≈wer·fen[dískʊs..] 中 -s/ 〘陸上〙円盤投げ. **≈wer·fer** 男〘陸上〙円盤投げの選手.

dis·ku·ta·bel[dɪskutá:bəl] (..ta·bl..) 形 (↔indiskutabel) 論じる価値のある: eine *diskutable* Frage 議論の対象になりうる問題. [*fr.*]

Dis·ku·tant[..tánt] 男 -en/-en (積極的に)議論〈討論〉に参加する人.

dis·ku·tier·bar[..tí:rba:r] ＝diskutabel

dis·ku·tie·ren[..tí:rən] **I** 自 (h) 《über *et.*[4]》(…について)討論する, 討議〈議論〉する: Sie *diskutierten* 〔miteinander〕 über dieses Problem. 彼らはこの問題について〔互いに〕議論をかわした | Darüber läßt sich[4] ～. それは議論するに値する.

II 他 (h) 討議〈議論〉する: einen Vorschlag leidenschaftlich ～ ある提案について熱心に討議する ‖ ein viel *diskutiertes* Problem たびたび議論の対象となった問題.

[*lat.*; <*lat.* quatere „schütteln"; ◇Kasko; *engl.* discuss]

dis·ku·tier·freu·dig 形 議論好きの.

Dis·lo·ka·tion[dɪslokatsió:n] 女 -/-en 1〘軍〙(部隊・兵器などの)配備, 配属. 2 a)〘地〙(岩石面の)転位. b)〘医〙(骨折端の)転位, 脱臼(だっきゅう). c)〘理〙(結晶内の原子の)転位.

dis·loy·al[dɪsloajá:l, ⏑⏑⏑–] 形 忠節心のない, 不忠な.

dis·lo·zie·ren[dɪslotsí:rən] **I** 他 (h)〘軍〙(部隊・兵器などを特定の地域に)配備する, 配属〈駐屯〉させる. **II** 自 (h)《ｽｲｽ》転居する, 移転する. [*mlat.*; ◇*engl.* dislocate]

Dis·mem·bra·tion[dɪsmɛmbratsió:n] 女 -/-en 1 a) (国土・農地などの)分割. b) (国家の)分裂. 2〘工〙打砕.

Dis·mem·bra·tor[..brá:tɔr, ..to:r] 男 -s/-en[..bratóːrən]〘工〙打砕機. [<*lat.* membrum (→Membran)]

dis-Moll[dísmɔl, ⏑⏑] 中 -/ 〘楽〙嬰(えい)二短調(記号 dis): →A-Dur

Dis·pa·che[dɪspáʃ(ə)] 女 -/-n[..ʃən]〘海〙海損清算〔書〕. [*it.*－*fr.*; ◇Pakt]

Dis·pa·cheur[..paʃǿ:r] 男 -s/-e〘海〙海損清算人. [*fr.*; <..eur]

dis·pa·chie·ren[..paʃí:rən] 自 (h)〘海〙海損清算をする.

dis·pa·rat[dɪsparáːt] 形 (本質的に)異なる, 一致しない, 種類を異にした, 異質〈異類〉の; 乖離(かいり)的な: ～*e* Begriffe〘論〙乖離〈離隔〉概念. [*lat.*; <*lat.* dis-pār „ungleich"]

Dis·pa·ri·tät[..parité:t] 女 -/-en 不同, 不一致, 相違; 不均衡. [*spätlat.*]

Dis·pat·cher[dɪspétʃər] 男 -s/- (工場・鉄道などの)管制主任. [*engl.*; <*engl.* dispatch „abschicken"]

Dis·pens[dɪspéns][1] **I** 男 -es/-e (ｵｰｽﾄﾘｱ: 女 -/-en)(規定適用の)免除. **II** 女 -/-en《ｶﾄﾘｯｸ》特免. [*mlat.*]

Dis·pen·saire·be·treu·ung[dɪspãsɛ́:r.., ..pɛnzɛ́:r..] 女〘医〙(特に旧東ドイツなどで行われていた, 健康を損なった一定グループの人々に対する)予防的健康管理〔法〕. [<*fr.* dispensaire „Armenapotheke"]

Dis·pen·sa·tion[..pɛnzatsió:n] 女 -/-en 1〔特別〕免除. 2 (薬局での)調剤, 投薬. [*lat.* „Verteilung"]

Dis·pen·sa·to·rium[..zató:riʊm] 中 -s/..rien[..riən]〘薬〙薬局方. [*mlat.*]

Dis·pens·ehe[dɪspɛ́ns..] 女《ｶﾄﾘｯｸ》(プロテスタントとの)特免による結婚.

dis·pen·sie·ren[..pɛnzí:rən] 他 (h) 1《*jn.* von *et.*[3]》(…を…から)免除〈特免〉する; (beurlauben) (…に)休暇を与える: Der Schüler war vom Turnunterricht *dispensiert*. その生徒は体操の授業を免除されていた. 2 (薬を)調剤〈投薬〉する. [*lat.*; <*lat.* pendere (→Pension)]

Dis·pen·sier·recht[..zí:r..] 中 -〔e〕s/ 調剤〈投薬〉権, 薬局開設権.

Dis·pen·sie·rung[..rʊŋ] 女 -/-en 1 免除. 2〘薬〙調剤.

Di·sper·gens[dɪspɛ́rgɛns] 中 -/..genzien[dɪspɛrgɛ́ntsiən], ..gentia[..tsia·]〘化〙分散媒.

di·sper·gie·ren[..pɛrgí:rən] 他 (h) 分散させる, 拡散させる. [*lat.*; <dis..＋*lat.* spargere (→Spreu)]

Di·sper·mie[dispɛrmí:] 女 -/-n[..mí:ən]〘生〙二精(1個の卵子に2個の精子が進入すること). [<Sperma]

di·spers[dɪspɛ́rs][1] 形 分散した, 細分された: ～*es* Publikum (新聞の読者・ラジオの聴取者のように, 同一のソースを異なる場所で互いに無関係に受け取る)分散した受け手. [*lat.*]

Di·sper·sion[..pɛrzió:n] 女 -/-en 拡散;〘理〙分散;〘数〙(数値の)ばらつき. [*lat.*; ◇dispergieren]

Di·sper·sions·mit·tel 中〘化〙分散媒.

Dis·placed per·son[dɪspléɪst pə́:sn] 女 --/--s (略 D. P.)(第二次大戦中に労働力としてドイツ〔占領地域〕へ移された)強制移住外国人. [*engl.*; ◇Platz]

Dis·play[dɪsplé:, ..léɪ] 中 -s/-s 1 (商品の効果的な)展示, 陳列. 2〘電算〙ディスプレー, 映像表示装置. [*afr.*－*engl.*; <*lat.* plicāre (→pliieren)]

Dis·play·er[–ər] 男 -s/- (商品の)展示〈陳列〉係.

Di·spon·de·us[dispɔndé:ʊs] 男 -/..deen[..dé:ən]〘詩〙二重長長格(––––). [*gr.*－*lat.*]

Dis·po·nen·de[dɪsponɛ́ndə] 女 -/-n《ふつう複数で》(小売店の)処分品; (返本せず手元に置いてある)売れ残り本.

Dis·po·nent[..nɛ́nt] 男 -en/-en (企業の)経営担当主任; (劇場の)興行主任.

dis·po·ni·bel[..ní:bəl] (..ni·bl..) 形 (↔ indisponibel) 自由裁量で使用できる, 自由になる, いつでも使える: *disponible* Waren 自由に処理できる在庫品.

dis·po·nie·ren[..poní:rən] **I** 自 (h) 1《über *jn.* 〈*et.*[4]〉》(…を)意のままにする, (…を)自由に処理〈裁量〉する: Er kann über das Geld jederzeit ～. 彼はこの金をいつでも自由につかえる. 2 (あらかじめ)計画を立てる, 手はずを整える. **II** 他 (h)《*et.*[4]》(…の)手はずを整える; (…を)配置〈配列〉する, 分類〈整理〉する. **III dis·po·niert** 過分 形 1《様態を示す語句と》体が(…の)調子の, (…な)気分の: Der Sänger war heute gut 〈schlecht〉 ～. 歌手はきょうは調子がよかった〈悪かった〉| Ich fühle mich jetzt nicht ～, auszugehen. 私はいま外出する気持になれない. 2《zu *et.*[3]》(…への)素質〈才能〉のある;〘医〙《für *et.*[4]/zu *et.*[3]》(…の)素因〈素質〉のある: für Tuberkulose 〈zu Erkältungen〉 ～ sein 結核になりやすい〈風邪をひきやすい〉体質である. [*lat.* dis-pōnere „auseinander-stellen"; ◇*engl.* dispose]

Dis·po·si·tion[..pozitsió:n] 女 -/-en 1《単数で》(Verfügung) 意のままにすること, 任意の処理, 自由な使用: freie ～ über *sein* Vermögen haben 自分の財産を自由にできる ‖ *et.*[4] **zur ～ haben** …を自由に使える | *jm.* zur ～ stehen …の自由になる | *jn.* zur ～ stellen《官》…を待命〈休職〉にする | zur ～ 〔stehend〕(略 z. D.) 待命〈休職〉中の | eine Ware zur ～ stellen (きず物の)商品を返品する. 2 準備, 計画: für *et.*[4] *seine* ～*en* treffen …の準備をする. 3 a) 編成, 構成, 組み立て; レイアウト: die ～ eines Aufsatzes entwerfen 論文の構想を立てる. b)〘楽〙(オルガンの)音栓配置様式. 4 a) 気分, 調子. b) (Veranlagung) 素質;〘心〙気質;〘医〙素因, 素質: eine angeborene ～ 先天的素質 | die ～ zu einer Krankheit ある病気にかかりやすい体質. [*lat.*]

dis·po·si·ti̱ons·fä̱·hig 形〘法〙〔財産〕処分能力のある.

Dis·po·si·ti̱ons≠fonds[..fɔ̃:] 男, **≠gel·der** 複 (政府・市役所などが)自由裁量で使える資金.

dis·po·si·ti̱v[..tí:f][1] 形 **1** (目下)企画中の; (事情によっては)変更の余地のある. **2**〘法〙任意の, (当事者の意志によって)変更可能の: ~*es* Recht 任意法 | ~*e* Vorschrift 任意規定.

Dis·pro·por·ti̱on[dɪsprɔpɔrtsió:n, ⌣́⌣⌣⌣‒] 女 -/-en 不つりあい, 不均衡.

dis·pro·por·tio·na̱l[..tsioná:l] =disproportioniert

Dis·pro·por·tio·na·li·tä̱t[..nalitɛ́:t, ⌣́⌣⌣⌣⌣⌣⌣‒] 女 -/-en=Disproportion

dis·pro·por·tio·ni̱ert[..ní:ɐt, ⌣́⌣⌣⌣⌣‒] 形 不つりあいな, 均衡を欠いた.

Dis·pu̱t[dɪspú:t] 男 -[e]s/-e 論争, 討論: 〔miteinander〕 in 〔einen〕 ~ geraten 論争を始める. [*fr.*]

dis·pu·ta̱·bel[dɪsputá:bəl] (..ta·bl..) 形 (↔indisputabel) 議論の余地のある.

Dis·pu·ta̱nt[..tánt] 男 -en/-en 論争〔参加〕者.

Dis·pu·ta·ti̱on[..tatsió:n] 女 -/-en (学術上の)論争, (公開の)討論. [*lat.*]

dis·pu·ti̱e·ren[..tí:rən] 自 (h) **1**《mit *jm.* über *et.*[4]》〔学術上の〕論争をする, 議論する. **2** 口論する, 言い争う. [*lat.*; < *lat.* putāre „reinigen, erwägen" (◇putativ)]

Dis·pu·ti̱e·rer[..tí:rɐr] 男 -s/- 議論好き, 論客; 自説をまげない独善家.

Dis·qua·li·fi·ka·ti̱on[dɪskvalifikatsió:n] 女 -/-en 無資格の宣告; 〘スポ〙出場資格の剝奪(はく).

dis·qua·li·fi·zi̱e·ren[..tsí:rən] 他 (h) 《*jn.*》(…に)無資格の宣告をする; 〘スポ〙(…の)出場資格を奪う: 再帰 *sich*[4] für *et.*[4] ~ …をする資格のないことが明らかになる.

Dis·qua·li·fi·zi̱e·rung[..rʊŋ] 女 -/-en=Disqualifikation

Diss. 略 =Dissertation

Dis·se·mi·na·ti̱on[dɪseminatsió:n] 女 -/-en〘医〙(病原の)播種(はしゅ)〔転移〕; (伝染病の)伝播(でんぱ), 蔓延(まんえん).

dis·se·mi·ni̱ert[..ní:ɐt] 形〘医〙播種〔転移〕した; 伝播〈蔓延〉した. [< *lat.* dis-sēmināre „aus-säen" (◇Semen)]

Dis·se̱ns[dɪsɛ́ns][1] 男 -es/-e (↔Konsens) 意見の相違; 〘法〙不合意. [*lat.* dissēnsus „verschieden"; ◇Sensus]

Dis·se̱n·ter[dɪsɛ́ntɐr] 男 -s/-s《ふつう複数で》(イギリスの)非国教徒. [*engl.*]

dis·sen·ti̱e·ren[dɪsɛntí:rən] 自 (h) 意見を異にする, 異なった立場をとる; (イギリスで)国教会の教義に従わない. [*lat.*]

Dis·se·pi·me̱nt[dɪsepimɛ́nt] 中 -[e]s/-e **1** 隔壁. **2**〘動〙体節間膜. [*lat.*; ◇Septum]

Dis·ser·ta̱nt[dɪsɛrtánt] 男 -en/-en (女 **Dis·ser·ta̱n·tin**-/-nen) =Doktorand

Dis·ser·ta·ti̱on[dɪsɛrtatsió:n] 女 -/-en (略 Diss.) 学術論文, (特に:) 博士号〈ドクターの学位〉請求論文. [*lat.*]

dis·ser·ti̱e·ren[..tí:rən] 自 (h) 《über *et.*[4]》(…についての) Dissertation を書く. [*lat.*; < *lat.* dis-serere „auseinander-setzen" (◇Serie)]

dis·si·de̱nt[dɪsidɛ́nt] **I** 形 意見の異なる, 異論を持った. **II Dis·si·de̱nt** 男 -en/-en **1** (国家的に認められた宗教を信仰しない)離教者, 教会脱退者. **2** (一般に)意見を異にする人, 異論を持つ人; (社会主義国家などでの)体制批判者.

Dis·si̱·di·en[dɪsí:diən] 複 (Streitpunkte) 論点, 争点.

dis·si·di̱e·ren[dɪsidí:rən] 自 **1** (s)〘宗〙離教する. **2** (h) 意見を異にする. [*lat.*; < *lat.* sedēre (→sitzen)]

Dis·si·mi·la·ti̱on[dɪsimilatsió:n] 女 -/-en (↔Assimilation)〘生〙異化〔作用〕; 〘言〙異化〔作用〕(ある単語内の同一ないしは類似の二つの子音の一方が消失したり変化したりする現象. 例 König < kuning, fünf < fimpf).

dis·si·mi·la·to̱·risch[..tó:rɪʃ] 形〘生・言〙異化〔作用〕に関する〈よる〉.

dis·si·mi·li̱e·ren[..lí:rən] 他 (h)〘生・言〙異化する. [< *lat.* dis-similis „un-ähnlich" (◇Simili)]

Dis·si·pa·ti̱on[dɪsipatsió:n] 女 -/-en〘理〙(エネルギーなどの)散逸. [*lat.*]

Dis·si·pa·ti̱ons·sphä̱·re 女 -/ (Exosphäre)〘気象〙逸出圏.

dis·si·pi̱e·ren[dɪsipí:rən] 他 (h) 散らす, 分散〈消散〉させる. [*lat.* dis-sipāre „auseinander-werfen"]

dis·so·lu̱·bel[dɪsolú:bəl] (..lu·bl..) 形 (löslich)〘化〙溶解可能な. [*lat.*]

[▽]**dis·so·lu̱t**[..lú:t] 形 (zügellos) 無軌道な, 無節操な; だらしない, じだらくな. [*lat.*]

Dis·so·lu·ti̱on[..lutsió:n] 女 -/-en **1** 分解, 解体; 〘化〙溶解; 〘医〙(結石などの)融解; 〘心〙解体, 退行. [▽]**2** 無軌道, 放縦. [*lat.*]

dis·sol·vi̱e·ren[dɪsɔlví:rən] 他 (h) 分解〈解体〉する; 〘化〙溶解する. [*lat.*]

dis·so·na̱nt[dɪsonánt] 形 (↔konsonant)〘楽〙不協和音の; 《比》不一致〈不調和〉の, 不和の. [*lat.*]

Dis·so·na̱nz[..nánts] 女 -/-en (↔Konsonanz)〘楽〙不協和音; 《比》不一致, 不調和, 不和. [*spätlat.*]

dis·so·ni̱e·ren[..ní:rən] 自 (h)〘楽〙不協和音を出す; 《比》調和しない. [*lat.*; < *lat.* dis-sonus „miß-tönend"]

dis·so·zia̱l[dɪsotsiá:l] 形 反社会的な; 社交ぎらいの. [◇*engl.* dissocial]

Dis·so·zia·li·tä̱t[..tsialitɛ́:t] 女 -/ 反社会性; 社交ぎらい.

Dis·so·zia·ti̱on[dɪsotsiatsió:n] 女 -/-en **1**〘心〙(精神活動の)分裂, (意識からの観念の)分離. **2**〘化〙(分子の)解離. **3**〘医〙解離, 分離. [*lat.*]

dis·so·zi·i̱e·ren[..tsií:rən] **I** 他 (h) **1** 分解〈分離〉させる, 分裂させる; 〘化〙解離させる. **2** 再帰 *sich*[4] ~ 分解〈分離〉する, 分裂する; 解離する. **II** 自 (h) = *sich*[4] dissoziieren [*lat.*]

di·sta̱l[distá:l] 形 (↔proximal)〘解〙末端〈末梢(まっしょう)〉の, 遠位の. [< *lat.* dī-stāre „ab-stehen"+..al[1]]

Di·sta̱nz[dɪstánts] 女 -/-en **1 a)** (Abstand) (空間的・時間的な)隔たり, 間隔, 距離; 《比》(対人関係などでの相手との)隔たり, 距離; (対象を冷静に観察するために必要な精神的)距離: eine kurze 〈weite〉 ~ 短い〈遠い〉距離 | die ~ zwischen zwei Punkten 2点間の距離 ‖ ~ halten 〈wahren〉《比》距離を保つ, (慎みを保って)なれなれしくしない | zu *jm.* 〈*et.*[3]〉 auf ~ gehen …に対して距離を置く(自分が…と同じ立場にはないことを表明する) | *et.*[4] aus der ~ beurteilen …を距離を置いて(冷静に)判断する. **b)**〘スポ〙距離〔競技〕: ein Lauf über eine ~ von 1 000 Metern 1000メートル競走. **2**〘ボクシング〙**a)** リーチ. **b)** (試合の)予定ラウンド数: 〔mit *jm.*〕 über die volle ~ gehen 〔…と〕全ラウンドを戦う. [*lat.*]

Di·sta̱nz·ge·schäft 中 (↔Lokogeschäft)〘商〙(カタログ・見本などによる)隔地取引.

di·stan·zi̱e·ren[dɪstantsí:rən] **I** 他 (h) **1 a)** 再帰 *sich*[4] von *jm.* ~ …に近づかないようにする, …との間に距離を置く(あまり親しくしないで) | Nach dem Vorfall haben sie sich alle von ihm *distanziert*. その事件のあと彼らはみな彼に対してよそよそしくなった. **b)** 再帰 *sich*[4] von *et.*[3] 〈*jm.*〉 ~ …から離れ去る; 自分が…とかかわりのないこと〈自分は…とは見解を異にしていること〉を表明する | Ich habe mich von meinen frühen Anschauungen *distanziert*. 私は以前の考え方を改めた | Er *distanzierte* sich von der Zeitungsmeldung. 彼はその新聞報道とのかかわりを否定した. **2**〘スポ〙(競技相手を)抜く, 引き離す; 打ち破る: *seinen* Gegner um 5 Meter 〈mit 5 Metern〉 ~ 相手に5メートルの差をつける. **II di·stan·zi̱ert** 過分 形 打ちとけない, よそよそしい: *js.* ~*es* Verhalten …のよそよそしい態度 | *jn.* ~ behandeln …をそっけなくあしらう. [*fr.*]

Di·stan·zi̱ert·heit[..haɪt] 女 -/ distanziert なこと.

Di·stan·zi̱e·rung[..tsí:rʊŋ] 女 -/-en 〔sich〕 distan-

D

zieren すること.

Di·stanz≈kauf[dɪstánts..] 男 = Distanzgeschäft **≈mes·ser** 男 距離測定器, 距離計. **≈ritt** 男 (馬の)遠乗り〔レース〕. **≈scheck** 男〘商〙異地〈他地〉払い小切手, 市外銀行あて小切手. **≈wech·sel** 男 (↔Platzwechsel)〘商〙隔地〈異地〉手形, 他地払い手形, 市外銀行あて手形.

Di·stel[dístəl] 女 -/-n〘植〙アザミ(薊)〔の類〕(アザミのようにとげのあるキク科の植物の総称. 特にヒレアザミ属). [*germ.*; ◇stechen; *engl.* thistle]

Distelwerk

Di·stel≈fal·ter 男〘虫〙ヒメアカタテハ(姫赤立羽蝶). **≈fink** 男 (Stieglitz)〘鳥〙ゴシキヒワ(五色鶸). **≈werk** 中 アザミ模様(→ 図).

Di·sthen[dɪsté:n] 男 -s/-e〘鉱〙二硬石, 藍晶(らんしょう)石. [< *gr.* sthénos (→Sthenie)]

di·sti·chisch[dɪstí:çɪʃ, ..tíçɪʃ] 形, **di·sti·chi·tisch** [..stɪçí:tɪʃ] 形 2 行詩の.

Di·sti·chon[dístɪçɔn] 中 -s/..chen[..çən]〘詩〙(ふつう Hexameter と Pentameter からなる) 2 行詩. [*gr.*-*lat.*; < *gr.* stíchos (→stichisch); ◇*engl.* distich]

di·stin·guie·ren[dɪstɪŋgí:rən] **I** 他 (h) 区別する; 目立たせる; 特別扱いする; 特色づける. **II di·stin·guiert** 過分 形 (服装・態度・容貌(ようぼう)などが)際だって上品な, 高雅な, 飛び抜けて優れた: ein ~*es* Aussehen 気品のある外貌. [*lat.*-*fr.*; ◇*engl.* distinguish]

di·stinkt[..tíŋkt] 形 区別された; 明白な; 分かりやすい.

Di·stink·tion[..tɪŋktsió:n] 女 -/-en **1** 区別, 識別, 弁別; 差別, 殊遇. **2**《単数で》気品, 卓越, 高貴; 高位. **3**《単数で》(Hochachtung) 尊敬, 尊重. **4**《オーストリア》階級〔章〕. [*lat.*]

di·stink·tiv[..tí:f][1] 形 区別〈差異〉を示す, 区別の目安となる;〘言〙弁別的な, 示差的な: ~*e* Merkmale〘言〙弁別的〈示差的〉特徴. [*mlat.*]

▽**dis·to·nie·ren**[dɪstoní:rən] 自 (h)〘楽〙正しい音から外れる. [< *lat.* tonus (→Tonus); ◇detonieren[1]]

Dis·tor·sion[dɪstɔrzió:n] 女 -/-en **1** (Verstauchung)〘医〙捻転(ねんてん),(関節)捻挫(ねんざ). **2** (Verzerrung)〘光〙(像の)ゆがみ, ひずみ. [*lat.*-*fr.*; ◇*engl.* distortion]

dis·tra·hie·ren[dɪstrahí:rən] 他 (h) **1** (auseinanderziehen) 引き離す, 分離する;〘医〙(骨折治療で)伸延〈延展〉する. ▽**2** (zerstreuen) 分散〈拡散〉させる, 散らす. [*lat.*]

Dis·trak·tion[..traktsió:n] 女 -/-en **1** 分離; (Zerrung)〘地〙(地殻の)曳裂(えいれつ);〘医〙(骨折治療の)伸延, 延展〔法〕. ▽**2** 分散, 拡散. [*lat.*; < *lat.* trahere (→Trakt)]

Dis·tri·bu·ent[dɪstribuέnt] 男 -en/-en 分配者.

dis·tri·bu·ieren[..buí:rən] 他 (h) 分配〈配分〉する.

Dis·tri·bu·tion[..butsió:n] 女 -/-en(Verteilung) **1** 分配, 配分, 割り当て, 配布; (商品の)配送, 販売. **2** 分布〔状況〕;〘言〙分布. **3**〘数〙超関数. [*lat.*; ◇Tribut]

dis·tri·bu·tio·nal[..tsioná:l] 形, **dis·tri·bu·tio·nell**[..tsionέl] 形〘言〙分布〔上〕の.

dis·tri·bu·tiv[..tí:f][1] **I** 形 **1** 分配〈配分〉に関する. **2**〘言〙配分的な: ~*e* Zahlwörter 配分数詞(→Distributivum). **3**〘数〙分配的な. **II Dis·tri·bu·tiv** = Distributivum [*spätlat.*]

Dis·tri·bu·tiv·ge·setz 中〘数〙分配法則.

Dis·tri·bu·ti·vum[dɪstributí:vʊm] 中 -s/..va[..va·] (**Dis·tri·bu·tiv**[..tí:f][1] 中 -s/-e) (Verteilungszahlwort)〘言〙配分数詞(例 ラテン語の terni 三つずつ).

Di·strikt[dɪstríkt] 男 -[e]s/-e(Bezirk)(特に英米の)〔行政〕管区, 地区, 区; ▽地方, 地域. [*mlat.*; < *lat.* dīstringere „auseinander-ziehen" (◇stringent)]

Dis·zes·sion[dɪstsεsió:n] 女 -/-en (グループからの)脱退, (他党への)くら替え. [*lat.*; < *lat.* dis-cēdere „auseinander-gehen" (◇zedieren)]

Dis·zi·plin[dɪstsiplí:n] 女 -/-en **1**《単数で》(↔Indisziplin)(Zucht) 規律, 秩序; 訓育, しつけ; 自制力, 自制心;〘軍〙軍規;〘宗〙宗規: Arbeits*disziplin* 労働〈作業〉規律 ‖ Hier herrscht eiserne 〈strenge〉 ~. ここでは規律が厳正である ‖ die ~ halten 〈wahren〉 規律を保つ | die ~ lockern 〈untergraben〉 規律をゆるめる〈乱す〉| **keine ~ in den Knochen haben**《話》規律を守る気持がない, 自制心がない ‖ *sich*[4] **an ~** gewöhnen しつけを身につける | **auf ~** halten 規律を重んじる | *jn.* **zur ~** bringen (党員などを)統制に服させる. **2 a)** (学問などの)分野: eine selbständige ~ innerhalb der Physik 物理学の中の独立した一分野. **b)**〘スポーツ〙種目: die Olympischen ~*en* オリンピックの諸競技種目 | Er hält den Weltrekord in zwei ~*en*. 彼は 2 種目の世界記録を持っている. ▽**3**〘宗〙苦行〔用のむち〕. [*lat.*; < *lat.* discipulus „Schüler" (◇kapieren); ◇*engl.* discipline]

dis·zi·pli·när[..plinέ:r]《オーストリア》= disziplinarisch

Dis·zi·pli·nar≈ge·richt[dɪstsipliná:r..] 中 懲戒裁判〔所〕. **≈ge·setz** 中〘法〙懲戒法規. **≈ge·walt** 女 -/〘法〙懲戒権.

dis·zi·pli·na·risch[..ná:rɪʃ] 形 懲戒〔権〕に関する; 服務規程による;《比》厳格な: ~*e* Maßnahmen 懲戒処分 | *jn.* ~ bestrafen …を懲戒処分にする.

Dis·zi·pli·nar≈maß·nah·me 女 -/-n《ふつう複数で》懲戒処分. **≈recht** 中 -[e]s/〘法〙官公吏懲戒規定. **≈stra·fe** 女 **1** 懲戒処分. **2**〘アイスホッケー〙ミスコンダクト=ペナルティ. **≈ver·fah·ren** 中〘法〙懲戒手続き. **≈ver·ge·hen** 中 職務義務〈服務規程〉違反.

dis·zi·pli·nell[..nέl] = disziplinarisch

dis·zi·pli·nie·ren[..ní:rən] **I** 他 (h)《*jn.*》(…を)規律に服させる; しつける; 訓練する; 懲戒に付する.

II dis·zi·pli·niert 過分 形 規律のある, しつけ〈訓練〉の行き届いた: ein ~*es* Benehmen 折り目正しい態度 | eine ~*e* Truppe 軍紀の厳正な軍隊.

Dis·zi·pli·niert·heit[..haɪt] 女 -/ diszipliniert なこと.

Dis·zi·pli·nie·rung[..ní:rʊŋ] 女 -/-en《ふつう単数で》disziplinieren すること.

dis·zi·plin·los[dɪstsiplí:nlo:s][1] 形 規律のない, 無規律な; しつけ〈自制心〉のない.

Dis·zi·plin·lo·sig·keit[..lo:zɪçkaɪt] 女 -/-en **1**《単数で》disziplinlos なこと. **2** disziplinlos な言動.

Dis·zi·plin·ver·stoß 男 規律違反.

dis·zi·plin·wid·rig 形 規律に反する; 規律を守らない.

Dith·mar·schen[dítmarʃən, dí:t..] 地名 ディトマルシェン (Holstein の西海岸地方. 中世後期には農民共和国だった).

dith·mar·sisch[..marzɪʃ] 形 ディトマルシェンの.

Di·thy·ram·be[dityrámbə] 女 -/-n **1** 酒神賛歌 (Dionysos をたたえる合唱歌). **2** 熱狂的な賛歌〈賞賛・賛成〉.

di·thy·ram·bisch[..bɪʃ] 形《述語的用法なし》**1** Dithyrambe 1〔形式〕の. **2** 熱狂的な, 陶酔した.

Di·thy·ram·bus[..bʊs] (**Di·thy·ram·bos**[..bɔs]) 男 -/..ben[bən] = Dithyrambe [*gr.*〔-*lat.*〕]

di·to[dí:to·] **I** 副 (略 do., dto.) (ebenso) 同じく. **II Di·to** 中 -s/-s(Einerlei) 同じこと〈もの〉. [*it.*-*fr.*; < *lat.* dictum (→Diktum)]

Di·tro·chä·us[ditrɔxέ:ʊs] 男 -/..chäen[..xέ:ən]〘詩〙二重トロカイオス (—◡—◡) (→Trochäus). [*gr.*-*lat.*]

Ditt·chen[dítçən] 中 男 -s/-《ふつう複数で》《北東部》10 ペニヒ貨; 銭(ぜに). [< *poln.* dudek „Wiedehopf"; 刻印のワシをからかったもの]

dit·to[díto·]《南部・オーストリア》= dito [*it.*]

Dit·to·gra·phie[dɪtografí:] 女 -/-n[..fí:ən] (↔Haplographie)〘言〙(筆記・印刷の際の)重複誤字 (Adoption を Adoptation としたときなど); (古文書などの)二重異文. [< *gr.* dissós „doppelt"]

Dit·to·lo·gie[..logí:] 女 -/-n[..gí:ən] (↔Haplologie)〘言〙誤重音(どもったりして誤った音を重複させること).

Di·ure·se[diuré:zə] 女 -/-n〘医〙排尿, 利尿.

Di·ure·ti·kum[..tikʊm] 中 -s/..ka[..ka·]〘医〙利尿剤〈薬〉. [< dia..+*gr.* oureĩn „harnen" (◇uro..)]

Di·ure·tin[..retí:n] 中 -s/ 商標 ジウレチン(利尿剤).

di·ure·tisch[..ré:tɪʃ] 形〘医〙利尿〔性〕の: ein ~*es* Mittel 利尿剤.

Di·ur·nal[diurnáːl] 中 -s/-e, **Di·ur·na·le**[..lə] 中 -/..lia[..liaˑ]《カトリック》日中聖務日課書. [*mlat.*]

Di·ur·num[diúrnum] 中 -s/..nen[..nən]《オーストリア》(Tagegeld) 日当. [*lat.* diurnus „täglich"]

div. 略 =**divisi**

Di·va[díːvaˑ] 女 -/-s, ..ven[..vən] **1** (歌劇の)女性第一歌手, プリマドンナ; (映画などの)花形〈スター〉女優. **2**《軽蔑的に》派手な女. [*lat.* dīva „Göttin"−*it.*; ◇Divinität]

Di·van[díːva(ː)n, diváːn] 男 -s/-e =Diwan

Di·ver·bia[divέrbiaˑ] 複 (↔Cantica) ディヴェルビア(古代ローマ喜劇の対話部). [*lat.* dī-verbium „Dialog"; ◇Verb]

di·ver·gent[divεrgέnt] 形 (↔konvergent) 分散〈分岐〉する; 発散性の; (方向の)異なる: ~*e* Reihe《数》発散数列.

Di·ver·genz[..gέnts] 女 -/-en (↔Konvergenz) 分出, 分岐; 分散, 拡散; (意見などの)相違;《数・理》発散, ダイバージェンス;《生》拡散, 分岐, 相違, 開度. [*mlat.*]

di·ver·gie·ren[..gíːrən] 自 (h) (↔konvergieren) 分出〈分岐〉する; 分散〈拡散〉する; 発散する; (進路などが)それる; (意見などが)相違する: Seine Ansichten *divergieren* stark von meinen. 彼の見解は私のそれとははなはだしく異なる | *divergierende* Strahlen 発散光線. [*mlat.*; <dis..＋*lat.* vergere „sich neigen"]

di·vers[divέrs][1] 形《比較級なし》《付加語的》(verschieden) 種々の, 雑多の, 異なった; (mehrere) 幾つかの, 数個の: ~*e* Waren 雑貨 | ~*e* Weinsorten 数種のワイン | aus ~*en* Gründen 種々の理由から | die ~*esten* Meinungen zu der Frage その問題に対する実にさまざまな意見 ‖ *Diverses* =Diversa [*lat.*; <dis..＋*lat.* vertere (→vertieren[2])]

Di·ver·sa[divέrzaˑ] 複 雑報, 雑録; 雑貨; 諸雑費.

Di·ver·sant[divεrzánt] 男 -en/-en (国家に対する)サボタージュ煽動(せんどう)者, 妨害工作員. [*russ.*; Diversion]

Di·ver·se[divέrzə] 複 =Diversa

Di·ver·si·fi·ka·tion[divεrzifikatsióːn] 女 -/-en 多様性; 変化, 多様化;《商》(生産品目の)多様化; 投資の分散; 経営の多角化. [*mlat.*〔−*engl.*〕; ◇divers]

di·ver·si·fi·zie·ren[..tsíːrən] 他 (h) 多様化する;《商》(投資・生産品目などを)多様〈多角〉化する.

Di·ver·si·fi·zie·rung[..ruŋ] 女 -/-en =Diversifikation

Di·ver·sion[..zióːn] 女 -/-en (国家に対する)サボタージュ, 妨害工作. [*mlat.*−*russ.*; ◇divers, Diversant]

Di·ver·sions·akt 男 サボタージュ行為, 妨害工作.

Di·ver·ti·kel[divεrtíːkəl] 中 -s/- 《医》憩室(けいしつ). [*lat.* dēverticulum „Abweg"; <*lat.* dē-vertere „ab-wenden"]

Di·ver·ti·men·to[..timέntoˑ] 中 -s/-s, ..ti[..tiˑ]《楽》ディベルティメント, 嬉遊(きゆう)曲. [*it.* „Vergnügen"]

Di·ver·tis·se·ment[..tɪs(ə)mãː] 中 -s/-s **1** =Divertimento **2** 気晴らし, 娯楽. [*fr.*; ◇divers]

di·vi·de et im·pe·ra[díːvideˑ εt ímperaˑ]《ラテン語》(teile und herrsche!) 分割して統治せよ(古くからある統治術の一つ). [◇Imperium]

Di·vi·dend[dividέnt][1] 男 -en/-en (↔Divisor)《数》**1** 被除数. **2** (Zähler) 分子.

Di·vi·den·de[..də] 女 -n/-n《商》〔株式〕配当〔金〕, ボーナス: ausschließlich 〈einschließlich〉 ~ 配当落ち〈付き〉| eine ~ ausschütten 〈festsetzen〉 配当〔金〕を支払う〈決定する〉. [*lat.*−*fr.*]

Di·vi·den·den≈aus·schüt·tung 女《商》配当〔金〕支払い. ≈**bo·gen** 男 利益配当証券. ≈**jau·che** 女《話》(ビール会社の株価操作のあおりで品質が落ちた)水っぽいビール. ≈**pa·pier** 中《商》配当付株券. ≈**schein** 男《商》配当証書. ≈**ver·tei·lung** 女《商》配当金分配.

di·vi·die·ren[dividíːrən] 他 (h) (↔multiplizieren)《*et.*[4] durch *et.*[4] 〈mit *et.*[3]〉》《数》(…を…で)除する, 割る: Zehn *dividiert* durch zwei ist 〈gibt〉 fünf. (数式は 10 : 2 = 5) 10割る 2 は 5. [*lat.*−*mhd.*; ◇Witwe, Division]

Di·vi·di·vi[dividíːviˑ] 複 ジビジビ(南アメリカ産のマメ科植物). [*karib.*−*span.*]

Di·vi·na Com·me·dia[divíːnaˑ kɔméːdiaˑ] 女 --/ 神曲 (Dante Alighieri 作の宗教叙事詩. Inferno「地獄」, Purgatorio「煉獄(れんごく)」, Paradiso「天国」の 3 部からなる). [*it.* „göttliche Komödie"; ◇Komödie]

Di·vi·na·tion[divinatsióːn] 女 -/-en (Ahnung) 予感; 予言〔能力〕, 占い. [*lat.*; <*lat.* dīvīnāre „weissagen"]

di·vi·na·to·risch[..natóːrɪʃ] 形 予感〈予覚〉の; 予言「的な, 占いの.」

Di·vi·ni·tät[..nitέːt] 女 -/ (Göttlichkeit) 神性; 神. [*lat.*; <*lat.* dīvīnus „göttlich"]

Di·vis[divíːs][1] 中 -es/-e (Bindestrich)《印》ハイフン, 連字符. [*lat.*−*fr.* „geteilt"]

di·vi·si[divíːziˑ] 副 (略 div.) (geteilt)《楽》ディヴィジ, 分奏〔で〕(オーケストラの楽譜で, 例えば第一ヴァイオリンのパートをさらに二つ〔以上〕のグループに分け, それぞれ別の声部を弾かせる指示語). [*lat.*−*it.*]

di·vi·si·bel[divizíːbəl] (..si·bl..) 形 分割できる;《数》割り切れる.

Di·vi·sion[divizióːn] 女 -/-en **1** (Teilung) **a**) 分割, 区分. **b**) (↔Multiplikation)《数》割り算, 除法. **2** (陸軍の)師団; (海軍の)戦隊. **3** (サッカーリーグなどの)クラス, 級. **4** (企業などの)部門. [*lat.*〔−*fr.*−*engl.*〕; ◇dividieren]

Di·vi·sio·när[..zionέːr] 男 -s/-e《スイス》《軍》師団長. [*fr.* divisionnaire]

Di·vi·sions≈kom·man·deur[divizióːnskɔmandøːr] 男《軍》師団長, (海軍の)戦隊司令. ≈**stab** 男《軍》師団司令部, (海軍の)戦隊司令部. ≈**zei·chen** 中《数》割り算の記号 (:).

Di·vi·sor[divíːzɔr, ..zoːr] 男 -s/-en[..vizóːrən] (↔Dividend)《数》**1** 除数; 約数. **2** (Nenner) 分母. [*lat.* „Verteiler"]

Di·vi·so·rium[divizóːrium] 中 -s/..rien[riən]《印》(植字工の)原稿ばさみ.

Di.wan[díːva(ː)n, diváːn] 男 -s/-e **1** (Liegesofa) 寝いす, 長いす. **2** (トルコ・ペルシアなどの昔の)御前会議, 国政会議; 会議室, 謁見室. **3** (東洋の)詩集:《Westöstlicher ~》(Goethe の)『西東詩集』. [*pers.* dīwān „Amtszimmer"−*türk.*−*roman.*]

di·xi[díksi]《ラテン語》(basta!) 以上〔で終わり〕, これでおしまい. [„Ich habe (es) gesagt"; ◇Diktion]

Di·xie[díksiˑ] 男 -s/ , **Di·xie·land**[díksilεnt, ..sɪlænd] 男 -〔s〕/ , **Di·xie·land-Jazz**[..dʒεs, ..dʒæz] 男 -/《楽》デキシーランドジャズ, 伝統的ジャズ. [*amerik.*]

d. J. 略 **1** =**d**ieses **J**ahres 本年に〈の〉. **2** =**d**ieses **J**ahr[4] 本年に. **3**《人名の後につけて》=**d**er **J**üngere 年下の人, 後輩, 年少者: Holbein ~ 小ホルバイン.

DJ[díːdʒet] 略 男 -〔s〕/- =**D**isk**j**ockey [*engl.*]

Dja·kar·ta[dʒakártaˑ] 地名 ジャカルタ(インドネシア共和国の首都. Jakarta ともつづる. ジャワ島にあり, オランダ領時代には Batavia といった).

DJH[deːjɔtháː] 略 女 -/ =**D**eutsche **J**ugend**h**erberge ドイツ=ユースホステル協会.

Dji·bou·ti[dʒibúːtiˑ, dʒibutíː] =Dschibuti

DK[deːkáː] **I** 略 女 -/ =**D**ezimal**k**lassifikation **II** 記号 (国名略号: A[2] II 3) デンマーク (Dänemark).

dkg[dekagrám; オーストリア: ◡◡◡] 記号 (Dekagramm) デカグラム.

DKP[deːkaːpéː] 略 女 -/ =**D**eutsche **K**ommunistische **P**artei (旧西ドイツの)ドイツ共産党(1968年再建).

dkr 略 =**d**änische **Kr**one デンマーク=クローネ(→Krone 7 a).

DKW[deːkaːvéː] 男 -〔s〕/-s 商標 デーカーヴェー(<Deutscher Kraftwagen; ドイツ Auto-Union 社製自動車).

dl[detsilíːtər, déːtsiliːtər] 記号 (Deziliter) デシリットル.

[▽]**Dl**[dekalíːtər] 記号 (Dekaliter) デカリットル.

DLH 略 女 -/ =**D**eutsche **L**uft**h**ansa ドイチェ ルフトハンザ (① 旧東ドイツの航空会社. 1958–63; 1963年以降は Interflug と改称. ② →Lufthansa).

D

DLRG[deːǀɛlǀɛrgéː] 略 女 -/ ＝**Deutsche Lebens-Rettungs-Gesellschaft** ドイツ人命救助協会(1913年に設立され, 水難者の救助を目的とする).

dm[detsiméːtər, déːtsimeːtər] 記号 (Dezimeter) デシメートル.

d. m. 略 ＝**destra mano** 〘楽〙 右手で〔弾く〕.

dm²[kvadráːtdetsimeːtər, detsiméːtər hóːx tsváɪ] 記号 (Quadratdezimeter) 平方デシメートル.

dm³[kubíːkdetsimeːtər, detsiméːtər hóːx dráɪ] 記号 (Kubikdezimeter) 立方デシメートル.

d. M. 略 **1** ＝**dieses Monats** 今月に〈の〉. **2** ＝**diesen Monat**⁴ 今月に.

ᵛ**Dm**[dekaméːtər] 記号 (Dekameter) デカメートル.

DM[déːmark] 略 女 -/ ＝**Deutsche Mark** ドイツマルク(ユーロ導入以前のドイツの貨幣単位; 旧西ドイツでは1948年以後, 旧東ドイツでは1948-64の貨幣単位: 100 Pfennig): der Kurs der ～ ドイツマルクの相場 | 18,30 ～ (読み方: achtzehn Mark dreißig) 18マルク30ペニヒ.

☆ 統一前には, 旧西ドイツでは DM を, 旧東ドイツでは M を用いた.

d-Moll[déːmɔl, ⌒⌒] 中 -/ 〘楽〙 ニ短調(記号 d): →A-Dur

DNA[deːǀɛnǀáː] 略 **1** 男 -/ ＝**Deutscher Normenausschuß** ドイツ工業規格委員会 (Deutsches Institut für Normung e. V. の前身で1917年に創立: →DIN 2). **2** 女 -/ ＝DNS

der **Dnjepr**[dnjέpər] 地名 男 -〔s〕/ ドニエプル(黒海に注ぐウクライナの川. ヨーロッパ第３の長流). [◇*engl.* Dnieper]

der **Dnjestr**[dnjέstər] 地名 男 -〔s〕/ ドニエストル(黒海に注ぐウクライナ・モルダビアを流れる川).

DNS[deːǀɛnǀέs] 略 ＝**Desoxyribonukleinsäure**

do[doː] 《イタリア語》〘楽〙 ド(階名唱法で, 長音階の第１音).

do. 略 ＝**dito, ditto**

d. O. 略 ＝**der 〈die〉 Obige** 上述〈上記〉の者; 上に署名した者(手紙の追伸などの後に).

Do. 略 ＝**Donnerstag**

Dö·bel¹[dǿːbəl] 男 -s/- 〘魚〙 ウグイ(鯎)(の一種. 淡水魚). [*apreuß.*]

Dö·bel²[–] 男 -s/- (Dübel) 〘建〙 合いくぎ, だぼ, ジベル.

dö·beln[dǿːbəln] 《06》 他 (h) くさびを打ち込む; 合いくぎ〈だぼ〉でつなぐ. [*mndd.*; ◇Dübel]

Do·ber·mann[dóːbərman] 男 -s/..männer, **Do·ber·mann·pin·scher** 男 ドーベルマン〔ピンシェル〕(ドイツ産の番犬・警察犬用の中型犬: → 図). [<L. Dobermann (ドイツの養犬家, †1894)]

Dobermann

die **Do·bru·dscha**[dobrúdʒa·] 地名 女 -/ ドブルジャ(黒海と Donau 川下流にはさまれた地域. 北部はルーマニア領で南部はブルガリア領). [◇*engl.* Dobruja]

do·cen·do dis·ci·mus[dotsέndo· dístsimus] 《ラテン語》 (durch Lehren lernen wir) 教えることによって学ぶ (Seneca のことば). [◇Dozent]

doch[dɔx]

> **I** 接 《並列》 (aber) しかし, だが, でも
> **II** 副
> **1** 《文中でのアクセントなしで; 文頭に置かれて接続詞的に》 (jedoch) しかし, だが, でも
> **2** 《文中でのアクセントをもって》《逆接》
> **a)** (trotzdem, dennoch)
> ① 《先行の内容に対する制限または対立》〔しかしそれ〕にもかかわらず; そうは言っても; 《原因・理由の副文で》 どうせ, どっちみち(…なのだから)
> ② 《特に強いアクセントをもって: 明示された先行文ではなく, 自他の予想・期待に対する逆接として》 (それでも)やっぱり
> ③ 《応答の調子を強めて》 確かに, もちろん
> **b)** 《文頭に置かれて: ja, nein と同じ機能で》
> ① 《否定の返事を期待する否定詞を含む問いに対して, それを強く打ち消して》 いいえ そんなことはありません, とんでもない
> ② 《**doch nicht** の形で: 肯定を期待する平叙文による問いを強く否定して》 いいえ そういうことはありません
> ③ 《南部》 (ja) ええ, はい
> **3** 《話し手の主観的心情を反映して》《文中でのアクセントなしで: 相手・周囲の否定的姿勢を逆に否定して》
> **a)** 《既定の事態の再確認》
> ① i) でも(…ではないか), そうはいってもやはり, さすがに; 確かに
> ii) 《感嘆文などで: 憤慨・ぼう然を示して》 いくらなんでも
> iii) 《先行する発言内容に対する釈明として》 なにしろ(…)なので
> ② 《定動詞文頭の文で: 先行する発言内容に対する理由づけ, または意外な出来事を示して》 なにしろ(…)なので, だって(…)なのだから
> ③ 《疑問詞をもつ過去時称の疑問文で: 忘れかけていた事の再確認》 ええと(…)でしたっけ
> ④ i) 《**wenn nicht ..., so doch .../..., oder doch ...** の形で》 …ではないとしても少なくとも…
> ii) 《**... nicht ..., doch auch nicht ...**》 (…ではない)だからと言って…というわけでもない
> ⑤ 《副文で譲歩・認容のニュアンスを帯びて》 (…)であるのに, (…)でありながら
> **b)** 《未定の事態の確認》
> ① 《命令文で: 促し・いらだちを示して》 さあ, 頼むから, ともかく
> ② 《接続法 II による実現不可能な願望を表す文で: 切望・痛恨を示して》 ただ〈なんとか〉(…)でさえ(あればなあ)
> ③ 《平叙文の形の念を押す疑問文で》 ほんとうに(…だろうね), まさか(…ではないだろうね)

I 接 《並列》 (aber) しかし, だが, でも(→II 1): Ich habe ihn mehrmals angerufen, ～ er war nicht zu Hause. 私は何度か電話をした. だが彼は留守だった | Sie hatte ihr Kommen zugesagt, ～ sie kam nicht. 彼女は来ることを約束したが しかし来なかった.

☆ この場合 aber より doch のほうが表現が強い(→aber I 1 ☆).

II 副 **1** 《文中でのアクセントなしで; 文頭に置かれて接続詞的に: →I》 (jedoch) しかし, だが, でも: Ich habe ihn mehrmals angerufen, ～ war er nicht zu Hause. 私は何度か電話をした. だが彼は留守だった.

☆ この意味の doch はつねに文頭に置かれ, jedoch のように文成分の間のいろいろな位置に現れることはない(→jedoch ★). また文頭に置かれて後の語順に影響を与えない場合は aber と同様, 文と文を結ぶ並列接続詞と見なされる(→I).

2 《文中でのアクセントをもって》《逆説》 **a)** (trotzdem, dennoch) ① 《〔明示された〕先行の内容を制限したり, 対立することを述べて; しばしば aber とともに, また zwar と呼応して》〔しかしそれ〕にもかかわらず, それでもしかし, それなのに; そうは言っても; 《原因・理由の副文で》 どうせ, どっちみち(…なのだから): Sie antwortete leise und ～ entschieden. 彼女は小さな声でしかし断固として答えた | Er ist 〔**zwar**〕 arm, aber ～ zufrieden. 彼は貧乏ではあるが満ち足りた気持でいる | Es war ihm 〔zwar〕 verboten worden, aber das Kind ging ～ in den Garten. 子供は〔実は〕禁じられていたのだけれども それにもかかわらず庭の中に入っていった | Der Mann hat ihm so viele Wohltaten erwiesen. **Aber** er hat ihn ～ im Stich gelassen. その男は彼にとても親切にしてくれていたのに 彼はその男を見捨てた(→3 a ⑤) | Trotz der Dunkelheit habe ich ihn ～ erkannt. 暗かったにもかかわらず私は彼が分かった | Du hast keine Chance.―Ich will es ～ versuchen. 君に成功の見込みはないぞ ― それでもやってみるつもりだ | Er ist sehr krank und ～ verliert er nicht den Mut. 彼は重病であるが それでも勇気を失わない ‖ Man braucht es ihm nicht zu sagen, weil er ～ nicht darauf hört. どうせ彼は言うことを聞くわけがないのだからわざわざ言ってやるまでもない ‖ Du kommst ～ mit? 君はそれでも一緒に来る気か(→

②, 3 b ③) | Ich habe mich ~ nicht geirrt. 私はそれにもかかわらず思い違いしなかった(→②, 3 b ③).
②《特に強いアクセントをもって: 明示された先行文ではなく, 自他の予想・期待に対する逆接として; しばしば denn, nun, also などと》(それでも)やっぱり: So ist es ihm **denn** ~ 〔noch〕 gelungen. じゃあ彼も それでもとうとうそれに成功したってわけか | Ich habe es ~ gesehen. 何と言われようと私はそれを見たんだ | Das war mir denn ~ zuviel! それはさすがの私も腹にすえかねた | Ich habe **also** ~ recht. やっぱり私が正しかったのだ, それみたことか | Also ~! それみろ, やっぱりだ,(私の)言っていたとおりだ(大方の予想とは違って) | Du kommst ~ mit. 君はやっぱり一緒に来るのか(→①, 3 b ③) | Ich habe mich ~ nicht geirrt. やっぱり私の思い違いではなかった(→①, 3 b ③).
③《応答の調子を強めて》確かに, もちろん: Kannst du mir debei helfen?—Gewiß ~! それを手伝ってくれるかい — もちろんさ | Bist du damit einverstanden?—Ja ~! それでいいのかね — もちろんですよ | Er ist ein Feigling.—O nicht ~! / Aber nein ~! 彼はひきょうものだ — とんでもない.
b)《文頭に置かれて: ja, nein と同じ機能で》①《否定の返事を期待する否定詞を含む問いに対して, それを強く打ち消して》いいえ そんなことはありません, とんでもない, おあいにくさま(…ですとも): Hast du's nicht gesagt?—O ~! 君はそうは言わなかったろうな — いいや言いましたよ | Hast du keine Schularbeiten auf?—*Doch!* 宿題はないんだな — いいえ あるんですよ ‖〘平叙文の形の念を押す問いなどに対して〙Du kommst wohl nicht mit?—*Doch!* 君は一緒に来ないんだろうね — いいえ 行きますとも | Sie brauchen ja noch nicht fortzugehen?—*Doch*, ich muß. まだ出かける必要はないのですね — いや もう行かねばなりません | Bitte geh nicht weg!—*Doch!* どうか行かないで — そうはいかないんだ ‖〘相手の否定を見越して独りでそれに反論して〙Du hast mir das Leben gerettet; ~ das hast du! 君はぼくの命の恩人だ. いや間違いなくそうだ ‖〘**doch ja** の形でためらいながらの肯定を示して〙Kann ich mitkommen?—*Doch* ja. お伴をしてもよいでしょうか — そうね ええ いいですよ.
②《**doch nicht** の形で: 肯定を期待する平叙文による問いを強く否定して》いいえ そういうことはありません(…とは違います): Sie bleiben wohl noch einige Zeit hier?—*Doch* nicht, ich muß morgen abreisen. まだしばらくはこちらにいらっしゃるんでしょう — いいえ そういうわけにもいきません. 明日出発します.
③《南部》(ja) ええ, はい.
★ 否定詞を含む問いに対する応答の表現としての doch と nein: 上例のように, 否定の問いを打ち消す場合には doch を用いるが, 打ち消さない場合には nein が用いられる: Hast du keine Schulaufgaben auf? — *Nein*, ich habe keine Schulaufgaben auf. 宿題はないんだな — はい ありません | Sie brauchen ja noch nicht fortzugehen?—*Nein* 〔, ich brauche nicht〕. まだ出かける必要はないのですね — ええ〔必要ありません〕.
3《話し手の主観的心情を反映して》《文中でのアクセントなしで: 相手・周囲の否定的姿勢を逆に否定し, 依然として確認されるべき ある事態が存在することを示して》**a**)《既定の事態の再確認》① i)でも(…ではないか), そうはいってもやはり, なんといっても, さすがに; 実際, ほんとうに, 確かに, 実に: Das ist ~ interessant. でもこれはおもしろいじゃないか, これはさすがにおもしろい | Das kommt mir ~ bekannt vor. これはやっぱりどこかで見た〈聞いた〉ような気がする | Das müßten Sie ~ wissen. でもこれはご存知のはずでしょう | Das Leben ist ~ manchmal grausam. 人生というものはどうしたって時には残酷なことがあるものですよ | Das möchte ich denn ~ mal sehen! やれるものならやってみろってんだ | Ich hatte ~ Streichhölzer bei mir. たしかマッチは持っていたと思うのだけれど | Das ist ~ Michael! ミヒャエルじゃないか | Ich habe es ~ gleich gesagt. 私はあのときすぐに ちゃんとそう言ったでしょうが | Wir wollen ~ heute abend ausgehen. でも今晩一緒に外出するはずじゃなかったのかい | Er hat ~ noch nie gern Fisch gegessen. 彼はいままで魚を食べておいしいと言ったことはないじゃないか ‖〘ja, nein, nicht などの応答の語句を強めて〙Ja ~!《話》そうだよ, きまっているじゃないか | Nein ~!《話》違うってば; なに言ってるんだよ | Nicht ~! 違うよ, そうじゃないよ(→b ①) | Es wird wohl regnen.—Nicht ~, das Barometer ist aber gestiegen. たぶん雨になるだろう — とんでもない 気圧はぐんぐん上がっているよ.
ii)《感嘆文などで: 憤慨・ぼう然などを示して》いくらなんでも: Das ist ~ zu dumm!《話》これはあまりといえばあまりじゃないか | Was man sich ~ alles gefallen lassen muß! なんでまたこんなにいろいろ我慢しなければならないのだ | Daß sie ~ immer zu spät kommen muß! 彼女はいつも遅刻しなければすまないんだから(あんなに注意したのに) | Daß ich mir das ~ nicht merken kann! 自分としたことがこんなことを覚えられない〈忘れてしまう〉なんて.
iii)《先行する発言内容に対する釈明として理由のニュアンスを帯びて: →②》なにしろ〈だって〉(…)なので: Ich helfe dir, ich bin ~ deine Mutter. お前を助けてあげるよ. なんと言ったって私は母親なのだから | Warum hast du nicht geantwortet?—Ich habe ~ geschlafen! なぜ返事しなかったのだ — だって眠っていたんだもの.
②《定動詞文頭の文で: 先行する発言内容に対する理由づけ, または話し手の驚き・感嘆の原因である意外な出来事を示して》それというのもなにしろ(…)なので, だって〔驚いたことに〕(…)なのだから: Ich war ihm sehr dankbar, hatte er mir ~ stets geholfen. 私は彼にたいへん感謝していた. なにしろ彼には世話になりっぱなしだったのだから | Es war nicht erstaunlich, daß er zum Vorsitzenden gewählt wurde, war er ~ schon viele Jahre ein sehr rühriges Mitglied gewesen. 彼が会長に選出されたのは不思議ではない. なにしろ長年にわたってきわめて活動的な会員だったのだから ‖ Hab' ich den Markt und die Straßen ~ nie so einsam gesehen! 広場や通りがこんなにもひっそりしているなんていまだかつて見たことがない (Goethe) | Gehe ich ~ gestern die Hauptstraße entlang und treffe meinen alten Lehrer. 驚いたことには昨日大通りを歩いて行くと昔の先生にばったり出会うという次第となったのだ.
③《疑問詞をもつ過去時称の疑問文で: 忘れかけていた事の再確認》ええと(…)でしたっけ: Wie war ~ Ihr Name? ええとお名前は何とおっしゃいましたっけ | Was war ~ gleich Ihre Branche? ところでご商売〈ご専門〉は何でいらっしゃいましたっけ | Was wollte ich ~ hier? ここに何しに来たんだっけなあ.
④ i)《**wenn nicht ..., so doch .../..., oder doch ...** の形で》…ではないとしても〈…かあるいは〉少なくとも…: Er ist, wenn nicht krank, so ~ kränklich. / Er ist krank, oder ~ kränklich. 彼は病気ではないまでも少なくとも健康がすぐれない | Ich glaube, daß er Mittäter oder ~ Mitwisser ist. 私は彼が共犯者もしくは少なくとも一味であるとにらんでいる.
ii)《**... nicht ..., doch auch nicht ...**》(…ではない)だからと言って…というわけでもない: Ich fühle mich nicht wohl, ~ bin ich auch nicht krank. 私は気分はよくないがだからと言って病気というわけでもない | Wir wissen, daß das nicht erlaubt ist, ~ daß man es auch nicht verboten hat. そのことが許されてはいないけれどもだからと言って禁止されているわけでもないことは知っていますよ.
⑤《副文で譲歩・認容のニュアンスを帯びて: →2 a ①》(…)であるのに,(…)でありながら: Er hat einen Mann im Stich gelassen, der ihm ~ so viele Wohltaten erwiesen hat. 彼はさんざん親切にしてもらった〔ある〕男を見捨てた | Wie kannst du ihr bloß so etwas sagen, da du ~ weißt, wie empfindlich sie ist? 彼女がどれほど感じやすいか君は知っているくせに よくも彼女にあんなことが言えたものだ | Du hast es getan, wo du ~ wußtest, daß ich dagegen bin. それに私が反対であることを知りながら 君はそれをあえてやった ‖〘wenn 副文相当の定動詞先置文で〙Warum habe ich mich nicht vorgesehen, wußte ich ~, daß das geschehen würde. そういう事態になることを知っていながら私はなぜ警戒を怠ったのだろう.
b)《未定の事態の確認》①《命令文で: 促し・いらだちを示して》さあ, いいから, 頼むから, ぐずぐずしないで, ともかく: Denk ~! i)頭を使えよ; ii)考えてもみてくれよ | Frag ihn ~! i)さ

っさと彼に聞けよ; ii) 聞くなら彼に聞いたらいいだろう(こっちに聞かないで) | So höre ~ endlich auf! さあ いいかげんにやめろ | Sei ~ lieb! お利口さんにしてね | Mach ~, daß du fortkommst! さっさとどこかに行ってしまえよ ‖ Nicht ~! 頼むからやめてくれ(→a ① i).
②《接続法 II による実現不可能な願望を表す文で: 切望・痛恨を示して》ただ〈なんとか〉(…)でさえ(あればなあ): Wäre ~ alles schon vorüber! / Wenn ~ alles schon vorüber wäre! / Daß ~ alles schon vorüber wäre! もう何もかもすんで〈終わって〉いたらなあ ‖ Hättest du ~ das gleich gesagt! それをすぐに〈すぐにそう〉言ってくれたらよかったのに.
③《平叙文の形の念を押す疑問文で》ほんとうに(…だろうね), まさか(…ではないだろうね): Du kommst ~ mit?—Ja, ich komme mit. ほんとに一緒に来てくれるんだろうね — はい 一緒に参ります(→2 a ①, ②) | Ich habe mich ~ nicht geirrt?—Nein, du hast dich nicht geirrt. 私はまさか思い違いしているのではないだろうね — いや 君は思い違いなんかしていないよ. [*germ.*; ◇ *engl.* though]

Dọch·mius[dɔ́xmiʊs] 男 -/..mien[..miən]〘詩〙ドクミオス, 曲格(古代ギリシアの詩脚で ⏑––⏑– を基本型とする種々の変種がある). [*gr.* dóchmios „schräg"–*lat.*]

Dọcht[dɔxt] 男 -[e]s/-e (ろうそく・ランプなどの)芯(しん): Der ~ ist niedergebrannt. 芯が燃え尽きた | ***jm.* auf den ~ gehen**《話》…にとって煩わしくなる. [„Geflochtenes"; *ahd.* tāht; ◇Text]

Dọcht·sche̱·re[dɔ́xt..] 女 芯(しん)切り用のはさみ.

Dock[dɔk] 中 -s/-s(-e) **1**〘海〙**a**) 〔乾〕ドック, 船渠(せんきょ)(→図): im ~ liegen (船が)ドックに入っている | ins ~ gehen (船が)ドックに入る. **b**) (Hafenbecken) 泊渠; 船だまり. ▽**2** (航空機の)格納庫. [*mndl.*–*engl.*]

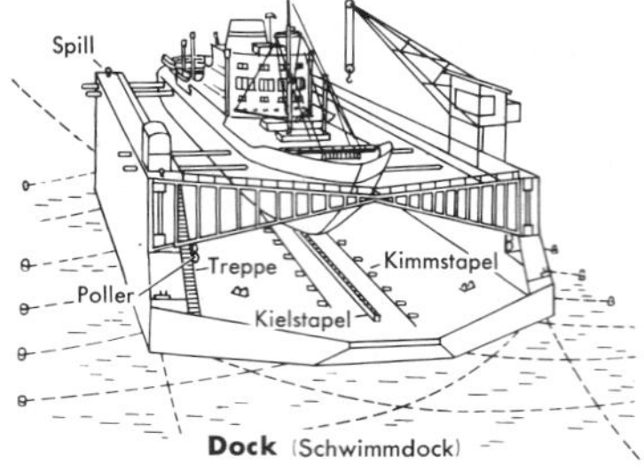

Dock (Schwimmdock)

Dọck·ar·bei·ter[dɔ́k..] 男 ドックの労働者; 港湾労働者.

Dọcke[dɔ́kə] 女 -/-n **1 a**) (より糸などの)束(→図 Garn): eine ~ Stickgarn ししゅう糸一束. **b**) (乾燥させるために立てかけた穀物の)刈り束. **2** (より糸状の装飾のある)円柱(特に欄干の支柱など). **3** (洗濯物の仕上げにかけるローラーの)心棒. **4**《南部》(Puppe) 人形. **5**《方》(Schwein) 豚. [*germ.*; ◇ *engl.* dock]

dọcken[1][dɔ́kən] 他 (h) (糸・刈り取った穀物などを)束ね合わせる.

dọcken[2][–] **I** 他 (h) **1** (船を)ドック〈船渠(せんきょ)〉に入れる. **2** (宇宙船を)ドッキングさせる. **II** 自 (h) (船が)ドックに入っている.

Dọcker[dɔ́kər] 男 -s/- =Dockarbeiter

Dọcking[dɔ́kɪŋ] 中 -s/-s (宇宙船の)ドッキング. [*engl.*]

Dọck·tor[dɔ́k..] 中〘海〙ドックゲート〈ポンツーン〉.

Do·de·kạ·dik[dodeká:dɪk] 女 -/ (Duodezimalsystem)〘数〙十二進法. [＜*gr.* dṓ-deka „zwölf" (◇Duo)]

do·de·kạ·disch[..dɪʃ] 形〘数〙十二進法の.

Do·de·ka·ẹ·der[dodeka|é:dər] 中 -s/- (Zwölfflächner)〘数〙〔正〕十二面体.

Do·de·ka·pho·ni̱e[..foní:] 女 -/ (Zwölftonmusik)〘楽〙12音音楽.

do·de·ka·phọ·nisch[..fó:nɪʃ] 形〘楽〙12音音楽〈音階〉の.

Dọ·del[dó:dəl] 男 -s/-〔n〕《南部・オーストリア》うすのろ, ばか.

Dö̱·del[dǿ:dəl] 男 -s/-《話》愚か者, うすのろ.

Dọ·de·rer[dó:dərər] 人名 Heimito von ~ ハイミート フォン ドーデラー(1896–1966; オーストリアの作家).

Dọ·do[dó:do·, dodó:] 女名 (＜Dorothea) ドード.

Do·dọ·na[dodó:na·] 地名 ドドナ(ギリシア最古の Zeus の神託所〔のある聖地〕): die Ruinen von ~ ドドナの廃墟(はいきょ). [*gr.*–*lat.*]

Doe·skin[dó:skɪn] 男 -[s]/ 商標 ドスキン(雌ジカの皮に似せたラシャ地). [*engl.* „Reh-fell"]

Do·ga·rẹs·sa[dogarésa·] 女 -/..ressen[..sən] Doge の夫人. [*it.*]

Dọg·cart[dɔ́kart, dɔ́gkɑ:t] 男 -s/-s (1頭立ての)〔狩猟用〕二輪馬車(→図). [*engl.* „Hunde-karren"; ◇Dogge]

Dogcart

Dọ·ge[dó:ʒə] 男 -n/-n (18世紀末までの Venedig, Genua の)総督. [*lat.* dux–*it.*; ◇Duc]

Dọ·gen·pa·last 男 Doge の邸宅.

Dọg·ge[dɔ́gə] 女 -/-n **1** 犬(特に短毛・番犬用の大型犬: →図): eine deutsche ~ グレートデーン | eine englische ~ マスチフ. **2** (宝石研磨用の)はさみ台. [*engl.* dog–*ndd.*]

Dogge

Dọg·ger[1][dɔ́gər] 男 -s/〘地〙ドッガー統 [*engl.*]

Dọg·ger[2][–] 男 -s/- (**Dọg·ger·boot** 中) (昔のオランダの2本マストの)漁船. [*mndl.* dogger]

die **Dọg·ger·bank**[dɔ́gərbaŋk] 地名 女 -/ ドッガーバンク(北海中央部にある大砂州で, 漁場として知られる. 第一次大戦中イギリス艦隊がここでドイツ艦隊を撃破した).

Dö̱g·ling[dǿ:klɪŋ] 男 -s/-e〘動〙ツチクジラ(槌鯨)(マッコウクジラ類). [*schwed.*]

Dọg·ma[dɔ́gma·] 中 -s/..men[..mən]〘宗〙(教会などの)教義, 教理; (一般に)定説, 定論; (絶対視される)教条; 独断的な主張: das ~ von der Unbefleckten Empfängnis〘カトリック〙(聖母マリアの)無原罪の御宿(おやど)りの教義 ‖ *et.*[4] zum ~ erheben《比》…を教条として絶対視する. [*gr.*–*lat.*; ＜*gr.* dokeĩn „meinen" (◇dezent)]

Dog·mạ·tik[dɔgmá:tɪk; オーストリア: ..mátɪk] 女 -/-en 教義学, 教理神学; 独断論.

Dog·mạ·ti·ker[..má:tikər; オーストリア: ..mát..] 男 -s/- 教義学〈教理神学〉者; 独断論者, 独断的に自説を主張する人.

dog·mạ·tisch[..má:tɪʃ; オーストリア: ..mát..] 形 教義〈教理〉上の;《比》独断的な.

dog·ma·ti·si̱e·ren[dɔgmatizí:rən] 他 (h) ドグマ〈教理〉として立てる, 教義化する; 独断的に主張する.

Dog·ma·tịs·mus[..tísmʊs] 男 -/《ふつう軽蔑的に》独断論, 教条主義.

Dọg·men Dogma の複数.

Dọg·men·ge·schich·te[dɔ́gmən..] 女 (キリスト教の)教義〈教理〉史.

Dọh·le[dó:lə] 女 -/-n **1**〘鳥〙コクマルガラス(黒丸鴉)(頸部(けいぶ)が灰色の小型のカラス). **2**《戯》(古風な円筒状の)黒い帽子. **3**《話》(Hure) 売春婦. [*ahd.* taha[la]; ◇ *engl.* daw]

Dọh·ne[dó:nə] 女 -/-n **1** (ツグミなどを捕らえるための馬毛製の)鳥わな. **2**《西部》梁(はり) 天井. [*westgerm.*; ◇dehnen]

Dọh·nen⸗steig 男, **⸗stieg** 男 -[e]s/-e 鳥わなを仕掛けた森の小道.

Do-it-your·self-Be·we̱·gung[dú: ɪt jɔ:sélf..] 女 (専門の職人に頼らず, すべてを自分の手でやってしまおうとする)素人

細工〈作業〉運動. [< *engl.* do it yourself „tu es selber!"]

Do·ke̩t[doké:t] 男 -en/-en《ふつう複数で》〘宗〙キリスト仮現説の信奉者.

Do·ke·ti̩s·mus[doketísmʊs] 男 -/ 〘宗〙(初期キリスト教の)キリスト仮現説. [*gr.*–*nlat.*; < *gr.* dokeĩn „scheinen"]

Do·ki·ma·si̩e[dokimazí:] 女 -/ **1** (古代アテネの)官吏登用試験. **2** (鉱石の)〔貴〕金属含有量判定検査. [*gr.*; < *gr.* dokimázein „prüfen"]

do̩k·tern[dɔ́ktərn]《05》自 (h)《話》**1** 医者のまねをする, あれこれ素人療法を試みる. **2** 医者をしている. [◇Doktor 2]

Do̩k·tor[dɔ́ktɔr, ..to:r] 男 -s/-en[dɔktó:rən] (⊛ **Dok·to̩·rin** → 別出) **1** (略 Dr., 複数: Dres.) 博士〔号〕, 学位〔所有者〕, ドクター〔の称号〕: ～ der Medizin (略 Dr. med.) 医学博士 | ～ der Ingenieurwissenschaften (略 Dr.-Ing.) 工学博士 | ～ der Naturwissenschaften (略 Dr. rer. nat. / Dr. sc. nat.) 理学博士 | Frau ～ Schmidt i) シュミット博士 (Frau Schmidt 自身が学位所有者); ii)《特に: 南部・オーストリア》シュミット博士夫人 | den 〈*seinen*〉 ～ machen ドクターの学位を得る | *seinen* ～ verteidigen (公開の)ドクター口述試験に合格する | zum ～ promovieren 〈promoviert werden〉 ドクターの学位を授与される | *jn.* mit ～ anreden …に呼び掛けるのに博士の称号を用いる〈添える〉, …を先生と呼ぶ.

2《話》(Arzt) 医者: der Onkel ～《幼児語》お医者さま | zum ～ gehen 医者にかかる | den ～ holen 医者を呼ぶ. [*lat.*; ◇Dozent]

Dok·to·ra̩nd[dɔktoránt][1] 男 -en/-en (⊛ **Dok·to·ra̩n·din**[..rándɪn]-/-nen) (略 Dd.) 博士〈ドクター〉論文執筆中の者. [*mlat.*]

Do̩k·tor·ar·beit[dɔ́ktɔr..] 女 (Dissertation) 博士〈ドクター〉学位請求論文.

Dok·to·ra̩t[dɔktorá:t] 中 -〔e〕s/-e **1** 博士〈ドクター〉の学位: das ～ erwerben 〈machen〉 学位を得る. **2**《オーストリア》=Doktorprüfung [*mlat.*]

Do̩k·tor≈di·plo̩m[dɔ́ktɔr..] 中 博士〈ドクター〉の学位記. **≈ex·a̲men** 中 =Doktorprüfung **≈fra̲·ge** 女《戯》難問. **≈gra̲d** 男 博士〈ドクター〉の学位: den ～ erwerben 〈erlangen〉 博士の学位を得る. **≈hu̲t** 男 (新ドクターに授与される)礼装用の帽子;《比》学位: *jn.* mit Talar und ～ bekleiden …に学位を授与する.

dok·to·ri̲e·ren[dɔktorí:rən] 自 (h) (promovieren) 博士〈ドクター〉の学位を得る〈得ようとしている〉. [*mlat.*]

Dok·to̩·rin[dɔktó:rɪn, dɔ́ktorɪn] 女 -/-nen (Doktor の女性形) **1** 女性の博士〈ドクター〉;《話》(Ärztin) 女医. **2** 博士〈ドクター〉夫人; 医師夫人.

Do̩k·tor≈in·ge·nieur[dɔ́ktɔr|ɪnʒeniø:r, ◡◡◡◡◡⏊] 男 (略 Dr.-Ing.) 工学博士. **≈prü̲·fung** 女 (Rigorosum) 博士〈ドクター〉の学位を得るための口述試験. **≈ti̲·tel** 男 博士〈ドクター〉の称号: *jm.* den ～ verleihen …に博士〈ドクター〉の学位を与える. **≈va̲·ter** 男《話》Doktorand の指導教授. **≈wür·de** 女 博士〈ドクター〉の学位.

Dok·tri̲n[dɔktrí:n] 女 -/-en **1** (Lehrsatz) 教義, 教理; (絶対的)学理, 学説;《比》かたくなな意見, 空理空論. **2** (政策上の)主義, 原則. [*lat.* doctrīna „Unterricht"; ◇Dozent]

dok·tri·nä̲r[..trinɛ́:r] **I** 形 教条的な, 教理上の; 偏狭な, 空理空論の, 非現実的な. **II Dok·tri·nä̲r** 男 -s/-e (教義・学説の)信奉者, 擁護者; 教条主義〈主義一点ばり〉の人. [*fr.* doctrinaire]

Dok·tri·na·ri̩s·mus[..narísmʊs] 男 -/《軽蔑的に》教条主義, 主義一点ばり.

Do·ku·me̩nt[dokumɛ́nt] 中 -〔e〕s/-e **1** 〔公〕文書, 証書; 証拠書類;《比》記録: Das Buch ist ein erschütterndes ～ des Krieges. この本はなまなましい戦争の記録である | Dieser Vertrag ist ein ～ des guten Willens. この契約は好意の表れである. **2** (Parteidokument) (旧東ドイツでドイツ社会主義統一党の)党員登録簿. [*lat.* documentum „Lehre"–*mlat.*; ◇Dozent]

Do·ku·men·ta·li̩st[dokumɛntalíst] 男 -en/-en, **Do·ku·men·ta̲r**[..tá:r] 男 -s/-e (資料館・専門図書館などの)専門職員, 資料整理〈編集〉員.

Do·ku·men·ta̲r≈be·richt 男 (映画・テレビなどの)実況〈ドキュメンタリー〉ルポ, 実録. **≈film** 男 記録映画.

do·ku·men·ta̲·risch[..tá:rɪʃ] 形〔公〕文書による; 記録に基づく; 事実を伝える, 立証力のある: ein ～*er* Film 〈Roman〉 記録映画〈ノンフィクション〔長編〕小説〉| dem Gericht ～*es* Material vorlegen 法廷に証拠物件を提出する ‖ Der Vorfall ist ～ belegt. この事件には記録の裏づけがある.

Do·ku·men·ta·ri̩st[..taríst] 男 -en/-en (記録映画・記録文学などを作る)ドキュメンタリー作家.

Do·ku·men·ta·tio̩n[..tatsió:n] 女 -/-en **1**《単数で》資料整備. **2** (整備された)資料;《比》証拠: eine ～ der Freundschaft 友情のあかし〈表れ〉.

do·ku·men·ti̲e·ren[dokumɛntí:rən] 他 (h) **1** 《*et.*[4]》(…を事物が)証明する, 裏書きする: 再帰 *sich*[4] ～ 明らかに示される | In diesem Roman *dokumentiert* sich die Weltanschauung des Künstlers am besten. この小説に作者の世界観が最もよく表れている.

2 文書で証明する, (…に)立証材料を添付する; ドキュメントによって描く, 記録する: *et.*[4] filmisch ～ …をフィルムで記録する, …を記録映画で示す | die *dokumentierten* Ta̩tsachen 記録の裏づけのある事実.

Do·la̩n[dolá:n] 中 -〔s〕/ 商標 ドラーン(化学繊維).

Do̩l·by[dɔ́lbi·] 中 -s/ =Dolby-System

Do̩l·by-Sy·ste̲m 中 商標 (テープレコーダーの録音・再生のさいの, 高音域のノイズを少なくする)ドルビー方式.

do̩l·ce[dɔ́ltʃə, ..tʃe·] 副 (sanft, süß)〘楽〙ドルチェ, 柔和に, 甘く, 優しく. [*lat.* dulcis–*it.*]

do̩l·ce fa̲r nie̩n·te[dɔ́ltʃə fá:r niɛ́ntə, ..tʃe· – ..te·] **I** 《イタリア語》(süß ist's, nichts zu tun) 無為は楽し. **II Do̩l·ce·fa̲r·nie̩n·te**[◡◡–◡⏊◡] 中 -/ 安逸, 逸楽. [< *it.* fare „tun" (◇..fizieren)+niente „nichts"]

Do̩l·ce vi̲·ta[dɔ́ltʃə ví:ta·, ..tʃə· –] 中 女 --/ 甘い生活 (映画の題名に由来し, 安逸をむさぼる放縦な生活をいう). [*it.*]

Dolch[dɔlç] 男 -〔e〕s/-e 短剣, 短刀(→ 図);《話》(Messer) ナイフ: *jm.* den ～ auf die Brust setzen …の胸に短刀を突きつける;《比》…の死命を制する ‖ Seine Blicke waren wie ～*e.* 彼の目つきは刺すように鋭かった | Seine Worte trafen mich wie ～*e.* 彼の言葉は私の心をえぐった.

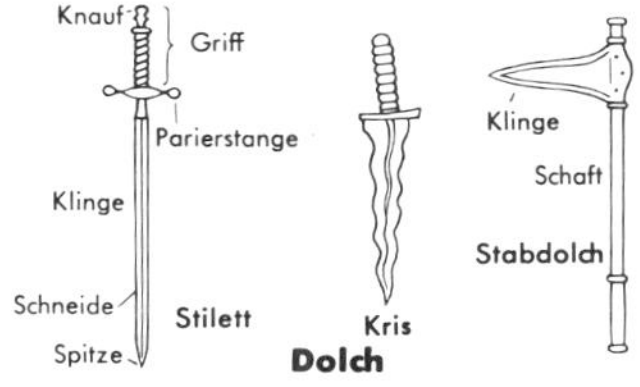

Dolch

do̩l·chen[dɔ́lçən] **I** 他 (h) 短刀で刺し殺す. **II** 自 (h) 短刀で刺す.

Do̩lch≈mes·ser[dɔ́lç..] 中 小型の短剣, さや付きナイフ. **≈spit·ze** 女 短剣の刃先. **≈stich** 男 = Dolchstoß **≈sto̲ß** 男 短剣で刺す〈突く〉こと; 短剣での刺し傷;《比》陰険な攻撃, 卑劣な陰謀: *jm.* einen ～ versetzen …を短剣で刺す〈突く〉;《比》…の心を深く傷つける | ein ～ von hinten 《比》(戦時中の)国内での裏切り〈利敵行為〉.

Do̩lch·stoß·le·gen·de 女 -/ (第一次大戦でのドイツの敗北を国内の革命分子の策動によるとする)国内裏切り説, ヒ首(あいくち)伝説.

Do̩lch·wes·pe 女〘虫〙ツチバチ(土蜂)科の昆虫.

Do̩l·cia̲n[dɔltsia:n, ◡◡⏊] 男 中 -s/-e〘楽〙**1** ドルシアン(ファゴットに似た古い楽器). **2** (オルガンの)リード音栓の一つ. [*it.*; ◇dolce]

Do̩l·de[dɔ́ldə] 女 -/-n〘植〙散形花序(→ 図 Blüten-

D

stand): eine zusammengesetzte ～ 複散形花序. [*ahd.*; ◇Tolle]

Dọl·den·blü̲t·let 複 セリ科〈散形科〉植物.

dọl·den·för·mig 形〘植〙散形状の.

Dọl·den≈ge·wächs 中 セリ科〈散形科〉植物. **≈ris·pe** 女 〘植〙 散形円錐(えんすい)花序 (→ 図Blütenstand). **≈trau·be** 女〘植〙散房花序(→ 図 Blütenstand).

Dọl·der[dɔ́ldər] 男 (中) -s/- 〘植〙こずえ, 樹冠; 大枝.

dọl·dig[..dɪç][2] 形〘植〙散形花序の, 散形花序を有する.

Do̲·le[dó:lə] 女 -/-n《南部》下水溝; (特に:) 暗渠(あんきょ). [*ahd.*; ◇Delle]

do·li·cho·ze·pha̲l[dolɪçotsefá:l] 形 (↔ brachyzephal) (langköpfig)〘医〙長頭の.

Do·li·cho·ze·pha·li̲e[..falí:] 女 -/ 長頭であること; 〘医〙長頭症. [<*gr.* dolichós „lang"+kephalo..]

Do·li̲·ne[dolí:nə] 女 -/-n〘地〙ドリーネ(石灰岩地帯の漏斗状くぼみ). [*slowen.* dolina „Tal"]

doll[dɔl] 形《北部》《話》(toll) ものすごい, とてつもない, ひどい; 驚くべき, すばらしい, すてきな: eine ～*e* Geschichte とてつもない〈驚くべき〉話 | ein ～*er* Kerl すごい〈すてきな〉やつ | Das Mädchen sah ～ aus. その娘はすごくかっこよかった ‖〘強調の副詞として〙Es hat ～ weh getan. ものすごく痛かった | Er ist ～ verliebt in sie. 彼は彼女に首ったけだ. [<toll]

Dọl·lar[dɔ́lar, ..la:r, dɔ́lə] 男 -[s]/-s (単位: -/-) ドル(米国などの貨幣〔単位〕; 100 Cent: 記号 $). [*ndd.* dāler−*amerik.*; ◇Taler]

Dọl·lar≈ba̲·sis[dɔ́lar..] 女 (決済の) 基盤としてのドル, ドル建て. **≈kurs** 男 ドル相場.

Dọll·bord[dɔ́l..] 男〘海〙ガンネル(甲板の舷側(げんそく)); (ボートの)船べり. [<Dolle]

Dọll≈brä̲·gen[dɔ́l..] 男, **≈bre̲·gen** 男《北部》(Verwegener) 向こう見ず〈がむしゃら〉な男. [*mndd.* „Tollkopf"]

Dọl·le[dɔ́lə] 女 -/-n (ボートの)オール受け, 櫂(かい)掛け, 櫂座(→ 図 Boot C). [*mndd.*; ◇Daumen; *engl.* thole]

Dọl·len·boot 中 オール受けのついた〔競技用〕ボート.

Dọll·fu̲ß ＝Klumpfuß

dol·li̲e·ren[dɔlí:rən] 他 (h) (皮革を)平らに削る; (獣皮の内側に)磨きをかける. [*lat.* dolāre „behauen"−*fr.*]

Dö̲l·ling[dœ́lɪŋ] 男 -s/-e〘魚〙(Donau 川産の)スズキの類.

▽**Dọl·lin·ger**[dɔ́lɪŋər] 男 -s/- (Henker) 刑吏. [*hebr.*]

Dọll·punkt[dɔ́l..] 男 -[e]s/《話》(事柄・議論などの)中心点, 争点. [<Dolle]

Dọl·man[dɔ́lman] 男 -s/-e ドルマン(ハンガリア軽騎兵の短い上着・南バルカンの婦人用の長い上着・昔のトルコ人の男性用上着). [*türk.* dōlāmān〔−*ungar.* dolmány〕]

Dọl·men[dɔ́lmən] 男 -s/- 〘考古〙ドルメン(先史時代の巨石墳). [*fr.*; <*bret.* taol „Tisch" (◇Tafel)]

Dọl·metsch[dɔ́lmɛtʃ] 男 -es(-s)/-e(-en/-en)《雅》**1** (Fürsprecher) 代弁者: Er ist ein ～ der Volksstimmung. 彼は民衆の気持を代弁している | *sich*[4] zum ～ der Unterdrückten machen 抑圧された人々の代弁者となる. **2** 《オーストリア》＝Dolmetscher 1 [*türk.* tilmač−*ungar.* tolmács−*mhd.*]

dọl·met·schen[dɔ́lmɛtʃən] ⦅04⦆ **I** 他 (自) (h) **1** 通訳する; 解説する: ein Gespräch ～ 会話の通訳をする | für *jn.* ～ …のために通訳する | simultan ～ 同時通訳をする | aus dem Englischen ins Deutsche ～ 英語からドイツ語に通訳する | Er *dolmetscht* geläufig in mehreren Sprachen. 彼は数か国語がぺらぺらである. **2** (感情などを他人に)わからせる, 説明する. **II** 自 (h) 通訳〔者〕として勤務している, 通訳をしている.

Dọl·met·scher[...tʃər] 男 -s/- (女 **Dọl·met·sche·rin** [..tʃərɪn]-/-nen) **1**〔職業的〕通訳: durch einen ～ sprechen 通訳つきで話す. **2** (Steinwälzer)〘鳥〙キョウジョシギ(京女鷸).

Dọl·met·scher≈in·sti·tu̲t 中 通訳養成機関〈学校〉. **≈ka·bi̲·ne** 女 (同時通訳のための) 通訳室. **≈schu̲·le** 女 通訳養成学校.

Do·lo·mi̲t[dolomí:t, ..mít; オーストリア: dɔlɔmít] 男 -s/-e〘鉱〙白雲石, 苦灰石, ドロマイト. [<D. de Dolomieu (フランスの鉱物学者, †1801)]

die **Do·lo·mi̲·ten** [dolomí:tən; オーストリア: dɔlɔmítən] 地名 複 ドロミーテン, ドロミテ＝アルプス(東アルプスの一部で, 南チロルにそびえる山塊. 主として白雲岩からなり, 最高峰は3342m).

Do·lo̲·res[doló:rɛs] 女名 ドローレス. [*span.*]

do·lo·ro̲s[doloró:s][1] 形, **do·lo·rö̲s**[dolorø:s][1] 形 (schmerzhaft) 苦痛に満ちた, 悲痛な. [*spätlat.*]

do·lo·ro̲·so[doloró:zo·] 副 (schmerzlich)〘楽〙悲しく, 悲痛に, ドロローソ. [*it.*; <*lat.* dolor „Schmerz"]

do·lo̲s[doló:s][1] 形 (arglistig)〘法〙悪意の, 故意の. [*lat.*]

Do̲·lus[dó:lʊs] 男 -/〘法〙悪意, 犯意, 故意. [*lat.*]

Do̲·lus even·tu·a̲·lis[− evɛntuá:lɪs] 男 --/〘法〙未必の故意. [*lat.*; ◇eventual]

Do̲m[1][do:m] 男 -[e]s/-e **1**〘キリスト教〙司教座教会, 大聖堂(→Kathedrale, Münster[1]): der Kölner ～ ケルンの大聖堂. **2**〔Hamburger〕～〔ハンブルガー〕ドーム(毎年冬に Hamburg の Domplatz で開かれる移動遊園地等が設けられる祭り). [*gr.*−*kirchenlat.* domus „Haus"−*it.*−*fr.* dôme; ◇Zimmer]

Do̲m[2][−] 男 -[e]s/-e **1** 丸屋根, ドーム(→ 図 Kuppel); 〘地〙円頂丘(→ 図 Berg B): der ～ des Himmels 丸天井のような空. **2** ＝Dampfdom **3**〘金属〙キューポラ. [*gr.* dõma−*provenzal.*−*fr.* dôme; ◇Doma]

Dom[3][dɔm, do:m, dɔ̃] 男 -/《無冠詞で》ドム, 殿(ポルトガルで男性の貴人の洗礼名に冠する敬称). [*lat.* dominus−*port.* „Herr"; ◇Dominus]

Do̲m[4][do:m] 複 ドーム(北インドの最下層階級の一つ). [*sanskr.*−*Hindi*]

Do̲·ma[dó:ma·] 中 -s/..men[..mən]〘鉱〙(結晶の)庇面(ひめん). [*gr.* dõma „Gebäude"; <*gr.* démein „ziemen"; ◇Dom[2]]

Do̲·magk[dó:mak] 人名 Gerhard ～ ゲールハルト ドーマク(1895−1964; ドイツの生化学者. 1939年ノーベル医学・生理学賞に指名されたが, ナチ政府の指示により辞退).

Do·mä̲·ne[domɛ́:nə] 女 -/-n **1** 国有地, 御料地. **2** (得意とする)専門領域: Seine ～ ist das Feuilleton. 彼のお得意の分野は文芸欄である. [*lat.* dominium−*fr.*; ◇Dominium; *engl.* domain]

do·ma·ni·a̲l[domaniá:l] 形 国有地〈御料地〉の. [*fr.*]

Do·ma·ni·a̲l·gu̲t 中 国有地, 御料地.

Do̲m≈cho̲r[dó:mko:r] **I** 男 -[e]s/..chöre 大聖堂合唱隊, 寺院聖歌隊. **II** 男 (中) -[e]s/-e, ..chöre 大聖堂内陣. **≈de·chant** 男, **≈de·ka̲n** 男〘カトリック〙司教座教会参事会首席.

Do·me·sti̲k[domɛstí:k] 男 -en/-en (**Do·me·sti̲·ke** [..kə; オーストリア: dɔmɛstíkə] 男 -n/-n) **1**《ふつう複数で》《集合的に》《軽蔑的に》召使い. **2**〘競輪〙花形選手の〔優勝のために奉仕する〕補助選手. [*fr.*; <*lat.* domesticus „häuslich" (◇Dom[1])]

Do·me·sti·ka·tio̲n[domɛstikatsió:n] 女 -/-en (野生動物の)家畜化, 馴致(じゅんち); (野性植物の)栽培植物化. [*fr.*]

Do·me·sti̲·kin[..stí:kɪn] 女 -/-nen《話》(女の)マゾヒスト;《婉曲に》(新聞広告などの用語として)いじめられたい〈マゾヒストの〉女, サディストを求めている女(→Domina 2).

do·me·sti·zi̲e·ren[..stitsí:rən] 他 (h) 家畜化〈栽培植物化〉する;《比》手なずける. [*mlat.*; ◇*engl.* domesticate]

Do̲m≈frei·heit[dó:m..] 女〘史〙(世俗の裁判権が及ばない)司教座教会の管轄領域. **≈herr** 男〘カトリック〙司教座教会参事会会員.

Do̲·mi·na[dó:mina·] 女 **1** -/..nä[..nɛ·] 女子修道院長. **2** -s/-《話》サディズムの女, 女のサディスト;《婉曲に》(マゾヒストのための)サディスト役の売春婦(→Domestikin). [*lat.* domina „Herrin"; ◇Dominus, Dame]

do·mi·na̲l[dominá:l] 形《話》Domina 2 の素質のある.

do·mi·nạnt[dominánt] 形 **1** (vorherrschend) 支配

的な, 優勢な. **2** (↔rezessiv)〘生〙優性の: ～*er* Erbgang 優性遺伝. [*lat.*]

Do·mi·nant·ak·kord 男 =Dominante 2 b

Do·mi·nan·te[..nántə] 女 -/-n **1** 主たる特徴. **2**〘楽〙**a**) 属音(音階の第5音). **b**) 属〔音による三〕和音.

Do·mi·nanz[..nánts] 女 -/-en **1** 優勢, 優越. **2**〘遺伝〙(遺伝形質の)優性.

Do·mi·na·tion[..natsió:n] 女 -/ 優位〔を占めること〕, 支配. [*lat.*; ◇dominieren]

Domini →Anno *Domini*

Do·mi·ni·ca[1][domí:nika·] 地名 ドミニカ(中米, 西インド諸島の一部で1978年英連邦内で独立. 首都ロゾー Roseau).

Do·mi·ni·ca[2][–] 女 -/ (Sonntag)〘カトリック〙主日, 日曜日. [<*mlat.* dominica dies „der Tag des Herrn"]

Do·mi·ni·en[1] Dominion の複数.

Do·mi·ni·en[2] Dominium の複数.

do·mi·nie·ren[dominí:rən] **I** 自 (h) 優勢である, 優位に立つ; 他を圧する: Auf dem Stoff *dominiert* das Rot. この生地の色は赤が勝っている〈基調である〉| In dem Wettspiel *dominierten* die Gäste. ゲームはビジターが優勢だった | Ein Merkmal *dominiert* über ein anderes.〘生〙ある特徴が他のものを抑えて発現する ‖ eine *dominierende* Rolle spielen 主要な役割を演じる | eine *dominierende* Stellung einnehmen〘軍〙重要拠点を占める. **II** 他 (h) 制圧する: Die Angst *dominiert* ihn vollkommen. 彼は不安のとりこになっている. [*lat.*; ◇Dominus; *engl.* dominate]

Do·mi·nik[dó:mınık] 男名 ドーミニク.

Do·mi·ni·ka·ner[dominiká:nər] 男 -s/- **1**〘カトリック〙ドミニコ会修道士(→ 図). **2** ドミニカ共和国の人.

Dominikaner

Do·mi·ni·ka·ner·or·den 男 -s/〘カトリック〙ドミニコ会(1216年に Dominikus が創立した托鉢(たくはつ)修道会).

do·mi·ni·ka·nisch[..nıʃ] 形 **1**〘カトリック〙ドミニコ会の. **2** ドミニカの: *Dominikanische* Republik ドミニカ共和国(カリブ海のヒスパニオラ島の東半分を占める. 首都は Santo Domingo).

Do·mi·ni·kus[domí:nikus, ..mín..] **I** 男名 ドミニクス. **II** 人名 ドミニクス(1170頃-1221; スペインの聖職者・聖人で, ドミニコ会の創設者). [*lat.* dominicus „zum Herrn gehörend"; ◇Dominus]

Do·mi·nion[domíniən, dəmínjən] 中 -s/-s, ..nien [..niən](イギリス連邦の)海外自治領(の旧称). [*mlat.*–*mfr.*–*engl.*]

Do·mi·nium[domí:nium] 中 -s/..nien[..niən](-s) **1** (中世の)支配関係, 〔土地〕領有権. **2** (Domäne) 御料地, 国有地; (Rittergut) 騎士領. [*lat.*; ◇Dominus]

Do·mi·no[dó:mino·] **I** 男 -s/-s ドミノ(頭巾(ずきん)とゆったりした袖(そで)のついた仮面舞踏会用の絹コート: → 図); ドミノを着た人. **II** 中 -s/-s ドミノ(28枚の長方形の牌(はい)を用いるゲーム). [*it.*–*fr.*; <*lat.* dominus (→Dominus)]

Domino

Do·mi·no≠spiel[dó:mino..] 中 =Domino II ≠**stein** 男 **1** ドミノの牌(はい)〈ボーン〉(→Domino II). **2** ドミノ(チョコレートをかぶせたさいころ形の菓子の名).

Do·mi·nus[dó:minus, dóm..] 男《無冠詞で呼び掛けとして》〘カトリック〙主〔なる神〕. [*lat.* dominus „Hausherr"; ◇Dom[1]]

Do·mi·nus vo·bis·cum[– vobískum, dóm.. vobí:skum]《ラテン語》(der Herr sei mit euch!) 主なんじらとともにあれ(ミサなどで司祭が信者に対してするあいさつ).

▽**Do·mi·zel·lar**[domitsɛlá:r] 男 -s/-e =Domschüler

Do·mi·zil[domitsí:l] 中 -s/-e **1**《しばしば戯語的に》(Wohnsitz) 住居, 居所; 滞在地, 宿所: *sein* ～ in München 〈bei *jm.*〉 aufschlagen ミュンヒェンに〈…のもとに〉居を定める | für zehn Tage bei *jm.* ～ nehmen 10日間の予定で…宅に滞在する | *sein* ～ wechseln 転居する. **2**〘商〙(手形の)支払地. [*lat.*; <*lat.* domus (→Dom[1]); ◇*engl.* domicile]

do·mi·zi·lie·ren[..tsilí:rən] **I** 自 (h) (wohnen)《in *et.*[3] / bei *jm.*》居住〈定住〉する; 滞在〈宿泊〉する. **II** 他 (h) (手形の)支払地を指定〈記入〉する.

Do·mi·zil·wech·sel[domitsí:l..] 男 **1** 住所の変更. **2**〘商〙他所払い手形.

Dom≠ka·pi·tel[dó:m..] 中〘カトリック〙司教座聖堂参事会. ≠**ka·pi·tu·lar** 男〘カトリック〙司教座教会参事会会員. ≠**kir·che** 女〘カトリック〙司教座教会.

Dom·mel[dɔ́məl] =Rohrdommel

Dom≠pfaff[dó:mpfaf] 男 -en(-s)/-en (≠**pfaf·fe** 男 -n(-s)/-n) (Gimpel)〘鳥〙ウソ(黒い頭を修道服の頭巾に見たてた名称). ≠**platz** 男 聖堂広場(聖堂のまわりにあって市などが開かれることが多い). ≠**pre·di·ger** 男 司教座教会の説教者. ≠**propst** 男〘カトリック〙司教座教会参事会主席.

Domp·teur[dɔmptǿ:r] 男 -s/-e (女 **Domp·teu·se** [..tǿ:zə]-/-n) (Tierbändiger) 動物調教師, 猛獣使い. [*fr.*; <*lat.* dom〔it〕āre „bändigen" (◇zähmen) + ..eur]

Dom≠schu·le[dó:m..] 女〘史〙(中世の)司教座教会付属学校. ≠**schü·ler** 男 Domschule の生徒. ≠**stift** 中 =Domkapitel

der Don[1][dɔn] 地名 男 -〔s〕/ ドン(アゾフ海に注ぐロシア連邦の川).

Don[2][–] 男 -〔s〕/-s《無冠詞で》ドン, 殿, さん(スペインで男性の洗礼名に冠する敬称, イタリアでは聖職者・貴族の洗礼名に冠する敬称). [*lat.* dominus (→Dominus)]

Do·ña[dɔ́nja·] 女 -/-s **1**《無冠詞で》ドニャ, さん(スペインで女性の洗礼名に冠する敬称). **2** =Donja 1 [*lat.* domina (→Domina)–*span.*]

Do·nar[dó:nar] 人名〘北欧神〙ドーナル (Thor のドイツ語形). [*ahd.*; ◇Donner]

Do·na·rit[donarí:t, ..rít] 男 -s/ ドナリット(硝酸アンモニウム・ニトログリセリン・でんぷんよりなる爆発物).

Do·na·tar[donatá:r] 男 -s/-e〘法〙受贈者. [*mlat.*]

Do·na·tion[..tsió:n] 女 -/-en (Schenkung)〘法〙贈与. [*lat.*; <*lat.* dōnāre „geben" (◇Dos)]

Do·na·tor[doná:tɔr, ..to:r] 男 -s/-en[..natóːrən] ▽**1** (書籍などの)寄贈者. **2** (↔Akzeptor)〘理・電〙供与体, ドナー. [*lat.*]

Do·na·tus[doná:tus] 男名 ドナートゥス. [*lat.*]

die Do·nau[dó:nau] 地名 女 -/ ドーナウ, ドナウ, ダニューブ(南ドイツに発してアルプスを横断し, 黒海に注ぐヨーロッパ第二の大河. 英語形 Danube). [*kelt.*]

Do·nau≠lachs 男 =Huchen ≠**mon·ar·chie** 女 ドナウ王国(オーストリア=ハンガリー帝国の別名: →Österreich-Ungarn). ≠**schu·le** 女 -/ ドナウ派 (Altdorfer に代表される16世紀のドイツ画壇の流派で風景描写に特色がある).

Dön·chen[dǿ:nçən] 中 -s/- = Döntje [*ndd.* döneken]

Do·ne·gal[donegá:l, dó:nega:l] 男 -〔s〕/-s ドニゴール=ツイード(あや織りの一種). [北アイルランドの州名から]

Dong·ting·hu[dɔ̀ŋtíŋxú] =Tungtinghu

Don·ja[dɔ́nja·] 女 -/-s(..jen[..jən]) **1**《戯》愛人, ガールフレンド. ▽**2** (Dienstmädchen) 女中. [<Doña]

Don·jon[dɔ̃ʒɔ̃:] 男 -s/-s (中世フランスの城の)本丸, 天守閣. [*fr.*; <*lat.* dominus (→Dominus)]

Don Juan[dɔnxuán, ..jú:an, dɔ̃ʒuã] **I** 人名 ドン ファン(スペインの伝説的な人物で, 同国の劇作家ティルソ デ モリーナ Tirso de Molina の『セビリヤの色事師と石の客人』〔1630〕によって原型を与えられて以来, 多くの文学作品に取り上げられ, 真実の愛を求めて女人遍歴をする美男の漁色家という性格が定着した). **II** 男 --s/--s《比》女たらし, 色事師.

don·jua·nesk[dɔnxuanέsk] 形 ドン ファンふうの, 女たら

D

し〈色事師〉の. [*span.*; ◇..esk]

Dọn·ke[dœ́ŋkə] 中 -s/-s =Döntje [*ndd.* döneken]

Dọn·key[dɔ́ŋki·] 男 -s/-s〘海〙(船の)補助機関. [*engl.* „Esel"]

Dọn·ko·sak[dɔ́nkozak] 男 -en/-en **1**《ふつう複数で》ドンコサック (Don 河畔に住む Kosak). **2** ドンコサック合唱団員.

Dọn·ko·sa·ken·chor 男 -[e]s/ ドンコサック合唱団(1920年, 白系ロシア軍将兵によって組織された男声合唱団).

Dọn·na[dɔ́na·] 女 -/-s, Donnen[..nən] **1**《無冠詞で》ドンナ, さん(スペイン・イタリアなどで高位の女性の洗礼名に冠する敬称). **2**《戯》=Donja 1 [*lat.* domina (→Domina) −*it.*]

Dọn·ner[dɔ́nər] 男 -s/- (⊕ **Dọn·ner·chen**[−çən] 中 -s/-) (英: *thunder*)雷, 雷鳴;《比》轟音(ごうおん), どよめき, 大音声(だいおんじょう), 大歓声: Der ~ rollt 〈grollt〉. 雷が鳴る | **wie vom ~ gerührt** (雷に打たれたかのように)愕然〈茫然(ぼうぜん)〉として ‖ der ~ der Geschütze 〈des Beifalls〉 すさまじい砲声〈割れるような喝采(かっさい)〉‖ ***Donner* [und Blitz]!/*Donner* und Doria!/Ach du *Donnerchen*!**《話》ああ驚いた, これはたまげた; こんちくしょう. [*germ.*; ◇stöhnen, Tornado, Donar; *lat.* tonāre „donnern"; *engl.* thunder]

Dọn·ner≠bal·ken 男〘軍〙(露営地などで数人が同時に使用できるように作られた)仮設便所(の止まり木). **≠büch·se** 女 (Bombarde)(中世後期の)射石砲;《戯》(旧式な扱いにくい)鉄砲, ピストル. **≠ech·se** 女 =Brontosaurus

Dọn·ne·rer[dɔ́nərər] 男 -s/- ᵛ**1** = Donnergott **2**《比》がみがみいう人, 雷を落とす人.

Dọn·ner≠ge·pol·ter[dɔ́nər..] (**≠ge·tö·se**) 中 -s/ 雷鳴. **≠gott** 男 **1** 雷神. **2**《単数で》=Thor **≠ham·mer** 男 =Donnerkeil 2 **≠keil** 男 **1** (Belemnit)〘地〙矢石(やいし). **2** (地上へ投げおろす)雷神の石矢;《比》雷電, いなずま:〘間投詞的に〙*Donnerkeil*[⌣⌣⌣]!/Zum ~!《話》こりゃ(おっ)たまげた; ちくしょうめ; さあ大変だ(=Donnerwetter!). **≠ma·schi·ne** 女〘劇〙雷鳴の仕掛け.

dọn·nern[dɔ́nərn]《05》**I** 自 (h) **1** 《非人称》《es donnert》雷が鳴る〈鳴っている〉: In der Ferne hat es *gedonnert.* 遠くで雷が鳴った | dastehen wie die Gans 〈die Kuh〉, wenn's *donnert* (→Gans 1, →Kuh 1 a). **2** (雷のような)大きな音をとどろかせる; われ鐘のような大声でどなる〈ののしる〉; 大きな音をたてて打つ〈ける〉: Geschütze *donnern.* 砲声がいんいんと とどろく | Der Motor *donnert.* エンジン〈モーター〉がごうごうと回っている | Schläge *donnern* an die Tür. ドンドンと激しくドアをたたく音がする | Die Wogen *donnerten* an die Küste. 波がごうごうと うなりながら岸にぶつかった ‖ „Halt!", *donnerte* er.「止まれ」と彼が大声でどなった ‖ *donnernder* Applaus 万雷の拍手 | mit *donnernder* Stimme (雷のような)大声で. **3** (s) 轟音(ごうおん)をたてて移動〈通過〉する: Die Lawine war zu Tal *gedonnert.* 雪崩(なだれ)は恐ろしい音を立てて崩れ落ちた.

II 他 (h)《話》**1** 雷のようにとどろかせる: Er *donnerte* seine Befehle. 彼は大音声(だいおんじょう)で命令を下した. **2** 激しく投げつける: Er hat den Ball ins Tor *gedonnert.* 彼はボールをゴールに強くシュートした. **3** *jm.* eine ~ …の横つらを一発はりとばす.

Dọn·ner·schlag 男 (急激な)雷, 雷鳴; 落雷;《比》雷のようなもの, 青天の霹靂(へきれき): Seine Worte trafen uns wie ein ~. 彼の言葉は雷のように私たちを打った | aus einem Furz einen ~ machen (→Furz) ‖〘間投詞的に〙*Donnerschlag*[⌣⌣⌣] [noch eins]!《話》こりゃおったまげた.

dọn·ner·schwan·ger 形 (雲が)雷をはらんだ.

Dọn·ners·tag[dɔ́nərsta:k][1] 男 -[e]s/-e (略 Do.) 木曜日: →Dienstag | Grün*donnerstag*〘キリスト教〙聖木曜日, 洗足木曜日(受難週中の木曜日). [*germ.*; *lat.* Iovis diēs „Tag des Jupiter (als Donnergottes)" の翻訳借用; ◇*engl.* Thursday]

dọn·ners·tä·gig[..tɛ:gıç][2] 形《付加語的》木曜日の, 木曜日に催される: →dienstägig

dọn·ners·täg·lich[..tɛ:klıç] 形《述語的用法なし》毎木曜日の, 毎木曜日に催される: →dienstäglich

dọn·ners·tags[..ta:ks] 副 (毎)木曜日に: →dienstags

Dọn·ner≠stein[dɔ́nər..] 男 =Donnerkeil 1 **≠stim·me** 女 (雷のような)大音声(だいおんじょう): mit [einer] ~ brüllen われ鐘のような声でがなり立てる.

Dọn·ner·wet·ter[dɔ́nərvɛtər] 中 (Gewitter) 雷雨;《比》大目玉, (激しい)ののしり: Das wird ein schönes ~ setzen 〈geben〉. これは大騒動になるぞ | Da ging ein ~ auf mich nieder. すると私はえらくどなりつけられた | **Da soll doch gleich ein ~ dreinschlagen!**《話》こいつはけしからん, 一発雷を落とさなきゃならん | ein [heiliges] ~ loslassen / mit einem heiligen ~ 〈wie ein heiliges ~〉 dreinfahren《話》激しく非難する ‖〘間投詞的に〙***Donnerwetter***[⌣⌣⌣⌣]!《話》ああ驚いた; これはすばらしい | potz ~ (→potz) | **zum ~** [noch einmal]!《話》ええ いまいましい, ちくしょう | **zum ~ auch!** これは驚いた.

Dọn·ner·wort 中 -[e]s/..worte 全心霊を震撼(しんかん)させる言葉.

Don·qui·cho·te·rie[dɔnkiʃɔtərí:, dɔ̃k..] 女 -/-n [..rí:ən]《オーストリア》=Donquichotterie

Don Qui·chotte[dɔnkiʃɔ́t, dɔ̃k..] **I** 人名 ドン キホーテ(Cervantes 作の風刺小説, およびその主人公. スペイン語形 Don Quijote[dɔnkixó:tə]). **II** 男 --s/--s《比》世間知らずの理想家, 誇大妄想狂. [*span.*−*fr.*]

Don·qui·chot·te·rie[..kiʃɔtərí:] 女 -/-n[..rí:ən] (ドンキホーテ式の)世間知らずな企て, 誇大妄想.

Don·qui·chot·tia·de[..tiá:də] 女 -/-n ドン キホーテ流の物語. [<..ade]

Dont·ge·schäft[dɔ̃́:gəʃɛft] 中〘商〙オプション取引(→Termingeschäft). [<*fr.* dont „von wo (an)"]

Dön·tje[dœ́ntjə·, dǿ:ntjə] 男 中 -s/-s《ふつう複数で》《北部》小話, 冗談話, 滑稽(こっけい)話. [<*mndd.* dönen „erzählen"]

doof[do:f] 形《話》**1** (dumm) ばかな, 愚鈍な: ein ~*er* Kerl ばか者 | Wie ~ bin ich! なんて私はばかだ. **2**《方》(langweilig) つまらない, たいくつな; くだらない, まずい, しゃくにさわる: ein ~*er* Film たいくつな映画 | So ein ~*es* Wetter! ひどい天気だ. [*ndd.*; ◇taub]

Doof·heit[−haıt] 女 -/-en《話》**1**《単数で》doof なこと. **2** doof な言動.

Doo·fi[dó:fi·] 男 -[s]/-s《話》(他人を信じやすい)お人よし: Klein ~ mit Plüschohren《戯》お人よし.

Dope[do:p] 中 -[s]/-s《ふつう単数で》《話》(Rauschgift) 麻薬. [*ndl.* doop „Soße"−*engl.*; ◇taufen]

dọ·pen[dó:pən, dɔ́..] 他 (h)《*jn.*》(運動選手・競走馬などに能力を高めるために)興奮剤〈筋肉増強剤〉を与える, ドーピングする. [*engl.*]

Dọ·per[..pər] 男 -s/- ドーピングをする〈している〉人.

Dọ·ping[..pıŋ] 中 -s/-s ドーピング(運動選手・競走馬などに対する薬物の不正使用). [*engl.*]

Dọ·ping≠kon·trol·le 女 (競技参加者などに対する)ドーピング検査. **≠mit·tel** 中 ドーピング剤.

Dọp·pe[dɔ́pə] 女 -/-n =Dogge 2

doppel..《名詞などにつけて「二重の・2倍の」などを意味する》[<doppelt]

Dọp·pel[dɔ́pəl] **I** 中 -s/- **1** (文書の)写し, コピー, 複写. **2** (↔Einzel)(テニス・卓球の)ダブルス: gemischtes ~ 混合ダブルス | im ~ ダブルスで. **3**《スイス》= II 3

ᵛ**II** 男 -s/- **1** 替え玉, (映画などの)代役; 分身. **2** =Doppelzweier **3**《スイス》(射撃祭の)賭金(かけきん).

Dọp·pel-a[..|a:] 中 -s/ 二重の a (aa).

Dọp·pel≠ach·ter 男〘ボート〙エイトスカル. **≠ad·ler** 男 双頭のワシ(紋章・旗・貨幣に図案化される: → 図). **≠agent** 男 二重スパイ.

dọp·pel·ar·mig 形 2本腕の(信号機・てこなど).

Dọp·pel·axt 女 両刃の斧(おの).

Dọp·pel-b (**Dọp·pel-B**) [..be:] 中 -s/-s〘楽〙重変記号, ダブルフラット(♭♭).

Doppeladler

Dop·pel⸗band 男 2 巻分合本された書籍; (シリーズ中で普通より) 分厚い巻. **⸗be·cher** 男 重ねカップ(16世紀ごろ婚礼の際などに用いた銀杯・木杯: → ⊠ Becher). **⸗be·lich·tung** 女〘写〙二重露出〔の写真〕. **⸗be·lich·tungs·sper·re** 女〘写〙二重露出防止装置. **⸗be·steue·rung** 女 二重課税. **⸗bett** 中 ダブルベッド. **⸗bier** 中 (Starkbier) 強いビール. **⸗bild** 中 (テレビ・写真などの) 二重映像; 《複数で》〘医〙(複視の) 二重像. **⸗bin·dung** 女〘化〙(原子の) 二重結合. **⸗bo·den** 男 (船・トランクなどの) 二重底.

dop·pel⸗bo·dig[..bo:dɪç][2] (**⸗bö·dig**[..bø:dɪç][2]) 形 二重底の; 二とおりの意味をもつ, 裏のある, 意味深長の.

Dop·pel⸗bo·gen 男〘印〙全紙の 2 倍の大きさの紙(→ Bogen 3); クローズアップ(字間または語間をつめることを指示する校正記号). **⸗bre·chung** 女〘理〙複屈折. **⸗bren·ner** 男 二口(ﾌﾀｸﾁ)〔ガス〕コンロ. **⸗brief** 男 (倍額の郵税を要する) 重量〈寸法〉超過書簡. **⸗bruch** 男〘医〙二重骨折; 〘数〙複分数. **⸗büch·se** 女 双身銃. **⸗buch·sta·be** 男 (Ligatur)〘印〙連字, 合字(⊛ œ, fi). **⸗chor**[..ko:r] **I** 男 (中) -[e]s/-e, ..chöre〘建〙双合唱隊席(教会の中の長堂をはさむように設けられた二つの合唱隊席). **II** 男 -[e]s/ ..chöre〘楽〙二重合唱, 複合唱.

Dop·pel·decker 男 -s/- **1**《話》二階つきのバス. **2**〘空〙複葉機(→ ⊠ Flugzeug). **3**《話》= Doppelschnitte [< Deck]

dop·pel·deu·tig = zweideutig

Dop·pel·ehe 女 (Bigamie) 重婚.

Dop·pel·end·ball 男〘ﾎﾞｸｼﾝｸﾞ〙ダブルパンチングボール.

Dop·pe·ler[dɔ́pələr] 男 -s/- 賭博(ﾄﾊﾞｸ)師. [< *mhd.* to[p]pel „Würfelspiel"; ◇doppeln II 1]

Dop·pel⸗exi·stenz 女 二重の存在; 二重生活; 二重人格的存在. **⸗feh·ler** 男〘ﾃﾆｽ〙ダブルフォールト. **⸗fen·ster** 中 二重窓. **⸗flin·te** 女 双身散弾銃. **⸗form** 女〘言〙姉妹〈双生〉形(→Dublette 1). **⸗fra·ge** 女 (Alternativfrage)〘言〙二重〈二者択一〉疑問文(2 個の決定疑問文を oder で結合したもの. ⊛ Kommt er heute [,] oder [kommt er] morgen? 彼はきょう来るのかそれともあす来るのか). **⸗fu·ge** 女〘楽〙(2 個の主題を持つ)二重フーガ. **⸗gän·ger** 男 -s/- (⊛ **⸗gän·ge·rin**[..gɛŋərɪn]-/-nen) **1** 生き写し, よく似た人: Er hat einen ~. 彼にはそっくりの人がいる. **2**〘民俗〙ドッペルゲンガー, 生霊(ｲｷﾘｮｳ), 分身(民俗信仰では生きている人の霊魂が一時肉体を離れることがあって, 同時に異なる二つの場所に現れ得るとされた).

dop·pel⸗ge·lei·sig = doppelgleisig **⸗ge·schlech·tig** 形 雌雄同体の, 半陰陽の, ふたなりの. **⸗ge·sich·tig**[..gəzɪçtɪç][2] 形 二つの顔をもつ; 《比》表裏のある, 下心のある.

Dop·pel⸗ge·spann = Zweigespann **⸗ge·we·be** 中 二重織物, ダブルクロス.

Dop·pel·git·ter·röh·re 女〘電〙4 極管.

Dop·pel·gleis 中〘鉄道〙複線.

dop·pel·glei·sig 形〘鉄道〙複線の; 《比》(zweilichtig) 表裏のある, 不誠実な.

Dop·pel⸗griff 男 -[e]s/-e《ふつう複数で》〘楽〙(弦楽器で同時に 2 音以上を出す) 重音奏法. **⸗ha·ken** 男〘紋〙かすがい図形. **⸗haus** 中 2 戸建て住宅. **⸗heft** 中 **1** = Doppelnummer **2** 分厚いノート.

Dop·pel·heit[dɔ́pəlhaɪt] 女 -/-en **1** 両面のあること, 二部分からなること; 二重であること. **2** 表裏のあること, 二枚舌; 二義性, あいまいさ.

Dop·pel⸗hoch·zeit 女 (兄弟姉妹などの) 二組同時の婚礼. **⸗-Ich** 中 -[s]/-s(-)〘哲〙二重自我. **⸗kinn** 中 二重あご. **⸗klick** 男〘電算〙ダブルクリック (→klick II 3).

dop·pel·koh·len·sau·er = doppeltkohlensauer

Dop·pel·kol·ben·mo·tor 男〘工〙対向ピストンエンジン.

Dop·pel⸗kon·so·nant 男 (Geminate)〘言〙**1** 重ね子音(同一子音字を重ねて表した長子音. ⊛ イタリア語の a*nn*o). **2** 重ね子音字(同一子音字の連続. ⊛ ko*mm*en). **⸗kon·zert** 中〘楽〙二重協奏曲. **⸗kopf** 男 -[e]s/ ドッペルコップフ(カードゲームの一種). **⸗kopf·hö·rer** 男 (両耳に当てる) ヘッドホン. **⸗kreuz** 中 **1** 二本十字(→ ⊠ Kreuz). **2**〘楽〙重嬰(ｴｲ)記号, ダブルシャープ(✕). **⸗lauf** 男 (銃の) 双身.

dop·pel·läu·fig 形 (銃の) 双身〈二連〉の.

Dop·pel⸗laut 男 **1** = Doppelvokal **2** = Doppelkonsonant **⸗le·ben** 中 -s/ ein ~ führen 二重人格的な生活をする. **⸗li·nie**[..li:niə] 女 二重〈2 本〉線. **⸗mo·ral** 女 二重道徳. **⸗mord** 男 二重殺人.

dop·peln[dɔ́pəln]《06》 **I** 他 (h) **1** 二重〈2 倍〉にする; 《南部・ｵｰｽﾄﾘｱ》(靴に) 新しい底革をはる; 《ｽｲｽ》(糸を) より合わせる. **2**〘電算〙(パンチカードから) 複写する. **3**〘海〙(岬を) 回る. **II** 自 (h) **1** (würfeln) さいころを振る, かけごとをする. **2**《für *jn.*》(…の) 代役を演じる.

III ge·dop·pelt 過分 形 = doppelt

Dop·pel⸗na·me 男 二つの姓〈名〉からなる複合名(⊛ Hans-Georg); 〘生〙(属名・種名からなる) 二名〔法〕. **⸗nel·son** 男〘ﾚｽﾘﾝｸﾞ〙フルネルソン. **⸗num·mer** 女 (Doppelheft) (雑誌などの) 合併号. **⸗pad·del** 中 (カヌーの) 両端式オール(→ ⊠ Boot B). **⸗paß** 男〘球技〙ダブルパス.

Dop·pel·pe·dal·har·fe 女〘楽〙ダブルアクション=ハープ.

dop·pel·po·lig = zweipolig

Dop·pel⸗po·sten 男〘軍〙複哨(ﾌｸｼｮｳ). **⸗punkt** 男 **1** (Kolon)〘言〙コロン (:). **2**〘楽〙複付点〔音符〕. **3**〘数〙二重点. **⸗quar·tett** 中〘楽〙(四重奏の各パートを二人で受けもつ) 複四重奏〔曲〕. **⸗rei·fe** 女 二重タイヤ. **⸗rei·he** 女 2 列; 〘数〙二重級数〈数列〉. **⸗rei·her** 男 -s/- (Zweireiher)〘服飾〙ダブルの上着〈コート〉, ダブルブレステッドスーツ.

dop·pel·rei·hig[..raɪɪç][2] 形 **1** 2 列の. **2**〘服飾〙ダブルの, 両前の: ein ~*er* Rock ダブルの上着.

Dop·pel⸗reim 男〘詩〙二重韻, 豊韻(→ Reim 1). **⸗rol·le** 女 二重の役割; 〘劇・映〙一人二役. **⸗rumpf·boot** 中 双胴船.

dop·pel·rümp·fig[..rʏmpfɪç][2] 形 (飛行機などが) 双胴の. [< Rumpf]

Dop·pel⸗sal·chow[dɔ́pəlzalço·] 男〘ｽｹｰﾄ〙ダブルサルコー. **⸗sal·to** 男〘体操〙2 回宙返り. **⸗schal·ter** 男〘電〙複式〈二重〉スイッチ. **⸗schicht** 女 **1** (勤務・労働の) 2 交代制. **2**〘電〙二重層. **⸗schlag** 男 **1**〘楽〙回音, ターン(→ ⊠ Note). **2**〘ﾃﾆｽ〙二度打ち.

Dop·pel·schluß·ma·schi·ne 女 複巻発電機.

Dop·pel⸗schnit·te 女 サンドイッチ. **⸗schritt** 男 2 歩幅: einen ~ machen (ダンスなどで) 大きく跳ぶ.

dop·pel·sei·tig 形 両側〈両面〉の: ~*e* Lähmung 両側まひ | ~*e* Schuldverhältnisse 相互負債.

Dop·pel·sich·tig·keit 女 -/〘医〙複視. [< ..sichtig]

Dop·pel·sinn 男 二重の意味, 両義; あいまいさ: den ~ einer Rede durchschauen 話の裏の意味を見抜く.

dop·pel·sin·nig 形 二とおりの意味のある; あいまいな.

Dop·pel⸗sit·zer 男 二人乗りの乗り物. **⸗soh·le** 女 (靴などの) 二重底.

dop·pel·soh·lig 形 (靴などが) 二重底の.

Dop·pel⸗spat 男〘鉱〙方解石. **⸗spiel** 中 **1** (テニスなどの) ダブルス. **2** (賭博(ﾄﾊﾞｸ)などの) いかさま, 裏表のある態度〈振舞い〉: ein ~ treiben いかさまをする. **⸗spion** 男 二重スパイ. **⸗sprung** 男〘ｽｹｰﾄ〙2 回転ジャンプ. **⸗staa·ter** 男 -s/- 二重国籍を持つ人. **⸗staats·an·ge·hö·rig·keit** 女 二重国籍. **⸗stecker** 男〘電〙2 連ソケット, ダブルプラグ; 2 路アダプター. **⸗ster·ne** 複〘天〙連星, 二重星. **⸗steue·rung** 女〘空〙二重操縦装置.

Dop·pel·stock⸗bett 中 二段ベッド. **⸗büh·ne** 女〘劇〙(上下に仕切られた舞台空間を持つ) 二層舞台. **⸗bus** (**⸗om·ni·bus**) 男 二階つきバス. **⸗zug** 男 二重デッキ〈二階つき〉列車.

Dop·pel⸗stra·te·gie 女 二重戦略, 両面作戦. **⸗stück** 中 複本, 写し; 対. **⸗stun·de** 女 2 時間ひとこまの授業時間.

dop·pelt[dɔ́pəlt] 形 (英: *double*) 二重〈2倍〉の; 重複した: die ~*e* Arbeit leisten 2倍〈二人分〉の仕事をする | in ~*er* Ausfertigung 正副2通で | eine ~*e* Blume 八重咲きの花 | ein Koffer mit ~*em* Boden 二重底のトランク | eine Moral mit ~*em* Boden / eine ~*e* Moral 自分の都合で緩急自在を決めこむ道徳観, ご都合主義 | ~*e* Buchführung 複式簿記 | mit ~*em* Eifer ひどく張り切って | ~*e* Fenster 二重窓 | Geteilte Freude ist ~*e* Freude.《諺》喜びを分かち合えば喜びは2倍になる | ein ~*es* Gesicht haben《比》言行に表裏がある | ~*es* Glück haben すごく運がよい | ~*e* Sechs (さいころ2個で) 6のぞろめ | mit *jm.* ein ~*es* Spiel spielen (→Spiel 1) | eine ~*e* Verneinung 二重否定 ‖ **~ und dreifach**《話》二重三重に, 十二分に〔念を入れて〕| **~ gemoppelt**《話》むだに念を入れて | ein Buch ~ haben ある本を2部重複して持っている | ~ so groß 〈alt〉 wie ... …の倍の大きさの〈年齢の〉| Der Stoff liegt ~〔breit〕. その布はダブル幅である | **~ sehen**《話》酒に酔っている(物が二重に見える) | ***Doppelt*** 〔**genäht**〕 **hält besser.**《諺》念には念を入れよ(二重に縫えば長もちする) | *Doppelt* gibt, wer schnell gibt.《諺》与える時期が早いとありがたみが倍になる ‖〖名詞化して〗einen *Doppelten* trinken《話》(コニャックなどを)ダブルで飲む | ums *Doppelte* spielen 賭金(かけきん)を倍にして勝負事をする | ums 〈auf das〉 *Doppelte* steigen (値段などが)倍になる.
[*lat.* du-plus „zwei-fach“－*fr.* double; ◇diplo..]

dop·pelt·breit[dɔ́pəlt..] 形《織》ダブル幅の.

dop·pelt≈hohl 形 (レンズなどが)両凹の. **≈koh·len·sau·er** 形〖化〗重炭酸の: *doppeltkohlensaures* Natron 重炭酸ソーダ.

Dop·pelt·se·hen 中 -s/ (Diplopie)《医》複視, 二重視.

Dop·pel-T-Stahl[dɔ́pəlte:..] 男 -〔e〕s/..stähle〖工〗二重T形鋼.

Dop·pel·tür 女 二重ドア.

dop·pel·tü·rig 形 二重ドアの; 二重ドアをもつ.

Dop·pe·lung[dɔ́pəlʊŋ] 女 -/-en **1** 2倍, 倍加; 二重, 重複; 分岐. **2** 裏打ち, 裏づけ, (船底の)包板. **3** いかさま〔賭博(とばく)〕, ぺてん.

Dop·pel≈ver·die·ner 男 -s/- **1** (副収入のある)二重所得者, 兼職者. **2**《複数で》共稼ぎの夫婦. **≈ver·dienst** 男 (共稼ぎなどによる)合算所得. **≈vers** 男〖詩〗2行連句, 対句. **≈ver·si·che·rung** 女 重複保険. **≈vie·rer** 男〖ボート〗4人乗りスカル. **≈vo·kal** 男〖言〗**1** (Diphthong) 二重母音. **2** 重母音字(長音を表す同一の母音字が重なったもの. 例 Boot). **≈wäh·rung** 女〖経〗(金銀)両本位制, 複本位制. **≈wand** 女 二重壁.

dop·pel·wan·dig[..vandɪç][2] 形 二重壁の: ein ~*er* Topf 二重なべ.

Dop·pel≈zent·ner 男 2ツェントナー(200 Pfund,100kg; 記号 dz, Dz). **≈zim·mer** 中 (ホテル・寄宿寮などの)二人部屋, ダブルベッド〈ツイン〉の部屋. **≈zün·der** 男 (砲弾の)複式信管(着発・時限信管の複合体). **≈zun·ge** 女〖楽〗(管楽器の)複簧(こう), ダブルリード.

dop·pel·zün·gig[..tsʏŋɪç][2] 形 二枚舌の, 表裏のある: eine ~*e* Politik führen 欺瞞(ぎまん)政策をとる ‖ ~ reden 二枚舌を使う.

Dop·pel·zün·gig·keit[..kaɪt] 女 -/-en 二枚舌, 不誠実; 表裏のあることば.

Dop·pel·züng·ler[..tsʏŋlər] 男 -s/- 二枚舌を使う〈表裏のある〉人.

Dop·pel·zwei·er 男〖ボート〗二人乗りスカル.

Dop·pik[dɔ́pɪk] 女 -/ 複式簿記. [＜doppelt＋..ik]

Dopp·ler[dɔ́plər] 男 -s/- **1**《南部・オーストリア》修繕した〈張り替えた〉靴底; 靴底の張り替え人. ▽**2** 賭博(とばく)師, ばくち打ち.
[＜doppeln]

Dopp·ler·ef·fekt 男 -〔e〕s/〖理〗ドップラー効果.
[＜Chr. Doppler (オーストリアの物理学者, †1853)]

Dopp·lung[dɔ́plʊŋ] ＝Doppelung

Do·ra[dó:ra·] 女名 (＜Dorothea, Theodora) ドーラ.

Do·ra·de[dorá:də] 女 -/-n〖魚〗シイラ. [*fr.*; ◇de.., Aurum; *engl.* dorado]

Do·ra·do[dorá:do·] 中 -s/-s (南アメリカにあるとされた伝説上の)黄金の国(→Eldorado);《比》理想郷: Der See ist ein ~ für Angler. この湖は釣り人の天国だ.

Dor·chen[dó:rçən] 女名 (＜Dora) ドールヒェン.

Dor·drecht[dɔ́rdrɛxt] 地名 ドルドレヒト(南オランダの都市). [◇*ndl.* drecht „Wasserlauf, Kanal“]

Do·rer[dó:rər] 男 -s/- ＝Dorier

Dorf[dɔrf] 中 -es(-s)/Dörfer[dœ́rfər] **1** (⑪ **Dörf·chen**[dœ́rfçən], **Dörf·lein**[..laɪn] 中 -s/-) 村, 村落; (↔Stadt) いなか町, 農村: ein abgelegenes ~ へんぴな村 | das ganze ~ 村じゅうの人々 | das olympische ~ (→olympisch 1) | Potemkinsche *Dörfer* (→*Potemkinsch*) | ***jm.* 〈für *jn.*〉 böhmische 〈spanische〉 *Dörfer* sein / *jm.* 〈für *jn.*〉 ein böhmisches 〈spanisches〉 ~ sein**《話》…にとってちんぷんかんぷんである, …にはさっぱりわからない ‖ Die Welt ist 〔doch〕 ein ~! 世間は案外狭いものだ(異郷で思いがけず知人に会ったときなど) ‖ **auf dem ~ wohnen** いなかに住む | **auf die *Dörfer* gehen** (劇団などが)どさ回りをする;〖トランプ〗(スカートで)切り札のかわりに弱い札を出す;《比》野心〈自負心〉を捨てる, 弱気になる | **nie aus *seinem* ~ herausgekommen sein** 自分の村から出たことがない;《比》視野が狭い | aus jedem ~ einen Hund haben (→Hund 1 a) | **in ~ und Stadt** 農村でも都会でも, 国内いたる所で | die Kirche im ~ lassen (→Kirche 1) | **über 〈auf〉 die *Dörfer* gehen**《話》仰々しい扱いをする; 長々と物語る | die Kirche **ums** ~ tragen / mit der Kirche ums ~ laufen 〈〔herum〕fahren〉 (→Kirche 1).
2《スイス》(近所同士の)寄り合い; お呼ばれ: zu ~*e* gehen 寄り合いに出る; お呼ばれに行く.
[*germ.*; ◇*engl.* thorp〔e〕]

Dorf·be·woh·ner[dɔ́rf..] 男 村人, 村民.

Dörf·chen Dorf の縮小形.

Dör·fer[dœ́rfər] **I** Dorf の複数. ▽**II** 男 -s/- ＝Dörfler

Dorf≈ge·mein·de[dɔ́rf..] 女 (自治体としての)村;《集合的に》村民; 村の教区〔民〕. **≈ge·schich·te** 女 **1** 農村物語, 田園小説. **2** 村の歴史, 村史.

dör·fisch[dœ́rfɪʃ] 形 いなか風の, ひなびた; いなか者の, やぼな.

Dorf≈ju·gend[dɔ́rf..] 女《集合的に》村の若者〈若い連中〉. **≈kir·che** 女 村の教会. **≈krug** 男《特に: 北部》村の居酒屋.

Dörf·lein Dorf の縮小形.

Dörf·ler[dœ́rflər] 男 -s/- 村人, 村民.

Dorf·leu·te[dɔ́rf..] 複 村人〈村民〉たち.

dörf·lich[dœ́rflɪç] 形 **1** 村の. **2** ＝dörfisch

Dorf≈lin·de[dɔ́rf..] 女 村の(中心にある古い)ぼだい樹. **≈pfar·rer** 男 村の牧師〈司祭〉.

Dorf·schaft[..ʃaft] 女 -/-en《スイス》村落;《集合的に》村民.

Dorf≈schen·ke 女 ＝Dorfkrug **≈schön·heit** 女 村〈いなか〉の美人. **≈schu·le** 女 いなか〈村〉の小学校. ▽**≈schul·ze** 男 村長, 庄屋. **≈te·sta·ment** 中〖法〗村遺言(緊急時遺言の一つ).

Do·ria[dó:ria·] 人名 ドリア(イタリア Genua の貴族の家系): Donner und ~! (→Donner).

Do·ri·er[dó:riər] 男 -s/- ドーリス人(古代ギリシアに最後に移り住んだ種族で, その代表的な都市は Sparta: →dorisch).

Do·ris[1][dó:rɪs] 女名 (＜Theodora, Dorothea) ドーリス.

Do·ris[2][–] 地名 ドーリス, ドリス(古代中部ギリシアの一小地方). [*gr.*; ◇Dorier]

do·risch[dó:rɪʃ] 形 ドーリス〔人〕の: eine ~*e* Säule ドーリス式円柱 | ~*er* Stil〖美〗(古代ギリシア美術の)ドーリア様式 | die ~*e* Tonart / das *Dorische*〖楽〗ドーリア旋法(中世の教会旋法の一つ) | die *Dorische* Wanderung〖史〗ドーリス人の移動.

▽**Dor·meu·se**[dɔrmǿ:zə] 女 -/-n 寝いす; (ロココ時代の)ナイトキャップ; 寝台つき旅行馬車. [*fr.*; ＜*lat.* dormīre „schlafen“＋..euse]

Dor·mi·to·rium[dɔrmitó:riʊm] 中 -s/..rien[..riən] (修道院・寄宿舎などの)寝室. [*lat.*]

Dorn[dɔrn] **I** 男 -〔e〕s/-en (⑪ **Dörn·chen**[dœ́rnçən],

Dörn·lein[..laın] 中 -s/-) **1** -〔e〕s/-en(Dörner [dœrnər]) **a**) (英: *thorn*) (植物の)とげ, 針;《比》苦痛〈苦難〉を与えるもの: Ich habe mich an einem ~ gestochen. 私は体にとげが刺さった | Ich habe mir einen ~〔in den Fuß〕getreten. 私は足の裏にとげを刺してしまった ‖ ***jm.* ein ~ im Auge sein**《比》…にとってしゃくの種〈目の上のたんこぶ〉である(聖書: 民33,55から) | Keine Rose ohne ~*en.* (→Rose 1) | ein Leben voller ~*en* 苦難に満ちた生涯. ▽**b**) (ヤマアラシや硬骨魚のひれなどの)針. **2**《雅》(Dornbusch) イバラ〔の茂み〕: Feigen von ~*en* suchen《比》かいのないことをする(イバラを分けてイチジクを探す).

II 男 -〔e〕s/-e **1** (とげ状の金属片. 例えば:) (尾錠・スパイク靴などの)針, (かぎの)掛かり; 突きぎり, 穴ぐり具. **2** (蝶番などの)心棒, 軸, ピン(→ 図 Band). **3**《複数で》〖金属〗残滓(ざんし). [*germ.*; ◇stark; *engl.* thorn]

Dorn·ap·fel[dɔ́rn..] 男〖植〗チョウセンアサガオ(朝鮮朝顔).

Dorn·aus·zie·her[..austsiːər] 男 -s/ 〖美〗とげを抜く少年(ローマのカピトリーニ美術館所蔵の古代ギリシアのブロンズ小像で, 木の切株に坐った少年が片足をひざの上にのせて, 足裏のとげを抜く姿を表している).

Dorn≠bal·ken 男〖紋〗とげつき横帯. **≠busch** 男 イバラ〔の茂み〕. **≠butt** 男〖魚〗ヒラメ(鮃).

Dörn·chen Dorn の縮小形.

Dorn·dre·her 男〖鳥〗アカモズ(赤百舌).

▽**dor·nen**[dɔ́rnən] 形 (dornig) とげのある: eine ~*e* Krone イバラの冠(→Dornenkrone 1).

Dor·nen≠bord 中〖紋〗(盾面の)とげつき縁どり(→ 図 Wappen e). **≠ge·strüpp** 中 イバラの〔密生した〕やぶ. **≠hecke** 女 イバラの生け垣. **≠kranz** 男, **≠kro·ne** 女 **1** イバラの冠; (キリストの)荆冠(けいかん)(→ 図 Kreuzigung): die *Dornenkrone* tragen《比》苦難に耐える. **2** = Christusdorn

Dor·nen·kro·nen·see·stern 男〖動〗オニヒトデ(鬼海星).

dor·nen·los[..loːs][1] 形 とげのない.

Dor·nen·pfad 男《雅》いばら(苦難)の道.

dor·nen≠reich 形, **≠voll** 形 とげ(いばら)の多い;《比》苦難に満ちた: ein ~*es* Leben いばらの人生.

Dor·nen·weg 男《雅》いばら〈苦難〉の道.

Dör·ner Dorn I 1の複数.

Dorn≠fort·satz[dɔ́rn..] 男〖解〗(椎骨(ついこつ)の)とげ状突起. **≠hai** 男〖魚〗アブラツノザメ(油角鮫)(ツノザメ科). **≠hecke** =Dornenhecke

▽**dor·nicht**[dɔ́rnıçt] =dornig

Dor·nicht[−] 中 -s/-e《雅》=Dornengestrüpp

Dor·nier[dɔrnieː] 人名 Claudius ~ クラウディウス ドルニエ (1884-1969; ドイツの航空機製作者).

dor·nig[dɔ́rnıç][2] 形 とげのある; イバラの茂った;《比》苦難に満ちた, 困難〈やっかい〉な: ein ~*er* Pfad (→Pfad 1).

Dörn·lein Dorn の縮小形.

Dorn·rös·chen[dɔ́rnrøːsçən, ◡⏊◡] 中 -s/ いばら姫 (イバラに閉じ込められて100年間眠るという童話に登場する王女): wie ein ~ schlafen《比》こんこんと眠〔り続け〕る.

Dorn·rös·chen·schlaf[また: ◡⏊◡◡−] 男 -s/ (童話のいばら姫のような)長い眠り;《皮肉》長い泰平の夢〈安逸の時代〉.

Dorn≠schrecke 女〖虫〗ヒシバッタ(菱蝗). **≠schuh** 男〖スポ〗スパイクシューズ.

Dorn·schwanz·hörn·chen 中〖動〗ウロコオ(鱗尾)リス.

Dorn·strauch 男 =Dornbusch

Do·ro·thea[doroteːa·] 女名 ドロテーア(短縮形: Dora, Doris, Thea). [*gr.*; < *gr.* dōron „Gabe“+theo..]

Do·ro·thee[dóːrote·, doroteː(ə)] 女名 ドーロテ, ドロテー, ドロテーエ.

Dör·per[dœrpər] 男 -s/- いなか者, 不作法者. [*mhd.*; ◇Dorf]

dör·per·haft[−haft] 形 いなか者の, 粗野〈不作法〉な.

Dör·re[dœ́rə] 女 -/-n《中部》=Darre

▽**dor·ren**[dɔ́rən] =dörren II [*ahd.*; ◇dürr]

dör·ren[dœ́rən] **I** 他 (h) 乾かす, 乾燥させる, 干上がらせる: *gedörrtes* Fleisch 乾燥肉 | *gedörrtes* Heu 干し草. **II** 自 (s) 乾く, 乾燥する, 干上がる; 枯死する, しなびる: Das Korn auf den Feldern ist *gedörrt.* 畑の穀物が枯れた. [<darren]

Dörr≠fleisch[dœr..] 中 乾燥肉. **≠ge·mü·se** 中 乾燥野菜. **≠obst** 中 乾燥果実.

dor·sal[dɔrzáːl] **I** 形 **1** (↔ventral)〖医〗背〔中〕の, 背面の; 背側の. **2**〖言〗舌背の. **II Dor·sal** 男 -s/-e〖言〗舌背音(例 [ʃ][c][k]). [*spätlat.*; < *lat.* dorsum „Rücken“]

Dor·sal≠laut 男 =Dorsal **≠schmerz** 男〖医〗背痛.

Dorsch[dɔrʃ] 男 -es(-s)/-e〖魚〗タラの幼魚; (バルト海の小型の)タラ. [*anord.*−*mndd.*; ◇dorren; *engl.* torsk]

Dor·sche[dɔ́rʃə] 女 -/-n《南部》キャベツの茎; 球茎キャベツ; (Steckrübe) スウェーデンカブ. [*ahd.* torso; ◇Torso]

dor·si·ven·tral[dɔrzivɛntráːl] 形〖生〗背腹性の.

dor·so·ven·tral[dɔrzo..] 形 **1**〖医〗背腹方向の(背から腹への方向の). **2** =dorsiventral [<dorsal]

dort[dɔrt] 副 (↔hier)《空間的》そこで〈に〉, あそこで〈に〉; 例の場所で〈に〉: der Baum ~ あそこの木 ‖ bald hier, bald ~ あるいはここにあるいはあそこに | **da und ~** そこかしこに, ところどころ | **hier und ~** i) ここそこで, ここでもあそこでも; ii) そこかしこに, あちこちに ‖ ~ an der Straßenecke あそこの街角で | ~ bei dem Baum あそこの木のそばで | ~ oben 〈unten〉 上の方〈下の方〉のあそこで | ~ vorn 〈hinten〉 前方〈後方〉のあそこで ‖ nach ~ gehen そこへ行く | von ~ kommen そこから来る | Von ~ aus ist es nicht mehr so weit. そこからもうそんなに遠くはない ‖ Hier Becker, wer 〔ist〕 ~? (電話で)こちらはベッカーですがそちらはどなたですか | Wo ist das Buch?−*Dort* liegt es. 本はどこかな−あそこにある | Kennen Sie Paris?−Ja, ich war schon ~. パリをご存じですか−ええ前に行ったことがあります | *Dort* möchte ich nicht begraben sein. (→begraben I 1).

★ da, hier との違い: →da[3] I 1 a ☆

[*ahd.*; ◇da[3]]

Dort[dɔrt] 男 -〔e〕s/-e〖植〗シバムギ(芝麦). [*ahd.* turd]

▽**dor·ten**[dɔ́rtən] =dort

dort≠her[dɔ́rtheːr, ◡⏊; 指示的強調: ⏊−] 副《ふつう von dorther の形で》そこから, あちらから: 〔von〕 ~ kommen 〈stammen〉 そちらから来る, あちらの出である | Von ~ vernahm man die Stimme. そちらから声が聞こえてきた. **≠her·ab**[dɔ́rthɛráp, ◡◡⏊; 指示的強調: ⏊◡◡] 副 そこから下の方へ.

dort≠hin[dɔ́rthín, ◡⏊; 指示的強調: ⏊◡] 副 そこへ, あちらへ: Siehst du den Berg dort? Gehen wir ~! あそこに山が見えるかい. あそこへ行こうよ | Ist es noch weit bis ~? そこまではまだ遠いのですか | Ich schaute da- und *dorthin.* 私はあちらこちら見渡した | Auf diese Weise werden wir nie ~ kommen 〈gelangen〉. そのやり方では決してそこに達することはできないだろう | *Dorthin* hat er es gebracht. / *Dorthin* ist es mit ihm gekommen.《比》あいつもとうとうそこまで落ちぶれたか | Ich wünsche ihn ~, wo der Pfeffer wächst.《話》あんなやつどこかへ行ってしまうといいんだが. **≠hin·ab**[dɔ́rthınáp, ◡◡⏊; 指示的強調: ⏊◡◡] 副 あそこの下へ. **≠hin·auf**[dɔ́rthınáuf, ◡◡⏊; 指示的強調: ⏊◡−] 副 あそこの上へ. **≠hin·aus**[dɔ́rthınáus, ◡◡⏊; 指示的強調: ⏊◡−] 副 そこから外へ: *Dorthinaus* geht's auf die Straße. そこから外の通りへ通じている ‖ **bis ~**《話》ひどく, すっかり, たっぷり | Er ärgert sich bis ~. 彼はかんかんに怒っている | Ich habe gearbeitet bis ~. 私はものすごく働いた. **≠hin·ein**[dɔ́rthınáın, ◡◡⏊; 指示的強調: ⏊◡−] 副 あそこの中へ. **≠hin·un·ter**[dɔ́rthınúntər, ◡◡⏊◡; 指示的強調: ⏊◡◡◡] =dorthinab

dor·tig[dɔ́rtıç][2] 形《付加語的》そこの, その地の: die ~*e* Verhältnisse その地の事情.

Dort·mund[dɔ́rtmunt] 地名 ドルトムント(ドイツ Nordrhein-Westfalen 州の工業都市). [*ahd.* Throtmanni; < *angelsächs.* throta „Kehle“ + *ahd.* ..manni „Wasserlauf“]

dort≠sei·tig[dɔ́rt..]《官》=dortig **≠seits**《官》=dort

dort·selbst[dɔrtzɛ́lpst, ◡⏊; 指示的強調: ⏊◡] 副《雅》(daselbst)〔まさに〕そこで〈に〉, あそこで〈に〉, 同地で〈に〉: Er studierte in München und promovierte ~. 彼はミュンヒェンの大学に学びそこで学位を得た.

dort·zu·lan·de[dɔ́rttsulandə] 副《雅》かの地では.

Dos[do:s] 女 -/Dotes[dó:te:s] (Mitgift)〘法〙持参金. [*lat.*; < *lat.* dare „geben"; ◇Dosis, dotieren]

DOS[dɔs] 中 -/ 〘電算〙DOS(ディスク・ファイル・入出力の管理などを行う基本的なソフトウェア). [*engl.*; < *engl.* *d*isc *o*perating *s*ystem]

dos à dos[dozadó]《フラ語》(Rücken an Rücken)(特にダンスで)背中合わせに. [< *lat.* dorsum (→dorsal)]

Do·se[dó:zə] 女 -/-n **1** (⊘ **Dös·chen**[dǿ:sçən], **Dös·lein**[..laɪn] 中 -s/-)(ふた付きの主として円形の)小容器(→ ⊠ Gefäß); (特に:)缶詰〔の缶〕: eine flache ~ aus Holz 平たい木製の入れ物 ‖ eine ~ Bier 缶入りビール | Obst in ~*n* 缶詰の果物 | eine Wucht in ~*n* sein (→Wucht 3) ‖ Konserven*dose* 缶詰の缶 | Zucker*dose* 砂糖入れ ‖ eine ~ öffnen 〈aufmachen〉 缶詰をあける. **2** =Steckdose **3** =Dosis **4**《卑》=Vagina 1 [*mndl.*; ◇Dosis]

Do·sen Dose, Dosis の複数.

dö·sen[dǿ:zən][1]《02》自 (h) (schlummern) まどろむ, うとうとする; (夢うつつで)ぼんやりしている: Er *döste* auf dem Sofa vor sich hin. 彼はソファーの上でうつらうつらしていた. [*ndd.*; ◇dösig; *engl.* doze]

Do·sen≈bier[dó:zən..] 中 缶入りビール. **≈fisch** 男 缶詰の魚. **≈fleisch** 中 缶詰の肉. **≈ge·mü·se** 中 缶詰の野菜. **≈milch** 女 缶入りミルク. **≈öff·ner** 男 缶切り.

do·sie·ren[dozí:rən] 他 (h) (薬などを)配量する;〘劇〙演技をたくみに計算して配分する: die *dosierte* Anwendung einer Arznei 薬を適量だけ用いること | Das Sonnenbad sollte man *dosierend* genießen. 日光浴は度を超さないようにすべきだ. [<Dosis]

Do·sie·rung[..rʊŋ] 女 -/-en dosieren すること.

dö·sig[dǿ:zɪç][2] 形 うとうと〈ぼんやり〉している; 眠い; のろま〈愚鈍〉な: Sei doch nicht so ~! ぼやぼやするな. [*mndd.*; < *ahd.* tūsīg „töricht"; ◇Dunst, Tor[1], dasig[2]]

Do·si·me·ter[dozimé:tər] 中 (男) -s/- 〘理〙(人体が吸収した放射線の量を測定する)線量計.

Do·sis[dó:zɪs] 女 -/..sen[..zən] **1** (薬などの) 1 服分; 服用量;《比》分量: tödliche 〈letale〉 ~ 致死量 | eine beträchtliche ~ Humor haben なかなかユーモアがある | eine gute ~ Glück haben けっこう運がいい | Das ist eine starke ~! こいつはやりきれん〈手ごわすぎる〉| *jm.* *et.*[4] in kleinen *Dosen* beibringen《比》…に…を少しずつ伝える. **2** (Strahlendosis)〘理〙(放射線の)線量. [*gr.* dósis „Gabe"–*mlat.*; < *gr.* didónai „geben"; ◇ *engl.* dose]

Dös·kopp[dǿ:skɔp] 男 -s/..köppe[..kœpə]《軽蔑的に》まぬけ, 能なし.

Dös·lein Dose の縮小形.

Dos·sier[dɔsié:] 中 (▽男) -s/-s (ふつう特定の案件に関する)書類の束, 一件書類. [*fr.*; < *lat.* dorsum (→dorsal)]

dos·sie·ren[dɔsí:rən] 他 (h)《*et.*[4]》(…に)傾斜〈勾配〉〔(こう)〕をつける.

Dos·sie·rung[..rʊŋ] 女 -/-en **1** dossieren すること. **2** (堤防などの)傾斜, 勾配(こう).

Dost[dɔst] 男 -es (-s)/-e 〘植〙マヨラナ. [*ahd.* dosto „Büschel"]

Do·sto·jew·ski[dɔstojɛ́fski·] 人名 Fjodor Michailowitsch ~ フィョードル ミハイロヴィッチ ドストエフスキー(1821–81; ロシアの作家. 作品『カラマーゾフの兄弟』など).

Do·ta·tion[dotatsió:n] 女 -/-en **1** (特に功績のあった個人・団体などに対する)贈与〔金〕. **2** (嫁入りの際の)持参金. [*mlat.*]

Do·tes Dos の複数.

do·tie·ren[dotí:rən] 他 (h) **1**《*et.*[4]》(…に)資金〈財産〉を付与する: eine reich *dotierte* Stiftung 裕福な財団 | eine gut *dotierte* Stellung 収入のよい地位 | ein mit 5 000 Mark *dotierter* Kunstpreis 賞金5000マルクつきの芸術賞. **2** 〘理〙(半導体結晶に)他の元素を組み込む. [*lat.*]

Do·tie·rung[..rʊŋ] 女 -/-en dotieren すること.

Dot·ter[dɔ́tər] 男 中 -s/- **1 a)** (Eigelb) 卵の黄身, 卵黄. **b)** 〘生〙卵黄. **2** 〘植〙タマナズナ属. [*ahd.* totoro; ◇ *engl.* dodder]

Dot·ter·blu·me 女 卵黄色の花を咲かせる植物(リュウキンカ・ウマノアシガタなど).

dot·ter·gelb 形 卵黄色の.

dot·te·rig[dɔ́tərɪç][2] 形 卵黄のある; 卵黄のような.

Dot·ter≈pilz[dɔ́tər..] 男 〘植〙アンズタケ(杏茸). **≈sack** 男 〘生〙卵黄嚢(のう).

dott·rig[dɔ́trɪç][2] =dotterig

Doua·ne[duá:n(ə)] 女 -/-n[..nən] (フランスの国境で標識として)(Zoll) 関税; (Zollamt) 税関. [*pers.* dīwān (→ Diwan)–*arab.*–*it.*–*fr.*]

Doua·nier[duanié:] 男 -s/-s (フランスの)国境税関吏, 税関監視員. [*fr.*]

dou·beln[dú:bəln]《06》他 (h)《*jn.*》〘映〙(…の)スタンド=イン〈代役〉を務める; (あるシーンに)スタンド=インを配する.

Dou·ble[dú:bəl] 中 -s/-s **1 a)** 〘映〙スタンド=イン, 代役; 〘劇〙(一役を二人でやる時の)替え玉. **b)** (Doppelgänger) うり二つの人, そっくりの人. **2** 〘楽〙ドゥブル(古典組曲などの変奏技法の一種). **3** =Doubleface [*lat.*–*fr.*; < *lat.* duplus (→doppelt)]

Dou·blé[dublé:] 中 -s/-s =Dublee

Dou·ble·face[dú:bəlfa:s, dʌblfeɪs] 男 中 -/-s 〘織〙ダブルフェース, ツーフェース. [*fr.*]

▽**Dou·blet·te**[dublɛ́tə] 女 -/-n =Dublette

dou·blie·ren[..lí:rən] =dublieren

Dou·gla·sie[duglá:ziə] 女 -/-n, **Dou·glas·tan·ne**[dú:glas..] 女 〘植〙アメリカトガサワラ, ドーグラス=モミ, ベイマツ(米松). [<D. Douglas (スコットランド生まれの植物学者, †1834)]

Dou·ri·ne[durí:n(ə)] 女 -/-n[..nən] 〘畜〙交尾疫(寄生虫による馬の生殖器疾患). [*fr.*; < *arab.* darina „schmutzig sein"]

do ut des[dó: ʊt dɛ́s]《ラテ語》(ich gebe, damit du gibst) ギブ=アンド=テイク(相互譲歩・協調の原理). [◇Dos]

Do·ver[dó:vər, dóʊvə] 地名 ドーバー(ドーバー海峡に臨むイギリスの港湾都市): die Straße von ~ ドーバー海峡(→ Ärmelkanal). [*kelt.*–*aengl.*]

Dow-Jones-In·dex[daʊdʒóʊnz..] 男 〘経〙ダウジョーンズ〔平均株価〕指数. [C. H. Dow (†1902), E. D. Jones (†1902); ともに米国の金融統計学者]

Dow·las[dáʊləs] 中 -/ 〘織〙ダウラス(下着・エプロンなどに用いる綿布). [*engl.*; <Daoulas (ブルターニュの原産地名)]

down[daʊn] **I** 副《話》(niedergeschlagen) がっくりして, 打ちひしがれて: Er ist ganz ~. 彼はすっかり参っている. **II** 間 (犬に向かって)座れ, お座り. [*engl.*; ◇Düne]

die **Dow·ning Street**[dáʊnɪŋ strí:t] 地名 女 --/ ダウニング街(ロンドンの官庁街でイギリスの首相官邸・政府・外務省の意味に用いられる). [*engl.*; <G. Downing (17世紀の地主)]

Do·xa·le[dɔksá:lə] 中 -s/-s 〘建〙ドクサーレ(特にバロック式教会の聖歌隊席と中廊の間の格子). [*mlat.*]

Do·xo·lo·gie[dɔksologí:] 女 -/-n[..gí:ən] 頌詠(しょうえい), 頌歌; 〘カトリック〙栄唱(祈禱(きとう)文の一つ): die große ~ 大頌栄, 栄光頌 („Ehre sei Gott in der Höhe") | die kleine ~ 小頌栄, 栄唱 („Ehre sei dem Vater und dem Sohn und dem Heiligen Geist"). [*gr.*–*mlat.*; < *gr.* dóxa „Ruhm" (◇Dogma)]

do·xo·lo·gisch[..ló:gɪʃ] 形 頌詠(しょうえい)〈栄唱〉の.

Doy·en[doajɛ̃:] 男 -s/-s《ふつう単数で》最年長〈最古参〉者; (特に外交団の)首席, 最先任者, 外交団長. [*spätlat.* decānus (→Dekan)–*fr.*]

Doz. 略 =Dozent

Do·zent[dotsɛ́nt] 男 -en/-en (略 Doz.) (⊛ **Do·zen·tin**[..tsɛ́ntɪn]-/-nen) 大学 (Volkshochschule をも含む)の教員,(特に:) 講師(→Privatdozent): ~ für Geschichte 歴史学の講師. [◇Doktor]

Do·zen·ten·schaft[..tənʃaft] 女 -/ 講師陣〈団〉.

Do·zen·tur[dotsɛntú:r] 女 -/-en 講師の職〈地位〉.

do·zie·ren[..tsí:rən] 他 (h) (大学で)講義する;《比》(教師口調で・ひとりよがりに)弁じ立てる: Er *doziert* römisches Recht. 彼はローマ法の講義を担当している. [*lat.* docēre]

ᐁ**do·zil**[dotsí:l] 形 (gelehrig) 教えやすい, 素直な. [*lat.*]

DP[de:pé:] 略 女 -/ **1** =Deutsche Partei ドイツ党(1961年に BHE と合併して GDP となった). **2** =Deutsche Post (旧東ドイツの)国営郵便.

D. P.[dí:pí:] 略 女 --/-- =Displaced person

dpa (**DPA**) [de:pe:|á:] 略 女 -/ =Deutsche Presse-Agentur ドイツ通信社.

d. R.[de:|ɛ́r] 略 **1** =der Reserve《2格》予備役の. **2** =des Ruhestandes《2格》恩給生活の.

Dr. 略 =Doktor

DR[de:|ɛ́r] 略 女 -/ =Deutsche Reichsbahn (1945年までのドイツ, および1990年までの旧東ドイツの)ドイツ国有鉄道.

Dra·che[dráxə] 男 -n/-n **1** (伝説上の)竜;〘紋章〙飛竜;〘史〙(バイキングの)竜頭船: der ～〘天〙竜座. **2** 竜巻, つむじ風;《スイス》(山間の)急流. **3 fliegender ～**〘動〙トビトカゲ(飛蜥蜴)(=Flugdrache). **4** = Drachen 2 [*gr.* drákōn „scharf Blickender"－*lat.* dracō－*ahd.* trahho; ◇*engl.* dragon]

Drachen

Dra·chen[dráxən] 男 -s/- **1 a)** 凧(たこ)(→図): einen ～ steigen lassen 凧(たこ)を揚げる. **b)**〘スポーツ〙ハンググライダー. **2**《話》がみがみ女. **3** ドラゴン級ヨット. **4** =Drache 1

Dra·chen≈bal·lon[..balɔŋ] 男 凧(たこ)式〔係留〕気球. **≈baum** 男〘植〙リュウケツジュ(竜血樹)(カナリア諸島原産のユリ科の巨木). **≈blut** 中 -[e]s/ **1**〘伝説〙竜の血(これを浴びると不死身になる). **2** リュウケツジュの樹脂(ニスの原料). **3** Drachenfels 産のワイン. **≈fels** 男 **1**《単数で》der ～ ドラッヘンフェルス (Siebengebirge 中にある粗面岩でできた山. 標高324m). **2**《戯》(舞踏会で)娘を監視する母親たちの控え席(→Drachen 2). **≈flie·gen** 中 -s/〘スポーツ〙ハンググライディング; ハンググライダーによる水上スキー. **≈flie·ger** 男 ハンググライダーで飛ぶ人. **≈flug** 男 =Drachenfliegen **≈fut·ter** 中《話》(夜遅く帰る夫が妻や義母をなだめるための)おみやげ(→Drachen 2). **≈glei·ter** 男 =Drachenflieger **≈kopf** 男 **1** 竜の頭. **2**〘建〙(中世建築の)竜頭の樋嘴(ひはし)(といの落とし口). **3**〘天〙(月の軌道の)昇交点. **4**〘魚〙カサゴ(笠子). **5** falscher ～〘植〙ハナトラノオ(花虎尾). **≈rös·chen** 中〘魚〙ウミテング(海天狗). **≈saat** 女〘ギ神〙(Kadmos のまいた)竜の歯〈牙(きば)〉;《比》不和の種: ～ aussäen 不和の種をまく(→Drachenzahn) | Die ～ geht auf. まずい結果が生まれてくる. **≈zahn** 男 竜の歯: *Drachenzähne* säen《比》不和の種をまく(→Drachensaat).

Drach·me[dráxmə] 女 -/-n **1** ドラクマ(ギリシアの旧貨幣〔単位〕: 100 Lepta). **2** ドラハメ(ドイツの昔の薬量単位: 約3.73g). [*gr.* drachmḗ „Griff"; ◇*engl.* drachma]

Dracht[draxt] 女 -/-en =Schulterjoch [*ndd.*]

Dra·gée (**Dra·gee**) [draʒé:] 中 -s/-s (女 -/-n [..ʒé:ən]) 糖果(砂糖をかぶせた果実), ボンボン; 糖衣錠. [*fr.*; ＜*gr.* trágēmata „Naschwerk"]

Drag·gen[..gən] 男 -s/- (**Drag·ge**[drágə] 女 -/-n)〘海〙(小さな)四つ目いかり(→図 Anker). [*mndd.*; ◇Dredsche; *engl.* drag]

Dra·go·man[drá:goman, dragomá:n] 男 -s/-e(-s)(近東の)通訳, 翻訳者. [*arab.*－*mgr.*－*it.*]

Dra·go·na·de[dragoná:də] 女 -/-n〘史〙(フランスのルイ十四世が新教徒に加えた)竜騎兵の駐屯部隊による弾圧;《比》過酷な弾圧手段. [*fr.*]

Dra·go·ner[..gó:nər] 男 -s/- **1** 竜騎兵(もと Drache と呼ぶ小銃を持ち, 騎馬で移動し, 歩兵として戦った). **2**《戯》粗野な(精力的な)女. **3**《オーストリア》(上着やコートの)背中の留め金. [*fr.*; ＜*lat.* dracō (→Drache); ◇*engl.* dragoon]

Dr. agr.[dɔ́ktɔr á:gər] 略 =**doctor agronomiae** 農学博士(=Doktor der Landwirtschaftswissenschaften).

drahn[dra:n] 自 (h)《オーストリア》(夜どおし)どんちゃん騒ぎをする, 夜遊びをする. [＜drehen]

Drah·rer[drá:rər] 男 -s/-《オーストリア》drahn する人.

Draht[dra:t] 男 -es(-s)/Drähte[drɛ́:tə] (小 **Dräht·chen**[drɛ́:tçən] 中 -s/-) **1** (英: *thread*)針金; 導線;《話》〘軍〙有刺鉄線, 鉄条網: ～〔aus〕ziehen 針金を製造する ‖ die Puppe **am** ～ あやつり人形 | 〔im verborgenen〕an den *Drähten* ziehen《比》陰で糸を引く | *jn.* **auf ～**[4] **bringen**《話》…をしゃんとさせる, …に活を入れる | **auf ～ gehen**《話》(仕事などを)きちんと片づける | **auf ～ sein**《話》(いつでも機敏に反応できるように)油断なく見張っている, 緊張している | wie auf ～ gezogen《比》ぎこちなく | **nach dem ～**《比》きちんと, 念入りに. **2** (電気の)導線, ケーブル, 電線, 電話線; 電信, 電話: elektrische *Drähte* 電線 | **ein heißer ～**《話》ホットライン, 緊急用直通電話回線(特に各国首脳間の)(英語 hot line の翻訳借用) | isolierter ～ 絶縁線 | ～ unter Strom 活線(通電中の導線) | *Drähte* ziehen 電線をひく〈敷設する〉 | den ～ zu *jm.* verlieren《比》…との接触〈コンタクト〉を失う ‖ per 〈über den〉 ～ 電信で. **3** (Pechdraht)(靴の)縫い糸;《ベルリン》麻ひも. **4**《単数で》《話》(Geld) ぜに. [*germ.* „Gedrehtes"; ◇drehen; *engl.* thread]

Draht≈an·schrift[drá:t..] 女 電信〈電報〉用のあて名. **≈ant·wort** 女 返電. **≈an·wei·sung** 女 電信〈電報〉為替. **≈aus·lö·ser** 男〘写〙ケーブルレリーズ. **≈be·richt** 男 電報. **≈be·sen** 男 (針金製の)外ぼうき(→図 Besen). **≈bür·ste** 女 針金ブラシ.

Dräht·chen Draht の縮小形.

Dräh·te Draht の複数.

drah·ten[1][drá:tən]《01》他 (h) **1** 針金で編み合わせる. ᐁ**2** (telegrafieren) 電信〈電報〉を打つ: eine Nachricht ～ ニュースを打電する.

drah·ten[2][－] (**dräh·tern**[drɛ:tərn]) 形 針金〔製〕の.

Draht≈esel 男《戯》(Fahrrad) 自転車 (Draht は車輪のスポークをさす). **≈fen·ster** 中 金網窓. **≈funk** 男 有線放送〈ラジオ〉. **≈ge·flecht** 中 金網. **≈ge·stell** 中 (電気スタンドのかさなどの)針金製の枠. **≈ge·we·be** 中 金網. **≈git·ter** 中 針金格子. **≈glas** 中 鉄線〈網〉入りガラス, ワイヤグラス. **≈haar** 中 (犬などの)剛毛.

Draht·haar·fox 男 ワイヤヘアード=フォックステリア(毛のこわい愛玩(あいがん)犬: →図).

Drahthaarfox

draht·haa·rig 形 毛のこわい, 剛毛の.

Draht·haar·ter·ri·er 男 =Drahthaarfox

Draht·hef·tung 女〘製本〙針金とじ.

drah·tig[drá:tɪç][2] 形 **1** 針金のような: ～*es* Haar 針金のようにこわい毛髪, 剛毛. **2**《比》(ふつう男性に関して)筋肉質の,(スポーツなどで)鍛え上げた.

..drähtig[..drɛ:tɪç][2]《数詞・形容詞などにつけて「導線が…の」を意味する形容詞をつくる》: ein*drähtig* 1本ケーブルの.

Draht≈kern 男 (タイヤの)ワイヤビード(→図 Reifen). **≈kom·mo·de** 女《戯》(Klavier)〔古びた〕ピアノ. **≈korb** 男 針金で編んだかご. **≈leh·re** 女 (針金の太さを測るための)針金ゲージ.

draht·lich[drá:tlɪç] 形 (telegrafisch) 電信〈電報〉による.

draht·los[..lo:s][1] 形 無線〈無電〉による: ～*es* Fernsprechen 無線電話 | ～*e* Telegraphie 無線電信 | *et.*[4] ～ melden …を無電で知らせる.

Draht≈mel·dung[drá:t..] 女 電信〈電報〉による通知. **≈nach·richt** 女 電報. **≈netz** 中 金網. **≈pup·pe** 女 針金〔でつくった〕人形; 糸あやつり人形, マリオネット. **≈rol·le** 女 針金の巻き枠;〔巻き枠に〕巻いた針金. **≈sai·te** 女〘楽〙金属弦. **≈sche·re** 女 針金用のはさみ. **≈seil** 中 鋼索, ワイヤロープ: Nerven wie ～*e* haben (→Nerv 1).

Draht·seil·bahn 女 鋼索鉄道, 索道, 空中ケーブル, ロープウェー.

Draht·sieb 中 金網製の篩(ふるい).

Draht·spei·chen·rad 中 (自転車などの)ワイヤスポーク車輪.

Draht≈spu·le 女 〘電〙ソレノイド, 円筒コイル. **≈stär·ke** 女 針金の太さ〈直径〉. **≈stift** 男 (線材を切って作る普通の)丸くぎ.

ᵛ**Drah·tung**[drá:tʊŋ] 女 -/-en 電信〈電報〉の発信.

Draht≈ver·hau 男 中 〘軍〙鉄条網;《戯》乾燥野菜. **≈wurm** 男 〘虫〙コメツキムシ(米搗虫)の幼虫. **≈zan·ge** 女 針金用やっとこ〈ペンチ〉. **≈zaun** 男 金網の柵(さく)〈フェンス〉.

Draht·zieh·bank 女 -/..bänke 針金製造台〈機〉.

Draht·zie·her 男 **1** 針金製造工. **2** 糸あやつり人形使い;《比》(陰で糸を引く)黒幕.

Drain[drɛ:n, drɛ̃:] 男 -s/-s **1** 〘医〙排膿(はいのう)管, 誘導管, ドレーン. **2** =Drän 1 [*engl.*－*fr.*]

Drai·na·ge[drɛná:ʒə; ｵｰｽﾄﾘｱ: ..ná:ʒ] 女 -/-n[..ʒən] **1** 〘医〙排膿〈排液・誘導〉法, ドレナージ. **2** =Dränage 1 [*fr.*]

drai·nie·ren[..ní:rən] 他 (h) **1** 〘医〙排膿〈排液〉する: eine Wunde ～ 傷にドレナージする. **2** =dränieren 1 [*engl.*－*fr.*; ◇trocken]

Drai·si·ne[draɪzí:nə, drɛ..] 女 -/-n **1** 〘鉄道〙(保線用の)〔軌道〕モーターカー, ハンドカー(→ 図 A). **2** ドライス走行機(今日の自転車の前身: → 図 B). [＜K. Drais (ドイツの林務官, †1851)]

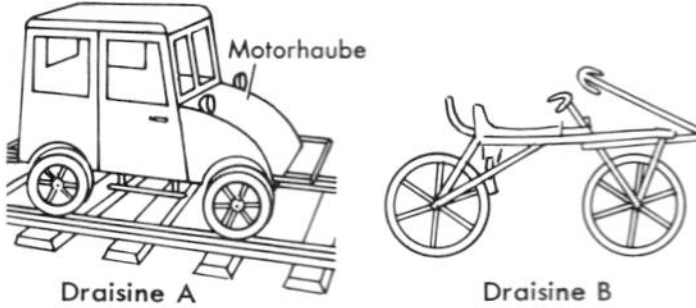

Dra·kon[drá:kɔn] (**Dra·ko**[drá:ko·]) 人名 ドラコン(前7世紀末の Athen の成文法公布者. 過酷な処罰で知られる).

dra·ko·nisch[drakó:nɪʃ] 形 (Drakon のように)きびしい, 過酷〈峻烈(しゅんれつ)〉な: ～*e* Maßnahmen 過酷な措置 | mit ～*er* Strenge 容赦しないきびしさで | *et.*[4] ～ durchführen …を情け容赦なく〈びしびしと〉実行する.

drall[dral] 形 (特に若い女性が)ぴちぴちした, むっちりした. [*mndd.* dral „fest gedreht"; ◇drillen]

Drall[―] 男 -[e]s/-e **1 a)** ねじれ; (糸の)より〔数〕;《比》傾向: Seine Politik hat einen leichten ～ nach rechts.《比》彼の政策は多少右寄りである. **b)** 〘球技〙スピン. **2** (銃の)腔綫(こうせん). **3** 〘理〙運動量モーメント; (Drehimpuls) 角運動量.

Drall·heit[drálhaɪt] 女 -/ drall なこと.

Dra·ma[drá:ma·] 中 -s/..men[..mən] 戯曲, 劇, ドラマ;《ふつう単数で》〔悲〕劇的事件: das ～ des Lebens《比》人生劇, 波瀾(はらん)に富む人生 | ein ～ in 〈mit〉 5 Akten 5幕の劇 ‖ *sich*[3] ein ～ ansehen 観劇する ‖ Es ist doch immer das gleiche ～ mit ihm! 彼ってやつはいつだって同じことのくり返しだ | Er machte daraus ein ～. 彼は事をことさら大げさに〈深刻化して〉伝えた. [*gr.* drãma „Handlung"－*spätlat.*; ＜*gr.* drãn „tun"]

Dra·ma·tik[dramá:tɪk] 女 -/ **1** 劇作, 劇文学 (Epik, Lyrik と並ぶジャンル). **2** 劇的緊張〈構成〉: die ～ eines Wettkampfs 〈eines Films〉 競技〈映画〉の息詰まるような緊張 | Der dritte Akt bringt den Höhepunkt der ～. 第3幕に劇展開のクライマックスが来る.

Dra·ma·ti·ker[..tikər] 男 -s/- 劇作家.

dra·ma·tisch[..tɪʃ] 形 戯曲〔形式〕の;《比》劇的な, 波瀾(はらん)に富む, 息詰まるような: die ～*e* Dichtung 劇文学 | der ～*e* Effekt 劇的効果 | *et.*[4] ～ darstellen …を戯曲化〈脚色〉する | Das Spiel verlief ～. ゲームの展開は劇的であった.

dra·ma·ti·sie·ren[dramatizí:rən] 他 (h) 劇化〈脚色〉する;《比》劇的に誇張する, 尾ひれをつけて述べる.

Dra·ma·ti·sie·rung[..rʊŋ] 女 -/-en 戯曲化, 脚色.

Dra·ma·turg[dramatʊ́rk][1] 男 -en/-en (劇団・放送局などの)文芸部〔員〕(脚本の選定・リライト・脚色などの仕事や上演作品の宣伝をする). [*gr.*; ◇Ergon]

Dra·ma·tur·gie[..tʊrgí:] 女 -/-n[..gí:ən] 〘劇〙 **1** ドラマトゥルギー, 作劇法; 演劇論(戯曲の構成・手法・舞台効果などの研究); 劇評論集:《Hamburgische ～》『ハンブルク演劇論』(Lessing の著書名). **2** (戯曲の)脚色. **3 a)** (劇場・テレビ局などの)演劇制作部, 劇団文芸部. **b)** Dramaturg の仕事. [*gr.*]

dra·ma·tur·gisch[..tʊ́rgɪʃ] 形 〘劇〙Dramaturgie に関する.

Dra·men Drama の複数.

Dra·mo·lett[dramolɛ́t] 中 -s/-e, -s 小劇, 寸劇, ミニドラマ. [Drama のフランス語めかした縮小形]

dran[dran] 副《話》**1** =daran **2**《成句的に》: **～ glauben müssen** いやなこと(特に死)を観念せざるをえなくなる, 年貢の納め時を迎える ‖ **～ sein**/《戯》**am ～*sten* sein** 順番に当っている;《話》いよいよ年貢の納め時〈観念すべき時〉だ(死ななければならない; 責任を問われなければならない) | an *et.*[3] ～ sein …に付いている | An diesem Hühnchen ist nicht viel ～. このひなどりにはあまり肉がついていない | an *et.*[3] 〔et〕was 〈nichts〉 ～ sein …は具合が悪い〈全く調子がよい〉| An dem Motor ist was ～. このエンジンはどこか調子が悪い | An dem Gerücht ist etwas ～. このうわさはまんざらでたらめではない | an *et.*[3] alles ～ sein …は結構ずくめである;《反語》…はどこもかしこもまずい | Wie er sich verbeugte, da war alles ～. 彼のおじぎの仕方はまことにみごとだった | an *jm.* nicht ～ sein …には何のとりえもない ‖ dumm 〈schön〉 ～ sein 困惑している | gut 〈schlecht〉 ～ sein 調子がよい〈悪い〉| mit *jm.* gut 〈schlecht〉 ～ sein …と気が合っている〈合わない〉| Ich weiß nicht, wie 〈wo〉 ich mit ihm ～ bin. 私には彼は全くつかみどころがない | nicht so recht ～ wollen 気が進まない ‖ drauf und ～ sein (→drauf 2 b) | alles, was drum und ～ ist 〈hängt〉 (→drum 2) ‖〘名詞的に〙das ganze Drum und *Dran* (→drum 2).

Drän[drɛ:n] 男 -s/-s, -e **1** (地下に埋設した)排水管; 排水渠(きょ)〈溝〉. **2** =Drain 2 [＜Drain]

Drä·na·ge[drɛná:ʒə; ｵｰｽﾄﾘｱ: ..ná:ʒ] 女 -/-n[..ʒən] **1 a)** (地下埋設管での)排水制度. **b)** (Dränung) 排水〔施設〕. **2** =Drainage 1

drä·nen[drɛ́:nən] 他 (h) **1** (dränieren) (地下埋設管によって)排水する. **2** (drainieren) 〘医〙排膿(はいのう)〈排液〉する.

drang[draŋ] dringen の過去.

Drang[―] 男 -es (-s)/ Dränge[drɛ́ŋə]《ふつう単数で》**1** (Trieb) (抑えがたい)衝動, 希求, 意欲, 渇望; (Stuhldrang) 便意, しぶり腹: Eroberungs*drang* 征服欲 | der ～ in die Stadt (農村部からの)都市志向熱 | der ～ nach 〈zur 〉 Freiheit 自由への渇望 | der ～ nach Osten 〘史〙(ドイツ騎士団などによる)東進〈東方植民〉運動 ‖ den ～ haben 〈verspüren〉, ins Ausland zu reisen 外国旅行をしたい衝動に駆られる | einem inneren ～ nachgeben 内心の衝動に従う | von einem heftigen 〈unwiderstehlichen〉 ～ ergriffen sein 激しい〈やみがたい〉衝動を覚える ‖ der Sturm und ～ (→Sturm 1). **2** (Drängen) 圧迫, 強制; (仕事の)繁忙; 雑踏: im ～ des Augenblicks 〈der Geschäfte〉 その場の必要に迫られて〈仕事に追われて〉. [*mhd.*; ◇dringen; *engl.* throng]

dräng·e[drɛ́ŋə] dringen の接続法 II.

Drän·ge Drang の複数.

dran≈|ge·ben*[drán..]《52》《話》= darangeben **≈|ge·hen***《53》《話》=darangehen

Drän·ge·lei[drɛŋəláɪ] 女 -/-en drängeln すること.

drän·geln[drɛ́ŋəln]《06》**I** 自 (h) **1** (雑踏の中で)他人を押しのけ〈かきわけ〉て前に出る;《比》強引に割り込む: Nicht so ～! そんなに押すな〈割り込むな〉. **2** しきりにせがむ: Das Kind hat so lange *gedrängelt*, bis ich nachgegeben habe. 子供にさんざんせがまれてとうとう私は負けてしまった.

II 他 (h) **1 a)** (ぐいぐい)押しのける: *jn.* in eine Ecke 〈aus der Tür〉 ～ …を隅へ押しやる〈戸口から押し出す〉. **b)**

再帰 sich⁴ ～ = I 1: Die Leute *drängeln* sich in dem überfüllten Zug. 満員の列車の中で人々がひしめき合っている. **2** 《*jn.*》(…に)催促(督促)する, せっつく: *jn.* zum Aufbruch ～ …をせきたてて出発させる ‖〖しばしば zu 不定詞〔句〕を伴って〗Das Kind *drängelte* die Mutter, ihm seinen Wunsch zu erfüllen. 子供は母親に対して願いをかなえてくれとせがんだ. [＜drängen]

drän·gen[drέŋən] **I** 他 (h) **1 a)** 《*jn.*》《方向を示す語句と》(…を…のほうへむりやり)押しやる〈つける〉: *jn.* an die Wand ～ …を壁ぎわに押しつける | *jn.* in die Ecke ～ …を隅に追いやる | *jn.* in die Defensive ～ …を守勢に追い込む | *jn.* 〈*et.*⁴〉 in den Hintergrund ～ (→Hintergrund 1) | *jn.* zur Seite ～ …をわきへ押しのける ‖ 再帰 *sich*⁴ ～ (押し合いながら)…のほうへ突き進む | *sich*⁴ durch die Menge ～ 人ごみを押し分けて進む | *sich*⁴ in den Vordergrund ～ (→Vordergrund) | Er läßt sich **an** die Wand ～. 《比》彼は控えめすぎる | *sich*⁴ in dem Vordergrund ～ 前面でもみ合っている | *sich*⁴ zum Ausgang ～ 出口へ殺到する | *sich*⁴ zu einem Posten ～ ある地位を求めてせり合う | *sich*⁴ zwischen die Streitenden ～ 争っている人々の中に(仲裁しようと)割って入る | Zwischen diese Überlegungen *drängte* sich ein plötzlicher Einfall. あれこれ考えているうち突然ある思いつきが浮かんだ. **b)** 再帰 *sich*⁴ ～ (狭い中で)押し合いへし合いする, ひしめき合う | In der Straßenbahn *drängen* sich die Fahrgäste. 市街電車の中では乗客がひしめいている | Die Gedanken *drängen* sich im Kopf. いろいろ考えが頭の中でごった返している. **2** (…するように)せき立てる: *Drängen* Sie mich nicht! そんなにせかさないでください | *jn.* ～, schneller zu arbeiten 仕事のテンポを早めるように…にせっつく | den Schuldner auf die Zahlung ～ 債務者に支払いを迫る | *jn.* zum Aufbruch 〈zur Entscheidung〉 ～ …に出発〈決定〉を急ぐよう促す ‖ 非人称 Es *drängt* mich, dir zu danken. 私はどうしても君に感謝せずにはいられない.

II 自 (h) **1** 切迫する; すぐにも(…を)必要とする: Die Gefahr *drängt*. 危険は切迫している(ただちに措置を講じる必要がある) | Die Frage *drängt* nach Lösung. 問題は解決を迫られている | Die Zeit *drängt* zur Entscheidung. 即刻決断すべき時だ ‖ 非人称 Es *drängt* nicht. まだ暇がある〈急ぐには及ばない〉. **2** (押し合いながら)突き進む: Ich *drängte* zur Tür. 私は人を押し分けて戸口へ進んだ. **3** 《auf *et.*⁴》…を強く求める, …を催促する, …をせき立てる: auf Lösung der Probleme ～ 問題の解決を迫る.

III Drän·gen 中 -s/ (drängen すること. 例えば:) 押し合い; 圧迫, 強要; 急迫: *js.* ～³ nachgeben …の強圧に屈する | auf ～ von Herrn X X 氏の強い要請によって | nach vielem ～ さんざん催促されて.

IV drän·gend 現分 形 急迫〈切迫〉した, 緊急の: ～*e* Angelegenheiten 緊急案件.

V ge·drängt → 別出 [*mhd.*; ◇dringen]

Drän·ger[drέŋər] 男 -s/- (drängen する人. 例えば:) 迫る〈催促する〉人, 債権者: Stürmer und ～ (→Stürmer 5).

Drang·pe·ri·ode[dráŋ..] 女 《サッカー》ゴール前に攻め寄せている時間.

Drang·sal[dráŋza:l] 女 -/-e (中 -〔e〕s/-e) (はなはだしい)困窮, 苦境, 苦悩, 災厄: die ～*e* des Krieges 〈des Lebens〉 戦争による災厄〈人生の苦悩〉| die Zeit der 〔harten〕 ～ きびしい苦難の時代 | viele ～*e* erdulden 〈leiden〉 多くの苦難を受ける | in großer 〈schwerer〉 ～ sein ひどい苦境にある.

drang·sa·lie·ren[draŋzalí:rən] 他 (h) 苦しめる, 悩ます: *jn.* mit *seinen* Fragen ～ …を質問で困らせる | Das Kind *drangsalierte* die Mutter mit hartnäckigen Bitten. 子どもは頑固にねだり続けて母親を悩ませた.

drang·voll[dráŋfɔl] 形 《雅》 **1** 込み合った, 窮屈な. **2** 窮迫した, 悩み多い; 重苦しい.

dran≠|hal·ten*[drán..] 《65》《話》= daranhalten

≠|**hän·gen**⁽*⁾ 《66》 **I** 他 (h) 《規則変化》《話》追加して引きのばす: an *seinen* Urlaub noch zwei Tage ～ 休暇をさらに二日のばす. **II** 自 (h) 《不規則変化》《話》関連〈関係〉がある, 付随している: alles, was da *dranhängt* それにかかわりのあるすべてのこと.

drä·nie·ren[drεní:rən] 他 (h) **1** (dränen) (地下埋設管によって)排水する. **2** =drainieren 1 [＜drainieren]

Drä·nie·rung[..ruŋ] 女 -/-en =Dränung

Drank[draŋk] 男 -〔e〕s/ 《北部》 **1** (Spülicht) (食器などを洗ったあとの)汚水: Es ist klar wie ～. 《戯》それは全く明らかだ. **2** (Küchenabfälle) 台所の残りくず. **3** (Viehfutter) (残りくずなどを主とした)家畜のえさ. [*mndd.*; ◇Trank]

dran|kom·men*[drán..] 《80》 自 (s) (自分の)番になる; 《話》(sterben) 死ぬ: Jetzt *komme* ich *dran*. 今度は私の番だ | Du *kommst* nach ihm *dran*. 君の番は彼の次だ.
★ ただし: Frisch gestrichen, nicht *dran kommen*! ペンキ塗りたて近寄る〈触れる〉べからず.

dran|krie·gen 他 (h) 《話》 **1** (anführen) だます, ぺてんにかける. **2** (…の)本心をかぎつける. **3** (うまいことを言って)仕事をさせる.

Drank·ton·ne[dráŋk..] 女 《話》(Vielfraß) 大食漢.

dran≠|ma·chen[drán..] 《話》= daranmachen

≠|**neh·men*** 《104》 他 (h) 《話》《*jn.*》 **1** (順番に)処置する: Der Frisör *nimmt* mich zuerst *dran*. 理髪師はまっ先に私をやってくれる. **2** (教室などで生徒に)あてる; しぼる: *jn.* tüchtig ～ …をこっぴどくしぼり上げる. ≠|**set·zen** 《02》 《話》=daransetzen

dran·sten[dránstən] 副 dran の戯語的最上級: am ～ sein まさに順番がきている(→dran 2).

Drä·nung[drέ:nuŋ] 女 -/-en **1** (地下埋設管による)排水〔施設〕. **2** 〖医〗ドレナージ, 排膿(はいのう)〈排液〉法.

Drap[dra] 男 -/ 〖織〗ラシャ〔地〕. [*vulgärlat.* drappus „Tuch"－*fr.*; ◇ *engl.* drab, drape]

Dra·pe·rie[drapərí:] 女 -/-n[..rí:ən] (布地をあしらった)室内装飾; (服・カーテンなどの)飾りひだ. [*fr.*]

dra·pie·ren[..pí:rən] 他 (h) (布地をあしらって)飾りをつける; (服・カーテンなどに)飾りひだをつける; 《比》(ことばなどで)飾り立てる. [*fr.*]

Dra·pie·rung[..ruŋ] 女 -/-en **1** drapieren すること. **2** =Draperie

drapp[drap] 形 《オーストリア》(sandfarben) 砂色〈薄茶色〉の.

drapp≠far·ben[dráp..], ≠**far·big** 《オーストリア》=drapp

drasch[dra:ʃ] drosch (dreschen の過去)の古形.

Drasch[－] 男 -s/ 《中部》(Hast) 慌ただしさ: im ～ sein 急いでいる, せかせかしている.

drä·sche[drέ:ʃə] drösche (dreschen の接続法 II)の古形.

Drä·si·ne[drεzí:nə] 女 -/-n =Draisine

Dra·stik[drástɪk] 女 -/ 激烈さ, (特に描写などの)露骨さ.

Dra·sti·kum[..tikum] 中 -s/..ka[..ka·] 〖薬〗峻(しゅん)下剤.

dra·stisch[..tɪʃ] 形 **1** 猛烈〈激烈〉な; 徹底的な, 思いきった, 劇的な: ein ～*es* Beispiel 極端な例 | eine ～*e* Schilderung 露骨な描写 | ～*e* Maßnahmen ergreifen 思いきった処置をとる ‖ Der Etat wurde ～ gekürzt. 予算は極端に削減された. **2** 〖薬〗(下剤が)強烈な. [*gr.* drastikós „wirksam"; ＜*gr.* drãn (→Drama)]

die **Drau**[drau] 地名 女 -/ ドラウ (Donau 川の支流). [*illyr.*]

dräu·en[drɔ́yən] 《雅》=drohen

drauf[drauf] 副 《話》 **1** =darauf **2 a)** 《場所を示す語句と》Auf dem Zettel steht nichts ～. この紙きれには何も書いてない. **b)** 《成句的に》**～ und dran sein** 《zu 不定詞〔句〕と》まさに…しようとしている | Er war ～ und dran, nach Berlin abzufahren. 彼はベルリンに向かって出発しようとしているところだった | Er war ～ und dran, seine Stellung zu verlieren. 彼は職を失う寸前だった | **gut 〈schlecht〉 ～ sein** 〔からだの〕調子がいい〈わるい〉 ‖ ***et.***⁴ **～ haben** …をこなしている, …ができる | 100 〔Kilometer pro Stunde〕 ～ haben 時速100キロで走っている | viel 〈allerhand〉 ～ haben i) 物知りである, なかなか有能である; ii) 猛スピードで飛ばす | Er hat nichts ～. 彼はつまらぬ男だ ‖ Ich pfeife ～. 私はそんなことは問題にしない〈ご免こうむる〉. **c)** (殴り合いなどの励ましの掛け声)さあやれ: Immer feste ～! しっかりやれ, もっとがんばれ.

drauf|be·kom·men* [dráuf..] ⁅80⁆《話》= draufkriegen
Drauf·ga·be 女 **1** (Handgeld)〘商〙手付金. **2** (Zugabe) おまけ;《オーストリア》アンコール曲.
Drauf·gän·ger [..gɛŋər] 男 -s/- 向こう見ず〈無鉄砲〉な人. [<draufgehen]
drauf·gän·ge·risch [..gɛŋərɪʃ] 形 向こう見ずな, 無鉄「砲な.」
Drauf·gän·ger·tum [..gɛŋərtu:m] 中 -s/ 向こう見ず, 無鉄砲〔な振舞い〕.
drauf≈|ge·ben* ⁅52⁆ 他 (h)《話》**1** (おまけとして)追加する. **2** *jm.* **eins** 〈**einen**〉 **~**《話》…に一発〔平手打ちを〕くらわせる; …を叱責(しっせき)する. ≈**|ge·hen*** ⁅53⁆ 自 (s)《話》**1** 消費される, 失われる: All mein Geld ist *draufgegangen*. 私はあり金をすっかり遣い果たした. **2** 壊れる, だめになる; 滅びる, 死ぬ: bei einem Unfall ~ 事故で死ぬ.
Drauf·geld 中 (Handgeld) 手付金; (Trinkgeld) チップ; (追加して支払うべき)差額.
drauf≈|krie·gen 他 (h)《話》**eins** 〈**einen** / **etwas**〉 **~** 一発〔平手打ちを〕くらう; きびしく罰せられる〈しかられる〉; 敗北する; 不運〈不幸〉に見舞われる. ≈**|le·gen** 他 (h)《話》**1** その上に置く. **2** (不足分を)追加して支払う.
drauf·los [draufló:s] 副 まっしぐらに, やみくもに: Immer 〔feste〕 ~! どんどん進め, もっとやれもっとやれ.
drauf·los≈|ar·bei·ten ⁅01⁆ 自 (h)《話》やみくもに働く, がむしゃらに仕事〈勉強〉をする. ≈**|ge·hen*** ⁅53⁆ 自 (s)《話》(ある目標に向かって)まっしぐらに突進する; (道に迷って)むやみやたらに歩いて行く. ≈**|re·den** ⁅01⁆ 自 (h)《話》(思慮なしに)しゃべりまくる. ≈**|wirt·schaf·ten** ⁅01⁆ 自 (h)《話》無計画な〈ルーズな〉金の遣い方をする.
drauf|ma·chen [dráuf..] 他 (h)《もっぱら次の成句で》**einen ~**《話》(パーティーなどを開いて)大いにはめを外す.
Drauf·sicht [dráufzɪçt] 女 -/-en **1**《単数で》上から見ること, 俯瞰(ふかん). **2** (機械・建物などの)平面図, 俯瞰図.
drauf|zah·len **I** 他 (h)《話》(不足分を)追加支払いする. **II** 自 (h)《話》よけいに払いすぎる, 損をする.
draus [draus]《話》=daraus
draus|brin·gen* [dráus..] ⁅26⁆ 他 (h)《南部・オーストリア》どぎまぎさせる, うろたえさせる.
draus|kom·men* ⁅80⁆ **I** 自 (s) **1**《南部・オーストリア》うろたえる, 取り乱す, 度を失う, あがる. **2**《話》理解できる; (書いてあるものが)判読できる. **II** **Draus·kom·men** 中 -s/《オーストリア》*sein* ~ haben 暮らしを立てている.
drau·ßen [dráusən] 副 (↔drinnen) 外で, 戸外〈屋外〉で; 遠く離れて: Es ist kalt ~. 外は寒い | ~ spielen 戸外で遊ぶ | ~ vor der Tür 戸口の外で | ~ in Afrika はるか遠くアフリカで ‖ Er ist wieder ~.《俗》彼は〔刑務所から〕出所した | Die Fischer sind noch ~ 〔auf dem Meer〕. 漁師たちはまだ海に出ている | Er ist ~ geblieben.《婉曲に》彼は戦いから戻らない〔戦死した〕‖ nach ~ gehen 戸外〈屋外〉へ出る, 野外へ行く | von ~ 戸外〈屋外〉から | die Tür von ~ zumachen (→Tür). [<da[3]+außen]
Dra·wi·da [draví:da·, drá:vida·] 男 -〔s〕/-〔s〕ドラヴィダ(南インドに住むインドの先住民族). [*sanskr.*]
dra·wi·disch [draví:dɪʃ] 形 ドラヴィダ〔人・語〕の: →deutsch | die ~*en* Sprachen ドラヴィダ系諸言語 (Tamil 語など).
Drech·sel·bank [drɛ́ksəl..] 女 -/..bänke〘工〙ろくろ, 「旋盤.」
Drech·se·lei [drɛksəlái] 女 -/-en 凝りに凝った文体.
drech·seln [drɛ́ksəln] ⁅06⁆ 他 (h) ろくろにかける, 旋盤で加工する;《比》技巧を凝らして仕上げる: Gedichte ~ 詩をひねる ‖ in *gedrechselten* Sätzen 凝った文章で | wie *gedrechselt* 技巧をこらした〈て〉. [*mhd.*; ◇drehen]
Drechs·ler [drɛ́kslər] 男 -s/- ろくろ細工師, 旋盤工.
Drechs·ler·ar·beit 女 ろくろ細工, 旋盤加工.
Drechs·le·rei [drɛkslərái] 女 -/-en ろくろ細工, 旋盤細工; ろくろ細工の仕事場, 旋盤工場.
drechs·lern [drɛ́kslərn] ⁅05⁆ 自 (h) 素人じみた〈不手際な〉ろくろ細工をする.
Dreck [drɛk] 男 -〔e〕s/ **1** 泥, ぬかるみ; ちりあくた; 汚物, ふん, 排泄(はいせつ)物;《比》不潔〈不快〉なこと, 困難: voll ~ und Speck よごれにまみれて ‖ den ~ aufkehren 〈zusammenfegen〉 ごみを掃き集める | den alten ~ wieder aufrühren《比》不快なことをむし返す | *jn.* wie ~ am Schuh behandeln《話》…をくず扱いする, …をひどく軽蔑する | **~ am Stecken haben**《話》やましい点がある, すねに傷ある身だ | **~ in den Händen haben**《話》手先が不器用である | **~ in den Ohren haben**《話》(耳に泥でも詰っているように)のみ込みが悪い ‖〘前置詞と〙*jn.* **aus dem ~ ziehen**《話》…を苦境から救い出す | die Karre 〈den Karren〉 aus dem ~ ziehen (→Karren[1] 1) | **aus dem größten** 〈**gröbsten**〉 **~ heraus sein**《話》最悪の事態を切り抜けてしまっている | *jn.* 〈*et.*[4]〉 **durch den ~ ziehen** / *jn.* 〈*et.*[4]〉 **in den ~ ziehen** 〈**treten**〉《話》…を困難に陥らせる; …を中傷する, …をけなす | die Karre 〈den Karren〉 in den ~ fahren (→Karren[1] 1) | in den ~ fallen《比》困難に陥る | **in ~ und Speck** (仕事などで)汚れて | **im ~ sitzen** 〈**stecken**〉《話》困難に遭遇している, にっちもさっちもいかない | **bis an den Hals** 〈**bis über die Ohren**〉 **im ~ stecken** ひどい困難に陥っている | den Karren im ~ steckenlassen (→Karren[1] 1) | *jn.* **mit ~ bewerfen** 〈**besudeln**〉《比》…を中傷する | *et.*[4] **mit ~ und Speck** essen …を汚れのついたままの状態で食べる | **vor ~ und Speck starren** 汚れ放題汚れている.
2《話》くだらぬ〈ささいな〉こと: Mach deinen ~ allein! そんなことは自分でどんどんやれ | *sich*[4] um jeden ~ kümmern 小事に一々かかずらう | Kümmere dich nur um deinen eigenen ~! 余計なおせっかいをするな.
3《話》(gar nichts)《**einen Dreck** の形で》全く(…で)ない: Das geht dich einen ~ an. それは君には何の関係もない | Das kümmert mich einen ~ darum. 私はそんなことは少しも気にならない〈どうでもいい〉| Ich mache mir einen ~ daraus. 私はそんなことは一向にかまわない | Du verstehst 〈weißt〉 einen ~ davon. 君はそれが全然わからないんだね | Die Sache ist einen ~ wert. それは何の値うちもない.
4 ein ~ / **der letzte ~**《俗》人間のくず: *jn.* **wie** 〔**den letzten**〕 **~ behandeln** …を人間のくずのように扱う.
[*germ.* „Kot"; ◇ *lat.* stercus „Mist"]
Dreck≈ar·beit [drɛ́k..] 女《話》汚い〈汚れ〉仕事; 低級で不快な仕事. ≈**bür·ste** 女 泥落とし用ブラシ. ≈**ei·mer** 男 ごみバケツ: wie ein frischlackierter 〈frischpolierter/frisch geputzter〉 ~ strahlen《戯》喜色満面である.
dreckeln [drɛ́kəln] ⁅06⁆ 自 (h)《方》**1** 泥だらけになって働く. **2** 卑猥(ひわい)なことを言う, 猥談をする.
drecken [drɛ́kən] 自 (h)《方》(あたりを〔泥だらけに〕)汚す: 非人称 Es *dreckt*. 汚い, 汚れている.
dreckern [drɛ́kərn] ⁅05⁆ 自 (h) **1** (あたりを〔泥だらけに〕)汚す. **2** (子供が)砂遊びをして泥んこになる.
Dreck·fink [drɛ́k..] 男 -en(-s)/-en《話》汚らしいやつ, 不潔漢; 〔泥んこで〕汚れた子.
dreckig [drɛ́kɪç][2] 形 泥だらけの, 汚い, 不潔な;《比》いまわしい, 野卑な, 卑劣な, 破廉恥な, ひどい: ein ~*es* Geschäft いかがわしい商売 | ein ~*es* Verbrechen ひどい犯罪 | ein ~*er* Weg ぬかるみの道 | ein ~*es* Wetter 嫌な天気 | ein ~*er* Witz 卑猥(ひわい)〈下品〉な冗談 ‖ **~ und speckig**《話》汚れた, きたない | *sich*[4] 〈*sich*[3] *seine* Finger〉 nicht gern ~ machen《比》自分の手を汚したがらない ‖ Lach nicht so ~! そんな無礼な〈いやらしい〉笑いかたはやめろ | Es geht ihm sehr ~. 彼はひどい生活を送っている.
Dreck≈kä·fer [drɛ́k..] 男〘虫〙フンムシ(糞虫). ≈**kerl** 男《話》いまわしい〈下劣な〉やつ, 破廉恥漢. ≈**loch** 中《話》汚い〈むさくるしい〉住居. ≈**nest** 中《話》退屈ないなか町〈村〉. ≈**pfo·te** 女《話》汚れた手. ≈**sack** 男《卑》下劣な〈いやなやつ.〉
Drecks·ar·beit =Dreckarbeit
Dreck≈sau 女《卑》不潔な〈ふしだらな〉やつ. ≈**schleu·der** 女《卑》下品な能弁; 口のわるいやつ. ≈**schwein** 中《卑》不潔な〈ふしだらな〉やつ.
Drecks·kerl =Dreckkerl
Dreck·spatz 男 =Dreckfink
Drecks·zeug =Dreckzeug
Dreck≈wet·ter 中《話》(雨やみぞれつづきの)悪天候, ひどい〈やりきれない〉天気. ≠**zeug** 中《話》くだらぬもの, がらくた, 安物.

Dred·sche[drέdʒə] 女 -/-n 〖漁〗引き網. [*engl.* dredge; < *engl.* draw (→tragen); ◇Dragge]

Dreesch[dreːʃ] 男 -s/-e (Brache)〖農〗休閑地. [*mndd.*]

Dreesch·wirt·schaft[dréːʃ..] 女〖農〗休閑地農法.

Dregg·an·ker[drέk..] 男 =Dregge 1

Dreg·ge[drέgə] 女 -/-n **1**〖海〗小型のいかり. **2** =Dredsche [<Dragge]

dreg·gen[drέgən][1] 他 (h)〖漁〗引き網で漁をする;〖海〗掃海する.

Dreh[dreː] 男 -s/-s(-e) **1** ひねり; 方向転換. **2**《話》〔うまい〕思いつき,〔適切な〕方策, 策略,(仕事の)こつ: den richtigen ~ finden 妙案をみつける | *et.*[3] den richtigen ~ geben …を適切に処理する | den 〔richtigen〕 ~ rauskriegen/auf 〈hinter〉 den 〔richtigen〕 ~ kommen 妙案を思いつく | den 〔richtigen〕 ~ raushaben 〈weghaben〉 仕事のこつを心得ている ‖ im 〔richtigen〕 ~ sein 仕事に熱がはいって〈興に乗って〉いる | 〔**so**〕 **um den ~** 〔**herum**〕 ほぼそのあたり〈ころ〉に | Ich weiß nicht, ob der Wagen nun genau 20 000 Mark gekostet hat, aber bestimmt so um den ~ herum. 車の値段が2万マルクきっかりだったかどうかは分らないが そのぐらいの価格だったことは確かだ. [<drehen]

Dr. E. h. (**Dr. e. h.**) (**Dr. eh.**) 略 =**D**oktor **E**hren**h**alber《称号として》名誉博士.

Dreh≠ach·se[dréː..] 女 回転〈対称〉軸. ≠**ar·beit** 女 -/-en **1** 旋盤工の仕事〈作品〉. **2**《ふつう複数で》〖映〗撮影〔の仕事〕: mit den ~*en* beginnen 撮影を開始する, クランクインする. ≠**bank** 女 -/..bänke〖工〗旋盤, レース(→ 図); (陶工用の)ろくろ.

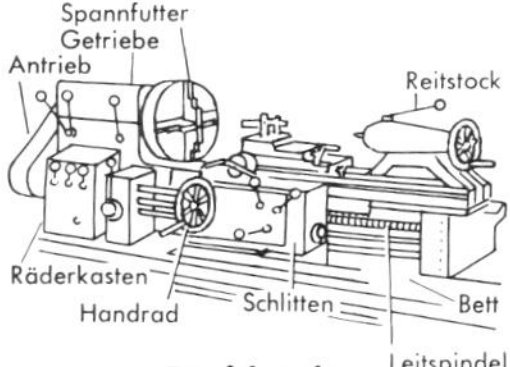

Drehbank

dreh·bar[dréːbaːr] 形 回転可能な: ein ~*er* Sessel 回転式の安楽いす.

Dreh≠be·we·gung 女 回転運動. ≠**blei·stift** 男 (回転式の)シャープペンシル. ≠**boh·rer** 男 回転錐(きり), 錐揉(きりもみ)機. ≠**brücke** 女〖土木〗旋盤橋(→ 図 Brücke A). ≠**buch** 中 映画台本, シナリオ.

Dreh·buch·au·tor 男 台本作家, シナリオライター.

Dreh·büh·ne 女〖劇〗回り舞台, 盆(→ 図 Bühne).

Dre·he[dréːə] 女 -/ **1**《話》(Umkreis) 周辺, 付近: hier in der ~ 〈um die ~ drum〉 このあたりに | in der ~ von Hamburg ハンブルク近辺に | Wie alt ist er eigentlich?—Weiß nicht, so in der ~ um 60. 彼はいったい何歳だろうか — さあ60歳ぐらいかな. **2**《方》=Wendepunkt **3** =Drehkrankheit

dre·hen[dréːən] **I** 他 (h) **1** (軸を中心にして)回す, 回転させる: einen Kreisel 〈den Türgriff〉 ~ こま〈ドアハンドル〉を回す | das Gas auf groß 〈klein〉 ~ ガスのコックを回して火を大きく〈小さく〉する ‖ 再帰 *sich*[4] ~ 回る, 回転する | *sich*[4] **im** Kreise ~ ぐるぐる回転する | *sich*[4] im Wasser 〈Wind〉 ~ 水中で〈風を受けて〉回る | ***jm.* dreht sich alles**《話》…はめまいがする | Mir *dreht* sich alles im Kopf 〈vor den Augen〉.《話》私は〔めまいで〕頭〈目の前〉がくらくらする | Die Erde *dreht* sich **um** ihre Achse 〈die Sonne〉. 地球は自転する〈太陽のまわりを回る〉 ‖ Alles *dreht* sich um ihn.《比》何もかも彼が中心〈彼しだい〉である | Das Gespräch *drehte* sich um dieses Problem.《比》会話はこの問題をめぐって行われた ‖ 非人称 Es *dreht* sich um *jn.* 〈*et.*[4]〉《比》…が問題〔の中心〕である | Ich weiß nicht, worum es sich *dreht*.《比》なにが問題になっているのか私にはわからない | Es *dreht* sich darum, daß 〈ob〉 ... 《比》…ということ〈…かどうか〉が問題である.

2 (…の)向きをかえる; ねじ曲げる;《比》歪曲(わいきょく)する: den Hals 〈den Kopf〉 ~ 振り向く | *jm.* eine Nase ~ (→ Nase 1 a) | *jm.* den Rücken ~ …に背を向ける;《比》…を無視する | den Wagen ~ 車の向きを変える, 車をUターンさせる | Er *dreht* alles so, wie er es braucht.《比》彼は何もかも自分の都合のいいように解釈する ‖ *jn.* 〔auf〕 links ~ (→links I 1) | *et.*[4] zu *seinem* Vorteil ~《比》…を自分の都合に合わせて利用する ‖ **wie man es auch** ***dreht*** **und wendet / man kann es 〈die Sache〉 ~ und wenden, wie man will**《比》それをどうひねくってみても ‖ 再帰 *sich*[4] ~ 体の向きを変える, 身をよじる; 向きが変わる | Ich *drehte* mich rückwärts 〈nach rechts〉. 私はうしろを振り返った〈右を振り向いた〉 | Der Wind hat 〔sich〕 ein wenig *gedreht*. 風向きが少し変わった | ***sich***[4] **~ und winden** (逃れようとして)身をくねらせる | Er hat sich *gedreht* und gewunden, wir haben ihn festgenagelt. 彼はあれこれ言い逃れを試みたが 私たちは追及の手をゆるめなかった | *sich*[4] wie eine Wetterfahne ~ (→Wetterfahne).

3 回転させて作る; 丸める: eine Achse 〔auf der Drehbank〕 ~ 軸棒を〔旋盤で〕作る | einen Film ~ 映画を撮影する | Pillen ~ 丸薬を作る | ein Seil ~ 綱をなう〈よる〉 | Zigaretten ~ タバコに紙を巻く ‖ eine Tüte **aus** der Zeitung ~ 新聞紙を丸めて三角袋を作る | Fleisch **durch** den Wolf ~ 肉をひき肉にする.

4《*et.*[4]》《様態を示す語句と》(…を…のように)しむける: Das hast du ja fein 〈geschickt〉 *gedreht*. うまくやってのけたな, ずるく立ち回ったもんだね.

5《話》(不法なことを)しでかす, やってのける.

6《オーストリア》再帰 *sich*[4] ~ 立ち去る; 出立する, 旅立つ.

II 自 (h) **1**《an *et.*[3]》(…を)回す, ひねる, ねじる: am Lichtschalter ~ 電灯のスイッチをひねる | am Lenkrad ~ (自動車の)ハンドルを回す | am Radio 〈an den Knöpfen des Radios〉 ~ ラジオのダイヤルを回す, ラジオのスイッチを入れる | **an** ***et.***[3] **~ und deuteln**《話》…をこじつけようとする(→III) | **an** ***et.***[3] **ist nichts zu ~ und zu deuteln**《話》…は明々白々である | Da muß doch jemand dran *gedreht* haben.《話》これはどこか変なとこがあるぞ; (何かが壊れたとき)だれかいじった〈いたずらした〉な.

2 (飛行機・自動車などが)向きを変える, カーブ〈旋回〉する;〖海〗針路を変える: nach Backbord 〈Steuerbord〉 ~ 左〈右〉に変針する.

3 映画を撮影する〈製作する〉(→I 3): in Italien ~ イタリアで映画を撮影する.

III Dre·hen 中 -s/ drehen すること: Da hilft kein ~ und Deuteln. こじつけようったってむだだ(→II 1).

IV dre·hend 現分 形 **1** 回転する: *et.*[4] in ~*e* Bewegung versetzen …を回転させる. **2**《方》めまいのする: Mir ist 〈wird〉 ganz ~ 〔im Kopf〕. 私はめまいがする.

[*westgerm.*; ◇Turnus, Druck, Draht, drohen; *lat.* terere „reiben"; *engl.* throw]

Dre·her[dréːər] 男 -s/- **1** (drehen する人. 例えば:) 旋盤工, ろくろ師. **2** 取っ手, ドアハンドル;〖工〗クランク. **3**〖解〗回転筋. **4**〖楽〗ドレーヤー(レンドラーに似たオーストリアの民族舞踊曲).

Dreh≠feld 中〖電〗回転磁界. ≠**fe·stig·keit** 女〖工〗ねじり強度. ≠**feu·er** 中 (灯台などの)回転灯. ≠**flü·gel** 男 (↔Starrflügel)〖空〗(ヘリコプターなどの)回転翼, ロータ—.

Dreh·flü·gel·flug·zeug 中〖空〗回転翼〔航空〕機.

Dreh·flüg·ler[dréːflyːglər] 男 -s/- =Drehflügelflugzeug

Dreh≠frucht 女〖植〗ストレプトカルプス(イワタバコ科の草花で果実がねじれる). ≠**funk·feu·er** 中 回転式ラジオビーコン. ≠**ge·lenk** 中 回転関節;〖工〗回り継ぎ手. ≠**ge·**

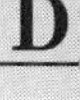
D

schwin·dig·keit 女〘工〙回転速度. ≈ge·stell 中〘鉄道〙回転式台車, ボギー. ≈griff 男 (オートバイの)アクセルグリップ(→ 図 Kraftrad). ≈herz 中 (旋盤の)回し金(→ 図). ≈im·puls 男〘理〙角運動量. ≈kä·fer 男 (Taumelkäfer)〘虫〙ミズスマシ(水澄)科の昆虫.

Drehherz

Dreh·kipp·fen·ster 中〘建〙引き倒し回転窓(→ 図).

Dreh·knopf 男 回転ノブ〈つまみ〉(テレビのダイヤル・カメラの巻き取りノブなど).

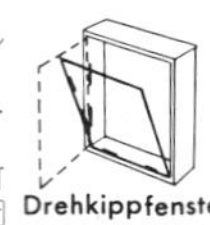

Drehkippfenster

Dreh·kol·ben·mo·tor 男 (Wankelmotor)〘工〙ロータリー=エンジン.

Dreh≈kon·den·sa·tor 男〘電〙可変コンデンサー, バリコン. ≈kraft 女〘理〙回転力, トルク. ≈kran 男 旋盤〔ジブ〕クレーン. ≈krank·heit 女 (家畜, 特に羊の)回旋症. ≈kranz 男 (クレーンなどの)ターンテーブル(→ 図 Bagger). ≈kreuz 中 (人を一人ずつしか通さない)回転木戸(→ 図). ≈lei·er 女〘楽〙ヴィエール(古い弦楽器の一種). ≈ma·schi·ne 女 = Drehbank ≈mo·ment 中〘理〙ねじりモーメント, トルク. ≈ofen 男〘工〙回転炉. ≈or·gel 女 手回しオルガン(→ 図 Leierkasten).

Drehkreuz

Dreh·or·gel·spie·ler 男 手回しオルガン弾き.

Dreh≈punkt 男 **1** 旋回点; 支点, 中心点: ***Dreh-* und Angel*punkt***《比》重要な中心問題. **2** (眼球の)回転点. ≈schal·ter 男〘電〙ひねりスイッチ. ≈schei·be 女 回転盤, ターンテーブル;〘鉄道〙転車台(→ 図 Bahnhof B);〘美〙(陶工用の)ろくろ. ≈sche·mel 男 **1** トレーラー連結装置. **2** 回転スツール. ≈ses·sel 男 回転式安楽いす. ≈spie·gel 男 (姿見用などの)回転鏡. ≈spin·del 女 (旋盤の)ワークスピンドル, 工作主軸.

Dreh·spul·in·stru·ment 中〘電〙可動コイル計器.

Dreh≈stahl 男 (旋盤の)バイト. ≈stift 男 **1** = Drehbleistift **2** (旋盤などの)回転軸. ≈strom 男〘電〙三相交流. ≈stuhl 男 回転いす. ≈tag 男〘映〙撮影日. ≈tisch 男 回転テーブル. ≈tür 女 回転ドア. ≈turm 男〘軍〙回転式砲塔.

Dre·hung[dré:ʊŋ] 女 -/-en (〔sich〕 drehen すること. 例えば:) 旋回, 回転; 方向転換, 転向; ねじれ.

Dreh≈waa·ge[dré:..] 女〘理〙ねじり秤(ばかり). ≈wurm 男〘畜〙コエヌルス, 共尾虫(テニアカ条虫の幼虫; Drehkrankheit の病原体): **den ～ haben 〈bekommen〉**《話》めまいがする; 気が変である, 気まぐれである. ≈wurz 女〘植〙ネジバナ(捩花), モズジリ(捩摺). ≈zahl 女 (一定時間内の)回転数. ≈zäh·ler 男, ≈zahl·mes·ser 男 回転〔速度〕計. ≈zap·fen 男〘工〙回転軸, ピボット, 耳軸, トラニオン(→ 図 Brücke A).

drei[draɪ] **I**《基数》(英: *three*) 3, 三つ〔の〕: →fünf ‖〘無変化で〙Das kann man sich an den ～ Fingern abzählen.《比》それはすぐわかることだ | **hinter *jm.* 〈*et.*³〉 ～ Kreuze machen** …をやっかい払いして〈…が終って〉せいせいする | 〔Bleib mir〕 ～ Schritte vom Leibe! 私に近寄るな | Er kommt alle ～ Tage. i) 彼は3日に1度来る; ii)《比》彼は毎日のように〈しょっちゅう〉来る | ewig und ～ Tage 〈Jahre〉 (→ewig I 2 a) | In ～ Teufels 〈Deibels〉 Namen! こんちくしょう | *et.*⁴ in 〈mit〉 ～ Worten sagen …を簡潔に言う ‖ eins, zwei, ～《比》一二の三で, たちまち, あっさり, さっさと | Ehe man 〔bis〕 ～ zählen konnte, war er wieder da. あっという間に〈たちまち〉彼は帰ってきた | **nicht bis 〈auf〉 ～ zählen können**《話》まったくの愚か者〈能なし〉である | so tun, als ob man nicht bis ～ zählen könnte 愚か者のふりをする | **～ gerade 〈eine gerade Zahl〉 sein lassen**《話》小事にこだわらない, やかましいことは言わない | Aller 〈話: Alle〉 guten Dinge sind ～. (→gut 5 a) ‖ für ～ essen 3人分食べる; すごい大食である | Hunger für ～ haben ひどく空腹である | Was ～ wissen, erfahren hundert.《諺》3人の知ってることは100人にも知れ渡る ‖〘独立的用法の1・4格で時に dreie の形で〙Es kamen ～*e* angeritten. 3人が馬に乗ってやって来た ‖〘格を示すために, ときに2格 dreier, 3格 dreien の形で〙aus ～*er* Zeugen Mund 3人の証人の口から | Er hat es ～*en* von uns gegeben. 彼はそれを私たちのうちの3人に与えた.

II Drei 女 -/-en 3という数; 3という数字; (トランプの) 3の札; (さいころの) 3の目; 評点3 (中程度: →Note 2); 3番コースの路面電車〈バス〉: →Fünf

[*idg.*; ◇tri.., dritt; *engl.* three]

Drei·ach·ser[dráɪ|aksər] 男 -s/- 3車軸の車両, 六輪車.

drei·ach·sig[..|aksɪç]² 形 3軸の.

Drei·ach·tel·takt[draɪ|áxtəl..] 男 -〔e〕s/ 〘楽〙8分の3拍子.

Drei·ak·ter[dráɪ|aktər] 男 -s/-〘劇〙3幕物.

drei·ak·tig[..|aktɪç]² 形〘劇〙3幕の.

Drei·an·gel 男 -s/-《北部》(服などの三角形の)かぎ裂き.

drei≈ar·mig[..|armɪç]² 形 (燭台(しょくだい)などが) 3本腕の. ≈bah·nig 形 3車線の.

Drei·ball 男〘ゴルフ〙スリーボールマッチ(3人が各自自分のボールで試合をする).

drei≈ba·sisch (≈ba·sig[..ba:zɪç]²) 形《付加語的》〘化〙3塩基の. ≈ba·stig[..bastɪç]² 形《北部》(dummdreist) ずうずうしい, 向こう見ずの.

Drei·bein 中 **1** 三脚の台〈いす〉. **2** = Dreischenkel **3** (靴屋で使う3本足の)鉄盤(かなとこ)(→ 図).

Dreibein

drei·bei·nig 形 三脚の.

Drei≈berg 男〘紋〙3つ山図形(→ 図 Wappen f). ≈blatt 中 3葉の植物, (特に:) クローバー;〘建〙クローバー形のくり抜き装飾, トレフォイル;〘紋〙三つ葉図形.

Drei·börd·chen[..bœrtçən] 中 -s/- (Rhein 川の) 細長い小舟. [*mhd.* drī-bort; ◇Bord]

Drei·bund 男 三国同盟(特に1882-1915, ドイツ・オーストリア=ハンガリー・イタリア間の). [*fr.* Triple Alliance (◇Allianz) の翻訳借用]

Drei·decker[..dɛkər] 男〘空〙三葉機; ᵛ〘海〙三層甲板船. [<Deck]

Drei-D-Film 男 →dreidimensional

drei·di·men·sio·nal 形 三次元的な; 立体的な: ein ～*er* Film 立体映画 (Drei-D-Film, 3-D-Film とも書く) | ～*er* Klang 立体音響.

Drei·eck[dráɪ|ɛk] 中 -s/-e **1** 三角形; 三角記号; 三角定規: ein gleichschenkliges 〈gleichseitiges / ungleichseitiges〉 ～ 二等辺〈正・不等辺〉三角形 | ein rechtwinkliges 〈spitzwinkliges / stumpfwinkliges〉 ～ 直角〈鋭角・鈍角〉三角形 ‖ ein ～ aufzeichnen 〈entwerfen〉 三角形を描く. **2** = Dreiecksverhältnis **3**〘天〙das ～ 三角座 | das Südliche ～ 南の三角座.

Drei·eck·gie·bel 男〘建〙三角破風(→ 図 Giebel).

drei·eckig[..|ɛkɪç]² 形 三角〔形の〕.

Drei·eck·mes·sung 女 (Trigonometrie)〘数〙三角法.

Drei·ecks·auf·nah·me 女 (Triangulation) 三角測量.

Drei·eck·schal·tung 女〘電〙三角結線〈接続〉.

Drei·ecks≈ge·schich·te 女 三角関係〔を扱った物語〕. ≈kopf 男〘動〙マムシ. ≈tuch 中 -〔e〕s/..tücher 三角布, 三角巾(きん). ≈ver·hält·nis 中 (男女の)三角関係.

drei·ein·halb[dráɪ|aɪnhálp]《分数; 無変化》3と2分の1〔の〕: →fünfeinhalb

drei·ei·nig[draɪ|áɪnɪç]² 形〘キリスト教〙三位一体の.

Drei·ei·nig·keit[−kaɪt] 女 -/ (Trinität)〘キリスト教〙(父・子・聖霊の)三位一体.

Drei·ei·nig·keits·fest 中 三位一体の祝日(聖霊降臨祭後の最初の主日).

Drei·er[dráɪər] 男 -s/- **1** (3の記号をもつもの. 例えば:) 3番コースのバス; (昔の) 3ペニヒ硬〈銅〉貨; 1903年産ワイン; 第3連隊員; (トランプの) 3の札; (さいころの) 3の目; 評点3 (中程度: →Note 2); 3人組〈会〉の一員: →Fünfer ‖ Spare deine〔paar〕~! こつこつ貯金したまえ｜Der eine ist einen ~, der andere ist drei Pfennige wert.《比》どっちの人も大した人物ではない｜Das ist keinen ~ wert. それは一文の値うちもない｜***seinen ~* dazugeben**《比》ひとこと意見を述べる｜*et.*[4] nicht für einen ~ haben 全然…を持っていない. **2**（合計して3のもの. 例えば:）3人乗りボート〈車〉; 3人組〈会〉;《俗》トリプルプレー（3人で行うセックス）;（Lottoで）三つの当り数: →Fünfer **3** アラビア数字の3; 3字形;（フィギュアスケートの）スリー（3の字形の滑跡をつくる）: →Fünfer｜einen ~ laufen〈fahren〉（スケートで）3の字を描いて滑る.

Drei·er·kom·bi·na·tion[dráıər..] 女《スキー》（滑降・回転・大回転の）3種目複合競技.

drei·er·lei[dráıərlái, ⌐-⌣-] 《種類を表す数詞; 無変化》3種類の: →fünferlei

Drei·er≈rei·he 女 3列: in ~*n* 3列に並んで. **≈takt** 男《楽》三拍子.

drei·fach[dráı..] 形 3倍〈三重〉の: →fünffach ‖ eine ~*e* Krone（ローマ教皇の三重の）宝冠（=Tiara）｜Ein ~〔*es*〕Hoch! 万歳（乾杯の掛け声）‖ doppelt und ~（→doppelt）.

Drei·fach·heit[..haıt] 女 -/ 三重〈3倍〉であること; 三つ組であること.

Drei·fach·sprung 男《スケート》三回転ジャンプ.

▽**drei·fäl·tig**[..fɛltıç][2] =dreifach

Drei·fal·tig·keit[draıfáltıçkaıt] 女 -/ =Dreieinigkeit

Drei·fal·tig·keits·fest =Dreieinigkeitsfest

Drei·far·ben≈druck[..fárbən..] 男 -〔e〕s/-e《印》3色版印刷, 3色印刷法. **≈win·de** 女《植》サンシキアサガオ（三色朝顔）.

drei≈far·big[dráıfarbıç][2]（オーストリア: **≈fär·big**[..fɛr..]）形 3色の.

Drei·fel·der·wirt·schaft[draıfɛ́ldər..] 女 -/《農》（中世以来の）三圃（さんぽ）農法, 三圃式輪作（農地を冬畑・夏畑・休閑地というふうに三つに分け, 順次交代させて収穫効率を高める農法）.

Drei·fin·ger·re·gel 女 -/《理》（電磁場に関する）右手〈左手〉の法則.

drei·för·mig[dráıfœrmıç][2] 形 三つの異なった形をもつ.

Drei·fuß 男 **1**（3本足の）五徳（→図）. **2** =Dreibein 3 **3** 三脚台, 三脚の腰掛け〈床几（しょうぎ）〉.

drei·fü·ßig[..fy:sıç][2] 形 3本足の;《詩》3詩脚の.

Drei·füß·ler[..fy:slər] 男 -s/-《詩》3詩脚詩句.

Dreifuß

drei≈ga·be·lig[..ga:bəlıç][2]（**≈gab·lig**[..blıç][2]）形 三つまたの. **≈gän·gig**[..gɛŋıç][2] 形《工》（ギアが）3段式の.

Drei·gang≈ge·trie·be 中, **≈schal·tung** 女（自動車などの）3段変速装置, 3段ギア. [<Gang[1] 4 c]

drei·ge·schos·sig 形 3階建ての（→..geschossig）.

Drei·ge·spann 中 3頭立ての馬車, トロイカ;《比》3人組, トロイカ方式〈体制〉.

drei·ge·stal·tig[..gəʃtaltıç][2] 形 3種の形をした, 三様の.

Drei·ge·stirn 中《天》三連星;《比》三巨頭.

drei≈ge·stri·chen 形《楽》3点音の: →fünfgestrichen **≈ge·teilt** dreiteilen の過去分詞.

Drei·git·ter·röh·re 女（Pentode）《電》3極管.

drei≈glie·de·rig[..gli:dərıç][2]（**≈glied·rig**[..drıç][2]）形 三つの部分からなる;《数》3項の;《生》三名法の;《軍》3列の.

Drei·gro·schen≈heft[draıgrɔ́ʃən..] 中《軽蔑的に》小冊子の三文小説. **≈oper** 女 -/《Die ~》『三文オペラ』（Brecht の戯曲名）. [◇Groschenroman]

Drei·hal·be·takt[draıhálbə..] 男 -〔e〕s/《楽》2分の3拍子.

Drei·he·ber[dráı..] 男 -s/-《詩》3詩脚詩句.

Drei·heit[dráıhaıt] 女 -/ **1** 三つ組〔のもの〕. **2** =Dreieinigkeit

Drei·herr·schaft[dráı..] 女 三頭政治.

drei·hun·dert《基数》300〔の〕: →hundert

drei≈jäh·rig 形 3年を経た, 3歳の; 3年間の. **≈jähr·lich** 形 3年ごとの.

Drei·kai·ser≈bünd·nis[draıkáızər..] 中 -ses/（**≈bund** 男 -〔e〕s/）《史》（ドイツ・オーストリア=ハンガリー・ロシアの）三帝同盟（1873）. **≈schlacht** 女 -/《史》三帝会戦, Austerlitz の戦い（1805）. **≈ver·trag** 男 -〔e〕s/《史》（ドイツ・オーストリア=ハンガリー・ロシアの）三帝条約（1881）.

Drei≈kampf[dráı..] 男《陸上》三種競技. **≈kant**[..kant] 中（男）-〔e〕s/-e《数》三面角, 三稜（りょう）角; 三面角をもつ立体. **≈kan·ter**[..kantər] 男 -s/-《地》三稜石, 風食礫（れき）.

drei·kan·tig[..kantıç][2] 形 かど〈稜（りょう）〉が三つある: *jn.* ~ rauswerfen《話》…をけんもほろろに追い出す.

Drei·kant·ner[..kantnər] 男 -s/- =Dreikanter

Drei·kä·se·hoch[draıkɛ́:zəho:x] 男 -s/-〔s〕《戯》ませた〈大人ぶる〉子供（特に男の子）;（一般に）子供, ちびっこ.

Drei·klang[dráı..] 男《楽》三和音.

drei·klap·pig[..klapıç][2] 形 三尖（せん）弁の.

Drei·klas·sen·wahl·recht[draıklásən..] 中（プロイセンで1918年まで行われた）三級選挙法（納税額によって有権者を3階級に分けた）.

Drei·kö·ni·ge[draıkø:nıgə] 複《無冠詞で》《キリスト教》主の公現（こうげん）〔の祝日〕（1月6日の東方の三博士来訪の記念日: →Magier 2 a）.

Drei·kö·nigs≈fest[..kø:nıçs..] 中 = Dreikönige **≈spiel** 中（中世の）三王来朝劇（東方の三博士のキリスト参拝を演じた）. **≈tag** 男 =Dreikönige

drei·köp·fig[dráıkœpfıç][2] 形 **1**（怪物などが）三つの頭を持つ: ~*er* Muskel《医》三頭筋. **2**（家族などが）3人からなる（→Kopf 2）.

Drei·laut 男（Triphthong）《言》三重母音.

▽**Drei·ling**[dráılıŋ] 男 -s/-e ドライリング（3ペニヒ貨幣; オーストリアのワイン計量単位: 約13.6ヘクトリットル）.

Drei·mäch·te·pakt[draımɛ́çtə..] 男 三国条約;《単数で》《史》（日独伊の）三国同盟〔条約〕（1940）.

drei·mäh·dig[dráımɛ:dıç][2] 形（羊毛・牧草地などが）年3回刈りの.

drei≈mal[dráıma:l] 副 3回; 3倍: →fünfmal ‖ *Dreimal* darfst du raten!（→raten II 2）｜jede Mark〈jeden Pfennig〉~ umdrehen（→umdrehen I 1）. **≈ma·lig**[..lıç][2] 形《付加語的》3回の: →fünfmalig

Drei·män·ner≈wein[draımɛ́nər..] 男《話》（酸っぱい）まずいワイン. **≈witz** 男《話》へたなしゃれ〈冗談〉.

Drei·ma·ster[dráımastər] 男 -s/- **1** 3本マストの帆船. **2** =Dreispitz

Drei·ma·ster·blu·me 女《植》オオムラサキツユクサ（大紫露草）.

drei·ma·stig[..mastıç][2] 形 3本マストの.

Drei·mei·len·zo·ne[draımáılən..] 女《法》3海里領海.

drei≈mo·na·tig[dráımo:natıç][2] 形 3か月を経た, 生後3か月の; 3か月間の. **≈mo·nat·lich**[..lıç] 形 3か月ごとの. **≈mo·to·rig**[..moto:rıç][2] 形《空》（エンジンが）3発の.

drein[draın] 副 **1**《話》=darein **2**《hinter にそえて》hinter *jm.* ~ …の後ろから.

drei·na·mig[dráına:mıç][2] 形《数》3項〔式〕の;《生》三名〔法〕の.

drein≈|blicken[dráın..] = dreinschauen **≈|fah·ren*** (37)《話》= dazwischenfahren **≈|fin·den*** (42) =dareinfinden

Drein·ga·be 女《南部》（Zugabe）おまけ.

drein≈|hau·en[(*)] (67) = dreinschlagen **≈|mi·schen** (04) =dareinmischen **≈|re·den** (01) 自 (h)《*jm.*》口出しをする, 容喙（ようかい）〈干渉〉する: Ich lasse mir von niemandem ~. 私はだれの指図も受けない.

D

≈|**schau·en** 自 (h)《様態を示す語句と》(…の)目つきをする,(…の)様子をしている: Er *schaute* finster 〈gleichgültig〉 *drein*. 彼は陰鬱(いんうつ)な目つきをしていた(無関心な様子であった). ≈|**schla·gen*** 《138》自 (h) (けんかの際などに)ぽかんと一発やる: Da soll doch gleich ein Donnerwetter ~! (→Donnerwetter). ≈|**se·hen*** 《164》=dreinschauen

Drei·paß[dráı..] 男 ..passes/..passe 〔建〕(Maßwerk の)三つ葉飾り, ドライパス(→ 図 Maßwerk).

Drei·pha·sen·strom[draıfá:zən..] 男〔電〕3 相交流.

drei·pha·sig[dráıfa:zıç][2] 形〔電〕3 相の.

Drei·pol·röh·re 女 (Triode)〔電〕3 極〔真空〕管.

Drei·rad[dráı..] 中 三輪車.

drei≈räd·rig[..rɛ:drıç][2] (≈**rä·de·rig**[..dərıç][2]) 形 3 輪の.

Drei·reim 男〔詩〕3 行連句, 3 連韻(3 詩行連続して同じ韻で終るもの).

Drei≈ru·de·rer (≈**rud·rer**) 男 -s/- (Triere) 三橈(どう)列船(古代ギリシア・ローマの 3 段こぎ座のガレー船). [<Ruder]

drei·sai·tig[..zaıtıç][2] 形 3 弦の(楽器など).

Drei·satz 男〔数〕比例算, 三率法(例 a : b=c : x).

Drei·satz·rech·nung 女 (Regeldetrie)〔数〕三数法.

Drei≈schen·kel 男 三脚ともえ紋. ≈**schlitz** 男 =Triglyph〔e〕 ≈**schnei·der** 男 (製本用の)三方断裁機.

drei≈schü·rig[..ʃy:rıç][2] 形 (牧草地などが) 1 年 3 回刈りの. ≈**sei·tig**[..zaıtıç][2] 形 **1**〔数〕三辺〈三角〉形の. **2** (協定などが)三者間の. **3** 3 ページの.

Drei·sil·ben·ak·zent[draızílbən..] 男〔言〕3 音節の法則(ギリシア語・ラテン語のアクセントの位置が語末から 3 音節以上さかのぼらないとする規則).

drei·sil·big[dráızılbıç][2] 形〔言〕3 音節の: ein ~*er* Reim〔詩〕滑走韻, ダクチュロス脚韻(→Reim 1).

Drei·sit·zer[..zıtsər] 男 -s/- 3 人乗りの乗り物.

drei≈sit·zig[..zıtsıç][2] 形 3 人乗りの, 3 座席の. ≈**spal·tig** [..ʃpaltıç][2] 形 **1**〔植〕(葉が)三つに裂けた. **2**〔印〕3 段組の.

Drei·spän·ner[..ʃpɛnər] 男 -s/- 3 頭立ての馬車.

drei·spän·nig[..nıç][2] 形 3 頭立ての.

Drei·spitz 男 (昔の)三角帽子(→ 図).

Dreispitz

drei·spra·chig[..ʃpra:xıç][2] 形 3 言語による; 3 言語を話す.

Drei·sprung 男〔陸上〕三段跳び.

drei·ßig[dráısıç]《基数》30〔の〕: →fünfzig [◇ *engl.* thirty]

drei·ßi·ger[..gər] **I** 形《無変化》30年代〈30歳台〉の: →fünfziger **II Drei·ßi·ger** 男 -s/- 30歳台の人; 30という数をもつもの: →Fünfziger

Drei·ßi·ger·jah·re[dráısıgərja:rə, ⏊◡◡⏊◡] 複 **1** 30歳台: →Fünfzigerjahre [V]**2** 30年代.

drei·ßig·jäh·rig[..sıç..] 形 30年を経た,30歳の; 30年間の: der *Dreißigjährige* Krieg〔史〕三十年戦争(1618-48).

drei·ßigst[..sıçst]《序数》第30の, 30番目の: →fünft

drei·ßig·stel[..stəl]《分数; 無変化》30分の 1〔の〕: →fünftel

drei·ßig·stens[..stəns] 副 (列挙の際などに)第30に〔は〕.

drei·ßig·tä·gig 形 30日〔間〕の.

dreist[draıst] **I** 形 あつかましい, ずうずうしい; ものおじしない: ein ~*es* Kind 人見知りしない子 | eine ~*e* Behauptung 遠慮のない主張 ‖ *jn.* ~ ansehen (気後れせず)…をまっすぐ見つめる | ~ **und gottesfürchtig** 臆面もなく, 平然として. **II** 副 **1** →I **2**《俗》あっさり, 簡単に, ためらわずに. **3**《方》《wenn などで導かれる副文で譲歩の意を表して》(gleich) たとえ…であっても: Wenn Sie ~ ein Beamter wären, ... たとえあなたがお役人であったとしても…. [*westgerm.*–*ndd.*; ◇dringen]

drei·stel·lig[dráıʃtɛlıç][2] 形 **1**〔数〕3 けたの. **2** (dreiwertig)〔言〕3 価の, 結合価 3 の.

Drei·stig·keit[dráıstıçkaıt] 女 -/-en **1**《単数で》dreist なこと. **2** dreist な言動.

drei≈stim·mig[dráıʃtımıç][2] 形〔楽〕3 声〔部〕の, 3 声部からなる. ≈**stöckig**[..ʃtœkıç][2] 形 4 階建ての; 3 階建ての(→..stöckig).

Drei·stu·fen·ra·ke·te[draıʃtú:fən..] 女 3 段式ロケット.

drei≈stu·fig[dráıʃtu:fıç][2] 形 3 段〔式〕の. ≈**stün·dig** 形 3 時間の. ≈**stünd·lich** 形 3 時間ごとの.

Drei·ta·ge·fie·ber[draıtá:gə..] 中〔医〕三日熱, パパタチ熱.

drei≈tä·gig[dráıtɛ:gıç][2] 形 3 日間の, 3 日を経た, 生後 3 日の. ≈**täg·lich** 形 3 日ごとの.

Drei·tak·ter 男 -s/-〔詩〕3 詩脚詩句.

Drei·takt·mo·tor 男 3 サイクル=エンジン.

drei·tau·send[dráı..]《基数》3000〔の〕: →tausend

Drei·tau·sen·der 男 -s/- 3000メートル級の山.

drei·tei·len《過分 dreigeteilt》他 (h) 3 分する: ein *dreigeteilter* Staat 3 分割された国家.

drei·tei·lig[..taılıç][2] 形 3〔等〕分された, 三つの部分からなる.

Drei·tei·lung 女 3 分割, 3〔等〕分.

drei·und·ein·halb[..|ʊnt|aınhálp][1] =dreieinhalb

Drei·ver·band 男 -〔e〕s/〔史〕(イギリス・フランス・ロシアの)三国協商(1907–17).

drei·vier·tel[dráıfírtəl]《分数; 無変化》4 分の 3〔の〕: →viertel | in 〔einer〕 ~ Stunde 45分間で(=in drei viertel Stunden) | Der Saal war ~ voll. ホールは 4 分の 3 ほどの入りであった ‖ Die Arbeit ist erst zu *Dreiviertel* getan. 仕事はやっと 4 分の 3 ができたところだ.

drei·vier·tel·lang[draıfírtəl..] 形 4 分の 3 の長さの.

Drei·vier·tel≈mehr·heit[draıfírtəl..] 女 (票決などで) 4 分の 3 の多数. ≈**rei·he** 女〔ラグビー〕スリークォーター=バック.

Drei·vier·tel·stun·de[dráıfırtəlʃtúndə, ⏊◡◡◡◡] 女 45分〔間〕: in einer ~ 45分間で(=in drei viertel Stunden).

Drei·vier·tel·takt[draıfírtəl..] 男 -〔e〕s/〔楽〕4 分の 3 拍子.

Drei·we·ge·hahn[draıvé:gə.., ⏊–◡–] (**Drei·weg·hahn**[draıvé:k.., ⏊––]) 男〔工〕3 方コック.

drei≈wer·tig[dráı..] 形〔化・数・言〕3 価の. ≈**wö·chent·lich** 形 3 週間ごとの. ≈**wö·chig**[..vœçıç][2] 形 3 週間の, 3 週間を経た; 生後 3 週間の.

Drei·zack 男 -〔e〕s/-e **1**〔ギ神〕(Poseidon) 三つまたの矛(→ 図). **2**〔植〕シバナ(塩場菜)属.

Dreizack

drei·zackig 形 三つまたの.

Drei·ze·hen·faul·tier 中〔動〕ミツユビナマケモノ(三指樹懶).

drei·zehn[dráıtse:n]《基数》13〔の〕: →fünfzehn ‖ **jetzt schlägt's** 〔**aber**〕 **~!** これはひどい, とんでもない話だ ‖ die böse *Dreizehn* 不吉な13(凶数). [◇ *engl.* thirteen]

Drei·zehn·hun·dert《基数》(eintausenddreihundert) 1300〔の〕: →fünfzehnhundert

drei·zehn·jäh·rig 形 13年を経た,13歳の; 13年間の.

drei≈zehnt《序数》第13の,13番目の: →fünft ‖ Heute ist Freitag, der *Dreizehnte*. きょうは13日の金曜日だ(凶日の意). ≈**zehn·tel**《分数; 無変化》13分の 1〔の〕: →fünftel ≈**zehn·tens** 副 (列挙の際などに)第13に〔は〕.

Drei·zei·ler[dráıtsaılər] 男 -s/- 3 行詩; 3 行詩節.

drei·zei·lig[..lıç][2] 形 (詩・詩節などが) 3 行の(からなる).

Drei·zim·mer·woh·nung[draıtsímər..] 女 3 室からなる住居.

drẹi·zöl·lig[dráɪtsœlɪç]² 形 3インチの.

Drẹi·zy·lin·der·mo·tor[dráɪtsilɪndər.., ..tsyl..] 男 (俗: **Drẹi·zy·lin·der** 男) 3気筒エンジン〔を備えた自動車〕.

drẹi·zy·lin·drig 形 3気筒〔エンジン〕を備えた.

Drẹll[drɛl] 男 -s/-e (Drillich) 〘織〙 ドリル織り. [*mndd.*]

drẹl·len[drɛ́lən] 形 ドリル織りの.

drẹm·meln[drɛ́məln] 《06》 自 (h) 《方》 おねだりする, せがむ. [*ndd.*]

Drẹm·pel[drɛ́mpəl] 男 -s/- 《北部》 **1** (水門の)土台, 護床. **2** (屋根裏部屋の)外壁. [*mhd.* „Türschwelle"]

Dres. 略 = **doctores**[dɔktó:re:s] (→ Doktor): die ~ Beder und Lehmann ベーダー博士とレーマン博士.

Drẹsch·die·le[drɛ́ʃ..] 女 = Dreschtenne

Drẹ·sche[drɛ́ʃə] 女 -/ **1** 打穀(脱穀)〈機〉; 打穀(脱穀)された穀物. **2** 《話》 殴打: ~ beziehen 〈kriegen〉 殴られる.

drẹ·schen*[drɛ́ʃən] 《31》 **drosch**[drɔʃ] (ᵛdrasch [draʃ]) / **ge·drọ·schen**; 現 *du* drischst[drɪʃst] (drischest), *er* drischt; 命 drisch; 接II drösche[drœ́ʃə] (ᵛdräsche[drɛ́ʃə]) 他 (h) **1** 打穀(脱穀)する, こく: leeres Stroh ~ (→Stroh) | 〔leere〕 Phrasen ~ (→Phrase 1 a). **2** 《話》 殴る, 殴りつける: das Klavier ~ へたにピアノをひく | mit der Faust auf den Tisch ~ こぶしでテーブルを強くたたく ‖ den Ball ins Tor ~ ボールをゴールにたたきつけるようにシュートする ‖ Skat ~ (→Skat 1). [*germ.* „stampfen"; ◇ *engl.* thresh]

Drẹ·scher[drɛ́ʃər] 男 -s/- 打穀(脱穀)者; 打穀(脱穀)機: wie ein ~ essen 《比》 大飯を食う.

Drẹsch≠fle·gel 男 (打穀用の)からざお(→ 図). **≠ma·schi·ne** 女 打穀(脱穀)機. **≠ten·ne** 女 打穀(脱穀)場.

Gelenk
Klöppel
Stiel
Dreschflegel

Drẹs·den[dré:sdən] 地名 ドレースデン, ドレスデン(ドイツ中東部の工業都市で, Sachsen 州の州都. 美術の都としても知られる). [*slaw.* Draždžanj „Waldbewohner"]

Drẹs·de·ner[..dənər] (**Drẹsd·ner** [..dnər]) **I** 男 -s/- ドレースデンの人. **II** 形 《無変化》 ドレースデンの.

Dreß[drɛs] 男 Dresses, -/Dresse (ｵｰｽﾄﾘｱ: 女 -/Dressen) 《ふつう単数で》 (ある特別な目的のための)服, (特に:) スポーツ服, 乗馬服: in blauem ~ 青いスポーツ着で | in vollem ~ 《話》 着飾って | Er ist bereits im 〈in vollem〉 ~. 彼はもうちゃんと身支度ができている. [*engl.*]

Dres·seur[drɛsǿ:r] 男 -s/-e (動物の)調教師, 訓練師, トレーナー. [*fr.*; < ..eur]

dres·sie·ren[drɛsí:rən] 他 (h) **1** (動物を)飼いならす, 調教(訓練)する; 《比》 (子供を)しつける: einen Hund auf Gehorsam 〈den Mann〉 ~ 犬をよく言うことをきく〈怪しい人に飛びかかる〉ように仕込む. **2** 〘料理〙 (体裁よく)盛りつける; 《ｵｰｽﾄﾘｱ》 (ケーキに)デコレーションをつける; 〘服飾〙 (帽子などを)プレスする. [*fr.*; < *lat.* dīrēctus (→direkt)]

Dres·sier·sack[..sí:r..] 男 《ｵｰｽﾄﾘｱ》 (ケーキ用の)搾り出し袋.

Drẹss·man[drɛ́smən] 男 -s/..men[..mən] **1** 男性ファッションモデル; (Fotomodell) (写真用の)男性モデル. **2** (しばしば新聞広告などで)同性愛の対象となる若い男.

Dres·sur[drɛsú:r] 女 -/-en **1** (動物の)調教, 訓練; (動物に仕込んだ)芸. **2** 〘馬術〙 大賞典障害飛越競技.

Dres·sur≠akt 男, **≠num·mer** 女 (サーカスなどの)動物の芸. **≠prü·fung** 女 (馬・犬などの)調教テスト. **≠rei·ten** 中 -s/ = Dressur 2

Drey·fus·af·fä·re[dráɪfu:s.., drɛfýs..] 女 -/ ドレフュス事件(ユダヤ人のフランス軍人ドレフュス大尉が1894年, 無実のスパイ罪で捕らえられ, 全フランスの世論が真っ二つに割れた).

Dr. habil.[dɔ́ktɔr habí:l] 略 = **doctor habilitatus** 《称号として》 大学教授資格のあるドクトル(= habilitierter Doktor).

Dr. h. c.[dɔ́ktɔr ha: tsé:] 略 = **doctor honoris causa** 《称号として》 名誉ドクトル(= Ehrendoktor): *Dr.* phil. *h. c.* 名誉哲学博士.

Drib·bel[drɪ́bəl] 中 -s/- = Dribbling

drib·beln¹[drɪ́bəln] 《06》 自 (h) 〘球技〙 ドリブルする. [*engl.* dribble „tröpfeln"; < *engl.* drip (→triefen)]

dri̩b·beln²[―] 《06》 《方》 = trippeln

Dri̩bb·ler[drɪ́blər] 男 -s/- ドリブルする人; ドリブルのたくみな選手. [*engl.*; ◇ dribbeln¹]

Dri̩bb·ling[drɪ́blɪŋ] 中 -s/-s 〘球技〙 ドリブル. [*engl.*]

Driesch[dri:ʃ] 男 -s/-e = Dreesch

Drift[drɪft] 女 -/-en **1** (英: *drift*) 〘海〙 吹送流(風によって生じる海面流): Östliche ~ メキシコ湾流. **2** (Abdrift) 〘海〙 (針路からの)偏流; 偏流角. **3** 渡船場. [*mndd.*; ◇ Trift]

Drift·eis[drɪ́ft..] 中 (Treibeis) 流氷.

drif·ten[drɪ́ftən] 《01》 自 (s) (treiben) 漂流する.

drif·tig[..tɪç]² 形 漂流中の.

Drift·strö·mung 女 〘海〙 吹送流.

Drilch[drɪlç] (**Drill**¹[drɪl]) 男 -〔e〕s/-e = Drillich

Drill²[―] 男 -〔e〕s/-e 〘動〙 ドリル(オナガザル科の黒面ヒヒ). [*engl.*]

Drill³[―] 男 -〔e〕s/ **1** (きびしい)訓練, 反復練習, ドリル. **2** 〘漁〙 drillen 4 すること. [◇ *engl.* drill]

Drill·boh·rer[drɪ́l..] 男 らせんドリル(→ 図 Bohrer).

dril·len[drɪ́lən] 他 (h) **1** (*jn.*) (反復練習によって…に)きびしく教え込む, 訓練する; 苦しめる: Rekruten ~ 新兵を鍛える | **auf *et.*⁴ *gedrillt* sein** …に即応できるようによく訓練されている. **2** (きりで…に)穴をあける; 回転させる; (糸を)よる. **3** 〘農〙 (種を)筋まきする. **4** 〔einen Fisch〕 ~ 〘漁〙 (釣り針に掛かった魚を)たぐり寄せたりゆるめたりして弱らせる. [*mndd.*; ◇ drehen]

Dril·lich[drɪ́lɪç] 男 -s/ (種類: -e) 〘織〙 ドリル織り(じょうぶなあや織りの綿布または亜麻布). [*mhd.* dri-lich „dreifädig"; *lat.* tri-lēx (◇ Litze) の部分翻訳借用; ◇ *engl.* drill〔ing〕]

Dril·lich·zeug 中 -〔e〕s/ ドリル織りの被服(軍服・作業衣など).

Dril·ling¹[drɪ́lɪŋ] 男 -s/-e 〘工〙 ピン歯車. [< drillen]

Dril·ling²[―] 男 -s/-e **1** 三つ子(の一人); 《複数で》 三つ子. **2 a)** 〘狩〙 三連猟銃. **b)** 〘漁〙 三つまた〔釣り〕針. **3** 〘鉱〙 三連双晶. [< drei + ..ling]

Dril·lings≠bal·ken 男 〘紋〙 3本組み横帯. **≠blu·me** 女 〘植〙 ブーゲンビリア. **≠dampf·ma·schi·ne** 女 〘工〙 3気筒蒸気エンジン. **≠nerv** 男 (Trigeminus) 〘解〙 三叉(さ)神経, 第5対脳神経.

Drill≠ma·schi·ne[drɪ́l..] 女 〘農〙 条播(じょうは)機, 筋まき機. **≠mei·ster** 男 〘軍〙 訓練係〔下士官〕. **≠platz** 男 (Exerzierplatz) 〘軍〙 練兵場.

Dril·lung[drɪ́lʊŋ] 女 -/-en (Torsion) 〘理〙 ねじり.

drin[drɪn] 副 《話》 **1** = darin, drinnen **2 a)** 《場所の副詞〔句〕と》 Im Zimmer stehen keine Möbel ~. 室内には家具がない. **b)** 《成句的に》 Das ist nicht ~. それは困難だ; (契約などにより)そうはしてやれない, おあいにくさまだ | Dieser Preis ist bei mir nicht ~. この値段では私は手が出ない | Da ist noch alles ~. それで決着がついたわけではない, まだ可能性〈見込み〉は残っている | Ich bin ganz ~. 私は仕事に脂が乗って来ている.

drin|blei·ben* 《21》 自 (s) 室内にとどまる, 外出しない.

Dr.-Ing.[dɔktɔr|íŋ] 略 = **D**oktor der **Ing**enieurwissenschaften, **D**okto**r**ingenieur

drin·gen*[drɪ́ŋən] 《33》 **drang**[draŋ] / **ge·drun·gen** [gədrʊ́ŋən]; 接II dränge[drɛ́ŋə] **I** 自 (s) **1** (抵抗・障害を排して)推し進む, 通る; 達する: *et.*³ **auf** den Grund ~ 《比》 …の根源を窮める | Wasser *dringt* **aus** der Erde. 水が大地からしみ出る | Aus dem Zimmer *drang* Geschrei. 部屋から叫び声がもれた | Licht *dringt* **durch** den Spalt. 光がすき間からもれている | Die Sonne ist durch die Wolken *gedrungen*. 太陽が雲を通して照っていた | Es *dringt* mir durchs Herz. 《比》 胸が張りさけそうだ | **hinter** die Geheimnisse ~ 秘密を探り当てる | Die Truppen sind **in** die Stadt *gedrungen*. 軍隊は町に侵入した | Wasser *drang* 〔mir〕 in die Schuhe. 水が〔私の〕靴にし

み込んだ | Die Kugel *drang* ihm ins Herz. 弾丸が彼の胸に当った | Tränen *dringen* in die Augen. 涙がわき出る | Die Nachricht *dringt* in die Welt. そのニュースが世間に伝わる | ins Bewußtsein ～ 意識にのぼる, 意識される | Das Gerücht ist 〔bis〕 **zu** mir *gedrungen*. そのうわさは私の耳にまで届いた | Das Lied *dringt* zu Herzen. その歌は胸にしみ入る. **2** (h) 《auf *et.*[4]》 (…を)あくまで主張する, (…に)固執する: **auf** Antwort 〈Zahlung〉 ～ 回答〈支払い〉を強く要求する | Er hat auf die Erfüllung des Versprechens *gedrungen*. 彼は約束の履行を迫った(→II). **3** (s, h) 《in *jn.*》 (…に)迫る, (しつこく)促す: mit Bitten 〈Fragen〉 **in** *jn.* ～ …にしつこく懇願する〈問い詰める〉 | Sie sind 〈haben〉 lange in ihn *gedrungen*, er aber wollte nicht antworten. 彼らは長いこと彼に迫ったが彼は答えようとしなかった.

II 他 (h) 《もっぱら ***sich***[4] **gedrungen fühlen** の形で》 Ich fühle mich *gedrungen*, mich bei ihnen zu bedanken. 私は彼らに感謝せずにいられない気持だ.

III drịn·gend 現分 形 **1** 緊急の, さし迫った; 重要な: ～*e* Gefahr さし迫った危険 | ～*e* Arbeiten 〈Angelegenheiten〉 急を要する仕事〈用件〉 | ein ～*er* Brief 緊急の〈重要な〉手紙 | ein ～*es* Telefongespräch 〈Telegramm〉 至急通話〈電報〉(通常の通話・電報料金より高い) ‖ Die Sache ist ～. ことは急を要する | Es ist ～ notwendig, daß ... …することが是非とも必要である ‖ *jn.* ～ sprechen müssen …と今すぐ話さなければならない. **2** 切なる, たっての, 執拗な: eine ～*e* Bitte たっての願い | *jn.* ～ warnen …にしつこく警告する. **3** (嫌疑などが)明白な, 有力な: ein ～*er* Verdacht 濃厚な嫌疑 | Er ist der Tat ～ verdächtig. 彼にはこの犯行の濃厚な容疑がある.

IV ge·drụn·gen → 別出

[*germ.* „drängen“; ◇dreist]

drịng·lich[drɪ́ŋlɪç] 形 **1** (dringend) さし迫った, 緊急の, 切迫した: eine ～*e* Arbeit 〈Angelegenheit〉 急を要する仕事〈用事〉 ‖ 〖名詞化して〗 Etwas *Dringliches* war ihm dazwischengekommen. 彼は緊急な用事が出来た. **2** (eindringlich) (要求などが)強い調子の, たっての; しつこい: eine ～*e* Frage 熱心な〈しつこい〉質問 | ein ～*er* Ratschlag 強い忠告 ‖ *jn.* ～ bitten 〈auffordern〉 …に熱心に頼む〈強く要請する〉.

Drịng·lich·keit[–kaɪt] 女 -/ (dringlich なこと. 例えば:) 緊急性〈度〉; (Vordringlichkeit) 優先順位: über die Frage der ～ entscheiden 優先順位を決定する | die ～ beantragen 緊急問題として扱うよう要求する.

Drịng·lich·keits≠an·trag 男 緊急提案〈動議〉. **≠de·bat·te** 女 緊急討議. **≠grad** 男 緊急度. **≠li·ste** 女 優先順位表. **≠stu·fe** 女 緊急度.

Drink[drɪŋk] 男 -〔s〕/-s 〔アルコール性〕飲料(特に混合酒): harte ～*s* 強い酒. [*engl.*; ◇Trunk]

drịn·nen[drínən] 副 (<darinnen) **1** (↔draußen) 屋内で, 室内で: Bei schlechtem Wetter wird die Veranstaltung nicht draußen, sondern ～ stattfinden. その催し物は天気の悪い場合には屋外ではなく屋内でおこなわれるでしょう. **2** (darin) その中で, その内部で. **3** 《オーストリア》 ～ sein 問題にならない, そうはできない.

drịn≠|sit·zen*[drín..] 《171》 自 (h) 《比》 (めんどうな状況に)はまり込んでいる: Er *sitzt* so richtig 〈ganz schön〉 *drin*. 彼は全くひどいことになっている. **≠|stecken*** 《181》 自 (h) 《話》 **1** 《in *et.*[3]》 (…で)多忙である; 苦労している. **2** 《in *jm.*》 (…に)(素質・傾向などが)ひそんでいる. **3 in *et.*[3] nicht ～** …については請け合い〈予言し〉かねる. **≠|ste·hen*** 《182》 自 (h) 《話》 (書物などの)中に載っている: Da *stehe* ich nicht so *drin*. それについては私は不案内だ.

drisch[drɪʃ] dreschen の命令法単数.

Drị·schel[dríʃəl] 男 -s/-; 女 -/-n 《南部》 〖農〗 (からざおの)打穀棒. [*ahd.*; ◇dreschen]

drischst[drɪʃst] (**drị·schest**[dríʃəst]) dreschen の現在2人称単数.

drischt[drɪʃt] dreschen の現在3人称単数.

dritt[drɪt] 《序数》 第3の, 3番目の: →fünft ‖ eine Nachricht aus ～*er* Hand 人づてに聞いたニュース | *et.*[4] aus ～*er* Hand kaufen …を中古で買う | die ～*e* Kraft 第三勢力 | die ～*e* Person 第三者(＝der Dritte); 〖言〗 〔第〕3人称 | das *Dritte* Reich 〖史〗 第三帝国 (Hitler 治下のドイツ, 1933-45) | der ～*e* Stand 〖史〗 第三身分(フランス革命期の聖職者・貴族に次ぐ身分, 特に市民) | die *Dritte* Welt 第三世界 | ein Verwandter ～*en* Grades 三親等の親族 | die ～*en* Zähne 《戯》 義歯 | Ordnung ist sein ～*es* Wort. 彼はふた言めには秩序を口にする | Bei ihm ist jedes ～*e* Wort eine Lüge. 彼は大のうそつきだ ‖ Zum ersten, 〔zum〕 zweiten, 〔zum〕 ～*en*! 〖商〗 (せり売りの掛け声)売るぞ 売るぞ さあ売った ‖ der *Dritte* 第三者, 局外者, 付添人, 仲裁者; (国王などの)三世 | **der *Dritte* im Bunde** 《比》 (二人の仲間にあとから加わった)三番目の仲間, 三人目の男 (Schiller: Die Bürgschaft) | **der lachende *Dritte*** 《比》 漁夫の利を得る人 | Wenn zwei sich streiten, freut sich der Dritte. (→zwei) | im Beisein *Dritter*/vor *Dritten* 第三者のいるところで | ein *Drittes* erwägen 第三の可能性を考慮する. [*germ.*; ◇drei; *engl.* third]

drịtt·bẹst[drítbɛ́st] 形 《付加語的》 3番目によい.

ᵛ**drịt·te·hạlb**[drítəhálp] ＝dritthalb

Drịt·teil[dríttaɪl] 中 《雅》 ＝Drittel

drịt·tel[drítəl] **I** 《分数; 無変化》 3分の1〔の〕: →fünftel **II Drịt·tel** 中 (《スイス》: 男) -s/- 3分の1: →Fünftel ‖ im ersten 〈letzten〉 ～ kommenden Monats 来月の上旬〈下旬〉に. [*mhd.*; ◇Teil]

drịt·teln[drítəln] 《06》 他 (h) 3〔等〕分する.

Drịt·tel·pa·ri·tät 女 (大学自治のための教師・助手・学生の)三者同数代表制.

drịt·te·mal[drítəma:l] 副 《次の形で》 das ～ 三度目に(＝das dritte Mal) | Es ist schon das ～, daß ich dir das sage. 君にこれを言うのはもう三度目だ | beim *drittenmal* 三度目のときに〔は〕 | zum *drittenmal* 三度目に.

Drịt·ten·ab·schla̲·gen[drítən..] 中 -s/ (3人で遊ぶ)鬼ごっこ.

drịt·tens[drítəns] 副 (列挙の際などに)第3に〔は〕.

ᵛ**drịtt·hạlb**[dríthálp] 《分数; 無語尾》 (zweieinhalb) 2と2分の1〔の〕.

drịtt·hö̦chst 形 《付加語的》 3番目に高い, 高い順で3番目の.

Drịtt·land 中 第三国.

drịtt·lẹtzt 形 《付加語的》 最後から3番目の.

Drịtt≠per·so̲n 女 第三者. **≠schuld·ner** 男 〖法〗 第三債務者. **≠staat** 男 第三国. **≠teil** ＝Dritteil

Drive[draɪf, draɪv] 男 -s/-s **1** (激しい)衝動, 欲求. **2** 〖テニス・ゴルフ〗 ドライブ, 強打. **3** 〖楽〗 (ジャズの)ドライブ. [*engl.*]

Drive-ịn≠-Ki̲·no[draɪvín..] ＝Autokino **≠-Lo·ka̲l** 中, **≠-Re·stau·rant**[..rɛstorã:] 中 ドライブイン. [*amerik.* drive-in; <*engl.* drive in „ein-fahren“]

Dri·ver[dráɪvər, ..və] 男 -s/- 〖ゴルフ〗 ドライバー. [*engl.*; ◇treiben]

Dr. jur.[dɔ́ktɔr jú:r] 略 ＝**doctor juris** 法学博士(＝Doktor der Rechtswissenschaft).

DRK[de:|ɛrká:] 略 中 -/ ＝**Deutsches Rotes Kreuz** ドイツ赤十字社(1921年に創立; 旧西ドイツでは1950年, 旧東ドイツでは1952年に再建された).

Dr. med.[dɔ́ktɔr mé:t, – mɛ́t] 略 ＝**doctor medicinae** 医学博士(＝Doktor der Medizin).

Dr. med. dent.[– mé:t dɛ́nt, – mɛ́t –] 略 ＝**doctor medicinae dentariae** 歯科医学博士(＝Doktor der Zahnheilkunde).

Dr. med. vet.[dɔ́ktɔr mé:t vɛ́t, – mɛ́t –] 略 ＝**doctor medicinae veterinariae** 獣医学博士(＝Doktor der Tierheilkunde).

drob[drɔp] 《話》 ＝darob

dro̲·ben[dró:bən] 副 《南部・オーストリア》 (↔drunten) (dort oben) 上方に; 空の高みに; 《比》 天国で, あの世で: die Sterne ～ 頭上の星々 | von ～ 上方から.

Dr. oec.[dɔ́ktɔr ǿk] 略 ＝**doctor oeconomiae** 経済学博士(＝Doktor der Wirtschaftswissenschaften).

Dro·ge[dróːgə] 女 -/-n **1** 薬物, 生薬, 薬種(薬の材料); (医師の処方を要しない)売薬, 薬品. **2** (Rauschgift) 麻薬: harte ~*n* 強い麻薬(アヘン・ヘロインなど) | weiche ~*n* 弱い麻薬(マリファナなど) ‖ unter ~*n* stehen 麻薬の影響下にある, 麻薬中毒にかかっている. [*mndd.*–*fr.* drogue; ◇trocken; *engl.* drug]

drö·ge[drøːgə] 形《北部》(trocken) 乾いた, 乾燥した; 《比》無味乾燥な, そっけない; つまらない, 退屈な. [*mndd.*]

dro·gen·ab·hän·gig[dróːgən..] 形 薬物(麻薬)依存症の, 薬物(麻薬)中毒の.

Dro·gen≠ab·hän·gig·keit 女 -/ 薬物(麻薬)依存症, 薬物(麻薬)中毒. **≠be·ra·tungs·stel·le** 女 (麻薬中毒患者のための)麻薬相談所. **≠fahn·der** 男 麻薬捜査(取締)官. **≠fi·xer** 男 麻薬常習者. **≠ge·schäft** 中 =Drogerie **≠han·del** 男 麻薬取引. **≠händ·ler** 男 = Drogist **≠hand·lung** 女 = Drogerie **≠kon·sum** 男 薬物(麻薬)使用. **≠kü·che** 女《話》(非合法の)麻薬製造所. **≠kun·de** 女 -/ 薬物(薬種)学. **≠markt** 男 麻薬市場. **≠miß·brauch** 男 薬物(麻薬)濫用. **≠pro·sti·tu·tion** 女 麻薬欲しさの売春. **≠spür·hund** 男 麻薬捜査犬. **≠strich** 男 =Drogenprostitution **≠sucht** 女 -/ 薬物(麻薬)中毒.

dro·gen·süch·tig 形 薬物(麻薬)中毒の.

Dro·gen·sze·ne 女 -/ 麻薬界(麻薬の中毒者・取引者の活動する世界). [*engl.* drug scene]

Dro·gen≠tod 男 麻薬によるショック死. **≠to·te** 男 女《形容詞変化》麻薬中毒による死者. **≠trip** 男 麻薬によるトリップ(陶酔感).

Dro·ge·rie[drogəríː] 女 -/-n[..ríːən] ドラッグストア(医師の処方を要しない売薬のほか, 化粧品・写真材料なども売る. Apotheke と違って正規の薬剤師がいなくてもよい). [*fr.*]

Dro·gi[dróːgiˑ] 男 -s/-s《話》麻薬常用者.

Dro·gist[..gíst] 男 -en/-en ドラッグストアの主人. [*fr.* droguiste]

Droh≠an·ruf[dróː..] 男 脅迫電話. **≠brief** 男 脅迫状.

dro·hen[dróːən] 自 (h) **1**《*jm.*》(…を)脅す, 威嚇する, 脅迫する: *jm.* **mit** der Faust ⟨dem Stock⟩ ~ …をこぶし⟨ステッキ⟩を振り上げて脅す | *jm.* mit einer Anzeige ⟨mit Gewaltanwendung⟩ ~ …を告発するぞ⟨暴力に訴えるぞ⟩と言って脅かす ‖〚zu 不定詞〔句〕・daß 副文と〛Er *drohte* uns 〔damit〕, uns zu entlassen ⟨daß er uns entlassen wolle⟩. 彼は首にするぞと言って私たちを脅迫した. **2 a)** (危険などが)さし迫る: Dem Kind *droht* Gefahr. 子供には危険が迫っている | Eine große Katastrophe *droht*. 一大破局が迫っている | Es *drohte* ein Unwetter. あらしが近づいていた ‖ *drohende* Gefahr さし迫った危険. **b)**《ふつう現在または過去で, zu 不定詞〔句〕を伴って》(scheinen) 今にも…しそうである, …のように思われる: Die Mauer *droht* einzustürzen. この塀は今にも崩れそうだ | Er *drohte* das Gleichgewicht zu verlieren. 彼は今にもバランスを失って倒れそうだった. [*westgerm.*; ◇drehen]

Droh≠ge·bär·de 女, **≠ge·ste** 女 威嚇的な身ぶり.

Droh·ne[dróːnə] 女 -/-n (**Drohn**[droːn] 男 -en/-en) **1** 雄ミツバチ(蜜蜂); 《比》(他人の労働によって暮らす)怠け者. **2**〚空〛無人偵察機. [*mndd.*; ◇*engl.* drone]

dröh·nen[drøːnən] 自 (h) **1** とどろく, どよめく, 鳴り響く, 響き渡る: Der Donner *dröhnt*. 雷鳴がとどろく | Der ganze Saal *dröhnt* von der Musik. ホールじゅうに音楽が鳴り響く | Es *dröhnt* mir in den Ohren. 私は耳鳴りがする ‖ ein *dröhnendes* Gelächter どよめく笑い. **2**《北部》《話》(くだらぬことを)だらだらと(一本調子に)話す. [*mndd.*]

Droh·nen≠da·sein[dróːnən..] 中 (他人に依存する)のらくら生活. **≠schlacht** 女 (働きバチによる)雄バチの放逐.

dröh·nig[drøːnɪç][2] 形《北部》口の重い, 口べたな.

Dro·hung[dróːʊŋ] 女 -/-en 脅し, 脅迫, 恐喝.

Droh·wort[dróː..] 中 -〔e〕s/-e 脅し文句.

Dro·le·rie[droləríː] 女 -/-n[..ríːən] こっけい, おもしろがらせるもの, 茶番〔劇〕; 〚美〛(ゴシック建築などの)こっけいな怪獣装飾. [*fr.*; ◇*engl.* drollery]

drol·lig[drɔ́lɪç][2] (ᵛ**drol·licht**[..lɪçt]) 形 おどけた, こっけいな, おかしな; 奇妙な: ein ~*es* Benehmen おどけた振舞い | ein ~*es* kleines Mädchen おどけてかわいらしい女の子 | *et.*[4] ~ erzählen …をおもしろおかしく話す. [*ndl.*–*ndd.*; <*ndl.* drol „Kegel"; ◇drillen; *engl.* droll〔y〕]

Drol·lig·keit[..kaɪt] 女 -/-en drollig なこと.

Dro·me·dar[dromedáːr, dróːmedaːr] 中 -s/-e〚動〛ヒトコブラクダ(単峰駱駝); 《比》のろま, 薄のろ. [*spätlat.* dromedārius–*mhd.*; <*gr.* dromás „laufend"; ◇*engl.* dromedary]

Drom·me·te[drɔméːtə] 女 -/-n《雅》=Trompete

Dron·te[drɔ́ntə] 女 -/-n〚鳥〛ドードー (Mauritius 島などにいた17世紀に絶滅した巨鳥). [*fr.*]

Drop-out[drɔp|áʊt, drɔ́paʊt] 男 -〔s〕/-s **1** (社会的な)脱落〈落後〉者, 落ちこぼれ. **2**〚情報〛(磁気テープにおける信号の)ドロップアウト. **3**〚ゴルフ〛ドロップアウト. [*engl.*]

Drops[drɔps] **I** 男 (中) -/-《ふつう複数で》ドロップ〔ス〕(あめ玉に似た菓子). **II** 男 -/-, -e《俗》態度などが一目につく人, 風変わりな人. [*engl.*; <*engl.* drop (→Tropfen)]

drosch[drɔʃ] dreschen の過去.

drö·sche[drœ́ʃə] dreschen の接続法 II.

Drosch·ke[drɔ́ʃkə] 女 -/-n つじ馬車; (Mietauto) タクシー. [*russ.* drožki „leichter Wagen"; ◇*engl.* dros〔h〕ky]

Drosch·ken·kut·scher 男 つじ馬車の御者.

drö·seln[drøːzəln]《06》《方》**I** 他 (h) (糸を)よる. **II** 自 (h) **1** (trödeln) のろのろする; ぼんやりする. **2**《an *et.*[3]》(布・糸などを)ほどく. [<trieseln]

Dro·so·graph[drozográːf] 男 -en/-en〚気象〛降露記録計. [<*gr.* drósos „Tau"]

Dro·so·me·ter[..méːtər] 中 (男) -s/-〚気象〛露量計.

Dro·so·phi·la[drozóːfilaˑ] 女 -/..lae[..lɛˑ] (Taufliege)〚虫〛ショウジョウバエ(猩々蠅). [<..phil]

Dros·sel[1][drɔ́səl] 女 -/-n〚鳥〛ツグミ(鶫). [*andd.*; ◇*lat.* turdus „Drossel"; *engl.* throstle]

Dros·sel[2][−] 女 -/-n **1**〚狩〛(獣の)のど笛, 気管. **2** =Drosselklappe **3** =Drosselspule [<*ahd.* drozza „Kehle"; ◇strotzen; *engl.* throat, throttle]

Dros·sel≠ader 女〚解〛頸(けい)静脈. **≠klap·pe** 女〚工〛絞り弁, スロットルバルブ.

dros·seln[drɔ́səln]《06》他 (h) **1** (導管内の流通を)絞り弁で調節する, 絞る; 《比》弱める, 抑制する, 減少する: die Einfuhr ⟨die Ausfuhr⟩ ~ 輸入⟨輸出⟩を抑える | den Motor ~ エンジンの回転を落とす ‖ 再帰 *sich*[4] ~〚劇〛(演技を)抑える. ᵛ**2**《*jn.*》(…の)首を絞める, 絞殺する.

Dros·sel·spu·le 女〚電〛チョーク=コイル, 誘導子.

Dros·se·lung[drɔ́səlʊŋ] 女 -/-en drosseln すること.

Dros·sel≠ve·ne 女 = Drosselader **≠ven·til** 中 =Drosselklappe

Droß·lung[drɔ́slʊŋ] 女 -/-en =Drosselung

Drost[drɔst] 男 -es/-e (**Dro·ste**[drɔ́stə] 男 -n/-n) (Vogt)〚史〛代官, 郡長. [*mndd.* dros〔sē〕te; ◇Truchseß]

Dro·ste-Hüls·hoff[drɔ́stə hýlshɔf] 人名 Annette von ~ アンネッテ フォン ドロステ=ヒュルスホフ(1797–1848; ドイツの女流詩人で作品は詩集のほか短編『ユダヤ人のブナ』).

Dro·stei[drɔstáɪ] 女 -/-en (Vogtei)〚史〛代官⟨郡長⟩の管区; 代官⟨郡長⟩職. [<..ei]

DRP[deːǀɛrpéː] 略 **1** 女 -/ =**D**eutsche **R**eichs**p**ost ドイツ帝国郵便(1924–45). **2** 中 -/ =**D**eutsches **R**eichs**p**atent ドイツ帝国特許(1891–1945).

Dr. pharm.[dɔ́ktɔr fárm] 略 =**doctor pharm**aciae 薬学博士(=Doktor der Pharmazie).

Dr. phil.[− fíːl, − fíl] 略 =**doctor phil**osophiae 哲学博士(=Doktor der Philosophie).

Dr. rer. nat.[dɔ́ktɔr réːr nát] 略 =**doctor rerum nat**uralium 理学博士(=Doktor der Naturwissenschaften).

Dr. rer. oec.[− − œ́k] 略 =**doctor rerum oec**onomicarum 経済学博士(=Doktor der Wirtschaftswissenschaften).

Dr. rer. pol.［– – pɔ́l］ 略 ＝**doctor rerum politicarum** 政治学博士(＝Doktor der Staatswissenschaften).

Dr. theol.［dɔ́ktɔr té:ɔl, – teɔ́l］ 略 ＝ **doctor theologiae** 神学博士(＝Doktor der Theologie).

drü·ben［drý:bən］ 副 (↔hüben) (道・川・海・国境などを越えた)あちら側で, 向こうで: hüben und ～ / hüben wie ～ (→hüben) | da 〈dort〉 ～ 向こう側で | nach 〈von〉 ～ あちら側へ〈から〉.

drü·ber［drý:bər］ 副《話》**1** ＝darüber **2**《次の成句で》drunter und ～ (→drunter 2) ‖ Drunter und *Drüber* (→drunter 2).

drü·ber≠|fah·ren* 《37》＝darüberfahren **≠|ma·chen** ＝ darübermachen **≠|schrei·ben*** 《152》＝darüberschreiben **≠|ste·hen*** 《182》＝darüberstehen

drü·big［drý:bɪç］² 形《付加語的》《話》あちら側の, 向こうの.

Druck［drʊk］ **I** 男 -es(-s)/Drücke［drýkə］ **1 a)** 《単数で》圧する〈押す〉こと, 握りしめること; (Händedruck) 握手: mit einem leichten ～ auf den Schalter スイッチを軽く押して | den ～ der Schuhe aushalten 靴が窮屈なのを我慢する | Ich habe einen ～ im Magen 〈Kopf〉. 私は胃がもたれる〈頭が重い〉 | Er erwiderte den ～. 彼は握手を返した. **b)** 〘理〙 圧〔力〕: Blut*druck* 血圧 | Luft*druck* 気圧 | ein hoher 〈niedriger〉 ～ 高〈低〉圧 | hydraulischer ～ 水圧 | durch den ～ des Windes 風圧で | ein ～ von 1000 Millibar 1000ミリバールの圧力. **2** 《単数で》(Zwang) 圧迫, 強制〔力〕; (Last) (精神的な)重圧, 重荷, 不安; (Geldnot) 困窮, 窮乏; (Zeitnot) 切迫, 急迫: dem ～ der öffentlichen Meinung weichen 世論の圧力に屈する | *jm.* den ～ von der Seele nehmen …の心の重荷〈不安〉を除いてやる | auf *jn.* einen ～ ausüben …に圧力を加える, …を圧迫〈強制〉する | **hinter** *et.*⁴ **～ machen** …を促進する ‖《前置詞と》**im** 〈in〉 ～ sein/im ～ stecken 〈sitzen〉 (経済的・時間的に)逼迫(ひっぱく)している, 余裕がない | in ～⁴ kommen 〈geraten〉 (経済的・時間的に)逼迫する | mit einer Arbeit in ～ kommen 仕事に追われる | **unter** dem ～ der Verhältnisse やむをえない事情で | *et.*⁴ unter 〔dem〕 ～ tun 無理に…をさせられる | ***jn.* unter ～ setzen** …に圧力を加える. **3** 《話》麻薬(ヘロインなど)の注射: *jm.* 〈*sich*³〉 **einen ～ setzen** (…〈自分〉の体に)麻薬を注射する.
II 男 -es(-s)/-e (話: -s) **1** 《単数で》印刷(→ 図); 〘織〙 捺染(なっせん): im ～ erscheinen 出版される | im 〈in〉 ～ sein 印刷中である | *et.*⁴ in ～ geben …を印刷に付する | Das Manuskript geht morgen in ～. 原稿はあした印刷に回る. **2** 印刷物, 版本; 版画; 複製画: alte ～*e* sammeln 古版本を収集する | erster ～ 1985 1985年初刷 | ～*e* von berühmten Gemälden 名画の複製. **3** 《単数で》〘印〙 字体; 活字の大きさ: in fettem ～ ボールド体〈肉太〉の印刷で | Dieser ～ ist für meine Augen zu klein. この印刷〈活字〉は私の目には小さすぎる. **4** -es(-s)/-s 〘織〙 プリント布地.
［*germ.*; ◇drehen, drücken］

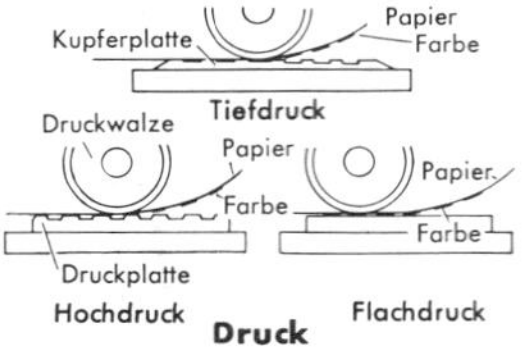

Kupferplatte / Papier / Farbe
Tiefdruck
Druckwalze / Papier / Farbe / Druckplatte
Hochdruck
Papier / Farbe
Flachdruck

Druck

..druck 《名詞につけて「…しなければならないという〔心理的〕重圧, …による心の重荷」などを意味する男性名詞をつくる》: Erfolgs*druck* 成功させねばならぬという心理的プレッシャー | Gewissens*druck* 良心による心理的強制.

Druck≠ab·fall［drʊ́k..］ 男 -〔e〕s/ 圧力の低下. **≠ak·zent** 男 (↔Tonakzent) 〘言〙 強さアクセント. **≠an·stieg** 男 -〔e〕s/ 圧力の上昇. **≠an·zug** 男 〘空〙 与圧服, 宇宙服. **≠aus·gleich** 男 -〔e〕s/ 圧力の調整〈平衡〉.

Drück·bank［drýk..］ 女 -/..bänke (木型をはめて板金を押しつけ成型加工する)ろくろ. ［＜drücken］

druck·bar［drʊ́kba:r］ 形 印刷できる, 印刷に適した.

Druck≠be·an·spru·chung［drʊ́k..］ 女 圧縮応力. **≠be·la·stung** 女 〔最大〕圧縮負荷. **≠blei·stift** 男 ノック式シャープペンシル. **≠bo·gen** 男 -s/- 〘印〙 印刷全紙. **≠buch·sta·be** 男 活字体の文字: in ～*n* schreiben 活字体で書く.

Drücke Druck I 1 b の複数.

Drücke·ber·ger［drýkə..］ 男 -s/- 《蔑》(義務・責任などを回避する)ひきょう者. ［＜drücken I 4］

Drücke·ber·ge·rei［drʏkəbɛrgəráɪ］ 女 -/-en 責任のがれ, 職務放棄.

druck·emp·find·lich［drʊ́k..］ 形 圧力に敏感な, つぶれやすい; 〘生理〙 圧覚のある.

drucken［drʊ́kən］ 他 (h) **1** 印刷する, 刷る: ein Buch in 1 000 Exemplaren ～ ある本を1000部刷る | 〔*sich*³〕 Besuchskarten ～ lassen (自分の)名刺を刷らせる | Hier wird die Zeitung *gedruckt*. ここで新聞は印刷される | Dieser Satz ist in Fraktur *gedruckt*. この文章はドイツ文字〈亀(き)の甲文字〉で印刷してある | wie *gedruckt* lügen (→lügen I).
2 (模様などを)捺染(なっせん)する: ein Muster auf einen Stoff ～ 布地に模様をプリントする.

drücken［drýkən］ **I** 他 (h) **1** (英: *press*) 押す, 圧する; きつく抱く; 押して変形させる〈傷つける〉, 押しつぶす: *Drücken* 押す(ドアなどの表示.「引く」は Ziehen) | Blech ～ 〘工〙 板金を Drückbank で成型〈加工〉する | *jm.* den Daumen ～ (→Daumen 1 a) | *jm.* die Hand ～ …の手を握る, …と握手する | die Hantel 〈achtzig Kilo〉 ～ 〘重量挙〙 バーベル〈80キロ〉をプレスで挙げる | Karten ～ 〘トランプ〙 (スカートなどで, 親が場に伏せてある自分に有利な札を, 不利な手札と交換してその)札を伏せて捨てる | den Knopf 〈die Taste〉 ～ (電気器具などの)ボタン〈キー〉を押す | ᵛein Pferd ～ 馬に鞍(くら)ずれを起こさせる | Er *drückt* noch die Schulbank 〈die Anklagebank〉. 《しばしば軽蔑的に》彼はまだ一人前でない〈裁判のけりがついていない〉 | Wir küßten und *drückten* uns 〔dicht〕. 私たちはキスを交わしひしと抱き合った | Die Äpfel sind in der Kiste *gedrückt* worden. リンゴは箱の中で押されて傷んだ ‖ *et.*⁴ flach 〈platt〉 ～ …を平らにのす ‖ 再帰 *sich*⁴ ～ 体を押しつける; 押されて変形する〈傷つく〉 | Das Kleid *drückt* sich leicht. この服は(トランクなどに詰めると)しわになり〈型が崩れ〉やすい | *sich*⁴ an die Wand ～ 壁にへばりつく | *sich*⁴ tief ins Herz ～ (出来事などが)深く…の心〈記憶〉に刻み込まれる ‖《前置詞と》*jn.* **an** *sich*⁴ 〈*sein* Herz〉 ～ …をきつく抱きしめる | das Taschentuch an 〈vor〉 die Augen ～ ハンカチを目に当てる | *jn.* an die Wand ～ (→Wand 1) | einen Stempel **auf** die Papiere ～ 書類にスタンプを押す | *jm.* einen Kuß auf die Stirn ～ …の額にキスする | *jn.* auf den Stuhl ～ (強いて)…をいすに座らせる | Pflaster auf die Wunde ～ 傷に膏薬(こうやく)をはる | Zahnpaste **aus** der Tube ～ 歯磨きをチューブから絞り出す | Wasser aus der Wäsche ～ 洗濯物を絞る | Butter **in** die Dose ～ バターをケースに詰める | den Hut 〔tief〕 ins Gesicht ～ 帽子を目深にかぶる | Gurken ins Glas ～ キュウリをガラス瓶に漬け込む | *jm. et.*⁴ in die Hand ～ (金銭などをそっと)…の手に握らせる | *sein* Gesicht auf das Kopfkissen ～ まくらに顔をうずめる | *et.*⁴ in Wachs ～ …を蠟に押しつけて型を取る | *sich*⁴ in den überfüllten Zug ～ 満員列車に割り込む | eine Zitronenscheibe **mit** 〈zwischen〉 den Fingern ～ 輪切りにしたレモンを指で絞る | *et.*⁴ **nach** oben 〈unten〉 ～ …を押し上げる〈下げる〉 | *jn.* **zu** Boden ～ …を床〈地面〉に押し倒す; (悲しみなどが)…を打ちひしぐ | *jn.* zur Seite ～ …をわきへ押しのける | Das Kind wurde in der Menge zu Tode *gedrückt*. その子は群衆の中で圧死した.
2 (肉体的・精神的に)圧迫する, 圧迫感を与える, 圧迫して苦痛〈苦悩〉を与える: Der Alp 〈Die Hitze〉 *drückte* mich.

私は悪夢にうなされた〈暑さにうだった〉| Der Magen *drückt* mich. 私は胃がもたれる ‖ *jn.* mit Steuern ～ …を重税で苦しめる ‖ Es *drückt* mich, daß … 私は…ということが悩みの種だ ‖〘しばしば目的語なしで〙Die neuen Schuhe *drücken* 〔mich〕 vorn 〈hinten〉. この新しい靴は先〈かかと〉の方がきつい | wissen, wo *jn.* der Schuh *drückt* (→Schuh 1) ‖ 非人称 Wo *drückt* es, Vater? お父さん何が心配なんですか.

3 押し下げる, 下降〈低落〉させる; (台頭しようとするものを)抑圧する: Löhne 〈Preise〉 ～ 賃金〈物価〉を(力ずくで)下げる | die Maschine ～〘空〙(操縦士が)機首を下げる | das Niveau ～ 水準を低下させる(→heben I 2 a) | den Rekord um zwei Sekunden ～〘スポ〙記録を2秒縮める | die Stimmung ～ 気分をめいらせる ‖ *jn.* im Handel ～〘商〙…(の商品)を値切る.

4 再帰 *sich*⁴ ～ そっと姿を隠す, こっそり逃げ出す: *sich*⁴ französisch ～《戯》あいさつもせずに消える ‖ *sich*⁴ **aus** dem Büro ～ 事務所からそっと抜け出す | *sich*⁴ **ins** Gras ～ 草むらに身を隠す | *sich*⁴ **um** *et.*⁴ 〈**von** *et.*³/**vor** *et.*³〉 ～ (おくびょう・怠惰などの気持から)…から逃げる, …を怠る, …を回避する | *sich*⁴ von 〈vor〉 der Arbeit ～ 仕事をさぼる | *sich*⁴ von 〈vor〉 dem Militärdienst ～ 兵役を忌避する.

5《話》*sich*³ eins 〈eine〉 ～ (麻薬常用者が)麻薬(ヘロインなど)を注射する.

II 自 (h) **1** 押す, 押える; (重く)のしかかる;《比》圧力をかける, 強要する: **an** der Wunde ～ 傷口を押える |〔mit dem Finger〕 **auf** den Klingelknopf ～〔指で〕呼び鈴のボタンを押す | Der Nebel 〈Die Sonne〉 *drückt* auf die Stadt. 町には霧が垂れこめている〈日がかんかんと照りつけている〉| auf die Stimmung ～ 気分をめいらせる | aufs Tempo ～ (→Tempo 2) | auf Text ～〘劇〙さわりの部分を強調する | Die Gegner *drückten* ständig 〔auf das Tor〕.〘球技〙相手方はたえずゴールに迫った | auf die Tränendrüsen ～ (→Tränendrüse) | auf die Tube ～ (→Tube 1) ‖ Ich werde darauf ～, daß … 私が(顔をきかせて)…になるよう取り計らおう. **2** →I 2

III drückend 現分 形 圧迫するような, 重苦しい: ～*e* Armut 極貧 | ～*e* Hitze うだるような暑さ | ～*e* Steuer 重税 | ～*e* Verhältnisse 窮乏〈困窮〉状態 ‖ Das Wetter ist heute ～. きょうは天気がうっとうしい ‖ ～ heiß うだるように暑い | Der Wartesaal ist ～ voll. 待合室はすし詰めだ | Die Mannschaft spielte ～ überlegend. そのチームのプレーは圧倒的にすぐれていた.

IV ge·drückt → 別出 [*germ.*; ◇Druck]

Drucker[dʊ́kər] 男 -s/- **1 a)** (Buchdrucker) 印刷工; 印刷業者; (Tuchdrucker) 捺染(なっせん)工. **b)**〘印〙印刷機, プリンター. **c)**〘電算〙プリンター. **2**〘美〙(絵画の濃く塗られた)強調部: einen ～ aufsetzen 強調部を入れる.

Drücker[drʏ́kər] 男 -s/- **1** (Druckknopf) 押しボタン; (銃などの)引き金; (ミシンの)押さえ金; ドアの取っ手(→ 図), 掛けがね〔のかぎ〕: **am ～ sitzen** 〈**sein**〉《話》主導〈決定〉権を握っている | **die Hand am ～ haben**《話》主導〈決定〉権をもつ; 即応体制にある | **an den ～ kommen**《話》主導〈決定〉権を獲得する | **auf den letzten ～**《話》最後の瞬間に, ぎりぎりの瀬戸際で. **2** 型押し工, プレス工. **3**〘劇・映〙さわり〔の場面〕; 俗受けねらい: sentimentaler ～ お涙ちょうだい物〈映画〉. **4**《話》(戸別訪問して予約をとる)新聞購読勧誘員. **5**〘スポ〙重量挙げ選手.

Drücker (Türbeschlag)

Drucke·rei[drʊkəráɪ] 女 -/-en **1** 印刷業; 印刷所: *et.*⁴ in die ～ geben …(原稿など)を印刷所に入れる. **2** 捺染(なっせん)〈プリント〉〔工場〕.

Drücke·rei[drʏ..] 女 -/-en (drücken すること. 特に:)(仕事・責任などの)忌避.

Drucker·far·be[drʊ́kər..] 女 印刷インク.

Druck·er·laub·nis[drʊ́k..] 女 印刷許可(特に校了時の); 出版免許: die ～ einholen 印刷許可をもらう.

Drucker≠pres·se[drʊ́kər..] 女 印刷機. **≠schwär·ze** 女 印刷用黒インク. **≠zei·chen** 中 印刷業者の意匠標章, 出版社マーク.

druck·fä·hig[drʊ́k..] 形 **1** (紙などが)印刷可能の, 印刷に適する. **2** =druckfertig

Druck≠fah·ne 女〘印〙棒組みゲラ〔刷り〕. **≠far·be** 女 印刷インク;〘織〙捺染(なっせん)用の染料. **≠fe·der** 女 (↔Zugfeder) 圧縮ばね, 割りばね. **≠feh·ler** 男〘印〙誤植, ミスプリント; 刷りそこない, 印刷ミス: die Fahnen auf ～ lesen ゲラを校正する.

druck·feh·ler·frei 形〘印〙誤植のない.

Druck·feh·ler≠teu·fel 男《戯》誤植魔(どんなに注意しても生じる誤植を Teufel の仕業と考えたもの). **≠ver·zeich·nis** 中 (書物などの)正誤表.

druck·fer·tig 形 (原稿などが)すぐ印刷に回せる; 校了の.

druck·fest 形 圧縮に耐える; 気密の.

Druck·fe·stig·keit 女 -/ druckfest なこと; 圧縮強度.

Druck≠form 女〘印〙組み版, 版型;〘織〙捺染(なっせん)〈プリント〉型: eine ～ zusammenbauen〘印〙版をつくる, 製版する. **≠for·mu·lar** 中 (印刷した)書式用紙. **≠frei·heit** 女 -/ 印刷〈出版〉の自由.

druck·frisch[drʊ́k..] 形 印刷したばかりの, 刷り上がったばかりの.

Druck≠ge·fäl·le 中 圧力差, (水力発電用の)落差;〘気象〙気圧傾度. **≠ge·fühl** 中 圧迫感. **≠in·du·strie** 女 印刷産業.

Drück·jagd[drʏ́k..] 女 (小人数で獣の隠れがにそっと近づいて行う)追い出し猟. [＜drücken]

Druck≠ka·bi·ne[drʊ́k..] 女〘空〙与圧室, 気密室. **≠kes·sel** 男 (噴霧装置などの)加圧タンク. **≠kis·sen** 中〘医〙(脱腸帯の)圧子(→ 図 Bruchband). **≠knopf** 男 **1** 押しボタン. **2**〘服飾〙スナップ〔ボタン〕(→ 図).

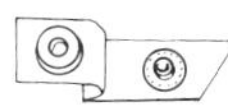
Druckknopf

Druck·knopf≠schal·ter 男 押しボタン式スイッチ. **≠steue·rung** 女 押しボタン式操縦〈制御〉.

Druck≠koch·topf 男〘料理〙圧力がま. **≠ko·sten** 複 印刷費. **≠kraft** 女 圧縮力. **≠läh·mung** 女〘医〙圧迫麻痺(まひ). **≠le·gung** 女 印刷〔に回すこと〕. **≠lei·tung** 女 圧力管〈パイプ〉; 水圧管; 高圧水管. **≠luft** 女 圧縮空気.

Druck·luft≠brem·se 女 エア=ブレーキ. **≠krank·heit** =Caissonkrankheit **≠pres·se** 女 エア=プレス.

Druck≠ma·schi·ne[drʊ́k..] 女 **1** 印刷機. **2**〘織〙捺染(なっせん)機. **≠me·dien** 複 (新聞・雑誌・パンフレットなどの)印刷メディア. **≠mes·ser** 男 圧力計;〘医〙血圧計;〘気象〙気圧計. **≠min·de·rungs·ven·til** (≠min·der·ven·til) 中 減圧弁. **≠mit·tel** 中 (人に対する)圧迫〈強圧〉手段. **≠mu·ster** 中〘織〙捺染用の図案, 捺染された模様. **≠ort** 男 (書物の)印刷〈出版〉地. **≠pa·pier** 中 印刷用紙. **≠pi·sto·le** 女 (予防接種用の)高圧注射器. **≠plat·te** 女 印刷版(鉛版・電気版・ステロ版など: → 図 Druck). **≠po·sten** 男《戯》(特に戦争中の)危険でない職務, (Drückeberger 向きの)安穏な地位(→drücken I 4). **≠pres·se** 女 印刷機. **≠pro·be** 女 **1** =Druckversuch **2**〘印〙校正刷り, 試刷(しずり, しさつ) **≠pum·pe** 女 押し上げ〈圧縮〉ポンプ. **≠punkt** 男 **1** (力学的な)圧力の作用点;〘生理〙圧痛点. **2** (銃の引き金の)ひっかかり点. **≠reg·ler** 男 圧力調節器.

druck·reif =druckfertig

Druck≠sa·che 女〘郵〙印刷物: *et.*⁴ als ～ schicken …を印刷物として(開封で)送る. **≠schmerz** 男〘生理〙圧痛. **≠schrau·be** 女 **1**〘工〙押し〈締めつけ〉ねじ. **2**〘空〙(機体後部の)推進プロペラ. **≠schrift** 女 **1** 活字〔体〕: in ～

schreiben 活字体で書く. **2** 印刷物, 出版物. ≈**schwan·kung** 女 圧力の不安定. ≈**sei·te** 女 **1** 印刷されたページ. **2** 〖工〗被圧面.

druck·sen[drʊ́ksən]《02》自 (h)(返事などを)ためらう, ぐずぐずする, 口ごもる: an der Antwort ~ 返事にもたつく, 煮えきらない返事をする. [<drücken]

Druck·ser[..sər] 男 -s/- drucksen する人.

Druck·se·rei[drʊksəráɪ] 女 -/-en drucksen すること.

Druck·sor·te[drʊ́k..] 女 -/-n《ふつう複数で》《オーストリア》=Druckformular 「用紙販売所.」

Druck·sor·ten·schal·ter 男《オーストリア》(大学の)届出

Druck≈spal·te 女 印刷面の欄〈段〉. ≈**stel·le** 女 圧力を受ける場所; 押されてできた傷. ≈**stem·pel** 男 (ポンプなどの)ピストン; 〖工〗打ち抜き器, ダイス型; 〖印〗(木版の)版木. ≈**stock** 男 -[e]s/..stöcke (Klischee) 〖印〗(活版印刷用の)版. ≈**ta·ste** 女 押しボタン.

Druck·ta·sten·te·le·fon 中 押しボタン式電話機, プッシュホン.

Druck·tech·nik 女 印刷技術.

druck·tech·nisch 形 印刷技術〔上〕の.

Druck≈te·le·graph 男 (Fernschreiber) 印刷電信, テレタイプ. ≈**ty·pe** 女〖印〗活字. ≈**um·lauf·schmie·rung** 女〖工〗自動注油〔システム〕, 強制潤滑機構. ≈**ven·til** 中〖工〗押し上げ〈送り出し〉弁, 圧力弁. ≈**ver·band** 男〖医〗(止血用)圧迫包帯. ≈**ver·bot** 中 印刷〈発行〉禁止. ≈**ver·fah·ren** 中 印刷〈捺染(なっせん)〉法. ≈**ver·lust** 男〖工〗圧力損失. ≈**ver·such** 男〖工〗耐圧テスト. ≈**wal·ze** 女〖印〗(印刷機や輪転機の)ローラ(→ 図 Druck); 〖工〗圧搾ロール. ≈**wa·ren** 複 印刷物. ≈**was·ser** 中〖工〗加圧水. ≈**was·ser·re·ak·tor** 男〖原子力〗加圧水型原子炉(軽水炉の一種). ≈**wel·le** 女 **1**〖理〗圧力波; 爆風. **2**〖工〗推力伝動軸〈車軸〉. ≈**werk** 中 **1** 印刷物. **2** 印刷機械; プレス, (貨幣)打ち出し機. **3** 押し上げポンプ. ≈**zy·lin·der**[..tsilɪndər, ..tsyl..] 男〖印〗(印刷機の)圧胴.

Dru·de[drúːdə] 女 -/-n (意地悪い)夜の妖精(ようせい), 悪魔; 魔女. [*mhd.*; ◇treten]

Dru·den·fuß 男 (5線の)星形(→Pentagramm).

Drug·store[drʌ́gstɔː] 男 -s/-s ドラッグストア. [*amerik.*; ◇Droge]

Drui·de[druíːdə] 男 -n/-n ドルイド僧(古代ケルト民族の祭司). [*akelt.-gall.-lat.*; ◇Dryade]

Drui·den·stein 男 ドルイド教の石の祭壇.

drum[drʊm] 副《話》**1** =darum 1 **2**《成句的に》Sei's ~! そうしよう, それがいい ‖ alles, **was ~ und dran ist** 〈**hängt**〉それに伴ういろいろなこと ‖〖名詞的に〗**das ganze *Drum* und Dran** (特定の事柄に)付随するすべてのこと〈一切合切〉| Das ganze *Drum* und Dran seiner Reise kennen wir zur Genüge. 彼の旅行の一部始終を私たちは十分に知っている | Der Ölofen kostet mit allem *Drum* und Dran 400 Mark. その石油ストーブは部品いっさい込みで400マルクだ.

Drum[dram, drʌm] 女 -/-s〖楽〗**1** ドラム, 太鼓. **2**《複数で》(特にジャズの)ドラムス(ドラムを中心とした打楽器セット). [*engl.*; ◇Trommel]

drum·her·um[drʊ́mhɛrʊ́m] **I** (<drum herum) 副《話》〔その〕まわりに: Das Haus liegt am Bergabhang, der Garten ~. その家は山の斜面にあり庭が家のまわりにある | Alle standen ~. 皆がまわりをかこんで立っていた.

II Drum·her·um[◡◡⏑] 中 -s/《話》付属物, つけたり.

drum·her·um|re·den[drʊmhɛrʊ́mreːdən][1]《01》自 (h)《話》(核心に触れずに)枝葉末節のことがらをしゃべる.

Drum·lin[drʊ́mlɪn, drʌ́m..] 男 -s/-s, Drums[drams]《ふつう複数で》〖地〗ドラムリン, 氷堆(ひょうたい)丘. [*engl.*]

Drum·mer[drámər, drʌ́mə] 男 -s/-〖楽〗ドラマー, ドラム奏者. [*engl.*; ◇Drum]

Drüm·pel[drʏ́mpəl] 男 -s/- **1** (Haufen) 堆積(たいせき). **2**《北部》(Schwelle) 敷居.

drum·rum[drʊ́mrʊ́m] =drumherum

drum·rum≈|kom·men* 《80》自 (s)《話》《um *et.*[4]》(嫌なことなどを)回避する, 避けて通る: Um diese Arbeit ist er noch einmal *drumrumgekommen.* また彼はこの仕事をやらなくてすんだ. ≈|**re·den**《01》自 (h) =drumherumreden

Drums Drum, Drumlin の複数.

drun·ten[drʊ́ntən] 副《南部·オーストリア》(↔ droben) (dort unten)〔あの〕下の方に; 階下に: 〔da〕~ im Tal 下の谷で.

drun·ter[drʊ́ntər] 副《話》**1** =darunter **2**《話》《次の成句で》~ durch (→durch II 2) | Es geht 〔alles〕**~ und drüber.** 上を下への大騒ぎである, 大混乱に陥っている ‖〖名詞的に〗So ein **Drunter und Drüber!** なんたる騒ぎだ | In dem allgemeinen *Drunter* und Drüber fand sein Tod wenig Beachtung. みんなが大騒ぎしていて彼の死はほとんど顧みられなかった ‖ Strich ~! (→Strich 2 a).

Drusch[drʊʃ] 男 -es(-s)/-e〖農〗**1** 打穀, 脱穀. **2** 打穀〈脱穀〉済みの穀物. [<dreschen]

Drüs·chen Drüse の縮小形.

Dru·se[1][drúːzə] 女 -/-n《南部》(ぶどう酒などの)おり. [*germ.*; ◇Treber; *engl.* dross]

Dru·se[2][−] 男 -n/-n〖宗〗ドルーズ派回教徒(シリアの戦闘的な信徒). [*arab.*]

Dru·se[3][−] 女 -/-n **1**〖鉱〗晶洞. **2**〖畜〗(馬の)鼻粘膜カタル. [*ahd.* druos]

Drü·se[drýːzə] 女 -/-n (⑩ **Drüs·chen**[drýːsçən], **Drüs·lein**[..laɪn] 中 -s/-) **1**〖解〗腺(せん): ~*n* mit innerer 〈äußerer〉 Sekretion / endokrine 〈exokrine〉 ~*n* 内〈外〉分泌腺 | Schweiß*drüse* 汗腺 | Tränen*drüse* 涙腺 | Vorsteher*drüse* 前立腺 ‖ es an den ~*n* haben 腺病にかかっている | auf die ~ drücken《比》涙腺を絞る, 同情を買おうとする. [▽]**2** (Beule) こぶ, はれ.

dru·seln[drúːzəln]《06》自 (h)《北部》(schlummern) まどろむ, うつらうつらする. [◇*engl.* drowse]

Drü·sen≈ent·zün·dung[drýːzən..] 女 (Adenitis)〖医〗腺炎(せんえん). ≈**fie·ber** 中 -s/〖医〗腺熱. ≈**ge·schwulst** 女 (Adenom)〖医〗腺腫, アデノーマ. ≈**haar** 中 -[e]s/-e《ふつう複数で》〖植〗(モウセンゴケの葉などの)腺毛.

Dru·sen·kopf[drúːzən..] 男〖動〗(ガラパゴス島に生息する)オカイグアナ.

Drü·sen≈krank·heit[drýːzən..] 女 腺病(せんびょう), るいれき. ≈**krebs** 男〖医〗腺癌(せんがん). ≈**schwel·lung** 女〖医〗腺腫脹(しゅちょう).

Dru·shba-Tras·se[drʊ́ʃbatrasə] 女 -/-n (旧東ドイツで)友好パイプライン(旧ソ連から旧東欧社会主義諸国へ天然ガスを送っていた). [*russ.* drushba „Freundschaft"]

dru·sig[drúːzɪç][2] 形 **1**〖鉱〗晶洞を有する. **2**〖畜〗鼻粘膜カタルにかかった. [<Druse[3]]

drü·sig[drýːzɪç][2] 形〖生〗腺〔状〕の.

dru·sisch[drúːzɪʃ] 形 ドルーズ派の. [◇Druse[2]]

Drüs·lein Drüse の縮小形.

dry[draɪ] 形 (酒について)辛口の. [*engl.*; ◇trocken]

Drya·de[dryáːdə] 女 -/-n《ふつう複数で》〖ギ神〗ドリュアス (Nymphe の一種で樹木の精). [*gr.* Dryás−*lat.*; <*gr.* drŷs „Eiche"]

d. s. 略 =dal segno 「語地図.」

DSA[deːǀɛsǀáː] 略 =**D**eutscher **S**prach**a**tlas ドイツ言

D-Sai·te[déː..] 女〖楽〗(弦楽器の弦の) D 線.

DSB[deːǀɛsbéː] 略 男 -[s]/-[s] = **D**eutscher **S**port**b**und ドイツスポーツ連盟(1950年創設).

Dschai·na[dʒáɪnaˑ] 男 -[s]/-[s]〖宗〗ジャイナ教徒. [*sanskr.−Hindi*; <*sanskr.* jina „Sieger"]

Dschai·nis·mus[dʒaɪnísmʊs] 男 -/〖宗〗ジャイナ教(仏教と同時代のインドの非バラモン教).

Dschi·bu·ti[dʒibúːtiˑ] 地名 **1** ジブチ(東アフリカにある共和国. 1977年フランスから独立. Djibouti ともつづる). **2** ジブチ(1の首都).

D-Schicht[déː..] 女 -/〖理〗(電離圏の) D 層.

Dschi·had[dʒiháːt] 男 -/ (イスラム教徒の)聖戦. [*arab.*; ◇*engl.* jihad]

Dschin·gis-Khan[dʒɪ́ŋgɪskáːn] 人名 チンギス=ハン(1167

頃-1227; モンゴル帝国の始祖). ［*mongol.*］

Dschinn[dʒɪn] 男 -s/-, -en（イスラム神話の）魔鬼, 幽鬼. ［*arab.*; ◇ *engl.* jinn(i)］

Dschiu-Dschit·su[dʒíːudʒítsu·] 中 -(s)/ ＝Jiu-Jitsu

Dschon·ke[dʒɔ́ŋkə] 女 -/-n ＝Dschunke

Dschou[dʒaʊ] 女 -/ ＝Chou

Dschun·gel[dʒʊ́ŋəl] 男（中）-s/-（女 -/-n）ジャングル, 密林: **das Gesetz des ～s** ジャングルのおきて, 無法状態 | im ～ des Großstadtverkehrs《比》大都市交通の雑踏の中で. ［*sanskr.* jangala „Ödland"－*Hindi*－*engl.* jungle］

Dschun·gel≠fie·ber 中《医》ジャングル熱(悪性マラリア). **≠krieg** 男 ジャングル戦.

Dschun·ke[dʒʊ́ŋkə] 女 -/-n ジャンク(中国で用いられる平底帆船: → 図). ［*malai.*－*port.*; ◇ *engl.* junk］

Dschunke

DSG[deː|ɛsgéː] 略 ＝ **D**eutsche **S**chlafwagen- und Speisewagen-**G**esellschaft ドイツ寝台車＝食堂車有限会社.

dt. 略 **1** ＝**d**eu**t**sch **2** ＝**d**edi**t**

Dt[deːtéː] 記号 (D-Zug-Triebwagen)《鉄道》急行気動車〈電車〉.

DTB[deːteːbéː] 略 男 -/ ＝**D**eutscher **T**urner**b**und ドイツ体操協会.

D. (**theol.**)[dɔ́ktɔr téːɔl, – teɔ́l] 略 ＝**d**octor **theol**ogiae (新教の)神学名誉博士(参考 Dr. theol. 神学博士).

dto. 略 ＝**d**i**to**

DTSB[deːteː|ɛsbéː] 略 男 -/ ＝**D**eutscher **T**urn- und **S**port**b**und (旧東ドイツの)体操＝スポーツ連合.

Dtz. 略 ＝**D**u**tz**end

Dtzd. 略 ＝**D**u**tz**en**d**

du¹《フランス語》→*du* jour

du²[duː] **I**《人称代名詞, 2 人称単数 1 格親称: 2 格 **dei·ner**[dáɪnər](ᵛdein[daɪn]), 3 格 **dir**[diːr], 4 格 **dich**[dɪç]; 所有代名詞 dein》

1（親族・婚約者・親友・同輩・子供・動物など社交的配慮を要せず, 呼び捨てにできる相手, また神・故人および事物に対して; 性の区別なく）あなた, お前, 君, あんた, なんじ(→ihr¹ I, Sie³).

a)《1 格で》Vater, ～ hast Fieber. おとうさん 熱がありますね | Was machst ～, Anna? 何してるの アンナ | Bei deinen Lebzeiten warst ～ stets mein Vorbild. 生前あなたは常にわが鑑(かがみ)であった | München, ～ bist meine zweite Heimat. ミュンヒェンよ なんじは私の第二のふるさとなのだ ‖ *Du* bist es. / Das bist ～. (それは)お前だ(アクセントは du にある); お前はそうだ(アクセントは bist にある) ‖ *Du,* ～! これ これ そんなことをすると…(いたずらをする幼い子供に対して指で脅しながらいう) ‖《他の人称の主語と》*Du* und er(, ihr) seid noch jung. 君と彼とはまだ若い | *Du* und ich(, wir) müssen hier bleiben. 君と私とはここにとどまらねばならない | Entweder ～ oder ich bin 〈ich oder ～ bist〉 daran schuld. 君か私かがそれに責任がある.

☆ i) hast du, machst du のように定動詞が先行すると, 口語ではしばしば[d] が消えて[hástuː, máxstuː] と発音され, さらに弱まると[hástə, máxstə] のように発音されて haste, machste と書かれることがある.

ii) 口語・詩文では(特に文頭の)主語 du が省略されることがある: Hast recht. (君のした・言ったことは)もっともだ, なるほどね | Bist verrückt? (君は)気でも狂ったかね.

iii) 命令文の主語 du は原則として表現されないが, 対照的に強調するため定動詞の直後に挿入されることがある: Komm *du* mit! (ほかの人でなく)君が一緒に来たまえ.

b)《格の意識なく名詞的に: →II》Menschen wie ～ und ich 気のおけない人々 | *jn.* ～ nennen 〈mit ～ anreden〉 …を友達扱いする, …になれなれしい口をきく | zu *jm.* ～ sagen …に du を使って話しかける ‖ mit *jm.* **auf *du* und *du*** stehen …と友達づきあいをしている | mit der Mathematik auf ～ und ～ stehen 数学が得意である | **mit *jm.* per ～ sein**《話》…と du で呼び合う(親密な)間柄である ‖ ᵛWir stehen ～ und ～. 僕らは親友同士だ.

c)《2 格で: 今日では付加語としては用いられず, 動詞・形容詞・前置詞の支配を受けて》Ich gedenke *deiner.*《雅》私は君のことを忘れない | Er ist *deiner* müde. 彼は君にはうんざりしている | Ich gehe statt *deiner.* 君の代わりに私が行こう ‖《再帰代名詞として》Du darfst *deiner* (selbst) nicht spotten. 君は自分をさげすんではならない.

☆ halben, wegen, um … willen とは deinet.. の形で結合する: →deinethalben, deinetwegen, deinetwillen

d)《3 格で》Ich helfe *dir.* 手をかしてやろう | Ist *dir* kalt? 君は寒いか | mir nichts, *dir* nichts (→ich I 3) | Wie du mir, so ich *dir.*《諺》そっちがそうならこっちもこうだ, 魚心あれば水心, 売り言葉に買い言葉 ‖《前置詞と》Jetzt ist's an *dir.* さあ君の番だよ | Er ist ein Freund von *dir.* 彼は君の友人だ | Also von *dir* aus kann ich ausgehen? じゃあ君としては私が出かけてもいいんだね ‖《所有の 3 格》Ich möchte *dir* zu Füßen fallen. 私は君の足もとにひれ伏したいくらいだ ‖《関心の 3 格》Das war *dir* ein Getöse. 全くすごい物音だったんだよ ‖《再帰代名詞として》Hast du Geld bei *dir*? 君お金を持ち合わせているか | Wasch *dir* die Hände! 手を洗いなさい | Das hast du *dir* gedacht! (君がそう思うとは)とんでもない.

e)《4 格で》Er haßt *dich.* 彼は君を憎んでいる | Das ist alles für *dich.* これはみな君のだ ‖《再帰代名詞として》Du denkst nur an *dich.* 君は自分のことしか考えない | Hast du *dich* verletzt? 君はけがしたのか ‖《1 格相当で》Ich ginge nicht einmal hin, wenn ich *dich* wäre.《方》私が君だったら決して出かけないね.

2《特に成句的表現・諺で》(man)(世の)人,(不特定の)人々: Dort oben hast ～ schöne Aussichten. あそこへ登ると見晴らしがいいんだ | *Du* kannst machen, was ～ willst, es wird nicht besser. どうじたばたしても事態は好転しない | was ～ kannst 懸命に, 精いっぱい | (und) hast ～, was kannst ～《話》非常に速く | Hast ～, was kannst ～, lief er davon. 彼は一目散に逃亡した | Und hast ～ nicht gesehen, war er weg. あっというまに彼は消えうせていた | Da dachte ich mir, ～ kannst mir was. そのとき私はもう容赦しない〈ばかにするな〉と思った.

★ i) 社交的配慮を要する場面では敬称 Sie の形が用いられるが, 論説などの筆者が読者に対して行う指示には社交的配慮は問題にならないので du に対する命令法が用いられる: Siehe 〈Vergleiche〉 Seite 23! 23ページを見よ〈参照せよ〉.

ii) 話者が自分を対話の相手として du を用いることがある: Ich sagte zu mir selbst, ～ wirst dann den Zug versäumen. これじゃ汽車に乗り遅れるぞと私は自分に言い聞かせた | Ach, ～ ahnst es nicht! これは意外, ああ驚いた.

iii) 同格名詞の付加語形容詞は原則として強変化であるが, 3 格では弱変化のことも多い: *Du* immergrünes Tal! なんじ常緑の谷よ | Weh *dir* gottlos*em* 〈gottlos*en*〉 Schurken! お前みたいな神をおそれぬ悪党に災いあれ.

iv) 手紙文では大文字書きしてきた: Wie geht's *Dir*? ご機嫌いかが | Ich lade *Dich* zu meinem Geburtstag ein. 君を私の誕生日に招待します.

v) du を受ける関係代名詞の性は自然の性により, 主語の場合は, 関係文において du を再提示して定動詞を du に一致させることが多い(→ich I ★ ii): ～, der 〈女 die〉 ～ einmal in Deutschland gewesen bist / ～, der 〈女 die〉 einmal in Deutschland gewesen ist かつてドイツにいたことのあるお前.

D

II Du 中 -[s]/-[s] (du の使える)親しい相手〈交際関係〉; 君〈あなた〉自身(→I 1 b): beim ～ bleiben 親交を保つ | *jm.* das ～ anbieten (親しさが深まって)…に du と呼び合おうと申し出る ‖ ihr liebes ～ 彼女のいとしい人 ‖ Sie ist ein ideales ～. 彼女は親しくつきあえる人〈申し分ない結婚相手〉だ | dein anderes 〈zweites〉 ～ 第二の君, 君の分身(うり二つ・親友・腹心など); 改心した君自身 ‖〘自然性に応じて〙Hans ist gleichsam dein anderer ～. ハンスはいわば君の分身だ. [*idg.*; ◇ *lat.* tu „du"; *engl.* thou]

d. u.[deː|úː] 略 =**d**auernd 〔dienst〕**u**ntauglich〘軍〙(徴兵検査で)不合格の.

d. U. 略 =**d**er 〈die〉 **U**nterzeichnete 署名者.

dual[duáːl] 形 2の, 二つの; 二重の, 二元的な: das *Duale* System (ごみ回収のさいに再生可能なものと不可能なものに分ける)二重システム.

Dual[dúːal, duáːl] 男 -s/-e[duáːlə] (**Dua·lis**[duáːlɪs] 男 -/..le[..lə]) **1**〘言〙両数. **2**〘遊戯〙(詰め将棋などで)別解. [*spätlat.*; ◇ Duo, ..al[1]]

dua·li·sie·ren[dualizíːrən] 他 (h) (verzweifachen) 2倍にする, 倍加する; 二重にする.

Dua·lis·mus[dualísmʊs] 男 -/ **1** (二者の)対立. **2**〘政〙二権分立, 二主政治. **3**〘哲〙二元論.

Dua·list[..líst] 男 -en/-en **1** 二元論者. **2**《話》ふたなり.

dua·li·stisch[..lístɪʃ] 形 **1** 二元的な, 二元論の. **2**〘遊戯〙(詰め将棋などで)別解のある.

Dua·li·tät[..litɛ́ːt] 女 -/ **1** 二重性, 二元性. **2**〘数〙(幾何学の)双対性〈律〉. [*spätlat.*]

Dual·sy·stem[duáːl..] 中 -s/〘数〙二進法.

Dü·bel[dýːbəl] 男 -s/- **1**〘工〙あわせくぎ; (接合部を固定する)だぼ, 車知ジベル(→ 図 Holz B); (特に抜けにくく考案された)特殊くぎ(スクリューアンカーなど). **2**《オーストリア》(Beule) こぶ; でこぼこ. [*ahd.* tubili; ◇ Dippel; *engl.* dowel]

dü·beln[dýːbəln] 《06》 **I** 他 (h) Dübel 1で接合する(→ 図 Holz B). **II** 自 (h) Dübel 1を埋め込む.

du·bios[dubióːs][1] (**du·biös**[..ǿːs][1]) 形《雅》(zweifelhaft) 疑わしい, 不確かな, あいまいな; 怪しい, いかがわしい: ein ～*es* Geschäft いかがわしい商売 | ein ～*es* Hotel あいまい宿. [*spätlat.*; < *lat.* dubius „zweifelnd" (◇ Duo)]

Du·bio·sa[dubióːza·] (**Du·bio·sen**[..óːzən]) 複 **1** 不確実な物事. **2**〘商〙こげつき債権.

du·bi·ta·tiv[dubitatíːf][1] **I** 形 疑っている, 疑いを表す. **II Du·bi·ta·tiv** 男 -s/-e〘言〙疑惑の接続法(例 Das *hättest* du getan? それは君のしわざだって).
[*spätlat.*; < *lat.* dubitāre „bezweifeln"]

Du·blee[dubléː] 中 -s/-s **1**〘工〙金〈銀〉張り: eine Uhr aus 〈in〉 ～[3] 金(または銀)張りの時計. **2**〘ビリヤード〙からクッション. [*fr.* doublé]

Du·blee·gold 中〘工〙金張り〔したもの〕.

Du·blet·te[dublɛ́tə] 女 -/-n **1** (Doppelstück) (収集品などの)重複品, ダブり; (文書の)副本; 〘言〙(同じ語源から分かれた)姉妹〈双生〉語(例 drücken と drucken). **2** ダブレット(ガラスに低品位の宝石をはり合わせた模造宝石); はり合わせレンズ; 二重錠剤. **3**〘ボクシング〙ダブルパンチ; 〘ビリヤード〙同時に2球に当てること; 〘狩〙連射して2頭を倒すこと. **4**〘印〙**a**) ダブレット(同じ語・文字が重出した誤植). **b**) 字面のぶれ. [*fr.* doublet]

du·blie·ren[dublíːrən] 他 (h) 二重にする; 〘工〙金〈銀〉張りにする; 〘服飾〙(…に)裏地をつける; 〘織〙(糸を)より合わせる; 〘ビリヤード〙(球を)クッションに当ててはね返らせる; 〘海〙(岬を)回る; 〘狩〙(2頭を)続けて倒す; 〘劇〙(…の)代役を演じる; 〘料理〙(スポンジケーキなどを)重ねてくっつける; 〘印〙(折のずれによって)ぶれる, ずれる, ぶれ〈ずれ〉を生じる. [*fr.* doubler; < *lat.* duplus (→doppelt); ◇ duplieren, Dublüre]

Du·blier·ma·schi·ne[..líːr..] 女〘織〙よりかけ機.

Dub·lin[dáblɪn, dʌ́blɪn] 地名 ダブリン(アイルランド共和国の首都).

Du·blo·ne[dublóːnə] 女 -/-n ダブロン(昔のスペインの金貨). [*span.* doblón—*fr.* doublon; < *lat.* duplus (→doppelt); ◇ *engl.* doubloon]

Du·blü·re[..lýːrə] 女 -/-n (制服の)折り返し; (服の)裏地; 〘印〙表紙裏; 〘建〙壁布. [*fr.* doublure; ◇ dublieren]

Duc[dʏk, dyk] 男 **1** -[s]/-s (Herzog) 公爵. **2** -s/-s (婦人用二人乗り4輪の)飾り馬車. [*lat.* dux „Führer"—*fr.*; < *lat.* dūcere „führen"; ◇ Duktus, Duke]

Du·ce[dúːtʃe·] 男 -/ 〘史〙ドゥーチェ, 指導者(ファシスト党首 Mussolini の称号). [*lat.* dux—*it.*]

Du·chesse[dyʃɛ́s] 女 -/-n[..ʃɛ́sən] **1** (Herzogin) 公妃. **2**《単数で》(重く光沢のある)高級しゅす地. [*fr.*]

Ducht[dʊxt] 女 -/-en〘海〙**1** (ロープの)より股(こ), ストランド. **2** (ボートの)こぎ手席. **3** (マストの)支柱. [*germ.* „Bank"—*mndd.*; ◇ Dieb]

Duck·dal·be[dʊ́kdalbə, ⌣⌣́⌣] (**Dück·dal·be**[dʏ́k.., ⌣⌣́⌣]) 女 -/-n, **Duck·dal·ben** (**Dück·dal·ben**) 男 -s/-《ふつう複数で》=Dalbe

ducken[dʊ́kən] 他 (h) **1** (危険を避けるため急に上体を)下げる, かがめる: den Kopf ～ 頭をひょいとすくめる ‖ 再帰 *sich*[4] ～ ひょいと姿勢を低くする, かがむ; 首をすくめる | *sich*[4] ins Wasser ～ ひょいと水にもぐる | *sich*[4] vor dem Schlag ～ 身をかがめて打撃をかわす ‖ in *geduckter* Stellung しゃがんだ格好で. **2** (*jn.*) 屈従させる, おとなしくさせる: die ganze Familie ～ 家族全員を自分の言うなりにさせる ‖ 再帰 *sich*[4] vor *jm.* ～ …に屈従する, …に対してかしこまる. [*mhd.*; ◇ tauchen; *engl.* duck]

Ducker[dʊ́kər] 男 -s/- **1**〘動〙モグリカモシカ(羚羊). **2** =Düker

Dücker[dʏ́kər] 男 -s/- =Düker

Duck·mäu·ser[dʊ́kmɔʏzər] 男 -s/- (おく病または偽善から本心を隠す)いくじなし, 陰険〈卑屈〉なやつ.

Duck·mäu·se·rei[dʊkmɔʏzəráɪ] 女 -/ (本音を言わない)ひきょうな〈ずるい〉態度, いくじなさ.

duck≈mäu·se·rig[dʊ́kmɔʏzərɪç][2] 形, **≈mäu·se·risch**[..rɪʃ] 形 いくじなしの, 陰険な, 卑屈な. [< *mhd.* tockel-mūsen „Heimlichkeit treiben"]

duck≈nackig (**≈nackt**) 形《北部》首をこごめた, 猫背の. [◇ducken, Nacken]

Duck·stein 男《北部》(Tuffstein)〘鉱〙凝灰岩, 火山土; 石灰華.

du·del·dei[duːdəldáɪ] **I** =dideldumdei **II Du·del·dei** 中 -s/ =Dudelei

du·del·dum·dei[..dʊmdáɪ] =dideldumdei

Du·de·lei[duːdəláɪ] 女 -/ (バッグパイプ・手回しオルガン・フルートなどの)ブーブーピーピー〈ブカブカ・ピーヒャララ〉という音; 退屈で煩わしい音楽: Hör bloß auf mit dieser ewigen ～ auf der Flöte! そんなふうに のべつ幕なしフルートをピーピー吹き鳴らすのはもうやめてくれ.

Du·de·ler[dúːdələr] (**Dud·ler**[dúːdlər]) 男 -s/- バッグパイプ奏者; 手回しオルガン奏者; へたな楽器奏者〈口笛を吹く人〉.

Du·del·ka·sten[dúːdəl..] 男《話》(Plattenspieler) レコードプレーヤー; ラジオ; テレビ; (Leierkasten) 手回しオルガン.

du·deln[dúːdəln] 《06》 **I** 自 (h) **1** (ラジオ・テレビ・手回しオルガンなどが)〔いつまでも〕鳴り響く; (楽器・口笛で)へたくそに〈単調に〉演奏する: auf der Flöte ～ やかましくフルートを吹き鳴らす. **2** もごもご言う. **3**《方》(bummeln) ぶらつく; ぐずぐず〈のろのろ〉する. **4**《話》酒を飲む, 痛飲する. **II** 他 (h) **1** (楽器などで)へたくそに単調な音を出す: Den ganzen Tag *dudelt* er das gleiche Lied. 一日じゅう彼は同じ歌曲ばかり吹いて〈弾いて〉いる. **2**《話》(酒を)飲む, 痛飲する: einen ～ gehen 一杯やりに行く.

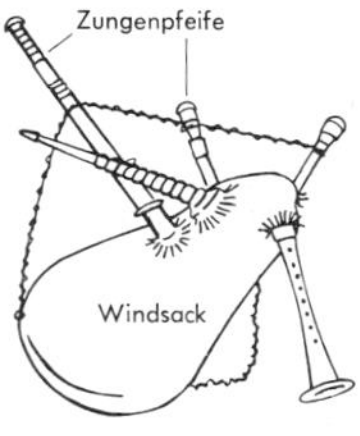

Dudelsack

Du·del·sack[dúːdəl..] 男 (Sackpfeife) 風笛, バッグパイプ(→ 図): 〔auf dem〕 ～ spielen 〈blasen〉 バッグパイプを演奏する | den Himmel für einen ～ ansehen

(→Himmel 1). 〔*türk.* dukduk „Flöte"−*tschech.* dudy; ◇*engl.* doodlesack〕

Du·del·sack·pfei·fer 男 バッグパイプ奏者.

Du·den[dú:dən] **I** 人名 Konrad ～ コンラート ドゥーデン(1829-1911; ドイツの言語学者で, 正書法辞典の編者).
II 男 -〔s〕/- 商標 ドゥーデン(ドゥーデン正書法辞典およびそれを第1巻とする辞典・文典シリーズ): der Große ～ (1980年まで旧西ドイツの)ドゥーデン独語辞典シリーズ; (旧東ドイツの)正書法辞典 | Bilder-*Duden* ドゥーデン図解辞典 ‖ im ～ nachschlagen ドゥーデンを引いて調べる.

Du·dler =Dudeler

Duell[duɛ́l] 中 -s/-e (Zweikampf) 決闘, 果たし合い; 《比》(一般に二者の間の)勝負, 対決, 一騎打ち: ～ auf Pistolen 〈auf Säbel〉 ピストル〈刀〉による決闘 | Rede*duell* 論争 ‖ *jn.* zum ～ herausfordern …に決闘を挑む. 〔*mlat.*; ＜*lat.* duellum „Krieg"+duo „zwei"; ◇*engl.* duel〕

Duel·lant[duɛlánt] 男 -en/-en 決闘する人.

duel·lie·ren[..lí:rən] 他 (h) 再帰 *sich*[4] 〔mit *jm.*〕 ～ 〔…と〕決闘をする. 〔*mlat.*〕

▽**Duen·ja** (**Du·eña**)[duɛ́nja·] 女 -/-s , ▽**Duen·na** [..na·] 女 -/..nen[..nən] **1** (Anstandsdame) 行儀指南役の婦人. **2 a)** 〚史〛(皇后の)女官長. **b)** 《戯》家政婦. 〔*lat.* domina−*span.*; ◇Domina〕

Duett[duɛ́t] 中 -〔e〕s/-e **1** 〚楽〛 **a)** 二重奏〈唱〉, デュエット: im ～ singen 二重唱で歌う | im ～ spielen 二重奏で演奏する. **b)** 二重奏〈唱〉曲. **2** 《話》二人組. 〔*it.* duetto; ◇Duo〕

duff[dʊf] 形 《北部》(matt) 光沢のない, くすんだ, どんよりした. 〔◇doof〕

Düf·fel[dʏ́fəl] 男 -s/- 〚織〛ダッフル(立毛したラシャ地). 〔*ndl.*−*engl.* duffel; ＜Duffel (ベルギーの都市名)〕

Duf·fle·coat[dáfəlko:t, dʌ́fəlkoʊt] 男 -s/-s 〚服飾〛ダッフルコート. 〔*engl.*〕

Du·four·kar·te[dyfú:r..] 女 (スイスの)デュフール式地形図. 〔＜G.-H. Dufour (スイスの将軍, †1875)〕

Duft[1][dʊft] 女 -/-en =Ducht 〔*ahd.* dofta〕

Duft[2][−] 男 -es(-s)/Düfte[dʏ́ftə] (小 **Düft·chen** [dʏ́ftçən], **Düft·lein**[..laɪn] 中 -s/-) **1 a)** (ほのかな快い)におい, かおり; 《比》(独特の)雰囲気, 持ち味: der ～ nach Braten 焼き肉のにおい | der ～ von Braten 〈Kaffee〉 焼き肉〈コーヒー〉のかおり | der romantische ～ seiner Gedichte 彼の詩のロマンチックな雰囲気 ‖ Die Blume strömt einen süßen ～ aus. この花は甘いかおりを漂わせている. **b)** 《反語》悪臭. **2 a)** 《雅》(Dunst) もや, かすみ, 蒸気; (Nebel) 霧. **b)** 《スイ》(Rauhreif) 霧氷, 樹氷. **c)** (果物の表面の)白い粉. 〔*ahd.* „Dunst"; ◇Dampf〕

Duft·bruch[dʊ́ft..] 男 (木の)霜による枝割れ.

Düft·chen Duft[2]の縮小形.

Duft·drü·se[dʊ́ft..] 女 〚解〛臭腺(しゅうせん).

duf·te[dʊ́ftə] 形 《話》 **1** すばらしい, すてきな: ein ～*r* Kerl すてきなやつ | eine ～ Biene 〈Puppe〉 いかす女 ‖ Das Fest war ～. 祭りは楽しかった. **2** (gerissen) すれっからしの: eine ～ Nummer 〈Marke〉 したたか者. 〔*hebr.* tōb „gut"−*jidd.*〕

Düf·te Duft[2]の複数.

duf·ten[dʊ́ftən] 《01》 **I** 自 (h) **1** (ほのかに快く)におう, かおる(→riechen I 1 ★); 《反語》くさい: Rosen *duften* im Garten. / Der Garten *duftet* von Rosen. 庭のバラがにおっている | **nach** *et.*[3] ～ …のかおりがする | Er *duftet* stark nach Schnaps. 《戯》彼はぷんぷん酒のにおいをさせている ‖ 非人称 Hier *duftet* es nach Parfüm. ここは香水のかおりがする ‖ *duftender* Wein かおりのよいワイン. **2** (もやに包まれて)かすんでいる. **II** 他 (h) 発散〈蒸発〉させる. 〔*mhd.*; ◇Duft[2]〕

duf·tig[dʊ́ftɪç][2] 形 **1** (布などが)薄手の, 軽やかな: ein ～*es* Kleid 生地の薄い服. **2** 《雅》かすみのかかった, おぼろな, ほのかな: in ～*er* Ferne かすみのかかった遠方に, 遠く薄もやに包まれて. **3** かおりのよい. **4** 霜の降りた; (果物が)白い粉のふいた.

Duft·kis·sen 中 (Kräuterkissen) (衣装だんすなどに入れる)におい袋.

Düft·lein Duft[2]の縮小形.

duft·los[dʊ́ftlo:s][1] 形 かおりのない.

Duft≈mar·ke 女 〚動〛(臭線の分泌液による)においのしるし: ～*n* setzen (動物が)においづけをする. **≈no·te** 女 (化粧品などの)独特なかおり. **≈or·gan** 中 〚動〛(昆虫などの)香腺(こうせん), 発香器官.

duft·reich 形 《雅》かおり豊かな.

Duft≈stoff 男 **1** (Parfüm) 〚化〛香料. **2** 〚生〛(花などの)芳香物質. **≈veil·chen** 中 〚植〛ニオイスミレ(匂菫). **≈was·ser** 中 -s/..wässer 香水.

Du Fu[dùfǔ] =Tu Fu

Du·gong[dú:gɔŋ] 男 -s/-e, -s 〚動〛ジュゴン. 〔*malai.*〕

duhn =dun

Duis·burg[dý:sbʊrk] 地名 デュースブルク(ドイツ Nordrhein-Westfalen 州の工業都市).

du jour[dyʒú:r] 《フランス語》当日の: ～ sein 日直に当たっている, 勤務がある. 〔„vom Tage"〕

Du·ka·ten[duká:tən] 男 -s/- ドゥカーテン金貨(ヨーロッパで13-19世紀に通用した金貨). 〔*mlat.* ducātus „Herzogtum"−*it.*−*mhd.*; ◇Duc; *engl.* ducat〕

Du·ka·ten≈esel 男 《戯》黄金のロバ: Ich bin doch kein ～. おれだって金に限りがあるんだよ. **≈fal·ter** 男 〚虫〛フチグロベニシジミ(縁黒紅蜆蝶). **≈gold** 中 (金貨などに用いる実用上もっとも純度の高い) 23カラット金.

Duke[dju:k] 男 -/-s (英国の)公爵 (Herzog にあたる); 公爵の爵位. 〔*lat.* dux−*fr.*−*engl.*; ◇Duc〕

Dü·ker[dý:kər] 男 -s/- **1** 〚土木〛潜管(水路の下などを通す高圧水管). **2** 《北部》(Taucher) 〚鳥〛カイツブリ(鸊鷉). 〔*mndd.*; ◇ducken〕

duk·til[dʊktí:l] 形 〚金属〛可延性の, 成形できる. 〔*lat.*〕

Duk·ti·li·tät[dʊktilitɛ́:t] 女 -/ 〚金属〛延性.

Duk·tor[dʊ́ktɔr, ..to:r] 男 -s/-en[dʊktó:rən] **1** 〚工〛導管. **2** (印刷機の)インク送りローラー. 〔*lat.* ductor „Führer"〕

Duk·tus[dʊ́ktʊs] 男 -/ 《雅》(Schriftart) 書き方, 運筆; 筆法; 《比》(ことば・絵・劇などの)描写のしかた〈特徴〉. 〔*lat.*; ＜*lat.* dūcere „ziehen" (◇Duc)〕

Dul·cin[dʊltsí:n] 中 -s/ =Dulzin

Dul·ci·nea[dʊlθinéa·] **I** 人名 ドゥルシネア (Don Quichotte が理想の女性と空想したトボソの田舎娘).
II 女 -/..neen[..né:ən] =Dulzinea II
〔*span.*; ＜*lat.* dulcis (→dolce)〕

duld·bar[dʊ́ltba:r] 形 我慢のできる, 耐えうる.

dul·den[dʊ́ldən][1] 《01》 他 (h) **1 a)** 《*et.*[4]》(…を)許容する, 黙認する, 大目に見る: keinen Widerspruch ～ いかなる反対も許さない | *et.*[4] stillschweigend ～ …を黙認する〈見て見ぬふりをする〉| Die Sache *duldet* keinen Aufschub. 事は一刻の猶予も許さない | Er hat *geduldet*, daß es geschah. 彼はそうなることを大目に見た. **b)** 《*jn.* / *et.*[4]》(…がいる・あることを)許す, 許容する, (…の同居を)我慢する: Wir sind hier nur *geduldet*. 私たちはただお情けでここにおいてもらっているだけだ | Sie *duldete* nicht seine Hand auf ihrer Schulter. 彼女は彼の手が彼女の肩に置かれるのを拒んだ ‖ 非人称 Es *duldet* mich nicht länger hier. 私はこれ以上ここに我慢して居られない.
2 (erdulden) 耐え忍ぶ, 我慢する, 辛抱する: große Schmerzen ～ 大きな苦痛を耐え忍ぶ | *sein* Schicksal ～ 運命を甘受する ‖〚目的語なしで〛bis zu *seinem* Tod tapfer ～ 死ぬまで弱音を吐かない.
〔*germ.* „ertragen"; ◇tolerieren, Geduld; *engl.* thole〕

Dul·der[dʊ́ldər] 男 -s/- 忍耐する人, じっと耐え忍ぶ人.

Dul·der·mie·ne 女 《軽蔑的に》苦悩に耐える者の顔つき, 泣きべそ: mit ～ 泣きべそをかいて.

duld·sam[dʊ́ltza:m] 形 寛大〈寛容〉な; 辛抱強い: gegen *jn.* 〈*et.*[4]〉 ～ sein …に寛大である, …を大目に見る.

Duld·sam·keit[−kaɪt] 女 -/ (duldsam なこと. 例えば:) 寛大さ, 忍耐強い態度.

Dul·dung[dʊ́ldʊŋ] 女 -/-en **1** (不正・例外などを)許す〈認める〉こと, 大目に見ること, 許容, 黙認, 容認: die ～ der Behörden finden 〈erfahren〉 当局に黙認される.

2 (苦悩などを)耐え忍ぶこと, 忍耐.

Dụ̈l·fer·sitz[dʏ́lfər..] 男〘登山〙(懸垂下降の際の)ダブルロープ(→ ⊛ Seil). [<H. Dülfer (ドイツの登山家. †1915)]

Du·lị·e[dulíː] 女 -/ 〘カトリック〙聖人崇敬. [*gr.* douleíā „Sklaverei"−*mlat.*; < *gr.* doũlos „Sklave"]

Dụll·dill[dúldɪl] 男 -s/ , **Dụll·dill·kraut** 中 -[e]s/ 《北部》=Bilsenkraut [◇toll]

dul·liä̱h[dulié:] **I** 形《述語的》《オーストリア》(lustig) 楽しい, 浮かれた. **II Dul·liä̱h** 《オーストリア》**1** 中 -/ 楽しい〈浮かれた〉気分. **2** 男 -/ ほろ酔い気分. [Jodel を歌う際の歓声]

Dult[dult] 女 -/-en《南部・オーストリア》(Jahrmarkt) 年の市(いち). [*got.*−*ahd.*]

Dul·zị̄n[dultsíːn] 中 -s/ 〘化〙ズルチン. [< *lat.* dulcis (→dolce) + ..in²; ◇ *engl.* dulcin]

Dul·zi·nẹ·a[dultsinéːa·] **I** =Dulcinea I **II** 女 -/ ..neen[..néːən] (-s)《戯》(Geliebte) 愛する女, 愛人.

Dụ·ma[dúːma·] 女 -/-s **1**〘史〙ドゥーマ, ロシア帝国議会〔議員〕(1905-17); (ロシアの)市庁舎, 市参事会会員. **2** コサック歌謡. [*russ.* „Gedanke"; ◇Dumka]

Du·mas[dymá, ..mɑ́] 人名 Alexandre ～ アレクサンドル デュマ(フランスの劇作家・小説家.『モンテクリスト伯』を書いた父 Dumas d. Ä. 大デュマ〔1802-70〕,『椿姫』を書いた子 Dumas d. J. 小デュマ〔1824-95〕ともに同名である).

Dum·dụm[dumdúm, ◡◡] 中 -[s]/-[s], **Dum·dụm·ge·schoß** 中 ダムダム弾. [*engl.* dumdum [bullet]; <Dum-Dum (兵器工場のあったインドの地名)]

Dụm·ka[dúmka·] 女 -/..ki[..ki·] ドゥムカ(哀調のスラブ叙事民謡). [*tschech.*; ◇Duma]

dumm[dum] **dụ̈m·mer**[dʏ́mər]/**dümmst** 形 **1** (英: *foolish*) (↔klug) ばか〈愚か〉な, 無知な; 何も知らぬ, 単純素朴な; 経験不足の, 未熟な; おもしろみのない: der ～*e* August (→August II) | ein ～*es* Gesicht まぬけ顔 | ～*es* Zeug (→Zeug 1 b) ‖ **～ wie Bohnenstroh 〈wie die Nacht / wie die Sünde〉 sein** / ***dümmer*** **sein als 〔es〕 die Polizei erlaubt**《話》度外れのばかである | Er ist ～ geboren, nichts hinzugelernt 〔und auch das noch vergessen〕.《話》彼は大ばかだ | *jn.* für ～ halten 〈verkaufen〉 …をばかにする | *sich*⁴ ～ stellen そらとぼける, しらばくれる | ***sich*⁴ nicht für ～ verkaufen lassen** だまされない | *sich*⁴ ～ kommen lassen 〔müssen〕 ばかをみる ‖ **～ und dämlich**《話》我慢の限界まで | ～, dreist und gottesfürchtig 平然と, そしらぬ顔で ‖ einen *Dummen* an *jm.* finden …をいいカモにする; …を(自分でしたくないことの)身代わりとする ‖ **Die *Dummen* sterben nicht aus.**《諺》世にばか者の種(たね)は尽きない | **immer der *Dumme* sein / immer den *Dummen* machen**《話》いつもばかをみる.

2 (übel) 不快な, いやな: ein ～*es* Gefühl いやな〈おかしな〉感じ ‖ Er kommt mir ～ 〈von einer ～*en* Seite〉. 彼は私に対してずうずうしい | ***jm.* zu ～ sein 〈werden〉**《話》…にとって忍耐の限度を超える | 〔Es ist〕 ～, daß er nicht kommt. 彼が来ないとはけしからん.

3 (schwindlig) 頭がくらくらする, めまいがする: Mir ist ganz ～ im Kopf. 私は頭がくらくらする | Der Lärm machte mich ～. 騒音で私は頭がぼうっとなった.

[*germ.* „verdunkelt"; ◇Dunst, toll; *engl.* dumb]

Dụmm·bach[dúmbax] 地名 ドゥムバハ(架空の地名): 《もっぱら次の成句で》**aus ～ sein**《話》ばか〈愚か者〉である.

Dụmm≠bart[dúm..] 男, **≠bar·tel**[..bartəl] 男 -s/- 《話》ばか〈愚か〉者.

dụmm·dreist 形 ばかでおまけにあつかましい.

Dụmm·drei·stig·keit 女 -/-en **1**《単数で》dummdreist なこと. **2** dummdreist な言動.

Dum·me·jụn·gen·streich[duməjúŋən..] 男《ふつう Dumm-, jung- の部分は形容詞として変化する》ばかげたいたずら. [<dumme Jungen Streich]

Dụm·men·fang[dúmən..] 男 -[e]s/ 愚か者をひっかけること: auf ～ ausgehen (うまくひっかかる)愚か者さがしに出かける.

dụ̈m·mer dumm の比較級.

Dụm·mer·chen[dúmərçən] 中 -s/- (幼くて)物事をわきまえない〈世間知らずの〉子, おばかさん.

Dụm·mer·ja̱n[..jaːn] 男 -s/-e《話》とんま, まぬけ. [<..ian]

Dum·mer·jụn·ger·streich → Dummejungenstreich

dụm·mer·wei̱·se 副 愚かなことに, まずいことに: Ich habe heute ～ nicht genug Geld bei mir. きょうはまずいことに十分な金の持ち合わせがないんだ.

dụmm·frech =dummdreist

Dụmm·heit[dúmhaɪt] 女 -/-en **1**《単数で》無知, ばか, 愚鈍: die ～ mit Löffeln gegessen haben / mit ～ geschlagen sein / **vor ～ brüllen 〈brummen / schreien〉**《話》たいへん愚かである | Wenn ～ weh täte, würde 〈müßte〉 er den ganzen Tag schreien. 彼は大ばかやろうだ | *Dummheit* und Stolz wachsen auf einem Holz.《諺》ばかはうぬぼれる | Mit der ～ kämpfen Götter selbst vergebens. ばかにつける薬はない (Schiller). **2** 愚かな言動〈考え〉.

Dụm·mia̱n[dúmia(ː)n] 男 -s/-e 《オーストリア》= Dummerjan

Dum·mies Dummy の複数.

Dụmm≠kol·ler[dúm..] 男 -s/ 〘畜〙(馬が痴呆(ちほう)状態に陥る)脳圧亢進(こうしん)症. **≠kopf** 男《話》ばか者, 愚か者.

dụmm·kühn 形 向こう見ずの, 無鉄砲な.

dụ̈mm·lich[dʏ́mlɪç] 形 愚かしい.

Dụ̈mm·ling[..lɪŋ] 男 -s/-e とんま.

Dụmm·ria̱n[dúmria(ː)n] 男 -s/-e =Dummerjan

Dụmms·dorf 中《もっぱら次の成句で》**aus 〈von〉 ～ sein** ばか〈愚か者〉である.

dümmst dumm の最上級.

dụmm·stolz[dúm..] 形 からいばりの, 思い上がった.

Dum·my[dámi·] 男 -s/-s , Dummies[..miːs] ダミー,(災害実験などの)人体模型; (展示用の)商品〈外形〉見本. [*engl.*; < *engl.* dumb „stumm"; ◇dumm]

dụ̈m·peln[dʏ́mpəln] 《06》自 (h) (schlingern)〘海〙(船が)波にもまれる. [*mndd.*]

dụm·per[dúmpər] 形《南部・オーストリア》(dunkel) 暗い, ぼんやりした, ぼやけた; (声などが)低い, 弱い. [◇dumm]

Dum·per[dámpər, dúm..] 男 -s/- (Kippwagen) ダンプカー. [*engl.*; < *engl.* dump „umkippen"; ◇Dumping]

dumpf[dumpf] 形 **1** (におい・味が)しめっぽい, かび臭い, むっとする; (色・光・音色が)鈍い, さえない; (気分が)息苦しい, うっとうしい: ein ～*es* Echo うつろに響くこだま | in ～*em* Hinbrüten dasitzen 陰気にふさぎこんでいる.

2 鈍感な, ぼんやりした, おぼろげな; 感覚のない, 麻痺(まひ)した, しびれた: das ～*e* Alltagsleben 変わりばえのしない毎日 | ein ～*er* Schmerz 鈍痛 | ～ dahinleben ぼんやりと暮らす | Mir ist ～ im Kopf. 私は頭がさえない.

Dụmpf·heit[dúmpfhaɪt] 女 -/ (dumpf なこと. 例えば:) 無知, 陰鬱(いんうつ), 鈍感. [< *mhd.* dimpfen „dampfen" (◇dämpfen)]

dụmp·fig[dúmpfɪç]² 形 かび臭い, むっとする, しめっぽい.

Dụmp·fig·keit[–kaɪt] 女 -/ dumpfig なこと.

Dum·ping[dámpɪŋ] 中 -s/ 〘商〙ダンピング, 国外投げ売り. [*engl.*; ◇Dumper]

Dum·ping·preis[dámpɪŋ..] 男 ダンピング価格.

du̱n[duːn] 形《付加語的用法なし》《北部》《俗》(betrunken) 酔っぱらった, 酩酊(めいてい)した: *sich*⁴ ～ trinken 酒を飲んでへべれけになる. [*mndd.* „gedunsen"; ◇Dohne]

Du·nant[dynɑ̃́(ː)] 人名 Jean Henri ～ ジャン アンリ デュナン(1828-1910; スイスの社会事業家で赤十字の創立者. 1901年ノーベル平和賞受賞).

Du̱·ne[dúːnə] 女 -/-n《北部》=Daune

Dü̱·ne[dýːnə] 女 -/-n 砂丘(→ ⊛ Strand): Sand*düne* 砂丘 | Wander*düne*〘地〙移動砂丘.

[„Aufgeschüttetes"; *mndd.*; ◇Dunst; *engl.* dune]

Dụng[duŋ] 男 -[e]s/ 肥料,(特に:) 堆肥(たいひ), 厩肥(きゅうひ), 水肥. [„Bedeckendes"; *ahd.*]

Dụng·ab·la·ge 女 肥だめ.

Dụ̈n·ge·mit·tel[dʏ́ŋə..] 中 化学肥料.

dụ̈n·gen[dʏ́ŋən] **I** 他 (h) (畑・作物に)肥料をやる, 施肥する: das Beet 〈ein junges Pflänzchen〉 mit Kalk ～ 苗

床〈苗〉に石灰を施肥する. **II** 自 (h) 肥料となる. [*mhd.*; ◇Dung]

Dün·ger[dʏ́ŋər] 男 -s/- 肥料: natürlicher 〈organischer〉 ~ 自然〈有機質〉肥料 | künstlicher ~ 人造肥料 (=Kunstdünger) ‖ ~ streuen 〈untergraben〉 肥料をまく〈埋め込む〉.

Dün·ger≈hau·fen 男 堆肥(たい)の山. **≈stät·te** 女 堆肥置き場. **≈streu·er** 男, **≈streu·ma·schi·ne** 女 〘農〙散肥機.

Dung≈flie·ge[dʊ́ŋ..] 女〘虫〙フンバエ(糞蠅). **≈ga·bel** 女〘農〙こやし熊手. **≈gru·be** 女 肥だめ. **≈hau·fen** =Düngerhaufen **≈kä·fer** 男〘虫〙**1** マグソコガネ(馬糞黄金虫). **2** マグソコガネ亜科の昆虫. **≈mücke** 女〘虫〙ニセケバエ(偽毛蠅).

Dün·gung[dʏ́ŋʊŋ] 女 -/-en 施肥; 肥料.

Dun·huang[dūənxūáŋ] =Tunhuang

dun·kel[dʊ́ŋkəl] **I** (dunk·l..) 形 **1** (英: *dark*) (↔hell) **a)** 暗い, まっ暗な, やみの: eine *dunkle* Höhle 〈Straße〉 暗いほら穴〈街路〉‖ Es wird ~. (日が暮れて辺りが)暗くなる | Es wird immer *dunkler*. (辺りが)しだいに〈ますます〉暗くなる | Mir wurde es ~ vor den Augen. 私は気が遠くなった | **~ wie im Arsch sein**《卑》真っ暗である. **b)** 黒っぽい, 黒ずんだ, 暗色の: ein *dunkler* Anzug 黒っぽい背広, ダークスーツ | *dunkles* Bier 〈Brot〉 黒ビール〈パン〉| *dunkles* Blau 黒みがかった青, 濃紺 | der *dunkle* Erdteil 暗黒大陸(アフリカ) | *dunkler* Nebel〘天〙暗黒星雲 ‖ ~ gekleidet 黒っぽい服装で. **c)** (髪・皮膚などについて)〔黒みがかった〕茶色の, 褐色の, ブルネットの; (人について)ブルネットの髪をした (→brünett): *dunkle* Gesichtsfarbe 褐色の〈浅黒い〉顔色 | Sein Gesicht wurde ~ vor Zorn. 彼の顔は怒りでまっ赤になった | Sie ist ~, aber ihre Kinder sind blond. 彼女は〔黒みがかった〕茶色の髪だが子供たちは金髪だ. **d)** 低音の, 暗い響きの;〘言〙暗音性の: eine *dunkle* Stimme 太い声 | ein *dunkler* Vokal 暗音〈鈍音〉の母音, 低音調〔性〕母音(例 [o][u]) ‖ Die Glocke tönt ~. 鐘がにぶく〈ゴーンと〉鳴る.

2 (↔klar) はっきりしない, あいまいな; (verdächtig) 怪しげな, 疑わしい: eine *dunkle* Erinnerung ぼんやりした記憶 | eine *dunkle* Existenz führen いかがわしい生活をする | von *dunkler* Herkunft 素性の知れぬ | *dunkle* Pläne aushecken 密計をたくらむ | eine *dunkle* Stelle des Briefs 手紙の中の読み取れない〈よく分からない〉個所 | eine *dunkle* Vergangenheit haben 人に知られ〔てはなら〕ぬ過去をもつ ‖ Der Zusammenhang ist mir ~. その間の関連は私にはすっきりしない | Die Zukunft liegt ~. 将来の見込みがあやふやである ‖〘名詞的に〙**im *dunkeln* tappen** (→III) | *jn.* im *dunkeln* 〔über *et.*⁴〕 lassen …を〔…について〕けむに巻く.

3 (düster) 陰鬱(いんうつ)な, 明朗でない: der ~*ste* Tag meines Lebens わが生涯の最悪の日 | das *dunkle* Zeitalter 暗黒時代(中世).

II Dun·kel 中 -s/ **1** 暗やみ: in 〔tiefes〕 ~ gehüllt sein 〔深い〕やみに包まれている | ins ~ starren やみを見つめる. **2** 不可解, 神秘: Darüber liegt ein völliges ~. この件は全くのなぞに包まれている.

III Dunk·le[dʊ́ŋklə] 中《形容詞変化》**1**《単数で》暗やみ: im *Dunkeln* 暗やみで | **im *Dunkeln* 〈*dunkeln*〉 tappen**《比》暗中模索する | **Im *Dunkeln* ist gut munkeln.**《諺》暗やみは恋の仲立ち, 夜は泥棒と恋人の友 | der Sprung ins *Dunkle* (→Sprung 1 a). **2** 黒ビール: Herr Ober, bitte ein ~*s* 〈zwei ~〉! ボーイさん 黒ビール 1 杯〈2 杯〉お願いします. [*germ.* „neblig"; ◇Dampf]

Dün·kel[dʏ́ŋkəl] 男 -s/ **1** うぬぼれ, 慢心, 自負〔心〕: *jm.* *seinen* ~ austreiben …の高慢の鼻をくじく. ᵛ**2** 私見, 独断. [<dünken]

Dun·kel·ar·rest[dʊ́ŋkəl..] 男〘法〙暗室禁固〈拘留〉.

dun·kel≈äu·gig 形 黒い目の, ひとみの黒い. **≈blau** 形 (↔hellblau) 暗青色の, 紺色の. **≈braun** 形 (↔hellbraun) 暗褐色の. **≈far·big** 形 暗色の, 黒っぽい.

Dun·kel·feld[dʊ́ŋkəl..] 中 (↔Hellfeld)〘光学〙(顕微鏡の)暗視野;《比》(明るみに出ない)暗部, 隠された部分.

Dun·kel·feld·be·leuch·tung 女 (顕微鏡の)暗視野照明.

dun·kel≈gelb 形 (↔hellgelb) 濃い黄色の. **≈grün** 形 (↔hellgrün) 暗緑色の. **≈haa·rig** 形 黒みがかった茶色の髪をした.

dün·kel·haft[dʏ́ŋkəlhaft] 形 うぬぼれた.

Dün·kel·haf·tig·keit[..tɪçkaɪt] 女 -/ うぬぼれ.

dun·kel·häu·tig[dʊ́ŋkəl..] 形 (肌が)色黒の, 黒みがかった茶色の肌をした.

Dun·kel·heit[dʊ́ŋkəlhaɪt] 女 -/-en 〔夕〕やみ; 暗さ, 黒さ; はっきりしないこと, あいまいさ, なぞ; 難解さ; 暗愚, 無知: die tiefe ~ des Waldes 森の深いやみ ‖ bei einbrechender 〈eintretender〉 ~ / bei Einbruch 〈Eintritt〉 der ~ 日暮れ時に | in ~ versinken やみに沈む ‖ Die ~ bricht herein 〈fällt ein〉. 日が暮れる | Die ~ senkt sich über die Stadt. 夕やみが町を包む | Der Text enthält zahlreiche ~*en*. このテキストには難解な個所が無数にある.

Dun·kel≈kä·fer[dʊ́ŋkəl..] 男〘虫〙ゴミムシダマシ(擬塵芥虫)科の昆虫. **≈kam·mer** 女〘写〙暗室;〘理〙暗箱. **≈mann** 男 -[e]s/..männer **1** 黒幕, 陰で糸を引くと見られる怪しい〈陰険な〉人, 陰でこそこそする人. ᵛ**2** (Obskurant) 反啓蒙(けいもう)主義者.

Dun·kel·män·ner·brie·fe 複 陰の男の手紙(16世紀の人文主義者がカトリック僧侶(そうりょ)やスコラ学者をやっつけようと, わざと悪文のラテン語で書いた風刺文). [*lat.* Epistolae obscūrōrum virōrum „Briefe unberühmter Männer" (◇Epistel, obskur, viril) の翻訳借用]

dun·keln[dʊ́ŋkəln] 《06》 **I** 自 **1** (h) 〘非人称〙《es dunkelt》暗くなる, 日が暮れる, たそがれる: Es hat rasch *gedunkelt*. 急に暗くなった ‖〘人称動詞として〙Der Abend *dunkelt*. 日が暮れる | Die Straße *dunkelt*. 通りが暗くなる. **2** (s) 黒くなる, 黒ずむ: vom Alter ~ 古びて黒ずむ. **3** (h)《雅》黒々と見える. ᵛ**II** 他 (h) (verdunkeln) 暗くする; (色を)濃くする;《比》分かりにくくする: 〘再帰〙 *sich*⁴ ~ 暗く〈黒く〉なる.

Dun·kel·ne·bel 男 =Dunkelwolke

dun·kel≈rot 形 (↔hellrot) 暗赤色の, 深紅の: vor Scham ~ werden 恥ずかしさに真っ赤になる. **≈vio·lett** 形 暗紫色の.

Dun·kel≈wer·den 中 -s/ 日暮れ〔ること〕: noch vor 〔dem〕 ~ 日の暮れないうちに. **≈wol·ke** 女〘天〙暗黒星雲. **≈zif·fer** 女 (公式の統計などには現れていない)隠れた数値, おもてに出ない数字.

dün·ken⁽*⁾[dʏ́ŋkən] 《34》 **dünk·te** (ᵛdeuchte [dɔ́ʏçtə])/**ge·dünkt** (ᵛgedeucht); 現 *du* dünkst (ᵛdeuchst), *er* dünkt (ᵛdeucht)

他 (自) (h) 《*jn.* / *jm.*》《様態を示す語句と》(…に…であると)思われる, (…には…らしく)見える: Das Vorhaben *dünkte* mich 〈mir〉 ganz unsinnig. その計画は私には全くナンセンスと思われた ‖ 〘非人称〙 es *dünkt jn.* 〈*jm.*〉 … / *jn.* 〈*jm.*〉 *dünkt* … …には…と思える | Es *dünkt* mich 〈mir〉, daß … 私には…と見える, 私は…らしいと思う | Mich 〈Mir〉 *dünkt,* es wird schon herbstlich. 私にはもう秋の気配が感じられる | Er saß da, gelassen, wie ihm *dünkte*. 彼はそこに座っていた 自分では平静なつもりで ‖ 〘再帰〙 *sich*⁴ 〈*sich*³〉 … ~ 自分を…と空想する〈思い込む〉| Er *dünkt* sich ein Held 〈etwas Besseres als wir〉. 彼は自分が英雄だ〈私たちより優れている〉とうぬぼれている | Du *dünkst* dich 〈dir〉 wohl sehr reich 〔zu sein〕? 君はどうも大金持ちのつもりらしいね.

[*germ.*; ◇denken; *engl.* think]

Dün·kir·chen[dʏ́:nkɪrçən] 地名 ダンケルク(ドーバー海峡に臨むフランスの港湾都市. 第二次大戦中, 英仏連合軍が劇的な撤退をした地. フランス語形 Dunkerque). [◇*engl.* Dunkirk]

dunk·l.. →dunkel

Dunk·le[dʊ́ŋklə] →dunkel III

dünn[dʏn] **I** 形 **1** (英: *thin*) (↔dick) 薄い: ein ~*es* Brett 〈Heft〉 薄い板〈ノート〉| Brot in ~*e* Scheiben schneiden パンを薄切りにする ‖ Butter 〈Salbe〉 ~ auftragen バター〈軟膏(なんこう)〉を薄く塗る ‖ das Brett 〈das Holz〉

bohren, wo es am ～*sten* ist (→bohren I 2).
2 細い; やせた: ein ～*er* Arm 〈Ast〉 細い腕〈枝〉 | eine ～*e* Frau やせた女 ‖ Sie ist zu ～ 〔am Körper〕. 彼女はやせっぽちだ | *sich*[4] ～ machen 《戯》(場所をとらないように・席を詰めるために)体をすぼめる(ただし: →dünnmachen).
3 (↔dicht) まばらな; 希薄な; すき通るような; 中身の乏しい, 貧弱な: ～*es* Haar 薄い毛〈髪〉 | ～*er* Nebel 薄い霧 | eine ～*e* Stimme 弱々しい(かぼそい)声 | ein ～*er* Vorhang 薄手の〈光の通る〉カーテン | ein ～*er* Vortrag 内容の乏しい講演 | ～*er* Wein 薄い〈水っぽい〉ワイン ‖ Seine Begründung ist mir ～. 彼の理由づけは私には説得力がない | Der Beifall war ～. 拍手はまばらだった | Der Chor klingt ～. 合唱は迫力がない | ～ lächeln ちらりとほほえむ ‖ ～ bevölkert 人口希薄な | ～ gesät sein (→säen I) ‖〖名詞的に〗mit *jm.* durch dick und ～ gehen (→dick I 3).
II Dün·ne[1] 《形容詞変化》 **1** 男 女 やせっぽち. **2** 男《話》(Durchfall) 下痢: den ～*n* kriegen 腹下しする.
[*germ.* „ausgedehnt"; ◇dehnen, Tenuis; *engl.* thin]

dünn≠backig[dʏn..] (≠**bäckig**) 形 ほおのこけた. [<Backen]
dünn·be·haart 形 薄く毛の生えた, 毛の薄い.
dünn·bei·nig 形 (動物・家具などが)脚の細い. [<Bein]
dünn≠be·sie·delt 形, ≠**be·völ·kert** 形 住民の少ない, 人口希薄の: ein ～*es* Gebiet 住民のまばらな地域. ≠**be·wach·sen** 形 (土地・地域について)樹木〈草木〉の少ない.
Dünn·bier 中 (アルコール分の)弱いビール.
dünn≠blät·te·rig (≠**blätt·rig**) 形 〖植〗葉の薄い.
Dünn·darm 男 (↔Dickdarm)〖解〗小腸.
dünn·dar·mig 形《方》やせっぽちの, ひょろ長い.
Dünn·druck 男 -[e]s/-e インディアペーパーの印刷物: in ～ erscheinen インディアペーパーを使って出版される.
Dünn·druck≠aus·ga·be 女 〖印〗インディアペーパー版. ≠**pa·pier** 中 〖印〗インディアペーパー: *et.*[4] auf ～ herausbringen …をインディアペーパー版で刊行する.
Dün·ne[1] →dünn II
Dün·ne[2][dʏ́nə] 女 -/-n **1** 《単数で》(↔Dicke) 細さ, 薄さ, 希薄さ, 弱々しさ. **2** 細い〈薄い〉部分; ᵛこめかみ. **3** =Dünnschiß **4** =Dünnung
dün·ne|ma·chen =dünnmachen
dun·ne·mals[dʊ́nəma:ls] 副《北部》(damals) その当時に: **Anno** 〈**anno**〉 ～ 《戯》大昔に. [<*ndd.* dunn „dann, damals"]
dün·nen[dʏ́nən] 他 (h) (verdünnen) 薄く〈細かく〉する.
dünn≠flüs·sig[dʏn..] 形 (↔dickflüssig) (液体が)水っぽい, さらさらした. ≠**ge·sät** 形 (種などが)まばらにまかれた; 《比》まばらな. ≠**häu·tig** 形 皮膚の薄い; 《比》(心が)傷つきやすい, 敏感な.
Dünn·heit[dʏ́nhaɪt] 女 -/ =Dünne[2] 1
dünn·lich[..lɪç] 形 ほっそりした; 薄めの.
dünn·lip·pig 形 唇の薄い. [<Lippe[1]]
dünn|ma·chen 他 (h) 《話》再帰 *sich*[4] ～ ずらかる, うせる(ただし: *sich*[4] dünn machen →dünn I 2).
Dünn≠pfiff 男 =Dünnschiß ≠**säu·re** 女 (産業廃棄物としての)稀硫酸. ≠**säu·re·ver·klap·pung** 女 (不法な)稀硫酸海洋投棄.
dünn·scha·lig 形 (果実が)皮の薄い, (卵などが)殻の薄い. [<Schale[2]]
Dünn≠schiß 男 (Durchfall) 下痢. ≠**schliff** 男 **1** 〖理〗(鉱物などの検鏡用)薄片. **2** 薄く削ること.
Dün·nung[dʏ́nʊŋ] 女 -/-en 〖狩〗(獣の)わき腹, (牛・羊の)わき腹肉(→ 図 Rind).
dünn·wan·dig 形 壁の薄い: ein ～*es* Gefäß 薄手の容器.
Dun·sel[dʊ́nzəl] 男 -s/- 《方》=Dummkopf [<dunseln „schlafen"]
Dunst[dʊnst] 男 -es(-s)/Dünste[dʏ́nstə] **1** 《単数で》もや, かすみ; 煙霧, スモッグ; 《比》ほのかな〈薄い〉もの: Über der Stadt liegt 〈schwebt〉 leichter ～. 町の上空に薄いもやがかかっている | *jm.* **blauen** ～ **vormachen** 《話》…にありもしないものを信じさせようとする | **keinen** 〔**blassen**〕 ～ **von** *et.*[3] **haben** 《話》…のことは全然知らない ‖ in ～ und Rauch aufgehen 雲散霧消する. **2** (熱・臭気を伴う)もうもうたる空気, いきれ: der feuchte ～ der Fäulnis しめっぽい腐敗臭. **3** 《単数で》 **a)** (Vogeldunst) 〖狩〗(鳥撃ち用の)散弾. **b)** 《話》(Beschuß) 射撃, 砲撃: mächtig ～ bekommen 猛射を浴びる. **c)** 粗い小麦粉. ᵛ**d)** (Staub) ちり, ほこり. [*westgerm.*; ◇Typhus, Tau[1], tot, dumm, dösig, Dust; *engl.* dust]
Dunst·ab·zug·hau·be[dʊ́nst..] 女 レンジフード(→ 図 Herd).
dunst·ar·tig 形 霧〈蒸気〉状の.
dun·sten[dʊ́nstən] 《01》自 (h) **1** 湯気〈蒸気〉を出す; 汗をかく: Der See *dunstet*./ 非人称 Es *dunstet* auf dem See. 湖面に霧が立ち昇っている. **2** =dünsten II 1 **3** 《オーストリア》*jn.* ～ lassen …をじらす〈いらいら待たせる〉.
dün·sten[dʏ́nstən] 《01》 **I** 他 (h) 〖料理〗蒸す. **II** 自 (h) **1** 悪臭を発する: nach Öl ～ 油くさい. **2** =dunsten 1
Dunst≠ge·bil·de[dʊ́nst..] 中 もうろうとした形, 幻(まぼろし). ≠**glocke** 女 (都市・工業地域などの上空をおおう)釣り鐘状のスモッグ.
dun·stig[dʊ́nstɪç][2] 形 **1** 蒸気の多い, もやの立ちこめた, どんよりした. **2** (部屋などが)空気の汚れた, むっとする, 煙の立ちこめた. **3** 汗ばんだ.
Dunst≠kie·pe[dʊ́nst..] 女 ヘルメット; 丸形帽子; 頭. ≠**kreis** 男《雅》(Atmosphäre) 雰囲気, (精神的な)環境; 勢力圏; ᵛ大気. ≠**loch** 中 通気孔; 換気の悪い場所.
Dünst·obst[dʏ́nst..] (《オーストリア》: **Dunst·obst**[dʊ́nst..]) 中 〖料理〗果実の蒸し煮.
Dunst≠rohr[dʊ́nst..] 中 〖建〗通風管(→ 図 Haus A). ≠**schicht** 女 もやの層. ≠**schlei·er** 男 もや: Der Himmel ist von ～*n* verhangen. 空一面にもやがかかっている. ≠**wol·ke** 女 (もくもくとわき出る)臭気, いやな空気.
Dü·nung[dý:nʊŋ] 女 -/-en 〖海〗(暴風に伴う)うねり. [*ndd.*; <Düne]
Dun·zel[dʊ́ntsəl] 女 -/-n 《西部》(Wildfang) おてんば娘. [*roman.*; ◇Demoiselle]
Duo[dú:o·] 中 -s/-s **1** 〖楽〗 **a)** 二重奏〈唱〉曲: ein ～ für Flöte und Cembalo フルートとチェンバロのための二重奏曲. **b)** 二重奏〈唱〉団. **2** 《話》二人組, (特にサーカスなどの)二人組演技者. [*lat.* duo „zwei"–*it.*; ◇zwei, Duett]
Duo·de·na Duodenum の複数.
duo·de·nal[duodená:l] 形 〖解〗十二指腸の. [<..al[1]]
Duo·de·ni·tis[..dení:tɪs] 女 -/..tiden[..nití:dən] 〖医〗十二指腸炎. [<..itis]
Duo·de·num[..dé:nʊm] 中 -s/..na[..na·] (Zwölffingerdarm) 〖解〗十二指腸. [*mlat.*; <*lat.* duodēnī „je zwölf"; ◇Duodezime]
Duo·dez[..dé:ts] 中 -es/ (Zwölftelbogengröße) 〖印〗12折り判(記号 12°). [*lat.* duodecimus „zwölfter"; ◇*engl.* duodecimo]
Duo·dez≠band 男 12折り判の本. ≠**for·mat** 中 =Duodez ≠**fürst** 男 ちっぽけな国の君主, 豆粒領主.
duo·de·zi·mal[duodetsimá:l] 形 〖数〗十二進法の.
Duo·de·zi·mal·sy·stem 中 -s/ 〖数〗十二進法.
Duo·de·zi·me[duodé:tsimə] 女 -/-n 〖楽〗12度音程. [*lat.* duo-decim „zwölf"; ◇Dezem, Dutzend]
Duo·dez·staat[duodé:ts..] 男 豆粒国家, 小国.
Duo·dra·ma[dú:o..] 中 〖劇〗(二人だけの)対話劇.
Duo·le[duó:lə] 女 -/-n 〖楽〗2連〔音〕符. [*it.*; <Duo]
dü·pie·ren[dypí:rən] 他 (h) 《雅》(täuschen) 《*jn.*》(…を)だます; (…を)愚弄する, からかう: *sich*[4] ～ lassen だまされる. [*fr.*; <*lat.* upupa (→Wiedehopf); ◇*engl.* dupe]
Dü·pie·rung[..rʊŋ] 女 -/-en だますこと.
Dupl. 略 =**Duplikat**
Du·pla Duplum の複数.
Du·plet[duplé:, ..lɛ́] 中 -s/-s 二重レンズの拡大鏡.

Du̯·plex[dúːplɛks] 中 -/..plices[..plitsɛs] **1**《単数で》(手袋を作る)はり合わせ布. **2**〖カトリック〗復唱の祝日. [*lat.* duplex „doppelt gefaltet"（◇Duo, Plage)]

Du̯·plex≠be·trieb 男〖電〗二重電信(一回線での同時送受信). **≠brem·se** 女〖工〗動力ブレーキ. **≠druck** 男 -[e]s/-e〖印〗デュープレックス.

Du̯·pli·ces Duplex の複数.

du·pli̯e·ren[duplíːrən] **I** 他 (h) **1** (verdoppeln) 二重にする. **2** (糸を)より合わせる. **3** (服に)裏地をつける.

∇**II** 自 (h)〖法〗再々抗弁をする.

[*spätlat.*; < *lat.* duplus (→doppelt); ◇dublieren]

Du·pli̯k[duplíːk] 女 -/-en〖法〗(原告の再抗弁に対する被告の)再々抗弁(→Replik). [*lat.* duplex (→Duplex) – *fr.* duplique]

Du·pli·ka̯t[duplikáːt] 中 -[e]s/-e (略 Dupl.) (書類などの)コピー, 写し; 複本, 謄本;〖法〗副本;〖美〗複製.

Du·pli·ka·tio̯n[..katsióːn] 女 -/-en 複製, 複写; 重複. [*lat.*]

Du·pli·ka̯·tor[..káːtɔr] 男 -s/-en[..katóːrən] **1** 複写機. **2**〖電〗倍加器, 増幅器.

Du·pli·ka·tu̯r[..katúːr] 女 -/-en **1** (Verdoppelung)〖医〗重複. **2** = Duplikation

du·pli·zi̯e·ren[duplitsíːrən] 他 (h) (verdoppeln) 二重にする〈作る〉, (…の)写し〈複本〉を作る. [*lat.*]

Du·pli·zi·tä̯t[..tsitɛ́ːt] 女 -/-en 二重性; (同様の事件が偶然)二つ重なること; 二分裂; 陰ひなた, 二枚舌; 二義性, あいまいさ. [*spätlat.*]

Du̯·plum[dúːplʊm] 中 -s/..pla[..plaˑ] = Duplikat [*lat.*; < *lat.* duplus (→doppelt)]

Dups[dʊps] 男 -es/-e《方》(Gesäß) おしり. [*poln.* dupa]

Du̯r[duːr] 中 -/- (↔Moll)〖楽〗長調: A-～ イ長調 | A-～-Tonleiter イ調長音階. [*mlat.*–*mhd.*; < *lat.* dūrus „hart"]

Du̯·ra[dúːraˑ] 女 -/〖解〗脳硬膜. [*mlat.*]

du·ra̯·bel[duráːbəl] (..ra·bl..) 形 (dauerhaft) 永続的な, 耐久性の, じょうぶな. [*lat.*; < *lat.* dūrāre „härten"]

Du·ra·bi·li·tä̯t[durabilitɛ́ːt] 女 -/ 持続性, 耐久性, じょうぶさ.

Du̯r·ak·kord[dúːr..] 男〖楽〗長三和音.

Du̯r·alu·mi̯n[dúːralumiːn, du(ː)ralumíːn] 中 -s/ 商標 ジュラルミン(アルミ合金). [<durabel+Aluminium]

Du̯·ra ma̯·ter[dúːraˑ máːtər, – ..tɛr] 女 --/ = Dura

du̯·ra·ti̯v[dúːratiːf, duratíːf][1] 形〖言〗**1** (↔punktuell) (動詞の相・動作態様が)継続〈持続〉的な: ein ～*es* Verb 継続〈持続〉動詞(例 schlafen, stehen). **2** (↔momentan) 継続音の: ein ～*er* Konsonant 継続音(摩擦音など).

durch[dʊrç] **I** 前《4格支配; 定冠詞 das と融合して durchs となることがある》

1《空間的》**a)** (英: *through*) …を通って〈貫いて〉, …を突き抜けて[向こう側へ]: einen Nagel ～ ein Brett schlagen くぎを板の裏側まで打ち抜く | *durchs* Fenster gucken 窓越しにのぞく | *sich*[4] ～ die Menge zwängen 人ごみを押し分けて進む | ～ die Nase sprechen 鼻声でしゃべる | Kaffee ～ das Sieb gießen コーヒーをフィルターでこす | ～ das Tor 〈den Tunnel〉 fahren (車が)門〈トンネル〉を通り抜ける | *durchs* Examen fallen 試験に落第する | Der Fluß fließt ～ die Stadt 〈einen See〉 [hindurch]. 川が町を貫流する〈湖を経由して流れる〉 | Das Licht dringt ～ die Vorhänge. 光がカーテンを通して差しこむ | Er geht ～ den Wald. 彼は森を通り抜ける(→II 1) | Fleisch ～ den Wolf drehen 肉を肉ひき器にかける. **b)** …じゅうを, …の中をあちこち〈ぐるぐる・くまなく〉: ～ die Stadt fahren 町をドライブして回る | ～ die Welt reisen 世界じゅうを旅行する | Ein Fisch schwimmt ～ das Wasser. 魚は水中を泳ぎまわる | Ich ging ～ den Saal und besah mir alle Bilder. 私はその広間を巡って全部の絵を鑑賞した.

2《時間的》《今日ではふつう hindurch を伴う》…の間ずっと, …の期間中(→II 1): ～ manche Jahre hindurch 幾年もの間ずっと | ～ das ganze neunzehnte Jahrhundert hindurch 19世紀全体を通じて | Ihre Freundschaft hat ～ das ganze Leben [hindurch] gehalten. 彼らの友情は生涯を通じて変わらなかった ‖ ～ Wochen 〈zehn Minuten〉《オーストリア》幾週間〈10分間〉もの間ずっと | *Durch* zwei Jahre bemühte sie sich um ein Visum.《オーストリア》彼女は2年間ずっとビザをもらう努力を続けた | ∇Er schlief ～ den ganzen ersten Akt. 彼は第1幕の間ずっと眠っていた.

3《仲介・方法》…を介して, …を通じて, …によって(→4): ～ Fleiß 〈eigene Kraft〉 emporkommen 勤勉に働いて〈自力で〉出世する | ～ Lautsprecher 〈einen Vertreter〉 bekanntgeben 拡声器を通して〈代理人を通じて〉公表する | ～ Zufall 〈die Zeitung〉 erfahren 偶然に〈新聞で〉知る ‖ zwölf ～ drei dividieren 〈teilen〉 12を3で割る | Vierzehn [geteilt] ～ zwei ist sieben. (数式は14: 2 = 7) 14割る2は7 | Er läßt Sie ～ mich grüßen. 彼からあなたによろしくとのことです.

4《原因; 多少とも3の意味をも併せ持つ》…のせいで, …のために, …のおかげで: ～ ein Erdbeben zerstört werden 地震で破壊される | *Durch* das viele Rauchen wirst du noch krank werden. 君はそんなにタバコを吸っているといまに病気になるかもしれないよ | Er wurde ～ eine begeisterte Menge aufgehalten. 熱狂した群衆のために彼は先へ進めなかった (参考 Er wurde von einer begeisterten Menge aufgehalten. 熱狂した群衆が彼を捕まえて先へ進ませようとしなかった: →3) | die Ermordung Cäsars ～ Brutus ブルートゥスによるカエサル殺害 (参考 Cäsar wurde von 〈*durch*〉 Brutus ermordet. カエサルはブルートゥスによって〈ブルートゥスの手で〉殺害された) ‖ ～ eigene Schuld 自業自得で | Es ist ～ mein Ungeschick passiert. それは私の不手際から起こったのだ.

☆ i) 受動文における durch と von との違い: →von 4 c ☆

ii) durch と mit との違い: durch は仲介者〈物〉を, mit は意識的な手段を表すので, 次のような場合は mit を用いることはできない: *et.*[4] *durch* einen Freund bekommen …を友人を介して入手する | ein Tod *durch* Unfall 事故死. ただし, どちらも可能な場合がある: *durch* die Post / *mit* der Post 郵便で | *jn. durch* viele Fragen 〈*mit* vielen Fragen〉 erschöpfen …を質問攻めにして疲れさせる.

II 副 **1** 通過して, 突き抜けて; 過ぎ去って, 終わって; 終わりまで, ずっと:〖4格の名詞のあとにそえられて〗den Wald ～ 森を通って | das ganze Jahr 〈die ganze Nacht〉 ～ (= hindurch) 一年〈一晩〉じゅうずっと | den Winter ～ 冬じゅう[ずっと] | Es ist schon acht [Uhr] ～. もう8時を回った〈8時ちょっと過ぎだ〉 ‖〖完了・話法の助動詞と; durch を前つづりとする分離動詞の語幹部分が省略されたと解されることが多い〗Ich **habe** schon den Ast ～ [gesägt]. 私はもう(のこぎりで)その枝を切り落とした | Er hat das Buch noch nicht ～ [gelesen]. 彼はその本をまだ読み終えてない | **Er ist** ～. 彼は難関を切り抜けた〈試験に通った〉; 彼は目的を達した | Die Firma 〈Der Kranke〉 ist ～. その商社〈患者〉は危機を脱した | Ist das Fleisch ～ [gebraten]? この肉はよく焼けていますか | Die Hose 〈Der Strumpf〉 ist ～ [gescheuert]. このズボン〈靴下〉はすり切れて[穴があいて]いる | Der Käse ist [gut] ～. このチーズは食べごろだ | Der Schuh ist ～ [getreten]. この靴は底がすり減った | Mein Vorschlag 〈Antrag〉 ist ～ [gegangen]. 私の提案〈申し出〉は通った | Dein Zug ist gerade ～ [gefahren]. 君の乗る列車は今さっき出てしまった | **Darf** 〈**Kann**〉 ich hier ～ [gehen]? ここを通り抜けていいですか〈行けますか〉 | Es gibt kein Zurück mehr. Wir **müssen** 〈**wollen**〉 ～! もう後へは引けぬ. 我々は(困難を)ぜひとも乗り切らねばならぬ〈乗り切ろう〉 | An dieser Stelle hat er *durchgewollt.* ここを彼は通り抜けようとしたのだ.

2《話》《成句的に》**durch und durch** どこまでも, すっかり, 完全に; 胸の奥まで | ein ～ und ～ gelehrter Mann 全くもって博識な男 | Er war ～ und ～ naß. 彼はびしょぬれだった | Er ist ～ und ～ Künstler. 彼は全身これ〈しんからの〉芸術家だ | Sie kennt Paris ～ und ～. 彼女はパリのことなら何でも〈すみずみまで〉知っている | ***jm.* ～ und ～ gehen**《話》…の肺腑(はいふ)をえぐる | Der Anblick 〈Sein Bericht〉 geht

mir ～ und ～. その光景〈彼の報告〉に私は胸をえぐられる思いだ ‖ bei *jm.* unten ～ sein (→unten 1).
[*germ.*; ◇trans..; *engl.* through]

durch..《主として分離・非分離動詞の前つづり》**1**《分離. つねにアクセントをもつ》**a)**《「通過・貫通」を意味する》: *durch*fahren (乗り物で)通り抜ける | *durch*bluten 血がにじみ出る | *durch*bohren (穴などを)あける ‖ *Durch*fahrt (乗り物での)通り抜け | *durch*aus (「突き抜けて再び外へ」の意味から)徹底的に, 全く. **b)**《「困難の克服」を意味する》: *durch*halten 持ちこたえる | *sich*[4] *durch*arbeiten 苦労して進む. **c)**《「分割・破壊」を意味する》: *durch*brechen 二つに割る〈折る〉| *durch*schlagen (穴を)打ち抜く ‖ *durch*einander (「秩序が破壊された」の意味が加わって)互いに入り乱れて. **d)**《「消耗・磨滅」を意味する》: *durch*liegen (ベッドなどを)底が抜けるまで使う | *sich*[4] *durch*liegen 床ずれを起こす. **e)**《「完遂・徹底」を意味する》: *durch*arbeiten (作品などを)細部に至るまで仕上げる | *durch*prügeln さんざんに打ちのめす. **f)**《「行為の連続」を意味する》: *durch*wachen ずっと目をさましている.
2《非分離. アクセントは動詞のほうにおかれる. すべて他動詞》**a)**《「浸透」を意味する》: *durch*fahren (乗り物で)くまなく回る ‖ *durch*blutet 血のにじんだ | *Durch*leuchtung〘医〙(X線による)透視. **b)**《「貫徹による破壊・損傷」を意味する》: *durch*bohren 突き破る. **c)**《「ある行為による一定時間の消費」を意味する》: *durch*wachen (ある時間を)寝ずに過ごす.
3《あまり意味の違いもなく分離・非分離が混用される場合》: Er beißt es *durch.* / Er *durch*beißt es. 彼はそれを食いちぎる | *durch*hauen (二つに)断ち切る ‖ *durch*blättern (ページをめくって)さっと目を通す | *durch*lesen 読み通す.

durch|ab·fer·ti·gen[dúrç|ap-fɛrtɪgən][2] 他 (h) (航空旅客手荷物などを)〔乗り継ぎとは関係なく〕最終目的地まで直送する.

durch|ackern[1][dúrç|akərn] (**durch·ackern**[2][◡◡́◡]) 《05》他 (h) (畑を)十分に耕す;《比》(durcharbeiten) (資料・文献などを)苦労して十分に研究〈検討〉する: die Fachliteratur zu einem Thema ～ あるテーマに関する専門文献を徹底的に調べる ‖ 再帰 *sich*[4] durch *et.*[4] ～ 苦労して…を切り抜ける | *sich*[4] durch ein Fachbuch ～ 専門書を読み通す.

durch·ädert[durç|ɛ́:dərt] 形 血管がすけて見える, 血の通っている; 脈理のある: Die Wangen sind wieder ～. ほおに血の気がよみがえっている. [＜ädern]

durch|ar·bei·ten[1][dúrç|arbaɪtən]《01》**I** 他 (h) **1** 十分に研究〈検討〉する: ein Buch ～ 本を精読する. **2** 入念に〈細かい点まで〉仕上げる: ein Gedicht ～ 詩を練り上げる | den Teig ～〘料理〙粉を十分に練る. **3** 再帰 *sich*[4] ～ 苦労して進む: *sich*[4] bis zum Ausgang ～ 出口まで突き進む | *sich*[4] durch die Menge ～ 人ごみを押し分けて進む | *sich*[4] durch ein Buch ～ 本を苦労して読み通す.
II 自 (h) ずっと〈休みなく〉働き続ける: zehn Stunden ～ 10時間ぶっ通しに働く.

durch·ar·bei·ten[2][◡◡́◡◡]《01》他 (h) (ある時間を)働いて過ごす: eine *durcharbeitete* Nacht 働き通した〈徹夜して働いた〉夜.

Durch·ar·bei·tung[dúrç|arbaɪtʊŋ] 女 -/-en (入念・細心な)仕上げ, 推敲(すいこう); (徹底的な)考究, 熟読.

durch|at·men[1][dúrç|a:tmən]《01》自 (h) 深呼吸する.

durch·at·men[2][◡◡́◡]《01》他 (h)《雅》(…に)いぶき〈生気〉をみなぎらせる.

durch·aus[durç|áʊs, ◡́◡, ◡́–] 副 全く, 徹頭徹尾; 絶対に, 是が非でも: ～ richtig 全く正しい | Er möchte ～ mitkommen. 彼はぜひとも一緒に来たがっている ‖ ～ nicht 全然〈断じて〉…でない | Es geht mich ～ nichts an. それは私には全く関係がない.

durch|backen[1(*)][dúrçbakən]《11》**I** 他 (h) (パンなどを)十分に焼く: nicht *durchgebacken* sein なま焼けである.
II 自 (h) (パンなどを)休みなく焼き続ける: die ganze Nacht ～ 徹夜で焼き続ける.

durch·backen[2(*)][◡◡́◡]《11》他 (h) (パンなどを)具を入れて焼く:〘ふつう過去分詞で〙Der Kuchen ist mit Rosinen *durchbacken.* このケーキはレーズン入りだ ‖ ein mit Rosinen *durchbackener* Kuchen レーズンケーキ.

durch·be·ben[durçbé:bən][1] 他 (h) **1**《雅》(熱・感情などが…の)全身を震えさせる: vom Fieber 〈von 〔der〕 Wonne〉 *durchbebt* 熱〈歓喜〉に全身を震わせて. **2** (ある時間を)震えながら過ごす: eine angstvoll *durchbebte* Nacht 不安におののいて明かした夜.

durch|bei·ßen[1*][dúrçbaɪsən]《13》他 (h) **1** 歯で二つに割る〈切る〉, かみちぎる: einen Faden ～ 歯で糸を切る | *jm.* den Finger ～ …の指を食いちぎる. **2** 再帰 *sich*[4] ～ 難関を切り抜ける, 人生の道を切り開く.

durch·bei·ßen[2*][◡◡́◡]《13》他 (h) **1** かみついて穴をあける, かみ破る: eine Henne mit *durchbissener* Kehle のどを食い破られためんどり. **2** ＝durchbeißen[1] 1

durch|bei·zen[dúrçbaɪtsən]《02》他 (h) 腐食して穴をあける; 腐食し尽くす.

durch|be·kom·men*[dúrçbəkɔmən]《80》他 (h) **1** 通り抜けさせる,(法案・受験者などを)通す: Ich *bekomme* den Faden nicht *durch.* 私は糸を(針の穴に)通せない. **2** 真っ二つにする: einen Balken 〔mit der Säge〕 ～ 角材を〔のこぎりで〕切断する.

durch|be·ra·ten*[dúrçbəra:tən]《113》他 (h) 十分に審議〈相談〉する; 次々に〈休みなく〉審議し続ける.

durch|be·ten[1][dúrçbe:tən]《01》**I** 自 (h) 休みなく祈り続ける: drei Stunden ～ 3時間ぶっ通しに祈る.
II 他 (h) (祈禱(きとう)文などを)終わりまで祈り唱える.

durch·be·ten[2][◡◡́◡]《01》他 (h) (ある時間を)祈って過ごす.

durch|bet·teln[1][dúrçbɛtəln]《06》他 (h) 再帰 *sich*[4] ～ 物ごいして暮らす〈旅をする〉.

durch·bet·teln[2][◡◡́◡]《06》他 (h) (ある場所を)物ごいして回る.

durch|beu·teln[dúrçbɔʏtəln]《06》他 (h)《特に: オーストリア》(durchsieben) (粉などを)十分にふるう;《*jn.*》(胸ぐら・肩などをつかんで)はげしく揺さぶる, さんざんこづき回す.

durch|bie·gen*[dúrçbi:gən][1]《16》他 (h) (ぎりぎりまで)曲げる, たわめる;《比》とことんまでやる: 再帰 *sich*[4] ～ (重みがかかって)いっぱいにたわむ.

Durch·bie·gung[..gʊŋ] 女 -/-en たわみ, たるみ.

durch|bil·den[dúrçbɪldən][1]《01》他 (h) 十分に訓練〈教育〉する; 完全に〈細部に至るまで〉形づくる: ein gut *durchgebildeter* Körper りっぱに鍛えあげられた体.

Durch·bil·dung[..dʊŋ] 女 -/-en durchbilden すること.

Durch·bin·der[dúrçbɪndər] 男 -s/-〘建〙(壁を貫通して両面に見える)つなぎ石.

durch|bla·sen[1*][dúrçbla:zən][1]《20》**I** 他 (h) **1** 吹いて通す: die Kugel durch das Rohr ～ 玉を管を通して吹き送る. **2** (管などを)吹いてきれいにする. **3** 吹き破る. **4**〘楽〙(曲を)終わりまで吹奏する.
II 自 (h) **1**《durch *et.*[4]》**a)** (風が…を)吹き抜ける. **b)** (管などを)吹く: durch das Mundstück ～〘楽〙マウスピースをくわえて吹く. **2**〘楽〙休みなく吹奏し続ける: bis zum Abend ～ 晩まで休まず吹奏する.

durch·bla·sen[2*][◡◡́◡]《20》他 (h) (風が)吹き抜ける.

durch|blät·tern[1][dúrçblɛtərn]《05》他 (h) (さっと)通読する,(…に)目を通す.

durch·blät·tern[2][◡◡́◡]《05》他 (h) **1** ＝durchblättern[1] **2**〘印〙(全紙を)ページ大に切り分ける.

durch|bleu·en[dúrçblɔʏən]《話》＝durchprügeln

Durch·blick[dúrçblɪk] 男 -〔e〕s/-e (すき間・穴などを通して)のぞき〈かいま〉見ること;《比》(Überblick) 展望, 見通し: einen schmalen ～ auf den Garten haben 庭がわずかにのぞいて見える | den ～ verlieren 脈絡を見失う〈見誤る〉.

durch|blicken[1][..kən] 自 (h) **1** (すき間・穴などを通して)のぞき〈かいま〉見る;《比》(ちらちらと)姿をのぞかせる, ちらつく: durch das Fernglas ～ 望遠鏡をのぞく ‖ ***et.***[4] **～ lassen** …を暗示する〈ほのめかす〉| Er ließ ～, daß er nicht zufrieden sei. 彼は満足していないことをほのめかした.
2 見通しがつく, 関連がわかる: Da *blicke* ich nicht mehr

durch. これはもう私にはなんだかさっぱりわからない.

ᐁ**durch·blịcken**[2][◡◡◡] 他 (h) 見破る: *jn.* ～ …の心底を見抜く.

dụrch|blit·zen[1][dʊ́rçblɪtsən] ⟪02⟫ 自 (h) **1** (すき間から)輝き出る, もれ光る: *et.*[4] ～ lassen …をさとらせる⟨見せる・現す⟩. **2** 絶え間なく光り続ける: 非人称 Es hat die ganze Nacht *durchgeblitzt.* 一晩じゅう稲光がした.

durch·blịt·zen[2][◡◡◡] ⟪02⟫ 他 (h) **1** ⟪*et.*[4]⟫ (…のすき間から)輝き出る: Die Sonne *durchblitzt* die Wolken. 陽光が雲間からさす. **2** ⟪雅⟫ (着想などが…〔の頭〕に)ひらめき渡る: Ein Gedanke *durchblitzte* ihn ⟨sein Gehirn⟩. ある考えが彼〔の頭〕にひらめいた.

dụrch|blu̱·ten[1][dʊ́rçblu:tən] ⟪01⟫ 自 **1** (h) (傷口が)〔包帯などを通して〕血をにじみ出させる: Die Wunde hat stark *durchgeblutet.* 傷口から出る血が〔包帯に〕ひどくにじみ出た. **2** (s) (包帯などが)血をにじませる: Der Verband ist stark *durchgeblutet.* 包帯にひどく血がにじんだ | den *durchgebluteten* Verband wechseln 血のにじんだ包帯を交換する(→durchbluten[2] II).

durch·blu̱·ten[2][◡◡◡] ⟪01⟫ **I** 他 (h) **1** ⟪*et.*[4]⟫ 血で満たす; (…に)〔十分〕血液を供給する, (…の)血行をよくする; ⟪雅⟫ ⟪*jn.*⟫ (…に)生気を与える. **2** (包帯に)血をにじませる: Die Wunde hatte den Verband stark *durchblutet.* 傷口から出る血が包帯にひどくにじんでいた. **II durch·blu̱·tet** 過分 形 (皮膚が)血色のよい; (包帯が)血のにじんだ: das *durchblutete* Taschentuch 血のにじんだハンカチ(→durchbluten[1] 2).

Durch·blu̱·tung[..tʊŋ] 女 -/-en 血行, 血液灌流(かんりゅう), 血液供給: die ～ fördern 血行をよくする.

Durch·blu̱·tungs·stö̱·rung 女 〘医〙 血行不全.

dụrch|bo̱h·ren[1][dʊ́rçbo:rən] **I** 他 (h) **1 a)** ⟪*et.*[4]⟫ (…に)穴をあける: ein Brett ～ 板に穴をあける. **b)** (穴を)あける: ein Loch durch ein Brett ～ 板に穴をあける. **2** 再帰 *sich*[4] ～ (キクイムシなどが)穴をあけて食い込む; ぐいぐい押し入る. **II** 自 (h) ⟪durch *et.*[4]⟫ (…に)穴をあけて通る.

durch·bo̱h·ren[2][◡◡◡] 他 (h) 刺し通す; 貫通する: eine Wand ～ 壁に穴を通す | *jn.* mit Blicken ～ …をにらみつける; …の心の中を見抜く | *jn.* mit dem Speer ～ …をやりで突き刺す | Die Kugel *durchbohrte* ihm den Arm. 弾丸が彼の腕を貫いた ‖ ein *durchbohrender* Blick 鋭い〔何もかも見通すような〕まなざし | *durchbohrender* Schmerz 刺す⟨えぐる⟩ような痛み | *durchbohrender* Schrei 金切り声.

dụrch|bo·xen[dʊ́rçbɔksən] ⟪02⟫ 他 (h) ⟪話⟫ **1** 断固として実現させる, (むりやり)やってのける. **2** 再帰 *sich*[4] ～ (困難を)乗り越える.

Dụrch·brand[dʊ́rçbrant][1] 男 -〔e〕s/ (病人の)床ずれ.

dụrch|bra̱·ten*[dʊ́rçbra:tən] ⟪23⟫ 他 (h) (肉を)十分に焼く.

dụrch|brau·sen[1][dʊ́rçbraʊzən][1] ⟪02⟫ 自 (s) ⟪durch *et.*[4]⟫ (自動車などが)轟音(ごうおん)をたてて通り過ぎる⟨抜ける⟩.

durch·brau̱·sen[2][◡◡◡] ⟪02⟫ 他 (h) ⟪*et.*[4]⟫ (自動車などが…を)轟音(ごうおん)をたてて通り過ぎる⟨抜ける⟩; 轟音で満たす; ⟪*jn.*⟫ (興奮などが…の)気持をわき立たせる.

dụrch|bre·chen[1]*[dʊ́rçbrɛçən] ⟪24⟫ **I** 他 (h) **1** 二つに割る⟨折る⟩. **2** 割って⟨砕いて⟩あける: ein Fenster durch die Wand ～ 壁を打ち抜いて窓をつける. **II** 自 (s) **1** 二つに割れる⟨折れる⟩; (粉々に)くずれる. **2** (障害を押し分けて)突き出る, 出現する, (ぱっと)見えてくる; (歯・草花などが)生え出る; (河川が)氾濫(はんらん)する; (感情が)爆発する: durch den Boden ～ ゆかを踏み抜く | Der Feind ist auf der linken Flanke *durchgebrochen.* 敵は左翼で戦線を突破した.

durch·bre̱·chen[2]*[◡◡◡] ⟪24⟫ 他 (h) **1** (…に)穴をあける⟨打ち抜く⟩; 押し破って通る, (垣根・障害物・戦線などを)突破する: die Schallmauer ～ (航空機が)音速の壁を突破する. **2** (übertreten) (法・礼儀などを)破る, 犯す: *seine* Gewohnheit ～ 習慣を破る. **3** (…に)小穴を打ち抜く, 透かし彫り⟨編み⟩にする: *durchbrochene* Arbeit かごめ⟨透かし⟩細工 | *durchbrochene* Strümpfe 透かし編みの靴下.

dụrch|bren·nen[1]*[dʊ́rçbrɛnən] ⟪25⟫ **I** 自 **1** (s) **a)** 過熱して溶ける, (ヒューズ・電球などが)切れる; 赤々と燃え上がる: *jm.* ⟨bei *jm.*⟩ *brennt* die Sicherung *durch* (→Sicherung 2 b). **b)** ⟪話⟫ ずらかる, 逃亡⟨高飛び⟩する: einem Gläubiger ～ 債権者をまく | mit der Kasse ～ 金を持ち逃げする | mit *jm.* ～ …と駆け落ちする. **c)** ⟪*jm.*⟫ 〘サッカー〙 (相手の)防御をかわす. **2** (h) 燃え続ける. **II** 他 (h) 焼き切る: die Tasche ～ ポケットに焼け穴をこしらえる.

durch·brẹn·nen[2]*[◡◡◡] ⟪25⟫ 他 (h) 燃やし尽くす.

Dụrch·bren·ner[dʊ́rçbrɛnər] 男 -s/- ⟪話⟫ 逃亡く失踪(しっそう)⟩者, 脱走兵; 駆け落ち者.

dụrch|brin·gen[1]*[dʊ́rçbrɪŋən] ⟪26⟫ 他 (h) **1** 持って通り抜ける, (糸・ねじなどを)穴に通す: Die Schmuggler haben ihre Waren *durchgebracht.* 密輸者たちは品物を持って国境を通り抜けた. **2** 難関を切り抜けさせる, (苦労して妻子を)養う; (法案を)通過させる; (候補者を)当選させる: einen Kranken ～ 病人の生命を救う | *jn.* durchs Examen ～ (教育して)…を試験に合格させる ‖ 再帰 *sich*[4] ～ 無事に切り抜ける, どうにか暮らして行く | *sich*[4] ehrlich ～ 律義に暮らす. **3** (金を)遣い果たす, 散財する; (時を)浪費する.

durch·brịn·gen[2]*[◡◡◡] ⟪26⟫ 他 (h) (ある時間を)過ごす.

Dụrch·brin·ger[dʊ́rçbrɪŋər] 男 -s/- 浪費家, 散財する人.

durch·brọ·chen[dʊrçbrɔ́xən] durchbrechen[2]の過去分詞.

Dụrch·bruch[dʊ́rçbrʊx] 男 -〔e〕s/..brüche[..brʏçə] **1 a)** 突破, 打開: ～ durch die Front 〘軍〙 戦線の突破 | Dieser Roman war ein ～. この小説は画期的なものであった. **b)** (突然の)出現, (感情などの)突発, 発生: zum ～ kommen 出現⟨台頭⟩する | einem Gedanken zum ～ verhelfen ある思想を流布させる. **c)** (堤防の)決壊; 〘医〙 (腫瘍(しゅよう)の)自潰(じかい), 穿孔(せんこう); 〘医〙 発疹(ほっしん). **2** 突破口, 切り通し; (堤防の)決壊個所. [＜durchbrechen]

Dụrch·bruch·ar·beit 女 透かし彫り⟨編み⟩細工.

dụrch|bum·meln[1][dʊ́rçbʊməln] ⟪06⟫ 自 **1** (h) 遊び歩く, 飲み歩く. **2** (s) ⟪durch *et.*[4]⟫ (…を)ぶらぶらと通り抜ける: durch eine Ausstellung ～ 展覧会場を見て回る.

durch·bụm·meln[2][◡◡◡] ⟪06⟫ 他 (h) (ある時間を)遊び⟨飲み⟩歩いて過ごす: eine *durchbummelte* Nacht 遊び⟨飲み⟩明かした一夜.

durch·dạcht[dʊrçdáxt] durchdenken[2]の過去分詞.

durch·dau̱·ern[dʊrçdáʊərn] ⟪05⟫ 他 (h) (ausdauern) (苦難などを)耐え通す.

dụrch|den·ken[1]*[dʊ́rçdɛŋkən] ⟪28⟫ 他 (h) (筋道を追って)考え尽くす.

durch·dẹn·ken[2]*[◡◡◡] ⟪28⟫ 他 (h) じっくり検討する: ein fein *durchdachter* Plan みごとに練り上げられたプラン.

dụrch|dis·ku·tie·ren[dʊ́rçdɪskuti:rən] 他 (h) 徹底的に討議する.

dụrch|drän·geln[dʊ́rçdrɛŋəln] ⟪06⟫ ⟪話⟫ ＝ durchdrängen 2

dụrch|drän·gen[dʊ́rçdrɛŋən] 他 (h) **1** (むりやり)割り込ませる. **2** 再帰 *sich*[4] durch *et.*[4] ⟨zwischen *et.*[3]⟩ ～ …を押し分けて進む.

dụrch|dre̱·hen[dʊ́rçdre:ən] **I** 他 (h) **1** 機械ですりつぶす⟨絞る⟩: Fleisch 〔durch den Wolf〕 ～ 〔肉ひき器で〕肉をひく | die Wäsche ～ 洗濯物を絞り機にかける. **2** 〘工〙 (エンジンを)始動する, 回転させる.

II 自 **1** (h, s) ⟪話⟫ (精神的に)参る, グロッキーになる; 度を失う, 頭がおかしくなる: Er hat plötzlich *durchgedreht.* 彼は突然平静さを失った | Vor Schmerzen ist sie völlig *durchgedreht.* 苦痛のあまり彼女は完全に参って⟨取り乱して⟩いる. **2** (h) 〘工〙 (エンジン・車輪が)始動する, 回転⟨空転⟩する; 回転を早める: den Motor ～ lassen エンジンを始動させる; エンジンの回転数を上げる. **3** (h) 〘映〙 間断なく撮影する.

dụrch|dre·schen*[dʊ́rçdrɛʃən] ⟪31⟫ 他 (h) **1** 〘農〙 十分に打穀する. **2** ⟪比⟫ ⟪*jn.*⟫ さんざん殴る.

dụrch|drin·gen[1]*[dʊ́rçdrɪŋən] ⟪33⟫ **I** 自 (s) 貫き進む⟨通る⟩, 侵入⟨浸透⟩する; にじみ⟨漏れ⟩出る; ⟪mit *et.*[3]⟫ (…を)貫徹する: Das Gerücht ist bis zu uns *durchgedrungen.* そのうわさは私たちの耳にまで達した | mit *seiner* Forderung ～ 自分の要求を通す. **II durch·drin·gend**[1] 現分 形 貫き通るような: ein ～*er* Geruch 鼻をつくにおい | eine ～*e* Kälte 肌にしみる寒さ | ein ～*er* Schrei かん高い叫び ‖ *jn.* ～ 〈mit einem ～*en* Blick〉 ansehen …を眼光鋭く見つめる.

durch·drin·gen[2]*[◡⌣◡]《33》 **I** 他 (h) **1** 貫通する, 刺し通す, 浸透する: Seine Stimme *durchdrang* die Wand. 彼の声が壁を通して聞こえた. **2** 満たす, 浸透〈飽和〉させる: *et.*[4] mit *et.*[3] ～ …に…を混入する | *jn.* mit *et.*[3] ～ …(思想・感情など)を…にしみ込ませる〈たたき込む〉 | von *et.*[3] *durchdrungen* sein …に満ち満ちている. **3** (秘密などを)見抜く.

II durch·drin·gend[2] 現分 形 ＝durchdringend[1]

Durch·drin·gung[..ŋʊŋ] 女 -/ (durchdringen[2]すること. 例えば:) 貫通, 浸透.

durch·dröh·nen[dʊrçdrø̀ːnən] 他 (h) (ある場所を)轟音(ごうおん)で満たす.

durch|drucken[dʊ́rçdrʊkən] **I** 自 (h) **1** (印刷の字が)裏面にすけて見える, 裏抜けする; (下敷きなどに)印刷があとを残す: Die Zeitung hat auf die Tischdecke *durchgedruckt.* 新聞の字〈印刷〉がテーブルクロスに写ってしまった. **2** 間断なく印刷する. **II** 他 (h) (ausdrucken) 印刷し終える, 刷り上げる.

durch|drücken[dʊ́rçdrʏkən] 他 (h) **1** 押して通す; 《料理》(布などで)こす; 《比》(計画・意志などを)押し通す, 貫き通す: einen Antrag 〈*seine* Meinung〉 ～ 提案〈自分の意見〉を押し通す | die Wäsche ～ 洗濯物を押し洗いする ‖ 再帰 *sich*[4] ～ 押し分けて通る | Der Stempel 〈Die Schrift〉 hat sich *durchgedrückt*. スタンプ〈文字〉が紙の裏までにじんだ. **2** 十分に押す: den Fußhebel ～ ペダルをいっぱいに踏む | die Knie 〈den Rücken〉 ～ ひざ〈背〉をまっすぐに伸ばす. **3** 押して変形させる〈傷つける〉: ein Pferd ～ 馬に拍車で傷をつける ‖ *durchgedrückte* Hosen ひざの出たズボン.

durch·drun·gen[dʊrçdrʊ́ŋən] durchdringen[2]の過去分詞.

durch·duf·ten[dʊrçdʊ́ftən]《01》他 (h)《雅》かおりで「満たす.」

durch|dür·fen*[dʊ́rçdʏrfən]《35》自 (h) 通り抜けることを許されている: Wir haben hier *durchgedurft.* 私たちはここを通り抜けることを許可されていた(→durch II 1).

durch|ei·len[1][dʊ́rçaɪlən] 自 (s)《durch *et.*[4]》(ある場所を)急いで通り過ぎ〈抜け〉る.

durch·ei·len[2][◡⌣◡] 他 (h)《*et.*[4]》(ある場所を)急いで通り過ぎ〈抜け〉る; (ざっと)読み通す; (課題などを)さっさと片づける;《雅》(うわさなどが…に)ぱっと知れ渡る.

durch·ein·an·der[dʊrç|aɪnándər] **I** 副《durch＋相互代名詞に相当: →sich 2 ★ ii》互いに入り乱れて, 乱雑に, 混乱して: alles ～ trinken 何もかもごちゃまぜにして飲む | Er ist ganz ～.《話》彼はすっかり取り乱している.

☆ 動詞と用いられる場合はふつう分離の前つづりとみなされる.

II Durch·ein·an·der[また: ◡⌣◡◡◡] 中 -s/ 乱雑, 混乱: Es herrschte ein großes ～. 大混乱であった.

durch·ein·an·der≠|brin·gen*《26》他 (h) **1** ごたまぜ〈めちゃくちゃ〉にする;《*jn.*》うろたえさせる,(…の頭を)混乱させる. **2** 取り違える, 混同する. **≠|ge·hen***《53》自 (s), **≠|ge·ra·ten***《113》自 (s), **≠|kom·men***《80》自 (s) ごたまぜ〈めちゃくちゃ〉になる, 混乱に陥る: Mir *geht* 〈*gerät* / *kommt*〉 heute alles *durcheinander.* 私はきょうは頭が混乱して取り違えてばかりいる. **≠|lau·fen***《89》自 (s) 入り乱れてあちこち走り回る, 右往左往する; 交錯する; (色が)まじり合う. **≠|men·gen** 他 (h), **≠|mi·schen**《04》他 (h) ごたまぜ〈めちゃくちゃ〉にする. **≠|re·den**《01》自 (h) **1** (何人かが)ごちゃごちゃ〈めいめい勝手〉に話す. **2** めちゃくちゃ〈支離滅裂〉な話し方をする. **≠|ru·fen***《121》自 (h) (何人かが)ごちゃごちゃ〈めいめい勝手〉に叫ぶ. **≠|wer·fen***《209》他 (h)《話》**1** ごちゃごちゃにほうり投げる, 投げ散らかす. **2** 取り違える, 混同する.

durch|es·sen*[dʊ́rç|ɛsən]《36》他 (h)《話》再帰 *sich*[4] ～ (食事を)おごってもらう, 寄食して暮らす: *sich*[4] durch *et.*[4] ～ …をすっかり食べてしまう〈片っぱしから平らげる〉.

durch|ex·er·zie·ren[dʊ́rç|ɛksɛrtsiːrən] 他 (h)《話》十分に〈徹底的に〉練習する, 反復練習する.

durch|fä·deln[dʊ́rçfɛːdəln]《06》他 (h) (糸を)針の穴に通す.

durch|fah·ren[1]*[dʊ́rçfaːrən]《37》自 (s) (乗り物が・乗り物で)通り抜ける; (止まらないで)通過〈素通り〉する, 走り続ける: drei Stunden 〈die ganze Nacht〉 ～ 3時間〈夜通し〉走り続ける ‖ bis Wien ～ (列車が)ウィーンまでノンストップである; (旅行者が)ウィーンまで直行する | durch einen Tunnel ～ トンネルを走り抜ける | Der Zug *fährt* hier 〈in Essen〉 nur *durch.* この列車はここ〈エッセン駅〉には停車しない.

durch·fah·ren[2]*[◡⌣◡]《37》他 (h) **1** (乗り物が・乗り物である区間を)走り通す; 走り抜ける, 横断〈縦断〉する; くまなく走る, 周回〈周遊〉する: die Rennbahn dreimal ～ コースを3回走りきる | einen Kanal ～ 運河を抜ける | ganz Europa ～ ヨーロッパじゅうを旅行して回る.

2 《*jn.*》(感情などが)急に襲う: Ein Gedanke *durchfuhr* mich. ある考えが私にひらめいた | Ein Schreck hat ihn *durchfahren.* 恐怖が彼の体内を走った.

Durch·fahrt[dʊ́rçfaːrt] 女 -/-en **1**《ふつう単数で》(durchfahren すること. 例えば:) (車による)通り抜け; (ある地域の)通過, 横断: Keine ～! / *Durchfahrt* verboten! (車の)通り抜け禁止 ‖ auf der ～ 途中停車駅で; 通りすがりに | die Ohren auf ～ stellen (→Ohr 1). **2** 通路: 〔Die〕 ～ freihalten! 通路をふさぐべからず.

Durch·fahrts≠recht 中 通行権. **≠stra·ße** 女 通り抜けする車の専用道路. **≠zoll** 男 通行税.

Durch·fall[dʊ́rçfal] 男 -s/..fälle[..fɛlə] **1** 下痢: einen 〔heftigen〕 ～ bekommen 〔ひどい〕下痢をする.

2 (試験などの)落第, 不合格; (作品・興行などの)不評, 失敗.

durch|fal·len[1]*[dʊ́rçfalən]《38》自 (s) (…を通して)落ちる; (試験などに)落第する; (作品・興行が)不評を買う, 失敗する: im Examen ～ 試験に落ちる | bei einer Wahl ～ 落選する | mit Bomben und Granaten 〈mit Pauken und Trompeten〉 ～ (→Bombe 1, →Pauke 1) | Das Stück ist bei der Premiere *durchgefallen.* この作品は初演の際に不評であった | Der Vorschlag ist *durchgefallen.* その提案はパスしなかった.

durch·fal·len[2]*[◡⌣◡]《38》他 (h) (ある空間を)落下する: eine Strecke in 5 Sekunden ～ ある距離を5秒間で落下する.

durch|fau·len[dʊ́rçfaulən] 自 (s) (内部まで)すっかり腐る, 朽ち果てる.

durch|fech·ten*[dʊ́rçfɛçtən]《40》他 (h) 戦って〈努力して〉勝ち取る: einen Prozeß ～ 戦って訴訟に勝つ ‖ 再帰 *sich*[4] ～ (苦労して)自分の道を切り開く;《話》こじきをして暮らす.

durch|fe·gen[1][dʊ́rçfeːgən][1] **I** 他 (h) すみずみまで掃除する, 十分に掃き清める. **II** 自 **1** (h) ＝ I **2** (s) 掃いて通る.

durch·fe·gen[2][◡⌣◡] 他 (h) (ある場所を)かすめて通る, 勢いよく通り過ぎる: Der Wind *durchfegte* das Tal. 風がさあっと谷間を吹き抜けた.

durch|fei·ern[1][dʊ́rçfaɪərn]《05》自 (h) 一晩じゅうパーティーを続ける,(にぎやかに飲み食いして)騒ぎ続ける.

durch·fei·ern[2][◡⌣◡]《05》他 (h) (ある時間を)パーティーに費やす: eine *durchfeierte* Nacht パーティーで飲み明かした一夜.

durch|fei·len[dʊ́rçfaɪlən] 他 (h) **1** やすりで切断する: ein eisernes Fenstergitter ～ 窓の鉄格子をやすりで切る. **2** (文章などに)みがきをかける, 推敲(すいこう)する, 彫琢(ちょうたく)を加える.

durch·feuch·ten[dʊrçfɔ́ʏçtən]《01》他 (h)《*et.*[4] mit *et.*[3]》(…を…で)すっかり湿らす, ぐっしょりぬらす.

durch|fin·den*[dʊ́rçfɪndən][1]《42》**I** 自 (h) **1** 行くべき道がわかる(＝ II): nicht mehr ～ どうしたらよいか〔勝手が〕わからない. **2**《zu *et.*[3]》ついに(…に)達する. **II** 他 (h) 再帰 *sich*[4] ～ 通路を見つける, 道〈勝手〉がわかる: Durch dieses Durcheinander *finde* ich mich nicht mehr *durch.* このように混乱していては 私はどうしたらよいか途方に暮れてしまう.

durch|flech·ten[1]*[dʊ́rçflɛçtən]《43》他 (h)《*et.*[4] durch *et.*[4]》(…を…に)編んで通す, 通して結ぶ: das Band durch den Kranz ～ リボンを冠に通す.

durch·flech·ten[2]*[◡◡◡]《43》他 (h)《*et.*[4] mit *et.*[3]》(…に…を)編み合わせる, 織り込む: das Haar mit Bändern ～ 髪にリボンを飾る | *seine* Rede mit Zitaten ～《比》演説に引用句を織りまぜる.

durch|flie·gen[1]*[dúrçfli:gən][1]《45》自 (s) **1** 飛んで通り抜ける;〖空〗ノンストップで通過する: Ein Stein ist durch die Fensterscheibe *durchgeflogen.* 石が窓ガラスを破って飛び込んだ. **2**《話》(durchfallen)(試験に)落第する.

durch·flie·gen[2]*[◡◡◡][1]《45》他 (h) **1** (ある区間を)飛んで〈飛ぶように速く〉通過する. **2** (…に)ざっと目を通す: rasch die Zeitung ～ すばやく新聞に目を通す. **3** ＝durchfahren[2] 2

durch|flie·ßen[1]*[dúrçfli:sən]《47》自 (s)《durch *et.*[4]》(…を通って)流れすぎる.

durch·flie·ßen[2]*[◡◡◡]《47》他 (h)《*et.*[4]》(…を)通って流れる, 貫流する: Die Elbe *durchfließt* Deutschland. エルベ川はドイツを貫いて流れている.

durch·flo·gen[durçfló:gən] durchfliegen[2]の過去分詞; 過去1・3人称複数.

Durch·flug[dúrçflu:k][1] 男 -[e]s/..flüge[..fly:gə]〖空〗直航; (法規上の)通過; 乗り継ぎ: Im ～ besuchte ich meinen Freund in Paris. 乗り継ぎの合間に私はパリの友人を訪ねた. [＜durchfliegen[1]]

Durch·fluß[dúrçflʊs] 男..flusses/..flüsse[..flʏsə] **1**《ふつう単数で》durchfließen[1]すること. **2** 排水口.

durch|flu·ten[1][dúrçflu:tən]《01》自 (s) (すき間などから大量に)流れ出る〈込む〉.

durch·flu·ten[2][◡◡◡]《01》他 (h) **1** (ある場所を大量に)貫流する; いっぱいに満たす, (…に)満ちあふれる: Das Zimmer ist von Licht *durchflutet.* 室内には光が満ち満ちている. **2**《*jn.*》(感情などが…の心を)満たす: Ein Schauer *durchflutete* mich. 私はぞっと身震いした.

durch|flut·schen[dúrçflʊtʃən]《04》自 (s)《話》するりと通り抜ける.

durch|for·men[dúrçfɔrmən] 他 (h) 完全に〈細部に至るまで〉形づくる: einen Aufsatz ～ 論文をすみずみまでみがき上げる.

durch·for·schen[durçfɔ́rʃən]《04》他 (h) 十分に研究〈調査〉する, 徹底的に窮める.

Durch·for·schung[..ʃʊŋ] 女 -/-en durchforschen すること.

durch|for·sten[1][dúrçfɔrstən] (**durch·for·sten**[2][◡◡◡])《01》他 (h)〖林〗(山林を)間伐する;《比》検閲〔して不用のものを除去〕する.

Durch·for·stung[..tʊŋ; まれ: ◡◡◡] 女 -/-en durchforsten すること.

Durch·fracht[dúrçfraxt] 女 -/〖商〗通過貨物.

durch|fra·gen[dúrçfra:gən][1] 他 (h) **1** (事柄を)順番に〈始めから終わりまで〉質問する; (人々に)質問して回る: das ganze Dorf nach *et.*[3] ～ 村じゅうに…のことを尋ね回る. **2** 再帰 *sich*[4] ～ 質問しながら目標〈目的地〉までたどりつく.

durch|fres·sen[1]*[dúrçfrɛsən]《49》他 (h) **1** かじって(…に)穴をあける, むしばむ, 侵食〈腐食〉する: Rost hat das Eisen *durchgefressen.* その鉄はさびのためにすっかり腐食してしまった ‖ 再帰 *sich*[4] ～ 浸透する, 広がる | Der Brand hat sich bis in die erste Etage *durchgefressen.* 火事は2階にまで燃え広がった. **2** ＝durchessen

durch·fres·sen[2][◡◡◡] 形 (虫などに)すっかり食い荒らされた; すっかり腐食した.

durch|fret·ten[dúrçfrɛtən]《01》他 (h)《南部・オーストリア》再帰 *sich*[4] ～ 苦労してどうにか暮らしてゆく.

durch|frie·ren[1]*[dúrçfri:rən]《50》自 (s) 完全に凍結する; 凍えきる: Ich bin ganz *durchgefroren.* 私はすっかり凍えきった.

durch·frie·ren[2]*[◡◡◡]《50》他 (h) 完全に凍結させる; すっかり凍えさせる: Die Kinder kamen *durchfroren* nach Hause. 子供たちは凍えきって帰宅した.

durch|füh·len[dúrçfy:lən] 他 (h) 感知〈感得〉する: die Rippen durch die Haut ～ 皮膚を通して肋骨(ろっこつ)を知覚する | *js.* Absichten ～ …の意図を察知する.

Durch·fuhr[dúrçfu:r] 女 -/-en (外国貨物の)通過〔運送〕. [＜durchfahren[1]]

durch·führ·bar[dúrçfy:rba:r] 形 (durchführen できる. 例えば:) 実行〈実施〉可能な: Dieser Plan ist leicht 〈nicht〉 ～. この計画の実施は容易〈不可能〉である.

Durch·führ·bar·keit[–kaɪt] 女 -/ durchführbar なこと.

durch|füh·ren[dúrçfy:rən] 他 (h) **1** 実行〈実施〉する; 遂行〈貫徹〉する: einen Befehl 〈einen Einfall〉 ～ 命令〈思いつき〉を実行する | ein Gesetz ～ 法律を施行する | einen Plan ～ 計画を実施する | eine Tagung 〈ein Sportfest〉 ～ 会議〈体育祭〉を行う. **2**《*jn.*》導いて通り抜けさせる, (展示場などで)案内する;《*et.*[4]》(外国貨物を)通過運送する; (道路・水路・鉄道などを)通す, 敷設する. **3**〖楽〗(主題を)展開する.

Durch·fuhr≠er·laub·nis[dúrçfu:r..] 女〖商〗通過〔運送〕許可. **≠han·del** 男 -s/ (Transithandel) 通過貿易.

Durch·füh·rung[dúrçfy:rʊŋ] 女 -/-en **1** (durchführen すること. 例えば:) 実行, 実施, 施行, 遂行: zur ～ bringen 実行〈実施〉する(＝durchführen) | zur ～ kommen 〈gelangen〉 実行される, 実施される. **2**〖楽〗(ソナタ形式などでの)展開部.

Durch·füh·rungs≠be·stim·mung 女, **≠ver·ord·nung** 女〖法〗施行令.

Durch·fuhr·zoll[dúrçfu:r..] 男 (外国貨物の)通過関税.

durch·fur·chen[durçfúrçən] 他 (h) (…に)溝をつける, しわをきざむ: Seine Stirn war von tiefen Falten *durchfurcht.* 彼の額には深いしわがきざみ込まれていた | Das Schiff *durchfurchte* das Meer. 船は波を押し分けて進んだ.

durch|füt·tern[1][dúrçfʏtərn]《05》他 (h) **1** (特に冬の期間中家畜を)飼養する: das Vieh im Winter ～ 家畜に飼料を与えて越冬させる. **2**《*jn.*》養って〈食べさせて〉やる, 扶養する: *sich*[4] von *jm.* ～ lassen …に養われている.

durch·füt·tern[2][◡◡◡]《05》他 (h) (服に)総裏地をつける.

Durch·gang[dúrçgaŋ] 男 -[e]s/..gänge[..gɛŋə] **1**《ふつう単数で》(durchgehen[1]すること. 例えば:) 通り抜け, 通行, 通過, 透過: beim ～ durch den Tunnel トンネルを通り抜ける際に ‖ der ～ durch den Meridian 〈durch die Sonne〉(天体の)子午線〈太陽面〉通過 | der ～ von Waren 〔外国〕貨物の通過運送 ‖ Kein ～! 通行〈通り抜け〉禁止. **2** 通路, (客車などの)廊下: ein schmaler 〈enger〉 ～ 細い〈狭い〉通路. **3** (競技や選挙などの) 1 ラウンド, 1 回, 一渡り: der erste ～ (スキー競技で)第 1 回目〈一渡り〉の滑降; (選挙で)第 1 回目の投票 | Die Häuser werden in vier *Durchgängen* bewohnt. これらの貸別荘は(休暇中)交代で 4 組が住む.

Durch·gän·ger[..gɛŋər] 男 -s/- **1** (おくびょうで)逸走しやすい馬. **2** 逃亡〈脱走〉者.

durch·gän·gig[..gɛŋɪç][2] 形 **1** 一貫した, 全般的な: ein ～*es* Prinzip 一貫した法則 | Man war ～ derselben Meinung. だれもかれも同意見だった. ▽**2** 通り抜けのできる.

Durch·gangs≠bahn·hof[dúrçgaŋs..] 男 (↔Kopfbahnhof)〖鉄道〗通過式〔中間〕駅. **≠gü·ter** 複 通過貨物. **≠hahn** 男〖工〗二方コック. **≠han·del** 男 -s/ 通過貿易. **≠in·stru·ment** 中〖天〗子午〔線〕儀. **≠la·ger** 中 (難民・亡命者などの)通過収容所. **≠schein** 男 通行証, 通過許可証. **≠sta·dium** 中 (発達の)通過段階. **≠sta·tion** 女 **1** ＝Durchgangsbahnhof **2** ＝Durchgangsstadium **≠stra·ße** 女 (↔Sackstraße)(町の)通過道路, 街道. **≠ton** 男 -[e]s/..töne〖楽〗経過音. **≠ver·kehr** 男 通過〈通り抜け〉交通;〖商〗通過貿易. **≠wa·gen** 男〖鉄道〗(片側に)廊下のある客車(略 D-Wagen)(→D-Zug). **≠zoll** 男 ＝Durchfuhrzoll ▽**≠zug** ＝D-Zug

durch|ge·ben*[dúrçge:bən][1]《52》他 (h) (電信・電話・ラジオなどで)伝達する: ein Telegramm telefonisch ～ 電報〔の内容〕を電話で伝える.

durch·ge·dreht[dúrçgədre:t] durchdrehen の過去分

詞.

durch|ge·hen[1]*[dʊ́rçge:ən]《53》 **I** 自 (s) **1** 通り抜ける, 通行する; 通過〈透過〉する; パス〈合格〉する: durch die Tür ~ 戸口を通り抜ける | durch das Nadelöhr ~ (糸が)針穴を通る | quer durch einen Bach ~ 小川を横切る | Der Regen ist durch die Jacke *durchgegangen*. 雨が上着を通して〔肌まで〕しみ通った | Der Antrag *ging durch*. 提案は可決された | Der Kandidat *ging durch*. 候補者は当選した ‖ *jm. et.*[4] ~ lassen …の…を見のがしてやる〈大目に見る〉| Ihm darfst du nichts ~ lassen. 君は彼に対していささかも容赦してはならない. **2** (ある区間を)通り抜ける, 一巡する; (全体を)一貫する; (一定期間)休みなく続く: von unten bis oben ~ 下から上まで続いて〈筒抜けになって〉いる | Der Zug *geht* bis München *durch*. この列車はミュンヒェンまで(乗り換えなしで)直行する | durch die Ausstellung ~ 展覧会場を一巡する ‖ Der Gedanke *geht* durch den ganzen Roman *durch*. この思想が小説全体を貫いている ‖ Die Sitzung *ging* bis drei Uhr *durch*. 会議は3時まで休みなく続けられた. **3** (抑制がきかなくなって)突然〈爆発的に〉現れる; 逐電〈逃走〉する;〘劇〙契約を破棄する: Sein Temperament ist mit ihm *durchgegangen*. 彼は自制心を失った | *jm.* 〈mit *jm.*〉 *gehen* die Nerven *durch* (→Nerv 1) | *jm. gehen* die Pferde *durch* (→Pferd 1) | Der Atomreaktor ist *durchgegangen*. 原子炉の制御装置がきかなくなった. **4**《話》**a**)《mit *et.*[3]》(…を)持ち逃げする. **b**)《*jm.*》(…のところから)そっとずらかる;《mit *jm.*》(…と)駆け落ちする.

II 他 **1** (s, まれに h) **a**) (…の全部に)目を通す, 見直す, 吟味する, 点検〈検算〉する: eine Liste noch einmal ~ リストにもう一度目を通す | einen Plan 〔Punkt für Punkt〕 ~ 計画を〔細部にわたって一つ一つ〕吟味する. **b**) (終わりまで)やり通す,(課程などを)修了する: Er ist mit uns alle Schwierigkeiten *durchgegangen*. 彼はすべての困難を私たちと共にした. ▽**2** (h) (靴などを)歩いてすり減らす.

III durch·ge·hend 現分 形 通り抜けの, 通過する; (列車などが)直通の; 一貫した, 全般的な; (休まずに)連続した: ein ~*er* Zug (主要な駅にだけ停車する)直通列車 | eine ~*e* Fahrkarte 通し切符 | ein ~*er* Reim〘詩〙一貫韻(→Reim 1) ‖ Das Geschäft ist ~ geöffnet. この店は(昼休みなしに)ぶっ通しで開いている | Das Kleid ist ~ geknöpft. このドレスは上から下までボタンがついている.

durch·ge·hen[2]*[◡⏑́◡]《53》他 (h) **1** (歩いて)横断する; 通り抜ける: Ich habe den Wald *durchgangen*. 私は森を横断した. **2**《*jn.*》(感情などが…の心いっぱいに)広がる.

durch·ge·hends[dʊ́rçge:ənts] 副《特に: ｵｰｽﾄﾘｱ》〔終始〕一貫して, 連続して, 全般的に, おしなべて; 例外なく, すべて.

durch·gei·stigt[dʊrçgáɪstɪçt] 形 精神の豊かな, きわめて理知的な: ein ~*es* Gesicht (精神性の際立った)知的な顔つき. [<Geist]

durch|ger·ben[dʊ́rçgɛrbən][1] 他 (h) (獣皮を)十分になめす;《話》《*jn.*》さんざんに打ちのめす.

durch|ge·stal·ten[dʊ́rçgəʃtaltən]《01》他 (h) (細部に至るまで)十分に形成する,(…に)彫琢(ちょうたく)を施す.

durch|gie·ßen*[dʊ́rçgi:sən]《56》他 (h) (濾過(ろか)装置を通して)注ぎ込む: Kaffee ~ (フィルターを通して)コーヒーを注ぐ.

durch|glei·ten*[dʊ́rçglaɪtən]《60》自 (s)《durch *et.*[4]》(…を)滑り抜ける.

durch|glie·dern[1][dʊ́rçgli:dərn] (**durch·glie·dern**[2][◡⏑́◡])《05》他 (h) (細部に至るまで)十分に組織〈整理〉する, きちんと細別する: ein gut *durchgegliederter* 〈*durchgliederter*〉 Aufsatz きちんと構成された論文.

durch|glü·hen[1][dʊ́rçgly:ən] **I** 他 (h) 十分に灼熱(しゃくねつ)させる. **II** 自 (s) 十分に灼熱する; (ヒューズ・電球などが)燃えて切れる: *jm.* 〈bei *jm.*〉 *glüht* die Sicherung *durch* (→Sicherung 2 b).

durch·glü·hen[2][◡⏑́◡] 他 (h) 十分に灼熱(しゃくねつ)させる; 輝きで満たす;《*jn.*》(感情などが…の心を)満たす: ein von der Abendsonne *durchglühter* Himmel 夕日で真っ赤に染まった空 | Er ist von Begeisterung *durchglüht*. 彼は感激に燃えている.

durch|gra·ben*[dʊ́rçgra:bən][1]《62》他 (h) **1** 掘り抜く: einen Tunnel ~ トンネルを貫通させる. **2** 再帰 *sich*[4] ~ 掘り進む.

durch|grei·fen*[dʊ́rçgraɪfən]《63》 **I** 自 (h) **1** (…の間から)手を差し入れる. **2** 断固とした処置を取る, 強硬な手段に訴える: rücksichtslos ~ 容赦なく荒療治をする.

II durch·grei·fend 現分 形 徹底的な, 思い切った, 有効な: ~*e* Änderungen 抜本的な変革〈手直し〉| ~*e* Maßnahmen treffen 断固たる処置を取る.

Durch·griff[dʊ́rçgrɪf] 男 -〔e〕s/ 〘電〙(真空管の)支配率, 逆増幅率.

durch|gucken[dʊ́rçgʊkən] 自 (h) (…を通して)のぞく: durch das Fernglas ~ 望遠鏡をのぞく.

durch|ha·ben*[dʊ́rçha:bən][1]《64》他 (h) (完全に)通り抜けさせている; 読み通している; 切断してしまっている(→durch II 1).

durch|hacken[dʊ́rçhakən] 他 (h) (くわ・おのなどで)断ち切る〈割る〉.

durch·hal·len[dʊrçhálən] 他 (h)《*et.*[4]》(…に)くまなくこだまする, 響き渡る.

Durch·hal·te·be·fehl[dʊ́rçhaltə..] 男 あくまでがんばり通せとの命令.

durch|hal·ten*[dʊ́rçhaltən]《65》 **I** 自 (h) 持ちこたえる, がんばり通す: bis zum letzten Mann ~ 最後の一人になるまでがんばり抜く. **II** 他 (h)《*et.*[4]》(…に)耐え通す; 最後まで固執する: einen Streik ~ ストライキを闘い抜く.

Durch·hal·te≠pa·ro·le 女 (軽蔑的に)〘政〙あくまでがんばり通せというスローガン. **≠ver·mö·gen** 中 -s/ 耐久〈持久〉力, 根性, スタミナ.

Durch·hang[dʊ́rçhaŋ] 男 -〔e〕s/..hänge[..hɛŋə] たるみ, たわみ; たるんだ〈たわんだ〉部分.

durch|hän·gen*[..hɛŋən]《66》自 (h) **1** (たるんで)垂れ下がる; (弾力性のものが)たわむ. **2**《話》**a**) (心身ともに)疲れ切っている, ぐったりしている. **b**) (催し・放送番組などが)だらけている, 退屈である.

Durch·hau[dʊ́rçhaʊ] 男 -〔e〕s/-e =Durchhieb

durch|hau·en[1(*)][..haʊən]《67》 **I** 他 (h) **1** (二つに)断ち切る, 両断する; (道を)切り開く: ein Stück Holz ~ 木片を断ち割る | den 〔gordischen〕 Knoten ~ (→Knoten 1) | *sich*[3] einen Weg ~ (森林・茂みなどの中で)道を切り開く ‖ 再帰 *sich*[4] ~ 道を切り開いて進む; 血路を開く. **2**《過 haute durch》《話》《*jn.*》さんざんに打ちのめす. **3**《過 haute durch》《方》(困難・病気などに)耐え抜く.

II 自 (s)《話》(ヒューズが)切れる: Da ist bei ihm die Sicherung *durchgehauen*.《比》そこで彼の勘忍袋の緒が切れた.

durch·hauen[2(*)][◡⏑́◡]《67》他 (h) **1** (二つに)断ち切る, 両断する. **2**《*et.*[4]》(…に道を)切り開く: einen Wald ~ 森を切り開いて道を造る.

Durch·haus[dʊ́rçhaʊs][1] 中 -es/..häuser[..hɔʏzər]《ｵｰｽﾄﾘｱ》(二つの街路をつなぐ)通り抜けの通路を持つ家: *et.*[4] als ~ betrachten《比》…を過渡的なもの〈一時しのぎの策〉と見る.

durch|he·cheln[dʊ́rçhɛçəln]《06》他 (h) (麻などを)すきぐしで十分にすく;《話》(陰でうわさ話をして)こき下ろす, 酷評する.

durch|hei·zen[dʊ́rçhaɪtsən]《02》 **I** 他 (h) (部屋などを)十分に暖房する. **II** 自 (h) 絶え間なく暖房し続ける: die Nacht 〈bis zum Morgen〉 ~ 夜通し〈朝まで〉暖房し続ける.

durch|hel·fen*[dʊ́rçhɛlfən]《71》自 (h)《*jm.*》(…を)援助して通り抜け〈切り抜け〉させる, 救い出す: *jm.* bei der Prüfung ~ …の手助けをして試験に合格させてやる ‖ *sich*[3] ~ 自力で通り抜ける〈切り抜ける〉| Er wird sich schon ~. 彼はきっと独力でなんとか切り抜けるだろう.

Durch·hieb[dʊ́rçhi:p][1] 男 -〔e〕s/-e (樹木を伐採して造った)林道, 小径;〘林〙区画線. [<durchhauen]

durch·höh·len[dʊrçhǿ:lən] 他 (h)《*et.*[4]》(…に)穴をうがつ,(水が土台などを)浸食する;《比》(徐々に)弱らせる, もろくする.

dụrch|ho̲·len[dʊ́rçho:lən] 他 (h) **1**〔海〕(たるんだ綱を引いて)ぴんと張る. **2**《方》深く呼吸する.

dụrch|hö̲·ren[dʊ́rçhø:rən] 他 (h)《*et.*[4]》(障害物を通して…を)聞き取る; (話しぶりなどから)感じ取る.

dụrch|hun·gern[dʊ́rçhʊŋərn]《05》他 (h) 再帰 *sich*[4] ～ 食うや食わずの生活を続けてなんとか切り抜ける.

dụrch|hu·schen[dʊ́rçhʊʃən]《04》自 (s)《*et.*[4]》(…を)さっと通り過ぎる.

dụrch|imp·fen[dʊ́rç|ɪmpfən] 他 (h) (ある集団の全員に順次)もれなく予防接種する.

durch·ị̲r·ren[dʊrç|í:rən] 他 (h) (ある場所を)迷いながら歩き回る〈横断する〉: den Wald ～ 森をあちこち迷い歩く.

dụrch|ixen[dʊ́rç|ɪksən]《02》他 (h) (タイプライターで誤字などを) X を打って消す. [<X]

dụrch|ja·gen[1][dʊ́rçja:gən][1] **I** 自 (s) (ある場所を通って)疾走する, 駆け抜ける. **II** 他 (h) **1** (案件などを)大急ぎで処理する, 片づける. **2** ＝durchjagen[2] 1

durch·ja̲·gen[2][◡⌣◡] 他 (h) **1**《*et.*[4]》(…を通って)疾走する, 駆け抜ける. **2**《*jn.*》(恐怖などが…の)身内を貫く.

durch·kä̲l·ten[dʊrçkɛ́ltən]《01》他 (h)《*et.*[4]》十分に冷やす;《*jn.*》すっかり凍えさせる.

dụrch|käm·men[1][dʊ́rçkɛmən] 他 (h) **1** (髪を)十分にくしけずる. **2**《比》(場所などを)徹底的に〈綿密に〉捜索する.

durch·kä̲m·men[2][◡⌣◡] ＝durchkämmen[1] 2

dụrch|kämp·fen[1][dʊ́rçkɛmpfən] 他 (h) **1** 戦い抜く, (障害, 困難を克服して)貫徹〈遂行〉する: einen Streik ～ ストライキをやり抜く. **2** 再帰 *sich*[4] ～ (困難を)切り抜ける,(障害を克服して)目標に到達する: *sich*[4] im Leben ～ 人生の荒波を乗り切る.

durch·kä̲mp·fen[2][◡⌣◡] 他 (h) (ある期間を)戦って過ごす: Er hat viele in Armut *durchkämpfte* Jahre hinter sich. 彼はこれまでずいぶんと貧乏で苦労してきた.

dụrch|kau·en[dʊ́rçkaʊən] 他 (h) 十分に咀嚼(そしゃく)する;《話》(題材を)徹底的に討議する.

dụrch|klet·tern[1][dʊ́rçklɛtərn]《05》自 (s) (すき間・開口部などをくぐり抜けて)よじ登る.

durch·kle̲t·tern[2][◡⌣◡]《05》他 (h) (岩壁などを)完全によじ登る.

dụrch|klin·gen[1]*[dʊ́rçklɪŋən]《77》自 (h, s) (障害物を通して)響き通る: Durch seine Worte〈In seinen Worten〉*klang* eine leise Wehmut *durch*. 彼の言葉の端々にかすかな悲しみの響きが感じられた.

durch·kli̲n·gen[2]*[◡⌣◡]《77》他 (h)《*et.*[4]》(…に)くまなく〈いっぱいに〉響き渡る.

dụrch|klop·fen[dʊ́rçklɔpfən] 他 (h) **1**《*et.*[4]》(じゅうたんなどを)十分にたたく. **2** ＝durchprügeln

dụrch|kne̲·ten[dʊ́rçkne:tən]《01》他 (h) (パン種などを)十分にこねる;《話》(筋肉などを)十分にマッサージする.

dụrch|knöp·fen[dʊ́rçknœpfən] 他 (h) (服・シャツなどに上から下まで)通してボタンをつける〈かける〉.

dụrch|ko·chen[dʊ́rçkɔxən] 他 (h) 十分に煮る〈ゆでる〉.

dụrch|kom·men*[dʊ́rçkɔmən]《80》**I** 自 (s) **1** (ある場所を)通って来る; 通り抜ける, 通過する; (湿気などが)浸透する,(本性などが)外に現れる; (電話が)通じる,(知らせが)届く,(ニュースが)伝えられる: durch die Menschenmenge ～ 人ごみを通り抜ける | Jedesmal, wenn ein Zug *durchkommt*, zittern die umliegenden Häuser. 列車が通過するたびに周辺の家々は震動する | Der Regen *kommt* durch die Zimmerdecke *durch*. 雨が天井から漏る | Eine wichtige Radiomeldung ist *durchgekommen*. 重要なラジオニュースが入った.

2 無事に通り抜ける,(困難・危機などを)切り抜ける, 克服する: durch den Krieg ～ 戦争を無事に切り抜ける | Der Kranke ist noch einmal *durchgekommen*. 病人はもう一度命拾いをした | Mit deinen Lügen *kommst* du bei mir nicht *durch*. 君はうそで私をごまかすことはできない | Die ganze Klasse ist beim Abitur *durchgekommen*. クラス全員が高校卒業資格試験に合格した.

3《mit *et.*[3]》(…で)間に合わせる: mit einem geringen Einkommen ～ わずかな収入で暮らしてゆく.

II Dụrch·kom·men 中 -s/ durchkommen すること: Hier ist kein ～. i) ここは通り抜けができない〈通行禁止だ〉; ii) これは切り抜けられない.

dụrch|kom·po·nie·ren[dʊ́rçkɔmponi:rən] 他 (h) (歌曲を, 詩節に区切って, または同一の節まわしを反復するのではなく)通しで作曲する; 台本に全部曲をつける, オペラ化する: ein *durchkomponiertes* Lied〔楽〕通作歌曲.

dụrch|kön·nen[dʊ́rçkœnən]《81》自 (h) 通り抜けられる: Niemand wird dort ～. だれ一人としてそこを通り抜けられないだろう(→durch II 1).

dụrch|kon·stru·ieren[dʊ́rçkɔnstrui:rən] 他 (h) (機械などを細部に至るまで)完全に仕上げる〈組み立てる〉.

dụrch|ko·sten[1][dʊ́rçkɔstən] (**durch·ko̲·sten**[2][◡⌣◡])《01》他 (h) 残らず味わう, 味わい尽くす: alle Speisen ～ すべての料理を順々に味わい尽くす | alle Freuden und Leiden des Lebens ～ 人生のあらゆる喜びと悲しみをなめ尽くす.

dụrch|kra̲·men[1][dʊ́rçkra:mən] (**durch·kra̲·men**[2][◡⌣◡]) 他 (h)《話》(探し物をして)ひっかき回す: eine Schublade ～ ひき出しの中をひっかき回す.

dụrch|kreu·zen[1][dʊ́rçkrɔytsən]《02》他 (h) ×印をつけて消す〈抹殺する〉.

durch·kre̲u̲·zen[2][◡⌣◡]《02》他 (h) **1** (ある空間を)縦横に走り回る, あまねく旅する: mit einer Jacht den Pazifik ～ ヨットで太平洋を縦横に航行する. **2** 再帰 *sich*[4] ～ 交差〈交錯〉する. **3** 邪魔〈妨害〉する: *js.* Pläne ～ …の計画を妨げる.

dụrch|krie·chen[1]*[dʊ́rçkri:çən]《83》自 (s)《unter *et.*[3]》(…の下を)はって通り抜ける.

durch·kri̲e̲·chen[2]*[◡⌣◡]《83》他 (h)《*et.*[4]》(…を)はって通り抜ける: Angst *durchkriecht* mich.《雅》不安が私の心をよぎる.

dụrch|krie·gen[dʊ́rçkri:gən][1]《話》＝ durchbekommen

dụrch|kü̲h·len[dʊ́rçky:lən] 他 (h) 十分に冷やす〈冷却する〉.

dụrch|la̲·den*[dʊ́rçla:dən][1]《86》他 (h) (銃に)装塡する.

dụrch|lan·gen[dʊ́rçlaŋən] 自 (h) (…の間から)手を差し出す〈入れる〉.

Dụrch·laß[dʊ́rçlas] 男 ..lasses/..lässe[..lɛsə] **1**《単数で》通すこと; 通行許可: *jm.* ～ gewähren …に通行を許可する | ～ erhalten 通行許可をもらう. **2** (くぐり抜けの)通路, 出入口; 排水渠(きょ).

dụrch|las·sen*[..lasən]《88》他 (h) 通過させる, 通す;〔球技〕(球を)取り損なう: *jm. et.*[4] ～《比》…の…を大目にみてやる | *jn.* durchs Examen ～ …を試験に合格させる | Der Vorhang *läßt* kein Licht *durch*. このカーテンは光を通さない.

dụrch·läs·sig[..lɛsɪç][2] 形 **1** (光線・液体・気体などを)透過させる: ein ～*es* Faß 水の漏る樽(たる) | ～*e* Schuhe 水がしみてくる靴 ‖ wasser*durchlässig* 浸水性の; 排水のよい.

2 (制度などについて)変更〈改変〉可能な, 融通性のある.

Dụrch·läs·sig·keit[..kaɪt] 女 -/ (durchlässig なこと. 例えば:) 透過性, 透過率.

Dụrch·laß·schein[dʊ́rçlas..] 男 通行券, 通行許可証.

▽**dụrch·laucht**[dʊ́rçlaʊxt, ◡⌣] **I** ＝durchlauchtig

II Dụrch·laucht 女 -/-en《ふつう単数で》(貴族, 特に Fürst の尊称として)殿下: Seine〈Ihre〉～ 殿下〈妃殿下〉| Eure〈Euer〉～! 殿下(呼びかけ). [<durchleuchten[1]; *lat.* perillūstris の翻訳借用; ◇erlaucht]

durch·lau̲ch·tig[dʊrçláʊxtɪç][2] 形《付加語的》高貴な, やんごとない: der ～*e*〈～*ste*〉Herr 殿下.

Dụrch·lauf[dʊ́rçlaʊf] 男 -[e]s/ ..läufe[..lɔʏfə] (durchlaufen[1]すること. 例えば:) 進行〔過程〕; ▽〔医〕下痢: den ～ der Produktion beschleunigen 生産の進行を促進する.

dụrch|lau·fen[1]*[dʊ́rçlaʊfən]《89》**I** 自 (s) **1** (…を通って)走り抜ける; (川・道路・鉄道などが)通っている; (思想が作品などを)貫いている; (液体が)漏れる: durch das Museum nur ～ 博物館をそそくさと見て回る | Kaffee〔durch

D

den Filter〕 ～ lassen コーヒーを〔フィルターで〕漉(こ)す. **2** (休みなく)走り続ける: Das Programm *läuft durch.* 番組は休憩なしに進行する.

II 他 (h) (走って)すり減らす, 損傷させる: *sich*[3] die Füße ～ 走って足を痛める ‖ *durchgelaufene* Strümpfe すり切れた靴下.

III durch·lau·fend 現分 形 絶え間ない, 連続的な; 一貫した; 貫通した: ein ～*er* Träger 〘建〙 連続梁(はり) ‖ *et.*[4] ～ numerieren …に通し番号をつける.

durch·lau·fen[2]*[◡⊥◡] ⦅89⦆ 他 (h) **1** 走破する; (…を通って)走り抜ける; 縦走〈横断〉する; ⦅比⦆ (課程などを)終了する; (…に)ざっと〈ひととおり〉目を通す: den Wald ～ 森を通り抜ける | die Schule ～ 学校を卒業する | Er hat die ganze Strecke in 5 Minuten *durchlaufen.* 彼は全コースを5分間で走破した. **2** ⦅雅⦆ ⦅*jn.*⦆ (恐怖・歓喜などが…の)身内を走る: Ein Schauder *durchlief* ihn. 彼は身ぶるいを覚えた ‖ 非人称 Es *durchlief* mich eiskalt. 私はぞっとした.

Durch·lauf·er·hit·zer[dʊ́rçlauf..] 男 循環式〈瞬間〉湯沸かし器(→ 図 Bad A). **∠ofen** 男 連続加熱炉. **∠zeit** 女 〘電算〙 計算過程所要時間; 〘工〙 製造過程所要時間.

durch|la·vie·ren[dʊ́rçlavi:rən] 他 (h) 再帰 *sich*[4] ～ 巧みに切り抜ける.

durch·le·ben[dʊrçlé:bən][1] 他 (h) (ある時間を)過ごす; (場面・状況などを)経験〈体験〉する: schreckliche Augenblicke ～ 恐怖の瞬間を過ごす ‖ froh *durchlebte* Tage 楽しく過ごした日々.

durch·lei·den*[dʊrçláidən][1] ⦅90⦆ 他 (h) (ある時間を)苦しみながら過ごす; (苦しみなどを)味わい尽くす: Er hat viel *durchlitten.* 彼はいろいろ苦労してきた.

durch|lei·ten[dʊ́rçlaitən] ⦅01⦆ 他 (h) ⦅*et.*[4] durch *et.*[4]⦆ (水・電気などを…を通過して)通す.

durch|le·sen[1]*[dʊ́rçle:zən][1] (▽**durch·le·sen**[2]* [◡⊥◡]) ⦅92⦆ 他 (h) (始めから終わりまで)読み通す, 通読する: *et.*[4] flüchtig ～ …にざっと目を通す.

durch|leuch·ten[1][dʊ́rçlɔyçtən] ⦅01⦆ 自 (s, h) (…を通して)光線を通す, 光りがもれる, 輝き出る; ⦅比⦆ (生地・性格などが)のぞく: Die Sonne *leuchtete* 〔durch den Nebel〕 *durch.* 太陽の光が〔霧を通して〕輝き出た.

durch·leuch·ten[2][◡⊥◡] ⦅01⦆ 他 (h) **1** (…に)光を通す; (レントゲン線で)透視する: den Patienten ～ 患者をレントゲンで検査する | *sich*[3] den Magen ～ lassen 胃の透視検査をしてもらう. **2** ⦅雅⦆ (…に)くまなく光を当てる, 光で満たす: alle Ecken und Winkel ～ 隅々まで照らす. **3** ⦅比⦆ 詳細に調べる〈解明する〉: *js.* Vergangenheit ～ …の過去をくわしく調査する.

▽**durch·leuch·tig**[..tɪç][2] ＝durchlauchtig

Durch·leuch·tung[..tʊŋ] 女 -/-en durchleuchten[2]すること.

durch|lie·gen*[dʊ́rçli:gən][1] ⦅93⦆ **I** 他 (h) **1** (寝台・マットなどを長期間使用して)すり減らす, 磨滅させる. **2** 再帰 *sich*[4] ～ (病人・乳児などが)床ずれができる.

II 自 (s) ⦅東部⦆ (漬物などが)十分に〈おいしく〉漬かる.

durch·lo·chen[dʊrçlɔ́xən] 他 (h) (…に)穴をあける, (パンチで)穴を打ち抜く: eine Fahrkarte ～ 切符にはさみを入れる.

durch·lö·chern[dʊrçlœ́çərn] ⦅05⦆ 他 (h) **1** (…に)多数の穴をあける, 穴だらけにする: Sein Körper war von Kugeln *durchlöchert.* 彼の体は弾丸ではちの巣のように穴があいていた ‖ *durchlöcherte* Socken 穴だらけのソックス. **2** ⦅比⦆ 骨抜きにする, 無力〈無効〉にする.

durch|lot·sen[dʊ́rçlo:tsən] ⦅02⦆ 他 (h) ⦅話⦆ ⦅*jn.* 〈*et.*[4]〉 durch *et.*[4]⦆ (…を…を通って)巧みに案内〈誘導〉する.

durch|lüf·ten[1][dʊ́rçlʏftən] ⦅01⦆ 他 (h) ⦅*et.*[4]⦆ (…に)十分に風〈空気〉を入れる: Der Schlafraum muß gut *durchgelüftet* werden. 寝室は換気をよくしなければならない.

durch·lüf·ten[2][◡⊥◡] ⦅01⦆ 他 (h) **1** ＝durchlüften[1] **2** 空気にさらす; 〘生〙 (水に)酸素を補給する.

Durch·lüf·ter[..tər] 男 -s/- 換気〈通風〉装置.

Durch·lüf·tung[..tʊŋ] 女 -/-en 換気, 通風; 通気.

durch|lü·gen*[dʊ́rçly:gən][1] ⦅97⦆ 他 (h) 再帰 *sich*[4] 〔durch *et.*[4]〕 ～ うそをついて〔…を〕切り抜ける.

durch|ma·chen[dʊ́rçmaxən] **I** 他 (h) **1** (課程などを)始めから終わりまでやり通す; (困難・苦しみなどを)味わい通す: vieles 〈allerhand〉 ～ いろいろな目にあう | eine harte Ausbildung ～ きびしい養成期間を経験する | Er hat schwere Zeiten *durchgemacht.* 彼は困難な時代を切り抜けてきた. **2** ein Loch ～ 穴をあける.

II 自 (h) 休みなくやり通す: bis nach Mitternacht ～ 真夜中過ぎまでぶっ通しに続ける.

Durch·marsch[dʊ́rçmarʃ] 男 -〔e〕s/..märsche [..mɛrʃə] **1** 通過行進. **2** ⦅単数で⦆ ⦅話⦆ (Durchfall) 下痢: ～ haben 下痢をしている. **3** 〘トランプ〙 勝ち続け.

durch|mar·schie·ren[..marʃi:rən] **I** 自 (s) ⦅durch *et.*[4]⦆ (…を)行進して通過する. **II** 他 (h) (ある場所を)行進して通過する.

durch|mes·sen[1]*[dʊ́rçmɛsən] ⦅101⦆ 他 (h) すっかり〈完全に〉測量する.

durch·mes·sen[2]*[◡⊥◡] ⦅101⦆ 他 (h) ⦅雅⦆ (一定の空間を)端から端まで歩く, 横断〈踏破〉する: die ganze Welt ～ 世界じゅうをまたにかけて歩く.

Durch·mes·ser[dʊ́rçmɛsər] 男 -s/- (Diameter) 直径(記号 *d*, ∅): der äußere 〈innere〉 ～ 外〈内〉径 | Der Tisch hat einen ～ von 2 Metern./Der Tisch mißt zwei Meter im ～. このテーブルは直径が2メートルある. [*gr.* diámetros (◇Diameter) の翻訳借用]

durch·mi·schen[dʊrçmɪ́ʃən] ⦅04⦆ 他 (h) ⦅*et.*[4] mit *et.*[3]⦆ (…を…と)まぜ合わせる: Wasser mit Chlor ～ 水に塩素〈カルキ〉をまぜる.

Durch·mi·schung[dʊrçmɪ́ʃʊŋ] 女 -/-en durchmischen すること.

durch|mo·geln[dʊ́rçmo:gəln] ⦅06⦆ 他 (h) ⦅話⦆ 再帰 *sich*[4] 〔durch *et.*[4]〕 ～ ごまかして〔…を〕切り抜ける.

durch|müs·sen*[dʊ́rçmʏsən] ⦅103⦆ 自 (h) 通り抜けねばならない; 経由しなければならない: Wir haben zwischen Autos *durchgemußt.* 私たちは自動車の間を通り抜けて進まねばならなかった(→durch II 1).

durch|mu·stern[1][dʊ́rçmʊstərn] (**durch·mu·stern**[2][◡⊥◡]) ⦅05⦆ 他 (h) 吟味する, 詳しく調査する: *js.* Gesicht ～ …の顔をじろじろ見る.

Durch·mu·ste·rung[dʊ́rçmʊstərʊŋ, ◡⊥◡◡] 女 -/-en durchmustern すること.

durch|na·gen[1][dʊ́rçna:gən][1] (**durch·na·gen**[2] [◡⊥◡]) 他 (h) かみ切る; (ずたずたに)かみちぎる.

Durch·nah·me[dʊ́rçna:mə] 女 -/ durchnehmen すること.

durch|näs·sen[1][dʊ́rçnɛsən] ⦅03⦆ 自 (h, s) (水分・湿気が)しみ出る.

durch·näs·sen[2][◡⊥◡] ⦅03⦆ 他 (h) すっかり〈ぐっしょり〉ぬらす: Er kam völlig *durchnäßt* zu Hause an. 彼はずぶぬれになって帰宅した.

durch|neh·men*[dʊ́rçne:mən] ⦅104⦆ 他 (h) **1** (教材などを学習の対象として)取り扱う; 徹底的に研究〈検討〉する. **2** ⦅話⦆ ⦅*jn.*⦆ (その場にいない人のことを)あれこれ話題にする, こき下ろす.

durch|nu·me·rie·ren[dʊ́rçnumeri:rən] (**durch|num·me·rie·ren**[..nʊm..]) 他 (h) ⦅*et.*[4]⦆ (…に)通し番号をつける.

durch|or·ga·ni·sie·ren[dʊ́rç|ɔrganizi:rən] 他 (h) (細部に至るまで)十分に〈完全に〉組織する.

durch·ör·tern[dʊrç|œ́rtərn] ⦅05⦆ 他 (h) 〘坑〙 (…に)坑道を掘る〈貫通する〉.

durch|pas·sie·ren[dʊ́rçpasi:rən] 他 (h) 〘料理〙 裏ごしにする.

durch|pau·sen[dʊ́rçpauzən][1] ⦅02⦆ 他 (h) 透写する, 敷き写し〈トレース〉する.

durch|peit·schen[dʊ́rçpaitʃən] ⦅04⦆ 他 (h) **1** ⦅*jn.*⦆ むちでさんざん打ちすえる. **2** ⦅比⦆ ⦅*et.*[4]⦆ (法案などを)強引に〈急いで〉通過させる; (教材などを)強引に〈さっさと〉教えてしまう.

durch|pflü·gen[1][dʊ́rçpfly:gən][1] 他 (h) 十分に耕す.

durch·pflü·gen[2][◡⊥◡] 他 (h) **1** (かなりの距離にわたっ

て)耕す, 掘り返す. **2** 《比》(文献などを)詳しく〈綿密に〉調べる.

dụrch|pla̱·nen[dʊ́rçpla:nən] 他 (h) (細部に至るまで)十分に〈完全に〉計画する.

dụrch|plump·sen[dʊ́rçplʊmpsən] 《02》 自 (s) 《話》(あるものをぶち抜いて)ドシンと落ちる; 落第〈落選〉する.

dụrch|po·wern[dʊ́rçpaʊərn] 《05》 他 (h) 《*et.*[4]》 力ずくで〈強引に〉押し通す.

dụrch|pres·sen[dʊ́rçprɛsən] 《03》 他 (h) **1** (むりやり)押して通す; (強引に)押し通す: *seine* Pläne ～ 自分の計画をむりやり通す ‖ 再帰 *sich*[4] durch die Menge ～ 群衆を押し分けて通る. **2** 〔料理〕裏ごしにする.

dụrch|pro̱·ben[dʊ́rçpro:bən][1] 他 (h) (劇の場面などを)通しで稽古(けいこ)する.

dụrch|pro·bie·ren[dʊ́rçprobi:rən] 他 (h) **1** (同種のものをいくつか)順番に試してみる, 試着〈試食・試飲〉する. **2** ＝durchproben

dụrch|prü̱·fen[dʊ́rçpry:fən] 他 (h) 十分に検査する, 精査する.

dụrch|prü̱·geln[dʊ́rçpry:gəln] 《06》 他 (h) 《*jn.*》さんざんに打ちのめす.

durch·pụl·sen[dʊrçpʊ́lzən][1] 《02》 他 (h) (…の内部を)脈打ちながら流れる: eine vom Leben *durchpulste* Stadt 《比》活気に満ちた町.

dụrch|put·zen[dʊ́rçpʊtsən] 《02》 他 (h) 《話》十分に〈徹底的に〉掃除する.

durch·que̱·ren[dʊrçkvé:rən] 他 (h) **1** (ある場所を)横断する, 横切る: einen Kontinent ～ 大陸を横断する. **2** 《比》(計画などを)邪魔〈妨害〉する.

Durch·que̱·rung[..rʊŋ] 女 -/-en durchqueren すること.

dụrch|quet·schen[dʊ́rçkvɛtʃən] 《04》 他 (h) **1** ＝durchpressen 1 **2** 再帰 *sich*[4] ～ もみくちゃになりながら押し分け進む.

dụrch|ra̱·sen[1][dʊ́rçra:zən][1] 《02》 自 (s) 《durch *et.*[4]》(…を)高速で疾駆〈通過〉する.

durch·ra̱·sen[2][◡⊥◡] 《02》 他 (h) 《*et.*[4]》(…を)高速で横断する〈横切る〉.

dụrch|ras·seln[dʊ́rçrasəln] 《06》 自 (s) 《話》(durchfallen) (試験などに)落第する.

dụrch|räu·chern[dʊ́rçrɔʏçərn] 《05》 他 (h) (ハム・ソーセージなどを)十分にいぶす〈燻煙(くんえん)する〉.

dụrch|rau·schen[1][dʊ́rçraʊʃən] 《04》 自 (s) **1** 《話》＝durchrasseln **2** ＝durchrasen[1]

durch·rau̱·schen[2][◡⊥◡] 《04》 他 (h) 《雅》ざわめきで満たす.

dụrch|rech·nen[dʊ́rçrɛçnən] 《01》 他 (h) (始めから終わりまで)すっかり計算する: *et.*[4] noch einmal ～ …をもう一度始めから計算し直す.

dụrch|re̱g·nen[1][dʊ́rçre:gnən] 《01》 **I** 自 (h) 非人称 《es regnet durch》雨が漏る, 雨漏りがする.
II 他 (h) 雨でびしょぬれにする: Ich bin ganz *durchgeregnet*. 私は雨でびしょぬれだ.

durch·re̱g·nen[2][◡⊥◡] 《01》 ＝durchregnen[1] II

dụrch|rei·ben[1]*[dʊ́rçraɪbən][1] 《114》 他 (h) こすって破損〈磨滅〉させる: *sich*[3] die Ferse ～ かかとをすりむく ‖ 再帰 *sich*[4] ～ (衣服などが)すり切れる.

durch·rei̱·ben[2]*[◡⊥◡] 《114》 他 (h) 《*et.*[4] mit *et.*[3]》(…に…を)十分にすり込む.

Dụrch·rei·che[dʊ́rçraɪçə] 女 -/-n (食堂と台所の間の料理や食器の)出し入れ口, 配膳(はいぜん)口, ハッチ.

dụrch|rei·chen[..raɪçən] 他 (h) (すき間・窓などを)通して渡す〈差し出す〉: *et.*[4] durchs Fenster ～ …を窓越しに渡す.

Dụrch·rei·se[dʊ́rçraɪzə] 女 -/-n (旅行中の)通過: auf der ～ 旅の途中で.

Dụrch·rei·se·er·laub·nis 女 ＝Durchreisevisum

dụrch|rei·sen[1][..raɪzən][1] 《02》 自 (s) 《durch *et.*[4]》(旅行中に)通過〈素通り〉する: Ich bin durch Rom nur *durchgereist*. ローマは旅の途中ただ通り過ぎただけだ.

durch·rei̱·sen[2][◡⊥◡] 《02》 他 (h) 《*et.*[4]》(ある地方を)あちこち旅行する, 周遊〈遍歴〉する.

Dụrch·rei·sen·de 男 女 《形容詞変化》(通過する)旅行者; 短期滞在客.

Dụrch·rei·se·vi̱·sum 中 通過査証〈ビザ〉.

dụrch|rei·ßen*[dʊ́rçraɪsən] 《115》 **I** 他 (h) (二つに)引き裂く; 切断する: ein Stück Papier in der Mitte ～ 1枚の紙をまん中で裂く.
II 自 **1** (s) (二つに)裂ける; (ひもなどが)ぷっつり切れる. **2** (h) 〔軍〕あわてて〈いいかげんに〉銃の引き金を引く.

dụrch|rei·ten[1]*[dʊ́rçraɪtən] 《116》 **I** 自 (s) **1** 《durch *et.*[4]》(…を)馬に乗って通り抜ける, 馬で通過する. **2** (ある時間)馬に乗って走り続ける: die ganze Nacht ～ 夜通し馬を走らせる. **II** 他 (h) **1** 馬に乗って傷める: 〔*sich*[3]〕 die Hosen ～ 乗馬でズボンを擦り切れさせる ‖ 再帰 *sich*[4] ～ 馬に乗って擦り傷をつくる. **2** (馬を)調教する.

durch·rei̱·ten[2]*[◡⊥◡] 《116》 他 (h) **1** (ある場所を)馬に乗って横切る〈渡る〉. **2** 馬に乗ってあちこち走り〈旅行して〉回る.

dụrch|rei·tern[dʊ́rçraɪtərn] 《05》 《オーストリア》＝durchsieben[1] [＜Reiter[2]]

dụrch|ren·nen*[dʊ́rçrɛnən] 《117》 **I** 自 (s) 《durch *et.*[4]》(…を)走り抜ける. **II** 他 (h) 走って損なう〈磨滅させる〉: die Schuhe ～ 走って靴の底に穴をあける | *sich*[3] die Füße ～ 走って足を痛める.

dụrch|rie·seln[1][dʊ́rçri:zəln] 《06》 自 (s) (水・砂などが)さらさらと流れ落ちる〈過ぎる〉.

durch·rie̱·seln[2][◡⊥◡] 《06》 他 (h) **1** (ある場所を)さらさらと流れ過ぎる. **2** 《*jn.*》(恐怖・歓喜などが…の)身内を走る: Grauen *durchrieselte* ihn. 彼は恐怖のあまりぞっとした ‖ 非人称 Es *durchrieselte* ihn heiß und kalt. 彼は身内が熱くなったり冷たくなったりした.

dụrch|rin·gen*[dʊ́rçrɪŋən] 《119》 他 (h) 再帰 *sich*[4] zu *et.*[3] ～ (内的・外的な抵抗を排して)…に到達する | *sich*[4] zu einem Entschluß ～ (迷いを振り切って)ある決心をする ‖ Seine Idee wird sich ～. 彼の考えはいずれは世に認められるだろう.

dụrch|rin·nen[1]*[dʊ́rçrɪnən] 《120》 自 (s) (水・砂などが)さらさらと流れ落ちる〈過ぎる〉: Das Geld *rinnt* ihr zwischen den Fingern *durch*. 《比》彼女はやりくりが下手で指の間からお金が漏ってしまう.

durch·rịn·nen[2]*[◡⊥◡] 《120》 他 (h) **1** ＝durchrieseln[2] **2** 〔狩〕(獣が川などを)泳ぎ渡る.

dụrch|ro·sten[dʊ́rçrɔstən] 《01》 自 (s) すっかりさびる, さびてぼろぼろになる.

dụrch|rü̱h·ren[dʊ́rçry:rən] 他 (h) **1** 十分にかきまぜる. **2** 《*et.*[4] durch *et.*[4]》かき回しながら(…を…を通して)こす〈濾過(ろか)する〉.

dụrch|rut·schen[dʊ́rçrʊtʃən] 《04》 自 (s) 《話》 **1** 滑り抜ける, (うまく)通り抜ける: bei der Prüfung ～ 試験をパスする. **2** (誤りなどが知らぬまに)入り〈まぎれ〉込む: Ihm sind dabei einige Fehler *durchgerutscht*. 彼はその際つい若干の間違いを犯してしまった.

dụrch|rüt·teln[dʊ́rçrʏtəln] 《06》 他 (h) 激しく揺さぶる, 徹底的に揺り動かす.

durchs[dʊrçs] ＜durch das

dụrch|sacken[dʊ́rçzakən] 自 (s) 〔空〕(飛行機が失速して)平落ちする.

Dụrch·sa̱·ge[dʊ́rçza:gə] 女 -/-n (放送・電話・口頭などによる)伝達, 通知, アナウンス.

dụrch|sa̱·gen[..za:gən][1] 他 (h) (放送・電話・口頭で)伝える, アナウンスする: ein Telegramm telefonisch ～ (発信者・交換手が)電話で電報の内容を伝える | Es wurde *durchgesagt*, daß ... (ラジオなどを通じて)…と報道された.

dụrch|sä̱·gen[dʊ́rçzɛ:gən][1] 他 (h) のこぎり〈やすり〉で切断する: einen Ast ～ (→Ast 1).

Dụrch·satz[dʊ́rçzats] 男 -es/..sätze[..zɛtsə] 〔金属〕(溶鉱炉の一定時間内の)装入量; (輸送管の一定時間内の)輸送量.

durch·säu̱·ern[dʊrçzɔ́ʏərn] 《05》 他 (h) 十分に酸っぱくする; (こね粉を)十分に発酵させる.

dụrch|sau·sen[1][dʊ́rçzaʊzən][1] 《02》 自 (s) 《話》ざわざわ〈ごうごう〉と通り抜ける; (止まらずに)突っ走る; (試験に)落第する.

durch·sau·sen^{2}[◡⏊◡]《02》他 (h)《話》《*et.*^{4}》(…を)ざわざわ〈ごうごう〉と通り抜ける, 突っ切る.

durch|scha·ben[dúrçʃa:bən]^{1} 他 (h) こすって傷める: 再帰 *sich*^{4} ～ (服などが)すり切れる ‖ *durchgeschabte* Ärmel すり切れた袖(そで).

durch|schal·len$^{1(*)}$[dúrçʃalən]《126》他 (h)《durch *et.*^{4}》(音響が…を)通る, もれる.

durch·schal·len$^{2(*)}$[◡⏊◡]《126》他 (h) **1** 音響で満たす. **2**《過 durchschallte》〘工〙(…に)超音波を通す.

Durch·schal·lung[..lʊŋ] 女 -/-en durchschallen^{2}すること.

durch|schal·ten[dúrçʃaltən]《01》**I** 他 (h) (スイッチを入れて)電流を通す; 〘通信〙連結する, つなぐ: eine Telefonleitung ～ 電話の回線をつなぐ. **II** 自 (h) ギア(変速装置)をより高速の段階にすばやく切り替える.

durch·schau·bar[dʊrçʃáuba:r] 形 durchschauen^{2}できる.

durch|schau·en^{1}[dúrçʃauən] 自 (h)《南部》＝durchsehen II 1, 2

durch·schau·en^{2}[◡⏊◡] 他 (h) (事柄の本質・内情などを)見抜く; (人の心底を)見破る: Ursachen ～ 諸原因〔の関連〕を見通す | Ich habe ihn ⟨seine Absicht⟩ sofort *durchschaut*. 私は即座に彼の意図を見てとった.

durch·schau·ern[dʊrçʃáuərn]《05》他 (h)《雅》《*jn.*》(恐怖・歓喜などが…の)身内を走る: Wonne *durchschauerte* sie. 彼女はうれしくてぞくぞくした ‖ 非人称 Es *durchschauerte* ihn kalt. 彼は身内が冷たくなった.

durch|schei·nen^{1*}[dúrçʃaɪnən]《130》**I** 自 (h) (…を通して)光がもれる; 《比》透けて見える: Die Schrift *scheint* auf der Rückseite des Papiers *durch*. 文字が紙の裏側に透けて見える. **II durch·schei·nend** 現分 形 光を通す, 半透明の: eine ～*e* Haut 透き通るような肌.

durch·schei·nen^{2*}[◡⏊◡]《130》他 (h) くまなく照らす, 光で満たす.

durch|scheu·ern[dúrçʃɔyərn]《05》他 (h) **1** こすって傷める, すり切らす: *sich*^{3} die Finger ～ 指をすりむく. **2** 再帰 *sich*^{4} ～ こすれて傷む, すり切れる.

durch|schie·ben*[dúrçʃi:bən]^{1}《134》他 (h)《*et.*^{4} durch *et.*^{4}》(…を…を通して)押し込む: einen Brief unter der Tür ～ 手紙をドアの下からさし入れる.

durch|schie·ßen^{1*}[dúrçʃi:sən]《135》自 **1** (h) (すき間などを)通して撃つ〈射る〉. **2** (s) (矢のように)疾走して通り抜ける; (水が)どっと噴出する.

druch·schie·ßen^{2*}[◡⏊◡]《135》他 (h) **1** 撃って穴をあける, うち抜く, 射抜く: mit *durchschossener* Stirn 額を撃ち抜かれて. **2**《*et.*^{4}》(…を矢のように)疾走して通り抜ける; 《*jn.*》(考えなどが…の心に)ひらめく: Plötzlich *durchschoß* ihn ein Gedanke. 突然ある考えが彼の頭にひらめいた. **3 a)** 〘印〙行間をあける, インテルを入れる. **b)** (印刷や製本の際に)間紙(かんし, あいがみ, あいし)を入れる: ein *durchschossener* Satz あきのある組版 | ein 〔mit weißem Papier〕 *durchschossener* Kalender 間紙をとじ込んだカレンダー. **c)** 〘織〙(糸を)織り込む.

▽**durch·schif·fen**[dʊrçʃífən] 他 (h)《*et.*^{4}》(…を)船で通過する〈巡行する〉.

durch|schim·mern^{1}[dúrçʃɪmərn]《05》自 (h)《durch *et.*^{4}》(…を通して)光がちらちら〈かすかに〉もれる; 《比》(心情・性質などが)かすかに透けて見える, それとなく現れる.

durch·schim·mern^{2}[◡⏊◡]《05》他 (h)《*et.*^{4}》(…を)微光でみたす.

durch|schla·fen^{1*}[dúrçʃla:fən]《137》自 (h) ずっと眠り続ける: Ich habe zehn Stunden 〔lang〕 *durchgeschlafen*. 私は10時間ぶっ通しに眠った.

durch·schla·fen^{2*}[◡⏊◡]《137》他 (h) (ある時間を)眠って過ごす.

Durch·schlag[dúrçʃla:k]^{1} 男 -〔e〕s/..schläge[..ʃlɛ:gə] **1** (カーボン紙を挟んでタイプで打つ手紙・書類などの)写し, コピー: einen Brief mit zwei *Durchschlägen* tippen 手紙を写し2通ともどもタイプで打つ. **2** 〘料理〙濾(こ)し器, 裏ごし (→ 図 Küche). **3** 〘電〙破裂放電, 絶縁破壊. **4** 〘坑〙(上下に並行する坑道の)合流点. **5** (タイヤの)突き抜け〔穴〕.

durch|schla·gen^{1*}[dúrçʃla:gən]^{1}《138》**I** 他 (h) **1 a)** 打って二つに割る; (穴を)打ち抜く: ein Brett mit dem Beil ～ 板をおので打ち割る | eine Mauer ⟨ein Loch durch eine Mauer⟩ ～ 壁に穴を打ち抜く. **b)** (くぎ・くさびなどを)打ち込む: einen Nagel ～ くぎを打ち込む. **2** 〘料理〙濾(こ)す, 裏ごしにする: Kartoffeln ～ じゃがいもを裏ごしする. **3** einen Brief ～ (写しを取るために)カーボン紙を敷いて手紙をタイプで打つ. **4** 再帰 *sich*^{4} ～ (障害・困難などを)切り抜ける: *sich*^{4} bis zur eigenen Truppe ～ (敵陣を突破して)友軍の陣地にたどりつく | Sie muß sich allein ～. 彼女はひとりで世の中を渡ってゆかねばならない | Man *schlägt* sich so *durch*. まあなんとかやっています(「いかがですか」というあいさつに答えて).

II 自 (s) **1 a)** 突き抜ける; しみ通る; 《比》《auf *et.*^{4}》(…に)波及効果を及ぼす: Die Bombe ist von oben bis unten *durchgeschlagen*. 爆弾は上から下まで突き抜けた | Die Tinte ⟨Das Papier⟩ *schlägt durch*. インクが〈この紙は〉にじむ | Die Kostensteigerungen *schlugen* voll auf die Preise *durch*. コストの上昇はそのままそっくり物価に反映した. **b)** (遺伝素質などが)現れる: Das Temperament seines Vaters *schlägt* bei ihm ab und zu *durch*. 彼には父親の気性が時どき顔を出す. **2** (絶縁体・ヒューズなどが)焼き切れる. **3** (食物などが)下痢を起こさせる.

III durch·schla·gend 現分 形 **1** 力強い, 効果的な, 決定的な: ein ～*er* Erfolg めざましい成功 | eine ～*e* Wirkung 著しい効果. **2** 下痢を起こさせる: ～ wirken 下剤としてはたらく.

durch·schla·gen^{2*}[◡⏊◡]《138》他 (h) 撃ち〈打ち〉抜く, 突き抜ける: Das Geschoß hat die Mauer *durchschlagen*. 砲弾〈銃弾〉は壁を貫いた.

Durch·schlag·fe·stig·keit[dúrçʃla:k..] 女 -/ 〘電〙絶縁破壊の強さ, 破裂強度.

durch·schlä·gig[..ʃlɛ:gɪç]^{2} 形 **1** ＝durchschlagend **2** (穴を)打ち抜きやすい.

Durch·schlag·pa·pier[dúrçʃla:k..] 中 (タイプ複写用の薄い)コピー用紙.

Durch·schlags≠fe·stig·keit ＝ Durchschlagfestigkeit ≠**kraft** 女 -/ (銃・砲弾の)貫通〈破壊〉力; (薬品の)効力; 《比》説得力.

durch|schlän·geln[dúrçʃlɛŋəln]《06》他 (h) 再帰 *sich*^{4} zwischen *et.*^{3} ⟨durch *et.*^{4}⟩ ～ …の間を蛇行してすり抜ける, …の間をうまくよけて通り抜ける | *sich*^{4} durch Bestimmungen ～《比》規則を巧みにかいくぐる | *sich*^{4} zwischen Wagenkolonnen ～ 車の列をすり抜けて通る.

durch|schlei·chen^{1*}[dúrçʃlaɪçən]《139》**I** 自 (s)《durch *et.*^{4}》(…の間を)こっそり通り抜ける. **II** 他 (h) 再帰 *sich*^{4} durch *et.*^{4} ～ …をこっそり通り抜ける.

durch·schlei·chen^{2*}[◡⏊◡]《139》他 (h)《*et.*^{4}》(…を)忍び足で通り抜ける〈歩き回る〉.

durch|schlep·pen[dúrçʃlɛpən] 他 (h) (重い物を)引きずって通り抜ける: *jn.* mit ～ (足手まといになる)…をむりやり〈なんとか〉引っぱってゆく ‖ 再帰 *sich*^{4} mühsam ～ 苦労してなんとか切り抜ける〈世の中を渡ってゆく〉.

durch|schleu·sen[dúrçʃlɔyzən]^{1}《02》他 (h) (船などを)水門を通過させる; 《話》(危険な場所・雑踏の中などを)先導して無事に連れて行く.

Durch·schlupf[dúrçʃlʊpf] 男 -〔e〕s/-e (くぐり抜け用の)小さな穴, 出入口.

durch|schlüp·fen[..ʃlʏpfən] 自 (s) すべり抜ける: durch den Zaun ～ 垣根をくぐり抜ける | Der Dieb ist der Polizei *durchgeschlüpft*. どろぼうは警察の目をくぐり抜けて逃げた ‖ *jn.* ～ lassen《比》…を見のがしてやる.

durch|schmecken[dúrçʃmɛkən] 他 (h) (調味料などの)味を見分ける: Knoblauch kann man sofort ～. ニンニクが使ってあることは味をみればすぐにわかる.

durch|schmel·zen*[dúrçʃmɛltsən]《146》自 (s) (ヒューズなどが)溶けて二つに切れる.

durch|schmo·ren[dúrçʃmo:rən] 自 (s)《話》(高温のために)焼き切れる, 黒こげになる.

durch|schmug·geln[dúrçʃmʊgəln]《06》他 (h)

《durch *et.*[4]》(…を通って)こっそり持ち込む, 密輸入する.

dụrch|schnei·den[1]*[dʊ́rçʃnaɪdən][1]《148》他 (h) **1** (二つに)切断する: *et.*[4] in der Mitte ～ …を真っ二つに切る ‖ mit *durchgeschnittener* Kehle のどをかき切られて. **2** 再帰 *sich*[4] ～〘狩〙(獣が)わなを切って逃げる.

durch·schnei·den[2]*[◡⏊◡]《148》他 (h)《雅》**1** ＝durchschneiden[1] 1 **2** (中央の線で)二つに分ける: Eine Straße *durchschneidet* die Ebene. 一本の道路が平原を横断している | Das Schiff *durchschneidet* die Wogen. 船は波を押し分けて進む | Ein Schrei *durchschnitt* die Stille.《比》叫び声がしじまをつんざいた.

Dụrch·schnitt[dʊ́rçʃnɪt] 男 -(e)s/-e **1** 平均;〘数〙平均値: Der ～ von acht und zehn ist neun. 8と10の平均〔値〕は9である ‖ **im** ～ (略 i. Durchschn.) 平均して, 概して〔言えば〕| Die Kuh gibt im ～ täglich 15 Liter Milch. この雌牛は平均して日に15リットルの乳を出す ‖ **über** 〈**unter**〉 dem ～ liegen 平均以上〈以下〉である | guter 〈unterer〉 ～ sein 平均以上〈以下〉である ‖ Die Aufführung war nur ～. 公演の出来はまあそこそこだった.
2 (Querschnitt) 横断面; 断面図: einen ～ anfertigen 断面図を作成する.
3〘数〙(集合の)積: ～ von A und B AとBの積〔集合〕(記号 A ∩ B: →Vereinigung).

durch·schnit·ten[dʊrçʃnɪ́tən] durchschneiden[2]の過去分詞; 過去1・3人称複数.

dụrch·schnitt·lich[dʊ́rçʃnɪtlɪç] 形 平均の; 平均的な, 標準の, 普通の; 並の, 平凡な: das ～*e* Einkommen 平均収入 | von ～*er* Intelligenz sein 並の知能の持ち主である ‖ ～ dreimal in der Woche 平均して週に3回.

durchschnitts..《名詞につけて「平均的な」を意味する》: *Durchschnitts*denken 平均的思考 | *Durchschnitts*intelligenz 平均的知能.

Dụrch·schnitts≠al·ter 中 平均年齢. **≠be·trag** 男 平均額. **≠bür·ger** 男 平均的な〈平凡な〉市民. **≠ein·kom·men** 中 平均収入〈所得〉. **≠er·trag** 男 平均収益. **≠ge·schwin·dig·keit** 女 平均速度. **≠ge·sicht** 中 平凡な顔. **≠lei·stung** 女 **1** (機械などの)平均実績, 仕事の平均量. **2** (特に学校での)平凡な〈普通の〉成績. **≠lohn** 男 平均賃金. **≠mensch** 男 平均的な人間, 普通人. **≠ni·veau**[..nivoː] 中 平均水準. **≠preis** 男 平均価格. **≠schü·ler** 男 平均的な〈並の〉生徒. **≠ta·lent** 中 並の〈平凡な〉才能. **≠tem·pe·ra·tur** 女 平均温度. **≠ver·die·ner** 男 平均所得者. **≠wert** 男 平均価値;〘数〙平均値. **≠zahl** 女 平均数〈値〉.

dụrch|schnüf·feln[1][dʊ́rçʃnʏfəln] (**durch·schnụ̈f·feln**[2][◡⏊◡])《06》他 (h) (あちこち)かぎ回る.

durch·schọs·sen[dʊrçʃɔ́sən] durchschießen[2]の過去分詞.

Dụrch·schrei·be≠block[dʊ́rçʃraɪbə..] 男 -s/-s 複写帳〈簿〉. **≠buch·füh·rung** 女〘商〙複写簿記.

dụrch|schrei·ben*[..ʃraɪbən][1]《152》他 (h) (カーボン紙などを使って)手書きで複写する.

Dụrch·schrei·be·pa·pier 中 複写紙(カーボン紙・感圧複写紙など).

dụrch|schrei·ten[1]*[dʊ́rçʃraɪtən]《154》自 (s)《durch *et.*[4]》(…を)通り抜ける.

durch·schrei·ten[2]*[◡⏊◡]《154》他 (h)《雅》**1** 通り抜ける: ein Tor ～ 門を通る. **2** (ゆうゆうと)横切る.

Dụrch·schrift[dʊ́rçʃrɪft] 女 -/-en (手紙・書類などの)写し, コピー. [＜durchschreiben]

Dụrch·schuß[dʊ́rçʃʊs] 男 ..schusses/..schüsse[..ʃʏsə] **1** (弾丸の)貫通; 貫通銃創; (水などの)噴出: einen ～ durch den Arm erhalten 腕を撃ち抜かれる. **2 a)**〘印〙行間余白, インテル. **b)** ＝Durchschußblatt **3**〘織〙緯糸.

Dụrch·schuß·blatt 中〘製本〙間紙(かんし,あいがみ,あいし).

dụrch|schüt·teln[1][dʊ́rçʃʏtəln]《06》他 (h) 激しくゆさぶる, 長時間ゆり動かす.

durch·schụ̈t·teln[2][◡⏊◡]《06》他 (h)《雅》震駭(しんがい)〈震撼(しんかん)〉させる.

dụrch|schüt·ten[dʊ́rçʃʏtən]《01》他 (h) (…を通して)注ぐ.

durch·schwạ̈r·men[dʊrçʃvɛ́rmən] 他 (h)《雅》**1** (ある時間を)愉快に騒いで過ごす: eine Nacht ～ 一夜を楽しく騒いで過ごす〈飲み明かす〉. **2** (建物などを大勢で)探索する.

durch·schwei·fen[dʊrçʃváɪfən] 他 (h)《雅》ᵛ**1** (ある場所を)さまよい歩く. **2** (視線などが)ある空間内をあちこちさまよう.

dụrch|schwei·ßen[dʊ́rçʃvaɪsən]《02》他 (h) (金属などを)強く熱して切断する.

dụrch|schwim·men[1]*[dʊ́rçʃvɪmən]《160》自 (s) **1** (…の間・下を)泳いで通り抜ける. **2** ずっと泳ぎ続ける: Ich bin 2 000 Meter *durchgeschwommen.* 私は2000メートルを完泳した.

durch·schwịm·men[2]*[◡⏊◡]《160》他 (h) 泳いで渡る: die Straße von Dover ～ ドーバー海峡を泳ぎ渡る.

dụrch|schwin·deln[dʊ́rçʃvɪndəln]《06》他 (h) 再帰 *sich*[4] ～ ごまかして〈うそをついて〉切り抜ける.

dụrch|schwin·gen*[dʊ́rçʃvɪŋən]《162》**I** 他 (h)〘スポ〙再帰 *sich*[4] ～ ひらりと抜けて通る. **II** 自 (h) (ゴルフで打球後)振り抜く.

dụrch|schwit·zen[1][dʊ́rçʃvɪtsən] (**durch·schwịt·zen**[2][◡⏊◡])《02》他 (h) 汗びっしょりにする: das Hemd ～ シャツを汗でびっしょりぬらす ‖ ein *durchgeschwitzter* 〈*durchschwitzter*〉 Kragen 汗びっしょりのカラー.

dụrch|se·geln[1][dʊ́rçzeːgəln]《06》自 (s) **1** (…の間を)ヨット〈帆船〉で通過する. **2**《話》(試験などに)落第する.

durch·se·geln[2][◡⏊◡]《06》他 (h) (…を)ヨット〈帆船〉で横切る.

dụrch|se·hen*[dʊ́rçzeːən]《164》**I** 他 (h) **1** (…に始めから終わりまで)目を通す, 調べる, 検査〈校閲〉する: Papiere 〈die Post〉 ～ 書類〈郵便〉に目を通す | ein Manuskript auf Schreibfehler[4] ～ 原稿に誤字がないかどうか調べる ‖ eine *durchgesehene* Ausgabe 校訂版. **2** (…に)ざっと目を通す.

II 自 (h) **1**《durch *et.*[4]》(…を通して)見る, のぞく: durch ein Fernrohr ～ 望遠鏡をのぞく | Er *sah* durch mich *durch.*《比》彼は私を見て見ぬふりをした. **2**《話》見通し〈全体の展望〉をもつ: Ich *sehe* noch nicht ganz *durch.* 私にはまだ十分に様子がのみ込めない. **3** (…を通して)見える: Der Nebel lichtete sich, und die Sterne *sahen durch.* 霧が晴れて星が姿を見せた.

dụrch|sei·hen[dʊ́rçzaɪən] 他 (h)〘料理〙(液状のものを)漉(こ)す, 濾過(ろか)する: Milch 〈Obstsaft〉 ～ 牛乳〈果汁〉を濾す.

dụrch|sein*[dʊ́rçzaɪn]《165》自 (s)〔通過し〕終わっている, すり切れている.
★ ふつう2語に書く→durch II 1

dụrch|set·zen[1][dʊ́rçzɛtsən]《02》他 (h) **1** (抵抗を排して)やり抜く, 貫徹する; (目的を)達成する,(意志・要求を)押し通す; (法案などを)通過させる: *seine* Meinung 〈*seinen* Kopf〉 ～ 自分の意見〈わがまま〉を押し通す. **2** 再帰 *sich*[4] ～ 自分の意志を押し通す; (困難に打ちかって)〔世の中に〕価値を認められる;〘スポ〙(強力な相手に対して)勝利をおさめる: Die Wahrheit *setzt* sich *durch.* 結局は真理が勝つ.

durch·sẹt·zen[2][◡⏊◡]《02》他 (h)《*et.*[4] mit *et.*[3]》(…に…を)混入させる, ちりばめる: die Belegschaft mit Spitzeln ～ 従業員の中にスパイを何人か潜り込ませる | Der Kiefernwald ist mit Birken *durchsetzt.* この松林にはしらかばの木が混じっている ‖ mit Sehnen *durchsetztes* Fleisch すじ肉.

Dụrch·set·zung 女 -/ 〔sich[4]〕 durchsetzen[1]すること: die ～ einer Forderung 要求の貫徹.

Dụrch·set·zungs≠fä·hig·keit[dʊ́rçzɛtsʊŋs..] 女, **≠kraft** 女, **≠ver·mö·gen** 中 (物事を)貫徹する〈やり抜く〉能力.

durch·seucht[dʊrçzɔ́ʏçt] 形 (地域が)疫病に汚染された. [＜Seuche]

Dụrch·sicht[dʊ́rçzɪçt] 女 -/ **1** 見通し, 眺望, 展望: die ～ auf das Meer 海への眺望. **2** (書類・在庫品などに)目を通すこと, 検査, 校閲. [＜durchsehen]

dụrch·sich·tig[..tɪç][2] 形 **1** 透き通った, 透明な; (織物・

紙などが)透けて見える: ~*es* Wasser 透き通った〈澄み切った〉水 | eine ~*e* Haut 透き通るような肌. **2** (意図などが)見えすいた: ~*e* Vorwände 見えすいた口実.

Durch·sich·tig·keit[..kaɪt] 女 -/ durchsichtig なこと.

durch|sickern[dʊ́rçzɪkərn] 《05》 自 (s) (水分が)しみ通る, 漏れる; 《比》(秘密などが)〔少しずつ〕漏れる.

durch|sie·ben[1][dʊ́rçzi:bən][1] 他 (h) 篩(ふるい)にかける, ふるい分ける.

durch·sie·ben[2][◡⌒◡] 他 (h) 《話》(…に)無数に〈はちの巣のように〉穴をあける.

durch|sin·gen*[dʊ́rçzɪŋən] 《168》 他 (h) (歌を始めから終わりまで)通して歌う.

durch|sit·zen*[dʊ́rçzɪtsən] 《171》 他 (h) (いすの布地・ズボンなどを度重なる使用によって)傷める, すり切れさせる: 〔*sich*[3]〕 den Hosenboden ~ ズボンのしりの部分をすり切れさせる ‖ 再帰 *sich*[4] ~ (いすのスプリングが度重なる使用によって)駄目〈ばか〉になる | Der Stuhl hat sich schon *durchgesessen.* このいすはもうスプリングがきかなくなっている.

durch·sonnt[dʊrçzɔ́nt] 形 《雅》 日光に満ちた, 日の当たる, 日当たりのよい. [<sonnen]

durch|spal·ten[1(*)][dʊ́rçʃpaltən] (**durch·spal·ten**[2(*)][◡⌒◡]) 《173》 他 (h) (真っ二つに)割る.

durch|spie·len[dʊ́rçʃpi:lən] 他 (h) **1** (始めから終わりまで)通して演じる〈演奏する〉; (終わりまで)演じ〈演奏し〉通す: *et.*[4] immer wieder ~ …を反復練習する.
2 〖球技〗(ボールを)パスする: 再帰 *sich*[4] ~ (ボールを持って)敵の守備陣をぬって走る.

durch|spre·chen*[dʊ́rçʃprɛçən] 《177》 他 (h) **1** (始めから終わりまで)詳細に論じる, 十分に討議する: *et.*[4] in aller Ruhe 〔mit *jm.*〕 ~ …じっくり時間をかけて〔…と〕論議する. **2** *et.*[4] auf Text hin ~ 〖劇〗(せりふを覚えるために)…を流す. **3** (電話などで)伝える.

durch|sprin·gen[1]*[dʊ́rçʃprɪŋən] 《179》 自 (s) 《durch *et.*[4]》 (…の間を)跳躍して通り抜ける.

durch·sprin·gen[2]*[◡⌒◡] 《179》 他 (h) (…のあいだを)跳躍して通り抜ける〈横断する〉.

durch|spü·len[dʊ́rçʃpy:lən] 他 (h) (洗濯物などを)十分にすすぐ; 〖医〗(胃・腸などを)洗浄する.

durch|spü·ren[dʊ́rçʃpy:rən] =durchfühlen

durch|star·ten[dʊ́rçʃtartən, ..st..] 《01》 自 (s) **1** 〖空〗(着陸を中止して)再上昇する. **2** (自動車で)強くアクセルを踏む; (停車しかけて)再び急にスピードをあげる.

durch|ste·chen[1]*[dʊ́rçʃtɛçən] 《180》 自 (h) 《durch *et.*[4]》 (…を通して)突き差す, 刺し通す: mit der Nadel durch *et.*[4] ~ 針で…を刺し通す, 針を…に突き刺す.

durch·ste·chen[2]*[◡⌒◡] 《180》 他 (h) (針などで…を)刺し〈突き〉通す; (堤防・山などを)開削する,(溝・トンネルなどを)掘削する, 貫通させる. [◇Durchstich]

Durch·ste·che·rei[..ʃtɛçəráɪ] 女 -/-en 《雅》 詐欺, ごまかし, いかさま: ~*en* treiben 詐欺をはたらく.

Durch·ste·chung[..ʃtɛ́çʊŋ] 女 -/-en durchstechen[2] すること.

durch|stecken[dʊ́rçʃtɛkən] 他 (h) 《*et.*[4] durch *et.*[4]》 (…を…から)突き出す, 差し込む: den Kopf 〔durch das Fenster〕 ~ 頭を〔窓から〕突き出す | den Brief durch den Türspalt ~ 手紙を戸のすき間から差し入れる.

durch|ste·hen[1]*[dʊ́rçʃte:ən] (▽**durch·ste·hen**[2]*[◡⌒◡]) 《182》 **I** 他 (h) **1** (危険・困難などに)耐え通す,(…を)乗り切る. **2** 〖スキー〗(ジャンプ・滑走などを)転倒せずに切り抜ける. **II** 自 (h) ずっと立ち続ける: drei Stunden 〈bis zum Abend〉 ~ 3時間〈晩まで〉立ち通す.

Durch·steh·ver·mö·gen =Durchhaltevermögen

durch|stei·gen[1]*[dʊ́rçʃtaɪgən][1] 《184》 自 (h) **1** 《durch *et.*[4]》 (…の間から)登って入る〈出る〉. **2** 《話》理解する; 見通す: Da *steige* ich nicht mehr *durch.* そうなると私にはもう理解できない〈私の手におえない〉.

durch·stei·gen[2]*[◡⌒◡] 《184》 他 (h) (山などを頂上まで)登り切る, 登りつめる.

durch|stel·len[dʊ́rçʃtɛlən] 他 (h) (電話で交換台を通して内線に)つなぐ: Bitte 〔das Gespräch〕 zu Herrn Schmidt 〈ins Nebenzimmer〉 ~! すみませんが〔この電話を〕シュミットさんへ〈となりの部屋へ〉つないでください.

Durch·stich[dʊ́rçʃtɪç] 男 -〔e〕s/-e **1** (溝・運河などを)切り開くこと,(トンネルなどを)掘ること, 掘削. **2** 掘割, 運河; トンネル; 切り通し. [<durchstechen[2]]

durch|stim·men[dʊ́rçʃtɪmən] 他 (h) **1** 〖楽〗(楽器の調子を)十分に合わせる, 完全に調律する. **2** 〖電〗(希望の周波数に)絶えず〈そのつど〉同調させる.

durch|stö·bern[1][dʊ́rçʃtø:bərn] (**durch·stö·bern**[2][◡⌒◡]) 《05》 他 (h) 《*et.*[4]》 (…の中を)くまなく捜す: das ganze Haus 〔nach *et.*[3]〕 ~ 〔…を求めて〕家じゅうを捜し回る.

Durch·stoß[dʊ́rçʃto:s] 男 -es/ ..stöße[..ʃtø:sə] (durchstoßen[1]すること. 例えば:) 突破, 進出.

durch|sto·ßen[1]*[..ʃto:sən] 《188》 **I** 自 (s) (障害・抵抗などを排して)突き進む, 突出する: Der Feind ist bis zur Küste *durchgestoßen.* 敵軍は海岸まで進出した.
II 他 (h) **1** 《*et.*[4] durch *et.*[4]》 (…を…を通して)突き通す, 刺し貫く. **2** 《*et.*[4] mit *et.*[3]》 (…を…で)突き破る: die Tür mit einem Balken ~ 戸を角材で突き破る ‖ 〖結果を示す 4 格と〗 ein Loch ~ 突いて穴をあける. **3** (襟・そで口などを)擦り切らせる: Der Kragen ist an der Kante *durchgestoßen.* このカラーは縁(ふち)が擦り切れている ‖ 再帰 *sich*[4] ~ (襟・そで口などが)擦り切れる.

durch·sto·ßen[2]*[◡⌒◡] 《188》 他 (h) 突き破る; 突破する: die Fensterscheibe mit der Hand ~ 窓ガラスを手で突き破る | *jn.* mit dem Dolch ~ …を短刀で刺す | die Front ~ 〔敵の最〕前線を突破する.

▽**durch|strah·len**[1][dʊ́rçʃtra:lən] 自 (s, h) (…を通して)光がもれる.

durch·strah·len[2][◡⌒◡] 他 (h) **1** (…に)光を通す; (X線で)透視する. **2** (…に)くまなく光をあてる,(…を)光で満たす.

Durch·strah·lung[..lʊŋ] 女 -/-en durchstrahlen[2]すること.

durch|strecken[dʊ́rçʃtrɛkən] 他 (h) **1** (手足などを)いっぱいに伸ばす. **2** 《*et.*[4] durch *et.*[4] 〈zwischen *et.*[3]〉》 (…を…の間から)差し出す, 突き出す.

durch|strei·chen[1]*[dʊ́rçʃtraɪçən] 《189》 他 (h) **1** 《*et.*[4]》 (…を)線で消す〈削除・抹消する〉: Nichtzutreffendes bitte ~! 該当しない個所は消してください(アンケート用紙などで). **2** (穀物などを)ふるいにかける; 〖料理〗裏ごしする.

durch·strei·chen[2]*[◡⌒◡] 《189》 他 (h) **1** 《雅》(ある場所を)あてもなく歩き回る, さまよう. **2** =durchstreichen[1]

durch·strei·fen[dʊrçʃtráɪfən] 他 (h) **1** (ある場所を)あてもなく歩き回る, さまよう. **2** (ある地域を)巡回して回る, くまなく捜し回る.

durch|strö·men[1][dʊ́rçʃtrø:mən] 自 (s) 通り抜けて流れる: Die Menge *strömte* durch den Eingang *durch.* 群衆は入口を通って続々と入っていった〈入って来た〉.

durch·strö·men[2][◡⌒◡] 他 (h) **1** (…を)通って流れる, 貫流する: Ein breiter Fluß *durchströmt* die Ebene. 大きな川がその平野を貫流している. **2** 《*jn.*》(感情が…の)身内を流れる: Ein Gefühl von Freude *durchströmte* ihn. 彼は幸福感に満ちあふれた ‖ 非人称 Es *durchströmte* ihn heiß und kalt. 彼は身内が熱くなったり寒くなったりした.

durch|stu·die·ren[dʊ́rçʃtudi:rən] 他 (h) 《話》徹底的に研究〈検討〉する.

durch|stür·men[1][dʊ́rçʃtʏrmən] 自 (s) (猛烈な勢いで)走り抜ける.

durch·stür·men[2][◡⌒◡] 他 (h) (暴風がある場所を)吹き抜ける; 《比》《*jn.*》(興奮などが)急に襲う: von Leidenschaft *durchstürmt* 激情に襲われて.

durch|su·chen[1][dʊ́rçzu:xən] 他 (h) 徹底的に捜す〈調べる〉: eine Wohnung nach Waffen ~ 武器が隠されていないかどうか家宅捜索をする.

durch·su·chen[2][◡⌒◡] 他 (h) **1** (ある場所を)注意深く捜し回る, くまなく捜索する: das ganze Haus 〔nach *et.*[3]〕 ~ 〔…を求めて〕家じゅう捜し回る. **2** 《*jn.*》(不法な所持品などをチェックするために…の)身体検査をする.

Durch·su̦·chung[..xʊŋ] 女 -/-en 捜索, 家(ᵞ)さがし, 臨検.

Durch·su̦·chungs·be·fe̲hl 男 捜索命令〈令状〉.

du̦rch|sump·fen[dʊ́rçzʊmpfən]《話》= durchzechen¹

du̦rch|tan·zen¹[dʊ́rçtantsən]《02》 **I** 自 (h) (ある時間) 休まず踊り続ける, 踊り通す. **II** 他 (h) **1** (ある曲を)始めから終わりまで踊り終える: alle Tänze ~ ダンスを全曲踊る. **2** (靴底などを)踊って傷める.

durch·ta̦n·zen²[◡́◡◡]《02》他 (h) (ある時間を)踊って過ごす: eine *durchtanzte* Nacht 踊り明かした夜.

du̦rch|ta·sten[dʊ́rçtastən]《01》他 (h) 再帰 *sich*⁴ ~ 手さぐりで通り抜ける.

du̦rch|te·le·fo·nie·ren[dʊ́rçtelefoni:rən] 他 (h) **1** 電話で伝える〈中継する〉. **2** 再帰 *sich*⁴ zu *jm.* ~ やっと…に電話が通じる.

du̦rch|te·sten[dʊ́rçtɛstən]《01》他 (h) **1** 徹底的にテストする. **2** (一定量の対象を)もれなく〈すべて〉テストする.

durch·to̦·ben[dʊrçtó:bən]¹ 他 (h) **1** (ある場所を)荒れ狂って通る. **2** (ある時間を)騒いで〈荒れ狂って〉過ごす.

du̦rch|trai·nie·ren[dʊ́rçtrɛni:rən, ..treni:rən] 他 (h) 十分に訓練〈鍛練〉する; (体などを)徹底的に鍛える: ein *durchtrainierter* Körper 鍛えあげた肉体.

durch·trä̦n·ken[dʊrçtrɛ́ŋkən] 他 (h) たっぷり浸す, 浸潤させる;《*et.*⁴ mit *et.*³》(…に…を)しみこませる: ein mit Öl *durchtränkter* Lappen 油のしみこんだ布切れ ‖ Seine Schriften sind von Geist *durchtränkt*.《比》彼の著述には才気がみなぎっている.

Durch·trä̦n·kung[..kʊŋ] 女 -/ (durchtränken すること. 例えば:) 浸潤;〘化〙飽和.

du̦rch|trei·ben*[dʊ́rçtraɪbən]¹《193》他 (h) **1** 追い立てて〈押して〉通らせる: Vieh durch das Tor ~ 家畜を追い立てて門を通り抜けさせる. **2** (くぎなどを)打ちこむ: einen Nagel durch ein Brett ~ 板にくぎを打ちこむ. **3** den Wald ~〘狩〙森の獲物を狩り立てる.

du̦rch|tren·nen¹[dʊ́rçtrɛnən] (**durch·tre̦n·nen**² [◡́◡◡]) 他 (h) (真っ二つに)切断する.

du̦rch|tre̲·ten*[dʊ́rçtre:tən]《194》 **I** 他 (h) **1** (ペダルなどを)いっぱいに踏む; (キックスターターを踏んで)エンジンをかける. **2** (靴などを)底に穴があくまではく, (じゅうたんなどを)擦り切れるまで使う; (階段などを)踏み破る.

II 自 (s) **1** 通り抜ける; (川などが)貫流する; (液体や気体が)流れ〈漏れ〉出る. **2**《話》(電車・バスなどで乗客が)奥の方に進む: *Treten* Sie bitte *durch*! 奥の方にお進み願います. **3**〘サッカー〙相手とせってボールをける.

durch·trie̲·ben[dʊrçtrí:bən] 形 (gerissen) 抜け目のない, 老獪(ろうかい)な, ずるがしこい, すれっからしの: ein ganz ~*er* Bursche 海千山千のやつ. [< *mhd.* durchtrīben „durchdringen"]

Durch·trie̲·ben·heit[–haɪt] 女 -/ durchtrieben なこと.

du̦rch|trin·ken¹*[dʊ́rçtrɪŋkən]《196》 **I** 自 (h) (ある時間)酒を飲み続ける. **II** 他 (h) 再帰 *sich*⁴ ~ 他人の金で酒を飲む.

durch·tri̦n·ken²*[◡́◡◡]《196》他 (h) (ある時間を)酒を飲んで過ごす: eine *durchtrunkene* Nacht 飲み明かした一夜.

Du̦rch·tritt[dʊ́rçtrɪt] 男 -[e]s/ durchtreten すること.

Du̦rch·tritts·stel·le[dʊ́rçtrɪts..] 女 流出〈排出〉口; (管などの)口.

du̦rch|trock·nen[dʊ́rçtrɔknən]《01》 **I** 自 (s, h) 十分に乾く. **II** 他 (h) 十分に乾かす.

du̦rch|wa·chen¹[dʊ́rçvaxən] 自 (h) (ある時間)眠らずにいる.

durch·wa̦·chen²[◡́◡◡] 他 (h) (ある時間)眠らずに過ごす: eine *durchwachte* Nacht 徹夜した夜.

du̦rch|wach·sen¹*[dʊ́rçvaksən]《199》自 (s) (植物などが…の間から)生え出る.

durch·wa̦ch·sen²*[◡́◡◡]《199》 **I** 他 (h) (植物が…の)あちこちに繁茂する, (…を覆って)生い茂る: mit Gräsern *durchwachsene* Ruinen 草の生い茂った廃墟(はいきょ).

II 過分 形 **1** からみ〈まじり〉合った: [mit Fett] ~*es* Fleisch 霜降り肉 | ~*er* Speck 赤身の多いベーコン. **2**〘植〙貫生の. **3**《述語的》《戯》中ぐらいの, 平凡な, 月並みの: Mir geht es ~. (からだの具合は)まあまあです.

du̦rch|wa̲·gen[dʊ́rçva:gən]¹ 他 (h) 再帰 *sich*⁴ ~ 危険を冒して〈勇を鼓して〉通り抜ける.

Du̦rch·wa̲hl[dʊ́rçva:l] 女 -/ ダイヤル直通電話〔番号〕.

du̦rch|wä̲h·len[..vɛ:lən] **I** 自 (h) (交換台を通さずに)直接ダイヤルする: Von hier kann man nach Paris ~. ここからはパリへダイヤル直通です. **II** 他 (h) (…の番号を)直接ダイヤルする.

Du̦rch·wa̲hl·num·mer 女 (電話の)直通番号.

du̦rch|wal·ken[dʊ́rçvalkən] 他 (h) (布を)十分に縮絨(しゅくじゅう)する;《話》さんざんに殴る.

du̦rch|wam·sen[dʊ́rçvamzən]¹《02》他 (h)《話》《*jn.*》さんざんに殴る.

Du̦rch·wan·de·rer[dʊ́rçvandərər] 男 -s/-《官》(Landstreicher) 浮浪者.

du̦rch|wan·dern¹[dʊ́rçvandərn]《05》自 (s) (ある時間・ある距離だけ)歩き続ける.

durch·wa̦n·dern²[◡́◡◡]《05》他 (h) (ある場所を)歩き回る, 遍歴する.

Durch·wa̦n·de·rung[..rʊŋ] 女 -/-en durchwandern²すること.

du̦rch|wär·men¹[dʊ́rçvɛrmən] (**durch·wär·men**² [◡́◡◡]) 他 (h) 十分に〈すみずみまで〉暖める: Der Tee *wärmte* mich *durch* 〈*durchwärmte* mich〉. お茶のおかげで私は全身が暖まった ‖ ein gut *durchgewärmtes* 〈*durchwärmtes*〉 Zimmer 暖房のよくきいた部屋.

du̦rch|wa·schen*[dʊ́rçvaʃən]《201》他 (h) ざっと洗う〈洗濯する〉.

du̦rch|wa̲·ten¹[dʊ́rçva:tən]《01》自 (s) (川・湿地などを)歩いて渡る, 徒渉する.

durch·wa̲·ten²[◡⁀◡]《01》他 (h) (川・湿地などを)歩いて渡る, 徒渉する: einen Bach ~ 小川を歩いて渡る.

du̦rch|we̲·ben¹[dʊ́rçve:bən]¹ 他 (h)〘織〙(模様を)表裏両面に織り出す: ein *durchgewebter* Teppich 両面に模様のあるじゅうたん.

durch·we̲·ben²⁽*⁾[◡⁀◡]《202》他 (h)《*et.*⁴ mit *et.*³》〘織〙(…に…を)織り込む, 編み合わせる: *et.*⁴ mit Goldfäden ~ …に金糸を織り混ぜる.

du̦rch·weg[dʊ́rçvɛk, ◡⁀] 副 一貫して, すべて, なべて, 例外なく: Wir sind ~ der gleichen Ansicht. 我々はみな同じ意見である.

Du̦rch·we̲g[dʊ́rçve:k]¹ 男 -[e]s/-e (通り抜けの)通路.

du̦rch·we̲gs[dʊ́rçve:ks, ◡⁀]《オーストリア・スイス》= durchweg

durch·we̲·hen[dʊrçvé:ən] 他 (h)《雅》(ある場所を風が)吹き抜ける, 吹き渡る;《比》浸透する, 満たす: Eine lyrische Stimmung *durchweht* das ganze Buch. 叙情的な気分が全巻にみなぎっている.

du̦rch|wei·chen¹[dʊ́rçvaɪçən] 自 (s) すっかり柔らかくなる; ずぶぬれ〈びしょびしょ〉になる.

durch·we̲i·chen²[◡⁀◡] 他 (h) ぬらしてすっかり柔らかくする.

du̦rch|wer·fen*[dʊ́rçvɛrfən]《209》他 (h) **1**《*et.*⁴ durch *et.*⁴》(…を…を通して)投げ出す, 投げ入れる: einen Stein durchs Fenster ~ 石を窓から投げる〈投げ込む〉. **2** 篩(ふるい)にかける.

du̦rch|wet·zen[dʊ́rçvɛtsən]《02》他 (h) (衣服などを着古して)擦り切れさせる: *durchgewetzte* Ärmel 擦り切れたそで口.

du̦rch|wich·sen[dʊ́rçvɪksən]《02》他 (h)《話》さんざんに殴る.

du̦rch|win·den*[dʊ́rçvɪndən]¹《211》他 (h) 再帰 *sich*⁴ ~ (身をくねらせて)通り〈すり〉抜ける; (川が)蛇行する: *sich*⁴ durch einen Zaun 〈zwischen den Tischen〉 ~ 垣をくぐり抜ける〈机の間を通り抜ける〉| *sich*⁴ durch Schwierigkeiten ~ 難局をうまく乗り切る.

du̦rch|win·tern¹[dʊ́rçvɪntərn]《05》自 (h) (植物などが)冬を越す, 越冬する.

durch·wi̦n·tern²[◡́◡◡]《05》他 (h) (植物などを)冬を

D

越させる, 越冬させる.

durch|wir·ken[1][dʊ́rçvɪrkən] 他 (h) (パン種などを) 十分にこねる.

durch·wịr·ken[2][◡⌣́◡] 他 (h) 《*et.*[4] mit *et.*[3]》〘織〙(…に…を) 織り込む: mit Goldfäden *durchwirkter* Stoff 金糸を織り混ぜた生地.

dụrch|wi·schen[dʊ́rçvɪʃən] 《04》 **I** 自 (s) 《*jm.*》(…から) こっそり〈かろうじて〉逃げる. **II** 他 (h) (黒板の字などを) ふいて消す.

dụrch|wit·schen[dʊ́rçvɪtʃən] 《04》《話》= durchwischen I

durch·wọ·gen[dʊrçvó:gən][1] 他 (h) 《雅》《*jn.*》(感情が…の) 身内を波うって流れる: Eine starke Leidenschaft *durchwogte* ihn ⟨seine Brust⟩. 激情が彼の胸中でうず巻いた.

dụrch|wol·len*[dʊ́rçvɔlən] 《216》 自 (h) 通り抜けて〈突き抜けて〉行こうとする (→durch II 1).

dụrch|wüh·len[1][dʊ́rçvy:lən] 他 (h) **1** = durchwühlen[2] **2** (穴・トンネルなどを) 掘り抜く. **3** 再帰 *sich*[4] ~ (モグラなどが) 土を掘り抜いて進む; 《比》苦労して切り抜ける.

durch·wụ̈h·len[2][◡⌣́◡] 他 (h) **1** (土を) 掘り〈ほじくり〉返す; 〘海〙(スクリューが水を) かき回す; (…の心を) かき乱す: von Schmerzen *durchwühlt* 苦痛に心をかきむしられて. **2** (探し物をして) ひっかき回す: eine Schublade ⟨eine Wohnung⟩ ~ ひき出しの中〈家じゅう〉をひっかき回す.

Dụrch·wurf[dʊ́rçvʊrf] 男 -〔e〕s/..würfe[..vʏrfə] **1** (物を投げ込むための) すき間, 穴. **2** 篩(ふるい). [<durchwerfen]

dụrch|wursch·teln[dʊ́rçvʊrʃtəln] (**dụrch|wur·steln**[dʊ́rçvʊrstəln]) 《06》 他 (h) 《南部》 再帰 *sich*[4] ~ (漫然と・ごまかしながら) どうにか切り抜けていく.

durch·wụ̈r·zen[dʊrçvʏ́rtsən] 《02》 他 (h) (…に) 十分に薬味〈香料〉を加える; 《比》薬味をきかせて面白くする.

dụrch|wu·zeln[dʊ́rçvu:tsəln] 《06》 他 (h) 再帰 *sich*[4] ~ 《オーストリア》(人を) かき分けて進む. [◇wuseln]

dụrch|zäh·len[dʊ́rçtsɛ:lən] **I** 他 (h) (始めから終わりまで) 通して数える; (…の) 総数を数える. **II** 自 (h) (点呼の際) 番号を唱える: *Durchzählen!* 〘軍〙番号 (号令).

Dụrch·zäh·lung[..lʊŋ] 女 -/-en durchzählen すること.

dụrch|ze·chen[1][dʊ́rçtsɛçən] 自 (h) (ある時間) ずっと酒を飲み続ける.

durch·zẹ·chen[2][◡⌣́◡] 他 (h) (ある時間を) 飲酒して過ごす: eine *durchzechte* Nacht 飲み明かした一夜.

dụrch|zeich·nen[dʊ́rçtsaiçnən] 《01》 他 (h) **1** = durchpausen **2** (細かい点まで) 完全に描く.

dụrch|zie·hen[1]*[dʊ́rçtsi:ən] 《219》 **I** 他 (h) **1 a)** 《*et.*[4] durch *et.*[4]》引いて通り抜けさせる, (糸などを)〔穴に〕通す: den Faden 〔durch das Nadelöhr〕 ~ 糸を針の穴に通す. **b)** 《話》(法案を) なんとか通過させる; (抵抗を排して) 実現させる: ein Programm ~ 計画を強引に実現させる. **2 a)** (線・溝などを)〔まっすぐに〕引く; (梁(はり)などを) 渡す. **b)** 再帰 *sich*[4] durch *et.*[4] ~ (道・川などが) …の間を縫って通る; …に浸透する. **3** (のこぎりなどを最後まで) 引き切る, (ぎりぎりのところまで) いっぱいに引く: den Schlag ~ 〘テニス〙振り抜く, スウィングアウトする. **4** 《*jn.*》こき下ろす, 酷評する. **5** 《話》《*jn.*》(…と) 性交する.

II 自 (s) **1** (列や群れを作ってある土地を) 通過する, 移動〈旅行〉して通る: durch das Land ~ 国〈地方〉を〔旅して〕通る ‖ *durchziehende* Vögel 渡り鳥. **2** 〘料理〙(漬物が) 十分に漬かる, (茶・コーヒーなどの味が) 十分に出る.

durch·zie̥·hen[2]*[dʊrçtsí:ən] 《219》 他 (h) **1 a)** (ある土地を) あちこち移動する, 渡り歩く: die Welt ~ 世界を遍歴する | Feindliche Heere *durchzogen* das Land. 敵軍が国土を荒らし回った. **b)** 横断する, 貫通する: das Meer ~ 海洋を渡る | das Tal ~ (川が) 谷間を縫って流れる. **c)** (川・道路などが) 縦横に貫いて走る〈のびている〉: Viele Flüsse *durchziehen* das Land. この国〈地方〉は多くの川が縦横に流れている | Die Wand ist von Rissen *durchzogen*. この壁はあちこちに亀裂(きれつ)が走っている | Das Gesicht ist von Falten *durchzogen*. その顔には一面にしわが刻まれている. **2** (水・においなどが) (…に) 浸透する; 《比》(主題・思想が) (…の) 全体を貫いている: Ein süßer Duft *durchzieht* das Zimmer. 甘いかおりが部屋じゅうに立ちこめている | Der Salat ist gut *durchzogen*. このサラダは味がよくしみている ‖ 再帰 Der Schwamm *durchzieht* sich mit Feuchtigkeit. この海綿は十分に水分を含んでいる. **3** 《*jn.*》(ある感情が) しだいに (…の) 心にあふれてくる: Ein fremdartiges Gefühl *durchzog* ihn. ある奇妙な感情がしだいに彼の心に広がってきた. **4** 《*et.*[4] mit *et.*[3]》(…を…で) おおう; 〘織〙(…に…を) 織りまぜる: den Acker mit Furchen ~ 畑に畝(うね)をつける ‖ ein mit Goldfäden *durchzogener* Stoff 金糸を織り込んだ布地.

Dụrch·zie·her[dʊ́rçtsi:ər] 男 -s/- (決闘の際の) 刀の一撃; (決闘による) 切り傷.

durch·zịt·tern[dʊrçtsítərn] 《05》 他 (h) **1** 《*et.*[4]》(ある場所を) 振動で満たす; 《*jn.*》(感情が…の) 全身をわななかせる. **2** (ある時間を) 震えながら過ごす.

durch·zọ·gen[dʊrçtsó:gən] durchziehen[2]の過去分詞; 過去1・3人称複数.

durch·zụcken[dʊrçtsʊ́kən] 他 (h) (光がやみを) ぱっと貫く, 電光のようにひらめく; (考えなどが…の) 頭にぱっとひらめく, (痛み・驚きなどが) 急に起こる: Ein Blitz *durchzuckt* die Wolken. 稲光が雲間にひらめく | Ein Gedanke *durchzuckte* mich. ある考えがはっと私の心に浮かんだ.

Dụrch·zug[dʊ́rçtsu:k][1] 男 -〔e〕s/..züge[..tsy:gə] **1** (群れ・行列などの) 通過, 通行, 通過行進; (鳥の) 渡り; 移動, 遍歴: 〔freien〕 ~ gewähren (軍隊の)〔自由〕通過を認める. **2** 《単数で》吹き抜ける風, 通風: ~ machen 風を入れる | **auf ~ schalten** 《戯》相手の言葉に耳を傾けない, 馬耳東風の態度をとる | die Ohren auf ~ stellen (→Ohr 1). **3** (Hechel) 麻こき. **4** 〘建〙大梁(おおはり), 連続げた. **5** (ボートの) 一こぎ. **6** 〘服飾〙ダーニングステッチ, 刺し子かがり.

Dụrch·zụ̈g·ler[..tsy:klər] 男 -s/- 〘鳥〙(渡りの途中で一時滞在する) 旅鳥(たびどり); 《話》浮浪人, 渡り者.

Dụrch·zugs≠ar·beit 女 = Durchzug 6 ≠**recht** 中 (軍隊の) 通過〈通行〉権.

dụrch|zwän·gen[dʊ́rçtsvɛŋən] 他 (h) (抵抗を排して) 無理に通す〈通り抜けさせる〉: 再帰 *sich*[4] durch die Menge ~ 人ごみをかき分けかき分け進む.

Dụr·drei·klang[dú:r..] 男 〘楽〙長三和音.

Dü·rer[dý:rər] 人名 Albrecht ~ アルブレヒト デューラー (1471-1528; ドイツの画家・版画家で, ドイツ=ルネサンス絵画の完成者).

dür·fen*[dʏ́rfən] 《35》 **durf·te**[dʊ́rftə]/**ge·durft**; 現 *ich* darf[darf], *du* darfst, *er* darf; 接II dürfte [dʏ́rftə]

I 《話法の助動詞として, 他の動詞の不定詞とともに用いられ, その場合過去分詞には不定詞の形が用いられる. 文意が明らかな場合には本動詞を省略することがある》(h) **1 a)** 《許可・資格・十分な根拠などを示して》…してもよい, …してかまわない, …することが許されている; …してしかるべきである: 〘許可を示して〙 Du *darfst* mitkommen. 君も一緒に来ていいよ ‖ *Darf* ⟨*Dürfte*⟩ ich das Fenster öffnen? 窓をあけてもかまいませんか〈よろしいでしょうか〉‖ Die Häftlinge *dürfen* einmal im Jahr von den Angehörigen besucht werden. 囚人たちは年に1回近親の訪問をうけることが許されている ‖ *Darf* hier geraucht werden? ここでタバコを吸ってかまいませんか ‖ Hat sie mitkommen ~?—Ja, sie hat es *gedurft*. 彼女は一緒に来ることを許されたのか — はいそうです ‖ Er wird mitgehen ~. 彼は一緒に行くことを許されるだろう | Wen Gott sterben lassen will, der soll sterben ~. 神のおぼしめしで死ぬ人間は死ぬことを許されるべきだ ‖ Er äußerte die Bitte, verreisen zu ~. 彼は旅に出る許可を願い出た | Ich bitte, jetzt gehen zu ~. これで退出することをお許しください ‖ 〘否定詞や nur を伴い禁止を示して: →b〙 Hier *darf* man nicht rauchen./Hier *darf* nicht geraucht werden. ここではタバコを吸ってはいけません | Man *darf* nie lügen. うそはけっしてついてはならない | Das *dürfen* Sie nicht 〔tun〕. そんなことを

してはいけません | Wir *durften* nicht nach Hause 〔gehen〕./Wir haben nicht nach Hause gehen ~. 私たちは帰宅することを許されなかった | Er *darf* es nicht wissen. そのことを知ることは彼には許されていない; 彼がそのことを知るようなことがあってはならない | Das hätte nicht vorkommen ~. そんなことが起こってはならなかったのに(実際には起こってしまった) | Das *darf* nicht wahr sein. まさかそんなことがあってよい〈ありうる〉はずがない ‖ Du *darfst* nur an dein Studium denken. 君は大学の勉学以外のことを考えてはならない.

‖〘ていねいな申し出・要請の文に用いられて〙*Darf* ich Ihnen noch eine Tasse Kaffee anbieten? コーヒーをもう1杯さしあげましょうか | *Darf* es etwas mehr sein? もう少し多くても〈目方が超過しても〉かまいませんか | *Darf* ich bitten? お入りください〔ませんか〕; こちらへどうぞ; ダンスのお相手をお願いします | Ich *darf* Sie bitten, das Formular auszufüllen. この用紙に書き込んでください | Etwas lauter, wenn ich bitten *darf*. もっと大きな声でお願いできませんか | wenn ich so sagen *darf* こう申し上げてよろしければ | *Dürfen* wir es wohl wagen, Sie für diesen Abend einzuladen? 私どもは今晩あなたをご招待させていただきたいのですが | Ich freue mich sehr, Sie hier begrüßen zu ~. ここにあなたをお迎えすることができてたいへんうれしく存じます.

‖〘資格・十分な根拠を示して〙Ich *darf* wohl sagen, daß ... あえて…と言わせていただきます | Ich glaube behaupten zu ~, daß ... …と主張してもかまわないと思う | Wer *darf* so etwas schon tun? だれにそんなことをする資格があるだろうか | Die Angelegenheit *darf* als erledigt angesehen werden. この件はすでに落着したものと見なすことができる.

‖〘意味上明らかな本動詞を省略したり, 本動詞に代わる es, das を用いて〙*Darf* ich heute schwimmen gehen?—Du *darfst*. きょう泳ぎに行ってかまいませんか — かまわないよ | Hat sie nicht kommen ~?—Nein, sie hat nicht *gedurft*. 彼女は来てはいけなかったのですか — そうです いけなかったのです ‖ *Darf* ich herein 〈durch〉? 入っても〈通り抜けても〉かまいませんか ‖ Die Kinder *dürfen* heute in den Obstgarten 〈aus dem Haus〉. 子供たちはきょうは果樹園に入っても〈家から出ても〉かまわない ‖ Ich rauche nicht, ich *darf* es nicht. 私はタバコは吸わない. 吸うことを禁じられているのだ | *Darf* ich hereinkommen?—Das *dürfen* Sie 〔gerne〕. 入ってもかまいませんか — かまいませんとも | So etwas haben unsere Kinder nie *gedurft* 〈nie tun ~〉. うちの子供たちはそんなことを許されたことは一度もない(うちの子供たちにはそんなことを許したことは一度もない).

b)《否定詞または nur, bloß などとともに》(brauchen) …する必要がある(→II):〘否定詞を伴って〙Sie *dürfen* darüber nicht klagen. そのことをお嘆きになるにはおよびません (=Sie brauchen darüber nicht 〔zu〕 klagen.) ‖〘nur, bloß などを伴って〙Du *darfst* bloß winken (=Du brauchst bloß 〔zu〕 winken), und ich bin schon da. 君が合図〈目くばせ〉さえしてくれれば私はすっ飛んでくるよ | Das hätten Sie mir nur sagen ~. そんなことは私に言ってくださりさえすればよかったのに.

$^{\triangledown}$**c**)《スイスでは今日も用いられる》(wagen) あえて…する: Wie habt ihr das tun ~? どうして君たちはそんなことをやったんだい.

d)《オーストリア》(müssen) …しなければならない.

2《接続法 II **dürfte** の形で: 話し手の推定を控え目に示す. 否定はつねに推定の内容にかかる》おそらく…だろう, …であるといってよいだろう: Es *dürfte* morgen Regen geben. あすは雨になるのではないだろうか | Sie *dürften* noch nicht zu Hause angekommen sein. 彼らはまだ家に着いていないことだろう | Zum neuen Vorsitzenden *dürfte* wohl Herr Schmidt gewählt werden. 新しい議長にはたぶんシュミット氏が選ばれると思います | Das *dürfte* wohl der Grund sein. それがおそらく原因ではなかろうか | Es *dürfte* nicht schwer sein, das zu beweisen. それを証明するのは難しくないと思うが.

$^{\triangledown}$**II** 自 (h)《*js./et.*[2]; 他動詞として4格の目的語をとることがある》(bedürfen) (…を)必要とする: *Darfst* du meiner? 君は私が必要なのか | Zu solchem Kleid *darf* man kein Maß. このような服を作るのに寸法をとる必要はない.

[*germ.* „brauchen"; ◇darben, dürftig]

durf·te[dúrftə] dürfen の過去.

dürf·te[dýrftə] dürfen の接続法 II.

dürf·tig[dýrftıç][2] 形 **1** (ärmlich) 貧弱〈貧相〉な, みすぼらしい, 惨めな: eine ~*e* Kleidung 〈Stube〉 みすぼらしい服装〈部屋〉| in ~*en* Verhältnissen leben/~ leben 貧しい生活を送る. **2** 不足した, 乏しい, 不十分〈不満足〉な; 充実していない: ein ~*es* Ergebnis 不十分な結果 | eine ~*e* Rede おそまつな演説 ‖ Die Ausstellung war ~ besucht. 展示会は入りが少なかった. $^{\triangledown}$**3** =bedürftig 1 [*ahd.*; < *ahd.* durft „Not" (◇dürfen)]

Dürf·tig·keit[−kaıt] 女 -/ dürftig なこと.

Du·rian[dú:ria:n] 男 -s/-s **1**〘植〙ドリアン(東南アジア産キワタ科). **2** ドリアンの果実. [*malai.*; < *malai.* dūrī „Dorn"]

Du·rian≠baum 男 ドリアンの木. **≠frucht** 女 ドリアンの実.

Du·ri·ne[durí:nə] 女 -/-n = Dourine

dürr[dʏr] 形 **1** 乾燥した, 干からびた; 枯死〈枯渇〉した; 不毛の; やせこけた: ein ~*er* Ast 枯れ枝 | ~*e* Blätter 枯れ葉 | ~*er* Boden やせた土地 | ein ~*er* Sommer 日照り続きの夏. **2** やせこけた: ein ~*er* Greis やせこけた老人 | Er ist ein ~*es* Gerippe. 彼は骨と皮だ. **3** 乏しい, わずかの; 飾りのない, そっけない: mit ~*en* Worten そっけない言葉で,〔事務的に〕言葉少なく. [*germ.* „ausgedörrt"; ◇darren, Terra, Durst]

Dur·ra[dʊ́ra·] 女 -/〘植〙モロコシ(蜀黍). [*arab.*]

Dür·re[dýrə] 女 -/-n **1**《単数で》(dürr なこと. 例えば:) 乾燥, 不毛. **2** 旱魃(かんばつ), 日照り.

Dür·re·jahr 中 日照り続き〈旱魃(かんばつ)〉の年.

Dür·ren·matt[dýrənmat] 人名 Friedrich ~ フリードリヒ デュレンマット(1921-90; スイスの劇作家).

Dür·re·pe·ri·ode 女 乾燥期, 旱魃(かんばつ)期.

Dürr≠er·ze[dýr..] 複〘鉱〙乾燥銀鉱. **≠fleisch** =Dörrfleisch **≠fut·ter** 中 乾燥飼料. **≠kräut·ler** 男《オーストリア》乾燥薬草行商人. **≠obst** = Dörrobst **≠wurz** 女〘植〙アズマギク(東菊)属の草木(ヒメジョオン・アレチノギクなど).

Durst[dʊrst] 男 -es(-s)/ **1** (英: *thirst*) (のどの)渇き: großer 〈brennender〉 ~ ひどい〈焼けつくような〉渇き ‖ ~ haben 〈verspüren〉 のどが乾く | ~ auf Bier 〈Wein〉 haben ビール〈ワイン〉が飲みたい |〔an〕 ~ leiden 渇きに苦しむ | *seinen* ~ löschen 〈stillen〉 渇きをいやす ‖ **ein Glas 〈ein Gläschen / einen / eins〉 über den ~ trinken**《戯》飲み過ごす | vor ~ 〔bald〕 umfallen 〈vergehen〉 のどが渇いて死にそうである. **2**《雅》渇望, 熱望: ~ nach Ruhm 〈Macht〉 名誉〈権力〉欲. [*germ.*; ◇dürr; *engl.* thirst]

dur·sten[dʊ́rstən]《01》**I** 自 (h)《雅》(dürsten) のどが渇く;《nach *et.*[3]》(…を)渇望する: hungern und ~ 飢え渇く | Er hat zwei Tage ~ müssen. 彼は2日間渇きに苦しまねばならなかった. **II** 他 (h) =dürsten I

dür·sten[dýrstən]《01》**I** 他 (h) 非人称 $^{\triangledown}$**1**《es dürstet *jn.*/*jn.* dürstet》(…が)のどが渇く: Es *dürstet* mich./Mich *dürstet*. 私はのどが渇いている(今日ではふつう Ich habe Durst./Ich bin durstig. という表現を用いる). **2**《es dürstet *jn.* 〈*jn.* dürstet〉 nach *et.*[3]》(…が…を)渇望する: Es *dürstet* ihn 〈Ihn *dürstet*〉 nach Ruhm. 彼は名声に飢えている.

II 自 (h) **1** のどが渇く: Ich habe den ganzen Tag *gedürstet*. 私は一日じゅうのどの渇きに苦しんだ ‖ ein Regenguß auf das *dürstende* Feld 渇ききった畑への土砂降り雨. **2**《nach *et.*[3]》(…を)渇望する: nach Blut ~ (→Blut 2) | Er *dürstet* nach Liebe. 彼は愛情に飢えている | Er *dürstete* nach Rache./Er *dürstete* danach, sich zu rächen. 彼は復讐(ふくしゅう)心に燃えていた.

Durst≠fie·ber[dʊ́rst..] 中〘医〙渇熱. **≠ge·fühl** 中 のどの渇き;〘医〙渇感覚.

dur·stig[dʊ́rstıç][2] 形 **1** のどの渇いた: Er ist ~. 彼はのどが渇いている(→dürsten I 1) ‖ die ~*e* Erde《比》乾いた〈雨のほしい〉大地 | eine ~*e* Kehle haben のどが渇いている |

eine ~*e* Leber haben (→Leber 1).
2 《雅》渇望(熱望)している: Er ist ~ nach Ruhm 〈Wissen〉. 彼は名声を渇望している〈知識に飢えている〉.

..durstig[..dʊrstɪç][2] 《名詞などにつけて「…を渇望〈熱望〉する, …をぜひともほしがる」などを意味する形容詞をつくる》: rache*durstig* 復讐心に燃えた | wissens*durstig* 知識に飢えた.

durst≠lö·schend[..lœʃənt][1] 形, **≠stil·lend**[..ʃtɪlənt][1] 形 渇きをいやす.

Durst·strecke 女 水のない(乾燥した)地帯; 《比》困窮〈耐乏〉期間, 端境(はざかい)期.

Dur≠ton·art[dúːr..] 女 (↔Molltonart) 〔楽〕長調. **≠ton·lei·ter** 女 (↔Molltonleiter) 〔楽〕長音階.

Dusch·bad[dʊ́ʃ..] 女 シャワー〔装置〕; シャワー〔バス〕, 灌水(かんすい)浴: ein ~ nehmen シャワーを浴びる.

Du·sche[dʊ́ʃə, dúː(ː)ʃə] 女 -/-n (Brause) シャワー〔装置〕; シャワー〔浴〕, 灌水(かんすい)浴; 〔医〕灌注(かんちゅう)〈圧注〉法: eine 〔heiße/kalte〕 ~ nehmen 〔熱い・冷たい〕シャワーを浴びる | unter die ~ gehen / *sich*[4] unter die ~ stellen シャワーを浴びる ‖ eine ~ abbekommen 《比》雨でびしょぬれになる | **eine kalte ~ bekommen** 《話》興をそがれる; 幻滅を味わう | ***jm.* eine kalte ~ geben** 〈verabreichen〉《話》…の興をそぐ, …の興奮を静める | **eine kalte ~ für *jn.* sein/wie eine kalte ~ auf *jn.* wirken** 《話》…を幻滅〈失望〉させる. [*it.* doccia–*fr.* douche; ◇Duktus]

Dusch·ecke[dʊ́ʃ..] 女 (浴室・寝室などの隅に設けられた)シャワー用の区画.

du·schen[dʊ́ʃən, dú(ː)..] ⦅04⦆ **I** 自 (h) シャワーを浴びる: kalt 〈warm〉 ~ 冷水〈温水〉のシャワーを浴びる.
II 他 (h) **1** (*jn./et.*[4]) (…に)シャワーを浴びせる; 〔医〕(…に)灌注(かんちゅう)〈圧注〉法を施す; 《比》(…の熱狂・希望・慢心などに)冷水を浴びせる. **2** 再帰 *sich*[4] 〔kalt/warm〕 ~ 〔冷水・温水の〕シャワーを浴びる.

Dusch≠ge·le·gen·heit[dʊ́ʃ..] 女 シャワーの便〈設備〉: Suche Zimmer mit ~. シャワー付きの部屋を求む. **≠ka·bi·ne** 女 (小さな)シャワー室. **≠mas·sa·ge**[..masaːʒə] 女 〔医〕圧注マッサージ. **≠ni·sche** 女 = Duschecke **≠raum** 男 シャワー室. **≠vor·hang** 男 (水が飛び散らないように仕切る)シャワー用カーテン.

Dü·se[dýːzə] 女 -/-n (液体・気体の)噴射口, 噴射ノズル. [*tschech.* duše „Seele, Rohr〔inneres〕"]

Du·sel[dúːzəl] 男 -s/ 《話》 **1** めまい, 放心〈半睡〉状態; ほろ酔い〔気分〕: im ~ sein 意識がぼんやりしている. **2** (思いがけない)幸運, もっけの幸い: 〔einen großen〕 ~ haben 〔非常に〕運がよい. [*ndd.*; ◇dösig]

Du·se·lei[duːzəláɪ] 女 -/-en 《話》放心〈半睡〉状態, 寝ぼけ.

du·se·lig[dúːzəlɪç][2] 形 《話》(意識の)もうろうとした, (頭の)ぼんやりした; 夢うつつの; ほろ酔い気分の.

dü·se·lig[dýːzəlɪç][2] 《北部》 = duselig

du·seln[dúːzəln] ⦅06⦆ 自 (h) 《話》(意識が)ぼんやりしている, 放心〈半睡〉状態にある, (うつらうつら)まどろむ.

dü·sen[dýːzən][1] ⦅02⦆ 自 (s) 《話》 **1** 《方向を示す語句と》ジェット機で(…へ)飛ぶ. **2** 急ぐ, 急いで行く.

Dü·sen≠an·trieb 男 〔空〕ジェット〈噴射反動式〉推進〔装置〕. **≠bom·ber** 男 〔空〕ジェット爆撃機. **≠flug·zeug** 中 〔空〕ジェット機. **≠ge·wit·ter** 中 (ジェット機が音速の壁を突破する際の)衝撃波〔による音響〕. **≠jä·ger** 男 〔空〕ジェット戦闘機: mit dem ~ durch die Kinderstube gebraust sein (→Kinderstube). **≠ma·schi·ne** 女 = Düsenflugzeug **≠mo·tor** 男 〔空〕ジェット=エンジン. **≠treib·stoff** 男 〔空〕ジェット燃料. **≠trieb·werk** 中 ジェット推進機関〈エンジン〉.

dus·lig[dúːzlɪç][2] = duselig

Dus·sel[dʊ́səl] 男 -s/- 《俗》愚か者, 間抜け, あほう.

Düs·sel·dorf[dʏ́səldɔrf] 地名 デュッセルドルフ(ドイツ Nordrhein-Westfalen 州の州都で, ライン川に臨む河港都市. 商工業の一中心地). [<Düssel (川の名)]

dus·se·lig[dʊ́səlɪç][2] 形 **1** = dußlig **2** = duselig

Dus·sel·kopf 男 = Dussel

dus·seln[dʊ́səln] ⦅06⦆ 《話》 = duseln

Dus·sel·tier 中 = Dussel

duß·lig[dʊ́slɪç][2] 形 《話》 **1** 《軽蔑的に》愚かな, 愚鈍な, まぬけな. **2** = duselig

Dust[dʊst] 男 -〔e〕s/ 《北部》 **1** ほこり. **2** = Dunst [*mndd.*; ◇Dunst; *engl.* dust]

du·ster[dúːstər] 形 《北部》 = düster I 1

dü·ster[dýːstər] **I** (..st〔e〕·r..) 形 **1** 薄暗い: ein ~*er* Gang 薄暗い廊下 | ein ~*es* Licht ほの暗いあかり ‖ im *Düstern* sitzen 暗やみに座っている. **2** 陰気な, 陰鬱(いんうつ)な: ein ~*er* Klang 陰にこもった音色 | eine ~*e* Ahnung 暗い予感 | ein ~*er* Mensch 陰気な人 | eine ~*e* Miene 陰鬱な表情 ‖ *jn.* ~ ansehen …を暗い目つきで見る. **II Dü·ster** 中 -s/ 《雅》薄暗い状態, 暗やみ. [*mndd.*]

Dü·ster·heit[–haɪt] 女 -/ düster なこと.

Dü·ster·kä·fer 男 〔虫〕ナガクチキムシ(長朽木虫).

Dü·ster·keit[..kaɪt] 女 -/ = Düsterheit

dü·stern[dýːstərn] ⦅05⦆ 自 (h) 《雅》 非人称 (es düstert) (辺りが)暗くなる.

Dü·ster·nis[dýːstərnɪs] (北部: **Du·ster·nis**[dúː..]) 女 -/-se 薄暗い状態, 暗やみ; 陰気, 陰鬱(いんうつ).

Dutch·man[dʌ́tʃmən] 男 -s/..men[..mən] ドイツ野郎(ドイツ人船員に対する英語での蔑称). [*engl.*; ◇deutsch]

[v]**Dü·te**[dýːtə] 女 -/-n = Tüte

Dutt[dʊt] 男 -〔e〕s/-s, -e (Haarknoten) 束ねて結った髪. [*ndd.* „Haufe"]

Dut·te[dʊ́tə] 女 -/-n **1** 《オーストリア》(Zitze) (哺乳動物の雌の)乳頭, 乳首; 乳房. **2** 《卑》(女性の)乳房. [*ahd.* tutta]

Du·ty-free-Shop[djúːtɪfríːʃɔp] 男 -〔s〕/-s (空港などの)免税品売店, 免税店. [*engl.*]

Dut·zend[dʊ́tsənt][1] 中 -s/-e **1 a)** (略 Dtz., Dtzd.) 《単位としては無変化》ダース(同一種類のもの12個); 12名ほどの人間: ein ~ 〈ein halbes ~〉 Löffel スプーン1〈半〉ダース | zwei ~ Menschen 二十数人の人々 | drei *Dutzend* seidene Oberhemden 〈雅: seidener Oberhemden〉 絹のワイシャツ3ダース | ein kleines ~ Eier 卵二三個 | ein großes ~/Groß*dutzend* 12ダース(→Gros[2]) ‖ *et.*[4] im ~ verkaufen …をダース単位で売る | Die Eier kosten vier Mark das ~. / Das ~ Eier kostet 〈kosten〉 vier Mark. この卵の値段は1ダース4マルクだ ‖ **Davon gehen zwölf aufs 〈auf ein〉 ~.** 《話》そんなものはざらにある, それはたいしたものではない. **b)** (ルーレットの)ドゥーズ(→ 図 Roulett).
2 《無冠詞複数で》かなり多数: ~*e* von Menschen 〈Büchern〉/~*e* Menschen 〈Bücher〉 数十人の人々〈数十冊の本〉 | in 〈zu〉 ~*en* 多量に; 大勢で | Sie kamen in 〈zu〉 ~*en*. 彼らは大挙してやってきた ‖ 〔複数2格が形容詞的に変化した Dutzender の形で〕 das Geschrei ~*er* von Kindern 何十人もの子供たちの叫び声.
[*afr.* do〔u〕zeine–*mhd.* totzen; ◇Duodezime; *engl.* dozen]

dut·zen·de·mal[dʊ́tsəndəmáːl] = dutzendmal 2

Dut·zen·der[dʊ́tsəndər] →Dutzend 2

dut·zend·fach[dʊ́tsənt..] **I** 形 《付加語的》(viel) 多数の. **II** 副 (oft) 幾度も, たびたび.

dut·zend·mal[dʊ́tsəntmáːl, ⌣⌣–] 副 **1** 12回: ein halbes ~ 6回. **2** 幾度も, たびたび: Ich habe es dir schon ~ gesagt. ぼくは君にその事をもう何度も言ったぞ.

Dut·zend≠mensch[dʊ́tsənt..] 男 平凡〈凡庸〉な人間. **≠preis** 男 ダース値段. **≠wa·re** 女 普通品, 安物.

dut·zend·wei·se[また: ⌣⌣–⌣] 副 (→..weise ★) **1** ダースで. **2** 多量に.

Du·um·vir[duʊ́mvɪr] 男 -n/-n (-i[..viri·]) 《ふつう複数で》(古代ローマの)二人連帯職に就いている官吏〔の一人〕, 二頭政治家〔の一人〕. [*lat.*; ◇Duo, viril]

Du·um·vi·rat[..ʊmviráːt] 中 -〔e〕s/-e **1** (古代ローマの)二人連帯職. **2** 二頭政治〈統治〉. [*lat.*; ◇..at]

Du·vet[dyvé] 中 -s/s 《スイ》(Daunendecke) 羽ぶとん.

Duve·tine[dyftíːn] 男 -s/-s 〔織〕デュベティン(ビロードに似た綿・毛混織の布). [*fr.*; ◇Daune]

D

Dü·wel[dý:vəl] 男 -s/- 《北部》=Teufel 1

Du·wock[dú:vɔk] 男 -s/-s 〘植〙イヌスギナ. [*mndd.* dūwenwocke]

Duz≠bru·der[dú:ts..] 男 (男性どうしの)互いに du で呼び合う親しい仲間, 親友(→Duzschwester). **≠brü·der·schaft** 女 Duzbruder の間柄〈関係〉.

du·zen[dú:tsən] 《02》 他 (h) (↔siezen) 《*jn.*》 (…に) du を使って話しかける(→du² I 1): Er *duzt* jeden. 彼はだれに対しても du で話しかける ‖ 再帰 Hans und Anna *duzen* sich./Hans *duzt* sich mit Anna. ハンスとアンナは互いに du を使って話す. [*mhd.*; ◇du²]

Duz≠freund 男 (女 ≠**freun·din** -/-nen) 互いに du で呼び合う親しい友人, 親友. **≠fuß** 男 《もっぱら次の成句で》 **mit *jm.* auf** 〔**dem**〕 **～ stehen** …と du で呼び合う〔親密な〕間柄である | Er steht mit dem Alkohol auf 〔dem〕 ～. 《戯》彼は酒となると目がない.

du·zis[dú:tsɪs] 形 《述語的》互いに du で呼び合う間柄の.

Duz·schwe·ster 女 (女性どうしの)互いに du で呼び合う親しい仲間, 親友(→Duzbruder).

DV[de:fáʊ] 略 女 -/-s=Datenverarbeitung

Dvo·řák[dvɔ́rʒak] 人名 Antonín ～ アントニーン ドボルザーク(1841-1904; チェコの作曲家. 作品は交響曲『新世界より』など).

DVP[de:faʊpé:] 略 女 -/ **1** =Deutsche Volkspartei ドイツ人民党(1918年に Stresemann が創立し,1933年に解散). **2** =Deutsche Volkspolizei (旧東ドイツの)ドイツ人民警察.

DVU[de:faʊ-ú:] 略 女 -/ =Deutsche Volksunion ドイツ人民同盟

d. W. 略 **1** =dieser Woche 今週に〈の〉. **2** =diese Woche[4] 今週に.

DW[de:vé:] 略 女 -/ =Deutsche Welle ドイッチェ=ヴェレ(ドイツの国外向け放送〔局〕).

D-Wa·gen[dé:va:gən] 男 (<Durchgangswagen) 〘鉄道〙(片側に)廊下のある客車.

Dwan·dwa[dvándva·] 中 -〔s〕/-〔s〕〘言〙相違釈複合語, 並列複合語(例えば taubstumm のように構成要素が等位の関係で結合している複合語. 元来はサンスクリットの文法用語). [*sanskr.* dvandva „Paar"]

dwars[dvars] 副 《北部》 (quer) 真横に,〔斜めに〕横切って. [*mndd.*; ◇quer]

Dwars≠kie·ker[dvárs..] 男 《北部》やぶにらみの人; やきもち焼き. **≠li·nie**[..niə] 女 〘海〙横隊船列: in ～ 横に並んで.

dwars·schiffs 副 〘海〙船の縦方向と直角に.

Dwars≠see 女 〘海〙(舷側(げんそく)を打つ)横波. **≠wind** 男 〘海〙横風.

dwas[dva:s] =dwars

DWD[de:ve:dé:] 略 男 -/ =Deutscher Wetterdienst ドイツ気象庁.

Dweil[dvaɪl] 男 -s/-e 〘海〙(甲板ふき用の)モップ, 棒ぞうきん. [*mndd.*; ◇Zwehle]

Dy[de:|ýpsilɔn, dyspró:ziʊm] 記号 (Dysprosium) 〘化〙ジスプロシウム.

Dya·de[dyá:də] 女 -/-n 2個一組, 2個群, 一対, カップル; 〘数〙ディアード; 〘化〙2価元素; 〘生〙2分子, 2分染色体.

Dya·dik[..dɪk] -/ 二進法〔による計算〕.

dya·disch[..dɪʃ] 形 〘数〙二進法の.

Dyas[dý:as] 女 -/ =Perm [*gr.* „Zweiheit"; <*gr.* dýo „zwei"]

dyas·sisch[dyásɪʃ] 形 〘地〙二畳系の.

Dyck[daɪk] 人名 Anthonis van ～ アントーニス ファン ダイク(1599-1641; Flandern の画家).

dyn[dy:n] **I** 記号 (Dyn) 〘理〙ダイン. **II Dyn** 中 -s/ 〘理〙ダイン(力の絶対単位: 記号 dyn). [*gr.* dýnamis „Macht"–*fr.* dyne]

dyn.. →dynam..

dynam.. 《名詞・形容詞などにつけて「力」を意味する. dynamo.., dyn.. という形もある》 [*gr.*]

Dy·na·me·ter[dynamé:tər] 中 (男) -s/- 〘光〙ダイナメーター(望遠鏡の拡度計).

Dy·na·mik[dyná:mɪk] 女 -/ **1** (↔Statik) **a)** 〘理〙動力学. **b)** 活力, 推進力, 力動〈発動〉性. **2** 〘楽〙強弱性.

Dy·na·mis[dý(:)namɪs] 女 -/ (↔Energeia) 〘哲〙デュナミス, 可能性〈態〉, 能力, 力 (Aristoteles の用語). [*gr.*; ◇Dynast]

dy·na·misch[dyná:mɪʃ] 形 **1** (↔statisch) **a)** 動的な, 力動〈活動〉的な, ダイナミックな; (年金などが)スライド方式の; (人が)精力的〈行動的〉な: ein ～*er* Akzent 〘言〙強さ〔の〕アクセント | eine ～*e* Demographie 人口動態統計. **b)** 〘理〙動力学〔上〕の, 動力学的な: ein ～*er* Druck 動圧. **2** 〘楽〙強弱性の. [*gr.* dynamikós „stark"]

dy·na·mi·sie·ren[dynamizí:rən] 他 (h) **1** 推進する, 動かす. **2** (賃金・年金などを物価変動に)スライドさせる.

Dy·na·mis·mus[dynamísmʊs] 男 -/ **1** 〘哲〙動力論, 力本説, ダイナミズム. **2** =Dynamik 「ムの.

dy·na·mi·stisch[..tɪʃ] 形 動力論〈力本説〉の, ダイナミズ

Dy·na·mit[dynamí:t, ..mít] 中 -s/ ダイナマイト: *et.*[4] mit ～ sprengen …をダイナマイトで爆破する. [<..it²]

Dy·na·mit≠bom·be 女 ダイナマイト爆弾. **≠pa·tro·ne** 女 ダイナマイト入りの薬包.

dynamo.. →dynam..

Dy·na·mo[dyná:mo·, dý(:)namo·] 男 -s/-s (**Dy·na·mo·ma·schi·ne**[dyná:mo.., dý(:)namo..] 女)ダイナモ, 発電機. [*engl.*]

Dy·na·mo·me·ter[dynamomé:tər] 中 (男) -s/- **1** (Kraftmesser) 力量計, 力(ちから)計; 動力計. **2** 電流力計.

Dy·na·mo·theo·rie[dyná:mo.., dý(:)namo..] 女 -/ 〘理〙ダイナモ理論.

Dy·nast[dynást] 男 -en/-en 〔小国の〕君主, 統治者, 主権者. [*gr.*–*lat.*; <*gr.* dýnasthai „stark sein" (◇Dur)]

Dy·na·stie[dynastí:] 女 -/-n[..tí:ən] **1** (歴代の)王朝, 王家: die ～ der Merowinger 〘史〙メロヴィング王朝. **2** 《比》(ある分野において大きな勢力をもつ)名門, 権力者群: Schauspieler*dynastie* 演劇界に君臨する名門 | die ～ der Krupps クルップ王朝(鉄鋼王クルップ一家). [*gr.* dynasteíā „Herrschaft"]

dy·na·stisch[dynástɪʃ] 形 《付加語的》王朝〈王家〉の.

Dy·na·tron[dý(:)natro:n, dynatró:n] 中 -s/-e[dynatró:nə], -s ダイナトロン(真空管の一種). [<dynam..]

Dyn·ode[dynó:də] 女 -/-n 〘電〙ダイノード.

dys.. (↔eu..) 《名詞・形容詞などにつけて「不良・不全・障害」などを意味し, 多く医学用語に用いられる》 [*gr.*; ◇zer..]

Dys·an·ge·lium[dʏs|angé:liʊm, dyzan..] 中 -s/ ..lien[..liən] 悪い知らせ, 不吉なお告げ.

Dys·ar·thrie[dʏs|artrí:, dyzar..] 女 -/-n[..rí:ən] 〘医〙構語障害(どもり・口ごもりなど). [<arthro..]

Dys·äs·the·sie[dʏs|ɛstezí:, dyzɛs..] 女 -/ 〘医〙感覚障害〈不全〉.

Dys·ba·sie[dʏsbazí:] 女 -/-n[..zí:ən] (Gehstörung) 〘医〙歩行障害, 歩行不全. [<*gr.* básis „Gang"]

Dys·bu·lie[..bulí:] 女 -/ 〘医〙意志障害. [<*gr.* boulḗ „Rat"]

Dys·en·te·rie[dʏs|ɛnterí:, dyzɛn..] 女 -/-n[..rí:ən] (Ruhr) 〘医〙赤痢. [*gr.*–*mlat.*; ◇entero..]

dys·en·te·risch[..té:rɪʃ] 形 赤痢〔性〕の.

Dys·funk·tion[dʏsfʊŋktsió:n, ⌣⌣⌣–] 女 -/-en 〘医〙機能障害: erektile ～ 勃起(ぼっ)機能障害.

Dys·gram·ma·tis·mus[dʏsgramatísmʊs] 男 -/ 〘医・心〙文法錯誤. [<Grammatik]

Dys·kra·sie[..krazí:] 女 -/-n[..zí:ən] (↔Eukrasie) 〘医〙(体液の混和不良の)悪液質. [*gr.*–*mlat.*; ◇Krasis]

Dys·le·xie[..lɛksí:] 女 -/-n[..sí:ən] 〘医〙読書障害, 失語症. [*gr.*; <*gr.* léxis (→Lexik)]

dys·mel[dʏsmé:l] 形 (先天的に)肢体が奇形の.

Dys·me·lie[..melí:] 女 -/-n[..lí:ən] 〘医〙(先天性)肢体奇形. [<*gr.* mélos (→Melos)]

Dys·me·nor·rhö[dʏsmenɔrǿ:, ..norǿ:] 女 -/-en

D

[..rø:ən], **Dys·me·nor·rhöe**[..menɔrø:, ..norø:] 女 -/-n[..rø:ən] 《医》月経困難〔症〕.

Dys·par·eu·nie[..parɔyní:] 女 -/-n[..ní:ən] 《医》性交疼痛(とう)〔症〕; (女性の)冷感症. [＜*gr.* pár-eunos „Lager-genosse" (◇Eunuch)]

Dys·pep·sie[dʏspɛpsí:] 女 -/-n[..sí:ən] (Verdauungsstörung) 《医》消化不良. [*gr.*－*lat.*]

dys·pep·tisch[..pέptɪʃ] 形 消化不良の.

Dys·pha·sie[dʏsfazí:] 女 -/-n[..zí:ən] 《医》不全失語〔症〕, 談話障害. [＜*gr.* phásis „Sprechen"]

Dys·pho·nie[dʏsfoní:] 女 -/-n[..ní:ən] 《医》発声障害. [*gr.*]

Dys·pho·rie[dʏsforí:] 女 -/ (↔Euphorie) 《医》不快〔気分〕, 身体違和感. [*gr.*; ◇..phor]

dys·pho·risch[..fó:rɪʃ] 形 (気分が)不快な, (身体に)違和感のある.

Dys·pla·sie[dʏsplazí:] 女 -/-n[..zí:ən] 《医》形成異常〔症〕, 異形成〔症〕.

dys·pla·stisch[..plástɪʃ] 形 形成異常の: ein ～*er* Typus 発育不全体型.

Dys·pnoe[dʏspnó:ə, ..pnó:e·] 女 -/ 《医》呼吸困難. [*gr.*－*lat.*; ＜*gr.* dýs-pnoos „schwer-atmend" (◇Pneuma)]

Dys·pro·sium[dʏspró:ziʊm] 中 -s/ 《化》ジスプロシウム(希土類元素名; 記号 Dy). [*gr.* dys-prósitos „schwer zugänglich"]

Dys·te·leo·lo·gie[dʏsteleologí:] 女 -/ 《哲》反目的論, 無目的論.

dys·te·leo·lo·gisch[..ló:gɪʃ] 形 反〈無〉目的論の.

Dys·to·kie[dʏstokí:] 女 -/-n[..kí:ən] (↔Eutokie) 《医》難産. [*gr.*; ＜*gr.* tókos „Geburt"]

Dys·to·nie[dʏstoní:] 女 -/-n[..ní:ən] 《医》失調〔症〕, ジストニー: vegetative ～ 自律神経失調〔症〕. [＜Tonus]

dys·troph[dʏstró:f] 形 《医》異栄養の, 栄養失調の.

Dys·tro·phie[..trofí:] 女 -/-n[..fí:ən] (↔Eutrophie) 《医》異栄養〔症〕, 栄養失調〔症〕, ジストロフィー: Muskel*dystrophie* 筋ジストロフィー. [＜*gr.* trophḗ (→trophisch)]

Dys·tro·phi·ker[..tró:fikər] 男 -s/- 異栄養〈栄養失調〉症患者.

Dys·urie[dʏs|urí:, dyzurí:] 女 -/-n[..rí:ən] 《医》排尿障害, 排尿困難. [*gr.*; ◇uro..]

dz[dɔ́pəltsɛntnər], **Dz**[–] 記号 (Doppelzentner) 2ツェントナー(200ポンド).

dz. 略 =derzeit〔ig〕

dzt. 略 =derzeit

D-Zug[dé:tsu:k][1] 男 (＜Durchgangszug) 《鉄道》〔普通〕急行列車(時刻表で: 略 D; Durchgangswagen で編成される: →Schnellzug): mit dem ～ fahren 急行で行く | im ～ durch die Kinderstube gefahren 〈gebraust〉 sein (→Kinderstube) | Ein alter Mann ist kein ～. 《戯》年だから私は急行列車のようにはいかないよ(仕事をせきたてないでほしい).

D-Zug≈Tem·po[dé:tsu:k..] 中 《話》急行列車のような猛スピード: im ～ angerannt kommen すごいスピードで走って来る. **≈Wa·gen** 男 〔普通〕急行列車用車両. **≈Zu·schlag** 男 〔普通〕急行〔割増〕料金.

E

e[1][e:], **E**[1][−] 中 -/- (→a[1], A[1] ★)ドイツ語のアルファベットの第5字(母音字): →a[1], A[1] 1 | *E* wie Emil (通話略語) Emil の E〔の字〕(国際通話では *E* wie Edison) | ein langes geschlossenes *E* ⟨*e*⟩ 長閉音 e [e:] | ein kurzes offenes *E* ⟨*e*⟩ 短開音 e [ɛ].

e[2] **I** [e:] 中 -/- 〘楽〙ホ音: →a[2] I | *e*-Moll ホ短調.
II [e:] 記号 **1** (e-Moll) 〘楽〙ホ短調: →a[2] II 1 **2** 〘数〙イー(自然対数の底. その値は2. 71828…). **3** [また: elemɛntá:rla:dʊŋ] (Elementarladung) 〘理〙電気素量.

e.. →ex..[1]

..e →ge.. I

E[2] **I** [e:] 中 -/- 〘楽〙ホ音: →A[2] I | *E*-Dur ホ長調.
II 記号 **1** [e:] (E-Dur) 〘楽〙ホ長調: →A[2] II 1 **2** (国名略号: →A[2] II 3) スペイン (España＝Spanien).
III 略 **1** ＝**Eilzug** 〘鉄道〙(時刻表などで) 準急〔列車〕(→D[2] III 4). **2** ＝**Einschreiben** 〘郵〙書留〔郵便〕. **3** ＝**Eingabe** (↔A) 〘電算〙インプット, 入力. **4** ＝**Einheit** **5** ＝**Einphasenstrom**, **Elektrizität**〔s..〕 **6** ＝**Elektro..** (→elektro..) **7** ＝**Entscheidung** 〘法〙裁判. **8** ＝**Europastraße**

EA[e:|á:] 略 中 ＝**Elternaktiv**

Eagle[i:gl] 中 -s/-s 〘ゴルフ〙イーグル. [*lat.*－*afr.*－*engl.* „Adler"]

Earl[øːrl, ə:l] 男 -s/-s (イギリスの)伯爵. [*engl.*; ◇Jarl]

Eau de Co·lo·gne[ó: də kolɔ́njə; オーストリア: − − ..lɔ́n] 中 (女) − − −/ Eaux − − [− − −] (Kölnischwasser) オーデコロン. [*fr.*; ◇Cologne „Köln"]
Eau de Ja·vel[− − ʒavɛ́l] 中 女 − − −/Eaux − − [− − −] ジャベル水(次亜塩素酸ナトリウムの水溶液で漂白・殺菌剤). [*fr.*]
Eau de toi·lette[− − toalɛ́t] 中 − − −/ Eaux − − [− − −] (Toilettenwasser) 化粧水. [*fr.*]
Eau de vie[− − ví:] 中 女 − − −/ (Branntwein) 火酒, 蒸留酒. [*fr.* „Wasser des Lebens"; ◇Aquavit]

Ẹb·be[ɛ́bə] 女 -/-n (↔Flut) 干潮, 引き潮, 下げ潮: ～ und Flut 潮の干満; 《比》栄枯盛衰 | bei ～ 干潮時に ‖ Es ist ～. 干潮である | **in** *et.*[3] **ist** ⟨**herrscht**⟩ **～** 《戯》…は財政が逼迫(ひっぱく)している⟨金欠病にかかっている⟩ | In meiner Kasse ist ⟨herrscht⟩ ～. 私は懐がさびしい. [„Rückgang"; *mndd.*; ◇ab[2]]
ẹb·ben[ɛ́bən][1] 自 (h, s) **1** (↔fluten) 《しばしば非人称で》干潮になる: Es ⟨Die See⟩ *ebbt.* 潮が引く | Der Wasserspiegel *ebbt.* 水位が下がる. **2** 《比》(怒り・騒ぎなどが) 静まる. [*mndd.*; ◇*engl.* ebb]
Ẹb·be≠strom 男, **≠strö·mung** 女 干潮, 引き潮.
Ẹb·be-und-Flụt-Kraft·werk 中 潮力発電所.
Ẹb·be·zeit 女 干潮時.

Ẹb·bing·haus·kur·ve[ɛ́bɪŋhaʊs..] 女 〘心〙(記憶度に関する)エビングハウス曲線. [<H. Ebbinghaus (ドイツの心理学者, †1909)]

Ẹbb·strom[ɛ́p..] ＝Ebbestrom

ebd. 略 ＝ebenda

ẹben[é:bən] **I** 形 **1 a)** (英: *even*) (flach) 平らな, 平坦な; (glatt) なめらかな, 平滑な; 〘数〙平面の: ～*es* Land 平地 | ～*e* Geometrie 平面幾何学 | Wir haben heute ～*e* See. きょうは海がないでいる ‖ den Boden ～ machen 地面を平らにならす | Der Weg ist ⟨verläuft⟩ ～. 道は平坦で起伏がない.
b) 《付加語的》(gleichmäßig) 一様な, むらのない; (車が) 揺れない: Das Auto hat eine ～*e* Fahrt. この自動車はスムーズに走る | im ～*en* Schritt gehen 一定の足どり⟨テンポ⟩で歩く.
2 zu ～*er* Erde 地面と同じ高さに, 1階に(→ebenerdig) | Die Küche liegt zu ～*er* Erde. 台所は1階にある.
3 《方》 **a)** (peinlich) こせこせした, きちょうめんすぎる. **b)** (angemessen) 適当な, ふさわしい; 好都合な.
II 副 **1** 平らに; 一様に(→I 1).
2 a) 《文中でのアクセントを eben において》① 今しがた, ちょうど; まさにこれから: ～ erst たった今 | ～ jetzt / jetzt ～ ちょうど今 | Es ist ～ acht Uhr. 今ちょうど8時です | Er ist ～ angekommen. 彼は今着いたばかりだ | Ich wollte ～ ihn anrufen, als er eintrat. ちょうど私が彼に電話しようとしたとき彼が入って来た | ～ vor Torschluß (→Torschluß). ② かろうじて, やっとのことで: Mit zehn Mark komme ich 〔so〕 ～ aus. 10マルクあればどうにか間に合うんだ | Er konnte sich ～ noch ⟨noch ～⟩ in Sicherheit bringen. 彼はかろうじて避難できた | Das reicht ～ 〔so〕 aus. それでとんとんだ. ③ (強い肯定を示して) まさに, まさしく, 全く: Das ist es ～. そう それなんですよ | Nein, das ～ nicht. いやまさにその反対です | Das ～ ⟨*Eben* das⟩ wollte ich sagen. それこそ私の言おうとしたことだ | *Eben* jener armen Frau hat man das Geld gestohlen. ほかならぬ⟨よりにもよって⟩あの貧しい女の金が盗まれたのだ ‖ 〘相手に対する強い同意を示して〙 Auf ihn ist kein Verlaß.－〔Ja,〕 ～. 彼は信用できない男だよ－〔うん〕全くだ ‖ 〘否定詞と〙 Sie ist nicht ～ schön. 彼女はべつに美人というわけではない. ④ 《方》 (schnell) さっと, ちょっとの間だけ: Komm ～ mal her! ちょっと来たまえ | Sag' mir ～! さっさと言えよ.
b) 《文中でのアクセントなしで. 動かしがたい現実についての話し手の主観的心情を反映して》 Das ist ～ so. それは要するにそうなのだ⟨どうしようもない⟩ | Das kostet ～ viel Zeit. それはどうしても時間がかかる | Er ist ～ kränklich. 彼は病弱だから仕方がない.
[*germ.* „gleich"; ◇neben; *engl.* even]

Ẹben·bild[é:bən..] 中 そっくりな姿, 似姿, 生き写しの人: das ～ Gottes 《雅》神の似姿(人間のこと) | Er ist 〔ganz〕 das ～ seines Vaters. 彼は父親そっくりだ.

ẹben·bür·tig[..bʏrtɪç][2] 形 《*jm.*》 (能力・地位・家柄などが…と) 同等⟨対等⟩な, (…に) 匹敵する: ein ～*er* Gegner 好敵手 | eine ～*e* Heirat 家柄の対等な結婚 ‖ *jm.* an *et.*[3] ～ sein …に関して…にひけをとらない. [*mhd.*; ◇Geburt]

Ẹben·bür·tig·keit[..kaɪt] 女 -/ ebenbürtig なこと.

ẹben≠dạ[é:bəndá:; 指示的強調: ‒◡⏊] 副 (略 ebd.) ちょうどそこに, 同じ個所に(→da[3] I). **≠da·hẹr**[..dahé:r; 指示的強調: e:bəndá:he:r] 副 **1** ちょうどそこから(→daher 1, 2). **2** まさにそれゆえに(→daher 3). **≠da·hịn**[..dahín; 指示的強調: e:bəndá:hɪn] 副 ちょうどそこへ(→dahin). **≠dar·ụm**[..darʊ́m; 指示的強調: e:bəndá:rʊm] 副 まさにそれゆえに (→ darum). [▽]**≠da·sẹlbst**[..dazɛ́lpst; 指示的強調: ‒◡◡⏊, e:bəndá:zɛlpst] 副 ちょうどそこに(→daselbst). **≠dẹr**[..dé:r; 指示的強調: ‒◡⏊] 《指示代名詞》まさしくそれ (→ der II). **≠dẹr·sẹl·be**[..de:rzɛ́lbə; 指示的強調: ‒◡‒⏊◡] 《指示代名詞》まさしく⟨ほかならぬ⟩それ, ちょうど同じそれ(→derselbe). **≠des·hạlb**[..dɛshálp; 指示的強調: ‒◡⏊◡], **≠des·wẹ·gen**[..dɛsvé:gən; 指示的強調: ‒◡⏊‒◡] ＝ebendarum **≠dịe·ser**[..dí:zər; 指示的強調: ‒◡⏊◡] 《指示代名詞》まさしくこれ(→dieser). **≠dọrt**[..dɔ́rt; 指示的強調: ‒◡⏊] 副 ちょうどそこ⟨あそこ⟩に(→dort).

Ẹbe·ne[é:bənə] 女 -/-n **1 a)** 平地, 台地: eine fruchtbare ～ 肥沃(ひよく)な平原. **b)** 平面: eine horizontale ⟨schiefe⟩ ～ 水平面⟨斜面⟩ ‖ die Geometrie in der ～ 平

E

面幾何学｜in derselben ～ liegen 同一平面上にある‖**auf die schiefe ～ geraten ⟨kommen⟩**《比》(人が)落ち目になる, 堕落する. **2** (一般に)レベル, 水準, 段階, 局面: eine Konferenz auf höchster ～ トップレベルの会議｜Verhandlungen auf Minister*ebenen* 大臣レベルの折衝‖*et.*[4] auf wissenschaftlicher ～ behandeln …を学問的立場から取り扱う｜Dieses Problem liegt auf einer ganz anderen ～. この問題は次元が全く異なる(同一には論じられない). [*ahd.*; ◇eben]

eben·er·dig[é:bən..] 形 路面⟨敷地⟩と同じ高さの, 1階の: ein ～*es* Haus 平屋｜Das Badezimmer liegt ～. 浴室は1階にある. [＜eben I 2]

eben·falls 副 (gleichfalls) 同じく, 同様に: Er spielt Klavier, seine Frau〔spielt〕～〔Klavier〕. 彼はピアノを弾くが彼の妻も同じだ.

Eben·heit[é:bənhaıt] 女 -/-en **1**《単数で》平坦, 平滑, 一様性. **2** (Terrasse)《地》台地.

Eben·holz[é:bən..] 中《植》コクタン(黒檀)〔材〕. [*ägypt.*－*gr.* ébenos－*lat.* ebenus－*mhd.* ebēnus; ◇Ebonit; *engl.* ebony]

ebe·nie·ren[ebení:rən] 他 (h)《*et.*[4]》(…に)コクタンを張る; (材木を)コクタンふうに仕上げる.

Ebe·nist[ebeníst] 男 -en/-en コクタン細工師.

eben·je·ner[é:bənjé:nər; 指示的強調: ─◡◡́◡]《指示代名詞》まさしくそれ⟨あれ⟩(→jener).

Eben·maß[é:bən..] 中 -es/ (Gleichmaß) 均斉.

eben·mä·ßig 形 均斉のとれた; 一様な: Er ist ～ gebaut ⟨von ～*em* Wuchs⟩. 彼は均斉のとれた体をしている.

Eben·mä·ßig·keit 女 -/ ＝Ebenmaß

eben·so[é:bənzo:] 副《ふつう後続の **wie** と呼応して》(…と)ちょうど同じ程度に, 負けず⟨勝るとも⟩劣らずに; (…であると)全く同様に: Er ist ～ alt wie ich. 彼は私とちょうど同じ年齢だ｜Ich liebe Goethe ～ wie du. / Du liebst Goethe, und ich ～. 君(がゲーテが好きなの)と全く同じくらい私もゲーテが好きだ‖〖二つの異なった状態について〗～ oft wie eindringlich sagen 強くしかも何度も言ってきかせる｜Ich mußte ～ lange wie vergeblich warten. 私はさんざん待たされたあげく待ちぼうけを食わされた｜Er ist jetzt ～ dick, wie er früher mager war. 彼は以前まことにやせていたが今や大いに太っている.

eben·so≈gern[é:bənzo..] 副 同じくらい好んで⟨喜んで⟩(→gern): Er hätte ～ etwas anderes gegessen. 彼は別のものでも同じくらい好んで食べただろう. **≈gut** 副 同様によく(→gut): Das kannst du ～ machen wie er. それは君でも彼に負けぬぐらいよくやれる. **≈häu·fig** 副 同様にしばしば(→häufig). **≈lan·ge** (**≈lang**) 副 同様に長い間(→lange I): Er mußte ～ warten wie ich. 彼も私と同じだけ待たされた.

eben·solch[é:bənzɔ́lç, ─́◡◡]《指示代名詞》まさにそのような(→solch).

eben·so≈oft[é:bənzo..] 副 同様にしばしば(→oft). **≈sehr** 副 同じ程度に〔はなはだしく〕(→sehr): Es ist ～ deine Schuld wie meine. それは私のせいであると同様に君のせいでもある. **≈viel** 形 同じくらい多くの(→viel): Er hat ～ getrunken wie du. 彼も君と同じくらいの量を飲んだ. **≈weit** 副 同じくらい離れて⟨遠くに⟩(→weit). **≈we·nig** 形 同じくらいわずかに〔しか…しない〕, …と同様…しない(→wenig): Ich weiß ～ darüber wie du. 私はそれについては君と同様に知らない｜Lateinisch versteht er nicht und ～ versteht er Griechisch. 彼はラテン語がわからず, 同様にギリシア語も解さない. **≈wohl** 副 同様に〔よく〕(→wohl).

Eben·strauß[é:bən..] 男 -es/ ..sträuße (Doldentraube)《植》散房花〔序〕.

eben·träch·tig 形《中部》(bedächtig) 分別のある.

Eber[é:bər] 男 -s/- 雄豚(→Schwein 1); 雄イノシシ: wie ein angestochener ⟨angeschossener⟩ ～ 手負いのイノシシのように. [*germ.*]

Eber·esche[é:bər|εʃə] 女 -/-n gemeine ～《植》ナナカマド(七竈). [＜*gall.* eburos „Eibe"]

Eber·hard[é:bərhart] 男名 エーバーハルト. [＜*ahd.* ebur „Eber"＋harti „hart"]

Eber·har·de[e:bərhárdə] 女名 エーバーハルデ.

Eber·rau·te[é:bər..] 女 (Artemisie)《植》ヨモギ(蓬)属. [＜Aberraute]

Ebert[é:bərt] 人名 Friedrich ～ フリードリヒ エーベルト (1871-1925; SPD の政治家で,1919年ドイツ共和国(いわゆるワイマール共和国)初代の大統領となった).

Eber·wurz[é:bər..] 女《植》カーリンソウ.

Eb·ne[é:bnə] 女 -/-n《雅》＝Ebene

eb·nen[é:bnən]《01》他 (h) 平らにする, (地面などを)ならす;《比》(障害を)除く: den Erdboden mit einer Walze ～ 地面をローラーでならす｜*jm.* ⟨*et.*[3]⟩ die Bahn ～ (→Bahn 1 a)｜*jm.* ⟨*et.*[3]⟩ den Weg ⟨die Wege⟩ ～ (→Weg 1)‖再帰 *sich*[4] ～ 平らになる｜Der steile Weg *ebnete* sich allmählich. 急な坂道はしだいに緩やかになった. [*ahd.*; ◇eben]

Eb·nung[..nυŋ] 女 -/ ebnen すること.

Ebo·la-Vi·rus[é:bola..] 中 (男)《細菌》(エボラ出血熱の原因となる)エボラ=ウイルス.

Ebo·nit[eboní:t, ..nít] 中 -s/ (Hartgummi) エボナイト, 硬質ゴム. [*engl.*; ＜*engl.* ebony (→Ebenholz)＋..it[2]]

der **Ebro**[é:bro·] 地名 男 -〔s〕/ エーブロ(地中海に注ぐスペインの川). [*lat.*〔H〕ibērus; ◇Iberien]

Ebul·lio·sko·pie[ebυlioskopí:, ..liɔs..] 女 -/《化》(分子量測定の)沸点法. [＜*lat.* ē-bullīre „heraus-sprudeln" (◇Boiler)]

e. c. 略 ＝exempli causa

EC[e:tsé:] 略 ＝**Eurocity, EuroCity** オイロシティー(ヨーロッパ都市間特急列車).

Ec·ce[έktsə, ..tse·] 中 -/- (ギムナジウムでの)物故者追悼集会. [*lat.* ec-ce „siehe〔da〕!"]

Ec·ce-Ho·mo[έktsəhó:mo·, έktsehó(:)mo·] 中 -〔s〕/ -〔s〕 エッケ=ホモ(イバラの冠をつけたキリスト受難像;「この人を見よ」の意: 聖書: ヨハ19,5). [*lat.*]

Ec·cle·sia[εklé:zia·] 女 -/ **1**《宗》信者の集会⟨集団⟩, (信者集団としての)教会:〖ふつうラテン語の熟語で〗～ militans [mí:litans] 戦う教会(現世の信者たち)｜～ patiens [pá:tsiεns] 清めの教会(煉獄(れんごく)の霊たち)｜～ triumphans[triúmfans] 勝ち誇る教会(天国の聖人たち). **2**《美》エクレシア(新約聖書の擬人化としての女人像: →Synagoge 2). [*gr.* ekklēsíā－*lat.*; ◇Ekklesia]

Echap·pe·ment[eʃap(ə)mã́:] 中 -s/-s **1** (時計の)がんぎ, 逃がし止め; (ピアノの)弾機, ジャック. ▽**2** 逃亡. [*fr.*]

▽**echap·pie·ren**[..pí:rən] 自 (s)《*jm.*》(…から)のがれる. [*vulgärlat.*－*fr.*; ◇Kappe, Eskapade; *engl.* escape]

Echarpe[eʃárp] 女 -/-s (Schal) 肩掛け, ショール. [*fr.*; ◇Schärpe]

▽**echauf·fie·ren**[eʃɔfí:rən] 他 (h) 興奮させる, かっと怒らせる: 再帰 *Echauffieren* Sie *sich*[4] nicht so darüber! あまりそのことにかっとならないでくださいよ‖mit *echauffiertem* Gesicht 興奮⟨激昂(げきこう)⟩した顔つきで. [*fr.*; ◇chauffieren]

▽**Echec**[eʃέk] 男 -s/-s (Schach) (チェスの)王手, 詰み;《比》敗北. [*fr.*; ◇Schach]

Eche·lon[eʃəlɔ̃:] 男 -s/-s **1** はしご〔の横木〕. **2** 梯形(ていけい). **3**《軍》梯陣. [*fr.*; ＜*lat.* scālae (→Skala)]

Eche·ve·ria[εtʃevé:ria·] 女 -/..rien[..riən] エケベリア(南米産の観賞用多肉植物). [＜A. Echeverria (19世紀のメキシコの植物画家)]

Echi·nit[εçiní:t, ..nít] 男 -s/-e(-en/-en)《古生物》ウニ類の化石. [＜Echinus＋..it[2]]

Echi·no·der·me[εçinodέrmə] 男 -n/-n《ふつう複数で》(Stachelhäuter)《動》棘皮(きょくひ)動物. [＜Derma]

Echi·no·kok·kus[..kɔ́kυs] 男 -/..ken[..kən]《動》エキノコックス, 胞虫(条虫類の幼虫).

Echi·nus[εçí:nυs] 男 -/- **1** (Seeigel)《動》ウニ(海胆). **2**《建》(ドーリア式柱頭の冠板を支える)まんじゅう形. [*gr.* echĩnos „Igel"－*lat.*]

Echo[έço·] **I** 中 -s/-s **1** こだま, やまびこ;《比》反響, 共鳴: ein ～ geben ⟨zurückwerfen⟩ こだまを返す‖das ～ des

E

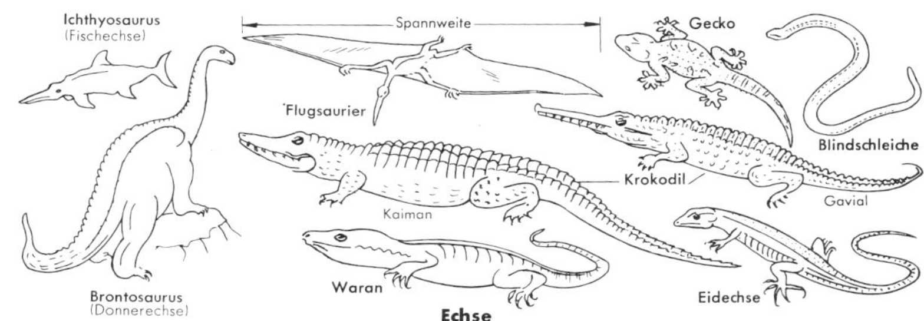

Echse

Auslandes 海外の反響 | das ~ seiner Rede in der Presse 彼の演説に対する新聞の反響 | bei *jm.* ein 〔lebhaftes / starkes〕 ~ finden 〈haben〉〔大いに〕…の共鳴を得る | Er ist nur das ~ seiner Frau. 彼の言うことはみな妻君の意見だ ‖ Ein ~ antwortet 〈hallt wider〉. こだまが返る. **2** 〖通信〗(電話の)共鳴音. **II** 男 -s/-s (アメリカの打ち上げた)エコー衛星. **III** 人名 〖ギ神〗エコー(森の精. Narziß に失恋して, こだまとなった美少女).
[*gr.*－*lat.*; <*gr.* ēchḗ „Schall"]

Ẹcho·bild[ɛ́ço..] 中 〖テレビ〗ゴースト.

ẹcho·en[ɛ́çoən] **I** 自 (h) 反響する: Seine Stimme *echote* durch die Halle. 彼の声がホールに響き渡った ‖ 非人称 Es *echot*[ɛ́ço:t] von den Bergen. 山々からこだまが返る. **II** 他 (h) (文句を)おうむ返しに繰り返す, (…に)唱和する.

ẹcho·frei[ɛ́ço..] 形 こだましない, 無反響の.

Echo·la·lie[ɛçolalíː] 女 -/-n[..líːən] **1** (幼児の)言語〈音声〉模倣; 〖医〗反響言語〈音声〉症, おうむ返し症. **2** 〖修辞〗(相手の言葉の)おうむ返し. [<*gr.* laliá „Geschwätz" (◇lallen)]

Ẹcho≠lot[ɛ́ço..] 中 〖海〗音響測深器; 〖空〗反響高度計. **≠lo·tung** 女 〖海・空〗Echolot による測定.

Ẹch·se[ɛ́ksə] 女 -/-n トカゲ類(トカゲ・ヤモリ・カメレオンなど: → 図). [<Eidechse]

echt[ɛçt] **I** 形 **1** (↔falsch) 真正〈ほんもの〉の, 純粋〈純正〉な; 真実の: dein ~*er* Brief ほんとうに君が書いた手紙 | ein ~*er* Bruch 〖数〗真分数 | Das ist ein ~*er* Dürer. これはデューラーの真作〈真筆〉だ(→2) | eine ~*e* Freude 真の喜び | ~*es* Gold 純金 | ᵛein ~*es* Kind 嫡子 | ~*e* Perlen 本真珠 | ein ~*er* Schäferhund 純血種のシェパード犬 | ~*er* Schmuck 本物の〈イミテーションでない〉装飾品 | von ~*em* Schrot und Korn (→Schrot 3) | ~*e* Spitzen 手編みのレース ‖ Die Unterschrift ist ~. この署名は本物だ. **2** 典型的な: ein ~*er* Berliner 生粋のベルリン子 | ein ~*er* Dichter 詩人らしい詩人 ‖ ~ deutsch いかにもドイツ的な | Das ist ~ Dürer. これはいかにもデューラーふうだ(→1) | Das ist wieder mal ~ Hans. これはまたもやいかにもハンスらしい仕業だ. **3** 耐久性のある: ~*e* Farben 耐性塗料〈染料〉| *et.*[4] ~ färben 〖織〗…を本染めする.
II 副 《話》まことに, 実に, まったく: Die Musik war ~ cool. あの音楽は実にすばらしかった | Das hat ~ Spaß gemacht. それはすごく楽しかった.
[*ahd.* ē-haft „gesetz-lich"－*mndd.*; ◇Ehe]

..echt[..ɛçt] 《名詞・動詞などにつけて「…に関して抵抗力のある, …に強い」などを意味する形容詞をつくる》: farb*echt* (生地などが)色のさめない | säure*echt* 酸に対して抵抗力のある ‖ wasch*echt* (生地などが)洗濯可能な.

ẹcht≠deutsch[ɛ́çt..] 形 いかにもドイツ的な; 正真正銘ドイツ〔産〕の. **≠far·big** 形 変色〈退色〉しない, 色のあせない. **≠gol·den** 形 純金の.

Ẹcht·haar·pe·rücke 女 人毛かつら.

Ẹcht·heit[ɛ́çthaɪt] 女 -/ (echt なこと. 例えば:) 真正さ, 純粋さ, 真実性: die ~ eines Diamanten prüfen ダイヤが本物かどうか調べる.

Ẹcht·heits·prü·fung[ɛ́çthaɪts..] 女 真贋(しんがん)検査.

Eck[ɛk] 中 -〔e〕s/-e (オーストリア: -〔e〕s/-en) 《南部・オーストリア》(Ecke) かど, 角; (部屋・箱などの)隅(すみ): Drei*eck* 三角形 | das Deutsche ~ ドイチェ=エック (Rhein と Mosel の合流点の三角地帯) ‖ **im ~ sein** 《比》(スポーツなどで)調子〈体調〉がよくない | **über**〔**s**〕 **~** 斜めに, はすかいに. [<Ecke]

Ẹckart[ɛ́kart] 男名 (<Eckehard) エッカルト: **ein getreuer ~** (いつも手助けしてくれる)忠実な友(英雄叙事詩・民間伝承の人物に由来).

Ẹck≠ball[ɛ́k..] 男 (サッカーの)コーナーキック; (ハンドボールの)コーナースロー; (ホッケーの)コーナーヒット. **≠bank** 女 -/..bänke (部屋のすみの)コーナーベンチ.

Ẹck·bert[ɛ́kbɛrt] 男名 エックベルト. [<*ahd.* ecka „Ecke, Schwertschneide"]

Ẹck≠be·schlag[ɛ́k..] 男 (家具・ドア・本などのかどを保護するための)かど金具. **≠brett** 中 (部屋のすみに取り付けられた三角形の)隅棚〔板〕. **≠da·ten** 複 (計画・分析などにとって)重要な〈鍵となる〉データ.

Ẹcke[ɛ́kə] 女 -/-n (⑩ **Ẹck·chen**[ɛ́kçən], **Ẹck·lein**[..laɪn] 中 -s/-) **1** (英: *corner*) (面または線の交わる)かど, 角, 稜: die ~*n* eines Dreiecks 三角形の(三つの)角. **2 a**) (部屋・箱などの)隅(すみ); (目立たぬ・安全な)片隅; 一隅, 地域: die vier ~*n* eines Zimmers 部屋の四隅 | eine gemütliche ~ zum Sitzen 座り心地のよいコーナーの席 | *sich*[3] eine stille ~ 〈ein stilles *Eckchen*〉 suchen (ひとに邪魔されない)静かな片隅をさがす ‖ **aus** derselben ~ stammen (町の)同じ地区の出である | **in** der ~ eines Zimmers stehen 部屋の隅に立っている | ein Kind in die ~ stellen (罰として)子供を部屋の隅に立たせる | einen Schirm in die ~ stellen / einen Schirm in der ~ stehenlassen (→Schirm 1 a) | *et.*[4] in allen ~*n* und Winkeln suchen …をすみずみまで〈八方手を尽くして〉捜し求める | in dieser ~ Deutschlands ドイツのこの地域に | in der linken oberen ~ einer Postkarte 葉書の左上隅に | Unser Wochenendhaus liegt in einem malerischen, stillen *Eckchen.* 私たちの週末用別荘は絵のように美しい静かな(田舎の)一隅にある. **b**) 〖スポーツ〗コーナー: die gegnerische ~ 〖ボクシング〗敵のコーナー | die lange 〈die kurze〉 ~ 遠い〈近い〉方のコーナー | die neutrale ~ 〖ボクシング〗ニュートラルコーナー. **3 a**) かど, とがった出っぱり: ein Buch mit abgestoßenen ~*n* かどの傷んだ本 | Kragen mit ~*n* かどのとがったカラー ‖ *sich*[3] die ~*n* und Kanten abstoßen (経験・苦労を重ねて)かどが取れる ‖ *sich*[4] **an** einer ~ des Schrankes stoßen 戸棚のかどにぶつかる | **an allen ~*n* und Enden** 〈**Kanten**〉 いたるところで | Es brennt an allen ~*n* 〔und Enden〕. 《比》何もかも大混乱になっている. **b**) (Straßenecke) 街角: eine böse 〈gefährliche〉 ~ (事故などの多い)魔の〈危険な〉街角 ‖ ~ stehen 《話》(売春婦が)街角に立って客を待つ ‖ **an der ~ stehen** 街角に立っている | das Tabakgeschäft an der ~ Schiller- und Heinestraße シラー通りとハイネ通りのかどのタバコ屋 | an der ~ auf *jn.* warten 街角で…の来るのを待つ | **mit *jm.* über sieben 〈ein paar〉 ~*n* verwandt sein** 《話》…とごく遠い親戚(しんせき)関係にある |

E

um die ～ gehen かどを曲がる;《話》横死する, 殺される | um die ～ sein《話》死んでしまっている, すたれてしまっている | Das ist schon längst um die ～. そんなことはとっくに過ぎ去ったことだ | ***jn.* um die ～ bringen**《話》…を片づける(殺す) | ***et.*⁴ um die ～ bringen**《話》…をくすねる; …を使い果たす | um drei 〈einige〉 ～*n* denken《話》あれこれ思案する | ***jm.* nicht um die ～ trauen**《話》…を信用しない | gleich um die ～ wohnen (次の街角を曲がった)すぐ近くに住んでいる | **mit *jm.* um fünf 〈sechs / sieben / ein paar〉 ～*n* 〈um ein paar ～*n* herum〉 verwandt sein**《話》…とごく遠い親戚(しんせき)関係にある.

4《方》(先のとがった)切れ端, 一かけら; (Strecke) (一定の)道のり: eine kleine 〈große〉 ～ Wurst ソーセージの小さな〈大きな〉一切れ | Bitte, geben Sie mir nur eine kleine ～ von dem Käse! そのチーズをほんの少しだけください | *jn.* eine kleine ～ begleiten …にちょっとの距離を同行する | Bis dahin ist es noch eine ganze 〈eine ganz schöne〉 ～. そこまではまだかなりの道のりがある | eine tüchtige ～ marschieren かなりの道のりを行進する.

5 a) (こめかみの)はげ上がった所; (アルバム用の)コーナー;〘製本〙(表紙の)かど〔皮〕. **b)**《スイス》(Karo) (トランプの)ダイヤ.

6 (Eckball)〘サッカー〙コーナーキック: eine ～ treten コーナーキックをする | kurze 〈lange〉 ～ ショート〈ロング〉コーナー | drei ～*n* erzwingen 3回のコーナーキックを得る | den Ball zur ～ schlagen 〈lenken〉 ボールをゴールラインから出してコーナーキックにのがれる.

[*germ.*; ◇akro.., Ähre; *engl.* edge]

Ẹcke·hard[ɛ́kəhart] 男名 エッケハルト. [＜*ahd.* ecka „Ecke, Schwertschneide"＋harti „hart"]

ẹcken[ɛ́kən] **I** 他 (h)《*et.*⁴》(…に)かど(ぎざぎざ)をつける. **II** 自 (h)《an *jn.*》(…に)無礼を働く, 不快感を与える. **III** **ge·ẹckt** → 別出

Ẹcken⸗band ＝Eggenband **⸗kra·gen** 男 前折りカラー. **⸗ste̲·her** 男 -s/-《話》**1** 辻(つじ)待ち人足. **2 a)** (なにもせずに街角などにたむろする)のらくら者. **b)** (罰として教室の隅に)立たされている生徒.

Ẹcker[ɛ́kər] 女 -/-n (Eichel) **1** オーク〈ブナ〉の実, どんぐり. **2**《ふつう複数で》(ドイツ式トランプの)クラブ. [*mndd.* ackeren; ◇Acker; *engl.* acorn]

Ẹcker·mann[ɛ́kərman] 人名 Johann Peter ～ ヨハン ペーター エッカーマン(1792-1854; Goethe の秘書で,『ゲーテとの対話』の著者として知られる).

Ẹck⸗fa̲h·ne[ɛ́k..] 女〘球技〙コーナーフラッグ. **⸗fal·ter** 男《ふつう複数で》〘虫〙タテハチョウ(立羽蝶)科のチョウ科の総称. **⸗fen·ster** 中 (建物の隅にある)隅窓. **⸗fi·gur** 女 重要人物. **⸗ge·bäu·de** 中 かど地の建物. **⸗grund·stück** 中 かど地.

Ẹck·hard[ɛ́k(h)art] 男名 (＜Eckehard) エックハルト.

Ẹck·hart[ɛ́k(h)art] **I** (＜Eckehard) 男名 エックハルト. **II** 人名 Johannes ～ ヨハネス エックハルト(1260頃−1327; ドイツの神秘家. 通称 Meister Eckhart).

Ẹck·haus[ɛ́k..] 中 かどの家: blau wie ein ～ sein (→blau I 3).

ẹckig[ɛ́kɪç]² 形 かどのある, 角張った;《比》ぶきっちょな, ぎごちない; 無愛想な: eine ～*e* Handschrift 角張った書体 | ～*e* Klammern 角形括弧, 大括弧([ ]) | ～*e* Schultern いかった肩 | Das ist mir zu rund für meinen ～*en* Kopf. (→rund I 1) ‖ ～ grüßen しゃちこばったあいさつをする | *sich*⁴ ～ bewegen ぎごちない動作をする.

..eckig[..ɛkɪç]²《数詞・形容詞などにつけて「かどが…の」を意味する形容詞をつくる》: drei*eckig* 三角形の | viel*eckig* 多角形の | scharf*eckig* かどのとがった.

Ẹckig·keit[ɛ́kɪçkaɪt] 女 -/ eckig なこと.

Ẹck⸗ke̲·gel[ɛ́k..] 男 (九柱戯の)コーナーピン. **⸗knei·pe** 女 かどの飲み屋. **⸗la̲·den** 男 かど店.

Ẹck·lein Ecke の縮小形.

Ẹck⸗lo̲hn[ɛ́k..] 男〘経〙基準賃金. **⸗lo·ka̲l** 中 かどの飲食店.

Ẹck·mann·schrift[ɛ́kman..] 女 -/ エクマン字体. [＜O. Eckmann (考案者のドイツ人画家, †1902)]

Ẹck⸗pfei·ler[ɛ́k..] 男 (建物の隅の)隅柱; (橋の両端の)橋脚;《比》(研究・学説などの主要な)支柱. **⸗platz** 男 (車室・劇場などの)隅の〈列のいちばん端の〉座席. **⸗po·dest** 男〘建〙急折階段の踊り場. **⸗punkt** 男〘数〙角の頂点. **⸗satz** 男〘楽〙端末楽章(第1楽章または最終楽章). **⸗säu·le** 女 (列柱の)隅〈いちばん端の〉柱. **⸗schla̲g** 男 (Eckball)〘サッカー〙コーナーヒット. **⸗schrank** 男 (部屋の隅に置く三角形の)隅戸棚. **⸗schwanz·stück** 中 ランプ, ラム(牛の腰肉: → ⊛ Rind). **⸗sitz** 男 ＝Eckplatz **⸗stein I** 男 隅石, かなめ石; (道端の)縁石(ふちいし); 境界石;《比》(Hauptstütze) 土台〔骨〕, 大黒柱. **II** 中 -s/-《無冠詞で》(Karo)〘トランプ〙ダイヤ〔の札〕. **⸗sto̲ß** 男 (Eckball)〘サッカー〙コーナーキック. **⸗stun·de** 女 (授業時間割りの)端の時限(第1時限または最終時限). **⸗tisch** 男 (レストランなどの)隅のテーブル. **⸗turm** 男 (城塞(じょうさい)の)角櫓(すみやぐら). **⸗we̲rt** 男 基本となる数値, 基準値. **⸗wurf** 男 (Eckball)〘ハンドボール〙コーナースロー. **⸗za̲hn** 男〘解〙犬歯(→ ⊛ Gebiß). **⸗zim·mer** 中 隅(かど)の部屋.

Eclair[eklɛ́:r] 中 -s/-s エクレア(菓子の一種). [*fr.* „Blitz"; ◇ex..¹, klarieren]

Eclat[eklá(:)] 男 -s/-s ＝Eklat

Eco·no·my·klas·se[ɪkɔ́nəmi..] 女〘空〙エコノミークラス, 2等. [＜*engl.* economy (→Ökonomie)]

Ecos·sai·se[ekɔsɛ́:zə] 女 -/-n〘楽〙エコセーズ(古いスコットランドの舞曲). [*fr.*; ＜*fr.* Écosse „Schottland"]

Ecra·sé·le̲·der[ekrazé:le:dər] 中 エクラゼ革. [＜*fr.* écraser „zerquetschen"; ◇Ekrasit]

ecru[ekrý:] ＝ekrü

Ecru·sei·de[ekrý:..] ＝Ekrüseide

Ecu[eký:], **ECU** 男 -〔s〕/-〔s〕 エキュ(欧州連合の単一通貨の貨幣〔単位〕).

Ecua·do̲r[ekuadó:r] 地名 エクアドル(南米の共和国で, Ekuador ともつづる. 首都は Quito). [*span.* „Aquador"]

Ecua·do·ria̲·ner[..doriá:nər] 男 -s/- エクアドル人.

ecua·do·riä̲·nisch[..nɪʃ] 形 エクアドル〔人〕の.

ed. 略 ＝edidit[é:didɪt] (書籍のタイトルページで単数の編著者名に前記して) (…) 著, 編(→edd.). [◇edieren]

Ed. 略 ＝Edition 1 a

Ẹdam[é:dam] 地名 エーダム(オランダの小都市).

Ẹda·mer[..mər] **I** 男 -s/- **1** エーダムの人. **2** エーダムチーズ. **II** 形《無変化》エーダムの: ～ Käse エーダムチーズ.

eda̲·phisch[edá:fɪʃ] 形〘生〙土壌に関する, 土壌による.

Ẹda·phon[é(:)dafɔn] 中 -s/〘生〙エダフォン, 土壌群集(土壌微生物群). [＜*gr.* édaphos „Boden"]

edd. 略 ＝ediderunt[edidé:rʊnt] (書籍のタイトルページで複数の編著者名に前記して) (…) 著, 編(→ed.).

Ẹd·da¹[ɛ́da·] 女名 (＜Edith) エッダ.

Ẹd·da²[−] 女 -/Edden[..dən] (-s)〘文芸〙エッダ(古アイスランド語の文学作品. 2種あるが,「古エッダ」の方を指すことが多い): die jüngere ～ 新エッダ(13世紀アイスランドの詩人・歴史家スノリ ストゥルルソン Snorri Sturluson が若い Skalde たちのために古詩を引用しながら作詩法を説いた詩学書.「散文エッダ」「スノリのエッダ」とも呼ばれる) | die ältere ～ 古エッダ(古代北欧の神々や英雄たちの業績を歌った9-12世紀の詩の集成. 17世紀に古写本が発見された. Lieder-Edda「歌謡エッダ」とも呼ばれる). [*anord.*]

ẹd·disch[ɛ́dɪʃ] 形 エッダ〔ふう〕の.

Ẹde·ka[é:deka·] 女 -/ (＜Einkaufsgenossenschaft deutscher Kolonialwarenhändler) ドイツ食品購買組合(1907年 Leipzig で結成. 現在は Hamburg に本部がある).

ẹdel[é:dəl] **I** (ed·l..) 形 **1** 優秀な, 価値の高い; 貴重な, 手に入れにくい: *edle* Hölzer 極上の材木 | der *edle* Klang 〈Ton〉 たえなる響き | *edle* Metalle 貴金属類 | ein *edles* Paar《戯》似合いの夫婦 | ein *edler* Tropfen《比》美酒. **2** 血統の正しい; 貴族の, 高貴な: aus *edlem* Haus 〈Geschlecht〉 名門の出の | ein *edles* Pferd 血統保証つきの馬 | eine *edle* Rose 純良種のバラ. **3** 高潔〈高尚〉な, 気高い, 利己的でない: eine *edle* Tat 崇高な行為 | ein *edler* Wettstreit 公明正大な競争 ‖ ～ denken 〈handeln〉 高

潔な考え方〈行動〉をする. **4** 形のよい, 上品な: ein *edles* Antlitz 品のよい顔 ‖ Der Baum ist ～ gewachsen. その木は姿に気品がある. **II Ẹd·le**[é:dlə] 男 女《形容詞変化》貴族, 貴人. [*westgerm.*; ◇Adel]

Ẹdel·bür·ger[é:dəl..] 男 (中世の)都市貴族.

ẹdel·bür·tig[..bʏrtɪç]² 形 貴族の生まれの, 名門の出の. [◇Geburt]

Ẹdel≠da·me 女 貴族の婦人. **≠fal·ke** 男〘鳥〙(鷹(たか)狩りに用いる)ハヤブサ(隼). **≠fal·ter** 男《ふつう複数で》(Ritter)〘虫〙アゲハチョウ(揚羽蝶)科のチョウ科の総称. **≠fäu·le** 女 貴腐(きふ)(太陽熱による過熱状態のぶどうに菌がついたために起こる腐敗. これによっていわゆる貴腐ワインが造られる). **≠fisch** 男 (料理用の)高級魚. **≠frau** 女 (既婚の)貴族の婦人. **≠fräu·lein** 中 (未婚の)貴族の令嬢.

Ẹdel·gard[é:dəlgart] 女名 エーデルガルト.

Ẹdel·gas 中〘化〙希ガス, 不活性気体.

ẹdel≠ge·bo·ren = edelbürtig **≠ge·sinnt** 形, **≠her·zig** 形 心の気高い, 高潔な.

Ẹdel≠hirsch 男 (Rothirsch)〘動〙アカシカ(赤鹿). **≠hof** 男 (地方の)貴族の館(やかた)〈屋敷〉. **≠holz** 中 (細工物などに用いられる)高級木材.

Ẹde·ling[é:dəlɪŋ] 男 -s/-e (古代ゲルマンの)貴族.

Ẹdel≠ka·sta·nie[é:dəlkasta:niə] 女〘植〙クリ(栗)(木または実). **≠kitsch** 男 (物々しさだけが取りえの)いんちき〈まやかし〉物. **≠kna·be** 男 **1** (Page)(貴族の生まれの)小姓. **2** =Gabelhirsch **≠knap·pe** 男, **≠knecht** 男 (貴族の出の)従者. **≠ko·ral·le** 女〘動〙アカサンゴ(赤珊瑚). **≠krebs** 男〘動〙ザリガニ. **≠mann** 男 -[e]s/..leute 貴族;《比》高潔な人.

ẹdel·män·nisch[..mɛnɪʃ] 形 貴族にふさわしい, 高潔な, 気高い.

Ẹdel≠mar·der 男〘動〙マツテン(イタチ科の動物). **≠me·tall** 中 貴金属. **≠mut** 男 気高い心(高潔・雅量・寛大など).

ẹdel·mü·tig[é:dəlmy:tɪç]² 形 心の気高い, 高潔な.

Ẹdel≠nel·ke 女〘植〙カーネーション, オランダセキチク(石竹). **≠obst** 中 高級〈良質〉な果物. **≠pro·sti·tu·ier·te** 女 高級売春婦. **≠rau·te** 女〘植〙ヨモギ(蓬)属. **≠rei·fe** 女 =Edelfäule **≠reis** 中〘園〙さし枝, つぎ穂. **≠ro·se** 女〘植〙コウシンバラ(庚申薔薇).

Ẹdel·rost 男 (Patina)(銅器などの)青さび. [*lat.* aerūgō nōbilis (◇Ära, nobel) の翻訳借用]

Ẹdel≠sinn 男 -[e]s/《雅》=Edelmut **≠sitz** 男 貴族の領地〈居城〉. **≠stahl** 男 特殊鋼. **≠stein** 男 宝石: ein künstlicher ～ 人造〈模造〉の宝石. **≠tan·ne** 女〘植〙オウシュウモミ(欧州樅)(銀色のかかった葉色をもつモミの一種: →図 Tanne).

Ẹdel·traud[é:dəltraʊt] 女名 エーデルトラウト.

Ẹdel·trud[..tru:t] 女名 エーデルトルート. [< *ahd.* ..trud „Stärke"]

Ẹdel≠weiß[é:dəlvaɪs] 中 -[es]/-[e]〘植〙エーデルワイス, ミヤマウスユキソウ(深山薄雪草). **≠wild** 中 (Rotwild)〘狩〙[アカ]シカ(赤鹿).

Ẹden[é:dən] 中 -s/ **1**《無冠詞で; 次の形で》der Garten ～〘聖〙エデンの園(その)(創2,15). **2**《比》すばらしい〈美しい〉地方, 楽園. [*hebr.* „Wonne"]

Eden·ta·ten[edɛntá:tən] 複 (Zahnarme)〘動〙貧歯類. [< *lat.* ē-dentāre „der Zähne berauben" (◇dental)]

..ẹder[..|e:dər]《「…面体」を意味する中性名詞 (-s/-) をつくる》: Deka*eder* 十面体 | Hexa*eder* 六面体 | Poly*eder* 多面体. [*gr.* hédrā „Sitz"; ◇*engl.* ..hedron]

Ẹd·gar[ɛ́tgar] 男名 エトガル. [*engl.*; < *aengl.* ēad „Besitz"+gār „Ger"]

edie·ren[edí:rən] 他 (h) (herausgeben)(特に古典書などを)出版〈刊行〉する. [*lat.*; < ex..¹+*lat.* dare „geben"; ◇Edition; *engl.* edit]

Edịkt[edíkt] 中 -[e]s/-e (Erlaß) 勅令; 布告: ein ～ erlassen 勅令〈布告〉を出す. [*lat.*; < *lat.* ē-dīcere „aussagen" (◇Diktum)]

Ẹdin·burgh[ɛ́dɪnbərə] (**Ẹdin·burg**[é:dɪnbʊrk]) 地名 エジンバラ(イギリス, スコットランドの中心都市). [„Edwins Burg (ノーサンブリア王国のエドウィン王が築いた要塞)"]

Ẹdi·son[é:dizɔn, ɛ́dɪsn] 人名 Thomas Alva ～ トマス アルヴァ エジソン(1847-1931; アメリカの発明家).

Ẹdith[é:dɪt] 女名 エーディト. [*engl.*; < *aengl.* ēad „Besitz"+gūd „Kampf"]

edi·tie·ren[edití:rən] 他 (h)〘電算〙(端末でデータを)編集する, エディットする.

Edi·tiọn[editsió:n] 女 -/-en **1 a)** (略 Ed.)(本の)…版. **b)** (特に古典書の)出版, 刊行; ᵛ出版社. **2**〘法〙(民事で立証側の持っていない)証書の提示. [*lat.*; ◇edieren]

Edị·tio prin·ceps[edí:tsio· príntsɛps] 女 - -/-nes ..cipes[editsió:ne:s ..tsipe:s] (Erstausgabe)(特に古書の)初版[本]. [*lat.*; ◇Prinz]

Ẹdi·tor[é:ditɔr, edí:tɔr, ..to:r] 男 -s/-en[editó:rən] (Herausgeber) 編者; 出版〈発行〉者. [*lat.*]

Edi·to·ri·al[editoriá:l] 中 -[s]/-s **1** (Leitartikel)(新聞の)社説, 論説. **2** ([専門]雑誌などで, 編集者の)巻頭言. [*engl.*]

edi·tọ·risch[editó:rɪʃ] 形 **1** (書籍の)出版〈刊行〉に関する. **2** 出版業に関する.

ẹd·l..[é:dl..] →edel

Ẹd·le[é:dlə] →edel II

Ẹd·mund[ɛ́tmʊnt] 男名 エトムント. [*engl.*; < *aengl.* ēad „Besitz"+mund „Schutz" (◇Munt)]

Ẹdom[é:dɔm] 地名 エドム(死海の東および南東に連なる高地). [*hebr.*]

Edo·mị·ter[edomí:tər] 男 -s/- エドム人 (Esau の子孫といわれる, アラブ人の一部族). [◇*engl.* Edomite]

Ẹduard[é:duart] 男名 エードゥアルト. [*engl.* Edward–*fr.*; < *aengl.* ēad „Besitz"+weard „Wart"]

Edu·ka·tiọn[edukatsió:n] 女 -/ (Erziehung) 教育. [*lat.*; < *lat.* ē-dūcere „heraus-ziehen" (◇Duktus)]

Edụkt[edúkt] 中 -[e]s/-e (Auszug)(石油・砂糖など原料からの)抽出物, 遊離体.

Ẹ-Dụr[é:du:r, ⌐⌐] 中 -/〘楽〙ホ長調(記号 E): →A-Dur

EDV[e:de:fáʊ] 略 女 -/ =**e**lektronische **D**aten**v**erarbeitung 電子[式]データ処理.

EDV-An·la·ge[e:de:fáʊ..] 女 電子[式]データ処理センター〈施設〉.

Ẹd·ward[ɛ́tvart] 男名 エトヴァルト. [*engl.*; ◇Eduard]

Ẹd·win[ɛ́tvi:n] 男名 エトヴィーン. [*engl.*; < *aengl.* ēad „Besitz"+wine „Freund"]

EEG[e:|e:gé:] 略 中 -[s]/- = **E**lektro**e**nzephalo**g**ramm 脳波図.

ef.. →ex..¹

Efẹn·di[efɛ́ndi·] 男 -s/-s エフェンディ(1934年までトルコの官吏・学者などの称号, またドイツ語の Herr 1 b に当たる呼びかけ語: →Bei). [*gr.* authéntēs (→authentisch)–*türk.*]

Ẹfeu[é:fɔʏ] 男 -s/〘植〙キヅタ(木蔦)属. [*ahd.* ebaha; ◇*engl.* ivy]

Ẹfeu≠ge·wächs 中 キヅタ類の植物. **≠ran·ke** 女 キヅタのつる.

ẹfeu·um·rankt 形 キヅタのからんだ(窓・家など).

eff·ẹff[ɛf|ɛ́f, ⌐⌐, ⌐⌣] 形《話》《もっぱら次の形で》～ **sein** 極上である, 申し分がない, すばらしい(→ff¹).

Eff·ẹff[ɛf|ɛ́f, ⌐⌐, ⌐⌣] 中 -/ **aus dem ～**《話》十分に, 申し分なく: *et.*⁴ **aus dem ～ beherrschen 〈verstehen〉**《話》…を完全にマスター〈理解〉している. [< ff¹]

Ef·fẹkt[ɛfɛ́kt] 男 -[e]s/-e **1** (Wirkung) 効果, 作用; (Erfolg) 成功, 俗受け; (Nutzleistung) 効率: auf ～ ausgehen / nach ～ haschen 俗受けをねらう | auf *jn.* ～ machen …に感銘を与える | Im ～ läuft beides auf das gleiche hinaus. 最終的な効果においては両者いずれをとっても同じだ.

2 効果をあげるための方策, 効果的な手段: ein akustischer 〈optischer〉 ～ 聴覚〈視覚〉的[効果]技法 | mit billigen ～*en* arbeiten 安易な手段で効果をねらう. [*lat.*; ◇effizieren]

E

Ef·fekt·be·leuch·tung 女〔舞台〕効果をねらった照明.
Ef·fek·ten[εfέktən] 複 **1** (Wertpapiere) 有価証券; 債券, 株券. ▽**2** 動産; 家財; 身の回り品.
Ef·fek·ten≈bank 女 -/-en (↔Depositenbank) 証券銀行. **≈bör·se** 女 証券市場; 株式取引所. **≈ge·schäft** 中〘経〙証券業務〈取引〉. **≈han·del** 男 -s/ 証券取引; 株式仲買業. **≈händ·ler** 男, **≈mak·ler** 男 証券〈株式仲買〉業者. **≈markt** 男 証券市場.
Ef·fekt·ha·scher 男 -s/-《軽蔑的に》スタンドプレーをする人.
Ef·fekt·ha·sche·rei[εfεkthaʃəráɪ] 女 -/-en (俗受けをねらう)人気取り, スタンドプレー, はったり.
ef·fek·tiv[εfεktí:f][1] **I** 形 (↔ineffektiv) (wirksam) 有効な; (wirklich) 実際の, 実質的な: der ~*e* Gewinn 実際上の利益, 純益 | die ~*e* Leistung 実効率, 実能率. **II** 副 **1** 実際に, 実質的に. **2**《否定詞と》およそ, 全く: Ich habe ~ keine Zeit. 私は全然暇がない. **III Ef·fek·tiv** 中 -s/ -e〘言〙実効〈効果〉動詞. [*lat.*; Effekt]
Ef·fek·tiv≈be·stand 男 実現在高; 実員. **≈ge·schäft** 中〘商〙現物〈現金〉取引.
Ef·fek·ti·vi·tät[εfεktivitέ:t] 女 -/ 実効, 効力, 効果.
Ef·fek·tiv≈lei·stung[..tí:f..] 女 実効率, 実能率. **≈lohn** 男 実質賃金. **≈stär·ke** 女 **1**〘軍〙実兵力. **2** =Effektivbestand **≈wert** 男 実質価値, 実効値.
Ef·fekt≈koh·le[εfέkt..] 女 (アーク灯用の)改良炭素棒 (金属塩を添加して効率をよくしたもの). **≈mit·tel** 中 効果をあげる〈強める〉手段.
Ef·fek·tor[εfέktɔr, ..to:r] 男 -s/-en[εfεktó:rən]《ふつう複数で》(↔Rezeptor)〘生·医〙実効〈効果〉器, 作動体. [*lat.*; ◇effizieren]
ef·fek·tu·ie·ren[εfεktuí:rən] 他 (h) (ausführen)〘商〙(品物の発送·代金の支払いなど, さまざまの業務を)行う, 果たす, 済ませる. [*mlat.–fr.*; ◇Effekt; *engl.* effectuate]
ef·fekt·voll[εfέkt..] 形 きわめて効果的な.
Ef·fe·mi·na·tion[εfeminatsió:n] 女 -/-en **1** (男の)女性化. **2** (男の)女性的性格, めめしさ. [*spätlat.*]
ef·fe·mi·nie·ren[..ní:rən] **I** 他 (h) (男を)女性化する. **II** 自 (s) (男が)女性化する. [*lat.*; ◇feminin]
ef·fe·rent[εferέnt] 形 (↔afferent)〘医〙遠心性の, 導出性の. [*lat.*; < *lat.* ef-ferre „heraus-bringen"]
Ef·fet[εfé:, εfέ:] 男 (中) -s/-s〘球技〙スピン(球·ボールに加えるひねり). [*lat.* effectus–*fr.*; ◇Effekt]
Ef·fi·cien·cy[ɪfíʃənsi·] 女 -/ 経済効率. [*lat.–engl.*; ◇Effizienz]
ef·fi·lie·ren[εfilí:rən] 他 (h) (余分な髪を)そぐ. [*fr.*; < *lat.* fīlum (→Filet)]
Ef·fi·lier·sche·re[..lí:r..] 女 そぎばさみ.
ef·fi·zient[εfitsiέnt] 形 (↔ineffizient) 能率的な, 効率のよい. [*lat.*]
Ef·fi·zienz[..tsiέnts] 女 -/-en 能率, 効率. [*lat.*]
ef·fi·zie·ren[..tsí:rən] 他 (h) **1** (bewirken) (…に)作用を及ぼす, 働く. **2** (↔affizieren)〘言〙(動詞の表す動作が目的語の表す事物を)生み〈作り〉出す: ein *effiziertes* Objekt 被成目的語(㊀ *eine Stadt* gründen 都市を建設する). [*lat.*]
Ef·fla·tion[εflatsió:n] 女 -/-en〘医〙(Aufstoßen) おくび, げっぷ. [*lat.*]
Ef·flo·res·zenz[εflorεstsέnts] 女 -/-en 開花〔期〕;〘化·鉱〙風解; (吹き出した塩質の)凝華(ぎょうか);〘医〙発疹. [*mlat.*]
ef·flo·res·zie·ren[..tsí:rən] 自 (h) 開花する;〘化·鉱〙風解する; 塩分が吹き出〔て被膜を作〕る;〘医〙発疹する. [*lat.*; ◇*engl.* effloresce]
Ef·fu·sion[εfuzió:n] 女 -/-en (溶岩などの)流出, 噴出. [*lat.*; < *lat.* ef-fundere „aus-gießen"]
ef·fu·siv[..zí:f][1] 形〘地〙火成の.
Ef·fu·siv·ge·stein 中〘地〙火山岩, 噴出岩.
EFTA[έfta·] 女 -/ ヨーロッパ自由貿易連合(=Europäische Freihandelsassoziation 〈Freihandelsgemeinschaft〉). [*engl.*; < *engl.* *E*uropian *F*ree *T*rade *A*ssociation]
EG[e:gé:] 略 **1** =**E**inführungs**g**esetz **2** **E**uropäische **G**emeinschaft〔en〕欧州〈ヨーロッパ〉共同体 (EC).
egal I[egá:l] 形《ふつう述語的》(↔inegal) 同じ, 等しい; (gleichgültig)《*jm.*》(…にとって)どうでもよい, 重要でない: Die beiden Vasen sind vollkommen ~. この二つの花瓶は完全に同じだ ‖ *et.*[4] ~ schneiden …を等分に切る | Das ist mir ganz 〈völlig〉 ~. それは私には全くどうでもよい | ~, wohin er geht 彼がどこへ行こうと.
II[é:ga(:)l] 副《中部》常に, しょっちゅう: Er hat ~ Husten. 彼はいつもせきをしている | Es regnet ~ 〔weiter〕. いつまでも雨が降り続く.
[*lat.* aequālis–*fr.*; ◇äqual; *engl.* equal]
ega·li·sie·ren[egalizí:rən] 他 (h) **1** 均等にする;〘織〙(染料を)むらなくのせる. **2**〘スポ〙(敵のリードをはね返してスコアを)タイに持ち込む; (…と)タイ記録を出す: Der Europarekord über 100 Meter ist *egalisiert* worden. 100メートルのヨーロッパタイ記録が出た. [*fr.*]
ega·li·tär[egalitέ:r] 形 (社会的に)平等を目ざす. [*fr.*]
Ega·li·ta·ris·mus[..tarísmʊs] 男 -/ 平等主義.
Ega·li·tät[..tέ:t] 女 -/ (Gleichheit) 平等〔性〕; (Gleichmäßigkeit) 一様〔性〕.
Éga·li·té[egalité(:)] 女 -/ (Gleichheit) 平等〔性〕. [*lat.–fr.*]
egal·weg[egá:lvέk]《方》=egal II
Egart[é:gart] 女 -/《南部·オーストリア》(Grasland) (耕作されていない)草地, 牧草地. [*ahd.*]
Egar·ten·wirt·schaft (**Egart·wirt·schaft**) 女 -/〘農〙(土地を耕地と牧草地とに交互に利用する)交代休耕式農法.
Eg·bert[έkbεrt] 男名 (<Eckbert) エックベルト.
Egel[é:gəl] 男 -s/-〘動〙ヒル(蛭). [*ahd.*; ◇Igel]
Egel≈schnecke 女 (Wegschnecke)〘動〙コウラナメクジ(甲羅蛞蝓). **≈wurm** 男〘動〙ヒル(蛭).
Eger·ling[é:gərlɪŋ] 男 -s/-e《方》(Champignon)〘植〙シャンピニオン, マッシュルーム, ツクリタケ(作茸). [<Egart]
Eg·ge[1][έgə] 女 -/-n《北部》(織物の)耳. [*mndd.*]
Eg·ge[2][–] 女 -/-n〘農〙まぐわ, ハロー(→図). 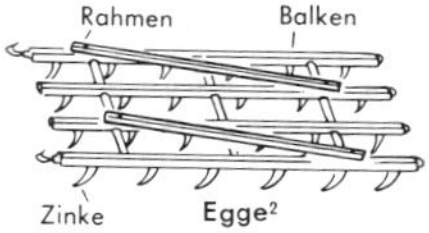
eg·gen[έgən][1] 他 (土地を)まぐわで耕す. [*ahd.*; ◇Ecke]

Rahmen
Balken
Zinke
Egge[2]

Eg·gen·band 中 -〔e〕s/ ..bänder〘服飾〙エッジテープ.
Egg·head[έghεd] 男 -〔s〕/-s[..hεdz]《軽蔑的に》インテリ. [*amerik.*; ◇Ei, Haupt]
Egil[é:gɪl, έg..] 人名〘北欧神〙エギル(荒海の神). [*anord.*]
Egin·hard[é:gɪnhart, έg..] 男名 エーギンハルト. [< *ahd.* ecka „Ecke, Schwertschneide"+harti „hart"]
EGmbH (**eGmbH**) [e:ge:|εmbe:há:] 略 女 -/-s =**E**ingetragene 〈**e**ingetragene〉 **G**enossenschaft **m**it **b**eschränkter **H**aftpflicht 登録有限責任会社.
Eg·mont[έgmɔnt] 人名 Lamoral Graf von ~ ラモラル グラーフ フォン エグモント(1522–68; Flandern の軍人·政治家. Goethe の同名の戯曲がある). [*ndd.*; < *ahd.* ecka „Ecke, Schwertschneide"+munt „Schutz" (◇Munt)]
EGmuH (**eGmuH**) [e:ge:|εm|u:há:] 略 女 -/-s =**E**ingetragene 〈**e**ingetragene〉 **G**enossenschaft **m**it **u**nbeschränkter **H**aftpflicht 登録無限責任会社.
ego[é:go·, έgo·] **I**《ラテン語》(ich) 私: →Alter ego **II** **Ego** 中 -s/ 自我.
Ego·is·mus[egoísmʊs] 男 -/ ..men[..mən] **1**《単数で》(↔Altruismus) 利己主義, 利己心, エゴイズム: aus ~ 利己心から | *seinen* ~ überwinden 我欲を抑える. **2** 利己的な性質〈行為〉. [*fr.*]
Ego·ist[..íst] 男 -en/-en (㊛ **Egoi·stin**[..ístɪn]-/

-nen）利己主義者, エゴイスト. ［*fr.*］

egoi·stisch[..ístɪʃ] 形 利己的な, 自分本位の: ～*e* Beweggründe 〈Motive〉 利己的な動機.

ego·ma·nisch[egomá:nɪʃ] 形（病的に）自己中心的な.

Egon[é:gɔn] 男（＜Eckehard）エーゴン.

Ego·tis·mus[egotísmʊs] 男 -/ 自己主張, 自我主義.

Ego·tist[..tíst] 男 -en/-en **1** 自己主張者. **2**〖文芸〗私小説作者. ［(*engl.*－) *fr.*］

Egout·teur[egʊtø:r] 男 -s/-e ＝ Vordruckwalze ［*fr.*; ◇guttieren］

Ego·zen·trik[egotsɛ́ntrɪk] 女 -/ （病的な）自己中心〈主張〉癖, 自分勝手, 身勝手.

Ego·zen·tri·ker[..trikər] 男 -s/- 自己中心的な〈自分勝手な・身勝手な〉人.

ego·zen·trisch[..trɪʃ] 形 自己中心的な, 自分勝手な, 身勝手な.

Ego·zen·tris·mus[egotsɛntrísmʊs] 男 -/ 自己中心主義.

Ego·zen·trist[..tsɛntríst] 男 -en/-en ＝Egozentriker

egre·nie·ren[egrení:rən] 他 (h) (entkörnen)（綿を）繰る, 綿繰り機で種を除く. ［*fr.*; ＜*lat.* grānum (→Gran)］

Egre·nier·ma·schi·ne[egrení:r..] 女 綿繰り機.

egres·siv[egrɛsí:f, é:grɛsi:f][1] 形（↔ingressiv）〖言〗（動詞の相・動作態様について）終出〈終動〉的な;（調音の際に気流が）外行する, 外行的な: ein ～*es* Verb 終出動詞.

Egres·si·vum[..sí:vʊm] 中 -s/..va[..va·], ..ve[..və]〖言〗終出〈終動〉動詞（⑳ blühen に対する verblühen）. ［＜*lat.* ē-gressus „Aus-gehen" (◇Grad)］

Egyp·tienne[eʒɪpsiɛ́n] 女 -/ 〖印〗エジプシャン（欧文活字書体の一種）: halbfette ～ クラレンドン. ［*fr.*; ＜*fr.* Égypte „Ägypten"］

eh[1][e:] **I** **eher** → 別出 / **am ehe·sten** 副 **1** (früher) かつて, 以前に:〖ふつう次の成句で〗**seit ～ und je** ずっと以前から | **wie ～ und je** 従前どおり. **2**《南部・ｵｰｽﾄﾘｱ》《話》(sowieso) そうでなくても, いずれにせよ, どっちみち: Das nützt ～ nichts. そんなことをしてみても どっちみち なんの役にもたたない.

II →ehe

［*ahd.* ēr „früher"; ◇erst; *engl.* ere, early］

eh[2][e:] 間 **1**（驚き・意外の気持を表して）おや, あら, ええっ（驚いた）: *Eh?* Ist das wahr? ええっ ほんとうかい. **2**（疑い・問い返しの気持を表して）ええっ, えっ（どうだい, なんだい）: Ist dein Vater Fußballspieler? In welcher Mannschaft spielt er, ～? お前のおやじはサッカー選手だって. どのチームでやってるんだい ええっ. **3**（人に呼びかけて）おおい, ちょっと: *Eh!* Komm' her! おい こっちへ来い. **4**《eh nun の形で》（躊躇(ちゅうちょ)の気持を表して）そうだなあ, ふうむ. ［*fr.*; 擬音］

eh. 略 ＝ehrenhalber

eh'[e:] →ehe

e. h. 略 **1** ＝ehrenhalber **2**《ｵｰｽﾄﾘｱ》＝eigenhändig

E. h. 略 ＝Ehren halber (＝ehrenhalber)

ehe[é:ə] 接《従属》《口語では eh' または eh となることがある》**1**《時間的》(bevor) …より前〈以前〉に, …に先だって, …より早く, …までに, …しないうちに: Kommen Sie bei mir vorbei, ～ Sie abreisen! 出発なさる前に寄ってください | Es vergingen zwei Stunden, ～ das Flugzeug landen konnte. 飛行機が着陸できるまでに 2 時間かかった | Er sprach das Urteil, ～ er alle Zeugen vernommen hatte. 彼はすべての証人を尋問しないうちに判決を下した | Es war getan, fast *eh'* gedacht. それはほとんど考えるより早く〈考えたかと思うとすぐ〉実行に移された ‖ *Ehe* ich es vergesse, wir erwarten dich heute abend. 忘れないうちに言っておくが 今晩君を待ってるよ | ～ man sich's versieht (→versehen I 5) ‖〖**noch** とともに〗Noch ～ ich antwortete, war der Bote auf und davon. 私がまだ返事をしないうちに使いは立ち去ってしまった | Es wird sich noch entscheiden, ～ wir uns trennen. その件は私たちが別れる時までには決着がつくでしょう | *Ehe* das geschieht, müssen wir noch die Genehmigung einholen. そうするに先だって我々はあらかじめ許可を取り付けなければならない.

2《条件的》《多少とも時間的意味が並存していてしばしば本来無用な nicht がそえられ, 主文も否定文である》(bevor) …までは, …しないうちは, …しない限り〔は〕, …しない以上〔は〕: Ich komme nicht, ～ du mir das versprichst. 君がそのことを約束してくれない限り私は行かないよ ‖ Kommen Sie nicht herein, ～ ich Sie〔nicht〕rufe! 呼ぶまでは入って来ないでください | *Ehe* Vater〔nicht〕zurück ist, legt sich Mutter nie zu Bett. 母は父が帰宅しないうちは決して寝ない | *Ehe* die Schulaufgaben〔nicht〕fertig sind, darfst du nicht ausgehen. 宿題が済むまで外出は禁止だ | *Ehe* (＝Wenn) ihr nicht still seid, kann ich euch das Märchen nicht vorlesen. 君たちが静かにしないと おとぎ話を読んでやるわけにはいかないよ.

3《比較》…よりはむしろ, …くらいならいっそ: *Ehe* du dir einen billigen Fotoapparat kaufst, schenke ich dir meinen eigenen. 君が安物のカメラを買うくらいならいっそ私のを進呈するよ | Er würde jedes Opfer bringen, ～ er mich in Schande kommen ließe. 私に恥をかかせるくらいなら彼はどんな犠牲でも払うことだろう.

4《ehe daß の形で》…の前に, …より以前に; …よりはむしろ, …くらいならいっそ: Mein Mann sagte es mir, ～ daß er starb. 夫は亡くなる前にそう私に言いのこした ‖ *Ehe* daß ich nachgäbe, würde ich lieber sterben. 屈伏するくらいなら死んだほうがましだ.

▽**5**《ehe denn の形で》…より前に, …しないうちに: *Ehe* denn die Berge wurden und die Erde und die Welt geschaffen wurden ... 山いまだなりいでず 地と世界といまだ造られざりし時…（聖書: 詩90,2）. ［＜eh[1]］

Ehe[é:ə] 女 -/-n（状態としての）結婚;〖法〗婚姻; 結婚生活, 夫婦生活: die erste 〈zweite〉 ～ 初〈再〉婚 | eine glückliche 〈unglückliche〉 ～ 幸福〈不幸〉な夫婦生活 | **eine ～ zur linken Hand** 身分違いの婚姻 | Doppel*ehe* 重婚 ‖ in den〔heiligen〕Stand der ～ treten (→Stand 2 a) ‖ eine ～ schließen 〈auflösen〉 婚姻を結ぶ〈解消する〉| eine ～ eingehen 〈scheiden〉 結婚〈離婚〉する | Bei ihm waren Klugheit und Güte eine gute ～ eingegangen.《比》彼にあっては聡明(そうめい)さと善良さとがうまく調和がとれていた | die ～ brechen 姦通(かんつう)する | eine gute 〈schlechte〉 ～ führen 幸福〈不幸〉な結婚生活を送る ‖ **mit *jm.* in wilder ～ leben**（正規の結婚の手続きをせずに）…と同棲(どうせい)する | in die ～ tanzen《話》浮わついた気持で結婚する | Kinder in die ～〔mit〕bringen（結婚の際に）連れ子する | Geld in die ～〔ein〕bringen 持参金をもってくる | *jn.* zur ～ nehmen …を夫〈妻〉に迎える.

★ Ehe と Heirat の違い: Ehe は男女が結婚して共同生活を営んでいる状態を指し, Heirat は結婚生活に入る法律的・宗教的な手続きとしての結婚を意味する.

［*westgerm.* „Gesetz"］

Ehe·an·bah·nung[é:ə..] 女 結婚紹介.

Ehe·an·bah·nungs·in·sti·tut 中 結婚紹介所.

Ehe≠aspi·rant 男 ＝Ehekandidat **≠auf·he·bung** 女〖法〗婚姻の取り消し. **≠auf·lö·sung** 女 婚姻解消.

ehe≠bal·dig[é:əbaldɪç][2] 形《ｵｰｽﾄﾘｱ》できるだけすぐの〈早い〉. **≠bal·digst** 副《ｵｰｽﾄﾘｱ》すぐにも; できるだけすぐに.

Ehe≠band[é:ə..] 中 -〔e〕s/-e《ふつう複数で》結婚のきずな: die ～*e* abschütteln《雅》婚姻を解消する. **≠be·ra·ter** 男（特に法律的・宗教的な面での）結婚〔生活〕相談員. **≠be·ra·tung** 女 **1** 結婚〔生活〕相談. **2** 結婚〔生活〕相談所.

Ehe·be·ra·tungs·stel·le 女 ＝Eheberatung 2

Ehe≠be·trug 男 結婚詐欺; ▽〖法〗婚姻欺罔(もう). **≠bett** 中 夫婦の寝床; 夫婦用のベッド.

ehe|bre·chen* 《24》自 (h)《ふつう不定詞で》姦通(かんつう)する: Du sollst nicht ～. あなたは姦淫(かんいん)してはならない（聖書: 出20,14）.

Ehe·bre·cher 男 -s/- （女 **Ehe·bre·che·rin** -/-nen）姦通(かんつう)者.

ehe·bre·che·risch[..brɛçərɪʃ] 形 姦通(かんつう)の, 不倫の.

Ehe≠bruch 男（夫・妻の）不倫行為, 姦通(かんつう): einen ～ begehen 姦通する. **≠bund** 男《雅》結婚のきずな: den ～ schließen 〈eingehen〉 夫婦の縁を結ぶ. **≠bünd·nis** 中

E

＝Ehebund

ehe·dem[é:ədé:m] 副 (einst) かつて, 以前.

Ehe≠dis·pens[é:ə..] 男〘法〙婚姻障害の免除. **≠dra·chen** 男《話》(口やかましい)妻君, 山の神. **≠er·schlei·chung** 女 -/ ＝Ehebetrug **≠fä·hig·keit** 女 -/ (法律上の)結婚資格〈能力〉. **≠far·be** 女〘動〙婚姻色(繁殖期の動物に現れる体色). **≠frau** 女 (↔Ehemann) 妻. **≠gat·te** 男《雅》(Ehemann) 夫;《官》配偶者(夫または妻). **≠gat·tin** 女《雅》(Ehefrau) 妻. **≠ge·mahl**《雅》**I** 男 ＝Ehemann **II** 中 ＝Ehefrau **≠ge·mah·lin** 女《雅》＝Ehefrau **≠ge·setz** 中 婚姻法. **≠ge·spons**《戯》**I** 男 中 ＝Ehemann **II** 中 ＝Ehefrau

▽**ehe·ge·stern**[é:ə..] 副 **1** (vorgestern) 一昨日. **2** ずっと以前.

Ehe≠ge·sund·heits·ge·setz[é:ə..] 中 -es/ (ナチ時代の)婚姻優生法. **≠glück** 中 結婚生活の幸福. **≠gut** 中 (妻の)持参金〈財産〉. **≠ha·fen** 男《戯》im ～ landen 結婚にこぎつける. **≠hälf·te** 女《戯》夫; 妻: meine bessere ～ 私のベターハーフ. **≠halt** 男 -en/-en, **≠hal·te** 男 -n/-n《ふつう複数で》《南部》使用人. **≠herr** 男 ＝Ehemann **≠hin·der·nis** 中〘法〙婚姻障害: aufschiebendes 〈trennendes〉 ～ 婚姻を見合わすべき〈婚姻を解消するに足る〉障害. **≠joch** 中 (重荷として感じられる)結婚生活のかせ. **≠kan·di·dat** 男《戯》結婚間近の男; 婿候補. **≠kon·sens** 男 (保護者などの)婚姻に対する同意. **≠kon·trakt** 男 ＝Ehevertrag **≠krach** 男《話》夫婦げんか. **≠kreuz** 中 結婚生活という重い十字架;《話》悪妻. **≠kri·se** 女 結婚生活の危機. **≠krüp·pel** 男《話》妻に頭の上がらぬ夫, 恐妻家. **≠le·ben** 中 結婚生活.

▽**ehe·leib·lich**[é:ə..] 形 嫡出の: ein ～*es* Kind 嫡出子.

Ehe·leu·te 複 (Ehepaar) 夫婦.

ehe·lich[é:əlɪç] 形〔正式の〕結婚による, 夫婦〔間〕の; (↔nichtehelich, unehelich) (子供が)嫡出の: eine ～*e* Gemeinschaft 夫婦〔共同〕生活 | ～*es* Güterrecht 夫婦財産制〈法〉| unser ～*es* Kind 我々の嫡出子〈実子〉| die ～*e* Liebe 〈Treue〉 夫婦間の愛〈貞操〉‖ *jn.* ～ erklären …に嫡出宣告をする | ～ 〔geboren〕 sein 嫡出〈正嫡〉の | *jn.* ～ verbinden …を結婚させる | ～ werden 結婚生活にはいる. [*ahd.* ē-līh „gesetz-lich"; ◇Ehe]

ehe·li·chen[é:əlɪçən] 他 (h)《雅》(heiraten)《*jn.*》(…と)結婚する.

Ehe·lich·er·klä·rung 女 嫡出宣告.

Ehe·lich·keit[..lɪçkaɪt] 女 -/ 正規の婚姻によること; 嫡出: Seine ～ wurde nicht angezweifelt. 彼が嫡出子たることは疑問の余地がなかった.

▽**Ehe·lieb·ste** 男 女《形容詞変化》《戯》最愛の夫〈妻〉.

ehe·los[é:əlo:s][1] 形 未婚〈独身〉の; 独身主義の.

Ehe·lo·sig·keit[..lo:zɪçkaɪt] 女 -/ 未婚, 独身; (Zölibat)〘宗〙独身.

Ehe≠mak·ler 男《話》結婚仲介業者. **≠mäk·ler** 男〘法〙婚姻仲立人.

ehe≠ma·lig[é:əma:lɪç][2] 形《付加語的》(einstig) かつての: mein ～*er* Lehrer 私の旧師. **≠mals**[..ma:ls] 副 (einst) かつて, 以前.

Ehe·mann[é:ə..] 男 -〔e〕s/..männer (↔Ehefrau) 夫.

ehe·mün·dig 形 婚姻適齢に達した.

Ehe≠mün·dig·keit 女 婚姻適齢. **≠na·me** 男 結婚後の姓. **≠nich·tig·keit** 女 -/ 〘法〙婚姻の無効. **≠paar** 中 夫婦: das ～ Meyer マイヤー氏夫妻. **≠pakt** 男《オーストリア》＝Ehevertrag **≠part·ner** 男 配偶者. **≠pro·zeß** 男〘法〙婚姻訴訟.

eher[é:ər] 副《eh[1]および bald の比較級》**1** (↔später) (früher) (時間的に)もっと前〈以前〉に; もっと〈より〉早く: Ich konnte nicht ～ kommen. 私はこれ以上早くは来られなかった | Sie hat ～ geheiratet als ich. 彼女は私より先に結婚した ‖ je ～, je 〈desto/umso〉 besser 早ければ早いほどよい ‖ Ich werde nicht ～ fortgehen, bevor ich 〈〔als〕 bis ich〉 eine Antwort erhalten habe. 私は返事をもらうまではここを動きませんよ ‖ *Eher* geht die Welt unter, als daß er tanzen geht. 天地がひっくり返っても彼がダンスに行くなんてことはあり得ない.

2《話》(leichter) より容易に, より楽に, よりよく: Das ist schon ～ möglich. 確かにその可能性のほうが強い | Du kannst es ～ tun als ich. そいつは僕より君のほうがやりやすい ‖ Er wird um so ～ einverstanden sein, als es ihm selbst bequemer so ist. 彼はそのほうが自分にとっても都合がいいだけにすぐに承知するだろう.

3《話》(lieber) (…よりは)むしろ, いっそ: *Eher* das Äußerste wagen als aufgeben! あきらめるぐらいならむしろ何でもやってみることだ | *Eher* heute als morgen. 明日やるよりは今日やるほうがいい ‖ Ich gehe ～ etwas früher weg, als daß ich rennen muß. 走らなければならないくらいならいっそ幾らか早目に家を出るほうがましだ ‖ Ich würde mich ～ umbringen! (そんなはめになるぐらいなら)僕はいっそのこと自殺するだろうよ.

4《話》(vielmehr) (…というよりは)むしろ, どちらかといえば: Er ist ～ faul als dumm./Er ist nicht dumm, ～ ist er faul. 彼はばかというよりは怠け者だ | Das wirkt ～ ungünstig als fördernd. そんなことをすれば事態が促進されるどころかむしろマイナスに働く ‖ Sein Haus ist ～ bescheiden. 彼の家は質素という部類にはいる | Das könnte man schon ～ sagen. そう言うほうがむしろ当を得ているだろう ‖ Sie ist alles ～ als hübsch. 彼女はちっとも美人なんかじゃない.

Ehe≠recht[é:ə..] 中 -〔e〕s/ 婚姻法〔規〕. **≠ring** 男 (Trauring) 結婚指輪.

ehern[é:ərn] 形《付加語的》青銅〔製〕の;《比》鉄のような, 堅固な; 冷酷な, 恐れを知らぬ: ein ～*es* Geschick 非情な運命 | das ～*e* Gesetz der Notwendigkeit 必然性の鉄則 | das ～*e* Lohngesetz (Lassalle の唱えた)賃金鉄則 | ～*er* Wille 鉄の意志 ‖ mit ～*er* Stirn lügen 鉄面皮に〈おくめんもなく〉うそをつく. [*westgerm.*; ◇Ära, Erz]

Ehe≠sa·che[é:ə..] 女〘法〙婚姻事件. **≠sa·kra·ment** 中〘カトリック〙結婚の秘跡(七秘跡の一つ). **≠schei·dung** 女 離婚.

Ehe·schei·dungs≠kla·ge 女 離婚の訴え. **≠pro·zeß** 男 離婚訴訟.

ehe·scheu 形 結婚嫌いの.

Ehe≠schlie·ßung 女 (Heirat) 結婚;〘法〙婚姻の締結. **≠se·gen** 男《雅》子宝: Es war ihnen kein ～ beschieden. 彼ら夫婦は子供が〔授から〕なかった.

ehest[é:əst]《eh[1]および bald の最上級》**I** 形《付加語的》最も〈できるだけ〉早い: bei 〈mit〉 ～*er* Gelegenheit 機会のありしだい | ～*en* Tages 〈～*er* Tage〉/mit ～*em* 近々, なるべく早く. **II** 副 **1**《am ehesten の形で》最も容易に, 最も好んで: So geht es am ～*en*. それが最も起こりやすい; そうするのがいちばん容易だ | Am ～*en* (＝Am liebsten) würde ich zu Hause bleiben. なるべく私は家にいたい. **2**《オーストリア》(baldmöglichst) できるだけ早く, 早急に.

Ehe·stand[é:ə..] 男 -〔e〕s/ 結婚していること, 結婚生活: in den ～ 〔ein〕treten 結婚する | 〔Der〕 ～ 〔ist ein〕 Wehestand.《諺》結婚すれば苦しいことがある.

Ehe·stands≠dar·le·hen 中 結婚資金貸付〔金〕. **≠lo·ko·mo·ti·ve** 女《戯》(Kinderwagen) うば車.

ehe·stens[é:əstəns] 副 **1** (↔spätestens) (frühestens) 早くて: Er kommt ～ erst morgen 〈am Montag〉. 彼は早くてもあす〈月曜日〉にならなければ来ない. **2**《オーストリア》至急に.

Ehe≠stif·ter[é:ə..] 男 ＝Ehevermittler **≠stif·tung** 女 ＝Ehevermittlung **≠streit** 男 夫婦げんか. **≠strei·tig·keit** 女 -/-en《ふつう複数で》夫婦間のいざこざ. **≠teu·fel** 男《話》悪妻. **≠tra·gö·die**[..diə] 女 結婚という悲劇. **≠ver·bot** 中〘法〙(親族間などの)結婚禁止. **≠ver·mitt·ler** 男 結婚の仲介者, 仲人. **≠ver·mitt·lung** 女 結婚の仲介. **≠ver·spre·chen** 中 結婚の〔口〕約束. **≠ver·trag** 男〘法〙夫婦財産契約. **≠wap·pen** 中 結婚による組み合わせ紋章. **≠weib** 中《話》＝Ehefrau

ehe·wid·rig 形 結婚生活に反する.

Ehe≠zwist 男《雅》＝Ehestreit **≠zwi·stig·keit** 女《雅》＝Ehestreitigkeit

Ehr·ab·schnei·der[é:r..] 男 (Verleumder) 中傷者.

Ehr·ab·schnei·de·rei[e:r|apʃnaɪdəráɪ] 女 中傷, 名

誉毀損(きそん).

ẹhr·bar[é:rba:r] 形《雅》**1** 行いの正しい, 実直な, しとやかな; 堅物の, 融通のきかぬ. **2** れっきとした, りっぱな; 尊敬すべき: ein ~*es* Leben führen きちんとした暮らしをしている | Er ist aus ~*er* Familie. 彼は良家の出である.

ᵛ**Ẹhr·bar·keit**[−kaɪt] 女 -/ **1** 実直さ, りっぱさ. **2** 《単数で》《集合的に》〖史〗(ドイツ中世諸都市の)名望家.

Ẹhr·be·gier〔**·de**〕女 -/《雅》功名心, 名誉欲.

ẹhr·be·gie·rig 形《雅》功名心〈名誉欲〉の強い.

Ẹhr≠be·griff 男 名誉というものの考え方. **≠be·lei·di·gung** 女 名誉毀損(きそん).

ẹhr·be·wußt 形 名誉心のある, 名誉を重んじる.

Ẹh·re[é:rə] 女 -/-n (英: *honour*) 名誉〔心〕; 誉れ, 栄誉, 光栄; 礼遇; 〖宗〗栄光, 栄え; ᵛ処女性, 純潔: ᵛauf dem Felde der ~〔*n*〕戦場で ‖ aller ~*n* wert sein 全くりっぱなものである | Das bin ich meiner ~³ schuldig. それをやらねば私の面目にかかわる ‖ Meine ~ zum Pfande! 名誉にかけて | Das verbietet meine ~. それは私の名誉心が許さぬ | *Ehre* sei Gott in der Höhe! 高きにいます神に栄光あれ(聖書: ルカ2,14) | ***Ehre*, wem ~ gebührt!** 尊ぶべき人は尊べ(名誉のふさわしい人に名誉を. 聖書: ロマ13,7) ‖ Es ist mir eine 〔große〕 ~, Sie begleiten zu dürfen. お供できますのは〔まことに〕光栄です ‖〖前置詞と〗**auf ~!** 私の名誉にかけて | **auf ~ und Gewissen** 名誉にかけて | *et.*⁴ auf ~ und Gewissen versichern …を名誉にかけて保証する | **bei meiner ~!** 私の名誉にかけて | ***jn.* bei *seiner* ~ packen** …の名誉心に訴える | **in 〔allen〕 ~*n*** 名誉を保ちつつ, りっぱに; 堂々と, 公明正大に | *jn.* in ~*n* halten …を尊敬する | **in ~*n* ergraut sein**《雅》年老いて名声が上がる, 功成り名遂げる | Dein Wort in ~*n*, aber ... 君の言葉を軽視するのでは決してないが… | **mit ~*n*** りっぱに | **um** der ~² willen 名誉のために | *jn.* um *seine* ~ bringen …の面目を失わせる〈体面をけがす〉| ein Mann **von** ~ (人格の)りっぱな人, 廉潔の士 | *jm.* **zu** ~*n*³/zu *js.* ~*n*³ …に敬意を表して | *jm.* zur ~ gereichen …の名誉になる | *jn.* wieder zu ~*n* bringen 〈kommen lassen〉…の名誉を回復する, 再び…の名声を高める | es zu ~*n* bringen 声望を得る | zu Rang und ~*n* kommen (→Rang 1 a) ‖〖4格の目的語として〗***jm.* die ~ abschneiden** / *js.* ~⁴ verletzen …の名誉を傷つける, …を中傷する | *jm.* die ~ antun …に敬意を表する | **~ mit *et.*³ einlegen** …で名声を得る〈面目を施す〉| ***jm.* die letzte ~ erweisen**《雅》…の葬儀に参列する | **der Wahrheit³ die ~ geben**《雅》真実を述べる, 腹蔵なく〈包み隠さず〉言う | Wir geben uns die ~, Sie einzuladen. 謹んでご招待申し上げます | **keine ~ im Leib〔e〕 haben** 廉恥心をもたない, 恥知らずである |〔**Ich**〕**habe die ~!**《南部・オーストリア》こんにちは; さようなら | Mit wem habe ich die ~? 失礼ですがどちらさまですか | Ich habe noch nicht die ~, Sie kennenzulernen. はじめまして | *jm.* keine ~ machen 〈einbringen〉…にとって名誉にならない | ᵛeinem Mädchen die ~ rauben 女の子の処女を奪う | die ~ retten 〈wahren〉体面を守る, 面目を保つ | *seine* ~ in *et.*⁴ setzen …に面目をかける | die ~ verlieren 面目を失う; ᵛ処女を失う | **Was verschafft mir die ~〔Ihres Besuches〕?** おいでくださったご用の向きはなんですか.

[*germ.*; ◇*gr.* aidṓs „Scheu, Ehrfurcht"]

ẹh·ren[é:rən] **I** 他 (h) **1** 尊敬する, 敬う; (…に)敬意を表する; 表彰〈顕彰〉する: das Alter 〈*seine* Eltern〉 ~ 老人〈両親〉を敬う | *js.* Verdienste⁴ ~ …の功労に敬意を表する | *jn.* durch eine Rede 〈mit einer Rede〉 ~ スピーチによって…に敬意を表する | Sehr *geehrter* Herr Meyer! (手紙の冒頭に用いて)敬愛するマイヤー様. **2**《事物を主語にして》《*jn.*》(…にとって)名誉〈光栄〉である, (…の)高潔さを示すものである: Dein Verhalten in dieser Angelegenheit *ehrt* dich. この件で君のとった態度は見上げたものだ | Ihr Vertrauen *ehrt* mich sehr. あなたにご信頼いただけて光栄の至りです ‖ *sich*⁴ 〔durch *et.*⁴〕 *geehrt* fühlen〔…を〕名誉に思う.

II Ge·ẹhr·te → 別出

Ẹh·ren≠abend[é:rən..] 男〖劇〗(招待客だけの)特別公演. **≠ak·zept** 中〖商〗(手形の)参加〈栄誉〉引き受け. **≠amt** 中 名誉職.

ẹh·ren·amt·lich 形 名誉職の, 無給の.

Ẹh·ren≠an·nah·me 女 =Ehrenakzept **≠ban·ner** 中 (旧東ドイツで, 優良企業などに SED から与えられた)名誉旗. **≠be·lei·di·gung** =Ehrbeleidigung **≠be·zei·gung** 女, **≠be·zeu·gung** 女 敬意表明; 〖軍〗敬礼: eine ~ machen 敬礼する | *jm.* die ~ erweisen …に敬意を表す. **≠bür·ger** 男 名誉市民〔の称号〕: *jm.* den ~ verleihen …に名誉市民の称号を贈る.

Ẹh·ren·bür·ger≠brief 男 名誉市民証書. **≠recht** 中 名誉市民権.

Ẹh·ren≠bür·ger·schaft 女 -/ 名誉市民の地位〈資格〉. **≠da·me** 女 (Hofdame)(高位の)女官. **≠denk·mal** 中 =Ehrenmal **≠dienst** 男 名誉奉仕; (Wehrdienst)(旧東ドイツで)兵役: *jm.* den letzten ~ erweisen …の葬儀に出席する | der ~ im Roten Kreuz 赤十字での名誉〈無料〉奉仕. **≠di·ri·gent** 男 名誉指揮者. **≠dok·tor** 男 (略 Dr. E. h., Dr. h. c.) 名誉博士〔号〕: *jm.* den ~ verleihen …に名誉博士号を贈る. **≠ein·tritt** 男 (Intervention)〖商〗(手形債務者に代わる)参加. **≠er·klä·rung** 女〖法〗公式陳謝(侮辱的言辞の公式撤回).

ᵛ**ẹh·ren·fest** 形 尊敬に値する.

Ẹh·ren·for·ma·tion 女 (国賓歓迎式などで整列する)儀仗隊.

Ẹh·ren·fried[é:rənfri:t] 男名 エーレンフリート. [< *ahd.* fridu „Friede, Schutz"]

Ẹh·ren≠ga·be[é:rən..] 女 名誉表彰の贈り物. **≠gar·de** 女 儀仗(ぎじょう)隊. **≠gas·se** 女 (賓客などがその間を通る)送迎の人垣. **≠gast** 男 -〔e〕s/..gäste 賓客, 主賓. **≠ge·halt** 中 (功績に報いる)恩給, 年金. **≠ge·leit** (**≠ge·lei·te**) 中 (高官などの)随行: *jm.* das ~ geben …に随行する. **≠ge·richt** 中 (同身分者・同業者による自治的な)名誉〈懲戒〉裁判. **≠ge·schenk** 中 =Ehrengabe

ẹh·ren·haft[é:rənhaft] 形 名誉ある, 名誉を傷つけない, 廉恥心のある; りっぱな, 非の打ちどころのない: eine ~*e* Familie れっきとした家庭 | eine ~*e* Tat りっぱな行い | ~ handeln 恥ずかしくない行動をする.

Ẹh·ren·haf·tig·keit[..tɪçkaɪt] 女 -/ ehrenhaft なこと.

ẹh·ren·hal·ber 副 (honoris causa) 名誉のために, 敬意を表して, 尊敬の印として: Doktor ~ (略 Dr. E. h.〈e. h./eh.〉) 名誉博士 | Akzept ~〖商〗(手形の)参加〈栄誉〉引き受け(=Ehrenakzept).

Ẹh·ren≠hal·le 女 (偉人・戦死者をたたえる)記念館. **≠han·del** 男 名誉のかかった争い: einen ~ ausfechten 決闘をする. ᵛ**≠jung·frau** 女 (賓客を迎えるための)接待女性. **≠kar·te** 女 特別招待券. **≠kla·ge** 女〖法〗名誉毀損(きそん)の訴え. **≠kleid** 中《雅》礼装, 儀礼服. **≠ko·dex** 男 名誉に関する不文律, 作法, (特に:) 決闘作法: den ~ einhalten エチケットを守る. **≠kom·pa·nie** 女 儀仗(ぎじょう)〔中〕隊: die ~ abschreiten (出迎えの)儀仗隊を閲兵する. **≠kon·sul** 男 名誉領事. **≠krän·kung** 女〖法〗名誉毀損. **≠kranz** 男 栄冠. **≠kreuz** 中 十字〔勲〕章. **≠le·gion** 女 -/ レジオン ドヌール(フランスの最高勲章); 《比》勲章. **≠lohn** 男 =Ehrensold **≠mahl** 中 敬意を表すための祝宴. **≠mal** 中 -〔e〕s/-e, ..mäler (Denkmal)(国民的な英雄・戦没者などのための)記念〈顕彰〉碑. **≠mann** 男 -〔e〕s/..männer 紳士: ein dunkler ~ いかさま紳士. **≠me·dail·le**[..medaljə] 女 顕彰メダル. **≠mit·glied** 中 名誉会員. **≠mün·ze** 女 (顕彰のための)記念硬貨. **≠na·del** 女 (留めピンつきの)顕彰記章. **≠na·me** 男 名誉なあだ名. **≠pen·sion**[..pãzio:n] 女 = Ehrengehalt **≠pflicht** 女 名誉な義務. **≠pfor·te** 女 凱旋(がいせん)門. **≠platz** 男 上席, 主賓席: den ~ zugewiesen bekommen 上座に案内される. **≠po·sten** 男 **1** (Ehrenamt) 名誉職. **2** 儀仗兵. **≠pre·digt** 女《スイ》祝日の説教. **≠preis I** 男 (名誉な)賞. **II** 中 男 -es/-〖植〗クワガタソウ〔属〕. **≠pro·mo·tion** 女 名誉博士の称号賦与.

Ẹh·ren·punkt 男 名誉にかかわる問題点. [*fr.* point d'honneur (◇Honneur) の翻訳借用]

Ẹh·ren≠rat 男 -〔e〕s/..räte = Ehrengericht

E

⸗**rech·te** 複 公民権: *jm.* die 〔bürgerlichen〕 ～ entziehen …の公民権を剝奪(はく)する.
eh·ren·reich 形 栄光に満ちた, 誇らしい, 輝かしい.
Eh·ren·ret·tung 女 名誉回復, 体面維持.
eh·ren·rüh·rig 形 名誉にかかわる, 名誉を傷つける: ～*e* Gerüchte 不名誉なうわさ. [＜rühren]
Eh·ren⸗run·de 女 〔スポ〕(優勝者などの)場内一周: **eine ～ drehen**《話》同じ学年を繰り返す, 落第する. ⸗**sa·che** 女 **1**《単数で》名誉にかけて実行す〈果たす〉べきこと: Das ist doch 〈für mich〉〔eine〕 ～! それは名誉にかけても(必ず)実行します | Kommst du mit?－*Ehrensache!*《話》君も来るかーもちろん. **2**〔法〕名誉に関する訴訟〈事件〉; 決闘. ⸗**sa·lut** 男, ⸗**sal·ve** 女 礼砲. ⸗**säu·le** 女 (柱状の)顕彰碑. ⸗**schän·der** 男 名誉毀損(きそん)者; 強姦(ごうかん)犯人.
eh·ren·schän·de·risch《雅》＝ehrenrührig
Eh·ren⸗schuld 女 信用借り; とばくでの借り. ⸗**schüs·se** 複 礼砲: ～ abgeben 礼砲を放つ. ⸗**schutz** 男 **1** 名誉を守ること(侮辱・中傷に対して), 名誉保全. **2**《オーストリア》名誉な保護: unter dem ～ von *jm.* …の後援を受けて. ⸗**sitz** 男 **1** ＝Ehrenplatz **2** 敬意を表して提供された建物〈住居〉. ⸗**sold** 男《雅》(功労者に対する)謝礼;〔軍〕帯勲者特別給. ⸗**spa·lier** 中 ＝Ehrengasse ⸗**stand·punkt** 男 名誉ある立場. ⸗**stel·le** 女 **1 a**) ＝Ehrenposten **b**) ＝Ehrenplatz **2**〔紋〕(盾の)中心部と上端との中間の個所. ⸗**stra·fe** 女 **1** 不名誉な罰;〔軍〕降等罰. ▽**2** 公民権剝奪(はく)の刑. ⸗**ta·fel** 女 顕彰板: die ～ der Gefallenen 戦死者名刻記板. ⸗**tag** 男 **1** (個人の結婚・生誕・死去などの)記念日: der ～ des Silberpaares 銀婚式. **2**〔商〕恩恵日(手形支払いの猶予日). ⸗**tanz** 男 栄誉の踊り(敬意を表されるペア, またはその一人が相手を選んで踊る). ⸗**tem·pel** 男 ＝Ehrenhalle
▽**eh·rent·hal·ber**[éːrənt..] ＝ehrenhalber
Eh·ren⸗ti·tel[éːrən..] 男 名誉称号; 名誉なあだ名. ⸗**tor** 中 **1** ＝Ehrenpforte **2**〔サッカー〕(ノーゴールを免れる)せめてもの 1 ゴール. ⸗**tri·bü·ne** 女 貴賓用桟敷〈観覧席〉. ⸗**ur·kun·de** 女 賞状, 表彰状; 勲記. ⸗**ver·let·zung** 女 名誉毀損(きそん).
eh·ren·voll 形 名誉な, 光栄な, 晴れがましい; りっぱな, 輝かしい: ein ～*er* Auftrag 光栄な委託 | ～*er* Frieden 名誉ある講和 | ～*er* Tod 名誉ある死 | ～*es* Leben 輝かしい生涯 | auf ～*e* 〈in ～*er*〉 Weise 堂々と ‖ eine Prüfung ～ bestehen 試験にりっぱに合格する.
Eh·ren·wa·che 女 儀仗(ぎじょう)衛兵: die ～ halten 儀仗衛兵に立つ.
eh·ren·wert 形《雅》りっぱな, 尊敬すべき: ein ～*er* Charakter 〈Beruf〉 りっぱな性格〈職業〉 | ～ handeln りっぱに行動する.
Eh·ren·wort 中 -〔e〕s/-e《ふつう単数で》誓約: *jn.* auf ～ freilassen 誓約を取って…を〔仮〕釈放する | 〔Auf mein〕 ～! 誓ってそのとおりです | **großes ～**《戯》誓って言うが | Kommst du auch wirklich?－Großes ～! 君ほんとうに来るかいー絶対に間違いなく ‖ *sein* ～ brechen 誓約を破る | Ich gebe dir mein 〔großes〕 ～ darauf. / Ich lege mein ～ dafür ein. 私はそれを請け合っていいよ.
eh·ren·wört·lich 形 名誉にかけての: *jm. et.*[4] ～ versprechen …に…を名誉にかけて約束する.
▽**eh·ren·wür·dig** ＝ehrwürdig
Eh·ren⸗zah·lung 女〔商〕(手形の)参加〈栄誉〉支払い. ⸗**zei·chen** 中 栄誉章(バッジ・メダルなど).
ehr·er·bie·tig[éːr|ɛrbiːtɪç][2] 形 尊敬の念をこめた, 敬意あふれた, うやうやしい: ein ～*er* Gruß 丁重なあいさつ | *jn.* ～ anreden …にうやうやしく話しかける.
Ehr·er·bie·tig·keit[‒kaɪt] 女 -/ ehrerbietig なこと.
Ehr·er·bie·tung[..tʊŋ] 女 -/《雅》深い敬意, 尊敬の念: in schweigender ～ 尊敬のあまり口もきけずに | *jn.* mit ～ grüßen …にうやうやしくあいさつする.
Ehr·furcht[éːrfʊrçt] 女 -/《雅》畏敬(いけい), 崇敬, 賛仰: die ～ vor dem Leben 〈Tode〉 生〈死〉に対する畏敬の念 ‖ in tiefer ～ ひたすら畏怖の念を抱いて | *jm.* mit ～ gegenüberstehen …を心から敬う | von ～ ergriffen 偉大〈崇高〉さに打たれて | vor ～ verstummen (身の引き締まる思いで)口がきけなくなる ‖ *jm.* ～ einflößen …を思わずひれ伏したい気持にさせる | eine ～ gebietende Erscheinung おのずと身の引き締まるような威厳のある姿.
ehr·fürch·tig[éːrfʏrçtɪç][2] 形《雅》偉大〈崇高〉さに打たれた, うやうやしい: ein ～*es* Benehmen うやうやしい振舞い | eine ～*e* Miene かしこまった顔つき | eine ～*e* Stille 水を打ったような静けさ ‖ ～ das Knie biegen うやうやしくひざを屈する.
ehr·furchts⸗los[éːrfʊrçts..] 形 畏敬の念を欠いた, 礼を失した. ⸗**voll** ＝ehrfürchtig
Ehr·ge·fühl[éːr..] 中 -〔e〕s/ 体面を重んじる〈恥を知る〉心; 自尊心: *jn.* in *seinem* ～ treffen / *js.* ～[4] verletzen …の自尊心を傷つける | kein ～ 〈keinen Funken ～〉〔im Leibe〕 haben まるっきり恥を恥と思わぬ | Mein ～ würde es verbieten. それは私の自尊心が許しそうもない.
Ehr·geiz[éːrgaɪts] 男《ふつう単数で》功名心, 名誉欲, 野心, やる気: einen krankhaften ～ haben 野心がありすぎる ‖ *et.*[4] aus ～ tun 功名心から…を行う | voll〔er〕 ～ sein 〈stecken〉 野心満々である | von 〈vom〉 ～ besessen sein 野望に目がくらんでいる ‖ allen ～ ablegen いっさいの野心を捨てる | *js.* ～[4] anspornen / in *jm.* 〔den〕 ～ wecken …の野望をかき立てる | Er setzt seinen ～ darein, Bestes zu leisten. 彼はやる気十分でベストを尽くそうとしている.
ehr·gei·zig[..gaɪtsɪç][2] 形 功名心の強い; 野心的な: ein ～*er* Schüler 点取り虫 ‖ Sie ist für ihren Sohn ～. 彼女は息子に偉くなってもらいたがっている.
Ehr·geiz·ling[..lɪŋ] 男 -s/-e《軽蔑的に》功名心のひどく強い人, 野心家.
ehr·lich[éːrlɪç] 形 **1** ごまかし〈うそ偽り〉のない, 信用できる, 正直〈誠実〉な, まじめな: ein ～*er* Angestellter 誠実な従業員 | eine ～*e* Haut 律儀者 | ein ～*er* Makler (→Makler) | Er hat ～*e* Absichten auf sie. 彼は彼女に対して真剣な気持〈結婚の意志〉をもっている ‖ ～ spielen (とばくなどで)いかさまをしない | *sich*[3] Geld ～ verdienen まじめに働いて金を稼ぐ | es mit *jm.* ～ meinen …のことを誠実に考えている | mit *jm.* ～ zu Werke gehen …に誠意をもって接する ‖ ～ gesagt / um ganz ～ zu sein 正直に言えば | Aber ～! ほんとうなんです ‖ *sich*[4] ～ abmühen 懸命に努力する | Ich war ～ überrascht. 私はほんとうに驚いた ‖ ***Ehrlich* währt am längsten.**《諺》正直は最上の策(正直がいちばん長持ちする).
2 ちゃんとした, りっぱな, 尊敬すべき: ein ～*es* Gewerbe 堅気の商売 | ein ～*er* Name 令名.
3《話》ずいぶんな, かなりの: Sie schwatzt 〈lügt〉 etwas *Ehrliches* zusammen. 彼女は何やらよくしゃべる〈ひどいうそをつく〉人だ. [*ahd.* ēr-līh „ehren-wert"; ◇Ehre]
Ehr·lich[éːrlɪç] 人名 Paul ～ パウル エールリヒ(1854–1915; ドイツの医学者. 秦佐八郎とともに Salvarsan を発見. 1908 年ノーベル医学・生理学賞受賞).
ehr·li·cher·wei·se[éːrlɪçərváɪzə] 副 正直〈誠実〉に, まじめに.
Ehr·lich·keit[..lɪçkaɪt] 女 -/ 正直, 誠実.
Ehr·lie·be[éːr..] 女 名誉心. [＜Ehre]
ehr·lie·bend 形 名誉を重んずる, 名誉心のある.
ehr·los[..loːs][1] 形 恥知らずな, 破廉恥な; 不名誉〈不面目〉な, あさましい, みっともない; ▽(中世の刑罰で)公民権を失った.
Ehr·lo·sig·keit[..loːzɪçkaɪt] 女 -/-en ehrlos なこと.
ehr⸗pus·se·lig, ⸗**puß·lich** 形《話》(名誉などに関して)くそまじめな, 石頭の.
ehr·sam[éːrzaːm] ＝ehrbar
Ehr·sam·keit[‒kaɪt] 女 -/ ＝Ehrbarkeit
Ehr·sucht[éːrzʊxt] 女 -/《雅》名誉欲, 功名心.
ehr·süch·tig[..zʏçtɪç][2] 形《雅》名誉欲〈功名心〉の強い.
Eh·rung[éːrʊŋ] 女 -/-en (ehren すること. 例えば:) 表彰, 顕彰〔式〕, 敬祝〔品〕: die ～ der Sieger 優勝者の表彰〔式〕 | ～*en* aus aller Welt 世界各国からの表彰〈お祝い〉 | *jm.* eine ～ erweisen 〈zuteil werden lassen〉 …を表彰する〈の栄誉をたたえる〉.
ehr·ver·ges·sen[éːr..] 形 恥知らずの, 下劣な.
Ehr·ver·lust 男 -〔e〕s/〔法〕公民権喪失: zu 10 Jah-

ren ～ verurteilt werden 10年間公民権停止の判決を受ける.

ehr·wid·rig 形 不名誉な, 不面目な.

Ehr·wür·den[..vʏrdən]《無冠詞; 2 格 -〔s〕》Euer 〈Eure〉～ 尊師(修道士や修道女に対する呼びかけ) | die Bücher Eurer ～ / ～*s* Bücher 尊師のご著書.

ehr·wür·dig[..vʏrdɪç][2] 形《雅》畏敬(いけい)の念を起こさせる, 尊い; (高齢で・年数をへて)気品のある, おごそかな; 神々しい: ein ～*es* Alter erreichen 高齢に達する | ～*e* Möbel どっしりした家具 | eine ～*e* Stätte 由緒ある場所 ‖〖尊称として〗～*e* Mutter 尼僧院長様. [*ahd.*; ◇Ehre]

Ehr·wür·dig·keit[..kaɪt] 女 -/ 尊さ; 気品; 神々しさ.

ei[aɪ] 間 **1** (驚き・賛嘆・怒りなどの気持を表して)おや, えっ, あれっ(驚いた, すごい, ひどい): *Ei*, wer kommt denn da! あれっ そこへ来たのはいったいだれだ(これは珍しい人が来たよ) | *Ei*, ist das aber hübsch! おや きれいだ〈すばらしい〉| *Ei*, das ist ja schrecklich! うへっ そいつはたまらん. **2**《幼児語》(注意・叱責(しっせき)の気持を表して)これっ, めっ: *Ei*, ～, das will ich nicht wieder sehen! これこれ そんなこと二度としてはだめよ. **3**《幼児語》《**ei** 〔**ei**〕 **machen** の形で》なでなでする, かわいがわいする. [*mhd.*]

..ei[..aɪ]《女性名詞 (-/-en) をつくる. つねにアクセントをもつ》**1**《名詞・動詞につけて軽蔑的に「行為」を意味する. ..elei, ..erei となることもある》: Tyrann*ei* 専制政治 | Kinder*ei* 子供じみた行為 | Plauder*ei* おしゃべり | Heuchel*ei* ねこかぶり ‖ Eifersücht*elei* やきもち | Geheimbünd*elei* 秘密結社活動 | Sklav*erei* 奴隷状態 | Träum*erei* 夢想. **2**《名詞につけて「場所」を意味する》: Brauer*ei* (ビールの)醸造所 | Pfarr*ei* 牧師職〈教区〉| Bäcker*ei* パン屋 | Konditor*ei* 菓子屋. [＜..ie]

Ei[aɪ] 中 -〔e〕s/-er (⑥ **Ei·chen**[áɪçən] 中 -s/-, Eierchen[áɪər..]) **1** (英: *egg*) 卵, (特に:) (Hühnerei) 鶏卵; (Ovum)〖生〗卵子, 卵細胞: ein frisches 〈faules〉 ～ 新鮮な〈腐った〉卵 | ein rohes 〈gekochtes〉 ～ なま〈ゆで〉卵 | die ～*er* der Fische 〈Frösche〉 魚〈カエル〉の卵 | **das ～ des Kolumbus** コロンブスの卵(実は簡単だがなかなか思いつかない解決法) | ungelegte ～*er* (→ungelegt) ‖ die Schale des ～*es* 卵の殻 ‖ ～*er* legen 〈brüten〉 卵を産む〈抱く〉(→4) | ein ～ abschrecken〖料理〗ゆで卵に冷水をかける | **das ～ unterm Huhn verkaufen müssen**《話》ひどく金に困っている | ***jn.*** 〈***et.***[4]〉 **wie ein rohes ～ behandeln** 〈**anfassen**〉《話》…をはれ物にさわるように扱う | Das hat seine ～*er*.《話》それはなかなかむずかしい ‖ **Das ist ein** 〔**dickes**〕 **～!**《話》それは全くやっかいだ; それは実にすばらしい | **ach, du dickes ～!**《話》これは驚いた | **Das ～ will klüger sein als die Henne.**《諺》子供は親より利口ぶりたがるものだ | ***sich***[3] 〈**einander**〉 **gleichen wie ein ～ dem andern** 互いに酷似している, うり二つである ‖ **wie auf ～*ern* gehen**《話》慎重に〈用心深く〉行動する | **wie aus dem ～ gepellt** 〈**geschält**〉 **sein**《話》(むきたての卵のように)清潔な身なりをしている | Du bist ja kaum aus dem ～ gekrochen! 君は全くの青二才じゃないか | *et.*[4] **für ein ～ und ein Butterbrot kaufen** 〈**verkaufen**〉 …を二束三文で買う〈売る〉| für einen Apfel 〈für einen Appel〉 und ein ～ (→Apfel 1 b) | das Gelbe vom ～ sein (→gelb III 2).

2《複数で》《話》1 マルク貨幣: Das kostet 〔seine〕 100 ～*er*. それには100マルクかかる.

3《複数で》《卑》(Hoden) きんたま, 睾丸(こうがん): **dicke ～*er* haben** 性病にかかっている | ***jm.* die ～*er* polieren** …をさんざん殴る | ***jm.* die ～*er* schleifen** (軍隊などで)…をきびしくしごく ‖ ***jm.* auf die ～*er* gehen** …の神経にさわる, …をいらいらさせる.

4《話》(Fliegerbombe) 投下爆弾: ～*er* legen 爆撃する (→1).

5《軽蔑的に》いやなやつ. [*germ.*; ◇Ovum; *engl.* egg]

eia·po·peia[aɪapopáɪa·, ⏊◡◡⏊◡] **I** 間 (幼児を寝かしつけるときの言葉)ねんねんよ, ねんころりん: ～ machen (子供を)おねんねさせる, (子供を寝かせるために)ねんころりんを歌ってやる; (幼児が)おねんねする | *Eiapopeia*, schlaf ein! ねんころりん ねんねしな. **II Eia·po·peia** 中 -s/ おねんね; (子守歌の)ねんころりん: ein ～ singen ねんころりんを歌う.

EIB[e:|i:bé:] 略 女 -/ ＝Europäische Investitionsbank ヨーロッパ投資銀行(ヨーロッパ共同体加盟国の出資によって設立された銀行).

Ei·be[áɪbə] 女 -/-n (Taxus)〖植〗イチイ(一位)属. [*germ.*; ◇*engl.* yew]

ei·ben[áɪbən] 形 イチイ製の.

Ei·ben·holz 中 イチイ材.

Ei·bisch[áɪbɪʃ] 男 -〔e〕s/-e〖植〗タチアオイ(立葵)〔属〕: echter ～ ウスベニタチアオイ(薄紅立葵) | roter ～ タチアオイ. [*lat.* hibīscum－*ahd.* ībisca; ◇Hibiskus]

Ei·bisch·tee 男 -s/〖薬〗アルテア茶(ウスベニタチアオイのせんじ汁).

Eich·amt[áɪç..] 中 度量衡検定局. [＜eichen[2]]

Eich≠ap·fel[áɪç..] ＝Gallapfel **≠baum** 男〖植〗オーク.

Ei·che[1][áɪçə] 女 -/-n (英: *oak*)〖植〗オーク(ブナ科ナラ属の木の総称. カシワ・ナラなど: → 図): wie eine ～ fest stehen オークの木のようにどっしりしている | Keine ～ fällt auf einen Streich. / Es fällt keine ～ von einem Streiche.《諺》根気こそ成功のかぎ(オークの木は一撃では倒れない). [*germ.*]

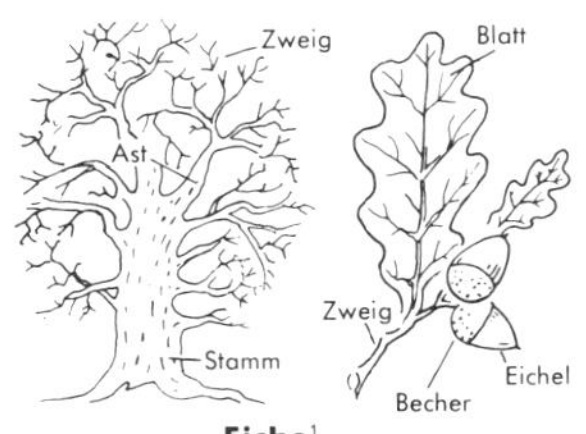

Eiche[1]

Ei·che[2][－] 女 -/-n **1** 検量; 検定. **2 a)** ＝Eichstempel **b)** ＝Eichmaß 1 [*mhd.*; ◇eichen[2]]

Ei·chel[áɪçəl] 女 -/-n **1**〖植〗オークの実, どんぐり(→ 図 Eiche). **2**〖解〗(陰茎の)亀頭(きとう); 陰核亀頭. **3**《ふつう複数で》(Ecker) (ドイツ式トランプの)クラブ. **4** (カーテンのひもなどの先の)握り玉(→ 図 Gardine). [*ahd.*; ＜..el[1]]

Ei·chel≠boh·rer 男〖虫〗(どんぐりに卵を産みつける)シギゾウムシ(鴫象虫)の一種. **≠ent·zün·dung** 女 (Balanitis)〖医〗亀頭(きとう)炎. **≠hä·her** 男〖鳥〗カケス(懸巣). **≠kaf·fee** 男 カシの実コーヒー(代用品). **≠mast**[1] 女 -/〖畜〗(森林放牧などによる豚の)どんぐり肥育. **≠mast**[2] 男《卑》(Penis) 陰茎, 男根. **≠maus** ＝Haselmaus **≠trip·per** 男《俗》＝Eichelentzündung **≠wick·ler** 男〖虫〗カシワヒメハマキガ(柏姫葉巻蛾). **≠wür·mer** 複〖動〗腸鰓(ちょうさい)類(ギボシムシなど).

ei·chen[1][áɪçən] 形《付加語的》オーク製〈材〉の.

ei·chen[2][－] **I** 他 (h) **1** (度量衡器を)検定する, (…に)検定印を押す. **2**〖理〗(光・抵抗などを)測定する; (船の)トン数を測る; (金属の)純度を検定する. **II ge·eicht** → 別出 [*spätlat.－westgerm.*; ＜*lat.* aequus (→äqui..)]

Ei·chen[áɪçən] Ei の縮小形.

Ei·chen≠baum[áɪçən..]《雅》＝Eichbaum **≠blatt** 中 オークの葉. **≠bock** ＝Heldbock

Ei·chen·dorff[áɪçəndɔrf] 人名 Joseph von ～ ヨーゼフ フォン アイヒェンドルフ(1788-1857; 後期ドイツ=ロマン派の詩人. 作品『のらくら者の生活から』など).

ei·chen·fest[áɪçən..] 形 オークのように堅い. [＜Eiche[1]]

Ei·chen≠holz 中 オーク材. **≠kranz** 男 オークの葉で編んだ輪飾り(特に勝利の栄冠). **≠laub** 中《集合的に》オークの葉;《比》栄冠; 柏葉(はくよう)形勲章. **≠lo·he** 女 (皮なめし用)タン皮末(オーク樹皮粉末). **≠rin·de** 女 オーク樹皮(皮なめし用・薬用). **≠spin·ner** 男〖虫〗**1** ナラカレハ(楢枯葉蛾). **2** japanischer ～ ヤママユ(野蚕蛾). **≠stock** 男 -〔e〕s/..stöcke カシの棒. **≠wald** 男 オークの森.

E

Ẹi·cher[áɪçər] 男 -s/- 《話》 = Eichmeister [<eichen[2]]

Ẹich·ge·wicht[áɪç..] 中 **1** 標準分銅. **2** (輸入木材の積み込み時の)届け出量.

Ẹich≠ha·se[áɪç..] 男 **1** =Eichpilz **2** =Eichhörnchen **≠hörn·chen** 中 (**≠horn** 中 -[e]s/..hörner)〖動〗リス(栗鼠): behend 〈flink〉 wie ein ~ リスのようにすばしこい | ein fliegendes ~〖動〗ムササビ(鼯鼠) | **Mühsam** 〔**er**〕**nährt sich das ~.** / Mühsam baut sich das ~ sein Nest. 《戯》仕事はなかなか進まない. **≠ka·ter** 男 (**≠kätz·chen** 中, **≠kat·ze** 女) 《方》 =Eichhörnchen [<Eiche[1]]

Ẹich≠kur·ve[áɪç..] 女 **1** 較正曲線. **2**〖化〗検量線. **≠maß** 中 **1** 度量衡原器; 標準計器. ▽**2** アイヒマース(昔の容量単位. 1リットル強から2リットル弱まで一定せず). **≠mei·ster** 男 度量衡検定官. [<eichen[2]]

Ẹich·ochs[áɪç..] 男 =Hirschkäfer [<Eiche[1]]

Ẹich≠pfahl[áɪç..] 男 (堰(せき)などで水位上限を示す)標柱. **≠pflicht** 女 度量衡検定義務. [<eichen[2]]

Ẹich·pilz[áɪç..] 男 (Steinpilz)〖植〗ヤマドリタケ(山鳥茸). [<Eiche[1]]

Ẹich≠stab[áɪç..] 男 計量ざお, 標準尺. **≠stem·pel** 男 (度量衡器の)検定証印. **≠strich** 男 目盛り線. [<eichen[2]]

Ẹi·chung[áɪçʊŋ] 女 -/-en **1** 度量衡器検定〔済み刻印〕. **2**〖理・工〗測定.

E

Eid[aɪt][1] 男 -es(-s)/-e (英: *oath*)宣誓, 誓約: ein falscher ~ / 《話》 ein kalter ~ 偽りの宣誓 | Fahnen*eid* 軍旗への忠誠の誓い | Zeugen*eid* 証人宣誓 ‖ einen ~ ablegen 〈leisten/schwören〉 宣誓をする | einen ~ auf die Bibel schwören 聖書に手をおいて誓う | einen ~ auf *et.*[4] ablegen 〈leisten〉 …を請け合う | Er legte einen ~ darauf ab, daß er die Wahrheit gesagt habe. 彼は真実を述べたと誓った | den ~ ableiten 《話》(右手はあげているが左手を下に向けて)宣誓を無効にする | *jm.* den ~ abnehmen …に宣誓させる | *seinen* ~ brechen 〈halten〉 誓約を破る〈守る〉 | den ~ verweigern 宣誓を拒否する ‖ **an ~es Statt**〖法〗宣誓に代えて; 宣誓と同じ重みをもって ‖ auf ~ 誓って | *et.*[4] auf *seinen* ~ nehmen / *et.*[4] durch 〔einen〕 ~ bekräftigen …を請け合う | durch 〔einen〕 ~ gebunden 誓約に縛られて | *jn.* in ~ und Pflicht nehmen …に就任の宣誓をさせる | unter ~ stehen〖法〗宣誓によって真実を語る義務がある | *et.*[4] unter ~ aussagen 〈bezeugen〉 宣誓して…を証言する. [*germ.*; ◇ *engl.* oath]

▽**Ẹi·dam**[áɪdam] 男 -[e]s/-e (Schwiegersohn) 娘婿. [*westgerm.* „Teilhaber (am Erbe durch Heirat)"]

Ẹi·da·mer[áɪdamər] 男 -s/-, **Ẹi·da·mer·kä·se** 男 《オーストリア》 (Edamer Käse) エーダムチーズ. [<Edam]

Ẹid≠bre·cher[áɪt..] 男 宣誓〈誓約〉違反者. **≠bruch** 男 宣誓〈誓約〉違反: einen ~ begehen 宣誓〈誓約〉に違背する.

ẹid·brü·chig[..brʏçɪç][2] 形 誓いを破った, 宣誓違反の: ~ werden 誓いを破る | der 〈die〉 *Eidbrüchige* 宣誓違反者.

Ẹi·dech·se[áɪdɛksə] 女 -/-n (⑪ **Ẹi·dechs·chen**[..dɛksçən], **Ẹi·dechs·lein**[..laɪn] 中 -s/-) **1** トカゲ〔類〕(→ ⑳ Echse). **2** die ~〖天〗蜥蜴(とかげ)座. [*ahd.* egidehsa „Schlange-Spindel"]

Ẹi·der[áɪdər] 女 -/-n〖鳥〗ケワタガモ(毛綿鴨)(羽毛が羽ぶとんに使われる). [*isländ.*－*ndd.*]

Ẹi·der≠dau·ne 女 -/-n《ふつう複数で》ケワタガモの綿毛. **≠en·te** 女, **≠gans** 女, **≠vo·gel** 男 =Eider

Ẹi·des≠ab·le·gung [áɪdəs..] 女 =Eidesleistung **≠ab·nah·me** 女 宣誓〈誓約〉させること.

ẹi·des·fä·hig 形〖法〗宣誓能力のある.

Ẹi·des≠fä·hig·keit 女 -/〖法〗宣誓能力(→Eidesmündigkeit): ~ besitzen 宣誓能力がある. **≠for·mel** 女 宣誓用のきまり文句. ▽**≠hel·fer** 男〖法〗宣誓補助者, 誓言保証者. **≠lei·stung** 女 宣誓. **≠mün·dig·keit** 女 -/〖法〗宣誓資格年齢(16歳).

ẹi·des≠statt·lich (▽**≠stät·tig**) 形 宣誓に代わる, 宣誓と同効力の: schriftliche ~*e* Erklärung 宣誓供述書. [<(an) Eides Statt]

Ẹi·des·ver·war·nung 女〖法〗(宣誓に先立つ)偽誓の戒め.

Ei·dẹ·tik[aɪdéːtɪk] 女 -/ **1**〖心〗(過去の知覚を)直観像として再現する能力. **2**〖哲〗形相学. [<*gr.* eĩdos (→ ..id[1])]

Ei·dẹ·ti·ker[..tikər] 男 -s/-〖心〗直観像所有者.

ei·dẹ·tisch[..tɪʃ] 形 **1**〖心〗直観像的な: ~*e* Phänomene 直観像. **2**〖哲〗形相〈本質〉的な.

eidg. 略 =**eid**genössisch

Ẹid·ge·nos·se[áɪt..] 男 (宗教的・政治的)同盟〈盟約〉者; 誓約を結んだ友人; (特に:) スイス国民.

Ẹid·ge·nos·sen·schaft 女 -/ (宗教的・政治的な)同盟: die Schweizerische ~ スイス連邦.

ẹid·ge·nös·sisch[áɪtgənœsɪʃ] 形 (略 eidg.) 連盟の, 連邦の; (特に:) スイス連邦の.

Ẹid·hel·fer =Eideshelfer

ẹid·lich[áɪtlɪç] 形 宣誓による〈したうえでの〉: die ~*e* Aussage 宣誓陳述 | die ~*e* Vernehmung des Zeugen 証人の宣誓尋問 | eine ~*e* Erklärung abgeben 宣誓供述する ‖ *et.*[4] ~ aussagen 〈bezeugen〉 …を宣誓証言する | ~ gebunden 〈verpflichtet〉 sein 宣誓に縛られている.

Ei·do·lo·gie[aɪdologíː] 女 -/-n[..gíːən]〖哲〗形相学. [◇Eidetik]

Ei·do·phor[aɪdofóːr] 中 -s/-e アイドホール(テレビ画面の拡大投射機). [<*gr.* eĩdos „Bild"+..phor]

Ei·do·phor·ver·fah·ren 中 -s/ アイドホール方式.

Ẹi·dot·ter[áɪ..] 男 (中)〖生〗卵黄.

ẹi·dot·ter·gelb 形 卵黄色の.

Ẹid·schwur[áɪt..] 男 宣誓: einen ~ leisten 宣誓する.

ei·ẹi·en[aɪáɪən] (**ẹi·en**[áɪən]) 他 (h) 《幼児語》なでさする, かわいがる. [<ei]

Ẹi·er Ei の複数.

Ẹi·er≠ap·fel[áɪər..] 男 =Eierfrucht **≠auf·lauf** 男〖料理〗スフレ. **≠be·cher** 男 ゆで卵立て, エッグカップ〈スタンド〉(→ ⑳ Kaffeetisch). **≠bri·kett** 中 卵形練炭(→ ⑳ Brikett).

Ẹi·er·chen Eichen (Ei の縮小形)の複数.

Ẹi·er≠far·be[áɪər..] 女 復活祭の飾り卵の染料. **≠fla·den** 男 《方》 =Eierkuchen 1 **≠frucht** 女〖植〗ナスの実. **≠frucht·baum** 男〖植〗ハスノハギリ(蓮葉桐)属. **≠ger·ste** 女 -/ 卵黄入りひき割り麦がゆ. **≠grog** 男 卵入りのグロッグ酒, 卵酒. **≠hand·gra·na·te** 女〖軍〗(卵形の)ミルス手投げ弾. **≠ket·te** 女〖電〗(鎖状の)玉碍子(がいし). **≠klar** 《オーストリア》 =Eiklar **≠kopf** 男 **1** 《話》卵形の頭. **2** 《話》おろか者. **3** 《話》(世間知らずの)知識人, 学者. **4** =Egghead **≠krebs** 男 子持ちガニ. **≠ku·chen** 男 **1**〖料理〗**a)** 卵入りパンケーキ〈クレープ〉. **b)** (Omelett) オムレツ. **2**〖印〗パイ(解版前の乱雑な活字組版). **≠kür·bis** 男〖植〗(円筒形の)セイヨウカボチャ(西洋南瓜). **≠lau·fen** 中 -s/〖スポーツ〗スプーンレース. **≠le·gen** 中 -s/ **1**〖動〗産卵: ein Wetter zum ~ (→Wetter 1). **2** 《話》爆弾投下, 爆撃.

ẹi·er·le·gend 形 (↔lebendgebärend)〖動〗卵生の.

Ẹi·er≠le·ger 男 卵生動物; 産卵鶏. **≠li·kör** 男 卵入りリキュール. **≠löf·fel** 男 エッグスプーン(ゆで卵用小さじ: → ⑳ Kaffeetisch). **≠mann** 男 -[e]s/..männer **1** 卵売り. **2** 焼き菓子の一種. **≠milch** 女〖料理〗ミルクセーキ.

ẹi·ern[áɪərn] 《05》 自 **1** (h) 《話》(車輪・レコードなどがゆがみで)くねくね回る. **2 a)** (h) (人が体の故障などで)よろよろ歩く, まっすぐ歩けない. **b)** (s) (人がある方向へ)よろよろ歩いて行く: nach Hause ~ よろよろ家へ帰って行く.

Ẹi·er≠öl[áɪər..] 中〖料理〗(卵黄からとる)卵油, マヨネーズ. **≠pfann·ku·chen** 男 =Eierkuchen 1 **≠pflan·ze** 女〖植〗ナス(茄子). **≠pflau·me** 女〖植〗(卵形の)大型セイヨウスモモ(西洋李). **≠pilz** 男〖植〗アンズタケ(杏茸). **≠prü·fer** 男 (透視する)検卵器. **≠punsch** 男 卵入りパンチ酒, エッグノッグ. **≠sack** 男 **1**〖生〗卵嚢(らんのう), 卵胞. **2** 《卑》 (Hodensack) 陰嚢. **≠scha·le** 女 卵の殻: **die ~ ablegen** 《比》一人前になる | **noch die ~*n* hinter den Ohren haben** 《話》未熟者〈青二才〉である ‖ ***jm.* kleben**

die ~n noch an 《話》…は未熟者〈青二才〉である. **≈schaum** 男 -〔e〕s/, **≈schnee** 男〘料理〙(卵白を泡立てた)メレンゲ. **≈schnei·der** 男 卵の輪切り器, エッグスライサー. **≈schwamm** 男《南部》(Pfifferling)〘植〙アンズタケ(杏茸). **≈speis** 女《オーストリア》(Rührei) スクランブルド=エッグ, 洋風いり卵. **≈spei·se** 女 **1** 卵料理. **2**《オーストリア》=Eierspeis **≈spie·gel** 男 検卵鏡. **≈stab** 男〘建〙卵鏃(らんぞく)文様(→図). **≈stich** 男〘料理〙卵豆腐. **≈stock** 男 -〔e〕s/..stöcke (Ovarium)〘解〙卵巣.

Eierstab

Ei·er·stock·hor·mon 中〘生理〙卵黄ホルモン.

Ei·er≈tanz 男 エッグダンス(ばらまいた卵の間を目隠しで踊る);《比》薄氷を踏む行動: einen regelrechten ~ ausführen müssen 全く薄氷を踏む思いの難事を行わねばならない. **≈tätsch**[..tɛtʃ] 男 -〔e〕s/-e《スイス》=Eierkuchen 1

ei·er·tra·gend[..tra:gənt][1] 形 卵を抱いている; 卵を産む.

Ei·er≈uhr 女 卵ゆで用の小型砂時計. **≈wär·mer** 男 ゆで卵保温カバー(→ 図 Wärmer).

die **Ei·fel**[áifəl] 地名 女 -/ アイフェル(ライン片岩山地 das Rheinische Schiefergebirge の一部をなす高原で, Rhein 川左岸にある). [„Ulmengelände“; ◇ *rhein.* Eiffe „Ulme“]

Ei·fer[áifər] 男 -s/ **1** 熱意, 熱中: **im ~ des Gefechts** 夢中になっていて, 慌てていたので | in ~ geraten 熱中する | *sich*^{4} in ~ reden しゃべっているうちに興奮してくる | mit großem ~ 熱心に | mit heiligem ~ ひたむきに | heiß vor ~ sein 夢中になっている ‖ bei *et.*^{3} ~ zeigen …と意欲的に取り組む ‖ Sein ~ hat nachgelassen. 彼の熱意は薄れた | Sein ~ ist erkaltet 〈erlahmt〉. 彼は熱意を失った | **Blinder ~ schadet nur.**《諺》短気は損気. **2**《南部》=Eifersucht

Ei·fe·rer[áifərər] 男 -s/- 熱狂者, 狂信的な人;〘宗〙「狂信者.」

ei·fern[áifərn]《05》自 (h) 熱中する, かっかとなる; 躍起になって尽くす(反対する); 熱望する, がつがつする: **für** *et.*^{4} 〈*jn.*〉 ~ …のために尽くす | **gegen** *et.*^{4} 〈*jn.*〉 ~ …の反対運動に熱中する, …に熱心に反対する | **mit** *jm.* ~ …と張り合う | **nach** Ruhm 〈Besitz〉 ~ 名声を得ようと夢中である〈物欲の亡者である〉 | **um** *js.* Liebe^4 ~ …の愛を得ようと躍起になる ‖ der *eifernde* Prediger 熱中した説教者 | in *eifernder* Liebe 恋に夢中になって. [< *ahd.* eivar „herb“]

Ei·fer·sucht[áifərzuxt] 女 -/ 嫉妬(しっと), やきもち, 悋気(りんき); ねたみ: ~ 〔auf *jn.*〕 empfinden 〔…に対して〕嫉妬を覚える | *js.* ~ erregen …に嫉妬心を起こさせる | ein Verbrechen aus ~ begehen 嫉妬心から罪をおかす | Er quälte sie mit seiner ~. 彼は嫉妬で彼女を悩ました.

Ei·fer·süch·te·lei[aifərzʏçtəlái] 女 -/-en《ふつう複数で》嫉妬(しっと)〈やきもち〉からの言動.

ei·fer·süch·tig[áifərzʏçtıç][2] 形 嫉妬(しっと)深い, やきもちやきの: auf *jn.* ~ sein …を嫉妬している | auf *js.* Erfolg^4 ~ sein …の成功をねたんでいる.

Ei·fer·suchts≈an·fall[..zuxts..] 男 嫉妬(しっと)の発作. **≈tat** 女 嫉妬による行為〈凶行〉. **≈wahn** 男 嫉妬妄想.

der **Eif·fel·turm**[áifəlturm] 男 -〔e〕s/ エッフェル塔(高さ300m; フランスの建築家 Eiffel[ɛfɛ́l]〔1832―1923〕の設計によって1889年に造られた).

Ei·form[ái..] 女 卵形: ein Gesicht in ~ 卵形の顔.

ei·för·mig 形 卵形の.

eif·rig[áifrıç][2] 形 **1** 熱心な, 熱中した: ein ~*er* Leser 愛読者 | ein ~*er* Angler 釣り好き〈マニア〉 | sein ~*er* Verehrer 彼のファン | ein ~*es* Verlangen 熱望 ‖ ~ lernen 熱心に学ぶ | ~ essen 一心に食う | ~ für *jn.* eintreten しきりに…の肩をもつ | ~ dabei 〈bemüht〉 sein, ihm zu helfen 彼を助けるのに懸命である. $^▽$**2** =eifersüchtig [< Eifer]

Eif·rig·keit[–kait] 女 -/ 熱心さ, 熱中ぶり.

eig. 略 =eigentlich 本来〔の〕.

Ei·gelb[áigɛlp][1] 中 -s/-e (単位: -/-) (Dotter) 卵の黄身, 卵黄: drei ~ 卵黄 3 個分.

ei·gen[áigən] **I** (eig〔e〕·n..) 形 **1** (英: *own*) 自分の, 自身の, みずからの: mein ~*er* Gedanke 〈Wagen〉 私自身の考え〈車〉 | deine ~*e* Mutter 〈Tochter〉 君の実の母〈娘〉 ‖ aus ~*em* Antrieb 自発的に | mit ~*en* Augen sehen みずから目撃する; 自分の目で見て確かめる | *sein* ~ Brot essen (→Brot) | auf ~*e* Faust 独力で, 自分の責任で | *sein* ~*es* Fleisch und Blut (→Fleisch 1 a) | auf ~*en* Füßen stehen (→Fuß 1 a) | *et.*^{4} auf ~*e* Gefahr tun …を自己の責任で行う | *et.*^{4} zu *js.* ~*en* Händen^3 übergeben …を…自身の手に手渡す | *sein* ~*er* Herr sein (→Herr 2 a) | aus ~*er* Kraft 自力で | *et.*^{4} am ~*en* Leib erleben …を身をもって〈身にしみて〉体験する | aus ~*er* Macht 自分の一存で | das ~*e* 〈*sein* ~*es*〉 Nest beschmutzen (→Nest 1) | in ~*er* Person erscheinen おんみずから現れる | *et.*^{4} aus der ~*en* Tasche bezahlen …を自分の金で買う〈払う〉 | *Eigener* Herd ist Goldes wert.《諺》わが家にまさるものはない(自家のかまどは黄金に値する) | Das ist deine ~*ste* Angelegenheit. これは全くお前さん自身のことだ〈およそひとごとではない〉 ‖ Das ist mein ~. これは私のものだ | ***et.***^{4} ***sein* ~ nennen**《雅》…を所有する | ***jm. et.***^{4} **zu ~ geben**《雅》…に…を与える〈ゆだねる〉 | ***et.***^{4} **zu ~ haben**《雅》…を所有している | ***sich***^{3} ***et.***^{4} **zu ~ machen** …をわがものとする | Ich habe es mir zu ~ gemacht. 私はそれをわがものとした〈習得した〉.

2 (eigentümlich) 特有の, 固有の: Er hat einen ~*en* Stil 〈eine ~*e* Note〉. 彼には彼なりの特徴がある ‖〘3 格と〙 Das ist der Jugend ~. それは青少年に特有のことだ | mit der ihm ~*en* Großmütigkeit 彼独特の寛大さで.

3 (eigenartig) 特異な, 珍奇な: ein ~*er* Mensch 奇人 | ein ~*es* Gefühl 一種独特な感じ | Es ist ein ~*es* 〈$^▽$ein ~〉 Ding um Politik. 政治というものは何か特別なところがあるものだ.

4 (peinlich genau) ひどく細かい, うるさ型の: Er ist sehr ~ in der Arbeit. 彼は仕事については神経質だ〈やかましい〉 | ein in Geldangelegenheiten sehr ~*er* Mensch 金にうるさい人, けちんぼ.

$^▽$**5** =leibeigen I

II Ei·gen 中 -s/《方》私有地.

III Ei·ge·ne 中《形容詞変化》自分のもの, 所有物; 個性. [*germ.* „besessen“; ◇ *engl.* own]

..eigen[..aigən]《名詞につけて「…の所有する, …に所属する; …に固有の, …に特有の」などを意味する形容詞をつくる》: firmen*eigen* 会社所有の | staats*eigen* 国有の ‖ körper*eigen* 生体固有の | rundfunk*eigen* ラジオ特有の.

Ei·gen≈an·teil[áigən..] 男 自己負担分. **≈art** 女 特色, 特性, 個性; 癖: künstlerische ~ 芸術上の独自性 | Jeder Mensch hat seine ~. 人にはそれぞれ個性〈癖〉がある.

ei·gen·ar·tig 形 独特の, 特異な, 一風変わった; おかしな, 奇妙な: ein ~*es* Mädchen 個性的な〈変わった〉女の子 | ~*e* Frisur 変わった髪型 | eine ~*e* Schönheit haben 独特の美しさがある ‖ Das ist aber ~. それはおかしな〈奇妙な〉話だね | Mir war ~ zumute. 私はなにか変な気持だった.

Ei·gen·ar·tig·keit 女 -/-en **1**《単数で》eigenartig なこと. **2** eigenartig な事物.

Ei·gen≈bau 男 -〔e〕s/ 自家製, 自作. **≈be·darf** 男 自家需要: zum ~ 自分の必要で, 自分が使うために. **≈be·richt** 男 (新聞社などの)自社特派員による報道. **≈be·sitz** 男 (↔Fremdbesitz)〘法〙自主占有; 所有物, 所有財産,(特に:) 地所: einen Garten als ~ haben 庭を自分の物として所有する. **≈be·sit·zer** 男〘法〙自主占有者; 地主, 土地所有者. **≈be·tei·li·gung** 女 自己負担. **≈be·trieb** 男 私〈自己〉経営, 私企業. **≈be·we·gung** 女 自動;〘天〙固有運動.

Ei·gen·blut≈be·hand·lung 女, **≈the·ra·pie** 女〘医〙自家血液療法. **≈trans·fu·sion** 女〘医〙自己輸血.

Ei·gen·brö·te·lei[aigənbrø:təlái] 女 -/-en 偏屈, 孤立主義; 奇行. [< Brot]

Ei·gen·bröt·ler[áigənbrø:tlər] 男 -s/ **1** (Einzelgänger) 仲間はずれ, 一匹狼(おおかみ); (Sonderling) 変人. **2**《南西部》(自活している)独身者.

E

Ei·gen·bröt·le·rei[aɪgənbrø:tləráɪ] 女 -/-en ＝Eigenbrötelei
ei·gen·bröt·le·risch[áɪgənbrø:tlərɪʃ] 形 偏屈な, 孤立的な; 変な.
Ei·gen·dün·kel[áɪgən..] 男 うぬぼれ: den ～ ablegen うぬぼれを捨てる.
Ei·ge·ne →eigen III
Ei·gen≠fi·nan·zie·rung 女〘経〙(資金の)自家調達. **≠funk·tion** 女〘数〙固有関数. **≠ge·räusch** 中〘電〙機器雑音. **≠ge·schwin·dig·keit** 女 固有速度;〘空〙対空速度.
ei·gen·ge·setz·lich 形 固有の法則〈原理〉に従う: Die Krankheit nahm ihren ～*en* Verlauf. 病気は〔どこまでも〕本来の経過をたどった(治療などに影響されずに).
Ei·gen≠ge·setz·lich·keit 女 自律性, 独自性. **≠ge·wicht** 中 (橋・車両・容器などの)自重; (風袋ぬきの)正味重量;〘理〙比重. **≠goal**[..go:l] 中《オーストリア》＝Eigentor **≠han·del** 男 -s/〘経〙自営商; 自国取引(全輸出入).
ei·gen·hän·dig[áɪgənhɛndɪç][2] 形 手ずからの; 自筆の: eine ～*e* Stickerei 手製のししゅう | eine ～*e* Unterschrift 自署, サイン ‖ ～ geschrieben 自筆の | ～〔abzugeben〕〘郵〙あて名人本人渡し(「親展」のように封筒に添記する(略 e. h.)).
Ei·gen≠händ·ler 男 自営商人. **≠heim** 中 (一戸建ての)自宅, マイホーム(2世帯用でも一方に所有者が居住するものを含む).
Ei·gen·hei·mer 男《話》マイホームの所有者.
Ei·gen·heit[áɪgənhaɪt] 女 -/-en **1** 特異性; 気むずかしさ: *seine* mundartlichen ～*en* ablegen〈abstreifen〉(言葉の)なまりをなくす. ▽**2** (Alleinrecht) 独占権.
Ei·gen≠hil·fe[áɪgən..] 女 (Selbsthilfe) 自助, みずから打開すること. **≠in·itia·ti·ve** 女 自己の発議, みずからのイニシアチブ. **≠in·ter·es·se** 中 自分の利害関係: aus ～ 自分の利益を考えて. **≠ka·pi·tal** 中 (↔Fremdkapital)〘経〙自己資本. **≠kir·che** 女 (中世の)領主の私立聖堂. **≠kon·sum** 男 自家消費: zum ～ 自分が消費するために. **≠le·ben** 中 -s/ 独自の〈自分なりの〉生活: *sein* ～ bewahren 自分独自の生き方を守る | ein ～ führen 自分なりの生活をする, 好きなように生きる. **≠leh·ner**[..le:nər] 男 ＝Eigenlöhner **≠lei·stung** 女 自分自身の仕事〈はたらき〉(自己負担・自助努力など). **≠lie·be** 女 利己心, 自己愛; 私欲;〘心〙ナルシ〔シ〕ズム. **≠lob** 中 自賛, 自慢: ***Eigenlob* stinkt.**《諺》手前みそは鼻持ちならぬ.
Ei·gen·löh·ner[..lø:nər] 男〘坑〙自営採鉱者. [< Lehner „Bergmeister" (◇Lehen)]
Ei·gen·macht 女 自力: verbotene ～〘法〙法の禁じた私力.
ei·gen·mäch·tig 形 専断〈独断〉の, 自分勝手な: ～ handeln 独断で〈自分勝手に〉行動する.
ei·gen·mäch·ti·ger·wei·se 副 独断で, 自分勝手に.
Ei·gen·mäch·tig·keit 女 -/-en **1**《単数で》eigenmächtig なこと. **2** eigenmächtig な言動.
Ei·gen≠mar·ke 女〘商〙私的商標. **≠mit·tel** 中 -s/ -《ふつう複数で》(↔Fremdmittel) 自己資金.
Ei·gen·na·me 男〘言〙固有名詞: ein geographischer ～ 地名. [*lat.* nōmen proprium の翻訳借用; ◇proper]
Ei·gen·nutz[áɪgənnʊts] 男 -es/ 私利〔私欲〕, 利己心, エゴイズム: den ～ befriedigen〈ablegen〉利己心を満足させる〈捨てる〉| *seinen* ～ zurückstellen 私利を後回しにする(公益を優先させる) | *Eigennutz* regiert die Welt.《諺》だれしもわが身がかわいい.
ei·gen·nüt·zig[..nʏtsɪç][2] 形 利己的な, 自己本位の, 手前勝手な: ein ～*er* Mensch 利己的な人間 | ～ handeln 自分勝手な振舞いをする.
Ei·gen·nüt·zig·keit 女 -/ eigennützig なこと.
Ei·gen≠per·sön·lich·keit 女 独特な人格, 個性. **≠pro·duk·tion** 女 **1** 自家生産. **2** (外部発注ではなく)自社製作. **≠re·flex** 男 (↔Fremdreflex)〘生理〙固有〈自己〉反射. **≠re·kla·me** 女 自己宣言〈ピーアール〉.

ei·gens[áɪgəns] 副 (besonders) 特に, わざわざ, ことさらに: ～ zu diesem Zweck 特にこの目的で | Es braucht nicht ～ gesagt zu werden, daß ... …ということはわざわざ断るまでもない.
Ei·gen·schaft[áɪgənʃaft] 女 -/-en **1** 性質, 属性, 特性;〘法〙身分, 資格: die natürliche ～ der Metalle 金属本然の性質 | Pflanzen mit heilenden ～*en* 薬用植物 | viele gute ～*en* haben 多くの長所がある ‖ in amtlicher ～ sprechen 職務上の発言をする ‖ **in *seiner* ～ als ...** …の資格で, …として | in *seiner* ～ als Vorsitzender 議長として | der Staat in seiner ～ als soziale Form 社会形態としての国家. ▽**2**《単数で》農奴であること, 奴隷.
Ei·gen·schafts·wort 中 -〔e〕s/..wörter (Adjektiv)〘言〙形容詞.
Ei·gen·schwin·gung[áɪgən..] 女 -/-en〘理〙固有〈基準〉振動.
Ei·gen·se·rum≠be·hand·lung 女, **≠the·ra·pie** 女〘医〙自己血清療法.
Ei·gen·sinn 男 -〔e〕s/ **1** わがまま; 強情, がんこ: an *seinem* ～ festhalten 我意を張る | von *seinem* ～ ablassen 我意を折る〈譲る〉. **2**《話》強情っぱり, きかんぼう(人).
ei·gen·sin·nig 形 わがままな; 強情〈がんこ〉な.
Ei·gen·sin·nig·keit 女 -/-en eigensinnig なこと〈振舞い〉.
ei·gen·staat·lich 形 独立国家の, 独立の主権をもつ.
Ei·gen·staat·lich·keit 女 -/ 国家としての独立性, 主権.
ei·gen·stän·dig 形 (selbständig) 自主的な; (eigengesetzlich) 独自の.
Ei·gen·strah·lung 女〘理〙固有レントゲン線.
Ei·gen·sucht[áɪgənzʊxt] 女 -/ (Selbstsucht) 利己心, エゴイズム.
ei·gen·süch·tig[..zʏçtɪç][2] 形 利己的な.
ei·gent·lich[áɪgəntlɪç] (略 eig., eigtl.) **I** 形《付加語的》本来の, ほんとうの, 実際の: das ～*e* England 本来のイングランド | die ～*e* Bedeutung eines Wortes 語の本来の意味 | im ～*en* Sinne〔des Wortes〕狭義では, 厳密に言えば | seine ～*en* Worte 彼の言ったとおりの文句 | sein ～*er* Name〈Beruf〉彼の本名〈本職〉‖ *sein* ～*es* Wesen zeigen 本性を現す | *seine* ～*en* Absichten verschleiern 真意を隠す | Die ～*e* Arbeit beginnt erst jetzt. ほんとうの〔意味での〕仕事はこれからだ.
II 副 **1 a)** ほんとうは, 本来ならば: Er heißt ～ Peter. 彼はほんとうはペーターという名前だ | Er ist ～ Schlosser. 彼は本職は錠前屋である ‖ Das ist ～ verboten. それはほんとうは禁じられている | Ich müßte ～ jetzt schon im Büro sein. 私は本来なら今ごろ事務所に〔着いて〕いなくてはいけないんだ.
b)《雅》文字どおり, 全く: Seine Erzählung war recht ～ eine Beichte. 彼の小説はまさに告白そのものであった.
2 要するに, 結局: Du hast ～ ganz recht. 要するに全く君の言うとおりだ | Es ist ～ doch ganz schön, daß er gekommen ist. つまりは彼が来てとてもうまい具合だ ‖ Ich habe das ～ schon immer gesagt! だから私がしょっちゅう言ってたじゃないか.
3《文中でのアクセントなしで; 疑問文に用いられて, 話し手の主観的心情, 特に疑念を反映して》Warum ～? いったいなぜ | Wie spät ist es ～? いま何時かしら | Was willst du ～ von mir? そもそも君は私に何をして欲しいんだ ‖ Weiß er ～, daß ...? 彼ははたして…を知っているかしら.
[*mhd.* eigen-lich; ◇eigen]
Ei·gen·tor[áɪgən..] 中〘球技〙自殺点(誤って自陣のゴールに球を入れること: →Tor[2] 2 a);〘サッカー〙オウンゴール;《比》自殺行為: Die Reform war ein ～. この改革は自殺行為だった.
Ei·gen·tum[áɪgəntu:m] 中 -s/ **1** 所有物, 財産; 所有権: bewegliches ～ 動産 | unbewegliches ～ 不動産 | geistiges ～ 著作権 | persönliches〈öffentliches〉～ 個人〈公共〉所有物 | privates〈staatliches〉～ 私有〈国有〉財産 | *sich*[4] an fremdem ～ vergreifen 他人の物を盗む ‖ an *et.*[3] das ～ haben〈erwerben〉…を所有する〈手に入れる〉| das ～ schützen〈garantieren〉所有権を保護〈保証〉

E

する | *sein* ～ mehren 財産を殖やす | Das ist mein ～. それは私のものだ. ▽**2** (Landbesitz)(自由保有)不動産, 地所, 所有地.

Ei·gen·tü·mer[..ty:mər] 男 -s/- 所有者〈主〉,(手形などの)所持人: ～ einer Fundsache 拾得物の落とし主.

ei·gen·tüm·lich[áɪgənty:mlɪç; まれ: ─◡◡́◡] 形 **1** (merkwürdig) 風変わりな, 変な: ein ～*er* Reiz 独特の魅力 | ein ～*es* Lächeln 妙な薄笑い ‖ *et.*[4] ～ finden …を変に思う | *jn.* ～ berühren …をいぶかしがらせる. **2 a)** 特有の, 独自〈独特〉の: der ihm ～*e* Stil 彼独特の文体 | die der Steppe[3] ～*e* Vegetation 草原特有の植物群. ▽**b)** 固有の, 本来の: der ～*e* Besitz もとからの所有物 ‖ *et.*[4] ～ besitzen …をもとから所有している ‖ erb- und *eigentümlich* (→erbtümlich).

ei·gen·tüm·li·cher·wei·se 副 奇妙なことに.

Ei·gen·tüm·lich·keit[..kaɪt; まれ: ─◡◡́◡─] 女 -/-en **1** 特異さ, 奇妙さ. **2** 特徴, 特質, 特性: nationale ～ 国民性.

Ei·gen·tums≠bil·dung[áɪgəntu:ms..] 女 (勤労者の)私有財産形成. **≠de·likt** 中 所有権侵犯, 盗み. **≠form** 女 所有形態(私有・国有など). **≠recht** 中〘法〙所有権: literarisches ～ 著作権, 版権 ‖ das ～ an *et.*[3] besitzen〈erwerben〉…の所有権をもっている〈取得する〉. **≠steu·er** 女 財産税. **≠ver·ge·hen** 中 所有(財産)権侵害〔罪〕. **≠vor·be·halt** 男〘商〙所有権留保. **≠woh·nung** 女 本人所有の住居, マイホーム.

ei·gen·ver·ant·wort·lich[áɪgən..] 形 自己責任による, 自分だけの責任の: *et.*[4] ～ entscheiden …を自分の責任で決定する.

Ei·gen≠ver·ant·wor·tung 女 自己責任. **≠ver·brauch** 男 自己消費. **≠ver·si·che·rung** 女 自己保険. **≠wär·me** 女〘動〙〔固有〕体温. **≠wech·sel** 男〘商〙約束手形. **≠wer·bung** 女 自己宣伝〈ピーアール〉; (新聞・雑誌などの)自社広告. **≠wert** 男 **1**《単数で》固有の価値: eine ～ haben それ自身の価値をもつ. **2**〘数〙固有値.

ei·gen·wer·tig 形 それ自体の価値をもつ.

Ei·gen·wil·le 男 我意, 個性的意志〈意見〉; わがまま: den ～*n* des Kindes fördern 子供の個性的意志をのばしてやる.

ei·gen·wil·lig[..vɪlɪç][2] 形 **1** わがままな, 片意地の, いこじの: ein ～*es* Kind わがままな子 | ～*es* Haar 癖の強い髪 | eine ～*e* Stirn (見るからに)我の強そうな額〔の形〕‖ ～ auf einer Meinung bestehen がんこに意見を変えない. **2** 個性的な, 癖のある, 一風変わった.

Ei·gen·wil·lig·keit[..kaɪt] 女 -/-en **1**《単数で》eigenwillig なこと. **2** eigenwillig な言動.

ei·gen·wüch·sig[áɪgənvy:ksɪç][2] 形 自力で成長した〈生じた〉, 内発的な.

Ei·gen·wüch·sig·keit[─kaɪt] 女 -/ eigenwüchsig なこと.

Ei·gen·zeit 女〘理〙固有時.

der **Ei·ger**[áɪgər] 地名 男 -s/ アイガー(スイス中部にそびえるアルプスの高峰, 標高3970m).

eig·n..[áɪgn..] →eigen I

Eig·ne[áɪgnə] =Eigene (→eigen III).

eig·nen[áɪgnən]《01》**I** 他 (h) 再帰 *sich*[4] für *et.*[4]〈zu *et.*[3]〉～ …に適している, …にふさわしい | *sich*[4] für eine Arbeit〈eine Rolle〉～ ある仕事〈役柄〉に向いている | *sich*[4] nicht für ein Kind ～ 子供向きでない | *sich*[4] nicht für den Zweck ～ 目的に合わない | *sich*[4] gut zum Lehrer〈Selbstunterricht〉～ 教師に〈自習用に〉うってつけである | *sich*[4] als Geschenk〈zum Geschenk〉～ 贈り物に向いている. **II** 自 (h)《*jm.*》**1**《雅》(…に)特有である,(…の)特色である: Ihm *eignet* eine gewisse Gutmütigkeit. 彼は人のいいところがある. ▽**2** (…に)適している. ▽**3** (…の)所有物である,(…に)所属する. **III ge·eig·net** → 別出 [＜eigen]

Eig·ner[áɪgnər] 男 -s/- **1** (Schiffseigner) 船舶所有者, 船主. ▽**2** (Eigentümer) 所有主.

Eig·nung[áɪgnʊŋ] 女 -/-en《ふつう単数で》適性, 能力: keine ～ für *et.*[4] haben …への適性がない〈乏しい〉| die ～ eines Bewerbers für eine Stelle 志願者の職場への適性 | die ～ zum Lehrerberuf 教師としての適性 | seine ～ als Kraftfahrer 彼の自動車運転者としての適性 ‖ *jn.* auf seine ～ hin prüfen …の適性を検査する.

Eig·nungs≠prü·fung 女, **≠test** 男 適性テスト. **≠un·ter·su·chung** 女〘医〙適性検査〈診断〉.

eigtl. 略 =eigentlich 本来〔の〕.

Ei·haut[áɪ..] 女 卵膜; 羊膜; 胎膜.

..eiig[..|aɪɪç][2]《数詞につけて「…個の卵の」を意味する形容詞をつくる》: zwei*eiig*〘生〙二卵〔性〕の.

ei·je〔h〕[aɪjé:] 間 (苦痛・驚きの叫び)ああ, わあ.

Ei≠kern[áɪ..] 男〘生理〙卵核. **≠klar** 中 -s/-《ｵｰｽﾄﾘｱ》(Eiweiß)〘料理〙卵白.

Ei·ke von Rep·gow[áɪkə fɔn rέpgo·] 人名 アイケ フォン レプゴー(1180頃-1233; 中世ドイツのザクセン生れの騎士で, ドイツ最古の法書 Sachsenspiegel の著者).

Ei·ko·nal[aɪkoná:l] 中 -s/-e アイコナール(幾何光学上の関数). [＜*gr.* eikṓn (→Ikon)]

Ei·land[áɪlant][1] 中 -〔e〕s/-e《雅》(Insel) 島. [*afries.*－*mndd.*; ◇Aue[2]; *engl.* island]

Eil≠an·ge·bot[áɪl..] 中 諾否をすぐ決めなければならない申し出. **≠auf·trag** 男〘商〙至急注文. **≠be·stel·lung** 女 **1**〘郵〙速達〔扱い〕. **2** =Eilauftrag **≠bo·te** 男 速達便配達人; メッセンジャーボーイ; (Kurier) 急使: durch ～*n*〔zustellen〕速達で〔送る〕.

▽**Eil·bo·ten·lauf** 男 (Staffellauf)〘ｽﾎﾟｰﾂ〙リレー競走.

Eil·bo·ten·zu·stel·lung 女〘郵〙速達便.

Eil·brief 男 速達郵便.

Ei·le[áɪlə] 女 -/ 急ぎ, 慌ただしさ: **in** ～ 急いで,(手紙の結びで)草々 | Er ist immer in ～. 彼はいつでも急いでいる | in aller〈großer/größter〉～ 大急ぎで | in fliegender ～ schreiben 走り書きする | Das hat er in der〈seiner〉～ vergessen. それを彼は慌てていたので忘れた | *et.*[4] mit〔größter/möglichster〕～ betreiben …を〔大〕至急片づける | ohne ～ 慌てずに | *jn.* zu〔r〕～ antreiben …をせき立てる ‖ Ich habe ～. 私は急ぐのだ | Es hat ～. ことは急を要する | Der Brief〈Der Auftrag〉hat ～. その手紙〈依頼〉は急を要する | Er hatte große ～ damit. 彼はそれを大いに急いでいた | Mit dem Wiedergeben hat es keine ～. 返却は急ぎません. [*ahd.*; ◇eilen]

Ei·lei·ter[áɪ..] 男〘解〙〔輸〕卵管.

Ei·lei·ter≠durch·bla·sung 女 (Pertubation)〘医〙卵管通気法. **≠ent·zün·dung** 女〘医〙卵管炎. **≠schwan·ger·schaft** 女〘医〙卵管妊娠.

ei·len[áɪlən] **I** 自 **1** (s) 急いで行く;《比》急速に進む〈広がる〉: nach Hause ～ 急ぎ帰る | zum Bahnhof〈Arzt〉～ 駅〈医者のもと〉へ急ぐ | zu den Fahnen ～ (→Fahne 1 b) ‖ von Erfolg zu Erfolg ～ 矢つぎばやに成功を収める | Die Zeit *eilt*〔dahin〕. 時はどんどん過ぎる | ***Eile* mit Weile!**《諺》急がば回れ(暇をかけて急げ) ‖ ein *eilendes* Bächlein せせらぎ | *eilende* Wolken 走る雲 | *eilenden* Schrittes〈Fußes〉/ mit *eilenden* Schritten 急ぎ足で. **2** (h) 急を要する, 急ぐ: Der Brief *eilt*. / Es *eilt* mit dem Brief. その手紙は急ぐ | Es *eilt* ihm gar nicht mit der Abreise. 彼はちっとも出発を急ぐ必要がない | *Eilt*〔sehr〕! (手紙の表書きに)至急.

II 他 (h) **1**《話》再帰 *sich*[4] ～ 急ぐ(= *sich*[4] beeilen): *sich*[4] mit dem Essen ～ 急いで食事をする. ▽**2**《*jn.*》急がせる, せき立てる. [*ahd.*; ◇Ion, Jahr: *lat.* īre „gehen"]

ei·lends[áɪlənts] 副 急いで, 慌てて; 至急に.

▽**eilf**[aɪlf, ɛlf] =elf

eil·fer·tig[áɪlfɛrtɪç][2] 形 急いだ, 慌てた, 性急な; まめまめしい, 精勤の; ▽素早い.

Eil·fer·tig·keit[─kaɪt] 女 -/ eilfertig なこと.

Eil≠fracht 女 (貨物の)速達扱い; 速達貨物. **≠frach·ter** 男 速達貨物〔配達〕車; 急行貨物船. **≠ge·bühr** 女〘郵〙速達料; 至急便料金. **≠gut** 中〘鉄道〙急行便貨物: *et.*[4] per ～ schicken …を急行便で送る | *et.*[4] als ～ befördern …を急行便扱いにする. **≠gü·ter·zug** 男 急行貨物列車.

ei·lig[áɪlɪç][2] 形 **1** 急いでいる, 慌ただしい, 急速な: eine ～*e*

Erledigung 迅速な処理 | ein ~*er* Blick 素早い一瞥(いちべつ) | ein ~*er* Bote 急ぎの使者 | ein ~*es* Tempo 速いテンポ | Nur nicht so ~! そんなに急ぐな(あわてるな) | Seine Schritte waren ~. 彼は急ぎ足だった.
2 急を要する: ein ~*er* Brief 急ぎの手紙 | Der Auftrag ist sehr ~. この依頼は急を要する ‖ Der Zahn wird ~ 〔und stumpf〕. 歯が浮く ‖ **es ~ haben** 急いでいる(→haben I 5 a) | Ich habe es mit der Arbeit sehr ~. 私はその仕事をとても急いでいる ‖ Er hatte nichts *Eiligeres* zu tun, als es weiterzuerzählen. 彼はさっそくそれを人に話した. [*ahd.*; ◇eilen]

Ei·lig·keit[–kaɪt] 女 -/ eilig なこと.

ei·ligst[áɪlɪçst] **I** eilig の最上級. **II** 副 至急に.

Ei·li·nie[áɪli:niə] 女 〘数〙 卵形線.

Eil⸗marsch[áɪl..] 男 〘軍〙 急行軍: in *Eilmärschen* vorrücken 急行軍で前進する. **⸗post** 女 〘郵〙 速達便: durch ~ 速達便で. **⸗schrift** 女 -/ (高度に省略した)速記〔術〕. **⸗schritt** 男 早足: im ~ 足早に; 〘軍〙 速歩(はやあし)で. **⸗sen·dung** 女 速達〔郵便物〕. **⸗tem·po** 中 速いテンポ: im ~ 急いで. **⸗trieb·wa·gen** 男 〘鉄道〙 快速気動車(記号 ET). **⸗ver·fah·ren** 中 〘法〙 (刑事裁判の)迅速手続き. **⸗zug** 男 (略 E) (急行券不要の)準急〈快速〉列車(1930年までは Schnellzug と同義).

Eil·zug〔**s**〕**·tem·po** = Eiltempo

Eil·zu·stel·lung 女 〘郵〙 速達便.

Ei·mer[áɪmər] 男 -s/- **1** 手おけ, バケツ(→ 図 Gefäß), バケット(→ 図 Bagger); 〘坑〙 (立坑・斜坑の)鉱石運搬かご, スキップ; 〘海〙 (のろくさい)船: ein ~ 〔voll〕 Wasser バケツ1杯の水 | ~ mit Abfällen ごみの入ったバケツ ‖ ein voller ~ 物がいっぱい入ったバケツ | ein leerer ~ 空バケツ; 《話》 おろか者 | Du blöder ~! 《話》 このおろか者め ‖ **mit** *et.*[3] **nicht auf den ~ kommen** 《話》 …を処理し得ない | *jn.* auf den ~ nehmen 《話》 …を軽んじる〈ばかにする〉 | **auf dem ~ sitzen** 《話》 手も足も出ない | **im ~ sein** 《話》 こわれて〈だめになって〉いる, 台なしである | Mein Wagen ist völlig im ~. 私の車は完全にだめになった | Die ganze Stimmung war im ~. その場の空気は台なしだった | **in den ~ gucken** 《話》 出し抜かれて指をくわえて見る | **in den ~ gehen** 〈**fallen**〉 《話》 だめになる | Es gießt wie aus 〈mit〉 ~*n*. (→gießen II 1) | **vom ~ fallen** 〈**sein**〉 《話》 不意を打たれる〈面くらっている〉. **2** アイマー(昔の液量単位. 約60-80リットル). [*gr.* amphoreús (→Amphora)－*lat.*－*ahd.* ambar]

Ei·mer⸗bag·ger[áɪmər..] 男 〘土木〙 バケット浚渫(しゅんせつ)機〈コンベヤー〉(→ 図 Bagger). **⸗ket·te** 女 **1** (バケット=コンベヤーの)バケット〈バケツ〉の連鎖. **2** バケツリレーをする人の列: eine ~ bilden (消火のために)バケツリレーをする.

Ei·mer·ket·ten·bag·ger 男 = Eimerbagger

Ei·mer·lei·ter 男 〘工〙 バケット=コンベヤー.

ei·mer·wei·se 副 (→ ..weise ★)バケツに入れて〔何杯も〕; 《比》 ごっそり.

Ei·mer·werk 中 (Paternosterwerk) じゅず式エレベーター; 〘工〙 バケット=コンベヤー.

ein[1][aɪn]

I 《不定冠詞: 性・格により変化し, 複数はない》 (英: *a, an*)

	男性	女性	中性
1格	ein	eine	ein
2格	eines	einer	eines
3格	einem	einer	einem
4格	einen	eine	ein

1 《一般の名詞につけて》 **a**) 《文脈上初出・未知の個体を示して》 ある…, とある〈さる〉…, 一人〈一つ〉の… : Neben der Kirche ist *ein* Friedhof. その教会の横には墓地がある | Er hat *einen* Unfall gehabt. 彼は事故にあった | Es waren einmal in *einer* Stadt *ein* alter Mann nud *eine* alte Frau. 昔ある町におじいさんとおばあさんがありました ‖ *eine* bestimmte Länge ある一定の長さ | Unser Zug hat *eine* Verspätung von 20 Minuten. 私たちの列車は20分遅れている(＝Unser Zug hat 20 Minuten Verspätung.).

b) 《不特定・任意を示して: しばしば irgend を伴って》 なんらかの… : aus 〔irgend〕 *einem* Grund なんらかの理由で | Nenne mir 〔irgend〕 *einen* Flußnamen! (どれでもよいから)川の名を一つあげてごらんなさい.

☆ 不特定の意味を強める副詞 irgend を伴う時は一語に書かれることが多い: aus *irgendeinem* Grund ある理由で.

c) 《種類を示して》 一種の…, ある種の…, …の一種: Der Mensch ist auch *ein* Tier. 人間もまた動物〔の一種〕である | Sie ist noch *ein* Kind. 彼女はまだ子供です | Der Professor ist *ein* Politiker. この教授はなかなかの政治家〈やり手〉だ | *Eine* Furcht überkam mich. 〔ある種の〕恐怖が私を襲った ‖ *ein* Mann wie er 彼のような(すばらしい・ひどい)男 | Ist das *ein* Student! これでも学生なのか, なんてひどい〈すばらしい〉学生だろう | Hatten wir *einen* Hunger! 腹がへっていたのなんのって | Das war *eine* Hitze! それはもうひどい暑さだった | Das war *ein* Wein! そのワインのすばらしさときたらたいへんなものだった ‖ Solch *ein* 〈*Ein* solches〉 Bild habe ich noch nicht gesehen. こんな絵はまだ見たことがない | Was für *ein* Tier ist das? これは何という動物ですか | *Eine* große Rolle hat er dabei gespielt? 彼がそこでどんなに大きな役割を果たしたと言うのだ.

☆ 職業・国籍・宗教の別を表す際の述語名詞はふつう不定冠詞を省く: Er ist Arzt. 彼〔の職業〕は医師である | Er wird Student. 彼は学生になる | Sie ist Deutsche 〈Japanerin〉. 彼女はドイツ人〈日本人〉だ | Ich bin Buddhist. 私は仏教徒です.

d) 《任意の個体を想定しつつ種族一般を示して》 *Ein* Hund kann schwimmen. 犬は泳げるものだ | 〔Selbst〕 *ein* Kind kann das begreifen. 子供でもそれはわかる | Er arbeitet wie *ein* Pferd. 彼は馬車うまのように働く.

2 《人名につけて》 **a**) …という〔名の〕人, …とかいう人: *Ein* 〈*Eine*〉 Schmidt hat es gesagt. 〔だれか〕シュミットという人がそう言ったのだ | *ein* 〔gewisser〕 Herr Schmidt シュミットさんとか言う男の人.

b) 《特定の人と比較して》 …のような性格〈能力〉の人, …みたいな人: Du bist *ein* echter Napoleon. 君はまるでナポレオンみたいなやつだ | *Ein* Schmidt kommt hier nicht in Frage. シュミットみたいなやつなんか問題にならない.

c) 《著名な芸術家の作品を示して》 …の作品: Diese Geige ist *eine* Stradivari. このヴァイオリンはストラディヴァリの作だ | Er besitzt *einen* Picasso. 彼はピカソの絵を持っている.

3 《不定代名詞などと》 *ein* jeder 〈jeglicher〉 だれでもが, だれもが | *ein* anderer だれか別の人.

4 《数詞を伴う名詞と: およその見当を示して》 およそ…ほどの: Ich war *eine* zwanzig Tage dort. 私は20日ほどそこにいた.

☆ この用法はふつう kein と共に用いられる: Ich war dort keine zwanzig Tage. 私は20日とはそこにいなかった.

5 《**ander** と呼応して形容詞的に: →II 2》 一方の, 片一方の: *ein* Bein über das andere schlagen (片方の脚をもう一方の脚の上にのせて)脚を組む | *Eine* Hand wäscht die andere. 《諺》 人間は相身互い(一方の手がもう一方の手を洗う) | Die *einen* Studenten lernen Deutsch und die anderen Französisch. 学生たちの一部はドイツ語を 残りはフランス語を習っている ‖ *ein* Mal **um** 〈**über**〉 das andere 次々と, 立て続けに | *einen* Tag um 〈über〉 den andern 毎日毎日 | *Ein* Jahr geht um 〈über〉 das andere. 一年一年と過ぎ去って行く | Er las *eine* Seite **nach** der anderen. 彼は1ページ1ページと読み進んだ ‖ auf die *eine* **oder** andere Weise なんらかのやり方で | Wir haben *einen* oder anderen Fehler. 私たちはなんらかの欠点がある.

☆ i) 不定冠詞を伴う2格の付加語をもつ名詞にはふつう重ねて不定冠詞は用いない: der Gipfel *eines* Berges ある山の頂上(誤 *ein* Gipfel *eines* Berges) | Sie ist die Tochter *eines* Arztes. 彼女は医者の娘だ(参考 *eine* der Töchter *eines* Arztes ある医者の〔何人かの〕娘の一人).

ii) 不定冠詞は一般に弱く発音されるので, 口語・詩文でしばしば語頭が欠落することがある: wie *'ne* Lerche ヒバリのように | Ich muß ihr *'nen* Brief schreiben. 私は彼女に手紙を書かねばならない.

iii) 不定冠詞はもともと基数 ein (→III) に由来するので, つねに多少とも「1個」という意味が含まれており, 特に俗語に見

られる *ein* Kaffee (=*eine* Tasse Kaffee コーヒー1杯), *eine* Suppe (=*ein* Teller Suppe スープ一皿)などでは基数的性格が濃い.

II 《不定代名詞: 定冠詞を伴わず単独で用いるときも冠詞とは一部異なる変化をする》(英: *one*)

	単数男性	単数女性	単数中性
1格	einer	eine	ein〔e〕s
2格	eines	einer	eines
3格	einem	einer	einem
4格	einen	eine	ein〔e〕s

1 《定冠詞を伴わず単数のみ》 **a**) 《自然の性に従って》 ① 《男性形: 男に限らず人一般をも示して》ある男, 一人の男; (man) だれかある人: manch *einer* 多くの人 | unser *einer* 〈俗: *eins*〉 私たちの中のだれか | Ich bin nicht *einer*, der so etwas machen kann. 私はそんなことをしでかせる男ではない | Er ist begabt wie selten *einer*. 彼にはまれに見る才能がある | Er spielt Tennis wie nur *einer*. 彼のテニスは他の追随を許さない | Sein Großvater, das war *einer*. 《話》彼の祖父ときたらたいへんな人物〈変わり者〉だった | Du bist 〔mir〕 *einer*. 《話》君はあきれたやつだ〈私をだましたな〉 | Sieh mal *einer* an! 《話》見ろよ, おやまあ, まさか | *Einer* hat es mir erzählt. ある人が私にそれを話してくれた | Das dürfte wohl kaum *einer* glauben. そんなことはおそらくだれも信じてないだろう | Irgend*einer* muß den Anfang machen. まずだれかが口火をきらねばならない(→I 1 b ☆) | die Ansicht *eines*, der dabei war その場に居合わせたある人の意見 | So *einen* kann ich nicht leiden. あんなやつは私は嫌いだ ‖ 〖man の2・3・4格の役割で〗 Je älter man wird, umso rätselhafter wird *einem* das Leben. 年をとるにつれて人生はますますなぞになる | Das kann *einem* 〈*einen*〉 Gesundheit kosten. そんなことをしたら健康を損ねかねない.

☆ einer と man: 同じような機能を果たすが, man とは違って einer は人称代名詞 er で受けることができる: Wenn *einer* genug Geld hat, kann *er* das tun. 金がたっぷりあればそれができる.

② 《女性形》ある女, 一人の女: Sie ist nicht *eine*, die ihren Ärger aufspeichert. 彼女はいつまでも根にもって人を恨むような女ではない | So *einer* wie ihr würde ich nie Geld leihen. 彼女のような女には私は決して金を貸さないだろう.

③ 《中性形》(etwas)〔何か〕あるもの, あること; 《話》だれか一人: *Eines* muß ich dir sagen. 君に言っておきたいことがある | Ist *eines* von uns verletzt? 《話》だれかけがをした者がいるか(=Ist *einer* 〈*eine*〉 von uns verletzt?).

b) 《性の等しい名詞を受けて》一つ, 一人, それ: Sein Vater war ein Matrose, und er möchte auch *einer* werden. 彼の父は船乗りであったが彼も船乗りになりたがっている | Ich habe keinen Bleistift. Hast du *einen*? 私は鉛筆がないのだけれど君はあるかね | Die Tasche ist hübsch. So *eine* möchte ich auch haben. このバッグはきれいですね. 私もこんなのがほしい ‖ 〖複数2格の付加語と〗 *ein*〔*e*〕*s* der Mädchen 少女たちの一人 | *eine* dieser Fragen これらの質問の一つ | *einer* meiner Schüler 私の生徒の一人 | *einer* der höchsten Berge 最も高い山の一つ | Der Plan ist nicht *einer* von denen, die in einem Tag entworfen sind. この計画は一日で作られたようなたぐいのものではない.

☆ 男性・中性の2格 eines は複数2格を付加語にもつ場合には, 不定代名詞男性・中性2格の eines の代わりに誤って einer の形が用いられることが少なくない: bei der Rückkehr *einer* 〈*eines*〉 meiner Kollegen 同僚の一人が帰って来たときに.

c) 《話》《自明な名詞を略した形で》 *eins* singen 〈spielen〉 一曲歌う〈演奏する〉 | *einen* 〈*eins*〉 trinken 一杯飲む | *einen* ausgeben (酒などを)一杯振舞う | *jm. eins* geben 〈versetzen〉 / *jm. eine* (=eine Ohrfeige) geben 〈versetzen〉 …に一発食らわす.

d) 《eins の形で副詞的に》《方》(einmal) いちど: **mit *eins*** 突然, 急に; 同時に(→miteins).

2 《**ander** と呼応して: しばしば定冠詞を伴い形容詞と同じ変化をし, また複数でも用いられて: →I 5》一方の人, 一方の事〈物〉: Sie helfen *einer* dem andern. 彼らは互いに助け合う | Sie kamen *einer* nach dem anderen. 彼らは次々とやって来た | die *eine* so hübsch wie die andere 二人とも〈そろって〉同じように美人である | Ist sie glücklich oder unglücklich?—Weder das *eine* noch das andere. 彼女は幸福なのですか不幸なのですか—そのいずれでもない | zum *einen* ..., zum andern ... 一方では…他方ではまた… ‖ Die *einen* wurden reicher, die anderen aber ärmer. 富み栄えた人たちもいる一方貧しくなった人たちもいる | Die *einen* hassen die anderen. 二手に分かれ憎み合っている ‖ *einer* 〈der *eine*〉 und der andere 両人ともが | *einer* oder der andere どちらか一人 | Ich habe es im Verlauf der Woche von dem *einen* oder 〔dem〕 anderen gehört. そのことは同じ週のうちにだれかれとなく話してくれた | Der *eine* oder andere von uns wird es besorgen. 私たちの中のだれかがその手配をします.

III 《基数: つねに強いアクセントをもつ》(英: *one*)

1 《形容詞的に》〔ただ〕1個の, 一つの: **a**) 《冠詞と同じ位置で》 ① 《付加語の先頭で: I と同じ変化; 印刷の際は隔字体(e i n e n など)を用いることがある》 *eine* Mark fünfzig 〔Pfennig〕 1マルク50〔ペニヒ〕 | Es blieb ihm nur *ein* Sohn. 彼には一人の息子しか残らなかった | Wir sind *einer* Meinung. 我々は意見が一致している | Das ist für *einen* Mann zuviel. それは男子1名の分としては多すぎる | nach *ein*〔*em*〕 und *einem* Viertel Jahr 1年3か月後に | den Becher auf *einen* 〈in *einem*〉 Zug leeren 杯を一気に飲みほす | mit *einem* Wort 一言で言えば ‖ mit hundert 〔und〕 *ein*〔*em*〕 Salutschuß 101発の礼砲をもって.

② 《慣用的に無変化で》 Es ist *ein* Uhr zwanzig. 1時20分です(→2 c) | ein Gewicht von *ein* bis zwei Kilogramm 1ないし2キログラムの重量 | in *ein*〔*er*〕 und derselben Schule 同一の学校で.

b) 《定冠詞や所有代名詞・指示代名詞の後で: 形容詞と同じ変化で》 das 〈dieses〉 *eine* Zimmer その〈この〉一室 | mein *eines* Auge 私の片目 | unser *eines* Kind 我々の一人っ子; うちの子供の一人 | der Ertrag des *einen* Jahres この1年の収穫〔高〕 | der Brief d〔ies〕es *einen* Übriggebliebenen この一人だけ残った人の手紙 | der Wagen, dessen *eines* Rad zerbrochen ist 車輪の一つが壊れている車.

2 《名詞的に: 変化は単独のときは不定代名詞と, 冠詞などの後では形容詞と同じ》 **a**) 一人, 1名, 1個, 一つのもの〈こと〉: nur *einer* 〈*eine*〉 von uns 我々のうちの1名だけ | *Einer* der beiden muß gelogen haben. 二人のうちの一人がうそをついているに違いない | ᵛder *Eine* 神(=Gott) | Ich muß dir dieses *eine* sagen. 私はこの一つのことだけは君に言わなければならない | Ich bin mit dir *eins*. 私は君と同じ考えだ | mit *et.*[3] *eins* werden …と一致する | *sich*[4] *eins* mit *jm.* fühlen 《雅》…と見解を等しくする | Das alles ist mir *eins*. それはみな私には同じことだ | Blitz und Donner waren *eins*. 稲妻と同時に雷鳴がした ‖ 〖前置詞と〗 Das kommt auf *eins* heraus 〈läuft auf *eins* hinaus〉. それは結局は同じことになる | *einer* für alle und alle für *einen* 全員一致協力して | **in *einem* fort** 続けざまに, どしどし | *et.*[4] in *eins* setzen …を同時に〈いっしょくたに〉扱う | unter *einem* 《方》同時に ‖ 〖慣用的に無変化で〗 ***ein* für allemal** これを最後に, 今度限りで, 最終的に | ***js.* ~ und alles sein** …にとってきわめて大切なもの〈存在〉である | Sie ist mein *ein* und alles. 彼女は私にとって掛けがえのない人だ.

b) 《性の等しい名詞を受けて》 Haben Sie noch Ansichtskarten?—Ja, aber nur *eine*. もっと絵はがきを持っていますか—ええ でも1枚だけです.

c) 《eins の形で計算・時刻などについて: →eins II》(数としての) 1; 1時: *Eins* und zwei ist drei. 1たす2は3 | Band 〈Kapitel〉 *eins* 第1巻〈章〉 | ***eins, zwei, drei*** 《話》またたく間に, すばやく | *Eins*, zwei, drei ist er davongelaufen. たちまち〈さっさと〉彼は逃げて行った | tausend*eins* 1001 ‖ um halb 〈ein Viertel〉 *eins* 0時半〈15分すぎ〉に | Es 〈Die Uhr〉 hat eben *eins* geschlagen. 今ちょうど1時を打ったところだ ‖ *eins* a (ふつう I a と書く) Wurst 〖商〗 極上のソーセージ.

E

IV Eins → 別出
［*germ.*; ◇uni.. ; *engl.* one, a〔n〕］

ein²［aɪn］ 副 (外から)中へ: →aus II 2 a ‖ Licht ～! 明かりをつけよ,(電灯の)スイッチを入れよ. ［*ahd.* īn; ◇in¹］

ein..《主として分離動詞の前つづり. つねにアクセントをもつ》**1**《「外から中への方向」を意味する》: *ein*steigen (乗り物に)乗り込む | *ein*flüstern 耳打ちする | *sich*⁴ *ein*schmeicheln おべっかを使って取り入る. **2**《「主語への方向」を意味する》: *ein*atmen 吸い込む | *ein*kaufen 購入する | *ein*laden 招待する. **3**《「ある方向からの逸脱」を意味する》: *ein*biegen (道などが)曲がる. **4**《「包囲・編入」を意味する》: *ein*wickeln 包み込む | *ein*kalkulieren 計算に入れる. **5**《「消滅・破壊」を意味する》: *ein*stürzen (建物などが)崩れ落ちる | *ein*schlagen 打ち砕く. **6**《「ある状態への到達・誘導」を意味する》: *ein*schlafen 寝入る | *ein*deutschen ドイツ化する | *sich*⁴ *ein*leben 住みなれる. **7**《「開始」を意味する》: *ein*läuten 鐘を鳴らして開始を告げる. **8**《「執拗(しつよう)な反復」を意味する》: *ein*reden 説き聞かせる. **9**《「静止の状態」を意味する》: *ein*wohnen 居住する ‖ *Ein*wohner 住民 | *Ein*geweide 内臓 | *ein*heimisch 土着の.

Ein·achs·an·hän·ger［áɪn|aks..］ 男 単車軸〈2 輪〉トレーラー.

ein·ach·sig［..|aksɪç］² 形 (車両が)単車軸〈2 輪〉の; 〖鉱〗(結晶が)単軸の; 〖植〗単茎の.

ein|ackern［áɪn|akərn］《05》他 (h) (肥料などを)すき込む: 再帰 *sich*⁴ in *et.*⁴ ～《話》…を勉強する.

Ein·ak·ter［áɪn|aktər］ 男 -s/- 〖劇〗一幕物.

ein·ak·tig［..|aktɪç］² 形 〖劇〗一幕の.

ein·an·der［aɪnándər］《相互代名詞; 無変化》(sich gegenseitig)(互いに) 相手に〈を〉: Wir prügelten ～⁴ (＝uns). 我々は殴り合いをした | Die drei mißtrauen ～³ (＝sich). その 3 人は互いに不信の念を抱いている | Ihr habt ～⁴ (＝euch) lange nicht gesehen. 君たちは久しぶりの出会いだ ‖ die ～ entgegengesetzten Ansichten 相対立する見解.

★ i) *sich einander, einander* gegenseitig などの表現は類語の重複で好ましくないとされる. 前置詞を伴うときは an*einander*, mit*einander* のように一語につづられる.
ii) einander は今日では雅語またはわざとらしい表現と感じられることが多い.

Ein·an·ker·um·for·mer［áɪn|aŋkər..］ 男 〖電〗回転〈同期〉変流機.

ein|ant·wor·ten［áɪn|antvɔrtən］《01》他 (h)《ｵｰｽﾄﾘｱ》(übergeben)(財産などを) 引き渡す.

Ein·ant·wor·tung［..tʊŋ］ 女 -/-en《ｵｰｽﾄﾘｱ》(財産などの)引き渡し.

ein|ar·bei·ten［áɪn|arbaɪtən］《01》他 (h) **1**《*jn.* in *et.*⁴ (まれ: *et.*³)》(…を…に)精通〈習熟〉させる: *seinen* Nachfolger〔in die Arbeit〕～ 後継者に仕事を仕込む ‖ 再帰 *sich*⁴ in die neue Aufgabe ～ 新しい任務になじむ ‖ *eingearbeitete* Kräfte suchen 熟練者を求める. **2**《*et.*⁴ in *et.*⁴ (まれ: *et.*³)》(…を…に)はめ込む: den Dung in die Erde ～ 肥料をすき込む | die Intarsien in das Möbel ～ 家具に象眼細工をする | eine Stickerei in die Bluse ～ ブラウスに刺しゅうをする | Nachträge in die Neuauflage ～ 新版に追加訂正を組み込む ‖ *eingearbeiteter* Stein はめ込まれた宝石. **3** (余計に働いて遅れを)取り戻す.

Ein·ar·bei·tung［..tʊŋ］ 女 -/-en (einarbeiten すること. 例えば:) 実習.

Ein·ar·bei·tungs·zeit 女 実習〈教育〉期間.

ein≠ar·mig［áɪn|armɪç］² 形 **1** 腕が 1 本だけの, 片腕だけの: ein ～*er* Bandit (→Bandit). **2** 1 本腕による, 片腕だけでの: ～*er* Handstand〖体操〗片手倒立. **≠ar·tig** 形 1 種類の; 一様な, 均一の.

ein|äschern［áɪn|ɛʃərn］《05》他 (h) **1** 焼いて灰にする: die Leiche ～ 死体を火葬にする | das ganze Dorf ～ 村を焼き払う | Der Brand *äscherte* viele Häuser *ein*. 火の手は多くの家々を灰にした. **2**〖化〗煆焼(かしょう)する.

Ein·äsche·rung［..ʃərʊŋ］ 女 -/-en **1** 焼いて灰にすること; 火葬. **2**〖化〗煆焼(かしょう).

Ein·äsche·rungs·hal·le 女 (Krematorium) 火葬場.

ein|at·men［áɪn|a:tmən］《01》他 (h) (↔ausatmen)(息とともに)吸い込む: schädliche Stoffe mit der Luft ～ 空気といっしょに有害物質を吸い込む ‖〖目的語なしで〗*Einatmen*, Luft anhalten, ausatmen! (X 線撮影で)息を吸って息を止めて 息を吐いて〔ください〕.

Ein·at·mung［..mʊŋ］ 女 -/ 息を吸うこと, 吸入.

ein·ato·mig［áɪn|ato:mɪç］² 形〖理〗1 原子の.

ein|ät·zen［áɪn|ɛtsən］《02》他 (h)《*et.*⁴ in *et.*⁴》〖化〗(腐食して…に…を)うがつ;〖美〗(腐食剤で…に…を)刻み込む: Die Säure hat Löcher in die Platte *eingeätzt*. 酸で板に穴があいた.

ein·äu·gig［áɪn|ɔʏgɪç］² 形 目が一つの, 片目の;〖動〗片眼の, 単眼の;《比》一面のみに気を取られて他面を省みない: eine ～*e* Spiegelreflexkamera〖写〗一眼レフ ‖ ein *Einäugiger*《戯》ライトをつけたオートバイ〈自転車〉| **Unter**〔**den**〕**Blinden ist der *Einäugige* König.**《諺》鳥なき里のコウモリ(盲人の国では片目でも見える人が王様).

Ein·äu·gig·keit［－kaɪt］ 女 -/ einäugig なこと.

Ein·back［áɪnbak］ 男 -〔e〕s/-e, ..bäcke［..bɛkə］(-s) アインバック(一度焼きのビスケット : → Zwieback).［backen¹］

ein|backen¹⁽*⁾［áɪnbakən］《11》他 (h) (レーズンなどをケーキ・パンに)焼き込む, 入れて焼く.

ein|backen²［－］ 他 (h)〖地〗(地層に化石などを)はりつかせる.

ein·bah·nig［áɪnba:nɪç］² 形 一方通行〈交通〉の; 一車線〈単線〉の.

Ein·bahn≠stra·ße［áɪnba:n..］ 女 一方通行〈交通〉路. **≠ver·kehr** 男 一方通行〈交通〉.

ein|bal·lie·ren［áɪnbali:rən］(**ein|bal·len**［..balən］) 他 (h) (綿花などを)梱包(こんぽう)する. ［＜Ballen］

ein≠bal·lig［áɪnbalɪç］² (**≠bäl·lig**［..bɛlɪç］²) 形 左右同じ〈単一の〉靴型で作った: ～ gearbeitete Schuhe 同じ木型で作った(左右どちらにもはける)靴.

ein|bal·sa·mie·ren［áɪnbalzami:rən］ 他 (h) **1** (死体を)防腐処理する; ミイラにする: ***sich***⁴ **～ lassen können**《話》お払い箱になったほうがましな〈てんで役立たず〉である.
2《戯》(…に)厚化粧する; たっぷり香水をつける: 再帰 Sie hat sich⁴ *einbalsamiert*. 彼女はごてごてと化粧して〈香水のにおいをぷんぷんさせて〉いる.

Ein·bal·sa·mie·rung［..rʊŋ］ 女 -/-en (死体の)防腐処理; ミイラ化.

Ein·band［áɪnbant］¹ 男 -〔e〕s/..bände［..bɛndə］ 製本, 装丁; (背表紙も含めて)表紙(→ 図 Buch): ein Buch in Leder*einband* 革装丁の本. ［＜einbinden］

Ein·band≠decke 女 (書籍を製本するための)表紙. **≠ent·wurf** 男 装丁〔デザイン〕.

ein≠bän·dig［áɪnbɛndɪç］² 形 全 1 巻〈冊〉の. **≠ba·sisch**［..ba:zɪʃ］(**≠ba·sig**［..ba:zɪç］²) 形《付加語的》〖化〗1 塩基の.

Ein·bau［áɪnbaʊ］ 男 -〔e〕s/-ten **1**《単数で》(↔Ausbau) 作り〈取り〉つけ;《比》組み込み: der ～ eines Bades in die Wohnung 住宅内に浴室を作ること | der ～ von Turnstunden in den Stundenplan〔正規の〕時間割に体育を組み入れること. **2**〖建〗内装.

ein|bau·en［áɪnbaʊən］ 他 (h) **1** (↔ausbauen) 作り〈取り〉つける; 組み込む;《比》挿入する: einen neuen Motor in das Auto ～ 自動車に新しいエンジンを取りつける | einen Schrank〔in die Wand〕～ 戸棚を〔壁に〕作りつける | einen neuen Paragraphen in ein Gesetzbuch ～ 法典に新しく 1 条追加する | eine Anekdote in den Roman ～ 小説に逸話をひとつ挿入する ‖ eine *eingebaute* Badewanne 作りつけの浴槽 | ein unterirdisch *eingebautes* Kabel 地下ケーブル | eine Kamera mit *eingebautem* Belichtungsmesser 露出計内蔵カメラ. **2** (構築物で)囲む: den Fluß ～ 川の両岸に堤防を造る | Der Garten ist ganz *eingebaut*. 庭は四方建物で囲まれている.

Ein·bau≠kü·che 女 システムキッチン(作りつけの台所設備一式). **≠leuch·te** 組み込み照明灯.

Ein·baum［áɪnbaʊm］ 男 丸木舟;〖坑〗丸木ばしご.

Ein·bau≠mö·bel[áɪnbaʊ..] 中 -s/- 《ふつう複数で》作りつけ家具. **≠mo·tor** 男 (モーターバイクなどの)組み込みエンジン. **≠re·gal** 中 -s/-e 作りつけ書架.

ein·bau·reif 形 すぐ作り〈取り〉つけ可能の.

Ein·bau·schrank 男 作りつけ戸棚.

Ein·bee·re[áɪnbe:rə] 女 〖植〗ツクバネソウ属.

ᵛ**ein|be·glei·ten**[áɪnbəglaɪtən] 《01》 他 (h) 《オーストリア》 (einleiten) (手続きなどを)始める.

ein|be·grei·fen*[áɪnbəgraɪfən] 《63》 他 (h) 《雅》含める, 含めて考える〈計算する〉: *jn.* in den Tadel nicht 〔mit〕 ～ …は非難の対象外とする ‖ in dem Preis〔e〕 〈in den Preis〉 *einbegriffen* sein (サービス料・税金などが)値段に含まれている ‖ 〖過去分詞で副詞的に〗 Alle waren da, er *einbegriffen*. 彼を含めて全員が出席〈到着〉していた | Ich zahlte die Zeche, den Wein *einbegriffen*. 私はワインの分もひっくるめてその飲食代を払った.

ein|be·hal·ten*[áɪnbəhaltən] 《65》 他 (h) **1** 《*et.*⁴》留保する, 渡さずにおく: die Steuern 〈zehn Prozent vom Lohn〉 ～ 税額〈賃金の10パーセント〉を天引きする. **2** 《*jn.*》留置する, 拘留する: einen Betrunkenen zur Ausnüchterung ～ 酔っぱらいを保護留置して酔いをさまさせる.

Ein·be·hal·tung[..tʊŋ] 女 -/-en (einbehalten すること. 例えば:) 天引き, 控除.

ein·bei·nig[áɪnbaɪnɪç]² 形 単脚の, 1本足の.

ein|bei·ßen*[áɪnbaɪsən] 《13》 **I** 自 (h) かみつく: mit den Zähnen in einen Apfel ～ りんごにかぶりつく.
II 他 (h) 再帰 *sich*⁴ in *et.*⁴ ～ …にかみつく〈食い入る〉.

ein|be·ken·nen*[áɪnbəkɛnən] 《73》 他 (h) 《オーストリア》 (eingestehen) 告白〈自白〉する: *seine* Steuern ～ 納税申告する.

Ein·be·kennt·nis[..kɛntnɪs] 中 -ses/-se (オーストリア: **Ein·be·ken·nung**[..nʊŋ] 女 -/-en) 告白, 自白; 納税申告.

ein|be·rech·nen[áɪnbərɛçnən] 《01》 他 (h) 算入する.

ein|be·ru·fen*[áɪnbəru:fən] 《121》 他 (h) **1** (集会・会議などを)召集する: das Parlament 〈den Parteitag〉 ～ 議会〈党大会〉を召集する. **2** (人員を)召集する, 動員する: *jn.* zum Militärdienst 〈zur Fahne〉 ～ …を軍隊に召集する | Arbeiter zur Kundgebung ～ 労働者をデモに動員する.

Ein·be·ru·fung[..fʊŋ] 女 -/-en **1** (集会・会議などの)召集. **2** (人員の)召集, 動員: *seine* ～ 〔zum Militärdienst〕 erhalten 軍隊に召集される.

Ein·be·ru·fungs≠be·fehl 男, **≠schrei·ben** 中 〖軍〗召集令状.

ein|be·sche·ren[áɪnbəʃe:rən] 他 (h) 《方》《*jm. et.*⁴》 (…に…をクリスマスプレゼントとして)贈る.

ein·be·schrei·ben[áɪnbəʃraɪbən] 《152》 他 (h) 《*et.*³ *et.*⁴》〖数〗(…に…を)内接させる: einem Vieleck einen Kreis ～ 多角形に円を内接させる | ein *einbeschriebener* Kreis 内接円.

ein|be·stel·len[áɪnbəʃtɛlən] 他 (h) 《*jn.* zu *et.*³》 (…を…に) 来させる, 出頭させる.

ein|be·to·nie·ren[áɪnbetoni:rən] 他 (h) 〖工〗コンクリートで固定する: einen Pfeiler in den Felsen ～ 柱をコンクリートで岩に埋め込む.

ein|bet·teln[áɪnbɛtəln] 《06》 他 (h) **1** (ねだって)もらい集める. **2** 再帰 *sich*⁴ bei *jm.* ～ …に取り入る.

ein|bet·ten[áɪnbɛtən] 《01》 他 (h) **1** 《*et.*⁴ in *et.*⁴》 **a)** (…を…の中へ)埋め込む; くるみ込む: ein Rohr in die Erde ～ 管を地中に埋設する ‖ 再帰 *sich*⁴ tief in den Sand ～ 砂に深くめり込む ‖ 〖過去分詞で〗 in *et.*⁴ 〈*et.*³〉 *eingebettet* sein 〈liegen〉 …に埋まっている | ein in einen Wald 〈in einem Wald〉 *eingebettetes* Dorf 森に囲まれた村. **b)** (ある文の中に別の文を)埋め込む: ein *eingebetteter* Satz 〖言〗埋め込み文.
ᵛ**2** 再帰 *sich*⁴ bei *jm.* ～ …の家に泊まる.

ein·bet·tig[áɪnbɛtɪç]² 形 **1** ベッドが一つの(寝室など). **2** 〖植〗雌雄同花の.

Ein·bet·tung[..tʊŋ] 女 -/-en (einbetten すること. 例えば:) 〖言〗埋め込み.

Ein·bett·zim·mer 中 (ホテル・病院などの)一人部屋, 個室.

ein|beu·len[áɪnbɔʏlən] 他 (h) (↔ausbeulen) くぼます, へこます: 再帰 *sich*⁴ ～ くぼむ, へこむ ‖ die *eingebeulte* Karosserie eines Autos 自動車のへこんだ車体.

Ein·beu·lung[..lʊŋ] 女 -/-en **1** 《単数で》〔sich〕 einbeulen すること. **2** (Beule) でこぼこ, へこみ.

ein|be·zie·hen*[áɪnbətsi:ən] 《219》 他 (h) 取り入れる, 含める, 算入する: *et.*⁴ in *seine* Pläne ～ …を自分の計画にふくめる | *et.*⁴ in das Programm 〔mit〕 ～ …をプログラムの中に入れる | *et.*⁴ in *seine* Überlegung 〔mit〕 ～ …を考慮に入れる ‖ in die Zahl *einbezogen* sein その数〔の中〕に含まれている | Das Frühstück ist im Preis 〈in den Preis〉 *einbezogen*. 朝食は〔宿泊〕料金に含まれている.

Ein·be·zie·hung[..tsi:ʊŋ] 女 -/-en einbeziehen すること.

ein|bie·gen*[áɪnbi:gən]¹ 《16》 **I** 自 (s) (人・車・道・川などが)曲がる: in ein Tor ～ (曲がって)門内に入る | in die erste Straße rechts ～ 最初の通りを右へ曲がる | 〔nach〕 links ～ 左折する. **II** 他 (h) (内側へ)〔折り〕曲げる: die Finger ～ 指を折り曲げる ‖ 再帰 *sich*⁴ ～ (内側へ)〔折れ〕曲がる ‖ ein *eingebogener* Rücken 曲がった背中, 猫背.

Ein·bie·gung[..gʊŋ] 女 -/-en (内側への)屈曲; (道の)曲がり角: eine ～ machen 屈曲する, (内側へ)〔折れ〕曲がる.

ein|bil·den[áɪnbɪldən]¹ 《01》 他 (h) **1** 再帰 *sich*³ *et.*⁴ ～ …であると思い込む〈錯覚する〉; …であるとうぬぼれる | Du *bildest* dir *ein*, hübsch zu sein 〈du seiest hübsch〉. 君は美人のつもりでいる | *sich*³ Schwachheiten ～ (→Schwachheit 2) | *sich*³ einen Stiefel ～ (→Stiefel 2) ‖ ein *eingebildeter* Mensch 〈Affe〉 うぬぼれ屋 | der *eingebildete* Kranke 自分で病気と思い込んでいる男 | *eingebildete* Krankheit 〈Schwangerschaft〉 想像病〈妊娠〉. **2** 再帰 *sich*³ viel 〈etwas〉 auf *et.*⁴ ～ …を大いに〈いくらか〉自慢に思う | Er *bildet* sich nichts 〈nicht wenig〉 auf seinen Erfolg *ein*. 彼は自分の成功をちっとも鼻にかけない〈少なからず自慢に思っている〉.
3 《話》 *sich*³ *et.*⁴ 〈*jn.*〉 ～ なんとしてでも…をほしいと思う.
[*mhd.* īn-bilden „(in die Seele) hinein-bilden"]

Ein·bil·dung[..dʊŋ] 女 -/en **1** 想像, 空想; 幻覚: an ～*en* leiden 幻覚に悩まされる | nur in *js.* ～³ bestehen 〈existieren / vorhanden sein〉 …の空想の産物にすぎぬ ‖ *js.* ～*en*⁴ zerstreuen …の妄想を吹き払う | Das ist nur ～ 〔von Ihnen〕. それは〔あなたの〕思いすごしです. **2** 《単数で》うぬぼれ: Er platzt vor ～. 《話》彼はひどいうぬぼれ屋だ | ***Einbildung* ist auch eine Bildung.** 《戯》うぬぼれも教養のうち. **3** 《単数で》 =Einbildungskraft

Ein·bil·dungs·kraft 女 -/ (Phantasie) 想像力: *seiner* ～ freien Lauf lassen 自由に想像を巡らす. [*lat.* vīs imāginātiōnis (◇violent, Imago) の翻訳借用]

Ein·bil·dungs·ver·mö·gen 中 -s/ = Einbildungskraft

ein|bim·sen[áɪnbɪmzən]¹ 《02》 他 (h) 《話》《*jm. et.*⁴》懸命に教え込む: *sich*³ *et.*⁴ ～ …を懸命に覚え込む.

ein|bin·den*[áɪnbɪndən]¹ 《18》 他 (h) **1** 装丁〈製本〉する; (車輪・おけに)鉄輪〈たが〉をはめる, (靴の上革を)底内革に縫いつける; (商品を)包装する; 〖医〗包帯する; 〖園〗(若木に)わら囲いをする; 〖海〗(帆を)たたむ; 〖劇〗装置をバトンに結びつける: ein rot *eingebundenes* 〈in rotes Leder *eingebundenes*〉 Album 赤い表紙〈赤革装〉のアルバム. **2** 束ねる: das Haar in ein Tuch ～ 髪をスカーフにくるむ | Rosen in einen Kranz ～ バラを花輪に編む. ᵛ**3** 《*jm. et.*⁴》 **a)** (洗礼のさい名づけ親が)お祝いの贈り物をする(元来は産着の下にくるんで). **b)** =einschärfen [◇Einband, Eingebinde]

Ein·biß[áɪnbɪs] 男 ..bisses/..bisse **1** (犬などの)かみ跡〈傷〉. **2** (老馬の上あご犬歯に生じる)かぎ形変形.

ein|bla·sen*[áɪnbla:zən]¹ 《20》 他 (h) **1 a)** 《*et.*⁴ in *et.*⁴》吹き入れる: in einen Ofen Luft ～ 炉に空気を送り込む. **b)** 《*jm. et.*⁴》 (…に考えなどを)吹き込む; 《話》こっそり教える: Wer hat dir eine solche Dummheit *eingeblasen*? だれが君にこんなばかな考えを吹き込んだのか. **2 a)** 〖楽〗

E

(音程を安定させるため管楽器を)吹いて慣らす: 再帰 *sich*⁴ 〔auf der Posaune〕 ~ 〔トロンボーンの〕吹き慣らしをする. ᵛ**b)** 《*et.*⁴ 〔auf *et.*³〕》(〔…を〕吹いて…の)到来を告げる. **3** (風が壁などを)吹き倒す.

Ein·blä·ser[..blɛːzər] 男 -s/- **1 a)** 《話》(einblasen する人. 特に:)(他人に考えなどを)吹き込む人; こっそり教える人. **b)** (Souffleur) 〘劇〙プロンプター. **2** 〘医〙吸入器.

Ein·bla·sung[..blaːzʊŋ] 女 -/-en (einblasen すること. 特に:) 〘医〙吸入.

Ein·blatt[áɪnblat] 中 -〔e〕s/..blätter, **Ein·blatt·druck** 男 -〔e〕s/-e 〘印〙ブロードサイド(片面刷りの端物(はもの)印刷物).

ein|blat·ten[áɪnblatən] 《01》他 (h) **1** 〘建〙合欠(あいがき)式に接合する. **2** 〘鉄道〙(まくら木に)刻みを入れる. [<Blatt 4 e]

ein≠blät·te·rig (≠**blätt·rig**) [áɪn..] 形 〘植〙単葉の.

ein|bläu·en[áɪnblɔʏən] 他 (h) (洗濯物などをさらに白く見せるために)青みをつける.

ein|blen·den[áɪnblɛndən]¹ 《01》 **I** 他 (h) (↔ausblenden) 〘放送・映〙(音声・映像を)しだいに鮮明にする; フェードイン〈溶明〉する; (番組・場面を)放送〈放映〉し始める; (場面・音楽などを)挿入する, はさみ込む: ein Interview in eine Reportage ~ ルポ番組にインタビューをはさみ込む ‖ 再帰 *sich*⁴ ~ (カメラなどの)ピントが合う | *sich*⁴ in die Übertragung ~ (局が)中継放送を始める〈に切り替える〉.

II 自 (h) 《auf *et.*⁴》(局が番組を)放送〈放映〉し始める.

ein|bleu·en[áɪnblɔʏən] 他 (h) 《俗》(einschärfen) 《*jm. et.*⁴》(…に…を)〔むりやり〕覚え込ませる, 銘記させる: *jm.* Latein ~ …にラテン語をたたき込む.

Ein·blick[áɪnblɪk] 男 -〔e〕s/-e **1** (内部を)のぞいて見ること; 《比》洞察,(文書・書類などの)認識: ein kurzer 〈flüchtiger〉 ~ 一瞥(いちべつ) | ein ~ in die Zukunft 未来への洞察 ‖ 〔einen〕 ~ in *et.*⁴ gewinnen 〈bekommen〉 …を認識する | *jm.* ~ in *et.*⁴ gewähren 〈geben〉 …に…を見せる; …に…を認識させる | Eine Hecke verhinderte den ~ in den Garten. 垣根が庭の中への見通しをさえぎっていた. **2** (文書・書類などの)閲覧, 閲読: *sich*³ 〔einen〕 ~ in die Akten verschaffen 書類を見せてもらう. [<ein²]

ein·blü·tig[áɪn..] 形 〘植〙単花の.

ein|boh·ren[áɪnboːrən] 他 (h) **1** (穴を)うがつ: ein Loch in ein Brett ~ 板に穴をあける. **2** 食い入らせる: die Schraube in ein Brett ~ ボルトを板にねじ込む ‖ 再帰 *sich*⁴ in *et.*⁴ ~ …に食い入る〈めり込む〉| mit den sich *einbohrenden* Augen 食い入るような目つきで.

ein|boo·ten[áɪnboːtən] 《01》他 (h) **1** はしけで船に運ぶ. **2** ボートに乗せる: 再帰 *sich*⁴ ~ ボートに乗る.

ein|bre·chen*[áɪnbrɛçən] 《24》 **I** 自 **1 a)** (s, h) (どろぼうが)押し入る: Er ist in ein Juweliergeschäft *eingebrochen.* / Er hat in einem Juweliergeschäft *eingebrochen.* 彼は宝石店に押し入った | Bei ihm 〈In seinem Haus〉 ist *eingebrochen* worden. 彼の家にどろぼうが入った | Bei dir haben sie 〔wohl〕 *eingebrochen*? 《話》おまえ頭がどうかしてるんじゃないか. **b)** (s) 侵入〈突入〉する; 襲いかかる: Der Feind ist in das Land 〈die Front〉 *eingebrochen.* 敵が国内に侵入した〈戦線を突破した〉| Der Wolf *brach* in die Herde *ein.* オオカミが(さく内の)〔家畜の〕群れに襲いかかった | Unheil *brach* von allen Seiten auf ihn *ein.* 災いが八方から彼に降りかかった. **c)** (s) 《雅》(夜・寒気などが)始まる: bei 〈mit〉 *einbrechender* Dunkelheit やみの訪れとともに, 日の暮れ方に. **2** (s) 落ち込む; くずれ落ちる; 《話》(選挙・試合などで)惨敗する: Er ist ins Eis 〈auf dem Eis〉 *eingebrochen.* 彼は氷が割れて水中に落ちた ‖ Das Eis 〈Der Fußboden〉 *brach* unter ihm *ein.* 彼の重みで氷が割れた〈床が抜けた〉.

II 他 (h) **1** (einschlagen) 打ち破る,(氷・窓ガラスを)割る,(戸を)こじあける; (ブリキ・厚紙を)折〔り曲げ〕る; (穴を)あける. **2** (馬を)〔乗り〕ならす.

Ein·bre·cher[áɪnbrɛçər] 男 -s/- 侵入者; (特に: 家に押し入る)どろぼう, 押し込み.

Ein·brenn[áɪnbrɛn] 女 -/-en, **Ein·bren·ne**[..nə] 女 -/-n 《南部・オーストリア》(Mehlschwitze) 〘料理〙ルー.

ein|bren·nen*[áɪnbrɛnən] 《25》 **I** 他 (h) **1** 焼き付ける: einem Tier ein Zeichen ~ 家畜に焼き印を押す | Farben in das Porzellan ~ 磁器に色を焼きつける ‖ *eingebrannte* Holzmalerei 焼画 | *eingebrannte* Wachsmalerei 蠟(ろう)〔焼きつけ〕画. **2 a)** 〘料理〙(小麦粉を)バターできつね色にいためてルーを作る. **b)** (飼料などを)熱湯にくぐらせる; (防縮などのために毛〔織物〕を)加熱処理する; (革に)獣脂を塗る; (たるを)硫黄でくすべる. **c)** 〘医〙《目的語なしで》焼灼(しょうしゃく)する. **3** 《方》《*jn.*》(日光が…の顔などを)焼く(→II 2). **4** 《雅》再帰 *sich*⁴ ~ **a)** (心に)焼きつけられる: *sich*⁴ *jm.* ~ (印象などが)…の心に焼きつく | Das Bild hat sich mir ins Gedächtnis *eingebrannt*. その光景は私の記憶に焼きついた. **b)** 焼けて縮む. **c)** 《ウィーン》痛飲する.

II 自 (s) **1** (ブランデーが)さわやかにのどを越す. **2** 《方》日に焼ける(→I 3).

Ein·brenn·sup·pe 女 《オーストリア》(Brennsuppe) ルーで作ったスープ.

ein|brin·gen*[áɪnbrɪŋən] 《26》 **I** 他 (h) **1** 《*et.*⁴ in *et.*⁴》(…を…の中へ)運び入れる, 持ち込む, しまい込む: Heu 〈das Getreide〉 〔in die Scheune〕 ~ 干し草〈穀物〉を〔納屋に〕しまい込む | das Schiff 〔in den Hafen〕 ~ 船を港に入れる | Koks in den Hochofen ~ 溶鉱炉にコークスを入れる. **2** 《*et.*⁴ 〔in *et.*⁴〕》 **a)** (婚姻・資本参加などの際に…を)持参する, 出資〈寄贈〉する: *sein* Vermögen in eine Stiftung ~ 財産をある財団に寄付する ‖ das *Eingebrachte* seiner Frau 彼の妻が嫁入りの際に持参したもの(→Eingebrachte). **b)** (知識・能力などを〔…に〕)提供する: 再帰 *sich*⁴ in *et.*⁴ voll ~ …に全力を傾注する. **3** 《*jn.*》(捕虜・囚人などを)収監する. **4** (法案・決議などを)提出する: einen Antrag 〈eine Resolution〉 ~ 動議〈決議〉を提出する. **5** (利益・名声などを)もたらす: *jm.* viel Geld 〈großen Ruhm〉 ~ …にばく大な金〈大いなる名声〉をもたらす | Diese Arbeit *bringt* uns nichts *ein*. この仕事は私たちにとって何の得にもならない. **6** (損失・遅れなどを)取り戻す, 回復する, 埋め合わせる: die versäumte Zeit ~ 時間の遅れを取り返す | den Verlust ~ 損失の埋め合わせをする. **7** (↔ausbringen) 〘印〙組み縮める: zwei Zeilen ~ (字間を詰めたり, 語数を減らすなどして) 2 行少なくする. **II Ein·ge·brach·te** → 別出

ein·bring·lich[áɪnbrɪŋlɪç] 形 (gewinnbringend) 利益の多い, 有利な: ein ~*er* Posten 有利なポスト.

Ein·brin·gung[..ŋʊŋ] 女 -/-en 《ふつう単数で》(einbringen すること. 例えば:) 取り入れ, しまい込み, 格納, 収納; (婚姻の)持参金; (法案・決議などの)提出; (損失・遅れの)取り戻し, 回復: die ~ der Ernte 収穫物の取り入れ | die ~ des Etats 予算案の提出.

ein|brocken [áɪnbrɔkən] 他 (h) **1** (パンを)砕いて入れる; (スープに)パンを砕いて入れる: Brot in die Suppe ~ / eine Suppe ~ パンを砕いてスープに入れる ‖ viel *einzubrocken* haben 《比》裕福である. **2** 《話》(とんだことを)しでかす,(とんだ迷惑を)かける: *jm.* eine schöne 〈böse〉 Suppe ~ (→Suppe 1) | *sich*³ eine schöne 〈böse〉 Suppe ~ (→Suppe 1) | die Suppe, die man sich *eingebrockt* hat, auslöffeln (→Suppe 1) ‖ *sich*³ 〔et〕was 〈Schönes〉 ~ みずからめんどうを招く | Das hast du dir selber *eingebrockt*. それは君の自業自得だ | **Was man sich *eingebrockt* hat, muß man auch auslöffeln 〈ausessen〉.** 《諺》みずからまいた種はみずから刈らねばならぬ. **3** 《ウィーン》 **a)** (verzetteln) (金・時間などを)浪費する. **b)** (zuzahlen) 追加払いする, 払い足す. [<Brocken¹]

Ein·bruch[áɪnbrʊx] 男 -〔e〕s/..brüche[..brʏçə] **1 a)** (どろぼうの)家宅侵入, 押し入り: der ~ ins 〈im/beim〉 Bankhaus 銀行強盗 | einen ~ verüben (どろぼうが)押し入る. **b)** 侵入, 進入: feindliche *Einbrüche* ins Land 敵の越境侵入 | ~ kälterer Luftmassen 寒気団の進入 | der jähe ~ des Todes 突然の死, 急死. **c)** 《単数で》《雅》始まり: ~ des Winters 冬の訪れ | bei 〈mit〉 ~ der Dunkelheit 日の暮れに〈とともに〉. **2** (Einsturz) 落ち込み; 陥没, 崩落, 〘経〙暴落; 《話》惨敗: scharfer ~ in Baumwoll-

E

preisen 綿価の暴落 | Unsere Partei erlebte bei den Wahlen den größten ～ nach dem Krieg. わが党は選挙で戦後最大の敗北を喫した. **3** 破壊, 破損; 〘坑〙切り込み. **4** 〘紋〙(盾形の)向かって右上から左下への斜線(本妻の子でないことを示す). [*mhd.*; ◇einbrechen]

Ein·bruch〔s〕·dieb·stahl 男 〘法〙侵入窃盗.

Ein·bruch〔s〕·dieb·stahl·ver·si·che·rung 女 盗難保険.

ein·bruch〔s〕·si·cher 形 (錠前・金庫などが)侵入(盗難)に対して安全な.

Ein·bruch〔s〕·stel·le 女 **1** 侵入地域. **2** 〘地〙陥没地域.

Ein·bruch〔s〕·tal 中 〘地〙陥没谷.

ein|buch·ten[áınbuxtən] **I** 《01》他 (h) **1** (海岸線を)湾入させる; (金属などを)へこませる: 再帰 *sich*^{4} ～ 湾入する; へこむ. **2** 《話》(einsperren) 《*jn.*》閉じ込める; 監禁する; 投獄する. **II** **ein·ge·buch·tet** → 別出

Ein·buch·tung[..tʊŋ] 女 -/-en **1** (海岸線の)湾入, 入江. **2** (道などの)くびれ, 屈折. **3** くぼみ, へこみ, でこぼこ. **4** 《話》監禁; 投獄.

ein|bud·deln[áınbʊdəln] 《06》他 (h) 《話》(↔ausbuddeln) 掘って埋める: 再帰 *sich*^{4} ～ 〘軍〙たこつぼを掘って隠れる.

ein|büf·feln[áınbʏfəln] 《06》他 (h) 《話》《*jm. et.*^{4}》(…に…をむりやり)覚え込ませる, たたき込む.

ein|bü·geln[áınby:gəln] 《06》他 (h) (アイロンで)折り目〈ひだ〉をつける.

Ein·bund[áınbʊnt]^1 男 -[e]s/..bünde[..bʏndə] 《ス ィ ス》(名づけ親からの)洗礼の贈り物. [◇Eingebinde]

ein|bun·kern[áınbʊŋkərn] 《05》他 (h) **1** (貯蔵のため食糧などを)地下壕(ごう)に入れる. **2** 《話》(einsperren) 《*jn.*》閉じ込める; 監禁する; 投獄する.

ein|bür·gern[áınbʏrgərn] 《05》他 (h) **1** (↔ausbürgern) 《*jn.*》(…に)市民権〈国籍〉を与える, 帰化〈定住〉させる; 《比》(外来の風習・単語などを)順化〈定着〉させる: *jn.* in ein Land 〈in einem Land〉 ～ …を帰化させる | Die Familie ist seit langem in Leipzig *eingebürgert.* 一家はずっと以前からライプツィヒに定住している ‖ 再帰 Bei uns 〈In unserer Sprache〉 haben *sich*^{4} viele fremde Wörter *eingebürgert*. わが国語には多くの外来語が取り入れられている ‖ eine weithin *eingebürgerte* Sitte 広く根をおろした風習. **2** (naturalisieren) 〘生〙(外来の動植物を)帰化させる. [<Bürger]

Ein·bür·ge·rung[..gərʊŋ] 女 -/-en 〔sich〕 einbürgern すること: die ～ fremder Wörter in unsere〔r〕 Sprache 外来語の国語への同化.

Ein·bu·ße[áınbu:sə] 女 -/-n (Verlust) 損失, 損害: eine große ～ an Landbesitz 土地を大量に失うこと | ～ *seines* Ansehens 〈an Ansehen〉 信用の失墜 ‖ unter ～ *seines* eigenen Lebens 自分の生命を犠牲にして ‖ ～ an Geld erleiden 〈erfahren〉 金銭上の損害をこうむる | Das Gerede tat seiner Popularität^3 keine ～. そのうわさも彼の人気を少しも損なわなかった.

ein|bü·ßen[áınby:sən] 《02》 **I** 他 (h) (verlieren) (損害を受けて)失う: *sein* Leben 〈*sein* Vermögen〉 ～ 生命〈財産〉を失う | bei einem Unfall ein Auge 〈das Gehör〉 ～ 事故で片目〈聴力〉を失う | Das Land hat seine Selbständigkeit *eingebüßt*. 国は独立を失った.

II 自 (h) 《an *et.*^{3}》(…の点で)損害をこうむる: an Aroma 〈Frische〉 ～ 香り〈新鮮さ〉を失う | Dadurch hat er sehr an Ansehen *eingebüßt.* おかげで彼は大いに信用を落とした.

ein|checken [áıntʃɛkən] **I** 他 (h) 〘空〙《*jn.*/*et.*^{4}》(出発前に…の搭乗・積載の)手続きをする.

II 自 (s) **a)** 〘空〙搭乗手続き〈チェックイン〉をする. **b)** (ホテルで)チェックインする: Sind Sie schon *eingecheckt*? チェックインはもう済ませましたか.

ein|cre·men[áınkre:mən, ..krɛ:..] 他 (h) (…に)クリームを塗り込む: 再帰 *sich*^{4} ～ / *sich*^{3} das Gesicht ～ 顔にクリームを塗る.

ein|däm·men[áındɛmən] 他 (h) **1** (土地・川などを)堤防で囲む, (水流などを)食いとめる; 《比》(…の広がりを)阻止する: einen Waldbrand 〈eine Seuche〉 ～ 山火事〈流行病〉を食いとめる | *js.* Redeschwall 〈Wut〉 ～ …の冗舌〈激怒〉をおさえる. **2** (土砂を)たたき固める.

ein|däm·mern[áındɛmərn] 《05》自 **1** (s) うとうとと眠り込む. **2** (h) 《ス ィ ス》非人称 《es dämmert ein》日が暮れる, 暗くなる.

Ein·däm·mung[áındɛmʊŋ] 女 -/-en **1** 《単数で》(eindämmen すること. 例えば:) 〘政〙封じ込め〔政策〕. **2** ダム, 堤防.

ein|damp·fen[áındampfən] 他 (h) (液体を)蒸発させて濃縮する: Milch ～ ミルクを濃縮する.

ein|dämp·fen[..dɛmpfən] 他 (h) 《南西部》(schmoren) 蒸し煮にする, とろとろ煮る.

Ein·damp·fung[..dampfʊŋ] 女 -/-en eindampfen すること.

ein|decken[áındɛkən] 他 (h) **1** (保護するために)覆う, 被覆する: ein Dach mit Schiefer 〈Ziegeln〉 ～ 屋根をスレート〈かわら〉でふく | Kartoffeln mit Stroh ～ じゃがいもにわらをかぶせる.

2 《話》《*jn.* mit *et.*^{3}》(…に…を)どっさり与える: *jn.* mit Arbeit 〈Fragen〉 ～ …に仕事を山ほど押しつける〈…を質問攻めにする〉 | *jn.* mit Schlägen ～ …にパンチを浴びせる, …をさんざん打ちのめす.

3 再帰 *sich*^{4} mit *et.*^{3} ～ (蓄えておくために)…を買い置きする〈手配する〉 | *sich*^{4} für den Winter mit Kohlen 〈Kartoffeln〉 ～ 冬のために石炭〈じゃがいも〉を仕入れる ‖ Ich bin 〔mit allem〕 gut *eingedeckt*. 私は〔すべて〕十分に蓄えてある.

4 《方》den Tisch ～ 食卓の用意をする.

Ein·decker[áındɛkər] 男 -s/- **1** 〘空〙単葉機. **2** 〘海〙単層甲板の船; ᵛ帆走戦艦. [<Deck]

Ein·deckung[..kʊŋ] 女 -/-en **1** 《ふつう単数で》(〔sich〕 eindecken すること. 例えば:) 仕入れ, 買い込み: ～ mit Mehl 小麦粉の仕入れ. **2** 被覆, おおい; 〘建〙屋根: eine bombensichere ～ 〔防空壕(ごう)の〕防弾屋根 | eine ～ aus Stroh わらぶき屋根.

ein|dei·chen[áındaıçən] 他 (h) (土地・川などを) 堤防で囲む; (水路に)堤防を築く.

Ein·dei·chung[..çʊŋ] 女 -/-en **1** 《単数で》eindeichen すること. **2** 堤防.

ein|del·len[áındɛlən] 他 (h) (帽子・容器などを)軽くへこます. [<Delle]

Ein·del·lung[..lʊŋ] 女 -/-en **1** 《単数で》eindellen すること. **2** へこみ.

ein·deu·tig[áındɔʏtıç]^2 形 (↔mehrdeutig) 一義的な, (意味の)明白〈明確〉な, 疑問〈誤解〉の余地のない: eine ～*e* Antwort はっきりした返事 | ein ～*er* Beweis 明らかな証拠 ‖ *et.*^{4} ～ sagen …をはっきり〈露骨に〉言う, …を明言する | Es war ～ seine Stimme. それはまぎれもなく彼の声だった.

Ein·deu·tig·keit[–kaıt] 女 -/-en **1** 《単数で》eindeutig なこと. **2 a)** 露骨な言辞. **b)** 卑猥(ひわい)な冗談.

ein|deut·schen[áındɔʏtʃən] 《04》他 (h) ドイツ〔語〕化する, ドイツ〔語〕ふうにする; ドイツに帰化させる: einen Namen ～ 名前をドイツ人らしく変える | Fremdwörter ～ 外来語をドイツ語化する.

Ein·deut·schung[..tʃʊŋ] 女 -/-en **1** 《単数で》eindeutschen すること. **2 a)** ドイツ人らしく変えた名前. **b)** ドイツ語化した外来語.

ein|dicken[áındıkən] **I** 他 (h) 煮つめる, (煮て)濃縮する: die Soße mit Mehl ～ ソースに小麦粉を加えてとろみをつける ‖ *eingedickte* Milch コンデンスミルク | *eingedickter* Saft 濃縮果汁. **II** 自 (s) 煮つまる, とろりとなる.

Ein·dickung [..kʊŋ] 女 -/-en 《ふつう単数で》eindicken すること.

ein·di·men·sio·nal[áın..] 形 一次元的な; 直線的な: ～ denken 《比》物事を直線的〈一面的〉に考える.

ein|docken[áındɔkən] 他 (h) (↔ausdocken) (船を)ドックに入れる, ドック入りさせる.

ein|dor·ren[áındɔrən] 自 (h) 干からびる: eine *einge-*

dorrte Mumie 干からびたミイラ.

ein|do·sen[ámdo:zən][1]《02》他 (h)《話》(食品を)瓶詰〈缶詰〉にして保存する. [<Dose]

ein|dö·sen[áındø:zən][1]《02》自 (s)《話》うとうとと寝入る.

ein·dräh·tig[áındrε:tıç][2] 形 1本ケーブルの.

ein|drän·gen[áındrεŋən] **I** 他 (h) **1** 押しつぶす: die Tür ~ ドアを押し破る. **2** 再帰 *sich*[4] in *et.*[4] ~ …のなかにむりやり押し入る;《比》…に干渉する | *sich*[4] bei *jm.* ~ …のところへ押しかける;《比》…に干渉する.

II 自 (s, h)《雅》《auf *jn.*》(…のところへ)押しかける,(…に向かって)殺到する: Erinnerungen *drängten* auf mich *ein.* かずかずの記憶が追っても追っても私の脳裏に浮かんできた.

ein|drecken[áındrεkən] **I** 他 (h) 泥だらけにする: *sich*[3] *seine* Schuhe ~ 靴を泥だらけにする ‖ 再帰 *sich*[4] ~ 泥だらけになる. **II** 自 (s) 泥だらけになる: *eingedreckte* Kleider 泥まみれの衣服.

ein|dre·hen[áındre:ən] **I** 他 (h) **1** (↔ ausdrehen)(ボルト・電球などを)ねじ込む. **2** (髪を)カーラーに巻き込む: *sich*[3] das Haar ~ (カーラーを使って)髪をカールする〈巻く〉. **3** 内側にねじる. **II** 自 (h) (飛行機が)反転する: zum Angriff ~ 反転して攻撃する.

ein|dre·schen*[áındrεʃən]《31》 **I** 自 (h)《話》《auf *jn.* 〈*et.*[4]〉》(激しく)殴りかかる.

II 他 (h)《話》**1** 激しい勢いでたたき壊す〈破る〉. **2**《*jn.*》(…を)たえずアジる,(…に)しつこく宣伝する.

ein|dres·sie·ren[áındrεsi:rən] 他 (h)《*jm. et.*[4]》(動物などに…を)仕込む.

ein|dril·len[áındrılən] 他 (h) **1**《話》**a)**《*jn.*》鍛える,しごく: die Rekruten ~ 新兵を仕込む | *jn.* fürs Examen ~ …に受験のための猛勉強をさせる. **b)**《*jm. et.*[4]》(…に…を)たたき込む: den Schülern die griechischen Vokabeln ~ 生徒たちにギリシア語の単語をたたき込む. **2** (ドリルで)穴をうがつ.

ein|drin·gen*[áındrıŋən]《33》自 (s) **1** (抵抗・障害を排して)はいり〈潜り〉込む, 侵入〈闖入(ちんにゅう)〉する;《比》研究する,〔奥義を〕きわめる: **in** das Fleisch ~ (銃弾などが)肉に食い入る | in ein Haus ~ 家屋に侵入する | ins Land des Feindes ~ 敵国内に攻め込む〈侵入する〉| in ein Geheimnis ~ 秘密を突きとめる | Die Worte *drangen* tief in sein Innerstes *ein.* それらの言葉は彼の心に深くしみ通った | Er ist tief in die Dichtung 〈in eine Wissenschaft〉 *eingedrungen.* 彼は文学に造詣(ぞうけい)が深い〈ある学問をきわめている〉. **2**《auf *jn.*》(…に)襲いかかる,(…を)攻めたてる: mit Fragen 〈Bitten〉 auf *jn.* ~ …を質問攻めにする〈…にしつこくせがむ〉| Erinnerungen *drangen* auf ihn *ein.* かずかずの思い出が抑えがたく〈ふつふつと〉彼の心に浮かんできた.

ein·dring·lich[..drıŋlıç] 形 強く訴えかける, 食い入るような, 強力な,(感覚的に)強烈な; 押しつけがましい: eine ~*e* Bitte 切願 | ~*e* Blicke 〈Fragen〉 鋭い視線〈質問〉| ein ~*er* Beweis 強力な証拠 | mit ~*er* Klarheit 鮮明に ‖ *jn.* ~ warnen …に強く警告する | ~ mit *jm.* reden …に切々と説く.

Ein·dring·lich·keit[..kaıt] 女 -/ eindringlich なこと.

Ein·dring·ling[..lıŋ] 男 -s/-e 侵入〈闖入(ちんにゅう)〉者.

Ein·druck[áındrʊk] **I** 男 -[e]s/..drücke[..drʏkə] **1** 印象, 感じ; 感銘: ein starker 〈tiefer〉 ~ 強い〈深い〉印象 | ein unvergeßlicher ~ 忘れがたい印象 | der erste ~ 第一印象 ‖ auf *jn.* einen guten 〈schlechten〉 ~ machen …によい〈悪い〉印象を与える | *jm.* 〈auf *jn.*〉 ~ machen …に感銘を与える | Er macht einen intelligenten 〈ungesunden / zerstreuten〉 ~. 彼は利口そうな〈不健康な・心ここにあらずといった〉印象を与える | Er erweckt den ~ der Verläßlichkeit./ Er ruft den ~ der Verläßlichkeit hervor. 彼は信頼のおけそうな感じを与える | bei *jm.* einen bleibenden ~ hinterlassen …の心に忘れがたい印象〈感銘〉を残す | einen falschen ~ von *jm.* erhalten …について誤った印象を受ける | Welchen ~ hast du von ihm 〔erhalten〕? 彼の印象はどうだったかい | Ich habe den ~ 〔gewonnen〕, daß er gelogen hat. 私は彼がうそをついているという印象をもっている〈うそをついているのではないかと思う〉| *sich*[4] des ~*s* nicht erwehren können, daß ...《雅》…という印象を禁じ得ない | Die Rede hat ihren ~ auf ihn nicht verfehlt. そのスピーチは予想どおり彼に感銘を与えた | 〔**mit** *et.*[3] **bei** *jm.*〕 **~ schinden wollen** (→schinden 3) ‖ Der ~ verstärkt 〈vertieft〉 sich. 印象が強まる〈深まる〉| Der ~ verblaßt 〈verwischt sich〉. 印象が薄れる | Der ~ haftet 〈bleibt 〔haften〕〉. 印象がいつまでも残る. **2** (押しつけた)跡: der ~ des Fußes im Sand 砂に残る足跡 | der ~ des Kopfes im Kissen まくらに残る頭のくぼみ.

II 男 -〔e〕s/-e **1**〘印〙刷り込み, 刷りかさね, かさね刷り. **2** 更紗(さらさ)染め, 捺染(なっせん).

〔*mhd.*; *lat.* im-pressiō (◇Impression) の翻訳借用〕

ein·drück·bar[áındrʏkba:r] 形 (eindrücken できる. 例えば:) 押し込み式の.

ein|drucken[áındrʊkən] 他 (h) **1**〘印〙刷り込む: *eingedruckte* Bilder さし絵 | Briefpapier mit *eingedruckter* Adresse 住所を刷り込んだ便箋(びんせん). **2**〘染〙捺染(なっせん)する. **3**《オーストリア》= eindrücken

ein|drücken[áındrʏkən] 他 (h) **1**《*et.*[4] in *et.*[4]》(…を…の中へ)押し込む,(…を…の上に)押し付ける, 塗り込む;《比》刻印する: das Siegel in rotes Wachs ~ 印章を封蠟(ふうろう)に押し付ける(封印する) | eine Spur in Schnee ~ 雪上に跡を残す ‖ 再帰 Jeder Fußtritt *drückte* sich[4] in dem 〈den〉 Untergrund *ein.* 一歩一歩が地面にめり込んだ | Das Erlebnis hat sich tief in seine Erinnerung *eingedrückt.* その体験は深く彼の記憶に刻み込まれた ‖ eine ihm tief *eingedrückte* Vorstellung 彼の心に深く刻まれた観念. **2** 押しつぶす〈破る〉: die Tür 〈die Fensterscheibe〉 ~ 戸〈窓ガラス〉を打ち破る | die Front ~ 〔敵の〕戦線〈最前線〉を突破する | die Brücke ~〘レスリング〙ブリッジをつぶす | Bei dem Unfall wurde ihm der Brustkorb *eingedrückt.* その事故で彼は胸部を押しつぶされた ‖ 再帰 *sich*[4] unter *js.* Gewicht ~ …の重みでつぶれる ‖ ein *eingedrückter* Hut ひしゃげた帽子 | eine *eingedrückte* Nase つぶれた〔ようなぺちゃんこの〕鼻.

ein·drück·lich[áındrʏklıç] 形《特に:スイス》= eindrucksvoll

ein·drucks·fä·hig[áındrʊks..] 形 感受性のある〈強い〉.

Ein·drucks·kunst 女 -/ (Impressionismus) 印象主義〔芸術〕.

ein·drucks≠los 形 印象を残さない〈与えない〉. **≠voll** 形 印象的な, 感銘の深い.

ein|dru·seln[áındru:zəln] (**ein|drus·seln**[..drʊsəln])《06》自 (s)《北部》うとうとと眠り込む.

ein|dü·beln[áındy:bəln]《06》他 (h) (壁などに)だぼ〈埋めくぎ〉で固定する.

ein|dun·keln[áındʊŋkəln]《06》自 (s)《雅》非人称《es dunkelt ein》日が暮れる, 暗くなる.

ein|dun·sten[áındʊnstən]《01》自 (s) 蒸発して縮む.

ein|dün·sten[áındʏnstən]《01》他 (h)《南西部》(einkochen)(果物・野菜などを保存用に)煮つめる.

ein|du·seln[áındu:zəln]《06》自 (s)《話》うとうとと寝入る.

ei·ne[áınə] →ein[1]

ein|eb·nen[áın|e:bnən]《01》他 (h) (でこぼこを)平らにする;《比》(差異を)ならす, 均等化する; (建物などを)きれいさっぱり破壊する: Die Stadt wurde völlig *eingeebnet.* 町は完全に破壊された ‖ 再帰 *sich*[4] ~ (でこぼこが)平らになる; (差異が)ならされる, 平均化する.

Ein·eb·nung[..nʊŋ] 女 -/-en 〔sich〕 einebnen すること.

Ein·ehe[áın|e:ə] 女 (Monogamie) 一夫一婦〈一妻〉制, 単婚: in ~ leben 一人の配偶者を守って暮らす.

ein≠ehig[..|e:ıç][2] 形 一夫一婦〈一妻〉〔制〕の. **≠ei·ig**[..|aııç][2] 形〘生〙一卵性の: ~*e* Zwillinge 一卵性双生児.

ein·ein·deu·tig 形 一対一に対応する.

ein·ein·halb[áın|aınhálp]《分数; 無変化》(anderthalb) 1と2分の1〔の〕: →fünfeinhalb

ein·ein·halb≠fach 形 1倍半の: →fünffach **≠mal** 副 1回〈1倍〉半に: →fünfmal

Ein·el·tern·fa·mi·lie[..liə] 女 片親の家庭.

ei·nem[áınəm] →ein[1]

ei·nen[1][áɪnən] →ein[1]

ei·nen[2][–] 他 (h)《雅》(einigen) 統一する, 一致させる: Die Bedrohung des Friedens *einte* das Land. 平和に対する脅威が国民の心を一つにした ‖ 再帰 *sich*[4] ～ 統一される, 一致する. [*ahd.*; ◇ein[1]]

Ein·en·der[áɪn|ɛndər] 男 -s/- 片口〔船用〕ボイラー.

ein|en·gen[áɪn|ɛŋən] 他 (h) **1** 狭める;《比》制限〈制約〉する;《*et.*[4] auf *et.*[4]》(…を…に) 限定〈局限〉する: *js.* Aktionsradius ～ …の行動半径を狭める | *js.* Rechte ～ …の権利を制限する. **2** 窮屈にする, 圧迫する, 締めつける: *jm.* den Atem ～ …を息苦しくさせる ‖ eine *einengende* Kleidung 窮屈な衣服 ‖ *sich*[4] *eingeengt* fühlen 窮屈に感じる. **3** (abdampfen)〖化〗濃縮する.

Ein·en·gung[..ŋʊŋ] 女 -/-en einengen すること.

ei·ner[áɪnər] →ein[1]

Ei·ner[–] 男 -s/- **1** (1の記号をもつもの. 例えば:) 1番コースのバス; 1ペニヒ硬貨; 1901年産ワイン; 第1連隊員: (As)(トランプの) 1の札, エース; 評点1 (最優秀: →Note 2);〖数〗一けた〈1の位〉の数: →Fünfer **2** 一人乗りボート〈車〉,〖ボート〗シングル〔スカル〕(→ 図 Boot B): →Fünfer **3** アラビア数字の1; 1字形: →Fünfer

Ei·ner≠block 男 -〔e〕s/..blöcke, -s〖バレーボール〗(一人の選手だけによる) 単独ブロッキング. **≠ko·lon·ne** 女《スイス》(Gänsemarsch) 一列縦隊〔の行進〕.

ei·ner·lei[áɪnərláɪ, ∠⌣–] **I** 形《無変化》**1**《述語的》(gleichgültig) どうでもよい, 気にならぬ: Ob er schläft oder nicht, ist ～. 彼が眠っていようがいまいが同じことだ | Es ist mir nicht ～, was er dazu meint. 彼がそれをどう思っているか私はいささか気がかりだ. **2**《付加語的》(gleichartig) 同じ種類の; 単調な: Hier spricht man ～ Sprache. ここでは一種類の言語が話される | Immer das ～ Gerede! またしても変わりばえのしないばか話か.

II Ei·ner·lei 中 -s/ 単調〔さ〕: das ～ des Alltags 〈der Landschaft〉 単調な日常生活〈景色〉 | Immer dasselbe 〈das ewige〉 ～! いつまでたっても同じことの繰り返しとは.

Ei·ner·lei·heit[áɪnərlaɪhaɪt, –⌣∠–] 女 -/ 《雅》(einerlei なこと. 例えば:) 同一性, 不変性.

ein|ern·ten[áɪn|ɛrntən]《01》他 (h)〖農〗(作物を) 穫り入れる;《比》(賞賛・名誉などを) 得る, 手に入れる.

ei·ner·seits[áɪnərzáɪts] 副 一方では: *Einerseits* ist er jung, 〔aber〕 and〔e〕rerseits hat er schon Erfahrung. 彼は若いには若いが しかし経験は積んでいる (→andererseits).

Ei·ner·stel·le 女〖数〗1の位.

ei·nes[áɪnəs] →ein[1]

ei·nes·teils[áɪnəstáɪls] =einerseits (ただし ander〔e〕nteils と呼応して用いられる).

ein|ex·er·zie·ren[áɪn|ɛksɛrtsi:rən] 他 (h) (einüben) **1** (新人・新兵などを) 訓練する, 仕込む. **2**《*jm. et.*[4]》(…に…を) 訓練して教え込む, 覚え込ませる.

ein·fach[áɪnfax] **I** 形 **1 a)** 単一な, 一重の: ein ～*es* Auge〖動〗単眼 | die ～*e* Buchführung〖商〗単式簿記 | eine ～*e* Fahrkarte 片道切符 | ～*e* Farben 原色 | ein ～*er* Körper〖理〗単体, 元素 | ～*e* Zahlen〖数〗素数 ‖ ein Tuch ～ falten 布を1回だけ〈二つ折りに〉たたむ. **b)** (↔ gefüllt)〖植〗単弁の, 一重の: ～*e* Nelke 一重のナデシコ.

2 単純な, 簡単な; 明白な: ein ～*er* Bruch des Arms 腕の単純骨折 | Das ist die ～*e* Wahrheit. これが偽らざる真実だ | in ～*en* Worten 平明な言葉づかいで | Dieses Gerät ist ～ zu benutzen. この器具は使い方が簡単〈楽〉です ‖ Er macht sich[3] die Arbeit ～. 彼は仕事を簡単にやってしまう.

3 (schlicht) 簡素な, つましい; 目だたぬ: *jn.* zu einem ～*en* Abendbrot einladen …をささやかな夕食に招待する | der ～*e* Mann von der Straße 市井の平凡な男 ‖ *sich*[4] ～ kleiden 質素な服装をする.

II 副 **1** →I **2** (geradezu) まさに, 理屈抜きで, とにかく: schlicht und ～ (→schlicht II 2) | Es war ～ großartig. それはとにかくすばらしかった | Das hatte ich ～ vergessen. そのことを私は頭っから忘れていた.

3 (ohne weiteres) あっさり, さっさと: Er ist ～ davongelaufen. 彼はさっさと逃げて行った | Bring ihn ～ hierher! 何でもいいから奴(やつ)をここへ連れてこい.

III Ein·fa·che《形容詞変化》**1** 中 簡単な〈易しい〉もの; 簡素なもの: etwas ～*s* 何か易しいもの | das *Einfachste* von der Welt 世界中でいちばん易しいこと | Das *Einfachste* ist oft das Beste. いちばん簡単なものがいちばんよいことがよくある. **2** 男 (ウイスキーなどの) シングル: einen *Einfachen* trinken シングルを飲む.

ein·fach·breit 形 シングル幅の (服地).

ein·fä·che·rig[áɪnfɛçərɪç][2] 形〖植〗1室〈房〉の.

ein|fä·chern[áɪnfɛçərn]《05》他 (h) (書類・郵便物などを分類用の) 仕切り〈箱・棚〉に入れる.

Ein·fach·heit[áɪnfaxhaɪt] 女 -/ **1** 質素: die ～ der Lebensweise 簡素な生活態度. **2** 単純, 簡単, 簡潔; 単一性: der ～[2] halber 事を簡単に運ぶために, 便宜上.

ein|fä·deln[áɪnfɛ:dəln]《06》**I** 他 (h) **1** (↔ ausfädeln) (針穴に糸を) 通す: einen Faden ～ / eine Nadel ～ 糸を針に通す | ein Tonband in eine Kassette ～ 録音テープをカセットに巻き込む. **2** 再帰 *sich*[4] ～ (自動車が・自動車で) うまく車線に入り込む〈車の列に加わる〉. **3** (計画などを) 巧みに推し進める, おぜん立てする: eine Intrige ～ 陰謀計画を進める ‖ ein klug *eingefädelter* Plan 巧妙に仕組まれた計画.

II 自 (h)〖スキー〗(回転競技で) 旗門のポールに引っ掛かる.

Ein·fä·de·lung[..dəlʊŋ] (**Ein·fäd·lung**[..dlʊŋ]) 女 -/-en 〔sich〕 einfädeln すること.

ein|fah·ren*[áɪnfa:rən]《37》**I** 自 (s) (↔ausfahren) (人が) 乗り入れる; (乗り物が) 入る;〖坑〗入坑する;〖狩〗(獣が) 巣穴に入る: 〔in den Hafen〕 ～ (船が・船で) 入港する | Der Zug *fährt* 〔in den Bahnhof〕 *ein.* 列車が到着する ‖ von Übersee *einfahrende* Passagiere 海外から到着の旅客たち.

II 他 (h) **1**〖農〗(収穫物を) 車で取り入れる: den Weizen 〔in die Scheune〕 ～ 小麦を納屋へ運び入れる. **2** (はね橋などを) 閉じる;〖空〗(フラップ・脚などを) 引っ込める: das Sehrohr ～ 潜望鏡を引っ込める. **3 a)** (車で) ぶつかってつぶす〈壊す〉: 〔mit dem Wagen〕 eine Schaufensterscheibe ～ 車をぶつけてショーウインドーのガラスを壊す. **b)** (スキーでコースを) 平らに滑り固める, (道を) 走り固める (→eingefahren II 2): Die Bahn ist noch nicht *eingefahren.* コースの雪はまだ固まっていない. **4 a)** (車・馬車に) 慣れさせる; (車を) 使い込む (→eingefahren II 1): ein Pferd ～ 馬を車を引くのに慣れさせる ‖ 再帰 *sich*[4] auf einen neuen Typ ～ 新型車〔の運転〕に慣れる. **b)**《比》再帰 *sich*[4] ～ (やり方などが) うまく定着する, 慣例として固まる: Die Sache wird sich auch noch ～. それもそのうち定着してくるさ, 皆もそれにだんだん慣れてくるよ | Hier hat sich jetzt alles gut *eingefahren.* ここではもうすでに万事うまく運営されている.

III ein·ge·fah·ren → 別出

Ein·fahr·si·gnal[áɪnfa:r..] 中 (↔Ausfahrsignal)〖鉄道〗進入信号機.

Ein·fahrt[áɪnfa:rt] 女 -/-en (↔Ausfahrt) **1** (車〔で〕の) 乗り入れ, 進入, 到着; (収穫物の車による) 収納;〖鉄道〗場内進入〔許可〕;〖坑〗(鉱員の) 入坑: die ～ in den Hafen 入港 ‖ Der Zug wartet auf die ～. 列車は場内進入許可を待っている ‖ Der Zug hat ～ auf 〈in〉 Gleis 2. 列車は2番線に入る. **2 a)** (車・船の) 進入口; (高速道路への) 入口, 進入ランプ (→ 図 Autobahn); (玄関の) 車寄せ: *Einfahrt* freihalten! (道路標識として) 車の出入口につき駐車禁止. **b)**〖坑〗坑口. **c)**〖狩〗(巣穴の) 入口.

Ein·fahrt〔**s**〕**≠gleis** 中〖鉄道〗(駅への) 進入線. **≠si·gnal** =Einfahrsignal

Ein·fall[áɪnfal] 男 -〔e〕s/ ..fälle[..fɛlə] **1** (突然の) 思いつき, 着想: ein guter 〈genialer〉 ～ よい〈天才的な〉思いつき | ein launischer ～ 気まぐれな思いつき | Er kam auf den ～ 〈Ihm kam der ～〉, daß ... 彼は…ということを思いついた | ***Einfälle* wie ein altes Haus** 〈wie ein alter Backofen〉 **haben**《話》よく奇妙なことを思いつく | Es war nur so ein ～ von mir. それはいわば私の単なる思いつきに過ぎなかった. **2** (Einsturz) (建造物などの) 倒壊, 崩壊; (屋根・

E

地盤などの）陥没. **3** 光がさし込むこと,（光線の）入射. **4**（軍隊などの）侵入, 来襲: der ～ feindlicher Truppen 敵の部隊の侵入〈来襲〉. **5**《雅》（夜・冬などの急な）訪れ, 開始. **6**〘狩〙（野鳥の）飛来〔地〕. **7**（合唱・合奏に途中から新しい歌声・楽器が）加わること.

ein|fal·len*[áɪnfalən]《38》自（s）**1**《*jm.*》（…の）念頭に浮かぶ,（…が）思いつく: Sein Name *fällt* mir momentan nicht *ein.* 彼の名前は今ちょっと思い出せない｜Es ist mir nie *eingefallen* zu glauben, er würde kommen. まさか彼がやって来るとは思いもしなかった｜Dabei *fiel* ihm *ein,* daß ja erst Montag war. そのとき彼はまだやっと月曜日なのだということに気がついた｜*jm.* nicht im Traum ～ …にとって夢にも思い及ばない｜Was *fällt* dir〔nur〕*ein*?《話》君は〔いったい〕なんというけしからぬ〈くだらぬ〉ことを考えているのか｜〔Das〕*fällt* mir gar nicht *ein.*《話》とんでもない, いやなこった‖ ***sich*³ etwas ～ lassen**〔**müssen**〕（名案・打開策など）〔無理してでも〕何かを思いつく, 考え出す｜Laß dir so etwas nicht *einfallen*! そんな考えは起こすな.
2（einstürzen）（建造物などが）倒壊〈崩壊〉する;（屋根・地盤などが）陥没する: Die Ruine *fällt ein.* 廃墟が崩れ落ちる.
3（目・ほおなどが）落ちくぼむ: *eingefallene* Augen 落ちくぼんだ目｜Er sieht *eingefallen* aus. 彼はやせこけて見える.
4（光線が）さし込む, 入射する: ein schräg *einfallendes* Licht 斜めにさし込む光.
5〘坑〙（地層・鉱脈などが）下方に傾斜する.
6（軍隊などが）侵入〈来襲〉する: Der Feind *fiel* in unser Land *ein.* 敵はわが国土に侵入した.
7《雅》（夜・冬などが）急に始まる, 突如やって来る: die früh *einfallende* Dämmerung 早々と訪れた夕やみ.
8〘狩〙（鳥が）飛来する;（木などに）とまる,（地面・水面などに）降りる: Die Stare sind in Scharen in die Weinberge *eingefallen.* ムクドリが群れをなしてぶどう山に飛来した.
9《in *et.*⁴》（合唱・合奏に途中から新しい歌声・楽器が）加わる;〘劇〙二人以上が同時にせりふをしゃべり出す: in die Hochrufe ～（他の人々の）万歳〈歓呼〉の声に唱和する｜Die Orgel *fiel* bei der zweiten Strophe *ein.* オルガンが第２節目から加わった.

Ein·fallicht（**Ein·fall·licht**）中 -〔e〕s/-er 入射「光線」
Ein·falls·ebe·ne[áɪnfals..] 女〘理〙（光線の）入射面.
ein·falls·los 形 アイディア〈知恵〉のない; 平凡〈退屈〉な（人物）.
Ein·falls·lot 中〘理〙（入射点での）法線.
ein·fall〔**s**〕**·reich** 形 アイディア〈新機軸〉に富む.
Ein·falls·tor 中（進入の）足場, 関門.
Ein·fall·stra·ße 女（↔Ausfallstraße）（市街地への）進入道路.
Ein·fall〔**s**〕**·win·kel** 男 **1**〘理〙（光線の）入射角. **2**（弾丸などの）落下角度.

Ein·falt[áɪnfalt] 女 -/ **1**《ふつう軽蔑的に》単純, 無知, 愚鈍: Sie gibt sich⁴ als die ～ vom Lande aus. 彼女は自分をぽっと出の田舎娘ふうに見せかけている｜〔**du**〕**heiliger ～!**〔きみも〕まったく単純なやつだな. **2**《雅》純真, 素朴: Er hat die ～ des Kindes. 彼には子供のような天真爛漫(らんまん)さがある. ᵛ**3** 簡素, 質素.［*ahd.*; ＜*ahd.* einvalt „einfach"（◇Falte）］
ein·fal·tig[áɪnfaltɪç]² 形 ひだが一つの.
ein·fäl·tig[áɪnfɛltɪç]² 形 **1** 単純〈無知〉な, まぬけ〈愚か〉な: Ich bin nicht so ～, das zu glauben. 私はそれを信じるほどお人よしじゃない. ᵛ**2** 純真な, 悪気のない. ᵛ**3** 簡素〈質素〉な.
Ein·fäl·tig·keit[–kaɪt] 女 -/ ＝Einfalt
Ein·falts·pin·sel[áɪnfalts..] 男《話》単純〈愚鈍〉なやつ, お人よし.

ein|fal·zen[áɪnfaltsən]《02》他（h）**1**〘製本〙（紙を）折りたたむ; 表紙の背に合わせる. **2**〘建〙あいじゃくり式にする.
Ein·fa·mi·li·en·haus 中 一世帯用〈一戸建て〉住宅.
Ein·fang[áɪnfaŋ] 男 -〔e〕s/ ..fänge[..fɛŋə] **1**〘理〙捕獲. **2**〘工〙（動力水の）自由流入. **3**《南部》囲い地; 囲い.
ein|fan·gen*[áɪnfaŋən]《39》他（h）**1 a)**（逃げたものを）捕まえる;《比》（帆が風を）はらむ,（光線などを）受け止める;〘理〙捕獲する. **b)**（不快なものを）もらう, 背負い込む: *sich*³ eine Grippe ～ 流感にかかる｜*sich*³ eine Ohrfeige ～ 平手打ちをくらう. **2**《雅》（写真・画面などに）とらえる: eine Stimme auf dem Tonband ～ 声をテープに録音する｜die Herbststimmung im Bild ～ 秋の情感を画面にとらえる｜*et.*⁴ in einem Buche ～ 本の中で…を描き出す｜*et.*⁴ in Worte ～ …を言葉に表現する｜die Atmosphäre mit der Kamera ～ 雰囲気をカメラに収める. ᵛ**3**《比》取り囲む, 包む: Eine träumerische Stimmung *fing* ihn *ein.* 彼は夢心地になった. **4** 再帰 *sich*⁴ in *et.*⁴ ～（獣が）…に深くきばを立てる〈かぶりついて離れない〉.
Ein·fangs·reak·tion 女〘理〙捕獲反応.

ein|fär·ben[áɪnfɛrbən]¹ 他（h）（同じ色に）染める, 染め直す;（einschwärzen）〘印〙（組み版に）インクを塗る: graue Haarsträhnen ～ 白髪を染める.
ein≠far·big[áɪnfarbɪç]²（ｵｰｽﾄﾘｱ: **≠fär·big**[..fɛrbɪç]²）形（↔mehrfarbig）単色〈一色〉の, 単彩の; 一色刷りの.
ein|fa·schen[áɪnfaʃən]《04》他（h）《ｵｰｽﾄﾘｱ》（verbinden）包帯を巻く.
Ein·faß·band[áɪnfas..] 中 -〔e〕s/ ..bänder〘服飾〙縁(ふち)付けリボン〈バイアス〉.
ein|fas·sen[áɪnfasən]《03》他（h）**1**（umrahmen）《*et.*⁴ mit *et.*³》（…を…で）囲む, 縁どりする;《*et.*⁴ in *et.*⁴》（…を…に）はめ込む: einen Garten mit einem Zaun ～ 庭を垣で囲う｜ein Knopfloch mit Schlingstichen ～ ボタン穴をかがる‖ Diamanten in Gold ～ ダイヤを金の台にはめ込む｜ein Bild in einen Rahmen ～ 絵を額縁にはめる‖ Eine Mauer *faßte* den Garten *ein.* 庭は塀で囲まれていた‖ ein rot *eingefaßtes* Täschchen 赤い縁どりのあるポケット｜eine von Bäumen *eingefaßte* Straße 並木道. **2**（たるなどに）詰める: Mehl in Tüten ～ 小麦粉を紙袋に詰める.
Ein·fas·sung[..sʊŋ] 女 -/-en **1**《単数で》einfassen すること. **2** 囲い, 枠（→ 図 Brunnen）; 縁どり, へり飾り;（Fassung）（宝石の）台.

ein|fen·zen[áɪnfɛntsən]《02》他（h）（einzäunen）垣〈フェンス〉で囲う.［＜Fenz］
ein|fet·ten[áɪnfɛtən]《01》他（h）（皮膚・髪・革製品などに）油脂を塗る;（機械などに）油をさす: Schuhe ～ 靴にクリームを塗る｜die Haut mit Creme ～ / 再帰 *sich*⁴ mit Creme ～ 肌にクリームを塗る.
ein|feuch·ten[áɪnfɔʏçtən]《01》他（h）湿らせる, ぬらす: die Wäsche ～ 洗濯物に霧を吹く.
ein|feu·ern[áɪnfɔʏərn]《05》《方》**I** 自（h）**1**（einheizen）暖房を入れる, 火をたく. **2**《*jm.*》（…を）たきつける, 興奮させる. **3**《auf *jn.*》（…に向かって）発砲する.
II 他（h）（ストーブなどを）たく.
ein|fil·trie·ren[áɪnfɪltri:rən] 他（h）《話》《*jm. et.*⁴》（…に薬などを）注ぎ込む;《比》（…に考えなどを）吹き込む,（…に観念を）植えつける: *jm.* eine Medizin〈einen Schnaps〉～ …に薬〈火酒〉を飲ませる.
ein|fin·den*[áɪnfɪndən]¹《42》他（h）**1** 再帰 *sich*⁴ ～ 姿を現す, 到着する, 出頭する;《比》（事態が）訪れる;（物が）見つかる: Freunde hatten sich auf dem Flugplatz *eingefunden.* 友人たちが空港に顔を見せていた. **2** 再帰 *sich*⁴ in *et.*⁴ ～ …（状況・仕事など）になじむ｜*sich*⁴ in eine neue Umgebung ～ 新しい環境になれる.
ein|flech·ten*[áɪnflɛçtən]《43》他（h）**1**《*et.*⁴ in *et.*⁴》（…を…に）編み込む;《比》（言葉を）織り込む,（他の言葉の間に）まじえる: Zitate in *seine* Rede ～ 話に引用句を織りまぜる｜eine Legende in einen Roman ～ 伝説を小説の中に織り込む. **2** 編む, 束ねる: die Haare ～ 髪を結う｜Blumen in eine Girlande ～ 花を編んで花飾りにする.
Ein·flech·tung[..tʊŋ] 女 -/-en einflechten すること.
ein|flicken[áɪnflɪkən] 他（h）（継ぎ布を）当てる; 継ぎ足す;《比》（einflechten）（言葉などをむりに）はめ込む: in die Hose ein Stück ～ ズボンに継ぎを当てる｜Zitate in die Rede〔ungeschickt〕～ 話に〔取ってつけたように〕引用句を織り込む.
ein|flie·gen*[áɪnfli:gən]¹《45》**I** 自（s）《in *et.*⁴》（飛んで…に）進入する: Die Bienen sind in den Stock *ein-*

geflogen. ミツバチが飛来して巣に入った | *einfliegende* Bomber 侵入中の爆撃機群.

II 他 (h) **1** (↔ausfliegen) ⟪*et.*[4] in *et.*[4]⟫ (…を…へ) 空輸する. **2** (飛行機を) 慣らし操縦する; (コースを) 初飛行する. **3** 再帰 *sich*[4] ～ 飛行〔機の操縦〕になれる. **4** (鳥が窓などを) 衝突によって壊す. **5** Profit ～ (航空会社が) 利益をあげる.

Ein·flie·ger[..gər] 男 -s/- 〘空〙(慣らし操縦をする) テストパイロット.

ein|flie·ßen*[áinfli:sən] ⟪47⟫ 自 (s) 流れ込む: ins Meer ～ (川が) 海に注ぐ | Kaltluft *fließt* von Nordosten *ein.* 寒気が北東から吹き込む | Die Gelder *fließen* laufend *ein.* 金が続々と入ってくる ‖〘einfließen lassen の形で〙einen Tadel in *seine* Rede ～ lassen 話の中で非難の言葉を口にする | Er ließ gesprächsweise ～, daß … 彼は話のついでに…ということを口にした.

ein|flö·ßen[áinflø:sən] ⟪02⟫ 他 (h) ⟪*jm. et.*[4]⟫ **1** (…に…を) 流し込む, 注入する: einem Kranken Arznei ⟨die Nahrung⟩ ～ 病人の口に薬⟨栄養物⟩を流し込む. **2** (…に思想・感情を) 吹き込む: *jm.* einen Plan ～ …にある計画を吹き込む | *jm.* Mut ⟨Furcht⟩ ～ …に勇気⟨恐怖心⟩を吹き込む | *jm.* Verlangen ⟨Teilnahme⟩ ～ …の欲望⟨同情心⟩をそそる ‖ Sein Auftreten *flößte* mir ⟨Er *flößte* mir durch sein Auftreten⟩ Achtung *ein.* 彼の態度が私に尊敬の念を抱かせた.

Ein·flö·ßung[..sʊŋ] 女 -/-en einflößen すること.

ein|fluch·ten[áinflʊxtən] ⟪01⟫ 他 (h) (一列にきちんと) 並べる. [<Flucht[1]]

Ein·flug[áinflu:k][1] 男 -[e]s/..flüge[..fly:gə] **1** 飛来, (飛行機などの) 進入: der ～ der Rakete in die Bahn ロケットが軌道に乗ること. **2 a)** (巣箱などの) 入口. **b)** 〘空〙着陸コース⟨進入路⟩. **3** (新造機の) 試験飛行. [<einfliegen]

ein≠flü·ge·lig[áinfly:gəlɪç][2] (**≠flüg·lig**[..fly:glɪç][2]) 形 (扉などが) 一枚扉の; (鉄道信号機などが) 一本腕木の.

Ein·flug≠loch[áinflu:k..] 中 (巣箱などの) 入口〔の穴〕. **≠schnei·se** 女 〘空〙(滑走路手前の延長線上に作られた) 着陸の安全のための緩衝地帯.

Ein·fluß[áinflʊs] 男 ..flusses/ ..flüsse[..flʏsə] **1** 影響, 働きかけ, 感化; 影響力, 勢力: äußere *Einflüsse* / *Einflüsse* von außen 外的な⟨外部からの⟩影響 | der nachteilige ～ des feuchten Wetters auf meine Gesundheit 湿気の多い天候が私の健康に及ぼす悪い影響 ‖ unter *js.* ～[3] stehen …の影響を受けている | ein Mann von 〔großem〕 ～ 有力者 | eine Stellung von ～ 重要なポスト | Es ist von nicht geringem ～ auf die Entscheidung, ob … …か否かはその決定に少なからぬ影響がある ‖ *seinen* persönlichen ～ 〔zu *js.* Gunsten[3]〕 geltend machen 〔…のために〕顔をきかす | *seinen* ganzen ～ bei *jm.* aufbieten …に対して極力働きかける | einen ～ auf *jn.* ausüben ⟨haben⟩ …に対して影響を及ぼす⟨影響力を持っている⟩ | großen ～ im Parlament haben 議会内で勢力がある | Ich möchte auf die Entscheidung keinen ～ nehmen. 私はその決定に影響力を及ぼす気はない | *sich*[3] bei *jm.* ～ verschaffen …の信用を得る | *seinen* ～ verlieren 勢力⟨信用⟩を失う.

2 a) 流入: der ～ ausländischen Kapitals in das Land 外国資本の国内への流入. ▽**b)** (Mündung) 河口: der ～ des Mains in den Rhein マイン川のライン川への合流点.

[*mhd.*; *lat.* īn-flūxus (◇Influenz) の翻訳借用]

Ein·fluß≠be·reich 男, **≠ge·biet** 中 (Interessensphäre) 影響⟨勢力⟩範囲, 勢力圏.

ein·fluß·los 形 影響力のない, 有力でない.

Ein·fluß·nah·me[..na:mə] 女 -/-n ⟪ふつう単数で⟫ ⟪官⟫ 影響力の行使. [<nehmen]

ein·fluß·reich 形 影響力の強い, 勢力のある, 有名な: ～*e* Freunde ⟨Beziehungen⟩ haben 有力な友人がいる⟨コネがある⟩ | eine ～*e* Position haben 重要な地位について いる.

Ein·fluß·sphä·re 女 勢力圏.

ein|flü·stern[áinflʏstərn] ⟪05⟫ **I** 他 (h) ⟪*jm. et.*[4]⟫ (…に…を) 耳打ちする; こっそり教える; ⟪比⟫ 吹き込む, けしかける: *jm.* Mißtrauen ～ …に不信感をうえつける. **II** 自 (h) ⟪auf *jn.*⟫ (…に) しきりに耳打ちする, かげで(うるさく) 勧める.

Ein·flü·ste·rung[..stərʊŋ] 女 -/-en einflüstern すること: Hör nicht auf seine ～*en*! 彼のそそのかしに乗るな.

ein|flu·ten[áinflu:tən] ⟪01⟫ 自 (s) ⟪in *et.*[4]⟫ (大量に) 流れ込む; ⟪比⟫ ⟪auf *jn.*⟫ 殺到する: die *einflutende* Kaltluft 流入する寒気団.

ein|for·dern[áinfɔrdərn] ⟪05⟫ 他 (h) 取り立てる, 請求する: Steuern ～ 税を徴収する | *sein* verliehenes Buch ～ 貸してある本の返却を求める | Zahlung ⟨einen Bericht⟩ ～ 支払い⟨報告⟩を要求する ‖ nicht *eingefordertes* Kapital 〘経〙未払込み資本金.

Ein·for·de·rung[..dərʊŋ] 女 -/-en (貸金・税などの) 取り立て, 徴収, 請求.

ein·för·mig[áinfœrmɪç][2] 形 変化のない, 単調な, 退屈な; ⟪雅⟫ 一様な: ein ～*er* Rhythmus 単調なリズム | mit ～*er* Stimme 抑揚のない声で | ein ～*es* Leben führen 変わりばえのしない毎日を送る.

Ein·för·mig·keit[–kait] 女 -/-en einförmig なこと.

ein|fres·sen*[áinfrɛsən] ⟪49⟫ **I** 他 (h) **1** 再帰 *sich*[4] in *et.*[4] ～ (酸などが) …を腐食する; …に食い入る⟨根をおろす⟩ | Die Säure *frißt* sich in das Eisen *ein.* 酸が鉄を腐食する | Der Haß *fraß* sich in meine Seele *ein.* ⟪雅⟫ 憎しみが私の心に食い入った | Ein Gedanke *fraß* sich in ihn ⟨in seinen Kopf⟩ *ein.* ⟪雅⟫ ある考えが彼の心⟨頭⟩に根をおろした. **2** ⟪比⟫ (感情を) 胸の中にしまい込む, のみこむ: Kummer ～ 悲しみを胸におさめる | *seinen* Ärger ～ 憤りをのみこむ.

II 自 (h) ⟪in *et.*[4]⟫ 食い入る, むしばむ.

ein|frie·di·gen[áinfri:dɪgən][2] (**ein|frie·den** [..fri:dən][1] ⟪01⟫) 他 (h) ⟪雅⟫ 囲う: einen Garten 〔mit einem Zaun〕 ～ 庭に〔さくで〕囲いをする.

Ein·frie·di·gung[..dɪgʊŋ] (**Ein·frie·dung** [..dʊŋ]) 女 -/-en **1** ⟪単数で⟫ ⟪雅⟫ 囲うこと. **2** 囲い〔地〕. [<*mhd.* vride „Umzäunung" (◇Frieden)]

ein|frie·ren*[áinfri:rən] ⟪50⟫ **I** 自 (s) **1** 凍結する, 凍る: Die Wasserleitung ⟨Das 〔Wasser im〕 Waschbecken⟩ ist *eingefroren.* 水道管⟨洗面器の水⟩が凍った | Das Schiff ist in dem Packeis *eingefroren.* 船は流氷〔群〕に閉じ込められた | die Gerichte in der Tiefkühltruhe ～ lassen 料理を冷凍庫で凍らせる ‖ Das Lächeln *fror* auf seinen Lippen *ein.* ⟪比⟫ 彼のくちびるに浮かんだ微笑はそのまま凍りついた.

2 ⟪比⟫ (外交などが) 現状のまま動かなくなる; 〘経〙凍結⟨封鎖⟩される, こげつく: Bankguthaben *frieren ein.* 銀行預金が凍結される.

II 他 (h) **1** (食品を) 冷凍する, 冷凍食品にする. **2** 現状のまま固定する, 〘経〙凍結する: Gehälter der Beamten ～ 官吏の給与を凍結する | die Verhandlungen ～ 交渉を中断したままにしておく.

ein|fro·sten[áinfrɔstən] ⟪01⟫ 他 (h) 冷凍する.

ein|fuch·sen[áinfʊksən] ⟪02⟫ 他 (h) ⟪話⟫ (eindrillen) ⟪*jm. et.*[4] / *jn.* auf *et.*[4]⟫ (…に…をきびしく) 教えこむ: auf *et.*[4] *eingefuchst* sein …に精通している | ein *eingefuchster* Steuerberater 老練な税理士. [<Fuchs 3]

ein|fu·gen[áinfu:gən][1] 他 (h) ⟪*et.*[4] in *et.*[4]⟫ 〘建〙(…を…にぴたりと) はめこむ.

ein|fü·gen[áinfy:gən][1] 他 (h) **1** ⟪*et.*[4] in *et.*[4]⟫ (…を…に) はめこむ, 挿入する: ein Wort in den Satz ～ 文に1語挿入する. **2** 再帰 *sich*[4] in *et.*[4] ～ …にぴったりはまる⟨適合する⟩; ⟪比⟫ …に順応する | Sie *fügte* sich in ihre neue Umgebung mühelos *ein.* 彼女は新しい環境に苦もなく順応した.

Ein·fü·gung[..gʊŋ] 女 -/-en **1** ⟪単数で⟫ はめこみ, 挿入: die ～ von Lichtbildern in dem Text ⟨in den Text⟩ テキストに写真を挿入すること. **2** 適合, 順応. **3** 挿入物⟨句⟩.

Ein·fü·gungs·satz 男 〘言〙挿入文⟨節⟩.

ein|füh·len[áinfy:lən] 他 (h) 再帰 *sich*[4] in *et.*[4] ⟨*jn.*⟩ ～ …に感情を移入する, …の気持⟨立場⟩になって考える | *sich*[4] in *seine* Rolle ～ (俳優などが) 自分の役になりきる | *sich*[4] in das Werk eines Dichters ～ ある詩人の作品の神髄(しんずい)に触れる | Ich kann mich nur schwer in diese Stimmung ~. 私はなかなかこの気分に同調できない | Er hatte völlig in seinen Freund *eingefühlt.* 彼には彼の友人の気持〈立場〉が完全にわかっていた.

ein·fühl·sam[..za:m] 形 思いやり〈感情移入力〉のある.

Ein·füh·lung[..lʊŋ] 女 -/-en《ふつう単数で》(sich einfühlen すること. 例えば:) 感情移入: keine ~ in andere Menschen besitzen 他人の気持がわからない | ein Werk mit großer ~ spielen 作品の心を十分にくんで演奏する.

Ein·füh·lungs≠ga·be 女 -/ , **≠kraft** 女 -/ , **≠ver·mö·gen** 中 -s/ 感情移入の能力.

Ein·fuhr[áɪnfu:r] 女 -/-en (↔Ausfuhr) (Import) 輸入: die ~ von Maschinen sperren 〈verbieten〉 機械類の輸入を禁止する. [<Fuhre]

Ein·fuhr≠ab·ga·be 女 輸入税. **≠ar·ti·kel** 男 輸入品.

ein·führ·bar[áɪnfy:rba:r] 形 輸入可能な. [<einführen]

Ein·fuhr≠be·schrän·kung[áɪnfu:r..] 女 輸入制限. **≠be·wil·li·gung** 女 輸入許可.

ein|füh·ren[áɪnfy:rən] 他 (h) **1**《*et.*[4] in *et.*[4]》(…を…の中に) 差し入れる, 差しこむ, 挿入する; (タイプライターに用紙を) 巻き入れる; (電線を) 引き込む; (収穫物を車で) 運び込む: einen Schlauch in den Magen ~ 胃に管を通す. **2** (↔ ausführen) (importieren) 輸入する: Erdöl 〈Getreide〉 ~ 石油〈穀物〉を輸入する. **3** (風習・制度などを) 取り入れる, 導入する, 採用する: ein neues Lehrbuch ~ 新しい教科書を採用する | neue Moden ~ 新しい流行を取り入れる | die Sommerzeit ~ サマータイムを採用する ‖ Die Kartoffel ist aus 〈von〉 Amerika bei uns *eingeführt* worden. じゃがいもはアメリカ大陸からわが国に渡来した | Die Ware ist beim Publikum gut *eingeführt.* この商品は大衆に普及している ‖ ein gut *eingeführtes* Geschäft 名の通った店. **4**《*jn.*》紹介する, 引き合わせる: *jn.* bei *seinen* Eltern ~ …を自分の両親に引き合わせる | *jn.* in einen Kreis ~ …をあるサークルに紹介する ‖ 再帰 *sich*[4] im Klub nicht gut ~ クラブ入会の際にあまり歓迎されない. **5**《*jn.* in *et.*[4]》(…を…の中へ) 導き入れる, (…に…の) 手ほどきをする: *jn.* in die Philosophie ~ …に哲学の初歩を教える | einen neuen Kollegen ~ 新しい同僚に仕事の手ほどきをする ‖ einige *einführende* Worte sprechen 導入〈紹介〉の言葉を述べる.

Ein·füh·rer[áɪnfy:rər] 男 -s/- (einführen する人. 例えば:) 輸入業者.

Ein·fuhr≠er·laub·nis[áɪnfu:r..] 女 , **≠ge·neh·mi·gung** 女 輸入許可. **≠gut** 中 -[e]s/ ..güter《ふつう複数で》輸入品. **≠ha·fen** 男 輸入港. **≠han·del** 男 -s/ 輸入貿易. **≠händ·ler** 男 輸入業者. **≠kon·tin·gent** 中 輸入割り当て. **≠land** 中 -[e]s/ ..länder 輸入国. **≠li·zenz** 女 輸入認可〈ライセンス〉. **≠prä·mie**[..miə] 女 輸入助成〈奨励〉金. **≠schein** 男 輸入許可証. **≠sper·re** 女 , **≠stopp** 男 輸入停止〈禁止〉. **≠über·schuß** 男 輸入超過.

Ein·füh·rung[áɪnfy:rʊŋ] 女 -/-en (einführen すること. 例えば:) **1** 差し込み, 挿入. **2** 導入, 手ほどき: die ~ in die Philosophie 哲学概説 (講義の題目など) | *jm.* eine ~ geben …に手ほどきをする. **3** (風習・制度などの) 取り入れ, 採用: die ~ eines neuen Lehrbuches 〈einer neuen Maschine〉 新しい教科書〈新しい機械〉の採用 | zur ~ gelangen 《官》新たに取り入れられる〈採用される〉. **4** (人の) 引き合わせ, 紹介.

Ein·füh·rungs≠ge·setz 中 (略 EG) 〘法〙(…の) 施行法. **≠ka·bel** 中 〘電〙引き込みケーブル. **≠kurs** 男 (講座などの) 入門〈初級〉コース. **≠rohr** 中 引き込み管. **≠schrei·ben** 中 紹介状. **≠vor·trag** 男 入門〈初級〉講義. **≠wor·te** 複 導入〈紹介〉の言葉.

Ein·fuhr≠ver·bot[áɪnfu:r..] 中 輸入禁止. **≠wa·ren** 複 輸入品. **≠zoll** 男 輸入関税.

ein|fül·len[áɪnfʏlən] 他 (h)《*et.*[4] in *et.*[4]》(容器に) つぎこむ, 満たす, 詰める: *et.*[4] in Flaschen 〈Fässer〉 ~ …を瓶〈たる〉に詰める.

Ein·füll≠öff·nung 女 注入口. **≠stut·zen** 男 (タンクなどの) 注入用キャップ. **≠trich·ter** 男 注入用の漏斗.

ein·fü·ßig[áɪnfy:sɪç][2] 形 1本足の; (サッカーなどで利き足が) 片方の.

ein|füt·tern[áɪnfʏtərn] 《05》他 (h) **1 a)**《*jm. et.*[4]》(…に…を) 食べさせる. **b)** (eingeben)《*et.*[3] *et.*[4]》〘電算〙(…に…を) 入力する. **2** 〘園〙(寒気に耐えるよう) 深く挿し木する.

Ein·ga·be[áɪnga:bə] 女 -/-n **1**《単数で》**a)** (願書の) 提出, 出願. **b)** (薬などの) 投与. **2** 請願書, 陳情書: eine ~ einreichen 請願〈陳情〉書を提出する. **3** (略 E) (↔Ausgabe) 〘電算〙インプット, 入力. [<eingeben]

Ein·ga·be≠da·ten 複 〘電算〙入力データ. **≠ge·rät** 中 〘電算〙入力装置. **≠ta·ste** 女 〘電算〙リターンキー.

Ein·gang[áɪngaŋ] 男 -[e]s/ ..gänge[..gɛŋə] **1**《ふつう単数で》入ること, 入場: in *et.*[4] ~ finden …に入れてもらう; (商品・方法・慣習などが) …に受け入れられる〈採用される〉 | *sich*[3] den ~ erzwingen むりやりに入りこむ | Verbotener ~! 立ち入り禁止. **2** (↔Ausgang) **a)**《ふつう単数で》(郵便物などの) 到着, (商品の) 入荷, (金銭の) 入金: nach ~ des Geldes 代金受領後に | ~ vorbehalten (略 E. v.) / vorbehaltlich des ~s 〘商〙入金を条件として. **b)**《ふつう複数で》(事項として) 郵便物の到着, 商品の入荷, お金の入金: die *Eingänge* buchen 入荷〈入金〉を帳簿に記入する. **3** (↔ Ausgang) 入口, 玄関; (村・森などの) 入口: der vordere 〈hintere〉 ~ 正面〈裏〉の入口 | am ~ 〈vor dem ~〉 auf *jn.* warten 入口で〈玄関の前で〉…を待つ. **4**《ふつう単数で》(↔Ausgang) (Beginn) (時代などの) 始まり, 開始; 始めの部分, 導入部: am ~ des vorigen Jahrhunderts 前世紀の初めに | am ~ der Veranstaltung 〈des Vortrags〉 催し〈講演〉の冒頭に. **5** 〘言〙(発音上ある音から次の音に移行する際の) 入りわたり.

ein·gän·gig[áɪngɛŋɪç][2] 形 わかりやすい, 理解しやすい: eine ~*e* Musik わかりやすい音楽 | *et.*[4] ~ darstellen …をわかりやすく述べる. [<eingehen I 5]

Ein·gän·gig·keit[–kaɪt] 女 -/ eingängig なこと.

ein·gangs[áɪngaŋs] (↔ausgangs) **I** 副 はじめに, 最初に: wie ~ erwähnt はじめに述べたごとく.
II 前《2格支配》**1** …のはじめに: ~ des Berichtes 報告の冒頭に. **2** …の入口に: ~ des Waldes 森の入口に.

Ein·gangs≠be·stä·ti·gung 女 (商品などの) 受領通知〔書〕. **≠buch** 中 (商品・郵便物などの) 到着記入簿. **≠for·mel** 女 (手紙などの) 冒頭〈書き出し〉のきまり文句. **≠hal·le** 女 入口〈表玄関〉のホール. **≠prü·fung** 女 採用試験. **≠stem·pel** 男 到着〈受付〉日付印. **≠tor** 中 入口の門. **≠tür** 女 入口のドア. **≠zoll** 男 輸入〔関〕税.

ein·ge·äschert[áɪngə|ɛʃərt] einäschern の過去分詞.

ein|ge·ben*[áɪnge:bən][1] 《52》他 (h) **1**《*jm. et.*[4]》**a)** (…に薬などを) 投与する: *jm.* Gift 〈eine Arznei〉 ~ …に毒を盛る〈薬を与える〉. **b)**《雅》(…に考えなどを) 吹き込む, (…に言動を) 促す: Furcht hat ihm dieses Verhalten *eingegeben.* 彼は恐ろしさのためにこのような態度をとったのだ | Ein Gefühl *gab* ihm *ein,* noch zu bleiben. 彼はなんとなくなおとどまるほうがいいと感じた. **2** (↔ausgeben)《*et.*[4] in *et.*[4]》〘電算〙(…を…に) 入力〈インプット〉する: ein Programm in den Computer ~ コンピューターにプログラムをインプットする. [▽]**3** (einreichen) (願書などを) 提出する: ein Gesuch bei der Behörde ~ 当局に〔請〕願書を出す. [◇Eingabe]

ein·ge·bet·tet[áɪngəbɛtət] einbetten の過去分詞.

ein·ge·bil·det[..bɪldət] einbilden の過去分詞.

Ein·ge·bil·det·heit[..haɪt] 女 -/ うぬぼれ, 思いあがり.

Ein·ge·bin·de[áɪngəbɪndə] 中 -s/-《スイ》(Patengeschenk) (洗礼の際の) 代父〈代母〉から代子への贈り物. [<einbinden]

ein·ge·bo·ren[1][áɪngəbo:rən] **I** 形《副詞的用法なし》**1** (einheimisch) その土地に生まれた, 土着の (→II). **2** (angeboren) 生まれつきの, 生得の, 天性の: ~*e* Rechte 生来の権利 ‖ Der Trieb ist jedem Menschen ~. 衝動というものは万人に生まれつき備わっている. **II Ein·ge·bo·re·ne** 男 女《形容詞変化》原住民: die ~*n* Australiens オーストラリアの原住民たち. [*mhd.*; *lat.* in-genuus (→Ingenuität) の翻訳借用; ◇ein[2]; *engl.* inborn]

E

ein·ge·bo·ren[2][–] 形《付加語的》〘聖〙(神の)ひとり子として生まれた: der ～e Sohn〔Gottes〕 神のひとり子(キリスト). [*ahd.* ein-boran; *lat.* ūni-genitus (◇uni..)の翻訳借用]

ein·ge·bracht[áɪngəbraxt] **I** einbringen の過去分詞. **II Ein·ge·brach·te** 中《形容詞変化》(Mitgift) 持参金.

ein·ge·buch·tet[..bʊxtət] **I** einbuchten の過去分詞. **II** 形 湾入した: eine ～e Küste 入江になった海岸.

Ein·ge·bung[áɪnge:bʊŋ] 女 -/-en《雅》霊感; (直観的な)思いつき: eine höhere 〈göttliche〉 ～ / eine ～ von oben (神の)啓示, 霊感 ‖ der eigenen ～ folgen 内心の声に従う | einer plötzlichen ～ folgend ふと思いついて.

ein·ge·denk[áɪngədɛŋk] 形《述語的》《雅》*et.*[2] ～ sein 〈bleiben〉 …を心に銘記している | Sie war seiner Warnungen ～. 彼女は彼の警告を肝に銘じていた | Seines Versprechens ～ 〈*Eingedenk* seines Versprechens〉, blieb er zu Hause. 自分の約束を忘れずに彼は家にとどまっていた. [<ein[2]]

ein·ge·fah·ren[áɪngəfa:rən] **I** einfahren の過去分詞. **II** 形 **1** (走行・操縦などに)慣れた: ein gut ～er Lotse 熟練した水先案内人 | ein gut ～es Pferd よく車を引き慣れた馬. **2** (道路が)走行によって固められた;《比》固定した, お定まりの: ein ～er Weg (多くの車が通って)固まった道 ‖ ein ～es Verfahren お定まりのやり方 | ～e Rechtsbegriffe 使い熟した法概念 ‖ *sich*[4] auf ～em Geleise bewegen お定まりのコースを出ない | in〔fest〕～en Bahnen denken きまりきった考え方しかできない.

ein·ge·fal·len[áɪngəfalən] einfallen の過去分詞.

ein·ge·fleischt[áɪngəflaɪʃt] 形《付加語的》**1** 肉と化した, 肉体の形をとった; 徹底した, しんからの: ein ～er Teufel 悪魔の化身 | ein ～er Bösewicht 〈Bürokrat〉 根っからの悪党〈官僚〉. **2** 習性となった, 身にしみついた: ～e Gewohnheiten 身についた習慣. [*mhd.*; *spätlat.* in-carnātus (◇inkarniert) の翻訳借用]

ein|ge·hen*[áɪnge:ən]《53》**I** 自 (s) **1** (hineingehen)《方向を示す語句と. ただしもっぱら比喩的な意味で》(…に)入る, 入りこむ: in die Annalen ～ (→Annalen 1) | in die Ewigkeit ～ (→Ewigkeit 2) | in den ewigen Frieden ～ (→Frieden 4) | in die Geschichte ～ (→Geschichte 1 a) | ins Nichts ～ 無に帰する | zur ewigen Ruhe ～ (→Ruhe 1).

2 消滅〈破滅〉する; (動物が)死ぬ; (植物が)枯れる; (新聞・雑誌が)廃刊になる; (店・会社などが)つぶれる, 倒産する: an Alter 〈einer Krankheit〉 ～ (動物が)寿命がつきて〈病気で〉死ぬ | ein Bergwerk ～ lassen 鉱山を廃坑にする | Die Zeitschrift ist *eingegangen.* その雑誌は廃刊になった | Die Gaststätte ist *eingegangen.* その料理店はつぶれてしまった | wie eine Primel 〈wie ein Primeltopf〉 ～ (→Primel, →Primeltopf) ‖ *eingegangene* Stücke〘劇〙演目から落とされた作品.

3 (↔ausgehen) (郵便物などが)到着する; (商品が)入荷する; (金銭が)入金する: Hier ist kein Paket für Sie *eingegangen.* ここにはあなたあての小包便は来ていません.

4 (einschrumpfen) (布地が)縮む: Dieser Stoff *geht* auch beim Waschen nicht *ein.* この布地は洗濯しても縮まない.

5《*jm.*》(…の耳や頭に)入る, (…に)理解される: Ihr *geht* alles leicht 〈schnell〉 *ein.* 彼女はなんでも容易に〈すぐに〉理解する | Das Kompliment *geht* ihm glatt 〈wie Milch und Honig〉 *ein.* 彼はお世辞を喜んで聞く, 彼は甘言に弱い.

6《auf *et.*[4]》(…に)立ち入る; (…の話に)乗る, 応じる(→II 1);《auf *jn.*》(…の言葉に)耳を傾ける; (…に対して)理解を示す; (…に)同意する: auf Einzelheiten ～ 個々の点にまで立ち入る〈言及する〉| auf einen Plan 〈einen Vorschlag〉 ～ ある計画〈提案〉に同意する | Er wird auf dich gar nicht ernst ～. 彼は君なんかてんで相手にしないだろう.

7 a)《話》貧乏くじを引く, ひどい損害を受ける; 処罰される: Wenn die Sache herauskommt, *gehst* du *ein.* この件がばれたら君はおしまいだ. **b)**〘スポ〙大敗する.

II 他 **1** (s) (〔契約〕関係に)入る〔ことに同意する〕; (義務・リスクなどを)引き受ける: den Bund der Ehe ～ (→Bund I 1 a) | Bürgschaft ～ 保証を引き受ける, 保証人に立つ | mit *jm.* die Ehe ～ …と結婚する | ein Geschäft 〈einen Vertrag〉 ～ 商談〈契約〉を結ぶ | ein Risiko ～ 危険を冒す, 冒険をする | eine chemische Verbindung ～〘化〙化合する | Verschiedene Stilelemente sind in diesem Roman eine Verbindung *eingegangen.* この長編小説ではいろいろな文体技法が一つに結びついている | den Waffenstillstand ～ 休戦〔に同意〕する | eine Wette ～ 賭(かけ)をする ‖ die *eingegangenen* Verpflichtungen 引き受けた〈負ってしまった〉義務.

☆ この用法は完了形にふつう sein が用いられることからも明らかなように, 自動詞の特殊な用法と解することもできる.

2 (h)〘狩〙(獲物を)とり囲む.

III ein·ge·hend 現分 形 立ち入った, 詳細な: eine ～e Beschreibung 〈Untersuchung〉 綿密な記述〈調査〉| Das Thema möchte ich noch ～er behandeln. そのテーマはもっと詳しく扱いたい.

Ein·ge·hung[..ge:ʊŋ] 女 -/ (eingehen すること. 例えば:) (契約などの)締結: die ～ der Ehe〘法〙婚姻の成立.

ein·ge·keilt[áɪngəkaɪlt] einkeilen の過去分詞.

ein·ge·lei·sig[áɪngəlaɪzɪç][2] =eingleisig

ein·ge·macht[áɪngəmaxt] **I** einmachen の過去分詞. **II Ein·ge·mach·te** 中《形容詞変化》漬物(酢漬け・砂糖漬け・塩漬けなど): **ans** ～ **gehen**《戯》とっておきの物〈金・力〉を出さざるをえなくなる.

ein|ge·mein·den[áɪngəmaɪndən][1]《01》他 (h) 自治体に編入〈合併〉する: einen Vorort in die Stadt ～ 近郊の町村を市に編入する. [<Gemeinde]

Ein·ge·mein·dung[..dʊŋ] 女 -/-en (自治体への)編入, 合併.

ein·ge·nom·men[áɪngənɔmən] **I** einnehmen の過去分詞. **II** 形 **1 a)** (気持が)とらわれた: von *et.*[3] ～ sein …にとらわれている, …に強く魅せられている | für 〈gegen〉 *jn.* ～ sein …に対して好感〈反感〉を抱いている | Er ist von vornherein gegen mich ～. 彼は始めから私に対して敵意をもっている. **b)** 自慢している: von *et.*[3] ～ sein (自分の)…をうぬぼれている | von *seinem* Können ～ sein 自分の能力を過信している | von *sich*[3] ～ sein うぬぼれている. **2** (頭が)ぼんやりした, (意識が)混濁した: einen ～en Kopf haben 頭がぼんやりしている.

Ein·ge·nom·men·heit[–haɪt] 女 -/ **1** 偏見: ～ von *sich*[3] selbst うぬぼれ. **2** (意識の)混濁;〘医〙昏睡(こんすい).

ein·ge·rech·net[áɪngərɛçnət] einrechnen の過去分詞.

Ein·ge·richt[áɪngərɪçt] 中 -s/- ガラス瓶入りの細工物.

Ein·ge·rich·te 中 -s/- (錠前の)内部構造. [<einrichten]

ein·ge·sal·zen[áɪngəzaltsən] **I** einsalzen の過去分詞. **II Ein·ge·sal·ze·ne** 中《形容詞変化》(Pökelfleisch) 塩漬け肉.

ein·ge·sandt[áɪngəzant] **I** einsenden の過去分詞. **II Ein·ge·sandt** 中 -s/-s **1** (Leserzuschrift) (読者からの)投書. **2** (新聞・雑誌の)投書〈投稿〉欄.

ein≈ge·schlech·tig[áɪngəʃlɛçtɪç][2] 形〘植〙単性の: ～e Blüten 単性花. **≈ge·schlecht·lich**[..lɪç] 形 **1** (男女いずれかの)同性〔だけ〕の. **2**〘言〙単性の.

ein·ge·schlos·sen[áɪngəʃlɔsən] einschließen の過去分詞.

ein·ge·schos·sig[áɪngəʃɔsɪç][2] 形 1 階建ての; 平屋〈平家〉の(→..geschossig).

Ein·ge·schränkt·heit[áɪngəʃrɛŋkthaɪt] 女 -/ **1** (経済的に)制約されていること, 窮乏. **2** 狭さ, 窮屈. [<einschränken]

ein·ge·schwo·ren[..ʃvo:rən] **I** einschwören の過去分詞. **II** 形 決意の固い, 断固たる: *js.* ～er Anhänger 〈Gegner〉 sein …の熱烈な信奉者〈不倶戴天(ふぐたいてん)の敵〉である | auf *jn.* 〈*et.*[4]〉 ～ sein …を支持〈貫徹〉することを固く決意している.

ein·ge·ses·sen[..zɛsən] **I** einsitzen の過去分詞. **II** 形 (古くから)住みついた, 土着の: eine ～e Firma 地元の会社.

E

III Ein·ge·ses·se·ne 男 女《形容詞変化》地元の住民, 土着の人.

Ein·ge·sot·te·ne[..zɔtənə] 中《形容詞変化》《ｵｰｽﾄﾘｱ》砂糖煮漬けの果物. [＜einsieden]

ein·ge·spielt[..ʃpiːlt] einspielen の過去分詞.

ein·ge·stan·den[áingəʃtandən] **I** einstehen の過去分詞. **II** eingestehen の過去分詞.

ein·ge·stan·de·ner·ma·ßen[áingəʃtandənərmáːsən] 副 本人の認める(白状する)ところによれば: Er hat ～ gelogen. 彼は自分でも認めているようにうそをついたのだ.

Ein·ge·ständ·nis[..ʃtɛntnɪs] 中 -ses/-se (罪・過ちなどを)認めること, 白状, 告白.

ein|ge·ste·hen*[áingəʃteːən]《182》他 (h) (自分自身の事柄に関してやむなく)認める, 白状する: *seinen* Irrtum ～ 自分の過ちを認める | Er hat endlich den Diebstahl *eingestanden.* 彼はついに盗みを働いたことを白状した.

ein·ge·stellt[áingəʃtɛlt] **I** einstellen の過去分詞. **II** 形《様態を示す語句と》(…の)志向(考え方)をもった, (…の)立場にある: fortschrittlich ⟨konservativ⟩ ～ sein 進歩的(保守的)な考えをもっている | gegen *jn.* ～ sein …に対して反感を抱いている | Sie ist anders ～ als ich. 彼女は私とは物の考え方が違う.

ein·ge·stri·chen[1][..ʃtrɪçən] einstreichen の過去分詞.

ein·ge·stri·chen[2][−] 形〘楽〙1 点音の: →fünfgestrichen

ein·ge·tra·gen[áingətraːgən] eintragen の過去分詞.

Ein·ge·tropf·te[..trɔpftə] 中《形容詞変化》《ｵｰｽﾄﾘｱ》(スープなどに入れる)ゆるい練り粉. [＜eintropfen]

Ein·ge·wei·de[áingəvaidə] 中 -s/-《ふつう複数で》内臓; 臓物, はらわた;《比》内奥: einem Huhn die ～ herausnehmen ニワトリのはらわたを抜く. [*mhd.* 〔in〕geweide; ◇Weide]

Ein·ge·wei·de≠bruch 男〘医〙内臓ヘルニア, 脱腸. **≠schau** 女 -/ (古代ローマの)腸卜(ちょうぼく)(いけにえの獣の内臓による占い). **≠sen·kung** 女〘医〙内臓下垂. **≠tier** 中 内臓寄生動物. **≠wurm** 男 内臓寄生虫.

ein|ge·wöh·nen[áingəvøːnən] 他 (h)《*jn.* in *et.*[4]》(…を…に)なじませる, なれさせる: *jn.* in *seine* neue Umgebung ～ …を新しい環境になじませる | Nach kurzer Zeit war er bei uns ⟨in der neuen Umgebung⟩ *eingewöhnt.* 短期間ののちに彼は私たち〔の国〕に(新しい環境に)なじんだ ‖ 再帰 *sich*[4] in ⟨an⟩ *et.*[3] ～ …になじむ, …になれる | *sich*[4] in *seinem* neuen Arbeitsplatz ～ 新しい職場になれる.

Ein·ge·wöh·nung[..nʊŋ] 女 -/ 〔sich〕 eingewöhnen すること.

ein·ge·zo·gen[áingətsoːgən] **I** einziehen の過去分詞. **II** 形《述語的用法なし》引きこもった, (俗世から)隠退した: ein ～*es* Leben führen / ～ leben 引きこもって暮らす.

Ein·ge·zo·gen·heit[−hait] 女 -/ eingezogen なこと.

ein|gie·ßen*[áingiːsən]《56》他 (h) **1**《*et.*[4] in *et.*[4]》(…を容器に)注ぎ入れる; (…を鋳型に)流し込む: Kaffee in eine Tasse ～ コーヒーをカップにつぐ | Darf ich Ihnen Tee ⟨Wein⟩ ～? 紅茶(ワイン)をおつぎいたしましょうか ‖ Metall in eine Form ～ (溶解した)金属を鋳型に流し込む. **2**《*et.*[4] mit *et.*[3]》〘工〙(…を鉛・セメントなどで)接合する.

Ein·gie·ßung[..sʊŋ] 女 -/ eingießen すること.

ein|gip·sen[áingɪpsən]《02》他 (h) **1** 石膏(せっこう)(ギプス・しっくい)で固定する: einen Haken in die Wand ～ 掛けくぎをしっくいで壁に埋め込む | ein gebrochenes Bein ～ 骨折した脚にギプスをはめる ‖ ein *eingegipster* Arm ギプスをはめた腕. **2** (割れ目などを)しっくいで埋める.

ein|git·tern[áingɪtərn]《05》他 (h) 格子(格子垣)で囲う: ein *eingegitterter* Garten 格子のさくで囲った庭.

Ein·glas[áinglaːs][1] 中 -es/ ..gläser (Monokel) 片めがね, 単眼鏡, モノクル(→ 図 Brille). [*fr.* mon-ocle の翻訳借用]

ein|gla·sen[áinglaːzən][1]《02》他 (h) **1** (窓などに)ガラスをはめる. **2**〘写〙(スライドを)ガラス枠にはめ込む.

ein|glei·sen[áinglaizən][1]《02》他 (h)〘鉄道〙(車両を)レールにのせる. [＜Gleis]

ein·glei·sig[áinglaizɪç][2] 形〘鉄道〙単線の: eine ～*e* Strecke 単線区間 ‖ Der Zug fährt hier nur ～. 列車はここは単線運行している.

ein≠glie·de·rig[..gliːdərɪç][2] 形, **≠glied·rig**[..drɪç][2] 形 (monomisch)〘数〙単項の: ein ～*er* Ausdruck〘数〙単項式 | ein ～*er* Satz〘言〙一語文(例 Feuer! 火事だ).

ein|glie·dern[áingliːdərn]《05》他 (h)《*jn.* ⟨*et.*[4]⟩ *et.*[3] / *jn.* ⟨*et.*[4]⟩ in *et.*[4]》(…を…に)組み入れる, 編入する; (…を…に)適合(順応)させる: 再帰 *sich*[4] *et.*[3] ⟨in *et.*[4]⟩ ～ …に組み込まれる, …に編入される; …に適合する, …に順応する.

Ein·glie·de·rung[..dərʊŋ] 女 -/ sich eingliedern すること.

ein|gra·ben*[áingraːbən][1]《62》他 (h)《*et.*[4] in *et.*[4]》**1** (…を…の中に)埋める; (植物を)植える: einen Pfahl in die Erde ～ くいを地中に打ち込む | einen Leichnam ～ 死体を地中に埋める ‖ 再帰 *sich*[4] ～ (動物が)巣穴を掘る;〘軍〙地面を掘って身をかくす | *sich*[4] in *et.*[4] ～ …の中にもぐり込む. **2** 刻み込む; 食い込ませる: eine Inschrift in einen Stein ～ 石に銘を刻む | *seine* Nägel in *js.* Arm[4] ～ …の腕につめをたてる | Der Skifahrer *grub* seine Spuren in den Schnee *ein.* スキーヤーは雪にシュプールを残して滑った ‖ 再帰 *sich*[4] in *et.*[4] ～ …に刻み込まれる; …に食い込む | *sich*[4] in *seine* Arbeit ～ 仕事に没頭する | *sich*[4] ins Gedächtnis ～ 記憶に刻み込まれる | In seine Stirn haben sich Falten *eingegraben.* 彼の額にはしわが刻み込まれていた.

ein|gra·vie·ren[áingraviːrən] 他 (h)《*et.*[4] in *et.*[4]》(文字・装飾などを金属・石・ガラスなどに)彫り込む.

ein|grei·fen*[áingraifən]《63》**I** 自 (h)《in *et.*[4]》**1** 食い込む, はまり込む: Das Zahnrad *greift* ins Getriebe *ein.* 歯車がギア装置にかみ合う. **2** 介入(干渉)する; 侵害する: in eine Angelegenheit ～ 問題に介入する | in einen Streit vermittelnd ～ 争いの調停役を買って出る | in ein Gespräch ～ 会話に割り込む | in *js.* Rechte ～ …の権利を侵害する | Man soll nicht in den natürlichen Verlauf der Dinge ～. 事物の自然の成り行きによけいな手出しをしてはならない. **3** (医者が)手術をする. **II ein·grei·fend** 現分 形 決定的な, 断固たる: ～*e* Maßnahmen 断固とした処置 | von ～*er* Wichtigkeit sein 決定的な重要性をもつ. [◇Eingriff]

Ein·greif·trup·pe 女 (局地作戦に投入される)特別編成部隊.

ein|gren·zen[áingrɛntsən]《02》他 (h) (…のまわりを)境界で囲む;《比》局限(限定)する: *et.*[4] auf *et.*[4] ～ …を…に限定する.

Ein·gren·zung 女 -/-en (eingrenzen すること. 例えば:) 局限, 限定.

Ein·griff[áingrɪf] 男 -[e]s/-e **1** 介入, 干渉; (権利などの)侵害: ein ～ in fremdes Eigentum 他人の財産の侵害. **2** (Operation) 手術: ein unerlaubter ⟨verbotener⟩ ～ 堕胎 ‖ einen ～ machen ⟨vornehmen⟩ 手術をする | *sich*[4] einem ～ unterziehen 手術を受ける. **3** (歯車などの)かみ合い: Die beiden Zahnräder stehen immer im ～. 二つの歯車は常にかみ合っている. [＜eingreifen]

ein|grü·nen[áingryːnən] 他 (h) (緑化の目的で…に)芝の種をまく.

ein|grup·pie·ren[áingrupiːrən] 他 (h)《*jn.* ⟨*et.*[4]⟩ in *et.*[4]》(…を…に)分類する, グループ分けする.

Ein·guß[áingʊs] 男 ..gusses/..güsse[..gʏsə] **1**《ふつう単数で》eingießen すること. **2** (鋳型に金属を流し込むための)注入口.

ein|hacken[áinhakən] 自 (h) **1**《auf *et.*[4]》(鳥などが…を)ついばむ, つつく. **2**《話》《auf *jn.*》(…のことを)がみがみののしる.

ein|ha·ken[áinhaːkən] **I** 他 (h) **1** (↔aushaken)(留め金・ホックなどで)留める, 固定する: den Reißverschluß am Ende ～ ファスナーの端をホックで留める | den Laden ～ よろい戸を留め金で固定する. **2** 再帰 *sich*[4] bei *jm.* ～ …と腕を組む ‖ *eingehakt* gehen 腕を組んで歩く. **II** 自 (h)《話》(eingreifen) 介入する, (議論などに)口をさしはさむ.

ein·halb·mal[ainhálpmaːl] 副 半分, 2 分の 1 倍: →

E

fünfmal | ~ so groß wie ... …の半分の大きさで ‖ ~ mehr 1.5倍多く | ~ teurer 1.5倍高く.

Ein·halt[áınhalt] 男 -〔e〕s/ 《もっぱら次の成句で》 *jm.* ⟨*et.*³⟩ **~ tun** ⟨**gebieten**⟩《雅》…を阻止する, …をやめさせる, …を食い止める | einer Seuche ~ tun 伝染病の蔓延(まんえん)を防ぐ.

ein|hal·ten*[áınhaltən] 《65》 **I** 他 (h) **1** (規則・協定・期限・規定のコースなどを)守る, 遵守する: die Frist ⟨den Termin⟩ ~ 期限を守る | *seine* Fahrzeit ~ (列車などが)ダイヤどおりに動く | die gerade Richtung ~ まっすぐ進む | die rechte Seite ~ 右側通行を遵守する | *sein* Versprechen ~ 約束を守る | den Zahltag ⟨*seine* Zahlungen⟩ ~ 支払い日を守る. **2** 〖服飾〗(布に)ひだをとる, ギャザーを寄せる: den Ärmel ~ 袖丈(そでたけ)を詰める. **3 a)** 《南部》停止する, やめる: Die Kuh *hält* die Milch *ein.* 牛が乳を出さない | Das Kind kann es nicht mehr ~. その子供はおしっこ(うんち)をもう我慢できない ‖ mit *eingehaltenem* Atem 息を殺して. ▽**b)** 引き留める, 阻止する.

II 自 (h) 《in ⟨mit⟩ *et.*³》(…を)中止する, やめる: im ⟨mit dem⟩ Lesen ~ 読むのをやめる | Der Regen *hielt ein.* 雨がやんだ.

Ein·hal·tung[..tʊŋ] 女 -/ (einhalten すること. 特に:) 遵守: die ~ einer Abmachung 協定の遵守 | die strikte ~ des Termins 期限の厳守.

ein|häm·mern[áınhɛmərn] 《05》 **I** 他 (h) **1** 《*et.*⁴ in *et.*⁴》(槌(つち)やハンマーで釘(くぎ)・杭(くい)などを…に)打ち込む; (文字・装飾などを…に)刻み込む: einen Pflock in den Boden ~ 杭を地中に打ち込む | Buchstaben in Kupfer ~ 文字を銅に打刻する. **2** 《*jm. et.*⁴》(…の頭の中へ…を)たたき込む: den Kindern Regeln ~ 子供たちに規則をたたき込む | Es wurde uns *eingehämmert,* darauf zu achten. 私たちはそのことに注意するようたたき込まれた.

II 自 (h) 《auf *jn.* ⟨*et.*⁴⟩》(…を)絶えず槌(つち)⟨ハンマー⟩でたたく; 責めたてる: auf *seinen* Gegner ~ (ボクシングで)相手にたて続けにパンチをあびせる | Reklame *hämmert* dauernd auf uns *ein.* コマーシャルが絶え間なく私たちの頭上に浴びせられる.

ein|ham·stern[áınhamstərn] 《05》 他 (h) 《話》せっせとため込む, 大量に手に入れる.

Ein·hand·boot[áınhant..] 中 一人用ヨット.

ein|han·deln[áınhandəln] 《06》 他 (h) **1** 《*et.*⁴ für ⟨gegen⟩ *et.*⁴》(…を…と引き換えに)手に入れる: Brot gegen Zigaretten ~ タバコと引き換えにパンを入手する ‖ *sich*³ *et.*⁴ billig ~ …を安く手に入れる. **2** 《話》《*sich*³ *et.*⁴》(叱責(しっせき)・非難などを)くらう; (病気・怪我(けが)などを)しょい込む: *sich*³ wegen *seines* Zuspätkommens einen Verweis ~ 遅刻したためにお目玉をくらう.

ein·hän·dig[áınhɛndıç]² 形 片手の.

ein|hän·di·gen[áınhɛndıgən]² 他 (h) 《*jm. et.*⁴》手渡す, 引き渡す, 交付する. [＜ein²+Hand]

Ein·hän·di·gung[..gʊŋ] 女 -/ einhändigen すること.

Ein·hand·seg·ler[áınhant..] 男 **1** 単独でヨットを操縦する人. **2** ＝Einhandboot

Ein·hands·gut[áınhants..] 中 〖法〗(夫または妻の)専有財産.

「片手投げ.」

Ein·hand·wurf[áınhant..] 男 〖バスケット〗片手での投球,

ein|hän·gen[áınhɛŋən] 他 (h) **1** (↔aushängen) (留め金具・台座などに)掛ける: die Sicherheitskette ~ (ドアの)安全鎖を掛ける | die Schlaufe der Wäscheleine in den Haken ~ 物干し用ロープのつり輪を掛けくぎに掛ける | eine Tür 〔in die Angeln〕 ~ ドアを〔蝶番(ちょうつがい)に〕取り付ける ‖ den Hörer ~ (電話機の)受話器を掛ける⟨台座に置く⟩(電話を切る) ‖〖しばしば目的語なしで〗Er *hängte ein.* 彼は電話を切った. **2** 《in *et.*⁴》(…の中へ)つるす: ein Thermometer in die Lösung ~ 温度計を溶液の中につるして入れる. **3** 再帰 *sich*⁴ bei *jm.* ~ / 《南部》 *sich*⁴ in *jn.* ~ …と腕を組む ‖ *eingehängt* gehen 腕を組んで歩く.

Ein·hard[áınhart] 男名 (＜Eginhard) アインハルト.

ein|har·ken[áınharkən] 他 (h) 《北部》(種子・肥料などを)レーキで土にすき込む.

ein|hau·chen[áınhaʊxən] 他 (h) 《雅》《*jm. et.*⁴》(…に…を)吹き込む: *jm.* neues Leben ~ …に新しい生命を吹き込む.

ein|hau·en⁽*⁾[áınhaʊən] 《67》 **I** 他 (h) **1** 《*et.*⁴ in *et.*⁴》 **a)** (…を…に)打ち込む: einen Nagel in den Balken ~ 角材に釘(くぎ)を打ち込む. **b)** (…を石・木片などに)刻み込む: ein Wappen in den Felsen ~ 紋章を岩に刻み込む | mit der Axt eine Kerbe 〔in ein Holz〕 ~ おので〔木片に〕刻み目を入れる ‖ ein Stein mit *eingehauener* Inschrift 銘を刻んだ石. **2** 打ち破る, 打ち壊す: die Fensterscheibe ~ 窓ガラスを打ち破る | mit *eingehauenem* Schädel 頭蓋(ずがい)骨を割られて.

II 自 (h) **1** 《auf *jn.*》(…に)打ってかかる, 切りつける: Er *hieb* ⟨話: *haute*⟩ mit den Fäusten auf mich *ein.* 彼はこぶしを固めて私に殴りかかった. **2** 《話》《in *et.*⁴》(食物を)がつがつと⟨むさぼるように⟩食べる.

ein·häu·sig[áınhɔyzıç]² 形 (↔zweihäusig) (monözisch) 〖植〗雌雄同株⟨同体⟩の, 一家花の.

Ein·häu·sig·keit[–kaıt] 女 -/ (↔ Zweihäusigkeit) (Monözie) 〖植〗雌雄同株⟨同体⟩, 一家花.

ein|he·ben*[áınhe:bən]¹ 《68》 他 (h) **1** (↔ausheben) (持ち上げて本来の場所に)はめ込む: einen Fensterflügel ~ 窓の扉をひじ金物⟨フック⟩にはめる | den entgleisten Wagen ~ 脱線した車両をレールに戻す | ein Boot ~ ボートを巻き上げる. **2** 《南部・オーストリア》(erheben) (税・料金などを)取り立てる, 徴収する.

Ein·he·bung[..bʊŋ] 女 -/ einheben すること.

ein|hef·ten[áınhɛftən] 《01》 他 (h) 《*et.*⁴ in *et.*⁴》 **1** (仮に)縫い付ける. **2** (書類などを)とじ込む, 挟み込む.

ein|he·gen[áınhe:gən]¹ 他 (h) 垣⟨さく⟩で囲む: *et.*⁴ mit Stacheldraht ~ …に鉄条網をめぐらす.

Ein·he·gung[..gʊŋ] 女 -/-en **1** 《単数で》einhegen すること. **2** 囲み, さく, 垣.

ein|hei·len[áınhaılən] 自 (s) (移植した皮膚などが体内の組織に)根づいて傷が治癒する.

ein·hei·misch[áınhaımıʃ] **I** 形 (↔ausheimisch) その土地〔生まれ〕の, 土着の; 自国の, 国〔内〕産の: die ~*e* Bevölkerung その土地の住民, 原住民 | eine ~*e* Industrie 地場産業 | eine ~*e* Krankheit 地方病, 風土病 | eine ~*e* Mannschaft 地元チーム | in den Tropen ~*e* Pflanzen 熱帯産の植物.

II Ein·hei·mi·sche 男 女 《形容詞変化》その土地の人: einen ~*n* ⟨eine ~⟩ heiraten 現地人の男⟨女⟩と結婚する. [*mhd.*; ＜*ahd.* in-heima „Heimat"]

ein|heim·sen[áınhaımzən]¹ 《02》 他 (h) **1 a)** (収穫物を)取り入れる. **b)** 《話》(利益・成功などを)手に入れる, (賞賛・非難・嘲笑(ちょうしょう)などを)受ける: Beifall ~ 喝采(かっさい)を博する | Schläge ~ 〔さんざんに〕殴られる | eine hübsche Summe Geld ~ 金をしこたまもうける. ▽**2** 《*jn.*》家に連れ帰る. [＜*mhd.* heimsen „heimbringen" (◇Heim)]

Ein·hei·rat[áınhaıra:t] 女 -/-en 婿⟨嫁⟩入り.

ein|hei·ra·ten 《01》 自 (h) 《in *et.*⁴》(…に)婿⟨嫁⟩入りする; 結婚して(…の)一員となる.

Ein·heit[áınhaıt] 女 -/-en **1** 《ふつう単数で》一致, 統一, まとまり; 和合, 調和, 融和; 合同, 団結; 統一性, 単一性; 一貫性, 均一性: die politische ~ eines Volkes 民族の政治的統一 | die innere ~ einer Dichtung 文学作品の内的統一性 | die ~ von Form und Gehalt ⟨Theorie und Praxis⟩ 形式と内容⟨理論と実際⟩の一致 | die ~ der Zeit, des Ortes und der Handlung 〖劇〗時と所と筋の一致(いわゆる三一致の法則) ‖ eine ~ bilden (部分が集まって)一体をなす | Die ~ zerfällt. 統一が崩れる. **2** (略 E) (計量の基準としての)単位; 〖薬〗単位〔量〕: die ~ des Längenmaßes ⟨der Wärmemenge⟩ 長さ⟨熱量⟩の単位 | Gewichts*einheit* 重量単位 | Grund*einheit* 〖理〗基本単位 | die abgeleitete ~ 〖理〗誘導単位 | zehntausend ~*en* Penizillin 1万単位のペニシリン. **3** 構成単位; (特に:) 〖軍〗(編制数量の一定していない)部隊: eine motorisierte ~ 機械化部隊 | eine ~ von Bombern 爆撃機部隊. ▽**4** (Par) 〖ゴルフ〗パー. [*lat.* ūnitās (◇uni..) の翻訳借用]

E

Ein·hei·ten·sy·stem 中〘理〙単位系.
ein·heit·lich[áınhaıtlıç] 形 統一的な, 一貫した; 均一の, 一様な, 画一的な; 単一の, 一元的な: eine ～*e* Ausbildung 画一的な教育 | eine ～*e* Kleidung そろいの服装 | ein ～*er* Plan 一貫した計画 | ～*e* Preise 統一価格 ‖ ～ vorgehen 一致して行動する.
Ein·heit·lich·keit[–kaıt] 女 -/ (einheitlich なこと. 例えば:) 統一性, 一貫性; 均一性, 一様性, 画一性.
Ein·heits≠be·stre·bun·gen[áınhaıts..] 複 (民族などの)統一への努力, 統一運動. ≠**front** 女 統一〈共同〉戦線. ≠**ge·werk·schaft** 女 統一労働組合. ≠**klei·dung** 女 そろいの服装, 制服, ユニホーム. ≠**kurs** 男〘経〙単一〈標準〉相場. ≠**kurz·schrift** 女 統一〈標準〉速記文字. ≠**li·ste** 女 (選挙用のすべての党の候補者を記載した)単一〈統一〉リスト. ≠**maß** 中 標準度量衡. ≠**ma·trix** 女〘数〙単位行列. ≠**par·tei** 女 (合同による)統一党: die Sozialistische ～ Deutschlands ドイツ社会主義統一党(→SED). ≠**preis** 男〘商〙均一価格.
Ein·heits·preis·ge·schäft 中〘商〙均一販売店.
Ein·heits≠satz 男 均一料金率. ≠**schu·le** 女 (コースの種別のない)統一学校制度. ≠**staat** 男 統一国家. ≠**über·set·zung** 女 (聖書の)共同訳. ≠**vek·tor** 男〘数〙単位ベクトル. ≠**wäh·rung** 女 (複数国家間などの)統一通貨. ≠**wa·re** 女 規格品. ≠**wert** 男〘法〙(数種の租税について統一的に定められた課税対象物の)統一価格. ≠**zeit** 女 標準時.
ein|hei·zen[áınhaıtsən] 《02》 **I** 他 (h) **1** (ストーブなどを)たく: den Ofen ～ ストーブをたく. **2** (暖房をたいて部屋を)暖める: das Zimmer ～ 部屋を暖める ‖〘目的語なしで〙Sie hatte zwar *eingeheizt*, aber in dem Zimmer war es immer noch kalt. 彼女は暖房をつけたのだが部屋の中は相変わらず寒かった ‖ Du hast wohl gestern abend zu stark *eingeheizt*. 《戯》君はどうやら昨晩飲みすぎたらしいね.
II 自 (h) 《話》《*jm.*》(…の尻(しり)をたたいて)叱咤(しった)激励する, (…に)気合をかける, (…に)大目玉をくらわせる.
ein|hel·fen*[áınhɛlfən] 《71》 自 (h) 《*jm.*》(台詞を忘れたり, 言葉に詰まった人などに)横からそっと教えてやる.
Ein·hel·fer[..fər] 男 (Souffleur)〘劇〙プロンプター.
ein·hel·lig[áınhɛlıç][2] 形 (einstimmig) 全員〈満場〉一致の, 異口同音の: die ～*e* Meinung 全員の一致した意見. [< *ahd.* in ein hellan „in eins klingen"; ◇hallen]
Ein·hel·lig·keit[–kaıt] 女 -/ einhellig なこと.
ein≠hen·ke·lig[áınhɛŋkəlıç][2] (≠**henk·lig**[..klıç][2]) 形 取っ手〈にぎり〉が1個の, 片柄の: ein ～*er* Topf 片手なべ.
ein|hen·keln[áınhɛŋkəln] 《06》 他 (h) 《方》(einhaken) 再帰 *sich*[4] bei *jm.* ～ …と腕を組む. [<henken]
ein·her[aınhé:r, ⏤⏤] 副 《南部・オーストリア》(herein) (内から見て)〔こちらの〕中へ: Komm ～! お入り.
einher..[aınhé:r..] 《自動詞の分離の前つづり. つねにアクセントをもつ. 「眼前を悠々と移動するさま」を意味する》
ein·her|brau·sen[aınhé:r..] 《02》 自 (h, s) 《雅》(風・あらしなどが)ざわざわ〈ごうごう〉と吹きまくる; (乗り物が轟音(ごうおん)をたてて)疾走する.
ein|herb·sten[áınhɛrpstən] 《01》 他 (h) 《方》(ernten) (ぶどうなどを)取り入れる, 収穫する.
ein·her≠|fah·ren*[aınhé:r..] 《37》 自 (s) (乗り物が・乗り物で)悠然〈さっそう〉と走る: Er *fuhr* wie der Sturmwind *einher*. 彼は疾風のように車を走らせた. ≠|**ge·hen*** 《53》 自 (s) 《雅》 **1** 悠然〈さっそう〉と歩く: stolz ～ 得意そうに歩く | auf hohem Kothurn ～ (→Kothurn). **2** 《mit *et.*[3]》(ある現象が…と)平行して〈同時に〉現れる: Masern *gehen* mit Fieber und Ausschlag *einher*. 麻疹(はしか)は熱と発疹(ほっしん)を伴う.
Ein·he·ri·er[aınhé:riər, ⏤⏤⏤] (**Ein·he·rjer**[áınhɛrjər]) 男 -s/- 〘北欧神〙(Walhall に住む)戦没勇士. [*anord.*]
ein·her≠|rei·ten*[aınhé:r..] 《116》 自 (s) 《雅》悠然〈さっそう〉と馬に乗って行く. ≠|**schrei·ten*** 《154》 自 (s) 《雅》悠然〈さっそう〉と大またに歩く: wichtig ～ もったいぶって歩く | auf hohem Kothurn ～ (→Kothurn). ≠|**stol·zie·ren** 自 (s) 《雅》肩をそびやかして〈そっくり返って〉歩く: Der Hahn *stolziert einher*. 雄鶏が胸をはって歩く | wie der Hahn auf dem Mist ～ (→Hahn 1 a).
ein|hie·ven[áınhi:fən, ..hi:vən[1]] 他 (h) 〘海〙(錨索(びょうさく)などを)たぐり込む.
Ein·hil·fe[áınhılfə] 女 -/-n 《方》einhelfen すること.
ein·hin[aınhín, ⏤⏤] 副 《南部・オーストリア》(hinein) (外から見て)〔あちらの〕内へ, 中へ: Geh ～! 中に入ってゆけ.
ein≠höcke·rig[áınhœkərıç][2] (≠**höck·rig**[..krıç][2]) 形 (ラクダなどが)一こぶの. [<Höcker]
ein|ho·len[áınho:lən] 他 (h) **1** (旗・綱・網などを)取り入れる, しまい込む: die Flagge 〈die Segel〉 ～ 旗〈帆〉をおろす | den Anker ～ 錨(いかり)を上げる. **2** (他人からの情報・他人の意見・指示・許可などを)求める, 手に入れる: *js.* Meinung 〈Zustimmung〉 ～ …の意見〈賛成〉を求める | eine Auskunft ～ 情報を入手する | eine Genehmigung ～ 認可をもらう | bei *jm.* ein Gutachten ～ …に鑑定してもらう. **3 a)** 《*et.*[4]》(遅れ・損失などを)取り返す, 取り戻す: das Versäumte ～ 遅れを取り戻す | den Verlust ～ 損失の埋め合わせをする. **b)** 《*jn.*》(…に)追いつく(→überholen[2] I 1): Ich *holte* ihn erst am Bahnhof *ein*. 私は駅でやっと彼に追いついた. **4** 《話》(einkaufen) (日用品・食料品などを)買い入れる: Brot 〈Gemüse〉 ～ パン〈野菜〉を買い込む | ～ gehen 買い物に行く. **5** 《*jn.* / *et.*[4]》(儀式によって)出迎える.
Ein·hol≠korb[áınho:l..] 男 買い物かご. ≠**netz** 中 買い物用網袋. ≠**ta·sche** 女 買い物袋〈バッグ〉.
Ein·ho·lung[..lʊŋ] 女 -/ einholen すること.
ein|hö·ren[áınhø:rən] 他 (h) 再帰 *sich*[4] in *et.*[4] ～ 何度も聞いて…に慣れ親しむ.
Ein·horn[áınhɔrn] 中 -[e]s/ ..hörner[..hœrnər] 一角獣(額に一本角のある馬に似た伝説上の動物. マリア伝説と合体して貞潔のシンボルとなる) (紋章: → 図 Wappen f): das ～ 〘天〙一角獣座. [*ahd.*; *lat.* ūni-cornis, *gr.* monókerōs „ein-hörnig" の翻訳借用; ◇*engl.* unicorn]
Ein·hu·fer[áınhu:fər] 男 -s/- 〘動〙奇蹄(きてい)類(ウマなど).
ein·hu·fig[..fıç][2] 形 奇蹄(きてい)〔類〕の.
ein|hül·len[áınhʏlən] 他 (h) 《*et.*[4] in *et.*[4]》(…を…のなかに)包み込む, くるむ: *jn.* in eine Decke ～ …を毛布〈ふとん〉にくるむ | Der Berggipfel war in Dunst *eingehüllt*. 山頂はもやに包まれていた ‖ 再帰 *sich*[4] in *et.*[4] ～ …に身を包む, …に包まれる | *sich*[4] in einen Mantel ～ コートに身をくるむ | *sich*[4] warm ～ (ふとん・衣服などに)暖かくくるまる ‖ eine *einhüllende* Fläche 〈Kurve〉〘数〙包絡面〈線〉.
Ein·hül·lung[..lʊŋ] 女 -/ 〔sich〕 einhüllen すること.
ein·hun·dert[áınhʊ́ndərt, ⏤⏤⏤] 《基数》百〈100〉〔の〕: →hundert
ein|hü·ten[áınhy:tən] 《01》 自 (h) 《北部》(家人の不在中などに)留守番をして家事の世話をする.
ei·nig[1][áınıç][2] 形 **1** 統一された, 一つになった; 団結した: eine ～*e* Front bilden 統一〈共同〉戦線を組む ‖ Wir müssen ～ sein. 我々は団結していなければならない | Völker ～ machen 諸民族を統合する. **2** 《ふつう述語的》(考えが)一致した, 同意見の, 同意した: 〔*sich*[3]〕 mit *jm.* in *et.*[3] 〈über *et.*[4]〉 ～ sein …と…について考えが一致している | Wir sind 〔uns〕 ～, daß er tüchtig ist. 我々は彼が有能だという点で一致している | Hans und Anna sind sich[3] ～. 《戯》ハンスとアンナは結婚するつもりでいる | In diesem Punkt sind wir uns ～. 我々はこの点では意見が一致している | Ich bin mir mit ihm darüber ～. 私はそのことについては彼と意見が一致している | Über den Preis werden wir 〔uns〕 bald ～. 価格については間もなく折り合いがつくだろう ‖ 〔*sich*[3]〕 mit *jm.* ～ werden …と意見が一致する, …と合意する, …と折り合いがつく | mit *sich*[3] 〔selbst〕 ～ werden 決心がつく | Er ist mit sich noch nicht ～. 彼はまだぐらついている〈気持が定まらない〉. ▽**3** (einzig) ひとつ〈ひとり〉だけの, 唯一の: der ～*e* Gott ただひとりの神. [*ahd.* einac „einzig"; ◇ein[1]]
ei·nig[2][áınıg..] 《不定数詞・不定代名詞; 語尾変化についてはふつう形容詞と同じ扱いであるが, 後続形容詞が時に弱変化することがある. 副詞的・述語的には用いない》 **1** 《付加語的》 **a)** 二三の, 若干の: 〘複数で〙 ～*e* Bücher 二三冊の本 | ～*e*

hundert ⟨tausend⟩ junge Leute 数百⟨数千⟩人の若い人々 | Arbeiten ~*er* Gelehrt*er* ⟨Gelehrt*en*⟩ 二三の学者の仕事 ‖〖単数で〗~*e* Hoffnung いくばくかの希望 | vor ~*er* Zeit 少し前に | mit ~*er* poetischer ⟨poetisch*en*⟩ Begabung 若干の文学的才能をもって ‖〖実際には「かなりたくさんの」を意味して〗Er hat ~*en* Eindruck gemacht. 彼はちょっとした印象を与えた. **b**) (etwas mehr als) …よりいくらか多くの:〖10位数と複数で〗Es waren ~*e* dreißig Studenten da. そこには三十数名の学生がいた | Sie ist ~*e* zwanzig Jahre alt. 彼女は20歳をちょっと越えている(二十何歳かだ).

2 《名詞的》若干, 二三:〖複数で人をさして〗Da standen ~*e* wenige. そこにはほんの二三人が立っていた ‖〖中性単数で事物をさして〗Davon weiß ich noch ~*es*. それについては私はもう少し知っている | Er hat ~*es*, was ich unbedingt kaufen möchte. 彼は私がどうしても買いたい物をいくつか持っている ‖〖実際には「かなりたくさんのもの」を意味して〗Die Reparatur wird sicher wieder ~*es* kosten. この修理にはきっとまたちょっとばかり金がかかるだろう.

[*ahd.* einīg „irgendein"; ◇ *engl.* any]

ein|igeln[áɪn|i:gəln]《06》他 (h) 再帰 *sich*^{4} ~ (ハリネズミのように)体を丸くする; (体を丸めて)身構える;〖軍〗(陣地に)立てこもる;《比》(世間を離れて)引きこもる, 隠遁(いんとん)する: *sich*^{4} in *sein* Haus ~ 家にこもる. [<Igel]

ei·ni·ge·mal[áɪnɪgəma:l, ⏊⏑⏑⏊] 副 二三度, 何度か, ときどき. [<einig^2]

ei·ni·gen[áɪnɪgən]^2 他 (h) **1** 統一する, 一つにする: das Volk ⟨die Stämme⟩ ~ 民族⟨諸種族⟩を統合する. **2** 再帰 *sich*^{4} mit *jm.* ~ …と意見が一致する, …と合意する, …と折り合いがつく | *sich*^{4} auf einen Kompromiß ~ 妥協案に同意する | Wir *einigten* uns auf einen Kandidaten. 我々は共同で一人の候補者を立てた | Sie haben sich dahin *geeinigt,* daß … 彼らは…の内容で意見が一致した.

[*mhd.*; ◇ einig^1]

Ei·ni·ger[..gər] 男 -s/- (einigen する人. 特に:) (国家・民族などの)統一者.

ei·ni·ger·ma·ßen[áɪnɪgərmá:sən] 副 いくらか, 多少, ある程度;《話》かなり, 相当に: Auf diesem Gebiet weiß ich ~ Bescheid. この分野のことは私もいくらか知っている | Es ist ~ kalt draußen. 戸外はいささか寒い. [<einig^2]

ei·nig|ge·hen*[áɪnɪç..]《53》自 (s)《官》《mit *jm.* ⟨*et.*^{3}⟩》(…と)意見が一致する⟨同じ意見である⟩: Ich *gehe* mit ihm darin *einig*, daß … 私は…の点で彼と同意見だ.

Ei·nig·keit[..kaɪt] 女 -/ (意見の)一致, 合意; 和合, 協調: Es besteht ~ darüber, daß … …についてはみんなが賛同している | *Einigkeit* macht stark.《諺》団結は力なり.

[*ahd.*; ◇ einig^1]

Ei·ni·gung[áɪnɪgʊŋ] 女 -/-en **1** 統一, 合同: die wirtschaftliche ~ zustande bringen 経済協力を実現する. **2** (意見が)一致すること, 合意: zu einer ~ kommen 合意する.

Ei·ni·gungs≈be·stre·bun·gen 複 統一への努力, 統一運動. **≈stel·le** 女〖法〗調停所. **≈ver·trag** 男〖史〗(旧東西ドイツ間で, 再統一に関して1990年8月31日に調印された)統一条約. **≈werk** 中 調停⟨和解⟩作業.

ein|imp·fen[áɪn|ɪmpfən] 他 (h)《*jm. et.*^{4}》**1**〖医・生〗(…にワクチン・ウイルス・微生物・培養細胞などを)接種する: einem Versuchstier ein Serum ~ 実験動物に血清を接種する. **2**《比》(…に考え・習慣などを)植え付ける, 教え込む: *jm.* ein Vorurteil ~ …に偏見を植え付ける.

Ein·imp·fung[..pfʊŋ] 女 -/ einimpfen すること.

ein|ja·gen[áɪnja:gən]^1 他 (h) **1**《*jm. et.*^{4}》(…に恐怖などを)吹き込む: *jm.* einen Schrecken ~ …に恐怖心を起こさせる. **2** einen Hund ~〖狩〗猟犬を狩猟に馴(な)れさせる.

ein·jäh·rig[áɪnjɛ:rɪç]^2 **I** 形《付加語的》**1** 1年を経た, 1歳の: ein ~*es* Kind 1歳の子供. **2** 1年間の. **3**〖植〗一年生の(→mehrjährig 2): eine ~*e* Pflanze 一年生植物. **II Ein·jäh·ri·ge**《形容詞変化》**1** 男〖軍〗1年志願兵. **2** 中《形容詞変化》1年志願兵資格試験(1919年までドイツではギムナジウム7年級への進級試験を兼ねた).

Ein·jäh·rig-Frei·wil·li·ge 男《形容詞変化》=Einjährige 1

ein·jähr·lich[..jɛ:rlɪç] 形 1年ごとの.

ein|jo·chen[áɪnjɔxən] 他 (h) (馬などを)くびきにつなぐ.

ein|ka·cheln[áɪnkaxəln]《06》自 (h)《話》大いに暖房をたく. [<Kachelofen]

ein|kal·ku·lie·ren[áɪnkalkuli:rən] 他 (h) **1** 勘定⟨計算⟩に入れる: Die Transportkosten sind im Preis 〔mit〕*einkalkuliert.* 運送費も価格に含まれている. **2**《*jn.*/*et.*^{4}》(…のことを)あらかじめ考慮に入れる: ein Risiko von vornherein ~ リスクをあらかじめ考慮に入れておく.

Ein·kam·mer·sy·stem[áɪnkamər..] 中 -s/〖政〗(議会の)一院制.

ein|kamp·fern[áɪnkampfərn]《05》他 (h) 樟脳(しょうのう)で処理する. [<Kampfer]

ein|kap·seln[áɪnkapsəln]《06》他 (h) **1** カプセル⟨容器⟩に入れる. **2** 再帰 *sich*^{4} ~ 莢膜(きょうまく)⟨包嚢(ほうのう)⟩の中に閉じこもる;《比》自分の殻の中に閉じこもる.

Ein·kap·se·lung[..səlʊŋ] 女 -/-en 〔sich〕einkapseln すること.

Ein·ka·rä·ter[áɪnkarɛ:tər] 男 -s/- 1カラットの宝石.

ein·ka·rä·tig[..tɪç]^2 形 (宝石などが)1カラットの.

ein|kas·sie·ren[áɪnkasi:rən] 他 (h) **1** (金を)取り立てる, 徴収する, 集金する;《話》(強引に)自分のものにする;《比》(成功・賞賛などを)手に入れる. **2**《話》《*jn.*》捕まえる, 逮捕する; 閉じ込める.

Ein·kas·sie·rung[..rʊŋ] 女 -/-en einkassieren すること.

ein|ka·steln[áɪnkastəln]《06》他 (h)《オーストリア》《話》(einsperren)《*jn.*》閉じ込める, 監禁する. [<Kasten]

ein|kä·steln[..kɛstəln]《06》他 (h) **1** 箱⟨ケース⟩に詰める; (字句を)四角で囲む. **2** =einkasteln

Ein·kauf[áɪnkaʊf] 男 -〔e〕s/ ..käufe[..kɔʏfə] **1 a**) 買い入れ, 仕入れ, 購入: ein vorteilhafter ~ 有利な⟨得な⟩買い物 | die täglichen *Einkäufe* 毎日の買い物 | ein billiger ~《戯》万引き ‖〔*seine*〕*Einkäufe* machen 買い物をする. **b**) 買い入れた⟨仕入れた⟩品物, 購入品. **2** (金を払っての)入会, 入居, 加入. **3**〖スポーツ〗**a**) (プロの選手の)スカウト. **b**) スカウトされた選手. **4**《単数で》=Einkaufsabteilung

ein|kau·fen[áɪnkaʊfən] 他 (h) **1**《*et.*^{4}》買い入れる, 仕入れる, 購入する: Lebensmittel ~ 食料品を買い入れる | *et.*^{4} billig ⟨en gros⟩ ~ …を廉価で⟨卸で⟩仕入れる ‖〖目的語なしで〗~ gehen 買い物に行く | Sie ist ~ 〔gegangen〕.《話》彼女は買い物に行った(→sein^1 I, 1 f) | kostenlos ⟨ohne Geld⟩ ~《戯》万引きをする. **2**《*jn.*》〖スポーツ〗(プロの選手を)契約金を払って雇用する. **3**《*jn.* in *et.*^{4}》(…の…への)入会⟨入居⟩資格を買う: *jn.* in ein Altersheim ~ …を有料老人ホームに入れる ‖ 再帰 *sich*^{4} in *et.*^{4} ~ …への入会⟨入居⟩資格を買う | *sich*^{4} in eine Lebensversicherung ~ 生命保険に加入する.

Ein·käu·fer[..kɔʏfər] 男 -s/- (einkaufen する人. 特に:) 仕入れ係;〖スポーツ〗(プロチームの)スカウト係.

Ein·kaufs≈ab·tei·lung[áɪnkaʊfs..] 女 (企業・デパートなどの)仕入れ部. **≈beu·tel** 男 (ビニール製の)買い物袋. **≈bum·mel** 男 買い物しながらぶらつくこと, ショッピング. **≈-Cen·ter**[..sɛntər] 中 = Einkaufszentrum **≈ge·nos·sen·schaft** 女 購買〔協同〕組合. **≈kom·mis·sion** 女〖商〗買い入れ問屋業務. **≈korb** 男 買い物かご. **≈netz** 中 買い物用の網袋. **≈preis** 男 仕入れ値段. **≈quel·le** 女 仕入れ先. **≈stra·ße** 女 商店街, ショッピング街. **≈ta·sche** 女 買い物袋, ショッピングバッグ. **≈tü·te** 女 買い物用の袋. **≈vier·tel**[..fɪrtəl] 中 ショッピング街. **≈wa·gen** 男 (スーパーマーケットなどの)買い物用手押し車, ショッピングカート. **≈zen·trum** 中 ショッピングセンター.

Ein·kehr[áɪnke:r] 女 -/《雅》**1** 内省, 自己省察: innere ~ 内的沈潜 | bei *sich*^{3} ~ halten《雅》内省⟨沈思⟩する. **2** 立ち寄り, 訪問: bei Freunden ⟨in einem Gasthaus⟩ ~ halten 友人たちのもとに⟨料理屋に⟩立ち寄る.

ein|keh·ren[áɪnke:rən] 自 (s) **1** (休憩・食事などのために)立ち寄る, 訪れる: bei *jm.* ⟨in einem Gasthaus⟩ ~ …のもとに⟨料理屋に⟩立ち寄る. **2**《雅》現れる, 生じる: Der Früh-

E

ling *kehrte* in diesem Jahr verspätet *ein.* 今年は春の訪れが遅かった | Der Hunger war bei ihnen *eingekehrt.* 彼らは空腹感を抱いていた | Friede ist wieder in unserm Haus ⟨bei uns⟩ *eingekehrt.* 私たちの家には再び平和が戻ってきた.

ein|kei·len[áinkailən] 他 (h) **1** (くさびで)締めつける(固定する). **2** (動きのとれないように)挟み込む: in *et.*³ ⟨zwischen *et.*³⟩ *eingekeilt* sein …の間に挟み込まれている | im Gedränge ⟨zwischen Fahrzeugen⟩ *eingekeilt* sein 人ごみの中に⟨車両と車両の間に⟩挟まれて身動きができない ‖ ein *eingekeilter* Bruch 〘医〙 嵌入(かんにゅう)骨折.

ein≠keim·blät·te·rig[áinkaimblɛtərɪç]² (≠**keim·blätt·rig**[..trɪç]²) 形 〘植〙 単子葉の.

ein|kel·lern[áinkɛlərn] ⟪05⟫ 他 (h) (じゃがいも・石炭などを冬に備えて)地下室に蓄える. [<Keller²]

Ein·kel·le·rung[..ləruŋ] 女 -/-en einkellern すること.

Ein·kel·le·rungs·kar·tof·feln 複 貯蔵〔に適した〕じゃがいも.

ein|ker·ben[áinkɛrbən]¹ 他 (h) ⟪*et.*⁴ in *et.*⁴⟫ (刻み目などを…に)彫り込む, 刻み込む; ⟪*et.*⁴⟫ (…に)刻み目を入れる: Buchstaben in einen Stamm ～ 文字を木の幹に彫り込む.

Ein·ker·bung[..buŋ] 女 -/-en **1** ⟪単数で⟫ einkerben すること. **2** 刻み目, 切り込み.

ein|ker·kern[áinkɛrkərn] ⟪05⟫ 他 (h) ⟪雅⟫ ⟪*jn.*⟫ 投獄⟨幽閉⟩する. [<Kerker]

Ein·ker·ke·rung[..kəruŋ] 女 -/-en ⟪雅⟫ 投獄, 幽閉.

ein|kes·seln[áinkɛsəln] ⟪06⟫ 他 (h) (野獣を追い込んで)取り囲む; (要塞(ようさい)・敵軍などを)包囲する.

Ein·kes·se·lung[..səluŋ] 女 -/-en einkesseln すること.

Ein·kind[áinkɪnt]¹ 中 ひとりっ子.

Ein·kind·schaft[..kɪnt-ʃaft] 女 -/ 〘法〙 (異腹の子供たちの)平等相続権契約.

ein|kit·ten[áinkɪtən] ⟪01⟫ 他 (h) パテ⟨接合剤⟩で接合する: Scheiben in den Fensterrahmen ～ ガラス板を窓枠にはめ込んでパテで固定する.

ein|kla·gen[áinkla:gən]¹ 他 (h) ⟪*et.*⁴⟫ (…を)告訴して請求する: den Schadenersatz für *et.*⁴ ～ …に対する損害賠償を請求する.

ein|klam·mern[áinklamərn] ⟪05⟫ 他 (h) 括弧に入れる, 括弧でくくる.

Ein·klam·me·rung[..məruŋ] 女 -/-en **1** ⟪単数で⟫ einklammern すること. **2** 括弧内の字句.

Ein·klang[áinklaŋ] 男 -〔e〕s/ ..klänge[..klɛŋə] **1** (Unisono) 〘楽〙 同度, 同音, ユニゾン: im ～ singen 斉唱する. **2** ⟪ふつう単数で⟫ ⟪雅⟫ 一致, 調和, 和合: mit *et.*³ im ～ stehen …と一致⟨調和⟩している, …と食い違わない | *et.*⁴ mit *et.*³ in ～ bringen …と…を一致⟨調和⟩させる | Er befindet sich im besten ～ mit seinen Kollegen. 彼は同僚たちとこの上なく協調している.

ein|klap·pen[áinklapən] 他 (h) (↔ausklappen) (折り畳み家具などを)折り畳む.

ein·klap·pig[áinklapɪç]² 形 **1** 単弁の. **2** (貝殻が)単殻の, 一枚貝の.

ein|kla·rie·ren[áinklari:rən] 他 (h) (↔ausklarieren) ein Schiff ～ 〘海〙 (入港前に)船の積み荷の関税を納める, 船の入港手続きをする.

Ein·kla·rie·rung[..ruŋ] 女 -/ einklarieren すること.

Ein·klas·sen≠schiff[áinklasən.., ainklásən..] 中 単一等級の船. ≠**schu·le** 女 単一学級の学校(小さな辺地校など).

ein·klas·sig[áinklasɪç]² 形 単一等級⟨学級⟩の.

ein|kle·ben[áinkle:bən]¹ 他 (h) ⟪*et.*⁴ in *et.*⁴⟫ (のり・にかわなどで…を…に)はり付ける: Fotos in ein Album ～ 写真をアルバムにはる.

ein|klei·den[áinklaidən]¹ ⟪01⟫ 他 (h) **1** ⟪*jn.*⟫ (…に)〔新しい〕服⟨制服・僧服⟩を着せる: die Rekruten ～ 新兵たちに制服を着せる ‖ 再帰 *sich*⁴ ～ 服⟨制服⟩を着る | *sich*⁴ neu ～ 新しい衣服を買い込む. **2** ⟪比⟫ ⟪*et.*⁴ in *et.*⁴⟫ (…に…の)衣を着せる: Er *kleidete* seine Lehre in eine Parabel *ein.* 彼は彼の教訓をあるたとえ話の形で表現した ‖ 再帰 *sich*⁴ in *et.*⁴ ～ …の衣をまとう ‖ eine *eingekleidete* Rechenaufgabe 〘数〙 文章題.

Ein·klei·dung[..duŋ] 女 -/-en **1** einkleiden すること. **2** 〘カトリック〙〔修道〕着衣式.

ein|klem·men[áinklɛmən] 他 (h) (中に)挟み込む, (挟んで)締め付ける: *et.*⁴ im Schraubstock ～ …をねじ万力に挟む | den Schwanz ～ (犬が恐怖心から両脚の間に)しっぽを巻き込む | *sich*³ den Finger in der Tür ～ 戸に指を挟まれる ‖ 再帰 *sich*⁴ ～ 挟まって⟨締め付けられて⟩動きがとれない | Durch die Feuchtigkeit hat sich das Schubfach *eingeklemmt.* 湿気のためにこの引き出しが動かなくなった ‖ ein *eingeklemmter* Bruch 〘医〙 嵌頓(かんとん)ヘルニア | Er stand in der Menschenmenge *eingeklemmt.* 彼は人ごみに挟まれて身動きもできずに立っていた.

Ein·klem·mung[..muŋ] 女 -/-en (einklemmen すること. 例えば:) 挟み込み, 締め付け; 〘医〙 嵌頓(かんとん).

ein|klin·ken[áinklɪŋkən] **I** 他 (h) **1** (↔ausklinken) (掛け金などを留めて)固定する: die Tür ～ (取っ手を回して)ドアをガチャリと閉める. **2** ⟪話⟫ ⟪*jn.*⟫ (社会の脱落者などを)まともな生活に引き戻す.

II 自 (s, h) (掛け金などが)ガチャリと閉まる.

ein|klop·fen[áinklɔpfən] 他 (h) ⟪*et.*⁴ in *et.*⁴⟫ (…を…の中に)たたいて入れる: einen Nagel in die Wand ～ くぎを壁に打ち込む.

ein|kna·sten[áinknastən] ⟪01⟫ 他 (h) ⟪*jn.*⟫ ⟪話⟫ 投獄する. [<Knast]

ein|knei·fen*[áinknaifən] ⟪78⟫ 他 (h) **1** (zusammenziehen) せばめる, 収縮させる: die Augen ～ 目を細める | die Lippen ～ 唇をきっと結ぶ. **2** (einklemmen) (中に)挟み込む: den Schwanz ～ (→Schwanz 1).

ein|kne·ten[áinkne:tən] ⟪01⟫ 他 (h) ⟪*et.*⁴ in *et.*⁴⟫ (…を…の中へ)練って⟨こねて⟩入れる.

ein|knicken[áinknɪkən] **I** 他 (h) 折り曲げる, ぽきっと折る: ein Blatt im Buche ～ 本のページを折る | Der Sturm *knickte* die Bäume *ein.* あらしのために樹木が折れた ‖ die *eingeknickten* Zweige 折れた木の枝.

II 自 (s) 折れ曲がる: Meine Beine *knickten* mir vor Müdigkeit *ein.* 私の両足は疲れのためにがくがくしていた.

Ein·knickung[..kuŋ] 女 -/-en **1** ⟪単数で⟫ einknicken すること. **2** 折れ目.

ein|knöp·fen[áinknœpfən] 他 (h) (↔ ausknöpfen) ⟪*et.*⁴ 〔in *et.*⁴〕⟫ (…を〔…の中に〕)ボタンで留める: ein Futter in einen Mantel ～ オーバーに裏地をボタンで留める | einen Kragen ～ (ボタンで)襟⟨カラー⟩をつける.

ein|knüp·fen[áinknʏpfən] 他 (h) ⟪*et.*⁴ in *et.*⁴⟫ (…を…の中へ)結び付ける.

ein|ko·chen[áinkɔxən] **I** 他 (h) **1** (果実・野菜・肉類などを)煮つめて保存可能な状態にする. **2** ⟪オーストリア⟫ ⟪話⟫ (herumkriegen) ⟪*jn.*⟫ くどき落とす, 説き伏せる. **II** 自 (s) (液状のものが)煮つまる: eine Soße ～ lassen ソースを煮つめる.

Ein·koch·glas 中 -es/ ..gläser 貯蔵用の瓶(→ 図 Glas).

ein|ko·ko·nie·ren[áinkokoni:rən] 他 (h) ⟪*et.*⁴ mit *et.*³⟫ (…を…で)気密に包装する. [<Kokon]

ein|kom·men*[áinkɔmən] ⟪80⟫ **I** 自 (s) **1** (金銭が)入ってくる, 入金する; (商品・貨物などが)入荷する, (郵便物が)到着する: die *eingekommenen* Zinsen 利子収入 | Wieviel ist heute *eingekommen*? きょうの入金⟨入荷⟩はどれだけか. **2** ⟪bei *jm.* um *et.*⁴⟫ (…に…を)願い出る, (書面で)申請⟨請願⟩する: um Urlaub ⟨*seine* Versetzung⟩ ～ 休暇⟨転任⟩を願い出る. **3 a)** 〘スポーツ〙 ゴールインする. **b)** 〘海〙 (船舶が)入港する. ᵛ**4** (einfallen) ⟪*jm.*⟫ (…の)念頭に浮かぶ, (…があることを)思いつく. **II Ein·kom·men** 中 -s/- 収入, 所得: ein hohes ⟨regelmäßiges⟩ ～ 高額所得⟨定期収入⟩ | *js.* monatliches ⟨jährliches⟩ ～ …の月⟨年⟩収, …の月間⟨年間⟩所得 | das ～ aus Grundbesitz 土地収入. [◇Einkünfte]

Ein·kom·mens·gren·ze 女 (所得税計算上の)所得限度.

ein·kom·mens≠los 形 所得のない. **≠schwach** 形 所得の低い〈少ない〉. **≠stark** 形 所得の高い〈多い〉.

Ein·kom·men〔s〕·steu·er 女 所得税.

ein·kom·men〔s〕·steu·er≠frei 形 所得税のかからない. **≠pflich·tig** 形 所得税のかかる.

Ein·kom·mens≠ver·hält·nis·se 複 所得状況. **≠ver·tei·lung** 女 所得の分配. **≠zu·wachs** 男 所得増加.

ein|köp·fen[áınkœpfən] 他 (h) 〘ｻｯｶｰ〙(ボールを)ヘディングしてゴールを決める.

Ein·korn[áınkɔrn] 中 -〔e〕s/ 〘植〙ヒトツブコムギ(一粒小麦).

ein|kör·pern[áınkœrpərn] 《05》他 (h) **1** 〘宗〙(魂を)新しい体にこもらせる. **2** 再帰 *sich*[4] ～〘心〙実体〈現実〉化する. [＜Körper]

ein|ko·ten[áınko:tən] 《01》他 (h) 糞便(ふんべん)でよごす. [＜Kot]

ein|kra·chen[áınkraxən] 自 (s) 《話》 **1** (建造物などが)ガラガラ〈メリメリ〉と崩壊する. **2** (砲弾が)落下〈炸裂(さくれつ)〉する.

ein|kral·len[áınkralən] 他 (h) 《*et.*[4] in *et.*[4]》(手・つめなどを…の中に)食い込ませる: die Finger ins Kissen ～ 指でまくら〈クッション〉をつかむ ‖ 再帰 *sich*[4] in *et.*[4] ～ (手・つめなどが)…の中に食い込む.

ein|krat·zen[áınkratsən] 《02》他 (h) **1** 《*et.*[4] in *et.*[4]》(引っかいて…を…に)刻みつける: *seinen* Namen in den Stein ～ 石に自分の名を刻む. **2** 再帰 *sich*[4] bei *jm.* ～ …(上役など)に取り入る.

ein|kräu·seln[áınkrɔʏzəln] 《06》, **ein|krau·sen**[áınkrauzən][1] 《02》他 (h) (布に)ダーツ〈ひだ〉を寄せる.

ein|krei·sen[áınkraızən][1] 《02》他 (h) **1** 取り囲む, 包囲〈封鎖〉する: eine Festung 〈feindliche Truppen〉 ～ 要塞(ようさい)〈敵の部隊〉を包囲する | einen Staat ～ (数か国が同盟を結んで)ある国を孤立させる. **2** (字句などを)丸で囲む,(…に)丸印をつける. **3** 《比》(周辺から問題の)核心に迫る.

Ein·krei·sung[..zʊŋ] 女 -/-en 包囲, 封鎖.

Ein·krei·sungs·po·li·tik 女 (特に特定国家に対する)包囲〈封鎖〉政策.

ein|kre·men[áınkre:mən, ..krɛ:mən] ＝eincremen

ein|kreu·zen[áınkrɔʏtsən] 《02》他 (h) 《*et.*[4] in *et.*[4] 〈mit *et.*[3]〉》(品種改良の目的で…を…に)交配する.

ein|krie·gen[áınkri:gən][1] 他 (h) 《話》 **1** (einholen) 《*jn.*》(…に)追いつく. **2** 再帰 *sich*[4] ～ 自制心〈落ち着き〉を取り戻す.

ein|krit·zeln[áınkrıtsəln] 《06》他 (h) 《*et.*[4] in *et.*[4]》(引っかいて…を…に)刻みつける.

ein|krüm·men[áınkrʏmən] 他 (h) 内側へ曲げる〈たわめる〉.

ein|küh·len[áınky:lən] 他 (h) (食料品・酒類などを)冷蔵する, 冷やす.

Ein·künf·te[áınkʏnftə] 複 (Einkommen) 収入, 所得; 収益, 売上高: feste 〈regelmäßige〉 ～ 固定〈定期〉収入 | jährliche 〈monatliche〉 ～ 年〈月〉収. [＜einkommen]

ein|kup·peln[áınkʊpəln] 《06》他 (h) (↔auskuppeln) den Motor ～ (クラッチのペダルをはずして)エンジンを(伝動部分に)かみ合わせる, ギアを入れる.

ein|kur·ven[áınkʊrvən[1], ..fən] 自 (h) 〘空〙(飛行機が)カーブを描いて滑走路に進入する.

ein|ku·scheln[áınkʊʃəln] 《06》他 (h) (子供などを)暖かくくるむ: 再帰 *sich*[4] in *et.*[4] ～ …にくるまる.

Ein·lad[áınla:t] 男 -s/ 《ｽｲｽ》(↔Auslad) (Einladung) (荷物の)積み込み.

ein|la·den[1]*[áınla:dən][1] 《86》(↔ausladen) 《*et.*[4] in *et.*[4]》(積み荷を車・船などに)積み込む: die Fracht 〔in einen Waggon〕 ～ 貨物を〔貨車に〕積み込む.

ein|la·den[2]*[－] 《87》他 (h) **1 a)** 《*jn.*》招待する, 招く, (費用はこちらが負担して)誘う; (…に)招待を申し出る, 招待状を出す: *jn.* **zum** Essen 〈zum Tee〉 ～ …を食事〈お茶〉に招待する | *jn.* zu einem Glas Wein 〈方: auf ein Glas Wein〉 ～ …にワインを1杯ごちそうする | *jn.* zu Besuch 〈zu einer Autofahrt〉 ～ …を招待する〈ドライブに誘う〉 | *jn.* zu einem Theaterbesuch 〈ins Theater〉 ～ …を芝居に招待する | *jn.* zum Geburtstag 〈in *sein* Haus〉 ～ …を誕生日に〈自宅に〉招く ‖ Ich bin heute abend 〔**bei** meiner Tante〕 *eingeladen.* 私は今晩〔伯母のところに〕招待されている | *jn.* für acht Tage ～ 1週間滞在するように…を招待する | Für wann bist du *eingeladen*? 君はいつ招待されているのか | Meine Mutter *lädt* dich für Sonntag zum Mittagessen *ein.* 母が日曜に昼食においでくださいと言っています ‖ 再帰 *sich*[4] 〔selbst〕 ～ (皮肉をこめて)招かれもしないのに押しかける. **b)** 《雅》《*jn.* zu *et.*[3]》(…に…したいという)気持を起こさせる: Das schöne Wetter *lud* zu einem Ausflug *ein.* そのすばらしい天気はハイキングにでも出かけたいという気持を起こさせた ‖〘現在分詞で〙ein *einladendes* Gasthaus 思わず立ち寄りたくなるような宿屋〈料理屋〉 | ein *einladendes* Lächeln 愛想のよい微笑 | ein wenig *einladendes* Äußere〔s〕 あまり見栄えのしない外観 | Die Früchte sahen recht *einladend* aus. それらの果実はとてもおいしそうだった.

2 《ｽｲｽ》《*jn.* zu *et.*[3]》(…に…するよう)要請する, もとめる: Der Bundesrat wurde *eingeladen,* die Sache in die Hand zu nehmen. 連邦内閣はこの問題と取り組むよう要請された.

Ein·la·dung[1][áınla:dʊŋ] 女 -/-en 《ふつう単数で》(einladen[1]すること. 例えば:) 積み込み.

Ein·la·dung[2][－] 女 -/-en **1** (einladen[2]すること. 例えば:) **a)** 招待, 招き, 誘い; 〘ﾌｪﾝｼﾝｸﾞ〙誘い〔の手〕: eine ～ zum Tanz ダンスへの誘い ‖ die ～ annehmen 〈ablehnen〉 招待を受諾する〈断る〉 | der ～ folgen 招待に応じる. **b)** 招待状: *jm.* eine ～ schicken / an *jn.* eine ～ ergehen lassen …に招待状を出す. **2** 《ｽｲｽ》(Aufforderung) 要求.

Ein·la·dungs≠kar·te 女 (はがきによる)招待〈案内〉状; 招待券. **≠li·ste** 女 招待者の名簿〈リスト〉. **≠schrei·ben** 中 招待〈案内〉状.

Ein·la·ge[áınla:gə] 女 -/-n **1** (…の中へ)入れてあるもの, 封入〈挿入〉されたもの, 詰め物, 中身, 芯(しん): die ～ in einem Brief 〈in einem Paket〉 手紙〈小包〉の封入物 | die ～ im Schuh 靴の中敷 | die ～ des Kragens 〈der Krawatte〉 カラー〈ネクタイ〉の芯 | die ～ in einer Suppe スープの実(野菜・卵・肉だんご・マカロニなど) | die ～ der Zigarre 葉巻の中身 ‖ eine ～ in einen Zahn machen (治療のため)歯に一時的に詰め物をする, むし歯を充填(じゅうてん)する. **2** (催し物の)中間出し物(講演会の途中の音楽など). **3** (銀行の)預金; (企業への)出資: Die ～*n* bei den Sparkassen sind gestiegen. 貯蓄銀行の預金額は増加した. **4** (Einsatz) (賭博(とばく)の)賭金. [＜einlegen]

Ein·la·gen·ge·schäft 中 (Depositengeschäft) 〘商〙預金業務.

ein|la·gern[áınla:gərn] 《05》他 (h) **1** (↔auslagern) (保管・貯蔵などのために)倉庫〈地下室〉に入れる: Kartoffeln ～ じゃがいもを地下室に入れる | Möbel ～ 家具を倉庫にしまう. **2** 再帰 *sich*[4] in *et.*[4] 〈*et.*[3]〉 ～ …の中に中間層を形成する, …の中に沈積する | der in den Knochen *eingelagerte* Kalk 骨に沈積した石灰分.

Ein·la·ge·rung[..gərʊŋ] 女 -/-en **1** (einlagern すること) **a)** (倉庫・地下室での)貯蔵, 保管. **b)** 中間層形成, 沈積, 沈着. **2** 中間地層〈岩層〉, 沈積〈沈着〉物.

ein|lan·gen[áınlaŋən] **I** 自 (s) 《ｵｰｽﾄﾘｱ》(anlangen) 到着する: Er ist heute in Wien *eingelangt.* 彼はきょうウィーンに着いた. **II** 他 (h) 《官》(einreichen) (書類を)提出する.

Ein·laß[áınlas] 男 ..lasses/ ..lässe[..lɛsə] **1** 《単数で》(einlassen すること. 例えば:) 入場許可: ～ fordern 入れろと要求する | ～ erhalten 入れてもらう | *jm.* ～ gewähren 〈verschaffen〉 …を入れてやる | *sich*[3] mit Gewalt ～ verschaffen 力ずくで押し入る ‖ *Einlaß* 〔ab〕 18 Uhr, Beginn 19 Uhr. 入場18時より開演19時. ▽**2** (↔Auslaß) (Eingang) 入口, 玄関; 入口〈玄関〉の戸.

ein|las·sen*[áınlasən] 《88》他 (h) **1** 《*jn.* 〈*et.*[4]〉 in *et.*[4]》(…を…の中に)入れる: *jn.* ins Haus ～ …を家の中に入れてやる | Nach dem Beginn der Vorstellung wird niemand mehr *eingelassen.* 開演後はだれも入場を許されない ‖ warmes Wasser in die Badewanne ～ 湯を浴槽に

E

入れる | Sie öffnete das Fenster, um frische Luft *einzulassen.* 彼女は新鮮な空気を入れるために窓をあけた. **2** 《*et.*^{4} in *et.*^{4}》(…を…の中に)埋め(はめ)込む: einen Haken in die Wand ～ 掛けくぎを壁に埋め込む | Perlmutt in Holz ～ 螺鈿(らでん)を木にはめ込む ‖ eine *eingelassene* Arbeit 象眼〈はめ込み〉細工. **3 a**) 再帰 *sich*^{4} mit *jm.* ～ …と関係〈掛かり合い〉をもつ | *Laß* dich nicht zu weit 〈zu sehr〉 mit diesem Kerl *ein*! あいつにあまり深入りするな. **b**) 再帰 *sich*^{4} auf *et.*^{4} 〈in *et.*^{4}〉 ～ …と掛かり合う, …に巻き込まれる | *sich*^{4} auf ein gefährliches Abenteuer ～ 危険な冒険に乗り出す | Ich mag mich in den Streit nicht ～. 私はこの争いに巻き込まれたくない. **4** 《南部》《*et.*^{4}》(…に)ワックスを塗る; 《*et.*^{4} mit *et.*^{3}》(…に…を)塗る: den Boden mit Wachs ～ 床にワックスをひく.

Ein·laß≠geld[áɪnlas..] 中 入場料. **≠kar·te** 女 入場券.

ein·läß·lich[..lɛslɪç] 形 《スイ》(eingehend) 立ち入った, 詳細な: *et.*^{4} ～ beschreiben …を詳しく描写〈叙述〉する.

Ein·läß·lich·keit[..kaɪt] 女 -/ einläßlich なこと.

Ein·las·sung[..lasʊŋ] 女 -/-en 〖法〗応訴.

Ein·las·sungs≠frist 女 〖法〗応訴期間. **≠zwang** 男 〖法〗応訴強制.

Ein·laß·ven·til[áɪnlas..] 中 〖工〗入口弁, 進入弁.

Ein·lauf[áɪnlaʊf] 男 -[e]s/..läufe[..lɔʏfə] **1** 《単数で》(einlaufen すること. 例えば:) 到着, 入港; (運動チームの)入場: der ～ des Schiffes [in den Hafen] 船の入港. **2 a**) 《ふつう単数で》(郵便物の)到着; (商品の)入荷; (金銭の)入金. **b**) 到着した郵便物; 入荷した商品; 入金: die *Einläufe* erledigen 到着郵便物を処理する. **3** 〖料理〗(スープの)つなぎ(卵・牛乳・小麦粉をかきまぜて作る): eine Suppe mit ～ かき卵入りスープ. **4** 〖医〗浣腸(かんちょう): *jm.* einen ～ machen …に浣腸を施す. **5 a**) (競走, 特に競馬の)ゴールイン; 着順: knappe *Einläufe* 競り合いのゴールイン. **b**) ゴール. **6** 〖狩〗(獲物を追い込む柵の)追い入れ口. **7** (下水などへの)流入口(→ 図 Straße).

ein|lau·fen*[áɪnlaʊfən] 《89》 **I** 自 (s) **1** (↔auslaufen) 《in *et.*^{4}》(…の中に)走って入る; (船舶が)入港する; (列車がホームに)入る: Das Schiff *lief* in den Hafen *ein.* 船が港に入った | in den Hafen der Ehe ～ (→Hafen[1]) | Der Zug ist auf Gleis 12 *eingelaufen.* 列車は12番ホームに到着した. **2** (郵便物などが)到着する, (注文・苦情などが)舞い込む: Täglich *laufen* Beschwerden 〈Zuschriften〉 *ein.* 毎日苦情〈投書〉が舞い込む. **3** 流れ込む: Wasser in die Badewanne ～ lassen 水を浴槽に入れる | ein Ei in eine Suppe ～ lassen 〖料理〗(かきまぜながら)卵をスープの中へ流し込む. **4** (布地が)縮む: Der Mantel ist beim Waschen *eingelaufen.* このコートはクリーニングの際に縮んでしまった.

II 他 (h) **1 a**) 再帰 *sich*^{4} ～ 〖スポ〗(試合の前に)ウォーミングアップする, (ウォーミングアップして)走る調子を取り戻す. **b**) 再帰 *sich*^{4} ～ (機械が始動後しばらくして)本格的な作動状態に入る; 《比》(事業などが)軌道に乗る: Der Motor hat sich *eingelaufen.* エンジンが正常に回転し始めた. **2** (eintreten) (靴などを)履きならす. **3** 《話》*jm.* das Haus 〈die Tür / die Bude〉 ～ (→Bude 2, →Haus 2 a, →Tür) | Er hat mir mit seinem Problem das Haus 〈meine Wohnung〉 *eingelaufen.* 彼は彼の問題をかかえて私のところに押しかけてきた.

Ein·läu·fer[áɪnlɔʏfər] 男 -s/- **1** 単身銃. **2** 〖狩〗離れ猪(じし).

ein·läu·fig[..fɪç][2] 形 (銃の)単身の.

Ein·lauf≠sup·pe[áɪnlaʊf..] 女 〖料理〗かき卵入りスープ. **≠wet·te** 女 〖競馬〗連勝式[賭(か)](→Platzwette, Siegwette).

ein|lau·gen[áɪnlaʊgən][1] 他 (h) 灰汁(あく)〈苛性(かせい)アルカリ液〉に浸す.

ein|läu·ten[áɪnlɔʏtən] 《01》 他 (h) (↔ ausläuten) 《*et.*^{4}》鐘を鳴らして(…の)開始を告げる: das neue Jahr 〈den Frieden〉 ～ 鐘を鳴らして新年〈平和の訪れ〉を告げる.

ein|le·ben[áɪnle:bən][1] 他 (h) **1** 再帰 *sich*^{4} ～ 《場所を示す語句と》(…に)住み慣れる, 親しむ, なじむ | *sich*^{4} an einem Ort 〈in einer neuen Heimat〉 ～ ある土地に〈新しい故郷に〉住み慣れる | Haben Sie sich in diesem Land schon gut *eingelebt*? あなたはこの国の生活にもう十分お慣れになりましたか. **2** 《比》再帰 *sich*^{4} in *et.*^{4} ～ …に精通〈習熟〉する; 自分を…の立場においてみる | *sich*^{4} in einen Beruf 〈eine fremde Sprache〉 ～ 職業〈外国語〉に習熟する | *sich*^{4} in ein Gedicht ～ ある詩に感情移入する.

Ein·le·ge≠ar·beit[áɪnle:gə..] 女 象眼〈はめ込み〉細工. **≠holz** 中 象眼細工用の木材.

ein|le·gen[áɪnle:gən][1] 他 (h) **1** 《*et.*^{4} in *et.*^{4}》(…を…の中へ)入れる, 納める, 封入する; (einfügen) 挿入する: einen Film [in die Kamera] ～ フィルムを[カメラに]装塡(そうてん)する | Filzsohlen in die Schuhe ～ フェルトの中敷を靴の底に入れる | In den Brief war ein Foto *eingelegt.* 手紙には1枚の写真が同封してあった ‖ Nationaltänze in eine Oper ～ オペラの中に民族舞踊の場面を挿入する | eine Pause ～ 休憩の時間を間にはさむ | einen Entlastungszug ～ (列車と列車の間に)臨時列車を増発する. **2** (肉・魚・野菜などを保存のために)漬ける: Gurken in Essig ～ キュウリを酢に漬ける | Fleisch ～ 肉を塩漬けにする. **3** (象牙(ぞうげ)・貝・木などを金属や木に)はめ込む, 象眼する: Elfenbein in eine Metallplatte ～ / eine Metallplatte mit Elfenbein ～ 象牙を金属の板にはめ込む | eine *eingelegte* Arbeit 象眼〈螺鈿(らでん)〉細工, 寄せ木細工. **4** Geld ～ (銀行に)金を払い込む, 預金する; (企業に)金をつぎ込む, 出資する. **5** (異議・抗議などを)申し入れる: gegen *et.*^{4} Protest 〈Beschwerde〉 ～ …に対して抗議する〈苦情を述べる〉 | gegen ein Urteil Berufung ～ 判決に対して控訴する | *sein* Veto ～ 拒否権を発動する. **6** bei *jm.* für *jn.* Fürbitte ～ …に…のために取りなしをする | ein gutes Wort für *jn.* ～ (→Wort 2 a). **7** mit *et.*^{3} Ehre ～ …によって名誉を得る〈面目を施す〉 | Damit kannst du keine Ehre ～. これは君の名誉にはならない. **8** eine Lanze ～ (攻撃のために)槍(やり)を構える | für *jn.* 〈*et.*^{4}〉 die Lanze ～ (→Lanze) ‖ die Hörner ～ (牛が)角を構える. **9** *jm.* das Haar ～ …にパーマをかける, …の髪をカーラーで巻く. **10** 《スイ》die Stimmzettel ～ 投票する. [◇Einlage]

Ein·le·ger[áɪnle:gər] 男 -s/- **1** (⇔ **Ein·le·ge·rin**[..gərɪn]-/-nen) (金の)払込人, 預金者, 出資者. **2** 挿入物. **3** (Absenker) 〖園〗(圧条の)枝条, 取り木用の枝.

Ein·le·ge·soh·le 女 (靴の)敷革, 中敷き.

ein|lei·ten[áɪnlaɪtən] 《01》 他 (h) **1** (手続き・処置などを)開始する: ein Ermittlungsverfahren ～ 捜査手続きを始める | einen Prozeß ～ (検事が)訴訟を起こす. **2** 導入する; (催しなどを)始める: ein neues Zeitalter ～ 新しい時代を開く | die Veranstaltung 〈die Feier〉 mit Musik ～ 催し〈祝祭〉を音楽で始める | die *einleitende* Ansprache 開会の辞 | Einige düstere Akkorde *leiten* die Sonate *ein.* このソナタは幾つかの陰鬱(いんうつ)な和音で始まる | Er sagte *einleitend,* daß ... 彼は前置きとして…と述べた. **3** 《*et.*^{4} in *et.*^{4}》(…を…に)導入する, 流入させる: Abwässer in einen See ～ 汚水を湖に流す | elektrisches Licht in einen Raum ～ 部屋に電灯を引く ‖〖目的語なしで〗Dieses Buch soll in die Linguistik ～. この本は言語学への手引きとして書かれたものだ.

Ein·lei·te·wort 中 -[e]s/ ..wörter 〖言〗文節導入詞(接続詞・関係詞など).

Ein·lei·tung[áɪnlaɪtʊŋ] 女 -/-en **1** (手続き・処置などの)開始: die ～ einer Untersuchung 〈eines Strafverfahrens〉 調査〈刑事訴訟手続き〉の開始. **2** 導入; 手引き, 入門[書]; (主題に入る)前置き, 序論, 緒論; 〖楽〗イントロダクション, 導入部, 序奏: eine theoretische ～ in die allgemeine Musiklehre 一般音楽学への理論上の手引き. **3** 《ふつう複数で》準備: ～*en* zu *et.*^{3} treffen …の準備をする. **4** 流入させること: die ～ von Abwässern in Flüsse 河川への汚水の放流.

Ein·lei·tungs≠ka·pi·tal 中 創業資本. **≠wort** =Einleitewort

ein|len·ken[áɪnlɛŋkən] **I** 他 (h) 《*et.*^{4} in *et.*^{4}》(…を操縦して…の)コースに入れる: die Rakete in die bestimmte Bahn ～ ロケットを所定の軌道に乗せる | das Boot in die

Bucht ～ ボートを入江に向ける ‖ das Gespräch in friedlichere Bahnen ～ 話し合いをもっと穏やかな方向へ向ける. **II** 自 **1** (h, s) (操縦して)コースに入る, 曲がる: Der Wagen *lenkte* nach links 〈in die Seitenstraße〉 *ein.* その車は左へ〈横町へ〉曲がった | Er *lenkte* von der Straße ab und in einen Wald *ein.* 彼は道路からそれて森の中に車を進めた. **2** (h) 譲歩する, 折れる: Auf ihren erstaunten Blick hin *lenkte* er sofort *ein.* 彼女の驚いた目つきを見て彼はすぐに態度を和らげた.

ein|ler·nen[áınlɛrnən] 他 (h) 《*jm. et.*[4]》 (…に…を)覚え込ませる, (…の頭に…を)たたき込む: *sich*[3] *et.*[4] ～ (機械的に)…を覚え込む〈そらんじる〉 | *sich*[3] die Zahlen 〈die Antworten〉 ～ 数〈答え〉を暗記する.

ein|le·sen*[áınle:zən][1] 《92》 他 (h) **1** 再帰 *sich*[4] in *et.*[4] ～ 読んで…に精通する〈慣れ親しむ〉 | *sich*[4] in einen Dichter ～ ある詩人の作品を読んでその作風〈持ち味〉になじむ. **2** 〘電算〙 読み取る. **3** 《方》 (拾って・摘んで)集める, 採集する: Früchte ～ 実を集める.

ein|leuch·ten[áınlɔʏçtən] **I** 《01》 自 (h) **1** 《*jm.*》 (…にとって)明白である, 理解〈納得〉できる: Deine Erklärung *leuchtet* mir *ein.* 君の説明は私に納得がゆく. ▽**2** 《*jm.*》 深い印象を与える, (…の)気に入る. **II ein·leuch·tend** 現分 形 理解できる, 納得のゆく: eine ～*e* Antwort 〈Begründung〉 納得のゆく答え〈理由づけ〉.

ein|lie·fern[áınli:fərn] 《05》 他 (h) 引き渡す, 納入〈提出〉する: *jn.* ins Gefängnis 〈Krankenhaus〉 ～ …を監獄〈病院〉に入れる | ein Paket bei der Post ～ 小包を郵便局に出す.

Ein·lie·fe·rung[..fərʊŋ] 女 -/-en einliefern すること.

Ein·lie·fe·rungs·schein 男 (郵便物・商品などの)受け渡し証明書, 受領証.

ein|lie·gen*[áınli:gən][1] 《93》 自 (s) **1** (郵便物などに)封入〈同封〉されている: 〘ふつう現在分詞で〙 der *einliegende* Brief 同封されている手紙 | *Einliegend* senden wir Ihnen den gewünschten Prospekt. 同封にてお申し越しの説明書をお送りします. ▽**2** (病気でやむなく)ベッドに寝ている. ▽**3** (軍隊が)駐留する.

Ein·lie·ger[..gər] 男 -s/- **1** 下宿〈同居〉人, 寄寓(きぐう)者. **2** (住み込みの)農業労働者.

Ein·lie·ger·woh·nung 女 (独立家屋に付属し, 台所・便所などを備えた)下宿〈同居〉人用の住居.

ein|lo·chen[áınlɔxən] 他 (h) **1** 《話》 《*jn.*》 投獄〈拘置〉する. **2** 〘ゴルフ〙 (球を)ホールに入れる. [＜Loch]

ein|lo·gie·ren[áınloʒi:rən] 他 (h) 宿泊させる: *jn.* bei *sich*[3] 〈in einem Hotel〉 ～ …を自分の家〈ホテル〉に泊める ‖ 再帰 *sich*[4] ～ 宿泊する.

ein·lös·bar[áınlø:sba:r] 形 einlösen できる: Der Scheck ist hier nicht ～. この小切手はここでは換金できない.

ein|lö·sen[áınlø:zən][1] 《02》 他 (h) **1** (抵当などを)請け出す, 買い戻す; (小切手を)現金化する; (紙幣を)〔換金〕回収する: das Pfand ～ 金を払って担保を請け出す | den Schuldschein ～ 債務を払って借用書を取り戻す | einen Scheck über 50 Mark auf der Bank 〈Post〉 ～ 50マルクの小切手を銀行〈郵便局〉で換金する. **2** (約束・義務を)果たす: *sein* Wort 〈Versprechen〉 ～ 言ったこと〈約束したこと〉を実行する.

Ein·lö·se·sum·me 女 (担保・小切手などの)償還金.

Ein·lö·sung[..zʊŋ] 女 -/-en einlösen すること: die ～ *seines* Ehrenwortes 約束の履行.

Ein·lö·sungs≠ga·ran·tie 女 (小切手などの)支払い保証. **≠sum·me** ＝Einlösesumme

ein|lö·ten[áınlø:tən] 《01》 他 (h) 《*et.*[4] in *et.*[4]》 〘工〙 (…を…に)はんだづけする.

ein|lot·sen[áınlo:tsən] 《02》 他 (h) 〘海〙 (船を)水先案内して港に入れる; 《比》 うまく目的〔地〕に到達させる: *jn.* 〈*et.*[4]〉 in die Parklücke ～ …を誘導してせまい空間にうまく駐車させる.

ein|lul·len[áınlʊlən] 他 (h) 子守歌で寝かしつける; 《比》 (疑い・警戒心・心配・痛みなどを)なだめる, すかす, だます: Die Mutter *lullte* das Baby *ein.* 母親は子守歌を歌って赤ん坊を寝かしつけた | Die leise Musik *lullte* das Kind *ein.* 静かな音楽を聞いているうちに子供は寝入った ‖ *jn.* durch Versprechungen ～ …を空手形で安心させる | *js.* Gewissen ～ …の良心を麻痺(まひ)させる.

Ein·mach[áınmax] (**Ein·ma·che**[..xə]) 女 -/ 《オーストリア》 ＝Einbrenn

ein|ma·chen[áınmaxən] **I** 他 (h) **1** 〘料理〙 (肉・果物・野菜などを)保存用に漬ける: Gurken 〔in Essig〕 ～ キュウリのピクルスを作る | Marmelade ～ ジャムを作る | Obst ～ 果物を漬ける | Gläser mit Obst ～ 果物の瓶詰を作る ‖ Laß dich ～! 《話》 (あほうめ)おととい来い(「お前のばかさ加減がいつまでも続くように」の意). **2** 《方》 しっかりはめ込む. **II Ein·ge·mach·te** → 別出

Ein·mach·glas (**Ein·ma·che·glas**) 中 -es/..gläser (塩漬けの肉・砂糖漬けの果物などを入れる)貯蔵用〈漬物〉瓶.

ein≠mäh·dig[áınmɛ:dıç][2] (≠**mah·dig**[..ma:dıç][2]) 形 (羊毛・牧草地などが)年1回刈りの.

ein|mah·nen[áınma:nən] 他 (h) 《官》 (貸金などを)催促して取り立てる: eine Antwort ～ (期限のきた)回答を促す.

ein·mal 副 **1** [áınma:l] **a)** (英: *once*) 1回, 1度: ～ in der Woche 〈im Jahre〉 週〈年〉に1回 | mehr als ～ 一度ならず | **noch ～** もう一度 | Ich will es noch ～ versuchen. 私はそれをもう一度やってみよう | Ich habe ihn nur ～ gesehen 〔und nicht wieder〕. 私は彼には1回しか会ったことがない | ***Einmal* ist keinmal.** 《諺》 一度の過ちは数に入らぬ(1回は0回) | Bitte, ～ München! (駅の窓口で)ミュンヒェンまで片道1枚ください(→hin 1 d) | **～ mehr** もう一度, 再度 | Er ist ～ **mehr** Minister. 彼は再び〈またもや〉大臣になっている ‖ Er lehnte den Vorschlag **ein**〔**mal**〕 **für allemal** ab. 彼はその提案をきっぱりと拒否した | Sie hat mich **ein**〔**mal**〕 **übers** 〈**ums**〉 **andere** angerufen. 彼女は私に何回も電話してきた ‖ *Einmal* regnet es, zum andern ist es schon dunkel. 第一に雨が降っているしそれにもう暗くなっている | Du sagst ～ dies, ～ das. 君はああ言うかと思えばこうも言う, 君は時によって言うことが違う ‖ **auf ～** 突然, いきなり, 急に, 一気に; [また: ─ㄥ] 一度に, 同時に | Auf ～ ging die Tür auf. 突然〈不意に〉ドアがあいた | Auf ～ stand er vor mir. ふと気がつくと彼が目の前に立っていた | Man kann nicht zwei Dinge auf ～ tun. 二つのことを同時にはできないものだ | **Für ～** wollte er bis in den Tag hineinschlafen. 今度ばかりは彼は昼ごろまで眠っていようと思った | ▽**mit ～** 突然, 急に | Mit ～ kam er wieder zu Kräften. がぜん彼は勢いをもり返した〈とり戻した〉 | ▽**über ～** 突然, 急に | Sie war über ～ weg. 彼女はいつのまにか立ち去っていた.

b) 1倍: *Einmal* drei ist drei. 1掛ける3は3 ‖ noch ～ さらに1倍(つまり2倍); もう一度 | Der Turm ist noch ～ so hoch wie das Rathaus. 塔は市役所の倍の高さがある.

2 [aınmá:l, ㄥ─] **a)** 以前に, 昔, かつて: Er hatte es mir ～ versprochen. 彼はかつて私にそう約束したのだった | Das war ～. それはもう昔のことだ | Es war ～ eine schöne Königin. 昔一人の美しい王女様がおりました. **b)** 将来, そのうち, いつか〔は〕: wenn ich ～ Zeit haben werde いずれ私に暇ができたら | Kann ich Sie ～ besuchen? いつかお訪ねしていいですか.

3 《アクセントなしで: 話し手の主観的心情を反映して》 **a)** 《しばしば nun を伴って, 動かしがたい現実についての話し手のあきらめの気持を表して》 Die Lage ist **nun ～** so. 事態はとにかくそうなっているのだ | Er ist nun ～ nicht zu Hause. 彼は家にいないんだからしようがない | wenn es nun ～ sein muß どうにもしかたがないのなら, どうしてもそれが必要というのなら ‖ 〘条件文で〙 wenn du ～ ja gesagt hast 君がいったん「うん」と言ったからには. **b)** 《命令文に用いられ, 話し手の要求・勧誘の気持を表して》 Denk' dir ～! まあ考えてもごらん | Kommen Sie 〔doch〕 ～ herein! さあお入りください. **c)** 《感嘆文に用いられ, 話し手の驚きの気持を表して》 Das ist ～ ein Esel! なんとまあばかなやつだ. **d)** 《副詞の意味を強めて》 Wir haben **erst ～** gefrühstückt. 私たちはまずもって朝食をしたためた | **Wieder ～** hat er sich erkältet. またしても彼はかぜをひい

E

た ‖ **nicht ～** …さえない, …すらしない | Er kann nicht ～ grüßen. 彼はあいさつすら満足にできない | Davon wage ich nicht ～ zu träumen. そんなことは私は夢想する気にもならない.

★ 口語では2, 3の意味でしばしば強まって mal の形となる.

Ein·mal·eins[aɪnma:l|áɪns] 中 -/ 〖数〗九九〔の表〕: das kleine ～ 1から10の数に1から10の数を掛ける掛け算〔表〕| das große ～ 1から20の数に1から10の数を掛ける掛け算〔表〕‖ Das gehört zum ～ des Kaufmanns.《比》それは商人としてのイロハだ.

Ein·mal≈fla·sche[áɪnma:l..] = Einwegflasche ≈**hand·tuch** 中 (使い捨ての)ペーパータオル.

ein·ma·lig[áɪnma:lɪç; 強調: ⊥⊥⌣]^2 形 **1**《付加語的》一回〔限り〕の, 二度とない(副詞的には〔nur〕einmal を用いる): ein ～*es* Sonderangebot 一回〈今回〉限りの特別提供〔品〕. **2** 比類のない, 抜群の: ein ～*er* Pianist 不世出の〈二人といない〉ピアニスト | ～ schön singen この上なく上手に歌う ‖ das *Einmalige* in seinem Bild 彼の絵において他の追随を許さぬ点.

Ein·ma·lig·keit[–kaɪt] 女 -/ 一度〈一回〉限りであること; 比類なさ.

Ein·mal≈packung 女 使い捨て包装〈容器〉. ≈**sprit·ze** =Einwegspritze

Ein·mann≈au·to[aɪnmán.., áɪnman..] 中 一人乗り自動車: ～ mit Tretgetriebe《戯》自転車. ≈**be·trieb** 男 一人だけで営む企業. ≈**bus** 男 ワンマンバス. ≈**ge·sell·schaft** 女〖商〗一人(いちにん)会社.

ein·män·nig[áɪnmɛnɪç]^2 形 **1**〖植〗雄しべが一つの. **2** 男が一人の; 一人でやっている.

Ein·mann≈tor·pe·do[aɪnmán.., áɪnman..] 男 (一人乗りの)人間魚雷. ≈**wa·gen** 男 (路面電車などの)ワンマンカー. ≈**zelt** 中 一人用テント.

ein|ma·ri·nie·ren[áɪnmarini:rən] 他 (h)〖料理〗(魚などを)マリネードに漬ける.

Ein·mark·stück[aɪnmárk..] 中 1マルク硬貨.

Ein·marsch[áɪnmarʃ] 男 -[e]s/..märsche [..mɛrʃə] (↔Ausmarsch) (スポーツ選手などの)入場〔行進〕, (軍隊の)入城, 進駐.

ein|mar·schie·ren[..ʃi:rən] 自 (s) (↔ausmarschieren) 行進して入る, 入城〈進駐〉する: ins Stadion ～ 競技場に入場する.

ein|mas·sie·ren[áɪnmasi:rən] 他 (h)《*et.*^{4} in *et.*^{4}》(…を皮膚などに)すり込む: das Haarwasser in die Kopfhaut gut ～ ヘアローションを頭の地肌によくすり込む.

Ein·ma·ster[áɪnmastər] 男 -s/- 1本マストの帆船.

ein·ma·stig[..mastɪç]^2 形 1本マストの.

ein|mau·ern[áɪnmaʊərn]《05》他 (h) **1**《*et.*^{4} in *et.*^{4}〈*et.*^{3}〉》(…を壁などに)塗り〈埋め〉込む: einen Haken in eine Wand〈in einer Wand〉～ 壁にフックを埋め込む. **2** 壁〈囲い〉で囲む, 閉じ込める; 身動きできなくする: in *seinen* Vorurteilen *eingemauert* sein 先入観にとらわれている | vom Schnee *eingemauert* werden 雪に降りこめられる.

Ein·maue·rung[..ərʊŋ] 女 -/-en einmauern すること.

ein|mei·ßeln[áɪnmaɪsəln]《06》他 (h)《*et.*^{4} in *et.*^{4}》のみで刻み〈彫り〉込む: *js.* Namen in den Stein ～ …の名を石に彫り込む.

ein|men·gen[áɪnmɛŋən] =einmischen

Ein·men·gung[..ŋʊŋ] 女 -/-en =Einmischung

ein|mie·ten^1[áɪnmi:tən]《01》他 (h) (↔ ausmieten)〖農〗(野菜・穀類などを越冬用に)囲う, むろに入れる.

ein|mie·ten^2[–]《01》**I** 自 (h)《bei *jm.*》(…の家に)間借りする, (…と)部屋〈家〉の賃貸契約を結ぶ. **II** 他 (h)《*jn.*》(…のために)家〈部屋〉を借りてやる: 再帰 *sich*^{4} bei *jm.*〈in einem Hotel〉～ …の家〈ホテル〉に部屋を借りる | *sich*^{4} in *et.*^{4} ～ 権利〈契約〉金を払って…に参加する | *sich*^{4} in einen Wald ～ 森の共同使用権を手に入れる.

Ein·mie·ter[..tər] 男 -s/- 間借り〈借家〉人;〖生〗寄生〈共生〉動植物.

Ein·mie·tung^1[..tʊŋ] 女 -/-en〖農〗冬囲い.

Ein·mie·tung^2[–] 女 -/-en 間借り, 借家.

ein|mi·schen[áɪnmɪʃən]《04》他 (h) **1**《*et.*^{4} in *et.*^{4}》まぜる, 混入する. **2** 再帰 *sich*^{4} in *et.*^{4} ～ …に介入〈干渉〉する | Er *mischt* sich in alles〈jedes Gespräch〉*ein*. あいつは何に〈どんな会話に〉でも口を出す.

Ein·mi·schung[..ʃʊŋ] 女 -/-en **1** 介入, 干渉: ～ in *et.*^{4} …(内政問題など)への干渉. **2** 混入, 混合.

ein≈mo·na·tig[áɪnmo:natɪç]^2 形 1か月を経た, 生後1か月の; 1か月間の. ≈**mo·nat·lich**[..lɪç] 形 1か月ごとの.

ein|mon·tie·ren[áɪnmɔnti:rən] 他 (h)《*et.*^{4} in *et.*^{4}》据えつける, 組み込む.

ein·mo·to·rig[áɪnmoto:rɪç]^2 形 エンジン1個の: ein ～*er* Jäger〖空〗単発戦闘機.

ein|mot·ten[áɪnmɔtən]《01》他 (h) (↔ entmotten) **1** (衣類などを)防虫剤を入れて保管する〈しまっておく〉: ***sich*^{4} mit *et.*^{3} ～ lassen können**《話》…に関して成功の見込みがまったくない. **2**《比》(不用の機械・兵器・艦船などを有事に備えて)保管する, 保存しておく. [＜Motte]

ein|mum·meln[áɪnmʊməln]《06》, **ein|mum·men** [áɪnmʊmən] 他 (h) **1**《*jn.*》(…を暖かく)包む, くるむ: ein Kind warm ～ 子供を暖かくくるむ ‖ 再帰 *sich*^{4} ～ (衣類・寝具などにぬくぬくと)くるまる. **2** 変装〈覆面〉させる: 再帰 *sich*^{4} in ein schwarzes Tuch ～ 黒いきれで覆面する.

ein|mün·den[áɪnmʏndən]^1《01》自 (s, h) **1**《in〈auf〉*et.*^{4}》(…に向かって)開く;《比》(…に)帰着する: Mehrere Bäche *münden* in den See *ein*. いくつもの小川がこの湖に流れ込んでいる ‖ Seine Überlegungen *mündeten* schließlich in eine einzige Frage *ein*. 彼がいろいろ考えたことも結局はたった一つの問題に落ち着いた.
2〖医〗(血管などが)吻合(ふんごう)する.

Ein·mün·dung[..dʊŋ] 女 -/-en (einmünden すること) **1** 開口; 合流, 注流. **2**〖医〗(血管などの)吻合(ふんごう).

ein|mün·zen[áɪnmʏntsən]《02》他 (h) (金銀などを貨幣に鋳造する目的で)溶かす; (貨幣を)改鋳する.

ᵛ**Ein·mut**[áɪnmu:t] 女 -/ =Einmütigkeit

ein·mü·tig[..my:tɪç]^2 形 全く同意見の, 一致〈結束〉した: ein ～*er* Beschluß 全員一致の決議 ‖ ～ protestieren 全員結束して抗議する.

Ein·mü·tig·keit[..kaɪt] 女 -/ (意見の)一致, 結束: Es herrschte〔volle〕～ in dieser Sache. この件では〔完全な〕意見の一致が見られた.

ein|nach·ten[áɪnnaxtən]《01》自 (h)《スイス》非人称《es nachtet ein》夜になる, 日が暮れる: Heute *nachtet* es früh *ein*. きょうは日の暮れが早い.

ein|na·geln[áɪnna:gəln]《06》他 (h) **1**《*et.*^{4} in *et.*^{4}》(…を…にくぎで)打ちつける;《比》固定する, くぎづけにする: einen Haken in die Wand ～ 鉤(かぎ)を壁に打ちつける. **2** (くぎなどを)打ちこむ.

ein|nä·hen[áɪnnɛ:ən] 他 (h) **1**《*et.*^{4} in *et.*^{4}》縫いつける; 縫い込む: das Futter in den Rock ～ 裏地をスカートに縫いつける ‖ Geld ins Futter ～ 金(かね)を裏地の内側に縫いこむ. **2** 縫い縮める: 再帰 *sich*^{4} ～ 縫い縮まる. **3**《俗》(einsperren) 閉じ込める.

Ein·nah·me[áɪnna:mə] 女 -/-n **1** (↔Ausgabe) 収入, 所得: eine einmalige ～ 一時所得 ‖ Seine Ausgaben überschreiten seine ～*n*. 彼の支出は収入を上回る | *Seine* ～*n* bleiben hinter den Ausgaben zurück. 彼の収入は支出に追いつかない. **2**《ふつう単数で》(einnehmen すること. 例えば:) 受領, 徴収; (薬の)服用;《雅》(飲食物の)摂取: die ～ des Medikaments 薬の服用. **3**《ふつう単数で》〖軍〗占拠, 占領: die ～ der feindlichen Festung 敵の要塞(ようさい)の占領.

Ein·nah·me≈buch 中〖商〗**1** 収入簿. **2** 受け取り帳. ≈**er·war·tung** 女 -/-en《ふつう複数で》予定所得〈収入〉額. ≈**quel·le** 女 (国の)財源; (個人の)収入源: neue ～*n* erschließen 新たな財源〈収入源〉を開拓する ‖ Seine letzte ～ versiegte. 彼の最後の収入源が切れた. ≈**sei·te** 女〖商〗貸方(貸借対照表の右側のページ).

Ein·nahms·quel·le《オーストリア》=Einnahmequelle

ein|näs·sen[áɪnnɛsən]《03》他 (h)《*et.*^{4}》(…に)寝小便

する: das Bett ～ ベッドに寝小便をする.

ein|ne·beln[áınne:bəln]《06》他 (h) **1**〖軍〗煙幕でおおう;《比》意識をもうろうとさせる: Eine kleine Ohnmacht *nebelte* ihn für zwei Minuten *ein*. 軽い失神で彼は２分間意識を失った ‖ *sich*[4] von *et.*[3] ～ lassen …でうまく丸め込まれる. **2**《話》再帰・非人称 (es nebelt sich ein) 霧が立ちこめる.

ein·nehm·bar[áınne:mba:r] 形 (町・要塞(ようさい)などが)「攻略可能な.」

ein|neh·men*[..ne:mən]《104》**I** 他 (h) **1** (金を)受け取る,(収入を)得る; (税金を)徴収する;《話》(生徒がノートを)集める: viel 〈wenig〉 ～ 収入が多い〈少ない〉| monatlich 500 Mark ～ 月収500マルクである. **2** (薬を)服用する;《雅》(飲食物を)摂取する: Arznei 〈Tabletten〉 ～ 薬〈錠剤〉を飲む | den Tee ～ 茶を飲む | einen Imbiß ～ 軽食をとる | das Frühstück 〈das Mittagessen〉 ～ 朝食〈昼食〉をとる | nach *eingenommener* Mahlzeit 食事をすませてから. **3** (場所を)占める, 占拠する;〖軍〗(町・陣地などを)占領する: viel 〈wenig〉 Platz ～ 場所を取る〈あまり場所を取らない〉| zuviel Platz 〈Raum〉 ～ 場所を取りすぎる | *seinen* Platz ～ 席につく;〖スポ〗定位置につく ‖ die Festung ～〖軍〗要塞(ようさい)を占領する ‖ Die Gäste *nehmen* an der Tafel 〈im Saal〉 ihre Plätze *ein*. 客たちは食卓に向かって〈広間で〉彼らの席につく | Der Schrank *nimmt* die ganze Wand *ein*. その戸棚は壁一面をふさいでいる. **4** (地位・職などを)占める; (立場・態度などを)とる: die erste Stelle 〈die Stelle eines Abteilungsleiters〉 ～ 第１位〈部局長の地位〉を占める | eine abwartende 〈feste〉 Haltung ～ 静観的な〈毅然(きぜん)とした〉態度をとる ‖ Haltung ～〖軍〗気をつけ〈直立不動〉の姿勢をとる. **5** (船・飛行機が積み荷・燃料などを)積み込む: Das Schiff *nimmt* Öl 〈Kohlen〉 *ein*. 船が油〈石炭〉を積み込む. **6**《*jn.*》(…の心を)とらえる,(…の頭を)占領する,(…の気持を)麻痺(まひ)させる,(…に)影響を与える: *sich*[4] von *et.*[3] ～ lassen …に気持を左右される ‖ Die Eifersucht hat ihn *eingenommen*. 彼は嫉妬(しっと)に狂った | Der Wein *nahm* mir den ganzen Kopf *ein*. そのワインを飲んだおかげで頭ががんがんした. **7 a)**《*jn.* für *jn.* 〈*et.*[4]〉》(…に…に対する) 好感を持たせる: *jn.* für *sich*[4] ～ …の心をとらえる, …を魅惑する | Sie *nimmt* durch ihre bescheidene Art alle 〔für sich〕 *ein*. / Ihre bescheidene Art *nimmt* alle 〔für sie〕 *ein*. 彼女の控え目な態度は皆に好印象を与える | Er *nahm* den Vater für seine Pläne *ein*. 彼は父親を説き伏せて自分の計画に賛成させた. **b)**《*jn.* gegen *jn.* 〈*et.*[4]〉》(…に…に対する) 反感を起こさせる: Durch diese Antwort *nahm* er die Zuhörer gegen sich *ein*. この返答によって彼は聴衆の反感を買った.

II ein·neh·mend 現分 形 好感を抱かせる, 魅力的な: ein ～*es* Äußeres 〈Lächeln〉 haben 感じのいい外観をしている〈魅力的な微笑を浮かべる〉| **ein ～*es* Wesen haben** 魅力的な人柄の持ち主である;《戯》がめついやつである(→I 1).

III ein·ge·nom·men → 別出

Ein·neh·mer[áınne:mər] 男 -s/- 出納〈会計〉係; 収入役; 収税吏, 徴税官; 富くじの売りさばき人.

ein|nicken[áınnıkən] **I** 自 (s)《話》(座ったまま)居眠りする, うとうと眠りに落ちる: beim Zeitungslesen 〈über der Zeitung〉 für ein paar Minuten ～ 新聞を読みながら二三分うとうとする. **II** 他 (h) den Ball ～〖サッカー〗楽々とヘディングでゴールを決める.

ein|ni·sten[áınnıstən]《01》他 (h) 再帰 *sich*[4] ～ (鳥などが)巣を作る, 巣くう;〖医〗(受精卵が子宮内膜に)着床する;《話》(人間が)住みつく, 腰を据える;《雅》(習慣などが)根づく: Die Vögel haben sich in einem hohlen Baumstamm *eingenistet*. 鳥が木の幹の空洞に巣くった | Er *nistete* sich bei ihr *ein*. 彼は彼女のところに居ついてしまった ‖ Zweifel *nisteten* sich in ihr 〈ihrem Herzen〉 *ein*. 疑惑が彼女の心に根をおろした.

ein|och·sen[áın|ɔksən]《02》他 (h)《話》《〔*sich*[3]〕 *et.*[4]》苦労して覚え込む〈暗記する〉.

Ein·öd[áın|ø:t][1] 女 -/-en《南部・オーストリア》＝Einödhof

Ein·öd·bau·er 男 -n/-n《南部・オーストリア》Einödhof の農民.

Ein·öde[áın|ø:də] 女 -/-n 荒涼とした寂しい場所, 荒れ地, 荒野; 孤独, 寂寥(せきりょう). [*ahd.*; ◇ein[1]]

Ein·öd·hof[áın|ø:t..] 男《南部・オーストリア》寒村〈過疎地〉の離れ家, 野中の一軒家.

ein|ölen[áın|ø:lən] 他 (h)《*et.*[4]》(機械などに)油をさす; (皮・皮膚などに)油を塗る;《比》相手が納得〈理解〉しやすいようにする: ein Schloß ～ 錠前に油をさす | *jm.* den Rücken gegen Sonnenbrand ～ …の背中に日焼けどめのオイルを塗ってやる.

ein|ord·nen[áın|ɔrdnən]《01》他 (h) **1** 整理〈整頓(せいとん)〉する; 分類〈配列〉する; 組み入れる, 組み込む: *et.*[4] alphabetisch 〈nach Farben〉 ～ …を ABC 順に〈色別に〉分類する | *sein* Fahrzeug vor der Kreuzung ～ 交差点の手前で自分の車を所定の車線に入れる.

2 再帰 *sich*[4] in *et.*[4] ～ …に適応〈順応〉する | *sich*[4] im Straßenverkehr ～ うまく周囲の車の流れに乗る ‖ Das alte Bauernhaus *ordnet* sich voll und ganz in die Landschaft *ein*. その古い農家は周囲の景色と完全に調和している.

ein|packen[áınpakən] **I** 他 (h) **1** (↔ auspacken)《*et.*[4] in *et.*[4]》包む, 包装する, 荷造りする: *et.*[4] in Papier ～ …を紙に包む | *et.*[4] in den Koffer ～ …をトランクに詰める ‖ ***sich*[4] ～ lassen können**《話》何の役にも立たない | ***sich*[4] mit *et.*[3] ～ lassen können**《話》…に関して成功の見込みがまったくない | Laß dich mit deinen Witzen ～! / Du kannst dich mit deinen Witzen ～ lassen! 君のだじゃれなんか聞きたくない. **2**《話》《*jn.* in *et.*[4] 〈*et.*[3]〉》(…を毛布などに)くるむ: 再帰 *sich*[4] gut ～ 暖かい服装をする | *sich*[4] im Bett warm ～ ぬくぬくとベッドにもぐる. **3**《話》(腹に)詰め込む,〔たらふく〕食う.

II 自 (h) **1** 荷造りをする;《話》旗をまく: zur Reise ～ 旅行の荷造りをする ‖ *Pack ein!*《話》もうやめろ, 君はもうだめだ, 消えてしまえ | **～ können**《話》成功の見込みがない | Er kann ～, wenn er das nicht einmal weiß. そんなことも知らぬようでは彼はだめだ ‖ **mit *et.*[3] ～ können**《話》…が使い物にならぬ, …をやめにする | Mit deinen Fotos kannst du gegen ihn ～. 君の写真では彼のと太刀打ちできないよ. **2**《話》(試合などで)圧勝する.

Ein·pack·pa·pier 中 包み紙, 包装紙: braunes 〈grobes〉 ～ 褐色の〈ごわごわの〉包装紙.

Ein·packung[..kuŋ] 女 -/-en 包装, 荷造り;〖医〗湿布, あんぽう.

ein|par·ken[áınparkən] 自 (h) (↔ausparken) (狭い空間などに)割り込むように駐車する: in eine enge Lücke ～ 狭いすき間に駐車する | hinter einem Lastwagen 〔in die Lücke〕 ～ トラックの後〔のすき間〕に駐車する.

Ein·par·tei〔·en〕≠dik·ta·tur[aınpartáı(ən).., áınpartaı..] 女 一党独裁〔制〕. **≠herr·schaft** 女 一党支配. **≠re·gie·rung** 女 一党独裁政府. **≠sy·stem** 中 一党独裁〈専制〉体制.

ein|pas·sen[áınpasən]《03》他 (h) **1**《*et.*[4] in *et.*[4]》はめる, うまくはめ込む: ein Brett in den Schrank ～ 板を戸棚にはめこむ. **2** 再帰 *sich*[4] in *et.*[4] ～ …に適応〈順応〉する | Er kann *sich*[4] überall ～. 彼はどこへ行ってもうまくやってゆける.

Ein·pas·sung[..suŋ] 女 -/-en (einpassen すること. 例えば:) 適合, 適応.

ein|pau·ken[áınpaukən] 他 (h)《話》《*jm. et.*[4] / *jn.*》むりやり教え込む, 詰め込む, たたきこむ, 特訓をほどこす: *jm.* Geschichtszahlen ～ …に歴史の年数をたたき込む | *sich*[3] *et.*[4] ～ (受験勉強などで)…をむりやり覚え込む ‖ *sich*[4] vor dem Examen ～ lassen 受験前の特訓を受ける.

Ein·pau·ker[..kər] 男 -s/-《話》補習教師.

ein|peit·schen[áınpaıtʃən]《04》**I** 自 (h)《auf *et.*[4]》むちで打つ, むちをくれる: auf das Pferd ～ 馬をむちでかり立てる. **II** 他 (h)《話》《*jm. et.*[4]》むりやり覚えさせる, たたき込む.

Ein·peit·scher[..tʃər] 男 -s/- **1** (einpeitschen する人. 特に:) 督励者;《戯》(英: *whip*) (国会で自党議員の出席を督励する) 院内幹事. **2**《南部・オーストリア》＝Einpauker

ein|pel·zen[áınpɛltsən]《02》他 (h) **1** 毛皮でくるむ. **2**〖園〗接ぎ木する.

ein|pen·deln[áınpɛndəln]《06》**I** 他 (h) 再帰 *sich*[4]

auf *et.*[4] ～（上下・左右に振れて）しだいに…に落ち着く,（物価などが）安定する | Die Preise haben sich wieder〔auf einem mittleren Stand〕*eingependelt*. 価格は（揺れ動いた後に）また〔中ほどに〕落ちついた. **II** 自 (s)（↔auspendeln)（他の町から）通勤〈通学〉してくる.

Ein·pend·ler[..pɛndlər] 男 -s/- (↔Auspendler) 他の町からの通勤〈通学〉者.

ein|pen·nen[áınpɛnən] 自 (s)《話》(einschlafen) 眠り込む.

Ein·per·so·nen·stück[aınpɛrzó:nən..] 中〖劇〗一人芝居〈ワンマン劇〉の脚本.

ein|pfäh·len[áınpfɛ:lən] 他 (h) くい〈さく〉を巡らす, くい〈さく〉で囲む.

ein|pfar·ren[áınpfarən] 他 (h)（村・財産・信者などを）教区に編入する: Herzen, halb *eingepfarrt* in Gottes Kirche und halb in des Teufels Kapelle. 心が半分は神の教会に半分は悪魔の礼拝堂に所属している人たち. [＜Pfarre]

Ein·pfen·nig·stück[aınpfɛ́nıç..] 中 1ペニヒ硬貨.

ein|pfer·chen[áınpfɛrçən] 他 (h)《*et.*[4] in *et.*[4]》（家畜を囲いの中へ）追い込む; 押し〈詰め〉込む;《比》局限する:〔wie Schafe〕*eingepfercht* im Zug stehen〔家畜のように〕列車にすし詰めになって立っている | in *eingepferchten* Begriffen denken せせこましい考え方をする.

ein|pflan·zen[áınpflantsən]《02》他 (h) **1**《*et.*[4] in *et.*[4]》（苗などを…に）植えつける, 植え込む;《比》《*jm. et.*[4]》（…に考えなどを）植えつける: Blumen in den Topf〈im Garten〉～ 花を鉢に〈庭に〉植える | *jm.* blinden Gehorsam ～ …に盲従の精神をたたき込む. **2**《*jm. et.*[4]》〖医〗（…の体内に…を）移植する: *jm.* eine fremde Niere ～ …に他人の腎臓を移植する.

Ein·pflan·zung[..tsʊŋ] 女 -/-en (einpflanzen すること. 例えば:)〖医〗移植.

ein|pflöcken[áınpflœkən] 他 (h) **1**（木製の小さな）くいで留める, くいで打ち込む: es[4] *jm.* ～《比》…に思い知らせる. **2**（地所などを）くいで囲う.

ein|pfrop·fen[áınpfrɔpfən] 他 (h) **1**〖園〗接ぎ木する;〖医〗接種する. **2**（ぎゅうぎゅうに）詰め込む, 押え込む;（知識などを）むりにたたき込む.

Ein·pfün·der[áınpfʏndər] 男 -s/- 1ポンドの物（パン・魚など）.

ein·pfün·dig[..dıç][2] 形 1ポンドの.

Ein·pha·sen⸗mo·tor[aınfá:zən.., áınfa:zən..] 男 単相電動機. ⸗**strom** 男（略 E）(↔Mehrphasenstrom) 単相電流.

Ein·pha·sen-Wech·sel·strom[aınfa:zənvɛ́ksəl..] 男 単相交流電流.

ein·pha·sig[áınfa:zıç][2] 形〖電〗単相の.

ein|pin·seln[áınpınzəln]《06》他 (h) **1**《*et.*[4] mit *et.*[3]》（…に…を）はけ〈筆〉で塗る, すり込む: eine Wunde mit Jod ～ 傷にヨードチンキを塗る ‖ 再帰 *sich*[4] ～（ひげをそるために）顔にせっけんを塗る. **2**《話》（学校の）宿題を清書する.

ein|pla·nen[áınpla:nən] 他 (h)《*et.*[4] in *et.*[4]》（…を計画などに）組み込む: die erforderlichen Mittel in den Haushalt ～ 必要財源を予算に計上する ‖ Auch ein Abstecher nach Füssen war in das Besichtigungsprogramm *eingeplant*. フュッセンへちょっと足をのばすことも観光プランのなかには組み入れられていた.

ein|pö·keln[áınpø:kəln]《06》他 (h)（食品を貯蔵のために）塩漬けにする: Laß dich ～! / Du kannst dich ～ lassen!《話》お前なんか引っ込んでいろ〈用はない〉| Mit deinem Wagen kannst du dich ～ lassen./ Laß dich mit deinem Wagen ～.《話》君の車はてんで使いものにならない ‖ *eingepökeltes* Fleisch 塩漬けの肉.

ein|pol·dern[áınpɔldərn]《05》他 (h)（村落などを）堤防で囲む. [＜Polder]

ein·po·lig[áınpo:lıç][2] 形 **1**〖理〗（磁極・電極が）単極の. **2**〖解〗（神経細胞が）単極性の.

ein|prä·gen[áınprɛ:gən][1] 他 (h) 刻印する;《比》（心に）銘記させる: einer〈in eine〉Gedenkmedaille eine Inschrift ～ 記念メダルに銘文を刻む | *jm.* eine Lehre ～ …にある教えをたたき込む | *jm.* ～, pünktlich zu sein 時間を守るよう…に念を押す | *sich*[3] *et.*[4]〔ins Gedächtnis〕～ / *et.*[4] *seinem* Gedächtnis ～（自分の）記憶に…を刻み込む ‖ 再帰 *sich*[4] dem Auge〈dem Ohr〉～（光景などが）目〈耳〉に残る | *sich*[4] *jm.* tief ins Gedächtnis ～ …の心に深い印象を残す.

ein·präg·sam[..prɛ:kza:m] 形 記憶に残りやすい, 印象的な, 感銘を与える: eine ～*e* Melodie 耳に残りやすい旋律 | *et.*[4] ～ darstellen …を感銘深く述べる.

Ein·prä·gung[..gʊŋ] 女 -/-en (einprägen すること. 例えば:)〖心〗記銘.

ein|pras·seln[áınprasəln]《06》自 (s)《auf *jn.*〈*et.*[4]〉》（…の上に）パラパラと降りかかる;《比》（質問・非難などが）雨あられと注ぐ.

ein|pres·sen[áınprɛsən]《03》他 (h) **1** 圧縮〈圧搾〉する,〔むりに〕押し〈詰め〉込む: Er war zwischen zwei dicken Frauen *eingepreßt*. 彼は二人の太った女性の間にはさまれていた. **2**（型・模様などを）押してつける: ein Ledereinband mit einem *eingepreßten* Kreuz 十字架の刻印の入った革装丁.

ein|pro·ben[áınpro:bən][1] 他 (h)（劇・役割などを）十分に稽古(けいこ)する, 試演する.

ein|pro·gram·mie·ren[áınprogrami:rən] 他 (h)〖電算〗（…の）プログラムを入力する.

ein·pro·zen·tig[áınprotsɛntıç][2] 形 1パーセントの.

ein|prü·geln[áınpry:gəln]《06》**I** 自 (h)《auf *jn.*》（…を）さんざんに殴る. **II** 他 (h)《*jm. et.*[4]》殴りつけて教え込む.

ein|pu·dern[áınpu:dərn]《05》他 (h)《*et.*[4]》（…に）粉をまぶす: *sein* Gesicht weiß ～ 顔に粉おしろいをつける.

ein|pum·pen[áınpʊmpən] 他 (h)（水・空気などを）ポンプでくみ入れる, 注入する.

ein|pup·pen[áınpʊpən] 他 (h) **1** 再帰 *sich*[4] ～ さなぎになる;《比》（自分の殻に）閉じこもる, 隠遁(いんとん)する. **2**《方》再帰 *sich*[4] ～ くるまる, 服を着る: *sich*[4] fein ～ しゃれた身なりをする. [＜Puppe]

ein|quar·tie·ren[áınkvarti:rən] 他 (h) 宿泊させる;〖軍〗宿営させる: *jn.* bei einem Freund〈in einem Hotel〉～ …を友人宅〈ホテル〉に泊める ‖ 再帰 *sich*[4] bei *jm.*〈in einer Stadt〉～ …のもとに〈ある町に〉宿泊する.

Ein·quar·tie·rung[..rʊŋ] 女 -/-en **1** 宿泊; 宿舎の割りふり; 宿舎. **2**《集合的に》〖軍〗宿舎を割り当てられた兵士: ～ bekommen〈haben〉兵士の宿泊を割り当てられる. **3**《話》シラミ.

ein|quet·schen[áınkvɛtʃən]《04》他 (h) **1** 挟んで押しつぶす: *sich*[3] den Finger in der Tür ～ 指をドアに挟む. **2** 押し〈詰め〉込む: unbeweglich *eingequetscht* ぎゅうぎゅう詰めになって.

ein⸗räd·rig[áınrɛ:drıç][2] (⸗**rä·de·rig**[..dərıç][2]) 形 一輪の（手押し車など）.

ein|rah·men[áınra:mən] 他 (h) (↔ausrahmen) 枠〈額縁〉に入れる;《雅》取り巻く, 取り囲む;《比》まとめる, 整理する;《話》《*jn.*》挟み撃ちする: ein in Gold *eingerahmtes* Bild 金の額縁入りの画 ‖ Das Dorf wird von grünen Höhenzügen *eingerahmt*. 村は緑の連丘に囲まれている | **Das kannst du dir ～ lassen!**《反語》額にでも入れてせいぜい大事にしろよ, それは使い物にならない〈何の役にも立たない〉.

Ein·rah·mung[..mʊŋ] 女 -/-en einrahmen すること.

ein|ram·men[áınramən] 他 (h) **1**（機械を使ってくいなどを）打ち込む, 突き刺す: Pfähle〔in die Erde〕～ くいを〔地中に〕打ち込む. **2** つき破る: die Tür mit einem Pfahl ～ ドアを太い棒でつき破る.

ein|ram·schen[áınramʃən]《04》他 (h)《話》捨て値で買う.

ein|ran·den[áınrandən][1]《01》, **ein|rän·dern**[áınrɛndərn]《05》他 (h) 縁で囲む, 縁どりする;《話》（文中にある個所を）枠で囲む.

ein|ran·gie·ren[áınrãʒi:rən] 他 (h) **1**（車などを）割り込ませる: den Wagen in eine Parklücke ～（車間の）狭い所に駐車する. **2**《話》(einreihen) 列に入れる, 編入する: In einen solchen Kreis kann ich mich nicht ～. こんなサークルの仲間入りはごめんだ.

ein|ra·sten[áinrastən]《01》自 (s, h) **1** (歯車などが)かみ合う,(掛けがねなどが)掛かる. **2**《話》腹をたてる, むっとする: Er ist hörbar *eingerastet*. 彼はあからさまに腹をたてていた.

ein|räu·chern[áinrɔʏçərn]《05》他 (h) 煙で包む, いぶす; 燻蒸(くんじょう)〔消毒〕する: das Zimmer mit dem Pfeifenqualm ～ 部屋じゅうをパイプタバコの煙でいっぱいにする.

ein|räu·men[áinrɔʏmən] 他 (h) **1 a)** (↔ausräumen) (片づけて)所定の位置にしまう, 収納する: Kleider〈Wäsche〉〔in den Schrank〕～ 服〈下着〉をクロゼットにしまう | die Möbel〔in ein Zimmer〕～ 家具を〔部屋に〕入れる. **b)** (ある場所を)片づける, 整頓(せいとん)する: den Schrank ～ たんすの中を整える(服などを納めて) | ein Zimmer ～ 部屋を整える(家具などを入れて).

2《*jm. et.*[4]》明け〈譲り〉渡す;《比》(特権・事実などを)認める, 容認する: *jm. seinen* Platz〈eines *seiner* Zimmer〉～ …に席を譲る〈自分の一室を提供する〉‖ *jm.* Rechte〈Vergünstigungen〉～ …に対して権利〈特典〉を認める | *jm.* einen Kredit〈eine Bewährungsfrist〉～ …に信用貸し〈執行猶予〉を認める ‖ die Fehler ～ (自分の)過失を認める | Ich *räume ein*, einen Fehler gemacht zu haben. 私は過失を犯したことを認める ‖ eine *einräumende* (＝konzessive) Konjunktion〘言〙認容〈譲歩〉の接続詞(㊥ obgleich).

Ein·räu·mung[..mʊŋ] 女 -/-en **1**《単数で》einräumen すること. **2** 譲歩; 譲与; 承認, 容認.

Ein·räu·mungs·satz ＝Konzessivsatz

Ein·raum·woh·nung[áinraum..] ＝ Einzimmerwohnung

ein|rech·nen[áinrɛçnən]《01》他 (h) **1** 計算〈勘定〉に入れる, 含める: die Fahrtkosten ～ 交通費を含めて計算する | fünf Personen, mich *eingerechnet* 私も含めて 5 人 | Porto und Verpackung sind bei dem Betrag nicht〔mit〕*eingerechnet*. 送料と包装料はその金額の中に含まれていない ‖ Alles *eingerechnet* sind wir noch gut davongekommen. あらゆる損得を計算すれば 我々はまだしもうまく切り抜けたほうだ.

2 再帰 *sich*[4] in *et.*[4] ～ …の計算に習熟する.

Ein·re·de[áinre:də] 女 -/-n 抗議;〘法〙抗弁(相手方の権利が存在するとき, その行使を妨げる権利: →Einwendung): allen ～*n* zum Trotz あらゆる反対にも耳を貸さず ‖ eine ～ erheben〈widerlegen〉抗弁を申し立てる〈却下する〉.

ein|re·den[áinre:dən][1]《01》**I** 他 (h) **1** (↔ausreden)《*jm. et.*[4]》勧める; (説いて)信じさせる, 吹き込む: *jm.* Mut〈einen Plan〉～ …に勇気〈ある計画〉を吹き込む ‖ Das lasse ich mir nicht ～. そんなことだれが信じるものか | Laß dir nichts ～! 口車なんぞに乗っちゃいけないよ | Das hast du dir selbst *eingeredet*. そんなこと 君が勝手にそう思い込んでいるだけだ. **2**《方》《*jm. et.*[4]》(品物を)むりやり買わせる; (意見を)押しつける.

II 自 (h) **1**《auf *jn.*》しきりに説く, 勧める: laut〈beschwichtigend〉auf *jn.* ～ …を大声で説得する〈なだめすかす〉. [▽]**2**《*jm.*》文句をつける, 口をさしはさむ.

ein|reg·nen[áinre:gnən]《01》**I** 自 **1** (s) 雨に降りこめられる, 雨で足止めされる: Wir sind im Urlaub die ganze Zeit *eingeregnet*. 我々は休暇中ずっと雨に降りこめられた. **2** (s) 雨でびしょぬれになる. **3** (h) 雨が降り込む;《比》《auf *jn.*》(非難などが)雨あられと降り注ぐ.

II 他 (h) 再帰・非人称《es regnet sich ein》長雨〈本降り〉になる: Es sieht aus, als ob es sich ～ wollte. どうやら長雨になりそうだ.

ein|re·gu·lie·ren[áinreguli:rən] 他 (h) 調節する: *et.*[4] auf eine Zeit ～ …をある時間にセットする ‖ 再帰 *sich*[4] ～ うまくいく | Das wird sich alles ～. すべてうまくいくだろう.

Ein·rei·be·mit·tel[áinraibə..] 中〘薬〙塗擦剤.

ein|rei·ben*[áinraibən][1]《114》他 (h) すり込む, 塗擦する, 塗りつける: den Pfeffer ins Fleisch ～/ das Fleisch mit Pfeffer ～ 肉に胡椒(こしょう)をすり込む | eine Salbe in die Haut ～/ die Haut mit Salbe ～ 皮膚に膏薬(こうやく)を塗る.

Ein·rei·ber[..bər] 男 -s/- (ドア・窓の)ひねり錠(→ 図 Fenster B).

Ein·rei·bung[..bʊŋ] 女 -/-en すり込むこと, 塗布;〘医〙塗擦.

ein|rei·chen[áinraiçən] 他 (h) **1** (書類を)提出する: ein Gesuch ～ 申請する | eine Klage gegen *jn.*〔bei Gericht〕～ …を〔裁判所に〕告訴する | *seinen* Abschied ～ 辞表〈退職願〉を出す. **2**《話》《*jn.*》(文書で)推薦する.

Ein·rei·chung[..çʊŋ] 女 -/ (役所などへの書類の)提出.

Ein·rei·chungs·frist 女 提出期間〈期限〉.

ein|rei·hen[áinraiən] 他 (h) **1** 列に入れる, 組み入れる, 編入する, 名簿にのせる: ein Tier unter die Säugetiere〈in die Klasse der Säugetiere〉～ ある動物を哺乳(ほにゅう)動物の仲間に入れる ‖ 再帰 *sich*[4] der Schlange der Wartenden ～ 待っている人々の列の後ろにつく | Mit diesem Werk *reihte* er sich unter die großen Dichter *ein*. この作品によって彼は大詩人の列に加わった. **2** 整理する: Briefe alphabetisch ～ 書簡類をアルファベット順に整理してとじる.

Ein·rei·her[áinraiər] 男 -s/- (↔Zweireiher)〘服飾〙シングルの上着〈コート〉.

ein·rei·hig[..raiç][2] 形 **1** 1 列の. **2**〘服飾〙シングル〈1 列ボタン〉の, 片前の.

Ein·rei·hung[áinraiʊŋ] 女 -/-en einreihen すること.

Ein·rei·se[áinraizə] 女 -/-n (↔Ausreise) (正式手続きによる外国からの)入国: die ～ nach Japan〈in die USA〉日本〈アメリカ合衆国〉への入国 | die ～ beantragen〈verweigern〉入国許可を申請〈拒否〉する.

Ein·rei·se≈er·laub·nis 女, **≈ge·neh·mi·gung** 女 入国許可.

ein|rei·sen[áinraizən][1]《02》自 (s) (↔ausreisen) 入国する: in〈nach〉Österreich ～ オーストリアに入国する.

Ein·rei·se≈ver·bot 中 入国禁止. **≈vi·sum** 中 入国査証.

ein|rei·ßen*[áinraisən]《115》**I** 他 (h) **1**《*et.*[4]》(…の)端をちぎる; (…に)溝〈裂け目〉を入れる,(図面の線などを)引く: den Fahrschein ～ (使用ずみの印として車掌が)乗車券の端をちぎる | *sich*[3] das Kleid am Ärmel ～ 服のそでを裂く(くぎなどに引っかけて) | *sich*[3] den Fingernagel ～ つめを割る.

2《*et.*[4] in *et.*[4]》(…を…に)刻む: Der Gletscher *riß* tiefe Furchen in den Felsen *ein*. 氷河が岩に深い溝を刻んだ.

3 (建物などを)取り壊す, 崩す, めちゃめちゃにする: Mauern〈ein Haus〉～ 塀〈家〉を取り壊す | die Zelte ～ テントを撤去する | die Sandburg ～ (砂場に作った)砂山を崩す ‖ *jm.*〈*sich*[3]〉die Frisur ～ …の〈自分の〉(結い上げた)髪を壊す.

4《*sich*[3] *et.*[4]》(うっかりしてとげなどを)刺す: Ich habe mir einen Dorn *eingerissen*. 私はとげが刺さった.

II 自 (s) **1** 裂ける, 裂け目ができる: leicht ～ 破れやすい | Der Fingernagel ist *eingerissen*. つめが割れた | Der Rock ist am Saum *eingerissen*. スカートのへりが切れた.

2 (悪習などが)広がる, 根を張る; [▽](奔流などが)侵入する, なだれ込む: ein tief *eingerissenes* Übel 深く根をおろした悪習.

Ein·reiß·ha·ken 男 とび口.

Ein·rei·ßung[..sʊŋ] 女 -/-en einreißen すること.

ein|rei·ten*[áinraitən]《116》**I** 自 (s) 馬に乗って入る.

II 他 (h) **1** (馬を)馴(な)らす, 調教する. **2** 再帰 *sich*[4] ～ 乗馬のけいこをする; (乗馬の)くせをつかむ;《話》(試験などのために)猛勉強をする: Mit diesem Pferd muß ich mich erst ～. この馬の乗りこなし方を私はまず会得しなければならない. **3** 馬蹄(ばてい)にかけて倒す;《話》酔いつぶれさす, 飲み負かす.

ein|ren·ken[áinrɛŋkən] 他 (h) (↔ ausrenken)〘医〙(脱臼(だっきゅう)などを)整復する;《話》(事件などを)まるくおさめる,(緊張などを)ほぐす: den ausgekugelten Arm wieder ～ 脱臼した腕を整復する | Der Arzt hat ihm die Schulter wieder *eingerenkt*. 医師は彼の肩の脱臼を整復した ‖ 再帰 Die Sache wird sich schon wieder ～.《話》この件はいずれきっとうまく落着するだろう.

Ein·ren·kung[..kʊŋ] 女 -/-en einrenken すること.

ein|ren·nen*[áinrɛnən]《117》**I** 自 (s)《auf *jn.*〈*et.*[4]〉》(走って)突き当たる. **II** 他 (h) **1** (走って来て)突き破る: mit dem Ellenbogen das Fenster ～ ひじで窓ガラスを

突き破る | offene Türen ～ (→Tür) | *jm.* die Bude 〈das Haus / die Tür〉 ～ (→Bude 2, →Haus 2 a, →Tür). **2** 《*sich*³ *et.*⁴》(ぶつかって)痛める: *sich*³ an der Tür den Kopf ～ 戸に頭をぶつけてけがをする | *sich*³ den Kopf ～ (→Kopf 1) | *sich*³ den Schädel ～ (→Schädel).

ein|re·xen [áinrɛksən] 《02》 《ｵｰｽﾄﾘｱ》 ＝einwecken [＜Rexglas]

ein|rich·ten [áinrıçtən] 《01》 他 (h) **1** (部屋・住居などを家具その他で)設備する: ein Zimmer als Büro 〈mit modernen Möbeln〉 ～ 部屋に事務所としての設備をする〈モダンな家具を備える〉| ein vorbildlich *eingerichtetes* Klubhaus 模範的な設備をもったクラブハウス ‖ *sich*³ eine Wohnung 〈eine Werkstatt〉 ～ (自分の)住居〈仕事場〉をしつらえる ‖ 再帰 *sich*⁴ neu 〈behaglich〉 ～ (自分の)住居を新しく〈快適に〉設備する | Wir haben uns 〈Wir sind〉 vollkommen neu *eingerichtet*. 私たちはうちの設備をすっかり新しくした ‖ *sich*⁴ bei *jm.* häuslich ～ (→häuslich 2). **2** (施設・機関などを)設立〈新設〉する: eine neue Schule 〈eine moderne Fabrik〉 ～ 新設校を設置する〈近代的な工場を建てる〉| einen neuen Lehrstuhl ～ 新しい講座を設ける. **3** 整える, 調節する; 適合〈順応〉させる, 都合をつける, (…となるよう)工夫する: eine Maschine ～ 機械を調整〈整備〉する ‖ *et.*⁴ nach *et.*³ ～ …に合わせて…の都合をつける, …を…に適応させる | Er *richtete* seine Abreise entsprechend *ein*. 彼は出発の日取りをそれに合わせた | Ich will es 〔so〕 ～, daß … 私は…の〔ように〕手はずを整えよう | Kannst du es ～, am Sonntag zu uns zu kommen? 都合をつけて日曜日にうちに来てくれないか | Das wird sich ～ lassen. それはなんとかなる〈都合がつく〉だろう ‖ *jn.* ～《話》…に新しい仕事の手ほどきをする ‖ 再帰 *sich*⁴ auf *et.*⁴ ～ …に対する準備〈心構え〉をする, …の手はずを整える | Ich hatte mich 〈Ich war〉 nicht darauf *eingerichtet*. 私はその用意〈心構え〉ができていなかった. **4** (脱臼(だっきゅう)・骨折などを)整復する. **5** 《*et.*⁴ für *et.*⁴》〘楽・劇〙手直し〈アレンジ〉する: ein Orchesterstück für Klavier ～ 管弦楽曲をピアノ用に編曲する | ein Theaterstück für die Bühne ～ 脚本を上演用に脚色する. **6** eine gemischte Zahl ～〘数〙帯分数を仮分数に直す. **7** 再帰 *sich*⁴ ～ (乏しいなかで)やりくりする, 節約する: Wir müssen uns sehr ～. 我々はうんと切りつめなければならない.

Ein·rich·ter [..rıçtər] 男 -s/- (einrichten する人. 例えば:) (機械の)調整〈整備〉員; (ガス・水道などの)敷設工夫; (楽曲などの)編曲者.

Ein·rich·tung [áinrıçtʊŋ] 女 -/-en **1** 《ふつう単数で》(einrichten すること. 例えば:) 設備, 設立, 開設; 調整, 整備; 処置, 手配; (脱臼(だっきゅう)・骨折などの)整復; (楽曲・戯曲などの)手直し, アレンジ. **2** (住居・家屋の)設備品, 家具調度. **3** 《ふつう複数で》(公共機関の)施設: soziale 〈kulturelle〉 ～*en* 社会〈文化〉施設. **4** 機械設備, 装置: eine automatische ～ zum Prüfen 自動検査装置. **5** (慣例・慣行となった)行事: Das Treffen am Dienstag ist zu einer ständigen ～ geworden. 火曜日の集まりは定期的な行事になってしまった.

Ein·rich·tungs≠ge·gen·stand 男 備品, 調度, 家具. **≠haus** 中 家具店, インテリアと家具の店.

ein|rie·geln [áinri:gəln] 《06》 他 (h) (かんぬきを掛けて)閉じ込める, 仕舞う: 再帰 *sich*⁴ 〔im Zimmer〕 ～ ドアにかんぬきを掛けて〔部屋に〕閉じ込もる.

ein|rin·gen [áinrıŋən] 他 (h) 《話》《*jn.*》(…を)取り囲む.

Ein·riß [áinrıs] 男 ..risses/..risse (小さな)裂け〈割れ〉目, ひび: *Einrisse* im Erdboden 〈in der Haut〉 地面〈皮膚〉のひび割れ. [＜einreißen]

Ein·ritt [áinrıt] 男 -〔e〕s/-e (ある場所に)馬に乗って入ること. [＜einreiten]

ein|rit·zen [áinrıtsən] 《02》 他 (h) (木や石に字などを)切り〈彫り・刻み〉込む: eine Inschrift in den Stein ～ 石に銘を刻む ‖ 再帰 *sich*⁴ in *et.*⁴ ～ …(の表面)に切り込む | Das Messer hat sich in die Haut *eingeritzt*. 刃物が皮膚を傷つけた.

ein|rol·len [áinrɔlən] **I** 他 (h) **1** くるくると巻く, くるむ, 包みこむ: den Teppich ～ じゅうたんを巻く | *sich*³ das Haar ～ 髪をカールする ‖ 再帰 *sich*⁴ zur Kugel ～ (ハリネズミなどが)体をまりのように丸める. **2** 〘ホッケー〙(ボールを)フィールドへ転がして入れる. **II** 自 (s) (ボールなどが)転がりながら入る, 転がりこむ: Der Ball *rollt ein*. 球がゴールに転がりこむ | Der Zug *rollte* gerade *ein*. 列車がちょうど入ってきた.

ein|ro·sten [áinrɔstən] 《01》 自 (s) さびつく; 《比》(関節・知識などが)いうことをきかなくなる, 役にたたなくなる, がたが来る: Die Schraube 〈Mein Englisch〉 ist *eingerostet*. ねじがさびついた〈私の英語はもう使い物にならない〉| Ich habe keine Lust, in diesem Dorf *einzurosten*. 私はこの村で朽ち果てたくはない ‖ eine *eingerostete* Stimme だみ〈しわがれ〉声.

ein·ro·to·rig [áinroto:rıç]² 形 回転翼 1 個の: ein ～*er* Hubschrauber 1 個の回転翼をもつヘリコプター.

ein|rücken [áinrʏkən] **I** 自 (s) **1** (↔ausrücken) 《in *et.*⁴》(陣地・営舎などに)入る; 《比》(学校などに)入る; (地位などに)就く: in die Kaserne ～ 帰営する | in *js.* Stelle ～ …の後任となる | in *seine* Rechte ～ (継承者が)あとがまに座る ‖ ein neu *eingerückter* Schüler 新入生. **2** 軍務につく: 〔zum Militär〕 ～ 入隊する ‖ *jn. einrückend* machen 《ｵｰｽﾄﾘｱ》(軍隊に)召集する.

II 他 (h) (↔ausrücken) **1** 《*et.*⁴》〘印〙(行などの)頭をさげる〈引っ込める〉: eine *eingerückte* Zeile 頭を字さがりにした行. **2** 挿入する, (新聞などに)載せる; 〘工〙(ギア・レバーなどを)入れる: eine Anzeige in die Zeitung ～ 広告を新聞に載せる | Er ließ seinen Artikel in eine 〈einer〉 Zeitschrift ～. 彼は自分の論説を雑誌に発表した.

Ein·rück·he·bel 男 (機械の)操作レバー.

Ein·rückung [..kʊŋ] 女 -/-en einrücken すること.

Ein·rückungs≠be·fehl 男 (Gestellungsbefehl) 〘軍〙召集令. **≠ge·büh·ren** 複 (新聞広告などの)掲載料.

ein|rüh·ren [áinry:rən] 他 (h) **1** 《*et.*⁴ in *et.*⁴》(…を…に)まぜ入れる: ein Ei in die Suppe ～ 卵をスープにほぐし入れる. **2** まぜ合わせる; 練る: Eier ～ 卵を泡立てる | Kalk 〈einen Teig〉 ～ しっくい〈こね粉〉を練る. **3** 《話》(困ったこと・不ゆかいなことを)しでかす: *jm.* eine böse 〈schöne〉 Suppe ～ (→Suppe 1) | *sich*³ eine böse 〈schöne〉 Suppe ～ (→Suppe 1) | *sich*³ 〔et〕was Schönes ～ 《皮肉》(自業自得で)ひどいことになる.

ein|rü·sten [áinrʏstən] 《01》 他 (h) (↔abrüsten) 《*et.*⁴》(…の周囲に)足場をしつらえる, (建物を)足場で囲う: das Haus für den neuen Anstrich ～ ペンキを塗りかえるために建物のまわりに足場を組む.

eins [aıns] **I** →ein¹ II, III **II Eins** [aıns]¹ 女 -/-en 1 という数; 1 という数字; 1 番コースの路面電車; (トランプの) 1 の札; (さいころの) 1 の目; 評点 1 (最優秀: →Note 2): →Fünf ‖ eine ～ mit Stern 最高のほめ言葉 | eine ～ fliegen (鳥などが)一線に並んで飛ぶ | **wie eine ～ stehen** 《話》まっすぐに〈垂直に〉立っている | Die Mauer steht wie eine ～. 塀は切り立ったような感じを与える.

Ein·saat [áinza:t] 女 -/ **1** 種まき. **2** (まくための)種子. [＜einsäen]

ein|säckeln [áinzɛkəln] 《06》 他 (h) 《話》(金を)ポケットにしまいこむ, ねこばばする.

ein|sacken [áinzakən] **I** 他 (h) **1** 袋に入れる, 閉じ込める. **2** 《俗》＝einsäckeln **3** 《俗》逮捕する.

II 自 (s) 陥没〈沈下〉する, 落ち込む: Der Wagen *sackte* im 〈in den〉 Morast *ein*. 車は泥沼にのめり込んだ | Die Straßendecke ist *eingesackt*. 道路の表面が陥没した.

ein|sä·en [áinzɛ:ən] 他 (h) **1** 種をまく: Weizen ～ 小麦の種をまく. **2** (畑などに)種をまく: den Acker ～ 畑に種をまく. [◇Einsaat]

ein|sa·gen [áinza:gən]¹ 他 (h) **1** (特に生徒が)ささやく, 耳打ちする, こっそり教える; 口述する: *jm.* die richtige Antwort ～ …に小声で正解を教える. ᵛ**2** 抗議する, 異を唱える.

ein|sä·gen [áinzɛ:gən]¹ 他 (h) **1** 《*et.*⁴ in *et.*⁴》(…を…に)のこぎりで切り〈刻み〉込む: eine Kerbe ins Holz ～ 木にのこぎりで刻み目をつける ‖ 再帰 *sich*⁴ in *et.*⁴ ～ (水などが浸食によって)…に食い込む | Das Wasser hat sich tief in den Felsen *eingesägt*. 水が深く岩を浸食した. **2** 《*et.*⁴》

(…に)のこぎりで切り込む: das Holz〔an einer Stelle〕～ 木〔の一か所〕にのこぎりで切り込みを入れる.

Ein·sa·ger[ánza:gər] 男 -s/- ＝Souffleur

ein·sai·tig[ánzaɪtɪç][2] 形 1弦の(楽器など).

ein|sal·ben[ánzalbən][1] 他 (h) **1**《*jn.*/ *et.*[4]》(…に)軟膏(なんこう)〈油〉を塗る〈すり込む〉: *jn.* 〈*jm.* die Haut〉 mit Öl ～ …に〈…の皮膚に〉油を塗る. **2** (死体に)防腐処置を施す: der *eingesalbte* Leichnam 防腐剤を施した死体.

ein|sal·zen[(*)][ánzaltsən]《122》＝einpökeln

ein·sam[ánza:m] 形 **1** ひとりぼっちの, 孤独な; さびしい, 心細い: ein ～*er* Mensch さびしい人 | ein ～*er* Entschluß 一人だけの決断 ‖ *sich*[4] ～ fühlen さびしい気がする | Ich fühle mich so ～. 私はとてもさびしい ‖ Der Alte lebt sehr ～. その老人はひとりさびしく暮らしている ‖ ～ lebend〘動〙独居性の;〘植〙単生の. **2** 人けのない; 人里離れた: eine ～*e* Straße 人けのない通り | ein ～ gelegenes Haus 一軒家. [＜ein[1]]

Ein·sam·keit[–kaɪt] 女 -/-en《ふつう単数で》孤独, さびしさ; 人けのない〈さびしい〉場所: unter *seiner* ～ leiden 孤独に悩む | die ～ lieben 孤独を愛する. [*lat.* sōlitūdō (◇solo) の翻訳借用]

ein|sam·meln[ánzaməln]《06》他 (h) 拾い集める, 採集する, 回収する,(花・果実などを)摘み取る;(金・寄付・広告・ノートなどを)集める: Früchte in einen Korb ～ 果物を摘んでかごに入れる.

Ein·samm·ler[..zamlər] 男 -s/- (einsammeln する人. 例えば:) 集金人, 採集者.

Ein·samm·lung[..lʊŋ] 女 -/ einsammeln すること.

ein|sar·gen[ánzargən][1] 他 (h) (死体を)棺に納める, 葬る: einen Toten 〈eine Leiche〉 ～ 死者〈死体〉を入棺する | *seine* Hoffnungen ～《比》希望を葬り去る | ***sich*[4] mit *et.*[3] ～ lassen können**《話》…に関して成功の見込みがまったくない | Du kannst dich〔damit〕～ lassen. 君は〔そんなことをしてくれても〕何の役にもたたない. [＜Sarg]

Ein·sat·te·lung[ánzatəlʊŋ] (**Ein·satt·lung**[..tlʊŋ]) 女 -/-en (峰と峰の間の)鞍部, 峠, コル. [＜Sattel]

Ein·satz[ánzats] 男 -es/..sätze[..zɛtsə] **1** 入れ子, 中子, 中皿(→ 図); (テーブルの)引き出し板; (コンパスの)継ぎ脚; (旋盤の)刃;〘服飾〙ヨーク, 当て布(→ 図).
2 (↔Aussatz)(ゲームの)賭金(かけきん); (Pfand) 抵当, 保証金;〘金属〙埋め金: *et.*[4] als ～[4] 〈zum ～[3]〉 geben …をかたに置く | mit dem ～ herauskommen 賭金の元だけ取り返す | für jede Flasche zehn Pfennig ～〔be〕zahlen 瓶1本につき10ペニヒの保証金を払う.
3《ふつう単数で》(機械・人員などの)投入, 使用;〘軍〙出撃, 出動;《スイス》(聖職者などの)任命: der ～ der Polizeikräfte 〈von Panzern〉 警察力〈戦車隊〉の投入 ‖ mehrere *Einsätze* fliegen (空軍が)何回か出撃する ‖ **im ～** sein〘軍〙(前線に)出動している | **unter** 〈mit〉 **～** *seines* Lebens 生命を賭(と)して | **vom ～** nicht zurückkehren《比》戦場から帰らない(戦死する) | moderne Maschinen **zum ～** bringen 新式の機械を使用する | zum ～ kommen 〈gelangen〉(部隊などが)投入される ‖ Wegen einer Verletzung ist sein ～ im nächsten Spiel gefährdet. 怪我のため 彼を次の試合に出せるかどうか危ぶまれている.

Einsatz

4 a)〘楽〙(合奏・合唱の)出だし, アインザッツ; 出だしの合図: *seinen* ～ verpassen 出遅れる | den ～ 〈das Zeichen zum ～〉 geben 出だしの合図をする. **b)** (↔Absatz)〘言〙声立て(特に音節の初めの調音における声の出し始め方): ein fester 〈harter / scharfer〉 ～ はっきりした声立て(例 beachten[bəʔáxtən] の声門閉鎖を伴う[ʔa]; 本書では[bə|áxtən] のように示す) | ein leiser 〈weicher〉 ～ ゆるやかな声立て(例 Theorie[teorí:] の[o]).
5 卓上薬味〈調味料〉入れ. **6** 養魚池; 小さな池. **7**《南部》(Leichenkammer) 霊安室. [◇einsetzen]

ein·satz·be·reit[ánzats..] 形 **1** (機械などが)すぐにも使える; (救急車などが)出動準備のできた;〘軍〙戦闘〈出撃〉準備のできた;〘空〙離陸準備のできた. **2** 気持よく手伝ってくれる, (ひとにものを頼まれて)いやな顔を見せない.

Ein·satz≈be·reit·schaft 女 -/ einsatzbereit なこと. **≈dienst** 男 (赤十字・軍隊などが災害・疾病などの場合に行う)特別出動〔隊〕.

ein·satz≈fä·hig 形, **≈fer·tig** 形 ＝ einsatzbereit **≈freu·dig** 形《スポ》ファイトのある.

Ein·satz≈ge·fäß 中 入れ子式の容器. **≈grup·pe** 女 出動〈投入〉グループ. **≈ha·fen** 男〘海・空〙根拠地, 基地. **≈här·tung** 女 -/〘金属〙肌焼き入れ. **≈kom·man·do** 中 出動〈投入〉部隊. **≈ring** ＝Herdring **≈stück** 中 (einsetzen するための道具・部品など. 例えば:)(高低を調節するため机の脚の下に入れる)スペーサー;〘服飾〙パネル. **≈teich** 男 養魚池. **≈wa·gen** 男 (ラッシュ時などの)増発〈増結〉車; (警察などの)特別〔出動〕車. **≈zei·chen** 中 (歌手・合唱団などに対する)入場の合図; (歌手・演奏者などに対する)開始の合図, アインザッツ. **≈zir·kel** 男 (製図用の)穂替えコンパス.

ein|sau·en[ánzaʊən] 他 (h)《話》(beschmutzen) ひどく汚す,(泥などに)まみれさす: Das Auto hat mich 〈mir die Hose〉 *eingesaut*. 自動車が泥をはねて私〈私のズボン〉はひどく汚れてしまった.

ein|säu·ern[ánzɔʏərn]《05》他 (h) **1**〘化〙酸性にする. **2** (野菜などを)酢漬けにする. **3** (牧草などを保存のため)発酵させる.

Ein·säue·rung[..zɔʏərʊŋ] 女 -/ einsäuern すること.

ein|sau·gen[(*)][ánzaʊgən][1]《124》他 (h) 吸う, 深く吸い込む;《比》(熱を)吸収する;《雅》(心に)吸収する: den Duft der Blumen ～ 花のかおりをかぐ | Der Schwamm *sog* 〈*saugte*〉 das Wasser *ein*. 海綿が水を吸い取った ‖ ein Bild in *sich*[4] ～ 姿〈光景〉を心に刻み込む | *js.* Worte gierig ～ …の言葉を熱心に聴く | *et.*[4] mit der Muttermilch ～ (→Muttermilch) ‖ *eingesaugte* 〈*eingesogene*〉 Lippen 薄い唇 ‖ 再帰 *sich*[4] ～ i) (液体・塗料が)しみこむ; ii) (ヒル・吸盤などが)吸いつく.

Ein·sau·gung[..gʊŋ] 女 -/en einsaugen すること.

ein|säu·men[ánzɔʏmən] 他 (h)《*et.*[4]》(テーブルクロス・衣服に)縁飾りをつける,(衣服の)縁どりをする;《比》縁どる: den Rock ～ スカートに縁飾りをつける | eine Straße mit Pappeln ～ 街路のへりにポプラを植える.

ein|schach·teln[ánʃaxtəln]《06》他 (h) **1** 箱に入れる, 箱詰めにする; (箱などを)入れ子にする: *seine* Sachen mühsam im Koffer ～ 荷物を苦労してトランクに詰める. **2**《比》はめ込む, 挿入する; 編入する; 組み入れる;〘工〙かみ〈組み〉合わせる: ein *eingeschachtelter* Satz〘言〙(入れ子型の構造の)箱入り〔副〕文. **3**《比》再帰 *sich*[4] ～ 公から身を退く, 引きこもる.

ein|scha·len[ánʃa:lən] 他 (h)《*et.*[4]》〘建〙(…に)(コンクリートを打込む)型枠を組立てる, 板張りをする: Wände ～ 壁の型枠を組立てる. [◇Schalung]

ein|schal·ten[ánʃaltən]《01》他 (h) **1** (↔ ausschalten)〘電〙(回路に)連結する; (…の)スイッチを入れる;〘自動車〙(ギアなどを)入れる: ein Element〔in den Stromkreis〕～ 電池を回路に入れる | das Radio 〈das Licht〉 ～ ラジオ〈あかり〉をつける | einen Sender ～ ある放送にダイヤルを合わせる | den Strom ～ 電流を通じる ‖ die Kupplung ～ クラッチをつなぐ | den ersten Gang ～ ギアをローに入れる ‖ 再帰 *sich*[4] ～ (自動的に)スイッチが入る.
2 挿入する;《*jn.*》介入させる: ein Erlebnis in die Rede ～ 体験談を話に織り込む | eine Pause ～ 休憩を入れる〈はさむ〉 | Sachverständige ～ 専門家の意見を求める ‖ 再帰 *sich*[4] in *et.*[4] ～ …に介入する〈割り込む〉 | Ich *schaltete* mich in die Diskussion *ein*. 私はその議論に割って入った ‖ ein *eingeschalteter* Satz〘言〙挿入文 | ein *eingeschalteter* Tag 〈Monat〉 うるう日〈月〉 | ein *eingeschaltetes* Jahr うるう年.

Ein·schal·ter[ánʃaltər] 男 -/-〘電〙回路接続器, スイッチ.

E

Ein·schalt≠he·bel 男 (エンジン・機械などの)始動レバー. **≠quo·te** 女 (テレビの)視聴率,(ラジオの)聴取率: Die ～ betrug 27%. 視聴〈聴取〉率は27パーセントだった. **≠strom** 男〘電〙作動電流.

Ein·schal·tung[áɪnʃaltʊŋ] 女 -/-en (einschalten すること. 例えば:) 挿入, さし込み; 書込み; (暦に)うるう日を置くこと;〘電〙連結, 閉; 挿入物, 差し込んだ物; 書き込んだ語句;〘言〙挿入語句;〘地〙中間〔地〕層.

Ein·schal·tungs·zei·chen 中〘印〙(校正用の)脱字〈挿入〉記号(∧).

ein|schan·zen[áɪnʃantsən]《02》他 (h)〘軍〙塹壕(ざんごう)で囲む: 再帰 *sich*⁴ ～《比》堅固に身を守る.

ein|schär·fen[áɪnʃɛrfən] 他 (h)《*jm. et.*⁴》強く心にとどめさせる, 肝に銘じさせる, 諄々(じゅんじゅん)と説き聞かせる〈勧める〉: Du mußt ihm ～, daß ... 君は彼に…ということをよく言って聞かせなければならない.

ein|schar·ren[áɪnʃarən] 他 (h) (犬などが)穴を掘って埋める; そそくさと埋葬する: 再帰 *sich*⁴ ～ 穴を掘ってもぐる.

ein|schät·zen[áɪnʃɛtsən]《02》他 (h) **1**《*jn.* / *et.*⁴》《様態を示す語句と》(…のように)評価〈判断〉する: die Lage richtig 〈falsch〉 ～ 情勢を正しく〈誤って〉判断する | *jn.* allzu hoch ～ …を買いかぶる | 再帰 *sich*⁴ zu hoch ～ うぬぼれる ‖ *jn.* 〈*et.*⁴〉 als *et.*⁴ ～ …を…とみなす | *jn.* als Feigling 〈hinterhältig〉 ～ …をおく病者〈陰険〉だと思う. **2**《*jn.*》(…の)税額を見積もる〈概算査定する〉: *jn.* zur Steuer ～ …の税額を見積もる | *jn.* auf *et.*⁴ ～ …〔の財産〕について税額…と査定する | Ich bin dieses Jahr zu hoch *eingeschätzt* worden. ことしの私の税額はあまりにも高く査定された.

Ein·schät·zung[..tsʊŋ] 女 -/-en 評価, 判断; 査定: die ～ der Lage 情勢判断.

ein|schau·feln[áɪnʃaʊfəln]《06》他 (h) **1** (シャベルで)すくい入れる: Kohlen in den Ofen ～ 石炭をシャベルでストーブに入れる | das Geld ～《話》大金を手に入れる. **2** 土をかけておおう: einen Toten ～ 死人を土葬する.

ein|schäu·men[áɪnʃɔymən] 他 (h) **1** (せっけんで)泡だらけにする. **2** フォームプラスチックで包装する(→Schaumstoff).

Ein·schen·kel·sitz[áɪnʃɛŋkəl..] 男〘登山〙片ももダブルロープ(→ 図 Seil).

ein|schen·ken[áɪnʃɛŋkən] 他 (h)《*jm. et.*⁴》(酒・茶などを)つぐ; (ラグビーなどでボールを)パスする: eine Tasse Kaffee ～ コーヒーをつぐ | *jm.* reinen 〈klaren〉 Wein ～ (→Wein 1 a) ‖〘4 格の目的語なしで〙*jm.* noch einmal ～ …にお代わりをついでやる | *sich*³ 〔selbst〕 ～ 手酌で飲む ‖ ein *eingeschenkter* Pullover《話》胸の豊かなセーター姿の娘.

ein|sche·ren¹[áɪnʃe:rən] 自 (s) (↔ausscheren)〘海・空〙船列〈編隊〉に戻る;《比》(自動車が走行車線などに)〔再び〕はいる: im Geschwader ～ 編隊〈船列〉にはいる | Er 〈Das Auto〉 wollte wieder hinter dem Bus ～. 彼〈自動車〉は再びバスの後につこうとした.

ein|sche·ren²[–] 他 (h) **1**〘海〙(ロープを滑車などに)通す. **2**〘建〙ほぞ接ぎする.

ein|scheu·ern[áɪnʃɔyərn]《05》他 (h) 穀倉〈納屋〉に入れる. [<Scheuer]

Ein·schicht[áɪnʃɪçt] 女 -/《南部・オーストリア》=Einöde

ein|schich·ten[áɪnʃɪçtən]《01》他 (h) (積み重ねの中に)入れる; 積み重ねて入れる;〘地〙層の間に埋める: Wäsche in den Schrank ～ 下着類を重ねてたんすにしまう.

ein·schich·tig[áɪnʃɪçtɪç]² 形 **1** 単層の; (工場などが)無交代制の: Diese Fabrik arbeitet ～. この工場は無交代制で操業している. **2**《南部・オーストリア》**a)** (abgelegen) へんぴな; 孤独な: ein ～*es* Haus 一軒家. **b)** (対であるべきものが)片方だけの.

ein|schicken[áɪnʃɪkən] 他 (h) (官庁などに)送付する: der Zeitung 〈an die Zeitung〉 einen Artikel ～ 新聞に記事を書き送る.

ein|schie·ben*[áɪnʃi:bən]¹《134》他 (h) **1** 押し〈差し〉込む: eine Schublade ～ 引き出しを閉める | das Brot in den Ofen ～ パンをかまに入れる | den Ball ～ (サッカーなどで近距離から)シュートする.

2 挿入する, 割り込ませる: eine Arbeit 〈eine Pause〉 ～ 合間に仕事を一つ割り込ませる〈休憩をはさむ〉 | ein Wort ～ 一言さしはさむ; (こっそり)書き入れる | *jn.* in der Sprechstunde noch ～ …を面会〈診察〉時間に割り込ませる | Können Sie mich nicht ～? (面会時間・予定表などに)私を割り込ませて〈私にも都合をつけて〉いただけませんか ‖ ein *eingeschobener* Satz 挿入文.

3 再帰 *sich*⁴ ～〘狩〙(野獣が)巣穴に入る.

Ein·schieb·sel[..ʃi:psəl] 中 -s/- 挿入物, 付加物; 書き込み;〘言〙挿入語句.

Ein·schie·bung[..ʃi:bʊŋ] 女 -/-en **1**《単数で》einschieben すること. **2** =Einschiebsel

ein|schie·nen[áɪnʃi:nən] =schienen

Ein·schie·nen·bahn[áɪnʃi:nən.., aɪnʃí:nən..] 女 単軌鉄道; モノレール. [<Schiene]

ein|schie·ßen*[áɪnʃi:sən]《135》**I** 他 (h) **1** 射撃して破壊する: die Burgmauern ～ 城壁を砲撃して破る. **2** (鉄砲を)試射する, ならし射ちする;《*jn.*》射撃に習熟させる: das Gewehr auf ein Ziel ～ 銃を目標に照準して試射する ‖ 再帰 *sich*⁴ ～ 射撃に慣れる, 照準が定まってくる;〘球技〙正確なシュートができるようになる | *sich*⁴ auf ein Ziel ～ 試射して目標への射程を合わせる | ***sich*⁴ auf *jn.* ～**《比》…に非難のことばを浴びせる ‖ **auf *et.*⁴ *eingeschossen* sein**《比》…に習熟している. **3**〘球技〙(ボールを)シュートしてゴールさせる: 〔den Ball〕 zum 1:0 ～ シュートして1対0にする. **4** (金銭を)醵出(きょしゅつ)〈出資〉する. **5**〘織〙(糸を)通す, 混ぜ入れる;〘製本〙(図版などの間へあい紙を)挿入する;《方》(パンを)かまどに入れる;〘海〙(バラスを)積み込む: Goldfäden in ein Gewebe ～ 金糸を織物に織り混ぜる.

II 自 (s) **1** (勢いよく)流れ込む. **2**〘坑〙(坑道が)傾斜している. **3**《auf *jn.*》襲いかかる. **4** (歯が)生える.

ein|schif·fen[áɪnʃɪfən] **I** 他 (h) (↔ausschiffen) 乗船させる, 船に積み込む: in Hamburg *eingeschifft* werden ハンブルクで船積みされる ‖ 再帰 *sich*⁴ ～ 乗船する | *sich*⁴ 〔auf einem Dampfer〕 nach London ～ ロンドン行きの汽船に乗る. **II** 自 (s) 入港する.

Ein·schif·fung[..fʊŋ] 女 -/-en 乗船; 船積み.

ein|schir·ren[áɪnʃɪrən] 他 (h) (馬などに)馬具〈引き具〉をつける.

einschl. 略 =einschließlich

ein|schlach·ten[áɪnʃlaxtən]《01》他 (h) **1** (家畜を)自家用に畜殺する. **2**《比》(地所などを)併合する.

ein|schla·fen*[áɪnʃla:fən]《137》自 (s) **1** 寝入る, 眠り込む;《婉曲に》(眠るがごとく)死ぬ, 永眠する: ruhig ～ 安らかに寝入る〈死ぬ〉| Er ist fest *eingeschlafen*. 彼はぐっすり眠り込んでいる | über dem Lesen 〈Buch〉 ～ / beim Lesen ～ 読書の途中で眠り込む | am *Einschlafen* sein 眠りかけている | *Schlaf* nicht *ein*! 眠りこむな;《比》ぼやぼやするな.

2《比》(手・足が)しびれる: Das rechte Bein ist mir *eingeschlafen*. 私は右足がしびれている | wie *eingeschlafene* Füße schmecken (→Fuß 1 a).

3《比》(習慣などが)しだいに廃れる,〔自然〕消滅する;《雅》(風が)なぐ,(火が)消える: eine Angelegenheit ～ lassen 問題を自然消滅させる〈うやむやにする〉| die alte Freundschaft nicht ～ lassen 古い交わりを絶たない | Seine Besuche *schliefen* nach und nach *ein*. 彼の足はしだいに遠のいた.

ein·schlä·fe·rig =einschläfrig

ein|schlä·fern[áɪnʃlɛ:fərn]《05》他 (h)《*jn.*》寝つかせる, 眠り込ませる;〘医〙(…に)麻酔をかける; (病気の動物を)薬で苦しませずに殺す, 薬殺する;《比》(ごまかして)安心させる;《比》(良心・警戒心などを)まひさせる: *jn.* durch falsche Hoffnungen 〈Versprechungen〉 ～ …に気休めを言う | Ich lasse mich nicht durch Phrasen ～. 私はいいかげんな言葉でごまかされはしないぞ ‖ ein *einschläferndes* Mittel 催眠〈麻酔〉剤 | eine *einschläfernde* Musik 眠くなるような音楽 | *einschläfernd* wirken (ひとの)眠けを誘う.

Ein·schlä·fe·rung[..fərʊŋ] 女 -/-en einschläfern すること.

Ein·schlä·fe·rungs·mit·tel 中 催眠〈麻酔〉剤.

ein≠schlä·fig[áɪnʃlɛ:fɪç]² 形, **≠schläf·rig**[..frɪç]² (**≠schlä·fe·rig**[..fərɪç]²) 形 (ベッド・寝室などが)一人用〈シングル〉の.

Ein·schlag[áɪnʃla:k][1] 男 -〔e〕s/..schläge[..ʃlɛ:gə] **1 a**) 落雷,(爆弾などの)落下, 弾着; 弾丸のあたった個所, 弾痕(だんこん), 雷(爆弾)の落ちた地点〈場所〉;〘劇〙稲妻や落雷の効果. **b**) (契約成立の)手打ち. **2**〘林〙伐採;(年間)伐採量. **3 a**) (添加された)特徴, 気味: der romanische ~ im englischen Volk イギリス民族の中のロマンス系の血 | mit starkem ~ westlichen Dialekts sprechen 西部なまりの強い話し方をする | einen kleinen ~ von Leichtsinn haben 少々軽はずみの気味がある. **b**)〘醸〙(ぶどう酒を澄ませるための)添加物. **4**〘自動車〙(前輪の)旋回角. **5**〘服飾〙タック, あげ, ひだ; 折り返し,(ボタン用の)見返し. **6 a**) 包装,(本の)カバー. **b**)〘園〙(一時いけておく際の)かぶせ土;〘林〙(若木の)苗床. **7 a**) (Eintrag)〘織〙緯糸; 機械より糸. **b**)〘工〙編み竹, より糸. **8 a**)〘建〙(窓・戸などの)孔(こう), 打ち抜き. **b**)〘狩〙(キツネ穴などの)縦穴. **c**)〘狩〙アカシカの足跡(ひづめで打ち抜かれて落ちた草のかたまり). ▽**9** (Ratschlag) 助言. **10** mit ~ verkaufen 割引して〈損をして〉売る.

ein|schla·gen*[áɪnʃla:gən][1]《138》 **I** 他 (h) **1**《*et.*[4] in *et.*[4]》 **a**) (くぎ・くいなどを)打ち込む;〘ゴルフ〙(球を)打つ; 打刻する;(穴を)打ち抜く. **b**) (einschießen)〘織〙(緯糸を)通す(杼(ひ)を打つ: →II 5). **c**) (つめなどを)食い入らせる(→II 1 a);〘料理〙(卵を)割り入れる. **d**) (einhüllen) 包む, くるむ;(手紙を)封入する;(穀粒などを)詰める;〘園・農〙仮植えする, いける: *et.*[4] in *et.*[4] 〈まれ: *et.*[3]〉 ~ …を…に包む | ein Buch〔in einen Umschlag〕~ 本にカバーをかける | Kohlköpfe in Zeitungspapier ~ キャベツを新聞紙にくるむ. **e**) (握手の手を)さしのべる(→II 1 c). **f**) 再帰 *sich*[4] in den Winterschlaf ~ (クマなどが)冬眠する. **2** (zerschlagen)(窓・戸などを)壊す, 打って砕く: *jm.* den Schädel ~ …の脳天をぶち割る. **3** (fällen)〘林〙伐採する: Brennholz ~ たきぎを作る〈採る〉. **4** (内側へ)折り曲げる;〘服飾〙(へりなどを)くける, 縫いつめる, …に上げをする: den Daumen ~ 親指を内側に折り曲げる | das Bettuch um fünf Zentimeter ~ シーツの長さを5センチだけ縫い縮める〈詰める〉. **5** (道・方法・速度を)とる;〘自動車〙(前輪を)旋回させる(→II 4): einen falschen Weg ~ 道〈方法・選択〉を誤る | die Laufbahn eines Diplomaten ~ 外交官生活にはいる | das Lenkrad nach rechts ~ ハンドルを右に切る | einen schnelleren Schritt ~ 足を速める | ein langsames Tempo ~ テンポをゆるめる. **6** (腕を)組む;(ナイフなどを)折りたたむ. **7**〘醸〙(ぶどう酒に添加剤を加えて)澄ます(→Einschlag 3 b). **8**《*jn.*》(…に)剣術のけいこをつける: 再帰 *sich*[4] ~ 剣術のけいこをする.

II 自 (h) **1**《in *et.*[4]》 **a**) (つめなどが…に)食い入る(→I 1 c). **b**) (雷・爆弾が)落ちる,(弾丸が)当たる;(ボールが)勢いよくゴールに入る: Die Nachricht hat wie eine Bombe *eingeschlagen*. その知らせは寝耳に水だった | In dieses Haus hat 〈まれ: ist〉 der Blitz *eingeschlagen*. この家に雷が落ちた | wie ein Blitz ~ (→Blitz 1) ‖ 非人称 Es hat *eingeschlagen*. i) 雷が落ちた; ii)《話》思い当たった; iii)《話》妊娠した | Es wird gleich ~!《比》いまに見ろよ. **c**) (さしのべた手を)パンと打ち合わせて握る,(契約成立の印に)手を打つ, 承諾する: *Schlag ein!* さあ手を打とう. **d**) (内容的に)関係する: Das *schlägt* nicht in mein Fach *ein*. それは私の知ったことじゃない. **2**《auf *jn.*》打ってかかる, さんざん打つ:〔mit der Peitsche〕auf das Pferd ~ 馬にむちをくれる. **3**《比》(作品・商品などが)当たる, 大当たりする, 好評を呼ぶ;(新人が)めざましい働きをする: Dieser Roman hat *eingeschlagen*. この小説は大いに当たった | Die Ernte ist gut *eingeschlagen*. 収穫は上々だ〔った〕‖ ein *einschlagendes* Werk 好評の作品. **4**〘自動車〙(右・左に)ハンドルを切る(→I 5). **5**〘織〙緯糸を通す. 杼(ひ)を打つ(→I 1 b). **6**〘美〙(製作中に油絵の具が)乾いて光沢を失う. **7**〘建〙(梁(はり)が)たわむ.

Ein·schlag·fa·den[áɪnʃla:k..] 男 =Einschlag 7 a

ein·schlä·gig[1][..ʃlɛ:gɪç][2] 形 **1**《ふつう付加語的》(bezüglich) 関連する: die ~*e* Literatur 関係文献 | die ~*en* Paragraphen 〈Bestimmungen〉 該当諸項目〈規定〉| das ~*e* Geschäft 取り扱い店 ‖ ~ vorbestraft 同様の犯罪で前科のある. **2** 見た〈聞いた〉だけでそれと分かる, まぎれもない, 周知の: eine Kneipe mit ~*en* Typen いかがわしい連中の出入りする飲み屋.

ein·schlä·gig[2][−][2] 形 (↔mehrschlägig)〘言〙(舌先で) 1 回だけはじく: ~*es* Zungenspitzen-R (舌先で1回だけ弾く)舌先弾き音 R, 歯茎弾音(しけいだんおん) R (発音記号[r]).
[◇schlagen]

Ein·schlag≈mes·ser[áɪnʃla:k..] 中 折りたたみナイフ. **≈pa·pier** 中 包み紙, 包装紙. **≈sei·de** 女 片より絹糸(上質絹織物の緯糸); 玉虫色絹布. **≈tuch** 男 -〔e〕s/..tücher (幼児用の)くるみ毛布, おくるみ.

ein|schläm·men[áɪnʃlɛmən] 他 (h)〘園〙(移植した木などに)たっぷり水をやる.

ein|schlei·chen*[áɪnʃlaɪçən]《139》 **I** 他 (h) **1** 再帰 *sich*[4] ~ 忍び込む: *sich*[4] **bei** *jm.* ~ …の家に侵入する; …に取り入る | *sich*[4] **in** ein Zimmer 〈in einem Zimmer〉 ~ 部屋に忍び込む | *sich*[4] in *js.* Vertrauen 〈Herz〉 ~ 巧みに…の信頼〈好意〉を得る. **2** (↔ausschleichen)〘医〙(投薬を)ほんの少しずつ増量する. ▽**II** 自 (s) = *sich* einschleichen

ein|schlei·fen*[áɪnʃlaɪfən]《140》他 (h) **1**《*et.*[4] in *et.*[4]》(文字・模様などを…に)こすって刻み込む: Becher aus Glas mit *eingeschliffenen* Bildern darauf 模様を刻み込んだガラスのコップ. **2**〘工〙(ピストンや弁などを)研磨〔して再生〕する; すり込む. **3**〘心〙(反復によって)慣れさせる: eine korrekte Aussprache ~ 正確な発音に慣れさせる ‖ 再帰 *sich*[4] ~ (反復によって)習慣になる.

ein|schlep·pen[áɪnʃlɛpən] 他 (h)《*et.*[4] in *et.*[4]》引っ張り〈引きずり〉込む;(伝染病・寄生虫などを)持ち込む: ein Schiff in den Hafen ~ 船を港内へ曳航(えいこう)する | eine Seuche aus Afrika ~ 疫病をアフリカから持ち込む.

ein|schleu·sen[áɪnʃlɔʏzən][1]《02》他 (h) **1** (船を)〔水門から〕入れる〈通す〉. **2** (スパイなどを)潜入させる, 送り込む,(禁制品などを)密輸する, こっそり〈非合法的に〉持ち込む: Agenten als Touristen ~ 情報部員を観光客として潜入させる.

ein|schlie·ßen*[áɪnʃli:sən]《143》他 (h) **1** (↔ausschließen)《*jn.*》閉じ込める, 拘禁〈収監〉する;《*et.*[4]》(かぎを掛けて)しまい込む, 収納する: *jn.* in ein Zimmer 〈in einem Zimmer〉 ~ …を部屋の中に閉じ込める | ein Dokument in den Schreibtisch 〈im Schreibtisch〉 ~ 書類を机の引き出しにしまう(かぎを掛けて) | eine *eingeschlossene* Luft 密閉された空気 ‖ 再帰 *sich*[4] in *sein* Zimmer 〈in *seinem* Zimmer〉 ~ 自室に閉じこもる. **2** (周囲を)取り囲む, 包囲する, 包み込む: ein von Bergen *eingeschlossener* See 山々に囲まれた湖 | eine Festung ~ 要塞(ようさい)を包囲する | *et.*[4] in Klammern ~ …を括弧でくくる | Das Schiff wurde im 〈vom〉 Eis *eingeschlossen*. 船は氷の中に閉じ込められた. **3** (↔ausschließen)《*et.*[4] in *et.*[4]》(…を…の中に)含める: Alle, mich *eingeschlossen*, waren gegen diesen Plan. 私をも含めて全員がこの計画に反対だった | *jn.* in *sein* Gebet 〈in *sein* Lob〉 ~ 祈り〈賞賛〉のことばに…のことも含める ‖ in *et.*[3] 〈*et.*[4]〉 *eingeschlossen* sein …の中に含まれている | Bedienung ist in dem Preis nicht *eingeschlossen*. サービス料はこの値段の中には含まれていない. ▽**4** 再帰 *sich*[4] auf *et.*[4] ~ …に局限される, …だけにとどまる.

ein·schließ·lich[..lɪç](略 einschl.) (↔ausschließlich) **I** 副《後置して》(…をも)含めて: bis zum 31. März ~ 3月31日まで(3月31日も含めて) | Ich habe das Buch bis Seite 98 ~ gelesen. 私はこの本を98ページまで(98ページも含めて)読んだ. **II** 前《2格支配; ただし名詞が冠詞・形容詞を伴わないときは単数では無変化, 複数では3格》…をも含めて: Im Wagen waren fünf Leute ~ des Fahrers. 車には運転者を入れて5名乗っていた | Preis ~〔der〕Bedienung サービス料込みの価格 | ~ Porto / ~ des Portos 送料を含めて | Das Buch hat 500 Seiten, ~ Vorwort und Anmerkungen. この本は序文と注を含めて500ページある.
[*mlat.* in-clūsīve (◇inklusive) の翻訳借用]

Ein·schlie·ßung[..sʊŋ] 女 -/-en (einschließen すること. 例えば:) **1**〘法〙(旧刑法の)禁固. **2**〘言〙挿入付加語(付加語形容詞と名詞の結合を付加語の挿入によってさらに規定すること. 例 dunkles *bayerisches* Bier バイエルン黒ビール).

ein|schlit·zen [áɪnʃlɪtsən]《02》他 (h)《*et.*[4]》(…に)切り込みを入れる.

E

ein|schlucken [áɪnʃlʊkən] 他 (h) (がつがつと)飲み込む, まる飲みにする.

ein|schlum·mern [áɪnʃlʊmərn] 《05》 自 (s) **1** (einschlafen) 眠り込む; 《婉曲に》(安らかに)死ぬ. **2** 《比》(習慣などが)しだいに廃れる〈やむ〉.

Ein·schlupf [áɪnʃlʊpf] 男 -[e]s/-e もぐり込み口.

ein|schlür·fen [áɪnʃlʏrfən] 他 (h) (茶・汁などを)すする, 音をたてて飲む; 《比》吸い込む: Duft durch die Nase ~ においをくんくんとかぐ〈吸い込む〉.

Ein·schluß [áɪnʃlʊs] 男 ..schlusses/..schlüsse [..ʃlʏsə] **1** 《単数で》閉じ〈封じ〉込め, 封入; 〘法〙拘禁; 〘軍・狩〙包囲; 〘化〙包蔵; 〘医〙(血球内の)封入体. **2 a)** 括弧でくくった語句; 〘地〙包有物, 内層: ein ~ im Gestein 〈in einem Mineral〉 岩石〈鉱物〉の包有物 | endogener 〈exogener〉 ~ 内因〈外因〉性包有物. [▽]**b)** 封入物. **3** 《官》包含: ein Wörterbuch mit ~ von Ortsnamen 見出語に地名も含む辞書 | die weltpolitischen Probleme unter ~ der Abrüstungsfrage 軍縮をも含む国際政治の諸問題.
[< einschließen]

ein|schmei·cheln [áɪnʃmaɪçəln] 《06》 他 (h) 再帰 *sich*[4] bei *jm.* ~ …に取り入る | Sie hat sich bei der Tante 〈in die Gunst der Tante〉 durch schöne Worte *eingeschmeichelt*. 彼女はお世辞を言っておばさんに取り入った ‖ *einschmeichelnde* Musik 甘い音楽 | eine *einschmeichelnde* Stimme ねこなで声.

Ein·schmei·che·lung [áɪnʃmaɪçəlʊŋ] (**Ein·schmeich·lung** [..çlʊŋ]) 女 -/-en 迎合, 追従(ついしょう), きげん取り.

ein|schmei·ßen* [áɪnʃmaɪsən] 《145》 他 (h) 《話》 **1** (einwerfen) (石などをぶつけて)割る: *jm.* das Fenster mit einem Stein ~ 石を投げて…の部屋の窓を壊す | Das *schmeißt* mir kein Fenster *ein*. (→Fenster 1 b). **2** (einnehmen) (薬などを)服用する.

ein|schmel·zen* [áɪnʃmɛltsən] 《146》 **I** 他 (h) (金属を)溶かす, つぶす; 溶かし込む: ein Gebiet in *et.*[4] ~ ある地域を…に合併する | ein Volk in *et.*[4] ~ ある民族を…に融合させる | eigene Erlebnisse in ein neues Kunstwerk ~ 自己の体験を次の作品に盛り込む. **II** 自 (s) 溶ける, 溶けてなくなる.

ein|schmie·gen [áɪnʃmiːgən][1] 他 (h) **1** (ゆるやかに曲げて)接合する, はめ込む: das Gesicht in die Kissen ~ 顔をふとんに埋める ‖ 再帰 Das Städtchen *schmiegt* sich[4] in die Bucht *ein*. その小さな町は湾曲した入江に沿っている. **2** 再帰 *sich*[4] ~ 巧みに取り入る.

ein|schmie·ren [áɪnʃmiːrən] 他 (h) **1** (…に)脂を塗り込む: *jm.* den Rücken gegen Sonnenbrand ~ …の背中に日焼け止めのクリームを塗ってやる | Leder mit Fett ~ 革に脂を塗り込む | eine Maschine ~ 機械に油をさす. **2** 口の中へなすり込む. **3** 《話》塗ってよごす: *seinen* Mund mit Marmelade ~ ジャムで口のまわりをよごす. **4** 《話》再帰 *sich*[4] bei *jm.* ~ …に取り入る.

ein|schmug·geln [áɪnʃmʊgəln] 《06》 他 (h) (↔ausschmuggeln) 密輸入する; 《比》《*jn.*》こっそり入れる〈侵入させる〉: *jn.* durch eine Hintertür 〈in eine Versammlung〉 ~ …を裏口から〈集会に〉潜り込ませる ‖ 再帰 *sich*[4] [ohne Eintrittskarte] ~ [入場券なしで]潜り込む | Ein Fehler hat sich auf der letzten Zeile *eingeschmuggelt*. 最後の行に誤りがまぎれ込んでいる ‖ *eingeschmuggelte* Waren 密輸[入]品.

Ein·schmugg·ler [..ʃmʊglər] 男 -s/- 密輸入者.

ein|schmut·zen [áɪnʃmʊtsən] 《02》 他 (h) ひどく汚す.

ein|schnal·len [áɪnʃnalən] 他 (h) 締め金〈革ひも〉でしっかり留める〈結びつける〉.

ein|schnap·pen [áɪnʃnapən] **I** 他 (h) **1** (↔ausschnappen) (錠などを)パチン〈カチャリ〉と掛ける〈しめる〉. **2** (空気などを)ぱくぱく吸い込む. **II** 自 (s) **1** (錠などが)パチン〈カチャリ〉と掛かる: Das Taschenmesser *schnappt ein*. 折りたたみ式ナイフの刃がたたまれる. **2** 《話》気を悪くする, 怒る: Bist du immer noch *eingeschnappt*? 君はまだ怒っているのか.

ein|schnei·den* [áɪnʃnaɪdən][1] 《148》 **I** 他 (h) **1** 《*et.*[4] in *et.*[4]》切って入れる, (野菜などを)刻んで漬け込む; (フィルム・録音テープを)挿入[編集]する: Brot [in die Suppe] ~ スープにパンを切って入れる | Kohl [in ein Faß] ~ キャベツを刻んで[たるに]漬け込む. **2** (einkerben) **a)** 《*et.*[4]》(…に)刻み目をつける: ein Buch ~ 〘製本〙目引きする(手かがり製本で本の背にとじ目をつくるためののこぎり目を入れる) | die Zähne eines Rades ~ 歯車の歯を刻む. **b)** 《*et.*[4] in *et.*[4]》刻みつける: Namen in die Rinde ~ 木の幹に名前を刻みつける | die *eingeschnittenen* Sprüche (木版などに)刻み込まれた言葉 ‖ 再帰 Der Strom *schneidet* sich[4] in den Felsen *ein*. 流れが岩をえぐっている. **3** 〘軍〙(大砲などを)半地下式に掩蔽(えんぺい)する. [▽]**4** (ernten) (穀物を)刈り入れる.

II 自 (h) **1** 《in *et.*[4]》切り込む; 〘医〙切開する. **2** 《in *et.*[4]》(皮膚などに)食い込む〈入る〉; 〘工〙(部品が)はまり込む; 《比》深刻に影響する, 一時期を画する: Das Gummiband *schnitt* [in die Haut] *ein*. ゴムバンドが[皮膚に]食い込んだ ‖ Die Worte *schnitten* tief in meine Seele *ein*. 言葉は深く私の心に食い入った | Das Geschehnis *schnitt* tief in sein Leben *ein*. この出来事は彼の生涯の一つの転機となった. **3** 〘医〙(分娩(ぶんべん)の際, 胎児部分が)膣口(ちつこう)に見えてくる, 排臨する.

III ein·schnei·dend 現分 形 (tiefgreifend) 切実な, 深刻な, 徹底的な: eine tief ins Land ~*e* Bucht 深く陸地に切れこんでいる入江 | ein ~*es* Erlebnis 深刻な体験 | ~*e* Maßnahmen 断固たる処置.

ein·schnei·dig [áɪnʃnaɪdɪç][2] 形 (剣などが)片刃の.

ein|schnei·en [áɪnʃnaɪən] **I** 自 (s) 雪に埋まる; (人が)雪に閉じ込められる: Durch den Schneesturm *schneiten* viele Autofahrer auf offener Strecke *ein*. 吹雪のために多数のドライバーたちが道路上で立ち往生した | Das Haus ist völlig *eingeschneit*. 家はすっかり雪に埋もれてしまった ‖ *eingeschneite* Häuser 雪に埋まった家々.

II 他 (h) 《ふつう受動形で》雪でおおう; 雪に閉じ込める: *eingeschneit* werden 雪におおわれる〈閉じ込められる〉 | *eingeschneite* Häuser (→I).

Ein·schnitt [áɪnʃnɪt] 男 -[e]s/-e **1** 切り込み; 〘医〙切開: einen ~ machen 切開する | einen ~ mit dem Messer ziehen メスで切る. **2** 切り口; 切り通し; 切れ込み, 刻み目; 〘詩〙中間休止; 中断; 《比》区切り, 段落: ein [bedeutsamer] ~ in meinem Leben 私の生涯の[重要な]転機 | Hier ist ein wichtiger ~ in der Erzählung. ここが物語の大事な転回点である. **3** 《方》(Ernte) 刈り入れ. [< einschneiden]

ein|schnit·zen [áɪnʃnɪtsən] 《02》 (**ein|schnit·zeln** [..ʃnɪtsəln] 《06》) 他 (h) 彫り〈刻み〉込む: Namen in Bäume ~ 名前を木に彫り込む.

ein|schnü·ren [áɪnʃnyːrən] 他 (h) **1** (verschnüren) ひもでからげる. **2** (beengen) 締めつける; 〘医〙狭窄(きょうさく)する; 《比》制約〈束縛〉する: die Taille [mit einem Gürtel] ~ ベルトで腰を締めつける | Das Mieder *schnürte* sie *ein*. コルセットが彼女の腰を締めつけていた ‖ den Gegner ~ 〘スポ〙相手の動きを封じる | Der Gedanke *schnürte* ihm die Brust *ein*. その思いが彼の胸を締めつけた | Verbote *schnürten* seine Tätigkeit *ein*. 禁令が彼の行動を縛っていた ‖ 再帰 *sich*[4] ~ コルセットをつける; 〘生〙(細胞が)くびれる.

Ein·schnü·rung [..rʊŋ] 女 -/-en **1** (ひもで)からげること. **2** 締めつけ; 〘医〙狭窄(きょうさく); 《比》束縛, 制約; くびれ[ること], 狭隘(きょうあい)部; 《比》隘路.

ein|schöp·fen [áɪnʃœpfən] 他 (h) (スープなどをひしゃく・レードルなどで)すくい入れる.

ein|schrän·ken [áɪnʃrɛŋkən] 他 (h) **1** 制限〈限定〉する; 制約〈拘束〉する: *js.* Handlungsfreiheit ~/ *jn.* in *seiner* Handlungsfreiheit ~ …の行動の自由を制約する | das Rauchen ~ タバコを控える, 節煙する | den Verbrauch auf das Notwendigste ~ 消費を最小限度に抑える ‖ 再帰 *sich*[4] auf *et.*[4] ~ …の程度まで限定される ‖ 《分詞で》 *einschränkende* Interpretation 〘法〙縮小解釈 | *einschränkende* Klausel 制限条項 ‖ ein *eingeschränktes* Lob 条件つきの賞賛. **2** 再帰 *sich*[4] ~ 生活を切りつめる, 倹約する: *eingeschränkt* leben 切りつめた生活をする.

Ein·schrän·kung[..kʊŋ] 女 -/-en 制限, 限定; 制約; 節減: ~ der Ausgaben 支出の節減 | eine vorübergehende ~ der Einfuhr ⟨des Verkehrs⟩ 一時的輸入⟨交通⟩制限 | starke ~*en* im Haushalt 家計費の大幅切りつめ ‖ *jn.* mit ~ ⟨ohne 〔jede〕 ~⟩ empfehlen …を条件つき⟨無条件⟩で推薦する ‖ *sich*³ ~*en* auferlegen 生活を切りつめる.

ein|schrau·ben[áınʃraubən]¹ 他 (h) **1** (↔ausschrauben) ねじで留める; ねじって入れる: eine Birne in die Fassung ~ 電球をソケットにねじ込む. **2** (ねじを)締める.

ein|schrecken[áınʃrɛkən] 他 (h) 脅かす.

Ein·schreib·brief[áınʃraıp..] 男 書留の手紙.

Ein·schrei·be≠brief[áınʃraıbə..] = Einschreibbrief ≠**ge·bühr** 女 書留料金; (大学の)学籍登録料.

ein|schrei·ben*[áınʃraıbən]¹ ⟨152⟩ **I** 他 (h) **1** (eintragen) ⟨*et.*⁴ in *et.*⁴⟩ 記入⟨記帳⟩する; ⟨*jn.*⟩ (正式のメンバーとして)登録する, (大学の学籍・兵籍などに)編入する: Namen in eine Liste ~ 名前をリストに記入する | *seine* Ausgaben in ein Heft ~ 支出をノートにつける ‖ 再帰 *sich*⁴ als Mitglied ~ 〔lassen〕 入会の手続きを取る | *sich*⁴ in die Matrikel ~ lassen 大学入学の手続きをする ‖ eine *eingeschriebenes* Mitglied (団体の)正会員.

2 (郵便物を)書留にする: einen Brief ~ lassen 手紙を書留で出す ‖ ein *eingeschriebener* Brief 書留の手紙 | ein *eingeschriebenes* Paket quittieren 書留小包の受領のサインをする | Ein *Eingeschriebener* ist da! あなたあてに書留です.

3 〘数〙内接させる: einen Kreis in ein Vieleck ~ 多角形に円を内接させる ‖ ein *eingeschriebener* Kreis 内接円.

4 (新しいペンなどを)書きなじませる: 再帰 *sich*⁴ auf einer Schreibmaschine ~ タイプライター〔の機械〕になじむ | *sich*⁴ in ein Thema ~ あるテーマを扱い慣れる⟨長い間手がける⟩.

II Ein·schrei·ben 中 -s/- 記入, 登録; 書留〔郵便物〕: *Einschreiben!* 書留(郵便物の上書きに) | *et.*⁴ per ~ versenden …を書留便で送る | einen Brief als ~ verschicken 手紙を書留で出す.

Ein·schrei·ber[áınʃraıbər] 男 -s/- **1** 登記⟨登録⟩官, 記録係. **2** ⟨話⟩ 書留郵便〔物〕.

Ein·schrei·be·sen·dung[áınʃraıbə..] 女 書留郵便〔物〕.

Ein·schreib≠ge·bühr[áınʃraıp..] =Einschreibegebühr ≠**sen·dung** =Einschreibesendung

Ein·schrei·bung[..bʊŋ] 女 -/-en 記入, 登記, 登録; 書留; 〘軍〙兵籍編入; (大学の)学籍登録; (競売の)入札.

ein|schrei·en*[áınʃraıən] ⟨153⟩ 自 (h) ⟨auf *jn.*⟩ (口をはさむ間もないほど)さんざんどなりつける.

ein|schrei·nen[áınʃraınən] 他 (h) 〘宗〙厨子(ずし)に入れてあがめる. [<Schrein]

ein|schrei·ten*[áınʃraıtən] ⟨154⟩ **I** 自 (s) 歩み入る; ⟨比⟩ 介入⟨干渉⟩する; ⟨gegen *jn.*⟩ 戦う: gegen ein Unrecht mit allen Mitteln ~ あらゆる手段で不正と戦う | gerichtlich gegen *jn.* ~ 法廷で…と争う; (検事が)…を起訴する. **II Ein·schrei·ten** 中 -s/ 介入, 干渉, 対応措置: das ~ der Polizei 警察の介入 | das sofortige ~ eines Arztes erfordern 至急に医者の手当てを必要とする ‖ einen Vorwand zum ~ suchen 介入の口実を探す.

Ein·schrieb[áınʃri:p]¹ 男 -〔e〕s/-e ⟨スイ⟩ 書留郵便〔物〕. [<einschreiben]

ein|schrump·fen[áınʃrʊmpfən] (北部: **ein|schrum·peln**[..ʃrʊmpəln] ⟨06⟩) 自 (s) 縮む, 収縮する; しわが寄る, 縮れる; 干からびる, しなびる, しぼむ; (収入などが)減る, 少なくなる; 〘医〙 (器官などが)萎縮(いしゅく)する; ⟨戯⟩ (年とって体が)小さくなる, 縮む.

Ein·schub[áınʃu:p]¹ 男 -〔e〕s/..schübe[..ʃy:bə] **1** ⟨単数で⟩ einschieben すること. **2** 挿入物; 挿入句⟨文⟩; 書き込み, 書き入れ; 〘言〙挿入句; 挿字; 挿音. **3** テーブルの引き出し板. **4** 天井の梁(はり)と梁の間の〔防音〕板(→ 図 Decke).

ein|schüch·tern[áınʃʏçtərn] ⟨05⟩ 他 (h) ⟨*jn.*⟩ (脅して)おびえさせる, 畏縮(いしゅく)させる: *jn.* durch ⟨mit⟩ Drohungen ~ …を脅しておびえさせる | Der Blick *schüchterte* ihn *ein*. そのまなざしが彼をおびえさせた ‖ Wir lassen uns durch nichts ~. 我々は何もこわいものはない ‖ ein *eingeschüchtertes* Kind おびえてびくびくしている子供.

Ein·schüch·te·rung[..tərʊŋ] 女 -/-en 脅しつけ, 威圧, 脅迫.

Ein·schüch·te·rungs·ver·such 男 恐喝未遂, ゆすり; こけ脅し.

ein|schu·len[áınʃu:lən] 他 (h) (子供を初めて)学校に入れる; 教育⟨訓練⟩する, しつける, 鍛える; (馬を)調教する.

Ein·schu·lung[..lʊŋ] 女 -/-en 入学; 訓練, しつけ; (馬の)調教.

ein·schü·rig[áınʃy:rıç]² 形 **1** (羊毛・牧草地などが)年1回刈りの. **2** (absonderlich) 奇異な, 風変わりな.

Ein·schuß[áınʃʊs] 男 ..schusses/..schüsse[..ʃʏsə] **1** 〘商〙出資〔金〕, 預金, 投資; 払い込み〔金〕, 前払い〔金〕; (賭博(とばく)の)賭金(かけきん). **2** (↔Ausschuß) 〘医〙射入口; 弾丸命中の傷口. **3** 〘宇宙〙(ロケットなどの軌道への)打ち込み; 〘サッカー〙(ボールの)シュート. **4** (織物の)緯糸. **5** ⟨単数で⟩ (馬の)後脚のリンパ管炎; (雌牛などの)乳腺(にゅうせん)炎. **6** (液体などの)混合; (品質などの)加味. [<einschießen]

Ein·schuß≠loch 中 弾丸の貫通した穴. ≠**stel·le** 女 弾丸命中の傷口.

Ein·schüt·te[áınʃʏtə] 女 -/-n 羽ぶとん〔の詰め羽〕.

ein|schüt·ten[áınʃʏtən] ⟨01⟩ 他 (h) (↔ausschütten) (穀物・液体などを袋や容器に)注ぎ込む, 入れる.

ein|schwär·zen[áınʃvɛrtsən] ⟨02⟩ 他 (h) **1** 黒くする; 〘印〙インクを塗る. ▽**2** ⟨比⟩ (einschmuggeln) 密輸入する.

ein|schwat·zen[áınʃvatsən] (方: **ein|schwät·zen**[..ʃvɛtsən]) ⟨02⟩ **I** 他 (h) (einreden) ⟨*jm. et.*⁴⟩ 言葉巧みに吹き込む, 思い込ませる; (aufschwatzen) うまいことを言って買わせる⟨つかませる⟩: 再帰 *sich*⁴ bei *jm.* ~ おべっかをつかって…に取り入る. **II** 自 (h) ⟨auf *jn.*⟩ しきりにしゃべりかける.

ein|schwe·ben[áınʃve:bən]¹ 自 (s) ⟨in *et.*⁴⟩ (飛行機などが)進入する.

ein|schwe·feln[áınʃve:fəln] ⟨06⟩ 他 (h) 硫黄でいぶす; (…に)硫黄をしみ込ませる.

ein|schwei·ßen[áınʃvaısən] ⟨02⟩ 他 (h) 溶接してはめ込む⟨固定する⟩; (商品を)透明フィルムでパック⟨密閉⟩する.

ein|schwen·ken[áınʃvɛŋkən] **I** 自 (s, h) **1** 向きを変える, 転じる, 回る; 〘軍〙(隊が)方向転換する: Die Rakete *schwenkt* in ihre Umlaufbahn *ein*. ロケットは向きを変えて回転軌道に乗る | 〔Nach〕 rechts *schwenkt ein*! 右へ向きを変え進め. **2** 意見⟨見解⟩を変える, 妥協する. **II** 他 (h) ⟨*et.*⁴ in *et.*⁴⟩ (…の)向きを変える; (クレーンで材木などを)つり入れる.

ein|schwim·men*[áınʃvımən] ⟨160⟩ 他 (h) **1** 再帰 *sich*⁴ ~ 泳ぎに体を慣らす, 泳ぎこむ. **2** 〘工〙(橋材などを)水上輸送する.

ein|schwin·gen*[áınʃvıŋən] ⟨162⟩ **I** 他 (h) 再帰 *sich*⁴ ~ i) (鳥などが)ひらりと木に舞い降りる; ii) (振り子が)規則的な振動状態に入る; iii) (磁場が)形成される. **II** 自 (s) (ある方向へ)急速に回る: in die Kurve ~ (オートバイなどが)急にカーブする | nach vorn ⟨hinten⟩ ~ 〘体操〙(平行棒などで)体を前⟨後ろ⟩に振る.

ein|schwö·ren*[áınʃvø:rən] ⟨163⟩ **I** 他 (h) ⟨*jn.*⟩ (…に)誓約させる: *jn.* auf *et.*⁴ ~ …に…〔の支持〕を義務づける ‖ 再帰 *sich*⁴ auf *et.*⁴ ~ …を支持することを誓約する, …をはっきりと支持する. **II ein·ge·schwo·ren** → 別出

ein|seg·nen[áınze:gnən] ⟨01⟩ 他 (h) **1 a)** (聖職者が)祝福⟨祝別⟩する; はらい清める: den Toten ~ 死者に最後の祝福を与える | eine neue Wohnung ~ 新築の家におはらいをする. **b)** (聖職者が)聖職を授ける; 奉献⟨奉納⟩する: einen Bischof ⟨einen König⟩ ~ 主教⟨国王⟩を聖別する | eine Kirche ~ 献堂する. **2** (konfirmieren) (…に)堅信を施す: Bist du schon *eingesegnet*? 君はもう堅信を済ませているのか.

Ein·seg·nung[..nʊŋ] 女 -/-en **1** 祝福, 祝別; 清祓(せいふつ). **2** 聖別〔式〕, 聖職叙任, 聖職按手(あんしゅ)式; 奉献⟨奉納⟩〔式〕. **3** (Konfirmation) 堅信式⟨礼⟩.

ein|se·hen*[áınze:ən] ⟨164⟩ **I** 他 (h) **1** (庭・公園などを)のぞき見る〔ことができる〕, (…が)目に入る: Von dem Fenster konnte man den Garten ~. 窓から庭をのぞくことが

E

できた(→II) | Ein Stück des Parkes war *einzusehen*. 公園の一部が姿をのぞかせていた. **2** 閲覧〈閲読〉する, のぞかせてもらう, 調べる: Kann ich die Unterlagen ～? 関係書類を閲覧させていただけますか. **3 a)** (begreifen) 悟る, 理解する, (…ということが)わかる: *sein* Unrecht ～ 非を悟る | *seinen* Irrtum ～ 誤りを認める | Ich *sah ein*, daß er sich so verhalten mußte. 彼がそういう態度をとらざるを得なかったことが私にはわかった | Ich *sehe* durchaus nicht *ein*, warum ich das tun soll. なぜ私がそれをしなければならないのか私には全くわからない. **b)** (erkennen) 識別する, 見分ける: Der Flieger konnte die gut getarnte Stellung nicht ～. 飛行士は巧みに偽装された陣地が発見できなかった.

II 自 (h) 《in *et.*[4]》(…を)のぞき見る: in den Garten ～ können 庭をのぞく〈眺める〉ことができる | bei 〈mit〉 *jm.* in ein Buch ～《話》…の読んでいる本をのぞき込む.

III Ein·se·hen 中 -s/ **1** 理解, 思いやり, 物わかり: **ein ～ haben** 理解を示す | Haben Sie doch ein ～! わかってくださいよ | Ich will noch mal ein ～ haben. 今度だけ大目に見てやろう | Das Wetter 〈Der Wettergott〉 hatte endlich ein ～.《戯》やっと天気になった, やっと晴れた **2** のぞく〈目を通す〉こと: das ～ der Geschäftsbücher 帳簿類の検分. ▽**3** 干渉, とがめだて. [◇Einsicht]

Ein·seif·becken[áinzaif..] 中 (ひげそり用の)泡立てカップ.

ein|sei·fen[áinzaifən] 他 (h) **1** (…に)せっけんを塗る;《戯》(…に)雪をこすりつける: Wäsche ～ 洗濯物にせっけんをすり込む ‖ *jn.* ～ …の体〈顔〉にせっけんを塗る ‖ 再帰 *sich*[4] ～ 体〈顔〉にせっけんを塗る. **2** 《比》《*jn.*》(うまいことを言って)だます; 酔っぱらわせる: *jn.* schön 〈tüchtig〉 ～ …をまんまとぺてんにかける | *jn.* ordentlich ～ …をへべれけに酔わせる. [2: <*jidd.* sewel „Dreck"]

ein·sei·tig[áinzaitiç][2] 形 **1** 片側〈片面〉だけの: eine ～*e* Lähmung《医》片側麻痺(ひ) | ein ～*er* Vertrag《法》片務(へんむ)契約 | ein ～*es* Rechtsgeschäft《法》(一方の当事者の意思表示によって成立する)単独〈一方的〉法律行為 ‖ ein ～ gespitzter Stock 片端のとがった棒 | Das Manuskript darf nur ～ beschrieben werden. 原稿は片面〈片側ページ〉にのみ書くこと. **2** かたよった, 一方的な, 一面的な: eine ～*e* Beurteilung 〈Ernährung〉 かたよった判断〈栄養〉 | ein ～*er* Mensch 心〈視野〉のせまい人 ‖ die Sache zu ～ darstellen 事態をひどくかたよった立場で描写する.

Ein·sei·tig·keit[–kait] 女 -/-en einseitig なこと.

ein|sen·den[(*)][áinzɛndən][1] 《166》他 (h) 送る, 送付する: einen Brief 〈einen Artikel〉 an eine Zeitung ～ 新聞に投書〈寄稿〉する | die Gesteinprobe einem Institut ～ 岩石の見本を研究所に送る.

Ein·sen·der[..dər] 男 -s/- 送り主, 送付者; 投書〈寄稿〉者.

Ein·sen·de≈schluß 男 (応募・投稿などの)送付締め切り. ≈**ter·min** 送付期限.

Ein·sen·dung[..duŋ] 女 -/-en 送付, 送達; 投書, 寄稿; 送品.

ein|sen·ken[áinzɛŋkən] 他 (h) **1** 《*et.*[4] (in *et.*[4])》沈める; 下げる, 沈下させる; (地中に)降ろす, 埋める: ein *eingesenkter* Fluß 沈下〈陥没〉した川. **2** 《園》(苗木などを)植えつける, (種を)まく: Die Verse haben sich für immer in ihn *eingesenkt*.《比》この詩句は彼に忘れがたい感銘を与えた. **3** 《工》(刻印を)打ち込む.

Ein·sen·kung[..kuŋ] 女 -/-en 沈める; 沈下, 降下, 陥没; 植えつけ, 栽培, 種まき.

Ein·ser[áinzər] 男 -s/-《南部》(Eins) **1** 1という数〈数字〉. **2** 評点1(最優秀): im Zeugnis drei ～ haben 成績表に優が3個ある.

ein|set·zen[áinzɛtsən] 《02》 **I** 他 (h) **1 a)** 《*et.*[4] in *et.*[4]》(…を…の中に)はめ込む, 入れる;《金属》(炉に)装入する;《工》(部品を)組み込む; (数字・語などを)書き入れる〈込む〉; (広告を)掲載する; (稚魚を)放流する; (ボートを)降ろす, 出す; (金を)賭(か)ける: Blumen ～ 花を(鉢などに)植える | einen neuen Film 〈eine neue Fensterscheibe〉 ～ 新しいフィルム〈窓ガラス〉を入れる | *jm.* einen Stiftzahn ～ …に差し歯を入れる | in ein Kleid ein Stück Stoff ～ (窮屈な)服にまちを入れて広げる | den errechneten Wert in eine Gleichung ～ 算出値を方程式に代入する ‖ *et.*[4] als Pfand 〈zum Pfand〉 ～ …を抵当に入れる | für ein Wort ein anderes ～ 単語を他の単語に入れ換える. **b)** (einmachen) (果実・野菜を酢・砂糖などに)漬ける. **2** (↔absetzen) 《*jn.*》(…を職・地位・身分などに)就ける, 任命〈指名〉する: *jn.* in ein Amt 〈auf einen Posten〉 ～ …を役職〈地位〉に就ける | *jn.* in *seine* Rechte wieder ～ …を復権させる | *jn.* als *seinen* 〈zu *seinem*〉 Erben ～ …を〔自分の〕相続人に指定する ‖ einen Ausschuß für *et.*[4] 〈zu *et.*[3]〉 ～ …のための委員会を設置する. **3** (einplanen) (計画などに)組み入れる; (戦力などを)投入〈動員〉する; (軍隊などを)さし向ける; (機械・器具などを特定の目的のために)使用する;《比》賭ける: einen Sonderzug ～ 特別列車を出す〈仕立てる〉 | Polizei 〈Tränengas〉 gegen die Demonstranten ～ デモ隊に対して警察を投入する〈催涙ガスを使用する〉 | große Summen für das Projekt ～ 計画に大金を出す | für *et.*[4] *sein* Leben 〈*seine* ganze Kraft〉 ～ …のために生命を賭ける〈全力を尽くす〉 ‖ 再帰 *sich*[4] für *et.*[4] 〈*jn.*〉 ～ …のために尽くす, …に肩入れする. **4** 《金属》(鋼を)肌焼きする.

II 自 (h) (beginnen) **1** 始まる: Die Ernte 〈Die Regenzeit〉 hat *eingesetzt*. 収穫〈雨期〉が始まった | Ein fröhliches Gelächter *setzte ein*. 楽しい笑い声が起こった | Abends hat das Fieber wieder stärker *eingesetzt*. 晩にまた一段とひどく熱が出た. **2** 《mit *et.*[3]》(…を)始める;《楽》(楽器・声部などが)演奏を始める, 歌いだす: mit einem Musikstück ～ 曲の演奏を始める | mit Sprechen ～《劇》せりふを語り始める | Er *setzte* mit seiner Erzählung wieder *ein*. 彼は再び話を始めた | Die Flöte 〈Der Flötist〉 *setzte* mit einem Triller *ein*. フルート〈フルート奏者〉がトリルを響かせ始めた.

Ein·set·zung[áinzɛtsuŋ] 女 -/-en **1** (ある場所に)入れること. **2** はめ込むこと, 組み入れ, 挿入; (モーターの)取りつけ, 植え付け; (軍隊の)投入; (計画への)組み込み; (賭博(とばく)の)賭金(かけきん), 抵当. **3** 叙任〔式〕, 任命; 制定, 指定, 設置, 任官. **4** (鋼の)肌焼き入れ.

Ein·set·zungs·wor·te 複 (最後の晩餐(ばんさん)でのキリストの)聖体制定の言葉(「とって食べなさい. これが私の体である」聖書: マタ26, 26).

Ein·sicht[áinziçt] 女 -/-en **1** 中を見ること: **a)** 《ふつう単数で》(文書・書類などの)閲覧, 閲読: *jm. et.*[4] zur ～ vorlegen …に…を閲覧させる ‖ *jm.* 〔eine〕 ～ in *et.*[4] gewähren …に…を見せる | ～ in *et.*[4] erhalten …を見せてもらう | ～ in die Akten nehmen 〈haben〉《官》書類に目を通す. **b)** (内部を)のぞいて見ること: Das Haus ist gegen jede ～ gedeckt. この建物はどこからものぞかれないようになっている | Eine Hecke verhinderte die ～ in den Garten. 垣根が庭の中への見通しをさえぎっていた. **2** わかること: **a)** 《単数で》理解, 分別;《法》弁識〔力〕: zur ～ kommen 分別がつく, 納得がゆく | *jn.* zur ～ bringen …を納得させる ‖ Haben Sie doch ～! わかってくださいな | Die ～ kommt mit den Jahren. 年をとれば分別もつく. **b)** 洞察, 認識: wissenschaftliche ～*en* 学問的認識 ‖ Das wäre gegen meine bessere ～. それでは私の思慮に反することになるだろう | nach bester ～ handeln 最善と思う行動をとる | Er kam zu der ～ 〈Ihm kam die ～〉, daß ... 彼は…であると悟った. [<einsehen]

ein·sich·tig[áinziçtiç][2] 形 **1** 理解〈分別〉のある: ein ～*er* Mann 分別のある男 | die *Einsichtigen* 分別のある人たち ‖ *sich*[4] ～ zeigen 理解〔のある態度〕を示す. **2** (verständlich) 理解しやすい: aus leicht ～*en* Gründen もっともな理由から | *jm. et.*[4] ～ machen …に…をわからせる.

Ein·sicht·nah·me 女 -/-n《官》(文書・書類などの)閲覧, 閲読, 検分: ～ in die Akten 書類に目を通すこと ‖ nach ～ 一覧の後 | Wählerliste zur ～ 閲覧用選挙人名簿. [<nehmen]

ein·sichts≈los 形 わかり〈悟り〉の悪い, 無思慮な, 無分別な, 無理解な. ≈**voll** =einsichtig 1

ein|sickern[áinzikərn] 《05》自 (s) しみ入る〈通る〉; (人が)潜り〈紛れ〉込む: In den sandigen Boden *sickert* das Wasser schnell *ein*. 砂地には水が早くしみ込む.

Ein·sie·de·glas[áɪnziːdə..]《南部》= Einmachglas
▽**Ein·sie·del**[áɪnziːdəl, ─⌣⌣] 男 -s/- = Einsiedler
Ein·sie·de·lei[aɪnziːdəláɪ] 女 -/-en **1** 隠者の住み家, 庵(いお). **2** わび住まい, 人里離れた住まい.
ein|sie·den(*)[áɪnziːdən][1]《167》 **I** 他 (h) (einkochen) 煮つめる, (果物などを)〔貯蔵用に〕砂糖漬けにする, 瓶詰にする. **II** 自 (s) 煮つまる.
Ein·sied·ler[áɪnziːdlər] 男 -s/- **1 a)** 隠者, 世捨て人; 隠修士. **b)** 〔狩〕群れを離れている獣. **2** = Einsiedlerkrebs **3** 〔鳥〕ヒトリツグミ(緋鳥鶫). [*ahd.* ein-sidilo; *gr.* monachós „alleinlebend" (→Mönch) の翻訳借用]
ein·sied·le·risch[..lərɪʃ] 形 **1** 隠者(世捨て人)のような; 孤独を好む. **2** 〔動〕独居性の.
Ein·sied·ler≠klau·se 女 隠遁(いんとん)(世捨て人)の庵(いお). **≠krebs** 男 〔動〕ヤドカリ(宿借). **≠le·ben** 中 隠遁生活.
Ein·sil·ber[áɪnzɪlbər] 男 -s/- = Einsilbler
ein·sil·big[..bɪç][2] 形 〔言〕1(単)音節の;《話》無口な: ~ antworten 言葉少なく(そっけなく)答える | ein ~*er* Reim 〔詩〕男性韻(→Reim 1).
Ein·sil·big·keit[..kaɪt] 女 -/ einsilbig なこと.
Ein·silb·ler[..zɪlplər] 男 -s/- 〔言〕1(単)音節の語(→Mehrsilbler).
ein|si·lie·ren[áɪnziliːrən] 他 (h) (干し草などを)サイロに入れる. [<Silo]
ein|sin·gen*[áɪnzɪŋən]《168》他 (h) **1** 歌って寝つかせる. **2** (…に)歌のけいこをさせる: Der Chor war gut *eingesungen.* 合唱団はよく歌い込んでいた(練習を積んでいた) ‖ 再帰 *sich*[4] ~ 歌い込む, 歌のけいこをする.
ein|sin·ken*[áɪnzɪŋkən]《169》自 (s) **1** 埋没する, (建物などが)沈下する; (地盤が)陥没する: Im Seesand *sinkt* man *ein.* 海岸の砂では足が埋まる. **2** 崩れ落ちる: ein halb *eingesunkener* Holzzaun 半ば朽ち果てた木のさく.
ein|sit·zen*[áɪnzɪtsən]《171》 **I** 自 (h) ▽**1** (家の中に)引きこもっている. **2** (刑務所などに)収容されている.
II 他 (h) **1** (安楽いす・敷物などを)座ってへこませる. **2** 再帰 *sich*[4] ~ (安楽いす・敷物などが)へこむ.
III ein·ge·ses·sen → 別出
Ein·sit·zer[1][..tsər] 男 -s/- (Insasse) 乗客.
Ein·sit·zer[2][─] 男 -s/- 一人乗りの乗り物.
ein·sit·zig[..tsɪç][2] 形 一人乗りの, 単座の.
Ein·skul·ler 男 〔ボート〕シングルスカル.
eins·mals[áɪnsmaːls] 副《方》(auf einmal) 突然. [*mhd.* eines māles „einmal"]
ein·soh·lig[áɪnzoːlɪç][2] 形 (靴などについて)一重底の.
ein≠som·me·rig[áɪnzɔmərɪç][2] (**≠söm·me·rig** [..zœmərɪç][2]) 形 ひと夏の; 1歳の(魚など). [<Sommer]
ein|sor·tie·ren[áɪnzɔrtiːrən] 他 (h) (しかるべく)区分(分類)して入れる.
ein·spal·tig[áɪnʃpaltɪç][2] 形 〔印〕1段組みの.
ein|span·nen[áɪnʃpanən] 他 (h) **1** (↔ausspannen) **a)** (馬などを)車(くびき)につなぐ; (車・くびきなどを)馬につなぐ: Der Kutscher hat 〔die Pferde〕 *eingespannt.* 御者は馬を車につないだ | in das Ehejoch *eingespannt* sein《比》結婚生活というくびかせをはめられている. **b)** (器具などに)はめ込む, 挟み込む: einen Bohrer in die Bohrmaschine ~ ドリル刃を穿孔(せんこう)機の先端に装着する | ein neues Blatt in die Schreibmaschine ~ タイプライターに新しい紙を挟む | die Hose ~ ズボンをハンガーに挟み込む | die Zeitung ~ 新聞をバインダーにとじ込む.
2 《話》《*jn.*》(特定の目的のために)仕事に引き入れる, 参加させる, 動員する: *jn.* in eine Arbeit ~ …を仕事に参加させる | die ganze Familie ~ 家族全員を動員する | Er *spannt* alle für sein Werk *ein.* 彼は皆を自分の仕事のためにかり出す(動員する) ‖ sehr *eingespannt* sein 仕事に追われている.
Ein·spän·ner[áɪnʃpɛnər] 男 -s/- **1** 1頭立ての馬車. **2** 《比》独り暮らしの(交際ぎらいの)男;《戯》(Junggeselle) 独り者, 独身者; (Strohwitwer) (妻が不在で)独り暮らしの夫. **3** 〔史〕馬を1頭しか持たない小農. **4** 《オーストリア》 **a)** ウィンナコーヒー(たっぷりホイップクリームをのせたコーヒー). **b)** (ばらになった)フランクフルト=ソーセージ.
ein·spän·nig[..nɪç][2] 形 1頭立ての;《話》独り暮らしの; 独身の: eine ~*e* Kutsche 1頭立ての馬車 | ~ leben 独り暮らし(独身生活)をする.
ein|spa·ren[áɪnʃpaːrən] 他 (h) 節約(節減)する, きりつめる; (職・雇用口などを)削減する: Kosten (Energie) ~ 費用(エネルギー)を節約する | die *eingesparte* Zeit 浮かした時間.
Ein·spa·rung[..rʊŋ] 女 -/-en 節約, 節減; 削減.
ein|spei·cheln[áɪnʃpaɪçəln]《06》他 (h) (食物などを)唾液(だえき)と混ぜ合わせる: *et.*[4] im Mund 〔gut〕 ~ …をよくかんで唾液と〔十分に〕混ぜ合わせる.
ein|spei·chern[áɪnʃpaɪçərn]《05》他 (h) **1** 貯蔵する: Lebensmittel für den Winter ~ 冬のために食糧を蓄える. **2** 〔電算〕《*et.*[4] in *et.*[4]》(…を…に)入力(インプット)する.
Ein·spei·che·rung[..çərʊŋ] 女 -/-en einspeichern すること.
ein|spei·sen[áɪnʃpaɪzən][1]《02》他 (h) **1** 《*et.*[4] in *et.*[4]》(…を…に)供給する, 送り込む: das Gas in die Fernleitung ~ ガスを長距離導管に送り込む. **2** 《*et.*[4] in *et.*[4]》〔電算〕(…を…に)入力(インプット)する: Daten in den Rechner ~ 計算機にデータを入力する. **3** 《*et.*[4]》〔建〕(…に)しっくいを塗る.
Ein·spei·sung[..zʊŋ] 女 -/-en einspeisen すること.
ein|sper·ren[áɪnʃpɛrən] 他 (h) **1** (↔ aussperren) 《*jn.*》閉じ込める; 監禁する;《話》投獄する: den Hund in der (die) Wohnung ~ 飼い犬を家の中に閉じ込める | für drei Jahre *eingesperrt* werden 3年間獄につながれる ‖ 再帰 Er *sperrte* sich in sein Zimmer (in seinem Zimmer) *ein.* 彼は自室に閉じこもった. **2** 〔商〕買い占める.
Ein·sper·rung[..rʊŋ] 女 -/-en《ふつう単数で》einsperren すること.
ein|spie·len[áɪnʃpiːlən] **I** 他 (h) **1 a)** (楽器などを)弾き込む, 使いならす: eine Geige ~ ヴァイオリンを弾き込んでよい音が出るようにする | die Waage auf (bei) 20 kg ~ (量る前に)天びんが20キログラムで釣り合うように分銅を調整する. **b)** 再帰 *sich*[4] ~ (演奏者・チームが)準備練習(ウォームアップ)する; (俳優が)役柄になじむ: *sich*[4] auf einem Instrument (in eine Rolle) ~ (リハーサルをして)楽器(役柄)になじむ ‖ *sich*[4] auf *jn.* *eingespielt* haben …の扱い方を心得ている | Die Mannschaft (Das Orchester) ist gut aufeinander *eingespielt.* このチーム(オーケストラ)は息がぴったり合っている. **c)** 《比》再帰 *sich*[4] ~ (風習・制度などが)なじむ, 根をおろす; (作業などが)軌道に乗る: Der Schichtbetrieb hat sich schnell *eingespielt.* 交代制勤務の制度はすぐに根をおろした ‖ die seit Jahren *eingespielten* Beziehungen zwischen den beiden Staaten 数年前から軌道に乗った両国の関係. **2** (演奏者やレコード会社が曲目を)レコードに吹き込む: Er hat sämtliche Klavierwerke von Chopin *eingespielt.* 彼はショパンのピアノ曲全曲をレコードに吹き込んだ. **3** (興行収益によってコストを)取り戻す: Der Film hat seine Kosten bereits *eingespielt.* この映画はすでに元を取った | Die Symphoniker *spielen* 50 Prozent des Finanzbedarfs *ein.* 交響楽団は経費の50パーセントの収益をあげている | Das Theater *spielte* nur ein Drittel ihrer Unterhaltskosten *ein.* 劇場は維持費の3分の1しか収益をあげなかった.
▽**II** 自 (h) (einwirken)《auf *jn.*》(…に)影響を与える.
Ein·spie·lung[..lʊŋ] 女 -/-en (einspielen すること. 特に:) (レコードの)吹き込み; (映画・芝居などが)元を取ること.
ein|spin·nen*[áɪnʃpɪnən]《175》他 (h) **1** 再帰 *sich*[4] ~ (虫が)まゆを作る;《比》(外界から隔絶して)自分の内部に閉じこもる: Die Larve *spann* sich 〔in einen Kokon〕 *ein.* 幼虫がまゆを作った ‖ *sich*[4] ganz und gar ~ (世間から)すっかり引きこもる | *sich*[4] in *seine* Gedanken ~ ひとり物思いにふける ‖ in *sein* (*seinem*) Studium *eingesponnen* sein 研究に没頭している. **2** (クモが獲物を)糸でとりこにする;《雅》《*jn.*》(…の心を)とりこにする;《話》投獄する. **3** 《*et.*[4] in *et.*[4]》〔織〕(…を…のなかに)つむぎ入れる, つむぎ込む.

E

Ein·spra·che[áinʃpra:xə] 女 -/-n **1**《南部・オーストリア・スイス》=Einspruch **2**〖軍〗(野戦電話の)送話口.

ein·spra·chig[áinʃpra:xıç]² 形 **1** 1言語による: ein ~*es* Wörterbuch 1言語による辞典(国語辞典・独々辞典など). **2** 1言語だけを話す.

Ein·spra·chig·keit[−kaıt] 女 -/ einsprachig なこと.

ein|spre·chen*[áinʃprɛçən]《177》 **I** 自 **1** (h) (einreden)《auf *jn.*》(…に向かって)しきりに話しかける, 説きつける; (…に)くってかかる. ▽**2** (h) 口出しする: für *jn.* ~ …を取りなす | gegen *et.*⁴ ~ …に異議を唱える. **3** (s)《雅》《bei *jm.*》(…のところへ)立ち寄る.

II 他 (h) **1**《*et.*⁴》(レコード・テープなどに…の)朗読を吹き込む. ▽**2** *jm.* Mut ⟨Trost⟩ ~ …を励ます⟨慰める⟩.

ein|spren·gen[áinʃprɛŋən] **I** 他 (h) **1** (爆破・打撃によって)むりに開ける: eine Tür ~ ドアを突き破る. **2 a)** (ばらばらに)はめ込む, ちりばめる; 挿入する: In diesem Gestein ist Gold *eingesprengt.* この岩石には金が含まれている | Laubwald mit *eingesprengten* Kiefern 松の点在する広葉樹林. **b)**《*et.*⁴》(…に)水をまく, 湿らせる: die Wäsche ~ 洗濯物に霧を吹く. ▽**3** (家畜を柵(さく)内に)追い込む. ▽**II** 自 (s) (einreiten) 馬で乗り込む⟨襲いかかる⟩.

Ein·spreng·ling[..lıŋ] 男 -s/-e (**Ein·spreng·sel** [..zəl] 中 -s/-)〖地〗斑晶(はんしょう).

Ein·spren·gung[..ŋʊŋ] 女 -/-en **1** einsprengen すること. **2** =Einsprengling

ein|sprin·gen*[áinʃprıŋən]《179》 **I** 自 (s) **1**《für *jn.*》(短期間…の)代理⟨代役⟩を務める; (人員不足などの)急場を助ける, 救援にかけつける, 穴埋めをする: für einen erkrankten Schauspieler ~ 病気になった俳優の代役を務める | Er *springt* immer *ein,* wo es notwendig ist. 彼は必要なときにはいつも助けてくれる. **2** (錠などが)パチンとかかる. **3** (↔ausspringen) 内側に引っ込む, へこむ: ein *einspringender* Winkel 凹角. **4** ひび割れる: Die Haut *sprang ein.* 肌にひびがきれた. **5** ▽**a)** 飛び込む; 飛びかかる: auf *jn.* ~ …に飛びかかる | in den Wagen ~ 車に飛び乗る. **b)**〖狩〗(野獣が)追い込み柵(さく)の中に飛び込む; (猟犬が命令を待たずに)野鳥を飛び立たせる; (シカなどが)宙を飛んで逃げる.

II 他 (h) 再帰 *sich*⁴ auf *et.*⁴ ~ (陸上競技・体操・スキーなどで)練習によって…の跳躍⟨ジャンプ⟩に慣れる.

Ein·spritz·dü·se[áinʃprıts..] 女〖工〗(燃料の)噴射ノズル.

ein|sprit·zen[..tsən]《02》他 (h) **1** (液体などを)注入する; (薬を)注射する: den Impfstoff in die Haut ~ ワクチンを皮膚に注射する | *jm.* ein Präparat ~ …に薬を注射する. **2**〖工〗噴射する: den Kraftstoff durch die Düsen ⟨in den Verbrennungsmotor⟩ ~ 燃料をノズルを通して⟨内燃機関へ⟩噴射する. **3**《*et.*⁴》(…に)液体を吹き付ける: die Wäsche ~ 洗濯物に霧を吹く.

Ein·sprit·zer[..tsər] 男 -s/- 注射器; 噴射器; 霧吹き.

Ein·spritz≈mo·tor 男 燃料噴射式エンジン. **≈na·del** 女 注射針. **≈pum·pe** 女〖工〗噴射ポンプ.

Ein·sprit·zung[..tsʊŋ] 女 -/-en 注射; 注入, 噴射: intramuskuläre ⟨intravenöse⟩ ~ 筋肉⟨静脈⟩注射.

Ein·spruch[áinʃprʊx] 男 -[e]s/..sprüche[..ʃpryçə] 異議, 抗議: ohne ~ 異議なく ‖ einen ~ einlegen〖法〗異議を申し立てる | **gegen *et.*⁴ ~ erheben** …に抗議する | einen ~ aufrechterhalten〖法〗異議を認める | Es erhob sich kein ~. / Es ist kein ~ erfolgt. 異議は出なかった. [<einsprechen I 2]

Ein·spruchs≈frist 女〖法〗異議申し立て期間⟨期限⟩. **≈recht** 中〖法〗異議申し立て権; 拒否権.

Ein·sprung[áinʃprʊŋ] 男 -[e]s/..sprünge[..ʃpryŋə] **1** 飛び込むこと. **2**〖狩〗(追い込み柵(さく)の中への)獲物の追い入れ. **3**〖建〗返し, 見⟨折り⟩返し. [<einspringen]

ein|spü·len[áinʃpy:lən] 他 (h) (粉末・液体を)注ぎ込む.

ein|spun·den[áinʃpʊndən]¹《01》他 (h)《話》監獄に入れる.

Ein·spur·bahn[áinʃpu:r..] 女 単線鉄道.

ein·spu·rig[..rıç]² 形 **1**〖鉄道〗単線の;〖交通〗1車線の. **2** 1本だけ走跡を残す: ein ~*es* Fahrzeug 単車(自転車・オートバイなど).

einst[aınst] **I** 副 **1** かつて, 昔, 以前: ~ wie jetzt 昔も今も, 相変わらず | die Frauen von ~ 昔の女たち | Sie ist nicht so schlank wie ~. 彼女は昔ほどスマートではない | wie ~ im Mai (→Mai 2). **2** いつか, 将来, 他日: Du wirst es ~ bereuen. 君はそれを後日後悔することになるよ. **II Einst** 中 -/ **1** 過去, 昔: das ~ mit dem Jetzt vergleichen 過去と現在を比べる. **2 a)** 将来. **b)** 来世, あの世: Im ~ werden wir uns wiedersehen. あの世で再会しましょう. [*ahd.* eines[t] „einmal"; ◇ein¹; *engl.* once]

ein|stal·len[áinʃtalən] 他 (h) 家畜小屋[の囲い]に入れる: ein Pferd ~ 馬を畜舎に入れる.

ein|stamp·fen[áinʃtampfən] 他 (h) **1** (踏んで・突いて)詰め込む: Kraut in ein Faß ~ キャベツをたるに漬け込む | Pfähle in die Erde ~ 杭(くい)を地面に打ち込む. **2** 踏み⟨突き⟩固める; (書物などを)搗砕(とうさい)[してパルプに]する: Altpapier ~ 故紙をつぶしてパルプにする.

Ein·stand[áinʃtant]¹ 男 -[e]s/..stände[..ʃtɛndə] **1**《南部・オーストリア》(↔Ausstand) **a)** 就任, 入社; 加入; 弟子入り; 入学: *jm.* einen guten ~ wünschen …に就任⟨就職⟩祝いを述べる. **b)** 就任披露の宴: *seinen* ~ geben 就任のあいさつに一席設ける;《比》(新婚の夫婦などが)新居の披露宴を催す. **2**《単数で》〖スポーツ〗新しい選手⟨チーム⟩の最初の試合, 顔見せ. **3**〖狩〗(野獣の)決まった隠れ場所. **4** (Gleichstand)〖テニス〗ジュース: den ~ erzielen ジュースに持ち込む. **5** =Einstandspreis **6** Einstandsrecht [<einstehen]

Ein·stands≈preis 男 (運賃を含む)仕入れ値段, 原価. **≈recht** 中〖法〗先買権.

ein|stän·kern[áinʃtɛŋkərn]《05》他 (h)《話》悪臭で満たす.

ein|stan·zen[áinʃtantsən]《02》他 (h)《*et.*⁴ in *et.*⁴》刻印する.

ein|stau·ben[áinʃtaubən]¹ **I** 他 (h) **1** ほこりだらけにする: *sich*³ die Kleider ~ 服をほこりだらけにする. **2**《オーストリア》=einpudern **II** 自 (s) ほこりだらけになる: Die Bücher im Regal sind ganz *eingestaubt.* 本棚の本がすっかりほこりをかぶっている.

ein|stäu·ben[..ʃtɔybən]¹ 他 (h) **1**《*et.*⁴ mit *et.*³》(…に…を)ふりかけて粉まみれにする,(…を…で)まぶす; (…に…を霧状に)ふり注いで湿らす: einen Kuchen mit Puderzucker ~ 菓子に粉砂糖をふりかける. **2** ほこりだらけにする.

ein|stau·en[áinʃtauən] 他 (h) (流水などを)せき止める.

ein|ste·chen*[áinʃtɛçən]《180》 **I** 他 (h) **1** (針などを)刺し込む, 突き刺す. **2** (突いて)型をつける: ein Muster in Papier ~ (針で突いて)紙に模様を描く | Löcher in *et.*⁴ ~ (突いて)…に穴をあける. **II** 自 (h) **1** (針などが)突き刺さる: mit der Nadel in *et.*⁴ ~ …に針を突き刺す. **2**《auf *jn.*》(武器で…を)突き刺す, 突く, 刺す,(…に)突きかかる. **3**〖トランプ〗切り札で切る. [◇Einstich]

Ein·steck≈al·bum[áinʃtɛk..] 中 (切手などの)差し込み式のアルバム. **≈bo·gen** 男〖印・製本〗(普通紙の本の中にとじこまれるアート紙などの)口絵・図版用全紙.

ein|stecken[áinʃtɛkən] 他 (h) **1**《しばしば方向を示す語句と》(…に)差し込む, 挟み込む: eine Nadel in *et.*⁴ ~ 針を…に刺す | den Stecker [in die Steckdose] ~ プラグをコンセントに差し込む | den Schlüssel ins Schloß ~ かぎを錠に差し込む | das Schwert ~ 剣をさやに納める | einen Brief ~ 手紙を投函(とうかん)する | das Bügeleisen ~ アイロンをコンセントにつなぐ | das Bettuch **zwischen** Bettkante und Matratze ~ シーツをベッドとマットの間に挟み込む | schmutzige Wäsche ~ 汚れ物をせっけん水に浸す. **2** (ポケットなどに)突っ込む;《比》携帯する;《話》着服する; くすねる: den ganzen Verdienst ⟨Gewinn⟩ ~《話》もうけをひとり占めする | Ich habe meine Brille ⟨mein Geld⟩ nicht *eingesteckt.* 私はめがね⟨お金⟩を持ってくるのを忘れた. **3**《話》(つらいこと・いやなことを)こうむる, 甘受する, 耐え忍ぶ: eine Beleidigung ⟨einen Tadel⟩ ~ 侮辱⟨非難⟩をうける | Schläge ~ 殴られる ‖ allerlei ~ müssen いろいろな批判に甘んじる ‖ Der Boxer kann viel ~. そのボクサーはタフだ | Der *steckt* nichts *ein.* やつはすぐかっとなる⟨こらえることを知らない⟩. **4**《話》(einsperren)《*jn.*》監獄に入れる: Für den Diebstahl ist er für zwei Monate *eingesteckt* worden. 窃盗で彼は2か月食らい込んだ. **5**《話》《*jn.*》上回る, まさる:

Den *stecke* ich noch dreimal *ein.* やつなんかより おれは3倍もうわてさ.

Ein·steck⸗kamm 男 (結髪用・装身用の)挿櫛(さし) (→ 図 Kamm). **⸗tuch** 中〘服飾〙ポケットチーフ(上着のポケット用ハンカチ).

ein|ste·hen*[ámʃteːən]《182》自 (s) **1** (bürgen)《für *et.*[4]》保証する; 責任を負う; 肩入れする; 肩代わりする, 代理を務める: mit *seinem* Wort für *et.*[4] ~ …を確かに請け合う | für die Güte der Ware ~ 品質を保証する | für *seine* Handlungen ~ 自分の行動に責任をもつ | für den Schaden ~ 損害を補償する | für *seine* Überzeugung ~ 信念を曲げない〈通す〉. **2** (はかりの針が)静止する;〘狩〙(鳥が)とまる, 定まった場所に来る. **3**《南部・ｵｰｽﾄﾘｱ》(↔ausstehen) 就職する; 入学する: bei *jm.* 〔als Verkäufer〕 ~ …に〔店員として〕雇われる | in eine Stellung ~ 職に就く | in die Schule ~ 入学する. ▽**4** (bevorstehen) (目前に)迫る.

ein|steh·len*[ámʃteːlən]《183》他 (h) 再帰 *sich*[4] ~ 忍び込む;《比》巧みに取り入る: *sich*[4] in *js.* Vertrauen ~ 巧みに…の信用を得る.

ein|stei·gen*[ámʃtaɪgən][1]《184》自 (s) **1** (↔aussteigen) **a**) (乗り物に)乗り込む, 乗る: in den Zug 〈in die Straßenbahn / in das Boot〉 ~ 列車〈市電・ボート〉に乗る | *Einsteigen,* bitte! ご乗車〈ご乗船〉ください. **b**)《比》(sich beteiligen) (事業などに)参加する, 仲間入りする: in ein Geschäft 〈in ein Projekt〉 ~ 事業〈計画〉に加わる | bei *jm.* ~ …の仲間に加わる. **2** 忍び込む, 侵入する: Der Dieb ist durchs Fenster in die Wohnung *eingestiegen.* どろぼうは窓から住居に忍び入った. **3**〘登山〙(岩壁・チムニーなどに)とりつく; (einfahren)〘坑〙入坑する;〘狩〙(ビーバーなどが岸から)水に入る;〘ｽﾎﾟｰﾂ〙(反則に近い)激しい攻撃をする.

Ein·steig·schacht[ámʃtaɪk..] (**Ein·stei·ge·schacht**[ámʃtaɪgə..]) 男 マンホール.

Ein·stein[ámʃtaɪn] 人名 Albert ~ アルベルト アインシュタイン(1879-1955; ドイツ生まれの理論物理学者. ナチに追われて1933年アメリカに移住した. 1921年ノーベル物理学賞受賞).

Ein·stei·nium[aɪnʃtáɪnium] 中 -s/〘化〙アインスタイニウム(超ウラン元素名; 記号 Es).

ein·stell·bar[ámʃtɛlbaːr] 形 einstellen できる: ein ~*er* Kondensator〘電〙加減コンデンサー.

ein|stel·len[ámʃtɛlən] **I** 他 (h) **1** (不用のものなどを一時的に)しまう, 格納する, 入れる: Bücher 〔in das Regal〕 ~ 本を書棚にしまう | einen Wagen 〔in die 〈der〉 Garage〕 ~ 車をガレージに入れる | *seine* Sachen bei *jm.* ~ 自分の持ち物を…に預ける. **2** 再帰 *sich*[4] ~ (ある場所に)姿を現す, 出現する, 到来する; 生じる, 起こる: Ich werde mich pünktlich ~. 時間どおりに間違いなく参ります | Dieses Jahr *stellte* sich der Winter früh *ein.* 今年は冬が早くやって来た. **3**《*jn.*》雇い入れる, 採用する;《*et.*[4]》買い入れる, 購入する: einen neuen Ingenieur ~ 新しい技師を雇い入れる | zwölf neue Milchkühe ~ 乳牛を12頭新しく購入する. **4**《*et.*[4] auf *et.*[4]》(機械, 特にラジオ・光学機械などを特定の条件・目盛りなどに)調整〈調節〉する, セットする, ポジションを決める, 加減する, 波長〈焦点・照準〉を合わせる;《比》(…に)適合〈順応〉させる: einen Fotoapparat 〈ein Fernrohr〉 auf die richtige Entfernung ~ 写真機〈望遠鏡〉を正しい距離に合わせる | die Blende 〈die Entfernung〉 ~ (写真機の)絞り〈距離〉を調節する | das Radio auf Berlin ~ ラジオ〔のダイヤル〕をベルリン放送に合わせる | einen anderen Sender 〈die Nachrichten〉 ~ (ラジオのダイヤルを)別の放送局〈ニュース放送〉に合わせる ‖ 再帰 *sich*[4] auf *et.*[4] ~ …に適応〈順応〉する, …に対する〔心の〕準備をする | *sich*[4] auf seine Umwelt ~ 外界〈環境〉に順応する ‖ auf *et.*[4] *eingestellt* sein …に対する〔心の〕準備ができている, …を予測〈期待〉している, (心が)…に向けられている | Er war nur auf seine Arbeit 〈auf Erfolg〉 *eingestellt.* 彼は自分の仕事のことしか眼中になかった〈彼は成功を信じて疑わなかった〉. **5 a**)《*et.*[4]》中止する, 停止する: die Arbeit ~ 仕事を中止する; ストライキに入る | die Zahlungen 〈die Kampfhandlungen〉 ~ 支払い〈戦闘行為〉を停止する | das Erscheinen ~ (新聞・雑誌などが)発行を停止する, 廃刊になる. **b**)《ｽｲｽ》《*jn.*》(…の職務・権利を)停止する, 否認する: *jn.* im 〈vom〉 Dienst ~ …を休職にする | *jn.* in den bürgerlichen Ehrenrechten ~〘法〙…の公民権を剝奪(はく)する. **6**《*et.*[4]》(egalisieren)〘ｽﾎﾟｰﾂ〙(…を)タイに持ち込む: den Weltrekord ~ 世界タイ記録をつくる.

II ein·ge·stellt → 別出

ein·stel·lig[ámʃtɛlɪç][2] 形 **1**〘数〙一けたの. **2** (einwertig)〘言〙1価の, 結合価1の.

Ein·stell⸗knopf[ámʃtɛl..] 男 (ラジオなどの)調整つまみ. **⸗platz** 男 (Parkplatz) 駐車場. **⸗raum** 男 (Garage) 車庫, ガレージ. **⸗ska·la** 女 (ラジオ・写真機などの)調整目盛り(→ 図 Kamera).

Ein·stel·lung[ámʃtɛluŋ] 女 -/-en **1**《単数で》**a**) 収納, 格納. **b**) 雇い入れ, 採用; (器具の)取りつけ. **c**) (Abstimmung)〘工〙調節, 調整: die ~ des Fernrohrs **auf** ein Ziel 目標に対する望遠鏡の焦点調整 | die ~ des Radioapparates auf die Wellenlänge ラジオのダイヤル調整. **d**) (Beendigung) 中止, 停止: die ~ der Arbeit 作業中止 | die ~ des Feuers〘軍〙射撃中止 | die ~ der Zahlungen 支払い停止 | die ~ des 〔gerichtlichen〕 Verfahrens〘法〙(判決なしの)訴訟中止. **e**)《ｽｲｽ》(公民権などの)剝奪(はく). **f**) (記録の)更新. **2** 考え方, 立場, 態度: meine politische 〈religiöse〉 ~ 私の政治〈宗教〉的立場 | eine kritische 〈negative〉 ~ zu *et.*[3] haben …に対して批判〈否定〉的な考えをもつ. **3 a**)〘工〙調整子, 調整装置. **b**)〘映〙カット. **4**《集合的に》新規採用者.

Ein·stel·lungs⸗me·tho·de 女〘心〙調整法. **⸗un·ter·su·chung** 女〘経〙雇用〔状況〕調査.

Ein·stellu·pe (**Ein·stell·lu·pe**) 女〘写〙距離計.

Ein·stell·vor·rich·tung 女 調整装置.

ein|stem·men[ámʃtɛmən] 他 (h) **1** (穴などを)のみであける: in *et.*[4] ein Loch ~ …にのみで穴をあける. **2** (支えとして)突っ張らせる: die Arme in die Hüften ~ 両手を腰に当ててひじを張る | den rechten Fuß ~〘ｽｷｰ〙右足で制動する.

▽**ein·stens**[áɪnstəns] ＝einst

ein|steu·ern[ámʃtɔʏərn]《05》他 (h) (あるコースに)操縦して入れる, 進路を合わせる; 調節する.

Ein·stich[ámʃtɪç] 男 -〔e〕s/-e (針などを)突き刺すこと,〘医〙刺入; (針などで)突き刺された個所. [<einstechen]

Ein·stich·ka·sten 男 (棒高跳びの)ボックス.

ein|sticken[ámʃtɪkən] 他 (h) 刺しゅうして入れる: den Namen in die Wäsche ~ 肌着類にネームを刺しゅうする.

Ein·stieg[ámʃtiːk][1] 男 -〔e〕s/-e **1 a**) (↔Ausstieg) (einsteigen すること. 例えば:) 乗車, 乗船: *Einstieg* nur vorne! ご乗車は前方の入口からだけ. **b**)〘登山〙(氷壁などの)侵攻. **c**) (テーマ・教材などへの)アプローチ: der ~ zum Problem 問題へのアプローチ. **2** 乗車〈乗船〉用の入口, 乗り口.

Ein·stieg·lu·ke 女 乗降ハッチ.

Ein·stiegs·dro·ge[ámʃtiːks..] 女 (ヘロインなど強い麻薬への)橋渡しとなる麻薬(マリファナなど).

ein·stig[áɪnstɪç..] 形《付加語的》**1** (ehemalig) 以前の, 昔の: mein ~*er* Lehrer 私の旧師. ▽**2** (künftig) 将来の, 他日の. [<einst]

ein|stim·men[ámʃtɪmən] **I** 他 (h)《auf *et.*[4]》〘楽〙(楽器の)調子を合わせる;《比》受け入れる気持にさせる: Instrumente aufeinander ~ 楽器の音合わせをする ‖ *jn.* auf ein Gedicht ~ …を詩を味わう気分にさせる ‖ 再帰 Er hat sich[4] darauf *eingestimmt.* 彼はそれを受け入れる準備〈気持〉ができている. **II** 自 (h) **1**《in *et.*[4]》唱和〈合唱〉する;《比》同調する: in den Gesang 〔mit〕 ~ 合唱に加わる | in die Hochrufe ~ 声を合わせて万歳を叫ぶ. ▽**2** (übereinstimmen) 同意する.

ein·stim·mig[..mɪç][2] 形 **1**〘楽〙単音〈単旋律〉の(曲), 斉奏〈斉唱〉の(→mehrstimmig). **2** 全員〈満場〉一致の, 異口同音の: *et.*[4] ~ beschließen …を満場一致で決議する | Er wurde ~ gewählt. 彼は満票で選ばれた. [1: <ein[1]; 2: <einstimmen]

Ein·stim·mig·keit[..kaɪt] 女 -/ **1**〘楽〙単旋律. **2** (意見の)一致.

Ein·stim·mung[ámʃtɪmuŋ] 女 -/-en **1**〘楽〙(楽器の)調子合わせ;《比》受け入れ態勢〈雰囲気〉作り, (教育上の)導

E

入. ▽**2** 同意.

ein|stin·ken[áɪnʃtɪŋkən] 他 (h)《話》再帰 *sich*⁴ ～ 香水のにおいをぷんぷんさせる.

ein|stip·pen[áɪnʃtɪpən] 他 (h)《北部》(パンをミルクなどに)浸す, つける: Brot〔in die Soße〕～ パンをソースに浸す.

einst≠ma·lig[áɪnstma:lɪç]² 形《付加語的》以前の, 昔の. **≠mals**[..ma:ls] 副《雅》**1** (einst) 以前に, かつて, 昔. **2** (künftig) いつか, 他日. [＜einsmals]

ein·stöckig[áɪnʃtœkɪç]² 形 2階建ての; 1階建ての(→..stöckig)

ein|stop·fen[áɪnʃtɔpfən] 他 (h) 詰め込む.

ein|stöp·seln[áɪnʃtœpsəln]《06》他 (h) **1** 栓をする: den Korken in die Flasche ～ 瓶にコルク栓をする. **2** (電気器具を)コンセントにつなぐ.

ein|sto·ßen*[áɪnʃto:sən]《188》**I** 他 (h) **1** 突っ込む, 突き入れる: den Spaten in die Erde ～ スコップを地面に突き立てる. **2** (壁・窓などを)突き破る〈壊す〉. **3** 突き当てて傷つける: *sich*³ die Stirn 〈die Zähne〉 ～ ぶつかってひたいを割る〈歯を折る〉| *sich*³ die Köpfe ～《比》頭を悩ます. **4** 再帰 *sich*⁴ ～〘スポ〙(試合に備えて)砲丸投げの練習をする. **II** 自 (h)《mit *et.*³ auf *jn.* 〈*et.*⁴〉》(…で…を)突く.

ein|strah·len[áɪnʃtra:lən] **I** 他 (h) (光・熱などを)放射する: Die Sonne *strahlt* Wärme auf die Erde *ein.* 太陽が地表に熱を照射する. **II** 自 (s, h) (光線の形で)射(さ)し込む.

Ein·strah·lung[..lʊŋ] 女 -/-en (日光などの)照射: die ～ der Wärme 熱線の照射〔量〕.

ein|strei·chen*[áɪnʃtraɪçən]《189》**I** 他 (h) **1**《*et.*⁴ mit *et.*³》(…に…を)塗りつける; すり込む: die Tapete mit Kleister ～ 壁紙にのりを塗る | das Haar mit Öl ～ / Öl ins Haar ～ 髪に油を塗り込む ‖ dem Kinde Brei ～ 子供の口にかゆを入れてやる. **2**《話》(利益を)自分のものにする, 着服する; ▽(金を)財布にしまい込む: den ganzen Gewinn ～ もうけを全部ひとり占めする | ein Lob ～ 賞賛をわがもの顔に受ける. **3**〘工〙(刻み目を)入れる: Feilstriche ～ やすりで刻み目を入れる. **4**〘狩〙(鳥を)網に追い込む. **5** (原稿・台本などを)削って短くする. **II** 自 (s)〘狩〙(鳥などが)網にかかる.

Ein·streu[áɪnʃtrɔʏ] 女 -/-en〘農〙敷きわら.

ein|streu·en[áɪnʃtrɔʏən] 他 (h) **1**《*et.*⁴ in *et.*⁴》(…を…の中に)まいて入れる;《*et.*⁴ mit *et.*³》(…に…を)たっぷりばらまく: das Stroh in den Stall ～ 家畜小屋に寝わらを入れる〈敷く〉| den Pferden ～ 馬に寝わらを敷いてやる | den Platz mit Sand ～ 広場いっぱいに砂をまく. **2**《比》(言葉を)差しはさむ: eine Bemerkung ins Gespräch ～ 話に口を出す. **3** (einflüstern) ささやく, 吹き込む.

ein|strö·men[áɪnʃtrø:mən] 自 (s) (↔ausströmen)《in *et.*⁴》(水・ガスなどが)流れ入る〈込む〉;《雅》(陽光が)差し込む; (群衆などが)なだれ込む: Dampf ～ lassen 蒸気を送入する | das *einströmende* Wasser 〈Sonnenlicht〉 流れ入る水〈差し込む陽光〉‖ Neue Kraft *strömte* in ihn *ein.*《雅》新たな力が彼のうちにわき起こった.

Ein·strö·mung[..mʊŋ] 女 -/-en **1** 流入; (蒸気などの)送入. **2** (群衆などの)なだれ込み, 殺到.

ein|stu·die·ren[áɪnʃtudi:rən] 他 (h)《〔*sich*³〕*et.*⁴》(激しいけいこによって)覚えこむ, 習得する, 暗記する; けいこする;《*jm. et.*⁴》(…に…を)覚えこませる; 練習させる, 訓練する, (…に…の)けいこをつける: ein Bühnenstück ～ (芝居の)本読みをする | ein Gedicht ～ 詩を暗記する | eine Rolle ～ 役作りに励む | den Schülern eine Kantate ～ 生徒たちにカンタータのけいこをつける ‖ *einstudierte* Redensarten wiederholen けいこして覚えたきまり文句を繰り返す.

Ein·stu·die·rung[..rʊŋ] 女 -/-en (einstudieren すること. 例えば:)(劇の)演出: Wir sahen Hamlet in einer modernen ～. 我々は現代的演出のハムレットを見た.

ein|stu·fen[áɪnʃtu:fən] 他 (h)《*et.*⁴ 〈*jn.*〉 in *et.*⁴》(…を…の)等級〈グループ〉に格付けする: *jn.* in eine höhere Gehaltsklasse ～ …の俸給を上位の等級に格付けする.

ein·stu·fig[áɪnʃtu:fɪç]² 形 1段〔式〕の: eine ～*e* Rakete 1段式ロケット.

Ein·stu·fung[..fʊŋ] 女 -/-en einstufen すること.

ein|stül·pen[áɪnʃtʏlpən] 他 (h) (↔ausstülpen) 内側へ折り返す〈曲げる〉;〘医〙(器官などの一部を)陥入させる: Bei dem Sturz ist sein Hut *eingestülpt* worden. 転倒したとき彼の帽子がへこんだ ‖ 再帰 *sich*⁴ ～ 内側へ折れる, 陥入する.

ein·stün·dig[áɪnʃtʏndɪç]² 形 1時間の.

ein|stup·pen[áɪnʃtʊpən]《オースト》= einpudern

ein|stür·men[áɪnʃtʏrmən] 自 (s, まれに h) (要塞(さい)などに)突入する; (激しい勢いで)とびかかる;《比》(感情などが)襲う, 押し寄せる: auf den Feind ～ 敵に向かって突進する, 敵を襲撃する | auf *jn.* mit Bitten ～ …にせがむ | Erinnerungen sind auf mich *eingestürmt.* 思い出が次から次とよみがえってきた.

Ein·sturz[áɪnʃtʊrts] 男 -〔e〕s/..stürze[..ʃtʏrtsə] 倒壊, 崩壊; 陥没;〘劇〙屋台崩し; (Erdrutsch) 地すべり: der ～ eines Schachtes 〈Stollens〉 坑道の落盤 ‖ dem ～ nahe sein / kurz vor dem ～ stehen 崩壊寸前である | *et.*⁴ zum ～ bringen …を倒壊させる.

ein|stür·zen[áɪnʃtʏrtsən]《02》**I** 自 (s) **1** 倒壊〈崩壊〉する, 陥没する;《比》(体制などが)崩れる: Das Haus wollte ～ 〈drohte *einzustürzen*〉. 家は今にも崩れそうであった | Die Zimmerdecke *stürzte* über ihn *ein.* 部屋の天井が彼の頭上に崩れ落ちた | wie ein Kartenhaus ～ (→Kartenhaus) ‖ In ihm ist etwas *eingestürzt.* 彼の心の中で音を立てて崩れるものがあった(彼はがっくり来た) | Ich glaubte, der Himmel 〈die Welt〉 *stürzte ein.* 私は天地がひっくり返るような〈この世の終わりかという〉気がした. **2**《auf *jn.*》(激しい勢いで)かぶさる, のしかかる, 圧倒する. **II** 他 (h) 倒壊させる.

einst≠wei·len[áɪnstváɪlən] 副 (vorläufig) さしあたり, 当分の間, 当座は, とりあえず: Unser Haus ist im Sommer fertig; ～ leben wir im Hotel. 私たちの家は夏にでき上がります. それまではさしあたりホテル住まいです. **≠wei·lig**[..lɪç]² 形《付加語的》(vorläufig) 一時の, 当分の, 仮の: eine ～*e* Verfügung〘法〙仮処分. [＜Weile]

ein|syn·chro·ni·sie·ren[áɪnzʏnkronizi:rən] 他 (h)〘映〙ダビングする.

Eins-zwei-Schlag[áɪnstsváɪ..] 男〘ボクシング〙ワンツーパンチ.

ein·tä·gig[áɪntɛ:gɪç]² 形 **1 a)** 1日間の. **b)**《比》つかの間の, はかない. **2** 1日を経た, 生後1日の.

eintags..《名詞につけて「一日だけの…, ごく短期間しか続かない…」などを意味する》: *Eintags*blüte 一日だけしか咲かない花 | *Eintags*liebschaft つかの間の情事.

Ein·tags·fie·ber[áɪnta:ks..] 中〘医〙一日熱.

Ein·tags·flie·ge 女 **1** (Ephemeride)〘虫〙**a)** カゲロウ(蜉蝣). **b)** カゲロウ目の昆虫. **2**《比》はかないもの, 短い栄華〔を誇る人〕.

Ein·tags≠kü·ken 中 (鶏の)卵から孵化(ふ)したばかりのひな. **≠ti·den** 複 1日1回だけの潮の干満.

ein·ta·lig[áɪnta:lɪç]² 形《北部》(eintönig) 単調な, 退屈な [＜*mndd.* eintal „Einigkeit"]

ein|tan·zen[áɪntantsən]《02》他 (h) 再帰 *sich*⁴ ～ ダンスの足慣らしをする: *sich*⁴ aufeinander ～ 組になって〈カップルで〉ダンスのけいこをする ‖ mit *jm.* gut *eingetanzt* sein …とカップルでのダンスに慣れている.

Ein·tän·zer[..tɛntsər] 男 -s/- (女 **Ein·tän·ze·rin**[..tsərɪn]-/-nen) (Gigolo) (ダンスホールなどの)専属ダンサー(男).

ein|ta·sten[áɪntastən]《01》他 (h)〘工・電算〙(キーをたたいてパルス・データなどを)送る, 入力する: 再帰 *sich*⁴ ～ (キーボードを通して)送られる, 入力される.

ein|tä·to·wie·ren[áɪntɛtovi:rən] 他 (h)《*jm. et.*⁴》(…の体に…を)入れ墨する: *sich*³ eine Rose in den Arm ～ lassen 腕にバラの入れ墨をしてもらう.

ein|tau·chen[áɪntaʊxən] **I** 他 (h)《*et.*⁴ in *et.*⁴》(…を…の中へ)浸す, つける, 沈める: die Feder in die Tinte ～ ペンをインキに浸す | eine Hand ins Wasser ～ 片手を水につける. **II** 自 (s, h) 浸る, つかる, 沈む, 潜る: in das Wasser ～ 水に潜る | Er ist in die Dunkelheit *eingetaucht.* 彼の姿は暗やみの中に没した.

Ein·tausch[áɪntaʊʃ] 男 -〔e〕s/ 交換: einen ～ vornehmen 交換する | der ～ gegen 〈für〉 etwas Besseres

もっとよいものとの交換.

ein|tau·schen[áintaʊʃən]《04》他 (h) 交換する, 取り替える: Pferde gegen 〈まれ: für〉 einen Traktor ～ 馬数頭と引き換えにトラクターを手に入れる. 「tausend」

ein·tau·send[áintáʊzənt]《基数》千〈1000〉〔の〕: →」

ein|ta·xie·ren[áintaksi:rən] 他 (h)《*jn.* / *et.*[4]》《様態を示す語句と》(…を…のように)評価する: *et.*[4] richtig 〈falsch〉 ～ …を正しく〈誤って〉評価する.

ein|tei·gen[áintaɪgən][1] 他 (h)〘料理〙こね粉でくるむ.

ein|tei·len[áintaɪlən] 他 (h) **1**《*et.*[4] in *et.*[4]》(…を…に)区分〈分割〉する; (phrasieren)〘楽〙楽句に区切る: die Torte in zwölf Stücke ～ パイ〈ケーキ〉を12に切る | eine Stadt in Bezirke ～ 町を行政区に分ける | Das Buch ist in 5 Kapitel *eingeteilt.* この本は 5 章に分かれている. **2 a)** 分類〈配分〉する: Pflanzen 〔in 〈nach〉 Gattungen〕 ～ 植物を分類する | *jn.* zur Arbeit 〈zu einem Dienst / für einen Dienst〉 ～ …を作業に割り当てる〈任務のため分遣する〉. **b)** (時間・金などをうまく)配分する, やりくりする: *seine* 〈*sich*[3] die〉 Zeit genau ～ (自分の)時間をきちんと配分する ‖〘目的語なしで〙Sie kann nicht ～. 彼女は家計のやりくりが下手だ | Du mußt besser ～. 君はもっとやりくりを工夫すべきだ.

ein·tei·lig[áintaɪlɪç][2] 形 **1** 一つの部分からなる, 部分に分かれていない; (水着などが)ワンピースの. **2 a)**〘数〙単項の. **b)**〘工〙単一〈合体〉構造の, 一体の.

Ein·tei·lung[..lʊŋ] 女 -/-en **1** 分配; 区分, 区画; 目盛り;〘論〙区分, 分釈, 分班: die ～ des Buches in Kapitel 本を章に分けること | die ～ der Schüler nach Jahrgängen 生徒の学年区分. **2** (家計の)計画性, やりくり: Sie hat 〈kennt〉 keine ～. 彼女はやりくりがへただ.

Ein·tei·lungs≈grund 男, **≈prin·zip** 中〘論〙区分原理. **≈zahl** 女〘言〙序数副詞, 副詞的序数, 区分〈列挙〉数詞(㊥ erstens 第 1 に, zweitens 第 2 に).

ein·tel[áintəl] **I**《分数; 無変化》1 分の 1 〔の〕: →fünftel

★ ふつう hundert*eintel*「101分の 1 〔の〕」, tausend*eintel*「1001分の 1 〔の〕」の形で用いる. 「tel」

II Ein·tel 中 (ｽｲ: 男) -s/- 1 分の 1 ; 全体: →Fünf-」

..eintel[..aɪntəl] → ..el[2]

..einteln[..aɪntəln] → ..eln[2]

ein|tie·fen[ánti:fən] 他 (h) **1 a)** くぼませる: 再帰 *sich*[4] ～ くぼむ. **b)**〘考古〙発掘する. **2**〘美〙彫り込む. [<tief]

ein|tip·pen[áintɪpən] 他 (h) (電算機などに)キーをたたいて入力する.

ein·tö·nig[áintø:nɪç][2] 形 単調な, 変化のない; 退屈な: eine ～*e* Arbeit 〈Landschaft〉 単調な仕事〈風景〉‖ ～ hersagen 〈vorlesen〉 一本調子に唱える〈読み上げる〉.

Ein·tö·nig·keit[–kaɪt] 女 -/ eintönig なこと.

ein|ton·nen[áintɔnən] 他 (h) たるに入れる, たる詰めにする. [<Tonne]

Ein·topf[áintɔpf] 男〘料理〙(質素な)煮こみ料理(ナチ政権下では月に一度, 日曜日にこれを食べることが義務づけられていた).

ein|top·fen[áintɔpfən] 他 (h) (種子・苗などを)鉢に植える; 鉢に植えかえる, 鉢かえする.

Ein·topf·ge·richt 中 =Eintopf

Ein·tracht[áintraxt] 女 -/ (↔Zwietracht) 一致, 和合, 融和, 協調: in brüderlicher ～ leben 〈handeln〉 仲よく暮らす〈協力する〉‖ wieder ～ unter *jm.* stiften 〈herstellen〉 …を仲直りさせる ‖ *Eintracht* macht stark 〈～ bringt Macht〉.《諺》団結は力なり | *Eintracht* vermehrt, Zwietracht zerstört.《諺》協調する者は興り争う者は滅びる. [*mhd.*; <*mndd.* (över) ēn drāgen „über-ein-kommen" (◇ein[1], tragen)]

ein·träch·tig[..trɛçtɪç][2] 形 うちとけあった, むつまじい: ～ zusammenleben 仲よく暮らす | ～ beisammen むつまじく寄り添って.

Ein·träch·tig·keit[..kaɪt] 女 -/ einträchtig なこと.

ᵛ**ein·träch·tig·lich**[..tɪklɪç] 副 むつまじく, 心を合わせて.

Ein·trag[áintra:k][1] 男 -〔e〕s/..träge[..trɛ:gə] **1** (台帳・帳簿などの)記入〈登録〉事項, 記事; (生徒名簿に記入された)注意, 譴責(けんせき): laut eines ～*s* im Sterberegister 過去帳の記載によれば | einen ～ erhalten えんま帳にマークされる. **2**《単数で》損害, 妨害: *et.*[3] **～ tun**《雅》…に損害を与える | Die Verleumdungen konnten seinem guten Ruf keinen ～ tun. 中傷も彼の名声を損なうことはできなかった. **3**〘織〙緯糸.

ein|tra·gen*[áintra:gən][1]《191》**I** 他 (h) **1** (収穫を)取り入れる; (鳥などが)集め〔蓄え〕る: Die Bienen *tragen* Pollen und Honig 〔in ihre Zellen〕 *ein.* ミツバチが花粉と蜜(みつ)を集め〔て巣に蓄え〕る.

2《*jm. et.*[4]》(…に利害を)もたらす: Seine Hilfe *trug* ihm 〔nur〕 Undank *ein.* 彼は援助したのに感謝されなかった | Die Eigenheit hat ihm einen Spitznamen *eingetragen.* この癖のため彼はあだ名を付けられた ‖ Das Geschäft *trägt* wenig *ein.* この事業はもうからない | Das Buch hat 〔mir〕 viel *eingetragen.* その本で〔私は〕うんともうけた | Grübeln *trägt* nichts *ein.* 思案は一文にもならない. **3** (↔austragen) 記入〈記帳〉する; 登録〈登記〉する; (言葉を)挿入する: *et.*[4] auf einer Landkarte ～ …を地図に書き入れる | Posten auf *js.* Konto[4] ～〘商〙費目を…の勘定に付ける | Das Auto ist auf seinen Namen *eingetragen.* 自動車は彼の名義になって〈名前で登録されて〉いる ‖ *jn.* 〈*js.* Namen〉 in eine Liste ～ …の名前をリストにのせる | *seine* Ausgaben in ein Heftchen ～ 支出を手帳につける ‖ 再帰 *sich*[4] 〔ins Gästebuch〕 ～ 〔来客簿に〕記名する ‖ ein *eingetragener* 〈*Eingetragener*〉 Verein (略 e. V., E. V.) 社団法人, 登録団体 | ein *eingetragenes* Warenzeichen 登録商標.

ᵛ**II** 自 (h)《*jm.*》損害をもたらす(→I 2).

ein·träg·lich[áintrɛ:klɪç] 形 もうかる, 採算の取れる: ein ～*es* Geschäft もうかる事業 | eine ～*e* Stellung 収入の多い勤め口 ‖ Dieser Handel war für ihn nicht sehr ～. この取引はあまり彼のもうけにはならなかった.

Ein·träg·lich·keit[–kaɪt] 女 -/ einträglich なこと.

Ein·tra·gung[áintra:gʊŋ] 女 -/-en **1** (eintragen すること. 特に:) 記帳, 登録, 登記: ～ ins Grundbuch〘商〙元帳への記入;〘法〙土地台帳への登記. **2** 記録, 書き込み: die ～ lesen 記録を読む | Die ～ ist unleserlich 〈verwischt〉. 書き込みの字が読めない〈消えている〉.

Ein·tra·gungs≈ge·büh·ren 複 登記料. **≈prin·zip** 中〘法〙登記主義.

ein|trai·nie·ren[áintrɛni:rən, ..tre..] 他 (h)《*jm. et.*[4]》(定期的な訓練によって…に…を)仕込む: 再帰 *sich*[4] mit *et.*[3] ～ じっくり…の練習をする.

ein|trän·ken[áintrɛŋkən] 他 (h) **1**《俗》(vergelten)《*jm. et.*[4]》(…に…の)仕返しをする: **es *jm.* ～**《話》…に報復〈仕返し〉をする | Dem *tränke* ich es *ein*! やつにはこのお礼をさせてもらうぞ. **2**〘金属〙浸す.

ein|träu·feln[áintrɔʏfəln]《06》他 (h) **1**《*et.*[4] in *et.*[4]》(…を…に)たらし入れる; (薬などを)点滴注入する: *jm.* ein Medikament ins Auge ～ …の目に薬をさす. **2**《比》《*jm. et.*[4]》(…に憎悪の感情などを)徐々に吹き込む.

ein|tref·fen*[áintrɛfən]《192》**I** 自 (s) **1** (ankommen)《(方向ではなく)場所を示す語句と》(…に)着く, 到着する: Ich bin spät in der Nacht auf dem Flughafen 〈zu Hause〉 *eingetroffen.* 私は夜遅く空港に〈家に〉着いた ‖ Ein Telegramm aus London ist für Sie *eingetroffen.* ロンドンから電報があなたに来ています | Kartoffeln frisch *eingetroffen*! ジャガイモ新入荷(店頭の掲示など). **2** (まれに h) (予想・予言などが)的中する, 実現する: Seine Träume 〈Seine Befürchtungen〉 *trafen ein.* 彼の夢〈恐れていたこと〉が事実となった | Die Voraussage ist *eingetroffen.* 予言が当たった. ᵛ**3 a)** (的に)当たる. **b)**《mit *et.*[3]》(…と)同時に起こる; (…に)合致する.

II Ein·tref·fen 中 -s/ **1** 到着. **2** 実現, 的中.

ein·treib·bar[áintraɪpba:r] 形 (eintreiben できる. 例えば:) (貸金などが)回収可能な.

ein|trei·ben*[áintraɪbən][1]《193》**I** 他 (h) **1** (↔austreiben) (牧草地にいる家畜を小屋に)追い入れる: die Schafe ～ 羊を小屋に追い入れる. **2 a)** (くいなどを)打ち込む: ei-

E

nen Keil ins Holz ～ 木にくさびを打ち込む. **b**) 《俗》(帽子を)ぺしゃんこにつぶす. **3** (einkassieren) (金を)取り立てる: Außenstände ～ 売掛金を回収する | Steuern ～ 税を徴収する. ▽**4** 《*jn.*》責め立てる, 脅しつける.

II 自 **1** (s) 漂着する; (人が)帰り着く: Das Boot ist 〔in die Bucht〕 *eingetrieben.* ボートが〔入江に〕漂着した. **2** (h) 家畜を小屋に入れる(→I 1).

Ein·trei·ber[..bər] 男 -s/- 集金人.

Ein·trei·bung[..bʊŋ] 女 -/-en (eintreiben すること. 例えば:) 取り立て, 徴収.

ein|tre·ten*[áintre:tən] 《194》 **I** 自 (s) **1** (↔austreten) 《in *et.*[4]》(…の中に)入る, 歩み〈立ち〉入る; (団体などに)入る, 入会〈入社・入党〉する; 《bei *jm.*》立ち寄る, 訪問する; ▽〘劇〙登場する: in das Zimmer ～ 部屋に入る | in die Firma 〈in die Partei〉 ～ 会社〈党〉に入る | in ein Kloster ～ 修道院に入る | in die diplomatische Laufbahn ～ 外交官になる | Bitte *treten* Sie *ein*! どうぞお入りください ‖ in eine neue Phase ～ 新しい局面〈段階〉に入る | ins 50. Lebensjahr ～ (年齢が) 50〔代〕になる. **2** 《in *et.*[4]》(…を)始める, 開始する: in eine Beratung 〈eine Verhandlung〉 ～ 協議〈交渉〉に入る | in den Krieg ～ 参戦する. **3** 始まる, 生じる, 起こる: Kälte 〈Dunkelheit〉 *trat ein.* 寒く〈暗く〉なり始めた | Es wird keine Änderung 〈keine Besserung〉 ～. 事態は変化しない〈改善されない〉だろう | Wenn der Fall *eintritt,* daß ... 万一…のような場合には ‖ bei *eintretendem* Bedarf 必要が生じた際には. **4** 《für *jn.* 〈*et.*[4]〉》(…の)味方をする, (…を)擁護〈弁護〉する, 支持する: für eine Ansicht 〈einen Plan〉 ～ ある見解〈計画〉を支持する | Er ist sehr für mich *eingetreten.* 彼は大いに私を弁護してくれた. **5** (h) 《auf *et.*[4]》 **a**) (…を何回も)踏みつける. **b**) 《ｽｲｽ》(eingehen) (問題などに)立ち入る, (…を)立ち入って論じる.

II 他 (h) **1** 《*et.*[4]》踏み破る, けって破壊する: die Tür ～ 戸をけ破る | eine Eisschicht ～ 氷の層を踏み破る. **2** 《*sich*[3] *et.*[4]》(踏みつけて)足の裏に突き刺す: *sich*[3] einen Dorn ～ 足の裏にとげを突き刺す | *sich*[3] einen Nagel ～ くぎを踏みぬく. **3** 履きならす: die neuen Schuhe ～ 新しい靴を履きならす. **4** 踏んでめり込ませる: den Stein ～ 石を踏みつけて地中にめり込ませる.

III Ein·tre·ten 中 -s/ (eintreten すること. 例えば:) **1** 立ち入り, 入場; 入会. **2** 開始, 生起. **3** 支持, 擁護, 弁護. [◇Eintritt]

ein·tre·ten·den·falls[áintre:təndənfáls] 副 もしもそのような事態が生じた場合には(→eintreten I 3).

Ein·tre·tens·de·bat·te 女 《ｽｲｽ》(会議で細目審議に入る前の)一般〈予備〉討論.

ein|trich·tern[áintrɪçtərn] 《05》 他 (h) **1** じょうごで注ぎ込む. **2** 《話》《*jm. et.*[4]》(…に…を苦労して)飲ませる, 流し込む; 《比》(…に…を)苦労して教え込む, たたき込む: dem Kranken ein Medikament ～ 病人に薬を飲ませる | Er *trichtert* einem Schüler 〈*sich*[3]〉 die Vokabeln *ein.* 彼は生徒に単語を苦労して教え込む〈単語を苦労して覚え込む〉 | Ich habe ihm *eingetrichtert,* daß er sich gut benehmen soll. 私は彼に行儀よくするようにこんこんと言って聞かせた. [＜Trichter]

ein|trin·ken*[áintrɪŋkən] 《196》 他 (h) (水などを)飲み〈吸い〉込む; 《比》(思想などを)吸収する, 受け入れる.

Ein·tritt[áintrɪt] 男 -〔e〕s/-e **1 a**) (ある場所・団体などに)入ること; 入場; 入会; 入学; 就任; 〘理〙(光の)入射; ▽〘劇〙登場: der ～ in den Krieg 参戦 | der ～ in die Partei 入党 | der ～ ins Viertelfinale 準々決勝への進出 ‖ Kein ～! / *Eintritt* verboten! 入場〈立ち入り〉禁止 | *jm.* ～ gewähren …に入会〈加入〉を許す ‖ beim ～ ins Geschäft 入社の時に. **b**) (Eintrittsgeld) 入場料: den ～ bezahlen 入場料を支払う | Kinder haben freien ～. 子供は入場無料だ | Der ～ kostet 2 Mark. 入場料は2マルクである | Es kostet keinen ～. 入場無料だ. **2** 開始, 始まり, 発生: bei ～ der Dunkelheit うす暗くなってきた時に. [*mhd.*; ◇eintreten]

Ein·tritts≠geld 中 入場料, 入会金, 入学金: *sein* ～ bezahlen 〈entrichten〉 入場料を払う. **≠kar·te** 女 入場券: eine ～ lösen 〈kaufen〉 入場券を買う | *jm.* eine ～ verschaffen …に入場券を世話する. **≠preis** 男 入場料. **≠pu·pil·le** 女〘理〙入射ひとみ. **≠recht** 中〘法〙介入権.

ein|trock·nen[áintrɔknən] 《01》 **I** 他 (h) 乾かす, 干す, 乾燥させる. **II** 自 (s) 乾く, 干からびる, しなびる: *eingetrocknetes* Gesicht しなびた〈しわだらけの〉顔.

ein|trom·meln[áintrɔməln] 《06》《話》 **I** 他 (h) 《*jm. et.*[4]》(…に…を)こんこんと言い聞かせる, くり返し教え込む.

II 自 (h) 《auf *jn.*》(…を)立て続けに殴りつける; (…に)執拗(しつよう)に働きかける.

ein|tröp·feln [áintrœpfəln] 《06》, **ein|trop·fen** [áintrɔpfən] ＝einträufeln

ein|trü·ben[áintry:bən][1] 他 (h) **1** 濁らせる, 混濁〈汚濁〉させる: Fensterscheiben ～ (湯気などが)窓ガラスを曇らせる. **2** 再帰 *sich*[4] ～ 濁る, 混濁〈汚濁〉する; 暗くなる: Das Wetter 〈Der Himmel〉 *trübt* sich *ein.* 空が暗くなる, 曇る ‖ 非人称 Es hat sich immer stärker *eingetrübt.* 空はますます暗くなった.

ein|tru·deln[áintru:dəln] 《06》 自 (s) 《話》悠然と〔遅れて〕やって来る, 慌てもせずにぶらぶらやってくる: Eine Stunde später *trudelte* sie endlich *ein.* 1時間も経ってからやっと彼女はのこのこやって来た.

ein|tun·ken[áintʊŋkən] 他 (h) **1** (eintauchen) 浸す, つける: eine Feder ～ ペンをインクにつける | das Brot in die Suppe ～ パンをスープに浸す. **2** 《話》 **a**) es *jm.* ～ …の責任を追求する, …をきびしく責める. **b**) 《*jn.*》(…を)不利な立場に追い込む; (…を)からかう, 愚弄する.

ein·tü·rig[áinty:rɪç][2] 形 一枚とびらの, 片開きの.

ein|tü·ten[áinty:tən] 《01》 他 (h) 紙袋に入れる〈詰める〉. [＜Tüte]

ein|üben[áin|y:bən][1] 他 (h) **1** 《*et.*[4]》習い覚える; けいこする, 練習する: eine Rolle ～ 役割をけいこする | *eingeübte* Redensarten wiederholen 習い覚えた決まり文句〈お世辞〉を繰り返す. **2** 《*jm. et.*[4]》(けいこをさせて…に…を)教え込む: *sich*[3] eine Geste ～ けいこしてある身振りを覚え込む | *jm.* einen Tanz 〈ein Lied〉 ～ …にダンス〈歌〉を教え込む **3** 《*jn.*》(…を)訓練する, (…に)練習〈けいこ〉をさせる, コーチする: 再帰 *sich*[4] in *et.*[4] ～ 練習〈けいこ〉によって…を身につける | *sich*[4] in die Redekunst ～ 雄弁術をマスターする.

Ein·über[..bər] 男 -s/- ＝Korrepetitor

Ein·übung[..bʊŋ] 女 -/-en 練習, けいこ.

einund.. 《基数》…〔と〕1: *einund*zwanzig 21 | *einund*neunzig 91 (参考 hundert〔und〕eins 101).

Ein·und·al·les[áin|ʊnt|áləs] 中 -/ 唯一無二のもの.

ein·und·ein·halb ＝eineinhalb

Ein·und·zwan·zig[áin|ʊnttsvántsɪç; ｵｰｽﾄﾘｱ: ⏊◡◡◡] 《無冠詞》〘ﾄﾗﾝﾌﾟ〙トゥエンティーワン.

▽**Ei·nung**[áinʊŋ] 女 -/-en **1** (Einigung) 統一, 合同; (意見の)一致, 同意. **2** 〘史〙(中世市民層の)盟約.

▽**Ei·nun·ger**[..ŋər] 男 -s/- 仲裁〈調停〉者.

ein|ver·lei·ben[áinfɛrlaibən][1] 《現在・過去ではまれに非分離》 他 (h) **1** 《*et.*[4] *et.*[3]》(…を…に)〔不法に〕併合する, 合併する, 編入する: *et.*[4] *seinem* Besitztum ～ …を自分の財産に含める〈わがものとしてしまう〉 | *et.*[4] *seiner* Sammlung ～ …をコレクションに加える | Ein Gebiet wird einem Staat *einverleibt.* ある地域がある国家に併合される ‖ *einverleibende* Sprachen 〘言〙抱合語(動詞の前後に接辞をつけ一語で文形態をとる言語. アイヌ語・エスキモー語など).

2 《*sich*[3] *et.*[4]》 **a**) (知識・経験などを)わがものとする, 吸収する: *sich*[3] neue Wissensschätze ～ 新しい知識を吸収する. **b**) 《話》したたか食う〈飲む〉: *sich*[3] zwei volle Portionen ～ まるまる2人前たいらげる〈胃の腑(ふ)に収める〉. [＜Leib; *spätlat.* in-corporāre (◇inkorporieren) の翻訳借用]

Ein·ver·lei·bung[..bʊŋ] 女 -/-en 併合, 合併.

Ein·ver·nah·me[áinfɛrna:mə] 女 -/-n 《ｵｰｽﾄﾘｱ・ｽｲｽ》 (Vernehmung) 尋問, 審問, 事情聴取.

ein|ver·neh·men*[..ne:mən] 《104》 **I** 他 (h) 《ｵｰｽﾄﾘｱ・ｽｲｽ》《*jn.*》(vernehmen) 尋問〈審問〉する, (…から)事情を聴

取する. **II Ein·ver·neh·men** 中 -s/ **1** (Eintracht) 協調, 融和, 親善関係: das gute ～ unter den Nationen 国際親善〈協調〉‖ im ～ mit *jm.* …と協調〈協力〉して | in gutem 〈im guten〉 ～ mit *jm.* stehen …と仲がいい, …と仲よく暮らしている. **2** 《官》(Verständigung) 了解: *sich*⁴ telefonisch 〈brieflich〉 mit *jm.* ins ～ setzen …と電話〈手紙〉で話をつける.

ein·ver·nehm·lich[..lɪç] 形《述語的用法なし》(当事者間で)一致した, 合意の: eine ～*e* Regelung 合意に基づく規制 ‖ ～ handeln 一致して行動する | ein Problem ～ lösen 問題を話し合いで解決する.

ein·ver·stan·den[áɪnfɛrʃtandən] 形《述語的》了承〈同意〉している: mit einem Vorschlag ～ sein 提案に賛成である | Ich bin mit deinen Bedingungen ～. 私は君の条件は了承〈承知〉した ‖ mit *jm.* ～ sein i) …と同意見である; ii) …に満足している. [＜ein²]

ein·ver·ständ·lich[..ʃtɛntlɪç] 形《述語的用法なし》了承〈同意〉の; 合意に基づく: ein ～*es* Kopfnicken 同意を示すうなずき | ～*e* Scheidung 協議離婚 ‖ *et.*⁴ ～ regeln 合意のもとに…を調整していく.

Ein·ver·ständ·nis[..nɪs] 中 -ses/-se 了承, 同意; 合意: ein schriftliches ～ 同意〈承諾〉書 | stillschweigendes ～ 暗黙の了解 ‖ im ～ mit *jm.* …と示し合わせて | im geheimen ～ mit dem Feinde stehen ひそかに敵と通じている | mit dem ～ des Direktors 所長の了承を得て | über *et.*⁴ zu einem ～ kommen …に関して意見が一致する ‖ das ～ des Partners einholen 相手方の同意を取りつける | *sein* ～ erklären 〈zeigen〉 了承を与える | Es bestand 〈herrschte〉 〔völliges〕 ～ zwischen ihnen. 彼らは〔完全に〕意見が一致していた.

Ein·ver·ständ·nis·er·klä·rung 女 同意〔の表明〕, 了承〔を与えること〕.

Ein·waa·ge[áɪnva:gə] 女 -/ **1** 《商》(小売りのときの)量り減り. **2** 《商》(缶詰などの)正味. **3** (Gewichtsbestimmung) 《化》定量. [＜ein²]

ein|wach·sen¹*[áɪnvaksən] 《199》 自 (s) 《in *et.*⁴》(…の中へ)根づく, 内部に向かって生長する: ein *eingewachsener* Zehennagel 肉に食い込んだ足のつめ.

ein|wach·sen²[−] 《02》 他 (h) (床などに)ワックスを塗る〈引く〉, 蠟(ろう)を塗る.

ein|wal·zen[áɪnvaltsən] 《02》 他 (h) 《土木》(バラストなどを地中に)ローラーで押し込む.

Ein·wand[áɪnvant]¹ 男 -〔e〕s/..wände[..vɛndə] 抗議, 異議; 《法》抗弁: ein unbegründeter ～ 根拠のない抗弁 ‖ einen ～ gegen *jn.* 〈*et.*⁴〉 erheben 〈vorbringen〉 …に異議を申し立てる | keine *Einwände* haben 異議がない | *js.* *Einwände* zurückweisen …の抗議をはねつける. [＜einwenden]

Ein·wan·de·rer[áɪnvandərər] 男 -s/- (↔Auswanderer) (他国・よその土地からの)移住者, 移民.

ein|wan·dern[..dərn] 《05》 自 (s) (↔ auswandern) (他国・よその土地から)移住する, 来住〈入植〉する: in Australien⁴ 〈nach Australien〉 ～ オーストラリアに移住する | ein *Eingewanderter* (他国・よその土地からの)移住者, 移民.

Ein·wan·de·rung[..dərʊŋ] 女 -/-en 《ふつう単数で》(他国・よその土地からの)移住, 来住, 入植.

Ein·wan·de·rungs≠be·hör·de 女 移民局, 入国管理庁. **≠land** 中 移民〈難民〉〔大量〕受け入れ国(オーストラリア・カナダ・米国など).

ein·wand·frei[áɪnvant..] 形 **1** (tadellos) 非難の余地のない, 申し分のない; 欠点〈間違い〉のない: ein ～*er* Zustand 申し分のない状態 | ein ～*es* Deutsch 全く正しいドイツ語 | eine ～*e* Ware 傷のない商品 ‖ ～ funktionieren 完全に機能する. **2** (eindeutig) 異論の余地のない, 明白な: eine ～*e* Beweisführung 異論の余地のない立証.

ein·wärts[áɪnvɛrts] 副 (↔auswärts) 内部〈内側〉へ: mit ～ gerichteten Füßen gehen 内またに歩く.

Ein·wärts≠dre·her 男 《解》回内〈内転〉筋. **≠dre·hung** 女 《医》(手足の)内転〔作用〕.

ein·wärts≠ge·bo·gen 形 内側へ湾曲した. **≠|ge·hen*** 《53》 自 (s) 内またに歩く(ただし: einwärts gehen 内側へ歩く). **≠|set·zen** 《02》 他 (h), **≠|stel·len** 他 (h) (足を)内またに踏み出す: 〔beim Gehen〕 die Füße ～ 内またに歩く.

ein|wäs·sern[áɪnvɛsərn] 《05》 他 (h) 水につける, 水につけて柔らかくする〈塩出しする〉: Salzheringe ～ 塩ニシンを水につけて塩出しする.

ein|we·ben[áɪnve:bən]¹ 他 (h) 《*et.*⁴ in *et.*⁴》(…を…の中へ)織り込む: Muster in einen Stoff ～ 布地に模様を織り出す | eine Anekdote in einen Reisebericht ～ 《比》旅行記の中に逸話を織り込む.

ein|wech·seln[áɪnvɛksəln] 《06》 **I** 他 (h) **1** 《*et.*⁴ 〔in *et.*⁴〕》(貨幣を〔別の貨幣に〕)両替する: Dollars in Mark ～ ドルをマルクに替える | einen großen Geldschein ～ 高額紙幣をくずす. **2** (↔auswechseln) 《*jn.*》《スポ》(選手交代で…を)出場させる. **II** 自 (s) 《in *et.*⁴》《狩》(野獣が…へ)移りすむ, 生息地を替える.

Ein·wech·se·lung[..səlʊŋ] (**Ein·wechs·lung** [..slʊŋ]) 女 -/-en (貨幣の)両替.

ein|wecken[áɪnvɛkən] 他 (h) 瓶詰にする: Obst ～ 果物を瓶詰にする | *eingeweckte* Bohnen 瓶詰の豆 ‖ *Weck* es *ein!* 《話》ばかを言うものではない, よけいなことを言うな | Laß dich ～! 《話》(能なしめ)とっととうせろ. [◇Weckglas]

Ein·weck·glas 中 -es/..gläser (肉・野菜・果物などの)ヴェック式殺菌貯蔵瓶.

Ein·weg≠bahn [áɪnve:k..] = Einschienenbahn **≠be·häl·ter** 男 (商品の)使い捨て容器(→Mehrwegbehälter). **≠fla·sche** 女 (商品の)使い捨て瓶. **≠ge·schirr** 中 使い捨て食器 (→Mehrweggeschirr). **≠hahn** 男 -〔e〕s/-en 《化》単路活栓. **≠schei·be** 女 一方からは透明で他方からは不透明な窓〈板〉ガラス. **≠spie·gel** 男 マジックミラー(裏側から見ると素通しのガラスになっている鏡). **≠sprit·ze** 女 (一回限り使用の)使い捨て注射器. **≠ver·packung** 女 (一度しか使えない)使い捨て包装(→Mehrwegverpackung). [＜ein¹＋Weg]

ein|wei·chen[áɪnvaɪçən] 他 (h) (液体・洗剤などに浸して)柔らかくする, ふやかす; 《比》びしょぬれにする: Erbsen eine Nacht 〔in Wasser³〕 ～ エンドウを一晩水につけてふやかす | Zwieback in Milch³ ～ ビスケットをミルクに浸して柔らかくする | Wäsche in Lauge³ ～ (洗濯の前にあらかじめ)洗濯物をせっけん水につける | das Geschirr ～ 食器を洗剤に浸しておく | Er war gründlich *eingeweicht* vom Regen. 《比》彼は雨でびしょぬれだった. [＜weich]

ein|wei·hen[áɪnvaɪən] 他 (h) **1 a)** 《*et.*⁴》神聖にする, (神に)献納する, 聖別〈祝別〉する; (…の)竣工(しゅんこう)〈落成・除幕〉の式典を行う; (…の)使い初(ぞ)めをする: eine Brücke 〈ein Denkmal〉 ～ 橋の開通式〈記念碑の除幕式〉を行う | Sie hat die neue Handtasche gleich *eingeweiht.* 《戯》彼女はその新しいハンドバッグをすぐに使い始めた. **b)** *jn.* zum Priester ～ 《カトリック》…に司祭の資格を与える, …に叙階の秘跡を授ける.

2 《*jn.* in *et.*⁴》(…に秘密などを)打ち明ける, 知らせる: *jn.* in *seinen* Plan ～ …に自分の計画の内容を知らせる | Er ist *eingeweiht.* 彼はこのことを知っている ‖ in den *eingeweihten* Kreisen 消息筋では | ein *Eingeweihter* 事情に通じている〈内情を知っている〉人, 消息通.

Ein·wei·hung[..ʊŋ] 女 -/-en einweihen すること: die ～ eines Sportplatzes 競技場の竣工〔式〕‖ die ～ des Freundes in *seine* Pläne 自分の計画を友人に打ち明けること.

Ein·wei·hungs≠fei·er 女 落成〈除幕〉式, 開業〈開校〉式; 聖職任命式: eine ～ veranstalten 落成式を挙行する | Zur ～ erschien ein Minister. 落成式には大臣が姿を見せた. **≠re·de** 女 落成〈除幕・開業・開校〉式の式辞.

ein|wei·sen*[áɪnvaɪzən]¹ 《205》 他 (h) **1 a)** 《*jn.* in *et.*⁴》(…に病院・刑務所などへ)入るようにと指示する, (…に…への)入居〈入院・入所〉を命じる, (…を…に)入れる, 収容する: *jn.* ins Altersheim ～ …を養老院に入れる. **b)** 《*jn.*/*et.*⁴》《方向を示す語句と》(…を…の場所へ)誘導する: einen Fahrer in den Parkplatz ～ 運転者に合図しながら駐車場へ誘

E

導する. **2** 《*jn.* in *et.*⁴》(…を…の)役職につかせる, 任用する: den Direktor ～ 主管者を任命する | *jn.* in ein Amt ～ …をある職に就ける. **3** 手ほどきをする: *jn.* in *seine* Arbeit 〈an der Maschine〉 ～ …に仕事〈機械の扱い方〉を教え込む.

Ein·wei·sung[..zʊŋ] 女 -/-en einweisen すること.

ein|wen·den(*)[áınvɛndən][1] 《206》 他 (h) 《*et.*⁴ gegen *et.*⁴》(…を…に対して)反論として挙げる〈持ち出す〉: etwas ～ 異議を唱える, 文句をつける | Er *wandte* 〈*wendete*〉 mancherlei gegen meinen Vorschlag *ein.* 彼は私の提案になんだかんだと反対した | Dagegen läßt sich nichts ～. それには文句のつけようがない | Gegen ein Glas Bier hätte ich nichts *einzuwenden.* ビール1杯なら喜んでつきあいます, ビール1杯飲みたいところだ. [◇Einwand]

Ein·wen·dung[..dʊŋ] 女 -/-en 〖法〗抗弁〔権〕(相手方の権利が存在しないことを主張して, その行使を妨げる権利: →Einrede).

ein|wer·fen*[áınvɛrfən] 《209》 **I** 他 (h) **1 a)** 《*et.*⁴ 〔in *et.*⁴〕》(…を〔…の中へ〕)投げ入れる; 《比》(言葉を)さしはさむ; (急場をしのぐために代わりのものを)投入する: eine Münze 〔in den Automaten〕 ～ 硬貨を自動販売機に入れる | einen Brief ～ 手紙を投函(とうかん)する ‖ Er *warf ein,* er sei anderer Meinung. 彼は自分は意見が違うと口をはさんだ〈反対した〉. **b)** 《話》(ギアを)乱暴に入れる. **2** (石などをぶつけて)壊す: *jm.* das Fenster mit einem Stein ～ …の部屋の窓に石を投げて割る. **3** 再帰 *sich*⁴ ～ 〖スポ〗(十分に)投げ方の練習をする. **II** 自 (h) 〖球技〗(ボールを)スローインする. [◇Einwurf]

ein·wer·tig[áınve:ɐtıç][2] 形 〖化・数・言〗1価の.

ein|wickeln[áınvıkəln] 《06》 他 (h) **1** (↔auswickeln) 包む, くるむ; (einrollen)(髪を)カーラーに巻く: Waren 〔in Papier⁴〕 ～ 品物を〔紙に〕包む | einen Finger in einen Verband ～ 指に包帯をする | das Kind 〔warm〕 in Decken ～ 子供を〔暖かく〕毛布にくるむ ‖ 再帰 *sich*⁴ 〔fest〕 in *seinen* Mantel ～ コートに〔すっぽり〕くるまる.

2 《話》《*jn.*》言いくるめる, 丸め込む: *sich*⁴ von *jm.* 〈von glatten Worten〉 ～ lassen …に〈うまい言葉に〉だまされる.

Ein·wickel·pa·pier 中 包装紙.

Ein·wicke·lung[..vıkəlʊŋ] (**Ein·wick·lung**[..klʊŋ]) 女 -/-en 《ふつう単数で》包装; くるむこと; 〖医〗包帯, あんぽう.

ein|wie·gen¹[áınvi:gən][1] 他 (h) (子供を)揺すって寝かしつける: 《比》(beschwichtigen) なだめすかす: *jn.* in falsche Hoffnungen 〈mit falschen Versprechungen〉 ～ あれこれと気休めを言って…をなだめる.

ein|wie·gen²*[‒] 《210》 他 (h) 〖商〗(缶詰・袋詰などのために)量って入れる: Wieviel ist *eingewogen* worden? 目方にしていくら入れてありますか.

ein|wil·li·gen[áınvılıgən][2] 自 (h) 《in *et.*⁴》(…に)同意する, (…を)承諾する: in einen Vorschlag ～ 提案に賛成する | in Bedingungen ～ 条件をのむ.

Ein·wil·li·gung[..gʊŋ] 女 -/-en 同意, 承諾: *seine* ～ zu *et.*³ geben …に同意する | *js.* ～ einholen …の同意を得る.

ein|win·deln[áınvındəln] 《06》 他 (h) (赤ん坊を)おむつに包む, (…に)おむつを当てる.

ein|win·ken[áınvıŋkən] 他 (h) 手まねで指示して入れる: einen Autofahrer in die Garage ～ 車の運転者に手で合図してガレージに入庫させる.

ein|win·tern[áınvıntɐrn] 《05》 **I** 他 (h) (野菜などをむろに入れて)冬越しさせる. **II** 自 **1** (s) 越冬する. ▽**2** (h) 非人称 《es wintert ein》冬になる.

ein|wir·ken[áınvırkən] **I** 他 (h) **1** (einweben) 〖織〗(模様・金糸などを)織り込む: *eingewirktes* Muster 織り込み模様. **2** (einkneten)(ケーキに干しぶどうなどを)こね入れる. **II** 自 (h) 《auf *jn.* 〈*et.*⁴〉》影響を及ぼす, 感化する, 作用する; 働きかける, 説きつける: schädlich ～ 悪影響を及ぼす ‖ *et.*⁴ ～ lassen 〖化〗…を作用〈反応〉させる ‖ die *einwirkenden* Faktoren 作用要因.

Ein·wir·kung[..kʊŋ] 女 -/-en (einwirken すること. 例えば:) 作用, 影響: die ～ der Sonne auf die Erde 太陽の地球への作用 | Er steht noch unter der ～ des Alkohols 〈von Morphium〉. 彼はまだ酒に酔っている〈モルヒネが効いている〉.

ein≠wö·chent·lich[áınvœçəntlıç] 形 毎週の, 週1回の, 週刊の. **≠wö·chig**[..vœçıç][2] 形 1週間の; 1週間を経た, 生後1週間の.

ein|woh·nen[áınvo:nən] **I** 自 (h) **1** 居住する: bei *jm.* 〔mit〕 ～ …の家に同居〈間借り〉する. **2** 《雅》(innewohnen) 《*jm.*》本来備わる.

II 他 (h) ▽**1** 再帰 *sich*⁴ ～ (ある場所に)なじむ, 住みなれる. **2** 《方》(abwohnen) 住み荒らす: Das Zimmer ist stark *eingewohnt.* 部屋はひどく傷んでいる.

Ein·woh·ner[..nɐr] 男 -s/- **1** 住民, 定住者: Die Stadt hat zwei Millionen ～. この都市の人口は200万人だ. ▽**2** (Bewohner) 居住者, 住人.

Ein·woh·ner·mel·de·amt[また: ––⏑⏑́⏑⏑] 中 (市役所・町役場などの)住民登録課.

Ein·woh·ner·schaft[..ʃaft] 女 -/-en 《ふつう単数で》《集合的に》全住民.

Ein·woh·ner≠ver·zeich·nis 中 住民登録簿. **≠wehr** 女 (市・町の)自警団. **≠zahl** 女 住民数, 人口.

ein|wüh·len[áınvy:lən] 他 (h) もぐり込ませる, ねじ込む.

Ein·wurf[áınvʊrf] 男 -〔e〕s/..würfe[..vʏrfə] **1 a)** 投入: Brief*einwurf* 手紙の投函(とうかん). **b)** 〖球技〗スローイン: Die Gegenpartei hatte den ～. 敵方のスローインだった. **2** (郵便箱やポストの)差し入れ口, 投入口: der ～ am Briefkasten 郵便箱〈ポスト〉の投入口. **3 a)** 抗議, 反論: einen ～ machen 抗議する | einen ～ bewußt überhören 抗議を聞き流す | *Einwürfe* gegen *jn.* erheben …に抗議〈反論〉する. **b)** 挿入された注釈. **4** (石などをぶつけての)破壊: ～ des Fensters 窓ガラスを壊すこと. [*mhd.*; ◇einwerfen]

ein|wür·gen[áınvʏrgən][1] 他 (h) 《*jm. et.*⁴》(…に食物などを)むりやりに飲み込ませる〈食べさせる〉: *sich*³ das Essen mit Widerwillen ～ 食物をいやいや飲み込む.

ein|wur·zeln[áınvʊrtsəln] 《06》 **I** 自 (s) 根づく; 《比》根をおろす, なじむ, しみ込む: Man darf das Übel nicht erst ～ lassen. 悪習〈災い〉は根を張らぬうちに摘み取らねばならない ‖ **wie *eingewurzelt* 〔da〕stehen 〈stehen bleiben〉** 根が生えたように立ちつくす | tief bei *jm. eingewurzelt* sein …の身〈心〉に深くしみついている | ein 〔tief〕 *eingewurzeltes* Mißtrauen 根深い不信感.

II 他 (h) 再帰 *sich*⁴ ～ (しっかりと)根づく; 《比》なじむ: *sich*⁴ tief ～ 深く根をおろす.

Ein·zahl[áıntsa:l] 女 -/-en 《ふつう単数で》(略 Ez.) (↔Mehrzahl) (Singular) 〖言〗単数〔形〕.

ein|zah·len[áıntsa:lən] 他 (h) 払い込む; 預金する: Geld in die Bank ～ 金を銀行に預け入れる | *seine* Miete auf ein Konto ～ 家賃を銀行口座に払い込む ‖ voll *eingezahlt* 全額払い込み済みの.

Ein·zah·ler[áıntsa:lɐr] 男 -s/- 払い込む人; 預金者.

Ein·zah·lung[..lʊŋ] 女 -/-en 払い込み〔金〕; 預金.

Ein·zah·lungs·schein 男 《スイ》(Zahlkarte) (銀行・郵便局の)払込票.

Ein·zahl·wort 中 -〔e〕s/..wörter (Singularetantum) 〖言〗(複数形を欠く)単数〔形〕名詞.

ein|zäu·nen[áıntsɔʏnən] 他 (h) 塀を巡らす, 垣〈さく〉で囲む: einen Garten ～ 庭を塀で囲む.

Ein·zäu·nung[..nʊŋ] 女 -/-en **1** einzäunen すること. **2** 垣, さく, 塀.

ein·ze·hig[áıntse:ıç][2] 形 〖動〗一趾(し)の, 足つめ1本の.

ein|zeich·nen[áıntsaıçnən] 《01》 他 (h) **1** 《*et.*⁴ auf 〈in〉 *et.*⁴》(図形などを…に)描く, 記入する; 〖数〗(曲線などを)描く(座標によって), プロットする: Höhenlinien auf einer Karte 〈in eine Karte〉 ～ 等高線を地図に書き入れる ‖ 再帰 *sich*⁴ ～ 刻み込まれる, 刻印される | In dem Gesicht 〈In das Gesicht〉 haben sich tiefe Falten *eingezeichnet*. 顔には深いしわが刻まれた. **2** (eintragen) 《*et.*⁴ in *et.*⁴》(…を…に)記入する, 記帳する: *seinen* Namen in eine Liste ～/ 再帰 *sich*⁴ in eine Liste ～ リストに自分の名前を登録する.

Ein·zeich·nung[..nʊŋ] 女 -/-en 記入.

Ein·zei·ler[áintsailər] 男 -s/- 1行詩.

ein·zei·lig[..tsailɪç][2] 形 **1** 1行の(から成る). **2** (タイプライターなどで) 1行分〈幅〉の, シングルスペースの.

ein·zel[áintsəl] ᵛ**I** = einzeln **II** **Ein·zel** 中 -s/- (↔ Doppel) (テニス・卓球などの) シングルス.

einzel.. 《名詞などにつけて「単独の・個々の」を意味する》

Ein·zel≠ab·teil 中 〘鉄道〙 個室. **≠ak·tion** 女 個人行動〈プレー〉. **≠an·fer·ti·gung** 女 (家具などの) 特別〈特注〉品. **≠auf·hän·gung** 女 (自動車の車輪の) 独立懸架〔方式〕. **≠auf·zäh·lung** 女 列挙, 枚挙. **≠aus·ga·be** 女 (全集に対する) 単行本, 分冊版. **≠bau·er** 男 -n (-s)/-n (↔Genossenschaftsbauer) (旧東ドイツの) 自営農民 **≠be·trieb** 男 個人企業〈経営〉. **≠bett** 中 シングルベッド. **≠box** 女 1匹用の畜舎; 1台用の車庫. **≠dar·stel·lung** 女 (1事項に関する) 特殊研究書〈論文〉, モノグラフィー. **≠ding** 中 -[e]s/-e 個別的な事物; 〘哲〙 個物. **≠druck** 男 -[e]s/-e 別刷り, 抜き刷り; 分冊版. **≠er·schei·nung** 女 個別現象. **≠fall** 男 個々の〈特殊な〉場合: *et.*[4] nach dem ~ entscheiden …をケースバイケースで決定する. **≠gän·ger** 男 -s/- **1** 群居しない〈独居性の〉動物. **2** 独行者; 《比》 非社交的な人, 一匹狼(おおかみ). **≠ge·schäft** 中 小売業〈店〉. **≠haft** 女 独房監禁〔刑〕. **≠han·del** 男 -s/ (↔Großhandel) 小売業.

Ein·zel·han·dels≠ge·schäft 中 小売店. **≠preis** 男 小売値段〈価格〉. **≠ver·kaufs·preis** 男 (略 EVP) (旧東ドイツで) 小売価格.

Ein·zel≠händ·ler 男 (↔Großhändler) 小売商人. **≠haus** 中 一軒家, 独立家屋.

Ein·zel·heit[áintsəlhait] 女 -/-en **1** 《ふつう複数で》 (Detail) 細目, 詳細, (全体の中の) 個々の事物: *et.*[4] bis in die ~*en* beschreiben …を事細かに描写する. ᵛ**2** 単一性.

Ein·zel≠hof 男 人里離れた〈一軒家の〉農家. **≠kampf** 男 〘軍〙 一騎打ち, 白兵戦; (↔Mannschaftskampf) 〘スポーツ〙 個人戦. **≠kind** 中 ひとりっ子. **≠kon·kur·renz** 女 〘体操〙 種目別競技. **≠ko·sten** 複 項目別の費用. **≠la·der** 男 -s/- (↔Mehrlader) 単装銃. **≠lauf** 男 〘スケート〙 ソロ. **≠le·ben** 中 単独生活, 独居. **≠lei·stung** 女 個人の成績〈業績〉.

Ein·zel·ler[áintsɛlər] 男 -s/- 〘生〙 単細胞生物, 原生動物.

ein·zel·lig[..lɪç][2] 形 単細胞の.

Ein·zel·mit·glied·schaft[áintsəl..] 女 個人会員となること, 個人加入〈参加〉.

ein·zeln[áintsəln] 形 《比較変化なし; 述語的用法なし》 **1** 単独の, 個別的な, 個々の: 〘付加語的に〙 ein ~*es* Haus 一軒家 | eine ~*e* Frau 連れのない女性 | ein ~*er* Schuh 靴の片方 | die ~*en* Teile 〈Glieder〉 各部分〈要素〉 | *et.*[4] in ~*e* Blätter auflösen (とじた物を) 1枚1枚の紙にばらす ‖ jedes ~*e* Kind 子供ひとりひとり ‖ 〘副詞的に〙 die Zeugen ~ befragen 証人ひとりひとりに(別に)質問する | alle Bände ~ kaufen 全巻を1巻ずつ(ばらで)買う ‖ 〘小文字のまま名詞的に: →folgend ★〙 jeder ~*e* von uns 私たちのひとりひとり | Der ~*e* 〈Ein ~*er*〉 ist machtlos. / Als ~*er* ist man machtlos. ひとりひとり(ばらばらで)は無力である | das ~*e* 細目, 詳細 | bis ins ~*e* 細部にいたるまで | 〔bis〕 ins ~*e* gehen 細目にわたる | im ~*en* 一つ一つ, 個々に, 詳細に ‖ 〘大文字で名詞的に〙 vom *Einzelnen* ins Ganze 〈zum Allgemeinen〉 gehen 細目より全体〈個別から全般〉へと進む. **2** (einig) (多くの中で) 二三の, 少数の, 個々の: ~*e* von uns 私たちの中の幾人か | *sich*[4] nur noch an ~*es* erinnern 断片的にしか覚えていない.

[*mhd.*; < *ahd.* einaz „einzeln“; ◇ein[1], einzig]

ein·zeln·ste·hend 形 《付加語的》 単独で立つ, 独立の; 〘植〙 単生の: ein ~*es* Haus 一軒家.

Ein·zel≠rei·se 女 (↔Gruppenreise) (団体旅行に対する) 個人旅行. **≠rich·ter** 男 〘法〙 単独裁判官. **≠sän·ger** 男 (女 **≠sän·ge·rin**) **1** (合唱団の) 個々の歌手. **2** 独唱者. **≠spiel** 中 **1** (Einzel) (テニス・卓球などの) シングルス. **2** 〘楽〙 独奏. **3** 〘スポーツ〙 個人プレー. **≠stück** 中 珍品, 逸品. **≠tä·ter** 男 単独犯人. **≠teil** 中 **1** 細目. **2** 〘工〙 部品. **≠ver·kauf** 男 小売り. **≠ver·kaufs·preis** = Einzelhandelsverkaufspreis **≠wahl·sy·stem** 中 (1区1名の) 小選挙区制.

ein·zel≠weis[áintsəlvais] 副 《オーストリア》 (einzeln) 個別的に. **≠wei·se** 副 (→..weise ★) 一人ずつ, 一個ずつ.

Ein·zel≠we·sen 中 個体, 個別的存在. **≠zel·le** 女 **1** a) (刑務所などの) 独房. b) 〘法〙 独房監禁刑. **2** 個人用小室; 専用浴室〈更衣室〉. **3** 〘生〙 個々の細胞. **≠zim·mer** 中 (ホテル・寄宿舎などの) 一人部屋; 個室.

ein|ze·men·tie·ren[áintsementi:rən] 他 (h) (…を壁・床などに) セメントではめ込む〈固定する〉.

ein·zieh·bar[áintsi:ba:r] 形 einziehen できる: ~*e* Krallen (鳥や動物の) 引っ込めることのできるつめ | ~*e* Außenstände 取り立て可能の未回収金 | ~*e* Güter 没収できる財産.

ein|zie·hen*[áintsi:ən] 《219》 **I** 自 (s) **1** 《in *et.*[4]》 (↔ausziehen) (…に) 入る, 入りこむ, 進入〈入場〉する; (住居などに) 入居する: in die Stadt ~ 町に入る; (軍隊が) 町に入城する | in die neue Wohnung ~ 新居に引っ越す | in die Endrunde ~ 決勝ラウンドに進出する〈駒を進める〉 ‖ Ich bin voriges Jahr hier *eingezogen.* 私は昨年ここに越してきた ‖ Bald *zieht* der Frühling *ein.* もうじき春がくる. **2** (水分・湿気などが) 入りこむ, しみ込む: Die Feuchtigkeit *zieht* in die Mauer *ein.* 湿気が壁にしみ込む.

II 他 (h) **1** 《*et.*[4] in *et.*[4]》 (…の中へ) 入れる, はめ込む: einen Faden in die Nadel ~ 糸を針に通す | eine Scheibe in den Fensterrahmen ~ 窓枠にガラスをはめ込む. **2** 取り込む, しまい込む; (身体の一部を) 引っ込める: die Segel 〈die Fahne〉 ~ 帆〈旗〉をおろす | die Netze ~ (漁師が) 網を取り込む | das Fahrgestell ~ (飛行機が) 脚(きゃ)を引き込む ‖ den Bauch 〈die Schultern〉 ~ 腹部をへこませる〈肩をすぼめる〉 | den Kopf ~ 頭を引っ込める | die Fühler ~ (昆虫が) 触角を引っ込める | die Krallen ~ (→Kralle 1) | den Schwanz ~ (→Schwanz 1). **3** (情報などを) 入手する, 収集する; (貸金・税金などを) 取り立てる, 徴収する; (不要になったものを) 回収する; (財産を) 没収〈押収〉する, 徴発する: Nachrichten 〈Erkundigungen〉 über *et.*[4] ~ …について情報を集める〈調査する〉 ‖ die Außenstände 〈die Steuern〉 ~ 未回収金〈税金〉を取り立てる | aufgerufene Banknoten ~ 無効になった銀行券を回収する | *js.* Vermögen ~ …の財産を没収する. **4** (官職・機関などを) 廃止〈撤廃〉する. **5** 《*jn.*》 〘軍〙 (兵員を) 召集〈徴集〉する. **6** (einatmen) (気体を) 吸い込む, (einsaugen) (液体を) 吸収する: Der trockene Schwamm *zieht* Wasser *ein.* 乾いた海綿が水を吸い込む. **7** 〘印〙 行頭をさげる〈引っ込める〉. **8** 《方》 *sich*[3] einen Dorn in die Fußsohle ~ 足の裏にとげを刺す.

III **ein·ge·zo·gen** → 別出 [◇Einzug]

Ein·zie·her[áintsi:ər] 男 -s/- (貸金・税金などの) 取り立て人, 徴収係.

Ein·zie·hung[..tsi:ʊŋ] 女 -/-en (einziehen すること, 例えば:) **1** 徴収, 回収; 没収; 吸入, 吸収: die ~ des ganzen Vermögens 全財産の没収. **2** 《単数で》 (兵員の) 召集, 徴集: Seine ~ steht bevor. 彼の召集はまぢかに迫っている.

Ein·zie·hungs·mit·tel 中 (Absorbens) 〘化〙 吸収剤.

ein·zig[áintsɪç][2] **I** 形 《比較変化なし》 **1** 《付加語的》 ひとつ〈一人〉だけの, 唯一の: ein ~*er* Baum たった1本の樹木 | Er hat noch keine ~*e* Falte. 彼はまだしわ一つない | Wir waren die ~*en* Gäste. 客は私たちだけだった ‖ 〘名詞的に〙 Das ist das ~*e*, was ich kann. それが私にできるただ一つのことです | Er hat als ~*er* das Ziel erreicht. 彼はただ一人ゴールに達した ‖ 〘大文字で名詞的に〙 mein *Einziger* 私のひとり息子 | meine *Einzige* 私のひとり娘. **2** 《付加語的用法なし》 《雅》 比類ない, 卓越した: Er ist ~ auf seinem Gebiet. 彼はその専門領域では並ぶ者がない〈第一人者だ〉 | Es waren ~ schöne Tage. それはまたとないすばらしい日々であった.

II 副 **1** →I 2 **2** (nur) それだけ, ひとえに: Er denkt **ein-**

E

zig und allein an sich. 彼はもっぱら自分のことばかり考える | *Einzig* 〔und allein〕 ihm will ich mich anvertrauen. 彼にだけ私は胸の内を打ち明けよう ‖ der ～ mögliche Weg ただ一つ取り得る道〈方法〉 | Das ist das ～ Richtige. それだけが正しいことだ, 正しいのはこれだけだ. [*mhd.*; ◇ein[1], einzeln]

ein·zig·ar·tig[áɪntsɪç|aːrtɪç; 強調: ⏑⏑⏑⏑][2] 形 比類のない, 無比の: ～ schön sein 比べものがないほど美しい.

Ein·zig·ar·tig·keit[–kaɪt] 女 -/-en《ふつう単数で》比類なさ; ただ一回の出来事.

Ein·zig·ei·ne[áɪntsɪç|áɪnə] 男 女《形容詞変化》比べる者のない人.

Ein·zig·keit[áɪntsɪçkaɪt] 女 -/ ＝Einzigartigkeit

Ein·zim·mer·woh·nung[áɪntsɪmər..] 女 (浴室・台所を別として) ワンルーム〈居室1間〉からなる住居.

ein·zöl·lig[áɪntsœlɪç][2] 形 1インチの.

ein|zuckern[áɪntsʊkərn]《05》他 (h) 砂糖漬けにする.

Ein·zug[áɪntsuːk][1] 男 -〔e〕s/..züge[..tsyːgə] **1** (↔ Auszug) (ある場所に) 入ること, 入場, (軍隊の) 入城; (住居などへの) 入居; (季節の) 到来: 〔*seinen*〕 ～ halten 入場〈入城〉する; 入居する, (新しい住居に) 引っ越す; (季節が) 到来する | der ～ des Frühlings 春の到来. **2** (貸金・税金などの) 取り立て, 徴収. **3**〘印〙行頭をさげること, 字さがり. **4**〘織〙経糸を通すこと. **5** (ブラシの各穴に植え込まれた) 毛束. [＜einziehen]

Ein·zü·ger[áɪntsyːgər] 男 -s/- **1**〘チェス〙1手詰めの〈で解ける〉問題. **2**《スイ》入金係. [1: ＜Zug[1] 8]

Ein·zugs·be·reich[áɪntsuːks..] 男 (中) ＝Einzugsgebiet **≈fei·er** 女 新居祝い, 入居〈引っ越し〉祝い; 入城式. **≈ge·biet** 中 **1**〘地〙(河川の) 流域. **2** 市場範囲, (消費都市への)〔農〕産物供給地域; (工業都市への) 原料供給地域; (テレビ局などの) サービスエリア.

ein|zwän·gen[áɪntsvɛŋən] 他 (h) **1** (むりやりに) 押し込む, 詰め込む; (靴・帽子などが) 締め付ける: Der enge Kragen *zwängte* ihm den Hals *ein*. カラーが窮屈で彼の首を締め付ける | Er stand *eingezwängt* in der Straßenbahn. 彼は路面電車の中でぎゅうぎゅう詰めになって立っていた. **2** 再帰 *sich*[4] ～ むりに割り込む.

Ein·zy·lin·der·mo·tor[áɪntsilɪndər.., ..tsyl..] 男 (俗: **Ein·zy·lin·der** 男) 1気筒エンジン〔を備えた自動車〕.

ein·zy·lin·drig[..drɪç][2] 形 1気筒〔エンジン〕を備えた.

Ei·pul·ver[áɪ..] 中〘料理〙粉末(乾燥)卵.

Ei·re·ne[aɪréːnə, ..neˑ] 人名〘ギ神〙エイレーネ (平和の女神: →Hora[1] 2). [*gr.* eirḗnē „Frieden"; ◇*engl.* Irene]

ei·rund[áɪ..] **I** 形 (oval) 卵形の, 楕円(だえん)の.
II Ei·rund 中 -〔e〕s/-e 卵形〔のもの〕, 楕円体.

eis[éːɪs], **Eis**[1][–] 中 -/-〘楽〙嬰(えい)ホ音.

Eis[2][aɪs][1] 中 -es/ **1** (英: *ice*) 氷; (アイスホッケーの) リンク: ein Block 〈eine Stange〉 ～ 塊状〈棒状〉の氷 ‖ mit einer dicken Schicht ～ bedeckt 厚い氷におおわれた ‖ blankes ～ きらきらする〈白く輝く〉氷 | dickes 〈hartes〉 ～ 厚い〈硬い〉氷 ‖〘前置詞と〙*jn.* **aufs ～ führen**《比》…をだまして危地に陥れる | aufs ～ gehen スケートに行く;《比》(だまされて) 危地に陥る | Wenn〔's〕 dem Esel zu wohl wird 〈ist〉, geht er aufs ～ 〔tanzen〕.《諺》とんまは調子に乗って危地に飛び込む | auf dem ～ Schlittschuh laufen アイススケートをする | *et.*[4] **auf ～ legen** …を冷蔵する;《話》…を当分棚上げする; (金などを別途) 取りのけて〈ためて〉おく | Groll und Verärgerung auf ～ legen《比》恨みを抱き続ける | *jn.* **auf ～ legen**《話》…に一時冷や飯を食わせる | *et.*[4] **mit ～** kühlen …を氷で冷やす | **über** dünnes ～ gehen《比》薄氷を踏む | ein Herz **von** ～ haben 冷酷である | Er erschrak, daß sein Blut 〔wie〕 **zu** ～ wurde. 彼は血が凍るほど驚いた ‖〘主語として〙Das ～ bricht 〈schmilzt〉. 氷が割れる〈溶ける〉| **Das ～ ist gebrochen.** 氷が溶けた;《比》気分がほぐれた | Das ～ trägt noch nicht. 池〈川〉の氷は〔スケートをするためには〕まだ厚さが足りない | Wenn einmal ～ gebrochen ist, werdet ihr gute Freunde werden. 障壁がとれて打ち解ければ君たちは親友同士になるだろう | Da schmolz das harte ～ seines Stolzes. すると氷のようにかたく張りつめた彼の自負心の殻は溶けて消えた.
2 (Speiseeis) アイスクリーム: Vanille*eis* バニラアイス | ～ halb und halb 二色アイスクリーム | ein Becher 〈eine Tüte〉 ～ 器に盛った〈コーンカップ入りの〉アイスクリーム | ein ～ am Stiel アイススティック | ein ～ essen 〈lutschen〉 アイスクリームを食べる〈なめる〉‖ Zwei ～ bitte! アイスクリームを2個ください. [*germ.*; 2: *fr.* glace (→Glace) の翻訳借用; ◇*engl.* ice]

Eis≈bahn[áɪs..] 女 スケートリンク: auf die ～ gehen スケート場へ行く. **≈bank** 女 -/..bänke 積み重なった氷塊. **≈bar** 女 ＝Eisdiele **≈bär** 男〘動〙ホッキョクグマ (北極熊), シロクマ (白熊). **≈baum** 男〘工〙(橋などを流氷から守る) 防衝材. **≈be·cher** 男 **1** アイスクリーム用カップ. **2** (アイスクリーム用カップに盛った) アイスクリーム (多くはチョコレートをかけたり果物を添えたりしたもの). **≈beil** 中 ＝Eispickel **≈bein** 中 **1 a)**〘料理〙アイス=バイン (塩漬けにした豚の脚). **b)**〘狩〙(シカ・イノシシなどの) 腰骨. **2**《話》～*e* bekommen/*sich*[3] ～*e* holen (寒いときに) 足が冷える. **≈berg** 男 氷山: die Spitze des ～s (→Spitze 1 a). **≈beu·tel** 男, **≈bla·se** 女〘医〙氷嚢(ひょうのう).

eis·blau 形 緑がかった青色の, 青々とした.

Eis≈blink 男〘地〙(極洋の水平線上の) 海氷の反射光. **≈block** 男 -〔e〕s/..blöcke 氷塊. **≈blu·men** 複 (窓に凍りついた) 氷の花模様. **≈bo·den** 男 凍土. **≈bom·be** 女 円形のアイスクリーム (→ 図). **≈bre·cher** 男 **1**〘海〙砕氷船. **2**〘土木〙(橋の) 流氷よけの柱. **≈bu·de** 女 アイスクリーム屋のスタンド.

Eisbombe

Ei·schnee[áɪ..] 男〘料理〙泡立てた卵白, あわ雪.

Eis≈creme[áɪskreːm, ..krɛːm] 女 アイスクリーム. **≈decke** 女 張りつめた氷. **≈die·le** 女 アイスクリーム=パーラー.

ei·sen[1][áɪzən][1]《02》**I** 他 (h) **1 a)** (einfrieren) 冷凍する: *geeiste* Erdbeeren 冷凍したイチゴ. **b)** 氷で冷やす: *geeister* Champagner 氷で冷やしたシャンパン. ▽**2** (池などの) 天然氷を取る. ▽**II** 自 **1** (h) 氷の上で漁をする. **2** (s) 凍る: Das Wasser ist *geeist*. 〔池の〕水が凍った ‖ 非人称 Es *eist*. 氷が張る.

▽**ei·sen**[2][–] 形 ＝eisern

Ei·sen[áɪzən] 中 -s/- **1** (英: *iron*) 鉄, 鉄分 (記号 Fe): Blut und ～ (→Blut 2) ‖ **bei *jm.* auf ～ beißen**《話》…には歯が立たない | Geräte aus ～ 鉄器 | eine Kiste mit ～ beschlagen 箱に鉄板を張る | wie von 〈aus〉 ～ sein 頑健である; 意志が強い ‖ das ～ gießen 〈schmieden〉 鉄を鋳込む〈鍛える〉| **noch mehrere 〈ein zweites〉 ～ im Feuer haben**《比》まだ幾つか〈もう一つ〉の策がある ‖ Not bricht ～. (→Not 2) | **Man muß das ～ schmieden, solange es heiß ist.**《諺》鉄は熱いうちに打て ‖〘形容詞と〙**ins alte ～ geraten 〈kommen〉**《話》老朽化する, スクラップになる | **zum alten ～ gehören 〈zählen〉**《話》(年とって) 役立たずになる | ***jn.* 〈*et.*[4]〉 zum alten ～ werfen 〈legen〉**《話》…をお払い箱にする | hart 〈fest〉 wie ～ 鉄のように硬い | **ein heißes ～** 厄介な〈扱いにくい・デリケートな〉問題 | **ein heißes ～ anfassen 〈anpacken / anrühren〉**《比》危険を冒す, 火中の栗を拾おうとする.
2 a) (鉄製の) わな; 手〈足〉かせ: *sich*[4] im ～ fangen わなにかかる | *jn.* in ～ legen《雅》…にかせをはめる. **b)** (Hufeisen) (馬などの) 蹄鉄; (Bügeleisen) アイロン; 鉄製武器 (特に剣・ピストル);〘工〙たがね, バイト, バール, 刃; フック;〘ゴルフ〙アイアン: durchs ～ sterben《雅》打ち首になる. **c)**《複数で》《話》(Bremse) ブレーキ: **in die ～ gehen 〈steigen / treten〉** 急ブレーキを踏む. **d)** (Eisenpräparat)〘医〙鉄剤: ～ einnehmen 鉄剤を服用する. [*germ.*; ◇eisern; *engl.* iron]

Ei·sen·ach[áɪzənax] 地名 アイゼナハ (ドイツ Thüringen 州の都市. Luther の家, Bach の生家などがある). [＜*ahd.* aha (→Ache; ◇Aachen)]

Ei·sen≈ader[áɪzən..] 女 鉄鉱脈. **≈ar·bei·ter** 男 鉄器〈鋳鉄〉工.

Ei·sen·bahn[áɪzənbaːn] 女 **1** 鉄道; 鉄道線路; 列車,

鉄道車両: eingleisige 〈zweigleisige〉 ～ 単線〈複線〉軌道 ‖ ～*en* legen 〈bauen〉 鉄道を敷く ‖ an der ～ wohnen 線路沿いの土地に住む | mit der ～ fahren 鉄道で行く | mit der ～ spielen (子供が)おもちゃの汽車で遊ぶ ‖ höchste ～ haben《話》ひどく急いでいる | **Es ist** 〔**die**〕 **höchste** 〈**allerhöchste**〉 **～!** もうぎりぎりの時刻だ, もはやこれ以上は待てない | Ich bin doch keine ～. そんなにせきたてても無理だよ. **2** (経営体としての)鉄道, 電鉄: bei der ～ 〔angestellt〕 sein 鉄道員である.

Ei·sen·bahn≠an·la·ge 女 鉄道施設(駅・軌道など). **≠an·schluß** 男 列車の接続; (船・飛行機などと)鉄道との連絡駅. **≠ar·bei·ter** 男 鉄道工夫. **≠bau** 男 -s/ 鉄道建設〈工事〉. **≠be·am·te** 男 鉄道公務員, 国鉄職員. **≠be·dien·ste·te** 男 鉄道員. **≠brücke** 女 鉄〔道〕橋. **≠damm** 男 鉄道の築堤. **≠di·rek·tion** 女 鉄道管理〔局〕.

Ei·sen·bah·ner[áɪzənba:nər] 男 -s/- 鉄道職員〈従業員〉.

Ei·sen·bahn≠fäh·re 女 (列車ごと運ぶ)鉄道連絡船. **≠fahr·kar·te** 女 鉄道乗車券. **≠fahr·plan** 男 列車時刻表. **≠fahrt** 女 鉄道旅行: nach einer zweistündigen ～ 2時間鉄道に乗ってから. **≠ge·schütz** 中《軍》列車砲(→ 図 Geschütz). **≠ge·sell·schaft** 女 鉄道会社. **≠kno·ten·punkt** 男 鉄道の中心地〈接続駅〉. **≠kör·per** 男 鉄道施設. **≠-Kraft·wa·gen-Ver·kehr** 男 (鉄道企業体による)自動車運送. **≠krank·heit** 女 鉄道病(鉄道による乗り物酔いなど). **≠kupp·lung** 女 鉄道車両連結器〈装置〉. **≠li·nie**[..li:niə] 女 鉄道路線. **≠mu·se·um** 中 鉄道博物館. **≠netz** 中 鉄道網. **≠per·so·nal** 中《集合的に》鉄道従業員. **≠recht** 中 -〔e〕s/ 鉄道法規. **≠schaff·ner** 男 鉄道の車掌. **≠schie·ne** 女 軌条, レール(→ 図 Schiene). **≠schran·ke** 女 踏切遮断機. **≠schwel·le** 女 (レールの)まくら木. **≠si·gnal** 中 鉄道の信号〔機〕. ᐁ**≠sta·tion** 女 (Bahnhof) 駅. **≠stun·de** 女 鉄道で1時間走ること: Das Dorf liegt drei ～*n* entfernt. その村は鉄道で3時間の所にある. **≠ta·rif** 男 鉄道運賃表〈率〉. **≠trans·port** 男 鉄道輸送. **≠über·füh·rung** 女 鉄道の上を通る陸橋. **≠über·gang** 男 鉄道の踏切. **≠un·fall** 男, **≠un·glück** 中 鉄道事故. **≠un·ter·füh·rung** 女 鉄道のガード下の通路. **≠ver·bin·dung** 女 鉄道の連絡〈接続〉. **≠ver·kehr** 男 鉄道による交通. **≠wa·gen** 男 鉄道車両. **≠wag·gon** 男 鉄道車両(特に貨物輸送用の). **≠wär·ter** 男 踏切警手. **≠werk·stät·te** 女 鉄道工場, 鉄道修理〈検査〉施設. **≠we·sen** 中 鉄道制度〈業務〉.

Ei·sen≠bak·te·ri·en[áɪzən..] 複《生》鉄バクテリア. **≠band** 中 -〔e〕s/..bänder (たる・木箱などの)帯鉄, 鉄帯.

Ei·sen·bart〔**h**〕[áɪzənba:rt] 人名 Johannes Andreas ～ ヨハネス アンドレーアス アイゼンバールト(1663-1727; ドイツの放浪医師): **ein Doktor ～**《戯》荒療治をする医者.

Ei·sen≠bau[áɪzən..] 男 -〔e〕s/-ten **1**《単数で》鉄筋〈鉄骨〉構造. **2** 鉄筋〈鉄骨〉建造物. **≠berg·werk** 中 鉄鉱山. **≠be·schlag** 男 (扉・木箱などの)鉄張り, 帯鉄; (かど・隅を補強する)鉄金具.

ei·sen·be·schla·gen 形 鉄を張った, 帯鉄をはめた.

Ei·sen≠be·ton[..betɔŋ] 男 鉄筋コンクリート. **≠blech** 中《工》薄鉄板. **≠block** 男 -〔e〕s/..blöcke 鉄塊. **≠blü·te** 女 -/ 《鉱》華状あられ石. **≠chlo·rid** 中《化》塩化〔第二〕鉄. **≠chlo·rür** 中《化》塩化第一鉄. **≠draht** 男 鉄線, 鉄ワイヤ. **≠ein·la·ge** 女 (コンクリートなどの)鉄筋. **≠erz** 中 鉄鉱石. **≠far·be** 女 酸化鉄顔料.

ei·sen·far·big 形 鉄さび色の.

ei·sen·fest =eisenhart

Ei·sen≠flecken 複 (ジャガイモの)赤さび病の斑点(はんてん). **≠fres·ser** 男《話》ほら吹き, 強がり屋. **≠gang** 男 鉄鉱脈. **≠garn** 中 強靱(きょうじん)なより糸. **≠ge·halt** 男 鉄含有量. **≠ge·rät** 中 鉄器. **≠ge·rüst** 中《建》鉄材足場. **≠gie·ßer** 男 鋳鉄工. **≠gie·ße·rei**[また: ⏑⏑⏑⏑–́] 女 鋳鉄〔工場〕. **≠git·ter** 中 鉄格子〈さく〉. **≠git·ter·mast** 男 鉄骨マスト, 鉄塔. **≠glanz** 男, **≠glim·mer** 男 赤鉄鉱.

ei·sen·grau 形 (磨いた鉄のような)銀色の.

Ei·sen≠gru·be 女 鉄鉱山, 鉄坑. **≠guß** 男 **1** 鋳鉄作業. **2** 鋳込み鉄.

ei·sen≠hal·tig[áɪzənhaltɪç][2] (ｵｰｽﾄﾘｱ: **≠häl·tig**[..hɛl..]) 形 鉄を含む: ～*e* Luft (→Luft 1) | eine ～*e* Nahrung 鉄分のある食品.

Ei·sen≠ham·mer 男 **1** 鉄ハンマー, 金づち. ᐁ**2** 製鉄所. **≠hand·lung** 女 鉄器〈金物〉店.

ei·sen·hart 形 鉄のように硬い; 《比》意志〈志操〉堅固な, 不屈の.

Ei·sen·holz 中《植》鉄木(てつぼく)(極めて硬質で加工しにくいさまざまな木材の総称).

Ei·sen·ho·wer[áɪzənhaʊər, ..haʊə] 人名 Dwight David ～ ドワイト デヴィッド アイゼンハワー(1890-1969; アメリカの軍人で, 第二次大戦中は連合軍最高司令官,1953年大統領).

Ei·sen·hut[áɪzən..] 男 **1**《植》トリカブト(鳥兜)属. **2** へり付き鉄かぶと(→ 図 Helm).

Ei·sen·hut≠feh =Feh 3 **≠schnitt** =Palisadenschnitt

Ei·sen·hüt·te 女 製鉄所.

Ei·sen·hüt·ten≠kom·bi·nat 中 製鉄コンビナート. **≠werk** 中 製鉄所. **≠we·sen** 中 -s/ 製鉄.

Ei·sen≠hy·dro·xyd 中 水酸化鉄, 鉄さび. **≠in·du·strie** 女 鉄工業. **≠kalk** 男《化》水酸化第一鉄, 煆焼(かしょう)鉄. **≠kar·bid** 中《化》炭化鉄, セメンタイト. **≠kar·bo·nat** 中 炭酸鉄; 菱(りょう)鉄鉱. **≠kern** 男 鉄心; 《陸上》(円盤の)鉄心. **≠ket·te** 女 鉄鎖. **≠kies** 男《鉱》黄鉄鉱. **≠kie·sel** 男《鉱》鉄石英. **≠kitt** 男 鉄しっくい. **≠kon·struk·tion** 女 鉄構造〔物〕, 鉄骨. **≠kraut** 中《植》クマツヅラ(熊葛). **≠krebs** 男 (鋳鉄の)内部壊敗. **≠kur** 女《医》鉄剤療法. **≠lack** 男 鉄ワニス. **≠le·gie·rung** 女 鉄合金.

ei·sen·los[áɪzənlo:s][1] 形 (馬が)蹄鉄(ていてつ)を打っていない.

Ei·sen≠lup·pe 女 粗鉄塊. **≠man·gan** 中 -s/ (Ferromangan)《化》フェロマンガン(鉄とマンガンの合金). **≠men·ni·ge** 女《化》ベンガラ. **≠me·teor** 男 隕鉄(いんてつ). **≠ocker** 男 鉄赭土(しゃど). **≠ofen** 男 **1** 鉄製ストーブ. **2** 溶鉄炉. **≠oxyd** 中 酸化〔第二〕鉄; 赤鉄鉱. **≠oxy·dul** 中 酸化第一鉄. **≠plat·te** 女 鉄板. **≠prä·pa·rat** 中《医》鉄〔製〕剤. **≠pro·be** 女《史》熱した鉄による神判. **≠quel·le** 女 含鉄鉱泉, 鉄泉.

Ei·sen·rahm 男 -〔e〕s/-e 多孔質赤鉄鉱. [＜Rahm „Schmutzkruste" (◇Ram)]

Ei·sen≠ring 男 鉄環. **≠rohr** 中 鉄管. **≠sau** 女 鉄鉱かす. **≠säu·er·ling** 男 含鉄水; 鉄泉. **≠säu·re** 女《化》鉄酸.

ei·sen·schaf·fend 形 鉄鋼を生産する: die ～*e* Industrie 製鉄業.

Ei·sen≠schie·ne 女 **1** 鉄製の軌条〈レール〉. **2**《医》鉄製副木(ふくぼく). **≠schim·mel** 男 (鉄灰色の)あし毛の馬. **≠schlacke** 女 溶鉄かす. **≠schlä·ger** 男《ｺﾞﾙﾌ》アイアン. **≠schuh** 男 (中世の武装に伴う)鉄靴(→ 図 Harnisch).

ei·sen·schüs·sig[..ʃʏsɪç][2] 形 (特に鉱物について)鉄分の多い. [＜Schuß 4]

Ei·sen≠schwamm 男 海綿状鉄. **≠schwarz** 中 **1** 粉末アンチモン. **2** 黒鉛. **≠spat** 男《鉱》菱(りょう)鉄鉱. **≠stan·ge** 女 鉄の棒. **≠sul·fat** 中 硫酸鉄. **≠sul·fid** 中 硫化鉄.

Eis·en·te[áɪs..] 女《鳥》コオリガモ(氷鴨).

Ei·sen≠tink·tur[áɪzən..] 女《医》鉄チンキ(造血剤). **≠trä·ger** 男《建》鉄製のトラス〈梁(はり)〉.

ei·sen·ver·ar·bei·tend 形 鉄を加工する: die ～*e* Industrie 鉄工業.

Ei·sen≠vi·triol 中《化》緑礬(りょくばん). **≠wa·re** 女 鉄器〔類〕. **≠was·ser** 中 -s/ 鉄泉. **≠werk** 中 **1** 鉄工所. **2** 製鉄所. **≠zeit** 女 -/ 《人類》鉄器時代. **≠zeug** 中 -〔e〕s/《集合的に》鉄器.

ei·sern[áɪzərn] 形 **1**《付加語的》鉄の; 鉄製の: eine ～*e* Fahrt《坑》鉄ばしご | die ～*e* Hochzeit (→Hochzeit 1) | das *Eiserne* Kreuz 鉄十字勲章 | die ～*e* Lunge《医》

E

鉄の肺, 人工心肺 | das *Eiserne* Tor 鉄門 (Donau 川が Karpaten 山脈を貫く峡谷) | der ~*e* Vorhang〚劇〛(舞台と客席との間の)防火シャッター | der *Eiserne* Vorhang (→Vorhang 1 a) | das ~*e* Zeitalter〚史〛鉄器時代 ‖ mit ~*em* Besen 〔aus〕kehren (→Besen 1 a). **2** 鉄のような, 強固な, ゆるぎない; 厳格〈非常〉な, 不可欠な, 絶対の: mit ~*er* Energie 精力的に | *jn.* mit ~*er* Faust unterdrücken …をきびしく抑圧する | mit ~*em* Fleiß うまずたゆまず | der *Eiserne* Kanzler (→Kanzler 1 a) | das ~*e* 〔Lohn〕gesetz 〔賃金〕鉄則 | eine ~*e* Gesundheit haben 頑健そのものである | ~*e* Notwendigkeit のがれられぬ必然 | mit ~*er* Stirn 断固として; 平然と | Darin ist unser Boß ~. この点ではうちのボスは絶対譲らない ‖〚副詞的に〛~ arbeiten たゆまず働く | ~ schweigen 強情に押し黙っている | Gehst du mit?—〔Aber〕~! 君も行くか—もちろんさ. **3**《付加語的》(蓄えなどに関して)絶対に手をつけてはいけない, 非常用の, 常備の: der ~*e* Bestand (→Bestand 2) | zum ~*en* Bestand gehören (→Bestand 2) | das ~*e* Inventar 常備品目 | ~*e* Portion 〈Ration〉 (→Portion, →Ration).
[*mhd.*; < *ahd.* īsarn „Eisen" (◇Eisen)]

Ei·ses≈blick[áɪzəs..] 男 冷たい視線(まなざし). **≈hauch** 男 冷たい微風, 冷気. **≈käl·te** 女 凍るような寒さ〈冷たさ〉.

Eis≈es·sig[áɪs..] 男〚化〛氷酢酸. **≈fach** 中 (冷蔵庫の)製氷室, 冷凍室. **≈feld** 中 氷原. **≈fi·sche·rei** 女 氷の上での魚釣り(→ 図 Fischerei). **≈flä·che** 女 (湖などの)張りつめた氷.

eis·frei 形 氷の張らない; 氷の張っていない: ein ~*er* Hafen 不凍港.

Eis≈fuchs 男 (Polarfuchs)〚動〛ホッキョクギツネ(北極狐). **≈gang** 男 (春先の川の)氷が割れて流れること: vor dem Eintritt des ~*es* 川の氷が割れる前に.

eis·ge·kühlt 形 氷で冷やした; 冷蔵〈冷凍〉した.

Eis·ge·tränk 中 氷を入れた飲み物(アイスコーヒーなど).

eis·glatt 形 **1** [⏑⏑] 凍ってつるつるの. **2** [⏑⏑]《話》氷のようにつるつるの.

Eis·glät·te 女 つるつるに凍った地面〈道路〉.

eis·grau 形 まっ白な; 銀髪の.

Eis≈gren·ze 女 万年氷限界線. **≈ha·ken** 男〚登山〛アイス=ハーケン. **≈hang** 男 (高山の)氷斜面. **≈hei·li·gen** 複 氷の聖人たち(5月中旬の, 冬に逆戻りしたような寒い日々). **≈hockey**[..hɔki·] 中 -s/ アイスホッケー. **≈höh·le** 女 氷窟(ひょうくつ).

ei·sig[áɪzɪç]² 形 **1** 氷のように冷たい〈寒い〉: ~*e* Kälte きびしい〈凍るような〉寒さ | ~*e* Hände 冷えきった手 ‖ Der Wind wehte ~. 身を切るような冷たい風が吹いていた. **2**《比》**a)** 冷淡〈冷酷〉な, 冷ややかな: eine ~*e* Antwort 冷たい返事 | ~*es* Schweigen 冷ややかな沈黙 | ~*e* Strenge 非情な厳格さ ‖ *jn.* ~ empfangen 〈behandeln〉 …を冷たく迎える〈あしらう〉. **b)**《述語的用法なし》(schauerlich) 身も凍るような, ぞっとする: Ein ~*er* Schreck durchfuhr mich. / Es durchfuhr mich ~. 私はぞっとする恐怖に襲われた.
[*mhd.*; ◇Eis²]

eis·is[é:ɪs|ɪs, ⏑⏑⏑], **Eis·is**[—] 中 -/- 〚楽〛重嬰(じゅうえい)ホ音.

Eis≈jacht[áɪs..] 女〚スポ〛氷上ヨット. **≈kaf·fee** 男 コーヒーフロート, アイスクリーム入りコーヒー.

eis·kalt 形《比較変化なし》**1** 氷のように冷たい: ~*es* Wasser 氷のように冷たい水. **2** 冷淡〈冷酷〉な, 冷ややかな: ein ~*er* Blick 〈Mensch〉 冷ややかな目つき〈氷のように冷たい人間〉 | ~*e* Berechnungen anstellen (感情を交えず)冷徹な計算をする.

Eis≈ka·sten 男《南部》(Kühlschrank)〔氷〕冷蔵庫. **≈kel·ler** 男 氷室, 貯氷庫: Unsere Küche ist ein ~. 《戯》うちの台所はひどく寒い. **≈kluft** 女〚林〛霜裂, 凍裂(霜害の一種, 寒気による樹木の亀裂(きれつ)). **≈klum·pen** 男 氷塊. **≈kraut** 中〚植〛マツバギク(松葉菊)属. **≈krem** 女 (男) =Eiscreme **≈kri·stall** 男〚理〛氷晶. **≈kru·ste** 女 氷のかたい表面, 氷殻. **≈kü·bel** 男, **≈küh·ler** 男 (瓶詰飲料などを冷やすための)氷おけ, アイスペール. **≈kunst·lauf** 男, **≈kunst·lau·fen** 中〚スポ〛フィギュア=スケート. **≈kunst·läu·fer** 男 (女 **≈kunst·läu·fe·rin**)フィギュア=スケートの選手. **≈lauf** 男〚スポ〛アイス=スケート.

eis|lau·fen* 《89》 自 (s) スケートをする: Er *läuft* gern *eis*. 彼はスケートが好きだ.

Eis≈läu·fer 男 スケートをする人, スケーター. **≈luft** 女 (氷のような)冷気, 寒風. **≈mann** 男 -〔e〕s/..männer **1** 氷配達人. **2** アイスクリーム売り〔の男〕. **3**《複数で》=Eisheiligen **≈ma·schi·ne** 女 アイスクリーム製造機. **≈meer** 中 das nördliche 〈südliche〉 ~ 北〈南〉氷洋. **≈mel·de·dienst** 男 (船の運航のための)氷状通報. **ᵛ≈mo·nat** (**ᵛ≈mond**) 男《ふつう単数で》(Januar) 1月. **≈na·del** 女 -/-n《ふつう複数で》〚気象〛針状氷晶. **≈na·gel** 男 氷上用蹄鉄(ていてつ)のくぎ. **≈ne·bel** 男〚気象〛氷霧. **≈pa·last** 男 **1**《雅》氷の宮殿;《比》ひどく寒い〈暖房のない〉住居. **2**〚スポ〛屋内スケート場. **≈pa·pier** 中 雪花〈木目〉模様のある上質紙. **≈pflug** 男 氷切り出し機. **≈pickel** 男〚登山〛〔アイス〕ピッケル. **≈prinz** 男 (女 **≈prin·zes·sin**)《話》フィギュア=スケートの名手. **≈pul·ver** 中 (自家製用の)アイスクリーム粉末. **≈punkt** 男〚理〛氷点. **≈re·gen** 男 あられ, 雹(ひょう); みぞれ; (路面凍結 Glatteis の原因となる)氷雨(ひさめ). **≈re·vue**[..rəvy:] 女 アイス〈氷上〉レビュー.

Eiß[aɪs] 男 -es/-e《南部》(Eiterbeule) 膿瘍(のうよう), おでき; 疔(ちょう). [*germ.*; ◇Eiter]

Eis≈sa·lon[áɪszalɔ̃·] 男 =Eisdiele **≈scha·le** 女 アイスクリーム用の皿. **≈schicht** 女 (オーストリア: **≈schich·te** 女) 氷の層. **≈schie·ßen** (**≈schie·ben**) 中 -s/〚スポ〛カーリング(取っ手のある円板を氷上にすべらせて円の中に入れる). **≈schlit·ten** 男 =Eisjacht **≈schmel·ze** 女 氷の溶ける時節. **≈schnellauf** (**≈schnell·lauf**) 男, **≈schnellaufen** (**≈schnell·lau·fen**) 中〚スポ〛スピード=スケート競技. **≈schnelläufer** (**≈schnell·läu·fer**) 男 スピード=スケート選手. **≈schol·le** 女 氷塊(浮氷・流氷など). **≈schrank** 男 **1** (氷を入れて内部を冷やす)冷蔵庫. **2**《話》(Kühlschrank) 冷蔵庫.

Ei·ße[áɪsə] 女 -/-n =Eiß

Eis≈se·gel·boot[áɪs..] 中 =Eisjacht **≈se·geln** 中 -s/ 氷上帆走, 氷上ヨット競技. **≈spiel** 中, **≈sport** 男 氷上競技〈スポーツ〉, スケート競技. **≈sproß** 男, **≈spros·se** 女〚狩〛(シカなどの)角の第2枝. **≈sta·dion** 中 スケート競技場. **≈stau** 男 氷によるせき止め; 川をせき止める氷塊群. **≈stau·see** 男 氷河によるせき止め湖. **≈stock** 男 -〔e〕s/..stöcke〚スポ〛カーリング=ストーン(→Eisschießen). **≈stoß** 男《南部》(川をせき止める)氷塊の積み重なり. **≈sturm·vo·gel** 男〚鳥〛フルマカモメ(管鼻鷗). **≈tanz** 男〚スポ〛アイスダンス. **≈tü·te** 女 (アイスクリームを入れる)コーン〔カップ〕. **≈ver·käu·fer** 男 アイスクリーム売り. **≈vo·gel** 男 **1**〚鳥〛カワセミ(翡翠). **2**〚虫〛イチモンジチョウ(一文字蝶)属のチョウ: Großer ~ オオイチモンジ(大一文字蝶) | Kleiner ~ イチモンジチョウ. **≈waf·fel** 女 (アイスクリームに添える)ウェファース. **≈was·ser** 中 -s/ アイスウォーター, 氷片を入れた〈氷のように冷たい〉水. **≈wein** 男 アイスワイン(冬まで摘み残して凍らせたぶどうから作った極上ワイン). **≈win·ter** 男 氷のような厳冬. **≈wol·ke** 女 **1** 氷雲. **2** (太陽・月の)暈(かさ). **≈wol·le** 女〚服飾〛アイスウール(光沢のある銀色毛糸). **≈wür·fel** 男 立方形〈さいの目形〉の氷片, アイスキューブ. **≈zacke** 女, **≈zacken** 男, **≈zap·fen** 男 つらら. **≈zeit** 女 **1** (Kaltzeit) 氷期. **2** = Eiszeitalter **≈zeit·al·ter** 中〚地〛氷河時代.

eis·zeit·lich[..lɪç] 形 (glazial)〚地〛氷期の; 氷河時代の.

Eis≈zo·ne 女 結氷地帯. **≈zucker** 男 (英: *icing sugar*) 粉砂糖.

ei·tel[áɪtəl] (eit·l..) **I** 形 **1**《軽蔑的に》虚栄心〈うぬぼれ〉の強い, 見え坊の: ein *eitler* Geck 見え坊 ‖ **~ wie ein Pfau sein** クジャクのように虚栄心〈うぬぼれ〉が強い | auf *et.*⁴ ~ sein …を鼻にかけている. **2**《雅》むなしい, 無価値な: *eitles* Gerede くだらぬおしゃべり | ein *eitles* Mühen 無益な労苦 ‖

Die irdischen Dinge sind ～. この世の事物はむなしい. **II** 副《雅》(lauter)《名詞に付加されて; 前置詞はその前に置かれる》…ばかり, …だけ: aus ～ Gold 純金製の ‖ Im Zimmer herrschte ～ Freud und Wonne. 室内は歓喜一色であった | Sie war ～ Bewunderung. 彼女はただただ感嘆した. [*westgerm.* „leer“; ◇ *engl.* idle]

Ei·tel·keit[–kaıt] 女 -/-en **1** 虚栄心, 自尊心, うぬぼれ: *js.* ～ befriedigen 〈kränken〉 …の自尊心を満足させる〈傷つける〉. **2**《雅》(Nichtigkeit) 空虚さ, 無価値, 無内容: die ～ der Welt この世のむなしさ〈はかなさ〉.

Ei·ter[áıtər] 男 -s/ 〘医〙うみ, 膿: Aus der Wunde fließt 〈tritt〉 ～ aus. 傷口からうみが出る. [*germ.* „giftiges Geschwür“; ◇ Ödem, Eiß]

Ei·ter≈beu·le 女 (Abszeß)〘医〙膿瘍(のうよう), おでき: eine ～ öffnen 膿瘍を切開する | eine ～ aufstechen うみを出す;《比》害悪の根にメスを入れる. ≈**bil·dung** 女〘医〙化膿, 膿生成. ≈**bla·se** 女 (Pustel)〘医〙膿疱(のうほう). ≈**er·re·ger** 男 化膿菌. ≈**fie·ber** 中〘医〙化膿熱, 膿毒症. ≈**flech·te** 女〘医〙膿痂疹(のうかしん). ≈**fluß** 男 ..flusses/ 〘医〙膿漏(のうろう). ≈**ge·schwür** 中〘医〙膿瘍; 潰瘍(かいよう). ≈**herd** 男〘医〙〔化〕膿巣.

ei·te·rig[áıtərıç][2] ＝eitrig

Ei·ter·kör·per·chen[áıtər..] 中〘医〙膿球(膿中の白血球).

ei·tern[áıtərn]《05》自 (h, s) 化膿する, うむ.

Ei·ter≈pfropf 男〘医〙膿栓(のうせん), 膿核. ≈**pickel** 男 (化膿した)にきび. ≈**pu·stel** 女 ＝Eiterblase ≈**sack** 男 ＝Eiterpfropf

Ei·te·rung[áıtərʊŋ] 女 -/en〘医〙化膿〔作用〕: in ～ übergehen 化膿する.

Ei·ter·ver·gif·tung[áıtər..] 女〘医〙膿血症, 膿中毒.

eit·l.. →eitel

eit·rig[áıtrıç][2] 形 化膿(かのう)性の, 化膿した; 膿状の. [*ahd.*; ◇ Eiter]

Ei·weiß[áıvaıs] 中 -es/-e **1** (単位: -/-) 卵の白身, 卵白: drei ～ verquirlen 〈schlagen〉 卵白 3 個分をかきまぜる〈泡立てる〉. **2** (Protein)〘生化学〙蛋白(たんぱく): tierisches 〈pflanzliches〉 ～ 動物〈植物〉性蛋白.

Ei·weiß≈fa·ser·stoff 男 蛋白(たんぱく)質繊維: natürliche ～e 天然蛋白質繊維(絹・羊毛など). ≈**ge·halt** 男 -[e]s/ 蛋白含有量.

ei·weiß·hal·tig 形 蛋白(たんぱく)質を含む.

Ei·weiß≈har·nen 中 -s/ 〘医〙蛋白尿症. ≈**kör·per** 男 蛋白〔質〕体.

Ei·weiß·kör·per·the·ra·pie 女〘医〙蛋白(たんぱく)体療法.

Ei·weiß≈prä·pa·rat 中 蛋白(たんぱく)剤. ≈**quel·le** 女 蛋白源. ≈**stoff** 男〘生化学〙〔類〕蛋白質. ≈**trä·ger** 男 蛋白性食品. ≈**um·satz** 男〘医〙蛋白質代謝.

Ei≈zahn[áı..] 男〘生〙卵歯. ≈**zel·le** 女 卵細胞.

Eja·ku·lat[ejakulá:t] 中 -[e]s/-e〘生理〙(射精された)精液.

Eja·ku·la·tion[..latsió:n] 女 -/-en **1** (液体の)射出. **2** (Samenerguß)〘生理〙射精.

eja·ku·lie·ren[..lí:rən] 自 (h) **1** (液体を)射出する. **2**〘生理〙射精する. [*lat.* ē-iaculārī „heraus-werfen“; ◇ ejizieren]

Ejek·tion[ejɛktsió:n] 女 -/-en **1 a)** 放出, 排出. **b)**〘地〙噴出. ▽**2** 追放;〘法〙立ち退き要求. [*lat.*]

ejek·tiv[ejɛktí:f][1] 形〘言〙放出音の.

Ejek·tor[ejɛ́ktɔr, ..to:r] 男 -s/-en[..jɛktó:rən] **1**〘工〙エジェクター, 噴射ポンプ. **2** (猟銃などの)薬莢(やっきょう)放出装置.

eji·zie·ren[ejitsí:rən] 他 (h) 噴出〈放出〉する; ▽追放する. [*lat.* ē-icere „hinaus-werfen“; ◇ ejakulieren]

ejus·dem men·sis[ejúsdɛm mɛ́nzıs]《ラテ語》(略 e. m.) 同月. [„desselben Monats“]

ek..《名詞・形容詞などにつけて「外へ」を意味する》: *ek*demisch 外在の | *Ek*tropium〘医〙外反. [*gr.*; ◇ ex..[1]]

EK[e:ká:] 略 ＝**E**isernes **K**reuz 鉄十字勲章.

ekar·lat[ekarlá:t] 形 (scharlachrot) 深紅色の, 緋色(ひいろ)の. [*fr.* écarlate; ◇ Scharlach]

Ekart[eká:r] 男 -s/-s 差, 偏差;〘商〙(相場の)差額, 利ざや. [*fr.* écart; ◇ „Entfernung“]

Ekar·té[1][ekarté:] 中 -s/-s〘ダンス〙エカルテ. [*fr.*; < *fr.* écarter „auseinandertreiben“; ◇ Quart]

Ekar·té[2][–] 中 -s/-s エカルテ(ふつう二人でするトランプ遊びの一種). [*fr.*; < *lat.* charta (→Karte)]

Ek·chon·drom[ɛkçɔndró:m] 中 -s/-e〘医〙軟骨腫(しゅ), 軟骨癌(がん). [< *gr.* chóndros „Knorpel“+..om]

Ek·chon·dro·se[..zə] 女 -/-n〘医〙軟骨腫(しゅ)症. [<..ose]

Ek·chy·mo·se[ɛkçymó:zə] 女 -/-n〘医〙斑(はん)状出血, 皮下溢血(いっけつ). [*gr.*; < *gr.* chȳmós (→Chymus)]

EKD[e:ka:dé:] 略 ＝**E**vangelische **K**irche in **D**eutschland ドイツ福音教会.

ek·de·misch[ɛkdé:mıʃ] 形 外部にある, 外在の. [*gr.* ék-dēmos „außer Landes“; ◇ Demos]

ekel[é:kəl] (ek·l..)《雅》＝eklig

Ekel[–] **I** 男 -s/ 吐き気, 悪心(おしん), むかつき; (強い)不快感, 嫌悪: ein ～ vor *sich*[3] selbst 自己嫌悪感 ‖ 〔einen〕 ～ bei *et.*[3] 〈über *et.*[4]〉 empfinden …の際に〈…について〉強い不快感を覚える | Davor habe ich 〔einen〕 ～. / Das erregt ～ bei 〈in〉 mir. それには私は吐き気を催す | Beim bloßen Anblick kam mich 〔ein〕 ～ an 〈stieg 〔ein〕 ～ in mir hoch〉. 見ただけで私は胸が悪くなった ‖ *et.*[4] bis zum ～ wiederholen …をげんなりするほど繰り返す.

II 中 (男) -s/- 《話》胸のむかつくようないやなやつ: *jm.* ein ～ 〈zum ～〉 sein …にとってがまんならぬ存在である.

ekel·er·re·gend[é:kəl|ɛrre:gənt][1] 形 吐き気を催させる, 不快きわまる: ein ～*er* Geruch いやな〈むかつくような〉におい.

Ekel·ge·fühl 中 吐き気, 嘔吐(おうと)感; 不快感, 嫌悪感.

ekel·haft[é:kəlhaft] 形 **1** 吐き気を催させる〔ような〕, 不快きわまる, いやな; (道徳的見地から)いまわしい: eine ～*e* Tat いまわしい行為 | ～*es* Wetter いやな天気 ‖ ～ riechen いやなにおいがする. **2**《話》はなはだしい, ひどい: Es herrscht eine ～*e* Kälte. / Es ist ～ kalt. ひどく寒い.

eke·lig[é:kəlıç][2] ＝eklig

ekeln[é:kəln]《06》**I** 他 (h) 《*jn.*》(…に)吐き気を催させる; (…を)いやでたまらなくさせる: Der Geruch *ekelt* mich. このにおいをかぐと私は吐き気がする; 私はこのにおいが大嫌いだ ‖ 再帰 *sich*[4] vor *jm.* 〈*et.*[3]〉 ～ …に吐き気を催す; …がたまらなくいやである. **II** 他 自 (h) 非人称《es ekelt *jn.* / *jn.* 〈*jm.*〉 ekelt》(…が) 吐き気がする; Mich 〈Mir〉 *ekelt* 〔es〕 vor diesem Leben. 私はこの生活がいやでたまらない ‖ Es ist zum *Ekeln*, daß ... …とは全くいやなことだ〈ひどい〉.

Ekel·na·me 男 (軽蔑的な)あだ名. [*ndd.* „Übername“; < *ahd.* ouhhōn „mehren“ (◇ wachsen[1]); ◇ *engl.* nickname]

Ekel·pa·ket 中《話》＝Ekel II

EKG (**Ekg**)[e:ka:gé:] 略 中 -〔s〕/-〔s〕 ＝**E**lektro**k**ardio**g**ramm

Ek·kle·sia[ɛklé:zia·] 女 -/ 〘宗〙キリスト教教会. [*gr.* ekklēsíā „Volksversammlung“–*lat.*; < *gr.* ek-kaleĩn „heraus-rufen“; ◇ Ecclesia]

Ek·kle·sia·stes[ɛkleziástɛs] 男 -/ (Prediger Salomo) (旧約聖書の)伝道の書(ヘブライ語名は Koheleth).

Ek·kle·sia·sti·kus[..ziástikʊs] 男 -/ ベンシラの知恵, シラ〈集会〉の書(旧約聖書外典の一つ). [*gr.*–*spätlat.*]

Ek·kle·sio·lo·gie[..ziologí:] 女 -/〘宗〙教会論.

ek·krin[ɛkrí:n] 形〘生理〙(分泌物を)漏出する: ～*e* Drüsen エクリン腺(せん), 漏出分泌腺. [< *gr.* ek-krínein „aus-sondern“]

ek·l.. →ekel

Ek·lamp·sie[ɛklampsí:, ek..] 女 -/-en[..sí:ən]〘医〙子癇(しかん). [< *gr.* ék-lampsis „Hervor-blitzen“ (◇ Lampe[2])]

Eklat[eklá(:)] 男 -s/-s **1** 騒動, 大騒ぎ; スキャンダル: einen 〔großen〕 ～ erregen センセーションをまき起こす. **2** 栄光, 名声. [*fr.*; < *afr.* esclater „krachen“]

ekla·tant[eklatánt] 形 **1** 輝かしい; センセーショナルな. **2** 明白な, はっきりした: ein ~*er* Beweis 明らかな証拠. [*fr.*]

Ek·lek·ti·ker[ɛklɛ́ktikər, ek..] 男 -s/- 〘哲〙折衷主義者; 《比》自主的でない考えの人, 追随者, 亜流.

ek·lek·tisch[..tɪʃ] 形 〘哲〙折衷主義的な; 《比》自主的でない, 亜流の.

Ek·lek·ti·zis·mus[..lɛktitsísmʊs] 男 -/ 〘哲〙折衷主義; 〘美・文芸〙模倣; 《比》自主的でないこと, 追随. [＜*gr.* ek-légein „aus-wählen" (◇Lektion)]

ek·lig[é:klɪç][2] 形 **1** 吐き気を催させる〔ような〕, 不快きわまる, いやな: ein ~*er* Wurm 気味の悪い虫 ‖ Er ist mir ~. 私は彼にはむかむかする〈彼は大嫌いだ〉. **2** 《俗》めんどうな, やっかいな; (人が)気むずかしい, 意地の悪い: eine ~*e* Sache やっかいな事件 ‖ Sie ist ~ in ihrer Wirtschaft. 彼女は金銭に細かい ‖ zu *jm.* ~ sein …に対してつらく当たる〈ひどい態度に出る〉| ~ gegen *jn.* werden …に対してふてくされる | Du, ich kann dir schön ~ werden. 私をなめると君はひどい目にあうよ. **3** 《話》はなはだしい, ひどい: eine ~*e* Kälte ひどい〈いまいましい〉寒さ | Es hat ~ weh getan. ひどく痛かった. [＜Ekel]

Ek·lip·se[ɛklípsə, ek..] 女 -/-n **1** (Finsternis) 〘天〙(太陽・月などの)食(しょく). **2** 《比》(名声などの)失墜, 消滅. [*gr.* ék-leipsis „Aus-bleiben"; ＜*gr.* leípein (→leihen)]

Ek·lip·tik[..tɪk] 女 -/-en 〘天〙黄道. [*lat.*]

ek·lip·tisch[..tɪʃ] 形 〘天〙食(しょく)の; 食に関する. [*gr.* －*lat.*]

Ek·lo·ge[ekló:gə, ek..] 女 -/-n (古代ローマの)牧歌, 田園詩. [*gr.* ek-logḗ „Aus-wahl"－*lat.*; ◇eklektisch; *engl.* eclogue]

Ek·lo·git[eklogí:t, ek.., ..gít] 男 -s/-e 〘鉱〙エクロジャイト, 榴輝(りゅうき)岩. [＜..it[2]]

Eko·no·mi·ser[ikɔ́nomaɪzər, ɪkɔ́nəmaɪzə] 男 -s/- 〘工〙エコノマイザー(ボイラーなどの給水予熱装置). [*engl.* economizer; ＜*engl.* economy (→Ökonomie)]

Ekos·sai·se[ekɔsɛ́:zə] 女 -/-n ＝Ecossaise

Ek·pho·rie[ɛkforí:] 女 -/-n[..rí:ən] 〘医・心〙連想. [＜*gr.* ek-phérein „heraus-tragen" (◇..phor)]

Ekra·sit[ekrazí:t, ..zít] 中 -s/ 〘化〙エクラサイト(爆発物). [＜*fr.* écraser „zerquetschen"]

ekrü[ekrý:] 形 《無変化》自然色〈無漂白〉の; 白〈黄色〉っぽい. [*fr.* écru „ungebleicht"; ＜*lat.* crūdus (→krud)]

Ekrü·sei·de 女 生糸.

Ek·sta·se[ɛkstá:zə] 女 -/-n 有頂天, 恍惚(こう), エクスタシー; 〘宗〙法悦, 忘我: über *et.*[4] in ~ geraten …にうっとりする | *jn.* in ~ versetzen …を恍惚とならせる. [*gr.* ékstasis „Heraus-treten (aus sich selbst)"－*kirchenlat.*; ◇*engl.* ecstasy]

Ek·sta·tik[..tɪk] 女 -/ 〘宗〙法悦説, 遊魂説.

Ek·sta·ti·ker[..tikər] 男 -s/- 有頂天の〈になりやすい〉人, (宗教的)熱狂者.

ek·sta·tisch[..tɪʃ] 形 有頂天の, 忘我の: in ~*er* Erregung 興奮に我を忘れて | ein ~*er* Glaube 熱狂的な信仰 | ~*er* Zustand 恍惚状態 ‖ ~ schreien 無我夢中で叫ぶ.

Ek·ta·se[ɛktá:zə] 女 -/-n 〘詩〙母音の延長.

Ek·ta·sie[ɛktazí:] 女 -/-n [..zí:ən] 〘医〙拡張〔症〕.

Ek·ta·sis[ɛ́ktazɪs] 女 -/..tasen [ɛktá:zən] ＝Ektase [*gr.* éktasis; ＜*gr.* ek-teínein „aus-spannen"]

ekto.. 《名詞・形容詞などにつけて「外部」を意味する》 [*gr.*ektós „außen"; ◇exo..]

Ek·to·derm[ɛktodɛ́rm] 中 -s/-e 〘生〙外胚葉(はいよう). [＜Derma]

Ek·to·kar·die[..kardí:] 女 -/-n [..dí:ən] 〘医〙心臓転位. [＜kardio..]

Ek·to·mie[ɛktomí:] 女 -/-n [..mí:ən] 〘医〙切除〈全摘出〉術. [*gr.* ek-tomḗ „Aus-schneiden"]

Ek·to·pa·ra·sit[ɛktoparazí:t] 男 -en/-en (↔Entoparasit) 〘生〙外部寄生動物〈植物〉.

Ek·to·pie[ɛktopí:] 女 -/-n [..pí:ən] 〘医〙(臓器の)転位〔症〕. [＜topo..]

Ek·to·plas·ma[ɛktoplásma·] 中 -s/..men [..mən] (↔Entoplasma) 〘生〙(細胞質の)外質, 外部原形質, (原生動物の)外質.

Ek·to·ske·lett[..skelɛ́t] 中 -〔e〕s/-e 〘動〙甲殻, 外骨格.

Ek·to·to·xin[..tɔksí:n] 中 -s/-e 〘医〙(培養菌の)体外毒素.

Ek·tro·pium[ɛktró:piʊm] 中 -s/..pien [..piən] 〘医〙(まぶた・子宮口などの)外反(がいはん)〔症〕. [＜*gr.* ek-trépein „nach außen kehren" (◇Tropus)]

Ek·ty·po·gra·phie[ɛktypografí:] 女 -/ 〘印〙腐食凸版法; 点字印刷法.

Ekua·dor[ekuadó:r] ＝Ecuador

Ek·zem[ɛktsé:m] 中 -s/-e 〘医〙湿疹(しっしん). [*gr.*; ＜*gr.* ek-zeĩn „auf-kochen" (◇gären)]

Ek·ze·ma·ti·ker[..tsemá:tikər] 男 -s/- 湿疹患者.

..el[1] **1** 《動詞の語幹につけて「…する道具」を意味する名詞をつくる》: Heb*el* てこ | Deck*el* ふた | Schlüss*el* 鍵(かぎ). **2** 《南部方言で縮小名詞をつくる》: Mäd*el* 少女. [*germ.*]

..el[2] 《序数につけて分数をつくる. 基数が ..eins のときは ..eintel となる》: dritt*el* 3分の1 | zwei zehnt*el* 10分の2 | drei zwanzigst*el* 20分の3 ‖ hunderteint*el* 101分の1.
★ 分数は大文字書きにして中性(スイスでは男性)名詞としても使われる. [*germ.*; ◇Teil]

El →*El* Salvador

EL 略 男 ＝**E**ß**l**öffel: 1 ~ Weinessig ワインビネガー大さじ1杯.

Ela·bo·rat[elaborá:t] 中 -〔e〕s/-e **1** 《雅》(推敲(すいこう)された)作文, 文書, 完成稿. **2** 《軽蔑的に》駄文.

ela·bo·rie·ren[..rí:rən] 他 (h) (文章などを)練り上げる, 彫琢(ちょうたく)する, 推敲(すいこう)する. [*lat.*; ◇laborieren]

Ela·idin·säu·re[elaidí:n..] 女 -/ 〘化〙エライジン酸. [＜*gr.* élaion (→Öl)]

Elan[elá:n, elɑ̃:] 男 -s/ (Schwung) (感情の)高揚, 感激: mit ~ arbeiten 情熱をもって仕事に取り組む | großen ~ aufbringen 大いに意欲を燃やす. [*fr.*; ◇lancieren]

Elan vi·tal[elɑ̃vitál] 男 --/ 〘哲〙生の躍動(進化の推進力; Bergson 哲学の用語). [*fr.*]

Ela·ste[elástə] 複 弾性プラスチック, 伸縮性合成樹脂.

Ela·stik[elástɪk] 中 -s/-s; 女 -/-en 伸縮性の布, ゴム性織物(水着用・ゴムひもなど).

Ela·stin[elastí:n] 中 -s/ 〘化〙エラスチン, 弾力〈弾性〉素.

ela·stisch[elástɪʃ] 形 伸縮性〈弾性〉に富む, 弾力のある, 柔軟な; 融通性のある: eine ~*e* Feder 弾力のあるばね | ein ~*es* Gewebe 伸縮性のある布 | eine ~*e* Politik betreiben 柔軟な政策をとる | mit ~*en* Schritten はずむような足取りで ‖ Er bewegt sich ~. 彼は身のこなしが軽快だ | eine Bestimmung ~ behandeln 規定を柔軟に運用する. [*gr.*; ＜*gr.* elaúnein „treiben"]

Ela·sti·zi·tät[elastitsité:t] 女 -/ 弾〔力〕性, 伸縮〈柔軟〉性, しなやかさ: *seine* geistige ~ verlieren 心の柔軟さを失う, 融通がきかなくなる.

Ela·sti·zi·täts≠gren·ze 女 〘理〙弾性限界. **≠mo·dul** 男 〘理〙弾性係数.

Ela·sto·mer[elastomé:r] 中 -s/-e, **Ela·sto·me·re** 中 -n/-n 《ふつう複数で》＝Elaste

Ela·tiv[é:lati:f][1] 男 -s/-e 〘言〙絶対的最上〈最高〉級(例 mit *größter* Geduld 非常な根気をもって). [*lat.* ēlātus „erhöht"; ＜*lat.* efferre (→efferent)]

El·ba[ɛ́lba·] 地名 エルバ(地中海にあるイタリア領の島. 1814–15年 Napoleon I. が流された).

die **El·be**[ɛ́lbə] 地名 女 -/ エルベ(チェコに発し, ドイツを貫流して北海に注ぐ川): Wasser in die ~ tragen (→Wasser 1). [*idg.*; ◇*anord.* elfr „Fluß"]

Elb-Flo·renz[ɛ́lp..] 地名 エルベ河畔のフィレンツェ(芸術の都としての Dresden の美称).

Elb·ger·ma·nen 複 〘史〙エルベゲルマン族.

[V]**el·bisch**[ɛ́lbɪʃ] 形 妖精(ようせい)のような; 超自然的な. [*mhd.*; ◇Albe[2]]

Elb·kahn[ɛ́lp..] 男 **1** エルベ川のはしけ. **2** 《戯》長靴.
das **Elb·sand·stein·ge·bir·ge**[ɛlpzánt-ʃtaɪn..] 地名 中 -s/ エルベ砂岩山地(ザクセン=エルツ山地の東北に連なる: →Erzgebirge).
der **El·burs**[ɛlbʊ́rs] 地名 男 -/ エルブルズ(イラン高原の北に連なる山脈).
Elch[ɛlç] 男 -[e]s/-e 《動》ヘラジカ(箆鹿), オオシカ(大鹿): Ich dachte, mich küßt ein ~. 《戯》私はまさかと思った. [*germ.*; ◇ *lat.* alcēs „Elch"; *engl.* elk]
Elch·bul·le[ɛ́lç..] 男 《動》ヘラジカの雄.
..elchen →..chen
Elch≠kalb[ɛ́lç..] 中 《動》ヘラジカの子. ≠**kuh** 女 《動》ヘラジカの雌.
El·do·ra·do[ɛldorá:do·] 中 -s/-s エルドラド(南米にあるとされた伝説上の黄金郷); 《比》楽園, 理想郷: ein ~ der Kinder 〈für Kinder〉 子供の天国. [*span.* el dorado (país) „das vergoldete (Land)"; ＜*lat.* de-aurāre „ver-golden" (◇Dorade)]
Elea·te[eleá:tə] 男 -n/-n 《ふつう複数で》(古代ギリシアの)エレア学派の哲学者. [*gr.*－*lat.*]
elea·tisch[..tɪʃ] 形 エレア学派の: die ~*e* Schule エレア学派.
Ele·fant[elefánt] 男 -en/-en **1** 《動》ゾウ(象): ein afrikanischer 〈indischer〉 ~ アフリカ〈インド〉象 ‖ ein Gedächtnis wie ein 〔indischer〕 ~ haben (→Gedächtnis 1) | nachtragend wie ein indischer ~ sein (→nachtragen II) | ***sich***⁴ **wie ein ~ im Porzellanladen benehmen** 《話》(不器用で)ことごとにへまをやる〈周囲に迷惑をかける〉 ‖ **aus einer Mücke einen ~*en* machen** 《話》誇張する, 針小棒大に言う. **2** 《紙》エレファント版(28×23インチ). ᵛ**3** (Turm) 《チェス》ルーク, 城.
[*gr.* eléphās－*lat.*－*ahd.*; ◇ *engl.* elephant]
ele·fan·ten·ar·tig 形 象のような; 象のように巨大な.
Ele·fan·ten≠ba·by[..be:bi·] 中 《軽蔑的に》でぶっちょの少年〈少女〉. ≠**bul·le** 男 雄の象. ≠**füh·rer** 男 象使い. ≠**ge·dächt·nis** 中 《話》(特に自分の受けた仕打ちに対する)きわめてよい記憶力(象が自分の受けたひどい仕打ちをいつまでも覚えているといわれることから). ≠**ge·he·ge** 中 象の飼育場. ≠**gras** 中 《植》(南アフリカ産の)ツルカメソウ(鶴亀草). ≠**haut** 女 象皮: eine ~ haben 《比》ずぶとい神経をもっている. ≠**hoch·zeit** 女 《話》象の婚礼(二大企業の合併・二大政党の連立など). ≠**kalb** 中 **1** 象の子. **2** ＝Elefantenbaby ≠**krank·heit** 女 (Elefantiasis) 《医》象皮病. ≠**kuh** 女 雌の象. ≠**kü·ken** 中 ＝ Elefantenbaby ≠**laus** 女 **1** 《植》(Cashewnuß) カシューナッツ. **2** 《虫》ゾウシラミ(象虱). ≠**or·den** 男 (デンマーク・タイなどの)象勲章. ≠**rob·be** 女 (See-Elefant) 《動》ゾウアザラシ(象海豹), カイゾウ(海象). ≠**rüs·sel** 男 象の鼻. ≠**schild·krö·te** 女 《動》ガラパゴス=ゾウガメ(象亀). ≠**spitz·maus** 女 (Rüsselspringer) 《動》ハネジネズミ(跳地鼠). ≠**trei·ber** 男 (インドの)象使い. ≠**zahn** 男 **1** 象の歯; (Elfenbein) 象牙. **2** (Zahnschnecke) 《動》ゾウゲツノガイ(象牙角貝).
Ele·fan·tia·sis[elefantí:azɪs] 女 -/..tiasen[..tiá:zən] ＝Elefantenkrankheit [＜..iasis]
ele·fan·tös[elefantǿ:s][1] 形 《話》象のような; (großartig) すばらしい, 壮大な: ein ~*es* Gedächtnis 象のような記憶力(→Elefantengedächtnis). [＜..ös]
ele·gant[elegánt] 形 (schick) 洗練された, 上品な, 優雅な, 粋(いき)な; 実に巧みな, 絶妙な: eine ~*e* Kleidung 〈Erscheinung〉 シックな装い〈女性〉 | Mantel in ~*er* Ausführung 上品な仕立てのコート ‖ ~ wohnen 優雅な住居に暮らす | eine Schwierigkeit ~ umgehen 困難を巧みに〈見事に〉回避する. [*lat.*－*fr.*; ＜*lat.* ēligere (→Elektor)]
Ele·gant[elegã́:] 男 -s/-s 《雅》(Stutzer) だて男, しゃれ者. [*fr.*]
Ele·ganz[..gánts] 女 -/ 粋(いき), 洗練されていること, 優雅さ: mit ~ 優雅に, 巧みに. [*lat.*]
Eleg·iam·bus[elegiámbʊs] 男 -/..ben[..bən] ＝Elegjambus
Ele·gie[elegí:] 女 -/-n[..gí:ən] (ギリシア詩法の)哀歌; 悲歌: auf *jn.* eine ~ schreiben …の挽歌(ばんか)を作る. [*gr.*－*lat.*; ＜*gr.* élegos „Klagelied" (◇Eloge); ◇ *engl.* elegy]
Ele·gi·en·dich·ter 男, **Ele·gi·ker**[elé:gikər] 男 -s/- 哀歌〈悲歌〉作者.
ele·gisch[..gɪʃ] 形 哀歌〔体〕の; 《比》哀調を帯びた, 悲しい: ~ gestimmt sein 悲しい気分(雰囲気)である.
Eleg·jam·bus[elegiámbʊs] 男 -/..ben[..bən] 《詩》エレグイアンボス (Daktylus と Jambus とからなる古典詩句).
..elei[..əlaɪ] →..ei 1
Elei·son[eláɪzɔn] 中 -s/-s 《キリスト教》エレイソン(「主よ あわれみたまえ」の意のあわれみの賛歌の句). [*gr.* eléēson „erbarme dich!"]
Elek·tion[elɛktsió:n] 女 -/-en (Auswahl) 選択; 選出.
elek·tiv[..tí:f][1] 形 選択〈選出〉に関する. [〔*m*〕*lat.*]
Elek·tor[eléktɔr, ..to:r] 男 -s/-en [..lɛktó:rən] **1** 選挙人. **2** 《史》選帝侯. [*lat.*; ＜*lat.* ē-ligere „auswählen" (◇Lektion); ◇Elite]
Elek·to·rat[elɛktorá:t] 中 -[e]s/-e 《史》**1** 選帝侯国. **2** 選帝侯の地位. [＜..at]
Elek·tra[eléktra·] 人名 《ギ神》エレクトラ (Agamemnon と Klytämnestra の娘). [*gr.*－*lat.*; ◇Elektron]
Elek·tra·kom·plex[eléktra..] 男 -es/ (↔Ödipuskomplex) 《心》エレクトラ=コンプレックス(娘が父親に対してもつ近親愛的なコンプレックス).
Elek·tri·fi·ka·tion[elɛktrifikatsió:n] 女 -/-en 《スイス》＝Elektrifizierung
elek·tri·fi·zie·ren[..tsí:rən] 他 (h) (鉄道・工場などを)電化する, 電動化する.
Elek·tri·fi·zie·rung[..tsí:rʊŋ] 女 -/-en 電化, 電動化.
Elek·trik[eléktrɪk] 女 -/ **1** 《集合的に》電気設備, 電化装置〈施設〉. **2 a)** 電気学. **b)** 《話》電気工学.
Elek·tri·ker[..trikər] 男 -s/- (Elektrotechniker) 電気技師, 電気工.
Elek·tri·sa·tion[elɛktrizatsió:n] 女 -/-en (elektrisieren すること. 特に:) 《医》通電法, 電気療法.
elek·trisch[eléktrɪʃ] **I** 形 電気的な, 電気に関する; 電気を帯びた; 電気による; 電動による: ein ~*es* Auge 電気警報装置 | eine ~*e* Batterie 電池 | ein ~*es* Feld 電場, 電界 | ein ~*er* Fisch 電気〈発電〉魚(デンキウナギなど) | ein ~*er* Generator 発電機 | ein ~*er* Heizofen 〈Kühlschrank〉 電気ストーブ〈冷蔵庫〉 | eine ~*e* Ladung 電荷 | eine ~*e* Lampe / ein ~*es* Licht 電灯 | ein ~*er* Schlag 電撃 | eine ~*e* Schreibmaschine 電動タイプライター | die ~*e* Spannung 電圧 | der ~*e* Strom 電流 | der ~*e* Stuhl (→Stuhl 1 a) | ~*e* Wellen 電波 ‖ ~ gehen 〈laufen〉 電気で動く | *et.*⁴ ~ betreiben …を電気で動かす | ~ geladen sein 帯電〈荷電〉している | ein ~ beheizter Wohnraum 電気暖房をした居住空間.
ᵛ**II Elek·tri·sche** 女 《形容詞変化》市街〈路面〉電車: mit der ~*n* fahren 市街電車で行く.
[＜*lat.* ēlectrum „Bernstein"; ◇Elektron]
elek·tri·sie·ren[elɛktrizí:rən] 他 (h) **1 a)** 《*et.*⁴》(…に)電気を帯びさせる, 帯電させる; 電流を通じる; 《医》電気療法を施す: Bernstein läßt sich durch Reibung ~. 琥珀(こはく)は摩擦によって電気を帯びる | Mein rechtes Bein wird regelmäßig *elektrisiert*. 私は右脚に定期的に電気の治療を受けている. **b)** 再帰 *sich*⁴ ~ 感電する: Ich habe mich an der Steckdose *elektrisiert*. 私はコンセントで感電してしまった ‖ wie *elektrisiert* aufspringen まるで感電したかのようにびくっとして飛び上がる. **2** 《比》《*jn.*》ぎょっとさせる, びっくりさせる; 感激〈感動〉させる, 熱狂〈興奮〉させる: *elektrisierende* Musik 熱狂させる音楽 | Die Nachricht wirkte *elektrisierend*. この知らせは人々をあっと驚かせた.
Elek·tri·sier·ma·schi·ne[elɛktrizí:r..] 女 (医療用の)静電発電機.
Elek·tri·zi·tät[elɛktritsitɛ́:t] 女 -/ 電気: positive 〈negative〉 ~ 陽〈陰〉電気 ‖ *et.*⁴ mit ~ versorgen …に

E

電気を供給する | *et.*[4] durch ~ betreiben …を電気で動かす.
Elek·tri·zi·tä̱ts≈an·zei·ger 男 検電器. ≈**ent·la̱·dung** 女 放電. ≈**er·zeu·gung** 女 発電. ≈**ge·sell·schaft** 女 電気〈発電〉会社. ≈**men·ge** 女 電〔気〕量. ≈**mes·ser** 男 電位計. ≈**ver·sor·gung** 女 -/ 電力供給. ≈**werk** 中 発電所. ≈**wirt·schaft** 女 -/ 電気需給計画〈状況〉. ≈**zä̱h·ler** 男 積算電力計.
elektro.. 《名詞などにつけて「電気」を意味する》 [< *gr.* élektron (→Elektron)]
Elek·tro·akụ·stik[elɛktro..] 女 -/ 電気音響学.
elek·tro·akụ·stisch 形 電気音響学の: eine ~*e* Orgel 電子オルガン.
Elek·tro·ana·ly̱·se 女 -/-n 電気〈電解〉分析.

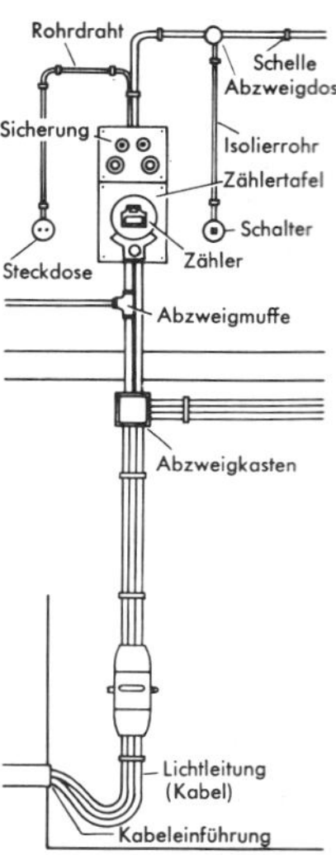

Elektrizität

Elẹk·tro·ar·ti̱·kel[eléktro|arti:kəl] 男 電気製品.
Elek·tro·che·mi̱e 女 電気化学.
elek·tro·chẹ·misch 形 電気化学の.
Elek·tro·chir·ur·gi̱e 女 -/ 《医》 電気外科.
Elek·tro·chọrd[..kɔ́rt][1] 中 -〔e〕s/-e 電子楽器. [< *gr.* chordḗ: →Chorda]
Elek·trọ·de[elɛktró:də] 女 -/-n 《電》 電極(→ 図 Glühlampe): die positive 〈negative〉 ~ 陽〈陰〉極. [< ..ode[1]]
Elek·tro·dia·gnọ·stik[elɛktro..] 女 -/ (神経症などの)電気診断法.
Elek·tro·dy·nạ·mik 女 -/ 電気力学.
elek·tro·dy·nạ·misch 形 動電気の, 電気力学の.
Elek·tro·dy·na·mo·mẹ·ter 中 -s/- 電力計.
Elẹk·tro·ei·sen[eléktro..] 中 電解鉄.
Elek·tro·ener·gi̱e[elɛktro..] 女 -/ 電気エネルギー.
Elek·tro·en·ze·pha·lo·grạmm 中 -s/-e (略 EEG) 《医》 脳波図.
Elek·tro·en·ze·pha·lo·grạph 男 -en/-en 脳波計.
Elek·tro·en·ze·pha·lo·gra·phi̱e 女 -/ 脳波計測.
elek·tro·ero·di̱e·ren 他 (h) 電気腐食する.
Elek·tro·ero·si̱on 女 -/ 電気腐食.
Elẹk·tro≈fa̱hr·zeug[eléktro..] 中 電動車両(電気自動車など). ≈**fil·ter** 男 電気集塵(しゅうじん)装置. ≈**fi·sche·rei** 女 電流漁法. ≈**ge·rä̱t** 中 〔家庭〕電化製品. ≈**gi·tar·re** 女 《楽》 エレキギター.
Elek·tro·gra·phi̱e[elɛktro..] 女 -/ 《電算》 電子複写法.
Elek·tro·gra·vü̱·re[また: ◡◡́◡◡–◡] 女 -/ 電気食刻法.
Elẹk·tro≈he̱rd[eléktro..] 男 電気レンジ(→ 図 Herd). ≈**in·du·strie** 女 電気機械産業, 電機産業. ≈**in·ge·nieur**[..|ɪnʒeniø:r] 男 電気技師.
Elek·tro·kar·dio·grạmm[elɛktro..] 中 -s/-e (略 EKG, Ekg) 《医》 心電図.
Elek·tro·kar·dio·grạph 男 -en/-en 《医》 心電計.
Elek·tro·kar·dio·gra·phi̱e 女 《医》 心電図検査.
Elẹk·tro·kar·ren[eléktro..] 男 電動トロッコ(→ 図).

Elektrokarren

Elek·tro·ka̱u·stik[elɛktro..] 女 -/ 《医》 電気焼灼(しょうしゃく)法.
Elẹk·tro≈krampf[eléktro..] 男 《医》 (ショック療法による)電気けいれん. ≈**kul·tu̱r** 女 《農》 電熱栽培.
Elek·tro·ly̱·se[elɛktrolý:zə] 女 -/-n 電気分解, 電解.
Elek·tro·ly·seur[..lyzǿ:r] 男 -s/-e 電解槽. [*fr.*]
elek·tro·ly·si̱e·ren[..lyzí:rən] 他 (h) 電気分解する.
Elek·tro·ly̱t[..lý:t] 男 -s/-e (-en/-en) 《電・化》 電解液〈質〉. [< *gr.* lytós „lösbar"]
elek·tro·ly̱·tisch[..lý:tɪʃ] 形 **1** 電気分解の. **2** 電解液〈質〉の.
Elek·tro·ly̱t≈kon·den·sa̱·tor 男 《電》 電解コンデンサ. ≈**kup·fer** 中 電気銅.
Elek·tro·ma·gnẹt[elɛktro..] 男 -〔e〕s/-e (-en/-en) 電磁石(→ 図 Magnet).
elek·tro·ma·gnẹ·tisch 形 電磁気の, 電磁的な: ~*e* Wellen 電磁波.
Elek·tro·ma·gne·tị̆s·mus 男 -/ 電磁気〔学〕.
Elek·tro·me·chạ·nik 女 -/ 電気工学.
Elek·tro·me·chạ·ni·ker[また: ◡◡́◡◡–◡◡] 男 -s/- 電気機械工.
elek·tro·me·chạ·nisch 形 電気機械の, 電気工学の.
Elek·tro·me·di·zi̱n[また: ◡◡́◡◡◡–] 女 -/ 電気医学.
Elek·tro·me·tall·ur·gi̱e 女 -/ 電気冶金(やきん)〔学〕.
Elek·tro·mẹ·ter[..mé:tər] 中 (男) -s/- 電位計.
Elek·tro·mo·bi̱l[..mobí:l] 中 -s/-e 電気自動車. [< Automobil]
Elẹk·tro·mo̱·tor[eléktro.., ◡◡◡́◡] 男 電動機, 電気モーター.
elek·tro·mo·tọ·risch[elɛktro..] 形 電動の, 電動機による; 起電的な: ~*e* Kraft (略 EMK) 《理》 起電力.
Elek·tro·myo·grạmm[elɛktromyográm] 中 《医》 筋電図.
Elek·tron 中 **1** [é(:)lɛktrɔn, eléktrɔn, elɛktró:n] -s/-en[elɛktró:nən] 《理》 エレクトロン, 電子: freies 〈gebundenes〉 ~ 自由〈束縛〉電子. **2** [eléktrɔn] -s/ **a)** 商標 エレクトロン(マグネシウム合金). **b)** エレクトラム(古代ギリシアの貨幣に用いた天然の金銀合金). [*gr.* élektron „Silbergold, Bernstein"(→*engl.*); < *gr.* ēléktōr „strahlend"]
elek·tro·nẹ·ga·ti̱v[elɛktroné:gati:f, ..negatí:f][1] 形 電気的に陰性の.
Elek·trọ·nen≈blitz·ge·rä̱t[elɛktró:nən..] 中 《写》 ストロボ〈エレクトロニック=フラッシュ〉装置. ≈**bün·del** 中 《理》 電子ビーム. ≈**dich·te** 女 《理》 電子密度. ≈**emis·si̱on** 女 《電》 電子放出. ≈**ge·hirn** 中 電子頭脳. ≈**lin·se** 女 《理》 電子レンズ. ≈**mi·kro·sko̱p** 中 電子顕微鏡. ≈**op·tik** 女 電子光学. ≈**or·gel** 女 電子オルガン. ≈**re·chen·ma·schi̱·ne** 女, ≈**rech·ner** 男 電〔子計〕算機. ≈**röh·re** 女 《電》 電子管. ≈**schleu·der** 女 《理》 ベータトロン. ≈**stoß** 男 《理》 電子衝突. ≈**stra̱hl** 男 電子線, ベータ線. ≈**theo·rie** 女 電子論; 電子説. ≈**volt** 中 《理》 電子ボルト(記号 eV).
Elek·trọ·nik[elɛktró:nɪk] 女 -/-en **1** 《単数で》 電子工学, エレクトロニクス. **2** 電子機器. **3** 《単数で》 (電子機器による)雑音.
Elek·trọ·nik·in·du·strie 女 電子〈エレクトロニクス〉産業.
elek·trọ·nisch[..nɪʃ] 形 電子〔工学〕の: ~*e* Datenverarbeitung (略 EDV) 電子式データ処理 | ~*e* Geräte 電

子機器｜～*e* Musik 電子音楽｜～*e* Post 電子郵便, Eメール｜～*e* Spiele 電子ゲーム ‖ *et.*[4] ～ steuern …を電子機器で操作する.

Elek·tron·volt[é(ː)lɛktrɔn.., elɛ́k..]《官》= Elektronenvolt

Elek·tro·ofen[elɛ́ktro..] 男〘工〙電気炉.

Elek·tro·phor[elɛktrofóːr] 男 -s/-e〘電〙電気盆, 起電盤.

Elek·tro·pho·re·se[..foréːzə] 女 -/〘理〙電気泳動.

Elek·tro·phy·sik 女 -/ 電気物理学.

Elek·tro·pres·se[elɛ́ktro..] 女 電動ジューサー. ≠**ra·sie·rer** 男 電気かみそり. ≠**schock** 男 (精神療法·拷問手段などに用いる)電気ショック. ≠**schwei·ßer** 男 電気溶接工. ≠**schwei·ßung** 女 電気溶接.

Elek·tro·skop[elɛktroskóːp, ..rɔs..] 中 -s/-e 検電器.

Elek·tro·stahl[elɛ́ktro..] 男 電気〔炉〕鋼.

Elek·tro·sta·tik[elɛktrostáːtɪk, ..rɔs..] 女 -/ 静電学.

elek·tro·sta·tisch[..tɪʃ] 形 静電〔学〕の.

Elek·tro·strik·tion 女 -/ 電気ひずみ, 電縮.

Elek·tro·tech·nik[また: ⏑⏑́⏑⏑⏑] 女 -/ 電気工学.

Elek·tro·tech·ni·ker[elɛ́ktro.., ⏑⏑⏑⏑́⏑⏑] 男 -s/- 電気技術者; 電気工学者.

elek·tro·tech·nisch[elɛktro.., ⏑⏑́⏑⏑⏑] 形 電気工学の.

Elek·tro·the·ra·pie[..terapíː] 女 -/〘医〙電気療法.

Elek·tro·ther·mie[..tɛrmíː] 女 -/ **1** 電熱学. **2** 電気による加熱. [<thermo..]

Elek·tro·to·mie[..tomíː] 女 -/-n [..míːən]〘医〙電気切開.

Elek·tro·ty·pie[..typíː] 女 -/-n [..píːən]〘印〙電気製版〔術〕, 電鋳. [<Typus]

Elek·tro·wer·ker[elɛ́ktro.., ⏑⏑⏑⏑́⏑] 男 -s/- 発電技師. [<Werk]

Elek·tro·zaun 男 (逃亡防止用に)電流を通した柵(さく).

Ele·ment[elemɛ́nt] 中 -〔e〕s/-e **1 a)** 要素, 因子, 構成分子: die eucharistischen ～*e*〘キリスト教〙聖体の要素(ミサに用いるパンとぶどう酒)｜das orientalische ⟨romantische⟩ ～ in seinem Gemälde 彼の絵における東方的⟨ロマンチックな⟩要素 ‖ Man vermißt das persönliche ～ in seiner Rede. 彼の演説には個性が見られない. **b)**〘化〙元素: ein metallisches ⟨dreiwertiges⟩ ～ 金属⟨3価⟩元素｜das periodische System der〔chemischen〕～*e* 元素周期律表. **c)**〘電子工学·電算〙素子, エレメント: eine Antenne mit fünf ～*en* 5素子アンテナ. **d)**〘数〙(集合などの)元, 要素: a ist〔ein〕～ der Menge A.〘数〙a は集合 A の元⟨要素⟩である. **2 a)** (古代·中世で物質界を構成すると考えられていた)基本物質: die vier ～*e* 四大(しだい)(地水火風)｜das nasse ⟨gefräßige⟩ ～ 水〔の力〕⟨火〔の力〕⟩. **b)**《ふつう複数で》自然力: das Toben der〔entfesselten〕～*e* 自然の猛威(あらしなど). **3**《単数で》本領:〔ganz〕**in *seinem* ～ sein** / ***sich*[4] in *seinem* ～ fühlen**《話》水を得た魚のようである, はつらつとしている｜Die Kochkunst ist mein ～. 料理は私の特技です. **4**《複数で》初歩, 基本: die ersten ～*e* der Tanzkunst ⟨des Schwimmens⟩ 踊り⟨泳ぎ⟩のいろは. **5**《ふつう複数で》《軽蔑的に》(ろくでもない)社会の構成分子, 連中, やから: asoziale ～*e* 反社会的分子｜gefährliche ⟨kriminelle⟩ ～*e* 危険⟨犯罪⟩分子. **6** (Zelle)〘電〙電池. [*lat.*–*mhd.*]

ele·men·tar[elemɛntáːr] 形 **1** (英: *elemental*) **a)** 自然の, 原始の, 荒々しい: ～*e* Kräfte 自然力｜mit ～*er* Gewalt 荒々しい力で ‖ *jn.* ～ überfallen 荒々しく…に襲いかかる. **b)**〘化〙元素〔単独〕の: ～*er* Kohlenstoff 遊離炭素｜im ～*en* Zustand 遊離状態で. **2** (英: *elementary*) **a)** (grundlegend) 根本⟨基本⟩的な: die ～*en* Menschenrechte 基本的人権｜eine ～*e* Wahrheit 根本の真理. **b)** 基礎の, 初歩的な: ein ～*er* Fehler 初歩的な誤り. [*lat.*]

Ele·men·tar·ana·ly·se 女〘化〙元素分析. ≠**bil·dung** 女 -/ 初歩の素養; 小学校教育. ≠**buch** 中 入門書. ≠**er·eig·nis** 中 天災, 天変地異. ≠**geist** 男 -〔e〕s/-er (自然界の)精霊. ≠**ge·walt** 女 自然力.

▽**ele·men·ta·risch**[elemɛntáːrɪʃ] = elementar

Ele·men·tar·kennt·nis·se[elemɛntáːr..] 複 基礎的⟨初歩⟩知識. ≠**klas·se** 女 (学校などの)下級, 初級. ≠**kraft** 女 自然力. ≠**la·dung** 女〘理〙電気素量(記号 e). ≠**leh·rer** 男 小学校教員; 初級の教師. ≠**ma·gnet** 男 最小磁気単位. ≠**quan·tum** 中〘理〙素量. ≠**schu·le** 女 (Grundschule) 小学校. ≠**stu·fe** 女 (授業科目などの)初級段階, 初歩. ≠**teil·chen** 中〘理〙素粒子. ≠**un·ter·richt** 男 初等⟨初歩⟩教育. ≠**zeit** 女 -/〘理〙最小単位時間(10^{-23}秒).

Ele·ment·be·we·gung[elemɛ́nt..] 女〘体育〙要素運動.

Ele·mi[eléːmi·] 中 -s/ カンラン樹脂(塗料·印刷インキなどに添加する). [*arab.* al-lāmī–*span.*]

Elen[éːlɛn] 中 (男) -s/- = Elch [„Hirsch“; *litau.*–*ndd.*; ◇ *engl.* eland]

Elen·an·ti·lo·pe 女〘動〙エランド, イランド(東南アフリカ産の大型カモシカ).

elend[éːlɛnt][1] **I** 形 **1** 惨めな, 見るにしのびない, 悲惨な: Er ist in einer ～*en* Lage./ Es geht ihm ～. 彼は惨めな境遇にある ‖ ～ zugrunde gehen 尾羽うち枯らす. **2** 気分のすぐれない, からだ具合の悪い: ein ～*es* Aussehen 元気のない様子｜Er sieht ～ aus. 彼は病気〔のよう〕に見える｜Mir ist ～. / Ich fühle mich ～. 私は気分が悪い. **3**《付加語的》(ärmlich) みすぼらしい, そまつな; ろくでもない: eine ～*e* Behausung ⟨Bezahlung⟩ みじめったらしい住居⟨給料⟩｜ein ～*er* Kerl ⟨Schurke⟩ ならず者｜ein ～*er* Schriftsteller へぼ作家｜in ～*en* Verhältnissen leben 貧乏暮らしをする. **4**《話》とてつもない: eine ～*e* Lüge ひどいうそ｜～*en* Durst haben ひどくのどがかわいている ‖ Es ist heute ～ kalt. きょうはやけに寒い.

II Elend 中 -s/ **1 a)** 不幸, 苦しみ, 惨めな⟨悲惨な⟩状態: das glänzende ～ (没落貴族などの)うわべだけの飾り立て｜**ein langes ～**《話》やせてのっぽな男 ‖ **das graue ⟨heulende⟩ ～ bekommen ⟨kriegen⟩**《話》気がめいる, みじめな気分になる｜nur noch ein Häufchen ～ sein (→Häufchen)｜**wie das leibhaftige ～ aussehen**《話》(老衰·病気による衰弱などで)もはや見るかげもない ‖ Es ist ein ～ mit ihm.《話》彼には困ったものだ; 彼は惨憺(さんたん)たるものだ. **b)** (Armut) 貧困, 貧窮: im ～ leben 貧乏生活をしている｜ins ～ geraten ⟨stürzen / stoßen⟩ 落ちぶれる. ▽**2** 異郷: ins ～ ziehen ⟨gehen⟩ 見も知らぬ土地へ行く｜*jn.* ins ～ jagen …を(国外に)追放する.

[*ahd.* eli-lenti „in anderem Land“; ◇alias, Land]

elen·den[éːlɛndən][1]《01》他 (h) **1** 苦しめる, 悩ます. ▽**2** 再帰 *sich*[4] ～ げっそりする.

elen·dig[éːlɛndɪç; 強調: ⏑́⏑⏑́⏑; オーストリア: –⏑́⏑][2] 形《方》= elend I 1, 3

elen·dig·lich[éːlɛndɪklɪç; 強調: ⏑́⏑⏑́⏑] 形 **1** = elend I 1 **2**《方》= elend I 3

Elends·hüt·te[éːlɛnts..] 女, ≠**quar·tier** 中 みすぼらしい家, (貧民·難民などの)バラック, あばら屋. ≠**vier·tel** [..fɪrtəl] 中 貧民窟(くつ), 細民街, スラム街.

Elen·tier[éːlɛn..] 中 = Elch

Eleo·no·re[eleonóːrə] 女名 エレオノーレ. [*arab.* „Gott ist mein Licht“–*span.*–*fr.*–*engl.*; ◇Leonore]

Ele·phan·ten·krank·heit[elefántən..] 女, **Ele·phan·tia·sis**[..fantíːazɪs] 女 -/..tiasen[..tiáːzən] = Elefantenkrankheit

Eleu·si·ni·en[elɔyzíːniən] 複 エレウシス祭 (Eleusis で行われた Demeter の祭り). [*gr.*]

eleu·si·nisch[..nɪʃ] 形 エレウシスの: die *Eleusinischen* Mysterien エレウシス祭の神秘的儀式.

Eleu·sis[elɔ́ʏzɪs] 地名 エレウシス(アテネの北西海岸にある町で, 古代ギリシアにおいては特に Demeter 崇拝の中心地であった). [*gr.*]

eleu·sisch[elɔ́ʏzɪʃ] = eleusinisch

Ele·va·tion[elevatsióːn] 女 -/-en **1** 上昇, 隆起. **2**〘カトリック〙(ミサにおける)聖体奉挙. **3**〘天〙(天体の)高度, 仰角;〘理·軍〙仰角. [*lat.*; <*lat.* ē-levāre „empor-heben"]

Ele·va·tions·win·kel 男 〖理・軍〗仰角.

Ele·va·tor[..vá:tɔr, ..to:r] 男 -s/-en[..vató:rən] (穀物・土砂などを運ぶ)リフト.

Ele·ve[elé:və] 男 -n/-n (⊛ **Ele·vin**[..vɪn]-/-nen) **1** 農林作業実習生; (演劇・バレエなどの)弟子. ▽**2** 徒弟, 生徒, 見習い. [*fr.*; <*fr.* élever „(aus der Unwissenheit) herausheben"; ◇Zögling]

elf[ɛlf] **I** 《基数》11〔の〕: →fünf ‖ von ~, bis es läutet ほんの短時間さえ. **II Elf**[1] 女 -/-en 11という数; (11人からなる, 特にサッカー・ホッケー・ハンドボールの)チーム, イレブン; (トランプの) 11の札; 11番コースの路面電車: →Fünf [*germ.* „(zehn und) eins als Rest"; ◇ein[1], bleiben; *engl.* eleven]

Elf[2][ɛlf] 男 -[e]s/-e (Fluß) 川. [*schwed.*; ◇Elbe]

Elf[3][−] 男 -en/-en (⊛ **El·fe**[ɛ́lfə]-/-n) 《ふつう複数で》エルフ(森などに住むという愛らしい妖精(ようせい)・妖魔). [*engl.*; ◇Alp[1]]

el·fen·ar·tig[ɛ́lfən..] 形 エルフ〈妖精(ようせい)〉のような.

El·fen·bein[ɛ́lfənbaɪn] 中 -[e]s/-e **1** 《ふつう単数で》(英: *ivory*)象牙(ぞうげ): ein Knopf aus ~ 象牙のボタン | schwarzes ~《比》黒人奴隷. **2** 《ふつう複数で》象牙細工品. ▽**3** 象の骨. [*ahd.* helfan[t]-bein; ◇Elefant]

El·fen·bein·ar·beit 女 象牙(ぞうげ)細工〔品〕.

el·fen·bein·ar·tig 形 象牙(ぞうげ)のような.

el·fen·bei·nern[..nərn] 形《付加語的》象牙(ぞうげ)〔製〕の: in einem ~*en* Turm leben 〈sitzen〉 (→Turm 1 a).

El·fen·bein·far·be 女 象牙(ぞうげ)色.

el·fen·bein·far·ben 形 象牙(ぞうげ)色〈アイボリー〉の.

die **El·fen·bein·kü·ste**[ɛ́lfənbaɪnkʏstə] 地名 女 -/ 象牙(ぞうげ)海岸(フランス領時代からの Côte d'Ivoire のドイツ語形).

El·fen·bein≈nuß 女 (vegetabilisches Elfenbein) ゾウゲヤシの実(胚乳(はいにゅう)が極めて硬く, 細工物に用いる). **≈pal·me** 女〖植〗ゾウゲヤシ(象牙椰子). **≈schnit·ze·rei** 女 象牙(ぞうげ)彫刻. **≈schwarz** 中 アイボリーブラック(顔料). **≈turm** 男 象牙の塔(主として時流に影響されまいとする芸術的・学問的孤高の態度をさす): *sich*[4] in *seinen* ~ zurückziehen 象牙の塔に引きこもる.

el·fen·haft[ɛ́lfənhaft] 形 Elf[3] のような; 優雅な.

El·fen≈kind 中 (さらった子の代わりに Elf[3] が残してゆくという)取り替え児. **≈kö·nig** 男 (Erlkönig) Elf[3] の王. **≈kö·ni·gin** 女 Elf[3] の女王. **≈reich** 中 -[e]s/ Elf[3] の国, おとぎの国; この世とは思えない美しい所. **≈rei·gen** 男 Elf[3] の輪舞. **≈ring** 男 Elf[3] の踊り場(草地の中で草のあまり生えていない円形の場所). **≈tanz** 男 Elf[3] の踊り. **≈tanz·platz** 男 = Elfenring

El·fer[ɛ́lfər] 男 -s/- **1** (11の記号をもつもの. 例えば:) 11番コースのバス; 1911年産ワイン; 第11連隊員; 11人組〈会〉の一員; 〖サッカー〗= Elfmeter: →Fünfer **2** (合計して11のもの. 例えば:) 11人用乗り物; 11行詩; 11項的中の富くじ; 11人組〈会〉: →Fünfer

El·fer≈mann·schaft 女 (サッカーなどの)イレブン, 11人チーム. **≈rat** 男 -[e]s/..räte (謝肉祭の) 11人祭典委員〔会〕.

el·fisch[ɛ́lfɪʃ] = elfenhaft

elf≈jäh·rig[ɛ́lf..] 形 11年を経た, 11歳の; 11年間の. **≈jähr·lich** 形 11年ごとの.

Elf·män·ner 複〖聖〗(キリストの)十一使徒(十二使徒中ユダを除く).

Elf·me·ter[ɛlfmé:tər] 男 -s/- (Strafstoß)〖サッカー〗ペナルティキック: einen ~ geben 〈verhängen〉(審判が)ペナルティキックを課する | den ~ [in ein Tor] verwandeln ペナルティキックを決めて得点をあげる.

Elf·me·ter≈ball 男 = Elfmeter **≈mar·ke** 女, **≈punkt** 男 (Strafstoßmarke)〖サッカー〗ペナルティキックマーク. **≈schie·ßen** 中, **≈schuß** 男〖サッカー〗ペナルティシュート. **≈tor** 中〖サッカー〗ペナルティゴール.

elf≈mo·na·tig[ɛ́lf..] 形 11か月を経た, 生後11か月の; 11か月間の. **≈mo·nat·lich** 形 11か月ごとの.

El·frie·de[ɛlfrí:də] 女名 エルフリーデ(短縮形: Frieda). [<*ahd.* alb „Albe[2]"+fridu „Schutz, Friede"]

elf≈stün·dig[ɛ́lf..] 形 11時間の. **≈stünd·lich** 形 11時間ごとの.

elft[ɛlft]《序数》第11の, 11番目の: →fünft ‖ in der ~*en* Stunde 最後の瞬間に, ぎりぎりの時に | der ~*e* Finger (→Finger 1) | das ~*e* Gebot (→Gebot 1).

elf·tau·send[ɛ́lftáʊzənt]《基数》1万1000〔の〕.

elf·tel[ɛ́lftəl]《分数; 無変化》11分の1〔の〕: →fünftel

elf·tens[..təns] 副 (列挙の際などに)第11に〔は〕.

El·ger[ɛ́lgər] 男 -s/-〖漁〗やす. [*ahd.*; ◇Aal, Ger]

El·horn (**Ell·horn**)[ɛ́lhɔrn] 男 -s/《方》**1** = Holunder 1 **2** = Erle **3** = Ahorn 1

Eli·as[elí:as] 人名〖聖〗エリヤ(前9世紀の Israel の預言者): feuriger ~《戯》(火の粉をまき散らす)蒸気機関車. [*hebr.* „mein Gott ist Jahwe"−*gr.*; ◇Joel; *engl.* Elijah]

Eli·as·feu·er = Sankt-Elms-Feuer

eli·die·ren[elidí:rən] 他 (h)〖言〗省略する. [*lat.* ē-līdere „heraus-stoßen"; <*lat.* laedere (→lädieren)]

Eli·mi·na·tion[eliminatsió:n] 女 -/-en 除去; 削除; 排除;〖数〗消去〔算〕. [*fr.*]

eli·mi·nie·ren[..ní:rən] 他 (h) 除去する;〖数〗消去する. [*lat.* ē-līmināre „über die Schwelle bringen"−*fr.*; <*lat.* līmen „Schwelle"]

Eli·mi·nie·rung[..rʊŋ] 女 -/-en eliminieren すること.

Eliot[ɛ́ljət] 人名 Thomas Stearns ~ トマス スターンズ エリオット(1888-1965; イギリスの詩人・劇作家・批評家. 作品は詩集『荒地』, 詩劇『カクテル=パーティー』など. 1948年ノーベル文学賞受賞).

Eli·sa[1][elí:za·] 人名〖聖〗エリシャ(前9世紀の Israel の預言者で, Elias の弟子). [*hebr.* „Gott hat geholfen"]

Eli·sa[2][−] 女名 エリーザ.

Eli·sa·beth[elí:zabɛt] 女名 エリーザベト: Königin ~ (英国の)エリザベス女王. [*hebr.* „Gott ist mein Eid"]

Eli·sa·be·tha·nisch[elizabetá:nɪʃ] 形 (英国の)エリザベス女王時代の; エリザベス王朝〔様式〕の.

Eli·sa·be·thi·ne·rin[..tí:nərɪn] 女 -/-nen 〖カトリック〗(看護活動を主とする)エリザベト病院修道女会修道女.

Eli·se[elí:zə] 女名 エリーゼ.

Eli·sion[elizió:n] 女 -/-en〖言〗音の脱落〈省略〉(特に母音について, 口調のよさや詩のリズムを整えたりするのに役だつ. 例 Wandrung<Wanderung, sagt'<sagt*e*). [*spätlat.*; ◇elidieren]

eli·tär[elitɛ́:r] 形 エリートに属する, えりぬきの; エリート的な, エリート特有の: ein ~*es* Bewußtsein エリート意識.

Eli·te[elí:tə; オーストリア: elít] 女 -/-n[..tən] **1** 《集合的に》エリート, 精鋭, えりぬきの人々: eine ~ von Wissenschaftlern 一流の科学者たち | die geistige ~ eines Landes ある国の精神的指導者たち ‖ zur ~ gehören エリートの一人である. **2** 《単数で》(タイプライターの)エリート活字. [*fr.*; <*fr.* élire „aus-wählen"; ◇Elektor, elegant]

Eli·te≈mann·schaft 女〖スポーツ〗選抜〈精鋭〉チーム. **≈schicht** 女 (社会の)エリート層. **≈trup·pe** 女〖軍〗精鋭部隊. **≈züch·tung** 女 エリート養成.

Eli·xier[elɪksí:r] 中 -s/-e〖薬〗エリキシール(甘く芳香のあるアルコール剤);《比》(不老不死などの効果があるという)仙薬, 霊液. [*spätgr.* xḗrion „trockenes (Heilmittel)"−*arab.* al-iksīr „der Stein der Weisen"−*mlat.*; <xero..]

el·jen[ɛ́ljɛn] 間 万歳. [<*ungar.* „er lebe hoch!"]

Elk[ɛlk] 男 -[e]s/-e《北部》= Elch

..ell[..ɛl]《名詞につけて「…の, …に関する, …に属する」などを意味する形容詞をつくる. ..iell, ..uell となることもある》: industri*ell* 工業の | materi*ell* 物質の | finanzi*ell* 財政上の | adverbi*ell* 副詞的な | intellekt*uell* 知性の; 知的な.

★..al と..ell の両形がある時は, 前者は「…の」を意味し, 後者は「…の性格の, …の特徴をもった, …的な」を意味することが多い: form*al* 形式に関する ―form*ell* 形式的な | pro-

E

vinz*ial* 州の ―provinz*iell* 田舎じみた | ration*al* 道理にかなった ―ration*ell* 効率のよい. [*lat.*－*fr.*; ◇..al[1]]

El·la[ɛ́la·] 女名 (＜Elisabeth, Elfriede, Eleonore) エラ.

Ell·bo·gen[ɛ́lbo:gən] 男 -s/- ひじ(肘) (→ 図 Mensch B): *sich*[4] auf die 〈*seine*〉 ～ stützen ひじをつく | *sich*[3] mit den ～ den Weg bahnen ひじで人ごみを押し分けて進む ‖ die ～ auf den Tisch aufstützen 机に両ひじをつく | ***seine* ～ frei haben**《比》自由に身動き〈行動〉できる | ***keine* ～ haben**《比》(気が弱くて)押しがきかない | ***seine* ～ gebrauchen**《比》強引〈ごり押し的〉にやる.
[*germ.* „Armbiegung"; ◇Elle; *engl.* elbow]

Ell·bo·gen≈bein 中 ＝Elle 1 **≈frei·heit** 女 -/ (ひじを動かす)ゆとり; 行動の自由: ～ haben 自由に身動き〈行動〉できる | *sich*[3] ～ schaffen 行動の自由を得る. **≈ge·lenk** 中〘解〙肘(ちゅう)関節 (→ 図 Mensch C). **≈ge·sell·schaft** 女《話》他人を押しのけてのし上がる風潮のまかりとおる社会. **≈kno·chen** 男 ＝Elle 1 **≈leh·ne** 女 ひじ掛け. **≈mensch** 男 強引〈ごり押し的〉な人. **≈men·ta·li·tät** 女 ごり押し的な考え方. **≈po·li·tik** 女 ごり押し政策. **≈recht** 中 (Gewalt) 暴力: das ～ anwenden 〈gebrauchen〉 暴力に訴える. **≈schüt·zer** 男 (服の)ひじ当て.

El·le[ɛ́lə] 女 -/-n **1**〘解〙尺骨 (→ 図 Mensch C). **2** エレ(昔の尺度; 50-80cm: → 図 Maß); エレ尺(ものさし): die große ～ 片腕の長さ (→ 図 Maß) ‖ *et.*[4] mit der ～ messen ものさしを当てて…の寸法をとる;《比》…を正確に測る〈調べる〉 | alles mit gleicher ～ messen《比》すべてを一律に扱う ‖ Er geht, **als hätte er eine ～ verschluckt.** 彼はしゃちこばって歩く. [*idg.* „Unterarm"; ◇*gr.* ōlénē „Ellbogen"; *engl.* ell]

El·len[ɛ́lən] 女名 エレン. [*engl.*; ◇Eleonore]

El·len≈beu·ge[ɛ́lən..] 女〘解〙肘窩(ちゅうか). **≈bo·gen** ＝Ellbogen

el·len≈breit 形 1 エレの幅の;《比》たいへんに幅の広い. **≈groß** 形 1 エレの大きさの;《比》巨大な: mit ～*en* Buchstaben 特筆大書して. **≈hoch** 形 1 エレの高さの;《比》すごく高い. **≈lang** 形 1 エレの長さの;《比》やたらと長い: ein ～*er* Brief 長たらしい手紙.

El·len≈maß 中 エレ尺(ものさし). **≈stab** 男, **≈stock** 男 -〔e〕s/..stöcke ＝Ellenmaß ▽**≈wa·re** 女 反物, 布.

el·len·wei·se 副 (→..weise ★)エレ単位で; 少量ずつ.

El·ler[ɛ́lər] 女 -/-n《北部》(Erle)〘植〙ハンノキ(榛木). [*germ.*; ◇Ulme[2]; *lat.* alnus „Erle"; *engl.* elder, alder]

Ell·griff[ɛ́l..] 男 (↔Speichgriff)〘体操〙(鞍馬(あんば)・平行棒などの)外手(そとて) (→ 図 Turngriff). [＜Elle]

Ell·horn ＝Elhorn

El·li[ɛ́li·] 女名 (＜Elisabeth) エリ.

El·lip·se[ɛlípsə] 女 -/-n **1**〘数〙楕円(だえん), 長円. **2**〘言〙(文構成要素の部分的な)省略; 省略〔の結果できた〕文 (例 Hans geht ins Kino, *Peter ins Theater*.).
[*gr.* él-leipsis „Aus-bleiben"; ◇leihen]

El·lip·sen≈bahn 女 (天体などの)楕円(だえん)軌道. **≈bo·gen** 男〘建〙楕円アーチ (→ 図 Bogen).

el·lip·sen·för·mig 形 楕円(だえん)形の.

El·lip·sen·zir·kel 男, **El·lip·so·graph** [ɛlɪpsográ:f] 男 -en/-en 楕円(だえん)コンパス.

El·lip·so·id[..soí:t][1] 中 -〔e〕s/-e〘数〙楕円(だえん)体.

El·lip·so·id·ge·lenk[ɛlɪpsoí:t..] 中〘解〙楕円(だえん)関節.

el·lip·tisch[ɛlíptɪʃ] 形 **1**〘数〙楕円(だえん)の, 長円の. **2**〘言〙一部省略した, 不完全な: ein ～*er* Satz 省略文.

El·lip·ti·zi·tät[ɛlɪptitsitɛ́:t] 女 -/〘数〙楕円(だえん)率, 長円率.

El·mi·ra[ɛlmí:ra·] 女名 エルミーラ. [*arab.* „die Fürstin"－*span.*]

Elms·feu·er[ɛ́lms..] ＝Sankt-Elms-Feuer

..eln[1]《動詞・名詞・形容詞などにつけて動詞をつくる. 運動や音の反復, 程度が軽いことなどを表す. 軽蔑感を含むことがある》: streich*eln* なでる | schütt*eln* ゆさぶる | lieb*eln* たわむれの恋をする | tänz*eln* 踊るように歩く ‖ fröst*eln* 寒気を覚える | herbst*eln* 秋めく ‖ künst*eln* 気取った態度を取る.

..eln[2]《序数につけて「…〔等〕分する」を意味する動詞をつくる. ただし基数が ..eins となるものは ..einteln となる》: fünft*eln* 5〔等〕分する | zwanzigst*eln* 20〔等〕分する ‖ hunderteint*eln* 101〔等〕分する. [◇..el[2]]

Elo̤ah[eló:a·] 男 -s/Elohim[elohí:m] **1** (旧約聖書で)神. **2**《複数で》**a)** (ユダヤ教から見ての)異教の神々. **b)** →Elohim[2] [*hebr.*]

Elo·ge[eló:ʒə] 女 -/-n **1** ほめ言葉, 賛辞, 賛歌. **2** お世辞, おべっか: *jm.* ～*n* 〈eine ～〉 machen …にお世辞を言う.
[*gr.* elegeĩon－*lat.* ēlogium－*fr.*; ◇Elegie]

Elo·him[1] Eloah の複数.

Elo·him[2][elohí:m] 男 -/ ＝Jahwe

E-Lok[é:lɔk] 女 -/-s (＜elektrische Lokomotive) 電気機関車.

Elon·ga·tion[elɔŋgatsió:n] 女 -/-en **1**〘天〙離角. **2**〘理〙(中心からの)振幅. [*mlat.*; ＜*lat.* longus (→lang)]

elo·quent[elokvɛ́nt] 形 (beredt) 雄弁な, 能弁な. [*lat.*]

Elo·quenz[..kvɛ́nts] 女 -/ 雄弁, 能弁. [*lat.*; ＜*lat.* ē-loquī „heraus-reden" (◇Lokution)]

Elo·xal[elɔksá:l] 中 -s/ 商標 エロクサール(アルマイト).
[＜elektrisch oxydiertes Aluminium]

Elo·xal-Ver·fah·ren (**Elo·xal·ver·fah·ren**) 中 アルマイト処理(アルミニウムの電解酸化法).

elo·xie·ren[elɔksí:rən] 他 (h) アルマイトでおおう;《比》じょうぶにする.

El·rit·ze[ɛ́lrɪtsə] 女 -/-n〘魚〙ヤナギバエ(柳鮠), トゲウオ(棘魚). [*ahd.* erling; ◇Erle]

El·sa[ɛ́lza·] 女名 (＜Elisabeth) エルザ.

El Sal·va·dor[ɛl zalvadó:r, – sal.., – ..dɔ́r] 地名 エルサルヴァドル(中央アメリカの共和国で, 首都は San Salvador).
[*span.* „der Heiland"; ◇Salvator]

das **El·saß**[ɛ́lzas] 地名 中 -, ..sasses/ エルザス, アルザス (Rhein 左岸, ドイツとの国境に接するフランスの地方. フランス語形 Alsace): im ～ エルザスで | ins ～ エルザスへ.
[＜Ali-saz „anderer Sitz" (◇alias)]

El·säs·ser[ɛ́lzɛsər] **I** 男 -s/- **1** エルザス〈アルザス〉の人. **2** エルザス〈アルザス〉産のワイン. **II** 形《無変化》エルザス〈アルザス〉の.

el·säs·sisch[..sɪʃ] 形 エルザス〈アルザス〉の: das *Elsässische* エルザス〈アルザス〉方言.

El·saß-Loth·rin·gen[ɛ́lzasló:trɪŋən] 地名 エルザス=ロートリンゲン, アルザス=ロレーヌ(フランス北東部, ドイツとの国境に近い地方の総称で, 独仏両国の歴史的な係争の地. 1648年エルザスがフランス領となり, 1766年にロートリンゲンも併合された. 普仏戦争の結果1871年にエルザスとロートリンゲンの東部とがドイツ領となったが, 第一次世界大戦の結果1919年再びフランス領となった. フランス語形 Alsace-Lorraine).

el·saß-loth·rin·gisch[..rɪŋɪʃ] 形 エルザス=ロートリンゲン〈アルザス=ロレーヌ〉の.

Els·beer·baum[ɛ́lsbe:r..] 男〘植〙ヨーロッパ産ナナカマド(七竈)属の一種. [＜Else[2]]

Els·bee·re[..be:rə] 女〘植〙ナナカマド属の一種の実.

Els·beth[ɛ́lsbɛt] 女名 (＜Elisabeth) エルスベト.

Els·chen[ɛ́lsçən] 女名 (＜Elsa, Elsbeth, Else) エルスヒェン.

El·se[1][ɛ́lzə] 女名 (＜Elisabeth) エルゼ.

El·se[2][–] 女 -/-n《北部》(Erle)〘植〙ハンノキ(榛木). [*mndd.*] [＜Alse]

El·se[3][–] 女 -/-n (Alse)〘魚〙カワニシン(川鰊).

die **El·ster**[1][ɛ́lstər] 地名 女 -/ エルスター(ドイツ東部の川): die Schwarze ～ 黒エルスター (Elbe 川の支流) | die Weiße ～ 白エルスター (Saale 川の支流).

El·ster[2][–] 女 -/-n〘鳥〙カササギ(鵲);《比》おしゃべり女: **eine diebische ～** 手くせの悪い女 | wie eine ～ stehlen (→stehlen) | Sie ist geschwätzig wie eine ～. 彼女はひどくおしゃべりだ. [*ahd.* agalstra; ◇Atzel]

El·ster〔n〕≈au·ge 中 (Hühnerauge)〘医〙魚(うお)の目, 鶏眼(けいがん). **≈specht** ＝Buntspecht

Elt[ɛlt] 女 -/-en (<Elektrizität)《話》電気.
Ẹl·ten[ɛ́ltən] 男 -s/- 〘魚〙ウグイ(鯎). [<Aland]
Ẹl·ter[ɛ́ltər] 男 中 -s/-n 〘生・医・統計〙(人間・動植物などの)一方の親(→Eltern): der mütterliche 〈väterliche〉 ~ 母〈父〉親.
ẹl·ter·lich[–lɪç] 形《付加語的》〔両〕親の, 親としての: das ~*e* Haus 親の家, 実家 | die ~*e* Gewalt 〘法〙親権.
Ẹl·tern[ɛ́ltərn] 複 両親: ein Kind angesehener 〈von armen〉 ~ 名家〈貧乏な家〉の子 | **nicht von schlechten ~ sein**《話》みごとだ, なかなかのものだ | Dieser Witz war nicht von schlechten ~. このジョークはなかなかのものだった | Er ist in der Wahl seiner ~ vorsichtig gewesen.《話》彼はもともと金持ちなんだ. [*ahd.* altirōn „Ältere"; ◇alt; *engl.* elder]
Ẹl·tern≠ạbend 男 PTA〈父母会〉の夕べ. **≠ak·tịv** 中 (略 EA) (旧東ドイツで) PTA クラス委員会. **≠bei·rat** 男 PTA〈父母会〉の役員〔会〕. **≠be·sụch** 男 (教師の)家庭訪問. **≠er·mä·ßi·gung** 女 (税法上の)両親扶養控除. **≠haus** 中 父母の家, 実家;《比》家庭: aus einem guten ~ stammen 良家の出である. **≠lie·be** 女 **1** 親〈父母〉の愛. **2** (子の)親に対する愛(この意味ではむしろ die Liebe zu den Eltern を用いる).
ẹl·tern·lọs 形 両親のない, 孤児の.
Ẹl·tern·recht 中 (子に対する) 親権.
Ẹl·tern·schaft 女 -/ **1**《集合的に》父兄. **2** 親であること; 親子の関係.
Ẹl·tern≠spre·cher 男 (学校の)父母会のスポークスマン. **≠teil** 男 両親のうちの一方, 親: beide ~*e* 父と母の双方. **≠ver·samm·lung** 女 (学校の)父母〔集〕会, PTA の集まり. **≠ver·trẹ·tung** 女 (学校の)父母代表.
Ẹlt·werk[ɛ́lt..] 中 発電所.
Elu·ạt[eluá:t] 中 -〔e〕s/-e 〘化〙溶離物. [<..at]
elu·ịeren[..í:rən] 他 (h) 〘化〙溶離する. [*lat.* ē-luere „aus-waschen"; ◇Lustrum; *engl.* elute]
Elu·ku·bra·tiọn[elukubratsió:n] 女 -/-en 夜間研究; 苦労して仕上げた論文, 労作. [<*lat.* ē-lūcubrāre „bei Licht ausarbeiten" (◇Lux)]
Elu·tiọn[elutsió:n] 女 -/-en 〘化〙溶離. [◇eluieren]
elu·viạl[eluviá:l] 形 〘地〙残積層の. [<..al[1]]
Elụ·vium[elú:viʊm] 中 -s/ 〘地〙残積層. [◇Alluvium]
El·vị·ra[ɛlví:ra·] 女名 エルヴィーラ. [*span.*]
ely·sä·isch[elyzɛ́:ɪʃ] 形 極楽の;《比》至福の: die *Elysäischen* Felder シャンゼリゼー(パリの繁華街. フランス語形 Champs-Élysées). [<Elysium]
Ely·sẹe[elizé:] 中 -s/《宮殿名》エリゼ宮(フランスの大統領官邸). [*fr.* 〔le palais de〕 l'Élysée]
ely·sị̱e·ren[elyzí:rən] 他 (h) 〘工〙(金属を)電解によって加工する, 電解研磨する. [<Elektrolyse]
elỵ·sisch[elý:zɪʃ] = elysäisch
Elỵ·sium[..ziʊm] 中 -s/ 〘ギ神〙(神に愛された人々・英雄が死後に住む)至福の園;《比》楽土, 理想郷. [*gr.–lat.*; <*gr.* eleúthein „gehen"]
Ẹly·tron[é(:)lytrɔn] 中 -s/..tren[elý:trən] **1**《ふつう複数で》〘動〙(甲虫類の)翅鞘(ししょう). **2** (Vagina) 〘解〙膣(ちつ), ワギナ. [*gr.* élytron „Hülle"]
Ẹl·ze·vịr[ɛ́lzəvi:r] **I** 人名 エルゼヴィル(16–17世紀にかけて活動したオランダの印刷・出版業者の家名). **II** 女 -/ 〘印〙エルゼヴィル体.
em.. →en..[1]; →en..[2]
em. 略 = **emeritiert, emeritus** 定年退職した.
e. m. 略 = **ejusdem mensis**
Em[e:|ɛ́m, emanatsió:n] 記号 (Emanation) 〘化〙エマナチオン.
E-Mail[í:me:l] 女 -/-s E メール, 電子郵便. [*engl.*]
Email[emáɪ, emá:j; ｵｰｽﾄﾘｱ: emáɪl] 中 -s/-s (Schmalt) (金属・陶器に塗る)ほうろう, エナメル, 釉(うわぐすり); 七宝. [*afränk.–mlat.–fr.*; ◇Schmalt]
Email≠draht[emáɪ.., emá:j..] 男 〘電〙エナメル線. **≠far·be** 女 エナメル塗料〈ペイント〉. **≠ge·schirr** 中 ほうろう食器. **≠lack** 男 エナメルラッカー.
Email·le[emáljə, emáɪ, emá:j] 女 -/-n[emáljən, emáɪən, emá:jən] = Email
Email·leur[ema(l)jǿ:r] 男 -s/-e ほうろう細工師; 七宝焼き工. [*fr.*; <..eur]
email·lị̱e·ren[..jí:rən] 他 (h) 《*et.*[4]》ほうろう引きにする, (…に)エナメルを塗る, 釉(うわぐすり)をかける; 七宝焼きにする. [*fr.*]
Email≠topf[emáɪ.., emá:j..] 男 ほうろう鍋(なべ). **≠wa·re** 女 ほうろう製品; 七宝焼き.
Ẹma·ki[é:maki·] 中 -〔s〕/ 絵巻. [*japan.*]
Emạn[emá:n] 中 -s/-〔s〕(単位: -/-) エマン(特にわき水などの放射量単位).
Ema·na·tiọn[emanatsió:n] 女 -/-en **1** 流出, 放散, 放射. **2** 〘哲〙エマナチオ. **3**《単数で》〘化〙エマナチオン (Radon の旧称; 記号 Em). [*spätlat.*]
ema·nị̱e·ren[emaní:rən] 自 (s) 流出〈放散・放射〉する. [*lat.*; <ex..[1]+*lat.* mānāre „fließen" (◇Mast[2])]
Emạ·nuẹl[emá:nue:l, ..uɛl] 男名 エマーヌエル. [*gr.–lat.*; ◇Immanuel]
Ema·nuẹ·la[emanué:la·] 女名 エマヌエーラ.
Emạn·ze[emántsə] 女 -/-n《話》自由な〈因襲にとらわれない〉女性;《軽蔑的に》女らしさのない女性.
Eman·zi·pa·tiọn[emantsipatsió:n] 女 -/-en **1** (特に奴隷・女性などの)解放, 復権, 同権化. **2** (古代ローマで, 未成年者の)後見解除. [*lat.*]
Eman·zi·pa·tiọns·be·wẹ·gung 女 解放運動.
eman·zi·pa·tọ·risch[..tó:rɪʃ] 形 解放をめざした.
eman·zi·pị̱e·ren[..pí:rən] 他 (h)《*jn.*》(支配・束縛などから)解放する, 自由にする, 自立させる: 再帰 *sich*[4] ~ 自由になる, 自立する ‖ eine *emanzipierte* Frau 自由な〈因襲にとらわれない〉女性;《軽蔑的に》女らしさのない女性. [*lat.* ē-mancipāre „aus der väterlichen Gewalt entlassen"; ◇ex..[1], Manual, kapieren]
Emas·ku·la·tiọn[emaskulatsió:n] 女 -/-en 去勢; 〘医〙完全去勢〔術〕;《比》無力化. [*lat.*; ◇ex..[1], maskulin]
emas·ku·lị̱e·ren[..lí:rən] 他 (h) (entmannen)《*jn.*》去勢する;《比》(…の)活力を奪う, 無力化する.
Em·bal·lạ·ge[ãbalá:ʒə; ｵｰｽﾄﾘｱ: ..lá:ʒ] 女 -/-n[..ʒən] 包装, 荷造り, 梱包(こんぽう). [*fr.*; <..age]
em·bal·lị̱e·ren[..lí:rən] 他 (h) 包装する, 荷造りする, 梱包(こんぽう)する. [*fr.*; ◇Ballen]
Em·bạr·go[ɛmbárgo·] 中 -s/-s **1** (特定の国に対する貨物の)輸出〈輸入〉禁止, 通商停止: ein ~ für Erdöl 石油の禁輸 | ein ~ verhängen 輸出〈輸入〉禁止の措置を取る. **2** (商船に対する)出入港禁止; 船舶抑留. [*span.*; ◇Barre]
▽**Em·bar·ras**[ãbará] 男 中 -[..rá(s)]/ **1** (Verlegenheit) 困惑, 狼狽(ろうばい). **2** (Hindernis) 障害, 支障. [*fr.*]
▽**em·bar·ras·sị̱e·ren**[..rasí:rən] 他 (h) **1**《*jn.*》困惑〈狼狽(ろうばい)〉させる. **2** 妨げる, 邪魔する. [*span.–fr.*]
Em·blẹm[ɛmblé:m, ãb..] 中 -s/-e **1** 象徴, 表象, シンボル〔マーク〕; 標章, 記章, 紋章; 国章: das ~ des Friedens 平和の象徴(ハト・オリーブの枝など). **2** 〘美・文芸〙(16–17世紀の)寓意(ぐうい)画. [*gr.* ém-blēma „Ein-gesetztes"–*lat.*–*fr.*]
Em·ble·mạ·tik[..lemá:tɪk] 女 -/ **1** 標章〈記章・紋章〉研究. **2** 〘美・文芸〙(16–17世紀の)寓意(ぐうい)画〔による表現形式〕.
em·ble·mạ·tisch[..lemá:tɪʃ] 形 **1** 象徴的な. **2** 寓意(ぐうい)画の; 寓意画による.
Ẹm·bo·li Embolus の複数.
Em·bo·lị̱e[ɛmbolí:] 女 -/-n[..lí:ən] 〘医〙塞栓(そくせん)症. [*gr.*; <*gr.* em-bállein „hinein-werfen" (◇Balliste)]
Em·bo·lị̱e·tọd 男 〘医〙塞栓(そくせん)症による死.
em·bo·li·fọrm[ɛmbolifɔ́rm] 形 〘医〙塞栓(そくせん)状の.
Ẹm·bo·lus[ɛ́mbolʊs] 男 -/..li[..li·] 〘医〙塞栓(そくせん), 栓子(せんし). [*gr.* émbolos „Hineingeschobenes"–*lat.*]

Em·bon·point[ãbɔ̃poɛ̃:] 中 (男) -s/ **1**《雅》(Beleibtheit) 肥満. **2**《戯》太鼓腹: ein ~ ansetzen 〈bekommen〉(太って)腹が出てくる, 太鼓腹になる. [*fr.*; < *fr.* en bon point „in gutem Zustand"]

▽**em·bras·sie·ren**[ãbrasí:rən] 他 (h) (umarmen)《*jn.*》抱きしめる, 抱擁する; (küssen)(…に)くちづけする, キスする. [*fr.*; ◇ brachial; *engl.* embrace]

Em·bryo[ɛ́mbryo·] 男 (中) -s/-nen[ɛmbryó:nən], -s **1**〘生〙胚(はい). **2**〘医〙胎児. [*gr.*-*mlat.*; < *gr.* brýein „sprossen"]

Em·bryo·ge·nie[ɛmbryogení:] 女 -/ 〘生〙胚(はい)発生.

Em·bryo·lo·gie[..logí:] 女 -/ 〘生〙発生学, 胎生学.

em·bryo·nal[..ná:l] 形 **1**〘生〙胚(はい)の; 胎児の. **2**《比》未成熟な, 未発達の. [< ..al¹]

Em·bryo·nal·hül·len 複 胚膜(はいまく), 胎膜.

em·bryo·nisch[ɛmbryó:nɪʃ] = embryonal

Em·bryo≈sack[ɛ́mbryo..] 男〘植〙胚嚢(はいのう). ≈**trä·ger** 男〘植〙胚柄(はいへい).

Emd[e:mt]¹ 中 -(e)s/ 《スイ》(Öhmd)〘農〙二番刈りの干し草. [*mhd.*; ◇ mähen¹]

em·den[é:mdən]¹《01》他 (h)《スイ》(öhmden)《*et.*⁴》(…の)二番刈りをする.

Em·den[ɛ́mdən] 地名 エムデン(ドイツ北西部, Niedersachsen 州の Ems 河口にある港湾都市). [*afries.*; < *afries.* e „Gewässer" (◇ Ache) + mūtha „Mündung"]

Em·de·ner[ɛ́mdənər], **Em·der**[ɛ́mdər] **I** 男 -s/- エムデンの人. **II** 形《無変化》エムデンの.

Em·det[é:mdət] 男 -s/ 《スイ》= Emd

Emen·da·tion[emɛndatsió:n] 女 -/-en **1**〘文芸〙(本文の)校訂. ▽**2** (Verbesserung) 訂正, 修正. [*lat.*]

emen·die·ren[..dí:rən] 他 (h) **1** (本文を)校訂する. **2** (verbessern)(誤りを)訂正〈修正〉する. [*lat.*; < *lat.* mendum „Fehler"]

..ement[..(ə)mã:]《動詞につけて「行為・(その結果としての)もの」を意味する中性名詞 (-s/-s; スイ: [..əmɛnt]-s/-e) をつくる. ..ament[..amɛnt], ..iment[..imɛnt], ..ment[..mɛnt] (-(e)s/-e) となることもある》: Bombard*ement* 砲撃, 爆撃 | Arrang*ement* 手配 | Abonn*ement* 予約〔会員〕券 ‖ Fund*ament* 基礎 | Post*ament*〘建〙台座 ‖ Sort*iment* 品, 品目. [*lat.*-*fr.*]

emer. 略 = **emeritiert, emeritus** 定年退職した.

Emer[é:mər] 男 -s/ = Emmer¹

Eme·ren·tia[emerɛ́ntsia·] 女名 エメレンツィア.

Eme·renz[..rɛ́nts] 女名 エメレンツ. [*lat.*; ◇ Emeritus]

Emer·genz[emɛrgɛ́nts] 女 -/-en **1**〘植〙毛状体. **2**《単数で》〘哲〙創発的進化. [*mlat.*]

▽**emer·gie·ren**[..gí:rən] 自 (s) (auftauchen) 浮かび上がる; 出現する. [*lat.*; < *lat.* mergere „tauchen"]

Eme·rit[emerí:t, ..rít] 男 -en/-en = Emeritus

Eme·ri·ti Emeritus の複数.

eme·ri·tie·ren[emerití:rən] 他 (h) (大学教授・聖職者などを)定年退職させる: *emeritiert* werden 定年退職する ‖ ein *emeritierter* (略 em., emer.) Professor 退職〔名誉〕教授.

Eme·ri·tie·rung[..rʊŋ] 女 -/-en 定年退職.

eme·ri·tus[emé:ritʊs] 形《無変化で称号に後置されて》(略 em., emer.) 定年退職した. [*lat.*; < *lat.* ē-merērī „aus-dienen" (◇ Meritum)]

Eme·ri·tus[–; オース・トリア: emɛ́ritʊs] 男 -/..ti[..ti·] 定年退職者(特に聖職者・大学教授について).

Emer·sion[emɛrzió:n] 女 -/-en **1**〘地〙(造陸運動による陸地の)出現. **2**〘天〙(掩蔽(えんぺい)または食(しょく)の後の天体の)出現, 再現 [◇ emergieren]

Eme·sis[é:mezɪs, ém..] 女 -/ (Erbrechen)〘医〙嘔吐(おうと). [*gr.*; < *gr.* emeĩn „erbrechen"]

Eme·ti·kum[emé:tikʊm] 中 -s/..ka[..ka·] (Brechmittel)〘医〙吐薬(とやく), 催吐剤.

eme·tisch[..tɪʃ] 形 吐き気を促す, 催吐性の.

▽**Emeute**[emǿ:t(ə)] 女 -/-n (Aufstand) 暴動, 反乱. [*fr.*; < *lat.* ēmovēre (→Emotion)]

Emi·grant[emigránt] 男 -en/-en (女 **Emi·gran·tin**[..tɪn]-/-nen) (↔Immigrant)(国外への)移住者, (特に:)〔国外〕亡命者.

Emi·gran·ten·li·te·ra·tur 女〔国外〕亡命者文学.

Emi·gra·tion[emigratsió:n] 女 -/-en (↔Immigration) **1** (国外への)移住, (特に:) 亡命; 亡命先〈地〉: in die ~ gehen 亡命する | in der ~ leben 亡命生活を送る ‖ die innere ~ 国内亡命(国内にとどまりながらの精神的亡命). **2**《単数で》《集合的に》亡命者たち. [*spätlat.*; < ex..¹]

emi·grie·ren[..grí:rən] 自 (s) (↔immigrieren) (国外へ)移住する, 亡命する: der 〈die〉 *Emigrierte* 亡命者. [*lat.*]

Emil [é:mi:l] 男名 エーミール: Ich will ~ heißen, wenn ...(→heißen¹ I 1). [*lat.*-*fr.*; < *lat.* aemulus „nacheifernd"]

Emi·lia[emí:lia·] 女名 エミーリア. [*lat.*]

Emi·lie[..liə] 女名 エミーリエ. [*lat.*-*fr.*]

emi·nent[eminɛ́nt] 形 **1** すぐれた, 卓越した; 顕著な, きわめて重要な: eine ~*e* Begabung すぐれた才能 | ein ~*er* Unterschied 著しい差異. **2**《副詞的》きわめて, 大いに, 非常に: ein ~ tüchtiger Mann きわめて有能な男 | ~ wichtig sein きわめて重要である. [*lat.*-*fr.*]

Emi·nenz[..nɛ́nts] 女 -/-en **1**《単数で》猊下(げいか)(枢機卿(きょう)に対する敬称): Seine ~ ist angenehm eingetroffen. 枢機卿閣下はご安着なされた ‖〘所有代名詞 euer を冠して, 2人称の敬称として: →euer I ☆ ii〙Haben Eure ~ gut geschlafen? 閣下は十分におやすみになられましたか. **2** (Kardinal)〘カトリック〙枢機卿: **graue ~**《比》(政界などの)黒幕, 陰の実力者. [*lat.*; < *lat.* ē-minēre „hervor-ragen"]

Emir[é:mɪr, emí:r] 男 -s/-e (回教徒の)首長; 太守, 高官. [*arab.* amīr „Befehlshaber"; ◇ Admiral]

Emi·rat[emirá:t] 中 -(e)s/-e (回教徒の)首長国: die Vereinigten Arabischen ~*e* アラブ首長国連邦. [< ..at]

emisch[é:mɪʃ] 形 (↔etisch)〘言〙イーミック的な(構造・機能重視の観点からの), 区別の目安となる, 示差的な, 弁別的な. [*engl.* emic]

Emis·sär [emɪsɛ́:r] 男 -s/-e (特別の使命を帯びた)使者, 特使, 密使; 密偵, スパイ. [*lat.*-*fr.*]

Emis·sion [emɪsió:n] 女 -/-en **1**〘商〙(紙幣・有価証券などの)発行, 発券; (郵便切手の)発行. **2 a)**〘理〙(電磁波の)放出, 放射. **b)**〘工〙(ガス・すすなどの)吐き出し, 発散, 大気汚染. **c)**〘医〙(分泌物などの体外への)排出. **3**《スイ》ラジオ放送. [*lat.*(-*fr.*)]

Emis·sions≈bank 女 -/-en 発券銀行. ≈**ka·ta·ster** 男 中 大気汚染度測定. ≈**kurs** 男〘商〙(有価証券などの)発行価格. ≈**spek·trum** 中〘理〙放出〈放射・発光〉スペクトル. ≈**theo·rie** 女〘理〙(光の)放射説. ≈**ver·mö·gen** 中 -s/〘理〙放射率.

Emit·tent[emɪtɛ́nt] 男 -en/-en〘商〙(有価証券などの)発行者.

emit·tie·ren[..tí:rən] 他 (h) **1**〘商〙(有価証券などを)発行する. **2**〘理〙(電磁波を)放出〈放射〉する; (ガスなどを)排出する. [*lat.* ē-mittere „aus-senden"; < ex..¹]

EMK[e:|ɛmká:] 略 女 -/ = **elektromotorische Kraft**〘理〙起電力.

Emm[ɛm] 中 -(s)/-(s) = Emmchen [< M² II]

Em·ma[ɛ́ma·] 女名 (< Erma) エマ: Tante ~ エマ伯母さん;《話》小売店の女主人.

Em·maus[ɛ́ma·ʊs] 地名 エマオ (Jerusalem に近い村. ここで, 復活したキリストが二人の旅人の前に姿を現したという. 聖書: ルカ24,13-35). [*gr.*]

Emm·chen[ɛ́mçən] 中 -s/-《ふつう複数で》《話》(Mark) マルク(ドイツ通貨).

das **Em·men·tal**[ɛ́mənta:l] 地名 中 -(e)s/ エメンタール(スイス Bern 州の一地方). [< Emme (川の名)]

Em·men·ta·ler[..lər] **I** 男 -s/- **1** エメンタールの人. **2** エメンタール=チーズ. **II** 形《無変化》エメンタールの: ~ Käse エメンタール=チーズ.

E

Em·mer[1][ɛ́mər] 男 -s/ 《南部》(Amelkorn) 〘植〙エンマーコムギ, ツブコムギ. [*ahd.* amaro]
Em·mer[2] [–] 男 -s/-《北部》=Eimer 1
Em·me·rich[ɛ́mərɪç] 男名 エメリヒ. [<*ahd.* rīhhi „mächtig"; ◇Amaler]
Em·mer·ling[ɛ́mərlɪŋ] 男 -s/-e (Ammer) 〘鳥〙ホオジロ. [*ahd.*; ◇Emmer[1]]
Em·me·tro·pie[ɛmetropí:] 女 -/ (Normalsichtigkeit) 〘医〙正〔常〕視. [<*gr.* ém-metros „im Maß" (◇..meter)+..opie]
Em·mi[ɛ́mi·] 女名 (<Emma) エミ.
e-Moll[é:mɔl, ⁻⁻] 中 -/ 〘楽〙ホ短調(記号 e): →A-Dur
▽**Emo·lu·ment**[emolumɛ́nt] 中 -[e]s/-e **1** (Vorteil) 利益, 利得. **2** 《複数で》副収入, 役得. [*lat.* „Ertrag beim Mahlen"; <*lat.* molere „mahlen"; ◇Mole[2]]
Emo·tion[emotsió:n] 女 -/-en 心の動き, 情感, 感情, 情緒; 〘心〙情動: *seine* ~*en* beherrschen ⟨zügeln⟩ 感情を抑える | *sich*[4] von *seinen* ~*en* leiten lassen 感情に流される⟨駆られる⟩. [*fr.*; <*lat.* ē-movēre „heraus-bewegen"]
emo·tio·nal[emotsioná:l] 形 感情に動かされやすい, 感情的な, 情緒的な; 〘心〙情動の: ~*e* Äußerungen 感情的な発言 | eine ~*e* Reaktion 情緒的反応 ‖ *et.*[4] ~ beurteilen …を感情的に判断する. [<..al[1]]
emo·tio·na·li·sie·ren[..nalizí:rən] 他 (h) **1** 《*jn.*》(…の)感情に訴える, 感情⟨情緒⟩的にする: *emotionalisierende* Schlagwörter 煽情(せんじょう)的なスローガン ‖ 再帰 *sich*[4] ~ 感情⟨情緒⟩的になる. **2** 《*et.*[4]》(論調などを)感情⟨情緒⟩的なものにする.
Emo·tio·na·li·tät[..nalitɛ́:t] 女 -/ (emotional なこと. 例えば:) 情緒性; 〘心〙情動性.
emo·tio·nell[..nɛ́l] =emotional
emo·tiv[..tí:f][1] =emotional [*engl.* emotive]
Emo·ti·vi·tät[..tivitɛ́:t] 女 -/ (emotiv なこと. 特に:) 〘心〙情動⟨情緒⟩過敏.
emp.. →ent..[1] I
EMPA (**Em·pa**)[ɛ́mpa·] 女 -/ (<Eidgenössische Materialprüfungsanstalt) (スイスの)連邦材料試験所.
Em·pa·thie[ɛmpatí:] 女 -/ (Einfühlung) 〘心〙感情移入〔能力〕. [*engl.* empathy; Ein-fühlung の翻訳借用]
Em·pe·do·kles[ɛmpé:doklɛs] 人名 エンペドクレス(前493頃-433頃; ギリシアの自然哲学者). [*gr.*–*lat.*]
Em·pe·reur[ɑ̃pərǿ:r] 男 -s/-s (特にフランスの)皇帝. [*lat.* imperātor–*fr.*; ◇Imperator, Empire; *engl.* emperor]
emp·fahl[ɛmpfá:l] empfehlen の過去.
emp·fäh·le[ɛmpfɛ́:lə] empföhle (empfehlen の接続法 II)の別形.
emp·fand[ɛmpfánt][1] empfinden の過去.
emp·fän·de[ɛmpfɛ́ndə] empfinden の接続法 II.
Emp·fang[ɛmpfáŋ] 男 -[e]s/..fänge[..pfɛŋə] **1** 《単数で》**a**) 受け〔取〕ること, 受領: der ~ der Kommunion 〘宗〙聖体拝領 | nach ~ der Ware 品物を受領したのちに ‖ ***et.***[4] **in** ~[4] **nehmen** …を受け取る, …を受領⟨受理⟩する. **b**) 〘電〙受信: ein störungsfreier ~ 良好な受信⟨電波⟩状況 | Heute ist guter ⟨schlechter⟩ ~. きょうの受信感度は良好⟨不良⟩だ ‖ die Ohren auf ~ stellen (→Ohr 1). **2** 《単数で》(客を)迎えること, 接待, 引見, 接見: ***jn.* in ~ nehmen** …を出迎える, …を接待⟨…に接見⟩する | *jm.* einen herzlichen ~ bereiten …を心から歓迎する. **3** (歓迎・送別・祝賀などの公式の)招待パーティー, レセプション: einen ~ geben ⟨veranstalten⟩ レセプションを催す. **4** (ホテルの)受付, フロント.
emp·fan·gen*[ɛmpfáŋən] 《39》 他 (h) **1** 《ふつう受動態なし》(願わしい事・物を)〔感謝して〕受け取る: **a**) 受領する, 授かる, 受理する: Briefe ⟨Geschenke⟩ ~ 手紙⟨贈り物⟩を受け取る | Geld ⟨eine Belohnung⟩ ~ 金⟨報酬⟩を受領する ‖ Anweisungen ⟨einen Antrag⟩ ~ 指図⟨提案⟩を受ける | einen Befehl ~ 命令を受ける | einen Besuch ~ 訪問を受ける, 客を迎える ‖ die Taufe ⟨das Sakrament⟩ ~ 〘宗〙洗礼⟨聖餐(せいさん)⟩を受ける | Munition ⟨Essen⟩ ~ 〘軍〙弾薬⟨糧食⟩を受領する. **b**) 〘電〙受信する: eine Sendung störungsfrei ~ 放送を雑音なしで受信する | das erste Programm ~ 第1放送⟨第1チャンネル⟩を受信する | ein Konzert ~ 演奏会の放送を聞く | Der Sender ist schlecht zu ~. この放送局は受信しにくい. **c**) 受胎する: Sie hat 〔ein Kind〕*empfangen*. 彼女は身ごもった | Sie *empfing* ein Kind von ihm. 彼女は彼の子を宿した. **d**) (印象などを)受ける, 持つ: neue Eindrücke ⟨Anregungen⟩ ~ 新しい印象⟨刺激⟩を受ける. **e**) (望ましくないことを)こうむる: Wunden ~ 傷を受ける | Hiebe ~ 殴られる. **2** 《*jn.*》(客を)接待する, 迎える, 歓迎する; 引見する: *jm.* mit offenen Armen ~ (→Arm 1 a) | herzlich ⟨kühl⟩ *empfangen* werden 心のこもった⟨冷たい⟩接待を受ける | Gäste am Bahnhof ~ 客人を駅で出迎える | Frau X *empfängt* heute niemanden ⟨nicht⟩. X 夫人はきょうは客に面会いたしません | Er wurde vom Papst 〔in Audienz〕 *empfangen*. 彼は教皇の接見を受けた | Die Angreifer wurden mit mörderischem Feuer *empfangen*. 攻撃側は激しい砲火を浴びせられた.
Emp·fän·ger[ɛmpfɛ́ŋər] 男 -s/- **1** (女 **Emp·fän·ge·rin**[..ŋərɪn]-/-nen) 受取人, 受領者; (↔Absender) 受信人,(郵便などの)受取人; 〘商〙荷受人: der ~ einer Blutspende (輸血の)受血者 | ~ unbekannt 〘郵〙受取⟨あて先⟩人不明. **2** =Empfangsgerät
emp·fäng·lich[ɛmpfɛ́ŋlɪç] 形 《für *et.*[4]》(…に対して)感じやすい, 影響を受けやすい, 敏感な, 感受性のある; (病気などに)冒されやすい: ein ~*es* Gemüt 感じやすい心 ‖ Er ist für Erkältungen ⟨für Schmeicheleien⟩ ~. 彼はかぜをひきやすい⟨おべっかに弱い⟩ | *jn.* für einen Plan ~ machen …をある計画に乗り気にさせる.
Emp·fäng·lich·keit[–kaɪt] 女 -/ (empfänglich なこと. 例えば:) 受容力, 感じやすさ, 敏感さ, 感受性.
Emp·fang·nah·me[ɛmpfáŋna:mə] 女 -/ 〘商〙受理, 受領. [<in Empfang nehmen (→Empfang 1 a)]
Emp·fäng·nis[ɛmpfɛ́ŋnɪs] 女 -/-se《ふつう単数で》(Konzeption) 受胎: eine ~ verhüten 避妊する | die Unbefleckte ~ 〘カトリック〙(聖マリアの)無原罪の御宿(おやど)り.
emp·fäng·nis·fä·hig 形 受胎能力のある.
Emp·fäng·nis·op·ti·mum 中 受胎最適期.
emp·fäng·nis·ver·hü·tend 形 避妊用の: ein ~*es* Mittel 避妊薬.
Emp·fäng·nis≈ver·hü·tung 女 避妊: orale ~ 経口避妊〔法〕. **≈ver·hü·tungs·mit·tel** 中 避妊薬.
Emp·fangs≈abend[ɛmpfáŋs ..] 男 歓迎⟨レセプション⟩の夕べ. **≈an·la·ge** 女 〘電〙受信施設. **≈an·ten·ne** 女 受信用アンテナ. **≈ap·pa·rat** 男 =Empfangsgerät
emp·fangs·be·rech·tigt 形 受け取る権利のある: der ⟨die⟩ *Empfangsberechtigte* 受領資格者.
Emp·fangs≈be·reich 男 (放送の)受信可能地域; (無線の)通達範囲. **≈be·schei·ni·gung** 女, **≈be·stä·ti·gung** 女 受領証. **≈bü·ro** 中 (ホテルなどの)フロント, 受付; (会社などの)受付事務所. **≈chef**[..ʃɛf] 男 (ホテル・デパートなどの)応接⟨案内⟩係. **≈da·me** 女 (ホテル・デパートなどの)女性応接⟨案内⟩係. **≈fei·er·lich·keit** 女 -/-en《ふつう複数で》歓迎行事. **≈ge·rät** 中 〘電〙受信機, 受信装置. **≈hal·le** 女 (ホテルなどの)受付ロビー. **≈ko·mi·tee** 中 接待⟨歓迎⟩委員会. **≈raum** 男 =Empfangszimmer **≈saal** 男 **1** (大邸宅の)応接間, 接見室. **2** =Empfangshalle **≈schein** 男 受領証. **≈sta·tion** 女, **≈stel·le** 女 〘電〙受信局. **≈stö·rung** 女 〘電〙受信障害.
emp·fängst[ɛmpfɛ́ŋst] empfangen の現在2人称単数.
Emp·fangs·tag[ɛmpfáŋs ..] 男 面会⟨面接⟩日.
emp·fangs·tot 形 〘電〙受信不能の(地域).
Emp·fangs·zim·mer 中 応接間, 接見室.
emp·fängt[ɛmpfɛ́ŋt] empfangen の現在3人称単数.
emp·feh·len*[ɛmpfé:lən] 《41》 **emp·fahl**[..pfá:l] / **emp·foh·len**[..pfó:lən]; 現 *du* empfiehlst[..pfí:lst], *er* empfiehlt; 命 empfiehl; 接II empföhle[..pfǿ:lə] (empfähle[..pfɛ́:lə])

I ㊥ (h) **1 a)** 《*jm. et.*⁴》(…に…を)勧める, 推奨する, 《*jm. jn.*》(…に…を)推薦〈推挙〉する, (積極的に)紹介する: dem Kranken Ruhe ～ 病人に安静を勧める | Ich *empfehle* dir dieses Buch. 僕は君にこの本を〔読むことを〕勧める | Er *empfahl* mir, mich für die Prüfung gut vorzubereiten. 彼は試験の準備をしっかりとやっておくことを私に勧めた | Können Sie mir einen guten Gärtner ～? 私によい植木屋を紹介していただけますか ‖〖事物を主語にして〗Seine guten Eigenschaften *empfehlen* ihn. 彼のさまざまなよい性質から考えて 彼は適任であると思われる | Der hübsche Einband *empfiehlt* das Buch auch äußerlich. 美しい装丁はこの本を外見的にも魅力のあるものにしている. **b)** 再帰 *sich*⁴ ～ みずからを推薦する, 自薦する; 適当〈好適〉である; 望ましい, 得策である: Die Ware *empfiehlt* sich selbst. この商品は品質がよく 宣伝しなくても売れる | Das Hotel *empfiehlt* sich durch seine gute Küche. このホテルは食事がうまいのが取柄だ | Es *empfiehlt* sich, heute einen Regenschirm mitzunehmen. きょうは雨傘を持っていったほうがよい. **2** *jm. jn.* ～ …に…のことをよろしく伝える | Bitte, *empfehlen* Sie mich Ihrer Frau Gemahlin! どうか奥様によろしくお伝えください. **3** 再帰 *sich*⁴ ～ 《雅》別れ〈いとま〉を告げる, 辞去する: Ich *empfehle* mich 〔Ihnen〕 also hiermit. ではこれで失礼いたします | *sich*⁴ 〔auf〕 französisch ～ (→französisch). **4** 《雅》(anvertrauen) 《*jm. et.*⁴》(…に…を)ゆだねる, 任せる, 委託する: *sich*⁴ 〈*seine* Seele〉 Gott³ ～ 神に魂をゆだねる.

II emp·feh·lend 現分 形 好ましい, 有利な: ein wenig ～*es* Äußeres あまりぱっとしない外観.

[*mhd.* ent-felhen „zur Bewahrung übergeben"; ◇befehlen]

emp·feh·lens≈wert 形, **≈wür·dig** 形 推薦〈推奨・推挙〉に値する, 望ましい, りっぱな: eine ～*e* Lektüre 勧めるに値する読み物 | Bei diesem Wetter ist es ～, einen Schirm mitzunehmen. この天候では傘を持っていったほうがいい.

Emp·feh·lung[ɛmpfé:lʊŋ] 女 -/-en **1 a)** 勧め, 推奨; 推薦, 推挙: auf ～ des Arztes 医者に勧められて | Er hat meine ～. 私は彼を推す. **b)** 推薦〈紹介〉状; (能力・技能の)証明書: *jm.* eine ～ schreiben …のために推薦〈紹介〉状を書く. **2** 《雅》よろしくとのあいさつ: Ich bitte um eine ～ an Ihre Eltern. どうぞご両親によろしくお伝えください | Eine ～ von meinen Eltern! 両親がよろしくと申しておりました | mit den besten ～*en* (手紙の末尾に用いられる慣用句的表現) 敬具.

Emp·feh·lungs≈brief 男, **≈schrei·ben** 中 推薦状, 紹介状.

emp·fiehl[ɛmpfí:l] empfehlen の命令法単数.

emp·fiehlst[..st] empfehlen の現在 2 人称単数.

emp·fiehlt[..t] empfehlen の現在 3 人称単数.

emp·find·bar[ɛmpfíntba:r] 形 **1** 知覚できる, 感じられる. ▽**2** 多感な, 過敏な.

Emp·fin·de·lei[ɛmpfɪndəlái] 女 -/-en 《軽蔑的に》感傷的なこと.

emp·fin·deln[ɛmpfíndəln] 《06》自 (h) 《軽蔑的に》感傷的である.

emp·fin·den*[ɛmpfíndən]¹ 《42》 **I** ㊥ (h) (肉体的・精神的に)感じる, 知覚〈意識〉する: Hunger 〈Kälte〉 ～ 空腹を覚える〈寒さを感じる〉 | Freude 〈Zorn〉 ～ 喜び〈怒り〉を覚える | vor *et.*³ Abscheu 〈Ekel〉 ～ …に対して嫌悪の念を抱く | nichts für *jn.* ～ …に対してなんの愛情も感じない | *et.*⁴ als störend 〈als eine Beleidigung〉 ～ …をうるさく思う〈侮辱と感じる〉 ‖ 再帰 *sich*⁴ glücklich ～ 幸福感を覚える | *sich*⁴ als Dichter 〈Fremdkörper〉 ～ 自分を詩人〈異分子〉と感じる ‖〖目的語なしで〗innig mit *jm.* ～ …に対して深い共感〈同情〉を覚える | national 〈sozial〉 ～ 国民的〈社会的〉な感情をもつ | Die Menschen *empfinden* sehr verschieden. 人の感じ方はきわめてさまざまだ ‖ ein *empfindendes* Herz 感じやすい心.

II Emp·fin·den 中 -s/ (Gefühl) (特定の)感じ, 感情: ein feines 〈zartes〉 ～ デリケートな感情 | Er hatte das deutliche ～, daß ... 彼は…をはっきりと感じた.

emp·find·lich[ɛmpfíntlɪç] 形 **1 a)** (sensibel) 感じやすい, 敏感〈鋭敏〉な; 感受性の強い, 繊細な, 神経質な; 傷つきやすい, 怒りっぽい: eine ～*e* Haut (刺激に対して)敏感な皮膚 | ein ～*er* Mensch 傷つきやすい〈怒りっぽい〉人間 | eine ～*e* Stelle berühren 痛いところに触れる ‖ gegen Hitze 〈Kälte〉 ～ sein 暑さ〈寒さ〉に弱い. **b)** (計器などが)反応しやすい, 感度の高い; (品物が)いたみ〈壊れ〉やすい, 汚れやすい; 変色しやすい: eine ～*e* Frucht 〈Maschine〉 腐りやすい果実〈壊れやすい機械〉 | ein ～*es* Meßgerät 敏感に反応する計測器具. **2 a)** (spürbar) 感じられるほどの; 手痛い, きびしい, はなはだしい: eine ～*e* Strafe きびしい罰 | einen ～*en* Verlust erleiden 甚大な損失をこうむる. **b)** 《副詞的に》ひどく, はなはだしく: ～ schmerzen ひどく痛む | Die Preise sind ～ gestiegen. 物価ははなはだしく上昇した.

Emp·find·lich·keit[－kaɪt] 女 -/-en **1** 《単数で》(empfindlich なこと. 例えば:) 感じやすさ, 敏感, 鋭敏; 怒りっぽさ; 感度の高さ; いたみ〈汚れ〉やすさ: eine angeborene ～ gegen Infektionen 生まれつき病気に感染しやすいこと. **2** 《ふつう複数で》敏感〈鋭敏〉な反応.

▽**Emp·find·ling**[ɛmpfíntlɪŋ] 男 -s/-e 感傷家, 涙もろい人.

emp·find·sam[ɛmpfíntza:m] 形 感じやすい, 敏感な, 繊細な; 感傷的な, センチメンタルな, 多感な: ～*e* Nerven 繊細な神経 ‖ die ～*e* Dichtung (18世紀後半の)感傷文学.

Emp·find·sam·keit[－kaɪt] 女 -/ **1** empfindsam なこと. **2** 〖文芸〗(18世紀後半の)感傷主義.

Emp·fin·dung[ɛmpfíndʊŋ] 女 -/-en **1** (Sinneswahrnehmung) 感覚, 知覚; 感性: Der Reiz ruft eine ～ hervor. 刺激は感覚を呼び起こす. **2** 感情, 気持: mit sehr gemischter ～ きわめて複雑な気持で | Sie erwiderte seine ～. 彼女は彼の愛情にこたえた.

emp·fin·dungs≈arm 形 感情に乏しい. **≈fä·hig** 形 **1** 感覚〈知覚〉能力のある. **2** 感情移入能力のある.

Emp·fin·dungs≈gren·ze 女 〖心〗識閾(しきい), 感覚閾. **≈kraft** 女 -/ 感覚〈知覚〉能力. **≈laut** 男 =Empfindungswort **≈le·ben** 中 感情生活.

emp·fin·dungs·los 形 **1** 無感覚な. **2** 感情のない, 冷酷〈無情〉な.

Emp·fin·dungs·lo·sig·keit 女 -/ empfindungslos なこと.

Emp·fin·dungs≈mensch 男 多感な〈感情の繊細な〉人間. **≈nerv** 男 -s/-en 《ふつう複数で》知覚神経. **≈ver·mö·gen** 中 -s/ **1** 感覚〈知覚〉能力. **2** 感情移入能力.

emp·fin·dungs·voll 形 感情の豊かな, 多感な.

Emp·fin·dungs·wort 中 -〔e〕s/..wörter (Interjektion) 〖言〗間投詞.

emp·fing[ɛmpfíŋ] empfangen の過去.

emp·föh·le[ɛmpfǿ:lə] empfehlen の接続法 II.

emp·foh·len[ɛmpfó:lən] empfehlen の過去分詞.

emp·fun·den[ɛmpfʊ́ndən] empfinden の過去分詞.

Em·pha·se[ɛmfá:zə] 女 -/-n 《ふつう単数で》〖修辞〗強勢, 強調: mit ～ sprechen 強調して〈力をこめて〉言う. [*gr.*－*lat.*－*fr.*; ＜*gr.* 〔em〕phaínein „zeigen"]

em·pha·tisch[..tɪʃ] 形 強勢のある, 強調された, 力をこめた: *et.*⁴ ～ beteuern …を強く〈力をこめて〉断言する.

Em·phy·sem[ɛmfyzé:m] 中 -s/-e 〖医〗(肺・組織などの)気腫(きしゅ). [*gr.*; ＜*gr.* em-phȳsān „hinein-blasen"]

em·phy·se·ma·tisch[ɛmfyzemá:tɪʃ] 形 気腫(きしゅ)の.

Em·pire I [ãpí:r] 中 -〔s〕/ **1** (ナポレオン一世治下の)フランス帝国. **2** 〖美〗(ナポレオン一世時代の)アンピール様式(→ 図 Stilmöbel). **II** [ɛ́mpaɪər, ..paɪə] 中 -〔s〕/ 大英帝国. [*lat.* imperium (→Imperium)－*fr.*〔－*engl.*〕; ◇Empereur]

Em·pi·rem[ɛmpiré:m] 中 -s/-e (Erfahrungstatsache) 経験的事実. [＜Empirie]

Em·pire≈mö·bel[ãpí:r..] 中 -s/- 《ふつう複数で》アンピール様式の家具. **≈stil** 男 -〔e〕s/ =Empire I 2

Em·pi·rie[ɛmpirí:] 女 -/ **1** 経験的知識. **2** (実験・観察・測定など)経験的〔研究〕方法. [*gr.*; ＜*gr.* peĩra (→Fahr)]

E

Em·pi̱·ri·ker[ɛmpíːrikər] 男 -s/- 経験主義者.

Em·pi·rio·kri·ti·zi̱s·mus[ɛmpiriokritıtsísmʊs] 男 -/ 〘哲〙経験批判論.

Em·pi·rio·kri·ti·zi̱st[..tsíst] 男 -en/-en 経験批判論者.

em·pi̱·risch [ɛmpíːrıʃ] 形 経験による, 経験的な, 経験上の: ~*e* Tatsachen 経験的事実 | Das läßt sich ~ leicht nachweisen. それは経験〈実験〉によってたやすく証明できる.

Em·pi·ri̱s·mus[ɛmpirísmʊs] 男 -/ 〘哲〙経験論.

Em·pi·ri̱st[..ríst] 男 -en/-en 〘哲〙経験論者.

em·pi·ri̱·stisch[..rístıʃ] 形 〘哲〙経験論的な.

▽**Em·pla·ce·ment**[ãplas(ə)mã́ː] 中 -s/-s **1** 《単数で》配列, 配置. **2** 〘軍〙陣地; 砲座. [*fr.*; <*fr.* place (→Platz)]

▽**Em·ployé**[ãploajéː] 男 -s/-s (Angestellter) 従業員.

▽**em·ploy·i̱e·ren**[..jíːrən] 他 (h) (anwenden) 用いる, 使用〈利用〉する: Geld ~ 投資する. [*fr.*; <*lat.* im-plicāre „ein-wickeln" (◇implizieren)]

em·po̱r[ɛmpóːr] 副 《雅》(nach oben) 上へ, 上方へ, 高く: ~ zum Himmel 天空に向かって.

★ 動詞と用いる場合は分離の前つづりともみなされる.

[*ahd.* in bor „in (die) Höhe"; ◇borzen]

em·po̱r≠ar·bei·ten[ɛmpóːr..] 《01》他 (h) (再帰) *sich*^{4} ~ 努力して登る; (苦労して) 昇進〈出世〉する. ≠|**bäu·men** 他 (h) (再帰) *sich*^{4} ~ (馬などが) 棒立ちになる, 後脚で立つ. ≠|**blicken** 自 (h) 見上げる, 仰ぎ見る. ≠|**blü̱·hen** 自 (s) 《雅》(花が) 上方に伸びて咲く; 《比》栄える. ≠|**brin·gen*** 《26》他 (h) 《雅》持ち上げる, 起こす; 《比》(事業などを) 栄えさせる. ≠|**die·nen** 他 (h) (再帰) *sich*^{4} ~ 勤勉に仕えて〈勤務して〉昇進〈出世〉する. ≠|**drin·gen*** 《33》自 (s) 《雅》上方に押し迫る; (水などが) わき出る, ほとばしり出る.

Em·po̱·re[ɛmpóːrə] 女 -/-n **1** (特に教会堂などの回廊ふうの) 2 階席, 聖歌隊席. **2** (劇場の) 2 階桟敷. [<Emporkirche]

em·pö̱·ren[ɛmpǿːrən] **I** 他 (h) **1** (*jn.*) 怒らせる, 憤慨〈憤激〉させる: Sein Benehmen *empört* mich. 彼の振舞いはきわめて不愉快だ ‖ über *jn.* 〈*et.*^{4}〉 *empört* sein …のことで憤慨している | ein *empörtes* Gesicht 怒った顔 | *et.*^{4} *empört* abstreiten …をむきになって〈憤慨して〉打ち消す ‖ (再帰) *sich*^{4} über *jn.* 〈*et.*^{4}〉 ~ …のことで憤慨する | Er *empörte* sich über sie 〈über ihre Frechheit〉. 彼は彼女のことを〈彼女のあつかましさに〉憤慨した. **2** (再帰) *sich*^{4} gegen *jn.* 〈*et.*^{4}〉 ~ …に対して反抗する, …に対して反乱を起こす, …に反対して立ち上がる | *sich*^{4} gegen *seine* Unterdrücker 〈die Unterdrückung〉 ~ 圧制者〈弾圧〉に対して立ち上がる ‖ die *empörten* Wogen 《比》逆巻く荒波. **II em·pö̱·rend** 現分 形 腹だたしい, けしからぬ: ein ~*es* Benehmen けしからぬ振舞い | Ich finde es ~! それはひどいと思うね. [*mhd.*; <*mhd.* bōr „Trotz"; ◇empor]

Em·po̱·ren·kir·che[ɛmpóːrən..] 女 2 階席〈聖歌隊席〉のある教会.

Em·pö̱·rer[ɛmpǿːrər] 男 -s/- 《雅》反乱者, 謀反人, 反徒; 反乱〈暴動〉煽動(せんどう)者.

em·pö̱·re·risch[..rərıʃ] 形 反抗〈反乱〉的な, 暴動的な, 不穏な, 煽動(せんどう)的な.

em·po̱r≠fa̱h·ren*[ɛmpóːr..] 《37》自 (s) **1** 上昇する, (エレベーターなどで) 上る. **2** (驚いて) 急に立ち〈飛び〉上がる; 《比》憤激する. ≠|**flam·men** 自 (s) (火が) 燃え上がる. ≠|**flie·gen*** 《45》自 (s) (鳥などが) 飛び〈舞い〉上がる. ≠|**ge̱·hen*** 《53》自 (s) **1** (歩いて) 上にのぼる. **2** (旗などが) 揚がる, 掲げられる. ≠|**hal·ten*** 《65》他 (h) 差し上げて〈掲げて〉いる. ≠|**he̱·ben*** 《68》他 (h) 持ち上げる, 高める; 《比》ほめそやす. ≠|**hel·fen*** 《71》自 (h) 《雅》《*jm.*》助け起こす; 助力して昇進〈出世〉させる.

Em·po̱·rium[ɛmpóːriʊm] 中 -s/..rien[..riən] (古代の) 貨物集散地, 中央市場. [*gr.*-*lat.*; <*gr.* ém-poros „Mitfahrender, Handelsmann"; ◇Pore]

Em·po̱r·kir·che[ɛmpóːr..] 女 **1** (Empore) (教会堂の) 2 階席, 聖歌隊席. **2** =Emporenkirche [*mhd.* borkirche; ◇empor]

em·po̱r|kom·men* 《80》自 (s) **1** 上にのぼ〔って来〕る; 浮かび上がる. **2** 現れる, 出現する: Eine neue Mode *kommt empor*. 新しい流行が始まる. **3** 昇進〈出世〉する.

Em·po̱r·kömm·ling[..kœmlıŋ] 男 -s/-e (Parvenü) 成り上がり者.

em·po̱r≠|krie·chen* 《83》自 (h, s) 《雅》はい上がる. ≠|**quel·len*** 《111》自 (s) 《雅》(水が) わき上がる. ≠|**raf·fen** 他 (h) (再帰) *sich*^{4} ~ 奮起する. ≠|**ra̱·gen** 自 (h) **1** そそり立つ, そびえる; (髪が) さか立つ: ein *emporragender* Turm 高くそびえる塔. **2** 《über *jn.* 〈*et.*^{4}〉》(…を) ぬきんでる, しのぐ: über den Durchschnitt ~ 平均をはるかに上回る. ≠|**recken** 他 (h) ぐいと起こす〈伸ばす〉: die Arme zum Himmel ~ 両腕を空へ伸ばす | das Kinn weit ~ あごを突き出す ‖ (再帰) *sich*^{4} ~ 体を高くぐっと伸ばす. ≠|**rich·ten** 《01》他 (h) まっすぐに起こす, 上へ向ける: (再帰) *sich*^{4} ~ 上体をまっすぐに起こす, 起き上がる | *sich*^{4} stolz ~ 誇らしげに胸を張る. ≠|**schau·en** 自 (h) 見上げる, 仰ぎ見る. ≠|**schie·ßen*** 《135》自 (s) **1** (上方へ) 勢いよく伸びる, 急速に成長する. **2** (上方へ) 噴出する. ≠|**schla̱·gen*** 《138》自 (s) (炎・波などが) 高く上がる. ≠|**schnel·len I** 自 (s) **1** 急に飛び〈はね〉上がる. **2** (物価などが) はね上がる. **II** 他 (h) (再帰) *sich*^{4} ~ = I 1 ≠|**schrau·ben**$^{(*)}$ 《150》他 (h) 《雅》(再帰) *sich*^{4} ~ 旋回しながら上昇する. ≠|**schwe̱·ben** 自 (s) 《雅》(ふわりと) 空中に浮かび上がる, 舞い上がる. ≠|**schwin·gen*** 《162》他 (h) 《雅》振り〈投げ〉上げる: (再帰) *sich*^{4} ~ 舞い上がる | *sich*^{4} zu *et.*^{3} ~ 《比》…をなしとげる〈やってのける〉. ≠|**se̱·hen*** 《164》自 (h) 見上げる, 仰ぎ見る. ≠|**spie·len** 他 (h) (再帰) *sich*^{4} ~ (スポーツ選手・芸能人が) 有名になる. ≠|**sprin·gen*** 《179》自 (s) 《雅》**1** 跳び上がる. **2** (水などが) わき出る, ほとばしり出る. ≠|**ste̱·hen*** 《182》=emporragen 1 ≠|**stei·gen*** 《184》自 (s) 《雅》**1 a)** (坂道・山などを) 登る. **b)** 昇進〈出世〉する. **2** 上昇する; (煙などが) 立ちのぼる, (鳥などが) 舞い上がる: Die Sonne *stieg* am 〈zum〉 Himmel *empor*. 太陽が空にのぼった | einen Zorn in *sich*^{3} ~ fühlen 怒りがこみ上げるのを感じる. **3** (道が) 登りになる, (山が) そびえ立つ. ≠|**stre̱·ben** 自 **1** (s) そそり立つ. **2** (h) のぼろうと努力する; 《比》向上〈出世〉に努める. ≠|**strecken** =emporrecken ≠|**trei·ben*** 《193》他 (h) 上方へ駆り立てる, 押し上げる; 《比》(価格を) つり上げる.

Em·pö̱·rung[ɛmpǿːrʊŋ] 女 -/-en **1** 《単数で》憤慨, 憤激: *seiner* ~^{3} Luft machen 怒りをぶちまける | vor ~ beben 怒りに震える. **2** 反抗, 謀反; 反乱, 暴動(→Abfall 2 a): eine offene ~ 公然たる謀反.

em·po̱r≠|wach·sen*[ɛmpóːr..] 《199》自 (s) 成長する, 伸びる: zu *et.*^{3} ~ 成長〈発展〉して…になる. ≠|**win·den*** 《211》他 (h) **1** (ウインチで) 巻き上げる. **2** (再帰) *sich*^{4} ~ 巻きついて上がる; うねって〈曲がりくねって〉上昇する. ≠|**zie·hen*** 《219》他 (h) **1** (*jn.*/*et.*^{4}) 引っぱり上げる, 引き上げる. **2** (*jn.*) 引き立てる, 昇進させる. **3** (再帰) *sich*^{4} ~ (道などが) 曲がりくねって上ってゆく.

▽**Em·pres·se·ment**[ãprɛs(ə)mã́ː] 中 -s/ 熱意, 勤勉, 勤労意欲. [*fr.*; <*fr.* presser (→pressieren)]

Em·py·e̱m[ɛmpyéːm] 中 -s/-e 〘医〙**1** 蓄膿(ちくのう)〔症〕. **2** 膿胸. [*gr.* <*gr.*; pýon „Eiter" (◇pyogen)]

em·py·re̱·isch[ɛmpyréːıʃ] 形 **1** Empyreum の. **2** 《比》光り輝く, 明るく澄みきった.

Em·py·re̱·um[..réːʊm] 中 -s/ **1** (Feuerhimmel) 〘哲〙火天(古代ギリシア・ローマ人の考えた最高天. 浄火と光の国). **2 a)** 〘宗〙(神と天使の住む) 天上界. **b)** 《比》天空. [<*gr.* ém-pyros „im Feuer" (◇pyro..)]

die **Ems**^{1}[ɛms] 地名 女 -/ エムス(ドイツの北西部を流れ, ドラルト Dollart 湾に注ぐ川). [*kelt.*-*germ.*; ◇*lat.* Amīsia]

Ems^2[–] 地名 〔Bad〕~〔バート〕エムス (ドイツ Rheinland-Pfalz 州にある鉱泉の町).

die **E̱m·scher** [ɛ́mʃər] 地名 女 -/ エムシャー (Ruhr 地方を流れる Rhein 川の支流).

E̱m·scher·brun·nen[ɛ́mʃər..] 男 二層沈殿式汚水処理施設.

E

Em·ser[ɛ́mzər] **I** 男 -s/- エムスの人(→Ems²).
II 形《無変化》エムスの(→Ems²): die ～ Depesche〘史〙エムス電報(1870年, スペインの王位継承問題についてのフランス大使との会談内容を, Ems²にいた Wilhelm I. が Bismarck あてに発したもの. フランスとの戦いを望んでいた Bismarck がこの内容を修正発表したため世論を刺激し, ひいてはフランスの宣戦を誘発した) | ～ Salz エムス産の塩.

em·sig[ɛ́mzɪç]² 形 (仕事などに)せっせと励む, 熱心な, 営々たる, たゆまぬ: ein ～*es* Treiben 忙しげな営み, せわしない活動 | Im Zimmer herrschte eine ～*e* Stille. 室内では黙々と作業に精を出していた ‖ ～ arbeiten せっせと〈こつこつ〉働く. [*ahd.* emazzig „beständig"]
Em·sig·keit[－kaɪt] 女 -/ emsig なこと.

Emu[é:mu·] 男 -s/-s〘鳥〙エミュー(オーストラリアに生息するダチョウに似た鳥). [*port.* ema (di gei) „(Erd)kranich" －*engl.*]

Emul·ga·tor[emʊlgá:tɔr, ..to:r] 男 -s/-en[..gató:rən]〘化〙乳化剤.
emul·gie·ren[..gí:rən] 他 (h) 乳化する, 乳剤にする. [*lat.* ē-mulgēre „aus-melken"; ◇melken]
Emul·sin[..zí:n] 中 -s/〘化〙エムルシン(酵素の一種).
Emul·sion[..zió:n] 女 -/-en **1**〘化〙乳濁液, 乳剤, エマルジョン. **2**〘写〙写真乳剤, 感光乳剤.

E-Mu·sik[é:muzi:k] 女 -/ (＜ernste Musik)(↔U-Musik) クラシック音楽.

en《フランス語》→*en* avant, *en* bloc, *en* canaille, *en* carrière, *en* détail, *en* face, *en* famille, *en* gros, *en* masse, *en* miniature, *en* passant, *en* profil, *en* route, *en* suite, *en* vogue

en..¹ (↔**ex..**¹)《名詞・形容詞などにつけて「中へ・内部で」を意味する. p, b, m の前では em.. となる》: *en*dermal 皮下の | *En*gramm〘心・医〙記憶痕跡(こんせき) ‖ *Em*bolie〘医〙塞栓(そくせん)症. [*gr.*; ◇in¹]
en..²《名詞・動詞などにつけて「…の中へ, …の状態へ」を意味する. p, b, m の前では em.. となる》: *en*couragieren 元気づける | *En*kadrement 編入 ‖ *em*prisonnieren 投獄する. [*lat.* in..－*fr.*]

..en¹《主に材料を意味する名詞につけて「…から出来た, …の」を意味する形容詞をつくる. ..n, ..ern となることもある》: gold*en* 黄金の, 金製の | lein*en* 亜麻(あま)製の ‖ silber*n* 銀の, 銀製の | leder*n* 革製の ‖ hölz*ern* 木製の | stein*ern* 石の. [*germ.*]

..en²[..e:n]〘化〙《「不飽和炭化水素」を意味する中性名詞(-s/)をつくる》: Butadi*en* ブタジエン | Butyl*en* ブチレン. [*gr.*]

Ena·ki·ter[enakí:tər] 複〘聖〙アナク〈アナキ〉人 (Kanaan の巨人族; 聖書: 申1, 28など);《比》巨人〈大男〉たち. [*hebr.*]
Enaks≠kin·der[é:naks..] 複, ≠**söh·ne** 複《比》巨人〈大男〉たち.

En·al·la·ge[ɛn(|)álage·, ená.., ɛn(|)alagé:, ena..] 女 -/〘修辞〙代換〈換置〉法(意外性をねらって本来用いるべきでない文法形式を用いること. 特に付加語形容詞を別の名詞に転置すること. 例 mit einem Lächeln seiner *blauen Augen*「青い目に笑みを浮かべて」の代わりに mit einem *blauen Lächeln* seiner Augen). [*gr.*; ＜*gr.* 〔en〕allássein „vertauschen"]

En·an·them[ɛn(|)anté:m, ena..] 中 -s/-e〘医〙粘膜疹(しん). [＜*gr.* ánthēma „Blühen" (◇antho..)]

en·an·tio·trop[ɛn(|)antiotró:p, ena..] 形〘化〙互変の. [＜*gr.* en-antíos „entgegen"＋trópos (→Tropus)]
En·an·tio·tro·pie[..tropí:] 女 -/〘化〙互変二形.

En·ar·thro·se[ɛn(|)artró:zə, enar..] 女 -/-n〘解〙球状〈球窩(きゅうか)〉関節. [＜en..¹＋arthro..＋..ose]

Ena·tion[enatsió:n] 女 -/-en〘植〙隆起成長. [＜*lat.* ē-nāscī „hervor-wachsen" (◇naszierend)]

en avant[ãnavã]《フランス語》(vorwärts!) (前進の命令)進め, 前進, 前へ, いざ, さあ. [◇avanti]
en bloc[ãblɔ́k]《フランス語》(im ganzen) ひとまとめに, 一括して: *et.*⁴ ～ verkaufen …をまとめて売る. [◇Block]
En-bloc-Ab·stim·mung[ãblɔ́k..] 女 一括表決.

ᵛ**en ca·naille**[ãkanáːj]《フランス語》(verächtlich) 軽蔑的に: *jn.* ～ behandeln …を冷遇する. [◇Kanaille]

ᵛ**en car·rière**[ãkarjɛ́:r]《フランス語》全速力で. [„im Laufe"; ◇Karriere]

En·chan·te·ment[ãʃãtəmã́:] 中 -s/ 有頂天, 大喜び, 恍惚(こう)状態. [*lat.*－*fr.*]

ᵛ**en·chan·tiert**[..tí:rt] 形 (entzückt) 有頂天の, 大喜びの. [*fr.* en-chanter „bezaubern"; ◇Kantabile]

En·chei·re·se[ɛnçaɪré:zə] 女 -/-n **1** 扱い方, 操作. **2** (Eingriff)〘医〙手術. [*gr.*; ＜*gr.* eg-cheireĩn „angreifen" (◇chiro..)]
En·chei·re·sis na·tu·rae[ɛnçáɪrezɪs natú:rɛ·] 女 --/ 自然力の利用〈制御〉. [＜*lat.* nātūra (→Natur)]

ᵛ**En·chi·ri·dion**[ɛnçirí:diɔn] 中 -s/..dien[..diən] (Handbuch) 便覧, ハンドブック. [*gr.*－*spätlat.*]

En·cke[ɛ́ŋkə] 人名 Johann Franz ～ ヨハン フランツ エンケ(1791-1865; ドイツの天文学者).

en·co·die·ren[ɛnkodí:rən] ＝kodieren
En·co·die·rung[..rʊŋ] 女 -/-en ＝Kodierung

en·cou·ra·gie·ren[ãkuraʒí:rən] 他 (h) (ermutigen)《*jn.*》元気〈勇気〉づける, 鼓舞〈激励〉する. [*fr.*; ◇Courage]

end..¹《名詞につけて「最終の…, 終末の…, 末端の…」などを意味する》: *End*effekt 最終的な効果 | *End*ergebnis 最終結果 | *End*station 終着駅 | *End*verbraucher 末端消費者.

end..² →endo..

..end[..ɛnt]¹ →..and

End≠ab·sicht[ɛ́nt..] 女 究極の意図. ≠**as·so·nanz** 女 ＝Ausklang 2 ≠**aus·scheid** 男 (旧東ドイツで)最終予選. ≠**bahn·hof** 男〘鉄道〙終端駅, ターミナルステーション. ≠**be·scheid** 男 最終回答; 最終決定〔通知〕. ≠**be·schluß** 男 最終決議〈決定〉. ≠**be·stim·mung** 女 最終決定.
end·be·tont 形〘言〙最終音節にアクセントのある.
End≠be·trag 男 (計算の結果としての)最終額. ≠**buch·sta·be** 男 末尾の文字.
End·chen Ende 3 の縮小形.
End·darm 男 **1**〘解〙後腸(下降大腸および直腸). **2**〘動〙(脊椎動物の)後腸.

En·de¹[ɛ́ndə] 人名 Michael ～ ミヒャエル エンデ(1929-95; ドイツの童話作家. 作品『はてしない物語』『モーモ』など).

En·de²[－] 中 -s/-n **1 a)**《ふつう単数で》(英: *end*) (↔Anfang, Beginn) 終わり, 最後, 終末;〘スポ〙フィニッシュ: ein glückliches 〈trauriges〉 ～ めでたい〈悲しい〉結末 | das ～ der Welt この世の終わり(→2) | das ～ des Vortrags 講演の結び | ein ～ mit Schrecken おそろしい終末, 悲惨な結末(聖書: 詩73,19から) | **das ～ vom Lied**《話》期待はずれの結末 ‖〘2格で〙**letzten ～*s*** 結局のところ, とどのつまり ‖〘4格で〙～ Mai 5月の末に | ～ der zwanziger Jahre 20〔年〕代の終わりに | Er ist ～ fünfzig 〈der Fünfziger〉. 彼はもう50代も終わりだ ‖〘前置詞と〙**am ～** i) 終わりに, 最後に; ii) 結局〔のところ〕; iii) ひょっとすると | am ～ des Jahres 年末に | 〔völlig〕 **am ～ sein**《比》〔すっかり〕へこたれている, 疲れ果てている; 底をつく, 尽きる | Ich bin am ～ meiner Kraft 〈meiner Weisheit〉. 私は力〈知恵〉が尽きた | Ich bin mit meiner Geduld 〈mit meinem Geld〉 am ～. 私はもうしんぼうできぬ〈有り金が底をついた〉 | **mit *seiner* Kunst 〈mit *seinem* Latein / mit *seiner* Weisheit〉 am ～ sein**《話》(万策つきて)途方にくれている, お手上げである | Am ～ kommt er überhaupt nicht? もしや彼は来ないのではあるまいか | von Anfang **bis** 〔**zu**〕 ～ (→Anfang) | **gegen** ～ des Sommers 夏の終わりごろに | der Anfang **vom** ～ (→Anfang) | bis **zum** bitteren ～ (つらい事を)最後まで | *et.*⁴ 〔bis〕 zu ～ lesen 〈schreiben〉 …を読み〈書き〉終える | *et.*⁴ zu 〔einem guten〕 ～ führen 〈bringen〉 …を〔首尾よく〕終わらせる | mit *et.*³ zu ～ kommen …(仕事など)を済ます | zu ～ gehen 終わる; (蓄えが)尽きる | Mit ihm ist 〈geht〉 es zu ～.《比》彼は〔もう〕おしまいだ, 彼は死にかけている ‖〘動詞と〙*sich*⁴ dem 〈*seinem*〉

E

〜 nähern 〈zuneigen〉 終わりに近づく | *et.*³ ein 〜 machen 〈setzen / bereiten〉 …を終わらせる, …に終止符を打つ | *seinem* Leben ein 〜 machen 〈setzen〉 (→Leben 1) | mit *jm.* ein 〜 machen …と手を切る〈絶交する〉| ein 〈*sein*〉 〜 finden 終わる, けりがつく | kein 〜 mit *et.*³ finden …がなかなか終わらない | ein 〜 haben 〈nehmen〉 終わる, 果てる | **ein böses 〈kein gutes〉 〜 nehmen** 悪い結果に終わる | Das nimmt kein gutes 〜. それはろくなことにならない | Es war des Staunens 〈der Bewunderung〉 kein 〜. 驚き〈感嘆〉は果てることを知らなかった | ***Ende* gut, alles gut.** 《諺》 終わりよければすべてよし | Das 〜 krönt das Werk. 《諺》 仕事は仕上げが肝心だ; 細工は流々仕上げをご覧(ろう)じろ.

b) 《雅》 (Tod) 最期, 死: ein leichtes 〈schweres〉 〜 haben 安らかに〈苦しんで〉死ぬ.

c) (Zweck) 目的: zu welchem 〜 いかなる目的で, 何のために.

2 末端, 端; はずれ, 果て; 末尾: das obere 〈untere〉 〜 des Stabes 棒の上〈下〉端 | **das dicke 〜** 《話》〔予想しない〕やっかい千万なこと, 大難事(懲罰用のむちの太い端の意から) | Das dicke 〜 kommt noch 〔nach〕. 《話》 難関はあとに控えている, あとがこわい ‖ am 〜 der Stadt 〈der Welt〉 wohnen 町はずれ〈地の果て〉に住んでいる ‖〖前置詞と〗bis **ans** 〜 der Welt 地の果てまでも | **an allen 〔Ecken und〕 〜*n*** 《比》 i) いたるところ; ii) 何かにつけて, 何もかも | am unrechten 〜 sparen 《比》 間違ったところで節約をする | *et.*⁴ am 〈**beim**〉 verkehrten 〜 anfassen 《比》 …の処理を誤る | **in** 〜 《方》 上へ(＝in die Höhe) | eine Kette 〈eine Schraube〉 **ohne** 〜 sein 《比》 (堂々めぐり・シーソーゲームで)果てしがない | **über** 〜 《方》 まっすぐに(直立して)(＝aufrecht).

3 (⑪ **Ẹnd·chen**[ɛ́ntçən], **Ẹnd·lein**[..laɪn] 中 -s/-) **a)** 切れ〔はし〕; 〖織〗 織りべり, 耳: ein 〜 〈ein *Endchen*〉 Stoff 一枚の端切れ | Zwei 〜*n* 〈*Endchen*〉 Wurst ソーセージのはしの二切れ | das lange 〜 《話》 のっぽ ‖ Da ist das 〜 von weg 〈ab〉! こりゃとんでもない.

b) 《単数で》《話》 (Strecke) (かなりの)道のり: ein weites 〜 長い距離(を歩く) | Er wohnt ein hübsches 〜 〈*Endchen*〉 von hier 〔entfernt〕. 彼の住居はここからけっこう遠い | Bis dahin ist es noch ein gutes 〜 〈*Endchen*〉. そこまではまだたっぷり道のりがある.

4 《ふつう複数で》〖狩〗 (シカの枝角(えだ)の)角また(→..ender).

5 (Tau) 〖海〗 太綱, ロープ〔の末端〕.
[*germ.*; ◇anti..; *engl.* end]

Ẹn·de·feu·er[ɛ́ndə..] 中 《スイ》 砲火停止, 停戦.

Ẹnd·ef·fekt[ɛ́nt..] 男 最終的な効果: im 〜 《話》 最終的に, 結局のところ.

Ẹn·de·fin·ken[ɛ́ndə..] 複 《スイ》 (布製の)室内靴, 上履き靴.

Ẹn·del[ɛ́ndəl] 中 -s/- 《南部・オーストリア》 (織物の)耳, 織りべり.

ẹn·deln[ɛ́ndəln] 《06》 他 (h) 《南部・オーストリア》 (布地の)縁をかがる.

En·de·mie[ɛndemí:] 女 -/-n[..mí:ən] 〖医〗 地方病, 風土病. [＜*gr.* én-dēmos „zu Hause" (◇Demos)]

en·dẹ·misch[..dé:mɪʃ] 形 **1** (einheimisch) その土地の, 土着の. **2** 〖医〗 地方病〈風土病〉〔性〕の. **3** 〖動・植〗 (特定地域に)固有の, 地域的に限られた.

En·de·mis·mus[..demísmʊs] 男 -/ 〖動・植〗 (地域的)固有, 特産.

ẹn·den[ɛ́ndən]¹ 《01》 **I** 自 **1** (h) (↔anfangen) 終わる, 終了する, やむ, 果てる: 〖時間的〗Das Konzert *endet* gegen 22 Uhr. 演奏会は22時ごろに終わる | Die Sitzung *endete* früher als sonst. 会議はいつもより早く終わった ‖ tragisch 〜 悲劇的な結末になる | Das wird nicht gut 〜! ろくなことにならぬぞ ‖ nicht 〜 wollender Beifall 鳴りやまぬ喝采(かっさい) ‖〖空間的〗Der Weg *endet* am Bahnhof 〈im Gebüsch〉. 道は駅に通じている〈やぶのところで切れている〉| Der Zug *endet* in Hamburg. 列車はハンブルク止まりだ | in der Gosse 〈im Rinnstein〉 〜 (→Gosse, →Rinnstein) | Der Streit *endete* vor Gericht. 争いは結局裁判ざたになった ‖ Das Wort *endet* auf einen Vokal 〈mit einem Vokal〉. その語は母音で終わる.

2 (h, まれに s) 《雅》 (sterben) 死ぬ: am Galgen 〈im Zuchthaus〉 〜 絞首刑に処せられる〈獄中で死ぬ〉.

ᵛ**II** 他 (h) **1** (beenden) 終える, 終わらせる: einen Konflikt 〜 紛争を解決する | *seine* Tage in Frieden 〜 安らかに一生を終える. **2** (bekanten) 《*et.*⁴》 (…に)かど〈へり〉をつける. [*ahd.*; ◇Ende]

..ender[..ɛndər] 《数詞などにつけて「…の先端を持つ, …の角(つの)またを持つ」を意味する男性名詞 (-s/-) をつくる》: Ein*ender* 片口〔船用〕ボイラー | Acht*ender* 〖狩〗 角またが八つに分かれたシカ.

Ẹnd·er·gẹb·nis[ɛ́nt..] 中 最終結果, 最終的な成果.

ẹn·de·risch[ɛ́ndərɪʃ] 《オーストリア》 ＝entrisch

Ẹnd·er·zeug·nis[ɛ́nt..] 中 ＝Endprodukt

Ẹn·des≈un·ter·fer·tig·te[ɛ́ndəs..] (≈**un·ter·zeich·ne·te**) 男 女 《官》 (手紙・文書の)署名者.

en dé·tail[ãdetáj] 《フランス語》 **1** (↔en gros) (im kleinen) 〖商〗 小売りで. **2** (im einzeln) 個々に, 詳細に.

ᵛ**En·dé·tail≈ge·schäft**[ãdetáj..] 中 (Einzelhandelsgeschäft) 小売店. ≈**han·del** 男 -s/ (↔Engroshandel) 小売業.

Ẹnd≈fer·ti·gung[ɛ́nt..] 女 〖工〗 (半製品の)仕上げ〔加工〕. ≈**ge·richt** 中 (das Jüngste Gericht) 〖宗〗 最後の審判. ≈**ge·schwin·dig·keit** 女 〖工〗 (ロケットなどの)〔最〕終速度, 終端速度.

ẹnd·gül·tig [ɛ́ntgʏltɪç]² (オーストリア: **ẹnd·gil·tig** [..gɪltɪç]²) 形 最終〔妥当〕的な, 決定的な: das 〜*e* Ergebnis 最終結果 | die 〜*e* Fassung eines Dramas 戯曲の決定稿 ‖ Die Entscheidung ist 〜. この決定は変更の余地がない ‖ *et.*⁴ 〜 entscheiden …を最終的に決定する | Die Sache ist 〜 erledigt. 事件はすっかり片づいた.

Ẹnd·gül·tig·keit [-kaɪt] 女 -/ endgültig なこと.

Ẹnd·hal·te·stel·le [ɛ́nt..] 女 (路面電車・バスの)終端〈ターミナル〉停留所.

ᵛ**ẹn·di·gen**[ɛ́ndɪgən]² ＝enden

ᵛ**Ẹn·di·gung**[..gʊŋ] 女 -/-en endigen すること.

En·dị·vie[ɛndí:viə] 女 -/-n 〖植〗 オランダチシャ, キクヂシャ, エンダイブ(→ 図).
[*lat.* intibum－*roman.*]

En·dị·vi·en·sa·lat 男 エンダイブのサラダ.

Endivie

Ẹnd≈kampf[ɛ́nt..] 男 **1** 〖スポ〗 決勝戦. **2** 〖軍〗 決戦. ≈**la·ger** 中 ＝Endlagerstätte

ẹnd|la·gern[ɛ́ntla:gərn] 他 (h) 《ふつう不定詞・分詞で》 《*et*⁴》《場所を示す語句と》 (核廃棄物などを…に)最終的に貯蔵する.

Ẹnd·la·ger·stät·te 女 (核廃棄物などの)最終貯蔵施設.

Ẹnd≈la·ge·rung 女 (核廃棄物などの)最終的貯蔵. ≈**lauf** 男 〖スポ〗 (競走の)決勝レース.

Ẹnd·lein Ende 3 の縮小形.

ẹnd·lich[ɛ́ntlɪç] **I** 副 **1** (長い待望のあと)ついに, ようやく, やっと: *Endlich* wurde es Tag. やっと夜が明けた | Wann kommst du 〜? (待ちかねて)君はいったいいつになったら来るのか | Hör doch 〜 auf! さあ もうやめろったら. **2** (schließlich) 最後に〔は〕, 終わりに: *Endlich* gab er nach. 最後には彼も譲歩した | schließlich und 〜 (→schließlich I 1).

II 形 **1** (↔unendlich) 〖数・理〗 有限の: 〜*e* Reihen 有限級数 | eine 〜*e* Zahl 有限数 ‖ Unsere Welt ist 〜. われわれの世界は有限である. **2** 待ちこがれた, やっと実現した: die 〜*e* Heimkehr 待望の帰郷. ᵛ**3** (endgültig) 最終的な.

Ẹnd·lich·keit[-kaɪt] 女 -/ 有限性; 《雅》 現世.

ẹnd·los[ɛ́ntlo:s][1] 形 終わりのない, 無限の; 際限のない, 絶え間なく続く: ~*e* Geduld 無限の忍耐 | ein ~*es* Gerede 果てしないおしゃべり | ein ~*er* Riemen〘工〙継ぎ目なしベルト ‖ Der Streit dauerte ~ lange. 口論はいつ終わるともしれなかった ‖ bis ins *Endlose* いつ(どこ)までも, 無限に.

Ẹnd·los≠bahn 女 円形コース(競走路). **≠band** 中 -(e)s/..bänder〘工〙継ぎ目なしベルト.

Ẹnd·lo·sig·keit[..zıçkaıt] 女 -/ endlos なこと.

Ẹnd≠lö·sung[ɛ́nt..] 女 最終的(究極的)な解決〔策〕(特にナチ政権下における Hitler によるユダヤ人問題の最終解決案, すなわちヨーロッパにおけるユダヤ人絶滅計画を意味する言葉として用いられた). **≠maß** 中〘工〙ブロックゲージ, 端度器. **≠mo·rä·ne** 女〘地〙終(末端)堆石(たいせき), 氷堆石.

endo..(↔exo..)《名詞・形容詞などにつけて「内部の」を意味する. 母音の前では end.. となることが多い》: *End*angiitis〘医〙血管内膜炎. [*gr.* éndon „innen"; ◇ento..]

En·do·dẹr·mis[ɛndodɛ́rmıs] 女 -/..men[..mən]〘植〙内皮. [＜Derma]

En·do·ga·mie[..gamí:] 女 -/-n[..mí:ən](↔Exogamie) 族内(同族)結婚.

en·do·gẹn[..gé:n] 形 (↔exogen) **1**〘植〙内生の: ~*e* Knospung 内生出芽. **2**〘地〙内成の: ~*e* Erzlagerstätte 内成鉱床. **3**〘医・心〙内因性の.

En·do·kạrd[..kárt][1] 中 -(e)s/-e (Herzinnenhaut)〘解〙心内膜.

En·do·kar·dị·tis[..kardí:tıs] 女 -/..tiden[..dití:dən](Herzinnenhautentzündung)〘医〙心内膜炎. [＜kardio..+..itis]

En·do·kạr·dium[..kárdiʊm] 中 -s/..dien[..diən] ＝Endokard

En·do·kạrp[..kárp] 中 -s/-e (↔Exokarp)〘植〙内果皮. [＜*gr.* karpós „Frucht"]

en·do·krịn[..krí:n] 形 (↔exokrin)〘生理〙内分泌の: ~*e* Drüsen 内分泌腺(せん) | ~*e* Organe 内分泌臓器.

En·do·kri·no·lo·gịe[..krinologí:] 女 -/〘医〙内分泌学. [＜*gr.* krínein (→Krise)]

En·do·lỵm·phe[..lýmfə] 女 -/-n〘解〙内リンパ〔液〕.

En·do·me·tri·ọse[..metrió:zə] 女 -/-n〘医〙子宮内膜症.

En·do·me·trị·tis[..metrí:tıs] 女 -/..tiden[..trití:dən]〘医〙子宮内膜炎.

En·do·mẹ·trium[..mé:triʊm] 中 -s/..trien[..triən](Gebärmutterschleimhaut)〘解〙子宮内膜. [＜*gr.* mḗtrā „Gebärmutter"]

En·do·plạs·ma[..plásma·] 中 -s/..men[..mən] ＝Entoplasma

Ẹn·do·ra·dio·son·de[ɛ́ndora:diozɔndə] 女〘医〙体腔(たいこう)ラジオゾンデ(胃腸内の検査に用いる).

En·dor·phịn[ɛndɔrfí:n] 中 -s/-e《ふつう複数で》〘生化学〙エンドルフィン(脳および下垂体に存在する内因性オピオイドペプチド. モルヒネ様作用を発現する).

En·do·skọp[ɛndoskó:p, ..dɔs..] 中 -s/-e〘医〙内視鏡, 直達鏡.

En·do·sko·pịe[..skopí:] 女 -/-n[..pí:ən]〘医〙内視鏡検査〔法〕. 「鏡による.」

en·do·skọ·pisch[..skó:pıʃ] 形 **1** 内視鏡の. **2** 内視」

End·os·mọ·se[ɛndɔsmó:zə] 女 -/-n〘理〙内浸透. [＜endo..+Osmose]

En·do·spẹrm[..spɛ́rm] 中 -s/-e〘植〙内乳, 内胚乳(はいにゅう). [＜Sperma]

En·dos·se·ment[ãdos(ə)mã́] 中 -s/-s〘商〙(手形の)裏書き. [*fr.*; ◇en..[2], dorsal; *engl.* endorsement]

En·do·thẹl[ɛndoté:l] 中 -s/-e, **En·do·thẹ·lium**[..liʊm] 中 -s/..lien[..liən]〘解〙(血管・リンパ管などの内腔(ないこう)壁の)内皮〔細胞〕. [＜*gr.* thēlḗ „Zitze"]

en·do·thẹrm[..tɛ́rm] 形〘化〙吸熱性の: eine ~*e* Reaktion 吸熱反応. [＜thermo..]

en·do·thỵm[..tý:m] 形〘心〙深層感情の. [＜*gr.* thȳmós (→Thymus)]

en·do·zẹn·trisch[..tsɛ́ntrıʃ] 形 (↔ exozentrisch)〘言〙内心的な, 内心構造の.

Ẹnd≠pha·se[ɛ́nt..] 女 最終段階(局面). **≠pro·dukt** 中 最終生産物. **≠punkt** 男 終点, 究極点: der ~ einer Reise 旅の終わる場所. **≠reim** 男 (↔Stabreim)〘詩〙行末韻, 脚韻. **≠re·sul·tat** 中 最終結果. **≠run·de** 女〘スポ〙(球技などの)決勝〔戦〕; (ボクシングなどの)最終ラウンド.

Ẹnd·run·den·spiel 中〘スポ〙最終ラウンドの勝負.

Ẹnd≠sieg 男 究極の勝利. **≠sil·be** 女〘言〙語末音節;〘詩〙行末音節. **≠spiel** 中 最終試合, 決勝戦. **≠spurt** 男〘スポ〙ラストスパート. **≠sta·dium** 中 最終段階(局面). **≠stand** 男〘スポ〙最終スコア.

ẹnd·stän·dig 形〘動・植〙末端にある.

Ẹnd≠sta·tion 女 終着駅, 終端(ターミナル)停留所. **≠stel·lung** 女〘言〙(定動詞の)後置. **≠stück** 中 (パイプ・ホースなどの)末端部. **≠stu·fe** 女 最終段階.

Ẹn·dung[ɛ́ndʊŋ] 女 -/-en〘言〙**1**〔変化〕語尾. **2** (Suffix) 接尾辞.

ẹn·dungs·los 形〘言〙語尾のない, 無語尾の: der ~*e* Dativ 格語尾のついていない3格.

Ẹnd·ụr·sa·che[ɛ́nt..] 女 **1** 最終(究極)原因. **2**〘哲〙目的因. [*lat.* causa fīnālis (◇final) の翻訳借用]

Ẹnd≠ur·teil 中〘法〙終局判決. **≠ver·brau·cher** 男〘商〙末端消費者. **≠ver·brau·cher·preis** 男〘商〙末端小売価格.

En·dỵ·mion[ɛndý:miɔn] 人名〘ギ神〙エンデュミオン(月の女神 Selene に恋され, 不老不死の永遠の眠りを授かって, 夜な夜な天から降りてくる女神と夜をともにした羊飼いの美少年). [*gr.*－*lat.*]

Ẹnd·zeit[ɛ́nt..] 女 -/ この世の終わり;〘宗〙世界終末の時.

ẹnd·zeit·lich 形 世界終末時の, この世の終わりの.

Ẹnd·zeit·stim·mung 女 この世の終わりといった悲観的な(自暴自棄の)気分.

Ẹnd≠ziel 中 最終目標(目的地). **≠zweck** 男 最終(究極)目的.

Enẹr·geia[enɛ́rgaıa·] 女 -/ **1** (↔Ergon)〘言〙エネルゲイア, 能産 (W. v. Humboldt らの用語. 世界を言語化する人間の創造的精神力としての言語. 言語の本質を表すものとされる). **2** (↔Dynamis)〘哲〙エネルゲイア, 現実性(態), (質料の)現実化 (Aristoteles の用語). [*gr.* „Wirksamkeit"; ＜*gr.* en-ergḗs „tätig" (◇Ergon)]

Ener·gẹ·tik[enɛrgé:tık] 女 -/〘哲・理〙エネルゲティク (W. Ostwald の唱えたエネルギー一元論).

ener·gẹ·tisch[..tıʃ] 形 エネルゲティクの: ~*er* Imperativ〘哲〙(「エネルギーを浪費するな」という)エネルゲティクの基本則.

Ener·gịe[enɛrgí:] 女 -/-n[..gí:ən] **1**《単数で》活力, 活動力, 精力, 気力; 迫力, 決然(断固)とした態度: alle ~ aufbieten 全力を出す | *seine* ganze ~ für den Wiederaufbau einsetzen 復興に全力を注ぐ | Er ist voller ~. 彼は大いに張りきっている ‖ mit ~ eine Arbeit beginnen 精力的に仕事を始める | *et.*[4] mit ~ verlangen (zurückweisen) …を強く要求する(断固として拒否する).
2 a)〘理〙エネルギー: elektrische (kinetische / potentielle) ~ 電気(運動・位置)エネルギー | Atom*energie* 原子力 ‖ ~ einsparen エネルギーを節約する. **b)** ＝Energieträger [*gr.* enérgeia－*spätlat.*－*fr.*]

ener·gie·arm[enɛrgí:|arm] 形 エネルギーの乏しい.

Ener·gịe≠auf·wand 男 **1** 活力(精力)を費やすこと: den Plan mit großem ~ durchführen 計画をたいへん精力的に遂行する. **2** エネルギーの消費(使用). **≠be·darf** 男 エネルギー需要. **≠bün·del** 中《話》精力のかたまり(精力的な人). **≠ein·spa·rung** 女 ＝Energiesparen

ener·gịe·ge·la·den 形 精力的な, 元気いっぱいの.

Ener·gịe≠haus·halt 男 エネルギー需給関係. **≠kri·se** 女 エネルギー危機.

ener·gịe·los 形 活力(元気)のない, 無気力な.

Ener·gịe·lo·sig·keit 女 -/ energielos なこと.

Ener·gịe≠lücke 女 エネルギー供給の中断, エネルギー不足. **≠po·li·tịk** 女 エネルギー政策. **≠prin·zip** 中 -s/ ＝Energiesatz **≠pro·gramm** 中 エネルギー〔供給〕計

E

画. ≈**quel·le** 女 エネルギー〔供給〕源.
ener·gie·reich 形 エネルギーの豊富な.
Ener·gie≈satz 男 -es/ 〘理〙エネルギー保存則. ≈**spa·ren** 中 -s/ エネルギー節約, 省エネルギー.
ener·gie·spa·rend 形 エネルギー節約(省エネ)の.
Ener·gie≈trä·ger 男 エネルギー源(物資・原料). ≈**ver·brauch** 男 エネルギー消費〔量〕. ≈**ver·sor·gung** 女 エネルギー〔源〕の供給. ≈**wirt·schaft** 女 -/ (電力・ガスなどの)エネルギー管理(経済).
ener·gisch[enέrgɪʃ] 形 精力(活動)的な, 力強い; 決然(断固)とした: ein ~*er* Mann 精力的な男 | ein ~*er* Wille 強い意志 | in ~*em* Ton sprechen 力をこめて話す | ein ~*es* Gesicht haben 精力的な顔をしている ‖ ~ arbeiten 精力的に仕事をする, ばりばり働く | *et.*[4] ~ bestreiten …に激しく反駁(はんばく)する | ~ nicken 強くうなずく.
Ener·va·tion[enɛrvatsió:n] 女 -/-en =Enervierung [*spätlat.*]
ener·vie·ren[..ví:rən] 他 (h) **1** 《雅》《*jn.*》(…の)神経を疲れさせる,(精神的に)参らせる, 無気力にする: eine *enervierende* Musik 神経を参らせるような音楽. **2** 〘医〙神経を切除する. [*lat.* ; < *lat.* nervus (→Nerv); ◇*engl.* enervate]
Ener·vie·rung[..ví:rʊŋ] 女 -/-en enervieren すること.
en face[ãfás] 《フランス語》(↔en profil) (von vorn) 前面(正面)から; 相対して, 向かい合って. [„ins Gesicht"]
En-face-Bild[ãfás..] 中 〘美〙正面画(像)(→ 図 Bildnis).
en fa·mille[ãfamíj] 《フランス語》家族内で; (im engsten Kreis) 内々で, 内輪で: Wir sind ganz ~. 我々は水入らずだ. [◇Familie]
En·fant ter·rible[ãfãtɛríbl] 中 --/-s -s[-] アンファンテリブル(社会的配慮に欠ける・困った・手に負えない人物). [*fr.* „schreckliches Kind" ; ◇Infant, terribel]
[▽]**en·fi·lie·ren**[ãfilí:rən] 他 (h) **1** じゅずつなぎにする, 並べる. **2** 〘軍〙掃射する. [*fr.*; < *lat.* fīlum „Faden"]
en·flam·mie·ren[ãflamí:rən] 他 (h) (entflammen) 《*jn./et.*[4]》(感情を)燃え上がらせる, 感激させる. [*lat.* īnflammāre (→inflammabel) – *fr.*; ◇*engl.* inflame]
En·fleu·ra·ge[ãflørá:ʒə] 女 -/ (香料の)吸収法, 冷浸法(花の香気を油や脂肪にしみこませる方法). [*fr.*; ◇Fleuron]
eng[ɛŋ] 形 **1** (↔weit) 狭い, 狭小な, 局限された; 窮屈な, きつい: eine ~*e* Gasse ⟨Dachkammer⟩ 狭苦しい横町(屋根裏部屋) | einen ~*en* Gesichtskreis ⟨Horizont⟩ haben 《比》視野が狭い | ein ~*es* Herz haben 《比》度量が小さい | ein ~*er* Mantel 窮屈な(体にきっちり合った)コート | in ~*en* Verhältnissen leben かつかつの生活をしている | im ~*eren* Sinne 狭義で | in die ~*ere* Wahl kommen (→Wahl 2) ‖ Der Kragen ist ⟨Die Schuhe sind⟩ mir zu ~. このカラー(靴)は私にはきつい | Beim schönen Wetter wird es mir zu ~ im Zimmer. 天気がいいと私は部屋にこもっていられなくなる | Es wurde ihm ~ ums Herz. (激情で)彼は胸苦しくなった ‖ den Bund am Rock ⟨an der Hose⟩ ~*er* machen スカート(ズボン)のウエストを細く詰める ‖ ***et.***[3] **nicht so ~ sehen** 《比》…をあまり窮屈に考えない(大目に見る) | den Gürtel ⟨den Riemen⟩ ~*er* schnallen (→Gürtel 1, →Riemen 1) | den Begriff ~*er* umgrenzen 概念をいっそう厳密に画定する.
2 a) (gedrängt) 間隔の詰まった, 密な: ~*er* Druck 行間(字間)を詰めた印刷 | eine ~*e* Stadt 家の建て込んだ町 ‖ *sich*[4] an *jn.* ~ anschmiegen …にぴったり寄り添う | Hier stehen die Bäume ~ nebeneinander. ここには樹木が密生している. **b)** (関係が)密接な, 親密な: mit *jm.* in ~*em* Kontakt stehen …と緊密な連係(接触)を保つ | im ~*en* Kreis der Familie 家族水入らずで ‖ mit *jm.* ~ befreundet sein …と親密である.
★ 分詞と複合して形容詞をつくる場合, とくに比較変化すると分かち書きすることが多い: enger anliegend / am engsten anliegend となる. [*germ.*; ◇Angst〔er〕]
das **En·ga·din**[έŋgadi:n, ◡◡⏊] 地名 中 -s/ エンガディーン(スイス Graubünden 州にある Inn 川の渓谷地帯). [*roman.*]
En·ga·ge·ment[ãgaʒ(ə)mã:] 中 -s/-s **1 a)** (芸術家・芸能人などの)雇用〔契約〕, 招聘(しょうへい): ein ~ an der Staatsoper erhalten 国立オペラに出演することになる(招聘される). [▽]**b)** (ダンスの相手の)申し込み. **2** (Verpflichtung) 契約責任, 責務: ein moralisches ~ eingehen 道義的責任を負う. **3** 社会(政治)参加, アンガージュマン. [*fr.*]
en·ga·gie·ren[ãgaʒí:rən] **I** 他 (h) **1** 《*jn.*》**a)** (芸術家・芸能人などを)雇用する,(…と)雇用契約を結ぶ; (一般的に)雇う, 雇用する: Sie wurde an das Stadttheater ⟨nach Berlin⟩ *engagiert.* 彼女は市立劇場(ベルリン)への出演契約を結んだ | Er ist beim Fernsehen *engagiert.* 彼はテレビ出演の契約を結んでいる. [▽]**b)** (…にダンスの相手を)申し込む. **2** 再帰 *sich*[4] ~ (仕事・課題などに)全身全霊をあげて打ち込む, 真剣に(積極的に)参加する, 責任をもって関与する: *sich*[4] für *et.*[4] voll ~ …のために全力を尽くす | Du darfst dich nicht zu sehr ~ 君はあまり深入りしすぎてはいけない.
II en·ga·giert 過分 形 (仕事・課題などに)真剣に打ち込んでいる,(社会・政治などに)積極的に参加している.
[*fr.*; ◇Gage]
En·ga·giert·heit[ãgaʒí:rthaɪt] 女 -/ engagiert なこと.
eng≈an·lie·gend[έŋ..] 形 (→eng ★) (衣服などが)からだにぴったり合った. ≈**be·druckt** 形 (→eng ★) ぎっしり印刷された. ≈**be·freun·det** 形 (→eng ★) 親しく交友している, 親密な. ≈**be·grenzt** 形 (→eng ★) 狭く限られた, 狭い; 狭苦しい. ≈**be·schrie·ben** 形 (→eng ★) ぎっしり書かれた. ≈**brü·stig**[..brʏstɪç][2] 形 (→eng ★) **1** 胸郭の狭い, 胸板の薄い; 《比》(体格が)きゃしゃな, ひょろひょろの. **2** (kurzatmig) 息切れしやすい.
Eng·decken·kä·fer 〘虫〙カミキリモドキ(擬天牛)科の昆虫.
En·ge[έŋə] 女 -/-n **1** 《単数で》**a)** 狭い(狭小な)こと: über die ~ der Wohnung klagen 住居の狭さを嘆く. **b)** 狭量, 偏狭: dogmatische ~ 独断的な偏狭さ. **2** 狭い場所: **in die ~ geraten** 《比》窮地に陥る, 逃げ場を失う | ***jn.* in die ~ treiben** …を窮地に陥れる. [*ahd.*; ◇eng]
En·gel[1][έŋəl] 人名 Ernst ~ エルンスト エンゲル(1821–96; ドイツの統計学者で, エンゲルの法則の提唱者).
En·gel[2][έŋəl] 男 -s/- (小 **En·gel·chen**[-çən], **En·ge·lein**[έŋəlaɪn], **Eng·lein**[έŋlaɪn] 中 -s/-) **1** (英: *angel*) 天使(神に仕え, 神と人間を仲介する霊的存在); 神の使い, 守護神: ein gefallener ~ 堕落天使 | Schutz*engel* 守護天使 ‖ **ein ~ mit einem B davor** 《戯》きかん坊, わんぱく小僧(=Bengel) | unser ~ im Himmel 亡くなった私たちの子(早死にした者は天使になるという信仰に基づく) ‖ der graue ~ 死神 ‖ Ein guter ~ wacht über dir. 君には守り神がついている | Das hat dir dein ~ eingegeben. 君のその考えはすばらしい | Er ist auch nicht gerade ein ~. 彼だっていつも天使のように振舞うわけではない ‖ **die ~**[4] 〔**im Himmel**〕 **singen** ⟨**pfeifen**⟩ **hören** 《話》気が遠くなるほどの痛みを覚える | **Es geht** ⟨**fliegt**⟩ **ein ~ durchs Zimmer.** 《比》会話が突然とだえる(急にみんなが黙ってしまうとき, 部屋の中を天使が通るという). **2** (天使のような人. 例えば:) 心や姿の美しい人; かわいい子供(女性); 救いの神; 《話》無邪気な人: ein ~ der Armen 貧しい人々の守り神 | ein wahrer ~ とても人のいい人 | gelbe ~ 《話》黄色の天使たち(黄色の車に乗っている ADAC の故障車救助班) ‖ Er kam als rettender ~. 折よく彼が救いの主としてやってきた | **o** ⟨**ach**⟩ **du ahnungsloser ~!** 《話》きみもおめでたい人だね.
[*gr.* ángelos „Bote (Gottes)" – *got.* – *ahd.* angil; ◇Angelus; *engl.* angel]
En·gel·amt[έŋəl..] 中 〘カトリック〙 **1** 降誕祭の第一ミサ, 主の降誕の真夜中のミサ. **2** 子供の埋葬時のミサ.
En·ge·laut[έŋə..] 男 〘言〙狭窄(きょうさく)音 (Reibelaut の別称).
En·gel·chen, En·ge·lein Engel[2]の縮小形.
En·gel≈fisch[έŋəl..] 男 (Meerengel) 〘魚〙カスザメ(粕鮫). ≈**flü·gel** =Engelsflügel
en·gel·gleich 形 《雅》天使にも似た, 天使のような.
en·gel·haft 形 天使のような.

En·gel≠kna·be 男 少年の姿をした天使. **≠kopf** =Engelskopf **≠ma·cher**[..maxər] 男 -s/- (堕胎を請け負う)闇(ﾔﾐ)産科医. **≠ma·che·rin**[..xərın] 女 -/-nen **1** (養育費をただ取りする)もらい子殺しの女. **2** (堕胎を請け負う)闇産婆.

en·gel·rein[また: ◡◡◠] 形 天使のように清らかな.

En·gels[ɛ́ŋəls] 人名 Friedrich ～ フリードリヒ エンゲルス(1820-95; ドイツの社会主義思想家. Marx と共に科学的社会主義の理論を打ちたて,『共産党宣言』を書く. 著作『ドイツ農民戦争』『空想から科学へ』など).

die **En·gels·burg**[ɛ́ŋəlsbʊrk] 女 -/ 《城郭名》聖天使城(イタリア語で Castel Sant'Angelo といい, ローマ市内, Tiber 川右岸にある. 本来は 2 世紀に Hadrian 皇帝が建造した墓所であるが, その後長く要塞(ﾖｳｻｲ)として使われた).

En·gelsch[ɛ́ŋəlʃ] 形 エンゲルの(→Engel[1]): das ～*e* Gesetz 〘統計〙エンゲルの法則.

En·gel·schar[ɛ́ŋəl..] 女 天使の群れ.

en·gel·schön 形《雅》天使のように美しい.

En·gels≠flü·gel 男 天使のつばさ. **≠ge·duld** 女 天使の忍耐(広大無辺な寛容): Er hat eine ～ mit ihr. 彼は計り知れない寛容さで彼女を許している. **≠ge·sicht** 中 天使の〔ような無邪気な〕顔.

en·gels·gleich =engelgleich

En·gels≠gruß 男 (Englischer Gruß) 〘ｶﾄﾘｯｸ〙(受胎告知の際のおとめマリアに対する)天使の祝詞(アヴェマリア: →Ave-Maria 1). **≠haar** 中 (天使の髪を思わせる)つやのある細い糸(クリスマスツリーの飾りなどに用いる). **≠kopf** 男 天使像の頭; (天使のように)愛らしい子供の頭. **≠mie·ne** 女 天使のような無邪気な顔つき, 何食わぬ顔. **≠mu·sik** 女 この世のものとは思えない美しい音楽.

en·gels·rein =engelrein

En·gel〔s〕·stim·me 女 天使のように澄んだ声.

En·gel·süß 中 -es/ 〘植〙オオエゾデンダ(卒中用の薬草とされたシダ類).

En·gels·zun·gen 複 (天使のような)よどみない弁舌:《ふつう次の成句で》**mit** 〔Menschen- und mit〕 ***Engelszungen*** 雄弁を振るって, さわやかに弁じて(聖書: Iコリ13,1から).

En·gel·wurz 女 (Angelika) 〘植〙アンゼリカ, シシウド(猪独活)属.

en·gen[ɛ́ŋən] 他 (h) (einengen) 狭める, 窮屈にする: die Sicht ～ 視界を狭める | *jm.* die Brust ～ (不安などが)…の胸を締めつける ‖ ein *engender* Kragen 窮屈なカラー. [*ahd.*; ◇eng]

En·ger·ling[ɛ́ŋərlıŋ] 男 -s/-e **1** 〘虫〙ジムシ(地虫)(コガネムシ科の幼虫). **2** (Angerling) 〘植〙ハラタケ(原茸)(キノコの一種). [*ahd.* engiring „Made"; ◇Unke; *lat.* anguis „Schlange"]

Eng·füh·rung[ɛ́ŋ..] 女 〘楽〙ストレット(フーガなどで主題が重なって入ること).

Eng·heit[ɛ́ŋhaıt] 女 -/ eng なこと.

eng·her·zig 形 心の狭い, 度量の小さい, こせこせした: eine ～*e* Frau 狭量な女 | eine ～*e* Entscheidung 了見の狭い〈大らかなところのない〉決定 ‖ zu *et.*[3] ～ sein …に対して狭量である.

Eng·her·zig·keit 女 -/ engherzig なこと.

eng·ho·sig[ɛ́ŋho:zıç][2] 形《話》窮屈な〈体にぴっちり合った〉ズボンをはいた. [＜enge Hose]

En·gig·keit[ɛ́ŋıçkaıt] 女 -/ =Enge 1

Eng·land[ɛ́ŋlant] 地名 **1** イギリス, 英国(「グレートブリテンおよび北アイルランド連合王国」の通称). **2** イングランド(グレートブリテン島のスコットランドとウェールズを除いた部分). [*aengl.* Engla-land „Land der Angeln"; ◇anglo..]

Eng·län·der[ɛ́ŋlɛndər] 男 -s/- **1** (㊛ **Eng·län·de·rin**[..dərın]-/-nen) イギリス人, 英国人; イングランド人. **2** 自在スパナ(→ 図 Schraube B). **3** 《ｵｰｽﾄﾘｱ》〘料理〙エングレンダー(アーモンドまたはピーナッツ入りの甘い菓子).

Eng·län·de·rei[ɛŋlɛndəráı] 女 -/ 英国〈イギリス〉かぶれ.

Eng·lein Engel[2]の縮小形.

Eng·ler·grad[ɛ́ŋlər..] 男 〘化〙エングラー度(潤滑油の粘度). [＜C. Engler (ドイツの化学者, †1925)]

[▽]**eng·lisch**[1][ɛ́ŋlıʃ] 形 天使の〔ような〕: der *Englische* Gruß 〘ｶﾄﾘｯｸ〙天使祝詞(アヴェマリア: →Ave-Maria 1) ‖ ～ lispeln《比》甘いことばをささやく. [*mhd.* ; ◇Angelus ; *engl.* angelic]

eng·lisch[2][–] 形 (英: *English*) イギリス〈英国〉〔人〕の; 英語の: →deutsch | die *Englischen* Fräulein 〘ｶﾄﾘｯｸ〙永福童貞マリア修道女会(元来はイギリスで1609年に創設されたカトリック修道女団体) | der *Englische* Kanal ドーバー〈英仏〉海峡 | die ～*e* Kirche (英: *the Anglican Church*) 英国教会 | die ～*e* Krankheit くる病 | *Englischer* Spinat スイバ属の葉菜(サラダなどにする) ‖ ～ einkaufen《話》盗む. [*mhd.* ; ◇anglo.. ; *engl.* English]

Eng·lisch≠horn 中 -〔e〕s/..hörner 〘楽〙イングリッシュホルン, コーラングレ(→ 図 Blasinstrument). **≠le·der** 中 〘織〙モールスキン(ビロードふうの厚地綿布; 労働・スポーツ用服地). **≠pfla·ster** 中 〘医〙イギリス絆創膏(ﾊﾞﾝｿｳｺｳ). **≠rot** 中 -s/ イギリス赤, ベンガラ(顔料・研磨材).

eng·li·sie·ren[ɛŋ(g)lizí:rən] 他 (h) **1** (馬の)尾を下げる筋を切る(尾が上向きになるように). **2** =anglisieren 1

eng·ma·schig[ɛ́ŋmaʃıç][2] 形 (網・編物などの)目のつんだ. [＜Masche[2]]

En·go·be[ãgó:bə] 女 -/-n (陶磁器の)釉(ｳﾜｸﾞｽﾘ). [*fr.*]

en·go·bie·ren[ãgobí:rən] 他 (h) 《*et.*[4]》(…に)釉(ｳﾜｸﾞｽﾘ)をかける. [*fr.*; ＜*fr.* gober „verschlingen"]

Eng·paß[ɛ́ŋ..] 男 **1** (山間などの)狭い通過路, 隘路(ｱｲﾛ). **2** 《比》隘路, ネック; (品不足などによる)困難な状況, 窮境: *jn.* in einen ～ treiben …を窮地に追い込む | Kühlschränke sind zur Zeit ein ～. 冷蔵庫は目下品不足だ.

En·gramm[ɛngrám] 中 -s/-e (Gedächtnisspur) 〘心・医〙(中枢神経系に残る)記憶痕跡(ｺﾝｾｷ), エングラム.

en gros[ãgró(:)] 《ﾌﾗﾝｽ語》(↔en détail) (im großen) 〘商〙卸で.

En·gros≠han·del[ãgró(:)..] 男 -s/ (↔Endétailhandel) (Großhandel) 〘商〙卸売り業. **≠händ·ler** 男 〘商〙卸売り業者〈商人〉. **≠preis** 男 〘商〙卸売り価格.

En·gros·sist[ãgrɔsíst] 男 -en/-en=Engroshändler

eng≠sich·tig[ɛ́ŋzıçtıç][2] 形 視野の狭い, 偏狭な. **≠stir·nig**[..ʃtırnıç][2] 形 視野〈了見〉の狭い, 頑迷な, 融通のきかない: ein ～*er* Mensch 視野の狭い人 | eine ～*e* Politik 場あたり的な政策.

Eng·stir·nig·keit[..kaıt] 女 -/ engstirnig なこと.

eng≠um·grenzt =engbegrenzt **≠ver·bün·det** 形 (→eng ★) 緊密に連合〈同盟〉した. **≠ver·wandt** 形 (→eng ★) ごく近い類縁〈同族〉関係の.

En·har·mo·nik[ɛnharmó:nık] 女 -/ 〘楽〙異名同音性(嬰(ｴｲ)ハと変ニのように名称は異なるが同音であること).

en·har·mo·nisch[..nıʃ] 形 〘楽〙異名同音的な. [＜*gr.* en-armónios „übereinstimmend"]

Enig·ma[enígma·] =Änigma

enig·ma·tisch[enıgmá:tıʃ] =änigmatisch [*gr.*－*spätlat.*－*engl.* enigmatic]

En·jam·be·ment[ãʒãb(ə)mã́] 中 -s/-s (Zeilensprung) 〘詩〙句またぎ, 行わたり(詩句の行末で文意が完結せず次行にまたがること). [*fr.* ; ＜*fr.* enjamber „überschreiten" (◇Gambit)]

enk[ɛŋk] 《南部・ｵｰｽﾄﾘｱ》=euch [*germ.*]

en·kau·stie·ren[ɛnkaʊstí:rən, ɛŋ..] 他 (h) **1** 蠟(ﾛｳ)絵の具で描く. **2** (大理石像などに)蠟を塗ってつやを出す.

En·kau·stik[..káʊstık] 女 -/ 〘美〙蠟画法; (蠟による大理石像などの)つや出し. [＜*gr.* eg-kaíein „ein-brennen"]

en·kau·stisch[..stıʃ] 形 蠟(ﾛｳ)画法の: ～*e* Farben 蠟絵の具 | ein ～*es* Gemälde 蠟画.

En·ke[ɛ́ŋkə] 男 -n/-n 《北部・中部》作男 ; 馬手. [*ahd.* ; ◇*lat.* anculus „Knecht"]

En·kel[1][ɛ́ŋkəl] 男 -s/-《方》(Fußknöchel) くるぶし. [*ahd.* ; ◇Anke[1], angular ; *engl.* ankle]

En·kel[2][–] 男 -s/- **1** (㊛ **En·ke·lin**[..lın]-/-nen) (Kindeskind) 孫. **2** 《複数で》(Nachkomme) 子孫, 後裔(ｺｳｴｲ). [*ahd.* ; ◇Ahn[1]]

E

Ẹn·kel≠kind 中 孫. **≠sohn** 男 (男の)孫. **≠toch·ter** 女 (女の)孫, 孫娘.

ẹn·ker[ɛ́ŋkər]《南部》= euer [◇enk]

En·klạ·ve[ɛnklá:və, ɛŋ..] 女 -/-n (↔Exklave)(自国の領内にある他国の)飛び領地;〘言〙(Sprachinsel) 言語島, 孤立言語圏. [*fr.*; < *lat.* clāvis „Schlüssel"]

En·klị·se[ɛnklí:zə, ɛŋ..] 女 -/-n, **Ẹn·kli·sis**[ɛ́nklizɪs, ɛ́ŋ..] 女 -/..klisen[ɛnklí:zən, ɛŋ..](↔Proklise)〘言〙前接(アクセントのない語が直前の語の一部のように発音されること. ㊐ haben S' < haben Sie). [*gr.*; < *gr.* eg-klī́nein „an-lehnen"]

En·klị·ti·kon[ɛnklí(:)tikɔn, ɛŋ..] 中 -s/..ka[..ka·], ..ken[..kən]〘言〙前接語. [*spätlat.*]

en·klị·tisch[ɛnklí:tɪʃ, ɛŋ..] 形〘言〙前接的な. [*gr.* – *spätlat.*]

en·ko·dịe·ren[ɛnkodí:rən] = kodieren

En·ko·dịe·rung[..ruŋ] 女 -/-en = Kodierung

En·ko·miạst[ɛnkomiást, ɛŋ..] 男 -en/-en (Lobredner)〘修辞〙賛辞を述べる人, 賛美者; おべっかを使う人, へつらう人. [*gr.*]

En·ko·miạ·stik[..stɪk] 女 -/ 〘修辞〙賛美術, 賛辞〈賛歌〉作法.

En·kọ·mion[ɛnkó:miɔn, ɛŋ..] (**En·kọ·mium**[..miʊm]) 中 -s/ ..mien[..miən](Lobrede)〘修辞〙賛辞, ほめ言葉; 賞賛の演説. [*gr.*〔– *lat.*〕; < *gr.* kōmos „Gelage"]

En·kri·nịt[ɛnkriní:t, ..nít, ɛŋ..] 男 -en/-en ウミユリ(海百合)の化石〈石化〉. [< *gr.* krínon „Lilie" + ..it[2]]

En·kul·tu·ra·tiọn[ɛnkʊlturatsió:n] 女 -/-en (特定の文化環境への)順応, 同化. [*engl.* enculturation]

en masse[ãmás]《ﾌﾗﾝｽ語》(in großer Menge) 大量に, たくさん: Es gab Pilze ～. キノコがいっぱいあった.

en mi·nia·ture[ãminjatý:r]《ﾌﾗﾝｽ語》(im kleinen) 小型で, 縮尺して, ミニチュアで. [◇Miniatur]

ẹn·net[ɛ́nət] 前《3格支配》《ｽｲｽ》(jenseits) …の向こう側に: ～ dem Gebirge 山のかなたに. [*mhd.*]

ẹn·net·bir·gisch[..bɪrgɪʃ] 形《ｽｲｽ》山〈アルプス山脈〉の向こう側にある. [< Berg[3]]

ẹn·net·rhei·nisch[..raɪnɪʃ] 形《ｽｲｽ》ライン川の向こうの; (スイスから見て)ドイツの.

En·nui[ãnyí:, anyí:] 男 -s/ **1** 退屈; 倦怠(けんたい), 物憂さ, アンニュイ, 憂愁. **2** 不快, いや気. [*fr.*]

en·nu·yạnt[ãnyjánt, an.., ..nyijá.., ..jã:] 形 **1** 退屈な. **2** やっかいな, わずらわしい. [*fr.*]

en·nu·yịe·ren[..jí:rən] 他 (h) **1**《*jn.*》退屈させる, うんざりさせる: 再帰 *sich*[4] ～ 退屈する. **2**《*jn.*》うるさがらせる, いらいらさせる. [*fr.*; < *lat.* in odiō „in Haß" (◇Odium)]

enọrm[enɔ́rm] 形 非常に大きい; 巨大〈甚大〉な; 法外な, すごい: eine ～*e* Höhe〈Hitze〉たいへんな高さ〈熱さ〉| ～*e* Kosten〈Verluste〉ばく大な費用〈損失〉‖ Seine Kenntnisse sind ～. 彼の知識はたいへんなものだ | Das ist ja ～. こいつはすごいや ‖ *sich*[4] ～ amüsieren 大いに楽しむ | Er ist ～ begabt. 彼はとてつもない才能の持ち主だ. [*lat.* ē-nōrmis – *fr.*; < *lat.* nōrma (→Norm)]

Enor·mi·tạ̈t[enɔrmitɛ́:t] 女 -/-en **1**《単数で》enorm なこと. **2** enorm な事物.

..enorts →..orts

en pas·sant [ãpasã́]《ﾌﾗﾝｽ語》(beiläufig) ついでに. [◇passieren]

en pro·fịl[ãprɔfíl]《ﾌﾗﾝｽ語》(↔en face) (von der Seite) 側面から.

En·quete[ãké:t(ə), ..kɛ́:t(ə); ｵｰｽﾄﾘｱ: ..kɛ́:t] 女 -/-n[..tən] **1**《官》(官庁などの行う)アンケート〔形式の調査〕: eine ～ durchführen〈veranstalten〉アンケートをとる. **2**《ｵｰｽﾄﾘｱ》(Arbeitstagung) 研究集会. [*fr.*; < *lat.* in-quīrere „untersuchen"]

en·ra·gie·ren[ãraʒí:rən] 他 (h)《*jn.*》熱狂〈興奮〉させる: 再帰 *sich*[4] ～ 熱狂〈興奮〉する ‖ ein *enragierter* Romanleser 熱狂的な小説愛読者. [*fr.*; ◇Rage]

en·rhü·mịert[ãrymí:rt] 形 (verschnupft) 鼻かぜをひいた. [*fr.* en-rhumé; ◇Rheumatismus]

ᵛ**en·rol·lịe·ren**[ãrɔlí:rən] 他 (h) (anwerben)《*jn.*》(兵員などを)募集する. [*fr.* en-rôler; ◇Rolle]

en route[ãrút]《ﾌﾗﾝｽ語》(unterwegs) 途中で.

..ens →..s[1] 2

En·sem·ble[ãsã́(:)bəl, aŋ..] 中 -s[-(s)]/-s[-(s)] **1 a)** 調和〈チームワーク〉のとれた上演. **b)** アンサンブル(劇団・舞踊団などのチーム): das Berliner ～ ベルリーナー・アンサンブル(Brecht が1949年に自作『肝っ玉おっかあ』の初演によって旧東ベルリンで旗上げした劇団). **2 a)**〘楽〙重奏, 重唱, 合奏. **b)** アンサンブル(合奏団・合唱団). **3**〘建〙(都市建造物の)調和体〈性〉. **4**〘服飾〙(ドレスとジャケット・ドレスとコートなどの)アンサンブル. [*fr.* „zusammen"; < *lat.* simul (→simultan)]

En·sem·ble≠mu·sịk[ãsã́(:)bəl..] 女 軽音楽. **≠spiel** 中 -[e]s/ **1**〘楽〙合奏. **2**〘劇〙いきの合った上演.

En·si·lạ·ge[ãsilá:ʒə] 女 -/ 〘畜〙(干し草の)サイロ貯蔵, サイロでの発酵; 発酵飼料. [*fr.*; < *span.* silo (→Silo)]

en suite[ãsɥít, ãsuí:t]《ﾌﾗﾝｽ語》(demzufolge) その次に, それから; (hintereinander) 次々に, 引き続き, 絶え間なく.

ent[ɛnt] 副《話》《もっぱら次の形で》***Ent* oder weder!** どちらかに決めろ(→entweder).

ent..[1] **I**《非分離動詞の前つづり. f の前では emp.. となることがある. つねにアクセントをもたない》**1**《「対向」を意味する》: *ent*bieten (あいさつなどを)伝える | *emp*fehlen 推薦する. **2**《「離脱」を意味する》: *ent*fallen (手などから)すべり落ちる | *ent*führen 誘拐する. **3**《「起源」を意味する》: *ent*springen 由来する. **4**《「開始」を意味する》: *ent*schlafen (しだいに)眠りこむ. **5**《「復原」を意味する》: *ent*decken 発見する | *ent*täuschen 幻滅させる. **6**《名詞からの派生動詞と結びついて「除去」を意味する》: *ent*kleiden 服を脱がせる. **7**《名詞・形容詞から直接に派生動詞をつくって「離脱・除去」を意味する》: *ent*gleisen 脱線する | *ent*haupten 首をはねる ‖ *ent*staatlichen 国有〈国立〉でなくする | *ent*schuldigen 弁解する. **II**《副詞・前置詞をつくる》: *ent*gegen (…に)向かって | *ent*lang (…に)沿って | *ent*zwei まっ二つに. [*germ.*; ◇anti.., ante..]

ent..[2] →ento..

..ent →..ant

ent·ạdeln[ɛnt|á:dəln]《06》他 (h)《*jn.*》(…から)貴族の身分を奪う;《比》(…を)はずかしめる.

ᵛ**ent·ạm·ten**[ɛnt|ámtən]《01》他 (h)《*jn.*》解任〈解職〉する.

ent·ạr·ten[ɛnt|á:rtən]《01》自 (s) **1** 堕落〈退化〉する, 悪くなる;《雅》(悪い方に)移行する: *entartete* Sitten 堕落した風習 ‖ in eine Beschimpfung〈zu einer Beschimpfung〉～ (それまでのふつうの話し方から)ののしり口調になる. **2**〘医〙(組織などが)変性する.

Ent·ạr·tung[..tuŋ] 女 -/-en **1** 堕落, 退廃: eine geistige ～ 精神的退廃. **2**〘医〙変性, 退化. **3**〘理〙退縮.

ent·ạschen[ɛnt|áʃən]《04》他 (h) (炉などの)灰を取り去る. [< Asche]

En·tạ·se[ɛntá:zə] 女 -/-n, **Ẹn·ta·sis**[ɛ́ntazɪs] 女 -/ ..sen[ɛntá:zən]〘建〙エンタシス(古代建築の円柱の胴部などのわずかな膨らみ). [*gr.*; < *gr.* en-teínein „〔an〕spannen"]

ent·ạsten[ɛnt|ástən]《01》他 (h) (樹木を)枝おろしする. [< Ast]

ent·ạ̈u·ßern[ɛnt|ɔ́ʏsərn]《05》他 (h)《雅》再帰 *sich*[4] *et.*[2] ～ …を放棄〈断念〉する; …を手放す〈譲渡する〉.

Ent·ạ̈u·ße·rung[..sərʊŋ] 女 -/《雅》放棄, 断念; 譲渡.

ent·bạl·len[ɛntbálən] 他 (h) (過密な工業密集地域などの)密集度を軽減する(→Ballungsgebiet).

Ent·bạl·lung[..lʊŋ] 女 -/-en entballen すること.

ent·bạ·sten[ɛntbástən]《01》他 (h) (生糸・樹皮の)あくを抜く. [< Bast]

ent·bẹh·ren[ɛntbé:rən] **I** 他 (h)《*jn.*/*et.*[4]》**1** (…)なしで済ます:〖nicht entbehren können の形で〗Ich kann die Brille〈seine Hilfe〉nicht ～. 私はめがね〈彼の援助〉なしではやってゆけない. **2** (…が)なくて不自由する, (…の)欠乏に耐える: Er hat damals viel〔es〕*entbehrt.* 彼は当時いろい

ろなものに不自由した | Ich *entbehre* den Kaffee 〈meinen Freund〉 sehr. 私はコーヒーが欲しくて〈友人が恋しくて〉たまらない ‖ ～ lernen 耐乏生活になれる.

II 自 (h) 《雅》《*et.*^{2}》(…を)欠く: Seine Behauptung *entbehrt* jeder Grundlage. 彼の主張にはいかなる根拠もない | Er *entbehrt* nicht der Intelligenz. 彼には知性がないわけではない. [*ahd.* in-beran „nicht (bei sich) tragen"; ◇gebären]

ent·bẹhr·lich[ɛntbéːrlɪç] 形 なくても済む, 不必要な; 余計な: Der Regenschirm ist heute ～. きょうは傘はなくてもよい | Er ist nicht ～. 彼がいてくれなくては困る.

Ent·bẹhr·lich·keit[−kaɪt] 女 -/ entbehrlich なこと.

Ent·bẹh·rung[..béːrʊŋ] 女 -/-en (物質的な)不自由〔をしのぶこと〕: ～*en* erdulden 〈erleiden〉 耐乏生活をする | *sich*^{3} 〔große〕 ～*en* auferlegen/〔große〕 ～*en* auf *sich*^{4} nehmen 〔ひどく〕生活を切りつめる.

ent·bẹh·rungs·reich 形 (物質的に)不自由の多い, 貧しい.

ent·bẹi·nen[ɛntbáɪnən] 他 (h) 《*et.*^{4}》〘料理〙(…から)骨を取り除く. [<Bein]

ent·bie̱·ten*[ɛntbíːtən] 《17》 他 (h) 《雅》 **1** 《*jm. et.*^{4}》(…に…を)伝える, 述べる: *jm. seinen* Gruß 〈ein Willkommen〉 ～ …にあいさつをする〈歓迎の辞を述べる〉. **2** 《*jn.* zu *sich*^{3}》(…を自分のところへ)来させる, 呼び寄せる. ▽**3** 再帰 *sich*^{4} ～ (奉仕などを)申し〈買って〉出る.

ent·bịn·den*[ɛntbɪ́ndən][1] 《18》 **I** 他 (h) **1** 《*jn.* von *et.*^{3}/雅: *jn. et.*^{2}》(…を…から)解放する, (…に…を)免除する: *jn.* von *seinem* Eid 〈*seines* Eides〉 ～ …をその誓約の束縛から解いてやる | *jn. seines* Amtes ～ …を解職する. **2 a)** (妊婦を)分娩(ぶんべん)〈出産〉させる: Dieser Arzt hat meine Frau *entbunden.* この医師が妻の分娩を担当した. **b)** 《女性を主語とする受動態で》(子供を)産む: von einem Jungen 〈Mädchen〉 *entbunden* werden 男児〈女児〉を産む ‖ eine *entbundene* Mutter 産後の母. **c)** (胎児を)分娩〈出産〉させる: ein Kind ～ 子供を分娩させる. **3** 《*et.*^{4}》〘化〙(熱・ガスなどを)放出する, 解離させる.

II 自 (h) 子供を産む, 出産する: Sie hat gestern im Hospital *entbunden.* 彼女はきのう病院でお産をした.

Ent·bịn·dung[..dʊŋ] 女 -/-en **1** 〘医〙分娩(ぶんべん), 出産: eine glückliche ～ 安産 | eine schwierige ～ 難産 ‖ zur ～ ins Krankenhaus kommen お産のため入院する. **2** 解放, 免除: um die ～ von *seinen* Pflichten bitten 義務の免除を願い出る. **3** 〘化〙(熱・ガスなどの)放出, 解離.

Ent·bịn·dungs≈an·stalt 女, **≈heim** 中 産院. **≈saal** 男 分娩(ぶんべん)室. **≈sta·tion** 女 産科病棟.

ent·bịt·tern[ɛntbɪ́tərn] 《05》 他 (h) 《*et.*^{4}》(果実などから)苦味〈しぶ〉を抜く. [<bitter]

ent·blạ̈t·tern[ɛntblɛ́tərn] 《05》 他 (h) (樹木を)落葉させる: Der Sturm hat die Bäume *entblättert.* あらしで木々の葉が落ちた ‖ 再帰 *sich*^{4} ～ 落葉する; 《話》服を脱ぐ ‖ ein *entblätterter* Baum 落葉した木. [<Blatt]

ent·blẹi·en[ɛntbláɪən] 他 (h) (…の)鉛を除く: *entbleites* Benzin 無鉛化ガソリン. [<Blei^2]

ent·blö̱·den[ɛntbløːdən][1] 《01》 他 (h) 《もっぱら次の成句で》 再帰 ***sich***^{4} **nicht ～** 《zu 不定詞〔句〕と》臆面(おくめん)もなく(…)する | Du *entblödest* dich nicht, Unwahres zu behaupten. よくも君は臆面もなくうそを言い張るね.

ent·blö̱·ßen[ɛntbløːsən] 《02》 他 (h) **1** 露出させる, むき出しにする: den Arm ～ 腕をまくり上げる | die Brust ～ 胸をはだける | den Oberkörper ～ 上半身をあらわにする | *sein* Schwert ～ 抜刀する ‖ 再帰 *sich*^{4} ～ 服〈帽子〉を脱ぐ; 《比》本心を打ちあける, 正体を現す; 無一物になる ‖ mit *entblößtem* Kopf/《雅》*entblößten* Hauptes 無帽で, 脱帽して. **2** 《*jn.* von *et.*^{3}/雅: *jn. et.*^{2}》(…から…を)奪い去る, 取り上げる: *jn. seiner* Habe ～ …の持ち物を取り上げる | einen Ort von Truppen ～ ある場所から撤兵する ‖ 再帰 *sich*^{4} *et.*^{2} ～《雅》…を失う ‖ von allen Mitteln 〈雅: aller Mittel〉 *entblößt* sein 無一物である | der vom Laub *entblößte* Baum 落葉した木. [*mhd.*; ◇bloß]

Ent·blö̱·ßung[..sʊŋ] 女 -/-en (〔sich〕 entblößen すること. 例えば:) 露出; 暴露; 剝奪(はくだつ); 除去.

ent·blu̱·men[ɛntblúːmən] (**ent·blü̱·men**[..blýːmən]) 他 (h) 《雅》《*et.*^{4}》(…から)草花を奪い去る. [<Blume]

ent·blu̱·ten[ɛntblúːtən] 《01》 他 (h) 《*jn.*》(…から)血を除く: das geschlachtete Tier ～ 畜殺した畜獣の血を抜く. [<Blut]

ent·bo̱·ten[ɛntbóːtən] entbieten の過去分詞; 過去 1・3 人称複数.

ent·brạnnt[ɛntbránt] entbrennen の過去分詞.

▽**ent·brẹ·chen***[ɛntbrɛ́çən] 《24》 **I** 他 (h) 再帰 *sich*^{4} *et.*^{2} ～ …を避ける | *sich*^{4} nicht ～ können 《zu 不定詞〔句〕と》(…)せずにはいられない. **II** 自 (s) (感情などが)ほとばしり出る.

ent·brẹn·nen*[ɛntbrɛ́nən] 《25》 **I** 自 (s) ▽**1** (火が)燃え上がる. **2** 《in 〈von〉 *et.*^{3}》(…の感情に)燃え上がる, 激情的になる: Ich bin in 〈von〉 Liebe zu ihr *entbrannt.* 私は彼女への愛に燃えている | Er *entbrannte* in 〈von〉 Haß. / Ein Haß *entbrannte* in ihm. 彼は憎悪に燃え上がった. **3** (争い・戦いなどが)火を噴く, 突発する: Eine heftige Diskussion *entbrannte* um die Frage. その問題を巡って激論が始まった. **II** 他 (h) 燃え上がらせる.

ent·bü·ro·kra·ti·sie̱·ren[ɛntbyrokratizíːrən] 他 (h) 《*et.*^{4}》(…を)非官僚化する, (…の)官僚性を除去する.

Ẹnt·chen Ente の縮小形.

ent·chlo̱·ren[ɛntklóːrən] 他 (h) 《*et.*^{4}》〘化〙(…から)塩素を除去する. [<Chlor]

Ent·chrịst·li·chung[ɛntkrɪ́stlɪçʊŋ] 女 -/ キリスト教的特質を取り除くこと, 非キリスト教化.

ent·dẹcken[ɛntdɛ́kən] 他 (h) **1** 発見する, 見つけ出す; 認める, (…に)気づく: Amerika 〈einen neuen Stern〉 ～ アメリカ大陸〈新星〉を発見する | in der Ferne ein Licht ～ 遠方にあかりを認める | eine neue Seite an *jm.* ～ …の新しい〈これまで気がつかなかった〉一面を知る | *sein* Herz für *et.*^{4} ～ (→Herz 2) ‖ Er ist *entdeckt* worden. 彼は〔すぐれた才能の持ち主として〕見いだされた | Das Verbrechen wurde erst nach Monaten *entdeckt.* 犯罪は数か月たってから発覚した ‖ 再帰 *sich*^{4} ～ (事実・考えなどが)明らかになる, 露見する. **2** 《雅》《*jm. et.*^{4}》(…に…を)打ちあける: *jm.* ein Geheimnis ～ …に秘密をもらす | *jm. sein* Herz ～ …に思いのたけを述べる ‖ 再帰 *sich*^{4} *jm.* ～ i) …に心中を打ちあける; ii) …に素性を明かす. ▽**3 a)** (aufdecken) 《*et.*^{4}》(…の)覆いを取る. **b)** (entblößen) 露出させる, むき出しにする.

Ent·dẹcker[ɛntdɛ́kər] 男 -s/- 発見者.

Ent·dẹcker≈freu·de 女 発見〔者〕のよろこび. **≈stolz** 男 発見〔者〕の誇り.

Ent·dẹckung[ɛntdɛ́kʊŋ] 女 -/-en 発見; 発覚: die ～ eines Erzlagers 〈Lehrsatzes〉 鉱脈〈定理〉の発見 ‖ auf ～*en* ausgehen 〈ausziehen〉《比》探検に出かける ‖ eine ～ machen 発見をする | der ～ entgehen 発見〈発覚〉を免れる | Der junge Sänger ist eine unerwartete ～. この若い歌手は思いがけない掘り出し物だ.

Ent·dẹckungs≈fa̱hrt 女, **≈rei·se** 女 探検旅行: auf ～ ausgehen 探検に出かける; 《比》探りを入れる.

ent·de·mo·kra·ti·sie̱·ren[ɛntdemokratizíːrən] 他 (h) 非民主化する.

ent·dra·ma·ti·sie̱·ren[ɛntdramatizíːrən] 他 (h) 《*et.*^{4}》(…から)劇的要素を取り除く.

ent·drö̱h·nen[ɛntdrøːnən] 他 (h) (機械などの)騒音を除く〈消す〉.

ent·dụn·keln[ɛntdʊ́ŋkəln] 《06》 他 (h) 《*et.*^{4}》(部屋などを)再び明るくする; (…の)暗幕をあける; 〘軍〙灯火管制を解く.

Ẹn·te[ɛ́ntə] 女 -/-n **1 a)** (小 **Ẹnt·chen**[ɛ́ntçən] 中 -s/-, **Ẹnt·lein** → 別出) 〘鳥〙カモ(鴨) (→Enterich): eine zahme ～ 〘鳥〙アヒル(家鴨) | **kalte ～** 〘料理〙コブラー(輪切りのレモンを添えた白ワインとシャンペンの混合酒. Ente は Ende からの転訛(てんか)で, パーティーの最後に出された酒の飲み残しを意味した) | **eine lahme ～** 《話》のろま, 役立たず; ぼろ船 ‖ **wie eine bleierne ～ schwimmen** 〔**können**〕 《戯》金槌(かなづち)である(鉛のカモのように泳ぎがへただ) | wie eine ～

E

watscheln《話》よたよた歩く ‖ eine ～ machen〖海〗急速潜航する. **b)**（アヒルの形をした）男子用の尿器. **2**《話》(新聞などの)虚報, 誤報: eine ～ verbreiten 誤報を流す. [*germ.*]

ent·eh·ren[ɛnt|é:rən] **I** 他 (h) **1**《*et.*[4]》(名声・品位などを)けがす;《*jn.*》辱める,(…の)名誉を奪う: Er hat den Namen seines Vaters *entehrt.* 彼は父親の名をけがした ‖ *sich*[4] *entehrt* fühlen 屈辱を感じる. **2**《*jn.*》凌辱(りょうじょく)する: ein Mädchen ～ 少女を辱める, 少女を犯す | ein *entehrtes* Mädchen 辱めを受けた少女. **II ent·eh·rend** 現分 形 不名誉な; 名誉〈公民権〉を奪う: eine ～*e* Behandlung 屈辱的な扱い | eine ～*e* Strafe 不名誉罰, 公民権剝奪(はくだつ)‖ Es ist ～, sich mit solchen Leuten abzugeben. こんな連中とかかわり合うのは名誉にかかわる.

Ent·eh·rer[ɛnt|é:rər] 男 -s/- (entehren する人. 特に:) 婦女凌辱(りょうじょく)者.

Ent·eh·rung[..rʊŋ] 女 -/-en entehren すること.

ent·eig·nen[ɛnt|áɪgnən]《01》他 (h)〖法〗《*jn.*》(法規に従って…の財産を)没収する;《*et.*[4]》(法規に従って…を)接収する: einen Gutsbesitzer ～ 地主の土地を没収〈収用〉する | eine Fabrik ～ 工場を接収する. [expropriieren のドイツ語化]

Ent·eig·nung[..nʊŋ] 女 -/-en 没収, 収用, 接収;〖法〗公用徴収〈収用〉; 土地収用.

ent·ei·len[ɛnt|áɪlən] 自 (s)《雅》急いで立ち去る: Er *enteilte* mir 〈dem Dorf〉. 彼は急いで私のもとを〈村から〉去って行った | Die Zeit *enteilte* 〈Die Stunden *enteilten*〉 wie im Fluge. 時は飛ぶように過ぎ去った.

ent·ei·sen[ɛnt|áɪzən][1]《02》他 (h)《*et.*[4]》(…の)氷を除去する: den Kühlschrank ～ 冷蔵庫の霜取り〈除霜(じょそう)〉をする. [＜Eis[2]]

ent·ei·se·nen[ɛnt|áɪzənən] 他 (h)（水道用水などの）鉄分を除く. [＜Eisen]

En·te·le·chie[ɛntelɛçí:] 女 -/-n[..çí:ən] **1**〖哲〗エンテレケイア（Aristoteles の考えた, 質料において具現される形相）, 円現. **2**〖生〗エンテレヒー（生体発生の自律的因子）. [*gr.*－*spätlat.*; ＜en..[1]＋*gr.* télos „Ende"＋échein „haben"]

en·te·le·chisch[..lɛ́çɪʃ] 形 Entelechie に関する〈基づく〉.

En·ten≠bra·ten[ɛ́ntən..] 男 カモの焼き肉. ≠**ei** 中 カモの卵. ≠**fe·der** 女 カモの羽毛. ≠**flott** 中 -[e]s/《北部》＝Entengrütze ≠**grieß** 男 -es/ , ≠**grün** 中 -s/ , ≠**grüt·ze** 女 -/〖植〗アオウキクサ(青浮草)属. ≠**jagd** 女 カモ猟. ≠**klein** 中 (オーストリア): ≠**jun·ge** 中〖料理〗カモの臓物. ≠**kü·ken** 中 カモのひな. ≠**mu·schel** 女〖貝〗フジツボ(藤壺), エボシガイ(烏帽子貝). ≠**pfuhl** 男 ＝Ententeich ≠**schna·bel** 男 **1** カモのくちばし. **2**〖医〗鵞口(がこう)状鏡〈鉗子(かんし)〉. **3** (16世紀ごろのカモのくちばし状の)とんがり靴.

En·tente[ãtã́:t(ə)] 女 -/-n[..tən]（国家間の）協約, 協商: die Große ～〖史〗(第一次世界大戦で英仏を中心とした)大国協商 | die Kleine ～〖史〗(第一次世界大戦後チェコ・ユーゴ・ルーマニアの)小国協商 | ～ cordiale[ãtã:tkɔrdiá:l]〖史〗(1904年からの)英仏和親協商(「心からの了解」の意). [*fr.*; ＜*lat.* intendere (→intendieren)]

En·ten≠teich[ɛ́ntən..] 男 カモ猟の〔おとり〕池. ≠**wal** 男〖動〗トックリクジラ(徳利鯨)(マッコウクジラ類).

enter.. →entero..

En·ter[ɛ́ntər] 中 (男) -s/-〔s〕《北部》1歳の子馬〈子牛〉. [*mndd.*; ◇ein[1], Winter]

en·te·ral[ɛnterá:l] 形〖医〗腸の. [＜entero..＋..al[1]]

En·ter·al·gie[..ralgí:] 女 -/-n[..gí:ən]〖医〗腸痛.

En·ter·beil[ɛ́ntər..] 中〖海〗(敵船へ乗り込んだときに用いる)索具を断つ斧(おの). [＜entern]

ent·er·ben[ɛnt|ɛ́rbən][1] **I** 他 (h)《*jn.*》(…の)相続権を奪う: *sein* Kind ～ わが子を勘当する. **II ent·erbt** 過分 形 勘当された; 社会的権利を奪われた; 下積みの: die *Enterbten* der Gesellschaft 下層〈無産〉階級.

En·ter·brücke[ɛ́ntər..] 女〖海〗敵船へ乗り移るためのタラップ. [＜entern]

Ent·er·bung[ɛnt|ɛ́rbʊŋ] 女 -/-en《ふつう単数で》相続権剝奪(はくだつ), 勘当.

En·ter·ha·ken[ɛ́ntər..] 男〖海〗(敵船にひっかけて引き寄せる)鉤(かぎ)つき棒, 鳶口(とびぐち).

En·te·rich[ɛ́ntərɪç] 男 -s/-e〖鳥〗カモの雄(→Ente 1 a). [*ahd.*; ＜..erich]

en·te·risch[ɛnté:rɪʃ] ＝enteral

En·te·ri·tis[ɛnterí:tɪs] 女 -/..tiden[..rití:dən] (Darmentzündung)〖医〗腸炎. [＜entero..＋..itis]

en·tern[ɛ́ntərn]《05》**I** 他 (h)〖海〗**1**（敵船を）引き寄せて乗り込む, 乗り込んで征服する. **2**（マスト・帆桁(ほげた)などに）よじ登る. **II** 自 (s) よじ登る: auf den Zaun ～ 柵に登る. [*lat.* intrāre (→entrieren)－*roman.*－*ndl.*－*ndd.*]

entero..《名詞・形容詞などにつけて「内臓・腸」を意味する. 母音の前では enter.. となることもある: →*Enter*itis》[*gr.* énteron „Inneres"; ◇en..[1]]

en·te·ro·gen[ɛnterogé:n] 形〖医〗腸性の.

En·te·ro·ka·tarrh[..katár] 男〖医〗腸カタル.

En·te·ro·kly·se[..klý:zə] 女 -/-n〖医〗(小腸に達する)高位浣腸(かんちょう)法. [＜*gr.* klýzein (→Klysma)]

En·te·ro·kok·kus[..kɔ́kʊs] 男 -/..kokken[..kɔ́kən]《ふつう複数で》〖医〗腸球菌.

En·te·ro·lith[..lí:t, ..lít] 男 -s/-e(-en/-en) (Kotstein)〖医〗腸〔結〕石, 糞石(ふんせき).

En·te·ro·skop[ɛnterosko:p, ..rɔs..] 中 -s/-e〖医〗腸鏡.

En·te·ro·sto·mie[..stomí:, ..rɔs..] 女 -/-n[..mí:ən] 人工肛門(こうもん)術. [＜Stoma]

En·ter·tai·ner[ɛntərté:nər, ɛ́ntəteɪnə] 男 -s/- エンターテイナー, 芸人. [*engl.*; ＜entre..＋*lat.* tenēre (→Tenor[1])]

En·te·rung[ɛ́ntərʊŋ] 女 -/ entern すること.

ent·fa·chen[ɛntfáxən] 他 (h)《雅》(火を)あおる, 燃えあがらせる;（激情・争いなどを）かき立てる, 誘発する: den Brand ～ 火の手をあおる | den Zorn ～ 怒りをかき立てる.

ent·fah·ren*[ɛntfá:rən]《37》自 (s) **1**《*jm.*》(言葉・叫びなどが…の口から)〔思わず〕もれる: Ein Seufzer *entfuhr* ihm 〈seinem Munde〉. 彼の口からため息がもれた. **2** ＝entfallen 1 **3**《雅》《*et.*[3]》(音・光などが…から)〔突然〕出て〈もれて〉くる: Blitz und Donner *entfuhren* den Wolken. 雲間から稲光が走り雷鳴がとどろいた.

Ent·fall[ɛntfál] 男 -[e]s/..fälle[..fɛ́lə] **1**《単数で》entfallen 3 すること. **2** (Schrott) くず鉄, スクラップ.

ent·fal·len*[ɛntfálən]《38》自 (s) **1**《雅》《*jm.*》(…の手から)落ちる: Die Tasse *entfiel* mir 〈meiner Hand[3]〉. 私はカップを取り落とした. **2**《*jm.*》(突然…の記憶から)消失する, 忘れられる: Sein Name ist mir 〈meinem Gedächtnis〉 *entfallen.* 私は彼の名をど忘れした. **3**《官》無くなる, 行われない,〔もはや〕考慮されない: Dieser Grund *entfällt.* この理由はもはや認められない | Die Diskussion soll ～. 討論は省略されるべきだ〈そうだ〉. **4**《auf *jn.*》(…に)割り当てられる: Vom Gewinn *entfällt* ein Drittel auf ihn. 利益の3分の1は彼の取り分になる.

ent·fal·ten[ɛntfáltən]《01》他 (h) **1**（畳んだ・巻いた物を）広げる: eine Landkarte 〈eine Serviette〉 ～ 地図〈ナプキン〉を広げる ‖ Die Knospen sind noch nicht voll *entfaltet.* つぼみはまだ開ききっていない ‖ 再帰 Die Blüten *entfalten* sich[4] in voller Pracht 〈zu voller Schönheit〉. 花は美しく咲き誇っている. **2**《比》(才能などを)伸ばす, 発揮する;（計画などを）具体的に示す: *seine* Fähigkeiten voll ～ 自己の能力を十分に発揮する | *seine* Beredsamkeit ～ 弁舌をふるう | Propaganda ～ 宣伝活動を展開する ‖ 再帰 Alle Begabungen sollen sich frei ～. 才能はすべて十分に伸ばしてやるべきだ.

Ent·fal·tung[ɛntfáltʊŋ] 女 -/ (entfalten すること. 特に:) 展開, 発展: eine allseitige ～ der Persönlichkeit 人格の全面的展開 ‖ die Fähigkeiten **zur ～ bringen** 〈kommen lassen〉 能力を伸ばす〈発揮させる〉| **zur ～ kommen 〈gelangen〉** 展開〈発展〉する | Ihre Schönheit war zu voller 〈voll zur〉 ～ gekommen. 彼女の美しさはその頂

点に達していた.

Ent·fạl·tungs·theo·rie 女《言》固有発生説.

ent·fär·ben[ɛntfɛ́rbən][1] 他 (h)《*et.*[4]》(…の)色を抜く, 脱色〈漂白〉する: 再帰 *sich*[4] ～ (木の葉・布地などが)色あせる; (人が)蒼白(そうはく)になる | mit *entfärbter* Stimme 張りのない声で.

Ent·fär·bung[..bʊŋ] 女 -/-en《ふつう単数で》脱色,「漂白.」

Ent·fär·bungs·mit·tel 中 脱色〈漂白〉剤.

ent·fạ·sern[ɛntfá:zərn]《05》他 (h) **1**《*et.*[4]》(…の)繊維を除く; (豆の)筋を取る. **2** (織物を)ほどく. [<Faser]

ent·fẹ·dern[ɛntfé:dərn]《05》=entfiedern

ent·fẹr·nen[ɛntfɛ́rnən] **I** 他 (h) **1** 取りのける, 除去する: Rost 〈Ungeziefer〉 ～ さび〈害虫〉を取る | *jm.* die Mandeln ～ …の扁桃腺(へんとうせん)を切除する | einen Flecken aus dem Kleid ～ 服のしみを抜く.

2 遠ざける: *jn.* aus dem Amt 〈der Schule〉 ～ …を退職〈退学〉させる | Die Diskussion hat uns von unserem Thema weit *entfernt.* 議論しているうちに私たちはテーマから遠くそれてしまった ‖ 再帰 *sich*[4] ～ 遠ざかる, 離れる; 立ち去る; それる | *sich*[4] aus dem Gesichtskreis ～ 視界から消える | *sich*[4] heimlich aus der Stadt ～ そっと町を抜け出す | *sich*[4] von der Wahrheit ～ 真相を離れる | *sich*[4] mit *seinen* Anschauungen von *jm.* ～ …と考え方を異にするようになる | *sich*[4] voneinander ～ 仲たがいする.

II ent·fẹrnt 過分 形 **1 a)** 〔遠く〕隔たった: bis in die ～*esten* Teile der Stadt 町のすみずみまで | Er ist ein ～*er* Verwandter von mir./Er ist ～ mit mir verwandt. 彼は私の遠い親類である ‖ **weit 〈meilenweit〉 davon ～ sein**《zu 不定詞〔句〕と》…のつもりはまったくない, …のようなことは少しも考えていない | Ich bin weit 〔davon〕 ～, ihm schaden zu wollen. 彼に損害を与えようなどとは私はまるで考えていない | Sie war meilenweit davon ～, so etwas zu glauben. 彼女はそのようなことは少しも信じていなかった. **b)** (…の)距離のある: von der Mitte gleich 〔weit〕 ～*e* Punkte 中心から等距離の点 ‖〖4格と〗Das Haus liegt 200 Meter 〈zwei Stunden〉 〔von hier〕 ～. その家は〔ここから〕200メートル〈2時間〉離れている.

2 かすかな, 遠回しの: eine ～*e* Ähnlichkeit mit *jm.* haben …とほんの少し似ている | ohne mein ～*estes* Wissen 私がちっとも知らないうちに, 私には全く無断で ‖ *jm. et.*[4] 〔ganz〕 ～ andeuten …に…をそれとなくほのめかす ‖ **nicht ～ / nicht im ～*esten*** 少しも〈まったく〉…でない | nicht die ～*este* Ahnung von *et.*[3] haben …のことなど夢にも思わない | nicht ～ so gut sein それとは比べ物にならないほどよくない | Ich habe nicht ～ 〈nicht im ～*esten*〉 daran gedacht. 私は全然そんなことは考えなかった. [*mhd.*; ◇fern]

Ent·fẹrnt·heit[ɛntfɛ́rnthaɪt] 女 -/ 遠く離れていること: die ～ der Baustelle 建築現場の遠いこと | ～ vom Thema テーマからそれていること.

Ent·fẹr·nung[ɛntfɛ́rnʊŋ] 女 -/-en **1** 距離, 隔たり: die ～ zweier Punkte 〈zwischen A und B〉 2点間の〈A と B の間の〉距離 | Aus 〈In〉 dieser ～ sehe ich schlecht. こう遠くからでは私にはよく見えない | Das ist ja keine ～. そんなの離れているとはいえない〔ほどの距離だ〕. **2 a)**《単数で》取りのけること, 除去: die operative ～ von einer Geschwulst 手術による腫瘍(しゅよう)摘出. **b)** 遠ざけること: die ～ aus dem Dienst 解職. **c)** 離れること, 離脱すること: die unerlaubte ～ vom Arbeitsplatz 職場放棄〈離脱〉.

Ent·fẹr·nungs≈ein·stell·ring 男《写》距離調節リング. **≈mes·ser** 男 **1 a)**《写》距離計. **b)** 測距儀. **2** 距離測定員. **≈ska·la** 女《写》距離〔計の〕目盛り.

ent·fẹs·seln[ɛntfɛ́səln]《06》**I** 他 (h) **1**《雅》《*jn.*》(束縛状態から)解き放つ. **2** (激情を)かき立てる; (争いを)巻き起こす: einen Aufruhr 〈einen Krieg〉 ～ 暴動〈戦争〉を勃発(ぼっぱつ)させる | Stürme der Begeisterung 〈Lachstürme〉 ～ 感激のあらし〈爆笑のうず〉を巻き起こす. **II ent·fẹs·selt** 過分 形 解き放たれた; 荒れ狂う: der ～*e* Prometheus 鎖を解かれたプロメテウス | die ～*en* Elemente 暴威を振るう自然力(風波や火) | ～*e* Triebe むき出しの本能, おもむくままの欲求.

Ent·fẹs·se·lung[..səlʊŋ] (**Ent·fẹß·lung**[..slʊŋ]) 女 -/-en《ふつう単数で》(束縛からの)解放; (抑えていたものの)爆発, 発散: eine ～ der Energie エネルギーの放出 | die ～ von Lachsalven 一斉にどっと笑い出すこと.

ent·fẹ·sti·gen[ɛntfɛ́stɪgən][2] 他 (h) **1**《軍》(ある場所の)とりでを撤去する, (ある場所から)撤退する. **2** (金属を)柔らかくする.

ent·fẹt·ten[ɛntfɛ́tən]《01》他 (h) **1**《*et.*[4]》(…の〔余分の〕)脂肪分を取り除く, 脱脂する: *entfettete* Milch 脱脂乳. **2**《*jn.*》《医》(…に)脱脂療法を施す. [<Fett]

Ent·fẹt·tung[..tʊŋ] 女 -/-en **1** 脱脂. **2**《医》脱脂治療.

Ent·fẹt·tungs≈diät 女《医》脱脂療法食. **≈kur** 女《医》脱脂療法. **≈mit·tel** 中《医》脱脂剤.

ent·feuch·ten[ɛntfɔ́ʏçtən]《01》他 (h)《*et.*[4]》(…の)湿気〈水分〉を取り除く, 脱水〈除湿〉する.

Ent·feuch·ter[..tər] 男 -s/- 除湿機.

ent·fie·dern[ɛntfí:dərn]《05》他 (h)《*et.*[4]》(…の)羽毛を取り除く〈むしる〉.

ent·flạm·men[ɛntflámən] **I** 他 (h)《雅》(entzünden) **1**《*et.*[4]》燃え上がらせる: ein Streichholz ～ マッチに火をつける. **2**《*jn./et.*[4]》(感情を)燃え上がらせる, 感激させる: Leidenschaften ～ 激情をかき立てる | *js.* Zorn ～ …を激怒させる | Begeisterung *entflammte* alle Herzen. 皆の心は感激に奮い立った ‖ Er ist von Liebe *entflammt.* 彼は恋に燃えている ‖ 再帰 *sich*[4] ～ (感情が)燃え上がる; (顔が)興奮で赤らむ. **II** 自 (s) (entbrennen) **1** (火が)燃え上がる, 引火〈発火〉する: Ein Streik *entflammte.* とつぜんストライキの火の手があがった. **2**《雅》(感情が)燃え上がる, (恋などで)夢中になる: Eine tiefe Röte *entflammte* auf seinen Wangen. 彼の両ほほが真っ赤になった | für *jn.* 〈in Liebe zu *jm.*〉 *entflammt* sein …に夢中になっている, …にほれこんでいる.

Ent·flạm·mungs·punkt 男《化》引火点.

ent·flẹch·ten*[ɛntflɛ́çtən]《43》他 (h) **1** (編み合わせた物を)解く, (絡み合った物を)ほどく: *jm.* die Haare ～ …の編みあげた髪の毛をほどく | komplizierte Besitzverhältnisse ～ こんがらかった所有関係をすっきりさせる. **2**《比》(財閥・大企業などを)解体する: einen Konzern 〈ein Kartell〉 ～ コンツェルン〈カルテル〉を解体する.

Ent·flẹch·tung[..tʊŋ] 女 -/-en (編み合わせた物・絡み合った物を)解く〈ほどく〉こと;《経》(集中企業の)解体.

ent·flẹcken[ɛntflɛ́kən] 他 (h)《*et.*[4]》(…の)しみを取る.

Ent·flẹckungs·mit·tel[..kʊŋs..] 中 しみ抜き〔剤〕.

ent·flei·schen[ɛntfláɪʃən]《04》他 (h) **1**《*et.*[4]》(…の)肉を取り去る. **2** やせさせる. [<Fleisch]

ent·fleuch·ten[ɛntflɔ́ʏçtən]《01》《戯》=entfliehen

ent·flie·gen*[ɛntflí:gən][1]《45》自 (s) 飛び去る: Mir ist ein Kanarienvogel *entflogen.* 私のカナリアが1羽逃げてしまった | Die Zeit *entfliegt.* 時は矢のように過ぎていく.

ent·flie·hen*[ɛntflí:ən]《46》自 (s) **1**《*jm./et.*[3]》(…から)逃げ去る, 逃走する: aus dem Gefängnis ～ 脱獄する ‖ dem Wächter ～ 看守の目をかすめて脱走する | dem Gewitter ～ あらしをのがれる. **2**《雅》《*et.*[3]》(…から)身を避ける: der Welt ～ 俗世をのがれる | *seinem* Schicksal zu ～ suchen 運命からなんとかしてのがれようとする. **3**《雅》(時間などが)早く過ぎ去る, あっというまに姿を消す: Die Zeit *entflieht.* 時は飛ぶように過ぎ去る.

ent·flie·ßen*[ɛntflí:sən]《47》自 (s)《雅》《*et.*[3]》(…から)流れ去る〈出る〉;《比》(音などが…から)発する, 起こる.

ent·flọch·ten[ɛntflɔ́xtən] entflechten の過去分詞; 過去1・3人称複数.

ent·flo·gen[ɛntfló:gən] entfliegen の過去分詞; 過去1・3人称複数.

ent·flo·hen[ɛntfló:ən] entfliehen の過去分詞; 過去「1・3人称複数.」

ent·frẹm·den[ɛntfrɛ́mdən][1]《01》他 (h) **1 a)**《*jn. jm.*》(…を…から)離反させる, …を…と疎遠にする: Die lange Trennung hat ihn 〈Durch die lange Trennung ist er〉 seiner Familie[3] *entfremdet.* 長く別れていたため彼は家族との間が疎遠になった ‖ 再帰 *sich*[4] *jm.* 〈gegenseitig〉 ～ …

と〈互いに〉疎遠になる | Ich habe mich ihm *entfremdet.* 私は彼との仲が疎遠になった. **b)** 《*jn. et.*^{3}》(…を…から)疎外する. **c)** *et.*^{4} *seinem* Zweck 〈*seiner* Bestimmung〉 ～ …を本来の目的〈用途〉以外のことに使う, …を転用する. **2** 《*jm. et.*^{4}》(…から…を)盗む: *jm.* eine Idee ～ …の着想を盗む.

Ent·frẹm·dung[..dʊŋ] 女 -/-en **1** 離間, 疎遠, (関係の)冷却: die ～ der Ehegatten 〈zwischen Freunden〉 夫婦〈友人〉間の仲たがい | die ～ von der Heimat 故郷と疎遠になること. **2** 転用. **3** 〖哲〗疎外.

ent·frọ·sten[ɛntfrɔ́stən] 《01》 他 (h) 《*et.*^{4}》 **1** (…から)霜を取り除く: die Windschutzscheibe durch Warmluft ～ 暖気でフロントガラスの霜取りをする. **2** (auftauen) (冷凍食品を)解凍する.

Ent·frọ·ster[..stər] 男 -s/- (Defroster) 霜取り装置.

ent·fụ̈h·ren[ɛntfý:rən] 他 (h) **1** 《*jn./et.*^{4}》誘拐する, さらう: ein Kind ～ 子供を誘拐する | ein Flugzeug ins Ausland ～ 飛行機を外国へハイジャックする. **2** 《戯》《*jm. et.*^{4}》(…の…を)ちょいと借用〈拝借〉する: Hast du mir meine Feder *entführt*? 君が私のペンを使ってたのか.

Ent·fụ̈h·rer[..rər] 男 -s/- 誘拐犯人, 人さらい; 乗っ取り犯人.

Ent·fụ̈h·rung[..rʊŋ] 女 -/-en (entführen すること. 例えば:) 誘拐: Flugzeug*entführung* ハイジャック.

ent·fụ·seln[ɛntfú:zəln] 《06》 他 (h) 《*et.*^{4}》(…から)フーゼル油を除去する. [<Fusel]

ent·gạn·gen[ɛntgáŋən] entgehen の過去分詞.

ent·gạ·sen[ɛntgá:zən]^1 《02》 他 (h) 《*et.*^{4}》(…の)ガスを抜く; (…から)ガスを採取する. [<Gas]

ent·gẹ·gen[ɛntgé:gən] **I** 前《3格支配; 後置されることもある》**1** …に反して〈背いて〉, …とは逆に: Er handelte ～ meinem Befehl 〈meinem Befehl ～〉. 彼は私の命令に反する行動をした. **2** 《話》(gegenüber) …に向かい合って.

II 副 **1** 《*jm./et.*^{3}》(…の)方角に向かって: Dem Feinde 〈Der Sonne〉 ～! 敵〈太陽〉の方角に向かえ. **2** 《*jm./et.*^{3}》(…に)反して, 逆らって: Das Verhalten ist seinen sonstigen Gewohnheiten völlig ～. その行為は彼のいつもの習慣に全く反している.

★ 動詞と用いる場合は分離の前つづりともみなされる.

[*ahd.*; ◇in^1, gegen; *engl.* again]

ent·gẹ·gen≠|ar·bei·ten[ɛntgé:gən..] 《01》 自 (h) 《*jm./et.*^{3}》(…に対して)反対行動をとる, (…を)妨害する. ≠**|blicken** ＝entgegensehen ≠**|brin·gen*** 《26》 他 (h) 《*jm. et.*^{4}》(向かって来る人に…を)持って行く; (…に気持などを)示す, 注ぐ: dem Vater einen Mantel ～ コートを持って父親を迎えに行く | *jm.* Vertrauen 〈Freundschaft〉 ～ …を信頼する〈…に好意をもつ〉. ≠**|ei·len** 自 (s) 《*jm.*》(…を)急いで迎えに行く: den Gästen ～ 客を迎えに急ぐ | dem Untergang ～ 《比》破滅の道を急ぐ. ≠**|fa̱h·ren*** 《37》 自 (s) 《*jm.*》(…を乗り物で)迎えに行く: *jm.* mit dem Auto ～ …を自動車で迎えに行く | der Sonne 〈dem Wind〉 ～ 太陽〈風〉に向かって進む. ≠**|ge̱·hen*** 《53》 自 (s) 《*jm.*》(…を)迎えに行く, 出迎える: *jm.* den halben Weg ～ …を途中まで出迎える | schweren Zeiten ～ 《比》困難な時期を迎える.

ent·gẹ·gen·ge·setzt **I** entgegensetzen の過去分詞. **II** 形 逆の, 正反対の: in ～*er* 〈in ～*e*〉 Richtung gehen 正反対の方向へ進む ‖ Meine Meinung war der seinen ～. 私は彼と意見が対立した ‖ Die Lage entwickelte sich gerade ～, als er angenommen hatte. 情勢は彼の見込みとは逆の方向へ進展した.

ent·gẹ·gen·ge·setz·ten·fạlls 副 《官》逆〈反対〉の「場合には.」

ent·gẹ·gen≠|hal·ten* 《65》 他 (h) **1** 《*jm.* 〈*et.*^{3}〉 *et.*^{4}》(…の方に向けて…を)差し出す: *sein* Gesicht der Sonne ～ 太陽に顔を向ける. **2** 《*jm./et.*^{3}》(…に対して)抗議する, 異議を申し立てる: Er *hielt* der Anschuldigung *entgegen,* daß er betrunken gewesen sei. 彼はその告発に対して自分は酔っぱらっていたのだと弁解した. ≠**|han·deln** 《06》 自 (h) 《*et.*^{3}》(…に対して)反対の行動をとる; (法律・規則などに)違反する. ≠**|jauch·zen** 《02》 (≠**|ju̱·beln** 《06》) 自 (h) 《*jm.*》(…に)歓声を浴びせる; (…を)歓声をあげて迎える.

ent·gẹ·gen|kom·men* 《80》 **I** 自 (s) **1** 《*jm.*》(…を)出迎える: *jm.* auf halbem Weg〔e〕 ～ (→Weg 1) | An der Tür *kam* mir ein seltsamer Geruch *entgegen.* 私は戸口で妙なにおいに出くわした. **2** 《*jm.*》(…に)歩み寄る, 譲歩〈妥協〉する: *js.* Wünschen ～ …の希望に応じる | einander ～ 折り合う | Wir sind gern bereit, Ihnen *entgegenzukommen.* 《商用文で》(値段の)ご相談には喜んで応じます.

II Ent·gẹ·gen·kom·men 中 -s/ **1** 出迎え. **2** 歩み寄り, 譲歩, 妥協; 好意, 親切: dank des ～*s* des Herrn Schmidt シュミット氏のご好意により | Wir danken für Ihr freundliches ～. 《官》ご好意感謝いたします.

III ent·gẹ·gen·kom·mend 現分 形 **1** 好意〈妥協〉的な, 親切な: in ～*er* Weise 親切に ‖ *sich*^{4} sehr 〈recht〉 ～ zeigen とても親切にする | Es war sehr ～ von dir, mir das zu leihen. それを私に貸してくれてどうもありがとう. **2** (前方より)接近する, すれちがう(車両など).

ent·gẹ·gen·kom·men·der·we̱i·se 副 親切に.

ent·gẹ·gen|lau·fen* 《89》 自 (s) **1** 《*jm.*》走って出迎える. **2** 《比》(意見などが)相反する: Das *läuft* meinen Absichten 〈Wünschen〉 *entgegen.* それは私の意図〈希望〉に反している.

Ent·gẹ·gen·na̱h·me 女 -/ 受領, 受け入れ.

ent·gẹ·gen≠|ne̱h·men* 《104》 他 (h) 受け取る, 受領する: Beschwerden 〈Ratschläge〉 ～ 苦情〈忠告〉を受けつける | Glückwünsche 〈ein Geschenk〉 ～ 祝詞〈贈り物〉を受ける | ein Gespräch ～ (かかってきた)電話を受ける | eine Bestellung ～ 〖商〗注文に応じる. ≠**|schicken** 他 (h) 《*jm. jn.* 〈*et.*^{4}〉》(…に…を)迎えに出す: *jm.* eine Truppe ～ …を迎えに一部隊を派遣する. ≠**|se̱·hen*** 《164》 自 (h) **1** 《*jm./et.*^{3}》(…の方を)見る. **2** 《*et.*^{3}》(…を)予期する, 待ち受ける: einer Gefahr gelassen 〈mit Spannung〉 ～ 泰然として〈緊張して〉危険を待ち受ける | Ich *sehe* Ihrer Antwort gern *entgegen.* お返事をお待ちします(手紙の末尾で) | Mutterfreuden 〈Vaterfreuden〉 ～ (→Mutterfreuden, →Vaterfreuden).

ent·gẹ·gen|set·zen 《02》 **I** 他 (h) 《*et.*^{3} *et.*^{4}》(…に…を)対置する: der Flut^3 einen Damm ～ 防潮堤を築く | *jm.* 〈dem Angriff〉 Widerstand ～ …に〈攻撃に〉対抗する | dem Vorschlag Widerstand ～ 提案に反対する ‖ 再帰 *sich*^{4} *jm.* 〈*et.*^{3}〉 ～ …に対抗〈反対〉する ‖ *entgegensetzend* 〖言〗対立的な. **II ent·gẹ·gen·ge·setzt** → 別出

Ent·gẹ·gen·set·zung 女 -/-en 対置.

ent·gẹ·gen≠|ste̱·hen* 《182》 自 (h) **1** 《*et.*^{3}》(…と)対立〈矛盾〉している. **2** 《*et.*^{3}》(…の)妨げになっている, (…を)阻害している: Dem Plan *steht* nichts *entgegen.* この計画を妨げるものは何もない. ≠**|stel·len** 他 (h) **1** 《*jm. et.*^{4}》(…に…を)対置する; 対抗させる: dem Feinde Truppen ～ 敵を防ぐために部隊を出す | Er *stellte* mir eine andere Ansicht *entgegen.* 彼は私に対抗して別の見解を持ち出した. **2 a)** 再帰 *sich*^{4} *jm.* ～ …の前に立ちはだかる. **b)** 再帰 *sich*^{4} *jm.* 〈*et.*^{3}〉 ～ …を妨げる, …を妨害する | Geldmangel *stellte* sich ihm *entgegen.* 資金不足が彼の〔仕事の〕障害となった. ≠**|stem·men** 他 (h) 再帰 *sich*^{4} *et.*^{3} ～ …に抵抗する〈逆らう〉. ≠**|stre̱·ben** 自 (h) 《*et.*^{3}》(…に向かって)努力する; (…を)志向する. ≠**|strecken** 他 (h) 《*jm. et.*^{4}》(…に手などを)差しのべる: *jm.* die Arme ～ …に向かって両腕を差しのべる ‖ 再帰 *sich*^{4} *jm.* 〈*et.*^{3}〉 ～ …に向かってのびる, …のほうに差しのべられる. ≠**|tra̱·gen*** 《191》 他 (h) 《*jm. et.*^{4}》 **1** (…のもとへ…を)運ぶ. **2** 《比》(…に感情などを)寄せる: *jm.* Liebe 〈Verehrung〉 ～ …に愛情を寄せる〈…を尊敬する〉. ≠**|tre̱·ten*** 《194》 自 (s) 《*jm.*》(…に)立ち向かう, 対抗〈対立〉する: dem Feind 〈einem Vorurteil〉 ～ 敵〈偏見〉と戦う | einer Ansicht 〈einem Plan〉 ～ ある意見〈計画〉に反対する. ≠**|wir·ken** ＝entgegenarbeiten ≠**|zie·hen*** 《219》 自 (s) 《*jm./et.*^{3}》(…に)向かって進む.

ent·gẹg·nen[ɛntgé:gnən] 《01》 **I** 他 (h) 《〔*jm.*/auf *et.*^{4}〕 *et.*^{4}》(…に対して…と否定的・回避的に)答える, 返答する: Darauf wußte er nichts zu ～. それに対して彼は何ひとつ返答できなかった |〖返事の内容を表す語句と〗„Nein", *ent-*

gegnete er heftig.「違うよ」と彼は激しい口調で答えた.

ᵛ**II** 自 (s)《*jm./et.*³》**1** (…に)出あう. **2** (…に)対処する,(…と)対決する: dem Sturm ~ あらしと戦う.

[*ahd.*; ◇gegen]

Ent·geg·nung[..nʊŋ] 女 -/-en 返答; 反論: eine ~ machen 〈schreiben〉(否定的・抗議的な)回答をする〈書く〉| *js.* ~ herausfordern …に返答〈反論〉を迫る.

ent·ge·hen*[ɛntgé:ən]《53》自 (s)《*jm./et.*³》(…を)のがれる,(…を)免れる: den Verfolgern ~ 追っ手をのがれる | dem Tode 〈der Strafe〉 ~ 死〈罰〉を免れる ‖ *js.* Augen 〈Ohren〉 ~ …の目〈耳〉にとまらない | Keines seiner Worte *entging* mir. 私は彼の言葉を一語も聞きもらさなかった ‖ Diesen Film 〈Diese Gelegenheit〉 darfst du dir nicht ~ lassen. 君はこの映画〈この好機〉を見のがしてはならない.

ent·gei·stern[ɛntgáɪstərn]《05》ᵛ**I** 他 (h)《*jn.*》(思いがけぬことで)驚かす, 放心状態にする. **II ent·gei·stert** 過分 形 驚いた, 放心した: ~*e* Blicke 呆然(ぼう)とした目つき | *jn.* ~ anstarren あっけにとられて…を見つめる. [<Geist]

Ent·gelt[ɛntgɛ́lt] 中 (男) -[e]s/-e《ふつう単数で》代償, 報酬, 対価: als ~ für *et.*⁴ …の代償として ‖ gegen ein geringes ~ 〈ohne ~〉 arbeiten わずかな報償で〈無償で〉働く | Sendung zu ermäßigtem ~ 割引郵便物(書籍など).

ent·gel·ten*[ɛntgɛ́ltən]《54》他 (h)《雅》**1** (büßen)《*et.*⁴》(…の)償いをする: *seine* Unbedachtsamkeit schwer ~ müssen 不注意〈軽率〉の報いでひどい目にあう | Das sollst du mir ~! (ただではおかぬ)覚えていろ ‖ *jn. et.*⁴ ~ lassen …に…の償いをさせる〈仕返しをする〉.

2《*jm. et.*⁴》(…の…に)報いる,(…に…の)報酬を支払う; (…に…を)補償する: *jm. seine* Arbeit reichlich ~ …の労働に対し たっぷり報酬を支払う.

ent·gelt·lich[..lɪç] 形 有償の, 有料の.

ent·gif·ten[ɛntgɪ́ftən]《01》他 (h)《*et.*⁴》(…から)毒素を除去する,(…を)解毒〈消毒〉する;《比》清める, 浄化する: Kleider ~ 衣類を消毒する | 再帰 *sich*⁴ ~ 解毒〈消毒〉される;《比》清められる. [<Gift]

Ent·gif·tung[..tʊŋ] 女 -/-en《ふつう単数で》解毒, 消毒;《比》浄化.

Ent·gif·tungs·mit·tel 中 解毒剤.

ent·ging[ɛntgɪ́ŋ] entgehen の過去.

ent·gla·sen[ɛntglá:zən]¹《02》他 (h) **1** (ガラスを冷却工程で)失透させる. **2**《*et.*⁴》(…から)ガラスを外す〈取り除く〉.

ent·glei·sen[ɛntgláɪzən]¹《02》自 (s) **1**〘鉄道〙脱線する: einen Zug ~ lassen 〈zum *Entgleisen* bringen〉 列車を脱線させる. **2**《比》(議論・論者が)本題をそれる; (正道を)逸脱する; 不穏当な発言〈行為〉をする: Die Diskussion *entgleiste* ins Nebensächliche. 議論は瑣末(さ)な問題にそれた | moralisch ~ 倫理的規範を逸脱する | Mit dieser Äußerung 〈Mit diesem Benehmen〉 ist er völlig *entgleist.* 彼のこの発言〈振舞い〉は不穏当だ. [<Gleis]

Ent·glei·sung[..zʊŋ] 女 -/-en **1**〘鉄道〙脱線. **2**《比》脱線, 逸脱, 無軌道.

ent·glei·ten*[ɛntgláɪtən]《60》自 (s)《雅》**1**《*jm.*》(…〔の手〕から)滑り落ちる: Der Teller *entglitt* mir 〈meiner Hand³〉. 皿が私の手からつるりと落ちた. **2**《*jm./et.*³》《比》(…の)影響から脱する,(…の)コントロールがきかなくなる: Der Junge ist ihr *entglitten.* 少年は彼女の手におえなくなった.

ent·glim·men*[ɛntglɪ́mən]《61》自 (s)《雅》**1** 燃えだす, 燃えはじめる. **2**《*et.*³》(…の中から)燃え上がる: Liebe *entglomm* seinem Herzen. 彼の心に愛情が芽生えた.

ent·glit·ten[ɛntglɪ́tən] entgleiten の過去分詞; 過去 1・3 人称複数.

ent·göt·tert[ɛntgœ́tərt] 形《雅》神のいない, 信仰心を失った, 末世の. [<Gott]

ent·gra·ten[ɛntgrá:tən]《01》他 (h) (abgraten)《*et.*⁴》(…の)かどを取る〈削る〉. [<Grat]

ent·grä·ten[ɛntgrɛ́:tən]《01》他 (h)《*et.*⁴》(魚の)骨を抜く〈取る〉. [<Gräte]

ent·gren·zen[ɛntgrɛ́ntsən]《02》他 (h)《雅》《*et.*⁴》(…を境界・限界・枠などから)解放する: einen Begriff ~ 概念を拡張する ‖〘目的語なしで〙Schriftsprache *entgrenzt* räumlich. 書き言葉は空間的な枠(方言など)を越える.

Ent·gren·zung[..tsʊŋ] 女 -/-en《雅》entgrenzen すること.

ent·gür·ten[ɛntgʏ́rtən]《01》他 (h)《*jn./et.*⁴》(…の)帯を解く〈ゆるめる〉.

ent·haa·ren[ɛnthá:rən] 他 (h)《*et.*⁴》(…の)毛を抜く, 脱毛させる: *sich*³ die Achseln ~ 腋(わき)の下の毛を取り除く. [<Haar]

Ent·haa·rung[..rʊŋ] 女 -/-en (enthaaren すること. 例えば:) **1** 除毛, 脱毛. **2**〘医〙(病気などによる)脱毛.

Ent·haa·rungs≈creme[..kre:m] 女 脱毛クリーム. **≈mit·tel** 中 脱毛剤.

ent·haf·ten[ɛntháftən]《01》他 (h) (↔verhaften)(逮捕者を)釈放する. [<Haft¹]

ent·hal·ten*[ɛnthálton]《65》**I** 他 (h)《ふつう受動態なし》**1** (内容として)含む, 含有する; (中に)もって〈入れて〉いる: Das Faß *enthält* 200 Liter Wein. たるには200リットルのワインが入っている | Der Brief *enthält* eine freudige Nachricht. その手紙にはうれしい知らせが書いてある | Die Antwort *enthält* einen Vorwurf. その答えには非難がこめられている | Obst *enthält* Vitamine. 果物にはビタミン類が含まれている. **2**《雅》再帰 *sich*⁴ *et.*² ~ (自制して)…をやめる | *sich*⁴ des Alkohols ~ 禁酒する | *sich*⁴ der Stimme ~ (投票で)棄権する ‖ *sich*⁴ einer Bemerkung 〈eines Lächelns〉 nicht ~ können ひとこと言わずには〈ほほえまずには〉いられない | Sie konnte sich nicht ~, das Geheimnis allen mitzuteilen. 彼女はその秘密をみんなに打ち明けないではいられなかった | Er konnte sich nicht länger ~ 〔und fing an〕 zu weinen. 彼はたまらなくなって泣き出した.

II 過分 形 含まれている: in *et.*³ 〔mit〕 ~ sein …に〔ともに〕含まれている | In diesem Getränk ist Alkohol *enthalten.* この飲み物にはアルコール分が含まれている | Das Frühstück ist im Preis nicht ~. 朝食代は別料金である.

ent·halt·sam[ɛntháltza:m] 形 (mäßig) 控え目の, 節度のある; 節制した; (abstinent) 禁酒の: ein ~*es* Leben führen /~ leben 節制生活をする.

Ent·halt·sam·keit[–kaɪt] 女 -/ 節制, 禁欲: die ~ in 〈von〉 alkoholischen Getränken 禁酒 ‖ ein Leben der ~ führen 節制生活をする ‖ ~ üben 節制〈禁欲〉する.

Ent·hal·tung[..tʊŋ] 女 -/-en **1** (投票での)棄権: fünfzehn Stimmen gegen elf bei zwei ~*en* 15票対11票ただし白票〈棄権〉2 | bei der Abstimmung ~ üben《官》票決に棄権する. **2**《単数で》**a)** 断念, 放棄: die ~ des Erbgutes 〈der Freiheit〉 遺産相続権〈自由〉の放棄. **b)** 節制, 禁欲: die ~ von geistigen Getränken 禁酒 | die ~ von Nikotin 禁煙.

ent·här·ten[ɛnthɛ́rtən]《01》他 (h)《*et.*⁴》(…の)かたさ〈硬度〉を取り除く: Wasser ~ 水を軟化する〈軟水にする〉.

ent·haup·ten[ɛntháʊptən]《01》他 (h)《雅》《*jn.*》(…の)首をはねる,(…を)斬首(ざんしゅ)〔刑に〕する. [<Haupt]

Ent·haup·tung[..tʊŋ] 女 -/-en《雅》打ち首, 斬首.

ent·häu·ten[ɛnthɔ́ʏtən]《01》他 (h) (…の)皮〈皮膚〉をはぐ;〘医〙剝皮(はくひ)〈脱皮〉する.

Ent·häu·tung[..tʊŋ] 女 -/-en 皮はぎ;〘医〙剝皮, 脱皮.

ent·he·ben*[ɛnthé:bən]¹《68》他 (h)《雅》《*jn. et.*²》**1** (…を…から)解放〈放免〉する: *jn.* aller Sorgen ~ …をすべての心配事から解放してやる. **2** (…から…を)奪う, 取り上げる, (…の…を)剝奪(はく)する: *jn. seines* Amtes ~ …の職を解く, …を解任〈免職〉処分にする.

Ent·he·bung[..bʊŋ] 女 -/-en entheben すること.

ent·hei·li·gen[ɛntháɪlɪgən]² 他 (h)《*et.*⁴》(…の)神聖さをけがす〈傷つける〉: den Sonntag ~ 日曜日〈安息日〉の神聖をおかす.

Ent·hei·li·gung[..gʊŋ] 女 -/-en entheiligen すること.

Ent·hel·min·then[ɛnthɛlmɪ́ntən] 複〘医〙内臓寄生虫. [<ento..]

ent·hem·men[ɛnthɛ́mən] 他 (h) **1**〘心〙《*jn.*》(…を)抑制〈抑圧〉から解放する: Der Alkohol *enthemmte* mich. 酒が私の気分を楽にした〈私の自制心を失わせた〉| völlig *ent-*

E

hemmt sein 完全にリラックスしている〈自制心を失っている〉. **2** (機械などの) 止めを外す.

Ent・hẹm・mung[..mʊŋ] 女 -/ enthemmen すること.

ent・hi̱elt[ɛnthíːlt] enthalten の過去.

ent・ho̱・ben[ɛnthóːbən] entheben の過去分詞; 過去 1・3 人称複数.

ent・họl・zen[ɛnthɔ́ltsən] 《02》 他 (h) einen Wald ～ 森の下ばえを刈り取る. [<Holz]

ent・hụ̈l・len[ɛnthʏ́lən] 他 (h) **1** 《雅》《*et.*[4]》 (…の) おおいを取る: das Gesicht ～ 顔のベールを取る. **2** (記念碑などを) 除幕する: eine Büste ～ 胸像の除幕〔式〕を行う. **3** 《雅》 **a**) あらわにする, 暴露する: eine Lüge ～ うそを暴く | *jn.* als den Täter ～ …が犯人であることを暴露する ‖ 再帰 *sich*[4] ～ あらわになる, 露呈する; 《話》身につけていた衣類を脱ぐ, ストリップをする | *sich*[4] als Spion ～ スパイの正体を現す | Der Berg *enthüllte* sich unseren Blicken. 山が私たちの眼前に姿を現した. **b**) 《*jm. et.*[4]》 (…に…を) 打ち明ける: *jm.* ein Geheimnis 〈*seine* Liebe〉 ～ …に秘密を打ち明ける〈愛を告白する〉 ‖ 再帰 *sich*[4] ～ 胸中を打ち明ける.

Ent・hụ̈l・lung[..lʊŋ] 女 -/-en (enthüllen すること) **1** 除幕: die ～ eines Denkmals 記念碑の除幕〔式〕. **2** 暴露, 露呈: *jm.* mit ～*en* über *sein* Privatleben drohen 私生活を暴くと言って…を脅す | Der Prozeß brachte sensationelle ～*en.* 裁判を通じて驚くべき事実の数々が暴露された.

Ent・hụ̈l・lungs≠jour・na・lis・mus 男 (スキャンダルを追い回す) 暴露的ジャーナリズム. **≠künst・le・rin** 女 《話》 ストリップダンサー.

ent・hụ̈l・sen[ɛnthʏ́lzən][1] 《02》 他 (h) (豆などの) さやを取る, 殻〈皮〉をむく. [<Hülse[2]]

en・thu・sias・mi̱e・ren[ɛntuziasmíːrən] 他 (h) 《*jn.*》 熱狂させる, 夢中にさせる: 再帰 *sich*[4] für *et.*[4] ～ …に熱中する.

En・thu・siạs・mus[..ziásmʊs] 男 -/ 熱中, 熱狂, 熱狂的信心: mit 〈von〉 großem ～ für *et.*[4] erfüllt sein …にひどく熱中している. [*gr.*; <*gr.* én-theos „gottbegeistert" (◇theo..)]

En・thu・siạst[..ziást] 男 -en/-en 熱狂的な信者〈崇拝者〉, 熱烈なファン〈支持者〉. [*gr.*]

en・thu・siạ・stisch[..ziástɪʃ] 形 熱中した, 熱狂的な: ein ～*er* Bewunderer 熱狂的なファン | ～*en* Beifall klatschen 熱狂的に喝采(かっさい)する ‖ *sich*[4] ～ für *et.*[4] einsetzen …に熱中する.

En・thy・mẹm[ɛntyméːm] 中 -s/-e 〘哲〙 省略三段論法, 省略推理法. [*gr.* „Gedanke"–*lat.*; <*gr.* thȳmós (→Thymus)]

ent・ideo・lo・gi・si̱e・ren[ɛnt|ideologizíːrən] 他 (h) イデオロギーから解き放つ〈自由にする〉.

En・ti・tä̱t[ɛntitɛ́ːt] 女 -/-en **1** 〘哲〙 (事物の) 存在, 実在. **2** (Größe) (与えられた特定の) 量. [*mlat.*; <*lat.* ēns „seiend"]

ent・jụng・fern[ɛntjʊ́ŋfərn] 《05》 他 (h) (deflorieren) 《*jn.*》 (…の) 処女を奪う. [<Jungfer]

Ent・jụng・fe・rung[..fərʊŋ] 女 -/-en 処女を奪うこと, 破瓜(はか).

ent・kạl・ken[ɛntkálkən] 他 (h) 《*et.*[4]》 (…の) 石灰分を取り除く. [<Kalk]

ent・ke̱i・men[ɛntkáɪmən] **I** 他 (h) **1** (ジャガイモなどの) 芽を摘む〈除く〉. **2** (ミルクなどを) 殺菌〈消毒〉する.

II 自 (s) 《雅》 **1** 発芽する; 《比》芽ばえる, 発生する: Blumen *entkeimten* dem Hügel. 丘に草花の芽が出てきた. **2** (…家の) 出〈子孫〉である.

Ent・ke̱i・mung[..mʊŋ] 女 -/-en **1** 発芽摘去. **2** 殺菌, 消毒, 断種. **3** 発芽, 発生.

ent・kẹr・nen[ɛntkɛ́rnən] 他 (h) **1** (果実の) 芯(しん)〈種子〉を取る. **2** eine Stadt ～ 都市の過密化した中心地区を疎開する. [<Kern]

Ent・kẹr・ner[..nər] 男 -s/- 芯(しん)くり抜き器.

Ent・kịrch・li・chung[ɛntkírçlɪçʊŋ] 女 -/ 教会の影響力の〔漸次的〕衰退; 教会からの離脱〈離反〉. [<kirchlich]

ent・kle̱i・den[ɛntkláɪdən][1] 《01》 他 (h) 《雅》 **1** 《*jn.*》 (…の) 衣服を脱がせる: ein Kind ～ 子供の服を脱がせる ‖ 再帰 *sich*[4] ～ 服を脱ぐ, 脱衣する | *sich*[4] völlig ～ 全裸になる | *sich*[4] bis auf den Slip ～ パンティー〈ブリーフ〉1 枚になる ‖ *entkleidet* ins Badezimmer gehen 服を脱いで浴室に入る. **2** 《*jn.* 〈*et.*[4]〉 *et.*[2]》 (…から…を) 取り上げる, 取り去る, 剝奪(はくだつ)する: *jn.* seines Amtes ～ …の職を解く, …を解任〈免職〉処分にする | Der Raum war allen Schmucks *entkleidet.* その部屋には飾りが全くなかった.

Ent・kle̱i・dung[..dʊŋ] 女 -/-en 《ふつう単数で》〔sich〕entkleiden すること.

Ent・kle̱i・dungs≠künst・le・rin 女 ストリップダンサー. **≠num・mer** 女 〘劇〙 ストリップショー.

ent・knọs・pen[ɛntknɔ́spən] **I** 他 (h) 《*et.*[4]》 (…から) 芽〈つぼみ〉を摘み取る, 摘蕾(てきらい)する. **II** 自 (s) **1** 《雅》《*et.*[3]》 (…から) 芽を出す, つぼみを開く. **2** 《雅》《aus *et.*[3]》 (…の) 出〈出身〉である.

ent・kno̱・ten[ɛntknóːtən] 《01》 他 (h) (糸などの) 結び目を解く: 再帰 *sich*[4] ～ (結んだ糸などが) ほどける.

ent・ko̱h・len[ɛntkóːlən] 他 (h) 〘化〙 (…の) 炭素を取り除く, (…を) 脱炭する.

ent・ko・lo・nia・li・si̱e・ren[ɛntkolonializíːrən], **ent・ko・lo・ni・si̱e・ren**[ɛntkolonizíːrən] =dekolonisieren

ent・kọm・men*[ɛntkɔ́mən] 《80》 **I** 自 (s) 《*jm.*/*et.*[3]》 (…から) のがれる, 逃げおおせる: der Gefahr[3] 〈*seinen* Verfolgern〉 ～ 危険〈追っ手〉をのがれる | 〔aus〕 dem Gefängnis ～ 脱獄する | ins Gebirge 〈über die Grenze〉 ～ 山中へ〈国外へ〉逃げる. **II Ent・kọm・men** 中 -s/ (Flucht) 脱出, 逃亡.

ent・kọp・peln[ɛntkɔ́pəln] 《06》 他 (h) **1** 《*et.*[4]》 (…の連結・接続を) 外す. **2** 〘電〙 減結合する.

ent・kọr・ken[ɛntkɔ́rkən] 他 (h) 《*et.*[4]》 (…の) コルクを抜く: eine Flasche ～ 瓶のコルクを抜く, 瓶をあける.

ent・kọ̈r・nen[ɛntkœ́rnən] 他 (h) (綿などの) 種子を取り除く.

ent・krạ̈f・ten[ɛntkrɛ́ftən] 《01》 (**ent・krạ̈f・ti・gen**[..tɪgən][2]) 他 (h) **1** 《*jn.*/*et.*[4]》 (…の) 力を奪う, (…を) 衰弱させる, (…の) 気力をそぐ: *js.* Körper 〈Gesundheit〉 ～ …の体を衰弱させる〈…の健康を損なう〉 ‖ durch die Krankheit 〈vom Fieber〉 *entkräftet* sein 病気〈熱〉で体が弱っている. **2** 《比》 (主張・論拠などを) 打ち破る, 論破する: *js.* Argument 〈Behauptung〉 ～ …の論拠を打ち破る〈主張を論破する〉 | einen Verdacht ～ 嫌疑を晴らす.

Ent・krạ̈f・tung[..tʊŋ] 女 -/-en **1** 衰弱, 〔体力〕消耗: an 〈vor〉 ～[3] sterben (栄養失調などで) 衰弱死する. **2** 論破.

ent・krạmp・fen[ɛntkrámpfən] 他 (h) (筋肉などの) けいれん〈ひきつり・こわばり〉を取り除く; 《比》 (硬直〈緊張〉状態にあるものを) ほぐす ‖ 再帰 *sich*[4] ～ けいれん〈ひきつり・こわばり〉が取り除かれる; 《比》 (硬直・緊張状態にあるものが) ほぐれる.

ent・kra̱u・ten[ɛntkráʊtən] 《01》 他 (h) (庭・畑などを) 除草する. [<Kraut[1]]

Ent・kra̱u・tung[..tʊŋ] 女 -/-en 〘農〙 除草.

ent・kri・mi・na・li・si̱e・ren[ɛntkriminalizíːrən] 他 (h) 《*et.*[4]》 (法の改正などによって…の) 犯罪性を取り除く.

ent・krụ・sten[ɛntkrʊ́stən] 《01》 他 (h) (パンなどの) 皮を切り取る. [<Kruste]

ent・kụp・peln[ɛntkʊ́pəln] 《06》 他 (h) 〘工〙 連結〈接続〉を切る.

Ent・la̱d[ɛntláːt][1] 男 -〔e〕s/-e 《スイ》 (積み荷の) 荷おろし.

ent・la̱・den*[ɛntláːdən][1] 《86》 他 (h) **1 a**) (↔beladen) 《*et.*[4]》 (…から) 積み荷をおろす: ein Schiff ～ 船の積み荷をおろす. **b**) (↔laden) (積み荷を) おろす, あける: Kies ～ (貨車・トラックなどから) 砂利をおろす. **2** (↔laden) (銃砲から) 弾丸〈装薬〉を抜く: 再帰 Das Gewehr *entlud* sich[4]. 銃が発射された. **3 a**) (↔aufladen) (蓄電池などを) 放電させる: 再帰 *sich*[4] ～ (電池などが) 放電する. **b**) (中身を) 吐き出す, (感情などを) ぶちまける: Ströme von Flüchen auf *jn.* ～ …にさんざん悪態をつく ‖ 再帰 *sich*[4] ～ (火山などが) 爆発する; うっぷんを晴らす | Das Gewitter *entlud* sich über den Dörfern. 雷雨が村々を襲った | Sein Zorn *entlud* sich auf mich. 彼は私に怒りをぶちまけた. **4** 《雅》《*jn. et.*²》(…を…から)解放(免除)する: 再帰 *sich*⁴ *seiner* Sorgen ～ 心配事を免れる.

Ent·la·der[ɛntlá:dər] 男 -s/- 荷おろし人, 荷おろし機;〘電〙放電器.

Ent·la·de≠span·nung[ɛntlá:də..] 女 放電電圧. **≠strom** 男 放電電流.

Ent·la·dung[ɛntlá:dʊŋ] 女 -/-en (entladen すること. 特に:)〘電〙放電;《比》(感情などの)爆発.

Ent·la·dungs≠röh·re 女〘電〙放電管. **≠strom** 男 放電電流.

ent·lang[ɛntláŋ] **I** 前 (英: *along*)《後置した場合は 4 格, まれに 3 格支配; 前置した場合は 3 格, まれに 2・4 格支配》《空間的》…に沿って, …沿いに, …をたどって;《時間的》…を通して: den Bach ⟨die Wand⟩ ～ 小川⟨壁⟩に沿って | die Straße ～ 通りをたどって; 通りに沿って | Sie gingen den Weg ～. 彼らはその道をたどって進んだ | das Jahr ～ 一年じゅう ‖ Die Bäume standen ～ dem Ufer. 樹木は岸に沿って並んで立っていた ‖ Die Grenze verläuft dem Tal ～. 国境は谷に沿って走っている ‖ ᵛ～ dieses Gitters《南部・オーストリア》この格子に沿って. **II** 副 (…に)沿って: am Bach ～ 小川に沿って | am See ～ fahren (乗り物に乗って)湖畔を走る | den Weg am Fluß ～ nehmen 川沿いの道を選ぶ ‖ Du mußt hier ～ (＝俗: lang) gehen. この道を行きなさい | Hier ～, bitte! どうぞこちらへ(ここを通ってお進みください).

☆ 動詞と用いる場合はときに分離の前つづりとみなされる.

[*mndd.*; ◇in¹, lang; *engl.* along]

ent·lang≠|fah·ren*[ɛntláŋ..] 《37》自 (s) (…に)沿って走る: eine Straße ～ 通りに沿って〔車で〕走る | die Küste ⟨an der Küste⟩ ～ (船・列車などが)岸沿いに走る | mit dem Finger eine Linie ～ 指で線を引く. **≠|ge·hen*** 《53》自 (s) (…に)沿って行く⟨歩く⟩: den Bach ⟨am Bach⟩ ～ 小川に沿って行く | den Wanderweg am Ufer ～ 岸辺の散歩道沿いに歩く. **≠|kom·men*** 《80》自 (s) (…に)沿って来る: den See ⟨am See⟩ ～ 湖沿いにやって来る.

ent·lär·men[ɛntlɛ́rmən] 他 (h) 《*et.*⁴》(…の)騒音をなくす.

Ent·lär·mung[..mʊŋ] 女 -/ entlärmen すること.

ent·lar·ven[ɛntlárfən] 他 (h) 《*jn.*/*et.*⁴》(…の)仮面をはぐ;《比》(…の)化けの皮をはぐ, 暴露する: einen Spion ～ スパイの正体をすっぱぬく | *jn.* als Betrüger ～ …が詐欺師であることを暴く ‖ 再帰 *sich*⁴ ～ 仮面を脱ぐ;《比》正体を現す. [＜Larve]

Ent·lar·vung[..fʊŋ] 女 -/-en〔sich〕entlarven すること.

ent·las·sen*[ɛntlásən] 《88》他 (h) **1** 《*jn.*〔aus *et.*³〕》(…を〔…から〕)出してやる, 去らせる, 解放する(釈放・退院・除隊・卒業など): einen Gefangenen ～ 捕虜を釈放する | *jn.* aus dem Gefängnis ⟨dem Krankenhaus⟩ ～ …を出獄⟨退院⟩させる | *jn.* aus der Schule ⟨dem Militärdienst⟩ ～ …を卒業⟨除隊⟩させる | *jn.* aus einer Verantwortung ⟨einer Verpflichtung⟩ ～ …の責任⟨義務⟩を免除する | Er *entließ* mich mit der Bitte, bald wiederzukommen. 近くまた来るようにと言って 彼は私を立ち去らせた.

2 《*jn.*》解雇⟨解任⟩する, 罷免する: *jn.* fristlos ⟨aus seiner Stellung⟩ ～ …を即時解雇する⟨…を解任する⟩.

ᵛ**3** 《*jn. et.*²》(…を…から)解放する: *jn. seines* Amtes ～ …を解任する ‖ 再帰 *sich*⁴ der Mühe ～ 苦労をのがれる.

Ent·las·sung[ɛntlásʊŋ] 女 -/-en (entlassen する・されること) **1** 釈放; 退院; 除隊; 卒業: die ～ aus dem Gefängnis ⟨dem Krankenhaus⟩ 出獄⟨退院⟩ | eine vorläufige ⟨bedingte⟩ ～ 仮釈放⟨条件つき釈放⟩.

2 解雇, 解任, 免職, 罷免: eine fristlose ～ 即時解雇⟨解任⟩ | Massen*entlassung* 大量解雇 ‖ *seine* ～ einreichen 辞表を出す | um *seine* ～ bitten 辞職を願い出る.

Ent·las·sungs≠fei·er 女 (学校の)卒業式. **≠geld** 中〘軍〙除隊金. **≠ge·such** 中 辞表, 辞職⟨釈放⟩願い: ein ～ einreichen 辞表を提出する. **≠pa·pie·re** 複〘軍〙退役⟨除隊⟩証書. **≠schein** 男 **1** ＝Entlassungspapiere **2**〘医〙退院許可証;〘法〙釈放証. **≠zeug·nis** 中 **1** 卒業証書. **2** ＝Entlassungsschein

ent·la·sten[ɛntlástən] 《01》他 (h) (↔belasten) **1** (…の)荷重⟨負担⟩を軽減する;《*jn.* von *et.*³》(…を…から)解放する, (…に…を)免除する: einen Wagen ～ 車の荷を減らす | *sein* Gewissen ～ 良心の重荷を軽くする | den Verkehr durch Umgehungsstraßen ～ 迂回(うかい)路⟨バイパス⟩を設けて交通量を緩和する | den Vorstand für seine Tätigkeit ～ 執行部の活動報告を可決承認する | *jn.* von einem Verdacht ～ …の嫌疑を晴らしてやる ‖ 再帰 *sich*⁴ von *et.*³ ～ …を免れる. **2** 《*jn.*》〘法〙(…の)無罪の方向に働く: Die Aussage *entlastete* den Angeklagten. その供述は被告人を有利な立場に置いた ‖ *entlastendes* Material 無罪を方向づける事実. **3**〘商〙(…の)貸方に記入する: *js.* Konto ～ …の口座の赤字を帳消しにする.

Ent·la·stung[ɛntlástʊŋ] 女 -/-en (entlasten すること) **1** 積み荷⟨負担⟩の軽減; 解放, 免責: die ～ des Kollegen im Dienst ⟨bei der Arbeit⟩ 同僚の業務負担の軽減 | eine ～ der Züge ⟨des Verkehrs⟩ durch Sonderzüge 臨時列車による列車混雑⟨交通難⟩の緩和 ‖ Durch Diätkost wird eine ～ für den Kreislauf geschaffen. 食養生をすれば心臓の負担が軽くなる ‖ dem Vorstand ～ erteilen 執行部の報告を承認する. **2**〘商〙貸方記入.

Ent·la·stungs≠an·griff 男〘軍・スポーツ〙牽制(けんせい)攻撃. **≠bo·gen** 男〘建〙隠しアーチ, 荷受け迫持(せりもち) (→ 図 Kirche A). **≠ma·te·ri·al** 中〘法〙情状酌量のための材料⟨事情⟩. **≠stra·ße** 女 (交通緩和のための)迂回(うかい)路, バイパス. **≠ven·til** 中〘工〙逃がし弁, 緩急弁. **≠zeu·ge** 男 被告に有利な証言をする証人. **≠zug** 男 (混雑緩和のための)臨時列車.

ent·lau·ben[ɛntláʊbən]¹ 他 (h) (木の)葉を落とす : Wälder chemisch ～ 化学薬品を使って森林の葉を枯らす ‖ 再帰 *sich*⁴ ～ 落葉する ‖ ein *entlaubter* Park 木々の葉が散ってしまった公園. [＜Laub]

Ent·lau·bung[..bʊŋ] 女 -/-en〔sich〕entlauben すること.

Ent·lau·bungs·mit·tel 中 落葉剤, 枯れ葉剤.

ent·lau·fen*[ɛntláʊfən] 《89》自 (s) 《*jm.*/aus *et.*³》(…から)逃げ去る, 脱走する: *seinen* Eltern ⟨aus dem Elternhaus⟩ ～ (子供が)家出する | Ein Gefangener ist 〔dem Gefängnis〕*entlaufen.* 囚人が脱獄した ‖ ein *entlaufener* Hund 逃げた飼い犬.

ent·lau·sen[ɛntláʊzən]¹ 《02》他 (h) (…の)シラミを駆除する. [＜Laus]

Ent·lau·sung[..zʊŋ] 女 -/-en entlausen すること.

ent·le·di·gen[ɛntlé:dɪgən]² 他 (h) 《雅》《*jn. et.*²》(…を…から)解放する: das Kind *seiner* Schuhe ～ 子供の靴を脱がせてやる ‖ 再帰 *sich*⁴ *et.*² ～ …から解放される; …の片をつける | *sich*⁴ *seines* Mantels ～ コートを脱ぐ | *sich*⁴ *seines* Gegners ～ 相手をやっつける | *sich*⁴ *seines* Auftrags ～ 任務を果たす.

Ent·le·di·gung[..gʊŋ] 女 -/-en〔sich〕entledigen すること.

ent·lee·ren[ɛntlé:rən] 他 (h) からにする;《比》空疎にする: einen Eimer ～ バケツをあける | den Darm ～〘医〙排便する | Das Wort ist〔seines Gehalts〕völlig *entleert.* その単語は意味が全く空疎になっている ‖ 再帰 *sich*⁴ ～ からになる; 用便をする.

Ent·lee·rung[..rʊŋ] 女 -/-en **1** 《単数で》から⟨空疎⟩にすること: die ～ der Galle 胆汁の排泄(はいせつ) | die ～ eines Begriffes 概念の空疎化. **2 a)** 用便. **b)** 排泄物, 糞尿(ふんにょう).

Ent·lee·rungs·hahn 男 排水⟨水抜き⟩コック(→ 図 Wasser).

ent·le·gen[ɛntlé:gən] 形 **1** (abgelegen) 人里離れた, へんぴな. **2** 《雅》(abseitig) とっぴな, いっぷう変わった, なじみの薄い. [＜liegen]

Ent·le·gen·heit[–haɪt] 女 -/ へんぴ, 隔絶.

ent·leh·nen[ɛntlé:nən] 他 (h) **1** (概念などを)借用する: Das Wort „Onkel" ist〔aus〕dem Französischen *entlehnt.* Onkel という語はフランス語から借用されたものである. **2** ＝entleihen 1

Ent·leh·nung[..nʊŋ] 女 -/-en **1** 借用; 借用された事物:

E

eine ～ von Goethe ゲーテからの引用〔句〕. **2** 〘言〙(外国語からの)借用; 借用語: eine ～ aus dem Lateinischen ラテン語からの借用〔語〕.

ent·lei·ben[ɛntláɪbən][1] 他 (h) 《雅》(töten) 殺す: 再帰 *sich*[4] ～ 自殺する. [<Leib]

ent·lei·hen*[ɛntláɪən] 《91》他 (h) **1** (金銭・図書などを)借りる, 借用する: *sich*[3] eine Zeitschrift aus der Bibliothek ⟨von einem Freund⟩ ～ 図書館⟨友人⟩から雑誌を借り受ける | Ich habe mir von der Sparkasse Geld *entliehen.* 私は貯蓄銀行から金を借り入れた ‖ *entliehene* Bücher zurückgeben 借用した図書を返却する. **2** ＝entlehnen 1

Ent·lein[ɛ́ntlaɪn] 中 -s/- (Ente の縮小形) 小ガモ, 小さなアヒル: ein häßliches ～ みにくいあひるの子; 《戯》みっともない女の子.

ent·lie·hen[ɛntlíːən] entleihen の過去分詞; 過去 1・3 人称複数.

ent·ließ[ɛntlíːs] entlassen の過去.

ent·lo·ben[ɛntlóːbən][1] 他 (h) (↔verloben) 再帰 *sich*[4] ～ 婚約を解消する.

Ent·lo·bung[..bʊŋ] 女 -/-en (↔Verlobung) 婚約解消.

ent·locken[ɛntlɔ́kən] 他 (h) 《*jm. et.*[4]》(…から…を)誘い出す: *jm.* ein Geheimnis ⟨ein Geständnis⟩ ～ …から秘密⟨告白⟩を引き出す | *jm.* Geld ～ (うまく)…に金を出させる | *jm.* Tränen ～ …の涙を誘う.

ent·loh·nen[ɛntlóːnən] (スイ: **ent·löh·nen**[..løːnən]) 他 (h) 《*jn.*》(…に規定・約束どおりの)賃金⟨報酬⟩を支払う: *jn.* reichlich 〔für *seine* Aushilfe〕 ～ …にたっぷり〔手伝いの〕報酬を支払う.

Ent·loh·nung (スイ: **Ent·löh·nung**) [..nʊŋ] 女 -/-en 賃金⟨報酬⟩の支払い.

ent·lüf·ten[ɛntlʏ́ftən] 《01》他 (h) (部屋などを)換気⟨排気⟩する.

Ent·lüf·ter[..tər] 男 -s/- 換気⟨排気⟩装置.

Ent·lüf·tung[..tʊŋ] 女 -/-en **1** 《単数で》換気, 排気. **2** ＝Entlüftungsanlage

Ent·lüf·tungs≈an·la·ge 女 換気⟨排気⟩装置. ≈**fen·ster** 中 換気窓. ≈**schacht** 男 〘建〙換気用立坑, 換気⟨通風⟩筒.

ent·mach·ten[ɛntmáxtən] 《01》他 (h) 《*jn.*》(…の)権力⟨勢力⟩を奪う, 無力化する. [<Macht]

ent·ma·gne·ti·sie·ren[ɛntmagnetizíːrən] 他 (h) 《*et.*[4]》(…から)磁気⟨磁力⟩を取り除く; 〘理〙減磁する.

ent·man·nen[ɛntmánən] 他 (h) **1** (kastrieren) 《*jn.*》去勢する. **2** 《*jn./et.*[4]》《比》(…の力を)弱める, 無気力にする. [<Mann]

Ent·man·nung[..nʊŋ] 女 -/-en 《ふつう単数で》entmannen すること.

ent·ma·te·ria·li·sie·ren[ɛntmaterializíːrən] 他 (h) 《*et.*[4]》(…の)物質としての性質を奪う; 非物質化する.

ent·men·schen[ɛntmɛ́nʃən] 《04》 (**ent·mensch·li·chen**[..mɛ́nʃlɪçən]) 他 (h) 《*jn.*》(…の)人間性を失わせる, 非人間的にする; (…の)人間としての尊厳を奪う: eine *entmenschte* ⟨*entmenschlichte*⟩ Horde 野獣と化した群衆 | ein *entmenschtes* ⟨*entmenschlichtes*⟩ Zeitalter 人間性の失われた時代. [<Mensch]

ent·mie·ten[ɛntmíːtən] 《01》他 (h) (賃貸家屋などを)借家人を立ち退かせて空き家にする.

ent·mi·li·ta·ri·sie·ren[ɛntmilitarizíːrən] 他 (h) 《*et.*[4]》(…から)軍事施設を撤去する, (…を)非武装化する: die Uniform ～《戯》軍服〔地〕を私服に仕立て直す ‖ eine *entmilitarisierte* Zone 非武装地帯.

Ent·mi·li·ta·ri·sie·rung[..rʊŋ] 女 -/-en 《ふつう単数で》entmilitarisieren すること.

ent·mi·nen[ɛntmíːnən] 他 (h) 《*et.*[4]》〘軍〙(…から)地雷⟨機雷⟩を除く; 掃海する. [<Mine[3]]

ent·mi·schen[ɛntmíʃən] 《04》他 (h) 〘化・工〙(混合物を)分解させる: 再帰 *sich*[4] ～ 分解する; 《比》ばらばら⟨分かれ分かれ⟩になる, 四散する.

ent·mi·sten[ɛntmístən] 《01》他 (h) (畜舎などの)汚物を除く. [<Mist[2]]

Ent·mi·stungs·an·la·ge[..tʊŋs..] 女 〘畜〙厩肥(きゅうひ)取り出し装置.

ent·mot·ten[ɛntmɔ́tən] 《01》他 (h) **1** (防虫剤を入れてしまっておいた衣類を)取り出して防虫剤を取り除く. **2** 《比》(不用のため保存してあった機械・兵器・艦船などを)再使用のために整備する; 現役に復帰させる. [<Motte]

ent·mün·di·gen[ɛntmʏ́ndɪgən][2] 他 (h) 《*jn.*》〘法〙(…に)禁治産の宣告を下す. [<mündig]

Ent·mün·di·gung[..gʊŋ] 女 -/ 〘法〙禁治産の宣告, 行為能力剝奪(はくだつ)⟨制限⟩の宣告.

ent·mu·ti·gen[ɛntmúːtɪgən][2] 他 (h) (↔ ermutigen) 《*jn.*》(…の)元気⟨勇気⟩を失わせる, 落胆⟨がっかり⟩させる: Er ließ sich durch nichts ～. 彼はどんな目にあっても失望⟨意気消沈⟩しなかった. [<mutig]

Ent·mu·ti·gung[..gʊŋ] 女 -/-en entmutigen すること.

ent·my·thi·sie·ren[ɛntmytizíːrən] (**ent·my·tho·lo·gi·sie·ren**[..mytologizíːrən]) 他 (h) (…の)神話的要素を除去する, 非神話化する.

Ent·my·tho·lo·gi·sie·rung[..rʊŋ] 女 -/-en entmythologisieren すること.

ent·na·deln[ɛntnáːdəln] 《06》他 (h) 再帰 *sich*[4] ～ (針葉樹が)落葉する.

Ent·nah·me[ɛntnáːmə] 女 -/-n 《ふつう単数で》entnehmen すること: Blut*entnahme* 〘医〙採血 | Die ～ von Wasser ist hier verboten. この場所は取水禁止 | bei ～ von großen Mengen 〘商〙大量購入の場合には. [<entnehmen]

ent·na·tio·na·li·sie·ren[ɛntnatsionalizíːrən] 他 (h) 《*jn.*》(…の)国籍を奪う.

ent·na·zi·fi·zie·ren[ɛntnatsifitsíːrən] 他 (h) **1** (denazifizieren) 非ナチ化する; (…から)旧ナチ党員を追放する. **2** 《*jn.*》(旧ナチ党員を)審査し〔償いをさせたうえで〕復権させる. [<Nazi]

Ent·na·zi·fi·zie·rung[..rʊŋ] 女 -/-en entnazifizieren すること.

Ent·na·zi·fi·zie·rungs·kom·mis·sion 女 -/ (1945年にドイツ駐留連合軍が設置した)非ナチ化委員会.

ent·ne·beln[ɛntnéːbəln] 《06》他 (h) 《*et.*[4]》(…から)蒸気⟨煙霧⟩を除く, 除湿する. [<Nebel]

ent·neh·men*[ɛntnéːmən] 《104》他 (h) **1 a)** 《*et.*[3] ⟨aus *et.*[3]⟩ *et.*[4]》(…から…を)取り出す; (…から…を)借用する: einem Kästchen ein Goldstück ～ 小箱から金貨を一つ取り出す | die Daten einem Fachbuch ～ データを専門書から借りる | aus der Vene Blut ～ 静脈から採血する. **b)** 《*et.*[3] *et.*[4]》(…から…を)察知する, 読み⟨見て⟩取る: Seinem Schweigen war zu ～, daß er nicht damit einverstanden war. 彼の沈黙は彼がそれを了承していないことを示していた. **2** 《*et.*[4] bei *jm.*》(商品を…から)買い取る. **3** 《*et.*[4] auf *jn.*》〘商〙(…あてに)為替で振り出す: 500 Mark auf *jn.* ⟨auf *js.* Namen⟩ ～ …あてに500マルク振り出す. [◇Entnahme]

ent·ner·ven[ɛntnɛ́rfən, ..vən[1]] 他 (h) **1** 《*et.*[4]》〘医〙(…の)神経を除去する⟨抜く⟩. **2** (…の)神経⟨精力⟩を消耗する, 無気力にする, 弱らせる: Der lange Krieg hat die Soldaten *entnervt.* 長い戦争は兵士たちを疲弊させた ‖ eine *entnervende* Wartezeit やりきれない待ち時間 ‖ ein durch die Krankheit *entnervter* Mann 病気で衰弱した男.

Ent·ner·vung[..fʊŋ, ..vʊŋ] 女 -/-en 《ふつう単数で》entnerven すること.

ento.. 《名詞・形容詞などにつけて「内部の」を意味する. 母音の前では ent.. となる》: *Entozoon* 〘医〙体内寄生虫 | *ent*optisch 〘医〙眼球内の. [*gr.* entós „drinnen“; ◇endo..]

En·to·blast[ɛntoblást] 中 -〔e〕s/-e, **En·to·derm**[..dɛ́rm] 中 -s/-e 〘動〙内胚葉(はいよう). [<*gr.* blastós „Trieb“, dérma „Haut“]

en·to·der·mal[..máːl] 形 〘生〙内胚葉(はいよう)の.

ent·ölen[ɛnt|ǿːlən] 他 (h) 油を除く, (ココア豆などを)脱脂する.

Ent·öler[..lər] 男 -s/- 油分離器, 脱脂器.

entomo.. 《名詞・形容詞につけて「昆虫」を意味する》 [*gr.* én-tomos „ein-geschnitten"; ◇..tomie]

en·to·mo·gam[ɛntomogáːm] 形 《植》 虫媒の.

En·to·mo·ga·mie[..gamíː] 女 -/ 《植》 虫媒.

En·to·mo·lo·ge[..lóːgə] 男 -n/-n (→..loge) 昆虫学者.

En·to·mo·lo·gie[..logíː] 女 -/ 昆虫学.

en·to·mo·lo·gisch[..lóːgɪʃ] 形 昆虫学の.

En·to·pa·ra·sit[ɛntoparazíːt] 男 -en/-en (↔Ektoparasit) 《生》 内部寄生動物〈植物〉.

▽**en·to·pisch**[ɛntóːpɪʃ] ＝einheimisch [*gr.*; ◇Topos]

En·to·plas·ma[ɛntoplásma·] 中 -s/..men[..mən] (↔Ektoplasma) 《生》 (細胞質の)内質, 内部原形質.

ent·op·tisch[ɛntɔ́ptɪʃ, ɛnt|ɔ́..] 形 《医》 眼球内の.

ent·otisch[ɛntóːtɪʃ, ɛnt|óː..] 形 《医》 耳内の: ～*e* Geräusche 《医》 耳内騒音, 耳鳴り. [＜oto..]

En·tou·ra·ge[ãturáːʒə] 女 -/ (特定の人の)取り巻き連中. [*fr.*]

En·tout·cas [ãtuká(ː)] 男 -[..káː(s), ..ká(s)]/-[..ká(ː)s] **1** 晴雨兼用傘. **2** アンツーカ(競技場などの全天候型の人造土). [*fr.* en tout cas „in jedem Fall"; ◇total, Casus]

En·to·xis·mus[ɛntɔksísmʊs] (**En·to·xi·cis·mus** [..tɔksitsísmʊs]) 男 -/..men[..mən] (Vergiftung) 《医》 中毒. [＜toxiko..]

En·to·zo·on[ɛntotsóːɔn] 中 -s/..zoen[..tsóːən], ..zoa [..tsóːa·] 《医》 体内寄生虫. [＜zoo..]

ent·per·sön·li·chen[ɛntpɛrzǿːnlɪçən] 他 (h) 《*jn.*》 非人格化する, 個人としての尊厳を無視する. [＜persönlich]

ent·pflich·ten[ɛntpflɪ́çtən] 《01》 他 (h) 《*jn. et.*[2] 〈von *et.*[3]〉》 (軍人・司法官・教員などの)職責を解く, 退職〈退官〉させる. [＜Pflicht]

Ent·pflich·tung[..tʊŋ] 女 -/-en 職責解除, 退職, 「退官.」

ent·po·li·ti·sie·ren[ɛntpolitizíːrən] 他 (h) 政治〈政争〉の影響を免れさせる: eine *entpolitisierte* Jugend 政治に無関心な若年層.

ent·pres·sen[ɛntprɛ́sən] 《03》 他 (h) 《*jm. et.*[4]》 むりに出させる, 強奪する: *jm.* eine Antwort ～ …に返事を強要する.

ent·pri·va·ti·sie·ren[ɛntprivatizíːrən] 他 (h) (個人所有の企業などを)非私有化する, 公有〈国有〉へ移行させる.

ent·pup·pen[ɛntpʊ́pən] 他 (h) **1** 再帰 *sich*[4] ～ 《虫》 (さなぎから)羽化する. **2** 再帰 *sich*[4] ～ 《比》 (思いがけぬ)正体を現す, 本領を発揮する: *sich*[4] als Schwindel ～ いんちきがばれる | *sich*[4] als guter Sänger ～ すぐれた歌手としての才を現す | Der hat sich aber *entpuppt*. あいつは化けの皮がはがれた. [＜Puppe 2]

Ent·pup·pung[..pʊŋ] 女 -/-en **1** 《虫》 羽化. **2** 《比》 正体暴露; 本領発揮.

ent·quel·len*[ɛntkvɛ́lən] 《111》 自 (s) 《*et.*[3]》 (…から)湧(わ)き出る.

ent·raf·fen[ɛntráfən] 《雅》 ＝entreißen I

ent·rah·men[ɛntráːmən] 他 (h) 《*et.*[4]》 (…から)乳脂〈クリーム〉を取り除く: *entrahmte* Frischmilch 脱脂生乳.

Ent·rah·mer[..mər] 男 -s/- ミルク脱脂器.

Ent·rah·mung[..mʊŋ] 女 -/-en 《ふつう単数で》 (ミルクの)脱脂. [＜Rahm]

ent·ra·ten*[ɛntráːtən] 《113》 他 (h) 《雅》 《*et.*[2]》 (…を)欠いている; (…)なしで済ます, (…を)断念する: Sein Verhalten *enträt* jeder Vernunft. 彼の行動はおよそ理性的でない ‖ 《ふつう話法の助動詞を伴って》 Ich kann 〈will〉 des Geldes nicht ～. 私はその金がぜひとも必要だ | Er mußte aller Bequemlichkeiten ～. 彼はあらゆる安楽をあきらめねばならなかった.

ent·rät·seln[ɛntrɛ́ːtsəln] 《06》 他 (h) **1** 《*et.*[4]》 (…の)なぞ解きをする; (原因などを)究明する; (古文書などを)解読する. **2** 再帰 *sich*[4] ～ なぞが解ける; 解明〈解読〉される.

Ent·rät·se·lung[..tsəlʊŋ] (**Ent·räts·lung** [..tslʊŋ]) 女 -/-en 〔sich〕 enträtseln すること.

entre 《フランス語》 →*entre* nous

entre.. 《名詞などにつけて「間・中間」を意味する》 [*fr.*; ◇inter..]

En·tre·akt[ãtər|ákt, ãtərákt] 男 -〔e〕s/-e 《楽》 間奏曲. [*fr.* entr'acte]

En·tre·chat[ãtərʃá(ː)] 男 -s/-s 《バレエ》 アントルシャ(ジャンプしてかかとを打ち合わせる動作). [*it.* (capriola) intrecciata „verflochtener (Sprung)"－*fr.*; ＜*it.* treccia „Flechte"]

ent·rech·ten[ɛntrɛ́çtən] 《01》 他 (h) 《*jn.*》 (…の)権利〈公民権〉を奪う: politisch *entrechtete* Massen 政治的権利を奪われた大衆. [＜Recht]

Ent·rech·tung[..tʊŋ] 女 -/-en 権利〈公民権〉の剝奪.

En·tre·cote[ãtərkóːt] 中 -〔s〕/-s 《料理》 リブステーキ用の肉. [*fr.*; ＜*fr.* côte „Rippe" (◇kostal)]

En·tree[ãtréː] 中 -s/-s **1** 登場, 姿を現すこと. **2** 入口, 玄関のホール. **3** 《オーストリア》 (Eintritt) **a**) 入場. **b**) 入場料. **4** 《料理》 アントレ(スープとメーンディッシュの中間に出る料理). **5** **a**) 《バレエ》 前奏曲. **b**) 《楽》 (オペレッタなどの)最初のアリア. [*fr.*; ＜*lat.* intrāre (→entrieren)]

En·tree·tür 女 玄関のドア.

En·tre·fi·let[ãtərfiléː] 中 -s/-s (新聞の)小記事, メモ, 埋めくさ. [*fr.*]

ent·rei·ni·gen[ɛntráɪnɪgən][2] 他 (h) **1** よごす. **2** 《化》 (アルコールを)変性させる.

ent·rei·ßen*[ɛntráɪsən] 《115》 **I** 他 (h) 《*jm. et.*[4]》 (…から…を)もぎ取る, 無理に奪う: *jm.* die Handtasche ～ …のハンドバッグをひったくる | *jm.* ein Geheimnis ～ …に秘密を吐かせる | Der Tod hat ihm seine Kinder *entrissen*. 死神が彼から子供たちを奪った | *jn.* den Flammen 〈der Gefahr〉 ～ …を炎〈危険〉から救い出す | *et.*[4] der Vergessenheit ～ …を忘却の中から掘り起こす | *jn.* *seinen* Träumen ～ 《比》 …を現実に引き戻す ‖ 再帰 *sich*[4] *et.*[3] ～ …から身を振りほどく.

▽**II** 自 (s) 《*et.*[3]》 (…から)脱出する, (…の)束縛をのがれる.

En·tre·lacs[ãtərlá(ː)] 中 -[..láː(s), ..lá(s)]/-[..lá(ː)s] 《ふつう複数で》 (建築物や工芸品の) 絡み合った線状装飾; くねった字体. [*fr.*; ＜*lat.* laqueus (→Latz)]

En·tre·mets[ãtərméː] 中 -[..méː(s)]/-[..méːs] 《料理》 アントルメ(メーンディッシュに添えられるプリンなど). [*fr.*; ＜*afr.* mes (→Messe[2])]

en·tre nous[ãtrənúː] 《フランス語》 (unter uns) 内々で, 余人をまじえず: *jm. et.*[4] ganz ～ sagen …に…をこっそり打ち明ける | Wir sind jetzt endlich ～. やっと二人〈内輪〉だけになれたね.

En·tre·pot[ãtərpóː] 中 -/-s 保税倉庫. [*lat.*－*fr.*; ＜*lat.* pōnere (→ponieren)]

▽**En·tre·pre·neur**[ãtərprənǿːr] 男 -s/-e (演劇・音楽会などの) 興行主. [*fr.*]

▽**En·tre·pri·se**[ãtərpríːzə] 女 -/-n (Unternehmen) 企業; 興行. [*fr.*]

En·tre·sol[ãtərsɔ́l] 中 -s/-s (Halbgeschoß) 《建》 中二階. [*fr.*; ＜*lat.* solum (→Sohle)]

▽**En·tre·vue**[ãtərvýː] 女 -/-n[..výːən] (Unterredung) (国家首脳間の)会談, 会見. [*fr.*; ＜*fr.* voir „sehen" (◇vide); ◇Interview]

ent·rich·ten[ɛntrɪ́çtən] 《01》 他 (h) (所定の金額を)支払う, 弁済する: die Gebühren 〈den Zoll〉 ～ 料金〈関税〉を払う | der Mode[3] 〔den〕 Tribut ～ 《比》 流行にさからわない〔ようにする〕.

Ent·rich·tung[..tʊŋ] 女 -/-en 《ふつう単数で》 支払「い, 弁済.」

ent·rie·geln[ɛntríːgəln] 《06》 他 (h) (↔ verriegeln) 《*et.*[4]》 (…の)閂(かんぬき)を抜いてあける: die Tür 〈das Zimmer〉 ～ ドア〈部屋〉の閂をはずす.

▽**en·trie·ren**[ãtríːrən] 他 (h) 《*et.*[4]》 (…を)開始する, (…に)着手する. [*lat.* intrāre „eintreten"－*fr.*; ◇*engl.* enter]

ent·rin·den[ɛntrɪ́ndən][1] 《01》 他 (h) (幹の)樹皮をはぐ. 「[＜Rinde]」

ent·rin·gen*[ɛntrɪ́ŋən] 《119》 他 (h) 《雅》 (entreißen) 《*jm. et.*[4]》 (…から…を)もぎ取る, 無理に奪う: *jm.* ein Geheimnis ～ …の秘密を(むりやり)聞き出す ‖ 再帰 *sich*[4] *js.*

E

Armen³ ～ …の腕を振りほどく | Seiner Brust³ *entrang* sich ein tiefer Seufzer. 彼の胸から深いため息がもれた.

ent·rin·nen* [ɛntrínən] ⟪120⟫ 自 (s) ⟪雅⟫ **1** ⟪*et.*³⟫ (…を)免れる, のがれる: Ich bin um Haaresbreite dem Tod ⟨dem Ertrinken⟩ *entronnen*. 私は間一髪で死⟨溺死(できし)⟩を免れた ‖ Es gibt kein *Entrinnen* mehr. もう逃げ道はない. **2** ⟪*et.*³⟫ (…から)流れ去る: Tränen *entrannen* meinen Augen. 涙が私の目から流れ出た. **3** (verrinnen) 流れ⟨消え⟩去る: Die Zeit ⟨Das Leben⟩ *entrinnt*. 時⟨人生⟩は過ぎていく. 「を除く.」

ent·rip·pen [ɛntrípən] 他 (h) Tabak ～ タバコの葉の筋

ent·risch [ɛ́ntrɪʃ] 形 ⟪南部・オーストリア⟫ (unheimlich) 不気味な, うす気味悪い. [*ahd.* antrisc „fremd"; ◇ander]

ent·ris·sen [ɛntrísən] entreißen の過去分詞; 過去 1・3 人称複数.

ent·rol·len [ɛntrɔ́lən] ⟪雅⟫ **I** 他 (h) (巻いた物を)ひろげる, くりひろげる; (計画・見通しを)具体化⟨展開⟩する: eine Fahne ⟨eine Landkarte⟩ ～ 旗⟨地図⟩をひろげる ‖ Er ⟨Sein Bericht⟩ *entrollte* ein furchtbares Bild der Lage. 彼⟨彼の報告⟩は事態の恐ろしさをまざまざと描き出した ‖ 再帰 *sich*⁴ ～ ひろがる, くりひろげられる | Vor mir *entrollte* sich eine prächtige Landschaft. 私の眼前にすばらしい景色が展開された.

II 自 (s) ⟪*et.*³⟫ (…から)転がり落ちる, こぼれ出る; ⟪比⟫ (時間が)経過する: *js.* Händen ～ …の手からすべり落ちる | Tränen *entrollten* seinen Augen. 涙が彼の目からあふれ落ちた.

En·tro·pie [ɛntropíː] 女 -/-n [..píːən] 〘理〙 エントロピー (熱力学関数). [＜en..¹＋*gr.* trépein (→Tropus)]

En·tro·pium [ɛntróːpiʊm] 中 -s/..pien [..piən] 〘医〙 眼瞼(がんけん)内反.

ent·ro·sten [ɛntrɔ́stən] ⟪01⟫ 他 (h) ⟪*et.*⁴⟫ (…の)さびを除く⟨落とす⟩.

Ent·ro·ster [..tər] 男 -s/- 脱錆(だっしょう)剤.

ent·rü·cken [ɛntrʏ́kən] ⟪雅⟫ **I** 他 (h) **1 a)** ⟪*jn. et.*³⟫ (…を…から)連れ去る, 引き離す: *jn.* der Wirklichkeit³ ～ …に現実を忘れさせる | Plötzlich wurde er meinen Blicken *entrückt*. とつぜん彼は私の目の前から消えうせた ‖ der Welt³ *entrückt* leben 世を捨てて暮らす. **b)** ⟪*jn.*⟫ ⟪方向を示す語句と⟫ (…を…へ)連れ去る: *jn.* in eine andere Welt ～ …を別天地に遊ぶ心地にする | zum Himmel *entrückt* werden 天国に召される. **2** ⟪*jn.*⟫ (…を)うっとりと⟨恍惚と⟩させる: Das Buch hat mich völlig *entrückt*. その本が私をすっかり夢中にした | mit *entrücktem* Gesicht うっとりした顔で. **II** 自 (s) ⟪*jm.*⟫ (…〔の視界〕から)消え去る.

Ent·rückt·heit [ɛntrʏ́kthaɪt] 女 -/ 忘我⟨恍惚⟩の状態.

Ent·rü·ckung [..rʏ́kʊŋ] 女 -/ **1** entrücken すること: die ～ aus der Wirklichkeit 現実を忘れさせること. **2** ＝Entrücktheit

ent·rüm·peln [ɛntrʏ́mpəln] ⟪06⟫ 他 (h) (物置・空き地などの)がらくたを片づける⟨取り除く⟩. [＜Gerümpel]

Ent·rüm·pe·lung [..pəlʊŋ] (**Ent·rümp·lung** [..plʊŋ]) 女 -/ entrümpeln すること.

ent·run·den [ɛntrʊ́ndən]¹ ⟪01⟫ 他 (h) 〘言〙 (円唇母音を)非円唇音化する(くちびるを丸めないで・平口で発音する. 例 [ɛ]＜[œ]).

Ent·run·dung [..dʊŋ] 女 -/-en entrunden すること.

ent·ru·ßen [ɛntrúːsən] ⟪02⟫ 他 (h) ⟪*et.*⁴⟫ (…から)すすをとり除く: den Ofen ～ ストーブのすす落としをする.

ent·rü·sten [ɛntrʏ́stən] ⟪01⟫ 他 (h) ⟪*jn.*⟫ 憤慨させる: Es hat mich sehr ⟨stark⟩ *entrüstet*, daß … …のことで私はひどく腹がたった ‖ 再帰 *sich*⁴ über *et.*⁴ ～ …に憤慨する ‖ Er war sehr *entrüstet*, als er das hörte. 彼はそれを聞いてひどく立腹した | Sie sah mich *entrüstet* an. 彼女は怒りのまなざしで私を見た.

Ent·rü·stung [..tʊŋ] 女 -/-en ⟪ふつう単数で⟫ 憤慨: ein Sturm der ～ 憤激のあらし.

Ent·rü·stungs·sturm 男 憤激のあらし.

ent·saf·ten [ɛntzáftən] ⟪01⟫ 他 (h) (果実の)汁を搾る.

Ent·saf·ter [..tər] 男 -s/- 果汁搾り機, ジューサー.

ent·sa·gen [ɛntzáːgən]¹ 自 (h) ⟪雅⟫ ⟪*et.*³⟫ (…に対する)欲望を抑える, (克己して…を)あきらめる: einem Anspruch ～ 権利を放棄する | dem Trunk ⟨dem Rauchen⟩ ～ 禁酒⟨禁煙⟩する | der Welt ～ (→Welt 2) ‖ mit *entsagendem* Fleiß 機械にでもなったつもりで せっせと.

Ent·sa·gung [..gʊŋ] 女 -/-en ⟪雅⟫ 禁欲, 断念, あきらめ: ～ eines Anspruchs ⟨auf einen Anspruch⟩ 権利の放棄.

ent·sa·gungs·voll 形 ⟪雅⟫ **1** 自分〔の欲望〕を抑えきった, 没我的な: ein ～*er* Charakter 没我⟨献身⟩的な性格 | mit ～*er* Miene 没我的な⟨素直な⟩表情で. **2** 断念⟨あきらめ⟩を要求する: ein ～*er* Beruf おのれを殺さなければやっていけない職業.

ent·sa·kra·li·sie·ren [ɛntzakralizíːrən] 他 (h) ⟪*et.*⁴⟫ (…の)神聖をけがす.

ent·sal·zen [ɛntzáltsən] ⟪02⟫ 他 (h) ⟪*et.*⁴⟫ (…から)塩分を抜く, 脱塩する: Meerwasser ～ 海水を脱塩して真水にする.

Ent·sal·zung [..tsʊŋ] 女 -/ entsalzen すること.

Ent·sal·zungs·an·la·ge 女 (海水などの)脱塩装置⟨施設⟩.

ent·san·den [ɛntzándən]¹ ⟪01⟫ 他 (h) ⟪*et.*⁴⟫ (…から)砂を取り除く. [＜Sand]

Ent·satz [ɛntzáts] 男 -es/ 〘軍〙 解囲(敵の包囲を解くこと); (解囲のための)救援部隊. [＜entsetzen I 2]

ent·säu·ern [ɛntzɔ́ʏərn] ⟪05⟫ 他 (h) ⟪*et.*⁴⟫ (…から)酸性を除く, 脱酸する; 〘化〙 酸素を除去する, 還元する: den Boden ～ 酸性土壌を中和させる.

Ent·säue·rung [..ərʊŋ] 女 -/ entsäuern すること.

ent·schä·di·gen [ɛnt-ʃɛ́ːdɪgən]² 他 (h) 補償⟨賠償⟩する: *jn.* für den Verlust 〔des enteigneten Grundstückes〕 ～ …に対して〔接収した土地の〕損害を補償する | Der Beifall *entschädigte* mich für alle Mühen. 拍手によって私のすべての苦労は報いられた ‖ 再帰 *sich*⁴ für *et.*⁴ ～ …の埋め合わせをする⟨してもらう⟩.

Ent·schä·di·gung [..gʊŋ] 女 -/-en 補償〔金〕, 埋め合わせ: eine ～ für *et.*⁴ verlangen …の補償を要求する.

Ent·schä·di·gungs≈an·spruch 男 〘法〙 補償⟨損害賠償⟩請求〔権〕. ≈**sum·me** 女 損害賠償金〔の額〕.

ent·schär·fen [ɛnt-ʃɛ́rfən] 他 (h) 〘軍〙 (爆弾などの)信管をはずす; ⟪比⟫ (論説・映画などの)問題個所を削除する, 表現をやわらげる, 緩和する: die Diskussion ～ 議論の調子をやわらげる.

Ent·schär·fung [..fʊŋ] 女 -/ entschärfen すること.

Ent·scheid [ɛnt-ʃáɪt]¹ 男 -[e]s/-e **1** (権限をもつ者による)判断, 判定, 裁定, 決定: Volks*entscheid* 国民⟨住民⟩表決 | der ～ des Schiedsrichters 審判員の判定 ‖ den ～ des Arztes abwarten 医者の判断を待つ | einen positiven ⟨negativen⟩ ～ erhalten (申請などが)承認⟨却下⟩される | Der ～ liegt bei uns. 決定権は我々にある. **2** (Entscheidung) 決心, 決断.

ent·schei·den* [ɛnt-ʃáɪdən]¹ ⟪129⟫ **I** 他 (h) 決定⟨判定⟩する; 〘法〙 判決を下す: Es ist kaum zu ～, ob … …かどうかはちょっと決定できない | Das Gericht *entschied* den Streit zugunsten der Regierung ⟨gegen ihn⟩. 裁判所はその係争事件を政府に有利に判定した⟨彼の敗訴とした⟩ | Das hat den Kampf ⟨den Ausgang des Kampfes⟩ *entschieden*. それが勝負の決め手となった ‖ 再帰 *sich*⁴ ～ 決心する; (選択して)心を決める; (事が)決まる | *sich*⁴ für ⟨gegen⟩ *et.*⁴ ～ …のほうを取る⟨取らない⟩ことにする | *sich*⁴ über *et.*⁴ ⟨in *et.*³⟩ ～ …について決断を下す | *sich*⁴ frei zwischen den beiden ～ können どちらでも好きなほうを選べる | Morgen wird es sich ～, wer recht behält. だれが正しいかは明日決まるだろう ‖ 〘しばしば目的語なしで〙 Der Richter ⟨Das Los⟩ soll 〔es〕 ～. 裁判官に⟨抽選で⟩決めてもらおう | In dieser Frage kann man anders ～. この問題についてはもっと別の決定もあり得る | Du mußt selbst ～. 君は自分で決めねばならない.

II 自 (h) ⟪über *et.*⁴⟫ 決定する: Das mag über seine Zukunft ～. それが彼の将来を決定するかもしれない.

III ent·schei·dend 現分 形 決定的な, 重大な: im ～*en*

Augenblick 決定的な瞬間に, 今こそという時に | von ～*er* Bedeutung sein 決定的な意味をもつ | ein ～*es* Spiel 〖スポ〗決勝戦 | *jm.* einen ～*en* Schlag versetzen …に決定的な打撃を与える ‖ Der Vorfall war für ihn ～. 事件は彼にとって決定的なものであった.

IV ent·schie·den → 別出

Ent·schei·dung[ɛnt-ʃáɪdʊŋ] 女 -/-en **1** 決定, 決着; 決心, 決意, 決断: eine gerichtliche ～ 裁判所の決定, 判決 | eine ～ für ⟨gegen⟩ *et.*[4] …の決定⟨否決⟩ ‖ Sein Tor führte zur ～. 彼のゴールがゲームの勝敗を決めた | Bei ihm lag die ～ über Leben und Tod. 生死の決定権は彼の手に握られていた | die ～ zwischen Pflicht und Liebe 義務を取るか愛情を取るかの決断 ‖ Du hast die Freiheit der ～. 君は自由に決めてよい ‖〖前置詞と〗Er steht **vor** der ～, ob ... 彼は…かどうかの決定を迫られている | Er kam **zu** einer ～. 彼は決心がついた | Die Sache kam endlich zur ～. 事はようやく決定⟨決着⟩の運びとなった | eine zur ～ stehende Frage 決着をつけるべき問題 | eine Frage zur ～ bringen 問題を決定にまで持ち込む ‖ eine ～ in *et.*[3] fällen / eine ～ über *et.*[4] treffen …について決定を下す | Die ～ wird bald fallen. 決定はまもなく下されよう. **2** 〖法〗裁判 (Beschluß, Urteil, Verfügung の総称). **3** ＝Entscheidungskampf

Ent·schei·dungs≠be·fug·nis 女 決定⟨議決⟩権. **≠fra·ge** 女〖言〗(ja か nein かの答えを求める)決定疑問〔文〕(例 Kommst du mit?—Ja ⟨Nein⟩. 一緒に来るか — ええ⟨いいえ⟩: →Ergänzungsfrage). **≠frei·heit** 女 自由裁量権. **≠kampf** 男〖軍〗決戦; 〖スポ〗決勝戦. **≠recht** 中 決定権. **≠schlacht** 女〖軍〗決戦.

ent·schei·dungs·schwer 形《雅》決定的な重要さ⟨重み⟩を持つ.

Ent·schei·dungs≠spiel 中〖スポ〗決勝戦. **≠stun·de** 女 運命を決する時, 決定的瞬間.

ent·schei·dungs·voll 形 重大な, 決定的⟨運命的⟩な.

ent·schied[ɛnt-ʃíːt][1] entscheiden の過去.

ent·schie·den[ɛnt-ʃíːdən] **I** entscheiden の過去分詞; 過去1・3人称複数. **II** 形 **1** 決然⟨断固⟩とした, きっぱりした, 明確な: ein ～*er* Gegner des Alkohols 断固たる禁酒論者 | eine ～*e* Haltung einnehmen 明確な態度をとる ‖ *et.*[4] aufs ～*ste* ablehnen …をきっぱりと拒否する. **2** 明白な, 明らかな: ein ～*er* Vorteil 明らかな利点 | mit einer ～*en* Geste des Wohlwollens 明らかに好意的な態度をもって ‖ Das geht ～ zu weit. それは明らかに行き過ぎだ.

Ent·schie·den·heit[–haɪt] 女 -/ 決然とした⟨きっぱりとした⟩態度: *et.*[4] mit aller ～ ablehnen ⟨behaupten⟩ …をきっぱりと拒否する⟨断固として主張する⟩.

ent·schla·cken[ɛnt-ʃlákən] 他 (h) **1** 《*et.*[4]》〖金属〗(…の)鉱滓(こうさい)を除去する. **2** 〖医〗(下剤などで…の)代謝産物を取り除く, 浄化する.

Ent·schla·ckung[..kʊŋ] 女 -/ entschlacken すること.

ent·schla·fen*[ɛnt-ʃláːfən] 《137》自 (s) 《雅》**1** (しだいに)眠りこむ. **2** (安らかに)永眠する: der ⟨die⟩ *Entschlafene* 故人.

ent·schla·gen*[ɛnt-ʃláːgən][1] 《138》他 (h) 《雅》再帰 *sich*[4] *et.*[2] ～ …なしで済ます, …を断念する; …(恐怖の念など)を払いのける.

ent·schlam·men[ɛnt-ʃlámən] 他 (h) 《*et.*[4]》(川・池などの)泥をさらう, 浚渫(しゅんせつ)する.

Ent·schlam·mung[..mʊŋ] 女 -/-en 《ふつう単数で》entschlammen すること.

▽**ent·schlei·chen***[ɛnt-ʃláɪçən] 《139》自 (s) 《*jm.*》(…から)こっそり⟨忍び足で⟩逃げ去る.

ent·schlei·ern[ɛnt-ʃláɪərn] 《05》他 (h) 《雅》(↔ verschleiern) 《*et.*[4]》(…から)ベールを取り除く, (…を)あらわにする: das Gesicht ～ 顔のベールを取る | ein Geheimnis ⟨die Wahrheit⟩ ～ 秘密⟨真相⟩を暴く ‖ 再帰 *sich*[4] ～ あらわになる; (人が)ベールを脱ぐ | Die Sonne *entschleierte* sich. 太陽が雲間から現れ出た. [＜Schleier]

Ent·schlei[e]·rung[..láɪ(ə)rʊŋ] 女 -/ 暴露, 露出.

ent·schlie·ßen*[ɛnt-ʃlíːsən] 《143》 **I** 他 (h) **1** 再帰 *sich*[4] zu *et.*[3] ～ …をする決心を固める; …を選ぶことに決める | *sich*[4] für ⟨gegen⟩ *et.*[4] ～ …を選ぼう⟨選ぶまい⟩と決心する | Ich habe mich 〔dazu〕 *entschlossen* ⟨Ich bin *entschlossen*⟩, morgen abzureisen. 私は明日出発しようと決めている. ▽**2** (aufschließen) (かぎを用いて…を)開ける.

II ent·schlos·sen → 別出 [◇Entschluß]

Ent·schlie·ßung[..sʊŋ] 女 -/-en 決議; 決心: eine ～ annehmen ⟨einbringen⟩ 決議案を採択⟨上程⟩する.

ent·schloß[ɛnt-ʃlɔ́s] entschließen の過去.

ent·schlos·sen[ɛnt-ʃlɔ́sən] **I** entschließen の過去分詞; 過去1・3人称複数. **II** 形 心の決まった; 決然とした, 思い切った, きっぱりした: mit ～*er* Miene 決意を顔に表して | eine ～*e* Haltung 決然たる態度 | ～*es* Handeln 思い切った行動 ‖ fest zu *et.*[3] ～ sein …をしようと固く決意している | zum Äußersten ～ sein すべてを賭(か)ける決意である | Er ist fest ～, morgen abzureisen. 彼は明日出発しようと固く心に決めている | Kurz ～, ging er ins Kino. 思い立つとすぐ(ためらわずに)彼は映画を見に行った ‖ ～ handeln 思い切って行動する | ～ auftreten きっぱりした態度をとる.

Ent·schlos·sen·heit[–haɪt] 女 -/ (entschlossen なこと. 例えば:) 決意(の固さ), 意志の強さ; 決然とした態度: klare ～ きっぱりとした決意 ‖ Es fehlt ihm an ～. 彼は決断力に欠ける | *jn.* in *seiner* ～ wankend machen …の決心をゆるがす | mit ～ handeln 断固たる行動に出る | ein Mann von ～ 意志の強固な男.

ent·schlum·mern[ɛnt-ʃlʊ́mərn] 《05》＝entschlafen

ent·schlüp·fen[ɛnt-ʃlʏ́pfən] 自 (s) 《*jm.*/*et.*[3]》(…するりと)ぬけ出る; (言葉などがうっかり)もれる: heimlich ～ こっそりぬけ出す | dem Ei ～ (ひななどが)卵からぬけ出る | Das Wort ist ihm nur so *entschlüpft*. その言葉はほんのはずみで彼の口から出たのである ‖ 〔*sich*[3]〕 die Gelegenheit ～ lassen 好機をのがす | *sich*[3] ein Geheimnis ～ lassen (うっかり)秘密をもらす.

Ent·schluß[ɛnt-ʃlʊ́s] 男 ..schlusses/..schlüsse[..ʃlʏsə] 決心, 決断: Es ist mein fester ～, das nicht zu tun. 私はそれをすまいと固く決心している ‖ Er ist ein Mann von raschem ～. 彼は決断が早い ‖ aus eigenem ～ handeln 自主的に行動する | *jn.* in *seinem* ～ wankend machen / *jn.* von *seinem* ～ abbringen …の決心をぐらつかせる | in *et.*[3] zu einem ～ kommen …に関して決心がつく ‖ einen ～ fassen 決意する | Mein ～ steht fest. 私の決心は動かない. [＜entschließen]

ent·schlüs·seln[ɛnt-ʃlʏ́səln] 《06》他 (h) **1** (↔ verschlüsseln) (dekodieren) (記号化された情報を)解号する, (符号・コード・暗号などを)解読する. **2** 《比》解明⟨究明⟩する.

Ent·schlüs·se·lung[..səlʊŋ] (**Ent·schlüß·lung**[..ʃlʏslʊŋ]) 女 -/-en 《ふつう単数で》entschlüsseln すること.

ent·schluß·fä·hig[ɛnt-ʃlʊ́s..] 形 決断能力のある.

Ent·schluß≠fä·hig·keit 女 -/ 決断能力. **≠kraft** 女 -/ 決断力: ein Mann von ～ ⟨ohne ～⟩ 決断力のある⟨ない⟩男.

ent·schluß≠los 形 決心の定まらぬ, 不決断の. **≠un·fä·hig** 形 決断力のない.

ent·schmut·zen[ɛnt-ʃmʊ́tsən] 《02》他 (h) 《*et.*[4]》(…の)汚染を取り除く, (…を)浄化する.

Ent·schmut·zung[..tsʊŋ] 女 -/-en 《ふつう単数で》entschmutzen すること.

ent·schuld·bar[ɛnt-ʃʊ́ltbaːr] 形 (過失・行為などが)許され得る, しかたのない.

ent·schul·den[ɛnt-ʃʊ́ldən][1] 《01》他 (h) 《*jn.*/*et.*[4]》〖法〗(…の)負債⟨債務⟩を免除する.

ent·schul·di·gen[ɛnt-ʃʊ́ldɪgən][2] 他 (h) **1 a)** (許し得ることとして)理由づける, 弁護する; (…の)理由となる: *jn.* 〔bei *jm.*〕 für *et.*[4] ⟨wegen *et.*[2]⟩ ～ …を〔…に向かって〕…について弁護してやる | *et.*[4] durch *et.*[4] ⟨mit *et.*[3]⟩ ～ …を…という理由で弁解する | Der Verkehrsstau *entschuldigt* nicht die Verspätung. 交通渋滞は遅刻の言い訳にはならない | Seine Krankheit *entschuldigt* ihn. 彼は病気なんだからしかたがない ‖〖目的語なしで〗Unwissenheit *entschuldigt* nicht. 知らなかったでは済まない ‖ 再帰 *sich*^{4} mit Krankheit ～ 病気だと言って弁解する | Wer sich *entschuldigt*, klagt sich an. 《諺》弁解するとかえって怪しまれる ‖ Sein Verhalten läßt sich nicht mit Unwissenheit ～. 彼の行為は知らなかったでは済まされない. **b)** 再帰 *sich*^{4} 〔bei *jm.* für *et.*^{4} ⟨wegen *et.*^{2}⟩〕 ～ 〔…に…のことで〕わびる⟨謝罪する⟩ | Du mußt dich unbedingt bei ihr ～. きみは絶対に彼女にあやまらなければいけないよ | Er braucht sich dafür nicht ～. 彼はそのことでわびる必要はない.

c) 《*jn.*》(…の)欠席⟨不参⟩を届け出る: *sein* Kind telefonisch beim Lehrer ～ 子供の欠席を電話で先生に届ける ‖ 再帰 *sich*^{4} für morgen ～ 明日不参の旨を届ける | Ich bitte, mich 〔für〕 einen Augenblick zu ～.(座を外すとき)ちょっと失礼します ‖ Er ließ sich mit Arbeit ～. 彼は仕事があるので来られないと言ってきた ‖ Er fehlte in der Schule ⟨bei der Versammlung⟩ *entschuldigt*. 彼は届けを出して学校⟨集会⟩を休んだ.

2 許す, 免責する: Ich kann diesen Irrtum nicht ～. 私はこの行為は許せない | *Entschuldigen* Sie bitte die Störung!/*Entschuldigen* Sie bitte, daß ⟨wenn⟩ ich Sie störe! お邪魔してすみません | *Entschuldige* bitte! すまない, 許してくれ; 失礼 | *Entschuldigen* Sie! Könnten Sie mir bitte das Salz reichen? (食卓で)恐れ入りますがその塩をとってくださいませんか. **[***mhd.*; ◇schuldig**]**

Ent·schul·di·gung[..dɪɡʊŋ] 女 -/-en **1** 弁解, 言い訳, 口実: *sich*^{3} eine ～ suchen 口実を探す | keine ～ gelten lassen どんな弁解も認めない | *et.*^{4} zu *seiner* ～ anführen …を理由に弁解する | Dafür gibt es keine ～〔*en*〕. それには弁解の余地がない ‖ Unwissenheit ist keine ～. 《諺》知らなかったは言い訳にならぬ. **2** 許し, 許容: *jn.* um ～ für *et.*^{4} bitten …に…をわびる | 〔Ich bitte um〕 ～! すみません. **3** 欠席⟨不参⟩の届: ohne ～ fehlen 無届欠席する | *jm.* beim Lehrer die ～ schreiben …の欠席届を先生に書く.

Ent·schul·di·gungs≠brief 男 わび状. **≠grund** 男 弁明理由; 〚法〛責任阻却原由⟨事由⟩. **≠schrei·ben** 中 わび状, 弁明書; 欠席届. **≠zet·tel** 男 欠席届〔用紙〕: einen ～ für den Lehrer ⟨die Schule⟩ schreiben 先生⟨学校⟩あてに欠席届を書く.

Ent·schul·dung[ɛnt-ʃʊ́ldʊŋ] 女 -/-en 〚法〛債務⟨負債⟩の免除.

ent·schup·pen[ɛnt-ʃʊ́pən] 他 (h) (魚の)うろこを取る.

ent·schwe·ben[ɛnt-ʃvéːbən]^1 自 (s) 《*et.*^{3}》(…から)漂い去る,(雲などが)流れ去る; 《戯》世を去る.

ent·schwe·feln[ɛnt-ʃvéːfəln] 《06》 他 (h) 《*et.*^{4}》〚化〛(…から)硫黄⟨硫化水素⟩を除去する,(…を)脱硫⟨除硫⟩する.

Ent·schwe·fe·lung[..fəlʊŋ] (**Ent·schwef·lung**[..flʊŋ]) 女 -/-en 《ふつう単数で》〚化〛脱硫, 除硫.

ent·schwei·ßen[ɛnt-ʃváɪsən] 《03》 他 (h) Wolle ～ (汗・脂の染みた)毛糸を洗ってきれいにする.

ent·schwin·den*[ɛnt-ʃvɪ́ndən]^1 《161》 自 (s) 《雅》消えうせる: *js.* Blicken^3 ～ …の視界を去る | Der Name ist mir 〔aus dem Gedächtnis〕 *entschwunden*. その名前を私は失念した | Die Zeit *entschwindet* 〔mir〕 wie im Flug. 時は〔私にとって〕飛ぶように過ぎ去る ‖ die *entschwundene* Kindheit 過ぎ去った子供のころ.

ent·seelt[ɛntzéːlt] 形 《雅》 **1** 魂のはいっていない, 血のかよっていない, 無味乾燥の. **2** (tot) 死んだ; 生き物のいない. **[**＜Seele**]**

ent·sen·den(*)[ɛntzɛ́ndən]^1 《166》 他 (h) (使者・代表を)派遣する; (槍(やり)などを)投げる; (視線を)なげる; (光などを)発する: *jn.* zur Tagung ～ …を会議に派遣する.

Ent·sen·dung[..dʊŋ] 女 -/-en (代表の)派遣.

ent·set·zen[ɛntzɛ́tsən] 《02》 **I** 他 (h) **1** 《*jn.*》ぞっとさせる: Die Nachricht *entsetzte* mich. その知らせに私はぎくりとした ‖ 再帰 *sich*^{4} ～ ぞっとする, ひどくびっくりする | *sich*^{4} vor ⟨bei⟩ dem Anblick ～ その光景に慄然(りつぜん)とする. **2** 〚軍〛(囲まれたとりでなどを)解放⟨救出⟩する. ▽**3** (entheben) 免除する: *jn.* *seines* Amtes ～ …の職を解く.

II Ent·set·zen 中 -s/ 驚愕(きょうがく), 恐怖: in ～ geraten 驚愕⟨仰天⟩する | *et.*^{4} mit jähem ～ bemerken …に気づいてぎょっとする | von ～ ergriffen werden 恐怖に襲われる | zu meinem ～ 私がぎょっとしたことに ‖ Lähmendes ～ packte mich. 身のすくむ恐怖が私を捕らえた.

III ent·setzt → 別出

ent·set·zen·er·re·gend 形 ぞっと⟨ぎょっと⟩させるような, 恐ろしい.

ent·setz·lich[ɛntzɛ́tslɪç] 形 恐ろしい, 途方もない: ein ～*er* Anblick 恐ろしい光景 | ein ～*es* Verbrechen 恐るべき犯罪 | ～*e* Angst ⟨～〔*en*〕 Hunger⟩ haben ものすごく不安⟨空腹⟩である ‖ 〚副詞的に〛 ein ～ langweiliger ⟨magerer⟩ Mensch ひどく退屈な⟨やせた⟩人 | Es ist ～ kalt. おそろしく寒い.

Ent·setz·lich·keit[–kaɪt] 女 -/-en 《ふつう単数で》恐ろしさ.

ent·setzt[ɛntzɛ́tst] **I** entsetzen の過去分詞. **II** 形 ぎょっとした: die ～*e* Menge 度を失った群衆 ‖ Von dem Anblick ⟨Über den Anblick⟩ war er ～. その光景に彼は肝をつぶした.

Ent·set·zung[..tsʊŋ] 女 -/-en **1** (Entsatz) (包囲されたとりでなどの)解放, 救出. **2** 解任: ～ vom Amt 免職. ▽**3** ＝Entsetzen

ent·seu·chen[ɛntzɔ́ʏçən] 他 (h) **1** (ある地域の)〔放射能・毒ガス〕汚染を除去する. **2** (desinfizieren) 消毒⟨殺菌⟩する. **[**＜Seuche**]**

Ent·seu·chung[..çʊŋ] 女 -/-en entseuchen すること.

Ent·se·xua·li·sie·rung[ɛntzɛksualizíːrʊŋ] 女 -/-en 異性化(男性の女性化・女性の男性化). **[**＜sexual**]**

ent·si·chern[ɛntzɪ́çərn] 《05》 他 (h) (銃の)安全装置をはずす.

ent·sie·geln[ɛntzíːɡəln] 《06》 他 (h) 封印を切る,(手紙を)開封する; 《比》(秘密などを) あばく.

ent·sin·ken*[ɛntzɪ́ŋkən] 《169》 自 (s) 《雅》 滑り落ちる, 抜け落ちる: Das Schwert *entsank* ihm ⟨seiner Hand^3⟩. 剣は彼の手から滑り落ちた | Der Mut *entsank* mir. 私は急に勇気がくじけた.

ent·sin·nen*[ɛntzɪ́nən] 《170》 他 (h) 再帰 *sich*^{4} *js.* ⟨*et.*^{2}⟩ ～ / *sich*^{4} an *jn.* ⟨*et.*^{4}⟩ ～ …を記憶している; …を思い出す | soviel ⟨soweit⟩ ich mich *entsinne* 私の記憶する限りでは | Ich kann mich noch des Tages ⟨an den Tag⟩ ～. 私はまだあの日のことを覚えている | Endlich hat er sich 〔daran〕 *entsonnen*, wo er mich traf. ようやく彼は私とどこで会ったのかを思い出した.

ent·sinn·li·chen[ɛntzɪ́nlɪçən] 他 (h) 感覚的⟨具象的⟩でなくする; 抽象化する. **[**＜sinnlich**]**

ent·sitt·li·chen[ɛntzɪ́tlɪçən] 他 (h) 不道徳にする; 堕落させる. **[**＜sittlich**]**

Ent·sitt·li·chung[..çʊŋ] 女 -/ 風俗壊乱, 道徳破壊.

Ent·so·li·da·ri·sie·rung[ɛntzolidarizíːrʊŋ] 女 -/-en (社会的な)連帯の否認.

ent·sor·gen[ɛntzɔ́rɡən]^1 他 (h) 《官》《*jn.*/*et.*^{4}》(…の)ごみ⟨廃棄物・汚水⟩問題を解決する,(…の)ごみを処理する: eine Stadt abwassertechnisch ～ 下水を完備して町の汚水を処理する.

Ent·sor·gung[..ɡʊŋ] 女 -/-en ごみ⟨廃棄物⟩処理.

Ent·sor·gungs≠fir·ma 女 ごみ⟨廃棄物⟩処理会社. **≠park** 男 核廃棄物処理施設.

ent·span·nen[ɛnt-ʃpánən] 他 (h) 《*et.*^{4}》(…の)緊張を解除⟨緩和⟩する, 緩める, 休ませる: die Muskeln ⟨den Körper⟩ ～ 筋肉⟨身体⟩をリラックスさせる | ein Seil ～ (張った)ザイルを緩める | einen Bogen ～ 弓の弦をはずす ‖ 再帰 *sich*^{4} ～ 緩む; 休養⟨息抜きを⟩する | Seine Züge *entspannten* sich. 彼の表情が緩んだ | Die Lage hat sich *entspannt*. (緊迫した)情勢が緩和された ‖ *entspannende* Lektüre 息抜きの読書; 娯楽読み物 | Wasser *entspannendes* Reinigungsmittel 界面⟨表面⟩活性洗剤.

Ent·span·nung[..nʊŋ] 女 -/-en 《ふつう単数で》緊張解除⟨緩和⟩; 休養, 息抜き: die ～ der politischen Lage 政情の緊迫緩和 | ～ in Büchern suchen 息抜きに本を読む | Angeln ist seine einzige ～. 釣りが彼のただ一つの楽しみだ.

Ent·span·nungs≠ge·spräch 中 〚政〛緊張緩和のための会談. **≠po·li·tik** 女 -/ 〚政〛緊張緩和政策.

E

⸗**übung** 女 -/-en《ふつう複数で》〘体育〙解緊運動.
ent·sper·ren[ɛnt-ʃpɛ́rən] 他 (h) (口座・預金・予算などを) 支払い〈支出〉解除する.
ent·spie·geln[ɛnt-ʃpí:gəln]《06》他 (h) (レンズなどを) 反射防止加工する.
ent·spin·nen*[ɛnt-ʃpínən]《175》他 (h) **1** 再帰 *sich*[4] ～ (やりとりが) 始まる, (関係が) 芽ばえる: Zwischen den beiden *entspann* sich ein Briefwechsel 〈ein lebhaftes Gespräch〉. 両者の間に文通〈活発な会話〉が始まった. ▽**2** (anspinnen) (考えを) 次々と進める, (陰謀を) たくらむ, (関係を) 育む.
ent·sprach[ɛnt-ʃprá:x] entsprechen の過去.
ent·spre·chen*[ɛnt-ʃprɛ́çən]《177》**I** 自 (h)《*et.*[3]》**1** 相当〈対応〉する, 合致〈適合〉する, ふさわしい, かなう: Das *entspricht* den Tatsachen 〈der Wahrheit〉. それは事実どおりだ | Das Wort Baum *entspricht* dem englischen Wort tree. Baum という語は英語の tree に当たる | Dieser Kunststoff *entspricht* in seinen Eigenschaften dem Holz. この合成物質はその性状が木材に匹敵する | Eine solche Handlungsweise *entspricht* ihm völlig. こんなやり方はいかにも彼らしい. **2**《雅》(要望などに) 添う, かなえる: Ich konnte seinem Wunsch 〈seiner Einladung〉 nicht ～. 私は彼の希望〈招待〉に応じかねた.
II ent·spre·chend[1] 現分 形 (…に) 相当〈対応〉した, 適合した, ふさわしい: eine dem Klima ～*e* Kleidung 気候に合った服装 | ～*e* Maßnahmen ergreifen しかるべく処置する | bei der ～*en* Behörde anfragen 当該〈関係〉官庁に問い合わせる ‖ Er leistete viel, sein Gehalt war aber auch ～. 彼の働きは大きかったが彼の報酬もそれ相応だった ‖ Er hat sich erkältet und arbeitet ～. 彼はかぜをひいて従ってあまり働けない.
ent·spre·chend[2][ɛnt-ʃprɛ́çənt] 前《3格支配; しばしば後置》…に相応して: dem Alter ～ / ～ dem Alter 年齢に応じて | Ich habe seinem Vorschlag ～ gehandelt. 私は彼の提案どおりに行動した.
Ent·spre·chung[ɛnt-ʃprɛ́çʊŋ] 女 -/-en 対応〔関係〕; 対応する〈肩を並べる〉物; 〘言〙相当語, 同意表現: Für dieses Wort gibt es keine ～ im Deutschen. ドイツ語にはこの語に当たるものがない.
ent·sprie·ßen*[ɛnt-ʃprí:sən]《178》自 (s)《雅》《*et.*[3]》(…から植物が) 萌(も)え出る; 《比》(abstammen) 由来する: der Erde 〈dem Boden〉 ～ 大地から萌え出る | Der zweiten Ehe sind drei Kinder *entsprossen*. 2度めの結婚で3人の子が生まれた.
ent·sprin·gen*[ɛnt-ʃpríŋən]《179》自 (s) **1** (川が) 源を発する, 《比》《〔aus〕*et.*[3]》(…に) 起因〈由来〉する, 基づく, 生じる, 生まれる: in den Alpen ～ アルプスに源を発する | Das alles *entspringt* seiner Phantasie. すべては彼の空想の産物だ | Nichts Gutes kann daraus ～. これはろくなことにならない. **2**《〔aus〕*et.*[3]》(…から) 脱走する: 〔aus〕 dem Zuchthaus ～ 刑務所を脱走する | Du bist wohl dem Irrenhaus *entsprungen*?《話》君は頭がどうかしてるんじゃないか.
ent·spro·chen[ɛnt-ʃprɔ́xən] entsprechen の過去分詞.
ent·staat·li·chen[ɛnt-ʃtá:tlɪçən] 他 (h) **1** (自治州などを) 連邦から分離させる, 分離独立させる. **2** (国有物・国営企業などを) 払い下げる, 民有〈民営〉にする. [＜staatlich]
Ent·staat·li·chung[..çʊŋ] 女 -/-en entstaatlichen すること.
Ent·sta·li·ni·sie·rung[ɛnt-stalinizí:rʊŋ, ɛnt-ʃt..] 女 -/ 非スターリン化. [＜Stalin; ◇*engl.* destalinization]
ent·stam·men[ɛnt-ʃtámən] 自 (s) (abstammen)《*et.*[3]》(…に) 由来する: einem adligen Geschlecht ～ 貴族の出である | Das Buch *entstammt* seiner Feder. この本は彼の手に成る | Alle Fehler *entstammen* der Nachlässigkeit. 誤りはすべて不注意が原因である.
ent·stand[ɛnt-ʃtánt][1] entstehen の過去.
ent·stan·den[..ʃtándən] entstehen の過去分詞; 過去1・3人称複数.
ent·stau·ben[ɛnt-ʃtáʊbən][1] (**ent·stäu·ben**[..ʃtɔ́ʏbən][1]) 他 (h) **1**《*et.*[4]》(…の) ちり〈ほこり〉を除く: Möbel 〈Luft〉 ～ 家具〈空気中〉のほこりを取る. **2**《*jn.*》〘宗〙(…を) 現世の欲望から解放する.
Ent·stau·ber (**Ent·stäu·ber**)[..bər] 男 -s/- 電気掃除機, 塵埃(じんあい)除去機.
Ent·stau·bung (**Ent·stäu·bung**)[..bʊŋ] 女 /-en《ふつう単数で》entstauben すること.
ent·ste·hen*[ɛnt-ʃté:ən]《182》自 (s) 発生する, 生まれる, 起こる: Aus dem Ei *entstand* ein Lebewesen. 卵から生物が生まれた | Der Streit *entstand* aus einem Mißverständnis. 争いは誤解から生じた | Bei dem Prozeß *entsteht* Wärme. その過程で熱が発生する | Die Handschrift ist im elften Jahrhundert in Köln *entstanden*. この写本は11世紀にケルンで作られた ‖ die daraus *entstehenden* Folgen そこから生じる結果 | möglicherweise *entstehende* Schwierigkeiten 生じるかもしれぬ困難 ‖ die dabei *entstandenen* Unkosten その際に要した雑費.
Ent·ste·hung[ɛnt-ʃté:ʊŋ] 女 -/-en《ふつう単数で》発生, (作品などの) 成立: die ～ des Lebens auf der Erde 地球上での生命の誕生 | die ～ der Welt 〈des Romans〉 この世〈小説〉の成り立ち | die ～ von Gerüchten 〈Schäden〉 うわさ〈損害〉の発生.
Ent·ste·hungs⸗art 女 成立〈発生〉のしかた. ⸗**ge·schich·te** 女 **1** 発生〈成立〉史. **2** 〘聖〙創世記.
ent·stei·gen*[ɛnt-ʃtáɪgən][1]《184》自 (s)《雅》《*et.*[3]》**1** (車などから) 降りる. **2** (…から) 立ちのぼる, 発散する.
ent·stei·nen[ɛnt-ʃtáɪnən] 他 (h)《*et.*[4]》(果物などから) 核〈種〉を取り除く. [＜Stein 5 a]
ent·stei·ßen[ɛnt-ʃtáɪsən]《02》他 (h)《話》《*jm. et.*[4]》ちょろまかす, まきあげる. [＜Steiß]
ent·stel·len[ɛnt-ʃtɛ́lən] 他 (h) 不格好にする; ゆがめる, 歪曲(わいきょく)〈改変〉する: die Landschaft ～ 景観を損なう | die Tatsachen ～ 事実をゆがめる | Die Narbe *entstellte* ihn 〈sein Gesicht〉. 傷跡が彼の顔を醜くした | Durch den Druckfehler wurde der Text *entstellt*. 誤植で原文の意味が損なわれた〈不明になった〉 ‖ einen Vorfall *entstellt* 〈in *entstellter* Form〉 wiedergeben 出来事をゆがめて伝える.
Ent·stel·lung[..lʊŋ] 女 -/-en 不格好にすること; ゆがみ, 歪曲(わいきょく), 改変: Die Schilderung enthält manche ～*en*. 叙述はあちこち改変されて〈ゆがめられて〉いる.
ent·stem·peln[ɛnt-ʃtɛ́mpəln]《06》他 (h) ein Nummernschild ～ (自動車の) ナンバープレートを廃車処分にする.
ent·stoff·li·chen[ɛnt-ʃtɔ́flɪçən] 他 (h)《雅》非物質化する. [＜stofflich]
ent·stö·ren[ɛnt-ʃtǿ:rən] 他 (h)《*et.*[4]》〘電〙(…から) 雑音〈妨害〉を取り除く: einen Motor ～ モーターの雑音源を除く, モーターに雑音防止器を取りつける.
Ent·stö·rung[..rʊŋ] 女 -/-en entstören すること.
Ent·stö·rungs⸗dienst 男 (電話の) 故障処理業務〈センター〉. ⸗**stel·le** 女 (電話の) 故障処理センター.
ent·strah·len[ɛnt-ʃtrá:lən] **I** 自 (s)《*et.*[3]》(…から) 輝き出る, 発光する. **II** 他 (h)《*et.*[4]》(…の) 放射能を除去する.
ent·strö·men[ɛnt-ʃtrǿ:mən] 自 (s)《*et.*[3]》(…から) 流れ出る, もれる: Gas *entströmt* den Leitungen. ガスが管からもれる | Klagen *entströmten* seinem Munde. 彼の口から嘆きがもれた.
ent·stür·zen[ɛnt-ʃtʏ́rtsən]《02》自 (s)《雅》《*et.*[3]》(…から) 転がり出る, 飛び出す, ほとばしり出る.
ent·süh·nen[ɛntzý:nən] 他 (h)《*jn.*》(…の) 罪を清める: 再帰 *sich*[4] ～ 贖罪(しょくざい)する.
Ent·süh·nung[..nʊŋ] 女 -/-en《ふつう単数で》贖罪.
ent·sump·fen[ɛntzʊ́mpfən] 他 (h) (沼沢地を) 干拓する.
ent·sün·di·gen[ɛntzʏ́ndɪgən][2] ＝entsühnen
ent·ta·bui·sie·ren[ɛnttabuizí:rən] (**ent·ta·bu·ie·ren**[..tabuí:rən]) 他 (h) タブー視をやめる.
ent·tar·nen[ɛnttárnən] 他 (h) **1** 偽装〈カムフラージュ〉を取り去る, 暴露する. **2**《*jn.*》密告する: 再帰 *sich*[4] freiwillig ～ 自首する.
ent·täu·schen[ɛnttɔ́ʏʃən]《04》他 (h)《*jn.* / *et.*[4]》(…の) 期待を裏切る, (…を) 失望させる: Er 〈Sein Buch〉 *enttäuschte* mich sehr. 彼〈彼の本〉は私をひどくがっかりさせた |

Ich will sein Vertrauen nicht ~. 私は彼の信頼を裏切りたくない ‖ eine *enttäuschende* Aufführung 〈Nachricht〉 期待はずれの上演〈報道〉| Das ist sehr *enttäuschend* für mich. 私にはそれはどうも期待はずれだ ‖ ein *enttäuschtes* Gesicht machen がっかりした顔をする | *sich*[4] *enttäuscht* fühlen 失望感をいだく | Durch sein Verhalten bin ich bitter *enttäuscht*. 彼の態度に私はひどく失望している | Wir sind davon 〈Das hat uns〉 angenehm *enttäuscht*. 《話》それは(もっとひどいと思っていたのに)それほどでなくて私たちはほっとした.

Ent·täu·schung[ɛnttɔ́ʏʃʊŋ] 女 -/-en 期待〈あて〉はずれ, 幻滅; 失望: Seine ~ darüber war groß. それに対する彼の失望は大きかった | *jm.* eine bittere 〈schwere〉 ~ bereiten …をひどく失望させる | *seine* ~ zeigen 〈verbergen〉 失望をおもてに表す〈おし隠す〉| Das Buch war 〔für mich〕 eine ~. その本は〔私にとって〕期待はずれであった.

ent·tee·ren[ɛntté:rən] 他 (h) (…から)タールを除く.

Ent·tee·rung[..rʊŋ] 女 -/-en タール除去.

ent·thro·nen[ɛnttró:nən] 他 (h) 退位させる: den König ~ 王を退位させる | den Titelverteidiger ~ (ボクシングなどの)タイトル保持者を打ち負かす.

Ent·thro·nung[..nʊŋ] 女 -/-en entthronen すること.

ent·trüm·mern[ɛnttrʏ́mərn] 《05》 他 (h) (…から)瓦礫(がれき)〈土砂〉を取り除く. [<Trümmer]

Ent·trüm·me·rung[..mərʊŋ] 女 -/-en enttrümmern すること.

E

ent·völ·kern[ɛntfœ́lkərn] 《05》 他 (h) (…の)住民を減少〈絶滅〉させる, 過疎化する: Die Seuche hat das Land *entvölkert*. 疫病で国土の人口は減少〈絶滅〉した ‖ eine *entvölkerte* Insel 住民の減った〈絶えた〉島. [<Volk]

Ent·völ·ke·rung[..kərʊŋ] 女 -/-en 《ふつう単数で》住民を減少〈絶滅〉させること; 住民の減少〈絶滅〉.

entw. 略 =entweder

ent·wach·sen*[ɛntváksən] 《199》 自 (s) 《*et.*[3]》 (…から)生え出る, 生まれる; 《比》成長して離れる: der Erde 〈dem Boden〉 ~ (植物が)大地から生える | den Kinderschuhen ~ (→Kinderschuh) | Ich bin dem Elternhaus *entwachsen*. 私は両親のもとから独立した.

ent·waff·nen[ɛntváfnən] 《01》 **I** 他 (h) 武装解除する; 《比》無力化する, 抵抗の意欲を失わせる, 有無を言わせない: Soldaten 〈einen Staat〉 ~ 兵士たち〈ある国〉を武装解除する | Er *entwaffnete* mich durch seine Güte. 私は彼の人のよさに負けた | Die Antwort *entwaffnete* den Zorn. その答えを聞いて怒りが消えた ‖ ein *entwaffnendes* Lächeln 心を和ませるほほえみ | Seine Unschuld ist *entwaffnend*. 彼の無邪気さには歯がたたない〈文句の言いようもない〉. ▽**II** 自 (h) 武器を捨てる.

Ent·waff·nung[..nʊŋ] 女 -/-en 《ふつう単数で》武装解除, 軍備撤廃.

ent·wal·den[ɛntváldən] 《01》 他 (h) (山などの)樹木を切り払う: ein *entwaldetes* Gebiet 樹林の切り払われた地域. [<Wald]

Ent·wal·dung[..dʊŋ] 女 -/-en entwalden すること.

ent·wal·len[ɛntválən] 自 (s) 《雅》《*et.*[3]》 (…から)発散する, わき出る.

ent·wan·zen[ɛntvántsən] 《02》 他 (h) 《*et.*[4]》 (…から)ナンキンムシ(南京虫)を駆除する. [◇Wanze]

ent·warf[ɛntvárf] entwerfen の過去.

ent·war·nen[ɛntvárnən] 自 (h) 警報を解除する: Es wurde *entwarnt*. 警報は解除になった.

Ent·war·nung[..nʊŋ] 女 -/-en **1** 警報解除〔のサイレン〕: Um zwei Uhr kam die ~ 〈wurde die ~ gegeben〉. 警報は2時に解除された. **2** 《話》(女性の髪型で)アップスタイル.

ent·wäs·sern[ɛntvɛ́sərn] 《05》 **I** 他 (h) (湿地などを)排水する, (家庭・工場などに)排水工事を施す; 〖化〗脱水する; 〖医〗(組織内にたまった)水を抜く.

II 自 (h) (湖や川の水が)流れ出る.

Ent·wäs·se·rung[..sərʊŋ] (**Ent·wäß·rung**[..srʊŋ]) 女 -/-en **1** 《ふつう単数で》排水〔工事〕; 〖化〗脱水. **2** 排水施設.

Ent·wäs·se·rungs≠gra·ben 男 排水溝. ≠**rohr** 中 排水管.

ent·we·der[ɛntvé:dər, ⌣́–⌣] 接 (英: *either*) 《並列または副詞的; entweder ... oder ... の形で; 二つまたはそれ以上の中から一つが選ばれ他は排除されることを示す》 (略 entw.) …か(それとも・しからずんば…か): 〖語句と語句を結びつけて〗 Er kommt ~ morgen oder übermorgen. 彼はあすかあさってのどちらかにやって来る | Ich komme ~ später oder gar nicht. 私は遅れるかそれとも全然来ないかのどちらかだ | *Entweder* ruft er 〈er ruft〉 an oder schreibt oder läßt sonst etwas von sich hören. 彼は電話をかけてよこすか それとも手紙をくれるか それとも何かほかの手段で連絡してくるんだ ‖ 〖文と文を結びつけて〗 *Entweder* arbeitest du 〈du arbeitest〉 ordentlich, oder du wirst deine Stellung verlieren. 君はまともに働くか それとも失職するかのどちらかだぞ | *Entweder* Sie parken anderswo, oder ich zeige Sie an. どこか別のところへ駐車してください さもないと警察へ訴えますよ ‖ 〖間投詞的に〗 *Entweder* oder! 《話》どちらかに決めろ.

★ entweder ... oder ... によって結びつけられた主語に呼応する定動詞の形:

i) 数・人称が同じ語の場合は問題はなく, 単数の語が結びつけられている場合にも und などとは違って, 定動詞が複数となることはない: *Entweder* mein Vater oder mein Bruder *wird* (㊜ werden) dich abholen. 父か兄のいずれかが君を迎えに出るでしょう.

ii) 数・人称が異なる場合は, いちばん後の語に従って定動詞の形が決まるが, 心理的抵抗を避けるために言い回しを変えることが多い: *Entweder* er oder ihr seid schuld daran. その責任は彼か君たちかのどちらかにある ‖ Einer von euch, ~ Hans oder du, hat es getan. それをやったのはハンスか君か〔つまり〕君たちのうちの一人だ | *Entweder* ich habe meine oder du hast deine Pflicht nicht getan. / Einer von uns ,~ ich oder du, hat seine Pflicht nicht getan. 私か君かどちらかが自分の義務を怠ったのだ.

[*ahd.*; ◇ein[1], weder; *engl.* whether]

Ent·we·der-Oder[ɛ́ntve:dər|ó:dər] 中 -/- 二者択一; どちらか一つに決定せざるを得ない状態: vor einem ~ stehen 二者択一〈決定〉を迫られている | Nun gab es kein ~ mehr. もはや幾つかの中から一つを選ぶなどと のんきなことを言っている場合ではなかった | Hier gibt es nur ein ~! この場合どちらかはっきり決めなければならない | Man hat an Stelle eines starren ~ die Diskussion vorgezogen. 人々は二者択一などという硬直した態度よりはむしろ議論を尽くすほうを選んだ.

ent·wei·chen*[ɛntváiçən] 《204》 自 (s) 《〔aus〕 *et.*[3]》 (…から)のがれ去る〈出る〉: 〔aus〕 dem Behälter ~ (ガスなどが)タンクからもれる | aus dem Gefängnis ~ 脱獄する | Aus seinem Gesicht *entwich* alles Blut. 彼の顔からまったく血の気がうせた | der drohenden Gefahr ~ 迫りくる危険から逃れる | Die Nacht *entweicht*. 夜が明ける.

Ent·wei·chung[..çʊŋ] 女 -/-en entweichen すること.

ent·wei·hen[ɛntváiən] 他 (h) 《雅》《*et.*[4]》 (…の)神聖さをけがす〈奪う〉: die Stille der Nacht ~ 夜のしじまを破る | einen Geistlichen ~ 聖職者の僧籍を失わせる.

Ent·wei·hung[..váiʊŋ] 女 -/-en 《ふつう単数で》entweihen すること.

ent·wen·den[ɛntvɛ́ndən][1] 《01》 他 (h) 《雅》《*jm.* *et.*[4]》 (…から…を)かすめ取る, 横領する, 盗む.

Ent·wen·dung[..dʊŋ] 女 -/-en **1** 《単数で》entwenden すること. **2** 盗難.

ent·wer·fen*[ɛntvɛ́rfən] 《209》 他 (h) (…の)輪郭〈下図〉を描く, スケッチ〈デザイン〉する; (文書を)起草〈起案〉する: einen Bauplan ~ 設計図を引く | einen Brief ~ 手紙の草稿を作る | ein Bild von *et.*[3] 〈*jm.*〉 ~ …を印象的に描写する.

Ent·wer·fer[..fər] 男 -s/- (entwerfen する人. 特に:) デザイナー. [◇Entwurf]

ent·wer·ten[ɛntvé:rtən] 《01》 他 (h) **1 a)** 無価値にする: ein *entwertetes* Sparkassenbuch 無効処分をした預金通帳 | Geld ~ 《話》通貨を廃止する. **b)** (乗車券・入場券など

に)はさみ〈パンチ〉を入れる; (切手に)消印を押す. **2** 価値を下げる: das Geld ～ 平価切り下げをする | *entwertete* Nahrungsmittel 栄養価の下がった食料.

Ent·wẹr·ter[..tər] 男 -s/- (地下鉄・電車・バスなどの)自動改札機.

Ent·wẹr·tung[..tʊŋ] 女 -/-en entwerten すること: die ～ der Bedeutung〘言〙意味の悪化〈下落〉(＝Bedeutungsverschlechterung).

ent·wẹ·sen[ɛntvéːzən][1]《02》他 (h) **1** (部屋などの)害虫駆除をする; 消毒する. **2** (…の)性格を変える. [＜Unwesen]

Ent·wẹ·sung[..zʊŋ] 女 -/-en 害虫駆除, 消毒.

ent·wẹt·zen[ɛntvɛ́tsən]《02》自 (s)《話》(*jm.* / *et.*^{3})(…から)逃げる.

ent·wị·chen[ɛntvíçən] entweichen の過去分詞; 過去1・3人称複数.

ent·wịckeln[ɛntvíkəln]《06》他 (h) **1 a)** 育てる, 成長〈発展〉させる; 発生させる: *jn.* zu einem Schauspieler ～ …を俳優に育て上げる | Fachleute ～ 専門家を養成する | Gymnastik *entwickelt* die Muskeln. 体操は筋肉をつくる | Die Kohle *entwickelte* viel Rauch 〈große Hitze〉. 石炭は多量の煙〈非常な熱〉を出した ‖ 再帰 *sich*^{4} ～ 育つ, 発育する; 成長〈発展〉する; 発生する | *sich*^{4} gut ～ すくすくと育つ, 順調に発展〈進展〉する | *sich*^{4} aus dem Ei ～〘生〙卵から発生する | *sich*^{4} zu einem berühmten Dichter 〈Unternehmen〉 ～ 有名な詩人〈企業〉にまで成長する | Sie hat sich voll *entwickelt*. 彼女は成熟しきっている | Helligkeit *entwickelte* sich. (夜が明けて)明るくなった ‖ Hier ist die Industrie hoch *entwickelt*. ここでは工業が高度に発達している | eine ziemlich *entwickelte* Kultur かなり発達した文化. **b)** (新しい方法・製品などを)開発する: eine Maschine 〈ein Arzneimittel〉 ～ 機械〈医薬〉を開発する. **2** 展開する, 発揮する: einen Gedanken ～ ある考えをくり広げる | eine große Geschwindigkeit ～ 非常な速力を出す | *seine* Kräfte voll ～ 力量を十分に発揮する | Das Auto *entwickelte* starken Rauch. その車は(エンジンから)すごい煙をはいた | Geduld 〈Mut〉 ～ 忍耐力〈勇気〉を示す | eine Gleichung ～〘数〙方程式を展開する ‖ 再帰 Die Truppe *entwickelte* sich^4.〘軍〙部隊は散開した. **3**〘写〙(フィルムを)現像する. ▽**4** (包みから)取り出す: 再帰 *sich*^{4} ～ (包みから)出てくる; (へびが)とぐろを解く.

Ent·wịcke·lung[ɛntvíkəlʊŋ] 女 -/-en = Entwicklung

Ent·wịck·ler[..víklər] 男 -s/- **1**〘写〙現像液. **2**《話》(機械などの)開発〔研究〕者.

Ent·wịck·lung[ɛntvíklʊŋ] 女 -/-en **1 a)** 発育; 発達, 発展, 進展; 動向: die wirtschaftliche 〈kulturelle〉 ～ des Landes 国の経済的〈文化的〉発展 | die weitere ～ der Dinge その後の事態の進展 ‖ die ～ aufhalten 〈abbremsen〉 発展を阻止する ‖ in *seiner* ～ zurückgeblieben sein 発育〈発達〉が遅れている | zu voller ～ kommen 十分に発達する | *seine* Kräfte zur ～ bringen 力を伸ばす. **b)**〘生〙発生: die ～ der Tiere 動物の発生. **2** 発生: die ～ von Gas 〈Wärme〉 ガス〈熱〉の発生. **3 a)** (新しい方法・機械などの)開発. **b)** 開発された方法〈製品〉: bahnbrechende ～*en* 画期的な新製品 | die ～ eines neuen Motors 新しいエンジンの開発. **4** 展開, 発揮; 例示, 説明: die ～ der Schützenkette〘軍〙散開 | die ～ von Mut 勇気の実証〈発揮〉. **5**〘写〙現像.

Ent·wịck·lungs≀al·ter 中 = Entwicklungsjahre ≀**bank** 女 開発銀行: die Asiatische ～ アジア開発銀行. ≀**dienst** 男 発展〈開発〉途上国援助奉仕.

ent·wịck·lungs·fä·hig 形 発展〈成長〉の可能性のある, 将来性のある.

Ent·wịck·lungs≀gang 男 発展〈成長〉過程. ≀**ge·rät** 中〘写〙現像器. ≀**ge·schich·te** 女 -/-n《ふつう単数で》**1** 発達史. **2**〘生〙発生学.

ent·wịck·lungs·ge·schicht·lich 形 発達史的な;〘生〙発生学の.

Ent·wịck·lungs·hel·fer 男 発展途上国援助奉仕員, 海外技術協力隊員.

ent·wịck·lungs·hem·mend 形 発展〈成長〉を妨げる.

Ent·wịck·lungs≀hil·fe 女 -/ **1** (発展〈開発〉途上国への)開発援助〔資金〕. **2**《俗》**a)** 奨学金. **b)** カンニングさせること. ≀**jah·re** 複 思春期. ≀**ko·sten** 複 (新しい方法・製品などの)開発費. ≀**land** 中 -〔e〕s/..länder 発展〈開発〉途上国. ≀**leh·re** 女 -/ (人間の)発生学. ≀**me·cha·nik** 女 -/ 発生機構学. ≀**mög·lich·keit** 女 発展の可能性〈余地〉. ≀**mor·pho·lo·gie** 女 -/ 発生形態学. ≀**pha·se** 女 発展〈成長〉段階. ≀**phy·sio·lo·gie** 女 -/〘生〙発生生理学. ≀**pro·zeß** 男 発展〈成長〉過程. ≀**ro·man** 男〘文芸〙発展小説(主人公の精神的な成長過程を描いた小説で, Goethe の『ヴィルヘルム マイスターの修業時代』などがその代表的なものとされている). ≀**sta·dium** 中 発達〈成長〉段階. ≀**stö·rung** 女 (物の)発育障害. ≀**stu·fe** 女 発展〈成長〉段階.

ent·wịd·men[ɛntvítmən]《01》他 (h)《官》(↔ widmen)(*et.*^{4})(…の)公共物指定を解除する.

Ent·wịd·mung[..mʊŋ] 女 -/-en《官》(↔ Widmung) 公共物指定の解除.

ent·wịn·den*[ɛntvíndən][1]《211》他 (h)(*jm.* *et.*^{4}) もぎ取る, 強奪する: 再帰 *sich*^{4} *et.*^{3} ～ …から体をふりほどく, …からのがれる.

ent·wịr·ren(*)[ɛntvírən]《214》他 (h)《雅》(もつれなどを)解きほぐす;《比》(錯雑したものを)整理〈収拾〉する: einen Knäuel ～ もつれ〔た糸玉〕を解く | verfitzte Haare ～ 髪のもつれを直す | eine schwierige Lage ～ 難局を収拾〈打開〉する ‖ 再帰 *sich*^{4} ～ 解ける, ほぐれる; 常態に復する.

Ent·wịr·rung[..rʊŋ] 女 -/ 解きほぐし; 収拾, 解決.

ent·wị·schen[ɛntvíʃən]《04》自 (s)(*jm.* / 〔aus〕 *et.*^{3})(…から)逃れる: den Verfolgern ～ 追っ手を逃れる | aus dem Gefängnis ～ 脱獄する | durch eine Hintertür ～ 裏口から逃れる ‖ Kein Wort *entwischte* mir. 私は一語も聞きもらさなかった.

ent·wọ̈h·nen[ɛntvǿːnən] 他 (h) **1** (*jn.* *et.*^{2})(習慣などを)やめさせる: 再帰 *sich*^{4} des Rauchens ～ 禁煙する | Er ist des Trinkens *entwöhnt*. 彼は禁酒している〈酒を飲まなくなった〉. **2** (*jn.*)(乳児を)離乳させる. [*ahd.*; ◇gewöhnen]

Ent·wọ̈h·nung[..nʊŋ] 女 -/-en《ふつう単数で》(entwöhnen すること. 例えば:) 禁酒, 禁煙; 離乳.

ent·wọ̈l·ken[ɛntvœ́lkən] 他 (h) 再帰 *sich*^{4} ～ 雲がなくなる, 晴れる: Seine Miene 〈Stirn〉 *entwölkt* sich.《比》彼の表情が晴ればれとする.

ent·wọr·fen[ɛntvɔ́rfən] entwerfen の過去分詞.

ent·wụ̈r·di·gen[ɛntvʏ́rdɪgən][2] 他 (h)(…の)面目を失わせる, 辱める; おとしめる: 再帰 *sich*^{4} ～ 面目を失う, 品位を落とす ‖ *entwürdigende* Zustände 屈辱的な状況.

Ent·wụ̈r·di·gung[..gʊŋ] 女 -/-en entwürdigen すること.

Ent·wụrf[ɛntvʊ́rf] 男 -〔e〕s/..würfe[..vʏrfə] **1** 構想, 腹案; 案文, 草稿; (Gesetzentwurf) 議案;〘美〙下図, 原型: der ～ zu einem Roman 長編小説の腹案 | einen ～ machen 〈anfertigen〉(文書などの)下書きを作る | im ～ fertig sein 輪郭はできている | *et.*^{4} im ～ lesen …の草稿を読む. ▽**2** 立案. [＜entwerfen]

Ent·wụrfs·ge·schwin·dig·keit 女〘土木〙(道路の)設計速度.

ent·wụr·men[ɛntvʊ́rmən] 他 (h)(犬などを)回虫駆除する. [＜Wurm]

ent·wụr·zeln[ɛntvʊ́rtsəln]《06》他 (h)(木を)根こぎにする;《比》よりどころを奪う: Vorurteile ～ 先入観を完全に打破する ‖ ein *entwurzelter* Mensch よりどころ〈故郷〉を失った人.

Ent·wụr·ze·lung[..tsəlʊŋ] (**Ent·wụrz·lung**[..tslʊŋ]) 女 -/-en《ふつう単数で》entwurzeln すること.

ent·zau·bern[ɛnttsáubərn]《05》他 (h) **1** 魔力から解放する. **2** (…の)魔力〈魅力〉を失わせる: *entzaubert* sein 魔力〈魅力〉を失っている.

Ent·zau·be·rung[..bərʊŋ] 女 -/-en《ふつう単数で》entzaubern すること.

ent·zẹr·ren[ɛnttsɛ́rən] 他 (h)〘電・写〙(…の)ひずみを除

E

く, 補正〈補償〉する.

Ent·zẹr·rer[..rər] 男 -s/- 〘電・写〙 ひずみ補正器.

Ent·zẹr·rung[..rʊŋ] 女 -/-en 〘電・写〙 ひずみ補正.

ent·zie̱·hen*[ɛnttsí:ən] 《219》 **I** 他 (h) **1** 《*jm. et.*⁴》 (…から…を)取り去る, 奪い取る; (…から恩典・権利などを)取り上げる, 剝奪(はくだつ)する: *jm.* den Führerschein ～ …から運転免許証を取り上げる | *jm.* Alkohol 〈Nikotin〉 ～ …(中毒患者)にアルコール〈ニコチン〉を断たせる | *jm.* Blut ～ (瀉血(しゃけつ)によって)…から血を抜き取る | *et.*⁴ den Boden ～ (→Boden 2) | Sie *entzog* ihm ihre Hand. 彼女は(彼が握っていた)手を彼からひっこめた | *jm.* die Hilfe ～ …への援助を打ち切る | *jm.* die Rente ～ …の年金を停止する | *jm.* das Vertrauen ～ …を信頼することをやめる | *jm.* das Wort ～ (→Wort 3 a) ‖ einem Gerücht die Grundlage ～ うわさの根を断つ | dem Boden die Feuchtigkeit ～ (植物が)土壌から水分を吸い上げる. **2** 《*jn. et.*³》 (…を…から)遠ざける, 引き離す; (…を…から)守る: Sein Beruf *entzieht* ihn der Familie. 彼の職業は彼を家族から引き離す | *jn.* dem Zorn der Menge ～ …を群衆の怒りから守る. **3** 《話》《*jn.*》 (…にアルコール・麻薬などの)禁断療法を施す. **4** 再帰 *sich*⁴ *jm.* 〈*et.*³〉 ～ …から体を離す; …から逃れる | *sich*⁴ *js.* Umarmung ～ …の抱擁から逃れる | *sich*⁴ der Welt ～ 世間から身を引く | Er konnte sich ihrem Charme nicht ～. 彼は彼女の魅力から逃れることができなかった ‖ *sich*⁴ *seiner* Pflicht ～ 義務を怠る | *sich*⁴ der Verantwortung ～ 責任を逃れる | Der Gipfel *entzog* sich meinen Blicken. 山頂は私の視野から消えた | Das *entzieht* sich meiner Kenntnis. それは私の知らないことだ.

II 自 (h) 《話》 (アルコール・麻薬などの)禁断療法を受ける.

Ent·zie̱·hung[..tsí:ʊŋ] 女 -/ entziehen すること; 《話》 禁断療法: die ～ des Tabaks 禁煙させること.

Ent·zie̱·hungs≠an·stalt 女 禁断治療施設. ≠**er·schei·nung** 女 〘医〙 禁断現象〈症状〉. ≠**ku̱r** 女 〘医〙 (麻薬などの)禁断療法.

ent·zịf·fer·ba̱r[ɛnttsífərba:r] 形 解読〈判読〉し得る.

Ent·zịf·fe·rer[..tsífərər] 男 -s/- (暗号文などの)解読〈翻訳〉者.

ent·zịf·fern[ɛnttsífərn] 《05》 他 (h) (暗号・手稿などを)解読〈判読〉する; 《比》 解き明かす. [<Ziffer]

Ent·zịf·fe·rung[..fərʊŋ] 女 -/-en 解読, 判読; 解明.

ent·zo̱·gen[ɛnttsó:gən] entziehen の過去分詞; 過去 1・3 人称複数.

ent·zụ̈cken[ɛnttsʏ́kən] **I** 他 (h) 《*jn.*》 **1** 大いに喜ばせる; 魅惑する, うっとりさせる: Die Schönheit der Landschaft *entzückte* uns. その景色の美しさに我々はうっとりした | Ich bin von Ihrem Vorschlag *entzückt*. 私はあなたのご提案を大変すばらしいと思います. ▽**2** (entrücken) 〘聖〙 (天国へ)召す. **II Ent·zụ̈cken** 中 -s/ 歓喜, 大きな喜び, 恍惚(こうこつ)状態: *jn.* in helles ～ versetzen …を狂喜させる | Das war zum ～ schön. それはぞくぞくするほど美しかった | Er hörte zu seinem ～, daß … 彼は…を聞いて胸が躍った ‖ Das Bild rief überall ～ hervor. その絵はいたるところで人々をうっとりさせた. **III ent·zụ̈ckend** 現分 形 (reizend) 魅力的な, すばらしい: eine ～*e* Stimme 〈Landschaft〉 すてきな声〈風景〉 | Der Film war ～. 映画はすばらしかった ‖ ～ schön うっとりするほど美しい | In diesem Kleid siehst du ～ aus. この服を着た君はすてきだ. **IV ent·zụ̈ckt** 過分 形 魅惑された, 有頂天の: ein ～*er* Blick うっとりした視線〈目つき〉 | von *jm.* 〈*et.*³〉 ～ sein …に心をひかれて〈夢中になって〉いる.

Ent·zụ̈ckung[..kʊŋ] 女 -/-en＝Entzücken

Ent·zu̱g[ɛnttsú:k][1] 男 -[e]s/ entziehen すること: der ～ des Führerscheins 運転免許証取り上げ.

ent·zụ̈·geln[ɛnttsʏ́:gəln] 《06》 他 (h) 《雅》《*et.*⁴》 手綱を解く; 《比》 (…の)束縛〈抑制〉を取り除く.

Ent·zu̱gs≠er·schei·nung 女 禁断現象. ≠**schmerz** 男 〘医〙 禁断のさいの苦痛, 禁断痛. ≠**sym·pto̱m** 中 禁断症状. ≠**the·ra·pie** 女 禁断療法.

ent·zụ̈nd·ba̱r[ɛnttsʏ́ntba:r] 形 燃えやすい, 可燃性の; 《比》 興奮しやすい.

Ent·zụ̈nd·ba̱r·keit[–kaɪt] 女 -/ 可燃性, 引火性.

ent·zụ̈n·den[ɛnttsʏ́ndən][1] 《01》 他 (h) 燃え立たせる; 〘医〙〈傷・器官に〉炎症を起こさせる: ein Streichholz 〈ein Licht〉 ～ マッチ〈あかり〉をつける | den Haß 〈den Mut〉 ～ 憎しみ〈勇気〉をかき立てる ‖ 再帰 *sich*⁴ 〔von〕 selbst ～ 自然発火する | *sich*⁴ an *et.*³ ～ …から引火する | Daran *entzündete* sich ein Streit. そのことで争いが発生した | Sein Hals hat sich *entzündet*. 彼ののどが炎症を起こした ‖ Seine Augen sind *entzündet*. 彼の目はただれている.

ent·zụ̈nd·lich[..tsʏ́ntlɪç] 形 **1** 引火性の, 発火しやすい. **2** 〘医〙 炎症〔性〕の.

Ent·zụ̈n·dung[..tsʏ́ndʊŋ] 女 -/-en **1** 《単数で》〔sich〕 entzünden すること. **2** 〘医〙 炎症: eine akute 〈chronische〉 ～ 急性〈慢性〉の炎症 | eine eitrige ～ 化膿(かのう)性炎症 | Blinddarm*entzündung* 盲腸炎 | Lungen*entzündung* 肺炎.

ent·zụ̈n·dungs·hem·mend 形 〘医〙 炎症を抑える.

Ent·zụ̈n·dungs·he̱rd 男 〘医〙 炎症性病巣.

ent·zwe̱i[ɛnttsváɪ] 形 《述語的》 二つに割れた〈裂けた〉; 粉々になった; (一般に) 壊れた, 故障した; 《話》 へとへとに疲れた: Der Teller ist ～. 皿が割れた | Die Uhr ist ～. この時計は故障している ‖ die ～*e* Gipsfigur 《話》 壊れた石膏(せっこう)像.

entzwei.. 《分離動詞の前つづり. つねにアクセントをもつ. 「二つに・粉々に」を意味する》 [< *ahd.* in zwei „in zwei (Teile)"]

ent·zwe̱i≠|bei·ßen* 《13》 他 (h) (二つに)かみ割る〈裂く〉, かみ砕く. ≠|**bre·chen*** 《24》 **I** 他 (h) (二つに)折る. **II** 自 (s) (二つに)折れる, 割れる: Sein Herz *brach* ihm *entzwei*. 彼は胸がはり裂ける思いがした.

ent·zwe̱i·en[ɛnttsváɪən] 他 (h) 不和にする, 仲たがいさせる: Ein Mißverständnis hat sie *entzweit*. 誤解が彼らを仲たがいさせた ‖ 再帰 *sich*⁴ mit *jm.* ～ …と仲たがいする〈相争う〉.

ent·zwe̱i≠|ge·hen* 《53》 自 (s) (二つに)割れる〈裂ける〉; 粉々に砕ける. ≠|**ma·chen** 他 (h) (二つに)壊す, 裂く. ≠|**rei·ßen*** 《115》 **I** 他 (h) (二つに)引き裂く; びりびり〈ずたずた〉にやぶく. **II** 自 (s) 引き裂ける. ≠|**schla̱·gen*** 《138》 他 (h) (二つに)打ち壊す; 粉々に砕く. ≠|**schnei·den*** 《148》 他 (h) 両断する; 切り刻む, 寸断する. ≠|**sprin·gen*** 《179》 自 (s) はじけ割れる, 真っ二つになる.

Ent·zwe̱i·ung[ɛnttsváɪʊŋ] 女 -/-en 不和, あつれき, 争い; 分裂.

Enu·klea·tio̱n[enukleatsió:n] 女 -/-en 〘医〙 摘出.

enu·kle·i̱e·ren[..í:rən] 他 (h) **1** 〘医〙 (外科手術によって)摘出する. ▽**2** (erläutern) 説明〈解説〉する. [*lat.* ēnucleāre „ent-kernen"; ◇Nukleus]

Enu·me·ra·tio̱n[enumeratsió:n] 女 -/-en (Aufzählung) 数えあげること; 枚挙, 列記; 〘論〙 枚挙法. [*lat.*]

Enu·me·ra·tio̱ns·prin·zi̱p 中 -s/ 〘法〙 列挙主義.

enu·me·ri̱e·ren[..rí:rən] 他 (h) 数えあげる, 枚挙〈列記〉する. [*lat.*; <ex..[1]]

Enun·zia·tio̱n[enʊntsiatsió:n] 女 -/-en **1** (Aussage) 言表, 陳述. **2** (Erklärung) 宣言, 言明. **3** (Bekanntmachung) 公表, 公示. **4** (Satz) 命題. [*lat.*; ◇Nuntius]

En·ure̱·se[enuré:zə] 女 -/-n (Bettnässen) 〘医〙 遺尿症. [<*gr.* en-oureīn „ein-pissen" (◇uro..)]

▽**En·ve·lo̱p·pe**[ãvəlɔ́p(ə)] 女 -/-n[..pən] (Decke) 覆い; (Umschlag) 封筒; アンヴェロプ(19世紀初頭に流行したマントの一種); (Hüllkurve) 〘数〙 包絡線〈面〉; 〘軍〙 蔽障(へいしょう). [*fr.*; ◇ *engl.* envelope]

▽**En·vers**[ãvé:r, ãvɛ́:r] 男 -[–(s)]/-[–s] (Kehrseite) 裏面; 逆. [*fr.* „verkehrt"; ◇invers]

En·vi·ron·ment[ɪnváɪərənmənt] 中 -s/-s 〘美〙 環境芸術. [*engl.*; <*afr.* viron „Kreis"]

En·vi·ron·to·lo·gi̱e[ɛnvirɔntologí:] 女 -/ 環境調査.

en vogue[ãvó:k, ãvɔ́g] 《フランス語》 (im Schwange) 流行して, 人気のある.

E

En·voyé[ãvoajé:] 男 -s/-s (Gesandte) 外交使節,(特に:) 公使. [*fr.*; <en..²+*lat.* via (→via)]
..enz[..ɛnts] →..anz
En·ze·pha·li·tis[ɛntsefalí:tɪs] 女 -/..tiden[..lití:dən] (Gehirnentzündung) 〘医〙脳炎. [<..itis]
En·ze·pha·lo·gramm[..lográm] 中 -s/-e 〘医〙脳造影(撮影)図.
En·ze·pha·lo·gra·phie[..grafí:] 女 -/-n[..fí:ən] 脳造影(撮影)(法), 脳写. [<*gr.* eg-képhalos „Gehirn" (◇kephalo..)]
En·zian[ɛ́ntsia:n] 男 -s/-e **1** 〘植〙リンドウ(竜胆)属(根を胃の薬に用いる). **2** リンドウの根で薬味をきかせたブランデー. [*lat.* gentiāna−*ahd.*; ◇*engl.* gentian]
En·zy·kli·ka[ɛntsý:klika·, ..tsʏ́k..] 女 -/..ken[..kən] (ローマ教皇の)回勅.
en·zy·klisch[..klɪʃ, ..tsʏ́k..] 形 円形を描く: ～*e* Bildung (中世の7自由科目による)円環(一般)教育(→Artes liberales). [*spätlat.*; <*gr.* eg-kýklios „zirkulierend" (◇Zyklus)]
En·zy·klo·pä·die[ɛntsyklopɛdí:] 女 -/-n[..dí:ən] 百科事典(全書). [*mlat.*−*fr.*; <*gr.* eg-kýklios „allgemein"+paideíā „Erziehung" (◇pädo..)]
En·zy·klo·pä·di·ker[..pɛ́:dikər] 男 -s/- 百科事典(全書)編者.
en·zy·klo·pä·disch[..pɛ́:dɪʃ] 形 百科にわたる; 博識な: ein ～*es* Wörterbuch 百科事典 | ein ～ gebildeter Mensch 広範な知識をもつ人.
En·zy·klo·pä·dist[..pɛdíst] 男 -en/-en (フランス18世紀の)大百科全書の編者, 百科全書派の人. [*fr.* encyclopédiste]
En·zym[ɛntsý:m] 中 -s/-e (Ferment) 〘生化学〙酵素.
en·zy·ma·tisch[ɛntsymá:tɪʃ] 形 〘生化学〙酵素による, 発酵性の. [<en..¹+*gr.* zýmē (→zymisch)]
En·zy·mo·lo·gie[..tsymologí:] 女 -/ 酵素学.
en·zy·stie·ren[ɛntsʏstí:rən] 自 (h) 〘生〙包嚢(ほうのう)する. [<en..¹+zysto..; ◇*engl.* encyst]
eo 《ラテン語》 →*eo* ipso
e. o. 略 =ex officio
eo ip·so[é:o· ípso·] 《ラテン語》 (eben dadurch) それゆえにこそ, すなわち; (von selbst) おのずから, 当然.
Eo·lith[eolí:t, ..lít] 男 -s/-e; -en/-en 〘地〙エオリス, 原始石, 原石器.
Eos[é:ɔs] 人名 〘ギ神〙エオス(あけぼのの女神. ローマ神話の Aurora に当たる). [*gr.* héōs „Morgenröte"−*lat.*; ◇Osten]
Eo·sin[eozí:n] 中 -s/ 〘化〙エオシン(赤色染料). [[<..in²]
eo·si·nie·ren[eoziní:rən] 他 (h) (エオシンで)赤く染める.
eo·zän[eotsɛ́:n] **I** 形 始新世の. **II Eo·zän** 中 -s/ 〘地〙始新世. [<*gr.* kainós „neu"]
Eo·zoi·kum[eotsó:ikʊm] 中 -s/ 〘地〙暁生(ぎょうせい)代.
eo·zo·isch[..tsó:ɪʃ] 形 暁生代の. [<zoo..]
ep.. →epi..
Ep·ago·ge[epagogé:, ɛp(ǀ)a..] 女 -/ 〘論〙帰納法. [*gr.*; <*gr.* ep-ágein „herbei-führen" (◇Agon)]
ep·ago·gisch[..gó:gɪʃ] 形 (induktiv) 帰納的な.
Ep·ak·te[epáktə, ɛp(ǀ)ák..] 女 -/-n **1** 歳首月齢(1月1日の月齢). **2** 〘天〙加日(太陽暦1年と太陰暦12か月の日数差, 約11日). [*gr.*−*spätlat.*]
Ep·ana·lep·se[epanalɛ́psə, ɛp(ǀ)a..] 女 -/-n, **Ep·ana·lep·sis**[..ná:lɛpsɪs] 女 -/..lepsen[..nalɛ́psən] **1** 〘修辞〙隣接語句反復(例 Geh! Geh! Tu, was er sagt! 行け 行け 彼の言うとおりにしろ). **2** =Anadiplose [*gr.*−*lat.*; <*gr.* ep-analambánein „wieder aufnehmen"]
Ep·an·odos[epá(:)nodɔs, ɛp(ǀ)á(:)..] 女 -/..doi[..dɔʏ] 〘修辞〙**1** 倒置反復(前文の語順を逆にして繰り返す語法. 例 Das Ende ist nah, nah ist das Ende. 終わり間近し 間近し終わり). **2** (前文の各項の)反復敷衍(ふえん). [*gr.*; ◇Anode]
Eparch[epárç, ɛp(ǀ)árç] 男 -en/-en **1** (ギリシア正教の)主教. **2** (東ローマ帝国の)州都督. [*gr.*; <epi..+..archie]
Epar·chie[eparçí:, ɛp(ǀ)a..] 女 -/-n[..çí:ən] **1** (ギリシア正教の)主教区. **2** (東ローマ帝国の)州, 郡. [*gr.*]
Epau·let·te[epolɛ́tə] 女 -/-n (**Epau·lett**[..lɛ́t] 中 -s/-s) (士官の)房つき肩章. [*fr.*; <*fr.* épaule „Schulter" (◇Spatel)]
Epei·ro·ge·ne·se[epaɪrogené:zə] 女 -/-n =Epirogenese
Epei·ro·pho·re·se[..foré:zə] 女 -/-n 〘地〙エパイロフォレーゼ(大陸の水平移動). [<*gr.* ḗpeiros „Festland"+..phor]
Epen Epos の複数.
Ep·en·the·se[epɛnté:zə, ɛp(ǀ)ɛ..] 女 -/-n, **Ep·en·the·sis**[epɛ́ntezɪs, ɛp(ǀ)ɛ́..] 女 -/..sen[..ɛnté:zən] 〘言〙(発音を容易にするための)語中音挿入(例 namentlich, wissentlich の t). [*spätlat.*; <*gr.* én-thesis „Hineinstecken"]
ep·en·the·tisch[epɛnté:tɪʃ, ɛp(ǀ)ɛ..] 形 〘言〙語中音(字)挿入の(による).
Ep·ex·ege·se[epɛksegé:zə, ɛp(ǀ)ɛ..] 女 -/-n 〘修辞〙並列的敷衍(ふえん)語句(例 drunten im Tal 下の谷間で). [*gr.*]
ep·ex·ege·tisch[..gé:tɪʃ] 形 説明的補足の.
Ephe·be[efé:bə] 男 -n/-n (古代ギリシアの18-20歳の)青年, 若者, 壮丁. [*gr.*−*lat.*; <epi..+*gr.* hḗbē „Mannbarkeit" (◇Hebe)]
Ephe·bie[efebí:] 女 -/ **1** 青年期, 壮丁年齢. **2** 〘医〙(男性の)思春期.
ephe·bisch[efé:bɪʃ] 形 青年(若者)の; 青年(若者)らしい; 成人した, 丁年に達した.
Ephe·bo·phi·lie[efebofilí:] 女 -/ 青年に対する同性愛.
Ephe·dra[é(:)fedra·] 女 -/..drae[..drɛ·], ..dren[efé:drən] 〘植〙マオウ(麻黄)(喘息(ぜんそく)の特効薬エフェドリンの原料). [*gr.*−*lat.*; <epi..+..eder]
Ephe·drin[efedrí:n] 中 -s/ 商標 〘薬〙エフェドリン(せき止め剤).
Eph·eli·den[efelí:dən] 複 (Sommersprosse) 〘医〙そばかす, 雀卵斑(はん), 夏日斑. [*gr.* éphēlis]
eph·emer[efemé:r] 形 (eintägig) 1日(かぎり)の, 1日の命の; 《比》一時的の, つかの間の, はかない: eine ～*e* Erscheinung 一時的な現象. [*gr.*; <epi..+*gr.* hēmérā „Tag"]
Eph·eme·ri·de[..merí:də] 女 -/-n **1** (Eintagsfliege) 〘虫〙カゲロウ(蜉蝣); 《比》きわめて短命なもの, 一時的な現象. **2** 《ふつう複数で》天文暦(表). **3** 〘医〙一日熱. **4** 《複数で》日誌, 日刊新聞類.
eph·eme·risch[..mé:rɪʃ] =ephemer
Ephe·ser[é(:)fezər] **I** 男 -s/- 〘聖〙エペソ(エフェソス)人: der Brief des Paulus an die ～ (新約聖書の)エペソ人への手紙. **II** 形 《無変化》エペソの: der ～ Artemistempel エペソのアルテミス神殿(→Ephesus).
Ephe·ser·brief 男 〘聖〙エペソ人への手紙.
Ephe·sus[é(:)fezʊs] (**Ephe·sos**[..zɔs]) 地名 エペソ, エフェソス(小アジアにあった古代ギリシアの都市): der Tempel der Artemis zu ～ エペソのアルテミス神殿(古代の世界七不思議の一つ). [*gr.*(−*lat.*)]
Epheu[é:fɔʏ] 男 -s/ =Efeu
Ephial·tes[efiáltɛs] 人名 〘史〙エピアルテス (Thermopylen の戦い(前480)のとき, ペルシア軍に内通してスパルタ軍の背後を突かせたギリシア人. 以後, 裏切り者の代名詞). [*gr.*−*lat.*]
Ephor[efó:r] 男 -en/-en エフォロイ(古代ギリシアで毎年5名選出された最高監督官). [*gr.*−*lat.*; <*gr.* ep-horān „auf-sehen" (◇wahren)]
Epho·rat[eforá:t] 中 -(e)s/-e **1** Ephor の職. **2** Ephorus の職.
Epho·ren Ephor, Ephorus の複数.
Epho·rie[eforí:] 女 -/-n[..rí:ən] Ephorus の管轄区. [*gr.*]
Epho·rus[é(:)forʊs] 男 -/..phoren[efó:rən] (Superintendent) 〘新教〙(改革教会の)監督; 神学校校長. [*gr.*

–*lat.*]

Ephraim[é:fra·ɪm, éf..] 男名 エーフライム. [*hebr.* „doppelt fruchtbar"]

epi.. 《名詞などにつけて「上・外・次・超過」などを意味する. 母音の前では ep.. となる》: *Epi*dermis 〘生〙 表皮 | *Ep*onym 〘言〙 エポニム(人名に由来する普通名詞). [*gr.*; ◇ob..]

Epi·cö·num[epitsø:nʊm] 中 -s/..na[..na·] 〘言〙 兼性名詞(動物などについて文法上の性にかかわりなく雌雄双方を表すもの. ㊞ Giraffe 女 キリン, Sperling 男 スズメ). [*gr.*–*lat.*; <*gr.* koinós „gemeinsam" (◇kon..); ◇*engl.* epicene]

Epi·de·mie[epidemí:] 女 -/-n[..mí:ən] (Seuche) 流行病, 疫病. [*gr.* epi-dēmíā (nósos) „im Volk verbreitete (Krankheit)"–*mlat.*; ◇Demos]

Epi·de·mio·lo·gie[..demiologí:] 女 -/ 〘医〙 疫学, 流行病学.

epi·de·mio·lo·gisch[..ló:gɪʃ] 形 疫学〔上〕の, 流行病学上の.

epi·de·misch[..dé:mɪʃ] 形 流行性の, 流行〔病〕の.

epi·der·mal[epidɛrmá:l] 形 〘生〙 表皮の.

Epi·der·mis[..dɛ́rmɪs] 女 -/..men[..mən] (Oberhaut) 〘解〙 表皮. [*gr.*–*spätlat.*; ◇Derma]

Epi·dia·skop[epidiaskó:p] 中 -s/-e エピディアスコープ(幻灯装置の一種). [◇Episkop]

Epi·ge·ne·se[epigené:zə] 女 -/-n (↔Präformation) 〘生〙 後成説, 漸〈新〉生説(ヴォルフ C. Fr. Wolff によって唱えられた有機体発生理論).

epi·ge·ne·tisch[..né:tɪʃ] 形 後成説の, 漸〈新〉生説の.

epi·go·nal[epigoná:l] =epigonenhaft [<..al[1]]

Epi·go·ne[epigó:nə] 男 -n/-n 亜流, (独創性のない)模倣者, エピゴーネン. [*gr.* epí-gonoi „Nach-geborene"; ◇Genus]

epi·go·nen·haft[..nənhaft] 形 亜流の, (独創性のない)模倣の.

Epi·go·nen·tum[..tu:m] 中 -s/ Epigone であること, 模倣〈追随〉主義; 《集合的に》亜流の人々.

Epi·gramm[epigrám] 中 -s/-e (Sinngedicht) エピグラム, 格言〈寸鉄〉詩; (古代ギリシアの)題銘, 題詞. [*gr.*–*lat.*]

Epi·gram·ma·tik[..gramá(:)tɪk] 女 -/ エピグラムの技法.

Epi·gram·ma·ti·ker[..má(:)tikər] 男 -s/- エピグラムの作者.

epi·gram·ma·tisch[..má(:)tɪʃ] 形 エピグラムの, 警句ふうの, ずばりと〈的確に〉言い切る.

Epi·graph[epigrá:f] 中 -s/-e (Inschrift) (古代の)碑銘, 碑文, 金石文. [*gr.*; <*gr.* epi-gráphein „draufschreiben"]

Epi·gra·phik[..fɪk] 女 -/ 碑銘研究, 金石学.

Epi·gra·phi·ker[..fikər] 男 -s/- 碑銘研究家, 金石学者.

epi·gyn[..gý:n] 形 (↔hypogyn) 〘植〙 (花が)子房下位の.

Epik[é:pɪk] 女 -/ 叙事詩〈文学〉; 説話文学. [<episch]

Epi·karp[epikárp] 中 -s/-e 〘植〙 外果皮. [<*gr.* karpós „Frucht"]

Epi·ker[é:pikər] 男 -s/- 叙事詩人; 〔長編〕物語作家. [<Epik]

Epi·kle·se[epiklé:zə] 女 -/-n エピクレシス(東方正教会での聖霊降下を求める祈り). [*gr.*; <*gr.* epi-kaleīn „anrufen"]

Epi·kri·se[epikrí:zə] 女 -/-n **1** 〘医〙 断定, 結論. **2** 〘医〙 二次性分利. [*gr.*; <*gr.* krī́nein (→Krise)]

Epi·ktet[epikté:t, epɪkt..] 人名 エピクテトス(50頃-138; ローマ帝政期のストア派哲学者).

Epi·kur[epikú:r] 人名 エピクロス(前341-271; 精神的快楽を追求した古代ギリシアの哲学者). [*gr.*–*lat.*]

Epi·ku·re·er[..kuré:ər] 男 -s/- エピクロス学派の哲学者; 《比》(Genußmensch) 享楽〈快楽〉主義者.

epi·ku·re·isch[..ɪʃ] 形 エピクロス〔学派〕の; 《比》享楽〈快楽〉主義の.

Epi·ku·re·is·mus[..reísmʊs] 男 -/ エピクロス学説; 《比》享楽〈快楽〉主義.

epi·ku·risch[..kú:rɪʃ] =epikureisch

Epi·la·tion[epilatsió:n] 女 -/-en (Enthaarung) 除毛, 抜毛; 〘医〙 (病気などによる)脱毛. [◇epilieren]

Epi·lep·sie[epilɛpsí:] 女 -/-n[..sí:ən] (Fallsucht) 〘医〙 癲癇(てんかん). [*gr.*–*spätlat.*–*fr.*]

Epi·lep·ti·ker[..lɛ́ptikər] 男 -s/- (Fallsüchtiger) 癲癇(てんかん)患者.

epi·lep·tisch[..tɪʃ] 形 癲癇(てんかん)〔性〕の: einen ～*en* Anfall bekommen 癲癇の発作を起こす.

epi·lie·ren[epilí:rən] 他 (h) (enthaaren) 〘医〙 (…の)毛を抜く, 脱毛させる. [<ex..[1]+*lat.* pilus (→pflücken)]

Epi·lim·nion[epilímniɔn] (**Epi·lim·nium** [..niʊm]) 中 -s/..nien[..niən] 〘地〙 (水深7-30m にある湖沼の)表水層. [<*gr.* límnē „Teich"]

Epi·log[epiló:k][1] 男 -s/-e (↔Prolog) エピローグ, 結語, 結び; 〘劇〙 エピローグ. [*gr.*–*lat.*; ◇*engl.* epilogue]

Epi·na·stie[epinastí:] 女 -/-n[..tí:ən] 〘植〙 上偏生長.

epi·na·stisch[..nástɪʃ] 形 上偏生長の.

Epin·glé[epɛ̃glé:] 男 -[s]/-s 輪奈(わな)織り. [*fr.*; <*fr.* épingle „Nadel" (◇Spina)]

Epi·ni·kion[epiní:kiɔn] 中 -s/..kien[..kiən] (古代ギリシアの)勝利者の讃歌. [*gr.*; ◇Nike]

Epi·pa·läo·li·thi·kum[epipalɛolí(:)tikʊm, ..lít..] 中 -s/ 〘考古〙 中石器時代.

Epi·pha·nia[epifá:nia·, ..faní:a·] 女 -/, **Epi·pha·nias**[..fá:nias] 中 -/ =Epiphanie

Epi·pha·nias·fest 中 =Epiphanie 2

Epi·pha·nie[epifaní:] 女 -/ **1** (Theophanie) 神の顕現, 公現. **2** 〘カトリック〙 主の公現(こうげん)〔の祝日〕; 〘新教〙 公現日, 顕現日(1月6日). [*gr.* epi-pháneia „Erscheinung"]

Epi·pha·ni·en·fest[epifá:niən..] 中 =Epiphanie 2

Epi·phä·no·men[epifɛnomé:n] 中 -s/-e (Begleiterscheinung) 付帯〈随伴〉現象.

Epi·pher[epí(:)fər, ..fɛr] 女 -/-n =Epiphora 2

Epi·pho·ra[epí(:)fora·] 女 -/..rä[..rɛ·] **1** (Tränenfluß) 〘医〙 涙漏(るいろう). **2** (↔Anaphora) 〘修辞〙 結句反復 (㊞ Er will *alles*, kann *alles*, tut *alles*. 彼は何でもする気があり 何でもでき 何でもする). [*gr.* epi-phorā́ „Hinzufügen" 〔–*lat.*〕; ◇..phor]

epi·pho·risch[epifó:rɪʃ] 形 (↔anaphorisch) 〘修辞〙 結句反復の.

Epi·phyl·lum[epifýlʊm] 中 -s/..llen[..lən] 〘植〙 クジャクサボテン(孔雀仙人掌). [<*gr.* phýllon „Blatt"]

Epi·phy·se[epifý:zə] 女 -/-n 〘解〙 **1** (管状骨の)骨端. **2** (Zirbeldrüse) 松果体. [*gr.*; <*gr.* epi-phýesthai „drauf-wachsen"]

Epi·phyt[..fý:t] 男 -en/-en 〘植〙 着生植物; 植物着生植物.

epi·ro·gen[epirogé:n] 形 〘地〙 造陸の, 造陸作用〈運動〉による. [<*gr.* épeiros „Festland" (◇Ufer)]

Epi·ro·ge·ne·se[..gené:zə] 女 -/-n 〘地〙 (地殻の)造陸作用〈運動〉.

epi·ro·ge·ne·tisch[..né:tɪʃ] =epirogen

episch[é:pɪʃ] 形 叙事詩〔ふう〕の; 説話体の: ein ～*es* Gedicht 叙事詩 | ～*e* Dichtung 叙事〈説話〉文学. [<Epos]

Epi·sio·to·mie[epiziotomí:] 女 -/-n[..mí:ən] 〘医〙 (出産の際の)会陰(えいん)〔側〕切開術. [<*gr.* epíseion „Schamgegend"]

Epi·sit[epizí:t] 男 -en/-en 〘動〙 肉食動物. [<*gr.* sī̃tos „Getreide, Speise"]

Epi·skle·ri·tis[episklerí:tɪs] 女 -/..tiden[..rití:dən] 〘医〙 上強膜(きょうまく)炎.

Epi·skop[episkó:p, epɪs..] 中 -s/-e エピスコープ(投影装置の一種). [<*gr.* epi-skopeīn „an-blicken"]

epi·sko·pal[epɪskopá:l] 形 (bischöflich) 司教〈主教・監督〉の. [*kirchenlat.*; ◇..al[1]]

Epi·sko·pa·le[..pá:lə] 男 -n/-n 監督教会〈イギリス聖公会〉教徒.

Epi·sko·pa·lis·mus[..palísmʊs] 男 -/ =Episkopalsystem

Epi·sko·pa·list[..palíst] 男 -en/-en 司教制主義者; 監督教会〈イギリス聖公会〉教徒.

Epi·sko·pal≈kir·che[..pá:l..] 女 監督教会, イギリス聖公会. **≈sy·stem** 中 **1**〘カトリック〙司教制〔主義〕, 司教団首位制(最高教権の所在を教皇よりも司教全体におく主義). **2**〘新教〙監督制〔主義〕.

Epi·sko·pat [epɪskopá:t] 男 中 -[e]s/-e **1**《集合的に》司教団. **2** Episkopus の職〈任期・管轄〉. [*kirchenlat.*]

epi·sko·pisch[..kó:pɪʃ] 形 **1** =episkopal **2** エピスコープ (Episkop) の.

Epi·sko·pus[epískopʊs] 男 -/..pi[..pi·] (Bischof)〘カトリック〙司教;〘新教〙主教, 監督;〘東方正教会・英国教会〙主教. [*gr.* epí-skopos „Auf-seher"–*kirchenlat.*]

Epi·so·de[epizó:də] 女 -/-n 挿話, エピソード;〘楽〙エピソード;〘劇〙劇の本筋と関係のない筋;〘地〙エピソード(大きな一つの侵食輪廻(りんね)の間にはさまれる小輪廻). [*gr.–fr.*; <epi..+*gr.* éis-odos „Ein-gang"]

epi·so·den·haft[..dənhaft] 形 挿話〈エピソード〉ふうの, 簡単な, 短い.

Epi·so·den≈rol·le 女 わき役. **≈spie·ler** 男 わき役〔を演じる役者〕.

epi·so·disch[..dɪʃ] 形 **1** =episodenhaft **2** ~*e* Gewässer〘地〙(水がかれることもある)間欠性河川.

Epi·spa·die[epispadí:, epɪs..] 女 -/-n[..dí:ən]〘医〙〔先天性〕尿道上裂. [<*gr.* spãn „zerreißen"]

Epi·sta·se[epistá:zə] 女 -/-n (**Epi·sta·sie**[..stazí:] 女 -/-n[..zí:ən]) (↔Hypostase)〘遺伝〙(遺伝子効果の)上位.

Epi·sta·xis [epistáksɪs, epɪs..] 女 -/ (Nasenbluten)〘医〙鼻血, 鼻出血. [<*gr.* epi-stázein „drauf-tröpfeln"]

Epi·stel[epístəl] 女 -/-n (格式ばった)手紙, 書簡; (Apostelbrief) (新約聖書の)使徒書簡; (ミサの際の)書簡朗読: *jm.* die ~ lesen《比》…に訓戒を与える. [*gr.* epistolḗ–*lat.–mhd.*; <*gr.* epi-stéllein „hin-schicken"; ◇*engl.* epistle]

Epi·stel·sei·te 女 (↔Evangelienseite)〘カトリック〙(祭壇の)書簡側(正面祭壇の右側で, 司祭が書簡朗読をする側).

epi·ste·misch[epɪsté:mɪʃ] 形 **1** 知識に関する. **2** (↔deontisch)〘論・言〙認識様態的な, 陳述緩和的な.

Epi·ste·mo·lo·gie[epɪstemologí:] 女 -/ (Erkenntnislehre)〘哲〙認識論. [*engl.*; <*gr.* epistḗmē „Wissen"]

epi·ste·mo·lo·gisch[..ló:gɪʃ] 形 認識論の.

Epi·sto·lar[epɪstolá:r] 中 -s/-e, **Epi·sto·la·rium**[..riʊm] 中 -s/..rien[..riən]〘カトリック〙(ミサでの副助祭のための)朗読用使徒書簡集. [*mlat.*; ◇Epistel]

Epi·sto·lo·gra·phie[..lografí:] 女 -/-n[..fí:ən]《ふつう単数で》手紙の書き方.

Epi·stro·pheus[epístrofɔʏs, epistró:feʊs] 男 -/〘解〙第二頸椎(けいつい). [<*gr.* epi-stréphein „um-drehen"]

Epi·styl[epistý:l, epɪs..] 中 -s/-e, **Epi·sty·lion**[..liɔn] 中 -s/..lien[..liən] (Architrav)〘建〙柱頭, アーキトレーブ(→ 図 Gebälk). [*gr.–lat.*; <*gr.* stȳlos „Säule"]

Epi·taph[epitá:f] 中 -s/-e, **Epi·ta·phium**[..fiʊm] 中 -s/..phien[..fiən] 銘文, 墓碑銘; (教会の内壁などに作り付けた)墓碑銘入りの記念盤(→ 図). [*gr.* epi-táphios 〔lógos〕–*lat.*; <*gr.* táphos „Leichenfeier, Grab"]

Epitaph

Epi·ta·sis[epí:tazɪs] 女 -/..tasen[epitá:zən]〘劇〙(Protasis に続く劇的事件の)展開部. [*gr.–lat.*; <*gr.* teínen „strecken"]

Epi·tha·la·mium[epitalá:miʊm] 中 -s/..mien[..miən] (古代ギリシア・ローマの)祝婚歌. [*gr.–lat.*; <*gr.* thálamos (→Thalamus)]

Epi·thel[epité:l] 中 -s/-e〘解〙上皮. [<*gr.* thēlḗ „Zitze"]

Epi·thel·ge·we·be 中〘解〙上皮組織.

epi·the·lial[..teliá:l] 形 上皮の. [<..al[1]]

Epi·the·liom[..telió:m] 中 -s/-e〘医〙上皮〔細胞〕腫(しゅ). [<..om]

Epi·the·lium[..té:liʊm] 中 -s/..lien[..liən]=Epithel

Epi·thel·kör·per·chen 複〘解〙上皮小体.

Epi·the·se[epité:zə] 女 -/-n〘言〙添音(発音を容易にするため語末に音声を加えること. 例 jemand< 中世ドイツ語 ieman だれか). [*gr.*; <*gr.* epi-tithénai „dran-setzen"]

Epi·the·ton[epí(:)tetɔn] 中 -s/..ta[..ta·]〘言〙形容詞〈語〉, 形容語句. [*gr.* epí-thetos „hinzu-gefügt"]

Epi·the·ton or·nans[– ɔ́rnans] 中 – -/..ta ..nantia[..ta· ɔrnántsia·]〘言〙(すでに名詞に内在する属性を明示するにすぎない)装飾的形容詞〈語〉(例 *grüne* Wiese 緑の草原). [<*lat.* ōrnāre (→Ornat)]

Epi·to·ma·tor[epitomá:tɔr, ..to:r] 男 -s/-en[..mató:rən] 抜粋〈抄録〉者, 梗概(こうがい)作者. [*mlat.*]

Epi·to·me[epí(:)tome·] 女 -/-n[epitó:mən] (文芸作品・学術的著作などの)抜粋, 抄録; 要約, 摘要, 梗概(こうがい). [*gr.–lat.*; ◇..tomie]

Epi·tra·che·lion[epitraxé:liɔn] 中 -s/..lien[..liən] (東方正教会司祭の)頸垂(けいすい)帯. [*mgr.*; <*gr.* tráchēlos „Nacken"]

Epi·trit[epitrí:t] 男 -en/-en 〘詩〙3 長 1 短格 (–––◡). [*gr.–lat.*; <*gr.* trítos „dritt"]

Epi·zen·tral·ent·fer·nung[epitsɛntrá:l..] 女〘地〙震央距離(ある地点から震央までの距離).

Epi·zen·trum[..tsɛ́ntrʊm] 中 -s/..tren[..trən]〘地〙震央(震源地の真上の地表上の地点).

Epi·zeu·xis[epitsɔ́ʏksɪs] 女 -/〘修辞〙畳語法(同一語をたたみかけて反復強調すること). [*gr.–spätlat.*; <*gr.* epizeugnýnai „an-jochen" (◇Zeugma)]

Epi·zo·on[epitsó:ɔn] 中 -s/..zoen[..tsó:ən], ..zoa[..tsó:a·]〘動〙外皮寄生虫; 動物体付着生物(動物の体表に着生する動物). [<zoo..]

Epi·zoo·tie[..tsootí:] 女 -/-n[..tí:ən] (Viehseuche) (家畜の)流行病, 獣疫.

Epi·zy·kel[epitsý:kəl] 男 -s/-〘数〙周転円. [*gr.–spätlat.*; ◇Zyklus; *engl.* epicycle]

Epi·zy·klo·ide[..tsykloí:də] 女 -/-n (↔Hypozykloide)〘数〙外サイクロイド, 外擺(がいはい)線.

epo·chal[epɔxá:l] 形 **1** 画期的な, 劇的〈センセーショナル〉な;《話》破天荒の: ein ~*er* Augenblick 劇的な一瞬 | Das ist ja eine ~*e* Idee! そいつはすばらしい考えだ. **2** 時期ごとの: ~*er* Unterricht 学科を(並行的にではなく)一つずつ修了させてゆく授業方法.

Epo·che[1][epɔ́xə] 女 -/-n **1** (特徴的な歴史上の)時期, エポック; 新時代の始まり: Das war eine entscheidende ~ in seinem Leben. それは彼の生涯にとって決定的な転換期であった | ~ **machen** 新時代を画する, 新紀元を開く(フランス語 faire époque の翻訳借用). **2**〘地〙世(せ), 期;〘天〙元期(がんき)(惑星軌道要素の一つ). [*gr.–mlat.*]

Epo·che[2][epɔxé:] 女 -/〘哲〙エポケー, 判断中止. [*gr.*; <*gr.* ep-échein „fest-halten"]

epo·che·ma·chend[epɔ́xə..] 形 エポックメーキング〈画期的〉な, 劇的〈センセーショナル〉な: eine ~*e* Erfindung 画期的な発明.

Ep·ode[epó:də, ɛp(|)ó:də] 女 -/-n エポードス(長短句交互の古代叙情詩形, または合唱歌などの歌謡第 3 段). [*gr.–lat.*; <*gr.* ep-aeídein „dazu singen" (◇Ode)]

Ep·onym[eponý:m] 中 -s/-e〘言〙人名に基づく〔普通〕名詞(例 Diesel ディーゼルエンジン〈車〉). [*gr.* ep-ṓnymos „zu-benannt"; <*gr.* ónyma „Name" (◇Name)]

Epos[é:pɔs] 中 -/Epen[é:pən] (ᵛ**Epo·pöe**[epopǿ:(ə)] 女 -/-n[..pǿ:ən])〔英雄〕叙事詩. [*gr.* épos „Wort"〔+*gr.* poieĩn „dichten"〕]

Ep·pich[ɛ́pɪç] 男 -s/-e **1** (Petersilie) パセリ; (Selle-

E

rie) セロリ. **2** 《雅》(Efeu) キヅタ(木蔦). [*lat.* apium －*ahd.*]

Epreuve[eprǿ:f, eprœ́:v] 女 -/-s[eprǿ:fs, eprœ́:v] (Probeabzug) (版画などの)試し刷り. [*fr.*; ◇Probe]

Eprou·vette[epruvɛ́t] 女 -/-n[..tən] 《オーストリア》試験管. [*fr.*]

Ep·si·lon[ɛ́psilɔn] 中 -〔s〕/-s エプシロン(ギリシア字母の第5字: *E, ε*). [*gr.* è psīlón „nacktes e"]

Eque·strik[ekvɛ́strɪk] 女 -/ (特にサーカスの)曲馬術. [<*lat.* equus „Pferd"]

Equi·li·brist[ekvilibrɪ́st] 男 -en/-en ＝Äquilibrist

Equi·li·bri·stik[..brɪ́stɪk] 女 -/ ＝Äquilibristik

equi·li·bri·stisch[..brɪ́stɪʃ] ＝äquilibristisch

Equi·li·brium[..lí:briʊm] 中 ＝Äquilibrium

Equi·pa·ge[ek(v)ipá:ʒə; オーストリア: ekvipá:ʒ] 女 -/-n[..ʒən] **1** (豪華な)馬車. ᵛ**2** 乗組〈搭乗〉員. ᵛ**3** 装備; (士官の)装具, 行李(こうり), 輜重(しちょう). [*fr.*; <..age]

Equipe[ek(v)íp] 女 -/-n[..pən] **1** (馬術の)チーム; (スポーツ試合の)選抜チーム. **2** プロジェクトチーム. [*fr.*]

ᵛ**equi·pie·ren**[ek(v)ipí:rən] 他 (h) (ausrüsten) (必要な物などを…に)装備する: ein Schiff ～ 船を艤装(ぎそう)する; 船に乗員を乗り組ませる ‖ 再帰 *sich*[4] ～ 身支度をする. [*fr.*; ◇Schiff]

ᵛ**Equi·pie·rung**[..rʊŋ] 女 -/-en (equipieren すること. 例えば:) 装備; 身支度.

Equi·se·tum[ekvizé:tʊm] 中 -s/..ta[..ta·] (Schachtelhalm) 〖植〗トクサ(砥草)〔属〕.

er[e:r; 弱く: ɛr] **I** 《人称代名詞, 3人称単数男性1格: 2格 **sei·ner**[záɪnər] (ᵛsein[zaɪn]), 3格 **ihm**[i:m], 4格 **ihn**[i:n]; 所有代名詞 sein》 **1** 《既出のまたは問題になっている男性を指して》(英: *he*) 彼, その男; 《事物を表す既出の男性名詞を受けて》それ, あれ, これ: **a**) 《1格で》Wo ist der Vater?－*Er* ist im Garten. お父さんはどこ－庭にいるよ | Das ist Hans, ～ ist mein bester Freund. あれがハンスです. 彼は私のいちばんの親友です | *Er* war es./ Das war ～. それは彼でした(アクセントは er にある) | Ich bin kränklich, aber ～ ist es 〈das ist ～〉 nicht. 私は病身だが彼はそうではない(アクセントは ist にある) ‖〖他の人称の主語と〗*Er* und ich 〔, wir〕 sind derselben Meinung. 彼と私とは同意見だ | Du und ～ 〔, ihr〕 seid noch jung. お前と彼とはまだ若い ‖ Entweder ～ oder du mußt 〈du oder ～ muß〉 es reparieren. 彼か君のどちらかがそれを修理せねばならない ‖〖事物を表す男性名詞を受けて〗Ich habe den Roman gelesen. *Er* gefällt mir sehr gut. この小説を読みましたがとても気に入りました | *Er* taucht wieder auf, der alte Verdacht. またもや浮かび上がってくる. あの昔の疑いが.

b) 《2格で: 今日では付加語としては用いられず, 動詞・形容詞・前置詞の支配を受けて》Jetzt bedürfen wir *seiner*. 今や私たちは彼が必要だ | Du bist *seiner* unwürdig. 君は彼にふさわしくない | Statt *seiner* kam seine Frau. 彼の代わりに彼の妻君が来た ‖〖再帰代名詞として〗Er ist *seiner* 〔selbst〕 sicher. 彼は自分に自信を持っている.

☆ halben, wegen, um ... willen とは seinet.. の形で結合する: →seinethalben, seinetwegen, seinetwillen

c) 《3・4格で》Ich schenkte *ihm* ein Buch. 私は彼に本を贈った | Das Leben war *ihm* hart. 人生は彼には過酷だった | Ich begleitete *ihn* bis zum Bahnhof. 私は彼を駅まで送って行った ‖〖所有の3格〗Ich schlug *ihm* ins Gesicht. 私は彼の顔を殴りつけた ‖〖前置詞と〗Endlich kam ein Brief von *ihm*. とうとう彼からの手紙が来た ‖ Wir traten auf *ihn* zu. 我々は彼に歩み寄った ‖〖事物を表す男性名詞を受けて〗Der Stuhl ist kaputt, jemand hat *ihm* einen Tritt gegeben. このいすは壊されている. だれかがけとばしたのだ | Der Baum ist doch gesund. Warum willst du *ihn* fällen? この木はどこも何ともないじゃないか. なぜ切り倒そうとするのか.

☆ 事物を意味する男性名詞を受ける er が前置詞を伴うときには, ふつう指示代名詞 der の場合と同じ da〔r〕.. の結合形 (damit, darauf など)が用いられる(→da.. 1, der II ★ iii). ただしこの形だと既出の名詞ではなく前文の内容を受けると誤解される恐れのある場合などには人称代名詞が用いられることもある: Ich holte meinen Stuhl und setzte mich *darauf*. 私はいすを取って来てそれに腰掛けた | Sie schenkte mir einen hübschen Kugelschreiber, und ich freute mich sehr über *ihn*. 彼女がきれいなボールペンをプレゼントしてくれ私はそのボールペンがひどくうれしかった (darüber とすると「プレゼントしてくれたことがうれしかった」とも解される).

★ er は, 不定代名詞 einer を受けることはできるが, man を受けることはできない(→ein[1] II 1 a ☆).

2 a) 《sie と対で; 口語ではほとんど名詞的に》彼氏, 男; 夫, 亭主: Wir kennen Schmidts schon lange, sie ist eine Schulfreundin von meiner Frau, und ～ hat mit mir zusammen studiert. 私たちはシュミット夫妻とは昔からの知り合いだ. 奥さんのほうは妻の同級生だしご主人のほうは私と大学で一緒だった | *Er* trägt in diesem Sommer Blazer. ブレザーコートを着るのがこの夏の男性のモードである.

b) **Er**[1] (Gott) 神, 主: Aber ～ ist die Wahrheit. しかし神は真実なのだ.

ᵛ**c**) **Er**[2] (男性への敬称として, のち下僕・職人などへの2人称として)お前: Wirt, ～ ist doch ein Grobian. 亭主よ そなたは全く不作法者だな.

★ i) 同格名詞の付加語形容詞は原則として強変化であるが, 3格では弱変化のことも多い: Ich traue *ihm* als berühmt*em* 〈berühmt*en*〉 Arzt. 私は著名な医師である彼を信頼する.

ii) er を受ける関係代名詞が主語のときは, 関係文で er を再提示することがある: mit *ihm*, der 〔*er*〕 einst Eisenbahner war かつて鉄道員だった彼と(ただし意味上の先行詞が es のときは er を再提示しない: *Er* ist es, der den Brief geschrieben hat. 手紙を書いたのは彼だ).

II Er[3] **1** 男 -/-s 《話》(動物の)雄; 男性: Mein Pferd ist ein ～. 私の馬は雄だ | ein ～ und eine Sie 夫婦. ᵛ**2** 中 -/ お前という呼び方(→I 2 c): *jn.* ～ nennen …をお前呼ばわりする〈見下して話す〉.

[*idg.*; ◇ein[1]]

er.. 《非分離動詞の前つづり》 **1** 《「中から外への運動の方向」を意味する》: *sich*[4] *er*gießen あふれ出る | *er*lesen 選び出す. **2** 《「ある状態の開始」を意味する》 **a**) 《自動詞, 特に形容詞から派生した自動詞で》: *er*glänzen 輝きだす | *er*tönen 響き始める ‖ *er*röten ほおを染める | *er*starren 凝固する. **b**) 《他動詞で. 形容詞から派生したものでは動詞の基礎語形は存在しないのがふつう. ある場合には ver.. と競合する. ふつうの状態への復帰を意味することがある》: *er*gänzen 補う | *er*möglichen 可能にする ‖ *sich*[4] *er*kälten 風邪をひく | *sich*[4] *er*dreisten あつかましくも…する ‖ *er*weitern 広げる(ただし: *ver*engen 狭める) | *er*höhen 高める(ただし: *ver*tiefen 深める) ‖ *er*frischen 元気づける | *er*wecken 呼びさます. **3** 《「結果・完了・終結」「破滅・破壊」を意味する》: *er*folgen (結果として)起こる | *er*wachsen 成育する | *er*sättigen 満腹させる ‖ *er*trinken 溺死(できし)する | *er*tränken 溺死させる. **4** 《「到達・獲得・創造」を意味する》: *er*langen (…に)達する | *er*reichen 到達する ‖ *er*halten 手に入れる | *er*werben 獲得する | *er*heiraten (財産などを)結婚によって手に入れる | *er*schmeicheln おべっかを使って手に入れる ‖ *er*dichten でっちあげる | *er*finden 発明する. **5** 《自動詞から他動詞をつくる》: *er*streben 手に入れようと努力する | *er*warten 期待する. [*germ.*; ◇ur..[1]]

..er[1][..ər] **I** 《男性名詞 (-s/-) をつくる. そのさい幹母音がウムラウトすることがある》 **1** 《動詞につけて「人」「道具・機械」「事象・行為」などを意味する》: Schneid*er* 仕立屋 | Säuf*er* 大酒飲み | Weck*er* 目ざまし時計 | Feuerlösch*er* 消火器 | Seufz*er* ため息 | Fehl*er* 誤り. **2** 《名詞につけて「人」「乗り物」「動物・植物」などを意味する. ..ler, ..ner となることもある》: Linkshänd*er* 左利き〔の人〕 | Eisenbahn*er* 鉄道従業員 | Musik*er* 音楽家 | Berlin*er* ベルリン市民 | Schweiz*er* スイス人 | Bomb*er* 〖空〗爆撃機 | Dampf*er* 汽船 | Dickschnäbl*er* 〖鳥〗ハシブトインコ | Einzell*er* 単細胞生物 ‖ Sport*ler* スポーツマン | Nachzüg*ler* 遅刻者 |

Blech*ner* ブリキ職人 | Pfört*ner* 門番. **3** 《数詞につけてその数に関係のある「人・もの」を意味する》: Fünfzig*er* 50歳台の男,50マルク紙幣,50ペニヒ硬貨〈切手〉,〔19〕50年産のワイン;《複数で》50歳台 | Zwei*er* (成績評語) 2, 2 番コースのバス. **4** 《..e に終わる女性名詞につけて男性名詞化する》: Witw*er* 男やもめ(<Witwe) | Kat*er* 雄猫(<Katze).

II 《無変化の形容詞をつくる》 **1** 《地名につけて「その町・地方の」を意味する. 幹母音がウムラウトすることがある》: Die Wien*er* Sängerknaben ウィーン少年合唱団 | der Schwarzwäld*er* Speck シュヴァルツヴァルト産ベーコン. **2** 《10,20,30などの基数につけて「その世紀の…十年〔代〕の」を意味する》: in den dreißig*er* Jahren dieses Jahrhunderts 今世紀の30年代に | im dreißig*er* Jahr〔e〕 その世紀の30年に. [*germ.*; ◇..ar]

..er[2][..ər] 《形容詞・副詞の比較変化語尾. 比較級をつくる. その際, 1シラブルの語の変音可能な母音はウムラウトすることが多い. e で終わる語の場合は e が一つ省略される》: klein*er* より小さい ‖ kürz*er* より短い | fromm*er* / frömm*er* もっと敬虔(けいけん)な ‖ weis*er* もっと賢明な. [*germ.*]

Er[4][e:|ɛ́r, ɛ́rbium] 記号 (Erbium) 〘化〙 エルビウム.

er·ạch·ten[ɛr|áxtən] 《01》 **I** 他 (h) 《*et.*[4] für 〈als〉 *et.*[4]》 (…を…と)見なす, 判断する: *et.*[4] für 〈als〉 nötig ~ …を必要であると考える | *jn.* für *seinen* Freund ~ …を友人と見なす | *et.*[4] als eine Ehre ~ …を光栄に思う.

II Er·ạch·ten 中 -s/ 判断: **meines ~s** (略 m. E.) / **meinem ~ nach** / nach meinem ~ / 《話》 meines ~*s* nach 私の考えでは | unseres ~*s* (略 u. E.) 我々の考えでは.

er·ạh·nen[ɛr|á:nən] 他 (h) ぼんやりとわかる, かすかに感じとる, 予感する.

er·ạr·bei·ten[ɛr|árbaɪtən] 《01》 他 (h) **1** 働いて得る: *sich*[3] ein kleines Vermögen ~ 稼いで小金をためる | Er hat 〔sich〕 seine jetzige Stelle allein *erarbeitet.* 彼は今の地位を独力で働いて得た. **2** (努力して)身につける, ものにする: den Unterrichtsstoff ~ (生徒などが)授業の教材を消化する. **3** (検討しあって報告・計画などを)仕上げる.

Eras·mus[erásmus] **I** 男名 エラスムス. **II** 人名 Desiderius ~ von Rotterdam ロッテルダムのデジデーリウス エラスムス(1466頃-1536; 本名 Gerhard Gerhards. オランダの人文主義者. 著作『愚神礼賛』など). [*gr.* erásmios „lieblich"]

Era·to[erá:to·, é:rato·] 人名 〘ギ神〙 エラト(独吟・叙情詩・恋愛詩の女神: →Muse 1). [*gr.*; <*gr.* erãn „lieben" (◇Eros)]

er·äu·gen[ɛr|ɔ́ygən][1] 他 (h) (erblicken) (獣が獲物などを)見つける; 《戯》 (人が)見つける.

Ẹrb·adel[ɛ́rp..] 男 世襲貴族. [<Erbe]

ẹrb·ad·lig 形 世襲貴族の.

Ẹrb≠an·la·ge 女 〘生〙 遺伝因子; 〘医〙 遺伝性素因〈性向・体質〉. **≠an·spruch** 男 相続請求権. **≠an·teil** 男 相続分.

Er·bärm·de·bild[ɛrbɛ́rmdə..] 中 〘美〙 キリスト受難像.

Er·bar·me·dich[ɛrbármədɪç] 中 -/-(Eleison) 〘キリスト教〙 エレイソン(「主よ あわれみたまえ」の意のあわれみの賛歌の句 „Herr, erbarme dich" による).

er·bar·men[ɛrbármən] **I** 他 (h) **1** 《*jn.*》 (…に)同情の念を起こさせる: Diese kranken Menschen *erbarmten* ihn. この病人たちのことを彼は非常に気の毒に思った | daß 〔es〕 Gott *erbarm'* ひどく情なく, みじめに ‖ 非人称 Mich *erbarmt* 〈Es *erbarmt* mich〉 seines Unglücks. 私は彼の不幸に同情する. **2** 再帰 *sich*[4] *js.* 〈über *jn.*〉 ~ …をあわれむ, …に同情する | Herr, *erbarme* dich unser! 主よ我らをあわれみたまえ | Wir sollten uns der Einsamen ~. 私たちは身寄りのない人びとに同情せねばならない | Keiner wollte sich der Reste[2] des Essens ~. 《話》 残飯整理をひきうけるものはいなかった | *sich*[4] über den Aufwasch ~ 《話》 食器洗いをかってでる.

II 自 (h) 《オーストリア》 《*jm.*》 同情を誘う: Er *erbarmte* mir. 私は彼が気の毒だった.

III Er·bar·men 中 -s/ あわれみ: Um〔s〕 ~! お願い〈後生〉だ(慈悲をかけてくれ) | Das ist zum ~! こいつは全くひどい〈てんでなってない〉 | **zum ~** (できばえなどが)みじめに, おそまつに | Er sang zum ~. 彼の歌いっぷりはなってなかった ‖ kein ~ kennen 同情心がない | mit *jm.* ~ haben …に同情する. [◇barmherzig, arm]

er·bar·mens≠wert 形, **≠wür·dig** 形 あわれむべき, ふびんな.

Er·bar·mer[ɛrbármər] 男 -s/- 《雅》 **1** 《単数で》 (あわれみたもう)神. **2** 同情者.

er·bärm·lich[ɛrbɛ́rmlɪç] 形 **1** あわれな, みじめな; みすぼらしい, おそまつな; 低劣な, あさましい, 情けない, ひどい: ein ~*es* Leben みじめな生活 | eine ~*e* Hütte みすぼらしい小屋 | ein ~*es* Machwerk おそまつな継ぎはぎ細工 | Was für ~*es* Wetter! なんてひどい天気だ | Sein Vortrag war 〔einfach〕 ~. 彼の講演は〔まるきり〕なってなかった | Ihm war ~ zumute. 彼はみじめな気持だった | *sich*[4] ~ verhalten あさましい振舞いをする | ~ gekleidet みすぼらしい身なりで. **2** 《話》 非常な: ~*e* Kälte めちゃくちゃな寒さ | Er fror ~. 彼はひどく凍えた | ein ~ kleines Stück ひどくちっぽけな一切れ.

Er·bärm·lich·keit[–kaɪt] 女 -/ 悲惨, 貧弱, 低劣, 「あさましさ.」

[∇]**Er·bar·mung**[..bármʊŋ] 女 -/ =Erbarmen

er·bar·mungs≠los[..lo:s][1] 形 無慈悲な, 冷酷な. **≠voll**[..fɔl] 形 情け〈慈悲〉深い.

er·bau·en[ɛrbáuən] 他 (h) **1** 建てる, 建設〈建立〉する: eine Kirche 〈ein Theater〉 ~ 教会〈劇場〉を建てる | Rom ist 〔auch〕 nicht an einem Tage *erbaut* worden. (→Rom[1]). **2** 《*jn.*》 (…の)気持を引き立てる, 元気づける, 励ます; 喜ばせる, 感動させる; 教化する, 敬虔(けいけん)な気持にさせる, 宗教心を高揚させる: Die Musik 〈Die Predigt〉 hat mich sehr *erbaut.* その音楽は私に深い感動を与えた〈その説教を聞いては私は大いに信仰心を深めさせられた〉 ‖ **von *et.*[3] 〈über *et.*[4]〉 nicht *erbaut* sein** …を喜ばない | Ich bin von der Nachricht nicht sehr 〈nicht sonderlich〉 *erbaut.* 私はこの知らせをあまりうれしく思っていない ‖ 再帰 *sich*[4] an *et.*[3] ~ …を見て〈聞いて・読んで〉敬虔な気持になる, …を楽しむ | *sich*[4] an einem Anblick 〈einer guten Musik / einer Lektüre〉 ~ 眺め〈よい音楽・読書〉を楽しむ.

Er·bau·er[ɛrbáuər] 男 -s/- **1** 建築者, 建設者; 創設〈建立〉者: der ~ des Freiburger Münster フライブルクの大聖堂を建てた人 | die jungen ~ des Sozialismus (旧東ドイツで)社会主義の若き建設者たち. [∇]**2** 教化〈善導〉する人.

er·bau·lich[..lɪç] 形 **1** 教化的な, ためになる, 敬虔(けいけん)〈内省的〉な気持を起こさせる, 宗教心を高揚させる: ~*e* Schriften 教化的な〈信仰心を深めさせる〉書物, 精神修養の書. **2** (erfreulich) 喜ばしい, うれしい: Das ist ja wenig ~! そいつはあまりありがたくないなあ.

Er·bau·ung[ɛrbáuʊŋ] 女 -/ erbauen すること: *et.*[4] zu *seiner* ~ lesen 精神修養のために…を読む.

Er·bau·ungs≠buch 中 信心の書, 精神修養書, 宗教書. **≠lek·tü·re** 女 -/ , **≠li·te·ra·tur** 女 -/ 《集合的に》 信心の書. **≠schrift** 女 =Erbauungsbuch **≠stun·de** 女 祈禱(きとう)時間.

Ẹrb≠bau·recht[ɛ́rp..] 中 -〔e〕s/ 〘法〙 地上権. **≠be·gräb·nis** 中 先祖代々の墓所.

ẹrb·be·rech·tigt 形 相続権のある.

Ẹrb≠be·sitz 男 相続財産(特に不動産). **≠bild** 中 (Genotypus) 〘生〙 遺伝子型. **≠bio·lo·gie** 女 -/ (Genetik) 遺伝学.

Ẹr·be[ɛ́rbə] **I** 男 -n/-n (女 **Ẹr·bin**[..bɪn]-/-nen) 相続人, 跡取り; 《比》 跡継ぎ〈継承〉者: ein natürlicher 〈leiblicher〉 ~ 血のつながった相続人 | ein gesetzlicher 〈mutmaßlicher〉 ~ 〘法〙 法定〈推定〉相続人 | **die lachenden ~*n*** 《話》 (遺産相続を喜ぶ)縁の薄い相続人たち | die ~*n* erster Ordnung 一親等卑属相続人 ‖ ~ eines großen Vermögens sein 莫大な資産の相続人である ‖ *jn.* als ~*n* 〈zum ~*n*〉 einsetzen …を相続人に〔指定〕する.

II 中 -s/ 《雅》 (Erbschaft) 相続財産, 遺産; 〘生〙 遺伝: das kulturelle ~ 文化的遺産 | das traurige ~ des Krieges 戦争の悲しい傷跡 | ein ~ an Grundstücken 遺

産としての地所 ‖ ein ～ antreten 遺産を相続する.
[*germ.* „Waisengut“; ◇Arbeit, arm; *gr.* orphanós „verwaist“]

er·be·ben[ɛrbé:bən][1] 自 (s) 震える: Die Erde *erbebte* unter unseren Füßen. 足もとの大地が揺れ動いた ‖ vor Zorn ～《雅》怒りに震える | vor Furcht ～ 恐怖におののく.

erb·ei·gen[ɛ́rp..] 形 相続〈世襲〉の, 相続して得た; 遺伝した.

Erb·ei·gen·schaft 女 遺伝性素質, 特性遺伝.

erb·ein·ge·ses·sen ＝erbgesessen

Erb·ein·set·zung 女《法》相続人の指定: ～ für die ganze Erbschaft 包括遺贈.

er·ben[ɛ́rbən][1] 他 (h) **1**《*et.*[4]》相続する; (遺伝的に)受け継ぐ; (ただで)もらう: die Begabung 〈den Titel〉 ～ 才能〈肩書き〉を継承する | Hier 〈Bei ihm〉 ist nichts zu ～. ここでは〈彼からは〉何ももらえないぞ | Er hat die blonden Haare von seinem Vater *geerbt.* 彼のブロンドの髪は父親譲りだ | Die Hose habe ich von meinem Bruder *geerbt.* 私のこのズボンは兄のお下がりだ ‖〖目的語なしで〗Du hast wohl *geerbt?*《戯》君はばかに景気がいいじゃないか. ▽**2** (beerben)《*jn.*》(…の)遺産を相続する. ▽**3** (vererben)《*et.*[4] auf *jn.*》(…を…に)遺産として継がせる: 再帰 *sich*[4] auf *jn.* ～ 遺産として…に伝えられる. [*ahd.*; ◇Erbe]

Er·ben·ge·mein·schaft[ɛ́rbən..] 女《法》共同相続関係.

E

er·be·ten[1][ɛrbé:tən]《01》他 (h)〔*sich*[3]〕*et.*[4] ～ …を祈願によって手に入れ〔ようとす〕る.

er·be·ten[2][–] erbitten の過去分詞.

er·bet·teln[ɛrbɛ́təln]《06》他 (h)《〔*sich*[3]〕*et.*[4]》(…を)こじきをして手に入れる; しつこくせがんで手に入れる: die Erlaubnis bei den Eltern ～ 親を拝み倒して許しを得る.

er·beu·ten[ɛrbɔ́ʏtən]《01》他 (h) ぶんどる, 捕獲する. [<Beute[2]]

erb·fä·hig[ɛ́rpfɛ:ɪç][2] 形 相続権のある. [<Erbe]

Erb≠fä·hig·keit[–kaɪt] 女 -/ 相続能力. **≠fak·tor** 男 遺伝因子. **≠fall** 男 **1** 相続開始〔を伴う死亡〕. **2** (Heimfall)〖法〗帰属.

erb·fäl·lig 形《*jm.*》相続権により帰属する.

Erb≠feh·ler 男 遺伝的欠陥; 代々の宿弊. **≠feind** 男 **1** 宿敵, 代々の敵, 不倶戴天(ふぐたいてん)の敵〔民族〕. **2** (Teufel) 悪魔. **≠fol·ge** 女 相続, 継承; 相続順位: gesetzliche ～ 法定相続 | männliche ～ 男子相続.

Erb·fol·ge≠krieg 男〔王位〕継承戦争. **≠recht** 中 -〔e〕s/〖法〗相続法.

Erb·gang 男 **1** ＝Erbfolge **2**〖生〗遺伝〔様式〕: dominanter 〈rezessiver〉 ～ 優性〈劣性〉遺伝.

erb≠ge·ses·sen 形 先祖伝来の土地に居住している. **≠ge·sund** 形 遺伝病質のない.

Erb·ge·sund·heits·leh·re 女 -/ 優生学.

Erb≠grind 男 -〔e〕s/ (Favus)〖医〗黄癬(おうせん). **≠gut** 中 **1** 相続財産; 世襲地. **2** 遺伝型〈質〉. **≠hof** 男 世襲農地〔法〕(分割による細分化防止のため長子の独占相続を認める. ナチが復活させた).

er·bie·ten*[ɛrbí:tən]《17》他 (h) **1** 再帰 *sich*[4] ～《ふつう zu 不定詞〔句〕と》(助力・奉仕などを)申し出る | Er *erbot* sich, die Arbeit zu übernehmen. 彼はその仕事を引き受けようと申し出た. ▽**2** ＝anbieten I

Er·bin Erbe I の女性形.

Erb·in·for·ma·tion[ɛ́rp..] 女〖遺伝〗遺伝情報.

er·bit·ten*[ɛrbítən]《19》他 (h) **1**《雅》懇請する, 請い求める: *js.* Verzeihung ～ …の許しを請う | *sich*[3] Bedenkzeit 〈Hilfe von *jm.*〉 ～ 考慮期間〈…の援助〉を請い求める ‖ *jm.* das *erbetene* Buch bringen 頼まれた本を…のところに持って行く | Schnelle Benachrichtigung 〔wird〕 *erbeten*! 至急お知らせください. **2** *sich*[4] ～ lassen (懇願されて)承諾する | Er ließ sich ～, dorthin zu gehen. 彼はくどかれてそこへ行くことにした | Laß dich ～! まげて承知してくれよ.

er·bit·tern[ɛrbítərn]《05》**I** 他 (h)《*jn.*》怒らせる, 憤慨〈憤激〉させる: Die Ungerechtigkeit hat ihn sehr *erbittert.* 不正が彼を大いに憤慨させた ‖ 再帰 *sich*[4] über *et.*[4] 〈gegen *jn.*〉 ～ …に憤慨する, …に腹を立て〔てどな〕る. **II** **er·bit·tert** 過分 形 **1** 怒った, 憤慨した: über *et.*[4] 〈gegen *jn.*〉 ～ sein …に憤慨している. **2** 必死の, しぶとい, 激しい: ～*e* Angriffe 激しい攻撃 | ～*en* Widerstand leisten / *sich*[4] ～ zur Wehr setzen 頑強に抵抗する ‖ ～ kämpfen 必死になって戦う. [*mhd.*; ◇bitter]

Er·bit·te·rung[..tərʊŋ] 女 -/ **1** 憤慨: in stummer ～ 怒りを抑えながら | *seiner* ～[3] Luft machen 憤懣(ふんまん)をぶちまける. **2** 必死の気持, しぶとさ, 激しさ: mit großer ～ kämpfen 必死になって戦う.

▽**er·bitt·lich**[ɛrbítlɪç] 形 (人が)頼まれていやと言えない, 情にもろい. [<erbitten]

Er·bium[ɛ́rbiʊm] 中 -s/〖化〗エルビウム(希土類元素名; 記号 Er). [<Ytterby (スウェーデンの発見地); ◇Ytterbium]

erb·krank[ɛ́rp..] 形 遺伝的疾患のある. [<Erbe]

Erb≠krank·heit 女 遺伝性疾患. **≠land** 中 -〔e〕s/ -e《ふつう複数で》世襲〔領〕地.

er·blas·sen[ɛrblásən]《03》自 (s) **1** (顔色などが)青ざめる: vor Neid ～ (→Neid) | vor Zorn ～ 怒りで顔が青ざめる ‖ mit der *erblassenden* Nacht《比》夜が白むにつれて. **2**《雅》死ぬ. **3**《比》vor *jm.* ～ …に比して影が薄い, …に劣る.

Erb≠las·sen·schaft[ɛ́rp..] 女 -/-en 遺産. **≠las·ser** [..lasər] 男 -s/- (女 **≠las·se·rin**[..sərɪn]-/-nen)〖法〗遺贈者, 被相続人. **≠las·sung**[..sʊŋ] 女 -/-en 遺贈. [<*mhd.* daz erbe lān „das Erbe hinterlassen“]

Erb≠le·hen 中〖史〗世襲封地, 世襲領地. **≠leh·re** 女 -/ (Genetik) 遺伝学. [<Erbe]

er·blei·chen[(*)][ɛrbláɪçən]《22》自 (s)《雅》(erblassen) **1**《ふつう規則変化》**a**) (顔色などが)青ざめる: vor Zorn ～ 怒りに青ざめる. **b**) 色あせる, 輝きを失う: vor *jm.* ～《比》…の前に出ると影が薄れる. ▽**2**《不規則変化》死ぬ.

Erb·lei·den[ɛ́rp..] 中 ＝Erbkrankheit

er·blich[1][ɛrblíç] erbleichen の過去.

erb·lich[2][ɛ́rplɪç] 形 **1** 相続される, 世襲の: ～*er* Adel 世襲貴族 | ein ～*es* Amt 〈Besitztum〉 世襲職〈財産〉. **2** (素質・病気が)遺伝性の: eine ～*e* Krankheit 遺伝病 ‖ **～ belastet sein** 遺伝上の欠陥がある;《戯》すぐれた素質を受け継いでいる. [<Erbe]

Erb·lich·keit[–kaɪt] 女 -/ erblich[2]なこと.

er·blic·ken[ɛrblíkən] 他 (h) **1**《雅》目にとめる, 見つける, 認める: ein Schiff in der Ferne ～ 遠方に船を見つける | das Licht der Welt ～ (→Licht 1) | *et.*[4] in rosigem Licht ～ …を楽観視する.
2《in *jm.* 〈*et.*[3]〉 *jn.* 〈*et.*[4]〉》(…を…と)みなす: in *jm. seinen* Gegner ～ …を敵とみなす | Hierin *erblicke* ich einen großen Vorteil. この点を大きな利点であると私は考える.

er·blin·den[ɛrblíndən][1]《01》自 (s) **1** 盲目になる, 失明する;《比》(欲などのために)目がくらむ: ein *erblindetes* Auge 失明した目. **2** (鏡・ガラスなどが)曇る, 不透明になる; 光沢を失う.

Er·blin·dung[..dʊŋ] 女 -/-en 失明. [<blind]

er·blon·den[ɛrblɔ́ndən][1]《01》自 (s)《話》(髪を染めて)ブロンドになる. [<blond]

erb·los[ɛ́rplo:s][1] 形 **1** 相続人〈後継者〉のいない. **2** 相続財産のない. [<Erbe]

er·blü·hen[ɛrblý:ən] 自 (s)《雅》(つぼみが)開く, 花が咲く, 開花する;《比》開花する, 栄える: ein voll *erblühtes* Mädchen 花の盛りの乙女.

Erb≠man·gel[ɛ́rp..] 男 ＝Erbschaden **≠mas·se** 女《集合的に》**1**〖法〗相続財産, 遺産. **2**〖生〗遺伝素質.

erb·mä·ßig 形〖生〗遺伝的な. [<Erbe]

Erb·mon·ar·chie 女 (↔Wahlmonarchie) 世襲君主国〈制〉.

er·boh·ren[ɛrbó:rən] 他 (h) (石油・石炭・水などの地下資源を)掘り当てる, ボーリングして発掘する; 掘り抜いて開く: Erdöl ～ 石油を発掘する ‖ ein *erbohrter* Brunnen 掘り抜き井戸.

Erb·on·kel[ɛ́rp|ɔŋkəl] 男《話》(遺産を残してくれそうな)

金持ちのおじ. [<Erbe]

er·bor·gen[ɛrbɔ́rgən][1] 他 (h) 《雅》《von *jm.* *et.*[4]》(…から…を)借りる, 借り出す: *sich*[3] Geld ～ 金を借りる ‖ ein *erborgter* Gedanke 受け売り(借り物)の思想.

er·bo·sen[ɛrbó:zən][1] 《02》 他 (h) 《*jn.*》怒らす, 立腹させる: Sein Verhalten *erboste* mich sehr. 彼の態度はひどく私のしゃくにさわった ‖ 再帰 *sich*[4] über *jn.* 〈*et.*[4]〉 ～ …のことで怒る ‖ über *jn.* sehr *erbost* sein …に対してひどく怒っている | die *erboste* Menge 怒った群衆. [*mhd.*; ◇böse]

er·bo·ten[ɛrbó:tən] erbieten の過去分詞; 過去 1・3 人称複数.

er·bö·tig[ɛrbǿ:tɪç][2] 形 《述語的》(bereit) (…する)用意〈心構え〉のある: Er ist 〈zeigt sich〉 stets ～, anderen zu helfen. 彼はいつも他人に助力する気がある | ***sich***[4] **～ machen** 〈**erklären**〉《zu 不定詞〔句〕と》…する用意のあることを言明する | Sie machte sich ～, die Aufgabe zu übernehmen. 彼女はその任務を引き受ける用意のあることを告げた. [<erbieten]

Er·bö·tig·keit[–kaɪt] 女 –/ erbötig なこと.

Erb≈pacht[ɛ́rp..] 女 永(えい)小作〔権〕; 永代(えいたい)借地〔権〕. **≈päch·ter** 男 永代小作〈借地〉人. **≈pfle·ge** 女 –/ (Eugenik)《医》優生学. **≈pflicht** 女 相続〈継承〉義務. **≈prinz** 男 (王侯の)世子(せいし), 皇太子. [<Erbe]

er·brau·sen[ɛrbráuzən][1] 《02》 自 (s) 《雅》響き渡る, 鳴り響く; (風・海などが)ほえる, どよむ, 荒れ狂う.

er·bre·chen*[ɛrbrɛ́çən] 《24》 **I** 他 (h) **1 a)** 《雅》(aufbrechen) (閉ざされたものを)むりに開ける, こじ開ける: die Tür 〈das Schloß〉 ～ 戸〈錠〉をこじ開ける. **b)** 《古》《*et.*[4]》(…の)封を開ける: einen Brief ～ 手紙を開封する. **2** 吐く, もどす: Blut ～ 吐血する | alle Speisen ～ 食べたものをすべてもどす ‖ 再帰 *sich*[4] ～ 嘔吐(おうと)する, もどす. **II** 自 (h) = I 2 **III Er·bre·chen** 中 –s/ **1** 《雅》破り(こじ)開け. **2** 嘔吐: morgendliches ～ 朝の吐き気(つわり) | **bis zum ～** 《話》へどが出るまで, いやになるほど〔はてしなく〕.

Erb·recht[ɛ́rp..] 中 **1** 《単数で》相続法規. **2** 相続権. [<Erbe]

erb·recht·lich 形 相続法〈相続権〉〔上〕の.

er·brin·gen*[ɛrbrɪ́ŋən] 《26》 他 (h) **1** もたらす, 提供する: den Beweis ～ 証明する | einen großen Gewinn ～ ばく大な利益をもたらす. **2** (費用などを)調達する.

er·brü·ten[ɛrbrý:tən] 《01》 他 (h) (卵・ひなを)孵化(ふか)させる.

Erbs·brei[ɛ́rps..] = Erbsenbrei

Erb·scha·den[ɛ́rp..] 男 《医》遺伝的疾患〈欠陥〉.

Erb·schaft[ɛ́rpʃaft] 女 –/–en 相続財産, 遺産: die Teilung einer ～ 遺産の分配 ‖ eine ～ hinterlassen 〈antreten〉 遺産を残す〈受け取る〉 | eine große ～ machen ばく大な遺産をもらう | Ihm fiel eine reiche ～ zu. 彼には多額の遺産が転げこんだ. [*mhd.*; ◇Erbe]

erb·schaft·lich[–lɪç] 形 遺産〔相続〕上の.

Erb·schafts≈an·spruch 男 《法》相続回復請求権. **≈mas·se** 女 相続財産全体. **≈steu·er** 女 相続税. **≈streit** 男 相続をめぐる争い.

Erb≈schein[ɛ́rp..] 男 相続証書. **≈schlei·cher** 男 遺産横領者.

Erb·schlei·che·rei[ɛrp..] 女 遺産横領, 相続詐欺.

Erb·schuld[ɛ́rp..] 女 《法》相続債務.

Erb·se[ɛ́rpsə] 女 –/–n **1** 《植》エンドウ(豌豆)(マメ); 《比》豆粒: grüne ～*n* グリンピース | gebackene ～*n* クルトン (= Backerbsen) ‖ ～*n* pflücken 〈schälen〉 エンドウのさやを摘む〈むく〉 | Auf ihm hat der Teufel ～*n* gedroschen. 《戯》彼はあばた面だ ‖ eine Prinzessin auf der ～ (→ Prinzessin 2) | Hier geht man wie auf ～*n*. ここは路面がごろごろして歩きづらい. **2** = Erbsensuppe 1 **3** 《話》(Kopf) 頭: **etwas an der ～ haben** 頭が少々おかしい. [*germ.*; ◇Erve]

Erb·sen≈bein 中 《解》豆状骨. **≈brei** 男 《料理》つぶしエンドウ, エンドウがゆ. **≈ein·topf** 男 エンドウ豆煮こみ料理.

erb·sen·groß 形 エンドウ豆大の.

Erb·sen≈mehl 中 エンドウ豆の粉, (粉末の)エンドウ豆スープのもと. **≈mus** 中 エンドウがゆ. **≈scho·te** 女 エンドウのさや. **≈stein** 男 (Pisolith)《鉱》豆石(まめいし). **≈stroh** 中 (乾燥した)エンドウの茎葉. **≈sup·pe** 女 **1** エンドウ豆スープ. **2** 《話》濃霧. **≈wick·ler** 男 《虫》マメハマキガ(豆葉巻蛾). **≈zäh·ler** 男 《俗》(豆粒を数えて売るほどの)けちん坊, どけち.

Erbs≈mehl = Erbsenmehl **≈stroh** = Erbsenstroh

Erb·stol·len[ɛ́rp..] 男 《坑》排水横坑. [<Erbe „Vorzugsrecht"; 排水坑の所有者は特権的地位にあったことから]

Erb·stück 中 相続物; 《法》相続動産: Diese Uhr ist ein ～ von meinem Onkel. この時計はおじの形見だ.

Erb·sün·de 女 –/ 《キリスト教》原罪. [*mhd.*; *lat.* peccātum hērēditārium (◇pekzieren, hereditär) の翻訳借用]

Erbs·wurst[ɛ́rps..] 女 (固形の)エンドウ豆スープのもと.

Erb≈tan·te[ɛ́rp..] 女 《話》(遺産を残してくれそうな)金持ちのおば. **≈teil** 中 **1** (法: 男)相続分; 遺産. **2** 親譲りの才能, 遺伝的素質: Die musikalische Begabung ist sein väterliches ～. 彼の音楽的才能は父親譲りだ. **≈tei·lung** 女 相続財産の分割〈分配〉. **≈toch·ter** 女 (最後の男系相続人の娘である)女子相続人. **≈trä·ger** 男 (Gen)《生》遺伝〔因〕子.

▽**Erb·tum**[ɛ́rptu:m] 中 –s/..tümer[..ty:mər] 相続財産, 遺産; 相続領地. [<Erbe]

erb·tüm·lich[ɛ́rpty:mlɪç] 形 相続の, 相続して得た: *erb-* und eigen*tümlich* 相続して自分のものとなった.

Erb·übel[ɛ́rp..] 中 遺伝的疾患〈欠陥〉.

erb·un·ter·tä·nig 形 《史》(農民が封建領主に)世襲的に隷属した.

Erb≈un·ter·tä·nig·keit 女 《史》(農民の封建領主に対する)世襲的臣従関係. **≈un·wür·dig·keit** 女 《法》相続の欠格. **≈ver·brü·de·rung** 女 《法》(複数家族間の)相互相続契約. **≈ver·mächt·nis** 中 遺産; 形見. **≈ver·trag** 男 《法》相続契約. **≈ver·zicht** 男 相続の放棄. **≈wort** 中 –[e]s/..wörter 《言》(外来語・借用語に対する)相続語.

Erch·tag[ɛ́rç..] 男 《南部》(Dienstag) 火曜日. [*got.* areins-dags „Ares' Tag"–*mhd.* ertac]

Erd·ach·se[é:rt..] 女 –/ 《地》地軸. [<Erde]

er·dacht[ɛrdáxt] erdenken の過去分詞.

Erd·al·ka·li·en[é:rt..] 複 《化》アルカリ土類. [<Erde]

Erd·al·ka·li·me·tal·le 複 《化》アルカリ土〔類〕金属.

Erd≈al·ter·tum 中 (Paläozoikum)《地》古生代. **≈an·schluß** 男 《電》アース, 接地接続. **≈an·zie·hung** 女 地球の引力. **≈ap·fel** 男 《植》**1** 《南部》(Kartoffel) ジャガイモ. ▽**2** (Topinambur) キクイモ(菊芋). **≈ar·bei·ten** 複 《土木》(工事現場の地面に関する)土木工事. **≈ar·bei·ter** 男 土工. **≈at·mo·sphä·re** 女 (地球の)大気〔圏〕.

er·dau·ern[ɛrdáuərn] 《05》 他 (h) 《スイス》徹底的に吟味する. [<dauern[2]]

Erd≈aus·hub[é:rt..] 男 地面を掘ること; 掘り出した土砂. **≈bahn** 女 《天》地球の軌道. **≈ball** 男 –[e]s/ 《雅》 = Erdkugel 1 **≈be·ben** 中 地震: ein leichtes 〈heftiges / schweres〉 ～ 軽度の〈激しい〉地震. [<Erde]

Erd·be·ben≈an·zei·ger 男 = Erdbebenmesser **≈dia·gno·se** 女 地震予知.

erd·be·ben·fest 形 地震に対して堅固な, 耐震性の.

Erd·be·ben≈herd 男 (Hypozentrum) 震源. **≈kun·de** 女 –/ 地震学. **≈mes·ser** 男 (Seismograph) 地震計.

erd·be·ben·si·cher 形 地震に対して安全な, 耐震性の.

Erd·be·ben≈ska·la 女 震度階〔級〕. **≈stär·ke** 女 震度. **≈war·te** 女 地震観測所. **≈wel·le** 女 地震波. **≈zo·ne** 女 地震帯.

Erd·beer·baum[é:rtbe:r..] 男 《植》アービュータス(イチゴに似た実をつけるツツジ科の低木).

Erd·bee·re[..be:rə] 女 **1** 《植》〔オランダ〕イチゴ(苺). **2**

E

〔オランダ〕イチゴ(実): ~*n* pflücken イチゴを摘む | ~*n* mit Schlagsahne essen イチゴに生クリームをかけて食べる.

erd·beer⸗far·ben[é:rtbe:r..] 形, **⸗far·big** 形 イチゴ色の. [<Erde]

Erd·beer⸗klee 男〘植〙ツメクサ(詰草)ダマシ. **⸗kon·fi·tü·re** 女, **⸗mar·me·la·de** 女 イチゴジャム. **⸗pocken** 複 (Frambösie)〘医〙イチゴ腫(しゅ). **⸗spi·nat** 男〘植〙アカザ属の葉菜. **⸗tor·te** 女 イチゴ入りのショートケーキ.

Erd⸗be·schleu·ni·gung 女〘理〙重力加速度. **⸗be·schrei·bung** 女 地誌, 地理学. **⸗be·stat·tung** 女 土葬. **⸗be·völ·ke·rung** 女 -/ 地球の住民; 地球人口. **⸗be·we·gung** 女 **1**〘天〙地球の運動(公転・自転). **2**〘地〙地殻変動. **3**〘土木〙土砂の移動〈運搬〉. **⸗be·woh·ner** 男 地球の住人, 人間. **⸗bir·ne** 女〘植〙**1** アメリカホドイモ(マメ科植物で, 塊根を食用にする). **2**《中部》(Kartoffel) ジャガイモ.

Erd·bo·den 男 **1**《単数で》地面, 地べた, 大地: ***et.***[4] **dem ~ gleichmachen** …(建造物・町など)を完全に破壊し尽くす ‖ **vom ~ verschwinden** (跡形もなく)消え去る, 姿を消す | **wie vom ~ verschluckt sein** 大地に飲み込まれたように突然見えなくなる | Es war, als hätte ihn der ~ verschlungen〈verschluckt〉. 彼は突然姿を消した. **2**《話》(Fußboden) 床(ゆか). [<Erde]

Erd⸗boh·rer 男〘坑・土木〙ボーリング機, 地中穿孔(せんこう)機, 地錐(ちすい)(→ 図 Bohrer). **⸗bun·ker** 男〘軍〙地下待避〈防空〉壕(ごう). **⸗druck** 男 -[e]s/ 土圧(どあつ), 地圧(構造物への土の圧力). **⸗durch·mes·ser** 男 -s/ 地球の直径.

Er·de[é:rdə; ｽｲｽ: ɛ́rdə] 女 -/-n **1** (英: *earth*)《ふつう単数で》土, 土壌: fruchtbare ~ 肥沃(ひよく)な土, 沃土 | gelbe ~ 黄土 | lehmige ~ 粘土 | sandige ~ 砂土 | das Land der Roten ~ 赤土の地 (Westfalen の異名) | seltene ~*n*〘化〙稀土類 | alkalische ~*n*〘化〙アルカリ土壌 | ein Klumpen ~ 土の塊, 土くれ ‖ *jn.* der ~ übergeben《雅》…を埋葬する | wieder zu ~ werden《雅》ふたたび土に帰る | *Erde* zu ~〔, Staub zu Staub〕! 土は土に戻れかし(埋葬のさいに唱える文句) | Denn du bist ~ und sollst zu ~ werden. なんじはもと土なれば 土に帰すべし(聖書: 創3,19) | ***jn.* deckt die kühle ~**《雅》…は地下に〈草葉のかげに〉眠っている | Die ~ sei ihm leicht! 彼をおおう土よ軽かれ(埋葬のさいに唱える文句).

2《単数で》(↔Himmel) (Erdboden) 地面, 地べた, 大地: Mutter ~ 母なる大地 | Himmel und ~ (→Himmel 1) | die Taktik der verbrannten ~〘軍〙焦土戦術 ‖ die ~ pflügen 地面を耕す ‖〘前置詞と〙**auf** der〔bloßen〕~ schlafen 地べた〈床(ゆか)の上〉にじかに眠る | **auf der ~ bleiben**《話》現実を見失わない | mit beiden Beinen〔fest〕auf der ~ stehen (→Bein 1 a) | wie Pilze aus der ~ schießen (→Pilz 1) | ***et.***[4] **aus der ~ stampfen** (まるで魔法を使ったように)…を瞬時に目の前に出現させる | ***jn.* in** die ~ legen …を埋葬する | Pfähle in die ~ schlagen くいを地面に打ち込む | die Saat in die ~ bringen 種をまく, 苗を植える | *sich*[4] in die ~ hinein schämen 穴があれば入りたいほど深く恥じ入る | Ich wäre am liebsten in die ~ versunken. 私は消え入りたいほど恥ずかしかった | solange ich **über** der ~ bin 私の生きているかぎり, 私の目の黒いうちは | **unter der ~ liegen** 地下に眠っている, 故人である | einen Tunnel unter der ~ graben 地下にトンネルを掘る | ***jn.* unter die ~ bringen** i) …を埋葬する; ii)《話》…の寿命を縮める, …の死期を早める | ***jn.* unter die ~ wünschen** …が死んでくれればいいと思う | **zu** ebener ~ 地面と同じ高さに; 1 階に | zur ~ blicken 目を伏せる | **zwischen** Himmel und ~ schweben 宙づりになっている.

3《ふつう単数で》(特定の)土地, 地域: auf deutscher〈heimatlicher〉~ ドイツの国土〈故郷の土地〉で | in fremder ~ ruhen 異国の地に眠る.

4《ふつう単数で》(↔Himmel) 現世, この世: die Freuden dieser ~ 現世の喜び ‖ **auf ~*n***《雅》この世で(~*n* は単数 3 格の古形) | den Himmel〈die Hölle〉auf ~*n* haben (→Himmel 2, →Hölle 1) | *jm.* den Himmel auf ~*n* versprechen (→Himmel 2) ‖ Himmel und ~ in Bewegung setzen (→Himmel 2).

5《単数で》(Erdkugel) 地球: die Kruste der ~ 地殻 ‖ Die ~ dreht sich um die Sonne. 地球は太陽の回りをまわる ‖〘前置詞と〙auf der ganzen ~ 世界じゅうで | bis in die fernsten Winkel der ~ 地上のすみずみまで | Sein Ruhm ging um die ~. 彼の名声は世界じゅうに広まった.

6《ふつう単数で》〘電〙アース, 接地, 地絡: *et.*[4] mit der ~ verbinden / *et.*[4] an ~ legen …をアースする | *et.*[4] als ~ benutzen …をアースとして利用する.

[*germ.*; ◇irdisch, irden; *engl.* earth]

Er·de·es·sen[é:rdə..] 中 -s/ (Geophagie)〘人類〙土食い〔の慣習〕;〘医〙土食い症.

Erd⸗ei·chel[é:rt..] 女 =Erdnuß **⸗ein·sturz** 男 地盤陥没.

er·de·los[é:rdə..] 形〘園〙土を用いない, 水栽培の.

er·den[é:rdən][1]《01》他 (h)《*et.*[4]》〘電〙接地〈アース〉する: die Antenne ~ アンテナを接地する | das Radio ~ ラジオにアースをつける.

Er·den·bür·ger 男 地球の住人: ein neuer kleiner ~《雅》新生児.

er·den·fern 形 **1**〘天〙地球から遠い. **2**《雅》浮世離れした.

Er·den⸗glück 中 現世の幸福. **⸗gü·ter** 複 現世の富.

er·denk·bar[ɛrdɛ́ŋkba:r] =erdenklich

er·den·ken*[ɛrdɛ́ŋkən]《28》他 (h) (ausdenken) 考え出す, 案出する; でっち上げる: eine *erdachte* Geschichte 作り話 | der von ihm *erdachte* Plan 彼の案出した計画.

Er·den·kind[é:rdən..] 中 (地上の子としての)人間, 浮世の子.

er·denk·lich[ɛrdɛ́ŋklɪç] 形 考えられる, 案出できる: alle ~*e*〔*n*〕Mittel versuchen あらんかぎりの手だてを試みる | *sich*[3] alle ~*e* Mühe geben あらゆる努力を払う | **auf** *et.*[4] die ~*ste* Rücksicht nehmen …にできるかぎりの配慮をする ‖ alles *Erdenkliche* tun できるだけの事をする. [<erdenken]

Er·den⸗kloß[é:rdən..] 男 土くれ;〘聖〙人間(創 2, 7): ich armer ~ 哀れ土くれにすぎぬ我が身〔は〕. **⸗last** 女 現世の重荷. **⸗le·ben** 中 -s/ この世での生活, 浮世. **⸗los** 中 -es/ 浮世のさだめ, 人の運.

er·den·nah 形 **1**〘天〙地球に近い. **2**《雅》現世的な.

Er·den⸗pa·ra·dies 中 地上の楽園. **⸗rund** 中 -〔e〕s/ =Erdkreis **⸗schoß** 男 大地の懐(ふところ), 地中. **⸗sohn** 男 =Erdenkind **⸗wal·len** 中 -s/ 人生の行路〈遍歴〉.

er·den·wärts 副 大地の方〔向〕へ.

Er·den·wurm 男《雅》(この世の哀れな虫けらとしての)人間.

Erd·erb·se[é:rt..] 女〘植〙(アフリカ産の)食用マメ科植物(地下に結実する).

erd·fahl 形 土色の.

Erd⸗fall 男 (地盤の)漏斗(ろうと)状陥没. **⸗far·be** 女 -/-n **1**《ふつう複数で》鉱物〔性〕顔料. **2** 土色〔の顔料〕.

erd⸗far·ben 形, **⸗far·big** 形 土色の.

Erd·fer·kel 中 (Erdschwein)〘動〙ツチブタ(土豚).

erd·fern =erdenfern

Erd⸗fer·ne 女 -/ **1** (↔Erdnähe) (Apogäum)〘天〙遠地点. **2**《雅》脱俗. **⸗floh** 男〘虫〙ノミハムシ(蚤葉虫)亜科の昆虫. **⸗früh·ge·schich·te** 女 (Präkambrium)〘地〙(古生代以前の)先カンブリア時代.

Erdg. 略 **1** =**Erd**geschichte **2** =**Erd**geschoß

Erd·gas[é:rt..] 中 天然ガス.

erd·gas·höf·fig[..hœfɪç][2] 形 天然ガスが豊富に埋蔵されていそうな.

erd⸗ge·bo·ren 形《雅》地上〈この世〉に生まれた; 大地から生まれた. **⸗ge·bun·den** 形 大地に縛りつけられた, 現世の; 土着の.

Erd⸗geist 男 -〔e〕s/-er **1** 地中に住むといわれる小人. **2** 大地の精霊, 地霊. **⸗gelb** 中〘鉱〙赭土(しゃど), 黄〔褐〕土. **⸗ge·ruch** 男 土の香. **⸗ge·schich·te** 女 -/ (略

E

Erdg.) 地質学. ≈**ge·schmack** 男 -[e]s/ (ワインなどの)土の香を思わせる風味. ≈**ge·schoß** 中 (略 Erdg.) 1階(→ 図 Haus A): Wir wohnen im ~. 我々は1階に住んでいる. ≈**glo·bus** 男 地球儀. ≈**gra·vi·ta·tion** 女《理》地球の引力. ≈**gril·le** 女 (Maulwurfsgrille)《虫》ケラ(螻蛄).

erd≈haft[é:rthaft] 形 土〔状〕の;《雅》大地から生まれた, 土着の. ≈**hal·tig** 形 土を含んだ, 土まじりの.

▽**Erd·harz** 中 -es/ (Asphalt) アスファルト.

Erd≈hau·fen 男 盛り上げた土, 堆土(ﾀｲﾄﾞ). ≈**höh·le** 女〔地下の〕洞窟(ﾄﾞｳｸﾂ). ≈**hö·rer** 男 (Geophon) 地中音波探知機. ≈**hum·mel** 女《虫》マルハナバチ(円花蜂).

er·dich·ten[ɛrdíçtən]《01》他 (h) (架空の事を)創作〈案出〉する, でっち上げる: eine Ausrede ~ 言いのがれをくふうする | Es ist alles *erdichtet.* 何もかもでっち上げ〈でたらめ〉だ.

Er·dich·tung[..tʊŋ] 女 -/-en **1**《単数で》erdichten すること. **2** 作り事, 虚構, 作り話, フィクション.

er·dig[é:rdıç][2] 形 **1** 土の, 土を含んだ; 土状の: ein ~*er* Bruch (鉱物の)土状断口 | ~*e* Säuerlinge 炭酸含有鉱泉; 炭酸水, ミネラルウォーター. **2** 土で汚れた: ~*e* Hände 泥まみれの手. **3** 土の香のする; (ワインなどが)土の香の風味がある. [<Erde]

Erd≈in·duk·tor[é:rt..] 男《理》地磁気センサー;《工》接地誘導子. ≈**in·ne·re** 中 地球の内部: glutflüssiges ~《地》マグマ. ≈**jagd** 女《狩》(犬などを使っての)地中の巣にいる獣に対する狩猟. ≈**ka·bel** 中 地下ケーブル. ≈**kampf** 男 =Bodengefecht ≈**kar·te** 女 世界地図. ≈**kern** 男 -[e]s/《地》地核. ≈**klum·pen** 男 土塊, 土くれ. ≈**krebs** 男 **1** (Maulwurfsgrille)《虫》ケラ(螻蛄). **2**《植》ナラタケ(楢茸)による針葉樹の癌腫(ｶﾞﾝｼｭ)病, 根瘤(ｺﾝﾘｭｳ)病. ≈**kreis** 男 -es/《雅》全世界(地球およびその生物のすべて). ≈**krö·te** 女《動》ヒキガエル(蟇蛙). ≈**kru·ste** 女 -/《地》地殻. ≈**ku·gel** 女 **1**《単数で》地球. **2** 地球儀. ≈**kun·de** 女 -/ (Geographie) 地理学. ≈**kund·ler**[..kʊntlər] 男 -s/- (Geograph) 地理学者.

erd·kund·lich[..kʊntlıç] 形 地理学〔上〕の.

Erd≈läu·fer 男 **1**《動》トカゲ(蜥蜴). **2**《動》ジムカデ(地百足)(多足類). ≈**lei·tung** 女《電》接地〈アース〉〔線〕(→ 図 Haus A). ≈**licht** 中 -[e]s/-er《天》地球照(地球による太陽光線の月への反射). ≈**loch** 中 地面の穴;《軍》塹壕(ｻﾞﾝｺﾞｳ).

erd·ma·gne·tisch 形 地磁気の: ~*e* Variation 地磁気変動.

Erd≈ma·gne·tis·mus 男 -/ 地磁気. ≈**man·del** 女《植》(地中海地方で栽培される)カヤツリグサ(蚊帳吊草)属の植物(塊茎を食用とする). ≈**männ·chen** 中 **1** 地中に住むといわれる小人, 地妖(ﾁﾖｳ). **2** (Alraune)《植》マンドラゴラ〔の根〕. ≈**man·tel** 男《地》マントル, 外套(ｶﾞｲﾄｳ)部(地球の地殻と地核との中間部). ≈**maus** 女《動》ノネズミ(野鼠), ハタネズミ(畑鼠). ≈**meß·kunst** 女 -/ 測地学; 測量術. ≈**mes·sung** 女 測地. ≈**me·tall** 中《化》土〔類〕金属. ≈**mi·ne** 女《軍》地雷. ≈**mit·tel·al·ter** 中 -s/ (Mesozoikum)《地》中生代.

erd·nah =erdennah

Erd≈nä·he 女 -/ **1** (↔Erdferne) (Perigäum)《天》近地点. **2**《空》低空飛行. **3** 世俗臭. ≈**neu·zeit** 女 (Känozoikum)《地》新生代. ≈**nuß** 女《植》ラッカセイ(落花生), ピーナツ, ナンキンマメ(南京豆).

Erd·nuß≈but·ter 女 ピーナツバター. ≈**ku·chen** 男 落花生の油かすから作った飼料. ≈**öl** 中 -[e]s/ 落花生油, ピーナツオイル.

Erd≈ober·flä·che 女 -/ 地表, 地球の表面. ≈**öl** 中 -[e]s/ (Petroleum) 石油: ~ fördern 石油を採掘する.

er·dol·chen[ɛrdɔ́lçən] 他 (h) (短刀で)刺殺する.

Erd·öl·feld[é:rt|ø:l..] 中 油田.

erd·öl·höf·fig[..hœfıç][2] 形 石油が豊富に埋蔵されていそうな.

Erd≈pech[é:rt..] 中 -[e]s/ (Asphalt) アスファルト. ≈**pi·sta·zie**[..pısta:tsiə] 女 =Erdnuß ≈**pol** 男 地球の極(北極・南極). ≈**py·ra·mi·de** 女《地》土柱. ≈**rauch** 男《植》カラクサケマン(唐草華鬘)属. ≈**rau·pe** 女《虫》ヤガ(夜蛾)科の幼虫(昼間は土中にいて夜間に植物を根際より切り倒す). ≈**reich** 中 -[e]s/ **1** 土, 土壌, 地面: hartes ~ auflockern (すき・シャベルなどで)堅い土壌をほぐす. **2**《聖》地上の王国.

er·drei·sten[ɛrdráıstən]《01》他 (h) 再帰 *sich*[4] zu *et.*[3] ~ / *sich*[4] *et.*[2] ~ 大胆にも〈厚かましくも〉…をする | *sich*[4] zu einem Entschluß ~ 大胆にもある決心をする ‖〖zu 不定詞〔句〕などと〗Er *erdreistete* sich, mir das ins Gesicht zu sagen. 彼は厚かましくも私にそれを面と向かって言った | Darf ich mich ~, Ihnen einen Rat zu geben? 失礼ですがあなたに助言してもよいでしょうか | Was *erdreisten* Sie sich! (厚かましくも)何をしでかすつもりなのか. [<dreist]

Erd·rin·de[é:rt..] 女 -/ =Erdkruste

er·dröh·nen[ɛrdrø:nən] 自 (h, s) とどろき渡る, 鳴り響く.

er·dros·seln[ɛrdrɔ́səln]《06》他 (h) **1** 絞殺(扼殺(ﾔｸｻﾂ))する, くびる;《比》(楽しみ・抵抗などを)圧殺する: *jn.* zum Tode durch *Erdrosseln* verurteilen …に絞首刑を宣告する. **2** 再帰 *sich*[4] ~ 縊死(ｲｼ)する, 首をくくって死ぬ.

Er·dros·se·lung[..səlʊŋ] (**Er·droß·lung**[..slʊŋ]) 女 -/-en《ふつう単数で》〔sich〕erdrosseln すること.

Erd·ro·ta·tion[é:rt..] 女 =Erdumdrehung

er·drücken[ɛrdrýkən] 他 (h) 圧殺する, 押しつぶす; 窒息させる;《比》圧倒する: von den Schneemassen *erdrückt* werden 雪の下敷きになって死ぬ | von der Last der Sorgen *erdrückt* werden 心配事の重さに打ちひしがれる | Er *erdrückte* mich mit seiner Umarmung. 彼は息も詰まるほどきつく私を抱きしめた ‖ Der Saal war zum *Erdrücken* voll. 広間はぎゅうぎゅう詰めの満員であった ‖ *erdrückendes* Beweismaterial くつがえす余地のない証拠物件 | eine *erdrückende* Mehrheit 圧倒的多数.

Erd·rücken[é:rt..] 男 -s/《雅》=Erdoberfläche

Er·drusch[ɛrdrúʃ] 男 -[e]s/-e 打穀の産物. [<dreschen]

Erd·rutsch[é:rt..] 男 **1** 地滑り, 土砂崩れ. **2**《比》地滑り的な現象, (特に: 選挙などでの)地滑り的な敗北.

Erd·rutsch·nie·der·la·ge 女 地滑り的な敗北.

Erd≈sa·tel·lit 男 地球を回る人工衛星. ≈**säu·re** 女 -/-n《複数で》《化》土酸類.

Erd·säu·re·me·tall 中《化》土酸金属.

Erd≈schei·be 女 **1**《話》(Alpenveilchen)《植》シクラメン. ▽**2**《単数で》《天》地球. ≈**schein** 男 =Erdlicht ≈**schicht** 女 地層. ≈**schlipf** 男《ｽｲｽ》=Erdrutsch ≈**schluß** 男《電》接地, アース. ≈**schol·le** 女 土塊, 土くれ. ≈**schwein** 中 (Erdferkel)《動》ツチブタ(土豚). ≈**seg·ge** 女《植》ヒカゲスゲ(日陰菅). ≈**sicht** 女 -/《空》(飛行機からの)地上視界: keine ~ haben 下界が見えない. ≈**sit·tich** 男《鳥》キジインコ(雉鸚鵡). ≈**sta·chel·nuß** 女《植》ハマビシ(浜菱)属. ≈**sta·chel·schwein** 中《動》ヤマアラシ(豪猪). ≈**stern** 男《植》ツチガキ(土柿)属. ≈**stoß** 男 (急激な)地震. ≈**strah·len** 複《地》地球放射. ≈**strich** 男 地帯, 地域. ≈**strö·me** 複《理》地電流; 地球嵐. ≈**sturz** 男 地滑り, 山〈土砂〉崩れ. ≈**teer** 男 -[e]s/ 鉱性タール. ≈**teil** 男 (Kontinent) 大陸, 州: die sieben ~*e* 七大陸 (Europa, Asien, Afrika, Nordamerika, Südamerika, Australien, Antarktika). ≈**tra·bant** 男 **1** =Erdsatellit **2**《単数で》地球の衛星(月のこと). ≈**trup·pen** 複《軍》地上部隊. [<Erde]

er·dul·den[ɛrdúldən][1]《01》他 (h) 耐え忍ぶ, 甘受する; (苦痛・損害などを)こうむる, 受ける: *sein* Leiden ~ 病苦に耐える | Mißhandlungen ~ 虐待される | ein Unrecht ~ 不正をこうむる.

Er·dul·dung[..dʊŋ] 女 -/ (erdulden すること. 例えば:) 忍耐; 受苦.

Erd≈um·dre·hung[é:rt..] 女 地球の自転. ≈**um·krei·sung** 女, ≈**um·lauf** 男 (月・人工衛星などが)地球のまわりを回ること. [<Erde]

erd·um·span·nend 形《雅》地球全体〈全世界〉にわたる.

Er·dung[é:rdʊŋ] 女 -/-en《電》接地, アース.

Erd≈ur·zeit[é:rt..] 女 -/ (Archaikum)《地》始生代. ≈**wachs** 中 -es/ (Ozokerit)《鉱》地蠟(ﾁﾛｳ). ≈**wall**

E

男 土堤; 土塁; 土塀. ⸗**wan·ze** 女〘虫〙ツチカメムシ(土亀虫)科の昆虫. ⸗**wär·me** 女 -/ 地熱.

erd·wärts 副 地球(地面)の方へ, 地上に向かって.

Erd⸗wen·dig·keit 女 (Geotropismus)〘植〙屈地性. ⸗**wis·sen·schaft** 女 -/-en《ふつう複数で》地球科学. ⸗**wolf** 男 **1** (Zibethyäne)〘動〙チベットハイエナ. **2** (Maulwurfsgrille)〘虫〙ケラ(螻蛄). ⸗**zeit·al·ter** 中 (地質・地層分類上の)代, 層. ⸗**ziel** 中〘軍〙(爆撃などの)地上目標.

Ere·bus[é(ː)rebʊs] (**Ere·bos**[..bɔs]) **I**〘ギ神〙エレボス(暗黒の神). **II** 男 -/ (Unterwelt) 冥府(めいふ), 黄泉(よみ)の国. [*gr.*〔−*lat.*〕]

Ere·chthei·on[erɛçtáiɔn] (**Ere·chthe·um**[..téːʊm]) 中 -s/ エレクテイオン (Athen の Akropolis 北側の神殿).

Ere·chtheus[erɛ́çtɔʏs] 人名〘ギ神〙エレクテウス (Athen の伝説的な王). [*gr.*〔−*lat.*〕]

..erei → ..ei 1

er·ei·fern[ɛr|áifərn]《05》他 (h) 再帰 *sich*[4] 〔über *et.*[4]〕 ~〔…のことで〕むきになる(やっきになる・興奮する・かっかする)| *sich*[4] über jede Kleinigkeit ~ どんなつまらないことにでもすぐむきになる | *Ereifern* Sie sich nicht! 気をお静めになってください.

Er·ei·fe·rung[..fərʊŋ] 女 -/-en《ふつう単数で》sich ereifern すること.

er·eig·nen[ɛr|áiɡnən]《01》他 (h) 再帰 *sich*[4] ~《しばしば時・場所・様態などを示す語句と》(事が)起こる, 生じる, 出来(しゅったい)する | Es *ereignete* sich ein Mord. 殺人事件が起こった | Heute hat sich nichts Besonderes *ereignet.* きょうは変わったことは何も起こらなかった | Der Unfall *ereignete* sich an der Kreuzung. 事故は交差点で起こった | Da *ereignete* es sich, daß ... その時…ということが生じた. [*ahd.* ir-ougen „vor Augen stellen“; ◇Auge]

Er·eig·nis[ɛr|áiɡnɪs] 中 -ses/-se 出来事, 事件: **ein freudiges ~** 喜ばしい出来事;《婉曲に》おめでた(出産) ‖ für *jn.* ein 〔großes〕 ~ sein …にとって大事件である | Wann hat das ~ stattgefunden? 事件はいつ起きたのか | Große ~*se* werfen ihre Schatten voraus.《諺》大事件が起こる前には前ぶれがある.

er·eig·nis⸗los 形 事件のない, 平穏無事な; 退屈な. ⸗**reich** 形 事件の多い, 波瀾(はらん)万丈の.

er·ei·len[ɛr|áilən] 他 (h)《雅》急ぎ追いつく, 急襲する: Der Tod hat ihn *ereilt.* 彼は突然の死に見舞われた.

erek·til[erɛktíːl] 形 勃起(ぼっき)能力のある. [*fr.*]

Erek·tion[..tsióːn] 女 -/-en〘生理〙(陰茎などの)勃起(ぼっき). [*lat.*; <*lat.* ērigere (→erigieren)]

Ere·mit[eremíːt; オーストリア: ..mít] 男 -en/-en **1** (Einsiedler) 隠者, 世捨て人; (↔Zönobit) 隠修士. **2** (Einsiedlerkrebs)〘動〙ヤドカリ(宿借). [*gr.*−*spätlat.*; <*gr.* erẽmos „einsam“]

Ere·mi·ta·ge[..mitáːʒə; オーストリア: ..táːʒ] 女 -/-n[..ʒən] **1** 隠者の住まい. 庵室(あんしつ). **2** (18世紀建築で)庭園内におかれる庵(いおり)ふうの建物. **3**《単数で》(Leningrad の)エレミタージュ美術館. [*fr.* ermitage; <..age]

▽**Ere·mi·tei**[..tái] 女 -/-en (Einsiedelei) 庵室. [<..ei]

Eren[éːrən] 男 -/-《南部》(Hausflur) 玄関. [*ahd.* arin „Fußboden“]

Ere·psin[erɛpsíːn] 中 -s/〘生〙エレプシン(腸液中にある蛋白(たんぱく)質分解酵素). [◇Raptus]

er·er·ben[ɛr|ɛ́rbən][1] ▽**I** 他 (h) 相続する; (遺伝的に)受け継ぐ. **II er·erbt** 過分 形 相続した; 遺伝的な, 生得(先祖伝来)の: ~*es* Vermögen 相続した財産 | eine ~*e* Krankheit 遺伝病 | die von der Mutter ~*en* Eigenschaften 母から受け継いだ性質.

ere·thisch[eréːtɪʃ] 形 過敏性の.

Ere·this·mus[eretísmʊs] 男 -/ 〘医〙過敏〔症〕; 過敏性. [<*gr.* erethízein „reizen“]

er·fahr·bar[ɛrfáːrbaːr] 形 (erfahren できる. 例えば:)〔聞き〕知ることのできる, 経験可能な.

er·fah·ren*[ɛrfáːrən]《37》**I** 他 (h) **1** (他人からの情報によって)知る: *et.*[4] aus zuverlässiger Quelle ~ …を確かな筋から聞き知る | die Wahrheit ~ 真相を知らされる | Näheres (Einzelheiten) über *et.*[4] ~ …について詳細を知らされる | Ich habe gestern *erfahren* (=zu wissen bekommen), daß er krank ist. 彼が病気だということを私は昨日知った ‖〘目的語なしで〙von *et.*[3] (über *et.*[4]) ~ …について〔聞き〕知る | Ich habe davon durch Zufall *erfahren.* 私はそれについて偶然知った(→II).

2《雅》(わが身に)経験する; (他人から)受ける, (変化などを)こうむる; (…)される: *et.*[4] am eigenen Leibe ~ (→Leib 1) | ein großes Glück ~ 大きな幸せを味わう | einen Verlust ~ 損失をこうむる | Mir scheint, ich werde heute noch etwas Gutes ~. きょうこれから何かいいことがありそうな気がする ‖〘erfahren の意味が希薄化し, 動作名詞に伴って受動を意味する機能動詞として〙freundliche Anerkennung ~ 認められる, 好評を得る | eine beträchtliche Erweiterung ~ 大幅に拡張される | Die Produktion *erfuhr* eine Steigerung um 10 %. 生産は10パーセント向上した | Die Konferenz *erfuhr* eine Unterbrechung. 会議は中断された | Das Buch soll eine Überarbeitung ~. この本は改訂されることになっている.

3 (乗り物を走らせて)獲得(達成)する: die beste Zeit ~ (乗り物のレースで)最高タイムを出す | *sich*[3] einen Preis ~ (乗り物のレースで)賞を取る | Als Rennfahrer hat er sich ein Vermögen *erfahren.* カーレーサーとして彼は一財産作った.

II 自 (h)《von *et.*[3]》(…について)聞き知る: →I 1

III 過分 形 経験のある, 経験豊かな, 熟練した, ベテランの: ein ~*er* Arzt 老練な医師 | eine in Buchhaltung ~*e* Sekretärin 簿記のできる女秘書 | Er ist auf diesem Gebiet (in Geschäftssachen) sehr ~. 彼はこの分野で(実務に)きわめて堪能(たんのう)である | Sie ist wenig ~ im Umgang mit Menschen. 彼女は人づきあいに不なれである.

Er·fah·ren·heit[−hait] 女 -/ erfahren IIIなこと: seine ~ in Geschäftssachen 彼の実務における経験の豊かさ | von großer ~ sein ベテランである.

Er·fah·rung[ɛrfáːrʊŋ] 女 -/-en **1** 経験: praktische ~ im Unterricht 教歴 | die Philosophie der reinen ~ 純粋経験の哲学 ‖ *et.*[4] aus 〔eigener〕 ~ wissen …を〔自分の〕経験から知っている | durch ~〔*en*〕 klug werden 経験を積んで利口になる ‖ viel ~ in *et.*[3] haben …の経験が豊かである | genügend (langjährige) ~〔*en*〕 haben 十分な(長年の)経験がある | ~*en* sammeln 経験を積む ‖ Mit ihm habe ich viele bittere (schlechte) ~*en* gemacht. あの男にはさんざん苦い(ひどい)目にあわされた ‖ Ihm fehlt die ~. 彼は経験が足りない | 〔Die〕 ~ ist die beste Lehrmeisterin.《諺》経験にまさる教師はない | Es ist eine alte ~, daß ... …は昔からよくあることである. **2**《単数で》erfahren すること: *et.*[4] **in ~ bringen** …を(調べて)〔聞き〕知る | Mit viel Mühe konnte ich seine Adresse in ~ bringen. やっとのことで私は彼の住所を知ることができた.

Er·fah·rungs·aus·tausch 男 (知りえた)知識(情報)の交換.

er·fah·rungs⸗ge·mäß 副 経験上, 経験によれば, 通例. ⸗**mä·ßig** 形 経験上の, 経験による. ⸗**reich** 形 経験豊かな.

Er·fah·rungs⸗satz 男 経験に基づく原則(原理). ⸗**tat·sa·che** 女 (Empirem) 経験的事実. ⸗**ur·teil** 中〘哲〙経験判断. ⸗**wis·sen·schaft** 女 -/ 経験科学(特に自然科学).

er·fand[ɛrfánt][1] erfinden の過去.

er·faß·bar[ɛrfásbaːr] 形 (erfassen できる. 例えば:) 把握し得る, 理解できる: statistisch ~ 統計的に把握し得る.

er·fas·sen[ɛrfásən]《03》他 (h) **1** (手で)つかむ, (しっかりと)捕らえる; (勢いのなかに)巻き込む: *js.* Arm ~ / *jn.* beim (am) Arm ~ …の腕をつかむ | *et.*[4] mit dem Auge ~ …を目で捕らえる, …を見つける | Das Bild *erfaßte* mich mit einem großen Reiz. その絵は強い魅力で私を捕らえた | von einem Strudel *erfaßt* werden 渦に巻き込まれる | Der Zug *erfaßte* ein Kind. 列車が子供を車体の下に巻き込ん

だ. **2** 《*jn.*》(感情などが…を)捕らえる, 襲う: Eine Unruhe *erfaßte* ihn. 不安が彼を捕らえた | Ein Verlangen nach einem Glas Wein *erfaßte* ihn. 彼はワインを飲みたい気持にかられた. **3** (begreifen) 把握する, 理解〈認識〉する: *et.*[4] gefühlsmäßig 〈intuitiv〉 ~ …を感覚的〈直覚的〉に把握する | Ich hab's *erfaßt.* わかったぞ. **4** 《官》(特定の事象やグループをある観点から)把握する, 包括する; 登録〈記録〉する; 〖軍〗徴発〈徴募〉する: *et.*[4] systematisch ~ …を体系的にとらえる〈まとめる〉 | die Arbeitslosen statistisch ~ 失業者の統計をとる | Das Gesetz *erfaßt* alle Steuerpflichtigen. この法律は納税義務者全員に該当する ‖ die vom Wohnungsamt *erfaßten* Zimmer 住宅局登録済みの部屋.

Er·fas·sung[ɛrfásʊŋ] 女 -/-en erfassen すること: eine intuitive ~ der Zusammenhänge 関連の直観的把握 | die geplante ~ aller Angestellten für Röntgenuntersuchung 従業員全員に対するレントゲン検査実施計画.

er·fech·ten*[ɛrfɛ́çtən] 《40》 他 (h) (erkämpfen) (勝利・名声・賞・利益などを)戦い取る, 勝ち取る.

er·fin·den*[ɛrfíndən][1] 《42》 他 (h) **1** 発明する, 案出する: eine neue Maschine 〈die Buchdruckerkunst〉 ~ 新しい機械〈印刷術〉を発明する ‖ das Pulver 〔auch〕 nicht 〔gerade〕 *erfunden* haben (→Pulver 2). **2** (虚構を)創作する, でっち上げる: eine Ausrede ~ 言い訳をでっちあげる | Die Geschichte ist von A bis Z 〔frei〕 *erfunden.* その話は一から十まで作りごとだ. [v]**3** 見つけ出す, 発見する: 再帰 *sich*[4] ~ 判明する | Es *erfand* sich, daß sie schwanger war. 彼女が身ごもっていることがわかった.

Er·fin·der[ɛrfíndər] 男 -s/- 発明〈案出・考案〉者; (一般に)発明家: Edison war ein großer ~. エジソンは偉大な発明家だった | nicht im Sinne des ~*s* sein (→Sinn 3 b).

Er·fin·der·geist 男 -〔e〕s/ 発明心〈精神〉.

er·fin·de·risch[..dərɪʃ] 形 発明心のある, 創意に富んだ: Er ist ein ~*er* Kopf 〈Geist〉. 彼は発明の才がある | Not macht ~. 《諺》必要は発明の母.

Er·fin·der·schutz[..dər..] 男 発明者〔の権利〕保護, パテント保護.

er·find·lich[ɛrfíntlɪç] 形 見当のつく, 納得のゆく, 明らかな: 〖ふつう否定詞と〗aus nicht ~*en* Gründen なぜかよくわからない理由で | Was er dagegen hat, ist noch nicht ~. 彼がなぜそれに反対なのかはまだはっきりしない.

Er·fin·dung[ɛrfíndʊŋ] 女 -/-en **1 a)** 《単数で》発明, 案出; 着想: die ~ der Dampfmaschine 蒸気機関の発明 | eine ~ machen 発明をする. **b)** 発明品: Diese Maschine ist eine geniale ~. この機械は天才的な発明だ | *sich*[3] *seine* ~ patentieren lassen 発明の特許をとる. **2** 虚構, でっち上げ, フィクション: Das ist 〔eine〕 pure ~. それは全くのでたらめだ.

Er·fin·dungs≠ga·be 女 -/ 発明〈考案〉の才, 独創力. **≠geist** 男 -〔e〕s/ 発明心〈精神〉. **≠kraft** 女 -/ =Erfindungsgabe **≠pa·tent** 中 新案特許〔状〕.

er·fin·dungs·reich 形 発明の才豊かな, 独創的な, 着想の豊富な; 機略に富んだ.

Er·fin·dungs·schutz =Erfinderschutz

er·fle·hen[ɛrfléːən] 他 (h) 《雅》《*et.*[4] von *jm.*》(…を…に)懇願して得〔ようと求め〕る.

er·flie·gen*[ɛrflíːgən][1] 《45》 他 (h) 飛行によって達成する; 《比》(思考・想像力の)翼に乗って到達する: mehrere Rekorde ~ 幾多の飛行記録を樹立する.

er·flie·ßen*[ɛrflíːsən] 《47》 自 (s) 《オーストリア》(ausgehen) 《von *et.*[3] / aus *et.*[3]》(…から)出る, 由来する.

Er·folg[ɛrfɔ́lk][1] 男 -〔e〕s/-e 成果, 結果; 成功, 上首尾, 好結果, 大当たり: ein großer 〈gewaltiger / voller〉 ~ 大成功 | ein guter 〈schlechter〉 ~ 成功〈失敗〉 | der gewünschte ~ 期待どおりの成果 ‖ **mit ~** 成功裏に, 首尾よく | *et.*[4] mit ~ tun …をして成功を収める | an einer Prüfung mit ~ teilnehmen 受験して合格する | mit ~, daß ... …という結果に終わって | **ohne ~** sein 〈bleiben〉 成果を収めない, 不成功に終わる | **von ~ gekrönt sein** 成功を収める, みごとに実を結ぶ | Seine Bemühungen waren von ~ gekrönt. 彼の努力はみごとに結実した | Die Untersuchung führte **zu** keinem **~.** 調査したが成果は上がらなかった ‖ einen 〔großen〕 ~ erzielen 〈ernten〉 大成功を収める | 〔in allem〕 ~ haben 〔何事にも〕成功する | bei den Frauen ~〔*e*〕 haben 女性に関してしたたか者である | Als Hamlet war er ein großer ~. ハムレット役で彼は大当たりであった | ein ~ versprechendes Vorhaben 成功まちがいない企て ‖ Der ~ blieb aus. 成果は現れなかった | Der ~ war gleich Null. 成果はゼロに等しかった | Der 〔einzige〕 ~ war, daß keiner mehr mit ihm sprach. その結果はだれもが彼と口をきかなくなったというだけに終わった.

er·fol·gen[ɛrfɔ́lgən][1] 自 (s) **1** 《事件・現象について》(結果として)生じる, 起こる: Kurz darauf *erfolgte* das Unglück. すぐそれに続いて惨事が起こった | Der Tod *erfolgte* wenige Stunden nach dem Unfall. 死は事故のあと幾時間もたたないうちに訪れた. **2** 《動作名詞を主語とする機能動詞として》(…が)行われる, 実現される: Es *erfolgte* keine Antwort. なんの返答もなされなかった(＝Es wurde nicht geantwortet.) | Ist auf die Anfrage irgend etwas *erfolgt*? 問い合わせに対して何か反応があったか | Ihr Eintritt kann sofort ~. すぐお入りになってかまいません ‖ Die Auszahlung der Gehälter *erfolgt* jeweils am 15. des Monats. 給与は毎月15日に支払われる ‖ nach *erfolgter* Bezahlung 支払い完了後に.

er·folg·ge·krönt[ɛrfɔ́lk..] 形 成功に輝く, 上首尾の.

Er·folg·ha·sche·rei[ɛrfɔlkhaʃəráɪ] 女 -/-en 功をあせること, 功名心, 野望, やまっ気.

er·folg·los[ɛrfɔ́lkloːs][1] 形 成果のない, 不首尾〈不成功〉の, (努力などが)むなしい, 徒労の.

Er·folg·lo·sig·keit[..loːzɪçkaɪt] 女 -/ erfolglos なこと.

er·folg·reich 形 成果の豊かな, 上首尾〈大成功〉の.

Er·folgs≠aus·sicht 女 成功の見込み. **≠au·tor** 男 売れっ子の著述家. **≠buch** 中 売れ行きのいい本, ベストセラー. **≠chan·ce** 女 成功のチャンス. **≠den·ken** 中 成功のみを追求する考え方. **≠druck** 男 成功せねばならぬという心理的圧迫〈プレッシャー〉: unter ~ stehen ぜひ成功せねばとの心理的なプレッシャーを受けている. **≠film** 男 大当たりの映画. **≠ge·heim·nis** 中 成功の秘密. **≠mensch** 男 成功者; (商売などの)やり手, 敏腕家; 立身出世主義者. **≠quo·te** 女, **≠ra·te** 女 成功率. **≠rech·nung** 女 〖商〗損益決算. **≠re·zept** 中 成功の秘訣(ひけつ). **≠schrift·stel·ler** 男 =Erfolgsautor

er·folgs·si·cher 形 成功疑いなしの; (人が)自信満々の.

Er·folgs≠sto·ry 女 成功談, 出世物語, サクセスストーリー. **≠stück** 中 〖劇〗大当たりの脚本. **≠zahl** 女, **≠zif·fer** 女 成果の数値. **≠zwang** 男 ぜひとも成功しなければとの〔心理的〕強制.

er·folg·ver·spre·chend 形 成功の見込まれる, 有望な.

er·for·der·lich[ɛrfɔ́rdərlɪç] 形 (nötig) (特定の目的のために)必要な, 必須(ひっす)の: die ~*en* Maßnahmen 必要な措置 ‖ falls ~ 必要とあれば | Dazu ist viel Zeit 〈die Einwilligung der Eltern〉 ~. それには時間がかかる〈両親の同意が必要だ〉| Diese neuen Tatsachen machten eine weitere Nachforschung ~. これら新事実の出現によりさらに調査を続けることが必要となった ‖ Ich werde alles *Erforderliche* tun. 私が万事必要な手配をいたします.

er·for·der·li·chen·falls 副 《官》(nötigenfalls) 必要とあれば.

er·for·dern[ɛrfɔ́rdərn] 《05》 他 (h) **1** (前提として)要求する, 必要とする: Die Arbeit *erfordert* viel Zeit. この仕事には時間がかかる | wenn die Umstände es *erfordern* 情勢によって必要とあれば | Dieser Posten *erfordert* einen tüchtigen Fachmann. このポストには有能な専門家が必要である. **2** 〖言〗(補足語を)要求する, (格を)支配する.

Er·for·der·nis[ɛrfɔ́rdərnɪs] 中 -ses/-se (特定の目的のために)必要とされるもの; 必要条件, 要件: ein notwendiges ~ für die Verwirklichung des Projektes 計画実現に不可欠の要件 | ein ~ des Augenblicks 目下〈さしあたって〉の必要〔物〕 | die ~*se* der Zeit 時代の要請 ‖ die

E

täglichen ～*se* befriedigen 日々の必要をみたす.

er·fọrsch·bar[ɛrfɔ́rʃba:r] 形 erforschen できる.

er·fọr·schen[ɛrfɔ́rʃən]《04》他(h) 探究〈究明〉する; 研究〈調査〉する; (胸中・秘密などを)探る: die Ursachen ～ 原因を究明する | die Wahrheit über *et.*⁴ ～ …の真相を究める | das Innere Afrikas ～ アフリカの奥地を踏査する.

Er·fọr·scher[..ʃər] 男 -s/- 探究〈研究〉者.

Er·fọr·schung[..ʃʊŋ] 女 -/-en 探究, 究明; 研究, 調査.

er·fra̱·gen[ɛrfrá:gən]¹ 他(h) **1**《*et.*⁴ 〔bei *jm.*〕》(…を〔…に〕)尋ねる, 問いただす, 聞き出す, 照会する: *js.* Adresse ～ …の住所を尋ねる | Er ist nirgends zu ～. 彼のゆくえはだれも知らない. **2** (erbitten) 請い求める: *js.* Erlaubnis 〈Zustimmung〉 ～ …の許可〈同意〉を求める.

er·fre̱·chen[ɛrfrɛ́çən] 他(h) 再帰 *sich*⁴ ～《zu 不定詞〔句〕と》厚かましくも…する | Er *erfrechte* sich, eine abfällige Bemerkung zu machen. 彼は生意気にもひとを軽蔑するようなことを言った. [＜frech]

er·fre̱u·en[ɛrfrɔ́yən] **I** 他(h) **1**《*jn.*/ *et.*⁴》喜ばせる, 楽しませる: *jn.* durch artige Komplimente 〈mit einem Geschenk〉 ～ お世辞を言って〈贈り物をして〉…を喜ばせる | das Auge 〈das Ohr〉 ～ 目〈耳〉の保養になる | Dein Besuch hat mich sehr *erfreut.* 君が来てくれてほんとうにうれしい ‖ 再帰 *sich*⁴ an *et.*³ ～ …を喜ぶ〈楽しむ〉| *sich*⁴ an den Blumen 〈am Anblick der Blumen〉 ～ 花を見て楽しむ. **2**《雅》再帰 *sich*⁴ *et.*² ～ …を享受する | *sich*⁴ bester Gesundheit ～ きわめて健康である | *sich*⁴ großer Beliebtheit ～ 非常に人気がある.

II er·fre̱ut 過分 形 喜んでいる: Ich bin über die Nachricht sehr ～. 私はこの知らせを聞いてとてもうれしい | Sehr ～! (人を紹介されて)お目にかかれてうれしゅうございます ‖ ～ lächeln うれしそうにほほえむ.

er·fre̱u·lich[..lɪç] 形 うれしい, 喜ばしい; 好ましい, 好都合な: ein ～*er* Anblick うれしい光景 | eine ～*e* Mitteilung うれしい知らせ, 吉報 | ein ～*es* Ergebnis 好ましい結果 ‖ Das ist nicht gerade ～. それはあまりかんばしく〈ありがたく〉ない.

er·fre̱u·li·cher·we̱i·se[..lɪçər..] 副 幸いにも, うれしいことに.

er·fri̱e·ren*[ɛrfrí:rən]《50》**I** 自(s) 凍死する; (植物が)霜〈冷害〉にやられる; (指・耳などが)かじかむ, 凍傷にかかる;《雅》(心・笑いなどが)凍りつく: Ihm sind die Zehen *erfroren.* 彼は足の指が凍傷にかかった | Ich war ganz 〈halb〉 *erfroren.*《比》私は寒くて死にそうだった ‖ *erfrorene* Füße haben 足がかじかんで〈凍傷にかかって〉いる. **II** 他(h) *sich*³ die Füße 〈die Hände〉 ～ 足〈手〉に凍傷を負う.

Er·fri̱e·rung[..rʊŋ] 女 -/-en (erfrieren すること. 例えば:) 凍死; 凍傷; 霜害; 冷害.

Er·fri̱e·rungs·tod 男 凍死.

er·fri̱·schen[ɛrfríʃən]《04》**I** 他(h) 新鮮にする, さわやかにする; 爽快(そうかい)な気分にする, 元気づける;《比》生き返らせる: *jn.* mit *et.*³ 〈durch *et.*⁴〉 ～ …で…の疲れをいやす | Die Rast hat ihn sehr *erfrischt.* 休息で彼はすっかり元気を回復した | Der Regen *erfrischte* die Natur. 雨で自然が生気を取り戻した ‖〖目的語なしで〗Obst *erfrischt* sehr. 果物を食べるとさっぱりする ‖ 再帰 *sich*⁴ mit einem Bad ～ ひとふろ浴びてさっぱりする | *sich*⁴ mit einem Glas Bier ～ ビールを一杯飲んで元気をつける | *sich*⁴ mit 〈an〉 kühlen Getränken ～ 冷たいものでのどをうるおす | Das Auge *erfrischt* sich an den grünen Wiesen. 緑野を眺めると目の疲れがとれる ‖ *erfrischt* aufwachen さわやかな気分で目をさます | *erfrischt* 〈*erfrischten* Mutes〉 aus dem Urlaub zurückkehren 気分を一新して休暇から戻る.

II er·fri̱·schend 現分 形 erfrischen する〔ような〕: ～*e* Getränke 清涼飲料 | eine ～*e* Kühle さわやかな涼しさ | ein ～*es* Bad nehmen 汗を洗い流してさっぱりする ‖ ～ offen sprechen 気持よく率直に話す ‖ das *Erfrischende* in seinem Wesen 彼の人柄のさわやかさ | etwas *Erfrischendes* anbieten 疲れをいやす飲食物をすすめる.

Er·fri̱·schung[ɛrfríʃʊŋ] 女 -/-en **1**《単数で》〔sich〕erfrischen すること: die ～ des Körpers durch ein Bad 汗を洗い流してさっぱりすること | die ～ durch einen Spaziergang 散歩による気分転換. **2** (元気をつけるための)清涼飲料, 軽い茶菓〈飲食物〉: eine ～ zu *sich*³ nehmen 茶菓をとる | ～*en* herumreichen 冷たい飲み物をくばる.

Er·fri̱·schungs≠ge·tränk 中 清涼飲料, 冷たい飲み物: ein kohlensäurehaltiges ～ 炭酸清涼飲料. **≠ki·osk** 男 (飲み物などを売る)売店, スタンド. **≠raum** 男 (劇場・デパート・会社などの)喫茶室. **≠stand** 男 ＝Erfrischungskiosk

er·fro̱·ren[ɛrfró:rən] erfrieren の過去分詞; 過去 1・3人称複数.

er·fü̱h·len[ɛrfý:lən] 他(h) **1** 感覚的に理解する, 感じ取る. **2** (触れて)感知する.

er·fu̱hr[ɛrfú:r] erfahren の過去.

er·fụ̈ll·bar[ɛrfʏ́lba:r] 形 (erfüllen できる. 例えば:)(要求・願いなどが)満たし得る, 実現可能な; (義務などが)果たし得る; (目標が)達成可能な.

er·fụ̈l·len[ɛrfʏ́lən] 他(h) **1 a)** 満たす, いっぱいにする, 埋め尽くす: Lärm 〈Stille〉 *erfüllte* das Haus. 騒音〈静けさ〉が家じゅうを満たした | Menschen haben die Straßen *erfüllt.*/ Die Straßen sind von Menschen *erfüllt.* 通りは人びとでいっぱいである ‖ Die Blumen *erfüllen* das Zimmer mit ihrem Duft. 花が部屋じゅうを香りで満たしている | Die Kinderschar *erfüllte* den Garten mit Leben. 子供らの群れが庭に活気をみなぎらせた | eine Verordnung mit Leben ～《比》法令に具体的な施行細則をつける ‖ Das Zimmer war ganz mit Rauch *erfüllt.* 部屋じゅうに煙が充満していた.

b)《*jn.*》(想念・感情が…の)心を占める, 心をいっぱいにする: Mißtrauen *erfüllte* ihn ganz. 彼の心は不信の念でいっぱいになった | Seine Arbeit *erfüllt* ihn ganz. 彼は仕事のことで頭がいっぱいである | Er 〈Sein Herz〉 war von Dankbarkeit ganz *erfüllt.* 彼の心は感謝の念でいっぱいであった ‖ *jn.* mit Stolz ～ …の自尊心を膨れあがらせる | Die Nachricht *erfüllte* ihn mit tiefer Freude 〈Trauer〉. 知らせを聞いて彼は深い喜び〈悲しみ〉に満たされた ‖ die ihn *erfüllenden* Sorgen 彼の心を占めている心配事.

2 (義務・任務などを)果たす; (要求・願いなどを)満たす, かなえる, 実現させる;〖法〗(債務などを)履行する: *sein* Versprechen 〈*seine* Arbeitsnorm〉 ～ 約束〈ノルマ〉を果たす | Das Buch *erfüllt* vollauf seinen Zweck. この本は完全に目的を達成している | *js.* Wunsch 〈Erwartungen〉 ～ …の願いをかなえる〈期待に答える〉| Ich kann dir diese Bitte nicht ～. 私は君にこの願いをかなえてやるわけにはいかない | *et.*⁴ bis zum letzten Buchstaben ～ (→Buchstabe) ‖ Er sah jeden seiner Wünsche *erfüllt.* 彼は願望がすべてかなえられたのを知った ‖ Seine Zeit 〈Sein Schicksal〉 ist *erfüllt.*《雅》彼の最期が来た〈運命は決まった〉‖ 再帰 *sich*⁴ ～ (願望などが)満たされる, (予言などが)実現する | Sein Wunsch hat sich *erfüllt.* 彼の願いはかなえられた.

Er·fụ̈llt·heit[ɛrfʏ́lthaɪt] 女 -/ (erfüllen されていること. 例えば:)(想念・感情で)心がいっぱいなこと, 充満〈充実〉していること.

Er·fụ̈l·lung[ɛrfʏ́lʊŋ] 女 -/-en《ふつう単数で》〔sich〕erfüllen すること: ～ *seiner* Pflicht 〈*seiner* Schuld〉 義務〈債務〉の履行 | Das brachte 〔ihm〕 die ～ seiner Wünsche. このことで彼の願望は満たされ〈かなえられ〉た ‖ *et.*⁴ in ～⁴ bringen …を実現する〈かなえる〉| **in ～⁴ gehen** (願望などが)満たされる, 実現する | Sein Traum ging 〔ihm〕 in ～. 彼の夢が実現した ‖ in *seiner* Arbeit ～ finden 仕事に充実感を味わう.

Er·fụ̈l·lungs≠ge·hil·fe 男〖法〗履行補助者. **≠ort** 男 -〔e〕s/-e〖法〗履行地. **≠po·li·ti̱k** 女 -/〖史〗(1921-22年ドイツ政府が行った)〔ベルサイユ〕条約履行政策. **≠ta̱g** 男〖法〗履行期日.

er·fụn·den[ɛrfúndən] erfinden の過去分詞.

Ẹr·furt[ɛ́rfʊrt] 地名 エルフルト(ドイツ中部の工業都市で Thüringen 州の州都). [＜Erf (Gera 川の旧名)＋..furt; ◇Erpel]

Ẹr·fur·ter[..tər] **I** 男 -s/- エルフルトの人. **II** 形《無変化》エルフルトの.

E

erg. 略 ＝ergänze 補充せよ.
Erg[ɛrk] 中 -s/- 〘理〙エルグ（CGS 系におけるエネルギー単位; 記号 erg). [＜Ergon]
er·gab[ɛrgá:p][1] ergeben の過去.
er·gän·zen[ɛrgɛ́ntsən] ⦅02⦆ 他 (h) **1** (vervollständigen)(補足して)完全にする,(…の)不足分を補う, 補足する, 補充する; 増補する,(彫像などを)補修〈修復〉する; 〘数〙(…の)余角〈補角〉をなす: *jn.* 〈*js.* Aussage〉 ～ …の発言を補足する | das Lager 〈die Vorräte〉 ～ 在庫を補充する | Das *ergänzt* die Liste. これでリストが完全になる | Das Gesetz wird durch Ausführungsbestimmungen *ergänzt.* 法律は施行規則がついて完全になる ‖ die zweite, *ergänzte* Auflage 増補第二版 ‖ 再帰 Der Vorstand *ergänzt* sich[4] durch Zuwahl. 理事会の役員は補欠選挙で補われる | Ich *ergänzte* mich. 私は自分の発言を補足した | Mann und Frau *ergänzen* sich 〈einander〉. 男と女は補いあう | Die Winkel *ergänzen* sich 〈einander〉 zu 180°. 両角は互いに補角をなす. **2** (hinzufügen) 補って加える, 付け加える: Ich möchte hierzu noch etwas ～. 私はこれについてなお多少補足したい ‖ *Ergänzend* möchte ich zu seiner Rede nur noch sagen, daß ... 彼の談話に私はこれだけを補足発言したい. すなわち…. [＜ganz]
Er·gän·zung[ɛrgɛ́ntsʊŋ] 女 -/-en **1** ⦅単数で⦆ ergänzen すること. **2 a)** 補遺, 補足. **b)** 〘言〙補足語, 補足成分.
Er·gän·zungs≠band 男 (略 Erg.-Bd.)(数巻からなる書物の補遺用の)別巻, 補巻. **≠far·be** 女 (Komplementärfarbe)〘理〙補色, 余色. **≠fra·ge** 女 **1** (議会などにおける)補充質問. **2** 〘言〙(疑問詞で代表される文成分の部分への答えを求める)補足疑問〔文〕(例 Was ist das? それは何か | Wo wohnt er? 彼はどこに住んでいるのか: →Entscheidungsfrage). **≠kom·man·do** 中 ⦅ｵｰｽﾄﾘｱ⦆〘軍〙補充兵徴集部局. **≠nähr·stof·fe** 複 〘生化学〙補養素, 補助栄養素(ビタミン・必須脂肪酸など). **≠satz** 男 〘言〙補足語文〔節〕. **≠stück** 中 補充〔部〕品. **≠wahl** 女 補欠選挙. **≠win·kel** 男 〘数〙余角; 補角.
Er·ga·sto·plas·ma[ɛrgastoplásma·] 中 -s/..men [..mən] 〘生化学〙エルガストプラスム(細胞内の蛋白(たんぱく)の生合成の場である原形質構造で粗面小胞体と呼ばれている). [＜*gr.* ergastikós „tätig“]
Er·ga·tiv[ɛ́rgati:f][1] 男 -s/-e 〘言〙能格(行為動詞とその行為によって影響を受ける目的格を含む文で行為者を示す格). [＜*gr.* ergátēs „Handelnde“ (◇Ergon)]
er·gat·tern[ɛrgátərn] ⦅05⦆ 他 (h) ⦅話⦆(手に入りにくいものを)巧みに手にいれる, まんまとせしめる; (情報を)聞き込む. [＜Gatter]
er·gau·nern[ɛrgáʊnərn] ⦅05⦆ 他 (h) 詐取する, だまし取る.
Erg.-Bd. 略 ＝Ergänzungsband
er·ge·ben*[ɛrgé:bən][1] ⦅52⦆ **I** 他 (h) **1** ⦅*et.*[4]⦆(…の結果を)生み出す; (…であることを)明らかにする: Die Sammlung *ergab* eine Summe von rund 1 000 Mark. 募金の総額は約1000マルクに達した | Die Untersuchungen haben seine Unschuld *ergeben.* 調査の結果彼の潔白〈無罪〉が証明された ‖ 再帰 *sich*[4] ～ 結果として生じる; (…であることが)判明する | Es *ergab* sich, daß er unschuldig war. 彼が潔白であることが判明した | Daraus könnten sich Nachteile ～. そのことから不利な結果が生まれるかもしれない | Es *ergab* sich von selbst. それはおのずからそうなったのだ. **2** 再帰 *sich*[4] *jm.* 〈*et.*[3]〉 ～ …に身をゆだねる; …に身をささげる | *sich*[4] *et.*[3] ～ …に専念〈没頭〉する | *sich*[4] *jm.* mit Leib und Seele ～ …に全身全霊をささげる | *sich*[4] *seinem* Kummer ～ 悲しみに身をゆだねる | *sich*[4] dem Trunk 〈dem Laster〉 ～ 飲酒〈悪徳〉にふける. **3** 再帰 *sich*[4] in *et.*[4] ～ …に順応〈屈従〉する, …に従う | *sich*[4] in *sein* Los 〈Schicksal〉 ～ 自己の運命に従う | Er *ergab* sich drein. 彼はそれを甘受した. **4** 再帰 *sich*[4] 〔*jm.*〕 ～ (軍隊などが)〔…に〕降伏〈屈服〉する | *sich*[4] bedingungslos 〈kampflos〉 ～ 無条件で〈戦わずして〉降伏する.
II 過分 形 (untertänig) 心服した, 忠誠を誓った, 従順な: *jm.* ～ sein …に心服〈愛着〉している | *et.*[3] ～ sein …にふけって〈おぼれて〉いる | dem Staate treu ～ sein 国家に忠誠を誓っている | dem Marxismus treu ～ sein マルキシズムを忠実に信奉している | Sie ist ihm völlig ～. 彼女は彼にすっかり心服〈隷属〉している ‖ „Ja“, sagte er ～. 「はい」と彼はおとなしく答えた ‖ Ihr ～*er* Hans Meyer / Es grüßt Sie ～*st* Ihr Hans Meyer (手紙の末尾に慣用的に用いられて)さようなら あなたのハンス マイヤー.
Er·ge·ben·heit[–haɪt] 女 -/ 心服, 従順, 忠誠; 服従, 屈従, 順応.
Er·geb·nis[ɛrgé:pnɪs] 中 -ses/-se (→Resultat) 結果, 成果; 〘数〙(計算した結果の)答え: ein gutes 〈schlechtes〉 ～ よい〈悪い〉結果 | das vorläufige 〈endgültige〉 ～ 一応の〈最終的な〉結果 | zu keinem ～ 〈zu keinen ～*sen*〉 führen 結論が出ない, なんらの成果も上がらない ‖ Das ～ von 2 mal 2 ist 4. 2 かける 2 の答えは 4 である.
er·geb·nis≠los[–lo:s][1] 形 成果のない, 無益な: *et.*[4] ～ abbrechen …を成果の上がらぬまま打ち切りにする. **≠reich** 形 成果の豊かな, 有益な.
Er·ge·bung[ɛrgé:bʊŋ] 女 -/ (sich ergeben すること. 例えば:) **1** 〘軍〙降伏. **2** 服従; 恭順; 帰依; あきらめ: ～ in Gottes Willen 神意への服従 | Er trägt sein Schicksal mit ～. 彼は運命を甘受している.
er·ge·bungs·voll 形 恭順な.
er·ge·hen*[ɛrgé:ən] ⦅53⦆ **I** 自 (s) **1** ⦅an *jn.*⦆(公的指令・要請が…に対して)出〔され〕る; ⦅über *jn.*⦆(判決が…に)下〔され〕る: Es *erging* eine Verordnung. 法令が公布された | An alle Soldaten *erging* der Befehl, sich einsatzbereit zu halten. 全兵士に待機命令が発せられた | An alle Mitglieder *ergingen* Einladungen. 全会員が招集〈招待〉された | An ihn ist ein Ruf an die Universität Berlin *ergangen.* 彼はベルリン大学に招かれた ‖〘lassen と〙eine Verordnung ～ lassen 法令を公布する | Gnade für 〈vor〉 Recht ～ lassen (→Gnade 1) | ein Urteil über *jn.* ～ lassen …に判決を下す | ***et.***[4] **über *sich***[4] **～ lassen** …を(じっと)がまんする | Ich habe Vorwürfe 〈den langweiligen Vortrag〉 über mich ～ lassen. 私は非難の言葉〈その退屈な講演〉をがまんして聞いていた. **2** 非人称 ⦅es ergeht *jm.*; 様態を示す語句と⦆(…が…の)状態〈境遇〉にある: Es ist ihm gut *ergangen.* 彼は順調に事が進んだ, 彼は幸福だった | Wie ist es Ihnen seither *ergangen*? その後どんな具合でしたか〈いかがお過ごしでしたか〉.
II 他 (h) **1** ⦅雅⦆ 再帰 *sich*[4] ～ 散歩〈散策〉する, 逍遙(しょうよう)する: *sich*[4] an der Luft ～ 風に当たる | *sich*[4] im Garten ～ 庭を散歩する. **2** 再帰 *sich*[4] in *et.*[4] 〈über *et.*[4]〉 ～ …に長々とかかずらう,(無際限に)…にふける | *sich*[4] in Lobreden 〈Schmähungen〉 ～ やたらにほめそやす〈けなしつける〉 | *sich*[4] über ein Thema ～ ある話題に夢中になる; あるテーマについて詳述する.
III Er·ge·hen 中 -s/ ⦅雅⦆(Befinden) 身の上, 消息, 境遇(→I 2): *sich*[4] nach *js.* ～ erkundigen …の安否を問う | nichts über *js.* ～ wissen …の消息を全く知らない.
▽**er·get·zen**[ɛrgɛ́tsən] ⦅02⦆ ＝ergötzen
er·gie·big[ɛrgí:bɪç][2] 形 収量の多い, 収穫〈利益〉の多い; (土地が)肥沃(ひよく)な, 豊饒(ほうじょう)な; ⦅比⦆ 実りの多い, 生産的な, 有意義な; 豊富な, 大量の: ein ～*er* Boden よく肥えた土地 | ～*e* Ernte 豊作 | ein ～*es* Geschäft 〈Gespräch〉 もうかる仕事〈有益な対話〉 | eine ～*e* Sorte 〈Ölquelle〉 収量の多い品種〈油田〉 ‖ Der Fischfang war recht ～. 漁はとても豊漁だった ‖ Es hat ～ geregnet. 雨が大量に降った. [＜ergeben]
Er·gie·big·keit[–kaɪt] 女 -/ ergiebig なこと.
er·gie·ßen*[ɛrgí:sən] ⦅56⦆ 他 (h) **1** 再帰 *sich*[4] ～ あふれ出る,(大量に)吹き出る; ⦅雅⦆ 心中をぶちまける: Blut *ergoß* sich aus der Wunde. 血が傷口からあふれ出た | Der Fluß *ergießt* sich ins Meer. 川が海に注ぐ | Die Menschenmenge *ergoß* sich in die Straßen. 群衆が街路にあふれ出た | Der Wein *ergoß* sich über das Tischtuch. ワインがテーブルクロスにこぼれ広がった | Der Samen *ergießt* sich. 精液が放出される(射精する) | Sein Zorn *ergoß* sich über mich. 彼の怒りが私に向かって爆発した | *sich*[4] in

E

Dankesworten ～ 感謝の気持を縷々(るる)と述べる. **2** 《雅》《*et.*[4]》(内容物を)放出する; (言葉・感情などを)ぶちまける: *seinen* Zorn über *jn.* ～ …に怒りをぶちまける. ［◇Erguß］

Er·gie·ßung[ɛrgíːsʊŋ] 女 -/-en (ergießen すること. 例えば:) 心中の吐露.

er·glän·zen[ɛrglɛ́ntsən] 《02》自 (h, s) 輝く, 輝きだす, きらめく, ひらめく: Er *erglänzt* vor Stolz. 《比》彼は誇らしさに顔を輝かせている.

er·glim·men*[ɛrglímən] 《61》自 (s) 《雅》かすかに光り〈燃え〉始める.

er·glü·hen[ɛrglýːən] 自 (s) 《雅》**1** 明るく輝く, 燃え立つ, 赤くなる〈染まる〉: Die Sterne *erglühen.* 星が明るく輝いている | Der Gipfel *erglühte* in der Abendsonne. 山頂は夕映えに染められた | Er 〈Sein Gesicht〉 *erglühte* vor Scham. 彼の顔は恥ずかしさにほてった | *erglühendes* Grün 燃え立つような緑. **2** 《比》(心が)燃え上がる: für *jn.* ～ …に夢中になる | für die Freiheit ～ 自由の理念に熱狂する | Er 〈Sein Herz〉 *erglühte* in Liebe zu ihr. 彼の心は彼女への恋に燃え上がった.

er·go[ɛ́rgoˑ] 《ラテ語》(also, folglich) ゆえに.

er·go bi·ba·mus[– bibáːmʊs] 《ラテ語》(also laßt uns trinken!) だから飲もうよ(中世以降の酒宴の歌の文句).

Er·go·graph[ɛrgográːf] 男 -en/-en 〘医〙エルゴグラフ, 〔筋〕作業記録機.

Er·go·lo·gie[..logíː] 女 -/ (民俗学での)道具労働習俗研究.

Er·go·me·ter[..méːtər] 中 (男) -s/- 〘医〙〔筋〕作業計.

Er·go·me·trie[..metríː] 女 -/ 〘医〙〔筋〕作業量測定〔法〕.

Er·gon[ɛ́rgɔn] 中 -s/ (↔Energeia) 〘言〙エルゴン, 所産 (W. v. Humboldt らの用語. 対象化された限りでの言語. 言語の本質を表すものではないとされる). ［*gr.* érgon; ◇Werk］

Er·go·nom[ɛrgonóːm] 男 -en/-en 人間工学の専門家.

Er·go·no·mie[ɛrgonomíː] 女 -/ , **Er·go·no·mik** [..nóːmɪk] 女 -/ 人間工学(人間の労働と機械との関係を研究する). ［*engl.* ergonomics; ◇Ökonomie］

er·go·no·misch[..nóːmɪʃ] 形 人間工学〔上〕の.

er·gos·sen[ɛrgɔ́sən] ergießen の過去分詞; 過去 1・3 人称複数.

Er·go·stat[ɛrgostáːt, ɛrgɔs..] 男 -en/-en＝Ergometer ［<*gr.* statós „gestellt"］

Er·go·ste·rin[ɛrgosteríːn, ɛrgɔs..] 中 -s/ 〘生化学〙エルゴステリン(麦角・酵母など菌類に含まれるステロールで, 別名プロビタミン D_2). ［*fr.* ergot „Mutterkorn"+Cholesterin］

Er·got·amin[ɛrgotamíːn] 中 -s/ 〘生化学〙エルゴタミン(麦角(ばっかく)アルカロイド).

Er·go·tin[..tíːn] 中 -s/ 〘薬〙麦角素〈エキス〉, エルゴチン.

Er·go·tis·mus[..tísmʊs] 男 -/ 〘医〙麦角(ばっかく)中毒〔症〕, 黒穂(くろほ)病.

er·göt·zen[ɛrgœ́tsən] 《02》他 (h) 《雅》《*jn.*》(…を)楽しませる, 喜ばせる: *jn.* 〈*jm.* das Auge〉 ～ …を〈…の目を〉楽しませる | Seine Erzählung *ergötzte* mich sehr./ Er *ergötzte* mich sehr mit seiner Erzählung. 彼のしてくれた話は私にはとてもおもしろかった ‖ 再帰 *sich*[4] an *et.*[3] ～ …をおもしろがる | Wie oft habe ich mich an dieser Musik *ergötzt*! どれほど度々この音楽に興じたことだろう ‖ Zum großen *Ergötzen* der Zuschauer trieb der Clown allerlei Unfug. 道化はいろんな悪ふざけをして観衆を大喜びさせた. ［*ahd.* irgetzen „vergessen machen"; ◇vergessen］

er·götz·lich[..lɪç] 形 《雅》おもしろ〔おかし〕い.

Er·göt·zung[..tsʊŋ] 女 -/-en (ergötzen すること. 例えば:) 喜ばせること; 楽しみ〔ごと〕.

er·grau·en[ɛrgráʊən] 自 (s) **1** 《ふつう過去分詞で》**a)** (髪が)白くなる: Er 〈Sein Haar〉 ist vorzeitig *ergraut.* 彼はまだ若いのに白髪になった ‖ eine *ergraute* Dame 白髪の〔老〕婦人 | ein Herr mit *ergrauten* Schläfen こめかみのあたりが白くなった男の人. **b)** 《比》年老いる: ein im Dienst *ergrauter* Beamter 永年勤続の公務員 | in Ehren *ergraut* sein (→Ehre). ▽**2** 《雅》《vor *jm.* (*et.*[3])》(…を)恐れる, こわがる. ［<grau］

er·grei·fen*[ɛrgráɪfən] 《63》**I** 他 (h) **1** (手で)つかむ, 握る; とらえる, 捕まえる: *js.* Hand 〈*jn.* bei der Hand〉 ～ …の手をつかむ | ein Tau 〈eine Schaufel〉 ～ 綱〈シャベル〉を握る | die Feder ～ ペン〈筆〉を取る; 《比》著述にとりかかる | die Gelegenheit beim Schopfe〔e〕 ～ (→Gelegenheit 1) | einen Dieb ～ 泥棒を捕まえる | Eine mächtige Woge *ergriff* das Boot. 大波が小舟をとらえた | Das Feuer *ergriff* auch das Nachbargebäude. 火は隣の建物にも燃え移った ‖ einen Beruf ～ 職業に就く | von *et.*[3] Besitz ～ (→Besitz 2) | 〔vor *jm.*〕 die Flucht ～ (→Flucht[2] 1 a) | die Macht ～ 権力〈政権〉を掌握する | Maßnahmen ～ 措置を講じる | für *jn.* Partei ～ (→Partei 1) | das Wort ～ 発言する | die Zügel ～ 手綱をとる, 《比》権力を掌握する. **2** 《*jn.*》(熱・めまい・恐怖・激情などが…を)襲う; (…の心を)とらえる, 感動させる: Furcht 〈Zorn〉 *ergriff* ihn. 恐怖〈怒り〉が彼をとらえた | Das Theaterstück hat mich tief *ergriffen.* その芝居は私を深く感動させた.

II er·grei·fend 現分 形 感動的な, 心を打つ: eine ～*e* Szene 感動的な場面〈光景〉| schlicht und ～ (→schlicht II 2).

III er·grif·fen → 別出

Er·grei·fung[ɛrgráɪfʊŋ] 女 -/-en ergreifen すること: die ～ des Täters 犯人の逮捕 | die ～ der Staatsmacht 国家権力の掌握.

er·grei·sen[ɛrgráɪzən][1] 《02》自 (s) 《ふつう過去分詞で》高齢に達する: die *ergreisten* Eltern 年老いた両親.

er·griff[ɛrgríf] ergreifen の過去.

er·grif·fen[ɛrgrífən] **I** ergreifen の過去分詞; 過去 1・3 人称複数. **II** 形 感動した, 心を打たれた: *et.*[3] ～ lauschen 感動して…に耳を傾ける.

Er·grif·fen·heit[–haɪt] 女 -/ 感動: in tiefer ～ 深い感動につつまれて | vor ～ weinen 感動のあまり涙を流す.

er·grim·men[ɛrgrímən] **I** 自 (s) 《über *et.*[4] 〈*jn.*〉》(…に対して)激怒する: Er *ergrimmte* über diese Ungerechtigkeit. 彼はこの不正に激怒した | mit *ergrimmten* Blicken 怒気を含んだ目で.

II 他 (h) 《*jn.*》(…を)激怒させる: Sein Benehmen *ergrimmte* mich. 彼の振舞いは私を激怒させた.

er·grü·beln[ɛrgrýːbəln] 《06》他 (h) あれこれ思案して考え出す, あれこれと頭に描く.

er·grün·den[ɛrgrʏ́ndən][1] 《01》他 (h) 徹底的に究明する, (…の)根本〈根源〉を究める: die Ursache von *et.*[3] ～ …の原因を究明する.

Er·grün·dung[..dʊŋ] 女 -/-en ergründen すること.

er·grü·nen[ɛrgrýːnən] 自 (s) (草木が)新緑になる.

Er·guß[ɛrgʊ́s] 男 ..gusses/..güsse[..gʏ́sə] **1 a)** 流出, 噴出: Lava*erguß* 溶岩の噴出. **b)** (Samenerguß) 〘生理〙射精. **c)** (Bluterguß) 〘医〙血腫(けっしゅ); 内出血, 打ち身: der ～ des Blutes ins Gehirn 脳内出血 | bei dem Sturz einen ～ davontragen / *sich*[3] durch den Sturz einen ～ zuziehen 転落して打撲傷を負う. **2** (心中の)吐露; 《軽蔑的に》長広舌: *js.* *Ergüsse* über *sich*[4] ergehen lassen …の長談義をがまんして聞く. ［<ergießen］

Er·guß·ge·stein 中 (Vulkanit) 〘地〙噴出岩, 火山岩.

er·ha·ben[ɛrháːbən][1] 形 **1** 隆起した, 盛り上がった: ～*e* Stellen auf dem Boden 地面の隆起個所 | ganz 〈flach〉 ～*e* Arbeit 高〈浅〉浮き彫り ‖ eine ～ geschliffene Linse 凸面レンズ. **2** 崇高な, 壮大な, 高尚な, 身のひきしまるような: ein ～*er* Gedanke 崇高な思想 | ein ～*es* Gefühl 荘厳な感情 | einen ～*en* Anblick bieten 壮麗な景観を呈する ‖ Vom *Erhabenen* zum Lächerlichen ist nur ein Schritt. 《諺》崇高とこっけいは紙一重. **3** 《比》超越した; 《軽蔑的に》お高くとまった: über *et.*[4] ～ sein …を超越している | über die Kleinigkeiten hoch ～ sein ささいな事に少しも心を煩わさない | über alles 〈jedes〉 Lob ～ sein (→Lob 1) | Über solche kleinliche Kritik muß man ～ sein. このようなつまらぬ批判を気にかけてはいけない ‖ ～ lächeln ひとを小ばかにした薄笑いを浮かべる | Tu 〈Sei〉 nicht so ～! 偉そ

E

うに気取るな, うぬぼれるな. ▽4 高貴な. [*mhd.*; ◇erheben]

Er·ha·ben·heit[–haɪt] 女 -/-en **1** 隆起: die ~ des Spiegels 鏡面の凸形(凸面性) | Auf der Fläche sind kleine ⟨starke⟩ ~*en*. 表面には軽度(強度)の隆起がある. **2** 《単数で》 **a**) 崇高さ, 壮大さ, 高尚さ: die ~ der Natur bewundern 壮大な自然美に打たれる. **b**) 超越していること.

er·hal·len[ɛrhálən] 自 (s) 《雅》鳴り響く, 鳴り出す.

Er·halt[ɛrhált] 男 -[e]s/ **1** 《官》(Empfang) 入手, 受領: nach ~ Ihres Briefs 貴簡落手後. **2** 保持, 維持, 保管: der ~ historischer Bauten ⟨einer Tradition⟩ 歴史的建造物の(伝統の)維持 | Macht*erhalt* 権力の保持.

er·hält[ɛrhɛ́lt] erhalten の現在 3 人称単数.

er·hal·ten*[ɛrháltən] 《65》 他 (h) **1** 《ふつう受動態なし》 **a**) (bekommen) もらう, 受け取る, 手に入れる, 与えられる, 授けられる, 持つようになる; 受ける, (罰などを)くらう: einen Brief ⟨ein Paket⟩ ~ 手紙(小包)を受け取る | Gehalt ⟨Urlaub⟩ ~ 給料(休暇)をもらう | ein Medikament ~ 薬を与えられる | einen neuen Namen ~ 新しい名前を与えられる | einen Orden ~ 勲章を授けられる | ein Pferd ~ 馬をもらう(→3) ‖ *et.*[4] zum Geschenk ⟨als Geschenk⟩ ~ …をプレゼントとしてもらう | für einen Auftritt 5 000 Mark ~ 1 回の出演につき5000マルク受け取る | Betrag dankend *erhalten* 〔表記の〕金額ありがたく拝領しました(受領書で) ‖ 〖動作名詞などを目的語として受動の意味を帯びて〗 〔eine〕 Antwort ~ 返事をもらう | einen Auftrag ⟨einen Befehl⟩ ~ 依頼(命令)を受ける | Besuch ~ 訪問を受ける | einen Dämpfer ~ (→Dämpfer 4) | Der Aufsatz *erhielt* eine neue Fassung. その論文は書きかえられた | einen Hinweis ~ 指示を受ける | Nachricht ~ 知らせを受ける | eine Strafe ⟨einen Tadel⟩ ~ 罰(こごと)をくらう | *seine* Taufe ⟨Erziehung⟩ ~ 洗礼(教育)を受ける | Verpflegung ~ 食事(身のまわり)の世話を受ける | drei Jahre Zuchthaus ~ 懲役 3 年〔の刑〕をくらう | eine Zusage ~ 承諾を得る ‖ 〖過去分詞と〗 *et.*[4] bestätigt ~ …を確証してもらう | *et.*[4] zugesprochen ~ …〔の正当の所有〕を承認される.

☆bekommen と erhalten の違い: この意味では多くの場合 erhalten は bekommen で言い換えられるが, erhalten の方がやや書き言葉的である.

b) (gewinnen) 持つ(備える)ようになる, 獲得する: Aufschwung ~ 躍進する | Bedeutung ~ 重要になる | einen Eindruck ~ 感銘を受ける | eine Vorstellung von *et.*[3] ~ …についてイメージをもつようになる, …がわかるようになる.

c) (産物として)得る, 手に入れる, 作り出す: Aus Erz *erhält* man Metall. 鉱石から金属が得られる | Durch Destillation *erhält* man Alkohol. 蒸留によりアルコールが得られる | Verbinde ich diese Punkte, so *erhalte* ich das verlangte Dreieck. これらの点を結べば求める三角形が得られる.

2 (bewahren) **a**) (ある状態のままに)保つ: *et.*[4] frisch ~ …の鮮度を保つ | die Temperatur gleichmäßig ~ 温度を一定に保つ | *jn.* am Leben ~ …を生かしておく | *jn.* bei guter Laune ~ …の機嫌を損なわない | ein Haus in gutem Zustand ~ 家の手入れを怠らない | *et.*[4] in Bewegung ~ …を動かし続ける ‖ 再帰 *sich*[4] frisch ⟨jung⟩ ~ 新鮮さ(若さ)を失わない | *sich*[4] gesund ⟨bei guter Gesundheit⟩ ~ 健康を保つ | *sich*[4] bei voller Kraft ~ 力が衰えない.

b) 維持(保持)する, 保存する; 《雅》《*et.*[4] / *jn.*》(…を)守る: ein altes Bauwerk ~ 古い建物を保存する | einen alten Brauch ~ 古来の慣習を守る | den Frieden ~ 平和を守る | die Vitamine in den Speisen ~ 食品中のビタミン類を調理で破壊しない | Gott *erhalte* Sie! あなたがいつまでもお元気でありますように ‖ 〖3 格と〗 *sich*[3] *seine* Unabhängigkeit ~ 自主性を保つ | *jm.* die alte Freundschaft ~ …に対して古くからの友情をもち続ける | *Erhalten* Sie mir bitte Ihr Wohlwollen! 今後ともご厚情を賜りますよう | Gott *erhalte* dir deine Gesundheit! ご健勝を祈ります ‖ 再帰 *sich*[4] ~ 維持(保存)される | Die Art *erhält* sich durch Fortpflanzung. 種は繁殖によって維持される | Dieser Brauch hat sich bis ins 18. Jahrhundert hinein *erhalten*. この習慣は18世紀まで残っていた ‖ 〖過去分詞で〗 *erhalten* bleiben 引き続き保たれている; 生き残る | ein gut *erhaltenes* Auto 手入れのよい自動車 | Sie ist 〔noch recht〕 gut *erhalten*. 《話》彼女は年のわりにはまだまだ若さを保っている.

3 (unterhalten) 《*jn.*》(…を)扶養する, 養い育てる, (…の)面倒を見る; 飼育する: sieben Kinder zu ~ haben 子供を 7 人養わねばならない | ein Pferd ~ 馬を 1 頭飼育している(→ 1 a) | Er wird von seinen Eltern *erhalten*. 彼は親のすねをかじっている ‖ 再帰 *sich*[4] selbst ~ 自立する | *sich*[4] durch *et.*[4] ⟨von *et.*[3]⟩ ~ …で生計を立てる.

4 《中部》(festhalten) 支える: 再帰 *sich*[4] ~ 体を支える, バランスを取る.

Er·hal·ter[ɛrháltər] 男 -s/- (erhalten する人. 例えば:) (Bewahrer) 維持〔責任〕者; 守護者(神); 扶養者.

er·hält·lich[..hɛ́ltlɪç] 形 入手可能の: ein schwer ~*er* Artikel 入手しにくい品 ‖ Das Medikament ist nur auf Rezept ~. この薬は処方箋(せん)〔提出〕によってのみ入手可能である | *et.*[4] ~ machen 《スイ》…を手に入れる.

Er·hal·tung[ɛrháltʊŋ] 女 -/ (erhalten すること) **1** 維持, 保存: die ~ der Art ⟨des Friedens⟩ 種(平和)の維持 | die ~ der Gesundheit 健康の保持 | die ~ des Kulturerbes 文化財の保存 | Satz von der ~ der Energie エネルギー保存則 | die ~ von aussterbenden Tieren 絶滅しかけている動物の保護. **2** 扶養; 保護: die ~ einer großen Familie 大家族の扶養 | die ~ der Flüchtlinge 難民の保護.

Er·hal·tungs⸗satz 男 〖理〗(質量・エネルギーなどの)保存則, 恒存の原理. **⸗trieb** 男 自己保存本能, 生存欲. **⸗zu·stand** 男 (物の)保存状態: in gutem ~ sein 保存状態がよい.

er·han·deln[ɛrhándəln] 《06》 他 (h) 取引(商売)して手に入れる; 買う: eine Kuh ~ 雌牛を買う | bessere Bedingungen ~ 取引してよりよい条件を獲得する.

er·hän·gen[ɛrhɛ́ŋən] 他 (h) **1** 再帰 *sich*[4] ~ 首をくくる, 縊死(いし)する: Er hat sich an einem Baum *erhängt*. 彼は木で首をつって死んだ. **2** 《*jn.*》絞首刑にする, 絞殺する.

Er·hard[1][é:rhart] 男名 エールハルト. [＜*ahd.* ēra „Ehre"＋harti „hart"]

Er·hard[2][–] 人名 Ludwig ~ ルートヴィヒ エルハルト(1897–1977; 旧西ドイツの政治家・首相〔1963–66〕. 第二次大戦後の旧西ドイツの経済復興に貢献した).

er·har·ren[ɛrhárən] 他 (h) 待ちこがれる: ein Wunder ~ 今か今かと奇跡の起こるのを待つ.

er·här·ten[ɛrhɛ́rtən] 《01》 **I** 他 (h) **1** 《比》(陳述・主張を論証などで)裏づける, 強化する: eine Behauptung durch Beweise ~ 証拠をあげて主張を裏づける | eine Aussage eidlich ⟨durch einen Eid⟩ ~ 宣誓によって陳述を強化する | einen Verdacht ~ 嫌疑を裏づける, 容疑を固める ‖ Folgende Beispiele *erhärten* seine These. 以下の実例が彼の命題の正しさを証明する. **2** 鍛える; 硬化させる: die Muskeln ~ 筋肉を鍛える | Alkohol *erhärtet* die Blutgefäße. アルコールのため血管の硬化が生じる. **II** 自 (s) 固くなる, 硬化する: Der Beton *erhärtet* an der Luft. コンクリートは空気にふれると固まる.

Er·här·tung[ɛrhɛ́rtʊŋ] 女 -/-en 強化, 裏づけ; 硬化.

er·ha·schen[ɛrháʃən] 《04》 他 (h) とっさにつかむ, かすめ取る; 《比》(目で)とらえる, 聞き取る: das letzte Stück Kuchen ~ ケーキの最後のひと切れをさっと取る ‖ Das Tier *erhaschte* seine Beute im Flug ⟨im Sprung⟩. その動物は飛びながら(跳躍して)獲物をさっと捕らえた ‖ einen Kuß ~ キスをぬすむ | nur einige Worte seiner Rede ~ 彼の話の断片だけを聞き取る | einen Blick von *jm.* ⟨auf *jn.*⟩ ~ …をちらっと見る | Mein Blick *erhaschte* nur noch sein Profil. 私には彼の横顔しか目に入らなかった.

er·hau·sen[ɛrháuzən][1] 《02》 他 (h) 《スイ》(ersparen) 《〔*sich*[3]〕 *et.*[4]》(財貨などを)節約して残す, 貯蓄する; (貯蓄して)手に入れる.

er·he·ben*[ɛrhé:bən][1] 《68》 **I** 他 (h) **1** (上へ)上げる: die Augen ⟨den Blick⟩ zu *jm.* ~ 目を上げて…を見る | die Hand zum Schwur ~ 宣誓をするために手をあげる | *sein*

E

Glas auf *js.* Wohl ～ …の健康を祝して乾杯する | die Waffe gegen *jn.* ～ …に対して武器を構える | mit *erhobenem* Haupt / *erhobenen* Hauptes 頭を上げて; 意気揚々と, 傲然(ごうぜん)と ‖ 再帰 *sich*[4] ～ (鳥・飛行機などが)舞い上がる; (気球などが)上がる; (日などが)昇る.

2 a) 再帰 *sich*[4] ～ 身を起こす, 立ち〈起き〉上がる, 起床する; 《比》蜂起(ほうき)する: *sich*[4] vom Stuhl 〈aus dem Bett〉 ～ いすから立ち上がる〈起床する〉| Das Volk *erhob* sich gegen die Diktatur. 民衆が独裁に対して蜂起した. **b**) 再帰 *sich*[4] ～ そびえ立つ: Vor uns *erhebt* sich ein Fels. 我々の行く手に岩がそびえている | *sich*[4] 〔bis〕 zu 〔einer Höhe von〕 2 000 Metern über den 〈dem〉 Meeresspiegel ～ 海抜2000メートルの高さにそびえ立つ ‖ *sich*[4] über *jn.* ～ …を見くだす | *sich*[4] über *et.*[4] ～ …をぬきんでる〈超越する〉; …を克服する | *sich*[4] über den Durchschnitt ～ 平均を越えている | *sich*[4] über *seinen* Stand ～ 分に過ぎた行動をする | *sich*[4] über die Versuchung ～ 誘惑にうち勝つ.

3 (声を)高める; (声を)上げる, 立てる; (異議・疑問・請求などを)唱える; (争いなどを)起こす: *seine* Stimme ～ 話しはじめる | auf *et.*[4] einen Anspruch ～ (→Anspruch 1) | gegen *et.*[4] *seine* Stimme ～ …に対して反対の声をあげる | gegen *et.*[4] Einspruch ～ (→Einspruch) ‖ 再帰 *sich*[4] ～ (叫び声が)上がる; (風などが)吹き起こる; (争いなどが)起きる, 生じる | Ein Zweifel *erhob* sich in ihm. 彼の心に疑いが生じた | Es *erhebt* sich die Frage, ob ... …か否かが問題となる.

4 a) (上位に)高める, 昇格させる: eine Zahl ins Quadrat 〈zur zweiten Potenz〉 ～ 数を2乗する | einen Antrag zum Beschluß ～ 提案を決議にまで持って行く | eine Ortschaft zur Stadt ～ 村を都市に昇格させる ‖ 再帰 *sich*[4] ～ (上位に)高まる. **b**) 《*jn.*》(…を)昇格〈昇進〉させる; ▽(preisen) 称揚する, ほめたたえる: *jn.* auf den Thron ～ (→Thron 1 a) | den Herrn ～〔宗〕主をたたえる | *jn.* in den Adelsstand ～ …を貴族に列する | *jn.* in den Himmel ～ 《比》…をやたらにほめ上げる | *jn.* zum Thronfolger ～ …を王位継承者に就かせる. **c**) 《雅》(erbauen) (精神を)高揚させる: Die Kunst *erhebt* uns. 芸術は我々〔の心〕を高める.

5 a) (einziehen) (税・料金などを)取り立てる, 徴収する; (アンケートなどを)集める. **b**) 《南部・オーストリア》(feststellen) (公的に)〔調査〕確認する: die Hochwasserschäden ～ 洪水の被害状況を調査する. **c**) (zusammentragen) (資料などを)蒐集する: Daten ～ データを集める.

II er·he·bend 現分 形 精神を高揚させる, 厳かな, 感動的な: ein ～*er* Augenblick 感動的な一瞬 | ein ～*es* Gefühl 身のひきしまる思い | eine ～*e* Feier 厳かな式典.

er·heb·lich[ɛrhé:plɪç] 形 相当な, 著しい, 重大な: nicht ～ ささいな, 問題としなくてよい | ～*e* Schäden 相当な被害 | eine ～*e* Verletzung 重傷 | von ～*er* Wichtigkeit sein 大いに重要である ‖ Er ist ～ 〈ein ～*es* Stück〉 größer als ich. 彼は私よりかなり大きい.

Er·heb·lich·keit[‒kaɪt] 女 -/ erheblich なこと.

Er·he·bung[ɛrhé:bʊŋ] 女 -/-en **1** 高み, 隆起: die höchste ～ im Harz 〈des Harzes〉 ハルツ山地の最高峰. **2** (高めること. 例えば:) **a**) (Beförderung) 昇進, 昇格. **b**) (心の)高揚. **3** (Aufstand) 蜂起(ほうき), 反乱, 暴動; 〔政〕動乱, 変動. **4** (税・料金などの)取り立て, 徴収. **5** 《官》アンケート; (公的な)調査, 確認: ～*en* über *et.*[4] anstellen …について調査する. **6** 〔法〕(訴えなどの)提起. **7** 〔数〕冪(べき)〔法〕, 対合: ～ ins Quadrat 2乗.

er·hei·ra·ten[ɛrháɪra:tən] 《01》 他 (h) 結婚して得る, 持参金として手に入れる: ein *erheiratetes* Grundstück 結婚して手に入った土地.

er·hei·schen[ɛrháɪʃən] 《04》 他 (h) 《雅》(erfordern) (前提として)要求する, 必要とする: Dieser Stoff *erheischt* die Novellenform. この素材を扱うには小説の形式が必要である.

er·hei·tern[ɛrháɪtərn] 《05》 他 (h) **1** 《*jn.*》(…を)おもしろがらせる; 朗らか〈快活・陽気〉にする: Seine Späße haben 〈Er hat mit Späßen〉 das Publikum *erheitert*. 彼の冗談に聴衆が沸いた ‖ 再帰 *sich*[4] über *et.*[4] ～ …に興じる, …を楽しんで大いに笑う ‖ *erheiternde* Gesellschaftsspiele 陽気な団体遊戯 | Er sagte ihr etwas *Erheiterndes*. 彼は彼女の気を引き立たせるようなことを言った. **2** 再帰 *sich*[4] ～ (空が)晴れる; (顔が)明るくなる. 【*ahd.* heitaran; ◇heiter】

Er·hei·te·rung[..tərʊŋ] 女 -/ 朗らかになる〈する〉こと; 陽気, 上機嫌; うさ晴らし, 娯楽.

er·hei·zen[ɛrháɪtsən] 《02》 他 (h) 《話》(部屋などを)暖める: Das Zimmer läßt sich kaum ～. この部屋はほとんど暖房がきかない.

er·hel·len[ɛrhɛ́lən] **I** 他 (h) **1** 照らす, 照明する; 《比》(顔などを)明るく〈晴れやかに〉する: ein Zimmer mit einer 〈durch eine〉 Lampe ～ 部屋をランプで明るくする | Der Mond 〈Eine Lampe〉 *erhellte* den Weg. 月〈ランプ〉が道を照らしていた | Freude 〈Die Nachricht〉 *erhellte* sein Gesicht. 喜びで〈知らせを聞いて〉彼の顔が晴れやかになった ‖ 再帰 Die Bühne 〈Der Himmel〉 *erhellte sich*[4]. 舞台〈空〉が明るくなった | Die Dunkelheit *erhellt* sich. 暗やみが明るくなって来る | Sein Gesicht *erhellte* sich. 彼の顔が晴れやかになった ‖ *erhellte* Fenster あかりのともった窓.

2 (事態などを)明らかにする: die Situation 〈den Sinn des Wortes〉 ～ 状況〈語の意味〉を明らかにする ‖ 再帰 Das Problem *erhellte sich*[4]. 問題が解明された.

II 自 (h) 《雅》《aus *et.*[3]》(事態などが…によって)判明する: Aus den Dokumenten *erhellt*, daß ... 文書によって…が判明する | Daraus *erhellte* seine Unschuld. そのことによって彼の無実が明らかになった.

Er·hel·lung[ɛrhɛ́lʊŋ] 女 -/-en 《ふつう単数で》〔sich〕 erhellen すること: die ～ des Himmels 空が明るくなること | die ～ eines Problems 問題の解明.

er·heu·cheln[ɛrhɔ́ʏçəln] 《06》 他 (h) **1** 《*et.*[4]》(…を)装う, 偽る, (…の)ふりをする: die Freundlichkeit ～ 親しさを装う | *erheucheltes* Mitleid 見せかけの同情.

2 《*sich*[3] *et.*[4]》(…を)偽って〈ねこをかぶって〉手に入れる.

er·hielt[ɛrhí:lt] erhalten の過去.

er·hit·zen[ɛrhɪ́tsən] 《02》 他 (h) 《*et.*[4]》(…を)熱する, 熱くする; 《*jn.*》興奮〈逆上〉させる: Wasser auf 100 Grad ～ 水を100度に熱する ‖ *js.* Phantasie ～ …の空想を刺激する | Die Gerüchte *erhitzten* die Gemüter. うわさが人々を興奮させた ‖ 再帰 *sich*[4] beim Laufen ～ 走って体がほてる | *sich*[4] in der Diskussion ～ 議論で興奮する ‖ Er ist durch den Alkohol 〈vom Laufen〉 *erhitzt*. 彼はアルコールの〈走った〉せいで体がかっかとしている | Er ist leicht *erhitzt*. 彼は激しやすい ‖ eine *erhitzte* Debatte 激論 | ein *erhitztes* Gesicht ほてった顔. 【*mhd.*; ◇Hitze】

Er·hit·zer[..tsər] 男 -s/- (空気や液体の)加熱装置; 溶鉱炉の熱風装置; 加熱〔シチュー〕なべ.

Er·hit·zung[..tsʊŋ] 女 -/-en 《ふつう単数で》加熱; 温度〈体温〉上昇; ほてり, 興奮: eine ～ auf 100 Grad 加熱して100度にすること | Seine ～ kühlte langsam ab. 彼のほてり〈興奮〉は徐々に治まった.

er·ho·ben[ɛrhó:bən] erheben の過去分詞; 過去1・3人称複数.

Er·ho·ben·sein 中 -s/ 意気揚々.

er·hof·fen[ɛrhɔ́fən] 他 (h) 期待する, 待望する: von *jm.* Geschenke ～ …から贈り物を期待する | Ich *erhoffe* mir vom Leben nichts mehr. 私はもはや人生に何の期待も抱いていない ‖ der *erhoffte* Sohn und Erbe 待望の跡継ぎ息子.

er·hö·hen[ɛrhǿ:ən] 他 (h) (↔erniedrigen) **1 a**) 高くする, 高める; 上げる, 増す: einen Damm um zwei Meter ～ ダムを2メートルかさ上げする | die Preise um das Doppelte ～ 価格を2倍に上げる | die Geschwindigkeit 〈die Temperatur〉 ～ 速度〈温度〉を上げる | die Leistung ～ 効率を高める | den Umsatz ～ 売れ行きをのばす | Appetit ～ 食欲を増す | Das *erhöht* sein Ansehen. それが彼の信望を高める ‖ 再帰 Die Preise *erhöhen* sich[4] jährlich um zehn Prozent. 物価は年に10パーセント上昇する | Die Zahl der Opfer hat sich auf 10 *erhöht*. 犠牲者の数は10名に達した ‖ eine *erhöhte* Tätigkeit entfalten いちだんと活発

E

な活動をする | Er hat *erhöhte* Temperatur 〈*erhöhten* Puls〉. 彼は微熱がある〈脈が速い〉. **b**) 〘楽〙半音上げる. **2** (上のランクに)高める, ほめ上げる; (befördern) 《*jn.* zu *et.*³》 (…を…に)昇進させる: 再帰 Wer sich⁴ selbst *erhöht*, der wird erniedrigt 〔werden〕. だれでも高ぶる者は下げられる(聖書: マタ23,12など).

Er·hö·hung[ɛrhǿ:ʊŋ] 女 -/-en **1** (↔Erniedrigung) **a**) 〔sich〕 erhöhen すること: die ~ der Bedeutung 〘言〙意味の良化〈向上〉(=Bedeutungsverbesserung) | die ~ eines Dammes ダムのかさ上げ | die ~ eines Gebäudes 建物の上階建て増し | die ~ der Preise 価格の引き上げ〈上昇〉| die ~ der Geschwindigkeit 〈der Leistung〉 速度〈効率〉の増大 | die ~ des Risikos リスクの増大 ‖ Er hat noch etwas ~. 彼はまだ微熱がある. **b**) 昇進, 昇格; 〘神〙高挙(こうきょ)(神の力を代行する地位につくこと); 賞賛: die ~ Christi キリストの高挙 | Kreuz*erhöhung* 聖十字架の賞賛. **c**) 〘楽〙半音上げること. **2** 丘; 隆起. **3** (弾道の)仰角.

Er·hö·hungs≠win·kel 男 (大砲の)射角, 照準角. **≠zei·chen** 中 (Kreuz) 〘楽〙嬰(えい)記号, シャープ(記号 ♯).

er·ho·len[ɛrhó:lən] 他 (h) **1** 再帰 *sich*⁴ ~ (もとの正常な状態に)回復する, 立ち直る; 休養する, 骨休みする: *sich*⁴ von einer Krankheit 〈einem Schock〉 ~ 病気〈ショック〉から立ち直る | Ich habe mich sehr gut *erholt*. / Ich bin sehr gut *erholt*. 私はすっかり元気を回復した | Die Preise 〈Die Aktien〉 *erholen* sich allmählich. 物価〈株価〉が徐々に上昇する. ▽**2** 《*sich*³ *et.*⁴ 〈*et.*²〉》手に入れる, 取得する: *sich*³ bei *jm.* Rat 〈Rats〉 ~ …に助言を求める, …に相談する. ▽**3** 再帰 *sich*⁴ bei *jm.* für *et.*⁴ ~ …に対して…の償い〈弁償〉をする.

er·hol·sam[..za:m] 形 回復〈休養〉に役だつ.

Er·ho·lung[..lʊŋ] 女 -/ (erholen すること. 例えば:) 元気回復; 休養, 骨休み, 保養, 静養; 〘心〙レクリエーション: ~ brauchen 〈nötig haben〉 休養を必要とする | zur ~ 〔an die See〕 fahren 保養〈休養〉に〔海岸へ〕行く.

Er·ho·lungs·auf·ent·halt 男 保養〈休養〉のための滞在; 保養地.

er·ho·lungs·be·dürf·tig 形 保養〈休養〉の必要な, 過労になった.

Er·ho·lungs≠heim 中 保養所. **≠kur** 女 保養, 転地療養. **≠ort** 男 -〔e〕s/-e 保養地. **≠pau·se** 女 (短い)休憩〈休息〉時間, 中休み. **≠rei·se** 女 保養〈慰安〉旅行.

er·ho·lung·su·chend 形 保養を求める.

Er·ho·lungs≠ur·laub 男 保養休暇(通常の有給休暇のこと); 静養休暇. **≠zeit** 女 保養期間. **≠zen·trum** 中 保養センター.

er·hor·chen[ɛrhɔ́rçən] 他 (h) (耳をそばだてて)聞き取る.

er·hö·ren[ɛrhǿ:rən] 他 (h) **1** 《雅》 **a**) (願いを) 聞き入れる: *js.* Bitte ~ …の願いを聞き入れる. **b**) 《*jn.*》(…の)願いを聞き入れる; (女性が…の)求愛に応じる: Gott hat ihn 〈sein Gebet〉 *erhört*. 神は彼の祈りを聞き届けたもうた. **2** 《方》がまんして聞く: *et.*⁴ nicht ~ können …を聞いていられない. **3** 聞き知る(ふつう過去分詞で否定詞とともに: →unerhört 1): ein noch nie *erhörtes* Tempo 前代未聞(みもん)の速度 | Das ist nicht *erhört*! それは途方もないことだ.

Er·hö·rung[..rʊŋ] 女 -/-en 《ふつう単数で》聞き入れること: Seine Bitte fand ~. 彼の願いは聞き入れられた.

er·hun·gern[ɛrhʊ́ŋərn] 《05》 他 (h) 《*sich*³ *et.*⁴》(…を)節食して手に入れる: Er hatte sich sein Studium *erhungert*. 彼は食費を削って大学の学費とした.

..erich[..ərɪç] 《雌の動物を表す名詞につけて, その男性形(-s/-e) をつくる. ..rich となることもある》: Häns*erich* (<Gans) ガチョウの雄 | Ent*erich* (<Ente) カモの雄 | Täub*erich* (<Taube) 雄バト.

Erich[é:rɪç] 男名 エーリヒ. [*anord.*; ◇*engl.* Eric]

der **Eri·da·nus**[erí(:)danʊs] 男 -/ **1** 〘ギ神〙エリダノス(伝説的極北の大河. のち Rhône, Po 川と同一視された). **2** 〘天〙エリダヌス座(オリオン座の西側に大河のように連なる星座). [*gr.*−*lat.*]

..erie[..əri:] → ..ie

eri·gi·bel[erigí:bəl] (..gi·bl..) 形 勃起(ぼっき)能力のある.

eri·gie·ren[..rən] 自 (h) (陰茎などが)勃起(ぼっき)する. [*lat.* ē-rigere „auf-richten"; ◇regieren, Erektion]

Eri·ka¹[é:rika·] 女名 (<Erich) エーリカ.

Eri·ka²[−; まれ: erí:ka·] **I** 女 -/..ken[..kən] 〘植〙エリカ属(ヒースとも呼ばれ, 荒地や湿地に生えるツツジ科の小低木). **II** 中 -s/ エリカ色(〔淡い〕紫紅色). [*gr.*−*lat.*]

er·in·ner·lich[ɛr|ínərlɪç] 形 《述語的》思い出し得る, 想起できる: Das ist mir nicht ~. それは私には思い出せない | soviel mir ~ ist 私が記憶しているかぎりでは.

er·in·nern[ɛr|ínərn] 《05》 他 (h) **1** 《*jn.* an *et.*⁴》(…に…を)思い起こさせる, 想起させる: Der junge Mann *erinnert* mich an meinen verstorbenen Bruder. この若者を見ていると私の死んだ兄〈弟〉のことを思い出す ‖ 〘目的語なしで〙 Diese Landschaft *erinnert* an meine Heimat. この風景は私の故郷を思わせる ‖ 再帰 *sich*⁴ an *et.*⁴ 〈オーストリア: auf *et.*⁴〉 ~ / *sich*⁴ *et.*² ~ …を思い出す, …を覚えている | Ich kann mich seiner 〈an ihn〉 noch gut ~. 私は彼のことをまだよく覚えている | Daran 〈Dessen〉 kann ich mich nicht mehr ~. そのことはもう覚えていない | wenn ich mich recht *erinnere* 私の記憶が正しければ | Ich *erinnere* mich nicht, so etwas gesagt zu haben. そんなことを言った覚えはない | Ich kann mich noch ~, daß ... まだ…ということを覚えている. **2** 《北部》《*et.*⁴》(…を)思い出す, 覚えている: Ich kann es nicht mehr ~. 私はそれをもう覚えていない. **3** 《*jn.* an *et.*⁴》(…に…を) 督促〈催促〉する, 注意を喚起する: *jn.* an eine Zahlung ~ …に支払いを促す | Bitte, *erinnern* Sie mich, wenn ich es vergessen sollte. もしも私が忘れていたら注意してください. **4** 《*et.*⁴》(異議・文句などを)言う, 述べる: Er hatte dagegen 〈dazu〉 nichts zu ~. 彼はそれに対しては何も異存はなかった. [*mhd.*; ◇inner]

Er·in·ne·rung[ɛr|ínərʊŋ] 女 -/-en **1 a**) 記憶, 想起, 回想; 思い出: eine ~ aus dem Gedächtnis tilgen 思い出を記憶から消し去る | *sich*⁴ *seinen* ~*en* hingeben 思い出にふける, 追憶に身をゆだねる | wenn mich meine ~ nicht täuscht 〈trügt〉 私の記憶に間違いがなければ ‖ *et.*⁴ aus *seiner* ~ streichen 〈tilgen〉 …を記憶から消し去る | *et.*⁴ in 〔der〕 ~ behalten …を記憶にとどめる | *jn.* in guter 〈angenehmer〉 ~ haben …についてよい〈快い〉思い出をもつ | in trauriger ~ bleiben 悲しい思い出として記憶に残る | *jm.* *et.*⁴ in ~⁴ bringen 〈rufen〉 …に…を思い起こさせる | ***sich***³ ***et.***⁴ **in ~**⁴ **bringen** …を記憶に呼び起こす, …を思い出す | nach meiner ~ 私の記憶によれば. **b**) 《単数で》記憶力: Meine ~ verläßt mich hier./ Meine ~ läßt mich hier im Stich. 私の記憶はここでとだえる. **c**) (Andenken) 記念, 追憶; 記念品: als ~ 〈zur ~〉 an *et.*⁴ …の記念として. **d**) 《複数で》回想録: *seine* ~*en* aufzeichnen 〈schreiben〉 回想録を書く. **2** (Mahnung) 注意の喚起, 戒め; 督促, 催促. **3** (Einwand) 異議, 抗弁: gegen *et.*⁴ ~ erheben 〈einlegen〉 〘法〙…に対して異議を申し立てる.

Er·in·ne·rungs≠bild 中 〘心〙記憶心像. **≠fo·to** 中 記念写真. **≠la·chen** 中 思い出し笑い. **≠lücke** 女 記憶欠落部分. **≠mal** 中 -〔e〕s/..mäler 中 記念碑. **≠me·dail·le**[..medaljə] 女 記念メダル. ▽**≠schrei·ben** 中 (Mahnschreiben) 督促状, 催告状; 戒告状.

er·in·ne·rungs·schwer 形 悲しい〈暗い〉思い出に満ちた.

Er·in·ne·rungs≠stät·te 女 思い出〈記念〉の場所. **≠stück** 中 思い出の品, 記念品. **≠ta·fel** 女 記念銘板. **≠ver·mö·gen** 中 -s/ 記憶力. **≠zei·chen** 中 記念の印, 思い出の品.

Erin·nye[erínyə] (**Erin·nys**[..nʏs]) 女 -/..yen[..nyən] 《ふつう複数で》〘ギ神〙エリニュス(復讐の女神. Alekto, Tisiphone, Megäre をさし, また Eumeniden とも呼ばれる. ローマ神話の Furie に当たる). [*gr.*−*lat.*]

Eris[é:rɪs, érɪs] 人名 〘ギ神〙エリス(不和の女神). [*gr.*]

Eris·ap·fel 男 **1** 《単数で》(Zankapfel) 〘ギ神〙エリス〈不和〉のリンゴ(女神たちの間に争いを起こし Troja 戦争のもととなった). **2** 争いの種.

Eri·stik[erístɪk] 女 -/ 論争術. [<*gr.* éris

„Streit"]

eri·stisch[..stɪʃ] 形 論争術〔上〕の.

Eri·wan[eriváːn, ..ván] 地名 エレバン(アルメニア共和国の首都 Jerewan の旧称).

er·ja·gen[ɛrjáːgən][1] 他 (h) (獲物を)狩猟でしとめる; 《比》飽くことなく追求して手に入れる.

Erk[ɛrk] 中 -s/-e 《方》(Holzstoß) 薪〈材木〉の堆積(たいせき).

er·kah·len[ɛrkáːlən] 自 (s) 禿頭(とくとう)になる, 禿(は)げる. [<kahl]

er·kal·ten[ɛrkáltən] 《01》 自 (s) 冷たくなる, 冷える, 冷める: im Tode ~ 死んで冷たくなる ‖ Die Suppe *erkaltet*. スープが冷める | Seine Liebe zu ihr ist *erkaltet*. 彼女に対する彼の愛情は冷めた | Das ließ seine Begeisterung ~. それが彼の感激に水をさした ‖ beim *Erkalten* erstarren 冷えて固まる.

er·käl·ten [ɛrkɛ́ltən] 《01》 **I** 他 (h) **1** 再帰 *sich*[4] ~ かぜをひく: Ich habe mich *erkältet*. 私はかぜをひいた. **2** 再帰 *sich*[3] *et.*[4] ~ かぜで…を痛める | *sich*[3] den Magen ~ かぜをひいて胃を痛める. **3** 《雅》《*et.*[4]》冷たくする, 冷(ひ)やす; 《*jn.*》(…の)感情を冷(さ)ます. **II er·käl·tet** 過分 形 かぜをひいた: Er ist stark ~. 彼はひどいかぜをひいている.

Er·kal·tung[ɛrkáltʊŋ] 女 -/ (erkalten すること. 例えば:) 冷却.

Er·käl·tung[ɛrkɛ́ltʊŋ] 女 -/-en **1** 《医》かぜ〔ひき〕, 感冒, 風邪(ふうじゃ): zu ~*en* neigen かぜをひきやすい | eine leichte 〈starke〉 ~ haben 軽い〈ひどい〉かぜをひいている ‖ *sich*[3] eine ~ holen 〈zuziehen〉 かぜをひく | *seine* ~ nicht loswerden かぜが抜けない ‖ Die ~ hat sich 〔mir〕 auf den Magen gelegt. 私はかぜで胃をやられた. **2** 冷却.

er·kämp·fen[ɛrkɛ́mpfən] 他 (h) 戦い取る; (賞・勝利などを)勝ちとる: den Sieg ~ 戦って勝利を収める | einen Titel ~ タイトルを獲得する | *sich*[3] einen Erfolg ~ 成功を勝ちとる.

er·kannt[ɛrkánt] erkennen の過去分詞.

Er·kannt·nis[ɛrkántnɪs] 中 -ses/-se 《スイス》= Erkenntnis II

er·kau·fen[ɛrkáufən] 他 (h) **1** 《*et.*[4] mit *et.*[3]》あがなう; 《比》犠牲を払って得る: ein mit Blut *erkaufter* Sieg 血であがなわれた勝利 | Ich habe diese Erfahrung teuer ~ müssen. この体験には高い代償を払わねばならなかった.

2 《〔*sich*[3]〕 *jn.*》(…を)買収する; 《〔*sich*[3]〕 *et.*[4]》(…を)買収して手に入れる: Ich habe mir sein Schweigen *erkauft*. 私は彼を買収して沈黙を守らせた.

er·kecken[ɛrkɛ́kən] 他 (h) 再帰 *sich*[4] ~ あつかましい〈大胆な〉ことをする. [<keck]

Er·ken·bald[ɛ́rkənbalt] 男名 エルケンバルト. [<*ahd.* erkan „ausgezeichnet"+bald „kühn"]

er·kenn·bar [ɛrkɛ́nbaːr] 形 認識〈識別〉できる, 見分けのつく.

Er·kenn·bar·keit[−kaɪt] 女 -/ erkennbar なこと.

er·ken·nen*[ɛrkɛ́nən] 《73》 **I** 他 (h) **1 a)** 認識する, はっきり見きわめる; 識別する, 見分ける; (実体・真相を)見抜く: *Erkenne* dich selbst! なんじ自らを知れ | *seinen* Irrtum 〈den Ernst der Lage〉 ~ 自分が間違っていたこと〈事態の深刻なこと〉を知る | den Betrug 〈*js.* Absicht〉 ~ 欺瞞(ぎまん)〈…の意図〉を見破る | eine Krankheit ~ 病気の種類〈性質〉を判定する ‖ *et.*[4] als falsch 〈als Fälschung〉 ~ …の間違い〈…がにせものであること〉を見抜く | *jn.* am Gang 〈an der Stimme〉 ~ 歩き方を見て〈声を聞いて〉…であることを知る ‖ Ich habe ihn sofort *erkannt*. i) 私にはすぐにそれが彼であることがわかった; ii) 私は彼がいかなる人物であるかを即座に見抜いた | In der Dunkelheit konnte man die Schrift nicht ~. 暗くて字の判読が不可能だった. **b)** *et.*[4] **zu ~ geben** (他人に)…を悟らせる〈知らせる〉 | *seinen* Unwillen zu ~ geben 不満を表明する ‖ *sich*[4] zu ~ geben 自分の素性〈名前〉を明らかにする. ▽**2** (anerkennen) 承認する. ▽**3** 《*jn.*》(性的に)知る, (…と)性的交渉をもつ: Adam *erkannte* sein Weib Eva. アダムはその妻エバを知った(聖書: 創4, 1). **4** 《商》*js.* Konto mit DM 100,- ~ 100マルクを…の借方に記帳する | *jn.* für DM 100,- ~ 100マルクを…の貸方に記帳する.

II 自 (h) 《auf *et.*[4]》《法》(裁判官・法廷が)(…の)判決を下す, (…の)刑を言い渡す; (特にスポーツの審判などが…であると)判定〈認定〉する: auf Todesstrafe 〈auf 10 Jahre Zuchthaus〉 ~ 死刑〈懲役10年の刑〉を宣告する | Das Gericht *erkannte* auf besondere Körpereigenschaft des Opfers. 裁判所は犠牲者の特異な体質に原因があると判定した | Der Schiedsrichter *erkannte* auf Elfmeter. 審判はペナルティ=キックを宣告した | zu *js.* Gunsten ~ …に有利な判決を下す.

er·kennt·lich[ɛrkɛ́ntlɪç] 形 **1** 認識できる, 認め得る; 識別できる: klar ~ sein 明瞭に認められる. **2** (dankbar) 感謝している: ***jm.* ~ sein** …に感謝している | ***sich*[4] für *et.*[4] ~ zeigen** 〈erweisen〉 …に対して謝意を表する.

Er·kennt·lich·keit[−kaɪt] 女 -/-en **1** 《単数で》感謝, 謝意: *jm.* eine ~ erweisen …に謝意を表する. **2** お礼の品〈行為〉: als kleine ~ ささやかな感謝の印として.

Er·kennt·nis[ɛrkɛ́ntnɪs] **I** 女 -/-se 認識, 理解; 識別; 洞察, 看破; (ひそかに探り出した)情報: zur ~ kommen 〈gelangen〉 認識する, 悟る | neue ~*se* gewinnen 新しい発見をする ‖ vom Baum der ~ essen 知恵の木の実を食べる(聖書: 創2,17から).

II 中 -ses/-se 《オーストリア》《法》判決, 刑の宣告.

Er·kennt·nis≈grund 男 《哲》認識理由; 《法》判決理由. ≈**kri·tik** 女 -/ 《哲》認識批判. ≈**leh·re** 女 -/ 《哲》認識論.

er·kennt·nis·theo·re·tisch 形 《哲》認識論〔上〕の.

Er·kennt·nis≈theo·rie 女 -/ 《哲》認識論. ≈**ver·mö·gen** 中 -s/ 認識能力.

Er·ken·nung[ɛrkɛ́nʊŋ] 女 -/ (erkennen すること. 例えば:) 認識, 識別; 鑑識.

Er·ken·nungs≈dienst 男 (警察の)鑑識課. ≈**mar·ke** 女 (兵士などが胸に下げる金属製の)認識標. ≈**zei·chen** 中 目印; 識別標.

Er·ker[ɛ́rkər] 男 -s/- **1** 《建》(出窓のある)張し出し部(→ 図). **2** 《戯》鼻. [*mlat.*−*mhd.*; < *lat.* arcus (→Arkus)]

Erker

Er·ker≈fen·ster 中 張り出し窓, 出窓. ≈**zim·mer** 中 (出窓のある)張り出し部屋.

er·kie·sen*[ɛrkíːzən][1] 《74》 他 (h) 《ふつう過去・過去分詞で》《雅》(erwählen) 選ぶ, 選出する: Sie hat sich[3] ihn zum Freund *erkoren*. 彼女は彼をボーイフレンドに選んだ.

er·klär·bar[ɛrklɛ́ːrbaːr] 形 説明できる〈のつく〉: Das ist leicht 〈schwer〉 ~. それは容易に説明がつく〈説明が困難だ〉.

er·klä·ren[ɛrklɛ́ːrən] **I** 他 (h) **1** (klar machen) 《*jm.* *et.*[4]》明らかにする, 説明〈解明〉する; (erläutern) 解釈〈解説〉する: einen Begriff 〈einen Satz〉 ~ ある概念〈文章〉を説明する | *et.*[4] an einem Beispiel 〈mit Zahlen〉 ~ …を例〈数字〉を用いて説明する ‖ Ich *erkläre* mir die Sache so. 私はこの件をそのように解釈している | Wie *erklärst* du dir das? 君はそれをどう解釈するか ‖ *sich*[4] ~ lassen / 再帰 *sich*[4] ~ 説明される, 説明がつく | *sich*[4] einfach 〈von selbst〉 ~ 簡単に〈おのずから〉説明がつく | Das läßt sich leicht 〈schwer〉 ~. それを説明することは容易〈困難〉である | Das Defizit *erklärt* sich aus hohen Unkosten. 赤字の原因は多額の冗費にある ‖ *erklärende* Worte 説明〈注釈〉の言葉.

2 (öffentlich mitteilen) (公に)表明する, 明言〈公言〉する, 宣言〈宣告〉する: *sein* Einverständnis 〈*seine* Bereitwilligkeit〉 ~ 了解〈承諾〉の意を表明する | *seinen* Austritt ~ 脱会〈脱党〉を宣言する | *jm.* *seine* Liebe ~ …に愛を告白する | einem Staat den Krieg ~ ある国に対して宣戦を布告する ‖ *jn.* für schuldig 〈besiegt〉 ~ …の有罪〈負け〉を宣する | einen Vertrag für ungültig ~ 契約〈条約〉の無効を宣言する | *et.*[4] für eine Lüge 〈*sein* Eigentum〉 ~ …をうそ〈自分の所有物〉であると断言する ‖ 再帰 *sich*[4] 〔*jm.*〕 ~ 〔…に〕自分の気持〈愛情〉を打ち明ける ‖ *sich*[4] deutlich ~ 自分の気持をはっきりと表明する | *sich*[4] für *jn.* 〈gegen *jn.*〉 ~ …に賛成〈反対〉の態度を表明する | *sich*[4] zu einer Frage ~ ある問題について意見を表明する | *sich*[4] bereit 〈einverstan-

den〉 ～ 承諾〈了解〉の意思表示をする | Ich *erklärte* mich für besiegt. 私は自分の敗北を認めた.
3 《*jn.* zu *et.*[3]》(…を…に)指定〈任命〉する: *jn.* zum Vorsitzenden ～ …を議長に指名する | Ich *erkläre* Sie zu meinem Nachfolger. 私はあなたを私の後継者に定める.
II er·klärt → 別出
Er·klä·rer[ɛrklɛ́:rər] 男 -s/- 説明〈解説〉者.
er·klär·lich[..klɛ́:rlıç] 形 説明のつく, 納得のゆく, 理解できる: ein ～*er* Irrtum 理解し得る〈いかにも犯しやすい〉誤り | eine leicht ～*e* Ursache 容易に説明のつく原因.
er·klär·li·cher·wei·se[..lıçər..] 副 理解〈納得〉できることだが, 当然のことながら: Er hat das Angebot ～ ausgeschlagen. それも無理ないことだが彼はその申し出を拒絶した.
er·klärt[ɛrklɛ́:rt] **I** erklären の過去分詞.
II 形《付加語的》明白な, はっきりとした, 公然たる, 断固とした: das ～*e* Ziel 明確な目標 | ein ～*er* Gegner der Todesstrafe 断固たる死刑廃止論者 | Dieser Schauspieler ist der ～*e* Liebling des Publikums. この俳優は観客にだんぜん人気がある.
er·klär·ter≠ma·ßen 副 明確に意思表示して, 明言して, はっきりと: Er hat ～ darauf verzichtet. 彼はきっぱりとそれを断念した. **≠wei·se** 副 明白に, はっきりと; 断固として.
Er·klä·rung[ɛrklɛ́:rʊŋ] 女 -/-en **1** 明らかにすること, 説明, 解明; 解釈, 解説: eine ungenügende 〈völlig einleuchtende〉 ～ 不十分な〈十分に納得のゆく〉説明 | von *jm.* eine ～ fordern 〈verlangen〉 …に説明を求める | Es bedarf keiner weiteren ～. これ以上説明の必要はない | Hast du für seinen Selbstmord eine ～? 君には彼が自殺をした理由がわかるかい. **2** (意見の)表明, 言明, 声明, 公言, 宣言, 宣告; (愛の)告白: eine ～ der Regierung 政府の声明 | eine ～ abgeben 声明〈ステートメント〉を発表する | *jm.* eine ～ machen …に愛情を打ち明ける.
er·klä·rungs·be·dürf·tig 形 説明の必要な.
er·klecken[ɛrklɛ́kən] 自 (h) 《スイス》(ausreichen) 足りる.
er·kleck·lich[..lıç] 形 (beträchtlich) かなりの, 相当な: eine ～*e* Anzahl von Menschen かなり多数の人々 | eine ～*e* Summe 〔zusammen〕sparen しこたまためこむ ‖ Er hat auf diesem Gebiet *Erkleckliches* geleistet. 彼はこの分野でりっぱな業績がある。
er·klet·tern[ɛrklɛ́tərn] 《05》 他 (h) (…の頂上まで)よじ登る: einen Baum 〈eine Mauer〉 ～ 木〈壁〉の頂上までよじ登る.
er·klim·men*[ɛrklímən] 《76》 他 (h) (努力して頂上まで)よじ登る: eine hohe Position ～ (立身出世して)高い地位を獲得する.
er·klin·gen*[ɛrklíŋən][1] 《77》 自 (s) 鳴り〈響き〉始める: die Gläser ～ lassen グラスを打ち合わせる | ein Lied ～ lassen 歌をうたう.
er·klir·ren[ɛrklírən] 自 (s) (金属・ガラスなどが)カタカタ〈カチャカチャ〉鳴り始める.
er·klom·men[ɛrklɔ́mən] erklimmen の過去分詞; 過去1・3人称複数.
er·klü·geln[ɛrklý:gəln] 《06》 他 (h) (頭をひねって)案出する.
er·kor[ɛrkó:r] **I** erkiesen の過去. **II** erkürte (erküren の過去)の別形.
er·kö·re[..kø:rə] **I** erkiesen の接続法 II. **II** erkürte (erküren の接続法 II)の別形.
er·ko·ren[..kó:rən] **I** erkiesen の過去分詞; 過去1・3人称複数. **II** erkürt (erküren の過去分詞)の別形.
er·kran·ken[ɛrkráŋkən] 自 (s) 病気になる: Er ist an Grippe[3] *erkrankt*. 彼は流感にかかった.
Er·kran·kung[..kʊŋ] 女 -/-en 発病, 罹病(りびょう); 病気: wegen einer plötzlichen ～ 突然病気になったために.
Er·kran·kungs≠fall 男 im ～〔*e*〕 病気になったときに. **≠quo·te** 女, **≠ra·te** 女 罹病(りびょう)〈発病〉率.
er·küh·nen[ɛrký:nən] 他 (h) 再帰 *sich*[4] ～ あえてする: Ich will mich nie ～, das Zimmer zu betreten. 私はその部屋に入る勇気がまるでない | ▽*sich*[4] eines Wagnisses ～ 冒険をやってのける. [*mhd.*; ◇kühn]
er·kun·den[ɛrkʊ́ndən][1] 《01》 他 (h) **1** 〘軍〙探索〈偵察〉〔して確認〕する, 探知する: militärische Geheimnisse ～ 軍事秘密を探る | das Gelände ～ 地形を調査する. ▽**2** 再帰 = erkundigen 1
er·kun·di·gen[..kʊ́ndıgən][2] 他 (h) **1** 再帰 *sich*[4] ～ 問い合わせる: *sich*[4] bei *jm.* nach dem Weg 〈nach *js.* Befinden〉 ～ …に道〈…の安否〉を尋ねる. ▽**2** = erkunden 1
Er·kun·di·gung[..gʊŋ] 女 -/-en (Nachfrage) 問い合わせ, 調査: über *jn.* ～*en* einholen 〈einziehen〉 …について情報を手に入れる.
Er·kun·di·gungs·schrei·ben 中 問い合わせの手紙, 照会状.
Er·kun·dung[ɛrkʊ́ndʊŋ] 女 -/-en 〘軍〙探索, 調査: eine geologische ～ 地質学的調査.
Er·kun·dungs≠flug 男 偵察飛行. **≠trupp** 男 偵察〈調査〉隊.
er·kün·steln[ɛrkʏ́nstəln] 《06》 他 (h) 《*et.*[4]》(偽って…を)装う, (…の)ふりをする: mit *erkünstelter* Ruhe 平静を装って.
er·kü·ren(*)[ɛrký:rən] 《85》 他 (h) 《雅》(erwählen) 選ぶ, 選出する.
..erl[..ərl] 《南部・オーストリア》《名詞につけて中性の縮小名詞 (-s/-) をつくる》: Hund*erl* 小犬 | Vog*erl* 小鳥.
Erl. 略 = **Erl**aucht 閣下.
▽**er·la·ben**[ɛrlá:bən][1] 他 (h) (erquicken) 《*jn.*》元気づける, さわやかな気分にさせる: *jn.* mit einer Tasse Kaffee ～ …を1杯のコーヒーで元気づける ‖ 再帰 *sich*[4] an *et.*[3] ～ …を楽しむ.
Er·lag[ɛrlá:k][1] 男 -s/..läge[..lɛ́:gə] 《オーストリア》(Hinterlegen) 供託. [< erlegen[2] 2]
Er·lag·schein 男 《オーストリア》(Zahlkarte) 郵便為替〔払い込み用紙〕.
er·lah·men[ɛrlá:mən] 自 (s) 麻痺(まひ)する, だるくなる; (力が)弱まる, (意欲などが)衰える, 消滅する: Sein linkes Bein ist *erlahmt*. 彼の左足は麻痺している | Sein Puls *erlahmte*. 彼の脈拍は弱まった | den Verkehr ～ lassen 交通を麻痺させる | Sein Interesse für das Theater ist völlig *erlahmt*. 芝居に対する彼の興味は完全に失せた.
Er·lah·mung[..mʊŋ] 女 -/ erlahmen すること.
er·lan·gen[ɛrláŋən] 他 (h) 手に入れる, 獲得する; (…に)到達する, 手が届く: eine Erlaubnis 〈die Doktorwürde〉 ～ 許可〈ドクターの学位〉を得る | die Herrschaft über *jn.* ～ …の支配権を握る | die Oberhand ～ 優位に立つ | Weltberühmtheit ～ 世界的に有名になる | traurige Berühmtheit ～ (→Berühmtheit 1) ‖ ein hohes Alter 〈eine Höhe von 5 000 Metern〉 ～ 高齢〈高度5000メートル〉に達する | Ich kann den Ast nicht ～. 私はその枝に手が届かない.
Er·lan·gen[ɛ́rlaŋən] 地名 エアランゲン(ドイツ Bayern 州北部の都市で, 大学の所在地). [< *ahd.* erila (→Erle) + wang „bewachsenes Feld"]
Er·lan·ger[..ŋər] **I** 男 -s/- エアランゲンの人. **II** 形《無変化》エアランゲンの.
Er·lan·gung[ɛrláŋʊŋ] 女 -/ (erlangen すること. 例えば:) 入手, 獲得; 到達: zur ～ der Doktorwürde ドクターの学位を得るために.
Er·laß[ɛrlás] 男 ..lasses/..lasse (オーストリア: ..lässe[..lɛ́sə]) **1** 《単数で》(法令の)公布, 発布; 公示, 公表: der ～ eines Gesetzes 〈eines Haftbefehls〉 法令の公布〈逮捕状の発行〉. **2** (公的な)命令, 条令: einen ministeriellen ～ herausgeben 省令を出す. **3** (義務・罰などの)免除.
er·las·sen*[ɛrlásən] 《88》 他 (h) **1** (法令を)公布する, 出す: ein neues Gesetz ～ 新しい法令を公布する | einen Haftbefehl gegen *jn.* ～ …に対して逮捕状を出す. **2** 免除する: *jm.* die Strafe 〈*seine* Steuern〉 ～ …に対して罰〈税金〉を免除する | *Erlaß* mir 〔es〕 bitte, darauf zu antworten! それに答えることは勘弁してくれ.
Er·laß·jahr = Jubeljahr 2
▽**er·läß·lich**[..lɛ́slıç] 形 免除し得る: eine ～*e* Sünde

E

〘ｶﾄﾘｯｸ〙微罪.

Er·laß·sün·de[..lás..] 女 〘ｶﾄﾘｯｸ〙微罪.

Er·las·sung[..lásʊŋ] 女 -/-en《ふつう単数で》erlassen すること.

Er·las·sungs·brief 男 赦免状.

er·lau·ben[ɛrláubən][1] 他 (h) **1**《*jm. et.*[4]》(…に…を)許可〈容認〉する, 許す; (事情などが)妨げとならない, 可能にする, 許す:〘人を主語として〙*jm.* eine Frage〈den Eintritt〉～ …に質問〈入場〉を許す | einem Kranken das Aufstehen ～ 患者に起き上がることを許可する | Sie *erlauben* ihren Kindern alles. 彼らは子供にしたい放題させている ‖ Der Vater *erlaubt*〔es〕seiner Tochter, allein zu reisen〈daß sie allein reist〉. 父親は娘にひとり旅をすることを許可する | *Erlauben* Sie mir, Ihnen meine Frau vorzustellen! 妻を紹介させていただきます | Ihm wurde *erlaubt*, nach Hause zu gehen. 彼は帰宅を許された | *Erlauben* Sie, daß ich rauche? タバコを吸ってもかまいませんか | *Erlauben* Sie! 恐れいりますが, 恐縮ですが | ***Erlauben* Sie mal!**《話》いったいなんてことです, どうしてそんなことが言える〈そんな態度がとれる〉のですか ‖ gesetzlich *erlaubt* sein 合法的である | alle *erlaubten* Mittel anwenden 許されるかぎりの手段に訴える | Parken *erlaubt*! 駐車可 | Was nicht verboten ist, das ist *erlaubt*. 禁じられてないってことはやってもいいってことだ | *Erlaubt* ist, was gefällt〈was sich ziemt〉. 許されるのは都合のよいことばかり.

‖〘事柄を主語として〙Meine Mittel *erlauben* mir kein eigenes Auto. 私の資力ではマイカーは持てない | Die Stelle *erlaubt* mehrere Auslegungen.(文章の)この個所は幾通りにも解釈できる | Sein Gesundheitszustand *erlaubt*〔es〕ihm nicht, daß er allein reist. 健康状態からいって彼がひとり旅をすることは無理だ | wenn es das Wetter〈die Zeit〉*erlaubt* もしも天気の具合がよければ〈時間があれば〉| sobald es die Umstände *erlauben* 事情が許ししだい.

2 a) 再帰 *sich*[3] *et.*[4] ～ …をあえてする, 勝手に…を行う | *sich*[3] *jm.* gegenüber allerlei Freiheiten〈Frechheiten〉～ …に対してしたい放題のこと〈さんざん失礼なまね〉をする | Darf ich mir eine Frage ～? 質問してかまいませんでしょうか | **Was *erlauben* Sie sich denn!** なんという失礼な〈勝手な〉ことをなさるんですか ‖ Wir *erlauben* uns, Sie zu benachrichtigen.(商業文で)ご通知申し上げます | Darf ich mir ～, Sie für morgen einzuladen? 明日おいで下さるようご招待申し上げたく存じます. **b)** 再帰 *sich*[3] *et.*[4] ～ …というぜいたくをする, …を奮発する(＝*sich*[3] *et.*[4] leisten) | Endlich kann ich mir eine größere Wohnung ～. やっと少し広い住居に住めるようになった. 【*ahd.*; ◇lieb, Urlaub】

Er·laub·nis[ɛrláupnɪs] 女 -/-se《ふつう単数で》許可: Aufenthalts*erlaubnis* 滞在許可 ‖ *jm.* eine ～ geben〈erteilen〉…に許可を与える | Man gab ihm die ～ zum Ausgang〈die ～, sofort auszugehen〉. 彼は外出の〈ただちに外出する〉許可を得た | Meine ～ hast du! 私はかまわないよ ‖ *et.*[4] mit ～〈ohne ～〉tun …の許可を得て〈無断で〉行う | mit Ihrer ～ よろしければ | *jn.* um ～ bitten …に許可を求める.

Er·laub·nis·schein 男 許可〈認可〉証.

er·laucht[ɛrláuxt] **I** 形 高貴な, 貴顕の, 著名な.

II Er·laucht 女 -/-en《ふつう単数で》(略 Erl.)(貴族, 特に Graf の尊称)閣下: Seine ～〔, der Graf〕〔伯爵〕閣下 | Eure〈Euer〉～! 閣下(呼びかけ).

【＜erleuchten; *lat.* illūstris (◇illustrieren) の翻訳借用】

er·lau·fen*[ɛrláufən]《89》他 (h) 走って獲得する〈手にいれる〉: den Sieg ～ 走って勝つ | *sich*[3] den ersten Preis ～ 走って1位になる | einen Ball ～ 走って球をとる.

er·lau·schen[ɛrláuʃən]《04》他 (h)(耳をそばだてて)聞きとる: *et.*[4] im Nebenzimmer ～ …を隣室で盗聴する.

Er·läu·te·rer[ɛrlɔ́ʏtərər] 男 -s/- 注釈〈解説〉者.

er·läu·tern[..lɔ́ʏtərn]《05》他 (h) 解説する,(…に)注釈〈説明〉を加える: das Problem durch Beispiele ～ 問題点を例を示して解説する | eine *erläuternde* Anmerkung 注.

Er·läu·te·rung[..tərʊŋ] 女 -/-en 解説, 注〔釈〕: einen Text mit ～*en* versehen テキストに注を付ける.

Erle

Er·le[ɛ́rlə] 女 -/-n〘植〙ハンノキ(榛木)属(→ 図). 【*ahd.* elira; ◇Eller】

er·le·ben[ɛrlé:bən][1] **I** 他 (h) 経験〈体験〉する, 身をもって知る; (時点を)生きて迎える: *sein* Damaskus ～ (→Damaskus) | eine Enttäuschung〈eine große Freude〉～ 幻滅〈大きな喜び〉を味わう | eine Niederlage ～ 敗北を喫する | einen Verkehrsunfall ～ 交通事故にあう | *sein* blaues Wunder ～ (→Wunder 1) ‖ Eine solche Unverschämtheit habe ich noch nicht *erlebt*. このような恥知らずはこれまで経験したことがない | Das Buch *erlebte* acht Auflagen. その本は8版を重ねた | Er hat seinen siebzigsten Geburtstag nicht mehr *erlebt*. 彼は70歳の誕生日を待たずに死んだ | Den Pianisten muß man *erlebt* haben. このピアニストの演奏〔のすばらしさ〕は自分で聞いてみなければわからない | Wenn du mir nicht gehorchst, kannst du noch was von mir ～. もし君が私の言うことを聞かないのなら思い知らせてやる | Hat man so〔et〕was schon mal *erlebt*!《話》とんでもない話だ ‖ *erlebte* Rede〘言〙体験話法〈説話〉. **II Er·le·ben** 中 -s/ 経験, 体験: ein inneres ～ 内的体験.

Er·le·bens·fall 男 im ～ (生命保険の満期に被保険者自身が)生存している場合には.

Er·leb·nis[ɛrlé:pnɪs] 中 -ses/-se 経験, 体験: das ～ der ersten Liebe 初恋の体験 | Das Konzert war für mich ein einmaliges ～. その音楽会は私にとってまたとない〈すばらしい〉経験だった.

Er·leb·nis≠auf·satz 男 (小学生などの)体験つづり方〈作文〉. **≠be·richt** 男 体験ルポルタージュ. **≠hun·ger** 男 (青少年などの)強い体験欲. **≠ro·man** 男 体験小説.

er·le·di·gen[ɛrlé:dɪgən][2] **I** 他 (h) **1**《*et.*[4]》(仕事などを)片づける, 処理する,(…の)けりをつける: eine Arbeit ～ 仕事を片づける | eine Aufgabe ～ 任務を果たす | die tägliche Post ～ (来信・発信など)毎日の郵便物を処理する | Besorgungen ～ 買い物〈用たし〉をする | *sein* großes〈kleines〉Geschäft ～ (→Geschäft 1 a) ‖ Wird *erledigt*!(書類などの上に書いて)既決, 処理ずみ | Die Sache ist *erledigt*. ことはすんだ; もうけりがついたことじゃないか ‖ die *erledigten* Akten 既決〈処理済みの〉書類 ‖ 再帰 *sich*[4] ～ (仕事などの)片がつく | Die Sache hat sich von selbst *erledigt*. この件は自然に片がついた. **2**《*jn.*》(…を)やっつける,(…に)とどめを刺す; へとへとに疲れさせる: den Feind ～ 敵を倒す | Er wurde〈ist〉politisch *erledigt*. 彼の政治生命は終わった | Diese Arbeit hat mich völlig *erledigt*. この仕事で私は完全にグロッキーになった. [▽]**3** 解放〈放免〉する. **II er·le·digt** 過分 形 **1**《話》疲れ切った, へとへとの: Ich bin vollkommen ～. 私はくたびれ果てた. **2** (unbesetzt) 空位〈空職〉の, 欠員の: ein ～*er* Posten 欠員のポスト. 【*mhd.*; ◇ledig】

Er·le·di·gung[ɛrlé:dɪgʊŋ] 女 -/-en **1**《単数で》erledigen すること. [▽]**2** 空職, 欠員.

Er·le·di·gungs·ver·merk 男 (書類の)処理済みのマーク.

er·le·gen[1][ɛrlé:gən] erliegen の過去分詞.

er·le·gen[2][ɛrlé:gən][1] 他 (h) **1** (獣を)仕とめる,(敵を)倒す. **2**《南部・ｵｰｽﾄﾘｱ・ｽｲｽ》(料金などを)払い込む, 支払う.

Er·le·gung[..gʊŋ] 女 -/ erlegen[2]すること.

..erlei[..ərlaɪ]《基数・代名詞などにつけて「…種類の」を意味する語をつくる. 代名詞につく場合は ..lei とも解釈できる》《無変化》: zwei*erlei* 2種類の | tausend*erlei* 1000種類の | mancher*lei* さまざまの | welcher*lei* どのような種類の | der*lei* そのような種類の. 【*mhd.* lei „Art“; ＜*lat.* lēx (→Lex)】

er·leich·tern[ɛrláɪçtərn]《05》他 (h)(…の重量・負担などを)軽くする, 軽減〈緩和〉する; 容易にする;(…の心を)軽くする: den Koffer〔um fünf Pfund Wäsche〕～ トランクの

重さを〔肌着類5ポンド分だけ〕軽くする | *jn.* um *sein* Portemonnaie ～《戯》…の財布を盗む〈奪う〉| die Bedingungen 〈den Verkehr〉 ～ 条件〈交通〉を緩和する | durch Anmerkungen das Verständnis ～ 注によって理解を容易にする | *jm.* die Arbeit ～ …の仕事をやりやすくする | *sein* Gewissen 〈*sich*[3] das Gewissen〉 ～ 自分の良心の重荷を軽くする | *sich*[3] durch ein Geständnis *sein* Herz ～ 自白〈告白〉して心を楽にする ‖ *erleichtert* aufatmen ほっと安堵(あんど)のため息をつく | Ich bin *erleichtert*, das zu hören. 私はそれを聞いてほっとした ‖ 再帰 *sich*[4] ～ 軽くなる, 軽減〈緩和〉される; 容易になる; (心が)軽くなる;《話》用便する;《話》(上着・セーターなどを脱いで)身軽な服装になる.

Er·leich·te·rung[..təruŋ] 女 -/-en (erleichtern すること. 例えば:) **1** 軽減, 緩和. **2**《単数で》安堵(あんど): einen Seufzer der ～ ausstoßen 安堵のため息をつく.

er·lei·den*[ɛrláidən][1]《90》他 (h) **1** (苦痛・不快・損害などを)こうむる, 受ける: den Tod ～ 死ぬ | 〔eine〕 Schmach ～ 恥辱をこうむる | eine Niederlage ～ 敗北を喫する | eine Einbuße an Ansehen ～ 信用を落とす | 〔mit *et.*[3]〕 Schiffbruch ～《比》〔…に〕失敗する. **2**《スイ》= verleiden

er·len[ɛ́rlən] 形《付加語的》ハンノキ〔材〕の. [＜Erle]

Er·len·kö·nig[ɛ́rlən..] = Erlkönig

Er·len·mey·er·kol·ben[ɛ́rlənmaiər..] 男《化》三角フラスコ(→ 図 Chemie). [＜E. Erlenmeyer (ドイツの化学者, †1909)]

er·lern·bar[ɛrlɛ́rnba:r] 形 習得できる: Diese Sprache ist leicht 〈schwer〉 ～. この言語は習得しやすい〈しにくい〉.

Er·lern·bar·keit[–kait] 女 -/ erlernbar なこと.

er·ler·nen[ɛrlɛ́rnən] 他 (h) 学びとる, 習得する.

Er·ler·nung[..nuŋ] 女 -/ 習得: die ～ einer Fremdsprache 外国語の習得.

Er·ler·nungs·me·tho·de 女《心》習得法.

er·le·sen*[ɛrlé:zən][1]《92》**I** 他 (h) **1**《雅》(auswählen) 選び出す;《スイ》(豆などを)えり分ける: *sich*[3] *jn.* zu *seinem* Freund ～ …を友に選ぶ. **2** 読んで得る: *sich*[3] Kenntnisse ～ 書物から知識を得る.

II 過分 形 えりぬきの, 精選された: ein ～*es* Publikum えりぬきの聴衆〈観客〉| Waren von ～*er* Qualität 特選品 | in einer ～*en* Sprache schreiben 言葉を推敲(すいこう)して書く.

er·leuch·ten[ɛrlɔ́yçtən]《01》他 (h) **1** 明るくする, 照らす, 照明する;《比》解明する: 〔hell〕 *erleuchtete* Fenster 〔こうこうと〕あかりのついた窓 ‖ 再帰 *sich*[4] ～ 明るくなる. **2** (…に)啓示を与える, 啓蒙(けいもう)する: Gott *erleuchtet* unseren Geist 〈Verstand〉. 神は私たちの精神に光を与える ‖ Plötzlich kam ihm ein *erleuchtender* Gedanke. 突然彼ははっと思いついた.

Er·leuch·tung[..tuŋ] 女 -/-en (erleuchten すること. 例えば:) 照明; 啓示, (心の)ひらめき, 悟り: Plötzlich kam ihm 〈durchfuhr ihn〉 eine ～. 突然彼ははっと悟った.

er·lie·gen*[ɛrlí:gən][1]《93》**I** 自 (s) **1**《*jm.* / *et.*[3]》(…に)屈〔服〕する, (…に)圧倒される: dem Gegner ～ 敵に敗れる | der Versuchung ～ 誘惑に負ける | Er ist einem Herzschlag *erlegen*. 彼は心臓麻痺(まひ)で死んだ. **2**《オーストリア》(金品が)保管されている: Auf der Post *erliegt* ein Paket für Sie. 郵便局にあなたあての小包が保管してあります. **II** **Er·lie·gen** 中 -s/ (erliegen すること. 特に:) (作業・交通などの)機能停止: **zum ～ kommen** 機能が止まる | Durch den Nebel kam der Verkehr zum ～. 霧のために交通が麻痺した | *et.*[4] **zum ～ bringen** …の機能を停止させる.

er·lisch[ɛrlíʃ] erlöschen の命令法単数.

er·lischst[..líʃst] erlöschen の現在 2 人称単数.

er·lischt[..líʃt] erlöschen の現在 3 人称単数.

er·li·sten[ɛrlístən]《01》他 (h)《〔*sich*[3]〕 *et.*[4]》(…を)策を用いてうまく手に入れる. [＜List]

Er·li·stung[..tuŋ] 女 -/ erlisten すること.

er·litt[ɛrlít] erleiden の過去.

er·lit·ten [..lítən] erleiden の過去分詞; 過去 1・3 人称複数.

Erl·kö·nig[ɛ́rl..] 男 **1** エルフ〈妖精〉の王, 魔王. **2** (偽装して秘密裏にテスト中の)試作車, (テスト中の)覆面車. [*dän.* elver-konge „Elfen-könig" の誤訳; ◇ *engl.* erlking]

er·lo·gen[ɛrló:gən] **I** erlügen の過去分詞; 過去 1・3 人称複数. **II** 形 虚偽の, でっちあげの: eine ～*e* Mitteilung 偽りの知らせ ‖ Das ist alles ～. それはすべて真っ赤なうそだ | erstunken und ～ (→erstunken II).

Er·lös[ɛrlø:s][1] 男 -es/-e 売上金, 収益. [＜erlösen]

er·losch[ɛrlɔ́ʃ] erlöschen の過去.

er·lo·schen[..lɔ́ʃən] erlöschen の過去分詞; 過去 1・3 人称複数.

er·lö·schen(*)[ɛrlœ́ʃən]《96》**I** 自 (s) **1**《まれに規則変化《04》》(火・あかりが)消える: Die Lampe *erlischt* 〈*erlöscht*〉. ランプが消える | Sein Lebenslicht *erlosch*.《雅》彼の命の火は消えた ‖ Er ist am *Erlöschen*.《雅》彼は死にかけている ‖ *erloschene* Fenster あかりの消えた窓 | eine *erloschene* 〈*erlöschte*〉 Zigarette 火の消えたタバコ | ein *erloschener* Vulkan 〈Krater〉 死火山〈旧火口〉. **2**《比》(感情などが)消える; 生気を失う: Die letzte Hoffnung ist *erloschen*. 最後の希望が消えた | Seine Liebe 〈Sein Haß〉 ist *erloschen*. 彼の愛情〈憎しみ〉は消えた | Seine Augen sind *erloschen*. i) 彼は失明した; ii)《雅》彼は瞑目(めいもく)した(死んだ) ‖ mit *erlöschender* Stimme sprechen 絶え入りそうな声で話す. **3**《比》絶える; 失効する: Die Seuche 〈Die Familie〉 ist *erloschen*. 流行病がやんだ〈一家が死に絶えた〉| Die Firma ist *erloschen*. その会社はつぶれた | Der Vertrag 〈Die Gültigkeit des Passes〉 *erlischt* am Ende des Monats. 契約〈旅券の有効期間〉は今月末で切れる ‖ *erloschene Rechte* 失効した権利.

II **Er·lö·schen** 中 -s/ (erlöschen すること. 例えば:) 消滅; (権利の)喪失, 失効;《心》消去.

er·lo·sen[ɛrló:zən][1] 他 (h)《〔*sich*[3]〕 *et.*[4]》(…を)くじ引きで当てる〈もらう〉.

er·lö·sen[ɛrlø:zən][1]《02》他 (h) **1** 救い出す, 救済〈解放〉する: *jn.* aus der Gefangenschaft 〈*seiner* Notlage〉 ～ …をとらわれの身から〈苦境から〉救い出す | Der Tod *erlöste* ihn von seinem Leiden. 死が彼を苦しみから解放した | *erlöst* aufatmen ほっと安堵(あんど)のため息をつく. **2** (売って金を)得る: Er hat aus 〈bei〉 dem Verkauf des Hauses eine beträchtliche Summe *erlöst*. 彼はその家を売ってかなりの金額を手に入れた.

Er·lö·ser[..zər] 男 -s/- 救い主, 救済者; (特にキリスト教の)救世主, キリスト.

Er·lö·ser·or·den 男 **1** 救済者勲章(ギリシア独立戦争を記念して制定された). **2**《カトリック》ビルギッタ〈至聖なる救い主の〉修道会(14世紀に聖ビルギッタにより設立された).

Er·lö·sung[..zuŋ] 女 -/-en 救い, 救済, 解放;《雅》死.

er·lü·gen*[ɛrlý:gən][1]《97》**I** 他 (h) **1** (虚偽の話を)でっちあげる, 捏造(ねつぞう)する. **2**《〔*sich*[3]〕 *et.*[4]》(…を)だまし取る.

II **er·lo·gen** → 別出

▽**er·lu·sti·gen**[ɛrlʊ́stɪgən][2] 他 (h) (belustigen)《*jn.*》(…を)楽しませる, おもしろがらせる: 再帰 *sich*[4] an *et.*[3] 〈mit *et.*[3] / über *et.*[4]〉 ～ …に興じる. [＜lustig]

Er·ma[ɛ́rma·] 女名 (＜Irma) エルマ.

er·mäch·ti·gen[ɛrmɛ́çtɪgən][2] 他 (h)《*jn.* zu *et.*[3]》(…に…の)権限〈権能・全権〉を与える: Die Regierung hatte ihren Botschafter 〔dazu〕 *ermächtigt*, das Abkommen zu unterzeichnen. 政府は大使にその協定に署名する権限を与えておいた | Dazu bin ich nicht *ermächtigt*. 私にはその権限はない. [＜mächtig]

Er·mäch·ti·gung[..guŋ] 女 -/-en **1**《ふつう単数で》ermächtigen すること. **2** 権限, 権能, 全権: *jm.* eine ～ erteilen 〈geben〉 …に権限を与える.

Er·mäch·ti·gungs·ge·setz 中 (議会の立法権を政府に委譲する)授権法(特に1933年ナチ独裁に道を開いたもの).

er·mah·nen[ɛrmá:nən] 他 (h) **1**《*jn.* zu *et.*[3]》(…を戒めて…を)勧告する: *jn.* zur Ruhe ～ …に静粛にするように注意する | Er *ermahnte* mich zur Vorsicht./ Er *ermahnte* mich, vorsichtig zu sein. 彼は私に用心するようにと戒めた ‖ Muß ich dich immer erst ～? 君は言われないと何もできないのか. **2**《*jn.* an *et.*[4]》(…に…に対する)注意を喚起する.

Er·mah·nung[..nuŋ] 女 -/-en 戒め, 訓戒; 注意の喚

起, 警告; 督促: *jm.* ~*en* zum Fleiß geben …に勤勉に仕事をするように注意を与える | schriftliche ~ erhalten 書面で警告〈督促〉をうける.

er·man·geln[ɛrmáŋəln] 《06》 自 (h) **1 a)** 《*et.*²》 (…を)欠く: Sein Verhalten *ermangelt* der notwendigen Vorsicht. 彼の振舞いは必要な慎重さを欠いている | Diese Kinder *ermangeln* eines guten Erziehers. これらの子供たちにはよき教育者が欠けている. **b)** 《官》《nicht を伴い, zu 不定詞〔句〕と》必ず…する: Im Ernstfall *ermang*〔*e*〕*le* ich nicht, Ihnen zu helfen. いざという場合にはきっとあなたを援助します. **2** 《*jm.*》 (…にとって)欠けて〈不足して〉いる: Uns *ermangelt* Übung. 私たちには練習が不足している.

Er·man·ge·lung[..ŋəlʊŋ] (**Er·mang·lung**[..ŋlʊŋ]) 女 -/ 欠如: **in ~ *et.*²** …がないので | In ~ eines Glases mußte er den Wein aus der Tasse trinken. グラスがなかったので彼はワインをカップで飲まなければならなかった.

er·man·nen[ɛrmánən] 他 (h) 再帰 *sich*⁴ ~ 奮起する: *sich*⁴ zum Widerstand ~ 勇気をふるい起こして抵抗する | *Ermanne* dich! 元気を出せ.

Er·man·nung[..nʊŋ] 女 -/ 奮起.

..ermaßen[..ərma:sən] → ..maßen

er·mä·ßi·gen[ɛrmɛ́:sɪgən]² 他 (h) (量・価格などを)軽減する: die Steuer von 5 auf 3 Prozent ~ 税率を5パーセントから3パーセントに引き下げる | die Strafe ~ 罰を軽減する ‖ 再帰 *sich*⁴ ~ (値段が)割り引かれる ‖ zu *ermäßigtem* Preis / zu *ermäßigten* Preisen 割引価格で.

Er·mä·ßi·gung[..gʊŋ] 女 -/-en 軽減; 割引: eine ~ der Strafe 罰の軽減 | eine ~ der Fahrkosten 旅客運賃割引.

er·mat·ten[ɛrmátən] 《01》 **I** 自 (s) 疲労する, 弱〔ま〕る, (体力・気力・興味などが)減退する; 輝きを失う: in *seinem* Eifer ~ 熱意を失う | Sein Interesse *ermattete* immer mehr. 彼の興味は衰える一方だった ‖ sehr *ermattet* sein ひどく疲れている. **II** 他 (h) 《*jn.*》 (…を)疲労させる, 弱らせる, 衰弱〈消耗〉させる: Die lange Fahrt *ermattete* den Kranken. 長い旅行が病人を弱らせた. [<matt]

Er·mat·tung[..tʊŋ] 女 -/ ermatten すること.

Er·mat·tungs·stra·te·gie 女 消耗作戦.

Er·men·traud[ɛ́rməntraut] 女名 (<Irmtraud) エルメントラウト.

er·meß·bar[ɛrmɛ́sba:r] 形 ermessen できる.

er·mes·sen*[ɛrmɛ́sən] 《101》 **I** 他 (h) (全容を)推し量る, 評価〈判断〉する: Man kann den Umfang der Arbeit noch nicht ~. 仕事の量はまだ見きわめがつかない ‖ 再帰 Daran *ermißt* sich die Leistung. それによって成績がはかられる. **II Er·mes·sen** 中 -s/ 評価, 判断, 裁量: freies ~ 自由裁量 | ***et.*⁴ in *js.* ~⁴ stellen** / *et.*⁴ *js.* ~³ überlassen 〈an heimstellen〉 …を…の裁量に任せる | nach meinem ~ 私の判断では | **nach menschlichem ~** 多分; みるところ.

Er·mes·sens≠fra·ge 女 自由裁量の許される〈個人の判断に任された〉問題. ≠**frei·heit** 女 -/ 個人的裁量の自由. ≠**miß·brauch** 男 自由裁量権の乱用. ≠**spiel·raum** 男 自由裁量の余地.

er·meß·lich[ɛrmɛ́slɪç] =ermeßbar

Er·mi·no·nen[ɛrminó:nən] 複 =Herminonen

er·mit·tel·bar[ɛrmítəlba:r] 形 ermitteln できる.

er·mit·teln[ɛrmítəln] 《06》 **I** 他 (h) **1** (調査して)突きとめる, 確かめる: den Täter ~ 犯人を突きとめる | *js.* Identität ~ …の身元を確認する | *js.* Aufenthaltsort ~ …の居場所を突きとめる. **2** 算出〔して確定〕する: das Wahlergebnis ~ 選挙の結果を算出する. **II** 自 (h) 捜査する: gegen den Verdächtigen ~ 容疑者に対する捜査を行う | in einer Einbruchssache ~ 強盗事件の捜査をする. [<Mittel¹]

Er·mitt·lung[..tlʊŋ] (**Er·mit·te·lung**[..təlʊŋ]) 女 -/-en ermitteln すること; 《法》 捜査: über *et.*⁴ ~*en* anstellen …について調査する.

Er·mitt·lungs≠be·am·te[ɛrmítlʊŋs..] 男 《法》 捜査官. ≠**rich·ter** 男 《法》 捜査判事. ≠**ver·fah·ren** 中 《法》 (検事が起訴の可否を決めるための)捜査手続き.

er·mög·li·chen[ɛrmǿ:klɪçən] 他 (h) 《〔*jm.*〕 *et.*⁴》 (〔…に〕…を)可能にする: Er hat mir das Studium *ermöglicht*./ Er hat es mir *ermöglicht*, zu studieren. 彼は私が大学で学べるようにしてくれた. [<möglich]

er·mor·den[ɛrmɔ́rdən]¹ 《01》 他 (h) 《*jn.*》 (…を故意に)殺害する: *jn.* meuchlings ~ …を暗殺する.

Er·mor·dung[..dʊŋ] 女 -/-en (故意の)殺害.

er·müd·bar[ɛrmý:tba:r] 形 疲れやすい, すぐ疲れる.

er·mü·den[ɛrmý:dən]¹ 《01》 **I** 他 (h) 疲労させる: eine *ermüdende* Arbeit 骨の折れる仕事. **II** 自 (s) 疲労する, 眠くなる; 《工》 (金属が)疲労する. [*mhd.*; ◇müde]

Er·mü·dung[..dʊŋ] 女 -/-en 《ふつう単数で》 疲労; 《工》 (金属などの)疲労: eine geistige ~ 精神的疲労.

er·mü·dungs≠frei 形 (仕事・機械などが使用者を)疲労させない. ≠**los** 形 (機械などが)疲労しない, 能率が落ちない.

er·mun·tern[ɛrmʊ́ntərn] 《05》 他 (h) 《*jn.*》 (…を)元気づける, 鼓舞〈激励〉する; 目ざめさせる: *jn.* zu einem Entschluß 〈zur Arbeit〉 ~ …を励まして決心〈仕事〉をさせる | Der Kaffee hat ihn wieder *ermuntert*. そのコーヒーで彼は再び元気になった〈眠気がさめた〉 ‖ 再帰 *sich*⁴ ~ 元気づく. [<munter]

Er·mun·te·rung[..tərʊŋ] 女 -/-en (ermuntern すること. 例えば:) 激励, 励ましの言葉.

er·mu·ti·gen[ɛrmú:tɪgən]² 他 (h) (↔ entmutigen) 《*jn.*》 (…を)元気〈勇気〉づける, 鼓舞〈激励〉する: *jn.* zu *et.*³ ~ …を勇気づけて…させる | Er hat mich *ermutigt*, die Arbeit fortzusetzen. 彼はこの仕事を続けるようにと私を励ました ‖ *ermutigende* Worte 励ましの言葉 ‖ 再帰 *sich*⁴ ~ 元気〈勇気〉づく, 活発になる [<mutig]

Er·mu·ti·gung[..gʊŋ] 女 -/-en (ermutigen すること. 例えば:) 激励, 励ましの言葉.

..ern[..ərn] **I** → ..en¹ **II** 《運動や音の反復を表す動詞をつくる》: flatt*ern* ひらひらする | zwitsch*ern* さえずる.

Ern[e:rn] 男 -/- =Eren

Er·na[ɛ́rna·] 女名 (<Ernesta, Ernestine) エルナ.

er·näh·ren[ɛrnɛ́:rən] 他 (h) **1** 《*jn.*》 (食物・滋養分などを与えて…を)養う, 育てる, (…に)栄養〈食物〉を与える; 養育する, 扶養する: *seine* Familie ~ 家族を養う | *seinen* Mann ~ (→Mann² 1) | ein Kind künstlich ~ 子供を人工栄養で育てる ‖ schlecht *ernährt* sein 栄養不良である. **2** 再帰 *sich*⁴ ~ 栄養〈食物〉を摂取する; 暮らし〈生計〉をたてる: Er *ernährt* sich von Pflanzenkost 〈durch Stundengeben〉. 彼は菜食家だ〈個人教授をして暮らしを立てている〉.

Er·näh·rer[..rər] 男 -s/- (女 **Er·näh·re·rin**[..rərɪn] -/-nen) 養い手, 扶養者.

Er·näh·rung[..rʊŋ] 女 -/-en **1** ernähren すること: die künstliche 〈natürliche〉 ~ des Säuglings 乳児の人工栄養〈母乳哺育〉 | die intravenöse ~ 静脈栄養補給 | die ~ der Familie 家族の扶養. **2** (Nahrung) 栄養, 滋養; 食物.

Er·näh·rungs≠amt 中 (戦時などの)食糧管理庁. ≠**bei·hil·fe** 女 養育費補助金. ≠**for·schung** 女 -/ 栄養学. ≠**krank·heit** 女 栄養失調性疾患. ≠**kri·se** 女 食料危機. ≠**la·ge** 女 -/ 栄養状態; 食料事情. ≠**leh·re** 女 -/ 栄養学. ≠**pflicht** 女 扶養の義務. ≠**phy·sio·lo·gie** 女 -/ 栄養生理学. ≠**stö·rung** 女 《医》 栄養障害. ≠**the·ra·pie** 女 食餌(じ)療法. ≠**wei·se** 女 栄養〈食餌〉の取り方. ≠**wis·sen·schaft** 女 栄養学. ≠**wis·sen·schaft·ler** 男 栄養学者. ≠**zu·stand** 男 -〔e〕s/ 栄養状態.

er·nannt[ɛrnánt] ernennen の過去分詞.

er·nann·te[..nántə] ernennen の過去.

er·nen·nen*[ɛrnɛ́nən] 《105》 他 (h) **1** 《*jn.* zu *et.*³》 (…を…に)任命〈指名〉する: *jn.* zum Minister 〈Rektor〉 ~ …を大臣〈学長〉に任命する | *jn.* zum Vorsitzenden 〈als Vorsitzenden〉 ~ …を議長に指名する. **2** 《*jn.*》 (…を)任命〈指名〉する: Der Präsident *ernennt* den Regierungschef auf Vorschlag des Parlaments. 大統領が議会の提

案に従って首相を任命する.

Er·nen·nung[..nʊŋ] 女 -/-en 任命, 指名.

Er·nen·nungs≈recht 中 任命権. **≈schrei·ben** 中, **≈ur·kun·de** 女 辞令.

Er·ne·sta[ɛrnɛ́sta·] 女名 (<Ernst[2]) エルネスタ.

Er·ne·sti·ne[ɛrnɛstíːnə] 女名 エルネスティーネ.

er·neu·en[ɛrnɔ́ʏən] **I** 《雅》=erneuern **II er·neut** → 別出

Er·neu〔e〕·rer [..nɔ́ʏ(ə)rər] (雅: **Er·neu·er** [..nɔ́ʏər]) 男 -s/- (⊛ **Er·neue·rin**[..nɔ́ʏərɪn]-/-nen) erneuern する人.

er·neu·ern[ɛrnɔ́ʏərn] 《05》 他 (h) 新しく〈新たに〉する, 更新する,(古物を)新品と取りかえる; 修復〈修繕〉する: die Bettbezüge 〈die Reifen〉 ~ ベッドシーツ〈タイヤ〉を取りかえる | einen schadhaften Zaun ~ 傷んだ垣根を修繕する | einen Vertrag ~ 契約を更新する | Wir haben unsere Freundschaft *erneuert*. 私たちは古い友情を温めなおした ‖ 再帰 *sich*[4] ~ 新しくなる, 更新される | Die Haut *erneuerte* sich schnell. 急速に新しい皮膚ができた. [*mhd.*; ◇neu]

Er·neue·rung[..ərʊŋ] 女 -/-en erneuern すること.

Er·neue·rungs·schein 男 (Talon) 〖商〗 更改証書, 利札引換券.

Er·neu·rer =Erneuerer

er·neut[ɛrnɔ́ʏt] **I** erneuen の過去分詞. **II** 形 新たな, 更新された: ein ~*er* Vertrag 更新された契約 | mit ~*er* Kraft arbeiten 新たなる力をもって仕事をする ‖ Der Feind ist ~ zum Angriff übergegangen. 敵は新たに〈再び〉攻撃に移った.

Er·neu·ung[..nɔ́ʏʊŋ] 女 -/-en=Erneuerung

er·nie·dri·gen[ɛrníːdrɪgən][2] **I** 他 (h) (↔erhöhen) **1** 《*jn.*》 (…の)品位を落とす, おとしめる: *jn.* im Rang ~ …を下の階級に落とす | Diese Arbeit *erniedrigte* ihn zur Maschine. この仕事によって彼は単なる道具になり下がった | wie ein Hund *erniedrigt* werden 犬同然の辱めを受ける | 再帰 *sich*[4] ~ 自分の品位を落とす; (自尊心を捨てて)へりくだる. **2 a**) 下げる, 低くする: den Preis ~ 〖商〗 値下げ〈値引き〉する ‖ 再帰 Der Druck *erniedrigt* sich[4]. 圧力が低下する. **b**) 〖楽〗 半音下げる: E zu Es ~ ホ音を〔下げて〕変ホ音にする | eine Note durch das Vorzeichen ♭ um einen Halbton ~ 音符にフラットをつけて半音下げる ‖ 〔doppelt〕 *erniedrigtes* E 〔重〕変ホ音.

II er·nie·dri·gend 現分 形 軽蔑的な, 面目を失わせる: in einem ~*en* Ton ひとをばかにした調子で ‖ Es war sehr ~ für ihn, daß ... …は彼には非常に屈辱的なことだった. [<niedrig]

Er·nie·dri·gung[..gʊŋ] 女 -/-en (↔Erhöhung) **1** おとしめること, 辱め: die ~ von Menschen zu Sklaven 〈Maschinen〉 人間を奴隷〈機械〉扱いすること. **2 a**) 切り下げ, 低下: die ~ der Preise 値下げ | die ~ des Sauerstoffverbrauches 酸素消費の切りつめ〈低下〉. **b**) 〖楽〗 半音下げること.

Er·nie·dri·gungs·zei·chen 中 〖楽〗 変記号, フラット (♭): ~ für einen ganzen Ton (半音でなく全音下げる) 重変記号, ダブルフラット(𝄫).

ernst[ɛrnst] **I** 形 **1** まじめな, 真剣な; 熱心な; 本気の: eine ~*e* Auseinandersetzung 熱のこもった討論 | mit ~*er* Miene きまじめな顔つき〈様子〉で, 真顔で | eine ~*e* Miene machen 真剣な顔をする | ~*e* Musik クラシック音楽 | Er hatte den ~*en* Wunsch zu kommen. 彼は本気で来たかったのだ | ~*e* Absichten haben 《話》 本気で結婚するつもりである ‖ *et.*[4] ~ nehmen / *et.*[4] für ~ halten …をまじめにとる, …を真に受ける | *et.*[4] tierisch ~ nehmen …をくそまじめにとる | *jn.* ~ nehmen …の言うことを真に受ける〈信用する〉| Er meint es ~ 〈Es ist ihm ~〉 mit diesem Vorschlag. 彼はこの提案を本気でしているのだ | Das war nicht ~ gemeint. それは本気ではなかったのさ. **2** (bedrohlich) 重大な: eine ~*e* Krankheit 重い病気 | Die Lage ist sehr ~. 事態は極めて重大である〈ただごとでない〉| *Ernste* Entscheidungen sind zu fällen. 重大な決定が下されねばならない | Es gab ~*e* Sorge. たいへんな不安が生じた.

II Ernst[1] 男 -es(-s)/ **1** (↔Scherz) まじめ, 本気, 真剣: **tierischer ~** (ユーモアを解さぬ)くそまじめ ‖ im ~ まじめに, 冗談でなく | in allem 〈vollem〉 ~ / allen 〈▽alles〉 ~*es* 大まじめに | mit ~ 〔und Eifer〕 dienen 勤務に精励する ‖ **mit** 〈**aus**〉 ***et.***[3] **~ machen** …を現実化する, …を実行する | Mit der Drohung ist es ~ geworden. 脅迫は本物になった | Aus Spaß wird oft 〈leicht〉 ~. 《諺》 ひょうたんから駒(こま)が出る ‖ Das ist mein bitterer 〈voller〉 ~. 私は全く本気でそう思っている.

2 重大性, ゆゆしさ: der ~ der Lage 〈seiner Worte〉 事態〈彼の言葉〉の重大さ | der ~ der Krankheit 病気の容易ならぬ状態 | der ~ des Lebens 人生のきびしさ.

[*ahd.* ernust „Kampf"; ◇ *engl.* earnest]

Ernst[2][‒] 男名 エルンスト.

Ernst·fall[ɛ́rnst..] 男 -〔e〕s/ 事態が深刻化した場合: für den ~ いざという場合に備えて | im ~ いざという場合に; 有事に際して.

ernst·ge·meint 形 本気の, 真剣な: ein ~*er* Vorschlag 真剣な提案.

ernst·haft[ɛ́rnsthaft] 形 《ふつう述語的用法なし》 **1** (態度・意図の)まじめな, 本気の: eine ~*e* Miene aufsetzen まじめな顔をする | ~*e* Absichten 〔auf sie〕 haben 〔彼女と〕結婚する気がある. **2** 重大な, 慎重を要する: ~*e* Sorgen 大きな不安 | eine ~*e* Frage むずかしい問題.

Ernst·haf·tig·keit[..tɪçkaɪt] 女 -/ **1** まじめな様子: mit größter ~ 大まじめで. **2** まじめさ: die ~ der Absichten 意図の真剣さ.

ernst·lich[ɛ́rnstlɪç] 形 《述語的用法なし》 **1** 重大な, 手軽でない: ein ~*es* Hindernis 大きな障害 | einen ~*en* Versuch unternehmen むずかしい試みを企てる ‖〖副詞的に〗 *sich*[4] ~ bemühen 大いに苦労する | *jn.* um *et.*[4] ~ bitten …に…を懇望〈懇願〉する | Er ist ~ böse 〈krank〉. 彼はひどく怒っている〈病気が重い〉. **2** 本気の, 真剣な: Das ist sein ~*er* Wille. それは彼の本心からの〈確固たる〉意志だ ‖ Er glaubt ~ daran. 彼は本気でそれを信じている.

Ern·te[ɛ́rntə] 女 -/-n (農作物などの)取り入れ, 収穫; 収穫物, 収益, 成果: die ~ an Getreide 〈Obst〉 穀物〈果物〉の収穫 | Kartoffel*ernte* ジャガイモの収穫 | die ~ *seines* Fleißes 自己の努力の成果 ‖ die ~ einbringen 〈einfahren〉 収穫物を取り入れる〈車で取り入れる〉| Dieses Jahr hatten wir eine gute 〈schlechte〉 ~. 今年は豊作〈凶作〉だった | *jm.* ist die ganze ~ verhagelt (→verhageln I) | **reiche** 〈**furchtbare** / **schreckliche**〉 **~ halten** 《雅》 (死神・疫病・戦争などが)猛威をふるう | Die Seuche hielt reiche 〈schreckliche〉 ~. 疫病は多数の犠牲者を出した ‖ **Ohne Saat keine ~.** 《諺》 まかぬ種は生えぬ. [*ahd.* arnōt; < *ahd.* ar〔a〕n „Erntezeit"; ◇ *engl.* earn]

Ern·te≈ar·beit 女 収穫作業. **≈ar·bei·ter** 男 収穫に従事する〔季節〕労働者. **≈aus·fall** 男 -〔e〕s/..fälle **1** 《複数で》 収穫時の損失. **2** 《単数で》 収穫〔量・高〕: einen guten ~ haben よい収穫を得る. **≈dank·fest**[また: ◡◡◡́◡] 中 収穫〔感謝〕祭(10月の第1日曜日に行われることが多い). **≈er·trag** 男 収穫量. **≈fest** =Erntedankfest **≈kranz** 男 (穀物の穂・野の花・果実などで作られる) 収穫祭の花輪. **≈ma·schi·ne** 女 収穫用農業機械, 刈り入れ機. **▽≈mo·nat** (**▽≈mond**) 男 《ふつう単数で》 (August) 8月(収穫の月).

ern·ten[ɛ́rntən] 《01》 他 (h) (農作物などを)取り入れる, 収穫する; (成果・報いなどを)得る: Kartoffeln ~ ジャガイモを取り入れる | Lob 〈großen Applaus〉 ~ 賞賛〈大喝采(かっさい)〉を博す | Lorbeeren ~ (→Lorbeer 2) | Er *erntet* gern, wo er nicht gesät hat 〈, ohne gesät zu haben〉. 《比》 彼は他人の仕事の成果を利用する | Für seine Mühe *erntete* er nur Spott. 彼の努力は人々のあざけりを買ったにすぎなかった | Wer Wind sät, wird Sturm ~. (→säen I).

ern·te·reif[ɛ́rntə..] 形 《副詞的用法なし》 収穫できるまでに成熟した.

Ern·te≈se·gen 男 -s/ 収穫の恵み; 収穫〔量〕. **≈tanz** 男 収穫感謝の踊り. **≈zeit** 女 収穫期, 刈り入れ時.

E

ᵛ**Ẹrn·ting**[ɛ́rntɪŋ] 男 -s/-e《ふつう単数で》(August) 8月(収穫の月).

er·nụ̈ch·tern[ɛrnʏ́çtərn]《05》他 (h)《*jn.*》(…の)酔い〈興奮〉をさます; 正気に返らせる: Der Nachtwind *ernüchterte* ihn. 夜風が彼の酔いをさました〈彼の頭を冷やした〉| Der Anblick wirkte *ernüchternd* auf ihn. その眺めは彼にとっては興ざめ〈幻滅〉であった ‖ 再帰 *sich*⁴ ～ 酔い〈興奮〉がさめる, 冷静になる. [<nüchtern]

Er·nụ̈ch·te·rung[..tərʊŋ] 女 -/-en ernüchtern すること〈言動〉.

Er·ọbe·rer [ɛr|ó:bərər] 男 -s/- (女 **Er·ọbe·rin** [..bərɪn]-/-nen) 征服者, 侵略者.

er·ọbern[ɛr|ó:bərn]《05》他 (h) 征服〈攻略〉する; 獲得する; 侵略する: einen feindlichen Stützpunkt ～ 敵の拠点を征服する | *sich*³ neue Märkte ～ (企業が)新しい市場を獲得する〈販路を拡大する〉| *jn.* 〈*sich*³ *js.* Herz〉 ～ …の愛を手に入れる | *js.* Herz im Sturm ～ (→Herz 2). [*ahd.* obarōn; ◇ober¹]

Er·ọbe·rung[..bərʊŋ] 女 -/-en **1** (erobern すること. 例えば:) 征服, 攻略; 獲得; 侵略. **2** 征服〈獲得〉したもの: **eine ～ machen** / **～*en* machen**《話》他人の心をとらえる; ガール〈ボーイ〉フレンドを作る | **auf ～*en* ausgehen**《話》ガール〈ボーイ〉ハントに出かける.

Er·ọbe·rungs≠ab·sich·ten 複 侵略〈征服〉的意図. **≠feld·zug** 男 侵略〈攻略〉のための出兵. **≠krieg** 男 侵略戦争. **≠lust** 女 -/ 征服欲, 侵略的野心.

er·ọbe·rungs·lu·stig 形 征服欲の強い, 侵略的野心のある.

Er·ọbe·rungs·sucht 女 -/ =Eroberungslust

er·ọbe·rungs·süch·tig =eroberungslustig

Er·ọbe·rungs·zug =Eroberungsfeldzug

ero·dịe·ren[erodí:rən] 他 (h)〘地〙浸食する;《比》むしばむ, 徐々に腐食〈破壊〉する. [*lat.*; ◇Rostra, Erosion]

er·ọ̈ff·nen[ɛr|œ́fnən]《01》 **I** 他 (h) **1** 開く, 開始する; 開業〈開会〉する; 開通させる: ein Geschäft ～ 店を始める | ein Konto ～ (銀行で)口座を開く | eine Ausstellung 〈eine Sitzung〉 ～ 展覧会のふたをあける〈会議の開会を宣する〉| eine neue Fluglinie ～ 新しい航空路を開く | das Feuer 〈die Feindseligkeiten〉 ～ 砲火〈戦端〉を開く | den Konkurs ～〘法・商〙破産宣告手続きを開始する, 破産宣告をする | den Reigen ～ (→Reigen 2). **2** 開封する;〘医〙切開する: ein Testament ～ 遺言状を開く. **3**《*jm. et.*⁴》打ち明ける, 知らせる: *jm. seine* Absichten 〈*seine* Pläne〉 ～ …に自分の意図〈計画〉を知らせる ‖ 再帰 *sich*⁴ *jm.* ～ …に心中を打ち明ける. **4** 再帰 *sich*⁴ *jm.* ～ (新しい見通し・可能性などが)…に開ける | In diesem Beruf *eröffnen* sich dir ganz andere Chancen. この職業に就けば全く別のチャンスが生まれるよ. **II** 自 (h) (株式市場・演劇シーズンなどが)始まる.

Er·ọ̈ff·nung[..nʊŋ] 女 -/-en **1** eröffnen すること: die ～ eines Theaters 劇場のこけら落とし | die ～ der Saison シーズンの開幕 | die ～ des Muttermundes〘医〙子宮口の開大 ‖ *jm.* eine ～ über *et.*⁴ machen …に…について打ち明ける. **2** 打ち明け話.

Er·ọ̈ff·nungs≠an·spra·che 女 開会の辞. **≠be·schluß** 男〘法〙開始決定; (破産財産の)管理開始命令. **≠bi·lanz** 女〘商〙開始貸借対照表. **≠fei·er** 女, **≠fei·er·lich·keit** 女 -/-en《ふつう複数で》開会式, 開幕祭; 開場〈開通〉式. **≠pe·ri·ọde** 女〘医〙開口期(分娩(ぶん)の第1期). **≠re·de** 女 開会演説. **≠vor·stel·lung** 女 (祝祭・音楽祭などの)開幕に当たっての演奏〈上演〉.

ero·gẹn[erogé:n] 形 性欲を刺激する; 性的刺激に対して敏感な: ～*e* Zonen 〈Körperstellen〉 性感帯. [<Eros+..gen]

Erọi·ca (**Erọi·ka**) [eró:ika·] 女 -/ エロイカ (Beethoven の交響曲第3番『英雄』). [*it.* (sinfonia) eroica „heldenhafte (Sinfonie)"; ◇heroisch]

er·ọ̈r·tern[ɛr|œ́rtərn]《05》他 (h) 論究〈討論〉する, 検討〈審議〉する: eine Frage gründlich 〈in allen Einzelheiten〉 ～ 問題を徹底的〈詳細〉に討議する. [<Ort; *lat.* dēterminäre (→determinieren) の翻訳借用]

Er·ọ̈r·te·rung[..tərʊŋ] 女 -/-en (erörtern すること. 例えば:) 論究, 討議.

er·ọ̈r·te·rungs·fä·hig 形 議論の余地のある.

Er·ọ̈r·te·rungs·punkt 男 論点.

..erorts[..ər|ɔrts] → ..orts

Ẹros[é(:)rɔs, ɛ́rɔs] **I** 人名〘ギ神〙エロス(愛の神で, ローマ神話の Amor, Cupido に当たる). **II** 男 **1** -/ (↔Agape) エロス, 性愛;〘哲〙(真・善・美への)愛: die Macht des ～ エロスの力. **2** -/Eroten[eró:tən]《ふつう複数で》〘美〙小キューピッド像. **III der Ẹros** 男 -/〘天〙エロス(小惑星の一つ). [*gr.*; ◇Erato]

Ẹros-Cen·ter[..sɛntər] 中 エロス=センター(売春宿).

Ero·siọn[erozió:n] 女 -/-en **1**〘地〙浸食〔作用〕;《比》むしばむ〈徐々に腐食・破壊する〉こと. **2**〘医〙(組織・皮膚などの)糜爛(びらん), 表皮剥離(はくり). [*lat.*; ◇erodieren]

Ero·siọns≠ba·sis 女〘地〙浸食基準面. **≠tal** 中〘地〙浸食谷(こく).

ero·sịv[erozí:f]¹ 形〘地〙浸食する; 浸食に関する;《比》むしばむ, 腐食〈破壊〉的な.

Erọ·te·ma[eró:tema·] 中 -s/-ta[eroté:mata·] (Frage) 疑問〔文〕. [*gr.*; <*gr.* erōtān „fragen"]

Ero·te·mạ·tik[erotemá:tɪk] 女 -/ 質問術, 問答形式による授業法.

ero·te·mạ·tisch[..tɪʃ] 形 質問術の; (↔ akroamatisch) (授業について)問答形式の.

Erọ·ten Eros II 2 の複数.

Erọ·ti·cal[eró:tikəl] 中 -s/-s エロチックな映画〈戯曲〉. [<Musical]

Erọ·tik[eró:tɪk] 女 -/ **1** 性愛; 官能〔生活〕, 恋の世界. **2** 恋愛術, 恋の道.

Erọ·ti·ka, Erọ·ti·ken Erotikon の複数.

Erọ·ti·ker[..tikər] 男 -s/- **1** 恋愛詩人; 好色文学作家. **2** 官能派〔の人〕; 恋愛道の達人.

Erọ·ti·kon[..tikɔn] 中 -s/..ka[..ka·], ..ken[..kən] 恋愛文学書, 好色本. [*gr.*]

erọ·tisch[..tɪʃ] 形 性愛の; 色情的〈エロチック〉な, 好色の, 色っぽい. [*gr.* erōtikós–*fr.* érotique; ◇Eros]

ero·ti·sịe·ren[erotizí:rən] 他 (h) 色情をかき立てる.

Ero·tịs·mus[..tísmʊs] (**Ero·ti·zịs·mus** [..titsísmʊs]) 男 -/ **1** エロチシズム, 好色. **2**〘心〙性的興奮.

Ero·to·lo·gịe[..logí:] 女 -/ **1** 性愛研究. **2** 恋愛術.

Ero·to·mạ·ne[..má:nə] 男 女《形容詞変化》色情狂(人), 好色者.

Ero·to·ma·nịe[..maní:] 女 -/〘医〙色情狂, 恋愛妄想, 性欲異常.

ERP[í:|ɑ:pí:] 中 -/ ヨーロッパ復興援助計画(1947年アメリカのマーシャル国務長官の提唱による. 通称マーシャルプラン: =Europäisches Wiederaufbauprogramm). [*engl.*; <*engl.* *E*uropean *R*ecovery *P*rogram]

Ẹr·pel[ɛ́rpəl] 男 -s/-(Enterich) 雄ガモ(→Ente 1 a). [*mndd.*; <*ahd.* erph „dunkelfarbig"]

er·pịcht[ɛrpɪ́çt] 形〘ふつう次の成句で〙**auf *et.*⁴ ～ sein** (…を)熱望して〈欲しがって〉いる, (…に)執心している, 夢中である: Die Journalisten sind immer auf Sensationen ～. ジャーナリストたちは絶えずセンセーショナルな事件を探し求めている ‖〘まれに付加語的に〙auf Bücher ～*e* Leute 書物を欲しがっている人たち. [„(mit Pech) festgeklebt"; ◇Pech]

er·prẹs·sen[ɛrprɛ́sən]《03》他 (h) **1**《*et.*⁴ von *jm.*》(…を…から)脅し〈ゆすり〉取る: Geld von *jm.* ～ …から金をゆすり取る ‖ ein *erpreßtes* Geständnis 強いられた自白. **2**《*jn.*》(…を)恐喝する, ゆする: Sie *erpreßte* ihn durch Drohbriefe. 彼女は彼に脅迫状を送ってゆすった. **3**《*jm. et.*⁴》(…から叫び声・ため息などを)出させる: Der Schmerz *erpreßte* ihm Tränen 〈einen Schrei〉. 苦痛のあまり彼は涙を浮かべた〈叫び声を上げた〉.

Er·prẹs·ser[..sər] 男 -s/- 恐喝者, ゆすり.

er·prẹs·se·risch[..sərɪʃ] 形 恐喝的な, ゆすりの: ein ～*er* Kindesraub 営利小児誘拐.

Er·prẹs·sung[..sʊŋ] 女 -/-en (erpressen すること. 例えば:) 恐喝, ゆすり: eine versuchte ～ 恐喝未遂.

Er·pres·sungs≠brief 男 恐喝の手紙. **≠ver·such** 男 恐喝の企て, 恐喝未遂.

er·pro·ben[ɛrpró:bən][1] **I** 他 (h) (テストして能力などを)試す, 確かめる: eine neue Maschine ～ 新しい機械をテストする | *js.* Mut ～ …の勇気を試す.

II er·probt 過分 形 実証済みの, 信頼のおける, 折り紙つきの; 昔からの: eine ～*e* Heilmethode 効き目の確実な治療法 | ein ～*er* Bergsteiger 信頼のおける〈ベテラン〉登山家 | nach ～*er* Gewohnheit 昔からの習慣によって ‖ im Sturm 〈in vielen Stürmen〉 ～ sein (→Sturm 1).

Er·pro·bung[..bʊŋ] 女 -/-en erproben すること: die klinische ～ eines Präparates 薬品の臨床テスト.

Er·pro·bungs≠flie·ger 男 〘空〙 テストパイロット. **≠flug** 男 試験飛行.

er·quicken[ɛrkvíkən] 他 (h) 元気づける, (気分を)爽快(そう)にする: *jn.* durch einen Trunk ～ …を飲み物を与えて元気づける | *seine* Augen an *et.*[3] ～ …を見て楽しむ | Der Regen *erquickte* die Erde. 雨が大地を生き返らせた ‖ 再帰 *sich*[4] mit einem Getränk ～ 飲み物で元気を回復する | Das Auge *erquickte* sich an den grünen Wiesen. 緑の野を見て目が休まった ‖ ein *erquickendes* Bad nehmen 入浴してさっぱりする. [*ahd.*; ◇quick]

er·quick·lich[..lɪç] 形 元気づけてくれる, さわやかな; 喜ばしい, 好ましい, 快い: ～*e* Resultate erzielen 好ましい結果を得る ‖ ～ kühl sein ひんやりと〈さわやかに〉涼しい.

Er·quickung[..kʊŋ] 女 -/-en **1** 《単数で》 erquicken すること. **2** (erquicken するもの. 例えば:) 軽い飲食物.

er·rackern[ɛrrákərn] 他 (h) 《*et.*[4]》 あくせく働いて手に入れる.

er·raf·fen[ɛrráfən] 他 (h) (あわてて) ひっつかむ; ひったくる, 奪い取る.

er·ra·re hu·ma·num est[ɛrá:rə humá:nʊm ɛ́st] 《ラテ語》 (irren ist menschlich) 迷うは人の常.

Er·ra·ta Erratum の複数.

er·rat·bar[ɛrrá:tba:r] 形 推測し得る.

er·ra·ten*[ɛrrá:tən] 《113》 他 (h) (意図などを) 察知する, (推測して)〔言い〕当てる: ein Rätsel 〈den Namen〉 ～ なぞの答え〈名前〉を言い当てる | den Sinn eines Wortes aus dem Zusammenhang ～ 語の意味を前後関係から推定する | Du hast es *erraten*. 君の推測は当たった.

er·ra·tisch[ɛrá:tɪʃ] 形 (運動の) 不規則な, 進路の定まらない; 遊走性の; 〘地〙 漂移性の: ein ～*er* Block (氷河が残していった) 捨て子石, 漂石. [*lat.* „umherirrend"〔–*fr.* erratique〕]

Er·ra·tum[ɛrá:tʊm] 中 -s/..ta[..ta·] **1** (Druckfehler) 〘印〙 誤植, 誤字. **2** 《ふつう複数で》 正誤表. [*lat.*; < *lat.* errāre „umherirren" (◇irren)]

er·re·chen·bar[ɛrrɛ́çənba:r] 形 算出し得る.

er·rech·nen[..rɛ́çnən] 《01》 他 (h) **1** 算出する: Prozentsatz ～ パーセンテージを算出する ‖ 再帰 *sich*[4] ～ 算出される. **2 a)** 予測する. **b)** 《*sich*[3] *et.*[4]》 (…を) 期待する.

er·reg·bar[ɛrré:kba:r] 形 興奮し〈刺激を受け〉やすい, 敏感な: ～*e* Nerven 過敏な神経.

Er·reg·bar·keit[–kaɪt] 女 -/ erregbar なこと.

er·re·gen[ɛrré:gən][1] **I** 他 (h) **1** 《*jn.*》 (…の気持を) 刺激する, 興奮させる, 憤慨〈激昂(げっこう)〉させる: *jn.* sinnlich ～ …の官能を刺激する ‖ 再帰 *sich*[4] über *jn.* 〈*et.*[4]〉 ～ …に対して興奮する, …にいきり立つ | Er *erregt* sich leicht 〈unnötig〉. 彼はすぐに〈不必要に〉興奮する. **2** (hervorrufen) 《*et.*[4]》 (さまざまの生理的・心理的状態を) 呼び起こす, 惹起(じゃっき)する: Abscheu 〈Ekel〉 ～ 嫌悪を催させる | 〔bei *jm.*〕 Anstoß ～ (→Anstoß 4) | Aufsehen ～ 耳目を驚かす, センセーションを巻き起こす | Bewunderung 〈Mitleid〉 ～ 賛嘆〈同情〉の念を起こさせる | *js.* Begierde 〈Neugier〉 ～ …の欲望〈好奇心〉をそそる. **3** 〘電〙 励起〈励磁〉する: elektrischen Strom ～ 電流を生じさせる. **II er·re·gend** 現分 形 刺激する, 興奮させる: ein ～*es* Abenteuer スリルに富んだ冒険. **III er·regt** → 別出

Er·re·ger[..gər] 男 -s/- **1** erregen する人. **2** (erregen するもの. 特に:) **a)** 〘医〙 病原体: ein bakterieller ～ 病原菌. **b)** 〘電〙 励磁器.

Er·re·ger·strom 男 〘電〙 励磁〈励弧〉電流.

er·regt[ɛrré:kt] **I** erregen の過去分詞. **II** 形 **1** 興奮〈激昂(げっこう)〉した: Sei doch nicht gleich so ～! すぐにそう興奮するな | das ～*e* Meer 《比》 荒海, 怒濤(どとう)さかまく海. **2** 〘電〙 励起〈励磁〉した.

Er·regt·heit[–haɪt] 女 -/ **1** 興奮〈激昂(げっこう)〉状態. **2** 〘電〙 励起〈励磁〉状態.

Er·re·gung[..ré:gʊŋ] 女 -/-en **1** erregen すること. **2** 興奮, 激昂(げっこう): geschlechtliche ～ 性的興奮 | ～ öffentlichen Ärgernisses 〘法〙 公衆に嫌悪の情を催させること(刑罰の対象となる) ‖ in höchster ～ 極度に興奮して. **3** 〘電〙 励磁.

Er·re·gungs·mit·tel 中 興奮剤.

er·reich·bar[ɛrráɪçba:r] 形 到達〈達成〉され得る; 手の届く; 連絡のとれる: ein leicht ～*es* Ziel 容易に到達し得る目標 ‖ Das Haus ist von hier zu Fuß ～. その家はここから歩いて行ける〔場所にある〕 | Er ist jederzeit 〔telefonisch〕 ～. 彼とはいつでも〔電話で〕連絡がとれる.

er·rei·chen[ɛrráɪçən] 他 (h) 《*et.*[4]》 (…に) 届く, 到達する; 達成する: Ich konnte den Ast nicht ～. 私はその枝に手が届かなかった | *sein* sechzigstes Lebensjahr ～ (年齢が) 60歳に達する | den Nullpunkt ～ (→Nullpunkt) | einen neuen Rekord ～ 新記録を樹立する | ein Ziel ～ 目標に到達する | den letzten Zug ～ 終列車〈終電〉に間に合う ‖ Wir können ihn nur brieflich 〈telefonisch〉 ～. 彼と連絡をつけるには手紙〈電話〉によるほかはない | Bei ihm ist alles zu ～. 彼はなんでも聞いてくれる | Es ist *erreicht*! できたぞ, うまく行ったぞ.

Er·rei·chung[..çʊŋ] 女 -/ 到達; 達成.

er·ret·ten[ɛrrɛ́tən] 《01》 他 (h) 救出する: *jn.* aus der Gefahr ～ …を危険から救い出す | *jn.* vom 〈vor dem〉 Tode des Ertrinkens ～ …を溺死(できし)から救う.

Er·ret·ter[..tər] 男 -s/- 救助〈救済〉者.

Er·ret·tung[..tʊŋ] 女 -/-en 救出, 救済.

er·rich·ten[ɛrríçtən] 《01》 他 (h) **1** 建てる, 築く: ein Denkmal 〈ein Gebäude〉 ～ 記念碑〈建物〉を建てる | eine Mauer 〈eine Barrikade〉 ～ 壁〈バリケード〉を築く | ein Gerüst ～ 足場を組む | einen Pfahl ～ くいを打つ ‖ einen Brückenkopf ～ 〘軍〙 橋頭堡(ほ)を築く | ein Lot 〈eine Senkrechte〉 auf einer Geraden ～ 〘数〙 直線上に垂線をおろす. **2** 《比》 設立する, (体系・制度などを) 樹立する; 〘法〙 (遺言状を) 作成する: eine Stadt 〈eine Kirche〉 ～ 町〈教会〉を作る | eine Gesellschaft ～ 会社〈協会〉を設立する | eine Theorie ～ 理論を立てる | die Diktatur ～ 独裁制をしく.

Er·rich·tung[..tʊŋ] 女 -/-en 《ふつう単数で》 建立, 築造; 設立, 樹立; 〘法〙 (遺言状の) 作成.

er·rie·chen[ɛrrí:çən] 他 (h) 《方》 《もっぱら次の形で》 *jn.* nicht 〔mehr〕 ～ können …が大嫌いである, …と犬猿の仲である.

er·riet[ɛrrí:t] erraten の過去.

er·rin·gen*[ɛrríŋən] 《119》 他 (h) 戦い取る, 獲得する: die Palme ～ (→Palme 2) | den ersten Platz ～ 首位を獲得する | den Sieg ～ 勝利を得る | eine gesellschaftliche Stellung ～ 社会的地位を得る ‖ *sich*[3] geistige Freiheit ～ 精神的自由を手に入れる.

Er·rin·gung[..ŋʊŋ] 女 -/-en **1** 《単数で》 erringen すること. **2** erringen されたもの.

er·rö·ten[ɛrrǿ:tən] 《01》 **I** 自 (s) (顔が) 赤くなる, 赤面する; ほおを紅潮させる: aus 〈vor〉 Scham ～ 恥ずかしくて赤くなる | bis in die Haarwurzeln ～ 髪の付け根まで真っ赤になる. **II Er·rö·ten** 中 -s/ 赤面: *jn.* zum ～ bringen …を赤面させる.

er·run·gen[ɛrrʊ́ŋən] erringen の過去分詞.

Er·run·gen·schaft[–ʃaft] 女 -/-en **1** 獲得物; 成果, 偉業: die ～*en* der Forschung 〈der Revolution〉 研究〈革命〉の成果 | mit allen ～*en* der modernen Technik ausgestattet sein 現代技術の粋を集めている | Dieses Kleid ist meine neueste ～. 《話》 この服は最近買ったもの

E

だ. **2** 〘法〙(夫婦になってからの)取得財産. [*mlat.* ac-quaestus (◇akquirieren) の翻訳借用]

Er·rụn·gen·schafts·ge·mein·schaft 女 〘法〙(夫婦財産の)所得共同制.

er·sạ̈t·ti·gen[ɛrzɛ́tɪgən][2] 他 (h) **1** 《*jn.*》(…を)満腹〈飽食〉させる. **2** 《雅》 再帰 *sich*[4] nicht an *et.*[3] ～ können …に少しも飽きない | Ich konnte mich an ihrer Schönheit nicht ～. 彼女の美しさはいくら見ても見飽きなかった.

Er·sạtz[ɛrzáts] 男 -es/ **1** 代用, 代理, 補充, 補欠; 補償, 代償; 代用〈補充〉品: ～ der Kosten 費用の補償 | ～ des Schadens 損害の賠償 ‖ als ～ 〈zum ～〉 für *et.*[4] …の代わりとして, …の代償に | für *et.*[4] ～ leisten …を弁償する | Für ihn gibt es keinen ～. 彼のあとを埋め得る人物はいない. **2** 〘軍〙補充兵, 補充部隊. [＜ersetzen]

Er·sạtz≠an·spruch 男 賠償請求権. **≠deh·nung** 女 〘言〙代償延長(母音が, 隣接する子音の消失にともなって長音化する現象. 例 英語 goose＜ゲルマン祖語*gans). **≠dienst** 男 〘軍〙(兵役拒否者のための)代替服役, 代役.

Er·sạtz·dienst·pflich·ti·ge 男 《形容詞変化》〘軍〙代役義務者.

Er·sạtz≠dro·ge 女 (依存症になる恐れの少ない)代用麻薬 (Methadon, Polamidon など). **≠er·be** 男 〘法〙予備相続人. **≠hand·lung** 女 〘心〙代償行動. **≠in·fi·ni·tiv** 男 〘言〙代替不定詞(完了時称で過去分詞の代わりに用いる不定詞. 例 Ich habe dir helfen *wollen.*). **≠kan·di·dat** 男 補欠候補者. **≠〔kran·ken·〕kas·se** 女 (ドイツの)任意健康保険組合, 任意疾病保険金庫. **≠lei·stung** 女 弁償〈補償・賠償〉(すること). **≠mann** 男 -〔e〕s/..leute (..männer) 代理人, 代役; 補欠要員; 〘スポ〙補欠選手; 交代要員. **≠mann·schaft** 女 〘スポ〙補欠チーム. **≠mit·tel** 中 代用品. **≠mut·ter** 女 代理母. **≠pflicht** 女 -/ 賠償義務.

er·sạtz·pflich·tig 形 賠償義務のある.

Er·sạtz≠pro·be 女 〘言〙入れ替え操作, 代入テスト. **≠rad** 中 予備車輪. **≠rei·fen** 男 予備タイヤ. **≠re·ser·ve** 女 《集合的に》補充兵, 後備兵. **≠re·ser·vist** 男 補充兵. **≠spie·ler** 男 〘スポ〙補欠選手; 交代要員. **≠stück** 中, **≠teil** 中 (男) 補充交換部品. **≠trup·pen** 複 〘軍〙補充部隊. **≠wahl** 女 補欠選挙.

er·sạtz·wei·se 副 (→ ..weise ★)代償として, 代わりに.

Er·sạtz≠we·sen 中 -s/ (徴兵による)兵員補充制度. **≠zahn** 男 義歯, 入れ歯. **≠zeit** 女 (保険料を支払わずに支払期間に算入される)補充期間.

er·sau·fen*[ɛrzáufən] 《123》 自 (s) **1** 《話》おぼれる, 水死する. **2** 水びたしになる, 冠水する, 水をかぶって〈水につかって〉機能を停止する; 〘坑〙水没する: Das Bergwerk ist *ersoffen.* (鉱山の)坑内が浸水した | Der Motor ist *ersoffen.* エンジンが(アクセルを踏みすぎて)ガソリンでぬれてかからない ‖ *ersoffene* Felder 冠水した田畑.

er·säu·fen[..zɔ́ʏfən] 他 (h) おぼれさせる, 水死させる: 再帰 *sich*[4] ～ 入水(じゅすい)する, 投身自殺する | *seinen* Kummer in 〈im〉 Alkohol ～ 《比》酒を飲んで苦悩を忘れようとする.

Er·säu·fung[..fʊŋ] 女 -/ 〔sich〕 ersäufen すること.

er·schạf·fen*[ɛrʃáfən] 《125》 他 (h) **1** 創造する, 作り上げる: *et.*[4] aus dem Nichts ～ …を無から作り上げる | Gott hat die Welt *erschaffen.* 神が世界を創造した | *jn.* hat Gott im Zorn *erschaffen* (→Gott). **2** (仕事などを)する.

Er·schạf·fer[..fər] 男 -s/- 創造〈創作〉者: der ～ der Welt 造物主, 神.

Er·schạf·fung[..fʊŋ] 女 -/ 創造, 創作.

er·schạl·len(*)[ɛrʃálən] 《126》 自 (s) 鳴り響く, 響き渡る: die Trompete ～ lassen トランペットを吹き鳴らす | Sein Ruhm *erscholl* 〈*erschallte*〉 in allen Ländern. 彼の名声はあらゆる国々に鳴り響いた.

er·schau·dern[ɛrʃáudərn] 《05》 自 (s) (恐怖・畏怖(いふ)の念で)身震いする, 慄然(りつぜん)とする.

er·schau·en[ɛrʃáuən] 他 (h) **1** =erblicken **2** 《*sich*[3] *et.*[4]》(直観的に…を)看取〈感得〉する.

er·schau·ern[ɛrʃáuərn] 《05》 自 (s) (寒さに)身震いする; (恐怖・畏怖(いふ)の念で)慄然(りつぜん)とする.

er·schei·nen*[ɛrʃáinən] 《130》 **I** 自 (s) **1** 《場所を示す語句と》(…に)姿を現す〈見せる〉, 出現する, 出席〈出頭〉する: auf einer Versammlung 〈bei Tisch〉 ～ 集会に〈食事のときに〉姿を見せる | auf dem Bildschirm 〈der Leinwand〉 ～ テレビ〈映画〉の画面に登場する, テレビ〈映画〉に出演する | in einem guten 〈schlechten〉 Licht ～ (→Licht 1) | 〔als Zeuge〕 vor Gericht ～ 〔証人として〕出廷する | Es *erschien* die Stunde 〈der Augenblick〉, da wir Abschied nehmen mußten. 我々が別れを告げねばならぬ時〈瞬間〉が来た. **2** (書籍・雑誌などが)出版〈刊行・発売〉される: monatlich 〈viermal jährlich〉 ～ 毎月〈年に4回〉発行される | Von diesem Buch *erscheint* demnächst eine neue Auflage. この本は近く新版が出る. **3** 《*jm.*》(神・悪魔・亡霊など超自然的な存在が…の目に)見えてくる, 体現する: Der Teufel *erschien* ihm in der Gestalt eines schönen Weibes. 悪魔が彼の前に美しい女の姿で現れた. **4** 《*jm.*》(…には…であるように)思われる: *jm.* vorteilhaft 〈wie ein Rätsel〉 ～ …にとって有利であるように〈なぞのように〉思われる | Die Idee *erscheint* mir banal. この考えは私には陳腐に思える | Es *erschien* ihm ratsam, sich nicht in die Sache einzumischen. 彼にはこの問題に介入しないほうが得策のように思えた.

II Er·schei·nen 中 -s/ 出現, 出席; 出版, 刊行, 発刊: Um pünktliches ～ wird gebeten. 定刻にご出席〈ご参集〉ください.

Er·schei·nung[ɛrʃáinʊŋ] 女 -/-en **1** 《単数で》(Erscheinen) 現れること, 出現: **in ～ treten** / zur ～ kommen 現れる, 明らかになる | Jetzt sind seine wahren Absichten in ～ getreten. いまや彼の本当の意図が明らかになった. **2** 現れ, 現象: eine typische 〈krankhafte〉 ～ 典型的〈病的〉な現象. **3** (超自然的な)現れ; (Vision) 幻像, 幻覚; (Gespenst) 幽霊: Er hat ～*en.* 彼は幻覚に悩まされている. **4** 外見, 外観, 見かけ; (…の外見をもった)人物: Sie war eine anziehende 〈sympathische〉 ～. 彼女は魅力的な〈好感のもてる〉容姿の持ち主だった. **5** (書籍・雑誌などの)出版; 刊行物: neue ～*en* 新刊書. **6** (Epiphanie) 神(特にキリスト)の出現: das Fest der ～ 〔Christi〕 〘カトリック〙主の公現(こうげん)の祝日(1月6日).

Er·schei·nungs≠bild 中 **1** (特徴的)外見, 外観: das ～ der Stadt 町の外観 | eine Krankheit mit verschiedenen ～*ern* さまざまの症候を示す病気. **2** (Phänotypus) 〘生〙(有機体の)表現型. **≠fest** 中 〘カトリック〙主の公現(こうげん)の祝日; 〘新教〙公現日, 顕現日(1月6日). **≠form** 女 現象形態, すがた, 相(そう); 〘生〙表現型. **≠jahr** 中 (書籍の)発行〈刊行〉年. **≠ort** 男 -〔e〕s/-e (書籍の)発行〈刊行〉地. **≠wei·se** 女 見え方, あらわれ方; (新聞・雑誌などの)発行方式〈間隔〉. **≠welt** 女 現象界.

er·schie·n[ɛrʃíːn] erscheinen の過去.

er·schie·nen[..ʃíːnən] erscheinen の過去分詞; 過去1・3人称複数.

er·schie·ßen*[ɛrʃíːsən] 《135》 **I** 他 (h) (人間を)射殺〈銃殺〉する: einen Spion 〔auf der Stelle〕 ～ スパイを〔その場で〕射殺する | Die gegnerische Mannschaft wurde regulär *erschossen.* 《比》相手チームは大差で敗れた ‖ 再帰 *sich*[4] ～ (銃で)自殺する. **II Er·schie·ßen** 中 -s/ 射殺, 銃殺〔刑〕: *jn.* zum Tode durch ～ verurteilen …に銃殺刑を宣告する | Das ist ja zum ～. 《話》そいつは全くひどい話だ. **III er·schos·sen** → 別出

Er·schie·ßung[..sʊŋ] 女 -/-en 射殺, 銃殺.

er·schim·mern[ɛrʃímərn] 《05》 自 (s) 《雅》ほのかに輝きだす.

er·schin·den(*)[ɛrʃíndən][1] 《136》 他 (h) **1** 搾取によって手に入れる. **2** (非常な努力によって)手に入れる, 達成する.

er·schlaf·fen[ɛrʃláfən] **I** 自 (s) ゆるむ, 弛緩(しかん)する, たるむ, 衰える: die Glieder ～ lassen 手足の力を抜く.

II 他 (h) ゆるめる, 弛緩させる; 衰え〈疲弊〉させる. [＜schlaff]

Er·schlaf·fung[..fʊŋ] 女 -/ erschlaffen すること.

er·schla·gen*[ɛrʃláːgən][1] 《138》 他 (h) 打ち殺す, 撲殺

する; 斬殺(ざん)する; 圧倒する: *jn.* mit einem Beil ⟨einem Schwert⟩ ～ …を斧(おの)⟨刀⟩で打ち⟨切り⟩殺す | *jn.* mit Argumenten ～ …を議論で打ち負かす | vom Blitz ⟨von einem Baum⟩ *erschlagen* werden 落雷で⟨倒れてきた木に当たって⟩死ぬ ‖ wie vom Donner *erschlagen* 雷に打たれたように | Als wir das erfuhren, waren wir 〔wie〕 *erschlagen.* 私たちはそれを知ったとき打ちのめされたような気がした⟨ぼうぜんとなった⟩ | Er war 〔wie〕 *erschlagen.* 彼はびっくりして⟨あきれて⟩ものも言えなかった; 彼はへとへとに疲れ果てていた.

er·schlei·chen*[ɛrʃláiçən] ⟪139⟫ 他 (h) ⟪*sich*³ *et.*⁴⟫ (…を)こっそりと⟨不正な手段で⟩手に入れる: Sie hat sich sein Vertrauen *erschlichen.* 彼女は(取り入って)彼の信頼を得た.

Er·schlei·chung[..çʊŋ] 女 -/ (erschleichen すること. 例えば:) 横領, 詐取.

er·schließ·bar[ɛrʃlí:sba:r] 形 開発⟨推論⟩可能の.

er·schlie·ßen*[ɛrʃlí:sən] ⟪143⟫ 他 (h) **1** 開発⟨開拓⟩する; ⟪比⟫ 解明する, 打ち明ける; ⟪雅⟫ (aufschließen) (門などを)開く: eine Ölquelle ⟨ein Reisegebiet⟩ ～ 油田⟨観光地⟩を開発する | neue Absatzgebiete ～ 販路を開拓する ‖ das Herz für *et.*⁴ ～ …に心を開く | *jm.* ein Geheimnis ～ …に秘密を明かす | *jm.* *sein* Herz ～ …に胸中を打ち明ける ‖ 再帰 *sich*⁴ *jm.* ～ i) …に心中を打ち明ける; ii) (隠れていたものが)…にとって明らかになる | *sich*⁴ ～ ⟪雅⟫ (花などが)開く. **2** 推定⟨推論⟩する: die Bedeutung eines Wortes **aus** dem Kontext ～ 語の意味を文脈から推定する | Aus früheren Erfahrungen läßt sich ～, daß ... 従来の経験から推して…と考えられる ‖ eine *erschlossene* Wortform 〘言〙 推定語形.

Er·schlie·ßung[..sʊŋ] 女 -/-en (erschließen すること. 例えば:) 開発, 開拓; 披瀝(ひれき); 解明, 推論.

er·schmei·cheln[ɛrʃmáiçəln] ⟪06⟫ 他 (h) ⟪*sich*³ *et.*⁴⟫ へつらって⟨甘言を弄(ろう)して⟩手に入れる.

er·schmel·zen*[ɛrʃmέltsən] ⟪146⟫ 他 (h) (金属などを)溶融法で得る.

er·schmie·ren[ɛrʃmí:rən] 他 (h) ⟪話⟫ **1** ⟪〔*sich*³〕 mit *et.*³ *et.*⁴⟫ (雑文などで金を)かせぐ. **2** ⟪*sich*³ mit *et.*³ *et.*⁴⟫ わいろを使って行わせる: Er hat sich mit Geld das Schweigen des Beamten *erschmiert.* 彼は金で役人の口を封じた.

er·schnap·pen[ɛrʃnápən] 他 (h) (口を開いて)ぱくりと捕らえる; ⟪比⟫ (偶然)目⟨耳⟩にする.

er·schnor·ren[ɛrʃnɔ́rən] 他 (h) ⟪*et.*⁴⟫ せびって手に入れる.

er·scholl[ɛrʃɔ́l] erschallen の過去.

er·schol·len[..ʃɔ́lən] erschallen の過去分詞; 過去 1・3 人称複数.

er·schöpf·bar[ɛrʃœ́pfba:r] 形 erschöpfen できる.

er·schöp·fen[ɛrʃœ́pfən] 他 (h) 汲(く)み尽くす, 使い果たす, 消耗する; ⟪*jn.*⟫ 疲れ果てさせる, 疲労困憊(こんぱい)させる: alle Reserven ～ すべての蓄え⟨ストック⟩を使い尽くす | ein Thema ～ テーマを論じ尽くす | Meine Geduld ist *erschöpft.* 私の忍耐は限度に達した | Er ist von der Arbeit völlig ⟨zu Tode⟩ *erschöpft.* 彼はその仕事でへとへとに疲れきっている | Die Batterie ist *erschöpft.* バッテリーがあがってしまった ‖ eine *erschöpfende* Darstellung きわめて詳しい描写 | *et.*⁴ *erschöpfend* behandeln …を余すところなく論じ尽くす ‖ 再帰 *sich*⁴ ～ 汲み尽くされる, 使い果たされる; 疲れ果てる | Der Vorrat ⟨Der Gesprächsstoff⟩ *erschöpfte* sich schnell. ストック⟨話題⟩はすぐに底をついた | *sich*⁴ bei der Arbeit völlig ～ 仕事でへとへとに疲れる.

er·schöpf·lich[ɛrʃœ́pflɪç] ＝erschöpfbar

Er·schöp·fung[..pfʊŋ] 女 -/-en **1** erschöpfen すること. **2** 消耗, 疲弊, (極度の) 疲労: bis zur ～ 疲れきるまで.

er·schos·sen[ɛrʃɔ́sən] **I** erschießen の過去分詞; 過去 1・3 人称複数. **II** 形 へとへとに疲れた, 力の尽き果てた; 途方に暮れた: Ich bin völlig ～. 私は完全にグロッキーだ.

er·schrak[ɛrʃrá:k] erschrecken I の過去.

er·schre·cken⁽*⁾[ɛrʃrέkən] ⟪151⟫ **I** ⟪不規則変化⟫ **1** 自 (s) 驚愕(きょうがく)する, 愕然とする, 驚く: zu Tode ～ 死ぬほど驚く | vor dem Hund ～ 犬におびえる | Sie *erschrak* bei dieser Nachricht ⟨über seine Worte⟩. 彼女はこの知らせを聞いて⟨彼の言葉を聞いて⟩ぎくりとした | *Erschrick* bitte nicht, wenn ... …であっても驚かないでくれ. **2** 他 (h) ⟪話⟫ 再帰 *sich*⁴ ～ ぎょっとする.

II ⟪規則変化⟫ 他 (h) 驚愕させる, 愕然とさせる, 驚かせる: Der Anblick *erschreckte* mich ⟨hat mich *erschreckt*⟩. その光景を見て私は驚いた | *Erschrecke* ihn nicht! 彼を驚かすな ‖ Die Tauben flogen *erschreckt* auf. はとの群れはおびえて舞い上がった ‖ Die Seuche nahm *erschreckende* Ausmaße an. 疫病の蔓延(まんえん)は恐るべき様相を呈し始めた | *erschreckend* blaß aussehen ぎょっとするほど青ざめて見える ‖ 再帰 *sich*⁴ ～＝ I 2

III Er·schre·cken 中 -s/ 驚愕: zu meinem ～ 私が愕然としたことには. **IV er·schro·cken** → 別出

er·schreck·lich[..lɪç] 形 ⟪雅⟫ (schrecklich) 恐ろしい: ein ～*es* Geheul 恐ろしいほえ声 | ～ in *jn.* verliebt sein …にぞっこんほれ込んでいる.

er·schro·cken[ɛrʃrɔ́kən] **I** erschrecken I の過去分詞. **II** 形 ぎょっとした, おびえた, 愕然(がくぜん)とした: ein ～*es* Gesicht machen ぎょっとした⟨おびえた⟩顔をする | Er ist sehr ～. 彼はぎょうてんしている.

Er·schro·cken·heit[−haɪt] 女 -/ 驚愕.

er·schröck·lich[..ʃrœklɪç] ⟪戯⟫ ＝erschrecklich

er·schüt·tern[ɛrʃʏ́tərn] ⟪05⟫ 他 (h) 振動させる, ゆさぶる; 震撼(しんかん)⟨震駭(しんがい)⟩させる; ⟪*jn.*⟫ (…の心に)衝撃⟨ショック⟩を与える, 感動させる: den Erdboden ⟨das Gebäude⟩ ～ (震動が) 大地⟨建物⟩をゆさぶる | *jm.* das Zwerchfell ～ …の腹の皮をよじらす(大笑いさせる) | *js.* Autorität ～ …の権威をゆるがす | Das *erschütterte* seinen Entschluß ⟨sein Vertrauen⟩. それが彼の決心⟨信頼⟩をぐらつかせた | Die Nachricht hat ihn tief ⟨bis ins Mark⟩ *erschüttert.* その知らせは彼にひどいショックを与えた | *et.*⁴ in *seinen* Grundfesten ⟨bis in *seine* Grundfesten⟩ ～ (→Grundfeste) | Er läßt sich durch nichts ～. 彼は何事にも動じない ‖ über *et.*⁴ tief *erschüttert* sein …に強い衝撃を受け⟨感動を覚え⟩ている ‖ ein *erschütterndes* Dokument ショッキングな⟨心を打つ⟩記録文書 | Das Resultat ist nicht gerade *erschütternd.* 結果はどうもたいしたことはない.

Er·schüt·te·rung[..tərʊŋ] 女 -/-en 振動; 震憾(しんかん), 動揺, 衝撃, ショック, 感動.

er·schüt·te·rungs·frei 形 (機械などが) 無震動の.

er·schwe·ren[ɛrʃvé:rən] 他 (h) **1** (さらに) 困難にする, 妨げる: *jm.* die Arbeit ⟨den Abschied⟩ ～ …にとって作業⟨別れ⟩をつらいものにする | Die hohen Zölle *erschweren* den Außenhandel. 高い関税が貿易を妨げる | Du *erschwerst* dir dadurch nur deine Aufgabe. そんなことをすれば君は自分で自分の任務を果たしにくくするだけだよ ‖ 再帰 *sich*⁴ ～ (課題などが)さらに困難になる. **2** (さらに) 重くする: *erschwerende* Umstände 〘法〙 (量刑の際の) 加重的情状. **3** 〘織〙 (絹に) 重味⟨光沢⟩を添える (燐酸錫(すず)などにひたして).

Er·schwer·nis[..ʃvé:rnɪs] 女 -/-se (さらに加わる) 困難, 障害.

Er·schwer·nis·zu·la·ge 女 (夜勤など困難な勤務条件に応じての) 特殊勤務手当⟨加俸⟩.

Er·schwe·rung[..ʃvé:rʊŋ] 女 -/-en **1** erschweren すること. **2** ＝Erschwernis

er·schwin·deln[ɛrʃvíndəln] ⟪06⟫ 他 (h) ⟪*sich*³ *et.*⁴⟫ 詐取する, 巻きあげる: Das ist alles *erschwindelt.* それはすべて真っ赤なうそだ.

er·schwing·bar[ɛrʃvíŋba:r] ＝erschwinglich

er·schwin·gen*[ɛrʃvíŋən] ⟪162⟫ 他 (h) ⟪ふつう否定詞を伴って⟫ (…〔の費用〕を) 調達⟨工面⟩する: Das ist nicht zu ～. その金を調達することは不可能だ.

er·schwing·lich[..lɪç] 形 (価格・費用などがその金額から見て) 調達可能な, 工面のつく: zu einem ～*en* Preis 手ごろな値段で.

er·se·hen*[ɛrzé:ən] ⟪164⟫ 他 (h) **1** ⟪*et.*⁴ aus *et.*³⟫ (…を…から) 見て取る, 看取する: Aus seinem Briefe ist nicht zu ～, ob er seine Tat wirklich bereut. 彼の手紙の文面では彼が自分のしたことを本当に後悔しているのかどうか

E

はわからない. **2** (erblicken) 見る, 認める. **3** *et.*[4] 〈*jn.*〉 nicht ～ können《方》…を見るのもいやである, …が嫌いである | Ich kann Fisch einfach nicht ～. 私は魚が大嫌いだ. ▽**4** (ausersehen)《*jn.* zu *et.*[3]》(…を…に)選ぶ, 選抜する.

er·seh·nen[ɛrzé:nən] 他 (h)《〔*sich*[3]〕 *et.*[4]》(…を)待ちこがれる, 熱望する: den Frieden heiß ～ 平和の到来を熱望する ‖ die lang〔e〕 *ersehnte* Gelegenheit 待ちに待った〈待望の〉機会.

..erseits[..ərzaɪts] →..seits

er·ses·sen[ɛrzɛ́sən] ersitzen の過去分詞.

er·setz·bar[ɛrzɛ́tsba:r] 形 ersetzen できる: Er ist nicht ～. 彼はかけがえのない人物だ.

er·set·zen[ɛrzɛ́tsən]《02》他 (h) **1** (…の)代理〈代用〉をする;《*et.*[4] durch *et.*[4]》(…を…で)埋め合わせる, 補う, (…を…と)取り替える;〖電算〗(…を…に)置き換える〈置換する〉: *jm.* den Vater ～ …の父親代わりになる | Diese Maschine *ersetzt* drei Arbeitskräfte. この機械は3人分の仕事をする | mangelndes Talent durch Fleiß ～ 才能の足りないところを努力で補う | den alten Reifen durch einen neuen ～ 古いタイヤを新品と交換する. **2** (出費・損害などを)補償〈弁償〉する: *jm.* die Auslagen ～ …の出費を補償してやる. [◇Ersatz]

er·setz·lich[ɛrzɛ́tslɪç] ＝ersetzbar

Er·set·zung[..tsʊŋ] 女 -/-en 代用, 代理, 補充; 補償, 弁償.

er·sicht·lich[ɛrzíçtlɪç] 形 目に見える, (他人に)わかる, 明白な: eine ～*e* Lüge 明らかなうそ | ohne ～*en* Grund これと言った理由なしに | Daraus wird ～, daß ... このことから…が明らかにわかる ‖ Er ist in den letzten Jahren ～ gealtert. 彼は近年めっきり老いこんだ. [＜ersehen]

er·sie·gen[ɛrzí:gən][1] 他 (h)《雅》勝利によって手に入れる, 勝ち取る.

er·sin·nen*[ɛrzínən]《170》他 (h)《雅》(ausdenken) 案出する: einen Plan ～ 計画を立てる | den Vorwand 〈eine Geschichte〉 ～ 口実〈話〉をでっち上げる.

er·sinn·lich[..lɪç] 形《雅》(erdenklich) 案出し得る, 考えられる: auf jede nur ～*e* Art und Weise 考え得るかぎりの方法で.

er·sit·zen*[ɛrzítsən]《171》他 (h) 長く居座って〈年功によって〉入手する;〖法〗(長期使用の後, 権利・土地などを)時効によって取得する: ein *ersessenes* Grundstück 時効によって所有権を得た地所 | die in der Beamtenlaufbahn *ersessenen* Kenntnisse 役人生活の間に自然に身についた知識.

Er·sit·zung[..tsʊŋ] 女 -/-en〖法〗取得時効.

er·sof·fen[ɛrzɔ́fən] ersaufen の過去分詞; 過去1・3人称複数.

er·son·nen[ɛrzɔ́nən] **I** ersinnen の過去分詞. **II** 形 熟考〈工夫〉された, 計画的な; 虚構の.

er·sor·gen[ɛrzɔ́rgən][1] 他 (h)《スイス》心配しながら待つ.

er·spä·hen[ɛrʃpɛ́:ən] 他 (h) (あたりをうかがって・探し求めて)発見する: *js.* Gesicht in der Menge ～ …の顔を人ごみの中から探しだす | eine Gelegenheit ～ 機会をとらえる.

er·spa·ren[ɛrʃpá:rən] 他 (h) **1**《〔*sich*[3]〕 *et.*[4]》(財貨などを)節約して残す, 貯蓄する; (貯蓄して)手に入れる: ein Vermögen ～ 財産をためこむ | *sich*[3] ein Häuschen ～ 貯蓄して小さな家を手に入れる ‖ *erspartes* Geld 貯金 | von dem *Ersparten* leben 貯金で暮らす. **2**《*jm.* 〈*sich*[3]〉 *et.*[4]》(無駄・労力などを)省く, (不快事などを)免れさせる: Dieser Apparat *erspart* viel Arbeit. この装置のおかげで仕事の手間が大いに省ける | *Erspare* mir deine Klagen! 泣き事を言うのはやめてくれ〈聞かせられるのはうんざりだ〉 | Du hättest dir die Mühe ～ können. 君はそんな骨折りはせずに済んだものを | Ihm blieb nichts *erspart.* 彼はあらゆる〔いやな〕目にあわされた.

Er·spar·nis[..ʃpá:rnɪs] 女 -/-se **1** (オーストリア: 中 -ses/-se)《ふつう複数で》貯金, 蓄え. **2** ＝Ersparung

Er·spa·rung[..rʊŋ] 女 -/ (ersparen すること. 例えば:) 貯蓄, 節約, 免除: ～ an Zeit 〈Arbeit〉 時間〈労力〉の節約.

er·spie·len[ɛrʃpí:lən] 他 (h)〖スポ〗(勝利・点などを)試合をして得る;〖楽〗(賞などを)演奏して得る.

er·spin·nen*[ɛrʃpínən]《175》他 (h)〖織〗(合成繊維を)繰り出す.

er·sprie·ßen*[ɛrʃprí:sən]《178》自 (s) **1** (植物が)もえ出る: aus *et.*[3] ～《比》…から生じる〈起こる〉. **2**《*jm.*》(…に)役だつ, 有益である.

er·sprieß·lich[..lɪç] 形 利益をもたらす, 有益な, ためになる; 効果〈効能〉のある: eine ～*e* Tätigkeit 〈Unterhaltung〉 役にたつ仕事〈有益な話し合い〉.

Er·sprieß·lich·keit[..kaɪt] 女 -/ ersprießlich なこと.

er·spü·ren[ɛrʃpý:rən] 他 (h) (秘密などを)感じ取る, 察知する.

er·spur·ten[ɛrʃpʊ́rtən]《01》他 (h)〖スポ〗(勝利・メダルなどを)スパートをかけて勝ちとる: 〔*sich*[3]〕 den zweiten Platz ～ 力走〈力泳〉して2位になる.

erst[e:rst] **I**《序数》**1 a)** (英: *first*) 第1の, 1番目の; (↔letzt) 最初の; 最上〈最高〉の: →fünft ‖ der ～*e* Arzt der Klinik 病院の医長 | auf den ～*en* Blick 一目で, ちょっと見ただけで | die ～*e* Geige spielen 第1ヴァイオリンを弾く;《比》指導的役割を演じる | *et.*[4] aus ～*er* Hand kaufen …を新品で買う | ～*er* Klasse[2] fahren 1等車に乗って行く | ein Schüler der ～*en* Klasse 最下級生, 1年生 | in den ～*en* Kreisen verkehren 〔最〕上層階級と交際する | in ～*er* Linie まずもって, 第一に | zum ～*en* Mal / das ～*e* Mal[4] 最初に, 初めて (＝zum erstenmal / das erstemal) | die ～*en* Männer des Dorfes 村のおえらがた〈だんな衆〉 | das ～*e* Obst 初ものの果物 | *et.*[4] aus ～*er* Quelle erfahren …を直接に聞き知る | der ～*e* Schnee 初雪 ‖ der *erste* 〈*Erste*〉 Mai 5月1日〈メーデー〉 | die *Erste* Hilfe 応急処置 ‖〖名詞的に〗Er war der ～*e*, der das entdeckte. 彼はそれを発見した最初の人だった | Er ging als ～*er* 〈Sie ging als ～*e*〉 durchs Ziel. 彼〈彼女〉は1着でゴールインした | als ～*es* まず第一〈最初〉に (＝zuerst) | Mein ～*es* war, ein Heft zu kaufen. まず私が最初にしたことはノートを買うことだった ‖ **am ～*en*** まずもって, 第一に | So geht es noch am ～*en*. とかくそういうことがありがちだ | **aufs ～*e*** まずもって | **fürs ～*e*** さしあたり, 当分は | **zum ～*en*** 第一に, 何はさておき ‖ Otto der *Erste* オットー一世 (＝Otto I.) | das *Erste* und das Letzte 初めと終わり | Er ist der *Erste* 〈Sie ist die *Erste*〉 in der Klasse. 彼〈彼女〉はクラスの首席だ | *Erster* von hinten《戯》びり (後ろから数えてトップ) | am *Ersten* dieses Monats 今月1日に. **b)** die ～*en* drei Tage des Monates 月の最初の3日間 | die drei ～*en* Tage der Woche 三つの週のそれぞれ第1日. **c)**《**der 〈die / das〉 ～*e* beste** の形で》手あたりしだいの, 行きあたりばったりの (→erstbest): bei der ～*en* besten Gelegenheit 機会がありしだい | den ～*en* besten fragen 〈だれでもいい〉最初に会った〈手近な〉人に質問する.

2 (↔letzt) (jener) 前者の: Hans und Karl waren Mitschüler, der ～*e* wurde Arzt, der letzte Jurist. ハンスとカールは同級生だったが前者は医者に後者は法律家になった ‖〖しばしば比較級の形で名詞的に〗*Erstere* hat braunes Haar, letztere schwarzes. 一方の女性は茶色の 他方の女性は黒い髪をしている.

II 副 **1** (zuerst) 初めに, 最初に, 前もって: das ～ Erwähnte 初めに述べた事柄 | *Erst* überlegen, dann reden! まずよく考えてそれから話すがよい | Wir wollen ～ mal essen! まあ食事でもしてからにしよう.

2 初めて, やっと: Er ist ～ heute 〈vor drei Tagen〉 angekommen. 彼はきょうようやく〈つい3日前に〉着いた | Er kommt ～ am Montag. 彼は月曜にならないと来ない | Ich bemerkte ihn ～, als er mich grüßte. 私は彼があいさつしてくれた時になって初めて彼に気づいた | Sie hat es ～ in London erfahren. 彼女はロンドンに着いて初めてそれを聞き知った | Ich habe ～ fünf Seiten gelesen. 私はまだ5ページしか読んでいない | Er ist ～ zehn Jahre alt. 彼は10歳になったばかりだ.

3 (vorhin) いましがた, ついさっき: Er ist gerade ～ ausgegangen. 彼はいま外出したところです.

4 ともかく, これから先:〖条件文で〗Wenn er ～ einmal in mein Alter kommt, ... 彼が今の私の年齢になりさえすれば

… | Sind sie ～ im Wald, so verirren sie sich hilflos. 彼らが森に入ったとなったら道に迷って途方に暮れることになるぞ ‖〖願望文で〗Wäre er doch ～ wieder gesund! 彼がともかくまた元気になってくれればなあ.

5 いよいよもって, ますます: Er schreibt sehr schön, aber ～ seine Frau. 彼はたいへん字がうまいが妻君ときたらもっと上手だ | Wie geschickt ist ～ sein Bruder! 彼の兄さんときたらすごいんだから | Das gab ～ eine Aufregung! それでいよいよ騒ぎは大きくなった | Nun ging es ～ richtig. いよいよもって本格的になってきた | Dann schrie er ～ recht. そうすると彼はますますもって大声を出した | Das würden Sie ～ recht nicht wollen. そんなことになったら あなたにとってますますもって不本意でしょう.

[*westgerm.*; ◇eher**]**

er·stan·den[ɛrʃtándən] erstehen の過去分詞; 過去 1・3 人称複数.

er·star·ken[ɛrʃtárkən] 自 (s)《雅》強まる, 強化される: körperlich ～ 体力がつく, 元気になる. **[**<stark**]**

Er·star·kung[..kʊŋ] 女 -/ 強まること, 強化; (体力の)増進.

er·star·ren[ɛrʃtárən] 自 (s) 凝固する; 硬直する, こわばる: Die Wassertropfen *erstarren* zu Eiskörnern. 水滴が凝固して氷の粒になる | Seine Finger sind vor Kälte ganz *erstarrt.* 彼の指は寒さですっかりかじかんでいる ‖ *jm. erstarrt* das Blut in den Adern (→Blut 2) | zur Salzsäule ～ (→Salzsäule).

Er·star·rung[..rʊŋ] 女 -/ 凝固〈硬直〉〔状態〕.

Er·star·rungs·punkt 男〖理〗凝固点.

er·stat·ten[ɛrʃtátən]《01》他 (h) **1**《*jm. et.*[4]》払い戻す, 償還〈弁済〉する; (不足分を)補う: *jm.* die Auslagen ～ …の出費を弁済する | Die Fahrkosten werden *erstattet.* 交通費は支給される | *js.* Mangel ～ …の足らぬ点を補う. **2**《官》《機能動詞として》(…を)する, 行う: Bericht über *et.*[4] ～ …について報告する(＝*jm. et.*[4] berichten) | gegen *jn.* Anzeige ～ …を告訴〈告発〉する(＝*jn.* anzeigen) | Dank ～ 礼を言う(＝danken) ‖ ▽*jm.* die Pflicht ～ …に対して義務を果たす. **[***mhd.*; ◇Statt**]**

Er·stat·tung[..tʊŋ] 女 -/-en erstatten すること.

erst·auf|füh·ren[é:rst..] 他 (h)《不定詞・過去分詞で》初演する: Das Stück wurde in München *erstaufgeführt.* この芝居はミュンヒェンで初演された.

Erst·auf·füh·rung 女〖劇〗(ある国・町での)〔地域〕初演〈初興行〉.

er·stau·nen[ɛrʃtáʊnən] **I** 他 (h)《*jn.*〔durch *et.*[4]〕》驚かす: Sie *erstaunte* ihn durch ihre Kenntnisse. 彼女はその博識によって彼を驚かせた | Das *erstaunt* mich! これは驚いた | Was mich daran am meisten *erstaunt,* ist … このことで私のいちばん不思議に思うことは…である | Sein Verhalten hat mich sehr *erstaunt.* 彼の態度にすっかり驚かされた | Es hat mich sehr *erstaunt* zu erfahren, daß … …ということを聞かされてすっかり驚いてしまった ‖ ▽再帰 *sich*[4] über *et.*[4] ～ …に驚く. **II** 自 (s)《über *et.*[4]》驚く: Ich bin darüber sehr *erstaunt.* 私はそのことに非常に驚いている | baß *erstaunt* sein (→baß 1) ‖ ein *erstauntes* Gesicht machen びっくりした顔をする. **III Er·stau·nen** 中 -s/ 驚き: über *et.*[4] in ～ geraten …にびっくりする | *jn.* in ～〔ver〕setzen …をびっくりさせる | zu meinem〔großen〕～ (私が)びっくり〔ぎょうてん〕したことには.

er·stau·nens⸗wert 形, **⸗wür·dig** 形 驚くべき.

er·staun·lich[ɛrʃtáʊnlɪç] 形 驚くべき, すばらしい, 目ざましい; 不思議な, 奇妙な; 非常な: eine ～*e* Tatsache 驚くべき〈不思議な〉事実 | eine ～*e* Leistung すばらしい業績 | Das Gebäude ist von einer ～*en* Höhe. 建物はものすごく高い ‖ Es war ～, wie er das machte. 彼のやり方はめざましかった ‖ *Erstaunliches* leisten 非常な業績をあげる | Das ～*e* ist, daß … 目を見はらせるのは…ということだ ‖ Für März ist es ～ kalt. 3月にしては異常に寒い | Er hat seine Fähigkeit ～ verbessert. 彼は驚くほど力をつけた.

er·staun·li·cher·wei·se[..çər..] 副 驚くべき〈不思議な〉ことに.

Er·staunt·heit[ɛrʃtáʊnthaɪt] 女 -/ びっくりしていること〈さま〉, 驚きの色〈様子〉.

Erst·aus·ga·be[é:rst..] 女 初版, 第 1 版〈刷〉; 初版本.

erst·best 形 手あたりしだいの, 行きあたりばったりの(→erst I 1 c): in das ～*e* Restaurant gehen (えり好みをせずに)行きあたりばったりの〈手近の〉レストランに入る.

Erst⸗be·stei·gung 女〖登山〗初登頂. **⸗druck** 男 -〔e〕s/-e **1** 校正刷り, 見本刷り. **2** ＝Erstausgabe **3** ＝Wiegendruck

er·ste →erst I

▽**Er·ste**[é:rstə] 女 -/ 最初: für die ～ さしあたり(＝fürs erste) | zur〈in der〉～ 第一に, まずもって(＝zum ersten, zuerst).

er·ste·chen*[ɛrʃtέçən]《180》他 (h) 刺し〈突き〉殺す.

er·ste·hen*[ɛrʃté:ən]《182》**I** 他 (h) **1 a)** (苦心して・運よく)購入する: auf einer Versteigerung ein Gemälde ～ 競売で絵を 1 枚手に入れる. **b)**《話》行列して手に入れる. **2**《南西部》(bestehen)(試練などに)耐え抜く; (試験に)合格する.

II 自 (s)《雅》(entstehen)〔新たに〕発生する, 生じる; (auferstehen)〖宗〗復活する: aus〈von〉einer Krankheit ～ 病気から立ち直る | Aus den Trümmern sind neue Häuser *erstanden.* 廃墟(きょ)の中からよみがえって新しい家々が建った | Es werden dir Unannehmlichkeiten daraus ～. そこから君にとってまずいことが生じるだろう.

Er·ste·her[..ʃté:ər] 男 -s/- 買い手, 入手者.

Er·ste·hung[..ʃté:ʊŋ] 女 -/-en erstehen すること.

er·steig·bar[ɛrʃtáɪkba:r] 形 (山などについて)〔頂上まで〕登ることができる, 頂上をきわめ得る.

er·stei·gen*[ɛrʃtáɪgən][1]《184》他 (h)《*et.*[4]》(…の頂上・上端まで)登りつめる: einen Berg ～ 山の頂上をきわめる | eine Treppe ～ 階段を上までのぼる | den Gipfel des Ruhms ～ 名声の絶頂に達する.

er·stei·gern[ɛrʃtáɪgərn]《05》他 (h)(競売などで)手に入れる, せり落とす.

Er·stei·ge·rung[..gərʊŋ] 女 -/-en ersteigern すること.

Er·stei·gung[..gʊŋ] 女 -/-en 登頂;《比》達成, 成就.

er·stel·len[ɛrʃtέlən] 他 (h)《官》**1** 建造する, 設置する: eine Brücke ～ 橋を建造する | Der Bau wird von der Firma X *erstellt.* 建造は X 社の手で行われる. **2** (文書などを)調製する, 作成する: ein Gutachten ～ 鑑定書を作成する. **3** (サービス・物品を)提供する: Dienstleistungen ～ サービスを提供する.

er·ste·mal[é:rstəma:l] 副《次の形で》das ～ 最初に, 初めて(＝das erste Mal) | Es ist das ～, daß ich es tue. 私がそうするのはこれが最初だ ‖ **beim erstenmal** 最初のときに〔は〕| **zum erstenmal** 初めて | Wann hast du zum *erstenmal* geraucht? 君が初めてタバコを吸ったのはいつのことか.

er·sten·mal[é:rstənma:l] →erstemal

er·stens[é:rstəns] 副 (列挙の際などに)〔まず〕第一に〔は〕: *Erstens* mußt du bedenken, daß … まずもって君は…をよく考えねばならぬ | *Erstens* ist es regnerisch, zweitens hat er sehr viel zu tun. だいいち天気が雨模様だし それに彼はたいへん忙しいんだ.

er·ster →erst I

er·ster·ben*[ɛrʃtέrbən][1]《185》自 (s)《雅》**1** 死ぬ, 死滅する: Eine Familie *erstirbt.* 一門〈一族〉が死滅する | Er ist geistig *erstorben.* 彼は精神的に廃人である. **2** 消滅する, 終わる: Das Lächeln *erstarb* auf seinen Lippen. 微笑が彼の口元から消えた | vor〈in〉Ehrfurcht ～《比》恐縮しきっている ‖ ein *erstorbener* Blick 死んだような〈生気のない〉目つき | mit *ersterbender* Stimme 絶え入りそうな声で.

erst·er·wähnt[é:rst..] 形 最初に述べた, 上述〈前述〉の.

Erst⸗fahrt 女 初運行〈走行〉,(船の)処女航海. **⸗flug** 男 初〈処女〉飛行. **⸗ge·bä·ren·de** 女《形容詞変化》初産婦.

erst·ge·bo·ren 形 最初に生まれた, 長子の: der〈die〉*Erstgeborene* 長子, 長男〈女〉.

Erst·ge·burt 女 **1** 長子;《比》処女作. **2**〖法〗長子であること; (相続における)長子の特権: Dafür würde ich meine ～〔her〕geben 〈verkaufen〉. そのためなら私はどんな代償も辞さない.

Erst·ge·burts·recht 中《法》長子〔相続〕権.

erst·ge·nannt ＝ersterwähnt

er·sti̤cken[ɛrʃtíkən] **I** 自 (s) 窒息する, 息がつまる: an einem Kern 〈im Rauch〉 ～ 種がのどにつかえて〈煙に巻かれて〉息がつまる | Ich bin vor Lachen fast *erstickt.* 私は息がつまるほど笑った | Das Feuer ist aus Sauerstoffmangel *erstickt.* 火は酸素不足で消えた | unter der Arbeitsfülle ～《比》仕事を山ほどかかえている | in 〈im〉 Geld fast ～ (→Geld 1) | in *seinem* eigenen Fett ～ (→Fett 2).

II 他 (h) 窒息させる;《比》抑制する, 圧殺〈鎮圧〉する, 封殺する: *jn.* durch Erdrosseln ～ …を絞殺する | das Lachen ～ 笑いを押し殺す | die Stimme des Gewissens ～ 良心のささやきを封殺する | *et.*[4] im Keim〔e〕 ～ (→Keim 1 b) | Das Feuer ist mit einem Schaumlöscher *erstickt* worden. 火は発泡消火器で消された ‖ Es war *erstickend* heiß./ Es herrschte 〔eine〕 *erstickende* Hitze. 息がつまるほど暑かった | *erstickendes* Wetter《坑》(坑内の)窒息ガス.

III Er·sti̤cken 中 -s/ 窒息: Tod durch ～ 窒息死 | Der Saal war zum ～ voll. 広間は息苦しいほどすし詰めだった.

Er·sti̤ckung[..kʊŋ] 女 -/ 窒息: äußere 〈innere〉 ～《医》外因〈内因〉性窒息.

Er·sti̤ckungs≠an·fall 男 窒息発作. **≠ge·fa̱hr** 女 窒息の危険. **≠to̱d** 男 窒息死.

er·sti̤n·ken*[ɛrʃtíŋkən] 《187》 ᵛ**I** 自 (s) (stinkend werden) 臭くなる. **II** 他 (h) 《*sich*[3] *et.*[4]》《話》(…を)でっちあげる. **III er·stṳn·ken** → 別出

E̱rst·kläs·ser[é:rstklɛsər] 男 -s/- 《中部》(学校の) 1 年生.

e̱rst·klas·sig[..klasɪç][2] 形 第一級の, 一流の, 最優秀の: ein ～*es* Hotel 最高級ホテル.

E̱rst≠klaß·ler[..klaslər] 男 -s/- 《オーストリア》, **≠kläß·ler**[..klɛslər] 男 -s/- 《南部・スイス》(学校の) 1 年生, 最下級生.

E̱rst·klaß·wa·gen 男 《スイス》 1 等車.

E̱rst≠kom·mu·ni·kant 男 《カトリック》 初(はつ)聖体を拝領する者〈子供〉. **≠kom·mu·nio̱n** 女 《カトリック》 初(はつ)聖体拝領 (→Kommunion).

ᵛ**e̱rst·lich**[é:rstlɪç] 副 (erstens) まず第一に〈最初に〉; 何よりもまず.

E̱rst·ling[..lɪŋ] 男 -s/-e **1** 処女作〔品〕. **2** 第一子; (家畜の)初児; (季節の)初物, はしり: ～*e* des Frühlings《雅》春を告げる花々.

E̱rst·lings≠ar·beit 女 **1** 処女作. **2** 初心者の作品. **≠aus·stat·tung** 女《集合的に》新生児の衣料(下着・おしめなど一式), うぶ着. **≠druck** 男 -〔e〕s/-e **1**《印》(ある版の)初刷り. **2** (ある地方・都市の)最古の印刷物. **≠film** 男 (映画監督の)処女作. **≠frucht** 女《農》初なり, 初穂. **≠ro·ma̱n** 男 (作家の)処女作(長篇小説). **≠stück** 中 ＝Erstlingsarbeit **≠ver·su̱ch** 男 最初の試み; 初心者の試作〔品〕. **≠wä·sche** 女 ＝Erstlingsausstattung **≠werk** 中 ＝Erstlingsarbeit

e̱rst≠ma̱·lig[é:rstma:lɪç][2] 形 第 1 回の, 最初〈初回〉の. **≠ma̱ls**[..ma:ls] 副 (zum ersten Mal) 初めて, 初回に.

E̱rst≠mel·dung 女 第一報, スクープ. **≠milch** 女 (分娩(ぶんべん)後の)初乳. **≠pla·cier·te** (≠**pla**〔**t**〕**·zier·te**) [..platsi:rtə] 男 女《形容詞変化》《スポーツ》一位入賞者, 優勝者.

er·stra̱h·len[ɛrʃtrá:lən] 自 (s) 輝き出す, 光を放つ;《比》喜色満面となる: Am Himmel *erstrahlten* die ersten Sterne. 夜空に最初の星が輝き始めた | Der Junge *erstrahlte,* als er seine Mutter sah. 男の子は母親の姿が目に入ってうれしそうだった.

e̱rst·ran·gig[é:rstraŋɪç][2] 形 **1** (価値・意義などの等級や序列が)第一位の, 最上位の: eine ～*e* Aufgabe 最も重要〈緊急〉な課題. **2** ＝erstklassig

E̱rst·ran·gig·keit[–kaɪt] 女 -/ erstrangig なこと.

er·stre̱·ben[ɛrʃtré:bən][1] 他 (h) **1** 得ようと努力する, 追求〈熱望〉する. **2** 努力して得る.

er·stre̱·bens·wert 形 得ようと努める〈努力して得る〉値うちのある, 追求するに値する.

E̱rst·recht[é:rst..] 中《印》初版刊行権.

er·stre̤cken[ɛrʃtrɛ́kən] 他 (h) **1** 再帰 *sich*[4] ～《方向を示す語句と》(…の方に)延びる, 広がる, (…に)わたる, 及ぶ: Der Wald *erstreckt* sich bis zum Ufer des Sees. 森は湖の岸辺まで延びている | Die Verbrennungen *erstreckten* sich über seinen ganzen Rücken. やけどは彼の背中全面に広がっていた | Seine Aufzeichnungen *erstrecken* sich über mehrere Jahre. 彼の手記は数年間にわたっている ‖ Das Gesetz *erstreckt* sich auch auf Minderjährige. この法律は未成年者をも対象としている | Unser Gespräch *erstreckte* sich auf alle wichtigen Fragen. 私たちの対話はすべての重要問題にわたった. **2** 《オーストリア》(verlängern) (期限などを) 延長する.

Er·stre̤ckung[..kʊŋ] 女 -/-en (〔sich〕 erstrecken すること. 例えば:) 延長, 広がり: Erzlager großer ～ 広範囲にわたる鉱層.

er·strei̯·ken[ɛrʃtráɪkən] 他 (h) 《〔*sich*[3]〕 *et.*[4]》(労働者などが)ストライキによって勝ち取る.

er·strei̯·ten*[ɛrʃtráɪtən] 《190》 他 (h) 《雅》 (erkämpfen) 《〔*sich*[3]〕 *et.*[4]》戦い取る: den Sieg ～ 勝利を勝ち取る | *sich*[3] *sein* Recht ～ (裁判などによって)権利を勝ち取る.

E̱rst≠schla̱g[é:rst..] 男《軍》(先制の)第一撃: ein nuklearer ～ 核の先制攻撃. **≠se·me·ster** 中 (第 1 学期在学中の)新入〔大学〕生.

e̱rst·stel·lig[é:rst-ʃtɛlɪç][2] 形 第 1 位の;《数》1 けた目の, 第 1 項の: ～*e* Hypothek 1 番抵当〔権〕.

E̱rst·stim·me 女 **1** (ドイツの連邦議会選挙で選挙区の候補者に投じられる)第一票 (→Zweitstimme). **2** (表決の)第 1 回の票.

E̱rst·tags≠brief 男 (新発行の切手の)発行当日投函(とうかん)の手紙. **≠stem·pel** 男 Ersttagsbrief 用の記念スタンプ(消印). **≠um·schla̱g** 男 Ersttagsbrief 用の記念封筒.

er·stu̱n·ken[ɛrʃtʊ́ŋkən] **I** erstinken の過去分詞. **II** 形《話》《ふつう **erstunken und erlogen** の形で》虚偽の, 偽りの: Diese Geschichte ist ～ und erlogen. この話は全くのでっちあげだ.

er·stü̱r·men[ɛrʃtʏ́rmən] 他 (h) **1** (都市・要塞(ようさい)などを)襲撃して取る, 攻略する: einen Berg ～《比》山頂を征服する. **2** 《話》ねだって〈せびって〉手に入れる.

Er·stü̱r·mung[..mʊŋ] 女 -/-en 急襲, 攻略.

e̱rst|ver·öf·fent·li·chen[é:rst..] 他 (h) 《不定詞・過去分詞で》(書物などを)初めて刊行する.

E̱rst≠ver·öf·fent·li·chung 女 初刊; 初刊本. **≠ver·sor·gung** 女 応急手当て.

er·su̱·chen[ɛrzú:xən] **I** 他 (h) 《雅》(bitten) 《*jn.* um *et.*[4]》(…に…を)丁重に要請する, 懇請する; (公式に)要求する: *jn.* um Antwort 〈*seinen* Namen〉 ～ …に返答をもとめる〈名前を尋ねる〉 | Ich *ersuche* Sie 〔darum〕, mir bald Bescheid zu geben. すぐにご連絡願います ‖ Sie werden *ersucht,* die Stadt binnen 24 Stunden zu verlassen. 貴殿は24時間以内に町を退去されたい. **II** 自 (h) 《南部・オーストリア・スイス》(um *et.*[4]) (…を)要請〈懇請〉する. **III Er·su̱·chen** 中 -s/- 《官》要請; 要求: auf sein ～ 〔hin〕 彼の求めにより〈応じて〉.

er·ta̱p·pen[ɛrtápən] 他 (h) 《*jn.*》(行為のさなかに)不意打ちする, (…が悪事を働いている)現場を押える: *jn.* auf frischer Tat ～ (→Tat) | *jn.* beim Lügen ～ …のうそのしっぽを押える ‖ 再帰 *sich*[4] bei *et.*[3] ～ 自分が…していることに気づく | Er *ertappte* sich dabei, daß er immer wieder dasselbe Wort gebrauchte. 彼は自分が同じ語を繰り返し使っているのに気づいた.

er·ta̱·sten[ɛrtástən] 《01》 他 (h) 《*jn.*[4] / *et.*[4]》(…の存在を)手で触れて〈手探りで〉確認する.

er·tau̯·ben[ɛrtáʊbən][1] **I** 自 (s) 耳が聞こえなくなる, 聴覚を失う. ᵛ**II** 他 (h) 耳を聞こえなくする, 聴覚を失わせる. **III er·tau̯bt** 過分 形 **1** 耳の聞こえない. **2** 《スイス》立腹した.

[＜taub]

er·tei·len[ɛrtáɪlən] 他 (h) 《*jm. et.*[4]》(…に…を)与える: *jm.* eine Antwort 〈eine Erlaubnis〉 ～ …に返事〈許可〉を与える | *jm.* eine Vollmacht 〈die Prokura〉 ～ …に全権〈代理権〉を委任する | *jm.* einen Verweis ～ …を叱責(しっせき)する | Unterricht ～ 授業をする | *jm.* das Wort ～ (→Wort 3).

Er·tei·lung[..lʊŋ] 女 -/-en erteilen すること.

er·tö·nen[ɛrtǿːnən] **I** 自 (s) 鳴り響く, 響き渡る: Die Sirenen *ertönen.* サイレンが鳴り響く | Der Wald *ertönte* vom Gesang der Vögel. 森に鳥の歌声があふれた. ▽**II** 他 (h) 鳴り響かせる.

er·tö·ten[ɛrtǿːtən] 《01》 他 (h) **1** 《雅》(abtöten) (感情・欲望などを)押し殺す: Begierden durch Askese ～ 禁欲によって欲望を絶つ | Der Krieg *ertötet* jede menschliche Regung. 戦争は人間らしい心をすべて封じ去る. ▽**2** 《*jn.*》殺す.

Er·trag[ɛrtráːk][1] 男 -[e]s/..träge[..trɛ́ːgə] 収益, 収穫; 成果: der ～ eines Ackers 〈eines Unternehmens〉 畑〈企業〉の収益 | der ～ an Kupfer 銅の産出量 ‖ einen hohen ～ liefern 〈abwerfen〉 (仕事・商売などが)大いにもうかる | vom ～ *seiner* Feder leben 文筆で暮らしを立てる.

er·trag·bar[–baːr] ＝erträglich

er·tra·gen*[ɛrtráːgən][1] 《191》 他 (h) **1** (困難・苦痛などに)耐える, がまんする: Hunger 〈Hitze〉 ～ 空腹〈暑さ〉をがまんする | Ich kann die Schmerzen nicht länger ～. 私はこの苦痛にこれ以上耐えられない | Man muß viel ～ können. がまん強くなければならない | Dieser Mensch ist schwer zu ～. こんな人間はがまんがならない. **2** 《スイス》(eintragen) (収益を)生む, 上げる.

er·trag·fä·hig[ɛrtráːk..] 形 収益のある, もうけの多い, 生産的な.

Er·trag·fä·hig·keit[..kaɪt] 女 -/ 収益能力, (土地の)生産〈収穫〉力.

er·träg·lich[ɛrtrɛ́ːklɪç] 形 がまんのできる, 耐え得る; まずまずの: ein ～*es* Englisch sprechen まずまずの英語を話す.

Er·träg·lich·keit[–kaɪt] 女 -/ erträglich なこと.

er·trag·los[ɛrtráːkloːs][1] 形 収益の上がらない, 生産力のない.

Er·träg·nis[ɛrtrɛ́ːknɪs] 中 -ses/-se 《南部》＝Ertrag

er·träg·nis·reich[–raɪç] 形, **er·trag·reich** [ɛrtráːk..] 形 収益の多い, (仕事・商売などが)もうかる: eine ～*e* Apfelsorte 多収穫種のリンゴ | eine ～*e* Diskussion 有益な討論.

Er·trags⸗aus·sich·ten[ɛrtráːks..] 複 収益見込み. **⸗be·rech·nung** 女 損得勘定〈計算〉. **⸗la·ge** 女 収益状況. **⸗min·de·rung** 女 収益減退.

er·trags·si·cher 形 収益の確実な.

Er·trag[s]⸗stei·ge·rung 女 収益増加, 生産性の向上. **⸗steu·er** 女 収益税, 所得税. **⸗wert** 男 収益価格.

er·trank[ɛrtráŋk] ertrinken の過去.

er·trän·ken[ɛrtrɛ́ŋkən] 他 (h) 溺死(できし)させる: *seine et.*[4] in 〈im〉 Alkohol ～ (→Alkohol 2 b) ‖ 再帰 *sich*[4] ～ 入水(じゅすい)する, 投身自殺をする.

er·träu·men[ɛrtrɔ́ʏmən] 他 (h) 《[*sich*[3]] *et.*[4]》(手に入れたいと)夢みる, 夢想する, あこがれる: Er war der Mann, den sie sich *erträumt* hatte. 彼こそ彼女が夢みていた男だった ‖ ein nie *erträumtes* Glück 夢にも思わなかった幸運.

er·trin·ken*[ɛrtrɪ́ŋkən] 《196》 **I** 自 (s) おぼれ死ぬ, 溺死(できし)する: beim Baden ～ 水泳中におぼれる | Bei dem Hochwasser sind viele Menschen *ertrunken.* 洪水で多くの人が溺死した ‖ in Briefen ～《比》手紙の山がさばききれずお手上げである | Die Worte *ertranken* im Lärm. 《比》その言葉は騒音にかき消された ‖ einen *Ertrinkenden* retten おぼれかけている男を救助する. **II Er·trin·ken** 中 -s/ 溺死. **III Er·trun·ke·ne** → 別出

er·trot·zen[ɛrtrɔ́tsən] 《02》 他 (h) 《雅》《[*sich*[3]] *et.*[4]》反抗して〈たてついて〉獲得する, 強引に手に入れる: *sich*[3] eine Erlaubnis ～ むりやり許可を得る.

er·trug[ɛrtrúːk][1] ertragen の過去.

er·trun·ken[ɛrtrʊ́ŋkən] **I** ertrinken の過去分詞. **II Er·trun·ke·ne** 男 女 《形容詞変化》溺死(できし)者.

▽**er·trut·zen**[ɛrtrʊ́tsən] 《02》 ＝ertrotzen

er·tüch·ti·gen[ɛrtʏ́çtɪgən][2] 他 (h) 鍛える, 鍛練する: 再帰 *sich*[4] durch ein tägliches Training ～ 日々のトレーニングによって体を鍛える. [＜tüchtig]

Er·tüch·ti·gung[..gʊŋ] 女 -/-en 《ふつう単数で》鍛練: die körperliche ～ 肉体の鍛練.

er·tüf·teln[ɛrtʏ́ftəln] 《06》 他 (h) 苦労して〈慎重に〉考え出す, ひねり出す.

er·üb·ri·gen[ɛr|ýːbrɪgən][2] **I** 他 (h) **1** (節約して金・時間・材料などを)使わずに残す, 余らせる: Lebensmittel ～ 食料品を残しておく | Können Sie eine Stunde für mich ～? 私のために1時間さいていただけませんか. **2** 再帰 *sich*[4] ～ 不必要である: Jetzt *erübrigt* sich jede weitere Diskussion. 今やこれ以上の討論はいっさい不要だ | Es *erübrigt* sich, näher darauf einzugehen. これ以上この点に立ち入る必要はない. **II** 自 (h) 《官》(処理すべきことが)残っている: Es *erübrigt* noch die Erledigung zweier Angelegenheiten. あとまだ二つの件を処理しなければならない | Es *erübrigt* noch, dem Minister Bericht zu erstatten. あと残っているのは大臣への報告だ. [＜übrig]

▽**Eru·di·tion**[eruditsióːn] 女 -/-en (Gelehrsamkeit) 学識, 教養. [*lat.*; ＜ex..[1]＋*lat.* rudis (→rüd)]

eru·ie·ren[eruíːrən] 他 (h) **1** 《*et.*[4]》調査して知る, 聞き出す, 探知する: den Namen des Täters ～ 犯人の名前を割り出す. **2** 《オーストリア》《*jn.*》(探索して)見つけ出す: den Besitzer eines Wagens ～ 車の持ち主を突きとめる. [*lat.* ē-ruere „heraus-graben"; ◇Ruine]

Eru·ie·rung[..rʊŋ] 女 -/-en eruieren すること.

Eruk·ta·tion[erʊktatsióːn] 女 -/-en (Rülpser) 《医》おくび, げっぷ. [*lat.*]

eruk·tie·ren[..tíːrən] 自 (h) (rülpsen) 《医》おくび〈げっぷ〉をする. [*lat.*]

erup·tie·ren[erʊptíːrən] 自 (s) (火山が)爆発〈噴火〉する; (蒸気・ガス・溶岩などが)噴出する; 《比》(おかしくて)吹き出す, 爆笑する.

Erup·tion[erʊptsióːn] 女 -/-en **1** (火山などの)爆発, 噴火; (蒸気・ガス・溶岩などの)噴出. **2** 《医》発疹(ほっしん), 皮疹. [*lat.*; ＜*lat.* ē-rumpere „hervor-brechen" (◇Ruptur)]

Erup·tions·kra·ter 男 (火山の)噴火口.

erup·tiv[..tíːf][1] 形 **1** 《地》火山の爆発によってできた, 火成の. **2** 噴出する, 爆発的な. **3** 《医》発疹(ほっしん)性の.

Erup·tiv·ge·stein 中 《地》火成岩.

Er·ve[ɛ́rvə] 女 -/-n 《植》ソラマメ属の一種の牧草. [*lat.* ervum; ◇Erbse; *engl.* ers, ervil]

er·wa·chen[ɛrváxən] **I** 自 (s) 《雅》(aufwachen) 目をさます; (感情・意識などが)目ざめる: aus dem Schlaf 〈einem Traum〉 ～ 眠り〈夢〉からさめる | aus der Narkose ～ 麻酔からさめる | Die Kinder sind von der Musik *erwacht.* 子供たちは音楽で目をさました ‖ Der Tag 〈Die Natur〉 *erwacht.* 夜が明ける〈自然が生気を取り戻す〉 | Erinnerungen *erwachen* in mir. 私の心に記憶がよみがえる | In ihr *erwachte* die Frau. 彼女の心の中に女としての自覚が芽生えた, 彼女は女心に目覚めた | Endlich ist sein Gewissen *erwacht.* やっと彼の良心がよみがえった. **II Er·wa·chen** 中 -s/ 目ざめ: beim ～ des Tages 夜明けに | das ～ der Sinne 官能の目ざめ.

er·wach·sen*[ɛrváksən] 《199》 **I** 自 (s) **1** 《aus *et.*[3]》(…から)[しだいに]生じる: Aus dem Kirschkern ist ein Baum *erwachsen.* サクランボの種が育って木になった | Das Gebäude ist aus einem Kloster *erwachsen.* この建物はもと修道院であった | Daraus wird dir kein Nutzen ～. そこからは君にとってなんの利益も生じまい | Zwischen ihnen *erwuchs* eine bleibende Freundschaft. 彼らの間に長く続く友情が生まれた. ▽**2** (heranwachsen) 十分に成長する, 成人する: zum Mann ～ 一人前の男になる. **II** 過分 形 成人した, おとなの(動物についてはふつう ausgewachsen を用いる): schon [ganz] ～ sein もう[すっかり]おとなである. **III Er·**

E

wạch·se·ne 男 女《形容詞変化》成人, おとな: Der Film ist nur für ~ freigegeben. この映画は成人向きに指定されている.

Er·wạch·se·nen≠bil·dung 女, **≠er·zie·hung** 女 成人教育.

er·wä̱·gen*[ɛrvɛ́:gən][1]《200》他 (h) 考慮〈考量〉する, 検討〈吟味〉する;《zu 不定詞〔句〕と》(…しようかと) 考えてみる, (…という) 考えを抱く: einen Plan 〈alle Möglichkeiten〉 reiflich ~ 計画〈あらゆる可能性〉を十分に検討する | den Kauf eines neuen Wagens ~ 新しい自動車の購入を検討する | Hast du auch alle Vor- und Nachteile gründlich *erwogen*? 長所と短所のすべてを君は徹底的に検討したのか | Er *erwägt*, sein Geschäft zu erweitern. 彼は店を拡張しようかと思っている | Es bleibt zu ~, ob ... …するかどうかは引き続き検討すべきである.

er·wä̱·gens·wert 形 考慮〈検討〉に値する.

Er·wä̱·gung[..gʊŋ] 女 -/-en 考慮, 考量, 検討, 吟味: politische ~*en* 政治的考慮 | nach reiflicher ~ じゅうぶん考慮の末 ‖ *et.*[4] **in ~ ziehen** …を考慮〈検討〉する.

er·wä̱h·len[ɛrvɛ́:lən] 他 (h) (auswählen) 選ぶ, 選び出す: *jn.* in *seinem* Herzen ~ …を意中の人と決める | *jn.* zum Senator ~ …を評議員に選出する ‖ Sie ist seine *Erwählte*. 彼女は彼の意中の女である.

Er·wä̱h·lung[..lʊŋ] 女 -/-en erwählen すること.

er·wä̱h·nen[ɛrvɛ́:nən] **I** 他 (h)《*et.*[4] / *jn.*》(…について) 述べる, (…に) 言及する: von *et.*[3] nichts ~ …について一切〈ひとことも〉ふれない | *et.*[4] mit keiner Silbe ~ (→Silbe 2) | Habe ich das nicht *erwähnt*? 私はそれにふれませんでしたか | Du wurdest nicht *erwähnt*. 君のことは話に出なかった | Die Stadt wird 〔urkundlich〕 erstmalig um 1 300 *erwähnt*. この町の名が初めて記録に現れるのは1300年ごろである ‖ wie oben *erwähnt* 上述のように. ▽**II** 自 (h)《*et.*[2] / *js.*》(…について) 述べる, (…に) 言及する. 【*ahd.* giwahanen „sagen"; ◇Epos, Vokal】

er·wä̱h·nens·wert 形 言及に値する.

er·wä̱hn·ter·ma̱·ßen[..tər..] 副 すでに述べたように.

Er·wä̱h·nung[..nʊŋ] 女 -/-en 言及: keine ~ verdienen 言及するに値しない | *et.*[2] ~ tun《オーストリア》…に言及する.

er·wa̱h·ren[ɛrvá:rən] 他 (h)《スイス》**1** (投票や選挙の結果などを) 公式に確定する. **2** 再帰 *sich*[4] ~ 現実のものとなる, 実現する. 【<wahr】

er·wạn·dern[ɛrvándərn]《05》他 (h)《〔*sich*[3]〕 *et.*[4]》(土地・風物などを) 旅して知る〈体験する〉.

er·wạrb[ɛrvárp][1] erwerben の過去.

▽**er·wạr·men**[ɛrvármən] **I** 自 (s) (warm werden) 暖かくなる, 暖まる. **II** =erwärmen

er·wạ̈r·men[ɛrvɛ́rmən] 他 (h) (warm machen) **1** 暖める, 熱する: ein Zimmer durch die Heizung ~ 部屋を暖房で暖める | Sein Lächeln *erwärmt* mir das Herz. 彼の微笑が私の心をなごませる ‖ 再帰 *sich*[4] ~ 暖まる, 熱せられる. **2**《*jn.* für *et.*[4]》(…の…に対する) 興味を呼びおこす: 再帰 *sich*[4] für *et.*[4] ~ …に対して興味を抱く | Für den Plan kann ich mich nicht ~. この計画には私は乗り気になれない.

▽**Er·wạr·mung**[..vármʊŋ] 女 -/ erwarmen すること.

Er·wạ̈r·mung[..vɛ́rmʊŋ] 女 -/ erwärmen すること.

er·wạr·ten[ɛrvártən]《01》**I** 他 (h) **1**《*jn.* / *et.*[4]》(…の到着をあてにして) 待ち受けている, 待ち望んでいる; (…の到来まで) じっと待つ: *jn.* ungeduldig ~ …の到着を今か今かと待っている ‖ Gäste 〈Besuch〉 ~ 来客があることになっている | den Brief ~ 手紙の届くのを待っている | Sie *erwartet* ein Kind von ihm. 彼女は彼の子を身ごもっている | Zuwachs ~ (→Zuwachs) | Ich *erwarte* eine Entscheidung von Ihnen. ご決断〈ご決定〉をお待ちします | Viel Arbeit *erwartet* uns. たくさんの仕事が私たちを待ちうけている ‖ *jn.* am Treffpunkt 〈zum Tee〉 ~ …を約束の場所で待ちうける〈お茶に呼んである〉 | Ich werde um 8 Uhr bei meinem Onkel *erwartet*. 私は 8 時におじの家に行く約束がある ‖ eine *erwartete* Antwort 来るはずの返事 ‖〖können を伴う否定文で〗*et.*[4] nicht 〈kaum〉 ~ können …を待ちきれない思いでいる | Die Kinder konnten die Ferien kaum ~. 子供たちは休暇のくるのが待ちきれない思いだった | Ich kann es kaum ~, ihn wiederzusehen. 私は彼に再会する日を待ちきれない思いだ. **2**《〔von *jm.*〕 *et.*[4]》(たぶん…であろうと〔…に対して〕) 予期する, 期待する: *et.*[4] mit Sicherheit ~ können …を確実に予想できる | *sich*[3] von *et.*[3] 〈*jm.*〉 viel ~ …に大いに期待をかける | noch viel ~ lassen 大いに期待できる, 将来有望である | Das hätte ich von dir nicht *erwartet*. まさか君がそんなことをするとは思わなかった | Ich habe es nicht anders *erwartet*. どうせそんなところだと思っていた | Es wird allgemein *erwartet*. そのことを皆が期待している ‖ Von ihm ist nicht viel Gutes zu ~. 彼にはそれほど期待はかけられない | wie zu ~ 案の定, 当然ながら ‖〖daß 副文・zu 不定詞〔句〕と〗Wir *erwarten* von dir, daß du uns hilfst. 君が援助してくれることを私たちは君に期待している | Es steht 〈ist〉 zu ~, daß ... …であるものと予想される | Er *erwartet*, eingeladen zu werden. 彼は招待されることを期待している.

▽**II** 自 (h)《*et.*[2]》待ち受ける; 期待する.

III Er·wạr·ten 中 -s/ 期待, 予期: über 〔alles〕 ~ 〔全く〕予想以上に | Der Film war wider ~ gut. その映画は予想に反して〈思いのほか〉よかった.

Er·wạr·tung[..tʊŋ] 女 -/-en **1**《単数で》待望, 期待: in der ~, daß ... …を期待して〈見込んで〉 | in freudiger ~ Ihres Besuches ご来訪を楽しみにして | in ~ Ihrer Antwort (商用文で) ご返事をお待ちしつつ | voll〔er〕 ~ 期待をこめて, かたずをのんで | brennend 〈fiebrig〉 vor ~ sein 期待に胸をときめかせている ‖ die ~*en* auf *jn.* setzen …に期待をかける. **2**《ふつう複数で》予想, 見込み: allen ~*en* entgegen 〈zum Trotz〉 全く予想に反して | über alle ~*en* 全く予想以上に ‖ alle ~*en* übertreffen あらゆる予想を上回る | den ~*en* entsprechen 予想どおりである | die ~*en* enttäuschen あてはずれである | 〔alle〕 *seine* ~*en* erfüllt sehen すべて自分の思いどおりである | zu hoch gespannte ~*en* hegen あまりにも期待しすぎる.

er·wạr·tungs·ge·mä̱ß 副 期待どおりに.

Er·wạr·tungs·ho·ri·zont 男 期待の視野〈範囲〉: den ~ der Zuhörer berücksichtigen 聴衆がどこまでの話を期待しているかを顧慮してしゃべる.

er·wạr·tungs·voll 形 期待にみちた: mit ~*er* Miene 期待にあふれた熱心な表情で ‖ *jn.* ~ anblicken …を食い入るように見つめる | Das Publikum war ~ gestimmt. 聴衆はかたずをのんでいた.

Er·wạr·tungs·wert 男〘統計〙期待値.

er·wẹcken[ɛrvɛ́kən] 他 (h)《*jn.*》▽**1** (aufwecken) (…の) 目をさまさせる, (…を) 起こす. **2** (感情・意識などを) 呼びさます; (死者を) よみがえらせる;〘宗〙信仰に目ざめさせる: *jn.* vom Tode ~ …を蘇生(そせい)させる | *js.* Interesse 〈Mitleid〉 ~ …の興味〈同情〉を呼び起こす ‖ Der Brief *erweckte* alte Erinnerungen 〈falsche Hoffnungen〉 in ihm. その手紙は彼の胸中に古い記憶を呼びさました〈誤った期待をいだかせた〉.

Er·wẹckung[..kʊŋ] 女 -/-en erwecken すること.

er·wẹh·ren[ɛrvé:rən] 他 (h)《雅》再帰 *sich*[4] *js.* 〈*et.*[2]〉 ~ …から身を守る, …を防ぐ | *sich*[4] der fremden Eroberer ~ 異国の征服者からみずからを守る | *sich*[4] des Lachens 〈der Tränen〉 nicht ~ können 笑い〈涙〉を抑えきれない | Ich kann mich seiner Bitten nicht länger ~. 私は彼の頼みをこれ以上断りきれない.

er·wẹich·bar[ɛrváiçba:r] 形 軟化し得る; (気持などが) 和らげられる.

er·wẹi·chen[ɛrváiçən] **I** 他 (h) **1** (weich machen) 柔らかにする, 軟化させる;《比》(気持などを) 和らげる: Die Hitze *erweichte* den Asphalt. 暑さがアスファルトを溶かした | Er war nicht zu ~. 彼の気持を和らげることはできなかった | Die Wege sind von dem langen Regen *erweicht*. 道はその長雨によってぬかるみになっている ‖ *jn.* durch Bitten ~ …を拝みたおす | Er ließ sich durch nichts 〈von niemand〉 ~. 彼は何を持ち出されても〈だれによっても〉態度をやわらげなかった ‖ *erweichendes* Mittel 軟化剤 ‖ ▽再帰 *sich*[4] ~ 軟化する. **2** =mouillieren **II** 自 (s) (weich werden)

柔らかになる, 軟化する;《比》(気持などが) 和らぐ, なごむ: Der Asphalt ist in der Sonne *erweicht.* アスファルトが日に当たって溶けた | Durch ihre Tränen *erweicht* er. 彼女の涙で彼の心が和らぐ | Sein starrer Sinn ist *erweicht.* 彼のかたくなな心が和らいだ.

Er·wei·chung[..çʊŋ] 女 -/-en 軟化.

▽**Er·weis**[ɛrváɪs][1] 男 -es/-e (Beweis) 証拠〔立て〕, 実証: den ~ für *et.*[4] erbringen …を立証する | Der Brief ist der ~ seiner Unschuld. その手紙は彼の潔白のあかしである.

..erweise[..ərvaɪzə] → ..weise

er·wei·sen*[ɛrváɪzən][1]《205》他 (h) **1**《*jm. et.*[4]》(好意・敬意などを) 示す: *jm.* eine Wohltat ~ …に親切を尽くす | dem Land große Dienste ~ 国のために大きな功績を立てる | *jm.* mit *et.*[3] einen schlechten Dienst ~ (→Dienst 2) | *jm.* die letzte Ehre ~ (→Ehre).
2 a)《*et.*[4]》証明する, 裏づける; (…が) 正しい〈真実である〉ことを明らかにする: die Behauptung durch Tatsachen ~ 主張を事実で裏づける | Das Werk *erweist* seine Begabung. 作品を見れば彼の才能は明白である | Es ist eindeutig *erwiesen*, daß … …ということが真実であることは疑問の余地なく明らかである | eine Vermutung, die sich nicht ~ läßt いわれのない憶測 ‖ *et.*[4] als *erwiesen* ansehen …を実証ずみ〈疑う余地なし〉と見なす ‖ 再帰 *sich*[4] dankbar gegen *jn.* 〈*jm.* gegenüber〉 ~ …に対して謝意を表する | Später *erwies* es sich, daß er recht hatte. のちになって彼の言い分の正しさが明らかになった. **b)**《*jn.* 〈*et.*[4]〉 als *et.*[4]》(…が…であることを) 証明〈実証〉する: *jn.* als Lügner ~ …がうそつきであることを暴露する | *et.*[4] als wahr 〈richtig〉 ~ …が真実である〈正しい〉ことを証明する ‖ 再帰 *sich*[4] als wahr 〈richtig〉 ~ 事実である〈正しい〉と実証される | *sich*[4] als nützlich 〈vergeblich〉 ~ 有効〈むだ〉であることが明らかになる | Er *erwies* sich als treuer Freund 〈als treuen Freund〉. 彼が誠実な友であることがわかった.

er·weis·lich[ɛrváɪslɪç] 形 証明できる, 実証可能な; 明らかな.

er·weis·li·cher·ma·ßen[..çər..] = erwiesener-maßen

Er·wei·sung[..zʊŋ] 女 -/-en erweisen すること.

er·wei·tern[ɛrváɪtərn]《05》他 (h) 広げる, 拡大〈拡張〉する: ein Flußbett ~ 川床を広げる | *seinen* Gesichtskreis ~ 視野を広げる | *seine* Kenntnisse ~ 知識をふやす | den Export 〈die Produktion〉 ~ 輸出〈生産〉を拡大する ‖ Sein Herz ist 〔krankhaft〕 *erweitert.* 彼の心臓は〔病的に〕肥大している ‖ 再帰 *sich*[4] ~ 広がる, 拡大する ‖ ein *erweiterter* Ausschuß 拡大委員会 | eine *erweiterte* Auflage (本の) 増補版 | ein *erweiterter* Reim《詩》拡張韻 (→Reim 1).

Er·wei·te·rung[..tərʊŋ] 女 -/-en 拡大, 拡張;《医》肥大.

Er·wei·te·rungs·bau 男 -〔e〕s/-ten 増築部分.

Er·werb[ɛrvɛ́rp][1] 男 -〔e〕s/-e 獲得, 取得, 習得; 獲得〈取得〉物; 収益, 所得: von *seinem* ~ leben 自活している | *seinem* ~ nachgehen 生計を立てる.

er·wer·ben*[ɛrvɛ́rbən][1]《207》**I** 他 (h) 獲得〈取得〉する, 入手する: *et.*[4] käuflich 〈durch Kauf〉 ~ …を買い取る | das Verlagsrecht 〈die deutsche Staatsbürgerschaft〉 ~ 版権〈ドイツ国籍〉を取得する | Das Kleid 〈Das Grundstück〉 habe ich erst kürzlich *erworben.* この服〈この土地〉はごく最近になって手に入れたものです ‖ Er hat sich[3] ein beträchtliches Vermögen *erworben.* 彼はかなりの財産を手に入れた | *sich*[3] *sein* Brot ~ 生計を立てる | *sein* Wissen im Selbststudium ~ 独学で知識を身につける | Du hast dir sein Vertrauen 〈seine Achtung〉 *erworben.* 君は彼の信頼〈尊敬〉を得ている. **II er·wor·ben** → 別出

Er·wer·ber[..vɛ́rbər] 男 -s/- 獲得〈取得〉者, 買い手.

er·werb·lich[ɛrvɛ́rplɪç] 形 取得〈購入〉できる; (gewerblich) 営業〔上〕の.

er·werb·sam[..za:m] 形 働き好きの, 勤勉な.

er·werbs≈be·hin·dert[ɛrvɛ́rps..] 形, **≈be·schränkt** 形 (身心障害者などが) 就業上制約のある, 十分に生計を立てられない.

Er·werbs·ein·künf·te 複 営業収益.

er·werbs·fä·hig 形 生計能力のある, 就業可能な.

Er·werbs·fä·hig·keit 女 -/ 生計能力, 生業就業能力.

Er·werbs·fleiß 男 勤労〈就業〉意欲, 仕事熱心.

er·werbs·ge·min·dert 形 生計能力の減じた.

Er·werbs≈ge·nos·sen·schaft 女 協同組合, 営利団体〈組合〉. **≈ge·schäft** 中《法》生業. **≈ge·sell·schaft** 女 営利会社. **≈le·ben** 中 -s/ 就業活動, 職業生活: im ~ stehen 生業についている.

er·werbs·los[..lo:s][1] 形 無職の, 失業していてしかも失業保険の対象とならない; (卒業生について) 就職できないでいる: der 〈die〉 *Erwerbslose* 失業保険給付のない失業者.

Er·werbs·lo·sen≈für·sor·ge 女 失業者救済, 失業対策〔事業〕. **≈quo·te** 女 失業率.

Er·werbs·lo·sig·keit[..lo:zɪçkaɪt] 女 -/ erwerbslos なこと.

Er·werbs≈min·de·rung 女 収益減少; 生計能力の減退. **≈mit·tel** 中 生計を立てる手段. **≈mög·lich·keit** 女 生計を得る機会. **≈quel·le** 女 生計の源, 生活財源. **≈sinn** 男 -〔e〕s/, **≈stre·ben** 中 営業努力.

er·werbs≈tä·tig 形 (berufstätig) 生業〈職業〉に従事している: der 〈die〉 *Erwerbstätige* 就業者, 勤労者, 職業人. **≈un·fä·hig** 形 生計能力のない; 就業不能の.

Er·werbs·zweig 男 (就業先としての) 産業〈営業〉分野.

Er·wer·bung[ɛrvɛ́rbʊŋ] 女 -/-en **1**《単数で》獲得, 取得, 購入. **2** 獲得〈取得〉物, 購入品.

er·wi·dern[ɛrví:dərn]《05》他 (h) **1** (antworten)《〔*jm.* / auf *et.*[4]〕 *et.*[4]》(〔…に〕…と) 答える, 返答する; 応答する, 応酬する, 言い返す: Er *erwiderte* auf meine Frage nichts. 彼は私の質問に何も答えなかった ‖〖返事の内容を表す語句と〗„Das weiß ich nicht", *erwiderte* er. 「それは知らないよと」と彼は答えた | Sie *erwiderte* ihm, daß … 彼女は彼に…と答えた. **2**《*et.*[4] 〔mit *et.*[3]〕》(…に〔…をもって〕) 答える, 返礼〈お返し〉をする, 報いる: Wir *erwiderten* seinen Gruß. 私たちは彼のあいさつに答礼した | Die Familie hat den Besuch *erwidert.* 一家は返礼の訪問をした | Seine Liebe wurde nicht *erwidert.* 彼の愛は片思いに終わった ‖ Liebe mit Haß ~ 愛に対して憎しみを返す | Böses mit Gutem ~ 悪に報いるに善をもってする. [*mhd.*; ◇wider]

Er·wi·de·rung[..dərʊŋ] 女 -/-en (Antwort) 返答; 返報; しっぺ返し: treffende ~ 当意即妙の応答 | Seine Liebe fand keine ~. 彼の愛は片思いに終わった.

er·wies[ɛrví:s][1] erweisen の過去.

er·wie·sen[..ví:zən] erweisen の過去分詞; 過去 1・3 人称複数.

er·wie·se·ner·ma·ßen[..nər..] 副 立証されたところにより〈ように〉, 疑う余地なく.

Er·win[ɛ́rvi:n] 男名 (<Herwin) エルヴィーン.

Er·wi·ne[ɛrví:nə] 女名 エルヴィーネ.

er·wir·ken[ɛrvírkən] 他 (h) (いろいろ手を尽くして) やっと手に入れる, せびり取る: eine Zahlung ~ 何とか支払ってもらう | *js.* Freilassung ~ …の釈放を実現させる | bei *jm.* eine Erlaubnis ~ …からやっと許可をもらう | gegen *jn.* einen Haftbefehl ~ (裁判などで) …に対する拘留命令を勝ちとる | Ich habe *erwirkt*, daß … 私はやっと…を実現させた.

er·wirt·schaf·ten[ɛrvírt-ʃaftən]《01》他 (h) うまくやりくりして手に入れる〈達成する〉.

er·wi·schen[ɛrvíʃən]《04》他 (h) **1** (とっさに・素早く) 捕らえる; うまく手に入れる: einen Posten ~ さっとある地位を手に入れる | den Zug gerade noch ~ 列車にちょうど間に合う | Der Regen 〈Die Grippe〉 hat ihn *erwischt.* 彼はにわか雨〈流感〉に襲われた ‖ *jn.* am Kragen ~ …の襟首をつかまえる | *jn.* auf frischer Tat 〈beim Stehlen〉 ~ …を現行犯で〈盗みの現場で〉捕らえる | das Glück beim Zipfel ~ 好運をうまくつかむ. **2**《話》非人称《es erwischt *jn.*》(…が病気・不幸・死などに) やられる: Ihn hat's schwer *erwischt.* 彼は重病になった〈重傷を負った〉;《戯》彼はさる女にすっかりいかれている | Es hat ihn an der Schulter *erwischt.* 彼は肩をやられた.

er·wo̱·gen[ɛrvó:gən] erwägen の過去分詞; 過去 1・3 人称複数.

er·wo̱r·ben[ɛrvɔ́rbən] **I** erwerben の過去分詞.
II 形 獲得〈取得〉された; (↔angeboren) 後天性の: ein ～*er* Herzfehler 〖医〗後天性心臓欠陥.

er·wü̱n·schen[ɛrvʏ́nʃən] ⦅04⦆ ▽**I** 他 (h) 得たいと望む: zu ～ sein 望ましい. **II er·wü̱nscht** 過分 形 望みどおりの, 好都合の, 望ましい, 歓迎すべき: das ～*e* Ergebnis 望みどおりの結果 ‖ *jm.* sehr ～ sein 〈kommen〉 …にとって実に好都合である | Sie sind hier sehr ～. あなたはここでは大歓迎です | Es ist dringend ～, daß jeder sich beteiligt. ぜひだれもが参加してください ‖〔Hier ist〕Rauchen nicht ～! おタバコはご遠慮ください | Kurzschrift ～, aber nicht Bedingung. (求人広告で)なるべく速記のできる方.

er·wü̱r·gen[ɛrvʏ́rgən][1] 他 (h) (…の)首を絞めて殺す, 絞殺〈扼殺(やくさつ)〉する; ⦅比⦆ 圧殺する: *jn.* mit bloßen Händen ～ …を素手で絞め殺す | Der Diktator hat jede Kritik *erwürgt.* 独裁者はすべての批判を圧殺した.

Er·wü̱r·gung[..gʊŋ] 女 -/-en 絞殺; ⦅比⦆ 圧殺.

Ery·si·pe̱l[eryzipé:l] 中 -s/ , **Ery·si̱·pe·las**[..zí(:)pelas] 中 -/ (Wundrose) 〖医〗丹毒. [*gr.*－*lat.*; ＜*gr.* erythrós „rot"＋pélla „Haut" (◇Pelle)]

Ery·the̱m[..té:m] 中 -s/-e 〖医〗紅疹(こうしん), 紅斑(こうはん)症. [*gr.*; ＜*gr.* ereúthein „röten"]

Ery·thri̱n[..trí:n] **I** 男 -s/ 〖鉱〗コバルト華. **II** 中 -s/ エリスリン(赤色染料). [＜*gr.* erythrós „rot" (◇rot)]

Ery·thro·bla·sto̱·se[erytroblastó:zə] 女 -/-n 〖医〗胎児赤芽球症. [＜*gr.* blastós „Trieb"＋..ose]

Ery·thro·pho·bi̱e[..fobí:] 女 -/-n[..bí:ən] 〖心〗赤面恐怖〔症〕; 〖医〗赤色恐怖症.

Ery·thro·zy̱t[..tsý:t] 男 -en/-en , **Ery·thro·zy̱·te**[..tə] 女 -/-n ⦅ふつう複数で⦆ 赤血球. [＜zyto..]

erz.. ⦅名詞・形容詞につけて「最大・最高・第一」などを意味する⦆: *Erz*bischof 〖カトリック〗大司教 | *Erz*feind 不倶戴天(ふぐたいてん)の敵 ‖ *erz*böse 極悪の | *erz*faul 怠惰きわまる. [*gr.* archi..－*kirchenlat.*－*ahd.*]

E̱rz[e:rts, ɛrts] 中 -es/-e **1** 鉱石, 原鉱: ～*e* aufbereiten 〈waschen〉 選鉱〈洗鉱〉する. **2** ⦅単数で⦆ 銅の合金; (Messing) 真鍮(しんちゅう); (Bronze) 青銅; ▽(Kupfer) 銅; ⦅雅⦆ 金属: Er stand da wie in 〈aus〉 ～ gegossen. 彼は化石になったようにそこに立ちつくしていた. [*ahd.* aruz〔zi〕; ◇ehern; *engl.* ore]

E̱rz·ader[é:rts.., ɛ́rts..] 女 鉱脈.

er·zä̱h·len[ɛrtsɛ́:lən] **I** 他 (h) ⦅*jm.* *et.*[4]⦆ 物語る, 述べる; (mitteilen) 伝える, 知らせる: die Wahrheit 〈den Hergang〉 ～ 真相〈経過〉を語る | *jm.* eine Geschichte 〈ein Erlebnis〉 ～ …に物語〈体験〉を話して聞かせる | den Kindern ein Märchen ～ 子供たちにおとぎ話をしてやる | Er *erzählte* mir, daß er morgen verreisen wird. 彼は私にあす旅に出ると言った | Man hat mir *erzählt*, daß ... / Ich habe mir ～ lassen, daß ... 私は…という話を聞いた | Er kann etwas 〔davon〕 ～. 彼は〔それに関して〕多少経験がある | Dem werde ich mal was ～. ⦅話⦆ あいつにはいつかちょっと文句を言ってやらなくちゃ | Mir kannst du viel ～! / Das kannst du deiner Großmutter ～! ⦅話⦆ なんとでも言え 信じてなどやるものか ‖ Sie *erzählen* sich[3] ihre Kümmernisse. 彼らは悩みを語り合う | Man *erzählt* sich[3], daß ... …とうわさし合っている ‖〖目的語なしで〗Sie *erzählt* sehr anschaulich. 彼女の話し方はとても具体的だ ‖ in *erzählender* Form 物語形式で | die *erzählende* Dichtung 叙事〈説話〉文学.
II 自 (h) ⦅von *et.*[3] / über *et.*[4]⦆ (…について)物語る, 伝える: 〔*jm.*〕 von einer Reise 〈über eine Reise〉 ～ 〔…に〕旅行の話をして聞かせる | Er hat aus seiner Jugend *erzählt.* 彼は若いころの思い出話をした.

er·zä̱h·lens·we̱rt 形 話す値うちのある, 語るに足る.

Er·zä̱h·ler[ɛrtsɛ́:lər] 男 -s/- 話し〈語り〉手; 〔散文〕作家, 小説家: ein guter ～ sein 話し上手である | der fiktive ～ im Roman 小説中の語り手.

er·zä̱h·le·risch[..lərɪʃ] 形 物語〈小説〉ふうの.

Er·zä̱hl·kunst 女 -/ 語りの技量; 小説の技法.

Er·zä̱h·lung[..lʊŋ] 女 -/-en **1** erzählen すること. **2** 物語; 説話, 小説: den Faden *seiner* ～ verlieren 話の道筋を失う | eine historische ～ 歴史物語〈小説〉.

E̱rz·amt[ɛ́rts|amt] 中 (中世ドイツ帝国における)最高宮内官職. [＜erz..]

E̱rz≈auf·be·rei·tung[é:rts|aufbəraitʊŋ, ɛ́rts..] 女 選鉱. **≈berg·bau** 男 -〔e〕s/ 採鉱.

E̱rz·bi·schof[ɛ́rts..] 男 〖カトリック〗大司教; 〖東方正教会〗大主教; 〖新教〗大監督. [*kirchenlat.* arch-episcopus－*ahd.*]

e̱rz·bi·schöf·lich 形 Erzbischof の.

E̱rz·bis·tu̱m 中 〖カトリック〗大司教区.

e̱rz·bö̱·se[ɛ́rtsbø:zə] 形 極悪な.

E̱rz·bö̱·se·wicht 男 極悪人.

E̱rz·di·öze̱·se[ɛ́rts..] 女 〖カトリック〗大司教区.

e̱rz·du̱mm[ɛrtsdʊ́m] 形 大ばかの, きわめて愚鈍な.

er·ze̱i·gen[ɛrtsáigən][1] 他 (h) ⦅雅⦆ **1** ⦅*jm.* *et.*[4]⦆ (…に愛情・信頼・敬意・関心などを)示す: *jm.* Gutes 〈Vertrauen〉 ～ …に好意〈信頼〉を示す. **2** 再帰 *sich*[4] *jm.* 〔gegenüber〕 dankbar 〈menschlich〉 ～ …に対して感謝の気持を表す〈人間味を見せる〉.

e̱r·zen[1][é:rtsən, ɛ́rtsən] 形 **1** ⦅付加語的⦆ 青銅〔製〕の. **2** ⦅比⦆ 堅い, 強固な. [＜Erz]

▽**e̱r·zen**[2][é:rtsən] ⦅02⦆ 他 (h) ⦅*jn.*⦆ (男性に) Er を使って話しかける(→er I 2 c): Das *Erzen* ist nicht mehr Sitte. erzen することは今では行われていない.

E̱rz·en·gel[ɛ́rts..] 男 大〈首座〉天使 (Michael, Gabriel, Raphael など). [*gr.* arch-ággelos－*kirchenlat.*－*mhd.*]

er·ze̱u·gen[ɛrtsɔ́ygən][1] 他 (h) **1** (produzieren) (特に農作物を)生産する; ⦅オーストリア⦆ (fabrizieren) (商品を)製造する: Milch 〈Eier〉 ～ 牛乳〈鶏卵〉を生産する | elektrischen Strom ～ 発電する. **2** 発生させる, (…の)原因となる; ▽(zeugen) (子供を)作る: in *jm.* Mißtrauen 〈Interesse〉 ～ …に不信の念〈興味〉を抱かせる | Reibung *erzeugt* Wärme. 摩擦は熱を生む ‖ 再帰 Mißverständnisse *erzeugen* sich[4] aus sich selbst. 誤解がさらに誤解を生む ‖ in der zweiten Ehe *erzeugte* Kinder 2 度目の結婚でできた子供たち.

Er·ze̱u·ger[..gər] 男 -s/- **1** 産みの親, 実父; ⦅複数で⦆ 実の両親. **2 a)** (↔Verbraucher) 生産者. **b)** ⦅オーストリア⦆ (Hersteller) (商品などの)製造者, 製作者, メーカー: *et.*[4] direkt vom ～ beziehen …を生産者から直接購入する | ～ und Verbraucher 生産者と消費者. **3** 発生器〈炉〉; 〖電〗発電器〈機〉.

Er·ze̱u·ger≈ab·fül·lung 女 (ワインの)自家醸造元詰. **≈land** 中 -〔e〕s/..länder 生産地, 産出国. **≈preis** 男 生産者価格; 製造原価.

Er·ze̱ug·nis[ɛrtsɔ́yknɪs] 中 -ses/-se (Produkt) 産物, 生産品; 製作物, 製品; (一般に)所産, 作品: landwirtschaftliche ～*se* 農産物 | Deutsches ～ (商品の表示で) ドイツ製 | ～*se* der Phantasie 空想の産物.

Er·ze̱ug·nis·grup·pe 女 (旧東ドイツの)生産物別企業グループ.

Er·ze̱u·gung[..tsɔ́ygʊŋ] 女 -/-en **1** 生産, 産出; 製造: die ～ von Lebensmitteln 〈Erdöl〉 食料の生産〈石油の産出〉. **2** 発生させること, 創造; ▽(子供を)作ること.

Er·ze̱u·gungs≈gram·ma·tik 女 -/ (generative Grammatik) 〖言〗生成文法. **≈ko·sten** 複 生産費. **≈ort** 男 -〔e〕s/-e 生産地. **≈pla̱n** 男 生産計画. **≈preis** ＝Erzeugerpreis **≈schlacht** 女 生産戦(特にナチの戦時体制下の生産力増強).

e̱rz·fa̱ul[ɛ́rtsfáʊl] 形 怠惰きわまる.

E̱rz·fe̱ind 男 長年の敵, 不倶戴天(ふぐたいてん)の敵; 〖宗〗悪「魔, サタン.」

E̱rz≈för·de·rung[é:rts.., ɛ́rts..] 女 採鉱. **≈gang** 男 鉱脈. 「[＜erz..]」

E̱rz·ga̱u·ner[ɛ́rtsgáunər] 男 大山師(おおやまし), 大詐欺師.

das **E̱rz·ge·bir·ge**[é:rts.., ɛ́rts..] 地名 中 -s/ エルツ山地 (ふつう Böhmen とドイツ東部国境地帯の鉱石に富むザクセン=エルツ山地を指すが, ほかにスロヴァキア東部, ルーマニア西部にも同名のものがある).

Ẹrz≈ge·win·nung 女 採鉱. **≈gie·ßer** 男 鋳造工, 鋳金師. **≈gie·ße·rei** 女 鋳造〔業〕; 鋳造所. **≈glanz·mot·te** 女〘虫〙ツヤコガ(艶小蛾)科のガ. **≈gru·be** 女 鉱山;〔採〕鉱坑.

ẹrz·hal·tig 形 鉱石〈金属〉を含有する.

Ẹrz·ha·lụn·ke[ɛ́rtshalúŋkə] 男《話》大悪党〈悪漢〉.

Ẹrz·her·zog[ɛ́rts..] 男 大公(オーストリア皇子の称号, 1453-1918). [*mlat.* archi-dux (◇Duc) の翻訳借用]

Ẹrz·her·zo·gin 女 大公妃.

ẹrz·her·zog·lich 形 大公〔領〕の, 大公に関する〈属する〉.

Ẹrz·her·zog·tum 中 大公領; 大公の位.

ẹrz·höf·fig[é:rtshœfɪç, ɛ́rts..][2] 形 鉱石産出の見込みの多い.

Ẹrz·hüt·te 女 精錬所, 溶鉱所.

er·zieh·bar[ɛrtsí:ba:r] 形 教育できる; 訓練できる: ein schwer *~es* Kind 教育のむずかしい子供, 問題児 | Er ist schwer ~. 彼は教育するのがむずかしい.

er·zie·hen*[ɛrtsí:ən]《219》他 (h) **1** 教育する, しつける: *jn.* durch das gute Vorbild ~ …に模範を示す | *jn.* zu einem tüchtigen Menschen 〈zur Sparsamkeit〉 ~ …を有能な人間に育て上げる〈…に倹約を教える〉 | *sein* Ohr ~ 耳を訓練する ‖ Er ist 〔von den Großeltern〕 im christlichen Glauben *erzogen* worden. 彼は〔祖父母によって〕キリスト教の信仰をしつけられた ‖ ein gut 〈schlecht〉 *erzogenes* Kind しつけのよい〈悪い〉子. **2** (aufziehen) **a)** (子供・動物を)育てる. **b)**〘園〙栽培する. ▽**3** (馬が車などを)引く.

Er·zie·her[..tsí:ər] 男 -s/- (㊛ **Er·zie·he·rin**[..ərɪn] -/-nen) 教育者;〔家庭〕教師.

er·zie·he·risch[..ərɪʃ] (ｵｰｽﾄﾘｱ: **er·zieh·lich**) 形 教育〔上〕の; 教育的な; 口うるさい: aus *~en* Gründen 教育的見地から | die *~e* Tätigkeit 教育活動 | die *~e* Wirkung 教育的効果 ‖ auf *jn.* ~ 〔ein〕wirken …のしつけに役だつ.

Er·zie·hung[..tsí:ʊŋ] 女 -/ **1** 教育, しつけ; 育成: die sittliche 〈englische〉 ~ 道徳〈英語〉教育 | die körperliche ~ der Jugend 青少年の体育 | die elterliche ~ 家庭教育, 親もとでのしつけ | die ~ durch Schule 〈in der Schule〉 学校教育 ‖ eine Dame von 〔guter〕 ~ 教育〈教養〉のある女性 ‖ eine gute ~ erhalten 〈genießen〉 十分な教育を受ける | *jm.* eine gute ~ geben 〈angedeihen lassen〉 …に十分な教育を受けさせる ‖ Ihm fehlt jede ~. 彼は無教育な人間だ. **2**〘園〙(植物の)栽培.

Er·zie·hungs≈an·stalt 女 **1** (授業のほか訓育をも行う)教護施設, 塾, 寄宿学校. **2** (問題児・非行少年などを収容する)教育施設, 教護院, 感化院. **≈bei·hil·fe** 女 教育助成金, 奨学金; 徒弟支給金, 見習給金. **≈bei·stand·schaft** 女 -/-en《集合的に》〘法〙教育補佐人. **≈be·ra·tung** 女 教育相談. **≈be·rech·tig·te** 男 女《形容詞変化》親権者. **≈flä·che** 女《戯》(子供がお仕置きを受ける)おしり. **≈heim** 中 = Erziehungsanstalt 2 **≈kun·de** 女 -/, **≈leh·re** 女 -/ (Pädagogik) 教育学. **≈maß·re·gel** 女〘法〙(非行少年に対する)教育措置. **≈me·tho·de** 女 教育〔方〕法. **≈mi·ni·ster** 男 教育大臣, 教育相. **≈mi·ni·ste·rium** 中 教育省. **≈ro·man** 男 教育小説. **≈schwie·rig·keit** 女 教育〈しつけ〉の困難さ. **≈sy·stem** 中 教育組織. **≈werk** 中 -〔e〕s/ (団体・学校などにおける)教育活動, 指導作業. **≈we·sen** 中 -s/ 教育制度, 教育関係の事項. **≈wis·sen·schaft** 女 -/ (Pädagogik) 教育学.

er·zie·len[ɛrtsí:lən] 他 (h) **1**《*et.*[4]》ねらいどおりに手に入れる,(…の)実現に成功する, 達成〈獲得〉する: einen großen Erfolg 〈Gewinn〉 ~ 大きな成功〈利益〉を収める | eine gute Ernte ~ 多くの収穫をあげる ‖ mit dem Wagen eine hohe Geschwindigkeit ~ 車でスピードを出す | durch Zeichnungen Anschaulichkeit ~ 図解によりわかりやすくする | Bei den Verhandlungen konnte keine Einigung *erzielt* werden. 交渉では一致が得られなかった. **2**〘ｽﾎﾟｰﾂ〙(ゴール・得点などを)あげる: ein Tor ~ 得点をあげる. ▽**3** (…に)射当てる, 手が届く.

er·zit·tern[ɛrtsítərn]《05》自 (s) (大地・家などが)小刻みに震動し〈揺れ〉出す;《雅》(興奮して)震える: Er stieß an den Tisch, so daß die Gläser *erzitterten*. 彼が机にぶつかったのでコップが揺れた | vor Angst 〈Freude〉 ~ 不安〈喜び〉のあまり震え出す.

Ẹrz≈käm·me·rer[ɛ́rts..] 男 侍従長官(中世ドイツ帝国の四大宮内官の一つ: →Erzmarschall, Erzschenk, Erztruchseß). **≈kanz·ler** 男 大書記長, 尚書長官(中世ドイツ帝国の Mainz, Köln および Trier 大司教の称号).

ẹrz≈ka·tho·lisch 形 きわめてカトリック的な. **≈kon·ser·va·tiv** 形 きわめて保守的な.

Ẹrz≈la·ger[é:rts.., ɛ́rts..] 中 鉱層. **≈la·ger·stät·te** 女〘地〙鉱床.

Ẹrz≈lüg·ner[ɛ́rtsly̆:gnər] 男 大うそつき. **≈lump** 男 大悪党, 大ごろつき.

Ẹrz≈mar·schall 男 式部長官(→ Erzkämmerer). **≈mund·schenk** = Erzschenk

Ẹrz·narr 男 大ばか者. [＜erz..]

er·zog[ɛrtsó:k][1] erziehen の過去.

er·zo·gen[..tsó:gən] erziehen の過去分詞; 過去 1・3 人称複数.

Ẹrz·prie·ster[ɛ́rts..] 男〘ｶﾄﾘｯｸ〙首席司祭. [＜erz..]

Ẹrz·pro·be[é:rts.., ɛ́rts..] 女〘鉱〙鉱石試験, 試石.

ẹrz·reak·tio·när[ɛ́rtsreaktsionɛ́:r] 形 きわめて反動的な. [＜erz..]

ẹrz·reich[é:rts.., ɛ́rts..] 形 鉱石の埋蔵量の多い. [＜Erz]

Ẹrz·schalk[ɛ́rtsʃálk] 男 = Erzschelm

Ẹrz≈schau·fel[é:rts.., ɛ́rts..] 女〘坑〙鉱石ショベル. **≈schei·den** 中 -s/〘坑〙選鉱. **≈schei·der** 男〘坑〙選鉱機; 選鉱夫.

Ẹrz·schelm[ɛ́rtsʃɛ́lm] 男 大悪漢;《戯》大いたずら者, ひどいいたずら小僧.

Ẹrz·schenk[ɛ́rts..] 男 献酌(けんしゃく)長官(→Erzkämmerer). [＜erz..]

Ẹrz·schlei·che[é:rts.., ɛ́rts..] 女〘動〙アシナシトカゲの一種.

Ẹrz≈schur·ke[ɛ́rtsʃúrkə] 男, **≈spitz·bu·be** 男 大悪人, 大詐欺師.

Ẹrz·truch·seß[ɛ́rts..] 男 大膳(だいぜん)職長官(→Erzkämmerer). [＜erz..]

er·zür·nen[ɛrtsy̆rnən] **I** 他 (h) **1**《*jn.*》怒らせる, 立腹させる, 刺激する: Sie hat ihn mit ihren Forderungen *erzürnt*. 彼女はあれこれ要求して彼を怒らせた ‖ der *erzürnte* Vater 立腹した父親 | über *et.*[4] sehr *erzürnt* sein …のことで非常に立腹している. **2** 再帰 *sich*[4] über *et.*[4] 〈*jn.*〉 ~ …のことで怒る, …に憤激する | *sich*[4] mit *jm.* ~ …と仲たがいする.

II 自 (s) 怒る, 憤激〈激怒〉する: Er *erzürnte* bei diesem Gedanken. そう考えると彼は腹が立った ‖ wegen *et.*[2] *erzürnt* sein …のことで立腹している.

Ẹrz·va·ter[ɛ́rts..] 男 **1** (古代イスラエルの)父祖, 族長 (Abraham, Isaak, Jacob). **2**〘ｶﾄﾘｯｸ〙総大司教. [*kirchenlat.* patri-archa (◇Patriarch) の翻訳借用]

Ẹrz·wes·pe[é:rts.., ɛ́rts..] 女〘虫〙アシブトコバチ(脚太小蜂)科の昆虫.

er·zwin·gen*[ɛrtsvíŋən]《220》他 (h) **1**《*et.*[4] von *jm.*》(…を…から)むりに取る, 力ずくで手に入れる. **2** 強要〈強制〉する, 無理強いする, 圧力をかけてさせる: Das Geständnis ist *erzwungen* worden. その自白は強要によって得られた | Das läßt sich[4] nicht ~. それは強要するわけにいかない ‖ *sich*[3] den Weg 〈einen Durchbruch〉 ~ 力ずくで突破口を開いて進む ‖〘過去分詞で〙ein *erzwungenes* Geständnis 強要された自白 | ein *erzwungenes* Lächeln 作り笑い.

Er·zwin·gung[..ŋʊŋ] 女 -/ 強奪; 強要, 強制, 強行.

er·zwun·ge·ner·ma·ßen[ɛrtsvúŋənərmá:sən] 副 強制的に.

es[1][ɛs] (弱まって: **'s**[s])

I《人称代名詞》
1《人称的》それ, これ, あれ;《人を表す既出の中性名詞を受けて》彼, 彼女

E

a)《中性単数の語を受けて》
b)《性・数にかかわりなく語や文の意味を受けて》それ, その人〔たち〕, そのこと
①《主語または目的語として》
②《1格で: 述語名詞や述語形容詞など, 述語部分の代わりとして **sein, werden, bleiben** とともに》
c)《予示的》
①《1格で: 文頭の位置を埋める仮の主語として》
②《1・4格で: 後続の zu 不定詞〔句〕または daß 副文・間接疑問文を予示して》
2《非人称的》
a)《主語として: 定動詞は3人称単数》
①《天候・気象などを表す非人称構文で》
②《**es ist** 〈**wird**〉の形で日時・季節などを表す非人称構文をつくる》
③《心理・生理現象を表す非人称構文で》
④《一般動詞による非人称構文で》
b)《目的語として》
①《成句的表現で; 形式的目的語として》
②《感覚動詞の目的語として: 不定詞の形で現れた非人称動詞の主語に相当》
II Es[1] 中

I《人称代名詞, 3人称単数中性1・4格: 2格 **sei·ner** [záinər](ᵛsein[zaın]), 3格 **ihm**[i:m]; 所有代名詞 sein》
1 (英: *it*)《人称的》それ, これ, あれ;《人を表す既出の中性名詞を受けて》彼, 彼女.
a)《中性単数の語を受けて》Ich kenne das Gedicht. *Es* ist von Heine. 私はその詩を知っている. それはハイネのだ | Da ist ~[1] wieder, dein Mißtrauen! また始まったな お前の疑いぐせが ‖ Ich kaufte mir ein Buch und stellte ~ ins Regal. 私は本を買ってそれを本棚に立てた | Wo ist das Mädchen?—*Es* ist daheim. その少女はどこにいるのですか — 彼女は家にいます ‖〖2格で〗Sie hatte ein Söhnchen, ich erinnere mich noch *seiner*. 彼女には息子がいて 私は今でも彼のことを覚えている ‖〖3格で〗Ein armes Volk, wer kann *ihm* helfen? 哀れな人々だ. だれが彼らの力になってやれようか | Das Mädchen lief fort, und hinter *ihm* her ein kleiner Hund. 少女は走り去り 小犬がそのあとを追って行った.
b)《性・数にかかわりなく語や文の意味を受けて》それ, その人〔たち〕, そのこと.
①《主語または目的語として》:〖語の意味を受けて〗Ich kenne seinen Vater, ~ (=er) ist ein bedeutender Arzt. 私は彼の父親を知っているが有名な医者だ | An der Ecke standen ein Mädchen und ein Junge. *Es* (=Das) waren seine Kinder. 隅に女の子が一人と男の子が一人立っていた. それは彼の子供たちだった(→②) ‖ Meine Mutter kann nicht schwimmen, aber ich kann ~. 母は泳げませんが私は泳げます | Sie sang, und wir taten ~ ihr alle nach. 彼女が歌を歌い われわれ皆もそうした(→tun I 1 a ①).
‖〖文または語句の意味などを受けて〗Er hat gelogen, will ~ (=das) aber nicht wahrhaben. 彼はうそをついたのにそれを認めようとしない | Er ist nicht zu Hause.—Ich weiß ~. 彼は留守ですよ — 知っています | Er siegt oft im Wettkampf, aber ~ macht ihn nicht überheblich. 彼はよく競技に勝つが だからといっていばらない | Wenn er mich dabei unterstützt, so geschieht ~ sicher aus eigenem Antrieb. 彼がそのさい私を援助してくれるなら それは間違いなく自発的な行為だ.
‖〖状況や念頭にあるものを直接受けて〗Halt, ~ ist genug! やめろ それで十分だ | Wir haben ~ endlich geschafft! 我々はついに〔それを〕やりとげたんだ.
②《1格で: 述語名詞や述語形容詞など, 述語部分の代わりとして **sein, werden, bleiben** とともに》Mein Vater war Arzt 〈dick〉, ich bin ~ auch. 父は医者だった〈太っていた〉が私もそうだ | Die Mutter ist Schauspielerin, und ihre Tochter wird ~ auch. 母親は役者ですが娘も役者になります | Er war ein Dichter und blieb ~ bis zu seinem Tod. 彼は詩人だったが死ぬ時までそうだった | Er behauptet, mein Freund zu sein, ist ~ aber nicht. 彼は私の友人だと主張しているが 実際はそうではありません | Ist er krank?—Ja, er scheint ~〔zu sein〕. 彼は病気なのですか — ええそうらしいです | Wer ist ~?—Wir sind ~. だれだ — 私たちです | Bist du ~?—Ja, ich bin ~. 君かい — そうだよ | Ist er da?—Ja, er ist ~. 彼はいますか — はい います | Wer reitet so spät?—*Es* ist der Vater mit seinem Sohn. こんなに夜おそく馬に乗っているのはだれなのか — 息子を連れた父親です.
‖〖関係文の先行詞として: ただし関係代名詞の性・数の呼応は sein によって es と結ばれている〔代〕名詞に従う〗*Es* waren seine Brüder 〈Seine Brüder waren ~〉, die so spät ritten. そんなに夜遅く馬に乗っていたのは彼の兄弟たちだった | Ich bin ~, der 〈die〉 gestern Sie angerufen hat. 昨日電話をおかけしたのは私です | Bist du'*s*, den 〈die〉 man zu mir geschickt hat? 私のところに派遣されて来たのは君だったのか ‖ Was ist ~, das ich tun soll? 私がすべきことは何だろうか, 私に何をしろというのか | Wer sind ~, die jetzt kommen? そこにやって来るのはだれだ.
☆ sein と用いられる場合 es は動詞の形を決定する力を持たない: →sein[1] I 2 a ☆ ii ⓑ
c)《予示的》
①《1格で: 文頭の位置を埋める仮の主語として; 定動詞の形は後出の主語によって決まる》*Es* ereignete sich ein Unfall. 事故が発生した | *Es* kamen drei Soldaten heran. 3人の兵士が近づいて来た | *Es* ist dies deine Sache. これはお前のすべきことだ | *Es* sind im Zoo viele seltsame Tiere. 動物園には多くの珍しい動物がいる | *Es* war einmal ein alter König.(童話の冒頭で)むかし一人の年老いた王様がありました | *Es* lebe die Freiheit! 自由万歳.
②《1格または4格で: 後続の zu 不定詞〔句〕または daß 副文・間接疑問文を予示して》*Es* ist gesund 〈Gesund ist 〔~〕〉, früh aufzustehen 〈, **daß** man früh aufsteht〉. 朝早く起きるのは健康的だ | Ich kann ~ nicht verantworten, daß er daran teilnimmt. 彼が参加するかどうか責任が負えない | Ich bedauere 〔~〕 sehr, daß ich Sie gekränkt habe. お気持を傷つけたことを申し訳なく思います | Wenn ~ wahr ist, daß ... …ということがもし本当であるならば | *Es* war in Berlin, daß wir uns zum erstenmal trafen. 私たちが最初に出会ったのはベルリンだった | *Es* ist drei Jahre[4] her 〈*Es* sind drei Jahre[1] 〔her〕〉, daß er mir geschrieben hat. 彼が私に手紙をよこしてから3年になる | ***Es* sei denn,** daß ... ただし…である場合は別だ | *Es* blieb unklar, was er damit meinte. 彼がそれをどういう意味で言ったのか ついに分からずじまいだった | Man spürt ~ bald nicht mehr, wie abscheulich man lebt. 自分がどんなに嫌悪すべき生活をしているかは じきに気づかなくなってしまうものだ | *Es* soll untersucht werden, ob er noch da ist. 彼がまだいるかどうかを調べるんだ.
★ i) es の3格 ihm は, 人間・動物以外を指す場合は, ふつう前置詞とともに用いられず, da〔r〕+前置詞という形が用いられる: Auf dem Tisch stand ein Topf, und *daneben* (=neben dem Topf) einige Tassen. テーブルの上にポットがあり そのわきに数個のカップがあった(→da.. 1).
ii) es を4格支配の前置詞とともに用いること(㊞ gegen *es*)はまれである. したがって es が人間・動物を指す場合は名詞で表現するほかない: Die Frau wartete immer noch auf das Kind. Sie wollte nicht ohne *das Kind* weggehen. 女は相変わらず子供を待ち続けた. 子供を連れずに去ろうとはしなかった.
iii) 2格の seiner はふつう人を指すときにのみ用いられる. また前置詞 halben, wegen, um ... willen とは seinet.. の形で結合形を作る. es が人間・動物以外の事物を指すときは, es の強調形に当たる das の2格が用いられて dessen, deshalb, deswegen, um dessentwillen の形をとる: Sie liebte das Kind, um *seinetwillen* wollte sie alles tun. 彼女はその子を愛しその子のためなら何でもしようと思った | Ich weiß nicht, ob er *dessen* fähig ist. 彼に

その能力があるかどうか私は知らない.

iv) 古くは es は1・4格 eʒ, 2格 es, 3格 im だったので今日でも古い2格 es が若干の成句的表現に残って4格または1格と意識されている: Ich bin *es* müde ⟨überdrüssig⟩, mit dir zu streiten. 君と争うのはもううんざりだ | Er wurde *es* gewahr. 彼はそれに気づいた | *Es* ist zuviel. それはあんまりだ.

2 《非人称的》 **a**) 《主語として: 定動詞はつねに3人称単数》 ①《天候・気象などを表す非人称構文で》 *Es* regnet heute./ Heute regnet ~. きょうは雨降りだ | Im Westen klärt ~ sich auf. 西の空が晴れてくる | Fenster zu, ~ zieht. 窓を閉めなさい 風が入るぞ | *Es* ist warm ⟨dunkel⟩ im Zimmer./ Im Zimmer ist ~ warm ⟨dunkel⟩. 室内は暖かい⟨暗い⟩ | *Es* ist kalt heute./ Heute ist ~ kalt. きょうは寒い.

②《**es ist** ⟨**wird**⟩ の形で日時・季節などを表す非人称構文をつくる》 *Es* war noch fünf 〔Uhr〕, als ich erwachte. 私が目ざめたときはまだ5時だった | *Es* ist schon spät. 時刻はもうおそい | *Es* ist schon Nacht ⟨Mittag⟩. もう夜⟨正午⟩だ | *Es* ist bald Weihnachten. まもなくクリスマスだ | *Es* war eines Abends im Sommer. 夏の夕刻〔のこと〕であった | *Es* wird Abend. 日が暮れる | In diesem Jahr wird ~ spät Sommer werden. 今年は夏が遅いだろう.

☆ 述語の1格をもつ文では heute, gestern, morgen などが文頭にあるとふつうは es は省略される: *Es* ist Montag ⟨der dritte Mai⟩ heute. (＝Heute ist Montag ⟨der dritte Mai⟩.) きょうは月曜⟨5月3日⟩だ | Jetzt ist 〔~〕 schon Herbst. 今はもう秋だ.

③《心理・生理現象を表す非人称構文で: es は文頭以外ではふつう省略される》 *Es* graut mir. (＝Mir graut.) 私はこわい | *Es* friert mich. (＝Mich friert.) 私は寒い | *Es* ist mir kalt. (＝Mir ist kalt.) 寒い | *Es* ist mir (＝Mir ist), als ob er noch am Leben wäre. 彼がまだ生きているような気がする ‖ Hier ist ~ zum Ersticken. ここは息が詰まりそうだ.

④《一般動詞による非人称構文で: 動作・現象の主体が明示されずに動詞の表す動作・状態自体に重点がおかれる表現》 *Es* brennt! 火事だ | *Es* klingelt. ベル⟨電話⟩が鳴っている | *Es* blüht im Garten. 庭は花ざかりだ | In den Zweigen rauscht ~. 木の枝がざわめいている ‖ Gefällt ~ Ihnen in Berlin? ベルリンはお気に召しましたか | *Es* geht mir gut ⟨schlecht⟩. 私は調子がよい⟨よくない⟩ | *Es* zieht mich immer wieder dorthin. 私は絶えずそこへ行きたい気持にかられる ‖ *Es* dauerte sehr lange, bis er zurückkam. 彼が帰ってくるまでずいぶん長かった | *Es* bedarf noch einiger Mühe. まだ少しばかり骨を折る必要がある ‖ *Es* gibt noch andere Möglichkeiten. まだほかにもいろいろ可能性がある | *Es* kommt darauf an, ob Sie es eilig haben oder nicht. あなたがお急ぎかどうかが問題です(→b ①) | Dich ⟨Den⟩ hat's 〔wohl〕. 《話》君⟨あいつ⟩はどうかしている ‖〘自動詞の再帰的用法で様態を示す語句と〙 Hier schläft ~ sich gut. ここではよく眠れる | *Es* wohnt sich angenehm in dieser Stadt./ In dieser Stadt läßt 〔~〕 sich angenehm wohnen. この町は住み心地がいい ‖〘4格の目的語をもたない動詞の受動表現で: この es は文頭にのみ現れる〙 *Es* wurde am Abend (＝Am Abend wurde) gesungen. 晩には歌があった | *Es* ist im Hotel (＝Im Hotel ist) gestohlen worden. ホテルで盗難があった | *Es* ist ihm (＝Ihm ist) nicht mehr zu helfen. 彼はもう助けようがない.

b) 《目的語として》

①《成句的表現で意味はないが構文上必要な4格の形式的目的語として》 Ich habe ~ heute eilig. きょうは急いでいます | Er hat ~ auf sie abgesehen. 彼のねらいは彼女⟨彼ら⟩だ | Du hast ~ darauf abgesehen, mich zu täuschen? 君は私をだますつもりだね | Ich halte ~ mit ihm nicht mehr aus. 私は彼にはもう我慢がならない | Er wird ~ sicher sehr weit bringen. 彼はきっと大いに出世⟨進歩⟩するだろう | Sie meint ~ gut mit mir. 彼女は私に好意を持っている | Ich habe ~ im Magen. 私は胃がおかしい | Jetzt hab' ich'*s*! さあ見つけた⟨わかった⟩ぞ | Seitdem hat er'*s* mit mir verdorben. それ以来彼は私と仲たがいしている ‖〘名指しにくいものを受けて〙 ~ 〔mit *jm.*〕 machen 《話》〔…と〕セックスする | ~ *jm.* machen 《話》…に性的満足を与える.

②《感覚動詞の目的語として: 不定詞の形で現れた非人称動詞の主語に相当》 Ich höre ~[4] in den Zweigen rauschen. 木の枝がざわめく音が聞こえる. (＝Ich höre, wie ~[1] in den Zweigen rauscht.) (→a ④)

★ i) es はふつうアクセントをもたないので文頭以外では省略されることが少なくない(→1 c ②, 2 a ② ③ ④)が, 口語や詩文では文頭でも消えることがある: Tut mir leid. 残念です, すみません | Freut mich sehr. (お目にかかれて)うれしゅうございます ‖ Sah ein Knab' ein Röslein stehn. 少年はかわいいバラを見た (Goethe).

ii) es は強調がおかれることがないため, 他の人称代名詞と違って, 目的語として主文の文頭におかれることがない. 必要に応じて es の強調形に当たる das が用いられる. 例えば, Ihn habe ich gesehen. とは言えるが Es habe ich gesehen. とは言えず, Das habe ich gesehen. となる.

II Es[1] 中 -/ **1** それ; (etwas) あるもの⟨こと⟩, 何か: ein unbestimmtes ~ 不特定なもの,〔何か〕あるもの. **2** 〘心〙イド, 無我意識(自我の基底にある本能的衝動の源泉); 〘精神分析〙エス: das Ich und das ~ エゴとイド.
[*idg.*; ◇er; *lat.* id „es"]

es[2][ɛs] 《南部》 ＝ihr[1]

es[3][−] **I** 中 -/- 〘楽〙変ホ音. **II** 記号 (es-Moll) 〘楽〙変ホ短調.

..es[..ɛs] 〘楽〙《幹音名につけて「…変派生音」を意味する》: C*es* 変ハ音 | *ges*-Moll 変ト短調.

Es[2][ɛs] **I** 中 -/- 〘楽〙変ホ音. **II** 記号 (Es-Dur) 〘楽〙変ホ長調.

Es[3] 略 ＝**Escudo**

Es[4][eːǀés, aɪnʃtáɪniʊm] 記号 (Einsteinium) 〘化〙アインシュタイニウム.

E-Sai·te[éː..] 女 〘楽〙(弦楽器の弦の) E 線.

E̤sau[éːzaʊ] 人名 エーザウ; 〘聖〙エサウ (Isaak の子で, 弟 Jakob に豆のスープと引き換えに家督の権利を譲った): ein haariger ~ 《戯》(エサウのように)全身毛むくじゃらの男. [*hebr.*]

Esc 略 ＝**Escudo**

Esch[ɛʃ] 男 -〔e〕s/-e 《方》(Feldmark) 耕地, 田畑.
[*ahd.* ezzisc; ◇*lat.* ador „Spelt"]

Es·cha·to·lo·gi̤e[ɛsçatologíː] 女 -/ 〘宗〙終末論, 終末論的世界観; 終末神学. [＜*gr.* éschatos „letzt"]

es·cha·to·lo̤·gisch[..lóːgɪʃ] 形 終末論〔的〕の.

E̤sche[ɛ́ʃə] 女 -/-n **1** 〘植〙トネリコ(土𣏓利古)属; トネリコ材. **2** 《雅》(Lanze) 槍(やり). [*idg.*; ◇Asch[2]; ＜*lat.* ornus „Esche"; *engl.* ash]

e̤schen[ɛ́ʃən] 形 《付加語的》トネリコ〔製〕の.

E̤schen·a̤horn 男 〘植〙トネリコバノカエデ(土𣏓利古葉楓).

E̤schen·bach[ɛ́ʃənbax] →Wolfram von Eschenbach

E̤schen≠baum 男 トネリコの木. ≠**holz** 中 トネリコ材. ≠**wur·zel** 女 ＝Diptam

E̤-Schicht[éːʃɪçt] 女 -/ 〘理〙E 層(電離層の一つ).

E̤sch·lauch[ɛ́ʃ..] 男 〘植〙シャロット, エシャロット(ネギ属で香辛料に用いる).

Esch·scho̤lt·zia[ɛʃɔ́ltsia·] 女 -/..tzien[..tsiən] (Goldmohn) 〘植〙ハナビシソウ(花菱草)属, カリフォルニアポピー.
[＜J. Fr. Eschscholtz (ドイツの自然学者, †1831)]

Es·cṳ·do[ɛskúːdo·] 男 -〔s〕/-〔s〕 (略 Es, Esc) エスクード (ポルトガルなどの旧貨幣〔単位〕: 100 Centavos). [*lat.* scūtum－*span.*; ◇Scudo]

E̤s-Dur[ɛ́sduːr, ⌣⌐] 中 -/ 〘楽〙変ホ長調(記号 Es): → A-Dur

E̤sel[éːzəl] 男 -s/- **1** (女 **E̤se·lin**[..zəlɪn]-/-nen; 小 **E̤sel·chen**[..zəlçən], **E̤se·lein**[..zəlaɪn] 中 -s/-) 〘動〙ロバ(驢馬): **ein ~ in der Löwenhaut** 《比》ライオンの皮をかぶったロバ, トラの威を借るキツネ, 虚勢を張っている弱虫 ‖ dumm ⟨störrisch⟩ wie ein ~ sein ひどく頭が悪い⟨固い⟩ | *sich*[4] wie ein ~ auf Schlittschuhen ⟨beim Lautenspielen⟩ benehmen きわめて不器用に振舞う | wie Buridans ~ dastehen 二者択一に迷っている ‖ Ein ~ schilt 〈schimpft〉 den andern Langohr. 《諺》目くそ鼻くそを笑う(ロバが他のロバの耳の長いのをそしる) | **jn. hat der ～ im Galopp verloren**《話》i) …はどこの馬の骨だかわからない; ii) …はひどく頭が悪い ‖ **jm. einen ～ (=ein Eselsohr) bohren**《話》…をからかう | Wenn man den ～ nennt, kommt er〔schon〕gerennt. 《諺》うわさをすれば影 | den Sack schlagen und den ～ meinen (→Sack 1) | Wenn's dem ～ zu wohl wird, geht er aufs Eis〔tanzen〕. 《諺》調子に乗るとけがをする(ロバがうれしくなると氷の上へダンスに出かける) | um den Schatten eines ～*s* streiten (→Schatten 1 a) ‖ vom Pferd auf den ～ kommen (→Pferd 1). **2**《比》ばかもの, とんま: Du〔alter〕～! ばかやろう | **Der ～ geht voran. / Der ～ nennt sich zuerst.**《諺》とんまは出しゃばる. **3** (Gestell) 工作台, うま; 画架;《話》自転車, オートバイ, スクーター. 【*lat.* asinus－*germ.*; ◇Assel; *engl.* ass, easel】

Ese·lei[e:zəlái] 女 -/-en 愚行.

Esel·fül·len[é:zəl..] 中 ロバの子.

esel·haft 形 ロバのような;《比》とんまな, 強情な.

Ese·lin Esel 1 の女性形.

Esels·bank 女 -/..bänke (怠惰な生徒が)罰として座らされる腰掛け.

Esels·brücke 女 **1** (理解や記憶を容易にするための)ヒント: *sich*[3] eine ～ bauen 記憶用のヒントをつくる | *jm.* eine ～ bauen …のために問題解決のヒントを与える. **2** (怠惰な生徒のための)とらの巻, あんちょこ; (特に)訳本. 【*mlat.* pōns asinōrum (◇Ponte) の翻訳借用】

Esels≠di·stel 女〘植〙ゴロツキアザミ(薊)属. **≠haupt** 中〘海〙檣帽(しょうぼう), 檣頭冠. **≠kopf** 男 ロバの頭;《比》患者, とんま. **≠milch** 女 -/ **1** ロバの乳. **2**〘植〙ハギクソウ(葉菊草). **≠ohr** 中 **1** ロバの耳: *jm.* ein ～ bohren《俗》…をからかう. **2** (書物などのページの隅の)折り込み(目印用, または粗雑な取り扱いの結果): als Lesezeichen ein ～ machen しおり代わりにページの隅を折る. **≠rücken** 男 **1** ロバの背. **2**〘建〙(後期ゴシックの)オジー〈葱花〉アーチ(→ 図 Bogen). **3**〘鉄道〙ハンプ, 車止めの土盛り〈盛り砂〉(→ 図 Bahnhof B). **≠tritt** 男《比》(すでに裁きを受けた者・敗者と決定した者に対する)おまけの一打〈一撃〉. **≠wie·se** 女 **1**《俗》(新聞の) 3 行広告欄. **2** 初心者用スキーゲレンデ.

es·es[ɛ́sǀɛs, ⌣⌣], **Es·es**[−] 中 -/-〘楽〙重変ホ音.

..esk[..ɛsk]《名詞などにつけて「…のような」を意味する形容詞をつくる》: ballad*esk* 物語詩(バラード)ふうの | pittor*esk* 絵画的な | dant*esk* ダンテふうの. 【*germ.*－*it.* ..esco; ◇..isch, ..ik; *engl.* ..esque】

▽**Es·ka·der**[ɛská:dər] 女 -/-s〘海〙小艦隊, 戦隊. 【*it.* squadra－*fr.* escadre】

▽**Es·ka·dron**[..kadró:n] 女 -/-en (Schwadron)〘軍〙騎兵中隊. 【*it.* squadrone－*fr.*; ◇Schwadron】

▽**Es·ka·la·de**[ɛskalá:də] 女 -/-n〘軍〙塁壁登攀(とうはん), 攀登(はしごで堡塁(ほうるい)に登る攻撃). 【*it.*－*fr.*; ◇Skala】

es·ka·la·die·ren[ɛskaladí:rən] **I** 自 (h)〘軍〙攀登(はんとう)教練をする. **II** 他 (h)〘軍〙はしごで攀登する. 【*fr.*】

Es·ka·la·dier·wand[..dí:r..] 女 攀登(はんとう)壁.

Es·ka·la·tion[ɛskalatsió:n] 女 -/-en (段階的な)増大,(戦力などの)段階的拡大, エスカレーション. 【*engl.* escalation; ＜*engl.* escalator „Rolltreppe"】

es·ka·lie·ren[..lí:rən] **I** 他 (h) (↔deeskalieren) (段階的に)増大〈拡大〉させる, エスカレートさせる: den Widerstand〔bis〕zum Terror ～ 抵抗をエスカレートさせてテロ行為を行う ‖ 再帰 *sich*[4] ～ エスカレートする. **II** 自 (h)《zu *et.*[3]》(…へと段階的に)増大〈拡大〉する,(…に)エスカレートする.

Es·ka·lie·rung[..rʊŋ] 女 -/-en〔sich〕eskalieren すること.

▽**Es·ka·mo·ta·ge**[ɛskamotá:ʒə; オースト: ..tá:ʒ] 女 -/-n [..ʒən] 手品, 奇術, 消去術. 【*fr.*; ＜..age】

▽**Es·ka·mo·teur**[..tø:r] 男 -s/-e (Taschenspieler) 手品〈奇術〉師. 【*fr.*; ＜..eur】

es·ka·mo·tie·ren[..tí:rən] 他 (h)《雅》手品で隠す〈消す〉, 呪文(じゅもん)で退散させる; (気づかれないうちに)消えてなくならせる; ちょろまかす. 【*fr.*; ＜*lat.* squāma „Schuppe"】

Es·ka·pa·de[ɛskapá:də] 女 -/-n **1**〘馬術〙逸走, 奔逸. **2**《雅》逸脱行為, 奔放な行動. 【*span.*－*fr.*; ◇echappieren】

Es·ka·pis·mus[ɛskapísmʊs] 男 -/ 現実逃避主義.【*engl.*】

Es·ka·riol[ɛskarió:l] 男 -s/ =Endivie 【*mlat.*－*fr.* escarole; ＜*lat.* ēsca „Speise" (◇essen)】

▽**Es·kar·pin**[ɛskarpɛ̃:] 男 -s/-s《ふつう複数で》**1** (かかとの低いパンプス様の)舞踏靴; (ロココ時代に流行した半ズボン・絹靴下とともに用いた)紳士用ダンス靴. **2** (Kniehose) 半ズボン. 【*it.*－*fr.*; ＜*it.* scarpa „Schuh"】

Es·ki·mo[ɛ́skimo·] **I** 男 **1** -〔s〕/-〔s〕エスキモー(北アメリカの北極圏に住む種族: →Inuit). **2** -s/-s エスキモー織(厚手のコート地). **II** 中 -/ エスキモー語. 【*indian.* „Rohfleischesser"】

Es·ki·mo·hund[ɛ́skimo..] 男 エスキモー犬.

es·ki·mo·isch[ɛskimó:ɪʃ] 形 エスキモー〔人・語〕の; エスキモー織の: →deutsch

Es·ki·mo·spra·che[ɛ́skimo..] 女 エスキモー語.

es·ki·mo·tie·ren[ɛskimotí:rən] 自 (h)〘カヌー〙エスキモー回転をする.

▽**Es·kompte**[ɛskɔ̃́:t] 男 -s/-s =Diskont 【*it.*－*fr.*】

es·komp·tie·ren[ɛskɔ̃tí:rən] =diskontieren 【*it.*－*fr.*; ◇skontieren】

Es·kor·te[ɛskɔ́rtə] 女 -/-n 護衛隊; 護衛艦〈機〉隊: Eine ～ von Jagdflugzeugen schützte den Bomberverband vor feindlichen Angriffen. 戦闘機の一隊が爆撃機の編隊を護衛して敵の攻撃から守った. 【*it.*－*fr.*; ＜ex..[1]＋*lat.* corrigere (→korrigieren)】

es·kor·tie·ren[ɛskɔrtí:rən] 他 (h) 護衛する; (捕虜などを)護送する: Der Bomber wurde von drei Jägern *eskortiert*. 爆撃機は 3 機の戦闘機に護衛された. 【*fr.*】

Es·me·ral·da[ɛsmerálda·] **I** 女名 エスメラルダ. **II** 女 -/ エスメラルダ(スペインの舞踏の一種). 【*lat.* smaragdus－*span.*; ◇Smaragd】

es-Moll[ɛ́smɔl, ⌣⌣] 中 -/ 〘楽〙変ホ短調(記号 es): →A-Dur

Eso·te·rik[ezoté:rɪk] 女 -/-en 秘義.

Eso·te·ri·ker[..rikər] 男 -s/- (↔Exoteriker) 秘義を受けた人; 秘教徒, 密教徒.

eso·te·risch[..rɪʃ] 形 (↔exoterisch) 秘教的な, 密教的な; 秘伝の. 【*gr.* „innerlich"; ＜*gr.* ésō „drinnen"】

Es·pa·gno·le[ɛspanjó:lə] 女 -/-n エスパニョール(スペインふうの舞踏). 【*fr.*; ＜*lat.* Hispānia (→Hispanien)】

Es·pa·gno·let·te[..njolɛ́tə] -/-n, **Es·pa·gno·let·te·ver·schluß** 男 イスパニア錠(両開き窓の締め金: → 図 Fenster B). 【*fr.* espagnolette】

Es·par·set·te[ɛsparzɛ́tə] 女 -/-n〘植〙イガマメ. 【*fr.*】

Es·par·to[ɛspárto·] 男 -s/ , **Es·par·to·gras** [ɛspárto..] 中〘植〙アフリカハネガヤ(羽茅)(かご細工や紙の原料となる). 【*gr.* spárton (→Spartgras)－*lat.*－*span.* esparto】

Es·pe[ɛ́spə] 女 -/-n (Zitterpappel)〘植〙ヤマナラシ(山鳴)(ポプラの一種). 【*germ.*; ◇*engl.* aspen】

es·pen[ɛ́spən] 形《付加語的》ヤマナラシ材製の.

Es·pen·laub 中 ヤマナラシの葉: **wie ～ zittern**《話》(恐怖・寒気などで)ぶるぶる震える.

Es·per[ɛ́spər] 男 -s/- =Esparsette

Es·pe·ran·tist[ɛsperantíst] 男 -en/-en エスペランチスト, エスペラント語使用者〈研究者〉.

Es·pe·ran·to[..ránto·] 中 -〔s〕/ エスペラント語(1887年ポーランドの医師 Zamenhof の創案した国際補助語). 【＜*span.* esperar „hoffen"】

Es·pla·na·de[ɛsplaná:də] 女 -/-n (内城と囲壁の間の)空き地; (城塞(じょうさい)取り壊しによって生じた)空き地; (一般に)大広場. 【*fr.*; ＜*lat.* explānāre (→Explanation)】

es·pres·si·vo[ɛsprɛsí:vo·] 副 (ausdrucksvoll)〘楽〙エスプレッシーボ, 表情豊かに. 【*it.*】

Es·pres·so[ɛsprɛ́so·] **I** 男 -〔s〕/-s, ..pressi[..si·] エスプレッソ=コーヒー(イタリアふうの濃いコーヒー). **II** 中 -〔s〕/-s エスプレッソ=コーヒーを飲ませる店. 【*it.*; ＜*lat.* expressus (→expreß)】

Es·pres·so·bar[ɛsprɛ́so..] 女 =Espresso II
Es·prit[ɛsprí:] 男 -s/ エスプリ, 聡明(そうめい)な才気, 当意即妙の機知: ~ haben 才知がある. [*lat.* spīritus–*fr.*; ◇Spiritus]
Esq. 略 =Esquire 1
der **Es·qui·lin**[ɛskvilí:n] 地名 男 -s/ エスクウィリーヌスの丘(ローマの七つの丘の一つ). [*lat.*]
Es·qui·re[ɪskwáɪə] 男 -s/-s **1** (略 Esq.) …様, …殿(紳士あての手紙や公文書で名前のあとに略して用いる). ▽**2** 郷士(ごうし)(イギリスの騎士に次ぐ階級); (中世の)騎士の従者. [*afr.*–*engl.*; <*lat.* scūtum (→Scudo)]
Es·ra[ɛ́sra·] **I** 男名 エスラ. **II** 人名 〖聖〗エズラ(前5世紀ごろのユダヤの祭司・律法官): das Buch ~ (旧約聖書の)エズラ記. [*hebr.* „(Gott ist) Hilfe"; ◇*engl.* Ezra]
..eß[..ɛs] →..esse
Es·say[ɛ́se·, ɛsé:; オース・トリア: ⌣ㄥ] (**Es·sai**[ɛ́se·, ɛsé:]) 男 中 -s/-s エッセイ, 小論, 随筆; 試論. [*spätlat.* exagium „Abwägen"–*fr.*(–*engl.*); <*lat.* exigere (→exakt)]
Es·say·ist[ɛseíst] 男 -en/-en エッセイスト, 評論〈随筆〉家.
es·sayi·stisch[..tɪʃ] 形 エッセイ〈随筆〉ふうの.
eß·bar[ɛ́sba:r] 形 食用に適した, 食べられる: ~*e* Pilze 食用キノコ.
Eß·bar·keit[–kaɪt] 女 -/ eßbar なこと.
Eß·be·steck 中 食器(ナイフ・フォーク・スプーンのセット: →図 Besteck). [<essen]
..esse[..ɛsə]《人を表す男性名詞につけて, それの女性形 (-/-n) をつくる. ..eß (-/..essen), ..essin (-/-nen), ..issin となることもある》: Baron*esse* 男爵令嬢 ‖ Steward*eß* スチュワーデス ‖ Prinz*essin* 王女 ‖ Äbt*issin* 尼僧院長. [*gr.*–*fr.*]
Es·se[ɛ́sə] 女 -/-n **1 a)**《中部》(Schornstein) 煙突, 煙道, けむ出し: *et.*[4] in die ~ schreiben《比》…(貸金など)を棒引き(帳消し)にする. **b)**《戯》(Zylinderhut) シルクハット. **2** 炉; 燻蒸(くんじょう)室; 鍛冶(かじ)場. [*germ.* „Feuerherd"; ◇Asche]
Eß·ecke[ɛ́s..] 女 (居間の一部に設けた)食事コーナー: ein Wohnzimmer mit ~ 食事コーナーのある居間.
es·sen*[ɛ́sən]《36》**aß**[a:s]/**ge·ges·sen**[gəgɛ́sən]; 現 *du* ißt[ɪst] (issest), *er* ißt; 命 iß; 接II äße[ɛ́:sə]
I 他 (h) (英: *eat*) 食べる, 食う;《目的語なしで》食事をする: Fleisch 〈Gemüse〉 ~ 肉〈野菜〉を食べる | eine Kleinigkeit ~ 軽い物を食べる | Suppe ~ (スプーンを用いて)スープを飲む(→trinken I) | Er *ißt* keinen Fisch. 彼は魚はいっさい食べない ‖ zu Abend 〈Mittag〉 ~ 夕食〈昼食〉を食べる(→frühstücken) ‖ Er *ißt* viel 〈wenig〉. 彼は大食〈少食〉だ | unmäßig 〈tüchtig〉 ~ 大食いする〈ぱくつく〉 | wie ein Spatz ~ (→Spatz 1) | auswärts ~ 外食する | gut ~ und trinken 豊かな〔食〕生活をする | kalt 〈warm〉 ~ 火を使わない〈使った〉料理を食べる | Es wird nichts so heiß *gegessen,* wie es gekocht wird. (→heiß[2] 1) ‖ Ich *esse* gerade. 私は食事中である(=Ich bin gerade beim Essen.) | Ich habe schon *gegessen.* 私はもう食事がすんだ ‖ ~ gehen (レストランなどへ)食事に出る | Wer nicht arbeitet, soll auch nicht ~. / Wer ~ will, muß auch arbeiten.《諺》働かざる者食うべからず ‖ Was gibt es heute zu ~? きょうのご飯〈おかず〉はなんですか | dem Bettler etwas zu ~ geben こじきに食物をめぐむ ‖ Selber ~ macht fett 〈feist〉. (→selber 1) ‖ 再帰 Das *ißt* sich[4] am besten warm. これは熱くして食べるのがいちばんだ | Das läßt sich[4] ~ これはなかなかおいしい〈いける〉 ‖〖結果を示す語句と〗*jn.* arm ~ …の財産を食いつぶす | den Teller leer ~ 皿の料理を平らげる | *sich*[3] den Bauch voll ~ 腹いっぱい食べる ‖ 再帰 *sich*[4] krank ~ 食あたりする | *sich*[4] 〔an *et.*[3]〕 satt ~ 〔…で〕満腹する. **II Es·sen**[1] 中 -s/- 食事; 宴会; 食物, 料理: ~ und Trinken 飲食〔物〕 | *Essen* und Trinken hält Leib und Seele zusammen.《諺》衣食たりて礼節を知る(飲食が心身を一致させる) | Acht ~ fehlen. 食事が8人分足りない ‖ an einem ~ teilnehmen 宴会に出席する | beim 〈nach dem〉 ~ 食事中〈食後〉に | Der Appetit kommt beim 〈mit dem〉 ~. (→Appetit 1) | zum ~ gehen (外に)食事をしに行く | Ich blieb bei ihm zum ~. 私はそのまま(帰らずに)彼の家で食事をした | *jn.* zum ~ einladen …を食事に招待する ‖ für *jn.* ein ~ geben …のために一席もうける, …を宴を張ってもてなす | das ~ kochen 〈machen〉 炊事をする | *sein* ~ verdienen 生計を立てる. [*idg.*; ◇Zahn, Aas, atzen, fressen; *engl.* eat; *lat.* edere „essen"]
Es·sen[2][ɛ́sən] 地名 エッセン(ドイツ Ruhr 地方の中心的工業都市). [*mndl.* ast „Schmelzofen"]
Es·sen·aus·ga·be[ɛ́sən..] 女 **1** 食事を出すこと, 給食: Die ~ erfolgt ab 12 Uhr. 食事は12時から出る. **2**〖軍〗配食窓口.
es·sen·disch[ɛsɛ́ndɪʃ] =essensch
Es·sen·emp·fang[ɛ́sən..] 男 食事を受け取ること.
Es·se·ner[1][ɛ́sənər] **I** 男 -s/- エッセンの人(→Essen[2]). **II** 形《無変化》エッセンの.
Es·se·ner[2][ɛsé:nər] 男 -s/- エッセネ派(イエス時代パレスチナで栄えたユダヤ教の一分派)の信徒. [*aram.*–*gr.*–*lat.*]
Es·sen·fe·ger[ɛ́sən..] 男《中部》(Schornsteinfeger) 煙突掃除人. [<Esse]
Es·sen≈ho·ler[ɛ́sən..] 男〖軍〗食事当番. **≈kar·te** 女 食券.
Es·sen·keh·rer[ɛ́sən..] 男《中部》=Essenfeger
Es·sen≈korb[ɛ́sən..] 男 食品かご, ランチバスケット. **≈mar·ke** 女 (社員食堂のない職場などで雇い主が支給する)昼食費補助用金券: die schwarze ~ abgeben《俗》死ぬ.
es·sensch[ɛ́sənʃ] 形 エッセン〔産〕の(→Essen[2]).
Es·sens≈mar·ke[ɛ́səns..] =Essenmarke **≈re·ste** 複 残飯, 食べ残し. **≈zeit** 女 食事の時間: Es ist ~. 食事の時間だ.
es·sen·tial[ɛsɛntsiá:l] =essentiell
Es·sen·tia·li·en[..tsiá:liən] 複 (↔Akzidentalien)〖法〗(法律行為の)要素.
es·sen·tiell (**es·sen·ziell**)[..tsiɛ́l] 形 **1** (↔akzidentell) (偶発的なものではなく)本質的な, 本質をなす. **2**〖化・生〗不可欠の, 必須の: ~*e* Fettsäure 必須〈不可欠〉脂肪酸. **3**〖医〗真性の; 特発性の: ~*e* Hypertension 本態性高血圧. [*mlat.*–*fr.*]
Es·senz[ɛsɛ́nts] 女 -/-en **1**《単数で》《雅》(Wesen) 本質, 本体, 精髄, 骨子; 基本概念. **2** (植物から抽出した)エキス, 精; 精油, 香水. [*lat.*; <*lat.* esse „sein" (◇sein[1])]
Es·ser[ɛ́sər] 男 -s/- 食べる人: ein starker 〈guter〉 ~ 大食漢 | ein schwacher 〈schlechter〉 ~ 少食の人 | ein wackerer ~ 大食漢 ‖ Sie hat fünf ~ zu versorgen. 彼女は5人を養わねばならない.
Es·se·rei[ɛsəráɪ] 女 -/-en **1** 大食, 暴食; がつがつと〈ぶつぶつ言いながら〉食べること. **2** 宴会, ごちそう.
Eß≈ga·bel[ɛ́s..] 女 食事用のフォーク(→図 Gabel). **≈ge·la·ge** 中 会食, 宴会, 供宴. **≈ge·rät** 中 =Eßbesteck **≈ge·schirr** 中 食器; 飯盒(はんごう). **≈ge·wohn·heit** 女 食習慣. **≈gier** 女 -/ 激しい〈飽くことのない〉食欲, 食物に対する激しい欲望.
eß·gie·rig 形 がつがつした.
Es·sig[ɛ́sɪç][2] 男 -s/-e〖料理〗酢: milder 〈scharfer〉 ~ 弱い〈強い〉酢 | einen Löffel ~ an den Salat tun サラダに酢を一さじ加える | **es ist ~ mit** *et.*[3]《話》…はだめになった, …はおじゃんになった | Mit dem Ausflug ist es ~. 小旅行〔の計画〕はおじゃんになった ‖ *et.*[4] **in ~** 〔ein〕legen …を酢につける | **zu ~ werden** (酒が)酸っぱくなる;《話》(計画が)おじゃんになる. [*lat.* acētum–*ahd.*; <*lat.* acēre „sauer sein" (◇akro..)]
Es·sig≈äl·chen 中〖動〗スセンチュウ(酢線虫)(食酢にわく). **≈äther** 男〖化〗酢酸エーテル. **≈bak·te·rie**[..riə] 女 -/-n《ふつう複数で》酢酸菌. **≈baum** 男〖植〗ウルシ(漆)属の木(北米原産で, ヨーロッパでは公園や街路に多く植えられる). **≈bil·dung** 女〖化〗酢化. **≈braue·rei** 女 製酢工場. **≈es·senz** 女 濃酢酸溶液, 濃縮酢. **≈es·ter** 男 -s/〖化〗酢酸エステル. **≈fa·brik** 女 =Essigbraue-

E

rei ≈**flie·ge** 女《虫》**1** ショウジョウバエ(猩々蠅). **2** ショウジョウバエ科の昆虫. ≈**gä·rung** 女 酢酸発酵. ᵛ≈**geist** 男 -[e]s/ (Azeton)《化》アセトン. ≈**gur·ke** 女 酢漬けのキュウリ, ピクルス.

Es·sig·mut·ter 女 -/ 《化》酢母, 酢酸発酵菌. [< Mo[d]der]

Es·sig≈pilz 男 -es/ =Essigmutter ≈**ro·se** 女《植》フランスバラ.

es·sig·sau·er(..sau·r..) 形 酸っぱい, 酢酸の.

Es·sig≈säu·re 女 -/ 《化》酢酸. ≈**stich** 男 -[e]s/ (ワイン・ビールなどの) 酢酸敗.

..essin[..ɛsɪn] →..esse

Eß·ka·sta·nie[ɛ́skasta:niə] 女《植》クリ(栗)(Edelkastanie) の実. [< essen]

Eß·koh·le[ɛ́s..] 女 半瀝青(れきせい)炭, 無煙炭. [< Esse]

Eß≈korb =Essenkorb ≈**kul·tur** 女 (調理・作法の洗練された)食事文化. ≈**künst·ler** 男 (アイディアに富む)名コック. ≈**löf·fel** 男 (略 EL) テーブル(スープ)スプーン, 大さじ (→ 図 Löffel): zwei ~ Zucker 砂糖大さじ2杯. ≈**lust** 女 -/ (Appetit) 食欲. ≈**mar·ke** = Essenmarke ≈**ni·sche** 女 =Eßecke ≈**raum** 男, ≈**saal** 男 食堂, 食事室. ≈**schüs·sel** 女 深皿, 鉢, どんぶり. ≈**stäb·chen** 中 -s/- 《ふつう複数で》箸(はし). ≈**tel·ler** 男 (料理を取り分ける)平皿(→ 図 Eßtisch). ≈**tisch** 男 食卓(→ 図). ≈**un·lust** 女 -/ 食欲不振. ≈**wa·ren** 複 (Lebensmittel) 食[料]品, 食物, 食料. ≈**zim·mer** 中 **1** 食堂, 食事室, 茶の間. **2** (Eßzimmereinrichtung) 食堂用家具セット: ein ~ in Eiche kaufen オーク製の食堂家具のセットを買う. [< essen]

Esta·blish·ment[ɪstǽblɪʃmənt] 中 -s/-s (政治的・社会的) 体制[側], エスタブリッシュメント. [*engl.*; < *lat.* stabilīre (→etablieren)]

Esta·fet·te[ɛstafɛ́tə] 女 -/-n 騎馬の急使, 早馬;《軍》騎馬の伝令, 伝騎. [*it.* staffetta–*fr.*; ◇Stafette]

Estam·pe[ɛstã́:p(ə)] 女 -/-n[..pən] 版画; 銅版〈鋼版〉画, 木版画. [*it.*–*fr.*; ◇stampfen]

Estan·zia[ɛstántsia·, ..tánsia·] 女 -/-s (南米の) 農場. [*span.* estancia „Aufenthalt"; ◇Station]

Este[é:stə, ɛ́stə] 男 -n/-n エストニア人, エースト族[の人] (→Estland).

Ester[ɛ́stər] 男 -s/- (< Essigäther)《化》エステル.

Ester·harz 中 エステル樹脂.

Esther[ɛ́stər] **I** 女名 エステル. **II** 人名《聖》エステル(ユダヤの女, ペルシア王 Ahasverus の妻): das Buch ~ (旧約聖書の)エステル記. [*pers.* „Stern"]

Est·land[é:stlant, ɛ́s..] 地名 エストニア(バルト海に臨む共和国. 1940年にソ連邦に加盟したが,1991年独立. 首都は Tallin). [◇*engl.* Estonia]

Est·län·der[..lɛndər] 男 -s/- (Este) エストニア人.

est·län·disch[..lɛndɪʃ] 形 エストニアの.

est·nisch[..nɪʃ] 形 エストニア[人・語]の: →deutsch ‖ die ~e Sprache エストニア語(ウラル語族フィン語派のバルト=フィン諸語の一つ).

Esto·mi·hi[ɛstomí(:)hi·] 男 -/ 《無冠詞で》五旬節の主日(復活祭の前7番目の日曜日). [*lat.* estō mihi „sei mir (ein starker Fels)" (聖書: 詩31, 3); この日の入祭文の冒頭句]

Estra·de[ɛstrá:də] 女 -/-n **1** (窓ぎわなどに設けられた)高座, 壇, 演台. **2** (旧東ドイツで)演芸会(音楽・ダンス・曲芸の混じった大衆的な催し物). [*lat.* strātum–*span.*–*fr.*; ◇Straße]

Estra·gon[ɛ́stragɔn] 男 -s/ 《植》エストラゴン(中央アジア原産のヨモギ属の野菜). [*arab.*–*mlat.*–*fr.*; ◇*engl.* tarragon]

Estre·ma·du·ra[ɛstremadú:ra·] 女 -/ , **Estre·ma·du·ra·garn**[ɛstremadú:ra..] 中 -[e]s/ エストレマドゥラ糸(綿糸の一種). [< Estremadura (スペイン西部の地方名)]

Est·rich[ɛ́strɪç] 男 -s/-e **1** (砂利・砂・セメントなどで)塗り固めた床, たたき: den ~ legen たたきにする. **2** 《スイス》(Dachboden) 屋根裏[部屋]. [*mlat.*–*ahd.*; < *gr.* óstrakon (→Ostrakode)]

Es·zett[ɛstsɛ́t] 中 -/- エスツェット (ß; 元来の sz の合字).

et[ɛt] **I** 接 (und) および, そして(記号 &) (→Et-Zeichen). **II** 《ラテン語》→*et* cetera [*lat.*]

ET[e:té:] 記号 (Eiltriebwagen)《鉄道》快速気動車.

Eta[é:ta·] 中 -[s]/-s エータ(ギリシア字母の第7字: Η, η). [*hebr.*–*gr.*]

eta·blie·ren[etablí:rən] **I** 他 (h) **1** 《雅》(gründen) (会社・工場などを)設立する, 創設〈創始〉する; (理論などを)構築する: eine Fabrik ~ 工場を設立する | *seine* Praxis ~ (医者が)開業する ‖ eine neu *etablierte* Schule 新設校. **2** 再帰 *sich*⁴ ~ 居を構える; 開業〈創業〉する; (個人が)社会的な地歩を固める; (事物が)定着する.

II eta·bliert 過分 形 既成の; 体制側の(→Establishment): der ~*e* Bürger 体制側の市民 | die ~*en* Parteien 既成の諸政党 ‖ gegen die ~*e* Ordnung rebellieren 既成の秩序に対して反乱を起こす.

[*lat.* stabilīre „befestigen"–*fr.*; ◇stabil; *engl.* establish]

Eta·blie·rung[..ruŋ] 女 -/-en [sich] etablieren すること.

Eta·blis·se·ment[etablɪs(ə)mã́:; オーストリア: ..smã́:] 中 -s/-s (スイス: [..səmɛ́nt]-s/-e) 《雅》**1 a**) (Gaststätte) 旅館, ホテル; 飲食店, レストラン. **b**) ナイトクラブ, キャバレー. **c**) 《婉曲に》(Bordell) 売春宿. **2** 企業, 会社; 商会, 商店. [*fr.*]

Eta·ge[etá:ʒə; オーストリア: etá:ʒ] 女 -/-n[..ʒən] (Stockwerk) (家屋の)階層, 階(ふつう1階を除いて数える): in 〈auf〉 der ersten ~ wohnen 2階に住んでいる | *et.*⁴ in ~*n* anordnen《比》…をひな段状に並べる ‖ die höheren ~*n* der Gesellschaft《比》社会の上層部. [*vulgärlat.*–*fr.*; ◇Status, Etat; *engl.* stage]

Eta·gen·bett[etá:ʒən..] 中 2段ベッド.

eta·gen·för·mig 形 層になった, 階層状の.

Eta·gen≈ge·schäft 中 (1階ではなく)階上に事務所を構える商事会社. ≈**hei·zung** 女 (その階だけの)階層暖房.

≠**kes·sel** 男〘工〙多段式ボイラー. ≠**ofen** 男〘工〙多層炉. ≠**tür** 女 (階段吹き抜きから Etage に通じる)戸口, ドア. ≠**woh·nung** 女 (特定の階全体を占有する)単層住宅.

ᐁ**Eta·ge·re**[etaʒéːrə, ..ʒɛ́ːrə] 女 -/-n 本棚; 壁棚; 置き棚, 飾り棚. [*fr.*]

ᐁ**Eta·la·ge**[etaláːʒə] 女 -/-n (ショーウインドーなどの)陳列〈展示〉〔品〕. [*fr.*; <*fr.* étal „Verkaufstisch" (◇Stall)]

ᐁ**eta·lie·ren**[..líːrən] 他 (h) (ausstellen) 陳列する, 展示する. [*fr.*]

Eta·lon[etalɔ̃ː] 男 -s/-s (Eichmaß) 度量衡原器. [*fr.*]

Eta·min[etamíːn] 中 (ｵｰｽﾄﾘｱ: 男) -s/ , **Eta·mi·ne**[..nə] 女 -/ エタミン(薄地の平織りの織物). [*fr.*; <*lat.* stāmen „Faden"]

Etap·pe[etápə] 女 -/-n **1 a)** (Teilstrecke) (旅程の)一行程, 一区切り; (ロードレースなどの)区間; 〘軍〙宿営地間の行程; 〘空〙(長距離飛行の)航程. **b)** (Stadium) (発展の)段階, 時期: Anfangs*etappe* 最初の段階 | End*etappe* 最終段階 ‖ eine neue ～ einleiten 新しい時期を切り開く, 新紀元を開く | von einer ～ zur ander〔e〕n 一段一段(一歩一歩)〔と〕. **2** (↔Front) 〘軍〙後方補給地, 兵站(へいたん)基地: in der ～ liegen 兵站〈後方〉基地にある | *sich*⁴ in der ～ herumdrücken (第一線を避けて)後方をうろつく. [*mndl.* stapel−*fr.* étape; ◇Stapel]

Etap·pen≠dienst 男 -〔e〕s/ 〘軍〙兵站(へいたん)〈後方〉勤務. ≠**flug** 男 (ノンストップではなく)中間着陸を伴う飛行. ≠**ge·biet** 中〘軍〙兵站(へいたん)〈後方〉地区. ≠**ha·se** 男, ≠**hengst** 男 =Etappenschwein ≠**lauf** 男〘ｽﾎﾟｰﾂ〙駅伝〔競走〕. ≠**schwein** 中《話》兵站〈後方〉勤務のひきょう者. ≠**stra·ße** 女〘軍〙兵站〈補給〉路, 軍用道路.

etap·pen·wei·se 副 (→..weise ★)段階的に, だんだんと, 徐々に: *et.*⁴ ～ modernisieren …を徐々に近代化する ‖ 〘付加語的形容詞として〙ein ～*r* Abbau 段階的解体.

Etat[etáː] 男 -s/-s **1 a)** (〔Staats〕haushalt) 〔国家〕予算; 予算案; 予算で定められた金額; 《比》財政状態, ふところ具合: ein ～ von 200 Milliarden Mark 2千億マルクの予算案 | im ～ vorgesehen sein 予算に計上されている ‖ den ～ aufstellen 予算案を立てる | den ～ beraten 予算案を審議する | den ～ überschreiten 予算をはみ出る ‖ Das geht über meinen ～. 《戯》それは私の予算をオーバーする, それは私には高すぎる. **b)** =Etatstärke **2** (銅版製作時の)銅板の状態. **3** 《ｽｲｽ》会員〈役員〉名簿. [*lat.* status−*fr.*; ◇Status; *engl.* estate]

Etat≠auf·stel·lung[etáː..] 女 予算案の作成, 予算編成. ≠**be·ra·tung** 女 予算〔案の〕審議.

eta·ti·sie·ren[etatizíːrən] 他 (h) 予算に計上する. [*fr.*]

Eta·tis·mus[etatísmʊs] 男 -/ **1** (特定産業に対する穏健な)国家統制. **2** 国益最優先思想; 国家主義. **3** 《ｽｲｽ》(各州に対する)中央権力の強化. [*fr.*]

eta·ti·stisch[etatístɪʃ] 形 **1** Etatismus の. **2** Etatismus 的な.

Etat·jahr[etáː..] 中 会計年度.

etat·mä·ßig[etáːmɛːsɪç]² 形 予算上の, 予算に定められた; 定員〔内〕の, 定員化された: ein ～*er* Beamter 定員内公務員.

Etat≠pe·ri·ode[etáː..] 女 予算期間. ≠**po·sten** 男 予算〔上の〕費目. ≠**re·de** 女 予算演説. ≠**stär·ke** 女 -/ 〘軍〙定員〔数〕; (武器・弾薬その他の)定数.

Eta·zis·mus[etatsísmʊs] 男 -/ (↔Itazismus) 〘言〙エータ読み(ギリシア字母 H, η を長音 e で発音すること). [<Eta]

etc. 略 =et cetera

et ce·te·ra[ɛt tséːtera·, ɛtséːtera·, etséː..] 《ﾗﾃﾝ語》(略 etc.) (und so weiter) 等々, その他.

etc. pp.[ɛt tséːtera pepéː] 略《戯》等々, うんぬん. [<*lat.* perge, perge „fahre fort, fahre fort!"]

ete·pe·te·te[eːtəpetéːtə, ..pət..] 形《付加語的用法なし》非常に気むずかしい; えり好みのひどい; ひどく気どった, 上品ぶった: Sei nicht so ～! そんなに気どるなよ. [<*ndd.* öte „geziert"+*fr.* peut-être „vielleicht"]

ᐁ**eter·ni·sie·ren**[etɛrnizíːrən] 他 (h) **1** (verewigen) 不朽〈不滅〉のものにする, (名前・名声などを)永遠に伝える. **2** 長引かせる, 引きのばす. [*fr.*; <*lat.* aeternus „ewig" (◇Äon); ◇*engl.* eternalize]

Eter·nit[etɛrníːt, ..nít] 男 中 -s/ 商標 エテルニート(アスベストセメント).

Ete·si·en[etéːziən] 複 エテジエン(東地中海地方の季節風). [*gr.*−*lat.*; <*gr.* étos „Jahr"]

Ete·si·en·kli·ma 中〘気象〙エテジエン気候(夏期乾燥, 冬期多湿).

ETH[eːteːháː] 略 女 = **Eidgenössische Technische** Hochschule (スイスの)連邦工科大学.

Ethik[éːtɪk] 女 -/-en《ふつう単数で》**1** (Sittenlehre) 倫理学: die Kantische ～ カント倫理学. **2** 倫理, 道徳: die ärztliche ～ 医師の倫理 | die christliche ～ キリスト教的倫理 ‖ Das verstößt gegen meine ～. それは私の倫理感覚に反する. [*gr.*−*lat.*]

Ethi·ker[éːtikər] 男 -s/- 倫理学者; 倫理感の強い人.

Ethik-Kom·mis·sion 女 (臓器移植・安楽死などを取り扱う)倫理委員会.

Ethi·ko·theo·lo·gie[etikoteologíː] 女 倫理神学.

ethisch[..tɪʃ] 形 **1 a)** 倫理学〔上〕の; 倫理学的な: eine ～*e* Frage 倫理学上の問題. **b)** 倫理上の; 道徳的な: ein ～ einwandfreies Verhalten 道徳的に非難の余地のない態度. **2** ～*er* Dativ 〘言〙関心の3格(→Dativ). [*gr.*−*lat.*; ◇Ethos]

ethn.. →ethno..

Eth·nie[ɛtníː] 女 -/-n[..níːən] (言語的・文化的統一体としての)種族, 民族, 人種.

eth·nisch[ɛ́tnɪʃ] 形 **1** 種族の, 民族の, 人種の; 人種〈民族〉に特有な. **2** (キリスト教・ユダヤ教以外の)異教徒の.

ethno.. 《名詞・形容詞などにつけて「民族」を意味する. 母音の前では ethn.. となる》: *Ethno*logie 民族学 | *ethno*logisch 民族学の | *ethn*isch 民族の, 種族の. [*gr.* éthnos „Volk"]

Eth·no·graph (**Eth·no·graf**)[ɛtnográːf] 男 -en/-en 民族誌学者.

Eth·no·gra·phie (**Eth·no·gra·fie**)[..grafíː] 女 -/-n[..fíːən] 民族誌.

eth·no·gra·phisch (**eth·no·gra·fisch**)[..gráːfɪʃ] 形 民族誌の.

Eth·no·lo·ge[..lóːgə] 男 -n/-n (→..loge) 民族〈人種〉学者.

Eth·no·lo·gie[..logíː] 女 -/-n[..gíːən] 民族〈人種〉学.

eth·no·lo·gisch[..lóːgɪʃ] 形 民族〈人種〉学の.

ethno·zen·trisch[ɛtnotsɛ́ntrɪʃ] 形 民族〈種族〉中心的な, 自民族中心主義の.

Ethno·zen·tris·mus[..tsɛntrísmʊs] 男 -/ 民族〈種族〉中心主義, (とくに他民族に対して排他的・蔑視的な)自民族中心主義.

Etho·lo·gie[etologíː] 女 -/ (Verhaltensforschung) (ヒトを含む)動物行動学, エソロジー. [*gr.*]

Ethos[éːtɔs] 中 -/ **1** 〘哲〙エトス(各文化に独自な慣習の形成態). **2** 倫理感, 道徳性; 気風, 品性: Arbeits*ethos* 労働倫理 | ein berufliches 〈hohes〉 ～ haben 職業的な〈高度の〉倫理感を持っている. [*gr.* éthos „Gewohnheit"; ◇Sitte]

Eti·kett[etikɛ́t] 中 -〔e〕s/-en (-e, -s) (内容表示の)ラベル, レッテル(→ ⓟ Flasche); (商品の)付け札, 値札: ein ～ auf eine Flasche kleben / eine Flasche mit einem ～ bekleben 瓶にラベルをはる | Der Preis steht auf dem ～. 価格はラベルに示されている | *jn.* 〈*et.*⁴〉 mit einem ～ versehen《比》…にレッテルをはる | Er trug das ～ eines Feiglings. 彼はおく病者のレッテルをはられていた.

Eti·ket·te[..kɛ́tə] 女 -/-n **1**《ふつう単数で》礼儀作法, 礼式, エチケット: gegen die ～ verstoßen エチケットに反する. **2** 《ｽｲｽ・ｵｰｽﾄﾘｱ》=Etikett [*fr.* étiquette; ◇sticken]

eti·ket·tie·ren[..kɛtíːrən] 他 (h) 《*et.*⁴》(…に)ラベルを

E

はる, 札〈付箋(ふせん)〉をつける; 《比》(abstempeln) 《*jn.* 〈*et.*[4]〉 als *et.*[4]》(…に…の) レッテルをはる, (…を…であると) 決めつける: Dosen ~ 缶詰にラベルをはる | als Phantast *etikettiert* werden 空想家というレッテルをはられる.

Etio·le·ment[etioləmã́:] 中 -s/ (Vergeilung) 〖植〗黄化. [*fr.*]

etio·lie·ren[..lí:rən] 自 (s) (vergeilen) 〖植〗(植物が光の欠乏などのために) 黄化する. [*fr.*; < *lat.* stipula (→ Stoppel)]

etisch[é:tɪʃ] 形 (↔emisch) 〖言〗エティックな, 非示差〈弁別〉的な. [*engl.* etic]

et·lich[ɛ́tlɪç] 《不定数詞・不定代名詞; 変化は **dieser** に準じるが複数では定冠詞を伴って形容詞の弱変化をすることがある; 後続の形容詞はふつう強変化》(einig) 二三の, 少数〈少量〉の; 《ふつうアクセントをもって》かなりの〔数・量の〕: ~*e* schöne Bilder 何枚かの美しい絵 | nach ~*em* Zögern ちょっとためらってから | Ich habe ja ~*e* Mark ausgegeben. 私は何マルクも払ったんだよ ‖〖数詞と〗~*e* zwanzig 〈zwanzig und ~*e*〉 Bücher 20冊余りの本 | vor ~*en* hundert 〈tausend〉 Jahren 数百〈数千〉年前に ‖〖名詞的に〗~*e* der Teilnehmer 参加者中の二三人〈何人か〉| Ich habe noch ~*es* hinzuzufügen. 私はまだ若干言い添えるべきことがある. [*ahd.*; ◇etwelch]

ᐁ**et·li·che·mal**[また: ⏑⏑⏑⏑] 副 (einigemal) 二三度, 何度か, ときどき.

Et·mal[ɛ́tma:l] 中 -[e]s/-e 〖海〗**1** (前日の正午から当日の正午までの) 一昼夜 (停泊中は真夜中から真夜中まで). **2** 一昼夜の航程. [*mndd.* „wiederkehrende Periode"; ◇Mal[2]]

Eton[í:tən] 地名 イートン (London の西にある都市. イートン校で知られる). [*aengl.* „Fluß-stadt"]

Etru·ri·en[etrú:riən] 地名 エトルリア (イタリア北部・中部地方の古称). [*lat.*]

Etrus·ker[etrʊ́skər] 男 -s/- エトルリア人 (エトルリア地方に住んで独自の文化を築き上げた古代民族. 起原は不明).

etrus·kisch[..kɪʃ] 形 エトルリア〔人・語〕の: →deutsch

die **Etsch**[ɛtʃ] 地名 女 -/ エッチュ (南 Tirol を流れて Adria 海に注ぐ川. イタリア語形アーディジェ Adige).

..ette[..ɛtə] 《名詞につけて, 女性名詞 (-/-n) をつくる縮小の後つづりの一つ》: Zigar*ette* (< Zigarre) 紙巻きタバコ | Stiefel*ette* 半長靴 | Kass*ette* 小箱. [*fr.*]

Etü·de[etý:də] 女 -/-n **1** 〖楽〗練習曲, エチュード. **2** 〖美〗習作, エチュード. [*lat.* studium−*fr.* étude; ◇Studium]

Etui[ɛtví:, etyí:] 中 -s/-s **1** (平たく小さい) 容器, ケース, サック: Zigaretten*etui* シガレットケース ‖ eine Brille 〈einen Füllhalter〉 aus dem ~ nehmen めがね〈万年筆〉をケースから取り出す | Zigarren ins ~ stecken 葉巻をケースにしまう. **2** 《戯》狭いベッド. [*fr.*]

Etui·kleid[ɛtví:..] 中 〖服飾〗エテュイドレス (体の線に沿って裁断した, ウエストの縫い目のない婦人服).

et·wa[ɛ́tva·] 副 **1** (ungefähr) 約, おおよそ, ほぼ: ~ 10 Meter 約10メートル | Wann kommst du ~? だいたいいつごろやって来るつもりかね | Hier ~ muß es sein. ほぼこの辺に違いない | So ~ habe ich mir das gedacht. 私はそれをだいたいそういうふうに考えていた ‖ **in** ~ 約, おおよそ, ほぼ, ある意味で, ある程度まで | Das stimmt in ~. それはだいたい当たっている ‖ Sie ist in ~ 40 Jahre alt. 彼女は40歳ぐらいだ.
2 (zum Beispiel) 例えば: Was würde Lessing ~ dazu gesagt haben? 例えばレッシングならこの問題について何と言ったであろうか ‖〖列挙の際にはしばしば wie を伴って〗Auf der Reise habe ich einige wichtige Städte besucht, wie ~ Nürnberg, München und Wien. 旅の途上 私は幾つかの重要な都市 例えばニュルンベルク ミュンヒェンそれにウィーンを訪れた ‖〖so を伴って〗in vielen Sprachen, so ~ im Italienischen 多くの言語 例えばイタリア語においては.
3 《アクセントなしで: ありうべき可能性についての話し手の主観的心情 (特に配慮・懸念) を反映して》**a)** 《疑問文・条件文で》Hast du das ~ vergessen? 君はそれを忘れたとでもいうのかい | Wenn er ~ glaubt, mich täuschen zu können, so irrt er sich. 私を欺くことができるとでも考えているのなら それは彼の思い違いだ. **b)** 《否定詞とともに用いられ否定の意味を強めて》Ich habe das nicht ~ aus Angst vor ihm getan. 私は彼がこわくてそれをしたなどというわけでは決してない | Sie war nicht ~ zu schnell gefahren, sondern das Kind hatte plötzlich die Fahrbahn betreten. 彼女がスピードを出しすぎていたなどというのでは全然なくて その子供のほうが突然車道に入ってきたのだった | Nicht ~, daß ich darauf stolz wäre, aber ... そいつを自慢するわけじゃ決してないんだが しかし … ‖ Versuche nicht ~ zu fliehen! 逃げようったってだめだぞ ‖ Sie erwarten doch nicht ~, daß ich mit Ihnen gehe? あなたはまさか私があなたとご一緒に行くなどとは期待しておられないでしょうね.
4 《スイス》(manchmal) ときおり, ときどき.
ᐁ**5 a)** 《場所的》どこかに〈で〉. **b)** 《時間的》いつか, いずれそのうちに. [*ahd.* ete-wār „irgend-wo"; ◇wo]

et·wa·ig[ɛ́tva-ɪç, ɛtvá:ɪç][2] 形 《付加語的》**1** あるいはある〈起こる〉かもしれない, 場合によってはあり得る〈起こり得る〉, 万一の, 不時の: ~*e* Ausgaben ひょっとして必要になるかもしれない支出 | Auch ~*e* neue Schwierigkeiten können uns nicht abschrecken. たとえ新たな困難が起ころうとも 我々はたじろがない. ᐁ**2** かつての.

et·was[ɛ́tvas] **I** 《不定代名詞; 無変化; 口語形は was: →was III》**1** (英: *something*) 〔何か〕あるもの〈こと〉: In diesem Loch steckt ~. この穴には何か入っている | Er muß irgend ~ gehört haben. 彼は何か聞いたにちがいない | Hat er dir ~ getan? (君は) 彼に何かされたのか | Sie hat ~ mit ihm. 《話》彼女は彼と関係している ‖ **So** ~ kommt selten vor. そんなことはめったに起こらない | Nein, so ~! 《話》これはひどい | Er ist so ~ wie ein Musiker. 彼は音楽家みたいなものだ ‖〖名詞的用法の形容詞と〗~ Neues 何か新しいこと〈もの〉| ~ einziges たぐいまれなこと | von ~ anderem sprechen 何か別のことを話す | ~ Kaltes bestellen 何か冷たいものを注文する | statt ~ Warmen 温かいものの代わりに ‖〖was, まれに das に導かれる関係文を伴って〗Das ist ~, was 〈das〉 der lebende Mensch nicht ansehen soll. それは生身の人間が目にしてはならないものだ.
2 いくらか, 多少: ~ von seiner Sammlung 彼のコレクションのうちの若干 | Er hat 〈ist〉 ~ von einem Dichter. 彼はいくらか詩人らしいところがある ‖ ᐁin ~ 多少, いくぶん ‖〖名詞の付加語として〗~ Butter 〈Zucker〉 tun バター〈砂糖〉少々を加える | mit ~ gutem Willen 多少の善意をもって ‖〖副詞的に〗Das ist ~ besser als zuvor. それは以前より多少よい | Du gehst ~ zu schnell. 君は少し足が速すぎる | Ich spreche ~ Englisch. 私はちょっぴり英語が話せる.
3 かなりの〈しかるべき〉事物; ひとかどの人物: Diese Ansicht hat ~ für sich. この見解は一考に値する | Das will schon ~ heißen. それはかなりな〈たいした〉ことだ | wenn er ~ ist 彼がしかるべき職〈地位〉にいれば; 彼にしかるべき能力があれば | Das ist doch wenigstens ~. それはないよりはましだ | ~ werden 偉く〈ちょっとしたもの・大物に〉なる ‖ *sich*[4] **für** ~ halten ひとかどの者とうぬぼれる〈自信をもつ〉| nach ~ aussehen (→ aussehen I 1) | es zu ~ bringen かなりの成果を収める; ひとかどのものになる.

II Et·was 中 -/- ある物; 〖哲〗存在, 有, 物: **das gewisse** ~ (明示できないが特に魅力などの源泉となる) 何かある物: Er ist intelligent und begabt, aber ihm fehlt für diese Position das gewisse ~. 彼は頭もいいし 才能もあるが しかし彼にはこの地位に必要な何かが欠けている.

ᐁ**et·welch**[ɛ́tvɛlç] 《不定数詞・不定代名詞; 変化は dieser に準じる. スイスでは冠詞を伴って形容詞変化をすることがある; 後続の形容詞はふつう強変化》= einig[2] [*ahd.* edde[s]-hwelīh „irgend-einer"; ◇oder]

Ety·ma Etymon の複数.

Ety·mo·lo·ge[etymoló:gə] 男 -n/-n (→..loge) 語源学者, 語源研究家. [*gr.*−*mlat.*]

Ety·mo·lo·gie[..logí:] 女 -/-n[..gí:ən] **1** 《単数で》語源学. **2** 語源. [*gr.*−*mlat.*]

ety·mo·lo·gisch[..ló:gɪʃ] 形 **1** 語源学〔上〕の. **2** 語源に関する: ein ~*es* Wörterbuch 語源辞典.

ety·mo·lo·gi·si̱e·ren[..logizí:rən] 他 (h) 《*et.*⁴》(…の)語源を調査する.

Ẹty·mon[é(:)tymɔn] 中 -s/..ma[..ma·] (Stammwort) 〘言〙〔語〕根語, 幹語. [*gr.* étymos „wahr"]

Ẹt-Zei·chen[ɛ́ttsaıçən] 中 アンパーサンド(「および」の記号(&)のこと).

★ Und-Zeichen, Firmenzeichen ともいい, und の略語 u. に相当し, 記号そのものは und と読む. [< et]

Ẹt·zel[ɛ́tsəl] 人名 エッツェル(フン族の王 Attila の伝説上の名.《Nibelungenlied》では Kriemhild の2度目の夫として登場する). [*mhd.*]

ᵛ**ẹtz·lich**[ɛ́tslıç] ＝etlich

eu.. (↔dys..) 《名詞・形容詞などにつけて「よい・健康な・美しい」などを意味する》: *Eu*genik 優生学 | *eu*troph 栄養のよい. [*gr.* eús „gut"]

Eu[e:|ú:, ɔʏró:piʊm] 記号 (Europium) 〘化〙ユーロピウム.

EU[e:|ú:] 略 ＝Europäische Union ヨーロッパ連合.

Eu·bio̱·tik[ɔʏbió:tık] 女 -/ 〘医〙摂生法. [< bio..]

Eu·cai̱n[ɔʏkaí:n] 中 -s/ 商標 オイカイン(局所麻酔剤). [< Kokain]

euch[ɔʏç] ihr¹の3・4格; ᵛ《大文字で》Ihr¹の3・4格.

Eu·cha·ri·sti̱e[ɔʏçarıstí:] 女 -/-n[..tí:ən] 〘宗〙 **1** 聖餐(せいさん)式; 〘カトリック〙聖体〔の祭儀〕. **2** (聖餐式の)感謝の祈り. [*gr.* „Dankbarkeit"－*kirchenlat.*; ◇Charis〔ma〕]

eu·cha·rị·stisch[..rístıʃ] 形 聖体の: *Eucharistische* Kongresse 聖体大会(1881年以来2年または4年ごとに開かれているカトリックの国際会議).

Eu̱cken[ɔ́ʏkən] 人名 Rudolf Christoph ～ ルードルフ クリストフ オイケン(1846-1926; ドイツの哲学者で「生の哲学」の代表者の一人. 1908年ノーベル文学賞受賞).

Eu·dä·mo·ni̱e[ɔʏdɛmoní:] 女 -/ (Glückseligkeit) 〘哲〙幸福, しあわせ. [*gr.*; < *gr.* eu-daímōn „einen guten Dämon habend"]

Eu·dä·mo·nịs·mus[..nísmʊs] 男 -/ 〘哲〙(人生の究極目的は幸福であるとする)幸福説〈論〉, 幸福主義. [*gr.*]

Eu·dä·mo·nịst[..níst] 男 -en/-en 幸福論者, 幸福主義者.

eu·dä·mo·nị·stisch[..nístıʃ] 形 幸福説〈論〉の, 幸福主義の.

Eu·dio·mẹ·ter[ɔʏdiomé:tər] 中 (スイス: 男) -s/- 〘理〙ユージオメーター, 検気器(主として空気中の酸素量を測定する). [< *gr.* eú-dios „heiter" (◇Zeus)]

Eu·dọ·xia[ɔʏdɔ́ksia·] 女名 オイドクシア.

ᵛ**Eu·do·xi̱e**[..dɔksí:] 女 -/-n[..sí:ən] 好評; 正しい判断. [*gr.*; < *gr.* dóxa „Meinung" (◇Dogma)]

eu̱·er[ɔ́ʏər] **I** 《所有代名詞, 2人称複数親称: →ihr¹; 変化は mein に準じるが次のような別形もある: 女性・複数1・4格 eure[..rə] (＝euere), 男性・中性2格 eures[..rəs] まれに euers[..ərs] (＝eueres), 男性・中性3格 eurem[..rəm] または euerm[..ərm] (＝euerem), 男性4格・複数3格 euren[..rən] または euern[..ərn] (＝eueren), 女性2格・3格・複数2格 eurer[..rər] (＝euerer)》君たちの, あなたがたの, お前らの: →mein I

☆ i) 手紙文では大文字書きをしてきた: mein Aufenthalt in *Euerer* Stadt 君たちの町での私の滞在 ‖ Mit bestem Gruß *Euer* Hans 〈*Eure* Eva〉 さようなら ハンス〈エーファ〉より.

ii) 古くは2人称敬称としての Ihr (→ihr¹ I 2)に対応する所有代名詞として大文字を用いたこともあり, そのなごりとして貴人の称号に添える場合は無変化でも用いられ, Ew. と略記されることが多い: *Euer* 〈*Eure*〉 Majestät! (略 Ew. M.) 国王陛下, 皇帝陛下.

II 《人称代名詞》ihr¹の2格; ᵛ《大文字で》ihr¹の2格. [*ahd.*; ◇ *engl.* your]

eu̱·erm[ɔ́ʏərm], **eu̱·ern**[ɔ́ʏərn], **eu̱·ers**[ɔ́ʏərs] → euer I

eu̱·er·sei̱ts[ɔ́ʏərzáıts] ＝eurerseits

eu̱·ers·glei̱·chen[ɔ́ʏərsgláıçən] ＝euresgleichen

ᵛ**eu̱·ert·hạl·ben**[ɔ́ʏərthálbən] ＝euretwegen

eu̱·ert≠we̱·gen ＝euretwegen ≠**wịl·len** ＝euretwillen

Eu̱·gen[ɔ́ʏge:n, –⌐] 男名 オイゲーン.

Eu·ge·nẹ·tik[ɔʏgené:tık] 女 -/ ＝Eugenik

eu·ge·nẹ·tisch[..tıʃ] ＝eugenisch

Eu·gẹ·nie[ɔʏgé:niə] 女名 オイゲーニエ.

Eu·gẹ·nik[ɔʏgé:nık] 女 -/ 優生学. [< *gr.* eu-genés „edel-geboren"]

eu·gẹ·nisch[..nıʃ] 形 優生学〔上〕の.

Eu·ge·no̱l[ɔʏgenó:l] 中 -s/ 〘化・薬〙オイゲノール(歯科用の滴剤・擦剤). [*fr.*; < *lat.* oleum (→Öl)]

Eu·he·me·rịs·mus[ɔʏhemerísmʊs] 男 -/ 〘哲〙(ギリシア神話の神々を人間の神格化と考える)エウエメロス説. [< Euhemeros (前300年ごろのギリシアの哲学者)]

Eu·ka·lyp·tus[ɔʏkalýptʊs] 男 -/..ten[..tən], - 〘植〙ユーカリ属の木. [< *gr.* kalyptós „verhüllt" (◇Kalyptra)]

Eu·ka·lyp·tus≠bon·bon[..bɔŋbɔŋ] 男 中 (咳(せき)止め用の)ユーカリあめ〈ボンボン〉. ≠**öl** 中 ユーカリ油. ≠**tee** 男 ユーカリ茶.

Eu·kli̱d[ɔʏklí:t] 人名 エウクレイデス(前300年ごろのアレクサンドリアの数学者で, 英語式にユークリッドとも呼ばれる.『ユークリッド幾何学』の大成者): der Lehrsatz des ～ 〘数〙ユークリッドの公理. [*gr.*－*lat.*]

eu·kli̱·disch[..dıʃ] 形 ユークリッドの: ～*e* Geometrie ユークリッド幾何学 | ～*er* Raum 〘数〙ユークリッド空間.

Eu·ko·da̱l[ɔʏkodá:l] 中 -s/ 商標 オイコダール(鎮痛・鎮静剤). [< Kodein]

Eu·ko·li̱e[ɔʏkolí:] 女 -/ 〘心〙満悦, 上機嫌. [< *gr.*; < *gr.* eú-kolos „heiter"]

Eu·kra·si̱e[ɔʏkrazí:] 女 -/ (↔Dyskrasie) 〘医〙(体液が正しく混和した)良液質, 良気質. [*gr.*; ◇Krasis]

Eu·la̱·lia[ɔʏlá:lia·] 女名 オイラーリア. [< *gr.* eú-lalos „wohl-redend"]

Eu·la̱·lie[..liə] 女名 オイラーリエ.

Eu·la̱n[ɔʏlá:n] 中 -s/ 商標 オイラン(防虫剤).

eu·la·ni·si̱e·ren[..lanizí:rən] 他 (h) オイランで防虫加工する: *eulanisierte* Wolle オイラン加工を施したウール. [< eu..＋*lat.* lāna (→Wolle)]

Eu̱·le[ɔ́ʏlə] 女 -/-n **1 a)** (⊕ **Eu̱l·chen**[ɔ́ʏlçən] 中 -s/-) (英: *owl*) (Kauz) 〘鳥〙フクロウ(梟) (醜悪・不機嫌・不吉, また知恵の象徴): Die ～ schreit. フクロウが鳴いている ‖ klug wie eine ～ sein フクロウのように賢い | wie eine ～ aussehen 《話》フクロウのように不器量〈不細工〉である | Sie ist eine richtige ～. 彼女はまるでフクロウだ〈おかめだ〉 | eine ～ unter den Krähen sein 皆からさげすまれている ‖ **～*n* nach Athen tragen** 《比》(特に精神労働について)よけいなことをする, 蛇足を加える(知恵の女神アテネのもとに知恵の鳥 Eule を持って行く; Aristophanes の喜劇から) | Er machte ein Gesicht wie eine ～ am Mittag 〈Nachmittag〉. 《話》彼は寝ぼけづらをした. **b)** 《軽蔑的に》醜い〈不愉快な〉女. **c)** 《話》(Mädchen) 女の子, 少女: eine flotte ～ 魅力的な娘. **d)** 《北部》夜警, 夜回り; 夜間勤務の警官. **2** eine ～ fangen 〘海〙(船首を風上に向けすぎて)正面から突風を受ける(凶兆とされる). **3** ＝Eulenfalter **4** 《北部》羽ぼうき(フクロウの頭との類似から). **5** 土笛. [*germ.*; ◇Uhu, heulen; *engl.* owl]

eu̱·len·äu·gig 形 (フクロウのように)まん丸な目の; 夜もよく目が見える.

Eu̱·len·fal·ter 男 《ふつう複数で》〘虫〙ヤガ(夜蛾)科のガの総称.

Eu̱·len·flucht 女 -/ 《北部》(Abenddämmerung) 夕暮れ, 薄暮, たそがれ. [< Flucht¹]

eu̱·len·haft 形 フクロウのような.

Eu̱·len·ruf 男 フクロウの鳴き声.

Eu̱·len·spie·gel[ɔ́ʏlənʃpi:gəl] 人名 Till 〈Tyll〉 ～ ティル オイレンシュピーゲル(14世紀の伝説的ないたずら者で, 中世に広く読まれた民衆本の主人公). [< *ndd.* ūlen „fegen"＋spēgel „Spiegel, After"]

Eu·len·spie·ge·lei̱[ɔʏlənʃpi:gəláı] 女 -/-en いたずら, 悪ふざけ.

Eu·len·spin·ner[ɔ́ʏlənʃpɪnər] 男 〘虫〙 トガリバガ(尖翅蛾)科のガの総称.

Eu·ler-Chel·pin[ɔ́ʏlər kɛ́lpiːn, − kɛlpíːn] 人名 Hans von ～ ハンス フォン オイラー=ケルピーン(1873-1964; ドイツ生まれのスウェーデンの化学者. 1929年ノーベル化学賞を受賞).

Eu·mel[ɔ́ʏməl] 男 -s/- 《話》(Kerl) 野郎, やつ.

eu·meln[ɔ́ʏməln] 《06》(h) (のらくらと)遊び暮らす.

Eu·me·ni·de[ɔʏmeníːdə, ɔʏmə..] 女 -/-n 《ふつう複数で》〘ギ神〙 エウメニス (Erinnye が好意ある神として現れる場合の呼び名). [*gr.*−*lat.*; <*gr.* eu-menḗs „wohl-wollend" (◇Manie)]

Eu·no·mia[ɔʏnóːmiaˑ, ɔynomíːaˑ] 人名 〘ギ神〙 エウノミア (秩序の女神: →Hora[1] 2). [*gr.*; <*gr.* eú-nomos „wohlgesittet"]

Eu·nuch[ɔʏnúːx] 男 -en/-en, **Eu·nu·che**[..xə] 男 -n/-n **1** (Kastrat) 去勢された男. **2** (特に東洋の)宦官(かんがん), 閹人(えんじん). [*gr.*−*lat.*; <*gr.* eunḗ „Bett"+ échein „halten"]

Eu·nu·chis·mus[..nuxísmʊs] 男 -/ 〘医〙 宦官(かんがん)症.

Eu·nu·choi·dis·mus[..nuxoidísmʊs] 男 -/ 〘医〙 類宦官(かんがん)症. [<..oid]

Euo·ny·mus[ɔʏóːnymʊs] 男 -/ =Evonymus

Eu·phe·mia[ɔʏféːmiaˑ] 女名 オイフェーミア.

Eu·phe·mis·mus[ɔʏfemísmʊs] 男 -/..men[..mən] 〘修辞〙 婉曲語法 (sterben の代わりに entschlafen を用いるなど); 婉曲な表現〈語句〉. [*gr.*; <*gr.* eú-phēmos „glückverheißend, wohl-lautend" (◇Fama)]

eu·phe·mi·stisch[..stɪʃ] 形 婉曲語法による, 婉曲な言い回しの.

Eu·pho·nie[ɔʏfoníː] 女 -/-n[..níːən] (↔Kakophonie) 〘言〙 ユーフォニー, 好音調(連続音声間の調和的転化; 音便など). [*gr.*−*spätlat.*; <*gr.* eú-phōnos „wohl-tönend"]

eu·pho·nisch[..fóːnɪʃ] 形 **1** 快く響く, 快音の. **2** 〘言〙 ユーフォニーの, 好音調の(例 eigen*t*lich).

Eu·pho·nium[ɔʏfóːniʊm] 中 -s/..nien[..niən] オイフォニウム, ユーフォニアム(特にガラスパイプを指でなでて音を出す管楽器やバリトンホルンの呼称).

Eu·phor·bia[ɔʏfɔ́rbiaˑ] 女 -/..bien[..biən] (**Eu·phor·bie**[..biə] 女 -/n) (Wolfsmilch) 〘植〙 トウダイグサ(灯台草)属(タカトウダイ・ポインセチア・ハナキリンなど世界に約2000種類ある). [*lat.*]

Eu·pho·rie[ɔʏforíː] 女 -/-n[..ríːən] **1** 《単数で》(↔Dysphorie) 〘医〙 多幸症, 多幸感. **2** (一時的な)極度の幸福感, (精神の)高揚状態; 陶酔. [*gr.*; <*gr.* eú-phoros „leicht zu tragen" (◇..phor)]

Eu·pho·ri·kum[..fóːrikʊm] 中 -s/..ka[..kaˑ] 〘薬〙 陶酔薬.

Eu·pho·rion[ɔʏfóːriɔn] **1** 人名 **a**) 〘ギ神〙 エウポリオン (Achill と Helena の息子で翼がある). **b**) 〘文芸〙 オイフォーリオン (Goethe の『ファウスト』第2部に登場する, Faust と Helena の息子). **2** 〘文芸〙 オイフォーリオン(1894年創刊のドイツの文学研究雑誌). [*gr.*−*lat.*]

eu·pho·risch[..fóːrɪʃ] 形 幸福感に満たされた, 精神の高揚した.

eu·pho·ri·sie·ren[..forizíːrən] 他 (h) 《*jn.*》 幸福感で満たす, 陶酔状態にする.

der **Eu·phrat**[ɔ́ʏfrat] 地名 男 -[s]/ ユーフラテス (Tigris 川と合流してペルシア湾に注ぐ川. Tigris 川とともに下流に形成するメソポタミア平原は古代文明発祥の地であった). [*akkad.*−*gr.*−*lat.*]

Eu·phro·sy·ne[ɔʏfrozýːnə, ..neˑ] 人名 〘ギ神〙 エウプロシュネー(喜びの女神: →Charis I 1). [*gr.* euphrosýnē „Frohsinn"; <eu..+phreno..]

Eu·phu·is·mus[ɔʏfuísmʊs] 男 -/..men[..mən] 〘修辞〙 (リリー Lyly の小説『ユーフュイーズ』《Euphues》のような美辞麗句の多い)誇飾文体(イギリスのバロック文学の特徴). [*engl.*; <*gr.* eu-phyḗs „schön gewachsen" (◇Physis)]

eu·phui·stisch[..stɪʃ] 形 美辞麗句を並べた, 華麗な文体の.

Eu·pnoe[ɔʏpnóːə, ..nóːeˑ] 女 -/ 〘医〙 安静呼吸. [*gr.*; <*gr.* eú-pnoos „leicht-atmend" (◇pneumo..)]

..eur[..ǿːr] 《「人(男性)」を意味する男性名詞 (-s/-e) をつくる. ..ateur という形もある. また, ..ör と表記されることもある: →..euse》: Fris*eur* / Fris*ör* 理髪師 | Mass*eur* マッサージ師 | Dekor*ateur* 室内(ショーウインドー)装飾業者. [*lat.*−*fr.*; ◇..or]

Eu·rail·paß[ɔʏráɪl.., juréːl..] 男 ユーレールパス(ヨーロッパ周遊鉄道乗車券). [*engl.*; <*engl.* rail „Gleis" (◇Regel)]

Eu·ra·si·en[ɔʏráːziən] 地名 ユーラシア(ヨーロッパとアジアからなる世界最大の大陸). [<Europa+Asien]

Eu·ra·si·er[..ziər] -s/- ユーラシア人; ヨーロッパ人とアジア人(特にインド人)との混血児.

eu·ra·sisch[..zɪʃ] 形 ユーラシアの.

Eu·ra·tom (**EURATOM**)[ɔʏratóːm] 女 -/ (<Europäische Atomgemeinschaft) ユーラトム, 欧州〈ヨーロッパ〉原子力共同体.

eu·re[ɔ́ʏrə], **eu·rem**[ɔ́ʏrəm], **eu·ren**[ɔ́ʏrən], **eu·rer**[ɔ́ʏrər] →euer I

eu·rer·seits[ɔ́ʏrərzáɪts] 副 君たちの側〈立場〉で(→euer I ☆ i): →meinerseits

eu·res[ɔ́ʏrəs] →euer I

eu·res·glei·chen[−gláɪçən] 《指示代名詞; 無変化》 君たちと同様〈同等〉な人々(→euer I ☆ i): →meinesgleichen

ᵛ**eu·ret·hal·ben**[ɔ́ʏrəthálbən] =euretwegen

eu·ret≈we·gen[ɔ́ʏrətvéːgən] 副 君たちのために(→euer I ☆ i): →meinetwegen **≈wil·len** 副 um ～ =euretwegen

Eu·rhyth·mie[ɔʏrʏtmíː] 女 -/ **1** オイリュトミー(言語・身体運動の調和をめざす舞踏芸術). **2** (↔Arhythmie) 〘医〙 整調脈. [*gr.*; ◇Rhythmus]

eu·ri·ge[ɔ́ʏrɪgə] 《所有代名詞, 2人称複数親称: →ihr[1]; 変化は meinige に準じる》 君たち〈お前たち・あなたがた〉のもの (→euer I ☆ i): →meinige | Ewig der 〈die〉 *Eurige* さようなら.

Eu·ri·pi·des[ɔʏríːpidɛs] 人名 エウリピデス(前485頃-406頃; ギリシア三大悲劇詩人の一人. 作品『メデイア』『オレステス』など). [*gr.*−*lat.*]

Eu·ro[ɔ́ʏroˑ] 男 -[s]/-[s] ユーロ(ヨーロッパ連合の通貨単位: 100 Cent; 記号 €).

Eu·ro·cent[ɔ́ʏrotsɛnt] 男 -[s]/-[s] ユーロセント(ヨーロッパ連合の通貨〔単位〕; 1/100 Euro).

Eu·ro·cheque[ɔ́ʏroʃɛk] 男 -s/-s ユーロチェック(ヨーロッパ各国で換金できる小切手). [*engl.*; ◇Scheck[1]]

Eu·ro·cheque·kar·te[ɔ́ʏroʃɛk..] 女 ユーロチェック=カード(ヨーロッパ各国で通用するクレジットカード).

Eu·ro·Ci·ty[ɔ́ʏrosɪti] 男 -s/-s (略 EC) オイロシティー(ヨーロッパ都市間特急列車. かつての TEE. Eurocity ともつづる).

Eu·ro·dol·lars[..dɔlars] 複 〘経〙 ユーロダラー(ヨーロッパ各国の銀行に預けられた米ドル資金).

Eu·ro≈kom·mu·nis·mus 男 ユーロコミュニズム(ソ連東欧型の共産主義に対する西欧共産主義). **≈kom·mu·nist** 男 ユーロコミュニスト, 西欧共産主義者.

eu·ro·kom·mu·ni·stisch 形 西欧共産主義の, ユーロコミュニズムの.

Eu·ro·krat[ɔʏrokráːt] 男 -en/-en ユーロクラット(欧州共同体の官僚).

Eu·ro·kra·tie[ɔʏrokratíː] 女 -/ **1** 欧州共同体の官僚機構. **2** 《集合的に》 欧州共同体〔本部(在ブリュッセル)〕の官僚.

Eu·ro·markt[ɔ́ʏro..] 男 -[e]s/ 〘経〙 欧州〈ヨーロッパ〉共同市場.

Eu·ro·pa[ɔʏróːpaˑ] **I** 〘ギ神〙 エウロペ (Phönizien の王女. Zeus に恋され, 雄牛に姿を変えた Zeus に誘拐された). **II** 地名 ヨーロッパ〔大陸〕, 欧州. [*gr.*−*lat.*]

Eu·ro·pa·cup[ɔʏróːpakap] 男 =Europapokal

Eu·ro·pä·er[ɔʏropɛ́ːər] 男 -s/- (女 **Eu·ro·pä·e·rin**[..pɛ́ːərɪn]-/-nen) ヨーロッパ人, 欧州人.

eu·ro·pä·id[..pɛíːt][1] 形 〘人類〙 ヨーロッパ人に類似している.

eu·ro·pä·isch[..pɛ́ːɪʃ] 形 ヨーロッパの, 欧州の: *Europäische* Gemeinschaft (略 EG) 欧州〈ヨーロッパ〉共同体

(EC) | das ~*e* Gleichgewicht ヨーロッパの勢力均衡 | das *Europäische* Parlament 欧州議会 | *Europäische* Union (略 EU) ヨーロッパ連合 (EU) | *Europäische* Verteidigungsgemeinschaft (略 EVG) ヨーロッパ防衛共同体 | *Europäische* Wirtschaftsgemeinschaft (略 EWG) 欧州〈ヨーロッパ〉経済共同体 (EEC) | *Europäische* Zahlungsunion (略 EZU) ヨーロッパ決済同盟 ‖ ~ denken ヨーロッパ流の考え方をする.

eu·ro·päi·si̱e·ren[..pɛizíːrən] 他 (h) ヨーロッパ化する, 西欧化する: 再帰 *sich*⁴ ~ ヨーロッパふう〈なみ〉になる ‖ die *europäisierte* Lebensweise 西欧化した生活様式.

Eu·ro̱·pa≠mei·ster[ɔʏróːpa..] 男 ヨーロッパ選手権保持者〈チャンピオン〉. **≠mei·ster·schaft** 女 ヨーロッパ選手権〔試合〕: die ~ erringen ヨーロッパ選手権を獲得する. **≠par·la·ment** 中 -[e]s/ 《政》欧州議会. **≠po·ka̱l** 男《スポ》**1** (各種競技の)ヨーロッパ国際試合優勝カップ, ヨーロッパ杯. **2** ヨーロッパ杯争奪国際試合. **≠ra̱t** 男 -[e]s/ ヨーロッパ会議(1949年以来, 経済・文化面でのヨーロッパの統合を目ざす機構). **≠stra̱·ße** 女 ヨーロッパ国際道路.

eu·ro·pi̱d[ɔʏropíːt][1] **I** 形 (英: *Caucasoid*)《人類》コーカソイド(ヨーロッパ・西南アジア・北アフリカに分布する白色人種)の. **II Eu·ro·pi̱·de** 男 女《形容詞変化》《人類》コーカソイド. [<..id[1]]

Eu·ro̱·pium[ɔʏróːpiʊm] 中 -s/ 《化》ユーロピウム(希土類元素名; 記号 Eu).

E̱u·ro·scheck[ɔ́ʏroʃɛk] 男 -s/-s =Eurocheque

E̱u·ro·tun·nel 男 -s/ ユーロトンネル(ドーバー海峡を通って英仏間を結ぶ海底トンネル).

Eu·ro·vi·sio̱n[ɔʏrovizióːn] 女 -/ ユーロビジョン(西欧圏の国際テレビ中継組織). [<*Europa*+Tele*vision*]

Eu·ro·zen·tri̱s·mus[ɔʏrotsɛntrísmʊs] 男 -/ ヨーロッパ中心主義.

eu·ro·zen·tri̱s·tisch[..tsɛntrístɪʃ] 形 ヨーロッパ中心主義の.

Eu·ry̱·di·ke[ɔʏrýːdikeˑ, ..rydíːkə, ..keˑ] 人名《ギ神》エウリュディケー (Orpheus の妻). [*gr.*]

Eu·ryth·mi̱e[ɔʏrʏtmíː] 女 -/ =Eurhythmie 1

eu·ry·to̱p[ɔʏrytóːp] 形《動・植》広範囲適応性の, 広生性の. [<*gr.* eurýs „weit"+topo..]

..euse[..øːzə]《「人(女性)」を意味する女性名詞 (-/-n) をつくる: →..eur》: Fris*euse* 理髪〈美容〉師 | Mass*euse* マッサージ師 | Ballett*euse* バレリーナ. [*fr.*; <..eur]

Eu·se̱·bius[ɔʏzéːbiʊs] 人名 ~ von Cäsarea カエサレアのエウセビオス(263頃-339; 神学者で『教会史』をはじめすぐれた著作が多い). [*lat.*; <*gr.* eu-sebḗs „fromm"]

Eu·sta̱ch[ɔʏstáx, ..táːx] 男名 オイスタッハ.

Eu·sta̱·chisch[ɔʏstá(ː)xɪʃ] 形《解》エウスタキオの: ~*e* Röhre 〈Tube〉 エウスタキオ管, 欧氏管, 耳管. [<B. Eustachi[o] (イタリアの解剖学者, †1574)]

Eu·sta̱·chius[..stá(ː)xiʊs] 男名 オイスタヒウス. [<eu..+*gr.* stáchys „Ähre, Frucht"]

Eu·sta·si̱e[ɔʏstazíː] 女 -/-n[..zíːən] 《地》ユースタチック運動, 海水準変動(海水量の変動による海面変動). [<Stasis]

Eu·te̱k·ti·kum[ɔʏtɛ́ktikʊm] 中 -s/..ka[..kaˑ], ..ken [..kən]《化》共融混合物(融点の異なる成分を特定比率によって混合して作る融点の低い混合物).

eu·te̱k·tisch[..tɪʃ] 形《化》共融〔混合物〕の, 共融混合物が生じる: der ~*e* Punkt 共融〈共晶〉点. [<*gr.* tḗkein „schmelzen" (◇tauen[2])]

E̱u·ter[ɔ́ʏtər] 中 (男) -s/- (大型哺乳(ほにゅう)動物の雌の)乳房; 乳腺(にゅうせん) (→ 図 Rind): Die ~ der Kuh sind geschwollen. 雌牛の乳房が張っている. [„Schwellendes"; *westgerm.*; ◇*engl.* udder]

E̱u·ter·ent·zün·dung 女《畜》乳腺(にゅうせん)炎.

Eu·te̱r·pe[ɔʏtérpə, ..peˑ] 人名《ギ神》エウテルペ(音楽・叙情詩の女神: →Muse 1). [*gr.*-*lat.*; <*gr.* eu-terpḗs „ergötzend"]

Eu·tha·na·si̱e[ɔʏtanazíː] 女 -/ 《医》安楽死〔術〕. [*gr.*; <*gr.* thánatos „Tod"]

Eu·to·ki̱e[..tokíː] 女 -/-n[..kíːən] (↔Dystokie)《医》安産, 正常分娩(ぶんべん). [*gr.*; <*gr.* tókos „Geburt"]

eu·tro̱ph[ɔʏtróːf] 形 **1** 栄養豊かな, 栄養に富んだ. **2**《生》(湖沼などが)富栄養の(動植物の栄養となる堆積(たいせき)物が豊富なこと): ein ~*er* See 富栄養湖. [*gr.*; <tropho..]

Eu·tro·phi̱e[..trofíː] 女 -/ (↔Dystrophie)《医》栄養良好. [*gr.*]

eu·tro·phi̱e·ren[..fíːrən] 他 (h)《生》(湖沼を)富栄養化する.

Eu·tro·phi̱e·rung[..rʊŋ] 女 -/-en《生》(湖沼の)富栄養化(藻の異常発生・水質汚濁などを伴う).

ev. 略 =evangelisch 2

eV[elɛktróːnənvɔlt, é(ː)lɛktrɔn..] 記号 (Elektron[en]-volt)《理》電子ボルト.

e. V. (**E. V.**)[eːfáʊ] 略 =eingetragener 〈Eingetragener〉 Verein 登録組合, 社団法人.

Ev.[eːfáʊ] 略 =Evangelium 2 a

E. v. 略 =Eingang vorbehalten《商》入金を条件として.

E̱va[éːfaˑ, ..vaˑ] **I** 女名 エーファ. **II** 人名《聖》エバ, ハワ, イヴ, イブ, エヴァ(人類最初の女性で, Adam の妻): bei Adam und ~ anfangen 〈beginnen〉 (→Adam II) | von Adam und ~ stammen (→Adam II). **III** 女 -/-s **1**《比》女性. **2**《話》裸の女. [*hebr.* „Leben"]

E̱va·ko·stüm[éːfa.., éːva..] =Evaskostüm

Eva·kua·tio̱n[evakuatsióːn] 女 -/-en = Evakuierung [*fr.* évacuation]

eva·ku·i̱e·ren[evakuíːrən] 他 (h) **1 a)** 《*jn.*》立ち退かせる, 疎開させる, 避難させる;《軍》撤退させる, 撤収する: die Bevölkerung ~ 住民を立ち退かせる | Wegen des Hochwassers mußte die Bevölkerung *evakuiert* werden. 大水のため住民は避難しなければならなかった ‖ der 〈die〉 *Evakuierte* 避難民, 疎開者. **b)** 《*et.*⁴》(…から)立ち退かせる, 疎開させる: ein Gebiet ~ ある地域から住民を疎開させる. **2**《理》排気する, 真空にする. ᵛ**3** (ausleeren) からにする. [*lat.*-*fr.*; <ex[1]..+*lat.* vacuus (→Vakuum)]

Eva·ku·i̱e·rung[..rʊŋ] 女 -/-en (evakuieren すること. 例えば:) **1** 疎開, 立ち退き;《軍》撤退, 撤収. **2**《理》排気.

Eva·lua·tio̱n[evaluatsióːn] 女 -/-en 査定, 評価.

eva·lu·i̱e·ren[..luíːrən] 他 (h) **1** 《*et.*⁴》(…の)価値を査定する, 評価する. **2** 《*jn.*》(…の業績・過去の行動などを)評価〈査定〉する.

ᵛ**Eval·va·tio̱n**[evalvatsióːn] 女 -/-en **1** 評価, 見積もり. **2** 価格決定. [*fr.* évaluation; ◇ex..[1], Valor]

ᵛ**eval·vi̱e·ren**[..víːrən] 他 (h) **1** 評価する, 見積もる. **2** 《*et.*⁴》(…の)価格を決定する. [◇*engl.* evaluate]

Evan·ge·lia̱r[evaŋgeliáːr] 中 -s/-e, -ien[..áːriən], **Evan·ge·lia̱·rium**[..áːriʊm] 中 -s/..rien[..riən]《宗》聖福音集. [*mlat.*]

Evan·ge̱·li·en Evangelium の複数.

Evan·ge̱·li·en≠bu̱ch[evaŋgéːliən..] 中 = Evangeliar **≠har·mo·nie** 女 調和福音書, 総合福音書(四福音書を統合してイエスの生涯を叙したもの). **≠sei·te** 女 (↔ Epistelseite) (祭壇の)福音書側(教会正面祭壇の左側).

evan·ge·li·ka̱l[evaŋgeliká:l] 形 福音書に拠(よ)る; 福音書絶対主義の: der 〈die〉 *Evangelikale*《形容詞変化》福音主義者. [*engl.*; ◇..ik, ..al[1]]

Evan·ge̱·li·mann[evaŋgéːli..] 男 -[e]s/..männer《オーストリア》(流しの)聖句歌い.

Evan·ge·li·sa·tio̱n[evaŋgelizatsióːn] 女 -/-en《宗》福音伝道. [*kirchenlat.*]

evan·ge̱·lisch[evaŋgéːlɪʃ] 形《宗》**1** 福音書〈聖書〉の〔教えに基づく〕: in ~*er* Armut leben キリストが説いた清貧生活をする ‖ ~*e* Räte《カトリック》福音的勧告(特に貞潔・清貧・従順). **2** (略 ev.) 福音主義の; 新教〈プロテスタント〉の: ~*e* Kirche 福音教会 | *Evangelische* Kirche in Deutschland (略 EKD) ドイツ福音教会 | Er ist ~. 彼はプロテスタントだ. [*gr.*-*kirchenlat.*(-*ahd.*)]

evan·ge̱·lisch-lu·the·risch[-lʊ́tərɪʃ, -lʊtéːrɪʃ] 形 (略 ev.-luth.)《宗》〔福音〕ルター派の.

evan·ge̱·lisch-re·for·mi̱ert 形 (略 ev.-ref.)《宗》

E

〔福音〕改革派の,(ルター派に対して)カルヴァン派およびツヴィングリ派の.

evan·ge·li·sie·ren[..gelizíːrən] 他 (h) 《*jn.* / *et.*4》〘宗〙(人・地方を)福音〈新教〉に帰依(きえ)させる,(…に)福音〈新教〉を広める.

Evan·ge·list[..gelíst] 男 -en/-en〘宗〙**1** 福音書著者, 福音史家 (Johannes, Lukas, Markus, Matthäus). **2** (新教の)巡回説教師〈布教者〉. [*gr.*－*kirchenlat.*〔－*mhd.*〕]

Evan·ge·lium[evaŋgéːlium; スイ: efaŋ..] 中 -s/..lien[..liən]〘宗〙**1**《単数で》(救世主出現の)福音;《比》疑うべからざるもの, 絶対の典拠: das ～ verkünd〔ig〕en 福音を説く〈広める〉‖ *js.* **～ sein** / **für** *jn.* 〔**ein**〕 **～ sein** …にとって絶対〈疑いをいれぬもの〉である. **2 a)** (略Ev.)(新約聖書の)福音書: das ～ des Matthäus マタイ伝福音書. **b)** (Perikope)(日曜礼拝に朗読される)福音書抜粋章句;〘カトリック〙(ミサ中の)聖福音. [*gr.*－*kirchenlat.*; ＜*gr.* eu-ággelos „Gutes meldend" (◇Engel[2])]

Eva·po·ra·tion[evaporatsióːn] 女 -/-en〘化〙蒸発, 気化; 蒸着. [*lat.*]

Eva·po·ra·tor[..ráːtɔr, ..toːr] 男 -s/-en[..ratóːrən] 蒸発器(特に海水を淡水にする装置).

eva·po·rie·ren[..ríːrən] **I** 他 (h) **1** (verdunsten) 蒸発させる, 気化させる. **2** (…の)水分を抜く, 脱水する: *evaporierte* Milch 蒸発濃縮ミルク, エバミルク. **II** 自 (s) (verdunsten) 蒸発する, 気化する. [*lat.*; ＜ex..[1]＋*lat.* vapor (→Vapeur)]

Eva·po·ri·me·ter[..riméːtər] 中 (男) -s/-〘理〙蒸発計.

Eva·sion[evazióːn] 女 -/-en **1** (Flucht) 逃亡; 逃避. ▽**2** (Ausflucht) 口実, 言いのがれ. [*spätlat.*; ＜*lat.* ē-vādere „heraus-gehen" (◇waten)]

eva·siv[..zíːf][1] 形 **1** (ausweichend) 逃避的な. ▽**2** 口実的な, 逃げ口上の.

Evas·ko·stüm[éːfas.., éːvas..] 中《戯》《ふつう次の形で》**im ～** (女が)すっぱだかで. [＜Eva]

eva·so·risch[evazóːrɪʃ] ＝evasiv

Evas·toch·ter[éːfas.., éːvas..] 女《戯》女〔の子〕: eine charmante ～ チャーミングな女〔の子〕.

Ev·chen[éːfçən] 女名 (＜Eva) エーフヒェン.

Evek·tion[evɛktsióːn] 女 -/ 〘天〙(月の)出差. [*lat.*; ＜*lat.* ē-vehere „heraus-führen" (◇Vektor)]

Eve·line[éːvəliːn, evalíːnə, eve..] 女名 エヴェリーン. [*engl.*]

Event[ivɛ́nt] 男 (中) -s/-s 特別の催し, イベント. [*engl.*]

even·tual[evɛntuáːl] ＝eventuell I

Even·tual·an·trag 男〘法〙予備的申し立て〔手続き〕. ≈**bud·get**[..bʏdʒeː] 中 ＝Eventualhaushalt ≈**do·lus** 男 -/ (Dolus eventualis)〘法〙未必(みひつ)の故意. ≈**fall** 男 万一の〈起こり得る〉場合: Dies ist für den ～ gedacht. これは万一の場合を考えてのことだ. ≈**haus·halt** 男 臨時予算.

Even·tua·li·tät[evɛntualitɛ́ːt] 女 -/-en 万一の場合, 不測の事態, 不慮の出来事, 偶発事: für alle ～*en* gerüstet sein あらゆる不測の事態に対する備えができている.

▽**even·tua·li·ter**[..áːlitər] ＝eventuell II

even·tuell[evɛntuɛ́l] **I** 形《付加語的》場合によっては起こり得る, 偶発的の, 万一の, 不慮の: ～*e* Fälle 不測の出来事 | Auf ～*e* Einwände war er gut vorbereitet. どんな異議にも彼は十分覚悟ができていた. **II** 副 (略evtl.) (vielleicht) ひょっとすると; 場合〈事情〉によって〔は〕: *Eventuell* kommt sie früher. 事によったら彼女はもっと早く来るかもしれない. [*fr.*; ＜*lat.* ē-ventus „Aus-gang"; ◇*engl.* eventual]

even·tu·nell[evɛntunɛ́l]《戯》＝eventuell

Ever·glaze[ɛ́vərgleːs, ɛ́vəgleɪz] 中 -/- 商標 エバーグレーズ(しわにならない, 光沢のある織物). [＜*engl.* ever „immer"＋glaze „Glanz" (◇Glas)]

Ever·green[..griːn] 中 男 -s/-s エバーグリーン(長いあいだ人気を失わない流行歌・ジャズのスタンダードナンバーなど). [*engl.* „immer-grün"]

Ever·te·brat[evɛrtebráːt] 男 -en/-en《ふつう複数で》(Invertebrat)〘動〙無脊椎(せきつい)動物. [＜ex..[1]＋Vertebrat]

EVG[eːfauɡéː] 略 女 -/ ＝ **Europäische Verteidigungsgemeinschaft** ヨーロッパ防衛共同体.

evi·dent[evidɛ́nt] 形 **1** 明瞭(めいりょう)な, 明白な, 明らかな: ein ～*er* Fehler 明らかな誤り | eine ～*e* Tatsache 明々白々な事実 ‖ ～ werden 明らかになる | *et.*4 ～ machen …を明らかにする ‖ Er ist ～ benachteiligt. 彼は明らかに不利益をこうむって〈差別されて〉いる. **2**《オーストリア》《官》*et.*4 ～ halten ＝ *et.*4 in Evidenz halten (→Evidenz 2). [*lat.*; ＜ex..[1]＋*lat.* vidēre (→vide)]

Evi·denz[evidɛ́nts] 女 -/-en **1**《単数で》**a)** 明白, 自明の理:〔bis〕 zur ～ きわめて明白に. **b)**〘哲〙明証, 直証(判断の直接的な確実性). **2**《オーストリア》《官》一覧表, リスト, 登録簿: *et.*4 in ～4 führen …を登録〈記入〉する, …をリストに載せる | *et.*4 in ～3 halten …を一覧表にして〈リストに記入して〉おく; …を書きとめて〈マークして〉おく. [*lat.*]

Evi·denz·bü·ro 中《オーストリア》登録局.

Evik·tion[evɪktsióːn] 女 -/-en〘法〙追奪(ついだつ): Haftung wegen ～ 追奪担保責任. [*spätlat.*]

evin·zie·ren[evɪntsíːrən] 他 (h)〘法〙追奪する. [*lat.*; ＜ex..[1]＋*lat.* vincere „siegen"]

Evi·pan[evipáːn] 中 -s/ 商標 エヴィパン(麻酔剤).

Evi·ra·tion[eviratsióːn] 女 -/〘心〙(男性の)女性化. [＜*lat.* ē-virāre „ent-mannen" (◇viril)]

ev.-luth. 略 ＝**evangelisch-lutherisch**

Evo·ka·tion[evokatsióːn] 女 -/-en **1 a)** (芸術鑑賞の際の表象・体験などの)喚起. **b)**〘生〙(動物の初期発生における形成体の)喚起作用. **2** (古代ローマで, 敵の都市の守護神を味方に引き入れるための)呼び出し, 招神. **3 a)** (Vorladung)〘法〙(上級裁判所への被告の)召喚. **b)**〘史〙(中世における国王・教皇の)未決訴訟召喚権. [*lat.*; ◇evozieren]

Evo·lu·te[evolúːtə] 女 -/-n〘数〙縮閉線(→Evolvente). [＜*lat.* ē-volūtus „ab-gewickelt"]

Evo·lu·tion[evolutsióːn] 女 -/-en **1** (ゆるやかな)発展, 進展, 展開, 発展. **2**〘生〙進化;〘数〙開方;〘軍〙隊形変更. [*lat.*]

evo·lu·tio·när[evolutsionɛ́ːr] 形 発展〈進展〉の;〘生〙進化の.

Evo·lu·tio·nis·mus[..tsionísmus] 男 -/ 進化論.

Evo·lu·tio·nist[..níst] 男 -en/-en 進化論者.

evo·lu·tio·ni·stisch[..nístɪʃ] 形 進化論〔上〕の.

Evo·lu·tions≈leh·re[..tsióːns..] 女, ≈**theo·rie** 女 **1** (Abstammungslehre)〘生〙進化論. **2**〘生〙展開説(個体発生を, 小さく折りたたまれていて見えない構造が展開されて見えるようになる過程と考える立場). **3** 発生論, 遺伝論. **4**〘天〙(宇宙の)進化論.

Evol·ven·te[evɔlvɛ́ntə] 女 -/-n〘数〙伸開線(→Evolute). [＜*lat.* ē-volvēns „ab-wickelnd"]

evol·vie·ren[..víːrən] 他 (h) 発展〈展開・進化〉させる. [*lat.* ē-volvere „heraus-rollen" (◇volta)]

Evo·ny·mus[evóːnymus] 男 -/ (Spindelbaum)〘植〙ニシキギ(錦木)属(マサキ・マユミなど). [*gr.* eu-ṓnymos „mit gutem Namen"－*lat.*; ＜*gr.* ónyma „Name" (◇Name)]

evo·zie·ren[evotsíːrən] 他 (h) 喚起する, 呼びさます;〘法〙召喚する. [*lat.* ē-vocāre „heraus-rufen"; ◇*engl.* evoke]

EVP 略 男 -〔s〕/-〔s〕＝**Einzelhandelsverkaufspreis**

ev.-ref. 略 ＝**evangelisch-reformiert**

evtl. 略 ＝**eventuell** II

ev·vi·va[ɛvíːva·] 間 万歳. [*it.*; ◇et, Vivat]

Ew. 略 **1** ＝**Einwohner** 住民, 居住者. **2** ＝**Euwer** (Euer, Eure の古形): ～ M. (→euer I ☆ ii).

Ewald[éːvalt] 男名 エーヴァルト. [＜*ahd.* ē „Gesetz" (◇Ehe)＋waltan „walten"]

Ewe[éːvə, ..ve·] **I** 男 -〔s〕/-〔s〕 エウェ人(アフリカの Sudan に住む一種族). **II** 中 -/ エウェ族の言語.

Ewen·ke[evɛ́ŋkə] 男 -n/-n エウェンキ人(元来 Tunguse

族の北方分派に属する).

ewen·kisch[..kɪʃ] 形 エヴェンキ〔族・語〕の: →deutsch

Ewer[é:vər] 男 -s/- 〘海〙(長短2本マストの沿岸用の)エーヴェル型帆船(→ 図). [*mndd.* ēn-vār „Ein-fahrer"]

Ewer

E-Werk[é:vɛrk] 中 (<Elektrizitätswerk) 発電所.

EWG[e:ve:gé:] 略 女 -/ = Europäische Wirtschaftsgemeinschaft 欧州〈ヨーロッパ〉経済共同体 (EEC).

ewig[é:vɪç][2] **I** 形《比較変化なし》**1** 永遠の, 永久の; 永遠に変わらない, 不滅の;《比》たいへん長期の, 終生の: ein *~es* Gesetz 永遠の法則 | zum *~en* Gedenken 末永い記念として | das *~e* Leben (神の国における)永遠の生 | der *~e* Schnee 万年雪 | seit *~en* Zeiten ずっと以前から | den *~en* Schlaf schlafen《雅》永久(とわ)の眠りについている | die *~e* Ruhe finden / ins *~e* Leben eingehen《雅》永久の眠りにつく ‖ der *Ewige* Jude (→Jude 1) | die *Ewige* Lampe (→Lampe[2] 1 a) | die *Ewige* Stadt (→Stadt 1) ‖〘名詞的に〙der *Ewige* 神 | das *Ewige* 永遠なる〈永続する〉もの ‖〘副詞的に〙~ dauern 永続する | auf 〔immer und〕 ~ 永遠に, いつまでも | *sich*[4] für ~ miteinander verbinden《比》結婚する.

2《話》**a)** いつまでも続く, きわめて長い時間の: Ich habe ihn ~ nicht gesehen. 私はずっと長いこと彼に会っていない | Ich warte schon ~ auf dich! ずいぶん長いこと君を待っていたんだよ | 〔auf〕 immer und ~ (→immer 1 a) | **~ und drei Tage** 〈Jahre〉《戯》いつまでも, はてしなく | Das ist ~ schade. それは実に残念だ(悔いがいつまでも残る) ‖ ein *Ewiger*《話》(なかなか卒業できない)万年学生. **b)** 不断の, はてしなく反復する: in einer *~en* Angst leben たえず不安を感じながら暮らす | Dieses *~e* Geschimpfe! いつまで悪態を繰り返すつもりだ.

II 副 **1** →I **2**《話》(sehr) ひどく: ~ lange ひどく長い間 | Das ist ~ schade. それはすごく残念だ.

III Ewi·ge《形容詞変化》→I

[*ahd.*; < *ahd.* ēwa „Ewigkeit"; ◇Äon, je[1]]

Ewig·gest·ri·ge[é:vɪçgɛ́strɪgə] 男 女《形容詞変化》時代遅れの人 (Schiller の戯曲『ヴァレンシュタイン』の第2部の中の言葉 das ewig Gestrige から).

Ewig·keit[é:vɪçkaɪt] 女 -/-en **1 a)** 永遠, 永劫(えいごう), 無窮: bis in alle ~ いつまでも, 末永く | für Zeit und ~ (→Zeit 3 a) | seit einer ~ / seit *~en* ずっと以前から | von ~ zu ~ とわに, とこしえに. **b)**《俗》ひどく長い時間: Er bleibt eine 〔halbe〕 ~[4] aus. 彼はずいぶん長いこと顔を見せない〈席をはずしたままである〉| Sie braucht eine ~, sich anzuziehen. 彼女は服を着るのにひどく時間がかかる. **2**《単数で》永遠なるもの, 不滅, 神性; (神の)永遠なる世界;《比》死後の生, 死: ein Hauch der ~ 神の息吹 | **in die ~ eingehen** 〈**abgerufen werden**〉《雅》永眠する.

ewig·lich[é:vɪklɪç] 副《雅》(ewig) 永遠に, とこしえに.

Ewig-Weib·li·che (**Ewig·weib·li·che**) [é:vɪçváɪplɪçə] 中《形容詞変化》《雅》永遠不滅にして女性的なるもの (Goethe の『ファウスト』第2部の末尾にある言葉).

Ew. M. 略 = Eure 〈Euer〉 Majestät (→euer I ☆ ii)

EWR[e:ve|ɛ́r] 略 = Europäischer Wirtschaftsraum ヨーロッパ経済圏.

EWS[e:ve:|ɛ́s] 略 中 -/ = Europäisches Währungssystem 欧州通貨制度 (EMS).

EWU[e:ve:|ú:] 略 女 = Europäische Währungsunion 欧州通貨同盟.

ex[ɛks] **I**《ラテ語》→*ex* abrupto, *ex* cathedra, *ex* officio, *ex* oriente lux, *ex* ovo, *ex* professo, *ex* tempore, *ex* usu, *ex* voto **II** 副 **1** ~ trinken (一息に)飲みほす | *Ex* Auf ihr Wohl! 彼女〈彼ら〉の健康を祝して乾杯. **2**《話》(aus) 済んで, 終わって; (tot) 死んで: Unsere Freundschaft ist ~. / Mit unserer Freundschaft ist es ~. 我々の友情もこれでおしまいだ | auf der Stelle ~ gehen 即死する, ぽっくりいってしまう.

ex..[1] (↔en..[1])《名詞・形容詞・動詞などにつけて「外へ・外で」を意味する. 子音の前ではしばしば e.. となり, f の前では ef.. となる》: *Ex*trakt 抽出物, エキス | *ex*klusiv 排他的な | *ex*ponieren 曝(さら)す ‖ *e*vident 明白な | *Ef*fekt 効果. [*gr.* ek〔s〕 „aus"–*lat.*; ◇exo..]

ex..[2]《身分などを表す名詞につけて「以前の(存命中の), 前…, 先…, 元…」を意味する》: *Ex*minister 前〈元〉大臣 | *Ex*weltmeister 前〈元〉世界選手権保持者.

ex..[3] →exo..

Ex. 略 = Exemplar 1

ex ab·rup·to[ɛks aprúpto·, – abr..]《ラテ語》(plötzlich) 不意に, 思いがけず, 突然に. [„aus der Tiefe"]

ex·akt[ɛksákt] 形 (genau) 精密な, 厳密な; 正確な: eine *~e* Begriffsbestimmung 厳密な概念規定 | die *~en* Wissenschaften 精密科学 ‖ *et.*[4] ~ definieren …を厳密に定義する | Er ist immer sehr ~. 彼は仕事ぶりがつねにきわめて緻密(ちみつ)だ. [*lat.*; < *lat.* ex-igere „heraustreiben, abwägen"]

Ex·akt·heit[–haɪt] 女 -/ 精密さ, 厳密さ; 正確さ.

Ex·al·ta·tion[ɛks(|)altatsió:n] 女 -/-en 興奮, 心の高揚〈たかぶり〉, 有頂天. [*spätlat.*–*fr.*]

ex·al·tie·ren[ɛks(|)altí:rən] **I** 他 (h) 再帰 *sich*[4] ~ 熱狂的〈ヒステリック〉に振舞う, 常軌を逸した行動をする.

II ex·al·tiert 過分 形 ひどく心のたかぶった, ヒステリックに興奮した; (überspannt) 常軌を逸した, 奇矯な: ein *~es* Benehmen とっぴな振舞い | in einem *~en* Zustand sein ひどい興奮状態にある ‖ ~ lachen ヒステリックに笑う ‖ Sein Benehmen ist mir zu ~. 彼の挙動は私にはひどく常軌を逸しているように思われる.

[*lat.* exaltāre „erhöhen"–*fr.*; < *lat.* altus (→Alt)]

Ex·amen[ɛksá:mən] 中 -s/- (..mina[..mina·]) (Prüfung) (特に大学での)〔修了〕試験; 考査, 審査: das mündliche 〈schriftliche〉 ~ in Mathematik 数学の口述〈筆記〉試験 ‖ durchs ~ fallen / im 〈beim〉 ~ durchfallen 〈durchfliegen/durchrasseln〉《話》試験に落第する | für das ~ lernen 〈話: ochsen / büffeln〉 試験勉強をする | ins ~ gehen 〈話: steigen〉 受験する ‖ ein ~ machen 〈ablegen〉 試験を受け〔て合格す〕る | ein ~ bestehen 試験に合格する. [*lat.*; ◇exakt]

Ex·amens≠angst 女 試験に対する不安. **≠ar·beit** 女 試験答案; 試験勉強. **≠kan·di·dat** 男 受験者.

Ex·ami·na Examen の複数.

Ex·ami·nand[ɛksaminánt][1] 男 -en/-en (Prüfling) 試験〈審査〉される者, 受験者.

Ex·ami·na·tor[..ná:tɔr, ..to:r] 男 -s/-en[..nató:rən] (Prüfer) 試験官, 審査員.

Ex·ami·na·to·rium[..nató:riʊm] 中 -s/..rien [..riən] **1** 試験〈審査〉委員会. **2** 試験準備.

ex·ami·nie·ren[ɛksaminí:rən] 他 (h) **1** (prüfen)《*jn.*》試験する: *jn.* über *et.*[4] 〈in *et.*[3]〉 ~ …を…について試験する. **2 a)**《*jn.*》(…に)試問〈審問〉する: *jn.* über *seine* Familienverhältnisse ~ …に家庭事情を問いただす. **b)**《*et.*[4]》検査〈調査〉する: einen Apparat gründlich ~ 器具を徹底的に検査する. [*lat.* exāmināre „abwägen"〔–*mhd.*〕]

Ex·an·them[ɛks(|)anté:m] 中 -s/-e 〘医〙 発疹(ほっしん), 皮疹. [*gr.*–*spätlat.*; < *gr.* ex-antheīn „heraus-blühen" (◇antho..)]

Ex·an·thro·pie[ɛks(|)antropí:] 女 -/ (Menschenscheu) 〘心〙 人見知り, 交際嫌い. [*gr.*; < anthropo..〔+..ie〕]

Ex·ara·tion[ɛks(|)aratsió:n] 女 -/-en 〘地〙 (氷河による地層の)削剝(さくはく)〔作用〕. [*lat.* ex-arāre „aus-pflügen"]

Ex·arch[ɛks(|)árç] 男 -en/-en **1** (東ローマ帝国が本国外に派遣した)太守, 総督. **2** 〘東方正教会〙 (教会領主としての)大主教代理, 総主教代理. [*gr.* éxarchos „beginnend, Anstimmer"–*spätlat.*; ◇archäo..]

Ex·ar·chat[..(|)arçá:t] 中 (男) -〔e〕s/-e Exarch の職

〈地位・管区〉. [*mlat.*; ◇..at]
Ex·ar·ti·ku·la·tion[ɛks(|)artikulatsió:n] 女 -/-en 〘医〙 **1** 関節離断〔術〕. **2** 脱臼(だっきゅう).
Ex·au·di[ɛks(|)áʊdi·] 男 -/ 《無冠詞で》復活祭後の第6の主日〈日曜日〉. [*lat.* „erhöre (meine Stimme)!" (この日の入祭文の冒頭句; 聖書: 詩27, 7); < *lat.* audīre (→audio..)]
exc. 略 =excudit
ex ca·the·dra[ɛks ká(:)tedra·] 《ラテン語》〘カトリック〙教皇〈権威〉の座から, 聖座宣言として; 《比》絶対の権威をもって; (unfehlbar) 誤ることなく, 絶対確実に. [„vom Lehrstuhl aus"]
Ex·cep·tio[ɛkstsɛ́ptsio·] 女 -/-nes[..tsɛptsió:ne:s] (Einrede) 〘法〙抗弁. [*lat.*; ◇exzipieren]
Ex·change[ɛkstʃé:ntʃ[1], ɪkstʃéɪndʒ] 女 -/-n[..ndʒən] **1 a)** (Geldwechsel) 〘商〙両替. **b)** (Wechselstube) 両替所. **2** (Kurs) 相場. [*engl.*; ◇changieren]
Ex·che·quer[ɪkstʃékər] 中 -s/ **1** (英国の)大蔵省. **2** (英国の)国庫. [*mlat.* „Schachbrett"−*fr.*−*engl.*]
excud. 略 =excudit
ex·cu·dit[ɛkskú:dɪt] 《ラテン語》(略 exc., excud.) 出版〈印刷〉せり(銅版画の作者や古い書物の印刷者の名のあとに記された語). [< *lat.* ex-cūdere „heraus-schlagen" (◇hauen)]
Ex·eat[ɛ́ks(|)e:at] 中 -s/ 〘カトリック〙聖職者の教区転出許可書. [*lat.*; < *lat.* ex-īre (→exit)]
Ex·edra[ɛ́ksedra·] 女 -/..ren[ɛksé:drən] 〘建〙 **1** エクセドラ(古代ギリシア建築の柱廊の外れにある半円または四角の建物で, 三方壁体をめぐらしベンチを備えたもの). **2** (Apsis) アプス, アプシス, 後陣(→Apsis 1). [*gr.* „Außen-sitz"−*lat.*; < *gr.* hédrā (→..eder)]
Ex·ege·se[ɛksegé:zə] 女 -/-n 解釈; (特に:) 聖書釈義.
Ex·eget[..gé:t] 男 -en/-en 解釈学者; (特に:) 聖書釈義家. [*gr.*; < ex..[1]+*gr.* hēgeĩsthai „führen"]
Ex·ege·tik[..tɪk] 女 -/ 解釈学; (特に:) 聖書釈義学.
ex·ege·tisch[..tɪʃ] 形 解釈〈釈義〉上の, 注釈的な.
exe·ku·tie·ren[ɛksekutí:rən] 他 (h) **1** 《*jn.*》 **a)** (hinrichten) 処刑する. **b)** (bestrafen) 処罰する. ▽**2** (vollstrecken) 《*et.*[4]》〘法〙(命令・判決を)執行する; (一般に)実行〈実施〉する. **3** 《オーストリア》(pfänden) **a)** 《*et.*[4]》(担保物件として)差し押える. **b)** 《*jn.*》(…の担保物件を)差し押える.
Exe·ku·tion[..tsió:n] 女 -/-en **1** 死刑執行, 処刑. ▽**2** (判決の)執行; (一般に)実行, 実施. **3** 《オーストリア》(Pfändung) 差し押え. [*lat.*; < *lat.* ex〔s〕equī (→exequieren)]
Exe·ku·tions·wer·ber 男 《オーストリア》差し押え債権者.
exe·ku·tiv[..tí:f][1] 形 《付加語的》実行〈実施〉の; 〘法〙執行の: ~*e* Gewalt 執行権(=Exekutive 1).
Exe·ku·tiv·aus·schuß 男 実施〈執行〉委員会.
Exe·ku·ti·ve[..tí:və] 女 -/-n **1** 《単数で》(vollziehende Gewalt) 〘法〙執行権(→Judikative, Legislative). **2** 《オーストリア》《集合的に》執行機関.
Exe·ku·tiv·ge·walt[..tí:f..] 女 -/ =Exekutive 1
Exe·ku·tor[..kú:tɔr, ..to:r] 男 -s/-en[..kutó:rən] **1** (Vollstrecker) 実行〈実施〉者. **2** 《オーストリア》(Gerichtsvollzieher) 執達吏, 執行官. [*mlat.*]
exe·ku·to·risch[..kutó:rɪʃ] 形 執行の, 強制執行による.
Ex·em·pel[ɛksɛ́mpəl] 中 -s/- **1** (Beispiel) 例, 実例: die Probe aufs ~ machen (→Probe 1) | **zum ~** (略 z. E.) 例えば | zum ~ 〔für *et.*[4]〕〔…の〕一例として | *sich*[3] *jn.* 〈*et.*[4]〉 zum ~ nehmen …を例にとる. **2** 見せしめ: **ein ~ 〔an *jm.* / mit *et.*[3]〕 statuieren** …を格好な例として槍玉にあげる. ▽**3** (Vorbild) 手本, 模範: *jm.* ein ~ geben …に手本を示す | *sich*[3] ein ~ an *jm.* 〈*et.*[3]〉 nehmen …を見習う. ▽**4** (Rechenexempel) 〘数〙計算問題. [*lat.* exemplum−*mhd.*; ◇*engl.* example]
Ex·em·plar[ɛksɛmplá:r] 中 -s/-e **1** (略 Ex., Expl.) (たくさんある同形・同種のものの中の)個物, 個体; (書物の)部, 冊: zehn ~*e* der ersten Auflage 初版本10部 | Freiexemplar (書籍の)無料見本, 贈呈本 ‖ Von dieser Briefmarke habe ich nur ein ~. この切手は1枚しかもっていない | Die Elefanten lebten dort nur noch in einzelnen ~*en*. 象はその辺りにはもう二三頭しかいなかった ‖ Er ist ein prächtiges ~. 《話》彼はすてきなやつだ. ▽**2** (Vorbild) 手本, 模範. [*lat.*−*mhd.*]
ex·em·pla·risch[ɛksɛmplá:rɪʃ] 形 **1** (vorbildlich) 手本とすべき, 模範的な: eine ~*e* Ehe führen 模範的な結婚生活を送る | Er ist als Offizier ~. 彼は模範的な士官〈将校〉だ. **2** 例による, 例解の: eine ~*e* Lösung einer Aufgabe vorführen 課題の例解を示す | *et.*[4] ~ darstellen …を具体例に即して示す. **3** 見せしめの, 懲戒的な: *jn.* ~ bestrafen (見せしめのための)…を厳罰に処する. [*lat.*; ◇*engl.* exemplary]
ex·em·pli cau·sa[ɛksɛ́mpli· káʊza·] 《ラテン語》(略 e. c.) (beispielshalber) 例として, 例えば.
Ex·em·pli·fi·ka·tion[ɛksɛmplifikatsió:n] 女 -/-en 例示, 例証. [*mlat.*]
ex·em·pli·fi·ka·to·risch[..tó:rɪʃ] 形 例証的な.
ex·em·pli·fi·zie·ren[..tsí:rən] 他 (h) 《*et.*[4] mit 〈an〉 *et.*[3]》(…を…でもって)例証する. [*mlat.*]
ex·emt[ɛks(|)ɛ́mt] 形 (義務や負担を)免除された; 免税の; 〘宗〙免属の, 司教配下を免ぜられた. [*lat.*; ◇eximieren]
Ex·em·tion[..tsió:n] 女 -/-en **1** 〘法〙治外法権. **2** 〘宗〙(司教区)免属. [*lat.*]
exen[ɛ́ksən] 《02》他 (h) 《話》 **1** 《*jn.*》(生徒・学生を)退学処分にする, 放校する. **2** (授業を無届けで)さぼる.
Exe·qua·tur[ɛksekvá:tʊr] 中 -s/-en[..kvatú:rən] **1** (国が外国の領事などに与える)認可状. **2 a)** 〘法〙(外国判決の)執行の承認. **b)** 〘カトリック〙教皇教書の国家認可. [*lat.*]
Exe·quial·mes·se[ɛksekviá:l..] 女 〘カトリック〙死者の〔ための葬儀〕ミサ.
Exe·qui·en[ɛksé:kviən] 複 **1** 葬儀,〔埋〕葬式; 〘カトリック〙死者のミサ, 赦禱(しゃとう)式, 埋葬ミサ. **2** 葬式のときの音楽. [*lat.*]
▽**exe·quie·ren**[ɛksekví:rən] 他 (h) 〔強制〕執行する; (貸金を)取り立てる; 差し押える. [*lat.* ex-〔s〕equī „bis ans Ende folgen"; ◇sequens]
ex·er·zie·ren[ɛksɛrtsí:rən] **I** 他 (h) **1** 《*jn.*》〘軍〙(兵員を)訓練する, 仕込む; 〘軍〙(部隊を)教練する. **2** 《*et.*[4]》 **a)** 《話》反復練習する. **b)** (新技術・新方式などを)テスト〈実演〉する, 実験する〈してみせる〉, 試験的に実行する〈してみせる〉: *et.*[4] an *jm.* ~ …に…の実験台になってもらう. **II** 自 (h) 〘軍〙訓練〈教練〉を行う. [*lat.* ex-ercēre „aus der Ruhe bringen"−*fr.*; < *lat.* arcēre (→Arkanum); ◇*engl.* exercise]
Ex·er·zier≠feld[..tsí:r..] 中 = Exerzierplatz **≠hal·le** 女 屋内教練場. **≠kleid** 中 (軍隊の)訓練服. **≠kno·chen** 男 〘医〙練兵骨(筋肉の一部が無理な使用のために骨化したもの). ▽**≠mei·ster** 男 訓練〈教練〉教官. **≠platz** 男 練兵場.
Ex·er·zi·tium[ɛksɛrtsí:tsiʊm] 中 -s/..tien[..tsiən] **1** 《複数で》〘カトリック〙心霊修行, 霊操, 黙想. **2** (一般的に)練習, 訓練. ▽**3** (学校の)宿題. [*lat.*]
ex·eunt[ɛ́kseʊnt] 《ラテン語》〘劇〙(戯曲のト書きで)退場(人物が複数の場合. 一人のときは: →exit). [„(sie) gehen hinaus"]
Ex·ha·la·tion[ɛkshalatsió:n] 女 -/-en **1** 〘医〙蒸発, 発散; 呼気. **2** 〘地〙(火山の)噴気. [*lat.*]
ex·ha·lie·ren[..lí:rən] 他 (h) **1** 蒸発させる, 発散する. **2** (ガス・蒸気などを)噴出する. [*lat.*; < *lat.* hālāre „hauchen" (◇Anima)]
Ex·hau·stion[ɛkshaʊstió:n] 女 -/-en (Erschöpfung) 〘医〙消耗, 疲憊(ひはい). [*spätlat.*; < *lat.* ex-haurīre „aus-schöpfen"]
Ex·hau·stions·me·tho·de 女 〘数〙(アルキメデスの)取り尽くし法, 区分求積法.
ex·hau·stiv[..tí:f][1] 形 余すところのない, 完全な.
Ex·hau·stor[ɛksháʊstɔr, ..to:r] 男 -s/-en[..haʊstó:rən] 〘工〙排気器, 通風器; 吸塵(きゅうじん)器.
ex·hi·bie·ren[ɛkshibí:rən] 他 (h) **1** 展覧する, 展示する,

陳列する. **2** 見せる, 提示する, 提出する. ▽**3** 上演する. [*lat.* ex-hibēre „heraus-halten"; ◇habil]

Ex·hi·bi·ti̱on[..bitsió:n] 囡 -/-en **1** 展覧, 展示, 陳列. **2** 提示, 提出. **3** (他人の面前での)陰部露出. [*spätlat.*]

ex·hi·bi·tio·ni̱e·ren[..tsioní:rən] 自 (h) (他人の面前で)陰部を露出する.

Ex·hi·bi·tio·ni̱s·mus[..nísmʊs] 男 -/ 〘医・心〙〔陰部〕露出症.

Ex·hi·bi·tio·ni̱st[..níst] 男 -en/-en (⊛ **Ex·hi·bi·tio·ni̱·stin**[..nístɪn]-/-nen) 〘医〙〔陰部〕露出症患者.

ex·hi·bi·tio·ni̱·stisch[..nístɪʃ] 形 〔陰部〕露出症の; 〔陰部〕露出症的な.

Ex·hu·ma·ti̱on[ɛkshumatsió:n] 囡 -/-en = Exhumierung

ex·hu·mi̱e·ren[..mí:rən] 他 (h) (死体またはその一部を)掘り出す, 発掘する; 《比》(記憶などを)よみがえらせる. [*mlat.*; < *lat.* humus (→Humus)]

Ex·hu·mi̱e·rung[..rʊŋ] 囡 -/-en (死体の)発掘.

Exi̱l[ɛksí:l] 中 -s/-e (Verbannung)〔国外〕追放, 流謫(るたく); 流刑地; 亡命〔地〕: das Babylonische ～ (イスラエルの民の)バビロン捕囚 | im ～ leben 流謫の〈亡命〉生活を送る | ins ～ gehen 追放の身となる; 亡命する. [*lat.* ex〔s〕ilium; < *lat.* ex〔s〕ul „verbannt"; ◇exulieren]

Exi·la̱nt[ɛksilánt] 男 -en/-en 亡命者.

exi·li̱e·ren[ɛksilí:rən] 他 (h) 《*jn.*》追放する, 流刑に処する; 亡命させる.

Exi·li̱e·rung[..lí:rʊŋ] 囡 -/-en exilieren すること.

exi̱·lisch[ɛksí:lɪʃ] 形 亡命〔時代〕の.

Exi̱l≈li·te·ra·tu̱r[ɛksí:l..] 囡 (亡命作家による)亡命文学. **≈po·li̱·ti·ker** 男 亡命政治家. **≈re·gie·rung** 囡 亡命政府〈政権〉. **≈schrift·stel·ler** 男 亡命作家.

ex·imi̱e·ren[ɛksimí:rən] 他 (h) 《*jn.* von *et.*[3]》(…を…から)除外する; (…の法的義務を)免除する: *eximiert* 除外〈免除〉された, 管轄外の(→exemt). [*lat.*; < *lat.* emere „nehmen"; ◇Exempel; *engl.* exempt]

exi·ste̱nt[ɛksɪstɛ́nt] 形 (↔inexistent) 存在する, 実在の, 現存の: *et.*[4] als ～ betrachten …を実在のものと見なす | Dieses Problem war für ihn so gut wie nicht ～. この問題は彼にとっては存在しないも同然だった. [*lat.* ex〔s〕istēns „hervor-kommend"]

exi·sten·ti̱al[..tɛntsiá:l] 形 〘哲〙〔人間〕存在の根元的性格にかかわる, 実存論的な(→existentiell 1). [< ..al[1]]

Exi·sten·tia·li̱s·mus[..tsialísmʊs] 男 -/ 〘哲〙実存主義. [*fr.*]

Exi·sten·tia·li̱st[..líst] 男 -en/-en 実存主義〔哲学〕者. [*fr.*]

exi·sten·tia·li̱·stisch[..lístɪʃ] 形 実存〔主義〕的な, 実存主義の〈に関する〉.

Exi·sten·ti̱al·phi·lo·so·phie[..tsiá:l..] = Existenzphilosophie

exi·sten·tie̱ll[ɛksɪstɛntsiɛ́l] 形 **1** 〘哲〙〔人間の現実〕存在にかかわる, 実存的な (Heidegger は existential と区別して用いた). **2** 《話》(lebenswichtig) 死活にかかわる, きわめて重要な. [*fr.*]

Exi·ste̱nz[ɛksɪstɛ́nts] 囡 -/-en **1** 《単数で》(↔Inexistenz) 存在; 生存, 生活〔の基盤〕, 生計〔を支える収入〕: die ～ des Kindes leugnen 子供のいることを否定する ‖ eine Frage der ～ 死活の問題 ‖ um die nackte ～ kämpfen 生きんがためにたたかう ‖ *js.* ～ 〈*jn.* in *seiner* ～〉 bedrohen …の生活をおびやかす | eine 〔auskömmliche〕 ～ haben 生活できるだけの収入がある | *sich*[3] eine neue ～ aufbauen 〈gründen〉 暮らしを立て直す. **2** 〘哲〙自覚存在, 実存. **3** 《ふつう悪い意味の形容詞と》《俗》(Mensch) 《ふつう悪い意味で》人間, 人: dunkle ～*en* 《話》いかがわしい連中 | eine gescheiterte 〈verkrachte〉 ～ (人生の)敗残者. [*spätlat.*]

Exi·ste̱nz≈angst 囡 存在〈生存〉の不安. **≈be·rech·ti·gung** 囡 生存権.

exi·ste̱nz·fä̱·hig 形 生存可能の, 生存し得る.

Exi·ste̱nz·grund·la̱·ge 囡 生存の基盤.

exi·sten·zi̱al[ɛksɪstɛntsiá:l] = existential

Exi·sten·zia·li̱s·mus[..tsialísmʊs] = Existentsialismus

Exi·sten·zia·li̱st[..líst] = Existentsialist

Exi·sten·zi̱al·phi·lo·so·phie[..tsiá:l..] = Existenzphilosophie

exi·sten·zie̱ll[..tɛntsiɛ́l] = existentiell

Exi·ste̱nz≈kampf 男 生きんがための戦い, 生存競争. **≈min·dest·ma̱ß** 中, **≈mi̱·ni·mum** 中 生存のために必要な最小限のもの, 最低生活費〈条件〉. **≈mit·tel** 複 生活手段, 生活の資〈かて〉. **≈phi·lo·so·phie** 囡 -/ 実存哲学. **≈recht** 中 生存権, 生存の権利.

exi·sti̱e·ren[ɛksɪstí:rən] 自 (h) **1** (vorhanden sein) 存在する, ある; (anwesend sein) その場にいる: Das Haus *existiert* nicht mehr. その家はもう存在しない | Viele Anekdoten *existieren* darüber. それについて多くの逸話がある | Er tat, als ob sie gar nicht *existiere.* 彼はまるで彼女なんか全然いないかのように振舞った. **2** 〔なんとか〕暮らしていく: Von 500 Mark im Monat kann man kaum ～. 月500マルクではほとんどやっていけない. [*lat.* ex-〔s〕istere „hervor-treten"; ◇sistieren]

e̱xit[ɛ́ksɪt] 《ラテ語》〘劇〙(戯曲のト書きで)退場(人物が一人の場合. 複数のときは: →exeunt).

E̱xi·tus[ɛ́ksitʊs] 男 -/ (Tod) 〘医〙死亡. [*lat.*; < *lat.* ex-īre „aus-gehen" (◇eilen)]

E̱x·kai·ser[ɛ́kskaɪzər] 男 -s/- 前皇帝. [< ex..[2]]

E̱x·kar·di·na·ti̱on[ɛkskardinatsió:n] 囡 -/-en (↔Inkardination) 〘カトリック〙(聖職者の)司教区転出. [< ex..[1] + Inkardination]

Ex·ka·va·ti̱on[ɛkskavatsió:n] 囡 -/-en **1** 掘削, 掘り抜くこと. **2** 〘医〙 **a)** (虫歯などの)削掘. **b)** 陥凹, 窩(か). **3** 浚渫(しゅんせつ). [*lat.*]

Ex·ka·va̱·tor[..vá:tɔr, ..to:r] 男 -s/-en[..vató:rən] **1** 掘削機. **2** 〘歯科〙(虫歯の中に詰ったものを除去するための)エキスカベーター.

ex·ka·vi̱e·ren[..ví:rən] 他 (h) **1** 掘削する. **2** 〘歯科〙(虫歯の中に詰ったものをエキスカベーターで)削掘する. [*lat.*; < *lat.* cavus (→Kaverne)]

exkl. 略 = exklusive

▽**Ex·kla·ma·ti̱on**[ɛksklamatsió:n] 囡 -/-en (Ausruf) 叫び〔声〕; 感嘆. [*lat.*; < *lat.* clāmāre (→Claim)]

▽**Ex·kla·ma·ti̱ons·zei·chen** 中 (Ausrufezeichen) 〘言〙感嘆符 (!).

ex·kla·ma·to̱·risch[..tó:rɪʃ] 形 感嘆〔の気持〕を表現する.

ex·kla·mi̱e·ren[..mí:rən] 自 (h) 叫び声をあげる.

Ex·kla̱·ve[ɛkskláːvə] 囡 -/-n **1** (↔Enklave) (他国の領内にある自国の)飛び領土. **2** 〘生〙(動植物の, 通常の分布地域外に現れる)飛び分布圏. [< ex..[1] + Enklave]

E̱x·kleid[ɛ́ksklaɪt][1] 中 -〔e〕s/-er 《スイ》= Exerzierkleid

▽**ex·klu·di̱e·ren**[ɛkskludí:rən] 他 (h) (↔inkludieren) (ausschließen) 締め出す, 排斥〈排除〉する. [*lat.*]

▽**Ex·klu·si̱on**[..zió:n] 囡 -/-en (Ausschließung) 排除, 排斥. [*lat.*; < *lat.* claudere (→Klause)]

ex·klu·si̱v[ɛkskluzí:f][1] 形 **1** 排他的な, 他を排除する; 独占的な: ein ～*es* Recht 専有権, 独占権 | ein Interview ～ für die „Berliner Zeitung"「ベルリン新聞」独占インタビュー. **2** (階級・社会層・サークルなどが)排他的な, 閉鎖的な; 特権階級だけに限られた, 高級な: ein ～*er* Kreis 限られたサークル | ein ～*es* Restaurant 高級レストラン ‖ Der Tennissport war früher sehr ～. テニスはかつてはごく限られた人たちだけのものだった. [*mlat.*－*engl.* exclusive]

Ex·klu·si̱v·be·richt 男 (新聞・雑誌などの)独占報道〔記事〕.

ex·klu·si̱·ve[..və] (略 exkl.) (↔inklusive) (ausschließlich) **I** 副 《後置して》(…を)除いて, (最後の一つを)含めずに: Das gilt für alle, die Offiziere ～. それは将校を除く全員に該当する | bis zur 20. Seite ～ (20ページの前, つまり) 19ページまで. **II** 前 《2 格支配; ただし名詞が冠詞や付加語を伴わないときは, 単数では無変化, 複数では 3 格支配》…

を除いて, …を別として: *Exklusive* des Futters kostet der Stoff 100 Mark. 裏地を別として布地代は100マルクである. [*mlat.*]

Ex·klu·si·ve[–] 女 -/ 〘宗・史〙(カトリック君主の教皇候補者に対する)拒否権.

Ex·klu·siv≠fo·to[εkskluzí:f..] 中 独占写真. **≠in·ter·view**[..ıntərvju:] 中 独占インタビュー.

Ex·klu·si·vi·tät[..zivité:t] 女 -/ exklusiv なこと.

Ex·klu·siv≠pho·to[εkskluzí:f..] 中 =Exklusivfoto **≠recht** 中 独占権. **≠sto·ry** 女 (新聞・雑誌などの)独占記事. **≠ver·trag** 男 独占契約.

Ex·kom·mu·ni·ka·tion[εkskɔmunikatsió:n] 女 -/-en (Kirchenbann) 〘カトリック〙破門, 破門制裁, 聖餐(せいさん)停止. [*kirchenlat.*]

ex·kom·mu·ni·zie·ren[..tsí:rən] 他 (h) 《*jn.*》〘カトリック〙破門する,(…の)聖餐(せいさん)式への参加を停止する. [*kirchenlat.*; < *lat.* commūnis (→kommun)]

Ex·kö·nig[έkskø:nıç][2] 男 -s/-e 前〈元〉国王. [< ex..[2]]

Ex·ko·ria·tion[εkskoriatsió:n] 女 -/-en (Hautabschürfung) 〘医〙擦〔過〕傷, すり傷, 表皮剝離(はくり). [< *lat.* corium „Fell"]

Ex·kre·ment[εkskremέnt] 中 -〔e〕s/-e《ふつう複数で》〘生理〙排出物, 排泄(はいせつ)物(尿・糞便(ふんべん)・汗など). [*lat.*]

Ex·kret[..kré:t] 中 -〔e〕s/-e (↔Inkret)〘生理〙排出物, 排泄(はいせつ)物; 分泌物. [*lat.*; < *lat.* ex-cernere „aus-sondern" (◇zernieren)]

Ex·kre·tion[..kretsió:n] 女 -/-en 排泄(はいせつ), 排出; 分泌.

ex·kre·to·risch[..kretó:rıʃ] 形 排出性の.

Ex·kul·pa·tion[εkskulpatsió:n] 女 -/-en (Rechtfertigung) 〘法〙無実の弁明; 釈明. [*mlat.*]

ex·kul·pie·ren[..pí:rən] 他 (h) 《*jn.*》(…の)無実を弁明する: 再帰 *sich*[4] ~ 自分の無実を証明する. [*mlat.*; < *lat.* culpa „Schuld"]

Ex·kurs[εkskúrs][1] 男 -es/-e **1** (学術論文に付せられた特殊問題に関する)余論, 付説. **2** (講演・講義の途中での)脱線. [*lat.*; < *lat.* ex-currere „heraus-laufen"]

Ex·kur·sion[εkskurzió:n] 女 -/-en 研究〈研修〉旅行; 遠足: eine archäologische ~ machen 考古学の研究旅行をする. [*lat.–fr.*]

[▽]**ex·lex**[εkslέks] 形 (vogelfrei) 法の保護外におかれた, 追放された. [*lat.*; < *lat.* lēx (→Lex)]

Ex·li·bris[εkslí:bri:s, ..brıs] 中 -/- (書物の所有者を示す)書票, 蔵書票(ふつう書物の表紙裏にはる: → 図 Buch). [*lat.* ex librīs „aus den Büchern (von ...)"; < *lat.* liber (→Liber)]

Ex·ma·tri·kel[εksmatrí(:)kəl] 女 -/-n (大学の)修業〈卒業〉証書.

Ex·ma·tri·ku·la·tion[εksmatrikulatsió:n] 女 -/-en (↔Immatrikulation) (大学での)除籍, 退学.

ex·ma·tri·ku·lie·ren[..lí:rən] 他 (h) (↔immatrikulieren) 《*jn.*》(学籍簿から…の)籍を抜く, 除籍する: *sich*[4] ~ lassen 学生登録簿から自分の籍を抜いてもらう, 退学の手続きを取る.

Ex·mei·ster[έks..] 男 -s/- 前〈元〉チャンピオン. [< ex..[2]]

Ex·me·ta·pher[εksmetáfər] 女 -/-n 〘修辞〙(新鮮さを失った)退化隠喩(いんゆ).

Ex·mi·ni·ster[έks..] 男 -s/- 前〈元〉大臣. [< ex..[2]]

Ex·mis·sion[εksmısió:n] 女 -/-en (家屋・土地などからの)強制立ち退き; 追い立て, 放逐.

ex·mit·tie·ren[..mıtí:rən] 他 (h) 《*jn.*》(家屋・土地などから)強制的に立ち退かせる; 追い立てる, 放逐する. [< *lat.* ēmittere (→emittieren)]

exo.. (↔endo..)《名詞・形容詞などにつけて「外部の・外部へ・外部から」などを意味する. 母音の前では ex.. となる》: *Exogamie* 族外〈異族〉結婚 | *exogen* 〘植〙外生の; 〘地〙外成の; 〘医・心〙外因性の. [*gr.* éxō „außen"; ◇ex..[1]]

Exo·bio·lo·ge[εksobioló:gə] 男 -n/-n 宇宙生物学者.

Exo·bio·lo·gie[..logí:] 女 -/ 宇宙生物学.

exo·bio·lo·gisch[..ló:gıʃ] 形 宇宙生物学〔上〕の.

Exo·der·mis[εksodέrmıs] 女 -/..men[..mən] 〘植〙(根の)外皮層. [< Derma]

Ex·odos[έksodɔs] 男 -/- (↔Parodos) 〘劇〙エクソドス(古代ギリシア劇の幕切れの退場の際の合唱歌); (一般に)ドラマの幕切れ, 大団円. [*gr.* „Ausgang"; ◇..ode[1]]

Ex·odus[..dus] 男 -/-se **1**《単数で》〘聖〙**a)** (旧約聖書の)出エジプト記(モーセ五書の第 2 書). **b)** (イスラエル人の)エジプト脱出; (一般に多数の人たちの)脱出, 退場. **2** =Exodos **3** 《オーストリア》(Absonderung) 分離, 隔離. [*gr.–lat.*]

ex of·fi·cio[εks ɔfí(:)tsio·] 《ラテン語》(略 e. o.) 職務上, 職権により. [◇Offizium]

Exo·ga·mie[εksogamí:] 女 -/ **1** (↔Endogamie) 族外〈異族〉結婚. **2 a)** 〘医〙〔体〕外生殖. **b)** 〘生〙異系交配.

exo·gen[εksogé:n] 形 (↔endogen) **1** 〘植〙外生の. **2** 〘地〙外成の: ~*e* Erzlagerstätte 外成鉱床. **3** 〘医・心〙外因性の.

Exo·karp[εksokárp] 中 -s/-e (↔Endokarp) 〘植〙外果皮. [< *gr.* karpós „Frucht"]

exo·krin[εksokrí:n] 形 (↔endokrin) 〘生理〙外分泌の: ~*e* Drüsen 外分泌腺(せん). [< *gr.* krī́nein (→Krise)]

[▽]**Ex·one·ra·tion**[εks(|)oneratsió:n] 女 -/-en (負担の)免除, 軽減, 減免. [*spätlat.*]

[▽]**ex·one·rie·ren**[..rí:rən] 他 (h) (entlasten) 《*jn.*》(…の負担を)免除〈軽減〉する. [*lat.*; < *lat.* onus „Last"]

exo·pho·risch[εksofó:rıʃ] 形 〘言〙他方代応的な, 他指的な(代名詞などが文脈中の前後の語句を指示しない: →deiktisch 1): ein ~*es* Pronomen 他方代応的代名詞(例 Der Mann fragte, was *er* tun sollte. その男は(自分ではない)彼が何をすればいいのかと尋ねた). [< ..phor]

ex·or·bi·tant[εks(|)ɔrbitánt] 形 非常な, 法外な, 過大な, 過度の: eine ~*e* Hitze ひどい暑さ | ~*e* Preise 法外な値段. [*spätlat.*; < *lat.* orbita „Bahn" (◇Orbit)]

Ex·or·bi·tanz[..tánts] 女 -/-en《ふつう単数で》法外さ, 過度, 過大なこと.

Ex·or·dium[εks(|)ɔ́rdium] 中 -s/..dia[..dia·], ..dien[..diən] (演説などの)冒頭, 前置き. [*lat.*; < *lat.* ex-ōrdīrī „anfangen" (◇Orden)]

ex orien·te lux[εks oriέntə lúks, – ..te· –] 《ラテン語》光は東方より. [◇Orient]

ex·or·zie·ren[εks(|)ɔrtsí:rən] (**ex·or·zi·sie·ren**[..tsizí:rən]) 他 (h) (呪文(じゅもん)・宗教的儀式などによって悪霊・悪魔などを)追い払う, 退散させる. [*gr.–spätlat.*; < *gr.* hórkos „Eid"]

Ex·or·zis·mus[..tsísmus] 男 -/ ..men[..mən] 悪魔〈悪鬼・悪霊〉払い, 厄払い; 魔よけ〔の儀式〕, 祓魔(ふつま)式, 大払い. [*gr.–spätlat.*]

Ex·or·zist[..tsíst] 男 -en/-en **1** 悪魔払いの祈禱(きとう)師, 調伏者. **2** 〘カトリック〙祓魔(ふつま)師. [*gr.–spätlat.*]

ex·or·zi·stisch[..tsístıʃ] 形 悪魔払いの, 厄払いの; 魔よけの.

Ex·os·mo·se[εks(|)ɔsmó:zə] 女 -/ 〘生・化〙滲出(しんしゅつ), 浸出, 外滲透. [< exo..+Osmose]

Exo·sphä·re[εksosfέ:rə, εksɔs..] 女 -/ 〘気象〙逸出圏(大気の最外層).

Ex·osto·se[εks(|)ɔstó:zə] 女 -/-n 〘医〙外骨症, 外骨腫(しゅ), 骨瘤(こつりゅう). [< exo..+osteo..+..ose]

Exot[εksó:t] 男 -en/-en (**Exo·te**[..tə] 男 -n/-n) **1** (女 **Exo·tin**[..tın]-/-nen) (遠国, 特に熱帯地方から来た)異国人. **2** (特に熱帯産の)外来動植物; 《比》外国産のもの. **3** 外国証券. **4** (アメリカ産・エジプト産に対する)東洋産の綿花. [< exotisch]

Exo·ta·rium[εksotá:rium] 中 -s/..rien[..riən] (特に熱帯産の)外来動物飼育施設. [◇Aquarium]

Exo·te·ri·ker[εksoté:rikər] 男 -s/- (↔Esoteriker) 秘伝〈奥義〉を授かっていない人, 門外漢.

exo·te·risch[..rıʃ] 形 (↔esoterisch) 顕教の, 公教的な; 秘伝でない, 一般公開的な, 大衆向きの. [*gr.* exōterikós „äußerlich"–*spätlat.*; ◇exo..]

E

Exo·ter·rist[ɛksotɛríst] 男 -en/-en《話》宇宙人. [＜Terra]

exo·therm[ɛksotérm] (**exo·ther·misch**[..mɪʃ]) 形《理》発熱性の: ~*e* Reaktion 発熱反応. [＜thermo..]

Exo·tik[ɛksó:tɪk] 女 -/ 異国のもののもつ魅力; 異国情緒.

Exo·ti·kum[..tikum] 中 -s/..ka[..ka·]《ふつう複数で》異国の事物(芸術品).

Exo·tin Exot 1の女性形.

exo·tisch[ɛksó:tɪʃ] 形 **1** (fremdländisch) 外国の, 外国産(種)の: ~*e* Pflanzen 外来(特に熱帯産の)植物. **2** 異国的な, エキゾチックな, 異国情緒のある: ~*e* Musik 異国音楽(東洋・アフリカ・エスキモー・インディアン音楽など) | eine Frau von ~*em* Aussehen エキゾチックな風貌(ふうぼう)の女性. [*gr.* exōtikós „ausländisch"－*lat.*; ◇exo..]

Exo·tis·mus[ɛksotísmus] 男 -/..men[..mən] **1**《単数で》《美》異国趣味, エキゾチ(シ)ズム. **2**《言》外来語; 外来語法.

ex ovo[ɛks ó:vo·]《ラテ語》=ab ovo [usque ad mala]

exo·zen·trisch[ɛksotsɛ́ntrɪʃ] 形 (↔endozentrisch)《言》外心的な, 外心構造の.

Ex·pan·der[ɛkspándər] 男 -s/-(Strecker)《スポ》エキスパンダー. [*engl.*]

ex·pan·die·ren[ɛkspandí:rən] **I** 他 (h) **1**《*et.*[4]》《理》(…の)体積を増加させる, 膨張させる: *et.*[4] durch Erhitzung ~ …に熱を加えて膨張させる. **2** 拡大(拡張)する, 伸ばす, 広げる. **II** 自 **1** (s)《理》体積が増加する, 膨張する: der *expandierende* Kosmos 膨張する宇宙. **2** (h) 勢力を拡大する, 規模を拡張する, 広がる, ふくらむ, 増大する: Die Stadt *expandiert* immer mehr. その町は膨張する一方だ | *expandierende* Ansprüche《比》ふくらむ要求. [*lat.* [ex]pandere „ausspannen"; ◇Passus]

ᐁ**ex·pan·si·bel**[ɛkspanzí:bəl] (..si·bl..) 形 (ausdehnbar) 膨張可能の; 拡大(拡張)できる. [*fr.*]

Ex·pan·sion[ɛkspanzió:n] 女 -/-en **1**《理》膨張: die ~ des Kosmos (von Gasen) 宇宙(気体)の膨張. **2** (一般に)膨張, 拡大, 拡張, 伸張; (国家の)領土拡大: die ~ des Außenhandels 外国貿易の伸展 | eine Politik der ~ 膨張(拡張)政策. [*spätlat.*－*fr.*]

ex·pan·sio·ni·stisch[..zionístɪʃ] 形 (領土)拡張主義的な.

Ex·pan·sions≠[dampf·]ma·schi·ne[ɛkspanzió:ns..] 女《工》(気体の膨張力を利用してエネルギーを作る)膨張機関. ≠**kraft** 女《理》膨張力. ≠**po·li·tik** 女 (領土)拡張政策. ≠**po·li·ti·ker** 男 領土拡張論者. ≠**schal·ter** 男《電》膨張遮断器. ≠**ven·til** 中《工》膨張弁.

ex·pan·siv[ɛkspanzí:f][1] 形 拡張的な; 発展的な; 膨張性のある; 拡張(膨張)を目ざした: eine ~*e* Politik 膨張政策 | Das Unternehmen ist auf vielen Gebieten ~. この企業は多くの分野において勢力を伸ばしつつある.

Ex·pan·siv·kraft 女 膨張力.

Ex·pa·tria·tion[ɛkspatriatsió:n] 女 -/-en 国籍(市民権)剝奪(はくだつ); 国外追放.

ex·pa·tri·ieren[..í:rən] 他 (h)《*jn.*》(…の)国籍(市民権)を剝奪(はくだつ)する; 国外に追放する. [*mlat.*; ＜*lat.* patria „Vaterland" (◇Pater)]

Ex·pa·tri·ierung[..ruŋ] 女 -/-en =Expatriation

Ex·pe·dient[ɛkspediɛ́nt] 男 -en/-en **1** (会社・商店などの)[商品]発送部の従業員, 発送係. **2** 旅行社の社員.

ex·pe·die·ren[..dí:rən] 他 (h) **1** (郵便物・商品などを)発送(送付)する: *et.*[4] per Luftpost ~ …を航空便で発送する. **2**《*jn.*》派遣する. [*lat.* ex-pedīre „ent-fesseln"; ＜*lat.* pedica „Fußfessel"; ◇*engl.* expedite]

Ex·pe·die·rung[..dí:ruŋ] 女 -/-en expedieren すること.

Ex·pe·dit[..dí:t] 中 -[e]s/-e《オーストリア》(会社・商店などの)[商品]発送部.

Ex·pe·di·tion[ɛkspeditsió:n] 女 -/-en **1 a)** (特定のグループによる未知の地域への)調査旅行, 探険: eine ~ in die Antarktis (in das Amazonasgebiet) 南極(アマゾン川流域地帯)調査旅行. **b)** 調査[旅行]団, 遠征隊, 探険隊: *sich*[4] einer ~ anschließen 遠征隊に加わる. **2** ᐁ**a)** (Kriegszug) 出征, 出兵. **b)** [外国への]派遣団. **3 a)** (会社・商店などの)[商品]発送部. ᐁ**b)** (新聞社などの)広告代理部. **4** =Expedierung [*lat.*]

Ex·pe·di·tions≠ab·tei·lung 女 =Expedition 3 a ≠**lei·ter** 男 調査団長, 遠征(探険)隊長.

Ex·pe·di·tor[..dí:tɔr, ..to:r] 男 -s/-en[..ditó:rən] =Expedient 1

Ex·pek·to·rans[ɛkspɛ́ktorans] 中 -/..ranzien(..rantien)[..pɛktorántsiən], ..rantia[..pɛktorántsia·], **Ex·pek·to·ran·tium**[..pɛktorántsium] 中 -s/..tien[..tsiən], ..tia[..tsia·]《薬》去痰(きょたん)剤.

Ex·pek·to·ra·tion[..pɛktoratsió:n] 女 -/-en **1**《医》(痰(たん)などの)喀出(かくしゅつ). ᐁ**2**《比》心情の吐露.

ex·pek·to·rie·ren[..rí:rən] 他 (h) **1**《医》喀出(かくしゅつ)する: Schleim (Blut) ~ 痰(たん)(血痰)を吐く. ᐁ**2**《比》再帰 *sich*[4] ~ 心情を吐露する, 思いのたけを語る. [*lat.*; ◇pektoral]

Ex·pen·sa·rium[ɛkspɛnzá:rium] 中 -s/..rien[..riən] (裁判)費用細目. [＜*lat.* expendere (→spenden)]

ᐁ**Ex·pen·sen**[..pɛ́nzən] 複 出費, 支出, 費用; (Gerichtskosten) 裁判費用.

ᐁ**ex·pen·siv**[..pɛnzí:f][1] 形 (kostspielig) 金のかかる, 費用のかさむ, 出費の多い, 不経済な.

Ex·pe·ri·ment[ɛksperimɛ́nt] 中 -[e]s/-e (Versuch) 実験, 試験;《比》実験的な試み; (大胆な)試み: ein biologisches (chemisches) ~ 生物(化学)実験 | ~*e* an (mit) Tieren 動物実験 ‖ ~*e* machen (anstellen) 実験をする | keine ~*e* machen 危ないこと(冒険)はしない. [*lat.*; ＜*lat.* ex-perīrī „er-proben"]

ex·pe·ri·men·tal[..perimɛntá:l] =experimentell

Ex·pe·ri·men·tal≠pho·ne·tik 女 -/《言》実験音声学. ≠**phy·sik** 女 -/ 実験物理学. ≠**psy·cho·lo·gie** 女 -/ 実験心理学. ≠**thea·ter** =Experimentiertheater

Ex·pe·ri·men·ta·tor[..tá:tɔr, ..to:r] 男 -s/-en[..tató:rən] 実験者.

ex·pe·ri·men·tell[..tɛ́l] 形 実験に基づく; (芸術上の手法・作品などが)実験的な: die ~*e* Psychologie 実験心理学 | auf ~*em* Wege 実験[的方法]によって ‖ *et.*[4] ~ beweisen (bestätigen / erproben) …を実験で証明する(確かめる).

Ex·pe·ri·men·tier·büh·ne[..tí:r..] 女《劇》実験舞台.

ex·pe·ri·men·tie·ren[..tí:rən] 自 (h) 実験する: an Tieren ~ 動物実験をする | mit *et.*[3] ~ …を使って実験する. [*mlat.*]

Ex·pe·ri·men·tier·freu·de[..tí:r..] 女 実験の喜び.

ex·pe·ri·men·tier·freu·dig 形 実験に対して意欲的な, 実験精神に富んだ.

Ex·pe·ri·men·tier≠ge·rät 中 実験道具(器具), 実験機器. ≠**ma·te·rial** 中 実験材料. ≠**sta·dium** 中 実験段階: *sich*[4] noch im ~ befinden まだ実験段階にある. ≠**thea·ter** 中《劇》実験劇場.

ᐁ**ex·pert**[ɛkspɛ́rt] 形 熟達した, 老練な: in (auf) einem Gebiet ~ sein ある分野のエキスパートである. [*fr.*]

Ex·per·te[..tə] 男 -n/-n (**Ex·pert** 男 -en/-en) (女 **Ex·per·tin**[..tɪn]-/-nen) (ある分野の)エキスパート, 熟練者; (Sachverständige) 専門家. [*lat.* ex-pertus „erprobt"－*fr.*; ◇Experiment]

Ex·per·ten≠aus·schuß 男, ≠**kom·mis·sion** 女 (専門家による)専門委員会.

Ex·per·ti·se[..pɛrtí:zə] 女 -/-n (専門家の)鑑定[書]: eine ~ über *et.*[4] anfertigen …に関する鑑定書を作成する. [*fr.*]

Expl. 略 =**Exemplar 1**

Ex·pla·na·tion[ɛksplanatsió:n] 女 -/-en (テキストなどの)解釈, 解説. [*lat.*; ＜*lat.* ex-plānāre „aus-ebnen" (◇plan)]

Ex·plan·ta·tion[ɛksplantatsió:n] 女 -/-en (↔Im-

E

plantation) (Gewebekultur) 〘生〙外植, 体外培養(培養基中での組織培養). [< *lat.* planta (→Pflanze)]

ex·ple·tiv[ɛksplətí:f][1] **I** 形 充塡(じゅうてん)する, 補充的な.
II Ex·ple·tiv 中 -s/-e (Füllwort) 〘言〙塡辞(てんじ), 虚辞. [*spätlat.*; < *lat.* ex-plēre „ausfüllen" (◇Plenum)]

ex·pli·cit[ɛ́kspliʦɪt] 《ラテン語》 (↔incipit) (es ist vollzogen) (本文の)終わり, 完(手写本・古版本などの巻末に記される).

▽**Ex·pli·ka·tion**[ɛksplikatsió:n] 女 -/-en 説明, 解説, 注釈. [*lat.*]

ex·pli·zie·ren[..tsí:rən] 他 (h) **1** 《*et.*[4]》説明する, 解説〈解釈〉する; (…に)注釈を加える. **2** 再帰 *sich*[4] mit *jm.* ~ 《西部》…と論争〈議論〉する; …と口論する. [*lat.* ex-plicāre „ent-falten"; ◇pliieren; *engl.* explicate]

ex·pli·zit[ɛksplitsí:t] 形 (↔implizit) **1** はっきり表現された, 明白に述べられた, 明確な; 〘言〙明示的な; 〘心〙外示的な: einen Begriff ~ definieren 概念を明確に定義する. **2** 〘数〙陽の, 陽関数表示の: eine ~*e* Funktionsgleichung 陽関数方程式. [*lat.* explicātus]

ex·pli·zi·te[..plí:tsite·] 副 (↔implizite) 明確に, はっきりと. [*lat.*]

Ex·pli·zit·heit[..plitsí:thaɪt] 女 -/ explizit なこと.

ex·plo·die·ren[ɛksplodí:rən] 自 (s) 爆発〈破裂〉する; 《比》感情を爆発させる; 爆発的に増加〈増大〉する: Die Bombe 〈Der Heizkessel〉 *explodiert.* 爆弾が破裂〈ボイラーが爆発〉する | Er ist vor Wut *explodiert.* 彼は激怒した | Die Preise *explodieren.* 物価が急騰する. [*lat.* ex-plōdere „aus-klatschen"; ◇plausibel]

▽**Ex·ploi·ta·tion**[ɛksploatatsió:n] 女 -/-en **1** (Ausbeutung) 利用; 搾取. **2** (地下資源の)開発. [*fr.*]

Ex·ploi·teur[..ploatǿ:r] 男 -s/-e 搾取者. [*fr.*]

ex·ploi·tie·ren[..ploatí:rən] 他 (h) **1** (ausbeuten) 利用する; 搾取する. **2** (地下資源を)開発する. [*fr.*; < *lat.* explicitus „ausführbar, leicht" (◇explizit)]

Ex·plo·rand[ɛksplorάnt][1] 男 -en/-en 〘社・民族〙(実地調査などにおける)調査対象, 被調査者.

Ex·plo·ra·tion[..ratsió:n] 女 -/-en 調査, 検査; 探索; 〘医〙診査. [*lat.*]

ex·plo·rie·ren[..rí:rən] 他 (h) **1** 調査〈検査〉する; 探索する; 〘医〙診査する; 〘社・民族〙実地調査をする. ▽**2** 探究する. [*lat.*; < *lat.* plōrāre (→Pleureuse)]

ex·plo·si·bel[ɛksplozí:bəl] (..si·bl..) 形 **1** 爆発しやすい, 爆発性の. **2** 爆発物を含んだ. **3** 〘医〙爆発型の(精神病質者).

Ex·plo·sion[..zió:n] 女 -/-en **1** (爆弾・ガスなどの)爆発, 破裂; 《比》感情の爆発; 爆発的な現象: die ~ des Schlagwetters 坑内ガスの爆発 | Bevölkerungs*explosion* 人口爆発 ‖ *et.*[4] zur ~ bringen …を爆発させる. **2 a)** 〘医〙症候突発. **b)** 〘言〙(閉鎖音の)破裂. [*lat.*; ◇explodieren]

ex·plo·sions·ar·tig 形 爆発に似た, 爆発的な: das ~*e* Anwachsen der Bevölkerung 人口の爆発的な増加.

Ex·plo·sions≈ge·fahr 女 爆発の危険. ≈**ka·ta·stro·phe** 女 爆発事故. ≈**kraft** 女 爆発力. ≈**kra·ter** 男 〘地〙噴火口. ≈**mo·tor** 男 内燃機関. ≈**schutz** 男 爆発〈破裂〉防止; 〘坑〙(坑内ガスに対する)防爆.

ex·plo·sions·si·cher 形 爆発の危険のない.

Ex·plo·sions·wel·le 女 〘理〙爆発波.

ex·plo·siv[ɛksplozí:f][1] **I** 形 **1** 爆発しやすい, 爆発性の: ~*e* Stoffe 爆発〔性〕物〔質〕. **2** 《話》(破裂せんばかりに)険悪な; 激怒しやすい; 爆発的な(売れ行きなど): eine ~*e* Entfaltung 〘生〙爆発的進化 | die ~*e* Stimmung 険悪な空気 ‖ Er ist von Natur aus sehr ~. 彼は生まれつきとても怒りっぽい. **3** 〘言〙破裂音の: ein ~*er* Laut 〘言〙破裂〈閉鎖〉音. **II Ex·plo·siv** 男 -s/-e (Plosivlaut) 〘言〙破裂音, 閉鎖音.

Ex·plo·siv≈ge·schoß 中 爆弾, 爆裂弾. ≈**laut** =Explosiv ≈**stoff** 男 爆薬, 火薬類.

Ex·po[ɛ́kspo·] 女 -/-s (Weltausstellung) 万国博覧会, 万博.

Ex·po·nat[ɛksponá:t] 中 -〔e〕s/-e 展示品, 陳列品. [*russ.*]

Ex·po·nent[..nɛ́nt] 男 -en/-en **1** (党派・思想傾向などの)代表的人物. **2** 〘数〙〔冪(べき)〕指数.

ex·po·nen·tial[..nɛntsiá:l] 形 〘数〙〔冪(べき)〕指数の.

Ex·po·nen·tial≈funk·tion 女 〘数〙指数関数. ≈**glei·chung** 女 〘数〙指数方程式.

ex·po·nie·ren[ɛksponí:rən] **I** 他 (h) **1 a)** 〔危険に〕さらす; 暴露する: 再帰 *sich*[4] ~ 危険〈攻撃〉に身をさらす, 人目に立つ, にらまれる. ▽**b)** (belichten) 〘写〙(フィルムを)露出する. **2** (意見などを)開陳する.
II ex·po·niert 過分 形 危険にさらされた, 風当たりの強い; (遮蔽(しゃへい)物がなく)むき出しになった: Er steht an ~*er* Stelle. 彼は風当たりの強い〈攻撃を受けやすい〉立場にいる | Es wurde Wald angepflanzt, um ~*en* Stellen Schutz zu bieten. 吹きさらしの場所を防護するために植林が行われた. [*lat.*; ◇Exposition; *engl.* expound, expose]

Ex·port[ɛkspɔ́rt] 男 -〔e〕s/-e (↔Import) (Ausfuhr) **1** 《単数で》輸出: den ~ 〔von Tonbandgeräten〕 fördern 〈einschränken〉〔テープレコーダーの〕輸出を促進〈制限〉する. **2** 輸出品. [*engl.*]

ex·port·ab·hän·gig 形 輸出に依存している.

Ex·port≈ar·ti·kel 男 輸出品〔目〕. ≈**be·schrän·kung** 女 輸出制限.

Ex·por·te[ɛkspɔ́rtə] **I** 女 -/-n 《ふつう複数で》(Ausfuhrwaren) 輸出品. **II** Export の複数.

Ex·por·teur[..pɔrtǿ:r] 男 -s/-e (↔Importeur) 輸出業者. [<..eur]

Ex·port≈fir·ma[ɛkspɔ́rt..] 女 輸出商社. ≈**ge·schäft** 中 **1** 輸出業. **2** 輸出商社. ≈**han·del** 男 -s/ 輸出貿易. ≈**händ·ler** 男 輸出〔貿易〕業者.

ex·por·tie·ren[ɛkspɔrtí:rən] 他 (h) (↔ importieren) 輸出する: Kaffee 〈die Inflation〉 ~ コーヒー〈インフレ〉を輸出する ‖ *exportierte* Waren 輸出品. [*lat.* ex-portāre „heraus-tragen"–*engl.* export]

Ex·port≈in·du·strie[ɛkspɔ́rt..] 女 輸出産業. ≈**land** 中 -〔e〕s/..länder 輸出先〔の国〕. ≈**über·schuß** 男 輸出超過. ≈**ver·bot** 中 輸出禁止. ≈**wa·re** 女 輸出〔商〕品. ≈**zoll** 男 輸出関税.

Ex·po·sé (**Ex·po·see**)[ɛkspozé:] 中 -s/-s **1** 報告書; 建白書; 解説書: *seine* Meinung in einem kurzen ~ niederlegen 自分の意見を短くまとめて書く. **2** (文学作品などの)筋書き, 素描, あらすじ; 〘映〙(シナリオの)筋書き, シノプシス. [*fr.*]

Ex·po·si·ti Expositus の複数.

Ex·po·si·tion[ɛkspozitsió:n] 女 -/-en **1 a)** 〘劇〙(ドラマの前提となる事件や人物などを観客に解説する)導入〈提示〉部. **b)** 〘楽〙(ソナタ形式などの)提示部. **2** (Gliederung) (学校作文の)構成, 案. **3** 〘キリスト教〙聖人の遺体や聖遺物の公開展示. ▽**4** (Belichtung) 〘写〙露出. ▽**5** (Darlegung) 解説, 説明. [*lat.*–*fr.*; ◇exponieren]

Ex·po·si·tur[..tú:r] 女 -/-en **1** 〘宗〙(専任司祭のいない)支聖堂〔区〕, 分教会〔区〕. **2** 支社, 支店, 出張所; 支庁, 支所. **3** 《オーストリア》分校, 分教場.

Ex·po·si·tus[..pó:zitʊs] 男 -/..ti[..ti·] 支聖堂〈分教会〉つきの聖職者〈司祭・助祭〉.

ex post 〔**facto**〕[ɛks pɔ́st (fάkto·)] 《ラテン語》 (nach geschehener Tat) 事が起こったあとで, あとから.

ex·preß[ɛksprɛ́s] 副 ▽**1** (eilig) 急いで, 至急に; (mit Eilpost) 速達便で: einen Brief ~ schicken 手紙を速達便で出す. **2** 《方》(eigens) 特別に, ことさらに, わざわざ: *et.*[4] ~ für *jn.* tun 特に…のために…をする. [*lat.* ex-pressus „ausdrücklich"; < *lat.* premere (→Presse)]

Ex·preß[–] 男 ..presses/–züge 《特に: オーストリア》=Expreßzug

▽**Ex·preß≈brief** 男 (Eilbrief) 速達郵便. ≈**gut** 中 (Eilfracht) 〘鉄道〙急行便小荷物.

Ex·pres·sio·nis·mus[ɛksprɛsionísmʊs] 男 -/ 表現主義, 表現派(20世紀初頭の芸術運動).

E

Ex·pres·sio·nịst[..níst] 男 -en/-en 表現主義〈表現派〉の人.

ex·pres·sio·nị·stisch[..nístɪʃ] 形 表現主義〈表現派〉の. [< *lat.* ex-pressiō „Aus-druck"]

ex·prẹs·sịs vẹr·bịs[ɛksprέsiːs vέrbiːs, ..sɪs ..bɪs] 《ラテン語》(ausdrücklich) 明確な言葉で, はっきりと. [„mit ausdrücklichen Worten"; ◇Verb]

ex·pres·sịv[ɛksprɛsíːf][1] 形 **1**《雅》(ausdrucksvoll) 表現〈表情〉豊かな: eine ~*e* Darstellung 表現力豊かな叙述. **2**〘言〙表出〈表現〉的な, 強意の.

Ex·pres·si·vi·tạ̈t[..sivitέːt] 女 -/ 表現〈表情〉豊かなこと, 表現力;〘生〙(遺伝子の)表現〈発現〉度.

Ex·prẹß·zug[ɛksprέs..] 男《特に: スイス》(Fernschnellzug) 遠距離急行列車.

ex pro·fẹs·so[ɛks profέsoˑ]《ラテン語》**1** 職業〈業務〉上. ▽**2** (absichtlich) 故意に. [◇Profession]

Ex·pro·mis·siọn[ɛkspromɪsióːn] 女 -/-en〘法〙(第三者の自由意思による)債務の引き受け.

Ex·pro·pria·teur[ɛkspropriatǿːr] 男 -s/-e 公用徴収者; 搾取者. [*fr.*; <..eur]

Ex·pro·pria·tiọn[..tsióːn] 女 -/-en 公用徴収,〔強制〕収用. [*fr.*]

ex·pro·pri·ịe·ren[..priíːrən] 他 (h) (enteignen) 公用徴収する,〔強制〕収用する. [*fr.*; < *lat.* proprium „Eigentum" (◇proper)]

Ex·pul·siọn[ɛkspʊlzióːn] 女 -/-en (Austreibung) 追放, 放逐, 駆除; (Abführung)〘医〙排出, 排泄(はいせつ). [*lat.*]

ex·pul·sịv[..zíːf][1] 形 (abführend)〘医〙排出性の, 駆逐性の. [*mlat.*; < *lat.* ex-pellere „heraus-treiben"]

ex·qui·sịt[ɛkskvizíːt] 形《雅》(ausgesucht) より抜きの, 精選された, (vorzüglich) 優秀な: ein ganz ~*er* Wein 極上のワイン | Er wurde ~ bahandelt. 彼はすばらしい待遇を受けた. [*lat.*; < *lat.* quaerere (→Quästor)]

Ex·sik·ka·tiọn[ɛkszɪkatsióːn] 女 -/-en〘化〙乾燥;〘医〙全身乾燥状態.

ex·sik·ka·tịv[..tíːf][1] 形 乾燥性の, 乾燥による.

Ex·sik·kạ·tor[..káːtɔr, ..toːr] 男 -s/-en[..katóːrən] 乾燥器. [< *lat.* ex-siccāre „aus-trocknen" (◇Sekt)]

▽**Ex·spek·tạnt**[ɛk(s)spɛktánt] 男 -en/-en (Anwärter) (官職・教会職位の)継承〈後任〉予定者. [< *lat.* ex-〔s〕pectāre „aus-schauen" (◇Spektakel); ◇ *engl.* expectant]

▽**Ex·spek·tạnz**[..tánts] 女 -/-en (Anwartschaft) (官職・教会職位の)継承権. [*mlat.*]

ex·spek·ta·tịv[..tatíːf][1] 形 ▽**1** (官職・教会職位の)継承権のある. **2**〘医〙待期的の: ~*e* Behandlung 待期的療法. [*mlat.*]

Ex·spi·ra·tiọn[ɛk(s)spiratsióːn] 女 -/-en **1** (↔Inspiration)〘医〙呼気. ▽**2** 死去. [*lat.*]

ex·spi·ra·tọ·risch[..ratóːrɪʃ] 形 (↔inspiratorisch) 呼気〔性〕の: ~*er* Akzent〘言〙強さアクセント(=Druckakzent) | ~*e* Artikulation〘言〙(通常の)呼気による調音.

ex·spi·rịe·ren[..ríːrən] 自 **1** (h) (↔ inspirieren) (ausatmen)〘医〙(息を)吐く, 吐き出す. **2** (s)《雅》(sterben) 死去する;《比》終末を告げる. [*lat.*; ◇Spirans; *engl.* expire]

Ex·stir·pa·tiọn[ɛk(s)stɪrpatsióːn] 女 -/-en **1** 根絶. **2**〘医〙摘出. [*lat.*]

ex·stir·pịe·ren[..píːrən] 他 (h) **1** 根絶する. **2**〘医〙(病巣などを)摘出する. [*lat.*; < *lat.* stirps „Stamm"]

Ex·su·dạt[ɛkszudáːt] 中 -〔e〕s/-e〘医・生〙浸出液〈物〉.

Ex·su·da·tiọn[..datsióːn] 女 -/-en〘医・生〙浸出;〘地〙火成滲出(しんしゅつ)〈分泌〉. [*spätlat.*; < *lat.* sūdāre (→schweißen); ◇ *engl.* exudation]

ex·su·da·tịv[..datíːf][1] 形〘医・生〙浸出性の.

Ex·tem·po·rạ·le[ɛkstɛmporáːlə] 中 -s/..lien[..liən] (参考書なしに解答する)即席課題(特に翻訳練習など).

ex tẹm·po·re[ɛks témporeˑ]《ラテン語》即席に, 即座に, 即興に. [◇Tempus]

Ex·tẹm·po·re[ɛkstέmporeˑ] 中 -s/-〔s〕即興演技〈演奏〉, アドリブ; 即席の演説.

ex·tem·po·rịe·ren[..tɛmporíːrən] 自 (h) 即席で演説する〈書く・演技する〉; 即興で演奏する.

Ex·tẹn·ded[ɪksténdɪd] 女 -/〘印〙横広活字. [*engl.* „ausgedehnt"]

▽**ex·ten·dịe·ren**[ɛkstɛndíːrən] 他 (h) (ausdehnen) 広げる. [*lat.*]

▽**ex·ten·sị·bel**[..zíːbəl] (..si·bl..) 形 広げ得る, 伸び得る, 膨脹性の, 伸展性の.

▽**Ex·ten·si·bi·li·tạ̈t**[..zibilitέːt] 女 -/ 膨脹性, 伸展性.

Ex·ten·siọn[..zióːn] 女 -/-en **1** 伸展, 延長, 伸び; 拡大, 拡張; 広さ, 広がり, 範囲. **2**〘医〙伸展, 牽引(けんいん)〔法〕. **3** (↔Intension)〘論〙(概念の)外延. [*spätlat.*]

ex·ten·sio·nạl[..zionáːl] 形 (↔intensional)〘論〙外延の, 外延に関する. [<..al[1]]

Ex·ten·si·tạ̈t[..zitέːt] 女 -/ 伸張, 膨脹, 拡張, 延長; 広がり, 広さ.

ex·ten·sịv[..zíːf][1] 形 **1** (↔intensiv) **a**) 伸びた, 広がった, 広い, 広範囲の; 包括的な; 伸展性の. **b**)〘農〙粗放的な: die ~*e* Wirtschaft〘農〙粗放農業. **2** (↔restriktiv) 拡大性の. [*spätlat.*]

ex·ten·si·vịe·ren[..zivíːrən] 他 (h) 広げる, 拡大する; (影響・結果などを)広く及ぼす.

Ex·ten·si·vi·tạ̈t[..zivitέːt] 女 -/ =Extensität

Ex·tẹn·sor[ɛksténzɔr] 男 -s/-en[..tɛnzóːrən] (↔Flexor) (Streckmuskel)〘医〙伸筋. [<..or]

Ex·te·rieur[ɛksteriǿːr] 中 -s/-s, -e《雅》(Äußeres) 外部, 外面, 外形, 外観. [*lat.* exterior „äußerlicher" –*fr.*]

▽**Ex·te·rio·ri·tạ̈t**[..rioritέːt] 女 -/-en (Außenseite) 外面, 表面, 外側.

ex·tẹrn[ɛkstέrn] **I** 形 (↔intern) 外の, 外部〈外面〉の; 外来の, 外国の; 対外関係の: ein ~*er* Schüler (寄宿舎に入っていない)通学生. **II Ex·tẹr·ne** 男 女《形容詞変化》(寄宿生に対する)通学生; (他校からの)卒業〈修業〉試験受験者. [*lat.*; < *lat.* exter „auswärtig" (◇ex..[1]); ◇extra]

ex·ter·na·li·sịe·ren[ɛkstɛrnalizíːrən] 他 (h)〘心〙(↔internalisieren) (自分の欲求・感情などを)外在化する.

Ex·ter·nạt[ɛkstɛrnáːt] 中 -〔e〕s/-e (↔Internat) (寄宿舎のない)通学制の学校.

Ex·tẹr·ne →extern II

Ex·ter·nịst[..níst] 男 -en/-en **1 a**) (↔Internist) 外科医. **b**) 外来患者. **2**《オーストリア》=Externe

Ẹx·tern·stei·ne[ékstərn..] 複 エクステルン岩 (Teutoburger Wald にある13個の砂岩石群で, 古代ゲルマン人の聖所の跡).

ex·ter·ri·to·ri·ạl[ɛkstɛritoriáːl] 形〘形〙治外法権の.

Ex·ter·ri·to·ria·li·tạ̈t[..rialitέːt] 女 -/〘法〙治外法権.

Ex·tink·tiọn[ɛkstɪŋktsióːn] 女 -/-en **1**〘理〙(結晶板内の)消光;〘天〙(天体の)減光;〘理〙吸光. ▽**2** (Tilgung) 消去; 抹消; 根絶. [*lat.*; < *lat.* ex-〔s〕tinguere „auslöschen"]

ẹx·tra[ɛ́kstraˑ] **I** 副 **1** (gesondert) 別に, 別々に: *et.*[4] ~ einpacken 〈schicken〉 …を別包みにする〈別送する〉| in Gruppen, die Frauen ~ und die Männer ~ 女は女 男は男とそれぞれのグループに分かれて. **2** (zusätzlich) 別に, 余分に: noch eine Flasche ~ bestellen 別にもう一瓶注文する | Heizung und Licht sind ~ zu bezahlen. 暖房費と電灯料は別払いになっている. **3** (eigens) わざわざ, ことさらに, 特別に: Ich bin ~ deswegen gekommen. 私はわざわざそのために来ました | Diese Größe muß ~ angefertigt werden. この寸法だと特別あつらえしなければならない〈特別仕立てになる〉| Jetzt tue ich's ~. (そんなことなら)今度こそ余計やってやるぞ. **4 a**) (besonders) 特別に, 特に: ein ~ starker Kaffee 特別強いコーヒー | Das ist etwas ~ Feines. それは極上ものだ. **b**)《方》(besonders gut) 特にすぐれて:

E

Mir geht es nicht ～. 私の調子はそれほどよくはない.

II 形 **1**《話》特別の: etwas *Extraes*〔何かある〕特別なもの ‖〖無変化で〗eine ～ Belohnung 特別報酬 | Ich habe ein ～ Zimmer. 私は自分専用の部屋〈個室〉を持っている. **2** (besonders gut) 格別すぐれた: Die Zigarre ist ～. この葉巻は格別上物だ. **3**《南部・オーストリア》《述語的》(anspruchsvoll) (いろいろ)注文の多い, ぜいたくな.

III Ex·tra 中 -s/-s **1** (規格型の製品にはついていない)特別付属部品, オプショナルパーツ. **2** 追加料金; エキストラ給. [*lat.* extrā (ōrdinem) „außer (der Ordnung)"; ＜*lat.* exter (→extern); ◇extrem]

extra..《名詞・形容詞などにつけて「付加の・特別の」を意味する》

Ex·tra≠aus·ga·be[ɛ́kstra..] 女 **1**《ふつう複数で》特別支出, 臨時費. **2** (Sonderausgabe) (書籍の)特別版; (新聞・雑誌などの)特別号. **≠blatt** 中 (新聞などの)特別号, 号外.

ex·tra·fein 形 極上の, 特別〈とびきり〉上等の.

ex·tra·ga·lak·tisch[ɛkstragaláktɪʃ] 形〖天〗銀河系外の: ～*er* Nebel 銀河系外星雲.

ex·tra·hie·ren[ɛkstrahí:rən] 他 (h) **1** 引き抜く, 引き出す; 摘出する: einen Zahn ～ 抜歯する | ein Kind ～ (鉗子(かんし)で)赤ん坊を挽出(ばんしゅつ)する. ▽**2** (書物から)抜粋する, 抜き書きする. **3**〖化〗(エキスなどを)抽出する, 浸出する. [*lat.* ex-trahere „heraus-ziehen"; ◇Trakt]

ex·tra·kor·po·ral[ɛkstrakɔrporá:l] 形〖医〗体外の: eine ～*e* Befruchtung 体外受精.

Ex·trakt[ɛkstrákt] 男 (中) -(e)s/-e (Auszug) **1**〖化〗抽出物, エキス. **2** 抜粋, 抄録; 摘要, 要点, 核心. [*mlat.*]

Ex·trak·tion[..traktsió:n] 女 -/-en 引き抜き, 摘出, 抽出; (書物などの)抜粋;〖化〗(成分などの)抽出, せんじ出し;〖医〗摘出〔法〕; 挽出(ばんしゅつ)〔術〕;〖歯〗抜歯. [*spätlat.*]

ex·trak·tiv[..traktí:f][1] 形 抜粋の; 抽出の; エキスの.

Ex·tra·ne·er[ɛkstrá:neər] 男 -s/-, **Ex·tra·ne·us** [..neʊs] 男 -/..neer[..neər] =Externe [*lat.* extrāneus „außen befindlich"; ◇extra]

ex·tra·or·di·när[ɛkstra|ɔrdinɛ́:r] 形《雅》(außergewöhnlich) 普通でない, 異常な; (außerordentlich) 通常でない, 特別の, 臨時の; 員外の. [*lat.*－*fr.*; ◇ *engl.* extraordinary]

Ex·tra·or·di·na·rium[..ná:riʊm] 中 -s/..rien [..riən] 特別会計予算. [*lat.*]

Ex·tra·or·di·na·rius[..ná:riʊs] 男 -/..rien[..riən] (außerordentlicher Professor) (講座担当でない)員外教授, 助教授. [*lat.*]

Ex·tra·po·la·tion[ɛkstrapolatsió:n] 女 -/-en **1** (↔ Interpolation)〖数〗外挿〈補外〉法. **2** (既知のものからの)推定.

ex·tra·po·lie·ren[..lí:rən] **1** (↔interpolieren) 他 (h)〖数〗(数値を)外挿〈補外〉法によって求める. **2**《比》(erschließen) (既知のものから)推定する.

▽**Ex·tra≠post**[ɛ́kstra..] 女 特別〈貸切〉郵便馬車: ▽mit ～ 大至急に. **≠ra·tion** 女 (祝日などの)特別配給食.

ex·tra·ter·re·strisch[ɛkstratɛrɛ́strɪʃ] 形 地球〔大気圏〕外の.

Ex·tra·tour[ɛ́kstratu:r] 女 **1**《話》勝手な行動〈振舞い〉: sich[3] ～*en* gestatten 勝手な振舞いをする, 傍若無人に振舞う. ▽**2 a)** 番外の旅行〈ドライブ〉. **b)** (女性が予定のパートナー以外の男性と踊る)番外ダンス.

ex·tra·ute·rin[ɛkstra|uterí:n] 形〖医〗子宮外の.

Ex·tra·ute·rin·schwan·ger·schaft 女〖医〗子宮外妊娠.

ex·tra·va·gant[ɛkstravagánt, ⌣⌣⌣⌣] 形 (人物・言行・服装などが)常軌を逸した, 奇抜〈突飛〉な. [*mlat.*－*fr.*; ＜*lat.* vagārī „umherschweifen" (◇vage)]

Ex·tra·va·ganz[..gánts, ⌣⌣⌣⌣] 女 -/-en **1**《単数で》常軌を逸していること, 奇抜〈突飛〉なこと. **2** 奇行, でたらめな振舞い.

Ex·tra·ver·sion[..vɛrzió:n] 女 -/-en (↔Introversion)〖心〗外向; 外向性; 外向的性質.

ex·tra·ver·tiert[..vɛrtí:rt] 形 (↔ introvertiert)〖心〗外向性の, 外向的な.

Ex·tra≠wurst[ɛ́kstra..] 女 **1**《話》特別待遇: *jm.* **eine ～ braten** …を特別待遇(えこひいき)する | eine ～ 〔gebraten〕 kriegen 特別待遇(えこひいき)される. **2**《オーストリア》=Lyoner II **≠zim·mer** 中《オーストリア》(レストランの)特別室. **≠zug** 男 特別〈専用・臨時〉列車.

ex·trem[ɛkstré:m] **I** 形 **1** 限度に達した, 極点に立つ: ～*e* Werte〖理〗極値(極大値・極小値の総称). **2** 極度の, 極端な, はなはだしい; 過激な, 急進的な: ein ～*er* Fall 極端な事例 | ～*e* Kälte 極寒 | die ～*e* Linke〖政〗極左, ウルトラ左派 | eine ～*e* Richtung vertreten 急進的な意見をもっている | ～*e* Schritte unternehmen / zu ～*en* Mitteln greifen 過激な手段に訴える ‖ Die Lage hat sich ～ verschlechtert. 事態は極度に悪化した ‖ ein *Extremer* 極端に走る男; 過激派(過激主義)の男. **3**《方》ひどく気むずかしい.

II Ex·trem 中 -s/-e 極度, 極端;〖理〗極大〈極小〉値: absolute ～*e*〖気象〗極数 ‖ von 〈aus〉 einem ～ ins andere fallen 極端から極端に走る | ins andere ～ umschlagen 極端に〈がらりと〉変わる | *et.*[4] ins ～ 〈bis zum ～〉 treiben …を極端までやる | zwischen den ～*en* schwanken 両極端の間を動揺する ‖〔Die〕～*e* berühren sich.《諺》両極端は一致する.

[*lat.*; ＜*lat.* exter (→extern); ◇extra]

Ex·trem·fall[ɛkstré:m..] 男 極端な場合〈事例〉: im ～〔*e*〕極端な場合には.

ex·tre·mi·sie·ren[ɛkstremizí:rən] 他 (h) 極端化する; 過激〈急進〉化する.

Ex·tre·mis·mus[..mísmʊs] 男 -/..men[..mən] 極端〈過激〉論; 過激〈急進〉主義.

Ex·tre·mist[..míst] 男 -en/-en (女 **Ex·tre·mi·stin** [..tɪn]-/-nen) 極端〈過激〉論者; 過激〈急進〉主義者; 過激〈急進〉派の人.

ex·tre·mi·stisch[..místɪʃ] 形 過激派の, 急進主義の, ラジカルな.

Ex·tre·mi·tät[..mitɛ́:t] 女 -/-en **1** 先端, 末端. **2**《ふつう複数で》手足, 四肢; (Gliedmaße)〖生〗付属肢: die oberen 〈unteren〉 ～*en* 上〈下〉肢. **3** 極度, 極端さ. [*lat.*]

Ex·trem≠punkt[ɛkstré:m..] 男〖数〗極値点. **≠si·tua·tion** 女 極限状況. **≠sport** 男 (トライアスロンのように極度の肉体的負担や危険を伴う)極端なスポーツ. **≠wert** 男〖数〗極値.

ex·trin·sisch[ɛkstrínzɪʃ] 形 (↔intrinsisch) 外部からの, 外在的な;〖心〗外付的な;〖医〗外因性の. [*lat.* extrīn-secus „von außen"; ◇extra, sequens]

ex·tro·ver·tiert[ɛkstrovɛrtí:rt] =extravertiert

Ex·tru·der[ɛkstrú:dər] 男 -s/-〖工〗(プラスチックなどの)押し出し成形機. [*engl.*; ＜*lat.* ex-trūdere „herausstoßen"]

▽**Exu·lant**[ɛksulánt] 男 -en/-en 被追放者, 亡命者(特に17-18世紀に信仰のためにボヘミア・ザルツブルクから追放されたプロテスタント).

▽**exu·lie·ren**[..lí:rən] 自 (h, s) 亡命生活をする. [*lat.*; ＜*lat.* exsul (→Exil)]

Ex·ul·ze·ra·tion[ɛks(|)ʊltseratsió:n] 女 -/-en (Geschwürbildung)〖医〗潰瘍(かいよう)形成, 潰瘍化. [*lat.*]

ex·ul·ze·rie·ren[..rí:rən] 自 (h)〖医〗(細胞組織に)潰瘍(かいよう)ができる.

ex usu[ɛks ú:zu·]《ラテン語》(durch Übung) 練習によって. [„aus dem Gebrauch heraus"; ◇Usus]

Ex·uvie[ɛksú:viə] 女 -/-n **1** (ヘビ・エビ・ザリガニなどの脱皮による)ぬけがら. ▽**2**《複数で》戦利品. [*lat.*; ＜*lat.* exuere „heraus-ziehen"]

ex vo·to[ɛks vó:to·]《ラテン語》(auf Grund eines Gelübdes) 誓願により(奉献物に記す句: →Votivgabe).

Ex·vo·to[ɛksvó:to·] 中 -s/-s, ..ten[..tən] 奉献物. [◇Votum]

Ex·welt·mei·ster[ɛ́ks..] 男 前〈元〉世界選手権保持者,

前〈元〉世界チャンピオン. [＜ex..[2]]

Exz. 略 =Exzellenz 1

Ex·ze·dent[εkstsedέnt] 男 -en/-en **1** 《ｵｰｽﾄﾘｱ》治安妨害者, 条例違反者. **2** 〘経営〙(保険の)剰余金. [＜*lat.* excēdere (→Exzeß)]

ex·zel·lent[εkstsεlέnt] 形 (hervorragend) 卓越した, 抜群の; すぐれた, すばらしい: ein ～*er* Musiker すぐれた音楽家 | Das Essen war ～. 食事はすばらしかった ‖ Der Violinvirtuose spielte ～. そのヴァイオリンの名手はすばらしい演奏をした. [*lat.*－*fr.*]

Ex·zel·lenz[..lέnts] 女 -/-en **1** (略 Exz.) 閣下, 猊下(げいか)(大公使, 古くは高官一般, また司教に対する敬称): Seine ～ der französische Botschafter ist krank. フランス大使閣下はご病気です ‖〘所有代名詞 euer を冠して, 2人称の複数として: →euer I ☆ ii〙 Wollen Eure ～ heute abfahren? 閣下はきょうご出発なさいますか. **2** 《単数で》優秀性, すばらしさ.

▽**ex·zel·lie·ren**[..lí:rən] 自 (h) すぐれて〈ぬきんでて〉いる. [*lat.*〔－*fr.*〕; ＜*lat.* celsus „emporragend"]

Ex·zen·ter[εkstsέntər] 男 -s/- 〘工〙エキセン〔トリック〕, 偏心輪.

Ex·zen·ter≠ring 男 〘工〙偏心輪(→ 図 Schaufel). **≠schei·be** 女 〘工〙偏心ディスク, 偏心板(→ 図 Schaufel). **≠stan·ge** 女 〘工〙偏心桿(かん).

Ex·zen·trik[εkstsέntrιk] **I** 女 -/ (寄席・サーカスなどの)道化〔曲芸〕, グロテスク=コミック; 奇矯(ききょう)〈突飛〉な振舞い. **II** 男 -s/-s =Exzentriker 1

Ex·zen·tri·ker[..trikər] 男 -s/- **1** (寄席・サーカスなどの)道化役〈芸人〉. **2** 変人, 奇人.

ex·zen·trisch[..trιʃ] 形 **1** (↔konzentrisch) 中心から外れた; 〘数〙離心の; 〘工〙偏心の: ～*e* Kreise 離心円 | eine ～*e* Scheibe 偏心内輪. **2** 《比》常軌を逸した, つむじまがりの, 突飛な, 風変わりな, エキセントリックな: ins *Exzentrische* fallen 常軌を逸する. [◇*engl.* eccentric]

Ex·zen·tri·zi·tät[..tsεntritsitέ:t] 女 -/-en《ふつう単数で》**1** 〘数・天〙離心〔率〕; 〘工〙偏心度, 偏心距離. **2** 《比》常軌を逸していること, つむじまがり, 奇矯(ききょう)さ.

▽**Ex·zep·tion**[εkstsεptsió:n] 女 -/-en **1** (Ausnahme) 例外, 除外. **2** (Einrede) 〘法〙抗弁. [*lat.*; ◇exzipieren]

ex·zep·tio·nell[..tsionέl] 形 異例の, 例外的な: eine ～*e* Regelung 例外的な規則, 特例. [*fr.*]

▽**ex·zep·tiv**[..tí:f][1] 形 例外の, 例外的な.

Ex·zep·tiv·satz 男 〘言〙除外文〔節〕(例 Ich kann nicht kommen, *es sei denn, jemand vertritt mich.* 私はだれかが代理してくれなければ来られません).

ex·zer·pie·ren[εkstsεrpí:rən] 他 (h) 抜粋する, 抜き書きする, 抄録する: aus einem Buch die wichtigsten Sätze ～ 本から最も重要な個所を抜き書きする | ein Buch ～ 本を抜粋する ‖〘目的語なしで〙Er *exzerpierte* wochenlang. 彼は何週間も抄録作りをした. [*lat.*; ＜*lat.* carpere „pflücken"]

Ex·zerpt[..tsέrpt] 中 -〔e〕s/-e (Auszug) 抜粋, 抜き書き, 抄録: ～*e* machen 〈herstellen〉 抄録を作る.

Ex·zeß[εkstsέs] 男 ..zesses/..zesse **1** 過度, 過剰, 行き過ぎ; 放縦, 不摂生; 乱暴, 暴行: alkoholische *Exzesse* / Alkoholgenuß im ～ アルコールの飲み過ぎ | Notwehr*exzeß* 〘法〙過剰防衛 ‖ bis zum ～ 過度に, 度を越して | bis zum ～ arbeiten 仕事をやり過ぎる ‖ *sich*[4] *Exzessen* hingeben 不摂生な生活にふける. **2** sphärischer ～ 〘数〙球面過剰. [*lat.*; ＜*lat.* ex-cēdere „über-schreiten"]

ex·zes·siv[εkstsεsí:f][1] 形 過度の, 度を越した, 極端な, 法外な: ～*e* Neugier 過度の好奇心 | ～*es* Klima 〘地〙(気温の年較差が摂氏で40度以上の) 極端な気候.

ex·zi·die·ren[εkstsidí:rən] 他 (h) (herausschneiden) 〘医〙(組織・腫瘍(しゅよう)などを)切除する. [*lat.*; ＜*lat.* caedere „hauen" (◇..zid); ◇*engl.* excise]

▽**ex·zi·pie·ren**[εkstsipí:rən] 他 (h) 除外する; 例外とする. [*lat.*; ＜*lat.* capere (→kapieren); ◇*engl.* except]

Ex·zi·sion[εkstsizió:n] 女 -/-en 〘医〙(腫瘍(しゅよう)などの) 切除. [*lat.*; ◇exzidieren]

ex·zi·ta·bel[εkstsitá:bəl] (..ta·bl..) 形 (reizbar) 〘医・心〙激しやすい, 興奮しやすい.

Ex·zi·ta·tion[..tatsió:n] 女 -/-en 〘医〙興奮〔状態〕, (薬剤による神経組織の) 活発化. [*spätlat.*; ＜*lat.* ex-citāre „anregen" (◇zitieren)]

ex·zi·ta·tiv[..tí:f][1] 形 〘医〙興奮性の.

Eyck[aιk] 人名 Jan van ～ ヤン ファン アイク(1390頃－1441; Flandern の画家).

Eye·li·ner[áιlaιnə] 男 -s/- 〘美容〙(目の輪郭を強調するための)アイライナー. [*engl.*]

Ey·rir[áιrιr] 男 中 -s/Aurar[áυrar] エイリール(アイスランドの貨幣〔単位〕; 1/100 Krone). [*anord.* „Unze"－*isländ.*; ◇Aureole]

Ez. 略 =Einzahl 単数〔形〕.

Eze·chiel[etsé:çie:l, ..çiεl, etsé..] 人名 エゼキエル(前6世紀初めのイスラエルの大預言者. Luther 聖書では Hesekiel): der Prophet ～ 預言者エゼキエル; (旧約聖書の)エゼキエル書. [*hebr.* „Gott möge stärken!"; ◇*engl.* Ezekiel]

EZU[e:tsεtlú:] 略 女 -/ =**Europäische Zahlungsunion** ヨーロッパ決済同盟(マーシャルプランの受け入れ機構. 1950－58).

Ez·zes[έtsəs] 複 《ｵｰｽﾄﾘｱ》(Ratschläge) 助言. [*jidd.* ezo]

F

f¹[ɛf], **F**¹[−] 中 -/- (→a¹, A¹ ★)ドイツ語のアルファベットの第6字(子音字): →a¹, A¹ 1 | *F* wie Friedrich (通話略語) Friedrich の F〔の字〕(国際通話では *F* wie Florida) | das *F*-Loch〘楽〙(ヴァイオリンなど弦楽器の) f 字孔 ‖ nach Schema *F* (→Schema 2).

f² **I** [ɛf] 中 -/- 〘楽〙へ音: →a² I | *f*-Moll へ短調.
II 記号 **1** [ɛf] (f-Moll)〘楽〙へ短調: →a² II 1 **2** (femto..) フェムト. **3** [ɛf] (fein)〘商〙(品質表示で)純良(→ff¹, fff¹). **III** 略 =forte

f. 略 **1** =Femininum〘言〙女性〔名詞〕. **2** [ɛf, fɔ́lgənt]¹ =folgend **a)** =und die folgende〔Seite〕および次のページ(→ff. 1): siehe S. 56*f*. 56および57ページを見よ. **b)** =und das folgende Jahr および次の年. **3** =für **4** =fecit **5** =fiat

F² **I** [ɛf] 中 -/- 〘楽〙へ音: →A² I | *F*-Dur へ長調.
II 記号 **1** [ɛf] (F-Dur)〘楽〙へ長調: →A² II 1 **2** [ɛf, flúːɔr] (Fluor)〘化〙弗素(ふっそ). **3** [faráːt] (Farad)〘電〙ファラッド(静電容量の実用単位). **4** [fáːrənhaɪt] (Fahrenheit)〘理〙華氏(→C² II 4). **5** (国名略号: →A² II 3)フランス (Frankreich). **6** (硬貨表面で: →A² II 2)シュトゥットガルト (Stuttgart).
III 略 =Fernschnellzug

F. 略 =Femininum〘言〙女性名詞.

fa[faː]《イタリア語》〘楽〙ファ(階名唱法で, 長音階の第4音).

Fa.[faː] 略 =Firma 会社.

Fa·bel[fáːbəl] 女 -/-n (英: *fable*) **1** 寓話(ぐうわ)(教訓を含む短いたとえ話. 特に動物を主人公とする): die ~*n* von Äsop イソップ物語〈寓話集〉| Tier*fabel* 動物寓話 ‖ ins Reich der ~ gehören (→Reich 2 a) | *et.*⁴ ins Reich der ~ verbannen〈verweisen〉(→Reich 2 a). **2**《話》作り話, でたらめ: Er hat uns eine schöne ~ aufgetischt. 彼は私たちにまんまと一杯食わせた. **3** (劇・話などの)あらすじ, 主題. [*lat.* fābula−*afr.*−*mhd.*; <*lat.* fārī „sprechen"; ◇Bann, Fama, Fatum, fabulieren]

Fa·bel≠buch 中 寓話(ぐうわ)集. **≠dich·ter** 男 寓話作家.

Fa·be·lei[faːbəlái] 女 -/-en **1**《単数で》fabeln すること. **2** 作り話, でたらめ.

Fa·bel≠ge·schöpf[fáːbəl..] 中, **≠ge·stalt** 女 =Fabelwesen

fa·bel·haft[..haft] 形 **1**《話》すばらしい, 途方もない, 巨大な: ein ~*er* Einfall すばらしい思いつき | ein ~*es* Vermögen 巨額の財産 | Seine Wohnung ist ~ eingerichtet. 彼の住まいはすばらしく設備がいい | ~*e* Preise verlangen 法外な値段を要求する | ~ billig ものすごく安い. ▽**2** 寓話(ぐうわ)〈作り話〉の, 架空の.

Fa·bel·land 中 -〔e〕s/..länder (現実には存在しない)寓話(ぐうわ)〈おとぎ〉の国.

fa·beln[fáːbəln]《06》**I** 自 (h)《von *jm.* 〈*et.*³〉》(現実には存在しない…について)作り話〈夢物語〉をする: von Gespenstern ~ ありもしない幽霊の話をする. **II** 他 (h)《話》(つまらぬことを)しゃべる: dummes Zeug ~ ばか話をする.

Fa·bel≠tier 中 想像上の〈伝説に登場する〉動物(竜・一角獣など). **≠welt** 女 (現実には存在しない)寓話(ぐうわ)〈おとぎ〉の世界. **≠we·sen** 中 想像上の〈伝説に登場する〉生物(妖精(ようせい)・竜など).

Fa·bian[fáːbiaːn] 男名 ファービアーン.

Fa·bius[..biʊs] 男名 ファービウス. [*lat.*; <*lat.* faba „Bohne"]

Fa·brik[fabríːk; オーストリア・スイス: ..rík] 女 -/-en **1** 工場, 製造〈製作〉所: Konserven*fabrik* 缶詰工場 | Maschinen*fabrik* 機械〔製造〕工場 ‖ eine ~ gründen〈stillegen〉工場を設立する〈工場の操業を停止する〉| Sie geht in die ~. 彼女は工場で働いている. **2**《単数で》《集合的に》工場で働いている人. [*lat.*−*fr.*; <*lat.* faber „Handwerker"]

Fa·brik·an·la·ge 女 工場施設〈設備〉.

Fa·bri·kant[fabrikánt] 男 -en/-en 工場主, 製造業者. [*lat.*−*fr.*]

Fa·brik≠ar·beit[fabríːk..] 女 -/ 工場での仕事〈労働〉. **≠ar·bei·ter** 男 (女 **≠ar·bei·te·rin**)工場労働者, 工員.

Fa·bri·kat[fabrikáːt] 中 -〔e〕s/-e **1** (Fabrikerzeugnis)〔工場〕製品: gute〈billige〉~*e* よい〈安い〉製品 | Dieser Obstwein ist eigenes ~. この果実酒は自家製だ. **2** (製品の)型, 仕上げ: Fahrräder verschiedener ~*e* 様々なタイプの自転車. [*lat.*]

Fa·bri·ka·tion[..katsióːn] 女 -/-en (工場での)製造.

Fa·bri·ka·tions≠feh·ler 男 製造上の欠陥〈ミス〉. **≠ko·sten** 複 製造経費. **≠pro·zeß** 男 製造過程.

Fa·brik≠be·sit·zer[fabríːk..] 男 工場主. **≠di·rek·tor** 男 工場長. **≠er·zeug·nis** 中 工場製品. **≠ge·bäu·de** 中 工場の建物. **≠ge·heim·nis** 中 企業機密. **≠ge·län·de** 中 工場の敷地〈構内〉.

Fa·brik·ler[fabríːklər] 男 -s/- 《スイス》=Fabrikarbeiter

Fa·brik≠mäd·chen[fabríːk..] 中 (若い)女子工員. **≠mar·ke** 女 製造工場標, ブランド.

fa·brik≠mä·ßig 形 工場生産の; 大量生産の; 個性〈特色〉のない. **≠neu** 形 (製品が)出来たての, 新品の.

Fa·brik·preis 男 工場〔渡し〕価格.

Fa·briks·ar·bei·ter《オーストリア》=Fabrikarbeiter
★ オーストリアでは一般に Fabrik.. の代わりに Fabriks.. の形を用いる.

Fa·brik≠schiff 中 (漁獲物加工用の)工場船(捕鯨母船・蟹(かに)工船など). **≠schlot** 男 工場の煙突. **≠stadt** 女 工場都市. **≠wa·re** 女 工場製品. **≠we·sen** 中 -s/ 工場制度. **≠zei·chen** 中 =Fabrikmarke

fa·bri·zie·ren[fabritsíːrən] 他 (h) ▽**1** (工場で)製造する. **2**《話》(素人などが苦労して)作り上げる. **3**《話》(へま・ばかなことを)しでかす. [*lat.*; ◇*engl.* fabricate]

Fa·bu·lant[fabulánt] 男 -en/-en 空想豊かに物語る人, 話のうまい人; 作り話をする人, うそつき.

fa·bu·lie·ren [..líːrən] **I** 他 (h) **1** (小説などを)創作する, 物語る. **2** 空想豊かに話す;《話》作り話をする: Sie gerät leicht ins *Fabulieren*. 彼女の話は空想に陥りやすい. **II** 自 (h)《話》《von *et.*³》(…の)作り話〈夢物語〉をする. [*lat.* fābulārī „schwatzen"; ◇Fabel]

fa·bu·lös [..løːs]¹ 形 寓話(ぐうわ)的な; 作り話の, 非現実的な; あり得ない. [*lat.*−*fr.*; ◇..ös]

▽**Face**[faːs, fáːsə] 女 -/-n[..sən] **1** (Gesicht) 顔. **2** (硬貨の)表. **3**〘建〙前面, 正面, ファサード. [*lat.* faciēs (→Fazies)−*fr.*]

Fa·cet·te[fasɛ́tə] 女 -/-n **1** (宝石の)小面, 研磨面, (カットグラスの)切り子面. **2** (Teilauge)〘動〙個眼面. **3**〘印〙斜面, どて(活字の字づらから肩に至る傾斜部). **4**〘歯〙人工歯冠. [*fr.*]

Fa·cet·ten·au·ge[fasɛ́tən..] 中 (Netzauge)〘動〙複眼.

fa·cet·ten·reich 形 切磨〈切り子〉面に富んだ;《比》変化に富んだ, 多彩な.

Fa·cet·ten≠schlei·fer 男 宝石研磨工. **≠schliff** 男 宝石研磨.

F

fa·cet·tie·ren[fasɛtíːrən] 他 (h) (宝石などを)研磨する.

..fach[..fax] 《基数・不定数詞などにつけて「…倍の, …重の」を意味する形容詞をつくる》: drei*fach* 3倍(三重)の | viel*fach* 幾重もの, 何倍もの. [< Fach]

Fach[fax] 中 -[e]s/Fächer[fέçər] **1 a)** (仕切られた)区画; (机・戸棚などの)引き出し; (窓・棚・金庫・ロッカー・容器などの)仕切り; 壁〔の仕切り〕(→ 図 Fachwerk): die *Fächer* des Schreibtisches 事務机の引き出し | Schließ*fach* コインロッカー ‖ Die Aktentasche hat mehrere *Fächer.* この書類かばんには幾つかの仕切りがある ‖ unter Dach und ～ sein (→Dach 1) | *et.*[4] unter Dach und ～ bringen (→ Dach 1) ‖ mit *et.*[3] 〔gut〕 zu ～*e* kommen《中部》…を〔うまく〕処理する. **b)** 〘植〙室, 房. **c)** 〘織〙(おさを通す)経糸と経糸の間. **2 a)** (学問・職業などの)分野, 専門: 〔ein〕 Meister *seines* ～*es* 〈in *seinem* ～〉 sein その道の大家である | vom ～ sein 専門家である | Das schlägt nicht in mein ～./Das ist nicht mein ～. それは私の専門ではない. **b)** 学科, 科目: allgemeinbildende *Fächer* 一般教育科目 | Pflicht*fach* 必修科目 | Wahl*fach* 選択科目. **c)** (Rollenfach) 〘劇・映〙(一定の)役柄: erstes ～ 主役級の役柄〔をこなす俳優〕.

[„Fügung“; *westgerm.*; ◇fangen, fügen]

Fach≠ar·beit[fáx..] 女 専門家の仕事. **≠ar·bei·ter** 男 **1** 専門技術をもつ労働者, 特殊技能工. **2** (工業関係の)従弟〈見習〉期間修了者,(検定審査に合格した)熟練工.

Fach·ar·bei·ter≠brief 男 従弟期間修了証, 熟練工検定審査合格証. **≠prü·fung** 女 (商工会議所による)熟練工検定審査.

Fach·arzt 男 専門医.

fach·ärzt·lich 形 専門医の, 専門医による: *sich*[4] ～ beraten lassen 専門医に相談する.

Fach≠aus·bil·dung 女 専門〈職業〉教育. **≠aus·druck** 男 -[e]s/..drücke 専門用語, 術語. **≠aus·schuß** 男 専門委員会. **≠be·reich** 男 専門領域.

fach·be·zo·gen 形 専門領域に関する, 専門的な.

Fach≠bi·blio·thek 女 専門図書館. **≠bil·dung** =Fachausbildung **≠blatt** 中 専門紙. **≠buch** 中 専門書. **≠chi·ne·sisch** 中《話》ちんぷんかんぷんな専門用語.

Fä·chel[fέçəl] 男 -s/- **1** 〘植〙扇状集散花序. [▽]**2** =Fächer[1]

fä·cheln[fέçəln] 《06》 **I** 自 (h) **1** (風が)そよぐ; (木の葉などが)風にそよぐ〈揺れる〉. **2** (ハチ・チョウなどが)羽ばたく. **II** 他 (h) 《*jn./et.*[4]》(…に)風を送る, そよがす: Der Wind *fächelt* die Blätter der Linde. 菩提(ぼだい)樹の葉が風にそよいでいる ‖ 再帰 *sich*[4] mit dem Fächer 〈dem Taschentuch〉 ～ 扇子〈ハンカチ〉で顔を扇(あお)ぐ. [< fachen[2]]

fa·chen[1][fáxən] 他 (h) Flachs ～ (糸をとるために) 亜麻の茎をたたいてほぐす. [< Fach]

fa·chen[2][–] 他 (h) (anfachen) (火などを)吹きおこす;《比》(感情・欲望・いさかいなどを)かきたてる, あおる. [*mlat.* focāre „entfachen“–*spätmhd.* fochen „blasen“; < *lat.* focus (→Fokus)]

Fä·cher[1][fέçər] 男 -s/- **1** (英: *fan*) 扇, うちわ, 扇子; ファン, 送風〈扇風〉機. **2** (扇状のもの. 例えば:) (くじゃくの)広げた羽,(雷鳥の)尾羽; シュロの葉. **3** =Blättermagen [▽]**4** ふいご. [*mlat.* focārius „Feuermacher“]

Fä·cher[2] Fach の複数.

Fä·cher·an·ten·ne[fέçər..] 女 〘電〙扇形アンテナ.

fä·cher·ar·tig 形 扇形〈扇状〉の.

Fä·cher≠bo·gen 男 扇形アーチ(→ 図 Bogen). **≠fen·ster** 中 扇形窓. **≠flüg·ler** 男 〘虫〙撚翅(ねんし)目の昆虫(ネジレバネなど, 蜂に寄生する).

fä·cher·för·mig 形 扇形〈扇状〉の.

Fä·cher·ge·wöl·be 中 扇状天井, 扇形はざま.

fä·che·rig[fέçərıç][2] 形 扇形の.

..fächerig[..fεçərıç][2] 〘植〙《数詞などにつけて「(子房室・葯室(やく)・蒴果(さく)などが)…室・房をもつ」を意味する形容詞をつくる》: ein*fächerig* 1室の. [< Fach]

Fä·cher≠kä·fer[fέçər..] 男 〘虫〙オオハナノミ(大花蚤)科の昆虫. **≠ma·gen** =Blättermagen

fä·chern[1][fέçərn] 《05》 他 (h) 区画に分ける, 区分する. [< Fach]

fä·chern[2][–] 《05》 他 (h) **1** (鳥が尾を)扇状に広げる. **2** 再帰 *sich*[4] ～ 扇状に広がる. [< Fächer]

Fä·cher·pal·me 女 〘植〙扇状葉ヤシ(日本産のシュロなど: → 図 Palme).

Fach≠frau[fáx..] Fachmann の女性形. **≠ge·biet** 中 専門分野〈領域〉. **≠ge·lehr·te** 男 女 専門学者.

fach·ge·mäß 形 専門的な, 専門に即した: eine Arbeit ～ ausführen 仕事を専門家らしく〈きちんと〉行う.

Fach·ge·nos·se 男 専門領域の仲間〈同僚〉, 仕事仲間.

fach·ge·recht 形 専門的に見て正しい〈妥当な〉; 専門家的な.

Fach≠ge·schäft 中 専門店. **≠grö·ße** 女 (専門分野における)第一人者,(斯界(しかい)の)権威. **≠grup·pe** 女 **1** (ある職業分野中の)特殊部門, 専門別. **2** 専門家グループ. **≠han·del** 男 -s/ , **≠hand·lung** 女 =Fachgeschäft **≠hoch·schu·le** 女 (略 FH) 専門〔単科〕大学. **≠idiot** 男 専門白痴〈ばか〉(自分の専門のことしか知らない人). **≠jar·gon** 男 専門分野での特殊用語; 業界の隠語. **≠ka·der** 男 (旧東ドイツで)専門家. **≠ken·ner** 男 専門的知識の持ち主. **≠kennt·nis** 女 -/-se《ふつう複数で》専門的知識. **≠kol·le·ge** 男 専門分野での同僚, 専門仲間. **≠kom·pe·tenz** 女 専門知識に裏づけられた能力. **≠kraft** 女 -/..kräfte 専門家;《複数で》専門家集団. **≠kreis** 男 -es/-e《ふつう複数で》専門家の世界: in ～*en* anerkannt sein 専門家たちの間で認められている. **≠kun·de** 女 -/ (職業学校)の専門科目.

fach·kun·dig 形 専門知識のある; 専門知識に基づいた.

Fach≠leh·rer 男 専門教科の教師, 専科教員. **≠leu·te** Fachmann の複数.

fach·lich[fáxlıç] 形 専門の, 専門的な: ～*e* Kenntnisse 専門知識.

Fach·li·te·ra·tur[fáx..] 女 専門文献.

Fach·mann[fáxman] 男 -[e]s/..leute (..männer) (女 **Fach·frau**[..frau]-/-en) (↔Laie) (ある分野での)専門家: ein ～ für Herzchirurgie 心臓外科の専門家 ‖ Darin ist er ～.《比》そのことは彼がよく知っている | **Da staunt der ～ 〔und der Laie wundert sich〕.**《話》こりゃ全く驚きだ.

fach·män·nisch[..mεnıʃ] 形 専門家〔として〕の: ein ～*es* Urteil 専門家の判断 | *et.*[4] vom ～*en* Standpunkt aussehen …を専門家的立場から見る.

fach·mä·ßig 形 専門的な: ～ ausgebildet sein 専門教育を受けている.

Fach≠norm 女 (↔Grundnorm) 特殊〔工業〕規格. **≠ober·schu·le** 女 職業〈実業〉高等専門学校. **≠pres·se** 女 専門紙〈誌〉. **≠re·fe·rat** 中 **1** 専門的な講演〈研究発表〉. **2** (政府などの)専門部局. **≠re·fe·rent** 男 Fachreferat 2 の専任〈担当〉係官. **≠rich·tung** 女 (特に大学での)専門分野, 専攻部門.

Fach·schaft[fáxʃaft] 女 -/-en **1** 同業者団体. **2** (同じ専門分野の)学生組織.

Fach·schu·le 女 **1** (Berufsschule から進学する) 専門〔職業〕学校. **2** 〔höhere〕 ～ 高等専門学校(職業訓練を経た者を対象とし, 卒業後は技師・建築士などの資格や大学入学資格を得る道がある).

Fach·schul·we·sen 中 -s/ 〔高等〕専門学校に関するすべて; 〔高等〕専門学校制度: Ministerium für Hoch- und *Fachschulwesen* (旧東ドイツの)大学専門学校省.

Fach·sim·pe·lei[faxzımpəláı] 女 -/-en fachsimpeln すること.

fach·sim·peln[fáxzımpəln] 《06》《過分 gefachsimpelt》 自 (h) 《über *et.*[4]》(長々と…の)専門〈仕事〉の話をする.

fach·spe·zi·fisch[fáx..] 形 専門特有の.

Fach≠spra·che[fáx..] 女 専門〔用〕語. **≠stu·dium** 中 (大学での)専門課目〈課程〉の勉学. **≠ter·mi·nus** 男 =Fachausdruck **≠vo·ka·bu·lar** 中 =Fachwortschatz **≠welt** 女 -/《集合的に》専門家たち, 斯界(しかい)の

F

人々. **≈werk** 中〘建〙**1** ハーフティンバー(中世以降に見られる木造家屋の建築様式で, 柱・梁(はり)斜材を骨組みとし, その間をれんが壁やローム壁で満たした構造をもつ: → 図). **2** (木造家屋の) トラス, 骨組み, 枠組み.

Fachwerk

Fạch·werk≈bau 男 -[e]s/-ten **1**《単数で》=Fachwerk **2** = Fachwerkhaus **≈bo·gen** 男〘建・土木〙トラスアーチ, ブレーストアーチ. **≈brü·cke** 女〘土木〙トラス橋. **≈haus** 中 木骨家屋, ハーフティンバー様式の家屋. **≈trä·ger** 男〘建・土木〙トラス.

Fạch≈wis·sen 中 専門知識. **≈wis·sen·schaft** 女 専門の学問. **≈wort** 中 -[e]s/..wörter = Fachausdruck **≈wör·ter·buch** 中 専門〔用語〕辞典. **≈wort·schatz** 男 専門語彙(ごい). **≈zeit·schrift** 女 専門誌.

Fạckel[fákəl] 女 -/-n **1** たいまつ; あかり;《比》(知識・文化などの) 光明, (戦争・破壊などの) 火災: die ~ der Wahrheit 真理の炬火(きょか) | die ~ der Revolution 革命の火の手. **2**《ふつう複数で》〘天〙(太陽の光球上の) 白斑(はくはん). [*lat.* facula−*ahd.*; < *lat.* fax „Fackel"]

Fạckel≈blu·me 女〘植〙トリトマ, シャグマユリ(赤熊百合). **≈di·stel** 女〘植〙ウチワサボテン(団扇仙人掌)属, オプンチア. **≈lauf** 男 (古代ギリシアの) たいまつリレー競走. **≈licht** 中 -[e]s/-er **1**《単数で》たいまつの光. **2** (点火した) たいまつ. **≈li·lie**[..liə] 女 = Fackelblume

fạckeln[fákəln]《06》自 (h) **1**《俗》(zögern) 躊躇(ちゅうちょ)する, ためらう:〘ふつう否定の形で〙Nicht lange *gefackelt*! ぐずぐずするな, さっさとかかれ. ▽**2** (flackern) (炎が) ゆらめく, ゆらゆら燃える.

Fạckel≈schein 男 -[e]s/ = Fackellicht 1 **≈sta·fet·te** 女 (オリンピックの) 聖火リレー. **≈trä·ger** 男 たいまつを持つ〈かざす〉人: der ~ einer neuen Zeit《比》新時代のさきがけ. **≈zug** 男 たいまつ行列.

fạcken[fákən] 他 (h)《中部》《俗》(werfen) 投げる.

Fa·çon[fasɔ̃ː; オーストリア・スイス: ..sóːn] 女 -/-s = Fasson^{2}

Fac·to·ring[fæktərɪŋ] 中 -s/〘商〙ファクタリング, 債権買い取り業務. [*engl.*; ◇Faktor 3]

Fa·cụl·tas do·cẹn·di[fakúltas dotsɛ́ndiˑ] 女 --/ 教職への任用; ▽教職資格. [◇Fakultas, Dozent]

fad[faːt]^{1}《南部・オーストリア》= fade

Fäd·chen Faden の縮小形.

fa·de[fáːdə] 形 **1 a)** (飲食物に関して) 味のない, 風味に乏しい, 気の抜けた: ~*s* Bier 気の抜けたビール | eine ~ Suppe まずいスープ ‖ ~ schmecken どこか物足りない味がする. **b)** eine ~ Farbe くすんだ色. **2** 味気ない, おもしろみのない, 退屈な: ein ~*s* Leben 味気ない人生 | ein ~*r* Witz 陳腐な冗談 | ~*s* Zeug reden くだらぬおしゃべりをする. **3**《南部・オーストリア》(ängstlich) 不安そうな, 気の弱い, おく病な. [*fr.*; < *lat.* fatuus „albern"]

fä·deln[fɛ́ːdəln]《06》**I** 他 (h) **1** (糸を針などに) 通す; (数珠(じゅず)状に) 通す, つなげる;《比》器用にやってのける: einen Faden durch 〈in〉 das Nadelöhr ~ 糸を針のめどに通す | Perlen auf eine Schnur ~ 真珠をひもに通す. **2** (経糸を) 織機にかける.

II 自 (h) 糸が解ける, ほつれる; (液体が) 糸を引く.

Fa·den[fáːdən] 男 -s/Fäden[fɛ́ːdən] (⑳ **Fäd·chen**[fɛ́ːtçən], **Fäd·lein**[..laɪn] 中 -s/-) **1 a)** 糸, 繊維; 糸状のもの;《比》脈絡, 筋: ein ~ aus Nylon 〈Seide〉 ナイロン〈絹〉糸 | Näh*faden* 縫い糸 | Spinn*faden* クモの糸 | ein dünner 〈gezwirnter〉 ~ 細い〈より〉糸 | **der rote ~**《比》(一貫して流れる) 主題, 主要モチーフ | *sich*^{4} wie ein roter ~ durch *et.*^{4} 〔hindurch〕 ziehen …を一貫して流れる〈続く〉 ‖ **keinen guten ~ an *jm.* lassen**《比》…をくそみそにこきおろす | **keinen guten ~ miteinander spinnen**《比》互いに折り合いがよくない | Er hat schon silberne *Fäden* im Haar. 彼の頭にはもう白髪がまじっている | **keinen trockenen ~ mehr am Leibe haben**《比》全身ずぶぬれである | ein ~ weißen Rauches 一筋の白煙 | Zarte *Fäden* spinnen sich zwischen ihnen an. ほのかな愛のきずなが彼らの間に芽生える ‖ Der ~ reißt 〈verwickelt sich〉. 糸が切れる〈もつれる〉| **alle *Fäden* laufen in *js.* Hand zusammen**《比》…はすべてを取りしきっている ‖ einen ~ abschneiden 糸を切る | von *et.*^{3} die *Fäden* abziehen (豆のさやなどから) 筋を取る | Da〔von〕 beißt die Maus keinen ~ ab. (→Maus 1) | **alle *Fäden* in der Hand haben 〈halten〉**《比》すべてを取りしきっている, 状況を完全に掌握している | einen ~ spinnen 糸をつむぐ | **den ~ verlieren**《比》(話・考えの) 脈絡を見失う | *Fäden* ziehen (粘液状のものが) 糸を引く | die *Fäden* ziehen 糸を抜く;〘医〙抜糸する | einen ~ durchs Nadelöhr ziehen 糸を針に通す | Die Spinne zieht ihre *Fäden* von Balken zu Balken. クモが梁(はり)から梁へ糸を張り渡す | im Hintergrund die *Fäden* ziehen《比》背後で糸を引く ‖ **an einem dünnen 〈seidenen〉 ~ hängen**《比》危険度がきわめて高い, 風前のともし火である | mit Nadel und ~ umgehen können (→Nadel 1 b) | nach Strich und ~ (→Strich 3). **b)**〘紋〙極細縦帯 (→ 図 Wappen e).

2《単位としては無変化》〘海〙尋(ひろ) (約1.8メートル);〘林〙たな (約3立方メートル): Der See ist hier vier ~ tief. 湖水はこのあたりで水深が4尋ある.

[*germ.*; ◇Patent, Petasos, Fuder; *engl.* fathom]

fa·den·dụ̈nn[fáːdəndʏn] 形 糸のように細い.

fa·den≈för·mig[fáːdən..] 形 糸状の. **≈ge·ra·de** 形 まっすぐ糸目に沿った: den Stoff ~ schneiden 布地を糸目にそって裁断する.

Fa·den≈gold 中 糸状の金. **≈he·bel** 男 (ミシンの) 天秤(てんびん) (→ 図 Nähmaschine). **≈heft·ma·schi·ne** 女〘製本〙糸とじ〈かがり〉機. **≈hef·tung** 女〘製本〙糸とじ〈かがり〉. **≈kreuz** 中 **1** (光学機械の接眼レンズにつけられた) 十字線; (銃などの) 十字照準刻線: *jn.* im ~ haben …に照準を合わせて狙う;《比》…を鋭く観察する. **2**〘紋〙細い十字〔図形〕. **≈lauf** 男 (織物の) 経糸方向. **≈netz** 中 = Fadenkreuz 1 **≈nu·del** 女 -/-n《ふつう複数で》〘料理〙(細い) 糸状ヌードル, バーミセリ. **≈pilz** 男〘植〙糸状菌.

fa·den≈recht = fadengerade **≈schei·nig**[..ʃaɪnɪç]^{2} 形 **1** (服などが) 着古して糸のあらわな, すり切れた, ぼろぼろの;《比》みすぼらしい; (声などが) 弱々しい. **2** (口実などが) 見えすいた; (信仰などが) 見せかけだけの: ein ~ *er* Vorwand へたな口実 | eine ~*e* Moral えせ道徳, 偽善.

Fa·den≈schlag 男 -[e]s/《スイス》**1** 仮縫い. **2**《比》おおよその仕上げ〈準備〉. **≈schnecke** 女〘動〙オオミノウミウシ. **≈sil·ber** 中 糸状の銀. **≈som·mer** 男《オーストリア》(Altweibersommer) 空中に浮遊するクモの巣の糸. **≈son·de** 女 風向観測糸. **≈span·nungs·reg·ler** 男 (ミシンの) 糸締め装置 (→ 図 Nähmaschine). **≈stär·ke** 女 糸の太さ, 番手. **≈wurm** 男 -[e]s/..würmer《ふつう複数で》(Nematode)〘動〙線虫類. **≈zäh·ler** 男 (糸目を数えるのに用いる折り畳み式の) 拡大鏡 (→ 図).

Fadenzähler

Fa·desse[fadɛ́s] 女 -/《オーストリア》退屈そうな態度. [fade からのフランス語めかした造語]

Fad·heit[fáːthaɪt] 女 -/-en **1**《単数で》fade なこと. **2** 退屈な話.

Fa·dian [fáːdiaːn] 男 -s/-e《オーストリア》退屈な人.

fä·dig[fɛ́ːdɪç]^{2} 形 糸状の, 糸のように細い; (豆類などで) 筋のある: ein ~ fallender Nieselregen 糸のように降る霧雨. [< Faden]

..fädig[..fɛːdɪç]^{2}《数詞・形容詞などにつけて「…の糸の」を意味する形容詞をつくる》: zwei*fädig* 2本糸の | grob*fädig* (織物の) 糸が太い.

Fa·ding[féːdɪŋ, feɪdɪŋ] 中 -s/〘電〙フェーディング. [*engl.*; < *engl.* fade „verblassen" (◇fade)]

fa·di·sie·ren[fadizíːrən] 他 (h)《オーストリア》再帰 *sich*^{4} ~ 退

F

屈する. ［< fade］

Fäd·lein Faden の縮小形.

Faf·nir[fá:fnɪr] (**Faf·ner**[..nər]) 人名 〘北欧神〙 ファーフニル(竜と化して宝を守る怪人. Siegfried に殺された).
［*anord.*］

Fa·gott[fagɔ́t] 中 -[e]s/-e 〘楽〙 ファゴット, バスーン(→ 図 Blasinstrument). ［*it.* fagotto „Reisigbündel"］

Fa·gott·blä·ser 男 = Fagottist

Fa·got·tist[..gɔtɪ́st] 男 -en/-en ファゴット〈バスーン〉奏者.

Fä·he[fɛ́:ə] 女 -/-n 〘狩〙 (キツネなどの) 雌. ［< Fohe］

ᐁ**fa·hen**[fá:ən] 他 (h) 《ふつう不定詞で》 (fangen) 捕らえる.
［*ahd.*］

fä·hig[fɛ́:ɪç][2] 形 **1** 才能〈力量〉のある, 有能な: ein überaus ～*er* Architekt 才能のきわめて豊かな建築家. **2** 《zu *et.*[3]/雅: *et.*[2]》 (…の) 能力〈素質〉のある; (…の) 資格〈権能〉のある; (…に) 適している: kampf*fähig* 戦闘能力のある | stimm*fähig* 投票権のある | zeugungs*fähig* 生殖能力をもった ‖ zu allen Schandtaten ～ sein どんな破廉恥な行為もやりかねない | des Mordes ～ sein 人殺しもやりかねない | verschiedener Deutung ～ sein いろいろに解釈できる | Diese Burschen sind zu allem ～. この若者たちはどんなことでもやりかねない ‖ 〘zu 不定詞〔句〕と〙 Er ist ～, diese Arbeit zu leisten. 彼ならこの仕事がやれる | Sie war nicht ～, ein Wort zu sprechen. 彼女は一言も口がきけなかった.
［„fassend"］

..fähig [..fɛ:ɪç][2] 《動詞・名詞などにつけて「…が可能な, …の能力のある, …に適格の」などを意味する形容詞をつくる》: lern*fähig* 学習〈習得〉能力のある | saug*fähig* 吸湿〈吸収〉性の ‖ kritik*fähig* 批判能力のある | recycling*fähig* 再利用可能な | weltmarkt*fähig* (商品が) 世界市場での競争能力のある.

Fä·hig·keit[fɛ́:ɪçkaɪt] 女 -/-en **1** (…をする) 力, 能力: Er hat die ～ zur Abstraktion. 彼には抽象化する能力がある | Sie hat nicht die ～ zuzuhören. 彼女は他人の言葉に耳を貸すことができない | Er hat die 〔fatale〕 ～, alles zu verwirren. 《戯》 彼にかかってはすべてが混乱してしまう. **2** 《しばしば複数で》 才能, 素質: angeborene ～*en* 生まれつきの才能 | ein Mann von großen ～*en* 逸材, 手腕家. ᐁ**3** 資格, 権限.

fahl[fa:l] 形 色のうせた, 青白い; 生色〈活気〉のない, 弱々しい: eine ～*e* Beleuchtung ほの暗い明かり | ein ～*es* Gesicht 血の気の失せた〈土気(ᵗᵘᶜʰⁱᵏᵉ)色の〉顔 | ～*e* Lippen 青ざめた唇 | ein ～*es* Lächeln かすかな微笑 ‖ Ihm wurde es ～ im Magen. 《話》 彼は空腹でふらふらになった.
［*germ.*; ◇Falke; *gr.* oliós „grau"; *engl.* fallow］

Fahl·band[fá:l..] 中 -[e]s/..bänder 〘鉱〙 ファールバンド, 黝鉱(ᵘᵗˢᵘᵏᵒ)帯.

fahl·braun 形 灰褐色の.

Fahl·erz 中 〘鉱〙 四面銅鉱.

fahl≈gelb 形 淡黄色の. **≈grau** 形 灰色がかった, 鉛色の.

Fahl·heit[fá:lhaɪt] 女 -/ fahl なこと〈様子〉.

Fahl·le·der 中 -s/ (靴の上皮用の) なめし牛革.

fahl·rot 形 淡褐色の.

Fahl·wild = Steinwild

Fähn·chen[fɛ́:nçən] 中 -s/- (Fahne の縮小形. 特に:) **1** (紙の) 小旗; (軍艦の) 長旗; (槍騎(ˢᵒᵘᵏⁱ)兵の) 長三角旗. **2** 〘楽〙 (音符の) 符鉤(ᵏᵒᵘ), 旗(→ 図 Note). **3** 《話》 (女性用の) 安物服.

fahn·den[fá:ndən][1] 《01》 自 (h) 《nach *jm.* 〈*et.*[3]〉/auf *jn.* 〈*et.*[4]〉》 (警察などが…を) 追跡〈捜査〉する; 探し求める, (…を) 探索する: nach dam Mörder 〈auf den Mörder〉 ～ 殺人犯を追う | nach einem verschollenen Dokument ～ 行方不明の書類を探し求める.
［*ahd.* fantōn „untersuchen"; ◇finden］

Fahn·der[..dər] 男 -s/- fahnden する人.

Fahn·dung[..dʊŋ] 女 -/-en 追跡, 捜査, 探索.

Fahn·dungs≈ak·tion 女 (警察の) 捜査〈捜索〉活動. **≈blatt** 中 手配書. **≈fo·to** 中 手配写真. **≈li·ste** 女 手配者リスト.

Fah·ne[fá:nə] 女 -/-n (小 **Fähn·chen** → 別出, **Fähn·lein** → 別出) **1 a)** 旗(ふつう四角形で, 旗ざおに固定され, 国や各種団体の印に用いるもの: → 図): die rote ～ 赤旗 | die schwarze ～ /Trauer*fahne* 弔旗 | die weiße ～ hissen 《比》 白旗をかかげる | die schwarzrotgoldene ～ /die ～ Schwarz-Rot-Gold (上から) 黒赤金の三色旗(ドイツ国旗) ‖ Die ～ flattert 〈weht〉 im Wind. 旗が風にひるがえる ‖ die ～ aufziehen 〈hissen〉 旗を掲げる | die ～ einholen 〈senken〉 旗をおろす; 《比》 降伏する | die ～ entfalten 〈emporhalten〉 《比》 旗印を掲げる, 旗幟(ᵏⁱ)を鮮明にする | **die ～ nach dem Winde drehen** 〈**hängen**〉 / ***seine* ～ nach dem Winde drehen** 〈**hängen**〉 《軽蔑的に》 (そのときどきの) 支配的な意見に調子を合わせる, 無節操〈日和見的〉に振舞う(→Wetterfahne) | **die ～ hochhalten** 《比》 立場を固守する; 《戯》 居残っている | die ～ auf halbmast setzen (弔意を表して) 半旗を掲げる | die ～ der Freiheit vorantragen 自由の旗をかざして戦う ‖ 〘前置詞と〙 den Sieg an *seine* ～ heften (→ Sieg[2]) | ***et.***[4] **auf *seine* ～ schreiben** …を標榜(ʰʸᵒᵘᵇᵒᵘ)する | ein Gebäude mit ～*n* schmücken 建物を旗でかざる. **b)** 〘軍〙 軍旗: die ～ verlassen 脱走〈戦線を離脱〉する | der ～[3] folgen 従軍する〈出陣〉する ‖ **mit fliegenden ～*n* zu *jm.* übergehen** 〈**überlaufen**〉 急に…の側に寝返りを打つ | **mit fliegenden ～*n* untergehen** さしたる抵抗もできずに敗れる | unter 〈bei〉 der ～[3] stehen 兵士になる, 軍隊に入る | ***jn.* zu den ～*n* 〔be〕rufen** 《雅》 …を召集する | **zu den ～*n* eilen** 《雅》 進んで従軍〈出征〉する.

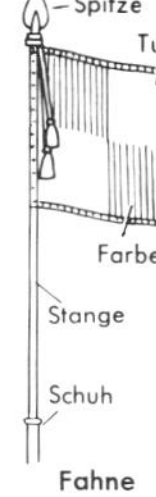

Fahne

2 a) 《話》 酒くさい息: eine ～ haben 酒気を帯びている. **b)** (Druckfahne) 〘印〙 棒組みゲラ刷り: Korrektur*fahne* 校正用ゲラ刷り | ～*n* lesen (棒組みを) 校正する. **c)** 〘鳥〙 長い羽毛(→ 図 Feder). **d)** 〘植〙 (マメ科などの) 旗弁(→ 図 Blütenform). **e)** 〘狩〙 (猟犬・リスなどの) ふさふさした尾.

ᐁ**3** 兵団.
［*germ.* „Tuch"; ◇*gr.* pẽnos „Gewebe"; *engl.* vane］

Fah·nen≈ab·zug[fá:nən..] 男 (Fahne) 〘印〙 棒組みゲラ刷り. **≈eid** 男 〘軍〙 (入隊時の) 軍旗への忠誠の誓い. **≈flucht** 女 -/ 〘軍〙 逃亡, 脱走, 脱営.

fah·nen·flüch·tig 形 〘軍〙 逃亡した, 脱走〈脱営〉した; 《比》 不誠実な: der *Fahnenflüchtige* 逃亡〈脱走〉兵.

Fah·nen≈jun·ker 男 〘軍〙 士官候補生. **≈kor·rek·tur** 女 〘印〙 棒組みゲラ刷り. ᐁ**≈le·hen** 中 (中世ドイツで皇帝から募兵権授与の象徴たる軍旗とともに与えられた) 軍旗封土〈レーン〉. **≈mast** 男 旗の掲揚柱, 旗ざお. **≈schmied** 男 騎兵隊付き蹄鉄(ᵗᵉⁱᵗᵉᵗˢᵘ)工. ᐁ**≈schrei·ber** 男 軍隊書記. **≈schuh** 男 旗ざお下端の金具. **≈schwen·ker** 男 《話》 = Fahnenträger **≈schwin·gen** 中 -s/ (祝祭などに行う) 旗振り. **≈stan·ge** 女 旗ざお. **≈trä·ger** 男 旗手. **≈tuch** 中 **1** -[e]s/-e 旗用の布. **2** -[e]s/..tücher 旗(特にその布の部分). **≈wa·che** 女 軍旗衛兵. **≈wald** 男 《比》 林立する旗. **≈wei·he** 女 軍旗授与式. **≈wicke** 女 〘植〙 オヤマノエンドウ(御山野豌豆) 属.

Fähn·lein[fɛ́:nlaɪn] 中 -s/- **1** Fahne の縮小形. **2** 〘史〙 (16-17世紀の約300-600人からなる) 歩兵部隊; 《比》 一隊.

Fähn·rich[fɛ́:nrɪç] 男 -s/-e 〘軍〙 **1** 士官候補生, 見習士官. ᐁ**2** 中隊で最年少の士官; 旗手.

ᐁ**Fahr**[fa:r] 女 -/-en (Gefahr) 危険. ［*germ.*; ◇*gr.* peĩra „Versuch"; *engl.* fear］

Fahr. 略 = **Fahr**enheit II

fähr[fɛ:r] 形 《北部》 (牛が) 乳が出ない, 未産の. ［◇Farre; *engl.* farrow］

Fahr≈ab·tei·lung[fá:r..] 女 輸送〈運輸〉部隊. **≈aus·weis** 男 **1** (Fahrkarte) 乗車〈乗船〉券. **2** 《ˢᵘⁱˢᵘ》 (Führerschein) 運転免許証. **≈bahn** 女 (↔Bürgersteig) 車道(道路の車両専用の部分): eine betonierte ～ コンクリート舗装の車道.

fạhr·ba̱r[fá:rba:r] 形 ▽**1** (befahrbar) (道などが)車で通行できる, 車の通れる; (川などが)航行可能な. **2** (脚輪がついていて)移動できる: ein ～*es* Bett 脚輪〈キャスター〉つきベッド | eine ～*e* Röntgenstation レントゲン検診車 | ein ～*er* Untersatz (→Untersatz 1 b). [<fahren]

Fạhr·be·reich 男 航続距離.

fạhr·be·reit 形 (車などが)走行〈出発〉準備のできた.

Fạhr⸗be·reit·schaft 女 (官庁・会社の公用)自動車管理部〔門〕. **⸗bild·an·zei·ger** 男 〘坑〙 (ボーリングの)深度指示器.

Fä̱hr·boot[fέ:r..] 中 =Fähre 1

Fạhr⸗bu̱ch[fá:r..] 中 鉱山監督官報告書. **⸗bü̱h·ne** 女 (建築現場などで使う)無蓋(ﾑｶﾞｲ)エレベーター, エレベーター=プラットホーム. **⸗damm** 男 《北部》 (Fahrbahn) 車道. [<fahren] 「◇Fahr」

▽**Fä̱hr·de**[fέ:rdə] 女 -/-n (Gefahr) 危険. [*ahd.*;]

Fạhr·dienst[fá:r..] 男 -〔e〕s/ **1** 〘鉄道〙 列車運転業務. **2** (バスなどの)運行業務, 乗務 [<fahren]

Fä̱hr·dienst[fέ:r..] 男 -〔e〕s/ 〘海〙 運行〈運輸〉業務. [<Fähre]

Fạhr·dienst⸗be·am·te[fá:r..] 男 〘鉄道〙 (大きな駅の)運転係. **⸗lei·ter** 男 〘鉄道〙 運転主任. [<fahren]

Fạhr·dra̱ht 男 〘鉄道〙 架線; トロリー線.

Fä̱h·re[fέ:rə] 女 -/-n **1** 渡し船, フェリーボート: Auto*fähre* カー=フェリー. **2** 渡船場. [*mhd.*; *engl.* ferry]

Fạhr·ei·gen·schaft[fá:r..] 女 (自動車などの)走行特性.

fa̱h·ren*[fá:rən] 《37》 **fu̱hr**[fu:r]/**ge·fa̱h·ren**; 現 *du* fährst[fε:rst], *er* fährt; 接II führe[fý:rə]

I 自 (s) **1** (乗り物が)動く, 進行する: **a**) 走る, 走行する; 走行能力をもつ: Auf der Autobahn *fährt* nur ein Auto. アウトバーンを自動車が1台だけ走っている | auf Grund ～ (船が)座礁する | Der Fahrstuhl *fuhr* bis zur dritten Etage. エレベーターは4階まで行った | gegen einen Baum ～ 木に衝突する | Das Schiff ist in den Hafen *gefahren.* 船が入港した ‖ elektrisch ～ 電気で走る | 〔im〕 Schritt ～ 徐行する | mit Diesel ～ ディーゼルエンジンで走る | ohne Motor ～ エンジンを止めて惰走する ‖ Das Schiff *fährt* den Fluß aufwärts. 船が川をさかのぼる | eine Strecke in zwei Stunden ～ ある区間を2時間で走る(→II 3 b) | 120km in der Stunde ～ 時速120キロで走る ‖ 再帰・非人称 Auf dieser Straße *fährt* es sich gut. この道路は走りよい(→II 2, II 3 b).

b) (定期的に)運行している: Die Busse *fahren* nur werktags. バスは平日しか運行していない | Dieser Bus *fährt* zum Bahnhof. このバスは駅行きである | Das Schiff *fährt* nach Hamburg. この船はハンブルク行きである.

c) 発車する: Wann *fährt* der nächste Zug nach Wien? 次のウィーン行きの列車は何時の発車ですか.

2 (人が)乗り物を使う, 道具を用いて走る: **a**) 乗り物で行く, 乗って行く: an die See ～ 海辺へ出かける | aufs Land ～ 田舎へ行く | in die Stadt ～ 町へ出る | Wann *fährst* du in die USA? いつアメリカに行くのか | über den See ～ (船で)湖を走る | zur See ～ 船員〈船乗り〉である ‖ in die Ferien ～ 長期休暇の旅に出かける | in 〈auf〉 Urlaub ～ 休暇旅行に出かける ‖ erster Klasse ～ (列車・船の)1等で旅行する ‖ Ich bin diese Straße schon oft *gefahren.* 私はこの通りはもう幾度も車で通ったことがある ‖ **mit** dem 〈im〉 Auto ～ 車に乗る | mit der 〔Eisen〕bahn ～ 列車で旅行する | mit 〈auf〉 dem Fahrrad ～ 自転車に乗る | mit dem Schiff 〈dem Fahrstuhl〉 ～ 船〈エレベーター〉に乗る | **per** Anhalter ～ ヒッチハイクする ‖ 〘乗り物・道具を表す無冠詞の名詞と〙 Auto 〈Motorrad〉 ～ 車〈オートバイ〉に乗る | Eisenbahn ～ 鉄道で行く | Karussell ～ メリーゴーラウンドに乗る | Ski 〈Schlittschuh〉 ～ スキー〈スケート〉をする | Wir sind Schlitten *gefahren.* 私たちはそりを走らせた.

b) 運転する, 操縦する: ～ lernen 運転を習う | *jn.* ～ lassen …にハンドルを握らせる | gut 〈sicher〉 ～ 上手に〈安全に〉運転する | zehn Jahre unfallfrei ～ 10年間無事故運転をする | Wer ist gestern *gefahren,* deine Frau oder du? 君と奥さんとどちらが昨日はハンドルを握ったのだ.

c) (h) 《結果を示す語句と》 *jn.* tot ～ …をひき殺す(→totfahren) | Er hat seinen Wagen schrottreif *gefahren.* 彼は運転を誤って車をめちゃくちゃに壊した.

3 《方向を示す語句と》 すばやく動く: **a**) ① (人・動物が)はねる, とび出す, とびかかる, とび込む: *jm.* **an** die Kehle 〈den Kragen〉 ～ …の胸ぐらにつかみかかる | **aus** dem Lager 〈dem Bau〉 ～ 〘狩〙 (ウサギ・キツネなどが)巣穴からとび出す | aus dem Bett 〈dem Schlaf〉 ～ ベッドからとび起きる〈はっと目を覚ます〉 | in die Höhe ～ (→Höhe 1 a) | in die Kleider 〈die Stiefel〉 ～ すばやく服を着る〈長靴をはく〉 | *jm.* **über** den Kopf ～ …の頭をなでる(→②) | **zu** Bau ～ 〘狩〙 (ウサギ・キツネなどが)巣穴にとび込む.

② 《mit *et.*[3]》 (人が…を)さっと動かす: mit dem Besen **durchs** Zimmer ～ 部屋をさっと掃く | mit dem Kopf **gegen** die Wand ～ (慌てて)頭を壁にぶつける | mit dem Löffel **in** die Suppe ～ スプーンをスープに突っ込む | mit der Hand in die Tasche ～ 手をポケットに突っ込む | *sich*[3] 〔mit der Hand〕 in die Haare ～ 髪に手をやる; つかみ合いをする | mit einem Tuch **über** die Tischplatte ～ 布でテーブルの上をふく | *sich*[3] mit dem Taschentuch über 〈durch〉 das Gesicht ～ ハンカチで顔をぬぐう | *sich*[3] 〔mit der Hand〕 über die Stirn 〈den Mund〉 ～ 手で額をこする〈口をぬぐう〉.

b) (物・事が)さっと動く, ひらめく: *jm.* **aus** der Hand ～ …の手から滑り落ちる | aus der Scheide ～ さやから抜け〔落ち〕る | Der Blitz ist aus den Wolken 〈vom Himmel〉 *gefahren.* 稲妻がひらめいた | *jm.* durch den Kopf 〈den Sinn〉 ～ 《比》 (考えが)…の頭をかすめる | **in** das Holz ～ (斧(おの)などが)木に食い込む | Das Geschoß *fuhr* in die Mauer. 砲弾が壁に食い込んだ | ***jm.* in die Nase ～** (においが)つんと…の鼻をつく; 《比》 (相手の態度が)…にかちんとくる | Das ist ihm in die Krone *gefahren.* (→Krone 3) | in die Beine ～ 《話》 (ダンス音楽などが)足をむずむずさせる; (酒などが)足をふらつかせる | *jm.* in die Glieder 〈durch alle Glieder〉 ～/*jm.* in die Knochen ～ 《比》 (恐怖などが)…の全身を貫く | **in *jn.* ～** 《比》 (怒りが)…をとらえる; (悪霊などが)…にとりつく | Was ist 〔denn〕 in dich *gefahren?* 《比》 君いったいどうしたんだ | Der Wind *fährt* **über** die Felder. 《雅》 風が野づらを渡る | Eine flammende Röte *fuhr* über sein Antlitz. 《雅》 彼は顔一面まっかになった.

4 《成句で》 **a**) 行く: gen Himmel ～ 〘宗〙 昇天する | in die Grube ～ 〘坑〙 入坑する; ▽《比》 死ぬ | zu Berg ～ 〘畜〙 山〔の牧場〕へ行く | *Fahr* zur Hölle 〈in die Hölle〉!/ *Fahr* zum Teufel! とっとと失(う)せろ ‖ *Fahr* wohl! (別れのあいさつで)ご無事で, ご機嫌よう.

b) gut 〈schlecht〉 ～ うまく〈へまを〉やる, (選択して)当てる〈損をする〉 | Ich bin mit dem neuen Angestellten gut *gefahren.* 私は今度の使用人ではいい人に当たった | Bei diesem Geschäft ist er schlecht *gefahren.* この取引で彼は損をした | Er *fährt* besser, wenn ... 彼は…するほうが有利だ. **c**) **einen ～ lassen** 《卑》 一発放屁(ほうひ)する.

II 他 (h) **1** (人・荷物などを)乗り物で運ぶ, 乗せて運ぶ: *jn.* gut ～ …を巧みな運転で運ぶ | Sand 〔auf dem Lastkraftwagen〕 ～ 砂を〔トラックで〕運搬する ‖ Mist aufs Feld ～ 肥料を車に乗せて畑へ運ぶ | *jn.* mit dem Fahrstuhl in die erste Etage ～ …をエレベーターで2階へ運ぶ | *jn.* 〔mit dem Auto〕 in die Stadt ～ …を〔車で〕町まで送る | *jn.* über den See ～ …を(舟で)湖の向こう岸へ渡す.

2 (車を)運転する, 操縦する: einen Volkswagen ～ フォルクスワーゲンを乗り回す | einen gebrauchten Wagen ～ 中古車を運転する | einen Wagen schrottreif 〈zu Bruch〉 ～ 運転を誤って車をめちゃくちゃに壊す(→I 2 c) ‖ das Auto **gegen** eine Mauer ～ 車を壁にぶつける | das Auto **in** die Garage ～ 車を車庫に入れる ‖ den Karren in den Dreck ～ (→Karren[1] 1) ‖ ein wenig *gefahrener* Wagen あまり乗ってない車 ‖ 再帰 Das Auto *fährt* sich[4] gut 〈leicht〉. この車は運転しやすい(→I 1 a).

3 《自動詞と意識された場合は sein 支配》 **a**) (…を)燃料にして走る: Welchen Treibstoff *fährst* du? 君は燃料に〈ガソリンは〉何を使っているか | Ich *fahre* Super〔benzin〕. 私は

スーパー〔ガソリン〕を使っている. **b**) (区間を)車で走る: Die Strecke läßt sich⁴ gut ~./ 再帰 Die Strecke *fährt* sich⁴ gut. この区間は走りやすい(→I 1 a). **c**) 《様態・結果などを示す語句と》 Achter ~ (フィギュアスケートで) 8の字形を描く | Kurven ~ カーブを切る | eine Umleitung ~ 回り道をして走行する ‖ einen Rekord 〈die beste Zeit〉 ~ (オートレースで)新記録〈最高タイム〉で走行する | in einer Saison drei Rennen ~ 1シーズンに3回レースに出る | Er hat die letzte Runde in 5 Minuten *gefahren.* 彼は(オートレースで)最後の一周を5分で走った ‖ Die Panzer *fuhren* einen Angriff. 戦車隊が攻撃をしかけた.

4 a) (大型機械を)動かす: die Kamera ~ 〘映・テレビ〙 (撮影のため)カメラを回す | einen Hochofen 〈einen Generator〉 ~ 溶鉱炉〈発電機〉を動かす. **b**) 〘放送〙 放送する. **c**) (作業を)果たす: volle Leistung ~ 全能力を発揮する, 性能いっぱいの仕事をする | eine Schicht ~ (一交代分の)ノルマを仕上げる | Das Kraftwerk *fährt* 245 Megawatt. この発電所の出力は245メガワットである.

Ⅲ Fah·ren 中 -s/ fahren すること: das ~ im Auto nicht vertragen können 車に乗ると酔う | *sich*⁴ aufs ~ verstehen 運転を心得ている | beim ~ vorsichtig sein 運転が慎重である.

Ⅳ fah·rend 現分 形 **1** 運行〈進行〉中の: auf den ~*en* Zug aufspringen 進行中の列車にとび乗る.
2 移動する: das ~*e* Postamt 移動郵便局.
3 a) 〘史〙 放浪〈遍歴〉する: ~*es* Volk 流浪民 | ~*e* Leute 旅回りの行商人, 旅芸人 | ein ~*er* Schüler 〈Scholar〉 遍歴学生 | ein ~*er* Spielmann (中世の)放浪楽士, 吟遊詩人. ᵛ**b**) (↔liegend) (beweglich) 〘法〙 動産の: ~*e* Habe/ ~*e* Güter 動産.
[*germ.*; ◇Pore, Pforte, Fahrt, führen; *engl.* fare]

Fah·ren·heit[fá:rənhaɪt] **I** 人名 Gabriel Daniel ~ ガーブリエル ダーニエル ファーレンハイト(1686-1736; ドイツの物理学者で, 初めて水銀温度計を作り, 華氏目盛りを創案). **Ⅱ** 華氏(記号 F; 32°F=0°C, 212°F=100°C: →Celsius II): 200 Grad ~ 華氏200度.

Fah·ren·heit·ska·la 女 -/ 華氏温度目盛り.

fah·ren|las·sen* [fá:rənlasən] 《88》 《過分 fahren〔ge〕lassen: →lassen I ★ ii》 他 (h) **1** (手から)離す; 逃がす, のがす: die Zügel 〈die Ruder〉 ~ 手綱〈かい〉を離す | die Gelegenheit ~ 機会をのがす | einen 〔Wind〕 ~ 《話》 1発おならをする. **2** 《比》 (aufgeben) 断念する, 捨てる: einen Plan ~ 計画を断念する | eine Hoffnung ~ 希望を捨てる.

Fah·rens·mann 男 -〔e〕s/..leute, ..männer 〘海〙 「船乗り, 船員.」

Fah·rer[fá:rər] 男 -s/- (女 **Fah·re·rin**[..rərɪn] -/-nen) **1** (特に自動車・オートバイなどの)運転者, ドライバー: Er ist ein zuverlässiger ~. 彼の運転は信頼できる. **2** (職業としての)運転手〈士〉; (馬車の)御者.

Fah·re·rei[fa:rəráɪ] 女 -/ 退屈な〈いやな〉旅行; 不愉快な〈へたな〉運転.

Fah·rer·flucht[fá:rər..] 女 -/ ひき逃げ: ~ begehen ひき逃げする.

fah·rer·flüch·tig 形 ひき逃げした.

Fah·rer≈haus 中, **≈ka·bi·ne** 女 (トラック・クレーンなどの)運転室.

Fahr·er·laub·nis[fá:r..] 女 **1** (自動車の)運転許可〔書〕. **2** (Führerschein) (旧東ドイツで)運転免許証.

fahr·fä·hig 形 (乗物が)走行可能の; (人が)運転能力のある.

Fahr·gast 男 -〔e〕s/..gäste (鉄道・バス・船の)乗客, 「旅客.」

Fahr·gast≈ka·bi·ne 女 客用船室. **≈raum** 男 (鉄道・バスなどの)客室, 客席. **≈schiff** 中 客船.

Fahr·geld 中 乗車〈乗船〉料金, 旅客運賃.

Fähr·geld[fɛ́:r..] 中 渡船料金, フェリー運賃. [<Fähre]

Fahr·geld·er·stat·tung 女 運賃払い戻し.

Fahr≈ge·le·gen·heit[fá:r..] 女 車〈船〉の便. **≈ge·schwin·dig·keit** 女 (車・船の)走行速度. **≈ge·stell** 中 **1 a**) (自動車などの)車台, シャシー(→ 図 Lore). **b**) 〘空〙 (飛行機の)脚: das ~ einziehen 〈ausfahren〉 脚を引っ込める〈出す〉. **2** 《話》 下半身; 脚: ein verbogenes ~ haben がにまたである. **≈ha·be** 女 《スイ》 =Fahrnis¹ **≈he·bel** 男 〘鉄道〙 運転レバー.

fah·rig[fá:rɪç]² 形 慌てた, 落ち着かぬ; 気まぐれの; うわついた, 軽はずみの. [<fahren]

Fah·rig·keit[fá:rɪçkaɪt] 女 -/ fahrig なこと.

Fähr·kahn[fɛ́:r..] 男 渡し船. [<Fähre]

Fahr·kar·te[fá:r..] 女 (乗り物, 特に鉄道の)切符, 乗車〈乗船〉券(→Fahrschein): eine ~ erster Klasse 1等の切符 ‖ eine ~ nach Köln lösen 〈ausgeben〉 ケルン行きの切符を買う〈売る〉 | die ~ knipsen 〈entwerten〉 lassen 切符を切ってもらう ‖ **eine ~ schießen** 《話》 射損じる, 的をはずす.

Fahr·kar·ten≈aus·ga·be 女 =Fahrkartenschalter **≈au·to·mat** 男 切符自動販売機, 券売機. **≈knip·ser** 男 《話》 改札係. **≈kon·trol·le** 女 検札. **≈kon·trol·leur**[..lø:r] 男 検札係. **≈schal·ter** 男 (乗車券の)発売窓口, 出札所. [<fahren]

Fahr≈ki·lo·me·ter 男 (自動車の)走行キロ数. **≈korb** 男 (ロープウェーなどの)ゴンドラ. **≈ko·sten** 複 旅費. **≈kunst** 女 (車・馬車などの)運転技術, 操縦法.

fahr·läs·sig[fá:rlɛsɪç]² 形 投げやりな, ぞんざいな, 不注意な: ~*e* Tötung 〘法〙 過失致死 | ~ handeln 軽はずみに振舞う. [<fahrenlassen]

Fahr·läs·sig·keit[-kaɪt] 女 -/-en (fahrlässig なこと. 例えば:) 不注意, 軽率; 〘法〙 過失.

Fahr≈leh·rer 男 自動車教習〔所〕教師. **≈lei·tung** 女 〘鉄道〙 架線; トロリー線(→ 図 Leitung). [<fahren]

Fähr·leu·te Fährmann の複数.

ᵛ**fähr·lich**[fɛ́:rlɪç] 形 (gefährlich) 危険な. [<Fahr]

ᵛ**Fähr·lich·keit**[-kaɪt] 女 -/-en (Gefahr) 危険.

Fähr·mann[fɛ́:rman] 男 -〔e〕s/..männer, ..leute 渡し守, 渡し舟の船頭. [<Fähre]

Fahr·mo·tor[fá:r..] 男 (電気機関車の)主電動機.

Fahr·nis¹[fá:rnɪs] 女 -/-se; 中 -ses/-se 〘法〙 動産.

Fahr·nis²[−] (**Fähr·nis**[fɛ́:r..]) 女 -/-se 《雅》 (Gefahr) 危険〔状態〕. [<Fahr]

Fahr·nis·ge·mein·schaft[fá:rnɪs..] 女 -/ 〘法〙 動産共同制.

Fahr·plan[fá:r..] 男 **1** 運行時刻表; 〘鉄道〙 列車時刻表: den ~ ändern 時刻表を改定する. **2** 《話》 予定表; 《比》 もくろみ, 段取り: den ~ ändern 予定〈もくろみ〉を変える | *jm.* den ~ verderben …の企てをぶち壊す.

fahr·plan·mä·ßig 形 運行〈列車〉時刻表どおりの: Der Zug traf ~ ein. 列車は定時に到着した. [<fahren]

Fahr≈pra·xis 女 運転経験; 運転実習. **≈preis** 男 乗車〈乗船〉料金, 旅客運賃.

Fahr·preis≈an·zei·ger 男 (タクシーの)料金表示器〈メーター〉. **≈er·hö·hung** 女 運賃値上げ. **≈er·mä·ßi·gung** 女 運賃割引. **≈er·stat·tung** 女 運賃払い戻し.

Fahr≈prü·fung 女 運転免許〔実地〕試験: die ~ machen 《話》 運転免許試験を受ける. **≈rad** 中 自転車(→ 図): ~ fahren/auf 〈mit〉 einem ~ fahren 自転車に乗って行く.

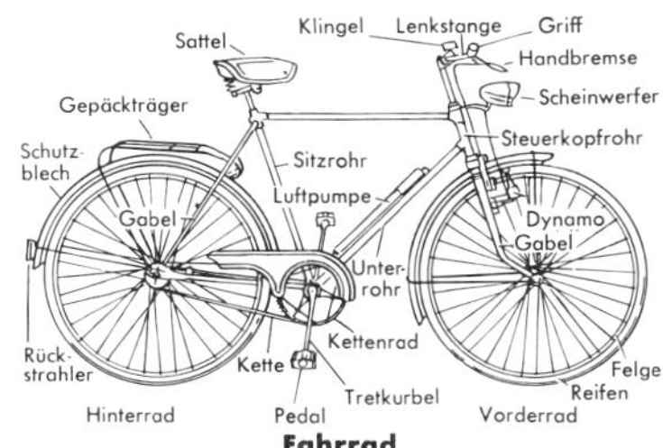

Fahrrad

F

Fahr·rad⸗an·hän·ger 男 (自転車用)リヤカー. **⸗ket·te** 女 自転車のチェーン. **⸗ku·rier** 男 (自転車で宅配する)サイクル=メッセンジャー. **⸗pum·pe** 女 自転車用エアポンプ〈空気入れ〉. **⸗rah·men** 男 自転車のフレーム. **⸗rei·fen** 男 自転車のタイヤ. **⸗schloß** 中 自転車の錠. **⸗schlüs·sel** 男 自転車の鍵(かぎ); 自転車〔修理〕用スパナ. **⸗stand** 男 自転車置き場. **⸗stän·der** 男 自転車立て. **⸗tour** 女 自転車旅行, サイクリングツアー.

Fahr⸗rin·ne 女 (水深の浅い海や川に作られた船舶航行用の)水路, 澪(みお). **⸗schal·ter** 男 (電車の)運転制御器, コントローラー. **⸗schein** 男 (車・船, 特に路面電車・バスの)切符, 乗車〈乗船〉券(→Fahrkarte).

Fahr·schein⸗block 男 -〔e〕s/-s, ..blöcke 一つづりの乗車券〈回数券〉. **⸗ent·wer·ter** 男 (ワンマンカーや無人改札口などの)自動改札器. **⸗heft** 中 乗車〈乗船〉券つづり.

Fahr·schie·ne 女 〘鉄道〙 本軌条; (クレーンなどの)移動用レール.

Fähr·schiff[fɛ́:r..] 中 フェリーボート; 〘鉄道〙 連絡船. [＜Fähre]

Fahr⸗schrei·ber[fá:r..] =Fahrtschreiber **⸗schu·le** 女 自動車教習所. **⸗schü·ler** 男 **1** 自動車教習所生徒. **2** 列車〈電車・バス〉通学の生徒. **⸗si·cher·heit** 女 -/ (乗り物の)安全〔性〕; (人の)運転の確かさ. **⸗spur** 女 (自動車道路上に線で示されている)車線, レーン.

fährst[fɛ:rst] fahren の現在 2 人称単数.

Fahr⸗stand[fá:r..] 男 (機関車・路面電車などの)運転席; 〘海〙 航海士席. **⸗steig** 男 (エスカレーター式の)動く歩道. **⸗stra·ße** 女 **1** 自動車専用道路. **2** 〘鉄道〙 (列車の)進路, 走行線路. **⸗strecke** 女 (2 地点間の)走行距離. **⸗strei·fen** 男 (道路上の区分された)〔走行〕車線(→ 図 Autobahn). **⸗stuhl** 男 **1** (Aufzug, Lift) エレベーター, 昇降機: im 〈mit dem〉 ～ fahren エレベーターに乗る | Der ～ steigt 〈sinkt〉. エレベーターが上昇〈下降〉する. **2** (Rollstuhl) 車いす(→ 図).

Fahrstuhl

Fahr·stuhl⸗füh·rer 男 (ホテルなどの)エレベーター係〈ボーイ〉. **⸗ge·häu·se** 中 エレベーターのケージ〈かご〉. **⸗schacht** 男 エレベーターシャフト.

Fahr·stun·de[fá:r..] 女 自動車教習所でのレッスン〈講習時間〉.

Fahrt[fa:rt] 女 -/-en **1 a)** 《単数で》(車・船など〔で〕の)走行, 進行, 通行: freie ～ haben (妨げられずに)自由に走行できる; 無賃で乗車〈乗船〉できる; 《比》自由に行動できる | freie ～ geben 走行を妨げない, 進めの合図をする | Freie ～!/ *Fahrt* frei! 進め(交通標識) ‖ Das Signal steht auf freie ～. 信号は進め〈青〉だ | ein Wagen in ～ 走行中の車 | nach drei Stunden 〈Kilometern〉 ～ 3 時間〈3 キロ〉走ってから | ohne ～ liegen 〘海〙〔エンジンを〕停止している | während der ～ des Zuges 列車の進行中に ‖ die ～ sperren 交通を遮断する. **b)** (車・船などでの)旅行, ドライブ, 航海, 滑走; (テント持参で数日間にわたる若者たちの)ハイキング旅行; 〘坑〙 出入坑: Jungfern*fahrt* 処女航海 ‖ eine ～ an die See 〈ins Gebirge〉 unternehmen 海〈山〉へ旅行する | Die ～ 〔auf der Bahn〕 darf nicht unterbrochen werden. 〘鉄道〙 途中下車前途無効 | **eine ～ ins Blaue** (目的地を決めない・明かさない)あてどのない旅行 | eine ～ im 〈mit dem〉 Auto machen ドライブをする | eine angenehme ～ mit dem Rad 〈dem Segelboot〉 快適なサイクリング〈セーリング〉 | Gute ～! 道中ご無事で ‖ auf ～ gehen ハイキングに出かける. **c)** (Fahrtbereich) 〘海〙 (沿岸・遠洋など)航行認可区域: große 〈kleine〉 ～ 外洋〈近海〉航行 | ein Kapitän auf großer ～ 外航船の船長 | in hoher ～ 沖合い航行中に.

2 a) 《ふつう単数で》走行〈航走〉速度: gute 〈wenig〉 ～ machen 速く〈ゆっくり〉走る | Wieviel ～〔*en*〕 macht das Schiff 〈hat das Schiff drauf〉? この船はどのくらいの速力を出しているのか | halbe 〈kleine〉 ～ 〘海〙 半〈微〉速 | Volle ～ voraus 〈zurück〉! 〘海〙 前進〈後進〉全速 ‖ die ～ aufnehmen スピードがつく | die ～ drosseln 〈steigern〉 スピードを落とす〈上げる〉 | volle ～ laufen 全速で走る ‖ auf großer ～ sein 快走中である | **in voller ～** 全速力で | in voller ～ bremsen 全速走行中にブレーキをかける. **b)** 《単数で》《話》(Schwung) 気乗り; 興奮; (Wut) 憤激: ***jn.* in ～ bringen** …を調子づかせる〈上機嫌にする〉; …を憤激させる | **in ～ geraten 〈kommen〉** 調子が出てくる; 憤慨する | **in ～ sein** 調子づいている, 上機嫌である; 憤激している.

3 a) 〘坑〙 坑内ばしご. **b)** 〘狩〙 (巣穴の)入口; (地下にある巣の中の)通路. ^{V}**c)** =Fährte [*germ.*; ◇fahren]

fährt[fɛ:rt] fahren の現在 3 人称単数.

Fahrt⸗aus·weis[fá:rt..] =Fahrausweis 1 **⸗be·reich** 男 〘海〙 (沿岸・遠洋など)航行認可区域. **⸗dau·er** 女 乗車〈乗船〉時間, 走行〈航行〉時間.

Fähr·te[fɛ́:rtə] 女 -/-n (野獣などの)足跡, 通った道, におい跡; 《比》(追究の)手がかり: eine frische 〈warme〉 ～ 〘狩〙 新しい足跡 ‖ eine ～ finden 〈aufnehmen〉 足跡をみつける〈かぎつける〉; 《比》手がかりをつかむ | der ～ folgen/die ～ verfolgen 足跡をたどる; 《比》手がかりをさらに先へとたどる ‖ *jn.* **auf** die richtige 〈falsche〉 ～ bringen 《比》…を正しい〈誤った〉推論に向かわせる | auf eine ～ kommen 〈stoßen〉 足跡にぶつかる; 《比》手がかりをつかむ | dem Wild 〈dem Verbrecher〉 auf der ～ sein 野獣〈犯人〉追跡の手がかりをつかんでいる | auf der richtigen 〈falschen〉 ～ sein (追跡にあたって)正しい〈誤った〉見当をつけている | den Hund auf die ～ setzen 〘狩〙 犬に足跡のにおいをかがせる | **von** der ～ abkommen 足跡が分からなくなる; 《比》手がかりを見失う. [*mhd.*; ◇Fahrt]

Fahr·ten⸗buch[fá:rtən..] 中 旅行日誌; 運転日誌. **⸗mes·ser** 中 (ハイキング用の)〔皮〕さや付きナイフ(→ 図 Messer). **⸗schwim·mer** 男 (30分間の遠泳と 3 メートルの高さの台から飛び込みのできる)水練合格者.

Fahrt⸗ge·schwin·dig·keit[fá:rt..] = Fahrgeschwindigkeit **⸗ko·sten** = Fahrkosten **⸗rich·tung** 女 (車の)進行方向.

Fahrt·rich·tungs·an·zei·ger 男 (Winker) (自動車の) 方向指示器.

Fahrt·schrei·ber 男 (Tachograph) 運行状況記録計, タコグラフ.

Fahr·tüch·tig·keit[fá:r..] 女 **1** 運転〈操縦〉可能な心身の状態(酒に酔っていないなど). **2** (乗り物が)すぐにも運転可能な状態. [＜fahren]

Fahrt⸗un·ter·bre·chung[fá:rt..] 女 途中下車〈下船〉; 途中停車. **⸗wind** =Fahrwind 2

Fahr⸗ver·bot[fá:r..] 中 (運転者に対する)運転禁止. **⸗ver·hal·ten** 中 **1** (運転者の走行中の)運転態度. **2** (車両の機械面での)走行特性. **⸗vor·schrift** 女 **1** 交通法規〈規則〉. **2** 《複数で》〘鉄道〙 (運転乗務員に対する)指示書. **⸗was·ser** 中 -s/ (浅い川・港などに掘りくぼめられた船舶航行用の)水路, 澪(みお)(→ 図 Küste); 《比》得意な領域: **in *seinem* 〈im richtigen〉 ～ sein** 《話》自分の得意な分野にある, 水を得た魚のようである | **in *js.* ～**[3] **schwimmen 〈segeln〉** …に追随する, …の言うなりになる | **in *js.* ～**[4] **geraten** …の意向〈考え〉にかぶれる | in 〔ein〕 politisches ～ geraten (議論などが自然に)政治にかかわってくる. **⸗weg** 男 **1** =Fahrstrecke **2** 車道. **⸗werk** 中 **1** (飛行機の)脚, 離着陸装置(→ 図 Flugzeug): das ～ ausfahren 〈einziehen〉 (飛行機が)脚を出す〈引っ込める〉. **2** =Fahrgestell 1 a **⸗wind** 男 **1** 順風. **2** (Fahrtwind) 車の疾走に伴って吹きつけてくる風. **⸗zeit** 女 (2 地点間の)走行〈航行〉時間.

Fahr·zeug 中 -〔e〕s/-e 乗り物(車両・船舶・航空機など, 人員や貨物の輸送に使われる乗り物の総称): Kraft*fahrzeug* 原動機つき車両(自動車・オートバイなど) | Landungs*fahrzeug* 上陸用舟艇 | Schienen*fahrzeug* 鉄道車両. [*ndd.* fārtūg „Schiff"; ◇fahren]

Fahr·zeug⸗brief = Kraftfahrzeugbrief **⸗füh·rer** 男 (自動車などの)車両運転者. **⸗hal·ter** 男 〘法〙 (自動車などの)車両保有者. **⸗schein** =Kraftfahrzeugschein

Fai·ble[fɛ́:bəl, ..blə] 中 -〔s〕/-s (Schwäche) 偏愛〔して

いるもの〕, 弱み: ein ~ für *jn.* 〈*et.*⁴〉 haben …に〔は〕目がない. [*lat.* flēbilis „kläglich"−*fr.*; ◇ *engl.* foible]

Faille[fa:j, fáljə] 女 -/ 《織》ファイユ(ポプリンふうの横うねのある絹織物). [*fr.*]

fair[fɛ:r, fɛə] 形 公平〈公正〉な, フェアな: ein ~*es* Spiel フェアプレー | *sich*⁴ ~ benehmen 正々堂々と振舞う. [*engl.*; ◇ fegen]

Fair·neß[fɛ́:rnɛs, fɛ́ənɪs] 女 -/ fair なこと〈態度〉. [*engl.*]

Fair play[fɛ́:rplé:, fɛ́əpléɪ] 中 --/ 《スポ》フェアプレー. [*engl.*]

Fai·seur[fɛzǿ:r] 男 -s/-e (よからぬことの)実行者, (陰謀などの)首謀者; ぺてん師, くわせ者. [*fr.*; < *fr.* faire „machen" (◇ ..fizieren)]

Fait ac·com·pli[fɛtakɔ̃plí] 中 --/-s-s[fɛza..] 既成事実. [*fr.*; ◇ Faktum, ad.., komplett]

fä·kal[fɛká:l] 形 《医》排泄(はいせつ)物の, 糞尿(ふんにょう)の.

Fä·kal·dün·ger 男 下肥(しもごえ)(人糞を主とした肥料).

Fä·ka·li·en[..liən] 複 《医》(人体からの)排泄(はいせつ)物, 糞尿(ふんにょう). [< *lat.* faex „Bodensatz" (◇ Fäzes)]

Fa·kir[fá:ki:r, fá:kɪr; オーストリア: fakí:r] 男 -s/-e **1** (回教・ヒンズー教などの)〔苦〕行者, 托鉢(たくはつ)僧. **2** 手品〈奇術〉師. [*arab.* faqīr „arm"]

Fak·si·mi·le[fakzí:mile] 中 -s/-s **1** 《印》(古写本・印刷物・絵画などの原物どおりの)複写, 複製. **2** 模写電送, ファクシミリ. [*engl.*; ◇ Simili, ..fizieren]

Fak·si·mi·le⸗aus·ga·be[fakzí:mile..] 女 (写本などの)復刻版. ⸗**druck** 男 -〔e〕s/-e **1** 《単数で》複製印刷. **2** 複製印刷物, 復刻本. ⸗**ge·rät** 中, ⸗**schrei·ber** 男, ⸗**te·le·graf** 男 模写電送〈ファクシミリ〉装置. ⸗**über·tra·gung** 女 模写電送, ファクシミリ.

fak·si·mi·lie·ren[..zimilí:rən] 他 (h) **1** (原物どおりに)複写〈複製〉する. **2** 模写電送する.

Fakt[fakt] 中 (男) -〔e〕s/-en = Faktum

Fak·ta, Fak·ten Faktum の複数.

Fak·ten⸗ma·te·rial[fáktən..] 中 事実資料, データ. ⸗**wis·sen** 中 -s/ 事実〈データ〉に関する知識.

Fak·tion[faktsió:n] 女 -/-en (急進的な)党派; (党内の)分派, 派閥. [*lat.*; < *lat.* facere (→ ..fizieren)]

fak·tiös[..tsiǿ:s][1] 形 党派的な; 反抗〈煽動(せんどう)〉的な. [*lat.*−*fr.*; ◇ *engl.* factious]

Fak·tis[fáktɪs] 男 -/ 合成ゴム. [◇ *engl.* factice]

fak·tisch[fáktɪʃ] **I** 形 事実上の, 実際の: Das kommt ~ auf dasselbe heraus. それでは事実上結果は同じだ. **II** 副 《オーストリア》ほとんど: Das ist ja ~ dasselbe. それではほとんど同じだ | Sie war ~ unfähig zu sehen. 彼女は目が見えないのも同然だった.

fak·ti·tiv[faktitíːf, ⌣⌣−][1] 形 原因となる, 作為の: ein ~*es* Verbum 《言》作為〈使役〉動詞. [< *lat.* factitāre „zu tun pflegen" (◇ ..fizieren)]

Fak·ti·tiv[−] 中 -s/-e, **Fak·ti·ti·vum**[faktití:vʊm] 中 -s/..va[..va·] (Kausativum) 《言》作為〈使役〉動詞.

Fak·tor[fáktɔr, ..to:r] 男 -s/-en[fakto:rən] **1** (英: *factor*) 要因, 因子, 素因, 〔構成〕要素, 原動力; 《生》(特に血液型の)遺伝〔因〕子; 《数》因数, 率, 係数: ein wichtiger ~ für die 〈bei der〉 Urteilsfindung 判決決定の重要な要素 | Hierbei wirken mehrere ~*en* mit. これには幾つかの要因があずかって働いている ‖ in die ~*en* auflösen 〈zerlegen〉 因数に分解する. **2** (印刷工場・製本会社の)職工長, 技術主任. **3** 《商》代理人, 仲買人, 問屋. [*lat.* factor „Macher"; < *lat.* facere (→ ..fizieren)]

▽**Fak·to·rei**[faktorái] 女 -/-en 〔商社の〕在外支店. [*mlat.*; ◇ *engl.* factory]

Fak·to·tum[faktó:tʊm] 中 -s/-s, ..ten [..tən] (一家の雑用を一手に引き受けて信用を得ている)執事, 家政婦; 《比》右腕, 女房役, なんでも屋. [*mlat.*; ◇ ..fizieren, total]

Fak·tum[fáktʊm] 中 -s/..ten[..tən] (..ta[..ta·]) (英: *fact*) (証明され得る個々の)事実; 出来事, 事件. [*lat.*]

Fak·tur[faktú:r] 女 -/-en **1** 《楽》曲の構成. **2** 《商》納品書, 送り状, 積み荷明細書, インボイス. [*lat.* factūra „Bearbeitung" 〔−*it.* fattura, *fr.* facture〕; ◇ Feature]

Fak·tu·ra[..tú:ra·] 女 -/..ren[..rən] 《オーストリア》= Faktur 2

Fak·tu·ren·buch[faktú:rən..] 中 《商》仕入れ帳, 送品帳.

fak·tu·rie·ren[..turí:rən] 他 (h) 《*et.*⁴》《商》(…の)送り状〈計算書〉を作る.

Fak·tu·rist[..turíst] 男 -en/-en (⊛ **Fak·tu·ri·stin**[..tɪn]-/-nen) 《商》送り状係.

Fa·kul·tas[fakʊ́ltas] 女 -/..täten[..kʊltɛ́:tən] (大学・高校などでの)教授資格. [*lat.*; ◇ ..fizieren]

Fa·kul·tät[fakʊltɛ́:t] 女 -/-en **1 a)** (英: *faculty*) (大学の)学部: die medizinische ~ 医学部 ‖ an 〈in〉 der philosophischen ~ studieren 文学部で勉強する | Professor an der theologischen ~ 神学部教授 ‖ 〔**ein Kollege**〕 **von der anderen ~ sein** 《話》別の考え〈世界観〉の持ち主である; ホモである. **b)** 《集合的に》学部構成員(教師と学生): Die gesamte ~ nahm an der Feier teil. 祝賀式には学部所属の全員が参列した. **2** 《数》階乗. **3** 《カトリック》(聖座から司教たちに, また裁治権者から司祭たちに与えられる)権限. **4** = Fakultas [*lat.* 〔−*mlat.*〕; < *lat.* facul „leicht"; ◇ Fazilität; *engl.* faculty]

Fa·kul·tä·ten Fakultas, Fakultät の複数.

fa·kul·ta·tiv[..tatí:f, ⌣⌣⌣−][1] 形 (↔obligatorisch) 任意〈随意〉の: ~*e* Fächer 選択科目. [*fr.*]

Fa·lan·ge[faláŋge·] 女 -/ (スペインの)ファランへ党(1933年マドリッドで結成され, 1936年以来 Franco に率いられた).

Fa·lan·gist[falaŋgíst] 男 -en/-en **1** (スペインの)ファランへ党員. **2** カターイブ, ファランジスト (Libanon の反アラブ民族主義, 反パレスチナ勢力の政治組織). [*span.*; ◇ Phalanx]

falb[falp][1] **I** 形 (特に馬の体色について)淡黄色の, 黄灰色の. **II Fal·be** 男 《形容詞変化》淡黄色〈黄灰色〉の馬. [< fahl]

Fal·bel[fálbəl] 女 -/-n 《服飾》(ひだ付きの) すそ飾り, ボラン.

fäl·beln[fɛ́lbəln] 《06》 他 (h) (…に)すそひだを付ける, ボランで飾る. [*fr.* falbala „Faltensaum"]

Fa·ler·ner[falɛ́rnər] 男 -s/- ファレルノ=ワイン(イタリアのカンパーニア産で, 古代ローマ時代から有名).

Fal·ke[fálkə] 男 -n/-n **1 a)** 《鳥》ハヤブサ(隼), タカ(鷹): einen wilden ~*n* zur Beizjagd abrichten 野生のタカを鷹狩り用に仕込む. **b)** 《ふつう複数で》(↔Taube) タカ派. ▽**2** (昔)の小口径砲. [*ahd.*; ◇ fahl; *engl.* falcon]

Fal·ken⸗au·ge 中 **1** 鷹(たか)の目; (鷹のように)鋭い目: Sein geübtes ~ sah alles. 熟練した彼の目にはすべてがお見通しだった. **2** 《鉱》鷹晴(ようせい)石, 鷹眼(たかめ)石(南アフリカ産). ⸗**bei·ze** 女 《狩》鷹狩り. ⸗**blick** 男 -〔e〕s/ = Falkenauge 1 ⸗**hau·be** 女 (狩りをしないとき鷹にかぶせておく)頭おおい(鼻とくちばしだけが出る).

Fal·ke·nier[falkəní:r] 男 -s/-e = Falkner

Fal·ken·jagd[fálkən..] 女 鷹狩り, 放鷹(ほうよう).

Falk·ner[fálknər] 男 -s/- 鷹匠(たかじょう). [*mlat.*−*mhd.*]

Falk·ne·rei[falknəráɪ] 女 -/-en 《狩》(鷹狩りに関係する一切の事柄. 例えば:) 鷹狩り; 鷹狩り術; 鷹の訓練; 鷹狩りの勢子(せこ); 鷹狩り〈鷹の訓練用〉の場所; 鷹の訓練用の建物.

Fal·ko·nett[falkonɛ́t] 中 -s/-e (昔の) 小口径砲(16-17世紀に用いられた呼び名). [*it.*]

Fall[1][fal] 男 -es(-s)/Fälle[fɛ́lə] **1** 《単数で》 **a)** 落下, 墜落, 転落; (価格などの)下落: die Gesetze des freien ~*es* 《理》自由落下の諸法則 | ein ~ von zehn Metern 〈aus zehn Meter Höhe〉 10メートル〔の高さから〕の落下. **b)** 転倒, 倒壊; 没落; 失脚; 墜落; (計画などの)挫折(ざせつ); (陣地などの) 陥落; 戦死; (獣の)死: der ~ Adams 《聖》アダムの堕落〈堕罪〉 | Aufstieg und ~ einer Familie ある一家の興亡〈盛衰〉 | der ~ eines Mädchens ある少女の淪落(りんらく) | der ~ einer Regierung 政府の瓦解(がかい) | der ~ von Troja 《史》トロイアの落城 ‖ 〔**auf**〕 Knall und ~ (→ Knall) | Hochmut kommt **vor** dem ~. (→Hochmut 1) | ***jn.* zu ~ bringen** …を倒す, …を破滅〈失脚〉させる; ▽…

F

(処女)を堕落させる | ***et.***[4] **zu ~ bringen** …を倒す; …(計画など)を挫折させる; …を却下する | **zu ~ kommen**《雅》倒れる, 転ぶ; 破滅〈失脚〉する; ▽(処女が)堕落する. **c**) (道などの)下降, 下り坂〈勾配(こうばい)〉;〘海〙(マストの)傾斜. **d**) Das Kleid hat einen guten 〈schönen〉 ~. この服は(よじれたりせずに)シルエットが美しい.

2 a) (英: *case*) 場合, 事態, 状況; 事例;〘医〙症例〔患者〕;〘法〙事件: ein alltäglicher ~ 日常茶飯事 | ein krimineller ~〘法〙刑事事件 | alle möglichen *Fälle* 考え得るあらゆる事態 ‖ der ~ Dreyfus 〈Schulz gegen Müller〉 ドレフュス〈シュルツ対ミュラー〉事件 | ein ~ von Betrug 〈Unterschlagung〉 詐欺〈横領〉事件 | ein ~ von Typhus チフス患者 ‖〘1格で〙Der ~ liegt so 〈auf der Hand〉. 事態はこうなっている〈明白だ〉| Der ~ steht gut 〈schlecht〉. 事態は有利だ〈よくない〉| Hier sind nur zwei *Fälle* möglich. こうなると二つの場合しか考えられない | Der ~ verlief tödlich.〘医〙その患者は助からなかった | **Das ist der ~.** (この場合)事実そのとおりである | wenn das der ~ sein sollte もしかりにそうだとすれば | Das ist gar nicht der ~. それは全く事実とは違う | Das ist bei mir auch der ~. 私の場合もそうなんだ |〔Gerade〕das Gegenteil ist der ~. 実情はそれとは〔ちょうど〕正反対だ | **Das ist**〔**ganz**〕**mein ~.**《話》それは〔ぴたり〕私の好みに合う | Lange Reden sind nicht mein ~. 長広舌は私の柄ではない | **ein hoffnungsloser ~ sein**《話》(人に関して)度しがたい〈どうしようもない・救いようのない〉やつである | **klarer ~ !**《話》きまりきってるよ, もちろんさ | Kommst du mit?−Klarer ~!《話》君も来るかいーもちろんさ |〔Das ist ein〕krasser 〈typischer〉 ~ von denkste!《話》それこそ全くの見当違いだ ‖〘4格で〙Ich sehe den ~ so. 私は事態をこんなふうに見ている | **gesetzt den ~, daß ...** …の場合には, …と仮定すれば | gesetzt den ~, daß ihm etwas passiert 彼の身に何か起こったと仮定して ‖〘前置詞と〙**auf alle *Fälle*** どんな場合でも, 必ず; 念〈用心〉のために | **auf jeden ~** どんな場合でも, 必ず | **auf keinen ~** どんなことがあっても〈決して〉…〔し〕ない | **für alle *Fälle*** /für den ~ aller *Fälle* / für jeden ~ あらゆる場合に備えて, 念のために | für den ~ eines Gewitters あらしの場合に備えて | **für den ~, daß** es regnet 雨が降った場合に備えて | **in** dringenden 〈zweifelhaften〉 *Fällen* 緊急〈疑問〉の場合に〔は〕| **in jedem ~** いかなる場合にも, いずれにせよ | im ~〔*e*〕〈in *Fällen*〉 der drohenden Gefahr 危険切迫の場合に〔は〕| im ~〔*e*〕, daß er kommt 〈kommen sollte〉 彼が来た場合に〔は〕| außer im ~〔*e*〕, daß er kommt 彼が来ないかぎり〔は〕| **im ~*e* eines ~*es*** やむをえない場合には, 必要とあれば | je **nach** dem ~*e* 事態に応じて, 臨機応変に | **von ~ zu ~ / ~ für ~** それぞれの状況で, ケースバイケースで, その都度, 逐一に. **b**) (Kasus)〘言〙(名詞などの)格: der erste 〈zweite〉 ~ 1〈2〉格 | ein Wort in den dritten ~ setzen ある語を3格にする. [*germ.*; ◇fallen]

Fall[2][fal] 中 -〔e〕s/-en (英: *halyard*)〘海〙(帆・旗などを上下するための)揚げ索, ハリヤード. [*mndd.*]

..fall[..fal]《im ..fall の形で: →Fall[1] 2 a》…の場合に〔は〕: im Infektions*fall* 感染した場合に | im Verdachts*fall* 疑わしい場合には.

Fal̤l·ap·fel [fál..] 男 (もいだのではなく, 未熟のまま)自然に落ちたりんご, 落ちりんご.

Fäl̤l·axt[fέl..] 女 伐採用の斧(おの).

fäl̤l·bar[fέlba:r] 形 **1**〘化〙沈殿させ得る. **2**〘林〙伐採可能な, 伐採の時期がきている. [<fällen]

Fal̤l≠beil[fál..] 中 (Guillotine) ギロチン, 断頭台: unter das ~ kommen 断頭台にのぼる. **≠bei·spiel** 中 (典型的な)具体例, 実際例. **≠be·schleu·ni·gung** 女〘理〙重力加速度(記号 g). **≠brücke** 女 **1** (Zugbrücke) はね橋. **2** 人が乗ると落ちる仕掛けの橋: auf eine ~ treten《比》ぺてんにかかる, だまされる.

Fal̤·le[fálə] 女 -/-n **1** わな, 落とし穴;《比》たくらみ, 計略: *seine* ~ bauen 包囲網を張る(→2) | eine ~ für Füchse aufstellen 〈legen〉 キツネ捕りのわなを仕掛ける | *jn.* eine ~ stellen …を陥れようとする ‖ *jn.* **in** die ~ gehen 〈geraten〉 …の術中に陥る | *jn.* in eine ~ locken …を陥れようとする | in der ~ sitzen 八方ふさがりである. **2**《話》(Bett) 寝床: *seine* ~ bauen 寝床を整える(→1) | *sich*[4] in die ~ hauen 〈legen〉 寝床に入る. **3 a**)〘工〙(錠の)ばねかんぬき, ラッチボルト(→ 図 Schloß B). **b**)《スイス》(Klinke) (ドアの)取っ手, ノブ. **4**《話》aus der ~ rollen がらにもない〈場違いな〉ことをする. [*germ.*; ◇fallen]

Fäl̤·le Fall[1]の複数.

Fal̤l·ei[fál..] 中〘料理〙ポーチドエッグ, 落とし卵.

fal̤·len*[fálən]《38》**fiel**[fi:l]/**ge·fal̤·len**; 現 *du* fällst [fεlst], *er* fällt; 接II fiele

I 自 (s) **1** (英: *fall*) (速い速度で下方に移動する) **a**) ① 落ちる, 落下〈転落〉する; (雨・雪などが)降る, (霜・露が)降りる: Das Laub *fällt*./Die Blätter *fallen*. 葉が落ちる | Sternschnuppen *fallen*. 星が流れる | Drei Bomben *fielen*. 爆弾が3発落ちた | Es ist Tau *gefallen*. 露が降りた | der Groschen *fällt* bei *jm.* (→Groschen 2 a) | Der Würfel ist 〈Die Würfel sind〉 *gefallen*. (→Würfel 1) | Das Urteil *fiel* glücklich 〈günstig〉. 有利な判決がくだった ‖〘lassen と〙*et.*[4] ~ lassen …を落とす(→fallenlassen 1) | eine Masche ~ lassen 編み目を落とす | Der Vogel hat etwas ~ lassen. 鳥がふんをした ‖ ein frei *fallender* Körper〘理〙自由落下の物体 | frisch *gefallener* Schnee 新雪 ‖〘前置詞と〙**auf** die Erde ~ 地面に落ちる; ▽《比》(助言などが耳を貸されずに)無に帰する | Der Vorschlag *fiel* auf harten Boden.《比》その提案は強い反対を受けた | Die Ermahnungen *fielen* bei ihm auf fruchtbaren Boden.《比》それらのいましめを彼はちゃんと肝に銘じた | *jm.* **aus** der Hand ~ …の手から落ちる | aus der Rolle ~ (→Rolle 5) | **durch** eine Prüfung ~ 試験に落ちる〈落第する〉(→durchfallen) | Ich bin durch die Fahrprüfung *gefallen*. 私は運転の実地試験に落ちてしまった | **ins** Wasser ~ (→Wasser 2) | Die Tür ist ins Schloß *gefallen*. ドアがガチャリとしまった | ins Boot ~〘海〙ボートにとび移る | **unter** den Tisch ~ (→Tisch 1) | **vom** Pferd ~ 落馬する; ▽馬から降りる | vom Stuhl ~ いすから〔転げ〕落ちる | Der Apfel *fällt* nicht weit vom Stamm. (→Apfel 1 b) | Dieses Glück ist vom Himmel *gefallen*.《比》こんな幸運は予想もしなかったことだ | Es ist noch kein Meister vom Himmel *gefallen*.《諺》生まれながらの名人などいたためしはない, 修練こそが名人をつくる | **zu** Boden ~ / zur Erde ~ 地面に落ちる | *jm.* 〈*et.*[3]〉 zum Opfer ~ (→Opfer 2) | Die Menschen standen so dicht gedrängt, daß kein Apfel zur Erde ~ konnte.《比》大勢の人で立錐(りっすい)の余地もなかった.

②《方向を示す語句と》《比》(…に)重さ〈負担〉がかかる: ins Gewicht ~ (→Gewicht 3 a) |〔schwer〕in die Waagschale ~ (→Waagschale) ‖ *jm.*〔schwer〕aufs Herz 〈auf die Seele〉 ~ …の心に〔重く〕のしかかる | *jm.* auf die Nerven ~ (→Nerv 1) | *jm.* auf den Wecker ~ (→Wecker 1 a).

③《*jm.*》《様態を示す語句と》(…にとって…の)負担がかかる: *jm.* zur Last ~ / *jm.* lästig ~ …の重荷となる | *jm.* leicht 〈schwer〉 ~ …にとって容易〈困難〉である(→leichtfallen, schwerfallen).

▽④《南部・オーストリア》vom Fleisch ~ 肉が落ちる, やせこける.

b) ① i) (hinfallen, umfallen) 倒れる, 転倒する, 転ぶ: hart 〈sanft〉 ~ どすんと〈ふわっと〉倒れる |〘lassen と〙*jn.* ~ lassen …を倒れるにまかせる, …に手を貸さない, …を見殺しにする(ただし: →fallenlassen 1) ‖ ▽*fallende* Sucht〘医〙癲癇(てんかん) (=Epilepsie) ‖ Keine Eiche *fällt* auf einen Streich.《諺》根気こそが成功のかぎ(オークの木は一撃では倒れない: →Eiche) ‖〘前置詞と〙**auf** den Boden ~ / auf die Erde ~ 地面に倒れる | erschöpft ins Bett ~ 疲れ切ってベッドに倒れこむ | auf den Rücken 〈das Gesicht〉 ~ あお向け〈うつ伏せ〉に倒れる | auf die Nase ~ (→Nase 1 a) |〔vor *jm.*〕aufs Knie 〈auf die Knie〉 ~〔…の前に〕ひざまずく;《比》〔…に〕切願する | Er ist nicht auf den Kopf 〈den Mund〉 *gefallen*.《話》彼はばかではない〈口が達者だ〉| **gegen** die Tischkante ~ 倒れてテーブルの角にぶつかる |

F

todmüde **ins** Bett ～ へとへとになってベッドに倒れこむ｜*sich*[4] in einen Sessel ～ lassen へたへたといすに座りこむ｜in Trümmer 〈Schutt und Asche〉 ～ (建造物が)ばらばらに崩れ落ちる｜mit *jm.* 〈*et.*[3]〉 stehen und ～ (→stehen 3 a)｜**nach** vorn 〈hinten〉 ～ 前〈後ろ〉へ倒れる｜der Länge nach ～ 丸太ん棒のように倒れる｜**über** einen Stein ～ 石につまずいて倒れる｜über *seine* eigenen Füße ～ 足がもつれて倒れる｜*jm.* 〔flehend〕 **zu** Füßen ～ …の足もとにひれ伏して切願する.

ii)《比》(aufgebogen werden) 存続しなくなる; (法律・制度などが)廃止される, (議案などが)つぶれる; (政府などが)倒れる; (陣地・都市などが)陥落する: wenn diese Hindernisse *fallen* この障害が存続しなくなったあかつきには｜Der Antrag 〈Der Vorschlag〉 *fällt*. 議案〈提案〉がつぶれる｜Die Zensur ist *gefallen*. 検閲が廃止された｜Auch die Hauptstadt ist jetzt *gefallen*. 今や首都も陥落した.

② 死ぬ, 戦死する; (家畜・野獣が)殺される: auf dem Felde ～ 戦死をとげる｜für das Vaterland ～ 祖国のために死ぬ｜durch *jn.* 〈*js.* Hand〉 ～ …の手にかかって死ぬ｜durch das 〈unter dem〉 Beil ～ 斬首(ざんしゅ)刑に処せられる, ギロチンにかけられる｜durch Seuche ～ (家畜が)疫病で死ぬ‖ein *gefallener* Soldat/ein *Gefallener* 戦死者(→gefallen[2] II 3 a).

c) (h)《4格と》《結果を示す語句と》落下して〈倒れて〉(…を…に)する: Er stürzte vom Dach und *fiel* dabei ein Kind tot. 彼は屋根から墜落し, 子供を巻きぞえにして死なせてしまった｜*sich*[3] das Gesicht blutig ～ 落ちて〈倒れて〉顔が血まみれになる‖再帰 Er hat sich[4] wund *gefallen*. 彼は落ちて〈倒れて〉けがをした.

d) (h)《結果を示す4格と》落ちて〈倒れて〉(…が)生じる: Er *fiel* sich[3] einen Bruch. 彼は落下〈転倒〉して骨折した.

2 a) (服・布地などが)〔体の線になじんで〕垂れる, (…の線が)〔美しく〕下へ流れる; (髪〔の毛〕が)垂れ〔かか〕る: *jm.* auf 〈über〉 die Schultern ～ (髪が)…の肩に垂れかかる｜*jm.* ins 〈übers〉 Gesicht ～ (髪が)…の顔に(はらりと)垂れる.

b) (霧などが)たれこめる;《劇》(幕が)下りる.

3 (↔steigen) **a**) 下がる, 低下〈下落〉する;《比》落ちる; 減少する; 没落〈墜落〉する: Die Temperatur 〈Das Fieber〉 *fällt*. 温度〈熱〉が下がる｜Das Barometer 〈Das Thermometer〉 *fällt*. 気圧計〈温度計〉が下がる｜Die Preise *fallen*./Die Waren *fallen* im Preise. 商品が値下がりする｜Sein Ansehen *fällt*. 彼の人望〈信用〉が落ちる｜Die Aussichten *fallen*. 見込みがなくなる｜Der Wasserspiegel 〈Der Wasserstand〉 ist 〔um〕 10 cm *gefallen*. 水面〈水位〉は10センチ下がった｜Der Absatz ist um 7 Prozent *gefallen*. 売れゆきは7パーセント落ちた‖eine *fallende* Tendenz zeigen 下がる傾向を示す, 低落傾向にある‖eine *gefallene* Größe 尾羽うち枯らしたかつての大物｜ein *gefallener* Engel《聖》堕天使, 悪魔;《比》罪に落ちた人｜[V]ein *gefallenes* Mädchen 身をもち崩した少女.

b) 下降する, 下り〔勾配(こうばい)〕である: stark 〈leicht〉 ～ (道・土地などが)急な〈ゆるやかな〉下りになっている｜Die Felsen *fallen* schroff in das Tal. 岩壁が急角度で谷へ落ちこんでいる｜Der Fluß *fällt* einen Meter auf die Meile. この川は1マイルにつき1メートルの勾配である‖eine *fallende* Linie 〈Kurve〉 下降線〈曲線〉｜eine *fallende* Melodie《楽》下降旋律｜*fallende* Reihe《数》下降〈減少〉数列.

4《方向を示す語句と》**a**) (…に向かって)襲いかかる, 飛びつく, 飛びかかる: **auf** *seine* Beute ～ 獲物にとびかかる｜**ins** Land ～ (軍隊などが)国内に攻めこむ｜*sich*[3] in die Arme ～ 互いに抱き合う｜*jm.* in den Arm ～ …の腕を押え〔て制止す〕る｜*jm.* in die Rede ～ (→Rede 2 a)｜dem Feind in den Rücken 〈in die Flanke〉 ～ 敵の背後〈側面〉をつく｜*jm.* in den Rücken ～ (→Rücken 1)｜dem Pferd in die Zügel ～ (逸走する)馬の手綱を押え〔て止め〕る｜dem Rad in die Speichen ～ 車輪〔の輻(や)〕を押え〔て止め〕る｜Schrecken 〈Schlaf〉 *fiel* **über** mich. 恐怖〈眠け〉が私を襲った｜*jm.* **um** den Hals ～ …の首っ玉に抱き〈かじり〉つく.

b)《比》(…の状態に)陥る, 落ち込む; (急に別の状態に)移行する: **in** Ohnmacht 〈Erregung〉 ～ 失神〈興奮〉する｜in Wahnsinn ～ 発狂する｜in Schwermut 〈Grübelei〉 ～ ふさぎ〈くよくよ考え〉こむ｜in tiefen Schlaf ～ 深い眠りに落ちる｜in Verdacht ～ 嫌疑をかけられる｜in Versuchung 〈Sünde〉 ～《宗》誘惑〈罪〉に陥る｜bei *jm.* in Ungnade ～ …の不興を買う｜von einem Extrem ins andere ～ 極端から極端に走る｜in Galopp 〈Trab〉 ～ (馬が)ギャロップ〈速歩〉に移る｜in einen lehrhaften Ton ～ 〔突然〕教訓口調になる｜in einen Dialekt ～ (話の途中で不意に)方言を使い出す｜*jm.* in die Hände 〈die Hand〉 ～ 偶然…の目にとまる; …の手に入る, …の手に陥る‖**unter** die Räuber ～ 盗賊につかまる;《比》(ひどく)ふんだくられる.

5《方向を示す語句と》**a**) (光・影などが…に)当たる, さす; (光が…に)さしこむ: Der Schatten *fiel* auf 〈an〉 die Wand. 影が壁にさした｜Auf ihn *fällt* ein schlechtes Licht.《比》彼は印象がよくない｜Das Licht *fiel* **durch** das Fenster 〈**ins** Zimmer〉. 光が窓ごしに〈室内に〉さしこんだ｜Dadurch *fällt* Licht in diese Angelegenheit.《比》これがこの問題の解明に役だつ｜Der Wind *fiel* 〔voll〕 in die Segel. 帆が〔いっぱいに〕風をはらんだ.

b)《auf 〈an〉 *jn.*》…に向けられる, …に帰属する, …のものとなる: Der Sieg *fiel* **an** die deutsche Mannschaft. 勝利はドイツチームのものとなった｜Die Erbschaft *fiel* an den Staat 〈die Kinder〉. 遺産は国〈子供たち〉のものとなった｜Alle Sorgen *fielen* **auf** mich. 苦労はみんな私がひっかぶった｜Auf ihn *fiel* der Verdacht. 彼に嫌疑がかかった｜Das Los *fiel* auf ihn. くじは彼に当たった｜Die Wahl *fiel* auf ihn. 選挙で彼が選ばれた｜Sein Blick *fiel* auf mich. 彼の目が私に向けられた｜Der Akzent *fällt* auf die letzte Silbe. アクセントは最後の音節にくる.

c) (日付・時期などが…に)当たる: Ostern *fällt* 〔dieses Jahr〕 früh 〈spät〉. 今年は復活祭の期日が例年より早い〈遅い〉‖Mein Geburtstag 〈Der 1. Mai〉 *fällt* **auf** einen Sonntag. 私の誕生日〈5月1日〉は(今年は)日曜日だ｜wenn Ostern und Pfingsten auf einen Tag *fallen*《戯》(復活祭と五旬節とが同じ日に重なるような)あり得べからざることが起こったら, お日様が西から昇ったら｜Das Ereignis *fällt* 〈*fiel*〉 **in** diese Zeit. 事件が起きたのはこの時期だった.

d) (…の範囲内に)はいる, 含まれる; 属する: **in** sein Fachgebiet 〈in den Bereich der Naturwissenschaft〉 ～ 彼の専門〈自然科学の領域〉に属する｜in dieselbe Kategorie 〈Gruppe〉 ～/**unter** dieselbe Kategorie 〈Gruppe〉 ～ 同一の範疇(はんちゅう)〈グループ〉に属する｜unter den Begriff ... ～ …という概念に含まれる｜Der Vorgang *fällt* unter diese Bestimmung. 事件はこの規定〈条項〉に該当する.

e)《in *et.*[4]》(…の色・傾向を)帯びる: Die Farbe *fällt* ins Blau 〈Rot〉. 色は青〈赤〉みがかっている｜Der Witz *fällt* ins Gemeine. そのしゃれは下卑ている.

6 (現実に)起こる; (言葉などが)発せられる, 出る; (決定などが)くだる: Ein Tor *fällt*. (サッカーなどで)1ゴール成る｜Ein Schuß *fiel*. 1発の銃声がした｜Schicksalsschläge *fielen*./Es *fiel* Schlag auf Schlag. 次々と厳しい運命が降りかかった｜Im Gespräch *fiel* dieser Name. 会話の中でこの名が出た｜Es *fielen* scharfe 〈harte〉 Worte in der Versammlung. 集会では激しい言葉が交わされた〈激論があった〉｜Schmähungen *fielen* von allen Seiten. ののしりの言葉が四方八方から浴びせられた‖《lassen と》eine Bemerkung ～ lassen (一言)意見をもらす(→fallenlassen 2).

II Fal·len 中 -s/ (fallen すること) **1** 落下, 転落; 転倒, 倒壊, 陥落; 斃死(へいし). **2** 低下, 下落, 降下, 下降; 没落, 堕落. **3** (地層などの)傾斜.

III ge·fal·len → 別出 gefallen[2]

[*germ.*; ◇Fall[1], Falle, fällen; *engl.* fall]

fäl·len[fέlən] 他 (h) **1 a**) (木を)切り倒す, 倒れさす: einen Baum mit der Säge ～ 木をのこぎりで切り倒す. **b**)《雅》(人を)打ちのめす, 破滅させる, 殺す;《狩》(野獣を)殺す. **c**) (銃剣などを)肩からおろして構える: die Lanze ～ やりを構える. **2**《化》沈殿させる. **3**《数》(垂線を)おろす. **4** (判断・判決などを)下す: über *et.*[4] ein Urteil 〈eine Entscheidung〉 ～ …について判決〈判断〉を下す. [*germ.*; ◇fallen; *engl.* fell]

F

fal·len|las·sen* [fálənlasən] ⟪88⟫ ⟪過分 fallen〔ge〕lassen: →lassen I ★ ii⟫ 他 (h) **1** (aufgeben) 断念〈放棄〉する; (友などを)捨てる, 見放す: *seine* Absicht ～ 意図を断念する | *seinen* Anspruch ～ 要求〔権〕を放棄する | *seinen* Plan ～ 計画を断念する ‖ die Maske ～ ⟪比⟫ 仮面を脱ぐ, 正体を現す ‖ Sie hat ihren Freund *fallen*〔*ge*〕*lassen*. 彼女はボーイフレンドとの縁を切った. **2** (言葉をふと)もらす, (軽い気持で)口にする: Andeutungen ～ (しきりと)ほのめかす | anzügliche 〈beleidigende〉 Bemerkungen ～ あてつけ〈侮辱的なこと〉を言う | kein Wort über *et.*[4] ～ …のことについて一切口をつぐむ.

★ ただし: fallen lassen →fallen I 1 a ①, I 1 b ① i, I 6

Fal·len≠nest 中 〔畜〕 ケージ, 鶏舎. **≠stel·ler** 男 〔狩〕 わなをかける人, わな猟をする人; ⟪比⟫ (詐術を用いる)陰険な人間. [<Falle]

Fal·lers·le·ben →Hoffmann 2

Fall≠gat·ter [fál..] 中 (中世の市門や城門の)つり〈落とし〉格子(→ 図 Stadttor). **≠ge·schwin·dig·keit** 女 〔理〕 落下速度. **≠ge·setz** 中 -es/ 〔理〕 落下の法則. **≠git·ter** 中 =Fallgatter **≠gru·be** 女 〔狩〕 落とし穴; ⟪比⟫ 陰謀, 落とし穴. **≠ham·mer** 男 〔土木〕 杭(くい)打ちハンマー, ドロップ=ハンマー, 落とし槌(つち), 落錘(らくすい). **≠hö·he** 女 降下〈落下〉高度, 落差. **≠holz** 中 -es/ (風などで落ちて枯れた)木の枝, たきぎ.

ᵛ**fal·li·bel** [falí:bəl] (..li·bl..) 形 (↔infallibel) (fehlbar) 間違いに陥りやすい, 間違いを犯しがちな; 欺瞞(ぎまん)的な, あてにならない. [*mlat.*]

Fal·li·bi·li·tät [falibilitέ:t] 女 -/-en fallibel なこと.

fal·lie·ren [falí:rən] 自 (h) 〔経〕 破産〈倒産〉する, 支払い不能に陥る. [*lat.* fallere „täuschen"–*it.*; ◇falsch, Falsum, Falliment]

fäl·lig [fέlıç][2] 形 **1** (一定の日時に)起こるはずの, 行われる予定時間になった: Das Urteil ist morgen ～. 判決はあすの予定である | Der Zug ist in 15 Minuten ～. 列車は15分後に到着のはずだ | Ich bin schon lange ～, mal Urlaub zu machen. ⟪話⟫ 私が休暇を取る番はもうとっくにきている | Bei dir sind wohl wieder einmal Prügel ～? ⟪話⟫ またぞろぶん殴られたいらしいな. **2** 〔経〕 期限のきた, 満期の: den ～*en* Wechsel einlösen 満期手形を支払う. [*ahd.*; ◇Fall[1]]

Fäl·lig·keit [–kaıt] 女 -/-en (fällig なこと. 例えば:) 〔経〕 満期支払(返済)期.

Fäl·lig·keits≠tag 男, **≠ter·min** 男 〔経〕 満期日 「〈期日〉.」

ᵛ**Fal·li·ment** [falimέnt] 中 -s/-e (Bankrott) 〔経〕 破産, 倒産, 支払不能, 支払停止. [*it.* fallimento; ◇fallieren]

Falli·nie 女 **1** 〔スキ〕 フォールライン, 最大傾斜線. **2** (Direttissima) 〔登山〕 直進登攀(とうはん)コース.

ᵛ**Fal·lis·se·ment** [falıs(ə)mã:] 中 -s/-s = Falliment

ᵛ**fal·lit** [falí:t, ..lít] **I** 形 (zahlungsunfähig) 〔経〕 破産〈倒産〉した, 支払不能の. **II Fal·lit** 男 -en/-en 〔経〕 破産(倒産)者, 支払不能者. [*it.*]

ᵛ**Fal·lit·er·klä·rung** 女 〔経〕 破産宣告.

Fall≠klap·pe [fál..] 女 落とし戸, はね上げ戸; はねぶた; (航空機などの)脱出用ハッチ. **≠klin·ke** 女 (ドアのかぎの)掛けがね. **≠li·nie** 女 =Fallinie **≠ma·sche** 女 ⟪スイス⟫ (ストッキングの)編み目のほつれ, 伝線病. **≠mei·ster** 男 (Abdecker) 皮はぎ職人.

Fäll·mit·tel [fέl..] =Fällungsmittel

Fall≠nest [fál..] ⟪話⟫ =Fallennest **≠obst** 中 (もいだのではなく)自然に落ちた果実(→Fallapfel).

Fal·lot [falɔ́t] 男 -en/-en ⟪オーストリア⟫ ⟪話⟫ いかさま賭博(とばく)師; 詐欺師; ならずもの. [*engl.* fellow (→Fellow)–*fr.* falot]

Fall·out [foláʊt, fɔ:l|áʊt, fɔ́:laʊt] 男 -s/-s (核爆発による)放射性降下物, 死の灰. [*engl.* < *engl.* fall out „herausfallen"]

Fall·recht [fál..] 中 〔法〕 判例法.

Fall·reep 中 〔海〕 舷梯(げんてい), タラップ(→ 図 Schiff A). [*ndd.* „Tau zum Herabgleiten"]

fall·reif 形 (果物について)自然に落下するほど熟した.

Fall≠rohr 中 (雨水・下水・排泄(はいせつ)物などを落下させる管の総称. 例えば:) 〔建〕 縦どい(→ 図 Haus A); 洗浄パイプ, 縦くだり管, 汚水管; 〔工〕 下降管, 降水管(→ 図 Wasser). **≠rück·zie·her** 男 〔サッカー〕 オーバーヘッドキック.

falls [fals] 接 ⟪従属⟫ **1** (im Falle, daß) もし…ならば, …の場合には: *Falls* etwas passiert, rufe mich gleich an. 何か起こったらすぐ電話してくれ | Du kannst mitkommen, ～ du Lust hast. 一緒に来たければ来てもいいよ. **2** ⟪話⟫ (für den möglichen Fall, daß) …の場合に備えて, …であるといけないから: *Falls* wir uns nicht noch einmal sehen, gebe ich dir den Schlüssel gleich. もう一度会えないと困るから かぎをいま渡しておくよ | Nimm den Schirm mit, ～ es regnet. 雨が降ってもいいよう 傘を持っていきなさい.

..falls [..fals] ⟪「…の場合〔には〕, …の場合については」などを意味する副詞をつくる⟫: allen*falls* せいぜいのところ | eben*falls*/gleich*falls* 同様に | gegebenen*falls* 場合によっては | jeden*falls* いずれにせよ ‖ ᵛdes*falls*/dies*falls* この点については. [<Fall[1] 2 a]

Fall·schirm [fál..] 男 落下傘, パラシュート: mit dem ～ abspringen 落下傘で飛び降りる | mit dem ～ absetzen (兵員や荷物を)パラシュートで降ろす.

Fall·schirm≠ab·sprung 男 パラシュートによる降下. **≠jä·ger** 男 〔軍〕 落下傘部隊員. **≠sprin·gen** 中 -s/ パラシュート降下; (スポーツとしての)スカイダイビング. **≠sprin·ger** 男 **1** =Fallschirmjäger **2** スカイダイバー. **≠trup·pe** 女 〔軍〕 落下傘〔降下〕部隊: ～*n* einsetzen パラシュート部隊を投入する.

fällst [fεlst] **I** fallen の現在２人称単数. **II** fällen の現在２人称単数.

Fall≠strick [fál..] 男 陥穽(かんせい), 落とし穴: *jm.* ～*e* legen …にわなを仕掛ける. **≠stu·die** 女 事例研究, ケーススタディー. **≠sucht** 女 -/ =Epilepsie

fall·süch·tig =epileptisch

fällt [fεlt] **I** fallen の現在３人称単数. **II** fällen の現在３人称単数.

Fall≠trep·pe [fál..] 女 落とし戸〈はね上げ戸〉の下にある階段. **≠tür** 女 **1** (床にある)落とし戸, はね上げ戸, 揚げぶた, ハッチ: die ～ zum Keller 地下室に通じる揚げぶた. **2** (落とし穴用の)落とし戸.

Fäl·lung [fέlʊŋ] 女 -/-en (fällen すること. 例えば:) 〔化〕 沈殿.

Fäl·lungs·mit·tel 中 〔化〕 沈殿剤.

fall·wei·se [fál..] 副 (→ ..weise ★) ⟪オーストリア⟫ (gegebenenfalls) 時と場合に応じて, 場合により; (gelegentlich) 時として: nur ～ arbeiten 不定期に働くだけである.

Fall≠werk 中 〔工〕 **1** 打ち込み〔機械〕, パイレン, 杭打ち機. **2** (一種の)貨幣鋳造機. **3** 落下試験装置. **4** =Fallhammer **≠wild** 中 (病気・けがなどで)斃死(へいし)した野獣. **≠wind** 男 山から急に吹きおろす強風, 山おろし. **≠win·kel** 男 (砲弾などの)落下角度; 〔坑〕 (地層の)傾斜角.

Fa·lott [falɔ́t] 男 -en/-en =Fallot

Fal·sa Falsum の複数.

falsch [falʃ] **I** 形 **1** (英: *false*) ⟪比較変化なし⟫ (↔echt) 本物でない, にせの, (自然を模した)人工の, 模造の, 擬似の, 一見そう見える, 見せかけだけの, 偽造した, 贋作(がんさく)の: ～*e* Banknoten にせ札 | ～*e* Haare かつら, ヘアピース, かもじ | ～*e* Perlen 模造真珠 | ～*e* Zähne 義歯 ‖ ～*e* Akazie 〔植〕 ニセアカシア, ハリエンジュ(針槐樹) (=Robinie) | ein ～*es* Fenster めくら窓 | ～*e* Taschen 飾りポケット | ein ～*er* Zungenschlag (→Zungenschlag) ‖ ～*er* Hase (→Hase 1 c) | ～*e* Suppe (→Suppe 1) ‖ ～ blühen あだ花を咲かせる.

2 (↔richtig, recht) 間違いの, 誤りの, 正しくない, 不正確な, 選択を誤った, 見当はずれの: die ～*e* Adresse 見当はずれの〈間違った〉あて先 | an die ～*e* Adresse geraten 〈kommen〉 (→Adresse 1 a) | die ～*e* Aussprache eines Wortes 単語の間違った発音 | das ～*e* Ergebnis einer Aufgabe 問題に対する間違った解答 | **an den *Falschen* 〈an die *Falsche*〉 geraten** おかど違いである, 門前払いをくら

F

う | Da kommst du bei mir an den *Falschen*!《話》その件で私のところへ来たっておかど違いだよ | *et.*[4] in die ～*e* Kehle bekommen (→Kehle 1) | in ein ～*es* Licht geraten 〈kommen〉 (→Licht 1) | unter ～*em* Namen leben 偽名を使って暮らす | in der ～*en* Richtung gehen 方向を間違えて進む, 道を間違える | ～*e* Scham 〈Bescheidenheit〉 zeigen 場違いの羞恥(しゅうち)心〈遠慮〉を見せる | ein ～*er* Verdacht 見当はずれの疑い, 邪推 | einen ～*en* Weg einschlagen 間違った道を行く | ein ～*es* Wort 不適切な言葉 | der ～*e* Zug 間違って乗った列車 | ein ～*er* Zug (チェスなどで)悪手;《比》まずい手 | im ～*en* Zug sitzen (→Zug 1 a) ‖ Die Antwort des Schülers ist ～. 生徒の答えは間違いである | Dein Eindruck ist ～. 君の受けた印象は見当はずれだ | Wie man's macht, ist's ～. 何をやっても見当はずれだ |〘副詞的に〙～ blühen (植物が)狂い咲きする | Die Uhr geht ～. この時計は正確でない | ～ informiert sein 間違った情報を受けている | mit *et.*[3] ～ liegen《話》…を誤解する, …のことで間違いをしでかす | ～ machen 間違う, 失敗する | ～ schreiben 字を間違える | ～ singen 調子はずれで歌う | ～ spielen 間違って演奏〈競技〉する; 下手に演奏〈競技〉する | *Falsch* verbunden! (電話口で)番号が間違っています, 間違ってかかりました;《話》それは君の思い違いだ | ～ verstehen 誤解する.

3 不実な, 表裏がある, 偽善的な, 腹黒い; (天候などの)あてにならない, 不確かな: ein ～*er* Freund うわべだけの友人 | ein ～*er* Fünfziger《話》古だぬき | ein ～*er* Hund《話》陰険な男 | eine ～*e* Katze《話》猫かぶりの女 | ein ～*er* Mensch 油断のならぬ人物 | ein ～*er* Prophet えせ予言者 | mit *jm.* ein ～*es* Spiel treiben …をたぶらかす | ～*e* Tränen そら涙 | ～*e* Versprechungen machen うその約束をする ‖ *et.*[4] ～ abwiegen …の量目をごまかす | ～ schwören ありもしないことを請け合う.

4《述語的》《話》(心の奥で)怒っている, 立腹している; (馬や犬などについて)癖の悪い, よくかみつく; (はれ物などについて)悪性の: auf *jn.* ～ sein …に腹を立てている | *jn.* ～ machen …を怒らせる | ～ werden 腹をたてる.

II Falsch 男 中 -s/《雅》《もっぱら否定詞と》虚偽, 不正, 悪意: **an *jm.* ist kein ～** …は正直者である ‖ **ohne ～ sein** いつわりの心をもたない | Seid klug wie die Schlangen und ohne ～ wie die Tauben. へびのように賢く はとのように素直であれ(聖書: マタ10,16).

[*lat.* falsus－*afr.*－*mhd.*; ◇fallieren, fehlen; *engl.* false]

Falsch≠aus·sa·ge[fálʃ..] 女〘法〙虚偽の陳述, 偽証. **≠eid** 男〘法〙(過失による)偽証(→Meineid 2).

fäl·schen[fɛ́lʃən]《04》他 (h) **1** 偽造する, 模造する, 贋作(がんさく)する; (事実を)故意にゆがめる: Banknoten 〈einen Paß〉 ～ にせ札〈にせの旅券〉を作る | die Geschichte ～ 歴史をゆがめる ‖ ein *gefälschtes* Gemälde 偽作の絵画 | einen *gefälschten* Paß vorzeigen にせの身分証明書を呈示する | Diese Unterschrift ist *gefälscht*. この署名はにせ物だ. **2** (酒などに)水をまぜる.

[*mlat.*－*ahd.*; ◇falsifizieren]

Fäl·scher[..ʃər] 男 -s/- (fälschen する人. 例えば:) (貨幣などの)偽造者, (美術品などの) 贋作(がんさく)者.

Falsch·geld[fálʃ..] 中 偽造通貨〈貨幣〉, 偽(にせ)札.

falsch·gläu·big 形 異端の, 異教の, 邪信〈邪宗〉の.

Falsch·heit[fálʃhaɪt] 女 -/ (falsch なこと. 例えば:) 間違い, 誤謬(ごびゅう); 虚偽, にせものであること; 不実, 二枚舌.

falsch·her·zig 形 実(じつ)のない, 二枚舌の, 腹黒い.

fälsch·lich[fɛ́lʃlɪç] 形 誤った, 間違った; 虚偽の, うその: eine ～*e* Behauptung 間違った主張 | *jn.* ～ verdächtigen …にあらぬ疑いをかける.

fälsch·li·cher·wei·se 副 誤って, 間違って.

Falsch·mel·dung[fálʃ..] 女 虚報, 誤報: eine tendenziöse ～ 故意の虚報, デマ | eine ～ über *et.*[4] verbreiten …についての誤報を流す.

falsch|mün·zen《02》自 (h) 貨幣を偽造する.

Falsch·mün·zer 男 -s/- 貨幣偽造者, にせ金造り.

Falsch·mün·ze·rei[falʃmʏntsəráɪ] 女 -/ 貨幣偽造.

falsch|spie·len[fálʃ..] 自 (h) (トランプなどで) いかさまをする, いんちきをやる(ただし: falsch spielen →falsch I 2.)

Falsch·spie·ler 男 (トランプなどで) いんちきをする人, いかさま賭博(とばく)師.

Fäl·schung[fɛ́lʃʊŋ] 女 -/-en **1**《単数で》偽造; (酒の)水増し; (事実の)歪曲(わいきょく). **2** 偽造〈模造〉品.

fäl·schungs·si·cher[..ʃʊŋs..] 形 (紙幣・証明書などが) 偽造される恐れのない.

Fal·sett[falzɛ́t] 中 -[e]s/-e《ふつう単数で》〘楽〙ファルセット, 仮声(かせい), 裏声;《比》金切り声. [*it.*; ◇falsch]

fal·set·tie·ren[falzɛtíːrən] 自 (h) 〘楽〙ファルセット〈仮声・裏声〉で歌う.

Fal·set·tist[..tíst] 男 -en/-en ファルセットで歌う歌手.

Fal·sett·stim·me[falzɛ́t..] 女 ＝Falsett

Fal·si·fi·kat[falzifikáːt] 中 -[e]s/-e 偽造品, 模造品, 贋作(がんさく).

Fal·si·fi·ka·tion[..katsióːn] 女 -/-en **1** 偽造, 模造. **2** (↔Verifikation) 誤りを証明すること, 論破.

fal·si·fi·zie·ren[..tsíːrən] 他 (h) **1** (fälschen) 偽造する, 模造する. **2** (↔verifizieren)《*et.*[4]》(主張・学説などの)誤りを証明する, 論破する. [*mlat.*; < *lat.* falsus (→falsch)]

Fal·staff[fálstaf] **I** 人名 フォルスタッフ (Shakespeare 作の『ヘンリー四世』および『ウィンザーの陽気な女房たち』に登場する, 太って陽気なほら吹きの騎士). **II** 男 -s/-s ほら吹きの大男.

Fal·staf·fia·de[falstafiáːdə] 女 -/-n (Falstaff 流の) 大ぼら, 大ぶろしき. [< ..ade]

▽**Fal·sum**[fálzʊm] 中 -s/..sa[..zaˑ] (Fälschung) 偽造, 模造; (Betrug) 詐欺. [*lat.*; < *lat.* fallere (→fallieren)]

Falt[1][falt] 男 -s/Fälte[fɛ́ltə]《スイ》＝Falte

Falt[2][－] 男 -[e]s/-e (Scharnier) 蝶番(ちょうつがい).

Falt·ar·beit[fált..] 女 折り紙細工.

falt·bar[fáltbaːr] 形 折り畳み可能な.

Falt≠blatt 中 折り畳み式印刷物(広告・図表・時刻表など). **≠boot** 中 (組み立て式の)折り畳みボート(→図).

Faltboot

Fält·chen 中 -s/- Falte の縮小形.

Fal·te[fáltə] 女 -/-n (小 **Fält·chen**[fɛ́ltçən] 中 -s/-) **1 a)** (布・衣類・紙などの)折り目, たたみ目, ひだ, しわ: Hosen*falten* ズボンの折り目 ‖ die ～*n* glätten しわを伸ばす | ～*n* schlagen 〈werfen〉(布製品が) ひだを作る, しわになる | *et.*[4] in ～*n* legen …を折り畳む, …にひだ〈折り目〉をつける ‖ die geheimsten ～*n* des Herzens《比》秘められた胸のうち. **b)** (皮膚の)しわ: tiefe ～*n* im Gesicht 顔に深く刻み込まれたしわ | die Stirn in ～*n* ziehen 額にしわをよせる. **2** 山の起伏; 〘地〙(地層の)褶曲(しゅうきょく).

Fäl·te Falt[1]の複数.

fäl·teln[fɛ́ltəln]《06》他 (h) (…に)細かいひだ〈しわ〉をつける.

falten

fal·ten[fáltən]《01》他 (h) (英: *fold*) **1** (布・紙などを)折り畳む; (…に)折り目〈ひだ〉をつける: die Hände ～ 両手を〔組み〕合わせる(祈る際など: →図) | einen Schlafsack ～ 寝袋を畳む ‖ 再帰 *sich*[4] ～ しわ〈ひだ〉になる ‖ *gefaltete* Gesteinsschichten〘地〙褶曲(しゅうきょく)地層. **2** (皮膚に)しわをよせる: die Stirn ～ 額にしわをよせる ‖ 再帰 *sich*[4] ～ しわがよる ‖ ein *gefaltetes* Gesicht (年老いて・笑って)しわくちゃの顔 | *gefaltete* Lippen すぼめた唇. [*germ.*; ◇flechten; *engl.* fold]

F

Fal·ten≠balg 男〘鉄道〙(車両連結部の通路の)ほろ. **≠ge·bir·ge** 中 (↔Schollengebirge)〘地〙褶曲(しゅうきょく)山地. **≠ge·sicht** 中 しわの多い顔.

fal·ten·los[fáltənlo:s][1] 形 ひだ(しわ)のない.

Fal·ten≠ma·gen = Blättermagen **≠mücke** 女〘虫〙コシボソガガンボ(腰細大蚊)科の昆虫.

fal·ten·reich 形 ひだ(しわ)の多い.

Fal·ten·rock 男 ひだ(プリーツ)スカート.

fal·ten·wei·se 副 (→..weise ★)ひだ状に, ひだをなして.

Fal·ten≠wes·pe 女〘虫〙スズメバチ(雀蜂)科の昆虫. **≠wurf** 男《ふつう単数で》(衣服・カーテンなどの)ひだ取り.

Fal·ter[fáltər] 男 -s/- (Schmetterling)〘虫〙鱗翅(りんし)類(チョウ・ガなど), (特に:) チョウ(蝶): Tag*falter* チョウ | Nacht*falter* ガ(蛾). [*ahd.* fīfaltra; ◇Papillon, flattern]

Fal·ter·blu·me 女〘植〙蝶媒花.

Falt·fä·cher[fált..] 男 扇子.

fal·tig[fáltɪç][2] 形 ひだのある, 折り目のついた; (布・衣類などが)しわくちゃの; (顔・皮膚などが)しわだらけの: Seine Hose ist schmutzig und ganz ～. 彼のズボンは汚れていてしわだらけだ. [＜Falte]

..faltig[1][..faltɪç][2] **1**《数詞・形容詞などにつけて「…のひだ・折れ目をもつ」を意味する形容詞をつくる》: ein*faltig* ひだが一つの | weit*faltig* 広いひだの. **2** ..fältig の古形.

..fältig[..fɛltɪç][2] (ᵛ**..faltig**[2][..faltɪç][2])《数詞・不定数詞などにつけて「…倍の, …重の」を意味する形容詞をつくる》: drei*fältig* 3倍(三重)の | viel*fältig* 多様の ‖ mannig*faltig* 種々の. [◇*engl.* ..fold]

Falt≠kar·te[fált..] 女 折り畳み式地図. **≠pro·spekt** 男 折り畳み式パンフレット(案内書)(広告・内容見本など). **≠schach·tel** 女 折り畳み可能な〔ボール〕箱. **≠stuhl** 男 折り畳みいす. **≠tür** 女 (Harmonikatür) アコーディオンドア.

Fal·tung[fáltʊŋ] 女 -/-en falten すること; 〘地〙褶曲(しゅうきょく)作用.

Falt·werk 中〘美〙ひだ彫り模様(→ 図).

Faltwerk

Falz[falts] 男 -es/-e **1**〘製本〙折り目; (表紙と背との間の)溝. **2**〘工〙(板の継ぎ目の)みぞ, さねはぎ, 合(あい)じゃくり(→ 図 Holz B); (金属板の継ぎ目の)畳み折り.

Falz·bein[fálts..] 中〘製本〙折りべら.

fal·zen[fáltsən]《02》他 (h) **1**〘製本〙(紙を)折る, 折り畳む. **2**〘工〙(板にさねはぎ用の)溝を彫る; (板を)さねはぎする(→ 図 Holz B); (金属板を)畳み折りしてつなぐ. **3** (なめした革の)厚い部分を削る. [*ahd.*; ◇falten]

Fal·zer[fáltsər] 男 -s/-〘製本〙折り工; 折り畳み装置.

Falz≠ho·bel[fálts..] 男〘工〙溝彫りかんな, さねかんな(→ 図 Hobel). **≠ma·schi·ne** 女 **1**〘製本〙折り〔畳み〕機. **2** (なめし革の)削り機. **≠mes·ser** 中 **1** =Falzbein **2** =Falzmaschine 2 **≠zie·gel** 男〘建〙(つなぎ目に溝のある)溝つきかわら.

Fa·ma[fá:ma·] **I** 人名〘ロ神〙ファマ(うわさの女神). **II** 女 -/《ふつう定冠詞をそえて》(Gerücht) うわさ, 風評. [*lat.* fāma; ◇Fabel, famos; *engl.* fame]

fa·mi·liär[familiέ:r] 形 **1** 家庭(家族)の, 家内の: aus ～*en* Gründen 家庭の事情で. **2** 親密な, 打ち解けた, なれなれしい: mit *jm.* ～ verkehren …と懇意にしている. [*lat.*]

Fa·mi·lia·ri·tät[familiaritέ:t] 女 -/-en 親密, 心安さ, なれなれしい態度(言行).

Fa·mi·lie[famí:liə] 女 -/-n **1 a)** (英: *family*) 家族〔の全員〕, (ふつう親と子供からなる)家庭, 一家, 世帯: eine große ～ 大家族 | eine vierköpfige ～ 4人家族の家庭 | die Heilige ～ (→heilig I 1) ‖ *Familie* Schmidt ist verreist. シュミット家〔の人々〕は旅行中です | Die ganze ～ macht einen Ausflug. 家族全員で行楽に出かける | eine ～ gründen 世帯をもつ, 結婚する | Haben Sie ～? 御家族はおありですか | Das junge Ehepaar hat noch keine ～. その若い夫妻にはまだ子供がない | Das bleibt in der ～.《話》これは内緒(ここだけの話)だ | Das kommt in den besten ～ (in den besten ～*n*) vor.《話》それはどこの家庭にもあることだ, それは大したことではない. **b)** 一族, 一門, 親族, 家柄: eine alte (adlige) ～ 古い(貴族の)家柄 | Meine ～ stammt aus Schwaben. 私の一族はシュヴァーベンの出です | aus guter ～ sein 良家の出である | Das liegt in der ～. それは血筋(遺伝)である.

2〘動・植〙科 (Gattung の上, Ordnung の下の分類区分). [*lat.* familia „Gesinde"; ◇Famulus; *engl.* family]

Fa·mi·li·en≠ähn·lich·keit[famí:liən..] 女 -/ 家族(親族)間の相似. **≠an·ge·hö·ri·ge** 男 女 家族の一員. **≠an·ge·le·gen·heit** 女 家庭内の問題, 私事. **≠an·schluß** 男 ..schlusses/ (使用人・下宿人などの)家族同様の扱い: keinen ～ wünschen (下宿人などが)家族との付き合いを望まない | Wir bieten ～ und gute Bezahlung.(求人広告などで)家族なみの待遇および高給. **≠bad** 中 ᵛ**1** (男女共用の)プール. **2** 家族連れの客の多い海水浴場(湖畔の水浴場). **≠ban·de** 複 血縁のきずな. **≠be·gräb·nis** 中 =Familiengruft **≠be·sitz** 男 家族の所有物, 私蔵品. **≠be·trieb** 男 **1**《単数で》(企業などの)家族経営. **2** 家族企業, 同族会社. **≠bild** 中 家族の肖像画(写真). **≠buch** 中〘法〙家族登録簿(戸籍簿の一つ: →Standesregister). **≠erb·stück** 中 (先祖伝来の)家宝. **≠er·zie·hung** 女 家庭教育. **≠fei·er** 女, **≠fest** 中 家庭の祝い日(結婚式・誕生日など). **≠for·schung** 女 (Genealogie) 系譜学. **≠fo·to** 中 家族の肖像写真. **≠für·sor·ge** 女 (国家による)家庭保護. **≠ge·mäl·de** 中 家族の肖像画. **≠ge·richt** 中 家庭裁判所. **≠ge·schich·te** 女 家庭内での出来事; 家族の歴史. **≠glück** 中 家庭の幸福. **≠grab** 中, **≠gruft** 女 家族の墓所. **≠haupt** = Familienoberhaupt **≠ki·no** 中《話》(Fernsehen) テレビ. **≠kreis** 男 家族の人々, 内輪: im ～ 家族の中だけで, 内輪で. **≠kun·de** 女 -/ =Familienforschung **≠la·sten·aus·gleich** 男 (子だくさんの家庭に対する)家族手当. **≠le·ben** 中 家庭(家族)生活. **≠mi·ni·ster** 男 (ドイツの)家庭大臣, 家庭相. **≠mi·ni·ste·rium** 中 (ドイツの)家庭省. **≠mit·glied** 中 家族の一員. **≠na·me** 男 (Zuname) 家族名, 姓, 名字(みょうじ). **≠ober·haupt** 中 家長. **≠pla·nung** 女 家族計画. **≠rat** 男 -〔e〕s/〘法〙(後見のための)親族会〔議〕. **≠recht** 中 -〔e〕s/〘法〙親族法. **≠rich·ter** 男 家庭裁判所判事, 家事審判官. **≠ro·man** 男 家庭(家系)小説. **≠se·gen** 男 家庭(夫婦)の幸せ: Der ～ hängt schief.《戯》家の中(夫婦の仲)がごたついている. **≠sinn** 男 家族意識. **≠stand** 男 -〔e〕s/ (法律上の)家族内(戸籍上)の身分(未婚・既婚・離別・やもめなどの別). **≠stolz** 男 家門の誇り; 家柄自慢. **≠streit** 男 家族内の争い, 家庭争議. **≠stück** 中 **1** (先祖伝来の)家宝. **2** 家庭劇. **≠tag** 男 家族(親族)が一堂に会する日. **≠tra·gö·die**[..diə] 女 家庭悲劇. **≠un·ter·halt** 男 家族の生計維持. **≠va·ter** 男 (家長としての)父親: Er ist mehrfacher (ein guter) ～. 彼は数人の子供をもっている(よき父親である). **≠ver·hält·nis·se** 複 家庭情況. **≠ver·si·che·rung** 女 家族保険. **≠vor·stand** 男 =Familienoberhaupt **≠wap·pen** 中 家紋. **≠zu·la·ge** 女 =Familienzuschlag **≠zu·sam·men·füh·rung** 女 (戦争などで離れ離れに暮らしていた家庭の)家族の再会. **≠zu·schlag** 男 家族手当. **≠zu·wachs** 男 赤ん坊〔の誕生〕: ～ erwarten 子供が生まれる予定である. **≠zwist** 男 (比較的長期にわたる)家庭内の不和, 家庭争議.

fa·mos[famó:s][1] 形 **1** (großartig) すてきな, すばらしい, 見事な: ein ～*es* Mädchen すてきな女の子 | eine ～*e* Idee すばらしいアイディア. ᵛ**2** (berüchtigt) 悪評高き, 名うての. [*lat.* „viel besprochen"; ◇Fama; *engl.* famous]

Fa·mu·la·tur[famulatú:r] 女 -/-en (病院での)医学研修: die ～ ableisten 医学研習をする.

fa·mu·lie·ren[famulí:rən] 自 (h) **1** 医学研習を行う. ᵛ**2** 助手学生を務める(→Famulus **2**). [*lat.* famulārī „dienstbar sein"]

Fa·mu·lus[fá:mulʊs] 男 -/..li[..li·], -se **1** (病院の)医学研習生. ᵛ**2** 助手学生(講義・演習の助手を務める最終学期の学生); (Assistent) 助手. [*lat.* famulus „Diener"; ◇Familie]

Fan[fɛn, fæn] 男 -s/-s (スポーツ・芸能などの)熱心な愛好家,

F

ファン. [*engl.* fanatic (◇fanatisch) －*amerik.*]

Fa·nal[faná:l] 中 -s/-e《雅》(変革・新事態のさきがけとしての)のろし, 号火: das ～ einer neuen Zeit 新時代を告げる火 | zum ～ der Revolution werden 革命ののろしとなる. [*it.*－*fr.*; ＜*gr.* pháos (→photo..)]

Fa·na·ti·ker[faná:tikər; ｵｰｽﾄﾘｱ: fanáti..] 男 -s/- 狂信者, 熱狂者, ファン.

fa·na·tisch[..tɪʃ] 形 狂信的な, 熱狂的な. [*lat.* fānāticus „begeistert"; ＜*lat.* fānum „Tempel" (◇Feier)]

fa·na·ti·sie·ren[fanatizí:rən] 他 (h) 《*jn.*》狂信的にさせる, 熱狂させる: *fanatisierte* Zuschauer 熱狂した観衆.

Fa·na·tis·mus[..tísmʊs] 男 -/ 狂信, 熱狂, ファナティズム.

fand[fant][1] finden の過去.

Fan·dan·go[fandáŋgo·] 男 -s/-s ファンダンゴ(3拍子または8分の6拍子の情熱的なスペインの舞踊). [*span.*]

fän·de[fɛ́ndə] finden の接続法 II

Fan·fa·re[fanfá:rə] 女 -/-n〘楽〙**1** ファンファーレ(祝典でのトランペット・ホルンの吹奏). **2** ファンファーレ用トランペット(→ 図 Blasinstrument). **3** ファンファーレ曲. [*fr.*]

Fan·fa·ren≠stoß[fanfá:rən..] 男 ファンファーレの吹鳴(すいめい). **≠zug** 男 ファンファーレ楽隊〈ブラスバンド〉の行列.

▽**Fan·fa·ro·na·de**[fanfaroná:də] 女 -/-n (Großsprecherei) 大言壮語. [*span.*－*fr.*; ＜*arab.* farfār „geschwätzig"]

Fang[faŋ] 男 -[e]s/Fänge[fɛ́ŋə] **1**《単数で》(Fangen) 捕獲: auf ～ ausgehen 猟に出かける;《比》かもをあさる | zum ～ ausfahren 出漁する. **2**《ふつう単数で》(Beute) 獲物;《比》収穫, 成果: einen großen 〈guten〉 ～ einbringen 獲物をどっさり持ち帰る | einen guten ～ tun 〈machen〉 見事な収穫をあげる | Mit dem Kauf habe ich einen guten ～ gemacht.《比》この買い物は私には掘り出し物だった | Mit dir habe ich ja einen schönen ～ gemacht!《反語》いやはや君みたいなやつが相手だとは. **3 a)**《ふつう複数で》(猛禽(もうきん)の)つめ[のある足]; (猛獣や犬の)歯(→ 図 Hund); (イノシシなどの)きば: die *Fänge* zeigen 歯〈きば〉をむく | *seine Fänge* in *et.*[4] schlagen 〈graben〉 …に(がぶっと)かみつく ‖ **in *js.* 〈*jm.* in die〉 *Fänge* geraten**《比》…に抑え込まれる〈制圧される〉| *et.*[4] in *seinen Fängen* halten 〈haben〉 …を[つめで]がっしりつかむ | Was er einmal in den *Fängen* hat 〈hält〉, läßt er nicht los.《比》彼はいったんつかんだものは決して放さない. **b)**《単数で》〘狩〙(クマ・キツネ・犬などの)口: die Beute im ～ tragen 獲物をくわえて運ぶ. **4**《単数で》(Fangstoß)〘狩〙(猟刀での)とどめのひと突き〈ひと刺し〉: [**einem Wild**] **den ～ geben** (猟刀で)[猟獣に]とどめを刺す.

Fang≠arm[fáŋ..] 男〘動〙(クラゲ・イカなどの)触手: nach *et.*[3] *seine* ～*e* ausstrecken《比》…(他人のものなど)へ触手をのばす. **≠ball** 男 -[e]s/ キャッチボール: mit *jm.* ～ spielen …とキャッチボールをする;《比》…をいいように扱う〈手玉にとる〉. **≠baum** 男 (害虫に卵を産みつけさせてから焼却する)防虫倒木. **≠damm** 男〘土木〙締切堤, 囲い堰(せき).

Fän·ge Fang の複数.

Fang≠ein·rich·tung[fáŋ..] 女 (電話の)逆探知装置. **≠ei·sen** 中〘狩〙鉄わな(とらばさみ・踏みわななど); 猟獣用鉄槍(やり).

fan·gen*[fáŋən] 《39》 **fing**[fɪŋ]/**ge·fan·gen**; 現 *du* fängst[fɛŋst], *er* fängt; 接II finge

I 他 (h) **1 a)** (英: *catch*) 捕らえる, 捕まえる, 捕獲する;《*jn.*》逮捕する, 捕虜にする: *et.*[4] in der Falle ～ …をわなで捕らえる | *et.*[4] im 〈mit dem〉 Netz ～ …を網で捕らえる | Mit Speck *fängt* man Mäuse.《諺》よいえさを使えば獲物が手にはいる | Mit Geduld und Spucke *fängt* man eine Mucke. (→Mucke 1 a) ‖ *sich*[4] [*jm.*] *gefangen* geben […に]降参する ‖ 再帰 *sich*[4] ～ 捕まる, 捕らえられる; ひっかかる, からまる; (水などが)集まる, たまる | *sich*[4] am Stacheldraht ～ (服などが)有刺鉄線にからまる | *sich*[4] im Netz 〈in der Falle〉 ～ 網〈わな〉にかかる | *sich*[4] in *seinen* eigenen Worten ～ 言葉じりをとられる | Der Wind *fängt* sich in der Ecke 〈in den Segeln〉. 風が隅で渦を巻く〈帆にからまる〉| In den Mulden *fängt* sich das Regenwasser. 窪地(くぼ)に雨水がたまる.

b)《比》《*jn.*》わな(網)にかける, ひっかける; 抱きこむ, ひきつける: *jn.* für *seine* Tochter ～ …に娘を押しつける | *jn.* mit Geld 〈Schmeicheleien〉 ～ 金で〈ご機嫌取りをして〉…を抱きこむ | *jn.* durch Zwischenfragen ～ かまをかけて…のしっぽをつかまえる | *sich*[4] nicht [so] leicht ～ lassen なかなかひっかからない, ひと筋縄ではいかない ‖ von *js.* Reizen *gefangen* …の魅力にとらえられて.

2 (auffangen) 受け止める: den Ball ～ ボールをキャッチする | *js.* Blick ～ / *js.* Augen ～ …の視線を受け止める, …を見返す | *sein* Bild im Spiegel ～ 鏡に映る自分の姿を見る | eine Laufmasche mit der Nadel ～ (はずれて)ほどけた編み目を針で拾う〈拾って止める〉‖ einen Deichbruch ～ 〘土木〙堤防の崩れを(補修して)止める ‖ 再帰 *sich*[4] [wieder] ～ (崩れかかる)姿勢を立て直す, 立ち直る; 平衡〈落ち着き〉を取り戻す; 持ち直す | *sich*[4] am Geländer ～ 手すりで体を支える | *sich*[4] nach der Niederlage ～ 敗北から立ち直る | Der Redner stockte, aber er *fing* sich gleich wieder. その講演者はつかえたがすぐまた元の調子に戻った.

3《*et.*[4]》(…に)とりつかれる, (…を)得る: Feuer ～ (→Feuer 1) | Grillen ～ (→Grille 2) | eine Krankheit ～ 病気にかかる | [*sich*[3]] eine ～ 一発びんた〈パンチ〉をくらう.

II 自 (h) **1** (火花などが)燃えあがる. **2** 効果を発揮する: Meine Worte *fingen* bei ihm nicht. 私が言っても彼には効き目がなかった.

III Fan·gen 中 -s/ (fangen すること. 特に:) (Haschen)〘遊戯〙鬼ごっこ: ～ spielen 鬼ごっこをする.

IV ge·fan·gen → 別出

[*idg.*; ◇fähig, Fach, fügen; *lat.* pangere „befestigen"]

Fän·ger[fɛ́ŋər] 男 -s/- **1** (fangen する人. 例えば:) **a)** (動物などを)捕らえる人. **b)**〘野球〙捕手, キャッチャー. **c)**〘ｸﾘｹｯﾄ〙ウィケットキーパー. **2** fangen するための道具〈装置〉: Fliegen*fänger* はえ取り器 | Hirsch*fänger* 猟刀.

Fang·fra·ge[fáŋ..] 女 かまを掛けた質問, 誘導尋問: *jm.* eine ～ stellen …にかまを掛ける, …を誘導尋問する.

fang·frisch[fáŋfrɪʃ] 形 (魚などが)とれたての, 新鮮な.

Fang≠garn 中 狩猟〈漁業〉用の網. **≠ge·rät** 中 捕獲用具: ein ～ aufstellen 捕獲用具(わななど)を仕掛ける. **≠gru·be** ＝Fallgrube **≠grün·de** 複 (漁獲の多い)漁場. **≠gür·tel** 男〘林・農・園〙(樹木の幹に巻き害虫を誘引するボール紙の)捕虫帯. **≠haft** 男 中〘虫〙カマキリモドキ(擬蟷螂)科の昆虫. **≠hand·schuh** 男〘ｽﾎﾟｰﾂ〙グラブ, ミット. **≠heu·schrecke** ＝Fangschrecke

fän·gisch[fɛ́ŋɪʃ] 形〘狩〙(わななどが)捕獲準備のできた: das Eisen ～ stellen 鉄わなを仕掛ける.

Fang≠korb[fáŋ..] 男 (市街電車の車台前方下部にある)救助網. **≠lei·ne** 女〘海〙係船索, もやい綱; (捕鯨の)銛綱(もりづな); (高所作業の際の)安全索;〘空〙(落下傘の)つり綱, 糸目. **≠mas·ke** 女〘動〙仮面(トンボ類の若虫に見られる特異な形の下唇). **≠mes·ser** 中 (Hirschfänger) 猟刀. **≠netz** 中 **1** 漁業〈狩猟〉用の網. **2** (サーカスの)事故防止網. **3**〘空〙(滑走路の)オーバーラン防止網.

Fan·go[fáŋgo·] 男 -s/ ファンゴ(温泉で産する湿布用鉱泥でリューマチなどに効く). [*germ.*－*it.* „Schlamm"; ◇Fenn]

Fan·go·packung[fáŋgo..] 女 ファンゴ湿布.

Fang≠quo·te[fáŋ..] 女 捕獲〈漁獲〉量の割当額. **≠schal·tung** 女 ＝Fangeinrichtung **≠schiff** 中 漁船; (Walfangschiff) 捕鯨船. **≠schnur** 女 -/..schnüre《ふつう複数で》**1** (高級将校などの)飾りひも, モール; *Fangschnüre* in Gold 金モール. ▽**2** (制帽の)あごひも. **≠schrecke**〘虫〙**1** カマキリ(蟷螂). **2** カマキリ科の昆虫.

Fang·schrecken·krebs[fáŋʃrɛkən..] 男 (Heuschreckenkrebs)〘動〙シャコ(蝦蛄).

Fang≠schuß[fáŋ..] 男〘狩〙とどめの一発, とどめ撃ち. **≠spiel** 中 鬼ごっこ.

fängst[fɛŋst] fangen の現在2人称単数.

Fang·stoß[fáŋ..] 男〘狩〙とどめのひと突き〈ひと刺し〉.

F

fängt[fɛŋt] fangen の現在 3 人称単数.
Fang≠vor·rich·tung[fáŋ..] 女 〖工〗(エレベーターなどの落下防止用)つかみ装置, 安全つかみ. **≠zahn** 男 -〔e〕s/..zähne《ふつう複数で》(動物の)きば.
Fan·ni[fáni·] 女名 (<Stephanie) ファニ.
Fant[fant] 男 -〔e〕s/-e 青二才のだて男, 軽薄な若者. [< *mndd.* vent〔e〕 „Knabe"+*it.* fante „Knabe" (◇Infant)]
Fan·ta·sia[fantazí:a·] 女 -/-s **1** (北アフリカ・アラブ人の)騎馬戦. **2** =Fantasie 1
Fan·ta·sie[..zí:] 女 -/-n[..zí:ən] **1** 〖楽〗幻想曲. **2** =Phantasie 1, 2 [*gr.*-*lat.* phantasia-*it.* fantasia]
Fan·tast[fantást] 男 -en/-en =Phantast
Fa·rad[fará:t] 中 -〔s〕/- (単位: -/-) 〖電〗ファラッド(静電容量の実用単位; 記号 F).
Fa·ra·day[fǽrədi·] 人名 Michael ～ マイケル ファラデー(1791-1867; イギリスの物理学者・化学者).
Fa·ra·di·sa·tion[faradizatsió:n] 女 -/-en 〖医〗感伝〈誘導〉通電法, 感応電流療法.
fa·ra·disch[fará:dɪʃ] 形 〖電〗感伝〈誘導〉電流の.
Farb≠ab·stim·mung[fárp..] 女 色彩の配合, 配色. **≠ab·wei·chung** 女 〖理〗色収差. **≠auf·nah·me** 女 〖写〗カラー撮影. **≠band** 中 -〔e〕s/..bänder (タイプライターの)リボン. [<Farbe]
Farb·band·um·schal·tung 女 (タイプライターの)リボンカラー=コントローラー(→ 図 Schreibmaschine).
färb·bar[fɛ́rpba:r] 形 着色〈染色〉し得る. [<färben]
Farb≠be·zeich·nung[fárp..] 女 色彩名. **≠bild** 中 〖写〗カラー写真. **≠buch** 中 (色表紙のついた)外交報告書(例えばドイツでは Weißbuch 白書, オーストリアでは Rotbuch 赤書, イギリスでは Blaubuch 青書, フランス・中国では Gelbbuch 黄書). **≠dia** 中, **≠dia·po·si·tiv** 中 〖写〗カラースライド. **≠druck** =Farbendruck
Far·be[fárbə] 女 -/-n **1 a)** (英: *colour*)色, 色彩; 色合い; (服の)色: eine helle 〈dunkle〉 ～ 明るい〈暗い〉色 | eine kalte 〈warme〉 ～ 寒〈暖〉色 | eine schreiende 〈grelle / knallige〉 ～ けばけばしい色 ‖ in allen ～*n* spielen 多種多様な色に光る | Wir haben Pullover in allen ～*n* 〔vorrätig〕. 当店ではプルオーバーの色物を各種とりそろえております | **wie der Blinde von der ～ redet** 盲人が色について話すように(実情を全く知らず) | Sie redet mit ihren 15 Jahren von der Liebe wie der Blinde von der ～. 彼女はまだ15歳のくせに一人前の顔をして愛を口にする | Mit dem Blinden läßt sich nicht von der ～ reden. 《諺》わからない相手とは話してもしようがない ‖ Die ～*n* der Möbel und Tapeten passen nicht zusammen 〈beißen sich〉. 家具と壁紙の色が調和しない | Die ～ 〔des Kleides〕 steht dir gut. その〔服の〕色は君によく似合う ‖ Sie trägt gern leuchtende ～*n*. 彼女はよくあざやかな色の服を着る. **b)** (Buntheit) (黒・白以外の)とりどりの色, 多彩; 彩色, 着色: Das Buch enthält viele Abbildungen, zum Teil in ～. この本には多くの挿し絵が一部はカラーで入っている. **c)** 《比》いろどり, 精彩; 活気, 生彩: ～ bekommen 活気づく(→2) | *et.*[3] ～ geben …にいろどり〈精彩・活気〉を与える | *Farbe* kommt in *et.*[4] …に活気が出る, …が生彩を帯びる. **d)** 音の色合い, 音色. **e)** 〖紋〗原色(赤・青・緑・黒・紫をいう).
2 (Gesichtsfarbe) 顔色, 血色; (Hautfarbe) 肌の色: ～ bekommen 血色がよくなる(→1 c) | 〔frische〕 ～ haben いい血色をしている | **die ～ wechseln** 顔色を変える, 青ざめる(→5 c) | Sein Gesicht verlor alle ～. 彼の顔から血の気がすっかりうせた(彼は顔面蒼白(そうはく)になった).
3 絵の具; 顔料, 染料, 塗料; (印刷用)インク: die ～ gut annehmen 色〈絵の具〉がよく乗る | die ～ dick auftragen i) 色〈絵の具〉をごてごて塗る; ii) 《比》誇張して描写する | ～*n* mischen 絵の具をまぜる | *et.*[4] in den rosigsten 〈den schwärzesten〉 ～*n* schildern《比》…をきわめて楽観〈悲観〉的に描写する ‖ Die ～ hält gut. 色が落ちない | Die ～ blätterte von den Wänden ab. 壁の塗料がはげ落ちた.
4 〖トランプ〗組札 (Treff, Pik, Herz, Karo の 4 種類; ドイツ式トランプでは Eichel, Grün, Rot, Schellen の 4 種類): 〔eine〕 ～ anspielen (最初の番の者が)ある組のカードを出す | ～ bedienen (場札と)同じ組のカードを出す | **～ bekennen** i) 同じ組のカードを出す; ii) 《比》立場を明らかにする, 旗幟(きし)を鮮明にする | Heraus mit der ～! 《比》本心を打ち明けよ | Welche ～ ist Trumpf? 切り札はなんだ.
5 (シンボルとしての色) **a)** (Symbol) 象徴: Rot ist die ～ der Liebe. 赤は愛情のシンボル. **b)** 《ふつう複数で》(国家・チームなどの)標識, 旗印: die deutschen ～*n* vertreten (外国で)ドイツを代表する | Das Flugzeug trug die französischen ～*n*. 飛行機はフランスの標識をつけていた | Die ～*n* der studentischen Verbindung 〈der Handballmannschaft〉 sind grün-weiß. その学生組合〈ハンドボール=チーム〉の旗の色は緑白 2 色だ. **c)** (Partei)〔政〕党, 党派: **die ～ wechseln** 主義を変える, 変節する(→2) | bei einer ～ bleiben 主義を変えない, 節を守る | ▽*jm.* **～ halten** …に誠実である.
[*ahd.*; < *ahd.* faro „farbig"; ◇Forelle, färben]
Fär·be·bee·re[fɛ́rbə..] 女 〖植〗クロウメモドキ(黒梅擬)(属). [<färben]
farb·echt[fárp..] 形 (生地などが)色のさめない, 退色しない, もとの色を保つ. [<Farbe]
Farb·ef·fekt 男 色彩効果.
Fär·be·mit·tel[fɛ́rbə..] 中 染料, 顔料; (食品などの)着色剤. [<färben]
farb·emp·find·lich =farbenempfindlich
..farben[..farbən] 《名詞などにつけて「…色の」を意味する形容詞をつくる》: blei*farben* 鉛色の | mehr*farben* 多色の.
fär·ben[fɛ́rbən][1] **I** 他 (h) **1** 染める, 着色する; 《比》(叙述などを)〔主観的に〕彩る, (…に)色合いを帯びさせる, 潤色する, 音色をつける: Glas ～ ガラスに着色する | Leder 〈Wolle〉 ～ 革〈羊毛〉を染める | in der Wolle *gefärbt* (→Wolle 1 a) | Stoff 〈Kleid〉 ～ 布地〈服〉を染める | *sich*[3] das Haar 〈die Haare〉 blond ～ 髪をブロンドに染める | Alter *färbt* das Haar. 年が髪を白くする | Die Abendsonne *färbt* den Gipfel 〈die Wolken〉 〔rot〕. 夕日が峰〈雲〉を赤く染める | Schamröte *färbte* seine Wangen. 恥じらいが彼のほほを染めた ‖ *sich*[4] schwer 〈leicht〉 ～ lassen (布地などが)染めにくい〈やすい〉 ‖ einen Bericht humoristisch ～《比》ある報告をユーモラスな調子で書く.
2 再帰 *sich*[4] ～ (果実が)色づく, (葉が)紅葉する; 顔色がよくなる; 〔赤く〕染まる; 化粧する; 〖狩〗(獣が)毛の色を変える, (血・汗が出て)体色が変わる: *sich*[4] schwer 〈leicht〉 ～ 染まりにくい〈やすい〉 | Der Himmel *färbt* sich rötlich. 空が赤らむ | Sein Gesicht *färbte* sich. 彼の顔が赤くなった | Die Blätter 〈Die Kirschen〉 haben sich schon *gefärbt*. 木々の葉がもう紅葉した〈さくらんぼがもう色づいた〉.
II 自 (h) (abfärben) 色が落ちる: Meine Bluse 〈Mein Lippenstift〉 *färbt* leicht. 私のブラウス〈口紅〉は色が落ちやすい.
III ge·färbt → 別出 [*ahd.*; ◇Farbe]
Far·ben·be·zeich·nung[fárbən..] 女 色彩名, 色の呼び方.
far·ben·blind 形 色覚異常の, 色盲の.
Far·ben≠blind·heit 女 -/ 色覚異常, 色盲. **≠druck** 男 -〔e〕s/-e **1** 《単数で》色刷り, カラー印刷. **2** カラー印刷物.
far·ben·emp·find·lich 形 **1** 色に敏感な. **2** (生地などが)色のさめやすい, 退色しやすい. **3** 〖写〗色彩に対する感光度の強い.
Far·ben≠fa·brik 女 染料〈塗料〉工場. **≠fo·to·gra·fie** =Farbfotografie
far·ben≠freu·dig 形, **≠froh** 形 **1** 色鮮やかな, 色彩の強烈な, 色とりどりの. **2** (人が)鮮やかな〈強烈な〉色彩を好む.
Far·ben≠ge·bung 女 -/-en 彩色, 着色; 配色. **≠har·mo·nie** 女 色の調和. **≠hö·ren** 中 -s/ 〖心〗色聴(音の刺激に色覚を伴う現象). **≠in·du·strie** 女 染料工業. **≠ka·sten** 男 絵の具箱. **≠kü·bel** 男 ペンキ〈塗料〉おけ. **≠leh·re** 女 -/ 色彩論〈学〉. **≠mi·schung** 女 〖心〗混色. **≠pho·to·gra·phie** = Farbfotografie **≠pracht** 女 -/ farbenprächtig なこと.

F

far·ben·präch·tig 形 色の華やかな, 色鮮やかな, 絢爛(けんらん)たる.
Far·ben≈pro·be 女 **1** 色彩見本. **2** 染色テスト. **≈py·ra·mi·de** 女〘心〙色立体. **≈reak·tion** 女〘理〙呈色反応.
far·ben·reich 形 色彩豊かな;《比》(描写などが)華麗な, 絢爛(けんらん)たる.
Far·ben≈sinn 男 -[e]s/ 色彩感覚. **≈ska·la** 女 色階; 表色系. **≈spiel** 中 **1** (夕空・宝石などの)色彩の微妙な変化〈輝き〉, 変彩. **2** (↔Grand)〘トランプ〙(スカートで)組札勝負(親がスペードとかダイヤとかの特定のマークの札を切り札と決めて勝負すること). **≈stift** =Farbstift **≈sym·bo·lik** 女 色彩象徴. **≈ton** =Farbton
far·ben·tra·gend[..tra:gənt][1] 形 (学生組合が固有の)クラブカラーをもつ(→Verbindung 3 b); (学生組合員が)クラブカラーの服〈帽子〉を身につけた: die ~*en* Studenten クラブカラーのいでたちの学生たち.
Far·ben≈wal·ze 女 (謄写版などの)インクローラー. **≈wech·sel** 男 色彩の変化;〘動〙体色変化,(カメレオンなどの)保護色の変化;〘鉱〙遷色, 変彩. **≈zer·streu·ung** 女〘理〙色収差.
Fär·ber[fɛ́rbər] 男 -s/- 染物師; 染色工.
Fär·ber·baum 男〘植〙キハゼ(黄櫨)(ウルシ科, 黄色染料をとる).
Farb·er·de[fárp..] 女 染色粘土. [<Farbe]
Fär·ber·di·stel[fɛ́rbər..] 女〘植〙ベニバナ(紅花).
Fär·be·rei[fɛrbəráı] 女 -/-en **1**《単数で》染色〔技術〕. **2** 染色工場, 染物屋.
Fär·ber≈gin·ster[fɛ́rbər..] 男〘植〙ゲニスタの一種. **≈re·se·de** 女, **≈rö·te** 女〘植〙セイヨウアカネ(西洋茜). **≈sa·flor** 男〘植〙ベニバナ(紅花). **≈waid** 男, **≈wau** 男〘植〙(一種の)モクセイソウ(木犀草).
Farb≈fern·seh·ap·pa·rat[fárp..] 男 カラーテレビ受像機. **≈fern·se·hen** 中 カラーテレビ. **≈fern·se·her** 男, **≈fern·seh·ge·rät** 中 カラーテレビ受像機. **≈film** 男 **1** カラー映画. **2**〘写〙カラーフィルム. **≈fil·ter** 男 中〘写〙〔色〕フィルター;〘劇〙(照明の)ゼラチン〈カラー〉フィルター. **≈fo·to** 中 カラー写真. **≈fo·to·gra·fie** 女 **1**《単数で》カラー撮影〈写真術〉. **2** =Farbfoto **≈ge·bung** =Farbengebung **≈hemd** 中 カラー〈色物の〉シャツ. **≈holz** 中 染色用木材.
far·big[fárbıç][2] **I** 形 **1** (bunt) 多色の, 彩色した;《比》多彩な, 生彩のある, 変化に富む: ein ~*er* Druck 色刷り | eine ~*e* Postkarte 色刷り絵はがき | eine ~*e* Schilderung《比》生き生きとした叙述〈描写〉‖ eine ~ ausgeführte Zeichnung 彩色した図. **2** 色のある: ~*es* Glas 色ガラス; ステンドグラス | ~*e* Tinte 色インク. **3** 有色人種の, 非白人の: ~*e* Soldaten 非白人〈黒人〉兵士.
II Far·bi·ge 男 女《形容詞変化》有色人〔種〕. [<Farbe; I 2: *engl.* coloured (◇Couleur) の翻訳借用]
..farbig[..farbıç][2]《数詞・名詞・形容詞などにつけて「色が…の」を意味する形容詞をつくる. オーストリアでは ..färbig となることもある》: drei*farbig* 3色の | wein*farbig* ワインカラーの | mehr*farbig* / viel*farbig* 多色の | hell*farbig* 明色の.
fär·big[fɛ́rbıç][2]《オーストリア》=farbig
..färbig[..fɛrbıç][2] →..farbig
Far·bi·ge →farbig II
Far·big·keit[fárbıçkaıt] 女 -/ farbig なこと.
Farb≈ka·sten[fárp..] =Farbenkasten **≈kis·sen** 中 (Stempelkissen) スタンプ台. **≈kli·ma** 中 -s/〘心〙(作業能力や行動に影響を与える)色彩環境, カラー=コンディション. **≈ko·pie** 女 カラー複写〈コピー〉. **≈ko·pie·rer** 男 カラー複写〈コピー〉装置. **≈kör·per** 男〘理〙**1** 色立体(色を表示するのに用いられる立体). **2** (Pigment) 顔料. **≈lack** 男 レーキ〔顔料〕.
farb·lich[fárplıç] 形《述語的用法なし》色彩の: ~*e* Harmonie 色彩の調和 | Das Kleid und der Hut passen ~ nicht zusammen. ドレスと帽子の色がマッチしない.
farb·los[fárplo:s][1] 形 **1** 無色の, 透明な: ~*er* Lack 無色透明のラッカー. **2** (blaß) 青ざめた, 蒼白(そうはく)の: das ~*e* Gesicht 血の気のない青い顔. **3**《比》**a)** (ausdruckslos) 生彩のない: ein ~*er* Stil 生彩のない文体 | eine ~*e* Landschaft 単調な風景 ‖ Seine Darstellung ist ~. 彼の叙述は生彩を欠いている. **b)** (政治的・宗教的に)中立の, 無色の.
Farb·lo·sig·keit[..lo:zıçkaıt] 女 -/ farblos なこと;〘理〙色消し.
Farb≈mi·ne[fárp..] 女 (鉛筆などの)色芯(しん). **≈pho·to·gra·phie** =Farbfotografie **≈pro·be** =Farbenprobe **≈stift** 男 (Buntstift) 色鉛筆; クレヨン. **≈stoff** 男 色素; 染料; 顔料. **≈ton** 男 -[e]s/..töne 色調, 色合い;〘理〙色相(色の心理的感覚による種別).
farb·ton·rich·tig 形 (orthochromatisch)〘写〙整色性の.
Fär·bung[fɛ́rbʊŋ] 女 -/-en **1** 染色, 着色; 呈色; 彩色. **2** 色合い, 色調: auffällige ~ 標識色 | eine schöne ~ haben 美しい色をしている | Im Oktober ist die ~ des Laubs besonders schön. 10月は木の葉の色が格別美しい. **3**《比》(Tendenz) 色, 調子, 傾向: eine sozialistische ~ 社会主義的傾向 | Die landschaftliche ~ seiner Sprache verriet seine Herkunft. 言葉の地方なまりから彼の素性がわかった.
Farb≈wachs·stift[fárp..] 男 クレヨン. **≈wal·ze** 女 (謄写版の)インクローラー. **≈wa·ren** 複 染料; 顔料; ペイント, 絵の具, 塗料. **≈werk** 中 **1** (謄写版の)インク装置. **2** 染物工場. [<Farbe]
Far·ce[fársə; オーストリア: fars] 女 -/-n[..sən] **1** (Posse)〘劇〙笑劇, ファルス;《比》ばかげた〈滑稽(こっけい)な〉こと, 茶番: *et.*[4] zu einer ~ machen …を茶化す. **2**〘料理〙(鳥料理や肉入りパイの)詰め物(ひき肉・卵・魚・野菜などに香辛料を加えたもの). [*fr.*]
far·cie·ren[farsí:rən] 他 (h)《*et.*[4]》〘料理〙(…に)詰め物をする. [*lat.* farcīre „stopfen"–*fr.*]
Fa·rin[farí:n] 男 -s/ 粗糖, 赤砂糖. [*lat.* farīna „Mehl"]
Fä·rin·ger[fɛ́:rıŋər] 男 -s/- フェレエルネ諸島の住民(→Färöer[1]). [◇*engl.* Faeroese]
Fa·rin·zucker[farí:n..] 男 -s/ =Farin
fä·risch[fɛ́:rıʃ] =föröisch
Farm[farm] 女 -/-en **1** (Landgut) (英語圏の)農場, 農園. **2** (鶏・毛皮獣などの)養殖場 (Hühnerfarm など). [*afr.* ferme–*engl.*; ◇Ferme]
Far·mer[fármər] 男 -s/- 農場主, 農場経営者. [*engl.*]
Farn[farn] 男 -[e]s/-e (英: *fern*)〘植〙シダ(羊歯). [*westgerm.*]
Far·ne·se[farné:se·, ..zə] 男 -/- ファルネーセ家(13-18世紀のイタリアの貴族)の人.
Far·ne·sisch[..zıʃ] 形 ファルネーセ家の: der ~*e* Stier〘美〙ファルネーセの雄牛(ファルネーセ家のコレクションの中の有名なギリシア彫刻).
Farn≈kraut[fárn..] 中 =Farn **≈pflan·ze** 女 -/-n〘植〙**1**《ふつう複数で》シダ(羊歯)植物. **2** (Farn) シダ(羊歯). **≈sa·mer**[..za:mər] 男 -s/-〘植〙ソテツシダ(蘇鉄羊歯)類(石炭紀から三畳紀までの化石植物).
die **Fä·rö·er**[1][fɛrǿ:ər, fɛ́:rǿər] 地名 複 フェレエルネ (Island と Großbritannien 島の中間にある諸島で, デンマーク領. 英語名フェロー). [*dän.* „Schafinseln"]
Fä·rö·er[2][–] 男 -s/- =Färinger
fä·rö·isch[fɛrǿ:ıʃ, fɛ́:rǿıʃ] 形 (färisch) フェレエルネ〈フェロー〉〔語〕の: →deutsch | das *Färöische* フェレエルネ〈フェロー〉語(アイスランド語に近い北ゲルマン語の一つ).
[▽]**Far·re**[fárə] 男 -n/-n 若い雄牛〈種牛〉. [*ahd.* far[ro]; ◇parieren[2]]
Fär·se[fɛ́rzə] 女 -/-n〘畜〙未経産牛. [*mndl.* verse]
Farz[farts] 男 -es/-e =Furz
f. a. s. (**fas**)[fas, ɛf|a:|ɛ́s] 略 =free alongside ship〘商〙本船舷側(げんそく)渡し, 船側渡し〔価格〕. [*engl.*]
Fa·san[fazá:n] 男 -[e]s/-e, -en (小 **Fa·sän·chen** → 別出, **Fa·sän·lein**[fazɛ́:nlaın] 中 -s/-)〘鳥〙キジ(雉). [*gr.* phāsianós–*lat.*–*afr.*–*mhd.*; <*gr.* Phāsis (黒

F

海に注ぐ川の名); ◇ *engl.* pheasant]

Fa·sän·chen[fazɛ́:nçən] 中 -s/- **1** Fasan の縮小形. **2** 〔鳥〕オナガカエデチョウ(尾長楓鳥).

Fa·sa·nen≠ge·he·ge[fazá:nən..] 中 キジ飼育場. **≠hahn** 男 雄キジ. **≠hen·ne** 女 雌キジ. **≠jagd** 女 キジ狩り. **≠zucht** 女 -/ キジの飼育.

Fa·sa·ne·rie[fazanərí:] 女 -/-n[..rí:ən] キジ飼育場.

Fa·sän·lein Fasan の縮小形.

Fas·ces[fástse:s] 複 =Faszes

Fa·sche[fáʃə] 女 -/-n《オースト》 **1** 包帯. **2** (戸・窓などの)白塗りの枠. [*lat.* fascia (→Fazie)－*it.*]

fa·schen[fáʃən]《04》他 (h)《オースト》(bandagieren)《*et.*[4]》(…に)包帯を巻く. [*it.* fasciare]

Fäs·chen Faser の縮小形.

fa·schie·ren[faʃí:rən] 他 (h)《オースト》(肉を肉ひき機で)ひく.

Fa·schier·ma·schi·ne[..ʃí:r..] 女《オースト》(Fleischwolf) 肉ひき機. [＜farcieren]

Fa·schier·te 中《形容詞変化》《オースト》(Hackfleisch) ひき肉.

Fa·schi·ne[faʃí:nə] 女 -/-n (護岸・築堤用の)柴(しば)〈そだ〉束. [*lat.*－*it.* fascina; ＜*lat.* fascis (→Faszes); ◇ *engl.* fascine]

Fa·schi·nen≠holz[faʃí:nən..] 中 -es/ 柴(しば), そだ. **≠mes·ser** 中 柴刈り用のなた〈ナイフ〉. **≠wall** 男 柴〈そだ〉束を積み重ねた防壁.

Fa·sching[fáʃɪŋ] 男 -s/-e, -s《南部・オースト》(Fastnacht) 謝肉祭, カーニバル(→Karneval): ～ feiern カーニバルを祝う. [*mhd.* vast-schang „Ausschenken des Fastentrunks"; ◇ fasten]

Fa·schings≠auf·zug[fáʃɪŋs..] =Faschingsumzug **≠ball** 男《南部・オースト》謝肉祭〈カーニバル〉の〔仮装〕舞踏会. **≠ko·stüm** 中《南部・オースト》謝肉祭〈カーニバル〉の衣装. **≠krap·fen** 男《南部・オースト》謝肉祭〈カーニバル〉の揚げパン. **≠sonn·tag** 男《南部・オースト》謝肉祭〈カーニバル〉直前の日曜日. **≠um·zug** 男《南部・オースト》謝肉祭〈カーニバル〉の〔仮装〕行列. **≠zeit** 女《南部・オースト》謝肉祭〈カーニバル〉の期間. **≠zug** =Faschingsumzug

fa·schi·sie·ren[faʃizí:rən] 他 (h) ファッショ化する.

Fa·schi·sie·rung[..rʊŋ] 女 -/ ファッショ化.

Fa·schis·mus[faʃísmʊs] 男 -/ ファシズム(独裁主義的・全体主義的な思想). [*it.*; ＜*lat.* fascis (→Faszes)]

Fa·schist[..ʃíst] 男 -en/-en **1** ファシズム信奉者, ファシスト. **2** ファシスト党員(ファシスト党は1921年 Mussolini の指導のもとに結成され, 翌年彼の首相就任とともにイタリアの独裁政党となった. 反民主主義・軍国主義・国粋主義の政党. 第二次大戦末期に崩壊). [*it.* fascista]

fa·schi·stisch[..ʃístɪʃ] 形 ファシズムの, ファッショ的な: eine ～*e* Diktatur ファッショの〈ファッショ的な〉独裁政治.

fa·schi·sto·id[..ʃɪstoí:t][1] 形 ファシズムに似た, ファッショ的な. [＜..oid]

Fas·cis·mus[fastsísmʊs] 男 -/《スイス》=Faschismus

Fas·cist[..tsíst] 男 -en/-en《スイス》=Faschist

fas·ci·stisch[..tsístɪʃ]《スイス》=faschistisch

Fa·se[fá:zə] 女 -/-n 斜角面(面取りした部分: → 図 Kante). [＜Face]

Fa·sel[1][fá:zəl] 女 -/-n **1** (Bohne) インゲンマメ(隠元豆). **2** =Faser [＜Fasole]

Fa·sel[2][－] 男 -s/- (若い)種畜(種馬・種牛・種豚など). [*germ.*; ◇Penis]

Fa·sel·eber 男 種豚.

Fa·se·lei[fa:zəláɪ] 女 -/-en **1** faseln[1]すること. **2** 放心, 注意力散漫.

Fa·se·ler[fá:zələr] 男 -s/- **1** むだ口をたたく人, おしゃべり. **2** ぼんやりした〈注意力散漫な〉人.

Fa·sel·feh·ler 男 注意力散漫による間違い.

fa·sel·haft =faselig

Fa·sel·hans[fá:zəl..] 男 -〔es〕/-e, ..hänse[..hɛnzə] (⊛ **Fa·sel·lie·se** -/-n) =Faseler

Fa·sel·hengst 男 種馬. [＜Fasel[2]]

fa·se·lig[fá:zəlɪç][2] 形 ばかげた〈くだらない〉おしゃべりばかりする; ぼんやりした, 注意力散漫な.

Fa·sel·lie·se Faselhans の女性形.

fa·seln[1][fá:zəln]《06》自 (h) **1 a)** ぼんやりと〈注意力散漫な状態で〉仕事をする. **b)** ばかげた〈くだらない〉ことをしゃべる, むだ口をたたく; 考えもせずに〈おざなりに〉書き下ろす. **2** 〔狩〕(猟犬が獲物の跡を)むだにかぎ回る.

fa·seln[2][－]《06》自 (h) (動物が)子を産む, 繁殖する;《比》繁栄する: Unrecht Gut *faselt* nicht.《諺》悪銭身につかず.

Fa·sel·stier 男 種牛. [＜Fasel[2]]

fa·sen[fá:zən][1]《02》他 (h)《*et.*[4]》(…に)斜角をつける,(…の)面取りをする. [＜Fase]

Fa·ser[fá:zər] 女 -/-n (小 **Fä·ser·chen**[fɛ́:zərçən], **Fä·ser·lein**[..laɪn], **Fäs·chen**[fɛ́:sçən], **Fäs·lein**[..laɪn] 中 -s/-) (植物・動物などの)繊維, すじ, ひげ糸: die ～*n* der Baumwolle 〈eines Muskels〉 木綿〈筋肉〉の繊維 | tierische 〈pflanzliche〉 ～*n* 動物〈植物〉繊維 | chemische 〈synthetische〉 ～*n* 化学〈合成〉繊維 | Glas*faser* ガラス繊維, グラスファイバー | Kunst*faser* 人造繊維 ‖ **mit jeder ～ 〈mit allen ～*n*〉**〔*seines* **Herzens**〕《雅》全身全霊をあげて | Er hatte mit keiner ～ an sie gedacht.《話》彼は彼女のことなど少しも思っていなかった ‖ **keine trockene ～ am Leibe haben**《話》ずぶぬれである. [＜*ahd.* fasa „Franse"; ◇Fussel]

fa·ser·ar·tig 形 繊維状の.

Fä·ser·chen Faser の縮小形.

Fa·ser≠ge·schwulst[fá:zər..] 女 (Fibrom)〔医〕線維腫(しゅ). **≠ge·we·be** 中 繊維組織. **≠glas** 中 -es/ 繊維ガラス, ファイバーグラス. **≠holz** 中 パルプ材, 繊維原材.

fa·se·rig[fá:zərɪç][2] (**fas·rig**[..zrɪç][2]) 形 繊維質の, 糸状の: ～*es* Bindgewebe 〔解〕繊維性結合組織.

Fa·ser≠kri·stal·le[fá:zər..] 複 繊維状結晶. **≠lein** 男〔植〕アマ(亜麻)(茎から繊維をとり, リンネルを織る).

Fä·ser·lein Faser の縮小形.

fa·sern[fá:zərn]《05》自 (h) (繊維状に)ほどける, ほつれる.

fa·ser·nackt[fá:zərnákt] 形 一糸もまとわない, 全裸の.

Fa·ser≠op·tik 女 -/ 〔理〕ファイバー=オプティク, 繊維光学. **≠pflan·ze** 女 繊維原料植物. **≠plat·te** 女〔建〕繊維板, 繊維入りボード.

fa·ser·scho·nend[..ʃo:nənt][1] 形 繊維をいためない(洗剤など).

Fa·ser≠schrei·ber 男 (一種の)フェルトペン. **≠stoff** 男 **1** 繊維原料. **2** 〔生理〕繊維素, フィブリン.

Fa·se·rung[fá:zərʊŋ] 女 -/ fasern すること.

Fa·shion[fɛ́ʃən, fǽʃən] 女 -/ 〔服飾〕ファッション, モード, 流行. [*afr.* façon (→Fasson[2])－*engl.*]

fa·shio·na·bel[fɛ́ʃənəbəl, faʃioná:bəl, fǽʃnəbl] (..na·bl..) 形, **fa·shio·na·ble**[fɛ́ʃənəbəl, fǽʃnəbl] 形 (modisch) 最新流行の, はやりの, 当世ふうの, エレガントな.

Fäs·lein Faser の縮小形.

Fas·ler[fá:zlər] 男 -s/- =Faseler

Fas·nacht[fás..]《方》=Fastnacht

Fa·so·le[fazó:lə] 女 -/-n =Fisole [*gr.* phásēlos－*lat.*－*mhd.* phasōl]

fas·rig =faserig

Faß[fas] 中 Fasses / Fässer[fɛ́sər] (小 **Fäß·chen**[fɛ́sçən], **Fäß·lein**[..laɪn] 中 -s/-) **1 a)** たる(樽)(→ 図): Bier*faß* ビールだる ‖ ein ～ rollen たるを転がす | ein neues ～ anstechen 〈anzapfen〉 新しいたるの口を開ける;《比》話題を変える | **ein ～ aufmachen**《話》酒盛り〈どんちゃん騒ぎ〉をする | **Das schlägt dem ～ den Boden aus!** / Das schlägt dem ～ die Krone ins Gesicht! / Das bringt das ～ zum Überlaufen!《話》それはひどすぎる〈あまりと言えばあまりだ〉, あつかましいにもほどがある ‖ **frisch vom ～** たるから出したばかりの ‖ **ein ～ ohne Boden** 底のな

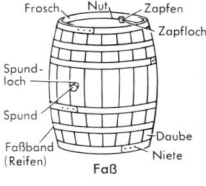

Frosch
Nut
Zapfen
Zapfloch
Spundloch
Spund
Faßband (Reifen)
Daube
Niete
Faß

いたる;《比》(いくら精力や金銭をつぎ込んでもむだな)泥沼 | Sein Magen ist〔wie〕ein ~ ohne Boden. 彼の胃袋は底なしだ | wie ein ~ trinken 大酒のみである | dick wie ein ~ sein ビアだるみたいに太っている | voll wie ein ~ sein すっかり酔っ払っている ‖ Er ist ein richtiges ~.《戯》彼はまさにビアだるだ. **b**)《単位としては無変化》(計量単位としての)一たる: fünf ~ Heringe ニシン5たる.

▽**2** (Gefäß) 容器, おけ.

[*germ.* „Behälter"; ◇fassen; *engl.* vat]

Fas·sa̱·de[fasá:də] 女 -/-n **1** (建物の〔道路に面した〕)正面, 前面, ファサード(→ 図 Baukunst). **2 a**)《しばしば軽蔑的に》外面, 表面, 上つら. **b**)《話》(人の)顔. [*it.* faccia-ta—*fr.* façade; <*lat.* faciēs (→Fazies)]

Fas·sa̱·den≠auf·zug[fasá:dən..] 男 (ビルなどの外壁清掃用の)ゴンドラ. **≠klet·te·rer** 男 (建物の外壁をよじ登って窓から忍び込む)どろぼう. **≠lift** 男 =Fassadenaufzug

Fạß·band[fás..] 中 -〔e〕s/..bänder (たるなどの)たが(→ 図 Faß).

fạß·ba̱r[fásba:r] 形 **1** つかみ得る, 具体的な: ~*e* Ergebnisse 具体的な成果. **2** 理解し得る: leicht ⟨schwer⟩ ~ sein 理解しやすい⟨しにくい⟩ | Das ist ja kaum ~! そんなばかな.

Fạß·ba̱r·keit[–kaɪt] 女 -/ faßbar なこと. [<fassen]

Fạß≠bier[fás..] 中 たる入りビール, 生ビール. **≠bin·der** 男《南部・オーストリア》(Böttcher) おけ屋. **≠bo·den** 男 たる底.

Fäß·chen Faß の縮小形.

Fạß·dau·be[fás..] 女 たる用の板.

fạs·sen[fásən]《03》**I** 他 (h) **1 a**) つかむ, 捕まえる, 捕らえる: das Seilende ⟨die Türklinke⟩〔mit der Hand〕~ ロープの端⟨ドアの取っ手⟩を〔手で〕つかむ | *js.* Arm ⟨*js.* Hand⟩ ~ …の腕⟨手⟩をつかむ ‖ *jn.* **am** Arm ⟨**bei** der Hand⟩ ~ …の腕⟨手⟩を捕まえる | die Gelegenheit beim Schopfe ~《比》機会⟨チャンス⟩をすかさず捕らえる | den Stier bei den Hörnern ~ (→Stier 1) | ein Übel an der Wurzel ~ (→übel II 1) | *jn.* bei *seinem* Wort ⟨*seinem* Versprechen⟩ ~《比》…の言質を捕らえる | *jn.* bei *seiner* Ehre ~《比》…の名誉心に訴える | *jn.* an ⟨bei⟩ *seiner* schwachen Seite ~《比》…の弱点をつく ‖ Die Strömung *faßt* das Boot. ボートが潮の流れに捕らえられる⟨押し流される⟩ | Der Wind *faßt* die Segel. 風が帆いっぱいに当たる ‖〖心理状態を主語にして〗Ein Schauder *faßte* ihn. 彼は慄然(りつぜん)とした | Da hat ihn Verzweiflung ⟨Wut⟩ *gefaßt.* そのとき彼は絶望感にとりつかれた⟨激怒に襲われた⟩. **b**)《*et.*[4]》(…に)食い込む(→ II 2): Die Nadel *faßt* den Stoff nicht. 針が布地に通らない | Das Zahnrad *faßt* das Getriebe. 歯車がギア装置とかみ合う. **c**)《*jn.*》(…の方に)手を伸ばしてつかむ: *jn.* ins Gesicht ⟨unters Kinn⟩ ~ …の顔⟨あごの下⟩に手を伸ばす ‖ 再帰 *sich*[4] an den Kopf ~ (理解できずに)頭に手をやる(→II 1). **d**)《*jn.*》(…を)捕らえる, 逮捕する: *jn.* auf frischer Tat ~ …を現行犯で逮捕する | *Faß!* かかれ(犬に対する命令). **e**) 再帰 *sich*[4] ~ 自制する; 気持を落ち着ける: *sich*[4] in Geduld ~ じっと我慢する | *sich*[4] vor Freude nicht ~ können 喜びをおさえきれない.

2 a)《ふつう受動態なし; 量を示す4格と》(容器などが…の)容量がある,(…の)収容能力がある: Der Topf *faßt* einen Liter. このなべには1リットル入る | Der Saal *faßt* 500 Zuschauer. このホールは500人の観客を収容できる. **b**) (容器などに)入れる, 詰める; (燃料などを)積載⟨補給⟩する;〖軍〗(支給物を)受領する: Wir liefen einen Hafen an, um Kohlen zu ~. 私たちは石炭を補給するためにある港に入った | Essen ⟨Munition⟩ ~〖軍〗食事⟨弾薬⟩を受け取る.

3《*et.*[4] in *et.*[4]》**a**) (einfassen) (…を枠などに)はめ込む,(…をさくなどで)囲む: einen Edelstein in Gold ~ 宝石を金台にはめ込む | eine Quelle〔in Stein〕~ 泉に〔石の〕囲いをする | Der Weg ist mit hohen Mauern *gefaßt.* その道は高い塀で囲まれている. **b**) (formulieren) (思考内容などに)表現を与える: einen Gedanken in Worte ⟨Verse⟩ ~ 考えを言葉⟨詩句⟩で表現する | ein kurz *gefaßter* Bericht 簡潔にまとめられた報告 ‖ 再帰 *sich*[4] kurz ~ (→kurz 4).

4 a) (begreifen) (内容などを)つかむ, 把握する, 理解する: Ich *fasse* den Sinn seiner Worte nicht. 私には彼の言葉の意味がわからない ‖〖目的語なしで〗Er *faßt* leicht ⟨schwer⟩./ Sein Kopf *faßt* leicht ⟨schwer⟩. 彼はのみこみが早い⟨遅い⟩. **b**) (auffassen) 解釈する: einen Begriff weit ⟨eng⟩ ~ ある概念を広く⟨狭く⟩解する.

5《動詞の意味が薄れて成句的に》〔festen〕Fuß ~ (よじ登る際に)〔しっかりした〕足がかり⟨足場⟩を得る;《比》〔確かな〕地歩を占める | Wurzel ~ (植物が)根づく;《比》根を下ろす ‖ Schritt ⟨Tritt⟩ ~ 歩調をそろえる ‖ einen Beschluß ⟨einen Entschluß⟩ ~ 決議⟨決心⟩をする | einen Gedanken ~ 考えをまとめる | *sich*[3] ein Herz ~ (→Herz 2) | Mut ~ 勇気を奮いおこす | einen Plan ~ 計画を立てる | Vertrauen ⟨Zutrauen⟩ zu *jm.* ~ …に対して信頼を抱く | Zuneigung zu *jm.* ~ …が好きになる ‖ *jn.* ins Auge ~ …を注視する; …に的を絞る | *et.*[4] ins Auge ~ (→Auge 1).

II 自 (h) **1** (つかもうとして)手を伸ばす: in den Schnee ~ 雪の中に手を突っ込む | ins Leere ~ 空(くう)をつかむ | nach einem Glas ~ コップをつかもうとする ‖ *sich*[3] an den Kopf ~ (理解できずに)頭に手をやる(→I 1 c). **2** 食い込む: Das Beil *faßt* gut. この斧(おの)はよく切れる | Die Bremse *faßt* nicht mehr. このブレーキはもうきかない(→I 1 b). **3** 把握⟨理解⟩する(→I 4 a).

III ge·faßt → 別出 [*ahd.*; ◇Faß]

Fäs·ser Faß の複数.

fä̱s·ser·wei·se[fέsər..] 副 (→..weise ★)(一樽(たる)ではなく)数樽ごとに; (大量に)何樽も.

Fas·sẹt·te[fasέtə] 女 -/-n =Facette

Fạß·ha̱hn[fás..] 男 樽(たる)の活栓⟨コック⟩.

Fas·sio̱n[fasió:n] 女 -/-en **1** 白状;〔信仰〕告白. **2**《オーストリア》納税申告. [*mlat.*; <*lat.* fatērī (→fatieren)]

Fạß·ket·te[fás..] 女 樽(たる)をつるす鎖(→ 図 Kette).

Fäß·lein Faß の縮小形.

▽**Fäß·ler**[fέslər] 男 -s/- (Böttcher) おけ屋.

fạß·lich[fáslɪç] 形 理解し得る; 分かりやすい: *et.*[4] in ~*er* Form darstellen …を分かりやすい形で説明する. [<fassen]

Fạß·lich·keit[–kaɪt] 女 -/ faßlich なこと.

Fas·son[1][fasɔ̃:] 中 -s/-s (Revers) (衣服の)折り返し.

Fas·son[2] 女 [fasɔ̃:]-/-s; [オーストリア・スイス: fasó:n]-/-en **1** (衣服の)裁ち方, 仕立て; (衣服・帽子・靴・服飾品・頭髪などの)型: ein Mantel in ⟨nach⟩ der neuesten ~ 最新流行型のコート | Die Schuhe haben ihre ~ verloren. 靴の型が崩れてしまった | **aus der ~ geraten**《話》体の線が崩れる(太るなどして). **2** 生活様式,(各人それぞれの)流儀: *jn.* aus der ~ bringen …をろうばい⟨うろたえ⟩させる | nach *seiner*〔eigenen〕~ ⟨auf *seine*〔eigene〕~⟩ selig werden 自分なりの流儀で生活をする, 自分のやり方で暮らす. [*lat.* factiō (→Faktion)—*fr.* façon; ◇Fashion]

fas·so·nie̱·ren[fasoní:rən] 他 (h) **1**〖料理〗形を作る, かたどる, こしらえる. **2**《オーストリア》(きちんと)整髪する.

Fas·son·schnitt[fasɔ̃:..] 男 ファソーン刈り(男の髪型の一つ: → 図 Haar A).

Fạß≠rei·fen[fás..] 男 =Faßband **≠ton·ne** 女〖海〗樽(たる)型ブイ(→ 図 Seezeichen).

Fạs·sung[fásʊŋ] 女 -/-en **1** 枠, 縁〔どり〕; (宝石などの)台(→ 図); (電球などの)ねじこみ, ソケット(→ 図 Glühlampe);《南部》(羽まくらの)中袋. **2** (あるものの特別な)型, 形式, 表現様式; 稿本, テキスト, 版: die zweite ⟨letzte⟩ ~ des Gedichtes 詩の第二⟨最終⟩稿 | Der Roman liegt in verkürzter ~ vor. この小説はダイジェスト版が出ている | Der Film läuft in deutscher ~. その映画はドイツ語版が上映中である. **3**《単数で》(〔sich〕fassen すること) **a**) 把握, 理解. **b**) 自制, 落ち着

Fassung

F

き, 平静さ: 〔die〕 ~ bewahren 〈behalten〉 平静さを保つ | die ~ verlieren 度を失う, 取り乱す ‖ völlig außer 〈**aus** der〉 ~ sein すっかり取り乱している | aus der ~ kommen 〈geraten〉 取り乱す, うろたえる | *jn.* aus der ~ bringen …をろうばい〈うろたえ〉させる.

Fas·sungs≈ga·be 女 -/ (生得の)理解力. **≈kraft** 女 -/ 理解力.

fas·sungs·los 形 **1** (理解できずに)あっけに取られた, 啞然(あぜん)とした. **2** (歓喜・苦痛などで)平静さ〈自制心〉を失った, 取り乱した.

Fas·sungs·lo·sig·keit 女 -/ fassungslos なこと.

Fas·sungs≈raum 男 -〔e〕s/ 収容容積. **≈ver·mö·gen** 中 -s/ **1** (容積上の)収容能力. **2** =Fassungskraft

Faß·wein[fás..] 男 樽(たる)入りワイン.

faß·wei·se 副 (→..weise ★)一樽(たる)ごとに, 樽単位で.

fast[fast] 副 (beinahe) ほとんど, おおよそ; 危うく, すんでのところで: ~ wie ein Kind まるで子供のように | Es ist ~ unmöglich. それはほとんど不可能に近い | Die Sitzung dauerte ~ 5 Stunden. 会議は5時間近く続いた ‖〖接続法 II と〗*Fast* wäre ich ins Wasser gefallen. 私は危うく水の中に落ちるところだった. [*ahd.*; ◇fest]

Fa·sta·ge[fastá:ʒə] 女 -/-n =Fustage

Fast·back[fá:stbæk] 中 -s/-s (Fließheck) ファストバック(車体後部の流線型構造)〔の自動車〕. [*engl.*; < *engl.* fast „rasch" (◇fest)+back „zurück"]

▽**Fa·ste**[fástə] 女 -/ =Fastenzeit [*ahd.*; ◇fasten]

Fast·ebe·ne[fást..] 女〖地〗準平原(起伏の少ない平原).

Fa·stel·abend[fástəl..] 男《西部》=Fastnacht

fa·sten[fástən]《01》 **I** 自 (h) (宗教的または健康上の理由から)断食〈絶食〉する, (一定の飲食物を)断つ. **II Fa·sten**[1] 中 -s/ 断食, 絶食, 食断ち. [*germ.* „festhalten"; ◇fest; *engl.* fast]

Fa·sten[2][‒] 複 (Fastenzeit) 断食〈精進〉期間;〖カトリック〗四旬節(復活祭前の6週間半): die ~ beobachten 〈halten〉(特に四旬節の)断食をする, 精進を行う. [< Faste]

Fa·sten≈kur 女 断食療法. **≈pre·digt** 女 四旬節の説教. **≈sonn·tag** 男 四旬節期間中の日曜日. **≈spei·se** 女 (四旬節の)精進期間中に許される食物. **≈zeit** 女 **1** 断食〈精進〉の期間. **2**〖カトリック〗四旬節(灰の水曜日から復活祭の前日までの日曜日を除く40日間).

Fast food[fá:st fú:d] 中 --〔s〕/ 簡易速席料理, ファーストフード(ハンバーガー・フライドチキンなど). [*engl.*]

▽**fa·sti·diös**[fastidiø:s][1] 形 (eklig) いやな, いとわしい; (langweilig) 退屈な. [*lat.*‒*fr.*; < *lat.* fāstīdium „Ekel"]

Fast·nacht[fástnaxt] 女 -/ **1**〖カトリック〗ざんげ(告解)火曜日(四旬節の前日). **2** (Fasching) 謝肉祭, カーニバル(→Karneval). [*mhd.*; ◇Fasten[2]]

Fast·nacht〔s〕≈auf·zug 男 =Fastnacht〔s〕umzug **≈brauch** 男 謝肉祭〈カーニバル〉の習慣. **≈gar·de** 女 (そろいの衣装を着た)謝肉祭〈カーニバル〉の一団. **≈ko·stüm** 中 謝肉祭〈カーニバル〉の〔仮装〕衣装. **≈krap·fen** 男《南部》謝肉祭の揚げパン. **≈spiel** 中 謝肉祭劇. **≈um·zug** 男 謝肉祭〈カーニバル〉の〔仮装〕行列. **≈zeit** 女 謝肉祭〈カーニバル〉の期間. **≈zug** =Fastnacht〔s〕umzug

Fast·tag[fást..] 男 断食日, 精進日. [< fasten]

Fast·zu·sam·men·stoß 男 衝突寸前;〖空〗ニアミス. [< fast]

Fas·zes[fástse:s] 複 ファスケス, ファシーズ, 束桿(そっかん)(古代ローマの執政官などの権威標章で, 一本の斧(おの)のまわりに棒を束ねて縛り「団結」を象徴する. 後にイタリアのファシストにも利用され, ファシズムの語源となる: → 図). [*lat.*; < *lat.* fascis „Bündel"]

Faszes (Rutenbündel)

fas·zi·al[fastsiá:l] 形 束状の. [< ..al[1]]

Fas·zia·tion[..tsiatsió:n] 女 -/-en **1**〖医〗包帯をすること. **2** (Verbänderung)〖植〗帯化(茎の一部の異常な扁平(へんぺい)化).

Fas·zie[fástsiə] 女 -/-n **1**〖解〗筋膜, 筋鞘(きんしょう). **2**〖医〗包帯. [*lat.* fascia „Binde"]

Fas·zi·kel[fastsí:kəl] 男 -s/- **1** (書類などの)束. **2** (Lieferung)(刊行物の)分冊. [*lat.* fasciculus „Bündelchen"]

▽**fas·zi·ku·lie·ren**[fastsikulí:rən] 他 (h) (書類などを)束ねる, とじる.

Fas·zi·na·tion[fastsinatsió:n] 女 -/-en (Bezauberung) 魅惑, 魅了: einer ~ erliegen 〈unterliegen〉 魅惑のとりことなる, 魅了される | auf *jn.* eine ~ ausüben …を魅惑〈魅了〉する. [*lat.*]

fas·zi·nie·ren[..ní:rən] 他 (h) (bezaubern) 魅惑〈魅了〉する: eine *faszinierende* Persönlichkeit 人をひきつける〈魅力的な〉人物. [*lat.*]

Fas·zi·no·sum[..nó:zʊm] 中 -s/ 人を魅惑〈魅了〉するもの, (神秘的な力で)呪縛するもの. [*lat.*]

Fa·ta[1][fá:ta·] 女 -/..te[..tə] (Fee) 仙女, 妖精(ようせい): → *Fata* Morgana [*vulgärlat.* „Schicksalsgöttin"‒*it.*]

Fa·ta[2] Fatum の複数.

Fa·tah[fáta·] 女 -/ =Al Fatah

fa·tal[fatá:l] 形 (verhängnisvoll) 宿命的な, 不吉な, 不幸〈破滅的〉な結果をもたらす, 致命的な; やっかいな, 不快な, いやな: ein ~*es* Ereignis やっかいな出来事 | *sich*[4] ~ auswirken 不幸な結果をもたらす. [*lat.*; ◇Fatum, ..al[1]]

Fa·ta·lis·mus[fatalísmʊs] 男 -/ 宿命論, 運命論.

Fa·ta·list[..líst] 男 -en/-en 宿命〈運命〉論者.

fa·ta·li·stisch[..lístɪʃ] 形 宿命〈運命〉論的な.

Fa·ta·li·tät[..litɛ́:t] 女 -/-en **1** 宿命; 不運, 災難. **2** 宿命的〈致命的〉な性質. [*mlat.*]

Fa·ta Mor·ga·na[fá:ta· mɔrgá:na·] 女 --/- ..nen[‒..nən], --s 蜃気楼(しんきろう);《比》(実体のない)まぼろし, 夢. [*it.*; < *it.* fata „Fee"]

Fa·te Fata[1]の複数.

▽**fa·tie·ren**[fatí:rən] 他 (h) ▽**1** 告白する; 報告する. **2**《オーストリア》(納税の)申告をする. [*lat.* fatērī; ◇Fabel]

Fa·tie·rung[..rʊŋ] 女 -/-en《オーストリア》(納税のための)申告.

▽**fa·ti·gant**[fatigánt] 形 (ermüdend) 疲れさせる, うんざりさせる, やっかいな. [*fr.*]

▽**Fa·ti·ge**[fatí:gə] 女 -/-n 疲労, 倦怠(けんたい). [*fr.*]

▽**fa·ti·gie·ren**[fatigí:rən] 他 (h) (*jn.*) (…を)疲れさせる, うんざりさせる. [*lat.*‒*fr.* fatiguer; ◇*engl.* fatigate]

▽**Fa·ti·gue**[fatí:gə] 女 -/-n =Fatige

Fa·tum[fá:tʊm] 中 -s/..ta[..ta·]《ふつう単数で》(Geschick) 運命, 宿命, 天命. [*lat.* fātum „Gesprochenes"; ◇Fabel; *engl.* fate]

Fatz·ke[fátskə] 男 -n/-n (-s/-s)《話》(Geck) 気どり屋; うぬぼれ屋. [*lat.* facētiae (→Fazetien)]

fau·chen[fáʊxən] 自 (h) (怒った動物, 特にネコなどが)フーッと息を吐く, うなる; (風などが)ヒューヒュー鳴る; (人が)語気荒く話す. [*mhd.* pfūchen]

faul[faʊl] 形 **1** (↔fleißig) 怠惰な, 無精な, 怠け者の: ein ~*er* Schüler 不勉強な生徒 | ein ~*er* Zahler 支払期限を守らない人 | auf der ~*en* Haut liegen (→Haut 1 b) | Es herrscht ~*e* See. 海は凪(な)いでいる ‖ Er ist stinkend ~. / Er ist ~ wie die Sünde.《話》彼は全くの怠け者だ ‖ **nicht ~** すぐさま, たちどころに, ほい来たとばかり | Sie, nicht ~, beantwortete seine Zudringlichkeit mit einer Ohrfeige. 彼女は彼の厚かましい行為に対してすかさず平手打ちをくらわせた.

2 腐った, 腐敗した, だめになった: ~*e* Eier auf die Bühne werfen 腐った卵を舞台に投げつける(演技への不満などの表現) | ~*es* Fleisch 〈Obst〉 腐った肉〈果実〉 | eine ~*e* Gesellschaft 堕落した社会 | ~*es* Gestein〖坑〗もろい岩石 | ~*er* Schnee 下がとけた根雪 | ein ~*er* Zahn 虫歯 ‖ ~ riechen 〈schmecken〉 腐ったにおい〈味〉がする.

3 信用できない, すっきりしない, あやしげな, いかがわしい; おそまつな, 実(じつ)のない: eine ~*e* Ausrede いいかげんな言いわけ | ein ~*er* Friede 不確かな平和 | ~*e* Geschäfte machen いかがわしい商売をする | ~*e* Verträge あてにならない契約 | ~*e* Witze machen つまらないことを言う | Alles nur ~*er* Zau-

F

ber! みんないんちきだ ‖ An der Sache ist etwas ～. この件には何か妙な〈いかがわしい〉ところがある | Es steht ～ mit seinen Geschäften 〈um seinen Plan〉. 彼の商売〈計画〉は危なっかしい.
[*germ.* „stinkend“; ◇purulent; *engl.* foul]

faul·bar[fáulba:r] 形 腐敗性の, 腐りやすい.

Faul·baum 男 〘植〙 フラングラ(クロウメモドキ属の木. 樹皮を下剤として用いる).

Faul·baum·bläu·ling 男 〘虫〙 ルリシジミ(瑠璃蜆蝶).

Faul▽**⸗bett** 中 ソファー: *sich*[4] aufs ～ legen 《話》 のらくら暮らす. **⸗brand** 男 -[e]s/ **1** 〘植〙 黒穂(くろほ)病. **2** (Gangrän) 〘医〙 (湿性の) 壊疽(えそ). **⸗brut** 女 -/ (ミツバチの) 黒死病(細菌性).

Fäu·le[fɔ́ylə] 女 -/ **1** 《雅》 =Fäulnis **2** 〘医〙 (湿性の) 壊疽(えそ); 〘畜〙 (羊などの) 肝臓病.

Faul·ecke[fául..] 女 〘医〙 口角糜爛(びらん), 口角炎.

fau·len[fáulən] 自 (s, h) 腐る, 腐敗する; (傷口などが) 化膿(かのう)する: eine *faulende* Gesellschaft 腐敗しつつある社会.

fäu·len[fɔ́ylən] 他 (h) (製紙原料を水に浸したまま放置して柔らかくする.

fau·len·zen[fáulɛntsən] 《02》 自 (h) ぶらぶら怠けている, (仕事をせずに) のんびり時を過ごす, のらくら暮らす. [*mhd.* vūlezen „faulig schmecken“; ◇faul]

Fau·len·zer[..tsər] 男 -s/- **1** 怠け者, のらくら者. **2** 《話》 **a)** ソファー, 安楽いす. **b)** 〘商〙 勘定〈計算〉早見表. **3** 《オーストリア》 下敷き罫紙(けいし).

Fau·len·ze·rei[faulɛntsəráɪ] 女 -/-en 《ふつう単数で》 faulenzen すること.

fau·len·ze·risch[fáulɛntsərɪʃ] 形 怠惰〈無精〉な, ものぐさな; 無為の.

Faul⸗fie·ber[fául..] 中 -s/ 《戯》 怠け熱: das ～ haben (高熱があると偽って) 怠けている. **⸗gas** 中 メタンガス.

Faul·heit[fáulhaɪt] 女 -/ (↔Fleiß) 怠惰, 無精: Schreib*faulheit* 筆無精 | *et.*[4] aus ～ unterlassen 怠け心から…を怠る | **vor ～ stinken** 《話》 ひどい怠け者である.

Faul·holz·mot·te 女 (Sackmotte) 〘虫〙 マルハキバガ(円翅牙蛾)科のガ.

fau·lig[fáulɪç][2] (▽**fäu·lig**[fɔ́y..]) 形 腐りかけた, 腐敗している: ～*e,* fette Erde 腐熟土 | ein ～*er* Geruch 腐敗臭 | ～ riechen 腐敗臭を放つ.

Faulk·ner[fɔ́:knə] 人名 William Harrison ～ ウィリアム ハリスン フォークナー(1897–1962; アメリカの小説家. 1949年ノーベル文学賞受賞. 作品『響きと怒り』など).

Fäul·nis[fɔ́ylnɪs] 女 -/ 腐敗: in ～ geraten 〈übergehen〉 腐る, 腐敗する ‖ die moralische ～ 《比》 道徳的腐敗.

Fäul·nis⸗bak·te·rie[..riə] 女 -/-n 《ふつう複数で》 腐敗菌. **⸗brand** =Faulbrand

fäul·nis·er·re·gend 形 腐敗を起こす; 〘医〙 腐敗性の.

Fäul·nis⸗er·re·ger 男 腐敗菌. **⸗herd** 男 腐敗の原因個所.

fäul·nis⸗hin·dernd 形, **⸗ver·hü·tend** 形 腐敗防止の, 防腐〔性〕の.

Faul⸗pelz[fául..] 男 《話》 怠け者. **⸗sack** 男 =Faulpelz **⸗schlamm** 男 どろどろした泥土; 〘地〙 (分解した有機質を含む浄化槽などの) 腐泥. **⸗schnee** 男 下がとけた根雪. **⸗tier** 中 **1** 〘動〙 ナマケモノ(樹懶). **2** =Faulpelz

Fau·lung[fáuluŋ] 女 -/ faulen すること: *et.*[4] zur ～ bringen …を腐らせる, …を腐敗させる.

Faul⸗vo·gel 男 〘鳥〙 オオガシラ(大頭)(旧名アメリカゴシキドリ). **⸗win·kel** 男 =Faulecke

▽**Faum**[faum] 男 -[e]s/Fäume[fɔ́ymə] (Schaum) 泡, あぶく. [<Feim[1]]

Faun[faun] **I** 人名 〘ロ神〙 ファウヌス(上半身は人間, 下半身はヤギで, 角とひづめを持つ森の神; 牧羊神. ギリシア神話の Pan に当たる). **II** 男 -[e]s/-e 《比》 好色〈淫蕩(いんとう)〉な男. [*lat.* Faunus; <*lat.* favēre (→favorabel); ◇Pan[1]]

Fau·na[fáuna·] 女 -/..nen[..nən] (↔Flora) **1** (特定の地域・時代の) 動物相, ファウナ. **2** 動物誌, 動物図鑑. [*lat.*]

fau·nisch[..nɪʃ] 形 ファウヌスの〔ような〕; 《比》 みだらな, 好色な〈の〉.

Fau·ni·stik[faunístɪk] 女 -/ 動物地誌学.

fau·ni·stisch[..nístɪʃ] 形 **1** 動物相〈ファウナ〉の. **2** 動物地誌学〔上〕の.

Fausse[fo:s] 女 -/-n[fó:sən] =Foße

Faust[1][faust] 人名 Dr. 〔Johann〕 ～ ドクトル 〔ヨハン〕 ファウスト(中世ドイツの民間伝説の主人公. しばしば芸術作品の素材として取り上げられた): Goethes 《*Faust*》 ゲーテの『ファウスト』. [*lat.* faustus „beglückend“; ◇favorabel]

Faust[2][–] 女 -/Fäuste[fɔ́ystə] (⊘ **Fäust·chen** → 別出, **Fäust·lein**[fɔ́ystlaɪn] 中 -s/-) **1** (英: *fist*) 握りこぶし, げんこつ: die ～ 〈die Hand zur ～〉 ballen こぶしを握る | **die ～ 〈die *Fäuste*〉 in der Tasche ballen** 《比》 怒りをじっとこらえる(ポケットの中でこぶしを握る) | *jm.* eine ～ machen こぶしを作って…を脅す | **die ～ im Sack machen** 《スイス》 怒りをじっとこらえる(ズボンのポケットの中でこぶしを握る) | *jm.* die ～ unter die Nase halten …の鼻先にこぶしを突きつけて脅す | **die ～ im Nacken spüren** 《比》 弾圧を感じる ‖ **auf eigene ～** 独力で, 自分の責任で | mit dem Messer in der ～ ナイフを握り締めて | **mit der ～ auf den Tisch schlagen** 〈hauen〉 こぶしでテーブルをたたく; 《比》 強硬な態度に出る | **mit eiserner ～** 権力〈暴力〉で | *et.*[4] von 〈aus〉 der ～ weg essen …を手づかみで食べる ‖ Arbeiter der ～ 手職人, 細工師 | **passen wie die ～ aufs Auge** 《話》 まるっきりそぐわない. **2** (小さな) 仕上げ鉄床(かなとこ). **3** ファウスト(オーストリアの昔の長さの単位: $10^1/_2$ cm: → 図 Maß). [*westgerm.*; ◇fünf, Finger; *engl.* fist]

Faust⸗ball[fáust..] 男 〘球技〙 ファウスト=バル(こぶしを用いるドイツ式バレーボール); ファウスト=バル用の球. **⸗büch·se** 女 =Faustrohr

Fäust·chen[fɔ́ystçən] Faust[2]の縮小形: ***sich***[3] **ins ～ lachen** / 《スイス》 **ins ～ lachen** 《比》 ひそかにほくそ笑む〈痛快がる〉.

▽**Faust·de·gen**[fáust..] 男 (Dolch) あいくち.

faust·dick 形 **1** [fáustdɪk] こぶし大の: ein ～*er* Stein こぶし大の石. **2** [⌐⌐] 《話》 したたかな, ひどい: ein ～*e* Lüge 大うそ, だぼら | *et.*[4] ～ auftragen 《話》 …をひどく誇張する | es ～ hinter den Ohren haben (→Ohr).

Fäu·ste Faust[2]の複数.

Fäu·stel[fɔ́ystəl] 男 -s/- **1** 大ハンマー, つち. **2** 《方》 =Fausthandschuh

fau·sten[fáustən] 《01》 他 (h) **1** 〘球技〙 (ボールを) こぶしで打つ, フィスティングで打ち返す. **2** (手を) こぶしに固める. **3** 《方》 (家畜の) 乳をしぼる.

Fau·ster[fáustər] 男 -s/- 《東部》 =Fausthandschuh

Faust⸗fech·ten[fáust..] 中 -s/ 《雅》 ボクシング. **⸗feu·er·waf·fe** 女 ピストル.

faust·groß 形 こぶし大の.

Faust⸗ham·mer 男 (鍛冶(かじ)屋などの) 手ハンマー(→ 図 Hammer). **⸗hand·schuh** 男 (↔Fingerhandschuh) 二また手袋, ミトン(→ 図); (ボクシング用の) グローブ. **⸗hieb** 男 =Faustschlag

fau·stisch[fáustɪʃ] 形 ファウスト的な (→Faust[1]).

Fausthandschuh
(Fäustling)

Faust⸗kampf[fáust..] 男 《雅》 拳闘, ボクシング. **⸗kämp·fer** 男 《雅》 ボクサー. **⸗keil** 男 (石器時代の) 手斧(ちょうな).

Fäust·lein Faust[2]の縮小形.

Fäust·ling[fɔ́ystlɪŋ] 男 -s/-e **1** =Fausthandschuh **2** =Faustrohr **3** 〘坑〙 こぶし大の石.

▽**fäust·lings**[–s] 副 こぶしを固めて, げんこつで.

Faust⸗pfand[fáust..] 中 〘法〙 占有質, 抵当物件. **⸗recht** 中 -[e]s/ 〘史〙 (権利をおびやかされたり侵害された場合の Fehde などによる) 自力防衛〈救済〉権; 《比》 自衛権: das ～ gebrauchen 自衛権を行使する. **⸗re·gel** 女 大まかな規則. **⸗rie·men** 男 (剣の) つか房, 下げ緒. **⸗rohr** 中 (馬上用の) 小型銃. **⸗sä·ge** 女 手びきのこぎり. **⸗satz** 男 子鯉(こい). **⸗schlag** 男 (Fausthieb) こぶし打ち, パン

チ: *jm.* einen ～ ins Gesicht geben 〈versetzen〉 …の顔面にパンチをくらわす. ≠**skiz·ze** 女 大まかなスケッチ, 略図. ≠**waf·fe** ＝Faustfeuerwaffe

faute de mieux[fotdəmjø(:)] 《フランス語》(in Ermangelung eines Besseren) 仕方のない場合には, やむを得ず.

Fau·teuil[fotǿ:j, ..tœj] 男 -s/-s 《特にオーストリア》(Armsessel) ひじ掛け安楽いす. [*afränk.*－*fr.*; ◇Faltstuhl]

Faut·fracht[fáut..] 女 〔海〕(契約解除の時に支払う)空荷運賃. [*fr.* faux fret; ◇falsch]

Fau·vis·mus[fovísmʊs] 男 -/ 〔美〕フォービズム, 野獣派. [*fr.*; ＜*fr.* fauves „wilde Tiere" (◇fahl)]

Fau·vist[..víst] 男 -en/-en 野獣派の画家.

fau·vi·stisch[..tɪʃ] 形 野獣派〈フォービズム〉の.

Faux ami[fozamí] 男 --/--s[-] 〔言〕フォーザミ(原語との形や意味の類似から間違って解釈された外来語. 例 フランス語の spectacle「光景・見世物」に対するドイツ語の Spektakel「騒動」). [*fr.* „falscher Freund"; ◇falsch]

Faux·pas[fopá] 男 -[-(s)]/-[-s] (社交上などの)過失, 失態, 不手ぎわ: einen ～ machen へまをする. [*fr.* „falscher Schritt"]

Fa·ve·la[favé:la·] 女 -/-s (特に南米の大都市の)貧民街, スラム街. [*port.*]

Fa·ven, Fa·vi Favus の複数.

ᵛ**fa·vo·ra·bel**[favorá:bəl] (..ra·bl..) 形 **1** 好意ある, 好意的な. **2** 好都合な, 都合のよい. [*lat.*－*fr.*; ＜*lat.* favēre „günstig sein"]

ᵛ**Fa·vo·ris**[favorí:] 複 (あごにまで達する)ほおひげ. [*fr.*]

fa·vo·ri·sie·ren[favorizí:rən] 他 (h) (begünstigen) 有利に扱う, 優遇する; ひいきする, 応援する; (競技で)優勝〈勝利者〉候補とみなす: der *favorisierte* Kandidat 人気のある〈有力視される〉候補者. [*fr.*]

Fa·vo·rit[favorí:t, ..rít] 男 -en/-en (女 **Fa·vo·ri·tin**[..tɪn]-/-nen) (Günstling) お気に入り; 人気者; (競技の)優勝〈勝利者〉候補: der ～ des Königs 王の寵臣(ちょうしん). [*it.*－*fr.*(－*engl.*); ＜*lat.* favor „Gunst"]

Fa·vus[fá:vʊs] 男 -/..ven[..vən], ..vi[..vi·] **1** 〔医〕黄癬(こうせん). **2** (ミツバチの巣の)蜜蠟(みつろう)板. [*lat.* „Honigwabe"]

Fax[faks] 中 -/-[e] (Telefax) **1** ファックス. **2** ＝Faxgerät

Fax·an·schluß 男 ファックス接続.

Fa·xe[fáksə] 女 -/-n **1** 《ふつう複数で》(ふざけた)しかめつら, おどけた顔〈身ぶり〉: ～*n* ziehen 〈schneiden〉(人を笑わせる目的で)しかめつらをする. **2** 《複数で》ばかげた行い, くだらぬまね: Mach keine ～*n*! ばかげたまねはよせ. [＜fickfacken]

fa·xen[fáksən] **I** 自 (h) ファックスを送る. **II** 他 (h) 《*et.*⁴》ファックスで送る.

Fa·xen·ma·cher 男 ひょうきん者, 道化者.

Fax≠ge·rät[fáks..] 中 (Telefaxgerät) ファックス機器. ≠**num·mer** 女 ファックス番号.

Fa·yence[fajã́:s] 女 -/-n[..sən] ファヤンス焼(彩色を施した白色陶器). [*fr.*; ＜Faenza (北イタリアの都市)]

Fa·yence≠krug[fajã́:s..] 男 ファヤンス焼のつぼ. ≠**ofen** 男 ファヤンス＝タイルの暖炉. ≠**tel·ler** 男 ファヤンス焼の皿.

FAZ[ɛf|a:tsét] 略 女 -/ ＝Frankfurter Allgemeine (Zeitung für Deutschland) (→Frankfurter III).

Fa·zen·da[fatsénda·, fazénda·] 女 -/-s (ブラジルの大規模な)農場, 農園. [*lat.* facienda (→Hazienda)－*port.*]

Fä·zes[fɛ́:tse:s] 複 〔医〕排泄(はいせつ)物, 糞便. [*lat.*; ◇fäkal]

Fa·ze·ti·en[fatsé:tsiən] 複 しゃれ, 冗談, 笑話; 〔文芸〕艶笑(えんしょう)ばなし, こっけい本. [*lat.* facētiae „Witz"; ＜*lat.* fax (→Fackel)]

fa·zial[fatsiá:l] 形 〔医〕顔面〔神経〕の. [*mlat.*; ◇..al¹]

Fa·zia·lis[..lɪs] 男 -/ 〔医〕顔面神経.

Fa·zia·lis·läh·mung 女 〔医〕顔面神経麻痺(まひ).

fa·ziell[fatsiɛ́l] 形 〔地〕層相の. [＜..ell]

Fa·zies[fá:tsiɛs] 女 -/-[..tsie:s] 〔地〕(地層の)相, 層相. [*lat.* faciēs „Aussehen"; ◇Fazit]

Fa·zi·li·tät[fatsilitɛ́:t] 女 -/-en ᵛ**1** (Leichtigkeit) たやすさ, 容易さ; 楽にできる能力, 敏捷(びんしょう)さ, 器用さ; 社交性. **2** (金融上の)便宜. [*lat.*; ＜*lat.* facilis „leicht"; ◇Fakultät]

Fa·zit[fá:tsɪt] 中 -s/-e, -s **1** (総括的な)結果, 結論; 要約: **das ～ aus *et.*³ ziehen** …から結論を導き出す; …を締めくくる〈総括する〉. ᵛ**2** (計算の結果としての)最終額, 総計額. [*lat.* facit „(es) macht"; ◇..fizieren]

FBI[ɛ́fbi:áɪ] 男 (中) -/ (アメリカの)連邦捜査局. [*amerik.*; ＜*amerik.* Federal Bureau of Investigation]

FC[ɛftsé:] 略 ＝**Fußballclub** サッカークラブ.

FCKW[ɛftse:ka:vé:] 略 複 ＝ **Fluorchlorkohlenwasserstoffe** 〔化〕フロン.

FD[ɛfdé:] 略 ＝**Fern-D-Zug** (現在は Fernexpress のことを指す).

FDGB[ɛfde:ge:bé:] 略 男 -/ ＝ **Freier Deutscher Gewerkschaftsbund** 自由ドイツ労働組合同盟, 自由ドイツ総同盟 (Volkskammer に代表を送っていた旧東ドイツの組織. 1990年解散).

FDJ[ɛfde:jɔ́t] 略 女 -/ ＝**Freie Deutsche Jugend** 自由ドイツ青年同盟 (Volkskammer に代表を送っていた旧東ドイツの組織).

FDJler[-lər] 男 -s/- (女 **FDJle·rin**[..lərɪn]-/-nen) FDJ の団員.

FDP¹[ɛfde:pé:] 略 女 -/ ＝**Freisinnig-Demokratische Partei** (スイスの)自由民主党.

FDP²[ɛfde:pé:], **F. D. P.** [-] 略 女 -/ ＝**Freie Demokratische Partei** 自由民主党(自由主義的な諸政党が集まって1948年に結成されたドイツの政党).

F-Dur[ɛ́fdu:r, ⌣⌣] 中 -/ 〔楽〕ヘ長調(記号 F): →A-Dur

FD-Zug[ɛfdé:..] ＝Fern-D-Zug

Fe[ɛf|é:, áɪzən] 記号 (Ferrum) 〔化〕鉄(＝Eisen).

Fea·ture[fí:tʃər] 中 -s/-s (女 -/-s) **1** (新聞・雑誌の)特集記事; 〔放送〕特集番組: ein ～ über die soziale Lage in Sizilien シチリアの社会事情についての特集番組. **2** 〔映〕(上映プログラム中の)主作品, メイン. [*lat.* factūra (→Faktur)－*afr.*－*engl.* „Charakteristisches"]

Fe·ber[fé:bər] 男 -s/- 《オーストリア》＝Februar

Febr. 略 ＝**Februar**

fe·bril[febrí:l] 形 (fiebrig) 熱のある, 発熱した; 〔医〕〔有〕熱性の: ein ～*er* Infekt 有熱性感染症. [*mlat.*; ＜*lat.* febris (→Fieber)]

Fe·bruar[fé:brua:r] 男 -[s]/-e 《ふつう単数で》(略 Febr.) 2月: →August¹

★ 古名: Hornung

[*lat.* (mēnsis) februārius „Reinigung〔smonat〕"; 紀元前153年までの古代ローマ暦での最終月; ◇*engl.* February]

Fe·bruar·re·vo·lu·tion 女 〔史〕**1** (1848年フランスで起こった)二月革命. **2** (1917年ロシアで起こった)二月革命.

fec. 略 ＝**fecit**

fe·ce·runt[fetsé:rʊnt] 《ラテン語》(略 **ff.**) (絵画などの複数の作者の署名の後に添えて)(…の)作(→fecit). [„haben (es) gemacht"]

fech·sen[fɛ́ksən] 《02》他 (h) 《オーストリア》(ernten) 刈り入れる, 収穫する. [*mhd.* vehsen〔en〕 „fangen"; ◇fahen]

Fech·ser[fɛ́ksər] 男 -s/- (さし木用の)切り枝, 取り木, さし枝; 苗木. [＜*ahd.* fahs „Haar" (◇Vieh)]

Fech·sung[fɛ́ksʊŋ] 女 -/-en 《オーストリア》(Ernte) 刈り入れ, 収穫.

Fecht≠ab·stand[fɛ́çt..] ＝Fechterabstand ≠**aus·la·ge** 女 フェンシングの構え. ≠**aus·rü·stung** 女 フェンシング用具. ≠**bahn** 女 フェンシングの試合場. ≠**bo·den** 男 ＝Fechtsaal ≠**bru·der** 男 《話》(Bettler) こじき, 浮浪者, 無宿者. ≠**de·gen** 男 フェンシング用の剣; 細身もろ刃の突き剣.

fech·ten*[fɛ́çtən] 《40》 **focht**[fɔxt]/**ge·foch·ten**; 現 *du* fichtst[fɪçtst], *er* ficht; 命 ficht; 接II föchte[fœ́çtə]

I 自 (h) **1 a)** フェンシング〈撃剣〉をする; (刀・武器を持って)

Fechten

闘う, 格闘する; (kämpfen) 戦う: mit dem Degen ~ 剣を持って闘う | mit den Händen in der Luft ~ 両手を振り回す. **b**) 《雅》(kämpfen)〔兵士として〕戦う. **2** 《話》(betteln) (家々を回って) 物ごいをする. **II** 他 (h) **1** フェンシングをする: Säbel ~ サーベルで戦う | einen Gang ~ 一試合戦う. **2** (*sich*[3] *et.*[4]) (…を) 請い求める, もらう. **III** **Fẹch·ten** 中 -s/ (fechten すること. 特に:) フェンシング(→ 図). [*westgerm.*; ◇ *engl.* fight]

Fẹch·ter[fɛ́çtər] 男 -s/- **1** (女 **Fẹch·te·rin**[..tərɪn]-/-nen) フェンシングをする人, フェンシングの選手. ∇**2** =Fechtbruder **3** 〔動〕トカゲの一種.

Fẹch·ter·ab·stand 男 (Mensur) 《フェンシング》闘技者間の間隔.

fẹch·te·risch[fɛ́çtərɪʃ] 形 撃剣〈フェンシング〉の.

Fẹch·ter⸗sprung[fɛ́çtər..] 男 〔体操〕剣士跳び; 《フェンシング》片足跳躍. **⸗stel·lung** 女 フェンシングの構え.

Fẹcht⸗hand·schuh[fɛ́çt..] 男 フェンシング用のグローブ. **⸗jacke** 女 フェンシング用のジャケット. **⸗kampf** 男 フェンシングの試合. **⸗korb** 男 =Fechtmaske **⸗kunst** 女 -/ フェンシング術; 剣術. **⸗mas·ke** 女 フェンシング用のマスク(→ 図 Maske). **⸗mei·ster** 男 フェンシング教師〈師範〉. **⸗saal** 男 フェンシング競技場. **⸗sä·bel** 男 (フェンシングの)サーブル(→ 図 Säbel). **⸗schu·le** 女 フェンシング学校〈訓練場〉. **⸗sport** 男 フェンシング. **⸗übung** 女 フェンシングの練習. **⸗un·ter·richt** 男 -〔e〕s/ フェンシングの指導〈指南〉. **⸗waf·fe** 女 フェンシング用の剣; 細身もろ刃の突き剣. **⸗wel·le** 女 〔体操〕ひざ掛け回転.

fẹ·cit[fé:tsɪt] 《ラテン語》(略 fec., f.) (絵画などの単数の作者の署名の後に添えて)(…の)作(→ipse fecit; fecerunt). [„hat (es) gemacht"; ◇..fizieren]

fẹcken[fɛ́kən] 他 (h) 《スイス》(度量衡などを)検査する. [< *mhd.* phehten „eichen"]

Fẹcker[fɛ́kər] 男 -s/- 《スイス》**1** 度量衡検査人, 牛乳検査人. **2** (Landstreicher) 浮浪〈放浪〉者.

Fẹ·der[fé:dər] 女 -/-n (小 **Fẹ·der·chen** → 別出) **1 a**) (英: *feather*) (鳥の) 羽毛(→ 図); 羽根飾り: leicht wie eine ~ 羽毛のように軽い ‖ ~*n* bekommen 羽毛が生える | einem Vogel 〔die〕 ~*n* ausrupfen 鳥の羽毛をむしる | **~*n* lassen 〔müssen〕** 《話》損害をこうむる | Unsere Partei hat bei den letzten Wahlen ~*n* gelassen. わが党は前回の選挙で敗北を喫した ‖ *et.*[4] so tun, daß die ~*n* 〔nur so〕 fliegen 《比》…を勢いよくやってのける ‖ ***sich***[4] **mit fremden ~*n* schmücken** 《比》借り物で身を飾る; 他人の手柄を横取りする | **ohne ~*n* fliegen wollen** 《比》準備なしで仕事にかかろうとする.

b) 《複数で》羽ぶとん; (一般に)ふとん, 寝床: **aus den ~*n* kommen** 起床する | *jn.* aus den ~*n* holen 〈scheuchen〉 …を起こしてくる〈たたき起こす〉 | früh aus den ~*n* sein 早起きである | **in die ~*n*** gehen 床につく | noch in den ~*n* liegen 〈stecken〉 まだ寝ている | **von den ~*n* aufs Stroh kommen** 零落する | **zu ~*n*** kommen 裕福になる.

2 a) 鵞(が)ペン; (一般に)ペン〔先〕: eine breite 〈dünne〉 ~ 先の太い〈細い〉ペン | eine goldene ~ 金ペン ‖ ein Mann der ~ 文筆〈著作〉家 | *seine* Gedanken der ~[3] anvertrauen 自分の考えを文章に書く ‖ eine kluge ~ führen 〈schreiben〉 才筆をふるう | eine scharfe 〈spitze〉 ~ führen しんらつな文を書く | Der Haß führte ihm die ~./ Der Haß drückte ihm die ~ in die Hand. 憎しみが彼に筆を取らせた | Der Tod nahm ihm die ~ aus der Hand. 死によって彼の著述は中断された ‖ **aus** *js.* ~[3] stammen …の筆になる | ein Drama aus berufener ~ 定評ある作家の手になる戯曲 | *jm. et.*[4] **in** die ~ diktieren …に…を口述筆記させる | **mit** der ~ schreiben ペンで書く | einen Roman **unter** der ~ haben 小説を執筆中である | **von** der ~ leben 文筆で暮らす | ein Ritter von der ~ (→Ritter 1 a) | **zur ~ greifen** ペンをとる, 執筆にかかる ‖ ***jm.* sträubt sich die ~** 《zu 不定詞句と》…にとってなかなか…の筆が進まない | Die ~ sträubt sich mir, Dir von diesem traurigen Ereignis zu berichten. 君にこの悲しい出来事を報告しようと思ってもついペンが滞ってしまう. **b**) 《オーストリア》=Federhalter

3 ばね, 発条, スプリング; (時計などの)ぜんまい(→ 図); (しなやかな)細身の剣: Bett*feder* ベッドのスプリング | Spiral*feder* 渦巻きばね ‖ Die ~ dehnt sich aus. ばね〈ぜんまい〉が伸びる.

4 〔工〕(板の継ぎ目の)やといざね(→ 図 Holz B).

5 〔狩〕(イノシシの)背の剛毛; (シカの)肋骨(ろっこつ).

[*germ.*; ◇Panasch, Fittich, fiedern; *engl.* feather; *gr.* pterón „Flügel"]

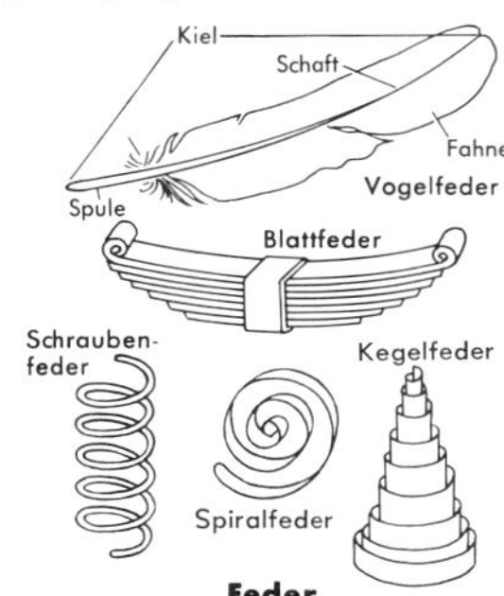

Feder

∇**Fẹ·der·alaun**[fé:dər..] 男 (羽根先を柔らかくするための)鵞(が)ペン製造用明礬(みょうばん)水.

Fẹ·der⸗an·trieb 男 〔工〕ばね駆動. **⸗ar·beit** 女 羽毛細工.

fẹ·der·ar·tig 形 **1** 羽毛のような, 羽毛状の. **2** ばねのような, 弾力性のある.

Fẹ·der·ball 男 **1** 《単数で》バドミントン: ~ spielen バドミントンをする | auf den ~ gehen 《戯》(子供が)就寝する. **2** バドミントン用の羽根, シャトル〔コック〕.

Fẹ·der·ball⸗schlä·ger 男 バドミントン用のラケット. **⸗spiel** 中 バドミントン〔のゲーム〕.

Fẹ·der⸗band 中 -〔e〕s/..bänder 〔工〕ばね帯金. **⸗be·sen** 男 羽ぼうき. **⸗bett** 中 羽ぶとん. **⸗blatt** 中 〔工〕板ばね. **⸗brett** 中 《スポーツ》スプリング=ボード, (水泳の飛び込みの)飛び板; (跳び箱の)踏み切り板. ∇**⸗büch·se** 女 ペン入れ, 筆箱. **⸗busch** 男 **1** (鳥の)羽冠. **2** (帽子・かぶとなどの)羽根飾り, 飾り毛. **⸗bü·schel** 中 (柄付の)羽ぼうき.

Fẹ·der·chen[fé:dərçən] 中 -s/- (Feder の縮小形. 特に:) **1** 〔動〕柔毛. **2** 〔植〕**a**) 幼芽. **b**) (種子・実についている)羽毛状の冠毛.

Fe̱·der⸗deck·bett 中, **⸗decke** 女 = Federbett **⸗drell** 男 (羽ぶとんに用いる)目のつんだ木綿地. **⸗erz** 中 《鉱》〔羽〕毛鉱.

Fe̱·der·flüg·ler 男 -s/- 《虫》ムクゲキノコムシ(彬毛茸虫)科の昆虫.

Fe̱·der·fuch·ser[..fʊksər] 男 **1** 《戯》三文文士, 下請け作家. **2** 杓子(しゃくし)定規な〈役人根性の〉人. [<fuchsen]

fe̱·der·füh·rend 形 指揮〈管轄〉の責任のある: das ～*e* Ministerium 所轄の省.

Fe̱·der·füh·rung 女 指揮監督, 責任: unter der ～ von Professor X X 教授の監修〈責任〉下に.

fe̱·der·fü·ßig 形《動》(鳥が)脚に羽毛のある.

Fe̱·der⸗ge·häu·se 中 (時計の)ぜんまい箱. **⸗geist·chen** 中 -s/- 《虫》トリバガ(鳥羽蛾)科のガ.

fe̱·der·ge·wandt 形《雅》筆の立つ, 文章の上手な.

Fe̱·der⸗ge·wicht 中 **1** 《単数で》(ボクシング・レスリング・重量挙げなどの)フェザー級. **2** =Federgewichtler **⸗ge·wicht·ler** 男 -s/- フェザー級選手. [*engl.* feather weight の翻訳借用]

Fe̱·der·gras 中《植》ハネガヤ(羽萱)属.

Fe̱·der·hal·ter 男 ペン軸: in den ～ eine neue Feder einsetzen ペン軸に新しいペン先をつける ‖ Füll*federhalter* 万年筆.

Fe̱·der·hal·ter·griff 男《卓球》ペンホルダー=グリップ.

Fe̱·der⸗ham·mer 男 (機械仕掛けで動く)ばね式ハンマー. **⸗han·tel** 女《スポーツ》ばね亜鈴〈ダンベル〉(→ ⊗ Hantel). **⸗här·te** 女 (鋼鉄などの)ばね硬度, 弾力, 弾性. **⸗held** 男《軽蔑的に》文筆家, ジャーナリスト. **⸗hu̱t** 男 羽根飾りのついた帽子.

「おわれた.」

fe̱·de·rig[fé:dərɪç][2] 形 **1** =federartig **2** 羽〔毛〕でお

Fe̱·der⸗ka·sten[fé:dər..] 男 (生徒用の)筆箱, ペン入れ. **⸗kern** 男 (マットレスの)スプリング部分.

Fe̱·der·kern·ma·trat·ze =Federmatratze

Fe̱·der⸗kiel 男 **1** 羽柄, 羽茎, 羽の中軸. **2** 羽根ペン, 鵞(が)ペン. **⸗kis·sen** 中 羽入りまくら〈クッション〉; 羽ぶとん. **⸗kleid** 中《雅》《集合的に》(鳥の)羽毛, 羽. **⸗ko̱hl** 男《スイス》《植》チリメンキャベツ. **⸗kraft** 女 -/ (ばねの)弾力; (Elastizität) 弾〔力〕性. **⸗krieg** 男 筆戦, 紙上の論戦: mit *jm.* einen ～ führen …と筆戦を交える. **⸗kro̱·ne** 女《植》(タンポポなどの)冠毛. **⸗laus** 女 (Haarling)《虫》ハジラミ(羽虱).

fe̱·der·le̱icht 形 羽のように軽い, 羽毛のように軽やかな.

Fe̱·der·le̱·sen 中 -s/ ▽**1** (上役などの服についた羽毛をつまみ取ってやることから)追従(ついしょう), ごますり, へつらい. **2** 《今日ではもっぱら次の成句で》**nicht lange 〈nicht viel〉 ～〔s〕**〔mit *et.*[3]〕 **machen** …を遠慮会釈なく扱う, …をさっさと片づける | viel zu viel ～*s* えらく仰々しく, 七面倒くさく ‖ **ohne langes ～ / ohne viel ～〔s〕** 遠慮会釈なく, さっさと.

Fe̱·der·ling[..lɪŋ] 男 -s/-e =Federlaus

fe̱·der·lo̱s[..lo:s][1] 形 **1** (ひな鳥が)まだ羽毛の生えそろわない. **2** スプリングのない.

Fe̱·der⸗mäpp·chen 中, **⸗map·pe** 女 =Federkasten **⸗ma·trat·ze** 女 スプリング入りのマットレス. **⸗mes·ser** 中 懐中ナイフ(特にその小さな刃. 昔は鵞(が)ペンを削るのに用いた). **⸗mot·te** 女 =Federgeistchen

fe̱·dern[fé:dərn] 《05》 **I** 自 (h) **1** (ばね・板などが)はずむ, 弾力がある: Der Wagen *federt* nicht mehr. この車はもうスプリングがきかない ‖ mit *federnden* Schritten 軽快な足どりで | eine *federnde* Waage ばね秤(ばかり). **2** (鳥の)羽毛が抜けかわる; 《比》(ふとんなどの)羽毛が抜ける.

II 他 (h) **1** (ふとんなどに)羽毛をつめる. **2** 《*et.*[4]》(…に)ばね〈スプリング〉をつける: Das Bett ist gut *gefedert.* このベッドはスプリングがきいている | ein schlecht *gefederter* Lastwagen スプリングの悪いトラック. **3** (鳥の)羽毛をむしる; 《狩》(鳥を)撃ち損じて羽毛をかすめる. **4** 《*jn.*》(白人の黒人に対するリンチで)(…の)全身にタールなどを塗りつけ羽毛で覆う. **5** 《工》(板を)やといさねはぎする(→ ⊗ Holz B).

[*ahd.*; ◇Feder]

Fe̱·der⸗nel·ke 女《植》トコナデシコ. **⸗pen·na̱l** 中《オーストリア》=Federkasten **⸗puf·fer** 男 (車両の)ばね緩衝器. **⸗ring** 男《工》ばね座金(時計などのくさりの先につけるばね式の止め輪). **⸗schach·tel** 女 = Federkasten **⸗scha̱·le** 女 ペン皿. **⸗schloß** 中 ばね錠. **⸗schmuck** 男 羽根飾り. **⸗skiz·ze** 女 ペン画のスケッチ. ▽**⸗spiel** 中《狩》鷹(たか)を呼び戻すためのおとりの白い羽〔を振ること〕; 鷹狩り. **⸗sprung·brett** = Federbrett **⸗sta̱hl** 男《金属》ばね鋼. **⸗stiel** 男 **1** 《オーストリア》=Federhalter **2** (飛行機などの)ばね支柱. **⸗strich** 男 (ペンで)さっと書いた線: 〔noch〕 keinen ～ tun 〔まだ〕1字も書かない; 《話》〔いまだに〕仕事に手をつけない ‖ **durch einen ～ / mit einem ～** 《比》一気に, あっさり, 有無をいわさず | *et.*[4] mit wenigen ～*en* zeichnen …をさらさらとスケッチする.

Fe̱·de·rung[fé:dərʊŋ] 女 -/-en **1** 弾力, 弾性. **2** ばね〔懸垂〕装置, ばね懸架, 緩衝ばね, スプリング: ein Bett mit guter ～ スプリングのよくきいたベッド | Das Auto hat eine ungenügende ～. この自動車はスプリングが不十分だ.

Fe̱·der⸗vieh[fé:dər..] 中 -〔e〕s/ 《話》《集合的に》飼い鳥, 家禽(かきん). **⸗volk** 中 -〔e〕s/ 鳥類. **⸗waa·ge** 女 ばね秤(ばかり). **⸗wech·sel** 男 (Mauser) (鳥の)換羽. **⸗weiß** 中 (滑石など)鉱石の粉末, タルカム=パウダー; 《服飾》チャコ. **⸗wei·ße** 男《形容詞変化》(発酵中の白くにごった)新ぶどう酒. **⸗werk** 中 (時計などの)ばね〈ぜんまい〉仕掛け. **⸗wild** 中《狩》野鳥. **⸗wisch** 男 羽ぼうき, 羽のはたき. **⸗wi·scher** 男 ペンふき. **⸗wol·ke** 女 (Zirrus)《気象》絹雲. ▽**⸗zan·ge** 女 毛抜き〔器〕; ピンセット. **⸗zeich·nung** 女 ペンで描いたスケッチ, ペン画. **⸗zir·kel** 男 からす口付きコンパス. **⸗zu̱g** 男 **1** 《雅》=Federstrich **2** ばねの弾力.

Fe̱·dor[fé:dɔr, ..do:r] 男名 フェードル. [*gr.–russ.*]

fe̱d·rig[fé:drɪç][2] =federig

fee[fe:] 形《北部》内気な, やさしい.

Fee[fe:] 女 -/-n[fé:ən] 妖精(ようせい), 仙女(おとぎ話などに登場する美しい女の精で, 魔法の力をもっている): Die ～ erfüllte alle Wünsche. 妖精が願いをすべてかなえてくれた. [*vulgärlat.–fr.*; ◇Fata[1]; *engl.* fa〔ir〕y]

Feed·back[fí:dbæk] 中 -s/-s (Rückkopplung) フィードバック. [*engl.*]

Fee·der[fí:dər] 男 -s/- 《電》フィーダー線. [*engl.*; <*engl.* feed (→füttern[1])]

Fee·ling[fí:lɪŋ] 中 -s/-s 感情移入の能力, 感受性, フィーリング. [*engl.*; <*engl.* feel (→fühlen)]

fe̱en·haft[fé:ənhaft] 形 妖精(ようせい)のような, 仙女のように美しく魅惑的な; おとぎ話〈童話の世界〉のような. [<Fee]

Fe̱en⸗kö̱·ni·gin 女 妖精(ようせい)の女王. **⸗land** 中 -〔e〕s/ 妖精の国, おとぎの国. **⸗mä̱r·chen** 中 妖精が主役を演じるおとぎ話〈童話〉. **⸗rei·gen** 男 妖精たちの輪舞. **⸗ring** 男 (Hexenring) 菌環(キノコの環状発生).

Fee·rie̱[fe(:)ərí:, ferí:] 女 -/-n[..rí:ən] 妖精(ようせい)〈おとぎ〉の国. [*fr.*]

Feet Foot の複数.

Feez[fe:ts] 男 -es/ 《中部・スイス》《話》ふざけ, 冗談; ばか騒ぎ, 酒宴: ～ machen 浮かれる, ばか騒ぎする. [<Fete]

Fe̱·ge[fé:gə] 女 -/-n **1** (穀物用の)篩(ふるい). **2 a)** 掃除. **b)** 《方》掃除婦. [<fegen]

Fe̱·ge·feu·er 中 -s/ 《カトリック》煉獄(れんごく); 浄罪火: im ～ schmoren (改悛(かいしゅん)した死者の魂が)煉獄の火に焼かれる. [*mhd.*; *kirchenlat.* īgnis pūrgātōrius の翻訳借用]

fe̱·gen[fé:gən][1] **I** 他 (h) **1 a)** (部屋・通りなどを)ほうきで掃く, 清掃する, 掃除する: die Küche 〈die Straße〉〔mit dem Besen〕 ～ 台所〈通り〉を〔ほうきで〕掃く | den Schornstein 〈die Treppe〉 ～ 煙突〈階段〉の掃除をする | einen Pfad durch den Schnee ～ 雪かきをして道をつける ‖ Jeder *fege* vor seiner 〔eigenen〕 Tür! (→Tür). **b)** (ごみなどを)ほうきで掃いて取り除く; 《比》一掃する, 吹きとばす: den Schmutz aus dem Zimmer ～ ごみを部屋から掃き出す | Schnee ～ 雪かきをする | das Korn ～ 風を送って穀物をふるい分ける ‖ Der Wind *fegt* die Blätter von Bäumen. 風が木の葉を吹き落とす | mit einer Handbewegung die Gläser vom Tisch ～ 手をさっと動かして机のコップを払い落とす | *et.*[4] vom Tisch ～ (→Tisch 1).

2《南部・スイ》(なべなどを)こすってきれいにする, 磨く;〖狩〗(シカが木の幹で)角をとぐ: den Kessel ～ なべを磨く. 3《卑》(koitieren)《*jn.*》(…と)性交する.

II 自 (s, h) (風が)吹きまくる;《話》(疾風のように)さっと走り過ぎる: Der Wind *fegt* durch die Straße. 疾風が通りを吹き抜ける | Ein Radfahrer *fegte* um die Ecke. 自転車に乗った人が疾風のように角を曲がって走り去った.

[*mndd.*–*mhd.*; < *ahd.* fagar „schön" (◇fair)]

Fe̩·ger[fé:gər] 男 -s/- 1 ほうき, 掃除道具(→ 図). 2 a) 掃除人, 清掃夫. b)《話》しゃれ者, だて男; おてんば娘; しり軽(はすっぱ)な女. 3《スイ》旋風.

Handfeger

Feger

Ausfeger

Feger

Fe̩g≠feu·er[fé:k..] ＝Fegefeuer ≠**nest** 中《話》落ち付きのない人〈子供〉.

fe̩g·ne·sten[fé:knɛstən] 自 (h)《スイ》(子供などが)落ち着かない, そわそわする.

Fe̩g·sel[fé:ksəl] 中 -s/-《方》(Kehricht)(ほうきなどで掃き集められた)ちり, ごみ, くず.

Feh[fe:] 中 -[e]s/-e 1〖動〗キタリス(北欧やシベリア産のリスで, 毛皮は灰色と白色のまだら). 2 キタリスの毛皮. 3〖紋〗(鉄帽形の)毛皮模様(→ 図 Wappen b). [*germ.* „bunt"; ◇pinxit; *gr.* poikílos „bunt"]

Fe̩h·de[fé:də] 女 -/-n〖史〗フェーデ, 私闘(中世における個人・家族・部族間の紛争解決のための実力行使);《比》争い, 反目: eine politische ～ mit *jm.* austragen …と政治的に争う | mit *jm.* in ～ liegen …と不和である. [*westgerm.*; ◇feige; *engl.* feud]

Fe̩h·de≠brief 男 挑戦状. ≠**hand·schuh** 男 挑戦用の手袋(騎士が戦いを挑む際, 相手の足元に手袋を投げ, 相手は挑戦を受けるしるしにこれを拾うという風習があった): ***jm.* den ～ hinwerfen 〈ins Gesicht schleudern / vor die Füße werfen〉**《雅》…に挑戦する | **den ～ aufnehmen 〈aufheben〉**《雅》挑戦を受けて立つ.

fe̩hl[fe:l] I 副《述語的》誤って, 間違って:〖もっぱら次の成句で〗～ am Platz[e] sein / ～ am Ort sein (→Platz 2 b, →Ort I 1 b).

II **Fe̩hl** 1 中 -[e]s/ (Defizit)〖経〗欠損, 赤字. 2 男 中 -[e]s/《雅》(Makel) 難点, 欠点; ᵛ過失:〖もっぱら次の成句で〗**ohne ～ und Tadel** 欠点のない, 非の打ちどころのない | Ihre Schönheit war ohne ～. 彼女の美しさは完全無欠だった. [*afr.* faille–*mhd.*; ◇fehlen]

fehl..《名詞につけて, あるいは動詞の分離の前つづりとして「誤った・失敗した」などを意味する》: *Fehl*diagnose〖医〗誤診 | *Fehl*jahr 不作の年 ‖ *fehl*gehen 道に迷う; 目標を誤る | *fehl*schlagen 失敗する.

Fe̩hl·an·zei·ge[fé:l..] 女 1 a)《話》(あるものが)存在していない〈不足している〉という通知, 不在[庫]通知; (ある事柄が)事実でない〈不可能である〉という通告. b)〖軍〗(射撃訓練のさいなどに)弾丸が目標に命中しなかったことを示す表示. 2 間違って出された通告.

fe̩hl·ba̲r[..ba:r] 形《スイ》1 a) 罪〈過失〉を犯した. b) (kränklich) 病気がちの, 病弱な. 2 (↔unfehlbar) 誤り〈過失〉を犯しうる.

Fe̩hl·bar·keit[..kaıt] 女 fehlbar なこと.

fe̩hl|be·set·zen《02》他 (h)《*et.*[4]》(…に)不適当な人材を当てる.

Fe̩hl≠be·set·zung 女 不適当な任命〈配置〉;〖劇〗ミスキャスト. ≠**be·tra̲g** 男 不足額; 欠損, 赤字. ≠**bit·te** 女 (相手の承諾を得られない)むだな願い: eine ～ tun 頼みを断わられる | Wir hoffen, keine ～ zu tun. 我々はご承諾いただけるものと期待しております.

fe̩hl|bit·ten*《19》自 (h) むだな願いごとをする, 頼みを断わられる.

Fe̩hl≠bo·gen 男〖印〗(半面または両面を刷りもらした)白紙の全紙. ≠**deu·tung** 女 誤った解釈, 誤解. ≠**dia·gno̲·se** 女〖医〗誤診. ≠**dis·po·si·tio̲n** 女 誤った処理. ≠**druck** 男 -[e]s/-e (切手などの)刷りそこない. ≠**ein·schät·zung** 女 誤った評価〈判断〉, 見込み違い.

fe̩h·len[fé:lən] I 自 (h) 1 (mangeln) a) 非人称《es fehlt 〔*jm.*〕 an *et.*[3]》(〔…に〕…が)欠けている, 足りない, 不足している: Dazu *fehlt* es mir an Geld 〈Mut〉. そうするだけの金〈勇気〉が私にはない | Es *fehlt* ihm nie an einer Ausrede. 彼はどんな場合にも何か言いのがれを考えだす | Es *fehlte* nicht an warnenden Stimmen 〈günstigen Gelegenheiten〉. 警告する声〈いい機会〉がないわけではなかった | An mir 〈Von meiner Seite〉 soll es nicht ～. (私はちゃんとやるから)私のことで迷惑はかけません ‖〖lassen と〗es *jm.* an nichts ～ lassen …に何一つ不自由をさせない | Es soll ihm bei uns an nichts ～ lassen. 我々のところにいるかぎり 彼には何一つ不自由はさせない | Er läßt es am nötigen Fleiß ～. 彼には必要な勤勉さが欠けている.

b) (…が)欠けている, 足りない; 見当たらない: Dazu *fehlte* mir das Geld 〈der Mut〉. そうするだけの金〈勇気〉が私にはなかった | Mir *fehlt* nichts. 私には何一つ不足〈不自由な点〉はない(→2) | Mir *fehlen* die Worte, um meine Dankbarkeit auszudrücken. 私は言葉では感謝の気持を表しきれない | Mir *fehlt* seit gestern meine Uhr. 私はきのうから時計が見つからない | Beim Abzählen der Schüler *fehlten* zwei. 生徒の点呼の際二人足りなかった | An 〈Zu〉 ihrem Glück hat ihnen nur noch ein Kind *gefehlt*. あと子供さえあれば彼らは申し分なく幸福だった ‖ Es *fehlen* noch einige Gäste. お客がまだ数人姿を見せていない | Es *fehlen* noch zwei Stück am vollen Hundert. 100にはあと2個足りないだけだ | Es *fehlt* noch viel, bis das Ziel erreicht ist. 目標が達成されるまではまだなかなかだ | **Es *fehlte* nur wenig,** so wäre er gestorben. / **Es *fehlte* nicht viel,** und er wäre gestorben. もうちょっとで彼は死んでしまうところだった ‖ **Das *fehlte* 〔mir〕 gerade noch,** daß du bei dieser Kälte baden gehst! こんな寒いのに水浴びに行くなんてとんでもない | **Das hat mir gerade noch *gefehlt*!** そんなことまで起こるなんて〔なんということだ〕‖ Es konnte nicht ～, daß ...《雅》きまって…ということになった.

c)《*jm.*》(…にとって)〔い〕なくて寂しい,〔い〕ないことが身にこたえる: Du hast mir sehr *gefehlt*.. 君がいなくて私はとても寂しかった.

2 (健康上必要なものが)欠けている: Was *fehlt* dir?/Wo *fehlt* es? 君はどこが悪いのか | Mir *fehlt* nichts. 私はどこも悪くない(→1 b) | Es *fehlt* ihm immer etwas. 彼はいつもどこか具合が悪い | Bei dir *fehlt* wohl etwas 〔im Kopf〕?/ In deinem Kopf *fehlt*'s wohl? 君は頭が少々おかしいんじゃないか.

3 欠席する: auf einem Fest 〈bei den Beratungen〉 ～ 祝典〈会議〉に顔を見せない | in der Schule ～ 学校を欠席する | 〔zwei Tage〕 unentschuldigt ～ 〔2日間〕無断欠席する ‖ die *fehlenden* Schüler / die *Fehlenden* (学校の)欠席者.

4 a) (事が)うまく行かない, 失敗に終わる; (作物が)不作である;《雅》(ausbleiben) 実現しない: Der Schuß hat *gefehlt*. 弾は外れた | Sein Plan *fehlte* ihm. 彼の計画は失敗した. b) しくじる, やりそこなう; 間違える: Er *fehlte* mit keinem Schuß. 彼は一発も的を外さなかった | Er *fehlte* nicht, mich jeden Tag zu besuchen. 彼は毎日かならず私を訪ねた ‖ 〔Da hast du〕 **weit *gefehlt*!** とんでもない(大間違いだ: →II). c)《雅》(sündigen) 罪〈過ち〉を犯す: gegen Gott 〈Gottes Gebote〉 ～ 神のおきてに背く ‖〖4格と〗Er sah mir alles nach, was ich an ihm *fehlte*. 彼は私が彼に対して犯した過ちをすべて大目に見てくれた.

ᵛII 他 (h) (verfehlen) (的を)外す, (目標に)当てそこなう: Er *fehlte* das Ziel mit keinem Schuß. 彼は一発も的を外さなかった ‖ **Weit *gefehlt*!**《雅》とんでもない(大間違いだ: →I 4 b).

[*lat.* fallere (→fallieren)–*afr.*–*mhd.*; ◇falsch; *engl.* fail]

Fe̩hl≠ent·schei·dung[fé:l..] 女 誤った決定. ≠**ent·wick·lung** 女 誤った方向への発展〈進展〉.

F

Fe̱h·ler[fé:lər] 男 -s/- **1 a)** 誤り, 間違い; 過失, 落ち度; 失敗, 失策: ein folgenschwerer ～ 重大な〔結果をもたらす〕誤り〈過ち〉| ein grammatischer ～ 文法上の誤り | ein grober 〈話: dicker / falscher〉 ～ ひどい間違い ‖ einen ～ begehen 〈machen〉 誤りを犯す | einen ～ korrigieren 〈verbessern〉 誤りを正す | *seine* ～ wiedergutmachen 過ちを償う ‖ In meine Berechnung hat sich ein ～ eingeschlichen. / Mir ist bei der Berechnung ein ～ unterlaufen. 私は計算ちがいをした | Das ist nicht dein ～. それは君の落ち度ではない | Es war ein ～, daß ich nicht dabei war. 私がその場に居合わせなかったのはまずかった ‖ immer wieder in den alten ～ verfallen 何度も同じ過ちを繰り返す. **b)** 〘数〙誤差. **c)** 〘球技〙フォールト(サーブの失敗). ▽**d)** ＝Fehlschuß ▽**e)** (くじの)外れ.
2 (Mangel) 欠陥; 欠点; 〘法〙瑕疵(かし): ein körperlicher 〈charakterlicher〉 ～ 身体的な〈性格上の〉欠陥 | ein organischer ～ 器官的欠陥 ‖ *seine* ～ ablegen 欠点を無くする(改める) | einen ～ 〔an *sich*[3]〕 haben 欠点がある | Jeder Mensch hat seine ～. だれにでも欠点はある ‖ Kein Mensch ist ohne ～ 〈frei von ～*n*〉. 欠点のない人はない. [＜fehlen]

fe̱h·ler·frei 形 誤り〈欠点・欠陥〉のない: ～*es* Deutsch sprechen 正確な〈完璧(かんぺき)な〉ドイツ語を話す.

Fe̱h·ler·gren·ze 女 〘数〙誤差の限界〈許容範囲〉, 許容誤差, 公差; 〘統計〙許容偏差.

fe̱h·ler·haft 形 誤りのある; 不正確な, ずさんな; 欠陥〈欠点〉のある, 不完全な.

Fe̱h·ler·haf·tig·keit 女 -/ fehlerhaft なこと.

fe̱h·ler·lo̱s[..lo:s][1] ＝fehlerfrei

Fe̱h·ler·lo̱·sig·keit[..lo:zıçkaıt] 女 -/ fehlerlos なこと.

Fẹhl·er·näh·rung[fé:l..] 女 誤った栄養〔法〕.

Fe̱h·ler≠punkt 男 〘スポ〙失点. **≠quel·le** 女 誤りのもと, 間違いの原因; 故障〈障害〉の原因. **≠quo̱·te** 女 誤差率. **≠su̱·che** 女 欠陥〈故障箇所〉探し.

Fe̱hl·far·be[fé:l..] 女 **1** (Renonce) 〘トラ〙切り札でない組札; 手持ちでない組札. **2** 変色した葉巻; 郵便切手の刷色のミス, 刷色ミスのある切手.

fe̱hl·far·ben 形 (葉巻の葉などについて)変色した, 色あせた.

fe̱hl|ge·bä̱·ren* 《12》 自 (h) 失産する, 流産する.

Fe̱hl·ge·bu̱rt 女 **1** 流産. **2** 流産した胎児.

fe̱hl|ge̱·hen* 《53》 自 (s) 《雅》 **1** 間違った道を行く, 道に迷う; 《比》邪道に入る. **2** 的を外れる, 目標に当たらない: Der Schuß *ging fehl.* 射撃は命中しなかった. **3** 思いちがいをする, 間違う: Ich hoffe, daß ich mit meiner Annahme nicht *fehlgehe.* このように考えても誤りではないと思いますが. **4** (郵便物が)誤配される.

Fe̱hl·ge·wicht 中 〘商〙目方〈重量〉不足, 不足量, 目減り.

fe̱hl|grei·fen* 《63》 自 (h) **1** つかみ誤る〈そこなう〉. **2** 《雅》処置〈選択〉を誤る.

Fe̱hl≠griff 男 **1** つかみ誤る〈そこなう〉こと. **2** 誤った措置〈選択〉: einen ～ tun 措置を誤る. **≠guß** 男 失敗した鋳造; 欠陥鋳造品.

fe̱hl·haft[fé:lhaft] 形 《スイ》 (schuldig) 罪のある, (不都合な事柄について)責任のある.

Fe̱hl≠hand·lung 女 ＝Fehlleistung **≠hieb** 男 打ち損じ, 切り損じ. **≠in·for·ma·tio̱n** 女 誤った情報. **≠in·ter·pre·ta·tio̱n** 女 誤った解釈.

fe̱hl|in·ter·pre·tie·ren[fé:l|ıntərpreti:rən] 他 (h) 誤って解釈する.

Fe̱hl≠in·ve·sti·tio̱n 女 誤った投資. ▽**≠ja̱hr** 中 (Mißjahr) 凶年, 不作の年. **≠kal·ku·la·tio̱n** 女 誤算, 計算〈見積もり〉ちがい; 見込みちがい. **≠kauf** 男 損な〈高い〉買い物.

fe̱hl|kau·fen 自 (h) 損な〈高い〉買い物をする.

Fe̱hl·kon·struk·tio̱n 女 誤った〈欠陥のある〉構造; 設計ミス.

fe̱hl|lau·fen* 《89》 自 (s) 《雅》 **1** 誤った道を歩く, 道に迷う. **2** 誤った方向に発展〈進展〉する.

Fe̱hl·lei·stung 女 〘心〙過誤〈失錯〉行為(言い違え・読み違えなど).

fe̱hl|lei·ten 《01》 他 (h) 《雅》誤った方向へ導く.

Fe̱hl≠lei·tung 女 fehlleiten すること. **≠lo̱s** 中 (富くじなどの)からくじ. **≠mel·dung** 女 ＝Fehlanzeige **≠ord·nung** 女 〘理〙(結晶体の)格子欠陥. **≠paß** 男 〘球技〙パスミス. **≠pla̱·nung** 女 誤った企画立案, 計画ミス. **≠punkt** ＝Fehlerpunkt **≠rech·nung** 女 ＝Fehlkalkulation **≠rip·pe** 女 (牛の)肩ロース(→ 図 Rind).

fe̱hl≠|schät·zen 《02》 他 (h) 《雅》誤って見積もる. **≠|schie·ßen*** 《135》 自 (h) 的をはずす, 射損じる; 判断を誤る; (謎などを)解き誤る: *Fehlgeschossen!* (謎解きなどで)違いました(残念でした).

Fe̱hl·schla̱g 男 **1** 打ち損じ, 打ちそこない; (テニスの)ストロークミス, (ゴルフの)ミスショット. **2** (Mißerfolg) 失敗, 不成功: geschäftliche *Fehlschläge* 商売上の失敗.

fe̱hl|schla̱·gen* 《138》 自 **1** (h) 打ち損じる. **2** (s) 失敗する, 失敗に終わる: Der Plan ist *fehlgeschlagen.* 計画は失敗に終わった.

Fe̱hl≠schluß 男 誤った推論, 誤謬(ごびゅう)推理. **≠schuß** 男 的を外れた射撃; 《話》誤った判断.

fe̱hl·sich·tig 形 〘医〙非正視の.

Fe̱hl≠sich·tig·keit 女 -/ 〘医〙非正視(近視・遠視・乱視の総称). **≠spe·ku·la·tio̱n** 女 思惑ちがい. **≠sprung** 男 〘スポ〙(跳躍の)ファウル. **≠start** 男 **1** 〘スポ〙フライング. **2** 〘空〙(飛行機・ロケットなどの)離陸失敗. **≠stel·le** 女 **1** 欠員ポスト. **2** 〘理〙空格子点. **≠sto̱ß** 男 (フェンシングなどで)突き損じ, 突きそこない; (玉突きの)突き損じ, ミスキュー.

fe̱hl≠|sto̱·ßen* 《188》 自 (h) 突き損じる. **≠|tre̱·ten*** 《194》 自 (s) 《雅》 **1** 足を踏みそこなう, 足を踏み外す, 足を滑らす. **2** 過ちを犯す, 違反をする.

Fe̱hl≠tritt 男 **1** fehltreten すること. **2** 《雅》過ち, 過失, 違反; (女の子の)ふしだら. **≠ur·teil** 中 **1** 誤った〈不当な〉判決, 誤判. **2** 誤った判断. **≠ver·hal·ten** 中 誤った行動〈態度〉, 逸脱行為. **≠wurf** 男 投げ損じ, 投げそこない(球技でのミスなど).

fe̱hl|zün·den 《01》 自 (h) 《ふつう不定詞・過去分詞で》 (鉄砲などが)逆発する, 不発になる; (エンジンが)不着火になる, (バックファイアなど)異常発火をする.

Fe̱hl·zün·dung 女 **1** (エンジンなどの)不着火, 失火, 異常発火, バック〈アフター〉ファイア: **eine ～ haben** 《話》理解が遅い, のみこみがわるい. **2** 《比》労力の空振り, 的外れの反発, 勘違い: Das war eine seiner üblichen ～*en.* それは彼の例の勘違いだった.

Fe̱hn[fe:n] 中 -〔e〕s/-e 《北部》＝Fenn [*ndl.*]

Fe̱hn≠ko·lo·nie[fé:n..] 女 (沼沢地の)運河沿いの集落. **≠kul·tu̱r** 女 -/ 沼沢地干拓.

Fe̱h·werk[fé:..] 中 -〔e〕s/ ＝Feh 2

Fei[faı] 女 -/-en 《雅》＝Fee [*vulgärlat.*－*afr.*－*mhd.*]

fe̱i·en[fáıən] **I** 他 (h) 《雅》《*jn.* gegen *et.*[4]》 (魔力によって…を…に対して)不死身にする, (…に…に対する)抵抗力を与える. **II ge·fe̱it** → 別出 [*mhd.* veinen „bezaubern"]

Fe̱i·er[fáıər] 女 -/-n 式典, 祝典, 祭典, 記念祭: die ～ des heiligen Abendmahls 〘新教〙聖餐(せいさん)式, 〘カトリック〙聖体拝領式 | eine ～ im Familienkreis 家族だけの内輪の祝いごと ‖ Begräbnis*feier* 埋葬式 | Eröffnungs*feier* 開会式 | Gedenk*feier* 追悼式 ‖ eine ～ veranstalten 式典を催す | an der ～ teilnehmen 式典に出席する | *jn.* zu einer ～ einladen …を式典に招待する | **zur ～ des Tages** この日を祝って. [*spätlat.* fēria－*ahd.* fī〔r〕ra; ◇Ferien; *engl.* fair]

Fe̱i·er·a̱bend 男 **1 a)** 仕事じまい, 終業; 店じまい: ～ machen 仕事じまいをする ‖ Um 17 Uhr ist ～. 午後5時で終業です | Für heute ist ～! きょうはここまででやめておこう | Jetzt ist aber ～! 《話》もうやめにしろ | Für mich ist ～!/ Dann ist ～!/ Dann mache ich ～! これ以上はごめんだ | **Damit ist 〔bei mir〕 ～.** 《話》そんなことにはもう興味がない, そんなことはもういやだ. **b)** (終業から就寝までの)晩の余暇: *seinen* ～ genießen 終業後の余暇を楽しむ. ▽**2** 祝典〈祭日〉の前夜.

F

Fei·er·abend≈ar·beit 女 (昼間の仕事を終わってからの)〔夜なべ〕仕事. **≈heim** 中 (Altersheim) (旧東ドイツで)老人ホーム.

fei·er·abend·lich 形 終業後の, くつろいだ.

Feie·rei[faiəráı] 女 -/ (多すぎて・長すぎて)煩わしいお祭り〔さわぎ〕.

fei·er·lich[fáıərlıç] 形 祝典の, 祭日らしい; 荘重な, 厳粛な, 改まった, 儀式ばった: eine ~*e* Ansprache 式辞; 荘重なスピーチ | ~*e* Stille 厳かな静寂 ‖ **Das ist schon nicht mehr ~!** 《話》こいつはひどすぎる ‖ ~ gekleidet 晴れ着で, 盛装して | einen Tag ~ begehen ある日を祭典で祝う | ~ versprechen 改まった態度で約束する.

Fei·er·lich·keit[–kaıt] 女 -/-en **1 a)** 《単数で》feierlich なこと(雰囲気). **b)** feierlich な行動. **2** 《ふつう複数で》=Feier

fei·ern[fáıərn] 《05》 **I** 他 (h) **1** 祝う, 祭る, (祝典・記念祭などを)催す: Weihnachten ⟨den Geburtstag⟩ ~ クリスマス⟨誕生日⟩を祝う | ein bestandenes Examen ~ 試験合格祝いのパーティーを開く | Man muß die Feste ~, wie sie fallen. (→Fest). **2** ほめたたえる, 賛美する: ein *gefeierter* Sänger 人気歌手. **II** 自 (h) **1** パーティーを開いて楽しむ; (パーティーなどを開いて)大いにはめを外す: die ganze Nacht tüchtig ~ 一晩中パーティーを続ける. **2** 〔やむを得ず〕仕事を休む, 休業する: krank*feiern* 仮病で休む.

Fei·er≈schicht [fáıər..] 女 (操業短縮などによる)休業直; 〖坑〗休業方; 休業口数. **≈stun·de** 女 祝典⟨儀式・追悼式⟩〔の時間〕; (↔Arbeitsstunde) 休息⟨余暇⟩の時間.

Fei·er·tag 男 休日; 祝祭日: Der Sonntag ist ein ~. 日曜は休日である | an Sonn- und *Feiertagen* 日曜と祭日に | Das Theater ist über die ~*e* geschlossen. 劇場は(クリスマス・復活祭など数日にわたる)祭日の間は休演する.

fei·er·täg·lich 形 休日⟨祝祭日⟩の, 休日⟨祝祭日⟩らしい.

fei·er·tags 副 休日⟨祝祭日⟩に.

fei·ge[fáıgə] (**feig**[faık][1]) 形 **1 a)** おく病な, 怯懦(きょうだ)な: ein *feiger* Mann いくじのない男. **b)** ひきょうな, 陰険な: ein *feiger* Mord ひきょうな殺人 | *jn.* ~ hintergehen …を卑劣な手段で欺く. **2** 〖坑〗(立坑・岩石などが) もろい. [*germ.* „dem Tode verfallen"; ◇Fehde; *engl.* fey]

Fei·ge[fáıgə] 女 -/-n **1 a)** 〖植〗イチジク(無花果)属. **b)** イチジク(果実): getrocknete ~*n* 干しイチジク | eine faule ~ 《話》粗悪な品物. **2** 《卑》 **a)** (Vagina) 膣(ちつ), ワギナ. **b)** 女郎(じょろう), あま; 売春婦. ᵛ**c)** 卑猥(ひわい)な身ぶり(特に親指を人さし指と中指の間にはさんで握りこぶしを作るなど). [*lat.* fīcus－*aprovenzal.* fīga－*ahd.*; ◇*engl.* fig]

Fei·gen≈baum 男 イチジクの木. **≈blatt** 中 **1** イチジクの葉. **2** (絵画・彫刻などで局部を覆い隠すための)イチジクの葉(聖書: 創3, 7). **≈di·stel** 女 〖植〗ウチワサボテン属, オプンチア. **≈kaf·fee** 男 -s/ イチジクコーヒー(代用コーヒーの一種). **≈kak·tus** 男 〖植〗=Feigendistel **≈wes·pe** 女 〖虫〗イチジクコバチ(無花果小蜂).

Feig·heit[fáıkhaıt] 女 -/ (feige なこと. 特に:) おく病, 怯懦(きょうだ): ~ vor dem Feind (→Feind 1).

feig·her·zig 形 おく病な, 怯懦(きょうだ)な.

Feig·her·zig·keit 女 -/ おく病, 怯懦(きょうだ).

Feig·ling[..lıŋ] 男 -s/-e おく病者, 腰抜け, いくじなし.

Feig·war·ze[fáık..] 女 〖医〗(肛門(こうもん)・陰部などにできる)尖圭(せんけい)コンジローム, 尖圭いぼ. [<Feige]

feil[faıl] 形 **1** 《雅》《軽蔑的に》(käuflich) 金で買える, 金で意のままになる: eine ~*e* Dirne 売春婦. ᵛ**2** 《述語的》(verkäuflich) 売り物の, 売りに出されている: Diese Vase ist um keinen Preis ~. この花瓶はどんな価格でも売るわけにはいかない | Die Wahrheit ist mir nicht ~. 私は真実を金では売らない.

★ 動詞と用いる場合は分離の前つづりともみなされる.

[*ahd.*; ◇*gr.* pōleĩn „verkaufen"]

feil|bie·ten*[fáıl..] 《17》 他 (h) 売りに出す: schlechte Waren zu hohem Preis ~ 粗悪品を高い値段で売りに出す.

Feil·bie·tung 女 -/-en **1** 売りに出すこと. **2** 《オーストリア》(Versteigerung) 競売.

Fei·le[fáılə] 女 -/-n 〖工〗やすり(→ 図): eine feine ⟨grobe⟩ ~ 目の細かい⟨粗い⟩やすり | eine dreikantige ~ 三角やすり | Nagel*feile* 爪(つめ)やすり ‖ ~*n* hauen やすりを製造する | *et.*[4] mit der ~ bearbeiten …にやすりをかける ‖ **die letzte ~ an *et.*[4] legen** 《雅》…に最後の磨きをかける | 〔An〕 diesem Bild fehlt die letzte ~. この絵はまだ最後の仕上げがなされていない. [*germ.*; ◇*gr.* pikrós „schneidend"; *engl.* file]

vierkantig dreikantig flach halbrund Raspel Feile

Feile

fei·len[fáılən] **I** 他 (h) 《*et.*[4]》 (…に)やすりをかける, やすりで磨く: *sich*[3] die Fingernägel ~ 爪(つめ)をやすりで磨く | ein *gefeilter* Satz 《比》磨かれた文章. **II** 自 (h) 《an *et.*[3]》 (…に) やすりをかける; 《比》(…に) 磨きをかける, (…に)彫琢(ちょうたく)を加える.

Fei·len≈hau·er 男 やすり製造職人. **≈hau·ma·schi·ne** 女 やすり製造機. **≈heft** 中 やすりの柄(え). **≈hie·be** 複 やすりの表面の刻み刃.

ᵛ**feil|hal·ten***[fáıl..] 《65》 他 (h) (feilbieten) 売りに出す: Maulaffen ~ (→Maulaffe 1).

ᵛ**Fei·licht**[fáılıçt] 中 -s/ =Feilstaub [<..icht]

Feil≈klo·ben[fáıl..] 男 手万力(まんりき) (→ 図). **≈ma·schi·ne** 女 研磨機. [<feilen]

Flügelmutter Feder Feilkloben

feil·schen[fáılʃən] 《04》 自 (h) (粘り強く)値引きの交渉をする, 値切る: Er hat mit dem Verkäufer um jede Mark *gefeilscht*. 彼は売り手とかけ合って値段を1マルクでも下げさせようとした. [*mhd.*; ◇feil]

Feil·scher[..ʃər] 男 -s/- 好んで feilschen する人.

Feil·sel[fáılzəl] 中 -s/- =Feilstaub

Feil≈span[fáıl..] 男 -〔e〕s/..späne 《ふつう複数で》やすり屑(くず). **≈staub** 男 (粉状の)やすり屑. **≈strich** 男 **1** やすりをかけること: die letzten ~*e* an *et.*[3] tun 《比》…に最後の磨きをかける. **2** やすりをかけた跡の線. [<feilen]

Feim[1][faım] 男 -〔e〕s/ 《方》(Schaum) 泡, あぶく; 浮きかす; (Brandung) 砕ける波. [*westgerm.*; ◇Bims[2]; *engl.* foam]

Feim[2][–] 男 -〔e〕s/-e, **Fei·me**[fáımə] 女 -/-n 《北部・中部》(干し草・穀物・薪(まき)などの) 堆積(たいせき). [*mndd.* vīme; ◇Dieme, Dime]

fei·men[fáımən] 他 (h) 《北部・中部》(干し草・穀物・薪(まき)などを)積み重ねる.

Fei·men[–] 男 -s/- =Feim[2]

fein[faın] **I** 形 **1** (↔grob) **a)** (英: *fine*) (糸などが)細い; かぼそい, 繊細な; (痛みなどが)かすかな: ein ~*es* Gewebe 細い糸で織った⟨薄手の⟩織物 | die ~*e* Haut eines Kindes 子供の柔らかな肌 | ein ~*er* Kamm ⟨ein ~*es* Sieb⟩ 目の細かいくし⟨篩(ふるい)⟩ | eine ~*e* Linie ⟨Stimme⟩ 細い線⟨声⟩ | Eine ~*e* Röte überzog sein Gesicht. 彼の顔にほのかな赤みがさした ‖ ~ lächeln 軽く⟨かすかに⟩ほほえむ | Seine Hand ist ~ gegliedert. 彼の手は作りがきゃしゃだ. **b)** (粉などが)細かい; 精緻(せいち)な, 念入りな: ~*er* Regen 霧雨 | ~*e* Spitzen ⟨Handarbeiten⟩ 手のこんだレース⟨手芸品⟩ ‖ *et.*[4] ~ zerreiben …を細かくすりつぶす | ein ~ geschnittenes Gesicht 整った⟨彫りの深い⟩顔. **2** 良質の, 純良な; すばらしい, 好ましい: ~*es* Gold ⟨Silber⟩ 純金⟨銀⟩ | ~*er* Wein 上等なワイン | Er ist ein ~*er* Kerl. 彼はすてきなやつだ(→5) | Das ist ein ~*er* Plan. そいつはうまい計画だ(→5) ‖ Das ist aber ~! それはいい⟨もってこいだ⟩ | klein, aber ~! (→klein I 1) | *Fein,* daß du kommst. よく来てくれたね ‖ ~ riechen ⟨schmecken⟩ いいにおい⟨味⟩がする | **~ heraus·sein** 《話》(困難な状況などから脱け出して)うれしい⟨ありがたい⟩立場にある | Er ist jetzt ~ heraus. 彼は今うまくいっている

F

〈元気だ〉. **3** 上品〔そう〕な, 洗練された: ～*e* Leute 品のよい人々 | ～*e* Manieren 優雅な作法 | die ～*e* Welt 上流社会, 社交界 ‖ *sich*⁴ ～ dünken お上品ぶる | *sich*⁴ ～ machen いい身なりをする, めかしこむ. **4** 鋭敏な, 敏感な; 精確な, 精細な: ein ～*es* Gehör haben 耳が敏感である | ein ～*er* Unterschied 微妙な差異 | ～*es* Verständnis für *et.*⁴ zeigen …に的確な理解を示す, …を確実に理解する ‖ das Radio ～ einstellen ラジオを正確に同調させる. **5** 頭のよい: ein ～*er* Kerl 〈Plan〉 利口なやつ〈計画〉(→2) ‖ Das ist ～ ausgedacht. それはうまい考えだ.

II 副 **1** →I **2** 《話》《話し手の主観的心情を反映して》*et.*⁴ ～ säuberlich abschreiben …をきれいに書き写す | Sei du mal ～ ruhig! さあ静かにしてなさいね | Das ist ～ nicht so. それは違いますよ | Komm ～ nach Hause, bevor es dunkel wird! 暗くならないうちに帰ってこいよ. ▽**3** (sehr) 大いに: ～ viel Geld すごい大金.

★ 動詞と用いる場合は分離の前つづりともみなされる.

[*afr.* fin－*mhd.*; ◇Fine〔sse〕; *engl.* fine]

Fein≠ab·stim·mung[fáin..] 女 微調整. **≠ar·beit** 女 精密な作業〈細工〉. **≠bäcker** 男 (上等な)ケーキ類製造職人. **≠bäcke·rei** 女 (上等な)ケーキ類製造所, ケーキ専門店. **≠be·ar·bei·tung** 女 精密加工. **≠blech** 中 (↔ Grobblech) 薄い金属板. **≠brand** 男 -〔e〕s/ =Feinbrennen 1 **≠bren·nen** 中 -s/ **1** (金属の)精錬. **2** (果実酒の)精製蒸留.

Feind[faint][1] **I** 男 -es(-s)/-e (◎ **Fein·din**[fáindin] -/-nen) **1** 《単数で》《集合的に》敵, 敵軍: den ～ angreifen 〈zurückwerfen〉 敵軍を攻撃〈撃退〉する ‖ zum ～ überlaufen 敵方に寝返る | Die Stadt ist in die Hände des ～*es* gefallen. 町は敵の手に落ちた ‖ **ran an den ～!** 《話》さあ仕事にかかろう | vor dem ～ bleiben 《雅》戦死する | Feigheit vor dem ～ 敵前逃亡. **2 a)** (一般に)敵, 敵対者: der äußere 〈innere〉 ～ 外部〈内部〉の敵, 外敵〈内敵〉 | der natürliche ～ 〖生〗天敵 | *js.* **geschworener ～** …の仇敵(きゅうてき) | Freund und ～ (→Freund 1 a) ‖ *sich*³ *jn.* zum ～ machen …を敵に回す | Liebet eure ～*e*. なんじの敵を愛せよ(聖書: マタ5, 44). **b)** 《単数で》〖聖〗悪魔: der 〔böse〕 ～ 悪魔 | wie ein ～ arbeiten 悪魔に憑(つ)かれたように働く. **3** (特定の事物に対する)反対者: ein 〔erklärter/abgesagter/geschworener〕 ～ des Alkohols 〔大の〕酒嫌い | Frauen*feind* 女嫌いの人.

II feind 形 《述語的》敵意のある: *jm.* ～ sein …に敵意をもっている, …を憎んでいる | dem Alkohol ～ sein アルコール類を目のかたきにしている.

[*germ.* „hassend“; ◇*engl.* fiend]

Feind·be·rüh·rung[fáint..] 女 〖軍〗敵との接触, 接敵行動: in ～ kommen 敵と接触する.

▽**Fein·des≠hand**[fáindəs..] 女 《もっぱら次の成句で》in ～ geraten 〈fallen〉 敵の手中に陥る | von ～ getötet werden 敵の手にかかる. **≠la·ger** 中 -s/- 敵の陣営: ins ～ übergehen 敵に寝返る. **≠land** 中 -〔e〕s/ 敵国; 敵地.

Feind·flug[fáint..] 男 〖軍〗対敵〈敵地〉飛行.

Fein·din Feind の女性形.

Feind·la·ge 女 〖軍〗敵情, 敵の様子.

feind·lich[fáintlıç] 形 **1** 《付加語的》敵の: ein ～*er* Angriff 敵の攻撃 | ein ～*es* Land 敵国; 敵地. **2** (↔ freundlich) 敵対的な, 敵意のある: ein ～*er* Akt 敵対行動 | *jm.* 〈gegen *jn.*〉 ～ gesinnt sein …に敵意を抱いている.

..feindlich[..faintlıç] 《名詞などにつけて「…に対して敵対的な・敵意をもった」を意味する形容詞をつくる》: fortschritts*feindlich* 進歩を好まない | staats*feindlich* (国家に対して)反逆的な | deutsch*feindlich* 反独の.

Feind·lich·keit[..kait] 女 -/-en feindlich なこと.

Feind≠macht 女 -/..mächte 《ふつう複数で》敵国. **≠pro·pa·gan·da** 女 敵側の宣伝.

Feind·schaft[fáint-ʃaft] 女 -/-en (↔ Freundschaft) 敵意, 敵対関係: *sich*³ *js.* ～⁴ zuziehen …の恨みを買う | **darum 〈deswegen〉 keine ～** だからといって別に仲違いをするつもりはないんだ ‖ mit *jn.* in ～ leben 〈liegen〉 …と反目している.

feind·schaft·lich[－lıç] 形 敵意のある.

feind·se·lig [..ze:lıç][2] 形 敵意のある: ein ～*er* Blick 敵意に満ちたまなざし | *sich*⁴ ～ gegen *jn.* zeigen …に対して敵意を示す.

Feind·se·lig·keit[..kait] 女 -/-en **1** 《単数で》敵意. **2** 《複数で》敵対行為; 戦闘, 戦争: ～*en* eröffnen 戦端を開く | ～*en* einstellen 戦いをやめる.

Feind≠sen·der 男 敵〔国〕の放送局: einen ～ hören 敵のラジオ放送を聞く. **≠staat** 男 敵国.

Fei·ne[fáinə] 女 -/ **1** =Feingehalt ▽**2** =Feinheit 1

Fein·ein·stel·lung[fáin..] 女 (機械・器具などの)微調整.

fei·nen[fáinən] 他 (金属を)精錬する; (製品に) 精密加工をする.

fein·fa·se·rig[fáin..] 形 繊維の細かい.

Fein·frost 男 (Tiefkühlkost) (旧東ドイツで)冷凍食品.

Fein·frost≠ge·mü·se 中 (旧東ドイツで)冷凍野菜. **≠obst** 中 (旧東ドイツで)冷凍果実.

fein≠füh·lend (**≠füh·lig**) 形 敏感〈鋭敏〉な, 感じやすい; 神経の細やかな.

Fein·füh·lig·keit[..kait] 女 -/ feinfühlig なこと.

fein·ge·ädert 形 (木材・大理石などが)木目〈条紋〉の細かい.

Fein≠ge·bäck 中 (オーブンで焼いた)上等なケーキ類(→Gebäck 1). **≠ge·fühl** 中 -〔e〕s/ 鋭敏な感受性, 細やかな神経.

fein·ge·glie·dert =feingliederig

Fein·ge·halt 男 (合金中に含まれる貴金属の)純〔分〕度; (貨幣の)法定純度.

fein≠ge·mah·len 形 (コーヒー・穀粉などが)細かに挽(ひ)かれた. **≠ge·schlif·fen** 形 (金属・宝石・文章表現などが)磨きぬかれた. **≠ge·schnit·ten** 形 **1** 細かに切り刻んだ. **2** (顔などが)輪郭〈目鼻立ち〉の整った. **≠ge·schwun·gen** 形 美しく反った〈湾曲した〉. **≠ge·spon·nen** 形 極細に紡いだ; 《比》(計画などが) 念入りに考えられた. **≠ge·streift** 形 細い縞(しま)模様の.

Fein·ge·wicht 中 (合金中に含まれる貴金属の)純重量.

fein≠glie·de·rig (**≠glied·rig**) 形 (体格などが)きゃしゃな.

Fein·gold 中 純金.

Fein·heit[fáinhait] 女 -/-en **1** 《単数で》(fein なこと. 例えば:) 繊細, 微細; 精緻(せいち), 精巧; 純良; 上品, 洗練; 鋭敏, 敏感. **2** 《しばしば複数で》微細な点, 微妙なニュアンス.

fein·hö·rig 形 聴覚の鋭敏な, 耳ざとい.

Fein·hö·rig·keit 女 -/ feinhörig なこと.

Fein≠ke·ra·mik 女 (↔Grobkeramik) (陶磁器など) 上質の焼き物, ファインセラミックス. **≠koh·le** 女 -/ 〖坑〗粉炭. **≠korn** 中 -〔e〕s/ **1** 〖金属〗細粒. **2** =Feinkörnigkeit **3** 〖射撃〗照星頂過低(銃の照星の先端が照門の中心にわずかにのぞいて見える状態: → ⑱ Korn): ～ nehmen (照準を合わせる際に) 低目にねらいすぎる.

Fein·korn·ent·wick·lung 女 〖理〗微粒子現象.

fein·kör·nig 形 粒の細かい, 細粒状の; 〖写〗(フィルムの膜面が) 微粒子の.

Fein·kör·nig·keit 女 -/ feinkörnig なこと: ein Film mit hoher ～ 超微粒子のフィルム.

Fein·kost 女 (Delikatesse) 《集合的に》美味な食物, 珍味, 佳肴(かこう); (一般的に) 調製食品.

Fein·kost≠ge·schäft 中, **≠hand·lung** 女 =Delikateßgeschäft

Fein·kup·fer 中 精銅(精錬された純粋な銅).

fein|ma·chen 他 (h) 再帰 *sich*⁴ ～ きれいな身なりをする, おめかしする.

fein·ma·schig 形 (網・編物・織物などが)目の細かい.

Fein≠me·cha·nik 女 -/ 精密機械工学. **≠me·cha·ni·ker** 男 精密機械工.

fein·me·cha·nisch 形 精密機械工学〔上〕の.

Fein≠mes·sen 中 -s/ =Feinmessung **≠meß·ge·rät** 中 精密測定機器. **≠mes·sung** 女 精密〈微量〉測定.

fein·ner·vig[..nɛrvıç, ..fıç][2] 形 神経の細い, 感じやすい.

Fein·ner·vig·keit 女 -/ feinnervig なこと.

Fein·op·tik 女 -/ 精密光学.
fein≈po·rig[..poːrɪç]² 形 (皮膚が)汗孔(かんこう)〈毛穴〉の小さい(→Pore 1). **≈san·dig** 形 (土地・砂浜などが)細かい砂からなる.
Fein·schmecker 男 食通, 美食家.
fein·schmecke·risch 形 食通〈美食家〉の.
Fein≈schnitt 男 -〔e〕s/ **1** (パイプ用のタバコなどの) 細きざみ. **2** 〖映〗最終〈仕上げ〉カッティング. **≈sei·fe** 女 上質なせっけん. **≈sil·ber** 中 純銀. **≈sinn** 男 デリケートな感覚, 細やかな神経.
fein·sin·nig 形 感覚の鋭敏な, 神経の細やかな.
Fein·sin·nig·keit 女 -/ feinsinnig なこと.
Feins·lieb·chen[faɪnslíːpçən] 中 -s/- 《雅》(Liebste) いとしい女,(女の)愛人.
Fein·sprit[fáɪn..] 男 (純度96%以上の)蒸留酒, 火酒.
fein|stel·len 他 (h) (機械・器具などを) 細密に調整する, 微調整する.
Fein≈stim·mer 男 (ヴァイオリンなどの微小音程の調節に用いる)アジャスター(→ 図 Geige). **≈struk·tur** 女 〖理〗微細構造.
Feinst·koh·le[fáɪnst..] 女 -/ 〖坑〗微粉炭.
Fein≈waa·ge[fáɪn..] 女 精密な秤(はかり). **≈wä·sche** 女 -/ (洗濯の際に特別な配慮を要する)上等な洗濯物〈肌着類〉. **≈wasch·mit·tel** 中 特殊繊維製品用の洗剤.
feiß[faɪs] 《南部》=feist I 1
feist[faɪst] **I** 形 **1** 《ふつう軽蔑的に》〔醜く〕太った, 肥満した; 脂肪の多い, 脂ののった: ein ~*er* Arm 肉づきのよい〈ぶよぶよの〉腕 | ein ~*er* Kerl 太っちょ, でぶ | ein ~*es* Grinsen (不快な)にやにや笑い. **2** 《南部》(土地などが)肥沃(ひよく)な. **II Feist** 中 -〔e〕s/ (特に野獣の)脂肪.
[*westgerm.*; ◇fett; *engl.* fat]
Fei·ste[fáɪstə] 女 -/ **1** =Feistheit **2** =Feist **3** 〖狩〗(シカの)肥満期.
fei·sten[fáɪstən] 《01》 **I** 他 (h) (mästen) (家畜・家禽(かきん)を)肥育する, 太らせる. **II** 自 (s) 太る, 脂がのる.
Feist·heit[fáɪsthaɪt] 女 -/ feist なこと.
Feist·hirsch 男 〖狩〗肥満期の(交尾期前の脂ののりきった)シカ.
Fei·stig·keit[fáɪstɪçkaɪt] 女 -/ =Feistheit
Feist·ling[..lɪŋ] 男 -s/-e 肥満した人, 太っちょ, でぶ.
Feist·zeit 女 〖狩〗(野獣の交尾期前の)肥満期.
Fei·tel[fáɪtəl] 男 -s/- 《南部・オーストリア》(安物の)ポケットナイフ.
fei·xen[fáɪksən] 《02》 自 (h) 《話》(軽蔑・嘲弄(ちょうろう)の念をこめて)にやにや笑う. [<Feix „Unerfahrener“]
fe·ken[féːkən] 他 (h) 《スイス》 盗む, 横領する. [„Flügel bewegen“; ◇Fittich]
fe·kund[fekʊ́nt]¹ 形 (fruchtbar) 〖生〗繁殖能力のある. [*lat.*; ◇Felix]
Fe·kun·da·tion[..kʊndatsióːn] 女 -/-en 〖生〗繁殖〔作用〕.
Fe·kun·di·tät[..kʊnditɛ́ːt] 女 -/ 〖生〗繁殖能力. [*lat.*]
Fel·bel[fɛ́lbəl] 男 -s/- (Velpel) 〖織〗ベルベチーン, 別珍.
Fel·ber[fɛ́lbər] 男 -s/-, **Fel·ber·baum** 男 《南部》(Weidenbaum) 柳の木. [*ahd.*; ◇fahl]
Fel·be·rich[fɛ́lbərɪç] 男 -s/-e 〖植〗オカトラノオ(岡虎尾)属.
Fel·chen[fɛ́lçən] 男 -s/- 〖魚〗フェルヒェン(アルプス山脈周辺の湖沼にすむマスの一種: → 図). [*mhd.*]

Felchen

Feld[fɛlt]¹ 中 -es(-s)/-er **1 a)** 《単数で》(英: *field*)野, 野原, 原野: das blaue ~ des Meeres 《雅》青海原 | ein weites ~ 広々とした野原 | Schnee*feld* 雪原 ‖ auf offenem ~ übernachten 野宿〈露営〉する | durch ~ und Wald schweifen 山野をさまよう. **b)** (Acker) 耕地, 畑地: ein fruchtbares ~ 地味の肥えた畑 | ein brachliegendes ~ 休閑地 | Gemüse*feld* 野菜畑 | Reis*feld* 稲田, 米作田 ‖ ein ~ bebauen 〈bestellen〉 畑を耕す | Die ~*er* stehen gut. 畑の作柄がよい ‖ auf dem ~ arbeiten (農民が)野良で働く | aufs ~ gehen (農民が)野良仕事に出かける | **noch in weitem ~**〔*e*〕 **stehen** まだ不確定である.
2 《単数で》戦場, 戦地: **das ~ behaupten** 《比》(競争相手に対抗して)自分の地位を守り通す | **das ~ beherrschen** 《比》斯界(しかい)の権威である | **das ~ gewinnen** 《雅》勝利をおさめる | **das ~ räumen** 《比》退却〈譲歩〉する | ***jm.* das ~ streitig machen** 《比》(競争相手として)…と争う | ***jm.* das ~ überlassen** 《比》…の前から引き下がる〈退却する〉, …に譲歩する ‖ 〖前置詞と〗**auf dem ~ der Ehre fallen** 名誉の戦死をとげる | ein Brief **aus dem ~** 戦場からの手紙 | ***jn.* aus dem ~**〔*e*〕 **schlagen** 《雅》…を撃退する, …に打ち勝つ; 《比》(地位・職場などから)…を押しのける | **im ~ bleiben** 《雅》戦場から戻らない, 戦死する | ***et.*⁴** 〔**gegen *jn.***〕 **ins ~ führen** 《雅》…を〔…に対して〕(論拠として)持ち出す | ins ~ rücken 〈ziehen〉 《雅》(軍隊が)前線に向かう, 進撃する | im ~ stehen 《雅》(兵士として)戦場にある | **gegen *jn.*** 〈**für *jn.***〉 **zu ~e ziehen** 《雅》…と〈…のために〉戦う.
3 《単数で》〔活動〕分野, 領域: Sein ~ ist die Finanzpolitik. 彼の専門領域は金融政策だ | auf dem ~ der Musik 〈der Politik〉 音楽〈政治〉の分野で ‖ **Das ist ein weites ~.** 《比》それは(範囲が広すぎて)論じ始めたらたいへんだ.
4 〖スポーツ〗 **a)** (Spielfeld) 競技場(球場・フィールド・グラウンド・コートなど): *jn.* des ~*es* 〈vom ~〉 verweisen …に退場を命じる. **b)** (マラソン・ロードレースなどで, 競技中の選手の)集団.
5 〖理・言〗場, 域: ein elektrisches 〈magnetisches〉 ~ 電場(でんば)〈磁場(じば)〉 | ein sprachliches ~ 言語場(類似した意味を有して相互に画定し合う言語要素で構成される意味領域) | die Theorie des ~*es* 場の理論.
6 〖坑〗(鉱産物の)採掘区域.
7 a) 区画, ます目: die ~*er* eines Damebretts チェッカー盤のます目(→ 図 Dame) | die leeren ~*er* eines Formulars ausfüllen 書式用紙の空欄に書き込む. **b)** 〖紋〗(盾面の)分割区分.
8 下地: ein rotes Kreuz im weißen ~ 白地に赤の十字.
[*westgerm.* „flach Ausgebreitetes“; ◇ *engl.* field]
Feld≈ahorn[fɛ́lt..] 男 〖植〗コブカエデ. **≈ar·beit** 女 **1** 畑〈野良〉仕事. **2** 野外研究, 実地調査, フィールドワーク(英語 field work のドイツ語訳). **≈ar·bei·ter** 男 農業労働者. **≈ar·til·le·rie** 女 〖軍〗野戦砲兵. **≈arzt** 男 軍医. **≈aus·rü·stung** 女 〖軍〗野戦装備. **≈bahn** 女 (簡便に敷設できる狭軌の)野外軌道, 軽便鉄道. **≈bau** 男 -〔e〕s/ (Ackerbau) 農耕, 耕作.
Feld·bau·bri·ga·de 女 (旧東ドイツで)耕作作業班.
Feld·be·fe·sti·gung 女 (戦線の)堡塁(ほうるい)強化; 堡塁, 野堡.
feld·be·herr·schend 形 《付加語的》〖スポーツ〗優勢な.
Feld≈be·rei·ni·gung 女 耕地整理. **≈be·stel·lung** 女 耕作, 農耕. **≈bett** 中 (野戦・キャンプ用の)簡易寝台, 折り畳み式寝台. **≈bin·de** 女 〖軍〗(将校の)肩帯, 懸章; (将校の)正装用のベルト〈剣帯〉; (野戦における衛生兵の)腕章. **≈blu·me** 女 野の花. **≈blu·se** 女 〖軍〗(戦闘服の)上衣(じょうい). **≈dich·te** 女 〖理〗磁束密度, 磁場の強さ; 電界強度. **≈dieb** 男 作物どろぼう. **≈dieb·stahl** 男 作物の窃盗. **≈dienst** 男 戦地勤務; 兵役, 軍務.
feld·dienst·fä·hig 形 戦地勤務に堪える.
Feld·dienst·ord·nung 女 〖軍〗陣中要務令.
feld≈ein[fɛlt|áɪn] (**≈ein·wärts**) 副 野原〈田畑〉の中へ.
Feld≈ei·sen·bahn[fɛ́lt..] =Feldbahn **≈elek·tro·nen·emis·sion** 女 〖理〗冷陰極放出. **≈elek·tro·nen·mi·kro·skop** 中 フィールド電子顕微鏡. **≈fla·sche** 女 〖軍〗水筒. **≈flur** 女 耕地. **≈for·schung** 女 =Feldarbeit 2 **≈fre·vel** 男 田畑〈耕地〉荒らし(毀損(きそん)・窃盗など). **≈frie·dens·bruch** 男 田畑への不法侵入〈占拠〉. **≈frucht** 女 -/..früchte 《ふつう複数で》農作物. **≈geist·li·che** 男 戦場勤務の聖職者, 従軍牧師. **≈gen·darm** [..ʒandarm] 男 (戦地での)憲兵. **≈gen·dar·me·rie**[..ʒandar..] 女 (戦地での)憲兵隊. **≈ge·**

schrei 中 **1** (戦場での)合言葉. **2** 〘紋〙(飾りリボンなどに記された)標語, モットー(→Band[3] 13). **≈ge·schütz** 中 野砲. **≈got·tes·dienst** 男 陣中礼拝⟨ミサ聖祭⟩.

Feld·gras·wirt·schaft 女 -/ 〘農〙(同一の土地を畑と牧草地とに交互に使用する)穀草式耕地法.

feld·grau 形 灰緑色(旧ドイツ国防軍の制服の色)の: ein Offizier in *Feldgrau* 制服を着た将校.

Feld-Hand·lung 女 〘心〙場(ば)的行為, 場の動作.

Feld≈ha·se 男 野うさぎ. **≈hau·bit·ze** 女 野戦榴弾(りゅうだん)砲. **≈haupt·mann** 男 (中世の)傭兵(ようへい)隊長. **≈heer** 中 野戦軍, 野戦⟨実戦⟩部隊. **≈herr** 男 (軍隊の)最高指揮官, 軍司令官, 将帥.

Feld·herrn≈blick 男 (軍司令官のような)鋭い目つき. **≈kunst** 女 -/ 戦略. **≈stab** 男 Feldherr の地位を象徴する杖(つえ).

Feld≈heu·schrecke 女 〘虫〙バッタ(飛蝗). **≈huhn** 中 〘鳥〙シャコ(鷓鴣)⟨ヤマウズラ(山鶉)⟩の類. **≈hüpf·maus** 女 〘動〙トビハツカネズミ(跳二十日鼠). **≈hü·ter** 男 田畑の番人⟨見張り番⟩. **≈jä·ger** 男 (旧西ドイツ国防軍の)憲兵; (旧プロイセンの)猟騎兵. **≈ka·plan** 男 (カトリックの)従軍司祭. **≈kes·sel** 男 **1** =Feldküche **2** キャンプ用なべ⟨湯わかし⟩. **≈kü·che** 女 〘軍〙野戦炊事場, (特に:)野戦炊事車. **≈ku·rat** 男 《オーストリア》= Feldgeistliche **≈la·ger** 中 軍営, 陣営. **≈la·za·rett** 中 野戦病院. **≈ler·che** 女 〘鳥〙ヒバリ(雲雀). **≈mark** 女 (市町村・農場などの)全耕地⟨農地利用面積⟩. **≈mar·schall** 男 元帥.

feld·marsch·mä·ßig 形 〘軍〙(装備に関して)戦闘準備のできた.

Feld≈maß 中 農耕地測量の単位 (Acker, Joch, Morgen など). **≈maus** 女 野ねずみ. **≈mes·se** 女 陣中ミサ. ▽**≈mes·ser** 男 (Landmesser)〔土地〕測量技師. **≈meß·kunst** 女 -/ 〔土地〕測量術. **≈mu·si·kant** 男 《スイス》軍楽隊員. **≈mu·ste·rung** 女 〘紋〙(盾面の)地模様. **≈müt·ze** 女 〘軍〙戦闘⟨作業⟩帽, 略帽. **≈po·li·zei** 女 **1** =Feldgendarmerie **2** 田畑の見張りをする警備隊. **≈post** 女 軍事郵便.

Feld·post≈brief 男 軍事郵便の手紙. **≈kar·te** 女 軍事郵便のはがき. **≈num·mer** 女 軍事郵便用部隊番号: von der anderen ~ sein《話》(兵士が)ホモである. **≈stel·le** 女 野戦郵便局.

▽**Feld·pre·di·ger** 男 =Feldgeistliche

Feld≈rain 男 (畑を区切る)あぜ, くろ. **≈ra·pünz·chen** 中 = Feldsalat **≈rau·te** 女 〘植〙カラクサケマン(唐草華鬘). **≈sai·son** [..zɛzɔ̃:] 女 (スポーツなどの)野外⟨屋外⟩シーズン. **≈sa·lat** 男 〘植〙ノヂシャ(野萵苣), サラダ菜(→ 図). **≈schäd·ling** 男 農作物を荒らす害獣⟨害鳥・害虫⟩.

Feldsalat (Rapünzchen)

▽**Feld≈scher** [..ʃe:r] 男 -s/-e, **≈sche·rer** [..ʃe:rər] 男 〔素人〕軍医; 軍医の助手. [„Militär-barbier"; <scheren [1]]

Feld≈scheu·ne 女 〘農〙(田畑に設けられる簡易な)納屋. **≈schlacht** 女 野戦. **≈schlan·ge** 女 (16-17 世紀の)小口径の長砲(→ 図). **≈schmie·de** 女 〘軍〙野戦鍛工車. **≈sol·dat** 男 前線⟨野戦部隊⟩の兵士. **≈spat** 男 〘鉱〙長石. **≈spiel** 中 《スポーツ》 **1** フィールド競技. **2** (↔Hallenspiel) 屋外⟨野外⟩競技. **≈spitz·maus** 女 〘動〙ジネズミ. **≈staf·fe·lei** 女 〘美〙野外用イーゼル⟨画架⟩. **≈stär·ke** 女 〘理〙場の強さ. **≈ste·cher** 男 双眼鏡. **≈stein** 男 -[e]s/-e **1** 《ふつう複数で》野原に転がっている石. **2** (田畑の)境界石. **3** 〘建〙(整形しないままの)荒石(→ 図 Baustoff). **4** (Felsit) 〘鉱〙珪長(けいちょう)石. **≈stel·lung** 女 野戦陣地.

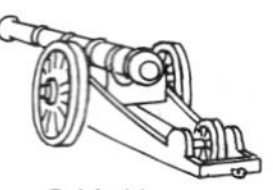
Feldschlange

Feld·stuhl 男 折り畳みいす. [<Faltstuhl]

Feld≈te·le·fon 中 野戦電話. **≈theo·rie** 女 〘理・言〙場の理論. **≈trup·pe** 女 野戦⟨前線⟩部隊.

feld·über·le·gen 形 《スポーツ》優勢な.

Feld≈über·le·gen·heit 女 《スポーツ》競技場での優勢. **≈übung** 女 -/-en《ふつう複数で》〘軍〙演習. **≈ul·me** 女 〘植〙ニレの一種. **≈uni·form** 女 〘軍〙戦闘服. **≈un·ter·le·gen·heit** 女 《スポーツ》競技場での劣勢. **≈ver·weis** 男 《スポーツ》(反則による)退場処分. **≈wa·che** 女 (Vorposten) 〘軍〙前哨(ぜんしょう). **≈wäch·ter** 男 =Feldhüter

Feld-Wald-und-Wie·sen-.. [また: ◡◡◡⊥◡..] 《名詞の前につけて》どこにもあるような, ありきたりの, くだらない, とるに足らない: *Feld-Wald-und-Wiesen*-Arzt へぼ医者 | *Feld-Wald-und-Wiesen*-Roman 三文小説.

Feld·we·bel [..ve:bəl] 男 -s/- **1 a)** (陸軍・空軍の)軍曹, 中級下士官. ▽**b)** 曹長(下士官の最高位). **c)** 《比》下士官根性の人; (特に女性で)粗野で無愛想な人. **2** 《戯》(グラスについだときの)ビールの泡. [<Weibel]

Feld≈weg 男 野道; 畑の中の小道, 農道. **≈wei·bel** 男 《スイス》=Feldwebel 1 **≈wes·pe** 女 〘虫〙アシナガバチ(脚長蜂)属の一種. **≈zei·chen** 中 (部隊の)識別標識(旗など). **≈zei·tung** 女 (前線兵士のための)野戦新聞. **≈zeug·mei·ster** 男 **1** (16-17世紀の)砲兵隊最高指揮官. ▽**2** 《オーストリア》将軍. **≈zug** 男 **1** 出兵, 出征, (大規模な)作戦行動. **2** 《比》(社会的・政治的目的をもった)運動, キャンペーン: der ~ gegen Armut 貧困撲滅運動.

Feld·zugs·me·dail·le [..medaljə] 女 従軍記章.

Feld·zu·la·ge 女 (軍人の)戦地特別手当.

Felg·auf·schwung [fɛ́lk..] 男 〘体操〙(鉄棒の)逆上がり(→ 図).

Felgaufschwung

Fel·ge[1] [fɛ́lgə] 女 -/-n **1** (車輪の)外縁(そとぶち), 輪縁(わぶち), リム(→ 図 Rad). **2** 〘体操〙回転: Riesen*felge* 大車輪. [*westgerm.*; ◇ *engl.* felly]

Fel·ge[2] [−] 女 -/-n《南部》〘農〙(第 2 および第 3 の)すき返し; (すき返し後の)休閑地. [*westgerm.* „Gewende-te"; ◇ *engl.* fallow]

fel·gen[1] [fɛ́lgən][1] 他 (h) (車輪に)輪縁(わぶち)を取りつける.

fel·gen[2] [−] 他 (h)《南部》〘農〙(畑を)すき返す, (…に第 2 または第 3 の)すき返しをする.

Fel·gen≈brem·se 女 (自転車などの)リム⟨輪縁(わぶち)⟩ブレーキ. ▽**≈hau·er** 男 (Wagenbauer) 車大工. **≈kranz** 男 (車輪の)リム, 輪縁(わぶち).

Felg·um·schwung [fɛ́lk..] 男 〘体操〙腕支持回転(→ 図).

Felgumschwung

Fe·li·den [felí:dən] 複 〘動〙ネコ(猫)科. [< *lat.* fēlēs „Katze"+..iden]

Fe·lix [fé:lɪks] 男名 フェーリクス. [*lat.* fēlīx „fruchtbar, glücklich"; ◇ fekund]

Fe·li·zi·tas [felí:tsitas] 女名 フェリーツィタス. [*lat.*]

Fell [fɛl] 中 -es(-s)/-e **1 a)** (動物の)毛皮, 獣皮: ein kurzhaariges ⟨langhaariges⟩ ~ 短毛⟨長毛⟩の毛皮 ‖ ein dichtes ⟨zottiges⟩ ~ haben (犬などが)毛が密生して⟨もじゃもじゃして⟩いる | einem Fuchs das ~ abziehen キツネの皮をはぐ | **das ~ verkaufen, bevor man die Bären hat** 《比》とらぬタヌキの皮算用をする. **b)** (はいだ)毛皮; 《単数で》(加工した)毛皮, なめし皮: das ~ einer Trommel 太鼓の皮 | eine Mütze aus weißem ~ 白い毛皮の帽子 ‖ ***jm.* sind alle ~*e* fortgeschwommen ⟨davongeschwommen / weggeschwommen⟩**《比》…の希望は無残に打ち砕かれた | Ich sehe meine ~*e* fortschwimmen ⟨davonschwimmen / wegschwimmen⟩. 私の希望は無残にも打ち砕かれてゆく.

2 《話》(Haut) (人間の) 皮膚: **ein dickes ~ haben**《比》(批判などに)興奮しない, 泰然としている; 鈍感である, つらの皮が

F

厚い | *sich*³ **ein dickes ～ anschaffen** つらの皮が厚くなる | **nur** *sein* **eigenes ～ anhaben**《話》裸である | ***jm.* das ～ gerben** 〈**versohlen/vollhauen**〉《比》…をさんざん殴る | *sein* ～ riskieren 危険に身をさらす | *sein* ～ zu Markte tragen (→Markt 1 a) | ***jm.* das ～ schneiden**《比》…を厳重にしかりつける | ***jm.* das ～ streichen**《比》…にこびへつらう | **das ～ versaufen**《俗》(葬儀のあとで)精進明けの飲み食いをする | ***jm.* das ～ über die Ohren ziehen**《話》(商人などが)…をだまして利を得る(元来は皮はぎ人が獣皮をはぐやり方から) ‖ *jm.* 〈*jn.*〉 juckt das ～ (→jucken II) | **nur** 〈**bloß**〉 **noch ～ und Knochen sein** (やせこけて)骨と皮ばかりである ‖〚前置詞と〛dasitzen und *sich*³ die Sonne **aufs** ～ brennen lassen《比》ぶらぶらなまけて暮らす | *jn.* **beim** ～ nehmen …の首根っ子を押える | *jm.* eine Laus **ins** ～ setzen (→Laus) | *sich*³ eine Laus ins ～ setzen (→Laus).

[*germ.* „Haut"; ◇Pelle, Pelz; *engl.* fell]

Fel·la·che[fɛláxə] 男 -n/-n (⊛ **Fel·la·chin**[..xɪn]-/-nen) (エジプト・シリアなどアラブ諸国の)農民. [*arab.* fallāh „Pflüger"]

Fel·lah[..lá:] 男 -s/-s =Fellache

Fel·la·tio[fɛlá:tsio·] 女 -/ フェラチオ(男性性器への口唇部による刺激).

fel·la·tio·nie·ren[fɛlatsioní:rən] 他 (h) (*jn.*) (…に)フェラチオをする. [*lat.* fē〔l〕lāre „saugen"; ◇Filius]

Fel·la·trix[fɛlá:trɪks] 女 -/..trizen[fɛlatrí:tsən] フェラチオをする女.

Fell·ei·sen[fɛ́l|aɪzən] 中 -s/- **1** (特に遍歴職人の皮製の)旅嚢(りょのう); 背嚢, リュックサック. **2** (昔の)郵便行嚢. [*it.* valigia－*fr.*－*mhd.* velīs〔en〕; ◇*engl.* valise]

Fell≠han·del[fɛ́l..] 男 -s/ 毛皮取引. ≠**händ·ler** 男 毛皮商人.

fel·lie·ren[fɛlí:rən] 他 (h) =fellationieren

Fell≠jacke[fɛ́l..] 女 毛皮の上着. ≠**kä·fer** 男〘虫〙ホシカムシ(干鰯虫)科の昆虫. ≠**müt·ze** 女 毛皮帽.

Fel·low[fɛ́loʊ] 男 -s/-s [-z] (英国の学術団体, 例えば学士院の)会員; (英米の大学の)評議員; (英米の大学の)特別研究員(特別給費を受ける大学院生). [*engl.*]

Fel·low·ship[-ʃɪp] 女 -/-s **1** Fellow の身分〈地位〉. **2** (英米の大学で, 大学院生のための)特別奨学金. [*engl.*]

Fel·low-tra·vel·ler[..trævələ] 男 -s/-〔s〕(政治上の, 特に共産主義の)同調者, シンパ. [*engl.*]

Fell·schuh 男 毛皮靴.

Fe·lo·nie[feloní:] 女 -/-n[..ní:ən]《雅》(Verrat) 裏切り, 背信;〘史〙(封建君主に対する)忠誠義務違反. [*mlat.*－*fr.*]

Fels[fɛls]¹ 男 -ens(-en)/-en **1**《単数で》岩, 岩石, 岩盤: der nackte ～ 露出した岩石, 露岩 | beim Graben auf ～ stoßen 発掘のさい岩盤にぶつかる. **2**《雅》(Felsen) 岩塊;《比》いわお, 盤石: **ein ～ in der Brandung**《比》(荒れ狂う怒濤の中にそびえ立つ岩のような)毅然(きぜん)とした存在 | ein ～ der Kirche 教会のいしずえ〈柱〉| wie ein ～ stehen いわおのごとく〔毅然(きぜん)と〕立っている. [*ahd.* felis〔a〕; ◇*engl.* fell]

Fels≠ab·hang[fɛ́ls..] 男 岩壁の傾斜面: der steile ～ 絶壁, 懸崖(けんがい). ≠**bild** 中 -〔e〕s/-er《ふつう複数で》(岩に描かれた古代の)壁画. ≠**block** 男 -〔e〕s/..blöcke 岩塊.

Fel·sen[fɛ́lzən] 男 -s/- **1 a)** 岩塊, 岩山; 岩壁: ein riesiger ～ 巨岩 | ein steiler ～ けわしい〈そそり立つ〉岩壁 | überhängende ～ 突出した岩 ‖ auf einen ～ klettern 岩によじ登る. **b)**〘地〙岩盤. **2** =Fels 1

Fel·sen≠bein 中〘解〙側頭骨錐体(すいたい). ≠**bir·ne** 女〘植〙ザイフリボク(釆振木)属.

fel·sen·fest 形 **1** 岩のように堅い. **2**《比》いわおのように堅固な, 毅然(きぜん)とした, 盤石〈確固〉不動の: einen ～*en* Glauben haben ゆるぎなき信仰をもつ ‖ ～ an den Sieg glauben 勝利を固く信じて疑わない | ～ auf *jn.* vertrauen …に絶大な信頼を寄せる.

Fel·sen≠ge·bir·ge 中 岩石からなる山岳〔地帯〕: das ～ ロッキー山脈(英語 Rocky Mountains のドイツ語形). ≠**grab** 中 岩穴の墓. ≠**grund** 男《雅》**1** 岩石の多い谷間. **2** 岩石の土台, 岩盤.

fel·sen·hart =felsenfest 1

Fel·sen≠höh·le 女 岩穴, 岩窟(がんくつ), 洞窟. ≠**in·sel** 女 岩石の島. ≠**kän·gu·ruh**[..kɛŋguru·] 中〘動〙イワワラビー(カンガルーの一種). ≠**ka·pel·le** 女 石窟礼拝堂. ≠**klip·pe** 女 岩礁. ≠**kluft** 女 岩の裂け目. ≠**kup·pe** 女 岩石でできた山頂. ≠**kü·ste** 女 岩石の露出した海岸;〘地〙岩石海岸. ≠**mas·se** 女 岩塊. ≠**mau·er** 女 (天然の)岩の防壁; 岩の連なり. ≠**meer** 中〘地〙(山頂や山の斜面の)岩海, 岩塊原. ≠**na·se** 女 岩鼻(岩の突出部). ≠**nel·ke** 女〘植〙コモチナデシコ(子持撫子)属. ≠**nest** 中 岩山に築いた城砦(じょうさい). ≠**pfad** 男 岩山の小道; 岩石の多い小道. ≠**riff** 中 岩礁, 暗礁. ≠**rös·chen** 中〘植〙ミネズオウ(峰蘇芳). ≠**schlan·ge** 女〘動〙ニシキヘビ(錦蛇)の一種(アフリカのサハラ砂漠以南にすむ). ≠**schlucht** =Felsschlucht ≠**schwal·be** 女〘鳥〙イワショウドウツバメ(岩小洞燕). ≠**spit·ze** 女 岩頂, 岩かど, 岩の先端. ≠**sprin·ger** 男〘虫〙イシノミ(石蚤)科の昆虫. ≠**tau·be** 女〘鳥〙カワラバト(河原鳩). ≠**vor·sprung** 男 岩の突出部, 岩棚. ≠**wand** 女 岩壁.

Fels≠ge·hen[fɛ́ls..] 中 -s/ =Felsklettern ≠**ge·stein** 中 岩石 ≠**grot·te** 女 岩の洞窟, 岩窟.

fel·sig[fɛ́lzɪç]² 形 **1** 岩の多い, 岩だらけの. **2** 岩石からなる.

Fel·sit[fɛlzí:t, ..zít] 男 -s/-e〘鉱〙珪長(けいちょう)石. [<Fels „Feldspat"+..it²]

Fels≠klet·tern[fɛ́ls..] 中 -s/〘登山〙岩壁登攀(とはん), ロッククライミング. ≠**na·del** 女 (山頂などの) とんがり岩;〘地〙火山岩尖(がんせん). ≠**schlucht** 女 (岩山の)小峡谷(→ 図 Tal). ≠**spit·ze** =Felsenspitze ≠**sturz** 男 落石. ≠**ter·ras·se** 女 岩石の露出した段丘. ≠**vor·sprung** = Felsenvorsprung ≠**wand** = Felsenwand ≠**zeich·nung** 女 =Felsbild

Fe·lu·ke[felú:kə] 女 -/-n フェラッカ(2本マスト三角帆をもつ地中海の沿岸航行帆船). [*span.* faluca－*fr.* felouque; <*arab.* fulk „Schiff"; ◇*engl.* felucca]

fem. 略, **Fem.** 略 =Femininum〘言〙女性〔名詞〕.

Fe·me[fé:mə] 女 -/-n **1**〘史〙フェーメ(中世に Westfalen で行われた死罪を扱う秘密刑事裁判. 14世紀以来ドイツの他の地方にも及ぶ). **2** (特に政敵の暗殺を決する)秘密裁判. [*mndd.* vēme－*mhd.*]

Fe·me·ge·richt 中 =Feme

Fe·mel[fé:məl] 男 -s/〘農〙雄麻(おあさ). [*lat.* fēmella „Weibchen"; <*lat.* fēmina (→feminin)]

Fe·mel·be·trieb 男 **1**〘林〙択伐林経営, 画伐施行. **2**〘漁〙(種類・年齢の違う魚の)混生養殖. [<femeln „heraussuchen"]

Fe·me·mord[fé:mə..] 男 政治的暗殺.

Fem·ge·richt[fé:m..] =Femegericht

fe·mi·nie·ren[feminí:rən] 他 (h) (去勢して雄を)雌性化する;《比》(男性を)女性化する, 女性的にする.

Fe·mi·nie·rung[..ruŋ] 女 -/-en **1**〘医〙(男性の)女性化. **2**〘生〙(雄の)雌性化.

fe·mi·nin[feminí:n, fé:mini:n] 形 **1 a)** (↔maskulin) (weiblich) 女の, 女性の; 女らしい: das ～*e* Geschlecht 女性. **b)**〘言〙女性の(→maskulin, neutral): ein ～*es* Substantiv 女性名詞. **2** (weibisch) (男性が)女性的な, 女みたいな; めめしい, 柔弱な. [*lat.*; <*lat.* fēmina „Weib"]

Fe·mi·ni·num[feminí:nʊm, fé:mini(:)nʊm] 中 -s/..na[..na·] (略 f., F., fem., Fem.)〘言〙女性名詞;《単数で》(名詞の)女性(→Maskulinum, Neutrum). [*lat.*]

Fe·mi·ni·sa·tion[feminizatsió:n] 女 -/-en =Feminierung

fe·mi·ni·sie·ren[feminizí:rən] =feminieren

Fe·mi·ni·sie·rung[..ruŋ] 女 -/-en =Feminierung

Fe·mi·nis·mus[..nísmʊs] 男 -/..men[..mən] **1**〘医〙**a)** (男性の) 女性化〔症〕. **b)**〘生〙(雄の)雌性化. **2**《単

F

数で》女権拡張論; 婦人解放運動.

Fe·mi·nist[..níst] 男 -en/-en (男性の)女権拡張論支持者.

Fe·mi·ni·stin[..nístɪn] 女 -/-nen (女性の)女権拡張論者.

fe·mi·ni·stisch[..nístɪʃ] 形 **1** 女権拡張論の. **2** =feminin 2

fe·mo·ral[femorá:l] 形 〖解〗大腿(だいたい)部の. [< *lat.* femur „Oberschenkel"+..al[1]]

femto.. 《単位名につけて「1000兆分の1(10^{-15})」を意味する: 記号 f》: *Femto*farad フェムトファラッド. [*skand.* „fünfzehn"]

Fench[fɛnç] 男 -[e]s/-e =Fennich [*mhd.*]

Fen·chel[fɛ́nçəl] 男 -s/ 〖植〗ウイキョウ(茴香)(果実を薬用および香辛料とする: → 図 Gewürz). [*lat.* fēniculum – *ahd.*; < *lat.* faenum „Heu"; ◇ *engl.* fennel]

Fen·chel⸗öl 中 ウイキョウ油. ⸗**tee** 男 ウイキョウ茶.

Fen·der[fɛ́ndər] 男 -s/- 〖海〗**1** (船の)防舷(ぼうげん)材, 防舷物, フェンダー(→ 図). **2** (桟橋・岸壁などの)防護材. [*engl.*; ◇ Fenz]

Seil

Korkball

Fender

Fe·nek[fɛ́nɛk] 男 -s/-s, -e =Fennek

Fenn[fɛn] 中 -[e]s/-e 《北部》(Sumpfland) 沼沢地(域), 湿地(帯). [*germ.*; ◇ feucht, Fango; *engl.* fen]

Fen·nek[fɛ́nɛk] 男 -s/-s, -e (Wüstenfuchs) 〖動〗フェネック(北アフリカやアラビアの砂漠地帯に生息するキツネ). [*arab.* fanak; ◇ *engl.* fennec]

Fen·nich[fɛ́nɪç] 男 -s/-e 〖植〗オオアワ(大粟), アワ(粟). [*lat.* pānīcum „italienische Hirse"–*ahd.* phenih]

Fen·no·sar·ma·tia[fɛnozarmá:tsia·] 女 -/ 〖地〗フェノサルマチア(北東ヨーロッパの地層域名). [< *lat.* Fennī „Finnen"+Sarmatia „russisches Tiefland"]

Fen·no·skan·dia[..skándia·] 女 -/ 〖地〗フェノスカンディア(北ヨーロッパの地層域名). [< *lat.* Scandia „Schweden" (◇ Skandinavien)]

Fen·rir[fɛ́nrɪr] 人名 (**Fen·ris·wolf**[fɛ́nrɪs..] 男 -[e]s/) 〖北欧神〗フェンリル(オオカミの姿をした怪物で Loki の息子). [*anord.*]

Fen·ster[fɛ́nstər] 中 -s/- **1 a)** (英: *window*)(建物・車両などの)窓(→ 図): ein blindes ~ (→blind I 4) | ein rundes ~ 丸窓 | ein vergittertes ~ 格子窓 | Guck*fenster* のぞき窓 | die ~ des Himmels 天の窓(聖書: 創7, 11) ‖ das ~ öffnen ⟨schließen⟩ 窓をあける⟨閉める⟩ | ein ~ in die Welt ⟨zur Welt⟩ öffnen《比》世界に向かって門戸を開く | Das ~ geht auf die Straße (hinaus). 窓は通りに面している ‖〖前置詞と〗**am** ~ stehen 窓辺に立っている | ans ~ klopfen 窓をたたく | ***sich***[4] **aus** dem ~ lassen《話》立ち去る | aus dem ~ sehen 窓から外を見る | ***sich***[4] **zu weit aus dem ~ lehnen** ⟨**hängen**⟩《比》(行動・提案などによって)前へ出すぎる, 目立ちすぎる | *sich*[4] aus dem ~ stürzen 窓から身を投げる | **durch** ein ~ in die Wohnung eindringen 窓から住居へ侵入する | **hinter** dem ~ 窓の中(内側・後ろ)に; 部屋の中に | **im** ~ liegen 窓の出っ張りの中に横になっている(置いてある) | Blumen ins ~ stellen 窓ぎわに花を置く | **weg vom ~ sein**《話》世間から忘れられている | **vor** dem ~ 窓の外に | *sich*[4] **zum** ~ hinauslehnen 窓から身をのり出す | zum ~ hinaussehen 窓から外を眺める | **zum ~ hinausreden** ⟨**hinaussprechen**⟩《比》i) (聞く耳もたぬ相手に向かって)むだに話す, 馬の耳に念仏を唱える; ii) (代議士などが議会で)一般大衆を念頭において演説する, 大向こうをねらって話す | das Geld ⟨*sein* Geld⟩ zum ~ hinauswerfen (→Geld 1).

b) (Fensterscheibe) 窓ガラス: das ~ einwerfen (石などを投げて)窓ガラスをこわす(割る) | die ~ einsetzen 窓ガラスを窓わくにはめ込む | die ~ putzen 窓ガラスを磨く | **Das schmeißt mir kein ~ ein.**《比》それは私には痛くもかゆくもない.

2 《話》(Schaufenster)(商店の)陳列窓, ショーウインドー: *et.*[4] aus dem ~ nehmen …をショーウインドーから取り出す | *et.*[4] ins ~ legen …をショーウインドーに飾る.

3 (窓状のもの) **a)** (封筒の)窓(あて名が見えるようになった四角のすかし: → 図 Brief): ein Umschlag mit ~ 窓つき封筒. **b)** (機械などの)のぞき窓(→ 図 Herd). **c)** 〖電算〗(ディスプレー画面の)ウインドー. **d)** 〖地〗(岩層の)地窓, 窓, フェンスター. **e)** 〖解〗窓, 孔.

[*lat.* fenestra–*ahd.*; *engl.* fenestra]

fen·ster·ar·tig 形 窓のような, 窓状の.

Fen·ster⸗bank 女 -/..bänke **1** =Fensterbrett **2** 窓ぎわのベンチ. ⸗**blatt** 中 〖植〗モンステラ(サトイモ科の観葉植物. 葉に窓状の穴があいている). ⸗**bo·gen** 男 (窓の上部の)迫持(せりもち), アーチ. ⸗**brett** 中 窓の下枠, 窓台, 窓敷居(じきい), 膳板(ぜんいた)(窓の下部に取りつけた内側または外側へ水平に張り出した板で, 植木鉢などを置くことができる: → 図 Fenster A): *sich*[4] auf das ~ lehnen 窓台にもたれる | Auf dem ~ standen Blumentöpfe. 窓台に植木鉢が置いてあった. ⸗**brief** 男, ⸗**brief·um·schlag** 男 (パラフィン紙をすかしてあて名が見えるようになった)窓つき封筒. ⸗**brü·stung** 女 窓下の壁: *sich*[4] über die ~ beugen 窓から身をのり出す. ⸗**ein·fas·sung** 女 窓を囲む枠. ⸗**flü·gel** 男 (観音開きなどの)窓の扉(→ 図 Flügel).

Fen·ster·flüg·ler 男 -s/- 〖虫〗マドガ(窓蛾)科のガ.

Fen·ster⸗gips 男 〖医〗窓あきギプス. ⸗**git·ter** 中 窓格子. ⸗**glas** 中 -es/..gläser **1 a)** 《単数で》窓用のガラス. **b)** 〖化〗ソーダガラス. **2** =Fensterscheibe ⸗**griff** 男 窓の取っ手(回転ノブ). ⸗**ka·len·der** 男 (時計の)窓形日付数字. ⸗**kitt** 男 (窓ガラス接合用の)パテ. ⸗**kreuz** 中 十字形の窓桟(→ 図 Fenster A). ⸗**kur·bel** 女 (自動車などの)窓(開閉用)クランク. ⸗**la·den** 男 窓のよろい戸, ウインドーシャッター(→ 図 Haus A). ⸗**le·der** 中 (窓ふき用の)セーム革.

fen·sterln[fɛ́nstərln] 自 (h) 《南部・オーストリア》(夜中に恋人のもとへ)窓から忍び込む, (恋人の部屋の)窓辺へ忍び寄る.

Fen·ster·loch 中 =Fensteröffnung

fen·ster·los[..lo:s][1] 形 窓のない.

Fen·ster⸗lu·ke 女 小窓, のぞき窓. ⸗**man·tel** 男 (すきま風を防ぐための厚手の)窓カーテン.

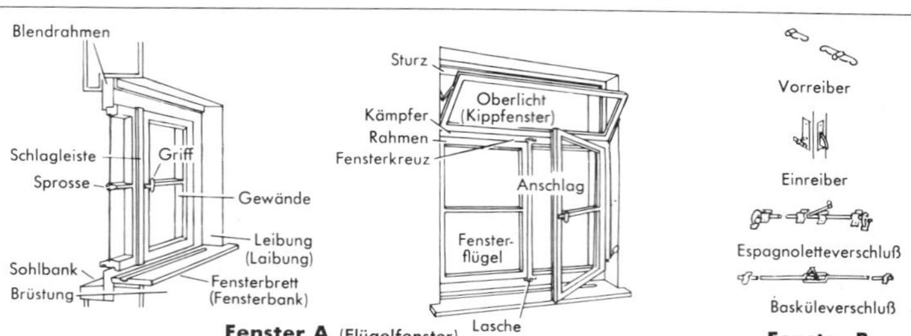

Fenster A (Flügelfenster) **Fenster B**

fen·stern[fέnstərn]《05》 **I** 他 (h)《話》(窓から)ほうり出す: *et.*[4] in den Garten ～ …を窓から庭へほうり投げる. **II** **ge·fen·stert** → 別出

Fen·ster≈ni·sche 女 窓の張り出し, 窓のあるニッチ(→ Nische 1). **≈öff·nung** 女 窓開口部(→ ⊠ Haus A). **≈ope·ra·tion** 女〘医〙〔内耳〕開窓術. **≈pflan·ze** 女 窓際に置く観賞植物. **≈pfo·sten** 男 窓の中方立(なかほうだて), マリオン(窓の開口を仕切る垂直材). **≈platz** 男 (列車・レストランなどの)窓側の座席. **≈pol·ster** 中 (二重窓の防寒用)ウインドークッション. **≈put·zer** 男 窓ふき(人). **≈rah·men** 男 窓枠. **≈rau·te** 女〘紋〙中抜き菱形(ひしがた)(→ ⊠ Wappen e). **≈recht** 中 採光権. **≈re·de** 女 (実体のない)派手で空虚な演説. **≈rie·gel** 男 窓のかんぬき. **≈ro·se** 女 (Rosette)〘建〙バラ窓, 円花(まるはな)窓(教会などの円い大きな窓: → ⊠ Kirche C). **≈schei·be** 女 窓ガラス: eine ～ einsetzen 窓ガラスを窓枠にはめ込む | eine ～ einschlagen 窓ガラスを割る. **≈schnal·le** 女《オーストリア》=Fenstergriff **≈sims** 男 中 = Fensterbrett **≈sitz** 男 = Fensterplatz **≈spie·gel** 男 窓ののぞき鏡(→ Spion 2 b). **≈stock** 男 -[e]s/..stöcke **1**《中部》=Fensterbrett **2**《南部・オーストリア》=Fensterrahmen **≈sturz** 男 **1**〘建〙楣(まぐさ)(窓の壁面開口部の上部の梁(はり)). **2** 窓からの墜落: der Prager ～〘史〙プラハの弁務官窓外放出事件(1618年; 三十年戦争のきっかけとなった). **≈tür** 女 (床まで開く)窓ふうの〈ガラス張りの〉ドア, バルコニー=ドア, フレンチドア. **≈ven·ti·la·tor** 男 換気扇. **≈ver·band** 男〘医〙窓あき〔ギプス〕包帯. **≈vor·hang** 男 窓掛け, 窓カーテン. **≈wir·bel** 男《方》=Fenstergriff

..fenstrig[..fɛnstrɪç][2]《形容詞・数詞などにつけて「窓が…の」を意味する形容詞をつくる》: groß*fenstrig* 大きな窓のある | zwei*fenstrig* 窓の二つある.

Fenz[fɛnts] 女 -/-en 囲い, 垣根, 柵(さく). [*engl.* fence; < *lat.* dēfendere (→Defensor); ◇Fender]

fen·zen[fέntsən]《02》 他 (h) 柵(さく)〈垣根〉で囲む.

Fe·od[féːoːt][1] 中 -[e]s/-e (ゲルマン法の)動産. [*mlat.* feu[du]m; ◇Vieh, feudal; *engl.* feud]

Feo·dor[féːodɔr, ..doːr] 男名 (< Fedor) フェーオドル.

Feo·do·ra[feɔdóːraˑ] 女名 フェオドラ. [*russ.*; ◇Theodora]

Ferch[fɛrç] 男 -[e]s/-e (Schlagwetter)〘坑〙(坑内の)爆発性〈可燃性〉ガス. [*ahd.* ferah „Leben"]

Fer·di·nand[fέrdinant] 男名 フェルディナント. [*germ.* „kühner Schützer"－*span.*; ◇Frieden]

Fer·ge[fέrgə] 男 -n/-n《雅》(Fährmann) 渡し守, 船頭. [*ahd.* ferjo; ◇Fähre]

ferg·gen[fέrgən][1] 他 (h)《スイス》(abfertigen) 発送する.

fe·rial[feriáːl] 形《オーストリア》休暇の; 気楽な, のんびりした. [*mlat.*; ◇..al[1]]

Fe·rial≈ar·beit《オーストリア》=Ferienarbeit **≈tag**《オーストリア》=Ferientag **≈zeit**《オーストリア》=Ferienzeit

Fe·ri·en[féːriən] 複 **1** (学校・裁判所・議会など公共機関の一定期間の)休暇(→Urlaub): Betriebs*ferien* 会社ぐるみの休暇 | Weihnachts*ferien* クリスマス休暇 | die großen ～ (学校の)夏休み ‖ in die ～ fahren 休暇を過ごしに出かける(→2) | Das Parlament geht in die ～. 議会が休会に入る(→2). **2** (Urlaub) (個人の)〔有給〕休暇, 賜暇: ～ bekommen 〈nehmen〉 休みをもらう〈取る〉 | in die ～ gehen 〈fahren〉 休暇を取って出かける(旅行・保養地などに: → 1) ‖ ～ vom Ich (日常の仕事に束縛された)自我からの解放. [*lat.* fēriae; ◇fanatisch, Fest, Feier]

Fe·ri·en≈ak·tion 女 (旧東ドイツで, 長期休暇中の生徒のために催されるキャンプ・スポーツなどの)休暇時グループ活動. **≈ar·beit** 女 **1** =Ferienjob **2** 休暇中の宿題〈課題〉. **≈aus·tausch** 男 休暇中の〔国際〕学生交換. **≈dienst** 男 (旧東ドイツで, 労働組合員のための)休暇サービス. **≈dorf** 中 休暇村. **≈gast** 男 休暇を過ごす滞在客. **≈heim** 中 (休暇中の人々のための)保養施設. **≈job**[..dʒɔp] 男 (学生の)休暇中のアルバイト. **≈kind** 中 (田舎などで)休暇を過ごす子供. **≈ko·lo·nie** 女 (休暇中の都会の子供のための)野外施設, 林間〈臨海〉学校. **≈kurs** (≈**kur·sus**) 男 休暇中の講習会, 夏季〈冬季〉講座. **≈la·ger** 中 (青少年用の)休暇宿泊〈キャンプ〉施設. **≈ort** 男 **1** (特定の人が)休暇を過ごす場所. **2** 多くの休暇旅行者の訪れる町〈村〉. **≈pa·ra·dies** 中 休暇天国(休暇を過ごすのに理想的な場所). **≈rei·se** 女 休暇旅行. **≈sai·son**[..zɛzɔ̃ː] 女 休暇シーズン. **≈scheck** 男 (旧東ドイツで, 労働組合員のための)休暇サービスチケット. **≈spie·le** 複 (休暇中自宅にとどまる児童のために学校・教会などが主催する娯楽的な)休暇活動. **≈tag** 男 休暇の日. **≈zeit** 女 休暇期. **≈zug** 男 休暇期の臨時列車.

Fer·kel[fέrkəl] 中 -s/- **1** 子豚(→Schwein 1). **2**《話》不潔な人; 恥知らずな〈堕落した〉人. [*ahd.*; ◇Furche; *lat.* porcus „Schwein"; *engl.* farrow]

Fer·ke·lei[fɛrkəláɪ] 女 -/-en 卑劣な行為; みだらな〈卑猥(ひわい)な〉言動.

Fer·kel·kraut[fέrkəl..] 中 -[e]s/〘植物〙エゾコウゾリナ属.

fer·keln[fέrkəln]《06》 自 (h) **1** (豚が)子を産む. **2**《話》みだらな〈卑猥(ひわい)な〉行為をする, みだらな〈卑猥な〉言辞を吐く.

Fer·kel·zucht 女 養豚.

ferm[fɛrm]《オーストリア》《話》=firm [*it.* fermo]

Fer·man[fɛrmáːn] 男 -s/-e (イスラム教国の)国王〈皇帝〉の勅令. [*pers.*－*türk.*]

Fer·ma·te[fɛrmáːtə] 女 -/-n〘楽〙フェルマータ, 延音記号(𝄐). [*it.* fermata „Halt"; < *lat.* fīrmāre (→firmen)]

Ferme[fɛrm] 女 -/-n[..mən] (フランス・ベルギーなどの)農場; 小作地. [*fr.*; < *lat.* fīrmus (→firm); ◇Farm]

Fer·ment[fɛrmέnt] 中 -s/-e (Enzym)〘生化学〙酵素. [*lat.*; < *lat.* fervēre „wallen"; ◇Bärme, Fritte]

Fer·men·ta·tion[fɛrmɛntatsióːn] 女 -/-en〘生化学〙発酵〔作用〕.

fer·men·ta·tiv[..tíːf][1] 形 発酵性の.

fer·men·tie·ren[..tíːrən] **I** 他 (h) 発酵させる. **II** 自 (h) 発酵する. [*lat.*]

Fer·mi[fέrmiˑ, fé..] 人名 Enrico ～ エンリコ フェルミ(1901–54; イタリアの物理学者. 1938年にノーベル物理学賞を受賞, アメリカに亡命し,1942年, 初の原子炉建設に成功).

Fer·mion[fɛrmióːn] 中 -s/-en〘理〙フェルミオン, フェルミ粒子.

Fer·mium[fέrmiʊm] 中 -s/〘化〙フェルミウム(放射性元素名; 記号 Fm).

fern[fɛrn] **I** 形 **1** (英: *far*) (↔nah) **a)**《空間的》遠い, 遠くにある, 遠方の, はるかな: ～*es* Donnern 遠雷 | ～*e* Länder 遠方の国々 | der *Ferne* Osten 極東 | ～*ere* Sterne als der Merkur 水星よりももっと遠くの星 ‖ Er ist mir sehr ～. 彼は私とは縁遠い人間だ | **Das sei ～ von mir!**《雅》とんでもない, そんなことは考えてもいない | *Fern* sei mir, den Zudringlichen zu spielen! 私はあつかましいまねなどするつもりは毛頭ない (Kleist) ‖〘副詞的に; 雅語ではしばしば ferne〙ein ～ gelegenes Dorf 遠く離れた村 | Die Sache rückt ～. その件は過去に葬られつつある | Er wohnt ～ von der Stadt 〈von mir〉. 彼は町〈私のところ〉から遠く離れて住んでいる ‖〘前置詞と成句をつくって〙aus 〈von〉 nah und ～ / aus 〈von〉 ～ und nah (→nah 1) | von ～ 遠くから | Ich denke nicht von ～ daran. 私はそんなことは決して考えない. **b)**《時間的》遠い過去〈将来〉の: Erinnerungen aus ～*en* Tagen 〈Zeiten〉 ずっと昔の思い出 | in nicht allzu ～*er* Zeit 遠からず(近いうちに) | in ～*er* Zukunft 〈Vergangenheit〉 ずっと遠い未来〈過去〉 ‖ Der Tag ist nicht mehr ～. その日の来るのももう遠くはない.

★ 動詞と用いる場合は分離の前つづりともみなされる.

2《比較級で》**a)** それ以後〈以上〉の; 追加〈継続〉的な: ～*ere* Aufträge〘商〙追加注文 ‖ Er erklärte des ～*eren*, daß ... 彼はさらに続けて…と説明した. **b)**《副詞的》さらに, なお, それに加えて: Er bereiste China und ～*er* Japan . 彼は中国とその上さらに日本を旅して回った | Er wird auch ～*er* im Amt bleiben. 彼はこれから先もその職にとどまるだろう ‖ ～*er* liefen (→laufen 1 a).

3《スイス》前年の.

II 前《3格支配》《雅》…から離れて, …から遠くに: ～ der Heimat 故郷から遠く離れて | ～ dem Treiben des All-

tags 日常の雑事から遠く離れて.
[*germ.*; ◇ver..; *engl.* far; *gr.* pérā „darüber"]
..fern[..fɛrn]《名詞などにつけて「…から遠い, …から遠く離れた」などを意味する形容詞をつくる》: lebens*fern* 浮世ばなれした | wirklichkeits*fern* 現実から遊離した.
fern·ab[fɛrn|áp] 副《雅》(weit entfernt) 遠く離れて: Das Haus liegt ～ von der Landstraße. その家は街道から遠く隔たっている.
Fer·nam·buk·holz[fɛrnambú:k..] 中 -es/ (Pernambukholz)〘植物〙スオウ(蘇芳).
Fern≠amt[fέrn..] 中 長距離〈市外〉電話交換局. **≠an·schluß** 男 **1** =Fernsprechanschluß **2** (列車の)遠距離地域への接続. **≠as·si·mi·la·tion** 女 (↔Nahassimilation)〘言〙(音声の)離隘(ﾘﾝ)同化(例 中世ドイツ語 loch*ir* の o が i と同化して ö となり現代語の Löcher となる). **≠auf·nah·me** 女〘写〙遠距離撮影, 望遠写真. **≠bahn** 女 長距離鉄道. **≠be·ben** 中〘地〙(震源地から1000キロメートル以上離れたところで記録される)遠距離地震.
fern·be·dien·bar 形 遠隔操作可能な.
fern|be·die·nen 他 (h) (機械・装置などを)遠隔操作〈操縦〉する: eine *fernbediente* Weiche 遠隔操作転轍(ﾃﾝﾃﾂ)器.
Fern≠be·die·nung 女 **1** 遠隔操作, リモート=コントロール. **2** リモコン装置. **≠be·strah·lung** 女〘医〙遠隔照射〔法〕.
fern|blei·ben*《21》自 (s)《雅》《*et.*³》(…から)遠ざかっている, (…に)欠席する: dem Unterricht ～ 授業に出ない | *Bleib* mir *fern* mit solchen Gerüchten! そんなうわさは聞きたくない.
Fern≠blick 男 遠方への眺望, 遠望;《比》(将来への)展望, 見通し. **≠bom·ber** 男 長距離爆撃機. **≠bril·le** 女《話》遠距離用のめがね(近眼鏡など). **≠drucker** 男 =Fernschreiber **≠durch·gang·zug** =Fern-D-Zug
Fern-D-Zug 男 (略 FD) (FD-Zug)〘鉄道〙長距離急行列車(特別急行列車: →D-Zug).
fer·ne[fέrnə] →fern I 1 a
Fer·ne[−] 女 -/-n《ふつう単数で》(↔Nähe) 遠く, 遠方, 遠距離; 遠いこと; 遠い過去〈将来〉: aus der ～ winken 遠くから合図する | eine Brille für die ～ 遠距離用のめがね | Seine Rückkehr liegt schon 〈noch〉 in weiter ～. 彼の帰還はもうずっと昔のことだ〈まだずっと先のことだ〉| in die ～ sehen 遠くを見る;《比》将来を見通す.
Fern·emp·fang[fέrn..] 男 遠距離受信.
fer·ner fern の比較級(→fern I 2 b).
Fer·ner[fέrnər] 男 -s/-《南部・ｵｰｽﾄﾘｱ》(Gletscher) 氷河.
[„Schnee vom vorigen Jahr" (→fern I 3); ◇firn]
fer·ner·hin[fέrnərhın, ⌣⌣⌣] 副 **1** 今後は(も), これから先は(も): auch ～ 今後も, これから先も. **2** (außerdem) そのほかさらに.
fer·ners[fέrnərs] =fernerhin
Fern≠ex·preß[fέrn..] 男 (略 FD) 長距離急行列車. **≠fah·rer** =Fernlastfahrer **≠fahrt** 女 (特に運送トラックによる)長距離走行; (自動車・オートバイ競走の)長距離ラリー. **≠flug** 男 長距離飛行. **≠fo·to·gra·fie** 女 =Fernaufnahme **≠füh·len** 中 -s/ (Telepathie) テレパシー, 精神感応. **≠gas** 中 遠隔地域供給ガス.
Fern·gas·netz 中 遠隔地域ガス管網.
fern·ge·lenkt fernlenken の過去分詞.
Fern≠ge·schoß 中〘軍〙長距離ミサイル. **≠ge·schütz** 中〘軍〙長距離砲. **≠ge·spräch** 中 (↔Ortsgespräch) (電話の)市外〈遠距離〉通話.
fern·ge·steu·ert fernsteuern の過去分詞.
Fern·glas 中 -es/..gläser 双眼鏡.
fern|gucken《話》=fernsehen
Fern·gucker 男《話》=Fernglas
fern|hal·ten*《65》他 (h)《*jn.* 〈*et.*⁴〉 von *jm.*/*jn.* 〈*et.*⁴〉 von *et.*³》(…を…から)遠ざけておく: schlechte Einflüsse von den Kindern ～ 悪い影響を子供たちに与えないようにする ‖ 再帰 *sich*⁴ von *jm.* 〈*et.*³〉 ～ …から遠ざかっている.
Fern·han·del 男 -s/ 遠隔地商業〈貿易〉.
fern|hei·zen《02》他 (h)《ふつう不定詞・過去分詞で》(特定の地域を中央熱源から)遠隔暖房する.
Fern·hei·zung 女 (中央熱源より一定地域内に通じる)遠隔〈地域〉暖房.
fern≠her[fέrnhé:r] 副〔von〕～ 遠くから. **≠hin**[..hín] 副 遠方へ; 将来.
Fern≠hö·rer 男 (電話の)受話器. **≠ko·pie** 女 (Telefax) テレファックス.
fern|ko·pie·ren[fέrnkopi:rən] 他 (h) (telefaxen) テレファックスで送信する.
Fern≠ko·pie·rer 男 (Telefax) テレファックス機器. **≠kurs** 男, **≠kur·sus** 男 通信講座〈教育課程〉. **≠la·ster** 男 長距離運送トラック. **≠last·fah·rer** 男 長距離トラック運転手. **≠last·wa·gen** 男 = Fernlaster **≠last·zug** 男 長距離トレーラートラック. **≠lehr·gang** 男 通信〔教育〕課程. **≠lei·he** 女 (他図書館経由の)遠方貸し出し. **≠lei·tung** 女 (ガス・水道・暖房などの)長距離導管; (電話の)長距離ケーブル.
fern|len·ken 他 (h)《ふつう不定詞・過去分詞で》遠隔操作〈操縦〉する: *ferngelenkte* Raketen 遠隔操縦ロケット, 誘導ミサイル.
Fern≠len·kung 女 遠隔操作〈操縦〉, リモート=コントロール, 無線操縦. **≠licht** 中 (ヘッドライトの)上向きライト.
fern|lie·gen*《93》自 (h) **1** 遠く離れている: ein *fernliegendes* 〈*ferngelegenes*〉 Dorf 遠く離れた村. **2 a)** (思いつき・考えなどが)筋道をはずれている: Die Erwägung *lag* gar nicht *fern*. そうした考慮はけっして突拍子もないものではなかった. **b)**《*jm.*》(意図・考えなどが…にとって)ほど遠いものである: Es *lag* mir *fern*, dich zu beleidigen. 私は君を侮辱する気など全くなかった.
Fern·ling[fέrnlıŋ] 男 -s/-e〘地〙遠隔残丘(モナドノックの一種で, 硬岩以外の偶然的原因から浸食を免れた準平原上の丘陵: →Härtling 1, Restberg).
Fern·mel·de≠amt 中 電信電話局. **≠ge·heim·nis** 中 -ses/〘法〙電気通信の秘密. **≠mast** 男 電柱, 電信柱. **≠recht** 中〘法〙電気通信法. **≠sa·tel·lit** 男 通信衛星. **≠tech·nik** 女 通信技術. **≠trup·pe** 女〘軍〙通信〔部〕隊. **≠we·sen** 中 -s/ (通信・電話・ラジオ・テレビなど)遠隔通信施設〈制度〉.
fern·münd·lich 形 (telefonisch) 電話による.
Fern·mu·ste·rung 女〘理〙リモート=センシング.
Fern·ost[fέrn|ɔ́st] 男《無冠詞単数で》(der Ferne Osten) 極東, 東アジア(日本・朝鮮半島・中国・フィリピンなど).
fern·öst·lich[fέrn|œstlıç] 形《付加語的》極東の.
Fern≠pend·ler 男 遠距離通勤〈通学〉者. **≠pho·to·gra·phie** 女 =Fernfotografie **≠punkt** 男〘医〙(目の)遠点. **≠raum** 男〘心〙遠空間. **≠rohr** 中 (Teleskop) 望遠鏡: ein astronomisches 〈terrestrisches〉 ～ 天体〈地上〉望遠鏡 | das ～〘天〙望遠鏡座. **≠ruf** 男 電話の呼び出し, 通話; 電話番号. **≠schnell·zug** 男 (略 F)〘鉄道〙長距離急行列車.
fern|schrei·ben*《152》他 (h) (通信を)テレタイプで送る.
Fern·schrei·ber 男 テレタイプ, テレプリンター.
Fern·schreib≠ma·schi·ne 女 = Fernschreiber **≠netz** 中 テレックス網. **≠teil·neh·mer** 男 テレックス加入者.
fern·schrift·lich 形 テレタイプによる.
Fern≠schu·le 女 通信制学校. **≠schuß** 男〘球技〙ロングシュート.
Fern·seh≠an·sa·ger[fέrnze:..] 男 テレビのアナウンサー. **≠an·spra·che** 女 (国の指導者などの)テレビ演説. **≠an·stalt** 女 テレビ局. **≠an·ten·ne** 女 テレビ用のアンテナ. **≠ap·pa·rat** 男 テレビ受像機. **≠be·ra·tung** 女 テレビ相談. **≠bild** 中 テレビの映像〈画像〉. **≠de·bat·te** 女, **≠dis·kus·sion** 女 テレビ討論〔会〕. **≠emp·fän·ger** 男 =Fernsehapparat
fern|se·hen*[fέrnze:ən]《164》**I** 自 (h) テレビ放送を見る: *Siehst* du oft *fern*? 君はよくテレビを見るのかい | Ich

habe den ganzen Abend *ferngesehen*. 私は一晩じゅうテレビを見ていた. **II Fẹrn·se·hen** 中 -s/ **1** (Television) テレビ〔放送〕; テレビの画像: ～ gucken《話》テレビを見る (＝fernsehen) | im 〈vom〉 ～ übertragen テレビで中継される | Was bringt das ～ heute abend?/Was gibt es heute abend im ～? 今晩テレビは何をやるのかね. **2 a)** (Fernsehapparat) テレビ受像機: das ～ einschalten 〈ausschalten〉 テレビをつける〈消す〉. **b)** (Fernsehanstalt) テレビ局: beim ～ arbeiten テレビ局で仕事をしている. **3** テレビ〔放送〕を見ること.

Fẹrn·se·her[..ze:ər] 男《話》**1** ＝Fernsehapparat **2** ＝Fernsehzuschauer

Fẹrn·seh⸗film 男 テレビ映画. **⸗ge·bühr** 女 -/-en《ふつう複数で》テレビ受信料. **⸗ge·rät** 中 ＝Fernsehapparat **⸗ge·sell·schaft** 女 テレビ会社. **⸗ge·spräch** 中 テレビ対談〈討論〉. **⸗in·ter·view**[..ɪntərvju:] 中 テレビのインタビュー. **⸗ka·me·ra** 女 テレビカメラ. **⸗ka·nal** 男 テレビのチャンネル. **⸗ki·ste** 女《話》＝Fernsehapparat **⸗kom·men·ta·tor** 男 テレビの解説者. **⸗kul·tur** 女 テレビ文化. **⸗leu·te** 複 テレビ放送関係者 (特にカメラマンなど). **⸗mo·de·ra·tor** 男 テレビの司会者. **⸗netz** 中 テレビ網. **⸗pro·gramm** 中 テレビ番組; (ある放送局の)放送番組全体; テレビ放送〔組織〕: Hier kann man 3 ～*e* empfangen. ここではチャンネルが三つ入る. **⸗re·de** 女 ＝Fernsehansprache **⸗rei·he** 女 ＝Fernsehserie **⸗re·por·ta·ge**[..repɔrta:ʒə] 女 テレビ＝ルポルタージュ. **⸗re·por·ter** 男 テレビの報道記者〈リポーター〉. **⸗röh·re** 女 テレビのブラウン管. **⸗sa·tel·lit** 男 テレビ放送衛星. **⸗schirm** 男 (ブラウン管の)テレビ受像面. **⸗sen·der** 男 テレビ放送局. **⸗sen·dung** 女 テレビ放送. **⸗se·rie**[..ze:riə] 女 テレビの連続放送番組. **⸗spiel** 中 テレビ劇〈ドラマ〉. **⸗spot** 男 テレビのスポット(短いコマーシャルフィルム). **⸗sprach·kurs** 男 テレビ語学講座. **⸗spre·cher** 男 ＝Fernsehansager **⸗sta·tion** 女 テレビ中継局. **⸗stück** 中 テレビドラマ; テレビ映画. **⸗stu·dio** 中 テレビのスタジオ.

fẹrn·seh·süch·tig 形 テレビ中毒の.

Fẹrn·seh⸗te·le·fon 中 テレビ電話. **⸗tru·he** 女 テレビのキャビネット. **⸗turm** 男 テレビ塔. **⸗über·tra·gung** 女 テレビ中継. **⸗uni·ver·si·tät** 女 テレビによる放送大学. **⸗volk** 中《集合的に》《戯》テレビの視聴者. **⸗wer·bung** 女 テレビ広告〈コマーシャル〉. **⸗zim·mer** 中 テレビを置いてある部屋. **⸗zu·schau·er** 男 テレビの視聴者.

Fẹrn·sicht[fɛ́rnzɪçt] 女 ＝Fernblick

fẹrn·sich·tig[..tɪç][2] ＝weitsichtig

Fẹrn·sich·tig·keit[..kaɪt] ＝Weitsichtigkeit

Fẹrn·sprech⸗amt 中 電話局. **⸗an·schluß** 男 電話接続: bei *jm.* einen ～ einrichten …のところに電話を設置する. **⸗ap·pa·rat** 男 電話機. **⸗aus·kunfts·dienst** 男 電話営業案内業務〈窓口〉. **⸗au·to·mat** 男 自動〈公衆〉電話. **⸗buch** 中 電話帳, 電話番号簿.

fẹrn|spre·chen*《177》自 (h) (telefonieren) 電話する.

Fẹrn·spre·cher 男 (Telefon) 電話〔機〕(→ 図): öffentlicher ～ 公衆電話.

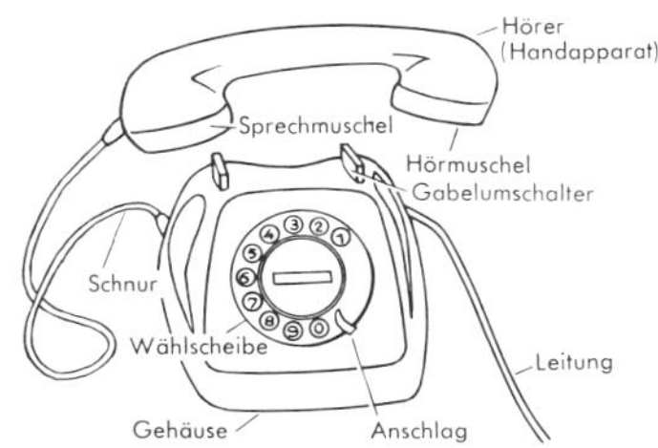

Fernsprecher

Fẹrn·sprech⸗ge·bühr 女 -/-en《ふつう複数で》電話料金. **⸗ge·heim·nis** 中 -ses/ (交換手の)通話守秘義務. **⸗ka·bel** 中 電話ケーブル(→ 図 Kabel). **⸗ka·bi·ne** 女 電話ボックス. **⸗lei·tung** 女 電話線. **⸗netz** 中 電話網. **⸗num·mer** 女 電話番号. **⸗teil·neh·mer** 男 電話加入者. **⸗ver·bin·dung** 女 (通話のための)電話の接続. **⸗ver·zeich·nis** 中 ＝Fernsprechbuch **⸗we·sen** 中 -s/ 電話施設〈制度〉. **⸗zel·le** 女 電話ボックス. **⸗zen·tra·le** 女 (会社・工場・役所など大規模な施設の)電話交換室.

fẹrn⸗|ste·hen*《182》自 (h) (*et.*[3]/*jm.*) (…から)遠く離れている: der Partei ～ 党から離れている | Er *steht* mir *fern*. 彼は私とは縁遠い人間だ. **⸗|steu·ern**《05》他 (h) 遠隔操作〈操縦〉する: ein *ferngesteuertes* Flugzeug〔空〕遠隔〈無線〉操縦機.

Fẹrn·steue·rung 女 **1** 遠隔操作〈操縦〉, リモート＝コントロール. **2** リモコン装置.

Fẹrn⸗stra·ße ＝Fernverkehrsstraße **⸗stu·dent** 男 通信教育の受講者; (↔Direktstudent) (旧東ドイツで) 通信教育大学生. **⸗stu·dium** 中 通信教育の受講; (↔ Direktstudium) (旧東ドイツで, 大学生の)通信教育による勉学. **⸗tou·ris·mus**[..turɪsmʊs] 男 遠隔地への観光旅行〔熱〕, 海外〈国外〉観光旅行〔熱〕. **⸗trans·port** 男 長距離輸送. **⸗trau·ung** 女 遠隔結婚(第二次大戦中ドイツで戦地にいる相手と行われた). **⸗uni·ver·si·tät** 女 通信教育大学. **⸗un·ter·richt** 男 通信教育. **⸗ver·bin·dung** 女 (交通・電話などの)長距離連絡〈接続〉. **⸗ver·kehr** 男 **1** (↔Nahverkehr) 遠距離交通, 長距離運輸. **2**《集合的に》遠距離通話.

Fẹrn·ver·kehrs⸗mit·tel 中 長距離交通手段. **⸗stra·ße** 女 遠距離〈長距離〉交通用道路, 幹線道路.

Fẹrn⸗waf·fe 女 長距離兵器. **⸗wär·me** 女 遠隔〈地域〉暖房〔による熱〕. **⸗wär·me·netz** 中 遠隔〈地域〉暖房網. **⸗weh** 中 -s/《雅》(↔Heimweh) 遙(はる)かなるところへのあこがれ; 放浪癖. **⸗wir·kung** 女 遠隔作用, 遠方効果. **⸗ziel** 中 (↔Nahziel) 遠い将来の目標. **⸗zug** 男 長距離列車 (IC-Zug, TEE など急行列車をさす: →Fern-D-Zug).

Fer·ra·ra[fɛrá:ra·] 地名 フェラーラ(イタリア北部の商工業都市. 15-16世紀イタリア＝ルネサンス文化の一中心地であった). [*lat.* ferrāria „Eisenbergwerk"–*it.*]

Fer·rat[fɛrá:t] 中 -s/-e 鉄酸塩. [＜..at]

ferri..《名詞・形容詞などにつけて「鉄」, 化学化合物の名称では「第二鉄」を意味する》: *Ferri*nitrat 硝酸第二鉄.

Fer·rit[fɛrí:t, ..rít] **I** 中 -s/-e〔化〕亜鉄酸塩. **II** 男 -s/-e〔金属〕フェライト.

ferro..《名詞・形容詞などにつけて「鉄」, 化学化合物の名称では「第一鉄」を意味する》: *Ferro*sulfat 硫酸第一鉄.

Fer·ro·chrom[fɛrokró:m] 中 -s/〔化〕フェロクロム(鉄とクロムの合金).

Fer·ro·le·gie·rung[fɛ́ro..] 女〔化〕鉄合金.

fer·ro·ma·gne·tisch[fɛromagné:tɪʃ] 形 磁鉄鉱の; 強磁性の.

Fer·ro·ma·gne·tis·mus[..magnetísmʊs] 男 -/ 〔理〕強磁性.

Fer·ro·man·gan[..maŋgá:n] 中 -s/〔化〕フェロマンガン(鉄とマンガンの合金).

Fer·ro·ty·pie[..typí:] 女 -/-n[..pí:ən]〔写〕フェロタイプ〔法〕. [＜Typus]

Fer·ro·zyan·ka·lium[..tsya:nká:liʊm] 中〔化〕フェロシアン化カリウム.

Fẹr·rum[fɛ́rʊm] 中 -s/ (Eisen) 鉄(記号 Fe). [*lat.*]

Fẹr·se[fɛ́rzə] 女 -/-n **1** (足の)かかと(→ 図 Mensch B): die ～ des Achilles アキレウスのかかと;《比》(強者の)弱点 ‖ *sich*[3] die ～*n* wund laufen 歩きすぎてかかとを痛める | ***jm.* die ～*n* zeigen**《雅》…に後ろを見せる, …から逃げる ‖ ***sich*[4]** an *js.* ～*n* heften 〈hängen〉 / ***sich*[4] *jm.* an die ～*n* heften 〈hängen〉** (ねばり強く)…のあとを追う | ***jm.* auf den ～*n* bleiben 〈sein / sitzen〉** …のすぐあとをつけている, …を追いつめている | ***jm.* auf den ～*n* folgen** ぴったり…のすぐ後ろからついて行く | ***jn.* auf den ～*n* haben** …にあとをつけられて

F

いる | *jm.* **auf die ~*n* treten**《話》…の感情を害する. **2** (靴・靴下などの)かかと(→ 図 Strumpf): die Socke mit einem Loch an ⟨in⟩ der ~ かかとに穴のあいたソックス. [*germ.*]

Fẹr·sen≠bein 中《解》跟骨(こんこつ), 踵骨(しょうこつ) (→ 図 Mensch C). **≠flech·se** 女 アキレス腱(けん). **≠geld** 中《もっぱら次の成句で》**~ geben**《戯》逃げる, ずらかる.

fẹr·tig[fέrtɪç][2] 形《比較変化なし》**1 a)** 完成した, でき上がった; 完全な; すぐ使える: ein ~ *es* Kleid 既製服 | ein ~*er* Künstler 円熟した芸術家 | eine ~*e* Zunge haben 口が達者である ‖ in *et.*[3] ~ sein …に熟達している | Das Bild ist ~. その絵は仕上がっている | Ist das Essen noch nicht ~? 食事の用意はまだできてないのか | Er ist noch nicht ~.《話》彼はまだ子供だ ‖ ein Haus ~ kaufen 建売住宅を買う | ~ Geige spielen ヴァイオリンの演奏が堂に入(い)っている | ~ russisch sprechen ロシア語がぺらぺらである.
b)《述語的》終わった; やりとげられた: Sieh zu, wie er ~ wird! 彼がどれだけやれるか見ていたまえ ‖ **mit** *et.*[3] **~ sein** …を終えている | Ich bin mit dem Roman ⟨dem Essen⟩ ~. 私はその小説を読み終えた⟨食事をすませた⟩ | Ich bin mit meinem Glas ~. 私はグラス⟨コップ⟩を飲み干した | Er ist mit der Welt ~. 彼は世の中を見限っている | mit *jm.* ~ sein …と手⟨縁⟩を切っている, …を相手にしない | **mit** *et.*[3] **~ werden** …を終える; …(困難な課題など)を成しとげる | Er ist mit diesem Erlebnis noch nicht ~ geworden. 彼はその体験をまだ忘れられなかった | **mit** *jm.* **~ werden** …(扱いにくい人など)を意のままにする | Er wird mit seinem Sohn nicht mehr ~. 彼はもう自分の息子が手に負えないでいる | Sie konnte nicht ~ werden, seine Arbeit zu loben. 彼女は彼の仕事をくり返しほめた⟨ほめちぎった⟩ | Ich bin bisher ohne dich ~ geworden. 私はこれまで君の手助けなしに切り抜けて来た ‖ Du bleibst zu Hause, 〔und〕 ~. 君は留守番だ.〔それで〕おしまい(これ以上つべこべ言うな) ‖ Ich habe das Buch ~.《話》私はその本を読み終えた.
c)《述語的》《話》(性行為の際にオルガスムスに達して)終わった: **~ werden** オルガスムスに達する.
2《ふつう述語的》(bereit) 用意のできた: Das Schiff ⟨Der Zug⟩ ist ~ zur Abfahrt. 船⟨列車⟩は出発準備がととのっている | Für dein Kommen ist alles ~. 君がいつ来てもいいように万事準備はできている | Auf die Plätze, ~, los!《スポ》位置について 用意 ドン.
3《副詞的用法なし》《話》**a)** (erschöpft) 疲れきった, 疲労困憊(こんぱい)した: die völlig ~*e* Hausfrau くたくたに疲れ果てた主婦 | mit den Nerven ~ sein 神経が参っている | In der Hitze war er vollkommen ~. 暑さで彼はすっかり参っていた ‖ fix und ~ (→fix I 3).
b) ~ sein i) あっけにとられて⟨びっくりして⟩いる; ii) 支払い能力がない, 素寒貧(すかんぴん)である.
★ 動詞と用いる場合は分離の前つづりともみなされる.
[*ahd.* fartīg „bereit zur Fahrt"; ◇Fahrt]

Fẹr·tig·bau[fέrtɪç..] 男 -〔e〕s/-ten **1** プレハブ建造物. **2**《単数で》プレハブ工法: *et.*[4] im ~ errichten …をプレハブで建造する.

fẹr·tig|bau·en 他 (h) (建造物を)完成する, 完工させる.

Fẹr·tig≠bau·wei·se 女 = Fertigbau 2 **≠be·ar·bei·tung** 女 仕上げ加工. **≠be·klei·dung** 女 既製衣料品.

fẹr·tig|be·kom·men* 《80》 = fertigbringen

Fẹr·tig·be·ton·wa·gen 男 コンクリートミキサー車.

fẹr·tig|brin·gen* 《26》 他 (h) 仕上げる, 完成する; 成しとげる, 成就する; 〔ずうずうしく〕やってのける: die Arbeit ~ 仕事を完了する | Er *brachte* es *fertig*, die Stelle zu bekommen. 彼はそのポストを手に入れることができた | Ich *bringe* es nicht *fertig*, ihm die Wahrheit zu sagen. 私は彼にとても本当のことは言えない | Das *bringst* nur du *fertig*.《話》こんなばかなことをするのは君ぐらいのものだ.

fẹr·ti·gen[fέrtɪgən][2] **I** 他 (h) **1** 製造⟨製作⟩する;《美》制作する;《官》(文書を)作成する. ▽**2**《官》(unterzeichnen) (文書に)署名する. **3**《商》(荷物を)発送⟨運送⟩する.
II Ge·fẹr·tig·te → 別出 [*mhd.*; ◇fertig]

Fẹr·ti·ger[..gər] 男 -s/-《商》運送業者, 運送人; (貨物の)送り主, 荷主.

Fẹr·tig≠er·zeug·nis[fέrtɪç..] 中, **≠fa·bri·kat** 中 完成品, 既製品. **≠ge·richt** 中 調理済み⟨インスタント⟩食品. **≠haus** 中 プレハブ住宅, 組み立て式家屋.

Fẹr·tig·keit[fέrtɪçkaɪt] 女 -/-en 熟練, 巧みさ;《複数で》技能: eine große ~ in *et.*[3] haben …がたいへん上手である.

Fẹr·tig·klei·dung 女 (Konfektion) 既製服.

fẹr·tig≠|ko·chen I 他 (h) 料理し終える; 煮上げる. **II** 自 (h) 料理し終わる. **≠|krie·gen** = fertigbringen

fẹr·tig|ma·chen[fέrtɪç..] 他 (h) **1**《*jn.*》(…に)準備⟨支度⟩を整えてやる, 用意させる: die Kinder für den Ausflug ~ 子供らに遠足の支度をしてやる ‖ 再帰 *sich*[4] ~ 支度をする, 身支度をする | *sich*[4] zum Schlafen ~ 就寝の用意をする ‖ *Fertigmachen* zum Abmarsch!《軍》出発用意(号令).
2《*et.*[4]》完成する, 仕上げる: die Arbeit ~ 仕事をやり終える.
3《*jn.*》**a)** しかりつける, どやし⟨どなり⟩つける. **b)** (精神的に)大打撃⟨ショック⟩を与える, 参らせる, 消耗⟨困憊(こんぱい)⟩させる: Der Gedanke allein kann einen ~ 考えただけでも参って⟨たまらなくなって⟩しまうこともある | Es *machte* sie *fertig*, daß sie die ganze Sache falsch gemacht haben könnte. ひょっとして何もかもやり方を間違えたのかもしれないと思うと彼女はがっくりきた⟨憂うつになってしまった⟩. **c)**《話》ぶちのめす, (さんざん殴って)足腰の立たないようにしてしまう; 殺す, かたづける: Noch ein Wort, und ich *mache* dich *fertig*. 一言でも言ってみろ ぶち殺すぞ. **d)**《話》(性行為の際にオルガスムスに)達せさせる, いかせる.

Fẹr·tig·ma·chung[..maxʊŋ] 女 -/ fertigmachen すること.

Fẹr·tig·pro·dukt 中 = Fertigerzeugnis

fẹr·tig|stel·len 他 (h) 完成⟨完了⟩する, 仕上げる, 作り上げる.

Fẹr·tig·stel·lung 女 完成, 仕上げ.

Fẹr·tig·teil 中 (特に建築材などの)既製部品, プレハブ部材.

Fẹr·ti·gung[fέrtɪgʊŋ] 女 -/ **1** 製造, 製作. **2**《官》(文書の)作成.

Fẹr·ti·gungs≠ab·lauf 男, **≠gang** 男 製造過程. **≠ko·sten** 複 製作費⟨コスト⟩. **≠li̱·nie** 女 = Fertigungsstraße **≠me·tho̱·de** 女 製造法. **≠stra̱·ße** 女 (流れ作業の)生産⟨組み立て⟩ライン.

Fẹr·tig·wa̱·re[fέrtɪç..] 女 完成製品, 既製品.

fer·ti̱l[fɛrtí:l] 形 (↔infertil, steril) (fruchtbar)《生》受胎⟨受精⟩能力のある, 稔性(ねんせい)のある;《比》多産な; (地味の)肥えた, 肥沃(ひよく)な. [*lat.*; <*lat.* ferre „tragen"]

Fer·ti·li·sa·tio̱n[fɛrtilizatsió:n] 女 -/-en (Befruchtung) 授精; 受精, 受胎.

Fer·ti·li·tä̱t[..tilitέ:t] 女 -/ **1** 多産; 豊饒(ほうじょう), 肥沃(ひよく). **2**《生》繁殖力, 受胎⟨受精⟩能力, 稔性(ねんせい).

Fe̱·ru·la[fé:rula·] 女 -/-s《宗》苦行用軽棒; (司教の)錫杖(しゃくじょう), 司教杖(づえ); (ローマ教皇の)十字杖(→ 図). [*lat.*]

Ferula (Kreuzstab)

fes[fɛs], **Fes**[1][–] 中 -/-《楽》変ヘ音.

Fe̱s[2][fe:s] 男 -〔ses〕/-〔se〕(縁なしで房のついた赤いフェルトの)トルコ帽(→ 図). [*türk.*; 製造地とされるモロッコの町の名; ◇*engl.* fez]

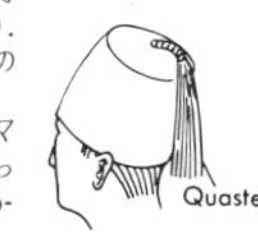

Fes[2]

fesch[fɛʃ; ｵｰｽﾄﾘｱ: fe:ʃ] 形 **1** 小いきな, スマートな, ハイカラな. **2**《ｵｰｽﾄﾘｱ》好ましい, しっかりした. [<fashionabel „modisch"]

Fe̱·schak[fέʃak] 男 -s/-s《ｵｰｽﾄﾘｱ》〔小〕いきな男. [fesch をスラブ語めかした形]

fẹs·es[fέs|ɛs, ⌣⌣], **Fẹs·es**[–] 中 -/-《楽》重変ヘ音.

Fẹs·sel[1][fέsəl] 女 -/-n《ふつう複数で》(手足などを縛る)鎖, 枷(かせ), いましめ;《比》束縛, 拘束: die ~*n* der Liebe《比》愛のきずな ‖ *jm.* ~*n* anlegen / *jn.* in ~*n* legen ⟨schlagen⟩ …を鎖につなぐ;《比》…を束縛する | *jm.* die ~*n* abstreifen …の鎖⟨いましめ⟩を解く;《比》…を自由にする | *sich*[4]

F

von den ~*n* der Konvention befreien 因襲の枷を脱する. [< *ahd.* fezzil „Tragband“ (◇Faß)+fezzara „Fessel“ (◇Fuß; *engl.* fetter)]

Fes·sel[2][−] 女 -/-n **1** つなぎ(牛・馬などのひづめとくるぶしの間: → ⊗ Pferd A). **2** (特に女性の)ふくらはぎと足関節の間, 足首. [*mhd.*; ◇Fuß]

Fes·sel·bal·lon[..balɔŋ] 男 (↔Freiballon) (軍用・観測用の)係留気球(→ ⊗ Ballon).

Fes·sel·bein 中 (馬などの)中手骨, 掌骨.

fes·sel·frei 《雅》= fessellos 1

Fes·sel·ge·lenk = Kötengelenk

fes·sel·los[..lo:s][1] 形 **1** 足枷(あしかせ)を外された. **2** 《比》束縛を解かれた, 拘束されない, 自由な, (思想や行動が)独立の.

fes·seln[fɛ́səln] 《06》 **I** 他 (h) **1** 《*jn.* / *et.*[4]》 **a)** (…に)枷(かせ)をはめる, 鎖につなぐ, 縛る; 束縛〈拘束〉する: *jn.* 〔mit Ketten〕 an Händen und Füßen ~ …の手足を〔鎖で〕くくる | *jn.* an einen Baum ~ …を木に縛りつける ‖ ans Bett *gefesselt* sein (→Bett 1 a) | Seine Zunge war *gefesselt*. 彼は(驚き・恐怖のなどのあまり)口がきけなかった. **b)** 〖レスリング〗ロックする: den Arm des Gegners ~ 相手の腕をロックする.

2 《比》《*jn.*》 (…の)興味〈注意〉をひきつける, 魅了する: *js.* Aufmerksamkeit ~ …の注意をひく | Sie *fesselt* ihn mit ihren Reizen 〈durch ihre Reize〉 〔an sich〕. 彼女はこの魅力で彼をとりこにしている.

II fes·selnd 現分 形 魅力のある, 興味をひく: ein ~*er* Unterricht 魅力のある授業 | eine ~ geschriebene Novelle 興味深く書かれた小説.

Fes·se·lung[fɛ́səlʊŋ] (**Feß·lung**[..slʊŋ]) 女 -/-en (fesseln すること. 例えば:) 束縛, 拘束; 魅了.

fest[fɛst] 形 **1** 固体の; 堅い, がっちりした; じょうぶな: ~*er* Brennstoff 固形〈固体〉燃料 | ein ~*er* Hals 〈Arm〉 がっしりした首〈腕〉 | ~*er* Körper 固体(=Festkörper) | eine ~*e* Kruste 堅い〈がんじょうな〉外皮 | ein ~*es* Porzellan 硬質陶磁器 | ~*es* Tuch じょうぶな〈目のつんだ〉布 ‖ *et.*[4] ~ backen …を堅焼きにする(ただし: →festbacken) | Das Eis bleibt ~. 氷は硬いままである(ただし: →festbleiben) | Wasser wird beim Gefrieren ~. 水は凍ると固体になる | den Teig ~ kneten 粉を固くこねる.

2 固着〈固定〉した, 不動〈不変〉の, 確実〈安泰〉な; 確固たる: ein Mann ohne ~*en* Beruf 定職のない男 | ~*er* Charakter しっかりした性格 | einen ~*en* Freund haben 決まったボーイフレンドがいる | ein ~*es* Einkommen 〈Gehalt〉 beziehen 決まった収入が〈固定給で〉ある | eine ~*e* Freundschaft 固い友情 | ~*en* Fuß fassen (→Fuß 1 a) | ~*es* Geld 〖商〗定期貸付金〈預金・借入金〉 | ein ~*er* Haken 〈Nagel〉 しっかり留まっているフック〈クギ〉 | in ~*en* Händen sein (→Hand 2 a) | eine ~*e* Hand schreiben しっかりした字を書く | ~*e* Kundschaft 固定〈安定〉した客層 | das ~*e* Land (島に対して)陸地, 本土 | sein ~*es* Mädel 《戯》彼のフィアンセ | der ~*en* Meinung sein 確固たる意見をもっている | ~*e* Preise 定価 | ~*en* Schrittes 〈mit ~*em* Schritt〉 gehen しっかりした足どりで歩く | eine ~*e* Stellung 安定した地位; 〖軍〗防塁陣地 | mit ~*er* Stimme きっぱりした声で | ein ~*er* Wissenschaftler 本格的な科学者 | Er hat einen 〈seinen〉 ~*en* Wohnsitz in Wien. 彼はウィーンに定住している ‖ Der Zahn ist noch ~. この歯はまだしっかりしている | gegen *et.*[4] ~ sein …に対して不死身である | Er ist ~ in seinem Fach. 彼は自分の専門分野に精通している ‖〖副詞的に: →feste II〗~ angestellt sein 常雇い〈常勤者〉である | steif und ~ behaupten 頑固に主張する | *jn.* ~ beißen …にかみついて離さない(ただし: →festbeißen) | das Band ~ binden ひもをしっかり締める(ただし: →festbinden) | *jm.* die Hand ~ drücken …の手をぎゅっと握る | Die Börse eröffnet ~. 〖経〗寄り付き〈始値〉は堅調である | an *et.*[4] ~ glauben …を固く信じる | *sich*[4] an *jn.* ~ klammern …にひしと抱きつく(ただし: →festklammern) | die Lippen 〈die Zähne〉 ~ aufeinander pressen 唇を固く結ぶ, 歯をくいしばる | ~ schlafen ぐっすり眠る | die Tür ~ schließen ドアをぴったり閉める | *jm.* *et.*[4] ~ versprechen …に…を確約する.

★ 動詞と用いる場合は分離の前つづりともみなされる.

[*germ.*; ◇fast〔en〕; *engl.* fast]

..fest[..fɛst] 《名詞・動詞などにつけて「…に対して強い」を意味する形容詞をつくる》: feuer*fest* 耐火性の | kälte*fest* 耐寒性の | kugel*fest* 防弾の ‖ koch*fest* 煮沸してもいたまない | trink*fest* 酒に強い.

Fest[fɛst] 中 -es(-s)/-e 祭り, 祝祭〔日〕; 祝宴, パーティー; 喜び, 愉快: ein großes 〈fröhliches〉 ~ 盛んな〈楽しい〉祭り | ein bewegliches ~ 移動祝祭日(復活祭など, 年によって日付の変わる祝祭) | ein unbewegliches ~ 固定祝祭日(クリスマスなど, 年によって日付の変わらない祝祭) | die drei hohen ~*e* 三大祝祭(クリスマス・復活祭・聖霊降臨祭) | Frohes ~! (祝日のあいさつで)おめでとう | Richt*fest* 棟上げ式 | Sport*fest* 体育祭 | Tanz*fest* ダンスパーティー ‖ ein ~ begehen 祝典を挙行する, 祝う | ein ~ geben 〈abhalten〉 祝宴を催す | **Man muß die ~*e* feiern, wie sie fallen.** 《諺》機会は逸すべからず(祭りはその当日に祝わねばならぬ) ‖ Es war mir ein ~. 《話》それは私にとってうれしいことだった(反語的にも用いる). [*lat.*−*mhd.*; < *lat.* fēstus „festlich“; ◇Feier, Fete; *engl.* feast]

Fest≈abend[fɛ́st..] 男 晩に催される祝祭, 祝宴. **≈akt** 男 儀式, 式典, 〔祝賀〕行事.

fest·an·ge·stellt 形 常雇いの, 常勤の.

Fest≈an·spra·che 女 祝辞. **≈auf·füh·rung** 女 祝典〈フェスティバル〉での上演. **≈aus·schuß** 男 祝賀〔準備〕委員会.

fest|backen 自 (h, s) (雪・泥などが)固まる: an *et.*[3] ~ …にこびりつく(ただし: fest backen →fest 1).

Fest·ban·kett 中 祝宴.

fest|ban·nen 他 (h) (呪文(じゅもん)・魔法で)動けなくする, 呪縛する.

Fest·bat·zen 男 《スイス》 (Gedenkmünze) 記念硬貨.

fest|bei·ßen* 《13》 他 (h) 再帰 *sich*[4] an *et.*[3] ~ …に食らいつく; 《比》…(問題など)に取り組む(ただし: fest beißen → fest 2).

Fest·be·leuch·tung 女 **1** 祝賀イルミネーション. **2** 《話》ぜいたくな〈むだな〉照明.

fest≈be·sol·det 形 固定給を受けている, 常勤〈常雇い〉の. **≈|bin·den** * 《18》 他 (h) 《*et.*[4] an *et.*[3] 〈*et.*[4]〉》 (…を…に)つなぐ, 結びつける, 縛りつける(ただし: fest binden →fest 2): ein Pferd am 〈an den〉 Pfahl ~ 馬をくいにつなぐ. **≈|blei·ben*** 《21》 自 (s) 不変〈不動〉である; 〖商〗持ち合いである(ただし: fest bleiben →fest 1): bei *et.*[3] ~ (状態・意見・態度などに関して)…であり続ける, …をもち続ける.

Fest·brauch 男 祝祭〈祭り〉の風習.

fest≈|dre·hen 他 (h) (ふたなどを)回して締める. **≈|drücken** 他 (h) しっかり押しつぶす〈固める〉.

fe·ste[fɛ́stə] **I** 形 →fest **II** 副 《話》 (tüchtig) したたか, 大いに: ~ arbeiten 懸命に働く | *Feste* los! さあ思いきってやれ, がんばれ | *jn.* ~ durchprügeln …をさんざん殴る.

Fe·ste[−] 女 -/-n ▽**1** (Festung) 要塞(ようさい), とりで; 《雅》 (Himmelsfeste) 大空, 蒼穹(そうきゅう). **2** 〖坑〗鉱柱, 残柱. [*ahd.* festī „Festigkeit“; ◇fest, Veste]

fe·sten[1][fɛ́stən] 《01》 他 (h) 堅くする, 強くする, 固定する.

fe·sten[2][−] 《01》 自 (h) 《スイス》 供宴〈宴会〉をする, 祝う.

Fe·stes·freu·de[fɛ́stəs..] 女 祝典の喜ばしい気分.

Fest·es·sen 中 宴会〔の食事〕; 《戯》歓楽, 楽しみ: **es ist mir ein ~** 《話》私はたいへん楽しい.

fest|fah·ren*[fɛ́st..] 《37》 **I** 他 (h) (車をぬかるみなどにはめて)動けなくする; 〖海〗(船を)座礁させる: 再帰 *sich*[4] ~ (車が)動けなくなる; 《比》行きづまる, 停頓(ていとん)する | Er hat sich mit seinem Plan gründlich *festgefahren*. 彼の計画は全くにっちもさっちも行かなくなった. **II** 自 (s) (車が)動けなくなる; 《比》行きづまる, 停頓する: Die Sache ist *festgefahren*. 事態は行きづまった ‖ ein im Schnee *festgefahrenes* Auto 雪にはまって動けなくなった自動車.

fest|fres·sen*[fɛ́stfrɛsən] 《49》 他 (h) **1** 再帰 *sich*[4] ~ 《場所を示す語句と》 (…に)食い込んで動きがとれなくなる: *sich*[4] im Schlamm ~ (車輪などが)ぬかるみにはまり込む. **2** 《in *jn.*》 (特定の考えなどが…の念頭に固定観念として)しっか

F

り根を下ろす.

Fest·ga·be 女 **1** 祝いの贈り物. **2** ＝Festschrift

fest·ge·fügt 形 しっかり継ぎ〈とめ〉合わされた.

Fest·ge·la·ge 中 (盛大な)宴会.

Fest·geld 中 定期預金.

fest·ge·schnürt 形 (ひもで)しっかり縛りつけられた.

Fest·ge·wand 中《雅》祝祭に着る衣装, 晴れ着.

fest·ge·wur·zelt **I** festwurzeln の過去分詞. **II** 形 根を生やした, 根深い: eine ～*e* Ansicht 根強い意見 | Er blieb wie ～ stehen. (びっくり仰天して・ぼう然と)彼は足に根が生えたように立ちつくした.

Fest·got·tes·dienst 男 祝日の礼拝.

fest|ha·ken 他 (h) **1** フック〈かぎ・留め金〉で固定する: eine Tür ～ ドアを留め金で固定する ‖ 再帰 *sich*⁴ ～ フック〈かぎ〉で固定される〈とまる〉| Der Reißverschluß hat sich *festgehakt*. ファスナーが(途中で引っかかって)動かなくなった. **2** 再帰 *sich*⁴ ～《比》(考えなどが念頭を)離れない, しみこんでいる.

Fest·hal·le 女 フェスティバル=ホール, 集会場, 宴会場.

fest|hal·ten* 《65》 **I** 他 (h) **1 a)** 《*et.*⁴》しっかりと持っている, 固く保持する; (絵・写真・メモなどで)記録しておく; (心に)とめておく: *sein* Geld ～ 金を握って遣わない | ein Ereignis mit der Kamera 〈in einem Foto〉 ～ 事件を写真におさめておく. **b)** 《*jn.*》ひきとめておく: *jn.* am Ärmel ～ …の袖(そで)をつかんで放さない | einen Dieb ～ どろぼうを取り押える〈拘留する〉. **2** 再帰 *sich*⁴ an *et.*³ ～ …にしっかりつかまる, …にしがみつく | *sich*⁴ am Geländer ～ 手すりにつかまる.

II 自 (h) 《an *et.*³》(…から)離れない, (…に)固執する: an dem Glauben ～ 信仰をすてない.

fe·sti·gen[fɛ́stɪgən]² 他 (h) **1** 強くする; (関係・地位・名声などを)固める, 強固にする: *seine* Stellung ～ 地位を固める ‖ 再帰 *sich*⁴ ～ 強くなる, 固まる, 強固になる | Die Beziehungen der beiden Länder haben sich *gefestigt*. その両国間の関係は強固になった. **2** (通貨を)安定させる.

Fe·stig·keit[fɛ́stɪçkaɪt] 女 -/ 固いこと, 固さ, 堅固, 堅実, ぐらつかないこと, 一定していること, 確固〔不動〕, 安定, 不変; 断固としていること; 緻密(ちみつ), 目の詰まっていること;〖理〗剛性;〖工〗(材料の)強度, 強さ;〖電〗抵抗〔力〕.

Fe·sti·gung[fɛ́stɪgʊŋ] 女 -/ (festigen すること. 例えば:) 固め, 強化; 確定, 確立, 確認; 安定化.

fe·sti·na len·te[fɛstíːna· lɛ́ntə, – ..te·] 《ラテン語》(eile mit Weile!) 急がば回れ. [◇lento]

Fe·sti·val[fɛ́stivəl, ..val, fɛstivál] 中 (スイス: 男) -s/-s (Festlichkeit) フェスティバル, 音楽〈演劇〉祭. [*mlat.*–*afr.*–*engl.*]

Fe·sti·vi·tät[fɛstivitɛ́ːt] 女 -/-en《戯》祝祭, 祝宴; お祭り気分. [*lat.*; < *lat.* fēstīvus „festlich gesinnt" (◇Fest)]

fest≠|kei·len[fɛ́st..] 他 (h) くさびで留める; くさび留めにする: Er ist *festgekeilt* zwischen den Menschenmassen. 彼は群集にはさまれて身動きもできない. ≠|**klam·mern** 《05》 他 (h) (かすがい・締め金などで)固く留める(ただし: fest klammern →fest 2): die Wäsche an der Leine ～ 洗濯物をひもに(洗濯ばさみで)留める ‖ 再帰 *sich*⁴ an *et.*³ ～ …にしがみつく. ≠|**kle·ben** **I** 他 (h) 《*et.*⁴ an *et.*³》(のり・にかわなどで…を…に)くっつける, はりつける: ein Plakat an der Wand ～ ポスターを壁にはりつける ‖ 再帰 *sich*⁴ an *et.*³ ～ …にはりつく | Das Hemd *klebt* sich am Rücken *fest*. (汗などで)シャツが背中にはりつく | *sich*⁴ an *jm.* ～《話》…にくっつきまわる, …にまつわりつく. **II** 自 (h, s) 《an *et.*³》(…に)粘着〈付着〉する; (…に)執着〈固執〉する, まといつく.

Fest·kleid 中 式服, 礼服; 晴れ着.

fest≠|klem·men **I** 他 (h) 《*et.*⁴ an *et.*³》(留め金・締め金などで…を…に)しっかりと留める, 締めつける: das Kabel an der Batterie ～ ケーブルを電池につなぐ ‖ 再帰 *sich*⁴ ～ はさまれる, はまりこむ, (入りこんで)動けなくなる. **II** 自 (s) (さびなどで)動かない. ≠|**knüp·fen** 他 (h) 固く結びつける.

Fest≠kom·ma 中 (↔Gleitkomma)〖電算〗固定小数点. ≠**kör·per** 男 固体; (Kristall)〖化・鉱〗結晶.

Fest·kör·per≠phy·sik 女 -/ 固体物理学. ≠**schal·tung** 女〖電〗固体集積回路.

Fest·land[fɛ́stlant]¹ 中 -〔e〕s/..länder (Kontinent) 大陸; 本土, (島に対する)陸地.

fest·län·disch[..lɛndɪʃ] 形 大陸〈本土〉の.

Fest·land〔s〕·sockel 男〖地〗大陸棚.

fest|lau·fen*[fɛ́st..] 《89》 **I** 他 (h) 再帰 *sich*⁴ ～ (船・攻撃・計画などが障害にあって)進めなくなる: *sich*⁴ an der Deckung ～〖球技〗ディフェンスに阻まれて攻撃の足が止まる〈攻めあぐむ〉. **II** 自 (s) ＝*sich*⁴ festlaufen

fest|le·gen[fɛ́st..] 他 (h) **1** 《*et.*⁴》 **a)** (動かないように)固定する: die Tür mit einem Keil ～ ドアをくさびで動かないようにする. **b)**〖海〗係留〈投錨(とうびょう)〉する: 再帰 *sich*⁴ ～ 係留〈投錨〉される. **2** (規則・計画などを)確定〈確立〉する: die Tagesordnung 〈den Reiseweg〉 ～ 日程〈旅行経路〉を決める | gesetzlich 〈durch Gesetz / in einem Gesetz〉 *festgelegte* Rechte 法律によって定められた諸権利. **3** 《*jn.*》(…の行動を)束縛〈拘束〉する: *jn.* auf *et.*⁴ ～ …を…に縛りつける | *jn.* auf *seine* Äußerung ～ …の言質を取る | *Legen* Sie mich bitte nicht darauf *fest*, daß ... …と私に明言〈確約〉させないでください, …と私が明言〈確約〉したなどと言わないでください ‖ 再帰 *sich*⁴ ～ 決心する; 拘束される | *sich*⁴ auf eine Ansicht ～ はっきりとある考え〈見解〉を打ち出す | *sich*⁴ auf 〈スイス: über〉 nichts ～ lassen / *sich*⁴ nicht ～ lassen 何も言質を取られない〈確約しない〉| *sich*⁴ für die Zukunft ～ 将来の方針を立てる. **4**〖商〗長期投資する: Geld auf zwei Jahre ～ 金を向こう 2 年間投資する.

Fest·le·gung[..gʊŋ] 女 -/-en (festlegen すること. 例えば:) 固定, 決定, 確定, 制定; 監禁, 拘束; 投資.

fest·lich[fɛ́stlɪç] 形 祝祭の, 酒宴の; 荘重な, 華麗な, 陽気な: ～ gekleidet sein 晴れ着を着ている | einen Geburtstag ～ begehen 誕生日を盛大に祝う | *jn.* ～ bewirten 宴をはって…をもてなす.

Fest·lich·keit[–kaɪt] 女 -/-en **1** (Fest) 祭り, 祝典; 供宴. **2** 《単数で》祭りの気分, にぎわい; 荘重, 華麗.

Fest·lied 中 祝賀の歌, 式典歌.

fest|lie·gen*[fɛ́st..] 《93》 自 (h) (日程・計画などが)定まって〈決まって〉いる; (資本が)固定している; (乗り物が)動けないでいる: Der Termin der Abreise *liegt* schon *fest*. 出発の期日はすでに決まっている | Das Schiff *liegt* auf der Sandbank *fest*. その船は浅瀬に乗りあげている ‖ *festliegendes* Kapital〖商〗固定資本.

Fest·ma·che·bo·je 女〖海〗係留〈係船〉ブイ.

fest|ma·chen **I** 他 (h) **1** 《*et.*⁴ an *et.*³》(…を…に)固定する, 固着させる, 留める: den Hund an der Kette ～ 犬を鎖につなぐ | ein Boot am Ufer ～ ボートを岸につなぐ | Meine Behauptung läßt sich vor allem auf den folgenden drei Punkten ～. 《比》私の主張はとりわけ次の 3 点を論拠とすることができる. **2** 固める, 堅固〈強固〉にする; (都市などを)要塞(ようさい)で固める; 拘禁する, 逮捕する. **3** 取り決める, 約定する: einen Termin ～ 日取りを決める | ein Geschäft ～ 取引を結ぶ | Ich habe noch nichts mit ihm *festgemacht*. 彼とはまだ何も決めていない. **4**〖狩〗(獣の)居所をかぎ出す, 探り当てる.

II 自 (h)〖海〗停泊〈係留〉する, (マストを)取り付ける: am Kai 〈im Hafen〉 ～ 波止場〈港〉に停泊する.

Fest·ma·che·ton·ne 女〖海〗係留〈係船〉ブイ.

Fest·mahl[fɛ́st..] 中 祝宴, 宴会.

Fest≠mark 女 -/〖経〗不動マルク. ≠**me·ter** 男 中 (略 fm) (↔Raummeter)〖林〗フェストメートル(木材の相互間隙(かんげき)を含まない実体積単位: 1 m^3).

fest|na·geln 《06》 他 (h) **1 a)** 《*et.*⁴》くぎ付けにする; 固定する: ein Brett ～ 板をくぎで打ちつける | Er saß wie *festgenagelt* da. 彼は(くぎ付けにされたように)身動きもせずに座っていた. **b)** 《*jn.*》(…の行動を)束縛〈拘束〉する: *jn.* auf *seine* Aussage 〈auf *sein* Versprechen〉 ～ …の言質を取る, …にその発言〈約束〉の実行〈履行〉を迫る | *jn.* in 〈mit〉 einem Gespräch ～ …をむりに会話に引きとめる. **2** (誤りなどを)はっきり指摘〔してのっぴきならなく〕する.

Fest·nah·me[..naːmə] 女 -/-n〖法〗逮捕, 拘引: vorläufige ～ 仮の逮捕.

fest|neh·men* 《104》 他 (h) 《*jn.*》逮捕〈拘引〉する.

F

Fe·ston[fɛstɔ̃ː] 中 -s/-s **1** 花綵(かさい)(→図). **2** 〘服飾・建〙懸花装飾. [*it.*–*fr.*; ◇Fete; *engl.* festoon]

Feston

fe·sto·nie·ren[fɛstoniːrən] 他 (h) 花綵(かさい)〔模様〕で飾る.

Fest·ord·ner[fɛ́st..] 男 祝祭(宴会)の世話人, 幹事.

Fest·plat·te 女〘電算〙ハードディスク.

Fest·platz 男 (祝祭の)式場, 会場.

Fest≠preis 男 (↔Richtpreis)〘経〙固定価格; 公定価格. **≠punkt** 男〔固〕定点. [<fest]

Fest≠re·de 女 祝辞, 式辞. **≠red·ner** 男 祝辞を述べる人.

fest|ren·nen* ⟪117⟫ 他 (h) **1** 再帰 *sich*⁴ in *et.*³ ~ …のとりこになってしまう. **2** 再帰 *sich*⁴ an *et.*³ ~〘球技〙…(ディフェンスなど)にあって攻めあぐむ.

Fest·saal 男 宴会場, 大広間.

fest|sau·gen⁽*⁾ ⟪124⟫ 他 (h) 再帰 *sich*⁴ an *et.*³ ~ …に吸いつく.

Fest≠schmaus 男 祝宴, 宴会. **≠schmuck** 男 祝祭用の衣装(装飾).

fest≠|schnal·len[fɛ́st..] 他 (h) (ベルト・スキー靴などを)バックル(金具)で固く締める. **≠|schrau·ben** 他 (h) (ねじを)固く締める; (ねじで)固く締めつける, 固定する. **≠|schrei·ben*** ⟪152⟫ 他 (h) (契約などを)文書に書き記す; ⟪比⟫(不変のこととして)承認する.

Fest·schrift 女 記念刊行物(論文集).

fest|set·zen ⟪02⟫ 他 (h) **1** ⟪*et.*⁴⟫ 決める, 定める, 制定する: den Tag ~ 日取りを決める | *et.*⁴ vertraglich ~ 契約を結んで…を取り決める, …を約定する | die Versicherungssumme auf 8 000 DM ~ 保険金額を8000マルクと定める | Die Ausbildungsdauer ist auf 2 Jahre *festgesetzt.* 修業年限は2年と定められている ‖ *festgesetzter* Preis 定価 | zur *festgesetzten* Stunde 定められた時刻に. **2** 再帰 *sich*⁴ ~ 定まる; (習慣などが)固定する; (ほこりなどが)こびりつく: Sand *setzt* sich in den Haaren *fest.* 砂が頭髪に付着している | Diese Idee hat sich in ihm *festgesetzt.* この観念が彼の心には固定してしまった. **3 a)** ⟪話⟫ 再帰 *sich*⁴ ~ (特定の場所に)定住する, 確かな地歩を占める. **b)** 再帰 *sich*⁴ ~〘軍〙陣地を構える. **4** ＝festnehmen

Fest·set·zung[..tsʊŋ] 女 -/-en 〔sich〕festsetzen すること.

fest|sit·zen* ⟪171⟫ 自 (h) 固着(付着)する, (くぎ・おの・かぎなどが)しっかりと食い込む, はまりこんで動かない; (乗り物が)立往生する(船が座礁して・車が故障してなど); 定住する, 腰をすえる: Der Gedanke *sitzt* bei ⟨in⟩ ihm *fest.* この考えは彼にあっては動かない, この考えを彼は変えない | Wir *sitzen* mit unserer Arbeit *fest.* 我々の仕事は動きがとれない(どうにも進行しない).

Fest·spiel[fɛ́st..] 中 -〔e〕s/-e **1** 祝祭(祝典)劇, 記念上演. **2** ⟪複数で⟫ フェスティバル(演劇・音楽・映画祭など): Salzburger ~*e* ザルツブルク音楽祭 | Film*festspiele* 映画祭.

Fest·spiel·haus 中 祝祭劇場, フェスティバル=ホール.

fest|stamp·fen 他 (h) 踏み(つき)固める.

fest|ste·hen* ⟪182⟫ **I** 自 (h) 確かである, 確定(決定)している; 安定している, 固定されている, (機械などが)すえつけてある: Es *steht fest* ⟨*Fest steht*⟩, daß ... …は確実である. **II fest·ste·hend** 現分 形 定まった, 既定の, 強固な, すえつけの, 定置の: ein ~*er* Begriff 固定概念 | ein ~*er* Brauch 確立した習慣 | eine ~*e* Redewendung 決まり文句.

Fest·stell·brem·se 女〘工〙補助ブレーキ(ハンドブレーキ・サイドブレーキなど).

fest|stel·len 他 (h) **1 a)** つきとめる, 確かめる, 確認する, 立証する; 認める, 気づく; 査定する, (価格などを)決定する: *js.* Personalien ~ …の身元をつきとめる | den Preis ~ 値段を決める | einen Schaden ~ 損害額を査定する ‖ Seine Unschuld wurde *festgestellt.* 彼の無罪が立証された | Er *stellte* plötzlich *fest,* daß er sein Geld vergessen hatte. 彼は突然金を忘れてきたのに気づいた. **b)** 〘化〙測定(量定)する. **2** 確言(断言)する: Der Redner *stellte fest,* daß ... 話し手は…だと断言した. **3** (動かないように)固定する.

Fest·stel·lung 女 -/-en (feststellen すること. 例えば:) 確認, 査定, 確定.

Fest·stel·lungs·kla·ge 女〘法〙確認の訴え.

Fest≠stie·ge[fɛ́st..] 女 ⟪オーストリア⟫ 豪華な(装飾つき)階段. **≠stim·mung** 女 お祭り気分. **≠tag** 男 -〔e〕s/-e **1** 祝祭日. **2** ⟪複数で⟫ ＝Festspiel 2

fest·täg·lich 形 祝〔祭〕日らしい: ~ gekleidet 晴れ着を着て.

fest·tags 副 祝祭日〔ごと〕に.

Fest·tags≠klei·dung 女 晴れ着. **≠stim·mung** 女 祝祭日の(はなやいだ)気分.

Fest·treib·stoff 男 固体燃料.

fest|tre·ten* ⟪194⟫ 他 (h) 踏み固める: 再帰 Das *tritt* sich *fest!* i) ⟪戯⟫ (物を地面に落とした人に対して慰め・からかいの言葉として)そのうち踏み固められてしまうさ; ii) ⟪比⟫ やがて雨降って地固まるの結果になる(うまくおさまる)だろうよ.

Fest·um·zug 男 祝祭の行列, パレード, ページェント.

Fe·stung[fɛ́stʊŋ] 女 -/-en **1** とりで, 要塞(ようさい): eine ~ anlegen 築城する | die ~ belagern ⟨einnehmen⟩ 要塞(ようさい)を攻囲する(攻め落とす) | die ~ übergeben 城を明け渡す. **2** (Festungshaft) 城塞禁固: auf ~ sitzen 城塞禁固刑に服している.

Fe·stungs≠bau 男 -〔e〕s/-ten **1** ⟪単数で⟫ 築城〔術〕. **2** とりで, 要塞(ようさい). **≠gra·ben** 男 城郭(要塞)の濠(ほり). **≠haft** 女 (昔の)城塞禁固. **≠kom·man·dant** 男 要塞司令官. **≠krieg** 男 要塞戦. **≠mau·er** 女 とりでの囲壁. **≠stra·fe** 女 ＝Festungshaft **≠wall** 男 城塁, 土塁, 塁壁. **≠werk** 中 防備施設, とりで, 要塞.

fest·ver·zins·lich[fɛ́st..] 形 確定利付きの.

Fest≠vor·stel·lung 女 祝賀(記念)公演. **≠vor·trag** 男 祝辞, 記念講演.

Fest·wert·spei·cher 男 -s/- ＝ROM

Fest≠wie·se 女 (野外の)祝祭場. **≠wo·che** 女 祝祭週間; (演劇・音楽祭など)フェスティバルの催される週.

fest|wur·zeln ⟪06⟫ **I** 自 (h) 深く根をおろす. **II fest·ge·wur·zelt** → 別出

Fest·zeit 女 祝祭期間; 祭日の多い時期.

fest|zie·hen* ⟪219⟫ 他 (h) (結び目・綱・バンド・ネクタイなどを)引き締める, きちっと締める.

Fest·zug 男 ＝Festumzug

fest|zur·ren 他 (h) 〘海〙 (いかり・ボートなどを甲板上に)しっかりと固定する, 結び(縛り)留める.

fe·tal[fetáːl] 形〘医〙(妊娠後3か月以上の)胎児の. [<Fetus+..al¹]

Fe·te[féːtə, fɛ́ː..] (**Fête**[fɛ́t(ə)]) 女 -/-n[..tən] ⟪話⟫ パーティー, お祝い, 宴会. [*fr.*; <*lat.* fēstus (→Fest)]

Fe·ten Fete, Fetus の複数.

ᵛ**fe·tie·ren**[fetíːrən] 他 (h) 祝う. [*fr.*; ◇Fete]

Fe·tisch[féːtɪʃ] 男 -〔e〕s/-e 呪物(じゅぶつ), 物神(霊力をもつものとして未開人の信仰する石・木片など): einen ~ anbeten ⟨verehren⟩ 呪物を崇拝する. [*port.* feitiço „Zauber〔mittel〕“–*fr.* fétiche; <*lat.* factīcius „künstlich“ (◇..fizieren)]

Fe·ti·schis·mus[fetɪʃísmʊs] 男 -/ フェチシズム, 呪物(じゅぶつ)(物神)崇拝; 〘医〙淫物(いんぶつ)(拝物)愛, 物品淫欲症(異性の衣服・装身具などに触れて情欲を感じる異常性欲).

Fe·ti·schist[..ʃíst] 男 -en/-en 呪物(じゅぶつ)(物神)崇拝者; 淫物(いんぶつ)(拝物)愛の人, 物品淫欲症患者.

fe·ti·schi·stisch[..stɪʃ] 形 呪物(じゅぶつ)(物神)崇拝の; 淫物(いんぶつ)(拝物)愛の, 物品淫欲症の.

fett[fɛt] 形 **1** (英: *fat*)脂肪の多い, 脂っこい, 油で汚れた: ~*es* Fleisch 脂肉, 脂身 | eine ~*e* Mahlzeit しつこい食事 ‖ ~*e* Kohle 餅炭(へいたん)(瀝青(れきせい)物質が多い) | ~*er* Ton 油(可塑性)粘土 ‖ Das Brot ist ~ gestrichen. パンにバターがこってり塗ってある ‖ *jm.* einen ~*en* Bissen ⟨Braten⟩ wegschnappen ⟪比⟫ …のばく大な利益を横取りする | Das macht das Kraut ⟨den Kohl⟩ nicht ~. ⟪比⟫ それは何の足しにもならない. **2** (↔mager) よく肥えた, 肥満した, ずんぐり

F

した; (文字・活字などが)肉太(にくぶと)の; (塗料などの)厚い: ein ~*es* Schwein よく太った豚 | ein ~*er* Mensch でぶ | ein ~*er* Bauch 太鼓腹 ‖ ein ~*er* Buchstabe 太活字, ボールド体 | eine ~*e* Stimme だみ声 ‖ dick und ~ werden 肥える | *sich*[4] dick und ~ essen 飽食する; 《比》私腹を肥やす | *et.*[4] ~ drucken …を太字〈ボールド体〉で印刷する ‖ ein ~*es* Kalb schlachten 《比》歓待の準備に精を出す(太った子牛を畜殺する) | Davon kann man nicht ~ werden. 《比》それでは引き合わない. **3** 豊富な, 地味のよい, 肥沃(ひよく)な; 収穫の多い, 有利な, もうかる: eine ~*e* Wiese 生い茂った草原 | ein ~*er* Boden 肥沃な土壌 | ein ~*er* Posten 収入の多い地位 ‖ eine ~*e* Erbschaft antreten ばく大な遺産を受けつぐ | die sieben ~*en* Jahre (→Jahr 1) | ~*e* Zeiten erleben 物質的に豊かな時代を経験する. **4** 《述語的》《話》(ぐでんぐでんに)酔っぱらった. [*mndd.*; ◇feist]

Fett[fɛt] 中 -es(-s)/-e **1** (英: *fat*)脂肪; (動植物性または合成の)油脂(ラード・ヘット・グリースなど): industrielle ~*e* 工業用油脂 | pflanzliche 〈tierische〉 ~*e* 植物〈動物〉油脂 | synthetische ~*e* 合成油脂 ‖ ~ auslassen 〖料理〗ラード〈ヘット〉を溶かす | **das ~ abschöpfen** 〈**von der Suppe schöpfen**〉《比》うまい汁を吸う | ***jm.* sein ~ geben** 《話》…をこっぴどくしかる | ***sein* ~ kriegen** 〈〔**ab**〕**bekommen**〉《話》罰をくらう; どやされる | ***sein* ~ weghaben** 《話》当然の罰を受けて〈お小言をくらって〉いる ‖ ***Fett* schwimmt** 〔**immer**〕 **oben.** 《諺》 i) 太った人はおぼれる心配は無用だ; ii) 金持ち世にはばかる(油はいつも上に浮く). **2** 《単数で》(人間や動物の体内に蓄積される)脂肪〔組織〕: Bauch*fett* 腹部の脂肪 | Neutral*fett* 中性脂肪 ‖ ~ ansetzen 脂肪がつく, 太る, 肥える ‖ **im** 〈**in *seinem***〉 **eigenen ~ ersticken** 《話》ぜいたくをして身を滅ぼす | ***jn.* im** 〈**in *seinem***〉 **eigenen ~ schmoren lassen** 《話》…を〔自業自得の〕苦境に放置する, …に手を貸さずにおく | **im ~ schwimmen** 〈**sitzen**〉 《話》ぬくぬくと暮らす | **von** *seinem* eigenen ~ zehren 《話》自分の蓄えを使って生活する. [*mndd.*]

Fẹtt≈ab·la·ge·rung[fɛ́t..] 女, **≈an·satz** 男 〖生理〗脂肪沈着.

fẹtt·arm 形 脂肪〔分〕の少ない, 低脂肪の.

Fẹtt≈au·ge 中 〖料理〗(スープの表面に浮かんだ)脂肪の玉. **≈bauch** 男 《話》太鼓腹; でぶ.

fẹtt·bäu·chig 形 太鼓腹の.

Fẹtt≈creme[..kreːm] 女 (脂肪の多い)リッチクリーム. **≈de·pot**[..depoː] 中 〖医〗脂肪の集積. **≈druck** 男 -〔e〕s/ 太字〈ボールド体〉印刷.

Fẹt·te[fɛ́tə] 女 -/ =Fettigkeit 1

Fẹtt·ein·la·ge·rung =Fettablagerung

fẹt·ten[fɛ́tən] 《01》 **I** 他 (h) 脂〈油〉を塗る, 油をさす. **II** 自 (h) **1** 脂が出る, 脂がにじむ. **2** 脂肪分を含有している.

Fẹtt≈fleck[fɛ́t..] 男, **≈flecken** 男 脂のしみ(斑点(はんてん)).

fẹtt·frei 形 脂肪を含まない.

fẹtt·ge·druckt 形 太字〈ボールド体〉で印刷された.

Fẹtt≈ge·halt 男 -〔e〕s/ 脂肪含有量. **≈ge·schwulst** 女 (Lipom) 〖医〗脂肪腫(しゅ), 脂瘤(しりゅう). **≈ge·we·be** 中 〖解〗脂肪組織.

fẹtt·hal·tig 形 脂肪を含む.

Fẹtt·heit[fɛ́thaɪt] 女 -/ =Fettigkeit 1

Fẹtt≈hen·ne 女 〖植〗キリンソウ(麒麟草)属(ベンケイソウ・マンネングサなど). **≈he·ring** 男 (脂の多い)塩ニシン. **≈herz** 中 〖医〗脂肪心.

fẹt·tig[fɛ́tɪç][2] (ᵛ**fẹt·ticht**[−t]) 形 脂肪質の, 油性の; 脂でよごれた, 脂じみた; 脂肪分の多い, 脂っこい.

Fẹt·tig·keit[fɛ́tɪçkaɪt] 女 -/-en **1** 《単数で》脂肪性〈質〉; 脂肪分の多いこと, 脂ぎっていること, 肥満していること. **2** 《ふつう複数で》《話》脂肪性食品, 脂肪分の多い食物.

Fẹtt≈kloß[fɛ́t..] 男 《話》でぶ, 太っちょ. **≈klum·pen** 男 脂肪のかたまり; 《話》でぶ. **≈koh·le** 女 -/ 〖坑〗脂肪炭, 餅炭(へいたん). **≈kraut** 中 〖植〗ムシトリスミレ(虫取菫)〔属〕.

Fẹtt·le·be 女 -/ 《方》こってりした料理〈食物〉; ぜいたくな暮らし: **~ machen** ぜいたくに暮らす. [＜Leben]

Fẹtt·le·ber 女 〖医〗脂肪肝, 肝脂肪変性.

fẹtt·lei·big[..laɪbɪç][2] 形 肥満体の, でっぷり太った.

Fẹtt·lei·big·keit[..kaɪt] 女 -/ 肥満; 脂肪過多症.

fẹtt≈los 形 脂肪のない. **≈lös·lich** 形 脂肪に溶解する. **≈mar·mo·riert** 形 (牛肉などに白い脂肪が網状にまざり合った)霜降りの.

Fẹtt≈mas·se 女 -/-n 《ふつう複数で》脂肪のかたまり. **≈mops** 男 《話》(背の低い)太っちょ, でぶ. **≈näpf·chen** 中 《次の成句で》〔**bei *jm.***〕 **ins ~ treten** / *sich*[4] 〔bei *jm.*〕 ins ~ setzen (うっかりしたことを言ったりして)…に嫌われる, …を怒らせる. **≈pflan·ze** 女 〖植〗多肉植物. **≈pol·ster** 中 **1** 〖生〗皮下脂肪: überflüssige ~ ぜい肉 | ~[4] ansetzen (体に)脂肪がつく, でっぷり肥える. **2** (資本の)蓄え, 余裕.

fẹtt·reich 形 脂肪〔分〕の多い, 高脂肪の.

Fẹtt≈sack 男 《卑》肥満した人, でぶ. **≈säu·re** 女 〖化〗脂肪酸. **≈schicht** 女 脂肪〈グリース〉の層. **≈schwalm** 男 〖鳥〗アブラヨタカ(油夜鷹)(旧名オオヨタカ). **≈sucht** 女 -/ 〖医〗脂肪過多〔症〕, 肥満〔症〕.

fẹtt≈süch·tig 形 脂肪過多〔症〕の, 肥満体質の. **≈trie·fend** 形 脂のしたたる.

Fẹtt≈trop·fen 男 脂肪の滴〈玉〉. **≈ver·bren·nung** 女 脂肪燃焼. **≈vo·gel** 男 =Fettschwalm **≈wanst** 男 《話》でぶ, 太っちょ, 太鼓腹. **≈zel·le** 女 〖生〗脂肪細胞.

Fẹ·tus[féːtʊs] 男 -ses/-se, ..ten[..tən] 〖医〗(妊娠後3か月以上の)胎児. [*lat.* fētus „Gebären"]

Fẹtz·chen Fetzen の縮小形.

fẹt·zeln[fɛ́tsəln] 《06》 他 (h) 《方》ずたずたに引き裂く.

fẹt·zen[fɛ́tsən] 《02》 **I** 他 (h) **1** 引きちぎる, ずたずたに引き裂く. **2** (*jn.*) こき下ろす, 酷評する. **3** さんざんに殴る. **II** 自 **1** (h) 《話》がむしゃらに働く. **2** (s) すばやく〈急いで〉移動する. **3** (h) **das fetzt** 《若者語》それはすばらしい〈感動的である〉.

Fẹt·zen[−] 男 -s/- (⑪ **Fẹtz·chen**[..çən], **Fẹtz·lein**[..laɪn] 中 -s/-) **1 a)** (特に紙・布などの)ちぎれた小片, くず; ぼろ切れ; 《比》断片: ein ~ Fleisch 肉の断片, 肉片 | ein ~ Stoff 布きれ | ~ eines Gesprächs 会話の断片 | ~ von Gesang とぎれとぎれの歌 ‖ 〔nur〕 ein ~ Papier sein (文書などが)無効である, ただの紙きれである ‖ Die Hose wird bald in ~ gehen. そのズボンはもうすぐぼろぼろになるだろう | in ~ gekleidet ぼろ服をまとって | *et.*[4] in ~ 〔zer〕reißen …をずたずたに引き裂く ‖ Sie prügelten sich, daß die ~ flogen. 彼らは猛烈に〈容赦なく〉殴りあった. **b)** 《軽蔑的に》(安物の)服: alles Geld für den Kauf von ~ ausgeben 服を買うのに有り金をはたく. **c)** 《オーストリア》(Schürze) エプロン, 前掛け. **d)** 《オーストリア》(Lappen) ぞうきん.

2 くずのような人間, やくざ; ᵛ女中.

3 《オーストリア》(Rausch) 酔い, 酩酊(めいてい).

[*mhd.*; ＜*ahd.* fassōn „sich kleiden" (◇fassen)]

Fẹt·zen·ball 男 《オーストリア》 **1** 布をまるめたボール. **2** (Maskenball) 仮装舞踏会.

Fẹt·zer[fɛ́tsər] 男 -s/- 《南部》 **1** 打つ〈たたく〉道具; むち; こん棒. **2 a)** 尻(しり)へのむち打ち. **b)** 尻. **3** 《話》 **a)** 刑吏. **b)** 盗人.

fẹt·zig[fɛ́tsɪç][2] 形 《話》(toll) すばらしい, すてきな: eine ~*e* Musik すてきな音楽.

Fẹtz·lein Fetzen の縮小形.

feucht[fɔʏçt] 形 (↔trocken) 湿った, 湿っぽい, 湿度の高い: ein ~*er* Keller じめじめした地下室 | das vom Tau ~*e* Gras しっとりと露にぬれた草 | die ~*e* Hitze 蒸し暑さ | ein ~*er* Sommer 雨の多い夏 ‖ ein ~*er* Abend / eine ~*e* Angelegenheit 《話》酒宴, 酒盛り | ~*e* Augen 涙ぐんだ目 ‖ eine ~*e* Aussprache haben (→Aussprache 1) | ein ~*es* Grab finden (→Grab) | ins ~*e* Element gehen 《戯》水中に入る ‖ *jn.* einen ~*en* Kehricht / Lehm / Schmutz / Staub angehen (→angehen II 3) ‖ *et.*[4] ~ abwischen …をぬれ布巾で拭く. [*westgerm.*; ◇Fenn, Fango]

Feuch·te[fɔ́ʏçtə] 女 -/-n =Feuchtigkeit

Feuch·te·mes·ser 男 (Hygrometer) 湿度計.

feuch·ten[fɔ́ʏçtən] 《01》 **I** 他 (h) 《雅》湿らせる, ぬらす: *sich*[3] die Lippen ~ 唇を潤す ‖ 再帰 *sich*[4] ~ 湿る, ぬ

れる. **II** 自 (h) **1** 〘狩〙(獣が)放尿する. **2** 《ｽｲｽ》じめじめする.

feucht≈fröh·lich[fɔ́yçtfrǿːlıç] 形《話》一杯きげんの, 酒に浮かれた; (パーティーなどが)酒が入ってにぎやかな. **≈heiß** 形 蒸し暑い.

Feuch·tig·keit[fɔ́yçtıçkaıt] 女 -/ 湿り, 湿気, 水分; 湿度: die ～ der Luft 大気中の湿度.

Feuch·tig·keits≈ge·halt 男 -[e]s/ 湿度. **≈mes·ser** ＝Feuchtemesser

feucht·kalt[fɔ́yçtkált, ⌐⌣] 形 じめじめして冷たい, 湿気を含んで寒い.

Feucht·pflan·ze 女 (↔Trockenpflanze) 湿性植物.

feucht·warm[fɔ́yçtvárm, ⌐⌣] 形 湿っぽく暖い, なま暖い; 蒸し暑い.

feu·dal[fɔydáːl] 形 **1** 封建制の: eine ～*e* Gesellschaftsordnung 封建制の社会秩序. **2** 《付加語的》封建的な, 反動〈復古〉的な. **3** 《話》貴族的な, 高貴な, 華やかな: eine ～*e* Wohnung haben 豪勢な住居を構えている | ～ leben ぜいたくな暮らしをする. [*mlat.*; ＜*mlat.* feudum (→Feod)＋..al[1]]

Feu·dal≈adel 男 封建貴族. **≈ge·sell·schaft** 女 封建制社会. **≈herr** 男 封建君主, 領主. **≈herr·schaft** 女 -/ 封建支配, 封建体制.

Feu·da·lis·mus[fɔydalísmus] 男 -/ **1** 封建制, 封建制度; 封建主義. **2** 封建時代.

feu·da·li·stisch[..lístıʃ] 形 **1** 封建制〔度〕の. **2** 封建的な, 反動的な, 復古主義の.

Feu·da·li·tät[..litέːt] 女 -/ **1** 封建制; 封建性. **2** 《比》華美, 豪奢(ごう), 高貴.

Feu·dal≈recht[fɔydáːl..] 中 封建法. **≈staat** 男 封建国家. **≈sy·stem** 中 -s/ 封建制度. **≈we·sen** 中 -s/ 封建制.

Feu·del[fɔ́ydəl] 男 中 -s/- 《北部》(Scheuerlappen) ぞうきん. [*fr.* faille „grober Seidenstoff"－*ndl.* feil]

Feu·er[fɔ́yər] 中 -s/- **1** (英: *fire*) 火; 《比》(Glanz) (目・宝石などの)輝き; (気分の)高揚, 激情, 活気; (酒の)強さ: ein helles 〈rotes〉 ～ 赤々と燃える火 | ein loderndes 〈prasselndes〉 ～ 燃えさかる火 | das olympische ～ オリンピックの聖火 | das ～ der Jugend 青年の血気 | das ～ der Liebe 〈des Hasses〉 愛〈憎しみ〉の炎 ‖ **～ und Flamme für *et.*⁴ sein** …に熱中〈興奮〉している | **ein Gegensatz wie ～ und Wasser** 水と油のような仲 ‖ das ～ der Rache anfachen 復讐(ふくしゅう)の念を燃え立たせる | an *et.*⁴ ～ legen …に火をつける | 〔ein〕 ～ anmachen 〈anzünden〉 火をおこす, 点火する | Sein ～ steckte an 〈übertrug sich〉. (周囲の人に)彼の熱っぽさが感染した | das ～ auslöschen 〈ausmachen / löschen〉 火を消す | Das ～ brennt. 火が燃える | wie ～ brennen (傷などが)ひりひりする | Das ～ erlischt 〈geht aus〉. 火が消える | **～ fangen** (火が移って)燃えだす, 火がつく, 引火する; 《比》夢中になる | *jm.* ～ geben …にタバコの火を貸す | Das ～ glimmt 〈schwelt〉 noch unter der Asche. 火がまだくすぶり続けている | 〔viel〕 ～ haben 気性が激しい, 情熱家である | **～ hinter *et.*³ machen** 《比》…を強力に推し進める, …にはっぱをかける | ***jm.* ～ unter dem Hintern 〈unter den Hintern〉 machen**/***jm.* ～ unter den Schwanz 〈unter dem Schwanz〉 machen** 《話》…をひどくせき立てる, …を煽動(せんどう)する | ～ 〔aus dem Stein〕 schlagen 火打ち石で火を打ち出す | das ～ schüren 火をかき立てる; 《比》激情をあおる, せき立てる | **～ 〔und Flamme〕 speien** (火山などが)火を吐く; 《比》激昂(げきこう)する | das ～ unterhalten 火を守る〈絶やさぬようにする〉 ‖ 〘前置詞と〙 **am** 〈**beim**〉 ～ sitzen (炉などの)火にあたる | *et.*⁴ ans 〈**aufs**〉 ～ stellen …(なべなど)を火にかける | *et.*⁴ auf dem ～ kochen …を火にかけて煮る | für *jn.* die Kastanien **aus** dem ～ holen (→Kastanie 1 b) | *et.*⁴ **bei** starkem 〈gelindem〉 ～ kochen …を強火〈弱火〉で煮る | **für *jn.* durchs ～ 〈durch ～ und Wasser〉 gehen** …のために水火も辞さない | **in** ～ aufgehen 燃え上がる | ins ～ blasen 火を吹き起こす; 《比》情熱をかき立てる | Öl ins ～ gießen (→Öl) | in ～ kommen 〈geraten〉 興奮する | noch mehrere 〈ein zweites〉 Eisen im ～ haben (→Eisen 1) | *sich*⁴ in ～ reden 話しながら興奮してくる | *jn.* in ～ setzen …を興奮させる | **mit ～ und Schwert** 武力を用いて; 《比》手荒に | mit südlichem ～ 南国ふうの激情で | **mit dem ～ spielen** 火をもて遊ぶ; 《比》(軽率に)危ないことをする, 火遊びする | ein Spiel mit dem ～ (→Spiel 2 a) | mit ～ sprechen 熱心に話す | *sich*⁴ **nach** dem ～ richten 〘海〙灯火に従って航路を定める | **ohne** ～ 火を使わずに, 加熱せずに | Ohne ～ auch kein Rauch. (→Rauch 1 a) | *jn.* **um** ～ bitten …にタバコの火を貸してくれと言う | **unter** ～ stehen 〘工〙(炉に)火が入っている, 操業中〈運転中〉である | *et.*⁴ **vom** ～ nehmen …(なべなど)を火からおろす.

2 火事, 火災: Groß*feuer* 大火災 ‖ ～ anlegen 放火する | ein ～ bekämpfen 消火に努める | Ein ～ bricht aus. 火が出る, 火事が起こる | Das ～ greift um sich. 火事が広がる ‖ *sich*⁴ gegen ～ versichern 火災保険をかける | **～ im Dach haben** 《話》かっとなっている | **～ unterm Dach haben** 《話》家庭内〈夫婦間〉にもめごとがある | **zwischen zwei ～ geraten** (進むも退くも)両方に危険が迫る, 進退きわまる ‖ *Feuer!* 火事だ(→3) | **～ schreien** 《方》大いに楽しむ.

3 《単数で》(Beschuß) 射撃, 砲火: konzentriertes ～ 集中砲火 ‖ das ～ einstellen 射撃をやめる | das ～ 〔auf *jn.* 〈*et.*⁴〉〕 eröffnen 〔…に向けて〕火ぶたを切る; 《比》〔…を〕非難し始める | ～ geben 〈bekommen〉 砲火を浴びせる〈浴びる〉 | Das ～ verstummt 〈setzt ein〉. 〘軍〙射撃がやむ〈始まる〉 ‖ **ins** ～ kommen 〈gehen〉 砲火を浴びる, 前線に出る; 《比》非難〈攻撃〉を受ける | im ～ liegen 〈stehen〉 砲火を浴びている, 前線にいる; 《比》非難されている, 攻撃を受けている | *et.*⁴ **mit** ～ belegen …に砲火を浴びせる | *et.*⁴ **unter** ～ nehmen …に砲火を浴びせる; 《比》…を非難〈攻撃〉する ‖ *Feuer!* 〘軍〙撃て(号令: →2) | *Feuer* frei! 〘軍〙撃ちかた始め(号令); 《比》タバコを吸ってよし, 禁煙解除. **4** (Leuchtfeuer) 標識灯火: unterbrochenes ～ 明滅信号. [*idg.*; ◇pyro.., Funke; *engl.* fire]

Feu·er·alarm[fɔ́yər..] 男 火災警報.

Feu·er·alarm·übung 女 防火演習.

Feu·er≈an·be·ter 男 拝火教信者. **≈an·be·tung** 女 《ふつう単数で》拝火〔教〕. **≈an·zün·der** 男 **1** 付け木, たきつけ. **2** 点火器.

Feu·er·bach[fɔ́yərbax] 人名 **1** Anselm ～ アンゼルム フォイエルバッハ(1829-80; ドイツの画家). **2** Ludwig ～ ルートヴィヒ フォイエルバッハ(1804-72; ドイツの哲学者).

Feu·er≈ba·ke[fɔ́yər..] 女 〘海〙灯火浮標. **≈ball** 男 火の玉(太陽・流星・爆発した原爆など). **≈becken** 中 火ばち; つり香炉の火皿. **≈be·fehl** 男 〘軍〙発射〈発砲〉命令. **≈be·kämp·fung** 男 消火〈防火〉活動. **≈be·reich** 男 〘軍〙射撃区域, 射程範囲.

feu·er·be·reit 形 〘軍〙射撃用意のできた.

Feu·er·berg 男 《雅》(Vulkan) 火山.

feu·er·be·stän·dig 形 防火の, 耐火〈不燃〉性の.

Feu·er≈be·stat·tung 女 火葬. **≈bock** 男 (炉の)薪(まき)のせ台, 薪架(まきか). **≈boh·ne** 女 〘植〙(熱帯アメリカ原産の)ベニバナインゲンマメ(紅花隠元豆). **≈boh·rer** 男 (原始時代の)ドリル式発火棒. ▽**≈brand** 男 (放火するための)火つけ木〈棒〉, たいまつ: den ～ in ein Land tragen 戦火で国を焦土と化す. **≈büch·se** 女 (機関車などの)火室; ▽火器, 鉄砲. **≈dorn** 男 〘植〙タチバナモドキ(橘擬)属, ピラカンサ. **≈ei·fer** 男 -s/ 熱心, 熱中: mit ～ lernen 夢中になって〈猛烈に〉勉強する. **≈ei·mer** 男 消火用のバケツ. **≈ein·stel·lung** 女 〘軍〙射撃〈砲撃〉中止. **≈er·öff·nung** 女 〘軍〙射撃〈砲撃〉開始. **≈es·se** 女 **1** 《東部》煙突. **2** (鍛冶(かじ)場の)炉, 鍛冶場. **≈fal·ter** 男 〘虫〙ベニシジミ(紅蜆蝶)属などの羽の色の赤いシジミチョウの総称: Großer ～ オオベニシジミ(大紅蜆蝶) | Kleiner ～ ベニシジミ.

feu·er≈far·ben 形, **≈far·big** 形 ほのお色の, 火のように赤い. **≈fest** 形 耐火〈不燃〉性の.

Feu·er≈fe·stig·keit 女 -/ 耐火性, 不燃性. **≈flam·me** 女 火炎, ほのお. ▽**≈flie·ge** 女 (Leuchtkäfer) 〘虫〙ホタル(蛍).

feu·er·flüs·sig 形 (金属・岩石が)高温度で溶けた, 溶融した.

Feu·er≈fres·ser 男 火食い術の奇術師. **≈fun·ke**〔n〕 男 火花. **≈gar·be** 女 火柱,(花火などの)火の束; (機関銃などの)連射, 斉射. **≈gat·ter** 中 (炉の)火格子. **≈ge·fahr** 女 火災〔発生〕の危険.

feu·er·ge·fähr·lich 形 火災〔発生〕の危険のある.

Feu·er≈ge·fecht 中〔軍〕火戦, 砲兵戦. **≈geist** 男 (Salamander) 火の精;《比》熱血漢. **≈ge·schwin·dig·keit** 女〔軍〕射撃速度. **≈git·ter** 中 火格子. **≈glocke** 女 **1** (火事の)警鐘, 半鐘. **2**〔軍〕阻止砲火. **≈hahn** 男 消火栓〔の口〕. **≈ha·ken** 男 火かき棒; とび口. **≈hal·le** 女《ｵｰｽﾄﾘｱ》(Krematorium) 火葬場.

feu·er·hem·mend 形 難燃性の, 一時的防火の, 暫時耐火〔性〕の.

Feu·er≈herd 男 **1** (特に火の燃えている)炉, 炉床; かまど. **2** 出火個所, 火元. **≈him·mel** 男 **1** (古代天文学で五天中の)最高天, 浄火天(浄火と光の世界, 神の住む天国). **2** (夕焼け・火事などによって)真っ赤に燃える空. **≈holz** 中 -es/ たきぎ.

▽**feu·er·jo**[fɔ́ʏərjo·] 間 火事だ. [<Feuer]

Feu·er≈kä·fer[fɔ́ʏər..] 男〔虫〕**1** アカハネムシ(赤翅虫). **2** アカハネムシ科の昆虫. **≈kas·se** 女 火災保険. **≈kopf** 男 激情家, 向こう見ずな人, 熱血漢. **≈kraft** 女 -/ (鉄砲などの)火力. **≈krö·te** 女 (Unke)〔動〕スズガエル. **≈ku·gel** 女 **1** =Feuerball **2** 火球(光度の強い流星など). **≈kult** 男 -〔e〕s/ (宗教的な)火への崇拝, 拝火.

das **Feu·er·land**[fɔ́ʏərlant] 地名 中 -s/ フエゴ島(南米の南端部にある島. Magalhães がスペイン語で命名した Tierra del Fuego「火の地」のドイツ語形).

Feu·er·län·der[..lɛndər] 男 -s/- フエゴ島の住民.

▽**Feu·er·lärm**[fɔ́ʏər..] 男 -〔e〕s/ =Feueralarm

Feu·er≈lei·ter 女 **1** (ビルなどの)避難用はしご. **2** =Feuerwehrleiter **≈lei·tung** 女〔軍〕発射(射撃)指揮. **≈li·lie**[..liə] 女〔植〕ユリ属の一種. **≈li·nie**[..niə] 女〔軍〕火線,(攻撃の)最前線.

Feu·er·lösch≈an·la·ge 女 消火装置. **≈ap·pa·rat** 男 消火器. **≈boot** 中 消防艇. **≈ei·mer** =Feuereimer

Feu·er·lö·scher 男 消火器.

Feu·er·lösch≈ge·rät 中 消防用具; 消火器. **≈mann·schaft** 女 消防隊. **≈mit·tel** 中 消火剤. **≈teich** 男 消防用貯水池. **≈we·sen** 中 -s/ 消防〔制度〕. **≈zug** 男 消防車の列.

Feu·er≈mal 中 -〔e〕s/-e〔医〕鮮紅色血管腫(しゅ). **≈mau·er** 女 防火壁. **≈meer** 中《雅》火の海.

Feu·er·mel·de·an·la·ge 女 火災報知装置.

Feu·er·mel·der 男 火災報知器.

Feu·er·mel·de·stel·le 女 消防署; 火災報知器〔設置場所〕.

feu·ern[fɔ́ʏərn]《05》 **I** 自 (h) **1** 火をたく; (heizen) 暖房する: mit Holz ~ 薪(まき)をたく(たいて暖房する). **2**〔軍〕発砲(射撃)する: auf *jn.* ~ …に向けて発射(発砲)する | aus allen Rohren ~ 一斉射撃する | in die Luft ~ 空へ向けてうつ(威嚇射撃をする) ‖ blind ⟨scharf⟩ ~ 空包(実弾)を撃つ. **3**《話》頭がかっかする,(顔などが)ほてる; (酒が)強く作用する. **II** 他 (h) **1 a)** (炉などを)たく: den Ofen mit Koks ~ コークスで炉をたく. **b)** (verheizen)(燃料を)たく, 燃やす. **c)**〔醸〕熱処理する. **2 a)** (弾丸を)撃つ: eine Salve ~ 礼砲を発射する. **b)**〔球技〕(ボールを)シュートする: einen Schuß ⟨den Ball⟩ ins Tor ~ ボールをゴールへシュートする. **c)**《話》***jm.* eine** ⟨**ein paar**⟩ **~** …に一発(数発)(びんたを)くらわす | eine *gefeuert* bekommen 横っつらをはられる. **3**《話》**a)**《*et.*⁴》投げつける, 放り出す: ein Buch an die Wand ~ 本を壁にたたきつける. **b)**《*jn.*》解雇する, 首にする: *jn.* von der Schule ~ …を放校にする.
[*mhd.*; ◇Feuer]

Feu·er≈nel·ke[fɔ́ʏər..] 女〔植〕アメリカセンノウ(仙翁), ヤグルマセンノウ(矢車仙翁). **≈pau·se** 女〔軍〕射撃(戦闘)休止. **≈pfan·ne** 女 つり香炉; こんろ付き卓上なべ. **≈po·li·ce**[..poli:sə] 女 火災保険証券. **≈po·li·zei** 女《集合的に》消防官庁. **≈pro·be** 女 **1** (金属の)耐火試験. **2** (古代・中世の)火による神判(容疑者の手に灼熱(しゃくねつ)した鉄片を持たせ, やけどを負わなければ潔白とされる);《比》(厳しい)試練, テスト: **die ~ bestehen**《比》過酷なテスト(厳しい試練)に耐える. **3** 消防訓練. **≈rad** 中 輪転花火(夏至の祭りに, 太陽になぞらえ山上から転落させる火を放った輪). **≈raum** 男 (ボイラー・機関車などの)火室, 燃焼室; 壁炉. **≈re·gen** 男 火花(火の粉)の雨. **≈rei·ter** 男 (民話の)火の騎士(火事を知らせる馬上の亡霊). **≈rohr** 中〔工〕炎管, 火管; 火器, 鉄砲. **≈rost** 男 火格子, 薪架(まき).

feu·er·rot[fɔ́ʏərró:t] 形 火のように真っ赤な.

Feu·er≈rü·pel 男《南部》(Schornsteinfeger) 煙突掃除夫. **≈sa·la·man·der** 男〔動〕サラマンダー, ヨーロッパサンショウウオ(山椒魚)(火の精とされる). **≈säu·le** 女 火柱.

Feu·ers·brunst[fɔ́ʏərs..] 女 大火, 大火事.

Feu·er≈scha·den 男 火災による損害. **≈schau·fel** 女 十能(じゅうのう), 火掻(か)き. **≈schein** 男 (天空に反映する)炎の光; 火影; 閃光(せんこう),(火器の)発射光. **≈schiff** 中 灯船(灯台代わりに係留する船). **≈schirm** 男 (暖炉の前の)防火(防熱)ついたて. **≈schlucker** 男 =Feuerfresser **≈schutz** 男 **1** 防火; 防火活動(設備). **2**〔軍〕援護射撃.

Feu·er·schutz≈an·strich 男 耐火塗料〔を塗ること〕. **≈helm** 男 消防ヘルメット. **≈mit·tel** 中 耐火剤(材).

Feu·er·schwamm 男〔植〕ツリガネタケ(釣鐘茸)(むかし火口(ほくち)として, または傷の止血材料として用いられた).

Feu·ers·ge·fahr[fɔ́ʏərs..] =Feuergefahr

feu·er·si·cher 形 発火しにくい, 耐火(不燃)性の; 火事に対して安全な.

Feu·er≈si·cher·heit 女 -/ feuersicher なこと. **≈si·gnal** 中 火光信号, のろし.

Feu·ers·not[fɔ́ʏərs..] 女 -/《雅》火災による危難(災厄).

feu·er·spei·end 形 火を吐く: ein ~*er* Berg 活火山.

Feu·er·sprit·ze 女 消火ポンプ.

feu·er·sprü·hend 形 火をふく,《比》ぎらぎら輝く.

Feu·er≈stät·te 女 **1** 炉, かまど. **2** 火事場. **≈stein** 男 **1 a)** 火打ち石. **b)** ライターの石. **2**〔鉱〕フリント.

Feu·er·stein·ge·wehr 中 燧発(すいはつ)銃, 火打ち石銃.

Feu·er≈stel·le 女 **1** 火を焚(た)いた(焚火(たきび)をした)場所. **2** 炉, かまど; 火床. **3** 火事場. **≈stel·lung** 女〔軍〕射撃(砲撃)陣地. **≈stoß** 男〔軍〕集中(連続)射撃. **≈strahl** 男 閃光(せんこう). **≈stuhl** 男《話》(Motorrad) オートバイ. **≈sturm** 男 (火災によって生じる)火事場風. **≈tau·fe** 女 **1**〔軍〕砲火の洗礼: die ~ erhalten (兵士が)初めて砲火を浴びる | Der Dirigent hat seine ~ bestanden. 指揮者は無事に初舞台を終えた. **2** =Feuerprobe 1 **≈teich** 男 消防用貯水池. **≈tod** 男 -〔e〕s/ 焼死; 火刑(火あぶり)による死: den ~ sterben 焼け死ぬ, 焼死する; 火あぶりの刑を受ける | *jn.* zum ~ verurteilen …を火刑に処する. **≈ton** 男 -〔e〕s/ 耐火粘土. **≈tür** 女 (炉・火室・かまどなどの)耐火性の扉; (一般に)防火扉. **≈über·fall** 男〔軍〕急襲射撃(砲火).

Feue·rung[fɔ́ʏərʊŋ] 女 -/-en **1**《単数で》(feuern すること. 特に:) 火を燃やす(たく)こと, 燃焼. **2** 燃焼装置; 炉, かまど; 火室, たき口(→ 図 Kachelofen). **3**《単数で》燃料, 薪炭(しんたん).

Feue·rungs·an·la·ge 女 燃焼施設(装置)(炉など).

Feu·er≈ur·teil[fɔ́ʏər..] 中〔史〕火の審判による判決(→Feuerprobe 2). **≈ver·hü·tung** 女 -/ 火災予防(防止). **≈ver·si·che·rung** 女 火災保険.

Feu·er·ver·si·che·rungs≈ge·sell·schaft 女 火災保険会社. **≈po·li·ce**[..sə] =Feuerpolice

Feu·er≈vo·gel 男 **1** Der ~ 火の鳥 (Strawinski のバレエ曲の名). **2** =Feuerfalter **≈wa·che** 女 **1** 消防署(詰め所). **2** 火の番, 防火責任者. **≈waf·fe** 女 火器, 鉄砲. **≈wal·ze** 女 **1**〔軍〕潜行幕火, 移動弾幕射撃. **2**〔動〕ヒカリボヤ(光海鞘). **≈wan·ze** 女〔虫〕ホシカメムシ(星亀虫)科の昆虫. **≈was·ser** 中 -s/《話》(Branntwein) 火酒. **≈wehr** 女 **1**《集合的に》消防隊(→ 図): die ~ alarmieren 消防隊に急を知らせる ‖ **wie die ~**《話》猛スピードで, 大急ぎで | Er kam wie die ~.《話》彼はまたたく間にやって来た. **2** (<Feuerwehrauto)《幼児語》消防自動車. **3**《比》(危険な状況での)代理人, ピンチヒッター.

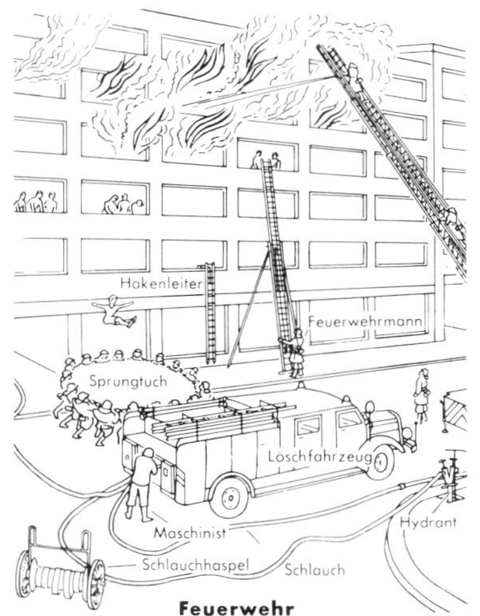

Feuerwehr

Feu·er·wehr≠au·to 中, **≠fahr·zeug** 中 消防自動車. **≠haus** 中 消防署. **≠lei·ter** 女 (消防自動車などに装備された)消防用はしご. **≠mann** 男 -[e]s/..männer, ..leute 消防士;《比》(紛争の)調停役, 火消し役. **≠sprit·ze** =Feuerspritze **≠turm** 男 火の見やぐら.

Feu·er≠wei·he 女《ｶﾄﾘｯｸ》火の祝別. **≠werk** 中 花火;《比》熱弁, 多弁: ein buntes 〈prächtiges〉 ～ 色とりどりの〈みごとな〉花火 | ein ～ abbrennen 〈aufsteigen lassen〉 花火に火をつける〈を打ちあげる〉 | ein ～ von *et.*[3] abbrennen 〈abschießen〉 …について滔々(とう)と述べたてる. **≠wer·ker** 男 **1** 花火製造者. **2** 〖軍〗火薬係下士官.

Feu·er·wer·ke·rei[fɔʏərvɛrkəráɪ] 女 -/ 花火製造〔術〕, 花火打ち上げ〔術〕.

Feu·er·werks·kör·per[fɔ́ʏər..] 男 花火の玉.

Feu·er≠wir·kung 女 -/ 〖軍〗射撃効果. **≠zan·ge** 女 火ばさみ, 炉ばし: ***jn.* 〈*et.*[4]〉 nicht 〔einmal〕 mit der ～ anfassen mögen**《話》(けがらわしくて)…とはかかわり合いになりたくない, …を遠く避けて通りたい.

Feu·er·zan·gen·bow·le[..bo:lə] 女 フォイアツァンゲンボウル(ラムを浸した砂糖棒に点火しボウルの上にしたたらせて作る飲料).

Feu·er≠zei·chen 中 火光信号; 灯火〈発火〉信号. **≠zeug** 中 ライター. **≠zo·ne** 女〖軍〗射撃区域, 射程範囲. **≠zug** 男 (煙突などの)煙道. **≠zun·ge** 女《雅》(めらめら燃える)炎の舌. **≠zy·pres·se** 女〖植〗ヒノキ(檜).

Feuil·la·ge[fœjá:ʒə] 女 -/-n (彫刻や絵の)葉飾り. [*fr.*]

Feuil·le·ton[fœj(ə)tɔ̃:, fœ́j(ə)tɔ̃·] 中 -s/-s (新聞の)文芸〈学芸〉欄; 文芸〈学芸〉欄〔向き〕の読み物(随筆・評論など). [*fr.*; ＜*fr.* feuille „Blatt" (◇Folium)]

Feuil·le·to·nist[fœj(ə)tonɪ́st] 男 -en/-en **1** Feuilleton の執筆者. **2** 《軽蔑的に》雑文家.

feuil·le·to·ni·stisch[..nɪ́stɪʃ] 形 (読み物・文体などが)雑文ふうの, 軽い.

Feuil·le·ton≠schrei·ber[fœj(ə)tɔ̃:.., fœ́j(ə)tɔ̃..] 男 =Feuilletonist **≠stil** 男 -[e]s/ (Feuilleton 向きの)軽妙洒脱(しゃ)な文体, 雑文体.

feu·rig[fɔ́ʏrɪç][2] 形 **1 a)** (glühend) 燃えている(炭など); 火を吐く(竜など): ～*e* Schwaden〖坑〗(坑内の)爆発ガス | ～*e* Kohlen auf *js.* Haupt sammeln (→Kohle 1 a). **b)** 《雅》(feuerrot) (燃えるように)真っ赤な. **c)** きらきら光る(宝石など). **2** 《比》火のような, (燃えるように)激しい, 熱烈な; 気性の激しい; 強い(酒): ein ～*er* Blick 熱っぽい視線〈目つき〉 | ～*es* Blut haben 激しやすい | ～*e* Küsse 熱烈なキス | ～*e* Liebe 燃えるような愛 | ein ～*es* Pferd 癇(かん)の強い馬 | eine ～*e* Rede 火を吐くような演説 ‖ ～ sprechen 熱っぽく〈情熱的に〉語る. [*mhd.*; ◇Feuer]

[V]**feu·rio**[fɔ́ʏrio·] =feuerjo

Fex[fɛks] 男 -es/-e (南部・ｵｰｽﾄﾘｱ: -en/-en) **1** (Narr) ばか者, 酔狂なやつ; (Geck) おしゃれ, めかし屋: Mode*fex* モード狂 | Sport*fex* スポーツ気違い. **2** 《南部》犬, (特に:) 牧羊犬. [＜Narr〔i〕fex (Narr をラテン語めかした形) (◇..fizieren)]

Fez[fe:ts] 男 -es/ 《話》(Spaß) ばかげたこと, 冗談. [＜Fete]

ff[1][ɛf|ɛ́f] 記号 (sehr fein) 〖商〗(品質表示で) 極上の(→f[2] II 3, fff[1], →effeff); 《話》極上である, 申し分がない, すばらしい: ～ Wurstwaren 極上のソーセージ | Die Marke ist ～! この商標の品はすばらしい.

ff[2] 略 =fortissimo

ff. 略 **1** =〔und〕 folgende 〔Seiten〕次のページ以下: Seite 315 ～ 315ページ以下. **2** =fecerunt

FF 略 =**französischer Franc** フランス=フラン.

fff[1][ɛf|ɛf|ɛ́f] 記号 〖商〗(品質表示で)最極上の, 最純良の(→f[2] II 3, ff[1]).

fff[2] 略 =fortississimo

FH[ɛfhá:] 略 =**Fachhochschule** 専門〔単科〕大学.

Fia·ker[fiákər] 男 -s/-《ｵｰｽﾄﾘｱ》**1** (2頭立ての)辻(つじ)馬車, 貸馬車. **2** 辻馬車の御者. [*fr.*; ＜St. Fiacre (貸馬車を始めたパリのホテル名)]

Fia·le[fiá:lə] 女 -/-n 〖建〗(ゴシック式の)小尖塔(せんとう), ピナクル(→ 図 Kirche A). [*gr.* phiálē (→Phiale)－*lat.*－*it.* fiala „Flasche mit engem Hals"]

Fian·chet·to[fiaŋkɛ́to·] 中 -〔s〕/-s, ..chetti[..kɛ́ti·] 〖ﾁｪｽ〗フィアンケット, フィアンチェット(防御定石の一つ). [*it.*; ＜*afr.* flanc (→Flanke)]

Fias·co[fiásko·] 男 -s/-s フィアスコ(イタリア産ワイン, 特にキャンティ用のわらで包んだ瓶). [*it.*; ◇Flasche]

Fias·ko[−] 中 -s/-s **1** (特に演劇の)不評,〔大〕失敗. **2** (Zusammenbruch) 破滅, 挫折(ざせつ). [*it.*－*fr.* (faire) fiasco „Fehler (machen)"]

fiat[fí:at] 《ﾗﾃﾝ語》(es geschehe!) **1** そのようであれ, それがよいであろう, そうしよう. **2** 〖医〗(処方箋(せん)で)調合されたし. [＜*lat.* fierī „werden"]

[V]**Fiat**[1][−] 中 -s/-s (Zustimmung) 同意, 承認.

Fiat[2] **(FIAT)**[−] **I** 女 -/ フィアット(＜Fabbrica Italiana Automobili Torino; イタリア国営の自動車・航空機製造会社). **II** 男 -s/-s 商標 フィアット(Iで製造された自動車). [*it.*]

fiat iu·sti·tia,〔et〕 pe·re·at mun·dus[fí:at jʊstí:tsia· (ɛt) pé(:)reat mʊ́ndʊs]《ﾗﾃﾝ語》(das Recht muß seinen Gang gehen, und sollte die Welt darüber zugrunde gehen) たとえ世界は滅びようとも正義は行われよ.

Fi·bel[1][fí:bəl] 女 -/-n **1** (特に絵入りの)初等読本. **2** 入門書: Schach*fibel* チェスの入門書. [＜Bibel]

Fi·bel[2][−] 女 -/-n (古代の)着衣の留めピン, 飾りピン. [＜Fibula]

Fi·ber[fí:bər] 女 -/-n **1** (Faser) (動物・植物などの)繊維, すじ: **mit jeder ～ 〈mit allen ～*n*〉 〔*seines* Herzens〕** 全身全霊をあげて. **2** 《単数で》(Kunstfaser) 人造繊維, ファイバー: Glas*fiber* ガラス繊維, グラスファイバー. [*lat.* fibra; ◇beißen; *engl.* fibre]

Fi·ber·glas[fí:bər..] 中 (Faserglas) 繊維ガラス, ファイバーグラス.

fi·bril·lär[fibrɪlɛ́:r] 形 原繊維の; 原繊維からなる.

Fi·bril·le[fibrɪ́lə] 女 -/-n 〖解〗原線維, 筋原線維; 〖植〗小繊維, 微細繊維.

Fi·brin[..brí:n] 中 -s/ 〖生化学〗線維素, フィブリン(血液凝固に関与する繊維状の蛋白(たん)質). [＜..in[2]]

fi·bri·nös[..brinø:s][1] 形 〖生化学〗線維素〈フィブリン〉の;

線維素〈フィブリン〉を含有する. [<..ös]

Fi·broi̱n[..broí:n] 中 -s/ フィブロイン(絹繊維を構成する主要蛋白(たんぱく)質). [<..in²]

Fi·bro̱m[..bró:m] 中 -s/-e (Fasergeschwulst)〘医〙線維腫(しゅ). [<..om]

fi·brö̱s[..brø:s]¹ 形〘医〙線維状(性)の. [<..ös]

Fi·bro⸗sar·ko̱m[fibrozarkó:m] 中 -s/-e〘医〙線維肉腫. ⸗**sko̱p** 中 -s/-e〘医〙(内視鏡などに用いる)ファイバースコープ.

Fị·bu·la[fí:bula·] 女 **1** -/-e[..lɛ·](Wadenbein)〘解〙腓骨(ひこつ). **2** -/..buln[..bʊln](衣服などの)飾り留めピン. [*lat.*; <*lat.* fīgere (→fix)]

Fiche[fi:ʃ] 中 男 -s/-s〘情報〙フィシュ(情報処理用のカード・フィルム). [*fr.* fiche „Pflock, Karte"–*engl.*]

ficht[fɪçt] fechten の現在3人称単数; 命令法単数.

Fịch·te¹[fíçtə] 人名 Johann Gottlieb ～ ヨハン ゴットリープ フィヒテ(1762–1814; ドイツの哲学者. 知識学の体系を樹立).

Fịch·te²[–] 女 -/-n **1 a)**〘植〙トウヒ(唐檜)属(エゾマツ・ハリモミなど): gemeine ～ ドイツトウヒ. **b)** トウヒ材. **2**《話》(Kiefer) マツ. [*ahd.*]

das **Fịch·tel·ge·bir·ge**[fíçtəlgəbɪrgə] 地名 中 -s/ フィヒテル山地(ドイツ Bayern 州の北東部にある山地で, 最高峰は1051m).

fịch·ten[fíçtən] 形《付加語的》トウヒ材の.

Fịch·ten⸗ap·fel 男 = Fichtenzapfen ⸗**baum** 男 = Fichte² ⸗**be·stand** 男 トウヒの立ち木, トウヒ林. ⸗**hain** 男 トウヒ林. ⸗**harz** 中 -es/ トウヒの樹脂; 松やに. ⸗**na̱·del** 女 トウヒの葉; 松葉.

Fịch·ten·na̱·del⸗ba̱d 中 松葉ぶろ(添加剤として松葉エキス・油を用いた全身浴). ⸗**ex·trakt** 男 松葉エキス(マツやトウヒの若葉から採ったエキス. 利尿剤または浴用添加剤として用いる). ⸗**öl** 中 松葉油(浴用添加剤).

Fịch·ten⸗spar·gel 男〘植〙シャクジョウソウ(錫杖草). ⸗**spin·ner** 男 (Nonne)〘虫〙マイマイガ(舞々蛾). ⸗**wald** 男 トウヒの森. ⸗**zap·fen** 男 トウヒの毬果(きゅうか); 松かさ.

fichtst[fɪçtst] fechten の現在2人称単数.

Fi·chu[fiʃý:] 中 -s/-s 三角形の女性用肩掛け(えり巻き)(→ 図 Cul). [*fr.*; <*fr.* ficher „festmachen" (◇fix)]

Fick[fɪk] 男 -s/-s《卑》性交, ファック. [<ficken]

Fịcke[fíkə] 女 -/-n 《北部》〔時計入れ小〕ポケット. [*mndd.*; ◇Fach]

fịcken[fíkən] **I** 他 (h) **1**《卑》《*jn.*》(…と)性交する, セックスする. ᵛ**2** (reiben) こする, ひっかく;《話》むち打つ. **3**《話》ポケット〈袋〉に入れる. **II** 自 (h) **1**《卑》《mit *jm.*》(…と)性交する. **2**《方》素早く動き回る. [*mhd.* „reiben"]

Fịcker[..kər] 男 -s/-《卑》性交する人.

Ficke·re̱i[fıkərái] 女 -/-en《卑》ficken すること.

Fịck·fack[fíkfak] 男 -〔e〕s/-e《話》言いのがれ, 逃げ口上, 口実.

fịck·facken[..fakən] 自 (h)《俗》**1** あてもなくあちこち走り回る. **2** 言いのがれをする, ごまかす. **3** 奸計(かんけい)〈策略〉をめぐらす, 悪事をたくらむ.

Fịck·facker[..fakər] 男 -s/- 策士, 陰謀家; いいかげんな人.

Fick·facke·re̱i[fıkfakərái] 女 -/-en ごまかし, 詐欺, 悪だくみ, たわけたこと.

Fịck·mü̱h·le[fík..]《南部》= Zwickmühle

Fi·dei·kom·mịß[fideikɔmís, fí:deikɔmıs] 中 ..misses/..misse〘法〙信託遺贈, 家族世襲財産. [*spätlat.*; <*lat.* fīdere „〔ver〕trauen"]

Fi·de·ịs·mus[fideísmʊs] 男 -/ (↔ Szientismus)〘哲〙信仰主義(信仰を科学よりも上位におく反合理主義哲学説).

fi·de̱l[fidé:l] 形《話》(人・集まりが)陽気な, 愉快な. [*lat.* fidēlis „〔ge〕treu"; <*lat.* fidēs „Glauben"]

Fị·del[fí:dəl] 女 -/-n **1** フィッデル(ヴァイオリンの前身. 中世・ルネサンス時代に用いられた古楽器). **2**《話》Fiedel [*ahd.* fidula; ◇*engl.* fiddle]

Fi·de·lịs·mo[fidelísmo·] 男 -〔s〕/ = Castrismus [*span.*]

Fi·dẹ·li·tas[fidé:litas] 女 -/ , **Fi·de·li·tä̱t**[fidelitɛ́:t] 女 -/ 陽気, 浮かれ気分; (学生の集まりで正式行事終了後の)宴会, 二次会, 無礼講. [*lat.* fidēlitās „Treue"; ◇fidel]

Fị·di·bus[fí:dibʊs] 男 -/-; -ses/-se《戯》(パイプ点火用の)こより: Hokuspokus ～ (→Hokuspokus 1).

Fị·dschi[fídʒi·, fí:dʒi·] 地名 フィジー(南太平洋にある多数の島からなり, 1970年独立. 1987年に英連邦を脱退し, 大統領制の共和国となる. 英語形 Fiji. 首都はスバ Suva).

Fi·dschia̱·ner[fɪdʒiá:nər] 男 -s/- フィジー人.

fi·dschia̱·nisch[..nɪʃ] 形 フィジー〔人・語〕の: →deutsch

die **Fị·dschi·in·seln**[fídʒi.., fí:dʒi..] 地名 複 フィジー諸島 (Fidschi の大半を占める南太平洋の群島).

Fi·du·li·tä̱t[fidulitɛ́:t] 女 -/-en = Fidelitas

Fi·du̱z[fidú:ts] 中 -es/《話》(Vertrauen) 信用, 信頼: Er hat kein ～ dazu. 彼はそれを全然信用しない. [*lat.*]

Fi·du·zia̱nt[fidutsiánt] 男 -en/-en〘法〙信託者.

Fi·du·zia̱r[..tsiá:r] 男 -s/-e〘法〙受託者.

fi·dụ·zit[fidú:tsıt] 間 (我らが信頼のために, 永遠の友情を願って)乾杯(学生同士が兄弟固めの乾杯をするときの Schmollis! に対する答礼の言葉). [*lat.* fīdūcia sit „es herrsche Vertrauen"; <*lat.* fīdus „〔ge〕treu" (◇fidel)]

Fie̱·ber[fí:bər] 中 -s/-《ふつう単数で》**1 a)** (英: *fever*) (正常体温よりも高い)熱: hohes ～ bekommen 高熱が出る | leichtes ～ haben 微熱がある | 40° ～ haben 40度の熱がある | ～ messen 熱を計る ‖ Das ～ bricht aus. 熱が出る | Das ～ steigt 〈fällt〉. 熱が上がる〈下がる〉‖ im ～ 〈mit ～ im Bett〉 liegen 熱を出して床についている | im ～ sprechen 熱にうかされてうわごとを言う | vor ～ glühen 〈zittern〉 高熱で体が燃えるようである〈震える〉. **b)**〘医〙熱病: das gelbe ～ 黄熱病 | Scharlach*fieber* 猩紅(しょうこう)熱 | Wochenbett*fieber* 産褥(さんじょく)熱. **2** 情熱, 熱狂: Reise*fieber* 旅行熱 | vom ～ des Ehrgeizes gepackt 激しい功名心のとりことなって. [*lat.* febris–*ahd.*; ◇*engl.* fever]

Fie̱·ber·an·fall 男 熱病の発作.

fie̱·ber·ar·tig 形 熱病の; 発熱性の.

Fie̱·ber⸗baum 男〘植〙ユーカリノキ(その強烈な香りがマラリア熱を駆逐すると信じられた). ⸗**diä̱t** 女 軽い病人食.

fie̱·ber·frei 形 熱のない, 平熱の.

Fie̱·ber⸗frost 男 悪寒, 寒け. ⸗**glu̱t** 女 高熱.

fie̱·ber·haft[fí:bərhaft] 形 熱のある, 熱病の;《比》熱にうかされた, 熱狂的な: ～ arbeiten 狂ったように働く.

Fie̱·ber·hit·ze 女 (発熱によって感じる)体の熱さ, (発熱時の)燃えるような熱さ〔の感じ〕.

fie̱·be·rig[fí:bərıç]² (ᵛ**fie̱·be·risch**[..rıʃ]) = fiebrig

Fie̱·ber·klee[fí:bər..] 男 -s/ ミツガシワ(三柏)(水辺に生えるリンドウ科の植物).

fie̱·ber·krank 形 熱病にかかった.

Fie̱·ber⸗kraut 中〘植〙シマセンブリ(島千振)属. ⸗**kur·ve** 女 (病人の)熱曲線, 体温曲線. ⸗**mes·ser** 男《話》= Fieberthermometer ⸗**mit·tel** 中 解熱剤. ⸗**mücke** 女〘虫〙ハマダラカ(翅斑蚊)(マラリアなどの媒介をする).

fie̱·bern[fí:bərn]《05》自 (h) **1** 熱がある, 発熱している. **2** 熱狂する, 興奮する: nach *et.*³ ～ …を熱望する.

Fie̱·ber⸗phan·ta·sie[fí:bər..] 女 高熱状態の幻覚, 熱譫妄(せんもう). ⸗**rin·de** 女〘植〙キナ皮(キニーネの原料). ⸗**schau·er** 男 悪寒. ⸗**ta·bel·le** 女 体温表. ⸗**the·ra·pie** 女〘医〙〔発〕熱療法. ⸗**ther·mo·me̱·ter** 中 (男) 体温計, 検温器. ⸗**traum** 男 熱にうかされた夢; 幻覚. ⸗**wahn** 男 = Fieberphantasie ⸗**wur·zel** 女〘植〙コウリョウキョウ(高良姜). ⸗**zu̱·stand** 男 発熱状態.

fie̱b·rig[fí:brıç]² (**fie̱·be·rig**[..bərıç]²) 形 熱のある, 発熱性の;《比》熱狂的な: ～*e* Augen 熱っぽい〈熱でうるんだ〉目 | eine ～*e* Erkältung 発熱を伴う感冒 ‖ *sich*⁴ ～ fühlen (体が)熱っぽく感じる ‖ ～ vor Erwartung 期待のあまり興奮して.

Fie̱cht·ha̱·ken[fí:çt..] 男〘登山〙ロックハーケン, 岩くぎ.

Fie̱·del[fí:dəl] 女 -/-n 《俗》(Geige) ヴァイオリン.

[<Fidel]

Fie·del·bo·gen 男《俗》ヴァイオリンの弓.

fie·deln[fíːdəln]《06》《俗》**I** 他 (h) **1** ヴァイオリンで〔へたに〕弾く. **2** あちこちせわしく動かす. **II** 自 (h)〔へたな〕ヴァイオリンを弾く: auf fremden Geigen ~《比》ひとの女に手を出す.

Fie·der[fíːdər] 女 -/-n **1** 小羽毛. **2**〘植〙羽状複葉の小葉,(シダなどの)羽片.

Fie·der≈blatt 中, **≈blätt·chen** 中〘植〙羽状複葉.

fie·de·rig[fíːdərɪç][2] (**fied·rig**[..drɪç][2]) 形 羽の生えた, 羽〔毛〕をつけた.

fie·dern[fíːdərn]《05》**I** 他 (h) **1 a)** (矢などに)羽をつける. **b)** 再帰 *sich*[4] ~〘狩〙(鳥が)新しい羽をつける, 換羽する. **2**〘木工〙(家具などを)組み立てる. **II ge·fie·dert** → 別出 [*ahd.*; ◇Feder]

Fie·der·pal·me 女〘植〙羽状ヤシ(→ 図 Palme).

fie·der·spal·tig 形〘植〙(葉が)羽状中裂の.

Fie·der·spie·re 女〘植〙ホザキナナカマド(穂咲七竈)属.

Fie·de·rung[fíːdərʊŋ] 女 -/-en (矢の)羽.

Fied·ler[fíːdlər] 男 -s/- 〔へたな〕ヴァイオリン弾き. [<fiedeln]

fied·rig = fiederig

fiel[fiːl] fallen の過去.

fie·le[fíːlə] fallen の接続法 II.

Fie·pe[fíːpə] 女 -/-n〘狩〙シカ寄せの笛.

fie·pen[..pən] 自 (h)〘狩〙(ノロジカの子・雌が)かぼそく高い声で鳴く〈呼ぶ〉; シカ寄せの笛を吹く; (鳥が)ピーピー鳴く; (小犬などが不安げに)鳴く;《話》ひいひい泣く. [擬音]

Fie·rant[fiəránt, fie..] 男 -en/-en《ｵｰｽﾄﾘｱ》市場の商人; (大市の)露天商人. [<*it.* fiera „Jahrmarkt" (◇Ferien)]

fie·ren[fíːrən] 他 (h)〘海〙(索などを)繰り出す, ゆるめる; (ボート・帆などを)引き降ろす. [*mndd.*; ◇*engl.* veer]

fies[fiːs][1] 形《北部》(ekelhaft) むかつくような, いやな; 卑しい, 口うるさい: ein ~*er* Kerl 〈Geruch〉 いやなやつ〈におい〉| eine ~*e* Handlungsweise 卑劣なやり方. [*mndd.* vīs]

Fiest[fiːst] 男 -〔e〕s/-e **1** すかし屁(ﾍ). **2**《方》徒弟, 見習小僧, でくの坊; 女たらし. [*mndd.* vīst; ◇Fist]

FIFA (**Fi·fa**)[fíːfa·] 女 -/ 国際サッカー連盟(=Internationaler Fußballverband). [*fr.*; <*fr.* *F*édération *I*nternationale de *F*ootball *A*ssociation]

fif·ty-fif·ty[fíftɪfífti·] 副《話》半々〈五分五分〉に: mit *jm.* ~ machen (利益などを)…と山分けする; (損害・出費などを)…と折半する | Sagen 〈Machen〉 wir ~. 半々にしようよ | ~ stehen 〈ausgehen〉(五分五分の状態で)これからどうなるか分からない. [*engl.*; ◇fünfzig]

Fig. 略 = Figur 4

FIG[ɛf|iːgéː] 女 -/ 国際体操連盟(=Internationaler Turnerbund, 1887年創設). [*fr.*; <*fr.* *F*édération *I*nternationale de *G*ymnastique]

Fi·ga·ro[fíːgaro·] **I** 人名 フィガロ(フランスの劇作家ボーマルシェの喜劇『セビーリヤの理髪師』, Mozart が歌劇化した『フィガロの結婚』に登場する理髪師). **II** 男 -s/-s **1**《戯》(Friseur) 理髪師, 床屋. **2** (Zwischenträger) 告げ口する〈中傷して回る〉人. [[*engl.*]]

Fight[faɪt] 男 -s/-s《ﾎﾞｸｼﾝｸﾞ》試合, (特に:) 接近戦.

figh·ten[fáɪtən]《01》**I** 自 (h) (スポーツで)奮闘する;《ﾎﾞｸｼﾝｸﾞ》(激しく・しぶとく)戦う. **II** 他 (h)《*jn.*》《ﾎﾞｸｼﾝｸﾞ》(…と激しく・しぶとく)戦う. [*engl.* fight; ◇fechten]

Figh·ter[..tər] 男 -s/- (不屈の)闘士, ファイター;《ﾎﾞｸｼﾝｸﾞ》(しぶとい)ボクサー. [*engl.*]

Fi·gur[figúːr] 女 -/-en (小 **Fi·gür·chen**[..gýːrçən], **Fi·gür·lein**[..laɪn] 中 -s/-) **1** (英: *figure*) 形姿, 体格, 体型, 体のスタイル; 人物, 役, 登場人物,《話》人間, 男, タイプ: die ~*en* eines Romans 小説の登場人物 | auf *seine* ~ achten 太らないように気をつける ‖ ein Bild in ganzer 〈voller〉 ~ 全身像の写真 | eine gute ~ haben 美しい体つきをしている | eine 〔gute〕 ~ machen《話》堂々として見える, 風采(ﾌｳｻｲ)がりっぱだ | ein Mann von kleiner ~ 小柄な男 | **eine gute 〈schlechte / klägliche / komische〉 ~ abgeben** よい〈わるい・みじめな・こっけいな〉印象を与える ‖ eine traurige ~ spielen 哀れな役割を演じる | eine wichtige ~ in der Politik 政界の重要人物. **2** (人や動物の形をしたもの. 例えば:) 人形, 彫像, 画像, 作中人物; 人影; (チェスの)こま; (カルタの)絵札: eine ~ aus Bronze ブロンズ像 ‖ eine ~ ziehen こまを動かす | Eine ~ zieht. こまが進む. **3** 模様, 図〔案〕;〘紋〙図形: eine gemeine ~〘紋〙具象図形(→ 図 Wappen f). **4** (略 Fig.)〘数〙図形. **5**《ﾀﾞﾝｽ・ｽｹｰﾄ》フィギュア. **6**〘楽〙音型. **7**〘修辞〙(文体上の)あや, 文彩, 詞姿. **8**〘論〙(三段論法の)格. **9** 象徴. [*lat.* figūra–*mhd.*; <*lat.* fingere (→fingieren); ◇*engl.* figure]

Fi·gu·ra[figúːra·] 女 -/《ふつう次の成句で》**wie ~ zeigt** この例で明らかなように. [*lat.*]

Fi·gu·ra ety·mo·lo·gi·ca[– etymolóːgika·] 女 --/ ..rae ..cae[..rɛ· ..tsɛ·]〘修辞〙語源的文飾(自動詞が同語源の名詞を目的語として伴う構文. 例 einen schweren *Kampf kämpfen* 困難な戦いをする). [*lat.*]

fi·gu·ral[figuráːl] 形 模様のある, 図形の; 形容の多い;〘楽〙修飾的な. [<..al[1]]

Fi·gu·ral·mu·sik 女 -/〘楽〙ムジカ=フィグラータ.

Fi·gu·rant[figuránt] 男 -en/-en (女 **Fi·gu·ran·tin**[..tɪn]-/-nen) (Lückenbüßer) 代役, 代人; ▽(Statist)〘劇・映〙せりふのつかない端役;《ﾊﾞﾚｴ》端役, その他大勢.

Fi·gu·ra·tion[..ratsióːn] 女 -/-en **1**〘楽〙フィギュレーション, 修飾. **2**〘美〙**a)** 造形, 形象描写. **b)** (造形された)形, 形状. [*lat.*]

fi·gu·ra·tiv[..tíːf][1] 形 形象的な, 造形的な, 成形的な; ▽転義的な, 比喩(ﾋﾕ)的な. [*spätlat.*]

Fi·gür·chen Figur の縮小形.

Fi·gu·ren≈lau·fen[figúːrən..] 中 -s/ フィギュア=スケーティング. **≈tanz** 男 フィギュア=ダンス.

Fi·gur-Grund 男〘心〙図–地, 図形と素地.

fi·gu·rie·ren[figuríːrən] **I** 自 (h) **1**《様態を示す語句と》(…の)役割を演じる: als Posaunist in einem Orchester ~ オーケストラにトロンボーン奏者として顔を連ねる. **2** 現れる, 顔を出す: Er *figuriert* in der Liste ganz unten. 彼はリストの末尾に顔を出している. **3**〘劇〙せりふなしの端役を演じる. **II** 他 (h) **1** (…に)模様をつける, 絵や図形で装飾する. **2**〘楽〙(ある和音や旋律を)装飾的に展開する: *figurierter* Baß 数字付き低音 | *figurierter* Choral フィギュアド=コラール(コラール旋律に基づく鍵盤(ｹﾝﾊﾞﾝ)楽器のための対位法的楽曲). [*lat.*]

Fi·gu·rie·rung[..rʊŋ] 女 -/-en **1** figurieren すること. **2** = Figuration

Fi·gu·ri·ne[figuríːnə] 女 -/-n **1** (Figürchen) 小さな立像, 人形. **2**〔舞台〕衣装のデザイン〔のデッサン〕. **3** (絵画の)点景人物. [*it.*–*fr.*]

▽**Fi·gu·rist**[..ríst] 男 -en/-en 彫刻家.

Fi·gür·lein Figur の縮小形.

fi·gür·lich[figýːrlɪç] 形 (bildlich) 比喩(ﾋﾕ)的な: eine ~*e* Wortbedeutung 比喩的な語義 | Das meine ich ~. それを私は比喩的な意味で言っているのだ.

..fikation[..fikatsioːn]《「…にすること」を意味する女性名詞(-/-en) をつくる》: Identi*fikation* 同一化 | Modi*fikation* 変更. [*lat.*; ◇..fizieren]

Fik·tion[fɪktsióːn] 女 -/-en 虚構, 仮構, 作り話; (学問上の)仮設;〘法〙擬制: eine reine ~ 全くの作り話. [*lat.*; <*lat.* fingere (→fingieren); ◇Figur]

fik·tio·nal[..tsionáːl] 形 虚構にもとづく, 架空の.

fik·tiv[..tíːf][1] 形 虚構の, 仮定の, 架空の; 擬制の, 仮設的な.

Fi·la·ment[filamɛ́nt] 中 -s/-e **1** (Staubfaden)〘植〙(おしべの)花糸(ｶｼ). **2**《ふつう複数で》〘天〙(太陽の)紅炎. ▽**3** 線条, 細い繊維.

▽**Fi·lan·da**[filánda·] 女 -/..den[..dən] 生糸紡績. [*mlat.*–*it.*; <*mlat.* fīlāre (→filieren)]

Fi·la·ria[filáːria·] 女 -/..riae[..riɛ·], ..rien[..riən]《ふつう複数で》(血管内に寄生する)フィラリア, 糸状虫.

Fi·la·ri·en·krank·heit 女, **Fi·la·rio·se**[filarióːzə] 女 -/-n〘医〙フィラリア症, 住血糸状虫病.

Fi·let[filé:] 中 -s/-s **1** 〘料理〙 **a**) ヒレ肉; (鳥の)胸肉. **b**) (魚の骨・皮を除いた)切り身. **2** =Filetarbeit **3** 〘織〙ドッファー(梳綿(そめん)機から糸を巻き取る円筒). [*fr.*; < *lat.* fīlum „Faden“]

Fi·let≈ar·beit[filé:..] 女 〘服飾〙フィレ=レース(方形網目のレース: → 図 Handarbeit). **≈bra·ten** 男 ヒレ肉のロースト.

Fi·le·te[filé:tə] 女 -/-n 〘製本〙 **1** 箔(はく)押し用工具, 筋車(すじぐるま), 花車(はなぐるま). **2** (本の)表紙の金装飾, 輪郭線.

fi·le·tie·ren[filetí:rən] 他 (h) 〘料理〙 **1** 《*et.*⁴》(…から)ヒレ肉を切り分ける. **2** 《*et.*⁴》(魚から骨・皮などを取り除いて)切り身にする.

Fi·le·tier·ma·schi·ne 女 肉切り機.

Fi·let≈na·del[filé:..] 女 フィレ=レース用の編み針(→ 図 Handarbeit). **≈steak**[..ste:k] 中 ヒレ肉のステーキ. **≈sticke·rei** 女 =Filetarbeit

Fi·lia ho·spi·ta·lis[fí:lia· hɔspitá:lɪs] 女 --/..liae ..les[..liɛ· ..le:s] 《話》(学生用語で)下宿屋の娘. [*lat.*]

Fi·lial·bank[filiá:l..] 女 -/-en 銀行の支店.

Fi·lia·le[filiá:lə] 女 -/-n **1** 支店, 支社; 支部, 支所, 出張所. **2** =Filialkirche [< *lat.* fīlia „Tochter“ + ..al¹]

Fi·lial≈ge·ne·ra·tion 女 〘遺伝〙雑種世代, 子の代, 後代(こうだい). **≈ge·schäft** 中 支店, 支社.

Fi·lia·list[filialíst] 男 -en/-en **1** 支店〈支社〉長. **2** 支店所有者. **3** 〘カトリック〙支聖堂司祭.

Fi·lial≈kir·che[filiá:l..] 女 〘カトリック〙(本聖堂に対して)支聖堂, 支部教会. **≈lei·ter** 男 支店〈支社〉長, 支所〈支部〉長.

Fi·lia·tion[filiatsió:n] 女 -/-en **1** (子から見た)親子関係; 系統関係, 素性; 〘宗〙(支聖堂から見た)本聖堂との関係. **2** (国家予算の)項目立て. [*mlat.*; ◇Filius]

Fi·li·bu·ster **I** [filibástər] 中 -〔s〕/- 〘政〙議事引き延ばし. **II** [filibʊ́stər] 男 -s/- =Flibustier [*span.* filibustero −*engl.* 〔−*amerik.*〕; ◇Flibustier]

fi·lie·ren[filí:rən] **I** 他 (h) **1** 網目細工をする: eine Tischdecke ~ テーブルクロスをフィレ=レースに編む ‖ *filierte* Spitze フィレ=レース. **2** =filetieren **II** 自 (h) **1** (カルタで)札をすりかえる; (ふせた札を)一枚一枚あける; 札をかくす. **2** 〘楽〙声音を持続して出す. [*mlat.* −*fr.* filer; ◇Filet]

fi·li·gran[filigrá:n] 形 金銀線細工の, フィリグランを施した.

Fi·li·gran[filigrá:n] 中 -s/-e 金銀線細工〔品〕, フィリグリー: Schmuckstücke aus 〈in〉 ~³ 金銀線細工の装飾品. [*it.*; < *lat.* fīlum „Faden“ + grānum (→Gran); ◇*engl.* filigree]

Fi·li·gran≈ar·beit 女 =Filigran **≈schmuck** 男 金銀線細工の装飾品.

Fi·li·pi·no[filipí:no·] 男 -s/-s (Philippiner) フィリピン人. [*span.*; ◇Philippinen]

Fi·lius[fí:liʊs] 男 -/..lii[..lii·], -se 《戯》(Sohn) (少年期にある)息子. [*lat.*; < *lat.* fē〔l〕lāre (→Fellatio)]

fil·len[fɪ́lən] 他 (h) 《北部》《*et.*⁴》(…の)皮をはぐ. [< Fell]

Fil·lér[fɪ́lər, fíle:r] 男 -〔s〕/- フィレール(ハンガリーの貨幣〔単位〕: ¹/₁₀₀ Forint). [*ungar.*]

Film[fɪlm] 男 -〔e〕s/-e **1** (英: *film*) 〘写〙フィルム: Farb*film* カラーフィルム | Schwarzweiß*film* 白黒フィルム ‖ einen ~ 〔in die Kamera〕 einlegen フィルムを〔カメラに〕入れる | den ~ entwickeln フィルムを現像する ‖ noch zwei Bilder auf dem ~ haben フィルムはまだ 2 枚分残っている | *et.*⁴ auf den ~ bannen 《雅》…をフィルムに収める | *et.*⁴ auf dem ~ festhalten …をフィルムに撮っておく ‖ Der ~ ist überbelichtet 〈unterbelichtet〉. このフィルムは露出オーバー〈不足〉だ.

2 a) 映画: ein spannender 〈langweiliger〉 ~ おもしろい〈退屈な〉映画 | ein ~ nach der berühmten Novelle 有名な小説を原作とする映画 | Fernseh*film* テレビ映画 | Spiel*film* 劇映画 | Stumm*film* 無声〈サイレント〉映画 ‖ *sich*³ einen ~ ansehen 映画を見る | einen ~ drehen 映画を撮影する; 《話》女遊びをする | einen ~ vorführen 〈aufführen〉 映画を上映する ‖ Welcher ~ läuft in diesem Kino? この映画館で今何が上映されていますか | Dieser ~ läuft schon in der dritten Woche. この映画の上映はもう 3 週目にはいった | Bei Müllers läuft wieder ein ~ 〔ab〕. 《話》ミュラー家ではまたどえらいことが起こっている | ***jm.*** 〈**bei *jm.***〉 **ist der ~ gerissen** 《話》(途中でフィルムが切れたように)…は突然何が何だか〈脈絡が〉分からなくなった, 彼は何をするんだったかど忘れした(→Filmriß) | Der ~ rollt ab. 《話》事は計画どおりに運んでいる ‖ in einen ~ gehen 《話》映画を見に行く. **b**) 《単数で》映画界: beim ~ sein 映画俳優である; 映画の仕事をしている | zum ~ gehen 映画界にはいる, 映画俳優になる.

3 (油などの)薄い膜〈層〉; 〘写〙感光膜. [*engl.*; ◇Fell]

Film≈ar·chiv[fɪ́lm..] 中 フィルム=ライブラリー, 映画保存庫. **≈ate·lier**[..lie:] 中 映画撮影所. **≈auf·nah·me** 女 映画撮影. **≈au·tor** 男 (映画の)脚本家, シナリオライター. **≈ball** 男 映画界の人々の舞踏会. **≈band** 中 -〔e〕s/..bänder 映画フィルム.

film·bar[fɪ́lmba:r] 形 撮影〈映画化〉できる.

Film≈be·spre·chung 女 映画評〔論〕. **≈bild** 中 〘映〙スチール写真; (スクリーンの)映像. **≈bom·be** 女 《話》=Filmdiva **≈bran·che**[..brã:ʃə] 女 映画部門. **≈di·va** 女 《戯》映画の花形女優〈スター〉. **≈do·ku·ment** 中 フィルムに撮った記録; 記録映画. **≈ebe·ne** 女 〘写〙フィルム設定面.

Fil·me·ma·cher[fɪ́lməmaxər] 男 -s/- 映画監督.

fil·men[fɪ́lmən] **I** 他 (h) **1** 映画に撮る; 映画化する: das Ereignis schwarzweiß 〈bunt〉 ~ 事件を白黒〈カラー〉の映画に撮る. **2** 《話》《*jn.*》(…を)だます, からかう. **II** 自 (h) **1** 映画を撮る. **2** 映画に出る.

Film≈en·thu·siast[fɪ́lm..] 男, **≈fan** 男 映画ファン. **≈fe·sti·val** 中, **≈fest·spie·le** 複 映画祭, 映画コンクール. **≈frit·ze** 男 《話》映画の仕事をしている人, 映画人. **≈ge·sell·schaft** 女 映画会社. **≈grö·ße** 女 《話》著名な映画俳優〈スター〉. **≈ha·se** 男 《戯》映画通. **≈held** 男 映画の主人公〈主役・スター〉. **≈her·stel·ler** 男 =Filmproduzent **≈her·stel·lung** 女 映画製作. **≈in·du·strie** 女 映画産業.

fil·misch[fɪ́lmɪʃ] 形 映画の; 映画向きの: die ~*e* Umsetzung 映画化 ‖ *et.*⁴ ~ darstellen …を映画で表現する.

Film≈ka·me·ra[fɪ́lm..] 女 映画撮影機. **≈kar·rie·re** 女 映画界での経歴, 映画歴. **≈kom·po·nist** 男 映画音楽作曲者. **≈ko·pie** 女 映画のプリント. **≈kri·tik** 女 **1** 映画批評. **2** 《単数で》《集合的に》映画評論界. **≈kri·ti·ker** 男 映画評論〈批評〉家. **≈kunst** 女 -/ 映画芸術. **≈leu·te** 複 映画人. **≈mu·sik** 女 映画音楽.

fil·mo·gen[fɪlmogé:n] 形 映画に適した, 映画向きの.

Fil·mo·thek[fɪlmoté:k] 女 -/-en 〘映〙フィルム=ライブラリー.

Film≈pack[fɪ́lm..] 男 〘写〙フィルムパック. **≈pa·tro·ne** 女 フィルムパトローネ〈カートリッジ〉. **≈pla·kat** 中 映画のポスター. **≈pro·duk·tion** 女 映画製作. **≈pro·du·zent** 男 映画製作者. **≈pro·jek·tor** 男 映写機. **≈re·gis·seur**[..rɛʒɪsø:r] 男 映画監督. **≈riß** 男 《話》《ふつう次の成句で》**einen ~ haben** 突然脈絡がわからなくなる〈思い出せなくなる〉. **≈rol·le** 女 **1** 映画用ロールフィルム. **2** 映画での役柄. **≈schaf·fen** 中 -s/ 映画製作. **≈schaf·fen·de** 男 女 《形容詞変化》映画人(特に脚本作者・監督・俳優). **≈schau·spie·ler** 男 (⊛ **≈schau·spie·le·rin**) 映画俳優. **≈spu·le** 女 〘映〙フィルムリール. **≈stadt** 女 (大きな施設を備えた)映画撮影所. **≈star** 男 -s/-s 映画スター. **≈strei·fen** 男 (帯状の)フィルム. **≈stu·dio** 中 映画撮影所〈スタジオ〉. **≈thea·ter** 中 (Kino) 映画館. **≈trans·port·knopf** 男 〘写〙フィルム巻き取りボタン. **≈ver·leih** 男 映画配給業〈会社〉. **≈ver·lei·her** 男 映画配給業者. **≈ver·lei·hung** 女 映画配給〈貸し出し〉. **≈vor·füh·rer** 男 映写技師. **≈vor·führ·ge·rät** 中 映写機. **≈vor·führ·raum** 男 映写室. **≈vor·füh·rung** 女, **≈vor·stel·lung** 女 映画上映. **≈welt** 女 -/ 映画界; (映画に描かれた)非現実世界. **≈wo·che** 女

-/-n **1** (特定テーマの映画などを集めて上映する)映画週間. **2** 《複数で》=Filmfestspiele **⸗zeit·schrift** 女 映画雑誌. **⸗zen·sur** 女 映画検閲.

Fi·lou[filú:] 男 (中) -s/-s (Betrüger) 詐欺師, いかさま師; 《戯》(Schelm) いたずら者. [*engl.* fellow–*fr.*; ◇Fellow]

Fil·ter[fíltər] 男 中 -s/- **1** 濾過(ろか)器, 濾(こ)し器, フィルター: Kaffee*filter* コーヒー濾し器. **2** (Lichtfilter)〚写〛フィルター: Rot*filter* 赤色フィルター. **3**〚電〛濾波器. [*west-germ.*–*mlat.*; ◇Filz]

Fil·ter⸗an·la·ge 女 濾過(ろか)装置. **⸗ku·chen** 男 =Filterrückstand **⸗mund·stück** 中 (タバコの)フィルター.

fil·tern[fíltərn] ((05)) 他 (h) **1** (液体・気体を)濾過(ろか)する; (コーヒーなどを)濾(こ)す. **2** (光線を)フィルターにかける.

Fil·ter⸗pa·pier[fíltər..] 中 濾(こ)し紙, 濾紙(ろし). **⸗pres·se** 女 フィルタープレス, 圧搾式濾過器. **⸗rück·stand** 男 濾しかす, 残滓(ざんし). **⸗tü·te** 女 (漏斗形の)濾し紙.

Fil·te·rung[fíltərʊŋ] 女 -/-en 濾過(ろか)(作用).

Fil·ter·zi·ga·ret·te[fíltər..] 女 フィルター付きタバコ.

Fil·trat[fɪltrá:t] 中 -[e]s/-e (濾過された)濾し水, 濾過液.

Fil·tra·tion[..tratsió:n] 女 -/-en 濾過(ろか)(作用).

Fil·trier·ap·pa·rat 男 濾過(ろか)器.

fil·trie·ren[fɪltrí:rən] 他 (h) (溶液・ガスなどを)濾過(ろか)する, 濾(こ)す. [*mlat.*]

Fil·trier⸗pa·pier = Filterpapier **⸗tuch** 中 **1** -[e]s/..tücher 濾(こ)し布. **2** -[e]s/-e 濾し布生地.

Fil·trie·rung[..rʊŋ] 女 -/-en 濾過(ろか).

ᵛ**Fi·lü·re**[filý:rə] 女 -/-n (Gewebe) 織物. [*fr.*; <*fr.* filer (→filieren)]

Filz[fɪlts] 男 -es/-e **1 a)**〚織〛フェルト: ein Hut aus ~ フェルト帽. **b)**《話》=Filzhut **2** (フェルト状の物. 例えば:) 毛氈(もうせん); もつれ髪; (入りくんだ)茂み. **3**《話》**a)** (Geizhals) けちんぼう, 欲ばり. **b)** いなか者, 野人. **4**《オーストリア》凝固した脂肪. **5**《南部》(Moor) 湿原, 沼沢地. **6**《話》(Bierfilz) ビアマット. ᵛ**7** 非難, 叱責(しっせき). [*westgerm.* „Gestampftes"; ◇Puls, Filter; *engl.* felt]

Filz⸗decke[fílts..] 女 フェルトの覆い(敷物). **⸗deckel** 男 **1** (Bierdeckel) ビアマット. **2**《戯》=Filzhut

fil·zen[1][fíltsən] ((02)) **I** 他 (h) **1** フェルトに作る. **2** (購入の際に家畜を)さわって調べる; (衣類に)虫がついていないか調べる; 《話》(人やトランク・部屋などを)しらみつぶしに調べる. **3**《話》《*jm. et.*[4]》(…から…を)盗む. ᵛ**4** しかる. **II** 自 (h) **1** (まれに s) フェルトのように固まる: Die Wolle *filzt* leicht beim Waschen. ウールは洗濯すると縮んで固まりやすい. **2**《話》(ぐっすり)眠る. **3**《話》けちけちする.

fil·zen[2][−] 形《付加語的》フェルト(製)の: ~*e* Hausschuhe フェルトの室内ばき(スリッパ).

ᵛ**Fil·zer**[..tsər] 男 -s/- 帽子職人; けちんぼう.

Filz·hut[fílts..] 男 フェルト帽(→ ⊛ Hut).

fil·zig[fíltsɪç][2] 形 **1 a)** フェルト(状)の. **b)**〚植〛(密)綿毛の, 綿毛で覆われた. **2**《話》(geizig) けちな, 物惜しみする.

Fil·zig·keit[–kaɪt] 女 -/ **1** フェルト質. **2** 物惜しみ.

Filz·laus[fílts..] 女〚虫〛(陰毛などにつく)ケジラミ(毛虱).

Fil·zo·kra·tie[fɪltsokratí:] 女 -/-n[..tí:ən]《軽蔑的に》(縁故関係によって権力を掌握する)閥支配, 閥政治.

fil·zo·kra·tisch[..krá:tɪʃ] 形 閥支配の.

Filz·pan·tof·fel[fílts..] 男 フェルトのスリッパ.

Filz·pan·tof·fel·ki·no 中《話》(Fernsehen) テレビ(セット).

Filz⸗pat·schen 複 =Filzschuh **⸗schrei·ber** 男 フェルトペン(サインペン・マジックインキなど). **⸗schuh** 男 フェルトの上ばき(スリッパ・部屋ばき). **⸗soh·le** 女 (靴の)フェルト底. **⸗stift** 男 =Filzschreiber

Fim·bri·en[fímbriən] 複 **1** 房状の縁(へり), 垂れ縁. **2**〚解〛(卵管などの)ふさ, フィムブリエ. [*lat.*]

Fim·mel[1][fíməl] 男 -s/〚植〛雄麻(おあさ). [<Femel]

Fim·mel[2][−] 男 -s/- **1**〚坑〛鉄のくさび, 鉄の大ハンマー. **2**《話》気まぐれ, 気違いざた; (ばかげた)熱狂, 一時の熱狂(的流行): einen ~ bekommen 気まぐれを起こす.

fim·me·lig[..lɪç][2] 形《話》気まぐれの, 狂気じみた.

fim·meln[fíməln] ((06)) **I** 自 (h) **1** 麻をむしる. **2** 夢想する; たわごとをいう. **II** 他 (h) あちこちに動かす.

Fin →*Fin* de siècle

FINA (**Fi·na**)[fí:na·] 女 -/ 国際アマチュア水泳連盟 (= Internationaler Amateur-Schwimmverband). [*fr.*; <*fr.* *F*édération *I*nternationale de *N*atation *A*mateur]

fi·nal[finá:l] 形 **1** 最後の, 終局の. **2** 目的の, 目的を表す: ~*e* Konjunktion〚言〛目的の接続詞(⊛ damit). [*spätlat.*; <*lat.* fīnis (→Finis)+..al[1]]

Fi·nal[−] 男 -s/-s《スイス》〚スポーツ〛決勝戦.

Fi·na·le[..lə] 中 -s/-, -s **1** 終局, 結末. **2 a)**〚楽〛終楽章, 終曲. **b)**〚劇〛フィナーレ. **3**〚スポーツ〛決勝戦, 最終戦; ラストスパート [*it.* finale]

Fi·nal·in·fi·ni·tiv 男〚言〛目的の不定詞句(⊛ *um* Deutsch *zu lernen* ドイツ語を習うために).

Fi·na·lis·mus[finalísmʊs] 男 -/〚哲〛究極原因論.

Fi·na·list[finalíst] 男 -en/-en〚スポーツ〛決勝戦出場選手.

Fi·nal·satz[finá:l..] 男 (Zwecksatz)〚言〛(damit などに導かれる)目的文, 目的の文節.

Fi·nan·cier[finãsié:] 男 -s/-s =Finanzier

Fi·nanz[finánts] 女 -/-en **1** (英: *finance*)《単数で》金融, 金融業界; 《集合的に》金融資本家; 財務局: die hohe ~ 財界. **2**《複数で》(国家・公共団体の)財政, 財源, 歳入; 《話》(個人の)資金, 金回り: das Ministerium der ~*en* 大蔵省 | Wie steht es mit deinen ~*en*? 《話》ふところ具合はどうだい. [*mlat.*–*fr.*; <*lat.* fīnis (→Finis)]

Fi·nanz⸗amt 中〚法〛財務官署; 税務署: aufs ~ gehen 税務署へ行く. **⸗ari·sto·kra·tie** 女 -/ 富豪階級, 財界, 金融界, 財界(金融界)を牛耳る人々. **⸗aus·gleich** 男 (国と地方自治体間の) 財政調整. **⸗aus·schuß** 男 財務(財政)委員会. **⸗be·am·te** 男 財務官吏, 大蔵省官吏. **⸗be·hör·de** 女 税務署.

Fi·nan·zer[finántsər] 男 -s/-《オーストリア》税関吏. [*it.*]

Fi·nanz⸗ge·ba·rung 女 -/ 財務管理, 資金運営. **⸗ge·nie**[..ʒeni:] 中 金遣いのうまい人. **⸗ge·richt** 中〚法〛税務裁判所(第一審裁判所). **⸗ge·richts·bar·keit** 女〚法〛財政裁判権. **⸗hil·fe** 女 財政援助. **⸗ho·heit** 女 -/ (国家の)財政(高)権.

fi·nan·ziell[finantsiέl, ⌣⌣⌣⌣] 形《述語的用法なし》金融(上)の, 財政(上)の; 金銭上の, 資金面の: ~*e* Hilfe (Unterstützung) 財政援助 | in ~*en* Schwierigkeiten sein 財政的苦境にある ‖ *jn.* ~ unterstützen …を経済的に援助する.

Fi·nan·zier[finantsié:] 男 -s/-s **1** 金融業者, 銀行家; 資金提供者, 金主, スポンサー. ᵛ**2** 税関吏. [*fr.*]

fi·nan·zie·ren[..tsí:rən] 他 (h) **1** (…に)融資(出資)する: eine Expedition ~ 探険の資金を出す | *jm.* das Studium ~ …に大学の学資を出してやる | Sie hat ihr Studium selbst *finanzieren* müssen. 彼女は自分の(大学での)学費は自分で賄わなければならなかった. **2**〚商〛クレジットで買う(支払う); 《目的語なしで》クレジットを受ける: ein Auto langfristig ~ 自動車を長期のローンで買う. [*fr.*]

Fi·nan·zie·rung[..rʊŋ] 女 -/-en 資金調達, 融資.

Fi·nanz⸗jahr[fináンts..] 中 会計年度. **⸗ka·pi·tal** 中 金融資本. **⸗kon·trol·le** 女 財政監査(管理).

fi·nanz·kräf·tig 形 財政の豊かな, 裕福な.

Fi·nanz⸗kri·se 女 財政危機. **⸗la·ge** 女 財政状態. **⸗mann** 男 -[e]s/..leute =Finanzier 1 **⸗markt** 男 金融市場: der internationale ~ 国際金融市場. **⸗mi·ni·ster** 男 大蔵大臣. **⸗mi·ni·ste·rium** 中 大蔵省. **⸗plan** 男 財政計画. **⸗po·li·tik** 女 -/ 金融(財政)政策.

fi·nanz⸗po·li·tisch 形 金融(財政)政策(上)の. **⸗schwach** 形 財政的に弱体な. **⸗stark** 形 財政の豊かな.

Fi·nanz·sy·stem 中 金融システム.

fi·nanz·tech·nisch 形 財政技術上の.

F

Fi·nanz≈ver·wal·tung 女 財務行政〔機関〕. **≈wech·sel** 男《商》融通〈金融〉手形. **≈welt** 女 -/ 財界, 金融界. **≈we·sen** 中 -s/ 財政〔制度〕. **≈wirt·schaft** 女 -/ 財政, 財産管理. **≈wis·sen·schaft** 女 -/ 財政学.

fi·nas·sie·ren[finasí:rən] 自 (h) 手練手管を使う. [*fr.*; <*fr.* fin (→fein)]

ᐁ**Fin·del**[fíndəl] 男 (中) -s/- =Findelkind [<Fund] **Fin·del≈haus** 中 捨て子養育所. **≈kind** 中 捨て子, 拾い子. ᐁ**≈pfle·ger** 男 捨て子養育者, 里親, 養い親.

fin·den*[fíndən][1]《42》 **fand**[fant][1], **ge·fun·den**[gəfúndən]; 接II fände[fɛ́ndə]

I 他 (h) **1** (英: *find*) (偶然に)見つける, (探して)見つけ出す; 見いだす, 発見する: einen Fehler ～ 誤りを見つける | ein Geldstück auf der Straße ～ 路上でお金を見つける | eine Lösung ～ 解決法を見いだす | Mittel und Wege ～ 手だてを見つける | den verlorenen Schlüssel ～ なくした鍵(㋖)を見つける | die Unbekannte ～《数》未知数の解を得る | den Verbrecher ～ 犯人を発見する | einen Vorwand ～ 口実を見いだす | den Weg nach Hause ～ 帰り道がわかる | keine Worte ～〔können〕言うべき言葉を知らない ‖ Er *findet* immer etwas zu tadeln. 彼はいつも何かとけちをつける | Das *findet* man nicht alle Tage. それはざらにある物〈事〉ではない | Ihre Geldbörse wurde in der Straßenbahn *gefunden*. 彼女の財布は市街電車の中で見つかった | Gute Handwerker sind heute schwer zu ～. いい職人は今日ではなかなか得られない ‖《目的語なしで》Wer da sucht, der *findet*. 求める者は見いだす(聖書: マタ7,7) ‖ 再帰 *sich*[4] ～ (探した末に)見つかる; 見いだされる; 目に触れる, 存在する;《相互的に》会う, 一致する, 親しくなる | Das gesuchte Buch 〈Das Verlorene〉 hat sich *gefunden*. 探していた本〈紛失物〉が見つかった | Ihre Blicke *fanden* sich 〈雅: einander〉. 彼らの目と目があった | Wir *fanden* uns in der Ansicht, daß ... 私たちは…という見解で一致した〈意気投合した〉 | *sich*[4] nicht oft 〈leicht〉 ～ なかなか見つからない, ざらにはない | Es *finden* sich immer Leute, die solchen Unsinn glauben. こんなばかげたことを真に受ける連中がいつだっているものだ | Die Stelle *findet* sich bei Schiller. この文句の出典はシラーだ | Darüber *findet* sich in seinem Brief kein Wort. 彼の手紙ではこの事に少しも触れていない | Die beiden haben sich gesucht und *gefunden*.《比》両者は実にぴったりの一組だ ‖ Das ist geradezu *gefunden*.《比》これは拾ったようなもんだ(ただみたいに安かった).

2 a) 手に入れる, 得る, 与えられる; (…が)手にはいる, (…に)ありつく, 出くわす: reißenden Absatz ～ (品物が)飛ぶように売れる | Antwort ～ 返事をもらう | Arbeit ～ 職を得る | *sein* Auskommen ～ 生計を立てる | Der Film *fand* unseren Beifall. その映画は私たちの間で評判がよかった | kein Ende ～ 終わらない, 果てしがない | Ich *fand* nicht den Mut, es zu sagen. 私はそれを言う勇気がなかった | keine Ruhe ～〔können〕休めない, 落ちつけない | keinen Schlaf ～ 眠れない | den Tod ～《雅》いのちを失う | eine Wohnung ～ 住まいが見つかる | die Zeit zu *et.*[3] ～ …をする暇がある ‖ **an** *et.*[3] Geschmack ～ …が気に入る | an *et.*[3]〔*sein*〕Vergnügen ～ …を楽しむ | **bei** *jm.* Glauben 〈Gehör〉 ～ …に信用される〈聞き入れてもらう〉 | **in** *jm.* einen Freund ～ …という友を得る | 〔in *jm.*〕*seinen* Meister ～ 〔…という〕自分より優れている人間〈脱帽すべき相手〉に出会う | Er *findet* Trost in 〈bei〉 seiner Arbeit. 彼には仕事が心の慰めとなる | **vor** *jm.* 〈*js.* Augen〉 Gnade ～ …に目をかけられる. **b)**《動作名詞とともに用いられて受動的に》(…を)受ける, …される: bei *jm.* Anerkennung ～ …に認められる | gute Aufnahme ～ 温かく迎え入れられる | Beachtung 〈Berücksichtigung〉 ～《官》注目〈考慮〉される | Unterstützung 〈Hilfe〉 ～ 支持〈援助〉される | Verbreitung ～ 普及する | Verwendung ～《官》用いられる. **c)** 再帰 *sich*[4]〔wieder〕～ 気を取り直す, 冷静になる. **d)**《話》(stehlen) 盗む, ちょろまかす.

3《*jn.*/*et.*[4]》《様態を示す語句と》**a)** (…を)見て(…であることを)知る: das Haus leer ～ (行ってみて)家に誰もいないことを知る | das Tor offen 〈geöffnet〉 ～ 門が開いているのを見る | Ich *fand* ihn krank 〈schlafend/auf/zu Hause〉. (行ってみたら)彼は病気だった〈眠っていた・起きていた・家にいた〉 ‖ 再帰 *sich*[4] von Feinden umgeben ～ 敵に囲まれたのを知る | Beim Erwachen *fand* er sich im Krankenhaus. 彼は目がさめてみると病院にいた. **b)** (…を…であると)感じる; 思う, 評価する: *jn.* unerträglich ～ …を我慢ならぬと感じる | *et.*[4] gut 〈schlecht〉 ～ …をよいと〈だめだと〉思う | Ich *finde* die Menschen am interessantesten. 私がいちばん興味をひかれるのは人間だ | *et.*[4] praktisch 〈angebracht〉 ～ …を実際的〈適切〉であると思う | *et.*[4] richtig 〈überflüssig〉 ～ …を正しい〈余計なこと〉と思う | Das *finde* ich nicht schön von ihm. それは彼がよくないと私は思う | Ich *finde* es unhöflich von ihr, daß sie auf meinen Brief nicht antwortet. 彼女が私の手紙に返事をよこさないのは失礼だと思う | ein Problem schwierig ～ 問題を難しいと思う | *et.*[4] nicht in Ordnung ～ …をどこかおかしいと思う ‖ Ich *finde* es hier kalt. 私はここは寒いと思う | Wie *findest* du das? 君はこれをどう思うか | Wie *finde* ich denn das!《話》こりゃ驚いた | Wie *finden* Sie Berlin? ベルリンの印象はいかがですか.

4 (feststellen) **a)** 認める, 気づく: Was *findet* er an mir? 彼は私をどう思っているか | nichts 〔Besonderes〕 an *et.*[3] ～ …を別になんとも思わない | nichts 〔Schlimmes〕 bei *et.*[3] ～ …になんら問題を感じない | Das *finde* ich nicht./ Das kann ich nicht ～. 私はそうは思わない | Ich *finde*, daß er recht hat. 私は彼が正しいと思う. **b)** 再帰 *sich*[4] ～ 判明する; (うまく)片がつく: **Das** 〈**Es**〉 **wird sich** 〔**alles**〕 **schon ～!** 今にわかるさ;〔何もかも〕うまく行くさ | Es *fand* sich, daß ich recht hatte. 私の正しかったことがはっきりした.

5 a) 再帰 *sich*[4] ～《方向を示す語句と》(…へ) 行きつくことができる, (…への)道がわかる(→II) | *sich*[4] nach Hause ～ (道に迷わずに)帰宅できる | *sich*[4] zum Bahnhof ～ 駅へ行ける〈行く道がわかる〉 | Ich *finde* mich schon! 道はわかっています. **b)** 再帰 *sich*[4] **in** *et.*[4] ～ …に順応する | *sich*[4] in eine Lage ～ 情勢に順応する | *sich*[4] in *sein* Schicksal ～〔müssen〕/ *sich*[4] darein ～ müssen 運命に甘んじる.

II 自 (h) (gelangen)《方向を示す語句と》(…〔の状態〕に)行きつく(→I 5 a): nicht aus dem Bett 〈den Federn〉 ～ können 寝床から起き出せない | nicht nach Hause ～ können 帰宅する気になれない | schon früh zur Partei ～ 早くから党員となる | Er *fand* spät zur Musik. 彼が音楽の世界にはいったのは遅かった | zu *sich*[3] selbst ～ 我に返る.

[„treten“; *germ.*; ◇Ponte, Fund, fahnden; *engl.* find]

Fin·der [fíndər] 男 -s/- (finden する人. 特に:) 拾得者: Der ehrliche ～ wird um Rückgabe des Buches gebeten. 見つけられた方はその本をお返しくださるようお願いします.

Fin·der≈geld 中, **≈lohn** 男 拾得者に対する(法定の)｛謝礼.

Fin de siècle[fɛ̃dsjɛkl] 中 ---/ 世紀末(文芸において退廃的気風の著しかった19世紀末), デカダンス. [*fr.*; ◇Finis, Säkulum]

fin·dig[fíndɪç][2] 形 **1** 知謀〈機知〉にたけた, 創意豊かな; 利口な, 明敏な: ein ～*er* Journalist 明敏なジャーナリスト. **2**《坑》資源に富んだ. [*mhd.*; ◇finden]

Fin·dig·keit[-kaɪt] 女 -/-en《ふつう単数で》利発, 気のきくこと, 如才のなさ, 明敏, 機知.

Find·ling[fíntlɪŋ] 男 -s/-e **1** 捨て子, 拾い子. **2**《地》捨て子石, 漂石. [*mhd.* vundelinc; ◇Fund]

Find·lings·block 男 -〔e〕s/..blöcke =Findling 2

ᐁ**Fin·dung**[fíndʊŋ] 女 -/-en (finden すること. 例えば:) 発見, 到達; 拾得〔物〕: die ～ der Wahrheit 〈des Urteils〉 真理〈判決〉への到達.

Fi·ne[fí:nə] 中 -s/-s《楽》フィーネ, (楽曲の)終わり, 終止. [*lat.* fīnis (→Finis) －*it.*; ◇fein]

Fi·nes·se[finɛ́sə] 女 -/-n **1** (Feinheit) 精巧さ, 繊細さ: ein Auto mit allen 〔technischen〕 ～*n* 技術の粋を集めて造られた自動車. **2** 巧妙, 狡猾(㋙); 《ふつう複数で》技巧, こつ; トリック, 策略, 手管: mit allen ～*n* あらゆる手管を用い

F

て. [*fr.*]

fing[fɪŋ] fangen の過去.

Fị̈n·gals·hö̱h·le[fíŋgalshøːlə] 地名 女 -/ フィンガルの洞窟(どう)(スコットランドのスタッファ島にあり, Mendelssohn-Bartholdy の曲によって広く知られる. フィンガルはアイルランドの伝説上の英雄).

fịn·ge[fíŋə] fangen の接続法 II.

Fịn·ger[fíŋər] 男 -s/- **1** (英: *finger*) (手・手袋の)指(足の指は: →Zehe 1);《ふつう複数で》手: der kleine ～ 小指(→Daumen, Zeigefinger, Mittelfinger, Ringfinger) | dicke 〈zarte〉 ～ 太い(細い)指 | **der elfte ～**《戯》陰茎, ペニス ‖ einen ～ breit 指 1 本の幅の(→Fingerbreit) | über drei ～ Dicke 指 3 本以上の太さ | Gottes ～ 神の指(霊力).

‖〘動詞と〙 ***sich***[3] **die ～ abarbeiten**《話》骨身を惜しまず働く | ***sich***[3] **die ～ abschreiben** 〈**wund schreiben**〉《話》(手紙・書類などを)書きまくる, うんざりするほどたくさん書く | die ～ 〔aus〕strecken 〈krümmen〉 指を伸ばす(曲げる) | Wenn man ihm den 〔kleinen〕 ～ gibt, so nimmt 〈will〉 er 〔gleich〕 die ganze Hand. 彼はちょっと甘い顔をするとすぐつけあがる | **klebrige ～ haben**《話》手癖が悪い, 盗癖がある | einen schlimmen 〈bösen〉 ～ haben 指を傷めている | ***seine* ～ dazwischen** 〈**im Spiel**〉 **haben**《比》一枚かんでいる | **die** 〈***seine***〉 **～ von *et.***[3] **lassen**《比》…から手を引く | den ～ an die Nase legen 指を鼻先に当て〔て考え〕る | den ～ an die Lippen 〈auf den Mund〉 legen 指を口元に当て〔て沈黙を求め〕る | **den ～ auf die** 〔brennende〕 **Wunde legen**《比》痛いところをつく, 悪事をあばく | ***sich***[3] **die** 〈**alle zehn**〉 **～ nach *et.***[3] **lecken**《話》…が欲しくてたまらない | **keinen ～ krumm machen**《話》指一本動かさない, (自分からは)何一つしようとしない | **lange** 〈**krumme**〉 **～ machen**《話》盗みを働く | ***sich***[3] **nicht gern die ～ schmutzig machen**《比》自分の手を汚そうとしない(いやなことは他人にやらせようとする) | **keinen ～ rühren**《話》なんの手助けもしない, 無関心である | ohne einen ～ zu rühren 自分からは何もしないで | Das sagt mir mein kleiner ～.《比》私の予感は間違いない | ***seine* ～ in *et.***[4] **stecken**《比》…に介入する | ***sich***[3] **die ～** 〔**an** 〈**bei**〉 ***et.***[3]〕 **verbrennen** 〔…で〕指にやけどをする;《話》〔…で〕ひどい目にあう ‖ ***jm.*** 〈***jn.***〉 **jucken die ～ nach *et.***[3]《話》…は…が欲しくてたまらない.

‖〘前置詞と〙 einen Ring **am ～** haben 〈tragen〉 指に指輪をはめている | **an jedem ～ eine** 〈**einen**〉 **haben**《話》とても女(男)にもてている | *et.*[4] an den ～*n* herzählen …を熟知している | an den ～*n* saugen (幼児が)指を吸う | Man kann die Besucher an den ～*n* abzählen. / Die Besucher sind an den ～*n* abzuzählen. 客は数えるほどしかいない | ***sich***[3] ***et.***[4] **an den fünf** 〈**zehn**〉 **～*n* abzählen können**《話》…は分かりきった(簡単に想像のつく)ことである | Ihm bleibt alles an den ～*n* kleben.《比》彼は手癖が悪い | einen Ring **auf** 〈an〉 den ～ stecken 指に指輪をはめる | auf die ～ bekommen しかられる | *jm.* eins auf die ～ geben (罰として)…の指をたたく | ***jm.* auf die ～ klopfen**《話》…をきびしくしかる | ***jm.* auf die ～ schauen** 〈**sehen** / **gucken**〉《比》…〔の仕事ぶり〕を監視する | *et.*[4] nicht **aus** den ～*n* lassen《比》…を手放さない | ***sich***[3] ***et.***[4] **aus den ～*n* saugen**《話》…をでっち上げる | **durch** die ～ pfeifen 指笛を吹く | ***jm.* durch die ～ schlüpfen**《話》…の手をするりとのがれる | der Polizei durch die ～ schlüpfen 警察の手をまんまとのがれる | *sich*[3] *et.*[4] durch die ～ schlüpfen 〈gehen〉 lassen …(機会など)を取り逃がす | ***jm.* durch die ～ sehen**《比》…を大目に見てやる, …に寛大である | *et.*[4] **in** die ～ bekommen 〈kriegen〉 …を(たまたま見つけて)手に入れる | *jn.* in die ～ bekommen 〈kriegen〉 …を捕まえる | *jm.* in die ～ fallen (たまたま)…の手中に落ちる | *et.*[4] in den ～*n* haben …を手中にしている | ***et.***[4] **im kleinen ～ haben**《比》…に精通している | *sich*[4] 〈*sich*[3]〉 in den ～ schneiden (誤って)指を切る;《比》(当てがはずれて)痛い目にあう | Es juckt mir 〈mich〉 in den ～*n*, ihn niederzuhauen.《話》私は彼を殴り倒したくてうずうずしている | ***et.***[4] **mit spitzen ～*n* anfassen**《話》用心深く(こわごわ・いやいや)…を指先でつまむ | *jm.* mit dem ～ drohen 指を立てて…を脅す | mit dem ～ 〈mit ～*n*〉 auf *jn.* zeigen 〈weisen〉 …を指さす | **mit dem ～** 〈**mit** 〔**den**〕 **～*n***〉 **auf *jn.* zeigen**《比》…に後ろ指をさす, …の悪口を言う | **Das kann man mit den ～*n* greifen.**《比》それは明白なことだ | ***et.***[4] **mit dem kleinen ～ machen**《比》…をいとも造作なく行う | ***jn.* um den** 〔**kleinen**〕 **～ wickeln** 〔**können**〕《話》…を意のままに操る〔ことができる〕 | ***jm.* unter** 〈**zwischen**〉 **die ～ kommen** …の手に入る | ***jm.* unter** 〈**zwischen**〉 **den ～*n* zerrinnen** (金・財産などが)みるみる…の手元から消える | *et.*[4] zwischen den ～*n* halten …を指にはさんでいる.

2 〘植〙(バナナなどの)果指, 指状果.

[*germ.*; ◇fünf, Faust[2]; *engl.* finger]

Fịn·ger·ab·druck[fíŋər..] 男 -〔e〕s/..drücke 指紋: *jm. Fingerabdrücke* abnehmen …の指紋をとる.

Fịn·ger·ab·druck·ver·fah·ren 中 指紋〔検出〕法.

Fịn·ger≈al·pha·bet 中 (聾唖(ろうあ)者用の)指文字. **≈bee·re** 女 指頭腹面.

fịn·ger·breit I 形 指幅の: ein ～*er* Spalt 指幅ほどのすき間 | das Brot ～ schneiden パンを指幅の厚さに切る. **II**

Fịn·ger·breit 男 -/- (単位としての)指幅(→ 図 Maß): Er ist 〔um〕 zwei ～ größer als ich. 彼は私より指 2 本の幅だけ背が高い | um keinen ～ von *et.*[3] abgehen《比》…から寸分たりとも離れない.

Fịn·ger·brei·te 女 指幅, わずかの幅: die Tür nur eine ～ öffnen 戸をほんのわずかだけあける.

fịn·ger·dick 形 指の太さ〔ほど〕の.

Fịn·ger≈druck 男 -〔e〕s/ (押しボタンを)指で押すこと. **≈ent·zün·dung** 女〘医〙瘭疽(ひょうそ); 爪囲(そうい)炎.

fịn·ger·fer·tig 形 指先の器用な.

Fịn·ger≈fer·tig·keit 女 -/ (ピアノの演奏などの)鮮やかな指さばき. **≈ge·lenk** 中〘解〙指関節. **≈glied** 中〘解〙指骨. **≈hand·schu̱h** 男 (↔Fausthandschuh) (5 本指の)手袋. **≈hir·se** 女〘植〙メヒシバ(雌日芝)属. **≈hunds·zahn** 男〘植〙ギョウギシバ(行儀芝). **≈hut** 男 **1** (裁縫用の)指ぬき: ein ～ 〔voll〕《比》微量 | Das geht auf 〈in〉 einen ～.《比》それはほんの少量だ. **2** (Digitalis)〘植〙ジギタリス, キツネノテブクロ(狐手袋)属.

..fingerig[..fɪŋərɪç][2] (**..fingrig**[..ŋrɪç][2])《数詞・形容詞などにつけて「…の指をもつ」を意味する形容詞をつくる》: fünf*fingerig* 5 本指の | dick*fingerig* 指が太い.

Fịn·ger≈knö·chel[fíŋər..] 男 指の中間関節. **≈kno·chen** 男 指骨. **≈kraut** 中 -〔e〕s/〘植〙キジムシロ(雉蓆)属(オヘビイチゴ・キンロバイなど). **≈kup·pe** 女 指先.

fịn·ger·lang 形 指の長さ〔ほど〕の.

Fịn·ger·ling[fíŋərlɪŋ] 男 -s/-e **1** (負傷の際に用いる)指サック. **2** (手袋の)指.

Fịn·ger≈loch 中〘楽〙(管楽器で指で押えて音を変えるための)指孔, 音孔. **≈lut·schen** 中 -s/ (幼児の)指しゃぶり.

fịn·gern[fíŋərn] 《05》 **I** 自 (h) 指でさわる, いじくり回す: am Reißverschluß ～ ファスナーをいじくる(まさぐる) | an *et.*[3] herum ～ …をいじくり回す | nach *et.*[3] ～ …を手探りで探す | in der Tasche nach dem Schlüssel ～ ポケットの中で鍵(かぎ)を手探りする. **II** 他 (h) **1** 《aus *et.*[3]》(…の中から骨折って)指で引っぱり出す. **2** 《話》(むずかしい事などを)うまく処理する, 上手に片をつける. **3** 《話》(stehlen) 盗む.

III ge·fịn·gert → 別出 [*mhd.*; ◇Finger]

Fịn·ger≈na̱·gel 男 指のつめ: nicht das Schwarze unter dem ～ besitzen (→schwarz III 5) | *jm.* nicht das Schwarze unter dem ～ gönnen (→schwarz III 5). **≈ring** 男 指輪: einen ～ anstecken 〈tragen〉 指輪をはめる(はめている). **≈satz** 男〘楽〙指使い, 運指法; 運指記号. **≈scha̱·le** 女 フィンガーボール, 指洗い鉢.

Fịn·ger·spit·ze 女 指先; (指先でつまむ程度の)ごく少量, ひとつまみ(→ 図 Maß): **bis in die ～*n*** すみずみまで, あらゆる面で | Er ist Künstler bis in die ～*n*. 彼は根っからの芸術家だ | Mir kribbelt es 〔ordentlich〕 in den ～*n*.《話》私はじれったくて指がむずむずする | Das muß man in den ～*n* haben. それには勘を働かせなければならない.

Fịn·ger·spit·zen·ge·fụ̈hl 中 -(e)s/ 繊細〈鋭敏〉な感覚, 勘.

Fịn·ger≈spra·che 女 指話(法), 手話(法). **≈spu·ren** 複 指のあと(の汚れ). **≈strecker** 男〘解〙伸指筋. **≈tier** 中〘動〙アイアイ. **≈ụ̈bung** 女〘楽〙運指練習(曲). **≈wurm** 男《南部》=Fingerentzündung

fịn·ger·zahm 形 (文鳥などが)手乗りの,(指に乗るほど)よくなれた.

Fịn·ger·zeig[..tsaɪk][1] 男 -(e)s/-e 合図, ヒント, 示唆, 暗示,(神・運命などの)警告: *jm.* einen nützlichen ~ geben …に有益なヒントを与える. [<zeigen]

fin·gie̱·ren[fɪŋgíːrən] **I** 他 (h) 捏造(ねつぞう)する, でっち上げる; 見せかける, 偽る,(…の)ふりをする; 仮定する: einen Überfall ~ 強盗に襲われたふりをする. **II fin·giert** 過分 形 虚構の, 擬装の, 見せかけの, 偽りの, 狂言の, 仮の;〘商〙見積もりの;〘法〙仮想の, 擬制的: ein ~*er* Name 〈Brief〉 偽名〈偽の手紙〉| eine ~*e* Rechnung 見積書 | Das Attentat war nur ~. この暗殺計画は狂言にすぎなかった. [*lat.* fingere „bilden"; ◇Teig, Figur, Fiktion, Finte; *engl.* feign]

..fingrig =..fingerig

Fị·nis[fíːnɪs] 中 -/- (Ende) 終わり, 結尾(印刷物などの末尾に記す). [*lat.* fīnis „Grenze"; ◇Fine]

Fị·nish[fínɪʃ] 中 (男) -s/-s **1**〘スポ〙(試合の)最終局面, フィニッシュ, ラストスパート. **2** 最後の仕上げ〈磨き〉. [*engl.*]

fi·nịt[finíːt] 形 (↔infinit)〘言〙(動詞が)定形の: eine ~*e* Form 定形(不定詞・分詞に対して人称・数によって限定された動詞形. 定動詞とも言う) | ein ~*es* Verb 定動詞. [*lat.*; < *lat.* fīnīre „begrenzen"]

Fi·nịt·verb 中〘言〙定動詞.

Fink[fɪŋk] 男 -en/-en **1**〘鳥〙アトリ(花鶏)科の鳥(アトリ・ヒワ・カナリヤなど. しばしば不潔の象徴: →Dreckfink, Mistfink): Die ~*en* singen 〈schlagen〉. アトリがさえずる. ▽**2** =Finke [*westgerm.*; ◇*engl.* finch]

▽**Fịn·ke**[fíŋkə] 男 -n/-n《話》学生組合に属さない大学生; 軽薄なやつ.

Fịn·kel·jo·chen[fíŋkəljɔxən] 男 -s/-《話》(Branntwein) 火酒.

fịn·keln[fíŋkəln] **I** (06) 自 (h) ▽**1** 小鳥を捕まえる. **2**《南部》切り刻む, 不器用に切る. **3**《話》料理する. **II ge·fịn·kelt** → 別出 [<Fink]

fịn·ken[fíŋkən] 自 (h) **1** さえずる. ▽**2** =finkeln I 1

Fịn·ken[−] 男 -s/-《スイ》(暖かい)室内靴, フェルトの上覆き靴; ソックス. [*mlat.* ficones]

▽**Fịn·ken≈he̱rd**[fíŋkən..] 男〘狩〙(小鳥を捕まえる)おとり場. **≈schlag** 男 -(e)s/〘狩〙Fink のさえずり. [<Fink]

▽**Fịnk·ler**[fíŋklər] 男 -s/- 野鳥捕獲者, 野鳥猟者: Heinrich der ~ ハインリヒ鳥猟王(ドイツ王ハインリヒ一世の異名).

Fịn·land[fínland] =Finnland

Fịn·ne[1][fínə] 男 -n/-n (女 **Fịn·nin**[..nɪn]-/-nen) フィン人, フィンランド人. [*schwed.*]

Fịn·ne[2][−] 女 -/-n **1** (サメ・クジラなどの)背びれ. **2** (金づちの)とがった方の先端(→図 Hammer); くぎ, 木くぎ. [*mndd.*; ◇Pinne; *engl.* fin]

Fịn·ne[3][−] 女 -/-n **1**〘動〙条虫類の幼虫, 嚢虫(のうちゅう), 胞虫. **2**〘医〙吹き出物, 膿疱(のうほう), はれ物, にきび. **3** =Finnenkrankheit [*mhd.* phinne „Nagel"]

Fịn·nen·krank·heit 女〘畜〙嚢虫(のうちゅう)症, 胞虫病.

Fịnn·fisch[fín..] 男 =Finnwal

fịn·nig[1][fínɪç][2] 形 背びれ状の; 背びれのある.

fịn·nig[2][−] 形 **1**〘畜〙嚢虫(のうちゅう)〈胞虫〉のいる; 嚢虫症にかかった. **2** 吹き出物〈にきび〉のある.

Fịn·nin Finne[1]の女性形.

fịn·nisch[fínɪʃ] 形 フィンランド[人・語]の: →deutsch | der *Finnische* Meerbusen フィンランド湾(バルト海がフィンランドの南岸と Estland の間に入りこんだ部分).

fịn·nisch-u̱grisch[fínɪʃ|úːgrɪʃ] =finnougrisch

Fịnn·land[fínlant] 地名 フィンランド(北東ヨーロッパにある共和国で, 首都は Helsinki).

Fịnn·län·der[..lɛndər] 男 -s/- (女 **Fịnn·län·de·rin**[..dərɪn]-/-nen) **1** =Finne[1] **2** (特にスウェーデン語を母国語とする)フィンランドの住民.

fịnn·län·disch[..dɪʃ] 形 フィンランドの.

Fịnn·mark[fínmark] 女 -/- (略 Fmk)(Markka) フィンランド=マルク(フィンランドの旧貨幣(単位): 100 Penni).

fịn·no·u̱grisch[fíno|úːgrɪʃ] 形 フィン=ウゴル語(族)の.

Fịnn·wa̱l[fín..] 男〘動〙ナガスクジラ(長須鯨). [<Finne[2]]

Fịn·sel[fínzəl] 女 -/-(-n)《話》小片, 微片.

fịn·se·lig[..lɪç] 形《話》微細な,(雨などが)細かい; 細かすぎる, こせこせした; (仕事などが)細心の注意のいる, 綿密〈精密〉な, 骨の折れる; 細かくて目の疲れる.

fịn·ster[fínstər] 形 **1** (dunkel) 暗い, まっ暗な; 陰鬱(いんうつ)な: eine ~*e* Nacht やみ夜 | ~*e* Wolken 黒雲 | ein ~*es* Haus 陰気な家 ‖ Im Keller war es ~. 地下室の中はまっ暗だった ‖ **im ~*n* tappen**《比》暗中模索する. **2** 不機嫌な, 険悪な: ein ~*es* Gesicht 渋面 | mit ~*en* Augen 怒った目つきで. **3** 不気味な, 不吉な, 不明の: eine ~*e* Ahnung 怪しい予感 | ~*e* Aussichten 暗澹(あんたん)とした前途 | das ~*e* Mittelalter 中世の暗黒時代. **4** 不正な, 疑わしい, 罪悪の: ~*e* Absichten よからぬもくろみ | ein ~*er* Bursche うろんな男 | ~*e* Gestalten いかがわしい連中 | eine ~*e* Kneipe いかがわしい酒場 | ~*e* Wege gehen 悪の道をたどる | ~*e* Gedanken gegen *jn.* hegen …に対して陰謀を企む. [*ahd.* dinstar; ◇dämmern]

Fịn·ster·keit[−kaɪt] 女 -/ 暗黒, 暗やみ, 陰鬱(いんうつ).

Fịn·ster·ling[..lɪŋ] 男 -s/-e **1**《軽蔑的に》暗い〈不機嫌な〉顔つきの男, 陰気な男. ▽**2** 非開化主義者, 反啓蒙(けいもう)主義者; (正体のわからぬ)うさんくさい人物.

▽**fịn·ster·lings**[..lɪŋs] 副 暗中に, 暗がりで.

▽**fịn·stern**[fínstərn] (05) **I** 自 (h) 非人称 (es finstert) (あたりが)暗くなる, 日が暮れる. **II** 他 (h) 暗くする.

Fịn·ster·nis[..nɪs] 女 -/-se[..nɪsə] **1** 暗黒, 暗やみ;《比》暗黒の〈希望のない〉状態; 無知蒙昧(もうまい): **eine ägyptische ~**《比》真の暗やみ, 真っ暗やみ(聖書: 出10,22から) | das Reich der ~〘聖〙やみの国, 地獄 | in der ~ des Waldes 森の暗がりの中で. **2** (Eklipse)〘天〙食(しょく): eine partielle 〈totale〉 ~ 部分〈皆既〉食 | Mond*finsternis* 月食 | Sonnen*finsternis* 日食.

Fịn·te[fíntə] 女 -/-n (ボクシング・フェンシング・レスリングなどで)フェイント, 牽制(けんせい)動作;《比》(敵を欺く)陽動作戦, 見せかけの行動; 口実, 逃げ口上. [*it.*; < *lat.* fingere (→fingieren); ◇*engl.* feint]

fịn·ten·reich 形 フェイント〈陽動作戦〉の上手な; 巧妙な, 老練な, 狡猾(こうかつ)な.

fin·tie̱·ren[fɪntíːrən] 自 (h) (ボクシング・フェンシング・レスリングなどで)フェイントをかける; 見せかけの行動をとる.

fịn·ze·lig[fíntsəlɪç][2], **fịnz·lig**[..tslɪç][2]《話》=finselig

Fio·rẹt·te[fiorɛ́tə] 女 -/-n, **Fio·ri·tu̱r**[fioritúːr] 女 -/-en〘楽〙**1** (音の)装飾. **2** 装飾音. [*it.*; ◇Flor[2]]

Fips[fɪps] 男 -es/-e《北部》**1** 指はじき,(親指と中指で)指を鳴らすこと; 指で鼻先をはじくこと. **2** 見ばえのしない小男: Meister ~《戯》仕立屋. **3** 気まぐれ; 思いつき. **4** トランプのゲームの一種.

fịp·sen[fípsən] (02) 自 (h) 指を鳴らす. [擬音]

fịp·sig[..sɪç][2] 形《話》**1** ちっぽけな, 貧相な. **2** (服などが)裁ちそこないの. **3** 落ちつかない, むら気の.

Fịr·le·fanz[fírləfants] 男 -es/-e《話》**1** がらくた, 安ぴかもの. **2** ばかなまね, 愚行. **3** くだらぬ人間; わんぱく者. [*mhd.*]

Fịr·le·fan·zer[..tsər] 男 -s/-《話》おどけ者, おっちょこちょい.

Fir·le·fan·ze·re̱i[fɪrləfantsəráɪ] 女 -/-en《話》ばかなまね, 茶番.

firm[fɪrm] 形 **1** (erfahren) 熟達〈精通〉した, 堪能(たんのう)な: ein ~*er* Alpinist ベテランの登山家 ‖ in *et.*[3] ~ sein …に精通〈熟達〉している | Er ist in deutscher Geschichte ~. 彼はドイツ史に造詣(ぞうけい)が深い. ▽**2** (fest) 堅固な, 確実な. ▽**3** 粋(いき)な. [*lat.* fīrmus „fest"; ◇Thron]

Fịr·ma[fírma·] 女 -/..men[..mən] **1** (略 Fa.) **a)** 会社, 商社, 商会: Export*firma* 輸出会社 | Handels*firma*

F

商事会社, 商社 ‖ eine ～ leiten 〈führen〉 会社を経営する | für eine ～ 〈in einer ～ / bei einer ～〉 arbeiten ある会社に勤めている | **Die ～ dankt.** 《戯》ありがとうございます(感謝); いや結構です(謝絶). **b**) 商号, 社名: unter der ～ Meyer & Co. マイヤー商会という商号で. **2** 《話》一族, 仲間. [*it.* firma „bindende Unterschrift"]

Fir·ma·in·ha·ber ＝Firmeninhaber

Fir·ma·ment[fɪrmamέnt] 中 -[e]s/ 《雅》(Himmelsgewölbe) 天空, 蒼穹(そうきゅう): am ～ 天空に. [*spätlat.* „Stütze"－*mhd.*]

fir·meln[fírməln] 《06》 ＝firmen

Fir·me·lung[..lʊŋ] 女 -/-en ＝Firmung

fir·men[fírmən] 他 (h) 〘カトリック〙《*jn.*》(…に)堅信を授ける. [*lat.* fīrmāre „befestigen"－*ahd.* firmōn]

Fir·men Firma の複数.

Fir·men≈buch[fírmən..] 中 ＝ Firmenregister ≈**chef**[..ʃɛf] 男 社長. ≈**in·ha·ber** 男 商社の持ち主, 店主, 社主. ≈**na·me** 男 会社名. ≈**re·gi·ster** 男 商会〈商店〉名簿. ≈**schild** 中 商社〈商店〉の看板. ≈**zei·chen** 中 **1** 商社〈商店〉の商標. **2** ＝Et-Zeichen

fir·mie·ren[fɪrmíːrən] 自 (h) 〘商〙(ある)商号を用いて営業をする; (書類に)商号をサインする: Das Unternehmen *firmiert* jetzt unter 〈mit〉 dem Namen Meyer & Co.. この企業は現在マイヤー商会という商号を用いている.

Firm·ling[fírmlɪŋ] 男 -s/-e 〘カトリック〙堅信〔の秘跡〕を受ける人, 受堅者.

Firm≈pa·te[fírm..] 男 (受堅者の)代父. ≈**pa·tin** 女 (受堅者の)代母.

Fir·mung[fírmʊŋ] 女 -/-en 〘カトリック〙堅信〔の秘跡〕(按手(あんしゅ)と聖香油によって受洗者の信仰を固めること: →Konfirmation).

firn[fɪrn] **I** 形 《雅》(積雪やワインについて)古い, 前年の, 数年前の: ein ～*er* Wein 古いワイン, 古酒.

II Firn 男 -[e]s/-e **1** (凍りついた)前年の雪; (高峰の)万年雪. **2** 《オーストリア・スイス》(万年雪におおわれた)雪嶺(せつれい); 氷河. [*germ.*; ◇fern]

Fir·ne[fírnə] 女 -/-n **1** 《単数で》(ワインの)まろやかな味, 芳醇(ほうじゅん)さ, 熟成. **2** ＝Firn 2

fir·nen[fírnən] 自 (h) (ワインが)慣れる, 熟成する.

Fir·ner[..nər] 男 -s/- 《南部・オーストリア》氷河.

Fir·ne·wein 男 古い熟成したワイン; 前年のワイン.

Firn≈feld[fírn..] 中 万年雪の雪原(→ 図 Gletscher). ≈**grat** 男 万年雪の尾根(→ 図 Gletscher). ≈**gren·ze** 女 (Schneegrenze) 雪線(高山で万年雪の限界線).

Fir·nis[fírnɪs] 男 -ses/-se[..nɪsə] ワニス, ニス; 《比》うわべだけの見せかけ, 虚飾. [*mlat.* veronix „Sandarak"－*afr.*－*mhd.* vernīs; ◇*engl.* varnish]

Fir·nis·baum 男 〘植〙ウルシ(漆)の木(樹液が漆塗りの原料となる).

fir·nis·sen[fírnɪsən] 《03》 他 (h) (…に)ワニス〈漆〉を塗る.

Firn·schnee[fírn..] 男 ＝Firn 1

First[fɪrst] 男 -es(-s)/-e **1** (屋根の)棟(→ 図 Dach A). **2** 〘坑〙(坑道の)天井. **3** 《雅》(Gebirgskamm) 山の背, 尾根, 稜線(りょうせん)(→ 図 Berg A). [*westgerm.*]

First≈bal·ken[fírst..] 男 棟木(むなぎ). ≈**fei·er** 女 《オーストリア》(Richtfest) 〘建〙上棟式, 棟上げの宴. ≈**ge·wöl·be** 中 (トンネルなどの)天井アーチ. ≈**zie·gel** 男 棟瓦(むながわら).

fis[fɪs] **I** 中 -/- 〘楽〙嬰(えい)ヘ音. **II** 記号 (fis-Moll) 〘楽〙嬰ヘ短調.

Fis[1][fɪs] **I** 中 -/- 〘楽〙嬰(えい)ヘ音. **II** 記号 (Fis-Dur) 〘楽〙嬰ヘ長調.

FIS (**Fis**[2]) [fɪs] 女 -/ 国際スキー連盟(＝Internationaler Skiverband). [*fr.*＜*fr.* *F*édération *I*nternationale de *S*ki]

Fisch[fɪʃ] 男 -es(-s)/-e **1 a**) (小 **Fisch·chen** → 別出, **Fisch·lein**[fíʃlaɪn] 中 -s/-) (英: *fish*) 魚, 魚類; 魚肉: See*fisch* 海魚 | Süßwasser*fisch* 淡水魚 | **fliegender ～** 〘魚〙トビウオ(飛魚) ‖ **faule ～*e*** 腐った魚; 《比》まゆつば物の〈ばかくさい〉言いのがれ; うそ | nach faulen ～*en* riechen 悪臭がする | **ein großer 〈dicker〉 ～** 《比》大物; 重罪犯人 | **ein kalter ～** 《比》冷血漢 | **kleine ～*e*** 《話》何でもない〈取るに足らぬ〉こと | **ungefangene ～*e*** 《比》いまだ海のものとも山のものとも分からないもの ‖ **weder ～ noch Fleisch sein** 《比》まだ海のものとも山のものとも分からない | 〔Der〕 ～ will schwimmen. 《話》魚料理には酒がつきものだ ‖ ～*e* angeln 〈fangen〉 魚を釣る〈捕まえる〉 | **die ～*e* füttern** 魚にえさをやる; 《戯》船酔いして吐く | Heute gibt es ～. きょうの食事は魚料理だ ‖ **wie ein 〈der〉 ～ auf dem Trockenen** 《比》(陸(おか)に上がったかっぱのように)全く頼りなげに, 困り果てて | **gesund 〈munter〉 wie ein ～ im Wasser** (魚が水を得たように)健康〈元気〉でぴんぴんした | **kalt wie ein ～** 冷淡そのもの, 冷酷な | **stumm wie ein ～** 《話》黙りこくった | wie ein ～ schwimmen 魚のようにすいすい泳ぐ. **b**) die ～*e* 〘天〙魚座; 〘占星〙双魚宮(黄道十二宮の一つ): Ich bin im Zeichen 〔der〕 ～*e* geboren./《話》Ich bin 〔ein〕 ～. 私は魚座生まれだ ‖ **der Fliegende ～** 〘天〙飛魚(とびうお)座.

2 《話》(酒などに)浮いているごみ.

3 〘印〙(活字ケースの)間違った仕切りに入っている活字.

[*germ.*; ◇*engl.* fish; *lat.* piscis „Fisch"]

Fisch≈ad·ler[fíʃ..] 男 〘鳥〙ミサゴ(鶚)(ワシタカ科の完全魚食性の鳥). ≈**an·gel** 女 釣り針.

fisch≈arm 形 (↔fischreich) 魚の少ない: ein ～*er* Fluß 魚の少ない川. ≈**ar·tig** 形 魚のような, 魚に似た.

Fisch≈as·sel 女 〘動〙(魚類に寄生する)ウオノエ(魚餌). ≈**au·ge** 中 **1** 魚の目のように冷たくすわった円い目. **2** (Mondstein) 〘鉱〙月長石. **3** ＝Fischaugenobjektiv

Fisch·au·gen·ob·jek·tiv 中 〘写〙魚眼レンズ.

Fisch≈band 中 -[e]s/..bänder ひじつぼ(ドアなどの開閉用金具: → 図 Band). ≈**be·häl·ter** 男 (水を満たし捕らえた魚を入れておく)魚槽, いけす. ≈**bein** 中 -[e]s/ 鯨ひげ(傘の骨組みやコルセットの芯(しん)などに用いられた). ≈**be·stand** 男 (川・池などの)魚の生息数. ≈**be·steck** 中 魚用ナイフとフォーク(→ 図 Besteck). ≈**bla·se** 女 **1** 魚の浮き袋. **2** 〘建〙フィッシュブラーゼ(後期ゴシック様式の, 魚の浮き袋に似た窓アーチ装飾: → 図 Maßwerk). ≈**blut** 中 魚の血; 《比》冷血, 冷淡, 無感動: **～ 〔in den Adern〕 haben** 冷静そのものである, 無感動である.

fisch·blü·tig 形 冷静そのものの, 冷淡な, 無感動な.

Fisch·bra·te·rei[fɪʃbraːtəráɪ] 女 -/-en 魚料理店.

Fisch≈brat·kü·che[fíʃ..] 女 魚料理店. ≈**bröt·chen** 中 魚をのせた小さめのオープンサンド. ≈**brut** 女 (一腹の)魚の子; 稚魚, 幼魚.

Fisch·chen[fíʃçən] 中 -s/- **1** Fisch 1 a の縮小形. **2** 〘虫〙シミ(衣魚).

Fisch≈damp·fer 男 遠洋漁業用汽船, 漁船. ≈**ech·se** 女 〘古生物〙魚竜(→ 図 Echse).

fi·scheln[fíʃəln] 《06》 自 (h) 《オーストリア》 非人称 《es fischelt》 魚くさい.

fi·schen[fíʃən] 《04》 **I** 自 (h) 魚を釣る〈捕る〉, 漁をする: ～ gehen 魚釣り〈捕り〉に行く | Er ist ～ gegangen. 彼は魚釣りに行った ‖ im trüben ～ (→trübe 2 b) | nach *et.*[3] ～ 《比》…を探し求める, …を得ようと努める | nach Komplimenten ～ (→Kompliment 1) | in den Taschen nach Kleingeld ～ 小銭がないかとポケットをあちこち探す. **II** 他 (h) **1** (魚を)釣る, 捕る. **2** (水中から)引っぱり出す, 引きあげる; 入手する: einen Ertrunkenen aus dem Fluß ～ おぼれた人を川から引きあげる ‖ *sich*[3] *jn.* 〈*et.*[4]〉 ～ …を手に入れる | *sich*[3] die besten Brocken 〈Stücke〉 〔aus der Suppe〕 ～ 《比》自分のために最良のものを選び取る, うまい汁を吸う | *sich*[3] ein Mädchen ～ 《話》女の子をものにする ‖ Dabei ist nichts zu ～. それは何の得にもならない. [*germ.*; ◇Fisch]

Fi·scher[1][fíʃər] 男 -s/- 漁師, 漁夫; 釣り師.

Fi·scher[2][fíʃər] 人名 Edwin ～ エトヴィーン フィッシャー(1886-1960; スイスのピアニスト・指揮者).

Fi·scher·boot 中 (内海・沿岸漁業用の)漁船, 漁舟.

Fi·scher-Dies·kau[fíʃər díːskaʊ] 人名 Dietrich ～ ディートリヒ フィッシャー＝ディースカウ(1925-2012; ドイツのバリトン歌手).

Fi·scher·dorf 中 漁村.

Fi·sche·rei[fɪʃəráɪ] 女 -/ 漁労, 魚捕り, 魚釣り(→ 図); 漁業: Hochsee*fischerei* 遠洋漁業.

F

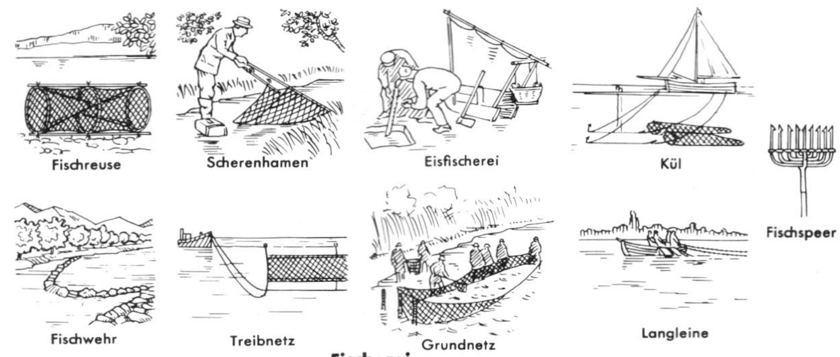

Fischerei

Fi·sche·rei≈ab·kom·men 中 漁業協定. **≈fahr·zeug** 中 漁船. **≈ge·wäs·ser** 中 漁業水域. **≈gren·ze** 女 漁業水域の境界線. **≈ha·fen** 男 漁港. **≈mi·ni·ster** 男 漁業相. **≈mi·ni·ste·rium** 中 漁業省. **≈recht** 中 漁業権.

Fi·scher≈flot·te[fíʃər..] 女 漁船団. **≈hüt·te** 女 漁民小屋. **≈kahn** 男 = Fischerboot **≈netz** 中 漁網. **≈ring** 男〘カトリック〙漁夫の指輪, 教皇封印(指輪の上に教皇名と聖ペテロが漁船から網を引く図を表す). **≈ste·chen** 中 -s/ 漁夫の舟合戦(川に舟を浮かべ長いさおで相手を水に突き落としあう民間行事).

Fisch≈fa·brik·schiff[fíʃ..] 中 (漁業船団の)加工母船. **≈fang** 男 漁獲, 漁労, すなどり: auf ～ gehen 漁に出る.

Fisch·fang·ge·biet 中 漁場, 漁区.

Fisch≈flos·se 女 (魚の)ひれ;《比》湿った冷たい手. **≈ga·bel** 女 魚肉用フォーク. **≈garn** 中 漁網. **≈ge·rät** 中 漁具, 釣り具. **≈ge·richt** 中 魚料理. **≈grat** 中 -s/ -s〘服飾〙杉綾(すぎあや), ヘリンボーン(→図 Muster). **≈grä·te** 女 魚の骨.

Fisch·grä·ten≈fuß·bo·den 男 矢はず張りの床(→図 Fußboden). **≈mu·ster** 中 =Fischgrat **≈stich** 男〘手芸〙ヘリンボーン=ステッチ(→図 Handarbeit).

Fisch≈grün·de[fíʃ..] 複 漁場. **≈händ·ler** 男 魚商人, 魚屋. **≈haut** 女 **1** 魚皮; (特に:) 鮫皮(さめがわ)(木材や金属を磨く). **2**〘医〙魚鱗癬(ぎょりんせん).

fi·schig[fíʃɪç][2] 形 魚のような; 魚くさい; 魚のように冷たい⟨ぬらぬらした⟩: *jn.* aus ～*en* Augen ansehen …を魚のようにすわった目で冷たく見つめる.

Fisch≈ka·sten 男 (南部: **≈kal·ter** 男) いけす船(捕らえた魚を生かしておく箱形の魚槽). **≈kes·sel** 男 (魚の丸煮用の)魚なべ. **≈kö·der** 男 魚をおびき寄せるためのえさ⟨擬似餌(ぎじえ)⟩. **≈kon·ser·ve** 女 魚の缶詰. **≈korb** 男 びく, 魚籃(ぎょらん). **≈kun·de** 女 -/ 魚類学. **≈kut·ter** 男 (エンジン付きの)漁業用帆船(多くトロリー網を用いる). **≈laich** 男 魚卵. **≈laus** 女〘動〙ウオジラミ(魚虱). **≈le·der** 中 鮫皮(さめがわ). **≈leim** 男 魚膠(ぎょこう)(魚骨から作られるにかわ).

Fisch·lein Fisch 1 a の縮小形.

Fisch≈lei·ter 女 =Fischtreppe **≈lu·pe** 女 (音響深測による)魚群探知器. **≈markt** 男 魚市場. **≈mehl** 中 魚粉. **≈mel·de** 女〘植〙アカザ属の一種(実を魚つりのえさにする). **≈mes·ser** 中 魚肉用ナイフ. **≈milch** 女 (魚の)白子. **≈netz** 中 漁網. **≈ot·ter** 男〘動〙カワウソ(獺). **≈pud·ding** 男〘料理〙魚入りプディング.

fisch·reich 形 (↔fischarm) 魚の豊富な.

Fisch≈rei·her 男〘鳥〙アオサギ(青鷺). **≈reu·se** 女〘漁〙筌(うけ)(→図 Fischerei). **≈ro·gen** 男 (魚の)はらこ. **≈sa·lat** 男〘料理〙魚のサラダ. **≈sau·ri·er**[..zaʊriər] 男 -s/-〘古生物〙魚竜〔類〕. **≈schup·pe** 女 (魚の)うろこ. **≈schwarm** 男 魚の群れ, 魚群. **≈speer** 男〘漁〙やす(→図 Fischerei). **≈spei·se** 女 **1** 魚料理. **2** 魚のえさ. **≈sup·pe** 女 魚スープ. **≈teich** 男 養魚池: einen großen ～ anlegen 大きな養魚池をつくる. **≈tran** 男 魚油(鯨油・肝油など). **≈trep·pe** 女 魚梯(ぎょてい)(はしご状の魚の通路: →Fischweg 2). **≈ver·gif·tung** 女 魚による食中毒. **≈weg** 男 **1** (回遊する)魚の通り道. **2** (堰堤(えんてい)・ダムなどに作られた)魚の通路 (Fischtreppe はその一つ). **≈wehr** 中 漁業用の堰(せき)(→図 Fischerei). **≈weib** 中 魚売り女. **≈wei·de** 女 魚のえさ場(魚にとってえさの豊富にある場所). **≈wei·her** 男 養魚池. **≈zucht** 女 魚の養殖, 養魚. **≈zug** 男 **1** (網の)一引き; 一網〔の漁獲〕;《比》(Beute) 獲物: Petri ～ / der ～ des heiligen Petrus《比》大漁(→Petrus II) | einen guten ～ tun ⟨machen⟩《比》ひともうけする. **2** 魚群.

Fis-Dur[físdu:r, ⌣⌣́] 中 -/〘楽〙嬰(えい)へ長調(記号 Fis): →A-Dur

Fi·sel[fí:zəl] 女 -/-n《南部》(Bohne) 豆. [<Fisole]

Fi·sett·holz[fizɛ́t..] 中 -es/〘植〙黄櫨(こうろ)(ハゼノキ)の木材(革の染色に用いる).

Fi·si·ma·ten·ten[fizimatɛ́ntən] 複《話》むだな手数; (見えすいた)ごまかし, 逃げ口上: keine ～ machen ぐずぐず言わない | Mach nicht so viele ～ und gib ihm sein Geld zurück! さっさと⟨四の五の言わずに⟩彼にお金を返しなさい.

fis·is[físǀɪs, ⌣⌣́], **Fis·is**[–] 中 -/-〘楽〙重嬰(えい)へ音.

Fis·kal[fɪská:l] 男 -s/-e (中世後期の)国庫管理官.

fis·ka·lisch[..lɪʃ] 形 国庫の; 国有の: ～*es* Eigentum 国有財産. [*lat.*; ◇..al[1]; *engl.* fiscal]

Fis·kus[fískʊs] 男 -/-se[..sə], ..ken[..kən] 国庫(財産権の主体としての国家). [*lat.* fiscus „[Geld]korb"]

fis-Moll[físmɔl, ⌣⌣́] 中 -/〘楽〙嬰(えい)へ短調(記号 fis): →A-Dur

Fi·so·le[fizó:lə] 女 -/-n《オーストリア》(Gartenbohne) インゲンマメ(隠元豆). [*mhd.* visōl; ◇Fasole]

fis·peln[físpəln]《06》自 (h)《方》そわそわ⟨いらいら⟩している, そわそわと立ち働く⟨走り回る⟩.

[v]**fis·pern**[..pərn]《05》自 (h) (wispern) ささやく, 私語する. [擬音]

fis·seln[físəln]《06》自 (h)《方》(非人称)(es fisselt) 霧雨が降る. [<Fussel]

fis·sil[fɪsí:l] 形 (spaltbar) 裂けやすい, 分裂性の. [*lat.*]

Fis·si·li·tät[..silitɛ́:t] 女 -/ 分裂しやすい性質, 分裂性, 裂開性.

Fis·sur[..sú:r] 女 -/-en〘医〙(皮膚・粘膜・骨などの)裂〔溝〕, 亀裂(きれつ); 裂創; しわ, きれこみ. [*lat.*; <*lat.* findere „spalten" (◇beißen)]

Fist[fɪst] 男 -[e]s/-e **1**《卑》すかし屁(へ). **2** (Bofist)〘植〙キツネノチャブクロ(狐茶袋), ホコリタケ(埃茸). [*mhd.*]

Fi·stel[fístəl] 女 -/-n **1**〘医〙フィステル, 瘻(ろう)〔孔〕, 瘻管. **2** =Fistelstimme [*lat.* fistula „Röhre, Rohrpfeife"－*ahd.*]

fi·steln[fístəln]《06》自(h) 裏声で歌う(話す).

Fi·stel·stim·me 女 (Falsett)〖楽〗ファルセット, 仮声, 裏声;《話》高くて細い声.

fi·stu·lie·ren[fıstulí:rən] ＝fisteln

fi·stu·lös[..lø:s][1] 形〖医〗瘻(ろう)〔孔〕性の. [＜..ös]

fit[fıt] 形《述語的》(スポーツ選手・競走馬などが)体調〈コンディション〉のよい: *sich*⁴ durch Training ～ machen トレーニングしてコンディションを整える | Der Boxer 〈Das Rennpferd〉 ist ～. そのボクサー〈競走馬〉はコンディションがいい. [*engl.* „passend"－*amerik.*]

Fi·tis[fítıs] 男 -, -ses[..səs]/-se[..sə]〖鳥〗ムシクイ(虫喰)属(キタヤナギムシクイなど). [擬音]

Fit·neß (**Fit·ness**)[fítnəs] 女 -/《スポーツ》(健康や肉体的条件の)好調, 良好なコンディション, フィットネス. [*engl.* －*amerik.*; ＜fit]

Fit·neß≈cen·ter[..sɛntər] 中 (健康維持のための各種施設をもつ)フィットネスセンター. ≈**ge·rät** 中 肉体トレーニング用器具. ≈**raum** 男 肉体トレーニング室. ≈**stu·dio** 中 フィットネススタジオ. ≈**trai·ning**[..trɛ:nıŋ] 中 (フィットネスセンターなどでの)肉体トレーニング.

Fit·sche[fítʃə] 女 -/-n《方》(ドア・窓などの)蝶番(ちょうつがい).

fit·ten[fítən]《01》他 (h) **1**〖海〗(竜骨に型を)はめて合わせる; (竜骨を) ゾンデで走査する. **2** (anpassen)〖工〗合わせる, 適合させる. [*engl.* fit; ◇fit]

Fit·tich[fítıç] 男 -[e]s/-e **1**《雅》(Flügel) つばさ, 翼;《比》(Schutz) 保護: die ～*e* des Adlers ワシのつばさ | die ～*e* der Nacht《比》夜のとばり ‖ auf den ～*en* des Windes 風のつばさに乗って | *jn.* beim ～ kriegen …を取り押える, …を逮捕する | ***jn.* unter *seine* ～*e* nehmen** …を庇護(ひご)する, …の面倒をみる. **2**《比》(ひるがえる)衣服の端〈すそ〉. [*ahd.* fettāh; ◇Feder]

Fit·ting[fítıŋ] 中 -s/-s《ふつう複数で》(ガス・水道管などの)継ぎ手. [*engl.*; ＜*engl.* fit (→fitten)]

Fitz[fıts] 男 -es/《中部》《話》**1** もつれ糸; もつれ玉;《比》紛糾, 混乱, ごたごた. **2** 興奮, 気もみ; 苦労: bei 〈mit〉 *et.*³ *seinen* ～ haben …のことでやきもきする, …のことで苦労する.

Fitz·chen[fítsçən] 中 -s/- (Fitze の縮小形) 糸くず, ぼろ切れ;《比》僅少(きんしょう): Es ist nicht ein ～ übrig. ひとかけらも残っていない.

Fit·ze[fítsə] 女 -/-n (⊘ **Fitz·chen** → 別出) **1** (Garndocke) (糸の)かせ, 束ね糸. **2**《南部》(Runzel) (顔などの)しわ. **3**《スイス》(Gerte) (しなやかな)若枝; (Rute) むち. [*ahd.* fizza „Garn"]

Fit·zel·band[fítsəl..] 中 -[e]s/..bänder かせ糸, 束ね糸.

fit·zen[fítsən]《02》**I** 他 (h) **1**《中部》(糸を) かせに巻く; (豆の) 繊維〈すじ〉を除く. **2**《方》再帰 *sich*⁴ durch *et.*⁴ ～ …(混雑など)の中に退路〈進路〉を見いだす. **3**《方》(インゲン豆などを)細長く刻む. **4**《南部》(runzeln) (額に) しわを寄せる. **5** (*jn.*) むちで打つ(せっかんする). **II** 自 (h) **1**《中部》(糸・髪が)もつれる. **2**《方》せかせかと〈慌ただしく〉働く, (働きながら)いらいらしている: Sei ruhig, *fitze* nicht! 落ち着け せかせかするな. **III ge·fitzt** → 別出

Fiu·me[fiú:mə] 地名 フィウメ(アドリア海に臨むクロアチアの港湾都市リエカ Rijeka のイタリア語名). [*it.* „Fluß"]

Five o'clock[fáıvəklɔ́k] 男 - -/- -s, **Five o'clock tea**[－tí:] 男 - - -/- - -s (Fünfuhrtee) (午後) 5 時のお茶. [*engl.*; ◇fünf, Glocke]

fix[fıks] **I** 形 **1**《話》素早い; 機敏な, 敏捷(びんしょう)な: ein ～*er* Kerl すばしこいやつ ‖ ～ aufstehen さっと立ち上がる | ～ und sauber arbeiten てきぱき仕事をする | Mach ～! さっさとやれ, 急げ. **2**《比較変化なし》**a)** 固定した; 定着した; 変わらない, 不動の: ein ～*es* Gehalt 〈Einkommen〉 固定給〈定収入〉 | eine ～*e* Idee 固定観念 | ～*e* Kosten 固定費 | ～*er* Preis 定価. **b)**《オーストリア》永続的な: ein ～*es* Mitglied 常任委員. **3 a)** (**fix und fertig** の形で; 述語的に)《話》*jn.* ～ und fertig machen …を片づける, …を破滅させる | ～ und fertig sein i) できあがっている, 完成している; ii) 用意万端整っている, 準備が完了している; iii) 精も根も尽き果てている, くたくたに疲れている | Ich bin ～ und fertig mit meiner Arbeit. 私は仕事をすっかり片づけた. **b)**《もっぱら次の成句で》**nicht ganz ～ sein**《軽蔑的に》頭が少々おかしい.

II 間《オーストリア》(verflucht) いまいましい, こんちくしょう.

[*lat.* fīxus; ＜*lat.* fīgere „〔an〕heften"; ◇Deich]

Fi·xa Fixum の複数.

Fi·xa·teur[fıksatø:r] 男 -s/-e **1**〖美〗定着液噴霧器〈スプレー〉. **2** (香料の) 香気保留剤. [*fr.*; ＜..eur]

Fi·xa·tion[..tsió:n] 女 -/-en ▽**1** ＝Festigung **2**〖医・生〗固定;〖写〗定着;〖医〗注視. [*mlat.*]

Fi·xa·tiv[..tí:f][1] 中 -s/-e **1**〖美〗定着剤. ▽**2** (Haarfestiger) (整髪用の) セットローション. [*fr.*; ◇fixieren]

fix·be·sol·det[fíks..] 形《スイス》(festbesoldet) 固定給を受けている, 常勤〈常雇い〉の.

Fi·xe[fíksə] 女 -/-n《話》麻薬の注射〔器〕.

fi·xen[fíksən]《02》自 (h) **1**〖商〗(下落を見越して) 投機をする, 空売りする, 売り崩す. **2**《話》麻薬を注射する:〖結果を示す語句と〗再帰 *sich*⁴ zu Tode ～ 麻薬を打ちすぎて死ぬ. [*amerik.* fix; ◇fixieren]

Fi·xer[..sər] 男 -s/- **1** 弱気筋, 空相場師, 空売りする人, 売り方. **2**《話》麻薬常用者.

fix·fer·tig[fíksfɛ́rtıç][2] 形《スイス》＝fix und fertig (→fix I 3 a).

Fix·ge·schäft[fíks..] 中〖商・法〗定期行為〈取引〉.

Fi·xier·bad[fıksí:r..] 中〖写〗定着浴: den Film ins ～ legen フィルムを定着液につける.

fi·xie·ren[fıksí:rən] 他 (h) **1 a)** (英: *fix*) (festhalten) 固定させる, 定着〈固着〉させる, 据える, (心・記憶に) 留める;〖心〗(観念を) 固定する: *et.*⁴ schriftlich 〈in einem Protokoll〉 ～ …を文書〈記録〉に書き留める | das Haar ～ 髪を調える〈セットする〉 | einen Knochenbruch ～ 骨折を〔ギプス包帯で〕固定する ‖ 再帰 *sich*⁴ an *et.*⁴ ～〖心〗(動物の行動などが) …に固定する | *sich*⁴ auf *jn.* ～ …に精神的に依存する | *sich*⁴ auf *et.*⁴ ～ …に心を奪われる. **b)**〖写〗定着する. **c)**《レスリング》ロックする, 固める. **d)**〖重量挙〗(バーベルを頭上にさしあげて) 固定する. **2** (festlegen) 確定する; (日時・場所・値段などを) 決める, 指定する. **3** (anstarren) 凝視する, 見すえる. [＜*lat.* fīxus (→fix); ◇*engl.* fix]

Fi·xier≈mit·tel 中 ＝Fixativ ≈**na·tron** 中 定着ソーダ(チオ硫酸ナトリウム). ≈**salz** 中 定着塩.

Fi·xie·rung[fıksí:rʊŋ] 女 -/-en (fixieren すること) **1** 固定, 固着;〖写〗定着. **2** 決定, 確定: die ～ eines Termins 期限の決定. **3** 凝視.

Fi·xig·keit[fíksıçkaıt] 女 -/《話》(fix なこと. 特に:) 機敏, すばしこさ.

Fix≈kauf[fíks..] 男〖商〗定期売買〈購入〉. ≈**ko·sten** 複〖商〗固定費. ≈**punkt** 男 **1**〖化〗定点(融点・沸点など). **2**〖測量〗基準〈水準〉点.

Fix·stern 男 (↔ Planet)〖天〗恒星. [*lat.* fīxa stēlla の翻訳借用]

Fi·xum[fíksʊm] 中 -s/..xa[..ksa·] 定収入; 固定給. [＜fix I 2]

Fix·zeit 女 (↔Gleitzeit) (フレックス=タイム制の) 固定勤務時間帯.

..fizieren[..fitsi:rən]《「…にする」を意味する動詞をつくる》: mumi*fizieren* ミイラにする | entnazi*fizieren* 非ナチ化する | ampli*fizieren* 拡大する | justi*fizieren* 正当化する. [*lat.* facere „machen"; ◇Tat; *engl.* ..fy]

Fizz[fıs, fız] 男 -〔es〕[fís(əs)]/ (種類: -e[físə]) フィーズ(発泡性飲料). [*engl.* „zischen"]

Fjäll (**Fjell**)[fjɛl] 男 -[e]s/-s(-e) フィエル (Skandinavien の樹木のない高原). [*schwed.* fjäll, *norw.* fiell „Fels"; ◇Fels; ◇*engl.* fjeld]

Fjord[fjɔrt][1] 男 -[e]s/-e フィヨルド(ノルウェー海岸に多い峡湾). [*skand.*; ◇Furt]

FKK[ɛfka:ká:] 略 ＝**F**rei**k**örper**k**ultur 裸体主義, ヌーディズム.

FKK-An·hän·ger[ɛfka:ká:..] 男, **FKKler**[..ká:lər] 男 -s/- FKK の信奉者.

FKK-Strand[ɛfka:ká:ʃtrant][1] 男 FKK 信奉者専用の海岸.

fl. 略 =Florin, Floren[2]
FL 記号 (国名記号: →A[2] II 3) リヒテンシュタイン (Liechtenstein).
Fl. 略 =Florin
Fla[fla:] 女 -/ (<Fliegerabwehr, Flugabwehr, Flugzeugabwehr) 対空防衛, 防空: ~-Rakete 対空ミサイル.
Flab[flap] 女 -/ 《ｽｲｽ》(<Fliegerabwehr) 対空防衛, 防空.
Flab·be[flábə] 女 -/-n =Flappe
flach[flax] **I** 形 **1** (eben) 平らな, 平坦(へいたん)な, でこぼこのない; 水平の: ein ~*es* Land 平地 | die ~*e* Hand 平手 ‖ auf dem ~*en* Land leben 郊外に住む ‖ Es liegt auf der ~*en* Hand. 《比》それは自明の理だ ‖ mit der ~*en* Klinge schlagen 剣のひらで打つ ‖ ~ liegen 体を伸ばして横たわっている | *sich*[4] ~ hinlegen 体を伸ばして横になる. **2** (niedrig) 低い, 平たい: eine ~*e* Brust 扁平(へんぺい)な胸 | eine ~*e* Nase 平べったい鼻 | ein ~*es* Dach 〘建〙陸(ろく)屋根 | ein ~*er* Hügel 傾斜のゆるやかな丘 | ~*e* Absätze ローヒール〔の靴〕 | ~*e* Schuhe/Schuhe mit ~*en* Absätzen かかとの低い靴 ‖ ~ fliegen 低く地面すれすれに飛ぶ; 〘ﾃﾆｽ〙(ボールが)フラットに飛ぶ. **3** (↔tief) 浅い: ein ~*es* Gewässer 浅瀬 | ein ~*er* Teller 浅い皿 ‖ ~ atmen 〈schlafen〉 浅く呼吸する〈眠る〉. **4** (oberflächlich) 表面的な, 浅薄な; (platt) 平凡な, 単調な, 味のない: ~*es* Urteil 皮相な判断 | eine ~*e* Musik 単調な音楽 | ein ~*er* Kopf 考えの浅い人, 才気のない人.

★ 動詞と用いる場合は分離の前つづりともみなされる.

II Flach 中 -〔e〕s/-e **1** 平たいもの. **2** (水切り遊びの) 扁平な石. **3** 〘海〙浅瀬; (船の)平底.

[*ahd.*; ◇Plazenta, pelagisch; *gr.* pláx „Platte"]

..flach[..flax] 《数詞・形容詞などにつけて「…面体」を意味する中性名詞 (-〔e〕s/-e) をつくる》: Acht*flach* 八面体 | Viel*flach* 多面体 | Pararell*flach* 平行六面体.

Flach≠bau[fláx..] 男 -〔e〕s/-ten 平屋. **≠bo·gen** 男 〘建〙欠円アーチ, くし形迫持(せりもち) (→ ⊛ Bogen).
flach·brü·stig 形 胸の平たい, 扁平(へんぺい)胸の.
Flach≠dach 中 〘建〙陸(ろく)屋根, 平屋根 (→ ⊛ Dach B). **≠dech·sel** 女 平刃手斧(ちょうな) (→ ⊛ Dechsel). **≠druck** 男 -〔e〕s/-e 〘印〙平版; 平版印刷〔物〕 (→ ⊛ Druck).
Flä·che[flɛ́çə] 女 -/-n **1** 平地, 平野; 地面, 地域, 広がり: Anbau*fläche* 耕地 | Grün*fläche* 緑地. **2** (物の)面, 平面; (カットグラス・結晶体などの)切り子面; 《数》面積: die ~ des Mondes 月の表面 | die spiegelglatte ~ des Sees 鏡のような湖面 | Ober*fläche* 表面 | Seiten*fläche* 側面. **3** 床, フロア: Tanz*fläche* ダンスフロア. **4** 〘数〙曲面(二次元空間). **5** (石工の)仕上げ斧(おの). [*mhd.*; ◇flach]
Flach·ei·sen[fláx..] 中 **1** 平のみ. **2** 平鉄(ひらてつ).
fla·chen[fláxən] (**flä·chen**[flɛ́çən]) 他 (h) 平たくする, 平らに伸ばす.
Flä·chen≠aus·deh·nung[flɛ́çən..] 女 平面〈平地〉の広がり, 〔平〕面積: eine ~ von 10 Quadratkilometer 10平方キロメートルの面積. **≠be·rech·nung** 女 面積計算. **≠blitz** 男 〘理〙幕電 (→ ⊛ Blitz). **≠bom·bar·de·ment** 中, **≠bom·bar·die·rung** 女 〘軍〙じゅうたん爆撃. **≠brand** 男 広範囲の火災, 火事の広がり.
flä·chen·deckend 形 平面〈地域〉全体をおおう, 広域にわたる.
Flä·chen≠ein·heit 女 面積単位. **≠er·trag** 男 単位面積当たり収穫量. **≠far·be** 女 〘心〙〔平〕面色.
flä·chen·gleich 形 面積が等しい: Die beiden Dreiecke sind ~. 両三角形は面積が等しい.
flä·chen·haft 形 平面の〔ような〕, 平面的な.
Flä·chen≠hei·zung 女 輻射(ふくしゃ)暖房, パネルヒーティング. **≠hel·lig·keit** 女 〘天〙表面光度〈照度〉. **≠in·halt** 男 面積. **≠maß** 中 面積単位, 平方積. **≠mes·ser** 男 面積計, プラニメーター. **≠mes·sung** 女 面積測定, 測面法. **≠raum** 男 面積.
flä·chen·treu 形 正等の, 等積〔投影〕の: ~*er* Entwurf 正積図法 | ~*e* Projektion 等積投影〔法・図〕.
Flä·chen·win·kel 男 面角.
flach|fal·len*[fláx..] 《38》自 (s) 《話》(期待したことが)だめになる, おじゃんになる: Wegen des Regens ist der Ausflug *flachgefallen*. 雨のため遠足はおじゃんになった.
Flach≠fei·le 女 平やすり. **≠feu·er** 中 〘軍〙平射.
Flach·feu·er·ge·schütz 中 〘軍〙平射砲.
Flach≠fisch 男 カレイ(鰈)類(ヒラメ・カレイなど). **≠för·de·rer** 男 水平式ベルトコンベヤー.
flach≠ge·drückt 形 平らに押しのばされた, 押しつぶされた, ぺしゃんこの. **≠ge·hend** 形 〘海〙喫水(きっすい)の浅い.
Flach≠ge·win·de 中 〘工〙平糸, 角ねじ. **≠glas** 中 -es/ 板ガラス.
Flach·heit[fláxhaɪt] 女 -/-en **1** 《単数で》平坦(へいたん), 平たいこと; 《比》(Oberflächlichkeit) 皮相, 浅薄; 平凡, 平板. **2** 浅薄な〈つまらぬ〉言動.
flä·chig[flɛ́çɪç][2] 形 平たい, 平面の. [<Fläche]
..flächig[..flɛçɪç][2] 《数詞・形容詞などにつけて「…の面をもつ」を意味する形容詞をつくる》: acht*flächig* 八面体の | viel*flächig* 多面体の | eben*flächig* 面の平らな.
Flach≠kä·fer[fláx..] 男 〘虫〙コクヌスト(穀盗)科の昆虫. **≠kopf** 男 **1** 扁平(へんぺい)な頭〔の人〕. **2** 《比》浅はかな人; うすのろ, まぬけ, とんま.
Flach·kopf·na·gel 男 〘工〙平頭くぎ.
Flach≠kü·ste 女 (↔Steilküste) 平磯. **≠land** 中 -〔e〕s/ 平地; 〘地〙平野; 低地. **≠län·der** 男 -s/- 平地〈低地〉の住民.
flach≠|le·gen 他 (h) **1** 再帰 *sich*[4] ~ (ひと眠りするために)横になる. **2** 《*jn.*》(強引に)組み伏せる, 押し〈殴り〉倒す. **≠|lie·gen*** 《93》自 (h, 方: s) 《話》病気で寝ている.
Flach≠mann 男 -〔e〕s/..männer **1** 《話》(ポケット携帯用の)薄いウイスキー〈酒類〉容器. **2** 《もっぱら次の成句で》einen ~ bauen 《俗》死ぬ. **≠mei·ßel** 男 平のみ, 平たがね. **≠moor** 中 (↔Hochmoor) 低層湿原.
..flächner[..flɛçnər] 《数詞・形容詞などにつけて「…面体」を意味する男性名詞 (-s/-) をつくる》: Acht*flächner* 八面体 | Viel*flächner* 多面体. [<Fläche]
Flach≠pin·sel[fláx..] 男 〘美〙平筆. **≠re·lief**[..liɛf] 中 〘美〙低肉〈薄肉〉彫り. **≠ren·nen** 中 -s/ (競走・競馬で障害物のない)平地競走.
Flachs[flaks] 男 -es/ **1** (英: *flax*) **a**) 〘植〙アマ(亜麻). **b**) 亜麻の繊維(靭皮(じんぴ)): Haare 〔gelb〕 wie ~ 亜麻色(淡いブロンド)の髪 | ~ raufen 〈riffeln〉 亜麻をしごく〈こく〉. **2** 《話》(Neckerei) からかい, (たわいもない)冗談, ふざけ: ganz ohne ~ 冗談ぬきに, まじめに ‖ ~ machen ふざける, からかう, でたらめを言う ‖ Der ~ blüht. 冗談に花が咲く | Bei dem blüht der ~. 彼はおどける〈冗談を言う〉のが好きだ.

[*westgerm.*; ◇flechten; *engl.* flax]

flachs·ar·tig[fláks..] 形 亜麻のような, 亜麻に似た.
Flachs≠bart 男 亜麻色のひげ〔をたくわえた男〕. **≠bau** 男 -〔e〕s/ 亜麻の栽培. **≠bleu·el** 男 亜麻打ち棒.
flachs·blond 形 (hellblond) (毛髪が)亜麻色の, 淡いブロンドの.
Flachs·bre·che 女 亜麻ほぐし機.
Flach≠schä·del[fláx..] 男 (Platyzephalus) 〘医〙扁平頭蓋(へんぺいとうがい)体. **≠schuß** 男 〘ｻｯｶｰ〙(地面すれすれの)ローシュート.
Flachs·dar·re[fláks..] 女 亜麻乾燥機.
Flach·se[fláksə] 女 -/-n 《南部・ｵｰｽﾄﾘｱ》=Flechse
Flach·see[fláx..] 女 (↔Tiefsee) 〘地〙浅海.
flach·sen[fláksən] 《02》自 (h) 《話》冗談を言う, からかう, ふざける: mit *jm.* ~ …と冗談を言い合う.
fläch·sen[flɛ́ksən] (**fläch·sern**[..sərn]) 形 《付加語的》亜麻〔製〕の.
flachs·far·big[fláks..] 形 亜麻色の.
Flachs≠fa·ser 女 亜麻の繊維. **≠haar** 中 亜麻色の髪. **≠klop·fe** 女 =Flachsbleuel **≠kopf** 男 亜麻色の髪〔の人〕(特に子供). **≠li·lie**[..liə] 女 〘植〙マオラン, ニューサイラン, ニュージーランドアサ(ニュージーランド原産のユリ科植物で, 葉から繊維をとる). **≠rö·ste** 女 (亜麻の繊維を柔軟にするための)浸漬(しんし)槽. **≠sa·men** 男 亜麻仁(に). **≠schwin·ge** 女 亜麻打ち棒. **≠sei·de** 女 〘植〙ネナシカズラ(根無葛)属の一種. **≠spin·ne·rei** 女 亜麻紡績〔工場〕.
Flach≠stahl[fláx..] 男 〘工〙平鋼. **≠zan·ge** 女 平やっ

とこ(→ 図 Zange). ≈**zie·gel** 男 平かわら.

flạcken[1][flákən] 自 (h) 《南部》ぶらぶら(のらくら)している.

flạcken[2][−] 他 (h) **1** (羊毛・綿などを)打って小片にする. **2** (魚などを)割く, 開く.

flạcken[3][−] 《雅》 = flackern

Flạcker·feu·er[flákər..] 中 《海》 閃光(せんこう)信号.

flạcke·rig[..kərıç][2] (**flạck·rig**[..krıç][2]) 形 (光・炎などが)ちらちらする, ゆらめく; 《比》(目が)ちらちら不安定に動く: das ~*e* Licht der Kerze ろうそくのちらちら揺れ動く光.

Flạcker≈lam·pe[flákər..] 女 (信号用の)点滅灯. ≈**licht** 中 ちらちらする光.

flạckern[flákərn] 《05》 **I** 自 (h) (灯火が)明滅する, ちらちらする, ゆらめく; 《比》かすかに動く, (声が)震える: mit *flackernden* Augen 落ちつきのない目で.

II Flạckern 中 -s/- flackern すること; (灯火の)明滅, ゆらぎ, (声の)震えなど.

[*ahd.* flogarōn „umherflattern"; ◇fluchen]

flạck·rig = flackerig

Flạ·den[flá:dən] 男 -s/- **1 a)** 《料理》パンケーキ; 丸くて平たい焼き菓子: ungesäuerte ~ 種入れぬパン(聖書: 出29, 2). **b)** 《方》(パン・菓子などの)大きな切れ. **2 a)** 平たく広がったどろどろした塊. **b)** (Kuhfladen) (平べったい)牛の糞(ふん), 牛糞. **3** 《話》でぶ. [*germ.*; ◇platt, Feld, Fletz]

Flạ·der[flá:dər] **I** 女 -/-n (Maser) 木目; (Jahresring) 年輪. **II** 男 -s/- 《植》カエデ属の一種.

[◇flattern]

flạ·de·rig[flá:dərıç][2] (**flạd·rig**[..drıç][2]) 形 木目のある.

flạ·dern[flá:dərn] 《05》 他 (h) 《オーストリア》(stehlen) 盗む.

[*rotw.* „waschen"; ◇fleddern]

flạd·rig = fladerig

Fla·dụ·se[fladú:zə] 女 -/-n 《北部》 **1** (Schmeichelei) お世辞, おべっか: ~*n* machen おべっかを使う. **2** 《服飾》フラドゥーゼ(リボンとフリルで飾った婦人帽: → 図 Haube).

Fla·gel·lạnt[flagɛlánt] 男 -en/-en **1** 《宗》鞭打(べんだ)苦行者(13-14世紀に公衆の面前で自分をむち打って苦行した信者). **2** 《医・心》フラジェランチスト(性的興奮の手段として自己または他人をむち打つ人).

Fla·gel·lan·ten·tụm[..təntu:m] 中 -s/ 《宗》鞭打(べんだ)苦行.

Fla·gel·lan·tịs·mus[..lantísmʊs] 男 -/ フラジェランチズム(むち打ちを好む性的倒錯の一種).

Fla·gel·lạt[..lá:t] 男 -en/-en, **Fla·gel·lạ·te**[..tə] 女 -/-n 《ふつう複数で》《動》鞭毛(べんもう)虫.

Fla·gel·la·tiọn[..latsió:n] 女 -/ むち打ちによる性的興奮. [< *lat.* flagellāre „geißeln"]

Fla·gẹl·le[..gɛ́lə] 女 -/-n = Flagellum

Fla·gel·lo·ma·nịe[..gɛlomaní:] 女 -/ = Flagellantismus

Fla·gẹl·lum[..gɛ́lʊm] 中 -s/..len[..lən] **1** 《生》鞭毛(べんもう). **2 a)** 《宗》(鞭打苦行者の)むち. **b)** (古代ローマの)奴隷を打つむち. **c)** 分銅つきのむち(中世の武器の一種). [*lat.* „Geißel"; ◇Flegel]

Fla·geo·lẹtt[flaʒolɛ́t] 中 -s/-e, -s 《楽》 **1** フラジョレット(小さなたて笛の一種). **2** (パイプオルガンの)フラジョレット音栓(フルート音栓の一種). **3** = Flageoletton [*fr.*; < *lat.* flāre „blasen" (◇blähen)]

Fla·geo·lẹt·ton (**Fla·geo·lẹtt·ton**) 男 -[e]s/..töne 《楽》フラジョレット[=トーン](倍音の原理を利用して奏することによって生じる弦楽器およびハープの高い澄んだ音).

Flạg·ge[flágə] 女 -/-n 旗, (特に:) 国旗(→ 図); 《海》船旗, 艦船旗: National*flagge* 国旗 | Signal*flagge* 信号旗 ‖ die ~ aufziehen ⟨hissen⟩ 旗を掲げる | die ~ einholen ⟨einziehen⟩ 旗をおろす | [vor *jm.* *et.*[3]] **die ~ streichen** 《比》[…に]屈服する | **~ zeigen** 《比》意見⟨希望⟩をはっきり述べる; 旗幟(きし)を鮮明にする ‖ Das Schiff fährt **unter** holländischer ~. その船はオランダ国旗を掲げている⟨オランダ国籍だ⟩ | **unter falscher ⟨fremder⟩ ~ segeln** i) 看板に偽りがある; ii) 偽名を使って暮らす | Man weiß nicht, unter welcher ~ er segelt. 彼がどの党派に属しているかは分からない. [*engl.* flag−*ndd.*]

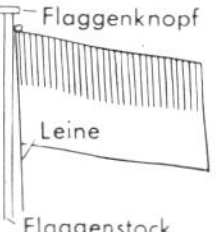

Flagge

flạg·gen[flágən][1] **I** 自 (h) 旗がひるがえっている, 旗を掲げている: Alle Häuser haben *geflaggt.* すべての家々が旗を掲げていた. **II** 他 (h) 《*et.*[4]》(船舶に)船飾⟨艦飾⟩を施す: über die Toppen ~ (→Topp 1).

Flạg·gen≈al·pha·bẹt 中 旗旒(きりゅう)信号の字母⟨アルファベット⟩. ≈**ẹh·rung** 女 国旗⟨軍旗⟩に対する敬礼, 国旗掲揚⟨降納⟩式. ≈**ga·la** 女 《海》船飾, 艦飾: ein Schiff in großer ~ 満艦飾の船 | ~ anlegen ⟨setzen⟩ 船に船飾⟨艦飾⟩を施す. ≈**gruß** 男 《海》旗礼(旗を少し下げて行う船舶相互の敬礼). ≈**knopf** 男 旗ざお⟨帆柱⟩上端の円形木冠(→ 図 Flagge). ≈**pa·ra·de** 女 国旗掲揚⟨降納⟩式. ≈**si·gnạl** 中 《海》旗旒(きりゅう)信号. ≈**stan·ge** 女, ≈**stock** 男 -[e]s/..stöcke 旗ざお(→ 図 Flagge). ≈**tụch** 中 -[e]s/-e 旗布.

Flạgg≈lei·ne[flák..] 女 《海》旗綱. ≈**of·fi·zier** 男 海軍将官, 提督(座乗艦に将官旗を掲げる資格のある). ≈**schiff** 中 《軍》旗艦.

fla·grạnt[flagránt] 形 (offenkundig) 明白な, 目だつ, はなはだしい: eine ~*e* Verletzung der Gesetze 明白な法律違反. [*lat.*−*fr.*; < *lat.* flagrāre „brennen"; ◇bleich, Phlegma, Flamme]

Flair[flɛ:r] 中 -s/ **1** (Atmosphäre) 雰囲気. **2** 《スイス》勘, 第六感. [*fr.*; < *lat.* fragrāre „duften"]

Flak[flak] 女 -/-[s] 《軍》 **1** (< Flug[zeug]abwehrkanone, Fliegerabwehrkanone) 高射砲(→ 図 Geschütz). **2** (< Flugabwehrartillerie) 高射砲隊.

Flạk≈ar·til·le·rie 女 高射砲隊. ≈**bat·te·rie** 女 高射砲中隊; 高射砲台. ≈**gra·nạ·te** 女 高射砲弾.

Fla·kon[flakɔ̃:] 中 男 -s/-s (栓のある)小瓶, 香水瓶. [*germ.*−*spätlat.* −*fr.*; ◇Flasche, Fiasco]

Flam·beau[flãbó:] 男 -s/-s **1** 高脚の腕木燭台(しょくだい). ▽**2** (Fackel) たいまつ. [*fr.*; < *lat.* flamma (→Flamme)]

Flạm·berg[flámbɛrk][1] 男 -[e]s/-e 《史》(両手で使う)波状刃の長剣; 《雅》(Schwert) つるぎ. [*fr.*; < *fr.* Floberge (英雄伝説の主人公のもつ剣)]

flam·bi̯e·ren[flambí:rən] 他 (h) **1** 《料理》(プディングなどにラム酒などを注ぎ)火を点じて食卓に供する. ▽**2** (abflammen) (羽毛・綿毛などを)焦がして焼きとる. [*lat.* flammāre „entflammen"−*fr.* flamboyer; ◇Flamme]

Flam·boy·ant[flãboajã́:] **I** 中 -s/ 《建》フランボワイヤン様式, 火炎式(15-16世紀にフランスの教会建築に流行した装飾: → 図 Maßwerk); 《織》火炎模様. **II** 男 -s/-s 《植》ホウオウボク(鳳凰木). [*fr.*]

Flam·boy·ant·stịl[flãboajã́:..] 男 -[e]s/ = Flamboyant I

Flạ·me[flá:mə] 男 -n/-n (⊛ **Flạ·min**[..mın], **Flạ̈·min** [flɛ́:mın]-/-nen) フラマン人(フランスとベルギーにまたがる Flandern 地方に住むゲルマン系住民で, 言語はオランダ語の方言であるフラマン語). [◇*engl.* Fleming]

Fla·mẹn·co[flaméŋko·] 男 -[s]/-s 《楽》フラメンコ(スペインの Andalusien 地方のジプシーの踊りとその舞曲). [*mndl.* Vlaminc „Flame"−*span.* „flämisch"]

der **Flạ̈·ming**[flɛ́:mıŋ] 地名 男 -s/ フレーミング (Elbe 川中流の北方にある低い丘陵).

Fla·mịn·go[flamíŋgo·] 男 -s/-s 《鳥》フラミンゴ, ベニヅル(紅鶴). [*port.* flamengo]

Fla·mịn·go·blụ·me[flamíŋgo..] 女 《植》アンスリウム(ベニウチワ属サトイモ科の熱帯植物).

flạ̈·misch[flɛ́:mıʃ] 形 フラマン[人・語]の: →deutsch

Flạm·län·der[flá:mlɛndər] 男 -s/- = Flame

flạm·län·disch[..dıʃ] = flämisch

Flạmm·bạr·keit[flámba:rkaıt] 女 -/ 可燃性, 燃焼性.

Flạmm·bo̱·gen = Flammenbogen

Flạm·me[flámə] 女 -/-n (⊙ **Flạ̈mm·chen**[flɛ́mçən], **Flạ̈mm·lein**[..laın] 中 -s/-) **1 a)** (英: *flame*) 炎, 火炎; 《雅》火と燃える感情: lodernde ⟨züngelnde⟩ ~*n* 炎々と⟨めらめらと⟩燃え上がる火 | die ~*n* der Hölle 地獄の業火 | die

F

～*n* der Leidenschaft ⟨des Zorns⟩ 情熱⟨憤激⟩のほむら ‖ ein Raub der ～*n* werden (→Raub 2) ‖ **et.^{4} den ～*n* übergeben**《雅》…を焼却する | die Leiche den ～*n* übergeben 遺体を荼毘(だび)に付す ‖ Feuer und ～ für *et.*^{4} sein (→Feuer 1) | Feuer und ～ speien (→Feuer 1) ‖ **auf** kleiner ～ kochen〘料理〙弱火で煮る;《比》つましい生活をする | **in** 〔Rauch und〕 ～*n* aufgehen (→Rauch 1 a) | in ～*n* geraten 燃え出す | *et.*^{4} in ～*n* setzen 燃やす | **in** 〔**hellen**〕 **～*n* stehen** 〔赤々と〕燃え上がって⟨炎に包まれて⟩いる;《比》灼熱(しゃくねつ)の恋をしている | Kein Rauch **ohne** ～. (→Rauch 1 a). **b)**〘紋〙火炎図形. **2** (ガス器具の)火口, バーナー: ein Gasherd mit drei ～*n* 3口のガスレンジ. **3**《話》(Geliebte) 愛人(女), 情婦: meine alte ～ 私の昔の愛人. **4**〘狩〙(ライチョウの)赤い眼膜. **5** (Feuerkäfer)〘虫〙アカハネムシ(赤翅虫).
[*lat.* flamma－*mhd.*; ＜*lat.* flagrāre (→flagrant); ◇*engl.* flame]

flam·men[flámən] **I** 自 **1** (h)《雅》(brennen) 炎を上げて燃える, 燃え立つ;《比》(愛・怒りなどが)燃え上がる; (顔が)紅潮する, ほてる; (leuchten) こうこう⟨らんらん⟩と輝く, きらめく: Die Augen *flammen* vor Zorn. 目が怒りに燃える | Die Dahlien *flammen*. ダリアが燃えるように赤い | Liebe *flammt* in meiner Brust. 愛が私の胸の中に激しく燃え上がっている. **2** (s)(光が)ぱっと輝いて通り過ぎる: Ein Blitzstrahl *flammte* über den Himmel. 稲妻が空をかすめた.
II 他 (h) **1** 燃やす, 焼きこがす, 炎にあてる, 火にかける(殺菌などのため). **2** 波形⟨火炎⟩模様をつける. **3**《話》*jm.* eine ～ …に〔火の出るような〕平手打ちを一発くらわす.
III flam·mend 現分 形 炎々とした, 燃えるような; きらきら輝く; (leidenschaftlich) 激しい, 激越な: ～*es* Rot 燃えるような真紅 | ～*es* Herz (→Herz 5) ‖ ein ～*er* Appell 激しい訴え | eine ～*e* Rede halten 熱弁をふるう ‖ Sie wurde ～ rot. 彼女は真っ赤になった.
IV ge·flammt → 別出

fläm·men[flɛ́mən] 他 (h) **1** ＝flammen II **2** (鳥の)毛焼きをする.

Flam·men⸗au·ge[flámən..] 中《雅》(怒りなどに)燃える目, きらきら光る目. **⸗baum** 男〘植〙ホウオウボク(鳳凰木)(マダガスカル原産マメ科の木で, 真紅の花をつける). **⸗blu·me** 女〘植〙クサキョウチクトウ(草夾竹桃)属(フロックス・キキョウ・ナデシコなど). **⸗bo·gen** 男〘電〙フレーム=アーク, 発炎弧光. **⸗meer** 中《比》火の海: Die Stadt war ein einziges ～. 町は一面の火の海であった. **⸗mu·ster** 中 (織物などの)火炎⟨波状⟩模様, 波紋. **⸗schrift** 女《雅》炎の文字;《比》重大な警告. **⸗schwert** 中 ＝Flamberg **⸗selbst·mord** 男 焼身自殺. **⸗tod** 男 (炎に包まれての)焼死: den ～ sterben 焼け死ぬ. **⸗wer·fer** 男 **1**〘軍〙火炎放射器. **2**《話》シガレット=ライター. **⸗zei·chen** 中《雅》(Feuersignal) 火光信号, のろし;《比》旗印.

Flam·me·ri[fláməri·] 男 -〔s〕/-s〘料理〙フラメリ(牛乳・卵・小麦粉・果実・砂糖などで作ったプディング). [*kymr.* llymru „gesäuerte Hafergrütze"－*engl.* flummery]

flam·mig[flámɪç]^2 形 **1** 火炎の, 炎のような. **2** (布・木など)波紋⟨火炎模様⟩のある.

Flamm·koh·le 女〘坑〙長炎炭.

Flämm·lein Flamme の縮小形.

Flamm⸗ofen[flám..] 男 反射炉. **⸗punkt** 男 油の引火点. **⸗rohr** 中 (ボイラーの)炎管.

Flan·dern[flándərn] 地名 フランドル(ベルギーからフランス北部にまたがる, 北海に面した地方. ルネサンス時代には美術・音楽の一大中心地であった: →Flame). [*ndl.*]

flan·drisch[..drɪʃ] 形 フランドル〔人〕の(→flämisch).

Fla·nell[flanɛ́l] 男 -s/-e〘織〙フランネル, フラノ. [*engl.* flannel〔－*fr.* flanelle〕; ＜*kymr.* gwlān „Wolle" (◇Wolle)]

Fla·nell·an·zug 男 フラノの服.

fla·nel·len[..nɛ́lən] 形《付加語的》フランネル〔製〕の.

Fla·nell·ho·se 女 フラノのズボン.

Fla·neur[flanǿ:r] 男 -s/-e (Bummler) ぶらぶら歩く人; のらくら者. [*fr.*; ＜..eur]

fla·nie·ren[..ní:rən] 自 (h, s) 漫然と散歩する, ぶらつく: in der Stadt ⟨durch die Straßen⟩ ～ 市中⟨街路⟩をぶらつく. [*fr.*]

Fla·nier⸗mei·le [flaní:r..] 女, **⸗stra·ße** 女 散策路, 遊歩道, ショッピング街.

Flan·ke[fláŋkə] 女 -/-n **1 a)** (英: *flank*)(犬・馬などの)横腹, わき腹(→ 図 Hund): eine weiche ～《比》傷つきやすい個所, 弱点. **b)** (建物の)側面, 翼. **c)**〘軍〙右⟨左⟩翼, 側面: dem Feind in die ～ fallen / den Feind in der ～ angreifen 敵の側面をつく. **d)** (山の)側面, 傾斜地. **2**〘体操〙横向き跳び越し(→ 図): eine ～ über das Pferd machen 鞍馬(あんば)を振り跳びする. **3**〘球技〙**a)** ウイング. **b)** センタリング. **4**〘工〙(歯車の)かみ合う面, 歯側. **5** (タイヤの)サイドウォール(→ 図 Reifen). **6**〘紋〙(盾の3分の1幅の)側部(→ 図 Wappen e): linke ⟨rechte⟩ ～ (向かって)右⟨左⟩側部(→ 図 Wappen a). [*afränk.* „Hüfte"－*fr.* flanc; ◇Gelenk; *engl.* flank]

Flanke

flan·ken[fláŋkən] 自 (h) **1**〘体操〙横向きに跳び越す. **2**〘球技〙センタリングする.

Flan·ken⸗an·griff 男 側面攻撃. **⸗blech** 中 (馬のよろいの)わき腹当て(→ 図 Harnisch). **⸗deckung** 女 側面掩護(えんご). **⸗erup·tion** 女〘地〙(火山の)側面噴火. **⸗feu·er** 中 側面射撃, 側射. **⸗marsch** 男 側面行進. **⸗stel·lung** 女 側面陣地. **⸗stoß** 男 側面攻撃. **⸗win·kel** 男〘工〙ねじ山角(→ 図 Gewinde).

flan·kie·ren[flaŋkí:rən] 他 (h) **1**《*jn./et.*^{4}》(…の)側面⟨両側⟩に並ぶ: Der Sarg wurde auf beiden Seiten von Fackelträgern *flankiert*. 柩(ひつぎ)は両側をたいまつを持った人たちに守られた | *flankierende* Maßnahmen 補助策. **2**〘軍〙側射する; 側防する. **3**《チェス》(こまを)側面に進める. [*fr.*]

Flansch[flanʃ] 男 -es(-s)/-e〘工〙フランジ, つば, 継ぎ手(→ 図 Rohr). [„Zipfel"; ◇Flunsch; *engl.* flange]

flan·schen[flánʃən]《04》他 (h)《*et.*^{4}》(…に)フランジ⟨つば⟩をつける.

Flansch·ver·bin·dung 女〘工〙フランジ継ぎ手; フランジ接合.

Fla-Pan·zer[flá:..] 男 (Panzer mit Flugabwehrwaffen)〘軍〙対空兵器を装備した戦車.

Flap·pe[flápə] 女 -/-n《中部・北部》垂れ下がった唇;《話》〔ゆがめた〕口,〔しかめた〕顔: eine ～ ziehen 口をゆがめる; 顔をしかめる | Halt deine ～! 黙れ. [*mndd.* vlabbe; ◇*engl.* flap]

Flap·per[flɛ́pər] 男 -s/- おてんば娘, フラッパー. [*engl.*]

Flaps[flaps] 男 -es/-e《話》(粗野で不作法な)若者. [*ndd.*]

flap·sig[..sɪç]^2 形《話》不作法な, 無骨な, 粗野な.

Fla-Ra·ke·te[flá:..] 女 (**Fla·rak**[flá:rak] 女 -/-〔s〕)(＜Flugabwehrrakete)〘軍〙対空ミサイル, 迎撃ミサイル.

Fla·sche[fláʃə] 女 -/-n (小 **Fläsch·chen**[flɛ́ʃçən], **Fläsch·lein**[..laɪn] 中 -s/-) **1** (液体容器としての) **a)** 瓶(→ 図): eine ～ aus Glas ガラス瓶 | eine halbe ～ ハーフボトル(ワインなどのハーフサイズの小瓶) | eine leere ～ からの瓶 | Bier*flasche* ビール瓶 | Milch*flasche* 牛乳瓶 ‖ eine ～ Wein ワイン1本 ‖ **einer ～^{3} den Hals brechen**《話》酒瓶の栓を抜く | eine ～ entkorken 瓶のコルク栓をあける | dem Kind die ～ geben (哺乳(ほにゅう)瓶で)子供にミルクを飲ませる | eine ～ leeren 瓶の中身をからにする | eine ～ öffnen ⟨verschließen⟩ 瓶の栓をあける⟨閉じる⟩ ‖ *et.*^{4} **auf ～*n* ziehen** ⟨**in ～*n* abfüllen**⟩ …を瓶に詰める | **zu tief in die ～ gucken** ⟨**schauen**⟩《話》(飲みすぎて)酔っぱらう | **zur ～ greifen**《話》大酒を飲む, 酒におぼれる. **b)** 瓶状の容器(フラスコ・金属製ボンベなど: → 図): eine Florentiner ～〘化〙(比重差により混合液体を分留する)フローレンス=フラスコ | drei ～*n* Sauerstoff 酸素ボンベ3本. **2**《話》不器用者, 能なし: So eine ～! なんてまぬけな奴だ. **3**《ｵｰｽﾄ》(Ohrfeige) 平手打ち, びんた. **4** ＝Flaschenzug

[*germ.* „umflochtenes Gefäß"; ◇flechten, Flakon, Fiasco; *engl.* flask]

Fla̩·schen≈bat·te·rie 女 **1** 《戯》ずらりと並べられた瓶の列. **2** ライデン瓶の蓄電池. **≈baum** 男 〘植〙コリシア(ブラジル原産パンヤ科の木. 幹が肥厚して瓶のような形になる). **≈bier** 中 瓶詰めビール. **≈bür·ste** 女 瓶洗い用のブラシ.

fla̩·schen·för·mig 形 瓶状の, 瓶形の.

Fla̩·schen·gas 中 (円筒容器に詰めた)圧縮ガス(プロパンガスなど).

fla̩·schen·grün 形 濃い緑色の.

Fla̩·schen≈hals 男 **1** 瓶のくび. **2** 隘路(あいろ); 障害, ネック. **≈kind** 中 (↔Brustkind) 人工栄養児. **≈kür·bis** 男 〘植〙ヒョウタン(瓢簞), フクベ(瓠), ユウガオ(夕顔). **≈milch** 女 -/ **1** 瓶入り牛乳. **2** 哺乳(ほにゅう)瓶に入れたミルク. **≈öff·ner** 男 (瓶の)栓抜き〔器〕. **≈pfand** 中 -〔e〕s/ 〘商〙空き瓶預かり金(→Pfand 2). **≈post** 女 -/ (難破船などから海中に投ずる)瓶の中に入れた通信.

fla̩·schen·reif 形 (ぶどう酒・ビールなどが熟成して)瓶に詰めごろの.

Fla̩·schen≈schiff 中 ボトルシップ(瓶の中に入れてある船の模型). **≈spü̱·ler** 男 瓶洗浄機. **≈stän·der** 男 瓶を置く台, 瓶立て. **≈ver·schluß** 男 瓶の栓. **≈wein** 男 瓶入りワイン. **≈zu̱g** 男 〘工〙滑車, せみ(→ 図 Talje).

fla̩·schig[fláʃɪç]² 形 《話》役たたずの, 能なしの(→Flasche 2).

Flä̱sch·lein Flasche の縮小形.

Fla̱sch·ner[fláʃnər] 男 -s/- **1** ブリキ缶の製造職人. **2** 《南部・スイス》=Klempner

Fla̱·ser[flá:zər] 女 -/-n **1** 〘鉱〙フレーザー(岩石に生じる条線), 石目. **2** (Maser) 木目(もく).

fla̱·se·rig[..zərɪç]² (**fla̱s·rig**[..zrɪç]²) 形 条線状の, 石目(木目)のある.

Flash[flɛʃ, flæʃ] 男 -s/-s **1** 〘映〙フラッシュ, 瞬間場面. **2** 《話》(注射して)麻薬の効いた瞬間. [*engl.*]

fla̱s·rig =flaserig

Flatsch[fla(:)tʃ] 男 -es(-s)/-e, **Fla̱t·sche**[flá(:)tʃə] 女 -/-n, **Fla̱t·schen**[..tʃən] 男 -s/- 《南部》**1** 小片; (不整形の)かたまり. **2** 豪雨. [*mhd.*; ◇Fletz]

Fla̱t·ter[flátər] 女 《話》《次の形で》**die ~ machen** ずらかる.

Fla̱t·ter≈bin·se[flátər..] 女 〘植〙イ(藺), イグサ(藺草). **≈ech·se** 女, **≈ei·dech·se** 女 (Flugdrache) 〘動〙トビトカゲ(飛竜). **≈geist** 男 -es/-er 移り気な〈腰の落ちつかぬ〉人, 浮薄な〈浮わついた〉人. **≈gras** 中 〘植〙イブキヌカボ(伊吹糠穂).

fla̱t·ter·haft[..haft] 形 移り気の, 気まぐれな: ein *~es* Mädchen しり軽な女の子. [<flattern]

Fla̱t·ter·haf·tig·keit[..tɪçkaɪt] 女 -/ 移り気, 気まぐれ, 浮薄.

Fla̱t·ter·hemd 中 〘服飾〙(ズボンの短い)女性用パジャマ(ベビードールなど).

Flat·te·ri̱e[flatərí:] 女 -/-n[..rí:ən] (Schmeichelei) お世辞, おべっか, 追従. [*fr.*; ◇flattieren]

fla̱t·te·rig[flátərɪç]² (**fla̱tt·rig**[..trɪç]²) 形 **1** =flatterhaft **2** 落ちつきのない, 興奮した, 神経質な. **3** (脈拍などが)不整の.

Fla̱t·ter≈ma·ki[flátər..] 男 (Pelzflatterer) 〘動〙ヒヨケザル(日避猿), コウモリザル(蝙蝠猿). **≈mann** 男 -es(-s)/..männer《話》**1** 鶏の丸焼き. **2** 落ち着かない〈興奮した〉男. **3** 《ふつう単数で》不安, 心配, 興奮: den ~ haben 〈überwinden〉 不安になる〈を克服する〉. **4** ハンググライダーで飛ぶ人. **≈mar·ke** 女 〘製本〙背標(せびょう), 折り標(落丁・乱丁防止用に折り丁の背に印刷される目印).

fla̱t·tern[flátərn] 《05》自 **1** (s, h) **a)** (英: *flutter*) 羽ばたきをする, 羽を動かして飛ぶ: Der Schmetterling *flattert* von Blüte zu Blüte. チョウが花から花へひらひら飛ぶ | Der Vogel ist 〈hat〉 unruhig im Käfig hin und her *geflattert.* 鳥が落ち着きなくかごの中をバタバタ飛び回っていた. **b)** (風に吹かれて)舞い飛ぶ; (風に)ひるがえる: Die Blätter *flattern* zu Boden. 木の葉が地面に舞い落ちる | Eine Einladung ist mir auf den Tisch *geflattert.* 《比》招待状が(思いがけず)私のデスクに舞い込んだ ‖ mit *flatterndem* Haar 〈Rock〉 髪〈スカート〉を風になびかせて.

★ s, h について: →schwimmen I 1 ☆

2 (h) あちこち動き回る, たえず震え動く, うろうろ〈そわそわ〉する; (唇・声が)わなわな震える; (ラジオ・テレビの音や像が)断続的にぼける: Seine Hände *flatterten* nervös. 彼の両手は神経質そうに震えていた.

3 (h) 《比》気まぐれである, 移り気である.

4 (h) (車体・車輪・スキーなどが)振動する, がたつく, ぐらつく.

[*mhd.* vladern; ◇Falter, flittern; *engl.* flutter]

Fla̱t·ter≈sinn 男 -〔e〕s/ 移り気, 気まぐれ, 浮薄. **≈tier** 中 (Handflügler) 〘動〙翼手類. **≈zun·ge** 女 -/ 〘楽〙(管楽器の)舌先を使ってのトレモロ.

flat·ti̱e̱·ren[flatí:rən] **I** 他 (h) 《スイス》(schmeicheln) 《*jn.*》(…の)機嫌をとる, (…に)こびる. **II** 自 (h) 《スイス》《*jm.*》= I [*fr.*; ◇Flatterie; *engl.* flatter]

fla̱tt·rig =flatterig

Fla·tu·le̱nz[flatulɛ́nts] 女 -/-en 〘医〙**1** 鼓腸(こちょう). **2** 放屁(ほうひ). [<*lat.* flātus „Blasen" (◇blähen)]

Fla·tu̱·se[flatú:zə] 女 -/-n =Fladuse

flau[flaʊ] 形 **1** 弱い; 力の抜けた, ふらふらの; (色などが)ぼやけた; 退屈な, つまらない; (味が)どこか物足りない: eine *~e* Brise 弱い風 | ein *~er* Geschmack どこかぴりっとしない味 ‖ Der Wind wird *~er.* 風が弱まる | Mir ist ~ im Magen. 私は胃の具合が変だ | Das Negativ ist ~. このネガは露出不足だ | Die Suppe schmeckt ~. このスープは味がない. **2** 〘商〙売れ行き不振の, 不況の: *~er* Markt 不活発な市況 ‖ Das Geschäft geht ~. 商売が不振である | In meinem Portemonnaie sieht es ~ aus. 《話》私の財布の中身が心許ない. [*afränk.*–*afr.*–*mndl.*–*mndd.*; ◇lau, Flaute]

Flau·bert[flobɛ́:r] 人名 Gustave ~ ギュスターヴ フロベール(1821–80; フランスの小説家. 作品『ボヴァリー夫人』など).

Fla̱u̱e[fláʊə] 女 -/ =Flauheit

ᵛ**fla̱u̱·en**[fláʊən] 自 (h) (abflauen) **1** (風・あらしなどが)弱まる, 衰える; 《比》(緊張・活気・情熱などが)衰える, 薄らぐ. **2** 〘商〙(価格・相場が)下がる; (商いが)不振になる.

Fla̱u̱·heit[fláʊhaɪt] 女 -/ flau なこと.

Flaum¹[flaʊm] 男 -〔e〕s/ =Flom [*ahd.* floum]

Flaum²[–] 男 -〔e〕s/ **1** (鳥の)綿毛. **2 a)** (乳児の皮膚・頭部などの)産毛(うぶげ). **b)** うぶひげ. **3** (果実・葉・茎などの表面の)綿毛, 微毛. [*lat.* plūma „Feder"–*ahd.* pflūma; ◇fliegen, Flausch; *engl.* plume]

Fla̱u̱·ma·cher[fláʊ..] 男 -s/- **1** 《話》(Miesmacher) 心配性の〈弱気な〉人, 悲観論者; 興をそぐ人, よくけちをつける人. **2** (株の)弱気筋, 売り方.

Fla̱u̱m·bart[fláʊm..] 男 うぶひげ; 《比》青二才.

fla̱u̱m·bär·tig 形 うぶひげの生えた.

Fla̱u̱·mer[fláʊmər] 男 -s/- 《スイス》=Mop [<Flaum¹]

Fla̱u̱m≈fe·der 女 (↔Kielfeder) 〘鳥〙綿羽(めんう). **≈haar** 中 産毛(うぶげ).

fla̱u̱·mig[fláʊmɪç]² 形 **1 a)** 綿毛〈産毛〉のある: *~e* Haut 産毛の生えた皮膚. **b)** 綿毛状の. **2** 《オーストリア》=flaumweich

fla̱u̱m·weich 形 綿毛のように柔らかい; 《比》影響を受けやすい, 気の弱い.

ᵛ**Flaus**[flaʊs]¹ 男 -es/-e =Flausch

Flausch[flaʊʃ] 男 -es(-s)/-e **1** 《単数で》〘織〙毛足の

F

長いウールの柔らかな布地. **2** ＝Flauschmantel [*mndd.* vlūs[ch]; ◇Vlies]
flau·schig[fláuʃɪç]² 形 Flausch のように柔らかな.
Flausch≠jacke 女 Flausch 製の上着. **≠man·tel** 男 Flausch 製のコート.
Flau·se[fláuzə] 女 -/-n《ふつう複数で》**1** (Unsinn) くだらぬ考え; ばかげた思いつき: ～*n* im Kopf haben 愚にもつかないことを考えている | *jm.* ～*n* in den Kopf setzen …につまらない考えを吹き込む. **2** (Ausrede) 言いのがれ, ごまかし: *jm.* ～*n* vormachen …に言い訳を言ってごまかす. [„lose Wollflocke"]
Flau·sen·ma·cher 男 -s/- ごまかし屋.
Flaus·jacke[fláus..] ＝Flauschjacke
Flau·te[fláutə] 女 -/-n **1** (Windstille) 無風状態, 凪(なぎ); 《比》沈滞, 不調. **2**〘商〙不振, 不況. [<flau]
Fläz[flɛ:ts] 男 -es/-e《話》(Flegel) 不作法な〈粗野な〉若者. [*mndd.* vlöte „Abrahmlöffel"; ◇Flott]
flä·zen[flɛ́:tsən]《02》他 (h) 再帰 *sich*⁴ ～ 不作法に〈だらしなく〉腰を下ろす.
flä·zig[..tsɪç]² 形 (flegelhaft) 不作法な, 粗野な.
Fleb·be[flɛ́bə] 女 -/-n《話》**1** (Ausweispapier) 身分証明書. **2** (Geldschein) 紙幣.
Flech·se[flɛ́ksə] 女 -/-n (Sehne) (特に動物の)腱(けん), すじ. [<Flecht-sehne „Sehne zum Flechten"]
flech·sig[flɛ́ksɪç]² 形 (sehnig) 腱(けん)〈すじ〉の[多い].
Flecht·ar·beit[flɛ́çt..] 女 ＝Flechtwerk 1
Flech·te[flɛ́çtə] 女 -/-n **1**〘植〙地衣類. **2**〘医〙(皮膚にできる)苔癬(たいせん). **3** (Zopf) (編んだ)お下げ髪.
flech·ten*[flɛ́çtən]《43》**flocht**[flɔxt] / **ge·floch·ten**; 現 *du* flichtst[flɪçtst], *er* flicht; 命 flicht; 接II flöchte [flœ́çtə] 他 (h) 編む, よる, なう; 編んで〈よって〉作る: die Haare zu Zöpfen ⟨in Zöpfe⟩ ～ 髪をお下げに編む | einen Korb aus Weidenruten ～ 柳の枝でかごを編む ‖ Zitate in eine Rede ～ 話に引用句を織りまぜる ‖ *jn.* aufs Rad ～ (→Rad 2 b). [*germ.*; ◇Plexus, falten, Flachs; *gr.* plékein „flechten"]
flech·ten·ar·tig 形 地衣〈苔癬〉状の.
Flech·ter[flɛ́çtər] 男 -s/- 編む人; 籐(とう)いす〈かご〉作り職人.
Flecht≠wei·de 女〘植〙(編み細工に好適の)コリヤナギ(行李柳). **≠werk** 中 **1** 編み細工(かご・籐(とう)いすなど). **2**〘建〙格子模様, 編みなわ模様(→ 図);〘紋〙フレット(→ 図 Wappen e). **3** (防風・防水用の)柴垣.

Flechtwerk

Fleck[flɛk] 男 -[e]s/-e (小 **Fleck·chen** → 別出, **Fleck·lein**[flɛ́klaɪn] 中 -s/-) **1 a)** しみ, 汚点: Blut*fleck* 血痕(けっこん) | Schand*fleck*《比》汚点 ‖ einen ～ entfernen ⟨herauswaschen⟩ しみを抜く〈洗い落とす〉 | voller ～*e* sein しみだらけである ‖ ein ～ auf *js.* Ehre³ …の名誉を傷つける汚点 | **einen ～ auf der [weißen] Weste haben**《話》(もはや)完全に潔白とは言えない, いささかやましいところがある | **Mach dir nur keinen ～ ins Hemd!**《話》そうもったいぶるな. **b)** (そこだけほかと色の違う)斑点(はんてん), 斑(ふ), まだら, ぶち: der blinde ⟨gelbe⟩ ～ im Auge 目の盲点〈黄斑(おうはん)〉 | **ein weißer ～ auf der Landkarte**《比》未探険〈未調査〉の地域. **c)** あざ: Er hat einen blauen ⟨roten⟩ ～ am Hals. 彼は首に青〈赤〉あざがある.
2 (Stelle) (特定の)場所, 個所: **am falschen ～**《比》見当はずれのところで | Sie ist am falschen ～ energisch. 彼女は見当ちがいのところで頑張っている | noch immer **auf demselben ⟨dem alten⟩ ～**《比》少しも進捗(しんちょく)しない | das Herz auf dem rechten ～ haben (→Herz 1 a) | den Mund ⟨das Maul⟩ auf dem rechten ～ haben (→Mund 1, →Maul 2 a) | Ich möchte auf diesem schönen ～ [Erde] wohnen. 私はこのすばらしい場所に住みたい (→Fleckchen 1) | **vom ～ weg** その場で, 即座に | Wir konnten den Wagen nicht vom ～ bringen. 我々は車をそこから動かせなかった | **nicht vom ～ kommen** 動かない; 《比》進捗しない | Ich komme mit der Arbeit nicht vom ～. 私は仕事がはかどらない.
3《方》(Flicken) 継ぎ布: einen ～ auf das Loch im Schuh setzen 靴の穴に継ぎを当てる.
4《中部》《複数で, ただしベルリン方言では単数で》〘料理〙(特に牛の)刻んだ臓物.
[*germ.* „Breitgeschlagenes"; ◇fluchen, flicken]
Fleck·chen[flɛ́kçən] 中 -s/- (Fleck の縮小形. 特に:) **1** ちっぽけな場所〈土地〉: ein schattiges ～ 木陰になっている場所 | ein hübsches ⟨schönes⟩ ～ [Erde] すてきな場所. **2** 小さな継ぎ布.
flecken[flɛ́kən] **I** 他 (h) **1** (…に)しみ〈斑点(はんてん)〉をつける: 再帰 *sich*⁴ ～ しみ〈斑点〉ができる | Seine Wangen *fleckten* sich vor Zorn. 彼のほおは怒りのためにまだらに赤くなった. **2**《南部》(flicken)《*et.*⁴》(…に)継ぎを当てる, 繕う; 修繕する. **II** 自 (h) **1** しみ〈斑点〉がつく, しみ〈斑点〉がつきやすい. **2** (仕事などが)はかどる. **III ge·fleckt** → 別出
Flecken[–] 男 -s/- **1** (市場のある)町 (Dorf よりも大きい). **2**《方》＝Fleck 1, 3
Flecken≠ent·fer·ner 男 -s/- しみ抜き剤. **≠ent·fer·nung** 女 しみ抜き. **≠ent·fer·nungs·mit·tel** 中 ＝Fleckenentferner **≠fal·ter** 男《ふつう複数で》〘虫〙タテハチョウ(立羽蝶)科のチョウ.
flecken·los[..lo:s]¹ 形 しみ〈汚れ〉のない; 《比》欠点〈非の打ち所〉のない.
Flecken·lo·sig·keit[..lo:zɪçkaɪt] 女 -/ fleckenlos なこと.
Flecken≠rei·ni·ger 男 ＝Fleckenentferner **≠was·ser** 中 -s/..wässer しみ抜き液.
Fleckerl[flɛ́kərl] 中 -s/-n《南部・オーストリア》**1** Fleck の縮小形. **2**《ふつう複数で》〘料理〙フレッカール(スープの実として入れる角形のパスタ).
Fleckerl≠sup·pe 女 Fleckerl 入りのスープ. **≠tep·pich** 男《オーストリア》くず布で織り合わせたじゅうたん; 《比》継ぎはぎの物.
Fleck·fie·ber[flɛ́k..] 中 -s/ ＝Flecktyphus
fleckig[flɛ́kɪç]² 形 しみ〈斑点(はんてん)〉のある; (動物などが)ぶちの, まだらの: eine ～*e* Wand しみだらけの壁.
Fleck·lein Fleck の縮小形.
Fleck≠sei·fe[flɛ́k..] 女 しみ抜きせっけん. **≠ty·phus** 男〘医〙発疹(はっしん)チフス.
Fleckung[flɛ́kʊŋ] 女 -/ 斑点(はんてん)〈まだら〉のあること; (葉・花などの)斑(ふ).
Fleck≠vieh[flɛ́k..] 中 (斑(ふ)入り家畜. 特に:) まだら牛. **≠was·ser** ＝Fleckenwasser
Fled·de·rer[flɛ́dərər] 男 -s/- fleddern する人.
fled·dern[flɛ́dərn]《05》他 (h)《*jn.*》(死人・意識を失った人などの)衣服〈所持品〉をはぎ取る; 《話》(持ち主のはっきりしないものを)とってくる. [<fladern]
Fle·der·maus[flé:dər..] 女 (Flattertier)〘動〙**1** コウモリ(蝙蝠): 《Die ～》『こうもり』(Johann Strauß の喜歌劇). **2**《複数で》翼手類. [*ahd.* fledar-mūs „Flattermaus"; ◇*engl.* flittermouse]
Fle·der·maus≠flie·ge 女〘虫〙クモバエ(蜘蛛蠅)科の昆虫(コウモリに寄生する). **≠laus** 女〘虫〙コウモリバエ(蝙蝠蠅)科の昆虫. **≠ohr** 中 -s/-en《ふつう複数で》《話》ばかでかい耳.
fle·dern[flé:dərn]《05》他 (h) **1**《*jn.*》(ダンスなどで…を抱え上げて)振り回す. **2**《中部》《*et.*⁴》(…を)投げつける. [*ahd.*; ◇flattern]
Fle·der·wisch 男 **1** (特にガチョウの羽の)羽ぼうき. **2**《話》落ち着きのない〈活発な〉人; 軽はずみな娘. [*mhd.* vederwisch „Gänseflügel zum Abwischen"]
Fleet[fle:t] 中 -[e]s/-e《北部》**1** (Flet) (市中の)掘割. **2** (Treibnetz)〘漁〙流し網. [*mndd.* vlēt „fließendes Wasser"; ◇fließen]
Fle·gel[flé:gəl] 男 -s/- **1**《軽蔑的に》粗野な男〈若者〉, 不作法者. **2** (英: *flail*) (Dreschflegel) (打穀用の)からざお. [[*kirchen*]*lat.* flagellum–*westgerm.*; ◇Flagellum]
Fle·gel·al·ter 中 ＝Flegeljahre
Fle·ge·lei[fle:gəláɪ] 女 -/-en 不作法〈粗野〉な行為.
fle·gel·haft[flé:gəlhaft] 形 不作法な, 粗野な.

Flẹ·gel·haf·tig·keit[..tıçkaıt] 女 -/-en **1**《単数で》flegelhaft なこと. **2** =Flegelei

flẹ·ge·lig[flé:gəlıç]² =flegelhaft

Flẹ·gel·jah·re 複 (男の子の)生意気盛りの年ごろ, わんぱく時代: in den ~*n* sein 生意気ざかりである.

flẹ·geln[flé:gəln]《06》他 (h) **1**《話》再帰 *sich*⁴ ~ 不作法に〈だらしなく〉腰をおろす. **2** ᐯ**a**) (からさおで)打穀する. **b**)《俗》《*jn.*》(…を)ぶちのめす; 不作法者とののしる.

flẹ·hen[flé:ən] **I** 自 (h) **1**《[bei *jm.*] um *et.*⁴》([…に]…を)懇願〈嘆願〉する, 請い求める: um Hilfe ~ 助けを求める | um *sein* Leben ~ 命だけは助けてくれと嘆願する, 命ごいする ‖ *flehende* Blicke 嘆願するようなまなざし | *jn. flehend* bitten …に懇願する. **2**《zu *jm.*》(…に)祈願する: zu Gott 〔um Vergebung〕 ~ 神に〔許しを求めて〕祈願する. ᐯ**II** 他 (h)《*jn.* um *et.*⁴》(…に…を)懇願〈嘆願〉する. **III Flẹ·hen** 中 -s/ 懇願, 嘆願. [*germ.* „schmeicheln"]

flẹ·hent·lich[–tlıç] 形 懇願〈嘆願〉の: eine ~*e* Bitte 切なる願い | *jn.* ~ ansehen …を懇願するように見つめる.

Flei̱·er[fláıər] 男 -s/- =Flyer 1

Flei̱·per·ver·kehr[fláıpər..] 男 (<Flugzeug-Eisenbahn-Personenverkehr) 航空機鉄道連絡旅客輸送.

Fleisch[flaıʃ] 中 -es(-s)/ **1 a**) (骨・皮に対する)肉: wildes ~〘医〙(傷あとの)ぜい肉, 隆起肉芽 | ***sein* eigen〔es〕 ~ und Blut**《雅》肉親,(特に:) 子供, 子孫 ‖ ~ ansetzen 肉がつく, 太る | faules ~ tragen《比》怠ける ‖ Menschen aus 〈von〉 ~ und Blut 血のかよった人間たち | ***jm.* in ~ und Blut übergehen**《比》(技術・習慣などが)すっかり…の身につく, …にとって第二の天性となる | ***sich*³ ins eigene ~ schneiden**《比》みすみす損になるようなことをする, 自分で自分の首をしめる | Er ist von meinem ~〔*e*〕.《雅》彼は私の血縁の者だ; 彼は私の息子だ | **vom ~〔*e*〕 fallen**《話》肉が落ちる, やせる | zu ~ kommen 肉がつく, 太る ‖ Durch das Loch in der Bluse war das nackte ~ zu sehen. ブラウスの破れ目を通して素肌が見えた. **b**) (霊に対する)肉〔体〕; 人間; 肉欲, 情欲: Versuchung des ~*es* 肉の誘惑 | den Weg allen 〈alles〉 ~*es* gehen (→Weg 1) | das ~ kreuzigen 情欲を制する | ~ werden (神が)受肉する(人間の姿となる) | Der Geist ist willig, aber das ~ ist schwach. (→Geist 1 a). **2** (食品としての, 特に鳥獣の)肉, 食肉: gebratenes 〈gehacktes〉 ~ 焼き〈ひき〉肉 | hartes 〈zähes〉 ~ 硬い肉 | weiches 〈zartes〉 ~ 軟らかい肉 | Muskel*fleisch* 筋肉(きんにく) | Rind*fleisch* 牛肉 | Schweine*fleisch* 豚肉 ‖ ein Kilo 〈ein Stück〉 ~ kaufen 肉を1キロ〈一塊〉買う ‖ Das ist weder Fisch noch ~. (→Fisch 1 a). **3** 果肉; (きのこなどの)食用部分. **4**〘印〙(活字の)肩(字面の周りのくぼんでいる部分). [*westgerm.*; ◇*engl.* flesh]

Flei̱sch≠ab·fäl·le[fláıʃ..] 複 くず肉. **≠bank** 女 -/..bänke **1**《南部》(肉屋の)肉売り台. **2**《オーストリア》=Fleischerei **≠be·schau** 女 -/ 食肉検査;《話》(水着姿の)美人コンテスト; ヌードショー. **≠be·schau·er** 男 食肉検査官. **≠brü·he** 女 (Bouillon)〘料理〙肉汁, ブイヨン(肉の煮出しスープ).

Flei̱sch·brü̱h·wür·fel 男 (さいころ形の)固形ブイヨン〈肉汁〉.

Flei̱·scher[fláıʃər] 男 -s/- 〔畜殺業兼〕食肉〔製造〕販売業者, 肉屋(北部では Schlachter, 南部では Metzger). [<Fleischhauer]

Flei̱·scher·beil 中 (肉屋が使う)肉切りおの.

Flei·sche·rei̱[flaıʃəráı] 女 -/-en **1**〔畜殺業兼〕食肉〔製造〕販売業 **2** 肉屋の店.

Flei̱·scher≠gang[fláıʃər..] 男《話》《次の成句で》**einen ~ machen** むだ骨を折る, むだ足を踏む(→Metzgergang). **≠hund** 男 体の大きな猛犬, (特に:) (deutsche Dogge) グレートデーン: ein Gemüt wie ein ~ haben (→Gemüt 1). **≠in·nung** 女 食肉業組合. **≠klotz** 男 (畜殺場の)肉切り台(→図). **≠la·den** 男 肉屋の店.

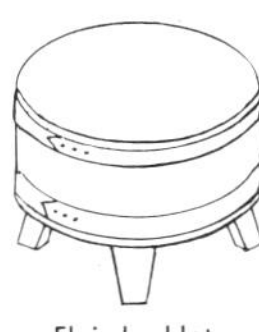
Fleischerklotz

flei̱·schern[fláıʃərn] **I** 形 肉の. **II Flei̱·scher·ne** 中《形容詞変化》《南部》(Fleisch) (食品としての)肉: viel ~*s* essen 肉をたくさん食べる.

Flei̱·sches·lust 女 -/《雅》肉欲.

Flei̱sch·es·ser 男 -s/- 肉食家, 肉好き.

Flei̱·sches·sinn 男 -〔e〕s/ =Fleischeslust

Flei̱sch≠ex·trakt 男 (中) 肉のエキス. **≠far·be** 女 肉色, 肌色.

flei̱sch≠far·ben 形, **≠far·big** 形 肉色〈肌色〉の.

Flei̱sch·fa·ser 女 筋肉繊維, 肉のすじ.

Flei̱sch·flecken·krank·heit 女 -/ (アンズ・スモモなどの葉の)赤斑(あかふ)病.

Flei̱sch≠flie·ge 女〘虫〙ニクバエ(肉蠅)亜科の昆虫: eine blaue ~ アオバエ(青蠅). **≠fon·due**[..fõdy:] 中〘料理〙ミートフォンデュー.

flei̱sch≠frei 形 (料理などに)肉のない: ein ~*er* Tag 肉なしデー. **≠fres·send** 形 肉食の, 食肉性の: ~*e* Pflanzen 食虫植物.

Flei̱sch≠fres·ser 男 肉食動物. **≠fül·lung** 女〘料理〙(パイなどに入れる)ひき肉の詰め物. **≠gal·lert** 中, **≠gal·ler·te** 女 (肉・魚の)肉汁ゼリー, 煮こごり. **≠ge·richt** 中 肉料理. **≠ge·schwulst** 女〘医〙肉腫(にくしゅ).

flei̱sch·ge·wor·den 形《雅》人間の姿をとった: der ~*e* Gottessohn 人の姿となられた神の子(イエス キリスト) | die ~*e* Dummheit ばかの権化. [◇Fleischwerdung]

Flei̱sch≠hacker 男 -s/-《オーストリア》**1** =Fleischer **2** 粗野〈粗暴〉な男. **≠ha̱·ken** 男 肉つり下げ用フック. **≠hau·er** 男 -s/-《オーストリア》=Fleischer

Fleisch·haue·rei̱[flaıʃhauəráı, ⏤⏤◡⏤] 女《オーストリア》=Fleischerei

flei̱·schig[fláıʃıç]² 形 **1** 肉づきのいい, まるまる太った; 多肉の: ~*e* Hände ぽっちゃりした手 | ~*e* Lippen 厚ぼったい唇. **2**〘植〙果肉質の.

Flei̱sch≠in·du·strie 女 食肉産業. **≠kar·te** 女 (食糧配給制度の)肉の配給券. **≠kloß** 男, **≠klö̱ß·chen** 中〘料理〙肉だんご. **≠klotz** 男 肉屋のまないた. **≠klum·pen** 男 **1** (大きな)肉塊. **2**《話》肥満漢. **≠knö̱·del** 男《南部・オーストリア》=Fleischkloß **≠kon·ser·ve** 女 肉の缶詰〈瓶詰〉. **≠laib·chen** 中《オーストリア》(Frikadelle)〘料理〙フリカデル.

flei̱sch·lich[fláıʃlıç] 形 **1**《付加語的》肉の, 肉質の: ~*e* Kost 肉の料理. **2**《雅》**a**) (leiblich) 肉体の. **b**) (sinnlich) 肉欲の, 官能的な: ~*e* Begierden 〈Lüste〉 肉欲.

Flei̱sch·lich·keit[–kaıt] 女 -/ fleischlich なこと.

flei̱sch·los[..lo:s]¹ 形 **1** (料理などに)肉のない: ein ~*er* Tag 肉なしデー | ~ leben 菜食生活をする. **2** やせこけた.

Flei̱sch≠ma̱·de 女 肉に寄生するウジ. **≠mar·ke** 女 =Fleischkarte **≠markt** 男 食肉市場. **≠ma·schi·ne** 女《オーストリア》=Fleischwolf **≠mas·se** 女 肉の塊;《比》肥満漢. **≠meẖl** 中 乾肉粉(家畜・鳥などの飼料). **≠mes·ser** 中 肉切り包丁(→図 Messer). **≠nel·ke** 女〘植〙アメリカナデシコ(撫子). **≠pa·ste̱·te** 女 ミート〈肉入り〉パイ. **≠pud·ding** 男〘料理〙肉入りプディング. **≠saft** 男 肉汁. **≠sa·la̱t** 男 肉サラダ. **≠schau** 女 -/《スイス》=Fleischbeschau **≠schau·er** 男《スイス》=Fleischbeschauer **≠spei·se** 女 肉料理. **≠sup·pe** 女 肉スープ. **≠tag** 男 肉食日. **≠to̱n** 男 -〔e〕s/..töne〘美〙(絵画の)肉色, 肌色. **≠topf** 男 肉なべ;《比》上等な〈ぜいたくな〉食事: **die *Fleischtöpfe* Ägyptens**《比》豪華〈ぜいたく〉な生活(聖書: 出16,3から) | ***sich*⁴ nach den *Fleischtöpfen* Ägyptens sehnen 〈zurücksehnen〉** ぜいたくな暮しにあこがれる〈戻りたいと願う〉. **≠ver·gif·tung** 女 食肉中毒. **≠wa·ren** 複 肉製品. **≠war·ze** 女〘医〙肉芽, 肉様いぼ. **≠wer·dung**[..ve:rdʊŋ] 女 -/ (Inkarnation)〘キリスト教〙託身(たくしん), 受肉(神がイエスという人間の姿をとって現れたこと). **≠wolf** 男 肉ひき器(→図 Küche). **≠wun·de** 女 (皮膚だけでなく)肉にまで達する傷. **≠wurst** 女 フライシュヴルスト(ソーセージの一種).

Fleiß[flaıs] 男 -es/ **1** (↔Faulheit) 勤勉, 精励, 刻苦; 心身の傾注: unermüdlicher 〈eiserner〉 ~ たゆまない〈不屈の〉

勉励 ‖ viel ⟨großen⟩ ~ auf eine Arbeit verwenden 大いに仕事に励む | *seinen* ganzen ~ aufbieten 全力を尽くす | mit allem ~ 入念に, 丹精こめて ‖ Ohne ~ kein Preis. (→Preis 2). **2** 《方》(Absicht) 意図, もくろみ: **mit ~** 意図的に, わざと. [*westgerm.* „Streit"; ◇ *engl.* flite]

Fleiß·ar·beit 女 **1** 努力を要する⟨勤勉でなければできない⟩仕事. **2** 《ふつう皮肉》(独創性のない)努力しただけの仕事. **3** (勉強したことを証明する)勤勉宿題.

flei·ßig[fláɪsɪç]² 形 **1** (↔faul) 勤勉な,(仕事に)精励な, 熱心な: ein ~*er* Schüler よく勉強する生徒 | ein ~*er* Kinobesucher よく映画を見に行く人 ‖ das *Fleißige* Lieschen 〘植〙(四季咲きの)ベゴニア ‖ ~ wie die Bienen arbeiten ミツバチのように営々として働く | ~ ins Theater gehen せっせと芝居に通う | ~ trinken よく酒を飲む. **2** 《付加語的》(行為・仕事などが)丹精こめた: eine ~*e* Arbeit 苦心の労作.

Flei·ver·kehr[fláɪ..] 男 -s/ (<Flugzeug-Eisenbahn-〔Güter〕verkehr) 航空機鉄道連絡〔貨物〕輸送.

flek·tier·bar[flɛktí:rba:r] 形 (↔ unflektierbar) (beugbar) 〘言〙語形変化の可能な.

flek·tie·ren[flɛktí:rən] **I** 他 (h) (beugen) 〘言〙語形変化させる, 屈折⟨曲折⟩させる (deklinieren, konjugieren を併せていう): Dieses Pronomen ⟨Dieses Verb⟩ wird stark *flektiert.* この代名詞⟨動詞⟩は強変化する. **II** 自 (h) (beugen) 〘言〙語形変化をする, 屈折⟨曲折⟩する: Dieses Wort *flektiert* schwach. この語は弱変化する ‖ *flektierende* Sprachen (膠着(こうちゃく)語・孤立語などに対して)屈折〔言〕語. [*lat.* flectere „biegen"; ◇Flexion; *engl.* flex]

flen·nen[flɛ́nən] 自 (h) 《話》(激しく)泣〔きわめ〕く. [*ahd.* flannēn „den Mund verziehen"; ◇Flunsch]

Flen·ne·rei[flɛnəráɪ] 女 -/-en 絶えず⟨いつまでも⟩ flennen すること.

Flens·burg[flɛ́nsbʊrk] 地名 フレンスブルク(ドイツ Schleswig-Holstein 州の最北端の都市). [< *anord.* flein „Pfeil"]

flen·sen[flɛ́nzən]¹ 《02》《方》= flennen

Flep·pe[flɛ́pə] 女 -/-n 《話》(Ausweispapier) 身分証明 [<Flebbe]

Flet[fle:t] 中 -〔e〕s/-e = Fleet 1

flet·schen[flɛ́tʃən] 《04》 **I** 他 (h) Zähne ~ 歯をむき出す. **II** 自 (h) mit den Zähnen ~ 歯をむき出す. [*mhd.* vletzen „den Mund breit ziehen"; ◇Fletz]

flet·schern[flɛ́tʃərn] 《05》 他 (h) 十分に咀嚼(そしゃく)する. [<H. Fletcher (アメリカの栄養学者, †1919)]

Flett[flɛt] 中 -〔e〕s/-e (北部 Sachsen 地方の農家の)炉のある土間, 炉ばた. [*mndd.*; ◇Fletz]

Flett·ner[flɛ́tnər] 人名 Anton ~ アントン フレットナー (1885-1961; ドイツの技師で, 航空機のサーボタブ, フレットナー=コントロールなどの考案で知られる).

Fletz[fle:ts, flɛts] 中 男 -es/-e 《南部》(Hausflur) (家の戸口を入ったところの)ホール, 玄関の間(ま). [*ahd.* flazzi „Tenne"; < *ahd.* flaz „flach"; ◇Fladen]

fleuch[flɔʏç] flieh〔e〕(fliehen の命令法単数)の古形.

fleuchst[..st] fliehst (fliehen の現在 2 人称単数)の古形.

fleucht[..t] flieht (fliehen の現在 3 人称単数)の古形.

fleug[flɔʏk] flieg〔e〕(fliegen の命令法単数)の古形.

fleugst[..st] fliegst (fliegen の現在 2 人称単数)の古形.

fleugt[..t] fliegt (fliegen の現在 3 人称単数)の古形.

▽**Fleu·rist**[flørɪ́st] 男 -en/-en **1** (Blumenfreund) 草花愛好家. **2** (Blumenmaler) 好んで⟨もっぱら⟩花を描く画家. [*fr.*; < *fr.* fleur „Blume" (◇Flor²)]

Fleu·ron[..rɔ̃:] 男 -s/-s 花模様, 花形装飾. [*fr.*]

Fleu·rop[flɔ́ʏrɔp, flǿ:rɔp, flɔʏró:p, flørό:p] 女 -/ (<Flores Europae) 《ふつう無冠詞で》全ヨーロッパギフトフラワーチェーン. [*lat.*; < *lat.* Flores *Europae*]

fleuß[flɔʏs] fließ〔e〕(fließen の命令法単数)の古形.

fleußt[..t] fließt (fließen の現在 2・3 人称単数)の古形.

fle·xi·bel[flɛksí:bəl] (..xi·bl..) 形 (↔ inflexibel) **1** (biegsam) (自由に)曲がる, しなやかな; 可変性のある; 《比》柔軟な. **2** = flektierbar [*lat.*]

Fle·xi·bi·li·tät[flɛksibilitɛ́:t] 女 -/ flexibel なこと.

Fle·xion[flɛksió:n] 女 -/-en **1** (Beugung) 〘言〙語形変化, 屈折, 曲折 (Deklination, Konjugation を併せていう): starke ⟨schwache / gemischte⟩ ~ 強⟨弱・混合⟩変化. **2** 〘医〙屈曲: die ~ der Gebärmutter 子宮前屈⟨後屈⟩. [*lat.*; < *lat.* flectere (→flektieren)]

Fle·xions·en·dung 女 〘言〙(動詞・名詞などの)変化語尾.

fle·xions·fä·hig 形 〘言〙語形変化する.

Fle·xions≠ka·sus 男 (前置詞格に対して)屈折格 (Nominativ, Akkusativ, Genitiv, Dativ: →Präpositionalkasus). **≠leh·re** 女 -/ 〘言〙語形〔変化〕論.

fle·xions·los[..lo:s]¹ 形 〘言〙語形変化しない.

Fle·xions·mor·phem 中, **Fle·xiv**[flɛksí:f]¹ 中 -s/-e 〘言〙屈折形態素,〔語形〕変化語尾.

fle·xi·visch[flɛksí:vɪʃ] 形 〘言〙語形変化に関する; 語形変化する.

Fle·xor[flɛ́ksɔr, ..so:r] 男 -s/-en[flɛksó:rən] (↔Extensor) (Beugemuskel) 〘解〙屈筋.

Fle·xur[flɛksú:r] 女 -/-en **1** 〘地〙〔単斜〕撓曲(とうきょく). **2** 〘解〙(腸の移行部などの)曲, 湾曲〔部〕. [*lat.*; ◇..ur]

Fli·bu·stier[flibústiər] 男 -s/- 〘史〙(17世紀後半のカリブ海の)海賊 (→Bukanier) [*fr.*; < *ndl.* vrijbuiter (→Freibeuter)]

flicht[flɪçt] flechten の現在 3 人称単数; 命令法単数.

flichtst[flɪçtst] flechten の現在 2 人称単数.

Flick·ar·beit[flɪ́k..] 女 **1** 繕い仕事, 修理, 修繕. **2** = Flickwerk

flicken[flɪ́kən] 他 (h) **1** 《*et.*⁴》(…に)継ぎを当てる, 繕う; 修理⟨修繕⟩する: einen Fahrradreifen ~ (パンクした)自転車のタイヤを修繕する | eine *geflickte* Hose 継ぎを当てたズボン ‖ *jm.* etwas am Zeug〔e〕~ (→Zeug 2 a). **2** 《南部》(zerreißen) 引き裂く. [*mhd.*; ◇Fleck]

Flicken[–] 男 -s/- 継ぎ布; (修理用の)革⟨ゴム・板⟩, あてがね: einen ~ aufsetzen ⟨einsetzen⟩ 継ぎを当てる | auf *et.*⁴ einen ~ setzen …に継ぎを当てる.

Flicker[flɪ́kər] 男 -s/- **1** (⊛ **Flicke·rin**[..kərɪn]-/-nen) 繕い仕事をする人, 修繕屋, 修理人; 《軽蔑的に》へぼ職人. **2** = Flicken

Flicke·rei[flɪkəráɪ] 女 -/-en **1** (やっかいな)繕い仕事, 修理, 修繕. **2** = Flickwerk

Flick·flack[flɪ́kflak] 男 -s/-s 〘体操〙後転跳び. [*fr.* flic-flac; 擬音]

Flick≠fleck[flɪ́k..] 男 《話》= Flicken **≠lap·pen** 男 継ぎ布⟨ぎれ⟩. **≠schnei·der** 男 《ふつう軽蔑的に》繕い専門の洋服屋. **≠schu·ster** 男 **1** 修理専門の靴屋, 靴直し. **2** 《軽蔑的に》へぼ職人. **≠werk** 中 -〔e〕s/ 《軽蔑的に》継ぎはぎ細工, (不手際な)寄せ集めの仕事, (いいかげんな)やっつけ仕事. **≠wort** 中 -〔e〕s/..wörter (Füllwort) 〘言〙塡辞(てんじ), 虚辞. **≠zeug** 中 **1** = Flicken **2** (Nähzeug) 裁縫道具.

Flie·boot[flí:..] 中 快速小漁船. [*ndl.*; ◇ *engl.* fly boat]

Flie·der[flí:dər] 男 -s/- 〘植〙**1** (Lila) (ハシドイ属. 特に:) ライラック, リラ (→図). **2** 《北部》(Holunder) ニワトコ(接骨木). [*mndd.* vlēder „Holunder"]

Flieder (Syringe)

Flie·der≠baum 男 リラ⟨ライラック⟩の木. **≠bee·re** 女 《北部》(Holunderbeere) ニワトコの実.

flie·der≠far·ben 形, **≠far·big** 形 リラ色の, 淡紫色の.

Flie·der≠pri·mel 女 〘植〙オトメザクラ(乙女桜). **≠tee** 《北部》= Holundertee

F

Flie·ge[flíːgə] 女 -/-n **1** (英: *fly*) 〘虫〙 **a)** ハエ(蝿): ~*n* fangen ⟨verscheuchen⟩ ハエをとらえる⟨追い払う⟩ | In der Not frißt der Teufel ~*n*. (→Teufel 1) | **die ⟨eine⟩ ~ machen** 《話》さっと逃げ出す | **zwei ~*n* mit einer Klappe schlagen** 一挙両得⟨一石二鳥⟩である ‖ Sie ist eine leichte ~《話》彼女は浮気者だ | matt sein wie eine ~ (→matt I 1 a) | **wie die ~*n* sterben ⟨umfallen⟩** (ハエのように)次々に死ぬ⟨ばたばた倒れる⟩ ‖ **keiner ~[3] etwas zuleide tun ⟨ein Bein ausreißen⟩ können** 《話》虫一匹も殺せない〔ほど気が弱い〕‖ ***sich*[4] über die ~ an der Wand ärgern** 《話》些細(ささい)なことにも(壁にハエがとまっていても)腹を立てる⟨いらいらする⟩. **b)** 双翅目(ハエ・アブ・カなど, 羽が2枚の昆虫類). **2** (ハエの形をしたもの. 例えば:) **a)** ちょうネクタイ. **b)** 皇帝ひげ(鼻の下・下唇とあごの間の小さなひげ: → 図 Bart). **c)** (魚釣り用の)毛針, 蚊針(かばり)(→ 図 Angel). **d)** 〘軍〙(銃の)照星; 〘海〙錨爪(いかりづめ). **3** die ~ 〘天〙蝿(はえ)座. [*westgerm.*; ◇fliegen]

flie·gen*[flíːgən][1] 《45》 **flog**[floːk][1]/ **ge·flo·gen**; 現 *du* fliegst (^{v}fleugst[flɔʏkst], fleuchst[flɔʏçst]), *er* fliegt (^{v}fleugt, fleucht); 命 flieg〔e〕(^{v}fleug, fleuch); 接II flöge[fløːgə]

I 自 (s) **1 a)** (英: *fly*) 飛ぶ, 飛翔(ひしょう)する; 飛ぶように⟨急速に⟩進む; すっ飛ぶ, はね飛ぶ; すばやく⟨激しく⟩動く: alles, was da kreucht und *fleucht* (→kriechen 1) | hoch ⟨tief⟩ ~ 高く⟨低く⟩飛ぶ | durch die Luft ~ 空中を飛ぶ | in die Luft ~ 空中に舞い上がる; (爆発して)ふっ飛ぶ | ohne Federn ~ wollen (→Feder 1 a) | Bienen *fliegen* von Blüte zu Blüte. みつばちが花から花へと飛び回る ‖ Sie *flog* ihm in die Arme. 彼女は彼の腕の中に跳び込んだ | Der Wagen ist aus der Kurve *geflogen.* その車は(運転を誤って)カーブから飛び出した | Er *flog* nach Hause. 彼は飛ぶように帰宅した | Meine Gedanken *fliegen* zu dir. 私の思いは君のもとへ飛ぶ | ins Schloß ~ (戸が)バタンと閉まる | Der Brief *flog* sofort in den Papierkorb. その手紙はすぐさま紙くずかごに投げ込まれた | ins Gefängnis ~ 刑務所にぶちこまれる ‖ Die Zeit *fliegt.* 光陰矢のごとし | Ein Lächeln *flog* über sein Gesicht. 微笑が彼の頬(ほお)をかすめた | Die Fahnen *fliegen* im Wind. 旗が風になびいている | Der Puls *fliegt.* 脈がきわめて速い⟨乱れている⟩ | Sie *flog* am ganzen Körper. 彼女の全身が小刻みに震えていた ‖ *geflogen* kommen 飛来する. **b)** (s, h) (飛行機などが・飛行機などで)飛ぶ, 飛行する; (乗客として)飛行機で行く; (定期的に)飛ぶ, 運航する; (航空機の)搭乗員である (s, h について: → schwimmen I 1 ☆): Er ist nach Deutschland *geflogen.* 彼は空路ドイツへ行った | nach Instrumenten ⟨mit Sicht⟩ ~ 計器⟨有視界⟩飛行をする | um die Erde ⟨zum Mond⟩ ~ (人工衛星・宇宙船などが)地球の回りを⟨月へ⟩飛ぶ | Fahren Sie mit der Bahn, oder *fliegen* Sie? あなたは鉄道で行かれますか それとも飛行機ですか | Man *fliegt* 2 Stunden bis Köln. ケルンまでは空路2時間かかる | Er ist mit seiner eigenen Maschine nach Paris *geflogen.* 彼は自家用機でパリに飛んだ | Er ist schon mehr als 20 000 km *geflogen.* 彼の飛行距離はすでに2万キロ以上だ | Er hat ⟨ist⟩ 10 000 Stunden *geflogen.* 彼は1万時間の飛行経験がある ‖〘様態・結果などを示す4格と〙eine Kurve ~ 弧を描いて飛ぶ | Die Jäger haben einen Angriff *geflogen.* 戦闘機部隊は一攻撃を終えた | eine Biege ~ (→Biege) ‖ 再帰・非人称 Es *fliegt* sich herrlich in dieser Maschine. この飛行機はきわめて乗り心地がよい.

2 《話》(fallen) 落ちる, 落下⟨転落⟩する; 倒れる, 転倒する: aufs Gesicht ⟨auf die Nase⟩ ~ うつぶせに倒れる | auf den Hintern ~ しりもちをつく | durch das Examen ~ 試験に落第する | über das Geländer ~ 手すりを越えて転落する.

3 《俗》放逐⟨解雇⟩される: aus der Stellung ~ 職を追われる | von der Schule ~ 放校処分を受ける | Er ist sofort *geflogen.* 彼はすぐにくびになった.

4 《話》《auf *jn.* ⟨*et.*[4]⟩》(…に)強く心をひかれる, (…に)夢中になる: Er *fliegt* auf hübsche Mädchen. 彼はきれいな女の子には目がない.

5 《もっぱら次の成句で》**einen ~ lassen** 《話》放屁(ほうひ)する, おならをする.

II 他 (h) **1** (飛行機などを)操縦する: einen Hubschrauber ~ ヘリコプターを操縦する ‖ 再帰 *sich*[4] gut ⟨leicht⟩ ~ 操縦しやすい | Die Maschine *fliegt* sich etwas schwer. この飛行機はすこし操縦しにくい.

2 (人・荷物などを)飛行機で運ぶ, 空輸する: Medikamente in das Katastrophengebiet ~ 医療品を災害地へ空輸する.

III flie·gend 現分 形 **1** fliegen する〔ような〕: mit ~*em* Atem 息をはずませて | ~*e* Blätter ばらばらになった本のページ; ルーズリーフ | ~*er* Drache (→Drache 3) | in ~*er* Eile ⟨Hast⟩ 大急ぎで | mit ~*en* Fahnen zu *jm.* übergehen ⟨überlaufen⟩ (→Fahne 1 b) | ~*er* Fisch (→Fisch 1 a) | der *Fliegende* Fisch (→Fisch 1 b) | mit ~*en* Flanken (馬・犬などが)横腹を波打たせて | mit ~*en* Händen (興奮のあまり)震える手で | ~*e* Hitze (→Hitze 2) | ein ~*er* Hund (→Hund 1 a) | ~*e* Mücken (→Mücke 1 a) | das ~*e* Personal (航空機の)搭乗員 | der ~*e* Sommer (→Sommer) | ein ~*er* Start (オートレースなどの)助走スタート(走りながらのスタート) | eine ~*e* Untertasse (→Untertasse).

2 移動⟨放浪⟩性の: eine ~*e* Ambulanz 移動野戦病院 | eine ~*e* Brigade 〘軍〙遊撃旅団 | eine ~*e* Brücke (張り渡した綱とはしけの)仮橋 | ein ~*er* Gerichtsstand 巡回法廷 | ein ~*er* Händler 行商人, 露店商人 | ein ~*er* Holländer 幽霊船〔の船長〕| 《Der ~*e* Holländer》『さまよえるオランダ人』(Wagner の歌劇) | ein ~*es* Postamt 移動郵便局.

[*germ.*; ◇fließen, Flaum[2], Flug, Vogel; *engl.* fly]

Flie·gen≈baum 男 (Ulme) 〘植〙ニレ(楡)属. **≈dreck** 男 ハエのふん⟨しみ⟩. **≈fal·le** 女 **1** ハエ取り器. **2** 〘植〙ディオネア, ハエジゴク(蝿地獄)(米国南北カロライナ州原産の食虫植物). **≈fän·ger** 男 **1** ハエ取りリボン. **2** =Fliegenschnäpper **≈fen·ster** 中 (ハエよけの)網戸.

Flie·gen≈ge·wicht 中 **1** 《単数で》(ボクシング・レスリング・重量挙げなどの)フライ級. **2** =Fliegengewichtler **≈ge·wicht·ler**[..lər] 男 -s/- フライ級選手. [*engl.* flyweight の翻訳借用]

Flie·gen≈gott 男 =Beelzebub **≈klap·pe** 女, **≈klat·sche** 女 ハエたたき. **≈kopf** 男 ハエの頭; 〘印〙伏せ字, げた. **≈leim** 男 ハエ取りもち⟨リボン⟩. **≈netz** 中 ハエよけ網. **≈pa·pier** 中 ハエ取り紙⟨リボン⟩. **≈pilz** 男 〘植〙ベニテングタケ(紅天狗茸). **≈schim·mel** 男 灰色の斑(ふ)入りの白馬. **≈schnäp·per** 男 〘鳥〙ヒタキ(鶲). **≈schrank** 男 ハエよけの網を張った戸棚, はい帳. **≈schwamm** 男 =Fliegenpilz **≈stein** 男 〘鉱〙砒石(ひせき). **≈vo·gel** 男 =Kolibri **≈we·del** 男 ハエ払い用の払子(ほっす).

Flie·ger[flíːgər] 男 -s/- (女 **Flie·ge·rin** → 別出) **1** (fliegen する人) **a)** 飛行士, パイロット: Jagd*flieger* 戦闘機のパイロット. **b)** 〘競輪〙短距離選手. **2** (fliegen するもの) **a)** 《話》(Flugzeug) 飛行機: Jagd*flieger* 戦闘機. **b)** 〘競馬〙短距離競走馬. **c)** 〘海〙(小型帆船の)ジブトップスル(小型長三角形の帆: → 図 Kutter).

Flie·ger·ab·wehr 女 (Luftabwehr) 対空防衛, 防空(略 Fla).

Flie·ger·ab·wehr≈ka·no·ne 女 高射砲(略 Flak). **≈ra·ke·te** 女 対空ミサイル(略 Fla-Rakete).

Flie·ger≈alarm 男 空襲警報. **≈an·griff** 男 (Luftangriff) 空襲. **≈auf·nah·me** 女 (Luftaufnahme) 航空写真〔撮影〕. **≈bom·be** 女 〘空〙爆弾.

Flie·ge·rei[fliːgəráɪ] 女 -/ 飛ぶこと, 飛行, 航空.

Flie·ger≈ge·schä·dig·te[flíːgər..] 男 女 空襲による被災⟨被爆⟩者. **≈hau·be** 女 飛行帽. **≈horst** 男 空軍基地.

Flie·ge·rin[flíːgərɪn] 女 -/-nen 女性パイロット, 女流飛行家.

flie·ge·risch[..rɪʃ] 形 飛行⟨航空⟩の.

Flie·ger≈kar·te[flíːgər..] 女 航空地図. **≈kom·bi·**

na·tion 女 (上下続きの)飛行服. ⸗**krank·heit** 女 -/ 航空病. ⸗**neu·ro·se** 女〘医〙航空神経症. ⸗**of·fi·zier** 男 空軍将校〈士官〉. ⸗**schu·le** 女 飛行学校. ⸗**staf·fel** 女 飛行中隊. ⸗**trup·pe** 女 空軍部隊. ⸗**ver·band** 男 飛行編隊. ⸗**wet·ter** 中 -s/ (↔Flugwetter) 飛行不適〈不能〉の天候.

Flieh·burg[flí:..] 女 (古ゲルマンの)避難城塞(じょうさい), 民衆城塞(敵接近の際の周辺住民の避難所).

flie·hen*[flí:ən]《46》**floh**[flo:]/**ge·flo·hen**; 現 *du* fliehst (ᵛfleuchst[flɔyçst]), *er* flieht (ᵛfleucht); 命 flieh[e] (ᵛfleuch); 接II flöhe[flǿ:ə]

I 自 (s) **1** (英: *flee*) 逃げる, のがれ去る, 敗走する; 国外へのがれる: aus dem Gefängnis ～ 刑務所から脱走する, 脱獄する | ins Ausland ～ 国外へ逃亡する | vor dem Feind[e] ～ 敵を恐れて逃げる | vor dem Lärm ～ 騒音からのがれる | zu *jm.* ～ …のもとへ逃げこむ. **2**《雅》流れ去る; 消えうせる: Die Hoffnung *flieht.* 望みが消えうせる ‖ Die Wolken *fliehen.* 雲が流れる | Die Zeit *flieht.* 時は飛ぶように過ぎる, 光陰矢のごとし.

II 他 (h)《*et.*⁴ / *jn.*》(…から)逃げ去る, 避ける, 見捨てる: die Gefahr 〈die Versuchung〉 ～ 危険〈誘惑〉を避ける | die Gesellschaft ～ 人とのつきあいを嫌う | *js.* Gegenwart ～ …の前に出るのをいやがる | Der Schlaf *flieht* mich seit Tagen.《雅》私は数日来眠れない.

III Flie·hen 中 -s/ fliehen すること.

IV flie·hend 現分 形 逃げて行く, 避けている; 後ろへ引く: ein ～*es* Kinn 引っ込んでいるあご.

[*germ.*; ◇Flucht²; *engl.* flee]

Flieh·kraft[flí:..] 女 -/ (Zentrifugalkraft) 遠心力.

Flieh·kraft⸗brem·se 女〘工〙遠心ブレーキ〈制動機〉. ⸗**kupp·lung** 女〘工〙遠心クラッチ. ⸗**reg·ler** 男〘工〙遠心調速器.

Flie·se[flí:zə] 女 -/-n (建築用の)タイル: ～*n* legen タイルを張る | den Fußboden mit ～*n* auslegen 床をタイル張りにする. [*mndd.*; ◇Flint]

flie·sen[flí:zən]¹《02》他 (h)《*et.*⁴》(…に)タイルを張る: die Wand ～ 壁面にタイルを張る | ein *gefliestes* Badezimmer タイル張りの浴室.

Flie·sen⸗le·ger 男 タイル張り職人, タイル工. ⸗**pflaster** 中〘建〙タイル張り面.

Fließ[fli:s] 中 -es/-e《方》(Bach) 小川.

Fließ⸗ar·beit[flí:s..] 女〘工〙流れ作業. ⸗**band** 中 -[e]s/..bänder〘工〙ベルトコンベヤー: am ～ arbeiten 流れ作業に従事している | vom ～ kommen 流れ作業で生産される.

Fließ·band⸗ar·beit[flí:sbant..] 女 ベルトコンベヤー式流れ作業. ⸗**ar·bei·ter** 男 ベルトコンベヤー作業員. ⸗**fer·ti·gung** 女 ベルトコンベヤー式製造[法].

Fließ⸗blatt 中 吸い取り紙. ⸗**ei** 中 (Windei) (鳥の)無殻〈軟殻〉卵.

flie·ßen*[flí:sən]《47》**floß**[flɔs]/ **ge·flos·sen**; 現 *du* fließt (fließest, ᵛfleußt[flɔyst]), *er* fließt (ᵛfleußt); 命 fließ[e] (ᵛfleuß); 接II flösse[flœ́sə]

I 自 (s) **1 a)** (英: *flow*) (液体・気体・粒状体・川などが)流れる; (時間が)流れる; (言葉などが次々と)出る: das Blut rascher ～ lassen (興奮などが)血行を速める | die Tinte ～ lassen (紙が)インクをにじませる | Der Nebel 〈Die Lava〉 *fließt.* 霧〈溶岩〉が流れる | Die Quelle *fließt* ununterbrochen. 泉は滾々(こんこん)とわき続ける | Der Verkehr *floß* ungehindert. 交通はスムーズに流れた | Die Zeit *fließt* unaufhaltsam. 時間は(留めようもなく)どんどん流れる | Die Unterhaltung *floß* nicht so recht. 会話はすらすらとは進まなかった | Die Gaben *flossen* reichlich. 寄付金はどっさり寄せられた | Die geschichtlichen Quellen *fließen* für jene Zeit spärlich.《比》史料はその時期のものは乏しい | Königliches Blut *fließt* in seinen Adern.《比》彼は王族の血を引いている | Im Krieg ist viel Blut *geflossen.*《比》戦争で多くの死者が出た ‖〘前置詞と〙Das Wasser *fließt* **aus** der Leitung. 水道から水が出る | Das Blut *floß* aus der Wunde. 傷口から血が出た | Die Verse *flossen* ihm leicht aus der Feder 〈in die Feder〉. 彼はそれらの詩句を苦もなくすらすらと書き記した | Der Satz ist aus seiner Hand *geflossen.* この文章は彼の手で書かれた | Der Fluß *fließt* **durch** die Stadt. その川は市内を流れる | Der elektrische Strom *fließt* [durch die Leitung]. 電流が[導線を]流れる | Die Sandkörner *flossen* ihm durch die Hand. 砂粒が彼の手から流れ落ちた | Der Wein *floß* **in** Strömen.《比》ワインがどんどん飲まれた | Die Elbe *fließt* in die Nordsee. エルベ川は北海に注ぐ | Die Gelder *fließen* ins Ausland. 金が国外に流出する | Tränen *flossen* **über** ihre Wangen. 涙が彼女のほおを流れた | Der Schweiß *floß* ihm **von** der Stirn. 汗が彼の額から流れた | Die Worte *flossen* ihm nur so von den Lippen. 彼はぺらぺらしゃべりまくった | Die Arbeit *floß* ihm leicht von der Hand. 彼の仕事はよどみなく進行した | **zu** Tal ～ (川が)流れくだる.

b) (ろう・金属・氷などが)とけて流れる.

c) 水などを出す〈したたらす〉: Die Nase *fließt.* 鼻水が出る | Der Mantel *fließt.* (ぬれた)コートから滴が垂れる | Der Wasserhahn *fließt.* 水道の蛇口から水が流れ出る ‖ Das Papier *fließt.* この紙はにじみやすい.

2 (髪・服などが)曲線を描いて垂れ下がる: Das Haar *floß* ihr [in weichen Wellen] über die Schultern. 彼女の髪は[柔らかにウェーブして]両肩に波打っていた | Das Gewand *floß* um seinen Körper. 服は彼の体[の線]にぴったりと流れていた.

3《比》(自然に)続く: Eine Tat *fließt* aus der anderen. 行為に行為が続く | Aus dieser Erkenntnis *fließen* weitere Folgerungen. この認識からさらにいくつかの推論が生まれる.

4《比》(意義・境界などが)流動的である, 定まらない(→II 3): Alles *fließt.* 万物は流転する.

II flie·ßend 現分 形 **1** 流れる; とける, 溶解する: ～*es* Gewässer 河川 | ～*er* Sand 流砂 | ～*es* Wasser 流水 | ein Zimmer mit ～*em* Wasser 水道設備のある部屋 | ～*es* Wasser haben (部屋に)水道設備がある | ～*es* Blei 溶けた鉛 | ～*e* Hitze〘化〙溶融熱.

2 流れるような, よどみのない: ～*e* Fertigung 流れ作業〈ベルトコンベヤーによる〉生産 | die Gabe ～*er* Rede 能弁の才 | der ～*e* Verkehr よどみない交通の流れ | ～*e* Verse 流麗な詩句 | ein ～*er* Vortrag よどみない講演 ‖ ein ～*es* Englisch sprechen 流暢(りゅうちょう)な英語を話す | in ～*em* Französisch antworten 流暢なフランス語で答える ‖ ～ lesen 〈sprechen〉 すらすらと読む〈話す〉 | ～ Deutsch sprechen 流暢にドイツ語をしゃべる.

3 (境界などが)流動的な, 定まらない: ～*e* Übergänge (境界が)はっきりしない中間段階 | Die Grenzen zwischen Gut und Böse sind ～. 善悪の境はさだかではない.

4 ゆるやかに湾曲した: ～*e* Linien 流れるような曲線.

[*germ.*; ◇fliegen, Fluß, Floß, Flut; *engl. fleet*]

Fließ⸗fer·ti·gung[flí:s..] 女〘工〙流れ作業生産. ⸗**gren·ze** 女〘工〙降伏点. ⸗**heck** 中 -[e]s/-e, -s (Fastback) ファストバック(車体後部の流線型構造)[の自動車]. ⸗**kom·ma** =Gleitkomma ⸗**laut** 男 =Liquida ⸗**pa·pier** 中 (Löschpapier) 吸い取り紙. ⸗**pressen** 中 -s/〘金属〙圧出[法]. ⸗**was·ser** 中 -s/ 水道[の水]: ein Zimmer mit ～ 水道設備のある部屋.

Flie·te[flí:tə] 女 -/-n〘畜〙放血針, 刺絡(しらく)針. [*gr.* phlebo-tómos (◇phlebo..) − *spätlat.* − *ahd.* fliedima; ◇ *engl.* fleam]

Flim·mer[flímər] 男 -s/- **1**《単数で》《雅》**a)** きらめく光, 微光. **b)**《比》虚飾, 見せかけ. ᵛ**2** (Glimmer)〘鉱〙雲母(うんも), きらら. **3**《ふつう複数で》〘生〙繊毛.

Flim·mer⸗här·chen 中 -s/-《ふつう複数で》=Flimmer 3 ⸗**ka·sten** 男 =Flimmerkiste ⸗**ki·ste** 女《戯》**1 a)** (Kino) 映画館. **b)** (Filmvorführgerät) 映写機. **2** (Fernsehgerät) テレビ受像機: Wir sitzen jeden Abend vor der ～. 私たちは毎晩テレビの前に座る(テレビを見る).

flim·mern[flímərn]《05》**I** 自 **1** (h) きらきら輝く, か

F

すかに光る: Die Sterne *flimmern.* 星がきらめく〈ちらちらする・顫動(せんどう)する〉| Der Film *flimmert.* 映画がちらついて見える | Die Luft *flimmert* 〔vor Hitze〕. 大気が〔暑さで〕ゆらめく ‖ 非人称 Es *flimmert* mir vor den Augen. 私は目先がちらちらする ‖ das *Flimmern* des Herzens 〘医〙心臓の筋肉性振動 ‖ die *flimmernde* Leinwand 映写幕. **2** (s) 《話》(テレビで)放映される: Diese Reihe ist zwei Jahre über den Bildschirm *geflimmert.* このシリーズは2年間テレビで放映された.

II 他 (h) 《南部・中部》(床・靴などを)ぴかぴかに磨く.

[<flammen]

Flim·mer·sko·tom 中 〘医〙(目の)閃光(せんこう)暗点.

Flin·der·hau·be[flíndər..] 女 フリンダー頭巾(ずきん)(17世紀ごろまで流行した婚礼用の飾り帽: → 図 Haube).

[◇Flitter]

flink[flɪŋk] 形 (rasch) 素早い; (gewandt) 敏捷(びんしょう)な, すばしこい; 器用な: ~*e* Beine haben 足が速い | eine ~*e* Zunge 〈ein ~*es* Mundwerk〉 haben 能弁である ‖ **~ wie ein Wiesel** イタチのようにすばしこい | immer ~ bei der Hand sein いつでも仕事にかかれる | Ein bißchen ~! 《話》もうちょっと急げ〈急いでやれ〉. [*ndd.*; < *ndd.* flinken „glänzen"]

ᐁ**flin·kern**[flíŋkərn] 《05》 自 (h) (glänzen) 輝く.

Flink·heit[flíŋkhaɪt] 女 -/ すばやさ, 敏捷(びんしょう).

Flin·serl[flínzərl] 中 -s/-n 《オースト》 **1** =Flitter 1 **2** 短詩. [< *mhd.* vlinsen „schimmern"]

Flint[flɪnt] 男 -〔e〕s/-e 〘鉱〙フリント, 火打ち石. [*mndl.* vlint „Steinsplitter"; ◇Flinz; *engl.* flint]

Flin·te[flíntə] 女 -/-n (昔の)火打ち石銃; (現今では旋条のない)猟銃: die ~ laden 猟銃に弾をこめる | **die ~ ins Korn werfen** 《話》意志がくじけて放棄する, 意気沮喪(そそう)する ‖ Der soll mir nur vor die ~ kommen. 《話》あいつに話をつけさせよう.

Flin·ten≈kol·ben 男 (銃の)床尾, 台じり. ≈**ku·gel** 女 銃弾. ≈**lauf** 男 銃身. ≈**schaft** 男 銃床. ≈**schuß** 男 銃の発射, 銃撃.

Flint·glas 中 -es/ 〘工〙フリントガラス. [*engl.*]

Flinz[flɪnts] 男 -es/-e **1** 〘鉱〙球状菱(りょう)鉄鉱. **2** 《戯》(Geld) 金(かね). **3** 《北部》= Plinse [*ahd.* flins „Steinsplitter"; ◇spleißen, Flint]

Flip[flɪp] 男 -s/-s **1** フリップ(卵・砂糖・香料を加えたカクテル). **2** 〘スケート〙フリップジャンプ. [*engl.*]

Flip·flop[flíp-flɔp] 中 -s/-s, **Flip·flop·schal·tung** 女 〘電〙フリップフロップ〔回路〕.

Flip·per[flípər] 男 -s/- 《俗》 **1** フリッパー(自動式ピンボールマシン). **2** 1のハンドル. [< *engl.* flip „schnipsen"]

flir·ren[flírən] 自 **1** (h) (flimmern) きらきら〈ちらちら〉する; (surren) (電線などが)ブーンとうなる: *flirrende* Luft 〈Landschaft〉(かげろうが燃えて)ゆらゆらする空気〈景色〉. **2** (s) **a)** (虫などが)ぶんぶんと飛ぶ. ᐁ**b)** (schwirren) (矢などが)ヒューとかすめる. [<flimmern+schwirren]

Flirt[flɪrt, flœrt; オースト・スイ: flø:rt] 男 -〔e〕s/-s **1** いちゃつき. **2** 戯れの恋, 浮気, 色事, 情事: mit *jm.* einen ~ haben …と浮気をしている. **3** ボーイ〈ガール〉フレンド, 男〈女〉友達.

flir·ten[flírtən, flœrtən; オースト・スイ: flœ:rtən] 《01》 自 (h) 《mit *jm.*》(…と)いちゃつく, (…に)色目を使う. [*engl.*]

Flit[flɪt] 中 -s/ 商標 フリート(殺虫剤).

Flitt·chen[flítçən] 中 -s/- (オースト: **Flit·scherl** [flí:tʃərl] 中 -s/-n) 《話》浮気娘, 身持ちの悪い娘.

Flit·ter[flítər] 男 -s/- **1** きんきらの飾り(服に縫いつける金銀箔(はく)など). **2** 《単数で》《軽蔑的に》(うわべだけの)安ぴか物; けばけばしさ.

Flit·ter≈glanz 男 -es/ 金ぴか, うわべだけのすばらしさ, けばけばしさ. ≈**gold** 中 -〔e〕s/ **1** 〘化〙黄銅箔(はく). **2** 模造金箔(きんぱく). ≈**gras** 中 〘植〙コバンソウ属. ≈**kram** 男 安ぴか物: 《比》うわべだけのすばらしさ.

flit·tern[flítərn] 《05》 自 (h) **1** = flimmern I 1 **2** (flattern) 羽ばたきする; ひらひら飛ぶ. **3** 《話》ハネムーンを過ごす, ハネムーンの最中である(→Flitterwochen). [< flattern]

Flit·ter≈staat 男 -〔e〕s/ きんきら付きの盛装. ≈**werk** 中 きんきら飾り; 安ぴか物.

Flit·ter≈wo·chen 複 《戯》(Honigmond) ハネムーン, 蜜月. ≈**wöch·ner**[..vœçnər] (≈**wö·che·ner**[..çənər]) 男 -s/- 《戯》ハネムーン期間中の男. [< *ahd.* flitarezzen „schmeicheln, liebkosen"]

ᐁ**Flitz**[flɪts] 男 -es/-e (Pfeil) 矢. [*afränk.*−*fr.* flèche −*mndd.*; ◇fliegen]

Flitz·bo·gen 男 おもちゃの弓〔矢〕: einen ~ spannen おもちゃの弓を引く ‖ **gespannt wie ein ~ sein** 《話》好奇心でいっぱいである.

flit·zen[flítsən] 《02》 **I** 自 (s) **1** (人・動物・車が)疾走する: aus dem Bett ~ ベッドから飛び出す | mit dem Motorrad über die Autobahn ~ バイクで高速道路を突っ走る. **2** 《話》(blitzen) ストリーキングをする(全裸で走る). **II** 他 (h) はじき飛ばす.

Flit·zer[..tsər] 男 -s/- 《話》 **1** (flitzen する車. 例えば:) (小型の)スポーツカー: ein gelber ~ (黄色オートバイの)電報配達人. **2** (flitzen する人) **a)** 〘スポ〙足の速い選手. **b)** (Blitzer) ストリーカー. **3** 攻撃をかわすばかりで自分からは攻撃しないボクサー. **4** すばしっこい〈要領のよい〉若者; 〘軍〙要領よく外出する兵隊. **5** =Flittchen

floa·ten[fló:tən, flóutən] 《01》 自 (h) 〘経〙(為替相場などが)変動する. [*engl.* float; ◇fließen]

Floa·ting[..tɪŋ] 中 -s/-s 〘経〙変動相場制. [*engl.*]

F-Loch[ɛ́flɔx] 中 〘楽〙(弦楽器の共鳴体の) f 字孔(→ 図 Geige).

flocht[flɔxt] flechten の過去.

flöch·te[flœçtə] flechten の接続法 II.

Flocke[flɔ́kə] 女 -/-n **1** (ふんわりした薄片) **a)** 毛くず, 綿くず; 一房の毛髪. **b)** 《ふつう複数で》(Schneeflocke) 雪片: in ~*n* fallen (雪が)ひらひら舞い落ちる, ちらちらと降る | Es schneite den ganzen Tag in dicken ~*n.* 一日中ぼたん雪が降った. **c)** あぶく, 泡: Die Oberfläche der Abwässer ist mit ~*n* bedeckt. 汚水の表面があぶくで覆われている. **2** 《ふつう複数で》フレーク(穀粒を薄片に押した食料): Hafer*flocken* オートフレーク. **3** 〘化〙綿状沈殿物, (沈殿物中の)綿状小片, 羊毛状微片. **4** (馬などの頭部や四肢の)白斑(はくはん). **5** 《複数で》《話》(Geld) 金(かね). [*germ.*; ◇ *engl.* flock]

flocken[flɔ́kən] **I** 自 (h) **1** 綿状〈毛状〉に固まる; 薄片になる; ひらひら舞う; (ビールなどが)泡〈あぶく〉を立てる. **2** 《方》 非人称 (es flockt) (仕事が)はかどる. **II** 他 (h) (むしって)綿くず〈毛くず〉にする.

Flocken≈blu·me 女 〘植〙ヤグルマギク(矢車菊)属. ≈**stoff** 男 〘織〙フロコネ(表側がけば立った柔らかい厚地布).

flockig[flɔ́kɪç][2] 形 **1** 薄片状の. **2** 綿くずのような, ふわふわの: ~*er* Niederschlag 〘化〙絮状(じょじょう)〈綿状〉沈殿.

Flock≈sei·de =Florettseide ≈**wol·le** 女 羊毛くず.

Flö·del[flø:dəl] 男 -s/- 〘楽〙(ヴァイオリンなどの)縁飾り.

flog[flo:k][1] fliegen の過去.

flö·ge[flø:gə] fliegen の接続法 II.

floh[flo:] fliehen の過去.

Floh[flo:] 男 -〔e〕s/Flöhe[flø:ə] **1** (英: *flea*) 〘虫〙 **a)** ノミ(蚤): einen ~ knacken ノミをひねりつぶす ‖ von einem ~ gebissen werden ノミに食われる | Die *Flöhe hüpfen* 〈*springen*〉. ノミがはねる ‖ **die *Flöhe* husten 〈niesen〉 hören** 《話》利口ぶる; ひどく敏感である | **lieber 〔einen Sack voll〕 *Flöhe* hüten als ...** …などはまっぴらだ(ノミの番をする方がまだましだ) | **einen ~ im Ohr haben** 《話》頭がおかしい, 気が変である | ***jm.* einen ~ ins Ohr setzen** 《戯》…にはかない希望を抱かせ〔てわくわくさせ〕る ‖ Es wimmelt von *Flöhen.* ノミがうようよしている. **b)** 《複数で》隠翅目. **2** 《複数で》《話》(Geld) 金(かね): Meine *Flöhe* sind alle. 私の手持ちの金は尽きた. **3** 《話》ちびっ子. [*idg.*; ◇ *engl.* flea; *lat.* pūlex „Floh"]

Floh≈bei·ßen[fló:..] 中 -s/ 《戯》《もっぱら次の成句で》 **Angenehmes ~!** おやすみなさい. ≈**biß** 男 ノミが食うこと; ノミに食われた跡.

flö·he[flø:ə] fliehen の接続法 II.

F

Flö·he Floh の複数.

flö·hen[flø:ən] 他 (h) **1** (動物の)ノミを取る: einen Hund ～ 犬のノミを取る ‖ 再帰 *sich*[4] ～ i) (自分の体の)ノミを取る; ii) (猿などが)互いにノミを取り合う. **2** 《話》《*jn.*》 **a**) (厳重に…の)身体検査をする. **b**) (…の)金をだまし取る, (…の)金を巻きあげる.

Floh≈kä·fer[fló:..] 男 《ふつう複数で》〘虫〙ノミハムシ(蚤葉虫)亜科の昆虫. **≈ki·no** 中 《戯》場末の映画館, 映画小屋. **≈ki·ste** 女 《戯》 **1** (Bett) ベッド: in die ～ kriechen 寝床に潜り込む. **2** ＝Flohkino **≈kraut** 中 〘植〙 **1** キク(菊)科の一属. **2** ハルタデ(春蓼). **≈krebs** 男 〘動〙(トビムシなどの)端脚類. **≈markt** 男 がらくた市, のみの市.

floh·nen[fló:nən] 自 (h) 《スイ》 (faulenzen) 怠ける, ぶらぶらする.

Floh≈sa·men 男 〘植〙エダウチオオバコ(枝打大葉子)の種子(腸病の薬). **≈stich** 男 ＝Flohbiß **≈zir·kus** 男 ノミのサーカス.

Flom[flo:m] 男 -[e]s/ , **Flo·men**[fló:mən] 男 -s/ 《北部》豚の腹部(腎臓(じんぞう))の脂肪. [*mndd.*]

Flop[flɔp] 男 -s/-s **1** (Fosbury-Flop) 〘陸上〙(走り高跳びの際の)背面跳び. **2** 不成功, 失敗; 失敗作.

flop·pen[flɔ́pən] 自 (h, s) 〘陸上〙背面跳びをする. [*engl.* flop „hin-plumpsen"]

Flor[1][flo:r] 男 -s/-e (Flöre[flø:rə]) **1** 紗(しゃ), 薄紗, ガーゼ. **2** 《雅》(Schleier) ベール. **3** (Trauerflor) (腕・ボタン穴・帽子・旗などにつける黒紗の)喪章: einen ～ am Ärmel tragen 腕に喪章を巻く. **4** (ビロード・じゅうたんなどの表面の)けば; レース糸. [*afr.*–*ndl.* floers; ◇Velours]

Flor[2][–] 男 -s/-e 《ふつう単数で》(Blüte) 花, 開花, 花盛り; 《比》盛り, 繁栄期; (Schmuck) 飾り, 装飾: in vollem ～ stehen (花が)満開である; 《比》まっ盛りである, 隆盛をきわめている ‖ *et.*[4] in ～[4] bringen 《比》…を流行(繁盛)させる ‖ ein ～ schöner Mädchen 《比》勢ぞろいした美人の女の子たち. [*lat.* flōs „Blüte"; ◇Blume; *engl.* flower]

Flo·ra[fló:ra·] **I** 人名 〘ロ神〙フローラ(花と豊穣(ほうじょう)と春の女神). **II** 女名 フローラ. **III** 女 -/..ren[..rən] (↔Fauna) **1 a**) (特定の地域・時代の)植物相, フロラ. **b**) 〘生〙(細菌の)叢. **2** (ある地域に分布する植物についての)植物誌: Illustrierte ～ von Mitteleuropa 中部ヨーロッパ植物図鑑. [*lat.*]

flo·ral[florá:l] 形 花の, 花模様の: Tapeten mit ～*en* Mustern 花模様の壁紙. [*lat.*; ◇..al[1]]

Flor·band[fló:r..] 中 -[e]s/..bänder 紗(しゃ)のリボン; 黒紗の喪章.

Flö·re Flor[1] の複数.

Flo·real[floreá:l] 男 -[s]/-s 〘史〙花月(フランス革命暦の第 8 月; 4 月20日－5 月19日 に 当 た る: →Vendemiaire ★). [*fr.*; ◇Flor[2], ..al[1]]

Flo·ren[1] Flora III の複数.

Flo·ren[2][floré:n] 男 -s/-s(-e) (略 fl.) 〘史〙フロレンス金貨. [*mlat.*; Florenz 市紋のユリが刻印してあった]

Flo·ren≈ge·biet[fló:rən..] 中, **≈re·gion** 女 〘植〙植物区系(植物分布の世界的な地域区分). [<Flora III]

Flo·ren·ti·ner[florɛntí:nər] **I** 男 -s/- **1** フィレンツェ人. **2** (つばの広い女性用の)麦わら帽. **3** アーモンド入り焼き菓子. **II** 形 《無変化》フィレンツェの: die ～ Flasche 〘化〙フロレンス=フラスコ | der ～ Gürtel 貞操帯(→Keuschheitsgürtel).

flo·ren·ti·nisch[..nɪʃ] 形 フィレンツェの.

Flo·renz[florɛ́nts] 地名 フィレンツェ, フローレンス(イタリア中部の都市. ルネサンスのおもかげを残す芸術の都として有名. イタリア語形 Firenze). [*lat.* Flōrentia; ◇florieren]

Flo·res·zenz[florɛstsɛ́nts] 女 -/-en **1** (Blütezeit) 〘植〙〔開〕花期. **2** ＝Infloreszenz [*lat.* flōrēscere „aufblühen"; ◇florieren]

Flo·rett[florɛ́t] 中 -[e]s/-e 〘フェン〙フルーレ(試合刀: → 図 Degen). [*fr.* fleuret[te] „Knospe" をラテン語めかした形; 刀の先につける防具の形から; ◇Flor[2]]

Flo·rett≈fech·ten 中 -s/ 〘フェンシング〙フルーレ試合(競技). **≈hand·schuh** 男 フェンシング用手袋. **≈sei·de** 女 -/ 生糸くず〔織布〕, 真綿.

Flor·flie·ge[fló:r..] 女 〘虫〙クサカゲロウ(草蜉蝣)科の昆虫(卵はいわゆるウドンゲ). [<Flor[1]]

Flo·rian[fló:ria:n] 男名 フローリアーン. [*lat.*]

Flo·ri·da[..rida·] 地名 フロリダ(アメリカ合衆国南東端の州). [*span.*]

flo·rie·ren[florí:rən] 自 (h) (植物が)花盛りである; (商売・店などが)繁盛する: ein 〔gut〕 *florierender* Laden はやっている店. [*lat.*; <*lat.* flōs (→Flor[2])]

Flo·ri·le·gium[florilé:giʊm] 中 -s/..gien[..giən] 《雅》(Blütenlese) 詞華集, 名詩選, 名句集. [*lat.* flōrilegus „blüten-sammelnd"; ◇Lektion]

Flo·rin[florí:n, fló:ri:n] 男 -s/-e, -s (単位: -/-) (略 fl., Fl.) **1** ＝Gulden 1 **2** (イギリスの)フロリン銀貨(2 シリング). **3** ＝Floren[2] [*mlat.*–*mhd.*; ◇Floren[2]]

Flo·rist[floríst] 男 -en/-en **1** 植物研究家, 植物通(つう)(→Flora III). **2** (Blumenbinder) 花屋(フラワー・アレンジメントの免許を必要とする). [▽]**3** (Blumenfreund) 草花愛好家. [<Flor[2]]

Flo·ri·stik[..rístɪk] 女 -/ 植物区系学.

flo·ri·stisch[..rístɪʃ] 形 **1** 植物相〈フロラ〉の. **2** 植物区系学〔上〕の.

Flor·post[fló:r..] 女 -/ , **Flor·post·pa·pier** 中 オニオンスキン紙(薄い半透明の筆記用紙). [<Flor[1]]

Flos·kel[flɔ́skəl] 女 -/-n (空疎な)きまり文句; 美辞麗句; 言葉のあや: die ～*n* der Amtssprache お役所流のもったいぶった言い回し | nicht viel ～ machen もって回った言い方をしない, 率直に言う. [*lat.* flōsculus „Blümchen"; ◇Flor[2]]

flos·kel·haft[–haft] 形 紋切り型の, 慣用的な; 言葉のあやとしての: ～*e* Ausdrücke きまり文句, 美辞麗句.

floß[flɔs] fließen の過去.

Floß[flo:s] 中 -es/Flöße[flø:sə] **1** いかだ(筏): ein ～ bauen いかだを作る | auf 〈mit〉 dem ～ fahren いかだで航行する. **2** (釣り糸・漁網などの)浮き. [*ahd.*; ◇fließen]

flöß·bar[flø:sba:r] 形 (川が)いかだで通行できる, いかだを流せる. [<flößen]

Floß≈boot[fló:s..] 中 (Schlauchboot) 救命いかだ, 浮袋ボート. **≈brücke** 女 (浮き丸太をつないだ)いかだ橋.

Flos·se[flɔ́sə] 女 -/-n **1 a**) (魚 の) ひ れ: Rücken*flosse* 背びれ | Schwanz*flosse* 尾びれ. **b**) (アザラシ・ペンギンなどの)ひれ状前肢. **2** (Schwimmflosse) (スキンダイビング用の)足びれ, フリッパー(→ 図 Taucher). **3** (潜水艦の)水平舵(だ); (飛行機の)垂直〈水平〉安定板. **4** 〘工〙ひれ〔部〕; 鋳ばり(鋳型のつぎ目などに流出した突起). **5** 《話》 **a**) (Hand) 手: Gib mir deine ～! 握手しようぜ. **b**) (Fuß) 足: *jm.* auf die ～ treten …の足を踏んづける. [*ahd.*; ◇fließen]

flös·se[flœ́sə] fließen の接続法 II.

Flö·ße[1][flø:sə] 女 -/-n **1** ＝Floß 2 **2** いかだ流し〔の権利〕.

Flö·ße[2] Floß の複数.

flö·ßen[flø:sən] 《02》 **I** 他 (h) **1 a**) (木材を)いかだにして流す. **b**) 《*jn.* / *et.*[4]》 (…を)いかだで運ぶ. **2** (einflößen) 《*jm. et.*[4]》 (…に…を)流しこむ; 《比》(…に希望などを)吹きこむ: dem Kind Milch in den Mund ～ 子供の口にミルクを流しこむ | *jm.* Vertrauen ins Herz ～ …の心に信頼感を呼び起こす. [▽]**3** (ミルクの)乳脂をすくい取る. **4** (洗濯物を)すすぐ. **II** 自 (h) いかだで川を下る. [*mhd.*; ◇fließen]

Flos·sen≈fü·ßer[flɔ́sənfy:sər] (**≈füß·ler**[..fy:slər]) 男 -s/- (Robbe) 〘動〙鰭脚(ききゃく)類(アザラシなど). **≈strahl** 男 〘動〙(魚の)鰭条(きじょう)(ひれを支える軟骨). **≈trä·ger** 男 〘動〙担鰭(たんき)骨.

Flö·ßer[flø:sər] 男 -s/- いかだ師, いかだ乗り.

Flö·ße·rei[flø:səráɪ] 女 -/ いかだ流し.

Floß≈fahrt[fló:s..] 女 いかだ流し; いかだによる航行〈運搬〉. **≈gas·se** 女 いかだの水路. **≈holz** 中 いかだで流す材木, いかだ材.

..flossig[..flɔsɪç][2] 《形容詞・数詞につけて「…のひれを持つ」を意味する形容詞をつくる》: breit*flossig* 幅広いひれの | vier*flossig* ひれが 4 枚ある. [<Flosse]

Flo·ta·tion[flotatsió:n] 女 -/-en 〘坑〙浮遊選鉱, 浮選.

[*engl.*; ◇floaten, flotieren]

Flö·te[flø:tə] 女 -/-n **1 a)** (英: *flute*)〔横〕笛, フルート (→ 図 Blasinstrument): Block*flöte* ブロック=フレーテ, リコーダー | Quer*flöte* 横笛, フルート ‖ ～ spielen フルート〈笛〉を吹く | die ～ 〈auf der ～〉 blasen フルートを吹く ‖ nach *js.* ～ tanzen《俗》…に同調する, …の煽動(せんどう)に乗る | Er will immer die erste ～ spielen.《話》彼はいつも主役を演じたがる. **b)** (オルガンの)フルート音栓. **2** (細長い)〔シャンペン〕グラス. **3** (Garnspule)(織機の)糸巻き, 紡錘(つむ). **4**《次の形で》die〔ganze〕～ von Herz auf der Hand haben〘トランプ〙ハートの札を全部手元にそろえて持っている | eine ganze ～ von Autos 自動車の長い列. **5**《卑》(Penis) 陰茎, 男根. [*aprovenzal.–afr.–mhd.* vloite; ◇*engl.* flute]

flö·ten[flø:tən]《01》**I** 自 (h) **1**〔横〕笛〈フルート〉を吹く. **2 a)** 笛のような音を出す. **b)**《戯》甘ったるい声を出す. **3** (ツグミ・ナイチンゲールなどが)さえずる. **4**《方》(pfeifen) 口笛を吹く. **5**《卑》(fellationieren) 尺八〈フェラチオ〉をする. **II** 他 (h) (曲・歌を)フルート〈口笛〉で吹く.

flö·ten·ar·tig 形 笛〈フルート〉のような.

Flö·ten·blä·ser 男 =Flötenspieler

flö·ten|ge·hen*《53》自 (s)《俗》**1** (verlorengehen) 失われる, 紛失する: Das ganze Geld ist *flötengegangen.* 金がすっかりなくなった. **2** 壊れる, いかれる, だめになる: Die Schuhe *gingen* bei der Besteigung des Berges *flöten.* 山登りで靴がだめになった. **3** (兵隊が)戦死する, 死ぬ.

Flö·ten≈kes·sel 男 笛吹きケトル(沸くとピーピー鳴る: → 図 Topf). **≈kon·zert** 中〘楽〙フルート協奏曲. **≈quar·tett** 中〘楽〙フルート四重奏曲. **≈re·gi·ster** 中〘楽〙(パイプオルガンの)フルート音栓.

flö·ten|sein*《165》自 (s)《俗》**1** (verloren sein) 失われている: Mensch, meine Uhr *ist flöten.* しまった 時計がなくなった. **2** だめになっている; (bankrott sein) 破産している: Durch die Krankheit *ist* der schöne Urlaub *flöten.* 病気のために楽しい休暇がおじゃんになった.

Flö·ten≈so·na·te 女〘楽〙フルートソナタ〈奏鳴曲〉. **≈spiel** 中 笛〈フルート〉を吹くこと, フルート演奏. **≈spie·ler** 男 フルート奏者. **≈ton** 男 -〔e〕s/..töne フルートの音; 笛の〔快い〕調べ: ***jm.* die *Flötentöne* beibringen**《戯》…に礼儀作法を教える. **≈zug** 男 =Flötenregister

flo·tie·ren[flotí:rən] 他 (h)〘鉱〙(鉱石を)浮遊選鉱する. [◇Flotation]

Flö·tist[fløtíst] 男 -en/-en フルート奏者, フルーティスト.

flott[flɔt] 形 **1** (rasch) すばやい; (flink) 機敏〈敏速〉な, てきぱきした, 活発な, はつらつとした: ein ～*er* Absatz 好調な売れ行き | ～*e* Geschäfte machen 景気のいい商売をする | ～*e* Musik 軽快な音楽 | den ～*en* Heinrich 〈die ～*e* Minna / den ～*en* Otto〉 haben (→Heinrich, →Minna I, →Otto II 2) | **einen *Flotten* haben**《話》下痢をしている ‖ Die Arbeit geht ihm ～ von der Hand. 彼は仕事が手早い. **2** (schick) しゃれた, 洗練された, 優雅な: ein ～*er* Mantel いきな〈しゃれた〉コート. **3**《話》魅力的な, すてきな: ein ～*es* Mädchen いかす女の子. **4** (leichtlebig) のんきな, 楽天的な; うわついた, 行き当たりばったりの; 浪費的な: ein ～*es* Leben führen / ～ *leben* はでな生活をする | ～ mit dem Geld umgehen 金遣いが荒い. **5**《述語的》(fahrbereit)〘海〙(座礁した船が)〔ふたたび〕浮かんでいる, 航行可能な: wieder ～ werden (船が)浮揚〈離礁〉する | Er ist wieder ～.《比》彼は金回りがよくなった; 彼は元気〈健康〉を回復した | Das Auto ist wieder ～. (故障した)自動車が動くようになった. [*ndd.* vlot „schwimmend"]

Flott[flɔt] 中 -〔e〕s/ **1** 浮草: Enten*flott*〘植〙アオウキクサ(青浮草)属. **2**《北部》(Sahne) 乳脂, クリーム; 乳皮. **3** (Floß) (釣り糸・漁網などの)浮き. [*mndd.* vlot „Schwimmendes"; ◇fließen, Fläz]

Flot·te[flɔ́tə] 女 -/-n **1 a)** (Handelsflotte)《集合的に》(一国の)艦隊. **b)** (個々の)船団, 船隊; 艦隊: die Pazifische ～ 太平洋艦隊. **2**《北部》**a)** =Flott 3 **b)** (Flosse) (魚の)ひれ. **3**〘化〙染浴. [〔*m*〕*ndd.*; ◇*engl.* fleet]

Flot·ten≈ab·kom·men 中 海軍協定. **≈ba·sis** 女 艦隊〈海軍〉基地. **≈chef**[..ʃɛf] 男 艦隊司令官. **≈ma·nö·ver** 複 艦隊演習. **≈pa·ra·de** 女 観艦式. **≈sta·tion** 女 軍港. **≈stütz·punkt** 男 (特に国外の)艦隊基地. **≈ver·band** 男 (特定の任務をもつ)艦隊, 機動艦隊. **≈ver·ein** 男 海軍協会.

Flott≈ha·fen[flɔ́t..] 男 (Dock) ドック. **≈holz** 中 (漁網用の)浮き材.

flot·tie·ren[flɔtí:rən] 自 (h) **1**〔浮き〕ただよう, 浮遊する. **2** 浮動する, 流動する: *flottierende* Bevölkerung 浮動人口 | *flottierende* Schuld〘経〙一時借入金, 短期債. **3**〘織〙(糸がもつれて)織り布の表面に浮く. [*fr.*; < *fr.* flot „Welle"; ◇*engl.* float]

Flot·til·le[flɔtíl(j)ə] 女 -/-n **1** 小型艦の部隊, 艇隊; 小型漁船団. **2** 小規模の艦隊〈船隊〉. [*span.*; ◇Flotte]

Flot·til·len·ad·mi·ral 男 海軍准将〈代将〉.

flott|ma·chen[flɔ́t..] 他 (h)〘海〙(船を)浮揚〈離礁〉させる;《比》《*jn.*》(…の)金回りをよくする, 元気〈健康〉を取り戻させる: den Betrieb wieder ～ 企業を立て直す | Geld bei *jm.* ～ …に金をせびる | den Wagen ～ (故障した)車を動くようにする.

flott·weg[flɔ́tvɛ́k] 副 さっさと, 一気に: *et.*[4] ～ schreiben …をさらさらと書き流す | ～ weiterlügen 次々とうそをつく.

Flotz·maul[flɔ́ts..] 中 (Nasenspiegel) (家畜の)鼻づら (毛の生えていない部分). [< *ahd.* flōz „Fließendes"]

Flöz[flø:ts] 中 -es/-e **1**〘坑〙層, 炭層, フレッツ. **2**《南部》(Hausflur) (家の戸口を入ったところの)ホール, 玄関. [<Fletz]

Flöz·ge·bir·ge[flø:ts..] 中〘地〙水成岩層, 堆積岩層.

Fluat[fluá:t] 中 -〔e〕s/-e (<Fluorsilikat)〘化〙溶性珪弗化(けいふっか)物.

Fluch[flu:x] 男 -〔e〕s/Flüche[flý:çə] **1** ののしり, 悪口, 罵詈(ばり): einen furchtbaren 〈derben〉 ～ ausstoßen ひどい悪態をつく. **2**《ふつう単数で》**a)** (Verwünschung) のろい; (Gotteslästerung) 冒瀆(ぼうとく): *Fluch* über dich! なんじにのろいあれ, この罰あたりめ. **b)**〘宗〙破門. **3**《単数で》(Gottesstrafe) 神罰, たたり; 災い: **der ～ der bösen Tat** 悪業の報い(シラーの戯曲『ヴァレンシュタイン』に由来する: → Wallenstein) ‖ dem ～ der Armut verfallen 貧窮に苦しむ ‖ Ein ～ traf ihn. 彼に天罰が下った | Ein ～ liegt über 〈auf〉 dem Land. この国はのろわれている | Er ist der ～ seiner Familie. 彼は家族のやっかい者だ.

fluch·be·la·den[flú:x..] 形 のろわれた, たたりを受けた; 不運な.

Flü·che Fluch の複数.

flu·chen[flú:xən] **I** 自 (h) **1** 口汚くののしる, 悪態をつく; 冒瀆(ぼうとく)の言葉を吐く: wie ein Bierkutscher ～ (→ Bierkutscher) | wie ein Fuhrmann 〈Landsknecht〉 ～ ひどく口汚くののしる | auf *jn.* 〈*et.*[4]〉 ～ / über *jn.* 〈*et.*[4]〉 ～ …をののしる, …に毒づく | Er *fluchte* auf 〈über〉 das schlechte Essen. 彼はまずい食事に文句をつけた. **2**《雅》(verwünschen)《*jm.* / *et.*[3]》のろう. **II** 他 (h) (罰当たりな言葉を)口にする: wilde 〈schwere〉 Flüche ～ 罵詈(ばり)雑言を並べる.

[*germ.* „sich an die Brust schlagen"; ◇plan, Fleck, flackern; *lat.* plangere „schlagen"]

Flu·cher[flú:xər] 男 -s/- **1** のろう人; (Gotteslästerer) 瀆神(とくしん)者. **2** 口汚くののしる人.

Flucht[1][flʊxt] 女 -/-en **1 a)** (Fluchtlinie) (家屋・室・窓などの)一列, 一直線の並び;〘建〙建築線, 一列線: eine ～ von Zimmern / Zimmer*flucht* (部屋と部屋の間がドアで通行できる)一連の〈ひと続きの〉部屋 | in einer ～ stehen 〈liegen〉 (家屋・部屋などが)一列に並んでいる. **b)**《比》(事件などの)連続. **2** 鳥の一群; 鳥の群れ飛ぶ季節. ▽**3** (Spielraum) (機械の部分間または建造物間の)遊隙(ゆうげき), 遊び, 間隙. [*mndd.*; ◇fliegen, Flug; *engl.* flight]

Flucht[2][–] 女 **1** -/-en (Flüchte[flʏ́çtə])《ふつう単数で》**a)** 逃走, 脱走, 逐電: **die ～ nach vorn** (追い詰められての)反撃 | die ～ der Kapitalien ins Ausland 〈in die Sachwerte〉〘経〙資本の外国への流出〈実財価値への転換〉| Fahrer*flucht* ひき逃げ | Land*flucht* 農村離脱 ‖〔vor *jm.*〕**die ～ ergreifen**〔…に恐れをなして〕逃げ出す | die ～

in die Öffentlichkeit antreten (自分の目的を達するために)世論をうまく操作する | die ～ nach vorn antreten (防御する代わりに逆にこちらから)反撃する, 打って出る ‖ auf der ～ sein 逃亡中である | in wilder ～ davonlaufen どっと我勝ちに逃げ出す | *sein* Heil in der ～ suchen (→Heil 1 a) | ***jn.* in die ～ schlagen** 〈jagen〉 …を敗走させる. **b**) 逃避, 回避: eine ～ aus der Wirklichkeit 現実からの逃避 | die ～ in die Krankheit 〖心〗 疾病への逃避 | eine ～ vor der Verantwortung 責任の回避. **c**) (時の)速い経過: die ～ der Jahre 歳月の速い流れ. **2** -/-en (Sprung) 〖狩〗 (シカなどの)大きな跳躍: eine hohe ～ machen 高く跳ぶ. [*westgerm.*; ◇fliehen; *engl.* flight]

flucht·ar·tig[flóxt..] 形 (逃げるように)慌ただしい: in ～*er* Eile 大急ぎで, とるものもとりあえず ‖ die Stadt ～ verlassen 急いで(そそくさと)町を出る.

Flucht·bau 男 -[e]s/-ten (キツネなどの)逃げ穴, 隠れ穴.

Flucht·bild 中 (遠近法を用いた)透視図. [＜Flucht¹]

Flucht·burg ＝Fliehburg

▽**Flüch·te** Flucht² 1の複数.

fluch·ten[flóxtən] 《01》 **I** 他 (h) 一直線に並べる, 同列に置く. **II** 自 (h) 一直線に並んでいる. [＜Flucht¹]

flüch·ten[flʏ́çtən] 《01》 **I** 自 (s) (fliehen) 逃げる, 逃亡する; 脱走する: vor *et.*³ ～ …を恐れて(避けて)逃げ出す | unter ein schützendes Dach ～ 安全な場所へ避難する | zu *jm.* ～ …のもとへ身を隠す ‖ in die Öffentlichkeit ～ (自分の目的を達するために)世論をうまく操作する, (公表して)世論に訴える ‖ die *geflüchtete* Familie 避難してきた(引き揚げ)家族. **II** 他 (h) **1** 再帰 *sich*⁴ ～ 逃げて身の安全を図る, のがれる, 逃亡する. ▽**2** 《*jn.*》 逃がして助ける. [＜Flucht²]

Flucht≈ge·schwin·dig·keit[flóxt..] 女 〖宇宙〗 (ロケットが地球の引力から離脱できる)脱出(第二宇宙)速度(秒速11.19km). **≈hel·fer** 男 逃亡幇助(ほうじょ)者. **≈hil·fe** 女 逃亡幇助(ほうじょ).

▽**fluch·tig**[flóxtɪç]² 形 (perspektivisch) 遠近法の; 一直線に並んだ. [＜Flucht¹]

flüch·tig[flʏ́çtɪç]² 形 **1** 逃亡中の: der ～*e* Gefangene 脱走した囚人(捕虜) | der 〈die〉 *Flüchtige* 逃亡者 ‖ **～ gehen** 《話》 逃げる, 逃亡する | ～ sein 逃走中である; 〖狩〗 〔逃げ〕足が速い | ～ werden 逃走する. **2 a**) (schnell) 迅速な; 急ぎの, 慌ただしい; (kurz) 短時間の, 短い; ちょっとした: ein ～*er* Gruß 軽い会釈 | *jm.* einen ～*en* Besuch abstatten …をちょっと訪問する | einen ～*en* Blick auf *jn.* werfen …にちらりと一瞥(いちべつ)をくれる | *jm.* einen ～*en* Kuß geben …に軽くキスする | mit ～*er* Feder schreiben さらさらとしたためる ‖ *et.*⁴ ～ berühren …にちょっと触れる | bei *jm.* ～ zu Besuch sein …のところにちょっと立ち寄る. **b**) (oberflächlich) 表面的な, うわべだけの, ぞんざいな: (ungenau) 粗略な, 通りいっぺんの: eine ～*e* Arbeit ぞんざいな仕事 | ein ～*er* Eindruck 漠然とした印象 | eine ～*e* Probe 通りいっぺんの検査 | eine ～*e* Skizze 略図 ‖ *et.*⁴ nur ～ behandeln …をおざなりに扱う | ein Dokument nur ～ durchlesen 文書にざっと目を通す | *jn.* nur ～ kennen …をちょっと知っているだけである | Er arbeitet zu ～. 彼はひどくぞんざいな仕事をする. **c**) (vorübergehend) 一時的な, その場かぎりの; (vergänglich) はかない, つかの間の: eine ～*e* Begegnung ふとした出会い | ～*e* Freuden ぬか喜び | ～*es* Glück かりそめの幸福 | ～*e* Laune 一時の気まぐれ. **3** 〖化〗 揮発性の: ～*e* Bestandteile 揮発成分 | ～*e* Öle 揮発油, 精製油 | Alkohol ist leicht ～. アルコールは揮発しやすい. **4** (brüchig) 〖地〗 砕けやすい, もろい. [*ahd.*; ◇Flucht²]

Flüch·tig·keit[‒kaɪt] 女 -/-en (flüchtig なこと. 例えば:) 迅速; 粗略; 手抜かり; はかなさ; 〖化〗 揮発性, 逃散能.

Flüch·tig·keits·feh·ler 男 見落とし, 書き誤り, ケアレスミス.

Flücht·ling[flʏ́çtlɪŋ] 男 -s/-e 逃亡者, 脱走者, 国外追放者, 亡命者; 避難民, 難民: ein politischer ～ 政治亡命者 | Wirtschafts*flüchtling* 経済難民.

Flücht·lings≈hil·fe·ge·setz 中 難民救助法. **≈la·ger** 中 難民(亡命者)収容所. **≈strom** 男 (大量に流れ込む)難民の群れ.

Flucht≈li·nie[flóxtli:niə] 女 **1** 〖建〗 建築線, 一列線, 家並〔線〕. **2** (透視画の)消〔尽〕線(→ 図 Perspektive). **≈punkt** 男 (透視画の)消〔尽〕点(→ 図 Perspektive).

Flucht·röh·re 女 (獣の)非常用隠れ穴. [＜Flucht²]

Flucht≈schnur 女 -/..schnüre 〖建〗 水糸, 水なわ. **≈stab** 男 (Jalon) 〖測量〗 標柱, 測量ざお. [＜Flucht¹]

Flucht·ver·dacht 男 〖法〗 逃亡のおそれ: *jn.* wegen ～*s* verhaften 逃亡のおそれがあるとの理由で…を逮捕(拘留)する.

flucht·ver·däch·tig 形 〖法〗 逃亡のおそれのある.

Flucht·ver·such 男 逃亡の試み: ein vereitelter ～ 〖法〗 逃亡未遂 ‖ einen ～ unternehmen 逃亡を試みる.

fluch·wür·dig[flú:x..] 形 《雅》 のろうべき, いまわしい: ein ～*es* Verbrechen いまわしい犯行.

Flu·der¹[flú:dər] 中 (男) -s/- (木製の)とい, 流水溝.

Flu·der²[‒] 女 -/-n 《南部》 (Floß) いかだ.

flu·dern[flú:dərn] 《05》 他 (h) 《南部》 (flößen) いかだにして流す. [＜*ahd.* flōder „Strom"; ◇fließen]

Flug[flu:k]¹ 男 -es(-s)/Flüge[flý:gə] **1 a**) (英: *flight*) 飛ぶこと, 飛行; (航空会社などの)飛行便, フライト: der ～ eines Vogels 〈eines Flugzeugs〉 鳥(航空機)の飛行 | ein ～ mit dem Düsenflugzeug ジェット機での飛行 | ein ～ um die Welt 世界一周飛行 | ein ～ von London nach Paris ロンドンからパリへの飛行 | bemannte *Flüge* zum Mond 月への有人飛行 | ～ 401 フライト401, 401便 ‖ **auf** dem ～ nach Rom sein / *sich*⁴ auf dem ～ nach Rom befinden ローマへ向けて飛行中である | einen Platz für einen ～ buchen 飛行機の搭乗券を予約する | 〔**wie**〕 **im ～**〔*e*〕 《比》 飛ぶように, 大急ぎで, すばやく, 手早く(かたづける) | 〔wie〕 im ～〔*e*〕 vergehen (時間・月日が)飛ぶように過ぎる | einen Ball im ～〔*e*〕 auffangen 〈schlagen〉 ボールを空中で受ける(ボレーで打つ) | einen Vogel im ～〔*e*〕 schießen 飛ぶ鳥を射る | im ～〔*e*〕 tanken 〖空〗 空中給油する | **während** des ～*es* 飛行中に | fertig **zum** ～ sein (飛行準備ができて)いつでも飛び立てる | zu einem ～ starten (航空機・操縦者・旅客が)飛び立つ ‖ einen ～ antreten 空の旅に出る | einen ～ buchen 航空券を予約する | einen ruhigen ～ haben 穏やかな空の旅をする | Guten 〈Angenehmen〉 ～! 快適な空の旅を祈ります | Von Frankfurt gibt es täglich mehrere *Flüge* nach Düsseldorf. フランクフルトからはデュッセルドルフへの飛行便が日に数便ある. **b**) 〖スキ〗 飛行, フライト(ジャンプ競技で踏み切りから着地まで). **c**) 《雅》 (精神・思想などの)飛翔(ひしょう), 高揚: Ich kann dem 〔hohen〕 ～ seines Geistes 〈seiner Gedanken〉 nicht folgen. 彼の精神(思想)の高遠な飛翔について行くことができない. **2** (鳥・虫などの)飛群: ein ～ Wildenten 飛んでいる野鴨(がも)の群れ. **3** 〖織〗 繊維くず. **4** ▽**a**) 《複数で》 (Flügel) 〔両〕翼. **b**) 〖紋〗 (一対の)翼図形. [*germ.*; ◇fliegen; *engl.* flight]

Flug·ab·wehr[flú:k..] 女 (Flugzeugabwehr) 対空防衛, 防空(略 Fla).

Flug·ab·wehr≈ar·til·le·rie 女 〖軍〗 高射砲隊(略 Flak). **≈ka·no·ne** 女 高射砲(略 Flak) (→ 図 Geschütz). **≈ra·ke·te** 女 〖軍〗 対空ミサイル, 迎撃ミサイル(略 Fla-Rakete, Flarak).

Flug≈asche 女 (排気ガスとともに)飛散する灰(燃料中の不燃焼物). **≈bahn** 女 **1** (鳥・航空機などの)飛行コース, 航空路; (電子・ロケット・投球などの)軌道; 弾道: der Einflug der Rakete in die ～ ロケットが軌道に乗ること. **2** 〖理〗 飛跡. **≈ball** 男 **1** 飛んでいるボール. **2** 〖テニス〗 ボレー〔のボール〕; 〖バレーボール〗 レシーブ; 〖卓球〗 スマッシュ〔のボール〕. **≈be·glei·ter** 男 (Luftsteward) 旅客機のスチュワード. **≈be·glei·te·rin** 女 (Luftstewardeß) 旅客機のスチュワーデス, エアホステス. **≈ben·zin** 中 航空機用ガソリン.

flug·be·reit 形 〖空〗 飛行準備のできた.

Flug≈beut·ler 男 〖動〗 フクロモモンガ(有袋類の一種). **≈blatt** 中 ビラ, ちらし: *Flugblätter* verteilen 〈abwerfen〉 ビラを配る((飛行機などから)まく). **≈boot** 中 飛行艇 (→ 図 Flugzeug). **≈brand** 男 -〔e〕s/ 〖農〗 (ムギなどの)裸黒穂(くろぼ)病. **≈dau·er** 女 (次の着陸地までの)飛行時間. **≈deck** 中 (航空母艦の)飛行甲板. **≈dienst** 男 **1**

F

(定期)航空便; 航空業務. **2**〘空〙乗務: Er hat heute ~. 彼はきょうは(搭乗員として)フライトがある. ≈**dra·che** 男 **1**〘動〙トビトカゲ(飛蜥蜴)(→ 図). ᵛ**2** 凧(たこ)式飛行機.

Flugdrache

Flü·ge Flug の複数.

Flug·ech·se[flú:k|ɛksə] 女 =Flugsaurier

Flü·gel[flý:gəl] 男 -s/- **1** (鳥・虫などの)つばさ, 翼, 羽: die ~ ausbreiten 羽を広げる | die ~ über *jn.* breiten / *jn.* unter *seine* ~ nehmen《比》…を庇護(ひご)する〈かくまう〉| Die Zeit hat ~.《諺》光陰矢のごとし | **die ~ hängen lassen**《話》意気消沈している | die ~ schütteln / mit den ~*n* schlagen はばたく | ***jm.* die ~ stutzen 〈beschneiden〉**《比》…の意気込みをくじく, …の意欲をそぐ, …の活動を抑える | ***sich***³ **die ~ verbrennen**《比》(早まった・大それたことをして)身を傷つける(→Ikarus) | ***jm.* ~ verleihen**《雅》…を駆り立てる, …を鼓舞〈激励〉する | Diese Hoffnung verlieh ihm ~. この希望が彼を勇気づけた ‖ auf den ~*n* der Phantasie 〈des Traumes〉《雅》空想〈夢〉のつばさに乗って. **2** (翼状のもの) **a**) (飛行機の)主翼; (風車・スクリューなどの)回転翼. **b**) (Kotflügel) (自動車・自転車などの)泥よけ, フェンダー. **c**) (両開きの戸口・窓・祭壇などの)扉(→ 図 Altar B). **d**) (建物の横に張り出した)翼部, そで: Das Zimmer liegt im rechten ~ des Schlosses. その部屋は宮殿の右のそでにある. **e**) (部隊・チームの)側端; 〘球技〙ウイング: der rechte 〈linke〉 ~ ライト〈レフト〉ウイング. **f**) 〘植〙翼弁(→ 図 Spaltfrucht). **g**) 〘地〙(背斜・向斜の軸から出ている)脚; (溶岩の中の)空孔. **h**) 〘漁〙そで網. **i**) 〘工〙(ねじの)ちょう形頭. **j**) 〘紋〙片翼図形. **k**) der rechte 〈linke〉 ~ der Partei 党の右〈左〉派. **3** 〘楽〙グランドピアノ: Konzert*flügel* 演奏会用グランドピアノ ‖ den ~ aufklappen グランドピアノのふたをあける | *jn.* am ~ begleiten グランドピアノで…の伴奏をする. [*mhd.*; ◇fliegen]

ᵛ**Flü·gel·ad·ju·tant** 男 侍従武官.

Flü·gel≈al·tar 男 両開き〈観音開き〉の祭壇(→ 図 Altar B). ≈**boot** 中 水中翼船. ≈**decke** 女 -/-n **1**《複数で》〘虫〙さやばね(鞘翅)(→ 図 Kerbtier); 〘鳥〙雨おおいばね. **2** グランドピアノのふた. ≈**fell** 中 〘医〙(目の結膜の)翼状贅片(ぜいへん). ≈**fen·ster** 中 観音開き〈両開き〉の窓(→ 図 Fenster A).

flü·gel·för·mig 形 翼形の.

Flü·gel≈frucht 女 〘植〙翼果(風媒果実の一種). ≈**hau·be** 女 コーネット(女性用の垂れ付きずきん). ≈**horn** 中 -[e]s/..hörner 〘楽〙ビューグル(→ 図 Blasinstrument).

..flügelig[..fly:gəlıç]² (**..flüglig**[..glıç]²)《数詞・形容詞などにつけて「…[枚]の羽・扉をもつ」を意味する形容詞をつくる》: zwei*flügelig* (昆虫などが)二枚羽をもつ; 二枚扉の.

Flü·gel≈kak·tus [flý:gəl..] = Blattkaktus ≈**kampf** 男《ふつう複数で》〘政〙(党内の)左派と右派の闘争. ≈**kan·te** 女 〘空〙翼の縁(ふち): hintere ~ 翼の後縁. ᵛ≈**kleid** 中 (19世紀初めの)広袖(そで)少女服.

flü·gel≈lahm 形 翼のきかない;《比》(schwunglos) しょんぼりした, 活気のない, 萎縮(いしゅく)した: einen Vogel ~ schießen 鳥の翼を撃って飛べなくする. ≈**los** 形 〘動〙翼のない; 〘虫〙無翅(むし)の: die *Flügellosen* 〘虫〙無翅亜綱.

Flü·gel≈mann 男 -[e]s/..männer, ..leute **1** 〘軍〙(隊列の両端の)側兵; (方向転換などの)軸兵, 基準兵; 〘球技〙ウイング. **2** (バーなどの)ピアノ弾き(伴奏者). ≈**mut·ter** 女 -/-n 〘工〙ちょう〈つまみ〉ナット(→ 図 Flügel).

flü·geln[flý:gəln]《06》**I** 他 (h) **1**《雅》=beflügeln **2** 〘狩〙翼を撃つ. **II** 自 (h)《雅》ひらひら〈はたはた〉と飛ぶ. **III** **ge·flü·gelt** → 別出

Flü·gel≈nuß 女 〘植〙サワグルミ(沢胡桃)属. ≈**paar** 中 両翼. ≈**pferd** 中 =Flügelroß ≈**pum·pe** 女 〘工〙羽根ポンプ(→ 図 Pumpe). ≈**rad** 中 羽根車. ≈**rah·men** 男 〘建〙框(かまち). ≈**roß** 中 (翼のある)天馬(→Pegasus). ≈**schie·ne** 女 〘鉄道〙翼軌条(→ 図 Gleis). ≈**schlag** 男 はばたき: den ~ der Zeit verspüren《比》時代の変動を感じ取る. ≈**schnecke** 女 〘貝〙スイショウガイ(水晶貝)(ふたが厚く, これを使って跳ねる); (Pteropode) 翼足類. ≈**schrau·be** 女 〘工〙ちょうねじ; (Flügelmutter) ちょうナット. ≈**sto·rax** 男 〘植〙アサガラ(麻殻)属. ≈**streit** 男 〘政〙(党内の)左派と右派の争い. ≈**stür·mer** 男 〘球技〙ウイング: rechter ~ ライトウイング. ≈**tür** 女 観音開き〈両開き〉のドア.

flug·fä·hig[flú:k..] 形 飛行可能の, 飛べる; (種子・ごみなどが)風に運ばれやすい: auch mit einem Motor voll ~ sein (故障で)エンジン1基になっても十分に飛行を続けられる.

Flug≈feld 中 (Flugplatz) 飛行場. ≈**fern·mel·de·dienst** 男 航空無線サービス. ≈**fisch** 男 〘魚〙トビウオ(飛魚). ≈**frosch** 男 〘動〙トビガエル. ≈**fuchs** 男 (Flughund) 〘動〙オオコウモリ(大蝙蝠). ≈**funk** 男 -s/ 航空無線. ≈**gast** 男 -[e]s/..gäste (飛行機の)乗客.

Flug·gast≈brücke 女 (空港の)搭乗橋. ≈**trep·pe** 女 〘空〙タラップ(→ 図 Flugzeug).

flüg·ge[flʏ́gə] 形 **1**《ふつう述語的》(ひな鳥が)飛べるようになった;《比》自立できる, 結婚できる: schon ~ sein もう一人前だ | ein gerade ~ gewordener Mensch 駆け出しの若造. **2**《北部》**a**) 早熟の, ませた. **b**) (馬が)驚きやすい. [*mndd.*; ◇fliegen; *engl.* fledge]

Flug≈ge·schwin·dig·keit[flú:k..] 女 飛行速度; 〘動〙飛翔(ひしょう)速度. ≈**ge·sell·schaft** 女 航空会社. ≈**ha·fen** 男 空港: ein internationaler ~ 国際空港. ≈**ha·fer** 男 -s/ 〘植〙(野生の)カラスムギ(烏麦). ≈**hahn** 男 〘魚〙セミホウボウ(蟬魴鮄). ≈**haut** 女 〘動〙(コウモリなどの)飛膜, 翼膜. ≈**hö·he** 女 飛行〈弾道〉高度. ≈**hörn·chen** 中 〘動〙ムササビ(鼯鼠). ≈**huhn** 中 〘鳥〙サケイ(沙鶏). ≈**hund** 男 (Flugfuchs) 〘動〙オオコウモリ(大蝙蝠). ≈**in·ge·nieur**[..ınʒeniøːr] 男 航空技師. ≈**in·sekt** 中 〘虫〙有翅(ゆうし)昆虫. ≈**ka·pi·tän** 男 〘空〙機長. ≈**kar·te** 女 〘空〙 **1** =Flugticket **2** 航空地図, チャート. ≈**ki·lo·me·ter** 男 (中) -s/-《ふつう複数で》飛行キロメートル: 5 000 ~ 飛行距離5千キロメートル.

flug·klar 形 〘空〙離陸準備の完了した.

Flug≈kör·per 男 飛行物体(宇宙船・人工衛星・ロケット・ミサイルなど). ≈**lärm** 男 航空機騒音. ≈**lei·ter** 男 =Fluglotse

..flügler[..fly:glər]《名詞・形容詞などにつけて「…の翼・翅をもつもの」を意味する男性名詞(-s/-)をつくる》: Hand*flügler* 〘動〙翼手類 | Gerad*flügler* 〘虫〙直翅(ちょくし)類 | Haut*flügler* 〘虫〙膜翅類. [<Flügel]

..flüglig =..flügelig

Flug≈li·nie[flú:kli:niə] 女 **1** 〘空〙[定期]航空路, エアライン: die internationale ~ Berlin-Budapest ベルリン・ブダペスト間国際空路 | Die ~ wird einmal am Tage von der Lufthansa beflogen. この空路は日に1回ルフトハンザが運航する. **2** =Flugbahn ≈**loch** 中 〘動〙(巣箱の, または植物の内部から成虫が飛び出す)飛び出し口(→ 図 Bauernhof). ≈**lot·se** 男 航空管制官. ≈**ma·schi·ne** 女 ᵛ**1**

F

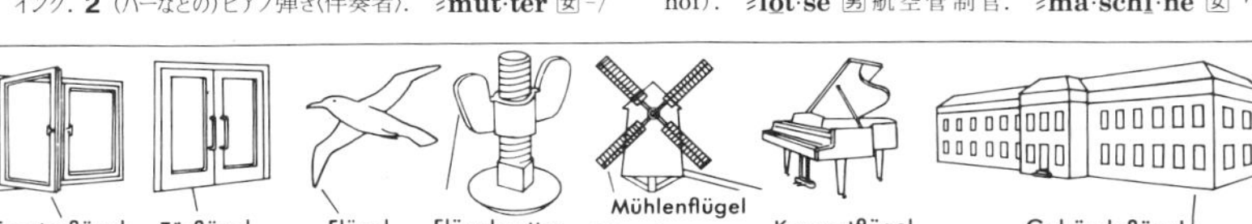

Flügel

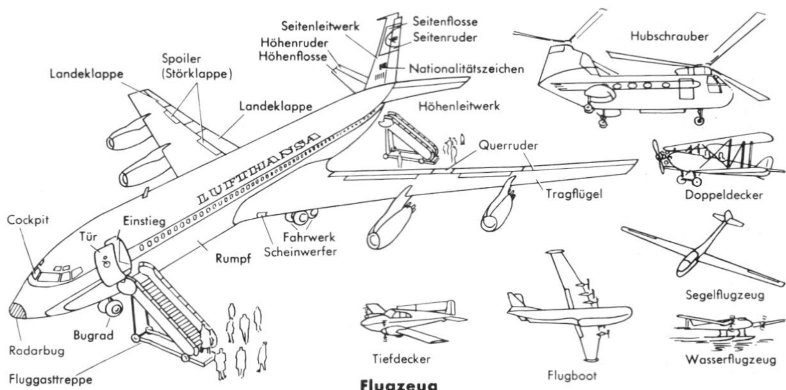

Flugzeug

=Flugzeug **2** 〘劇〙宙乗り, 宙づり(飛んだり漂ったりしているように見せかける仕掛け). ≈**me·di·zin** 女 -/ 航空医学. ≈**mo·tor** 男 航空機用エンジン. ≈**ob·jekt** 中 飛行物体: ein unbekanntes ～ 未確認飛行物体(いわゆる空飛ぶ円盤など; 略 UFO). ≈**pa·ra·de** 女 〘サッカー〙(ゴールキーパーが跳躍して行う)セービング. ≈**pas·sa·gier**[..ʒiːr] 男 =Fluggast ≈**per·so·nal** 中 〘空〙機内乗務員〈勤務員〉. ≈**plan** 男 **1** 飛行計画. **2** 〘空〙発着時刻表. ≈**platz** 男 **1** 〔専用〕飛行場. **2** 〘空〙乗客座席: Für den Flug sind alle *Flugplätze* ausverkauft. この便は満員だ. ≈**post** =Luftpost ≈**preis** 男 航空運賃. ≈**rei·se** 女 飛行機旅行, 空の旅. ≈**rich·tung** 女 飛行方向. ≈**rou·te** [..ruːtə] 女 飛行ルート.

ᵛ**flugs**[flʊks, fluːks] 副 (schnell) すばやく, 急いで; (sofort) すぐに, さっそく. [*mhd.* vluges „(des) Fluges"; ◇Flug]

Flug≈sand[flúːk..] 男 (砂漠・砂丘などの)風で運ばれた細かい砂; 《比》運命に翻弄(ほんろう)される人. ≈**sau·ri·er** [..zaʊriər] 男 -s/- 〘古生物〙翼竜〔類〕(→ 図 Echse). ≈**schau** 女 (曲芸飛行などによる)空中〈航空〉ショー. ≈**schein** 男 = Flugticket ≈**schiff** = Luftschiff ≈**schlag** 男 〘テニス〙ボレー; 〘卓球〙スマッシュ. ≈**schnei·se** 女 〘空〙緩衝地帯(滑走路の延長線上に作られた離着陸の安全のための空き地). ≈**schrei·ber** 男 〘空〙飛行記録装置, フライトレコーダー. ≈**schrift** 女 パンフレット: eine ～ verfassen 〈verbreiten〉 パンフレットを作成する〈配布する〉. ≈**schü·ler** 男 航空学校生. ≈**si·cher·heit** 女 飛行の安全. ≈**si·che·rung** 女 (航空管制・航空標識などによる)飛行安全の確保. ≈**sport** 男 (グライダー・ハンググライダー・気球などによる)飛行スポーツ. ≈**steig** 男 〘空〙搭乗プラットホーム, ゲート. ≈**strecke** 女 飛行距離〈区間〉. ≈**stun·de** 女 **1** 1時間の飛行〔距離〕: etwa drei ～*n* entfernt sein 飛行機で約3時間の距離にある. **2** (飛行士養成や飛行機整備の目安となる)飛行〔訓練〕時間. ≈**stütz·punkt** 男 〘軍〙航空基地: ein schwimmender ～ 航空母艦. ≈**tag** 男 (飛行機の展示や航空ショーなどの行われる)航空デー. ≈**tech·nik** 女 飛行〈航空〉技術.

flug·tech·nisch 形 飛行〈航空〉技術〔上〕の.

Flug≈ticket 中 (飛行機の)搭乗券, 航空券. ≈**ver·bin·dung** 女 (2地点を結ぶ)航空機による接続〈連絡〉. ≈**ver·kehr** 男 航空運輸, 空輸, 空の交通, 空路. ≈**werk** 中 =Flugmaschine 2 ≈**we·sen** 中 -s/ 航空. ≈**wet·ter** 中 -s/ (↔Fliegerwetter) 飛行に適した天候, 飛行日和. ≈**wild** 中 〘狩〙野鳥. ≈**zeit** 女 **1** 飛行〈滞空〉時間. **2** 〘動〙(昆虫の)飛翔(ひしょう)時期(繁殖時期に当たる). ≈**zet·tel** 男 《オーストリア》=Flugblatt

Flug·zeug[flúːktsɔʏk][1] 中 航空機, 飛行機(→ 図): ein ～ führen 〈steuern〉 飛行機を操縦する | im 〈mit dem〉 ～ reisen 飛行機で旅行する | Das ～ ist pünktlich gestartet 〈gelandet〉. 飛行機は定刻に離陸〈着陸〉した | Er ist mit dem ～ nach Paris geflogen. 彼は飛行機でパリへ行った.

Flug·zeug·ab·wehr 女 対空防衛, 防空(略 Fla).

Flug·zeug·ab·wehr·ka·no·ne 女 〘軍〙高射砲(略 Flak).

Flug·zeug≈an·griff 男 空襲. ≈**ent·füh·rer** 男 飛行機乗っ取り〈ハイジャック〉の犯人. ≈**ent·füh·rung** 女 飛行機の乗っ取り, ハイジャック. ≈**füh·rer** 男 (Pilot) 操縦士, パイロット. ≈**hal·le** 女 (飛行機の)格納庫. ≈**in·du·strie** 女 航空機産業. ≈**ka·ta·stro·phe** 女 飛行機〈航空機〉の大事故. ≈**krank·heit** 女 〘医〙航空機病. ≈**mut·ter·schiff** 中 =Flugzeugträger ≈**rumpf** 男 飛行機の胴体, 機体. ≈**schleu·der** 女 〘空〙カタパルト〔装置〕, 飛行機射出機. ≈**schup·pen** 男 =Flugzeughalle ≈**tor·pe·do** 男 〘軍〙空〔中魚〕雷. ≈**trä·ger** 男 航空母艦, 空母: ein atomgetriebener ～ 原子力空母. ≈**treib·stoff** 男 航空機燃料. ≈**un·glück** 中 飛行機〈航空機〉事故.

Fluh[fluː] 女 -/Flühe[flýːə] (**Flüh**[flyː] 女 -/-e, **Flü·he**[flýːə] 女 -/-n) **1** 《スイス》 **a**) (険しい)岩壁. **b**) =Nagelfluh ᵛ**2** (Beton) コンクリート. [*ahd.*; ◇flach]

Flüh≈ler·che[flýː..] 女, ≈**vo·gel** 男 〘鳥〙イワヒバリ.

flu·id[fluíːt][1] 形 (fließend) 流動性の; (flüssig) 液体の. [*lat.*; < *lat.* fluere „fließen"; ◇Fluxion]

Flui·da Fluidum の複数.

Flu·id·ex·trakt[flúːɪt.., fluíːt..] 男 〘薬〙流動エキス〔剤〕.

Flui·dum[flúːidʊm] 中 -s/..da[..daˑ] **1** 〘理〙流〔動〕体; 分泌液, 発気. **2** 雰囲気, ムード, 風趣, 魅力, 精神的影響力: das ～ zwischen Bühne und Parterre 舞台と観客席との間にかもし出される交流の雰囲気 | Von ihr strahlt ein bezauberndes ～ aus. 彼女からは人を魅了する力が発散している.

Fluk·tua·tion[flʊktuatsióːn] 女 -/-en (fluktuieren すること. 例えば:) (Schwankung) 〘理〙揺らぎ, 揺動; 〘医〙彷徨(ほうこう)変異; (頻繁な)動揺, 変動; (人員の)配置替え: eine ～ der Preise 物価の変動. [*lat.*]

fluk·tu·ie·ren[..tuíːrən] 自 (h) (波のように)上下する, 揺動〈変動〉する; 動揺する, 流動する; めまぐるしく変わる: eine *fluktuierende* Bevölkerungsdichte 増減定まらぬ人口密度 | *fluktuierende* Variabilität 〘生〙彷徨(ほうこう)変異. [*lat.*; < *lat.* flūctus „Woge" (◇fluid)]

Flun·der[flúndər] 女 -/-n 〖魚〗カレイ(鰈)の一種(→ 図): platt wie eine ~ sein (→platt I 1) | Da werden sich die ~n wundern. 《比》これには皆たまげるだろう. [*skand.*-*mndd.*; ◇Fladen; *engl.* flounder]

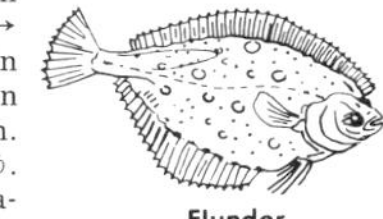
Flunder

Flun·ke[flúŋkə] 女 -/-n 〖海〗錨爪(いかりづめ) (→ 図 Anker). [*ndd.*; ◇*engl.* fluke]

Flun·ke·rei[fluŋkərái] 女 -/-en うそ, ほら, 自慢話.

Flun·ke·rer[flúŋkərər] 男 -s/- うそつき, ほら吹き.

flun·kern[flúŋkərn] 《05》 自 (h) **1** うそをつく, ほらを吹く, 自慢する. **2** 《北部》(flimmern) きらめく, ちらちら光る, ぴかぴかする. [*ndd.*; ◇flink]

Flunsch[flunʃ] 男 -es(-s)/-e (不機嫌に)への字に曲げた口; 下唇を突き出すこと: **einen ~ ziehen** 〈**machen**〉 ふくれっ面をする, 口をとがらす. [*mhd.* vlans „Maul"; ◇flennen]

Flu·or[flú:o:r] **I** 中 -s/ 〖化〗弗素(ふっそ) (非金属元素名; 記号 F). **II** 男 -s/ (Ausfluß) 〖医〗こしけ, 帯下(たいげ). [< *lat.* fluere (→fluid)]

Flu·or·chlor·koh·len·was·ser·stoffe [flú:ɔrklo:rko:lənvásərʃtɔfə] 複 (略 FCKW) 〖化〗ハイドロクロロフルオロカーボン(通称フロン. オゾン層破壊の原因とされている).

Fluo·res·ze·in (**Fluo·res·ce·in**)[fluorɛstseí:n] 中 -s/ 〖化〗フルオレスセイン(黄色染料). [< ..in²]

Fluo·res·zenz[..rɛstsɛ́nts] 女 -/ 〖理〗蛍光(ルミネセンスの一種: → Lumineszenz). [*engl.* fluorescence; < *engl.* fluor „Fluorit"]

Fluo·res·zenz·schirm 男 蛍光板.

fluo·res·zie·ren[..tsí:rən] 自 (h) 蛍光を発する: *fluoreszierende* Bakterien 蛍光菌.

Fluo·res·zin[..tsí:n] 中 -s/ =Fluoreszein

Fluo·rid[fluorí:t]¹ 中 -[e]s/-e 〖化〗弗化物. [< ..id²]

fluo·rie·ren[fluorí:rən] (**fluo·ri·sie·ren**[..rizí:rən]) 他 (h) 弗素(ふっそ)を加える.

Fluo·rit[fluorí:t, ..rít] 男 -s/-e (Flußspat) 〖鉱〗蛍石.

Flu·or·koh·len·stoff[flú:ɔr..] 男 〖化〗弗化(ふっか)炭素. **⸗na·trium** 中 〖化〗弗化ナトリウム.

Fluo·ro·phor[fluorofó:r] 男 -s/-e 蛍光体.

Fluo·ro·se[fluoró:zə] 女 -/-n 〖医〗弗素(ふっそ)〔沈着〕症.

Flu·or⸗si·li·kat[flú:ɔr..] 中 =Fluat **⸗was·ser·stoff** 男 〖化〗弗化(ふっか)水素.

Flu·or·was·ser·stoff·säu·re 女 〖化〗弗化(ふっか)水素酸, 弗酸(ふっさん).

Flup·pe[flúpə] 女 -/-n 《話》(Zigarette) 紙巻きタバコ, シガレット.

flup·pen[flúpən] 自 (h) 《話》(rauchen) タバコを吸う, 喫煙する.

Flur[flu:r] **I** 男 -[e]s/-e **1** (Korridor) (屋内の)通路, 廊下(→ 図 Haus B): auf dem gleichen ~ wohnen (アパートなどの)同じ階に(通路を共有して)住んでいる. **2** (Hausflur) (家の戸口を入ったところの)ホール, 玄関の間. **3** (Fußboden) 床(ゆか). **II** 女 -/-en 《雅》耕牧地(畑と牧草地), 野; (Feldmark) (町村所属の)全耕地, 町〈村〉有地全体: durch Wald und ~ streifen 〈schweifen〉 野山を歩き回る | die ~*en* bereinigen 耕地整理をする ‖ **allein auf weiter ~ sein** 〈**stehen**〉 《比》孤立している. [*germ.* „flacher Boden"; ◇plan; *engl.* floor]

Flur⸗be·rei·ni·gung[flú:r..] 女 耕地整理(特に分散耕地の統合); 《比》意見の調整. **⸗buch** 中 (Kataster) 土地台帳. **⸗fen·ster** 中 玄関ホールの窓. **⸗gar·de·ro·be** 女 玄関ホールの帽子〈コート〉掛け. **⸗hü·ter** 男 〖農〗耕牧地の警官(監視員). **⸗kar·te** 女 地籍図. **⸗na·me** 男 耕牧地名. **⸗scha·den** 男 (獣や軍隊の演習などによる)耕牧地の被害. **⸗schüt·zer** 男 (雅: **⸗schütz** 男) =Flurhüter **⸗stück** 中 (Parzelle) (個々の)耕牧地. **⸗um·gang** 男 (境界確認や豊作祈願のための) 村内耕牧地めぐり; (Bittgang) 〖カトリック〗(村中を回る)祈願行列. **⸗wäch·ter** 男 =Flurhüter ᵛ**⸗zwang** 男 耕地強制(種まきも収穫も村民全体が村で決めた期間に行わなければならないこと).

flu·schen[flú:ʃən, flúʃən] 《04》 自 (h) 《北部》 **1** (仕事などが)はかどる, すらすら運ぶ: 非人称 Bei ihm hat es *gefluscht*. 彼は順調だった. **2** 燃え上がる. [擬音; ◇flutschen]

Flu·se[flú:zə] 女 -/-n 《北部》綿くず, 毛くず, けば. [*ndd.*; ◇Flausch]

flu·sig[flú:zɪç]² (**flü·sig**[flý:..]) 形 《北部》 **1** (fusselig) けば立った, ぼさぼさの. **2** うわべだけの, 皮相な, いいかげんな.

Fluß[flus] 男 Flusses/Flüsse[flʏ́sə] **1** (小 **Flüß·chen**[flʏ́sçən], **Flüß·lein**[..laɪn] 中 -s/-) **a)** 川, 河: ein reißender 〈tiefer〉 ~ 流れの急な〈底の深い〉川 ‖ Der ~ bildet ein Delta 〈einen Wasserfall〉. 川が三角州〈滝〉をつくる | Der ~ entspringt in den Alpen 〈mündet in den See〉. 川はアルプスに発する〈湖に注ぐ〉 | Der ~ durchfließt die Stadt 〈fließt durch die Stadt〉. 川が市内を貫流する | Alle *Flüsse* laufen ins Meer. 《諺》どの道もつまりは一つ(あらゆる川は海に注ぐ) | Der ~ steigt 〈schwillt〉 an. 川が増水する ‖ den ~ abwärts 〈aufwärts〉 fahren (船が・船で)川を下る〈さかのぼる〉 ‖ am ~ spielen 川辺で遊ぶ | im ~ baden 川で水浴びする | über 〈durch〉 den ~ schwimmen 川を泳ぎ渡る. **b)** 〖理〗流束: elektrischer 〈magnetischer〉 ~ 電流〈磁力〉束. **2** 《単数で》流れ; 流動, 進展: den ~ der Rede unterbrechen 話の腰を折る | der ~ des Straßenverkehrs 道路交通の流れ | der rhythmische ~ der Verse 詩句の律動的な流れ ‖ 〔noch〕 **im ~ sein** 〔まだ〕流動的〈進行中〉である | *et.*⁴ **in ~ bringen** …(停滞しているものなど)を促進する | das Gespräch 〔wieder〕 in ~ bringen 対話を〔再び〕軌道に乗せる | **in ~ kommen** 〈**geraten**〉 (停滞しているものが)ふたたび動き出す | Die Arbeiten kamen wieder in ~. 作業がまた進みだした. **3** 〖工〗 **a)** 《単数で》溶融, 溶解, 融解: *et.*⁴ in ~ bringen …(金属など)を溶かす | in ~ kommen 〈geraten〉 (金属などが)溶ける. **b)** (特にガラスの)溶塊; 媒溶剤, (特に:) 蛍石. **4** 〖医〗漏(ろう): weiblicher ~ 月経 | weißer ~ こしけ | Ohren*fluß* 耳漏, 耳だれ | Schleim*fluß* 粘液漏. [*ahd.* vluz „Fließen"; ◇fließen]

Fluß·aal[flʊ́s..] 男 〖魚〗カワウナギ(川鰻).

fluß·ab[**·wärts**][flus|áp(vɛrts)] 副 川をくだって, 下流へ: ~ fahren (船が・船で)川をくだる.

Fluß⸗arm[flʊ́s..] 男 (川の)支流. **⸗aue** 女 川原の草地.

fluß·auf[**·wärts**][flus|áuf(vɛrts)] 副 川をさかのぼって, 上流へ.

Fluß⸗bad[flʊ́s..] 中 川の水浴〔施設〕. **⸗barsch** 男 〖魚〗ペルカ(淡水産スズキ類: → 図 Barsch). **⸗bau** 男 -[e]s/ 河川工事. **⸗beck·schnecke** 女 〖貝〗タニシ(田螺). **⸗bett** 中 -[e]s/-en(-e) 河床.

Flüß·chen Fluß の縮小形.

Fluß⸗damp·fer[flʊ́s..] 男 河川を航行する蒸気船. **⸗del·phin** 男 〖動〗アマゾンカワイルカ(河海豚). **⸗dia·gramm** 中 〖電算〗フローチャート, 流れ図.

Flüs·se Fluß の複数.

Fluß⸗ei·sen[flʊ́s..] 中 =Flußstahl **⸗fie·ber** 中 〖医〗洪水熱: Japanisches ~ つつが虫病. **⸗fisch** 男 (↔ Seefisch) 川魚, 淡水魚. **⸗ge·biet** 中 流域; 集水域. **⸗ha·fen** 男 河港.

flüs·sig[flʏ́sɪç]² 形 **1** 液体の, 液状の; 可溶性の: ~*es* Brot (→Brot) | ~*es* Glas 〖化〗溶融ガラス, 水ガラス | ~*e* Kohle 石油 | ~*er* Körper / ~*e* Substanz 液体 | ~*e* Luft 液体空気 | ~*e* Nahrung 流動食 ‖ *et.*⁴ ~ machen …を液化する, …を溶かす(ただし: →flüssigmachen 1) | ~ werden 溶ける. **2** (fließend) 流動的な, よどみない: ein ~*er* Laut 〖言〗流音(→Liquida) | ein ~*es* Spiel 運びの速い〈スピーディーな〉試合 | ein ~*er* Stil 流麗な文体 | ~*er* Verkehr 渋滞のない交通 ‖ ~ lesen すらすら読む. **3** (金銭について)自由に使える: ~*e* Gelder 現金 | ~*e* Kapitalien

F

流動資本 ‖ kein Geld ～ haben 現金を持っていない | Ich bin heute nicht sehr ～. 私はきょうはあまり金がない. **4** 《話》(verschnupft) 鼻かぜをひいた. [*ahd.*; ◇Fluß]

Flüs·sig⸗ei[flʏ́sɪç..] 中 《料理》(ヌードル製造などに用いる)とき卵. **⸗gas** 中 液化ガス.

Flüs·sig·keit[..kaɪt] 女 -/-en **1** (flüssig なもの. 例えば:) 液体; 溶液. **2** 《単数で》(flüssig なこと. 例えば:) 流動性; 流暢(りゅうちょう).

Flüs·sig·keits⸗an·zei·ge 女 液晶表示. **⸗brem·se** 女 《工》水圧〈液圧〉ブレーキ. **⸗ge·trie·be** 中 《工》水圧〈液圧〉式〔動力〕伝動装置. **⸗ma·no·me·ter** 中 (男) 《理》液体圧力計. **⸗maß** 中 液量〔単位〕. **⸗pres·se** 女 《工》水圧〈液圧〉プレス. **⸗waa·ge** 女 (Aräometer) 《理》液体比重計, 浮きばかり.

Flüs·sig·kri·stall[flʏ́sɪç..] 男 《化》液晶.

flüs·sig|ma·chen 他 (h) **1** (資金などを)用意する, 調達する, 現金化する(ただし: flüssig machen →flüssig 1): die Reisesumme 〈500 Mark〉 ～ 旅費〈500マルク〉を工面する | ein Kapital ～ 資本を現金に換える. **2** 《俗》再帰 *sich*[4] ～ 〔ひそかに〕いなくなる, ずらかる.

Flüs·sig·sei·fe 女 液体せっけん.

Fluß⸗kies[flʊ́s..] 男 川砂利. **⸗krebs** 男 -es/-e《ふつう複数で》《動》ザリガニ科. **⸗land·schaft** 女 川辺〔の風景〕. **⸗lauf** 男 川の流れ.

Flüß·lein Fluß の縮小形.

Fluß⸗mit·tel[flʊ́s..] 中 **1** 《化・金属》融剤, 媒溶剤, フラックス. **2** 《医》カタル剤. **⸗mün·dung** 女 川口, 河口. **⸗mu·schel** 女 **1** 《貝》イシガイ(石貝). **2** 淡水産の貝. **⸗netz** 中 河川網, 水路網. **⸗nie·de·rung** 女 川原, 湿地. **⸗perl·mu·schel** 女 《貝》カワシンジュガイ(川真珠貝). **⸗pferd** 中 《動》カバ(河馬). **⸗re·ge·lung** (**⸗reg·lung**) 女, **⸗re·gu·lie·rung** 女 《土木》治水, 河川改修〈調整〉. **⸗sand** 男 川砂. **⸗säu·re** 女 《化》弗化水素酸. **⸗schiff** 中 (↔ Seeschiff) 川船. **⸗schiffahrt** (**⸗schiff·fahrt**) 女 河川航行. **⸗schild·krö·te** 女 《動》エミス(淡水産のカメ). **⸗schwein** 中 《動》カワイノシシ(河猪). **⸗see·schwal·be** 女 《鳥》アジサシ. **⸗spat** 男 《鉱》蛍石(溶剤として用いる). **⸗stahl** 男 《金属》溶製鋼, 軟鋼. **⸗tal** 中 川谷, 渓谷. **⸗über·gang** 男 渡河〔点〕, 浅瀬〔渡り〕, 渡し. **⸗ufer** 中 川岸, 河岸. **⸗ver·un·rei·ni·gung** 女 河川汚染. **⸗was·ser** 中 -s/ 川水. **⸗weg** 男 (内陸)水路: auf dem ～ fahren (船で)川伝いに行く. **⸗win·dung** 女 川の屈曲〈蛇行〉.

Flü·ste·rer[flʏ́stərər] 男 -s/- **1** ささやく人. **2** 策動家.

Flü·ster·ge·wöl·be[flʏ́stər..] 中 《建》ささやきの丸天井, 反響丸天井(ロンドンのセントポール大聖堂のように, 丸天井内壁の回廊の特定の個所でささやいた声が遠くまで伝わる構造). [*engl.* whispering dome の翻訳借用]

flü·stern[flʏ́stərn] 《05》 **I** 他 (h) 小声で言う, ささやく: *jm. et.*[4] ins Ohr ～ …に…を耳打ちする | ***jm.* etwas ～** 《話》…に自分の意見を存分に述べる | Dem werd〔e〕 ich 〔et〕was ～! あいつにはきつく文句を言ってやるぞ | **Das kann ich dir ～.** 《話》これは本当なんだよ〈当てにしていいよ〉. **II** 自 (h) ささやく; (木の葉・小川などが)さらさら鳴る: eine *flüsternde* Stimme ささやき声. [*mndd.*; 擬音]

Flü·ster⸗pa·ro·le 女 ひそかに広まっている秘密指令〈うわさ〉. **⸗pro·pa·gan·da** 女 口から口へひそかに伝えられる宣伝〈情報活動〉, くちコミ. **⸗stim·me** 女 ひそひそ声: mit ～ 声をひそめて. **⸗ton** 男 -〔e〕s/ ささやきの音調〈声〉: *sich*[4] im ～ unterhalten ひそひそ声で話す. **⸗tü·te** 女 《戯》(Sprachrohr) メガホン. **⸗witz** 男 (時の権威に対する)あてこすり, うっぷん晴らしのしゃれ〈風刺〉.

Flut[fluːt] 女 -/-en **1** 《単数で》(↔Ebbe) 満潮, 満ち潮, 上げ潮: Ebbe und ～ 潮の干満; 《比》栄枯盛衰 | Die ～ steigt 〈fällt〉. 潮がさす〈引く〉. **2** 満々たる水, 大河; 大水, 洪水: die ～*en* des Rheins 滔々(とうとう)たるラインの流れ ‖ die große ～ 《聖》ノアの洪水 | Die ～ hat dreißig Opfer gefordert. 洪水で30人の犠牲者が出た. **3** 多数, 多量, 過多: eine ～ von Tränen あふれる涙 | eine ～ von Briefen 〈Protesten〉 手紙〈抗議〉の殺到. [*germ.*; ◇fließen; *engl.* flood]

Flut⸗bett[flúːt..] 中 **1** (洪水などの) 流床; ▽川床. **2** (水車用)水引き樋(とい), 水路. **⸗deich** 男 防潮堤.

flu·ten[flúːtən] 《01》 **I** 自 **1** (h) (↔ebben) 《しばしば非人称で》Es *flutet*. 満潮〈上げ潮〉になる. **2** (s, h) みなぎる, あふれる; 滔々(とうとう)と流れる, どっと流れ込む〈出る〉: Das Wasser ist über die Deiche 〔in die Stadt〕 *geflutet*. 水が堤防を越して〔町に〕あふれた | Die Menge *flutete* in den Saal. 群衆が広間にどっとなだれ込んだ | Zahllose Wagen *fluten* über die Autobahn. 無数の車が高速道路をあふれるように走る ‖ Die Haare *fluten* um die Schultern. 《雅》豊かな髪が肩に波打つ | Die Straße *flutet* schon sommerlich bunt. 街路にはもう夏姿が華やかにあふれている. **II** 他 (h) **1** 《*et.*[4]》《海》(…に)注水する,(タンクに)注水して沈める: Das Dock wurde *geflutet*. ドックに注水が行われた | *Fluten!* 《海》潜航(潜水艦での号令). ▽**2** (schwemmen) 押し流す.

Flut⸗ha·fen[flúːt..] 男 (干潮時は使えない)〔満〕潮港. **⸗hö·he** 女 高水位線〈点〉, 潮位. **⸗ka·nal** 男 (高潮時用の)溢水(いっすい)路. **⸗ka·ta·stro·phe** 女 水害, 洪水.

Flut·licht 中 -〔e〕s/ (広い場所, 特に競技場などの) 人工照明, フラッドライト. [*engl.* flood-light の翻訳借用]

Flut·licht·spiel 中 夜間試合, ナイター.

Flut⸗mes·ser 男 (Pegel) 潮位計, 検潮器. **⸗mün·dung** 女 (漏斗状の)河口, 三角口(潮の干満があり, 満潮時には海の一部のようになる).

flut·schen[flʊ́tʃən] 《04》 自 **1** (s) 《北部》(物が)すべり落ちる: *jm.* aus den Fingern ～ …の手からすべり落ちる. **2** (h) 《中部》(仕事が)すらすら運ぶ, 順調である: 非人称 Die letzten Tage hat's nur so *geflutscht* mit dem Geldverdienen. 最近はとんとん拍子で金がもうかった. [*ndd.*; 擬音; ◇fluschen]

Flut⸗strom[flúːt..] 男 潮流. **⸗tor** 中 (港の)防潮門; 潮門(満潮時に開き, 干潮時に閉じる). **⸗war·nung** 女 高潮警報. **⸗was·ser** 中 -s/ (満潮時に川に逆流する)潮水; 氾濫(はんらん)水; (水車を回す)水流. **⸗wel·le** 女 潮波, 潮津波; 津波. **⸗zeit** 女 満潮時.

flu·vial[fluviáːl] (**flu·via·til**[..viatíːl]) 形 《地》河川の; 河川に依存する, 河川によって生じた. [*lat.*; < *lat.* fluvius „Fluß“]

flu·vio·gla·zial[fluvioglatsiáːl] 形 《地》氷河の; 氷河に依存する, 氷河によって生じた.

Flu·xion[flʊksióːn] 女 -/-en 流産, 流動; 《医》(動脈性)充血; ▽《数》流率〔法〕. [*lat.*; ◇fluid]

Fly·er[fláɪər] 男 -s/- **1** 《織》フライヤー. **2** (女 **Flye·rin**[fláɪərɪn]-/-nen) **a)** フライヤー工員. **b)** 飛行士; 短距離競走馬. **3** ちらし, びら. [*engl.*; < *engl.* fly (→fliegen)]

Flysch[flɪʃ, fliːʃ; オーストリア: flyːʃ] 中 (オーストリア: 男) -es (-s) / 《地》フリシュ(砂岩・頁岩(けつがん)・泥灰岩等からなる岩層. アルプス北縁部に発達する). [◇Flinz]

fm 略 = **Festmeter**

Fm[ɛf|ɛ́m, fɛ́rmiʊm] 記号 (**Fermium**) 《化》フェルミウム.

FM 略 **1** [ɛf|ɛ́m] = **Frequenzmodulation** 《電》周波数変調; FM〔放送〕. **2** 《オーストリア》 = **Feldmarschall**

Fmk 略 = **Finnmark**

f-Moll[ɛ́fmɔl, ⌣⌣] 中 -/ 《楽》へ短調(記号 f): →A-Dur

fob[fɔp] 略 = **free on board** 《商》本船〔積み込み〕渡し.

Fob·klau·sel[fɔ́p..] 女 《商》エフ オー ビー約款.

focht[fɔxt] fechten の過去.

föch·te[fœ́çtə] fechten の接続法 II.

Fock[fɔk] 女 -/-en (**Focke**[fɔ́kə] 女 -/-n) **1** = Focksegel **2** (1本マスト帆船の)前帆(→ 図 Segel B): die große ～ (2本マスト帆船の)後檣(こうしょう)前帆. [*ndd.*; < *ndl.* fokken „aufziehen“]

Fock⸗mast[fɔ́k..] 男 (Vormast) 《海》前檣(ぜんしょう), フォアマスト〕(→ 図 Schiff A). **⸗ra·he** 女 《海》前檣最下の帆桁(ほげた). **⸗se·gel** 中 《海》フォースル, 前檣大帆(→ 図 Segel A). **⸗stag** 中 《海》前檣前支索.

fö·de·ral[føderáːl] = föderativ [<..al[1]]

fö·de·ra·li·sie·ren[..ralizíːrən] 他 (h) (verbünden)

連邦にする, 連合させる.
Fö·de·ra·lis·mus[..lísmʊs] 男 -/ (↔Zentralismus) 〘政〙 連邦主義, 連邦制.
Fö·de·ra·list[..líst] 男 -en/-en 〘政〙 連邦主義者.
fö·de·ra·li·stisch[..lístɪʃ] 形 〘政〙 連邦主義〈制〉の.
Fö·de·ra·tion[..tsió:n] 女 -/-en **1** (Staatenbund) 国家間の同盟. **2** (一般に団体・組織などの)連合, 連盟, 同盟. [*spätlat.*; < *lat.* foedus „Bündnis" (◇fidel)]
fö·de·ra·tiv[..tí:f][1] 形 連邦の, 同盟の: *sich*[4] ~ zusammenschließen 連邦〈連合体〉を作る. [< *lat.* foederātus „verbündet"; ◇ *engl.* federative]
Fö·de·ra·tiv·staat 男 -〔e〕s/-en (Bundesstaat) 「連邦.」
fö·de·rie·ren[føderí:rən] **I** 他 (h) (verbünden) 連邦にする, 連合させる: 再帰 *sich*[4] ~ 連邦を作る, 連合する.
II Fö·de·rier·te[..rí:rtə] 男 (女) 《形容詞変化》 (Verbündete) 同盟者; 同盟国.
Fog[fɔk, fɔg] 男 -s/ 《北部》 (dichter Nebel) 濃霧. [*engl.*]
Fog·horn[fɔ́k..] = Nebelhorn
Fo·gosch[fɔ́gɔʃ] 男 -〔e〕s/-e 《ｵｰｽﾄﾘｱ》 = Zander [*ungar.* fogas „gezahnt"]
Fo·he[fó:ə] (**Fö·he**[fǿ:ə]) 女 -/-n 〘狩〙 (キツネなどの)雌. [*germ.*; ◇Fuchs]
foh·len[fó:lən] 自 (h) (馬・ロバなどが)子を産む.
Foh·len[−] 中 -s/- **1** (3歳ぐらいまでの)子馬(→Pferd 1); ロバ〈シマウマ・ラクダ〉の子: einjähriges ~ 1歳駒(ごま) | ~ werfen 子馬を産む. **2** 《比》若手選手. [*germ.*; ◇Füllen, Poule; *gr.* pōlos „Fohlen"; *engl.* foal]
Föhn[fø:n] 男 -〔e〕s/-e **1** 〘気象〙 フェーン〔現象〕(高山, 特にアルプスを越えて吹きおろしてくる暖かくて乾燥した南風): Der ~ braust. フェーンが吹き荒れている. **2** =Fön [*lat.* 〔ventus〕 favōnius „Westwind" (◇Foment) − *ahd.* phōnno]
föh·nen[fǿ:nən] 自 (h) **1** 非人称 《es föhnt》 フェーンが吹く. **2** =fönen
föh·nig[..nɪç][2] 形 フェーンの吹く〔ような〕, (フェーンの吹くときのように)なま暖かい: ~*er* Wind フェーン.
Föhn≠krank·heit[fǿ:n..] 女 -/ 〘医〙 熱風病, フェーン病. ≠**mau·er** 女 〘気象〙 フェーン壁(へき) (壁状のフェーン雲). ≠**wet·ter** 中 フェーン現象の天候. ≠**wind** 男 =Föhn ≠**wol·ke** 女 〘気象〙 フェーン雲.
Föhr[fø:r] 地名 フェール(ドイツ領北フリージア諸島の島).
Föh·re[fǿ:rə] 女 -/-n 《南部・ｵｰｽﾄﾘｱ》 (Kiefer) 〘植〙 マツ(松). [*germ.*; ◇ *lat.* quercus „Eiche"; *engl.* fir]
föh·ren[fǿ:rən] 形 松材の.
Föh·ren·wald 男 《南部・ｵｰｽﾄﾘｱ》 松林.
fo·kal[foká:l] 形 **1** 〘理・数〙 焦点の. **2** 〘医〙 病巣の.
Fo·kal≠di·stanz 女 (Brennweite) 〘光〙 焦点距離. ≠**in·fek·tion** 女 〘医〙 病巣感染.
Fo·ko·me·ter[fokomé:tər] 中 (男) -s/- 〘光〙 焦点計.
Fo·kus[fó:kʊs] 男 -/-(-se) **1** (Brennpunkt) 〘光〙 (…の)焦点, フォーカス; 〘数〙 (楕円(だえん)の)焦点. **2** (Herd) 〘医〙 病巣. [*lat.* focus „Herd" 〔− *mlat.*〕]
fo·kus·sie·ren[fokʊsí:rən] **I** 他 (h) **1** (光線を一点に)集束させる. **2** 《*et.*[4] auf *et.*[4]》 (…の)焦点を(…に)合わせる. **II** 自 (h) (光線が一点に)集束する. [◇ *engl.* focalize]
Fol. 略 =Folio
Fol·ge[fɔ́lgə] 女 -/-n **1 a)** 順番, 連続, 継続; 組, シリーズ, 続き物, 〔系〕列: die nächste ~ (雑誌などの)次号 | eine ~ von Tönen 音の連続 | Neue ~ (略 N.F.) (雑誌・シリーズ本などの)続編, 新〈復刊〉シリーズ | Reihen*folge* 順番 ‖ **in** alphabetischer 〈chronologischer〉 ~ angeordnet アルファベット〈年代〉順に配列した | in bunter ~ 配列に変化をつけて, 変化に富む配列で | in dichter 〈rascher〉 ~ びっしり〈次々と〉続いて | in der ~ der Generationen 何代もの間に | Die Fortsetzungen erscheinen in zwangloser ~. 続編掲載号数は未定. **b)** (Zahlenfolge) 〘数〙 数列.
2 《単数で》今後, 将来: **für die ~/in der ~** 今後, 将来, これから, 続いて | Die ~ wird 〔es〕 lehren 〈zeigen〉. 今にわかる.
3 (どちらかと言えば悪い)結果, 効果; 〘論〙 帰結: Grund und ~ 原因と結果 | die ~*n* des Unfalls 事故の結果 | die logische ~ 論理的〈当然の〉帰結 | schwerwiegende 〈unangenehme〉 ~*n* 重大な〈好ましからぬ〉結果 | unvermeidliche 〈unausbleibliche〉 ~*n* 不可避の結果 | verheerende ~*n* haben 惨憺(さんたん)たる結果を伴う | böse 〈schlimme〉 ~*n* 〔für *jn.*〕 haben 〔…にとって〕悪い結果となる ‖ nicht ohne ~*n* bleiben ただでは済まない | Das 〔Liebes〕verhältnis blieb nicht ohne ~*n*. (しばしば妊娠を暗示して)情事がある種の結果とならざるをえなかった | *et.*[4] zur ~ haben 結果として…を伴う ‖ ~*n* tragen 〈auf *sich*[4] nehmen〉 結果の責任を一身に引き受ける | die ~*n* bedenken 〈absehen〉 結果を考慮する〈見きわめる〉 | Die ~*n* werden nicht ausbleiben. (どのみち)ただでは済むまい | Die ~ ist, daß ... 結果は…だ.
4 《単数で》賛同, 了承, 同意; 服従, 従順; 随行: einem Gesuch ~ geben 請願を聞き入れる | *jm.* ~ leisten …に従う | ***et.***[3] **~ leisten** …に従う, …に応じる | einem Befehl ~ leisten 命令に従う | einer Einladung ~ leisten 招待に応じる | *jm.* strenge ~ schwören 《雅》…に絶対服従を誓う.
5 (Gefolge) 《集合的に》随行者, 随員, お供.
6 (Jagdfolge) 〘狩〙 (傷ついて逃げる野獣に対する)〔狩〕猟区外追跡権.
Fol·ge≠er·schei·nung[fɔ́lgə..] 女 続発現象, 余波; 〘医〙 続発症, 後遺〈併発〉症状. ≠**ko·sten** 複, ≠**la·sten** 複 〘経〙 事後負担〔額〕.
fol·gen[fɔ́lgən][1] **I** 自 **1** (s) **a)** (英: *follow*) 《*jm.*/*et.*[3]》 (…に)ついて行く, (…の)あとを追う: *jm.* heimlich ~ そっと…のあとをつける | *jm.* wie ein Schatten ~ (→Schatten 1 a) | ▽der Fahne ~ 出征する | der Herde ~ (→Herde) | der Leiche 〈dem Sarg〉 ~ 葬列に加わる | ▽der Trommel 〈dem Kalbfell〉 ~ (募兵に応じて)兵隊になる ‖ *jm.* auf den Fersen 〈auf dem Fuß〔e〕〉 ~ (→Ferse 1, →Fuß 1 a) | *jm.* auf Schritt und Tritt ~ たえず…をつけ回す | *jm.* im Amt ~ …の後任者となる ‖〘方向を示す語句と〙 *jm.* auf den Thron (=auf dem Thron) ~ …のあとを継いで王位に上る | *jm.* in die Ehe ~ …と結婚する | *jm.* ins Grab ~ (→Grab) | *jm.* ins Zimmer ~ …に続いて入室する | *jm.* in den Tod (=im Tod) ~ …のあとを追って死ぬ | dem Führer durch die Museumsräume ~ 案内人のあとについて美術館の部屋をめぐる | *jm.* bis vor die Haustür ~ …を見送って戸口の前まで行く ‖〘gefolgt von の形で〙 *Gefolgt* von seinen Assistenten, betrat er das Zimmer. 助手たちを引き連れて彼は部屋に入った. **b)** 《*et.*[3]/▽*jm.*》 (足跡・道筋などを)たどる; (発言などの意味を理解しながら)ついて行く: *js.* Gedanken ~ …の考えを追って行く | der Rede 〈dem Unterricht〉 ~ 話〈授業〉について行く | der Straße 〈dem Ufer〉 ~ 道〈岸〉づたいに進む ‖ Kannst du mir ~? 私の話についてこられるかい.
2 (s) 《*et.*[3]/auf *et.*[4]》 **a)** (時間的に…の)あとで〈次に〉来る, (…に)続く: Ein Unglück *folgte* dem anderen 〈**auf** das andere〉. 不幸が次々と重なった | Auf Regen *folgt* Sonnenschein. 《諺》雨のあとは日和, 苦あれば楽あり | Auf die Ursache *folgt* die Wirkung. 原因のあとには結果が来る ‖〘目的語なしで〙 Brief *folgt*. 詳細は手紙でお知らせします, 委細は後便で | Es *folgt* die neunte Symphonie von Beethoven. 次にベートーベンの第九交響曲を演奏いたします | Er sprach, wie *folgt*. 彼は次のように語った | Weiteres *folgt* morgen. この続きはあしたにします | Den Rest werden wir morgen ~ lassen. 残りは明日追加して届けます | Fortsetzung *folgt* 〔in der nächsten Nummer〕. (雑誌などで)〔次号に〕続く ‖〘再帰代名詞を伴って相互的に〙 *sich*[3] ~ 連続する, 次々と重なる.
b) (…の) 一つ上の位である: Major *folgt* auf Hauptmann. 少佐は大尉の一つ上の階級である.
3 (s) 《aus *et.*[3]》 (…の帰結・結果として)出てくる, (…から)推論される: Er atmet, daraus *folgt*: er lebt. 彼は息をしてい

る つまり生きているんだ | Aus seinen Worten *folgt*, daß er etwas Gefährliches plant. 彼の言葉には彼が何か危険なことを計画しているのが読み取れる.

4 (s) **a)** 《*et.*^{3}》(…に)従う, 応じる; ならう, 導かれる: einem Befehl ～ 命令に従う | einem Beispiel ⟨einem Vorbild⟩ ～ 例⟨手本⟩にならう | einer Einladung ～ 招待に応じる | *seinem* Gewissen ⟨Herzen⟩ ～ 自分の良心に従う | *seinem* Kopf ⟨*seiner* Neigung⟩ ～ 自分の考え⟨感情⟩のままに行動する | der Mode ～ 流行を追う | *Folge* meinem Rat! 私の忠告に従いなさい. **b)** 《*jm.* in *et.*^{3}》(…に…の点で)賛成する.

5 (h) (gehorchen) 《*jm.*》(…に)服従する, (…の)指示に従う: den Eltern ～ 両親の言うことをきく | *jm.* aufs Wort ～ …の言うとおりにする | Warum hast du mir nicht *gefolgt*? 君はなぜ私の言うとおりにしなかったのか ‖ Das Kind *folgt* gut ⟨schlecht⟩. その子は言うことをよくきく⟨きかない⟩.

II fọl·gend 現分 形 **1** その次の, それに続く: im ～*en* Jahr 翌年に | Siehe Seite 9 und ～*e* Seiten! (略 s. S. 9 ff.) 9ページ以下を参照. **2** 次に述べる, 下記の: ein Brief ～*en* Inhalts 次のような内容の手紙 | ～*er* überraschender Anblick 次に述べる驚くべき光景 | auf ～*e* Weise 次のようなぐあいに ‖ ～*es* 以下の(この)こと | das *Folgende* 次に述べる⟨起こる⟩こと | im ～*en* / in ⟨mit⟩ ～*em* 次に, これから以下に.

★ 小文字のままの名詞的用法: 指示的(または数詞的)な意味をもつため代名詞に似た機能を果たす場合には, 形容詞でも小文字のまま名詞的に用いられることがある: der *folgende* 次の者(=dieser) | das *nämliche* 同じ物 | ein *beliebiger* だれかある人(=irgendeiner) | *einzelne* 個々の人々. [*germ.*; ◇ *engl.* follow]

fọl·gen·der⸗ma̲·ßen[fɔ́lgəndərmá:sən] 副, **⸗we̲i·se** 副 (**⸗ge·sta̲lt** 副) 次のように, 以下のように.

fọl·gen⸗lo̲s 形 影響⟨効果⟩のない, 重要でない. **⸗reich** 形 (将来への)影響⟨効果⟩の大きい, 重要な.

fọl·gen·schwe̲r 形 重大な影響⟨効果⟩をもつ, 容易ならぬ, ゆゆしい: eine ～*e* Entscheidung 重大な決定 | ein ～*er* Fehler 重大な過失. [*fr.* gros de conséquence の翻訳借用]

fọl·ge·rich·tig[fɔ́lgərɪçtɪç]^2 (**fọl·ge·recht**[..rɛçt]) 形 (↔folgewidrig) 首尾一貫した, 矛盾のない: eine ～*e* Theorie 論理にかなった⟨整然たる⟩理論 ‖ ～ denken 筋道の立った考え方をする.

Fọl·ge·rich·tig·keit[..kaɪt] 女 -/ folgerichtig なこと.

fọl·gern[fɔ́lgərn] 《05》 **I** 他 (h) 《*et.*^{4} aus *et.*^{3}》(…を…から)推論⟨結論⟩する, 演繹(えんえき)する: Daraus läßt sich ～, daß ... そのことから…と推論できる. **II** 自 (s) 推論される.

Fọl·ge·rung [..gəruŋ] 女 -/-en 推論, 推断, 演繹(えんえき); 必然的な結果: eine ～ aus *et.*^{3} ziehen …から推論をくだす⟨結論を引き出す⟩.

Fọl·ge⸗satz[fɔ́lgə..] 男 **1** 結論. **2** =Konsekutivsatz **⸗ton·horn** 《オーストリア》 =Martinshorn

fọl·ge·wi̲d·rig 形 (↔folgerichtig) 首尾一貫しない, 矛盾した: ～ handeln つじつまの合わない行動をとる.

Fọl·ge·wi̲d·rig·keit[..kaɪt] 女 -/ folgewidrig なこと.

Fọl·ge·zeit 女 その後, (すぐ)続く時期, 次の時代⟨後世⟩(の人々).

fọlg·lich[fɔ́lklɪç] 副 それだから, 従って: Er hat Schmerzen, ～ muß er zum Arzt gehen. 彼は痛みがあるので医者へ行かなければならない | Ich bin nicht rechtzeitig gekommen und kann ～ nicht daran teilnehmen. 私は時間に遅れて来たのでそれに参加できない.

fọlg·sa̲m[..za:m] 形 従順な, すなおな; 恭順な; (素材などが)扱いやすい, しなやかな: ein ～*es* Kind おとなしい子供.

Fọlg·sa̲m·keit[..kaɪt] 女 -/ folgsam なこと.

Fọ·lia Folium の複数.

Fo·lia̲nt[foliánt] 男 -en/-en 二つ折り判の本, 大型本.

Fọ·lie^1[fó:liə] 女 -/-n **1** 金属の薄片, 箔(はく); (金属・合成樹脂などで帯状に大量生産される包装用・貼付(ちょうふ)用・絶縁用などの)薄片(フォイル・ラップ・ステッカーなど). **2** (鏡の)裏箔; (宝石用の)下敷き箔; 《比》引き立て役: *jm.* ⟨*et.*^{3}⟩ zur ～ dienen / für *jn.* ⟨*et.*^{4}⟩ eine gute ～ abgeben …の引き立て役になる. **3** 〘印〙(本の箔押しや金付けに使用される)箔. [*mlat.* folia „Metallblättchen"; ◇ *engl.* foil]

▽**Fo·li̲e**^{2}[folí:] 女 -/-n[..lí:ən] ばか, 愚行. [*fr.*; < *lat.* follis „Schlauch"; ◇ *engl.* foolery]

Fo·li̲·en^1 Folie^2 の複数.

Fọ·li·en^2 Folie^1, Folio, Folium の複数.

fo·li·i̲e·ren[folií:rən] 他 (h) **1** 〘印〙(本に)丁づけをする(枚数番号をふる); ページ付けをする, ノンブルをつける. **2** (金属)箔を敷く: einen Spiegel ～ 鏡に裏箔を敷く(水銀箔を打つ).

Fọ·lio[fó:lio·] 中 -s/-s, Folien[..liən] **1** 《単数で》(略 Fol.; 記号 2°) 〘印〙(全紙)二つ折り判, フォリオ: ein Buch in ～ 二つ折り判の本, 大型本. **2** 〘簿〙(貸方・借方が左右見開きになる)一面(両ページに同一ノンブル・ページ番号が打ってある). [< *lat.* in foliō „in einem Blatt"]

Fọ·lio⸗band[fó:lio..] 男 二つ折り判の本, 大型本. **⸗blatt** 中 (全紙)二つ折り判の紙. **⸗for·ma̲t** 中 (全紙)二つ折り判.

Fọ·lium[fó:liʊm] 中 -s/..lien[..liən], ..lia[..lia·] (Blatt) **1** (帳簿などの)見開き一面. **2** 《ふつう複数で》(生薬成分としての)葉. [*lat.*]

Fọl·ke·ting[fɔ́lkətɪŋ] 中 -s/ (デンマークの)下院. [*dän.*; ◇ Volk, Thing]

Fọl·ke·vi̲·se[fɔ́lkəvi:zə] 女 -/-r[..zər] 《ふつう複数で》(Volksweise)(特に12-14世紀デンマークの)古い舞踏歌謡. [*dän.*]

Fọlk·lo̲re[fɔ́lklo:r, ..lo:rə, fɔlkló:rə] 女 -/ **1** 民俗, 民間伝承; 民衆芸術, 民衆音楽⟨舞踊⟩, 民謡. **2** (Volkskunde) 民俗学. [*engl.*; ◇ Lehre]

Folk·lo·rị̲st[fɔlklorɪ́st] 男 -en/-en 民俗学者, 民間伝承研究家.

folk·lo·rị·stisch[..rístɪʃ] 形 **1** 民俗の, 民間伝承の, 民衆芸術の. **2** 民俗学の, 民俗学的な.

Fọlk·wang[fɔ́lkvaŋ] 〘北欧神〙フォルクヴァング (Freyja の座所). [*nord.* „Gefilde der Herrscher"]

Fol·lẹt·te[folɛ́tə] 女 -/-n =Fichu [*fr.*]

Fol·lị·kel[fɔlí:kəl] 男 -s/- **1** 〘解〙 **a)** 小嚢(しょうのう), 小胞(しょうほう), 毛嚢; 脂腺(しせん). **b)** 沪胞(ろほう); グラーフ沪胞; リンパ胞. **2** (Balgfrucht) 〘植〙袋果(たいか). [*lat.* folliculus „Säckchen"; < *lat.* follis (→Folie^2)]

Fol·lị·kel·sprung 男 〘生理〙排卵. 沪胞(ろほう)破裂.

fol·li·ku·la̲r[fɔlikulá:r] (**fol·li·ku·lä̲r**[..lɛ́:r]) 形 〘生・医〙沪胞(ろほう)(性)の; 小嚢(しょうのう)⟨袋果⟩状の.

Fọl·ter[fɔ́ltər] 女 -/-n **1** 拷問台, 責め道具: ***jn.* auf die ～ spannen** …を拷問(台)にかける; 《比》…を期待でいらいらさせる, …をじらす, …の気をもませる. **2** 《単数で》拷問; 責め苦, 苦痛: ～ des bösen Gewissens 良心の呵責(かしゃく) | Es war eine wahre ～ für mich. 私はほんとうに苦しかった.

Fọl·ter·bank 女 -/..bänke 拷問台.

Fọl·te·rer[fɔ́ltərər] 男 -s/- 拷問吏.

Fọl·ter⸗ge·rä̲t[fɔ́ltər..] 中, **⸗in·stru·mẹnt** 中 = Folterwerkzeug **⸗kam·mer** 女 拷問室. **⸗knecht** 男 拷問吏.

fọl·tern[fɔ́ltərn] 《05》 他 (h) 《*jn.*》拷問にかける; 《比》責めさいなむ, ひどく苦しめる.

Fọl·ter·qua̲l 女 -/-en 《ふつう複数で》拷問の苦しみ, 責め苦; 《比》ひどい苦しさ, 苦悶(くもん).

Fọl·te·rung[fɔ́ltərʊŋ] 女 -/-en 拷問; 責め苦.

Fọl·ter·werk·zeug[fɔ́ltər..] 中 拷問⟨責め⟩道具.

Fo·mẹnt[fomɛ́nt] 中 -(e)s/-e, **Fo·men·ta·tio̲n**[fomɛntatsió:n] 女 -/-en 〘医〙温あんぽう. [*lat.*; < *lat.* fovēre „warmhalten"; ◇ Föhn]

Fo̲n[fo:n] =Phon

..fo̲n →..phon

Fö̲n[fø:n] 男 -(e)s/-e 商標 フェーン(温風乾燥機, ヘアドライヤー). [< Föhn]

▽**fon·cé**[fɔ̃sé:] 形 《無変化》(dunkel)(色の)濃い, 黒ずんだ, 暗色の; (naturfarben)(さらしてない)自然色の. [*fr.*]

Fond[fɔ̃:] 男 -s/-s **1** (Hintergrund) 〘美・劇〙背景, 後

景, 舞台奥;〘染〙下地;〘美容〙ファンデーション;《比》素質; ▽(Grundlage) 根底. **2** (車の)後部〔座席〕. **3**〘料理〙(肉の)焼き汁, グレービー. [*lat.* fundus (→Fundus)－*fr.*]

Fon·dant[fõdã:] 男 (ｵｰｽﾄﾘｱ: 中) -s/-s フォンダン(砂糖・卵白・香料で作り, 糖衣として用いる); シロップ入りボンボン. [*fr.*; < *fr.* fondre „schmelzen" (◇fundieren)]

Fonds[1] Fond の複数.

Fonds[2][fõ:] 男 -[-(s)]/-[-s] **1 a)**〘経〙基金, 資金; 準備金, 積立金: Hilfs*fonds* 救済基金 | Reserve*fonds* 予備基金, 準備金 ‖ einen ～ einrichten 基金を設ける. **b)**《雅》(知識の)たくわえ, 蘊蓄(ｳﾝﾁｸ): einen guten 〈gediegenen〉 ～ von Wissen haben 豊富な知識を備えている. **2**《複数で》国債, 公債. [*fr.*]

Fonds≠bör·se[fõ:..] 女 証券〈公債〉取引所. **≠ge·schäft** 中 証券〈公債〉取引.

Fon·due[fõdý:; ｽｲｽ: fõ:dy·] 女 -/-s; 中 -s/-s〘料理〙**1** フォンデュー(なべで溶かしたチーズに白ワインを加えそれにパン片を浸して食べるスイス料理). **2** ブルゴーニュ式フォンデュー(熱した油に肉片を浸し種々の薬味をつけて食べる料理). [*fr.* „geschmolzen"; ◇Fondant]

fö·nen[fø:nən] 他 (h) *jm.* das Haar ～ /《俗》*jn.* ～ …の髪にドライヤーをかける. [< Fön]

..fonie[..foni:] →..phonie

fono.. →phono..

Fon·ta·ne[fɔntá:nə] 人名 Theodor ～ テーオドール フォンターネ(1819-98; ドイツの作家. 作品『エフィー ブリースト』など).

Fon·tä·ne[fɔntɛ́:nə] 女 -/-n **1** (Springbrunnen) 噴水. **2** 噴出, 噴き上げ; (噴水などの)噴き出る水(→ 図 Brunnen): eine ～ von Funken 噴き上げる火花. [*spätlat.*－*afr.*; < *lat.* fōns „Quelle"; ◇*engl.* fountain]

Fon·ta·nel·le[..tanɛ́lə] 女 -/-n **1**〘解〙泉門, ひよめき. **2** 排水坑. [*fr.*]

Fon·tan·ge[fõtã:ʒə] 女 -/-n フォンタンジュ(17世紀の髪型・帽子: → 図 Haube). [*fr.*; Fontanges 公妃にちなむ]

Foot[fu:t, fʊt] 男 -/Feet[fi:t](Fuß) フィート(約30.5 cm; 記号 ft, ft.). [*engl.*]

Foot·ball[fʊ́tbɔ:l] 男 -[s]/ アメリカン=フットボール. [*engl.*; ◇Fußball]

fop·pen[fɔ́pən] 他 (h) (necken)《*jn.*》ばかにする, からかう, ひやかす. [*rotw.*]

Fop·pe·rei[fɔpəráɪ] 女 -/-en (Neckerei) からかい, ひやかし.

Fo·ra Forum の複数.

Fo·ra·men[forá:mən] 中 -s/-, ..mina[..mina·](Loch)〘解〙孔, 穴. [*lat.*; < *lat.* forāre „bohren"]

Fo·ra·mi·ni·fe·re[foraminifé:rə] 女 -/-n〘動〙有孔虫. [< *lat.* forāmen „〔Bohr〕loch"＋ferre „tragen"]

Force[fɔ́rs(ə)] 女 -/-n[..sən] (Stärke) 強さ, 強み; 長所, 得意; 〔権〕力: Das ist nicht 〔gerade〕 meine ～. それは私の得意〔というわけ〕ではない ‖ par *force* → 別出. [*vulgärlat.* fortia－*fr.* force; < *lat.* fortis (→Fortis)]

Force de frappe[fɔrsdəfráp] 女 - - -/〘軍〙抑止戦力(特にフランスの核兵器部隊). [*fr.*; ◇frappieren]

Force ma·jeure[fɔrsmaʒœ́:r] 女 - -/ (höhere Gewalt) 不可抗力. [*fr.*; ◇Major]

for·cie·ren[fɔrsí:rən] **I** 他 (h)《*et.*[4]》**1** 強行する, 強引になしとげ〔ようとす〕る; 推進〈促進〉する; (…に)馬力〈拍車〉をかける; (…の)量を増やす〈程度を高める〉: *seine* Anstrengungen ～ なおいっそう奮励努力する | die Arbeit ～ 仕事に馬力をかける | einen Plan ～ 計画を強行する | das Tempo ～ スピードを上げる. **2**〘軍〙(障害を)強行突破する: einen Fluß ～ 強引に渡河する. **II for·ciert** 過分 形 **1** 無理に作った, 不自然な; 効果をあてこんだ: ein ～*es* Benehmen 不自然な態度 | Sein Lachen klang 〔etwas〕 ～. 彼の笑いは〔多少〕とってつけた感じがあった. **2**〘工〙強制的な: ～*er* Zug 強制通風. ▽**3** 強行の: ～*er* Marsch〘軍〙強行軍(＝Gewaltmarsch). [*fr.*]

För·de[fø:rdə, fœrdə] 女 -/-n《北部》〘地〙(特にバルト海岸の)狭く奥深い入江, フィヨルド. [< Fjord; ◇*engl.* firth]

För·der≠an·la·ge[fœrdər..] 女〘工・坑〙コンベヤー, 搬送〈巻き上げ〉装置. **≠bahn** 女〘工・坑〙搬送用軌道. **≠band** 中 -〔e〕s/..bänder〘工〙コンベヤー〔ベルト〕(→ 図 Bagger). **≠be·cher** 男, **≠ei·mer** 男 搬送〈コンベヤー〉バケット(→ 図 Becherwerk). [< fördern]

For·de·rer[fɔ́rdərər] 男 -s/- 要求〈督促〉者; 挑戦者.

För·de·rer[fœ́rdərər] 男 -s/- **1** (女 **För·de·rin**[..dərɪn]-/-nen) 促進者; 助成者, 支援〈後援〉者, (学芸などの)保護者. **2** ＝Förderanlage

För·der≠ge·rüst[fœ́rdər..] 中〘坑〙巻き上げやぐら. **≠has·pel** 女〘工〙巻き上げ機, ホイスト(→ 図 Haspel). **≠klas·se** 女 (特に遅れた・進んだ生徒のための)特別学級. **≠koh·le** 女〘坑〙泥炭. **≠korb** 男〘坑〙リフトケージ(昇降機の箱). **≠lei·stung** 女〘工〙搬送能力; (ポンプなどの)送出効率;〘坑〙出鉱量.

för·der·lich[fœ́rdərlɪç] 形 **1** 有益〈有効〉な, 役にたつ, 促進〈助成〉する: eine ～*e* Lektüre ためになる読み物 | *js.* Gesundheit[3] ～ sein …の健康によい. ▽**2** (schleunig) 速やかな.

För·der·ma·schi·ne 女 **1**〘坑〙巻き上げ機. **2**〘工〙搬送機.

for·dern[fɔ́rdərn]《05》他 (h) **1**《〔von *jm.*〕 *et.*[4]》(verlangen) (〔…に〕…を)要求する, 請求する;《*et.*[4]》(…を)要する, 必要としている: Einlaß ～ 入れろと要求する | eine Erklärung von *jm.* ～ …から説明を求める | 〔kategorisch〕 von *jm.* Gehorsam ～ 〔有無を言わさず〕…に服従を強いる | *sein* Recht ～ 権利を主張する | einen hohen Preis ～ 高い値段を吹っかける | Rechenschaft für *et.*[4] ～ …についての釈明を求める〈責任を追及する〉 ‖ Diese Maschine *fordert* vom Personal eine Fachbildung. この機械の操作には高度の専門技術が必要である | Ein Kind *fordert* viel Pflege. 子供は世話がやける | Der Krieg hat viele Opfer *gefordert.* 戦争は多大の犠牲を強いた | Wieviel haben Sie von mir zu ～? 私はあなたにいくら払えばよいのですか ‖ Die Arbeit *fordert*, daß wir uns ihr ganz widmen. この仕事のためには私たちが全力を尽くすことが必要である | Ich *fordere,* die Aufgabe zu lösen. この問題を解答してもらいたい. **2**《*jn.*》(…に)忙しい思いをさせる; (…を)きびしく訓練する: Die Arbeit *fordert* uns ganz schön. この仕事は我々にたいへんな思いをさせる | Der Trainer *fordert* seine Spieler wirklich. この監督は選手を本格的にきたえる. **3**《*jn.*》(…を)呼び出す; (…に)いどむ, 挑発する: *jn.* zu *sich*[3] ～ …を呼びつける | *jn.* vor Gericht[4] ～ …を裁判所に召喚する | *jn.* auf Pistolen[4] 〈Säbel[4]〉 ～ …にピストル〈剣〉の決闘をいどむ | *jn.* in die Schranken ～ (→Schranke 2). [*ahd.*; ◇vorder]

för·dern[fœ́rdərn]《05》他 (h) **1** 援助する, 支援〈助成〉する; 後援〈庇護(ﾋｺﾞ)〉する; 促進〈振興〉する: einen Maler ～ ある画家をひいきにする〈のパトロンになる〉 | *jn.* in *seiner* Arbeit ～ …の仕事を援助する | *js.* Fähigkeiten ～ …の才能を啓発する〈伸ばす〉 | das Wachstum ～ 成長を促す | die Künste ～ 学芸を奨励する | den Handel ～ 貿易を振興する | den Absatz 〈die Freundschaft〉 ～ 販売〈友好〉を促進する | die Gesundheit ～ 健康を増進する ‖ ein *fördernder* Einfluß 積極的影響. **2** (befördern) 運ぶ, 送り届ける;〘坑〙採掘する: *et.*[4] zutage ～ (→zutage). [*ahd.*; ◇fürder]

För·der·nis[fœ́rdərnɪs] 中 -ses/-se ＝Förderung

▽**för·der·sam**[..za:m] ＝förderlich

För·der≠schacht 男〘坑〙巻き上げ竪穴(ﾀﾃｱﾅ), 運搬竪穴. **≠schnecke** 女〘工〙スクリューコンベヤー〔の無限螺旋(ﾗｾﾝ)〕. **≠seil** 中 巻き上げ索〈ロープ〉. **≠soh·le** 女〘坑〙運搬水準〔坑道〕. **≠strecke** 女〘坑〙運搬坑道. **≠stu·fe** ＝Orientierungsstufe **≠turm** 男〘坑〙巻き上げ塔.

For·de·rung[fɔ́rdərʊŋ] 女 -/-en **1** 要求, 要請; 命令; (権利の)主張: eine harte 〈übertriebene〉 ～ きびしい〈度を越えた〉要求 | die gesellschaftliche ～ 社会的要求 | die politische ～ 政治的要請 | die ～ der Stunde 〈des Tages〉 目下の急務 | die ～ nach Lohnerhöhung 賃上げ要求 | die Verwirklichung einer ～ 要求の実現 ‖ von einer ～ abstehen 権利〈主張〉を放棄する | eine ～ anerkennen 〈zurückweisen〉 要求を認める〈はねつける〉 | *jn.* mit ei-

F

ner ～ angehen …に要求を突きつける | einer ～ entsprechen ⟨nachkommen⟩ 要求にこたえる | eine ～ auf *et.*[4] erheben …に対する権利を主張する | eine ～ geltend machen 権利を主張〈要求〉する | 〔zu〕 hohe ～*en* an *jn.* stellen …に〔余りに〕多くを要求する ‖ An uns alle 〔er〕geht die ～, den Armen zu helfen. 貧しい人たちを助けることが我々みんなに要求されている. **2** 〖商〗請求〔額〕, 代価; 〖法〗債権: eine ～ an einen Kunden haben 客に貸しがある | ～*en* eintreiben ⟨einziehen⟩ 貸金を取り立てる | eine ～ auf *jn.* übertragen ⟨an *jn.* abtreten⟩ …に債権を譲渡する. **3** 《単数で》 **a**) 〖法〗召喚, 呼び出し: ～ vor Gericht[4] 裁判所への召喚. **b**) (決闘の)挑戦: eine ～ auf Pistolen[4] annehmen ⟨ablehnen⟩ ピストルによる決闘の挑戦を受け入れる〈拒絶する〉 | *jm.* eine ～ überbringen ⟨schicken⟩ …に果たし状を送る.

För·de·rung[fœrdərʊŋ] 女 -/-en **1** 助成, 育成, 促進, 奨励, 振興, (学芸の)保護: kulturelle ～ 文化の助成 | ～ der Künste und der Wissenschaften 芸術と学問に対する保護〈援助〉 ‖ ～ erfahren 援助を受ける, 促進される | zur ～ beitragen 助成する | *jm.* ～ erweisen / *jm.* ～ zuteil werden lassen …を後援する. **2** 〖坑〗採掘, 産出量; 運搬, 給送.

För·de·rungs·kurs 男 ＝Förderklasse

För·der≠wa·gen[fœrdər..] 男 〖坑〗鉱石運搬車, トロッコ: Erz im ～ fahren 鉱石をトロッコで運ぶ. ≠**werk** 中 〖坑〗巻き上げ運搬機, コンベヤー.

Fö·re[fø:rə] 女 -/ スキーに適した雪の状態. [*skand.*]

Fo·reign Of·fice[fɔ́rɪn ɔ́fɪs] 中 - -/ (Auswärtiges Amt) (イギリスの)外務省. [*engl.*; ◇Forum]

Fo·rel·le [forɛ́lə] 女 -/-n 〖魚〗〔ニジ〕マス(鱒), ヤマメ(山女) (→ 図). [*westgerm.* „Gesprenkelte"; ◇Farbe]

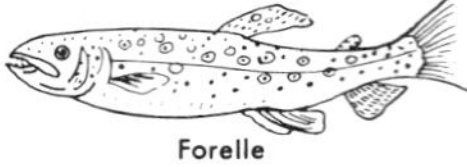
Forelle

Fo·rel·len≠bach 男 Forelle のいる小川. ≠**barsch** 男 〖魚〗オオクチクロマス, オオクチバス. ≠**zucht** 女 マスの養殖.

Fo·ren Forum の複数.

fo·ren·sisch[forɛ́nzɪʃ] 形 **1** (gerichtlich) 司法〈法律〉上の; 法廷の, 裁判の: ～*e* Medizin 法医学. ▽**2** (rhetorisch) 能弁術〔上〕の. [*lat.*]

For·fait[fɔrfɛ́] 中 -s/-s 《スイス》《スポーツ》(競技への)参加〈出場〉取り消し, 棄権: ～ geben 参加〈出場〉を取り消す. [*fr.*]

Fo·rint[fó:rɪnt, fɔ́rɪnt; オーストリア: forínt] 男 -[s]/-s (オーストリア: -e) (単位: -/-) (略 Ft, Ft.) フォリント(ハンガリーの貨幣〔単位〕: 100 Fillér). [*it.*-*ungar.*; <*it.* fiore „Blume"; ◇Florin]

For·ke[fɔ́rkə] 女 -/-n 《北部》(Gabel) (乾草・肥料用の)くま手, フォーク(→ 図 Gabel). [*lat.* furca „zweizackige Gabel"-*mndd.*; ◇Furke; *engl.* fork]

for·keln[fɔ́rkəln] 《06》 他 (h) 〖狩〗(シカが)角(つの)で突き刺す, 角で争う. [<*lat.* furcula „gabelförmige Stütze"]

For·le[fɔ́rlə] 女 -/-n 《南部》(Kiefer) マツ(松). [<Föhre]

Forl·eu·le 女 -/-n (Kieferneule) 〖虫〗マツキリガ(松切蛾).

Form[fɔrm] 女 -/-en **1 a**) (英: *form*) 形, 外形, 外観; 姿, 容姿; 型, 形式, 形態, 方式; 〖言〗語形, 変化形; 〖哲〗形相; 〖聖〗様式(聖書の伝承素材の文学的形態): Inhalt ⟨Gehalt⟩ und ～ 内容と形式 | die ～ einer Kugel 球形 ‖ eine eckige ⟨runde⟩ ～ 角ばった〈丸い〉形 | die einfachste ～ des Lebens 生命〈生活〉の最も単純な形 | die erschlossene ～ eines Wortes (言語史上の)ある語の推定形 | die innere ⟨äußere⟩ ～ eines Gedichtes ある詩の内的〈外的〉形式 | die klassische ～ der Sonate 古典的なソナタ形式 | die weiblichen ～*en* 《比》(ふっくらした)丸みのある形 ‖ **～*en* annehmen** 程度がはなはだしくなる | Seine Frechheiten nehmen allmählich ～*en* an. 彼の無礼な言動はしだいに目に余るようになってきた | 〔**feste**〕 **～〔*en*〕 annehmen** (思想・計画などが)はっきりした形を整える, 具体化する | **häßliche** ⟨**scharfe**⟩ **～*en* annehmen** (争いなどが)ひどくなる | *seine* ～ behalten ⟨bewahren⟩ 形が崩れない | *et.*[3] ～ 〔und Gestalt〕 geben …に形を付ける | einem Plan ～ geben 計画を具体化する | 〔die〕 ～ verlieren 形が崩れる ‖ einen Bruch **auf** die einfachste ～ bringen 〖数〗分数を約分する | **aus der ～ gehen** 《戯》(太りすぎて)スタイルが悪くなる | aus der ～ kommen ⟨geraten⟩ 形が崩れる | **in ～ von** *et.*[3] …の形をとって, …として | in ～ von Schnee ⟨Tropfen⟩ 雪〈水滴〉となって | in schriftlicher ～ 文書の形で | *et.*[4] in 〔die richtige〕 ～ bringen …をちゃんとした形に仕上げる | *et.*[4] in eine angemessene ～ kleiden (要求などを)穏当な言葉で表す.

b) 《しばしば複数で》(社交上の)しきたり, 作法, 礼式; 体裁: gute ～*en* haben / die ～〔*en*〕 gut beherrschen 作法を身につけている | die ～*en* verletzen 作法に背く | die 〔äußere〕 ～ wahren 作法を守る, 体裁を保つ ‖ **gegen** die ～〔*en*〕 verstoßen 作法に背く | **in aller ～** 正式〈本式〉に, きちんと | ein Mensch ohne ～*en* 不作法者 | *sich*[4] **über** alle ～*en* hinwegsetzen 作法を無視する | 〔nur〕 der ～ **wegen** 〔単に〕形式〈儀礼〉的に.

2 《単数で》(よい)調子, 体調, コンディション: *seine* ～ halten ⟨verlieren⟩ 調子を保つ〈崩す〉 ‖ **außer** ～[3] sein / nicht **in** ～[3] sein 調子がよくない | in ～[3] bleiben 調子を維持する | in ～[4] kommen 調子が出てくる | groß ⟨hoch⟩ in ～[3] sein たいへん好調である | **zu großer ～ auflaufen** 大いに調子が出てくる.

3 a) (ケーキ・鋳物・帽子・靴などを作るための)型枠: eine ～ für Schuhe 靴型 ‖ Kuchen **in** einer ～ backen ケーキを型に入れて焼く | Metall in eine ～ gießen 金属を鋳型に注ぐ | einen Hut **über** die ～ schlagen ⟨spannen⟩ 帽子の型取りをする. **b**) 〖印〗組版面: die ～ schließen 版面を締める.

[*lat.* fōrma-*mhd.*; ◇*engl.* form]

for·mal[fɔrmá:l] 形 **1** 外形の, 形式〔上〕の; 外面的な, うわべの; 正式の, 儀礼的な: aus ～*en* Gründen 公的手続き上の理由から ‖ einen Plan ～ aufstellen 計画を正式に立てる. **2** (↔material) 〖哲〗形相の: ～*e* Ursache 形相因. [*lat.* fōrmālis; ◇formell]

For·mal·aus·bil·dung 女 〖軍〗教練.

Form·al·de·hyd[fɔ́rm|aldehy:t, ⌣⌣⌣⌣́][1] 男 -s/ 〖化〗ホルム〈蟻酸(ぎさん)〉アルデヒド. [<*lat.* formīca „Ameise"]

For·ma·lie[fɔrmá:liə] 女 -/-n 《ふつう複数で》(Förmlichkeiten) 正式, 礼式; 形式〔的なこと〕, 手続き, 慣例; うわべだけのこと. [<*lat.* fōrmālis (→formal)]

For·ma·lin[fɔrmalí:n] 中 -s/ 〖化〗ホルマリン (Formaldehyd の水溶液). [<..in[2]]

for·ma·li·sie·ren[fɔrmalizí:rən] 他 (h) 《(*et.*[4])》(…に)形式を付与する, (…の)形式を整える, 正式にする; 形式〈定式〉化する.

For·ma·li·sie·rung[..rʊŋ] 女 -/-en formalisieren すること.

For·ma·lis·mus[fɔrmalísmʊs] 男 -/..men[..mən] 形式主義, 形式拘泥; 〖文芸〗フォルマリスム(形式美を重視する文学批評); 〖数〗形式主義.

For·ma·list[..líst] 男 -en/-en 形式主義者, 形式拘泥者, 体裁家.

for·ma·li·stisch[..lístɪʃ] 形 形式主義の, 形式にこだわる, 堅苦しい.

For·ma·li·tät[..litɛ́:t] 女 -/-en 正式の手続き; 形式的儀礼; 形式遵奉: die notwendigen ～*en* erfüllen 必要な手続きを済ます ‖ eine reine ～ 単なる形式. [*mlat.*]

for·ma·li·ter[fɔrmá:litər] 副 《官》形式どおりに, 正式に, 礼式に従って. [*lat.*; ◇formal]

for·mal≠ju·ri·stisch[fɔrmá:l..] 形, ≠**recht·lich** 形 法文に基づく, 定法通りの.

Form·amid[fɔrmamí:t][1] 中 -[e]s/ 《化》フォルムアミド. [<*nlat.* (acidum) formīcum „Ameisensäure"+Amid]

For·mans[fɔ́rmans] 中 -/..mantia[fɔrmántsia·], ..mantien[fɔrmántsiən] 〖言〗成語要素(語の語根以外の

要素. 例 Präfix 前つづり, Suffix 後つづり: →Determinativ). [< *lat.* fōrmare (→formieren); ◇ *engl.* formant]

Form·an·stieg[fɔ́rm..] 男 〖スポーツ〗コンディションの上昇.

For·mant[fɔrmánt] 男 -en/-en 〖言〗 **1** フォルマント(音声波の周波数スペクトルのピーク). **2** =Formans

For·mat[fɔrmá:t] 中 -(e)s/-e **1** (商品などの)大きさ, 標準型番, 号: das ~ eines Buches ⟨eines Briefumschlags⟩ 書籍⟨封筒⟩の判型 | Papier*format* 紙の(規格)寸法. **2** 《単数で》異色ある個性, 非凡さ, 卓越, 風格: ein Mann von ~ スケールの大きい⟨風格のある⟩男 | Er hat ~. 彼はひとかどの人物だ | Er hat als Sänger internationales ~. 彼は国際級の歌手だ | Die Scherze haben kein ~ mehr. そんなしゃれはもう味がない. **3** 〖印〗フォルマート, ファーニチュア, マルト, 間金(あいきん)(活字組版用の込め物の一種).

for·ma·tie·ren[fɔrmatí:rən] 他 (h) 《*et.*[4]》〖電算〗(フロッピーディスクなどを)初期化する.

For·ma·tion[fɔrmatsió:n] 女 -/-en **1** (Gestaltung) 形成(物), 構成, 編成. **2** 〖軍〗編隊, 陣形: in geschlossener ~ 隊列を組んで. **3** 〖地〗地層; 紀: die silurische ~ 〖地〗シルル紀. **4** 〖植〗群系: die ~ des Nadelwaldes 針葉樹系. [*lat.*; < *lat.* fōrmāre (→formieren)]

For·ma·tions·flug 男 〖空〗編隊飛行.

for·ma·tiv[fɔrmatí:f][1] **I** 形 形成する, 造形の: ~*er* Reiz 〖生〗形成的⟨造形⟩刺激(組織の新生を促す刺激). **II For·ma·tiv** 中 -s/-e 〖言〗構成素. [*mlat.*]

form·bar[fɔ́rmba:r] 形 形成⟨造形⟩されることのできる, 鋳造され得る; 形成力のある, 可塑性の: ~*er* Ton 塑性粘土 | ~*er* Charakter 柔軟性のある⟨素直な⟩性格. [< formen]

Form·bar·keit[–kaɪt] 女 -/ formbar なこと.

form·be·stän·dig 形 型の崩れない.

Form≈blatt 中 =Formular **≈brett** 中 **1** 〖金属〗(鋳型作製の際の)造型板, 鋳型定盤(じょうばん); 〖印〗ステッキ, 植字台⟨盆⟩(植字の際, 活字の組みをのせる板). **2** 〖心〗(幼児の図形把握能力の発達をテストするための)モザイク図形はめこみ板(一種のジグソーパズル). **≈ei·sen** 中 〖建〗構造用鋼材.

For·mel[fɔ́rməl] 女 -/-n **1** 形式の決まった文章(式辞・スローガンなど); (Redensart) 決まり文句, 慣用句: eine magische ~ 呪文(じゅもん) | die ~ des Eides sprechen 誓いの言葉を述べる ‖ *et.*[4] auf eine einfache ~ bringen 《比》…を単純な動機⟨原因⟩に帰する. **2** 〖理・数〗式, 公式: algebraische ~*n* 方程式 | eine empirische ~ 実験式 ‖ *et.*[4] in eine ~ bringen / *et.*[4] in einer ~ ausdrücken …を式にする⟨式であらわす⟩. **3 a)** 定め, 規定. **b)** (レース用自動車の)規格, フォーミュラ: ~-I-Wagen[fɔrməl|áɪns..] フォーミュラ1型車. [*lat.* fōrmula; < *lat.* fōrma (→Form); ◇Formular]

for·mel·haft[fɔ́rməlhaft] 形 型にはまった, 型どおりの, 慣習的な, 正規の: ein ~*er* Ausdruck 決まり文句.

For·mel·kram 男 -(e)s/ 七面倒くさい形式⟨儀礼⟩, わずらわしい(法的)手続き.

for·mell[fɔrmɛ́l] 形 (↔informell) 正式の, 形式を守った; 外形的な, うわべだけの; 習慣的な: eine ~*e* Begrüßung 堅苦しいあいさつ | ein ~*er* Besuch 儀礼的訪問 ‖ ~*e* Redensarten wechseln 形式的な決まり文句をかわす | Er ist immer sehr ~. 彼はいつも折り目正しい⟨形式を崩さない⟩ ‖ *et.*[4] ~ anerkennen …を正式に認める. [*lat.* fōrmālis (→formal) –*fr.*]

For·mel·we·sen[fɔ́rməl..] 中 -s/ =Formelkram

for·men[fɔ́rmən] 他 (h) **1 a)** (英: *form*) 《*et.*[4]》(…の)形をつくる, (…を)形づくる, つくり出す, 組み立てる, 形成する: Ziegel ~ (原料を型にはめて)かわらの形をつくる | ein Modell in Ton ~ 標本を粘土でつくる | die Vase ~ 花瓶の形をつくる | Laute ~ 音⟨声⟩を出す | Dieses Ereignis hat seinen Charakter *geformt*. この事件が彼の性格を形づくった ‖ Der Krug ist mit der Hand *geformt*. このつぼは手で形をつくったものである | gut ⟨schön⟩ *geformte* Hände 形のいい手. **b)** 《*et.*[4] zu *et.*[3]》(…に…の)形を与える, (…を…に)つくり上げる: Teig zu Brot ~ こね粉をパンの形にする | Worte zu einem Gedicht ~ 言葉を整えて詩を作り出す. **2** 《*jn.*》教育する, (…の人格・精神を)形成⟨陶冶(とうや)⟩する: einen Menschen ~ 人間を一人前に教育する | Seine Familie hat ihn (zu einer unangenehmen Persönlichkeit) *geformt*. 彼の家族が彼という人間を(好ましくない人柄に)つくり上げた. **3** 再帰 *sich*[4] ~ 形をとって現れる, 生じる: Neue Pläne ⟨Verse⟩ *formten* sich. 新しい構想⟨詩句⟩が生まれた. [*mhd.*; ◇Form; *engl.* form]

For·men·leh·re 女 -/ (Morphologie) 〖言〗形態⟨語形⟩論; 〖楽〗楽式論; 〖生〗形態学.

for·men·reich 形 形態の豊かな.

For·men·reich·tum 男 -s/ formenreich なこと.

for·men·schön =formschön

For·men·sinn 男 -(e)s/ 形式感覚.

For·mer[fɔ́rmər] 男 -s/- (formen する人. 例えば:) 鋳型工, 陶工, (帽子・編物などの)製図家.

For·me·rei[fɔrmərái] 女 -/-en 型づくり; 鋳造(場), 鋳物工場.

Form≈feh·ler[fɔ́rm..] 男 形式上の誤り⟨欠陥⟩, 非礼; 〖法〗(文書や手続き上の)不備, 欠陥. **≈frä·ser** 男 〖工〗総形フライス盤. **≈ge·bung** 女 -/-en (Formung) 型づくり, 造型. **≈ge·schich·te** 女 様式史(聖書の文学的研究の一つ). **≈ge·stal·ter** 男 〔工業〕デザイナー.

form·ge·wandt 形 (礼儀作法・文章表現・造型などにおいて)形式にすぐれた, 洗練された.

for·mi·da·bel[fɔrmidá:bəl] (..da·bl..) 形 (schrecklich) 恐るべき, 驚くべき; すごい, すばらしい. [*lat.*–*fr.*; < *lat.* formīdō „Grausen"]

for·mie·ren[fɔrmí:rən] 他 (h) **1** 形づくる; (隊などを)整列させる; (チーム・グループ・党などを)編成する: eine Einheitspartei ~ 統一党を形成する | Der Trainer *formiert* eine Mannschaft. 監督がチームを編成する ‖ 再帰 *sich*[4] ~ 形づくられる; (隊などが)整列する | Der Festzug *formierte* sich. 祝賀行列が隊列を整えた | *sich*[4] zu einer Kolonne ~ 縦隊を組む. **2** 〖印〗(活字で)組む: eine Seite ~ 活字を1ページ分組む. [*lat.* fōrmāre–*mhd.*; ◇Form]

For·mie·rung[..rʊŋ] 女 -/-en formieren すること.

..förmig[..fœrmɪç][2] 《名詞・形容詞などにつけて「…の形をした」を意味する形容詞をつくる》: keil*förmig* くさび形の | kugel*förmig* 球形の | gleich*förmig* 同形の. [< Form]

Form·kri·se[fɔ́rm..] 女 〖スポーツ〗体調⟨コンディション⟩の危機, スランプ. [< Form 2]

form·lich[fɔ́rmlɪç] 形 形に関する: eine farblich wie ~ gelungene Vase 色彩の面でも形の面でもよくできた花瓶.

förm·lich[fœ́rmlɪç] 形 **1** 形式にかなった, 正式⟨公式⟩の, 規則通りの; 形式的な, 儀式ばった, 堅苦しい, 外形ばかりの: steif und ~ しゃちほこばった, 堅苦しい | eine ~*e* Einladung 正式の招待 | eine ~*e* Zustellung ⟨裁判所の⟩送達状の送付 ‖ *jn.* ~ empfangen …を(心をこめず)儀礼的に迎える. **2** まぎれもない, 正真正銘の, 文字どおりの: ~*er* Wahnsinn 全くの気違いざた | Das ist ja eine ~*e* Erpressung! これではまさに恐喝だ ‖ Er erschrak ~, als er mich sah. 彼は私の姿を見てまさしく⟨文字どおり⟩ぎくりとした. [*mhd.*; ◇Form]

Förm·lich·keit[–kaɪt] 女 -/-en 形式, 正規の手続き; 形式尊重⟨拘泥⟩, 儀礼(ばること): eine gesetzliche ~ 法的な形式⟨手続き⟩ | eine bloße ⟨steife⟩ ~ 単なる⟨堅苦しい⟩形式(墨守).

Form·ling[fɔ́rmlɪŋ] 男 -s/-e 鋳型で形づくられて焼かれる以前の陶磁器; 四角に固めた練炭. [< formen]

form·los[fɔ́rmlo:s][1] 形 定形のない; 不格好な, 無秩序な; 《比》型にはまらぬ, 不作法な.

Form·lo·sig·keit[..lo:zɪçkaɪt] 女 -/ formlos なこと.

Form≈ma·schi·ne 女 〖工〗モールディング=マシン, 鋳型機, 面取り機. **≈obst** 中 手入れして形を整えた果樹(の実).

For·mo·sa[fɔrmó:za·] 地名 (Taiwan) 台湾. [*port.*; < *lat.* fōrmōsus „wohlgestaltet" (◇Form)]

Form≈pres·se[fɔ́rm..] 女 〖工〗圧縮成形機, 圧型機. **≈sa·che** 女 形式の事柄, 形⟨うわべ⟩だけのこと. **≈sand** 男 〖工〗鋳型砂, はだ砂.

form·schön 形 形(姿)の美しい.

F

Form≠stahl 男〘工〙形鋼. **≠stein** 男 (特定の形に)整形した石材⟨れんが⟩(→ ⊗ Baustoff). **≠stren·ge** 女 形式の厳格さ⟨厳密さ⟩. **≠tief** 中〘スポーツ〙体調⟨コンディション⟩の悪いこと, スランプ: ein ～ haben / in einem ～ stecken 体調⟨コンディション⟩を崩している.

form·treu 形 (服などが)型崩れのしない.

For·mu·lar[fɔrmulá:r] 中 -s/-e (書式の印刷してある)申告⟨申込⟩用紙; アンケート用紙: ein ～ ausfüllen 用紙に書き込む. [*mlat.*; < *lat.* fōrmula (→Formel)]

for·mu·lie·ren[fɔrmulí:rən] 他 (h) 言葉で表現する, 的確に述べる; 公式化する: einen Gedanken ～ 考えをまとめて述べる | *et.*[4] schriftlich ～ …を文書にする ‖ eine gut ⟨klar⟩ *formulierte* Erklärung 上手⟨明確⟩に述べられた説明. [*fr.*]

For·mu·lie·rung[..ruŋ] 女 -/-en (formulieren すること. 例えば:) 表現, 定式化.

For·mung[fɔ́rmuŋ] 女 -/-en《ふつう単数で》形成, 作成, 構成.

Form≠va·rian·te[fɔ́rm..] 女〘言〙別形. **≠ver·än·de·rung** 女 形⟨様式⟩の変化;〘理〙変形, ひずみ.

form·voll·en·det 形 形の完全な; 洗練しつくされた.

Form≠vor·schrift 女 法的行為における形式の規定. **≠wech·sel** 男 **1** 形の変化;〘生〙形態の変化;〘商〙形式変更. **2**〘商〙融通手形, 馴合(なれあい)手形, 空手形.

form·wid·rig 形 形式はずれの; 不格好な.

Form≠wort 中 -[e]s/..wörter〘言〙(固有の外延をもたない)形式語(代名詞など). **≠zahl** 女〘理〙形状係数.

forsch[fɔrʃ] 形 たくましい, 強い, 勇敢な, 毅然(きぜん)とした; がむしゃらな, 向こう見ずの; 活発な, きびきびした; 粋な, ハイカラな: ein ～*er* junger Mann 威勢のいい若者 | mit ～*en* Schritten 活発な足どりで ‖ an *et.*[4] ～ herangehen …に勇敢⟨元気⟩に取りかかる. [*ndd.*]

For·sche[fɔ́rʃə] 女 -/《俗》力, 強さ; 元気, 大胆; 向こう見ず, 粗野. [*fr.* force (→Force)－*ndd.* forse]

för·scheln[fœ́rʃəln]《06》自 (h)《スイス》念入りに調べる; (秘密などを)聞き出す.

for·schen[fɔ́rʃən]《04》自 (h) (学問的に)研究する, 調査する; (念入りに)調べる, 探る; 尋ねる, 質問する;《nach *et.*[3]》捜し求める,《nach *jm.*》居所を捜す: wissenschaftlich ⟨unermüdlich⟩ ～ 学問的に⟨たゆまず⟩探究する | in alten Urkunden ～ 古文書を調べる | in *js.* Gesicht ～ …の表情をうかがう ‖ nach der Wahrheit ～ 真理を探究する | nach den Ursachen der Krankheit ～ 病気の原因を究明する | nach dem Verbleib ～ ありかを捜す ‖ *forschender* Geist 探究心 | *jn. forschend* ansehen …をじろじろ見つめる. [*ahd.*; ◇Frage; *lat.* pōscere „fordern"]

For·scher[fɔ́rʃər] 男 -s/- (⊛ **For·sche·rin**[..ʃərɪn]-/-nen) 研究者, 学者, 調査者; 探検家: ein hervorragender ⟨exakter⟩ ～ 卓越した⟨綿密な⟩研究者.

For·scher≠blick 男 探究者の目⟨眼力⟩, 学問的観察眼. **≠drang** 男 -[e]s/ 研究[熱]心, 学問的衝動. **≠geist** 男 -[e]s/ 研究⟨探究⟩精神[をもった人].

For·sche·rin Forscher の女性形.

For·scher·trieb 男 -[e]s/ 研究⟨探究⟩欲.

Forsch·heit[fɔ́rʃhaɪt] 女 -/ forsch なこと.

For·schung[fɔ́rʃuŋ] 女 -/-en 研究, 調査, 探究: die angewandte ⟨theoretische⟩ ～ 応用的⟨理論的⟩研究 | die wissenschaftliche ～ 学術研究⟨調査⟩ | Markt*forschung* 市場調査 | Meinungs*forschung* 世論調査 ‖ Lehre und ～ (大学における)教育と研究.

For·schungs≠ab·tei·lung 女 研究部[門]. **≠an·stalt** 女 研究所⟨施設⟩. **≠ar·beit** 女 研究活動⟨作業⟩. **≠auf·ga·be** 女 研究課題. **≠auf·trag** 男 研究の委託⟨指示⟩. **≠bei·rat** 男 学術審議会. **≠be·richt** 男 研究報告書⟨紀要⟩. **≠er·geb·nis** 中 研究成果. **≠ge·biet** 中 研究領域. **≠ge·mein·schaft** 女 **1** (旧東ドイツの)学術研究調整委員会. **2** die Deutsche ～ (⊛ DFG) (Bonn に本拠地のある)ドイツ学術振興会. **≠in·sti·tut** 中 研究所. **≠kli·ma** 中 研究環境. **≠la·bor** 中, **≠la·bo·ra·to·rium** 中 研究実験室. **≠me·tho·de** 女 研究方法. **≠ob·jekt** 中 研究対象. **≠pro·jekt** 中 研究プロジェクト. **≠ra·ke·te** 女 研究用ロケット. **≠reak·tor** 男 研究用原子炉. **≠rei·se** 女 研究⟨調査⟩旅行; 探検旅行. **≠sa·tel·lit** 男〘宇宙〙科学衛星. **≠schiff** 中〔海洋〕調査船. **≠se·me·ster** 中 (大学教員などが教育活動を免除される)研究休暇学期. **≠stand** 男 (特定の時点での)研究の水準⟨現状⟩. **≠sta·tion** 女 研究基地. **≠stät·te** 女 研究所. **≠sti·pen·diat** 男 研究給費⟨奨学⟩生. **≠sti·pen·dium** 中 研究奨学金, 学術奨励金. **≠ur·laub** 男 (大学教員などの)研究休暇. **≠zen·trum** 中 研究センター. **≠zweig** 男 研究部門.

Forst[fɔrst] 男 -es(-s)/-e, -en **1** (公共の管理下にある)山林, 植林区, 営林地区(→ 図): ein staatlicher ～ 国有林. [▽]**2** (一般の利用を禁じられた)御料林; (個人の)所有林. [*ahd.*; ◇ *engl.* forest]

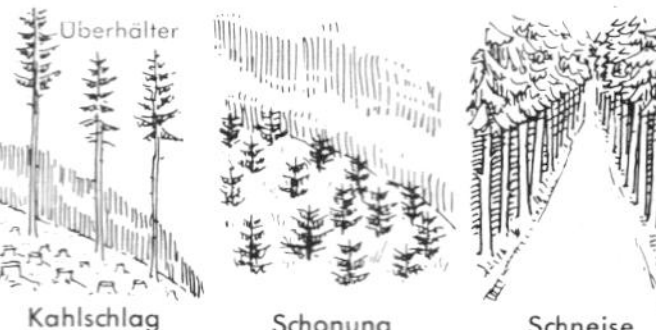

Forst

Forst≠aka·de·mie[fɔ́rst..] 女 林務官養成機関, 林業専門学校⟨大学⟩. **≠amt** 中 営林署⟨局⟩. **≠ärar** 中《オーストリア》国有林. **≠auf·se·her** 男 山林監視人, 山番. **≠be·am·te** 男 営林署⟨局⟩の役人, 林務官. **≠be·nut·zung** 女 山林利用⟨用益⟩. **≠be·trieb** 男 山林経営, 林業.

for·sten[fɔ́rstən]《01》他 (h) (山林を)管理する(計画的な植林・伐採など), (…の)営林に従事する.

För·ster[fœ́rstər] 男 -s/- 林務官, 営林署員; 山林監督官.

För·ste·rei[fœrstəráɪ] 女 -/-en, **För·ster·haus** [fœ́rstər..] ＝Forsthaus

Forst≠fach[fɔ́rst..] 中 林業; 林学[科]. **≠fre·vel** 男 森林法違反; 盗伐. **≠gar·ten** 男 (植林用の)苗床, 苗圃(びょうほ). **≠ge·hil·fe** 男 山林監督見習⟨助手⟩.

forst·ge·recht 形 (人が)山林の事情に通じた, 林業にくわしい.

Forst≠ge·setz 中 森林法. **≠haus** 中 Förster の役宅. **≠hoch·schu·le** 女 林業⟨林務官養成⟩大学.

forst·lich[fɔ́rstlɪç] 形 林業⟨営林⟩の: die ～*e* Fakultät (大学の)林学部.

Forst≠mann 男 -[e]s/..männer, ..leute ＝Förster **≠mei·ster** 男〔上級〕林務官⟨営林署員⟩. **≠nut·zung** ＝Forstbenutzung **≠po·li·tik** 女 -/ 山林⟨営林⟩政策. **≠rat** 男 -[e]s/..räte (プロイセンの)山林⟨営林⟩局参事官. **≠recht** 中 山林法. **≠re·vier** 中 営林区. **≠scha·den** 男 山林の被害. **≠schäd·ling** 男 山林の害虫⟨害獣⟩. **≠schu·le** 女 林業学校, 林務官養成学校. **≠schutz** 男 山林保護.

For·stung[fɔ́rstuŋ] 女 -/ forsten すること.

Forst≠ver·ge·hen[fɔ́rst..] 中 ＝ Forstfrevel **≠ver·wal·tung** 女 営林, 山林管理⟨行政⟩. **≠we·sen** 中 -s/ 林業; 営林[制度]. **≠wirt·schaft** 女 -/ 林業, 山林経営; 営林. **≠wis·sen·schaft** 女 -/ 林学.

For·sy·thie[fɔrzý:tsiə, ..tiə; オーストリア:..zí:tsiə] 女 -/-n (Goldglöckchen)〘植〙レンギョウ(連翹)属. [<W. For-

syth (イギリスの植物学者, †1804)]

fort[fɔrt] 副 **1** (weg)〔立ち〕去って; 不在で; 無くなって: Der Besuch ist schon wieder ~. お客さんはもうお帰りになった | Wir wollen ⟨müssen⟩ bald ~. 《俗》我々は間もなく出発するつもりだ⟨出発しなければならない⟩ | *Fort* 〔mit dir〕!/*Fort* aus meinen Augen! とっとと失せろ | Meine Mutter war gestern ~. 母はきのうは外出していた | Mein Buch ist ~. 僕の本がどこかへ行ってしまった | Der Fleck ist ~. そのしみは取れた. **2** (vorwärts, weiter) さらに先へと, 引き続き: **a)** 《空間的》*Fort!* 先を続けなさい | Nur immer ~! さっさと先へ進むがいい | Mit dieser Arbeit will es nicht mehr so recht ~. 《話》この仕事はどうもうまくはかどらなくなってきた | Meine Füße wollen nicht mehr ~. 《話》僕の足はもう先へ進まない. **b)** 《時間的》《ふつう次の成句で》**in einem ~** 絶え間なしに, ぶっ通しで | **~ und ~** / ∇~ für ~ ずっと, 続けて | immer so ~ ずっと, いつまでも | **und so ~** (略 usf.) などなど, 等々.

[*westgerm.*; ◇vor; *engl.* forth]

fort.. **I** 《主として分離動詞の前つづり. つねにアクセントをもつ》**1** 《「〔立ち〕去って・不在で・なくなって」などを意味する》: *fort*fliegen 飛び去る | *Fort*reise (旅への) 出立 ‖ *fort*bleiben 不在のままである, (行ったきり) 帰ってこない | *Fort*fall 欠如, 欠落 ‖ *fort*wischen ぬぐい去る. **2** 《「さらに先へと・引き続き」などを意味する》**a)** 《空間的》*fort*schreiten 前進⟨進歩⟩する | *Fort*schritt 前進, 進歩. **b)** 《時間的》*fort*arbeiten 働き続ける | *fort*dauern 持続する | *Fort*setzung 継続. **II** 《少数の副詞につけて「今から・今後」などを意味する. アクセントをもたない》: *fort*ab/*fort*an 《雅》自今, 将来 | ∇*fort*hin 今後, 将来.

Fort[foːr] 中 -s/-s とりで, 城砦(じょうさい), 要塞(ようさい). [*fr.*; < *lat.* fortis (→Fortis)]

fort≠ab[fɔrt|áp] 副, **≠an**[..|án] 副 今後は; その後は: Ich werde ~ nie mehr rauchen. 私は今後二度と再びタバコを吸わないつもりだ.

fort|be·ge·ben*[fɔ́rt..] 《52》他 (h) 再帰 *sich*[4] ~ 立ち去る.

Fort·be·stand 男 -〔e〕s/ 存続, 持続, 継続.

fort|be·ste·hen* 《182》**I** 自 (h) 存続する, 持続⟨継続⟩する. **II** **Fort·be·ste·hen** 中 -s/ =Fortbestand

fort|be·we·gen 《203》他 (h) (ある場所から) 動かす, わきにどける; 移動⟨前進⟩させる; 動かし続ける: 再帰 *sich*[4] ~ 動く, 移動⟨前進⟩する, 動き続ける | Er kann sich nur an Krücken ~. 彼は松葉づえにすがらなければ歩けない.

Fort·be·we·gung 女 -/-en 移動, 前進.

fort|bil·den 《01》他 (h) 再帰 *sich*[4] ~ (一定の課程を終了後) さらに勉強⟨自己形成⟩を続ける.

Fort·bil·dung 女 -/-en fortbilden すること.

Fort·bil·dungs≠kurs 男 (一定の課程を終えた者のための) 補習課程⟨コース⟩. **≠schu·le** 女 ∇**1** (小学校課程卒業者のための) 実科学校. **2** 《オーストリア・スイス》農業実科学校.

fort≠|bla·sen*[fɔ́rt..] 《20》他 (h) 吹き払う: Er war wie *fortgeblasen*. 彼は突然姿を消した. **≠|blei·ben*** 《21》自 (s) 立ち去ったままである, 帰って来ない: von der Schule ~ 学校に姿を見せない. **≠|brin·gen*** 《26》他 (h) **1** 運び⟨持ち⟩去る; 《*jn.*》連れ去る; (ある場所から) 離れさせる: Sie war von dem Schaufenster nicht *fortzubringen*. 彼女はそのショーウィンドーからどうしても離れようとしなかった. **2** 先へ進ませる; 進捗(しんちょく)させる; (植物を) 育てる: 再帰 *sich*[4] ~ 生計を立てる.

Fort·dau·er 女 -/ 持続, 永続.

fort|dau·ern 《05》**I** 自 (h) 持続⟨永続⟩する. **II** **fort·dau·ernd** 現分 形 持続⟨永続⟩的な.

fort≠|den·ken* 《28》他 (h) (wegdenken) 念頭から除く, ないものと考える: Das läßt sich nicht ~. それは頭を離れない⟨忘れられない⟩. **≠|dür·fen*** 《35》=wegdürfen

for·te[fɔ́rtə, ..teˑ] **I** 副 (略 f) (laut) 〘楽〙フォルテ, 強く, 大きな音で. **II** **For·te** 中 -s/-s (..ti[..tiˑ]) 〘楽〙フォルテ, 強音. [*lat.* fortis—*it.*; ◇Fortis]

fort≠|ei·len[fɔ́rt..] 自 (s) 急いで立ち去る. **≠|ent·wickeln** 《06》他 (h) 再帰 *sich*[4] ~ 発展し続ける.

for·te·pia·no[fɔrtəpiáːnoˑ, fɔrte..] **I** 副 〘楽〙フォルテピアノ, 強くそしてただちに弱く. **II** **For·te·pia·no** 中 **1** -s/-s (..ni[..niˑ]) フォルテピアノ. ∇**2** -s/- =Pianoforte [*it.*]

fort|er·ben[fɔ́rt..] 他 (h) 再帰 *sich*[4] ~ (相続によって) 伝わる; 遺伝する.

For·tes Fortis の複数.

for·tes for·tu·na adiu·vat[fɔ́rteːs fɔrtúːnaˑ átjuvat] 《ラテン語》(den Mutigen hilft das Glück) 運は勇者に味方する. [◇Adjutant]

Fort·exi·stenz[fɔ́rt..] 女 -/ 存続: die ~ der Seele nach dem Tode 死後における霊魂の存続.

fort|fah·ren*[fɔ́rt..] 《37》**I** 自 **1** (s) (wegfahren) (乗り物で) 立ち去る, 出発する. **2** (h, s) 《mit ⟨in⟩ *et.*[3]》(…を) 続ける, 続行する: mit *seiner* Arbeit ⟨in *seiner* Rede⟩ ~ 仕事⟨話⟩を続ける ‖〖zu 不定詞〔句〕と〗Er *fuhr fort* zu arbeiten. 彼は仕事を続けた. **II** 他 (h) (車で) 運び去る, 連れ去る.

Fort·fall 男 -〔e〕s/ fortfallen すること.

fort≠|fal·len* 《38》自 (s) 脱落する, なくなる: Alle Hindernisse sind *fortgefallen*. すべての障害は取り除かれた. **≠|flie·gen*** 《45》自 (s) 飛び去る. **≠|flie·ßen*** 《47》自 (s) 流れ続ける; 流れ去る.

fort|füh·ren[fɔ́rt..] 他 (h) **1** 運び去る, 《*jn.*》連れ去る: Der Strom hat die Brücke *fortgeführt*. 川の流れが橋を押し流した. **2** 継続する, 続行する: ein Geschäft unter einem anderen Namen ~ 名義を変えて店を続けていく.

Fort·füh·rung 女 -/-en fortführen すること.

Fort·gang[fɔ́rtgaŋ] 男 -〔e〕s/..gänge 《ふつう単数で》**1** (Weggang) 出立, 退去; 退職. **2** 進行, 進捗(しんちょく), 進展; 持続, 継続: einen guten ~ haben うまくはかどる | ***seinen* ~ nehmen** 継続⟨続行⟩される.

fort|ge·hen* 《53》自 (s) **1** (weggehen) 立ち去る, 出立⟨退去⟩する: ohne Gruß ~ あいさつもせずに立ち去る. **2** (weitergehen) 歩き続ける; (fortschreiten) 進行⟨進展⟩する; (fortdauern) 続く, 継続⟨存続⟩する: *seinen* Weg ~ 自分の道を歩き続ける | So kann es nicht ~. このような状態が続くわけはない | Sein Gehalt *geht* auch bei Krankheit *fort*. 彼の俸給は病気中も引き続き支払われている.

fort≠ge·schrit·ten[fɔ́rt..] **I** fortschreiten の過去分詞. **II** 形 進んだ, 進歩した: im ~*en* Alter 高齢で | zu ~*er* Stunde 夜もふけた時刻に ‖ Deutsch für *Fortgeschrittene* 中級⟨上級⟩者向きドイツ語. **≠ge·setzt** **I** fortsetzen の過去分詞. **II** 形 連続の, 絶え間のない: ~*e* Bemühungen 不断の努力 ‖ *jn.* ~ belästigen …を絶えず悩ます.

fort≠|ha·ben* 《64》他 (h) 《ふつう次の形で》*jn.* ~ wollen …を追い出したい⟨出ていってもらいたい⟩と思う. **≠|hel·fen*** 《71》自 (h) 《*jm.*》(…が) 先へ進むのを助ける: *jm.* über alle Schwierigkeiten ~ …を助けてすべての困難を乗り越えさせる ‖ 再帰 *sich*[3] ~ 苦労してなんとか先へ進む | *sich*[3] kümmerlich ~ 細々と生計をたてる.

fort·hin[fɔrthín] 副 (hinfort) 今後は, これから先は.

For·ti Forte の複数.

For·ti·fi·ka·tion[fɔrtifikatsióːn] 女 -/-en 築城〔術〕; とりで, 城砦(じょうさい), 要塞(ようさい). [*spätlat.*—*fr.*]

for·ti·fi·ka·to·risch[..katóːrɪʃ] 形 Fortifikation に関する.

∇**for·ti·fi·zie·ren**[..tsíːrən] 他 (h) (befestigen) (陣地などを) 固める, (…に) 防御施設を施す, 築城する. [*spätlat.*—*fr.*]

For·tis[fɔ́rtɪs] 女 -/..tes[..teːs] (↔ Lenis) 〘言〙硬〔子〕音 (調音器官の筋肉の緊張が強く, 気圧差が大で破裂が強い. ドイツ語の無声閉鎖音など). [*lat.* fortis „stark"]

for·tis·si·mo[fɔrtísimoˑ] **I** 副 (略 ff) (sehr laut) 〘楽〙フォルティッシモ, きわめて強く⟨大きな音で⟩. **II** **For·tis·si·mo** 中 -s/-s (..mi[..miˑ]) 〘楽〙フォルティッシモ, 最強音. [*it.*; < forte]

for·tis·sis·si·mo[fɔrtɪsísimoˑ] 副 (略 fff) (äußerst laut) 〘楽〙フォルティシッシモ (fortissimo よりさらに強く). [*it.*]

F

fort|ja·gen[fɔ́rt..] **I** 他 (h) 追い払う, 放逐する: *jn.* aus dem Dienst ⟨aus der Schule⟩ ～ …を免職⟨放校⟩処分にする. **II** 自 (s) 大急ぎで立ち去る.

fort|kom·men* ⟪80⟫ **I** 自 (s) **1** (wegkommen) 立ち去る, 逃げる; (abhandenkommen) なくなる, 消えうせる: Mach, daß du *fortkommst*! 逃げろ; とっととうせろ | Mein Geld ist *fortgekommen.* 私の金がなくなった. **2** (vorwärtskommen) 前進する; 進捗(しんちょく)する, 進歩⟨上達⟩する, 成功⟨昇進⟩する; 生計⟨暮らし⟩を立てる; (gedeihen) (植物などが)生長する, 育つ: mit der Arbeit gut ⟨nicht recht⟩ ～ 仕事がうまくいく⟨あまりはかどらない⟩. **II Fort·kom·men** 中 -s/ fortkommen すること: Das Gehalt reicht gerade für sein ～. その俸給は彼が暮らしてゆくのにやっと足りるぐらいだ.

fort≈|krie·gen[fɔ́rt..] =fortbringen ≈**|las·sen*** ⟪88⟫ 他 (h) **1** ⟪*jn.*⟫ 立ち去らせる, 行かせる; 放免⟨釈放⟩する. **2** ⟪*et.*[4]⟫ (故意または無意識に)ぬかす, はぶく; 書き落とす, 見落とす: ein Wort beim Abschreiben ～ 書き写す際に1語書き落とす.

fort|lau·fen* ⟪89⟫ **I** 自 (s) **1** (weglaufen) 走り去る; (ausreißen) 逃亡する, (犬や馬が)逸走する; (印象が)消える: Der Hund ist mir *fortgelaufen.* 私は犬に逃げられた. **2** 走り続ける; (道が)伸びている; 続いている, 連続する: Die Kälte *lief* ihm über die Glieder *fort.* 寒さが彼の手足に広がった.

II fort·lau·fend 現分 形 連続した, とぎれのない: ein ～*er* Bericht (新聞の)連載記事 | ～*e* Proportion〘数〙連比例 ‖ *et.*[4] ～ numerieren …に通し番号をつける.

fort|le·ben I 自 (h) (精神・名声などが死後も)生き続ける, (記憶に)残る. **II Fort·le·ben** 中 -s/ fortleben すること: das ～ der Seele im Jenseits 霊魂の不滅.

fort≈|le·gen 他 (h) (beiseite legen) わきへ置く. ≈**|lo·ben** 他 (h) おだてて去らせる. ≈**|ma·chen I** 自 **1** (h) 続ける, 続行する. **2** (s) ⟪話⟫ 引っ越す. **II** 他 (h) **1** 取り除く. **2** 再帰 *sich*[4] ～ (急いで)立ち去る, 逐電する; ⟪話⟫ 死ぬ. ≈**|müs·sen*** ⟪103⟫ 自 (h) 立ち去ら⟨取り除かれ⟩なければならない; ⟪比⟫ 死ななければならない: Der Brief *muß* heute noch *fort.* この手紙は今日じゅうに出さなくてはならない | Er hat sehr früh *fortgemußt.* 彼は夭折(ようせつ)した. ≈**|neh·men*** ⟪104⟫ 他 (h) **1** ⟪*et.*[4]⟫ 持ち⟨運び⟩去る; ⟪*jn.*⟫ 連れ去る: *sein* Kind aus der Schule ～ 子どもを退学させる. **2** ⟪*jm. et.*[4]⟫ (…から…を)取り上げる, 奪う: *jm.* Geld ～ …から金を奪う. ≈**|packen** 他 (h) ⟪俗⟫ 再帰 *sich*[4] ～ 立ち去る, ずらかる.

fort|pflan·zen ⟪02⟫ 他 (h) **1** 繁殖⟨増殖⟩させる: *sein* Geschlecht ～ (子供をつくって)家系を後世に伝える ‖ 再帰 *sich*[4] ～ 繁殖する, 増殖する. **2** 伝える, 伝導する: 再帰 *sich*[4] ～ 伝わる; 広がる, 波及する; (光・熱・音などが)伝播(でんぱ)する, (思想・うわさなどが)流布する; (病気が)蔓延(まんえん)する | Das Licht *pflanzt* sich geradlinig *fort.* 光はまっすぐに進む.

Fort·pflan·zung 女 -/-en **1** 生殖, 繁殖, 増殖: die geschlechtliche ～ 有性生殖. **2** 伝導, 伝播; 流布, 蔓延(まんえん).

fort·pflan·zungs·fä·hig 形 生殖能力のある; 〘理〙伝播(でんぱ)し得る.

Fort·pflan·zungs≈ge·schwin·dig·keit 女 〘理〙伝播(でんぱ)速度. ≈**or·gan** 中 生殖器. ≈**trieb** 男 生殖本能. ≈**zel·le** 女 〘生〙生殖細胞.

For·tran (**FORTRAN**)[fɔ́rtran] 中 -s/ 〘電算〙フォートラン. [*engl.*; <*engl.* *for*mula *tran*slator]

fort|räu·men[fɔ́rt..] 他 (h) (ある場所から)取り除く, 片づける.

Fort·rei·se 女 -/-n 旅立ち.

fort|rei·sen ⟪02⟫ 自 **1** (s) 旅立つ. **2** (h) 旅を続ける.

fort≈|rei·ßen* ⟪115⟫ 他 (h) **1** ⟪*jn.* [mit *sich*[3]]⟫ (無理に)引っぱる; 拉(ら)し去る, (嵐や波が)さらって行く; ⟪比⟫ 心を奪う, 熱狂させる: Die Menschenmassen haben mich [mit sich] *fortgerissen.* 私は人波にさらわれた | Er läßt sich von der Leidenschaft ～. 彼は情熱のとりことなる ‖ Ich *riß* das Kind **von** dem Abgrund *fort.* 私は強く引き寄せて子供が谷底に墜落するのを防いだ | die Zuhörer **zu** schallendem Gelächter ～ 聴衆を思わず爆笑させる. **2** ⟪*jm. et.*[4]⟫ (…から…を)ひったくる, 強奪する: *jm.* das Messer ～ …からナイフをもぎ取る. ≈**|rei·ten*** ⟪116⟫ 自 (s) 馬に乗って立ち去る. ≈**|ren·nen*** ⟪117⟫ 自 (s) 走り去る. ≈**|rücken I** 他 (h) (ある場所から)移す, ずらす, 押しのける. **II** 自 (s) 離れる, 移る, 体をずらす.

Fort·satz 男 -es/..sätze **1** 延長, 継続. **2** 〘動・植・解〙突起: Wurm*fortsatz* 〘解〙(盲腸の)虫垂, 虫様突起.

fort|schaf·fen 他 (h) 運び⟨連れ⟩去る; 片づける.

Fort·schaf·fung 女 -/ fortschaffen すること.

fort≈|sche·ren*[fɔ́rt..] ⟪133⟫ 他 (h) ⟪俗⟫ 再帰 *sich*[4] ～ 立ち去る, 逃亡する. ≈**|scheu·chen** 他 (h) 追い払う; (疑念・妄想などを)払いのける. ≈**|schicken** 他 (h) ⟪*jn.*⟫ 追い出す, 解雇する; (absenden) (手紙・小包などを)発送する. ≈**|schie·ben*** ⟪134⟫ 他 (h) 押しのける. ≈**|schlei·chen*** ⟪139⟫ **I** 自 (s) ひそかに立ち去る, こっそり抜け出す. **II** 他 (h) 再帰 *sich*[4] ～ = I ≈**|schlen·dern** ⟪05⟫ 自 **1** (s) ぶらぶら立ち去る. **2** (h) ぶらぶら歩き続ける. ≈**|schlep·pen** 他 (h) **1** 引きずって⟨むりやり⟩運び⟨連れ⟩去る. **2** 再帰 *sich*[4] ～ 足を引きずって歩く; (会話などが)だらだらと続く. ≈**|schleu·dern** ⟪05⟫ =fortwerfen

fort|schrei·ten*[fɔ́rt..] ⟪154⟫ **I** 自 (s) 大またに歩いて行く, 前進する; 進歩する, 上達⟨向上⟩する; (次の段階へ)移行する, 進展⟨進捗(しんちょく)⟩する, (仕事が)はかどる; (病勢が)進む; (時が)過ぎ行く: mit der Zeit ～ 時代と歩調を合わせる ‖ in *seinem* Studium ～ 研究が進む ‖ Die Handlung des Dramas *schreitet* rasch *fort.* その劇の筋は急速に展開する. **II fort·schrei·tend** 現分 形 前進的な, 進行性の: der ～*e* Verfall 漸進的崩壊. **III fort·ge·schrit·ten** → 別出

Fort·schritt[fɔ́rt-ʃrɪt] 男 -[e]s/-e (↔Rückschritt) 前進, 進歩, 上達, 発達: ein großer ⟨rascher⟩ ～ 長足の⟨急速な⟩進歩 | ～*e* der Medizin ⟨der Technik⟩ 医学⟨技術⟩の進歩 ‖ in *et.*[3] ～*e* machen …が進歩⟨上達⟩する | Die Arbeit macht bedeutende ～*e*. 仕事が著しくはかどる ‖ für den ～ eintreten 進歩主義にくみする. [*fr.* progrès (◇Progreß) の翻訳借用]

Fort·schritt·ler[-lər] 男 -s/- **1** 進歩主義者. **2** 進歩党員.

fort·schritt·lich[..lɪç] 形 進歩的な, 進歩主義の, 現代的な: ～ gesinnt sein 進歩的な考えをいだいている.

fort·schritts·feind·lich 形 進歩主義に反対の.

Fort·schritts·par·tei 女 進歩党: die Deutsche ～ ドイツ進歩党(1861—84).

fort≈|schwem·men 他 (h) (雨水・波などが)流し去る. ≈**|schwim·men*** ⟪160⟫ 自 (s) 泳ぎ去る; 漂い去る: *jm.* sind alle Felle *fortgeschwommen* (→Fell 1 b). ≈**|seh·nen** 他 (h) 再帰 *sich*[4] ～ 立ち去りたいと思う.

fort|set·zen[fɔ́rtzɛtsən] ⟪02⟫ **I** 他 (h) **1** 先へ進める; 続ける, 継続⟨続行⟩する: eine Reise ⟨das Gespräch⟩ [wieder] ～ 旅行⟨対話⟩を[再び]続ける | eine Tradition ～ 伝統を継承する | wird *fortgesetzt* (小説などの末尾で)続く, 以下次号 ‖ 再帰 *sich*[4] ～ 続く, 連なる | Das Gebirge *setzt* sich nach Süden *fort.* 山脈が南方へ続いている. **2** (わきへ)移す, 取り除く. **II** 自 (h) ⟪mit *et.*[3]⟫ (…を)続ける, 継続⟨続行⟩する. **III Fort·set·zen** 中 -s/ 継続, 続行. **IV fort·ge·setzt** → 別出

Fort·set·zung[..tsʊŋ] 女 -/-en **1** (fortsetzen すること. 例えば:) 継続, 続行. **2** (連載物の)続編; (山野の)延長: ein Roman in ～*en* 連載小説 | ～ folgt 以下次号 | ～ auf ⟨von⟩ Seite 20 20ページに⟨20ページから⟩続く.

Fort·set·zungs·ro·man 男 (新聞・雑誌などの)連載小説.

fort≈|spü·len[fɔ́rt..] 他 (h) 流し去る, 洗い流す. ≈**|steh·len*** ⟪183⟫ 他 (h) 再帰 *sich*[4] ～ ひそかに立ち去る, こっそり抜け出す. ≈**|sto·ßen*** ⟪188⟫ 他 (h) 押しのける, 突き飛ばす: einen Stein mit dem Fuß ～ 石を足でけとばす. ≈**|stür·men** 自 (s) 突進⟨疾走⟩し去る. ≈**|stür·zen** ⟪02⟫ 自 (s) 大急ぎで⟨あわただしく⟩走り去る. ≈**|tra·gen*** ⟪191⟫ 他 (h) 運び⟨持ち⟩去る: *jn.* auf dem Rücken

~ …を背負って連れ去る.

fort|trei·ben* 《193》 **I** 他 (h) **1** 追い払う, 放逐〈追放〉する; (家畜を)追い立てる; (風・波などが)押し流す: *jn.* aus *seinem* Haus ~ …を家から立ち退かせる | Das Boot wurde von der Strömung weit *fortgetrieben.* ボートは潮流によって遠くまで押し流された. **2** (weitermachen) 続ける: So darfst du es nicht ~. いつまでもそんなふうにしていてはいけない. **II** 自 (s) (風・波などに)流される, 漂流する.

For·tu·na[fɔrtúːna·] **I** 人名 《ロ神》フォルトゥナ(はじめ豊穣(ほうじょう)の, のちに運命の女神. ギリシア神話の Tyche と同一視された: →Glücksrad 1). **II** 女 -/ (Glück) 《比》幸運〔の女神〕: *jm.* lacht 〈lächelt〉 ~《比》…は幸運児である | ein Kind der ~《比》幸運児. [*lat.*; < *lat.* fors „Zufall"; ◇ *engl.* fortune]

For·tu·nat[..tunáːt] 男名 フォルトゥナート.

For·tu·na·tus[..tʊs] 男名 フォルトゥナートゥス. [*lat.* fortūnātus „beglückt"]

For·tune[fɔrtýːn] (**For·tü·ne**[..týːnə]) 女 -/ (Glück) 幸運: keine ~ haben 幸運に見放されている, ついていない. [*lat.*–*fr.*]

fort|wäh·ren[fɔ́rt..] **I** 自 (h) 持続〈存続・継続〉する.
II fort·wäh·rend 現分 形 (dauernd) 持続的な; (ununterbrochen) 絶え間のない, 不断の: ~ trinken 酒びたりになっている.

fort≠|wäl·zen[fɔ́rt..] 《02》 他 (h) **1** 転がして運び去る〈わきへのける〉. **2** 再帰 *sich*[4] ~ 転がって進んで行く; (雲・波などが)ゆっくり流れて行く: Die Menschenmenge *wälzt* sich langsam *fort.* 人波がのろのろと動いて行く. ≠|**wer·fen*** 《209》 他 (h) 投げ捨てる. ≠|**wir·ken** 自 (h) 作用〈効果〉を及ぼし続ける: Das Erlebnis *wirkte* noch lange in ihm *fort.* その体験はなお長く彼の心に生き続けた. ≠|**wi·schen** 《04》 **I** 他 (h) ぬぐい去る: Staub vom Tisch ~ 机のほこりをふきとる | Eindrücke aus dem Gedächtnis ~ 印象を記憶から消し去る. **II** 自 (s) 《話》急いで立ち去る, 逃げ出す. ≠|**wol·len*** 《216》 自 (h) 立ち去ることを欲する; 前進しようとする: Meine Beine *wollen* nicht mehr *fort.* 私の足はもう先へ進まない. ≠|**wur·steln** 《06》 自 (h) 《南部》どうにかこうにかごまかして〈お茶をにごして〉やっていく.

fort|zie·hen* 《219》 **I** 他 (h) 引いて去る, わきへ引く; さらって行く, 奪い去る: den Vorhang ~ カーテンを開ける | *jn.* mit *sich*[3] ~ …を引き連れて行く ‖ Es *zieht* mich nach der Ferne *fort.* 私はどこか遠くへ行きたい.
II 自 (s) (他の場所へ)引っ越す, 転居する; (渡り鳥などが)移動して行く; (行列が)進んで行く, (雲が)流れ去って行く.

Fo·rum[fóːrʊm] 中 **1** -s/..ren[..rən] **a)** 法廷, 裁判所; (世論などの)裁きの場: Das gehört vor das ~ der Öffentlichkeit. これは世論の審判にゆだねるべきである. **b)** (公開の)討論会: ein ~ veranstalten 公開討論会を催す. **2** -s/..ra[..ra·] (..ren[..rən]) (古代ローマの)公共広場(市場や法廷として使用された).
[*lat.*; < *lat.* foris „Tür〔flügel〕" (◇Tür)]

Fo·rum≠dis·kus·sion 女, ≠**ge·spräch** 中 フォーラム=ディスカッション, 公開討論.

for·zan·do[fɔrtsándo·] 副, **for·za·to**[..tsáːto·] 副 (略 fz) 《楽》フォルツァンド, フォルツァート, (その音を)強めて.
[*it.* sforzare „zwingen"; ◇sforzando]

Fos·bu·ry-Flop[fɔ́sbəriflɔp] 男 -s/-s 《陸上》(走り高跳びの)背面跳び. [*engl.*; < R. Fosbury (アメリカの走り高跳び選手)]

Fo·se[fóːzə] 女 -/-n 《卑》(Hure) 売春婦.

Fos·sa[fɔ́sa·] 女 -/..sae[..sɛ·] 《解》(骨などの)窩(か), くぼみ. [*lat.* „Graben"]

Fo·ße[fóːsə] 女 -/-n 《トランプ》から札, 切り札以外の〈手持ちにない〉札. [*fr.* (carte) fausse „falsche (Karte)"; ◇Fausse]

fos·sil[fɔsíːl] **I** 形 (versteinert) 化石の, 化石になった; 太古の; 《比》旧弊の, 時代遅れの: ~*e* Brennstoffe 化石燃料(石炭・石油など) | ~*e* Menschen 《考古》化石人類.
II Fos·sil 中 -s/..lien[..liən] **1** (Versteinerung) 化石. **2** 《比》旧弊〔な人・制度〕, 時代遅れ. [*lat.* fossilis „ausgegraben"; < *lat.* fodere „graben" (◇Bett)]

Fos·si·li·sa·tion[fɔsilizatsióːn] 女 -/-en 化石化〔作用〕.

fos·si·li·sie·ren[..zíːrən] **I** 他 (h) 化石状にする. **II** 自 (s) 化石化する.

fö·tal[føtáːl] =fetal

Fö·ten Fötus の複数.

fö·tid[føtíːt][1] 形 《医》腐敗性の, 悪臭を発する. [*lat.*; < *lat.* foetēre „stinken" (◇Fötor)]

foto.. →photo..

Fo·to (**Pho·to**)[fóːto·] **I** 中 -s/-s (スイス: 女 -/-s) (<Fotografie) 写真. **II** 男 -s/-s (<Fotoapparat) 写真機.

Fo·to≠al·bum[fóːto..] 中 写真帳, 写真アルバム. ≠**ama·teur**[..|amatøːr] 男 アマチュア写真家. ≠**ap·pa·rat** 男 (Foto) 写真機, カメラ. ≠**ar·ti·kel** 男 写真材料. ≠**ate·lier**[..|atelieː] 中 写真スタジオ.

Fo·to·che·mi·gra·fie[foto..] 女 -/ =Photochemigraphie

fo·to·gen[fotogéːn] 形 写真うつりのよい, 写真向きの.

Fo·to·ge·ni·tät[..genitɛ́ːt] 女 -/ fotogen なこと.

Fo·to·ge·rät[fóːto..] 中 写真器具(現像用具など).

Fo·to·graf[fotográːf] 男 -en/-en 写真家, カメラマン.

Fo·to·gra·fie[..grafíː] 女 -/-n[..fíːən] **1** 《単数で》写真術; 写真撮影. **2** (Foto, Lichtbild) 写真: eine vergrößerte 〈vergilbte〉 ~ 引き伸ばした〈黄色く変色した〉写真.

fo·to·gra·fie·ren[..grafíːrən] **I** 自 (h) 写真を撮る: Er kann sehr gut ~. 彼は写真がとてもうまい. **II** 他 (h) 撮影する: ein Kind 〈einen Turm〉 ~ 子供〈塔〉の写真を撮る | *sich*[4] ~ lassen 写真を撮ってもらう ‖ 再帰 Er *fotografiert* sich[4] gut 〈schlecht〉. 彼は写真うつりがいい〈悪い〉 ‖ 〖過去分詞で〗 Hier möchte ich nicht *fotografiert* hängen. 《話》こんな所には住みつきたくないね.

fo·to·gra·fisch[..gráːfɪʃ] 形 写真の: ein ~*er* Apparat 写真機 | ein ~*es* Atelier 写真〈フォト〉スタジオ | eine ~*e* Aufnahme von *et.*[3] machen …を撮影する | ~*es* Papier 印画紙 | eine ~*e* Platte 写真乾板.

Fo·to·in·du·strie[fóːto..] 女 写真〔機〕産業.

Fo·to·ko·pie[fotokopíː] 女 -/-n[..píːən] 写真複写.

Fo·to·ko·pier·au·to·mat[..kopíːr..] 男 自動式複写機.

fo·to·ko·pie·ren[..kopíːrən] 他 (h) 写真複写する.

Fo·to·li·tho·gra·fie[..litografíː] 女 -/ 《印》写真平版.

Fo·to≠mo·dell[fóːto..] 中 写真モデル. ≠**mon·ta·ge**[..mɔntaːʒə] 女 **1** 《単数で》写真によるモンタージュ. **2** モンタージュ写真. ≠**pa·pier** 中 《写》印画紙.

Fö·tor[føːtɔr, ..toːr] 男 -s/ 《医》悪臭. [*lat.*; ◇fötid]

Fo·to≠re·por·ter[fóːto..] 男 報道写真家. ≠**satz** 男 《印》**1** 写真植字, 写植. **2** 写真植字による組み版. ≠**satz·ge·rät** 中 写真植字機. ≠**set·zer** 男 写真植字工. ≠**ter·min** 男 (報道カメラマンのために設定された) 写真撮影の日時〈日取り〉. ≠**zeit·schrift** 女 写真雑誌.

Fo·to·zin·ko·gra·fie[fototsɪŋkografíː] 女 -/ 《印》写真亜鉛凸版; ジンク〈亜鉛〉平板.

Fö·tus[føːtʊs] 男 -, -ses/-se, ..ten[..tən] =Fetus

Fot·ze[fɔ́tsə] 女 -/-n **1** 《卑》 **a)** (Vagina) 膣(ちつ), ワギナ. **b)** 《軽蔑的に》(Weib) 女; (Hure) 売春婦. **2** 《南部・オーストリア》《卑》 **a)** (Mund) 口: Halt die ~! だまれ. **b)** (Ohrfeige) (横つらへの)平手打ち, びんた. [*mhd.* vut; ◇faul]

Föt·zel[fœ́tsəl] 男 -s/- 《スイス》《話》(Lump) ごろつき, のらくら者.

fot·ze·lig[fɔ́tsəlɪç][2] 形 《スイス》《話》ぼろぼろの; ぼろをまとった, 落ちぶれた. [<Fetzen]

fot·zen[fɔ́tsən] 《02》 他 (h) **1** 《南部・オーストリア》《卑》(ohrfeigen) 《*jn.*》(…の)横つらを張る, (…に)びんたをくらわす. **2** 《卑》(koitieren) 《*jn.*》(…と)性交〈交接〉する. [<Fotze 2 b]

F

Fọt·zen·hṳ·bel[fɔ́tsən..]（**Fọtz·hṳ·bel**）男《南部》ハーモニカ. [<Fotze 2 a]

Fou·cault[fukó(:)] 人名 Léon ~ レオン フコー(1819-68; フランスの物理学者).

foul[faʊl] **I** 形《スポーツ》(regelwidrig) ファウルの, 反則の. **II Foul** 中 -s/-s《スポーツ》ファウル, 反則. [*engl.* „schmutzig"; ◇faul]

Fou·lard[fulá:r] **I** 男 -s/-s《織》フラー布(プリント模様の薄い絹・人絹の布でハンカチなどに用いる). **II** 中 -s/-s《スイス》絹〈人絹〉のスカーフ〈マフラー〉. [*fr.*; < *lat.* fullō „Walker"]

Fou·lar·dine[..lardí:n] 女 -/ プリント模様の木綿しゅす.

fou·len[fáʊlən] **I** 自 (h) ファウル〈反則〉をする. **II** 他 (h)《*jn.*》(…を)ファウル〈反則〉によって妨害する. [*engl.*; <foul]

Foul·spiel[fáʊl..] 中《スポーツ》ファウルプレー.

Fou·rạ·ge[furá:ʒə; オーストリア: ..rá:ʒ] 女 -/ ＝Furage

Four·gon[fʊrgɔ̃:; スイス: fʊ́rgɔ̃·] 男 -s/-s ▽**1** (Lastwagen) 荷車. **2**《オーストリア》(Leichenwagen) 霊柩(れいきゅう)車. **3**《スイス》軍需輸送車. [*fr.*]

Fou·rier[furí:r] 男 -s/-e《スイス》**1** (陸軍・空軍の)上級軍曹. **2** 会計係. [*fr.* fourrier; ◇Furage]

Fox[fɔks] 男 -(es)/-e **1** ＝Foxterrier **2** ＝Foxtrott

Fọx≈ter·ri·er[fɔ́kstɛriər] 男 -s/- フォックス=テリア(愛玩(あいがん)犬の一種: → 図). **≈trott**[..trɔt] 男 -(e)s/-e, -s フォックス=トロット(アメリカで始まった 4 分の 4 拍子のダンス). [*engl.*]

Foxterrier

Foy·er[foajé:] 中 -s/-s (劇場などの)ロビー, 遊歩廊. [*fr.* „heizbarer Raum"; < *lat.* focus (→Fokus)]

fp 略 ＝fortepiano

FPÖ[ɛfpe:|ǿ:] 略 女 -/ ＝**Freiheitliche Partei Österreichs** オーストリア自由党.

fr. 略 **1** ＝**Franc, Frank**[2] **2** ＝**französisch 3** ＝**frei 4** ＝**früher**

Fr[ɛf|ɛ́r, frántsiʊm] 記号 (Francium)《化》フランシウム.

Fr. 略 **1** ＝**Frank**[2], **Franken**[2] **2** ＝**Frater 3** ＝**Frau** 5 **4** ＝**Freitag 5** ＝**Friedrich** (その他 Fr で始まる名前).

Fracht[fraxt] 女 -/-en **1** 〔積載〕貨物, 積み荷;《比》心の重荷, 負担: die ~ löschen (船が)荷おろしをする | volle ~ führen 貨物を満載している. **2** 貨物運賃, 運送料: tote ~ 空荷運賃. [*mndd.*; ◇*ahd.* frēht „Lohn"; *engl.* freight]

Fracht≈brief[fráxt..] 男 (貨物の)運送状, 送り状. **≈damp·fer** 男 貨物船. **≈emp·fän·ger** 男 貨物受取人, 荷受人.

frạch·ten[fráxtən]《01》他 (h) (貨物を)運送〈託送〉する; (貨物として)出荷〈積み荷〉する.

Frạch·ten≈bahn·hof 男《オーストリア》貨物駅. **≈ma·ga·zin** 中《オーストリア》貨物倉庫.

Frạch·ter[fráxtər] 男 -s/- **1** ＝Frachtschiff **2** 貨物発送人, 荷主; 貨物運送業者.

Fräch·ter[frɛ́çtər] 男 -s/- ＝Frachter 2

Fracht·flug·zeug[fráxt..] 中《空》貨物〔輸送〕機.

fracht·frei 形 運送費無料〈売り手持ち〉の.

Fracht≈füh·rer 男, **≈fuhr·mann** 男 -(e)s/..leute 運送人, 貨物運送業者. **≈geld** 中 ＝Frachtkosten **≈gut** 中 貨物, 積み荷. **≈kahn** 男 荷船, はしけ. **≈ko·sten** 複 貨物運賃〈運送料〉. **≈ma·schi·ne** 女 ＝Frachtflugzeug **≈raum** 男 (船・飛行機の)貨物室. **≈satz** 男 貨物運賃率〈表〉. **≈schein** 男 ＝Frachtbrief **≈schiff** 中 貨物船. **≈spe·sen** 複 ＝ Frachtkosten **≈stück** 中 貨物, 積み荷. **≈ta·rif** 男 ＝Frachtsatz **≈ver·kehr** 男 貨物運輸. **≈ver·sen·der** 男 貨物発送人, 荷主. **≈ver·trag** 男 運送契約. **≈wa·gen** 男 荷物運搬車; (鉄道の)貨車. **≈zet·tel** 男 ＝Frachtbrief

Frack[frak] 男 -(e)s/Fräcke[frɛ́kə] (-s/-s) 燕尾(えんび)服(→ 図): ein alter ~《戯》(着古した)時代遅れの服;《戯》《劇》堅苦しい大時代な演技 ‖ *jm.* **den ~ voll hauen**《話》…をさんざん殴る | **den ~ voll kriegen**《話》さんざん殴られる | *sich*[3] einen ~ lachen《話》大笑いする ‖ ***sich***[3] **in den ~ machen** 〈**scheißen**〉《話》服に便をもらす; ひどくおびえる〈こわがる〉‖ ***jm.*** **saust der ~**《話》…はひどく不安である. [*afr.* froc „Kutte" − *engl.* frock]

Spiegel

Frack

Frack·an·zug[frák..] 男 燕尾(えんび)服.

Fräcke Frack の複数.

Frack≈hemd[frák..] 中 燕尾(えんび)服用のワイシャツ. **≈man·tel** 男 燕尾服の上着. **≈sau·sen** 中《話》(Übelkeit) 吐き気, むかつき; (Angst) 不安:《ふつう次の形で》**~ haben** 不安である, 心配でたまらない. **≈schoß** 男 燕尾服の上着の尾〈すそ〉. **≈zwang** 男 (夜会などでの)燕尾服着用の義務.

Fra Dia·vo·lo[frá: diá:volo·, fra: −] 人名 フラ ディアーヴォロ(ナポリの盗賊団の首領ミケーレ ペッツァ〔1771-1806〕のあだ名. イタリア語で,「兄弟である悪魔」の意. フランスの作曲家オベールによる同名のオペラがある). [*it.*; ◇Frater]

Frạ·ge[frá:gə] 女 -/-n **1 a)** (↔Antwort) 問い, 質問;《言》疑問〔文〕: eine mündliche 〈schriftliche〉 ~ 口頭〈文書〉での質問 | eine rhetorische ~ 修辞的疑問〔文〕| eine direkte 〈indirekte〉 ~《言》直接〈間接〉疑問〔文〕‖ in ~ und Antwort 質疑応答の形式で | die Antwort auf eine ~ 問いに対する答え ‖ *jm.* eine ~ stellen / an *jn.* eine ~ stellen 〈richten〉 …に質問する | Ich habe eine ~ an Sie. 私はあなたに聞きたいことがある | Ich habe **eine bescheidene ~.** ちょっとうかがいたいのですが(質問を導入するさいの決まり文句) | eine ~ beantworten / auf eine ~ antworten 質問に答える | eine ~ bejahen 〈verneinen〉 質問を肯定〈否定〉する | einer ~ ausweichen 質問をかわす | ~*n* über ~*n* stellen 次から次へと質問する | So eine ~! そんなことを質問するなんて; 聞くまでもないじゃないか. **b)** (Zweifel) 疑い, 疑問: Das ist noch die ~. それはまだ疑わしい | Das ist gar keine ~. それは絶対確実だ ‖ **außer ~ sein** 〈**stehen**〉 疑問の余地がない, 確実である | in ~ stehen 疑問である, 疑わしい | ***jn.*** 〈***et.***[4]〉 **in ~ stellen** …を疑う〈疑問視する〉, …に疑問を投げかける〈さしはさむ〉; (事態が)…を疑わしいものにする | Die Umweltzerstörung kann auf die Dauer die Existenz der Menschheit in ~ stellen. 環境破壊は長い目で見れば人類の生存をおびやかしかねない | **ohne ~** 疑いもなく, 確実に.

2 (Problem) 問題; (Thema) 論題; (Sache) (…の)件: eine brennende 〈dringende〉 ~ さし迫った問題 | eine entscheidende 〈wichtige〉 ~ 決定的〈重要〉な問題 | eine 〔noch〕 offene ~ 未解決の問題 | Juden*frage* ユダヤ人問題 | Umwelt*frage* 環境問題 ‖ Das ist eine ~ der Begabung. それは才能の問題だ | Das ist nur noch **eine ~ der Zeit.** それはもう時間の問題にすぎない ‖ eine ~ klären 〈lösen〉 問題を解明〈解決〉する | eine ~ aufwerfen 〈anschneiden〉 問題を提起する〈切り出す〉‖ 〔**für *jn.*** 〈***et.***[4]〉〕 **in ~ kommen** 〔…にとって〕問題〈考慮の対象〉になる | **nicht in ~ kommen** 問題外である, 考慮の余地がない | So etwas kommt gar nicht in ~. そんなことは全然問題にならない | Er kommt für den Posten nicht in ~. 彼がこのポストにつくことなど全く考えられない. ▽**3** peinliche ~ 拷問(＝Folter). [*ahd.*; ◇prekär, forschen]

Frạ·ge≈ad·verb[frá:gə..] 中《言》疑問副詞. **≈bo·gen** 男 質問紙, 調査〈アンケート〉用紙. **≈form** 女《言》疑問形. **≈für·wort** 中 ＝ Interrogativpronomen **≈ka·sten** 男 質問箱; (新聞・雑誌などの)質疑応答欄.

frä·geln[frɛ́:gəln]《06》他 (h)《スイス》《*jn.*》(…に)用心深く〈狡猾(こうかつ)に〉尋ねる.

fra·gen[(*)][frá:gən][1]《48》**frag·te** (方: frug[fru:k][1]) / **ge·fragt**; 現 *du* fragst (方: frägst[frɛ:kst]), *er* fragt (方: frägt); 接II fragte (方: früge[frý:gə])

I 他 (h) **1**《*jn.*》(…に)質問する, 尋ねる, 尋ねて言う; (…の)意見〈返答・了承〉を求める: den Lehrer ~ 先生に質問する | *jn.* wiederholt 〈eindringlich〉 ~ …にくり返し〈執拗(しつよう)に〉尋ねる | ohne mich vorher zu ~ 私に無断で | Da

fragst du mich zuviel. それを私に聞くのは見当外れだ(そんなことは私は知らない) | Antworte, du bist *gefragt*! 答えろよ 君に聞いているんだ | Wir sind gar nicht *gefragt* worden. だれも私たちの意向を尋ねなかった ‖〖目的語なしで〗wenn ich ～ darf もしも〔こんなことを〕質問してよければ, 失礼なことをお尋ねしますが | ohne erst lange zu ～ いろいろと迷うことなく, 即決で | *Frage* doch nicht so dumm! そんなばかげた質問をするな | Kinder *fragen* viel. 子供はやたらとものを聞く | Da *fragst* du noch? もう聞くまでもなかろうに | *Fragen* Sie lieber nicht! そんなこと聞いてくれるな(答えるのもしゃくだ).
‖〖前置詞と〗〔*jn.*〕 **nach** *et.*³ ～〔…に〕…のことを尋ねる | *jn.* nach dem Weg ⟨nach der Zeit⟩ ～ …に道⟨時刻⟩を尋ねる | nach den Gründen ～ 原因を調べる | Er *fragte* mich nach meiner Meinung ⟨nach meinen Eltern⟩. 彼は私の意見⟨私の両親の安否⟩を尋ねた | Ich wurde nach dem Befinden meines Vaters *gefragt*. 私は父の消息を尋ねられた | Hat jemand nach mir *gefragt*? だれか私のことを尋ねたか⟨私に会いに来たか⟩(→II) | Er *fragte* mich 〔danach〕, ob ich mitkomme ⟨wo ich wohne⟩. 彼は私に一緒に来るかどうか⟨どこに住んでいるのか⟩と尋ねた | 〔*jn.*〕 **um** *et.*⁴ ～〔…に〕…を求める | *jn.* um Erlaubnis ⟨um Rat⟩ ～ …に許可⟨助言⟩を求める | 〔*jn.*〕 **wegen** *js.* ⟨*et.*²⟩ ～〔…に〕…に関して尋ねる,〔…に〕…の詳細を尋ねる | Er *fragte* wegen der Miete. 彼は家賃⟨部屋代⟩のことを尋ねた ‖ 再帰 Ich *frage* mich 〔danach〕, ob das Zweck hat. 私はそれが役に立つものか疑問に思う ‖〖〔人の4格のほかに〕質問の内容を表す語句をも目的語として〗Darf ich Sie **etwas** ～? あなたにお尋ねしたいことがあるのですが | **Was** hat er 〔dich〕 *gefragt*? 彼は〔君に〕何を尋ねたのか | **Das** *frage* ich dich! それは君のほうが知っているはずだ ‖ Sie *fragte* mich, warum ich nicht mitkomme. どうして同行しないのかと彼女は私に尋ねた | Er *fragte,* wie es passiert sei. / „Wie ist es passiert?" *fragte* er. それはどのようにして起こったのかと彼は尋ねて言った ‖〖結果を示す語句と〗再帰 *sich*⁴ heiser ～ 質問しすぎて声がかすれる | *sich*⁴ durch die Stadt ～ 町じゅう尋ねて回る ‖ *jm.* Löcher ⟨ein Loch⟩ in den Bauch ～ (→Loch 1) ‖ ein *fragendes* Fürwort〖言〗疑問代名詞 | in *fragendem* Ton 質問の語調で ‖ *jn. fragend* ansehen …をもの問いたげに見つめる.

2 a) 再帰 *sich*⁴ ～ 疑問に思う; 思案⟨熟慮⟩する: Das *frage* ich mich auch. 私もそれを疑問に思っている | Er *fragte* sich, ob er antworten soll. 返答すべきかどうか彼は迷った. **b)** 再帰 **es** *fragt* **sich, ob** ... …かどうかは疑わしい⟨疑問である⟩ | Es *fragt* sich, ob er kommt. 彼が来るかどうかは疑わしい.

3 《ふつう受動態で》求められる: Dieser Artikel ist ⟨wird⟩ sehr *gefragt*. この商品は需要がきわめて多い, この商品はとても人気がある | Das sind die *gefragtesten* Schuhgrößen. それがいちばん需要の多い靴のサイズです.

II 自 (h) **1** 《ふつう否定文で》《nach *jm.* ⟨*et.*³⟩》(…のことを)気にかける: Der Vater *fragt* überhaupt nicht nach den Kindern. その父親は子供たちを全くほったらかしている | Er *fragt* nicht danach, ob es erlaubt ist. 彼はそれが許されていることかどうか全く気にかけない. **2** →I

[*ahd.*; ◇Frage]

Fra̱·gen·kom·plex[frá:gən..] 男 複合した⟨入り組んだ⟩問題.

Fra̱·ge≠par·ti̱·kel[frá:gə..] 女〖言〗疑問詞. **≠pro·no̱·men** 中〖言〗疑問代名詞. **≠punkt** 男 疑問点; 問題点, 論点.

Fra̱·ger[frá:gər] 男 -s/- 〔しつこい〕質問者.

Fra·ge·re̱i[fra:gəráɪ] 女 -/-en うるさい⟨しつこい⟩質問, 質問攻め.

Fra̱·ge≠satz[frá:gə..] 男〖言〗疑問文: ein abhängiger ⟨indirekter⟩ ～ 従属⟨間接⟩疑問文. **≠stel·ler** 男 -s/- 質問者, 問題提起者. **≠stel·lung** 女 質問, 問題提起. **≠stun·de** 女 (議会での)質疑〔制限〕時間. **≠to̱n** 男 -〔e〕s/ 〖言〗(決定疑問文などの, しり上がりの)疑問声調.

Fra̱·ge-und-A̱nt·wort-Spiel[frá:gə|ʊnt|ántvɔrt..] 中 問答遊び, クイズ.

Fra̱·ge·wort 中 -〔e〕s/..wörter〖言〗疑問詞.

Fra̱·ge·zei·chen 中〖言〗疑問符 (?): ein ～ setzen 疑問符を打つ | Hinter seine Behauptung muß man ein dickes ⟨großes⟩ ～ setzen. 彼の主張ははなはだ疑わしい ‖ **wie ein lebendiges ～** aussehen 何が何だかわからないような顔をしている | **wie ein ～ dastehen ⟨dasitzen⟩** 《俗》背を丸くして立って⟨座って⟩いる.

fra·gi̱l[fragí:l] 形《雅》(zerbrechlich) もろい, 壊れやすい; 弱々しい, 虚弱⟨きゃしゃ⟩な. [*lat.*; ◇Fragment]

Fra·gi·li·tä̱t[..gilitɛ́:t] 女 -/ もろさ; 虚弱, きゃしゃ. [*lat.*]

fra̱g·lich[frá:klɪç] 形 **1** (unsicher) 疑わしい, 不確かな; 未解決の: Es ist ～, ob ... …かどうかは疑わしい. **2** 《付加語的》(betreffend) 問題の, 当該の: Er war zur ～*en* Zeit zu Hause. 彼は問題の時刻には自宅にいた.

Fra̱g·lich·keit[-kaɪt] 女 -/-en 疑わしさ, 不確実さ.

fra̱g·los[..lo:s] 副《陳述内容に対する話し手の判断・評価を示して》(zweifellos) 疑いもなく, 明らかに, 確かに: Seine Behauptung ist ～ richtig. 彼の主張は明らかに正しい.

Frag·me̱nt[fragmɛ́nt] 中 -〔e〕s/-e **1** (Bruchstück) 断片, 破片; 断章, 断編, 未完の作品. **2** (Torso) トルソー(人体の胴部分のみの彫像). [*lat.*; < *lat.* frangere „brechen" (◇brechen); ◇fragil, Fraktion]

frag·men·ta̱·risch[..mɛntá:rɪʃ] 形 断片⟨破片⟩の; 断章⟨断編⟩の, 未完の; 不完全な.

Fra̱g·ner[frá:gnər] 男 -s/- 《南部・オーストリア》(Krämer) 小売商人. [*ahd.* phragenāri; < *ahd.* phragina „Schranke"]

frä̱gst[frɛ:kst] fragst (fragen の現在 2 人称単数)の方言形.

frä̱gt[frɛ:kt] fragt (fragen の現在 3 人称単数)の方言形.

fra̱g·wür·dig[frá:k..] 形 (zweifelhaft) 疑わしい, 不確かな; いかがわしい, 怪しげな: ein ～*er* Gewinn 後ろ暗いもうけ | ein ～*es* Subjekt うろんなやつ.

frais[frɛ:s] 形《無変化》いちご色の: ein ～ Kostüm いちご色のスーツ. [*lat.* frāga—*fr.* fraise „Erdbeere"]

Frais[fraɪs][1] 男 -es/-en《ふつう複数で》《オーストリア》(幼児の)ひきつけ, けいれん: in die ～*en* fallen《俗》びっくりする, ぎょっとする. [*ahd.* freisa „Gefahr"]

fraise[frɛ́:zə; オーストリア: frɛ:s] 形《無変化》, **fraise·far·ben**[frɛ́:zə..] 形 =frais

frak·ta̱l[fraktá:l] **I** 形〖数〗次元分裂図形の, フラクタルの: ～*e* Geometrie フラクタル幾何学. **II Frak·ta̱l**[–] 中 -s/-e〖数〗次元分裂図形, フラクタル. [*lat.*—*engl.*]

Frak·tio̱n[fraktsió:n] 女 -/-en **1** (議会の)党派, 会派, 議員団; (政党内の)分派, 派閥. **2**〖化〗分留(ぶんりゅう). **3** 《オーストリア》市町村内の行政区域. [*spätlat.*(—*fr.* fraction „Bruchteil"); ◇Fragment]

frak·tio·ne̱ll[fraktsionɛ́l] 形 党派⟨分派⟩の. [< ..ell]

Frak·tio·ni̱er·ap·pa·rat[..ní:r..] 男〖化〗分留器.

frak·tio·ni̱e·ren[..ní:rən] **I** 他 (h) **1**〖化〗分留する. **2**〖政〗(組織・運動などを)派閥に分裂させる.
II 自 (h)〖政〗派閥に分かれる.

Frak·tio·ni̱e·rung[..ní:rʊŋ] 女 -/-en **1**《単数で》fraktionieren すること. **2**〖政〗分派, 派閥.

Frak·tio̱ns≠aus·schuß[fraktsió:ns..] 男 党⟨会派⟩議員団の委員会. **≠dis·zi·plin** 女 -/ 党⟨会派⟩議員団の統制. **≠fü̱h·rer** 男 党⟨会派⟩議員団長. **≠mit·glied** 中 党⟨会派⟩所属議員. **≠sit·zung** 女 党⟨会派⟩議員集会. **≠stär·ke** 女 (議会での)会派結成に必要な人数; 党⟨会派⟩議員数. **≠vo̱r·sit·zen·de** 男 女 党⟨会派⟩議員団長. **≠vo̱r·stand** 男《集合的に》党議員団首脳⟨幹事⟩. **≠zwang** 男 -〔e〕s/ (投票などについての)党⟨会派⟩議員団の拘束.

Frak·tu̱r[fraktú:r] 女 -/-en **1** (↔Antiqua)〖印〗ドイツ文字(→付録: 字母一覧): *et.*⁴ in ～ drucken …をドイツ文字で印刷する ‖ 〔**mit** *jm.*〕 **～ reden** 《話》〔…に〕ずけずけものを言う. **2** (Knochenbruch) 骨折. [*lat.* frāctūra „Bruch"]

Fram·bö·si̱e[frambøzí:] 女 -/-n[..zí:ən]〖医〗フランベシア(熱帯病の一種), いちご腫(しゅ). [< *fr.* framboise „Himbeere" (◇frais, Ambrosia)]

F

Frame[1][fre:m, freɪm] 男 -n[..mən]/-n (鉄道車両の)骨組み, フレーム. [*engl.*; ◇fremd]

Frạ·me[2][frá:mə] 女 -/-n (古代ゲルマンの)投げ槍(やり). [*germ.–lat.* framea]

Franc[frã:] 男 -/-s[–] (単位: -/-) (略 fr.) フラン(フランス・ベルギー・ルクセンブルクなどの旧貨幣〔単位〕). [*fr.*; <*mlat.* Francōrum (rēx) „(König) der Franken" (通貨に刻まれた銘; ◇Franke)]

Fran·çai·se[frãsέ:zə] 女 -/-n フランセーズ(1830年ごろフランスで広まった優雅なダンス). [*fr.* „französisch"]

Fran·chi·se[1][frãʃí:zə] 女 -/-n **1** 自由; 率直. **2** (関税などの)免除; (保険の)免責歩合. [*fr.*; <*fr.* franc (→frank)]

Fran·chise[2][frǽntʃaɪz] 中 -/ 《商》(製造者が与える)独占販売権, フランチャイズ. [*amerik.*]

Frạn·cium[frántsiʊm] 中 -s/ 《化》フランシウム(放射性元素名; 記号 Fr). [<*fr.* France „Frankreich" (◇Franc)]

Franck[fraŋk, frã:k] 人名 César ～ セザール フランク(1822–90; フランスの作曲家).

Frạn·cke[fráŋkə] 人名 August Hermann ～ アウグスト ヘルマン フランケ(1663–1727; ドイツの神学者・教育家. ハレの教育施設 Franckesche Stiftungen の創設者).

Frạn·co[fráŋko·] 人名 Francisco ～ フランシスコ フランコ(1892–1975; スペインの軍人・独裁政治家. 1939年から47年までスペイン国民政府首席, 47年以後は終身統領).

frank[fraŋk] 副《ふつう次の形で》**～ und frei** 率直に, 腹蔵なく | *et.*[4] ～ und frei zugeben …を率直に認める. [*afränk.–mlat.* francus „fränkisch"–*fr.* franc „frei"; ◇frech]

Frank[1][–] 男名 フランク. [◇Franke]

Frank[2][–] 男 -en(-s)/-en (単位: -/-) =Franc

Fran·ka·tụr[fraŋkatú:r] 女 -/-en 郵便料金前納; (郵便料金として貼付(ちょう)された)切手. [*it.*; ◇frankieren]

Frạn·ke[fráŋkə] 男 -n/-n (女 **Frạ̈n·kin**[frέŋkɪn]-/-nen) **1 a)** フランク人(西ゲルマンの一部族で, フランク王国を建設: →fränkisch 1). ▽**b)** =Franzose 1 **2** Franken[1]の住民. [*afränk.*; ◇frank]

Frạn·ken[1][fráŋkən] 地名 フランケン(ドイツ Bayern 州の北部, Main 川の流域を占める地方で, Oberfranken, Unterfranken, Mittelfranken の三つに分かれる).

Frạn·ken[2][–] 男 -s/- (略 Fr., sFr., sfr) スイス=フラン(スイスの貨幣単位: 100Rappen). [*fr.* franc–*mhd.*; ◇Franc]

das **Frạn·ken·reich**[fráŋkən..] 地名 中 -s/ (das Fränkische Reich)《史》フランク王国(→fränkisch 1). [*mhd.*; ◇Franke]

der **Frạn·ken·wald** 地名 男 -〔e〕s/ フランケンヴァルト(Fichtelgebirge から北西に伸びて Thüringer Wald に続く山地. 最高峰は795m).

Frạn·ken·wein 男 フランケンワイン(Würzburg を中心とする Franken 地方産のワインで, Bocksbeutel に詰める).

Frạnk·furt[fráŋkfʊrt] 地名 フランクフルト: ～ am Main (略 ～ a. M.) フランクフルト アム マイン(ドイツ中西部, Main 川に沿うドイツ有数の商工業都市. Goethe 誕生の地としても知られる. 元来「フランク族が利用した渡し場」の意) | ～ an der Oder (略 ～ a. d. O.) フランクフルト アン デル オーデル(ドイツ北東部, Oder 川に沿う都市. 交通の要路ということで Frankfurt a. M. にちなんで命名された). [<..furt]

Frạnk·fur·ter[..tər] **I** 男 -s/- フランクフルトの人. **II** 女 -/- フランクフルト=ソーセージ. **III** 形《無変化》フランクフルトの: ～ Würstchen =II | Die ～ Allgemeine 〔Zeitung für Deutschland〕(略 FAZ) フランクフルター アルゲマイネ新聞(1949年に創刊されたドイツの有力新聞) | die ～ Nationalversammlung フランクフルト国民議会(1848年に開かれた, ドイツ統一を議題とする議会).

frạnk·fur·tisch[..tɪʃ] 形 フランクフルト〔ふう〕の.

fran·ki̱e·ren[fraŋkí:rən] 他 (h) (freimachen)《*et.*[4]》(…の)郵便料金を前納する(切手・郵便証紙などで); (郵便物に)切手をはる: Dieser Brief ist nicht 〈ungenügend〉 *frankiert.* この手紙は切手がはってない〈料金不足だ〉. [*it.*; ◇franko]

Fran·ki̱er·ma·schi̱·ne[..kí:r..] 女 郵便料金計器.

Fran·ki̱e·rung[..kí:rʊŋ] 女 -/-en **1**《単数で》frankieren すること. **2** 郵便料金支払証(切手・スタンプなど).

Fran·ki̱e·rungs·zwang 男 -〔e〕s/ 郵便料金前納の義務.

Frạ̈n·kin Franke の女性形.

frạ̈n·kisch[frέŋkɪʃ] 形 **1** フランク族の; 〔古〕フランク語の: das *Fränkische* Reich フランク王国(フランク族が5世紀末に建設し, 9世紀まで続いた, 西ヨーロッパをおおう最初のキリスト教的ゲルマン統一国家. のちにドイツ・フランス・イタリアの三つに分裂). **2** フランケン〔地方〕の; フランケン方言の: →deutsch | im *Fränkischen* フランケン方言で; フランケン〔地方〕で | der *Fränkische* Jura フランケンジュラ山脈 (die *Fränkische* Alb ともいい, ジュラ山脈の北東部) | die *Fränkische* Schweiz フランケンスイス(フランケンジュラ山脈の北部の, 特に風景の美しい地方).

Frạnk·lin[frǽŋklɪn] 人名 Benjamin ～ ベンジャミン フランクリン(1706–90; アメリカの政治家・著述家・科学者).

frạn·ko[fráŋko·] 形《無変化》(gebührenfrei) 料金〈運賃〉無料の; (郵便料金に関して)受取人払いの: ～ Grenze 国境まで運賃無料 ‖ gratis und ～ (→gratis). [*it.* (porto) franco „(Beförderung) frei"; <*mlat.* francus (→frank)]

franko..《名詞・形容詞などにつけて「フランス〔国・人・文化・語〕」を意味する》: *Franko*kanadier フランス系カナダ人 | *Franko*philie フランスびいき | *franko*phil フランスびいきの | *franko*phob フランス嫌いの. [*mlat.* Francus „Franke"]

Frạn·ko·ka·na̱·di·er[fráŋkokana:diər] 男 フランス系カナダ人.

Fran·ko·ma·ni̱e[fraŋkomaní:] 女 -/ (過度な)フランス崇拝, フランス狂.

Frạn·ko·mar·ke[fráŋko..] 女《ｽｲｽ》(Briefmarke) 郵便切手. [<franko]

fran·ko·phi̱l[fraŋkofí:l] 形 フランス〔人〕びいきの, 親仏の.

Fran·ko·phi·li̱e[..filí:] 女 -/ フランス〔人〕びいき, 親仏〔感情〕.

fran·ko·pho̱b[..fó:p][1] 形 フランス〔人〕嫌いの, 反仏の.

Fran·ko·pho·bi̱e[..fobí:] 女 -/ フランス〔人〕嫌い, 反仏〔感情〕.

fran·ko·pho̱n[..fó:n] **I** 形 フランス語を母語とする, フランス語圏の. **II Fran·ko·pho̱·ne** 男 女《形容詞変化》フランス語を母語とする人, フランス語圏の人.

Frạnk·reich[fráŋkraɪç] 地名 フランス(共和国, 首都は Paris): Republik ～ フランス共和国 | der Ministerpräsident ～*s* フランス首相 ‖ wie Gott in ～ leben (→Gott). [*mhd.*; ◇Frankenreich; *engl.* France]

Frank·ti·reur[frãtirø:r] 男 -s/-e (独仏戦争・第一次世界大戦などの)フランス〈ベルギー〉のパルチザン. [*fr.* franc-tireur „Frei-schütze"; ◇frank]

Fran·quis·mus[fraŋkísmʊs] 男 -/ 《政》フランコ主義(→Franco).

Fran·quist[..kíst] 男 -en/-en フランコ主義者.

fran·qui·stisch[..kístɪʃ] 形 フランコ主義の.

Frạn·se[fránzə] 女 -/-n (小 **Frạ̈ns·chen**[frέnsçən], **Frạ̈ns·lein**[..laɪn] 中 -s/-) (布地のふちなどの)房; 《比》垂れ下がった髪の毛: *sich*[3] den Mund in ～*n* reden (→Mund[1] 1). [*lat.* fimbriae „Fransen"–*fr.* frange–*mhd.*; ◇*engl.* fringe]

frạn·sen[fránzən][1]《02》 **I** 他 (h) (…に)房をつける. **II** 自 (h) (布地のふちなどが)ほぐれて房状になる.

Frạn·sen∠flü̱g·ler[..fly:glər] 男 -s/-《ふつう複数で》(Blasenfuß)《虫》総翅(そうし)目の昆虫(アザミウマの類).

∠mot·te 女《虫》カザリバガ(飾羽蛾)科のガ.

frạn·sig[fránzɪç][2] 形 房のある, 房状の; (ausgefranst) ふちのほぐれて房状になった: *sich*[3] den Mund ～ reden (→Mund[1] 1).

franz. 略 =französisch

Franz[1][frants] **I** 男名 フランツ: ～ von Assisi アッシジのフランチェスコ(1182–1226; イタリアの聖職者・聖人. イタリア語形 Francesco d'Assisi; 本名 Giovanni, フランス語を巧み

に話したので Francesco „Franzose“ と呼ばれた) | Hans und ～ (→Hans II). **II** 男 -es/Fränze[fréntsə]《話》(Beobachter)(飛行機の)偵察員.

Franz[2][–] 中 -/ (<Französisch)《話》(授業科目の)フランス語; フランス語の授業〔時間〕: →Bio

Franz≠band[fránts..] 男〘製本〙フランス風子牛革装〔の本〕. **≠brannt·wein** 男 フランス=ブランデー(アルコールを薄めたリューマチ用の塗布薬). **≠bröt·chen** 中 (Franzsemmel)〔フランスふう〕ブレーチェン(→Brötchen).
[<franz „französisch“]

Fränz·chen[fréntsçən] 男名 女名 (<Franz[1] I, Franziska I)フレンツヒェン.

Frän·ze[1][fréntsə] 女名 (<Franziska) フレンツェ.

Frän·ze[2] Franz[1] II の複数.

fran·zen[frántsən]《02》**I** 自 (h)《話》(飛行機の)偵察員を務める. **II** 他 (h)《話》《*jn.*》(…に)道を教える.

Fran·zis·ka[frantsíska·] **I** 女名 (<Franziskus) フランツィスカ. **II** 女 -/..ken[..kən] フランク人の戦斧(せんぷ) (→Streitaxt).

Fran·zis·ka·ner[..tsıská:nər] 男 -s/- 〘カトリック〙フランシスコ会修道士(→ 図) (→Franziskanerorden).

Kapuze (braun)
Strickgürtel (weiß)
Kutte (braun)
Sandale
Franziskaner

Fran·zis·ka·ne·rin[..nərın] 女 -/-nen〘カトリック〙フランシスコ会修道女.

Fran·zis·ka·ner≠klo·ster[..nər..] 中〘カトリック〙フランシスコ会の修道院. **≠mönch** 男 =Franziskaner **≠non·ne** 女 =Franziskanerin **≠or·den** 男 -s/〘カトリック〙フランシスコ会(1209年にアッシジのフランチェスコが設立した托鉢(たく)修道会: →Franz[1] I).

Fran·zis·ken Franziska II の複数.

Fran·zis·kus[frantsískus] 男名 フランツィスクス(イタリア名 Francesco のラテン語化形. 短縮形: Franz, 女性形: Franziska): der heilige ～ 聖フランチェスコ(=Franz von Assisi).

das **Franz-Jo·seph-Land**[frántsjó:zɛf..] 地名 中 -〔e〕s/ フランツ=ヨーゼフ=ラント(北極海に浮かぶ約60の島々. 今日ではロシア連邦領でゼムリヤ フランツァ=イオシファ諸島と称するが,1874年にオーストリア=ハンガリー北極探検隊に発見されて,当時の皇帝の名にちなんで命名された).

Franz·mann[fránts..] 男 -〔e〕s/..männer 《俗》(Franzose) フランス人. [*ndl.*; <*ndl.* frans „französisch“]

Fran·zo·se[frantsó:zə] 男 -n/-n **1** (⊛ **Fran·zö·sin**[..tsǿ:zın]-/-nen) フランス人. **2** 自在スパナ(→ 図 Schraube B). **3**《話》**a**)〘虫〙ジョウカイ(浄海)科の昆虫. **b**)〘虫〙チャバネゴキブリ(茶羽蜚蠊),(Kakerlak) ゴキブリ. **4**《複数で》《話》(Franzosenkrankheit) 梅毒: die ～*n* haben 梅毒にかかっている.

Fran·zö·se·lei[..tsø:zəlái] 女 -/-en フランスふうの模倣, フランスかぶれ.

fran·zö·seln[..tsǿ:zəln]《06》自 (h) フランスふうを模倣する, フランス〔語〕めかす.

fran·zo·sen≠feind·lich[frantsó:zən..] = frankophob **≠freund·lich** =frankophil

Fran·zo·sen≠gras 中〘植〙オオカニツリ(大蟹釣). **≠holz** 中〘植〙(Guajakholz) リグヌム=ビタエ(中米原産ハマビシ科の木材で堅く上質). **≠krank·heit** 女 -/ (Syphilis) 梅毒. **≠kraut** 中〘植〙コゴメギク(小米菊)属(ハキダメギクなど).

Fran·zo·sen·tum[..tu:m] 中 -s/ フランス人気質.

fran·zö·si·e·ren[frantsøzí:rən] 他 (h) フランス化する, フランスふうにする.

Fran·zö·sin Franzose の女性形.

fran·zö·sisch[frantsǿ:zıʃ] 形 フランス〔人〕の; フランス語の: →deutsch | die *Französische* Revolution〘史〙フランス革命(1789-99) | die ～*e* Schweiz フランス語圏のスイス ‖ ein ～*es* Bett フランス式寝台(ダブルベッド) | ein ～*er* Kuß フランス式の(舌をからませ合っての)ディープキス ‖ *sich*[4]〔auf〕～ **empfehlen** ⟨**verabschieden** / **verdrücken**⟩ /〔auf〕～ Abschied nehmen《話》フランス流に(別れのあいさつをせずにこっそりと)立ち去る. [*afr.*–*mhd.*; ◇Française; *engl.* French]

Fran·zös·ling[..tsø:slıŋ] 男 -s/-e《俗》親仏家; フランスかぶれの人.

Franz·sem·mel[fránts..] 女 =Franzbrötchen

frap·pant[frapánt] 形 驚くべき; 目だつ, 著しい: eine ～*e* Ähnlichkeit 驚くほどの⟨顕著な⟩類似性. [*fr.*]

Frap·pé (**Frap·pee**)[frapé:] **I** 男 -s/-s〘織〙フラッペ(浮き出し模様の織り地). **II** 中 -s/-s《オーストリア》フラッペ(こまかく砕いた氷を入れたアルコール飲料). [*fr.* „geprägt, eisgekühlt“]

frap·pie·ren[frapí:rən] 他 (h) **1**《*jn.*》驚かせる, あっと言わせる: Seine Antwort hat mich *frappiert.* 彼の返事には驚かされた | eine *frappierende* Schnelligkeit 目をみはる速さ. **2** (ワインなどを)氷で冷やす. [*afränk.*–*fr.* frapper „schlagen“; ◇raffen; *engl.* frap]

Fräs≠ar·beit[frɛ́:s..] 女〘工〙フライス加工. **≠dorn** 男 -〔e〕s/-e〘工〙フライス⟨カッター⟩アーバ.

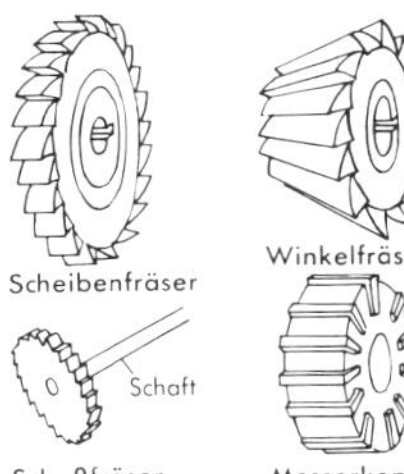

Fräser

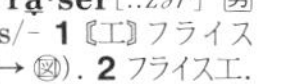

Frä·se[frɛ́:zə] 女 -/-n **1 a**) =Fräser **b**) フライス盤. **c**) (Bodenfräse) ロータリー式耕耘(こう)機. **2** フレーズひげ(→ 図 Bart). [*fr.* fraise; <*lat.* frendere „knirschen“]

frä·sen[frɛ́:zən][1]《02》他 (h) フライス盤で切削⟨加工⟩する.

Frä·ser[..zər] 男 -s/- **1**〘工〙フライス(→ 図). **2** フライス工.

Fräs≠ma·schi·ne[frɛ́:s..] 女〘工〙フライス盤, ミーリングマシン. **≠mes·ser** 中〘工〙フライス〔の刃〕.

fraß[fra:s] fressen の過去.

Fraß[–] 男 -es/-e **1** (動物, 特に猛獣の)えさ, えじき;《話》(粗末な・まずい)食い物. **2** =Fressen 2

frä·ße[frɛ́:sə] fressen の接続法 II.

Fraß·gift[frá:s..] 中 害虫⟨害獣⟩駆除用のえさ.

Fräs·spin·del[frɛ́:s..] 女〘工〙フライス軸, ミーリングスピンドル. [<Fräse]

Fra·ter[frá:tər, ..tɛr] 男 -s/Fratres[frá:tre:s] (略 Fr.)〘カトリック〙(まだ司祭でない)修士; 助修士. [*lat.* frāter „Bruder“; ◇Bruder]

fra·ter·ni·sie·ren[fratɛrnizí:rən] 自 (h)《mit *jm.*》(…と)兄弟の交わりをする, 親しく交際する. [*fr.*]

Fra·ter·ni·tät[..tɛ́:t] 女 -/ 兄弟⟨友愛⟩関係; 兄弟⟨同胞⟩愛, 友愛. [*lat.*]

Fra·tres Frater の複数.

Fratz[frats] 男 -es/-e (《オーストリア》: -en/-en) (⊙ **Frätz·chen**[frɛ́tsçən], **Frätz·lein**[..laın] 中 -s/-) **1** わんぱく; おちゃめ. **2** 愚か者; だて者.

Frätz·chen Fratz, Fratze の縮小形.

Frat·ze[frátsə] 女 -/-n (⊙ **Frätz·chen**[frɛ́tsçən], **Frätz·lein**[..laın] 中 -s/-) **1 a**) 異様な⟨恐ろしい⟩顔, 醜い⟨嫌悪すべき⟩顔. **b**)《話》(Grimasse) しかめっつら: eine ～ schneiden ⟨ziehen⟩ / das Gesicht zu einer ～ verzerren ⟨verziehen⟩ 顔をゆがめる, しかめっつらをする. **c**)《話》(Gesicht) 顔: Sie hat eine hübsche ～. 彼女はかわいい顔をしている. **2** (Narretei) ばかなまね, 愚行; (Posse) 道化, 茶番. [*it.* frasche „Possen“; <*it.* frasca „Laubast (als Schankzeichen)“]

Frat·zen·ge·sicht[frátsən..] 中 しかめっつら.

frat·zen·haft 形 異様な⟨恐ろしい⟩顔をした, 醜い顔をした; グロテスクな; しかめっつらをした.

F

Frat·zen·schnei·der 男 しかめっつらをする人.

frat·zig[frátsıç]² ＝fratzenhaft

Frätz·lein Fratz, Fratze の縮小形.

Frau[frau] **I** 女 -/-en (小 **Frau·chen** → 別出) **1** (↔Mann) (成人の)女性, 女子, 女, 婦人: Männer und ～*en* 男と女, 男も女も ‖ eine junge ⟨schöne⟩ ～ 若い⟨美しい⟩女性 | eine berufstätige ⟨verheiratete⟩ ～ 働く女性⟨既婚の女性⟩ | **die weise** ～ ᵛi) 産婆, 助産婦(＝Hebamme); ii)《話》《婉曲に》非合法に堕胎の処置を行う女 | gnädige ～ 奥様(目上の女性に対する丁重な呼びかけ) | Putz*frau* 掃除婦 ‖ Er hat viele ～*en* gehabt. 彼には大勢の女性がいた(過去に多くの女性関係があった). **2** (↔Mann) (Ehefrau) 妻, 女房, 細君, 夫人: meine ～ 私の妻⟨家内⟩ | *js.* zukünftige ⟨geschiedene⟩ ～ …の将来の⟨別れた⟩妻 ‖ ～ und Kinder haben 妻子がある | *sich*³ eine ～ suchen ⟨finden⟩ 結婚相手の女を探す⟨見つける⟩ ‖ *jn.* zur ～ nehmen …を妻にする | Er hat eine Deutsche zur ～. 彼はドイツ人の女性と結婚している ‖ Grüßen Sie Ihre ～ von mir! 奥様によろしく. **3**《話》ガールフレンド, いいなずけ. **4** (Herrin) 女主人: die ～ des Hauses 家の女主人⟨主婦⟩ | **Unsere Liebe** ～〖カトリック〗聖母マリア. **5**《既婚・年輩の女性に対する敬称として, 姓・職名・称号などの前にそえて; ただし最近は未婚でも成人女性に対し Frau をつけることが多い》(略 Fr.)(英: *Mrs.*) …夫人, …さん, …様: ～ Schmidt シュミット夫人 | ～ Schmidt geb. Müller ミュラー家の出のシュミット夫人(シュミット夫人, 旧姓ミュラー) | Frau Holle (→Holle) | ～ Oberin 尼僧院長 | *Frau* Nachbarin! (近所・近くの席の婦人に対して)もしもし奥様 | ～ Professor Müller i) ミュラー教授(女性); ᵛii) ミュラー教授夫人 | liebe ⟨sehr verehrte⟩ ～ Meyer 親愛なる⟨敬愛する⟩マイヤー夫人(手紙の冒頭など) ‖ Grüßen Sie bitte Ihre ～ Gemahlin ⟨Mutter⟩ recht herzlich von mir! どうか奥様⟨お母様⟩に私からくれぐれもよろしくとお伝えください ‖〖2格で〗die Adresse ～ Müllers ⟨der ～ Müller⟩ ミュラー夫人のアドレス.

II frau《不定代名詞. 文法形式上は単数1格のみ》《戯》《不特定の人[びと], 特に女性を指して》だれかある人, 人[びと]: Auf dem Lande redet man ⟨*frau*⟩ Mundarten. 田舎では方言を話す | wenn *frau* ein Kind bekommt 子供ができたら, 妊娠した場合には.

[*ahd.* frouwa „Herrin"; ◇Fron]

Frau·chen[fráuçən] 中 -s/- (Frau の縮小形. 例えば:) 小柄の女性; 愛すべき妻; (特に飼い犬の)女主人: ein verhutzeltes ～ (小柄の)しなびた老婆 | Wo ist ～? (犬に向かって)ご主人はどこかね.

Frau·en≠ab·teil[fráuən..] 中 女性専用室⟨区画⟩. **≠ar·beit** 女 女子労働; 女性[向き]の仕事; 女性問題に関する仕事. **≠arzt** 男 婦人科医. **≠be·ruf** 男 女性[向き]の職業. **≠be·we·gung** 女 -/ 婦人運動, 女性解放運動. **≠bri·ga·de** 女 (旧東ドイツの)女子作業班. **≠chor** [..ko:r] 男 女声合唱[団]. **≠dop·pel** ＝Damendoppel **≠ein·zel** ＝Dameneinzel **≠eis** 中 -es/ (Alabasterglas)〖鉱〗透石膏(せっこう), セレナイト. **≠eman·zi·pa·tion** 女 -/ 女性解放. **≠fach·schu·le** 女 女子職業学校. **≠farn** 男〖植〗メシダ(雌羊歯)属. **≠feind** 男 女嫌いの人.

frau·en·feind·lich 形 女ぎらいの, 女性敵視の.

Frau·en≠fra·ge 女 女性の問題. **≠freund** 男 女性に対して好意的な人.

frau·en·freund·lich 形 女性に対して好意的な.

Frau·en≠ge·fäng·nis 中 女子刑務所. **≠ge·stalt** 女 **1** (文学作品などの)女性像. **2** 女の姿. **≠glas** 中 -es/ ＝Fraueneis **≠haar** 中 **1** 女性の毛髪: Goldenes ～〖植〗スギゴケ(杉苔)属. **2**〖植〗スギゴケ属. **≠haar·farn** 男〖植〗ホウライシダ(蓬莱羊歯).

frau·en·haft 形 女性特有の, 女らしい: ～*e* Anmut 女性らしい優美さ.

Frau·en≠haß 男 女性への憎悪⟨憎しみ⟩. **≠has·ser** 男 (Weiberfeind) 女嫌いの人. **≠haus** 中 **1** 女の家(男性の暴力から逃れて保護を求める女性たちのための施設). **2** (Bordell) 娼家(しょうか), 売春宿; (中世の)公営売春宿. **3** (中世の城の)婦人専用区画; ハーレム. **≠heil·kun·de** 女 -/ (Gynäkologie)〖医〗婦人科[学]. **≠held** 男 女にもてる男, 色男. **≠hemd** ＝Damenhemd **≠herr·schaft** 女 女性による支配; かかあ天下. **≠herz** 中 **1**〖植〗ケマンソウ(華鬘草). **2** 女心. **≠jä·ger** 男《俗》女のしりを追い回す男, 女たらし. **≠kleid** 中 -[e]s/-er **1** ドレス. **2**《複数で》婦人服: Er erschien in ～*ern*. 彼は女装をして現れた. **≠kli·nik** 女 婦人科病院⟨病棟⟩. **≠klo·ster** 中 女子修道院, 尼僧院. **≠krank·heit** 女 -/-en《ふつう複数で》婦人病. **≠lei·den** 中 ＝Frauenkrankheit **≠lieb·ling** 男 女にもてる男, 色男. **≠li·te·ra·tur** 女 -/ **1** 女流文学. **2** 女性向き[大衆]文学. **≠mann·schaft** 女 女性チーム. **≠man·tel** 男 -s/ (Taumantel)〖植〗ハゴロモグサ(羽衣草)属. **≠milch** 女 (Muttermilch) 母乳. **≠mi·ni·ster** 男 女性問題担当大臣. **≠quo·te** **1** (職場などでの)女性採用率, 女性の占める割合. **2** (あらかじめ定められた)女性のための割当比率. **≠recht** 中 女性の権利, 女権. **≠recht·ler**[..rɛçtlər] 男 -s/- (男性の)女権⟨女性解放⟩論者. **≠recht·le·rin**[..lərın] 女 -/-nen (女性の)女権⟨女性解放⟩論者. **≠rol·le** 女〖劇〗女性の役. **≠ro·man** 男 **1** 女性向き[大衆]小説. **2** 女性を扱った小説. **3** 女流作家の小説. **≠ru·he·raum** 男 (会社などの)女子休憩室. **≠sa·che** 女 **1** (もっぱら)女性のなすべきこと, 女の仕事. **2**《複数で》女性用衣類. **≠schuh** 男 **1**《単数で》〖植〗 **a**) アツモリソウ(敦盛草)属, シプリペジウム. **b**) パフィオペジルム(園芸家のいうシプリペジウム). **2** (Damenschuh) 婦人靴. **≠schu·le** ＝Frauenfachschule **≠schutz** 男 (働く女性のための)女性保護.

ᵛ**Frau·ens≠leu·te** 複 女たち. **≠per·son** 女《軽蔑的に》女.

Frau·en≠sport 男 女子スポーツ. **≠sta·tion** 女 (病院の)婦人病棟. **≠stift** 中 (修道院・古城などに設けられた身寄りのない女性のための)婦人ホーム. **≠stim·me** 女 女の声;〖楽〗女声[部]. **≠stimm·recht** 中 -[e]s/ 婦人選挙⟨参政⟩権. **≠stu·dium** 中 (女子の)大学での勉強. **≠tag** 男 **1** (Marienfest)〖カトリック〗聖母マリアの祝日(3月25日の御告げの日, 8月15日の聖母の被昇天など). **2** 女性の日, 婦人デー: Internationaler ～ 国際婦人デー.

Frau·en·tum[fráuəntu:m] 中 -s/ 女⟨妻⟩であること; 女らしさ.

Frau·en≠typ 男《話》女性にもてるタイプの男. **≠über·schuß** 男 (男性人口に対する)女性人口過剰. **≠ver·ein** 男 婦人会⟨団体⟩. **≠wahl·recht** ＝Frauenstimmrecht **≠wap·pen** 中 婦人用紋章. **≠welt** 女 -/ 婦人界; 女性たち. ᵛ**≠wirt** 男 ＝Kuppler ᵛ**≠wir·tin** 女 ＝ Kupplerin **≠zeit·schrift** 女 女性雑誌. **≠zim·mer** 中 **1**《軽蔑的に》女. ᵛ**2** 女性の部屋.

Fräu·lein[frɔ́ylaın] 中 -s/- (俗: -s/-s) **1 a**) (未婚の)[若い]女性: ein älteres ～ オールドミス | Ein ～ möchte Sie sprechen. 若い女性があなたにお会いしたいとのことです. **b**) (事務員・店員・その他サービス業に従事する)女子従業員: **das ～ vom Amt** (電話の)交換嬢 | *Fräulein*, bitte zahlen! おねえさん お勘定をお願いします(レストランなどの女子従業員に対する呼びかけ. ただし今日ではこの呼びかけは廃れる傾向にある).

☆ 関係代名詞には中性形が, 人称代名詞にはふつう女性形が用いられる: ein älteres ～, *das* den ersten Stock bewohnt 2階に住んでいるオールドミス | Dieses ～ geht ins Büro. *Sie* arbeitet schon 3 Jahre dort. このお嬢さんはオフィスに通っている. 彼女はもう3年もそこに勤めている.

2《未婚の女性に対する敬称として, 姓または名, まれに職名・称号の前にそえて; ただし最近は未婚でも成人女性に対し Frau をつけることが多い》(略 Frl.)(英: *Miss*) …嬢, …さん, …様: Wie geht's Ihnen, ～ Müller ⟨Inge⟩? お元気ですかミュラー⟨インゲ⟩さん ‖ liebes ⟨sehr geehrtes⟩ ～ Meyer 親愛なる⟨敬愛する⟩マイヤー嬢(手紙の冒頭など) | sehr verehrtes ～ Doktor 敬愛する博士様 | mein gnädiges ～ お嬢様 ‖ *Fräulein* Müller kam mit ihrem Verlobten. ミュラー嬢は婚約者と連れだってやって来た ‖〖親族名称にそえて〗Darf ich Ihr ⟨ᵛIhre⟩ ～ Tochter sprechen? お宅のお嬢様にお目にかかれましょうか | Ihr ～ Schwester, das ich gestern getroffen habe 昨日私がお目にかかったお宅のお姉様 ‖〖2格

で〕die Adresse ～ Müllers 〈des ～ Müller〉 ミュラーさんのあて名 | das Zimmer Ihres ～ Tochter お宅のお嬢様の部屋.

★ Fräulein は形の上では Frau の縮小形であるが, 今日ではこの意味では用いられない(→Frauchen).

frau·lich[fráulıç] 形 (成熟した) 女のような, 女らしい.

Frau·lich·keit[–kaıt] 女 –/ fraulich なこと.

Fraun·ho·fer[fráunho:fər] 人名 Joseph von ～ ヨーゼフ フォン フラウンホーファー(1787–1826; ドイツの物理学者で, フラウンホーファー線の発見者).

Fraun·ho·fersch[..fərʃ] 形 フラウンホーファーの: ～e Linien〖理〗フラウンホーファー線.

Frdor. 略 ＝Friedrichsdor

Freak[fri:k] 男 -s/-s **1** (反体制的な, 常識的市民社会からの)逸脱者. **2** 変人, 風変わりなやつ; マニア, …狂.

frech[frɛç] 形 **1** あつかましい, ずうずうしい, 厚顔無恥な, 無遠慮な, 生意気な, 無礼な: eine ～*e* Antwort 人を食った返答 | ein ～*er* Kerl ずうずうしいやつ | eine ～*e* Lüge しらじらしいうそ | ein ～*es* Mundwerk haben《俗》ぬけぬけとした口をきく | *et.*[4] mit ～*er* Stirn behaupten 鉄面皮に…を主張する ‖ **～ wie Dreck 〈Gassendreck / die Laus im Grind / Oskar / ein Rohrspatz / Rotz〔am Ärmel〕〉**《話》ひどくあつかましい, あきれるほど厚顔無恥な | zu *jm.* ～ sein / *jm.* ～ kommen …に対して横柄な態度をとる. **2** 人目をひく, 思い切った; 上っ調子の: eine ～*e* Frisur 大胆な髪型 | eine ～*e* Melodie どぎつい〈軽薄な〉メロディー. **3**《方》元気のいい, ぴちぴちした; 体格のいい, がっしりした; 気むずかしい, わがままな. ▽**4** (kühn) 勇敢な, 向こう見ずな. [*germ.* „〔kampf〕gierig“; ◇frank]

Frech·dachs[fréçdaks] 男《俗》ずうずうしい人, (特に:) 生意気な子供〈若者〉.

Frech·heit[fréçhaıt] 女 -/-en **1**《単数で》(frech なこと. 例えば:) あつかましさ, 厚顔無恥, 無遠慮: Er besitzt die ～, zu behaupten, er wisse nichts davon. 彼はあつかましくもそれについては何も知らないと言いはっている. **2** frech な言動: Was erlaubst du dir für ～*en*? 君はなんという無礼な振舞いをするのか.

Frech·ling[..lıŋ] 男 -s/-e あつかましい人, ずうずうしいやつ.

Fred[fre:t, frɛt] 男名 (＜Alfred, Manfred) フレート.

Fre·de·gar[fré:dəgar] 男名 フレーデガル. [＜*ahd.* fridu „Friede, Schutz“＋gēr „Ger“]

Fre·de·gun·de[fre:dəgúndə] 女名 フレーデグンデ. [＜*ahd.* gund „Kampf“]

free on board[frí: ɔn bɔ́:d]《英語》(略 fob) (frei an Bord)〖商〗本船〔積み込み〕渡し: ～ japanischen Ausfuhrhafen 日本の輸出港での本船渡し.

Free·sie[fré:ziə] 女 -/-n〖植〗フリージア. [＜H. Th. Freese (ドイツの医師・園芸家, †1876)]

Fre·gat·te[fregátə] 女 -/-n **1**〖軍〗フリゲート艦(17世紀の3本マストの木造快速艦, 現代の護衛艦). **2**《話》めかし立てた中年〈老年〉女性. [*it.* fregata–*fr.*; ◇*engl.* frigate]

Fre·gat·ten·ka·pi·tän 男 海軍中佐.

Fre·gatt·vo·gel 男〖鳥〗グンカンドリ(軍艦鳥).

Fre·ge[fré:gə] 人名 Gottlob ～ ゴットローブ フレーゲ(1848–1925; ドイツの数学者・哲学者).

frei[fraı] **I** 形 **1** 自由な: **a)** 制約〈束縛〉のない, 限定されない; 規準にこだわらない, 意のままの, 勝手〈気まま〉な; 自主〈自律〉的な, 独立の: ～*e* Assoziation〖心〗自由連想〔法〕| ein ～*er* Beruf (医師・弁護士などの)自由業 | ～*er* Dativ〖言〗任意の3格(→Dativ) | *jn.* auf ～*en* Fuß setzen (→Fuß 1 a) | *jm.* ～*e* Hand lassen (→Hand 1) | *et.*[4] aus ～*er* Hand zeichnen …を(製図器具なしに)フリーハンドで描く | ein ～*er* Journalist 〈Schriftsteller〉(会社などに専属でない)フリーのジャーナリスト〈作家〉| *et.*[3] ～*en* Lauf lassen (→Lauf 1 a) | eine ～*e* Liebe (正規の婚姻手続きなしの)内縁〈同棲(どうせい)〉関係 | die *Freie* Demokratische Partei 自由民主党(→FDP) | eine ～*e* Rede halten 原稿なしで〈即席で〉演説する | ～*e* Rhythmen〖詩〗自由律 | ～*es* Spiel haben 自由に振舞える, 行動の自由をもつ | eine *Freie* Reichsstadt (中世に大幅な自治権を得た)自由〔帝国〕都市 | aus ～*en* Stücken (→Stück 1 c) | eine ～*e* Übersetzung (逐語的でない)意訳; 翻案 | das Honorar nach ～*er* Vereinbarung festlegen 報酬を(先例・規程などによらず)納得ずくで決める | ～*e* Wirtschaft 自由経済 ‖ **～ und ledig** (すべての束縛から)自由な | aller Verantwortung ～ und ledig sein すべての責任から解放されている ‖ ～ ausgehen 無罪放免になる | eine Geschichte ～ erfinden (モデルと無関係に)架空の物語を創作する | *et.*[4] ～ halten …を何の助けも借りずに支える(ただし: →freihalten) | ～ laufen 支え(助け)なしに走る〈歩く〉(ただし: →freilaufen) | *sich*[4] von *et.*[3] ～ machen …から自由になる〈解放される〉(ただし: →freimachen) | *et.*[4] ～ nach Schnauze machen《話》…を思いどおりにやってのける | ～ schwimmen (浮袋などを用いずに)自由に泳ぐ(ただし: →freischwimmen) | *et.*[4] ～ sprechen …を原稿なしで話す(ただし: →freisprechen) | ～ stehen 支えなしで立っている(ただし: →freistehen) | Das steht dir ～. それは君の自由だ〈好きなようにしてよい〉| *et.*[4] ～ stellen …を支えなしに立てる(ただし: →freistellen) | *et.*[4] ～ wählen …を自由に選ぶ. **b)** (↔leibeigen)〖史〗(奴隷・捕虜・農奴ではなく)自由人としての: ein ～*er* Bauer 自由農民 | die〔Sieben〕*Freien* Künste (→Kunst 2 a).

2 こだわり〈遠慮〉のない, くつろいだ: ～*e* Ansichten (旧来の道徳などにとらわれない)自由奔放な見解 | ein ～*es* Benehmen 〈Auftreten〉 haben 屈託のない振舞いをする ‖ frank und ～ (→frank) | ～ heraus gesagt 遠慮なく〈はっきり〉言えば | Kann man hier ～ reden? ここでは何を言ってもいいかな | ～ von der Leber weg reden 〈sprechen〉 (→Leber 1) ‖ **Ich bin so ～!** 失礼します, 遠慮なくいただきます(勧められて手を伸ばすときのあいさつ) | Sie ist sehr ～ im Gespräch. 彼女はきわどい話も平気でする.

3 a) 開放的な, 広々とした; 戸外〈野外〉の; 郊外の: ～*e* Aussicht über *et.*[4] haben …を広々と眺め渡せる | ein ～*es* Feld 平原 | ～*e* Luft 戸外の空気 | in der ～*en* Natur 大自然の中で | unter ～*em* Himmel 露天で. **b)** おおわれていない, あらわな: mit ～*en* Augen 裸眼〈肉眼〉で | mit ～*em* Oberkörper 上半身はだかで ‖ *et.*[4] ～ legen …をむき出しのまま横たえる(ただし: →freilegen) | Machen Sie sich ～! (診察の際などに)服をお脱ぎください(ただし: →freimachen) | Das Rohr endet ～. 管は端がつながっていない〈はずれている〉| Der Linksaußen steht ～.〖サッカー〗レフトウイング(の選手)がフリーだ.

4 あいている, ふさがっていない, からの; 自由に使える: ein ～*es* Taxi 空車のタクシー | Er hat keine ～*e* Zeit. 彼は暇な時間がない ‖ Bahn ～! 道をあけろ | Bühne ～!〖劇〗(演出家が俳優に向かって)全員退場 | Fahrt ～!〖鉄道〗進行可(線路はふさがっていない) | Ring ～ zur dritten Runde!〖ボクシング〗第3ラウンド始め ‖ ～ bekommen《話》暇〈休み〉をもらう(→freibekommen 2) | *sich*[3] einen Tag ～ nehmen 1日休暇をとる | *et.*[4] ～ lassen …をあけておく(ただし: →freilassen) | *jm.* einen Platz ～ machen …のために席をあけてやる(ただし: →freimachen) ‖ Im Hotel waren zwei Zimmer ～. ホテルには空室が二つあった | Der Zug ist ～ für Fahrgäste ohne Platzkarten. この列車は座席指定券のない旅客も乗れる | Morgen ist 〈haben wir〉 ～. あすは休みだ(授業・仕事がない) | Sie ist noch ～.《戯》彼女はまだ婚約していない | Heine ist schon ～.《話》ハイネの作品はもう版権がない(自由に出版できる).

5 a) (kostenlos) 無料の: *Freier* Eintritt! / Eintritt ～! 入場無料 | ～*e* Station haben 食費宿泊費ともに無料である ‖ *et.*[4] ～ bekommen …をただでもらう(ただし: →freibekommen) | Man hat 20kg Gepäck ～. 手荷物は20キログラムまで無料です ‖〖場所を示す語句と〗Lieferung ～ Haus 〈deutsche Grenze〉〖商〗無料配達〈ドイツ国内配達料無料〉| *et.*[4] ～ Keller 〈Lager〉 liefern …を地下室〈倉庫〉まで無料配達する. **b)**〖郵〗切手の要らない(郵便別納などの表示). **c)**〖商〗(…)渡しの: Die Preise verstehen sich ～ Hafen. 価格は積出港渡しの金額です | ～ an Bord 甲板渡しで, 本船〔積み込み〕渡しで | ～ an Waggon 貨車積み込み渡しで | ～ längsseits Schiff 積出港波止場渡しで.

6《von *et.*[3]》(…の)ない, (…を)免除された: Waren ～ von

F

Abgaben 免税〈無税〉品 | Sie ist ~ von allen Fehlern. 彼女には全く欠点がない | Ich bin jetzt ~ von Fieber. 私はもう熱が下がった.

7 a) 固定〈付着〉していない, 離れた: Die Hütte steht ganz ~. その小屋は全くの一軒屋だ(ただし: →freistehen) | Die Haare fliegen ~ im Wind. 髪が風でばらばらに乱れている. **b)** 〘理〙遊離した: Bei Kernspaltung werden Neutronen ~. 核分裂のときは中性子が遊離する〈放射される〉.

8 《ｽｲｽ》 (freundlich) 親切な, あいそのいい.

★ 動詞と用いる場合は分離の前つづりともみなされる.

II 副 **1** →I **2** 《南部》(tüchtig) 大いに, はなはだしく.

III Freie 《形容詞変化》 **1** 中 **a)** 戸外, 野外; 郊外: im ~*n* spielen 外で遊ぶ | ins ~ treten 戸外へ出る | ***jn.* ins ~ befördern** 《話》…を外へおっぽり出す, …をお払い箱にする. **b)** くつろいださま: das ~ in *js.* Benehmen[3] …の行動のおおらかさ. **c) im ~*n* stehen** 《話》何も身につけていない, 裸である. **2** 男 女 (↔Leibeigene) 〘史〙 **a)** (農奴・隷農に対しての)自由農民. **b)** 無官〈無冠〉の貴族 (Herzog, Graf, Fürst でない貴族).

[*germ.*; ◇Freund, Frieden; *engl.* free]

..frei[..fraɪ] 《名詞につけて「…から免れている, …がない」を意味する》: einwand*frei* 文句なしの | zoll*frei* 無関税の | schul*frei* 学校が休みの | vorurteils*frei* 偏見のない | rost*frei* さびない; ステンレスの.

Freia[fráɪa·] =Freyja

Frei≈ak·tie[fráɪ|aktsiə] 女 (Gratisaktie) 〘経〙無償株. **≈an·ten·ne** 女 屋外アンテナ. **≈arm** 男 (ミシンの)フリーアーム(→ ⊗ Nähmaschine). **≈bad** 中 屋外プール. **≈bal·lon** 男 (↔Fesselballon) (係留してない)自由気球(→ ⊗ Ballon). **≈bank** 女 -/..bänke **1** (畜殺場付属の)下等肉売り場. **2** 〘史〙集会の際の自由農民席.

frei|be·kom·men* ⟨80⟩ 他 (h) **1** 《*jn.*》(金銭・請願・強要などにより捕虜・留置人などを)釈放してもらう. **2** 《話》(仕事・学校などを)休みにしてもらう: eine Stunde ~ 1時間の休みをもらう.

★ ただし: frei bekommen →frei I 5 a

Frei·be·ob·ach·tung 女 -/-en (昆虫の生態などの)野外観察.

Frei·berg[fráɪbɛrk] 地名 フライベルク(ドイツ Sachsen 州にある工業都市で, 鉱山大学がある). [„freie Bergstadt (mit Bergrecht)"]

Frei≈ber·ger[fráɪ..] 男 -s/- 《話》無料パスを持っている人. **≈be·ruf·ler** 男 -s/- 自由業の人(開業医・弁護士・芸術家など).

frei·be·ruf·lich 形 自由業の, 雇用関係にない: ein ~ tätiger Arzt 開業医.

Frei·be·trag 男 非課税額, 控除額.

Frei·beu·ter[fráɪbɔytər] 男 -s/- 〘史〙海賊; 《比》(他人を顧慮せずに)ひたすら自分の利益を計る人: ein literarischer ~ 剽窃(ひょうせつ)〈盗作〉者. [*mndd.*; ◇Beute[2]; *engl.* freebooter]

Frei·beu·te·rei[fraɪbɔytəráɪ] 女 -/-en 〘史〙海賊行為.

frei·beu·te·risch[fráɪbɔytərɪʃ] 形 海賊のような.

Frei≈be·zirk 男 〘商〙(貿易港の一部に設けられ, 無税で貨物の受け入れや船舶の出入港ができる)自由地区. **≈bier** 中 -[e]s/ (だれかがおごってくれる)振舞いのビール, 無料ビール; 免税ビール. **≈bil·lett**[..bɪljɛt] 中 《ｽｲｽ》 =Freikarte

frei·blei·bend 形 〘商〙拘束のない, 成り行きの: ein ~*es* Angebot 価格契約なしの供給.

Frei≈bord 男 〘海〙乾舷(かんげん)(満載喫水線から上甲板までの垂直距離), フリーボード. **≈brief** 男 (各種特権の)特許証, 認可状; 〘史〙奴隷解放証書; 《比》特別許可, 許可, 特権の授与, 公認, 黙認, 目こぼし: *jm.* einen ~ ausstellen …に特許状を交付する | ***jm.* einen ~ für *et.*[4] ausstellen ⟨geben⟩** 《比》…に…する自由を与える | **einen ~ für *et.*[4] haben** …のための特別の許可を得ている | Er meint, er hätte einen ~, so etwas zu tun. 彼はこのようなことをしてもだれからも文句を言われないと思っている | Er sah mein Schweigen als ~ für weitere Frechheiten an. 彼は私が黙っているのを見てますますあつかましい態度になった ‖ **kein ~ für *et.*[4] sein / keinen ~ für *et.*[4] darstellen** …の言い訳にはならない | Liebe ist kein ~ für Torheiten. 恋に狂っているからと言ってどんな愚かな振舞いでもしてよいわけではない.

Frei·burg[fráɪbʊrk] 地名 フライブルク: ~ im Breisgau フライブルク イム ブライスガウ(ドイツ Baden-Württemberg 州にある大学都市) | ~ im Üechtland フライブルク イム ユーエヒトラント(スイスの都市フリブール Fribourg のドイツ語名). [„(bei der) Burg mit bestimmten Freiheiten"]

Frei≈bür·ger[fráɪ..] 男 〘史〙自由民; 自由市の市民. **≈de·mo·krat** 男 〘政〙自由民主党員(→FDP).

Frei·den·ker 男 (特に宗教上の)自由思想家, 自由信仰者; (Atheist) 無神論者. [*engl.* free-thinker の翻訳借用]

frei·den·ke·risch[..kərɪʃ] 形 自由思想家的な; 無神論者ふうの.

Frei·den·ker·tum[..kərtu:m] 中 -s/ 自由思想家であること; 無神論.

Freie →frei III

▽frei·en[1][fráɪən] **I** 他 (h) (befreien) 自由にする. **II Ge·freite** → 別出 [*mhd.*; ◇frei, Freite]

▽frei·en[2][−] **I** 他 (h) 《*jn.*》(…と)結婚する, (…を)妻〈夫〉にする. **II** 自 (h) **1** 《um *jn.*》(…に)求婚する. **2** 結婚する: Er ist zu jung, um zu ~. 彼は結婚するには若すぎる | Jung *gefreit,* [hat] nie gereut. (→jung I 1) [*mndd.*; ◇frei]

Frei·er[..ər] 男 -s/- **1** 求婚者; 求婚のための使者. **2** 《婉曲に》(売春婦などの)客.

frei·er·dings[fráɪərdɪŋs] 副 自由意志で, 自発的に.

Frei·er·platz 男 《ｽｲｽ》街娼(がいしょう)の出没する場所.

Frei·ers≈fü·ße 複 《もっぱら次の成句で》 **auf ~*n* gehen** (男が)結婚したがっている, 妻を求めている. **≈mann** 男 -[e]s/..leute =Freier 1

Frei≈ex·em·plar[fráɪ..] 中 (書籍の)無料見本, 贈呈本, 献本. **≈fahr·kar·te** 女, **≈fahr·schein** 男 無料乗車券. **≈flä·che** 女 (主に公共用地として指定された)空き地, (都市の中の)緑地. **≈frau** 女 (Baronin) (Freiherr の女性形)男爵夫人. **≈fräu·lein** 中 (Baronesse) 男爵令嬢(→Freiherr).

Frei·ga·be 女 -/ (freigeben すること) **1** (監禁・束縛などからの)解放, 釈放: die ~ von Kriegsgefangenen 捕虜の釈放. **2** (専有・使用しているものの)返還, 還付, 明け〈引き〉渡し. **3** (当局による管理の)解除; 解禁, 自由化: die ~ eines Films ある映画の公開の許可 | die ~ der Wirtschaft 経済統制の撤廃, 経済の自由化.

Frei·gän·ger[..gɛŋər] 男 -s/- 〘法〙(昼間のみ外出および就業の自由を許される)半自由拘禁囚.

frei|ge·ben* ⟨52⟩ **I** 他 (h) **1** 《*jn.*》(…を監禁・束縛などから)解放する, 釈放する; (俳優・歌手などを契約から)フリーにしてやる: einen Gefangenen ~ 捕虜を釈放する | *seine* Verlobte ~ (男が)フィアンセとの婚約を解消する. **2** 《*et.*[4]》(専有・使用していたものを)返還する, 明け渡す. **3** 《*et.*[4]》(…の当局による管理を)解除する, (…の使用・公開を)許可する; (…を)自由化する: ein neues Arzneimittel zum Verkauf ~ 新薬の市販を許可する | die Preise ~ 価格を自由化する ‖ Der Film ist für Jugendliche nicht *freigegeben.* この映画を未成年者に見せることは許されていない. **II** 自 (h) 《*jm.*》(…に)休暇を与える: *jm.* eine Woche ~ …に1週間の休暇を与える.

frei·ge·big[..ge:bɪç][2] (**frei·gie·big**[..gi:bɪç][2]) 形 気前のよい, 物惜しみしない: *jm.* gegenüber mit *et.*[3] ~ sein …に対して…を惜しまない | Er war sehr ~ mit dem Trinkgeld. 彼はたいへん気前よくチップを払った.

Frei·ge·big·keit[..kaɪt] 女 -/ freigebig なこと.

frei·ge·bo·ren 形 自由の身に生まれた, (奴隷ではなく)自由民の身分を持った.

Frei·ge·he·ge 中 (動物園などの)無柵(むさく)放し飼い施設.

Frei·geist[fráɪgaɪst] 男 -[e]s/-er =Freidenker [*fr.* esprit libre (◇liberal) の翻訳借用]

Frei·gei·ste·rei[fraɪgaɪstəráɪ] 女 -/-en =Freidenkertum

frei·gei·stig[fráɪ..] =freidenkerisch

frei·ge·las·sen[fráıɡəlasən] **I** freilassen の過去分詞. **II Frei·ge·las·se·ne** 男 女《形容詞変化》**1**〖史〗(奴隷の身分から)解放された人, 自由民. **2** (一般に)放免〈釈放〉された人.

Frei≈ge·päck 中 (航空旅客などの)無料手荷物. **≈ge·richt** 中 (Feme)〖史〗(中世に Westfalen で行われた死罪を扱う)秘密裁判, フェーメ.

frei·ge·sinnt 形 自由な考えを持った, リベラルな.

Frei·ge·wehr 中〖射撃〗フリー射撃用ライフル.

frei·gie·big =freigebig

Frei·graf 男〖史〗Freigericht の裁判長.

Frei·graf·schaft 女 -/-en **1** Freigraf の身分. **2** Freigraf の領地.

Frei≈gren·ze 女〖経〗**1** 免税限度, 免税点. **2** (外国為替の)自由限度. **≈gut** 中 **1** 免税品, 免税貨物. **2** 免税地. **3**〖史〗(封建時代の)自由保有地, 完全私有地.

frei|ha·ben* 《64》自 (h)《話》《人を主語として》(仕事・学校などが)休みである: Die Kinder *hatten* gestern *frei.* 子供たちはきのう学校が休みだった.

Frei·ha·fen 男〖商〗(税関の管理下に入らない)自由〔貿易〕港.

frei|hal·ten* 《65》他 (h) **1**《*jn.*》(…の)勘定を代わって支払う,(…に)おごる: Er hat mich den ganzen Abend *freigehalten.* 彼は私のその晩の勘定を全部払ってくれた. **2 a)** (席・場所などを)空けて〈とって〉おく: die Einfahrt ~ (駐車場などの)入口をふさがないでおく | *jm.* 〈für *jn.*〉 einen Platz ~ …のために席をとっておく | *jm.* den Rücken ~ (→Rücken 1) | *sich*[3] den Rücken ~ (→Rücken 1). **b)**《話》《人を主語として》再帰 *sich*[4] ~ (予定を立てないで)時間を空けておく: Können Sie sich morgen für mich ~? あした私のために時間を空けておいていただけますか. **3**《*et.*[4] von *et.*[3]》(…を…から)免れさせておく: die Straße von Schnee ~ 通りを常に除雪しておく.

★ ただし: frei halten →frei I 1 a

Frei·hand≈bi·blio·thek[fráıhant..] 女, **≈bü·che·rei** 女 開架式図書館.

Frei·han·del 男 -s/〖商〗自由貿易, 自由通商. [*engl.* free trade の翻訳借用]

Frei·han·dels·zo·ne 女〖商〗自由貿易地域, 自由貿易圏.

frei·hän·dig[..hɛndıç][2] 形 **1 a)** (定規・器具などを用いない)手だけの, 自在の;《比》前準備なしの: *et.*[4] ~ zeichnen …を自在に〈フリーハンドで〉描く | ~ schießen 支えなしで射撃する | ~ sprechen (草稿なしで)即席のスピーチをする | stehend ~ (→stehen I 1 a). **b)** 手を使わない, 手で支えない: ~ radfahren (ハンドルを握らずに)手放しで自転車に乗る. **2**〖商〗仲買や競りなしの.

Frei·händ·ler 男 自由貿易主義者; 自由貿易に従事する商人. [*engl.* free trader の翻訳借用]

frei·händ·le·risch 形 自由貿易の.

Frei·hand·zeich·nen 中 -s/ 自在画を描くこと, フリーハンドで描くこと.

Frei·heit[fráıhaıt] 女 -/-en **1**《ふつう単数で》自由, 無拘束; 解除, 解放, 釈放; (義務・責任からの)免除: die akademische ~ 大学の自由 | die politische ~ 政治的自由 ‖ die ~ des Handelns 〈des Gewissens〉 行動〈良心〉の自由 | die ~ der Meere〖法〗公海の自由〔の原則〕| die ~ der Presse / Presse*freiheit* 出版〈報道〉の自由 | ~, Gleichheit, Brüderlichkeit 自由・平等・博愛(フランス革命のモットー liberté, egalité, fraternité のドイツ語訳) | ~ von Not und Furcht 窮乏と恐怖からの解放 ‖ für die ~ kämpfen 自由のために戦う | in ~ sein 自由の身である, 身柄を拘束されていない | *sich*[4] in voller ~ entscheiden (何にも拘束されずに)まったく自由に決断を下す | ***jn.* in ~ setzen** …を釈放する | Durch die Explosion wurden giftige Gase in ~ gesetzt. 爆発によって毒性のガスが流出した ‖ *jm.* die ~ schenken …に自由を与える, …を自由の身にしてやる | *jm.* die ~ rauben / *jn.* der ~[2] berauben …の自由を奪う, …を監禁する | *jm.* 〔in *et.*[3]〕 volle ~ lassen …に〔…に関して〕完全な自由を認める | In diesem Land gibt es ~. この国には(政治・言論などの)自由がある ‖ *Freiheit* ist ein notwendiger Faktor der Demokratie. 自由は民主主義に不可欠の要素である.

2 自由な特権; 気まま, 自由奔放, 無遠慮, 勝手; 傍若無人な振舞い: dichterische ~ 詩作上の自由 ‖ besondere ~*en* genießen 自由な特権を享受する | mit großer ~ reden ずけずけものを言う, 言いたいことを言う | *sich*[3] 〔gegen *jn.* / *jm.* gegenüber〕 ~*en* erlauben 〈〔heraus〕nehmen〉〔…に対して〕失礼な振舞いをする | ***sich*[3] die ~ nehmen** 《zu 不定詞句と》あえて…する | Ich nehme mir die ~, Ihnen das zu sagen. 《雅》勝手ながら〈あえて〉このことをあなたに申し上げます.

frei·heit·lich[–lıç] 形 自由を求める; 自由な, 自由主義的な: ~*e* Ideen 自由主義的諸理念 | eine ~*e* Verfassung 自由主義的憲法 ‖ ~ gesinnt 自由な考えを持った, リベラルな.

frei·heit·lie·bend =freiheitsliebend

Frei·heits≈be·rau·bung 女 -/〖法〗(不法な)自由の剝奪(はくだつ), 監禁. **≈be·schrän·kung** 女 自由の制限〈束縛〉. **≈be·we·gung** 女〖政〗自由〈独立〉を求める〔政治〕運動, 独立運動. **≈brief** =Freibrief **≈drang** 男 -〔e〕s/ 自由〈独立〉への熱望. **≈ent·zug** 男〖法〗**1** (法律に基づく)自由の剝奪: Strafen ohne ~ 身柄の拘束を伴わない刑罰(罰金刑など). **2** 禁固刑: zu drei Jahren ~ verurteilt werden 禁固 3 年の判決を受ける. **≈grad** 男〖理〗自由度. **≈kampf** 男 自由〈独立〉のための戦い. **≈kämp·fer** 男 自由の戦士. **≈krieg** 男 自由〈独立〉を獲得するための戦争: die ~*e*〖史〗解放戦争(→Befreiungskrieg). **≈lie·be** 女 -/ 自由への愛.

frei·heits·lie·bend 形 自由を愛する.

Frei·heits≈sta·tue 女 自由の女神の立像(特に米国ニューヨーク港の). **≈stra·fe** 女〖法〗(懲役・禁固・拘留など, 身体の自由を拘束する)自由刑.

frei·her·aus[fraıhɛráus] 副 率直に, 歯に衣(きぬ)着せず, 腹蔵なく: ~ gesagt ありていに言えば.

Frei≈herr[fráı..] 男 (女 **Frei·frau, Frei·her·rin** →別出) (略 Frhr.) (Baron) 男爵 (Graf と Ritter の中間の爵位). **≈her·rin** 女 Freiherr の女性形(→Freifrau).

frei·herr·lich 形《付加語的》男爵の; 男爵に関係する.

Frei·herrn·kro·ne 女 男爵冠(→ 図 Krone A).

frei·her·zig 形 率直な, 腹蔵のない, 自由闊達(かったつ)な.

Frei·in[fráıın] 女 -/-nen **1** =Freifräulein ᵛ**2** Freiherr の女性形(→Freifrau).

Frei≈kar·te 女 無料入場券; 無料乗車券. **≈kauf** 男 -〔e〕s/ freikaufen すること.

frei|kau·fen 他 (h)《*jn.*》(…の)自由を買い戻す, 金を払って(…を)自由の身にする〈釈放される〉, 身請けする: die Gefangenen ~ 金と交換に捕虜たちを釈放してもらう ‖ 再帰 *sich*[4] von *et.*[3] ~《比》…の義務を免れる, …の義理を果たす.

Frei·kief·ler[..ki:flər] 男 -s/-〖虫〗総尾目の昆虫(シミ・トビムシの類).

Frei·kir·che 女〖新教〗自由教会.

frei|kom·men* 《80》自 (s) 釈放〈放免〉される; 除隊になる; (苦境などから)脱出する; (俳優・歌手などが契約から)フリーになる: aus dem Gefängnis ~ 刑務所から釈放される.

Frei·kon·zert《スイス》=Freilichtkonzert

Frei·kör·per·kul·tur 女 -/ (略 FKK) (Nacktkultur) 裸体主義, ヌーディズム.

Frei≈korps[fráıko:r] 中〖史〗義勇軍(七年戦争時代の義勇軍・ワイマル共和国時代の反革命義勇軍など). **≈ku·gel** 女 (魔法で百発百中する)魔弾, 自在弾(→Freischütz).

Frei·la·de≈bahn·hof 男〖鉄道〗(貨車・トラック間の積みおろしが直接できる)屋外積みおろし貨物駅. **≈gleis** 中〖鉄道〗積みおろし線.

Frei·land 中 -〔e〕s/〖農・園〗露天栽培地, 露地.

Frei·land≈ge·mü·se 中 露地もの野菜. **≈kul·tur** 女 -/ (↔Treibhauskultur) 露地栽培. **≈pflan·ze** 女 露地栽培〈越冬〉植物. **≈stau·de** 女 露地〔栽培〕宿根草.

frei|las·sen*[fráılasən] 《88》 **I** 他 (h)《*jn.*》(捕虜な

どを)釈放〈放免〉する; (犬・鳥などを)放す, 自由にする(ただし: frei lassen →frei I 4). **II** **Frei·ge·las·se·ne** → 別出

Frei·las·sung[..sʊŋ] 女 -/-en (freilassen すること. 例えば:) 釈放, 放免.

Frei·lauf 男〘工〙(動軸を切っての)惰力走行〈回転〉, フリーホイール;〘空〙惰性飛行, コースティング: im ～ fahren 惰力で走る.

Frei·lauf·brem·se 女〘工〙フリーホイール=ブレーキ.

frei|lau·fen* 《89》 **I** 他 (h) 再帰 *sich*[4] ～〘球技〙(サッカー・ホッケーなどで敵の妨害を逃れて)独走する. **II** 自 (s) ＝*sich*[4] freilaufen

★ただし: frei laufen →frei I 1 a

frei·le·bend 形 (動物などについて)野生の.

frei|le·gen[fráɪle:gən][1] 他 (h) 《*et.*[4]》(…のおおいを取り去って)露出させる; 発掘する(ただし: frei legen →frei I 3 b): die Bauchhöhle ～ (開腹手術によって)腹腔(ふくう)を露出させる | einen verschütteten Kellereingang ～ 埋まっていた地下室の入口を掘り出す | alte Wandmalereien ～ (うずもれていた)古い壁画に再び日の目を当てる.

Frei·le·gung[..gʊŋ] 女 -/-en (freilegen すること. 例えば:) 発掘.

Frei≈le·hen 中〘史〙私有采邑(さいゆう), 自由保有地. **≈lei·tung** 女〘電〙架空〔送〕電線,(送電のための)空中ケーブル(→ 図 Leitung).

frei·lich[fráɪlɪç] 副 **1** 《特に: 南部》《陳述内容の現実度に対する話し手の判断・評価を示して》(natürlich) もちろん, むろん, いうまでもなく: Er hat ～ recht! / *Freilich* hat er recht! むろん彼の言うことは正しい | Bist du auch dort gewesen?―〔Aber〕 ～. 君もそこに行っていたのか―もちろんさ ‖ 〘後続の aber, doch などと対応して〙Das ist ～ richtig, aber nicht so wichtig. むろんそれは本当に違いないがでもそれほど重要ではない. **2** 《先行する陳述内容に留保条件を加えて》むろん…ではあるが, ただし, もっとも: Der Schüler ist begabt, ～ fehlt es ihm am Fleiß. その生徒は才能がある. もちろん勤勉とは言えないが.

Frei·licht≈auf·füh·rung[fráɪlɪçt..] 女 野外劇〈上演〉, ページェント. **≈büh·ne** 女 屋外の舞台, 野外劇場. **≈ki·no** 中 野外映画館. **≈kon·zert** 中 屋外演奏会, 野外コンサート. **≈ma·le·rei** 女 -/ (Pleinairmalerei)〘美〙外光派絵画. **≈mu·se·um** 中 野外美術館, 屋外〔民俗〕博物館. **≈thea·ter** 中 ＝ Freilichtbühne **≈ver·an·stal·tung** 女 野外〈屋外〉での催し.

frei|lie·gen*[fráɪ..] 《93》 自 (h) (おおいが取り去られて)露出している, あらわになっている.

Frei·lig·rath[fráɪligra:t, ..lɪçra:t] 人名 Ferdinand ～ フェルディナント フライリグラート〈フライリヒラート〉(1810-76; ドイツの詩人).

Frei·los 中 **1** (富くじなどの)無料くじ. **2** 〘スポーツ〙不戦勝を引き当てるくじ.

Frei·luft≈be·hand·lung[fráɪlʊft..] 女〘医〙外気療法. **≈ca·fé**[..kafe:] 中 屋外のコーヒー店〈喫茶店〉. **≈kon·zert** 中 野外コンサート, 屋外演奏会. **≈kul·tur** 女 -/ 野外文化(自然に近い生活様式). **≈mu·se·um** ＝Freilichtmuseum **≈schu·le** 女 (Waldschule) 林間学校. **≈un·ter·richt** 男 野外〈屋外〉授業.

frei|ma·chen[fráɪmaxən] **I** 他 (h) **1** (frankieren) 《*et.*[4]》〘郵〙(切手・郵便証紙などで…の)郵便料金を前納〈別納〉する,(郵便物に)切手をはる: einen Brief 〈ein Päckchen〉 ～ 手紙〈小包〉に切手をはる | Diesen Brief muß man mit 2 Mark ～. この手紙には2マルクの切手をはらなければならない. **2** 《話》《人を主語として》再帰 *sich*[4] ～ (予定を取りやめるなどして)時間を空ける: Kannst du dich heute nachmittag für mich ～? きょうの午後ぼくのために時間を空けられるかい. **II** 自 (h) 《話》仕事を休む.

★ ただし: frei machen →frei I 1 a, 3 b, 4

Frei·ma·chung[..xʊŋ] 女 -/ 〘郵〙**1** 郵便料金の前納〈別納〉. **2** 切手の貼付(ちょうふ).

Frei·mar·ke 女 (Briefmarke) 郵便切手.

Frei·mau·rer 男 フリーメーソンの会員(フリーメーソンは中世の石工のギルドに端を発する秘密結社で, 現在は会員相互の友好や博愛事業を促進する世界同胞主義的な団体). ［*engl.* free-mason (◇Steinmetz) の翻訳借用］

Frei·mau·re·rei[fraɪmaʊrəráɪ] 女 -/ フリーメーソン運動.

frei·mau·re·risch[fráɪmaʊrərɪʃ] 形 フリーメーソン〔ふうの.〕

Frei·mau·rer·lo·ge[..maʊrərlo:ʒə] 女 フリーメーソン内部の個別的集団〈支部〉; フリーメーソン支部の集会所.

Frei·mau·rer·tum[..tu:m] 中 -s/ フリーメーソンの組織〈制度・活動〉; フリーメーソン精神.

Frei·mei·ster 男〘史〙(Zunft や Gilde に所属しない)独立営業の親方.

Frei·mut 男 -〔e〕s/ 率直, 大胆, 無遠慮: über *et.*[4] mit großem ～ sprechen …について思ったことを何でもしゃべる.

frei·mü·tig[..my:tɪç][2] 形 率直な, 大胆な, 遠慮のない.

Frei·mü·tig·keit[..kaɪt] 女 -/ freimütig なこと.

Frei≈nacht 女《スイス》(夜間営業の飲食店などで)閉店時間のない夜. **≈pla·stik** 女 野外展示の彫刻品. **≈platz** 男 **1** ＝Freistelle 1 **2** (芝居・オペラ・音楽会などの)無料席. **3** 〘球技〙屋外コート.

frei|pres·sen 《03》 他 (h) 《*jn.*》(捕虜・留置人などを)強要して〈圧力を加えて〉釈放させる.

Freir[fráɪər] ＝Freyr

Frei·raum[fráɪ..] 男 **1** (社会生活上の)自由行動〈利用〉の余地. **2** 〘バレーボール〙サイドラインの外側.

frei|räu·men[fráɪrɔymən] 他 (h) 《*et.*[4] von *et.*[3]》(…から…を)取り除く, 除去する: die Bucht von Minen ～ (掃海艇などで)入江の機雷を除去する.

frei·re·li·giös 形 (特定の宗派に属さない)自由信仰の.

Frei≈saß 男, **≈sas·se** 男〘史〙(封建制下での)自由農.

frei·schaf·fend[..ʃafənt][1] 形 雇用関係に縛られずに仕事をしている, フリーの: ein ～*er* Architekt フリーの建築家.

Frei·schar 女〘史〙義勇軍.

Frei·schär·ler[..ʃɛ:rlər] 男 -s/- 〘史〙義勇兵.

frei|schau·feln 《06》 他 (h) (土砂や雪で通行不能の道などを)シャベルを使って通行可能にする.

Frei≈schlag 男〘ホッケー〙(反則のさい相手チームに与えられる)フリーヒット. **≈schu·le** 女 無料授業. **≈schü·ler** 男 授業料免除の生徒, 特待生. **≈schuß** 男 **1** (年の市などの射的場での)無料射撃. **2** Freikugel による射撃. **≈schütz** (**≈schüt·ze**) 男〘伝説〙魔弾の射手(悪魔と契約して必中の弾丸 Freikugel を手に入れた射手. 6発までは思いのままになるが, 7発目は悪魔のものである. C. M. von Weber の同名の歌劇は有名). **≈schwanz** 男〘動〙サシオコウモリ.

frei|schwim·men* 《160》 他 (h) 再帰 *sich*[4] ～ 遊泳基本試験(ふつう15分間続泳)に合格する(ただし: frei schwimmen →frei I 1 a).

Frei·schwim·mer 男 遊泳基本試験合格者.

frei|set·zen 《02》 他 (h) **1** (化学物質などを他の物質との結合状態から)解き放つ, 遊離させる. **2** 《*jn.*》(これまでの任務から)解放する; 解任〈解雇〉する.

Frei·sing[fráɪzɪŋ] 地名 フライジング (Isar 川に沿うドイツ Bayern 州の都市). ［<St. Frigis＋..ingen］

frei|sin·gen*[fráɪ..] 《168》 自 (h) 再帰 *sich*[4] ～ (歌手が歌っているうちに緊張が解けて)のびのび歌えるようになる.

Frei·sinn 男 -〔e〕s/ **1** (特に政治・宗教上の)自由思想, 進歩的〈革新的〉思想, 自由な〈とらわれない〉考え方;〘史〙(19世紀後半にドイツ・スイスに起こった)左派自由主義政治思想. **2** (スイスの)自由民主党(→freisinnig).

frei·sin·nig 形 自由思想の, 進歩的な; 自由な, とらわれない: die *Freisinnig*-Demokratische Partei (スイスの)自由民主党.

Frei·sin·nig·keit 女 -/ freisinnig なこと.

frei|spre·chen*[fráɪ..] 《177》 他 (h) **1 a)** 《*jn.*》〘法〙(…に)無罪の判決を下す,(…を)免訴にする: *jn.* mangels Beweises ～ …を証拠不十分として無罪にする. **b)** 《*jn.* von *et.*[3]》(…に…の)罪なしとする: Von Überheblichkeit kann man ihn nicht ～. 彼は思い上がっているというそしりを免れない. **2** 《*jn.*》(徒弟に)職人免許を与える.

★ ただし: frei sprechen →frei I 1 a

Frei≠spre·chung 女 -/-en **1** =Freispruch **2** 職人免許の授与. **≠spruch** 男〘法〙無罪判決〈宣告〉, 免訴: für *jn.* einen ～ erwirken …の無罪判決を勝ち取る. **≠staat** 男 (Republik) 共和国: ～ Bayern バイエルン共和国. **≠statt** 女, **≠stät·te** 女《ふつう単数で》《雅》(Asyl) 避難所, 隠れ家: *jm.* eine ～ gewähren …に隠れ家を提供する.

frei|ste·hen* 《182》自 (h) **1**《*jm.*》(…に)許されている, (…の)自由裁量に任されている: Es *steht* ihm jederzeit *frei*, zurückzukehren. いつ帰ろうと彼の意のままである. **2** 空いている, 空のままである: ein *freistehendes* Haus 空き家.

★ ただし: frei stehen →frei I 1 a, 7

Frei·stel·le 女 **1** (学校・寄宿舎などの)授業料免除の定員: eine ～ haben 授業料免除の待遇を受けている, 特待生である. **2** 無料賄い.

frei|stel·len 他 (h) **1**《*jm. et.*[4]》(…に…の決定・選択を)任す, ゆだねる: Es wurde uns *freigestellt,* daran teilzunehmen. それに参加するかどうかは我々の自由に任された. **2**《*jn.* von *et.*[3]》(…をある任務・勤務から)解放する: Er ist vom Militärdienst *freigestellt.* 彼は兵役を免除されている.

★ ただし: frei stellen →frei I 1 a

Frei·stem·pel 男 Frankiermaschine による印影〈スタンプ〉.

frei|stem·peln 《06》他 (h)《*et.*[4]》(…に) Frankiermaschine によって捺印(なついん)する.

Frei≠stemp·ler 男 -s/- = Frankiermaschine **≠stil** 男 -s/ **1**〘レスリング〙フリースタイル. **2**〘泳〙自由形, フリースタイル: einen neuen Rekord über 100 m ～ schwimmen 100メートル自由形で新記録を出す.

Frei·stil≠rin·gen 中, **≠ring·kampf** 男 フリースタイルのレスリング. **≠schwim·men** 中 -s/ 自由形の泳ぎ. **≠sprin·ter** 男 自由形短距離泳者.

Frei≠stoß 男〘サッカー〙フリーキック. **≠stück** 中 =Freiexemplar **≠stu·dent** 男 (学生団体に所属していない)フリーの学生. **≠stun·de** 女 (仕事や授業の合間の)自由時間.

Frei·tag[fráɪtaːk][1] 男 -[e]s/-e (略 Fr.) 金曜日: →Dienstag | ein schwarzer ～ (不幸な事件などの起こった)不吉な金曜日(1869年 9 月24日の金曜日にアメリカで経済恐慌が始まったことから) | der Stille ～〘カトリック〙聖金曜日 (=Karfreitag) | ～ der dreizehnte 13日の金曜日(キリストが処刑された日ということで, 特に不吉な日とされる). [*germ.* „Tag der Göttin Frija"; *spätlat.* Veneris diēs „Venus' Tag" の翻訳借用; ◇ *engl.* Friday]

frei·tä·gig[..tɛːɡɪç][2] 形《付加語的》金曜日の, 金曜日に催される: →dienstägig

frei·täg·lich[..tɛːklɪç] 形《述語的用法なし》毎金曜日の, 毎金曜日に催される: →dienstäglich

frei·tags[..taːks] 副 〔毎〕金曜日に: →dienstags

Frei·te[fráɪtə] 女 -/ (Brautschau) 嫁探し:〘ふつう次の成句で〙auf die ～ gehen 嫁を探す, 嫁探しをする. [*mhd.* vrīāt[e]; ◇freien[2]]

Frei≠tisch[fráɪ..] 男 (特に特待生・給費学生などのための)無料の〔昼〕食事. **≠tod** 男《雅》(Selbstmord) 自殺: den ～ wählen 自殺する. **≠trep·pe** 女〘建〙(建物の外側にある)屋外階段(→ ⊛ Haus A). **≠übung** 女〘体育〙徒手体操: ～*en* machen 徒手体操をする.

Frei·ung[fráɪʊŋ] 女 -/-en (freien[2]すること. 例えば:) 結婚; 求婚.

Frei≠ver·kehr[fráɪ..] 男 -s/ 〘商〙(有価証券の)街頭〈場外〉取引. **≠vier·tel**[..fɪrtəl] 中〘紋〙(盾を 4 分割した)左上の方形(→ ⊛ Wappen e). **≠wa·che** 女 (当直時間外の)非番の時間.

frei·weg[fraɪvέk] 副《話》躊躇(ちゅうちょ)なく, いとも簡単に, あっさりと: ～ leugnen あっさりと否定する.

[v]**Frei·wer·ber**[fráɪ..] 男 (Brautwerber) (本人に代わって結婚の申し込みをする)仲人. [<freien[2]]

Frei·wild[fráɪ..] 中《話》他人の意のままになる人, 無防備な人, 他人の食いものになりやすい人.

frei·wil·lig[fráɪvɪlɪç][2] **I** 形 自由意志から出た, みずから進んでする, 自発的な;〘軍〙志願の: ein ～*er* Entschluß 自由意志による決断 | ～*e* Spenden (強制によらぬ)自発的寄付金 | eine ～*e* Versicherung 任意保険 | die ～*e* Gerichtsbarkeit〘法〙非係争 ‖ ～ zurücktreten 自発的に辞職する | *sich*[4] ～ zum Militär 〈an die Front〉 melden みずから進んで軍隊に〈前線勤務を〉志願する. **II Frei·wil·li·ge** 男 女《形容詞変化》〘軍〙義勇兵, 志願兵.

Frei·wil·lig·keit[–kaɪt] 女 -/ freiwillig なこと.

Frei≠wirt·schaft 女 -/ 自由経済. **≠wurf** 男〘球技〙フリースロー. **≠zei·chen** 中 **1** (↔Besetztzeichen) (電話がふさがっていないことを示す)発信〈呼び出し〉音. **2** (登録していない)自由商標. **3** (タクシーの)空車札.

Frei·zeit 女 **1**《ふつう単数で》自由な時間, 余暇, レジャー; 休暇: *seine* ～ im Garten verbringen 余暇を庭〔仕事〕で過ごす | geregelte ～ haben 定期的に休みが取れる | Ich habe wenig ～. 私はひまな時間があまりない | Er liest viel in seiner ～. 彼は休みには大いに読書をする. **2** (同好会・サークルなどの数日間にわたる)集まり, 合宿;〘新教〙静修(討論とレクリエーションを兼ねる研修会).

Frei·zeit≠be·schäf·ti·gung 女 余暇利用の〔趣味的な〕活動. **≠ge·sell·schaft** 女 (職業活動以外の余暇の比率の増大した)レジャー社会. **≠ge·stal·tung** 女 余暇利用〔法〕. **≠hemd** 中 レジャー用のシャツ. **≠ho·se** 女 レジャー用のズボン. **≠in·du·strie** 女 レジャー産業. **≠klei·dung** 女 レジャーウエア. **≠schuh** 男 レジャー用の靴. **≠sport** 男 余暇のスポーツ, レジャースポーツ. **≠zen·trum** 中 (プール・サウナなど健康増進施設のある)レクリエーションセンター.

frei·zü·gig[..tsyːɡɪç][2] 形 **1** 居住〈滞在〉地を自由に変えることのできる; (資本などについて)自由に移動し得る. **2** (規則などに)束縛されない, 融通のきく, 臨機応変の; (既成の道徳などに)とらわれない, (性関係などが)自由な.

Frei·zü·gig·keit[..kaɪt] 女 -/ (freizügig なこと. 例えば:) 移住〈移転〉の自由; (規則・既成の道徳などに)束縛されないこと.

Frei·zü·gig·keits·ver·kehr 男 -s/ (旧東ドイツの)全国金融機関通用預金制度.

fremd[frɛmt][1] **I** 形 **1** よその, 異郷〈他国〉の: eine ～*e* Sprache 外国語 | unter ～*en* Sternen (→Stern 1) | ～*e* Waren 外来〈舶来〉商品.

2 a) 他人の: in ～*e* Hände fallen 〈übergehen〉 人手に渡る | *sich*[4] in ～*e* Angelegenheiten 〈Sachen / Dinge〉 mischen 他人の事柄に干渉する | unter ～*em* Namen schreiben 匿名〈変名〉で書く. **b**) 縁遠い; よそよそしい: Ehrlichkeit ist ihm ～. 正直など彼は持ち合わせていない ‖ *sich*[4] ～ fühlen のけ者にされたように感じる | ～ gegen *jn.* tun / *sich*[4] ～ gegen *jn.* benehmen …に冷淡な〈よそよそしい〉態度をとる. **3** (↔bekannt) (個人的に)知っていない, 未知の, なじみのない; 見なれぬ, 妙な: ein ～*es* Gesicht 知らぬ人; 新顔 | eine ～*e* Stimme 聞き覚えのない声 ‖ Ich bin hier ～. 私はここは不案内〈はじめて〉だ; 私はここには知り合いがない | Sie ist mir 〈ihm〉 ～. 彼女は私〈彼〉の知らない人だ | Er sieht heute ganz ～ aus. 彼はきょうは全く別人のようだ ‖ Dieses Muster wirkt hier ～. この模様はここにはなじまない | ein ～ anmutender Name 変な感じの名前.

II Frem·de[1][frέmdə] 男 女《形容詞変化》**1** よその人, よそ者, 他国者, 外国人; 他人; 外来者, (旅館などの)客. **2** 見知らぬ人, なじみのない人, 新顔.

[*germ.* „entfernt"; ◇ früh; *engl.* from]

Fremd·ar·bei·ter[frέmt..] 男 外国人労働者(今日ではふつう Gastarbeiter という).

fremd·ar·tig[..|aːrtɪç][2] 形 外国ふうの, 見なれぬ, 珍しい; 一風変わった, 異様な: von ～*em* Reiz sein エキゾチックな魅力がある.

Fremd·ar·tig·keit[..kaɪt] 女 -/ fremdartig なこと.

Fremd≠be·fruch·tung 女〘生〙他家受精. **≠be·sitz** 男 (↔Eigenbesitz)〘法〙他主占有. **≠be·stäu·bung** 女〘植〙他花受粉.

Frem·de[1] →fremd II

Frem·de[2][frέmdə] 女 -/《雅》よその土地, 他国, 異郷;

(Ausland) 外国: aus der ~ heimkehren (他国から)帰郷〈帰国〉する | in der ~ leben よその土地で暮らす | in die ~ ziehen 他国へ行く.

frem·deln[frέmdəln] 《06》 (スイス: **frem·den** [frέmdən][1]) 《01》 自 (h) (特に赤ん坊・子供などが)人おじする, 人見知りする.

Frem·den≠bett[frέmdən..] 中 来客用ベッド. **≠buch** 中 宿帳; 来訪者〈参観者〉記名簿.

frem·den·feind·lich 形 よそ者〈他国の人〉に対して敵意をもった.

Frem·den≠feind·lich·keit 女 よそ者〈他国の人〉に対する敵意. **≠füh·rer** 男 **1** (⇔ **≠füh·re·rin**) 旅行案内者, 〔観光〕ガイド. **2** 旅行案内書, ガイドブック. **≠haß** 男 よそ者〈他国の人〉に対する憎悪〈憎しみ〉. **≠heim** 中 (長期滞在客用の比較的小規模な)ホテル, ペンション, 旅館. **≠in·du·strie** 女 観光産業. **≠le·gion** 女《単数で》(フランスの)外人部隊. **≠le·gio·när** 男 外人部隊の隊員. **≠li·ste** 女 (観光地やホテルなどの)宿泊人〈来訪者〉名簿. **≠paß** 男 (一時的に通用する)外国人用仮証明書. **≠po·li·zei** 女 (警察の)外国人課. **≠recht** 中 -〔e〕s/ (Ausländerrecht) 外国人法. **≠ver·kehr** 男 -s/ 観光客の往来, ツーリズム: ein Land 〈eine Gegend〉 dem ~ erschließen ある国〈ある地方〉を観光開発する.

Frem·den·ver·kehrs≠ge·biet 中 観光地. **≠in·du·strie** 女 観光産業. **≠ver·ein** 男 観光協会.

Frem·den·zim·mer 中 **1** (ホテル・旅館・民宿などの)客室. **2** (個人の家の)客用寝室, 客間.

Fremd≠fi·nan·zie·rung[frέmt..] 女 (↔ Selbstfinanzierung) 〘経〙外部金融. **≠gang** 男《話》浮気.

Fremd·gän·ger 男 -s/- 浮気をする人.

fremd|ge·hen* 《53》 自 (s) 《話》(配偶者ではない)よその男〈女〉と密会する, 夫〈妻〉を裏切る, 浮気をする: mit *jm.* ~ …と浮気する.

Fremd·heit[frέmthaɪt] 女 -/-en **1** 《単数で》fremd なこと. **2** fremd なもの.

Fremd≠herr·schaft 女 外国〔人〕による支配〈統治〉. **≠ka·pi·tal** 中 (↔Eigenkapital) 〘経〙他人資本. **≠kör·per** 男 〘生〙異物; 《比》環境にそぐわない物〈人〉: einen ~ operativ entfernen 異物を外科的に除去する.

fremd·län·disch[..lεndɪʃ] 形 (ausländisch) 外国の, 外国産〈種〉の; 異国ふうの, エキゾチックな.

Fremd·ling[..lɪŋ] 男 -s/-e 《雅》よその人, よそ者; 見知らぬ人; 異分子; 門外漢.

Fremd≠mit·tel 中 -s/- 《ふつう複数で》(↔Eigenmittel) 〘経〙他人資金. **≠re·flex** 男 (↔Eigenreflex) 〘生理〙非固有反射. **≠spra·che** 女 (↔Muttersprache) 外国語: eine ~ erlernen 外国語を習得する | mehrere ~*n* beherrschen 数か国語をマスターする.

Fremd·spra·chen≠hoch·schu·le 女 外国語大学. **≠kennt·nis** 女 外国語の知識. **≠un·ter·richt** 男 外国語の授業, 外国語教育.

fremd≠spra·chig[..xɪç][2] 形 外国語で書かれた; 外国語を話す; 外国語による: ~*e* Literatur 外国語の文献 | ~*er* Unterricht 外国語で行われる授業. **≠sprach·lich** 形 《付加語的》外国語の, 外国語に関する: ~*er* Unterricht 外国語の授業.

Fremd·stamm 男 異民族, 異種族.

fremd·stäm·mig[..ʃtεmɪç][2] 形 異民族〈異種族〉の.

Fremd·stoff 男 (本来含まれないはずの)異物質, 外来物質; まじり物, 不純物.

Fremd·tü·me·lei[frεmtty:məláɪ] 女 -/ (過度の)外国模倣, 外国かぶれ, 外国熱, 外国崇拝. [<..tum]

Fremd·wort[frέmt..] 中 -〔e〕s/..wörter 〘言〙外来語: **für *jn.* ein ~ sein** 《比》…にとって(外来語のように)なじみのないものである | Arbeit war für ihn ein ~. 《比》働くなどということは彼には全く無縁のことだった.

Fremd·wör·te·lei[frεmtvœrtəláɪ] 女 -/ やたらに外来語を使うこと.

fremd·wör·teln[frέmtvœrtəln] 《06》 自 (h) やたらに外来語を使う.

Fremd·wör·ter·buch 中 外来語辞典.

Fremd·wör·te·rei[frεmtvœrtəráɪ] 女 -/ =Fremdwörtelei

fremd·wort·frei[frέmt..] 形 外来語を用いていない.

fre·ne·tisch[frené:tɪʃ] 形《雅》荒れ狂う, 気違いじみた, 熱狂的な, 熱烈な: ~*er* Beifall 万雷の拍手喝采(かっさい). [*gr.*－*lat.* phrenēticus－*fr.*; <*gr.* phrḗn (→phreno..)]

Fre·nu·lum[fré:nulʊm] 中 -s/..la[..la·] 〘解〙小帯; (Vorhautbändchen) 包皮小帯. [<*lat.* frēnum „Zaum" (◇Fräse)]

fre·quent[frekvέnt] 形 **1** (häufig) たびたびの, 頻度数の多い; 来客〈往来〉の多い, (商店などについて)客の多い, よくはやっている. **2** 〘医〙(脈拍が)速い. [*lat.*; ◇farcieren]

▽**Fre·quen·tant**[frekvεntánt] 男 -en/-en 定期的に訪れる人, 常連.

▽**Fre·quen·ta·tion**[..tatsió:n] 女 -/ たびたび〈定期的に〉訪れること. [*lat.*]

Fre·quen·ta·tiv[..tatí:f][1] 中 -s/-e, **Fre·quen·ta·ti·vum**[..tí:vʊm] 中 -s/..va[..va·] (Iterativum) 〘言〙反復動詞.

fre·quen·tie·ren[..tí:rən] **I** 他 (h) たびたび訪れる〈出入りする〉: Das Lokal wird ausschließlich von Männern *frequentiert.* この店に出入りするのはもっぱら男の客ばかりだ.

II fre·quen·tiert 過分 形 人々がよく出入りする, 訪れる人の多い; (道路などが)往来の頻繁な: eine sehr ~*e* Straße 往来の非常に激しい道路. [*lat.*]

Fre·quenz[frekvέnts] 女 -/-en **1** 頻度, 度数; (特に:) 来訪者〈利用者・出席者〉数; 生徒〈学生〉〔総〕数; 運輸貨客量, 交通量: eine Straßenkreuzung mit starker ~ 交通量の多い交差点 | In dieser Schule ist die ~ der Klassen sehr hoch. この学校ではクラスの生徒数がきわめて多い. **2 a)** 〘理〙振動数, サイクル数; (電波などの)周波数: Hoch*frequenz* 高周波 | Nieder*frequenz* 低周波. **b)** 〘医〙脈拍数. [*lat.*]

Fre·quenz≠band 中 -〔e〕s/..bänder 〘電〙周波数帯. **≠be·reich** 男 〘電〙周波数範囲(電磁波を周波数に従って分類する際, 一定の似かよった性質を共有するそれぞれの範囲). **≠cha·rak·te·ri·stik** 女 周波数特性. **≠li·ste** 女 来訪者〈出席者〉名簿. **≠mes·ser** 男 〘理〙周波数計. **≠mo·du·la·tion** 女 (略 FM) 周波数変調, エフエム. **≠wand·ler** 男 〘電〙周波数変換機, 変周機.

Fres·ke[frέskə] 女 -/-n, **Fres·ko**[1][frέsko·] 中 -s/..ken[..kən] 〘美〙フレスコ画(塗りたての乾かない壁の上に描いた壁画). [*it.* fresco „frisch"(－*fr.* fresque]; ◇frisch]

Fres·ko[2][frέsko·] 男 -s/ 〘織〙フレスコ, ポーラル, ポーラー(通風性のある夏服生地の一種).

Fres·ko≠ge·mäl·de[frέsko..] 中 フレスコ画. **≠ma·le·rei** 女 フレスコ壁画〔法〕.

Fres·sa·li·en[frεsá:liən] 複《戯》食料品; 食糧.

Freß≠bar·ren[frέs..] 男《南部・オーストリア》= Freßtrog **≠be·gier·de** 女 =Freßgier **≠beu·tel** 男 (旅人などの)食料袋, 糧嚢(りょうのう); (馬などの鼻先につるす)かいば袋.

Fres·se[frέsə] 女 -/-n **1** 《卑》(Mund) 口: **die ~ weit aufreißen / eine große ~ haben** 大口をたたく, 偉そうなことを言う | **die ~ halten / die ~ nicht aufbekommen 〈aufkriegen〉** 口をつぐむ, 沈黙を守る | Halt die ~! 黙れ | 〔**von *jm.* 〈*et.*[3]〉**〕 **die ~ voll haben** 〔…に〕うんざりしている ‖ 〔**ach**〕 **du meine ~!** とんでもない, 何たることだ. **2** 《卑》(Gesicht) 顔, つら: ***jm.* die ~ polieren 〈lackieren / einschlagen〉 / *jm.* 〈*jn.*〉 in die ~ schlagen / *jm.* eins vor die ~ geben** …の顔に一発くらわす.

fres·sen*[frέsən] 《49》 **fraß**[fra:s]/**ge·fres·sen**; 現 *du* frißt[frɪst] (frissest), *er* frißt; 命 friß; 接II fräße [frέ:sə] **I** 他 (h) **1** (動物が)食べる; 《俗》(人間ががつがつ・不作法に・大量に)〔むさぼり〕食う: Futter 〈Gras〉 ~ えさ〈草〉をはむ | Kilometer ~ (→Kilometer) | die Weisheit mit Löffeln gegessen 〈*gefressen*〉 haben (→Weisheit 1) | Zeitungen 〈Bücher〉 ~ 《比》新聞〈書物〉をむさぼるよう

F

に読む ‖ Ich will dich nicht ～.《俗》まさか君を取って食ったりはしないよ(君には何もしないから心配するな) | *Friß* mich nur nicht!《話》(取って食うみたいに)そんなこわい顔〈目〉をするなよ | *jn.* ansehen, als wollte man ihn ～《話》…をかみつきそうな目でにらみつける | *jn.* vor Liebe ～ wollen《話》食いつきたいほど…が好きである | Ich lasse mich ～, daß das wahr ist.《話》それが本当だということは賭(か)けてもいいよ | ***jn.*** ⟨***et.***[4]⟩ ***gefressen* haben**《話》…にうんざりしている(→2) | einen Narren an *jm. gefressen* haben (→Narr 1 b) ‖ Die Flammen *fraßen* das Gras. 炎が草を焼きつくした | Der Wald wird von der Stadt *gefressen.* 森が町に侵食される ‖〖結果を示す語句と〗*jn.* arm ～《話》…の財産を食いつぶす | Die Katze *fraß* den Napf leer. 猫が鉢のえさを平らげた | Die Motten *fressen* Löcher in die Kleider. 虫が食って服に穴があく ‖ 再帰 *sich*[4] dick 〔und rund〕 ⟨satt / voll⟩ ～ 腹いっぱい食う ‖〖目的語なしで〗wie ein Drescher ⟨ein Schwein / ein Wolf⟩ ～ がつがつ大食する | *jm.* aus der Hand ～ …の手から食べる;《比》…の言いなりになる | *Friß,* Vogel, oder stirb! (→Vogel 1 a).

2《話》のみこむ; ぐっと腹にしまいこむ, (完全に)理解する: ***et.***[4] ***gefressen* haben** …がすっかり分かっている(→1) | Jetzt habe ich endlich *gefressen*! 今やっと分かったよ | ***et.***[4] **in *sich***[4] **～** …(悲しみ・怒りなど)をじっとこらえる | Er *fraß* seinen Ärger in sich. 彼は腹立ちをじっとこらえた.

3《話》食いつぶす, 消費する: Der Motor *frißt* viel Benzin. このエンジンはやたらにガソリンを食う | Der Plan hat viel Geld *gefressen.* この計画はずいぶん金がかかった.

4《話》《*et.*[4]》(…より)大きな音を出す: Das Orchester *fraß* die Stimmen. オーケストラの音が歌声をかき消した.

5 再帰 *sich*[4] durch *et.*[4] 〔hindurch〕 ～ (虫などが)食いながら…を通っていく;《比》苦労して…を切り抜ける | Die Säge *frißt* sich durch das Holz. のこぎりが木材を切ってゆく | Ich habe mich durch das dicke Buch *gefressen.* 私はどうにかこの厚い本を読み終えた ‖ *sich*[4] in *et.*[4] ～ (虫などが)食いながら…の中へ入っていく;《比》…にくい込む | Die Reue *frißt* sich in mein Herz. 後悔の思いが私の胸をさいなむ.

II 自 (h) **1** (動物が)食べる;《話》(人間が)〔むさぼり〕食う (→I 1). **2** 侵食する, むしばむ: Der Rost *frißt* am Eisen. さびが鉄を侵食する | Die Sorge *frißt* an ihm. 心配が彼の心をむしばむ | Der Lärm *fraß* an meinen Nerven. 騒音が私の神経をかき乱した.

III Fres·sen 中 -s/ **1** (動物の)えさ;《話》(人間の)食物, 食事: ein elendes ⟨gutes⟩ ～《話》情けない〈上等な〉食事 ‖ dem Hund das ～ geben 犬にえさをやる | **ein gefundenes ～ für *jn.* sein**《話》…にとって願ったりかなったり〈まさに棚からぼたもち〉である | ***sich***[3] **ein ～ aus *et.***[3] **machen**《話》…(人のいやがること)を進んでする. **2** fressen すること: nur an ～ und Saufen denken《話》飲み食いのことしか念頭にない | **zum ～ sein**《話》食いつきたいほど好ましい | ***jn.* zum ～ gern haben**《話》…がたまらなく好きである.

IV fres·send 現分 形 むしばむ;〖医〗侵食性の: ～*e* Flechte〖医〗狼瘡(ろうそう) | Sein alter Wagen ist nur noch ein ～*es* Kapital. 彼の古い車はもう金を食うばかりで役たたずだ. [*germ.*; ◇ver.., essen; *engl.* fret]

Fres·ser[frέsər] 男 -s/- **1 a)**《様態を示す付加語と》えさを食う動物: ein geduldiger ⟨guter⟩ ～ 何でも食べる〈えさの効率のよい〉家畜. **b)** (1歳までの)子牛: einen ～ großziehen ⟨schlachten⟩ 子牛を育てる〈畜殺する〉.

2《話》(Vielfraß) 大食漢, 大食い; (育ち盛りでもりもり食べる)子供: ein unnützer ～ むだめし食らい.

Fres·se·rei[frεsəráɪ] 女 -/-en《話》**1**《軽蔑的に》**a)** 大ごちそう, (えんえんと続く)宴会: eine große ～ veranstalten 大盤振舞いする. **b)** 大食い. **2** 食物: wenig ⟨viel⟩ ～ im Haus haben 家にろくに食物がない〈食料がいっぱいある〉.

Freß·gier[frέs..] 女 (動物の)食欲, 空腹;《話》(人間の)大食い, 異常な食欲.

freß·gie·rig 形 (動物が)腹をすかせている;《話》(人間が)大食いの, 異常に食欲のある.

Freß≠korb 男《話》(贈り物用の)食品を盛ったかご; (行楽用の)食料入りのバスケット. **≠lust** 女 -/ =Freßgier

freß·lu·stig =freßgierig

Freß≠ma·schi·ne 女《話》(大食漢の)口. **≠napf** 男 (Futternapf) (犬・猫などの)えさを入れる鉢〈ボール〉, 餌皿(えさざら). **≠pa·ket** 中《話》食料品の入った〔小〕包. **≠sack** 男《俗》**1** 食糧〔保存〕袋. **2** 大食漢. **≠sucht** 女 -/ **1** =Freßgier **2** (Polyphagie)〖医〗多食〔症〕.

freß·süch·tig 形 **1** =freßgierig **2**〖医〗多食症の.

Freß≠trog 男 (Futtertrog) (家畜用の)えさ入れ, 飼料槽. **≠wanst** 男《話》大食漢. **≠werk·zeu·ge** 複〖動〗口器(節足動物の食物摂取器官). **≠zel·le** 女 (Phagozyt)〖生〗食細胞.

Frett[frεt] 中 -[e]s/-e, **Frett·chen**[frέtçən] 中 -s/- フェレット(ヨーロッパケナガイタチの畜養品種. うさぎ狩りに使われることもある). [*fr.* furet; < *lat.* für „Dieb"; ◇Furunkel; *engl.* ferrett]

fret·ten[frέtən] 《01》 他 (h)《南部・オーストリア》《話》**1** 再帰 *sich*[4] ～ 苦労して生活を維持する, かつかつの暮らし向きである. **2** *sich*[3] *et.*[4] ～ …にすり傷をつくる, …をすりむく. [*ahd.* fratōn]

Fret·ten·füh·rer[frέtən..] 男〖狩〗フェレットを使ってうさぎを狩る人, フェレット使い. [< Frett]

Fret·ter[frέtər] 男 -s/-《南部・オーストリア》《話》かつかつに暮らす人; けちんぼう.

Fret·te·rei[frεtəráɪ] 女 -/-en《ふつう単数で》《オーストリア》《話》かつかつの暮らし向き; つらい仕事.

fret·tie·ren[frεtí:rən] 自 (h)〖狩〗フェレットを使ってうさぎ狩りをする. [< Frett]

Freud[1][frɔʏt] 人名 Sigmund ～ ジークムント フロイト(1856–1939; オーストリアの精神医学者で, 精神分析の創始者).

Freud[2][–] 女《もっぱら次の成句で》in Fried und ～ (→Fried) ‖ **～ und Leid** 喜びと悲しみ | ～ und Leid mit *jm.* teilen《雅》…と苦楽を共にする〈分かち合う〉 | in ～ und Leid 楽しいときも苦しいときも | in ～ und Leid zusammenhalten《雅》苦楽〈好況不況〉にかかわらず一致団結している.

Freu·de[frɔ́ʏdə] 女 -/-n (↔Leid) 喜び, うれしさ, 歓喜; 喜びを与えるもの, 楽しみ: geistige ⟨sinnliche⟩ ～*n* 精神的な〈官能の〉喜び | große ⟨herzliche⟩ ～ 大きな〈心からの〉喜び | rechte ⟨reine / wahre⟩ ～ 本当の喜び | die kleinen ～*n* des Alltags 日常生活のささやかな楽しみ | die ～ an der Arbeit ⟨über den Erfolg⟩ 仕事〈成功〉の喜び | *Freud* und Leid (→Freud[2]) ‖ *sich*[4] der ～ hingeben 喜びにひたる ‖〖4格で〗die ～*n* des Lebens genießen 人生の楽しみを味わう | keine ～ über *et.*[4] empfinden …に喜びを感じない | viel ～ an *et.*[3] haben …をとても喜んで〈楽しんで〉いる | *jm.* 〔mit dem Geschenk〕 viel ～ machen ⟨bereiten⟩ 〔贈り物をして〕…を大変喜ばせる | *jm.* ～ spenden …を喜ばせる | *Freud* und Leid mit *jm.* teilen (→Freud[2]) | *jm.* die ～ verderben ⟨zerstören /俗: versalzen⟩ …の楽しみを台なしにする ‖〖主語として〗*Freude* erfüllt ihn. 彼は喜びでいっぱいになる | Es herrschte große ～ unter den Leuten. 人々はとても喜んでいた | **Geteilte ～ ist doppelte ～, geteilter Schmerz ist halber Schmerz.**《諺》分かちあえば喜びは倍加し苦しみは半減する ‖〖述語として〗Das Kind ist meine einzige ⟨ganze⟩ ～. 子供が私の唯一の楽しみ〈楽しみのすべて〉である | Die Arbeit ist ihm eine wahre ～. 彼にとっては仕事が本当に楽しいのだ | Das ist 〔aber〕 eine ～! こいつはうれしい;《反語》なんたることか | Das ist eine ～, wenn die Mutter kommt! お母さんが来るなんてうれしいな | Das ist keine reine ～. それはあまりうれしいことではない | Es wird mir eine große ～ sein, Ihnen zu helfen. お力になれれば大変うれしく存じます | Es ist eine wahre ～, ihm zuzuhören. 彼の言葉に耳を傾けることは本当に楽しい | Er tanzte, daß es eine wahre ～ war, ihm zuzusehen. 彼の踊りは見ていて本当に楽しかった | Das sind die ～*n* des Berufs.《戯》これは職業がら仕方のないことだ ‖ voll〔er〕 ～ sein 喜びに満ちあふれている, 大喜びである ‖〖前置詞と〗herrlich und **in** ～*n* leben (→herrlich 1) | **mit ～**〔**n**〕 喜んで, 楽しく | Mit ～*n*! 喜んで〔いたします〕 | **von** ～ erfüllt うれしさいっぱいで | **vor** ～ weinen うれしさのあま

F

り泣く | vor ~ außer *sich*³ sein うれしさに我を忘れる | *sich*⁴ vor ~ nicht zu lassen 〈fassen〉 wissen うれしくて夢中である | **zu** *js.* 〔großer〕 ~ …にとって〔とても〕うれしいことに | zur ewigen ~ eingehen《雅》(死んで)天国に行く. [*ahd.*; ◇froh, freuen]

freu·de≠be·bend[frɔ́ʏdə..] 形《雅》喜びに震える. **≠brin·gend** 形《述語的》喜びをもたらす. **≠leer** =freudenleer **≠los**[..lo:s]¹ =freudlos

freu·den·arm[frɔ́ʏdən..] 形 喜びの乏しい.

Freu·den≠be·cher 男《雅》喜びの杯, 満ちあふれた幸せ: den ~ leeren 喜びを十分に味わいつくす. **≠be·kun·dung** 女, **≠be·zei·gung** 女 喜びの表現〈表情〉. **≠bot·schaft** 女 うれしい知らせ, 吉報, 福音: *jm.* eine ~ bringen 〈verkünden〉 …に吉報をもたらす〈福音を伝える〉. **≠brin·ger** 男 喜びをもたらす人〈もの〉. **≠fest** 中 祝賀会, 祝宴, 祝祭. **≠feu·er** 中 祝いのかがり火. **≠ge·brüll** 中, **≠ge·heul** 中, **≠ge·schrei** 中 歓声. **≠haus** 中 (Bordell) 娼家(しょうか), 売春宿.

freu·den≠leer 形《雅》喜び〈楽しみ〉のない, みじめな. **≠los** =freudlos

Freu·den·mäd·chen 中《雅》(Dirne) 売春婦. [*fr.* fille de joie (◇Filiale, Gaudium) の翻訳借用]

Freu·den≠mahl 中《雅》祝宴. **≠op·fer** 中 (Dankopfer) 感謝の供物. **≠rausch** 男《雅》狂喜, 有頂天.

freu·den·reich 形 喜びの多い.

Freu·den≠ruf 男 歓声: ~*e* ausstoßen 歓声をあげる. **≠sprung** 男 喜びのあまり跳びはねること: einen ~ tun 欣喜(きんき)雀躍(じゃくやく)する. **≠stö·rer** 男 喜びをぶち壊す人, 興をそぐ人. **≠tag** 男 喜ばしい〈記念すべき〉日. **≠tanz** 男 喜びのあまり踊り回ること: **einen** 〔**wahren** / **wilden**〕 **~ aufführen** 〈**vollführen**〉 うれしさのあまり踊り回る, 欣喜雀躍する. **≠tau·mel** 男 狂喜, 有頂天: in einen ~ geraten 有頂天になる. **≠trä·ne** 女 -/-n《ふつう複数で》うれし涙: ~*n* vergießen うれし涙を流す.

freu·de≠strah·lend 形 喜びに輝く, 非常に幸せそうな. **≠trun·ken** 形 喜びに酔いしれた.

Freu·dia·ner[frɔʏdiá:nər] 男 -s/-《心》フロイト学派の人(→Freud¹).

freu·dia·nisch[..nɪʃ] 形《心》フロイディズムの.

Freu·dia·nis·mus[..dianísmʊs] 男 -/《心》フロイディズム (S. Freud の学説).

freu·dig[frɔ́ʏdɪç]² 形 **1** 喜んでいる, うれしい気持の, 楽しげな: in ~*er* Erwartung sein 楽しみにして待っている | ein ~*es* Gefühl 楽しい気持〈気分〉| ein ~*es* Gesicht machen うれしそうな顔をする | zu meiner ~*en* Überraschung 思いもかけぬうれしいことに ‖ ~ an die Arbeit gehen 喜々として仕事につく. **2**《ふつう付加語的》喜ばしい, 喜び〈幸せ〉をもたらす: ein ~*es* Ereignis (→Ereignis) | eine ~*e* Nachricht うれしい知らせ, 吉報.

..freudig[..frɔʏdɪç]²《名詞・動詞の語幹などにつけて「…を喜ぶ, …を好む」を意味する形容詞をつくる》: farben*freudig* 色彩を好む; 多彩な | taten*freudig* 活動的な ‖ gebe*freudig* 気前のよい | lese*freudig* 読書好きの.

Freu·dig·keit[frɔ́ʏdɪçkaɪt] 女 -/ freudig なこと.

freud·los[frɔ́ʏtlo:s]¹ 形 喜びのない, 悲しい, みじめな: ein ~*es* Leben führen 暗い毎日を送る.

Freud·lo·sig·keit[..lo:zɪçkaɪt] 女 -/ freudlos なこと.

freud·voll 形 喜びに満ちあふれた, うれしさでいっぱいの.

freu·en[frɔ́ʏən] **I** 他 (h) **1** 《*jn.*》 (…を)喜ばせる, うれしがらせる: Die Anerkennung *freute* ihn. 認められて彼はうれしかった | Ihr Geschenk *freut* mich sehr. 贈り物たいへんうれしゅうございます ‖ Es *freut* mich, daß ich dich sehe 〈dich zu sehen〉. 君に会えてうれしい | Es würde mich ~, wenn du kämest. 君が来てくれるとうれしいんだが ‖ Das *freut* einen denn 〔ja〕 auch. そりゃうれしくなくもないさ;《反語》なんとも結構なこった ‖〘主語を省略して〙*Freut* mich sehr! (紹介されたときのあいさつで)お知り合いになれてうれしゅうございます(どうぞよろしく), 初めまして | Hat mich sehr *gefreut*! (別れ際のあいさつで)〔お会いできて〕たいへん楽しゅうございました.

2 再帰 *sich*⁴ ~ 喜ぶ, うれしく〈楽しく〉思う: *sich*⁴ herzlich 〈ungemein〉 ~ 心から〈大いに〉喜ぶ | *sich*⁴ zu früh ~ ぬか喜びする | *sich*⁴ wie ein Kind ~ 子供のように喜ぶ | *sich*⁴ wie ein Stint 〈wie ein Schneekönig〉 ~ (→Stint, →Schneekönig) ‖ *sich*⁴ **an** *et.*³ ~ (現在進行中の事柄や目の前の現象に関して)…を楽しむ〈喜びをもって味わう〉| *sich*⁴ an den Blumen ~ 花を見て楽しむ | *sich*⁴ **auf** *et.*⁴ ~ (これから起こる事柄に関して)…を楽しみにする | *sich*⁴ auf die Ferien ~ 休暇を楽しみにしている | Wir *freuen* uns auf unsere Gäste. 我々は客の訪問を楽しみにしている | *sich*⁴ **über** *et.*⁴ ~ (すでに起こった事柄やその結果に関して)…を喜ぶ〈うれしく思う〉| *sich*⁴ über den Erfolg 〈das Geschenk〉 ~ 成功〔したこと〕〈贈り物〔をもらったこと〕〉を喜ぶ | *sich*⁴ *et.*² ~《雅》…を喜ぶ, …をうれしく思う; …を楽しむ | *sich*⁴ eines Erfolges ~《雅》成功を喜ぶ | *Freut* euch des Lebens!《雅》人生を楽しみたまえ ‖〘daß 副文や zu 不定詞〔句〕と〙Ich *freue* mich 〔darüber / darauf〕, daß ich ihn besuchen kann 〈ihn besuchen zu können〉. 私は彼を訪ねられることをうれしく思う | Wir *freuen* uns für ihn 〔darüber〕, daß er Erfolg gehabt hat. 私たちは彼が成功を収めたことをわが事のように喜んでいる | Wir würden uns ~, wenn ihr einverstanden wäret. 私たちは君たちが了解してくれたらと思う.

II ge·freut → 別出 [*ahd.*; ◇froh, Freude]

Freund[frɔʏnt]¹ **I** 男 -es(-s)/-e (女 **Freun·din** → 別出, 小 **Freund·chen** → 別出) **1 a)** (英: *friend*) 友, 友人, 友達; 仲よし, 親友; (↔Feind) 味方: ein alter ~ 〔unseres Hauses〕〔わが家の〕ずっと昔からの友人 | ein falscher ~ うわべだけの友 | ein guter 〈treuer〉 ~ よき〈誠実な〉友 | ein vertrauter 〈wahrer〉 ~ 親しい〈真の〉友人 | Duz*freund* 互いに du で呼び合う親しい友人 | **~ und Feind** 味方も敵も, 誰も彼も | *Freund* und Feind achten ihn. 敵も味方も彼を尊敬している ‖ **mit** *jm.* **gut ~ sein** 〈**werden**〉 …と仲よしである〈になる〉| Gut ~!〘軍〙(誰何(すいか)されて)味方だ | Du bist mir ja ein schöner ~!《反語》お前というやつは結構な友達だよ ‖ **~ Hein**《雅》死神 | die Gesellschaft der ~*e*〘宗〙フレンド会(プロテスタントのクエーカー派) | ein ~ von mir 私の友人の一人 | ein ~ des Volks 民衆の友 | Der Hund ist des Menschen bester ~. 犬は人間の最良の友である | Jedermanns ~ ist niemandes ~.《諺》八方美人は真の友ではない | *Freunde* in der Not geh〔e〕n tausend 〈hundert〉 auf ein Lot.《諺》苦境にも変わらぬ友はきわめてまれである ‖ *jn.* zum ~ haben 〈wählen〉 …を友としてもつ〈選ぶ〉| *sich*³ *jn.* zum ~ machen …を友にする. **b)**《複数で》友達同士, 仲間同士: die beiden ~*e* 仲よしのふたり | gute ~*e* werden 親友同士になる | **dicke ~e sein**《話》大の仲よしである | unter ~*en* 仲間同士の間で | Wir sind unter ~*en*. ここにいるのは気のおけぬ仲間たちばかりだ. **c)** ボーイフレンド, 恋人; 愛人: Sie hat einen 〔festen〕 ~. 彼女には恋人〈愛人〉がいる.

2 後援者, 支持者, 賛助者, 同調者: Verein der ~*e* 友の会, 後援会. **3** 愛好者: ein 〔großer〕 ~ der Oper 〔大の〕オペラファン | ein ~ des Wanderns sein 旅行好きである | Natur*freund* 自然愛好者 | Tier*freund* 動物愛好家 ‖ Ich bin kein 〔großer〕 ~ von vielen Worten. 私はしゃべりたてるのは嫌いである. **4**《くだけた調子の呼びかけで》君, あんた: 〔Mein〕 lieber 〈bester〉 ~! ねえ君 | Mein lieber ~ und Kupferstecher!《話》(軽い警告をこめて)ねえきみ | Guter ~, so geht das nicht! あんたそうはいかんぜ | Wie geht's, alter ~? 調子はどうだい君. **5**《南部》親類, 縁者.

II freund 形《述語的》**1**《雅》(befreundet) 《*jm.*》 (…と)仲のいい, (…に)好意的な: Sie blieb ihm ~. 彼女は依然として彼に友好的であった. **2**《南部》(verwandt) 《*jm.*》 (…と)血縁関係がある.

[*germ.*; ◇frei, freien²; *engl.* friend]

Freund·chen[frɔ́ʏntçən] 中 -s/ **1** Freund の縮小形. **2**《話》(くだけた調子の呼びかけで)君, あんた: Komm her, mein ~! きみこっちへおいで.

Freun·des≠kreis[frɔ́ʏndəs..] 男 **1** 交友範囲: einen großen ~ besitzen 交友範囲が広い. **2** (親善を目的とし

た)友好サークル. ≈**land** 中 -〔e〕s/..länder《雅》友好国.

Freund-Feind-Den·ken[frɔ́yntfáint..] 中 敵味方的な思考(まわりの人たちを敵か味方かのどちらかに分けてしまう).

Freun·din[frɔ́yndɪn] 女 -/-nen (Freund の女性形) **1** 女の友人. **2** ガールフレンド, 女友達,(女の)恋人;(女の)愛人: Er hat noch keine feste ~. 彼にはまだ特定のガールフレンドはない.

freund·lich[frɔ́yntlɪç] 形 **1 a**) (↔feindlich) 友好的な, 好意的な:〔zu〕*jm.* 〈ᵛgegen *jn.*〉 ~ gesinnt sein …に対して好意的である. **b**) 友情のこもった; 親切な; 愛想のいい: eine ~*e* Haltung 友好的な態度 | eine ~*e* Aufnahme/ein ~*er* Empfang 〔温かい〕歓迎 | ein ~*es* Lächeln やさしい微笑 | der ~*e* Leser 愛読者 | mit ~*en* Grüßen (手紙の結びの文句として)敬具 | eine ~*e* Miene 〈ein ~*es* Gesicht〉 machen 愛想のいい顔をする | kein 〔sehr〕 ~*es* Gesicht machen 〔あまり〕いい顔をしない ‖ *jn.* ~ aufnehmen 〈empfangen〉 …を温かく迎える | *jn.* ~ behandeln …に親切にする | *sich*⁴ ~ zeigen 親切な態度を見せる |〔Bitte,〕 seien Sie so ~, mir die Tür zu öffnen 〈und öffnen Sie mir die Tür〉! 恐縮ですがドアを開けてくださいませんか | Das ist sehr ~ 〔von Ihnen〕!/Sehr ~! どうもご親切にありがとうございます | Bitte, recht ~! (写真を撮るときに)はいにっこりして.
2 a) 好ましい, 気持のいい, 快適な;(色について)明るい感じの: ~*es* Wetter 好天気 | ~*es* Klima 温和な気候 | eine ~*e* Gegend 〈Landschaft〉 感じのいい土地〈風景〉| eine ~*e* Wohnung 快適な住居. **b**) 〘経〙好調な: ~ liegen (株価が)好調である | Die Tendenz ist ~. 相場が上げ調子である.

..freundlich[..frɔyntlɪç]《名詞などにつけて「…に親切・好意的な, …を損なうことのない」を意味する形容詞をつくる》: benutzer*freundlich* 利用者に親切〈便利〉な | gast*freundlich* 客のもてなしのよい | deutsch*freundlich* 親独の ‖ haut*freundlich* (布などが)皮膚を刺激しない, 肌にやさしい | umwelt*freundlich* 環境を損なわない, 無公害の.

freund·li·cher·wei·se[..lɪçər..] 副 親切なことに, 親切にも.

Freund·lich·keit[..kaɪt] 女 -/-en **1**《単数で》(freundlich なこと. 例えば:) 親切, 好意: *jm.* eine ~ erweisen …に親切にする | Er war die ~ selbst. 彼は親切そのものだった | Das ist eine große ~ von Ihnen. ご親切たいへんありがとうございます. **2** freundlich な言動: *jm.* ~*en* sagen …に親切な言葉をかける, …にお愛想を言う.

freund·los[..lo:s]¹ 形 友人のいない, 孤独な: ~ leben 孤独な生活を送る.

freund·nach·bar·lich 形 隣人のよしみの, 近隣と親しい: ~*e* Beziehungen 近隣友好関係 | *jm.* ~*en* Beistand leisten …に隣人のよしみの援助をする.

Freund·schaft[frɔ́ynt-ʃaft] 女 -/-en **1**《ふつう単数で》**a**) (英: *friendship*) (↔Feindschaft) 友情; 友好関係; 親密な関係: enge 〈dicke〉 ~ 親密な友情 | die ~ unter den Völkern 国際友好 | die ~ zwischen Goethe und Schiller ゲーテとシラーの交友 ‖ Bande der ~《雅》友情のきずな | *jm.* Beweise *seiner* ~ geben …に対して友情の実を示す ‖ aus 〔reiner〕 ~ 〔全くの〕友情から | *jm.* in fester 〈langjähriger〉 ~ verbunden sein …と固い〈長年の〉友情で結ばれている | in 〔Frieden und〕 ~ mit *jm.* leben …と仲よくしている | Ich sage dir das in aller ~. 私は君のためを思えばこそこう言うんだよ ‖ eine ~ pflegen 交友を続ける | mit *jm.* ~ schließen 〈halten〉 …と交わりを結ぶ〈続ける〉| *jm.* die ~ kündigen …と絶好する | Erhalten Sie mir weiterhin Ihre ~! 今後ともご友誼(ゆうぎ)をたまわりますよう | Das nennt sich nun ~!《反語》これが友情の仕打ちか | Unsere ~ ist eingeschlafen 〈in die Brüche gegangen〉. 我々の交友はとだえて〈断絶して〉しまった | In Geldsachen hört die ~ auf.《諺》金銭問題は友情とは別だ | Borgen schadet der ~.《諺》貸し借りは友情をそこなう.
☆ 旧東ドイツの Pionierorganisation では, あいさつに用いられた.
b) 親密な愛人関係: Sie hat schon viele ~*en* gehabt. 彼女はこれまでにすでに多くの男と関係をもった.
2 a)《集合的に》友人; 恋愛関係の相手. **b**)《南部》(Verwandtschaft)《集合的に》親類縁者. **c**) = Pionierfreundschaft [◇ *engl.* friendship]

freund·schaft·lich[–lɪç] 形《述語的用法なし》友情のこもった, 友好的な: ~*e* Bande 友情のきずな | ~*e* Beziehungen zu 〈mit〉 *jm.* unterhalten …との友好関係を維持する | mit *jm.* auf ~*em* Fuße stehen (→Fuß 1 a) ‖ gegen *jn.* ~ gesinnt sein …に対して好意的である | Er unterhielt sich ~ mit mir. 彼は私とたいへん親しげに語りあってくれた.

Freund·schaft·lich·keit[..kaɪt] 女 -/ freundschaftlich なこと.

Freund·schafts≈ban·de 複《雅》友情のきずな: mit *jm.* ~ knüpfen …と友情のきずなを結ぶ. ≈**be·such** 男 親善訪問. ≈**be·weis** 男 友情のあかし〈証拠〉. ≈**be·zei·gung** 女 友情の表示, 友情の証明. ≈**bund** 男, ≈**bünd·nis** 中 友情のちぎり, 盟約; 友好同盟. ≈**dienst** 男 友情の奉仕〈サービス〉, 友情から出た助力, 親切: *jm.* einen ~ erweisen …に親切をつくす. ≈**pakt** 男 =Freundschaftsvertrag ≈**pio·nier·lei·ter** 男 (旧東ドイツの) Pionierfreundschaft のリーダー. ≈**spiel** 中〘スポ〙親善試合. ≈**ver·hält·nis** 中 友好関係. ≈**ver·si·che·rung** 女 友情の誓い. ≈**ver·trag** 男 友好条約.

fre·vel[fré:fəl] (frev·l..) 形《付加語的》《雅》**1** (frevelhaft) 忌まわしい, 邪悪な, 冒瀆(ぼうとく)的な, 不法な: eine *frevle* Tat ersinnen 悪行をたくらむ. ᵛ**2** (übermütig) 高慢な, 思い上がった; (mutwillig) 気ままな. [*ahd.* fravali „kühn"]

Fre·vel[−] 男 -s/- 忌まわしい〈邪悪な〉行為, 冒瀆(ぼうとく)的〈不法〉な行為, 違反, 侵害(特に山林・狩猟における不法行為): ein ~ am Gesetz 〈gegen das Gesetz〉 法の侵害, 不法行為 | Baum*frevel* 樹木損傷〔罪〕 | Jagd*frevel* 狩猟法違反 ‖ einen ~ begehen 〈verüben〉 悪事を働く, 罪を犯す.

Fre·ve·lei[fre:fəláɪ] 女 -/-en《雅》冒瀆(ぼうとく)的な行為, 非行, 犯罪.

fre·vel·haft[fré:fəlhaft] 形 邪悪な, 不法の, 冒瀆(ぼうとく)的な, 放埒(ほうらつ)な: ein ~*er* Übermut 傲慢不遜(ごうまんふそん) | eine ~*e* Tat begehen 不法行為〈恥知らずな行い〉をする.

Fre·vel·haf·tig·keit[..tɪçkaɪt] 女 -/ frevelhaft なこと.

Fre·vel·mut 男 -〔e〕s/ 傲慢(ごうまん), 不遜(ふそん).

fre·veln[fré:fəln] (06) 自 (h)《雅》《an *jm.*》(…に対して)罪を犯す, 不法な行いをする: gegen die Gesetze ~ 法を破る.

Fre·vel≈sinn 男 -〔e〕s/ 悪(あ)しき心, 邪悪な考え. ≈**tat** 女 =Frevel ≈**wort** 中 -〔e〕s/..worte 悪口, 無礼〈冒瀆(ぼうとく)的〉な言葉.

fre·vent·lich[fré:fəntlɪç] =frevelhaft

frev·l..[fré:fl..] →frevel

Frev·ler[fré:flər] 男 -s/- (女 **Frev·le·rin**[..lərɪn]-/-nen)《雅》罪を犯す人, 冒瀆(ぼうとく)的な行為をする人, 無法者, 犯罪者.

frev·le·risch[..lərɪʃ] =frevelhaft

Frey·ja[fráɪja·] 人名〘北欧神〙フレイヤ(愛の女神で Freyr の妹).

Freyr[fráɪər] 人名〘北欧神〙フレイル(豊穣(ほうじょう)と平和の神). [*anord.* „Herr"; ◇frei]

Frey·tag[fráɪta:k] 人名 Gustav ~ グスタフ フライターク(1816–95; ドイツの劇作家・評論家・小説家で, 作品は小説『貸方借方』など).

Frhr. 略 =**Freiherr**

friau·lisch[friáʊlɪʃ] =furlanisch

Fri·dat·te[fridátə] 女 -/-n《南部》=Frittate

fri·de·ri·zia·nisch[frideritsiá:nɪʃ] 形 フリードリヒ二世〈大王〉〔時代〕の(→Friedrich I): das ~*e* Preußen フリードリヒ大王時代のプロイセン. [<Friedrich I]

Fri·do·lin[frí:doli:n] 男名 (<Friedrich) フリードリーン.

Fried[fri:t] 男《もっぱら次の成句で》**in ~ und Freud** 平和と喜びのうちに. [<Frieden]

Frie·da[frí:da·] 女名 (<Friderike, Elfriede) フリーダ.

F

Fried·bert[fríːtbɛrt] 男名 フリートベルト. [< *ahd.* fridu „Friede, Schutz"]

Frie·de[fríːdə] 男 2格 -ns, 3格 -n, 4格 -n, 複数 -n《雅》= Frieden

Frie·de·bert[fríːdəbɛrt] 男名 (< Friedbert) フリーデベルト.

Frie·de·fürst[fríːdə..] = Friedensfürst

Frie·del[fríːdəl] **I** 男名 (< Fridolin, Friedrich, Gottfried) フリーデル. **II** 女名 (< Frieda, Elfriede) フリーデル.

Frie·de·mann[fríːdəman] 男名 フリーデマン. [< *ahd.* fridu „Friede, Schutz"]

ᐁ**frie·den**[fríːdən] 《01》 **1** = einfrieden **2** = befrieden

Frie·den[−] 男 -s/- **1 a)** 《単数で》(↔Krieg) 平和, 平和の状態, 平時; 講和: ein beständiger ⟨ewiger⟩ ~ 恒久平和 | Separat*frieden* 単独講和 | Welt*frieden* 世界平和 ‖ den ~ brechen ⟨stören⟩ 平和を破る⟨乱す⟩ | dem Gegner den ~ anbieten 敵に休戦を申し出る | mit dem Feind ~ schließen ⟨machen⟩ 敵と講和を結ぶ | um ~ bitten 和睦(ぼく)を請う ‖ im ~ 平時に | in ~ und Freiheit leben 平和と自由のなかに生活する.
b) 平和⟨講和⟩条約: den ~ unterzeichnen 平和条約に調印する ‖ der Westfälische ⟨Versailler⟩ ~ 〚史〛ウェストファリア⟨ベルサイユ⟩〔講和〕条約.
2 《単数で》(対人関係などでの)平和, 平穏; 治安, 安寧; (心の)安らぎ, 平安, 安息; 和合, 親睦; 和解, 仲直り: der tägliche ⟨häusliche⟩ ~ 日々⟨家庭⟩の平和 | der ~ des Waldes 森の静けさ | Seelen*frieden* 魂の安らぎ ‖ ***seinen ~ mit jm.*** ⟨***et.***[3]⟩ **machen** …と仲直りする, …と和解する | *seinen* ~ mit Gott machen (→Gott) | den ~ bringen ⟨stiften⟩ (争いの)仲裁をする, 仲直りさせる | vor *jm.* keinen ~ haben …に絶えず悩まされる ‖ **um des lieben ~*s* willen** いざこざを避けるために ‖ Es herrscht ~ zwischen uns. 我々は仲よくしている | Ich traue dem 〔lieben〕 ~ nicht. (和解・解決などが)どうも信じられないね, 何かまだ一波瀾(はらん)ありそうだ | *Frieden* ernährt, Unfrieden verzehrt. 《諺》平和は繁栄のもと不和は衰退のもと ‖ ***jn.*** 〔mit *et.*[3]〕 **in ~ lassen** 〔…に関して〕…をかまわないでおく⟨そっとしておく⟩ | **in den ewigen ~ ⟨zum ewigen ~⟩ eingehen** 永遠の眠りにつく, 死ぬ | Ruhe in ~! (弔辞で, 死者に対し)安らかに眠れ ‖ *Frieden* seiner Asche[3]! 彼の霊の安からんことを.
ᐁ**3** 《単数で》保護, 安全: den durchreisenden Leuten ~ und Geleit geben 通過する人々を安全に護衛する.
[*germ.* „Schonung"; ◇ frei]

Frie·dens≈ab·schluß[fríːdəns..] = Friedensschluß ≈**an·ge·bot** 中 和平⟨講和⟩提議: *jm.* ein ~ machen …に和平を申し込む. ≈**apo·stel** 男《軽蔑的に》平和の使徒⟨唱道者⟩. ≈**ap·pell** 男, ≈**auf·ruf** 男 平和のアピール⟨呼びかけ⟩. ≈**be·din·gung** 女 -/-en《ふつう複数で》講和⟨和平⟩条件.

frie·dens·be·wegt 形 平和運動に熱心な, 平和活動に従事した.

Frie·dens≈be·we·gung 女 平和運動. ≈**bo·te** 男 平和到来を知らせる使者. ≈**bruch** 男 平和⟨講和⟩条約違反; 治安妨害. ≈**chan·ce** 女 平和の訪れるチャンス. ≈**de·mon·stra·tion** 女 平和擁護デモ. ≈**en·gel** 男 平和の天使; 《比》仲裁者, 調停者. ≈**er·hal·tung** 女 平和維持. ≈**er·zie·hung** 女 平和教育. ≈**fah·ne** 女 和平の印としての白旗. ≈**fahrt** 女 平和自転車競走(旧東ベルリン・プラハ・ワルシャワ間で例年催された). ≈**feind** 男 平和の敵. ≈**for·scher** 男 平和研究家, 平和学者. ≈**for·schung** 女 平和研究, 平和学. ≈**freund** 男 平和愛好者. ≈**füh·ler** 男 -s/- 《ふつう複数で》和平への触手: ~ ausstrecken 和平の可能性をさぐる. ≈**fürst** 男 **1** 〚宗〛平和の主(キリスト). **2** 〚史〛平和侯(平和の維持に功績のあったスペインの大臣に与えられた称号). ≈**fuß** 男 平和⟨友好的⟩な関係: 〚もっぱら次の成句で〛mit *jm.* auf ~ leben …と平和に⟨仲良く⟩暮らす. ≈**glocke** 女 -/-n《ふつう複数で》平和の鐘. ≈**göt·tin** 女 平和の女神. ≈**gren·ze** 女 平和保証国境線(旧東ドイツで, 特に東部のポーランドとの国境線をいう). ≈**hand** 女《雅》《ふつう次の成句で》*jm.* die ~ reichen …に和解の手を差しのべる. ≈**in·itia·ti·ve** 女 平和への主導権⟨イニシアチブ⟩. ≈**kämp·fer** 男 (特に旧東ドイツで)平和運動家. ≈**kon·fe·renz** 女, ≈**kon·greß** 男 平和⟨講和⟩会議. ≈**korps**[..koːr] 中 = Friedenstruppe ≈**kurs** 男〚政〛平和維持〔回復〕路線. ≈**kuß** 男〚カトリック〛(ミサの中での)和睦(ぼく)の接吻(せっぷん). ≈**la·ger** 中〚政〛平和〔愛好〕陣営. ≈**lie·be** 女 平和を愛する心. ≈**macht** 女 平和愛好国. ≈**ma·ni·fest** 中 平和宣言. ≈**marsch** 男 (平和を求める示威行動としての)平和行進.

frie·dens·mä·ßig 形 平時〔向き〕の: eine ~*e* Wirtschaft 平時経済.

Frie·dens≈no·bel·preis 男 ノーベル平和賞. ≈**of·fen·si·ve** 女 平和攻勢. ≈**ord·nung** 女 平和秩序. ≈**pfei·fe** 女 (アメリカ=インディアンが和平の印として回し飲みにした)平和の煙管(きせる): **mit** ***jm.*** **die ~ rauchen** 《話》…と和解する. ≈**po·li·tik** 女 平和政策. ≈**prä·li·mi·na·ri·en** 複 講和⟨和平⟩予備交渉. ≈**prä·senz·stär·ke** 女〚軍〛平時⟨常備⟩兵力. ≈**preis** 男 平和賞. ≈**rich·ter** 男 (特に米国や英国の)治安⟨仲裁⟩裁判所判事; 仲裁者, 調停者. ≈**schluß** 男 平和⟨講和⟩条約締結. ≈**si·che·rung** 女 平和確保. ≈**sol·dat** 男 (国連の)平和部隊兵士, 国連軍兵士. ≈**stär·ke** = Friedenspräsenzstärke

Frie·den〔s〕≈stif·ter 男 仲裁者, 調停者. ≈**stö·rer** 男 治安⟨平和⟩攪乱(かくらん)者.

Frie·dens≈sym·bol 中 平和のシンボル(鳩・オリーブの枝など). ≈**tau·be** 女 平和の〔シンボルとしての〕鳩. ≈**trup·pe** 女 (発展途上国援助のための国連の)平和部隊. ≈**ver·hand·lun·gen** 複 和平交渉, 講和談判: ~ führen/in ~ eintreten 和平交渉を行う. ≈**ver·mitt·lung** 女 平和の仲介, 仲裁, 調停. ≈**ver·trag** 男 平和⟨講和⟩条約. ≈**vor·schlag** 男 和平⟨講和⟩の提案. ≈**wah·rung** 女 平和維持. ≈**wil·le** 男 平和への意志. ≈**wirt·schaft** 女 平時経済. ≈**zei·chen** 中 平和のしるし⟨シンボル⟩. ≈**zeit** 女 -/-en《ふつう複数で》平和の時代, 平和時: in ~*en* 平和の時代に.

Frie·der[fríːdər] 男名 (< Friedrich) フリーダー.

Frie·de·ri·ke[friːdəríːkə] 女名 (< Friedrich) フリーデリーケ.

frie·de·voll[fríːdə..] = friedvoll

fried·fer·tig[fríːt..] 形 平和を好む, 温和な: ein ~*er* Charakter 温和な性格 ‖ die *Friedfertigen* 〚聖〛柔和な人びと.

Fried·fer·tig·keit 女 -/ friedfertig なこと.

Fried·fisch 男 (↔Raubfisch) 草食魚.

Fried·hof[fríːt..] 男 墓地, 埋葬地, 霊園: auf dem ~ des Dorfes liegen ⟨beerdigt sein⟩ 村の墓地に葬られている. [*ahd.*; < *ahd.* frīten „hegen" (◇ frei, einfrieden)]

Fried·hofs≈gärt·ner 男 墓地専属の園丁⟨庭師⟩. ≈**gärt·ne·rei** 女 墓地の造園⟨庭園管理⟩. ≈**ka·pel·le** 女 墓地付属聖堂⟨葬祭場⟩. ≈**mau·er** 女 墓地の囲壁. ≈**ru·he** 女, ≈**stil·le** 女 墓地の〔ような〕静けさ.

fried·lich[fríːtlɪç] 形 **1** 平和な状態の, 温和な, 平和的な, 融和⟨協調⟩的な: die ~*e* Anwendung ⟨Nutzung⟩ der Atomenergie 原子力の平和利用 | eine ~*e* Demonstration 非暴力デモ | ~*e* Koexistenz 平和共存 | ein ~*er* Mensch 温和な性格の人 | einen Konflikt auf ~*em* Wege bereinigen 紛争を平和裏に解決する ‖ einen Streit ~ beilegen 争いを平和裏に治める. **2** 平和を好む: Sei doch ~! 争いを始めるな. **3** 平和な, 平穏な: ein ~*er* Anblick 平和な光景 ‖ ~ einschlafen ⟨hinüberschlummern⟩《比》穏やかな死を迎える.

Fried·lich·keit[−kaɪt] 女 -/ friedlich なこと.

fried·lie·bend 形 平和を愛する: alle ~*en* Völker すべての平和愛好民族.

fried·los[..loːs][1] 形 **1** 《雅》平和のない; 安息のない, (心が)不安な. **2** 〚史〛法の保護外に置かれた, 追放された.

Fried·lo·sig·keit[..loːzɪçkaɪt] 女 -/ friedlos なこと.

Fried·rich[fríːdrɪç] **I** 男名 フリードリヒ: ~ der Große

F

フリードリヒ大王(1712-86; プロイセン王フリードリヒ二世〔在位1740-86〕. 啓蒙(けいもう)専制君主として知られる). **II** 人名 Caspar David ～ カスパル ダーフィット フリードリヒ(1774-1840; ドイツ=ロマン派の画家). [＜*ahd.* fridu „Friede, Schutz"+rīhhi „mächtig" (◇reich)]

Fried·richs·dor[frí:drɪçsdoːr] 男 -s/-e(-s)(単位: -/-)(略 Frdor.) フリードリヒスドール(プロイセンの金貨: 約5 Taler). [＜*fr.* d'or „von Gold" (◇Aurum)]

Fried·richs·ha·fen[..haːfən] 地名 フリードリヒスハーフェン(ドイツ Baden-Württemberg 州, Bodensee の北岸にある都市). [＜König Friedrich von Württemberg]

fried·sam[fríːtzaːm]《雅》＝friedlich

fried≠se·lig 形 きわめて温和な, 平和を好む. **≠voll** 形《雅》(心が)安らぎに満ちた.

frie·ren*[fríːrən]《50》 **fror**[froːr]/**ge·fro·ren**; 接II fröre[frǿːrə] **I** 自 **1** (h)(英: *freeze*)凍える, 寒気(さむけ)を感じる(→II 1): Ich *friere.* 私は寒い | Sie *friert* sehr leicht. 彼女はひどく寒がりだ | Ich habe sehr ⟨entsetzlich⟩ *gefroren.* 私はひどく寒かった | Ich *friere* an den Füßen./Mir *frieren* die Füße. 私は足が冷たい | wie ein Schneider ⟨ein junger Hund⟩ ～ (→Schneider 1 a, →Hund 1 a) | Ich kann 〔gar〕 nicht so schnell zittern, wie ich *friere.* (→zittern 1 a). **2** (h) 非人称《es friert》(気温が) 零度以下に下がる; 霜が降りる, 凍(い)てつく; 結氷する: Heute nacht hat es *gefroren.* 昨夜は氷点下の寒さだった⟨霜が降りた⟩ | Es *friert* Stein und Bein. (→Stein 1 b). **3** (s)(gefrieren) 凍る, 凍結する: Das Wasser *friert* bei Null Grad 〔zu Eis〕. 水は零度で凍る | Der Fluß ist *gefroren.* 川の水が凍った | Der Boden ist hart *gefroren.* 地面がかちかちに凍った | Ich bin steif *gefroren.* 私は凍えて体が自由に動かない ‖ Ihm *fror* bei dem Anblick das Blut in den Adern.《比》彼はそれを見て血の凍る思いであった ‖ ein *gefrorenes* Lachen《比》凍りついたような(急に中断された)笑い. **II** 他 (h) **1** 非人称《es friert *jn.*/*jn.* friert》(…が)寒気がする(→I 1): Es *friert* mich ⟨Mich *friert*⟩ **an** den Füßen. 私は足が冷える | Ihn *fror* bis ins innerste Herz. 彼は心の底まで凍える思いだった. **2** 再帰 *sich*⁴ zu Tode ～ 凍え死にそうに寒がる. **3**《方》《*jn.*》(…の体の部分が)凍えて寒い: Ihn *fror* die Nase. 彼は鼻が凍えた.

III Frie·ren 中 -s/ **1** 凍えること, 寒気(さむけ). **2** 氷結. **IV Ge·fro·re·ne** → 別出 [*germ.*; ◇Frost; *engl.* freeze]

Fries[friːs]¹ 男 -es/-e **1**《織》フライズ織り(厚地の粗紡毛織物). **2**《建》フリーズ(古典建築の小壁, あるいは壁上方の帯状装飾: → 図). [*fr.* frise; ◇frisieren; *engl.* frieze]

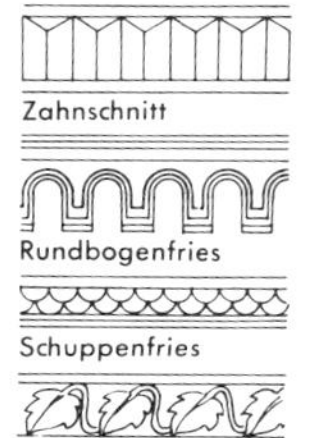

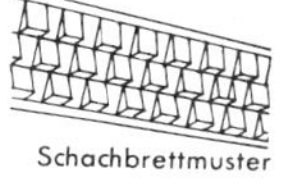

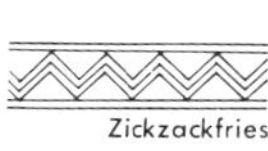

Fries

Frie·se¹[fríːzə] 女 -/-n＝Fries 1

Frie·se²[–] 男 -n/-n (女 **Frie·sin**[..zɪn]-/-nen) フリース⟨フリジア⟩人 (Friesland に住むゲルマン人の一部族で, 東フリース人・西フリース人・北フリース人の三つに分かれる).

Frie·sel[fríːzəl] 男 中 -s/-n(ふつう複数で)《医》粟粒疹(ぞくりゅうしん). [◇*aslaw.* proso „Hirse"]

Frie·sel·fie·ber 中 発疹(ほっしん)熱.

frie·seln[fríːzəln]《06》《南部・オーストリア》＝frösteln I

Frie·sel·sta·dium 中 発疹(ほっしん)期.

Frie·sin Friese²の女性形.

frie·sisch[fríːzɪʃ] 形 フリース⟨フリジア⟩人の; フリース⟨フリジア⟩〔語〕の; フリースラントの: →deutsch | die *Friesischen* Inseln フリース諸島, フリジア諸島(オランダの北西海岸からデンマークの南西海岸にかけて北海に連なる島々で, オランダ領・ドイツ領・デンマーク領に分かれる) | die ～*e* Sprache フリース⟨フリジア⟩語(ゲルマン語に属し, オランダ語・英語と一つのグループをなす).

Fries·land[fríːslant] 地名 **1**《史》フリースラント(ユトラント半島南西部からオランダの北西部にかけて, フリース人の住んだ北海沿岸地域). **2** フリースラント(オランダ北部の州).

Fries·län·der[..lɛndər] ＝Friese²

fries·län·disch[..dɪʃ] ＝friesisch

Frigg[frɪk] 人名《北欧神》フリッグ(主神 Odin の妻. ドイツ語形は Frija). [*anord.*; ◇Frija]

fri·gid[frigíːt]¹ (**fri·gi·de**[..də]) 形 **1** (女性について)性的に冷感症⟨不感症⟩の. **2** 冷淡な, 冷静な. [*lat.*; ＜*lat.* frīgēre „kalt sein"]

Fri·gi·daire (**Fri·gi·där**)[friʒidɛ́ːr, frigi.., fridʒi..; オーストリア: fridʒi..] 男 -s/-s, - 商標 フリジデール(冷蔵庫). [*lat.*－*fr.*]

Fri·gi·da·rium[frigidáːriʊm] 中 -s/..rien[..riən](古代ローマの)冷水浴室. [*lat.*]

Fri·gi·di·tät[frigiditɛ́ːt] 女 -/ **1**《医》(女性の)〔性的〕冷感症, 不感症. **2** 冷淡, 冷静.

Fri·ja[fríːjaˑ] 人名《北欧神》フリーヤ(Frigg の古いドイツ語形). [*ahd.* „Geliebte"; ◇Freund]

Fri·ka·del·le[frikadɛ́lə] 女 -/-n《料理》フリカデル(小さな肉だんご). [*fr.*; ＜*lat.* frīgere (→Fritte)]

Fri·kan·deau[frikandóː] 中 -s/-s《料理》フリカンドー(ベーコンを刺した子牛その他の肉). [*fr.*]

Fri·kan·del·le[..dɛ́lə] 女 -/-n《料理》**1** フリカンデル(蒸し煮にした肉の薄片). **2** ＝Frikadelle [＜Frikandeau＋Frikadelle]

Fri·kas·see[frikaséː] 中 -s/-s《料理》フリカッセ(細切り肉の白ソース煮込み): **aus *jm.* ～ machen**《話》…をさんざんに殴る. [*fr.*]

fri·kas·sie·ren[..síːrən] 他 (h) **1** (肉を)フリカッセ用に細切りにする. **2**《話》《*jn.*》さんざんに殴る. [*fr.*; ＜*fr.* frire (→fritieren)＋casser „zerreißen" (◇Kasko)]

fri·ka·tiv[frikatíːf]¹ 形《言》(音声が唇・歯・口蓋(こうがい)などの)摩擦によって生じる, 摩擦音の.

Fri·ka·tiv[–] 男 -s/-e (**Fri·ka·ti·vum**[..tíːvʊm] 中 -s/..va[..vaˑ]), **Fri·ka·tiv·laut**[..tíːf..] 男 (Reibelaut)《言》摩擦音(例 [f][v][ç][x]).

Frik·tion[frɪktsióːn] 女 -/-en(Reibung) **1** (物体間の)摩擦. **2** (一般に)摩擦, あつれき, (意見の)衝突, 不和. **3**《医》塗擦. [*lat.*; ＜*lat.* fricāre „reiben"]

Frik·tions≠an·trieb 男《工》摩擦駆動. **≠ge·trie·be** 中《工》摩擦伝導装置. **≠kupp〔e〕·lung** 女《工》摩擦クラッチ. **≠mit·tel** 中《医》塗擦剤. **≠rad** 中 摩擦車⟨輪⟩. **≠schei·be** 女 摩擦〔円〕盤.

Fri·maire[frimɛ́ːr] 男 -〔s〕/-s《史》霜月(フランス革命暦の第3月; 11月21日 –12月20日に当たる: →Vendemiaire ★). [*fr.*; ＜*fr.* frimas „Reif" (◇Reif²)]

frin·gsen[fríŋzən]¹ 自 (h)《話》生きるためにやむを得ず法を犯す. [＜J. Frings(Köln の枢機卿, †1978); 1946年大みそかの説教より]

frisch[frɪʃ] 形 **1** (英: *fresh*)(↔alt) 新鮮な, ま新しい; できたての, できたばかりの; 仕上がったばかりの, 洗いたての: ～*es* Fleisch 生肉 | ～*es* Gemüse 生野菜 | ein ～*es* Hemd 洗濯したてのシャツ | ～*e* Lebensmittel 生鮮食料品 | ～*e* Nachrichten 最新のニュース | ～*er* Schnee 新雪 | ～*e* Truppen 新手の部隊 | ～*e* Wäsche 洗いたての下着類 | ～*es* Wasser くみたての水, 清水 | eine ～*e* Wunde 生々しい傷口;《医》新鮮創(そう) ‖ ～*en* Mut fassen (改めて) やる気を起こす | *jn.* auf ～*er* Tat ertappen (→Tat) | ～*en* Wind in die Segel bekommen《比》新たなファイトを燃やす ‖ vom ～*en*/aufs ～*e* 改めて, 新たに ‖ Bier ～ vom Faß たるから直接ついだ生ビール | *sich*⁴ ～ machen 体を洗ってさっぱりする ‖ das Bett ～ beziehen ベッドに洗いたてのシーツを敷

く | *et.*[4] ~ im Gedächtnis haben …を生々しく覚えている | Er ist ~ rasiert. 彼はひげをそりたてである | Er ist ~ von der Universität. 彼は大学を出たばかりだ | ~ gebacken 焼きたての(パンなど) | ~ gebackene Eheleute 新婚ほやほやの夫婦 | ein ~ Operierter 手術をしたばかりの患者 | Vorsicht, ~ gestrichen! ペンキ塗りたて 注意.

2 はつらつとした, 元気のよい, 若々しい, みずみずしい: ~*e* Augen 生き生きした目 | ~*e* Farben 鮮やかな色彩 | ein ~*es* Mädchen ぴちぴちした少女 ‖ Der Alte ist noch ~. その老人はまだ若々しい ‖ ~ von der Leber weg reden 〈sprechen〉(→Leber 1) | *Frisch* gewagt〔,〕 ist halb gewonnen. (→wagen I 2) | Der Wind steht ~ aus West. 〘海〙風は西に回った ‖〘間投詞的に〙*Frisch* auf 〈zu〉! さあ始めろ, かかれ | Nur ~ drauflos! ぐずぐずするな | *Frisch*, fromm, fröhlich, frei! 元気にフェアに朗らかに自由に(スポーツ標語).

3 さわやかな; ひやりとする, 涼しい: ein ~*es* Lüftchen すがすがしい微風 | *jn.* an die ~*e* Luft setzen 〈befördern〉(→Luft 4) ‖ Es 〈Das Wetter〉 ist recht ~ heute. きょうは冷えびえとしている. [*westgerm.*; ◇ *engl.* fresh]

Frisch[frɪʃ] 人名 Max ~ マックス フリッシュ(1911–91; スイスの作家).

frisch·auf[frɪʃ|áʊf] 間 さあさあ, いざ, がんばって, 元気を出して, さあ勢いよく.

frisch·backen[fríʃbakən] 形 (↔altbacken) (パンなどが)焼きたての. [◇frischgebacken]

Frisch≠blei 中〘金属〙精製(精錬)鉛. **≠blut** 中 (輸血用の)新鮮血. **≠dampf** 男 (ボイラーから直接の)生(なま)蒸気.

Fri·sche[fríʃə] 女 -/ **1** 新鮮さ, ま新しさ. **2** 元気, 活発; はつらつ, 生き生きしていること; 若々しさ, みずみずしさ: in alter ~ むかし〈きょう〉と同じように元気はつらつとして | in voller körperlicher und geistiger ~ 身心ともにかくしゃくとして ‖ *seine* alte ~ wiedererlangen 以前の元気を取り戻す. **3** 爽快(そうかい)〔な冷たさ〕, 清涼; (色などの) 鮮明さ: die ~ der klaren Winternacht 澄みきった冬の夜気の爽快な冷たさ. **4** 保養地: Sommer*frische* 避暑地.

Frisch·ei·sen[fríʃ..] 中〘金属〙精錬鉄.

fri·schen[fríʃən] 《04》 **I** 他 (h) **1**〘金属〙精錬する. **2**〘狩〙(動物に)水を飲ませる: 再帰 *sich*[4] ~ (動物が)水を飲む. [▽]**3** 《雅》=erfrischen **II** 自 (h)〘狩〙(イノシシが)子を産む.

Frisch≠fisch 男 鮮魚. **≠fleisch** 中 新鮮な生肉.

frisch·ge·backen 形《話》(パン・ケーキなどが)焼きあがったばかりの, できたての;《比》ほやほやの, なりたての: ein ~*es* Ehepaar 新婚早々の夫婦. [◇frischbacken]

Frisch≠ge·mü·se 中 新鮮な野菜, 生野菜. **≠gut** 中 生鮮貨物.

Frisch·hal·te·packung 女 (食品の)密閉包装, 真空パック. [<halten I 3]

Frisch≠kä·se 男 生チーズ. **≠kost** 女 新鮮青果物の料理.

Frisch·ling[fríʃlɪŋ] 男 -s/-e **1**〘狩〙(イノシシの) 1 歳子. **2** 《戯》新入会員; (一般に)新人, 新入り.

Frisch≠milch 女 新鮮な〈搾りたての〉牛乳. **≠obst** 中 新鮮な果実. **≠ofen** 男〘金属〙精錬炉. **≠stahl** 男〘金属〙処女鋼. **≠was·ser** 中 -s/ **1** 新鮮な水, 生水: (未使用の)工業用水. **2**〘海〙(飲用・ボイラー用の)真水, 淡水.

frisch·weg[frɪʃvék] 副《話》ためらいなく, 平気で; てきぱきと, さっさと, 一気に.

Frisch·zel·le 女〘医〙(注入療法用の)新鮮な細胞.

Frisch·zel·len≠be·hand·lung[fríʃ..] 女, **≠the·ra·pie** 女〘医〙細胞注入療法. [<Zelle]

Fris·co[frísko·] →San Franzisko

Fri·sé[frizé:] 中 -s/〘織〙フリゼ織り(絹のパイル織り). [*fr.*]

Fri·seur[frizǿ:r] 男 -s/-e (女 **Fri·seu·se**[..zǿ:zə]-/-n) 理髪師, 調髪師: zum ~ gehen 床屋へ行く. [<..eur]

Fri·seu·rin[..zǿ:rɪn] 女 -/-nen《オーストリア》=Friseuse

Fri·seur≠ge·schäft[..zǿ:r..] 中, **≠la·den** 男, **≠sa·lon**[..zalɔ̃:] 男 理髪店; 美容院.

Fri·seu·se Friseur の女性形.

fri·sie·ren[frizí:rən] 他 (h) **1** 《*jn.*》(特に女性の)髪を整える, (…を)調髪する; 《*et.*[4]》(髪を)整える: *jn.* ~ / *jm.* das Haar ~ …の髪を整える ‖ 再帰 *sich*[4] 〔vor dem Spiegel〕 ~ 〔鏡の前で〕(自分で)髪を整える | *sich*[4] mit dem Schwamm ~ können (→Schwamm 2) ‖ eine elegant 〈modisch〉 *frisierte* Dame 優雅な〈流行の〉髪型の女性. **2** 《比》**a)** 粉飾する, 取り繕う: einen Bericht ~ 報告を取り繕う(都合のいいように手を加えて) | *frisierte* Rechnungen 粉飾決算. **b)** 《*et.*[4]》(性能を高めるために…に)手を加える, 改造する: den Motor ~ (スポーツカーなどの)エンジンを改造して性能を高める. [*fr.* friser „kräuseln"–*ndl.* friseeren; <*fr.* frise (→Fries)]

Fri·sier≠kamm[frizí:r..] 男 すき櫛(ぐし), セットコーム(→ 図 Kamm). **≠kom·mo·de** 女 化粧台, 鏡台, ドレッサー. **≠man·tel** 男 理髪用掛け布; (女性用)化粧着. **≠sa·lon**[..zalɔ̃:] 男 =Friseurladen **≠tisch** 男, **≠toi·let·te**[..toalɛtə] 女 (鏡つきの)化粧台, ドレッサー. **≠um·hang** 男 理髪用肩掛け布, 化粧ケープ.

Fri·sör[frizǿ:r] 男 -s/-e=Friseur

friß[frɪs] fressen の命令法単数.

fris·sest[frísəst] frißt (fressen の現在 2 人称単数)の別形.

frißt[frɪst] fressen の現在 2・3 人称単数.

Frist[frɪst] 女 -/-en **1** 期限, 期間; (支払い・物品引き渡しなどの)期日: eine kurze 〈lange〉 ~ 短〈長〉期間 | eine ~ von acht Tagen für die Arbeit 仕事を片づけるための 1 週間の期限 ‖ eine ~ bestimmen 〈festsetzen〉 期限を定める | die ~ einhalten 〈versäumen〉 期限を守る〈に遅れる〉 | eine ~ 〔um einen Monat〕 verlängern 期限を〔1 か月〕延ばす | Die ~ ist abgelaufen 〈verstrichen〉. 期限がきれた ‖ *et.*[4] auf kurze ~ leihen …を短期間貸す | *et.*[4] in kürzester ~ erledigen …をごく短期間で片づける | in Jahres ~ 1 年の期限後 | nach einer ~ von einem Monat 1 か月の期限が過ぎた後 | bis zu dieser ~ その期日までに.

2 〔一定の〕猶予〔期間〕, 延期: Kündigungs*frist* 解約予告期間 | *sich*[3] eine ~ erbitten 猶予を請う | *jm.* noch eine ~ geben 〈gewähren〉 …にさらに猶予期間を与える. [*germ.* „Bevorstehendes"]

fri·sten[frístən] 《01》 他 (h) **1** (生活・生存などを)なんとか続けていく: *sein* Leben 〔mühsam〕 ~〔かろうじて〕露命をつなぐ ‖ 再帰 *sich*[4] mühselig durch die Hungerjahre ~ 飢饉(ききん)の年〈食うや食わずの歳月〉を細々と暮らしていく. **2** 延期する, 猶予する.

Fri·sten≠lö·sung[frístən..] 女, **≠re·ge·lung** 女 期限つき解決〈規制〉案(妊娠後一定期間だけに限って中絶を法的に認めようとする刑法改正モデル).

Frist·er·streckung 女《スイス》=Fristverlängerung

frist≠ge·mäß 形, **≠ge·recht** 形 期限どおりの: die Waren ~ abliefern 商品を期限どおりに納入する.

Frist≠ge·such 中 延期〈猶予〉願い. **≠ge·wäh·rung** 女 延期〈猶予〉許可.

frist·los 形 猶予のない, 即時の: ~ entlassen werden 即刻解雇される.

Fri·stung[frístʊŋ] 女 -/-en 期限の延期〈猶予〉.

Frist·ver·län·ge·rung 女 期限延長.

Fri·sur[frizú:r] 女 -/-en **1** (Haartracht) 髪の結い方, 髪型, ヘアスタイル: eine altmodische 〈moderne〉 ~ 古風な〈モダンな〉髪型 ‖ die ~ ändern 髪型を変える | die ~ legen 髪をセットする. **2** (婦人服の)ひだのある縁(ふち)飾り. **3** frisieren 2 a すること. [<frisieren]

Fri·teu·se[fritǿ:zə] 女 -/-n〘料理〙電気フライ器. [<fritieren+..euse]

Frit·flie·ge[frít..] 女〘虫〙キモグリバエ(黄色の幼虫は小麦の茎中に侵入する). [◇ *engl.* frit fly]

fri·tie·ren[fritíːrən] 他 (h)〘料理〙(油で)揚げる, フライにする. [<*fr.* frire „backen"; ◇Fritte; *engl.* fry]

F

Frit·ta·te[frıtáːtə] 女 -/-n 〘料理〙 **1** オムレツ, パンケーキ. **2** 《ｵｰｽﾄﾘｱ》(スープに入れるため細長く切った)パンケーキ. [*it.*; <*it.* friggere „backen"]

Frit·te[frítə] 女 -/-n **1** 半溶融ガラス原料. **2** 《複数で》=Pommes frites [*fr.* „Gebackenes"; <*lat.* frīgere „rösten" (◇Ferment)]

frit·ten[1][frítən] 《01》 **I** 自 (h) (ガラス原料などが)溶けて塊になる. **II** 他 (h) 《話》=fritieren

frit·ten[2][−] 《01》=fretten

Frit·ten·por·zel·lan[frítən..] 中 透明な〔ガラス状の〕磁器. [<Fritte]

Frit·ter[frítər] 男 -s/-(Kohärer) 〘電〙 コヒーラ(検波器の一種). [<fritten[1] I]

Frit·teu·se[frıtǿːzə] 女 -/-n =Friteuse

frit·tie·ren[frıtíːrən] 女 =fritieren

Frit·tü·re[frıtýːrə], **Fri·tü·re**[fritýːrə] 女 -/-n 〘料理〙 **1** 揚げ物用の熱した食用油. **2** 揚げ物, フライ. [*fr.*; ◇fritieren; *engl.* fritter]

Fritz[frıts] **I** 男名 フリッツ: der Alte ～ 老フリッツ (Friedrich 大王の愛称) | **für den Alten ～*en* sein** 《話》むだ〈徒労〉である. **II** 男 -en/-en ドイツ野郎(外国人, 特にイギリス人がドイツ人を軽蔑していう). [<Friedrich]

Frit·ze[frítsə] 男 -n/-n 《話》やつ, こいつ, あいつ: Was sucht dieser ～ eigentlich hier? こいつはいったいここで何をさがしている〈何の用がある〉のだろう.

..fritze[..frıtsə] 《話》《動詞・名詞などにつけて「(軽蔑的に)いつも…している男, …を商売としている男」などを意味する男性名詞 (-n/-n) をつくる. 同種のものに ..august, ..hans, ..heini, ..maxe, ..meier, ..peter がある》: Nörgel*fritze* 不平屋 | Bier*fritze* ボーイ | Mal*fritze* 絵かき | Zeitungs*fritze* 新聞記者, ぶんや ‖ Prahl*hans* ほらふき | Pfeifen*heini* (サッカーなどの)審判 | Knall*maxe* 狙撃(ｿｹﾞｷ)手 | Wurst*maxe* ソーセージ売り | Heul*peter* 泣きわめくやつ.

fri·vol[frivóːl] 形 **1** 軽薄〈軽率〉な, 浮薄な, うわついた: ein ～*er* Mensch 軽薄な人間 | ein ～*es* Spiel mit der Liebe 恋の火遊び. **2** いかがわしい, みだらな: ～ scherzen 猥褻(ﾜｲｾﾂ)な冗談を言う. **3** 無価値な. [*lat.* frīvolus „zerbrechlich, wertlos"−*fr.*; ◇Friktion]

Fri·vo·li·tät[frivolitéːt] 女 -/-en **1 a)** 《単数で》(frivol なこと. 例えば:) 軽薄さ, 軽佻(ｹｲﾁｮｳ)浮薄; 下品, 猥褻(ﾜｲｾﾂ). **b)** (frivol な言動. 例えば:) みだらな行為, 猥談. **2** 《複数で》〘手芸〙タッチングレース. [*fr.*]

Fri·vo·li·tä·ten·ar·beit 女 〘手芸〙 タッチングレース「〔細工〕」

Frl. 略 =Fräulein: ～ Schmidt シュミット嬢.

Frö·bel[frǿːbəl] 人名 Friedrich ～ フリードリヒ フレーベル (1782-1852; ドイツの幼児教育家).

Frö·bel·spiel 中 フレーベル式幼児用玩具(ｶﾞﾝｸﾞ).

froh[froː] 形 **1** (気分が)楽しい, 陽気な, 愉快な; 喜んでいる: ein ～*er* Gesang 〈Mensch〉 朗らかな歌〈人〉 | ein ～*es* Gesicht 〈Lachen〉 朗らかな顔〈笑い〉 | *Frohe* Ostern! 復活祭おめでとう | Er ist stets ～*en* Mutes. 彼はいつも快活だ | in ～*er* Stimmung 明るい気分で ‖ *jn.* ～ machen …を喜ばせる | Ich bin ～, daß er kommt. 彼が来て私はうれしい ‖ **～ über** *et.*[4] sein …を喜んでいる | **～ um** *et.*[4] sein 《南部》…がありがたい | Er war ～ um jedes freundliche Wort. 彼はどんな言葉であれ親しく声をかけられるとうれしかった ‖ 〘2格と〙 *et.*[2] ～ sein 《雅》…を喜んでいる | der Ehre ～ sein 《雅》栄誉を受けて喜ぶ | *seines* Lebens nicht mehr ～ werden (→leben III 1). **2** 《付加語的》(人を)楽しくさせる, 喜ばしい, めでたい: eine ～*e* Nachricht うれしい知らせ, 朗報 | die *Frohe* Botschaft 〘聖〙 福音. [„schnell"; *ahd.*; ◇Frosch, Freude, freuen]

[▽]**Fro·heit**[fróːhaıt] 女 -/ うれしい気持ち, 喜び.

froh≈ge·launt 形 上機嫌の. **≈ge·mut** =frohsinnig

fröh·lich[frǿːlıç] **I** 形 **1** 楽しげな, 上機嫌の; 快活な: eine ～*e* Miene machen うれしそうな顔をする ‖ Sie ist immer ～. 彼女はいつも楽しそうだ | ～ ans Werk gehen 機嫌よく仕事にかかる. **2** 《付加語的》喜ばしい, おもしろい: eine ～*e* Gesellschaft 楽しい集い | *Fröhliche* Weihnachten! メリークリスマス | *Fröhliche* Ostern! 復活祭おめでとう | ～*e* Urständ feiern (→Urständ). **II** 副 **1** →I **2** 《話》意に介さずに, 無頓着(ﾑﾄﾝﾁｬｸ)に: Er parkte seinen Wagen ～ im Parkverbot. 彼は車を駐車禁止の場所に平気でとめた.

Fröh·lich·keit[−kaıt] 女 -/ **1** 楽しさ, 上機嫌: mit 〈in〉 ～ 心楽しく. **2** 楽しい情景: eine laute ～ 大はしゃぎ | ein Stück sprühender ～ 《比》1杯のシャンパン.

froh·locken[froló̞kən, fróːlɔkən] 《過分 frohlockt》 自 (h) **1** 小躍りして喜ぶ, 勝ちどきをあげる; 痛快がる, しめた〈ざまあ見ろ〉と思う: über *js.* Mißgeschick ～ …の不運に凱歌(ｶﾞｲｶ)をあげる〈を小気味よく思う〉 | Du hast zu früh *frohlockt.* 喜ぶのはまだ早い(今にひどい目にあうぞ) | Sein Herz *frohlockte* bei dem Anblick. その光景を目にして〔しめたとばかりに〕彼の心は躍った ‖ *frohlockend* jauchzen 勝ち誇って歓呼の声をあげる. **2** 賛美する: Laß uns dem Herrn ～! われら主に向かいて歌わん(聖書: 詩95,1). [<*mhd.* lecken (→löcken)]

froh·mü·tig[fróːmyːtıç][2] =frohsinnig

Froh≈na·tur 女 **1** 《単数で》陽気な性格, 快活さ. **2** 陽気〈快活〉な人. **≈sinn** 男 -[e]s/ 快活さ, 陽気さ.

froh·sin·nig 形 快活な, 陽気な.

Fro·mage de Brie[frɔma(ː)ʒdəbríː(ː)] 男 ---/-s--[−](Briekäse) (フランスの)ブリー産チーズ. [*fr.*; ◇Form]

fromm[frɔm] **from·mer, fröm·mer**[frœmər]/**frommst, frömmst** 形 **1** 敬虔(ｹｲｹﾝ)な, 信心深い; 信心ぶった, 盲信の: ein sehr ～*er* Mensch 〈Bruder〉 信心深い人〈修道士〉 | ein *Frommer* 信仰あつい男 | Ludwig der *Fromme* 敬虔王ルートヴィヒ | ein ～*es* Leben führen 清らかな生活を送る | ein ～*es* Getue 信心ぶった振舞い | mit ～*em* Augenaufschlag いかにも殊勝〈無邪気〉な顔つきで(ぬけぬけと) ‖ ～ leben 敬虔な生活を送る | Sie tut so ～. 彼女はいかにも信心深そうなふりをする. **2** 誠実な, 心のこもった, 善意の: ein ～*es* Bedauern 心からの同情 | ein ～*er* Betrug (→Betrug) | eine ～*e* Lüge (→Lüge) | ein ～*er* Wunsch (→Wunsch 1). **3** (動物が)柔順な, 忠実な: ～ wie ein Lamm 小羊のようにおとなしい | ein ～*er* Hund 忠実な犬 | ein ～*es* Schaf 《比》お人よし. [▽]**4** 勤勉な; 勇敢な: ein ～*er* Bürger 〈Landsknecht〉 実直な市民〈勇ましい傭兵(ﾖｳﾍｲ)〉. **5** der ～*e* Gott 正しき神(聖書: 詩25,8). [*mhd.* vrum „nützlich"; ◇Fromme]

[▽]**From·me**[frɔ́mə] 男 -n/ 利得: *jm.* zu Nutz 〈zu *js.* Nutz〉 und ～*n* (→Nutz). [*ahd.* fruma; ◇früh]

Fröm·me·lei[frœməláı] 女 -/-en 信心ぶること, 偽善, 偽信.

fröm·meln[frœməln] 《06》 自 (h) 信心ぶる: eine *frömmelnde* Heuchelei 偽善 | mit *frömmelnden* Gebärden 猫かぶりの〔やさしそうな〕身振りで. [<fromm]

[▽]**from·men**[frɔ́mən] 自 (h) 《*jm.*/*et.*[3]》(…の)役にたつ: Dieser Gedanke *frommte* ihm nicht. その考えは彼にはなんの役にもたたなかった | Wem 〈Was〉 soll es ～? それはだれ〈なん〉に役立てようと言うのか | *jm.* zu Nutz und *Frommen* / zu *js.* Nutz und *Frommen* (→Nutz). [*ahd.* frummen „fördern"; ◇Fromme]

fröm·mer fromm の比較級.

Fromm·heit[frɔ́mhaıt] 女 -/ 敬虔(ｹｲｹﾝ), 従順.

fromm·her·zig 形 敬虔な, 信心深い.

Fröm·mig·keit[frœmıçkaıt] 女 -/ 敬虔, 信心深さ: *seinem* Glauben mit großer ～ anhängen ひたすら信心する.

Frömm·ler[frœmlər] 男 -s/- (女 **Frömm·le·rin**[..lərın]-/-nen) =Frömmling

Frömm·le·rei[frœmləráı] 女 -/-en =Frömmelei

Frömm·ling[frœmlıŋ] 男 -s/-e 信心ぶる人, 偽善家.

frömmst fromm の最上級.

Fron[froːn] 女 -/-en **1** =Frondienst 1 **2** 《雅》つらい〈耐えがたい〉仕事, 苦業. [*mhd.*; <*ahd.* frō „Herr"; ◇Frau, fronen]

Fron≈al·tar[fróːn..] 男 〘ｶﾄﾘｯｸ〙 大〈本〉祭壇. **≈amt** 中 〘ｶﾄﾘｯｸ〙 荘厳〈盛式〉ミサ. **≈ar·beit** 女 =Frondienst 1

F

≈**ar·bei·ter** 男 賦役を行う人, 農奴; (奴隷のように)あくせく働く人. ≈**bau·er** 男 -n(-s)/-n 農奴. ≈**bo·te** 男 (中世の)裁判所の使丁, 廷吏.

ᐁ**Fron·de**[1][fró:ndə] 女 -/-n＝Frondienst 1

Fron·de[2][frɔ̃:də] 女 -/-n **1** 《単数で》(17世紀フランスの)フロンド党. **2** 《比》反政府党. [*fr.*; ＜*lat.* funda „Schleuder"]

ᐁ**fron·den**[fró:ndən][1] 《01》＝fronen

Fron·deur[frɔ̃dǿ:r] 男 -s/-e **1** 〘史〙フロンド党員. **2** 《比》反政府主義者; 反対派の人. [*fr.*; ＜Fronde[2]＋..eur]

Fron·dienst[fró:n..] 男 **1** 〘史〙(領主に対する農民の)賦役. **2** 《比》強制労働, (耐えがたい)難儀, 苦役. **3** 《ス¹》(地方自治体・団体などの)無償奉仕活動.

fron·die·ren[frɔ̃dí:rən] 自 (h) 抗議運動を行う: gegen die Regierung ～ 政府に反抗する. [*fr.*; ＜Fronde[2]]

fro·nen[fró:nən] 自 (h) **1** 賦役に服する, 強制労働をする: für den Gutsherrn ～ 領主のために賦役に服する. **2** 《比》あくせくとつらい労働に従事する: für *seine* Familie schwer ～ 家族のためにあくせく働く. **3** ＝frönen 1 [*ahd.*; ◇Fron]

frö·nen[frǿ:nən] 自 (h) **1** 《雅》《*et.*[3]》(…に)ふける, (…の)とりこになる: dem Alkohol 〈*seinen* Liebhabereien〉 ～ 酒〈道楽〉におぼれる. **2** ＝fronen 1, 2

Frö·ner[frǿ:nər] 男 -s/- 賦役労働者; あくせく働く人.

Fron≈fa·sten[fró:n..] 複 〘カトリック〙四季の断食. ≈**fe·ste** 女 人民を支配する(暴君の)城; ᐁ監獄. ≈**geld** 中 賦役銭納金. ≈**gut** 中 賦役地, 荘園. ≈**herr** 男 封建〈賦役を課する〉領主. ≈**hof** 男 賦役領地〈農地〉.

Fron·leich·nam[fro:nláiçna:m] 男 -[e]s/ 《ふつう無冠詞で》〘カトリック〙(キリストの)聖体; 聖体の祝日.

Fron·leich·nams≈fest 中 〘カトリック〙聖体の祝日. ≈**pro·zes·sion** 女 〘カトリック〙聖体行列.

fron·pflich·tig[fró:n..] 形 賦役の義務のある.

Front[frɔnt] 女 -/-en **1 a)** (建造物の)前面, 正面: die vordere 〈hintere〉 ～ eines Tempels 寺院の正面〈背面〉‖ ᐁin ～ eines Gebäudes 建物の前で. **b)** 〘軍〙(隊列の)前列: die ～ [der Ehrenkompanie] abschreiten [儀仗(ぎじょう)兵を]閲兵する | gegen *jn.* 〈vor *jm.*〉 ～ machen …に対して気をつけの姿勢をとる | **gegen *jn.* 〈*et.*[4]〉 ～ machen** 《比》…に対抗〈敵対〉する. **2 a)** (↔Etappe) 〘軍〙[最]前線, 戦線; 前線部隊; 《比》戦闘〈闘争〉的集団: Abwehr*front* 防衛線 | Nationale ～ [der DDR] 旧ドイツ民主共和国の国民戦線 | Volks*front* 〘史〙人民戦線 | die ～*en* zwischen Regierung und Opposition 政府と野党との対決の場 ‖ eine geschlossene ～ bilden 共同戦線をはる | die ～ verkürzen 戦線を短縮〈整理〉する ‖ **an** die ～ gehen 戦線に赴く | die an der pädagogischen ～ Tätigen 教育の現場で働く人々 | **auf** breiter ～ angreifen 広範囲にわたって攻撃する | **in** vorderster ～ stehen 最前線にいる. **b)** 〘気象〙前線: Kalt*front* 寒冷前線. **3** 〘スポ〙先頭: in ～ gehen 〈liegen〉 先頭を切っている, リードしている. [*lat.* frōns „Stirn"－*fr.*]

Front·ab·schnitt[frɔ́nt..] 男 〘軍〙前線の一部, 敵正面の部隊.

fron·tal[frɔntá:l] 形 正面〈前面〉の, 正面〈前面〉からの: ein ～*er* Angriff 正面攻撃 | die ～*e* Arbeit (クラス全員に対する)一斉学習(→Frontalunterricht) ‖ ～ mit *jm.* 〈*et.*[3]〉 zusammenstoßen …と正面衝突する | Das Auto prallte ～ gegen die Mauer. 自動車は(石)塀に正面からぶつかった.

Fron·tal≈an·griff 男 正面攻撃. ≈**auf·nah·me** 女 〘写〙正面撮影. ≈**ebe·ne** 女 〘医〙前頭面. ≈**feu·er** 中 〘軍〙正面斉射.

Fron·ta·li·tät[frɔntalitɛ́:t] 女 -/ 〘美〙(古代エジプト・アルカイ期のギリシアなどの彫像に見られる)正面性, 正面主義.

Fron·tal≈un·ter·richt 男 〘教〙(クラス全員に同一学習目標を設定し, 同一の学習方法を適用する)一斉授業(→Gruppenunterricht 2). ≈**zu·sam·men·stoß** 男 正面衝突.

Front≈an·trieb[frɔ́nt..] 男 前輪駆動: ein Auto mit ～ 前輪駆動の自動車. ≈**be·gra·di·gung** 女 〘軍〙(突出部分を撤収するなどの)戦線整理. ≈**be·richt** 男 前線からの戦況報告. ≈**be·richt·er·stat·ter** 男 前線従軍記者. ≈**bo·gen** 男 〘建〙正面アーチ. ≈**brei·te** 女 〘軍〙戦線の広がり. ≈**dienst** 男 前線〈戦闘部隊〉勤務. ≈**ge·wit·ter** 中 〘気象〙前線雷.

Fron·ti·spiz[frɔntispí:ts] 中 -es/-e **1** 〘印〙(書籍の)口絵[のページ](Titelblatt と向かい合った図版). **2** 〘建〙正面の破風. [*mlat.*－*fr.*; ＜*lat.* specere (→spähen); ◇*engl.* frontispiece]

Front≈kämp·fer[frɔ́nt..] 男 前線で戦う兵士; 前線で戦った経験をもつ兵士. ≈**li·nie**[..li:niə] 女 〘軍〙戦線. ≈**mo·tor** 男 (自動車の)フロントエンジン.

Fron·ton[frɔ̃tɔ̃:] 中 -s/-s 〘建〙正面の破風. [*fr.*]

Front≈schei·be[frɔ́nt..] 女 (自動車の)フロントガラス. ≈**sei·te** 女 〘建〙正面. ≈**sol·dat** 男 前線の兵士. ≈**ur·laub** 男 (前線からの)帰休. ≈**ur·lau·ber** 男 帰休者〈兵〉. ≈**wand** 女 〘建〙正面の壁面. ≈**wech·sel** 男 隊の向きを変えること; 《比》意見を変えること: einen ～ vornehmen (急に)意見を変える, 変節する.

Fron·vogt[fró:n..] 男 〘史〙賦役監視役人.

fror[fro:r] frieren の過去.

frö·re[frǿ:rə] frieren の接続法 II.

Frosch[frɔʃ] 男 -es(-s)/Frösche[frœ́ʃə] (⊛ **Frösch·chen**[frœ́ʃçən] -s/-, **Frösch·lein** → 別出) **1** (英: *frog*) 〘動〙カエル(蛙): Laub*frosch* アマガエル(雨蛙) ‖ Die *Frösche* quaken. カエルが鳴く ‖ **wie ein geprellter ～** 《話》すっかり疲れきって | wie der ～ auf der Gießkanne dasitzen むっつりと物思いに沈んでいる | *sich*[4] wie ein ～ aufblasen いばる, 大きな口をきく | **einen ～ im Hals 〈in der Kehle〉 haben** 《話》(痰(たん)がのどにひっかかって一時的に)しわがれ声である | **Sei doch kein ～!** そう気どるな, 一緒に遊びに加われ | Die Arbeit ist kein ～. 仕事はカエルのように跳んで逃げたりはしない(仕事をしたくないときの口実として). **2** ＝Knallfrosch **3** 〘楽〙(弦楽器の弓の)毛どめ, ナット(→ 図 Bogen). **4** 馬具の締め金. **5** 〘坑〙坑道の支柱. **6** (おけ・たるの)へり(→ 図 Faß). **7** 穀物の小堆積(たいせき). [*germ.*; ◇froh; *engl.* frog]

frosch·ar·tig[frɔ́ʃ..] 形 カエルのような; 両生類の.

Frosch≈au·ge 中 カエルの目; 《比》突き出た目, 出目; 《俗》(自動車の)ヘッドライト. ≈**bauch** 男 〘医〙かえる腹(ばら)(くる病の子供などに見られるふくれた腹部). ≈**biß** 男 〘植〙トチカガミ属(水草). ≈**blut** 中 《比》冷血, 無感動: Er hat ～. 彼は何事にも感動しない.

Frösch·chen Frosch の縮小形.

Frö·sche Frosch の複数.

Frosch≈fisch[frɔ́ʃ..] 男 〘魚〙イザリウオ(アンコウ類). ≈**ge·schwulst** 女 〘医〙がま腫(しゅ)(舌下にできるはれもの). ≈**haut** 女 -/ (レインコート用の)薄い防水用絹地. ≈**hüp·fen** 中 かえる跳び. ≈**keu·le** 女 カエルの後足. ≈**klem·me** 女 針金を締めつける器具. ≈**kon·zert** 中 《戯》カエルの合唱. ≈**laich** 男 カエルの卵.

Frösch·lein[frœ́ʃlaın] 中 -s/- **1** Frosch の縮小形. **2** 〘医〙がま腫(しゅ).

Frosch≈löf·fel[frɔ́ʃ..] 男 〘植〙サジオモダカ(匙面高)属. ≈**lur·che** 複 〘動〙跳躍類.

Frosch·mann 男 -[e]s/..männer 潜水工作員, フロッグマン. [*engl.* frogman の翻訳借用]

Frosch·maul 中 **1** カエル口: ein ～ machen 〈ziehen〉 (驚いて)口をぽかんと開ける. **2** 〘建〙半円形の天窓.

Frosch·mäu·se·krieg 男 カエルとネズミの合戦 (Homer の叙事詩《Ilias》のパロディー).

Frosch≈per·spek·ti·ve 女 -/ (↔Vogelperspektive) 下からの眺め; 《比》狭い見識: *et.*[4] aus der ～ sehen 〈fotografieren〉 …を下から見上げる〈撮影する〉 | alles aus der ～ betrachten すべてを井の中の蛙(かわず)的見地から眺める, 見識が狭い. ≈**schen·kel** 男 〘料理〙カエルの後足. ≈**test** 男 〘医〙カエル試験(妊娠検査法の一つ).

Frost[frɔst] 男 -es(-s)/Fröste[frœ́stə] **1 a)** (氷点下の)寒さ, 厳寒, 凍(い)てつく寒気: ein harter 〈rauher〉 ～ き

びしい寒気 ‖ Heute nacht war strenger ~. 昨夜は酷寒だった | Wir haben heute fünf Grad ~. きょうは氷点下5度の寒さだ | vor ~ zittern 寒さに身ぶるいする | Der ~ steckt noch im Boden. 土の中にはまだ寒気が残っている | Da steckt der ~ drin. 《俗》どこかおかしい〈しっくりしない〉ところがある ‖ der ~ des Todes 《比》無情な死, 死の冷酷さ. **b)** (Reif) 霜: durch den ~ beschädigt sein 霜害を受けている. **2** 悪寒: von heftigem ~ geschüttelt werden 激しい悪寒に襲われる. [*germm.*; ◇frieren]

frost·an·fäl·lig[frɔ́st..] 形 (植物などが)寒さに弱い.

Frost≈auf·bruch 男 (路面などの)寒さ〈凍結〉によるひび割れ. **≈beu·le** 女 しもやけ, あかぎれ, 凍傷: ~*n* an den Füßen haben 足にしもやけができている ‖ Sie ist eine richtige ~. 《戯》彼女はひどく寒がりだ | blau wie eine ~ sein (→blau I 3).

Frö·ste Frost の複数.

frö·ste·lig[frœ́stəlɪç][2] (**fröst·lig**[..stlɪç][2]) 形 **1** (空気などが)肌寒い, ひんやりとする. **2** (人が)寒さに身ぶるいする, がたがた震えるような: Mir wird ~. 私は寒い.

frö·steln[frœ́stəln] 《06》 **I** 自 (h) 寒さを覚える, 震える; 《比》怖がる: Sie 〈Seine Glieder〉 *fröstelten* 〔vor Angst〕. 彼ら〈彼の手足〉は〔怖さに〕震えた | in dem dünnen Kleid ~ 薄着で震える. **II** 他 (h) 非人称 《es fröstelt *jn.* / *jn.* fröstelt》 (…が)寒気がする: Es *fröstelte* mich in dem dünnen Kleid. 私は薄着で寒かった | Bei dem Anblick *fröstelte* uns. この光景を目にして我々は震えた.

fro·sten[frɔ́stən] 《01》 **I** 他 (h) (einfrieren) 冷凍にする: Gemüse ~ 野菜を冷凍にする | *gefrostetes* Fleisch 冷凍の肉. **II** 自 (h) 《雅》 (frieren) 非人称 《es frostet》 氷点下に下がる〈の寒さである〉, 凍る〔ように寒い〕. [◇*engl.* freeze]

Fro·ster[..stər] 男 -s/- (冷蔵庫の)冷凍室, フリーザー.

frost≈fest[frɔ́st..] 形 耐寒性の. **≈frei** 形 (氷点下の)厳しい寒さを免れた: ein sonniges, ~*es* Zimmer 日当たりのよい寒さ知らずの部屋. **≈ge·fähr·det** 形 凍結〈冷害〉のおそれのある. **≈ge·rö·tet** 形 (手などが)寒さで赤らんだ. **≈hart** 形 耐寒性の.

fro·stig[frɔ́stɪç][2] 形 **1** 冷気〈寒気〉のきびしい: ~*es* Wetter 凍りつくように寒い天気. **2** 寒がりの, 冷え性の. **3** 《比》冷ややかな, 冷たい, 冷酷な: eine ~*e* Antwort 冷たい返事 | Er wurde sehr ~ begrüßt. 彼は冷ややかなあいさつを受けた.

Fro·stig·keit[–kaɪt] 女 -/-en (frostig なこと. 例えば:) 厳寒; 冷酷.

frost≈klar[frɔ́st..] 形 よく晴れて冷えこんだ. **≈klir·rend** 形 ひりひりするほど寒い.

Frost·kon·ser·ve[frɔ́st..] 女 冷凍食品.

Fröst·ler[frœ́stlər] 男 -s/- 寒がり, 冷え性の人.

fröst·lig =fröstelig

Fröst·ling[..lɪŋ] 男 -s/-e =Fröstler

Frost≈mit·tel[frɔ́st..] 中 凍傷〈しもやけ〉の薬. **≈punkt** 男 氷点. **≈sal·be** 女 凍傷〈しもやけ〉の軟膏(なんこう). **≈scha·den** 男 (植物・道路などの)霜害. **≈schutz** 男 霜害〈凍傷〉防止〔処置〕.

Frost·schutz·mit·tel 中 **1** (エンジンの冷却水用の)不凍液〔剤〕. **2** (植物用)霜害防止剤.

Frost≈span·ner 男 〘虫〙フユシャク(冬尺蛾)の総称(幼虫は果樹の害虫, 成虫は厳冬期に活動, 雌の羽は退化している). **≈sta·dium** 中 〘医〙悪寒期. **≈war·nung** 女 〘気象〙異常低温注意報. **≈wet·ter** 中 冬の(乾燥した)寒い天候, 寒空.

Frot·ta·ge[frɔtáːʒə] 女 -/-n **1 a)** 《単数で》〘美〙フロッタージュ(でこぼこの木面などに紙を当て, 鉛筆などでこする技法). **b)** フロッタージュ画. **2** 〘医・心〙フロッタージュ(〔着衣の〕他人に性器をこすりつけて性的快感を得ること). [*fr.*; <..age]

Frot·tee[frɔtéː, ⌣–] 中 男 -〔s〕/-s タオル地.

Frot·tee≈hand·tuch 中 -〔e〕s/..tücher〔バス〕タオル. **≈kleid** 中 タオル地の婦人服. **≈stoff** 男 =Frottee

Frot·teur[frɔtǿːr] 男 -s/-e **1** 〘医・心〙フロッタージュ(Frottage 2)を行う人. ▽**2** (Bohner) 床磨きブラシ; (床の)ろう引き職人. [*fr.*; <..eur]

frot·tie·ren[frɔtíːrən] 他 (h) タオルでこする; マッサージする: *js.* Bein mit der Bürste ~ …の脚をブラシでマッサージする ‖ 再帰 *sich*[4] kalt 〈trocken〉 ~ 冷水〈乾布〉摩擦をする. [*fr.*]

Frot·tier·〔hand·〕tuch[..tíːr..] =Frotteehandtuch

Frot·ze·lei[frɔtsəláɪ] 女 -/-en 《話》からかい, ひやかし.

frot·zeln[frɔ́tsəln] 《06》 《話》 **I** 他 (h) 《*jn.*》 からかう, ひやかす. **II** 自 (h) 《über *jn.* 〈*et.*[4]〉》 (…を)からかう, 嘲笑(ちょうしょう)する. [◇Fratze]

frs 略 =Francs フラン.

Frucht[frʊxt] 女 -/Früchte[frʏ́çtə] (小 **Frücht·chen** → 別出, **Frücht·lein**[frʏ́çtlaɪn] 中 -s/-) **1 a)** (植物の)実, 果実; 果物: eine reife 〈wohlschmeckende〉 ~ 熟した〈おいしい〉果実 | Beeren*frucht* 〘植〙液果, 漿果(しょうか) | Knollen*frucht* 〘植〙塊根 ‖ **verbotene *Früchte*** 禁断の木の実(聖書: 創 3, 2–6) | die ~ im Mutterleib 胎児(=Leibesfrucht) | **eine ~ der Liebe** 《雅》愛の結晶; 《婉曲に》私生児 ‖ ~ ansetzen 〈bringen〉 実をつける | ~ tragen 実がなっている. **b)** 《単数で》《方》穀物: die ~ einbringen 穀物を取り入れる | Die ~ steht 〔dieses Jahr〕 gut. 〔今年は〕豊作である. **2 a)** 《雅》成果, 所産, 結実: die ~ langjähriger Arbeit 長年の労作 ‖ die *Früchte seines* Leichtsinnes ernten 自分の軽率さの報いを受ける | **reiche ~ 〈*Früchte*〉 tragen** 《比》実り豊かな成果をあげる | Seine Bemühungen haben endlich ~ 〈*Früchte*〉 getragen. 彼の苦労はついに報いられた. **b)** 《ふつう複数で》〘法〙果実; 収益: juristische 〈natürliche〉 *Früchte* 〘法〙法定〈天然〉果実 | die *Früchte* eines Kapitals 資本の収益〈利子〉. [*lat.* frūctus–*ahd.*; < *lat.* fruī (→brauchen); ◇frugal; *engl.* fruit]

Frucht·au·ge[frʊ́xt..] 中 〘植〙実になる芽, 果芽(かが).

frucht·bar[frʊ́xtbaːr] 形 **1** 実りをもたらす; 実り豊かな; (土地が)肥沃(ひよく)な, 地味の肥えた: ein ~*er* Baum よく実をつける樹木 | ~*e* Erde 沃土 | ein ~*er* Regen 実りをもたらす慈雨. **2** 《比》創造力豊かな, 実りの多い, 生産的な: eine ~*e* Diskussion 有益な討論 | ein ~*er* Schriftsteller 多作な作家 | eine ~*e* Arbeit leisten 実りの多い仕事をする | *seine* Erfahrungen für *et.*[4] ~ machen 自分の経験を…に役だてる | auf ~*en* Boden fallen (→Boden 1 a). **3** 繁殖力のある〈旺盛(おうせい)な〉, 多産な: die ~*en* Tage der Frau 女性の受胎可能な日 | ein ~*es* Becken haben (→Becken 4) ‖ Mäuse sind sehr ~. ネズミは繁殖力がきわめて旺盛である.

Frucht·bar·keit[–kaɪt] 女 -/ fruchtbar なこと.

Frucht≈baum 男 果樹. **≈be·cher** 男 **1** 〘植〙(どんぐりなどの)殻斗(かくと). **2** フルーツパフェ. **≈bil·dung** 女 結実. **≈bla·se** 女 〘医〙羊膜嚢(のう), 胎胞, 卵胞. **≈blatt** 中 (Karpell) 〘植〙心皮(しんぴ) (→ 図 Schote). **≈bon·bon** [..bɔŋbɔŋ] 男 フルーツボンボン(キャンディーの一種).

frucht·brin·gend 形 実のなる, 結実性の; 《比》実り豊かな, 生産力のある, 肥えた(地味(ちみ)など); 効果的な, 有利な, 有益な: eine ~*e* Diskussion 実りある討論.

Frücht·chen[frʏ́çtçən] 中 -s/- **1** Frucht の縮小形; 〘植〙小果(集合果を構成する多数の果実の一つ: → 図 Sammelfrucht). **2** 《話》やくざ者, 不良少年: So ein feines, sauberes ~! 全くなんてろくでなしだ.

Früch·te Frucht の複数.

Früch·te·brot 中 干し果実入りのパン.

Frucht·eis[frʊ́xt..] 中 果物の味をつけたアイスクリーム, フルーツシャーベット.

fruch·ten[frʊ́xtən] 《01》 自 (h) **1** 実をつける, 結実する: Der Baum *fruchtet.* 木に実がなる | *fruchtende* Gräser 実のなる草. **2** 《比》実を結ぶ, 効果がある: Was kann das ~? いったいそれが何の役にたつのか | Es hat nicht〔s〕 *gefruchtet,* daß ... …したことは何の役にもたたなかった | Ihre Bitten haben bei ihm nicht〔s〕 *gefruchtet.* 彼女の頼みは彼には何の効果もなかった. [*mhd.*; ◇Frucht]

Früch·ten·brot[frʏ́çtən..] 《オーストリア》 =Früchtebrot

Frucht·ent·saf·ter[frʊ́xt..] 男 =Fruchtpresse

früch·te·reich[frʏ́çtə..] =fruchtreich

F

Frucht≈er·trag[frʊ́xt..] 男 収穫〔高〕. **≈es·senz** 女 フルーツエッセンス. **≈ex·trakt** 男 フルーツジュースのエキス. **≈fleisch** 中 果肉. **≈flie·ge** 女《虫》ミバエ(実蠅)科の昆虫. **≈fol·ge** 女《農》輪作. **≈gar·ten** 男 果樹園. **≈ge·hän·ge** 中 **1** 花綵(はなづな), 花輪. **2**《建》花綵装飾. **≈han·del** 男 -s/ 果実売買;《南部》穀物売買.

frụch·tig[frʊ́xtɪç][2] 形 (味や香りが)新鮮な果実のような: die ~*e* Herbe des Weins ワインの芳香のある渋み.

Frucht≈jo·ghurt[frʊ́xt..] 男 中 フルーツヨーグルト. **≈kap·sel** 女《植》果実の外皮. **≈kätz·chen** 中《植》(尾状花序が結実してできた)果穂(かすい)(→ ◎ Birke). **≈kno·ten** 男 (Ovarium)《植》子房. **≈kol·ben** 男《植》棒状果. **≈korb** 男 (贈り物用の)果物かご. **≈ku·chen** 男 (Mutterkuchen)《医》胎盤. **≈la·ger** 中 (Myzel)《植》(キノコの)菌糸体.

Frụ̈cht·lein Frucht の縮小形.

frụcht·los[frʊ́xtlo:s][1] 形 **1** 実を結ばない, 不毛の, 不妊の. **2**《比》(努力などが)効果のない, むだな: Seine Bitten blieben ~. 彼の頼みは聞きいれられなかった.

Frụcht·lo·sig·keit[..lo:zɪçkaɪt] 女 -/ fruchtlos なこと: die ~ *seines* Strebens 徒労.

Frucht≈mark 中 **1**《植》果髄(→ ◎ Beere). **2** コンポート(果肉の砂糖煮). **≈mus** 中 ジャム, 煮つぶした果実.

Frụcht·nie·ßer[..ni:sər] 男 -s/-《法》用益〈使用〉権者. [<nießen]

Frụcht·pres·se 女 果汁しぼり器, ジューサー.

frụcht·reich 形 実(果実)の多い, 多産の;《比》効果の大きい, 有利(有効)な.

Frucht≈saft 男 果汁, フルーツジュース. **≈säu·re** 女《化》果実酸. **≈scha·le**[1] 女《植》外果皮. **≈scha·le**[2] 女 果物を盛る鉢. **≈schicht** 女 = Fruchtlager **≈stand** 男《植》(ブドウ・パイナップルなどのような)集合果, 複果. **≈staub** 男 粉末ジュース. **≈stück** 中 果物の静物画.

frụcht·tra·gend = fruchtbringend

Frucht≈trau·be 女 (ブドウなどのような)房状の果物. **≈was·ser** 中 -s/《医》羊水, 羊膜液.

Frụcht·was·ser·un·ter·su·chung 女《医》(妊婦の)羊水検査.

Frucht≈wech·sel 男 = Fruchtfolge **≈wein** 男 果実酒. **≈zucker** 男《化》果糖.

Fruc·tọ·se[frʊktó:zə] 女 -/ = Fruktose

Frụ-Frụ[frú:frú:] 中 -/-s《オーストリア》(Fruchtjoghurt) フルーツヨーグルト. [*fr.* frou-frou; 擬音]

frug[fru:k][1] fragte (fragen の過去)の方言形.

fru·gạl[frugá:l] 形 **1** (↔opulent) (特に食事について)つましい, 簡素〈質素〉な: ein ~*es* Mahl verzehren 質素な食事をする | ~ leben つましく暮らす. **2**《話》ぜいたくな. [*lat.*－*fr.*]

Fru·ga·li·tät[..galitɛ́:t] 女 -/ (↔Opulenz) (特に食事について)簡素, 質素, 節倹. [*lat.*－*fr.*; <*lat.* frūx „Frucht" (◇Frucht)]

frụ̈·ge[frý:gə] fragte (fragen の接続法 II)の方言形.

früh[fry:] **I** 形 **1** (英: *early*) (↔spät) (時点の)早い; 初期の: in ~*er* 〈~*ester*〉 Kindheit 幼い〈ごく幼い〉ころに | das ~*e* Mittelalter 中世初期 | am ~*en* Morgen 朝早く | im ~*en* Sommer 初夏のころに | Goethes ~*e* Werke / die Werke des ~*en* Goethe ゲーテの若いころの作品 ‖ ~ aufstehen 〈schlafen gehen〉 早く起きる〈寝る〉 | Es ist noch ~ am Morgen 〈am Tage〉. 時刻はまだ早朝〈朝のうち〉だ | **von ~ auf** 幼いころから〔ずっと〕(→frühauf) | noch ~ genug まだ間に合う時期に, 機を失しないで ‖《比較級で》~*er* als sonst schlafen gehen いつもより早く就寝する | Er kam zwei Stunden ~*er* zurück. 彼は予定〈予想〉より2時間早く帰って来た | Je ~*er*, desto besser! 早ければ早いほどいい | Da mußt du 〔schon〕 ~*er* aufstehen! (→ aufstehen 1 a) | **~*er* oder später** 遅かれ早かれ, いずれは. **2** 通常〈基準〉より早い, 早期の, 早まった; わせ(早生)の: eine ~*e* Geburt 早産 | ~*e* Sorte Äpfel わせリンゴ | einen ~*en* Tod sterben 早死に〈夭折(ようせつ)〉する | ein ~*er* Winter (例年より)早く来た冬 ‖ ~ altern 年より早くふける | *seine* Mutter ~ verlieren 若いうちに母親を失う | Ostern ist 〈fällt〉 dieses Jahr ~. 復活祭は今年はいつもより早い ‖ zehn Minuten zu ~ ankommen 10分早く到着する. **3**《比較級で》(ehemalig) かつての, 昔〈以前〉の: der ~*ere* Besitzer もとの所有者 | *js.* ~*ere* Frau …の先妻 | in ~*eren* Zeiten かつて, 昔は ‖《発話時点を基準にして》*Früher* war ich kränklich. 私は以前は病気がちだった | Es ist alles wie ~*er*. 何もかも昔のままだ ‖ von ~*er* 〔her〕 まえまえから.

II 副 **1** → I **2** (am Morgen) 朝に: gestern 〈morgen〉 ~ きのう〈あした〉の朝に | 〔am〕 Dienstag ~ 火曜の朝に | seit heute ~ けさから | um sechs Uhr ~ 朝の6時に ‖ **von ~ bis spät** 朝から晩まで, 一日じゅう.

[*ahd.*; ◇vor, fremd, Fromme]

Früh[fry:] 女 -/《南部・オーストリア・スイス》(Morgen) 朝: in der ~ 朝に(=am Morgen).

Früh·ap·fel[frý:..] 男 わせ(早生)リンゴ.

früh·auf 副 **von ~** 幼いころから〔ずっと〕.

Früh≈auf·ste·her[..aʊfʃte:ər] 男 -s/- 早起きの人. **≈beet** 中《園》温床. **≈be·ga·bung** 女 **1** 早期に認められる才能〈天分〉. **2** 早期に才能〈天分〉を認められる児童. **≈be·hand·lung** 女 早期治療. **≈bir·ne** 女 わせ(早生)ナシ(梨). **≈blu·me** 女 (Maßliebchen)《植》ヒナギク.

Früh·chen[frý:çən] 中 -s/-《話》早産児.

früh·christ·lich 形 初期キリスト教の.

Früh≈deutsch 中《言》初期ドイツ語(文献記録の始まる750年ごろから1170年ごろまでのドイツ語: →Vordeutsch). **≈dia·gno·se** 女《医》早期診断. **≈dienst** 男 早朝勤務, 早番. **≈druck** 男 -〔e〕s/-e (Inkunabel)《印》インキュナブラ, 揺籃(ようらん)期本, 古版本(ヨーロッパ活版印刷術の揺籃期に相当する15世紀末までに刊行された書籍の総称). **≈dunst** 男 朝もや.

▽frü·he[frý:ə] = früh

Frü·he[−] 女 -/ **1**《雅》早い時刻〈時期〉; (特に:) 早朝, あけぼの, 朝ぼらけ: **in aller ~** 朝まだきに | in der ~ des Tages 朝に | die Kultur der indischen ~ インドの古代文明. **2**《園》早生, 早熟性. 「早熟.」

Früh≈ehe[frý:|e:ə] 女 早婚. **≈ent·wick·lung** 女

frü·her[frý:ər] früh の比較級.

Früh≈er·ken·nung 女 (病気などの)早期発見: zur ~ von Krebserkrankungen 癌(がん)の早期発見のために. **≈er·zie·hung** 女 早期教育.

frü·hest früh の最上級.

frü·he·stens[frý:əstəns] 副 早くとも: Er kommt ~ morgen zurück. 彼が帰ってくるのは早くてもあすだ.

frü·hest·mög·lich 形《官》できるだけ早期の.

Früh≈frost 男 (↔Spätfrost) (秋の時期的に)早い寒気, 早霜. **≈ge·bet** 中 朝の祈り. **≈ge·burt** 女 (↔Spätgeburt) 早産〔児〕. **≈ge·mü·se** 中 (はやばやと出回った)はしりの野菜. **≈ge·schich·te** 女《史》(Vorgeschichte に続く時代の歴史で考古学的研究をまだ必要とする)原史; 初期史. **≈go·tik** 女 初期ゴシック〔様式〕. **≈got·tes·dienst** 男 朝〈日曜〉の第1回目の礼拝. **≈herbst** 男 初秋. **≈holz** 中 -es/ (↔Spätholz)《林》春材. **≈in·va·li·di·tät** 女 (労働災害などによる) 若年廃疾.

Früh·jahr 中 (Frühling) (特に耕作期としての)春: Wir reisen nächstes ~ 〈im nächsten ~〉 nach Spanien. 我々は今度の春にスペインに旅行する.

früh·jahrs 副 春に.

Früh·jahrs≈an·fang = Frühlingsanfang **≈be·stel·lung** 女 春の農作業. **≈man·tel** 男 春のコート. **≈mo·de** 女《服飾》春のモード. **≈mü·dig·keit** 女 春のけだるさ. **≈-Tag·und·nacht·glei·che** = Frühlingsnachtgleiche

Früh≈ka·pi·ta·lis·mus 男 初期資本主義. **≈kar·tof·fel** 女 わせ(早生)馬鈴薯(ばれいしょ); 新じゃがいも.

früh·klug 形 早熟の, ませた.

Früh≈kon·zert 中 朝のコンサート. **≈kost** 女 朝食. **≈kul·tur** 女 **1** 初期文化. **2**《園》春季栽培.

Früh·ling[frý:lɪŋ] 男 -s/-e **1** (英: *spring*) 春(→Sommer, Herbst, Winter);《比》青春期, 興隆期: ein nasser 〈später〉 ～ 雨の多い〈遅くきた〉春 | Vor*frühling* 早春 | der ～ des Lebens《雅》人生の春, 青春の時代 ‖ im ～ 春に | Es wird ～. 春になる | Der ～ kommt 〈zieht ein〉. 春がやってくる ‖ einem neuen ～ entgegengehen《雅》新たな隆盛〈ブーム〉を迎える | *seinen* zweiten ～ erleben《皮肉》第二の青春を体験する(壮年・老年になってから若い人に恋をするなど). **2** (↔Spätling) **a)** (結婚してまだ)日が浅いのに生まれた子供. **b)** 早〈春〉生まれの子羊. [＜früh]

frü̲h·lin·gen[..lɪŋən] 自 (h) **1**《雅》(lenzen) 非人称 (es frühlingt) 春になる, 春めく;《比》(心が)浮き浮きする. **2** 婚前交渉をもつ.

frü̲h·ling·haft[..lɪŋhaft] ＝frühlingshaft

frü̲h·lings[..lɪŋs] 副 (frühjahrs) 春に.

Frü̲h·lings≈abend 男 春の宵〈夕べ〉. **≈an·fang** 男 春の始まり(一般に春分を指す). **≈blu·me** 女 春〔咲き〕の花. **≈fest** 中 春の祭り. **≈flie·ge**〘虫〙毛翅目の昆虫(トビケラ類). **≈ge·fühl** 中 -〔e〕s/-e **1** 春を迎えて浮き浮きした感情. **2**《複数で》《話》(年輩の人などの第二の青春ともいうべき)恋愛感情: **～e bekommen** 恋心を抱く.

frü̲h·lings·haft[..haft] 形 春のような, 春めいた: ～ warm sein 春のように暖かい | Das Wetter ist heute richtig ～. きょうはほんとうに春らしい日〔より〕だ.

Frü̲h·lings≈kno·ten·blu·me 女 (Märzenbecher)〘植〙スノーフレーク. **≈luft** 女 (穏やかな)春の空気, 春風. **≈mei·rich**[..maɪrɪç] 男 -s/-e〘植〙ホソバツメクサ(細葉詰草). **≈mes·se** 女 春の見本市. **≈mo̲·nat** 男 -〔e〕s/-e **1**《複数で》春の月(3月・4月・5月). **2**《単数で》《雅》(März) 3月. **≈mond** 男 **1** 春の月(天体). ▽**2** 3月. **≈mor·gen** 男 春の朝. **≈nacht·glei·che** 女 -/-n 春分. **≈punkt** 男〘天〙春分点. **≈rol·le** 女〘料理〙(中国料理の)春巻. **≈tag** 男 春の日. **≈-Tag·und·nacht·glei·che** ＝Frühlingsnachtgleiche

Frü̲h≈mes·se[frý:..] 女, **≈met·te** 女〘カトリック〙早朝のミサ, 早ミサ. **≈mit·tel·al·ter** 中 中世初期.

frü̲h·mor·gens[fry:mɔ́rgəns] 副 早朝に.

Frü̲h·nach·rich·ten 複 (テレビ・ラジオの)早朝ニュース.

frü̲h·neu̲·hoch·deutsch[fry:nɔ́yho:xdɔʏtʃ, ⌒−−−] 形 (略 frühnhd.) 初期新高ドイツ語の(→付録: ドイツ語の歴史): →deutsch

frühnhd. 略 ＝**frühneuhochdeutsch**

Frü̲h·o̲bst[frý:..] 中 わせ(早生)の果物, はしりの果物.

frü̲h·reif 形 **1** (肉体的・精神的に)早熟な, ませた. **2** (果物・穀物などが)わせ(早生)の.

Frü̲h·reif 男 朝霜.

Frü̲h·rei·fe 女 -/ **1** (肉体的・精神的な)早熟. **2** (果物・穀物などの)わせ(早生). [＜frühreif]

Frü̲h≈re·nais·sance[..rənɛsɑ̃:s] 女 初期ルネサンス. **≈ro·man·tik** 女 初期ロマン派〈主義〉. **≈rot** 中 (Morgenrot) 曙光(しょこう). **≈schicht** 女 (交代制労働の)早朝の作業直; 朝作業方(かた). **≈schop·pen** 男 (↔Dämmerschoppen) (レストランで)朝〈午前〉に軽く酒を飲むこと; (軽く酒を飲みながら語り合う)朝〈午前〉のパーティー: zum ～ gehen 朝〈午前〉の一杯を飲みに行く. **≈som·mer** 男 初夏. **≈sport** 男 朝のスポーツ〈運動〉.

frühst[fry:st] ＝frühest

Frü̲h≈sta·dium 中 初期の段階. **≈start** 男〘スポーツ〙フライングスタート.

▽**frü̲h·stens**[frý:stəns] ＝frühestens

Frü̲h·stück[frý:ʃtʏk] 中 -〔e〕s/-e 朝食; 朝食時間: das zweite ～ 小昼(朝食と昼食の間にとる軽い食事) | Arbeits*frühstück* 協議〈交渉〉のための朝食会 ‖ beim ～ sitzen 朝食の食卓に向かっている | das ～〔ein〕nehmen 朝食をとる | Um 9 Uhr machen wir ～. / Um 9 Uhr ist ～. 朝食は9時です | Das wäre nur ein ～ für ihn. それは彼にはほんの朝めし前だ.

frü̲h·stücken[..kən]《過分 gefrühstückt》 **I** 自 (h) 朝食を食べる(参考 zu Mittag essen 昼食を食べる, zu Abend essen 夕食を食べる). **II** 他 (h) (…を)朝食に食べる: Brot 〈Eier〉 ～ 朝食にパン〈卵〉を食べる | einen Furz gefrühstückt haben (→Furz).

Frü̲h·stücks≈brett 中 (パンなどを取り分ける小さな)卓上盆(→ 図 Kaffeetisch). **≈bro̲t** 中 (朝食・小昼用の)パン〈サンドイッチ〉. **≈bü·fett** 中 (ホテルなどで)ビュッフェスタイルの朝食のための料理を並べたテーブル. **≈raum** 男 ＝Frühstückszimmer **≈zeit** 女 朝食の時間. **≈zim·mer** 中 (ホテルなどの)朝食用食堂.

Frü̲h≈trei·be·rei 女〘園〙超促成. **≈trunk** 男 朝食前の一杯, 朝酒.

frü̲h·ver·stor·ben 形《付加語的》早死した, 夭折(ようせつ)の.

Frü̲h·warn≈flu̲g·zeug 中〘軍〙早期警戒機. **≈sa·tel·li̲t** 男〘軍〙早期警戒衛星. **≈sy·ste̲m** 中〘軍〙早期警戒システム.

Frü̲h≈werk 中 初期の作品. **≈zeit** 女 **1** (時代・創作活動などの)初期: japanische Kunst von der ～ bis zur Gegenwart 初期から現代にいたる日本芸術. **2** 若年, 幼年〈少年〉時代. **3** 早朝.

frü̲h·zei·tig 形 **1** 早い; 初期の. **2** (vorzeitig) 早すぎる, 時ならぬ, 早熟の. **3** 手遅れにならないうちの, 時宜を得た: eine ～*e* Bestellung der Karten 切符をはやばやと注文〈予約〉すること | eine Krankheit ～ entdecken 病気を早期に発見する.

Frü̲h·zei·tig·keit 女 -/ 早熟; 時期尚早.

Frü̲h≈zug 男 早朝の列車. **≈zün·der** 男《戯》理解〈のみこみ〉の早い人. **≈zün·dung** 女 (内燃機関の)早期点火;《戯》素早い理解力.

Fruk·ti·do̲r[frʏktidó:r] 男 -〔s〕/-s〘史〙実り月(フランス革命暦の第12月; 8月18日 − 9月16日に当たる: →Vendemiaire ★). [*fr.*; ＜*gr.* dõron „Gabe"]

Fruk·ti·fi·ka·tio̲n[frʊktifikatsió:n] 女 -/-en **1**〘植〙結実. ▽**2** 利用. [*spätlat.*]

fruk·ti·fi·zi̲e·ren[..fitsí:rən] **I** 他 (h) **1** 実を結ばせる, 実らせる. ▽**2** 利用する, 役に立てる. **II** 自 (h) 果実を結ぶ. [*lat.*; ＜*lat.* frūctus (→Frucht)]

Fruk·to̲·se[frʊktó:zə] 女 -/ (Fruchtzucker)〘化〙果糖, フルクトーゼ. [＜..ose]

Frust[frʊst] 男 -〔e〕s/《俗》＝Frustration

fruste[frʏst] 形〘医〙(病気の症状などが)はっきりしない. [*fr.*]

fru̲·sten[frʊ́stən]《01》《俗》＝frustrieren

fru·stra̲n[frʊstrá:n] 形 挫折(ざせつ)感を味わわせる〈欲求不満に導く〉ような. [＜*lat.* frūstrā „getäuscht"]

Fru·stra·tio̲n[frʊstratsió:n] 女 -/-en《話》挫折(ざせつ)感, 失望;〘心〙欲求不満, フラストレーション: ～*en* am Arbeitsplatz 職場での欲求不満. [*lat.*]

▽**fru·stra·to̲·risch**[..tó:rɪʃ] 形 だまそうとする, 欺瞞(ぎまん)的な.

fru·stri̲e·ren[frʊstrí:rən] 他 (h) (*jn.*) (…の)期待を裏切る, 失望させる, (…に)挫折(ざせつ)感を味わわせる; 欲求不満にさせる, (…に)フラストレーションを起こさせる: *frustriert* sein/ *sich*[4] *frustriert* fühlen 挫折感を味わっている, 欲求不満である. [*lat.*; ◇ *engl.* frustrate]

Fru·stri̲e·rung[..rʊŋ] 女 -/-en frustrieren すること.

Fru̲st·stau 男《話》欲求不満〈フラストレーション〉の蓄積, 鬱憤(うっぷん).

frz. 略 ＝**französisch**

F-Schicht[ɛ́f..] 女〘理〙F 層(電離層の最上の部分).

F-Schlüs·sel[ɛ́f..] 男〘楽〙ヘ音記号, 低音部記号.

ft (**ft.**)[fu:t; 複数: fi:t] 記号 (Foot, 複数: Feet) フィート: 1 ～ [áɪn fú:t] 1フィート | 3 ～ [dráɪ fí:t] 3フィート.

Ft (**Ft.**) 略 ＝**Forint**

FU[ɛf|ú:] 略 女 -/ ＝**Freie Universität** (ベルリンの)自由大学.

Fuchs[fʊks] 男 -es/Füchse[fʏ́ksə] **1 a)** (女 **Fü̲ch·sin**[fʏ́ksɪn]-/-nen; 小 **Fü̲chs·chen**[fʏ́ksçən], **Fü̲chs·lein**[..laɪn] 中 -s/-)〘動〙キツネ(狐): Silber*fuchs* ギンギツネ(銀狐) ‖ ***Füchse* prellen**《比》(キツネをだますほど)海千山千である ‖ Ein ～ bellt. キツネが鳴く | listig 〈schlau〉 wie ein ～ キツネのように狡猾(こうかつ)な | **Die *Füchse* brauen.**《比》霧がわく | **Da kommt der ～ zum Loch heraus.**《比》事の真相が暴かれる | **Der ～ muß zum Loch heraus.**《比》何としても事の真相を暴いてやるぞ | Den Weg **hat der ～ gemessen und den Schwanz dazugegeben.**《話》この道

は思ったよりずっと遠い | **wo sich die *Füchse* 〈~ und Hase〉 gute Nacht sagen**《戯》(キツネでも出そうな)人里離れたうらさびしい所に | Stirbt der ~, so gilt der Balg.《諺》だれかが死ぬと遺産が残る. **b**)《話》老獪(ろうかい)な人, ずる賢い〈海千山千の〉人: Er ist ein alter, schlauer ~. 彼は古だぬきだ. **c**) キツネの毛皮: einen Mantel mit ~ besetzen コートにキツネの毛皮を縫いつける | einen ~ tragen キツネの毛皮〔のついた衣服〕を身につけている. **d**) der ~〘天〙小狐(こぎつね)座. **2 a**) 栗毛(くりげ)の馬. **b**)《軽蔑的に》赤毛の人. **c**)〘虫〙ヒオドシチョウ(緋威蝶): Großer ~ ヨーロッパヒオドシ(欧州緋威蝶) | Kleiner ~ コヒオドシ(小緋威蝶). **d**)《話》金貨. **3**《話》(学生組合の)新入生(→Brandfuchs 2). **4**〘工〙煙道, 吸い込み口. **5**〘ビリヤード〙フロック, まぐれ当たり. **6**〘坑〙効果のない発破. [*westgerm.* „Geschwänzter“; ◇Fohe; *engl.* fox]

Fuchs≈af·fe[fʊ́ks..] 男〘動〙キツネザル(狐猿). **≈balg** 男 キツネの皮. **≈bart** 男 **1 a**) キツネのひげ. **b**) 赤ひげ〔の人〕. **2** (Bocksdorn)〘植〙クコ(枸杞)属. **≈bau** 男 -〔e〕s/-e〘狩〙キツネの穴.

Füchs·chen Fuchs の縮小形.

Füch·se Fuchs の複数.

Fuchs·ei·sen[fʊ́ks..] 中 キツネ捕りの罠(わな).

fuch·sen[fʊ́ksən]《02》 **I** 他 (h)《話》(…を)怒らす, 悩ます; だます: Seine Kritik hat mich tüchtig *gefuchst.* 彼の批評は大いに私を怒らせ〈傷つけ〉た ‖ 再帰 *sich*^{4} über *et.*^{4} ~ …に腹をたてる. **II** 自 (h) **1** キツネ狩りをする. **2** 同衾(どうきん)する.

Fuchs≈fal·le[fʊ́ks..] 女〘狩〙キツネ捕りの罠(わな). **≈hai** 男〘魚〙オナガザメ(尾長鮫). **≈höh·le** 女 =Fuchsbau

Fuch·sia[fʊ́ksia·] 女 -/..sien[..siən], **Fuch·sie**[..siə] 女 -/-n〘植〙ホクシア属, ツリウキソウ. [< L. Fuchs (ドイツの植物学者, †1566)]

fuch·sig[fʊ́ksɪç]^2 形 **1** (fuchsrot) キツネ色の, 赤茶色の. **2** (heftig) 気性のはげしい, 短気な. **3**《話》(wütend) 腹を立てた, 激怒した, 怒り狂った.

Fuch·sin[fʊksíːn] 中 -s/〘化〙フクシン. [< Fuchsia]

Füch·sin Fuchs の女性形. [◇ *engl.* vixen]

Fuchs·jagd[fʊ́ks..] 女 (猟犬を用い騎馬で行う)キツネ狩り;〘スポーツ〙キツネ狩り(馬・スキーを用いて Fuchs と呼ばれる先発者を, Meute と呼ばれる後続隊が追いかける).

Füchs·lein Fuchs の縮小形.

Fuchs≈loch[fʊ́ks..] 中 = Fuchsbau **≈ma·jor** 男《話》(大学新入生を監督・指導する)学生組合の上級生(→Fuchs 3). **≈pelz** 男 キツネの毛皮; キツネ.

fuchs·rot 形 (髪などが)キツネ色の, 赤茶色の.

Fuchs·schwanz 男 **1** キツネの尾. **2**〘植〙ヒユ(莧)属(→ 図). **3**〘工〙(片刃の)手のこ(→ 図 Säge).

Fuchsschwanz

▽**fuchs·schwän·zeln**[..ʃvɛntsəln]《06》(▽**fuchs·schwän·zen**[..ʃvɛntsən])《02》自 (h) (schmeicheln) お世辞を言う, へつらう, 追従する.

▽**Fuchs·schwän·zer** 男 -s/- お世辞屋, 追従者, おべっか使い.

Fuchs·schwanz·gras 中〘植〙スズメノテッポウ(雀鉄砲)属.

▽**Fuchs·schwänz·ler** 男 = Fuchsschwänzer

fuchs〔·teu·fels〕·wild 形《話》怒り狂った, 極度に興奮した.

Fuch·tel[fʊ́xtəl] 女 -/-n **1**《単数で》厳しい監督〈規律〉: **aus** *js.* ~^{3} entrinnen …の監督下からのがれる | ***jn.* unter der ~ haben** …を厳しく監督している;《話》…を意のままにしている | unter *js.* ~^{4} kommen …の厳しい支配下にはいる | *jn.* unter die ~ nehmen …を厳しい監督下に置く | **unter *js.* ~^{3} stehen** …に厳しく監督されている;《話》…の意のままになっている. ▽**2** 広刃の剣, サーベル; (刑罰として)サーベルで打つこと. **3**《オーストリア》口うるさい女房.

fuch·teln[fʊ́xtəln]《06》 **I** 自 (h) **1**《mit *et.*^{3}》(…を)振り回す: aufgeregt 〈wild〉 mit dem Stock 〔herum〕 ~ 興奮して〈荒々しく〉棒を振り回す. **2**〘馬術〙(馬が)外側に脚をふりだして歩む. ▽**II** 他 (h) (刑罰として)サーベルで打つ.

fuch·tig[fʊ́xtɪç]^2 形《述語的》《話》立腹〈激怒〉した: *jn.* ~ machen …を激怒させる | auf 〈über〉 *jn.* ~ sein …に立腹している. [< fechten]

fud. 略 =fudit: N. N. ~ (鋳造品に作者名を入れる際に) 某某鋳造.

Fu·der[fúːdər] 中 -s/- フーダー(昔の容量単位: 干し草・木材などは2頭立ての荷馬車1台分, 酒類は750リットルから1950リットルの間で地域によってさまざまに異なる): ein ~ Heu 〈Wein〉 1フーダーの干し草〈ワイン〉;《話》多量. [*westgerm.* „Umfaßtes“; ◇Faden]

fu·der·wei·se 副 (→..weise ★)フーダー単位で, 荷馬車1台分で;《話》大量に.

fu·dit[fúːdɪt]《ラテン語》(略 fud.)《鋳造者の名前のあとにそえて》(…によって)鋳造された. [◇Fusion]

fuff·zehn[fʊ́ftseːn]《方》=fünfzehn

fuff·zig[fʊ́ftsɪç]《方》=fünfzig

Fuff·zi·ger[fʊ́ftsɪgər] 男 -s/-《方》=Fünfziger

Fug[fuːk]^1 男 -〔e〕s/ **1** 至当:〘もっぱら次の形で〙**mit ~ 〔und Recht〕** / mit gutem ~ 正当に, 当然. ▽**2** 権利, 権限. [*mhd.*; ◇fügen]

fu·gal[fugáːl] 形《ふつう付加語的》〘楽〙フーガふうの. [< Fuge^1]

fu·ga·to[fugáːto·] **I** 副〘楽〙フーガふうに. **II Fu·ga·to** 中 -s/-s, ..ti[..ti·] フガート(フーガふうの楽節). [*it.*]

Fu·ge^1[fúːgə] 女 -/-n〘楽〙フーガ, 遁走(とんそう)曲: eine ~ komponieren フーガを作曲する | eine ~ von Bach spielen バッハのフーガを演奏する. [*lat.* fuga „Flucht“–*mlat.*; < *lat.* fugere „fliehen“ (◇biegen); ◇ *engl.* fugue]

Fu·ge^2[−] 女 -/-n 継ぎ目, 合わせ目; すきま, 裂け目: eine ~ 〔mit *et.*^{3}〕 abdichten 〈verschmieren〉 継ぎ目を〔…で〕詰める〈塗りつぶす〉 ‖ **aus den ~*n* gehen 〈geraten〉**(継ぎ目が離れて)ばらばらになる;《比》支離滅裂になる | aus den 〈allen〉 ~*n* sein《比》混乱している | **in allen ~*n* krachen** あっちこっちギシギシいう(今にもばらばらになりそうになる);《比》支離滅裂にな〔りかか〕る ‖ Beim Wort ‚Liebesbrief‘ steht ein s in der ~.〘言〙Liebesbrief という〔複合〕語はつなぎ目に s がはいる.

Fü·ge·ma·schi·ne[fýːgə..] 女 〔手押し〕かんな盤.

fu·gen[fúːgən]^1 他 (h)〘工〙**1** (建材の継ぎ目を)接合する, はめ合わせる(→ 図 Holz B). **2** (壁などの)継ぎ目をきれいに塗りつぶす.

fü·gen[fýːgən]^1 他 (h) **1** 継ぎ合わせる,〔継ぎ合わせて〕組み立てる; つけ足す, はめこむ: einen Satz anders ~ 文の構成を変える ‖ einen Stein an 〈auf〉 den anderen ~ 石を積み足す | den Stein in die Mauer ~ 壁に石をはめこむ | *et.*^{4} in wohlklingende Worte ~《比》…を響きのよい言葉で表現する ‖ 再帰 *sich*^{4} in *et.*^{4} 〈zu *et.*^{3}〉 ~ …に適合する, …にとけこむ ‖ Die Bretter sind gut *gefügt.* 板はうまく継ぎ合わせてある | Das Haus ist fest *gefügt.* 家はがっしり組み立ててある | Das Bündnis ist fest *gefügt.*《比》盟約は固く結ばれている.

2 再帰 *sich*^{4} *jm.* ~ …〔の意思〕に従う | *sich*^{4} *js.* Anordnungen^3 〈Befehlen^3〉 ~ …の指示〈命令〉に従う ‖ ***sich*^{4} in** *sein* Schicksal 〈in die Umstände〉 ~ 運命〈境遇〉に順応する | *sich*^{4} ins Unvermeidliche 〈Unabänderliche〉 ~ 〔避けられない〕運命を受け入れる.

3《ふつう es を目的語とする言い回しで》《雅》仕組む, あんばいする: Gott wird es zu deinem Besten ~. 神が君のためになるよう計らってくださるだろう | Der Zufall 〈Das Schicksal〉 hat es 〔so〕 *gefügt*, daß ich ihn wiedersah. 偶然〈運命〉の計らいで私は彼に再会した ‖ Das Schicksal *fügte* alles zu seinem Besten. めぐり会わせですべてが彼に好都合になった ‖ 再帰 Es *fügte* sich 〔so〕, daß wir uns wieder begegneten. 偶然にも私たちは再会した | Die Umstände *fügen* sich günstig. 情勢が有利になる ‖ 再帰・非人称 Es will sich

nicht ~. ことはいっこうにうまくいかない.
ᵛ4 = fugen [*westgerm.*; ◇fangen, Fach; *engl.* fay]
Fu̱·gen≈dü·se[fú:gən..] 女 (電気掃除機の)すきま用吸い込み口⟨ノズル⟩. **≈ele·ment** 中 〖言〗接合要素(複合語の接合部に挿入される -e〔n〕-, -s- などの音・音節).
Fu̱·gen·form 女 〖楽〗フーガ形式.
Fu̱·gen≈kel·le 女 〖工〗(すきま用の)細身こて. **≈laut** 男 〖言〗接合音(→Fugenelement).
fu̱·gen·lo̱s 形 〖工〗(羽目張り・壁などが)継ぎ目の〔見え〕ない; 滑らかな. [<Fuge²]
Fu̱·gen-s[fú:gən|ɛs] 中 -/-(Binde-s) 〖言〗接合の s (→Fuge²).
Fu̱·gen·sil·be 女 〖言〗接合音節(→Fugenelement).
Fu̱·gen·stil 男 -〔e〕s/ 〖楽〗フーガ様式.
Fu̱·gen≈vo·ka̱l 男 〖言〗接合母音(→Fugenelement). **≈zei·chen** 中 〖言〗接合標識(→Fugenelement).
Fü̱·ge·wort[fý:gə..] 中 -〔e〕s/..wörter 〖言〗継合詞(機能語としての接続詞・前置詞). [<fügen]
die **Fug·ge·re̱i**[fʊgəráɪ] 女 -/ フッガー財閥(15世紀に興った Fugger 家が築いた初期資本主義時代の大財閥. 金融・商事に大いに力をふるったが16世紀には衰退); (フッガー財閥が Augsburg に建設した)フッガー住宅地区.
Fu·ghe̱t·ta[fugéta·] 女 -/..tten[..tən] 〖楽〗フゲッタ(小規模なフーガ). [*it.*]
fu·gi̱e·ren[fugí:rən] 他 (h) 〖楽〗フーガふうに⟨フーガとして⟩作曲する. [<Fuge¹]
fü̱g·lich[fý:klɪç] 副 《雅》**1** 正当に, 当然: Das darf man ~ bezweifeln ⟨behaupten⟩. それが疑われる⟨そう主張される⟩のももっともだ. **2** 適当に, 適切に: Er hätte ~ schweigen können. 彼は黙っている方がよかったのに. [<fügen]
fü̱g·sa̱m[..za:m] 形 (gefügig) 従順な, 扱いやすい: *jn.* ~ machen …をおとなしくさせる.
Fü̱g·sa̱m·keit[..kaɪt] 女 -/ 従順, 扱いやすさ.
Fü̱·gung[fý:gʊŋ] 女 -/-en **1** (運命の)定め,(神の)摂理: Durch eine glückliche ~ entging er dem Tode. 幸運に恵まれて彼は死を免れた | Es ist eine ~ des Himmels, daß er noch lebt. 彼が生きのびているのは天の配剤だ.
2 継ぎ合わせ, 接合〔部〕; 〖言〗(文・節・語句の)接続; (まとまりをもった)語群: eine koordinierende ⟨subordinierende⟩ ~ 〖言〗並列⟨従属⟩接続 | eine syndetische ⟨asyndetische⟩ ~ 〖言〗有辞⟨無辞⟩接続 | eine präpositionale ⟨attributive⟩ ~ 〖言〗前置詞⟨付加語⟩句.
fü̱hl·bar[fý:lba:r] 形 **1** 〔はっきり〕感じられるほどの, 目だった, 判然⟨歴然⟩たる: ein ~*er* Fortschritt 著しい進歩 | ein kaum ~*er* Unterschied (ほとんど気づかれないほどの)ほんのわずかな相違 | *sich*⁴ ~ machen はっきり感じられる. ᵛ**2** (肉体的に)知覚される.
Fü̱hl·ba̱r·keit[–kaɪt] 女 -/ fühlbar なこと.
fü̱h·len[fý:lən] **I** 他 (h) **1 a)** (肉体的に)感じる, 知覚する: Hunger ⟨Kälte⟩ ~ 空腹⟨寒さ⟩を感じる | eine Hand auf der Schulter ~ 肩に手がかけられたのを感じる | Schmerzen im Rücken ~ 背中に痛みを覚える ‖ alle Knochen ⟨Glieder⟩ 〔im Leib〕 ~《俗》体じゅうのふしぶしが痛む | den Stock ⟨die Peitsche⟩ zu ~ bekommen 棒⟨むち⟩で打たれる ‖〖zu のない不定詞と; 完了形ではしばしば gefühlt の代わりに fühlen を用いて〗*sein* Herz schlagen ~ 胸がどきどきする | Ich *fühlte* seinen Blick auf mich ruhen. 私は彼の視線を感じた | Er hat sein Ende nahen *fühlen* ⟨*gefühlt*⟩. 彼は死期が近づくのを感じた ‖〖目的語なしで〗Wer nicht hören will, muß ~.《諺》言い聞かせてもわかろうとしない者は痛い目にあわせる必要がある ‖〖様態を示す語句と〗再帰 *sich*⁴ ~ 自分が(…であると)感じる | *sich*⁴ gesund ⟨krank⟩ ~ 体調がよい⟨悪い⟩ように感じる | *sich*⁴ stark ⟨kräftig⟩ ~ 身内に力を感じる | *sich*⁴ unsicher auf den Beinen ~ (病後などで)足に力が入らない | *sich*⁴ Mutter ~ (自分で)妊娠したことがわかる.
b) (心理的に)感じる; 直感する: Freude ~ 喜びを覚える, うれしくなる | Liebe ⟨Haß⟩ für *jn.* ~ …への愛情⟨憎悪⟩を感じる | Mitleid mit *jm.* ~ …に同情する | die Berufung zu *et.*³ ~ …の天分を自覚する | Ich *fühle*, daß hier etwas nicht stimmt. 私はこれがどこか間違っているような気がする ‖ *et.*⁴ zu ~ bekommen …を思い知らされる | *jm. et.*⁴ zu ~ geben / *jn. et.*⁴ ~ lassen …に…を思い知らせる | Sie ließ ihn ihre Verachtung ~. 彼女は彼に軽蔑の念を示した ‖〖目的語なしで〗sozial ~ 社会的関心がある | als Deutscher ~ ドイツ〔人〕的感じ方をする | mit *jm.* ~ …に共感⟨同情⟩する ‖ 再帰 *sich*⁴ beleidigt ⟨glücklich⟩ ~ 侮辱⟨幸福⟩を感じる | *sich*⁴ zu *et.*³ verpflichtet ⟨berufen⟩ ~ …の義務⟨天分⟩を自覚する | *sich*⁴ als Fachmann ~ 自分が専門家だと思っている | *sich*⁴ in *seinem* Element ~ いきいきした気分である | *sich*⁴ in *seiner* Stellung ~ 地位を鼻にかける | *sich*⁴ zu Hause ~ くつろいだ気持になる | *sich*⁴ wie neugeboren ~ (→neugeboren) ‖ Der *fühlt* sich aber!《話》いい気なもんだ, うぬぼれやがって.
2 (触れて)調べる: den Stoff ~ 布地にさわってみる | *jm.* den Puls ~ …の脈をみる;《比》…の意向を探る | Er *fühlte*, ob sein Portemonnaie noch da sei. 彼は財布がまだあるかどうか手で確かめた ‖〖目的語なしで〗*jm.* auf den Zahn ~ (→Zahn 1) | im Dunkeln nach *et.*³ ~ 暗やみで…を探る ‖ 再帰 *sich*⁴ zur Tür ~ 手探りで戸口の方へ進む.
II fü̱h·lend 現分 形 感じやすい, 感受性の強い: ein ~*es* Herz 同情心のある人.
[*westgerm.* „tasten"; ◇Gefühl; *engl.* feel]
Fü̱h·ler[fý:lər] 男 -s/- **1** (Antenne) 〖動〗触角(→ 図 Kerbtier), (カタツムリの)つの; 触手;《話》探り, 観測気球: 〔**die** ⟨*seine*⟩ **~**〕 **ausstrecken** 触角⟨触手⟩を伸ばす;《話》慎重に探りを入れる. **2** 〖工〗(作図機などの)トレーサー.
Fü̱h·ler·kä̱·fer 男 〖虫〗ヒゲブトオサムシ(髭太歩行虫)科の昆虫.
Fü̱hl·horn 中 -〔e〕s/..hörner 〖動〗触角, 触手.
fü̱hl·lo̱s[..lo:s]¹ 形 無感覚の; 冷淡な, 無情の.
Fü̱hl·lo̱·sig·keit[..lo:zɪçkaɪt] 女 -/ 無感覚, 冷淡, 無情.
Fü̱h·lung[fý:lʊŋ] 女 -/-en **1**《単数で》接触, 関係, 連絡: mit *jm.* ~ nehmen ⟨bekommen⟩ …と接触する | mit *jm.* 〔enge〕 ~ haben ⟨halten⟩ …と〔緊密な〕関係を保つ | mit *jm.* in 〔ständiger〕 ~ bleiben ⟨stehen⟩ …と〔たえず〕連絡している. ᵛ**2** 感じること; 感情.
Fü̱h·lung·na̱h·me 女 -/ 接触すること, 関係⟨連絡⟩をつけること: die diplomatische ~ zwischen zwei Staaten 二国間の外交関係の樹立⟨再開⟩. [<Fühlung nehmen]
fu̱hr[fu:r] fahren の過去.
Fu̱hr·be·trieb[fú:r..] 男 運送業.
Fu̱h·re[fú:rə] 女 -/-n **1** (特に荷を積んだ)荷車; (1車分の)積み荷: zwei ~*n* Kohlen 車2台分の石炭 | eine lustige ~ 陽気な人々が乗りこんでいる車. **2** (車での)運送, 運搬, 輸送. [*ahd.*; ◇fahren]
fü̱h·re¹[fý:rə] fahren の接続法 II.
fü̱h·re²[–] führen の現在1人称単数および命令法単数.
Fü̱h·re[–] 女 -/-n 山岳旅行; (標識のついた)登山道; ルート, 道筋; (Fremdenführer) ガイド.
fü̱h·ren[fý:rən] **I** 他 (h) **1 a)** (人・動物などを)導く, 案内する, 連れて行く: einen Hund **an** der Leine ~ 犬をひもにつないで連れて歩く | *jn.* an der Hand ⟨am Arm⟩ ~ …の手を引いて⟨腕をかかえて⟩行く | *jn.* am Gängelband ~ (→Gängelband) | Vieh **auf** die Weide ~ 家畜を草場へ連れだす | *jn.* aufs Glatteis ~ (→Glatteis) | *jn.* auf den ⟨dem⟩ rechten Weg ~《比》…を正しい方向に向かわせる | *jn.* **durch** ein Museum ~ …に美術館を案内する | Seine Reise hat ihn durch viele Länder *geführt*. 旅行で彼は多くの国々を回った | *jn.* **hinters** Licht ~ (→Licht 1) | *jn.* **in** Versuchung ~《比》…を誘惑する | Der Zufall *führte* ihn **nach** Bonn. 偶然彼はボンに来た | eine Dame **zu** Tisch ~ 婦人を食卓に案内する | Was *führt* dich zu mir? 何の用で私のところへ来たのか ‖〖目的語なしで〗Beim Tanzen *führt* er sehr gut. 彼はダンスのリードがうまい.
b) 指導⟨指揮・統率⟩する; (…の)主導権をもつ: ein Geschäft ~ 事業を経営⟨管理⟩する | *seine* Herde ~ 家畜の群れを引き連れて行く | eine Klasse ~ クラスを指導⟨担任⟩す

る | das Orchester ～ オーケストラを指揮する | die Pferde ～ (馬車の)馬を御(ぎょ)する | die Unterhaltung ～ 座談をリードする.
c) 《官》(乗り物を)運転する, 操縦する: die Berechtigung, einen Lkw zu ～ トラックを運転する資格 | ein Flugzeug ～ 航空機を操縦する | einen Zug ～ 列車を運転する.
d) (線状のものをある方向に)引く, 通す: den Faden 〈die Nadel〉 durch *et.*[4] ～ …に糸〈針〉を通す | eine Linie durch den Punkt ～ 〖数〗点を通る直線を引く | den Wasserlauf durch einen Kanal in die Elbe ～ 導水路によって水をエルベ川に流す | die Wasserleitung 〈die Straßenbahn〔linie〕〉 bis in die Vororte ～ 水道管〈路面電車の路線〉を近郊までのばす | das Seil um eine Rolle ～ ロープを巻取機に巻く | eine Mauer 〈einen Graben〉 um den Garten ～ 庭の回りに塀〈堀〉を巡らす.
2 a) (手で)運ぶ, (ある方向へ)動かす: das Fahrrad ～ 自転車を押して行く | *jm.* beim Schreiben die Hand ～ …の手を取って書き方を教える | die Hand an die Mütze ～ 帽子に手をや〔ってあいさつす〕る | den Löffel zum Mund ～ スプーンを口へ運ぶ.
b) 《抽象的・成句的に用いられて》持ちこむ: *et.*[4] **zu Ende** ～ …(作業など)をし終える | *et.*[4] zum Erfolg ～ …を成功させる ‖ *jm. et.*[4] vor Augen ～ …に…(事態など)を(いやでも分かるように)突きつける | *jm. et.*[4] zu Gemüte ～ …に…を強く言い聞かせる | *sich*[3] *et.*[4] zu Gemüte ～ 《話》…(飲食物など)をうまそうに食う〈とっくり味わう〉.
3 a) 携帯する, 帯びて〈持って〉いる; (川・船などが)運ぶ: *et.*[4] bei 〈mit〉 *sich*[3] ～ …を携帯している, …を持ち合わせている | einen Speisewagen〔mit *sich*[3]〕～ (列車が)食堂車を連結している ‖ Geschütze ～ (船などが)砲を装備している | eine Ladung Holz〔an Bord〕～ (船が)木材を運ぶ | Der Fluß *führt* viel 〈wenig〉 Wasser. 川は水量が多い〈少ない〉.
b) (標識などを)掲げて〈つけて〉いる: die deutsche Flagge ～ (船が)ドイツ国旗を掲げている ‖ *et.*[4] im Wappen ～ …を紋章にしている |〔gegen *jn.*〕etwas Böses im Schilde ～ 《比》〔…に対して〕よからぬことをたくらんでいる.
c) (姓名・称号・標題などを)もつ: den Titel „Professor" ～ 「教授」の称号をもっている.
4 a) (商品を)扱う: Das Geschäft *führt* diese Ware nicht. その店はこの商品を扱っていない.
b) (handhaben) (道具類を)用いる, 扱う: den Bogen〔geschickt〕～ (ヴァイオリンなどの)弓を〔巧みに〕使う | den Degen zu ～ wissen 剣術の心得がある | die Feder ～ 文筆をふるう〈の才がある〉| das Ruder ～ 舵(かじ)をとる: 《比》(…の)舵とりをする | das 〈den〉 Zepter ～ (→Zepter).
c) (言葉を)使う: eine deutliche Sprache ～ ずけずけ言う | das große Wort ～ 大口をたたく, 偉そうな口をきく | ein Wort〔beständig〕im Munde ～ ある言葉を口癖のように言う.
5 a) (役を)務める: ein Amt 〈ein Geschäft〉 ～ 職務〈業務〉を行う | die Aufsicht ～ 監督する | den Befehl 〈das Kommando〉 ～ 指揮をとる | Buch 〈Protokoll〉 über *et.*[4] ～ …を記帳〈記録〉する | die Kasse 〈das Konto〉 ～ 会計〈勘定〉係を務める | Regie ～ 〖劇・映〗演出〈監督〉する | den Vorsitz ～ 議長役を務める.
b) 《führen 自体の意味が希薄化し, 〔動作〕名詞とともに機能動詞として動詞句を構成する》(durchführen) (…を)行う; (…)する: den Beweis für *et.*[4] ～ 〖法〗…を立証する (＝*et.*[4] beweisen) | mit *jm.* einen Briefwechsel ～ …と文通する | eine glückliche Ehe ～ 幸福な結婚生活を送る | ein Gespräch 〈eine Unterhaltung〉 mit *jm.* ～ …と話をする〈歓談する〉| Klagen über *et.*[4] ～ …の苦情を言う (＝*sich*[4] über *et.*[4] beklagen) | das Kommando ～ 命令を下す, 指揮する (＝kommandieren) | gegen *jn.* Krieg ～ …と戦う | ein Leben in Luxus ～ / ein großes Haus ～ ぜいたくな暮らしをする | einen Prozeß〔gegen *jn.*〕～〔…を相手どって〕訴訟を起こす | das〔strenge〕Regiment ～ (→Regiment 2) | einen Stoß 〈einen Schlag〉〔gegen *jn.*〕～〔…に〕一撃を加える | Verhandlungen 〈Besprechungen〉 ～ 交渉〈談合〉する.
6 再帰 *sich*[4] ～ 《様態を示す語句と》(生徒・受刑者などの)行状が…である | *sich*[4] gut 〈schlecht〉 ～ 行状がよい〈悪い〉| Wie hat er sich in der Schule *geführt*? 彼は学校では操行はどうでしたか.
II 自 (h) **1** 主導的地位に立つ, 先頭を切る, リードする: auf einem Gebiet ～ ある分野で主導的立場にある | beim Rennen 〈im Wettbewerb〉 ～ 〖スポ〗競走〈競争〉でリードする | Paris *führt* in der Mode. パリは流行の先端をいく ‖ mit 4:3 (読み方: vier zu drei) ～ 〖スポ〗4 対 3 でリードする | vor *jm.* mit 100 Stimmen ～ 100票差で…を抑える | nach Punkten ～ 〖ボクシング〗判定でリードする.
2 a) (道などが)通じている: Die Tür *führt* in den Garten 〈auf den Hof〉. 戸口は庭〈中庭〉に通じる | Der Weg *führt* in 〈durch〉 den Wald. 道は森の中に通じる〈を抜ける〉| Mein Weg *führt* nach links. 私は左へ行かねばならない | Alle Wege *führen* nach Rom. (→Weg 1) | Die Straße *führt* zum Bahnhof. その通りは駅へ通じる.
b) 《比》(結果として)行き着く, 到達する; (果ては…に)なる: auf Abwege[4] ～ 本題からそれる | in die Sackgasse ～ 《比》行き詰まる | ins Uferlose ～ 収拾がつかなくなる | zum Ziel ～ 目標に到達する ‖ Diese Erfahrung *führt* zu neuen Erkenntnissen. この経験から新たな認識が開ける | Verschwendung *führt* zur Armut. 浪費は貧困のもと | Das *führt* zu nichts 〈keinem guten Ende〉. それは何にも〈ろくなことに〉ならない ‖ Das *führte* so weit, daß ... それが高じて…にまでなった.
III füh·rend 現分 形 指導〈主導〉的な; 一流の: das ～*e* Hotel am Platz 当地一流のホテル | eine ～*e* Persönlichkeit 指導的人物 | eine ～*e* Rolle spielen 主導的役割を演じる, リーダーシップを果たす | an ～*er* Stelle stehen 指導的地位にある | eine ～*e* Stellung einnehmen 指導的地位につく ‖ Er ist ～ auf diesem Gebiet. 彼はこの分野では一流〈指導的人物〉である. [*germ.*; ◇fahren]

Füh·rer [fý:rər] 男 -s/- **1** (⊛ **Füh·re·rin** [..rərın]) **a**) (組織・運動などの)指導者, 指揮〈統率〉者; 〖史〗総統 (ナチドイツで Hitler を指す): der geistige ～ 精神的指導者. **b**) 案内人, ガイド: *sich*[3] einen ～ nehmen ガイドを雇う. **c**) (車両・飛行機などの)操縦〈運転〉者; 〖鉄道〗運転士, 機関士: Flugzeug*führer* 操縦士, パイロット. **2** 案内書, ガイドブック: Hotel*führer* ホテル案内 (ガイドブック). **3** 〖楽〗(フーガの)主題. **4** 〖工〗導子; 誘導する仕掛け.

Füh·rer≠aus·weis 男 《スイ》(Führerschein) 運転免許証. **≠haus** 中 (トラック・クレーンなどの)運転台, (機関車の)機関士室. **≠holz** 中 (マリオネットの)あやつり棒.

Füh·re·rin Führer 1 の女性形.

füh·rer·los [..lo:s][1] 形 指導者〈統率者〉のいない; 案内人〈ガイド〉なしの; 運転者なしの.

Füh·rer≠na·tur 女 指導者的資質. **≠per·sön·lich·keit** 女 指導者的人格〔の持ち主〕. **≠prin·zip** 中 (特にナチの)指導者原理 (すべての運動方針を指導者が独裁的に決定し, ほかはこれに従う).

Füh·rer·schaft 女 -/ **1** 指導性, リーダーシップ; 指揮, 指導, 統率. **2** 《集合的に》指導者〔層〕; 案内者.

Füh·rer·schein 男 運転免許証: ein internationaler ～ 国際運転免許証 ‖ den ～ machen 〈vorzeigen〉 運転免許をとる〈運転免許証を見せる〉| *jm.* den ～ entziehen …から運転免許証を没収する.

Füh·rer·schein·ent·zug 男 運転免許停止.

Füh·rer≠sitz 男 運転者〈操縦者〉席. **≠stand** 男 **1** 運転台, 操縦席 (→ ⊛ Bagger). **2** 〖鉄道〗運転士〈機関士〉室. **≠wet·ter** 中 総統日和(びより) (ナチ政権時代の言葉で, 快晴の好天気のこと: →Kaiserwetter).

[V]**Fuhr·geld** [fú:r..] 中 運〔送〕賃. [＜fahren]

Fuhr≠ge·schäft 中 ＝Fuhrunternehmen **≠herr** 男 **1** ＝Fuhrunternehmer **2** 辻(つじ)馬車の所有者.

füh·rig [fý:rıç][2] 形 **1** 〖狩〗(猟犬が)御しやすい, よく言うことを聞く. **2** (geführig) (雪が)スキーに適した. [＜führen]

Füh·rig·keit [−kaıt] 女 -/ führig なこと.

Fuhr≠knecht [fú:r..] 男 御者; (Grobian) 粗野〈不作法〉

な男: wie ein ～ schimpfen 口ぎたなくののしる. ≈lohn 男〔荷〕馬車賃, 運送費. ≈mann 男 -[e]s/..leute (..männer) **1** (Kutscher) 御者; (Fuhrunternehmer) 運送業者. **2** der ～〘天〙御者座(オリオン座の北にある星座). ≈park 男 (会社・役所・軍などの所有する)馬車〈自動車〉の全部, 総車両; 大輸送隊. [＜fahren]

Füh·rung[fý:rʊŋ] 女 -/-en **1**《単数で》(Leitung) 指導〔部〕, 指揮〔班〕; (Lenkung) 操縦, 運転: unter 〔der〕 ～ von *jm.* …の指揮下で, …を長として ‖ die ～ übernehmen 指導〈支配〉権をにぎる | die ～ des Staates an *sich*⁴ reißen 政権を奪取する | *jm.* die ～ eines Unternehmens übertragen 〈anvertrauen〉 …に企業の経営をゆだねる. **2**《単数で》リード, 優位: **in** ～ gehen〘スポ〙リードする, 優位に立つ | in ～ liegen 〈sein〉 優位に立っている ‖ im Rennen die ～ übernehmen 〈haben〉 競走でリードを取る〈保つ〉. **3** 案内〔人つきの参観〕: eine ～ durch das Museum 美術館の案内〈案内人つきの参観〉| *sich*⁴ einer ～ anschließen ガイドつき参観団について回る. **4 a)** (道具類の)扱い, 使用; (称号などの)使用, 保持. **b)** 管理, 処理, 執務, 遂行. **5**《単数で》(Verhalten) 振舞い, 行状, 品行: Straferlaß bei guter ～ 態度良好ゆえの刑の免除 | *jn.* wegen schlechter ～ entlassen …を不品行のかどで解雇する | in ～ „gut" bekommen (学校で)操行「良」をもらう. **6**〘工〙ガイド, 導溝, 導桿(どうかん) (→ ⊠ Rolladen); (銃身内側の)旋条.

Füh·rungs≈an·spruch 男 指導権. ≈band 中 -[e]s/..bänder ＝Führungsring ≈eta·ge ＝Vorstandsetage ≈fä·hig·keit 女 指導〔能〕力. ≈ge·stell 中 (計算尺の)台尺(→ ⊠ Rechenschieber). ≈kraft 女 **1**《単数で》指導力. **2** 指導的立場にある人. ≈lei·ste 女〘工〙(鍛造機械などの)ガイド=リブ, 導桿(どうかん). ≈po·sten 男 指導的地位〈ポスト〉. ≈ring 男 (弾丸に旋回運動を与える銅製の)弾帯, 弾環(→ ⊠ Geschoß). ≈rol·le 女 **1**〘工〙案内ロール, ガイド=ローラー. **2** 指導的役割. ≈schicht 女 指導者層. ≈schie·ne 女〘工〙スライド=レール, ガイド=レール(→ ⊠ Aufzug).

füh·rungs·schwach 形 指導力の弱い.

Füh·rungs≈schwä·che 女 指導力の弱さ. ≈spit·ze 女〔最高〕指導者層, 首脳部. ≈stab 男 (特に軍隊・技術陣などの)首脳部, オペレーション=スタッフ;〘軍〙(銃器の)導桿. ≈stan·ge 女〘工〙ガイドバー, 滑り棒, 導桿. ≈stil 男 指導スタイル(部下を統率するさいの流儀). ≈tor 中〘球技〙勝ち越しのゴール. ≈zeug·nis 中 (警察が発行する)品行〈行状〉証明書, 無犯罪証明書; (雇い主が発行する)考課表.

Fuhr≈un·ter·neh·men[fú:r..] 中 (特にトラックなどによる小規模の)運送業. ≈un·ter·neh·mer 男 (小規模の)運送業者, 運送請負人. ≈werk 中 -[e]s/-e 運搬用車両, 荷車(馬車・牛車など動物に引かせる車の総称).

fuhr·wer·ken《過分 gefuhrwerkt》自 (h) **1**《南部・オーストリア》(馬車・トラックなどを)乗り回す. **2**《話》あちこち走り〈暴れ〉回る; あくせく働く; 《mit *et.*³》(…を)振り回す, 使って働く.

Fuhr≈wer·ker 男 -s/-《オーストリア》＝ Fuhrmann 1 ≈we·sen 中 -s/ 運送, 運輸; 《集合的に》車両. [＜fahren]

Fu·kien[fú:kĭɛn] (**Fu·jian**[fúdʑĭæn]) 地名 福建, フーチェン(中国, 華南地区東部の省で, 省都は福州 Futschou, Fuzhou とも綴る).

Ful·da[fʊ́lda·] **I** 地名 フルダ (Fulda 川に臨む Hessen 州の都市. 司教座があり, カトリック的色彩が強い).

II die **Ful·da** 地名 女 -/ フルダ (Weser 川の支流).

[＜*ahd.* fulta „Land"＋aha (→Ache)]

Ful·da·er[fʊ́ldaər] **I** 男 -s/- フルダの人.

II 形《無変化》フルダの: das ～ Kloster フルダ修道院.

Ful·gu·rit[fʊlgurí:t, ..rít] 男 -s/-e **1**〘鉱〙フルグライト, 閃電(せんでん)岩. **2** 雷管. **3** 商標 フルグリート(アスベスト=セメント). [＜*lat.* fulgur „Blitz" (◇flagrant)]

Füll≈an·satz[fʏ́l..] 男 (気球の)ガス詰筒(→ ⊠ Ballon). ≈blei·stift 男《スイス》(Drehbleistift) シャープペンシル. [＜füllen]

Full dress[fʊ́l drɛ́s] 男 --/ 夜会服; 正装, 礼装. [*engl.*; ◇voll]

Fül·le[fʏ́lə] 女 -/-n **1**《単数で》**a)** 豊かさ, 豊富; 充満, 充溢(じゅういつ); たっぷり, 大量: eine ～ von Arbeit 〈Aufgaben〉 たくさんの仕事〈任務〉| die ～ der Stimme 〈des Ausdrucks〉 声〈表現〉の豊かさ | die goldene ～ des Haares《雅》豊かな金髪 ‖ Dort herrschte eine erdrückende ～. そこは押しつぶされそうな人ごみだった | Gott gebe dir Korns und Weins die ～. 神が汝にあふれるばかりの穀物と酒を授けたまわんことを ‖ aus der ～ des Herzens beten《雅》(思いが胸にあふれて)一心に祈る | **in** ～ たっぷり, 豊富に, たくさん | Geld hat er in ～. 金は彼にはたっぷりある | in Hülle und ～ / die Hülle und ～ (→Hülle 2) | in der ～ stehen 最高潮にある. **b)** 肥満: körperliche ～ 豊満な肉体, 太った体 ‖ zur ～ neigen 太り始める. **2**《南部》(Füllung)〘料理〙詰め物〈肉〉.

fül·len[fʏ́lən] **I** 他 (h) **1**《*et.*⁴》**a)** (英: *fill*) (容器・空間などを)満たす, (…に)詰める;〘医〙(歯に)充填(じゅうてん)する: das Blatt **mit** Notizen ～ 紙一面にメモを書きつける | ein Glas 〔mit Wasser〕 ～ グラス〔に水〕を満たす | *sich*³ den Magen 〈Bauch〉 〔mit *et.*³〕 ～ 〔…を〕腹いっぱい食べる | *sich*³ den Beutel 〈den Säckel / die Taschen〉 ～ (→ Beutel 1 a, →Säckel 1 b, →Tasche 1) | *jm.* die Hände ～ (→Hand 1) | sein Herz mit Hoffnung 〈Mut〉 ～ 彼の心を希望〈勇気〉で満たす ‖ 再帰 *sich*⁴ 〔mit *et.*³〕 ～ i) 〔…で〕いっぱいになる; ii)《話》〔…を〕たらふく飲む〈食う〉| Die Wanne *füllt* sich 〔mit Wasser〕. たらい〔に水〕がいっぱいになる | Der Saal *füllt* sich 〔mit Gästen〕. 広間が〔客で〕いっぱいになる | Seine Augen *füllten* sich mit Tränen. 彼の目に涙があふれた | Mein Herz *füllte* sich mit neuer Hoffnung. 私の心に新しい希望があふれた.

b) (ausfüllen) (容器・空間などに)いっぱいになる, あふれる: 10 Liter 〔Wasser〕 *füllen* das Faß. たるには10リットル〔の水が〕入る | Der Brief *füllt* drei Seiten. 手紙は3ページにわたる | Tränen *füllten* seine Augen. 彼の目に涙があふれた.

2《*et.*⁴》(…を)詰める, 詰め込む: *et.*⁴ auf den Teller ～ …(料理など)を皿に盛る | den Wein in Flaschen ～ ワインを瓶に詰める | Wasser in den Eimer ～ バケツに水をはる | In diesen Kopf kann man kein Wissen ～.《比》この頭には知識を詰め込むことはむりだ.

II ge·füllt → 別出 [*germ.*; ◇voll]

Fül·len[fʏ́lən] 中 -s/- **1**《雅》＝Fohlen 1 **2** das ～〘天〙小馬座. [*germ.*; ◇Fohlen]

Fül·ler[fʏ́lər] 男 -s/- **1** ＝Füllfederhalter **2** (新聞の)埋めくさ.

Füll≈fe·der[fʏ́l..] 女, ≈fe·der·hal·ter 男 万年筆. ≈ge·wicht 中〘商〙(瓶・袋などに商品を詰めた時点の)正味重量. ≈hal·ter ＝Füllfederhalter

Füll·horn 中 -[e]s/..hörner 豊穣の角(ヤギの角で作った容器に花や果物を盛ったもの: → ⊠);《雅》豊富, 過剰(豊穣の神の属性): das ～ (ローマ神話の)フォルトゥナ (Fortuna) | ein wahres ～ von Blumen おびただしい〈あふれるばかりの〉花 | das ～ des Glücks あり余る幸せ. [*lat.* cornū cōpiae (◇Horn, Kopie) の翻訳借用]

Füllhorn

fül·lig[fʏ́lɪç]² 形 太りぎみの, 肉付きのよい, ふっくらと豊かな; (響きの)豊かな. [*mndd.*; ◇Fülle]

Füll≈ma·schi·ne 女〔自動〕瓶〈袋〉詰め装置; ソーセージ詰め器. ≈mas·se 女, ≈ma·te·rial 中 詰め物, 充填(じゅうてん)材, パッキング. ≈mau·er 女〘建〙(両面の間に砕石・モルタルなどの詰められた)裏詰め壁. ≈ofen 男 自給式暖炉, 長時間燃焼ストーブ. ≈ort 男 -[e]s/..örter〘坑〙坑底, 坑底操車〈操作〉場. ≈pi·sto·le 女 (ガソリン給油用のホースの)ピストル形ノズル.

Füll·sel[fʏ́lzəl] 中 -s/- (価値のない)詰め物, 充填(じゅうてん)物; (新聞・雑誌の)埋めくさ;〘料理〙詰め物.

Füll≈stift 男 シャープペンシル. ≈stoff 男 詰め物, 充填(じゅうてん)物, 填料(てんりょう). ≈trich·ter 男〘工〙ホッパー(底開きになっているじょうご状のもの).

F

Fụ̈l·lung[fʏ́lʊŋ] 女 -/-en **1**《ふつう単数で》(容器などに)詰めること, 満たすこと: die ~ des Schwimmbades プールに水をはること. **2 a**) 詰めた物, 充塡(じゅうてん)物〈材〉(→ ⊠ Fußboden). **b**) 〖料理〗詰め物: Schokolade mit ~ (クリームなど)詰め物の入ったチョコレート. **c**) 〖医〗(歯の)充塡〔材〕. **d**) 〖建〗(ドアの)鏡板, (戸にはめた)ガラス, パネル.

Fụ̈ll·wort 中 -〔e〕s/..wörter 〖言〗塡辞(てんじ), 虚辞(単に修辞的・韻律的理由などで用いられる陳述価値の小さな埋めくさ的な語).

ful·mi·nạnt[fʊlminánt] 形 (衝撃的な効果を与えるほど)顕著な, 卓越した, りっぱな. [*lat.* fulmināre „blitzen"]

Ful·mi·nạt[..ná:t] 中 -〔e〕s/-e《ふつう複数で》〖化〗雷酸塩. [< *lat.* fulmen „Blitz" (◇Fulgurit) + ..at]

Fu·ma·rọ·le[fumaró:lə] 女 -/-n (火山の)噴気〔孔〕. [*it.* < *lat.* fūmus „Rauch" (◇Dunst)]

Fụm·mel[fʊ́məl] **I** 男 -s/- **1** こくり棒(つや出し・しわ延ばし用具). **2**《話》粗末な〈流行遅れの〉婦人服. **II** 女 -/-n《オーストリア》愚かなやつ(特に女): eine alte ~ おいぼればばあ.

fụm·meln[fʊ́məln]《06》 **I** 自 (h) **1**〖サッカー〗(チャンスがつかめずに)いつまでもドリブルする, あちこち走り回る. **2**《話》《an *et.*[3]》(…を)いじり回す, 手探りする;《in *et.*[3]》(…の中を)探し回る. **3**《話》(liebkosen) 愛撫(あいぶ)する. **II** 他 (h) こする, 磨く. [*ndd.*; ◇ *engl.* fumble]

Fụm·mel⸗tan·te 女, ⸗**trị·ne** 女《話》(Tunte)(女性的な)同性愛の男, (女役の)ホモ.

Fụnd[fʊnt][1] 男 -es(-s)/-e **1** 発見; 拾得: einen 〔unverhofften〕 ~ machen 〔思いがけぬ〕発見をする | Ihn ist ein bedeutender ~ geglückt. 彼は重要な発見をした. **2** 発見〈発掘〉品; 拾得物;《比》掘り出し物: ein wertvoller ~ 貴重な発見〔品〕| ein ~ aus der Vorzeit 先史時代の発掘品. [*mhd.*; ◇ finden]

Fun·da·mẹnt[fʊndamɛ́nt] 中 -〔e〕s/-e (建物の)基礎, 土台; (機械の)台座, 台板;《比》(Grundlage) 基礎, 基盤, 根底, 原理: das ~ des Staates 国の礎(いしずえ)| das ~ zu *et.*[3] legen …の基礎を置く ‖ ein wissenschaftliches ~ haben 科学的根拠がある | an den ~*en* rütteln 根底を揺さぶる ‖ ▽aus dem ~ 根底から, 徹底的に(=gründlich). [*lat.* – *ahd.*; ◇ fundieren]

fun·da·men·tạl[fʊndamɛntá:l] 形 (grundlegend, wesentlich) 基礎となる, 根本的な, 重要な: ein ~*er* Irrtum 重大な誤り | von ~*er* Bedeutung sein はなはだ重要である.

Fun·da·men·tạl·baß 男 〖楽〗根音バス. [*fr.* basse fondamentale の翻訳借用]

Fun·da·men·ta·lịs·mus[..talísmʊs] 男 -/ **1** 原理主義(宗教などで, 原点に立ちもどり, 根本原理を厳しく守ろうとする立場: islamischer ~ イスラム原理主義. **2** 〖新教〗根本主義, ファンダメンタリズム(アメリカのルター教会正統派の思想で, 聖書の創造説を固く信じ, 進化論を否定する).

Fun·da·men·ta·lịst[..líst] 男 -en/-en **1** 原理主義者. **2** 〖新教〗根本主義〈ファンダメンタリズム〉の信奉者.

fun·da·men·ta·lị·stisch[..lístɪʃ] 形 **1** 原理主義の. **2** 〖新教〗根本主義〈ファンダメンタリズム〉の.

Fun·da·men·tạl⸗satz[fʊndamɛntá:l..] 男 根本命題; 〖数〗基本定理. ⸗**theo·lo·gie** 女 〖宗〗基礎〈護教〉神学, 護教論.

fun·da·men·tie·ren[fʊndamɛntí:rən] 他 (h)《*et.*[4]》(…の)基礎を置く, 基礎づける: ein Gebäude 〈eine Theorie〉 ~ ある建物の基礎工事〈ある理論の基礎づけ〉をする.

Fun·da·men·tie·rung[..rʊŋ] 女 -/-en 基礎を置くこと.

Fun·da·mẹnt·plat·te[fʊndamɛ́nt..] 女 〖建〗基礎スラブ.

Fụnd·amt[fʊnt..] 中《オーストリア》=Fundbüro

Fun·da·tiọn[fʊndatsió:n] 女 -/-en **1** 寄付, 寄進; 開基. **2**《スイス》**a**) = Fundament **b**) = Fundamentierung [*lat.*; ◇fundieren; *engl.* foundation]

Fụnd⸗bü·ro[fʊ́nt..] 中 遺失物〈拾得物〉保管所, 遺失物管理事務所〈局〉. ⸗**dieb·stahl** 男 遺失物〈拾得物〉横領. ⸗**ge·gen·stand** 男 **1** 遺失物, 拾得物. **2** 〖考古〗出土品. ⸗**geld** 中 拾得者への謝礼金. ⸗**gru·be** 女 有望な〈豊かな〉鉱脈;《比》宝庫: Diese Stadt ist eine ~ gotischer Baukunst. この町はゴチック建築の宝庫だ.

Fụn·di[fʊ́ndi·] 男 -s/-s《話》=Fundamentalist

fun·die·ren[fʊndí:rən] **I** 他 (h) **1**《*et.*[4]》(…の)基礎〈土台〉を置く;《比》(…に)根拠〈論拠〉を与える, (理論などを)確立する: 財政的に保証する: Diese Behauptung ist nicht hinreichend *fundiert*. この主張は論拠不十分である. ▽**2** (stiften) 創設〈設立〉する: eine Kirche ~ 教会を建立する. **II fun·diert** 過分 形 基礎づけられた, 根拠のある; (sicher) 確かな, (zuverlässig) 信用のおける, (財政上の)保証のある: ~*es* Wissen 確かな知識 | ein gut ~*es* Geschäft 堅実な〈資本のしっかりした〉事業 | ~*es* Einkommen 固定所得, 財産所得 | ~*e* Schuld 〖経〗利付き無期限公債, 確定公債. [*lat.*; ◇Fundus; *engl.* found]

Fun·die·rung[..rʊŋ] 女 -/-en (fundieren すること. 例えば:) 基礎づけ, 確立, 設定.

fụ̈n·dig[fʏ́ndɪç][2] 形 〖坑〗(鉱脈などが)有望な, 豊富な: ~ **werden** 鉱脈を掘り当てる;《比》(長い探索の末に)見つけ出す, 発見する.

Fụnd⸗ort[fʊ́nt..] 男 -〔e〕s/-e 発見地, 拾得地. ⸗**recht** 中 遺失物法; 拾得権. ⸗**sa·che** 女 遺失物, 拾得物. ⸗**stät·te** 女 =Fundort ⸗**stel·le** 女 **1** =Fundort **2** =Fundbüro ⸗**stück** 中 =Fundgegenstand ⸗**un·ter·schla·gung** 女 〖法〗拾得物横領.

Fụn·dus[fʊ́ndʊs] 男 -/- **1 a**) (劇場などに用意してある)舞台装置〈衣装〉一式, 道具一式. **b**)《単数で》《比》基礎, 土台: einen reichen ~ an Erfahrungen besitzen 豊富な経験を基礎にもっている. **2** 〖解〗底, 基底(胃底・眼底など). **3** (古代・中世の)地所. [*lat.* „Boden"; ◇Boden]

fu·nẹ·bre[fynɛ́br, fynɛ́:bər] (**fu·nè·bre**[fynɛ́br]) 形 (traurig) 〖楽〗悲しい, 憂いに沈んだ; (düster) 陰気な. [*lat.* – *fr.*; < *lat.* fūnus „Leichenbegängnis"]

Fụ̈·nen[fý:nən] 地名 フューン(デンマーク本土とシェランとの間にある島. デンマーク語形 Fyn).

▽**Fu·ne·rạ·li·en**[funerá:liən] 複 (おごそかな)葬式. [*mlat.*; ◇..al[1]; *engl.* funeral]

fünf[fʏnf] **I** (英: *five*)《基数》5, 五つ〔の〕: **1**《基数の一般的用例》**a**)《無変化で》ein Wohnhaus mit ~ Zimmern 5室ある住宅 | ~ Flaschen Bier ビール5本 | ~ bis sechs Bleistifte 五六本の鉛筆 | ein ~ Jahre altes Kind / ein Kind von ~ Jahren 5歳の子供 | Er kommt alle ~ Tage. 彼は5日ごとに来る ‖〖単位名と〗Das Brett ist ~ Fuß lang. その板は5フィートの長さがある | Sie kaufte ~ Kilo Kartoffeln. 彼女はジャガイモを5キロ買った | Das Buch kostet ~ Mark. その本は5マルクする ‖〖しばしば名詞を省略して〗Der Junge ist ~ 〔Jahre alt〕. その男の子は5歳である | Es ist schon ~ 〔Uhr〕. もう5時である | Es ist halb 〈drei Viertel〉 ~. 4時半〈4時45分〉である | zehn Minuten vor 〈nach〉 ~ 5時10分前〈過ぎ〉| Er kam um 〈Punkt〉 ~. 彼は5時〈5時きっかり〉に来た | acht Uhr ~ 〔Minuten〕8時5分 ‖〖独立的に〗die Zahlen von zwei bis ~ 2から5までの数 | Zwei und ~ ist sieben. 2たす5は7 | je ~ / ~ und ~ / ~ zu ~ 5つ〈5人〉ずつ | Die Mannschaft gewann ~ zu drei. そのチームは5対3で勝った.

b)《独立的用法で格語尾を持ちうる例》〖3格はしばしば fünfen の形で〗Ich habe es ~*en* gesagt. 私はそれを5人に話した | mit ~*en* 〈mit ~ Pferden〉 fahren 5頭立ての馬車で行く | eine Familie von ~*en* 5人家族 | in Reihen zu ~〔*en*〕 marschieren 5列で行進する | ein Spiel zu ~〔*en*〕5人でするゲーム | die Stäbe zu ~〔*en*〕 bündeln 棒を5本ずつ束ねる | Wir gingen zu ~*en*. 私たちは5人ずつ〈5人連れで〉行った(→zu I 2 d) ‖〖1・4格では fünfe も〗Die ersten ~〔*e*〕 〈Alle ~〔*e*〕〉 sind aus Amerika. 最初の5人は〈5人は全部〉アメリカ出身である | Es schlägt ~〔*e*〕. 5時である, 5時を打っている | Wir waren 〔unser〕 ~〔*e*〕. 私たちは皆で5人だった ‖〖2格ではまれに fünfe も〗Keiner der ~〔*e*〕 bemerkte es. 5人のうちだれもそれに気づかなかった.

2《fünf の特殊用例》Das ist ein Kalb 〈ein Schaf〉 mit

~ Beinen. それはありえぬことだ | Ich möchte ihn auf ~ Minuten sprechen. 彼とほんの短時間話がしたい | Es ist ~ Minuten vor zwölf. (→Minute 1) | *et.*[4] bis ~ Minuten nach zwölf fortführen 事を決したあともなお…を続ける | *seine* ~ Sinne zusammennehmen 全神経を集中する ‖ Er kann nicht bis ~ zählen. 彼は能なしだ | **~〔*e*〕 gerade 〈eine gerade Zahl〉 sein lassen**《話》小事にこだわらない, やかましいことは言わない.

★ 他の数詞との複合例: *fünf*undzwanzig 25, *fünf*hundert 500, *fünf*tausend 5000(ただし: *fünf* Millionen 5百万), *fünf*sechstel 6分の5.

II Fünf 女 -/-en **1** 5という数; 5という数字: die Zahl ~ 5という数 | eine arabische ~ アラビア数字の5 | eine römische ~ ローマ数字の5 (V). **2** (5という数のつくもの. 例えば:) 5番コースの路面電車; (トランプの) 5の札; (さいころの) 5の目; (学校の成績の) 評点5 (→Note 2): mit der ~ fahren 5番コースの電車で行く | eine ~ würfeln さいころを振って5を出す | Er hat eine ~ in Mathematik bekommen 〈geschrieben〉. 彼は算数で5をもらった.

[*idg.*; ◇penta..; *engl.* five; *lat.* quīnque „fünf"]

Fünf·ak·ter[fʏ́nf..] 男 -s/- 〘劇〙5幕物.

fünf≠ak·tig 形〘劇〙5幕の. **≠ar·mig** 形 (燭台(しょくだい)などが) 5本腕の. **≠ato·mig** 形〘理〙5原子の, 5原子からなる. **≠bän·dig** 形 全5巻〈冊〉の(全集など). **≠ba·sisch** (**≠ba·sig**[..ba:zɪç][2]) 形《付加語的》〘化〙5塩基の. **≠blät·te·rig** (**≠blätt·rig**) 形〘植〙5葉〈5花弁〉の.

Fünf·eck 中 -s/-e 五角形.

fünf·eckig 形 5角〈形〉の.

fünf·ein·halb[fʏnf|aınhálp]《分数; 無変化》5と2分の1〈の〉: ~ Kilogramm Fleisch 5.5キログラムの肉 | Er ist ~ Jahre alt. 彼は5歳半である.

Fün·fer[fʏ́nfər] 男 -s/- **1** (序数または基数に由来する5の記号をもつもの: →..er[1] I 3. 例えば:) 5番コースのバス; 1905年産ワイン; 第5連隊員; (トランプの) 5の札; 評点5 (→Note 2);《話》5ペニヒ硬貨〈切手〉, 5マルク硬貨〈紙幣〉; 5人組〈会〉の一員: mit dem ~ fahren 5番コースのバスで行く ‖ einen ~ kosten 5ペニヒの値がする | Er ist keinen ~ wert. 彼は一文の値うちもない. **2** (合計して5のもの. 例えば:) 5人乗りのボート〈車〉; 5行詩; 5字〈項〉的中の富くじ; 5人組〈会〉: einen ~ im Lotto haben くじの五つの数字が当たっている(大当たりである). **3** アラビア数字の5; 5字形: einen ~ ziehen 5を書く.

Fün·fer≠al·pha·bet 中〘電〙(テレタイプ信号用の) 5数字式. **≠kar·te** 女 (乗車券・入場券などの) 5枚つづり回数券.

fün·fer·lei[fʏ́nfərlái]《種類を表す数詞; 無変化》5種類の: Hier gibt es ~ Möglichkeiten. ここでは5通りの可能性がある ‖〘名詞的に〙Ich habe noch ~ zu bemerken. 私はさらに五つの点〈項目〉について述べねばならない.

Fün·fer·mann·schaft[fʏ́nfər..] 女 5人チーム.

fünf·fach[fʏ́nffax] 形 5倍〈五重〉の: die ~*e* Zahl 5倍の数 | die ~*e* Übermacht 5倍の優勢な勢力 | der ~*e* Sieger im Boxen ボクシングで5回勝った人 ‖ ~ so groß als ... …の5倍の大きさである ‖〘名詞的に; 5 fache とも書く〙das *Fünffache* der geforderten Summe 要求額の5倍 | auf das *Fünffache* steigen 5倍に増大する.

fünf≠fä·che·rig 形〘植〙(子房が) 5室の. **≠fal·tig** 形 ひだが五つある. **ᵛ≠fäl·tig** ＝fünffach

Fünf·flach 中 -〔e〕s/-e 五面体.

fünf·flä·chig 形 五面体の.

Fünf·fläch·ner 男 -s/- 五面体.

Fünf·fran·ken·stück[fʏnffráŋkən..] (**Fünf·frank·stück**[..fráŋk..]) 中 5フラン硬貨.

Fünf·fränk·ler[fʏnffrɛŋklər] 男 -s/-《ス イ ス》5フラン硬貨.

fünf·fü·ßig[fʏ́nf..] 形 5本足の;〘詩〙5詩脚の.

Fünf·füß·ler 男 -s/- 〘詩〙5詩脚詩句.

Fünf·gangs≠ge·trie·be[fʏ́nfgaŋs..] 中, **≠schal·tung** 女 (自動車などの) 5段変速装置, 5段ギア.

fünf≠ge·schos·sig 形 6階建ての; 5階建ての(→..geschossig). **≠ge·stri·chen** 形〘楽〙5点音の: das ~*e* A 5点イ音 | die ~*e* Oktave 5点音〔オクターブ〕. **≠glie·de·rig** 形, **≠glied·rig** 形 五つの部分からなる;〘数〙5項の;〘軍〙5列の.

Fünf≠he·ber 男 -s/- 〘詩〙5詩脚詩句. **≠herr·schaft** 女 五頭政治.

fünf·hun·dert[fʏ́nfhʊ́ndərt]《基数》500〈の〉: →hundert

Fünf·hun·dert·mark·schein 男 500マルク紙幣.

Fünf·jah·re〔s〕·plan[fʏnfjá:rə(s)..] 男 5か年計画 (5-Jahr〔e〕s-Plan とも書く).

fünf≠jäh·rig[fʏ́nfjɛ:rɪç][2] 形 5年を経た, 5歳の; 5年間の(5 jährig とも書く). **≠jähr·lich** 形 5年ごとの.

Fünf·jahr·plan[fʏnfjá:r..] ＝Fünfjahre〔s〕plan

Fünf≠kampf[fʏ́nf..] 男〘陸上〙五種競技: moderner ~ 近代五種競技. **≠kant** 中 (男) -〔e〕s/-e〘数〙5面角, 5稜角(りょうかく); 5面角をもつ立体.

fünf·kan·tig 形 かど〈稜(りょう)〉が五つある.

Fünf·klang 男〘楽〙五和音.

fünf·köp·fig 形 (家族などが) 5人からなる(→Kopf 2): eine ~*e* Familie 5人家族.

Fünf·li·ber[fʏnflí:bər, ◡–◡] 男 -s/-《ス イ ス》《話》＝Fünffrankenstück [＜*lat.* lībra (→Livre)]

Fünf·ling[fʏ́nflɪŋ] 男 -s/-e 五つ子(の一人);《複数で》五つ子.

fünf·mal[fʏ́nfma:l] 副 **1** 5回, 5度: *et.*[4] ~ versuchen …を5回こころみる | ~ in der Woche 週に5回. **2** 5倍: Seine Wohnung ist ~ so fern wie die meine. 彼の住居は私の住居よりも5倍も遠い.

★ 5×3＝15など, 乗法のときは Fünf mal drei ist fünfzehn. というように分けてつづる.

fünf·ma·lig 形《付加語的》5回の: eine ~*e* Einladung erhalten 5回招待を受ける | nach ~*em* Versuch 5回の試みの後に.

Fünf·mark≠schein[fʏnfmárk..] 男 5マルク紙幣. **≠stück** 中 5マルク硬貨(5-Mark-Stück とも書く).

Fünf·ma·ster[fʏ́nf..] 男 -s/- 5本マストの帆船.

fünf·ma·stig 形 5本マストの.

Fünf·mi·nu·ten·bren·ner[fʏnfminú:tən..] 男 **1** (階段などに設置された自動点滅式の) 5分間照明装置. **2**《戯》長い熱烈なキス.

fünf≠mo·na·tig[fʏ́nf..] 形 5か月を経た, 生後5か月の; 5か月間の. **≠mo·nat·lich** 形 5か月ごとの.

Fünf·paß 男 ..passes/..passe〘建〙(Maßwerk の) 五弁飾り(→ ⊠ Maßwerk).

Fünf·pfen·nig·stück[fʏnfpfɛ́nɪç..] 中 5ペニヒ硬貨.

Fünf·pol·röh·re[fʏ́nf..] 女 (Pentode)〘電〙5極〔真空〕管.

fünf·pro·zen·tig 形 5パーセントの.

Fünf·pro·zent·klau·sel[fʏnfprotsɛ́nt..] 女〘政〙5パーセント条項(得票率が5パーセント以上の党にのみ議席を与えるというドイツの選挙法の規定. 5-Prozent-Klausel, 5%-Klausel とも書く).

Fünf·punkt·schrift[fʏ́nf..] 女〘印〙5ポイント活字.

Fünf≠ru·de·rer (**≠rud·rer**) 男 -s/- 五櫂(かい)列船(古代ギリシア・ローマの5段こぎ座のガレー船).

fünf≠sai·tig 形 5弦の(楽器など). **≠sei·tig** 形 **1**〘数〙五辺〈五角〉形の. **2** (協定などが) 5者間の. **3** 5ページの. **≠sil·big** 形〘言〙5音節の.

Fünf·sit·zer 男 -s/- 5人乗りの乗り物.

fünf≠sit·zig 形 5人乗りの, 5座席の. **≠spal·tig** 形 **1**〘植〙(葉が) 五つに裂けた. **2**〘印〙5段組みの. **≠spra·chig** 形 5言語による; 5言語を話す. **≠stel·lig** 形〘数〙5けたの, 5項の. **≠stim·mig** 形〘楽〙5声〔部〕の, 5声部からなる. **≠stöckig** 形 6階建ての; 5階建ての(→..stöckig).

das **Fünf·strom·land**[fʏnfʃtró:m..] 地名 中 -〔e〕s/ 五河地方(インドのパンジャブ地方のこと). [◇Pandschab]

fünf≠stu·fig[fʏ́nf..] 形 5段〔式〕の. **≠stün·dig**[..ʃtʏndɪç][2] 形 5時間の. **≠stünd·lich** 形 5時間ごとの.

fünft[fʏnft]《序数》第5の, 5番目の(数字では5.): der ~*e* Akt 〈Aufzug〉〘劇〙第5幕 | das ~*e* Kind 5人目の

F

子供; 第５子 | die ～*e* Kolonne (→Kolonne 1) | zum ～*en* Mal ５回目に | eine Zahl in die ～*e* Potenz erheben ある数を５乗する | das ～*e* Rad am Wagen sein (→Rad 1 a) | der ～*e* Teil seines Vermögens 彼の財産の５分の１ ‖ am ～*en* November 11月５日〔に〕| Heute ist der ～*e* September. きょうは９月５日である | Er kommt immer den ～*en* Tag. 彼は５日目ごとに来る ‖ der 〈die〉 ～*e* in der hinteren Reihe 後列の５人目の男〈女〉| fürs ～*e* / zum ～*en* 第５〔番目〕に〔は〕‖〖名詞的に〗Karl der *Fünfte* カール五世 | der *Fünfte* in der Klasse クラスで５番の人 | Im Weitsprung wurde er *Fünfter* 〈*der Fünfte*〉. 幅跳びで彼は５位になった | am *Fünften* dieses 〈jedes〉 Monats 今月〈毎月〉の５日に ‖〖無変化で: →zu I 2 d〗zu ～ an einem Tisch sitzen テーブルに５人〔ずつ〕座っている | Wir haben zu ～ den Spaziergang gemacht. 私たちは５人連れで散歩をした.

★ i) 序数はまた一般に, 形容詞の最上級と複合して順位を表すことがある: *fünft*höchst ５番目に高い | mein *fünft*ältester Sohn 私の五男 | der *fünft*letzte Student 最後から５番目の学生.
ii) 序数のつくり方: →..t, ..st

Fụ̈nf·ta̲·ge≈fie·ber[fʏnftá:gə..] 中 -s/ 〖医〗五日熱. **≈wo·che** 女 週五日労働〈授業〉〔制〕, 週休二日〔制〕.

fụ̈nf≈tä̲·gig[fʏ́nf..] 形 ５日間の; ５日を経た, 生後５日の. **≈täg·lich** 形 ５日ごとの.

Fụ̈nf·tak·ter 男 -s/- 〖詩〗５詩脚詩句.

fụ̈nf·ta̲u·send[fʏ́nftáʊzənt]《基数》5000〔の〕: →tausend

Fụ̈nf·ta̲u·sen·der[..dər] 男 -s/- 5000メートル級の山.

▽**fụ̈nf·te·ha̲lb**[fʏ́nftəhálp] ＝fünfthalb

fụ̈nf·tei·lig[fʏ́nf..] 形 ５〔等〕分された, 五つの部分からなる.

Fụ̈nf·tei·lung 女 ５分割, ５〔等〕分.

fụ̈nf·tel[fʏ́nftəl] **I**《分数》５分の１〔の〕:〖無変化で, ふつう数量単位名と〗ein ～ Kilo Zucker 砂糖５分の１キロ | nach zwei ～ Sekunden ５分の２秒後に | Die Flasche faßt drei ～ Liter. この瓶は５分の３リットル入る. **II Fụ̈nf·tel** 中 (ｽｲｽ: 男) -s/- ５分の１: ein ～ des Weges 〈der Summe〉 道程〈金額〉の５分の１ ‖〖複数形はふつう用いない〗Die Ware kam mit zwei ～ Gewichtsverlust an. その品は到着までに重量が５分の２減少した ‖〖数量単位を省略した形で〗drei ～ Rotwein 赤ワイン５分の３リットル | Ein ～ Wurst, bitte! ソーセージ５分の１ポンドください.

★ i) 分数の名詞形はしばしば単位名と複合する: *Fünftel*liter ５分の１リットル | *Fünftel*pfund ５分の１ポンド.
ii) 分数のつくり方: →..el[2]

fụ̈nf·teln[fʏ́nftəln]《06》他 (h) ５〔等〕分する.

fụ̈nf·tens[fʏ́nftəns] 副 (列挙の際などに) 第５に〔は〕.

▽**fụ̈nft·ha̲lb**[fʏ́nfthálp]《分数; 無変化》(viereinhalb) ４と２分の１〔の〕.

Fụ̈nf·ton·ner[fʏ́nf..] 男 -s/- ５トン車(5 tonner とも書く).

Fụ̈nf·u̲hr·tee[fʏ́nf|u:rte:, ◡◡–́–] 男 (午後) ５時のお茶, おやつ.

fụ̈nf·und·ein·ha̲lb ＝fünfeinhalb

fụ̈nf≈we̲r·tig[fʏ́nf..] 形〖化・数〗５価の. **≈ze̲·hig** 形 足指が５本ある.

fụ̈nf·ze̲hn[fʏ́nftse:n] **I**《基数》(英: *fifteen*) 15〔の〕:〖一般的用法は fünf に準じるが, 格語尾を持つことはない〗→fünf ‖ ～ Minuten 15分間;《比》〔ちょっとした〕休息時間. **II Fụ̈nf·ze̲hn** 女 -/-en 15という数: →Fünf ‖ **eine ～ 〈Fuffzehn〉 machen**《話》一休みする, 一服する | **kurze ～ 〈Fuffzehn〉 machen**《話》(仕事などを)さっさと片づける | kurze ～ mit *jm.* 〈*et.*[3]〉 machen …をあっさり断罪する〈片づける〉.

★..zehn の形の基数は一般に fünf に準じて序数・分数などをつくることができる: *Fünfzehn*er 15の記号のつくもの; 合計して15のもの(→Fünfer) | *fünfzehn*erlei 15種類の(→fünferlei) | *fünfzehn*fach 15倍の(→fünffach) | *fünfzehn*mal 15倍〈回〉(→fünfmal) | *fünfzehn*t 15番目の(→fünft) | *fünfzehn*tel 15分の１〔の〕(→fünftel) | *fünfzehn*tens 第15〔番目〕には(→fünftens). また他の基数と複合できる: *fünfzehn*tausend １万5000.
[＜zehn; ◇ *engl.* fifteen]

fụ̈nf·ze̲h·ner·le̲i《種類を表す数詞; 無変化》15種類の: →fünferlei

fụ̈nf·ze̲hn·hu̲n·dert《基数》(eintausendfünfhundert) 1500〔の〕: ～ Meter 〈Mark〉 1500メーター〈マルク〉| im ～ Jahr〔e〕 西暦1500年に.

★ 特に金額の場合一般的には eintausendfünfhundert を用いることが多い. この言い方は日常語的用法.

fụ̈nf·ze̲hnt《序数》第15の,15番目の: →fünft

fụ̈nf·ze̲hn·tel[..təl]《分数》15分の１〔の〕: →fünftel

fụ̈nf·ze̲hn·tens[..təns] 副 (列挙の際などに) 第15に〔は〕.

Fụ̈nf·zei·ler[fʏ́nf..] 男 -s/- 〖詩〗５行詩; ５行詩節.

fụ̈nf·zei·lig 形 (詩・詩節などが) ５行の〈からなる〉.

fụ̈nf·zig[fʏ́nftsɪç] **I**《基数》(英: *fifty*) 50〔の〕:〖一般的用法は fünf に準じるが, 格語尾を持つことはない〗→fünf ‖ ～ 〈mit *Fünfzig*〉 fahren《話》時速50キロで走る | in den Chancen ～ zu ～ stehen 五分五分の見込みである. **II Fụ̈nf·zig** 女 -/-en 50という数〔のつくもの〕: →Fünf ‖ Er ist Anfang 〈Mitte / Ende〉 ～. 彼は50歳台の初め〈半ば・終わり〉である | Er ist 〈steht〉 hoch in den ～〔*en*〕. 彼は50の坂をだいぶ越している | in die ～ kommen 50歳台になる.

★ i) ..zig の形の基数は一般に fünf に準じて序数・分数などをつくることができる: *Fünfzig*er 50の記号のつくもの; 合計して50のもの(→Fünfer) | *fünfzig*erlei 50種類の(→fünferlei) | *fünfzig*fach 50倍の(→fünffach) | *fünfzig*mal 50倍〈回〉(→fünfmal) | *fünfzig*st 50番目の(→fünft) | *fünfzig*stel 50分の1〔の〕(→fünftel) | *fünfzig*stens 第50に〔は〕(→fünftens). また他の基数と複合できる: *fünfzig*tausend ５万.
ii) 51, 52, 53 … は einund*fünfzig*, zweiund*fünfzig*, dreiund*fünfzig* … となり, 一語に書かれる. 21, 22 …; 31, 32 … なども同様につくられる.
[◇ *engl.* fifty]

fụ̈nf·zi·ger[fʏ́nftsɪgər] **I** 形《無変化》《付加語的》**1** (ある世紀の)〔第〕50年の: ein ～ Jahrgang (この世紀の) 50年産〈製〉| im ～ Jahre〔当該世紀の〕50年に. **2** (ある世紀の) 50年代の: in den ～ Jahren〔dieses Jahrhunderts〕〔今世紀の〕50年代に.

II Fụ̈nf·zi·ger 男 -s/- **1 a)** (⇔**Fụ̈nf·zi·ge·rin**[..gərɪn]-/-nen) 50歳台の男: Er ist ein rüstiger ～. 彼は壮健な50歳台の男だ | **ein falscher ～ 〈Fuffziger〉**《戯》あてにならぬ男. **b)**《複数で》(Fünfzigerjahre) 50歳台: Er ist Mitte 〈Ende〉 der *Fünfziger*. 彼は50歳台の半ば〈終わり〉だ | Sie ist in den *Fünfzigern*. 彼女は50歳台だ. **2**《俗》(50の記号を持つもの. 例えば:) 50ペニヒ硬貨〈切手〉; 50マルク紙幣; 50年産ワイン; 50人乗りの車両;《ｵｰｽﾄﾘｱ》50回目の誕生日: →Fünfer ‖ Bitte drei〔mal〕～ und fünf〔mal〕Zehner! 50ペニヒの切手３枚と10ペニヒの切手を５枚〈50マルク紙幣３枚と10マルク紙幣を５枚〉ください.

Fụ̈nf·zi·ger·ja̲h·re[fʏ́nftsɪgər.., ◡◡◡–́◡] 複 **1** 50歳台: Er ist in den ～*n*. 彼は50歳台だ. ▽**2** 50年代.

fụ̈nf·zi·ger·le̲i《種類を表す数詞: 無変化》50種類の: →fünferlei

Fụ̈nf·zig·gro̲·schen·stück[fʏnftsɪçgrɔ́ʃən..] 中《ｵｰｽﾄﾘｱ》50グロッシェン硬貨.

Fụ̈nf·zig·ma̲rk·schein 男 50マルク紙幣(50-Mark-Schein とも書く).

Fụ̈nf·zig·pfe̲n·nig·stück 中 50ペニヒ硬貨.

fụ̈nf·zigst[fʏ́nftsɪçst]《序数》第50の,50番目の: →fünft

fụ̈nf·zig·stel[..stəl]《分数; 無変化》50分の１〔の〕: →fünftel

fụ̈nf·zig·steln[..stəln]《06》他 (h) 50〔等〕分する.

fụ̈nf·zig·stens[..stəns] 副 (列挙の際などに) 第50に〔は〕.

Fụ̈nf·zịm·mer·wo̲h·nung[fʏnftsímər..] 女 ５室からなる住居(5-Zimmer-Wohnung とも書く).

fụ̈nf≈zịn·kig[fʏ́nf..] 形 先が五つ〈五また〉に分かれた: *et.*[4] mit der ～*en* Gabel essen《戯》…を５本指で〈手づかみで〉食べる. **≈zöl·lig** 形 ５インチの.

Fun·gi Fungus の複数.

fun·gi·bel[fʊŋɡíːbəl] (..gi·bl..) 形 **1** (vertretbar)〘法〙代替可能の: eine *fungible* Sache 代替物. **2**《しばしば軽蔑的に》どのような役割をも演じられる, どのようにも用いられる; どうにでも解釈できる. [*mlat.*]

Fun·gi·bi·li·tät[..gibilitέːt] 女 -/ fungibel なこと.

fun·gie·ren[..gíːrən] 自 (h) (…の)機能〈職務〉を果たす; (…の)役割を演じる: als Transmission ～ 伝動装置のはたらきをする | Er *fungierte* lange Jahre als Vorsitzender. 彼は長年のあいだ議長を務めた. [*lat.* fungī „verrichten"; ◇Funktion; *engl.* function]

fun·gi·zid[fʊŋɡitsíːt][1] **I** 形〘薬〙殺真菌性の, 殺黴(ばい)性の. **II Fun·gi·zid** 中 -(e)s/-e〘薬〙殺真菌薬, 殺黴剤.

fun·gös[..gǿːs][1] 形〘医〙キノコ状の, ポリープ状の; (schwammig) 海綿状の. [*lat.*; ◇..ös]

Fun·go·si·tät[..gozitέːt] 女 -/ 〘医〙菌状ポリープ, ぜい肉発生; 海綿状態.

Fun·gus[fʊ́ŋɡʊs] 男 -/..gi[..gi·] **1** (Pilz) 菌類; 真菌, かび. **2**〘医〙菌状腫(しゅ), 海綿腫. [*lat.*; ◇Spongia]

Fu·ni·cu·lus[funíːkulʊs] 男 -/..li[..li·] **1**〘植〙珠柄(しゅへい). **2**〘解〙索(さく), 束(そく), 帯(たい). [*lat.*; < *lat.* fūnis „Seil"]

Fu·ni·ku·li·tis[funikulíːtɪs] 女 -/..litiden[..litíːdən]〘医〙精索炎. [<..itis]

Funk[fʊŋk] 男 -s/ **1**《ふつう無冠詞で》**a**) 無線電信: eine Nachricht durch ～ übermitteln ある知らせを無線で伝達する. **b**) 無線電信装置, 無線機. **2** (Rundfunk) ラジオ放送〔局〕: ～ und Fernsehen ラジオとテレビ | beim ～ arbeiten 放送局で働く. [< funken I 1]

Funk≠ama·teur[fʊ́ŋk|amatøːr] 男 アマチュア無線家, ハム. **≠an·la·ge** 女 無線〔電信〕施設. **≠auf·klä·rung** 女〘軍〙無電盗聴による〔敵の所在の〕探知. **≠aus·stel·lung** 女 無電器具〈施設〉展示会. **≠ba·ke** 女 =Funkfeuer **≠be·richt** 男 ラジオ報道(ニュース・ルポルタージュなど). **≠be·richt·er·stat·ter** 男 (ラジオの)通信員, リポーター. **≠bild** 中 無線電送写真. **≠bo·je** 女〘海〙(自動的に無線信号を出して遭難位置を知らせる)浮遊ブイ.

Fünk·chen Funke, Funken の縮小形.

Funk·dienst 男 **1** 無線電信勤務〈当番〉. **2** 無線通信業務〈サービス〉.

Fun·ke[fʊ́ŋkə] 男 2 格 -ns, 3 格 -n, 4 格 -n, 複数 -n **1** (小 **Fünk·chen**[fʏ́ŋkçən], **Fünk·lein**[..laɪn] 中 -s/-) **a**) 火花, 火の粉; 閃光(せんこう), きらめき;《比》ひらめき: ein elektrischer ～ 電気火花, スパーク | ein göttlicher ～ 天来の霊感 | ～*n* in der Asche 余燼(よじん), 残り火 ‖ ～*n* fangen ぱっと火がつく | aus einem Stein ～*n* schlagen 石を打って火花を出す;《比》活気〈感激〉を呼ぶ | 〔**mit** *et.*[3]〕 **den** ～***n* ins Pulverfaß werfen** 〈schleudern〉〔…によって〕うっかり事態の激化を招いてしまう ‖ Seine Augen sprühten ～*n*. (興奮のあまり)彼の目はきらきら光った | Er arbeitet, **daß die** ～***n* sprühen** 〈**fliegen** / **stieben**〉.《比》彼は猛烈に働く. **b**)《比》(火花ほどの)ごくわずかな痕跡(こんせき), ごく少量: ein ～ 〔von〕 Verstand 〈Wahrheit〉 一片の理性〈真実〉 | Er hat keinen ～*n* Hoffnung mehr. 彼にはもう一縷(いちる)の希望もない.
2《ふつう複数で》(Köln の謝肉祭で)傭兵(ようへい)の仮装をした人. [*westgerm.*; ◇Feuer]

fun·keln[fʊ́ŋkəln] 《06》自 (h) きらきらと輝く, きらめく: Die Sterne *funkeln* am Himmel. 星が空に輝いている | Die Augen *funkeln* vor Zorn. 目が怒りに燃える ‖ ein *funkelnder* Witz きらめくばかりの才知.

fun·kel·na·gel·neu[fʊ́ŋkəlnáːgəlnɔ́ʏ, ⏑⏑-⏑⏑́] 形《俗》真新しい, できあがったばかりの, ぴかぴかの.

fun·ken[fʊ́ŋkən] **I** 他 (h) **1** (無電で)発信〈送信〉する: SOS ～ SOS を打電する. **2**《方》ほうり投げる: ein Buch in die Ecke ～ 本を(部屋の)隅へ投げつける. **II** 自 (h) **1** 無電を打つ; 無電技師〈無線通信士〉として働く. **2** 火花を発する, スパークする: Die Oberleitung *funkte*. 架線がスパークした. **3**《俗》(funktionieren) 機能する; 順調である: Das Schloß *funkt* nicht. この錠前は壊れている | Der Laden *funkt*. 店はうまくいっている ‖ 〈非人称〉 Diesmal hat es *gefunkt*. 今度はうまくいった. **4**《話》(schießen) 射撃する. **5**《話》〈非人称〉《**es funkt**》**a**) Endlich hat es bei ihm *gefunkt*. やっと彼には事の次第がのみこめた. **b**) Als wir uns kennenlernten, hat es gleich *gefunkt*. 私たちは知り合ったとたんすぐさま恋のほむらが燃えあがった. **c**) Wenn du nicht gehorchst, *funkt* es. 言うことをきかないと殴られるぞ. **d**) Die Sitzung verlief nicht friedlich. Es hat ziemlich *gefunkt*. 会議はスムーズには運ばなかった. かなりもめた〈論争があった〉. [< Funke]

Fun·ken[-] 男 -s/- =Funke

Fun·ken≠bil·dung 女 火花の発生, スパーキング. **≠ent·la·dung** 女〘電〙火花放電. **≠fän·ger** 男 (煙突・機関車などの)火の粉止め装置. **≠flug** 男 火花〈火の粉〉の飛ぶこと. **≠gar·be** 女 束(たば)状にほとばしる火花. **≠in·duk·tor** 男〘電〙火花〈誘導〉コイル. **≠kam·mer** 女〘電〙アークシュート. **≠pro·be** 女〘金属〙(鋼質を調べるための)火花試験, スパークテスト. **≠spek·trum** 中〘電〙火花スペクトル.

fun·ken·sprü·hend 形 火花を飛び散らす;《比》才気煥発(かんぱつ)の.

Fun·ken≠strecke 女〘電〙火花ギャップ(二つの電極間で火花放電のおこる最大間隔). ▽**≠te·le·gra·phie** 女 =Funktelegrafie

funk·ent·stö·ren[fʊ́ŋk..] 他 (h)《ふつう不定詞・過去分詞で》《*et.*[4]》(…の)電波障害を取り除く〈防止する〉; (…に)雑音防止装置をつける.

Fun·ker[fʊ́ŋkər] 男 -s/- 無電技手, 無線通信士.

Funk≠feu·er[fʊ́ŋk..] 中〘海・空〙無線標識〔所〕, ラジオビーコン. **≠ge·rät** 中 無電機. **≠haus** 中 (スタジオなどをもつ)ラジオ放送局.

Fun·kie[fʊ́ŋkiə] 女 -/-n 〘植〙ギボウシ(擬宝珠)属. [< H. Chr. Funk (ドイツの薬草家; †1839)]

fun·kisch[fʊ́ŋkɪʃ] 形 無電〈ラジオ〉の, 無電〈ラジオ〉による; ラジオ向きの.

Funk·kol·leg 中 ラジオ〔による教養〕講座.

Fünk·lein Funke, Funken の縮小形.

Funk≠mel·dung[fʊ́ŋk..] 女 無線による通報〈情報〉. **≠meß·ge·rät** 中 電波探知機(レーダーなど). **≠meß·tech·nik** 女 電波探知術. **≠na·vi·ga·tion** 女〘海・空〙電波航法. **≠no·vel·le** 女 (放送用の)ラジオ小説. **≠or·tung** 女 電波による位置測定〈探知〉, 無線測位. **≠pei·ler** 男 方向探知機, 方位測定機, ラジオコンパス. **≠pei·lung** 女 無線方向探知〈方位測定〉. **≠re·por·ta·ge**[..taːʒə] 女 ラジオによるルポルタージュ. **≠ruf·dienst** 男 無線呼び出し業務〈サービス〉. **≠si·gnal** 中 電波による信号〈合図〉.

Funk·sprech≠ge·rät 中 無線電話機. **≠ver·kehr** 男 無線通話交信.

Funk≠spruch 男 無線通信. **≠sta·tion** 女, **≠stel·le** 女 無線〈無電〉局; ラジオ放送局. **≠stil·le** 女 **1** 放送〈無線通信〉の中断〈途絶〉. **2** 放送〈無線通信〉のない時間. **≠stö·rung** 女 電波障害. **≠strei·fe** 女 (無線装置つきパトロールカーによる)警察の巡回, 巡視. **≠strei·fen·wa·gen** 男 (無線装置つき)パトロールカー. **≠ta·xi** 中 無線タクシー. **≠te·le·fon** 中 無線電話. **≠te·le·gra·fie** 女 無線電信. **≠te·le·gramm** 中 (無線電信による)電報.

Funk·tion[fʊŋktsióːn] 女 -/-en **1 a**) 機能, 働き, 作用; 役目, 任務: die ～ des Herzens 〈des Staates〉 心臓〈国家〉の機能 | die ～ der Kunst in der modernen Gesellschaft 近代社会における芸術の役割 ‖ in ～[3] sein 活動している | in ～[4] treten 活動を始める | *et.*[4] 〈*jn.*〉 außer ～ setzen …の活動をやめさせる. **b**) 職務, 職分: eine leitende ～ innehaben 管理職にある | *seine* ～ als Kassierer erfüllen 会計係としての職責を果たす. **2**〘数〙関数: eine algebraische ～ 代数関数. [*lat.*; < *lat.* fungī (→fungieren)]

funk·tio·nal[fʊŋktsionáːl] **I** 形 機能〔上〕の, 機能に関する: die ～*e* Grammatik〘言〙機能文法. **II Funk·tio·nal** 中 -s/-e〘数〙汎(はん)関数. [<..al[1]]

F

funk·tio·na·li·si̱e·ren[fʊŋktsionalizíːrən] 他 (h) 《*et.*⁴》(…を)より機能的にする, 機能化する.

Funk·tio·na·li·si̱e·rung[..rʊŋ] 女 -/-en《ふつう単数で》funktionalisieren すること.

Funk·tio·na·lị̇s·mus[..nalísmʊs] 男 -/ 機能主義.

Funk·tio·na·lị̇st[..nalíst] 男 -en/-en 機能主義者.

funk·tio·na·lị̇·stisch[..nalístɪʃ] 形 機能主義の; 機能主義的な.

Funk·tio·nä̱r[..nɛ́ːr]（スイス：**Funk·tio·na̱r**[..náːr]）男 -s/-e（政党・労働組合など各種団体の）役員, 幹部; アクティブ.

funk·tio·nẹll[..nɛ́l] 形 **1** 機能の, 機能に関する: ～*e* Gruppen〘化〙官能基. **2**〘医〙機能性の, 機能的な: ～*e* Erkrankung〘医〙機能的疾患 | ～*e* Störungen 機能障害. **3** 機能主義的な, 実用本位の. [＜..ell]

Funk·tio̱·nen≠raum[fʊŋktsióːnən..] 男〘数〙関数空間. ≠**theo·rie** 女〘数〙関数論.

funk·tio·ni̱e·ren[fʊŋktsioníːrən] 自 (h) 機能する, 機能を果たす, 作用する;（機械が）作動する; 職務を行う: Der Schalter ⟨Die Uhr⟩ *funktioniert* nicht. スイッチが作動しない⟨時計が動かない⟩ | Die Wasserversorgung *funktioniert* nicht. 給水が止まっている | Sein Gedächtnis *funktioniert* noch gut. 彼の記憶はまだはっきりしている.

funk·tio̱ns·fä̱·hig[fʊŋktsióːns..] 形 機能⟨与えられた役割⟩を果たす能力のある.

Funk·tio̱ns≠glei·chung 女〘数〙関数方程式. ≠**prü̱·fung** 女〘医〙機能検査. ≠**psy·cho·lo·gie** 女 機能心理学.

funk·tio̱ns·si·cher 形〘工〙（故障に対して）絶対安全な, 安全作動する.

Funk·tio̱ns≠stö̱·rung 女 -/-en《ふつう複数で》〘医〙機能障害. ≠**ta·ste** 女〘電算〙ファンクションキー. ≠**tei·lung** 女 機能分化.

funk·tio̱ns·tüch·tig 形 よく機能する.

Funk·tio̱ns≠verb 中〘言〙機能動詞（Hilfe leisten における leisten, in Erwägung ziehen における ziehen のように, 意味の大部分を〔動作〕名詞にゆだね, みずからは動詞機能のみを担当する動詞）. ≠**verb·ge·fü̱·ge** 中 -s/-〘言〙機能動詞結合⟨構造⟩(例: Hilfe leisten, *et.*⁴ in Erwägung ziehen). ≠**wan·del** 男 機能の変化⟨変遷⟩. ≠**wech·sel** 男 **1** ＝Funktionswandel **2**〘生〙機能転換. ≠**we̱rt** 男〘心〙機能的価値. ≠**wort** 中 -[e]s/..wörter〘言〙機能語（前置詞・接続詞・助動詞など, 辞書的な意味よりもむしろ主として文法的機能を果たす語）. ≠**zu̱·la̱·ge** 女 職務手当, 職能給.

Fụnk·tor[fʊ́ŋktɔr, ..toːr] 男 -s/-en[fʊŋktóːrən]〘論〙関数定数. [＜..or]

Fụnk≠trupp[fʊ́ŋk..] 男〘軍〙無線通信隊. ≠**turm** 男 放送⟨無線⟩塔. ≠**uni·ver·si·tä̱t** 女（旧東ドイツの）ラジオ放送大学. ≠**ver·bin·dung** 女 無線連絡⟨交信⟩. ≠**ver·ke̱hr** 男 無線連絡⟨交信⟩. ≠**wa̱·gen** 男 無線装置つきの自動車⟨パトロールカー⟩. ≠**we̱g** 男 電波による手段⟨方法⟩: auf dem ～ 無線⟨無電⟩で. ≠**wer·bung** 女 ラジオ広告⟨コマーシャル⟩. ≠**we̱·sen** 中 -s/（総体としての）無線電信. ≠**zei·chen** 中 無線電信符号, モールス信号.

Fun·nies[fániːs] 複（数こま続きの）まんが, コミックス. [*engl.*]

fü̱nsch[fyːnʃ] 形《北部》怒った, 激怒した, 興奮した.

Fụn·zel[fʊ́ntsəl]（**Fụn·sel**[fʊ́nzəl]）女 -/-n《話》薄暗いランプ. [＜Funke＋..sel]

fụn·ze·lig[fʊ́ntsəlɪç]²（**fụnz·lig**[..tslɪç]²）形《話》（明かりが）薄暗い.

Fụn·zel·licht 中《話》薄暗い光⟨明かり⟩.

fụn·zeln[fʊ́ntsəln]《06》自 (h)（明かりが）薄暗い光を投げる.

fụnz·lig ＝funzelig

fü̱r[fyːr]

> **I** 前《4格支配》
> **1**《目標》…のために
> **a**)《擁護・賛成・味方》…の利益になるように; …の側に立って, …に賛成して
> **b**)《目的》…のために, …を目ざして, …を求めて
> **c**)《意図・用途・帰属》…のための, …あての, …向けに
> **2**《対象・対応》…に対して
> **a**)《対抗・防止》(gegen) …に対抗して, …を防ぐために
> **b**)《好悪・敬意などの対象》…に対する, …に対して敏感な
> **3**《関係・関連の範囲》…にとっての(は)
> **4**《関係・関連の対象・理由》…に関して, …の点で, …のゆえに
> **5**《代理・代表・代用》…に代わって, …の代わりに
> **6**《代価・代償・交換》…と交換に, …の代価として
> **7**《同定判断・通用・妥当》(als) …と〔して〕, …であると〔して〕
> **8**《相対的判断の基準》…にしては, …のわりには
> **9**《同一の名詞を結びつけて》(vor) …また…と
> **10**《時間的》
> **a**)《期間を表す語と用いられて〔予定の〕期間を表す》…のあいだ
> **b**)《時点を表す語と用いられて指定時間を示す》…に
> **11**《再帰代名詞と結びついて隔離・孤立を表す》
> **II**《**was für**〔**ein**〕の形で》どのような, いかなる〔種類の〕; なんという, なんたる
> **III** 副
> **IV** **Für** 中

I 前《4格支配. 定冠詞 das と融合して fürs となることがある. 古くは den と融合して fürn の形もあった》

☆ 元来は vor と同語で, vor が位置を示して 3 格支配, für が方向を示して 4 格支配であったが, のち vor が 4 格をも支配するようになり, für は抽象的な意味にしか用いられなくなった. しかしこの 2 語の混用は18世紀にまで及び, 今日もそのなごりが見られる(→2 a, 9). was für ein という形については: →II

1（英: *for*）《目標》…のために: **a**)《擁護・賛成・味方》(↔ gegen) …の利益になるように; …の側に立って, …に賛成して: ～ *seine* Familie arbeiten 家族のために働く | ～ *sein* Vaterland kämpfen 祖国のために戦う | ～ *jn.* Partei ergreifen …の味方につく | *sich*⁴ ～ *jn.* entschließen …に有利なように決心する, …に味方する決心をする ‖ Gründe ～ und wider sagen 賛否の根拠をあげる ‖ Ich bin da*für*. 僕はそれに賛成だ | *Für* ihn tut sie alles. 彼のためとあれば彼女は何でもする | Sie hat ihn ～ sich gewonnen. 彼女は彼を味方につけた | Alles spricht ～ seine Theorie. すべてが彼の学説の正しさを裏書きしている | Dieser Vorschlag hat viel ～ sich. これはなかなかいい提案だ.

b)《目的》…のために, …を目ざして, …を求めて: Mittel ～ den Straßenbau 道路建設のための資金 ‖ ～ ein Haus sparen 家を買う⟨建てる⟩ために貯蓄する | ～ höhere Löhne streiken 賃上げストをする | ～ ein Amt ⟨eine Stelle⟩ kandidieren ある役職⟨ポスト⟩に立候補する | *sich*⁴ ～ *et.*⁴ vorbereiten …のための準備をする ‖ Darum sorget nicht ～ den andern Morgen. このゆえに明日のことを思いわずらうな（聖書: マタ 6 ,34）| Man lernt nicht ～ die Prüfung, sondern *fürs* Leben. 勉強するのは試験のためではなくて一生のためである.

c)《意図・用途・帰属: →3》…のための, …用の, …あての, …向けに, …に合わせて: *et.*⁴ ～ *sich*⁴ behalten …を自分用に取っておく; …を自分の胸だけに畳んでおく | Ist das ～ mich〔bestimmt〕? それは私あて⟨私のためのもの⟩ですか | Du hast nie Zeit ～ mich. 君ときたら私のためにはちっとも時間をあけてくれないんだから ‖ ein Geschenk ～ *jn.* …のための贈り物 | Futter ～ das Vieh 家畜用飼料 | der Schlüssel ～ die Haustür 玄関〔用〕のかぎ | ein Lehrgang ～ Anfänger 初心者用講座 | Bücher ～ Jugendliche 青少年向け図書 | der Minister ～ Kultur 文化担当相 | Parkplätze ～ Betriebsangehörige 従業員専用駐車場 | ein Mädchen ～ alles 雑用係⟨下働き⟩の下女 ‖ ～ alle Fälle あらゆる場合に備えて, 念のために | ～ den Fall, daß … …の場合に備え

て ‖ ～ heute きょうのところは | genug ～ jetzt 今のところはそれで十分だ | ～ gewöhnlich 通例〈普通〉は | der Wetterbericht ～ morgen あすの天気予報 | Hast du ～ heute nachmittag schon etwas vor? 君 きょうの午後はもう予定があるの.

2 《対象・対応》…に対して: **a**) 《対抗・防止》(gegen) …に対抗して, …を防ぐ〈鎮める〉ために: ein gutes Mittel ～ (=gegen) Kopfschmerzen 〈den Schnupfen〉 頭痛〈鼻かぜ〉によく効く薬 ‖ Ich kann nichts ～ den Fehler. この過ちに対しては僕の力ではいかんともしがたい(防ぎようのない過ちだ) | *Für* den Tod ist kein Kraut gewachsen. 《諺》死神に対しては医者もお手あげだ ‖ ▽〖vor との混用から 3 格支配で〗Gott bewahre einen ～ (=vor) der Idee! (神のご加護により)だれもそんなことを思いついたりしませんように | Da sei Gott ～ (=vor)! くわばらくわばら(神のご加護によりそんなことになりませんように).

b) 《好悪・敬意などの対象》…に対する, …に対して敏感な: Gefühl ～ das Schöne 美に対する感覚〈感受性〉 | eine Vorliebe ～ *et.*[4] …に対する特別の愛情 | ihre Zuneigung ～ ihn 彼に対する彼女の愛情〈好意〉 ‖ Sinn ～ *et.*[4] haben …のセンスがある | ～ *jn.* Sympathie haben …に対して好感をもつ | empfänglich ～ *et.*[4] sein …に対して敏感である | Achtung 〈Liebe / Haß / Verachtung〉 ～ *jn.* empfinden …を尊敬して〈愛して・憎んで・軽蔑して〉いる | ～ *jn.* schwärmen / *sich*[4] ～ *jn.* begeistern …に熱をあげる〈夢中になる〉 ‖ Er hat ～ Kartenspielen nicht viel übrig. 《話》彼はカード遊びはあまり好きでない.

3 《関係・関連の範囲: →1 c》…にとっての, …にとっては: ein Vorbild ～ die Jugend 青少年の鑑(かがみ) | Anzeichen ～ eine ernste Erkrankung 重病の徴候 | der Grund ～ *et.*[4] …の原因 ‖ ～ den Magen gut sein 胃によい | ～ *jn.* zu schwer sein …にとって難しすぎる | ～ *jn.* von Interesse sein …にとって興味がある | Das ist charakteristisch 〈typisch〉 ～ ihn. そいつはいかにも彼のやりそうなことだ | *Für* die Kinder sind die Ferien jetzt vorbei. 子供たちの休暇はもう終わった | Diese Straße ist ～ Fahrzeuge aller Art gesperrt. この道路はすべての車両に対して通行止めだ | Es ist das Beste ～ ihn. そうするのが彼にとってはいちばんいい | *Für* ihn bin ich nicht zu Hause. あいつが来たら留守だということにしておいてください | *Für* dich heißt es jetzt warten. いま君がしなければならないのは待つことだ ‖ ich ～ mein〔en〕 Teil / ich ～ meine Person 私一個人としては, 私だけのことを言うと.

4 《関係・関連の対象・理由》…に関して, …の点で, …のゆえに: *jn.* ～ ein Vergehen (=wegen eines Vergehens) bestrafen …を違反行為のかどで処罰する | ～ *et.*[4] büßen …の償いをする | *sich*[4] ～ *et.*[4] rächen …の復讐(ふくしゅう)をする | *jm.* ～ *et.*[4] danken …に…のことで礼を言う | *jn.* ～ *et.*[4] zur Rechenschaft ziehen …に…の点について釈明を求める | Er ist ～ seinen Leichtsinn bekannt. 彼は軽率さの点で(軽率さのゆえに)有名だ.

5 《代理・代表・代用. ただし1 a と区別のつかないことがある》…に代わって, …の代わりに: ～ *jn.* zahlen 〈unterschreiben〉 …の代わりに支払う〈署名する〉; …のために支払う〈署名する〉(→1 a) | ～ drei arbeiten 〈essen〉 3 人分働く〈食べる〉 | *jm.* ein X ～ ein U vormachen …に黒を白と言いくるめる, …をだます ‖ ein ～ allemal (これを最後として)今回だけ, 断固, 断然 ‖ Dieses Beispiel steht ～ viele. この例は多数の例の典型としての意味をもっている.

6 《代価・代償・交換》…と交換に, …の代価として; …をもらって, …を手に入れるために: A ～ B eintauschen A と引き換えに B を手に入れる | ～ fünf Mark zu Mittag essen 5 マルクで昼食をとる ‖ nicht ～ Geld und gute Worte (→ Geld 1) | ～ nichts und wieder nichts (→nichts I) ‖ Meine Ehre ist mir ～ Geld nicht feil. 金なんぞではおれの名誉は売らんぞ | Das täte ich ～ mein Leben gern. 《話》僕はそいつをしたくてしたくて仕方がない.

7 《同定判断・通用・妥当》(als) …と〔して〕, …であると〔して〕: *et.*[4] ～ Unsinn 〈～ überflüssig〉 halten …をばかげたこと〈余計なこと〉と見なす | ～ dumm 〈～ einen Dummkopf〉 gehalten werden ばかと見なされる | *et.*[4] ～ *seine* Pflicht ansehen …を自分の義務と見なす | ▽～ einen zuverlässigen Mann (=als ein zuverlässiger Mann) bekannt sein 信頼できる男として知られている | *et.*[4] ～ gewiß erzählen …を確実なこととして話す | *jn.* ～ tot 〈～ einen Narren〉 erklären …を死亡したと〈ばか者だと〉宣言する | ～ einen Dummkopf (=als ein Dummkopf) gelten ばかと見なされている | *et.*[4] ～ ernst 〈～ eine Beleidigung〉 nehmen …をまじめに〈侮辱と〉とる | *jn.* nicht ～ voll nehmen …を一人前扱いしない, …を鼻であしらう | *et.*[4] ～ bare Münze nehmen …を額面どおりに受け取る | Nichts ～ ungut! 《俗》悪く思わないでください ‖ *fürs* erste 〈zweite〉 まず第 1 に〈2 番目には〉.

8 《相対的判断の基準》…にしては, …のわりには: *Für* einen Ausländer spricht er gut Japanisch. 外人にしては彼は上手な日本語を話す | *Für* die Jahreszeit ist es zu kalt. 季節はずれの寒さである | *Für* die damalige Zeit war das eine bedeutende Leistung. それは当時としては大した業績だった.

9 《同一の名詞を結びつけて》(vor) …また…と: Schritt ～ Schritt 一歩また一歩と | Seite ～ Seite 1ページまた1ページと ‖ Tag ～ Tag warten 毎日毎日待ち暮らす | *et.*[4] Wort ～ Wort wiederholen …を一語一語くり返す.

10 《時間的》 **a**) 《期間を表す語と用いられて〔予定の〕期間を表す; auf で置き換えられることもある》*jn.* ～ acht Tage einladen 1 週間滞在するよう…を招待する | Er wird ～ lange Zeit fehlen. 彼は長期間欠席するだろう | ～ einen Augenblick zögern 一瞬たじろぐ | ein Haus ～ (=auf) zwei Jahre mieten 家を 2 年間の予定で借りる | einen Vertrag ～ die Dauer von 10 Jahren abschließen 10年契約を結ぶ | mit *jm.* den Bund *fürs* Leben schließen 《雅》…と永遠のちぎりを結ぶ(結婚する) ‖ ～ (=auf) immer 永久に(→III 1).

☆ 多少とも意図・用途の意味が含まれており(→1 c), 純粋に期間を表すには, ふつう期間を表す名詞の 4 格を用いる. 参考 Er geht 14 Tage〔lang〕ins Ausland. 彼は 2 週間外国へ行く | Wir mußten einen ganzen Monat warten. 我々はまる 1 か月待たねばならなかった.

b) 《時点を表す語と用いられて指定時間を示す》*jn.* ～ 17 Uhr bestellen 〈einladen〉 …を午後 5 時に出頭させる〈招待する〉 | *et.*[4] ～ Montag ansetzen …の日取りを月曜日とする.

11 《再帰代名詞と結びついて隔離・孤立を表す》～ *sich*[4] 一人で, 他から離れて, 独自に ‖ ～ sich 〖劇〗独白で(戯曲のト書き) | an und ～ sich (他との関連を除外して)それ自体〈自身〉〔としては〕 | ～ *sich*[4] sprechen i) ひとりごとを言う; ii) 自分の〔弁護の〕ためにしゃべる(→1 a) ‖ Du bist immer ～ dich. お前はいつも一人で引きこもっている | Das heilt ～ sich. それは自然に治癒する | Das ist eine Sache ～ sich. それは〔他とは関係のない〕別の問題だ.

II 《**was für**〔**ein**〕の形で疑問詞として名詞に付加される. 前置詞としての格支配は認められず, また für 以下は was から切り離して文末〔近く〕に置くことができる》(疑問文で)どのような, いかなる〔種類の〕; (感嘆文)なんという, なんたる: Was ～ ein Mann ist das?/ Was ist das ～ ein Mann? それはどんな男ですか | Mit was ～ einem Auto fährst du? 君はどんな自動車に乗っているのか | Was hast du ～ Geld? どんな金〈どの国の通貨〉を持っているのか | Was ～ Zeitungen lesen Sie? どんな新聞をお読みですか | Ich habe hier meinen Schirm vergessen.－Was war das ～ einer?/ Was ～ einer war das? ここに傘を忘れたのですが－どんな傘ですか ‖ Was ～ ein Unsinn! なんたるナンセンス | Er hat Freunde, aber was ～ welche! 彼にも友人はあるのだがそれがまたなんという連中だろう ‖ Was er auch ～ eine Entschuldigung vorbringt, ich glaube ihm nicht mehr. どんな言い訳を持ち出そうともあいつの言うことは信用しない.

III 副 **1** 《時間的》引きつづき, さらに先へと: **～ und ～** 《雅》引きつづき, いつまでも, ずっと | Ich mache dich ～ und ～ glücklich. 僕は君を永遠にしあわせにしてあげるよ ‖ ～ dauern 《南部》継続する.

2 《俗》《dafür, wofür などが分離した形で現れて》Da ist er

F

geeignet ～. それには彼が適任だ(＝Dafür ist er geeignet.).

IV Für 中 -/ 賛成, 同意; 長所, 利点: 〖ふつう次の形で〗 **das ～ und** 〔**das**〕 **Wider** 賛否; 利害得失: das ～ und Wider erwägen 得失を勘案する.

[*ahd.*; ◇vor; *engl.* for]

▽**Fu·ra·ge**[furá:ʒə] 女 -/ 〖軍〗 **1** 食糧, 糧秣(りょうまつ). **2** 「馬糧.」

▽**fu·ra·gie·ren**[furaʒí:rən] 自 (h) 糧秣(りょうまつ)を受領〈徴発〉する. [*fr.* fourrage〔r〕; ＜*afr.* fuerre „Futter" (◇Futter[1]); ◇*engl.* forage]

Fu·ran[furá:n] 中 -s/ 〖化〗〔フル〕フラン. [＜*lat.* furfur (→Furfurol)]

▽**für·baß**[fy:rbás] 副 (vorwärts, weiter) 前方へ, 先へ: ～ schreiten 前進する. [„besser fort"]

Für·bit·te[fý:rbɪtə] 女 -/-n 《ふつう単数で》 **1** 他人に代わっての〈他人のための〉願い, とりなし: bei *jm.* für *jn.* ～ einlegen 〈tun〉 …に…のためのとりなしをする. **2** 〖宗〗 (死者・生者のために聖母や聖人に取りつぎを求める) 代願の祈り.

für|bit·ten*[fý:rbɪtən] 《19》 **I** 自 (h) 《ふつう不定詞で》 (他人のために) 嘆願する, とりなしをする: bei *jm.* für *jn.* ～ …に…のためのとりなしをする. **II Für·bit·ten** 中 -s/ (fürbitten すること. 例えば:) 嘆願, とりなし.

Für·bit·ter[..tər] 男 -s/- (⊛ **Für·bit·te·rin**[..tərɪn] -/-nen) 代願者, とりなしをする人.

Für·bug[fý:r..] 男 (馬よろいの) 胸繫(むながい) (→ 図 Harnisch). [◇Bug]

Fur·che[fʊ́rçə] 女 -/-n **1** (英: *furrow*) (鋤(すき)などで畑の畝のあいだに作られた) みぞ, 畝間(うねま), 畝あい: mit dem Pflug ～*n* ziehen 鋤で畝を立てる. **2** (みぞ状のもの) **a)** (顔の) 深いしわ; (手のひらの) 線: Sein Gesicht war von tiefen ～*n* durchzogen. 彼の顔には深いしわが刻まれていた. **b)** (車の) わだち; (船の) 航跡. **c)** 〖工〗 条溝; 〖解〗 (大脳の) 裂溝; 〖地〗 小峡谷; 海渠(かいきょ). [*germ.*; ◇Ferkel; *engl.* furrow; *lat.* porca „Erhöhung zwischen zwei Furchen"]

fur·chen[fʊ́rçən] **I** 他 (h) 《*et.*[4]》 (畑に) 畝を立てる; (…に) みぞをつける; (顔に) しわを寄せる; (車が…に) わだちをつける, (船が…に) 航跡をつける: den Acker ～ 畑に畝を立てる | die Stirn ～ 額にしわを寄せる ‖ 再帰 *sich*[4] ～ みぞ〔状のもの〕ができる; しわが寄る | Sein Gesicht *furchte* sich drohend. 彼の顔にはけわしいしわが寄った. **II ge·furcht** → 別出

Fur·chen≠wal 男 (Finnwal) 〖動〗 ナガスクジラ(長須鯨). **≠zie·her** 男 畝〈みぞ〉作り用の鋤(すき).

fur·chig[fʊ́rçɪç][2] 形 みぞのある; しわのある.

Furcht[fʊrçt] 女 -/ **1** 恐れ, 恐怖〔感〕; 不安, 心配 (Furcht の場合には Angst より恐れや不安の対象がはっきりしている): eine große 〈starke〉 ～ ひどい恐怖 | eine leise 〈heimliche〉 ～ かすかな〈ひそかな〉恐れ | eine unerklärliche 〈unbegründete〉 ～ 説明のつかない〈理由のない〉恐怖感 | die ～ vor Gespenstern 〈vor dem Tode〉 幽霊〈死〉に対する恐怖 ‖〖4格目的語として〗～ haben 〈empfinden〉 恐れをいだいている〈おぼえる〉 | *jm.* ～ einjagen 〈einflößen〉 …に恐れをいだかせる | in *jm.* ～ erwecken 〈hervorrufen〉 …の心中に恐怖心を呼び起こす | die ～ 〔in *sich*[3]〕 bekämpfen 〈überwinden〉 〔自分自身の〕恐怖心を抑える | keine ～ kennen 恐れを知らない | ～ 〔um *sich*[4]〕 verbreiten (次々と) 周囲に恐怖を広げる ‖〖主語として〗 *Furcht* packte 〈erfaßte / befiel / überkam〉 ihn. 恐怖が彼を襲った ‖〖前置詞と〗 aus ～ vor Strafe 罰を恐れて | 〔um *jn.* 〈*et.*[4]〉〕 in ～ sein 〔…のことを〕心配している | in ～ geraten 恐ろしくなる | *jn.* in ～ versetzen …を恐怖に陥れる | ohne ～ sein 恐れを知らない | ein Ritter ohne ～ und Tadel (→Ritter[2] 1 a) | vor ～ zittern 〈erblassen〉 恐ろしさに震える 〈青ざめる〉 | zwischen ～ und Hoffnung schweben 不安になったり楽観したりする. **2** (Ehrfurcht) 畏敬(いけい), 畏怖: die ～ Gottes / die ～ vor Gott 神に対する畏敬. [*ahd.*; ◇fürchten; *engl.* fright]

furcht·bar[fʊ́rçtba:r] 形 (schrecklich) **1** 恐ろしい, こわい; ぞっとするような, いやらしい: ein ～*er* Anblick 恐ろしい光景 | eine ～*e* Krankheit 〈Katastrophe〉 恐ろしい病気〈破局〉 | ein ～*es* Schicksal 〈Verbrechen〉 恐ろしい運命〈犯罪〉 ‖ ein ～*er* Mensch 実にいやなやつ | ein ～*es* Deutsch sprechen ひどいドイツ語を話す ‖ Er ist ～ in seinem Zorn 〈in seiner Wut〉. 彼は怒るとすごい ‖ ～ aussehen 見るからに恐ろしい〈ひどい〉 | ～ anzusehen sein 見るも恐ろしい | Der Sturm tobte ～. あらしが恐ろしく荒れ狂った. **2** 《程度の高さを強調して》《話》 ひどい, ものすごい: eine ～*e* Enttäuschung ひどい幻滅 | eine ～*e* Hitze ものすごい暑さ ‖ *sich*[4] ～ freuen すごく喜ぶ | ～ lang dauern すごく長く続く | ～ einfach sein ものすごく簡単である | ～ gut schmecken とてもおいしい | Ich habe es ～ eilig. 私はひどく急いでいるのだ | Das ist ～ nett von Ihnen. これはご親切にどうも.

Furcht·bar·keit[–kaɪt] 女 -/ furchtbar なこと.

Für·chte·gott[fýrçtəgɔt] 男名 フュルヒテゴット. [Pietismus 期の造語; fürchte Gott!]

furcht·ein·flö·ßend[fʊ́rçt..] ＝furchterregend

für·chten[fýrçtən] 《01》 **I** 他 (h) **1 a)** 恐れる, こわがる: den Feind 〈die Vergeltung〉 ～ 敵〈復讐(ふくしゅう)〉を恐れる | den Tod ～ 死を恐れる | weder Tod noch Teufel ～ (→Tod 2) | *Fürchte* nichts! なにも怖がるな ‖ Er ist als Kritiker allgemein *gefürchtet.* 彼は〈怖い〉批評家として広く恐れられている | ein *gefürchteter* Gegner 怖い相手. **b)** 再帰 *sich*[4] 〔vor *et.*[3]〕 ～ 〔…を〕恐れる,〔…を〕怖がる | *sich*[4] vor *seinem* 〔eigenen〕 Schatten ～ (→Schatten 1 a) | *sich*[4] vor dem Tod ～ 死を恐れる | Ich *fürchte* mich 〔davor〕, allein zu gehen. 私は一人で行くのが恐ろしい | Das Kind *fürchtete* sich im Dunkeln. 子供は暗やみの中で怖がった. **2** (befürchten) (…ではないかと) 恐れる, 懸念〈危惧(きぐ)〉する, 心配する: das Schlimmste ～ 最悪の事態を恐れる | Wir *fürchten*, es ist zu spät 〈daß es zu spät ist〉. もう間に合わないのではないかということが心配だ | Ich *fürchte*, er hat recht. 〔へたをすると〕彼の言うとおりかもしれない | Die Trennung war nicht so schmerzhaft, wie ich *gefürchtet* hatte. 別離は私が恐れていたほどつらくはなかった ‖ der *gefürchtete* Augenblick 恐れていた瞬間. **3** 畏敬(いけい)する, 畏怖する: Gott ～ 神を畏(おそ)れる.

II 自 (h) 《für *jn.* 〈*et.*[4]〉 / um *jn.* 〈*et.*[4]〉》 (…のことを) 気づかう, 心配する, 案じる: für *js.* Leben 〈*js.* Gesundheit〉 ～ …の命〈健康〉を気づかう | um *seine* Stellung ～ 自分の地位を失いはしないかと恐れる.

III Für·chten 中 -s/ fürchten すること: *jm.* das ～ lehren …を恐れさせる; …を威嚇する ‖ zum ～ aussehen 怖い様子をしている | zum ～ langweilig sein 恐ろしく退屈である | Das ist 〔ja〕 zum ～. 〔全く〕恐ろしいことだ. [*germ.*; ◇Furcht; *engl.* frighten]

fürch·ter·lich[fýrçtərlɪç] ＝furchtbar

furcht≠er·re·gend[fʊ́rçt..] (雅: **≠ge·bie·tend**) 形 恐れをいだかせる, 恐怖を覚えさせる.

furcht·los[fʊ́rçtlo:s][1] 形 恐れを知らない, 大胆不敵の.

Furcht·lo·sig·keit[..lo:zɪçkaɪt] 女 -/ furchtlos なこと.

furcht·sam[fʊ́rçtza:m] 形 怖がりの, おく病な, びくびくしている: ein ～*er* Mensch 小心者, 腹のすわらぬ人 | mit ～*er* Miene 不安げな表情で.

Furcht·sam·keit[–kaɪt] 女 -/ furchtsam なこと.

Fur·chung[fʊ́rçʊŋ] 女 -/-en 〖生〗 分割, 卵割(受精卵の細胞分裂): partielle 〈totale〉 ～ 部分〈完全〉分割. [＜furchen]

▽**für·der**[fýrdər] 副 **1** (vorwärts, weiter) 前方へ, 先へ. **2** ＝fürderhin [*ahd.*; ◇fort; *engl.* further]

▽**für·der·hin**[–hɪn] 副 (künftig) 今後は, 将来は.

für·ein·an·der[fy:raɪnándər] 副 《für＋相互代名詞に相当: →sich 2 ★ ii》 互いのために; 互いに対して; 互いに代わり合って: ～ sorgen 面倒を見合う | Wir haben gar keine Zeit ～. 我々にはお互いのための時間が全くない.

▽**für·erst**[fy:r|é:rst] 副 (vorerst) **1** まず第一に, 最初に. **2** さしあたり, 当分.

Fur·fu·rol[fʊrfuró:l] 中 -s/ 〖化〗 フルフラール, フルフロール. [＜*lat.* furfur „Spreu"; ◇Furan]

F

für|ge·ben*[fý:rge:bən][1]《52》他 (h)《ｵｰｽﾄﾘｱ》(家畜などにえさを)あてがう.

Fu·riant[furiánt] 男 -s/-s フリアント(4分の3拍子の急速なテンポのボヘミアの舞踏). [*lat.*-*tschech.*]

Fu·rie[fú:riə] 女 -/-n **1**《ふつう複数で》《口神》フリア(復讐(ふくしゅう)の女神. ギリシア神話の Erinnye に当たる);《比》鬼女, 怒り狂った女: **wie von ~*n* gejagt ⟨gehetzt / gepeitscht⟩.** 物の怪(け)におびえたように, あわてふためいて. **2**《単数で》激怒, 狂暴, 狂乱: die ~ des Krieges 戦争の暴虐さ. [*lat.*; < *lat.* furere „wüten"; ◇Furor; *engl.* fury]

Fu·rier[furí:r] 男 -s/-e《軍》糧秣(りょうまつ)係の下士官. [< Fourier; ◇Furage]

fu·rios[furió:s][1] 形 **1** (wütend) 激怒した, 怒り狂った, 狂暴な. **2** 熱狂的な, 激しい. [*lat.*; ◇Furie, ..os]

fu·rio·so[..zo·] 副 (wild, wütend)《楽》激しく, 熱狂的に, フリオーソ. [*lat.*-*it.*]

fur·la·nisch[fʊrlá:nɪʃ] 形 フリウリ語の(→rätoromanisch): →deutsch

ᵛ**für·lieb|neh·men***[fy:rlí:p..]《104》= vorliebnehmen

ᵛ**fürn**[fy:rn] < für den

ᵛ**für·nehm**[fý:rne:m] =vornehm

Fur·nier[fʊrní:r] 中 -s/-e《工》(高級材や合成材の)張り板, 突板(つきいた), 化粧板(→ 図 Holz B): einen Schrank mit einem ~ aus Mahagoni versehen 戸棚にマホガニーの薄板を張る. [◇*engl.* veneer]

fur·nie·ren[fʊrní:rən] 他 (h) (家具などを高級材や合成材の)薄板張りで仕上げる: Wandflächen ~ 壁を銘木板⟨化粧板⟩張りに仕上げる ‖ ein mit Nußbaum *furnierter* Schrank クルミ材張りの戸棚 | Der Tisch ist 〔mit〕 Eiche *furniert.* この机は柏(かしわ)材張りである. [*afränk.*-*fr.* fournir „liefern"; ◇frommen; *engl.* furnish]

Fur·nier≠holz[..ní:r..] 中 突板(つきいた)⟨化粧板⟩用木材. **≠plat·te** 女 突板, 化粧板.

Fur·nie·rung[..ní:rʊŋ] 女 -/-en **1**《単数で》furnieren すること. **2** =Furnier

Fu·ror[fú:rɔr] 男 -s/《雅》狂暴, 狂乱. [*lat.*; ◇Furie, furios]

Fu·ro·re[furó:rə] 女 -/; 中 -s/《もっぱら次の成句で》**~ machen** 大喝采(かっさい)を博する, 大当たりをとる, 世間の注目を浴びる, 世間の耳目を聳動(しょうどう)する | Damals machte der Minirock ⟨sein Roman⟩ ~. 当時ミニスカートは大流行だった⟨彼の小説は大当たりをした⟩. [*lat.*-*it.*]

Fu·ror teu·to·ni·cus[fú:rɔr tɔytó:nikʊs] 男 --/ 古代ゲルマン人の粗暴さ; ドイツ人特有の熱狂⟨熱中⟩癖(へき). [*lat.*; ◇Teutone]

fürs[fy:rs] < für das

Für·sor·ge[fý:rzɔrgə] 女 -/ **1** 心づかい, 配慮, 世話, 保護: zarte ⟨wohlwollende⟩ ~ für *jn.* …に対する優しい⟨親切な⟩心づかい | väterliche ~ 父親としての⟨父親のような⟩配慮 ‖ für *jn.* ~ treffen …の世話をする, …の面倒を見る | *jn. js.* ~[3] anvertrauen ⟨übergeben⟩ …を…の世話にまかせる, …を…に預ける | *jm. seine* ~ angedeihen lassen《雅》…を保護してやる. **2 a)** 福祉保護, 社会福祉〔事業〕; (貧民・失業者などの)救済, 扶助. **b)** 福祉手当, 扶助料: ~ bekommen ⟨beziehen⟩ 扶助料を受ける. **3** =Jugendfürsorge

Für·sor·ge≠amt 中 社会福祉局. **≠an·stalt** 女 養護施設, 教護院. **≠arzt** 男 社会福祉事業に従事する医師. **≠emp·fän·ger** 男 福祉保護を受けている人. **≠er·zie·hung** 女 (問題児・非行少年などに対する)保護⟨養護⟩教育, 教護, 補導. **≠heim** 中 養護施設, 教護院.

für·sor·gend[fý:rzɔrgənt][1] =fürsorglich

Für·sor·ge·pflicht 女 -/ (雇用者の被雇用者に対する)福祉保護の義務.

Für·sor·ger[..zɔrgər] 男 -s/- (⊛ **Für·sor·ge·rin** [..gərɪn]-/-nen) 厚生⟨社会福祉⟩事業に従事する人; 保護司.

für·sor·ge·risch[..gərɪʃ] 形〔社会〕福祉の.

Für·sor·ge≠schwe·ster 女 福祉施設で働く修道女⟨看護婦⟩. **≠stel·le** 女 福祉事務所. **≠tä·tig·keit** 女 社会福祉活動. **≠un·ter·stüt·zung** 女 福祉手当. **≠we·sen** 中 -s/ 社会福祉制度. **≠zög·ling** 男 保護⟨教護⟩教育を受けている青少年, 養護施設の園児.

für·sorg·lich[fý:rzɔrklɪç] 形 配慮⟨思いやり⟩のある, よく気がつく; 入念な, 注意深い.

Für·sorg·lich·keit[-kaɪt] 女 -/ fürsorglich なこと.

Für·spra·che[fý:r..] 女 -/-n《ふつう単数で》他人に代わって⟨他人のための⟩願い, とりなし: bei *jm.* für *jn.* ~ einlegen …に…のためのとりなしをする.

Für·spre·cher[..ʃprɛçər] 男 -s/- (ᵛ**Für·sprech** [..ʃprɛç] 男 -s/-e) **1** 代弁⟨代願⟩者, 調停者; 推薦人. **2**《ｽｲｽ》(Rechtsanwalt) 弁護士.

Fürst[fʏrst] 男 -en/-en (⊛ **Für·stin** → 別出) **1 a)** 侯爵 (Herzog と Graf との中間の爵位): ~ von Bismarck ビスマルク侯. **b)**《史》侯(中世ドイツで Kaiser, König に次ぐ領主の称号; Herzog, Markgraf, Landgraf, Burggraf, 〔Erz〕bischof, Abt などをも含む): geistliche ⟨weltliche⟩ ~*en* 聖職にある⟨世俗の⟩諸侯 | Kur*fürst* 選帝侯. **c)** (古代ゲルマンの政治団体の)頭目, 領袖(りょうしゅう), 指導者. **2** (一般に)王侯, 君主, 領主; 殿様, 貴族: **wie ein ~ leben**《話》大名暮らしをする, 豪勢に暮らす | der ~ der Hölle ⟨dieser Welt⟩ 悪魔(=Teufel) | ein schräger ~《俗》成り金. **3**《雅》王者, 第一人者, 巨星: ein ~ unter den Dichtern 文壇の大御所. [*germ.* „Vorderster"; ◇vor, proto..; *engl.* first]

Fürst·bi·schof[fýrst..] 男 領主司教(神聖ローマ帝国で Erzbischof, Bischof に授与された称号).

für·sten[fýrstən]《01》他 (h) **1**《*jn.*》Fürst に列する. **2** (国・領土などを) Fürstentum にする.

Für·sten≠ab·fin·dung 女 (1918年ドイツが共和国になるとともに退位させられた領主に対する)補償金. **≠die·ner** 男 君侯の従者, 廷臣. **≠ge·schlecht** 中 王侯⟨侯爵⟩の家系. **≠haus** 中 王家, 王族; 侯爵家. **≠hof** 男 領主⟨王侯⟩の居城⟨宮廷⟩. **≠hut** 男 侯爵帽(→ 図 Krone A). **≠knecht** 男 =Fürstendiener **≠kro·ne** 女 侯爵冠(→ 図 Krone A); (広義で)君侯の冠. **≠schloß** 中 領主⟨王侯⟩の宮殿. **≠schu·le** 女 領主の創立した寄宿学校. **≠sitz** 男 領主や王侯の居城⟨居住地⟩. **≠spie·gel** 男 (君主の守るべきことを書いた)帝王学の書. **≠stamm** 男 =Fürstengeschlecht **≠stand** 男 -〔e〕s/ Fürst の位⟨身分⟩. **≠tag** 男《史》君侯会議(昔のドイツで Fürst に列せられた領主が集まって開いた会議).

Für·sten·tum[..tu:m] 中 -s/..tümer[..ty:mər] **1** 侯国, 侯爵領: das ~ Liechtenstein リヒテンシュタイン公国. **2** Fürst の位.

Für·stin[fýrstɪn] 女 -/-nen (Fürst の女性形) **1** Fürst の地位にある女性. **2 a)** (Fürst の妻. 例えば:) 領主夫人; 侯爵夫人. **b)** 侯爵令嬢.

Für·stin·mut·ter[また: ⌣–⌣⌣] 女 Fürst の母君.

fürst·lich[fýrstlɪç] 形 **1** 領主⟨王侯・君主⟩の; 侯爵の: die ~*e* Familie 侯爵⟨領主⟩一家. **2** 王侯⟨貴族⟩のような, 品位⟨威厳⟩のある, 堂々とした; 豪奢(ごうしゃ)な, 豊富な: ein ~*es* Trinkgeld たっぷりのチップ ‖ *jn.* ~ bewirten …を豪華に⟨気前よく⟩もてなす | ~ leben ぜいたくな暮らしをする.

Fürst·lich·keit[-kaɪt] 女 -/-en **1**《単数で》(fürstlich なこと. 例えば:) 王侯⟨貴族⟩らしさ, 王侯⟨貴族⟩の気品. **2** 王侯, 侯爵: die ~*en* 王侯貴族たち; 侯爵一家.

..furt[..fʊrt]《本来は「浅瀬」を意味し, 河畔にある地名に見られる》: Frank*furt* | Er*furt*

Furt[fʊrt] 女 -/-en (歩いて渡れる)浅瀬. [*westgerm.* „Durchgang"; ◇fahren; *lat.* portus „Hafen"; *engl.* ford]

fur·ten[fʊ́rtən]《01》自 (s) (浅瀬を)歩いて渡る.

ᵛ**für·treff·lich**[fy:rtréflɪç] =vortrefflich

Für·tuch[fý:r..] 中 -〔e〕s/..tücher《南部・ｽｲｽ》(Schürze) 前掛け, 前垂れ, エプロン. [*mhd.*; ◇vor]

Furt·wäng·ler[fʊ́rtvɛŋlər] 人名 Wilhelm ~ ヴィルヘルム フルトヴェングラー(1886-1954; ドイツの指揮者).

Fu·run·kel[furʊ́ŋkəl] 男 中 -s/-《医》癤(せつ), フルンケル, ねぶと. [*lat.* fūrunculus „Spitzbube"; < *lat.* für (→ Frett)]

F

Fu·run·ku·lo̩·se[..rʊŋkuló:zə] 女 -/-n 〘医〙 癤(せつ)〈フルンケル〉症, 癤〈フルンケル〉〔多発〕症. [<..ose]

fü̩r·wa̱hr[fy:rvá:r] 副 (wahrhaftig, wirklich)《雅》まことに, ほんとうに: Das ist ～ ein schöner Anblick. これは実に美しい眺めだ.

ᐁ**Fü̩r·witz**[fý:rvɪts] 男 -es/ =Vorwitz

ᐁ**fü̩r·wit·zig**[..vɪtsɪç][2] =vorwitzig

Fü̩r·wort[fý:rvɔrt] 中 -[e]s/..wörter **1** (Pronomen)〘言〙代名詞: ein persönliches〈unbestimmtes〉～ 人称〈不定〉代名詞. ᐁ**2** =Fürsprache

fü̩r·wört·lich[..vœrtlɪç] 形 代名詞的な.

Furz[fʊrts] 男 -es/Fürze[fýrtsə]《卑》屁(へ), おなら;《比》ささいな〈つまらぬ〉こと: einen ～〔fahren〕lassen 放屁(ほうひ)する | **einen ～ im Kopf haben / einen ～ gefrühstückt haben** 頭がおかしい, 気が変だ ‖ **aus einem ～ einen Donnerschlag machen** (つまらぬことを)途方もなく騒ぎたてる. [*ahd.*; ◇*engl.* fart]

fu̩r·zen[fʊ́rtsən]《02》自 (h)《卑》放屁(ほうひ)する: auf *et.*[4] ～《比》…をばかにする.

fu̩r·zig[fʊ́rtsɪç][2] 形《卑》屁(へ)の〔ような〕.

furz·tro̩cken[fʊrtstrɔ́kən] 形《話》(本来湿っているべきものが)ひからびた, ぱさぱさの.

Fu·sche·le̩i[fʊʃəlái] 女 -/-en (fuscheln すること. 例えば:) 右往左往; ごまかし, 詐欺; 不手際なこと.

fu̩·scheln[fʊ́ʃəln]《06》(**fu̩·schen**[fʊ́ʃən]《04》, **fu̩·schern**[fʊ́ʃərn]《05》) 自 **1** (s) あちこち走り回る, 右往左往する. **2** (h) だます, ごまかす. **3** (h) ぞんざいな仕事をする, へま〈不手際〉なことをする. [擬音; ◇futsch]

Fu̩·schun[fú:ʃʊn] 地名 撫順, フーシュン(中国, 遼寧 Liaoning 省東部の工業都市. 中国最大の炭田がある).

Fu̩·sel[fú:zəl] 男 -s/- **1**《話》(フーゼル油を含有していやなにおいのする)粗悪な火酒; (一般に)安酒. **2** =Fuselöl

Fu̩·sel≠ge·ruch 男, **≠ge·stank** 男 安酒のいやなにおい.

fu̩·se·lig[1][fú:zəlɪç][2] 形 **1** フーゼル油を含んだ. **2**《話》安酒のにおいのする; (安酒に)酔っぱらった, へべれけの.

fu̩·se·lig[2][−] 形《方》**1** =fusselig **2** (仕事などが)綿密さを必要とする. **3** 興奮した; 移り気の, 落ち着きのない. [<Fussel]

fu̩·seln[1][fú:zəln]《06》自 (h) 安酒を飲む; 安酒に酔う; 安酒のにおいがする. [<Fusel]

fu̩·seln[2][−]《06》自 (h) **1** =fusseln **2** あわててまずい〈不手際な〉仕事をする. **3** 小さい読みにくい字を書く. [<Fussel]

Fu̩·sel·öl[fú:zəl..] 中〘化〙フーゼル油.

Fu·shun[fǔʃǔən] =Fuschun

Fü·si·lie̩r[fyzilí:r] 男 -s/-e **1** (昔の)火打ち石銃兵. **2**《スイス》(歩兵隊の)狙撃(そげき)兵. **3** (1918年までの歩兵連隊の)最下位の兵. [*fr.*; <*fr.* fusil „Flinte" (◇Fokus)]

fü·si·lie̩·ren[..lí:rən] 他 (h)〘軍〙銃殺刑に処す. [*fr.*]

Fü·sil·la·de[fyzijá:də] 女 -/-n 〘軍〙〔大量〕銃殺. [*fr.*]

Fu·sio̩n[fuzió:n] 女 -/-en **1** (企業・政党などの)合併, 合同, 連合. **2** (Kernfusion)〘理〙核融合. **3**〘生〙(細胞の)融合. **4**〘生理〙(左右両眼に生じた像の単一像への)融合, 融像. [*lat.*; <*lat.* fundere „gießen" (◇gießen)]

fu·sio·nie̩·ren[fuzioní:rən] 他 (h) **1** 融合する. **2** (企業・政党などを)合併〈合同〉する.

Fu·sio̩ns≠reak·tor[fuzió:ns..] 男〘原子力〙核融合〔反応〕炉. **≠ver·hand·lung** 女 (企業・政党などの)合併交渉.

Fu·si̩t[fuzí:t, ..zít] 男 -s/〘鉱〙フジット, 炭母.

Fuß[fu:s] 男 -es/Füße[fý:sə] **1** (⑪ **Füß·chen**[fý:sçən], **Füß·lein**[..laɪn] 中 -s/-) **a)** (英: *foot*) (人間・動物の)足(人間・長脚動物では通例くるぶしから下をいうが, 南部・オーストリア・スイスでは, また短脚動物では Bein と同じく胴体から下全体をさすことがある: → ⑱ Mensch B): ein breiter〈schmaler〉～ 幅のひろい〈せまい〉足 | Platt*fuß* 扁平(へんぺい)足.

‖〘1格で〙**wie eingeschlafene *Füße* schmecken**《話》(飲食物に関して)味がない, 間の抜けた味がする.

‖〘主語として〙Die *Füße* sind mir schwer wie Blei. 私は足が鉛のように重い(疲れきって) | Mein ～ ist eingeschlafen. 私は足がしびれた | Er lief, so schnell〈weit〉ihn die *Füße* trugen. 彼はできるだけ早く走った〈足の続く限り走り続けた〉.

‖〘2格で〙eilenden ～*es*《雅》急ぎ足で | festen〈leichten〉～*es*《雅》しっかりした〈軽やかな〉足どりで | **stehenden ～*es***《比》即座に, さっそく (→stante pede) | trockenen ～*es* 足をぬらさずに;《比》雨にあわずに.

‖〘4格で〙***sich***[3] **die *Füße* nach *et.***[3] **ablaufen〈wund laufen〉** …を求めて足を棒にして歩き回る | den ～ mit der Ferse〈mit der Spitze〉aufsetzen かかと〈つま先〉から先に足をおろす | ***Füße* bekommen〈kriegen〉**《話》(品物などが)足が生える(そっと持ち去られる, 盗まれる) | **kalte *Füße* bekommen〈kriegen〉** 足が冷たくなる;《話》おじけづく, 尻(しり)ごみする; 死ぬ | *sich*[3] den ～ brechen 足を骨折する |〔**festen**〕**～ fassen**(地面に)足がつく;《比》足場〈地盤〉を固める, 根をおろす, なじむ | Hand und ～ haben (→Hand 1) | große〈kleine〉*Füße* haben 足が大きい〈小さい〉| **kalte *Füße* haben** 足が冷たい;《話》金がない, 金欠〈無一文〉である | **zwei linke *Füße* haben**《話》歩き方がぎごちない | ***sich***[3] **kalte *Füße* holen**《話》(仕事などが)うまくいかない | ***jm.* *Füße* machen**《比》…をせきたてる | die *Füße* nach außen〈innen〉setzen 外また〈内また〉で歩く | den ～ ans Land〈auf die Erde〉setzen 陸地を踏む, 上陸する; 着地する | ***jm.* den ～ auf den Nacken setzen**《雅》…に自分の力〈威力〉を見せつける | keinen ～ mehr über *js.* Schwelle[4]〈in *js.* Haus[4]〉setzen 二度と…のもとを訪れない | keinen ～ vor die Tür〈vors Haus〉setzen 一歩も外出しない | ***sich***[3] **die *Füße* in den Bauch stehen**《話》いやになるほど立ち尽くす | die *Füße* unter den Tisch strecken〈stecken〉(→Tisch 1) | die *Füße* unter *js.* Tisch strecken〈stecken〉(→Tisch 1) | *sich*[3] den ～ verstauchen〈vertreten〉足をくじく | *sich*[3] die *Füße* vertreten (→vertreten 2 d) | *jm.* die *Füße* waschen《話》…にうやうやしく仕える.

‖〘前置詞と〙*et.*[4] **an** den *Füßen* haben …(靴など)をはいている | Ich friere〈Mich friert〉an den *Füßen.* 私は足が冷たい | an Händen und *Füßen* gebunden sein (→Hand 1) | **immer wieder auf die *Füße* fallen〈kommen〉**《比》どんな難関をもうまく切り抜ける | **auf den〈*seinen*〉letzten *Füßen* gehen** 老い込んでいる, 死が近い | ***jm.* auf dem ～〔*e*〕folgen** ぴったり…のあとに続く | *jm.* wieder auf die *Füße* helfen …を助け起こす;《比》(肉体的・経済的に)…を立ち直らせる | **auf großem ～〔*e*〕leben**《比》豪勢な暮らしをする;《戯》足が大きい | *jn.* auf freiem ～〔be〕lassen …の身柄を拘束しないでおく | **auf freiem ～ sein** 自由の身である | ***jn.* auf freien ～ setzen** …を釈放〈解放〉する | auf die *Füße* springen さっと〈すばやく〉立ち上がる | **auf eigenen *Füßen* stehen**《比》自立している | **auf festen〈schwachen〉*Füßen* stehen**《比》基盤が堅固である〈弱い〉| **auf schwankenden〈tönernen / wackligen〉*Füßen* stehen**《話》不安定な基礎の上に立っている | **mit *jm.* auf gespanntem〈freundschaftlichem / vertrautem〉～ stehen**《比》…と仲が悪い〈よい〉| ***jm.* auf den ～〈auf die *Füße*〉treten / *jn.* auf den ～〈auf die *Füße*〉treten** …の足を踏む;《話》(それと知らずに)…の感情を害する; (…に)注意をうながす, (…を)叱責する | auf den〈*seinen*〉letzten *Füßen* treten《比》老衰している |〔**mit**〕**Gewehr bei ～ stehen**(→Gewehr 1) | Bei ～! (犬に対して)〔私の足もとに〕じっとしていろ | von Kopf **bis** ～ 頭のてっぺんから足の先まで | *sich*[3] einen Dorn **in** den ～ treten (…を踏んで)足にとげを刺す | **mit** bloßen *Füßen* はだしで | mit Händen und *Füßen* 手と足を使って(→Hand 1) | **mit dem linken〈falschen〉～ zuerst aufgestanden sein**《話》不機嫌である, 虫の居所が悪い | mit einem ～ ausrutschen 片足を滑らせる | **mit beiden *Füßen* in *et.***[4] **hineinspringen**《話》はりきって…に取り組む | **mit beiden *Füßen* im Leben〈〔fest〕auf der Erde〉stehen**《比》現実家である, どんな事態にも対処できる | mit einem ～ im Gefängnis stehen (→Gefängnis 1) | mit einem ～ im Grabe ste-

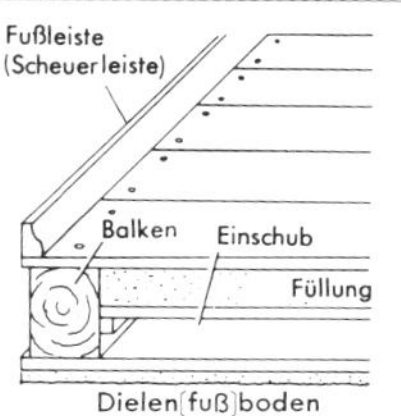

Dielen〔fuß〕boden

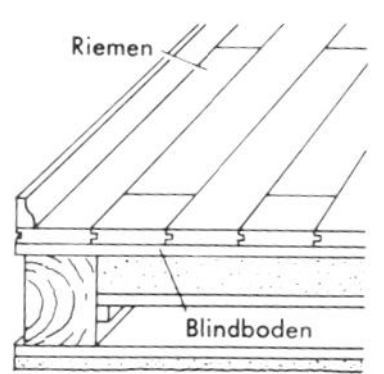

Stabfußboden (Riemenfußboden)

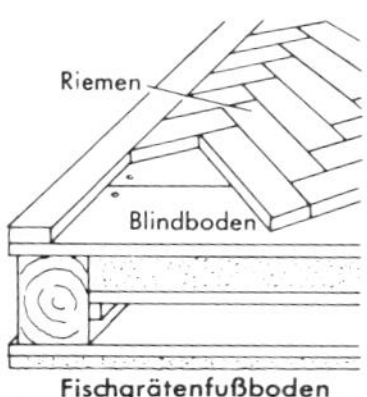

Fischgrätenfußboden

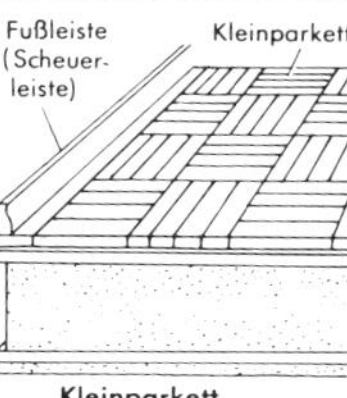

Kleinparkett

Fußboden

hen (→Grab) | mit den *Füßen* 〔auf〕stampfen 地団太(じだ)を踏む | *jn.* 〈*et.*[4]〉 mit *Füßen* treten …を踏みつける;《比》…を踏みつけにする, …をないがしろにする | **über die eigenen *Füße* fallen 〈stolpern〉**《比》ひどく不器用である | ***jm.* über 〈vor〉 die *Füße* laufen**《比》たまたま…に出会う | *jm.* brennt der Boden unter den *Füßen* / *jm.* wird der Boden unter den Füßen zu heiß (→Boden 2) | den Boden unter den *Füßen* verlieren (→Boden 2) | *jm.* den Boden unter den *Füßen* wegziehen (→Boden 2) | festen Boden unter den *Füßen* haben 〈bekommen〉 (→Boden 2) | *jm.* die Hände unter die *Füße* breiten (→Hand 1) | den Weg unter die *Füße* nehmen (→Weg 1) | **von** einem ~ auf den andern treten (いらいらして)足踏みする | die Schuhe von den *Füßen* streifen 靴を脱ぐ | den Staub 〔eines Ortes〕 von den *Füßen* schütteln (→Staub 1) | 〔vorsichtig〕 ~ **vor** ~ setzen〔用心深く〕一歩一歩踏み出す | *jm.* den Kopf vor die *Füße* legen (→Kopf 1) | *jm. et.*[4] vor die *Füße* werfen (憤慨して)…の足もとに…をたたきつける | *jm.* den Bettel 〈den ganzen Kram〉 vor die *Füße* werfen《比》憤慨して…に辞表をたたきつける | **zu** ~ 徒歩で, 歩いて | zu ~ gehen (乗り物を用いずに)徒歩で行く | gut 〈schlecht〉 zu ~ sein 足が達者である〈弱い〉 | ***jm.* zu *Füßen* fallen / *sich*[4] *jm.* zu *Füßen* werfen** …の足もとにひれ伏す;《比》…に嘆願する | ***jm. et.*[4] zu *Füßen* legen**《雅》…に…を〔つつしんで〕ささげる | *jm.* zu *Füßen* liegen …の足もとにひれ伏している;《比》…をあがめ敬う; …に嘆願する.

b) 〖虫〗跗節(ふせつ) (脚の最終肢節: → 図 Kerbtier).

c) 〖植〗(キノコの)柄.

d) (家具・器具・柱などの)脚〔の下端〕(→ 図 Stuhl): ein verstellbarer ~ (いすなどで高さを)調節できる脚 | Die Badewanne steht **auf** vier *Füßen*. この浴槽は脚が四つある.

e) (一般に高さのあるものの)最下部, 底部, 基部, 根もと, すそ; 台座(→ 図 Amboß), (茶わんなどの)糸底(→ 図 Schüssel); 〖工〗(管の)フランジ; 〖建〗基礎, 根積み, フーチング: **am** ~ des Berges 山のふもと(すそ)に(→ 図 Berg A) | am ~ der Treppe 階段の上がり口で, 階段を降りきった所で.

f) (Füßling) (靴下などの)足部.

g) (子牛の)足肉(→ 図 Kalb).

h) =Fußende

i) 〖印〗(活字の)足(→ 図 Letter); 版台(凸版の裏につけて活字と同じ高さにする台); 地, 下小口(こぐち) (書物の下部切り口, ページの下部余白).

j) (Versfuß) 〖詩〗詩脚: sechs *Füße* haben 6 脚である.

2《無変化》**a**) フィート(長さの単位: 30.48cm): Das Blumenbeet ist fünf ~ breit 〈lang〉. その花壇は幅〈長さ〉が5フィートある | eine Mauer von zwölf ~ Höhe 高さ12フィートの塀. **b**) 足裏の長さ(→ 図 Maß).

[*idg.*; ◇Pedal; *engl.* foot, feet; *gr.* poús „Fuß"]

Fuß≈ab·druck[fúːs..] 男 -〔e〕s/..drücke 足跡. **≈ab·strei·cher** 男, **≈ab·strei·fer** 男, **≈ab·tre·ter** 男 **1** (戸口の)靴ぬぐい, (靴の)泥落とし. **2**《比》(周囲から踏みつけにされる)下積みの人. **≈an·gel** 女 (盗賊・敵兵などの侵入防止のため地面に埋める)とがり鉄, 鉄菱(てつびし) (→ 図);《比》わな, 落とし穴: *jm.* ~*n* legen …にわなを仕掛ける. **≈bad** 中 **1** 足湯; 〖医〗足浴. **2**《戯》受け皿の上にこぼれた飲み物(コーヒー・紅茶など).

Fußangel

Fuß·ball[fúːsbal] 男 **1**《単数で》サッカー, 〔アソシエーション=〕フットボール, 〔ア式〕蹴球: der amerikanische ~ アメリカン=フットボール(=Football) | ~ spielen サッカーをする. **2** サッカー〈フットボール〉用のボール. [*engl.* foot-ball の翻訳借用]

Fuß·ball≈braut 女《戯》**1** サッカー狂〈サッカー選手〉に置き去りにされて孤閨(こけい)をかこつ〔新〕妻. **2** 試合にも同行するサッカー選手の女友達〈婚約者〉. **≈club** 男 (略 FC) サッカークラブ. **≈elf** 女 (11名の選手からなる)サッカーチーム, イレブン.

Fuß≈bal·len 男 〖解〗足趾(そくし)球, 母趾(ぼし)球. **≈bal·ler**[..balər] 男 -s/-《話》=Fußballspieler

fuß·bal·lern[..balərn]《05》自 (h)《話》サッカーをする.

Fuß·ball≈fan[..fɛn] 男 サッカーファン. **≈kampf** 男 サッカーの試合. **≈mann·schaft** 女 サッカーチーム. **≈match**[..mɛtʃ] 中 男 サッカーの試合. **≈mei·ster** 男 (サッカー選手権試合の)優勝チーム. **≈na·tio·nal·elf** 女, **≈na·tio·nal·mann·schaft** 女 全国選抜サッカーチーム. **≈platz** 男 サッカー競技場. **≈pro·fi** 男 プロのサッカー選手. **≈schuh** 男 サッカーシューズ. **≈spiel** 中 サッカー〔の試合〕. **≈spie·ler** 男 (女 **≈spie·le·rin**) サッカーの選手〈競技者〉. **≈sta·dion** 中 サッカー競技場〈スタジアム〉. **≈team**[..tiːm] 中 サッカーチーム. **≈tor** 中 サッカーのゴール. **≈to·to** 中 (男) トトカルチョ(サッカーの勝敗をめぐるスポーツくじ). **≈trai·ner**[..trɛːnər] 男 サッカーの監督〈コーチ〉. **≈ver·band** 男 サッカー連盟. **≈ver·ein** 男 サッカー協会. **≈wet·te** 女 =Fußballtoto

Fuß≈bank[fúːs..] 女 -/..bänke 足〔のせ〕台. **≈be·klei·dung** 女 (靴・靴下など)足にはくもの. **≈blatt** 中 **1** 〖解〗足底. **2** 〖植〗ポドフィルム. **≈bo·den** 男 -s/..böden 床(ゆか) (→ 図): den ~ fegen 〈scheuern〉 床を掃く〈ごしごし洗う〉.

Fuß·bo·den≈be·lag 男 床(ゆか)被覆材(プラタイル・リノリウム・カーペットなど). **≈hei·zung** 女 床(ゆか)暖房. **≈le·ger** 男 床(ゆか)工事人.

fuß·breit I 形 足幅〈足裏の長さ〉〔ほど〕の;《比》ごく狭い: ein ~*er* Pfad 人がやっと歩けるくらいの細い道.

II Fuß·breit 男 -/- 足の幅; 足裏の長さ(→Fuß 2 b);《比》少量: um jeden ~ Boden 〈Landes〉 kämpfen 寸土を争う | keinen ~ zurückweichen 一歩も譲らない.

Fuß≈brem·se 女 (↔Handbremse) 足踏み〈フット〉ブレーキ: auf die ~ treten ブレーキを踏む. **≈brett** 中 **1** (テーブル・腰掛けなどの)足掛け板; 踏み板(→ 図 Pult). **2** (ベッドのすその)フットボード(→ 図 Bett).

Füß·chen Fuß 1の縮小形.

Fuß·drü·se[fúːs..] 女 〖動〗足腺.

Fü·ße Fuß の複数.

Fuß·ei·sen[fúːs..] 中 **1** (鉄の)足枷(あしかせ). **2** 登山用アイゼン. **3** =Fußangel 1

Fus·sel[fʊ́səl] 女 -/-n (男 -s/-〔n〕) (生地・カーペットなどの)毛玉. [*mhd.* visel „Fäserchen"; ◇Faser]

fus·se·lig[fʊ́səlɪç][2] 形 **1** 毛玉だらけの. **2** (生地が)すり切れた, けば立った: *sich*[3] den Mund ~ reden (→Mund[1] 1).

fus·seln[fʊ́səln]《06》自 (h) (生地などが)けば立つ, 毛玉ができる.

F

fu·ßeln[fú:səln]《06》自 (s)《方》**1** 気取って小またで歩く. **2** 走る, さっさと歩く.

fü·ßeln[fý:səln]《06》自 **1** (h)《方》《mit *jm.*》テーブルの下でひそかに(…と)足を触れ合う; (…に)足で合図する. **2** (s) = fußeln

fu·ßen[fú:sən]《03》自 (h) **1**《auf *et.*^{3}》(…を)基礎とする, (…に)立脚する: Diese Theorie *fußt* auf genauen Untersuchungen. この理論は綿密な調査研究に基づくものだ. **2**〘狩〙(鳥が木に)とまる. ^{v}**3**《場所・方向などを示す語句と》(…に)足をおろす〈おろしている〉. [*mhd.*; ◇Fuß]

Füs·sen[fýsən] 地名 フュッセン(ドイツ Bayern 州の南部, オーストリアとの国境近くにある都市). [„am Fuße (der Allgäuer Alpen)“]

Fuß·en·de[fú:s..] 中 (ベッドなどの)足部, すその部分.

..füßer[..fy:sər]《名詞・数詞などにつけて「…足類・脚の動物」を意味する男性名詞 (-s/-) をつくる. ..füßler という形もある》: Bauch*füß*〔*l*〕*er* 腹足類 | Kopf*füß*〔*l*〕*er* 頭足類 | Tausend*füß*〔*l*〕*er* 多足類 | Vier*füß*〔*l*〕*er* 四足動物. [<Fuß]

Fuß·fall[fú:s..] 男 (懇願・恭順などの印として)ひざまずくこと, 平伏: einen ～ vor *jm.* machen …の前にひざまずく.

fuß·fäl·lig 形 ひざまずいた, 平伏した: *jn.* ～ um *et.*^{4} bitten (ひざまずかんばかりにして)…に…を懇願する.

Fuß·fes·sel 女 足枷(あしかせ).

fuß·frei 形 (スカートなど)足首の現れる, くるぶしまでの長さの.

Fuß·gän·ger[..gɛŋər] 男 -s/- 歩いている人, 歩行者.

Fuß·gän·ger≈am·pel 女 歩行者用交通信号灯. **≈brücke** 女 歩道橋. **≈pa·ra·dies** 中 歩行者天国. **≈stra·ße** 女 歩行者専用道路. **≈strei·fen** 男《スイス》横断歩道. **≈tun·nel** 男 歩行者用地下道. **≈über·weg** 男 横断歩道. **≈weg** 男 歩行者専用道路. **≈zo·ne** 女 歩行者専用区域.

Fuß≈ge·her[..ge:ər] 男 -s/-《オーストリア》= Fußgänger **≈ge·lenk** 中 足首の関節; 〘解〙足関節.

fuß·ge·recht 形 (靴などが)足にぴったりした.

Fuß≈ge·stell 中 **1** 足場. **2** (柱などの)台座, 受け台. **≈gicht** 女〘医〙足部痛風. **≈he·bel** 男 (機械・ハープなどの)ペダル, フットレバー(→ 図 Harfe).

fuß·hoch 形 (雪などが)足首に達するほどの.

..füßig[..fy:sɪç]^2《基数・形容詞などにつけて「足・足の形をしたものが…の; …詩脚の」を意味する形容詞をつくる》: schnell*füßig* 足の速い | vier*füßig* 四足の; 4 詩脚の. [<Fuß]

fuß·kalt 形 (部屋などについて)足もとの寒い.

Fuß≈kis·sen 中 足ぶとん(→ 図 Bett). **≈knö·chel** 男 くるぶし. **≈kno·chen** 男 足の骨.

fuß·krank 形 (長い行軍などで)足を傷めた, 靴ずれのできた.

Fuß≈kuß 男 足への接吻(せっぷん)〈口づけ〉(尊敬・恭順の印). **≈la·ge** 女〘医〙(分娩(ぶんべん)の際の胎児の)足位.

fuß·lang 形 足裏の長さの(→Fuß 2 b).

Fuß≈lap·pen 男〘軍〙(行軍などのさい靴下の代わりに足に巻く)足布. **≈lat·scher**[..la:tʃər] 男 -s/-《話》(Infanterist) 歩兵(→latschen I). **≈lei·den** 中 足の病気.

Füß·lein Fuß 1 の縮小形.

Fuß·lei·ste[fú:s..] 女 **1**〘建〙幅木(→ 図 Fußboden). **2** (バーのスタンドなどの)足掛け台; (ボートの)足掛け.

..füßler[..fy:slər] **1** = ..füßer **2**〘詩〙《数詞につけて (Jambus, Trochäus, Daktylus, Anapäst などの詩脚を単位とする)「…詩脚詩句」を意味する男性名詞 (-s/-) をつくる》: Fünf*füßler* 5詩脚詩句. [<Fuß]

Fuß·licht[fú:s..] 中 -〔e〕s/-er〘劇〙フットライト(→ 図 Bühne).

fuß·lig = fusselig

Füß·ling[fý:slɪŋ] 男 -s/-e (靴下・ロンパースなどの)足部, 足カバー.

fuß·los[fú:slo:s]^1 形 足のない.

Fuß≈marsch 男 徒歩行進, 行軍. **≈ma·schi·ne** 女〘楽〙(ペダル=ティンパニーの)ペダル機構(→ 図 Kesselpauke). **≈maß** 中 (特に靴の)足の寸法〔を測るメジャー〕. **≈mat·te** 女 靴ぬぐい, ドアマット; (車の床に敷く)フットマット. **≈my·ko·se** 女〘医〙(足の)真菌症(水虫など). **≈no·te** 女 (論文などの)脚注. **≈pfad** 男 (車の通れない)小道(山道など). **≈pfet·te** 女〘建〙軒桁(のきげた), 端母屋(はなもや)(→ 図 Dach A). **≈pfle·ge** 女 (Pediküre) 足〔指〕の手入れ, ペディキュア. **≈pfle·ger** 男 ペディキュアをする美容師. **≈pilz** 男 **1**〘医〙(水虫などの原因となる)白癬(はくせん)菌. **2**《話》= Fußmykose **≈pilz·er·kran·kung** 女 = Fußmykose **≈plat·te** 女 **1** 足の裏. **2**〘解〙鐙(あぶみ)骨板〈骨底〉. **≈pol·ster** 中 足のせクッション. **≈pro·the·se** 女 義足. **≈pum·pe** 女 足踏みポンプ. **≈punkt** 男 **1**〘数〙垂線の足. **2** (Nadir)〘天〙天底. **≈ra·ste** 女 -/-n, **≈ra·ster** 男 -s/- (オートバイなどの)足〔掛け〕台(→ 図 Kraftrad). **≈rei·se** 女 徒歩旅行. **≈ring** 男 (標識鳥などにつける)足輪. **≈rücken** 男〘解〙足背, 足の甲. **≈sack** 男 **1** (毛皮などで裏をつけた保温用の)足おおい. **2**《話》もじゃもじゃの長いひげ. **≈schal·ter** 男〘工〙足踏みスイッチ. **≈sche·mel** 男 足台, 足のせ. **≈schmerz** 男 足の痛み, 足痛. **≈schweiß** 男 足の〔異常〕発汗. **≈soh·le** 女〘解〙足底, 足の裏. **≈sol·dat** 男〘軍〙歩兵. **≈spit·ze** 女 足のつま先: auf den ～*n* gehen つま先立ちで歩く. **≈spur** 女 足跡. **≈stap·fe** 女 -/-n, **≈stap·fen** 男 -s/- (人間の)足跡: **in** *js.* **～ treten** …を追跡する; 《比》…のまねをする, …を範とする. **≈steig** 男 **1** = Fußpfad **2** (Bürgersteig) 歩道. **≈stüt·ze** 女 **1** 足掛け板, 足台. **2** (扁平(へんぺい)足や開張足の人の靴の中に入れる)足支え. **≈tap·fe** = Fußstapfe **≈tap·fen** = Fußstapfen **≈ta·ste** 女 (オルガン・ピアノなどの)ペダル. **≈teil** 中 (ベッドなどのすその)フットボード(→ 図 Bett).

fuß·tief 形 (雪などが)足首までの深さの.

Fuß·tour[..tu:r] 女 徒歩旅行, ハイキング.

Fuß·tritt 男 -〔e〕s/-e **1** 足でける〈踏みつける〉こと; 《比》侮蔑的なあしらい: *jm.* einen ～ geben〈versetzen〉…を足蹴(あしげ)にする | einen ～ bekommen 足蹴にされる; 《比》辱めを受ける. ^{v}**2** (Schritt) 足音; 足どり. **3** 足跡. **4** 踏み板.

Fuß≈trup·pe 女 (Infanterie) 歩兵隊. **≈volk** 中《集合的に》歩兵; 《比》(政党などの)下っ端, 陣笠(じんがさ)連: unter das ～ geraten《話》堕落する, 落ちぶれる. **≈wan·de·rung** 女 徒歩旅行, ハイキング. **≈wan·ne** 女 足浴用のたらい.

fuß·warm 形 (部屋などについて)足もとの暖かい.

Fuß≈wär·mer 男 (保温用の)足覆い; 足温器. **≈wa·schung** 女〘カトリック〙洗足式. **≈weg** 男 **1 a**) = Fußpfad **b**) (Bürgersteig) 歩道. **c**) (施設などの)通路(→ 図 Gradierweg). **2** 徒歩での行程: Bis zum Strand ist es eine Stunde ～. 海岸までは歩いて1時間かかる. **≈werk** 中《集合的に》はきもの.

fuß·wund 形 足の傷ついた; 靴ずれのできた.

Fuß·wur·zel 女〘解〙足根.

Fuß·wur·zel·kno·chen 男〘解〙足根骨(→ 図 Mensch C).

Fuß·ze·he 女 足指: *jm.*〈*jn.*〉auf die ～*n* treten《話》…にずけずけ言う, …にはっぱをかける; …の感情を害する.

Fu·sta·ge[fustá:ʒə] 女 -/-n **1** (Leergut) (からの)梱包(こんぽう)容器, 風袋(ふうたい). **2** 梱包〈包装〉費. [<*afr.* fust „Faß“]

Fu·sta·nel·la[fustanɛ́la·] 女 -/..llen[..lən] フスタネラ(白木綿の男子用スカートでギリシアの民俗衣装). [*it.*]

Fu·sti[fústi·] 複〘商〙傷物, 損傷品; 損傷品に対する割引. [*it.*; <*lat.* fūstis „Knüttel“]

Fut[fʊt, fu:t] 女 -/-en《卑》(Vagina) 膣(ちつ), ワギナ.

Fu·thark[fú:θark] 中 -s/-e ルーネ文字の字母(ルーネ文字の字母表の最初の6文字を一語に読んだもの: → 図 Rune).

fu·til[futí:l] 形 (nichtig) ささいな, くだらない. [*lat.* „leicht ausgießbar“; <*lat.* fundere (→Fusion)]

Fu·ti·li·tät[futilitɛ́:t] 女 -/-en (Nichtigkeit) ささいな〈くだらない〉こと. [*lat.*]

Fu·ton[fú:tɔn] 男 -s/-s (日本式の)ふとん. [*japan.*]

futsch[fʊtʃ] 形《述語的》《話》**1** (verloren) 失われた, なくなった: Das Geld ist ～. 金がなくなった | *Futsch* ist ～

F

〔und hin ist hin〕. なくなったものはあきらめるに限る. **2** (kaputt) 壊れた, だめになった: Die Vase ist ~. 花瓶が壊れた. ［擬音］

Fu̩·tschou［fúːtʃaʊ］ 地名 福州, フーチョウ(中国, 福建 Fukien 省の省都).

Fu̩t·ter[1]［fʊ́tər］ 中 -s/ **1** (動物, 特に家畜の)飼料, えさ; かいば, まぐさ: grünes ~ (干し草でない)青まぐさ, 青刈り飼料 | trockenes ~ 乾草飼料, 乾秣(かんまつ) | Misch*futter* 混合飼料 | Vogel*futter* 鳥のえさ ‖ ~ schneiden まぐさを切る | den Vögeln ~ streuen 鳥にえさをまく ‖ einer Maschine ~ geben《話》機械に加工材料を送りこむ. **2**《話》(人間の)食物: **gut im ~ sein** 〈**stehen**〉 栄養がよい, よく肥えている. ［*germ.*; ◇Pastor; *engl.* fodder］

Fu̩t·ter[2]［-］ 中 -s/- **1** (服・帽子・バッグ・ポケットなどの)裏, 裏地: ein Mantel mit seidenem ~ 絹裏のコート ‖ ein Briefumschlag mit ~ 二重封筒. **2** (ドア・窓などの開口部の)枠張り,(内側の)枠板; 塡材(てんざい); (炉の)内張り. **3**〖工〗(旋盤の)チャック. **4**〖植〗(キノコの)傘裏. ［*germ.* „Überzug"］

Fut·te·ra̩·ge［fʊtəráːʒə］ 女 -/《話》食物, 食料; 糧食. ［＜Futter[1]＋Furage］

Fut·te·ra̩l［fʊtəráːl］ 中 -s/-e (中身の形に合わせた)容器, ケース, サック; (傘・楽器などの)カバー, 袋: Brillen*futteral* めがねのサック. ［*mlat.*; ＜*mlat.* fōtrum „Überzug"; ◇Futter[2]］

Fut·te·ra̩·li·en［fʊtəráːliən］ 複《戯》＝Futterage

Fut·te·ra̩l≈kleid［fʊtəráːl..］ 中 (Etuikleid)〖服飾〗エテュイドレス. **≈mot·te** 女〖虫〗ツツミノガ(筒蓑蛾)科のガ.

Fu̩t·ter≈an·bau［fʊ́tər..］ ＝Futterbau **≈bar·ren** 男《オーストリア》＝Futtertrog **≈bau** 男 -〔e〕s/ 飼料用植物の栽培. **≈beu·tel** 男 (牛馬などの首にかいば槽(おけ)の代用としてつるす)かいば袋. **≈bo̩·den** 男 (屋根裏の)飼料置き場.

Fu̩t·ter·brett 中〖建〗(階段の)〔側〕隠し板.

Fu̩t·ter≈ger·ste 女 飼料用大麦. **≈ge·trei·de** 中 飼料用穀物. **≈haus** 中 **1** (旧東ドイツで)飼料倉庫. **2** ＝Futterhäuschen **≈häus·chen** 中 鳥のえさ箱. **≈kam·mer** 女 飼料貯蔵室. **≈kar·tof·fel** 女 飼料用ジャガイモ. **≈ki·ste** 女 飼料貯蔵用の箱. **≈krip·pe** 女 まぐさ〈かいば〉槽(おけ): 'Ran an die ~ !《話》さあ食事にしよう | **an die ~ kommen** (甘い汁を吸える)恵まれたポストにつく | **an der ~ sitzen** 恵まれたポストについている. **≈lu̩·ke** 女《戯》(Mund) 口.

Fu̩t·ter·mau·er 女〖建〗土止め擁壁(→図).

Futtermauer

Fu̩t·ter≈mehl 中 穀粉飼料. **≈mit·tel** 中 飼料.

fu̩t·tern［fʊ́tərn］《05》他 (h) **1**《話》(がつがつ・むしゃむしゃ)食べる. **2**《方》＝füttern[1]

fü̩t·tern[1]［fʏ́tərn］《05》他 (h) **1 a)**《*jn.* 〔mit *et.*[3]〕》(動物, 特に家畜に)えさ〈飼料〉を与える; (子供・病人に)食物を与える: das Vieh mit Heu ~ 家畜に干し草を与える | die Fische ~ (→Fisch 1 a) | *Füttern* verboten! えさはやらないでください(動物園の立て札で) ‖ einen Kranken ~ 病人に食餌(しょくじ)〈食物〉を与える. **b)**《*jm. et.*[4]》(…に…を)飼料として与える: dem Vieh Heu ~ 家畜に干し草を与える. **2**《話》《*jn.* mit *et.*[3]》(…に…を)ふんだんにあてがう: ein Kind mit Schokolade ~ 子供にむやみにチョコレートを食べさせる | die Schüler mit griechischen Vokabeln ~ 生徒にギリシア語の単語をむりやり覚えさせる. **3 a)**《*et.*[4] mit *et.*[3]》(機械などに…を)投入する: einen Automaten mit Groschen ~《話》自動販売機に硬貨を入れる | einen Computer falsch ~ コンピューターに間違ったデータを入れる. **b)**《*et.*[4] *et.*[3] 〈in *et.*[4]〉》(…を機械などに)投入する: Daten einem Computer 〈in einen Computer〉 ~ コンピューターにデータを入れる. ［*ahd.*; ◇Futter[1]; *engl.* feed］

fü̩t·tern[2]［-］《05》他 (h)《*et.*[4]》(…に)裏地をつける, 裏張り〈裏打ち〉をする: den Mantel mit Seide ~ コートに絹の裏地をつける | Die Stiefel sind mit Pelz *gefüttert.* この長靴は内側に毛皮の裏がついている ‖ ein mit Polster *gefütterter* Stuhl クッションつきのいす | ein *gefütterter* Briefumschlag 二重封筒. ［*mhd.*; ◇Futter[2]］

Fu̩t·ter≈napf［fʊ́tər..］ 男 (家畜用の)餌鉢(えばち). **≈neid** 男《話》(家畜について, 他の家畜の得たえさに対する)ねたみ; (人について, 他人の食物や利得に対する)ねたみ, そねみ. **≈pflan·ze** 女 飼料用植物. **≈platz** 男 **1** (野獣・野鳥などの)えさ場. **2**〖農〗飼料集積場. **≈rau·fe** 女 (家畜小屋の)かいば格子, 飼料棚. **≈rü̩·be** 女 (Runkelrübe) 飼料用ビート. **≈sack** 男 ＝Futterbeutel **≈schnei·de·ma·schi̩·ne** 女, **≈schnei·der** 男 飼料裁断器. **≈schwin·ge** 女 飼料用の篩(ふるい).

Fu̩t·ter·sei·de 女 (服などの)裏地〔用〕の絹.

Fu̩t·ter≈si·lo 男 (中) 飼料サイロ. **≈spei·cher** 男 飼料倉庫. **≈sta̩·del** 男《オーストリア》(山中の)飼料小屋.

Fu̩t·ter≈stoff 男 (服などの)裏地〔用生地〕. **≈taft** 男 裏地〔用〕のタフタ〈うす琥珀(こはく)織り〉.

Fu̩t·ter·trog 男 (家畜用の)えさ入れ, 飼料槽(おけ).

Fü̩t·te·rung[1]［fʏ́tərʊŋ］ 女 -/-en **1**《ふつう単数で》füttern[1]すること. **2** (動物用の)えさ台.

Fü̩t·te·rung[2]［-］ 女 -/-en **1**《ふつう単数で》füttern[2]すること. **2** 裏地〔用生地〕.

Fu̩t·ter≈ver·we̩r·ter［fʊ́tər..］ 男《話》食ってよく太る家畜(豚など): ein schlechter ~ やせの大食い. **≈wa̩·gen** 男 飼料運搬車. **≈wicke** 女〖植〗カラスノエンドウ(烏野豌豆).

Fu·tu̩r［futúːr］ 中 -s/-e〖言〗未来〔時称〕(→Tempus 1): erstes ~ / ~ I (読み方: eins) 未来 | zweites ~ / ~ II (読み方: zwei) / ~ des Perfekts 未来完了. ［*lat.* futūrus „zukünftig"］

Fu·tu̩·ra Futurum の複数.

fu·tu̩·risch［futúːrɪʃ］ 形〖言〗未来〔時称〕の.

Fu·tu·ri̩s·mus［futurísmʊs］ 男 -/ 未来派(20世紀初頭にイタリアに起こった急進的芸術運動). ［*it.*］

Fu·tu·ri̩st［..ríst］ 男 -en/-en 未来派の芸術家. ［*it.*］

Fu·tu·ri̩·stik［..rístɪk］ 女 -/ ＝Futurologie

fu·tu·ri̩·stisch［..rístɪʃ］ 形 **1** 未来派の. **2** 未来学〔上〕の.

Fu·tu·ro·lo̩·ge［futuroló:gə］ 男 -n/-n 「未来学者.」(→..loge)

Fu·tu·ro·lo·gi̩e［..logíː］ 女 -/ 未来学.

fu·tu·ro·lo̩·gisch［..lóːgɪʃ］ 形 未来学〔上〕の.

ᵛ**Fu·tu̩·rum**［futúːrʊm］ 中 -s/..ra［..raˑ］ ＝Futur

Fu·tu̩·rum ex·a̩k·tum［－ ɛksáktʊm］ (**Fu·tu̩·rum per·fe̩c·tum**［－ pɛrfɛ́ktʊm］) 中 --/..ra ..ta［..raˑ ..taˑ］〖言〗未来完了〔時称〕. ［*lat.*］

Fu̩·zel［fúːtsəl］ 男 -s/-〔n〕《オーストリア》＝Fussel

fu̩·zeln［fúːtsəln］《06》自 (h)《オーストリア》ごく小さく書く; ごく小さく切断する: am Brot ~ パンをごく小さく〈薄く〉切る.

Fu·zhou［fúdʒoʊ］ ＝Futschou

Fyng［fɪŋ］ 男 -〔s〕/-〔s〕(単位: -/-) 分(中国の貨幣〔単位〕: $^{1}/_{100}$ Yuan). ［*chines.*］

fz 略 ＝forzando, forzato

F-Zug［ɛ́f..］ 男 (＜Fernschnellzug) 長距離急行列車 (IC-Zug, TEE-Zug など).

F

G

g^{1}[ge:], **G**^{1}[−] 中 -/- (→a^{1}, A^{1} ★)ドイツ語のアルファベットの第7字(子音字): →a^{1}, A^{1} 1 | *G* wie Gustav (通話略語) Gustav の G〔の字〕(国際通話では *G* wie Gallipoli).

g^{2} **I** [ge:] 中 -/-〘楽〙ト音: →a^{2} I | *g*-Moll ト短調.

II 記号 **1** [ge:](g-Moll)〘楽〙ト短調: →a^{2} II 1 **2** [gram] (Gramm) グラム. **3 a)** [gra:t](Grad)〘数〙度. **b)** [fálbəʃləʏnɪɡʊŋ, ge:](Fallbeschleunigung)〘理〙重力加速度(ギリシア語の ge „Erde" の略).

III 略 =**Groschen** グロッシェン(オーストリアの貨幣単位: 1/100 Schilling).

g.. →ge..

G^{2} **I** [ge:] 中 -/-〘楽〙ト音: →A^{2} I | *G*-Dur ト長調 | *G*-Saite (ヴァイオリンの) G 線 | *G*-Schlüssel ト音記号 | die Arie auf dem *G* ⟨auf der Saite *G*⟩ (J. S. Bach の) G 線上のアリア.

II 記号 **1** [ge:](G-Dur)〘楽〙ト長調: → A^{2} II 1 **2** (Giga..) 10億: 1*G*W 10億ワット. ▽**3** [gaʊs](Gauß)〘理〙ガウス(電磁単位). **4** (硬貨表面で: →A^{2} II 2) カールスルーエ(Karlsruhe).

III 略 **1** =**Geld**〘商〙(相場表で) 買い, 注文. **2** (ローマ人の男名) =**Gaius**[gáɪʊs] ガイウス(古くは Cajus: →C.).

G. 略 **1** =**Genitiv**〘言〙属格, 2格. **2** =**Geld** (→G^{2} III 1). **3** =G^{2} III 2

Ga[ge:|á:, gáliʊm] 記号 (Gallium)〘化〙ガリウム.

Gä̱a[gɛ́:a·] 人名〘ギ神〙ガイア(大地の女神). [*gr.* gaĩa „Erde"]

gab[ga:p]^{1} geben の過去.

Ga̱·bar·dine[gábardi:n, gabardí:n(ə)] 男 -s/ (女 -/) ギャバジン(目のつんだあや織りの服地). [*span.*−*fr.*]

Ga̱b·bro[gábro·] 男 -s/ 〘鉱〙斑糲(はんれい)岩, かすり岩. [*it.*; 中部イタリアの地名]

Ga̱·be[gá:bə] 女 -/-n **1 a)**《雅》(Geschenk) 贈り物, 賜物: eine ~ Gottes an die Menschen 人間への神の賜物 | eine ~ spenden 贈り物をする. **b)**《雅》施し物; 寄金, 献金: eine milde ~ (貧者などへの) 施し, 喜捨 | Das Kind bittet um eine milde ~. 子供が何かちょうだいと言う. **c)**《スイス》(くじ・射撃・九柱戯などの) 賞〔金〕. **d)**〘教〙恩物(おんぶつ) (F. Fröbel の考案した幼児用遊具).

2《雅》(Begabung) 天賦の才, 天分: die ~ der Rede 弁舌の才 | die ~ für die Mathematik 数学の才能 ‖ ein Kind mit guten ~*n* 天分に恵まれた子 | Er hat die ~, Menschen froh zu machen. 彼には人を楽しくさせる才能がある.

3 a)《単数で》(薬の) 投与. **b)**《しばしば複数で》(1回の) 投与量: *jm.* zweimal täglich eine ~ von Lebertran reichen …に1日2回肝油を与える | Pulver in einzelnen ~*n* zu 1 g verordnen 1服1グラムの散薬を処方する. [*mhd.*; ◇geben]

gä̱·be^{1}[gɛ́:bə] geben の接続法 II.

gä̱·be^{2}[−] 形 →gang [*mhd.* gaebe „annehmbar"]

Ga̱·bel[gá:bəl] 女 -/-n (⊘ **Gä̱·bel·chen**[gɛ́:bəlçən], **Gä̱b·lein**[gɛ́:plaɪn] 中 -s/-) **1 a)** (食器の) フォーク(→ 図): mit Messer und ~ essen ナイフとフォークで食事する | eine gute ~ schlagen《戯》フォークを休ませずにたらふく食べる. **b)** (農業などに使う) くま手, ホーク(→ 図): das Heu mit der ~ aufstecken 干し草をくま手ですくう. **2** (また状のもの. 例えば:) **a)** (電話機の) 受話器掛け: den Hörer auf die ~ legen 受話器を置く. **b)** (車の) 轅(ながえ), (自転車の) ホーク(→ 図 Fahrrad); (ボートの) オール受け; (傘の) 中骨; (シカ・ヤギなどの) 枝角(えだつの) (→ 図); 木のまた;〘工〙U 形部, (スパナの) 口(→ 図 Schraube B);〘軍〙夾叉(きょうさ). **c)**《チェス》両当たり. [*westgerm.* „Astgabel"; ◇Giebel^{2}]

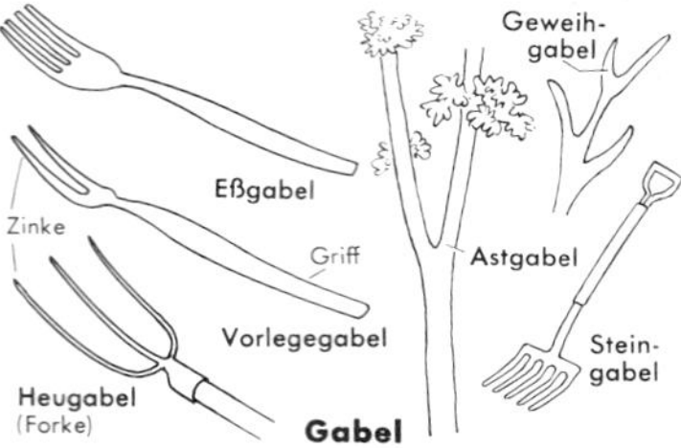

Gabel

Ga̱·bel≈ach·ter 男〘狩〙(シカなどの) 八つまた角(づの) (→ 図 Geweih). **≈an·ti·lo̱·pe** 女〘動〙エダヅノ(枝角)カモシカ, ツノレイヨウ(角羚羊). **≈ar·beit** 女〘服飾〙ヘアピン⟨フォーク編み⟩レース. **≈bein** 中 (鳥の) 胸骨. **≈bis·sen** 男 -s/-《ふつう複数で》〘料理〙(辛味をきかせた) ニシンの切り身;《比》(一口で食べられる大きさの) うまいもの. **≈bock** 男 **1** =Gabelantilope **2** =Rehbock

Gä̱·bel·chen Gabel の縮小形.

Ga̱·bel·deich·sel[gá:bəl..] 女 (馬車の) 二また轅(ながえ).

ga̱·bel·för·mig 形 二またの, 分岐した, フォーク状の.

Ga̱·bel·frü̱h·stück 中 (祝祭日などの正午前後にとる) 朝餐(ちょうさん). [*fr.* déjeuner à la fourchette の翻訳借用]

Ga̱·bel≈ge·lenk 中〘工〙ナックル継ぎ手(→ 図 Gelenk). **≈gem·se** 女 =Gabelantilope **≈griff** 男〘体操〙親指と他の4本の指とを向かい合わせる握り方;〘楽〙(管楽器で) 中指を離し人さし指と薬指とで穴を押さえること. **≈hä̱·ke·lei** 女 =Gabelarbeit **≈hirsch** 男〘狩〙二また角(づの)の雄アカシカ.

ga̱·be·lig[gá:bəlɪç]^{2} =gablig

Ga̱·bel≈maß[gá:bəl..] 中〘工〙カリパス, 測径両脚器. **≈mü̱cke** 女 (Anopheles)〘虫〙ハマダラカ(翅斑蚊).

ga̱·beln[gá:bəln] ⦅06⦆ **I** 他 (h) **1** フォークで刺す⟨刺して取る⟩;〘農〙くま手で積む⟨おろす⟩. **2** 再帰 *sich*^{4} ~ (枝・道などが) 二またになる, 分岐する: ein *gegabelter* Ast 二またになった枝. **II** 自 (h) **1**《nach *et.*^{3}》(…を) 手に入れようとする. **2**《方》フォークを使って食べる.

Ga̱·bels·ber·ger[gá:bəlsbɛrgər] 人名 Franz Xaver ~ フランツ クサーヴァー ガーベルスベルガー(1789−1849; ドイツの速記術考案者).

Ga̱·bel≈schlüs·sel[gá:bəl..] 男〘工〙開口スパナ(→ 図 Schraube B). **≈schwanz** 男 **1**〘虫〙シャチホコガ科の一種. **2**〘鳥〙アカトビ(赤鳶).

≈stap·ler[..ʃta:plər] 男 -s/-〘工〙フォークリフト(→ 図). **≈stüt·ze** 女 **1** (機関銃などをのせる) 2脚の台, 両脚. **2**〘海〙叉柱(さちゅう) (二またのオール受け). **≈tang** 男〘植〙アミジグサ(網地草). **≈um·schal·ter** 男 (電話機の) フックスイッチ(→ 図 Fernsprecher).

Gabelstapler

Ga̱·be·lung[gá:bəlʊŋ] 女 -/-en =Gablung

Ga̱·bel≈wei·he[gá:bəl..] 女〘鳥〙ウスイロトビ(薄色鳶).

≈**zin·ke** 女 (フォークなどの)また.
Ga̱·ben·tisch[gá:bən..] 男 贈り物をのせる〈のせた〉テーブル.
Ga̱·bi[gá:bi·] 女名 (＜Gabriele) ガービ.
gä̱·big[gɛ́:bıç]² 形 **1**《北部》(gutmütig) 人のいい. **2**《スイス》(nützlich) 有用な; 有能な. [＜geben]
Gäb·lein Gabel の縮小形.
Ga̱b·ler[gá:blər] 男 -s/- 二また角(つの)をもつシカ〈ヤギ〉(→ 図 Geweih).
ga̱b·lig[gá:blıç]² 形 二またに分かれた, 分岐した.
Ga̱b·lung[gá:bluŋ] 女 -/-en 分岐〔点〕. [＜gabeln]
Ga·bo̱n[gabó:n] ＝Gabun
Ga̱·bri·el[gá:brie:l, ..iɛl] **I** 人名〚聖〛ガブリエル(首座天使の一人). **II** 男名 ガーブリエル. [*hebr.* „Mann Gottes"]
Ga·bri·e̱·le[gabrié:lə] 女名 ガブリエーレ.
Ga·bu̱n[gabú:n] 地名 ガボン(アフリカ西部の共和国で1960年フランス共同体内で独立. 首都はリーブルビル Libreville).
gack[gak] 間《ふつう gack gack とくり返して》(産卵の際などのめんどりやガチョウの鳴き声)コッコッ, ガアガア.
Ga̱ck·ei[gák|aı] 中《幼児語》(Hühnerei) (鶏の)卵.
Gacke·le̱i[gakəláı] 女 -/-en (鶏・ガチョウなどが)コッコッ〈ガアガア〉と鳴くこと. [＜..ei]
ga̱ckern[gákərn]《05》 (**ga̱ckeln**[..kəln]《06》, **ga̱ck·sen**[..ksən]《02》) 自 (h) **1** (鶏・ガチョウなどが)コッコッ〈ガアガア〉と鳴く;《比》キャッキャッ笑う. **2**《話》ペチャクチャしゃべる. [◇*engl.* gaggle]
gacks[gaks] →gicks
Ga̱·den[gá:dən] (**Ga̱·dem**[..dəm]) 男 -s/- **1**《方》**a**) 1室だけの小住宅; さしかけ小屋(物置など). **b**) 屋根裏部屋, (階上の)寝室, 納戸. **2**〚建〛クリアストリー, 明層(例えば教会堂建築において身廊部の高い側壁の最上部に設けられた窓の列のつくり出す層). [*ahd.* gadum]
Ga·do·li·ni̱t[gadoliní:t, ..nít] 男 -s/-e〚鉱〛ガドリン石.
Ga·do·li̱·nium[..lí:nium] 中 -s/ 〚化〛ガドリニウム(希土類金属元素名; 記号 Gd). [＜J. Gadolin (フィンランドの化学者, †1852)]
Ga̱f·fel¹[gáfəl] 女 -/-n《方》(Zunft) 同業組合, ギルド. [＜*fr.* gabelle „Zoll"]
Ga̱f·fel²[−] 女 -/-n **1**〚海〛斜桁(しゃこう), ガフ(縦帆上端を維持するため斜めに張り出している帆桁(ほげた): → 図 Kutter). **2**《方》(二またの)木製大くま手. [*mndd.*; ◇Gabel; *engl.* gaff]
Ga̱f·fel≈scho̱·ner 男〚海〛(Gaffelsegel を主帆とする)縦帆スクーナー(→ 図). ≈**se̱·gel** 中〚海〛ガフスル, 斜桁(しゃこう)帆.

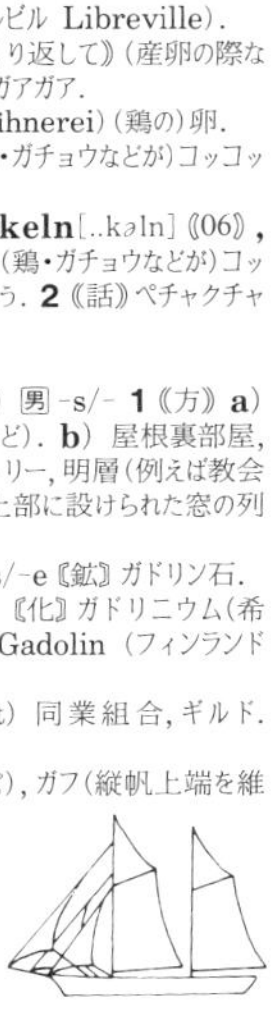

Gaffelschoner

ga̱f·fen[gáfən] 自 (h)《話》ぽかんと〔口をあけて〕見とれる; (穴のあくほど)じっと見つめる. [*mhd.*; ◇*engl.* gape]
Ga̱f·fer[gáfər] 男 -s/-《軽蔑的に》ぽかんと口をあけて見とれる人; 傍観者.
Gaf·fe·re̱i[gafəráı] 女 -/ gaffen すること.
Gag[gɛ(:)k, gæg] 男 -s/-s (芸人などの)だじゃれ, ギャグ. [*engl.* „Knebel"; 擬音]
ga·ga̱[gagá] 形《述語的》《話》(vertrottelt) 耄碌(もうろく)した, おいぼれた, 老人ぼけの.
Ga·ga̱t[gagá:t] 男 -[e]s/-e〚鉱〛黒玉(くろたま), 貝褐炭. [*gr.* gagátēs−*lat.*−*mhd.*; 小アジアの産地名から; ◇Jett]
Ga̱·ge[gá:ʒə; オーストリア: ga:ʒ] 女 -/-n[..ʒən] **1** (俳優などの)給金, 報酬, ギャラ: eine schmale ～ beziehen 安いギャラをもらっている. **2**〚史〛(オーストリア=ハンガリー帝国の士官の)俸給. [*afränk.*−*fr.*; ◇Wette; *engl.* gage, wage]
Ga̱·gel[gá:gəl] 男 -s/-, **Ga̱·gel·strauch** 男〚植〛ヤマモモ(山桃)属; ギョリュウ(御柳), セイヨウヤチヤナギ(西洋谷地柳). [*westgerm.*; ◇*engl.* gale]
Ga·gist[gaʒíst; オーストリア:..ʒíst] 男 -en/-en Gage を受ける人;〚史〛(オーストリア=ハンガリー帝国の)士官. [＜Gage]
Ga·gliar·de[galjárdə] 女 -/-n＝Gaillarde [*it.*]
Gag·man[gǽgmən] 男 -[s]/..men[..mən]〚劇・映〛ギャグライター. [*engl.*]
gä̱h·nen[gɛ́:nən] **I** 自 (h) **1** (英: *yawn*)あくびをする: herzhaft 〈laut〉 ～ 大あくびをする. **2**《比》大口をあけている: Vor uns *gähnte* ein Abgrund. 我々の眼前には深淵(しんえん)が口をあけていた | *gähnende* Leere (→Leere²). **II Gä̱h·nen** 中 -s/ あくび: das ～ unterdrücken あくびをかみ殺す. [*germ.*; ◇Chaos, Hiat, Gaumen]
Gä̱h·ner[gɛ́:nər] 男 -s/-《話》〔大〕あくび.
Gäh·ne·re̱i[gɛ:nəráı] 女 -/-en あくび〔の連発〕.
Gä̱hn·krampf[gɛ́:n..] 男〚医〛あくび発作.
gä̱h·stot·zig[gɛ́:..] 形《方》(senkrecht) 垂直の. [＜*ahd.* gāhi (→jäh)]
Gail·lard[gajá:r] 男 -s/-s **1** 陽気な男, おどけ〈ひょうきん〉者. **2**〚海〛後甲板, 船尾楼. [*fr.* „kräftig"]
Gail·lar·de[gajárdə] 女 -/-n ガリアルダ(15世紀北イタリアに始まった早いテンポの踊り). [*fr.*; ◇*engl.* galliard]
Gail·lar·dia[gajárdia·] 女 -/..dien[..diən]〚植〛テンニンギク(天人菊)属. [＜Gaillard de Marentonneau (18世紀フランスの植物学者)]
Ga̱·ke[gá:kə] 女 -/-n《中部》**1** はすっぱなおしゃべり娘. **2** (唇にできる)疱疹(ほうしん), 小水疱. **3** (Krähe) カラス. **4** (Maul) 口. [＜gack]
Gal[gal] 中 -s/-〚理〛ガル(加速度の単位). [＜G. Galilei]
GAL[ge:|a:|ɛ́l] 略 女 ＝**Grüne Alternative Liste**
gala.. →galakto..
Ga̱·la[gá(:)la·] 女 -/ **1** 正装, 盛装; 礼服, 晴れ着; ᵛ宮中服: in 〔großer〕 ～ 盛装して | ***sich***⁴ **in ～ werfen**《戯》晴れ着を着る. **2** (演劇などの)特別記念公演. [*span.*]
Ga̱·la≈a̱bend[gá(:)la..] 男 祝祭〈特別記念公演〉の夕べ, 公式の晩の催し〈パーティー〉. ≈**an·zu̱g** 男 -[e]s/ (男子用の)礼服, 晴れ着. ≈**auf·fü̱h·rung** 女 ＝Galavorstellung ≈**di·ner**[..dine:] 中, ≈**din·ner** 中 (公式の)祝宴, 特別記念晩餐(ばんさん)会. ≈**emp·fang** 男 (盛装に威儀を正した)公式レセプション. ≈**kleid** 中 (女性用の)礼服, 晴れ着; (礼装用の)ガウン. ≈**kon·zert** 中 特別記念演奏会, ガラコンサート.
galakt.. →galakto..
Ga·lakt·ago̱·gum[galaktagó:gum] 中 -s/..ga[..ga·]〚医〛催乳薬. [＜*gr.* ágein (→Agon)]
ga·la̱k·tisch[galáktıʃ] 形〚天〛銀河系の: ～*er* Nebel 銀河系内星雲. [＜Galaxis]
galakto..《名詞などにつけて「乳」を意味する. gala.. という形もある. 母音の前では galakt.. となる》: *Galakto*zele ‖ *Galakt*agogum | *galakt*isch ‖ *Gala*xis [*gr.* gála „Milch"; ◇lakto..]
Ga·lak·to·me̱·ter[galaktomé:tər] 中 (男) -s/- 乳汁度〈比重〉計.
Ga·lak·tor·rhöe[..tɔrǿ:, ..torǿ:] 女 -/-n[..rǿ:ən]〚医〛乳汁漏出〔症〕. [＜*gr.* rhoé „Strömung"]
Ga·lak·to̱·se[..tó:zə] 女 -/-n〚化〛ガラクトース.
Ga·lak·to·sko̱p[..toskó:p, ..tɔs..] 中 -s/-e ＝Galaktometer
Ga·lak·to·ze̱·le[..totsé:lə] 女 -/-n〚医〛乳瘤(にゅうりゅう). [＜*gr.* kḗlē (→Hydrozele)]
Ga·la·li̱th[galalí:t, ..lít] 中 -s/ 商標 ガラリート(角質に似たプラスチック材).
ga̱·la·mä̱·ßig[gá(:)la..] 形 盛装した; 祝祭日らしい; 儀式ばった, 壮麗な.
Ga·la̱n[galá:n] 男 -s/-e **1** (女性に対して)親切な男. **2** (Liebhaber) 恋人, 情夫. [*span.* galano „in Gala gekleidet"; ◇*engl.* gallant]
ga·la̱nt[galánt] 形 (特に女性に対して)礼儀正しく親切な, いんぎんな; 色好みの: ein ～*es* Abenteuer いろごと | die ～*e* Zeit 18世紀, ロココ時代. [*fr.*; ＜*afr.* gale „Freude"]
Ga·lan·te·ri̱e[galantərí:] 女 -/-n[..rí:ən] **1** (女性に対する)いんぎん〈丁重〉〔な振舞い〕, 親切; いろごと. **2** お愛想, お世辞: *jm.* ～*n* sagen …にお愛想を言う. [*fr.*]
Ga·lan·te·ri̱e≈de̱·gen 男 礼装用の剣. ≈**wa̱·ren** 複 装身具.
Ga·lant·homme[galantɔ́m] 男 -s[−]/-s[−] (Ehrenmann) りっぱな人, 紳士. [*fr.*; ◇Homo¹]

G

Ga·lan·tị·ne[..tí:nə] 女 -/-n ガランチン(鶏肉などの骨を抜いて香味をつけ詰め物をして堅く巻いた冷製料理). [*mlat.* galatīna–*fr.*; < *lat.* gelātus (→Gelatine)]

Ga·lant·uọmo[galantuó:mo·] 男 -s/..mini[..mini·] = Galanthomme [*it.*; < *it.* uomo „Mensch"]

die **Ga·lạ·pa·gos·in·seln**[galá(:)pagɔs..] 地名 複 ガラパゴス諸島(南東太平洋, Ecuador 領の火山島). [< *span.* galápago „Wasserschildkröte"]

Gạ·la·pre·miẹ·re[gá(:)laprəmie:rə] 女 〘劇〙 礼服着用の初日.

Ga·la·tẹa[galaté:a·] 人名 〘ギ神〙 ガラテイア (Nereus の娘で, 海の精. Polyphem に片思いされた). [*gr.*–*lat.*]

Gạ·la·ter[gá(:)latər] 男 -s/- ガラテア(ガラティア)人 (Galatien に移住したケルト族): Der Brief des Paulus an die ~ (新約聖書の)ガラテア人への手紙.

Gạ·la·ter·brief 男 -[e]s/ (新約聖書の)ガラテア人への手紙.

Ga·lạ·ti·en[galá:tsiən] 地名 ガラテア, ガラティア(小アジアの中央部の地方). [*gr.*–*lat.* Galatēa]

Gạ·la≠uni·form[gá(:)la..] 女 式服, 礼服, 正装. **≠vor·stel·lung** 女 〘劇〙 (賓客などのための)特別記念公演, 礼服着用の公演. **≠wa·gen** 男 儀装馬車; 豪華な馬車.

Ga·la·xiẹ[galaksí:] 女 -/-n[..sí:ən] 〘天〙 **1** (銀河系外の)星雲, 星団, 恒星系. **2** 渦状星雲. [*gr.* galaxías „Milchstraße"(–*mlat.*); ◇galakto..]

Ga·lạ·xis[galáksɪs] 女 -/..xien[..laksí:ən] 〘天〙 **1** 《単数で》 (Milchstraße) 銀河(系宇宙). **2** = Galaxie 1

Gal·ban[gálban] (**Gal·ba·num**[..nʊm]) 中 -s/ 〘化〙 ガルバヌム(一種のゴム質樹脂). [*hebr.*–*gr.* chalbánē–*spätlat.*]

Gä·le[gɛ́:lə] 男 -n/-n ゲール人(スコットランド高地, またはアイルランドに住むケルト族: →gälisch).

Ga·leạs·se[galeásə] 女 -/-n **1** (バルト海の)沿岸用小型帆船. **2** 大型の Galeere. [*it.* galeazza–*fr.*–*ndl.*; ◇*engl.* galleass]

Ga·lẹe·re[galé:rə] 女 -/-n ガレー船(中世に主として地中海で用いられた, 帆と多数のオールを持つ単甲板の大型軍船). [*mgr.*–*mlat.* galea–*it.* gale(r)a; < *gr.* galéē „Wiesel"; その速さから; ◇*engl.* galley]

Ga·lẹe·ren≠skla·ve 男 (中世の)ガレー船をこぐ奴隷. **≠sträf·ling** 男 (中世の)ガレー船をこぐ囚人.

Ga·lẹn[galé:n] 人名 ガレノス(129頃-200頃; ギリシアの医学者. ローマに出て Marcus Aurelius の侍医となった. ラテン語形 Galenus).

Ga·lẹ·ni·kum[..nikʊm] 中 -s/..ka[..ka·] 〘薬〙 (ガレノス式の)本草薬物.

ga·lẹ·nisch[..nɪʃ] 形 ガレノス学派の; 《大文字で》 ガレノスの: ~e Arzneien ⟨Mittel⟩ ガレノス式薬剤.

Ga·le·nịt[galení:t, ..nít] 男 -s/-e (Bleiglanz) 〘鉱〙 方鉛鉱. [*lat.* galēna; ◇glauko..]

Ga·lẹ·nus[galé:nʊs] = Galen

Ga·leọ·ne[galeó:nə] 女 -/-n ガレオン船(16-18世紀にスペイン・ポルトガルで軍船または貿易に用いた 3 層または 4 層の大帆船). [*span.* galeón–*it.*; < *mlat.* galea (→Galeere); ◇*engl.* galleon]

Galeote

Ga·leọ·te[..tə] 女 -/-n 〘海〙 (長短 2 本マストの沿岸用の)ガレオート型帆船(→ 図). [*roman.*; ◇*engl.* ga(l)liot]

Ga·le·riẹ[galərí:] 女 -/-n[..rí:ən] **1 a)** (外壁に沿った)歩廊, 回廊, 柱廊(→ 図 Kirche C). **b)** (宮殿などの部屋を結ぶ)廊下, 回廊. **c)** 〘建〙 (ホールなどの)階廊, 桟敷; (劇場の)最上階桟敷, 天井桟敷(3・4 階席)(の観客): **für die ~ spielen** 《比》 俗受けをねらう, 大衆にこびる. **d)** 〘史〙 (城壁の内側にある屋根つきの)防御回廊. **2** (Gemäldegalerie) **a)** 絵画陳列室⟨館⟩, 画廊. **b)** (展示設備のある)美術⟨絵画⟩店. **c)** 絵画コレクション; 《戯》 たくさん, 多数: eine ~ schöner Frauen 居並ぶ美女. **3** アーケード商店街. **4** 《オース・スイ》 (山腹などにある片側が窓状になった)半トンネル. **5** (Läufer) (廊下などの)長じゅうたん. **6** 〘海〙 (展望台としての)船尾廊下. **7** 《オース》 (大都会などの)悪の世界, 暗黒街. [*mlat.*–*it.* galleria; ◇*engl.* gallery]

Ga·le·riẹ≠ton 男 -[e]s/ 〘美〙 ギャラリートーン(油絵の酸化による暗褐色). **≠wald** 男 (アフリカの草原地帯の川・湖に沿った)幅の狭い森林.

Ga·le·rịst[galəríst] 男 -en/-en **1** 画廊経営者; 画商. **2** 《オース》 暗黒街の住民, 犯罪者.

Ga·lẹt·te[galɛ́tə] 女 -/-n ガレット(パイ生地からつくるせんべいに似た形状のケーキ). [*fr.*; < *afr.* gal „flacher Kiesel"]

Gal·gant[galgánt] 男 -[e]s/ 〘植〙 コウリョウキョウ(高良姜)(中国原産ショウガ科の植物). [*arab.*–*mlat.* galanga–*ahd.* gal(an)gan; ◇*engl.* galingale]

Gal·gant·wur·zel 女 高良姜(こうりょうきょう)の根(芳香があり医薬・香辛料として用いる).

Gạl·gen[gálgən] 男 -s/- **1** 絞首台: ***jn.* an den ~ bringen** …を絞首台におくる; 《比》 …を厳しく罰する | am ~ enden / an den ~ kommen 絞首刑に処せられる; 《比》 厳しく罰せられる; みじめな死に方をする | Er gehört an den ~./ Er ist reif für den ~. 《比》 彼は罰せられてしかるべきだ. **2 a)** 〘工〙 (物をつり上げる)やぐら, 構架. **b)** 《話》 (映画などの収録用の)移動カメラ⟨マイク⟩. [„Stange"; *germ.*; ◇*engl.* gallows]

Gạl·gen≠frist 女 《ふつう単数で》 (死刑判決から死刑執行までの)残された期間; 《比》 (決定的なできごとが起こるまでの)猶予期間. **≠ge·sicht** 中 悪人づら, 悪相. **≠hu·mor** 男 -s/ やけっぱちな⟨気味の悪い⟩しゃれ, ブラックユーモア, 引かれ者の小唄. **≠schwen·gel** 男 のらくら者, ろくでなし. **≠strick** 男 **1** 絞首台の綱. **2** (絞首刑に処すべき)極悪人, ならず者, ろくでなし; にくまれっ子; いたずらっ子. **≠vo·gel** 男 **1** = Galgenstrick 2 **2** カラス.

Ga·lị·ci·en[galí:tsiən] 地名 ガリシア(スペイン北西部, 大西洋岸の地方. ただし: →Galizien). [*kelt.*–*lat.*–*span.*]

Ga·li·lạ̈a[galilɛ́:a·] 地名 ガリラヤ(イスラエル北部の山岳地方で, ガリラヤ⟨ゲネサレ⟩湖をその中心とする). [*hebr.* „Bezirk"–*gr.*–*lat.*; ◇*engl.* Galilee]

Ga·li·lạ̈·er[..lɛ́:ər] 男 -s/- ガリラヤの人.

ga·li·lạ̈·isch[..lɛ́:ɪʃ] 形 ガリラヤの: das *Galiläische* Meer ガリラヤ湖 (Jordan 川中流の湖. der See von Genezareth ともいう: →Genezareth).

Ga·li·lẹi[galilé:i·] 人名 Galileo ~ ガリレオ ガリレイ(1564-1642; イタリアの物理学者・天文学者).

Ga·li·ma·thịas[galimatí:as] 男 中 -/ わけの分からぬ話, たわごと, 駄弁. [*fr.* galimatias]

Ga·liọn[galió:n] 中 -s/-s 〘海〙 (昔の船の)水切り, へさき. [*span.* galeón (→Galeone)–*fr.*–*mndl.* galjoen]

Ga·liọ·ne[galió:nə] 女 -/-n = Galeone

Ga·liọns·fi·gur 女 **1** 〘海〙 船首像(船首の水切りにつける飾り. ふつう女人像). **2** 《比》 (実際の権力はもたない)表看板の人物, 宣伝用の有名人: Man will ihn zur ~ der Partei machen. 人々は彼を党の看板に利用しようとしている.

Ga·liọ·te[galió:tə] 女 -/-n = Galeote

Ga·li·pot[galipó:] 男 -s/ ガリポット(針葉樹, 特にオニマツなどの樹脂). [*fr.*]

gä·lisch[gɛ́:lɪʃ] 形 ゲール人⟨語⟩の: →deutsch | die ~e Sprache ゲール語(ケルト語派の一つ). [< Gäle]

Ga·lị·zi·en[galí:tsiən] 地名 ガリチア(ポーランド南東部からウクライナ北部にわたる地方. ただし: →Galicien). [< *pol.* Halič (侯国名. そのラテン語形が Galicia)]

Ga·lị·zi·er[..tsiər] 男 -s/- ガリチアの人.

ga·lị·zisch[..tsɪʃ] 形 ガリチアの.

Gal·jaß[galјás] 女 -/..jassen[..jásən] = Galeasse [*ndl.*]

Gal·jọn[galјó:n] 中 -s/-s = Galion

Gal·jọt[..ljó:t] 女 -/-en = Galeote [*ndl.*]

Gạll·ap·fel[gál..] 男 = Galle[1] 2

Gạl·le[1][gálə] 女 -/-n **1** 〘畜〙 (特に馬の腱鞘(けんしょう)にできる)瘤腫(りゅうしゅ), こぶ. **2** 〘植〙 虫こぶ, 虫癭(ちゅうえい)(五倍子(ごばい)・付子(ふし)・没食子(もっしょくし)など). [*lat.* galla–*mhd.*; ◇Globus; *engl.* gall]

Gal·le[2][−] 女 -/-n **1**《単数で》胆汁;《比》怒り, 不機嫌: bitter wie ~ 胆汁のように苦い ‖ Gift und ~〔über *jn.*〕speien 〈spucken〉 (→Gift I 2) | auf *jn.* Gift und ~ sein (→Gift I 2) | *seine* **~ verspritzen**《話》悪口雑言を吐く | Das macht mir ~ und Wut! それには全く腹が立つ ‖ *jm.* **kommt** 〈**steigt**〉 **die ~ hoch** / *jm.* **läuft die ~ über**《話》…はひどく腹が立つ〈かっとなる〉‖ *jn.* **in ~ bringen** …を怒らせる | *seine* Feder in ~ tauchen 手厳しい文章を書く | Er ist grün **vor** ~. 彼は真っ青になって怒っている. **2**《話》(Gallenblase) 胆嚢(たんのう): Er hat es an 〈mit〉 der ~. 彼は胆嚢が悪い. [*germ.*; ◇gelb; *gr.* cholḗ „Galle“; *engl.* gall]

gal·le·bit·ter[gálәbítәr] =gallenbitter

gal·len[1][gálәn] **I** 他 (h) (魚の)肝を取る: 再帰 *sich*[4] ~《話》怒る. **II** 自 (h)〘狩〙(獣が)放尿する.

gal·len[2][−] 他 (h) (付子(ふし)液につけて)黒く染める. [<Galle[1]]

Gal·len →Sankt Gallen

gal·len·bit·ter[gálәnbítәr] 形 胆汁のように苦い.

Gal·len·bla·se[gálәn..] 女〘解〙胆嚢(たんのう) (→ 図 Mensch D).

Gal·len·bla·sen·ent·zün·dung 女〘医〙胆嚢炎.

Gal·len≈bre·chen 中〘医〙胆汁嘔吐(おうと). **≈farb·stoff** 男〘生理〙胆汁色素. **≈fett** 中 (Cholesterin) コレステリン, コレステロール(胆石の主成分). **≈fie·ber** 中〘医〙胆汁熱. **≈gang** 男 -〔e〕s/..gänge《ふつう複数で》〘解〙胆管. **≈grieß** 男〘医〙胆砂. **≈ko·lik** 女〘医〙胆石性腹痛, 胆石疝痛(せんつう). **≈krebs** 男〘医〙胆嚢(たんのう)癌(がん). **≈lei·den** 中〘医〙胆嚢(たんのう)疾患. **≈säu·re** 女〘医〙胆汁酸. **≈stein** 男〘医〙胆石. **≈weg** 男 =Gallengang

Gal·lert[gálәrt, galέrt] 中 -〔e〕s/-e **1**〘化〙ゲル, 膠化(こうか)体, ゼラチン. **2**〘料理〙ゼリー. **3**〘植〙=Gallertpilz [*mlat.* gelāt〔ri〕a „Gefrorenes“−*mhd.* galreide; ◇Gelatine]

gal·lert·ar·tig[gálәrt..; オーストリア: galέrt..] 形 ゲル〈ゼリー〉状の, にかわ様の.

Gal·ler·te[galέrtә, gálәrtә] 女 -/-n《オーストリア》=Gallert

gal·ler·tig[galέrtıç, gálәr..][2] =gallertartig

Gal·lert≈pilz[gálәrt.., galέrt..] 男〘植〙シロキクラゲ(白木耳)目. **≈schwamm** 男〘動〙ノリカイメン(海綿).

Gal·li·en[gáliәn] 地名 ガリア(古代ローマ人がケルト族の居住地につけた名称で, 今日の北イタリア・フランス・ベルギーに当たる). [*kelt.*−*lat.* Gallia; ◇gallisch; *engl.* Gaul]

Gal·li·er[..liәr] 男 -s/- ガリア人.

gal·lie·ren[galí:rәn] 他 (h) (付子(ふし)液につけて)黒く染める. [<Galle[1]]

gal·lig[gálıç][2] 形 **1** 胆汁〔性〕の, 胆汁のある; 苦い. **2**《比》怒りっぽい, 気むずかしい, 不機嫌な; (言辞などが)辛らつな. [<Galle[2]]

Gal·lig·keit[−kaıt] 女 -/ gallig なこと.

gal·li·ka·nisch[galiká:nıʃ] 形〘宗〙ガリカニズム〈ガリア主義〉の. [*lat.* Gallic〔ān〕us; ◇gallisch]

Gal·li·ka·nis·mus[..kanísmʊs] 男 -/〘宗〙ガリカニズム, ガリア主義(中世末期から1801年まで主張されたフランス国家教会主義). [*fr.*]

Gal·li·ma·thi·as[galimatí:as] 男 中 -/ =Galimathias

Gal·li·on[galió:n] 中 -s/-s =Galion

Gal·li·po·li[galí:poli·] 地名 ガリポリ(トルコ北西部の港湾都市および半島名. トルコ語形ゲリボル Gelibolu).

gal·lisch[gálıʃ] 形 ガリア〔人・語〕の: →deutsch | die ~*e* Sprache ガリア語(ケルト語派の一つ). [*lat.* Gallicus]

gal·li·sie·ren[1][galizí:rәn] **I** 他 (h) (言語・感情・性格などを)フランスふうにする, フランス化する. **II** 自 (h) フランスふうに振舞う; フランス語流の言い回しをする.

gal·li·sie·ren[2][−] 他 (h) (すっぱいぶどう酒を)精製する. [<L. Gall (ドイツの化学者, †1863)]

Gal·lium[gáliʊm] 中 -s/〘化〙ガリウム(希金属元素名; 記号 Ga). [<*lat.* gallus „Hahn“; 発見者であるフランスの化学者 Lecoq を *fr.* le coq „der Hahn“ に見たてた]

Gal·li·zis·mus[galitsísmʊs] 男 -/..men[..mәn] フランス語流の言い回し. [*fr.*; <*lat.* Gallicus (→gallisch)]

Gall≈mil·be[gál..] 女〘虫〙フシダニ(節蜱). **≈mücke** 女〘虫〙タマバエ(癭蠅). [<Galle[1]]

Gal·lo·ma·ne[galomá:nә] 男 -n/-n フランス狂〈心酔者〉. [<*lat.* Gallus „Gallier“]

Gal·lo·ma·nie[..maní:] 女 -/ フランス狂〈かぶれ〉.

Gal·lo·ne[galó:nә] 女 -/-n ガロン(イギリス・アメリカの液量単位: イギリスでは4.546リットル, アメリカでは3.785リットル). [*afr.*−*engl.*]

gal·lo·phil[galofí:l] 形 フランス好き〈びいき〉の, 親仏的な.

gal·lo·phob[..fó:p][1] 形 フランス嫌いの, 反仏的な.

gal·lo·ro·ma·nisch [..romá:nıʃ] 形 ガロロマン語(Gallien 地方でラテン語から転化したロマン語)の: →deutsch

gall·süch·tig[gál..] 形 **1**〘医〙黄疸(おうだん)の. **2** 短気な, 気むずかしい, 怒りっぽい. [<Galle[2]]

Gal·lup-In·sti·tut[gálʊp.., gέlәp..] 中 -〔e〕s/ (アメリカの)ギャラップ世論調査所. [<G. H. Gallup (アメリカの統計学者)]

Gal·lus[gálʊs] 人名 der heilige ~ 聖ガルス〈ガール〉(560頃-650頃; アイルランドの伝道者: →Sankt Gallen). [*lat.* ◇Gallien]

Gal·lus≈säu·re 女 -/ 没食子(もっしょくし)酸. **≈tin·te** 女 -/ 没食子(もっしょくし)インキ. [<Galle[1]]

Gall·wes·pe[gál..] 女〘虫〙タマバチ(癭蜂)科の昆虫.

Gal·mei[galmáı, ⌣−] 男 -s/-e ガルマイ鉱(主要な亜鉛鉱). [*mlat.* calamīna−*mhd.* kalemīne; <*lat.* cadmīa (→Kadmium); ◇*engl.* calamine]

Ga·lon[galɔ̃:] 男 -s/-s, **Ga·lo·ne**[galó:nә] 女 -/-n (金・銀の)組みひも, 金〈銀〉モール. [*fr.*〔−*it.*〕; ◇*engl.* galloon]

ga·lo·nie·ren[galoní:rәn] 他 (h)《*et.*[4]》(…に)飾りひも〈モール〉を縫いつける.

Ga·lopp[galɔ́p] 男 -s/-s, -e **1** (馬の)駆歩(かけあし), ギャロップ (→ 図 reiten);《比》早駆け, 疾走: abgekürzter 〈gestreckter〉 ~ 短縮〈伸長〉駆歩 ‖〔im〕~ reiten ギャロップで馬を走らせる ‖ **im ~**《話》大至急で, さっさと | im ~ durch die Kinderstube geritten sein (→Kinderstube) | *jn.* hat der Esel im ~ verloren (→Esel 1) | *jn.* in ~ bringen …をせきたてる ‖ Ein bißchen ~! / Mach ~! さあ急げ. **2** ギャロップ(19世紀前半に流行した 4 分の 2 拍子の舞踏〔曲〕). [*fr.* galop〔−*it.* galoppo〕; ◇*engl.* ga〔l〕lop]

[▽]**Ga·lop·pa·de**[galɔpá:dә] 女 -/-n =Galopp 2 [*fr.*]

ga·lop·pie·ren[galɔpí:rәn] **I** 自 (h, s) (馬が)ギャロップで走る, 疾走する; (人が)馬をギャロップで走らせる, 疾走させる(h, s について: →schwimmen I 1 ☆): über eine Wiese 〈durch die Wälder〉 ~ ギャロップで草原を越える〈森また森を駆け抜ける〉. **II ga·lop·pie·rend** 現分 形 急速に進行する;〘医〙奔馬性の: eine ~*e* Inflation〘経〙ギャロッピング=インフレーション, 暴走〈駆け足〉インフレ | ~*e* Syphilis〘医〙奔馬性梅毒. [*afränk.*−*afr.*−*it.*]

Ga·lo·sche[galɔ́ʃә] 女 -/-n **1** (ゴム製の)オーバーシューズ. **2**《南部》ペチコート. [*fr.* galoche; <*lat.* solea Gallica „gallische Sandale“; ◇*engl.* galoshes]

galt[1][galt] gelten の過去.

galt[2][−] 形《南部・オーストリア・スイス》(牛などが)乳の出ない; 子を産まない, 不妊の. [*ahd.* „bezaubert“; <*ahd.* galan „beschreien“; ◇gellen, gelt[1]]

Galt[−] 男 -〔e〕s/《南部・スイス》(牛やヤギなどの)乳の出ない期間:〔gelber〕~ (牛などの)乳房炎.

gäl·te[gέltә] gelten の接続法 II.

Galt·vieh[gáltfi:] 中《南部・スイス》**1** 若い家畜. **2** 乳を出さない雌牛. **3** 去勢した家畜.

Gal·va·ni[galvá:ni·] 人名 Luigi ~ ルイージ ガルヴァーニ(1737-98; イタリアの医者・解剖学者で, 生物電気を発見).

Gal·va·ni·sa·tion[..vanizatsió:n] 女 -/〘医〙直流通電療法;〘工〙電気めっき,(特に:) 亜鉛めっき.

gal·va·nisch[..vá:nıʃ] 形 ガルヴァーニの; 直流電気の: ~*e*

G

Batterie ボルタ電池 | ～*es* Element ガルヴァーニ電池 | ～*er* Strom ガルヴァーニ電流, 直流電気 | ～*e* Vergoldung 電気めっき.

Gal·va·ni·seur[..vanizǿ:r] 男 -s/-e 電気めっき工.

gal·va·ni·sie·ren[..zí:rən] 他 (h) 《*et.*[4]》(…に)電気めっきする; 〖医〗直流通電療法を施す. [*fr.*]

Gal·va·ni·sie·rung[..ruŋ] 女 -/-en galvanisieren すること.

Gal·va·nis·mus[galvanísmʊs] 男 -/ 直流電気学; 直流〈ガルヴァーニ〉電気; 〖医〗直流通電療法. [*it.*]

Gal·va·no[galvá:no·] 中 -s/-s 〖印〗電気版.

Gal·va·no·gra·phie[galvanografí:] 女 -/ 〖印〗電気製版術.

Gal·va·no·kau·stik[..káʊstɪk] 女 -/ 〖医〗電気焼灼(しょうしゃく)法.

Gal·va·no·kau·ter[..káʊtər] 男 -s/- 〖医〗電気焼灼(しょうしゃく)器.

Gal·va·no·me·ter [..mé:tər] 中 (男) -s/- 〖電〗検流計.

Gal·va·no·pla·stik[..plástɪk] 女 -/ 〖印〗電気製版術.

gal·va·no·pla·stisch[..plástɪʃ] 形 電気製版術の.

Gal·va·no·skop[..noskó:p, ..nɔs..] 中 -s/-e 〖電〗検流計.

Gal·va·no·ste·gie[galvanostegí:] 女 -/ ＝Galvanoplastik [＜*gr.* stégein „bedecken" (◇decken)]

Gal·va·no·ta·xis[..táksɪs] 女 -/..xen[..ksən] 〖生〗走電性.

Gal·va·no·tech·nik[..téçnɪk] 女 -/ 電気めっき術.

Gal·va·no·the·ra·pie[..terapí:] 女 -/ 〖医〗直流電気療法.

Gal·va·no·tro·pis·mus[..tropísmʊs] 男 -/ 〖生〗屈電性.

Gal·va·no·ty·pie[..typí:] 女 -/ 〖印〗電気製版. [＜*gr.* týptein (→Typ)]

..gam[..ga:m] 《「…受精・受粉の, …婚の」を意味する形容詞をつくる》: entomo*gam* 〖植〗虫媒の | anemo*gam* 〖植〗風媒の ‖ mono*gam* 一夫一婦制の | poly*gam* 一夫多妻の; 一妻多夫の. [*gr.* gámos „Ehe"; ◇geminieren]

Ga·ma[gá:ma·] 人名 Vasco da ～ ヴァスコ ダ ガマ(1469頃-1524; ポルトガルの航海者. 喜望峰を回るインド航路を開拓).

Ga·man·der[gamándər] 男 -s/- 〖植〗ニガクサ(苦草)〔属〕. [*gr.* chamaí-drȳs „Boden-eiche"－*mlat.*－*mhd.* gamandrē; ◇*engl.* germander]

Ga·ma·sche[gamáʃə] 女 -/-n 《ふつう複数で》ゲートル, すね〈足首〉当て: ～*n* anlegen すね当てをつける | ～*n* wickeln ゲートルを巻く ‖ **vor** *jm.* 〈*et.*[3]〉 **～*n* haben** 《戯》…を恐れる, …が心配になる. [*arab.*－*span.* guadamecí „Leder "－*fr.* gamache]

Ga·ma·schen≠dienst 男 《話》(軍隊での)細かい規律, くだらない訓練. **≠ho·se** 女 〖服飾〗(幼児用の)レギンス. **≠knopf** 男 《話》細かい規律をやかましく言う将校〈下士官〉.

Gam·be[gámbə] 女 -/-n 〖楽〗ヴィオラ=ダ=ガンバ(16世紀から18世紀まで使われたチェロの前身). [＜Viola da gamba]

Gam·bia[gámbia·] 地名 ガンビア(アフリカ西部の共和国. 1965年英連邦内で独立. 首都はバンジュル Banjul).

Gam·bi·er[gámbiər] 男 -s/- ガンビア人.

Gam·bir[gámbɪr] 男 -s/ 〖植〗ガンビール(マレー原産アカネ科の低木. 葉から黄褐色の染料をとる). [*indones.*]

Gam·bist[gambíst] 男 -en/-en ヴィオラ=ダ=ガンバ奏者.

Gam·bit[gambít] 中 -s/-s 〘チェス〙(優位に立つためにポーンの捨て駒(ごま)をする)序盤の手, ガンビット, 先手. [*it.*－*span.*; ＜*it.* gamba „Bein" (◇Campus); ◇Gambe]

Gam·bo·hanf[gámbohanf] 男 〖植〗デカンヘンプ(アフリカ原産フヨウ属の植物. ジュートに似た繊維をとる).

Gam·bri·nus[gambrí:nʊs] 人名 ガンブリーヌス(ビール醸造の発明者といわれる伝説的な Flandern の王).

..game[..ga:mə] 《「…受精・受粉の生物」を意味する女性名詞 (-/-n) をつくる》: Phanero*game* 顕花植物 | Krypto*game* 隠花植物. [＜..gam]

Ga·me·lan[gá(:)məlan] (**Ga·me·lang**[..laŋ]) 中 -s/-s ガムラン, ガメラン(インドネシア, 特にジャワおよびバリ島で行われる打楽器中心の合奏形態, またはその合奏団). [*indones.*]

Ga·mel·le[gamέlə] 女 -/-n 《スイ》飯盒(はんごう). [*lat.* camella „Schale"－*it.*－*fr.*]

Ga·met[gamé:t] 男 -en/-en 〖生〗配偶子, 生殖体. [*gr.* gamétēs „Gatte"; ◇..gam]

Ga·met·an·gium[gametáŋgiʊm] 中 -s/..ien[..giən] 〖植〗配偶子嚢(のう).

Ga·me·to·phyt[gametofý:t] 男 -en/-en (↔Sporophyt) 〖植〗配偶体.

..gamie[..gami:] 《「受精・受粉・結婚」を意味する女性名詞 (-/-n) をつくる》: Auto*gamie* 〖生〗自家受精 | Homoga*mie* 〖植〗雌雄同熟 ‖ Bi*gamie* 二重結婚 | Endo*gamie* 族内〔結〕婚. [*fr.*]

Ga·min[gamɛ̃:] 男 -s/-s (Gassenbube) 宿なし子, 浮浪児.

Gam·ma[gáma·] 中 -〔s〕/-s **1** ガンマ(ギリシア字母の第 3 字: Γ, γ). **2** ガンマ, マイクログラム(100万分の 1 グラムに当たる質量単位; 記号 γ, μg). [*gr.*－*lat.*]

Gam·ma≠eu·le[gáma..] 女 〖虫〗ガンマガ(羽にγ字形の紋がある蛾). **≠funk·tion** 女 〖数〗ガンマ関数. **≠glo·bu·lin**[..globuli:n] 中 -s/-e 〖医〗ガンマグロブリン. **≠strah·len** 複 〖理〗ガンマ線(γ-Strahlen とも書く).

Gam·mel[gáməl] 男 -s/ 《話》《集合的に》がらくた, 廃品; 乱雑に散らかった物. [*ndd.*]

Gam·mel≠bru·der 男 《話》のらくらして暮らす若者. **≠dienst** 男 《話》(新兵の)基礎規律教育.

gam·me·lig[gáməlɪç][2] 形 《話》(verdorben) (食料品が)古くなって腐った〈いたんだ〉; (服装などが)だらしのない.

gam·meln[gáməln] 《06》 自 (h) **1** 《話》のらくらして暮らす: das große *Gammeln* 無関心〔な振舞い〕. **2** 《北部》古くなって腐る〈いたむ〉. [*mndd.*]

Gam·mel·schwe·ster 女 《話》のらくらして暮らす小娘.

Gam·mel·tim·pe[..tɪmpə] 女 -/-n 《話》のらくら者のたまり場. [＜*ndd.* timpe „Ecke"]

Gamm·ler[gámlər] 男 -s/- (◎ **Gamm·le·rin**[..lərɪn] -/-nen) 《話》(若い)浮浪者; ヒッピー, フーテン族.

Gamm·ler·tum 中 -s/ ヒッピー族の生態; 浮浪生活.

Gams[gams][1] 女 男 (中) -/-〔en〕《南部》＝Gemse

Gams·bart[gáms..], **Gäms·bart**[gέms..] ＝Gemsbart

Gäm·se[gέmzə] 女 -/-n ＝Gemse

Ga·na·sche[ganáʃə] 女 -/-n (馬の)下あご〔の咬筋(こうきん)〕(→ 図 Pferd A). [*gr.* gnáthos „Kinnbacke"－*it.* ganascia－*fr.* ganache]

Gan·dhi[gándi·] 人名 Mahatma ～ マハトマ ガンジー(1869-1948; インドの宗教および政治の指導者: →Mahatma).

Ga·neff[ganέf] 男 -〔s〕/-e＝Ganove

▽**Gan·er·be**[gá:n|ɛrbə] 男 (Miterbe) 〖法〗共同相続人. [*ahd.*; ◇ge.., an]

Gan≠erb·schaft (**≠er·ben·schaft**) 女 -/ 共同相続〔財産〕.

gang[gaŋ] (スイ: **gäng**[gɛŋ]) 形 《次の形で》**～ und gäbe sein** 習慣になっている, 普通のことである | Das ist hier ～ und gäbe. それはここでは普通のことだ〈ありふれている〉. [*ahd.* gengi „im Gang befindlich"; ＜*ahd.* gangan „gehen" (◇gehen)]

Gang[1][gaŋ] 男 -es(-s)/Gänge[gέŋə] **1** 《単数で》歩き方, 足どり, 歩調: einen federnden ～ haben 弾むような歩き方をする | mit gemessenem ～ / 《雅》gemessenen ～*es* 落ち着いた足どりで | Ich erkannte ihn an seinem ～. 私は歩き方で彼だということがわかった.

2 《単数で》(機械などの)動き, 運転〔状態〕; 《比》(事の)進行, 進展, 経過; 〖劇〗(舞台上での役者の)動き: den ～ des Motors überwachen エンジンの動きを見守る | in den ～ der Untersuchung eingreifen 調査過程に介入する ‖ Alles geht seinen alten ～. 万事もとどおりに進んでいる | Die Sache muß ihren ～ gehen. ことはなるようにしか〈しかるべく進められなければ〉ならない ‖ ***et.***[4] **in ～ bringen** 〈**setzen**〉 …(機械など)を始動させる, …を運転開始する; 《比》…を始める, …を起こす | ***et.***[4] **in ～ halten** …(機械など)を動かし続ける; 《比》…の活動を持続させる | ein Gespräch in ～ halten とぎれないように会話を続ける | **in ～ kommen** (機械などが)動

き始める;《比》(事が)始まる, 軌道に乗る | **im ～〔*e*〕〈in ～〉 sein** (機械などが) 動いている;《比》(事が)進展〈進行〉中である | **in vollem ～*e* sein** フルに動いている; たけなわである | Da scheint etwas〔gegen mich〕im ～*e* zu sein. どうも〔私に対して〕何かがたくらまれているような気がする.

3 a) (何か目的をもって)行くこと, 用たし〔に行くこと〕; (医者の)回診, 往診; (警察の)巡回, パトロール: ein vergeblicher ～ むだ足 | **ein ～ nach Kanossa** カノッサ詣(もう)で(わびを入れに行くこと) (→Canossa) ‖ *Gänge* besorgen あちこち用たし〈使い〉に行く ‖ auf *seinen Gängen* 〈auf *seinem* ～〉 sein 回診中である, 巡回している | *jn.* auf *seinem* letzten ～ begleiten …の野辺の送りをする ‖ Als ich wieder zu Hause war, war mein erster ～ zu meiner Tante. 私が帰郷してまず足を運んだのはおばの所だった. **b**) 散歩: einen ～ durch den Park machen 公園を散歩する. **c**) 〖楽〗パッセージ, 経過句.

4 a) (過程の)一区切り, 一段階; 一仕事, 工程; (試合などの) 1 ラウンド〈セット〉; (ピストンなどの)一工程; (ヨットなどの)一間切り〔で進んだ区間〕: einen ～ mit *jm.* ausfechten …と一試合する; …と決闘する | mehrere Dinge in einem ～ erledigen 一度に多くのことを片づける. **b**) 〖料理〗(食事の)一品, 一皿, コース: Haupt*gang* 主料理, メーンコース ‖ ein Essen mit vier *Gängen* 4 品料理 | Im dritten ～ gab es Hühnerbraten. 3 番目の料理はローストチキンだった. **c**) (自動車などの)ギア(変速装置の特定のかみ合わせ位置): den zweiten ～ einschalten 〈einlegen〉 / auf den zweiten ～ schalten セカンドギアに入れる | im dritten ～ fahren サードギアで走る | **einen ～ zulegen 〈zurückschalten〉**《話》テンポを速める〈遅らせる〉.

5 a) 廊下: die Tür nach dem ～ 廊下に出るドア | Schritte auf dem ～ hören 廊下の足音を耳にする. **b**) (屋根つきの細い)通路; (両側から木立に覆われた)木陰道: ein unterirdischer ～ 地下道. **c**) 〖狩〗(細く深い)巣穴.

6 〖工〗導管. **7** 〖坑〗脈, 岩脈, 鉱脈: ein erzführender ～ 鉱脈(＝Erzgang). **8** 〖植〗菌褶(きんしゅう) (→ 図 Pilz). **9** (Gewindegang) 〖工〗ねじ山の間隔.

[*germ.*; ◇gehen; *engl.* gang〔ue〕]

Gang[2] [gɛŋ, gæŋ] 女 -/-s 悪者の一味〈一群〉, アウトローの〔青年〕グループ. [*engl.*]

gäng [gɛŋ] 《スイ》＝gang

Gang·art [gáŋ..] 女 **1** (人や馬の)歩き方, 足並み, 歩調, ペース. **2** 〖坑〗脈石(鉱床に含まれた無価値な非金属鉱物).

gang·bar [gáŋba:r] 形 **1** (道などが) 通れる, 通行可能な. **2** (貨幣などが)流通している, 通用する; (方法・意見などが)一般に行われている, 普通の, 慣用の. **3** 実行できる, 実用的な. **4** 〖商〗売れ行きのよい. [*mhd.*; ＜*ahd.* gangan (→gang)]

Gang·bord 中 (船から波止場などに掛け渡した)渡り板.

Gän·ge Gang[1]の複数.

Gän·gel·band [gɛ́ŋəl..] 中 -〔e〕s/..bänder (幼児に歩行を教えるための)歩行バンド: ***jn.* am ～ halten 〈führen〉**《比》…を意のままに操る | **am ～ gehen**《比》他人の言いなりになる.

Gän·ge·lei [gɛŋəlái] 女 -/-en (他人をたえず)監督すること, (やかましく)指図する〈世話をやく〉こと.

gän·geln [gɛ́ŋəln] 《06》 **I** 他 (h) **1** (やかましく)世話をやく, (人を)監督する, 操る. **2** (歩行バンドで)子供に歩行を教える, (歩行バンドにつないで)連れ歩く. **II** 自 (s) よちよち歩く. [＜*mhd.* gengen „gehen machen" (◇gehen)]

Gän·gel·wa·gen 男 (歩き始めの幼児がつかまって歩く)歩行器, あんよ車.

Gän·ger [gɛ́ŋər] 男 -s/- **1** 歩行者, 通行人. **2** ein guter ～ 足の速い馬. [*mhd.*; ＜*ahd.* gangan (→gang); ◇*engl.* ganger]

der **Gan·ges** [gáŋgɛs, gáŋəs] 地名 男 -/ ガンジス (Bengalen 湾に注ぐインドの大河で, ヒンズー教徒にとって「聖なる川」).

Gang≈ge·stein [gáŋ..] 中 ＝Gangart 2 **≈ge·wicht** 中 (↔Schlaggewicht) (時計の)時方(ときかた)分銅, 動力錘(おもり). **≈hö·he** 女〖工〗リード(ねじが 1 回転で進む距離: → 図 Gewinde).

gän·gig [gɛ́ŋɪç][2] 形 **1** (意見・方法などが)一般に行われている, 普通の, 慣用の; 流行の; (貨幣などが)流通している, 通用する. **2** 〖商〗売れ行きのよい. **3** (馬などが)足の速い. **4** (犬などが)よく訓練された, 従順な. **5** (道などが)通れる. **6** 動いている, 機能している: eine Uhr wieder ～ machen 時計をまた動くようにする. [*mhd.* gengec; ◇gang]

..gängig [..gɛŋɪç][2] 《数詞などにつけて「…段階をもつ」を意味する形容詞をつくる》: drei*gängig* 〖工〗(ギアが) 3 段式の.

Gan·gli·en≈sy·stem [gáŋ(g)liən..] 中〖生〗中枢神経系, 交感神経系. **≈zel·le** 女〖生〗神経節細胞.

Gan·glion [gáŋ(g)liɔn] 中 -s/..glien [..liən] **1** 〖生〗神経節. **2** 〖医〗結節腫(しゅ). [*gr.*－*spätlat.*]

Gan·glio·ni·tis [gaŋglioní:tɪs] 女 -/..tiden [..nití:dən] 〖医〗神経節炎. [＜..itis]

Gan·grän [gaŋgrɛ́:n] 女 -/-en (中 -s/-e) (**Gan·grä·ne** [..nə] 女 -/-n) 〖医〗壊疽(えそ), 脱疽. [*gr.* gággraina „kalter Brand"－*lat.*; ◇*engl.* gangrene]

gan·grä·nes·zie·ren [gaŋgrɛnɛstsí:rən] 自 (h) 壊疽(えそ)〈脱疽〉にかかる.

gan·grä·nös [gaŋgrɛnǿ:s][1] 形 壊疽(えそ)〈脱疽〉性の, 壊疽〈脱疽〉にかかった. [＜..ös]

Gang≈schalt·he·bel [gáŋ..] 男〖工〗ギアシフトレバー. **≈schal·tung** 女〖工〗ギア転換装置(→ 図 Kraftrad).

Gang·spill 中 (Ankerspill) 〖海〗車地(しゃち), いかりウィンチ, キャプスタン. [*ndl.*]

Gang·ster [gɛ́ŋstər, gáŋ..] 男 -s/- ギャングの一員, 悪漢; 密輸団の一員, 密輸者. [*engl.*－*amerik.*; ＜Gang[2]]

Gang·ster·ban·de [gɛ́ŋstər.., gáŋ..] 女 ギャング〔団〕.

Gang·tie·fe [gáŋ..] 女〖工〗ねじ山の高さ(→ 図 Gewinde).

Gang·way [gǽŋweɪ] 女 -/-s (船から岸へ掛け渡す)渡り板, 道板; (船・飛行機などの乗り降り用の)通路, タラップ. [*engl.*; ◇Gang[1], Weg]

Ga·no·ve [ganó:və] 男 -n/-n《話》(Dieb) 泥棒; 悪いやつ. [*hebr.*－*jidd.* gannaw]

Gans [gans][1] 女 -/ Gänse [gɛ́nzə] (小 **Gäns·chen** [gɛ́nsçən], **Gäns·lein** [..laɪn] 中 -s/-) **1 a**) 〖鳥〗ガチョウ(鵞鳥): **dastehen wie die ～, wenn's donnert**《話》(雷にあったガチョウみたいに驚いて)ぼう然と立ちすくむ, ぽかんとしている. **b**) ガチョウの雌. **c**) ガチョウの焼き肉. **2** 《軽蔑的に》(若い)愚かな女: 〔Du〕 dumme ～! ばかな女め. [*idg.*; ◇*engl.* goose; *lat.* änser „Gans"]

Gäns·bra·ten [gɛ́ns..] 《オーストリア》＝Gänsebraten

Gäns·chen Gans の縮小形.

Gän·se Gans の複数.

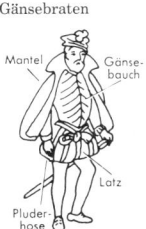

Gänsebauch

Gän·se≈bauch [gɛ́nzə..] 男 (16世紀の男子服の)刺し子胸当て(→ 図). **≈blüm·chen** 中 (**≈blu·me** 女) 〖植〗ヒナギク(雛菊), デージー. **≈bra·ten** 男 ガチョウの焼き肉. **≈brust** 女 **1** (燻製(くんせい)にした)ガチョウの胸肉. **2** (人・馬などの)はと胸. **≈di·stel** 女〖植〗ノゲシ(野芥子)属. **≈fe·der** 女 **1** (羽ぶとんなどに詰める)がちょうの羽毛. ᵛ**2** 鵞(が)ペン. **≈fett** 中 -〔e〕s/ 鵞脂(がし), ガチョウの脂(→Gänseschmalz). **≈fin·ger·kraut** 中〖植〗エゾツルキンバイ. **≈fuß** 男 **1** 〖植〗アカザ〔属〕. **2** 〖農〗(まぐわなどの)歯(→ 図 Krümmer). **≈füß·chen** 複 引用符(„"): ein Wort in ～ setzen ある語を引用符で囲む | Ich sage das in ～.《比》私はそのことにあまりかかわりたくない. **≈gei·er** 男〖鳥〗シロエリハゲワシ(白襟禿鷲). **≈haut** 女 -/ (寒気・恐怖による)鳥肌: eine ～ bekommen 〈kriegen〉 鳥肌が立つ | ***jm.* läuft eine ～ über den Rücken**《話》…は鳥肌が立つ | ***jm.* eine ～ verursachen**《話》…に鳥肌を立たせる. **≈keu·le** 女 ガチョウの太もも〔肉〕. **≈kiel** 男 ガチョウの羽軸; 鵞(が)ペン. **≈klein** 中 -s/ ガチョウの翼・首・頭・内臓など〔の煮込み料理〕. **≈kopf** 男 ばか者. **≈kraut** 中, **≈kres·se** 女〖植〗ハタザオ〔属〕. **≈küch·lein** 中 ＝Gänseklein **≈kü·ken** 中 ガチョウのひな. **≈le·ber** 女 ガチョウの肝臓; 〖料理〗フォアグラ: ge-

G

trüffelte ～〘料理〙トリュフ入りフォアグラ.
Gän·se·le·ber·pa·ste·te 女〘料理〙フォアグラのパイ.
Gän·se·marsch 男 -es/ 一列縦隊の行進: **im** ～ gehen ⟨marschieren⟩ 一列縦隊で進む.
Gan·ser[gánzər] 男 -s/-《南部・オーストリア》=Gänserich 1 [*westgerm.*; ◇Gans; *engl.* gander]
Gän·se·rich[génzərɪç] 男 -s/-e **1** ガチョウの雄. **2** =Gänsefingerkraut [<Gans+..erich]
Gän·se≠sä·ger[génzə..] 男〘動〙カワアイサ(川秋沙). ≠**schmalz** 中 -es/ (溶かした)鵞脂(がし), ガチョウの脂. ≠**stall** 男《戯》(Mädchenschule) 女学校. ≠**wein** 男 -(e)s/《戯》(Trinkwasser) 飲み水.
Gäns·lein Gans の縮小形.
Gänsl≠jun·ge[gánzəl..] 中《形容詞変化》(≠**jung** 中 -s/)《オーストリア》=Gänseklein
Gan·su[gānsù] =Kansu
Gant[gant] 女 -/-en《スイス》(差し押え品などの強制的な)競売; 破産: auf die ～ kommen 破産する. [*lat.* in quantum „auf· wieviel?"–*it.* incanto–*afr.*–*mhd.*]
Gan·ter[gántər] 男 -s/-《北部》=Gänserich 1
Ga·ny·med[ganymé:t; オーストリア: ◡◡−, gá:ny..][1] **I** 人名〘ギ神〙ガニュメデス (Zeus の酒杯の奉持者として天上にさらわれた美少年). **II** 男 -s/-e《俗》給仕, ボーイ; (若い)召使い.
Ga·ny·me·des[..mé:dɛs] =Ganymed I [*gr.*–*lat.*]
ganz[gants] **I** 形《比較変化なし; ふつう付加語的に単数名詞と》**1** (英: *whole*) 全部そろった, 百パーセントの: **a**)《定冠詞・所有代名詞などと》全部の, 構成部分が全部そろった, …全体, 全…: die ～*e* Familie 家族全員 | die ～*e* Welt 全世界 ‖ mit der ～*en* Aufmerksamkeit 全注意力を集中して | das ～*e* Buch ⟨den ～*en* Goethe⟩ lesen 本⟨ゲーテの全著作⟩を読了する | Er hat sein ～*es* Geld ausgegeben. 彼は有り金残らず払ってしまった | von ～*em* Herzen 心から | *seine* ～*e* Kraft einsetzen 全力を投入する | am ～*en* Leibe zittern からだじゅうが震える | auf der ～*en* Linie 全戦線にわたって;《比》いたる所で | Sie ist die ～*e* Mutter. 彼女は母親そっくりだ(=Sie ist ～ die Mutter. →II 1 a) | Der ～*e* Platz war voller Menschen. 広場はすっかり人で埋まっていた | die ～*e* Schuld auf *sich*[4] nehmen 全責任⟨すべての罪⟩をかぶる | Der Junge ist ihr ～*er* Stolz. その男の子は彼女の唯一の自慢の種だ | Das ist mein ～*es* Vermögen. これが私の全財産です | die ～*e* Wahrheit erfahren 真相のすべてを知る | die ～*e* Wohnung saubermachen 家じゅうを掃除する ‖〘時を表す名詞と〙das ～*e* Jahr hindurch 一年じゅうずっと | die ～*e* Nacht aufbleiben 一晩じゅう起きている | Den ～*en* Tag hat es geschneit. 一日じゅう雪が降った | die ～*e* Zeit über / während der ～*en* Zeit その間じゅうずっと ‖〘地名とともに; 無変化で: →halb II 1 ☆ i〙～ Deutschland 全ドイツ | in ～ Tokio 東京全域で | durch ～ Japan reisen 日本じゅうを旅行する.
b) 部分的ではない, まるごとの, まる…; 完璧(かんぺき)な, みごとな: ein ～*es* Brot 1個のパン全部 | ～*e* Note〘楽〙全音符 | ～*e* Pause〘楽〙全休止〔符〕| ～*er* Ton〘楽〙全音 | eine ～*e* Zahl〘数〙(分数に対して)整数 ‖ Er hat ～*e* Arbeit geleistet. 彼は完璧な仕事をした | ein Bildnis in ～*er* Figur 全身像 | Er ist ein ～*er* Kerl ⟨Mann⟩.《話》あいつはたいした人物だ | Wir brauchen für die Arbeit einen ⟨den⟩ ～*en* Mann. この仕事のためには専念できる男ひとりを必要とする | Er spricht in ～*en* Sätzen. 彼は整った文章を読むように話す ‖〘数詞を伴った名詞と; 古くは 4 格となるべき名詞が 2 格で現れることもあった〙～*e* vier Wochen dauern まるまる 4 週間つづく | ～*e* zwei Monate / [▽]～*er* zwei Monate まる 2 か月の間じゅう | drei ～*e* Flaschen Wein trinken ワインをまるまる 3 本あける | [▽]zwei ～*er* Stunden たっぷり 2 時間にわたって.
2《ふつうアクセントが名詞のほうにおかれて》かなり大きな, 相当量の, 著しい: ein ～*er* Haufen Arbeit 山のような仕事 | eine ～*e* Menge 相当な量 | eine ～*e* Reihe schöne〔r〕Tage 幾日ものすばらしい日々 | die ～*e* Einfachheit des Problems その問題の著しい単純さ, きわめて単純な問題 ‖ ～*e* Jahre 数年, 幾年か; 長年月(=jahrelang) | ～*e* Nächte 幾晩も〔幾晩も〕| eine ～*e* Zeit かなりのあいだ.
3《副詞的用法なし》**a**)《話》(物について)無傷の, こわれていない, 破れていない: *et.*[4] wieder ～ machen …を修理⟨修復⟩する | Der Schuh ist noch ～. その靴はまだ破れていない ‖ Ich habe kein ～*es* Hemd mehr. シャツがみんな破れてしまった | mit ～*er* Haut davonkommen (災難などを)無事にのがれる. **b**)《南部》(家畜が)去勢されていない.
4《複数名詞と》《話》(all) すべての: Die ～*en* Nachbarn waren zusammengelaufen. 近所の人たちは一人残らず駆けつけて来ていた | Willst du deine ～*en* Bücher mitschleppen? 君はそれらの本をそっくり持って行くつもりなのか.
☆ 書き言葉ではこの場合, alle のほうが正しいとされている.
5《あとに数詞を伴って》《話》たった⟨わずか⟩…だけの, たった…ぽっきりの: Das hat ～*e* zehn Mark gekostet. それはたった10マルクしかしなかった | Sie ist ～*e* vierzehn Jahre. 彼女はわずか14歳だ.
★ ganz とあとに続く名詞のアクセントについては次の点に注意しなければならない.
i) 対立物との差を強調する場合には ganz のほうに特にアクセントをおく: eine ～*e* Zahl〘数〙(分数に対しての)整数.
ii) 名詞のほうだけにアクセントがおかれると, ganz の本来の意味が薄れる: eine ～*e* Menge Geld かなりの額のお金(アクセントは Menge にある) | Ein ～*er* Berg von Brief liegen auf dem Tisch. 机の上には手紙が山と積まれている(アクセントは Berg にある).
II 副 **1** 全部, まるごと: **a**) 一つ残さず, すっかり, 全く, 全面的に, 百パーセント, 完全に: voll und ～ (→voll 3 a) | den Kuchen ～ aufessen ケーキを全部食べてしまう | das Buch ～ auslesen 本を読了する | die Pläne〔voll und〕～ unterstützen 計画を全面的に支持する | *et.*[4] ～ vergessen …を全く忘れてしまう ‖ *et.*[4] ～ allein machen …を全く独力でやる | eine ～ andere Sache 全く別の事柄 | ～ falsch 全くにせの⟨間違った⟩ | Das ist mir ～ gleich. それは私には全くどっちでも同じだ | Du hast ～ recht. まさに君の言うとおりだ | ～ im Gegenteil 全く正反対で | *Ganz* wie du willst! どうぞあなたのお望みのように ‖〘述語名詞と〙Ich bin ～ Ihrer Meinung. あなたの考えに全面的に賛成です | Das ist ～ meine Meinung. それがそのまま私の意見です(→Meinung 1 a) | Es ist ～ dasselbe. それは全く同じことだ | Sie ist ～ die Mutter. 彼女は母親そっくりだ(=Sie ist die ～*e* Mutter.→I 1 a) | Er ist ～ der Mann dazu. 彼こそそれにうってつけの人物だ | Er war ～ Ohr. 彼は全身これ耳にして傾聴していた | Er war ～ Würde. 彼は威厳そのものだった | Sie stand da, ～ Entschlossenheit. 彼女はまるで決意の権化といった姿でそこに立っていた ‖〘**nicht ganz** の形で〙Bist du fertig?—Noch nicht ～! もうすみましたか — もう少しのところです | Er ist nicht ～ zufrieden. 彼は完全に満足しているわけではない | Ich verstehe es nicht ～. 私にはそれが完全にはわからない ‖ nicht ～ bei *sich*[3] sein《話》ぼんやりしている, 心ここにあらずの状態である | Es ist noch nicht ～ zehn Uhr. まだ10時にはなっていない. **b**) 一括して, まとめて: das Grundstück ～ verkaufen i) 地所を(分割しないで)一括して売る; ii) 地所を残らず売る(→1 a) | *et.*[4] im ～*en* kaufen ⟨verkaufen⟩ …をひとまとめで買う⟨売る⟩(→III 1 a).
2《度合いを示して》(sehr) 非常に, きわめて, たいへん: ein ～ armer Mann ひどくあわれな⟨貧しい⟩男 | Ihr ～ ergebener X (手紙の末尾の署名の前で)敬具 X | ～ begeistert ⟨erstaunt⟩ たいへん感激して⟨驚きあきれて⟩ | ～ besonders gut きわめてよい | ～ blaß ひどく青ざめた | *Ganz* gewiß! きっとそうだ, 全くそのとおりだ | ein ～ großer Künstler たいへん偉大な芸術家 | Geht es Ihnen wieder ～ gut? すっかり元気になられましたか | ein ～ klein wenig ほんのわずかばかり | Die Rettung ist ～ nahe. 救いはきわめて近い⟨もうすぐだ⟩ | *Ganz* richtig! 全くそのとおりです | Das Buch ist ～ schlecht. この本は全くひどい | ～ unwahrscheinlich とてもありそうにない.
3《gut, schön などとともに; アクセントは形容詞のほうにおかれて》まあまあの, かなりの: Es geht mir ～ gut. 私はまあまあ元

G

気です(→2) | Das Essen schmeckt ~ gut. 食事はまあまあの味である | Ich finde sie ~ nett. 彼女はなかなか感じがよいと思う | Er schreibt ~ ordentlich. 彼の文章はかなりのものだ.

4《**ganz und gar** の形で; 特に否定の強調にはもっぱらこの形で: →gar II 1》全く, すっかり, 完全に; 全然, まるで(…でない): Sind Sie denn ~ und gar verrückt? いったいあなたはすっかり頭が狂ってしまったのですか | **~ und gar nicht** 全然〈まったく〉…でない | Das ist ~ und gar nicht richtig. それはまるで正しくない.

III Gan·ze《形容詞変化》**1** 中 **a**) (まとまりのある)全体, 総体; 〖軍〗全員: Diese Erscheinungen bilden ein ~*s*. これらの現象が集って一つの全体を構成している | Das ~ war Schwindel. 一から十までぺてんだった | Man muß hier das große ~ sehen. 今の場合我々は大局的判断をしなければならない | Als ~*s* ist seine Arbeit gut. 全体として見れば彼の仕事〈論文〉はよくできている | **nichts ~*s* und nichts Halbes sein** / nichts Halbes und nichts ~*s* sein 中途半端でどうにもならない | **aufs ~ gehen**《話》中途半端を嫌う, とことんやる, 一直線に行くところまで行く | Jetzt geht's ums ~. さあ のるかそるか〈一か八か〉だ ‖〘小文字で〙im *ganzen* 300 Mark bezahlen 全部で300マルク支払う | Wir dürfen die Sets nur im *ganzen* verkaufen. 私どもはそのセットはそろいでしかお売りできません.

b)《**im**〔**großen und**〕**ganzen** の形で》全体として見れば, 全般的に言って: Im *ganzen*〔genommen〕ist seine Arbeit gut.(個々の点はともかくとして)全般的には彼の仕事〈論文〉はよくできている | **Im**〔großen und〕*ganzen* war die Ernte nicht schlecht. 総じて言えば収穫は悪くはなかった | Im großen und *ganzen* stimme ich dir zu. 全体としては君の意見に賛成だ.

2 男 (ワインなどの 4 分の 1 または 2 分の 1 リットルの) コップ 1 杯の全量(あとに Schoppen が省略された形): einen ~*n* trinken 4 分の 1〈2 分の 1〉リットルの酒を飲む.

[*ahd.* „unversehrt"]

Ganz≈auf·nah·me[gánts..] 女 = Ganzbild ≈**au·to·mat** 男 全自動式機械. ≈**bild** 中 全身写真.

Gän·ze[gɛ́ntsə] 女 -/ **1**《南部》全体, 全部: **in *seiner* ~**《雅》全体として | **zur ~** 完全に. **2**〖坑〗未採掘の鉱脈. **3**〖工〗鋳型; 鋳物.

Ganz≈fa·bri·kat[gánts..] 中 仕上がり〈完成〉品. ≈**glas·tür** 女 総ガラス張りの〔玄関の〕ドア.

Ganz·heit[gántshaɪt] 女 -/ 完全; 全体, 総体; 統一体, 複合体: *et.*[4] in *seiner* ~ erfassen …を総体的に把握する.

ganz·heit·lich[-lɪç] 形 全的な, 全体〈総体〉〔的〕の.

Ganz·heits·me·tho·de 女 -/〖教〗全体法; (読み方教育での)全習法.

Ganz·holz 中 -es/ 丸木; 丸太.

ganz·jäh·rig 形 一年じゅうの, 通年の, 全シーズンの.

Ganz·le·der 中 -s/〖製本〗総革装〔丁〕.

Ganz·le·der·band 男 総革装の本.

Ganz·lei·nen 中 -s/〖製本〗総クロス装〔丁〕.

Ganz·lei·nen·band 男 総クロス装の本.

gänz·lich[gɛ́ntslɪç] **I** 形《付加語的》完全な, 全くの, 全面的な. **II** 副 完全に, 全く, 全然, すっかり.

Ganz≈sa·che[gánts..] 女〖郵〗切手の刷り込まれたはがき〈封筒〉(官製はがきなど). ≈**schluß** 男〖楽〗正格終止, 全終止. ≈**sei·de** 女 正絹, 純絹.

ganz≈sei·den 形 正絹〈純絹〉の. ≈**sei·tig** 形 1ページ〔全部〕の, 余白なしの, ぎっしり詰まった: eine ~*e* Reklame 全面広告.

Ganz·stahl·wa·gen 男 全鋼鉄製車両.

Ganz·stoff 男 (↔Halbstoff)〖紙〗完成紙料.

ganz≈tä·gig 形 全日〈終日〉の, 全時間〔従事〕の, フルタイムの: ~*e* Beschäftigung 全時間雇用〈就業〉. ≈**tags** 副 一日じゅう, 終日; 全時間就業で.

Ganz·tags≈be·schäf·ti·gung 女 -/ 全時間就業. ≈**schu·le** 女 (午前中だけでなく午後まで授業の行われる)全日制学校.

Ganz·ton 男 -〔e〕s/..töne〖楽〗全音.

Ganz·ton·lei·ter 女〖楽〗全音音階.

ganz·wol·len 形 純毛の.

Ganz·wort·me·tho·de = Ganzheitsmethode

ganz·zah·lig 形〖数〗整数の.

Ganz·zeug 中 = Ganzstoff

Gao·xiong[gāuɕĭúŋ] = Kaohsiung

Gao·zong[gāudzūŋ] = Kao-tsung

Gao·zu[gāudzǔ] = Kao-tsu

▽**gap·pen**[gápən] = jappen [<gaffen]

▽**gap·sen**[gápsən]《02》= japsen

gar[ga:r] **I** 形《比較変化なし》**1 a**) (食べ物について)ゆであがった, よく煮えた〈焼けた〉, 調理済みの: ~*es* Fleisch よく焼けた肉 ‖ das Gemüse ~ kochen 野菜をよくゆでる | Der Fisch ist erst halb〈noch nicht ganz〉~. その魚はまだ半分しか〈まだ完全には〉煮えていない. **b**) (一般に)仕上がった, でき上がった, 準備完了の: ~*e* Kohlen 焼きあがった〔木〕炭 | ~*es* Metall 鋳型に流し込むばかりになった金属 ‖ Leder ~ machen 皮をなめす | Der Kompost ist ~ und streufertig. その堆肥(たいひ)は熟成してすぐにも畑にまける状態になっている.

2 (↔ungar)〖農〗(土地についてその物理的・化学的・生物学的条件が)農耕に適した.

3《述語的》《南部・オーストリア》《話》(alle) 尽きた, 使い果たされた; 過ぎ去った: Das Brot ist ~. パンはもうない | Das Geld war bald ~. お金はたちまち尽きた ‖ *et.*[4] ~ haben〈kriegen〉…を片づけてしまう | Mit mir ist's ~. 私はもうだめだ.

II 副 **1 a**)《**ganz und gar** の形で肯定文の中で》全く, すっかり, 完全に: Das ist ganz und ~ falsch. それは完全にまちがっている | ganz und ~ aus der Luft gegriffen sein 全くの作りごと〈でっちあげ〉である. **b**)《しばしば **ganz und gar** の形で否定の強調に用いられて》全然, まるで, 全く, 決して(…でない): ganz und ~ nicht (→ganz II 4) | Das glaube ich ~ nicht. そんなこと私は全然信用しないよ | Sie hatten sich ~ nie gesehen. 彼らはお互いに会ったことなど一度もなかった | Das hat ~ keinen Wert. そんなことは一文の値うちもない | Es war ~ keiner〈niemand〉zu sehen. だれ一人として姿は見えなかった | Es gab ~ nichts zu essen. 食べる物は何一つなかった.

2 (sogar) かてて加えて, その上さらに; それどころか…〔で〕さえも: Die erste Ehe war nicht glücklich, die zweite ist ~ unglücklich. 最初の結婚も幸福ではなかったが 2 度目のに至っては不幸と言ってよい | Sie waren Räuber oder ~ Mörder. 彼らは盗賊だった それどころか殺人犯だったと言ってもいいくらいだ | Der Vorfall war mir peinlich genug, und nun ~ noch vor allen Leuten! ただでさえ実に困った事件なのに しかもみんなの見ている前で起こったとは いやはや.

3 (etwa) まさか, よもや, ひょっとして: Es wird ihr doch nicht ~ etwas passiert sein? まさか彼女の身の上に何か起こったのではないだろうね.

4《強意》**a**) ほんとうに, 全く: Sie hat ~ einen feinen Geruch. 彼女はすごく鼻がきく | Er ist ~ zu allem fähig. あいつときたら全くどんな悪いことでもできるやつだ. **b**)《zu や so とともに用いられ, これを強めて》あまりに; 極めて: Du darfst keine ~ zu großen Ansprüche stellen. あまり過大な要求を出すものではない ‖ Ich bin ~ zu froh darüber. 私はそのことをすごく喜んでいる | *Gar* so dumm bist du wohl nicht? 君もそれほどのばかではないだろうね. **c**) (erst) いよいよもって, ますます: Der Mann ist schon unangenehm, und ~〔erst〕die Frau. あの男も感じが悪いが その妻君ときたらますますもっていやなやつだ.

5《話》《強い否定や驚きを表す. 次のような慣用的な言い回しに限られる》Lieber ~! / Ich dächte ~! / Ich glaube ~! / Warum nicht ~! とんでもない, 冗談じゃないぜ, まっぴらごめんだ | Warum nicht ~? どうしてそうではいけないのかね.

6《南部・オーストリア・スイス》非常に, たいへん: Es war ein ~ liebliches Kind. それはまことにかわいらしい子供だった | Sie freute sich[4] ~ sehr darüber. 彼女はそのことをとても喜んだ.

7《gar aus の形で》すっかり終わって, おしまいで: Die Güte des Herrn ist, daß wir nicht ~ aus sind. 私たちがすっかりだめになってしまわなかったのは神の慈悲のおかげである (Luther). [*germ.* „fertig"; ◇gerben; *engl.* yare]

G

Ga·ra̩·ge[gará:ʒə; オーストリア:..rá:ʒ] 女 -/-n[..ʒən] **1** (自動車の)車庫, ガレージ: Tief*garage* 地下駐車場 ‖ das Auto aus der ~ holen ⟨in die ~ fahren⟩ 自動車を車庫から出す⟨車庫に入れる⟩. ▽**2** (Autowerkstatt) 自動車修理工場. [*fr.*; < *fr.* garer „in Verwahrung bringen" (◇wahren)]

Ga·ra̩·gen·wa̱·gen[gará:ʒən..] 男 車庫に入れて大切にしている自動車.

ga·ra·gie·ren[garaʒí:rən] 他 (h) 《オーストリア・スイス》(自動車を)車庫に入れる.

Ga·ra·gist[..ʒíst] 男 -en/-en 《スイス》自動車修理業者.

Ga·ra·mond[garamɔ̃(:), gá:ramɔnt] 女 -/ 《印》ガラモン〔ト〕(欧文活字書体の一種). [< C. Garamond (フランスの印刻・活字鋳造家, †1561)]

Ga·ra̩nt[garánt] 男 -en/-en 保証人. [*afränk.*－*fr.*; ◇gewähren; *engl.* warrant]

Ga·ran·ti̩e[garantí:] 女 -/-n[..tí:ən] **1** 保証, 請け合い: die ~ für *et.*[4] übernehmen …に対する保証を引き受ける | Darauf gebe ich dir meine ~! それは私が保証⟨確言⟩する ‖ Das ist ohne ~. それは保証のかぎりではない(確実ではない) | **unter ~** 《話》確実に, かならず, きっと | Er kommt unter ~ zu spät. 彼は必ずや遅刻するぞ. **2** 《商》(商品に欠陥のある場合, 一定期間中これに対して責任を負うという製造業者の)保証: die ~ auf ⟨für⟩ ein Gerät (製造業者の)器具に対する保証 ‖ Das Gerät hat ein Jahr ~. この器具の保証期間は1年です | Die Reparatur geht noch auf ~ ⟨fällt noch unter die ~⟩. 修理は保証期間中だから無料だ | ein Apparat mit einem Jahr ~ 保証期間1年の器具 [*fr.*; ◇ *engl.* guaranty]

Ga·ran·ti̩e≈an·spruch 男 保証に対する請求権. **≈fonds**[..fɔ̃:] 男 《商》担保基金. **≈frist** 女 保証〔有効〕期間. **≈lo̩hn** 男 最低保証賃金.

ga·ran·ti̩e·ren[garantí:rən] **I** 他 (h) 《*jm. et.*[4]》(…に…を)保証する, 請け合う: Er *garantierte* mir ein sicheres Einkommen. 彼は私に確実な収入を保証した | Die Verfassung *garantiert* die Rechte der Bürger. 憲法は市民の諸権利を保障する. **II** 自 (h) 《für *et.*[4]》(…を)保証する, 請け合う: für die Qualität der Ware ~ 商品の品質を保証する | Ich *garantiere* dafür, daß ... 私は…であることを請け合う. **III ga·ran·ti̩ert** 過分 形 **1** 折り紙つきの, 成功疑いなしの: ~*e* Stücke 折り紙つきの作品⟨品物⟩. **2** 《副詞的》《話》確実に, きっと, かならず: Er hat es ~ vergessen. 彼はきっとそれを忘れてしまったにちがいない. [*fr.*]

Ga·ran·ti̩e≈schein 男 保証書. **≈ver·trag** 男 《法》損害担保契約. **≈zeit** 女 保証〔有効〕期間.

Ga̩r·aus[gá:r|aʊs, –⌐] 男 《もっぱら次の成句で》 ***jm.* den ~ machen** 《話》…に止(とど)めを刺す, …を殺す⟨破滅させる⟩. [„vollständig vorbei"]

Ga̩r·be[1][gárbə] 女 -/-n **1 a)** 束(たば), (特に:) 穀物の束, わら束: Getreide in ⟨zu⟩ ~*n* binden 穀物を束ねる. **b)** 《金属》束鉄(粗鋼棒の束). **2** (Geschoßgarbe) 《軍》集束弾道. [„Zusammengegriffenes"; *ahd.*; ◇grabbeln]

Ga̩r·be[2][–] 女 -/-n (Schafgarbe) 《植》セイヨウノコギリソウ(西洋鋸草). [*westgerm.*; ◇ *engl.* yarrow]

Ga̩r·ben≈bin·de·ma·schi̩·ne 女 《農》刈り取り結束機, バインダー. **≈bin·der** 男 **1** 刈った穀物を束ねる人. **2** ＝Garbenbindemaschine [< Garbe[1]]

Gar·çon[garsɔ̃:] 男 -s/-s **1** (Kellner) 給仕, ボーイ. **2** (親方の下で働く)若者, 若い衆. ▽**3 a)** 少年, 若者. **b)** (Junggeselle) 独身の男性. [*afränk.*－*fr.*; ◇Recke]

Gar·çon·lo·gis[–loʒi:] 中 独身男性用家具付き貸間.

Gar·çon·ne[garsɔ́n(ə)] 女 -/-n[..nən] **1** (趣味や習慣などが)男のような女の子. **2** 《単数で》(女性の)ボーイッシュ=スタイル⟨モード⟩. [*fr.*]

Gar·çon·niè·re[garsɔniɛ́:rə] 女 -/-n 《オーストリア》(独身者用の)一間⟨ワンルーム⟩からなる住居. [*fr.*]

der **Ga̩r·da·see**[gárdaze:] 地名 男 -s/ ガルダ湖(イタリア北部, アルプス山麓(さんろく)にある湖).

Ga̩r·de[gárdə] 女 -/-n **1** (えり抜きの)護衛部隊, 親衛隊: die königliche ~ 《集合的に》近衛(このえ)兵 | die Rote ~ 《集合的に》(中国の)紅衛兵. **2** 《比》(共同の仕事に参加する)グループ, 仕事仲間: **noch von der alten ~ sein** 昔ながらの手堅い⟨信頼のできる⟩人間である. **3** (Fastnachtsgarde) (そろいの衣装を着た)謝肉祭⟨カーニバル⟩の一団. [*westgerm.*－*fr.*; ◇Warte, Guardian; *engl.* guard]

Gar·de·du·korps[gardədykó:r] 中 -[–(s)]/-[–s] **1** (Leibwache) 親衛隊. **2** (プロイセンの) 近衛(このえ)騎兵連隊. [*fr.* garde du corps „Leib-wache"]

Ga̩r·de≈in·fan·te·rie[gárdə..] 女 近衛(このえ)歩兵隊. **≈ka·val·le·rie** 女 近衛騎兵隊.

Gar·de·korps[gardəkó:r] 中 -[–(s)]/-[–s] 近衛軍団.

Gar·de̩·nie[gardé:niə] 女 -/-n 《植》クチナシ(卮子). [< A. Garden (スコットランドの植物学者, †1791)]

Ga̩r·de≈of·fi·zier[gárdə..] 男 近衛(このえ)将校. **≈re·gi·ment** 中 近衛連隊.

Gar·de·ro̩·be[gardəró:bə] 女 -/-n **1 a)** (劇場などの)携帯品預かり所, クローク: *seinen* Mantel an der ~ abgeben コートをクロークに預ける | Die ~ kostet 50 Pfennig. クロークの料金は50ペニヒです. **b)** (Flurgarderobe) 玄関ホールのコート掛け. **2 a)** 衣装部屋, 納戸; 化粧室; 衣装戸棚. **b)** (劇場などの)楽屋. **3** 《単数で》《集合的に》(個人が所有する)衣装, 衣服, 服飾品. [*fr.*; ◇ *engl.* wardrobe]

Gar·de·ro̩·ben≈frau 女 クローク係の女性. **≈ha̩·ken** 男 コート掛けのフック. **≈mar·ke** 女 クロークの番号札⟨預かり札⟩. **≈num·mer** 女 クロークの預かり札の番号. **≈schrank** 男 衣装戸棚, 洋服だんす. **≈stän·der** 男 (床に立てる)コート掛け.

Gar·de·ro·bier[gardərobié:] 男 -s/-s (女 **Gar·de·ro·bi̩e·re** → 別出) (劇場の)衣装方; (俳優などの)付き人.

Gar·de·ro·bi̩e·re[..bié:rə, ..ɛ́:rə] 女 -/-n **1** Garderobier の女性形. **2** ＝Garderobenfrau

Ga̩r·de·sol·da̩t[gárdə..] 男 近衛(このえ)兵.

gar·dez[gardé:] 《フランス語》《チェス》(相手のクイーンを攻めるときに発する警告)(クイーンを)守れ. [< *fr.* garder „schützen"]

Gar·di̩·ne[gardí:nə] 女 -/-n (Vorhang) (ふつう薄地の)カーテン(→ 図): ~*n* aufhängen カーテンを取り付ける(金具につるして) | ~*n* aufziehen ⟨zuziehen⟩ カーテンを開く⟨閉じる⟩ ‖ **schwedische ~*n*** 《話》牢獄(ろうごく)の窓格子 | ***jn.* hinter schwedische ~*n* bringen** 《話》…を投獄する | **hinter schwedische ~*n* kommen** 《話》入獄する | **hinter**

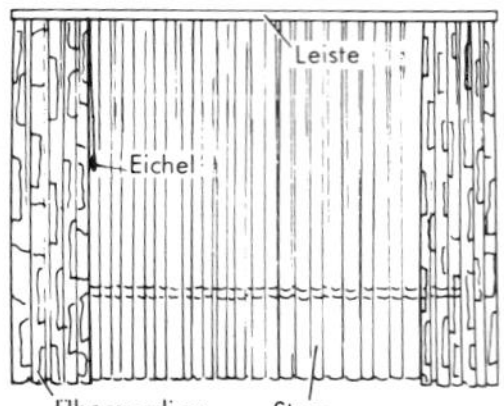

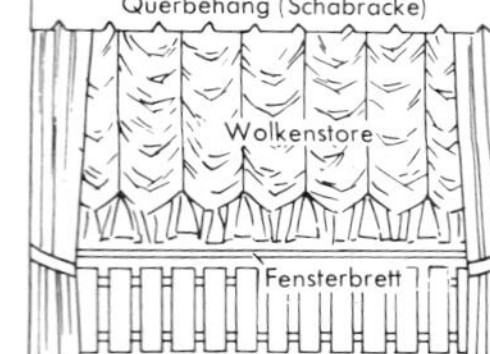

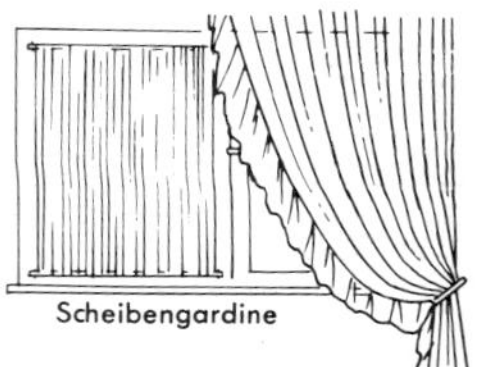

Gardine

G

schwedischen ∼*n* sitzen《話》牢獄〈刑務所〉にはいっている. [*fr.* courtine (→Kurtine)－*ndl.* gordijn „Bettvorhang"－*ndd.*; ◇*engl.* curtain]

Gar·di·nen≠arm 男 (カーテンを引いて留めておくための)カーテンフック. **≠bett** 中 カーテンつきベッド. **≠feu·er** 中 〘軍〙(防御用)弾幕. **≠ha·ken** 男 = Gardinenarm **≠lei·ste** 女 カーテンレール. **≠pre·digt** 女《戯》(ベッドカーテンの中から女房が遅く帰ってきた亭主に言う)閨(ねや)の小言; (一般に)非難, 叱責(しっせき), 訓戒: ***jm.* eine ∼ halten** …に小言を言う. **≠ring** 男 カーテンリング. **≠röll·chen** 中 カーテンランナー. **≠span·ner** 男 カーテンの張り枠. **≠stan·ge** 女 **1** カーテンレール〈ロッド〉. **2** カーテンを開け閉めする棒. **≠stoff** 男 カーテン生地.

Gar·dist[gardíst] 男 -en/-en 護衛兵, 親衛隊; 近衛(このえ)兵. [＜Garde＋..ist]

Ga·re[gá:rə] 女 -/ **1** 〘料理〙(食べ物が)十分煮えた〈焼けた〉状態. **2** 〘農〙(土地・土壌などの)農耕に適した状態, 肥沃(ひよく). [＜gar]

Gä·re[gɛ́:rə] 女 -/-n (Gärung) 発酵. [＜gären]

ga·ren[gá:rən] **I** 他 (h) **1** 〘料理〙〔弱火で〕煮上げる, たき上げる. **2** 〘金属〙精錬する; (石炭を)コークスにする, 乾留する. **II** 自 (h) 〘料理〙煮上がる, たき上がる. [＜gar]

gä·ren(*)[gɛ́:rən] 《51》 **gor**[go:r] (まれ: gärte) / **ge·go·ren** (まれ: gegärt); 接II göre[gǿ:rə] (まれ: gärte) **I** 自 **1** (h, s) 発酵する: Das Bier 〈Die Milch〉 *gärt*. ビール〈ミルク〉が発酵する | Der Wein ist zu Essig *gegoren*. ぶどう酒が発酵して酢になった. **2** (h)《ふつう規則変化》《in *jm.*》(…の心の中で感情が)激昂(げっこう)する: Der Haß *gärt* in ihm. 彼の心中は憎しみで煮えくり返っている ‖ 非人称 Es *gärt* im Volk. 民衆のあいだに不穏な空気が渦巻いている. **II** 他 (h) 発酵させる. [„wallen"; *ahd.* jesan; ◇Gischt; *gr.* zeĩn „sieden"]

Gär≠faß[gɛ́:r..] 中 (醸造用の)発酵槽. **≠fut·ter** 中 (サイロなどに保蔵された)生牧草.

gar·ga·ri·sie·ren[gargarizí:rən] 自 (h) (gurgeln) 〘医〙うがいをする. [*gr.*－*lat.*; 擬音]

Gar·ga·ris·ma[gargarísma·] 中 -s/-ta[..ta·] (Gurgelmittel) 〘医〙うがい薬, 含嗽(がんそう)剤. [*gr.*－*lat.*]

Gar·gel[gárgəl] 男 -s/- (底をはめるための)たる板の溝. [*spätlat.*－*afr.* gargouille „Abflußrinne"－*mhd.*; ◇*engl.* gargoyle]

Gar·herd[gá:r..] 男 〘金属〙精錬炉. [＜gar]

Ga·ri·bal·di[garibáldi·] 人名 Giuseppe ∼ ジュゼッペ ガリバルディ(1807-82; イタリアの愛国運動者).

gä·rig[gɛ́:rıç][2] 形 (ぶどう酒などが)発酵している, 発酵中の. [＜gären]

Gar≠koch[gá:r..] 男 Garküche の店主. **≠kü·che** 女 (簡単な料理を売る)屋台; (既製の料理を温めたりして出す)簡易食堂. **≠kup·fer** 中 〘金属〙精錬銅. **≠le·der** 中 なめし革. [＜gar]

Gar·misch-Par·ten·kir·chen[gármıʃpartənkírçən] 地名 ガルミッシュ=パルテンキルヒェン(ドイツ南端の都市で冬季スポーツで知られる). [前半: *ahd.* Germares-kauue; Germar (人名: ＜*ahd.* gēr „Ger"＋mari „berühmt")＋Gau; 後半: Parthanum (ローマの城砦(じょうさい))＋Kirche]

Gär·mit·tel[gɛ́:r..] 中 発酵剤(酵素・酵母など). [＜gären]

Gar·mond[garmɔ̃́:] 女 -/ 《南部・オーストリア》(Korpus) 〘印〙10ポイント活字. [＜Garamond]

Garn[garn] 中 -〔e〕s/-e **1** (英: *yarn*) (紡いだ繊維からなる)糸(→ 図): gezwirntes ∼ より糸 | Näh*garn* 縫い糸 | Strick*garn* 編物用毛糸 ‖ 〔ein〕 ∼ spinnen 糸を紡ぐ | **ein 〈*sein*〉 ∼ spinnen**《比》(船員などが体験談と称して)あてにならぬほら話〈作り話〉をする. **2 a)** (漁業・狩猟用の)網: Fisch*garn* 漁網. **b)** 《比》わな: ***jn.* ins ∼ 〈in *sein* ∼〉 locken** …をわなにかける | ***jm.* ins ∼ gehen** …のわなにはまる, …にだまされる. [*germ.* „Darm"; ◇Chorda; *engl.* yarn]

Garn

Garn·baum[gárn..] 男 〘織〙(織機の)経糸巻きつけ用ローラー, ワープビーム.

Gar·ne·le[garné:lə] 女 -/-n 〘動〙コエビ(小蝦)(シバエビ・クルマエビなど). [*mndl.*; ＜*mlat.* grano „Barthaar" (◇Granne)]

Garn≠fi·scher[gárn..] 男 大網で漁をする漁師. **≠has·pel** 女 〘織〙糸車, 糸繰り車(→ 図 Haspel).

garni →Hotel *garni*

Gar·nichts[gá:rnıçts] 男 中 -/-e《話》およそくだらぬやつ, 何の値うちもない人. [＜gar]

Gar·nier[garní:r] 中 -s/-e《ふつう単数で》〘海〙(貨物船の船倉の)当て木, 詰め物.

gar·nie·ren[garní:rən] 他 (h) **1** 装飾する, 飾る; (衣類・帽子などに)飾り〈縁どり〉をつける: den Tisch mit Blumen ∼ テーブルに花を飾る. **2** 〘料理〙(食物に)添え物を付ける, 付け合わせを添える, つまをあしらう: *et.*[4] mit Petersilie ∼ …にパセリをあしらう | *garniertes* Rindfleisch 野菜を添えた牛肉. **3** (貨物船の船倉に)当て木〈詰め物〉をする. [*afränk.*－*fr.*; ◇warnen; *engl.* garnish]

Gar·nier·sprit·ze[garní:r..] 女 〘料理〙絞り出し袋.

Gar·nie·rung[garní:ruŋ] 女 -/-en **1** garnieren すること. **2 a)** 〔縁〕取り. **b)** 〘料理〙添え物, つま, 付け合わせ. **3** ＝Garnier

Gar·ni·son[garnizó:n] 女 -/-en 〘軍〙 **1** 守備隊, 駐屯軍. **2** (守備隊などの)駐屯地, 駐留地: in einer Stadt in ∼ liegen 〈stehen〉 ある町に駐留している. [*fr.*; ◇*engl.* garrison]

gar·ni·so·nie·ren[garnizoní:rən] **I** 自 (h) (守備隊などが)駐留する. **II** 他 (h) (守備隊などを)駐留させる.

Gar·ni·son≠kir·che[garnizó:n..] 女 軍営教会. **≠la·za·rett** 中 陸軍病院. **≠stadt** 女 軍隊駐留都市, 軍都.

gar·ni·son·ver·wen·dungs·fä·hig 形 (略 g.v., gv) (戦線勤務はできないが)駐留地勤務のできる.

Gar·ni·tur[garnitú:r] 女 -/-en **1** (被服・家具・用具などの)一式, セット; (上下そろいの)下着; 〘軍〙装備, 軍装: eine ∼ Geschirr 食器セット | eine ∼ für den Schreibtisch 事務机用の備品一式 | Das ist meine erste 〈zweite〉 ∼.《話》これが私のいちばんいい〈2番目にいい〉服装だ. **2** (劇団・スポーツクラブなどの技量別の)チーム, グループ: die zweite ∼ einer Mannschaft チームの二軍 | zur ersten ∼ der Partei gehören 党の主要メンバーの一人である. **3 a)** (衣服・帽子などの)飾り. **b)** 〘料理〙添え物, つま, 付け合わせ. **4** 《婉曲に》(特に男性の)性器. **5** 〘印〙フォルマート, ファーニチュア, マルト, 間金(あいきん)(活字組版用の込め物). [*fr.*]

Garn≠knäu·el[gárn..] 中 男 糸〔を巻いた〕玉. **≠num·mer** 女 糸の番手(ばんて). **≠reu·se** 女 〘漁〙(水流に直角に張る)立て網. **≠rol·le** 女 (円筒形の)糸巻き. **≠spu·le** 女 (織機の)糸巻き, 紡錘(つむ); (ミシンの)ボビン. **≠strähn** 男, **≠sträh·ne** 女 (糸の)かせ. **≠waa·ge** 女 (糸の目方をはかる)糸ばかり. **≠win·de** 女 糸巻き枠.

Gar·ofen[gá:r..] 男 〘金属〙精錬炉. [＜gar]

Gar·rick[gɛ́rık] 男 -s/-s 〘服飾〙ギャリックコート(→ 図). [＜D. Garrick (イギリスの俳優, †1779)]

Garrick

Gar·rot·te[garɔ́tə] 女 -/-n ガロッテ(スペインで絞首刑の際に使用した鉄の首輪). [*span.*]

gar·rot·tie·ren[garɔtí:rən] 他 (h) 《*jn.*》(ガロッテで) 絞首刑にする.

Gär·spund[gɛ́:r..] 男 (発酵の際に生じる炭酸ガスを排出するための)発酵おけの栓. [＜gären]

gar·stig[gárstıç][2] 形 (容姿・態度などが)醜い, きたない; 不

G

作法な; (一般に) 不快な, いやな: ein ~*er* Geruch いやなにおい | eine ~*e* Hexe 見るもいやらしい魔女 ‖ *sich*⁴ ~ benehmen 不作法に振舞う. [< *ahd.* gerstī „bitterer Geschmack“]

Gar·stig·keit[−kaɪt] 女 -/-en **1** 《単数で》garstig なこと. **2** garstig な言動.

Gär·stoff[gɛ́ːr..] 男 = Gärmittel

Gärt·chen Garten の縮小形.

gär·teln[gɛ́rtəln] 《06》 自 (h) 《南部》 庭いじりをする.

Gar·ten[gártən] 男 -s/ Gärten[gɛ́rtən] (⑪ **Gärt·chen**[gɛ́rtçən], **Gärt·lein**[..laɪn] 中 -s/-) (英: *garden*) (草木・果樹・野菜などを植えてある) 庭, 庭園; 遊園: ein gepflegter 〈verwilderter〉 ~ 手入れの行き届いた〈荒れ果てた〉庭 | ein botanischer 〈zoologischer〉 ~ 植物〈動物〉園 | ein englischer 〈französischer〉 ~ イギリス〔自然風景〕式〈フランス〔平面幾何学〕式〉庭園 | hängende *Gärten* (古代の) テラス〈露壇〉式庭園 (→Babylon) | der ~ Eden エデンの園 | Blumen*garten* 花園 | Gemüse*garten* 菜園 | Obst*garten* 果樹園 ‖ einen ~ anlegen 〈pflegen〉 庭を築く〈手入れする〉 ‖ **quer durch den ~** 《戯》 (スープ・なべ料理などが) いろいろな野菜を煮込んで; 《話》 ごたまぜに, 種々雑多に | im ~ arbeiten 庭仕事をする | Das ist nicht in seinem ~ gewachsen. 《比》 それは彼自身の考え〈作り〉出したものではない | *jm.* einen Stein in den ~ werfen (→Stein¹ 1 b). [*germ.* „Eingehegtes“; ◇gürten; *gr.* chórtos „Gehege“; ◇ *engl.* garden, garth, yard]

Gar·ten≈am·mer[gártən..] 女 (Ortolan) 〖鳥〗 キノドアオジ (ホオジロの一種). **≈amt** 中 公園緑地庁〈局〉. **≈an·la·ge** 女 **1** 築庭, 造園. **2** 造園緑地, 庭園, 公園, 遊園. **≈ar·beit** 女 庭仕事, 園芸. **≈ar·bei·ter** 男 植木屋, 庭師, 園丁. **≈ar·chi·tekt** 男 造園〈作庭〉家. **≈aster** 女 〖植〗 エゾギク属. **≈au·ri·kel** 女 〖植〗 アツバザクラ. **≈bal·sa·mi·ne** 女 〖植〗 ホウセンカ. **≈bank** 女 -/..bänke 庭園〈公園〉のベンチ. **≈bau** 男 -〔e〕s/ **1** 造園. **2** 園芸, 作庭, 野菜〈果樹・花卉(かき)〉栽培.

Gar·ten·bau≈ar·chi·tekt = Gartenarchitekt **≈aus·stel·lung** 女 造園〈園芸〉展覧会. **≈be·ra·ter** 男 園芸コンサルタント. **≈be·trieb** 男 造園業. **≈in·ge·nieur**[..ɪnʒeniøːr] 男 造園〈園芸〉技師. **≈tech·ni·ker** 男 造園設計家. **≈wis·sen·schaft** 女 園芸学.

Gar·ten≈blu·me 女 園芸〈栽培〉草花. **≈boh·ne** 女 〖植〗 インゲンマメ, ゴガツササゲ. **≈cen·ter**[..sɛntər] 中 ガーデンセンター (園芸用品や植物の販売所). **≈erb·se** 女 〖植〗 エンドウ. **≈erd·bee·re** 女 〖植〗 オランダイチゴ. **≈er·de** 女 《ふつう単数で》〖園〗 培養土. **≈fest** 中 園遊会, ガーデンパーティー. **≈freund** 男 園芸愛好家, しろうと園芸家. **≈frucht** 女 栽培果実, (園芸作物としての) 果実. **≈fuch·sie**[..fʊksiə] 女 〖植〗 ホクシア. **≈fuchs·schwanz** 男 〖植〗 ヒモゲイトウ. **≈ge·mü·se** 中 園芸野菜. **≈ge·rät** 中 園芸用具. **≈ge·stal·tung** 女 造園. **≈ge·wäch·se** 複 園芸〈栽培〉植物; 青果物. **≈hacke** 女 園芸用くわ. **≈haus** 中 **1** (⑪ **≈häus·chen** 中) 園亭, 亭(ちん), あずまや. **2** 庭に囲まれた家屋; 裏庭に面した家屋. **≈jo·han·nis·bee·re** 女 〖植〗 アカスグリ. **≈kohl** 男 〖植〗 キャベツ. **≈ko·lo·nie** 女 (郊外にある) 家庭菜園地区 (→Schrebergarten). **≈kres·se** 女 〖植〗 コショウソウ (胡椒草). **≈kul·tur** 女 園芸. **≈kunst** 女 造園術. **≈kür·bis** 男 〖植〗 セイヨウカボチャ, ナタウリ. **≈land** 中 -〔e〕s/ 庭地. **≈lat·tich** 男 〖植〗 チサ. **≈lau·be** 女 = Gartenhaus 1 **≈laub·kä·fer** 男 〖虫〗 コガネムシ. **≈lo·kal** 中 (屋外の) 庭園ふう喫茶店〈レストラン〉. **≈mei·ster** 男 (役所の) 公園管理係長. **≈mes·ser** 中 園芸用ナイフ. **≈mö·bel** 中 庭園用家具 (ガーデンテーブルなど). **≈nel·ke** 女 〖植〗 カーネーション, オランダセキチク. **≈par·ty** 女 = Gartenfest **≈pfingst·ro·se** 女 〖植〗 セイヨウシャクヤク (西洋芍薬). **≈pfle·ge** 女 庭の手入れ. **≈pfor·te** 女 庭に通じる戸口, 庭木戸. **≈rau·te** 女 〖植〗 ヘンルウダ. **≈re·se·de** 女 〖植〗 モクセイソウ. **≈re·stau·rant**[..rɛstorãː] 中 (屋外の) 庭園ふうレストラン. **≈rin·gel·blu·me** 女 〖植〗 トウキンセン. **≈saal** 男 庭園に面した広間. **≈sal·bei** 男 女 〖植〗 サルビア, セージ. **≈sän·ger** 男 〖鳥〗 キイロハシナガムシクイ. **≈schäd·ling** 男 庭の植物の害虫〈害鳥〉. **≈schau** 女 = Gartenbauausstellung **≈sche·re** 女 庭ばさみ, 園芸用はさみ (→ 図 Schere). **≈schier·ling** 男 〖植〗 パセリに似たセリ科の有毒植物. **≈schlä·fer** 男 〖動〗 メガネヤマネ. **≈schlauch** 男 庭園用散水ホース. **≈schnecke** 女 (Wegschnecke) 〖動〗 コウラナメクジ. **≈sprit·ze** 女 庭園散水器. **≈stadt** 女 田園都市. **≈stief·müt·ter·chen** 中 〖植〗 パンジー, サンシキスミレ. **≈stroh·blu·me** 女 〖植〗 ムギワラギク (麦藁菊) (オーストラリア原産でドライフラワーの材料). **≈stuhl** 男 庭いす, ガーデンチェア. **≈ter·ras·se** 女 ひな段式庭園. **≈thy·mi·an** 男 〖植〗〔タチ〕ジャコウソウ. **≈tor** 中 庭に通じる門. **≈tür** 女 庭に通じる戸口, 庭木戸. **≈ver·be·ne** 女 〖植〗 バーベナ, ビジョザクラ (美女桜). **≈wicke** 女 〖植〗 レンリソウ (連理草) 属. **≈wirt·schaft** 女 **1** 園芸; 菜園経営. **2** = Gartenlokal **≈zaun** 男 庭の垣. **≈zwerg** 男 庭の小人 (庭に飾る小さな陶製の人形); 《話》 つまらぬ男.

Gärt·lein Garten の縮小形.

Gärt·ler[gɛ́rtlər] 男 -s/- 《南部》 庭いじりをする人.

Gärt·ner[gɛ́rtnər] 男 -s/- (⑭ **Gärt·ne·rin**[..nərɪn]-/-nen) 園丁, 庭師, 植木屋; 園芸家: den Bock zum ~ machen (→Bock² 1 a).

Gärt·ner·bur·sche 男 園丁〈庭師〉の見習い.

Gärt·ne·rei[gɛrtnəráɪ] 女 -/-en **1** 《単数で》 造園〔術〕, 庭作り; 園芸. **2** 養樹業, 植木商; 園芸農園, 植木店. **3** 養樹園, 苗木仕立場.

Gärt·ne·rin Gärtner の女性形.

Gärt·ne·rin·art[gɛ́rtnərɪn..] 女 《次の形で》 nach ~ 〖料理〗 いろいろな野菜を添えて.

gärt·ne·risch[..rɪʃ] 形 園芸〈造園〉〔上〕の.

Gärt·ner·mei·ster[gɛ́rtnər..] 男 庭師の親方.

gärt·nern[gɛ́rtnərn] 《05》 自 (h) 庭仕事〈庭いじり〉をする.

Ga·rung[gáːrʊŋ] 女 -/-en 〖金属〗 精練; (石炭の) コークス化, 乾留.

Gä·rung[gɛ́ːrʊŋ] 女 -/-en **1** 発酵: alkoholische ~ アルコール発酵, 酒精発酵 | in ~ geraten 発酵する. **2** 《比》 (沸き立つような) 動揺; 激昂(げっこう), 興奮, 不穏, 騒乱: in ~ geraten 激する | Das Volk ist in ~. 人心が穏やかでない.

Gä·rungs≈al·ko·hol 男 発酵アルコール. **≈che·mie** 女 発酵化学. **≈dys·pep·sie** 女 〖医〗 発酵性消化不良.

gä·rungs·er·re·gend 形 発酵を促進させる.

Gä·rungs·er·re·ger 男 酵素, 酵母菌.

gä·rungs≈fä·hig 形 発酵力のある, 発酵性の. **≈hem·mend** 形 発酵をさまたげる, 抗発酵性の.

Gä·rungs≈mit·tel 中 酵素; 酵母. **≈pilz** 男 酵母〈イースト〉菌. **≈pro·zeß** 男 発酵過程.

Ga·rungs·zeit[gáːrʊŋs..] 女 〖金属〗 乾留時間.

Gar·zeit[gáːr..] 女 〖料理〗 煮上がる〈焼き上がる〉までの所要時間.

Gas[gaːs]¹ **I** 中 -es/-e **1** 気体; (空気以外の) ガス: Ab*gas* 排気ガス | verflüssigtes ~ / Flüssig*gas* 液化ガス | Gift*gas* 毒ガス ‖ ~ haben 《話》 酔っぱらってい

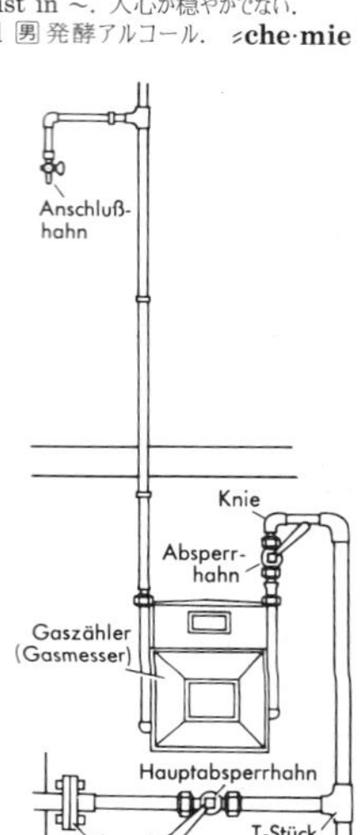

Gas

る; 幸福である. **2 a**) (灯火用・燃料用・温熱用の)ガス: Propan*gas* プロパンガス | Stadt*gas* 都市ガス ‖ das ~ abdrehen ⟨aufdrehen⟩ ガスの栓を閉める⟨開ける⟩ | ***jm.* das ~ abdrehen** 《話》…を絞め殺す; …を(経済的に)破滅させる | mit ~ heizen ⟨kochen⟩ ガスで暖房⟨料理⟩をする | Das ~ brennt schlecht. ガスの火力が弱い. **b**) 《話》ガスこんろ: den Kochtopf aufs ~ setzen ⟨vom ~ nehmen⟩ 料理なべをガス〔こんろ〕にかける⟨から降ろす⟩. **3 a**) (自動車などのエンジンに送り込まれる)混合気体: ~ geben ⟨wegnehmen⟩ (自動車などの)アクセルを踏む⟨離す⟩; 《比》スピードを上げる⟨落とす⟩ | Mensch, gib ~! 《話》おいしっかりしろ | **kein ~ im Ballon haben** 《話》おつむが弱い. **b**) (Gaspedal) (自動車などの)アクセル〔ペダル〕: aufs ~ treten アクセルを踏む | vom ~ weggehen (足を)アクセルから離す. **4** (Giftgas) 〘軍〙毒ガス.

II 男 -/- 《方》= Gasableser **III** 女 -/ 《方》= Gasanstalt [*ndl.*; < *gr.* cháos (→Chaos)]

Gas≈ab·le·ser[gá:s..] 男 ガスメーターの検針員. **≈ab·sau·gung** 女 〘坑〙(地下の)ガス抜き. **≈ab·wehr** 女 〘軍〙毒ガス防御. **≈alarm** 男 毒ガス警報〔装置〕. **≈ana·ly·se** 女 〘化〙ガス分析. **≈an·griff** 男 〘軍〙毒ガス攻撃. **≈an·la·ge** 女 ガス設備⟨施設⟩. **≈an·schluß** 男 ガス供給網への接続. **≈an·stalt** 女 ガス製造工場. **≈an·zün·der** 男 **1** ガス点火器. ▽**2** (ガス灯の)点灯夫. **≈ar·bei·ter** 男 ガス製造工場の労働者.

gas·ar·tig 形 ガス状の.

▽**Gas·äther** 男 (Petroläther) 石油エーテル.

Gas≈aus·bruch 男 **1** 〘坑〙ガス突出. **2** 〘地〙ガス層. **3** 〘地〙(火山の)水蒸気爆発. **≈aus·tausch** 男 〘生〙ガス⟨気体⟩交換. **≈au·to·mat** 男 コイン式自動ガス器具. **≈back·ofen** 男 ガスオーブン⟨天火⟩. **≈ba·de·ofen** 男 浴室用ガス湯沸かし器. **≈be·häl·ter** 男 **1** ガスタンク. **2** (気球・飛行船の)気嚢(きのう).

gas·be·heizt 形 ガス暖房の.

Gas≈be·leuch·tung 女 ガス灯照明. **≈be·ton** [..betɔŋ] 男 〘建〙発泡コンクリート. **≈bla·se** 女 ガス泡. **≈blau** 中 (Berliner Blau) ベルリン青(濃紺色の顔料). **≈blei·che** 女 〘紙〙塩素ガス漂白. **≈boi·ler** 男 ガス湯沸かし器, ガスボイラー. **≈bom·be** 女 毒ガス爆弾. **≈brand** 男 -〔e〕s/ 〘医〙ガス壊疽(えそ); 〘畜〙気腫疽(きしゅそ). **≈bren·ner** 男 ガスバーナー; (ガス灯・ガスこんろなどの)火口(ほくち). **≈brust** 女 (Pneumothorax) 〘医〙気胸.

Gäscht[gɛʃt] 男 -es/ 《方》= Gischt

die **Gas·co·gne**[gaskɔ́nj(ə), ..kɔ́ŋ] 地名 女 -/ ガスコーニュ(フランス南西部の地方). [◇Gaskogner]

Gas·de·tek·tor[gá:s..] 男 ガス検知器.

gas·dicht 形 ガスの漏れない, 気密の.

Gas≈druck 男 -〔e〕s/ ガス圧〔力〕. **≈druck·reg·ler** 男 ガス圧力調整器. **≈dy·na·mik** 女 -/ 〘理〙気体力学.

Ga·sel[gazé:l] 中 -s/-e, **Ga·se·le**[..lə] 女 -/-n ガゼール(中近東に行われる叙情詩形の一つ). [*arab.* ghazal „Liebesgedicht"; ◇ *engl.* ghazel]

ga·seln[gá:zəln] 《06》《スイ》= gasen I 1

Gas·em·bo·lie[gá:s..] 女 〘医〙ガス塞栓(そくせん)症.

ga·sen[gá:zən][1] 《02》 **I** 自 (h) **1** 非人称 (es gast) ガスのにおいがする, ガスくさい. **2 a**) ガスを出す. **b**) 《話》放屁(ほうひ)する, おならをする. **3** (s) 《話》スピードを出して車を走らせる.

II 他 (h) **1** 〘軍〙毒ガスで攻撃する. **2** 〘織〙(毛羽(けば)を除くために糸を)ガスに通す⟨で焼く⟩.

Gas·ent·la·dung[gá:s..] 女 〘理〙気体放電.

Gas·ent·la·dungs≈lam·pe 女 蛍光⟨ネオン⟩灯. **≈röh·re** 女 〘理〙放電管.

Gas≈ent·wei·chung 女 ガスもれ. **≈ent·wick·lung** 女 **1** ガス製造. **2** 〘理〙ガス発生. **≈erup·tion** 女 = Gasausbruch 2 **≈er·zeu·ger** 男 ガス発生器. **≈er·zeu·gung** 女 = Gasentwicklung **≈ex·plo·sion** 女 ガス爆発. **≈fa·brik** 女 ガス製造工場. **≈fe·de·rung** 女 (車両の)ガス封入緩衝装置. **≈fern·ver·sor·gung** 女 ガス遠隔供給. **≈fern·zün·dung** 女 (街灯などの)ガス遠隔点火. **≈feue·rung** 女 ガスだき(ガスバーナーによる加熱). **≈feu·er·zeug** 中 ガスライター.

Gas·fit·ter[..fɪtər] 男 -s/- 《北部》= Gasinstallateur [< *mndl.* vitten „einfügen" (◇fitten)]

Gas≈flam·me 女 ガスの炎. **≈flamm·koh·le** 女 〘坑〙ガス長炎炭. **≈fla·sche** 女 ガスボンベ.

gas·för·mig 形 気体の, ガス状の.

Gas≈fuß 男 《話》アクセル足(自動車のアクセルを踏む右足: → Bremsfuß). **≈gan·grän** 女 (中) = Gasbrand **≈ge·men·ge** 中, **≈ge·misch** 中 混合ガス. **≈ge·ne·ra·tor** 男 ガス発生炉. **≈ge·rät** 中 ガス器具. **≈ge·ruch** 男 ガスのにおい. **≈ge·schoß** 中 〘軍〙〔毒〕ガス弾. **≈glüh·lam·pe** 女, **≈glüh·licht** 中 -〔e〕s/-er 白熱ガス灯. **≈gra·na·te** 女 〘軍〙毒ガス榴弾(りゅうだん). **≈hahn** 男 ガス栓: den ~ abdrehen ガス栓を閉める | ***jm.* den ~ abdrehen** 《話》…を(経済的に)破滅させる | **den ~ aufdrehen** ガス栓を開ける; 《話》ガス自殺する.

gas·hal·tig 形 ガスを含んだ.

Gas≈he·bel 男 (自動車などの)アクセルレバー⟨ペダル⟩: auf den ~ treten アクセルを踏む. **≈he·bel·bein** 中 = Gasfuß **≈hei·zung** 女 ガス暖房. **≈herd** 男 ガスこんろ; ガスレンジ(→ 図 Herd). **≈hül·le** 女 (天体などの)ガス層.

ga·sie·ren[gazí:rən] 他 (h) 〘織〙(糸を)毛羽(けば)焼き⟨ガス処理⟩する. [*fr.* gazer „sengen"]

ga·sig[gá:zɪç][2] 形 ガス状の.

Gas≈in·stal·la·teur[gá:s|ɪnstalatøːr] 男 ガス配管工. **≈kam·mer** 女 **1** (第二次大戦中の強制収容所の)ガス室. **2** 《戯》化学教室⟨実験室⟩. **3** 〘坑〙ガス室. **≈kampf** 男 〘軍〙毒ガス戦. **≈ket·te** 女 〘理〙気体電池. **≈ko·cher** 男 (小型の)ガスこんろ. **≈koch·herd** = Gasherd

Gas·ko·gner[gaskɔ́njər] 男 -s/- ガスコーニュの人; 《比》ほらふき. [< Gascogne]

Gas≈koh·le[gá:s..] 女 〘坑〙ガス炭(都市ガスの製造などに用いられる). **≈koks** 男 ガスコークス.

Gas·ko·na·de[gaskoná:də] 女 -/-n 自慢話, ほら. [*fr.* gasconnade; ◇ Gaskogner]

Gas·kon·stan·te[gá:s..] 女 〘理〙気体⟨ガス⟩定数.

gas·krank 形 ガス中毒の; 毒ガスに冒された.

Gaslicht

Gas≈krieg 男 毒ガス戦〔争〕. **≈lam·pe** 女 ガス灯. **≈la·ter·ne** 女 (街路などの)ガス灯. **≈lei·tung** 女 ガスの配管; ガスの導管, ガス管. **≈licht** 中 -〔e〕s/-er ガス灯(→ 図).

Gas·licht·pa·pier 中 ガスライト紙(低感光度の印画紙).

Gas≈mann 男 -s/..männer, ..leute **1** ガス会社の人(検針・集金・工事人). **2** 〘坑〙ガス警戒員. **≈ma·schi·ne** 女 = Gasmotor **≈mas·ke** 女 防毒面, ガスマスク. **≈mes·ser** 男 ガスメーター(→ 図 Gas). **≈mo·tor** 男 ガス発動機. **≈ne·bel** 男 〘天〙ガス星雲. **≈ödem** 中 〘医〙ガス水腫(すいしゅ)⟨浮腫⟩. **≈ofen** 男 **1 a**) ガスストーブ. **b**) 〘工〙ガス炉. **2** = Gasbackofen **3** 《話》= Gasherd

Ga·so·gen[gazogé:n] 中 -s/-e ガス製造原料. [*fr.* gazogène; < *fr.* gaz „Gas"+..gen]

Ga·sol[gazó:l] 中 -s/ 〘化〙ガゾール(液化ガスの一種). [< Gas+*lat.* oleum „Öl"]

Gas·öl[gá:s..] 中 ガス油, 軽油.

Ga·so·lin[gazolí:n] 中 -s/ (Benzin) ガソリン, 揮発油. [< Gasol]

Ga·so·me·ter[..mé:tər] 男 -s/- (Gasbehälter) ガスタンク. [*fr.* gazomètre; < *fr.* gaz „Gas" (◇Gas)]

Gas≈pa·tro·ne[gá:s..] 女 〔毒・催涙〕ガス弾. **≈pe·dal** 中 (自動車などの)アクセル〔ペダル〕: aufs ~ treten アクセルを踏む. **≈phleg·mo·ne** 女 〘医〙ガスフレグモーネ. **≈pi·sto·le** 女 ガス銃, 毒⟨催涙⟩ガス拳銃(けんじゅう). **≈quel·le** 女 ガス井(せい)(天然ガスを産出する坑井). **≈rohr** 中 ガス管.

gaß·aus[gas|áʊs] 副 《もっぱら次の形で》~, gaßein (町中の)どの道にも, 至る所で.

Gäß·chen Gasse の縮小形.

Gas⸗schlauch[gá:s..] 男 ガス器具用のゴム管〈ホース〉. **⸗〔schmelz·〕schwei·ßung** 女 ガス溶接. **⸗schutz** 男 ガス防護〈防御〉. **⸗schutz·ge·rät** 中 ガス防護器具; 〖坑〗呼吸器具, 酸素呼吸器(→ ⊠ Bergmann). **⸗schutz·mas·ke** =Gasmaske **⸗schwei·ßung** 女 ガス溶接.

Gas·se[gásə] 女 -/-n (⊘ **Gäß·chen**[gɛ́sçən], **Gäß·lein** [..laɪn] 中 -s/-) **1 a)** (狭い)横町, 小路, 路地: eine enge 〈krumme〉 ~ 狭い〈曲がりくねった〉横町 | Sack*gasse* 袋小路 ‖ Weisheit der ~ 巷(ちまた)の知恵(聖書: 箴 1, 20から) ‖ auf allen ~*n* 至る所で | Das wissen sogar Kinder auf der ~ 〈auf den ~*n*〉. そんなことはそこらの子供でも知っている | Er liegt auf der ~. 《話》彼はうろつき回っている | Hansdampf in allen ~*n* (→Hansdampf). **b)** 《集合的に》横町に住む人々. **c)** (塀・垣根・人垣などのあいだの)通り道: eine ~ bilden (向かい合って) 2 列に並ぶ, 人垣を作る | *sich*[3] eine ~ durch die Menge bahnen 人垣を縫って進む. **2** 《オーストリア》(Straße) 道路, 通り; 街路: auf der ~ 路上で; 家の外で | *et.*[4] **über** die ~ verkaufen …(酒・料理など)を持ち帰り用に売る | *jm.* nicht über die ~ (=den Weg) trauen《比》…を全然信用しない. **3 a)** 〖サッカー〗オープンスペース(相手の防御のあき). **b)** 〖ラグビー〗ラインアウト. **4** 〖印〗リバー. [*germ.*; ◇Gatt]

gaß·ein[gas|áɪn] 副 →gaßaus

Gas·selbst·〔an·〕zün·der[gá:s..] 男 ガス自動点火器.

gas·seln[gásəln] (**gäs·seln**[gɛ́səln]) 《06》自 (h) 《南部・オーストリア》(fensterln) (夜中に)窓から恋人のもとへ忍び込む. [＜Gasse]

Gas·sel·schlit·ten[gásəl..] 男 《南部》(軽快な)馬そり. [＜*ndd.* gassel „Rennschlitten"]

Gas·sen⸗aus·druck[gásən..] 男 巷(ちまた)の野卑な表現. **⸗bu·be** 男 (街頭にたむろする)わんぱく小僧, 不良少年. **⸗dreck** 男《話》《もっぱら次の成句で》frech wie ~ (→frech I 1). **⸗ge·burt** 女〖医〗街路産, 急産.

Gas·sen·hau·er 男 流行歌. [＜hauen „laufen"]

Gas·sen⸗jun·ge 男 =Gassenbube **⸗keh·rer** 男 道路清掃夫. ▽**⸗lau·fen** =Spießrutenlaufen **⸗lied** 中 =Gassenhauer

gas·sen·sei·tig 形《オーストリア》街路に面した.

Gas·sen⸗woh·nung 女《オーストリア》街路に面した住居. **⸗wort** 中 -〔e〕s/..wörter 巷(ちまた)の野卑な言葉. **⸗zim·mer** 中《オーストリア》街路に面した部屋.

Gas·si (**gas·si**)[gási·]《南部》《話》《もっぱら次の成句で》〔mit einem Hund〕 ~ gehen / einen Hund ~ führen 犬を連れて散歩に出る | Nero, gehen wir jetzt ~? ネーロ(犬の名)さあ散歩に行こうか ‖〖犬を主語として〗Unser Nero muß nochmal ~ gehen. うちのネーロはもう一度散歩に連れ出してやらねばならぬ.

Gas·si·che·rung[gá:s..] 女 (ガス漏れを防ぐための)ガス安全装置.

Gäß·lein Gasse の縮小形.

Gas⸗spür·ge·rät[gá:s..] 中 ガス検知器. **⸗strumpf** 男 (ガス灯の)ガスマントル. **⸗such·ge·rät** 中 ガス検知器.

Gast[gast] 男 -es(-s)/Gäste[gɛ́stə] **1 a)** (英: *guest*) 客, 来客; 賓客, 来賓; (飲食店・ホテルなどの) 顧客: ein gerngesehener 〈willkommener〉 ~ 喜ばしい客 | ein uneingeladener ~ 招かれざる〈迷惑な〉客 | Stamm*gast* (飲食店などの)常客, 常連 | Staats*gast* 国賓 ‖ einen ~ einladen 客を招く | *seinen* ~ mit Musik unterhalten 客を音楽でもてなす ‖ ***jn.* zu ~ bitten 〈laden〉** …を〔食事に〕招待する | ***jn.* zu ~ haben** …を客として招いている | Zur Zeit haben wir Frau Müller zu ~. 目下ミュラー夫人がわが家に逗留している | **bei *jm.* zu ~ sein** …の客になっている, …に招かれている ‖ Sie sind heute mein ~! (レストランなどで食事する際に)きょうは私におごらせてもらいますよ | Die Not war ständiger ~ bei ihnen. 彼らは常に困窮していた | **wie der steinerne ~ dasitzen** (話に加わらないで)石像のように黙って座っている. **b)** (劇団などの)専属でないメンバー, 客演者: als ~ (略 a. G.) auftreten 〈singen〉 客演者として出演する〈歌う〉.

2 (まれに 中)《話》《様態を示す付加語と》(…な)やつ, もの: ein seltsamer ~ へんなやつ | Der Winter ist ein strenger ~. 冬は辛いものだ.

3 -〔e〕s/-en〖海〗(船内での特定の係の)船員, 水夫:〖ふつう複合名詞の形で〗Signal*gast* 信号手 | Boots*gast* ボート〈救命艇〉の係の船員.

[*germ.* „Fremdling"; ◇hostil, Hospiz; *engl.* guest]

Gas⸗ta·cho·me·ter[gá:s..] 男 (中)〖理〗気体流速計. **⸗tan·ker** 男〖海〗液化ガス=タンカー.

Gast·ar·bei·ter[gást..] 男 -s/- (女 **Gast·ar·bei·te·rin** -/-nen) (外国からの)出かせぎ労働者, 外国人労働者(→Fremdarbeiter).

Gast·ar·bei·ter⸗deutsch 中 -〔s〕/ 〖言〗(ドイツ在住の)外国人労働者が用いている混成ドイツ語 (Pidgin-Deutsch ともいう). **⸗get·to** 中 外国人労働者居住地域. **⸗wohn·heim** 中 外国人労働者寮.

Gast⸗bett 中 客用ベッド. **⸗di·ri·gent** 男〖楽〗客演指揮者. **⸗do·zent** 男 (大学の)客員講師.

Gä·ste Gast の複数.

Gä·ste·buch[gɛ́stə..] 中 **1** (個人宅で客が記念や感謝の言葉を書きつけるための)来客記念帳. **2** (旅館の)宿泊名簿, 宿帳.

Gas⸗tech·nik[gá:s..] 女 ガス工業〈製造・利用〉技術, ガス工学. **⸗tech·ni·ker** 男 ガス工学技師.

Gä·ste·haus[gɛ́stə..] 中 来客用宿泊所, ゲストハウス: das ~ der Regierung 政府の迎賓館.

ga·sten[gástən] 《01》他 (h) 《スイス》《*jn.*》**1** 客として泊める. **2** 客としてもてなす.

Ga·ste·rei[gastəráɪ] 女 -/-en 供応, 宴会.

Gä·ste⸗toi·let·te[gɛ́stətoalɛtə] 女 客用の便所〈トイレット〉. **⸗zim·mer** 中 **1** =Gastzimmer 1 **2** (旅館・ホテルなどの)社交〈休憩〉室, ラウンジ.

gast·frei[gást..] =gastfreundlich

Gast⸗frei·heit[gást..] 女 -/ =Gastfreundlichkeit ▽**⸗freund** 男 **1** (しばしば訪れる)親しい客. **2** 客を迎える〈もてなす〉人, 客好きな人. **3**〖史〗客人(滞在国の法的保護を与えられた他国人).

gast·freund·lich 形 客に対して友好的な, 客を手厚くもてなす, 客好きな: ein ~*es* Haus 客を歓待する家 | *jn.* ~ bewirten …を手厚くもてなす.

Gast⸗freund·lich·keit 女 -/ gastfreundlich なこと. **⸗freund·schaft** 女 客を手厚くもてなすこと, 歓待: *jm.* ~ bieten 〈gewähren〉 …を手厚くもてなす. **⸗ge·ber** 男 **1** (客を招いた側の)主人, 招待者, ホスト; (パーティーなどの)主催者. **2** 〖スポーツ〗(本拠地での)受け入れ側. **⸗ge·schenk** 中 (客の持参する)手みやげ; (客に与える)みやげ. **⸗ge·wer·be** 《オーストリア・スイス》=Gaststättengewerbe **⸗haus** 中 **1** 料理店, 食堂, レストラン. **2** (料理店を兼ねる小規模な)宿屋, 旅館.

Gas⸗theo·rie[gá:s..] 女 kinetische ~〖理〗気体分子運動論. **⸗ther·mo·me·ter** 中 (男)〖理〗気体温度計.

▽**Gast·herr**[gást..] 男 **1** =Gastgeber **2** 宿屋の主人.

Gast⸗hof 男 =Gasthaus 2 **⸗hö·rer** 男 (正規の学生に対して)聴講生.

ga·stie·ren[gastí:rən] 自 (h) **1**〖劇・楽〗客演する. **2** 〖スポーツ〗相手チームの本拠地でプレーする.

Gast⸗kon·zert[gást..] 中 客演演奏会〈コンサート〉. **⸗land** 中 -〔e〕s/..länder 受け入れ側〈訪問先〉の国.

gast·lich[gástlɪç] =gastfreundlich

Gast·lich·keit[–kaɪt] 女 -/ =Gastfreundlichkeit

Gast⸗mahl[gást..] 中 -〔e〕s/..mähler, -e《雅》(客を招いての)饗宴(きょうえん). **⸗mann·schaft** 女 (↔Heimmannschaft)〖スポーツ〗招待〔された〕チーム.

Gas·tod[gá:s..] 男 ガス中毒死: den ~ sterben ガス中毒で死ぬ.

Gast⸗ord·nung[gást..] 女 (客の遵守すべき)旅館規定. **⸗pflan·ze** 女 (↔Wirtspflanze)〖植〗寄生植物. **⸗pro·fes·sor** 男 (大学の)客員教授.

gastr.. →gastro..

Ga·strä·a[gastrɛ́:a·] 女 -/..räen[..rɛ́:ən]〖動〗腸祖動物 (E.Haeckel の唱えた腸胚(ちょうはい)状の構造を持つ仮想の原始動物).

G

ga·stral[gastráːl] 形《付加語的》〘医〙胃の. [<..al¹]
Ga·stral·gie[gastralgíː] 女 -/-n[..gíːən] (Magenschmerz)〘医〙胃痛. [<..algie]
Gast≈recht[gást..] 中 **1**〘史〙(他国人が)客として保護をうける権利. **2**〘法〙(交戦国の軍艦が)中立国の港に短期間停泊する権利. ≈**red·ner** 男 招待講演者.
Ga·strek·ta·sie[gastrɛktazíː] 女 -/-n[..zíːən] (Magenerweiterung)〘医〙胃拡張. [<Ektasie]
Ga·strek·to·mie[..tomíː] 女 -/-n[..míːən] (Magenresektion)〘医〙胃切除〔術〕. [<Ektomie]
ga·strisch[gástrɪʃ] 形《付加語的》〘医〙胃の.
Ga·stri·tis[gastríːtɪs] 女 -/..tiden[..ritíːdən] (Magenentzündung)〘医〙胃炎. [<..itis]
gastro.. 《名詞などにつけて「胃」を意味する. 母音の前では gastr.. となることもある》: *Gastro*kamera〘医〙胃カメラ | *Gastro*pode〘動〙腹足類 | *Gastro*atonie〘医〙胃アトニー ‖ *Gastr*algie〘医〙胃痛 | *Gastr*itis〘医〙胃炎. [*gr.* gastḗr „Bauch, Magen"]
Ga·stro·en·te·ri·tis[gastro|ɛnteríːtɪs] 女 -/..tiden [..ritíːdən] (Magen-Darm-Entzündung)〘医〙胃腸炎.
Ga·stro·en·te·ro·lo·gie[..|ɛnterologíː] 女 -/〘医〙胃腸病学. [<entero..]
ga·stro·gen[..géːn] 形〘医〙胃〔性〕の.
Ga·stro·ka·me·ra[gástroka(ː)məraˑ, ⏑⏑⏑́⏑⏑] 女〘医〙胃カメラ.
Ga·stro·lith[gastrolíːt, ..lít] 男 -s/-e(-en/-en) (Magenstein)〘医〙胃石(いせき).
Gast·rol·le[gást..] 女〘劇〙客演俳優の役: in einer ~ auftreten 客演する ‖ eine ~ geben《戯》一時的に勤務〈滞在〉する | Die Sonne hat heute nur eine ~ gegeben.《戯》太陽はきょう ほんのちょっとだけ顔を見せた.
Ga·stro·nom[gastronóːm] 男 -en/-en **1** 調理師, 板前; 料亭〈高級料理店〉の主人. **2** (Feinschmecker) 食通, 美食家. [*fr.*]
Ga·stro·no·mie[..nomíː] 女 -/ **1** 調理法; 料亭〈高級料理店〉の経営; 飲食店営業. **2** 美食, 食い道楽. [*gr.*–*fr.*]
ga·stro·no·misch[..nóːmɪʃ] 形 調理法上の; 飲食店「営業〔上〕の.
Ga·stro·pa·thie[..patíː] 女 -/-n[..tíːən] (Magenleiden)〘医〙胃疾患, 胃病.
Ga·stro·po·de[..póːdə] 男 -n/-n《ふつう複数で》〘動〙腹足類.
Ga·stro·pto·se[gastrɔptóːzə, ..ro..] 女 -/-n〘医〙胃下垂〔症〕. [<*gr.* ptõsis „Fall"]
Ga·stro·skop[gastroskóːp, ..rɔs..] 中 -s/-e (Magenspiegel)〘医〙胃鏡, 胃内視鏡, ガストロスコープ.
Ga·stro·sko·pie[..skopíː] 女 -/-n[..píːən]〘医〙胃鏡検査〔法〕.
Ga·stro·soph[..zóːf] 男 -en/-en 食事を楽しむ人. [<*gr.* sophós „geschickt"]
Ga·stro·spas·mus[..spásmʊs] 男 -/-men[..mən] (Magenkrampf)〘医〙胃痙攣(けいれん).
Ga·stro·sto·mie[..rostomíː, ..rɔs..] 女 -/-n[..míːən]〘医〙胃フィステル〈胃瘻(ろう)〉形成〔術〕. [<Stoma]
Ga·stro·to·mie[..tomíː] 女 -/-n[..míːən]〘医〙胃切開〔術〕.
Ga·stru·la[gástrulaˑ] 女 -/〘動〙原腸胚(はい), 嚢胚(のうはい) (卵発生において胞胚の次の段階). [*nlat.*]
Ga·stru·la·tion[gastrulatsióːn] 女 -/-en〘動〙原腸形成.
Gast·spiel[gást..] 中 **1**〘劇・楽〙客演. **2** (↔Heimspiel)〘スポ〙招待〈遠征〉試合.
Gast·spiel·rei·se 女〘劇・楽〙客演旅行.
Gast·stät·te 女 **1** 飲食店, 食堂, レストラン. **2** 旅館, ホテル.
Gast·stät·ten≈ge·setz 中 飲食・旅館業法. ≈**ge·wer·be** 中 飲食店営業; 飲食・旅館業.
Gast≈stu·be 女 (旅館の)食堂, レストラン. ≈**tier** 中 (↔Wirtstier)〘動〙寄生動物.
Ga·stung[gástʊŋ] 女 -/-en **1**《スイ》客を泊める〈もてなす〉こと. **2**〘史〙(中世法による)国王の無償招待.

Gas·tur·bi·ne[gáːs..] 女 ガスタービン.
Gas·tur·bi·nen·an·trieb 男 ガスタービン駆動〈推進〉.
Gast≈volk[gást..] 中 (よそからの)移住民族. ≈**vor·le·sung** 女 (他大学教員の)特別講義. ≈**vor·trag** 男 招待講演. ≈**wirt** 男 (女 ≈**wir·tin**) (旅館・飲食店などの)経営者, 主人, 亭主. ≈**wirt·schaft** 女 = Gaststätte ≈**zim·mer** 中 **1 a)** (一般家庭の)来客用の部屋, 客間. **b)** (旅館・ホテルなどの)客室. **2**《オーストリア》= Gaststube
Gas≈uhr[gáːs..] 女 ガスメーター. ≈**ver·flüs·si·gung** 女 (圧縮・冷却による)ガスの液化.
gas·ver·gif·tet 形 ガスで中毒〈汚染〉した.
Gas≈ver·gif·tung 女 ガス中毒; 毒ガスによる汚染. ≈**ver·sor·gung** 女 ガスの供給. ≈**ver·sor·gungs·netz** 中 ガス供給網. ≈**waa·ge** 女〘化〙(気体の密度を測る)ガス天秤(てんびん). ≈**wasch·fla·sche** 女〘化〙ガス洗浄瓶. ≈**was·ser** 中 -s/ (コークス製造過程の)アンモニア水. ≈**werk** 中 ガス製造工場. ≈**zäh·ler** 男 ガスメーター(→ 図 Gas). ≈**zu·fuhr** 女 -/ ガスの供給.
Gat = Gatt¹
Ga·te(·ho·se)[gáːtə(hoːzə)] 女 -/-n《オーストリア》(Unterhose) ズボン下. [*ungar.*]
▽**gä·ten**[gɛ́ːtən]《01》= jäten
gät·lich[gɛ́ːtlɪç] 形《方》(passend) 適当〈適切〉な, ふさわしい. [<Gatte]
Gatt¹ (**Gat**)[gat] 中 -[e]s/-en, -s〘海〙**1** 船尾〔の形〕. **2** (Speigatt) (甲板の)排水孔, 水落とし. **3** (帆の)鳩目(はとめ)穴. **4** (Hellegatt) (甲板下の)倉庫, 要具庫. **5** (狭い)航路, みお(→ 図 Gezeiten). [*ndd.* gat „Loch"; ◇Gasse; *engl.* gate]
GATT[gat, gæt], **Gatt**² 中 -/ ガット(関税および貿易に関する一般協定. 1948年発効. 1995年 1 月に WTO に移行). [*engl.*; <*engl.* *G*eneral *A*greement on *T*ariffs and *T*rade]
Gat·te[gátə] 男 -n/-n (女 **Gat·tin** → 別出)《雅》**1** (Ehemann) 夫(ただしオーストリア以外では他人の夫にのみ用いる敬称的表現. ただ Gemahl ほど丁寧ではない: →Gemahl I): in Begleitung Ihres ~*n* / begleitet von Ihrem ~*n* ご主人同伴で | Grüßen Sie bitte Ihren ~*n* 〔von mir〕! ご主人様にどうぞよろしく | Sie kam in Begleitung ihres ~*n*. 彼女は夫君と同伴でやって来た. **2**《複数で》夫妻. [*mhd.* 〔ge〕gate „Genosse"; <*ahd.* gigat „verbunden"; ◇Gatter]
gat·ten[gátən]《01》他 (h) **1**《雅》再帰 *sich*⁴ mit *et.*³ ~ …と結びつく, …と結合する. ▽**2** 再帰 *sich*⁴ ~ **a)** 結婚する. **b)** 交尾〈性交〉する.
Gat·ten≈lie·be 女《雅》夫婦愛. ≈**mord** 男《雅》夫〈妻〉殺し. ≈**pflicht** 女《雅》夫〈妻〉としての義務. ≈**treue** 女《雅》夫婦の操. ≈**wahl** 女《雅》配偶者選び.
Gat·ter[gátər] 中 -s/- **1 a)** (木材または金属の)柵(さく), 格子, 垣根. **b)** = Gattertor **2** = Gattersäge **3**〘電算〙ゲート〔回路〕. **4** 糸巻きかまち〈軸架〉. [„Zusammenfügung"; *ahd.* gataro; ◇gut, Gatte, Gitter]
Gat·ter·bal·ken 男 柵(さく)〈垣根〉の横木.
gat·tern[gátərn]《05》他 (h)《方》柵(さく)〈垣根〉で囲む, (…に)柵〈垣根〉をめぐらす.
Gat·ter≈sä·ge 女 (製材用の)長鋸(おが)盤. ≈**schal·tung** 女〘電算〙ゲート〔回路〕. ≈**tor** 中 格子戸のある門. ≈**tür** 女 格子戸. ≈**werk** 中 格子〔細工〕.
gat·tie·ren[gatíːrən] 他 (h) **1**〘金属〙(金属材料を)混合する. **2**〘織〙混紡する. [<gatten]
Gat·tie·rung[..rʊŋ] 女 -/-en gattieren すること.
Gat·tin[gátɪn] 女 -/-nen (Gatte の女性形)《雅》(Ehefrau) 妻, 夫人(ただしオーストリア以外では他人の妻にのみ用いる敬称的表現. ただ Gemahlin ほど丁寧ではない: →Gemahlin): Grüßen Sie bitte Ihre ~ 〔von mir〕! 奥様にどうぞよろしく.
Gat·tung[gátʊŋ] 女 -/-en **1** (一般に)種類, 種属; (芸術作品などの)ジャンル, 類型: Roman, Novelle, Märchen gehören zur ~ der Epik. 長編小説・短編小説・童話はいずれも叙事文学の一種である. **2**〘動・植〙属 (Art の上, Fa-

G

milie の下の分類区分). **3** (Waffengattung)〘軍〙兵科.

Gat·tungs≈ba·stard 男〘生〙属間雑種. **≈be·griff** 男 類概念, 種属概念. **≈be·zeich·nung** 女 =Gattungswort **≈kauf** 男 (↔Spezieskauf)〘商〙種類売買. **≈ma·le·rei** 女〘美〙風俗画. **≈na·me** 男 **1**〘動・植〙属名. **2** = Gattungswort **≈schuld** 女 (↔ Speziesschuld)〘商〙種類債務. **≈wort** 中 -[e]s/..wörter〘言〙普通〈種属〉名詞. **≈zahl·wort** 中 -[e]s/..wörter〘言〙種数(種類を表し, 基数＋..erlei の形をもつ. 例 dreierlei 3種類の).

Gau[gaʊ] 男 (中) -[e]s/-e ▽**1** (特に森林・水に富む肥沃(ひよく)な)地方, 地区(現在 Rheingau, Oberammergau など地名として残っている). **2**〘史〙**a**) ガウ(ゲルマン民族の行政区). **b**) (ナチ時代の党の管轄区域としての)大管区. [*germ.* „Land am Wasser"; ◇Aue²]

GAU[gaʊ] 略 男 -[s]/ = **größter anzunehmender Unfall** (特に原子力発電所での)想定可能な最大規模の事故.

Gäu[gɔʏ] 中 -[e]s/-e **1**《オースト・スイ》=Gau 1 **2**《オーストリア》活動地域: *jm.* ins ～ kommen …の領分を荒らす. **3**《スイ》(都市に対する)いなか, 田園: das ～ hinauf und hinab 国じゅう至る所で | **im ganzen** ～ あたり一面に | ins ～ gehen《話》女のあとを追う.

Gau·be[gáʊbə] 女 -/-n《方》=Gaupe

▽**Gauch**[gaʊx] 男 -[e]s/-e, Gäuche[gɔ́ʏçə] **1** (Narr) あほう, とんま. **2** (Kuckuck)〘鳥〙カッコウ(郭公). [*germ.*; ◇*engl.* gowk]

Gauch·heil[gáʊx..] 男 -[e]s/-e〘植〙ルリハコベ属.

Gau·chis·mus[goʃísmʊs] 男 -/ (フランスなどの)左翼過激主義, 極左冒険主義. [*fr.*; <*fr.* gauche „links"]

Gau·chist[..ʃíst] 男 -en/-en 左翼過激〈極左冒険〉主義者. [*fr.*]

gau·chi·stisch[..ʃístɪʃ] 形 左翼過激〈極左冒険〉主義の.

Gau·cho[gáʊtʃo·] 男 -[s]/-s ガウチョ(南米のスペイン人とインディアンとの混血のカウボーイ). [*indian.–span.*]

Gau·cho-Ho·se[gáʊtʃo..] 女〘服飾〙ガウチョパンツ.

Gau·dea·mus[gaʊdeá:mʊs] 中 -/ 酒の歌(元来は学生歌の冒頭の句で「いざ楽しまん」の意). [*lat.*; ◇gaudieren]

Gau·dee[gaʊdé:] 女 -/-n《オーストリア》《話》(Vergnügung) 楽しみ, 気晴らし, 娯楽: auf der ～ sein 楽しんでいる.

Gau·di[gáʊdi·] 中 -s/ (南部・オーストリア: 女 -/)《話》=Gaudium

▽**Gau·dieb**[gáʊ..] 男《北部》=Gauner [*ndd.*; <*mndl.* gouwe „behend" (◇jäh)+dief „Dieb"]

gau·die·ren[gaʊdí:rən] 他 (h) 再帰 *sich*⁴ ～ 楽しむ, 楽しく時を過ごす. [*lat.*]

Gau·dium[gáʊdiʊm] 中 -s/ (Spaß) 楽しみ, 慰み; (Freude) 喜び: *sein* ～ haben 楽しく時を過ごす. [*lat.*]

Gau·fra·ge[gofrá:ʒə] 女 -/-n (紙・布・革などの)押し型模様. [*fr.*; <..age]

gau·frie·ren[gofrí:rən] 他 (h) (紙・布・革などに)押し型で模様をつける, 型を押す; 捺染(なっせん)する. [*fr.*; <*fr.* gaufre „Waffel" (◇Waffel); ◇*engl.* goffer]

Gau·frier·ka·lan·der[gofrí:r..] 男 型押し機; 捺染(なっせん)機.

Gauge[geɪdʒ] 中 -/ (略 gg) ゲージ(靴下などの目の大小を表す単位). [*engl.*]

Gau≈ge·richt[gáʊ..] 中〘史〙ガウの法廷(→Gau 2 a). **≈graf** 男〘史〙ガウの伯(→Gau 2 a, Graf 1 b).

Gau·guin[gogɛ̃(:)] 人名 Paul ～ ポール ゴーガン(1848–1903; フランスの画家. Tahiti 島に渡って独自の画風を確立).

Gau·kel·bild[gáʊkəl..] 中 幻, 幻影.

Gau·ke·lei[gaʊkəláɪ] 女 -/-en **1** 手品, 奇術; いんちき, ぺてん. **2** いたずら, 悪ふざけ.

gau·kel·haft[gáʊkəl..] 形 手品〈奇術〉の; ぺてんの, いんちきな.

Gau·kel·kunst 女 手品, 奇術.

gau·keln[gáʊkəln] 《06》自 **1** (s)《雅》(チョウなどが)ひらひら〈ゆらゆら〉羽ばたいてとぶ; ちらちらする: ein *gaukelnder* Schmetterling ひらひら舞うチョウ | mit Licht ～ あかりをちらつかせる. **2** (h) 手品を使う; だます, ぺてんにかける. [*ahd.*; <*ahd.* goukal „Zauberei"]

Gau·kel≈spiel 中 = Gaukelei 1 **≈spie·ler** 男 =Gaukler 1 **≈werk** 中 -[e]s/ =Gaukelei 1

Gauk·ler[gáʊklər] 男 -s/- **1** (女 **Gauk·le·rin**[..lərɪn] -/-nen) **a**) 手品〈奇術〉師; 曲芸師. **b**) ぺてん師, 山師. **2**〘鳥〙ダルマワシ.

Gauk·ler·blu·me 女〘植〙ミムラス(ミゾホオズキの類).

Gauk·le·rei[gaʊkləráɪ] 女 -/-en=Gaukelei

Gauk·le·rin Gaukler の女性形.

gauk·le·risch[gáʊklərɪʃ] =gaukelhaft

Gauk·ler≈kunst[gáʊklər..] = Gaukelkunst **≈trup·pe** 女 手品師〈曲芸師〉の一座.

Gau·kö·nig[gáʊ..] 男〘史〙ガウの王(→Gau 2 a).

Gaul[gaʊl] 男 -[e]s/Gäule[gɔ́ʏlə] (小 **Gäul·chen**[gɔ́ʏlçən] 中 -s/-) **1**《軽蔑的に》役立たずな馬, 駄馬: ein alter ～ おいぼれ馬. **2** 馬:〖ふつう次の成句で〗**den ～ am 〈beim〉 Schwanz aufzäumen**《話》物事の手順をあやまる, あべこべなことをする | Mach [mir] den ～ 〈die *Gäule*〉 nicht scheu!《話》そうせきたてないでくれ | Das wirft einen ～ 〈den stärksten ～〉 um.《話》それはあまりにもひどすぎる, そんなことは到底我慢できない ‖ ***jm.* geht der ～ 〈gehen die *Gäule*〉 durch** …は自制心を失う〈怒り出す〉‖ ***jm.* wie einem kranken 〈lahmen〉 ～ zureden** …に口を酸っぱくして言い聞かせる | Einem geschenkten ～ sieht 〈schaut〉 man nicht ins Maul.《諺》もらった物には品定めをするな(馬の売買にはその歯を調べて年齢を知ることから) ‖ auf den verkehrten ～ setzen《比》判断を誤って失敗する. [*mhd.* gūl „männliches Tier"]

Gau·lei·ter[gáʊ..] 男 (ナチ党の)大管区長官(→Gau 2 b).

Gaul·ho·fer[gáʊlho:fər] 人名 Karl ～ カール ガウルホーファー(1885–1941;「自然体育」の創始者).

Gaulle[go:l] 人名 Charles de ～ シャルル ド ゴール(1890–1970; フランスの軍人・政治家. 1959年から69年まで大統領).

Gaul·lis·mus[golísmʊs] 男 -/ ドゴール主義. [*fr.*]

Gaul·list[golíst] 男 -en/-en ドゴール派の人. [*fr.*]

gaul·li·stisch[golístɪʃ] 形 ドゴール主義の.

Gault[gɔ:lt] 男 -[e]s/〘地〙ゴールト層. [*engl.*]

Gaul·the·ria[gɔlté:ria·] 女 -/..rien[..riən] (Scheinbeere)〘植〙シラタマノキ(白玉木)属. [<J. F. Gaultier (カナダの植物学者, †1756)]

gau·men[gáʊmən] 他 (h)《スイ》(hüten) 保護する, 守る, (…の)番をする; (bewahren) 保ち続ける, 維持する. [*germ.*]

Gau·men[–] 男 -s/- **1**〘解〙口蓋(こうがい), 上あご: der harte 〈weiche〉 ～ 硬〈軟〉口蓋 | Mein ～ ist ganz trocken. 私はのどがからからだ. **2**《雅》(味覚器官としての)口: den ～ befeuchten 〈netzen〉 口をうるおす | **einen feinen ～ haben** 味のよさがわかる, 食通である | **den ～ kitzeln** 食欲をそそる | dem ～ schmeicheln たいへんおいしい | **den ～ beleidigen** たいへんまずい, 口よごしである ‖ *jm.* klebt die Zunge am ～ (→Zunge 1 a) | Das ist etwas für meinen ～. これは私の口に合う | Das ist etwas für einen verwöhnten ～. これはとてもおいしい. [*germ.*; ◇gähnen; *engl.* gums]

Gau·men≈bo·gen 男〘解〙口蓋(こうがい)弓. **≈freu·de** 女 -/-n《ふつう複数で》《雅》=Gaumenkitzel 1 **≈kit·zel** 男 **1**《雅》味覚の楽しみ; おいしい食べ物〈飲み物〉: um des ～*s* willen 舌を喜ばすために. **2**《話》=Fellatio **≈laut** 男〘言〙口蓋(こうがい)音(例 [x][k][g][ŋ]). **≈man·del** 女〘解〙口蓋扁桃(へんとう). **≈plat·te** 女 総義歯の台(→図 Zahn). **≈-R** =Zäpfchen-R **≈se·gel** 中〘解〙口蓋帆. **≈se·gel·laut** 男 (Velar)〘言〙軟口蓋音. **≈spal·te** 女〘医〙(先天性の)口蓋裂. **≈zäpf·chen** 中〘解〙口蓋〈懸壅(けんよう)〉垂, のどひこ. **≈zäpf·chen·laut** 男 (Uvular)〘言〙口蓋垂〈懸壅垂〉音, のどひこ音.

gau·mig[gáʊmɪç]² 形 がらがら声の.

Gau·ner[gáʊnər] 男 -s/- **1** 詐欺師, どろぼう, ならず者, 悪漢, 悪党. **2**《話》抜け目のない〈海千山千の〉人. [*rotw.* „[Falsch]spieler"; <*hebr.* jōwōn „Ionier"]

Gau·ner·ban·de 女 詐欺師〈悪漢・どろぼう〉の一団.

Gau·ne·rei[gaʊnəráɪ] 女 -/-en 詐欺, いかさま, 悪事.

gau·ner·haft[gáʊnər..] 形 詐欺師〈どろぼう〉のような, ずるい, 不正直な.

gau·ne·risch[..nərɪʃ] 形 詐欺師〈どろぼう〉の.

gau·nern[gáʊnərn]《05》 **I** 自 (h) 詐欺〈悪事〉を働く, ずるいことをする. **II** 他 (h) だます.

Gau·ner≈spra·che 女 盗賊〈悪党〉仲間の隠語. **≈streich** 男 (≈**stück** 中)《話》詐欺, ぺてん, 悪事.

Gau·ner·tum[gáʊnərtu:m] 中 -s/ **1** Gauner であること. **2**《集合的に》Gauner 仲間.

Gau·ner·zin·ken 男 (気前のよい家の戸口などに)こじきがつけておく目じるし.

Gau·pe[gáʊpə] 女 -/-n《中部》屋根窓(屋根の途中に張り出した明かり取り用の窓). [*mhd.* gupf „Spitze"; ◇gaffen]

Gauß[gaʊs] **I** 人名 Karl Friedrich ～ カール フリードリヒ ガウス(1777-1855; ドイツの数学者・物理学者). **II** 中 -/-〘理〙ガウス(磁束密度の CGS 電磁単位; 記号 G, Γ).

Gautsch·brief[gáʊtʃ..] 男 印刷〈植字〉工資格証明書.

Gaut·sche[gáʊtʃə] 女 -/-n **1** =Gautschwalze **2**《南部》(Schaukel) ぶらんこ.

gaut·schen[gáʊtʃən]《04》 **I** 他 (h) **1**〘紙〙(紙を) Gautschwalze にかける. **2**《*jn.*》〘印〙(見習工に)本工資格を与える. **II** 自 (h)《南部》(schaukeln) 揺れる, 揺れ動く. [◇Couch]

Gautsch≈pres·se 女, **≈wal·ze** 女〘紙〙(すきたての紙の水分をとる)圧搾ローラー.

Ga·vial[gaviá:l] 男 -s/-e〘動〙ガビアル(インドワニなど: → Krokodil) (→ 図 Echse). [*Hindi*]

Ga·vot·te[gavɔ́t(ə); ｵｰｽﾄﾘｱ: gavɔ́t] 女 -/-n[..tən] ガヴォット(17-18世紀のフランスの舞踊, およびその楽曲). [*provenzal.* −*fr.*]

gay[geɪ] 形 (homosexuell) 同性愛の, ホモの, ゲイの. [*engl.*]

Gay[−] 男 -[s]/-s 同性愛の人, ホモ, ゲイ. [*engl.*]

Ga·za[gá:za·, ..tsa·] 地名 ガザ(西アジアパレスティナ南西地方の都市で, 古代以来の重要な貿易の中継点).

der **Ga·za·strei·fen**[gá:za.., gá:tsa..] 男 ガザ地区(地中海に臨む, Gaza 周辺の回廊状地帯).

Ga·ze[gá:zə] 女 -/-n **1** (絹・木綿などの)薄織り, 紗(しゃ); (医療用の)ガーゼ;〘服飾〙ゴーズ(薄く透き通った平織物): ein Stück ～ auf die Wunde legen 傷口にガーゼをあてる. **2** 目の細かい(金)網. **3** (Heftgaze)〘製本〙寒冷紗. [*arab.* qazz „Rohseide"−*span.* gasa −*fr.*; ◇*engl.* gauze]

Ga·ze≈bausch 男 ガーゼ綿球〈タンポン〉. **≈bin·de** 女 ガーゼ包帯. **≈fen·ster** 中 (窓の)網戸.

Ga·zel·le[gatsɛ́lə] 女 -/-n〘動〙ガゼル〈アフリカ産のカモシカ類. 軽快な優美さの象徴〉: flink 〈schlank〉 wie eine ～ カモシカのように敏捷(びんしょう)な〈すらりとした〉. [*arab.* ghazāl[a] „wilde Ziege"−*it.* gazzella]

Ga·zet·te[gatsɛ́tə, gazɛ́tə] 女 -/-n《軽蔑的に》(Zeitung) 新聞. [*it.* gazzetta −*fr.*; 16世紀のヴェネツィアの硬貨の名; それで新聞が買えたことから]

Ga·zet·ten·schrei·ber 男《軽蔑的に》新聞記者.

GB **I** 記号 (国名略号: →A² II 3) イギリス (Großbritannien). **II** 略 =Geld und Brief〘商〙(証券取引, 特に相場表で)売りと買い.

Gd[ge:dé:, gadolí:niʊm] 記号 (Gadolinium)〘化〙ガドリニウム.

Gdańsk[gdaĩsk, gdansk] 地名 グダニスク(→Danzig).

GdP[ge:de:pé:] 略 女 -/ =**Gewerkschaft der Polizei** (ドイツの)警察官組合.

GDP[ge:de:pé:] 略 女 -/ =**Gesamtdeutsche Partei** 全ドイツ党(1961年に結成された旧西ドイツの右寄りの小政党).

G-Dur[gé:du:r, ⌐⌐] 中 -/〘楽〙ト長調(記号 G): →A-Dur

ge.. **I**《名詞の前つづり. 基礎語の幹母音はウムラウトすることが多い》**1**《名詞につけて「共在・集合」などを意味するが, 単なる「強意」にすぎないこともある. 同時に接尾辞の..e をつけることが多い》: *Ge*brüder (<Bruder) 兄弟 | *Ge*schwister (<Schwester) 兄弟姉妹 ‖ *Ge*fährte (<Fahrt) 同行者; 仲間; 伴侶(はんりょ) | *Ge*selle (<Saal) 仲間; (見習期間を終え試験に合格した)職人 ‖ *Ge*birge (<Berg) 山脈, 連山 | *Ge*fieder (<Feder)《集合的に》羽毛 | *Ge*spräch (<Sprache) 話し合い, 対話 | *Ge*tränk (<Trank) 飲み物 ‖ *Ge*brauch (<Brauch) 風習, 慣習 ‖ *Ge*lenk 関節. **2**《動詞の語幹につけて動作の「反復・継続・結果」などを意味するが, 「軽蔑」の意味を帯びることもある. この種の名詞はほとんどすべての動詞から任意につくられうる. 同時に接尾辞の..e をつけることが多く, 動詞の語幹のあとに..de をそえることもある》: *Ge*ächze (<ächzen) うめき; うめき声 | *Ge*dröhne (<dröhnen) とどろき, どよめき | *Ge*frage (<fragen) (執拗に)たずねること ‖ *Ge*schenk (<schenken) 贈り物 | *Ge*dicht (<dichten) 詩 ‖ *Ge*tue (<tun) (わざとらしい)身ぶり, 態度 ‖ *Ge*mälde (<malen) 絵 | *Ge*bäude (<bauen) 建物.

II《非分離動詞の前つづり. 「共在・完了」などを意味するが, 単なる「強意」にすぎないこともある》: *ge*rinnen (<rinnen) 凝固する ‖ *ge*frieren (<frieren) 凍結する ‖ *ge*bären 産む ‖ *ge*brauchen (<brauchen) 使用する | *ge*denken (<denken) 思い出す, 想起する ‖ be*g*leiten (<geleiten) 同行する; 伴奏する ‖ *ge*winnen 獲得する.

III《過去分詞の前つづり. ただし, 不定詞においてアクセントが第1音節にない動詞 (beginnen, studieren など)には ge.. をつけない》: *ge*liebt (<lieben) | *ge*worden (<werden: ただし受動の完了形では worden).

IV《形容詞の前つづり. 「共同・所有」などを意味するが, 単なる「強意」にすぎないこともある》: *ge*mein 共同の, 共通の | *ge*schwind 速い | *ge*sund 健康な ‖ *ge*raum (時間について)かなりの ‖ *ge*treu 忠実な | *ge*recht 公正な ‖ *g*leich 同一の.

★ つねにアクセントをもたず, 母音および l, n, r の前, および南部方言では g.. となることがある. なお, 基礎語が今日では消滅していることもある.

[*germ.* „zusammen"; ◇kon..; *engl.* y..]

Ge[ge:|é:, gɛrmá:niʊm] 記号 (Germanium)〘化〙ゲルマニウム.

ge·äch·tet[gə|ɛ́çtət] **I** ächten の過去分詞.

II **Ge·äch·te·te** 男 女《形容詞変化》被追放者;〘史〙法の保護を奪われた者.

Ge·ächze[gə|ɛ́çtsə] 中 -s/ うめき; うめき声. [<ächzen]

Ge·äder[gə|ɛ́:dər] 中 -s/- **1**《集合的に》**a)** 血管;〘医〙脈管網. **b)**〘虫〙翅脈(しみゃく). **2** (一般に)網目模様, 条紋. [*mhd.*; ◇Ader]

ge·ädert[gə|ɛ́:dərt] (ᵛ**ge·adert**[..|á:dərt]) **I** ädern (adern)の過去分詞. **II** 形 木目〈網目〉模様のついた, 条紋のある: schön ～*er* Marmor 石目の美しい大理石.

Ge·äf·ter[gə|ɛ́ftər] 中 -s/-(Afterklauen)〘狩〙(偶蹄(ぐうてい)類の)第2〈第5〉指; (犬の)上指〈第5指〉. [<After]

ge·ährt[gə|ɛ́:rt] 形 穂のある〈出た〉. [<Ähre]

Ge·al·ber[gə|álbər] 中 -s/ , **Ge·al·be·re**[gə|álbərə] 中 -s/ (絶え間のない)愚行: Laß das ～! ばかげたことはよせ. [<albern]

ge·ar·tet[gə|á:rtət] **I** arten の過去分詞.

II 形《様態を示す語句と》(…の)性質〈本性〉をもつ: ein gut 〈schlecht〉 ～*es* Kind できのよい〈悪い〉子 | Die Menschen sind so ～, daß ... 人間は本来…のようにできているものだ.

Ge·ar·tet·heit[−haɪt] 女 -/ 気質, 性質.

Ge·äse[gə|ɛ́:zə] 中 -s/- (**Ge·äß**[..|ɛ́:s] 中 -es/-e)〘狩〙**1** (シカなどの)口(→ 図 Reh). **2** (シカなどの)えさ(になる草). [<äsen]

Ge·äst[gə|ɛ́st] 中 -es(-s)/ (**Ge·äste**[..tə] 中 -s/)《集合的に》**1** 樹枝, 枝葉(→ 図 Baum A). **2** (血管組織などの)分枝. [<Ast]

geb. 略 **1** =**geboren** 生まれた: Erika Müller ～ (読み方: geborene) Schmidt エリカ ミュラー 旧姓シュミット | Hans Meyer ～ (読み方: geboren) 1920 ハンス マイヤー 1920年生まれ. **2** =**gebunden** (書物が本式に)製本〈装丁〉された.

Ge·bäck[gəbɛ́k] 中 **1** -[e]s/ (オーブンで焼いた)菓子類(ビスケット・クッキー・パイなど). **2** -[e]s/-e (パン・れんが・陶器などの)ひと焼き分, ひとかまど. [<backen]

ge·backen[gəbákən] **I** backen¹の過去分詞. **II** 形 (パ

ン・ケーキなどが)焼き上がった: frisch ⟨neu⟩ ～ できたて⟨ほやほや⟩の; 新米の | ein neu ～*er* Doktor 学位を取ったばかりのドクトル ‖ Du bist wohl nicht 〔ganz〕 ～. 君はどうやら頭がどうかしてるね. **Ⅲ Ge·backe·ne** 中《形容詞変化》**1** =Gebäck 1 **2** 揚げ⟨いため⟩物.

Ge·bäck≠scha·le[gəbɛ́k..] 女 ケーキ皿. **≠zan·ge** 女 クッキー⟨ケーキ⟩ばさみ(→ 図 Kaffeetisch).

Ge·bal·ge[gəbálgə] 中 -s/ つかみ合い, 格闘. [<balgen]

Ge·bälk[gəbɛ́lk] 中 -〔e〕s/-e (**Ge·bäl·ke**[..kə] 中 -s/-e)《ふつう単数で》**1** (家屋の)木組み; (組み合わせた)梁材(はりざい)(→ 図 Dach A): **Es knistert ⟨kracht⟩ im ～.** 屋台骨が崩れかかっている;《比》破滅の危機が迫っている; 経済状態が危うくなっている. **2** (古代建築の)柱頭, エンタブラチュア(→ 図). [<Balken]

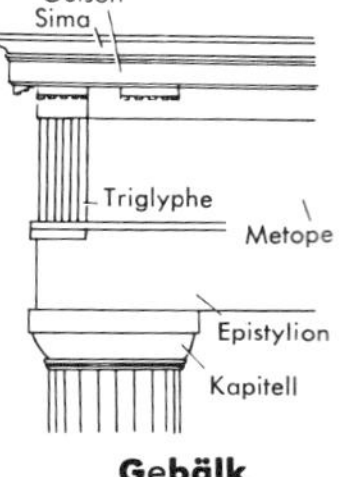

Gebälk

ge·ballt[gəbált] **Ⅰ** ballen の過去分詞. **Ⅱ** 形 球形に固められた, 丸められた; 集中した, 群がった: mit ～*en* Fäusten こぶしを固めて | mit ～*er* Kraft 力を集中して | Vorsicht bei ～*em* Verkehr! 交通混雑に注意.

Ge·bän·de[gəbɛ́ndə] 中 -s/ **1** =Gebende **2** =Abgesang 1

ge·bannt[gəbánt] bannen の過去分詞.

ge·bar[gəbá:r] gebären の過去.

Ge·bär·de[gəbɛ́:rdə] 女 -/-n **1** 身ぶり, 手まね, ジェスチャー: eine ausdrucksvolle ～ 表情たっぷりの身ぶり | eine drohende ～ 威嚇的な身ぶり ‖ *sich*[4] durch ～*n* verständlich machen 身ぶりによって自分の意志を伝える | *seine* Rede mit ～*n* begleiten 身ぶり手ぶりをまじえて話す. **2** 《雅》(特定の考え方や気持が外部に現れた)しぐさ, 態度, 物腰. [*ahd.*; ◇gebaren]

ge·bär·den[gəbɛ́:rdən][1] (01) 他 (h) 再帰 *sich*[4] ～《様態を示す語句と》(…の)身ぶり⟨挙動⟩をする,(…のように)振舞う | *sich*[4] aufdringlich ～ ずうずうしく振舞う | *sich*[4] wie verrückt ⟨wie ein Verrückter⟩ ～ 気が狂ったような振舞いをする | Er *gebärdet* sich, als ob er dein Freund wäre. 彼は君の友人であるかのような様子だ⟨ふりをしている⟩.

ge·bär·den·reich 形 身ぶりの多い, 身ぶり豊かな.

Ge·bär·den≠spiel 中 -〔e〕s/ 身ぶり, 手まね;〘劇〙ジェスチャー芝居. **≠spra·che** 女 **1** (↔Lautsprache)〘言〙身ぶり言語, 態話〔法〕; 手話. **2** 〘劇〙ジェスチャーだけの芝居, 所作事(しょさごと).

ge·bä·re[gəbɛ́:rə] gebären の現在1人称単数; 接続法Ⅱ; 命令法単数.

ge·ba·ren[gəbá:rən] ▽**Ⅰ** =gebären **Ⅱ Ge·ba·ren** 中 -s/〔異常な〕振舞い, 行状; 身のこなし: ein seltsames ～ 奇妙な振舞い | das kaufmännische ～ einer Firma 会社の商法⟨経営ぶり⟩. [*ahd.* gibārōn; ◇gebären, Gebärde]

ge·bä·ren*[gəbɛ́:rən] (12) **ge·bar**[gəbá:r]/**ge·bo·ren**[gəbó:rən]; 現 *du* gebärst (▽gebierst[gəbí:rst]), *sie* gebärt (▽gebiert); 命 gebär〔e〕(▽gebier); 接Ⅱ gebäre **Ⅰ** 他 (h) **1** 《*jn.*》(子供を)産む, 分娩(ぶんべん)⟨出産⟩する(→zeugen[1]): Sie hat ein Kind ⟨ihr erstes Kind⟩ *geboren.* 彼女は子供⟨彼女の最初の子供⟩を産んだ | Sie *gebar* 〔ihm〕 zwei Söhne. 《雅》彼女は〔彼との間に〕二人の息子をもうけた | Junge ～ (動物が)子を産む ‖ Der Berg kreißt und *gebiert* eine Maus. (→Berg[3] 1 a) ‖〘目的語なしで〙vorzeitig ⟨vor der Zeit⟩ ～ 早産する; 流産する. ‖〘受動態で〙*geboren* werden 生まれる | Das Kind wurde mit acht Monaten *geboren.* この子供は8か月で生まれた | Ihnen wurden fünf Kinder *geboren.* 彼らには5人の子供が生まれた | Goethe wurde 1749 in Frankfurt am Main *geboren* und starb 1832 in Weimar. ゲーテは1749年にフランクフルト アム マインで生まれ1832年にワイマルで没した | Der Mann, der es zustande bringt, muß 〔erst〕 noch *geboren* werden. それを成しとげることのできる男はまだこれから生まれなければならない(今はまだいない) ‖ Wann und wo sind Sie *geboren*?－Ich bin am 20. Juni 1948 in Hamburg *geboren.* あなたはいつどこで生まれましたかー私は1948年6月20日にハンブルクで生まれました(→geboren Ⅱ 1) | Sie ist von gesunden Eltern *geboren.* 彼女は健康な両親から生まれた ‖ ehelich ⟨unehelich⟩ *geboren* sein 嫡出⟨庶出⟩子である | unter einem Unstern ⟨einem unglücklichen Stern⟩ *geboren* sein 不幸な星の下に生まれている | zu *et.*[3] *geboren* sein (→geboren Ⅱ 3).

2 《比》《*et.*[4]》(結果として)生む, 生じる, 招く; (考えなどを)生み出す, 創始する: etwas Neues ～ 何か新しいものを生み出す | Tod *gebiert* Tod. 死は死を呼ぶ | Er hat eine neue Idee ⟨Methode⟩ *geboren.* 彼は新しい考え⟨方法⟩を生み出した.

Ⅱ Ge·bä·ren 中 -s/ 分娩, 出産(→Geburt 1 a).

Ⅲ ge·bä·rend 現分 形 (子を)産む, 分娩⟨お産⟩中の: lebendige Junge ～ 胎生の(動物) ‖ die *Gebärende* 〔分娩中の〕産婦.

Ⅳ ge·bo·ren → 別出

[*ahd.* giberan; < *ahd.* beran „tragen" (◇..phor); ◇Bürde, Geburt, gebühren; *engl.* bear]

Ge·bä·re·rin[gəbɛ́:rərın] 女 -/-nen《雅》産婦; 産みの母.

ge·bär·fä·hig[gəbɛ́:r..] 形 (女性が肉体的・年齢的に)出産能力のある.

Ge·bär·fisch 男〘魚〙ゲンゲ(玄華).

ge·bär·freu·dig 形 (女性・雌が)多産〔系〕の.

Ge·bär≠kli·nik 女《オーストリア》産院. **≠ma·schi·ne** 女《俗》絶えずお産をする女.

Ge·bar·me[gəbármə] 中 -s/《北部》(Gejammer) しきりに嘆き悲しむ⟨ぐちをこぼす⟩こと. [<barmen]

Ge·bär·mut·ter[gəbɛ́:r..] 女 -/..mütter〘解〙子宮.

Ge·bär·mut·ter≠bruch 男〘医〙子宮ヘルニア. **≠krebs** 男〘医〙子宮癌(がん). **≠mund** 男〘解〙子宮口. **≠schleim·haut** 女〘解〙子宮内膜. **≠spie·gel** 男〘医〙子宮鏡. **≠vor·fall** 男〘医〙子宮脱, 子宮下垂〔症〕.

Ge·bär·stuhl 男 分娩(ぶんべん)いす. [<gebären]

Ge·ba·rung[gəbá:ruŋ] 女 -/-en **1** 《雅》=Gebaren **2** 《オーストリア》〘商〙**a)** (Geschäftsführung) 業務執行. **b)** (Buchführung) 簿記.

Ge·ba·rungs≠be·richt 男《オーストリア》業務⟨営業⟩報告. **≠jahr** 中《オーストリア》業務⟨営業⟩年度.

▽**Ge·bäu**[gəbɔ́y] 中 -〔e〕s/-e=Gebäude

ge·bauch≠kit·zelt[gəbáux..] bauchkitzeln の過去分詞. **≠pin·selt** bauchpinseln の過去分詞. **≠strei·chelt** bauchstreicheln の過去分詞.

ge·baucht[gəbáuxt] **Ⅰ** bauchen の過去分詞. **Ⅱ** 形 (bauchig) 膨らんだ: eine ～*e* Flasche 胴の膨らんだ瓶.

Ge·bäu·de[gəbɔ́ydə] 中 -s/- **1** (特に比較的大きな)建造物, 家屋, 建物: ein öffentliches ～ 公共建築物. **2** 《比》組み立て, 構造: das ～ seiner Gedanken 彼の思想体系. **3** 〘坑〙鉱坑, 坑道. **4** (犬や馬の)体型, 体格. [*ahd.*; ◇bauen]

Ge·bäu·de≠block 男 -〔e〕s/-s, ..blöcke (建物の立っている)街区. **≠flü·gel** 男 建物の翼部(→ 図 Flügel). **≠kom·plex** 男 建物群, 複合建造物. **≠rei·ni·gung** 女 建物清掃⟨管理⟩〔業〕. **≠steu·er** 女 家屋税. **≠ver·si·che·rung** 女 家屋保険. **≠ver·wal·tung** 女 家屋⟨建物⟩管理〔業〕.

Ge·bäu·lich·keit[gəbɔ́ylıçkait] 女 -/-en《ふつう複数で》《南部・スイス》(Baulichkeit) 建造物, 建物.

ge·baut[gəbáut] **Ⅰ** bauen の過去分詞. **Ⅱ** 形《様態を示す語句と》(…の)体格をもった,(…の)からだつきの: Er ist kräftig ⟨schmächtig⟩ ～. 彼は体格ががっしりしている⟨きゃしゃである⟩ | So wie er ～ ist, schafft er es leicht. 《話》彼のことだから やすやすとやってのけるさ.

Ge·be·fall[gé:bə..] 男 (Dativ)〘言〙3格, 与格.

ge·be·freu·dig 形 気前のよい. [<geben]

Ge·bein[gəbáin] 中 -〔e〕s/-e ▽**1** (人体の)四肢, 全身:

meine ～*e* 私の生身 | jegliches ～《戯》だれもかれも, みんな | Der Schreck fuhr mir ins ～ 〈durchs ～ / in die ～*e*〉. 恐怖が私の全身を貫いた. **2**《複数で》《雅》(Skelett) 骨, 骸骨.

Ge·bein·ur·ne 女 骨壺(こつ) (→ 図 Urne).

Ge·bẹl·fer[gəbέlfər] 中 -s/ (特に小犬などが)しきりにワンワン〈キャンキャン〉ほえること〈声〉; (人が)がみがみ言う〈わめきたてる〉こと〈声〉. **[＜belfern]**

Ge·bẹll[gəbέl] 中 -[e]s/ **, Ge·bẹl·le**[..lə] 中 -s/ (犬などが)しきりにほえること〈声〉: das ～ der Geschütze 砲声 | das ～ eines Polizisten 警官のどなり声. **[＜bellen]**

gẹ·ben*[gé:bən]^1 《52》 **gab**[ga:p]^1/**ge·gẹ·ben**; 現 *du* gibst (ᵛgiebst)[gi:pst], *er* gibt (ᵛgiebt); 命 gib (ᵛgieb); 接II gäbe[gέ:bə]

I 他 (h) (英: *give*) 与える
1《*jm. et.*^{4}》《代償なしで》(ただで) 与える, くれてやる, 贈る, 恵む
2a)《*jm. et.*^{4}》(代償と引き換えに)売る, 譲る, 手放す
b)《代償として与える》
①《*jm. et.*^{4}》払う, 支出する, 納付する
②《**viel** 〈**wenig**〉 **auf** *et.*^{4} **geben** などの形で》(…に)重きをおく〈おかない〉
3《代償・交換とかかわりなく与える》
a)《*jm. et.*^{4}》《手を使って》
①[手]渡す, 差し出す, すすめる, 配る, 貸す
②(打撃などを)与える, 加える
b)《*jm. et.*^{4}》《機能動詞として[動作]名詞と動詞句を構成して》
①伝える, 告げる; 教える; 披露する; 交付する; 示す
②(賛意・敬意などを)寄せる, いだく; (栄誉などを)授ける; (援助・許可などを)与える; (負担などを)負わせる
③(…に権利・罪などを)帰する, 認める
④(名称・外観などを)付与する, つける
⑤(刺激などを)与える,(元気などを)つける,(情念を)吹きこむ
c)《*jm. jn.*》
①(…からの電話などに…を)出す; (…に…を)同行させる, つけてやる; さし向ける
②(犯人・人質などを)引き渡す
d)《zu 不定詞と》(…)させる,(…)するようにしむける
e)《*et.*^{3} *et.*^{4}》
①付与する, 向ける, 加味する
②(ある時間を)さく, 費やす
f)《*et.*^{4}》《方向を示す語句と》
①《[*jm.*] *et.*^{4} および到達点を示す前置詞句と; ふつう成句をなして》ゆだねる, 預ける, 渡す, 加える
②〔料理〕(…を…に)加える, かける, 添える, 入れる
4《*et.*^{4} / *jn.*》《代償・交換とかかわりなく与える》
a)《*et.*^{4}》
①示す, 表す, 言う, 訳す; 〔スポ〕宣言する
②(音・光・熱などを)出す, 放つ, 送る
③もたらす, ひきおこす; (…に)なる(→b)
④(会などを)開く, 催す; 上演する, 放送する; 演出する; 演じる; (曲を)演奏する
⑤(トランプなどを)配る; 〔テニス〕サーブをする(→3 a)
b)《*jn.*》将来(…に)な[れ]る
c)《*et.*^{4} von *sich*^{3}》(音声・言葉などを)発する, 口にする, 語る, 示す; 《*et.*^{4} wieder von *sich*^{3}》(飲食したものを)吐き出す, もどす
d)《様態を示す語句と》(…であると)みなす, 思う, 認める, 観念する(→3 b ③)
e)①《*et.*^{4} および到達点を示す前置詞句と; ふつう成句をなして》出す, のせる, 送る, ゆだねる
②*et.*^{4} aus der Hand ～ …を手放す
5 再帰 *sich*^{4} ～
a)身をゆだねる〈投げ出す〉; 専念する; 屈服する
b)(苦痛などが)弱まる, おさまる; (堅いものが)柔らかくなる; (布地が)伸びる
c)(事情などが)好転する, 片がつく; 判明する
d)《様態を示す語句と》(…らしく)振舞う; (…の)ふりをする; (…と)自称する
e)(機会などが)到来する, 生じる
ᵛ**f**)《方向を示す語句と》
①赴く, 行く, 去る
②(会などに)入る; (…に)とりかかる; (…から)抜け出す
g)(物が)動く
h)《過去分詞・形容詞と: →4 d》
i)報われる, かいがある
ᵛ**j**)《zu 不定詞と: →3 d》
6 非人称 《**es gibt** *et.*^{4} 〈*jn.*〉》
a)①(…が)存在する, ある, いる
②(食事に…が)出される, 出る
b)(自然現象・人為現象が)起こる, もち上がる; (劇・映画などが)上演〈上映〉される, 放映〈放送〉される
II Geben 中 -s/
III gegeben → 別出

I 他 (h) (英: *give*) (↔nehmen) 与える:
☆ 古くは Er *gibt* seines Brots den Armen.(彼は自分のパンを貧しい人たちに与える. 聖書: 箴22, 9)のように(いわゆる部分の) 2 格を目的語にとることがまれではなかった(→6 ☆ ii). 今日でも *jm.* von dem Obst ～ (…に果物を与える)のように部分の 2 格に相当する von *et.*^{3} が目的語になることもさほど珍しくはない.

1《*jm. et.*^{4}》《特に代償をとらずに, あるいは求めずに, ただで》(…に…を)与える, くれてやる, やる,[さし]上げる, 進呈する, プレゼントする, 贈る, 贈呈〈贈与〉する, 恵む, 施す, 提供する, ささげる: *jm.* Almosen ～ …に施し物をする | *jm.* ein Buch ～ i) …に本を与える〈プレゼントする〉; ii) …に本を[手]渡す〈貸してやる〉(→3 a ①) | *jm.* Feuer ～ …に(タバコなどの)火を貸す | dem Bettler eine milde Gabe ～ 乞食(こじき)に施し物をする | *jm.* Geld ～ i)…に金を与える〈恵んでやる〉; ii)…に金を[手]渡す(→3 a ①); iii) …に金を払う(→2 b ①) | *jm.* ein Geschenk ～ …に贈り物をする | einem Kind das Leben ～ 子供を産む | *jm.* die 〈*seine*〉 ganze Liebe ～ …を一途(いちず)に愛する | *jm.* den Rest ～ (→Rest 1) ‖ Sie *gab* ihm noch ihr Letztes. 彼女は彼に最後のものまで与えた(肌を許した) | Das *gibt* oder nimmt mir nichts. それは私にとってどうでもいいことだ〈痛くもかゆくもない〉 | Den Seinen *gibt*'s der Herr im Schlafe. 《諺》果報は寝て待て(→Schlaf I 1) ‖ *jm. et.*^{4} als Geschenk 〈zum Geschenk〉 ～ …に…をプレゼントする | *jm. et.*^{4} zu eigen ～ 《雅》…に…を贈呈〈進呈〉する | [*jm.*] *et.*^{4} zum besten ～ i)[…に]…(飲食物)をおごる〈ごちそうする〉; ii)[…に]…を(人前で[座興に])披露する〈開陳する〉(→5 a); iii)[…に]…を提供する(→best I).

‖〔目的語の一方, ときに双方を欠いて〕eine Runde ～ 一座の者に一杯おごる | Niemand *gab* etwas. 進んで何か与えようとするものは一人もいなかった | Gott *geb*'s! 神よ それをかなえたまえ | Gott *gebe* 〈*Gebe* Gott〉, daß ... 神よ 願わくば…したまえ ‖ den Armen ～ 貧しい人々に施し物をする | Wir *geben* und nehmen einander. 我々は持ちつ持たれつだ ‖ gern[e] 〈mit offenen Händen〉 ～ 物惜しみしない, 気前よく与える | Ein Schelm *gibt* mehr als er hat. 《諺》分不相応に散財する〈いやに気前のいい〉やつは胡散(うさん)くさい | Wer gerne *gibt,* fragt nicht lange. 《諺》気前のいい者は あれこれ尋ねない(与える気のない者に限ってあれこれ穿鑿(せんさく)する) | Doppelt *gibt,* wer schnell 〈rasch〉 *gibt.* 《諺》すぐ与えればありがたみが倍になる | Bittet, so wird euch *gegeben.* 求めよ そうすれば与えられるであろう(聖書: マタ 7, 7) ‖ Der Herr hat's 〈hats〉 *gegeben,* der Herr hat's 〈hats〉 genommen. 主が与え 主が取られたのだ(聖書: ヨブ 1, 21); (転じて, 災難にあった人を慰める言葉として)損することがあれば得することもあるさ, 苦あれば楽ありだよ, 捨てる神あれば拾う神あり.

‖ 再帰 *sich*^{4} *jm.* [zu eigen] ～ (→5 a) | *sich*^{3} *et.*^{4} nicht ～ und nicht nehmen können …にどうにもできない, …に対してお手あげである | Meine Nervosität kann ich mir nicht ～ und nicht nehmen. 私の神経質は自分でもどうにもならない ‖ 再帰・非人称 (再帰 *sich*^{4} ～ については: →5 a) Es *gibt* sich^4 nicht gut, wenn man nichts hat. 《諺》ない

G

袖(そで)はふれない(無一物だとそう施しをするわけにはいかない).
‖〖過去分詞で〗*et.*[4] für *gegeben* nehmen …をもらったものと考える〈みなす〉| Ich habe vergessen, Ihnen Blumen mitzubringen! —Das macht nichts, ich nehm's (=nehme sie) für *gegeben.* 花を持ってくるつもりが うっかりしまして—どういたしまして お志だけで結構です ‖ *jm. gegeben* sein …に(素質・天分・能力として)備わっている | Das ist ihm〔von Natur〕nicht *gegeben.* 彼にはその素質〈天分〉がない, 彼はその器〈任・柄〉ではない | Singe, wem Gesang *gegeben*〔ist〕. 歌える者は歌え (Uhland) | Es ist mir nicht *gegeben,* große Reden zu halten. 私には大演説をぶつ才能などない | Nicht jedem ist es *gegeben,* sich[4] über alles hinwegzusetzen. 万事に超然としていることはだれにもできる芸当ではない.
‖ der *gebende* Teil 与える方〈側〉.
☆ 今日, 1の意味では成句的表現を別とすれば, より具体的で明確な schenken の方が使われる. ただし, 名詞の方は Geschenk とならんで Gabe もまだかなり使われる.

2 a)《*jm. et.*[4]》《口語的に; 代償と引き換えに与える》(…に…を)売る, 譲る, 手放す, 貸す: Wir können Ihnen diese Ware nicht billiger ~. 私どもは〈当店では〉この商品をこれ以上安くは売れません | Was darf ich Ihnen ~? 何をさし上げましょうか, 何をお求めでしょうか | *Geben* Sie mir bitte ein Pfund Butter! バターを1ポンドください ‖ *jm. et.*[4] auf Kredit ~ …に…を掛け売りする | *jm. et.*[4] für zehn Mark ~ …に…を10マルクで譲る〈売る〉| ▽〔*jm.*〕*et.*[4] um *et.*[4]〈um einen hohen Preis〉~〔…に〕…を…(の値)で〈高値で〉売る.

b)《代償として与える》① 《*jm. et.*[4]》(…に…を)〔支〕払う, 支出する, 出す, 給与する, 納付〈納入〉する: *jm.* Geld〈zehn Mark〉~ i) …に金〈10マルク〉を払う; ii) …に金〈10マルク〉を恵んでやる(→1); iii) …に金〈10マルク〉を〔手〕渡す(→3 a ①) | dem Taxifahrer das Geld ~ タクシーの運転手に金を払う |〔*jm.*〕einen Scheck in Zahlung ~〔…に〕小切手で支払う | *jm.* einen Vorschuß ~ …に(給与などの)前払いをする |〔*jm.*〕100 Mark zu Zins ~〔…に〕利子として100マルク支払う ‖〖3格の目的語なしで成句的に〗Fersengeld ~《比》(戦わずに・代金を払わずに)逃げる, ずらかる, 逐電する | Ich *gäbe* sonst etwas. そうに決まっている(さもなければいくらか出してもいい) | **was *gibst* du, was hast du** 取るものも取りあえず, 大急ぎで, あたふたと ‖〖〔*jm.*〕*et.*[4] für〈um〉*et.*[4] geben などの形で〗Was wollen Sie mir dafür ~? それにいくら出し〈払い〉ますか, その代わりに何をくれますか | Ich werde Ihnen tausend Mark für das Gemälde ~. その絵に1000マルク払いましょう | Ich *gebe* mein Leben〈〔mein〕alles〉für ihn. 私は彼のために命〈〔自分の〕一切〉を投げ出す | Ich *gäbe* die Welt dafür. なんとしてもそれが欲しい | Ich *gäbe* alles darum, ihn zu sehen. 彼に会えれば何もいらない, ぜひ彼に会いたいものだ | Er *gäbe* ein Vermögen darum, wenn er erführe, was die Ursache war. 原因が何であったか知ることができるのだったら 彼は一財産投げ出しても惜しくはないであろう.

② 《**viel**〈**wenig**〉**auf** *et.*[4] geben などの形で比喩的に》(…に)重きをおく〈おかない〉, (…を)重〔要〕視する〈しない〉, (…を)重んじる〈重んじない〉: viel〈wenig〉auf gutes Essen ~ 食べ物に非常にうるさい〈あまりうるさくない〉| Ich *gebe* **nichts** auf ihn〈sein Urteil〉. 私は彼を全く買わない〈彼の意見など問題にしない〉| Ich *gebe* nichts auf seine Träne. 彼に泣かれても私は平気だ | Ich *gebe* nichts auf Träume. 夢占いなど私は全く信じない ‖ etwas auf *sich*[4] ~ 偉がる, もったいぶる; 体裁〈体面・みなり〉を気にする.

3《代償・交換と〔直接には〕かかわりなく与える》
a)《*jm. et.*[4]; ふつう4格の目的語は具象名詞》《手などを使って具体物を, また手などそのものを与える》
① (…に…を)〔手〕渡す, 差し出す, すすめる, 提供する, 配る, 取ってやる, 都合してやる, 貸す, 割りあてる; (食事などを)出す; (薬を)与える, 服用させる: der Dame[3] den Arm ~ (同行するために)女性に腕を貸す | *Gib* mir bitte mal einen Bleistift〈das Messer〉! 鉛筆を貸してくれないか〈〔その〕ナイフを取ってくれよ〉| dem Kind die Brust〈die Flasche〉~《比》子供に乳を与える〈哺乳(ほにゅう)瓶で授乳する〉| *jm.* das Buch ~ i) …に〔その〕本を渡す; ii) …に〔その〕本をくれてやる(→1) | dem Vieh Futter ~ 家畜にえさ〈飼料〉をやる | *jm.* die Hand ~ …と握手をする | *jm.* einen Korb ~ i)《比》(女が男に)ひじ鉄〔砲〕をくわす; ii) (一般に)…(の申し出など)をはねつける〈拒む〉| *jm.* einen Kuß ~ …に口づけする | *Gib* mir meinen Mantel! 私のコートを取ってくれ | *jm.* Medizin ~ …に薬を飲ませる, …に投薬する | Bitte *gib* mir das Salz!〔その〕塩を取ってくれ | dem Gast die Speisekarte ~ 客にメニューを渡す | *jm.* eine Spritze ~ i) …に注射をする; ii)《比》…を元気づける, …を励ます | *jm.* einen Wink ~ i) …に(目や身ぶりなどで)合図する; ii) …に(それとなく)注意〈忠告〉する(→b ①) | *jm.* eine Wohnung〈ein Zimmer〉~ …に住居〈部屋〉を都合してやる | *jm.* ein gutes〈schlechtes〉Zeugnis ~ …に良い〈悪い〉成績をつける ‖ Darf ich Ihnen noch etwas ~? (食事のときに)もっと何か差し上げましょうか〈召し上がりませんか〉‖ Wenn man ihm den kleinen Finger *gibt,* will er gleich die ganze Hand.《比》彼は甘くするとすぐつけ上がる, おんぶすればだっこだ, ひさしを貸すと母屋まで取ろうとする ‖〖*sich*[3] *et.*[4] geben lassen の形で〗*sich*[3] eine Quittung〈die Speisekarte〉**~ lassen** 領収書をもらう〈メニューを持ってこさせる〉| Er ließ sich[3] im Reisebüro einen Prospekt ~. 彼は旅行社で(案内の)パンフレットをもらった | *sich*[3] *et.*[4] als Pfand ~ lassen …を抵当として受け取る ‖〖3格の目的語なしで〗Raum ~ 場所をあける | *Gib* Raum! どけどけ, そこどけ, 道をあけろ.

② (特に, 打撃・殺傷・刑罰などを…に)与える, 加える, くらわす, くれる: *jm.* einen Backenstreich ~ …に一発横びんたを張る(平手打ちをくらわす) | *jm.* einen Fußtritt ~ …を足でけとばす, 足蹴(あしげ)にする | dem Pferd〔e〕die Peitsche ~ 馬にむちをくれ〔て急がせ〕る | *Gib* ihm〔Saures〕! あいつをぶん殴れ〈どやしつけろ・痛い目にあわせてやれ〉| *jm.* einen Schlag ~ …を殴る, …に一撃をくれる〈一太刀浴びせる〉| *jm.* einen Stich〔ins Herz〕~ (あることが)…に心痛を与える, …を苦しめる | *jm.* eine Strafe ~ …に罰を与える | *jm.* den Tod ~ …を殺す | *jm.* eine tödliche Wunde ~ …に致命傷を負わせる ‖〖eins を目的語として成句的に〗*jm.* **eins** aufs Dach ~ i) …に一発お見舞いする, …を一発ぶん殴る; ii) …をしか〔りつけ〕る | *jm.* eins〈es〉hinter die Ohren ~ …に一発平手打ちをくらわす ‖〖非人称の4格目的語 es と〗**es** *jm.* **~** i) …をぶん殴る〈殴りつける・ひっぱたく〉; ii) …をこらしめる〈とっちめる・しかりつける〉; iii) …に(言うべきことを)歯に衣(きぬ)を着せずに言う, …に直言する, …にずけずけ意見する | Dem habe ich es〈ichs / ich's〉ordentlich〈tüchtig〉*gegeben.* あいつを思いきりぶん殴ってやったよ; あいつにさんざん言ってやったよ | *Gib's*〈*Gibs*〉ihm! / *Gib* ihm! あいつをやっちまえ | *jm.* es auf den Rücken〈auf den Kopf〉~ …の背中〈頭〉をどやしつける ‖〖過去分詞で〗Gut *gegeben!* (だれかが相手に直言したり相手をやりこめたりしたときに)よくぞ言った〈やった〉, やりおったぞ.
☆古くは geben を自動詞扱いした次のような用法も見られる: *jm.* ~ / auf *jn.* ~ …を非難〈攻撃〉する, …をこきおろす, …をやっつける, …を痛罵(つうば)する.

b)《*jm. et.*[4]; ふつう4格の目的語は抽象名詞; しばしば geben はそれ自体の意味が希薄化し, 単なる機能動詞として〔動作〕名詞とともに動詞句を構成する》
①《言葉・音声・文字などを使って与える》(…に情報などを)伝える, 述べる, 告げる, 知らせる; (学課などを)教える, 教示する; (歌などを)聞かせる, 披露する, 歌う; (命令・法令・公文書などを)出す, 交付する, くだす, 発布〈公布〉する, 制定する, 発行する; (例などを)挙げる, 示す;〖ﾄﾗﾝﾌﾟ〗(…と)宣言する(→4 a ①): *jm.* guten Abend〈guten Morgen〉~ …に今晩は〈おはよう〉を言う | *jm.* den〈*seinen*〉Abschied ~ …を解雇する, …に暇をやる | *jm.*〔eine〕Antwort ~ …に返答する | *jm.* einen Befehl ~ …に命令を与える | *jm.* ein gutes〈schlechtes〉Beispiel〔für *et.*[4]〕~ …に〔…の〕良い〈悪い〉お手本を示す | Würden Sie mir Bescheid ~? ちょっと私に知らせて〈教えて〉いただけますか | *jm.* Glück ~ …におめでとうを言う; …に幸運〈無事〉を望む | *jm.* Kontra〈kontra〉~ i) (ブリッジ・スカートなどで)…にダブルを宣言する; ii)《比》…に(激しく)反駁(はんばく)する, …に言い〈やり〉返す, …にしっぺ〔い〕返し

G

をする | *jm.* ein Lied ～ …に歌を歌って聞かせる | *jm.* Nachricht 〔von *et.*^{3}〕 ～ …に〔…について〕知らせる | Der Lehrer *gibt* 〔uns〕 Physik und Mathematik. 先生は〔私たちに〕物理と数学を教えています〈物理と数学の担当です〉 | *jm.* 〔einen〕 Rat ～ …に助言〈忠告〉を与える | *jm.* Stunden ～ …にレッスンをしてやる, …に授業をする | *jm.* in *et.*^{3} Unterricht ～ …に…の授業をする | *jm.* das Versprechen 〈*sein* Wort〉 ～ …に約束をする | *jm.* böse 〈harte〉 Worte ～ …をののしる, …をしかりつける, …にひどい〈きつい〉ことを言う | *jm.* gute Worte ～ i) …に親切な〈優しい〉言葉をかける; ii) (意味が悪化して)…にお世辞〈うまいこと〉を言う, …にお追従を言う ‖ *jm.* das a 〈A〉 ～ …にイの音を出してみせる(相手が音程を調整できるように) | Können Sie mir das schriftlich ～? それを書面にして〈書いて〉くれませんか | Die Erfahrung *gibt* 〔uns〕, daß ... 経験の教えるところによると… ‖〘ふつう3格の目的語なしで: →4 a ①〙Gesetze ～ 法律を発布する | gute Nacht ～ (人生の)最期の別れを告げる, (この世に)おさらばを告げる ‖〘過去分詞で〙*gegeben* zu Bonn 〔den 10. Juni 1984〕 ボンにて〔1984年6月10日〕発行〈交付〉(の公文書).

② 《相手の利害得失に直接かかわるものを与える》(…に賛意・敬意・信頼などを)寄せる, いだく, 表する; (栄誉・賞などを)与える, 授ける, たまわる, 得させる; (きっかけ・機会・猶予などを)与える, 恵む, やる; (援助・許可などを)与える; (教育などを)施す; (好ましくない・負担になるものを)課する, 負わせる, 引き受けさせる, 押しつける: *jm.* Achtung ～ …に敬意を払う, …を尊敬する | *jm.* einen Antrag ～ …に頼みごとをする | *jm.* die Ehre ～ …に栄誉〈のしるし〉を与える | dem Kind eine gute Erziehung ～ 子供に良い教育を与える | *jm.* eine Frist von einer Woche ～ …に1週間の猶予を与える | *jm.* eine Gelegenheit ～ …に機会〈チャンス〉を与える | *jm.* das Geleit ～ i) …のおともをする, …を見送る; ii) …を護送する | *jm.* eine Genehmigung ～ …に許可〈認可〉を与える | *jm.* 〈*et.*^{3}〉 Glauben ～ …を信じる, …を信用する | *jm.* Hilfe ～ …を援助する | *jm.* ein Interview ～ …とのインタビューに応じる | *jm.* 〔einen〕 Kredit ～ …に掛け売りをする, …に信用貸しをする | *jm.* den Preis ～ …に賞を与える | *jm.* keine Ruhe ～ …にうるさくする, …にしつこくつきまとう | *jm.* *seine* Stimme ～ …に票を入れる | *jm.* den Vorzug ～ …のほうを選ぶ, …を良しとする, …をひいきにする, …を優遇する | *jm.* das Wort ～ …に話す機会〈権利〉を与える | *Geben* Sie mir bitte 〔zwei Tage〕 Zeit! どうか〔2日間の〕猶予をください | *jm.* *seine* Zustimmung 〔zu *et.*^{3}〕 ～ 〔…のことで〕…に賛成する |〘4格の目的語なしで〙Wie lange *geben* Sie dieser Koalition? あなたはこの連合政権があとどのくらい続くと思いますか ‖ 再帰 *sich*^{3} eine Blöße ～ 弱味〈すき〉を見せる, ぼろを出す, どじを踏む, へまをやらかす, 恥をさらす | Wir *geben* uns^3 die Ehre, Sie zum Abendessen einzuladen. 謹んで貴台を晩餐(ばんさん)にお招き申し上げます, 晩餐に御来駕(ごらいが)いただければ光栄の至りです | *sich*^{3} Mühe 〔mit *jm.* 〈*et.*^{3}〉〕 ～ 〔…のことで〕骨を折る〈苦労する〉 | *sich*^{3} Würde ～ もったいぶる, 偉がる, 威容をつくる, 威儀を正す ‖〘3格の目的語なしで〙Ruhe ～ i) 静かに〈静粛に〉する; ii) (頼みごとなどで)うるさくつきまとわない.

③ (…に正当性・権利・責任・罪などを)帰する, (…に…があると)認める, (…が…であると)思う(→4 d): *jm.* das Recht 〔zu *et.*^{3}〕 ～ …に〔…の〕権利を認める | *jm.* recht 〈unrecht〉 ～ …が正しい〈間違っている〉と認める | Das *gab* ihm recht. それは彼が正しいことを裏書きした | *jm.* die Schuld 〔an *et.*^{3} / für *et.*^{4}〕 ～ …に〔…の〕責任を負わす | Ich kann ihm nicht schuld ～. 私としては彼を責めるわけにはいかない | Welches Alter *geben* Sie jener Dame^3? あのご婦人をいくつだと思いますか.

④ (…に名称・外観などを)付与する, つける: dem Kind einen Namen 〈den Namen Hans〉 ～ 子供に名前〈ハンスという名前〉をつける | *jm.* einen Titel ～ …に称号を与える ‖ 再帰 *sich*^{3} den Anschein ～, daß ... …のふりをする, …を装う | Er *gibt* sich^3 den Anschein eines fleißigen Studenten. 彼は勤勉な学生を装っている | *sich*^{3} ein Ansehen ～ もったいぶる, いばる, 見栄(みえ)をはる | *sich*^{3} das Ansehen ～, als ob ... 《雅》…であるかのようなふりをする.

⑤ (…に刺激などを)与える, (力・気力などを)つける, (さまざまな情念を)吹きこむ, 鼓吹する, 呼びおこす: *jm.* Anregung〔en〕 ～ …に刺激〈活気〉を与える | *jm.* Freude ～ …を喜ばせる | *jm.* Hoffnung 〈Mut〉 ～ …に希望〈勇気〉を与える | Das *gibt* mir tödliche Langweile. それは僕には死ぬほど退屈だ | *jm.* einen Ruck ～ i) …に衝撃を与える, …をぎょっとさせる; ii) …を奮起させる, …を覚醒(かくせい)させる ‖ 再帰 *sich*^{3} einen Ruck ～ (難しいことやいやなことを前にして)元気を出す, 奮起する, ひとふんばりする; (なにくそっと)がんばる, (歯をくいしばって)がまんする.

☆ このような機能動詞による動詞句は迂言(うげん)動詞とも呼ばれる: *jm.* über *et.*^{4} 〔einen〕 Bericht ～ …に…について報告する(=*jn.* über *et.*^{4} berichten).

c) 《*jm.* *jn.*》 ① (…からの電話などに…を)出す; (…に…を)同行させる, (…に…を)つけ〔てや〕る; (…のところへ…を)さし向ける: *Geben* Sie mir bitte Herrn Meyer. すみませんがマイヤーさんを(電話口に)出してください〈お願いします〉 | Sie *gab* mir ihren Bruder als Begleiter 〈zur Begleitung〉. 彼女は私に弟さんを案内につけてくれた | Er *gab* mir seine Tochter zur Tischdame. 彼は自分の娘を食卓での私のパートナーにしてくれた | Ich bitte Sie, mir ihn auf einige Zeit zu ～. しばらくのあいだ彼を当方へよこしてくれませんか.

② (…に…を)引き渡す, 差し出す(→a ①): *jm.* einen Verbrecher 〈einen Geisel〉 ～ …に犯人を引き渡す〈人質を差し出す〉.

d) 《*jm.* *et.*^{4}》《zu 不定詞と》(…に…を…)させる, (…に…を…)するようにしむける, (…に…を…)するよう促す: Er *gab* mir den Brief abzuschreiben. 彼は私に手紙を書き写させた | *jm.* *et.*^{4} zu **bedenken ～** …に…について一考をわずらわす〈考慮を促す・疑義を申し立てる〉, …に…について斟酌(しんしゃく)を求める〈注意する・指摘する〉 | Sie *gab* 〔ihnen〕 zu bedenken, daß er noch sehr jung war. 彼女は彼がまだ非常に若いことを〔彼らに〕指摘した | *jm.* *et.*^{4} zu bemerken ～ …に…に対して注意を促す, …に…に注目〈留意〉させる | Dies Ereignis *gibt* 〔uns〕 etwas zu denken. この事件は〔我々として〕ちょっと考えさせられる〈いささか心配だ〉 | *jm.* 〔etwas〕 zu essen 〈trinken〉 ～ …に〔何かを〕食べさせ〈飲ませ〉る, …に〔何か〕食物〈飲み物〉を与える | *jm.* *et.*^{4} zu kaufen ～ …に…を売る〈買わせる〉 | *jm.* *et.*^{4} zu kennen ～ …に…を知らせる | *jm.* eine harte Nuß zu knacken ～ …に堅いくるみを割らせる; 《比》…に難題を課する | *jm.* 〔viel〕 zu **tun** 〈zu **schaffen**〉 **～** i) …に〔たくさん〕仕事を与える; ii) 《比》…に〔大いに〕迷惑をかける, …を〔大いに〕わずらわす | Es ist höchst nötig, daß ich mir jetzt etwas zu tun *gebe*. 今の私には何かする仕事があるということがぜひ必要だ | *jm.* *et.*^{4} zu überlegen ～ …に…について熟考を促す | *jm.* *et.*^{4} zu **verstehen ～** i) (人が)…に…を〔それとなく〕知らせる〈わからせる・気づかせる・ほのめかす・におわす・遠回しに言う〉; ii) (事物が)…に…を示す〈あらわす・暴露する〉 | Er *gab* uns zu verstehen, daß er bald das Haus verlassen müsse. 間もなく家を出なければならないと彼は我々にそれとなく言った | Sie *gab* mir durch keine Miene ihre Absicht zu verstehen. 彼女は自分の魂胆をぜんぜん顔色に出さなかった | Ihre Miene *gab* mir ihre Absicht zu verstehen. 私には彼女の顔つきで彼女の腹の中がわかった | *jm.* *et.*^{4} zu wissen ～ …に…を知らせる〈教える〉 ‖ 再帰 *sich*^{4} 〔*jm.*〕 zu erkennen ～ 〔…に〕自分の素性〈正体〉を明かす, 〔…に〕自分の本性を現す(→5 j) ‖〘目的語の一方を欠いた形で〙〔*jm.*〕 zu **denken ～** (事物を主語にして)〔…に〕不審〈疑惑〉を抱かせる, 〔…に〕懸念〈不安・心配〉を抱かせる, 〔…に〕どうかと思わせる | Seine Gesundheit *gibt* 〔mir〕 zu denken. 彼の健康が〔僕には〕心配だ〈気がかりだ〉 | Sein Verhalten *gibt* sehr zu denken. 彼の態度はひどく妙だ〈おかしい・変だ〉 | *jm.* 〔durch *et.*^{4}〕 zu lachen ～ …を〔…で〕笑わせる | *jm.* zu leben ～ …に生計の資を与える | Das wird viel zu reden ～. それは何かと評判〈話題〉になるだろう.

e) 《*et.*^{3} *et.*^{4}》 ① (…に…を)与える, 付与する, 向ける, 加える, 加味する: *et.*^{3} Aufmerksamkeit ～ …に注意〈留意〉する | einem Gedanken Ausdruck ～ 考えを表現する | der Wahrheit die Ehre ～ 真実を重んじる〈曲げない〉 | um der Wahrheit die Ehre zu ～ 本当のことを言うと, ありていに言

G

えば｜einem Stoff Form ～ 素材に形を与える｜*seinen* Worten Nachdruck ～ 強調して言う｜der Uhr Öl ～ 時計に油をさす｜einer Hoffnung 〈einem Zweifel〉 Raum ～ 希望〈疑惑〉を抱く｜dem Gespräch eine andere Richtung ～ 話題を転じる｜*seinem* Leben einen Sinn ～ 自分の人生を意義あらしめる｜*et.*^{3} eine günstige Wendung ～ …を好転させる‖〖3格の目的語なしで〗Feuer ～ (「火薬に火をつける」意味から)発射〈発砲〉する; (銃砲が)火を噴く｜Gas ～ (自動車の)アクセルを踏む(車のスピードを出す);《比》急ぐ, 急行する｜die ganze Lage 〈eine volle Lage〉 ～ 〖軍〗(艦艇が)偏舷(へんげん)斉射する｜Wasser ～ 水をやる〈注ぐ〉, 散水する, (消防隊が)放水する.

② (widmen) (…をするためにある時間を)さく, 費やす: Den Morgen mußte ich dem Briefschreiben ～. 朝(午前中)は手紙書きでつぶれてしまった.

f) 《*et.*^{4}》《方向を示す語句と》

① 《〔*jm.*〕 *et.*^{4} 〈*jn.*〉 および到達点・帰着点・目標〔点〕を示す前置詞句と: →4 e ①; ふつう成句をなし geben はしばしば機能動詞に近づく: →b)》 (〔…に〕…を)まかす, ゆだねる, 預ける, 渡す, 付する, やる, 置く, のせる, 入れる, 送る, 加える: *jm. et.*^{4} **an** die Hand ～ …に…を(自由に処理・使用してもらうよう)提供する〈ゆだねる・一任する〉｜*jm. et.*^{4} **auf** die flache Hand ～ …の手のひらに…をのせ〔てや〕る｜*jm. et.*^{4} aufs Gewissen ～ …に…を言いふくめる〈(こんこんと)言いきかす・肝に銘じさせる〉｜*jm. et.*^{4} **in** die Hand ～ i) …に…を手渡す; ii) …に…(仕事など)を委任する〈頼む〉｜*jm. et.*^{4} in Verwahrung ～ …に…を保管してもらう, …に…を預ける｜〔*jm.*〕 *et.*^{4} in Zahlung ～ 〔…に〕…を下取りさせる｜*jm. et.*^{4} **zur** Aufbewahrung ～ …に…を預ける｜*jm. seine* Tochter zur Frau ～ …に娘を嫁にやる〈嫁がせる〉‖ 再帰 〖相互的〗 Die Besucher *gaben* sich^3 die Tür 〈die Klinke〉 in die Hand. 訪問客はひきもきらなかった, 千客万来だった.

② 《話・方》《料理関係に使われて》 (…を…に)加える, かける, 添える, のせる, 盛〔りつけ〕る, 入れる : **an** das Essen Salz ～ 料理に塩をかける｜**in** den Kaffee Zucker ～ コーヒーに砂糖を入れる｜in die Suppe ein Ei ～ スープに卵をおとす｜**über** den Braten eine Soße ～ 焼き肉にソースをかける‖ *seinen* Senf da**zu** ～ (＝dazugeben) 《比》 (求められ・聞かれもしないのに)自説を述べる, (人の話や議論に)割りこむ, 横から口を出す｜Er muß immer seinen Senf dazu ～ (＝dazugeben). 彼は一言居士だ, 彼は何にでもくちばしを入れる.

4 《*et.*^{4} / *jn.*》《3と同じく代償・交換と〔直接には〕かかわりなく与える》 **a**) 《*et.*^{4}》

① (…を)示す, 表す, 表現する, 述べる, 言う, 訳す; 〖スポーツ〗 (…と)宣告する(→3 b ①, 5 d): Das *gibt* schon der Augenschein. それは見ただけでわかる｜Der Zusammenhang *gibt* es, daß … 前後関係〈コンテキスト〉から…であることがわかる‖ *seine* Freude laut ～ 喜びの声をあげる｜den Grund 〈die Ursache〉 für *et.*^{4} ～ …の理由を述べる〈原因をあげる〉｜*seinen* Segen zu *et.*^{3} ～ i) …を祝福する; ii) 《比》…に賛成する‖ *et.*^{4} auf deutsch ～ …をドイツ語で言う〈表現する〉｜*et.*^{4} ins Deutsche ～ …をドイツ語に訳す｜um es kurz zu ～ 簡単に言えば, 早い話が｜Wort für Wort ～ 逐語訳する, 正確に表現する〈伝える〉｜Kupfer für Gold ～ 銅を金だと言う｜Was *gab* er zur Antwort? 彼は何と返事をしたんだ‖ Der Schiedsrichter *gibt* einen Freistoß 〈ein Tor〉. (サッカーで)審判がフリーキック〈ゴール〉を宣告する.

② (特に音・光・熱などを)発〔散〕する, 出す, 放つ, 送る; 〖通信〗発信〈送信〉する(→3 b ①): Alarm ～ 警報を発する, 急を告げる｜einen hellen Klang ～ さえた音を立てる〈出す〉｜Laut ～ (〔猟〕犬が)ほえ〔て知らせ〕る｜Die Birne *gibt* zu schwaches Licht. この電球は光が弱すぎる｜grünes Licht ～ 青信号を出す; 《比》オーケーを出す, 開始の許可を出す｜ein Signal ～ 合図する｜Der Ofen *gibt* nur wenig Wärme. このストーブはあまり暖かくならない｜den Widerhall ～ こだまする, 反響する｜Er *gibt* 120 Zeichen in der Minute. 彼は1分間に(モールス信号を) 120打つ.

③ (…を)もたらす, 生む, 生じる, 惹起(じゃっき)〈誘発〉する, ひきおこす; (…に)なる(→b): bei *jm.* Anstoß ～ …の感情を害する, …を怒らす｜Das Kraut *gibt* eine gute Arznei. この草はよい薬になる｜Das *gibt* böses Blut. それは不満〈うらみ〉のもとだ｜Der Aufsatz *gibt* zwei Druckbogen. この論文は印刷すると全紙2枚分になる｜Weißwein *gibt* keinen Flecken. 白ワインはしみにならない｜Die Kuh *gibt* viel Milch. この雌牛は乳の出がいい｜Kleinvieh *gibt* auch Mist. 《諺》ちりも積もれば山となる(小家畜といえども下肥を生む)｜Das *gibt* Mord und Totschlag. これは血なまぐさい結果になりそうだ｜Der Baum *gibt* Schatten. 木は陰を与えてくれる｜Das Gebirge *gibt* Silber. この山からは銀が出る｜Diese Zeile des Gedichtes *gibt* keinen Sinn. この詩のこの行は意味をなさない｜Das *gibt* eine große Summe. こいつは大した金額になる｜Das *gibt* eine gute Suppe. これからはよいスープがとれる｜Ein Wort *gibt* das andere. 《諺》売り言葉に買い言葉‖ Das *gibt* nichts. それは大したことじゃない〈大したことにはなるまい〉｜Was *gibt* der Müßiggang ander〔e〕s als Laster? 閑居すれば不善をなすだけではないか｜Blau und gelb *gibt* grün. 青と黄をまぜると緑になる｜Drei und zwei *gibt* fünf. 3たす2は5｜Zwei mal drei *gibt* sechs. 2かける3は6｜Zehn 〔geteilt〕 durch zwei *gibt* fünf. 10わる2は5.

④ (会などを)開く, 催す, 開催する; (ドラマ・映画などを)上演〈上映〉する, 放送〈放映〉する; (劇などを)演出する; (役〔割〕を)演じる, つとめる; (曲を)演奏する: einen Ball ～ 舞踏会を開く｜für *jn.* ein Essen ～ …のために宴会を催す〈一席もうける〉｜eine Gesellschaft 〈eine Party〉 ～ 会合〈パーティー〉を開く｜ein Konzert ～ i) コンサートを開く; ii) 協奏曲を演奏する‖ eine Komödie 〈eine Oper〉 ～ i) 喜劇〈オペラ〉を上演〈上映・放映・放送〉する; ii) 喜劇〈オペラ〉を演出する｜《die Räuber》 von Schiller ～ シラーの『群盗』を上演する｜Was 〈Welches Stück〉 wird heute im Theater *gegeben*? きょうの劇場の出し物は何ですか｜Das Stück wird nicht mehr *gegeben*. i) この作品はもう上演されていない; ii) この作品は演目からおろされた‖ ein Gastspiel 〈eine Gastrolle〉 ～ 客演する｜Der Schauspieler *gibt* in der neuen Inszenierung den Hamlet. その俳優は新しい演出によりハムレットを演じる｜Er hat die Rolle schon oft *gegeben*. 彼はその役をすでに何度もやっている‖ *sein* Debüt ～ デビューする｜den Kenner ～ 通〈識者〉ぶる(→5 d)｜den Vermittler ～ 仲介者〈媒酌人〉になる.

⑤ 《ふつう目的語なしで: →3 a》 (トランプなどで札を)配る; 〖テニス〗サーブをする: 〔die Karten〕 ～ (トランプの)札を配る｜〔die Karten〕 falsch ～ (トランプの)札を配りまちがえる｜Wer *gibt*? だれが配る〈サーブをする〉番か｜Du mußt jetzt ～. 今度は君が配る〈サーブをする〉番だ｜Ich habe *gegeben*. 私は配ったよ; 私は親をやったよ.

b) 《*jn.*》 (angeben) 将来(…に)な〔れ〕る: Der Junge wird 〔mal〕 einen guten Kaufmann 〈Techniker〉 ～. この少年はりっぱな商人〈技師〉になる素質がある｜Rauhe Füllen *geben* gute Pferde. 《諺》荒駒(あらごま)は良馬になる.

c) 《*et.*^{4} von *sich*^{3}》 (音声・言葉などを)発する, 口にする, 言い出す, 語る, 述べる, 表す, 示す; 《ふつう *et.*^{4} wieder von *sich*^{3}》 (飲食したものを)吐き出す, もどす: Er *gibt* nur Gemeinplätze 〈Unsinn〉 von sich. 彼はありきたりの〈ばかげた〉ことしか言わない｜keinen Laut 〈Ton〉 von *sich*^{3} ～ うんともすんとも言わない｜ein 〈kein〉 Lebenszeichen von *sich*^{3} ～ i) まだ生色がある〈もはや生色がない〉, 生気がある〈ない〉; ii) 消息がある〈ない〉, 音沙汰(さた)がある〈音信不通である〉｜eine Meinung von *sich*^{3} ～ 意見を述べる〈開陳する〉｜den Namen von *sich*^{3} ～ 名前を名のる｜ein Stöhnen von *sich*^{3} ～ うめき声を上げる‖ Er saß den ganzen Abend da, ohne etwas von sich zu ～. 彼は一晩じゅうそこに座っていたが その間一言もものを言わなかった｜Ich kann es nicht so recht von mir ～. 私はそれをどうもうまく言い表せないんです｜Er will mehr von sich ～, als er versteht. 彼は自分がわからないことまでもしゃべりたがる‖ das Essen **wieder** von *sich*^{3} ～ 食べたものをもどす〈吐く〉｜Er mußte alles wieder von sich ～. 彼は食べたものを全部もどしてしまった.

d) 《*jn.* / *et.*^{4}》《様態を示す語句と》 (…が…であると)みなす, 思う, 認める, 観念する(→3 b ③): *jn.* besiegt 〈geschlagen〉 ～ …を敗北したものと認める, …の負けを宣する｜*et.*^{4}

⟨*jn.*⟩ verloren ～ i）…を負けたものと認める; ii）…を助からないものとみる, …を絶望視する, …にさじを投げる ‖ *jn.*〔von *et.*^{3}〕frei ～ …を〔…から〕自由にする⟨釈放する・免除する⟩(→ freigeben I 1) | die Schule frei ～ 休校にする | *jn.* schuldig ～ …を有罪とみなす⟨宣告する⟩ ‖ 再帰 *sich*^{4} gefangen ～ 投降する,(降伏して)自ら捕虜になる;《比》折れる, 譲歩する, 屈服する | Keiner *gab* sich〔dem Feind〕gefangen. だれひとり〔敵に〕投降しなかった | *sich*^{4} schuldig ～ 自分に罪⟨負い目⟩があることを認める | *sich*^{4} verloren ～ 負けを認める; 助からない⟨だめだ⟩と観念する | *sich*^{4}〔mit *et.*^{3}〕zufrieden ～〔…に〕満足する⟨甘んじる⟩.

e）《*et.*^{4} / *jn.*》《方向を示す語句と》

①《到達点・帰着点・目標〔点〕を示す前置詞句と: →3 f)》《ふつう成句をなし geben はしばしば機能動詞に近づく: →3 b)》(…を)さらす, 出す, 上げる, のせる, 置く, 向ける, 入れる, 注ぐ, 送る, ゆだねる, 任す: ein Buch **ans** Licht ⟨an den Tag⟩ ～ 書物を公にする⟨公刊する⟩ | *seine* Freude an den Tag ～ 喜びを表に出す⟨表す⟩ | einen Brief **auf** die Post ⟨zur Post⟩ ～ 手紙を投函(とうかん)する⟨郵送する⟩ | ein Kind auf die Schule ～ 子供を学校にあげる | die Briefe **in** die Aktentasche ～ 手紙類をかばんに入れる⟨しまいこむ⟩ | den Aufsatz in Druck ～ 論文を印刷にまわす⟨付す⟩, 論文を刊行する | *et.*^{4} ins Journal ～ …を雑誌にのせる⟨出す⟩ | den Jungen bei *jm.* in Pension ⟨die Lehre⟩ ～ 少年を…の所に下宿させる⟨奉公に出す⟩ | das Auto in die Werkstatt ⟨zur Reparatur⟩ ～ 自動車を修理に出す | *et.*^{4} **zu** Papier ～ …を筆記させる,(裁判所で)…を陳述する | die Aussage zu Protokoll ～ 発言⟨供述⟩を記録に取らせる⟨取ってもらう⟩ | Er *gibt* dich von ganzem Herzen zum Teufel. 彼は君のことを心の底から呪(のろ)っている ‖ 再帰 *sich*^{4} ～ (→5 a, 5 f ②).

② *et.*^{4} **aus** ⟨von⟩ der Hand ～ …(大事なもの・手放したくないもの)を手放す | Er *gibt* das Buch nicht aus der Hand. 彼はその本を手放さない | das Heft aus der Hand ～ (刀の)柄(つか)から手を放す;《比》指導権を手放す, 支配権を譲る.

5 再帰 **sich**^{4} **～** (ただし *sich*^{3} ～: →1, 2, 3, 4)

a）わが身をゆだねる⟨投げ出す⟩, 献身する; 専念⟨没頭⟩する: 屈服⟨降参⟩する; あきらめる, 観念する(今日一般に sich hingeben, sich ergeben などのほうが使われる): *sich*^{4} dem Bösen ⟨dem Teufel⟩ ～ 悪魔に身をゆだねる | Sie hat sich einem Unwürdigen *gegeben.* 彼女はろくでもないやつに身を任せた ‖ *sich*^{4} **an** die Axt ～ 断罪に処せられる | Sie wird sich an ihn ～. 彼女は彼のいうことを聞くだろう | *sich*^{4} **auf** Schinderei ～ 搾取をことととする | *sich*^{4} auf Theologie ～ 神学を研究する⟨に打ちこむ⟩ | *sich*^{4} **für** *jn.* ～ …のために身を投げ出す | *sich*^{4} *jm.* **in** die Arme ～ …の腕の中にとびこむ, …に抱きつく | *sich*^{4}〔tief〕in Gedanken ～〔深く〕思いにふける | *sich*^{4} in *js.* Gewalt ⟨*js.* Gnade⟩ ～ …の力に屈服する⟨…の慈悲にすがる⟩ | *sich*^{4} in *js.* Hände ⟨Hand⟩ ～ …の手中に陥る | *sich*^{4} in das Schicksal ～ 運命に服従する, 運命と思ってあきらめる | *sich*^{4} mit *jm.* in Worte ～ …と論じ⟨言い⟩あう, …と議論⟨討論⟩する | *sich*^{4} *jm.* **zu** Füßen ～ …の足もとにひれ伏す;《比》…に服従⟨降参⟩する | *sich*^{4} zum Teufel ～ 悪魔に身をゆだねる(＝*sich*^{4} dem Teufel ～) ‖ *sich*^{4} zum **besten ～** (よりふつうには haben) 自分を笑いものにする, 笑いものになる, 物笑いの種になる(→1) | *sich*^{4} *jm.*〔zu eigen〕～ …に降伏する, …に身をゆだねる,(女が)…に身を任せる⟨肌を許す⟩(→1) | *sich*^{4} **drein ～**〔それを〕運命と〔思って〕あきらめる⟨観念する⟩, 甘受する, 我慢⟨辛抱⟩する | Das Schicksal war hart, doch sie *gab* sich drein. むごい運命だったが 彼女はそれを堪え忍んだ | Du mußt dich hierein ⟨hierin⟩ ～. ここ⟨この点⟩は我慢すべきだ ‖ *sich*^{4} bloß ～ 弱味を見せる, 物笑いの種となる, 非難⟨攻撃⟩の的となる ‖ Er wird sich schon ～. i）彼はきっと折れるだろう; ii）《話》彼はそのうち評判をおとすだろう⟨人気がなくなるだろう⟩.

☆ 古くは geben を自動詞扱いにした次のような用法も見られた: in die Furcht ～ 恐怖に身をゆだねる | Ich *gebe* … mit ganzer Seele in die Mineralogie. 私は…一心不乱になって鉱物学に没頭している (Goethe).

b）(苦痛などが)弱まる, 和らぐ, おさまる, 衰える, ゆるむ, 静まる, やむ;(堅いものが)柔らかくなる;(布地が)伸びる: Sein Eifer wird sich bald ～. 彼の熱〔意〕もじきにさめるだろう | Nach der Spritze hat sich das Fieber bald *gegeben.* 注射のあとで熱はまもなく下がった | Die Schmerzen *gaben* sich mit der Zeit. 苦痛はしだいに弱まった⟨おさまった⟩ | Der feste Stoff *gibt* sich. 堅い素材⟨布地⟩が柔らかくなる | Das Tuch *gibt* sich. 生地がのびる.

c）(事情などがおのずから)良くなる, 好転する, うまくいく, なんとかなる, まとまる, 片がつく, 解決する, 解けてくる, わかってくる, 判明する: Das wird sich schon noch ～. それもそのうちきっと良くなる⟨おさまる・片がつく⟩さ | Achte darauf, alles andere ⟨das übrige⟩ *gibt* sich〔von selbst〕. そのことだけ注意しろよ ほかのことは万事〔自然に〕うまくいくから⟨明らかになるから⟩ | Ich fühle mich nicht wohl, aber es wird sich bald wieder ～. 体の具合が悪いんだけどじきに回復するだろう ‖ Es *gibt* sich aus dem Zusammenhang, daß … 前後関係⟨コンテキスト⟩から…ということがわかる | Das *gibt* sich von selbst. i）それは自明の理だ, それは当然のことだ; ii）それは自然によくなる⟨おさまる⟩.

d）《様態を示す語句と》(…らしく)振舞う,(…の)態度をとる, 身を処する, 身を持する;《語義が悪化して》(…の)ふりをする,(…のように)見せかける,(…を)装う,(…)ぶる, 気取る,(…と)自称する; 自認する, 名乗〔り出〕る: Er *gab* sich ganz ahnungslos. 彼は(気づいていながら)素知らぬふりをした | *sich*^{4} freundlich ⟨leichtsinnig⟩ ～ 親切⟨軽率⟩な態度をとる | *sich*^{4} nach außen hin gelassen ～ うわべは落ち着いて見せる, 冷静を装う | *sich*^{4}〔*et.*^{2}〕schuldig ～〔…の〕罪を認める⟨自認する⟩ ‖ Er *gibt* sich, wie er ist. 彼はありのままに振舞う | Seine Art, sich zu ～, machte ihn unbeliebt. 彼はその態度振舞いのために嫌われた ‖〖als, für とともに; als は事実も反事実も示し, für は反事実を示すことのほうが多い〗Er *gibt* sich **als** biederer Bürger. 彼はまともな市民として振舞う⟨を装う⟩ | Er *gibt* sich gern als Sachverständiger. 彼は専門家を気取りたがる ‖ *sich*^{4} **für** krank ⟨tot⟩ ～ 仮病を使う⟨死んだふりをする⟩ | *sich*^{4} für einen Ausländer ～ 外国人を装う⟨自称する⟩ | *sich*^{4} für einen Poeten ～ 詩人ぶる, 詩人を気取る.

e）(望ましいもの・必要なもの, 例えば機会などが)到来する, やってくる, 訪れる, 現れる, 生じる, 起こる: Vielleicht *gibt* sich ein Aufschluß. ことによると説明がつくかもしれない | Ich werde dich besuchen, wenn sich eine Gelegenheit *gibt.* 機会があったら君を訪ねるよ | Der Gewinn *gibt* sich klar. 得⟨利益⟩になることは明らかだ | Die Leichtigkeit *gibt* sich nur durch die lebendige Übung. 熱心に練習してはじめて楽に⟨容易に⟩できるようになる | Es wird sich die Sache nach unserm Wunsch ～. 事は我々の希望どおりになるだろう ‖ wie es sich gerade *gibt*〔ちょうど〕そのとき⟨その場⟩のなりゆきで, たまたま⟨あいにく⟩そんな次第〔なの〕で.

$^▽$**f**）《方向を示す語句と》(sich begeben)

①《空間的》(人が…に)赴く, 行く, 去る: *sich*^{4} **auf** das Eis ～ 氷上へ出る | *sich*^{4} aufs Meer ～ 海へ乗り出す | *sich*^{4} **ins** Feld ～ 畑へ出る | *sich*^{4} **von** dannen ～ 立ち去る | *sich*^{4} **zu** *jm.* ～ …のところへ行く.

②《比喩的》《① の語義が転化して参加・参入または逆に離脱を, さらに行為への移行・着手・開始を示す》(…に)入る,(…を)始める,(…に)とりかかる;(…から)抜け出す: *sich*^{4} **an** *et.*^{4} ～ …に着手する, …を始める | *sich*^{4} ans Kochen ～ 料理にとりかかる | *sich*^{4} **auf** den Lauf ～ 走り去る | *sich*^{4} auf die Flucht ～ 逃亡⟨敗走⟩する | *sich*^{4} **in** eine Gesellschaft ～ 会に入る, 会のメンバーになる | *sich*^{4} in den Tod ～ 死地に赴く, 死ぬ, 殺される | *sich*^{4} mit *jm.* in einen Bund ～ …と盟約を結ぶ⟨結託する⟩ | *sich*^{4} **zur** Ruhe ～ 休む, 休息する | *sich*^{4} zum ehelichen Stand ～ 家庭⟨世帯⟩を持つ ‖ *sich*^{4} **aus** der Fassung ～ 取り乱す, 狼狽(ろうばい)する | *sich*^{4} aus dem Vorurteil ～ 先入観⟨偏見⟩を捨て去る.

☆ 古くは geben を自動詞扱いにした次のような用例も見られた: in die Flucht ～ 逃亡する, 敗走する.

g）(sich bewegen)(物が)動く: Das Schiff *gab* sich voneinander. 船が壊れた⟨ばらばらになった・解体した⟩ | Die Wunde *gibt* sich zusammen. 傷口がふさがる.

h)《過去分詞・形容詞と: →4 d》
i)〈sich lohnen〉Da *gibt* sich's schon. そうすればきっと報われる〈それだけのことはある〉.
▽j)《zu 不定詞と: →3 d》*sich*[4] zu sehen ～ 姿を見せる, 現れる | *sich*[4] zu sterben ～ 死ぬ, 戦死する.
6 非人称《**es gibt** *et.*[4]〈*jn.*〉》《4 格の目的語が意味〈論理〉上の主語; 受動態なし; es はいかなる場合にも省かれることがない; 定動詞が倒置されるときには gibt's, gibts の形も使われる》
☆ i) 俗語では es gibt の意味で das gibt も使われる.
ii) 4 格の代わりにいわゆる部分の 2 格が目的語になることもある(→I ☆): Gibt es solche Männer?－Ja, es gibt *deren.* こんな男たちいるかねーああいるとも.
iii) 俗語や方言では es gibt *et.*[1]〈*jd.*〉が使われることがある. これは es gibt の文法的構成が忘れられて, es ist〈sind〉や es kommt〈kommen〉と同義であることが強く意識されるためである: Wenn es *ein dürrer Sommer* (＝einen dürren Sommer) *gibt*, ... 日照り続きの夏になったら….
a) ① (…が)存在する, ある, いる(同じ存在を示す es ist〈sind〉に比べて, es gibt は世の中一般もしくは比較的広い範囲における比較的恒常的な存在を示す傾向が強い): Dafür *gibt* es keinen Anlaß. そんないわれはない | Es *gibt* bei uns keine Bären mehr. 我々の住んでいるところにはクマはもういない | An diesem Schalter *gibt* es Briefmarken. 切手はこの窓口で〔お求めください〕| Es *gibt* Fälle, in denen man anders handeln muß. これとは違った振舞いかたをしなければならない場合がある | So eine Gemeinheit darf es doch nicht ～. そんな下卑た〈卑劣な〉ことは断じて許せない | Es *gibt* einen Gott. i) 神は存在する; ii) 神はひと柱だけ存在する(アクセントは einen にある) | Es *gibt* einen guten Grund dafür. それには十分理由〈根拠〉がある, それは無理はない | Es *gibt* kein Leben ohne Wasser. 水なくして生命はない | Es *gibt* Menschen, denen das Glück immer lacht. 世の中には常に幸運に恵まれているような人間がいる | Es *gibt* immer zwei Möglichkeiten. (世の中には)いつも二つの可能性〈二つの道〉がある | Tyrannen hat es früher *gegeben.* 専制君主は昔はいた | Es *gab* bei der Premiere viele Vorhänge. 初日には何回もカーテンコールがあった ‖〖kein を伴う〔動作〕名詞と用いられて不可能を表して〗Da *gab* es kein Entkommen〈Entrinnen / Entweichen〉mehr. こうなってはもう逃れようがなかった, もはや逃げることは不可能だった | Es *gab* kein Halten mehr. (話などが)もう止めどがなかった; (自動車などが)もう止めようがなかった | Da *gibt* es keine Widerrede. それじゃ反駁(はんばく)しても始まらない | Es *gibt* kein Zurück mehr. もう後へは引けない〈引きさがるわけにはいかん〉‖〖最上級の形容詞を伴う名詞を先行詞とする関係文で用いられ, 最上級の意味を強めて〗der größte Prahler, den es *gibt* 世界一の〈類のない〉大ぼら吹き | die besten Weine, die es überhaupt *gibt* およそ世の中にある(ワインの中の)最良のワイン ‖〖種々の代名詞と〗Im Zimmer war es immer dunkel, wenn es uns nicht *gab.* 私たちがいないときは部屋の中はいつも暗くしてあった | *Gibt* es dich noch? (久しぶりに会った相手に向かって)君はまだ生きていたのかい ‖ Das〈So〔et〕was〉*gibt* es. i) こういうことはあるものだ〈ないわけじゃない〉; ii) こういうことは起こるかもしれない(→b) | Das *gibt*'s〔doch〕nicht. i) そんなもの〈こと〉は存在していない; ii) そんなもの〈こと〉はありえない〈不可能だ〉; iii) それはだめだ〈もってのほかだ〉, それはできない相談だ〈おあいにくさまだ〉, それはないよ | So〔et〕was hat es noch nie *gegeben.* こんな〈そんな〉ことはいまだかつてなかったことだ〈前代未聞だ〉| So〔et〕was *gibt*'s! こんなことがあるなんて〈あってたまるか〉, こいつは驚いた, なんてこったい, 不埒(ふらち)千万な, そんな〈こんな〉まねをするなんて | Wo *gibt*'s denn so was! こんなことってどこにある, こりゃむちゃくちゃだ, そんなのもってのほかだ〈絶対だめだ〉| *Gibt* es jemanden, der mir hilft? 私を助けてくれる人がだれかいますか | Es *gibt* nichts Feigeres als meinen Mann. 私の夫ほどおく病な者はいない | ..., da *gibt*'s〔gar〕nichts. (事実や意志の動かしがたさや発言内容の確実さを示して)どうあっても, 何が何でも, 何と言ったって, 絶対に, 必ず, 確かに, 間違いなく | Ich werde es tun, da *gibt*'s gar nichts. やってみるよ 必ず | Tanzen kann sie, da *gibt*'s nichts. 彼女はダンスがうまい これはもう間違いなしだ ‖ Was *gibt*'s〈gibt es〉? i) どうしたんだ, 何ごとだ; ii) どう〔いうことに〕なるんだろう | Was *gibt*'s Neues〔bei dir〕? 〔君のところに〕何かニュース〈新しいこと〉はないか | Was es nicht alles *gibt*! 世の中にはいろいろ(思いもよらないことが)あるものだ, 世の中って広いね, へえこいつは驚いた ‖〖zu 不定詞を伴って〗Vor Weihnachten *gibt* es viel zu tun. クリスマス前にはすることがたくさんある〈忙しい〉| Es *gab* nichts zu essen. 食べるものが何もなかった | Was *gibt* es da zu reden? いったい何を話すことがあろうか, 話すことなんか何もないじゃないか | Was *gibt* es hier zu sehen? ここで一見に値するものは何ですか.
② (食事に…が)出される, 出る: Es *gibt* bei ihm gutes Essen. 彼のところにはごちそうがある | Es *gibt* Schweinebraten zum Mittagessen. 昼食はローストポークだ | Blumenkohl hat es bei uns schon lange nicht mehr *gegeben.* 家ではもうだいぶ長いことカリフラワーを食べていない | Was *gibt* es heute〔zu essen〕? きょうの料理〈おかず〉は何ですか | Was *gibt*'s dazu? つけ合わせは何ですか.
b) (自然現象・人為現象, 例えば風・雨・けんかなどが)起こる, 生じる, 生起する, もち上がる,〔やって〕来る; (劇・映画などが)上演〈上映〉される, (テレビ・ラジオなどで)放映〈放送〉される: Es wird eine gute Ernte ～. 豊作になるだろう | Es *gab* Krieg. 戦争が起こった | Es *gibt* bald Regen〈Sturm〉. まもなく雨〈あらし〉になるだろう | Es *gibt* Streit〈Scherereien〉. けんか〈面倒なこと〉になる〔だろう〕| Wenn du so unvorsichtig bist, *gibt* es noch ein Unglück. 君がそんなに不注意だと今に事故が起こるぞ | Morgen *gibt* es schönes Wetter. あすはよい天気〔になる〕だろう | Was *gibt* es heute abend im Fernsehen〈im Theater〉? 今晩テレビ〈劇場〉で何をやるんだ ‖〖不定代名詞〔et〕was を 4 格の目的語として〗Heute wird's noch〔**et**〕**was ～**. i) きょうはそのうち雨〈あらし〉になるだろう; ii) きょうはいずれお目玉を食うぞ〈雷が落ちるぞ〉, きょうはいずれどやされるぞ〈とっちめられるぞ〉; iii) きょうはそのうち何か(一騒動)あるぞ | Gleich *gibt*'s was. / Es wird gleich etwas ～. i) じき雨〈あらし〉になるぞ; ii) さっそくお目玉を食うぞ〈雷が落ちるぞ〉, すぐどやされるぞ; iii) じきに何か始まるぞ; iv) すぐ何か(飲み物・料理が)出ます(→a ②) | Sei ruhig, sonst *gibt*'s was. 静かにしろ でないと承知しないぞ〈ただではおかんぞ〉.

II Ge·ben 中 -s/ (geben すること. 例えば:) **1** 与えること, 施すこと; (トランプの札を)配ること: Laune zum ～ 施しをしたいような気分 | Das ～ hat kein Ende bei ihr. 彼女の慈善は底なしだ | am ～ sein (トランプで)札を配る番に当たっている, 親である | Es ist alles ein ～ und Nehmen. 世の中は万事持ちつ持たれつ〈ギブ＝アンド＝テイク〉だ | Geschäft auf ～ und Nehmen〖商〗複合〈両建て〉オプション, ストラドル ‖ ***Geben* ist seliger denn Nehmen.** 受けるよりは与えるほうが幸いである(聖書: 使20,35).
2〖通信・放送〗送信; 放送, 放映.

III ge·ge·ben → 別出
[„fassen“; *germ.*; ◇habil, Gabe, Gift; *engl.* give]

Ge·ben·de[gəbɛ́ndə] 中 -s/- (中世の女性の)頭飾り(→ 図 Tunika). [*mhd.*; ◇Band[3]]

ge·be·ne·deit[gəbenedáɪt] benedeien の過去分詞.

Ge·ber[gé:bər] 男 -s/- **1** (↔Nehmer) (geben する人. 例えば:) 与える〈配る〉人, 寄付〈寄贈〉者;〖法〗譲渡人;〖商〗(手形の)発行人. **2**〖工〗分配〈供給〉装置;〖通信〗送信機; 《俗》自動販売機.

Ge·ber·lau·ne 女 -/ 気前よさ: in ～ 気前よく.

ge·bes·sert[gəbɛ́sərt] bessern の過去分詞.

Ge·bet[gəbé:t] 中 -[e]s/-e 祈り, 祈禱(きとう)〔文〕: das ～ des Herrn 主の祈り(＝Vaterunser) | ein ～ für die Toten 死者のための祈り | Ewiges ～〖カトリック〗常時聖体礼拝(40時間の祈りから転じて祭壇の聖体顕示台に向かっての祈り) | Abend*gebet* 夕べの祈り, 晩禱 ‖ ein ～ sprechen〈verrichten〉祈りを唱える ‖ *jn.* in *sein* ～ einschließen …のために〔も〕祈る | ***jn.* ins ～ nehmen**《話》…にきびしく注意〈警告・意見〉する; …をなじる. [*westgerm.*; ◇bitten; *engl.* bead]

Ge·bet·buch 中 祈禱(きとう)書: des Teufels ～《戯》トランプ.

G

ge·be̱·ten[gəbéːtən] bitten の過去分詞.
Ge·be̱t·läu·ten[gəbéːt..] 中 -s/《オーストリア》(朝・昼・晩に教会で鳴らす)祈禱(きとう)の鐘の音.
Ge·be̱ts≠fa·brik 女《戯》祈禱(きとう)工場(中世的な装飾のない殺風景な近代的教会). **≠for·mel** 女 (型どおりの)祈禱の文句. **≠man·tel** 男 (ユダヤ教徒の)礼拝用肩衣(かたぎぬ). **≠müh·le** 女 地蔵車, 回転礼拝器(ラマ教徒が祈りの時に手に持つ小さい車). **≠ni̱·sche** 女 (回教寺院の祈禱用の)壁のへこみ. **≠rie·men** 男 聖句箱(ユダヤ教で旧約聖書の章句を記した羊皮紙を納める革の小箱). **≠schup·pen** 男《戯》＝Gebetsfabrik **≠tep·pich** 男 (回教徒の)祈禱用のひざ敷き. **≠ver·samm·lung** 女 祈禱集会.
Ge·be̱t·tel[gəbέtəl] 中 -s/ 物ごいをして回ること; (子供などが)しきりにせがむ〈ねだる〉こと. [＜betteln]
ge·be̱ugt[gəbɔ́ʏkt] beugen の過去分詞.
ge·be̱ut[gəbɔ́ʏt] gebietet (gebieten の現在 3 人称単数)の古形.
Ge̱b·hard[gέphart] 男名 ゲプハルト. [＜*ahd.* geba „Gabe"＋harti „hart"]
ge·bi̱er[gəbíːr] gebär[e] (gabären の命令法単数)の雅語形.
ge·bi̱erst[..bíːrst] gebärst (gebären の現在 2 人称単数)の雅語形.
ge·bi̱ert[..bíːrt] gebärt (gebären の現在 3 人称単数)の雅語形.
Ge·bi̱et[gəbíːt] 中 -[e]s/-e **1** 地域, 地帯; 〈国の〉領土, 領域: ein besetztes ～ 占領地域 | ein sumpfiges ～ 沼沢地 | ein ～ hohen 〈tiefen〉 Luftdrucks 〖気象〗高圧〈低圧〉域, 高圧〈低圧〉部 | das ～ der Bundesrepublik Deutschland ドイツ連邦共和国の領土 | Ruhr*gebiet* ルール地帯 ‖ ein ～ besetzen 〈abtreten〉 ある地域を占領〈割譲〉する. **2** 専門〈活動〉分野: ein interessantes ～ 興味深い分野 | neue ～*e* der Naturwissenschaften 自然科学の新しい領域 | Forschungs*gebiet* 研究領域 | Spezial*gebiet* 特殊〈専門〉分野 ‖ Entwicklungen auf dem ～ der Wirtschaft 経済面での発展. [*mhd.* „Befehl(sbereich)"]
ge·bi̱e·ten*[gəbíːtən] (17)《雅》 **I** 他 (h) **1** (*jm. et.*[4]) (…に…を)命じる, 命令する: *jm.* 〈*et.*[3]〉 Einhalt ～ (→Einhalt) | Ich *gebiete* dir zu schweigen. 汝(なんじ)に沈黙を命ずる. **2** ((*jm.*) *et.*[4]) ((…に)…を)要求する: Die Lage *gebietet* Vorsicht. 事態は慎重を要する. **II** 自 (h) (über *et.*[4] 〈*jn.*〉) (…を)支配する, 意のままにする: über ein Land ～ 国を支配する | über eine große Summe Geld ～ 大金を自由に使える. **III** **ge·bo̱·ten** → 別出 [*westgerm.*; ◇bieten]
Ge·bi̱e·ter[gəbíːtər] 男 -s/- (女 **Ge·bi̱e·te·rin**[..tərɪn]-/-nen) 命令〔権〕者, 支配者; 主人, 君主: der ～ über Leben und Tod 〖宗〗(人の生死を支配する)神 | *js.* Herr und ～ (→Herr 2 a).
ge·bi̱e·te·risch[..tərɪʃ] 形 支配者的な, 命令〈独裁〉的な; 尊大な, いばった; 有無を言わせぬ, 絶対的な: eine ～*e* Notwendigkeit どうにもならぬ必然性 | in ～*em* Ton sprechen 高圧的な口調で話す ‖ *et.*[4] ～ fordern …を強要〈強制〉する | Die Not fordert ～, daß ... 万やむをえず…ということになる.
Ge·bi̱e·ti·ger[..tɪgər] 男 -s/- ▽**1** ＝Gebieter **2** 〖史〗(ドイツ騎士団国家の 5 人の)最高官職者(軍事・行政・病院・被服・財政をそれぞれ分担).
ge·bi̱et·lich[..lɪç] 形 地域〈分野〉に関する; 地域〈分野〉に特有の.
Ge·bi̱ets≠ab·tre·tung[gəbíːts..] 女 領土の割譲. **≠an·spruch** 男 領土請求権. **≠er·wei·te·rung** 女 領土の拡張; 専門〈活動〉分野の拡大. **≠ho̱·heit** 女 -/ (↔Personalhoheit) 〖法〗領土高権〈主権〉. **≠kör·per·schaft** 女 〖法〗地域団体(特に Gemeinde, Landkreis など). **≠kran·ken·kas·se** 女《オーストリア》地域健康保険組合. **≠ver·grö·ße·rung** 女 領土の拡張.
ge·bi̱ets·wei·se 副 (→..weise ★) 地域ごとに, 地域別に.
▽**Ge·bi̱ld**[gəbílt][1] 中 -[e]s/-e＝Gebilde
Ge·bi̱ld·brot 中 (祝祭日用の)人や動物などをかたどったパン菓子(→ 図 Brot).
Ge·bi̱l·de[gəbíldə] 中 -s/- (形づくられた)物, 形成物, 形象; 〖心〗心像: ein ～ der Phantasie 空想の産物 | Wahn*gebilde* 妄想の産物 ‖ *et.*[4] zu einem ～ zusammenfügen …を一つのものにまとめあげる. [＜bilden]
ge·bi̱l·det[gəbíldət] **I** bilden の過去分詞. **II** 形 (高い)教育を受けた, 教養〈教育〉のある; 洗練された: ein ～*er* Mensch 教養のある人間 | ～*es* Geschwätz 《反語》高踏的なおしゃべり ‖ akademisch 〈vielseitig〉 ～ sein 大学教育を受けている〈教養が広い〉. **III** **Ge·bi̱l·de·te** 男 女《形容詞変化》(高い)教育を受けた人, 教養人; 《複数で》知識階級, (教養ある)上流階級: ein akademisch ～*r* 大学教育を受けた人, 大学出身者.
Ge·bi̱m·mel[gəbíməl] 中 -s/ (ベルなどが)しきりに鳴ること〈音〉. [＜bimmeln]
Ge·bi̱n·de[gəbíndə] 中 -s/- **1 a**) 束ねたもの, (花・野菜・わらなどの)束. **b**) (糸の)かせ, 一かせの長さ. **2** (Faß) たる, おけ: Bier in ～*n* kaufen ビールをたるで買う. **3** 〖建〗(屋根の)けた組み(一対の垂木, 合掌). ▽**4** 〖料理〗(魚の)はらわた. [*mhd.*; ◇binden]
Ge·bi̱r·ge[gəbírgə] 中 -s/- **1 a**) 山岳〔地帯〕, 山脈, 連山; 〖地〗山岳: ein vulkanisches ～ 火山脈 | Falten*gebirge* 〖地〗褶曲(しゅうきょく)山地 | Hoch*gebirge* 高い山脈, 高山系 ‖ ein ～ überschreiten 山を越える | ein ～ durchwandern 山地を歩き回る | 〔zur Erholung〕 ins ～ reisen 〈fahren / gehen〉 〔保養に〕山へ出かける | den Sommer 〈den Urlaub〉 im ～ verbringen 夏〈休暇〉を山で過ごす. **b**) 《比》堆積(たいせき): ein ～ von Akten 書類の山. **2** 〖坑〗岩盤. [*ahd.*; ◇Berg[3]]
ge·bi̱r·gig[..gɪç][2] 形 山の多い, 山岳〈山地〉の, けわしい.
Ge·bi̱rg·ler[gəbírklər] 男 -s/- 山岳地方の住民.
Ge·bi̱rgs≠art 女 〖鉱〗岩石の種類. **≠ar·til·le·rie** 女 山岳砲兵隊. **≠bach** 男 山間の小川, 谷川, 渓流. **≠bahn** 女 山岳鉄道. **≠be·wo̱h·ner** 男 山岳地方の住民. **≠bil·dung** 女 〖地〗造山運動. **≠dorf** 中 山村. **≠druck** 男 -[e]s/..drücke 《ふつう単数で》〖坑〗盤圧. **≠ge̱·gend** 女 山岳地域〈地方〉, 山国. **≠glet·scher** 男 〖地〗山岳氷河. **≠jä̱·ger** 男 〖軍〗山岳兵. **≠kamm** 男 山の背, 尾根. **≠kes·sel** 男 (けわしい山々に囲まれた)盆地. **≠ket·te** 女 山脈, 連山. **≠kli̱·ma** 中 山岳気候. **≠krieg** 男 山岳戦. **≠kun·de** 女 -/ 山岳学.
ge·bi̱rgs·kun·dig 形 山岳〈山地〉に詳しい.
Ge·bi̱rgs≠la̱·ge 女 山の中〔の位置〕: ein Kurort in ～ 山の保養地. **≠land** 中 -[e]s/..länder 山国, 山の多い国〈土地〉. **≠land·schaft** 女 山岳の風景; 山岳地帯, 山国. **≠luft** 女 -/ 山の空気. **≠mas·si̱v** 中 〖地〗山塊. **≠paß** 男 峠, 山越えの隘路(あいろ). **≠pio·nier** 男 〖軍〗山岳工兵〔隊員〕. **≠rücken** 男 山の背, 尾根. **≠schlag** 男 〖坑〗落盤, 山はね. **≠schlucht** 女 峡谷, 山峡. **≠stock** 男 -[e]s/..stöcke＝Gebirgsmassiv **≠ta̱l** 中 峡谷, 山峡. **≠trup·pe** 女 〖軍〗山岳部隊. **≠volk** 中 山地の住民, 高地〈山岳〉民族. **≠wand** 女 (山の)岩壁, 絶壁. **≠zu̱g** 男 山脈, 連山, 山なみ.
Ge·bi̱ß[gəbís] 中 ..sses/..sse **1** 《集合的に》 **a**) (上下全体の)歯, 歯列(→ 図): das bleibende ～ 永久歯 | ein gesundes 〈kräftiges〉 ～ haben 健康な〈丈夫な〉歯をもってい

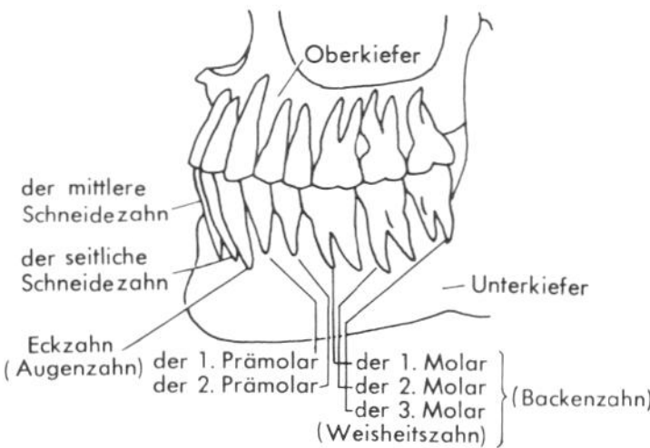

Gebiß

G

る. **b**) 入れ歯: ein 〔künstliches〕 ~ tragen 〈anfertigen lassen〉 入れ歯をはめている〈作ってもらう〉. **2** (馬のくつわの)はみ. [◇beißen]

Ge·biß·ab·druck 男 -〔e〕s/..drücke 〖歯〗(義歯をつくるためにシリコンゴムなどで採る)印象, 歯型.

ge·bis·sen[gəbísən] beißen の過去分詞.

Ge·biß⸗klemp·ner[gəbís..] 男《話》(Zahnarzt) 歯医者. **⸗re·gu·lie·rung** 女 歯列矯正〔術〕.

Ge·blaff[gəbláf] 中 -〔e〕s/ , **Ge·blaf·fe**[..fə] 中 -s/ (犬が)しきりにほえること〈声〉; (連続した)銃声. [<blaffen]

Ge·bla·se[gəblá:zə] 中 -s/ (ラッパなどを)しきりに吹くこと〈音〉, 吹鳴. [<blasen]

Ge·blä·se[gəblɛ́:zə] 中 -s/- 〖工〗送風機〈装置〉, ふいご; (エンジンの)過給機; 溶接バーナー.

Ge·blä·se·mo·tor 男 〖工〗過給機付きエンジン.

ge·bla·sen[gəblá:zən] blasen の過去分詞.

Ge·blä·se·ofen[gəblɛ́:zə..] 男 〖金属〗溶鉱〈衝風〉炉, 高炉.

ge·bli·chen[gəblíçən] gebleicht (bleichen Iの過去分詞)の古形.

ge·blie·ben[gəblí:bən] bleiben の過去分詞.

Ge·blö·del[gəblø:dəl] 中 -s/ 《話》ばか話〔をすること〕. [<blödeln]

Ge·blök[gəblø:k] 中 -〔e〕s/ , **Ge·blö·ke**[..kə] 中 -s/ (牛·羊などが)しきりに鳴くこと〈声〉. [<blöken]

ge·blumt[gəblú:mt] 《ｵｰｽﾄﾘｱ》=geblümt II

ge·blümt[gəblý:mt] **I** blümen の過去分詞. **II** 形 花模様の(→ 図 Muster); 《比》華麗な: ein ~*es* Kleid 花柄の服 | eine ~*e* Rede 飾りたてた〈美辞麗句を用いた〉話し〔ぶり〕.

Ge·blüt[gəblý:t] 中 -〔e〕s/ **1** 《雅》(Abstammung) 血統, 血筋; (天性の)素質, 資質: ein Mensch edlen ~〔e〕*s* 〈von edlem ~〉 高貴な家柄の人 | *et.*[4] im ~ haben 生まれつき…の素質をもっている | Das liegt so im ~. それは生得のものだ. ▽**2** (Blut) 《集合的に》血: *js.* ~ in Wallung bringen …の血をわき立たせる〈騒がせる〉. **3** 《ｽｲｽ》(Menstruation) 月経. [*mhd.*; ◇Blut]

Ge·blüts·recht 中 -〔e〕s/ 家柄による特権.

ge·bo·gen[gəbó:gən] biegen の過去分詞.

ge·bogt[gəbó:kt] 形 弓形の, 弓形に湾曲した. [<Bogen]

ge·bo·ren[gəbó:rən] **I** gebären の過去分詞.
II 形 **1** (略 geb.; 記号 *) 《年月日や場所を示す語句と》(…に, …で)生まれた: Hans Keller ~ 1896, gestorben 1962 ハンス ケラー 1896年生まれ 1962年死去(記号 *1896, †1962) | Sie ist in Bonn 〈im Jahre 1960〉 ~. 彼女はボン〈1960年〉生まれだ. **2** 《様態を示す語句と》(…の状態で)生まれついた: Er ist blind ~. 彼は生まれつき盲目だ | Sie ist als Deutsche ~. 彼女はドイツ人として生まれた(→4 c). **3 zu** *et.*[3] **~ sein** …になるために生まれている, 天性の…である(→4 a) | Er war zum Dichter 〈Verbrecher〉 ~. 彼は天性の詩人〈犯罪者〉だった | Ich bin zum Unglück ~. 私は生まれつき不幸なのだ | mit einem goldenen 〈silbernen〉 Löffel im Mund ~ sein (→Löffel 1 a). **4** 《付加語的》 **a**) 生まれつきの, 天性〈生来〉の: Er ist ein ~*er* Schauspieler 〈Schwindler〉. 彼は生まれつきの役者〈詐欺師〉だ. **b**) (略 geb.) (ふつう既婚女性について)…家の出の, 旧姓(…)の: mit Frau Schulz, ~*e* 〈~*er* / ~*en*〉 Müller ミュラー家の出〈旧姓ミュラー〉のシュルツ夫人とともに | Sie ist eine ~*e* Schmidt. 彼女は旧姓シュミットである | Was für eine *Geborene* ist sie? 彼女は旧姓は何ですか. **c**) 《場所を示す語句と》(…)生まれ〈出身〉の: Sie ist eine ~*e* Deutsche 〈Münchenerin〉. 彼女はドイツ〈ミュンヒェン〉生まれだ(→2).

Ge·bo·ren·zei·chen 中 出生年を示す記号 (*など).

ge·bor·gen[gəbɔ́rgən] **I** bergen の過去分詞. **II** 形 かくまわれた, 安全な: *sich*[4] ~ fühlen 安心感を抱く | Hier bist du ~ 〔vor dem Feind〕. ここなら君は〔敵に対して〕安全だ.

Ge·bor·gen·heit[–haɪt] 女 -/ , **Ge·bor·gen·sein** 中 -s/ geborgen II の状態.

ge·bor·sten[gəbɔ́rstən] bersten の過去分詞.

Ge·bot[gəbó:t] 中 -〔e〕s/-e **1** (宗教的·倫理的な)律法, 戒律, おきて: das ~ der Nächstenliebe 隣人愛のおきて | das oberste ~ meines Handelns 私の行動の最高の規範 | **die Zehn ~e** 〖聖〗(モーセの)十戒 | **das elfte ~** 《戯》第十一戒(モーセの十戒をもじって「汝(な)つかまることなかれ」の意) ‖ ein ~ befolgen 〈übertreten〉 おきてを守る〈踏み越える〉 | Not kennt kein ~. (→Not 2). **2 a**) (法律上の)規則, 指示; (Befehl) 命令: ein ~ erlassen 命令を出す | ein ~ übertreten 規則〈命令〉に違反する ‖ ***jm.* zu ~〔*e*〕 stehen** 《雅》…の意のままである | Viele Kenntnisse stehen ihm zu ~*e*. 彼は豊富な知識をもっている. **b**) 要請, 要求: **dem ~ der Stunde gehorchen** 《雅》時の流れに従う, 当面もっとも重要な〈さし迫った〉ことを行う | Das ~ der Stunde verlangt es, daß ... …することが目下の急務である. **3** 〖商〗(競売·入札での)付け値: Meist*gebot* 最高の付け値. [*westgerm.*; ◇〔ge〕bieten]

ge·bo·ten[gəbó:tən] **I** bieten の過去分詞.
II 1 gebieten の過去分詞; 過去 1・3 人称複数. **2** 形 望ましい, 必要な: Hier ist Rücksicht 〈Klugheit〉 ~. ここは一つよく考えなければ〈頭を働かせなければ〉ならないところだ | *et.*[4] für 〔dringend〕 ~ halten 〈erachten〉 …を〔どうしても〕必要だと思う.

Ge·bots⸗schild[gəbó:ts..] 中 -〔e〕s/-er 〖交通〗標識板. **⸗zei·chen** 中 〖交通〗規制標識.

Gebr. 略 =Gebrüder 2

Ge·brab·bel[gəbrábəl] 中 -s/ 《ふつう軽蔑的に》口の中でぼそぼそ言うこと. [<brabbeln]

ge·brä̠ch[gəbrɛ́:ç] 形 〖坑〗(岩石が)砕けやすい, もろい.

Ge·bräch[–] 中 -〔e〕s/-e, **Ge·brä·che**[..çə] 中 -s/- **1** 〖狩〗 **a**) (イノシシなどの)鼻, 鼻づら. **b**) 鼻で掘り起こした跡. **2** 〖坑〗もろい〈砕けやすい〉岩石. [<brechen]

ge·bracht[gəbráxt] bringen の過去分詞.

Ge·brä·me[gəbrɛ́:mə] 中 -s/- 《方》(Verbrämung) (衣服の)縁飾り. [<brämen]

ge·brannt[gəbránt] brennen の過去分詞.

ge·bra·ten[gəbrá:tən] braten の過去分詞.

Ge·bräu[gəbrɔ́ʏ] 中 -〔e〕s/-e 醸造してつくったもの; (特に:) 合成酒, 安酒. [<brauen]

Ge·brauch[gəbráʊx] 男 -〔e〕s/..bräuche[..brɔ́ʏçə] **1** 《単数で》使用, 利用: der ~ eines neuen Wortes 〈von Messer und Gabel〉 新語〈ナイフとフォーク〉の使用〔法〕 ‖ **von** *et.*[3] **~ machen** …を使用する | Bitte machen Sie von dieser Mitteilung keinen ~! この知らせは他の人には話さないでください ‖ **außer ~ kommen** 使われなくなる | *et.*[4] **außer ~ setzen** …の使用をやめる | **in ~ kommen** 一般に使われるようになる | **in 〈im〉 ~ sein** 使われている | Die Anlage ist schon in ~. この施設はすでに使用されている | Die Seife ist bequem 〈sparsam〉 im ~. このせっけんは使いごこちが良い〈長持ちする〉 | *et.*[4] **in 〈im〉 ~ haben** …を使っている | *et.*[4] **in ~ nehmen** …を使う; …を使い始める | Den Flascheninhalt **vor ~** gut schütteln! 使用前に瓶の中身をよく振ってください | Arzneimittel **zum** äußerlichen 〈innerlichen〉 ~ 外用〈内服〉薬. **2** 《ふつう複数で》風習, 慣習, ならわし, しきたり: Sitten und *Gebräuche* 風俗習慣.

ge·brau·chen[gəbráʊxən] **I** 他 (h) **1** 《*jn.* / *et.*[4]》(…を)使う, 用いる, 使用〈利用〉する: Ausdrücke ~ (→Ausdruck 1) | *seine* Ellbogen ~ (→Ellbogen) | Gewalt 〈eine List〉 ~ 暴力〈術策〉を用いる | Das kann ich gut 〈schlecht〉 ~. それは私にはたいへん役に立つ〈うまく使えない〉 ‖ Er ist zu allem 〈zu nichts〉 zu ~. 彼はとても役に立つ男だ〈何の役にも立たない〉. **2** 《方》《*jn.*》暴力で犯す, 強姦(ごうかん)する. **3** 《北部》《話》(brauchen) 必要とする. **II ge·braucht** → 別出 [*ahd.*; ◇brauchen]

ge·bräuch·lich[gəbrɔ́ʏçlıç] 形 一般に用いられている, 慣用の; 広く行われている; 在来の: eine ~*e* Redensart (しばしば用いられる)慣用句, きまり文句 | Das ist hier nicht ~. ここではそういう習慣はない〈そんなことはしない〉.

Ge·bräuch·lich·keit[–kaɪt] 女 -/ (gebräuchlich なこと. 例えば:) 慣用, 慣習.

Ge·brauchs⸗an·lei·tung[gəbráʊxs..] 女 = Gebrauchsanweisung **≈an·ma·ßung** 女〘法〙不法〈無断〉使用, 盗用. **≈an·wei·sung** 女 使用説明書. **≈ar·ti·kel** 男 日用〈実用〉品. **≈buch** 中 実用書. **≈dieb·stahl** 男 =Gebrauchsanmaßung

ge·brauchs≈fä·hig 形 使える, 使いものになる, 実用的な. **≈fer·tig** 形 すぐそのまま使える: ein ~*es* Haus すぐ住める家.

Ge·brauchs≈ge·gen·stand 男 =Gebrauchsartikel **≈gra·phik** (**≈gra·fik**) 女 -/ 商業グラフィック, グラフィック=デザイン. **≈gra·phi·ker** (**≈gra·fi·ker**) 男 グラフィック=デザイナー. **≈gut** 中 -[e]s/..güter《ふつう複数で》日用〈実用〉品: langlebige *Gebrauchsgüter* 耐久消費財. **≈li·te·ra·tur** 女 -/ (芸術としての文学に対して)実用文学. **≈mu·sik** 女 -/ (芸術としての音楽に対して)実用音楽. **≈mu·ster** 中 **1** [実用]新案意匠: das ~ anmelden 意匠登録を申請する. **2** 実用見本.

Ge·brauchs·mu·ster·schutz 男〘法〙登録意匠保護.

Ge·brauchs≈pro·sa 女 (芸術的散文に対して)実用散文. **≈spra·che** 女〘言〙(詩的言語に対する)実用言語.

ge·brauchs·tüch·tig 形 (日用品などが)十分に使用に耐える, いたみにくい, じょうぶな.

Ge·brauchs≈tüch·tig·keit 女 gebrauchstüchtig なこと. **≈vor·schrift** 女 -/-en《ふつう複数で》使用説明書. **≈wa·re** 女 =Gebrauchsgut **≈wert** 男 使用価値. **≈zweck** 男 -[e]s/-e **1** 使用の目的. **2**《ふつう複数で》日用, 実用: eine Ware für ~*e* 日用品.

ge·braucht[gəbráuxt] **I** brauchen の過去分詞. **II 1** gebrauchen の過去分詞; 現在 3 人称単数・2 人称複数; 命令法複数. **2** 形 使い古しの, お古の, 中古品の: einen ~*en* Wagen kaufen 中古車を買う.

Ge·braucht≈au·to 中 中古自動車. **≈mö·bel** 中 -s/-《ふつう複数で》中古の家具. **≈wa·gen** 男 中古車.

Ge·braucht·wa·gen≈han·del 男 -s/ 中古車売買. **≈händ·ler** 男 中古車販売業者.

Ge·braucht·wa·re 女 中古品, 古物(ぶつ).

Ge·braus[gəbráus][1] 中 -es/ , **Ge·brau·se**[..zə] 中 -s/ (風・波などが)ごうごうと鳴り響くこと〈音〉; 絶え間ないごうごうという音. [<brausen]

ge·brech[gəbrέç] =gebräch

Ge·brech[−] 中 -[e]s/-e, **Ge·bre·che**[..çə] 中 -s/- =Gebräch

ge·bre·chen*[gəbrέçən]《24》**I** 自 (h)《雅》(mangeln) **1** 非人称《es gebricht *jm.* an *et.*[3]》(…に…が)欠けている, 不足している: Es *gebricht* ihm an Mut 〈Geld〉. 彼には勇気がない〈彼はお金に不自由している〉. **2**《*jm.* / *et.*[3]》(…に)欠けている, 不足している: Dazu *gebricht* ihm Mut. それをする勇気が彼には欠けている. **II Ge·bre·chen** 中 -s/-《雅》(特に肉体的な)欠陥, 障害; (長期にわたる)疾患; 病弱, 虚弱: die ~ des Alters 老年期障害, 老衰 ‖ ein menschliches 〈geistiges〉 ~ haben 人間的〈精神的〉欠陥がある. [*ahd.* gibrehhan „zerbrechen“; ◇brechen]

ge·brech·lich[..lıç] 形 **1** (特に肉体的な)欠陥〈障害〉のある; 病弱な, 虚弱な, 老衰した. **2** 壊れやすい, もろい, 繊細な.

Ge·brech·lich·keit[..kaıt] 女 -/ gebrechlich なこと.

Ge·breit[gəbráıt] 中 -[e]s/-e, **Ge·brei·te**[..tə] 中 -s/-《雅》(ひろがった)田畑; 原野, 平原. [*ahd.*; ◇breit]

Ge·bre·sten[gəbrέstən] 中 -s/-《スイ》= Gebrechen [<*mhd.* [ge]bresten „[ge]brechen“ (◇bersten)]

ᵛ**ge·brest·haft**[..haft] =gebrechlich

ge·bro·chen[gəbrɔ́xən] **I 1** brechen の過去分詞. **2** 形 **a)** ① 折れた, 屈折した; 分割された: ein ~*er* Akkord〘楽〙分散和音 | ~*e* Destillation〘化〙分留 | eine ~*e* Linie 折れ線; 折れ曲がった〈ジグザグの〉線 | eine ~*e* Treppe 踊り場のある階段 | eine ~*e* Tür 折り戸 | eine ~*e* Zahl〘数〙分数. ② 混ぜ合わされた: ~*e* Farben 混合色 | ~*e* Vokale〘言〙母音混和によってできた母音(→Brechung 3 a). **b)** 分断された, とぎれとぎれの: eine ~*e* Stimme とぎれとぎれの声 | ~ etwas flüstern とぎれとぎれに何かささやく. **c)**《副詞的用法なし》(肉体的・精神的に)打ちひしがれた; (心が)悲嘆にくれた, 失意の: ein ~*er* Mann 敗残の男 | ~*en* Herzens / mit ~*em* Herzen 悲嘆にくれて ‖ Sie ist körperlich 〈seelisch〉 ~. 彼女は体〈心〉がすっかり参っている. **d)**《述語的用法なし》(言葉が)不完全な, 破格な, ブロークンな: in ~*em* Deutsch 片言の〈あやしげな〉ドイツ語で | ~*e* Schreibart 破格の文体 ‖ Er spricht nur ~ Deutsch 〈deutsch〉. 彼はブロークンなドイツ語しか話せない.

II gebrechen の過去分詞.

Ge·bro·del[gəbró:dəl] 中 -s/ **1** 絶え間ない沸騰; (波・雲などの)さかまき. **2**《比》騒乱, 興奮. [<brodeln]

Ge·brü·der[gəbrý:dər] 複 **1**《集合的に》兄弟: das Märchen der ~ (=der Brüder) Grimm グリム兄弟の童話. **2** (略 Gebr.)〘商〙(共同事業をする)兄弟: die Firma der ~ Benda ベンダ兄弟商会. [*westgerm.*; ◇Bruder]

Ge·brüll[gəbrýl] 中 -[e]s/ 大声でわめくこと〈声〉; (猛獣などが)ほえること〈声〉; (一般に) とどろき: das ~ eines Löwen 〈des Meeres〉 ライオン〈海〉の咆哮(ほうこう) ‖ das jubelnde ~ 喜びの喚声. [<brüllen]

Ge·brumm[gəbrúm] 中 -[e]s/ , **Ge·brum·me**[..mə] 中 -s/ しきりにうなること〈声〉, ブンブンいうこと〈音〉; ぶつぶつ言うこと〈つぶやき〉: das ~ der Fliegen ハエの羽音 ‖ ein wütendes ~ すさまじいうなり声. [<brummen]

Ge·brum·mel[gəbrúməl] 中 -s/ つぶやき[声]. [<brummeln]

ge·buch·tet[gəbúxtət] 形 (岸が)入江になった; (一般に)湾曲した. [<Bucht]

Ge·bück[gəbýk] 中 -[e]s/-e〘軍〙(樹枝による)鹿砦(ろくさい), 逆茂木(さかもぎ). [*mhd.*; <*mhd.* bücken „niederbiegen“ (◇bücken)]

ge·buckelt[gəbúkəlt] **I** buckeln の過去分詞. **II** 形 **1** 猫背〈せむし〉の, 背中の曲がった; こぶ〈隆起〉のある. **2** (金属板に)打ち出し[模様]のある.

ge·bü·gelt[gəbý:gəlt] **I** bügeln の過去分詞. **II** 形《話》**~ sein** 驚いて〈呆気にとられて〉いる.

Ge·bühr[gəbý:r] 女 -/-en **1**《しばしば複数で》(特に公的な)料金, 使用〈手数〉料; (医師・弁護士などの)報酬: die ~ für das Telefon 電話料金 | Grund*gebühr* 基本料金 | Post*gebühr* 郵便料金 ‖ eine ~ für *et.*[4] erheben 〈entrichten〉 …の料金を取る〈支払う〉 | *jm.* die ~[en] von 2 DM erlassen …に料金 2 マルクを免除する. **2**《単数で》応分, 相応:〖もっぱら次の成句で〗**nach ~** それにふさわしいやり方で, しかるべく | *jn.* nach ~ bestrafen 〈loben〉 …をしかるべく罰する〈ほめる〉 | **über ~** 分を越えて, 過大に | *et.*[4] über ~ schätzen …を過大評価する.

ge·büh·ren[gəbý:rən] **I** 自 (h)《*jm.*》(…に)ふさわしい, 当然与えられるべきである: Dafür *gebührt* ihm Achtung. その点で彼には尊敬が払われて当然だ | Ehre, wem Ehre *gebührt*! (→Ehre) ‖ 再帰 *sich*[3] ~ 適当〈適宜〉である, しかるべきである | Für einen anständigen Menschen *gebührt* sich das nicht. それはまともな人間にはふさわしくないことだ | Er führte alles so aus, wie es sich *gebührte*. 彼は万事しかるべく取りしきった. **II ge·büh·rend** 現分 形 (地位・権利・義務・礼儀・功績などに)ふさわしい, 適当な, 相応の: *jn.* in ~*er* Form ehren …をそれ相応な形で称える ‖ *jn.* ~ 〈in ~*er* Weise〉 belohnen …にしかるべく報いる. [*westgerm.* „zukommen“; ◇gebären]

Ge·büh·ren≈an·sa·ge 女 (長距離電話の)料金通告. **≈an·zei·ger** 男 (公衆電話の)料金表示器.

ge·büh·ren·der≈ma·ßen[..dər..] 副, **≈wei·se** 副《官》(gebührend) ふさわしく, しかるべく.

Ge·büh·ren≈ein·heit 女 (電話の)料金単位. **≈er·hö·hung** 女 料金〈手数料〉引き上げ. **≈er·laß** 男 料金免除: *jm.* ~ gewähren …に料金を免除する. **≈er·mä·ßi·gung** 女 料金割引.

ge·büh·ren·frei 形 料金免除の, 無料の.

Ge·büh·ren≈frei·heit 女 -/ 料金免除. **≈mar·ke** 女 (届け書などにはる)料金〈手数料〉支払い済み証紙, 収入印紙. **≈ord·nung** 女 料金〈手数料〉規定, 料金表.

ge·büh·ren·pflich·tig 形 料金〈手数料〉を支払う義務

G

のある, 有料の: eine ~*e* Dienstsache 有料義務 | eine ~*e* Verwarnung 罰金つきの禁止規定.

Ge·büh·ren≠rück·er·stat·tung 囡 料金払い戻し. **≠satz** 男 料金率. **≠sen·kung** 囡 料金〈手数料〉引き下げ. **≠ta·fel** 囡 料金表. **≠zäh·ler** 男 (電話機などに内蔵されている)料金カウンター〈計算装置〉.

▽**ge·bühr·lich**[gəbýːrlɪç] =gebührend

Ge·bühr·nis[..nɪs] 囡 -/-se **1** 《官》手数料. **2** 〖軍〗(兵士の)給与, 給養.

ge·bum·fie·delt[gəbʊ́mfiːdəlt] 形 《戯》《もっぱら次の成句で》*sich*⁴ ~ fühlen うれしがる, 気をよくする. [<bum+Fiedel]

Ge·bums[gəbʊ́ms]¹ 中 -es/ , **Ge·bum·se**[..zə] 中 -s/ **1** 鈍い衝突〈落下〉音, ドシン〈ズシン〉という音: das ~ auf Trommeln 太鼓のとどろき. **2** 《卑》性交. [<bumsen]

Ge·bund[gəbʊ́nt]¹ 中 -[e]s/-e (単位: -/-) 《方》(Bündel) 束(たば): ein ~ Stroh 一束のわら.

ge·bun·den[gəbʊ́ndən] **I** binden の過去分詞.
II 形 **1** 結合した; 束縛〈拘束〉された, 自由のきかない, 限定〈制約〉された; 婚約〈結婚〉している: ~*e* Aktien 譲渡制限株 | ~*es* Elektron 〖理〗束縛電子 | Er hat ~*e* Marschroute. 彼は行動の自由がない | ~*er* Stickstoff 〖化〗固定窒素 | ~*es* System (ロマネスク教会建築の)方形平面連結方式 ‖ Ihm sind die Hände ~. 彼は行動の自由がない | Ist sie schon ~? 彼女はもう結婚相手が決まっているのかね ‖ Er ist an eine Abmachung 〈an sein Versprechen〉 ~. 彼は協定〈約束〉に縛られている | Ich fühle mich an ihm ~. 私は彼に負い目がある. **2** (略 geb.) (↔geheftet) (書物が本式に)製本〈装丁〉された: in Leder 〈Leinen〉 ~ 革装〈クロース装〉の. **3** 〖料理〗とろみのついた, どろりとした: eine ~*e* Suppe ポタージュ. **4** 〖詩〗韻律形式の: ~*e* Rede 韻文. **5** 〖楽〗レガートの: ~ spielen 〈singen〉 レガートで奏する〈歌う〉.

..gebunden[..gəbʊndən] 《名詞につけて「…と結びついた, …に束縛〈拘束〉された」などを意味する形容詞をつくる》: klassen*gebunden* 階級に縛られた | zweck*gebunden* (あらかじめ)用途〈使途〉のきめられた.

Ge·bun·den·heit[–haɪt] 囡 -/ gebunden なこと.

Ge·burt[gəbúːrt; ｵｰｽﾄﾘｱ·ｽｲｽ: –, ..bʊ́rt] 囡 -/-en **1** (英: *birth*) **a**) 出産, 分娩(ぶんべん): eine leichte 〈schwere〉 ~ 安産〈難産〉 | eine schmerzlose ~ 無痛分娩 | eine unreife ~ 早産(=Frühgeburt) ‖ einer ~ beiwohnen 分娩に立ち会う | bei 〈in〉 der ~ sterben お産で死ぬ ‖ Das war eine schwere ~. 《俗》(困難な仕事などについて)それはまことに難産だった | Sie hat die ~ ihres Kindes gut überstanden. 彼女は無事に子供を産んだ. **b**) 誕生, 出生; 《比》発生, 起源: die ~ der Dampfmaschine 蒸気機関の誕生 | die ~ eines neuen Zeitalters 新時代の開幕 ‖ Die glückliche ~ eines Mädchens 〈einer Tochter〉 zeigen hocherfreut an ... (出産通知状で)このたび無事女の子が生まれましたのでお知らせいたします(…の部分に両親の名が記される) ‖ von ~ [an] 〈seit *seiner* ~〉 blind sein 生まれつき盲目である | im 3. Jahrhundert vor 〈nach〉 Christi ~ (略 v. 〈n.〉 Chr. G.) 西暦紀元前〈後〉3 世紀に(→Christus I).
2 《単数で》血統, 素性, 出身; 家柄: von hoher 〈niedriger〉 ~ 生まれの高貴な〈卑しい〉 | Er ist von ~ Schweizer 〈Schweizer von ~〉. 彼は生まれはスイス人だ ‖ Nicht die ~ macht schlecht und gut. 《諺》人品のよしあしは生まれによらぬ.
3 《雅》 **a**) 胎児: die ~ abtreiben 堕胎する. **b**) 《しばしば軽蔑的に》生き物. **c**) 所産, 産物: Das ist nur eine ~ der Phantasie. それは空想の産物にすぎない.
[*germ.*; ◇gebären; *engl.* birth]

Ge·bur·ten≠be·schrän·kung 囡 産児制限. **≠buch** 中 〖法〗出生登録簿(→ Standesregister). **≠ein·schrän·kung** 囡 = Geburtenbeschränkung **≠ex·plo·sion** 囡 人口の爆発的増加. **≠häu·fig·keit** 囡 -/ **1** 出産率. **2** =Geburtenrate **≠kon·trol·le** 囡 産児調節. **≠ra·te** 囡 出生率. **≠re·ge·lung** 囡 =Geburtenkontrolle **≠rück·gang** 男 出産率の低下.

ge·bur·ten≠schwach 形 出産率の低い, 出生数の少ない(年度など). **≠stark** 形 出産率の高い, 出生数の多い(年度など).

Ge·bur·ten≠sta·ti·stik 囡 出産統計. **≠über·schuß** 男 (死亡数に対する)出産超過. **≠zahl** 囡 **1** 出生数. **2** =Geburtenrate **≠zif·fer** 囡 =Geburtenrate **≠zu·wachs** 男 出産数の増大.

ge·bür·tig[gəbýrtɪç]² 形 (geboren) 《場所を示す語句と》(…で)生まれた: ein ~*er* Hamburger ハンブルク生まれの人 ‖ Er ist von hier 〈aus Rußland〉 ~. 彼はこの土地〈ロシア〉の生まれだ. [*ahd.*; ◇Geburt]

Ge·burts≠adel[gəbúːrts..] 男 (↔Verdienstadel) 世襲貴族. **≠akt** 男 〖医〗分娩(ぶんべん)動作. **≠an·zei·ge** 囡 出生届; (新聞などに出す)出産〈誕生〉広告; (書状による)出産〈誕生〉通知. **≠da·tum** 中 生年月日. **≠ein·lei·tung** 囡 〖医〗分娩誘発〔法〕. **≠feh·ler** 男 先天性〈遺伝的〉欠陥. **≠ge·schwulst** 囡 〖医〗産瘤(さんりゅう). **≠ge·wicht** 中 分娩時の体重. **≠haus** 中 (ある人の)生まれた家〈建物〉. **≠hel·fer** 男 (囡 ≠hel·fe·rin → 別出)出産の世話をする人, (特に:) 産科医, 助産夫. **≠hel·fe·rin** 囡 助産婦.

Ge·burts·hel·fer·krö·te 囡 〖動〗サンバガエル(産婆蛙. 雌が産んだ卵を, 雄は孵化(ふか)するまで自分の体に付着させる).

Ge·burts≠hil·fe 囡 -/ 助産〔術〕; 産科学. **≠hüt·te** 囡 (未開民族の)出産用の仮小屋. **≠jahr** 中 生年. **≠land** 中 -[e]s/..länder 生国, 生まれ故郷. **≠mal** 中 -[e]s/-e (Muttermal) 〖医〗母斑(ぼはん). **≠nach·weis** 男 出生証明〔書〕. **≠na·me** 男 (特に既婚女性の)出生時の姓, 旧姓. **≠ort** 男 -[e]s/-e 出生地. **≠recht** 中 生得の権利(長子権・世襲身分権など). **≠re·gi·ster** 中 《ｽｲｽ》=Geburtenbuch **≠schein** 男 =Geburtsurkunde **≠sta·dium** 中 〖医〗分娩期. **≠stadt** 囡 (ある人の)生まれた町〈都市〉. **≠stun·de** 囡 出生時刻.

Ge·burts·tag 男 **1** (毎年の)誕生日: *jm.* zum ~ *et.*⁴ schenken …に…を誕生日の祝いとして贈る | Zum ~ herzliche Glückwünsche! お誕生日おめでとう | Er hat heute seinen 60. ~. 彼はきょう60歳の誕生日を迎える. **2** 《官》生年月日. [*ahd.*; *lat.* diēs nātālis (◇Natalität) の翻訳借用]

Ge·burts·tags≠fei·er 囡 誕生日の祝い〈パーティー〉. **≠ge·schenk** 中 誕生日の贈り物. **≠kar·te** 囡 誕生日用グリーティング=カード. **≠kind** 中 《戯》誕生日を迎えた人(小児に限らない). **≠ku·chen** 男 バースデーケーキ. **≠tisch** 男 **1** 誕生日祝いの食卓〈食事〉. **2** 誕生日の贈り物をのせる台〈テーブル〉. **≠tor·te** 囡 =Geburtstagskuchen

Ge·burts≠ter·min 男 分娩(ぶんべん)予定日. **≠trau·ma** 中 〖医〗(母体・新生児の)分娩時外傷. **≠ur·kun·de** 囡 出生証明書(出生の年月日・場所・続柄などを証明する公文書). **≠weg** 男 〖医〗産道. **≠we·hen** 複 〖医〗〔分娩〕陣痛; 《比》生みの苦しみ. **≠zan·ge** 囡 分娩鉗子(かんし).

Ge·büsch[gəbýʃ] 中 -es(-s)/-e やぶ, 茂み, 叢林(そうりん); 矮林(わいりん). [*mhd.*; ◇Busch²]

geck[gɛk] 形 頭のおかしい, 気の狂った: Du bist wohl ~! 君は気でも狂ったんじゃないのか.

Geck[–] 男 -en/-en **1** 《軽蔑的に》伊達(だて)男, しゃれ者, 気どり屋: *sich*⁴ wie ein ~ kleiden 気どった装いをする. **2** (Jeck) 頭のおかしい〈気の狂った〉人; (謝肉祭などで)浮かれた〈ばか騒ぎをする〉人: mit *jm.* den ~[*en*] treiben …をからかう. **3** 〖海〗 **a**) (煙突の)回転帽. **b**) (ポンプの柄を支える)また木. [*mndd.* „Narr"; 擬音]

gecken[gɛ́kən] **I** 自 (h) ばかげたまねをする, おどける. **II** 他 (h) 《*jn.*》(…を)ばかにする, からかう, あざける.

gecken·haft[–haft] 形 **1** おしゃれな, 気どった. **2** おかしな, ばかげた.

Gecken·haf·tig·keit[..tɪçkaɪt] 囡 -/-en **1** 《単数で》geckenhaft なこと. **2** geckenhaft な言動.

Gecken·tum[..tuːm] 中 -s/ 伊達(だて)者ぶること.

Gecke·rei[gɛkəráɪ] 囡 -/-en **1** 《単数で》=Geckentum **2** おかしな振舞い, ばか騒ぎ, 愚行.

geckig[gɛ́kɪç]² =geckenhaft

Gecko[gɛ́ko·] 男 -s/-s (-nen[gɛkóːnən]) (Haftzeher)

〘動〙ヤモリ(守宮)(→ 図 Echse). [*malai.*–*ndl.*; 擬音]

ge·dacht[gədáxt] **I 1** denken の過去分詞. **2** 形 **a)** 《付加語的》想定された: ein nur ~*er* Fall 単に想定されただけの事例. **b)** 《述語的》(…と)考えられた,(…の)つもりの: Das war nur als Notmaßnahme ~. それは単に応急措置のつもりだった | Diese Blumen sind für die Mutter ~. この花は母に贈るために買ったものだ. **II** gedenken の過去分詞.

Ge·dächt·nis[gədɛ́çtnɪs; ᔆᶦ: –, gədɛ́:ç..] 中 -ses/-se **1** 記憶力: ein gutes ~ haben 記憶力がよい | ein schlechtes 〈kurzes〉 ~ haben / 《話》**ein ~ wie ein Sieb haben** 記憶力が悪い, 忘れっぽい | **ein ~ wie ein** 〔**indischer**〕 **Elefant haben** きわめて記憶力がいい(→Elefantengedächtnis) | kein ~ für Gesichter 〈Zahlen〉 haben 顔〈数〉が覚えられない ‖ *jn.* **aufs ~ hauen**《話》…の頭を殴る. **2** 記憶: wenn mich mein ~ nicht trügt 〈täuscht〉 記憶に誤りがなければ | *et.*[4] dem ~ einprägen …を覚え込む〈記憶する〉 | *seinem* ~ nachhelfen …に思い出させる, …に(とぼけて・知らんふりをしていることを)指摘する ‖ *et.*[4] **aus** dem ~ verlieren …を忘れる | *et.*[4] aus dem ~ zitieren …をそらで引用する | *et.*[4] **im ~** haben 〈behalten〉 …を覚えている | *sich*[3] *et.*[4] ins ~ 〔zurück〕rufen …を思い出す〈起こす〉. **3 a)** 記念, 思い出; 記念物〈碑〉: *jm.* ein gutes ~ bewahren / *jn.* in gutem ~ behalten …のよい思い出を心にとどめる | zum ~ der Toten 死者の追憶のために. **b)** 《ᔆᶦ》記念碑, 追悼式.

Ge·dächt·nis≈aus·fall 男 (一時的な)記憶喪失, ど忘れ. **≈aus·stel·lung** 女 記念〈追悼〉展覧会. **≈bild** 中〘心〙記憶心像. **≈brücke** 女〘心〙記憶の橋渡し〈補助手段〉. **≈feh·ler** 男 記憶の誤り. **≈fei·er** 女 (有名人などの)記念祭, 追悼式. **≈got·tes·dienst** 男 記念〈追悼〉ミサ. **≈hil·fe** 女 記憶の補助手段; 記憶術. **≈kir·che** 女 記念教会. **≈kon·zert** 中 記念〈追悼〉演奏会. **≈kraft** 女 記憶力. **≈kunst** 女 -/ 記憶術. **≈lücke** 女 記憶の空白部分: Da ist bei ihm eine ~. その点を彼はどうしても思い出せない. **≈mes·se** 女 記念〈追悼〉ミサ. **≈re·de** 女 追悼〈記念〉演説. **≈schu·lung** 女 記憶訓練〈練習〉.

ge·dächt·nis·schwach 形 記憶力の弱い〈減退した〉, 健忘症の.

Ge·dächt·nis≈schwä·che 女 -/ 記憶力減退, 健忘症. **≈schwund** 男 記憶喪失. **≈spur** 女〘心〙記憶痕跡(ᶜᶜ). **≈stoff** 男〘教〙記憶〈暗記〉素材. **≈stö·rung** 女〘医〙記憶障害. **≈stüt·ze** 女 = Gedächtnishilfe **≈trai·ning**[..trɛ:nɪŋ, ..tre:..] 中, **≈übung** 女 記憶練習〈訓練〉. **≈ver·lust** 男 -es/ 記憶喪失. **≈zel·le** 女〘免疫〙記憶細胞.

ge·dackt[gədákt] 形 ~*e* Orgelpfeife〘楽〙(パイプオルガンの)閉口音管. [*mhd.*; ◇decken]

ge·dämpft[gədɛ́mpft] dämpfen の過去分詞.

Ge·dan·ke[gədáŋkə] 男 2格 -ns, 3格 -n, 4格 -n, 複数 -n **1 a)** (英: *thought*) 考える〈思う〉こと, 思考; 考え〔の内容・対象〕; 思想; (Einfall) 思いつき, アイディア, 着想; (Vorstellung) 表象, 想像; 概念, 観念: ein guter 〈kluger〉 ~ よい〈賢明な〉アイディア | der leitende 〈tragende〉 ~ des Dramas 戯曲の主題 | der panslawistische ~ 汎(ᶜ)スラブ思想 | quälende ~*n* 心をさいなむ考え | ein rettender ~ 救いとなる〈解決の〉妙案 ‖ **Kein ~** 〔**daran**〕**!** とんでもない | Kein ~ daran 〈davon〉, daß er nicht kommt. 彼が来ないなんて考えられない ‖ Kein schlechter ~! 悪くない考えだ ‖ der ~ der Freiheit 自由という観念 | der ~ an die Toten 〈das nahende Alter〉 死者たち〈迫り来る老齢〉への思い | blitzschnell wie der ~ (頭にひらめくように) すごい速さで ‖〘主語として〙Ein ~ fuhr 〈schoß〉 mir durch den Kopf. ある考えが私の脳裏にひらめいた | Seine ~*n* gingen seltsame Wege. 彼の思いは奇妙な方向に発展した | Seine ~*n* kehrten immer wieder zu seiner Familie zurück. 彼の思いはいつも自分の家族のことに帰るのだった | Ein ~ kam mir 〈tauchte mir auf〉, ihn zu besuchen. 私の心には彼を訪ねようという考えがふと浮かんだ | Die besten ~*n* kommen hinterher. 《諺》名案はあとで出てくる | Der bloße ~ 〈Schon der ~〉 an den Krieg läßt mich verzweifeln. 戦争のことを考えただけで私は絶望してしまう | Mir schwebte ein ~ vor. ある考えが私の念頭に浮かんだ | *Gedanken* sind zollfrei. 《諺》考えるだけなら税金はかからぬ(勝手しだいだ); 考えはどこへでも飛んで行く | Die ersten ~*n* sind nicht immer die besten. 《諺》最初の考えがいつも最良の考えとは限らない | Die letzten ~*n* sind die besten. 《諺》最後の考えがいちばんよいものだ ‖〘述語として〙Das bleibt nur ~. それは空想の域にとどまっている | Das ist ein ~! それは名案だ | **Das ist ein ~ von Schiller.** 《話》それは名案だ | Sie ist sein einziger ~. 彼の考えるのは彼女のことばかりだ | Es ist mir ein unerträglicher ~, daß ... …と思うと私は我慢できない | Das ist nur ein ~ von mir. それは私の考えにすぎない | Das ist nur ein ~ von Braten. それはローストといっても形ばかりだ ‖〘4格で〙***seine* ~*n* beisammenhaben** 注意力を集中している, ぼんやりしていない | Ich möchte nicht den ~*n* erwecken, daß ... 私は…というふうには考えてもらいたくない | Bei dem Lärm kann man keinen ~*n* fassen. こう騒がしくては考えごとはできない | Ich habe einen ~*n*. 私にいい考えがある | Er hat seinen ~*n* woanders. 彼はうわの空だ〈放心している〉 | Wo habe ich nur meine ~*n*! 我ながらぼんやりしているわい | ***js.* ~*n* lesen** 〈**erraten**〉 〔**können**〕 …の心を読み取る〈推し当てる〉〔ことができる〕 | Ich werde diesen ~*n* nicht los. この考えが私の念頭を離れない | ***sich*[3] über *et.*[4] ~*n* machen** …についてあれこれ考える(→d) | *seine* ~*n* auf *et.*[4] richten …を考えてみようとする | Ich werde keinen ~*n* an ihn verschwenden. (ばかばかしくて)私は彼のことなどちっとも考える気はない ‖〘3格で〙schwarzen ~*n* nachhängen 悲観的な考えにとりつかれている.

‖〘前置詞と〙*sich*[4] **an** den ~*n* gewöhnen その考えに慣れる | *jn.* **auf** den ~*n* bringen …にその考えを吹き込む | *jn.* 〈*sich*[4]〉 auf andere ~*n* bringen …の〈自分の〉考えを変える | auf dumme ~*n* kommen ばかなことを考える | auf den ~*n* verfallen 突然にそう思いつく | Er kommt mir nicht **aus** dem ~*n*. 彼のことが私の頭を離れない | *sich*[3] *et.*[4] aus dem ~*n* schlagen …を念頭から追い払う | **Bei** dem ~*n* wird angst. そう考えると私は不安になる | **in** ~*n* sein 考え込んでいる; 放心している | Das habe ich in ~*n* getan. 私はそれをうっかり〈知らず知らず〉したのだ | nur in ~*n* vorhanden sein (現実にはなくて)頭の中だけに存在する | Er ist weit fort 〈weg〉 **mit** dem ~*n*. 彼は全く心ここにあらずだ | *sich*[4] mit einem ~*n* vertraut machen ある考えになじむ.

b) 《複数で》(Ansicht) 見解, 意見: *seine* eigenen ~*n* über *et.*[4] haben …について自分自身の意見をもっている | Er hat sehr hohe ~*n* von sich[3]. 彼は自分のことをとても高く評価している.

c) (Absicht) 意図, 計画, もくろみ: einen verwegenen ~*n* fassen 不敵な考えをいだく ‖ Halte dich **an** den ~*n*! その考えを変えるな | Er kam **mit** dem ~*n*, dir zu helfen. 彼は君に手助けしようと思って来たのだ | **mit dem ~*n* spielen** 《zu 不定詞〔句〕と》(場合によっては…してもいいなと)考える | Er spielt mit dem ~*n*, das Haus zu kaufen. 彼はその家を買おうかなと考えている | ***sich*[4] mit dem ~*n* tragen** 《zu 不定詞〔句〕と》 / mit dem ~*n* umgehen 《zu 不定詞〔句〕と》日ごろ(…の)考えを抱いている | Er trägt sich mit dem ~*n* 〈Er geht mit dem ~*n* um〉, den Beruf zu wechseln. 彼は職業を変えようかと真剣に考えている.

d) (Sorge) 心配, 憂慮: ***sich*[3] ~*n*** 〔**über *jn.*** 〈***et.*[4]**〉 / **wegen *js.*** 〈***et.*[2]**〉〕 **machen** 〔…のことを〕くよくよ考える | Mach dir 〔darüber〕 keine ~*n*! 〔それについては〕心配ご無用だ.

2 《単数で》《方》《もっぱら次の形で》〔**um**〕 **einen ~*n*** (ほんの)心持ちほど, 少しばかり | Das Kleid ist 〔um〕 einen ~*n* zu klein. このドレスは心持ち小さすぎる.

[*ahd.* gidanc; ◇denken; *engl.* thought]

ᵛ**Ge·dan·ken**[gədáŋkən] 男 -s/- = Gedanke

Ge·dan·ken·ar·beit 女 頭脳労働.

ge·dan·ken·arm 形 思想〈考え〉の貧困な.

Ge·dan·ken≈ar·mut 女 思想の貧困. **≈as·so·zia·tion** 女 =Gedankenverbindung 2 **≈aus·tausch** 男

G

意見〈思想〉の交換. ⸗**blitz** 男《俗》とっさのひらめき〈思いつき〉. ⸗**flucht** 女 -/ 〖心〗思考〈意想・観念〉奔逸(考えをまとめられなくなること). ⸗**flug** 男 想念〈観念〉の飛翔(ひしょう), 思想の高翔(こうしょう). ⸗**fluß** 男 思考の流れ. ⸗**fol·ge** 女 ＝Gedankengang ⸗**frei·heit** 女 -/ 思想の自由. ⸗**fül·le** 女 思想の豊富さ. ⸗**gang** 男 思考過程, 思考の歩み〈流れ〉. ⸗**ge·bäu·de** 中 思考〈思想〉体系. ⸗**gut** 中 -〔e〕s/ (民族・時代などの)思想〔の所産〕. ⸗**kreis** 男 思考範囲. ⸗**lauf** 男 ＝Gedankengang

ge·dan·ken·leer 形 思想の空疎な〈欠如した〉.

Ge·dan·ken⸗lee·re 女 思想欠如. ⸗**le·sen** 中 -s/ 読心術. ⸗**le·ser** 男 他人の心が読める人, 読心術者.

ge·dan·ken·los[..lo:s][1] 形 **1** (unbedacht) 無思慮な, 軽率な. **2** (zerstreut) 気の散った, 不注意な, 放心した.

Ge·dan·ken·lo·sig·keit[..lo:zıçkaıt] 女 -/-en **1** 《単数で》gedankenlos なこと. **2** gedankenlos な言動.

Ge·dan·ken⸗ly·rik 女 〖文芸〗思想詩. ⸗**pau·se** 女 **1** (会議の途中などで各自が考えをまとめるための)休憩. **2** 〖言〗思考の間(ま)(ふつう — (→Gedankenstrich) で表される).

ge·dan·ken·reich 形 思想〈考え〉の豊かな; 意味深長な.

Ge·dan·ken·reich·tum 男 -s/ 思想の豊かさ.

ge·dan·ken·schnell 形 (思いつきがひょいと浮かぶように)すばやい, あっという間の.

Ge·dan·ken·schnel·le 女 -/ 《ふつう次の成句で》in 〈mit〉 ～ あっという間に, すばやく.

ge·dan·ken·schwer 形《雅》**1** 物思いに沈んだ, 憂慮に満ちた. **2** (重要な)考えに満ちた, 思想の豊富な.

Ge·dan·ken⸗spiel 中 思考の遊戯, 思考をもてあそぶこと. ⸗**split·ter** 男 (Aphorismus) 箴言(しんげん), 警句. ⸗**sprung** 男 (次から次への)思考の飛躍, 連想. ⸗**strich** 男 〖言〗ダッシュ (—): einen ～ setzen ダッシュを入れる〈引く〉. ⸗**sün·de** 女 〖宗〗罪深い考え. ⸗**tie·fe** 女 思想の深さ. ⸗**über·tra·gung** 女 思想の伝達; 精神感応, テレパシー. ⸗**ver·bin·dung** 女 **1** 思考の結合〈連関〉. **2** 〖心〗表象〈観念〉連合, 連想.

ge·dan·ken⸗ver·lo·ren 形, ⸗**ver·sun·ken** 形 物思いに沈んだ, 放心した. ⸗**voll** 形 **1** 物思いに沈んだ; 気づかわしげな: *jm.* ～ zusehen …を気づかわしげに見やる. **2** ＝gedankenreich

Ge·dan·ken⸗vor·be·halt 男 (宗教的誓約などでの)心中留保. ⸗**welt** 女 -/ 思想〔界〕: die christliche ～ キリスト教的思想〔界〕.

ge·dank·lich[gədáŋklıç] 形 思考〈思想〉に関する; 観念〈空想〉的な: ein ～*er* Zusammenhang 思想的連関.

Ge·därm[gədɛ́rm] 中 -〔e〕s/-e, **Ge·där·me**[..mə] 中 -s/- (Eingeweide) はらわた, 内臓(特に腸). [*ahd.*; ◇Darm]

Ge·deck[gədɛ́k] 中 -〔e〕s/-e **1** (1人前の)食器(ナイフ・フォーク・スプーン・皿・ナプキンなど): zwei ～*e* auflegen 2人前の食器を卓上に並べる. **2** (Menü)(料理店の)定食: ein trockenes ～ 飲み物ぬきの定食 | ein ～ bestellen 定食を注文する. **3** (バー・ナイトクラブなどでカバーチャージに見合うものとして出される)規定の飲食物.

ge·deckt[gədɛ́kt] **I** decken の過去分詞. **II** 形 (gedämpft)(色について)くすんだ.

ge·def·tet[gədɛ́ftət] 形《オーストリア》《話》意気消沈した, 元気のない. [＜deften „niederdrücken“]

Ge·deih[gədáı] 男 -〔e〕s/ (Gedeihen) 繁栄: 〖ふつう次の成句で〗**auf ～ und Ungedeih** / **auf ～ und Verderb** よきにつけあしきにつけ, 幸不幸にかかわりなく, 無条件で | auf ～ und Ungedeih mit *jm.* verbunden sein いかなるときも…と運命を共にする | *jm.* auf ～ und Verderb ausgeliefert sein 万事運命を…の手にゆだねている.

ge·dei·hen*[gədáıən] 《27》 **ge·dieh**[gədí:] / **ge·die·hen**; 接II gediehe **I** 自 (s) **1** 栄える, 繁栄する; (子供が)成長する, (植物が)繁茂する, (家畜が)増殖する: Früchte *gedeihen* gut 〈prächtig〉. 果実が豊かに実る | Das Kalb ist zu einem starken Bullen *gediehen*. その子牛はたくましい雄牛に成長した | Es *gedeiht* nichts Gutes daraus. そんなことをしても何もよい結果は生じない ‖ Unrecht Gut *gedeih*〔*e*〕*t* nicht. (→Gut 1). **2** はかどる, 進捗(しんちょく)する: Wie weit bist du mit deinem Studium *gediehen*? 君の研究はどこまで進んだのか. **3** 生じる; 《*jm.* zu *et.*[3]》(…にとって…の結果に)なる: Es *gedieh* ihm zum Heil. それは彼の幸せとなった.

II Ge·dei·hen 中 -s/ 繁栄, 成長; 進捗(しんちょく), 成功: Wir wünschen gutes ～. おしあわせ〈ご成功〉を祈ります.

[*germ.*; ◇dicht, gediegen]

ge·deih·lich[gədáılıç] 形《雅》有益な, 実りのある, 好都合の, 首尾よい: ein ～*er* Fortgang 好調〔な進展〕, 成功 | *et.*[4] zu einem ～*en* Ende führen …を上首尾に終わらせる.

Ge·deih·lich·keit[–kaıt] 女 -/ gedeihlich なこと.

▽**ge·denk**[gədɛ́ŋk] ＝eingedenk

Ge·denk⸗abend 男 記念〈追悼〉の夕べ. ⸗**aus·ga·be** 女 〖郵〗記念切手〔発行〕. ⸗**aus·stel·lung** 女 記念〈追悼〉展覧会.

Ge·den·ke·mein[gədɛ́ŋkəmaın] 中 -s/- 〖植〗パンジー, サンシキスミレ(三色菫). [＜gedenke mein!]

ge·den·ken*[gədɛ́ŋkən] 《28》 **I** 自 (h) **1** 《雅》《*js.* / *et.*[2]》(…のことを)思い出す, 想起する, 〔心に〕思う, 忘れない; (故人を)しのぶ: *js.* stets 〔innig / in Sorgen〕 ～ …のことをいつも〔温かく / 心配して〕心にかける | *Gedenke* mein〔er〕 in der Ferne! 遠くにいても私のことを忘れるな | Ich *gedenke* gern jener schönen Urlaubstage. あのすばらしい休暇のことを私はよく思い出す. **2** 《*js.* / *et.*[2]》(…に)言及する, (…について)述べる: *js.* mit keinem Wort 〈mit keiner Silbe〉 ～ …のことに一言も触れない | *js.* stets lobend ～ …のことをいつもほめて話す.

II 他 (h) **1** 《zu 不定詞〔句〕と》(…する)つもりである, 予定である: Ich *gedenke* morgen abzufahren. 私はあす出発するつもりだ | Was *gedenkst* du zu unternehmen? 君は何を計画しているのか. ▽**2** 《*jm. et.*[4]》(…に…の)報復をする, 仕返しをする: Das werde ich dir ～! きっと仕返ししてやるぞ, 覚えていろ.

III Ge·den·ken 中 -s/ 思い出, 記憶, 回想: *jm.* ein gutes ～ bewahren / *jn.* in gutem ～ behalten …のよい思い出を心に留める | Das schenke ich dir zum ～ an diese Stunde. このひとときの記念にこれをあげよう.

[*ahd.*; ◇denken]

Ge·denk⸗fei·er 女 記念〈追悼〉式. ⸗**got·tes·dienst** 男 記念〈追悼〉ミサ. ⸗**kon·zert** 中 記念〈追悼〉演奏会. ⸗**mar·ke** 〖郵〗記念切手. ⸗**me·dail·le**[..medaljə] 女 記念メダル. ⸗**mi·nu·te** 女 黙禱(もくとう)の時間. ⸗**mün·ze** 女 記念硬貨〈メダル〉. ⸗**re·de** 女 記念〈追悼〉演説. ⸗**säu·le** 女 記念柱〔像〕. ⸗**stät·te** 女 記念〈追憶〉の場所. ⸗**stein** 男 (石造の)記念碑. ⸗**stun·de** 女 追悼式〔の時間〕. ⸗**ta·fel** 女 記念銘板. ⸗**tag** 男 記念日.

ge·deucht[gədɔ́ʏçt] gedünkt (dünken の過去分詞)の古形.

Ge·dicht[gədíçt] 中 -〔e〕s/-e 詩: ein ～ von Goethe ゲーテの詩 | ein lyrisches 〈episches〉 ～ 叙情〈叙事〉詩 | Liebes*gedicht* 恋愛詩 | Spott*gedicht* 風刺詩 ‖ ein Band ～*e* 1巻の詩集 ‖ ein ～ schreiben 〈verfassen〉 詩を書く | ein ～ hersagen 〈vortragen〉 詩を朗読する ‖ **ein ～ sein** 《話》じつにすばらしい | Das Kleid 〈Der Hut〉 ist ein ～. / Das ist ein ～ von einem Kleid 〈einem Hut〉. このドレス〈帽子〉は(一編の詩のように)すばらしい.

[*mhd.*; ◇dichten[2]]

Ge·dicht⸗band 男 -〔e〕s/..bände (1巻の)詩集. ⸗**form** 女 詩の形式: in ～ 詩の形式で, 韻文で. ⸗**samm·lung** 女 詩集.

ge·die·gen[gədí:gən] 形 **1** (solid) 堅実な, しっかりした; (仕事などが)念入りな, 手堅い: ein ～*er* Charakter 信頼できる人柄 | ～*e* Kenntnisse haben 確実な知識をもっている | ～*e* Möbel 堅牢(けんろう)な家具. **2** 〖鉱〗純粋な: ～*es* Gold 純金 ‖ ～ vorkommen 純粋な形で産出する. **3** 《話》滑稽(こっけい)な, 愉快な; 奇妙な, 変な: Du bist ja ～! 君はおかしなやつだ.

Ge·die·gen·heit[–haıt] 女 -/ gediegen なこと.

ge·dieh[gədí:] gedeihen の過去.

ge·die·he[..dí:ə] gedeihen の接続法 II.

G

ge·die·hen[..dí:ən] gedeihen の過去分詞; 過去 1・3 人称複数.
ge·dient[gədí:nt] dienen の過去分詞.
Ge·ding·ar·beit[gədíŋ..] ＝Gedingearbeit
Ge·din·ge[gədíŋə] 中 -s/- 〘坑〙請負, 歩合制〈出来高〉賃金契約: im ～ arbeiten 請負作業をする. [*ahd.* gidingi „Bedingung“; ◇dingen]
Ge·din·ge≠ar·beit 女 〘坑〙請負作業, 歩合制労働. **≠ar·bei·ter** 男 〘坑〙請負夫. **≠häu·er** 男 請負先山(さきやま)鉱員〈採炭夫〉. **≠lohn** 男 請負賃金. **≠schlep·per** 男 〘坑〙請負後山(あとやま)鉱員〈運搬夫〉.
Ge·don·ner[gədɔ́nər] 中 -s/ (雷・砲声などが)しきりにとどろくこと〈音〉: das ～ der Lastwagen トラックの轟音(ごうおん). [＜donnern]
Ge·döns[gədǿ:ns][1] 中 -es/ 《方》《話》**1** 仰々しい〈もったいぶった〉しぐさ; から騒ぎ. **2 a)** (くだらぬ)ばか話. **b)** 役にも立たぬ〈つまらぬ〉もの. [*mhd.*; ◇gedunsen]
ge·dop·pelt[gədɔ́pəlt] **I** doppeln の過去分詞. ᵛ**II** 形 ＝doppelt
ge·dornt[gədɔ́rnt] 形 とげのある. [＜Dorn]
Ge·drän·ge[gədrɛ́ŋə] 中 -s/ **1 a)** 雑踏, 混雑; 人ごみ, 群衆: Es gab ein großes ～ vor dem Schalter. 窓口の前はひどい押し合いだった. **b)** 〘ラグビー〙スクラム: ein ～ bilden スクラムを組む. **2** 窮迫, 窮地, 苦境: 〔**mit** *et.*[3]〕 **ins ～ kommen** 〈**geraten**〉〔…に関して〕せっぱつまる | mit dem Termin 〈mit der Zeit〉 ins ～ kommen 〈geraten〉 期限〈時間〉がぎりぎりになる. [＜Drang]
Ge·drän·gel[gədrɛ́ŋəl] 中 -s/ ＝Gedränge 1
ge·drängt[..drɛ́ŋt] **I** drängen の過去分詞. **II** 形 (knapp) 簡潔な: ein ～*e* Übersicht über die Geschichte der Chemie 化学史要略 ‖ ～ schreiben 略述する.
Ge·drängt·heit[..haɪt] 女 -/ (文体などの)簡潔さ.
ge·drech·selt[gədrɛ́ksəlt] drechseln の過去分詞.
Ge·dröhn[gədrǿ:n] 中 -〔e〕s/ , **Ge·dröh·ne**[..nə] 中 -s/ とどろき, どよめき; (飛行機・オートバイなどの)轟音(ごうおん). [＜dröhnen]
ge·dro·schen[gədrɔ́ʃən] dreschen の過去分詞.
ge·druckt[gədrʊ́kt] drucken の過去分詞.
ge·drückt[gədrʏ́kt] **I** drücken の過去分詞. **II** 形 **1** 意気消沈した, しょげて〈めいって〉いる: in ～*er* Laune sein しょんぼりしている, 意気があがらない ‖ Er wirkt ～. 彼はがっくりしているように見える | Der Bus war ～ voll. バスはすし詰めだった. **2** 〘経〙不景気な, 不況の; (価格・賃金が)低く抑えられた; 《比》貧しい: in ～*er* Lage sein 窮乏している.
Ge·drückt·heit[–haɪt] 女 -/ 意気消沈, 落胆.
ge·drun·gen[gədrʊ́ŋən] **I** dringen の過去分詞. **II** 形 **1** (体格などが)ずんぐりした: Er ist von ～*er* Gestalt. 彼は体つきがずんぐりしている. **2** (gedrängt) 簡潔な: eine ～*e* Darstellung 簡潔な叙述.
Ge·drun·gen·heit[–haɪt] 女 -/ gedrungen なこと.
Ge·du·del[gədú:dəl] 中 -s/ (オルガンなどが)しきりに鳴る音.
Ge·duld[gədʊ́lt] 女 -/ 忍耐, 辛抱, 我慢; 根気: große 〈viel〉 ～ haben 我慢強い | mit *jm.* ～ haben …に寛大である | Bitte, haben Sie noch etwas ～! もうしばらくご辛抱〈お待ち〉ください | *js.* ～ auf die Folter spannen 〈auf eine harte Probe stellen〉 …をじりじりさせる, …につらい忍耐を強いる | die ～ verlieren 辛抱しきれなくなる ‖ Mir fehlt die ～ dazu. 私はそうする根気がない | ***jm.* reißt die ～** …の忍耐が限度を越える | Mir reißt die ～. / Mir geht die ～ aus. 私はもう我慢しきれない ‖ ***sich***[4] **in ～ fassen** じっと我慢する | in 〈**mit**〉 **～** 我慢強く; 根気よく | *et.*[4] in 〈mit〉 ～ 〔er〕tragen …をじっと耐えてゆく | mit ～ und Spucke 辛抱強く, 根気よく | Mit ～ und Spucke fängt man eine Mucke. (→Mucke 1 a) | ***jn.* um ～** bitten …に辛抱して〈待っていて〉もらう ‖ ***Geduld* bringt Rosen.** 《諺》忍耐は成功をもたらす. [*germ.*; ◇dulden]
ge·dul·den[gədʊ́ldən][1] 《01》 他 (h) 再帰 *sich*[4] ～ 我慢〈辛抱〉して待つ: Bitte, ～ Sie sich noch ein wenig 〈einen Tag〉! もう少々〈1 日だけ〉ご辛抱ください.
ge·dul·det[gədʊ́ldət] **I** dulden の過去分詞. **II** gedulden の過去分詞; 現在 3 人称単数・2 人称複数; 命令法複数.
ge·dul·dig[gədʊ́ldɪç][2] 形 我慢〈辛抱〉強い, 忍耐力のある; 根気のいい: ein ～*er* Patient 辛抱強い患者 | Er ist ein ～*es* Schaf 〈～ wie ein Lamm〉. 彼は子羊のようにおとなしい〈忍耐強い〉 ‖ Er war immer ～ mit mir. 彼は私に対していつも辛抱強かった | Papier ist ～. (→Papier 1) ‖ ～ warten じっと待っている | *et.*[4] ～ über *sich*[4] ergehen lassen じっと…の過ぎる〈終わる〉のを待つ.
Ge·dulds≠ar·beit[gədʊ́lts..] 女 忍耐力の必要な仕事〈作業〉. **≠fa·den** 男 -s/ 堪忍袋の緒: einen langen ～ haben 辛抱強い | ***jm.* reißt der ～** …の堪忍袋の緒が切れる. **≠pro·be** 女 **1** 忍耐の試練: Es war eine große ～ für mich. それは私にとってひどく根気のいることだった | *jn.* auf eine 〔harte〕 ～ stellen …に〔つらい〕忍耐を強いる. **2** 《戯》〘楽・劇〙長い稽古(けいこ). **≠spiel** 中 (トランプのペイシェンス・はめ絵など)忍耐力を要するゲーム; 《比》根気仕事.
ge·dun·gen[gədʊ́ŋən] dingen の過去分詞.
ge·dun·sen[gədʊ́nzən] 形 (aufgedunsen) はれぼったい, 膨れ上がった. [＜*ahd.* dinsan „zerren“ (◇dehnen)]
Ge·dun·sen·heit[–haɪt] 女 -/ gedunsen なこと.
ge·durft[gədʊ́rft] dürfen の過去分詞.
ge·eckt[gə|ɛ́kt] **I** ecken の過去分詞. **II** 形 ぎざぎざのある.
ge·ehrt[gə|é:rt] **I** ehren の過去分詞. **II** 形 尊敬されている: Sehr ～*er* Herr 〈～*e* Frau / ～*es* Fräulein〉 Schmidt! (手紙のよびかけとして)シュミット様. **III Ge·ehr·te** 中 《形容詞変化》(Schreiben) 〘商〙(相手方の)書簡: Ihr ～*s* vom 2. Mai 5 月 2 日付貴簡.
ge·eicht[gə|áɪçt] **I** eichen[2]の過去分詞. **II** 形 検定〈測定〉済みの; 《比》折り紙つきの: ein ～*es* Gefäß (度量衡)検定印つきの容器 | ein ～*er* Mediziner 腕の確かな医者 ‖ **auf *et.***[4] **～ sein** 《話》…に精通して〈自信をもって〉いる, …に強い.
ge·eig·net[gə|áɪgnət] **I** eignen の過去分詞. **II** 形 適当な, ふさわしい: bei ～*er* Gelegenheit 適当なおりに | ～*e* Schritte unternehmen 適切な処置をとる, 善処する ‖ als Geschenk ～ sein 贈り物に好適である | Das ist vortrefflich für meine Zwecke ～. それは私の目的とするにもってこいだ | zum Lehrer 〈Filmen〉 ～ sein 教師に適任〈映画向き〉である.
ge·eig·ne·ten·orts[..tən|ɔ́rts] 副 適当な場所で.
Ge·eig·net·heit[..haɪt] 女 -/ geeignet なこと.
ge·eint[gə|áɪnt] einen[2]の過去分詞.
Geer[ge:r] 女 -/-en, **Geer·de**[gé:rdə] 女 -/-n 〘海〙斜桁(しゃこう)支索. [*ndd.*]
Geest[ge:st] 女 -/ , **Geest·land**[gé:st..] 中 -〔e〕s/ (北海沿岸の)高い乾燥した〔不毛な〕砂地. [＜*ndd.* gēst „klaffend, trocken“ (◇gähnen)]
gef. 略 ＝gefallen[2] II 2
Ge·fa·bel[gəfá:bəl] 中 -s/ たわごと, ばかげたおしゃべり. [＜fabeln]
Ge·fach[gəfáx] 中 **1** -〔e〕s/-e 〘建〙(壁面・天井などの)格子形に区切られた部分. **2** -〔e〕s/..fächer[..fɛ́çər] (棚などの)仕切り; 引き出し.
Ge·fackel[gəfákəl] 中 -s/ ぐずぐずすること, ためらい. [＜fackeln]
Ge·fahr[gəfá:r] 女 -/-en 危険, 危難; リスク: äußerste 〈höchste〉 ～ 非常な危険 | **die gelbe ～** 黄禍(白色人種の黄色人種に対する恐怖心から生まれた表現) | öffentliche ～ 公安を脅かす存在 | die rote ～ (→rot I 2) | Lebens*gefahr* 生命の危険 ‖ Eine ～ droht 〈naht〉. / Eine ～ ist im Anzug. 危険が迫っている | Es ist ～ im Verzug. (→Verzug 1) | Es besteht ～, daß der Damm bricht. 堤防が決壊する恐れがある ‖ eine große ～ heraufbeschwören 〈überstehen〉 大きな危険を引き起こす〈乗り越える〉 | **～ laufen** 《zu 不定詞句と》…の危険を冒す | Ein betrunkener Autofahrer läuft ～, seinen Führerschein zu verlieren. 飲酒運転をする者は運転免許証を没収されるおそれがある. ‖ einer ～ trotzen 〈ins Auge sehen〉 危険に立ち向かう〈を直視する〉 | einer ～ entkommen 危険〈危機〉をの

G

がれる | *jn.* einer ～ aussetzen …を危険にさらす ‖ **auf die ～ hin, daß ...** …の危険を冒して | **auf eigene ～** 危険を覚悟の上で, 自分自身の責任で | Benutzung 〈Betreten〉 auf eigene ～! (立て札・掲示などで)ご利用〈ご入場〉の際は十分ご注意ください(万一の場合 当方では責任を負いかねます) | *et.*[4] auf Rechnung und ～ des Empfängers liefern 〘商〙…を受取人の勘定で供給する | **außer ～** sein 危機を脱している | **bei ～** 緊急の場合には | **in ～** sein 危機にある | in ～ kommen 〈geraten〉 危機に陥る | **Wer sich in ～ begibt, kommt darin um.** 《諺》君子危うきに近寄らず | **unter 〈mit〉 ～** *seines* Lebens 生命の危険を冒して. [*mhd.*; ◇Fahr]

ge·fahr·brin·gend 形 (gefährlich) 危険な.

ge·fähr·den[gəfɛ́ːrdən][1] 《01》 **I** 他 (h) 危険にさらす, 危うくする: *sein* Leben ～ 生命〈生活〉を危うくする.

II ge·fähr·det 過分 形 危険にさらされた, 危機的な: 〔sittlich〕 ～*e* Jugendliche 非行に走りかねない青少年 ‖ Seine Stellung ist ～. 彼の地位は危うい.

Ge·fähr·de·ten·sor·ge[gəfɛ́ːrdətən..] 女 非行傾向者の社会的保護監督.

ge·fahr·dro·hend[gəfáːr..] 形 危険性を帯びた, 危険を告げる, 危険な.

Ge·fähr·dung[gəfɛ́ːrdʊŋ] 女 -/ 危険〔にさらすこと〕, 危機〔に瀕(ひん)していること〕: sittliche ～ der Jugend 青少年の道徳的危機.

Ge·fähr·dungs⸗de·likt 中 〘法〙危険犯〔罪〕. **⸗haf·tung** 女 〘法〙危険責任.

Ge·fah·re[gəfáːrə] 中 -s/ **1** (絶え間ない)車の往来〈騒音〉. **2** へたな〈不注意な〉運転. [＜fahren]

ge·fah·ren[gəfáːrən] fahren の過去分詞.

Ge·fah·ren⸗be·reich[gəfáːrən..] 男 **1** ＝Gefahrengebiet **2** 〘軍〙(火砲周辺の)危険領域. **⸗ge·biet** 中 危険地帯. **⸗ge·mein·schaft** 女 〘政〙共同防衛; 〘経〙危険分担協定. **⸗gren·ze** 女 危険限界. **⸗herd** 男 ＝Gefahrenquelle **⸗mo·ment** 中 危険〔を起こす〕要因. **⸗po·ten·tial** 中 潜在的な危険, 危険の可能性. **⸗quel·le** 女 危険の根源. **⸗si·gnal** 中 危険信号. **⸗stel·le** 女 危険箇所. **⸗sym·bol** 中 危険物表示シンボルマーク.

ge·fah·ren·um·wit·tert 形 《雅》危険〈波瀾(はらん)〉に満ちた.

Ge·fah·ren⸗zo·ne 女 危険地帯. **⸗zu·la·ge** 女 危険作業手当〈割増金〉.

ge·fähr·lich[gəfɛ́ːrlɪç] 形 **1** 危険な, 危ない: ein ～*es* Alter 危険な年齢〈年ごろ〉(成人病にかかりやすい・浮気の虫が頭をもたげるなど) | ～*e* Gedanken 危険思想 | ein ～*er* Gegner 危険な敵, 恐ろしい相手 | eine ～*e* Krankheit 危険な病気 | eine ～*e* Kurve (道路の)危険なカーブ | ein ～*es* Spiel treiben 思い切った〈危険な〉ことをする, 危ない橋を渡る ‖ Seine Freundlichkeit ist ～. 彼の親切には警戒したほうがいい | Der Mann kann dir ～ werden. この男は君にとって危険な存在になりかねない ‖ ～ erkrankt sein 重体である.
2 《話》おおぎょうな, 大げさな; ひどい: Das ist nicht so ～. たいしたことじゃないよ | Tu 〈Hab〉 nicht so ～! そんな大げさに騒ぐな, そう心配するな.

Ge·fähr·lich·keit[–kaɪt] 女 -/ (gefährlich なこと. 例えば:) 危険性.

ge·fahr·los[gəfáːrloːs][1] 形 危険のない, 安全な.

Ge·fahr·lo·sig·keit[..loːzɪçkaɪt] 女 -/ 安全性.

Ge·fahr⸗stel·le 女 ＝Gefahrenstelle **⸗stoff** 男 危険物質.

Ge·fährt[gəfɛ́ːrt] 中 -〔e〕s/-e **1** 《雅》(Fahrzeug) 乗り物, 車: das ～ lenken 車を駆る | *sich*[4] in ein ～ setzen 車に乗る. **2** 《南部》＝Gefährte **3** 《方》(Unruhe) 不安, 動乱. [*ahd.* giferti „Fahrt“; ◇Fahrt]

Ge·fähr·te[gəfɛ́ːrtə] 男 -n/-n **1** (女 **Ge·fähr·tin**[..tɪn]-/-nen) 同伴者, 同行者; 仲間, 協力者, 伴侶(はんりょ). **2** 〘楽〙(フーガの主題に対する)応答主題.

ge·fahr·voll[gəfáːr..] 形 (gefährlich) 危険の多い, 危険きわまる.

Ge·fahr·zei·chen 中 〘交通〙危険〈警戒〉標識.

Ge·fäl·le[gəfɛ́lə] 中 -s/- (**Ge·fäll**[..fɛ́l] 中 -〔e〕s/-e) **1** 落差(高低の差), 勾配(こうばい), 傾斜: nutzbares ～ 〘土木〙有効落差 | Die Straße hat ein ～ von 8 %. この通りの勾配は 8 パーセントだ. **2** 《話》**ein gutes ～ haben** 大酒飲みである. ᵛ**3** 《複数で》(Abgaben) 納金, 税. [*ahd.* gifelli „Einsturz“; ◇Fall[1]]

Ge·fäl·le·mes·ser 男 傾斜計.

ge·fal·len[1]*[gəfálən] 《38》 **I** 自 (h) (↔ mißfallen) 《*jm.*》(…の)気にいる, 心にかなう: Das Bild *gefällt* mir sehr. その絵は大いに私の気にいっている | Das Buch hat allgemein *gefallen*. その本はみんなに喜ばれた | Wie *gefällt* dir der Film? 君はこの映画をどう思うかね | Mir *gefiel* an ihm sein Frohsinn. 私は彼の快活な点が好きだった | Sein Husten *gefällt* mir nicht. 彼のせきはどうも気にかかる | Er will mir heute gar nicht ～. どうも彼はきょうは体の具合が悪そうだ | Es *gefällt* ihr, andere zu ärgern. 彼女は他人にいやがらせをすることが好きだ | Es hat Gott *gefallen*, unseren Vater zu sich zu rufen. (死亡通知で)私たちの父は神のみもとに召されました ‖ 非人称 Es *gefiel* mir bei ihm. 彼のところは居ごこちがよかった | Wie *gefällt* es Ihnen in dieser Stadt? この町はお気に召しましたか | wie es Ihnen *gefällt* お気に召すままに, ご随意に ‖ 再帰 *sich*[3] in *et.*[3] ～ …でいい気〈得意〉になっている; …を楽しんでいる | Er *gefällt* sich in boshaften Bemerkungen. 彼は得々として人を傷つけるようなことを言う | Ich *gefalle* mir in dem neuen Kleid. 私はこの新調の服がとても気にいっている | *sich*[3] in *seiner* Rolle ～ (→Rolle 5) ‖ ***sich*[3] *et.*[4] ～ lassen** …を承認〈甘受〉する, …に反対しない | *sich*[3] von *jm.* viel ～ lassen müssen …にひどい仕打ちを受ける | Das lasse ich mir ～! それは結構なことだ | Das lasse ich mir nicht ～! そんなことはとても我慢〈承知〉しないぞ | Er läßt sich alles 〈nichts〉 ～. 彼はなんでも言いなりになる〈異議をとなえる〉 | Das brauche ich mir nicht ～ zu lassen. そんなことを言われて私は黙っている筋合いはない.

II Ge·fal·len[1] 中 -s/ 気にいる〈心にかなう〉こと; 喜び, 楽しみ, 好み: an *jm.* 〈*et.*[3]〉 ～ haben / an *jm.* 〈*et.*[3]〉 ～ finden …が気にいる, …を好む | bei *jm.* ～ finden …に気にいられる ‖ *et.*[4] **mit ～** betrachten …を興味深く観察する | **nach ～** 《雅》随意に | ***jm.* zu ～ reden** 〈handeln〉 …の気にいるような話〈行動〉をする | ***jm.* *et.*[4] zu ～ tun** …を喜ばせようと…をする | Tu mir es zu ～! どうかそうしてください.
[*ahd.* gifallan „zufallen“; ◇fallen]

ge·fal·len[2][–] **I** gefallen[1]の過去分詞. **II 1** fallen の過去分詞. **2** 形 (略 gef.) 戦死した(記号 ⚔). **3 Ge·fal·le·ne** 男 女 《形容詞変化》 **a**) 戦死者. **b**) 堕落した人.

Ge·fal·len[2][–] 男 -s/- 《ふつう単数で》好意, 親切, 世話: *jm.* einen ～ erweisen 〈tun〉 …に好意を示す | Würden Sie mir einen 〔großen〕 ～ tun? お願いごとがあるのですが | Bitte tu mir den ～ und bring den Brief zur Post! すまないけれど この手紙を郵便局にもっていってくれないか | Das ist mir ein großer ～. それはありがたい, どうも恐れ入ります ‖ *jn.* **um** einen ～ bitten …に頼みごとをする.
[*mhd.* geval; ◇gefallen[1]]

Ge·fal·le·nen⸗denk·mal[gəfálənən..] 中 戦死〈戦没〉者記念碑. **⸗eh·rung** 女 戦死〈戦没〉者の顕彰. **⸗fried·hof** 男 戦死〈戦没〉者墓地. **⸗ge·denk·fei·er** 女 戦死〈戦没〉者慰霊祭. **⸗li·ste** 女 戦死者名簿.

ge·fäl·lig[gəfɛ́lɪç][2] 形 (略 gefl.) **1** 好ましい, 快い: ein ～*es* Äußeres 端正な容姿〈容貌(ようぼう)〉 | ～*e* Umgangsformen haben 好感の持てる礼儀作法を心得ている | Ihr ～*es* Schreiben 《官》貴簡, 貴信 | Um ～*e* Antwort wird gebeten. ご返事お待ち申し上げております. **2** 親切な, 世話好きな, 愛想のよい: 〔*jm.*〕 ～ sein 〔…に〕親切である | *sich*[4] *jm.* ～ erweisen 〈zeigen〉 …に親切にする ‖ ᵛeine ～*e* Schöne 尻軽(しりがる)〈浮気〉女. **3** 《gefällig sein の形で》(…が)欲しい, 望ましい: 〔Bitte,〕 was ist ～? (店員が客に)何を差し上げましょうか, 何かご入用ですか | Bier ～? ビールはいかがですか | 〔Ist〕 etwas zu trinken ～? 何かお飲み物を差し上げましょうか. ᵛ**4** (fällig) 満期の, 期限に達した: **da 〈hier〉 ist 〔gleich〕 etwas ～** 《話》さあたいへん, ひと騒ぎあるぞ. **5** 《スイス》

幸運に恵まれた. ［*ahd.*; ◇gefallen[1]］

ge·fạ̈l·li·ger·wei·se[gəfɛ́lɪgərváɪzə] 副 好意〈親切心〉から, 親切にも.

Ge·fạ̈l·lig·keit[gəfɛ́lɪçkaɪt] 女 -/-en **1** 好意, 親切, 世話: *jm.* eine große ～ erweisen 〈erzeigen〉 …に非常な好意を示す | Darf ich Sie um eine ～ bitten? ちょっとお願いしてよろしいでしょうか. **2** 気にいること, 意にかなうこと; 好ましさ, 好感の持てること.

Ge·fạ̈l·lig·keits≠ab·stem·pe·lung 女 = Gefälligkeitsstempel **≠ak·zept** 中〘商〙(手形の)融通引き受け. **≠stem·pel** 男 切手収集家用記念スタンプ〈消印〉. **≠wech·sel** 男〘商〙融通手形.

ge·fạ̈l·ligst[gəfɛ́lɪçst] 副 (略 gefl.) **1** (要求・命令の際に不快感を露骨に示して)お願いですから, いい加減にして: Benimm dich ～ 〔anständig〕! 不作法なまねはいい加減にやめろ | Warten Sie ～, bis man Sie ruft! 名前を呼ばれるまで待っていてください. ▽**2** = gefälligerweise

Ge·fạll·sucht[gəfálzʊxt] 女 -/ 人の気にいられたがること; ご機嫌取り, こび: ～ haben 人の気にいられたがる.

ge·fạll·süch·tig[..zʏçtɪç][2] 形 人の気にいられたがる, こびている.

Ge·fạ̈l·tel[gəfɛ́ltəl] 中 -s/ 〘服飾〙ひだ〔飾り〕, シャーリング. ［＜Falte］

ge·fạn·gen[gəfáŋən] **I** fangen の過去分詞. **II** 形 捕らえられた.

☆ 動詞と用いる場合は分離の前つづりともみなされる.

III Ge·fạn·ge·ne 男 女《形容詞変化》捕虜; 囚人: Kriegs*gefangene* 戦時捕虜 ‖ ～ machen 捕虜を捕まえる | Er ist der ～ seines Gefühls. 彼は感情のとりこになっている.

Ge·fạn·ge·nen≠an·stalt[gəfáŋənən..] 女 = Gefängnis 1 **≠auf·se̱·her** 男 捕虜収容所監視兵; 看守. **≠aus·tausch** 男 捕虜交換. **≠be·frei·ung** 女 捕虜の解放;〘法〙(故意の)脱獄幇助(ほうじょ). **≠fü̱r·sor·ge** 女 刑囚保護事業. **≠haus** 中《オーストリア》(Gefängnis) 監獄, 刑務所. **≠la̱·ger** 中 捕虜収容所. **≠wär·ter** 男 = Gefängnisaufseher

ge·fạn·gen|hal·ten* ⦅65⦆ 他 (h) 《*jn.*》捕らえておく, 抑留〈監禁〉する.

Ge·fạn·gen·hal·tung 女 -/ 抑留, 監禁.

Ge·fạn·gen·na̱h·me[..na:mə] 女 -/ 逮捕, 監禁; 捕虜にすること.

ge·fạn·gen|ne̱h·men* ⦅104⦆ 他 (h) **1** 捕らえる, 捕虜にする, 逮捕〈監禁〉する: einen feindlichen Soldaten 〈einen Verbrecher〉 ～ 敵兵〈犯罪者〉を捕らえる. **2** 《比》心を奪う, とりこにする: Der Anblick *nahm* ihn ganz *gefangen*. その光景はすっかり彼の心を奪った〈彼を魅了した〉.

Ge·fạn·gen·ne̱h·mung 女 -/-en = Gefangennahme

Ge·fạn·gen·schaft[..ʃaft] 女 -/-en 《ふつう単数で》捕らえられていること, 捕虜の境遇; (動物が)おりに入れられている状態: in ～ geraten 捕虜になる | *sich*[4] an die ～ gewöhnen (野獣などが) おりに馴(な)れる, 飼い馴らされる.

ge·fạn·gen|set·zen ⦅02⦆ 他 (h) 監禁〈投獄〉する.

ge·fạ̈ng·lich[gəfɛ́ŋlɪç] 形 囚(とら)われの〔身の〕: *jn.* ～ einziehen / *jn.* zur ～*en* Haft bringen …を投獄する.

Ge·fạ̈ng·nis[gəfɛ́ŋnɪs] 中 -ses[..səs]/-se[..sə] **1** (Zuchthaus) 監獄, 刑務所; (一般に) 牢獄(ろうごく): *jn.* ins ～ bringen 〈werfen〉 …を投獄する | ins ～ kommen 投獄される | im ～ sitzen 刑務所に収容されている, 獄につながれている | **mit einem Bein 〈Fuß〉 im ～ stehen** 《話》(法に触れるような)あぶない橋を渡っている. **2** 《単数で》= Gefängnisstrafe: Auf Diebstahl steht ～. 窃盗には軽懲役が適用される | 2 Jahre ～ bekommen 軽懲役 2 年の刑に処せられる. ［*mhd.* 〔ge〕vencnisse „Gefangenschaft"; ◇fangen］

Ge·fạ̈ng·nis≠a̱rzt 男 監獄医. **≠auf·se̱·her** 男 看守. **≠di·rek·tor** 男 刑務所長, 典獄. **≠geist·li·che** 男 (監獄の)宗教教戒師. **≠ho̱f** 男 監獄の中庭. **≠in·sas·se** 男 囚人. **≠klei·dung** 女 囚人服. **≠kran·ken·haus** 中 監獄〈刑務所〉内病舎. **≠stra̱·fe** 女 **1** 懲役刑. **2** 〘法〙(旧刑法の)軽懲役刑(1日以上5年未満). **≠wär·ter** 男 看守, 獄吏. **≠we̱·sen** 中 -s/ 監獄制度. **≠zel·le** 女 監房.

ge·fạ̈rbt[gəfɛ́rpt] **I** färben の過去分詞. **II** 形 染めた, 着色した, 色つきの; 《比》(主観的な)色のついた; 粉飾した: ～*es* Glas 着色ガラス; ステンドグラス | *et.*[4] durch eine ～*e* Brille sehen (→Brille 1) | einen ～*en* Bericht geben (事実そのままでなく)色をつけた報告をする ‖ Seine Rede war politisch ～. 彼の話は政治色を帯びていた.

Ge·fa̱·sel[gəfá:zəl] 中 -s/ ばか話, たわごと. ［＜faseln］

Ge·fä̱ß[gəfɛ́:s] 中 -es/-e **1** (液体・粒状物などを入れる)器(うつわ), 容器(おけ・かめ・つぼ・コップなど: →図): ein ～ aus Metall 〈mit Wasser〉 金属製の〈水のはいった〉容器 | *et.*[4] in ein ～ gießen …を容器に注ぐ | die ～*e* des Zorns 〈der Barmherzigkeit〉 怒り〈哀れみ〉の器(神の怒り・哀れみを受けるべき人. 聖書: ロマ 9, 22-23). **2 a)** 〘生〙血管, 脈管. **b)** 〘植〙導管. ▽**3** (剣の)つか. **4** 《方》(車の)積み荷. ［*ahd.* givāzi „〔Proviant〕ladung"; ◇fassen］

Ge·fä̱ß≠bün·del 中〘植〙維管束. **≠chir·ur·gie** 女〘医〙脈管外科.

ge·fä̱ß·er·wei·ternd 形〘医〙血管を広げる: ein ～*es* Mittel 血行促進剤.

Ge·fä̱ß≠er·wei·te·rung 女〘医〙血管拡張. **≠haut** 女〘医〙脈絡膜. **≠krampf** 男〘医〙血管痙攣(けいれん). **≠krank·heit** 女〘医〙脈管疾患. **≠läh·mung** 女〘医〙血管麻痺(まひ). **≠mus·ku·la·tu̱r** 女〘解〙血管筋. **≠nerv** 男 -s/-en 《ふつう複数で》血管神経. **≠netz** 中〘解〙血管網(もう). **≠neu·ro̱·se** 女〘医〙血管神経症. **≠pflan·ze** 女 維管束植物. **≠pfropf** 男〘医〙血栓. **≠pla·stik** 女〘医〙血管形成〔術〕. **≠sy·ste̱m** 中〘医〙脈管〈血管〉系.

ge·fạßt[gəfást] **I** fassen の過去分詞. **II** 形 落ち着いた, 沈着な, 泰然とした; 覚悟の決まった, 心の準備のできた: Der Angeklagte hörte ～ 〈in ～*er* Haltung〉 das Urteil. 被告は平静な態度で判決を聞いた ‖ **auf** *et.*[4] **～ sein** …に対して心の準備ができている | Ich bin auf das Schlimmste ～. 私は最悪の事態に対しても覚悟ができている ‖ ***sich***[4] **auf** ***et.***[4]

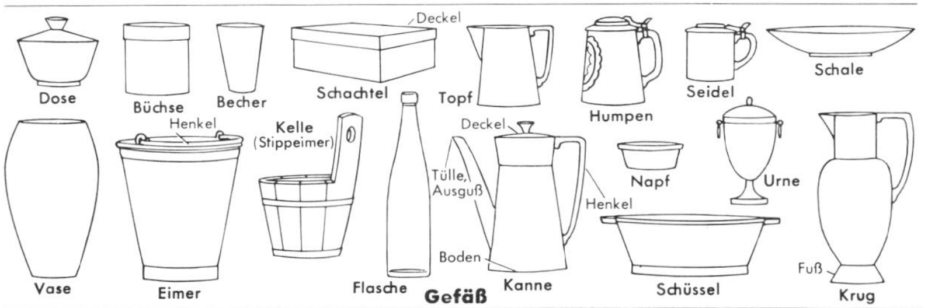

Gefäß

G

～ machen …に対して覚悟を決める | Du kannst dich auf etwas ～ machen!《話》お前はそのうちひどい目にあうぞ.

Ge·faßt·heit[‒haɪt] 女 ‒/ gefaßt なこと.

Ge·fäß≈trans·plan·ta·tion[gəfɛ́:s..] 女〘医〙血管移植〔手術〕. **≈ver·en·gung** 女〘医〙血管狭窄(きょうさく). **≈ver·kal·kung** 女〘医〙血管石灰化. **≈wand** 女〘解〙血管壁(へき).

Ge·fecht[gəfɛ́çt] 中 ‒〔e〕s/‒e **1** (比較的小規模な)戦闘, 交戦: ein heftiges ⟨schweres⟩ ～ 激戦 | ein hitziges ～ 激しい口論 | im Eifer ⟨in der Hitze⟩ des ～*s* (→Eifer 1, →Hitze 3) ‖ ***jn.* außer ～ setzen**(砲撃などによって)…の戦闘力を失わせる | mit *jm.* **ins ～** kommen …と交戦する | ***et.***[4] **ins ～ führen**《雅》…を論拠としてあげる | klar **zum ～** (海軍で)戦闘準備よし〈完了〉. **2 a)**〘スポーツ〙激戦, 激闘. **b)**〘フェンシング〙対戦. [*ahd.*; ◇fechten]

Ge·fechts≈aus·bil·dung 女〘軍〙戦闘訓練〈教練〉. **≈be·reich** 男〘軍〙戦闘〈作戦〉区域.

ge·fechts·be·reit 形〘軍〙戦闘準備のできた.

Ge·fechts≈be·reit·schaft 女 ‒/〘軍〙戦闘準備〔のできていること〕. **≈be·rüh·rung** 女〘軍〙敵との接触. **≈ein·heit** 女〘軍〙戦闘単位.

ge·fechts·klar ＝gefechtsbereit

Ge·fechts≈kopf 男 (魚雷・ミサイルなどの)実戦用弾頭. **≈la·ge** 女〘軍〙戦況. **≈li·nie**[..niə] 女 **1** 戦線, 最前線. **2**〘フェンシング〙開始線. **≈pau·se** 女 戦闘の間(ま). **≈schie·ßen** 中 砲撃〈射撃〉演習. **≈stand** 男〘軍〙戦闘〈前線〉司令部, 軍戦闘指揮所. **≈stär·ke** 女〘軍〙戦闘兵力; 戦闘力. **≈turm** 男 (軍艦・戦車の)砲塔. **≈übung** 女〘軍〙戦闘演習. **≈ziel** 中〘軍〙作戦目標〔地点〕. **≈zo·ne** 女〘軍〙戦闘〈作戦〉地域.

Ge·fe·ge[gəfé:gə] 中 ‒s/ **1** しきりに掃くこと. **2**〘狩〙袋角(ふくろづの), 鹿茸(ろくじょう). [＜fegen]

Ge·feil·sche[gəfáɪlʃə] 中 ‒s/ しきりに値切ること. [＜feilschen]

ge·feit[gəfáɪt] **I** feien の過去分詞. **II** 形《述語的》抵抗力のある, 不死身の: gegen *et.*[4] ～ sein …に対して抵抗力がある〈不死身である〉| Er ist gegen die Pocken ⟨gegen Furcht⟩ ～. 彼は天然痘にはかからない〈恐れを知らない〉.

Ge·fels[gəfɛ́ls][1] 中 ‒es/《集合的に》岩石. [＜Fels]

ge·fen·stert[gəfɛ́nstərt] **I** fenstern の過去分詞. **II** 形〔窓形の〕穴のあいた: ein ～*er* Gipsverband 窓あきギプス包帯.

ge·fer·tigt[gəfɛ́rtɪçt] **I** fertigen の過去分詞. **II Ge·fer·tig·te** 男 女《形容詞変化》(Unterzeichnete)〘商〙署名人.

Ge·fi·cke[gəfíkə] 中 ‒s/《卑》性交. [＜ficken]

Ge·fie·del[gəfí:dəl] 中 ‒s/ (ヴァイオリンなどを)キーキー〈へたに〉鳴らすこと. [＜fiedeln]

Ge·fie·der[gəfí:dər] 中 ‒s/‒《集合的に》(鳥の)羽毛, 羽: ***jm.* sträubt sich das ～**《話》…は(不快感・怒りなどで)身の毛のよだつ思いがする.

ge·fie·dert[‒t] **I** fiedern の過去分詞. **II** 形 **1** 羽〔毛〕の生えた, 羽〔毛〕をつけた: das ～*e* Volk 鳥類 | ～*e* Pfeile 羽をつけた矢. **2**〘植〙羽状の.

ge·fiel[gəfí:l] gefallen[1]の過去.

ge·fie·le[..lə] gefallen[1]の接続法 II.

Ge·fil·de[gəfíldə] 中 ‒s/‒《雅》野〔原〕, 広野, 広地: die ～ der Seligen (古代ギリシア人の)パラダイス, 天国 | das heimatliche ～ ふるさと. [*ahd.*; ◇Feld]

ge·fin·gert[gəfíŋərt] **I** fingern の過去分詞. **II** 形 指のある, 指状の;〘植〙掌状の.

ge·fin·kelt[gəfíŋkəlt] **I** finkeln の過去分詞. **II** 形《オーストリア》(schlau) 抜け目のない, ずる賢い. [＜Fink „schlauer Mensch"]

Ge·fion[gé:fiɔn, géf..] 人名〘北欧神〙ゲフィオン(海の女神). [*anord.*]

ge·fitzt[gəfítst] **I** fitzen の過去分詞. **II** 形《スイス》(子供などが)利発な; 生意気な, ませた; (一般に) 抜け目のない, ずる賢い.

gefl. 略 **1** ＝**gefällig 2** ＝**gefälligst**

Ge·flacker[gəflákər] 中 ‒s/ (炎などの)ゆらめき. [＜flackern]

ge·flammt[gəflámt] **I** flammen の過去分詞. **II** 形 (服地などの)火炎模様のある(→ 図 Muster).

Ge·flat·ter[gəflátər] 中 ‒s/ (鳥の)羽ばたき, (旗などの)はためき. [＜flattern]

Ge·flecht[gəflɛ́çt] 中 ‒〔e〕s/‒e **1** 編み細工, 編んだもの; 網状のもの: ein ～ von Zweigen からみ合った小枝 | ein ～ aus Stroh basteln 麦わらを編む. **2**〘解〙(神経・血管などの)叢(そう): das ～ der Adern ⟨der Nerven⟩ 血管〈神経〉叢. [＜flechten]

ge·fleckt[gəflɛ́kt] **I** flecken の過去分詞. **II** 形 しみ〈斑点(はんてん)〉のある, まだらの, ぶちの(→ 図 Muster).

Ge·flen·ne[gəflɛ́nə] 中 ‒s/ 泣きわめくこと〈声〉. [＜flennen]

Ge·flicke[gəflíkə] 中 ‒s/ ＝Flickwerk [＜flicken]

Ge·flim·mer[gəflímər] 中 ‒s/ (灯火・星などの)ちらつき, きらめき. [＜flimmern]

Ge·flis·sen·heit[gəflísənhaɪt] 女 ‒/ 熱心, 努力, 勤勉.

ge·flis·sent·lich[..tlɪç] 形 **1** 故意の: *jn.* ⟨*et.*[4]⟩ ～ übersehen …をわざと見のがす. **2**《官》(freundlich) 親切な, 好意ある: zur ～*en* Beachtung ⟨Kenntnisnahme⟩ よろしくご考慮〈参照〉くださるよう. [＜*ahd.* flīzan „streben" (◇Fleiß)]

Ge·flit·ze[gəflítsə] 中 ‒s/ 疾走. [＜flitzen]

ge·floch·ten[gəflɔ́xtən] flechten の過去分詞.

ge·flo·gen[gəfló:gən] fliegen の過去分詞.

ge·flo·hen[gəfló:ən] fliehen の過去分詞.

ge·flos·sen[gəflɔ́sən] fließen の過去分詞.

ge·floßt[gəflɔ́st] 形〘紋〙(魚図形などが)〔色違いの〕ひれをつけた. [＜Flosse]

Ge·flu·che[gəflú:xə] 中 ‒s/ しきりに悪態をつくこと, 悪口雑言. [＜fluchen]

Ge·flu·der[gəflú:dər] 中 ‒s/‒〘坑〙(選鉱用の水を流す)樋(とい).

Ge·flü·gel[gəflý:gəl] 中 ‒s/ **1**《集合的に》**a)** 家禽(かきん). **b)** (食用としての)鳥肉. [▽]**2** (Gevögel) 鳥類. [＜Flügel]

Ge·flü·gel·farm 女 (大規模な)家禽(かきん)飼養場(養鶏場など).

ge·flü·gel·fromm 形 (犬などが)家禽(かきん)を襲わない.

Ge·flü·gel≈hof 男 (小規模な)家禽(かきん)飼養場(養鶏場など). **≈pest** ＝Hühnerpest **≈sche·re** 女〘料理〙鳥肉用はさみ(→ 図 Schere).

ge·flü·gelt[gəflý:gəlt] **I** flügeln の過去分詞. **II** 形 **1** 翼のある: ～*e* Insekten 羽のある昆虫 | ein ～*es* Wort (→Wort 2 a). **2**〘植〙翼のついた: ～*e* Frucht 翼果, 翅果(しか). **3**〘狩〙翼を撃たれて飛べなくなった.

Ge·flü·gel≈zucht 女 **1** 家禽(かきん)の飼育. **2** ＝Geflügelfarm **≈züch·ter** 男 家禽飼養業者, 養禽家.

Ge·flun·ker[gəflúŋkər] 中 ‒s/ **1**《話》うそ, ほら. **2**《方》きらめき. [＜flunkern]

Ge·flü·ster[gəflýstər] 中 ‒s/ (絶え間ない)ささやき〔かけ〕. [＜flüstern]

ge·foch·ten[gəfɔ́xtən] fechten の過去分詞.

Ge·fol·ge[gəfɔ́lgə] 中 ‒s/‒《ふつう単数で》**1**《集合的に》随行者, 随員, お供: Er kam mit viel ⟨großem⟩ ～. 彼は大ぜいの供を従えてやって来た. **2**《比》結果: Seuchen **im ～** der Katastrophe 災害による〈続く〉疫病 | Mißernten hatten oft Hungersnöte im ～. 凶作はしばしば飢饉(ききん)を引き起こした. [◇folgen]

Ge·folg·schaft[gəfɔ́lkʃaft] 女 ‒/‒en **1**《集合的に》**a)** 従者, 随員;《比》信奉者; (ある企業の) 従業員. **b)** (古代ゲルマンの)従士. **2**《単数で》随行, 服従: *jm.* ～ leisten …に服従する.

Ge·folgs≈herr 男〘史〙王侯, 君主. **≈mann** 男 ‒〔e〕s/..männer, ..leute 従士, 従者;《比》信奉者.

Ge·fra·ge[gəfrá:gə] 中 ‒s/ うるさい〈執拗(しつよう)な〉質問. [＜fragen]

ge·frä·ßig[gəfrɛ́:sɪç][2] 形 大食の, 食いしんぼうの; 貪欲(どんよく)な: ein ～*er* Mensch 大食漢. [＜Fraß]

Ge·frä·ßig·keit[‒kaɪt] 女 ‒/ 大食; 貪欲(どんよく).

ge·freit[gəfráɪt] **I 1** freien[1]の過去分詞. **2 Ge·frei·te** 男《形容詞変化》一等〔水〕兵, 一士(新兵期間を終えた兵, 元来は立哨(りっしょう)勤務を解かれた者の意): der böhmische ～ ボヘミアの兵卒 (Hitler に対する蔑称). **II** freien[2]の過去分詞.

ge·fres·sen[gəfrέsən] fressen の過去分詞.

Ge·frett[gəfrέt] 中 -s/《南部・オーストリア》(Ärger) 腹立ち; 心労.

ge·freut[gəfrɔ́ʏt] **I** freuen の過去分詞. **II** 形《スイス》(erfreulich) うれしい, 喜ばしい; 好ましい: eine ～*e* Sache 喜ばしい事柄.

Ge·frier≈an·la·ge[gəfríːr..] 女 冷凍装置. **≈ap·pa·rat** 男 冷凍機, 冷凍装置. **≈chir·ur·gie** 女 -/ 〘医〙凍結〈冷凍〉外科〔学〕.

ge·frie·ren*[gəfríːrən]《50》**I** 自 (s) 凍る, 凍結する: Das Wasser 〈Die Wasserleitung〉 *gefriert*. 水〈水道管〉が凍る | *jm. gefriert* das Blut in den Adern (→Blut 2) | Das Lachen *gefror* auf seinen Lippen. 笑いは彼の口もとで凍りついた(急に笑いを中断した). ▽**II** 他 (h) (einfrieren) (食品を) 冷凍する. **III Ge·fro·re·ne** → 別出 [*ahd.*; ◇frieren]

Ge·frier≈fach[gəfríːr..] 中 (冷凍庫の)冷凍室, フリージングボックス. **≈fisch** 男 冷凍魚. **≈fleisch** 中 冷凍肉. **≈ge·mü·se** 中 冷凍野菜. **≈ge·rät** 中 = Gefrierapparat

ge·frier·ge·trock·net 形 (食品などの)急速冷凍乾燥した.

Ge·frier≈gut 中 冷凍食品. **≈ket·te** 女 -/ 〘経〙低温流通機構, コールドチェーン. **≈kon·ser·ve** 女 冷凍食品. **≈la·ster** 男《話》, **≈last·wa·gen** 男 冷凍食品輸送用トラック, 冷凍車. **≈ma·schi·ne** 女 冷凍機; 食品冷凍機. **≈obst** 中 冷凍果実. **≈punkt** 男 凝固点, 氷点: Das Stimmungsbarometer ist unter dem ～. 《戯》気分がめいって〈落ち込んで〉いる. **≈salz** 中 〘化〙寒剤用塩(硝酸アンモニウムなど). **≈schiff** 中 冷凍〔食品〕運搬船. **≈schnitt** 男 〘医〙(冷凍切断法による)顕微鏡用組織切片. **≈schrank** 男 冷凍庫. **≈schutz·mit·tel** 中 不凍剤, 凍結防止剤. **≈trock·nung** 女 冷凍乾燥. **≈tru·he** 女 (大型の)冷凍冷蔵庫. **≈ver·fah·ren** 中 冷凍処理. **≈wa·re** 女 冷凍食品.

Ge·frieß[gəfríːs] 中 -es/-er《南部》《話》(Gesicht) 顔, つら. [<fressen]

ge·fro·ren[gəfróːrən] **I** frieren の過去分詞. **II** gefrieren の過去分詞; 過去 1・3 人称複数. **III Ge·fro·re·ne** (**Ge·fror·ne**[..fróːrnə]) 中《形容詞変化》《南部・オーストリア》アイスクリーム.

Ge·fror·nis[..fróːrnɪs] 女 -/ (Dauerfrostboden) 〘地〙永久凍土層.

▽**ge·fü·ge**[gəfýːgə] = gefügig

Ge·fü·ge[−] 中 -s/- (精密・精巧な)組み立て, 組織, 構造: das ～ eines Staates 国家組織〈構成〉| ein kunstvolles ～ aus Balken 精妙な木組み. [<fügen]

ge·fü·gig[gəfýːgɪç][2] 形 **1** 従順な, 御しやすい, 適応しやすい: ein ～*er* Mensch 従順な〈順応性のある〉人 | Er ist ihr 〈in allem〉 ～. 彼は彼女のいうなりになる〈何事にも順応する〉| Du hast ihn dir ～ gemacht. 彼はもう君の意のままだ. **2** 曲げ〈たわめ〉やすい.

Ge·fü·gig·keit[−kaɪt] 女 -/ gefügig なこと.

Ge·fühl[gəfýːl] 中 -〔e〕s/-e **1** 感情, 気持, 気分: ein ～ der Dankbarkeit 〈der Reue〉 感謝〈後悔〉の念 | ein starkes 〈seltsames〉 ～ 強烈〈奇妙〉な感じ | National*gefühl* 国民感情 | Verantwortungs*gefühl* 責任感 ‖ für *jn.* zärtliche ～*e* hegen《雅》…に愛情をいだく ‖ *seine* ～*e* ersticken 〈zeigen〉 感情を押し殺す〈あらわにする〉| *js.* ～*e* erwidern …の愛情〈気持〉に答える | *seinen* ～*en* freien Lauf lassen 感情のおもむくままにする | *seinen* ～*en* kein Korsett anlegen (→Korsett 1) | *seinem* ～ Luft machen (→Luft 7 a) ‖ **mit gemischten ～*en*** (必ずしもうれしいとばかりは言えない)複雑な気持で | *et.*[4] mit ～ singen 〈spielen〉 情感をこめて…を歌う〈演じる〉| *sich*[4] von *seinen* ～*en* hinreißen 〈leiten〉 lassen 感情に引きずられる ‖ Sie ist ganz ～. 彼女は多感な女だ. | 1 000 Mark für dieses alte Auto? 800 Mark ist **das höchste der ～*e***. この古い自動車が1000マルクだって. 800マルクがせいぜいだよ. **2** 予感: Ich habe das ～, daß heute etwas geschieht. 私はきょう何かが起こるような気がする ‖ ***et.*[4] im ～ haben** 本能的に…がわかっている | Ich hatte es im ～, wie ich mich benehmen sollte. 私はどう行動すべきかをなんとなく感じとっていた. **3 a)** 感触, 知覚: das ～ für hell und dunkel 〈oben und unten〉 明暗〈上下〉感覚 | Hunger*gefühl* 空腹感 ‖ Ich habe kein ～ 〔mehr〕 in den Gliedern. 私は〔もう〕手足が無感覚だ | dem ～ nach 感じ〈手触り〉から言うと. **b)** 感性, 感受性: ein ästhetisches 〈musikalisches〉 ～ 美的〈音楽的〉センス | Er hat ein gutes ～ für Rhythmus. 彼はリズム感がいい ‖ *et.*[4] nach ～ 〔und Wellenschlägen〕 tun《話》…をおおよその勘に頼ってやる. [<fühlen]

ge·füh·lig[gəfýːlɪç][2] 形 感傷的な, センチメンタルな.

ge·fühl·los[gəfýːlloːs][1] 形 **1** (手足などが)無感覚な. **2** 感情のない, 冷酷な.

Ge·fühl·lo·sig·keit[..loːzɪçkaɪt] 女 -/-en **1**《単数で》gefühllos なこと. **2** gefühllos な言動.

ge·fühls·arm 形 感情の乏しい.

Ge·fühls·aus·bruch 男 感情の激発.

ge·fühls·be·tont 形 感情に重点のある, 主情的な.

Ge·fühls·din·ge 複 感情に関することがら, 感情の問題.

Ge·fühls·du·se·lei[gəfyːlsduːzəláɪ] 女 感傷癖(へき).

ge·fühls≈du·se·lig[gəfýːlsduːzəlɪç][2] (**≈dus·lig**[..duːzlɪç][2]) 形 (ひどく)感傷的な, センチメンタルな. **≈kalt** 形 **1** 感情の冷たい, 冷淡な. **2** (frigid) (女性が性的に)冷感症〈不感症〉の.

Ge·fühls≈käl·te 女 -/ 感情の冷たさ, 冷淡さ. **≈le·ben** 中 -s/ 感性生活(感情の総体・もろもろの感情・感情の受容と表出など).

ge·fühls·mä·ßig I 形 (↔verstandesmäßig) 感情による, 感情的な. **II** 副 **1** →I **2** 心情的には.

Ge·fühls≈mensch 男 (↔Verstandesmensch) 感情的〈主情主義的〉な人. **≈nerv** 男 感触神経. **≈re·gung** 女 感激, 感動. **≈sa·che** 女 (理性でなく)感情で処理すべき事柄, 感じの問題.

ge·fühls·se·lig 形 感傷的〈センチメンタル〉な.

Ge·fühls·se·lig·keit 女 -/ 感傷性.

Ge·fühls≈sinn 男 -〔e〕s/ (Tastsinn) 触覚. **≈tu·be** 女《次の成句で》auf die ～ drücken 同情心に訴える, 泣き落とし戦術に出る. **≈über·schwang** 男, **≈wal·lung** 女 感情の高まり. **≈wär·me** 女 気持の温かさ. **≈wert** 男 (物事が)感情に訴える価値〈度合い〉, 感情的意義. **≈wort** 中 -〔e〕s/..wörter 〘言〙(喜び・悲しみ・怒り・驚きなどを表す) 感情語.

ge·fühl·voll 形 感情豊かな; 感じやすい, 感傷的な; 思いやりがある.

ge·füh·rig[gəfýːrɪç][2] 形《方》(雪が)スキー〈そり〉に適している, すべりのよい. [<führen]

ge·füllt[gəfʏ́lt] **I** füllen の過去分詞. **II** 形 **1** いっぱいになった, 詰まった: eine ～*e* Brieftasche haben 金をたっぷりもっている ‖ 〔bis〕 zum Bersten ～ sein (→bersten) | bis zum Rand ～ sein (グラスなどが)縁(ふち)ぎりぎりまでいっぱいである. **2 a)** 詰め物のある: ～*e* Tomaten 〘料理〙(ひき肉などを詰めた)スタッフド=トマト. **b)** (↔einfach) 〘植〙重弁の, 八重咲きの: ～*e* Blüten 八重咲きの花.

ge·fun·den[gəfʊ́ndən] finden の過去分詞.

Ge·fun·kel[gəfʊ́ŋkəl] 中 -s/ (宝石・星・灯火などが)きらきら〈ぴかぴか〉光ること, きらめき. [<funkeln]

ge·furcht[gəfʊ́rçt] **I** furchen の過去分詞. **II** 形 畝(うね)を立てられた, みぞのある; しわの寄った; わだち〈航跡〉のついた: mit ～*en* Brauen 眉間(みけん)にしわを寄せて.

Ge·gacker[gəgákər] 中 -s/ (ガチョウなどが)ガアガア鳴くこと〈声〉. [<gackern]

ge·gan·gen[gəgáŋən] gehen の過去分詞.

ge·ge·ben[gəgéːbən] **I** geben の過去分詞. **II** 形 **1** (既に)与えられた, 所与の, 既存〈既成〉の, 所定〈既出〉の; (現に)与えられている, 現前〈眼前〉の, 当面〈目下〉の, 現在〈現下〉の, 今〈現行〉の; こうした; (いつか与えられる)不特定の, あ

G

る〔種の〕; 万一の, いざという; (仮に与えられた)仮定の, 想定された, 仮の; (およそ与えられた)どんな…でも,〔いつ〕いかなる…でも, 任意の: 〖付加語的に〗 aus unmittelbar ~*em* Anlaß 目前の必要に迫られて, 当面のことが原因〈きっかけ〉となって | im ~*en* Augenblick i) 所定のときに〔は〕, そういうときに〔は〕; ii) こんな〈この〉ときに〔は〕, 今現在; iii) ある瞬間になると, 万一の場合に〔は〕, いざというときに〔は〕; iv) いつなんどきでも, どんな場合でも; v) 適当な〈ちょうどよい〉ときに(→2) | Den ~*en* Fall müssen wir anders beurteilen. この〈問題になっている〉ケースは違った判断をしなければならない | im ~*en* Fall / ~*en* Falls (=gegebenenfalls) i) 今の場合に〔は〕, この〈その〉場合に〔は〕; ii) 場合によっては, ことによると; iii) 万一の場合に〔は〕, いざというときに〔は〕, 必要な場合に〔は〕; iv) どんな場合でも, いつなんどきでも | innerhalb einer ~*en* Frist 所定〈指定〉の期限内に | ein ~*es* Gewicht 所定〈特定〉の重さ, ある重量 | eine ~*e* Größe 与えられた〈既知の〉量 | Wir gehen von ~*en* Größen aus. (計算などで)我々は既知の数値から出発する | die ~*e* Grundlage 既存の基盤 | die ~*e* Methode (→2) | ~*es* Niveau 〖測量〗 基準線 | der ~*e* Ort i) 所定〈既知〉の場所; ii) 格好な〈もってこいの〉場所(→2) | eine ~*e* Tatsache 与えられた〈既定の〉事実, 既成事実, まぎれもない事実 | den ~*en* Tatsachen Rechnung tragen 既成事実を考慮する | ~*e* Temperatur 所定の〈特定の・ある〉温度 | unter 〔den〕 ~*en* Umständen 現状〈このままの状態〉では; 状況が状況なので, こうした〈そうした〉次第で〔は〕 | Unter den ~*en* Umständen ist von dem Plan abzuraten. 現状〈このままの状態〉ではこの計画は思いとどまらせるべきだ | die ~*en* Verhältnisse 現状, こうした情況 | *sich*[4] mit den ~*en* Verhältnissen abfinden 現状に甘んじる | eine ~*e* Zahl 与えられた〈既知の〉数〔値〕 | zu ~*er* Zeit 〈Stunde〉/zur ~*en* Zeit i) 所定のときに, 定刻に; ii) その〈この〉とき, そうした〈こうした〉とき; iii) いつか, そのうち; iv) 万一の〈いざという〉ときに〔は〕; v) どんなときにでも; しかるべきときに, 折を見て(→2) | Ich werde zu ~*er* Zeit darauf zurückkommen. いつかまたそのことに言及しよう, 折を見てまたそのことにふれよう.

Ⅱ 〖述語的に〗 *et.*[4] für ~ nehmen (→geben Ⅰ 1) | *et.*[4] als ~ ansehen 〈hinnehmen〉 …を(当然の・既定の・間違いのない)事実とみなす〈受け入れる〉 | Wir dürfen die Preiserhöhung als ~ annehmen. 物価上昇〈値上げ〉は間違いないものとみなしていい | Wenn wir es[4] als ~ voraussetzen, daß ... …を間違いのない事実と仮定すれば | Ein Zusammenhang scheint ~. 一つの関連があると考えていいように思われる | Die Voraussetzungen dafür sind ~. そのための前提条件はそろっている | In dir ist mir ein zuverlässiger Freund ~. 私には君という信頼するに足る友人がいる ‖ 〖名詞化して〗 das *Gegebene* i) =Gegebenheit; ii) →2

2 (まさにそのために与えられたような)かっこうの, うってつけの, 願ったりの, 適切な; (まさにそのために与えられてしかるべき)当然の, 順当な, 当を得た, しかるべき, 必要の: die ~*e* Alternative (適用さるべき)他の適切な方法〈手段〉 | im ~*en* Augenblick (→1) | Für diesen Posten ist er der ~*e* Mann. 彼はこのポストにおあつらえ向きの男だ | die ~*e* Methode i) 適切な方法; ii) 所定〈既定〉の方法(→1) | der ~*e* Ort (→1) | zu ~*er* Stunde (→1) | zu ~*er* Zeit / zur ~*en* Zeit (→1) | Alles zu ~*er* Zeit. 何事にも時機というものがある ‖ 〖名詞的に〗 Das ist 〈wäre〉 das ~*e*. それが一番妥当だ, それ以外には考えられない | Es ist das ~*e*, auf einen Einspruch zu verzichten. (現状からみて)抗議をあきらめるのが当を得ている.

3 《特に述語的に》 **a**) *jm.* ~ sein …に(素質・天分・能力として)備わっている(→geben Ⅰ 1). **b**) ~ zu Bonn (→geben Ⅰ 3 b ①). **c**) ~, daß ... …であるとすれば, …を前提とすれば.

ge·ge·be·nen·falls[gəgéːbənənfáls] 副 (略 ggf.) 場合によっては, もしかすると.

Ge·ge·ben·heit[gəgéːbənhaɪt] 女 -/-en 《ふつう複数で》 与えられた状態, 実状; 〖哲〗 所与性.

ge·gen[géːgən] **Ⅰ** 前 《4格支配. 古くは3格支配, 方言では3格支配や2格支配も見られる》 **1** (英: *towards*) **a**) 《空間的に》 …に〔向かって〕, …の方へ: *sich*[4] ~ die Wand lehnen 壁にもたれ〔かか〕る | ~ den Stuhl stoßen いすにぶつかる | *et.*[4] ~ die Wand werfen …を壁に投げつける | ~ einen Wagen laufen 走っていて車にぶつかる ‖ *et.*[4] ~ das Licht halten …を光にかざす | eine Verbeugung ~ *jn.* machen …におじぎする | mit dem Rücken ~ das Licht stehen 光を背にして立っている | Rücken ~ Rücken stehen 背中合わせに立っている ‖ ~ Norden 〔hin〕 北へ向かって | Das Zimmer liegt ~ Osten 〈den Park〉. その部屋は東〈公園〉に面している ‖ 〖時間的に: →b〗 Es ging ~ die Abenddämmerung. 夕暮れが迫っていた | Es geht ~ den Frühling. 春が近づく | Sie geht ~ die Sechzig. 彼女は60歳に近い. **b**) 《時間的に》 …ごろ(直前・直後を含む), …近く(→um Ⅰ 2 b): ~ drei Uhr 3時ごろ | ~ Abend 夕刻に | ~ Ostern 復活祭近くに | ~ Ende 〔seines Lebens〕 〔彼の一生の〕終わりごろに | Es war schon ~ Mittag 〈Mitternacht〉. もう正午〈真夜中〉近かった. **c**) 《関係》 (gegenüber) …に向かって, …に対して: die Ehrfurcht ~ das Alter 老年〈老人〉に対する畏敬(いけい)の念 | seine Strenge 〈Abneigung〉 ~ mich 私に対する彼の厳格さ〈嫌悪〉 ‖ ~ *jn.* Mißtrauen haben …に対して不信の念をいだく | ~ *jn.* freundlich 〈streng〉 sein …に対して親切〈厳格〉である(ふつうは zu *jm.* または *jm.* gegenüber) | Er bleibt taub ~ meine Bitten. 彼は私の頼みにいっこう耳を貸そうとしない.

2 (英: *against*) **a**) 《空間的》 (wider) …と逆方向に, …に逆らって: *et.*[4] ~ den Strich bürsten …の毛の向きと逆にブラシをかける | ~ den Wind segeln 風に逆らって帆走する | sieben Meilen ~ den Wind stinken 《話》 悪臭ぷんぷんである | Das geht mir ~ den Strich. 《比》 それは私の性に合わない. **b**) 《敵対・反対》 …に反抗〈対抗〉して, …に対して; (↔für) …の不利益になるように, …の反対側に立って: Widerstand ~ die Staatsgewalt 国家権力に対する反抗 | ein Komplott ~ die Regierung 反政府陰謀 | ein Mittel ~ Husten せきどめの薬 ‖ ~ *js.* Willen 〈Befehl〉 …の意志〈命令〉に反して | *sich*[4] ~ das Gesetz vergehen 法律に違反する | ~ die Regeln verstoßen ルールを犯す | ~ den Antrag stimmen 議案に反対投票する | *sich*[4] ~ *jn.* verloben 〈verheiraten〉 《話》 …と婚約〈結婚〉する | etwas ~ *jn.* haben …に〔対して〕文句〈ふくむところ〉がある | *sich*[4] ~ Feuer versichern lassen 火災保険に加入する ‖ Ich bin ~ ihn. 私は彼〔の意見〕に反対である | Das ist ~ die Abmachung 〈die Regel〉. それは協定〈規則〉違反である | Das ist ~ die Natur. それは自然〔の理〕に反する | Das Mittel ist gut ~ Husten. その薬はせきによく効く.

3 《交換・代償》 …と〔交換に〕: Ware ~ Ware geben 〈vertauschen〉 物々交換をする | Geld ~ Quittung geben 領収書と引き換えに金を渡す | *et.*[4] ~ Bezahlung liefern 〈abgeben〉 …を代金引き換えに渡す | *et.*[4] ~ bar verkaufen …を現金で売る ‖ Das Medikament gibt es nur ~ Rezept. この薬は処方箋(せん)なしでは出せません.

4 《比較》 (im Vergleich zu) …と比べて; …に対して: *Gegen* gestern ist es heute kalt. きのうに比べてきょうは寒い | *Gegen* dich bin ich nichts 〈noch ein Anfänger〉. 君に比べたら私は物の数じゃない〈まだ駆け出しだ〉.

5 《比例》 (…)対(…): Ich wette zehn ~ eins, daß ... 私は10対1で…のほうに賭(か)ける.

Ⅱ 副 **1** 《数詞と》 (ungefähr) ほぼ, およそ, (…に)達するほど(→Ⅰ 1 b): ~ zwanzig Mark 約20マルク | Es waren ~ vierzig Personen 〔anwesend〕. 約40人〔集まって〕いた. **2** 《話》 〔物々〕交換で: *et.*[4] ~ kriegen …を(やみ取引の)物々交換で手に入れる(→Ⅰ 3).

[*germ.*; ◇ *engl.* again〔st〕]

gegen.. 《名詞・動詞・副詞などにつけて「対立・対抗・対応・重複」などを意味する》: *Gegen*beweis 〖法〗 反証 | *Gegen*gift 〖医〗 解毒剤 | *Gegen*kaiser 〖史〗 対立皇帝 | *Gegen*leistung 〖法〗 反対給付 ‖ *gegen*zeichnen 副署〈連署〉する ‖ *gegen*einander 相対して | *gegen*über 向かい側に.

Ge·gen≠ak·tion[géːgən..] 女 反対行動, 対抗〈反撃〉行動. **≠an·ge·bot** 中 〖商〗 カウンター=オファー, (買い手の)反対申し込み. **≠an·griff** 男 反撃, 逆襲, 反攻. **≠an·**

G

klage 女〘法〙反訴. ≈an·trag 男 反対提案〈動議〉. ≈an·zei·ge 女 (↔Heilanzeige) (Kontraindikation)〘医〙禁忌, 反適応. ≈ar·gu·ment 中 反論. ≈at·tacke 女 =Gegenangriff ≈aus·sa·ge 女〘法〙反対陳述. ≈äu·ße·rung 女 反対意見〔を述べること〕, 反論. ≈be·din·gung 女 反対〈対抗〉条件. ≈be·fehl 男 反対〈取り消し〉命令. ≈be·haup·tung 女 反対主張, 反論. ≈bei·spiel 中 反対例, 反証. ≈be·schul·di·gung 女〘法〙反訴. ≈be·stre·bung 女 -/-en《ふつう複数で》反対〈反撃〉行動.

Ge̱·gen·be·su̱ch 男 答礼訪問. [*fr.* contre-visite「の翻訳借用」]

Ge̱·gen≈be·we·gung 女 反対運動, 反動;〘体操〙反動;〘楽〙(2声部間の)反進行. ≈be·weis 男〘法〙反証. ≈bild 中 (対になった)一方(片方)の像(鏡の映像・製品に対する型など). ≈bu̱ch 中〘商〙〔貸借〕対照簿. ≈bu·chung 女〘商〙貸借対照式簿記.

Ge̱gend[gé:gənt][1] 女 -/-en **1** (漠然と限定された)地域, 地方: eine bewaldete 〈wasserreiche〉 ~ 森林〈水郷〉地帯 | die schönste ~ Italiens イタリアで最も美しい所. **2 a)** (…の)辺り, 近傍, 近隣: **die ~ unsicher machen** (泥棒などが)その辺りを荒らし回る;《戯》その辺りに出没する,(バーなどを)飲み歩く ‖ **durch** die ~ laufen 付近を歩き回る | **in** der ~ des Bahnhofs wohnen 駅付近に住んでいる | In unserer ~ gibt es keinen Supermarkt. 私たちの住んでいる近くにはスーパーマーケットはない | Schmerzen in der ~ des Magens haben 胃の辺りが痛む | **in der ~ um** *et.*[4]《話》ほぼ(おおよそ)…ぐらい | Es war in der ~ um Ostern.《話》それは復活祭ごろのことだった | Der Preis lag in der ~ um 300 Mark.《話》値段はおよそ300マルクぐらいだった | in die ~ von Bonn fahren ボンの方〈近辺〉に行く ‖ Ringsum war nichts als ~.《話》その辺は全く殺風景な所だった. **b)**《ふつう単数で》《話》近隣〈その辺〉の住民: Die ganze ~ wußte, daß ... その辺一帯の人々はみな…ということを知っていた. ▽**3** (Richtung) 方向: in die ~ 〈nach der ~〉 des Eingangs blicken 入口の方を見やる. [*ahd.*; ◇gegen]

Ge̱·gen≈dampf[gé:gən..] 男〘工〙制動用蒸気, 蒸気クッション. ≈dar·stel·lung 女 **1** (新聞報道などについての)反論〔記事〕. **2** (ある事柄についての)対立する状況説明. ≈de·mon·stra·tio̱n 女 (他の示威行動に対して行われる)対抗デモ. ≈dienst 男 (好意に対する)お返し. ≈druck 男 -[e]s/ (Widerdruck)〘工〙逆圧, 反対圧力; 背圧;《比》抵抗.

ge·gen·ein·a̱n·der[ge:gən|aınándər] **I** 副《gegen＋相互代名詞に相当: →sich 2 ★ ii》相対して, 互いに向かい合って: ~ kämpfen 戦いを交える | freundlich ~ sein 互いに好意を持ち合っている | mit den Füßen ~ schlafen 足を向け合って寝る | zwei Freunde ~ ausspielen 二人の友達どうしを張り合わせる | etwas ~ haben《話》お互い何となくしっくりいかない.

☆ 動詞と用いる場合は分離の前つづりともみなされる.

II Ge·gen·ein·a̱n·der 中 -s/- 対立: das ständige ~ von Regierung und Armee 政府と軍との不断の対立.

ge·gen·ein·a̱n·der≈|hal·ten* 《65》他 (h) 対置する, 比較対照する. ≈|ste̱·hen* 《182》自 (h) 対立〈並立〉する.

Ge̱·gen≈er·klä·rung[gé:gən..] 女 反対声明〈宣言〉, 否認. ≈fa̱hr·ba̱hn 女 (道路上の)対向車線(→ ⊠ Landstraße). ≈far·be 女 対比色, 反対色. ≈feu·er 中 (山火事などの延焼を食い止める)向かい火. ≈for·de·rung 女 反対要求; 反訴; 反対債務. ≈fra̱·ge 女 問い返し, 反問: auf eine Frage mit einer ~ antworten ある問いに反問する. ▽≈füß·ler 男 -s/- =Antipode 1 ≈ga̱·be 女 **1** 返礼の贈り物. **2**〘医〙拮抗(きっ)剤. ≈ge·ra̱·de 女 (↔Zielgerade)〘スポ〙バックストレッチ(ホームストレッチの反対側の直線コース). ≈ge·schenk 中 = Gegengabe 1 ≈ge·walt 女 -/ (暴力に対する)逆暴力: Gewalt produziert oft ~. 暴力はしばしば逆の暴力を生む. ≈ge·wicht 中 (はかり・クレーンなどの)釣り合いおもり, 対重, 分銅(→ ⊠ Bagger);《比》釣り合いをとる物事;〘電〙容量接地, カウンタポイズ: Spaziergänge sind ein gutes ~ für Gelehrte. 散歩は学者にとって(精神労働との)すぐれたバランスをもたらすものだ. ≈gift 中〘医〙解毒剤, 抗毒素;《比》(害毒の)矯正手段. ≈grund 男 反対理由, 反論の根拠. ≈gruß 男 答礼.

ge̱·gen|hal·ten*[gé:gən..]《65》《北部》《話》= dagegenhalten

Ge̱·gen≈hieb 男〘フェンシング〙打ち返し, 反撃;《比》仕返し. ≈kai·ser 男〘史〙(反対派が立てた)対立皇帝. ≈kan·di·da̱t 男 対立候補者. ≈kla̱·ge 女〘法〙(裁判での)反訴. ≈klä̱·ger 男〘法〙反訴者. ≈kö̱·nig 男〘史〙(反対派が立てた)対立国王. ≈kon·zep·tio̱n 女 (ある構想に対して)対案となるべき構想. ≈kopp·lung 女〘電〙負帰還〈フィードバック〉. ≈kraft 女 -/..kräfte **1**〘理〙反力; 抵抗力: elektromotorische ~〘電〙逆起電力. **2**《複数で》反対派〈勢力〉. ≈kri·ti̱k 女 (批判に対する)反論, 反駁(はく). ≈kul·tu̱r 女 反文化. ≈kurs 男〘空〙逆〈反対〉コース: auf ~ gehen 逆コースを進む.

ge̱·gen·läu·fig 形 逆方向の: zwei ~*e* Walzen 互いに反転する二つのローラー | eine ~*e* Mode 逆行的な〈復古調の〉モード.

Ge̱·gen·lei·stung 女 (特定の行為に対する)代償, お返し;〘法〙反対給付: *et.*[4] als ~ für *seine* Hilfe verlangen …を援助の代償として要求する.

ge̱·gen≈|len·ken =gegensteuern ≈|le̱·sen*《92》他 (h) (立会人として照合のために)読み合わせる.

Ge̱·gen·licht 中 -[e]s/ **1**〘写〙逆光. ▽**2** 反射光, 反照.

Ge̱·gen·licht≈auf·na̱h·me 女〘写〙逆光での撮影. ≈blen·de 女〘写〙逆光撮影用レンズフード.

Ge̱·gen≈lie·be 女 -/ 愛にこたえること〈気持〉;《比》(善意でしたことに対する)称賛, よい反響: **~ finden** / **auf ~ stoßen** 反響を呼ぶ, 共感を得る | bei *jm.* keine ~ finden …に対して片思いである; …に人気がない | Er fand mit seinem Vorschlag wenig ~. / Sein Vorschlag stieß auf wenig ~. 彼の提案はあまり反響がなかった. ≈macht 女 敵対〈反対〉勢力; 対立国家. ≈maß·na̱h·me 女 対抗措置, 対策;〘通信〙逆探知. ≈maß·re̱·gel 女 対抗処置, 対策. ≈mei·nung 女 反対意見. ≈mi̱·ne 女 =Kontermine 1 ≈mit·tel 中 対抗手段;〘医〙拮抗(きっ)薬, 特効薬. ≈mut·ter 女 -/-n〘工〙ロック〈止め〉ナット. ≈of·fen·si̱·ve 女 反撃, 反攻. ≈papst 男〘史〙(反対派が立てた)対立教皇. ≈part 男 **1** (ゲームなどの)相手. **2** =Gegenstimme 2 ≈par·tei 女 反対党〈派〉; (ゲーム・裁判などの)相手方, 敵方: die ~ ergreifen 反対派の側に立つ. ≈pol 男〘理〙反対極. ≈pro̱·be 女 **1** (別の方法による)再検討〈吟味〉; 検算. **2** (票決の際の)反対票の集計. ≈pro·pa·gan·da 女 反対〈逆〉宣伝. ≈rech·nung 女 **1** 検算. **2**〘商〙照合計算. **3** (債権者に対する債務者の)対抗計算〈請求〉書. ≈re̱·de 女 応答; 反論, 抗議, 抗弁: lebendige Rede und ~ 活発な言葉のやりとり. ≈re·for·ma·tio̱n 女 **1**〘史〙(16-17世紀のカトリック教会による)反宗教改革. **2**〘政〙改革反対運動. ≈re·gie·rung 女 反対〈対抗〉政府. ≈re·vo·lu·tio̱n 女 反革命, 革命反対運動.

ge̱·gen·re·vo·lu·tio·när 形 反革命的な.

Ge̱·gen·rich·tung 女 逆〈反対〉方向.

Ge̱·gen·satz[gé:gənzats] 男 **1 a)** 反対, 逆, 対照; 対立, 矛盾; 敵対: Der ~ von „schwarz" ist „weiß". 黒の反対は白である | ein ~ wie Feuer und Wasser (→Feuer 1) ‖ einen scharfen ~ zu *et.*[3] bilden …と鋭いコントラストをなす | **im ~ zu *et.*[3] 〈*jm.*〉** …とは対照的に, …とは異なり | Im ~ zu mir sieht er jünger aus. 私とは逆に彼は年より若く見える | im ~ zu *et.*[3] stehen …と対照的である, …と対立〈矛盾〉する | Seine Worte stehen in einem krassen ~ zu seinen Taten. 彼の言葉は彼の行動とははなはだしく矛盾する | *sich*[4] in ~ zur Meinung aller anderen setzen 皆の意見に反対する | *Gegensätze* zwischen den beiden überbrücken 両者の対立を調整する ‖ ***Gegensätze* ziehen sich an.**《諺》両極は互いに引き合う, 性格の相反する者は互いにひかれる. **b)** (Opposition)〘論〙対当, 対立.

2〘楽〙**a)** (フーガの)対位句. **b)** (Kontrasubjekt) (フーガの)対主題.

[*lat.* op-positiō (◇Opposition) の翻訳借用]

ge̱·gen·sätz·lich[..zɛtslıç] 形 逆〈反対〉の, 対照〈対立〉

G

的な; 矛盾した; 敵対した: „Gut" und „böse" sind ~e Begriffe. 善と悪は相反する概念である.

Ge·gen·sätz·lich·keit[..kaɪt] 女 -/ 反対, 対照; 対立, 矛盾; 敵対.

Ge·gen·satz·wort 中 -[e]s/..wörter (Antonym) 〘言〙反義〈反意〉語, 反対語, 対義語.

Ge·gen≈schein[géːgən..] 男 **1** 反射光; 〘天〙対日照. **2** 〘法〙(前の契約を取り消す)反対証書; 〘経〙(証書などの)預かり証. **3** 《ｵｰｽﾄﾘｱ》注文伝票の写し. **≈schlag** 男 反撃, 迎撃, 打ち返し, 仕返し; はね返り: einen ~ führen 〈tun〉 反撃する. **≈schrift** 女 反論〈抗弁〉書; 弁明書. **≈sei·te** 女 **1 a**) 反対側: die ~ einer Straße 道路の向こう側. **b**) (Rückseite) 裏面, 裏側. **2** 相手方, 敵方, 敵側.

ge·gen·sei·tig[..zaɪtɪç][2] 形 相互の, 相関的な; 双方の: ~e Abhängigkeit 〈Hilfe〉 相互依存〈扶助〉| in ~em 〈im ~en〉 Einverständnis handeln 互いの了解の下に行動する | sich[3] ~ [aus]helfen 互いに助け合う.

Ge·gen·sei·tig·keit[..kaɪt] 女 -/ (特に契約などの)相互性: auf ~ (略 a. G.) 相互に | Vertrag auf ~ 双務契約 | Unsere Freundschaft beruht auf ~. 我々の友情は双方からのものだ.

Ge·gen·sei·tig·keits≈ge·schäft 中 〘商〙双務取引. **≈klau·sel** 女 〘法〙互恵条項, 相互約款. **≈ver·trag** 男 〘法〙双務契約.

Ge·gen·si·gnal[géːgən..] 中 〘海〙応信〈応答〉信号.

Ge·gen·sinn 男 《もっぱら次の形で》 im ~ 逆〈反対〉の意味で; 逆方向に | et.[4] im ~ nehmen …を誤解する〈逆にとる〉| die beiden Schrauben im ~ drehen 二つのねじを互いに逆方向にねじる. [*fr.* contre-sens の翻訳借用]

Ge·gen≈spiel 中 **1** (Rückspiel) 《ｽﾎﾟｰﾂ》雪辱戦, リターンマッチ. ▽**2** ＝Gegenteil 1 **≈spie·ler** 男 **1** (ゲームなどの)相手; (一般に)反対者, 敵対者. **2** 〘劇〙(主役の)敵(ｶﾀｷ)〈相手〉役. **≈spio·na·ge**[..naːʒə] 女 逆スパイ活動, 防諜(ﾎﾞｳﾁｮｳ)活動.

Ge·gen·sprech·an·la·ge 女 相互通話装置, インターホン.

Ge·gen·spre·chen 中, **Ge·gen·sprech·ver·kehr** 男 〘通信〙同時送受信.

Ge·gen·stand[géːgənʃtant][1] 男 -[e]s/..stände **1** 事物, 物体; 品物: ein schwerer 〈spitzer〉 ~ 重い〈とがった〉物 | *Gegenstände* des täglichen Gebrauchs 日用品 | Luxus*gegenstand* ぜいたく品, 奢侈(ｼｬｼ)品. **2 a**) 主題, 題目; 学科: der ~ eines Gesprächs 話題 | der ~ einer Untersuchung 〈einer Dichtung〉 ある研究〈文学作品〉のテーマ. **b**) 目的物, 対象[物]: sich[4] zum ~ des allgemeinen Gespötts machen 皆の物笑いの種になる | Sie ist der ~ seiner Neigung 〈seines Hasses〉. 彼女は彼の愛情の対象〈憎しみの的〉である. **3** 《ｵｰｽﾄﾘｱ》(Schulfach) (学校の)課目, 科目, 教科. **4** 《話》重要なもの: Das ist doch kein ~ [für dich]. [君にとって]それは大したことじゃないさ. **5** 《南部》 jm. ~ tun …に張り合う〈逆らう〉. [„Gegenüberstehendes"]

ge·gen·stän·dig[..ʃtɛndɪç][2] 形 〘植〙対生の.

ge·gen·ständ·lich[..ʃtɛntlɪç] 形 (↔begrifflich) 客観的な, 即物的な; 具体的な, 明快な: ~es Hauptwort 〘言〙具象名詞(＝Konkretum) | ~e Kunst 具象美術.

Ge·gen·ständ·lich·keit[..kaɪt] 女 -/ 客観性, 即物性, 具体性.

Ge·gen·stand·punkt[géːgənʃtant..] 男 対立的立場〈見地〉.

Ge·gen·stands·glas 中 -es/..gläser 〘光〙対物レンズ.

ge·gen·stands·los[..loːs][1] 形 むなしい, 根拠のない, 取るにたらぬ; 対象のない, 抽象的な(芸術など).

Ge·gen·stands·lo·sig·keit[..loːzɪçkaɪt] 女 -/ gegenstandslos なこと.

Ge·gen·stands≈satz 男 ＝Subjektsatz **≈wort** 中 -[e]s/..wörter (↔Begriffswort) (Konkretum) 〘言〙具象名詞.

Ge·gen·stel·lung[géːgən..] 女 (↔ Grundstellung) 〘言〙(定動詞の)倒置[法].

ge·gen|steu·ern 《05》 **I** 自 (h) **a**) (逆方向への操縦・運転によって飛行機・自動車などの)進行方向のずれを修正する. **b**) 《et.[3]》(…に対する) 防止策〈対抗手段〉を講じる. **II** 他 (h) 《et.[4]》(…に対する) 防止策〈対抗手段〉を講じる.

Ge·gen·stim·me 女 **1** 〘楽〙対声部. **2** (票決における)反対票; (計画などに対する)反対の声.

ge·gen·stim·mig[..ʃtɪmɪç][2] 形 〘楽〙対声部の.

Ge·gen≈stoß 男 突き返し; 《ﾎﾞｸｼﾝｸﾞ》カウンター; 〘軍〙反撃, 反攻. **≈stra·te·gie** 女 対抗戦略. **≈strom** 男 逆流, 向流; 〘電〙逆電流. **≈strö·mung** 女 **1** 逆流. **2** 《比》反対の気運.

Ge·gen·strom·ver·fah·ren 中 向流法, 対流法(異種の気体・液体を循環運動させて温度の調節や浄化をはかる).

Ge·gen≈stro·phe 女 -/-n (Antistrophe) 〘詩〙(古代ギリシア悲劇での合唱隊の)アンティストロペ. **≈stück** 中 **1** (Pendant) 対をなすもの, (対をなすものの)片方, 片割れ; 比肩するもの, 同類: zu et.[3] das ~ bilden …と対をなす; …に肩を並べる〈劣らない〉. **2** (Gegenteil) 逆〈反対〉のもの. **≈tak·tik** 女 対抗戦術.

Ge·gen·takt·ver·stär·ker 男 〘電〙(2個の真空管を接地に対して対称的に接続した)プッシュプル増幅器.

Ge·gen·teil[géːgəntaɪl] 中 -[e]s/-e **1** 逆, 反対; 逆〈反対〉のもの: das ~ bewirken 〈erreichen〉 逆効果を生む, 逆の結果になる | [gerade] das ~ sagen 〈behaupten〉 [正]反対のことを言う | Er ist [genau] das ~ des Vaters. 彼は父親と[まるっきり]正反対だ ‖ im ~ 逆に, かえって | [Ganz] im ~! とんでもない, [正]反対ですよ | ins ~ umschlagen 逆〈反対〉になる | et.[4] ins ~ verkehren …を逆〈反対〉にする, …を逆転させる | eine Behauptung ins ~ verkehren 主張を翻す. **2** 《戯》(Gesäß) 臀部(ﾃﾞﾝﾌﾞ), 尻(ｼﾘ).

ge·gen·tei·lig[..lɪç][2] 形 反対の, 逆の: ~er Meinung[2] sein 逆の意見である | von ~er Wirkung sein 逆効果である ‖ ~ entscheiden 逆の判決を下す〈決定をする〉.

ge·gen·teils 副 これに反して, しかしながら.

Ge·gen≈the·se 女 反対テーゼ, 対立命題. **≈tor** 中, **≈tref·fer** 男 《ｻｯｶｰ》(相手チームの得点に続いて決めた)お返しの得点.

ge·gen·über[geːgən|ýːbər] **I** 前 《3格支配; 後置されることが多く, 人称代名詞を支配するときはつねに後置》 **1** 《空間的》…の向かい側に, …と向かい合わせに: jm. ~ sitzen …と向き合って座る | dem Bäcker [schräg] ~ wohnen / [schräg] ~ dem Bäcker wohnen パン屋の[はす]向かいに住む | Das Haus liegt ~ dem Bahnhof. その家は駅の向かい側にある | Der Laden ist hier ~. 店はここの向かい側にある ‖ Mannheim liegt ~ [von] Ludwigshafen. マンハイムはルートヴィヒスハーフェンと向かい合う位置にある(→II). **2** 《関係》…に対して〈向かって〉, …の[面]前では; …に直面して: jm. ~ freundlich 〈streng〉 sein …に対して親切〈厳格〉である | sich[4] jm. ~ dankbar 〈verpflichtet〉 fühlen …に対して恩義〈義理〉を感じる | jm. ~ Hemmungen haben …の前に出ると硬くなる | einem Plan ~ 〈~ einem Plan〉 zurückhaltend sein ある計画に対して慎重な態度をとる ‖ *Gegenüber* diesen Tatsachen bin ich machtlos. こういう事実があるんじゃあ 私はお手上げだ. **3** …に比べて: Dir ~ ist 〈wirkt〉 er klein. 君と比べれば彼は小さい〈小さく感じられる〉| *Gegenüber* dem Vorjahre hat sich die Lage gebessert 〈verschlechtert〉. 前年に比較すると情勢は好転〈悪化〉した.

II 副 向かい側に, 向かい合わせに(→I 1): schräg 〈gerade〉 ~ wohnen はす向かい〈真向かい〉に住む | Mannheim liegt ~ von Ludwigshafen. (→I 1) | ~ von der Post warten 《話》郵便局の前で待つ | *Gegenüber* stehen zwei Häuser. 向こう側には家が2軒ある.

III Ge·gen·über 中 -s/- **1** 《話》向かい合わせの[席にいる]人; 向かい合わせの家並み, お向かいさん: mein ~ am Tisch 〈in der Straßenbahn〉 テーブル〈路面電車〉で私の向かい側に座った人 | bei Tische ein nettes ~ haben 食事のさい感じのいい人と向かい合わせになる. ▽**2** (Partner) 相手. **3** 対立: das ~ von Kunst und Leben 芸術と生との対立〈相克〉.

gegenüber.. 《分離動詞の前つづり. つねにアクセントをもつ. 「…に向かい合って」を意味する》: et.[3] 〈jm.〉 *gegenüber*stehen …に向き合って立っている | et.[3] 〈jm.〉 *gegenüber*treten

…の前に進み出る.

ge·gen·über≈|lie·gen* [ge:gən|ý:bər..] 《93》 自 (h) 《*et.*³》 (…に)向き合っている: Mein Haus *liegt* dem seinen genau ⟨schräg⟩ *gegenüber*. 私の家は彼の家の真向かい⟨はす向かい⟩だ | Die Heere haben sich ⟨einander⟩ lange *gegenübergelegen*. 両軍は長い間にらみ合って⟨対峙(たいじ)して⟩いた ‖ das *gegenüberliegende* Haus 向かい側の家 | die *gegenüberliegende* Seite der Straße 通りの向かい側. **≈|se·hen*** 《164》 他 (h) 再帰 *sich*⁴ *jm.* ⟨*et.*³⟩ ~ (気がつくと)…の前にいる, …に直面している. **≈|set·zen** 《02》 他 (h) 《*jn. jm.*》 (…を…に)向かい合って座らせる: Fräulein Heckner dem jungen Japaner ~ (席順などで)ヘックナー嬢をその若い日本人と向かい合わせに座らせる ‖ 再帰 *Setz* dich mir *gegenüber*! 私の向かい側に座りたまえ. **≈|sit·zen*** 《171》 自 (h) 《*jm.*》 (…に)向かい合って座っている: 再帰 *sich*³ ⟨einander⟩ ~ 互いに向かい合わせに座っている. **≈|ste·hen*** 《182》 自 (h) **1** 《*jm.* / *et.*³》 (…に)向き合って立つ: *jm.* ⟨einander⟩ Auge in Auge ~ …と⟨互いに⟩面と向き合って対峙(たいじ)する | Unser Haus *steht* dem Park *gegenüber*. 私たちの家は公園の向かいにある. **2** 《*et.*³》 (…に)直面する: einer schwierigen Aufgabe ~ 困難な課題に直面する. **3** 再帰 *sich*³ ⟨einander⟩ ~ 相対峙(たいじ)する, 対立する; 〘スポ〙 対戦する | Beide Auffassungen *stehen* sich diametral *gegenüber*. この両見解はまるで正反対である. **4** 《*et.*³》《様態を示す語句と》 (…に対して…の)態度をとる: einem Plan kritisch ⟨skeptisch⟩ ~ ある計画に対して批判⟨懐疑⟩的である | der Gefahr furchtlos ~ 恐れることなく危険に立ち向かう. **≈|stel·len** 他 (h) **1** 《*jn. jm.* / *et.*⁴ *et.*³》 (…を…に)対置する; 対立させる; (…を…と)対比する. **2** 《*jn. jm.*》 (…を…と)対決させる: dem Angeklagten einen Zeugen ~ 証人を被告に対決させる.

Ge·gen·über·stel·lung 女 -/-en (gegenüberstellen すること. 例えば:) 対置; 対比; 対決.

ge·gen·über|tre·ten* 《194》 自 (s) 《*jm.* / *et.*³》 (…の)前に進み出る; 《比》 立ち向かう, 対処する: mutig *seinem* Schicksal ~ 勇気をもって運命に立ち向かう | Ich weiß nicht, wie ich ihm ~ soll. 彼にどのような態度で接したらよいか私にはわからない.

Ge·gen≈ufer [gé:gən..] 中 対岸, 向こう岸. **≈un·ter·schrift** 女 連署, 副署. **≈ver·kehr** 男 **1** (自分と)反対方向の通行⟨車の流れ⟩. **2** 〘通信〙 相互通信. **≈ver·pflich·tung** 女 相互義務. **≈ver·si·che·rung** 女 反対保証; 〘商〙 相互保険. **≈ver·such** 男 〘理〙 (他の実験のための)照査⟨対照⟩テスト. **≈vor·mund** 男 〘法〙 後見監督人. **≈vor·schlag** 男 反対提案. **≈vor·wurf** 男 逆⟨反対⟩非難.

Ge·gen·wart [gé:gənvart] 女 -/ **1** 現在, 現今, 今日(こんにち): Vergangenheit, ~ und Zukunft 過去 現在 未来 | die Technik ⟨die Literatur⟩ der ~ 現代技術⟨文学⟩ ‖ in der ~ 現在〔のところ〕. **2** (Anwesenheit) (その場に)居合わせること, 現前, 現存: Deine ~ ist nicht erwünscht. 君はここ⟨その場⟩にいないほうがよい ‖ Bitte sprich in meiner ~ nicht davon! どうか私の面前でそれを言わないでくれ | Befreie mich von deiner ~! 出て行ってくれ | Die Feier fand in ~ des Bundespräsidenten statt. 祝典は連邦大統領出席のもとに行われた. **3** (Präsens) 〘言〙 現在〔時称〕: vollendete ~ 現在完了. [*ahd.*; < *ahd.* geginwart „entgegen-gerichtet"; ◇..wärts]

ge·gen·wär·tig [gé:gənvɛrtɪç, ‒◡⏑◡]² 形 **1** 《述語的用法なし》 現在の, 現今の, 今の: der ~*e* Zustand 現在の状況 | der ~*e* Präsident 現総裁 | Ich bin ~ in ⟨im⟩ Urlaub. 私は目下休暇中だ. ᵛ**2** (anwesend) 居合わせている, 出席している: bei einer Aussprache ~ sein ある討議に臨席している | die *Gegenwärtigen* 出席者たち. **3** 《述語的》 記憶に残っている: ***jm.* ~ sein** 《雅》 …の記憶に残っている | Das ist mir nicht ~. 私はそれを覚えていない | ***et.*⁴ ~ haben** 《雅》 …を覚えている | ***sich*³ *et.*⁴ ~ halten** 《雅》 …を心にとめておく.

ge·gen·warts·be·zo·gen [gé:gənvarts..] 形 現代に関する.

Ge·gen·warts≈form 女 〘言〙 現在形. **≈kun·de** 女 (教科目としての)現代社会誌. **≈kunst** 女 現代芸術. **≈li·te·ra·tur** 女 現代文学.

ge·gen·warts≈nah 形, **≈na·he** 形 現代に密着した, アクチュアルな.

Ge·gen·warts≈spra·che 女 現代語. **≈wert** 男 (不動産などの)現在の価値, 時価.

Ge·gen≈wech·sel [gé:gən..] 男 〘経〙 再手形. **≈wehr** 女 -/ 抵抗, 防衛: heftige ~ leisten 激しく抵抗する | ohne große ~ 大した抵抗もせずに. **≈wert** 男 同価値〔のもの〕, 等価⟨等量⟩物, 代償〔物〕: 50 DM oder ~ in Büchern 50マルクまたは同額の書籍 | für *et.*⁴ den ~ leisten …の補償をする. **≈wind** 男 向かい風, 逆風. **≈win·kel** 男 〘数〙 対角. **≈wir·kung** 女 反作用, 拮抗(きっこう)〔作用〕; 〘工〙 反圧, 反力, 反動; 〘生〙 応動. **≈wort** 中 **1** -〔e〕s/..wörter = Gegensatzwort **2** -〔e〕s/-e 《方》 (Antwort) 返答, 返事.

Ge·gen·wurf·tech·nik 女 (柔道などの)返し技.

Ge·gen·zei·chen 中 (記号・略号による)連署, 副署.

ge·gen|zeich·nen 《01》 他 (h) 《*et.*⁴》 (…に)連署⟨副署⟩する.

Ge·gen≈zeich·ner 男 連署⟨副署⟩人. **≈zeich·nung** 女 連署, 副署. **≈zeu·ge** 男 反対証人. **≈zug** 男 **1** (2方向からの)通風. **2** 〘鉄道〙 (ほぼ同時刻に反対方向から到着する)対向列車. **3** 〘チェス〙 対抗手; 《比》 逆手, 逆襲: im ~ (…に対する)対抗策として.

ge·ges·sen [gəgésən] essen の過去分詞.

ge·gli·chen [gəglíçən] gleichen の過去分詞.

ge·glis·sen [gəglísən] gegleißt (gleißen の過去分詞)の古形.

ge·glit·ten [gəglítən] gleiten の過去分詞.

Ge·glit·zer [gəglítsər] 中 -s/ きらきらする光. [< glitzern]

ge·glom·men [gəglɔ́mən] glimmen の過去分詞.

Geg·ner [gé:gnər] 男 -s/- (⊛ **Geg·ne·rin** [..nərɪn]-/-nen) 反対⟨敵対⟩者; (試合の)対戦相手, 敵方; 敵〔軍〕: ein politischer ~ 政敵 | ein ~ des Alkohols ⟨der Todesstrafe⟩ 禁酒⟨死刑反対⟩論者 | Kriegs*gegner* i) 戦争相手国; ii) 反戦主義者 ‖ den ~ besiegen 敵⟨相手⟩を破る | auf den ~ stoßen 敵に遭遇する. [*mndd.*; ◇gegen; *lat.* adversārius (◇adversativ) の翻訳借用]

geg·ne·risch [gé:gnərɪʃ] 形 《付加語的》 敵対的な, 反対の; 相手⟨敵方⟩の: die ~*e* Mannschaft 相手チーム.

Geg·ner·schaft [gé:gnərʃaft] 女 -/-en **1** 《ふつう単数で》 敵対, 敵意, 対抗〔心〕: *seine* ~ gegen den Faschismus bekunden ファシズム反対を宣言する. **2** 《単数で》《集合的に》 敵側, 相手側.

ge·gol·ten [gəgɔ́ltən] gelten の過去分詞.

ge·go·ren [gəgó:rən] gären の過去分詞.

ge·gos·sen [gəgɔ́sən] gießen の過去分詞.

gegr. 略 = **gegr**ündet

ge·gra·ben [gəgrá:bən] graben の過去分詞.

ge·grif·fen [gəgrɪ́fən] greifen の過去分詞.

Ge·grin·se [gəgrɪ́nzə] 中 -s/ 《軽蔑的に》〔たえず〕にやにや笑うこと. [< grinsen]

Ge·gröl [gəgrǿ:l] 中 -〔e〕s/, **Ge·grö·le** [..lə] 中 -s/ 《俗》 しきりにがなりたてること, わめき声. [< grölen]

Ge·grü·bel [gəgrý:bəl] 中 -s/ くよくよ思いわずらうこと. [< grübeln]

ge·grün·det [gəgrʏ́ndət] (⊛ gegr.) gründen の過去分詞.

Ge·grun·ze [gəgrʊ́ntsə] 中 -s/ (豚などが)ブウブウ鳴くこと⟨声⟩; 《比》 しきりに不平をいうこと⟨声⟩. [< grunzen]

geh. 略 **1** = **geh**eim **2** = **geh**eftet II **3** = **geh**oben II 2

ge·haart [gəhá:rt] **I** haaren¹の過去分詞. **II** 形 毛のある, 毛の生えた.

Ge·ha·be [gəhá:bə] 中 -s/ **1** 気取り, わざとらしさ, ものものしい態度⟨振舞い⟩. **2** = Gehaben 1

ge·ha·ben [gəhá:bən]¹ **I** 他 (h) **1** 《オーストリア》 再帰 *sich*⁴ ~ 《様態を示す語句と》 (…の)行動⟨態度⟩をとる, (…のように)

振舞う | *sich*[4] wie ein Kind ～ 子供のように振舞う. **2**《戯》 再帰 *sich*[4] ～《もっぱら次の形で様態を示す語句と》***Gehab* dich** 〈***Gehabt* euch** / ***Gehaben* Sie**〉 **wohl!** ごきげんよう, さようなら. **II Ge·ha·ben** 中 -s/ **1** 振舞い, 態度. **2** ＝Gehabe 1 [*ahd.*; ◇haben]

ge·habt[gəháːpt] **I** haben の過去分詞. **II** gehaben の過去分詞; 現在 3 人称単数・2 人称複数; 命令法複数.

ge·hackt[gəhákt] **I** hacken の過去分詞. **II Ge·hack·te** 中《形容詞変化》(Hackfleisch) ひき肉.

Ge·ha·der[gəháːdər] 中 -s/ (絶え間のない)けんか, 不和. [＜hadern]

ge·halst[gəhálst] **I 1** halsen[1]の過去分詞. **2** 形 (つぼなどが)首のついている. **II** halsen[2]の過去分詞.

Ge·halt[gəhált] **I** 男 -[e]s/-e **1 a)** (成分の)量, 含有量; 純度, 濃度; (食物の)滋養分: der ～ der Luft an Sauerstoff 〈Stickstoff〉 空気中の酸素〈窒素〉量 | der mineralische ～ der Quelle 泉の鉱質分 | Alkohol*gehalt* アルコール含有量 ‖ Der Wein hat wenig ～. このワインはこくがない〈水っぽい〉| Der ～ macht's. 質〈純度〉がたいせつだ | Nahrung mit ～ 〈ohne ～〉 滋養のある〈ない〉食物. **b)** (芸術作品などの精神的・思想的)内容, 中身, 意義, 実質, 本質; 真価(→Form 1 a): der sittliche ～ einer Weltanschauung 〈eines Gedichtes〉 世界観〈詩〉の倫理的内容. **2** 容積, 容量; (船の)容積トン数: ein Behälter mit 10 Liter ～ 10リットル入りの容器.
II 中 (ｵｰｽﾄﾘｱ: 男) -[e]s/..hälter[..hέltər] **1** (公務員・従業員などの定期的に支払われる)給与, 俸給, 月給(→Honorar, Lohn 1): das feste ～ 固定給 | Anfangs*gehalt* 初任給 | Monats*gehalt* 月給 ‖ ein auskömmliches ～ 〈ein ～ von 2 200 Mark〉 beziehen 十分な〈2200マルクの〉月給を取っている | *js.* ～ aufbessern 〈erhöhen〉 …の月給を上げる ‖ bei *jm.* in ～ stehen …に雇われている. **2**《南部・西部》(Behälter) 容器. **3**《南部・西部》(Zimmer) 部屋; 物置, 戸棚.

ge·halt·arm[gəháltˌarm] 形 (芸術作品などが)内容〈中身〉の乏しい; 実質〈値うち〉の少ない; (食物・酒などが)こくのない, 栄養の乏しい.

ge·hal·ten[gəháltən] **I** halten の過去分詞.
II 形 **1**《雅》《述語的》**～ sein**《zu 不定詞〔句〕と》(…を)義務づけられている, (…を)要請〈期待〉されている: Ich bin ～, über diese Sache Stillschweigen zu bewahren. 私はこの件に関しては沈黙を守るよう要請されている | Er ist ～, den Schaden zu ersetzen. 彼は損害を償わねばならない. **2**《雅》節度のある, 沈着な: mit ～*er* Würde 落ち着きはらって. **3**〘楽〙ソステヌート, 音を一様に保って.

ge·halt·lich[gəháltlɪç] 形《述語的用法なし》《話》給与〈俸給〉〔について〕の.

ge·halt·los[..loːs][1] 形 (芸術作品などの)内容〈中身〉のない; 実質〈値うち〉のない: ～*e* Kost 栄養のない食物.

Ge·halt·lo·sig·keit[..loːzɪçkaɪt] 女 -/ gehaltlos なこと.

ge·halt·reich[gəhált..] 形 (芸術作品などの)内容〈中身〉の豊かな; 実質〈値うち〉のある: ～*er* Wein こくのあるワイン.

Ge·halts≠ab·zug 男 給料からの差し引き; 減俸, 減給. **≠an·spruch** 男 給与請求〔権〕: Wie hoch sind Ihre *Gehaltsansprüche*? 給料はどのくらいをお望みですか. **≠an·wei·sung** 女 (銀行口座などへの)給与振り込み申請〔書〕. **≠auf·bes·se·rung** 女 ＝ Gehaltserhöhung **≠be·schei·ni·gung** 女 給与証明書. **≠emp·fän·ger** 男 給与所得者, サラリーマン. **≠er·hö·hung** 女 昇給, 増俸; 賃上げ. **≠kür·zung** 女 ＝ Gehaltsabzug **≠nach·zah·lung** 女 (給与の)追給. **≠strei·fen** 男 (テープ形式の)給与支給明細〈計算〉書. **≠struk·tur** 女 給与体系. **≠stu·fe** 女 給与の号級, 号俸. **≠ta·rif** 男 給与表. **≠vor·rü·ckung** 女《ｵｰｽﾄﾘｱ》昇給. **≠wün·sche** 複 給与希望額: *seine* ～ nennen 希望の給与額を申し出る. **≠zah·lung** 女 給与の支払い. **≠zu·la·ge** 女 **1** 昇給. **2** (臨時の)追加給, 賞与.

ge·halt·voll[gəháltfɔl] ＝gehaltreich

Ge·häm·mer[gəhέmər] 中 -s/ (槌(ﾂﾁ)・ハンマーなどで)打ち続けること〈音〉, (ピアノ・タイプライターなどを)たたき続けること〈音〉. [＜hämmern]

Ge·hän·ge[gəhέŋə] 中 -s/- **1** (垂れた・吊(ﾂ)り下げたもの) **a)** 下げ飾り(ペンダント・イヤリング・ネックレスなど); 吊り下げランプ; 〘建〙花綵(ｶｻｲ)装飾, フェスツーン. **b)**〘狩〙(猟犬の)垂れ耳. **c)** 剣帯, 帯革. **d)**〘工〙懸架装置, 吊り手. **e)**〘土木〙(川の水流調節用の)吊(ﾂ)したそだ束. **2**《ｵｰｽﾄﾘｱ》山の斜面, 山腹. **3 a)**《卑》(男性の)性器. **b)**《話》(女性の)乳房. [＜hängen]

ge·han·gen[gəháŋən] hangen, hängen の過去分詞.

ge·hängt[gəhέŋt] **I** hängen II の過去分詞. **II Ge·häng·te** 男 女《形容詞変化》絞首刑に処せられた人.

Ge·hän·sel[gəhέnzəl] 中 -s/ 〔絶えず〕からかう〈愚弄(ｸﾞﾛｳ)する〉こと. [＜hänseln]

ge·har·nischt[gəhárnɪʃt] **I** harnischen の過去分詞. **II** 形 **1** 甲冑(ｶｯﾁｭｳ)をつけた, 武装した: ein ～*er* Ritter 武具をつけた騎士. **2** 戦闘的な, 激しい, 怒った; 断固〈決然〉とした: ein ～*er* Protest 激しい抗議 | eine ～*e* Erklärung 〈Antwort〉 断固たる言明〈回答〉| *jm.* eine ～*e* Abfuhr erteilen …をきっぱりはねつける. [＜Harnisch]

ge·här·tet[gəhέrtət] härten の過去分詞.

ge·häs·sig[gəhέsɪç][2] 形 悪意に満ちた, 敵意のある, 意地の悪い: eine ～*e* Bemerkung 悪意のある言葉 | ein ～*er* Mensch 意地悪な人 ‖ Sei nicht so ～! そんなに憎々しい態度をとるな. [*mhd.*; ◇Haß]

Ge·häs·sig·keit[－kaɪt] 女 -/-en **1**《単数で》gehässig なこと. **2** gehässig な言動: *jm.* ～*en* sagen …に憎々しい〈意地悪な〉ことを言う.

Ge·ha·ste[gəhástə] 中 -s/ 〔絶えず〕急ぐ〈せかせかする〉こと, あわただしさ, せわしさ. [＜hasten]

Ge·hau[gəháʊ] 中 -[e]s/-e〘林〙**1**《単数で》伐採. **2** 切り倒された木.

ge·hau·en[gəháʊən] hauen の過去分詞.

ge·häuft[gəhɔ́ʏft] **I** häufen の過去分詞. **II** 形 (häufig) 度重なる, ひんぱんな.

Ge·häu·se[gəhɔ́ʏzə] 中 -s/- **1** (中身を保護する堅い)ケース, カプセル, カバー, 外被, 外箱; 〘工〙ケーシング: das ～ eines Fernsehapparates テレビのキャビネット | das ～ einer Uhr 時計の側(ｶﾜ). **2 a)** (Kerngehäuse) 果芯(ｶｼﾝ) (→ 図 Scheinfrucht): das ～ aus dem Apfel schneiden リンゴの芯を抜く. **b)** (堅果の)殻(ｶﾗ). **c)** (貝・カタツムリなどの)殻. **3** ▽**a)** 建物, 家. **b)** (クレーンなどの)運転室(→ 図 Bagger). **4**《話》(サッカーの)ゴール. [＜Haus]

ge·haut[gəháʊt] **I** gehauen (hauen の過去分詞)の方言形. **II** 形 **1**《ｵｰｽﾄﾘｱ》《話》(durchtrieben) ずる賢い, すれっからしの. **2**《方》女性経験を積んでいる, 女たらしの.

Geh·bahn[géː..] 女 歩道, 人道. [＜gehen]

geh·bar[géːbaːr] 形 (gangbar) (道が)通行できる, 通れる.

geh·be·hin·dert 形 (身体障害などで)歩行不能〈困難〉の.

Ge·heck[gəhέk] 中 -[e]s/-e〘狩〙(水鳥の)一かえりのひな; (キツネ・オオカミなどの)一腹の子. [＜hecken]

ge·hef·tet[gəhέftət] **I** heften の過去分詞. **II** 形 (略 geh.) (↔gebunden) (書物が)仮とじの.

Ge·he·ge[gəhéːgə] 中 -s/- **1** (動物園などの鳥獣のための)飼育用かこい地: ein ～ für Raubtiere 猛獣用かこい地 | das ～ der Zähne《戯》口. **2**〘狩〙猟区: ***jm.* ins ～ kommen** 〈**geraten**〉《比》…の領分を荒らす, …の計画を邪魔する. [*ahd.*; ◇Hag]

ge·heim[gəháɪm] **I** 形 **1** 秘密の, 内密の, 機密の, ひそかな; 隠された, 目に見えない: ～*e* Akten 機密文書 | ein ～*er* Befehl 秘密指令 | eine ～*e* Kraft 目に見えない力 | ein ～*er* Kummer / ein ～*es* Leiden ひそかな悩み | die ～*e* Offenbarung〘宗〙啓示, 黙示 | ein ～*er* Vorbehalt〘法〙心裡(ｼﾝﾘ)留保 | ～*e* Wahl (無記名投票による)秘密選挙 ‖〘大文字で〙*Geheimer* Rat 枢密顧問官; 枢密院; 内閣 | *Geheime* Staatspolizei ゲシュタポ(ナチ=ドイツの秘密国家警察; 略 Gestapo) ‖ Streng ～! (手紙の上書きなどで)極秘 | Diese Nachricht soll ～ bleiben. この知らせは他人にもらしてはならない ‖ **im ～*en*** 秘密裏に, こっそり; 心中ひそかに. **2**

《方》親密な, うちとけた; 私的な: ein ～*es* Zimmer 私室.
★ 動詞と用いる場合は分離の前つづりともみなされる.

II Ge·hei·me《形容詞変化》《話》**1** 男 ＝Geheimbulle **2** 女 (もぐりの)売春婦.
[*mhd.* „vertraut"; ◇Heim]

Ge·heim≠ab·kom·men 中 秘密協定. **≠agent** 男 秘密情報部員, 密偵. **≠ak·te** 女 -/-n《ふつう複数で》機密文書. **≠ar·chiv** 中 機密書類文庫(保管所). **≠ar·ti·kel** 男 秘密条項. **≠be·fehl** 男 秘密命令〈指令〉. **≠be·richt** 男 秘密報告. **≠bo·te** 男 秘密の使者, 密使. **≠brief** 男 密書. **≠bul·le** 男《俗》秘密警察の捜査官; 刑事. **≠bund** 男 秘密結社.

Ge·heim·bün·de·lei[gəhaɪmbʏndəláɪ] 女 -/ 秘密結社の結成〈活動〉.

Ge·heim≠bünd·ler[gəháɪmbʏntlər] 男 -s/- 秘密結社員. **≠dienst** 男 (政府の)秘密情報機関, 諜報(ちょうほう)〈特務〉機関. **≠dienst·ler** 男 -s/- 秘密情報部員, 諜報部員. **≠di·plo·ma·tie** 女 秘密外交. **≠do·ku·ment** 中 秘密文書. **≠dos·sier** 中 秘密書類.

Ge·hei·me →geheim II

Ge·heim≠fach 中 (机・戸棚・板壁などにしつらえた)秘密の引き出し〈書類入れ〉. **≠fonds**[..fɔ̃ː] 男 秘密財源, 機密費: *et.*[4] aus einem ～ finanzieren …に機密費を出す. **≠gang** 男 秘密の通路.

ge·heim|hal·ten*《65》他 (h) 秘密にしておく: *et.*[4] vor *jm.* ～ …を…に対して隠しておく.

Ge·heim·hal·tung 女 -/ geheimhalten すること.

Ge·heim·hal·tungs≠ge·setz 中 機密保持法. **≠pflicht** 女 -/ 守秘義務.

Ge·heim≠ka·me·ra 女 隠しカメラ. **≠ko·de** 女 秘密暗号〈コード〉. **≠kon·fe·renz** 女 秘密会議〈会談〉. **≠kon·to** 中 (銀行の)秘密口座. **≠leh·re** 女 秘密の教え〈教義〉. **≠mit·tel** 中 秘薬, 霊薬;《軽蔑的に》あやしげな薬.

Ge·heim·nis[gəháɪmnɪs] 中 -ses/-se **1** 秘密, 機密; 秘事, 隠しごと, 内緒ごと; 秘儀: **ein offenes 〈öffentliches〉 ～** 公然の秘密 | militärische ～*se* 軍事機密 | Amts*geheimnis* 職務上の秘密 | Brief*geheimnis* 信書の秘密 ‖ *jm.* ein ～ anvertrauen …に秘密を打ち明ける | ein ～ bewahren 〈verraten〉 秘密を守る〈もらす〉 | ein ～ vor *jm.* haben …に対して秘密を持つ | **ein süßes ～ haben**《戯》(女性が)おなかに子供ができている | ein 〈kein〉 ～ aus *et.*[3] machen …を内緒にする〈隠さない〉 | ein ～ mit ins Grab nehmen 秘密をだれにも漏らさずに世を去る ‖ den Schleier des ～*ses* lüften (→Schleier 2) ‖ Das ist das ganze ～. ここまでが大事なことだ(これから先はたいしたことではない) | Dahinter steckt 〔doch〕 ein ～! その裏には何か秘密があるぞ ‖ *jn.* in ein ～ einweihen …に秘密を打ち明ける. **2** 神秘, 不可思議: in die ～*se* der Natur eindringen 自然の神秘を探る.

Ge·heim·nis·krä·mer 男 ＝Geheimnistuer

Ge·heim·nis·krä·me·rei[gəhaɪmnɪskrɛːməráɪ] 女 -/ ＝Geheimnistuerei

Ge·heim·nis≠trä·ger[gəháɪmnɪs..] 男 (職業上)秘密〈機密〉を知っている人(秘密保持の義務を負う). **≠tu·er** [..tuːər] 男 -s/- geheimnistuerisch な人.

Ge·heim·nis·tue·rei[gəhaɪmnɪstuːəráɪ] 女 -/ geheimnistuerisch なこと.

ge·heim·nis≠tue·risch[gəháɪmnɪstuːərɪʃ] 形 なんでも秘密にしたがる, いわくありげにもったいぶる. **≠um·wit·tert** 形, **≠um·wo·ben** 形 秘密(なぞ)に包まれた.

Ge·heim·nis·ver·rat 男 秘密をもらすこと, 機密漏洩.

ge·heim·nis·voll 形 **1** 秘密〈なぞ〉に満ちた, 神秘的な, 不可思議な: ein ～*er* Unfall なぞの事故. **2** いわくありげな: ein ～*es* Gesicht いわくありげな顔 | Tu nicht so ～! そんなにもったいぶるな.

Ge·heim≠num·mer[gəháɪm..] 女 (電話・銀行口座などの)秘密番号; (金庫の)秘密の組み合わせ数字. **≠or·ga·ni·sa·tion** 女 秘密組織〈結社〉. **≠pa·pier** 中《ふつう複数で》秘密書類. **≠plan** 男 秘密計画. **≠po·li·zei** 女 秘密警察. **≠po·li·zist** 男 秘密警察の捜査官. **≠rat** 男 -〔e〕s/..räte **1**〘史〙**a**) 枢密院(17-19世紀ドイツ諸邦の最高行政官庁で今日の省に相当する). **b**) 枢密顧問官 (a の長官で今日の大臣に相当する). ▽**2** 高級官吏の称号.

Ge·heim·rats≠ecken 複, **≠win·kel** 複《戯》はげ上がったこめかみ.

Ge·heim≠re·zept 中 **1** (霊薬などの)秘密の調合法. **2** 秘密の手段〈方法〉. **≠ri·tus** 男 秘密の儀式, 密儀. **≠schloß** 中 秘密の錠前(組み合わせ錠・文字合わせ錠など). **≠schrei·ben** 中 密書, 秘密文書. **≠schrift** 女 **1** 暗号〔文〕: *et.*[4] in ～ abfassen …を暗号で書く〈暗号に組む〉. **2** ＝Geheimschreiben **≠sen·der** 男〘電〙秘密放送局〈送信所〉. **≠sit·zung** 女 秘密会議. **≠spra·che** 女 (仲間内などの)隠語. **≠tin·te** 女 (あぶり出しなどの)秘密インク. **≠tip〔p〕** 男 **1** 秘密のヒント; 秘訣(ぴっ); 内密のすてきな情報(よく利く薬・おいしい調理法や料理店など). **2**《話》ひそかに有望と目される人物. **≠trep·pe** 女 隠し〈秘密〉階段.

Ge·heim·tu·er[gəháɪmtuːər] ＝Geheimnistuer

Ge·heim·tue·rei[gəhaɪmtuːəráɪ] ＝Geheimnistuerei

ge·heim·tue·risch[gəháɪmtuːərɪʃ] ＝geheimnistuerisch

ge·heim|tun*《198》自 (h) いわくありげにもったいぶる.

Ge·heim≠tür 女 隠しドア, 秘密の出入口. **≠ver·hand·lung** 女 秘密交渉. **≠ver·steck** 中 秘密の隠れ〈隠し〉場所. **≠ver·trag** 男 秘密条約〈契約〉. **≠vor·be·halt** 男〘法〙心裡(しんり)留保. **≠waf·fe** 女 秘密兵器. **≠wis·sen·schaft** 女 (他人に公開しない)秘密の学問〈教義〉, 秘術. **≠zei·chen** 中 秘密の符号〈記号〉(魔法の印・暗号など).

▽**Ge·heisch**[gəháɪʃ] 中 -es/ 要求, 要請. [＜heischen]

Ge·heiß[gəháɪs] 中 -es/《雅》命令, 言いつけ, 指示: auf ～ des Vorgesetzten 上役の命令で. [＜heißen[1]]

ge·hei·ßen[gəháɪsən] heißen[1]の過去分詞.

ge·hen*[géːən]《53》**ging**[gɪŋ]/**ge·gan·gen**[gəgáŋən]; 接II ginge

I 自 (s)
1(英: *go*) (↔laufen, fahren)
 a) (人間が)歩行する, 歩く, 足で行く
 b) (h)《結果を示す語句と》歩きすぎて…の結果となる
2(↔stehen) (静止していないで)動く
 a) 移動する, 進む
 b) (事物が)動きを示す
3 行く
 a)《方向を示す語句と》(…に)行く, (…の所へ)出かける, 赴く; (…から)出て行く; (…を)通る, 経る
  ①《空間的》wohin *gehst* du? どこへ行くのか
  ②《抽象的》**an** die Arbeit ～ 仕事に取りかかる
 b)《不定詞と》(…しに)行く
4(↔kommen, bleiben)
 a) (人が)立ち去る, 姿を消す, 行ってしまう, 居なくなる
 b) (事物が)なくなる, 消える
 c) 辞職する, (職場・地位などを)去る, 離れる
 d) 発車する
5《方向を示す語句と》
 a) (…に)向かう, (…に)達する
  ① (旅行などの)行き先が(…)である, (道などが…に)通じている; (…を)通る, 横切る
  ②《比》(意見などが…の)趣旨である
 b)《nach *et.*[3] / auf *et.*[4]》(窓などが…の方を)向いている, (…に)面している
 c)《auf *et.*[4]》(…を)めざしてる, (…に)向けられている
 d) (ある状態・時間に)近づく, 向かう
 e) (…まで)達する
  ① (…まで)届く長さ〈深さ〉である
  ② (数量または度合いが…に)達する, 及ぶ
  ③ (作用などが…に)及ぶ, (…を)苦しませる
6《nach *jm.* 〈*et.*[3]〉》
 a) (人が…を)基準にして行動する
 b) (事が…のとおりに)運ぶ, (…に)従う
7《運動を表す動詞自体の意味が薄れて》

G

a) ①《sein に近い機能で; 様態を示す語句と》(…のなり・かっこうを)している 「である」
②《方》《als *et.*^{1}》(…を)職としている, 職業は(…)
b)《結果を示す語句と》(変じて…の)状態になる
c)《〔動作〕名詞とともに機能動詞として》(…)し始める; (…)される
8 a)《様態を示す語句と》
①(事物が…の具合に)動く, 運ぶ, いく, 経過する; 作動する
②(商品が)売れていく, はける; (うわさなどが)広がる
③《vor sich^{4} gehen の形で》(事が)進展する, 起こる
b) 非人称《es geht *jm.* 〈mit *et.*^{3}〉; 様態を示す語句と》(…の)具合〈調子〉が(…で)ある
c) ①(事が)なんとかうまくいく, なんとかなる, 可能である, かまわない 「できる」
②(事物が)まずまずの水準に達している, なんとか我慢
9 a)《方向を示す語句と》(物が…の中に)収まる, 入る, ひっかからずに通過する
b)《auf *et.*^{4}; 単位を表す語句と》(…が…に)相当する
10 非人称《es geht 〔*jm.*〕 um *et.*^{4}》〔…にとっては〕…が問題である, 大事なのは…である
II Gehen 中 -s/
III gehend 現分 形

I 自 (s) **1** (英: *go*) (↔laufen, fahren) **a)** (人間が)歩行する, 歩く, 足で行く: Der Mensch *geht*, und der Hund läuft. 人間は歩き 犬は走る | Manchmal *geht* er, manchmal läuft er. 彼は歩いたり走ったりする | Wir fahren nicht, wir *gehen*. 私たちは乗り物を用いずに歩いて行く ‖ Das Kind lernt ～. 子供が歩くことを覚える | Das Kind kann noch nicht ～. その子供はまだ歩けない | Hier ist gut zu ～. ここは歩きやすい ‖ Er kam *gegangen*. 彼は歩いてやって来た.

‖〖様態を示す語句と〗Wie *geht* er?－Er *geht* aufrecht 〈gebückt〉. 彼の歩き方はどんなふうですか－背筋を伸ばして〈背をかがめて〉歩きます | auf und ab 〈auf und nieder〉 ～ 行ったり来たりする, 歩き回る | barfuß ～ はだしで歩く | hin und her ～ 行ったり来たりする | leise ～ 静かに〈そっと〉歩く | nebeneinander ～ 並んで歩く | sicher ～ しっかりした足取りで歩く(ただし: →sichergehen) | Wer langsam *geht*, kommt auch zum Ziel.《諺》ゆっくり歩いても目的地には着く | Die Verhandlungen *gehen* schleppend.《比》交渉の進展がはかばかしくない ‖ **an** *js.* Arm ～ …と腕を組んで歩く | am Stock ～ i) 杖(ⓩ)をついて歩く; ii)《比》(健康・財政などの点で)調子が悪い | **auf** den Händen ～ 逆立ちで進む | auf Krücken ～ 松葉杖をついて歩く | auf allen Vieren ～ 四つんばいになって歩く | auf Zehen〔spitzen〕 ～ つま先で歩く | **im** Kreis ～ ぐるぐる回る, 堂々巡りをする | in gleichem Schritt ～ 同じ足取りで〈歩調を合わせて〉歩く | 〔in〕 Trab ～ 速足で歩く | in einer Reihe ～ 一列に並んで歩く | **mit** *jm.* ～ …と連れ立っている;《話》…と親密な仲である | Die beiden sind früher miteinander *gegangen*. 二人は以前親密な仲であった | **zu** Fuß ～ 徒歩で歩く ‖〖4格の名詞と〗einen schweren Gang ～《比》困難な道を歩む | Alles *geht* seinen alten Gang.《比》万事がいつものとおり〔順調〕だ | den Krebsgang ～《比》後退する, 衰微する | Den Pfad kann man nicht leicht ～. / Der Pfad ist nicht leicht zu ～. この小道は歩くのがたいへんだ | Er ist ein Stück mit uns *gegangen*. 彼はしばらくの道のりを私たちと一緒に歩いた | einen Weg ～ i) 道を行く; ii) 使いに行く | Ich bin den Weg in einer Stunde *gegangen*. その道を1時間で歩き終えた | 〔einige〕 Wege ～ 〔二三個所〕用足し〈使い〉に行く | einen anderen 〈den gleichen〉 Weg ～ 別の〈同じ〉道を行く | Er *geht* seinen eigenen Weg 〈seine eigenen Wege〉. 彼はわが道を行く | einen Umweg ～ 回り道をする ‖〖2格の名詞と〗〔ruhig〕 *seines* Weges ～ 〔悠々と〕わが道を行く | *seiner* Wege ～ 急ぎ去る, 逃げる | *Geh* deiner Wege! 早く逃げろ, うせろ ‖〖距離・時間を示す4格と〗einen Kilometer 〈den ganzen Tag〉 ～ 1キロ〈一日じゅう〉歩く | Man *geht* zwanzig Minuten bis zum Bahnhof. 駅までは歩いて20分です ‖〖場所などを示す語句と〗**hinter** *jm.* ～ i) …のあとから歩く; ii) …におくれをとる | **neben** *jm.* ～ …のかたわらを歩く | Arbeit *geht* **vor** Vergnügen. 楽しみごとは仕事のあと | Gewalt *geht* vor Recht.《諺》無理が通れば道理が引っ込む.

‖ 再帰・非人称 Hier *geht* es sich^{4} gut. / Hier läßt es sich^{4} gut ～. ここは歩きやすい | Auf diesem Feldweg *geht* es sich schlecht. この野道は歩きにくい.

b) (h)《結果を示す語句と》歩きすぎて…の結果となる: Er *geht* die Absätze an den Schuhen schief. 彼は歩いているうちに靴のかかとが斜めにすり減る | Ich habe mir die Füße wund *gegangen*. 私は歩きすぎて足を痛めた | Er hat sich^{3} Blasen 〔unter den Füßen〕 *gegangen*. 彼は歩きすぎて足にまめをつくった ‖ 再帰 Er hat sich^{4} lahm *gegangen*. 彼は歩きすぎて足を引きずっている.

2 (↔stehen) (静止していないで)動く: **a)** 移動する, 進む: **wo *jd.* geht und steht**《雅》いたるところで | Er trägt diesen Hut, wo er *geht* und steht. 彼はいつでも〈どこへ行っても〉この帽子をかぶっている | **wie *jd.* ging und stand** 取るものも取りあえず, 遅滞なく, 即刻(→7 a ①) | Ich alarmierte die Polizei, wie ich *ging* und stand. 私は取るものも取りあえず警察に知らせた(→7 a ①) ‖ *gehe* (交通信号で)進め | Nicht stehen, weiter ～! 立ち止まらずにどんどん先へ進んでください.

b) (事物が)動きを示す(→8 a ①): Der Puls *geht* ruhig. 脈拍がゆっくりしている | Wir hörten die Tür ～. ドアの開く〈閉じる〉音が聞こえた.

3 行く: **a)**《方向を示す語句と》(…へ)行く, (…の所へ)出かける, 赴く; (…から)出て行く; (…を)通る, 経る:
①《空間的; 純粋に空間的な移動にとどまらず同時にある意図をもった行動を表すことが多い》Wohin *gehst* du? どこへ行くのか, 何の用で出かけるのか | geradeaus ～ まっすぐ行く | **an** Bord ～ 船〈飛行機〉に乗る | an den Fluß 〈die See〉 ～ 河岸〈海岸〉に行く | an Land ～ 上陸する | an die Luft ～ 大気にあたる, 戸外に出る | **auf** die Post 〈zur Post〉 ～ 郵便局に(手紙を出しに)行く | auf die Straße ～ 通りに出て行く | aufs Standesamt ～ 戸籍役場へ行く; 結婚届を出す | Er *geht* auf 〈in〉 sein Zimmer. 彼は自室に戻る | **aus** dem Haus ～ 家から外に出る | aus der Schule ～ i) 校舎の外に出る; ii) 退学する | als Erster **durchs** Ziel ～ 1番でゴールに入る | Das Wasser *geht* durch eine Röhre. 水は管の中を通る | Die Kugel *ging* ihm durchs Herz. 弾丸は彼の心臓を貫通した | Der Regen ist durch meinen Mantel *gegangen*. 雨が私のコートの中にしみ通った | Eine Meldung *geht* durch den Äther. ニュースが電波にのる | Der Antrag ist durch viele Hände *gegangen*. その申請書は多くの人の手を経た | **ins** Ausland ～ 外国へ行く | ins Kino 〈in die Oper〉 ～ 映画〈オペラ〉を見に行く | ins Kloster ～ 修道院に入る(修道僧・修道女になる) | Der Schuß *ging* ins Leere. 射撃は的をはずれた | in die Schule ～ i) 校舎の中に入る; ii) 学校へ(勉強に)行く(→②) | in die Stadt ～ 町へ出る | ins Wasser ～ i) 水浴びする, 泳ぐ; ii) 入水自殺する | in die Himbeeren ～《俗》キイチゴを摘みに行く | **nach** Afrika ～ アフリカへ行く | nach dem Arzt ～ 医者を迎えに行く | nach Hause ～ 家に帰る, 家路につく | nach Brot ～ i) 物ごいに行く; ii) パン〈食物〉を買いに出る | Die Kunst *geht* nach Brot.《諺》芸術も金しだい(芸術家とて食っていかねばならない) | **über** Bord ～ (船から船べりを越えて)水中に落ちる | über den Flur ～ 玄関を横切る | über Hamburg ～ ハンブルク経由で運ばれる〈行く〉 | **um** die Ecke ～ 角をまがる | **unter** Leute 〈Menschen〉 ～ 人と交わる | **von** Bord ～ 船〈飛行機〉から降りる | auf und davon ～ 逃げだす | **von** Hand **zu** Hand ～ 多くの人の手を経る | von Mund zu Mund ～ 人の口から口へと伝わる, (歌などが)皆に親しまれている | **zu** *jm.* ～ …のいる所へ行く, …の家を訪ねる | zum Arzt 〈Friseur〉 ～ 医者〈床屋〉に行く | zu Bett 〈ins Bett〉 ～ 床につく | zur Kirche 〈in die Kirche〉 ～ 教会に(礼拝に)行く | zum Markt 〈auf den Markt〉 ～ 市場に行く | zur Schule ～ 学校へ行く(通う)

(＝in die Schule ～: →②) | zu Tisch ～ 食卓につく | zur Tür ～ 戸口〈玄関〉に出る ‖〖受動態で〗Es wurde zu Tisch *gegangen.* 一同は食卓についた ‖ (非人称) Rasch *ging* es in den Garten. 人々は急いで庭に飛びだした.
②《抽象的》**an** die Arbeit ～ 仕事に取りかかる | ans Erzählen ～ 物語り始める(ただし: →darangehen) | Jetzt *geht* es erstmal ans Aufräumen. これからまず後片づけにかからねばならない | *Geh* nicht an meine Bücher! 私の本に〔勝手に〕さわるな | Jemand ist an seine Schreibmaschine *gegangen.* だれかが彼のタイプライターに〔無断で〕さわった | **auf** die Universität ～ 大学に通う(大学生である) | Ein Gedanke *ging* mir **durch** den Kopf. ある考えが私の脳裏にひらめいた | Das *geht* **gegen** mein Gewissen. そういうことは私の良心に反する | bei *jm.* **in** die Lehre ～ …の徒弟になる | in die Industrie ～ 産業界に入る | in Pension ～ 年金生活にはいる | in den Staatsdienst ～ 国家公務員になる | in Urlaub ～ 休暇をとって旅に出る | in den Wahlkampf ～ 選挙戦にはいる | in die Schule 〈zur Schule〉 ～ 学校に通う, 通学する(学校の生徒である) (→①) | *Geht* das Kind schon in die Schule? この子はもう学校に上がったのですか | ins Geld ～ 金がかかる | Der Umzug ist ins Geld *gegangen.* 引っ越しは物いりであった | Seine Kinder *gehen* ihm **über** alles. 彼には子供が何よりも大切だ | Es *geht* nichts über einen guten Wein. 上等なワインにまさるものはない | Das *geht* über meine Fähigkeit. そんなことは私の能力を越えたことだ | Der Besuch ist über das Essen *gegangen.* 客は食物をさんざん食い荒らして行った | Das Gespräch *ging* **um** aktuelle Probleme. 現下の〈焦眉(しょうび)の〉問題が話題となった | Das Gespräch *geht* darum, daß er den Prozeß gewinnen wird. 彼が裁判に勝つだろうということが話題となっている(→10) | **unter** die Soldaten 〈Räuber〉 ～ 兵隊〈盗賊〉になる | Er mußte **von** uns ～. 彼は死んだ | **zum** Film 〈Militär〉 ～ 映画俳優〈軍人〉になる | zur See ～ 船乗りになる.
‖〖熟語的表現として〗*et.*[3] **auf** den Grund ～ …を徹底的に〈とことんまで〉究明する | auf Reisen 〈Arbeit〉 ～ 旅に出る〈働きに行く〉 | **aus** den Fugen ～ (→Fuge[2]) | aus dem Leim ～ (→Leim 1) | *jm.* nicht aus dem Kopf 〈dem Sinn〉 ～ …の念頭を去らない, …の頭にこびりついて離れない | *jm.* aus dem Weg ～ …との出会いを避ける; …の邪魔にならないようにする ‖ mit *jm.* **durch** dick und dünn ～ …と苦楽を共にする | Es *ging* mir durch den Kopf 〈den Sinn〉, daß ... …という考えが私の頭に浮かんだ | *jm.* durch die Lappen ～ (→Lappen 1 a) | durch Mark und Bein 〈durch und durch〉 ～ 骨身にしみる | durch die Seele 〈durchs Herz〉 ～ 胸にこたえる ‖ **in** ***sich***[4] **～** 沈思する; 反省する | ins Detail ～ / ins einzelne ～ 細目〈詳細〉にわたる, 微に入り細をうがつ | in den Eimer ～《話》だめ〈おじゃん〉になる | *jm.* nicht in den Kopf 〈den Sinn〉 ～ (事柄が)どうしても…の頭に入らない〈のみこめない〉 | ins Land ～《雅》(時が)経過する | in die Luft ～ (→Luft 5 a) | *jm.* ins Netz 〈in die Falle〉 ～ …のわなにはまる | in den Tod ～ 死を選ぶ ‖ **mit** der Zeit ～ 時流におくれない | *et.*[4] mit *sich*[3] ～ heißen 〈lassen〉《俗》…を失敬する ‖ **über** die Bretter 〈Bühne〉 ～ (作品などが)舞台にのる, 上演される | über Leichen ～ (→Leiche 1 a) ‖ *jm.* **um** den Bart ～ (→Bart 1) ‖ alles **unter** *sich*[4] ～ lassen 失禁する ‖ **von** der Hand ～ 難なく〈すらすらと〉いく | *jm.* nicht vom Leibe ～ …にうるさくつきまとう ‖ **vor** Anker ～ 錨(いかり)をおろす; 停泊する | vor die Hunde ～ (犬の前の野獣のように)殺される, 破滅する | vor die rechte Schmiede ～ しかるべき人に頼む ‖ **zugrunde** ～ 破滅する | *jm.* zur 〈an die〉 Hand ～ …を助ける | zum Teufel ～ だめになる, 失われてしまう | *et.*[3] zu Leibe ～ …(弊害など)を根本から取り除くべく〈根絶すべく〉取り組む.
b)《不定詞と》(…しに)行く: arbeiten ～ 働きに行く | baden 〈einkaufen〉 ～ 泳ぎ〈買い物〉に行く | betteln ～ こじきをする | essen ～ 食事に出かける | schlafen ～ 就寝する | spazieren ～ 散歩に行く(＝spazierengehen) | Ich *gehe* Wasser 〈Zigaretten〉 holen. 私は水をくみに〈タバコを買いに〉行く ‖ Ich *gehe*, meine Tante abzuholen. 私はおばを迎えに行く.
4 (↔kommen, bleiben) **a**) (人が)立ち去る, 姿を消す, 行ってしまう, 居なくなる: Ich muß jetzt leider ～ 残念ながらもう失礼しなければならない | *Gehen* wir! 行きましょう | Ich *ging*, er blieb. 私は行き 彼は残った | Die Jahre **kommen** und *gehen.* 年が移り変わる | Die einen kommen, die anderen *gehen.* 来る人々もあれば 去る人々もある | Der Herbst *ging*, der Winter kam. 秋は去り 冬が来た | Gerade bist du gekommen, nun willst du schon wieder ～! 君は来たばかりだというのに もう行ってしまうのか | Ich habe das Ende der Vorstellung nicht abgewartet und bin nach der Pause *gegangen.* 私は劇を最後まで見ないで休憩のあと帰った ‖〖命令形で〗*Geh* doch endlich! いいかげんに帰れ〈出て行け〉よ | 〔Ach〕 *geh!*《南部・オーストリア》(不信・驚きを表して)なに言ってるんだ, うそつけ, いいかげんにしろ | Fünfzig Mark willst du dafür? *Geh*, es ist kaum zwanzig wert. そんなものに50マルクよこせだと. 冗談いうなよ 20マルクの値うちもないじゃないか | *Gehen* Sie doch mit Ihren Entschuldigungen! 弁解はもういいかげんにしてください | *Geh*, erzähl weiter! さあ 話を続けてくれ | *Geh* 〔schon〕, tu mir den Gefallen! ねえ頼むよ, 頼むからやってくれよ ‖〖lassen と: →gehenlassen〗*jn.* ～ lassen …を行か〈帰ら〉せる | Du kannst ihn doch nicht so ohne Abschied ～ lassen. 君は彼をあいさつもせずに行か〈帰ら〉せる気か | Laß uns ～! i) 我々に行か〈帰ら〉せてくれ; ii) 行きましょう, 行こう | *et.*[4] ～ lassen …を放置する〈なりゆきに任せる〉 | **einen ～ lassen**《卑》一発放屁(ほうひ)する | ***et.***[4] **mit** ***sich***[3] **～ lassen** 〈**heißen**〉《話》…をもち逃げする〈着服する〉(→mitgehen) ‖ *sich*[4] ～ lassen (→gehenlassen 1) ‖〖不定詞と〗schwimmen 〈treiben〉 ～ (金(かね)・希望などが)溶けるように消え去る.
b) (事物が)なくなる, 消える: Der Nebel ist *gegangen.* 霧が晴れた.
c) 辞職する, (職場・地位などを)去る, 離れる, (職などを)やめる: Unser Mädchen *geht* am 1. April. うちのお手伝いさんは4月1日にやめる | Nach diesem Skandal mußte der Minister ～. このスキャンダルのあとで大臣は辞職しなければならなかった ‖〖他動詞的に受動態で〗***gegangen* werden**《戯》解雇される | Der Beamte wurde *gegangen.*《話》その役人はやめさせられた.
d) (abfahren) (列車などが)発車する, 発車予定である: Wann *geht* das nächste Schiff? 次の船は何時に出ますか | Der Zug nach Bonn *geht* um 10. ボン行きの列車は10時発です.
5《方向を示す語句と》**a**) (…に)向かう, (…に)達する:
① (旅行などの)行き先が(…)である, (道などが…に)至る, 通じている, 向かう; (…を)通る, 横切る: Die Straße *geht* **nach** Berlin 〈**über** die Brücke〉. この道はベルリンに至る道だ〈橋の上を通っている〉 | Kurve, die durch vier gegebene Punkte *geht* 与えられた四つの点を通る曲線 | Die Mauer *geht* um die ganze Stadt. この壁は市全体を取り巻いている | Der alte Weg *geht* nur vom Turm bis zum Ufer. 古い道は塔から岸辺までしか通じていない.
②《比》(意見などが…の)趣旨である: Seine Meinung 〈Sein Vorschlag〉 *geht* **dahin**, daß ... 彼の意見〈提案〉は…という趣旨のものである(ただし: →dahingehen).
b)《nach *et.*[3] / auf *et.*[4]》(窓などが…の方を)向いている, (…に)面している: Das Fenster *geht* nach dem Garten 〈auf den Garten〉. 窓は庭に面している | Alle Zimmer *gehen* nach der Straße. 部屋は全部通りに面している.
c)《auf *et.*[4]》(…を)めざしている, (…に)向けられている: Er *geht* nur auf seinen Vorteil. 彼は自分の利益しか考えない | Er *geht* auf Überredung, nicht auf Zwang. 彼は押しつけでなく説得に努める | Die Kunst des Dramatikers *geht* auf Einfühlung. 劇作家の技法のめざすところは感情移入である | Er *geht* aufs Ganze.《話》彼は中途半端を嫌う〈とことんやる〉 | Der Kampf *ging* auf Leben und Tod. その戦いは生きるか死ぬかであった | *et.*[3] auf den Grund ～ (→3 a ②) ‖ Der Hund *geht* auf den Mann. この犬は人に向かっていくように仕込まれている | Diese Bemerkung

ging auf 〈gegen〉 mich. その言葉は私に当てつけたものだった | Soll das auf mich ～? それは私のことを言っているのですか.

d) (ある状態・時間に)近づく, 向かう: **auf** die Neige 〈zur Neige〉 ～ (物資などが)終わりに近づく, 乏しくなる, なくなる, 終わる | ins Rot ～ 赤みがかる | zu Ende ～ 終わる, おしまいになる ‖ Er *ging* auf 60. 彼は60に手が届くようになった ‖ (非人称) Es *geht* (＝Die Uhr *geht*) auf 〈gegen〉 Mitternacht. もう真夜中だ | Es *ging* stark auf 8. 8時が目前に迫っていた | Es *ging* auf Weihnachten. クリスマスが近づいていた.

e) (…まで)達する: ① (…まで)届く長さ〈深さ〉である: Das Wasser *geht* ihm 〔bis〕 an die Brust. 水は彼の胸まで届いている | Ich *gehe* ihm 〔bis〕 an die Schulter. 私の背丈はちょうど彼の肩の高さである | ein Kleid, das bis auf die Füße *geht* くるぶしまで届くドレス | Der Rocksaum *geht* bis zu den Knien. スカートのすそはひざまでの長さである.

② (数量または度合いが…に)達する, 及ぶ: Die Zahl seiner Bücher *geht* in die Tausende. 彼の蔵書は数千冊に及ぶ | Das *geht* ins Endlose. これは際限がない | Seine Sparsamkeit *geht* bis zur Knauserei. 彼の節約ぶりはけちに近い.

③ (作用などが…に)及ぶ, (…を)苦しませる, (…に)こたえる, (…に)訴えかける: Das *geht* mir **an** die Nieren. それは私の心にこたえる | *jm.* **auf** die Nerven ～ …の神経にさわる | Der Rhythmus *geht* **in** die Beine. そのリズムを聞くと踊りだしたくなる | Der Roman *geht* **unter** die Haut. この小説は非常に感銘深い | Die Musik *geht* **zu** Herzen 〈ans Gemüt〉. この音楽は心に訴える.

6 《nach *jm.* 〈*et.*^{3}〉》 **a**) (人が…を)基準にして行動する: Bei der Beurteilung der Menschen sollte man nicht **nach** der Kleidung ～. 人を判断するときは身なりによるべきではない | Danach 〈Nach mir〉 kannst du nicht ～. 君はそれ〈私〉を標準にするわけにはいかない.

b) (事が…のとおりに)運ぶ, (…に)従う: **nach** einer Regel ～ 規則による〈従う〉 | Das Lied *geht* nach dieser Melodie. この歌のメロディーはこれだ | Das Wort *geht* nach der starken Beugung. この語は強変化だ | Das *geht* nicht nach mir. そのことには私は何も言う資格はない | Alles *geht* nach Wunsch. 万事思うとおりに運ぶ | Es *geht* nicht immer alles nach dir. いつも万事きみの思うとおりになるとは限らないよ ‖ (非人称) wenn es nach ihm *geht* 彼の意向どおりになるとすれば | Wenn es nach mir *ginge*, dann wäre alles anders. 私の思うとおりにできるのであれば すべては全く変わるだろうに.

7 《「歩く・行く」などの運動を表す動詞自体の意味が薄れて》

a) ① 《sein に近い機能で; 様態を示す語句と》 (…の)なり〈格好〉をしている, (…の)状態にある: gut 〈ärmlich〉 gekleidet ～ りっぱな〈みすぼらしい〉なりをしている | schwanger ～ 妊娠している | schwarz ～ / **in** Schwarz ～ 黒い服〈喪服〉を着ている | in Lumpen ～ ぼろをまとっている | **ohne** Hut ～ 帽子をかぶらない | **mit** *jm.* ～《俗》…とボーイ〈ガール〉フレンドとしてつき合っている; …と性的関係がある | Er *geht* schon 2 Jahre mit dem Mädchen. 《俗》彼はすでに2年前からその女の子とつきあっている〈できている〉 ‖ Die Frau *geht* mit einem Kind. i) この女は妊娠している; ii) この女は子供をひとり連れて歩いている (→1 a) | **unter** einem falschen Namen ～ 偽名を使う ‖ **als** Cowboy ～ カウボーイのいでたちをしている ‖ **wie *jd.* geht und steht** 取るものも取りあえず, 遅滞なく, 即刻(→2 a).

② 《方》《als *et.*^{1}》 (…を)職としている, 職業は(…)である: Er *geht* als Bäcker 〈Schaffner〉. 彼はパン屋〈車掌〉をしている.

b) 《結果を示す語句と》 (変じて…の)状態になる: bankrott 〈pleite〉 ～ 破産する | kaputt ～ 壊れる | *et.*^{2} verlustig ～ …を失う ‖ in die Ähre ～ 穂を出す | in Stücke 〈Trümmer〉 ～ 粉々になる.

c) 《in または zu を伴う〔動作〕名詞とともに機能動詞として能動または受動の意味の動詞句を構成する: →kommen 12》 (…)し始める, (…の)状態になる; (…)される: 〖能動的〗 in Führung ～ (スポーツなどで)リードする | in die Hocke ～ しゃがむ | zu Bruch ～ 壊れる, 粉々になる ‖ 〖受動的〗 in Druck ～ 印刷される | in Erfüllung ～ 実現される | in Produktion ～ 生産される.

8 a) 《しばしば様態を示す語句と》 ① (事物が…の具合に)動く, 運ぶ, いく, 経過する; (器具・機械などが)作動する, 機能する: Der Atem *geht* stoßweise. 呼吸がとぎれがちである | Die Bremse *geht* nicht. ブレーキがきかない | Das Geschäft *geht* gut. 商売がうまくいっている | Die Sache *geht* schief. 事がうまくいかない | Das Herz *geht* schwach. 心臓が弱っている | Die Klingel *ging* viermal. ベルが4回鳴った | Der Mantel muß diesen Winter noch ～. このオーバーはこの冬ももたせなければならない | Die Maschine 〈Der Motor〉 *geht* tadellos. 機械〈エンジン〉の調子は申し分ない | Die Orgel 〈Das Telefon〉 *geht*. オルガン〈電話〉が鳴る | Der Puls *geht* ruhig. (→2 b) | den Teig eine Stunde lang ～ lassen パン生地を1時間寝かせて膨らます | Die Uhr *geht* 〔richtig〕. 時計が〔正確に〕動く | Diese Uhr *geht* vor 〈nach〉. この時計は進んで〈遅れて〉いる | Der Wind *geht* stark. 風が強く吹く | Diese Witwe selbst möchte noch ～. 《比》この未亡人は自分ではまだまんざら捨てたものでもないと思っている ‖ Wie *geht* die erste Strophe des Liedes? その歌の第1節はどんな文句ですか | wie geschmiert 〈wie am Schnürchen〉 ～ (→schmieren 3 a, →Schnürchen) | wie nach Noten ～ (→Note 1 b) | Es wird schon alles **gut** ～ (＝gutgehen). 万事きっとうまくいくさ | Die Sache ist noch einmal gut *gegangen* (＝gutgegangen). 事はもう一度は なんとかうまくいった | Bei Müllers *geht* alles drunter und drüber. ミュラーさんのところは上を下への大騒ぎだ ‖ (非人称) So *geht* es in der Welt. 世の中はこうしたものだ | wie es zu ～ pflegt こういうことがえてしてあるように | es mag ～, wie es will たとえどういうことになろうとも | Wie man's treibt, so *geht*'s. 《諺》因果応報, 自業自得.

② (商品が)売れていく, はける; (うわさなどが)広がる, 流れる, 流布する: Der Artikel *geht* 〔gut〕. この品物はよくはける | Es *geht* das Gerücht, er sei unheilbar krank. 彼は病気で回復の見込みがないというわさが流れている.

③ 《**vor sich**^{4} **gehen** の形で》 (事が)進展する, 起こる: Was *geht* hier vor sich? ここでは何か起こっているのですか | Die Kundgebung *ging* ohne jeden Zwischenfall vor sich. デモは何事もなく行われた | der Ort, wo die Tragödie vor sich *gegangen* ist 悲劇の起きた場所 | Wie *geht* das vor sich? それはどのようにして行われるのか; それはどんな仕組みになっているのか.

b) (非人称) 《es geht *jm.* 〈mit *et.*^{3}〉; 様態を示す語句と》 (…の)具合〈調子〉が(…で)ある: Wie *geht* es Ihnen?—Es *geht* mir gut 〈schlecht〉. ご機嫌はいかがですか〈お元気ですか〉—私は元気です〈調子が良くありません〉 | Es ist ihm in seinem ganzen Leben gut *gegangen* (＝gutgegangen). 彼は幸福な一生を送った | *Geht* es dir jetzt besser? 気分は良くなったか | Jetzt *geht*'s dir schlecht. さあこれから君はえらい目にあうぞ ‖ Mir ist es ähnlich *gegangen*. 私も同じような目にあった | Es *geht* mir immer so. 私はいつもこうだ〈こういう目にあう〉 ‖ Er läßt es sich^3 gut ～ (＝gutgehen). 彼は結構な暮らしをしている | Laß es dir gut ～ (＝gutgehen)! 達者で暮らしてください ‖〖mit *et.*^{3} と〗 Wie *geht* es mit dem neuen Wagen? 新しい自動車の調子はどうですか | Mit ihm *geht* es abwärts. 彼は落ち目だ | Mit dem Geschäft ist es wieder besser *gegangen* (＝bessergegangen). この店は持ち直した.

c) ① (事が)なんとかうまくいく, なんとかなる, 可能である, 許される, かまわない: Das *geht*. それでなんとかなります, それで大丈夫です | Das *geht* nicht. そうはいかない, それはだめだ, それはまずい | Ich möchte die Rechnung per Scheck bezahlen, *geht* das? 勘定を小切手で払いたいのですが かまいませんか | Er wollte verreisen, aber das *ging* nicht. 彼は旅行に出かけようと思ったがだめだった | Das *geht* leider nicht anders. それは残念ながらほかにしようがない | Das wird schlecht 〈schwer〉 ～. それはまずだめだろう〈困難だろう〉 | Soll ich dir helfen?—Danke, es *geht* schon. 手伝おうか—いやだいじょ

うぶだよ.
② (事物が)まずまずの水準に達している, なんとか我慢できる: Wie hat dir der Film gefallen?―Es *geht.* 映画はどうだったんだ ?―まあまあだ(そう悪くもない).
9 a) 《方向を示す語句と》(物が…の中に)収まる, 入る, ひっかからずに通過する: Der Schrank *geht* nicht **in** das kleine Zimmer 〈**durch** die Tür〉. たんすはこの小さな部屋に入らない〈入口を通らない〉| Der dicke Mann *geht* nicht in den Sessel. 太った男は安楽いすからはみだしてしまう | In diese Flasche *geht* ungefähr ein Liter. この瓶にはおよそ 1 リットル入る | Nötigenfalls *gehen* zwanzig Leute in unser Wohnzimmer. いざとなれば我々の居間には20人は入る | Sechs *geht* in zwölf zweimal. 12を 6 で割ると 2 になる.
b) 《auf *et.*⁴; 単位を表す語句と》(…が…に)相当する: Auf eine Mark *gehen* hundert Pfennige. 1 マルクは100ペニヒである | Von diesen Äpfeln *gehen* vier auf ein Pfund. このリンゴだと 1 ポンドにつき 4 個になる.
10 非人称 《es geht 〔*jm.*〕 um *et.*⁴》〔…にとっては〕…が問題である, 大事なのは…である, …がかかっている: Es *geht* um den Frieden. 平和が問題となっている, 平和が実現するかどうかの問題である | Es *geht* ums Ganze. のるかそるかの決定が行われる | Es *geht* ihm nur um das Geld. 彼にとってはお金だけが大事なのだ | Es *geht* um 〈auf〉 Tod und Leben. 生きるか死ぬかの問題だ | Es *geht* um seine ganze Zukunft. 彼の全将来がかかっているのだ | Es *geht* um mehr. それはもっと大事な問題だ | Worum *geht* es hier? 何が問題になっているのだ, 何の話だ, いったいどうしたのだ | Sie wissen doch, worum es *geht.* 何の話かご存じでしょう, これがどんな大事な問題かご存じでしょう | Es *geht* ihm darum, den Prozeß zu gewinnen 〈, daß er den Prozeß gewinnt〉. 彼にとっては裁判に勝つかどうかが問題だ.
II Ge·hen 中 -s/ **1 a)** 歩くこと: Ich bin des ～*s* müde. 私は歩くのにうんざりしている ‖ beim 〈im〉 ～ 歩きながら(→2) | Sein Rheuma hinderte ihn beim ～. リューマチのために彼は歩行が困難であった | Im ～ redeten sie miteinander. 歩きながら彼らはおしゃべりをした | Er ist müde vom vielen ～. 彼は歩きすぎて疲れている ‖ Das ～ fällt mir schwer. 私は歩行が困難だ | *Gehen* hält gesund. 歩くことは健康にいい. **b)** 〖陸上〗競歩: Wettkampf im ～ 競歩競技.
2 去る〈行く〉こと: beim ～ 別れ際に(→1) | im ～ 立ち去りながら | Er war schon im ～. 彼はもう行こうとしていた | Vor dem ～ trinken wir noch eins. 腰をあげる前にもう 1 杯やろう | *sich*⁴ zum ～ anschicken 〈wenden〉 立ち去る用意をする ‖ Es war ein ewiges Kommen und ～. それは行ったり来たりの繰り返しで きりがなかった.
3 (機械などが)動くこと, 動き: das knarrende ～ der Tür ドアの開閉の際のギイギイいう音 | *et.*⁴ zum ～ bringen …(機械など)を動かす | eine kaputte Uhr wieder zum ～ bringen 壊れた時計を動くように直す.
III ge·hend 現分 形 **1** 歩いている, 歩行している; (機械などが)動いている: ein ～*er* Mensch 歩いている人間 | eine ～*e* Uhr 動いている時計 ‖ der *Gehende* 歩行者.
2 《方向を示す語句と》(…に)達する, 届く: eine zu Herzen ～*e* Rede 心を動かされる話 | ein dahin ～*er* Vorschlag その趣旨に沿った提案 | bis zum Äußersten ～*e* Zugeständnisse 大幅な譲歩. [*idg.*; ◇Gang¹; *engl.* go]
Ge·henk[gəhɛ́ŋk] 中 -〔e〕s/-e (Gehänge) (垂れた・つり下げたもの. 例えば:) 剣帯, 帯革. [<henken]
ge·hen·kelt[gəhɛ́ŋkəlt] 形 (つぼ・グラスなどが)取っ手のついた. [<Henkel]
ge·henkt[gəhɛ́ŋkt] **I** henken の過去分詞.
II Ge·henk·te 男 女 《形容詞変化》絞首刑になった人.
ge·hen|las·sen*[gé:ən..] 《88》《過分 gehen〔ge〕lassen: →lassen I ★ ii; gehen I 4 a)》他 (h) **1** 《*jn.*》放任する, 自由にさせる, 放っておく: *Laß* mich doch *gehen*! どうか私の邪魔をしないでくれ ‖ 再帰 *sich*⁴ ～ i) 自己抑制しない, 感情〈欲望〉に流される; ii) (みなりを)だらしなくする, 行儀悪くする | Als Lehrer darf man sich nicht ～. 教師たるものは感情のおもむくままに振舞ってはいけない. **2** 《*et.*⁴》放置する, なりゆきにまかせる; (ザイルなどを)ゆるめる, 繰り出す.

Ge·hen·na[gehɛ́na·] 女 -/ (Hölle) 〖聖〗地獄. [*hebr.*－*gr.* géenna －*spätlat.*]
Ge·her[gé:ər] 男 -s/- **1** 歩く人. **2** 〖陸上〗競歩選手.
Ge·hetz[gəhɛ́ts] 中 -es/ , **Ge·het·ze**[gəhɛ́tsə] 中 -s/ せかせかとせき立てる〈せき立てられる〉こと; 煽動(せんどう), アジ. [<hetzen]
ge·heu·er[gəhɔ́yər] 形 (vertraut) 親しめる, なじんだ; 安全な: 〖ふつう nicht を伴って述語的に〗Es ist hier nicht ～. ここは不気味〈物騒〉だ; ここには幽霊が出そうだ | Das kommt mir nicht 〔ganz〕 ～ vor. それはどうも怪しい〈不安だ〉| Mir ist nicht ganz ～ 〔zumute〕. 私はどうもいやな気持がする(良心がとがめる・気が進まない). [*mhd.*; Heim]
Ge·heul[gəhɔ́yl] 中 -〔e〕s/ , **Ge·heu·le**[..lə] 中 -s/ しきりにほえること〈声〉; 泣きわめくこと〈声〉. [<heulen]
Ge·hil·fe[gəhílfə] 男 -n/-n (◎ **Ge·hil·fin**[..fın]-/-nen) **1** 協力者, 補佐〈手伝い〉人; 〖法〗(犯罪の)幇助(ほうじょ)者. **2** 歩行補助具(杖など). **3** (商業関係の)徒弟〈見習〉期間修了者. [*ahd.*; ◇Hilfe]
Ge·hil·fen≈brief 男 徒弟期間修了証. **≈prü·fung** 女 (商工会議所による)徒弟期間終了検定審査.
Ge·hil·fen·schaft 女 -/ (《スイ》) 〖法〗犯罪幇助(ほうじょ).
Ge·hil·fin Gehilfe の女性形.
Ge·hirn[gəhírn] 中 -s(-es)/-e **1 a)** 〖解〗脳, 脳髄(→図): einen Tumor im ～ haben 脳に腫瘍(しゅよう)ができている | Scheiße 〈einen Pup〉 im ～ haben (→Scheiße 1, →Pup). **b)** 《方》(Hirn) (料理用の牛・豚などの)脳. **2** 《話》頭脳, 知恵, 知力: *sein* ～ anstrengen / *sich*³ das ～ zermartern 懸命に知恵を絞る. [<Hirn]

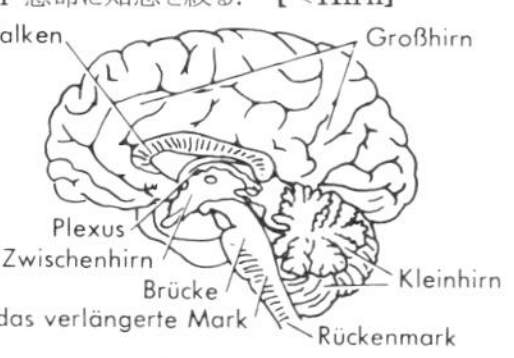

Gehirn

Ge·hirn≈akro·ba·tik 女 《戯》軽業的な思考; 複雑きわまる思考過程. **≈an·hang** 男 〖解〗〔脳〕下垂体. **≈blu·tung** 女 〖医〗脳出血. **≈bruch** 男 〖医〗脳ヘルニア. **≈chir·ur·gie** 女 -/ 〖医〗脳外科〔学〕. **≈druck** 男 -〔e〕s/ 〖医〗脳圧. **≈ent·zün·dung** 女 〖医〗脳炎. **≈er·schüt·te·rung** 女 〖医〗脳震盪(しんとう). **≈er·wei·chung** 女 〖医〗脳軟化〔症〕. **≈ge·schwulst** 女 〖医〗脳腫瘍(しゅよう). **≈haut** 女 〖解〗脳膜.
Ge·hirn·haut·ent·zün·dung 女 〖医〗脳膜炎.
Ge·hirn≈kam·mer 女 〖解〗脳室. **≈ka·sten** 男 《戯》頭, 頭脳, 脳みそ: *seinen* ～ anstrengen 知恵を絞る. **≈krank·heit** 女 脳疾患.
ge·hirn·lich[gəhírnlıç] 形 脳〔髄〕の.
Ge·hirn≈man·tel 男 〖解〗脳外套(がいとう). **≈ope·ra·tion** 女 脳の手術. **≈punk·tion** 女 〖医〗脳穿刺(せんし)〔術〕. **≈quet·schung** 女 〖医〗脳挫傷(ざしょう). **≈rin·de** 女 〖解〗大脳皮質. **≈sand** 男 -〔e〕s/ 〖医〗脳砂. **≈scha·den** 男 〖医〗脳障害. **≈schlag** 男 〖医〗脳卒中. **≈schmalz** 中 -es/ 《戯》脳みそ, 知恵: Dazu ist etwas ～ nötig. それには少々あたまがいる. **≈schwund** 男 〖医〗脳萎縮(いしゅく). **≈stamm** 男 〖解〗脳幹. **≈strom** 男 〖医〗脳波. **≈tä·tig·keit** 女 脳の働き, 脳作用, 脳活動. **≈tod** 男 〖医〗脳死. **≈trust** = Brain-Trust **≈tu·mor** 男 = Gehirngeschwulst **≈ver·let·zung** 女 〖医〗脳損傷.
Ge·hirn·wä·sche 女 洗脳(強制的思想改造): *jn.* ～ unterziehen …を洗脳する. [*engl.* brain-washing の翻訳借用]
Ge·hirn≈was·ser·sucht 女 〖医〗脳水腫(すいしゅ). **≈zel·le** 女 〖解〗脳細胞.

G

gehl[ge:l] 形《方》(gelb) 黄色の. [*ahd.*; ◇gelb]
Gehl·chen[géːlçən] 中 -s/-《中部・北部》(Pfifferling)〘植〙アンズタケ(杏茸).
gehn[ge:n] =gehen
ge·ho·ben[gəhóːbən] **I** heben の過去分詞. **II** 形 **1** (社会的に)地位の高い, 高位の;〘法〙上級の; 高級な, ぜいたくな: ein Beamter des ～*en* Dienstes〘法〙上級公務員 | Artikel des ～*en* Bedarfs ぜいたく品. **2** (略 geh.)(言葉・文体などが)高尚〈荘重〉な, 雅語〈文語〉の: *sich*⁴ in ～*er* Sprache ausdrücken 改まった言葉づかいをする. **3** 高揚した, 意気盛んな, はしゃいだ | in ～*er* Stimmung sein 気分が高揚している.
Ge·ho·ben·heit[–haɪt] 女 -/ gehoben なこと.
Ge·höft[gəhǿːft, ..hœft] 中 -[e]s/-e 農家, 農場(住居や付属設備を含めて). [*ndd.*; ◇Hof]
ge·hol·fen[gəhɔ́lfən] helfen の過去分詞.
Ge·hol·per[gəhɔ́lpər] 中 -s/ , **Ge·hol·pe·re**[..pərə] 中 -s/《俗》(車などが)[たえず]ガタガタ揺れること. [<holpern]
Ge·holz[gəhɔ́lts] 中 -es/ , **Ge·hol·ze**[..tsə] 中 -s/〘スポ〙(サッカーなどでの)ラフプレー. [<holzen]
Ge·hölz[gəhœ́lts] 中 -es/-e **1** 林, 雑木林, やぶ. **2 a**)〘植〙(草本植物に対する)木本(もくほん)植物. **b**)〘園〙樹木. ᵛ**3** 木製品, 木造部. [*mhd.*; ◇Holz]
Ge·hops[gəhɔ́ps] 中 -es/ , **Ge·hop·se**[..sə] 中 -s/ ぴょんぴょん跳びはねること. [<hopsen]
Ge·hör[gəhǿːr] 中 -[e]s/-e **1**《単数で》聴覚, 聴力;〘楽〙音感: absolutes 〈relatives〉 ～〘楽〙絶対〈相対〉音感 ‖ ein gutes 〈feines〉 ～ haben 耳がいい | ein musikalisches ～ 〈ein ～ für Musik〉 haben 音感がある, 音楽がわかる | das ～ verlieren 耳が聞こえなくなる ‖ nach dem ～ singen 〈spielen〉(楽譜を見ずに)聞き覚えで歌う〈演奏する〉. **2**《単数で》(Anhören) 耳を傾けること, 傾聴: ***jm.* ～ geben** 〈**schenken**〉 …の言うことを聞く, …に耳をかす | [bei *jm.*] **～ finden** [(…に)]聞き入れてもらう | ***sich*³ ～ verschaffen** (自分の言いたいことを他人に)聞いてもらう ‖ ***jn.* um ～ bitten** …に傾聴を請う | ein Lied 〈ein Gedicht〉 **zu ～ bringen**《雅》歌を歌って〈詩を読んで〉聞かせる | ***jm.* zu ～ kommen** …の耳に達する | Mir ist zu ～ gekommen, daß ... 私は…ということを耳にした | **zu ～ kommen**《雅》(朗読・演奏などが)行われる | Zwei Vorträge kamen zu ～. 二つの講演が行われた. **3**《ふつう複数で》〘狩〙(野獣の)耳[たぶ](→ 図 Reh). [*mhd.*; ◇hören]
Ge·hör·bil·dung 女〘楽〙音感教育.
ge·hor·chen[gəhɔ́rçən] 自 (h)《*jm.*》(…の意志・命令などに)従う, 服従する; (…の)意のままになる: *jm.* blind 〈aufs Wort〉 ～ …の命令に盲目的に〈忠実に〉従う | *jm.* sofort 〈willig〉 ～ …の言うことに直ちに〈喜んで〉従う | dem Gebot der Stunde ～ (→Gebot 2 b) | der Notwendigkeit 〈*seiner* inneren Stimme〉 ～ 事態の要請〈内心の声〉に従う | Das Kind muß ～ lernen. 子供は従順であることを学ばねばならない ‖ Das Steuer *gehorcht* dem leisesten Druck. この舵(かじ)〈ハンドル〉はほんの少し力を加えるだけで反応する | Meine Beine wollen mir nicht mehr ～. 私は足が弱ってもう歩け〈走れ〉ない. [*mhd.* „zuhören“; ◇horchen]
ge·horcht[gəhɔ́rçt] **I** horchen の過去分詞. **II** gehorchen の過去分詞; 現在 3 人称単数・2 人称複数; 命令法複数.
ge·hö·ren[gəhǿːrən] 自 (h) **1**《*jm.*》**a**) (…の)所有物である, (…の)ものである: Wem *gehört* dieses Buch? — Es *gehört* mir. この本はだれのものですか — 私のものです | Er hat nichts, was ihm *gehört*. 彼は自分のものと言えるものを何も持っていない ‖ Das Kind *gehört* der Lehrerin. この子はあの女教師の子だ | Sie *gehört* ihm mit Leib und Seele. 彼女は身も心も彼にささげている | Dir will ich für ein ganzes Leben ～.《雅》生涯あなたに愛をささげます, 生涯あなたのものとなりましょう ‖ Der Sieg *gehört* den Tapferen. 勝利は勇敢な人々のものだ | Seine freien Stunden *gehören* seiner Familie. 彼は空いた時間を[すべて]家族のために使う(家族とともに過ごす) | Dem Kind *gehört* ihre ganze Liebe. 彼女の愛はすべて子供にささげられている | Der Jugend 〈Der Raumfahrt〉 *gehört* die Zukunft. 未来は若者のものだ〈宇宙旅行の時代だ〉 | Dieser Tag *gehört* der Arbeit. この日は仕事をする日だ.
b) (gebühren)《ふつう不定冠詞のついた名詞を主語として》(賞罰などが)(…に)ふさわしい, (…に)与えられて当然である: Ihm *gehört* eine Medaille. 彼にはメダルが与えられてしかるべきだ | Dieser Leistung *gehört* ein Lob. この仕事は称賛に値する | Dir *gehören* ein paar Ohrfeigen! お前は二三発ひっぱたかれるだけのことはあるぞ | Dem *gehört* alles weggenommen.《話》あいつからは何もかも取り上げてしかるべきだ.
2 a)《zu *et.*³ 〈*jm.*〉》(…の)一部〈一員〉である, (…に)[所]属する, (…の)中に数えられる: Er *gehört* [gleichsam] zu unserer Familie. 彼は私たちの家族の一員[も同然]だ | *Gehören* Sie zu diesem Klub? あなたはこのクラブの会員ですか | Er *gehört* zu meinem engsten Freundeskreis. 彼は私のもっとも親密な友人の一人だ | Ich *gehöre* zu ihren Bewunderern. 私は彼女のファン〈賛美者〉の一人だ | Er *gehört* zum alten Eisen.《話》彼は[年をとって]もう使いものにならない | Der Wal *gehört* zur Klasse der Säugetiere. クジラは哺乳(ほにゅう)類に属する ‖ Westfalen *gehört* zu Deutschland. ヴェストファーレン地方はドイツの一部だ | Zu dem Haus *gehört* eine Garage. この家にはガレージがついている | Die Schraube *gehört* zu meinem Feuerzeug. このねじは私のライターのねじだ | Dieses Bild *gehört* zu seinen besten Werken. この絵は彼の最良の作品の一つに数えられる ‖ Das Mißtrauen *gehört* zu seinem Charakter. うたぐり深いのは彼の性格[の一部]だ | Das Leid, der Tod, sie *gehören* zum Leben. 苦しみも死も人生の内〈人生にはつきものだ〉 | Das *gehört* nicht zur Sache 〈zu meinen Pflichten〉. それは当面の問題とは関係ない〈私にはそんなことをする義務はない〉 | Das *gehört* zum guten Ton. そうするのがエチケットだ〈礼儀作法にかなったやり方だ〉 | zum Alltag ～ 日常の事柄〈日常茶飯事〉である.
b)《zu *et.*³》(…に)欠かせない, 必要である: Zu dieser Aufgabe *gehören* viele Arbeiter 〈Gelder〉. この仕事には大勢の労働者〈多額の資金〉が必要だ | Zu dieser Arbeit *gehört* auch ein bißchen Verstand. この仕事をするにはいささか頭を使わなければならない | Zum Fußballspiel *gehören* zweiundzwanzig Spieler. サッカーの試合をするには22人が必要だ | Es *gehört* eine große Frechheit dazu, sich so zu benehmen. 相当なあつかましさがなければ そんな振舞いはできない | Dazu *gehören* zwei. (→zwei I) | Es *gehört* schon etwas 〈allerhand〉 dazu, das zu erklären. それを説明するのは やはりなかなか大変なことだ | Dazu *gehört* nicht viel. それ[をするの]は大したことじゃない, それは取り立てて言うほどの能力〈勇気〉を必要とするわけではない | Du hast alles, was zum Leben *gehört*. 君は生きて行くのに必要なものを全部持っている.
c)《zu *et.*³》(…に)ふさわしい, 似合う: Zu diesem Kleid *gehören* weiße Schuhe. このドレスには白い靴が似合う | Zu Fisch *gehört* Weißwein. 魚には白ワインが合う.
3 a)《方向を示す語句と》(…に)入れられるべきである, (…に)置かれるべきである, (…に)置くのが当然である: Wohin *gehört* dieses Buch? この本はどこに入れる〈置く〉のですか, この本はどの分類に入るのですか | Dieses Thema *gehört* nicht hierher. このテーマは当面の問題には入らない | Das *gehört* nicht hierher. それは関係ないよ(→hierhergehören) | Da *gehörst* du hin! お前はあそこに行っていろ, お前の居るべき場所はあそこだ ‖〘前置詞句と〙Der Tisch *gehört* **an** die Wand. この机は壁際に置くのがいい | Die Vase *gehört* **auf** das Radio. この花瓶はラジオの上に置くべきだ | Er gehört **hinter** Schloß und Riegel. 彼は刑務所に入るべきだ | Das Fahrrad *gehört* nicht **in** die Wohnung. 自転車は家の中に入れるべきものではない | Die Kinder *gehören* längst ins Bett. 子供たちはとっくにベッドに入っていなくてはいけないのに | Er *gehört* ins Krankenhaus 〈Zuchthaus〉. 彼は入院しなければいけない〈刑務所に入ってしかるべきだ〉 | In dieses

G

Haus *gehört* eine Frau. この家には女手が必要だ | Die Beine *gehören* **unter** den Tisch. 足はちゃんと机の下に入れておけ(机の上にあげたりしてはいけない) | Er *gehört* **vor** ein Gericht. 彼は裁判にかけられるべきだ.

b) 《南部・ｵｰｽﾄﾘｱ》《話》《過去分詞と》(…されて)しかるべきである, 当然である: Er *gehört* tüchtig verprügelt. 彼は大いにぶん殴られて当然だ | Der *gehört* eingesperrt 〈gehängt〉. あいつは刑務所にぶちこまなければ〈しばり首にしなければ〉いけない | Das *gehört* verboten. それは禁止されなければいけない.

4 再帰 sich ～ ふさわしい, 適当である; 作法にかなっている: Das *gehört* sich 〔so〕! それでいいんだ | Das *gehört* sich nicht! そんなことをしてはいけない, それは不作法〈この場にふさわしくない〉というものだ | Ein solches Benehmen *gehört* sich nicht für dich. そんな振舞いは君にふさわしくない | Das Essen *gehört* sich nicht im Unterricht. 授業中にものを食べてはいけない | Es *gehört* sich, älteren Leuten den Platz anzubieten. 年配の人に席を譲るのが礼儀というものだ | Ich verlange nur, was sich *gehört*. 私は当然のことを要求しているだけだ | Benimm dich, wie es sich *gehört*! 礼儀正しく〈行儀よく〉しなさい | Er macht alles, wie es sich *gehört*. 彼は何でもきちんと〈しかるべく〉やる.

[*ahd.* gihōr〔i〕an „〔an〕hören“; ◇hören]

Ge·hör≠feh·ler[gəhǿ:r..] 男《医》聴覚障害. **≠gang** 男《解》耳道(どう)(→ 図 Ohr): der äußere 〈innere〉 ～ 外〈内〉耳道. **≠ge·brech·li·che** 男 女《形容詞変化》《ｽｲｽ》(Schwerhörige) 難聴の人. **≠hal·lu·zi·na·tion** 女《医》幻聴.

ge·hö·rig[gəhǿ:rɪç][2] 形 **1 a)** 《*jm.*》(…の)所有の: *jm.* ～ sein …の所有物である, …のものである ‖ die ihm ～*en* Grundstücke 彼の所有する地所. **b)** 《zu *et.*[3]》(…に)所属する, (…の)一部をなす; (…に)固有の: zur Natur der Menschen ～ 人間に生来固有の | die zur Regierung ～*en* Personen 政府の関係者たち | *et.*[4] als nicht zur Sache ～ zurückweisen …を本題に無関係だとして却下する. **2** 《述語的用法なし》(社会通念などに)合致した, ふさわしい, しかるべき, 相応の, 妥当な; ちゃんとした, 礼儀を心得た: mit dem ～*en* Eifer しかるべく〈十分に〉熱心に | ～*en* Ortes (→ Ort 1 c) | zur ～*en* Zeit 適当な時期に ‖ *sich*[4] ～ benehmen しかるべく振舞う. **3** 《述語的用法なし》《話》(tüchtig) したたかな, ずいぶんな, 激しい: einen ～*en* Schlag bekommen 大打撃をこうむる | einen ～*en* Rausch haben したたか酔っている ‖ *jm.* ～ die Meinung sagen …に存分に意見を言う | Ich habe es ～ bekommen. 私はひどい目にあった. [*ahd.*; ◇gehören]

Ge·hör·knö·chel·chen[gəhǿ:r..] 複《解》耳小骨.

ge·hör·los[..lo:s][1] 形 聴覚のない, 耳の聞こえない: eine Schule für *Gehörlose* 聾(ろう)学校.

Ge·hör·lo·sen·schu·le 女 聾(ろう)学校.

Ge·hör·lo·sig·keit[..lo:zɪçkaɪt] 女 -/ gehörlos なこと.

Ge·hörn[gəhœ́rn] 中 -〔e〕s/-e《集合的に》角(つの)(→ 図 Geweih). [*mhd.*; ◇Horn]

Ge·hör·nerv[gəhǿ:r..] 男《解》聴神経(→ 図 Ohr).

ge·hörnt[gəhœ́rnt] **I** hörnen の過去分詞. **II** 形 **1** 角(つの)のある: ein ～*es* Tier 角の生えた動物. **2** 《話》妻に裏切られた: ein ～*er* Ehemann 妻に裏切られた夫. **III Ge·hörn·te** 男《形容詞変化》**1** 《話》妻に裏切られた夫. **2** 《単数で》(Teufel) 悪魔.

Ge·hör·or·gan[gəhǿ:r..] 中《解》聴覚器〔官〕.

ge·hor·sam[gəhó:rza:m] **I** 形 従順な, 言うことをきく; おとなしい, すなおな: *jm.* ～ sein …に対して従順である | ein ～*es* Kind おとなしい子供 ‖ ▽〔Ihr〕 ～ *ster* Diener! (手紙の終わりなどで)敬具 | ▽～*st* bitten 謹んでお願い申し上げます. **II Ge·hor·sam** 男 -s/ **1** 服従, 従順: blinder ～ 盲従 | ～ gegen das Gesetz 〈gegenüber Vorgesetzten〉 法〈上司〉への服従 ‖ den ～ verweigern 〈雅: kündigen〉 服従を拒む | *jm.* ～ leisten …に服従する. ▽**2** 刑務所, 監獄. [*ahd.*; ◇hören; *lat.* oboediēns (◇Obedienz) の翻訳借用]

ge·hor·sa·men[-ən] 自 (h) 《*jm.*》(…の意志・命令などに)従う, 服従する.

Ge·hor·sam·keit[-kaɪt] 女 -/ 従順.

Ge·hor·sams≠pflicht 女 服従義務. **≠ver·wei·ge·rung** 女 服従拒否; 《軍》抗命〔罪〕.

Ge·hör≠scha·den[gəhǿ:r..] 男《医》聴覚障害. **≠sinn** 男 -〔e〕s/ 聴覚. **≠stein·chen** 中《解》耳石(じせき). **≠stö·rung** 女 聴覚障害〈異常〉.

ge·hört[gəhǿ:rt] **I** hören の過去分詞. **II** gehören の過去分詞; 現在 3 人称単数・2 人称複数; 命令法複数.

Geh·pelz[gé:..] 男 (紳士用の)裏地と襟が毛皮のコート. [<gehen]

Geh·re[gé:rə] 女 -/-n **1** 《工》(木枠の隅などの)斜め〈留め〉継ぎ; 斜め角. **2** (三角形のもの) **a)** 《海》(帆の隅の)三角補強布; 船首. **b)** 《服飾》三角布, 襠(まち); 裁ちくず. **c)** 《農》三角畑. **3** 《方》《漁》やす, もり [*ahd.* gēro „Keilförmiges“; ◇Ger; *engl.* gore]

geh·ren[1][gé:rən] 他 (h) 《工》斜めに切る.

geh·ren[2][–] 他 (h) 《方》(begehren) 欲する; 求める. [*ahd.*; ◇Gier]

Geh·ren[gé:rən] 男 -s/- =Gehre 2

Gehr·fu·ge[gé:r..] 女 =Gehre 1

geh·rig[gé:rɪç][2] 形 斜角の, くさび形の.

Gehr·maß[gé:r..] 中 斜め〈留め〉継ぎ定規.

Geh·rock[gé:..] 男 フロックコート(→ 図). [<Ausgehrock]

Gehrock

Gehr·stoß[gé:r..] 男, **Geh·rung**[gé:rʊŋ] 女 -/-en =Gehre 1

Geh·rungs≠la·de 女《工》斜め〈留め〉継ぎ面用の箱形定規. **≠sä·ge** 女《工》斜め〈留め〉継ぎ面用ののこぎり(→ 図 Säge). **≠win·kel** 男《工》斜め〈留め〉継ぎ面用の定規.

Geh≠steg[gé:..] 男 (船から岸壁などにかけ渡す)道板, 渡り板. **≠steig** 男 (街路の)歩道(→ 図 Straße). **≠stö·rung** 女《医》歩行障害. [<gehen]

Geht·nicht·mehr[gé:tnɪçtme:r] 中《話》(もっぱら次の成句で) **bis zum ～** ぎりぎりの限界まで.

Ge·hu·del[gəhú:dəl] 中 -s/, **Ge·hu·de·le**[..dələ] 中 -s/ 《軽蔑的に》ずさんな〈ぞんざいな〉仕事. [<hudeln]

ge·hü·gelt[gəhý:gəlt] 形《雅》丘〈丘陵〉のある, なだらかな起伏のある. [<Hügel]

▽**Ge·hül·fe**[gəhýlfə] 男 -n/-n =Gehilfe

Ge·hu·pe[gəhú:pə] 中 -s/ (自動車などの)〔やかましい〕クラクションの音. [<hupen]

Ge·hu·ste[gəhú:stə] 中 -s/ しきりにせきをすること〈音〉. [<husten]

Geh≠ver·band[gé:..] 男《医》(骨折患者の歩行を助ける)歩行包帯〈ギプス〉. **≠ver·such** 男 **1** 歩く試み: künstlerische ～*e* 芸術家としての第一歩. **2** 《医》歩行検査. **≠weg** 男 =Gehsteig **≠werk** 中 **1** (時計などの)作動機構〈装置〉. **2** 《話》(Beine) 足. **≠werk·zeug** 中 -〔e〕s/-e《ふつう複数で》=Gehwerk 2 [<gehen]

Gei[gaɪ] 女 -/-en《海》(マストなどの)支索; 張り綱.

Gei·bel[gáɪbəl] 人名 Emanuel ～ エマーヌエル ガイベル (1815-84; ドイツの詩人).

gei·en[gáɪən] 他 (h) 《海》(帆を)絞り綱で絞る, 絞帆(こうはん)する. [*ndl.*]

Gei·er[gáɪər] 男 -s/-《鳥》ハゲワシ(禿鷲), ハゲタカ(禿鷹)(しばしば貪欲(どんよく)の象徴); (一般に)猛禽(もうきん): Ich stürzte mich wie ein ～ auf das Essen. 私はハゲタカのようにがつがつと食物に食らいついた | **Hol dich der ～!** / **Hol's der ～!** こん畜生, うせやがれ | **Das weiß der ～.** / **Das mag der ～ wissen.** そんなことくそ食らえだ〈だれが知るもんか〉. [*westgerm.*; ◇Gier]

Gei·er·na·se 女 鷲鼻(わしばな), かぎ鼻.

Gei·fer[gáɪfər] 男 -s/ **1** よだれ, (泡状の)つば: Vom Maul des Pferdes tropft der ～. 馬の口から泡がしたたる. **2** ののしりの言葉: *seinen* ～ an *jn.* auslassen …をののしりわめ

く. **3** 《ｽｲｽ》小雪. [*mhd.*; ◇gähnen]

Gei·fe·rer[gáɪfərər] 男 -s/- ののしりわめく男,(口角泡をとばす)毒舌家.

Gei·fer≈lap·pen[gáɪfər..] 男 (≈**latz** 男, ≈**lätz·chen** 中, ≈**man·tel** 男)《方》よだれ掛け.

gei·fern[gáɪfərn]《05》自 (h) **1** よだれを垂らす, 泡を吹く: mit *geiferndem* Mund 口から泡を吹いて. **2**《雅》ののしりわめく: gegen *jn.* ~ …をどなりつける | vor Wut ~ 怒ってののしる.

Gei·fer·tuch 中 -[e]s/..tücher《方》よだれ掛け.

Gei·ge[gáɪgə] 女 -/-n **1** (Violine)〘楽〙ヴァイオリン, 提琴(→ 図): ~ spielen ヴァイオリンを弾く | **die erste ~ spielen** 第一ヴァイオリンを弾く;《話》指導的な役割を演じる | **die zweite ~ spielen** 第二ヴァイオリンを弾く;《話》従属的な役割を演じる | *jm.* 〈für *jn.*〉 hängt der Himmel voller ~*n* (→Himmel 2) ‖ ein Stück **auf** der ~ spielen ある曲をヴァイオリンで弾く | mit Klavier und ~ (→Klavier 1) | **nach** *js.* **~ tanzen**《話》…の言いなりに行動する. ▽**2** (木製の)かせ; (罪人をつるす)さらし柱. [*ahd.* gīga]

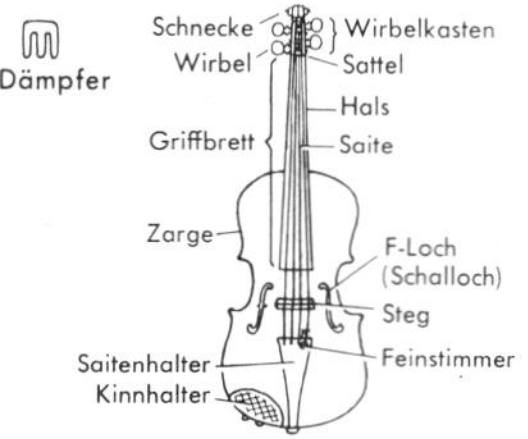

Geige

gei·gen[gáɪgən][1] **I** 自 (h)《俗》**1** ヴァイオリンを弾く. **2** (虫が)ブンブンいう, 鳴く: Die Mücken *geigen.* 蚊が飛び回る, 蚊柱が立つ | Die Grillen *geigen.* コオロギが鳴く. **II** 他 (h)《俗》**1** (曲を)ヴァイオリンで弾く: einen Walzer ~ ヴァイオリンでワルツを弾く. **2**《*jm. et.*[4]》あけすけに言う: *jm.* die 〈*seine*〉 Meinung ~ (→Meinung 1 a) | Ich werde dir was ~. お前に文句を言ってやるぞ | **es *jm.* ~**《話》…にずけずけ物を言う | Er *geigte* es uns. 彼は私たちにあけすけに忠告をした. **3**《卑》(koitieren)《*jn.*》(…と)性交する.

Gei·gen≈bau·er 男 -s/- ヴァイオリン製作者. ≈**bo·gen** 男 ヴァイオリンの弓(→ 図 Bogen). ≈**hals** 男 ヴァイオリンのさお〈ネック〉. ≈**harz** 中 (ヴァイオリンの弓に塗る)松やに, ロジン. ≈**ka·sten** 男 ヴァイオリンケース. ≈**kör·per** 男 ヴァイオリンの胴. ≈**ro·che** 男〘魚〙サカタザメ(坂田鮫). ≈**sai·te** 女 ヴァイオリンの弦. ≈**sat·tel** 男 = Geigensteg ≈**schlüs·sel** 男〘楽〙高音部〈ト音〉記号. ≈**spiel** 中 ヴァイオリン演奏. ≈**spie·ler** 男 (Geiger) ヴァイオリン奏者. ≈**steg** 男 (ヴァイオリンの弦を支える)駒(こま). ≈**stim·me** 女 (楽曲中の)ヴァイオリン音部〈パート〉. ≈**wir·bel** 男 ヴァイオリンの糸巻き.

Gei·ger[gáɪgər] 男 -s/- (女 **Gei·ge·rin**[..gərɪn]-/-nen) ヴァイオリニスト, ヴァイオリン奏者: der erste ~ (四重奏団などで)第一ヴァイオリンを弾く人.

gei·ge·risch[gáɪgərɪʃ] 形 ヴァイオリン[演奏]の: eine ~*e* Übung ヴァイオリンの練習.

Gei·ger≈rohr[gáɪgər..] 中, ≈**zäh·ler** 男〘理〙ガイガー[計数]管. [<H. Geiger (ドイツの物理学者, †1945)]

geil[gaɪl] 形 **1** (植物が)勢いのよい, 繁茂する; (土地が)肥沃(ひよく)な, 肥料を入れすぎた: ~*e* Triebe [am Baum] 勢い盛んな若枝(→Geiltrieb) | ~*er* Boden 肥え[すぎ]た土地. **2** 好色な, みだらな, 欲情に燃えた: ein ~*er* Bock《比》好色漢 ‖ ~ wie ein Affe 〈ein Hengst〉 sein 猿〈種馬〉のように多淫(たいん)である | auf *jn.* ~ sein …に対して欲情を燃やしている | **auf *et.*[4] ~ sein** …に執心している, …に夢中である | *jn.* ~ anstarren …をみだらな目つきで見る. **3**《若者語》すばらしい, すてきな: ~*e* Musik すばらしい音楽 | Diese Idee finde ich echt ~. このアイディアは実にいいと思う. **4**《方》脂肪の多い, 脂ぎった. [*germ.* „aufschäumend"]

..geil[..gaɪl]《名詞につけて「…をぜひとも欲しがる, …に飢えた」などを意味する形容詞をつくる》: geld*geil*《話》金銭欲に駆られた | macht*geil* 権力に飢えた.

Gei·le[gáɪlə] 女 -/-n **1**〘狩〙(野獣の)睾丸(こうがん). **2**《南部》肥料. **3**《単数で》=Geilheit

gei·len[gáɪlən] **I** 自 (h) **1** (植物が)繁茂する. **2** 熱望〈渇望〉する; 欲情を抱いている, 発情している.
II 他 (h) **1**《*et.*[4]》(…に)肥料をやる. **2** 去勢する. **3**《*jn.*》(…に)欲情を抱かせる.

Geil·heit[gáɪlhaɪt] 女 -/ **1** 繁茂; 肥沃(ひよく). **2** 好色; 色情, 欲情.

Geil·trieb[gáɪltri:p][1] 男〘園〙徒長枝(とちょうし), ひこばえ.

Gei·sa Geison の複数.

Gei·sel[gáɪzəl] 女 -/-n (男 -s/-) 人質(ひとじち): ~*n* stellen 〈befreien〉 人質を差し出す〈解放する〉 | *jn.* als ~ 〈zur ~〉 nehmen …を人質に取る. [*kelt.* – *germ.*]

Gei·sel·be·frei·ung 女 人質解放.

Gei·sel·nah·me[..na:mə] 女 -/-n 人質を〈に〉取ること.

Gei·sel·neh·mer 男 人質を取った犯人, 人質誘拐犯: *sich*[4] in der Hand der ~ befinden 人質に取られている.

Gei·ser[gáɪzər] 男 -s/- =Geysir

Gei·sha[gé:ʃa·, gáɪʃa·] 女 -/-s 芸者. [*japan.* – *engl.*]

Gei·son[gáɪzɔn] 中 -s/-s, ..sa[..za·] (Kranzgesims)〘建〙軒(のき)蛇腹(じゃばら) (→ 図 Gebälk). [*gr.*]

Geiß[gaɪs] 女 -/-en (小 **Geiß·lein** → 別出) **1**《南部・ｵｰｽﾄﾘｱ・ｽｲｽ》(Ziege)〘動〙ヤギ(山羊)(特にその雌). **2**〘狩〙シカ〈カモシカ〉の雌. [*germ.*; *lat.* haedus „Böckchen"; *engl.* goat]

Geiß≈bart[gáɪs..] 男 -[e]s/ **1**〘植〙ヤマブキショウマ(山吹升麻)属. **2**《ｵｰｽﾄﾘｱ》やぎひげ. ≈**blatt** 中 -[e]s/〘植〙スイカズラ(忍冬)属. ≈**bock** 男《南部・ｵｰｽﾄﾘｱ・ｽｲｽ》〘動〙雄ヤギ.

Gei·ßel[gáɪsəl] 女 -/-n **1**《南部・ｵｰｽﾄﾘｱ・ｽｲｽ》(Peitsche) むち;《比》(神の下す)罰,(運命の)こらしめ, 試練, 災厄: *jn.* mit der ~ schlagen …をむち打つ | Der Krieg 〈Der Krebs〉 ist eine ~ der Menschheit. 戦争〈癌(がん)〉は人類の苦しみの種である ‖ die ~ Gottes 神のむち (Attila の異名). **2**〘生〙鞭毛(べんもう). [*ahd.* geisila: ◇Ger]

Gei·ßel≈bru·der 男 =Geißler[2] ≈**hieb** 男 むち打つこと;《比》きびしい非難, 糾弾.

gei·ßeln[gáɪsəln]《06》(h) むち打つ;《比》こらしめる; (きびしく)非難する, 糾弾する: 再帰 *sich*[4] ~〘宗〙鞭打(べんだ)苦行をする.

Gei·ßel≈skor·pion 男〘動〙サソリモドキ(擬蠍), ムチサソリ(鞭蠍). ≈**tier·chen** 中 -s/-《ふつう複数で》〘動〙鞭毛(べんもう)虫.

Gei·ße·lung[gáɪsəlʊŋ] (**Geiß·lung**[..slʊŋ]) 女 -/-en geißeln すること.

Geiß≈fuß[gáɪs..] 男 **1** ヤギの足. **2**《単数で》〘植〙イワミツバ(岩三葉). **3** (羊足状のもの) **a)** (彫刻用)三角のみ, 三角刀. **b)**〘工〙こじり棒(→ 図). **c)**〘歯〙歯牙(しが)挺起(ていき)器. **d)**〘史〙弩(いしゆみ)の伸張具. ≈**hirt** 男 ヤギ飼い, ヤギの番人. ≈**kitz** 中 (↔Bockkitz)〘動〙ノロジカ〈カモシカ〉の若い雌. ≈**klee** 男 -s/〘植〙エニシダ(金雀児)属.

Geißfuß

Geiß·lein[gáɪslaɪn] 中 -s/- (Geiß の縮小形) 子ヤギ:《Der Wolf und die sieben jungen ~》『オオカミと7匹の子ヤギたち』(Grimm 童話の一つ).

Geiß·ler[1][gáɪslər] 人名 Heinrich ~ ハインリヒ ガイスラー (1814-79; ドイツの理科器具製作者): ~*sche* Röhre ガイスラー管(気体のスペクトルを調べるのに用いる放電管).

Geiß·ler[2][–] 男 -s/- (Flagellant)〘宗〙鞭打(べんだ)苦行者.

Geiß·ler·lied 中〘宗〙鞭打(べんだ)苦行者の祈りの歌.

Geiß·lung =Geißelung

Geiß·rau·te[gáɪs..] 女〘植〙地中海地方産マメ科の低木

(牧草として使われる).

Geist[gaɪst] 男 -es(-s)/-er (小 **Geist·chen** → 別出) (英: *spirit*) **1 a)** 《単数で》 ① (↔Körper) (肉体・物質に対する)精神, 心: ein edler ～ 高貴な心 | ein großer 〈kleiner〉 ～ 広い〈狭い〉心 | ein klarer ～ 明晰(めいせき)な心 | der menschliche ～ 人間精神 | ein schöpferischer ～ 創造的精神(→b ②) | Ein gesunder ～ in einem gesunden Körper. 《諺》健全なる精神は健全なる身体に宿る ‖ ～ und Körper 精神と肉体, 霊肉 | ～ und Materie 精神と物質 ‖〖2格で〗die Errungenschaften des menschlichen ～*es* 人間精神の成果 | die Freiheit des ～*es* 精神の自由 | die Trägheit 〈die Lebendigkeit〉 des ～*es* 精神の怠惰〈活発さ〉 ‖ abwesenden ～*es* うわの空で, ぼんやりして ‖〖主語として〗Sein ～ ist verwirrt. 彼の精神は錯乱している | Der ～ besiegt die Materie. 精神は物質を征服する | Sein ～ schwingt sich empor. 彼の精神は飛翔(ひしょう)する | **Der ～ ist willig, aber das Fleisch ist schwach.** 心は熱しているが肉体が弱いのである(聖書: マタ26,41) ‖〖目的語として〗*seinen* ～ bilden 精神を鍛える | *seinen* ～ sammeln 精神を集中する | Dieses Problem beschäftigt seinen ～. この問題が彼の心を占領している | Streng deinen ～ ein bißchen an! 少し頭を使えよ ‖〖前置詞と〗**im ～〔*e*〕** 心〈頭〉の中で | die Armen im ～*e*〖聖〗心の貧しい人々(→②) | *sich*[3] *et.*[4] im ～〔*e*〕 vorstellen …を脳裏に思い浮かべる | Im ～〔*e*〕 ist er bei ihr. 彼の心は彼女のもとにある | Er sah sich[4] im ～〔*e*〕 schon in Italien. 彼の心はすでにイタリアに飛んでいた.

② 知力, 理知, 認識力, 眼識; (特に:) 才気, 才知, エスプリ: eine Unterhaltung mit ～ 〈voller ～〉 führen 機知縦横に話す | Das Stück ist voll ～ und Humor. この作品は機知とユーモアにみちている | Viel ～, aber wenig Tiefe. 才気あふれんばかりであるが 深みに乏しい ‖ keinen ～ haben 頭がない, 愚かである | einen sprühenden ～ haben 才気煥発(かんぱつ)である | viel ～ haben 聡明(そうめい)である; 才気に富んでいる | *seinen* ～ sprühen lassen 機知を縦横にほとばしらせる ‖ die Armen im ～ 知恵の乏しい人たち(→①) | ein Nachahmer ohne ～ 独創性〈ひらめき〉のない模倣者 | ein Mann von ～ i) 精神の人, 知者, 聡明な人; ii) 才人, 才子.

b) ① 《複数で》 (意見・考えの担い手として各人の)心, (さまざまな意見をもった)各人: **Hier scheiden sich die ～*er*.** ここで各人の意見がわかれる | Die ～*er* stießen scharf aufeinander. 人々の意見が激しくぶつかり合った | Es war nicht leicht, die vielen ～*er* unter einen Hut zu bringen. さまざまな意見を一つにまとめることは容易ではなかった.

② 《ふつう様態を示す形容詞と》 (…の)精神の持ち主: ein freier ～ 自由な精神の持ち主, 自由思想家 | die führenden ～*er* der Zeit 時代の精神的指導者〈指導的人物〉たち | ein genialer ～ 天才的精神の持ち主 | ein großer ～ 偉人, 大人物, 大才 | Große ～*er* stört das nicht〔, kleine geht's nichts an〕. 《戯》偉ければそんなことは気にならない〔しかし偉くなければそんなことは関係がない〕, そんなことは少しも気にならない | ein kleiner ～ 小人物, 小才 | die kleinen ～*er* 子供たち | ein schöner ～ 才人 | ein schöpferischer ～ 創造的精神の持ち主(→a ①) | ein starker ～ i) 強靭(きょうじん)な精神の持ち主; ii) 自由思想家 | ein unruhiger ～ 落ち着きのない人 | Sie sind verwandte ～*er*. 彼らは似たような精神の持ち主だ.

c) 《話》 ***jm.* auf den ～ gehen** …の気にさわる, …をいらいらさせる | Sein dummes Gerede geht mir auf den ～. あいつのくだらぬおしゃべりにはまったくいらいらするよ.

2 《単数で》《ふつう付加語を伴って》 **a)** (事象・人間の)精神〔的傾向〕; 気風, 気質, 風潮: der deutsche ～ ドイツ精神 | der preußische ～ プロシア気質 | kameradschaftlicher ～ 戦友〈僚友〉精神 | progressiver 〈revolutionärer〉 ～ 進歩〈革命〉的精神 | sportlicher ～ スポーツ精神 ‖ der ～ eines Dichters 詩人の精神〈心性〉 | der ～ der Gotik ゴシックの精神 | der ～ des Heeres 軍隊の士気 | der ～ des siebzehnten Jahrhunderts 17世紀の精神 | der ～ der Zeit 時代精神 ‖ In dieser Klasse herrscht ein guter 〈schlechter〉 ～. この教室の空気は良い〈良くない〉 ‖ Der Roman atmet modernen ～. この小説は近代精神にあふれている | Das ist der ～ des modernen Menschen. これが現代人気質だ | Er hat seines Vaters ～. 彼は父と同じ精神の持ち主だ | wes ～*es* Kind er ist (→3 a ③).

b) (法律・言語などの底にある)〔根本〕精神, 本質的意義, 真意: der ～ der Sprache 言語の本性, 言霊(ことだま) ‖ dem ～ der Verfassung gemäß handeln 憲法の精神に則(のっと)って行動する ‖ Es ist im ～*e* des Verstorbenen, wenn wir ... 我々が…するのも故人の遺志をくんでのことである | nach dem ～ des Gesetzes 法の精神に則って.

c) (主義・態度などにひそむ)精神, (…という)精神的態度, 理性, 主義: der ～ des Christentums キリスト教精神 | der ～ der Freiheit 自由の精神 | Die Begegnung verlief im ～ der Freundschaft. 会見は友好的な雰囲気のうちに行われた | der ～ der Geduld 忍耐の精神 | der ～ des Revanchismus 復讐(ふくしゅう)の精神 | der ～ des Widerspruchs あまのじゃくの精神, 反抗心.

3 a) ① (神によって吹き込まれる人間・動物の)生気, 精気; 活気, 活力: **den 〈*seinen*〉 ～ aushauchen** 《婉曲に》息を引き取る | Gott hauchte Adam den ～ des Lebens ein. 神はアダムに生気を吹き込んだ ‖ *seine* ～*er* erfrischen 元気〈活気〉を取り戻す | Er bekam ～*er*. 彼は元気が出てきた | Er hatte keine ～*er* mehr. 彼はもう全く元気を失っていた.

② (人間の)霊魂: **den 〈*seinen*〉 ～ aufgeben** 《雅》息絶える, 身まかる(聖書: 哀 2,12から) | Vater, ich befehle meinen ～ in deine Hände. 父よ わたしの霊をみ手にゆだねます(聖書: ルカ23,46).

③ (事物の)精霊, 妖精(ようせい); 魔物; 天使; 守護神; 聖霊, 神: der böse ～ / der ～ der Finsternis 《雅》悪魔 | *js.* böser ～ …にとりつく悪魔 | von einem bösen ～ besessen sein 悪魔〈悪霊〉にとりつかれている | *js.* guter ～ …につきそう守り神 | **von allen guten ～*ern* verlassen sein** 《話》(守り神に見捨てられて)すっかり分別〈理性〉をなくしている | ein Kampf zwischen den guten und bösen ～*ern* 天使と悪魔との戦い | Alle guten ～*er*! i) これは大変だ; ii) (感嘆して)これはすごい | Die Mutter war der gute ～ des Hauses. 母親は家の守り神であった ‖ **ein dienstbarer ～** 《戯》(なんでもしてくれる)召使い(聖書: ヘブ 1, 14から) | der Heilige ～〖宗〗聖霊 | die Ausgießung 〈die Herabkunft〉 des Heiligen ～*es* 聖霊の降臨 ‖ ～*er* der Luft 〈des Waldes〉 空気〈森〉の精 | der ～ des Ortes 土地の守護神 ‖ Gott ist ～. 神は霊である(聖書: ヨハ 4, 24) ‖ Wir merkten bald, wes ～*es* Kind er ist. 彼がどんな人物〈どんな考えの持ち主〉か我々はまもなく分かった(この Geist は今日では一般に 2 a の意味に解されているが, 元来 wes 以下はルター聖書: ルカ 9, 55の wisset ihr nicht, welches *Geistes* Kinder ihr seid 「お前たちは自分がどのような悪魔にとりつかれているのか分からないのだ」に由来する. ただし後世の書き入れと見られるこの個所は日本語訳聖書では省かれることがある).

b) (Gespenst) 幽霊, 亡霊: das Reich der ～*er* 幽界, 冥府(めいふ) | die Stunde der ～*er* 真夜中, 丑(うし)三つ時 ‖ als ～ erscheinen 〈umgehen〉 幽霊となって化けて出る〈さまよう〉 | Der ～ des Toten erschien ihm. 死者の亡霊を彼は見た | In dem Schloß gehen ～*er* um. その館には幽霊が出没する ‖ wie ein ～ aussehen (幽霊のように)青い顔をしている ‖ ～*er* bannen 〈beschwören〉 i) 亡霊をしずめる, 幽霊を追い払う; ii) 幽霊〈亡霊〉を呼び出す | ～*er* sehen 幽霊を見る ‖ Glaubt nicht an ～*er*! 幽霊の存在を信じるな.

c) -〔e〕s/ (種類: -e) ▽① 〖化〗エキス, 精, (特に:) (Weingeist) 純酒精, アルコール(→geistig 2): flüchtige 〈feste〉 ～*er* 揮発〈不揮発〉性エキス | Der Wein hat viel ～. このワインはアルコール分が強い.

② 《ふつう複合名詞の基礎語として》果実の蒸留酒: Brombeer*geist* キイチゴ酒 | Kirsch*geist* チェリーブランデー.

d) 〖虫〗 ① ガガンボ(大蚊). ② ＝Geistchen 4

[*westgerm.* „Erregung"; ◇ *engl.* ghost]

geist·bil·dend[gáɪst..] 形 (本などについて)精神を養い育てる, ためになる: eine ～*e* Lektüre 心の糧となる読み物.

Geist·chen[gáɪstçən] 中 -s/- **1** Geist の縮小形. **2** ちっぽけな心, 卑小な精神. **3** 小妖精(ようせい), 魔物; 幽霊 **4** 〖虫〗

タヨクガ(多翼蛾)科のガ.

gei·sten[gáɪstən]《01》自 (h, s)《南部》**1** (sterben) 死ぬ. **2** 幽霊になって出る.

Gei·ster≠bahn[gáɪstər..] 女 (遊園地などの)化け物めぐりコースター. **≠be·schwö·rer** 男 霊魂を呼び出す人, 降霊師, 巫術(ふじゅつ)者; 霊媒. **≠be·schwö·rung** 女 降霊術, 巫術.

gei·ster·bleich 形 幽霊のように青白い.

Gei·ster≠er·schei·nung 女 幽霊〈妖怪(ようかい)〉現象: an ～ glauben 幽霊の存在を信じる. **≠fah·rer** 男《話》(車線を本来と逆方向に走る無謀な)幽霊ドライバー. **≠ge·schich·te** 女 怪談. **≠glau·be** 男 精霊崇拝〈信仰〉.

gei·ster·haft[..haft] 形 幽霊のような, 無気味な; 不思議な, 超自然的な.

Gei·ster≠hand 女 幽霊の手:〖もっぱら次の成句で〗**wie von ～ / wie durch ～** 幽霊の手によるかのように | Die Tür öffnete sich wie von ～. ドアがひとりでにスーッとあいた. **≠har·fe** 女 (Äolsharfe)〖楽〗風琴, エオリアンハープ.

gei·stern[gáɪstərn]《05》自 (s, h) 幽霊のように現れる〈さまよう〉(s, h について: →schwimmen I 1 ☆): Lichter *geisterten* über die Trümmer. あかりが廃墟(はいきょ)の上にちらついていた | Erinnerungen *geisterten* durch mein Gehirn. 思い出が私の脳裏に浮かんだ | Diese Idee hatte lange in ihren Köpfen *gegeistert*. この考えはその後も長い間彼らの脳裏に現れては消えた.

Gei·ster≠reich 中 幽界, 霊界, 冥府(めいふ). **≠ro·man** 男 怪奇小説.

Gei·ster·schrei·ber 男 (文学作品などの)代作者, ゴーストライター. [*engl.* ghost-writer (◇Ghostwriter) の翻訳借用]

Gei·ster≠se·her 男 降神術者, 巫術(ふじゅつ)者; 見霊者, 霊視能力者. **≠stadt** 女 ゴーストタウン(荒れ果てた無人の町). **≠stim·me** 女 **1** 幽霊の〔ような〕声. **2**〖テレビ〗(クイズの答えなどの)陰の声; (画面に出ない)ナレーター〈語り〉の声. **≠stun·de** 女 幽霊の出る時刻(夜の12–1時), 真夜中, 丑(うし)三つ時. **≠welt** 女 =Geisterreich

gei·stes·ab·we·send[gáɪstəs..] 形 放心した, ぼんやりした, うわの空の, 心ここにない.

Gei·stes·ab·we·sen·heit 女 放心状態. [*fr.* absence d'esprit の翻訳借用(◇Geistesgegenwart)]

Gei·stes≠an·stren·gung 女 精神的努力;〖医〗精神過役. **≠ar·beit** 女 -/ 頭脳〈精神〉労働. **≠ar·bei·ter** 男 頭脳〈精神〉労働者.

gei·stes·arm 形 精神〈知力〉の乏しい, 頭の鈍い, 愚かな.

Gei·stes≠ar·mut 女 精神的〈知的〉貧困. **≠art** 女 気質, 精神のあり方. **≠bil·dung** 女 精神形成, 知的教養; 精神教育. **≠blitz** 男《話》突然の思いつき〈アイディア〉. **≠blü·te** 女《軽蔑的に》思いつき: eine typische ～ eines Polizeigehirns いかにも警官の思いつきそうな考え. **≠flug** 男《雅》精神の飛翔(ひしょう)〈羽ばたき〉. **≠frei·heit** 女 -/ 精神〈思想〉の自由. **≠fri·sche** 女 精神のはつらつさ〈新鮮さ〉. **≠fun·ke** 男 精神の火花〈ひらめき〉. **≠fürst** 男 偉大な思想家; (Genie) 天才. **≠ga·be** 女 -/-n《ふつう複数で》知的才能〈天分〉;〖宗〗霊の賜物.

Gei·stes·ge·gen·wart 女 沈着, 冷静, (予想外の事態に対応する)機転, 当意即妙: die ～ bewahren ⟨nicht verlieren⟩ 沈着を保つ, ぼんやりしたりあわてたりしない. [*fr.* présence d'esprit の翻訳借用(◇Geistesabwesenheit)]

gei·stes·ge·gen·wär·tig 形 沈着な, 機転のきく, 打てば響く: ～ reagieren ぼんやりせずに即座に反応する.

Gei·stes·ge·schich·te 女 精神史.

gei·stes·ge·schicht·lich 形 精神史〔上〕の.

gei·stes·ge·stört I 形 精神障害のある. **II Gei·stes·ge·stör·te** 男 女《形容詞変化》精神障害者.

Gei·stes≠ge·stört·heit 女 -/ geistesgestört なこと. **≠grö·ße** 女 **1**《単数で》精神の偉大さ, すぐれた才気. **2** 精神的偉人, 天才. **≠hal·tung** 女 精神のありよう〈態度〉. **≠hy·gie·ne** 女 精神衛生. **≠kraft** 女 精神力: unter Aufbietung aller *Geisteskräfte* 気力をふりしぼって.

gei·stes·krank I 形 精神病の. **II Gei·stes·kran·ke** 男 女《形容詞変化》精神病患者.

Gei·stes≠krank·heit 女 精神病. **≠le·ben** 中 精神生活. **≠pro·dukt** 中 精神の産物〈所産〉. **≠rich·tung** 女 精神傾向; 思想の流派.

gei·stes·schaf·fend 形 精神〈頭脳〉労働に携わっている.

Gei·stes·schär·fe 女 精神の鋭さ, 明敏な思考力.

gei·stes·schwach 形 精神薄弱の.

Gei·stes≠schwä·che 女 精神薄弱〈減弱〉. **≠stär·ke** 女 精神の強さ〈強靱(きょうじん)さ〉. **≠stö·rung** 女 精神障害. **≠strö·mung** 女 (時代の)〔精神〕思潮. **≠ver·fas·sung** 女 精神〈心理〉状態.

gei·stes·ver·wandt 形 精神〈気性〉が似かよった.

Gei·stes≠ver·wir·rung 女 = Geistesgestörtheit **≠welt** 女 -/ **1** (物質界に対する)精神界. **2** 精神労働の世界, 思想界. **≠wis·sen·schaft** 女 -/-en《ふつう複数で》(↔ Naturwissenschaft) 精神科学, 人文科学. **≠wis·sen·schaft·ler** 男 精神〈人文〉科学者.

gei·stes·wis·sen·schaft·lich 形 精神〈人文〉科学の.

Gei·stes≠zer·rüt·tung 女 (強度の)精神錯乱. **≠zu·stand** 男 精神状態.

gei·stig[gáɪstɪç][2] 形 **1** (↔körperlich) 精神の, 精神的な, 心的な; 知的な; 霊的な: ～*e* Anlage 精神的素質 | eine ～*e* Arbeit 精神〈知的〉労働 | mit dem ～*en* Auge 心眼で | ein ～*er* Diebstahl (文学作品などの)盗作 | ～*es* Eigentum〖法〗著作権 | ～*e* Nahrung 心の糧 | die ～*e* Strömung der Zeit 時代思潮 | einen ～*en* Totalschaden haben (→Totalschaden) | ein ～*er* Vorbehalt〖法〗心裡(しんり)留保 ‖ ～ anspruchslos sein 知的向上心がない | ～ beschränkt sein 知能が低い; 偏狭である ‖ ～ weggetreten (→weggetreten) ‖〖名詞的に〗Alles *Geistige* ist ihm fremd. 精神的〈知的〉なことはすべて彼には無縁だ | im *Geistigen* verwandt sein 精神的に似かよっている.

2《付加語的》(alkoholisch) アルコールを含む;〖比〗(エキスなどが)揮発性の: ～*e* Getränke アルコール飲料.

gei·stig·be·hin·dert I 形 精神障害のある. **II Gei·stig·be·hin·der·te** 男 女《形容詞変化》精神障害者.

Gei·stig·keit[..kaɪt] 女 -/ **1** 精神的なこと, 精神性; 知性; 霊性; 精神的態度: ein Mensch von hoher ～ 知性の高い人; 高邁(こうまい)な精神の人 | französische ～ フランス流のエスプリ〈才知〉. ▽**2** アルコール含有度.

geist·lich[gáɪstlɪç] I 形 **1**《述語的用法なし》(↔weltlich) 宗教的〈霊的〉な; 〔キリスト〕教会の; 聖職〔者〕の: ～*e* Fürsten〖史〗聖職にある諸侯 | ein ～*er* Herr 聖職者, 牧師 | *Geistlicher* Rat〖カトリック〗(特に老司祭の称号として)司教座聖堂参事会員 | ein ～*es* Spiel 宗教劇 | in den ～*en* Stand eintreten 聖職者になる | eine ～*e* Tracht 聖職者の服 | ～*er* Vater 司牧者, 教区司祭 ‖ *jn.* ～ betreuen …の霊的な相談相手になる. ▽**2** (geistig) 精神的な; 心の, 霊の: Selig sind, die da ～ arm sind. 心の貧しい人たちは幸いである(聖書: マタ 5, 3). **II Geist·li·che** 男《形容詞変化》(↔Laie) 聖職者(→図); 牧師, 司祭: nach einem ～*n* verlangen (死にぎわなどに)司祭〈牧師〉を呼ぶ. [*ahd.*; *lat.* spīrituālis (◇Spiritualien) の翻訳借用]

Geistliche

Gẹist·lich·keit[–kaıt] 女 -/ (Klerus)《集合的に》聖職者, 牧師, 僧侶(そうりょ)階級: die evangelische 〈katholische〉 ～ 新教〈カトリック〉の聖職者たち.

gẹist·los[gáıstlo:s][1] 形 才気のない, 愚かな; 気の抜けた, 退屈な, つまらない: ein ～*es* Gespräch 内容のない〈陳腐な〉対話 | ein ～*er* Mensch 知性のない人.

Gẹist·lo·sig·keit[..lo:zıçkaıt] 女 -/ geistlos なこと.

gẹist·reich 形 才気に満ちた, 機知に富んだ, 利発な.

Geist·rei·che·lẹi[gaıstraıçəláı] 女 -/-en **1**《単数で》才知をひけらかすこと. **2** 才知をひけらかす言動.

gẹist·rei·cheln[gáıstraıçəln]《06》自 (h) 才知をひけらかす.

gẹist≈sprü·hend 形 精神の火花を散らすような, 才気〈機知〉あふれる. **≈tö·tend** 形 (仕事などが) 退屈な, 単調きわまる. **≈voll** =geistreich

Gẹi·tau[gáı..] 中 -[e]s/-e =Gei

Geiz[gaıts] 男 -es/-e **1**《単数で》**a**) けち, しみったれ, 吝嗇(りんしょく): *Geiz* ist die Wurzel allen 〈alles〉 Übels.《諺》けちはすべての災いの元 (→übel II) | **vor ～ stinken**《話》ひどくけちである. ▽**b**) (Gier) 渇望, 貪欲(どんよく). **2**〘園〙(幹の養分を吸い取る) 側枝.

gẹi·zen[gáıtsən]《02》**I** 自 (h) **1**《mit *et.*[3]》(…を) 惜しむ, (極度に) 節約する: mit dem Geld 〈der Zeit〉 ～ 金〈時間〉を惜しむ | Sie *geizte* nicht mit ihren Reizen. 彼女はその魅力を惜し気なく人目にさらした. ▽**2** (gieren)《nach *et.*[3]》(…を) 熱望〈渇望〉する. **II** 他 (h)〘園〙(…の) 側枝を取り除く〈折り取る〉: die Tomaten ～ トマトの側枝を除く. [*mhd.*; < *ahd.* gīt „Gier"]

Gẹiz≈hals 男 (**≈ham·mel** 男) けちん坊, 吝嗇(りんしょく)漢.

gẹi·zig[gáıtsıç][2] 形 **1** けちな, 物惜しみする. ▽**2** (gierig) 貪欲(どんよく)な, 熱望〈渇望〉している.

Gẹiz≈kno·chen 男, **≈kra·gen** 男《話》=Geizhals **≈trieb** 男 =Geiz 2

Ge·jạm·mer[gəjámər] 中 -s/ しきりに嘆き悲しむ〈ぐちをこぼす〉こと. [<jammern]

Ge·jauch·ze[gəjáυxtsə] 中 -s/ さかんに歓声をあげること. [<jauchzen]

Ge·jaul[gəjáυl] 中 -[e]s/ , **Ge·jau·le**[..lə] 中 -s/ (犬などが) 悲しそうにクンクン鳴くこと〈声〉. [<jaulen]

Ge·jo·del[gəjó:dəl] 中 -s/ ヨーデルの唱法で歌うこと〈声〉. [<jodeln]

Ge·johl[gəjó:l] 男 -[e]s/ , **Ge·joh·le**[..lə] 中 -s/《軽蔑的に》しきりに叫ぶ〈わめく〉こと, 叫び〈わめき〉声. [<johlen]

Ge·ju·bel[gəjú:bəl] 中 -s/ さかんに歓声をあげること. [<jubeln]

ge·kạnnt[gəkánt] kennen の過去分詞.

Ge·keif[gəkáıf] 中 -[e]s/ , **Ge·kei·fe**[..fə] 中 -s/《軽蔑的に》かん高くののしる〈がみがみ言う〉こと〈声〉. [<keifen]

ge·kẹrbt[gəkɛ́rpt] **I** kerben の過去分詞. **II** 形 ぎざぎざのある; (葉の縁が) 鋸歯(きょし)状の (→ 図 Blatt).

Ge·ki·cher[gəkíçər] 中 -s/ しきりにくすくす笑うこと〈声〉. [<kichern]

ge·kielt[gəkí:lt] 形 竜骨状の. [<Kiel[3]]

ge·kịf·fen[gəkífən] gekeift (keifen の過去分詞) の古形.

Ge·kläff[gəklɛ́f] 中 -[e]s/ , **Ge·kläf·fe**[..fə] 中 -s/ (犬などが) キャンキャンほえること〈声〉. [<kläffen]

Ge·klạp·per[gəklápər] 中 -s/ カタカタ〈ガタガタ・ガラガラ〉と鳴ること〈音〉. [<klappern]

Ge·klạtsch[gəklátʃ] 中 -es/ , **Ge·klạt·sche**[..tʃə] 中 -s/ **1** さかんに拍手すること〈音〉. **2**《話》おしゃべり, 陰口. [<klatschen]

Ge·klịm·per[gəklímpər] 中 -s/ (硬貨などを) しきりにチャリンチャリンさせること〈音〉; (ピアノ・ギターなどを) ポツンポツンと鳴らすこと〈音〉. [<klimpern]

Ge·klịn·gel[gəklíŋəl] 中 -s/ (ベルなどが) 鳴ること〈音〉. [<klingeln]

Ge·klịrr[gəklír] 中 -[e]s/ , **Ge·klịr·re**[..rə] 中 -s/ (金属・ガラスなどが) カチャカチャ鳴り続けること〈音〉. [<klirren]

ge·klo·ben[gəkló:bən] klieben の過去分詞.

ge·klọm·men[gəklɔ́mən] klimmen の過去分詞.

Ge·klọpf[gəklɔ́pf] 中 -[e]s/ , **Ge·klọp·fe**[..pfə] 中 -s/ トントン打ち鳴らすこと〈音〉; (ドアなどを) [しきりに] たたくこと〈音〉. [<klopfen]

Ge·klüft[gəklʏ́ft] 中 -[e]s/-e, **Ge·klüf·te**[..tə] 中 -s/- 険しい岩山, 岩山のそそり立つ場所. [<Kluft[2]]

ge·klụn·gen[gəklúŋən] klingen の過去分詞.

Ge·knạll[gəknál] 中 -[e]s/ , **Ge·knạl·le**[..lə] 中 -s/ パチッ〈パンパン〉と鳴ること〈音〉. [<knallen]

Ge·knạt·ter[gəknátər] 中 -s/ (機関銃・エンジンなどが) ダッダッダッと鳴り続けること〈音〉. [<knattern]

ge·knịckt[gəkníkt] **I** knicken の過去分詞. **II** 形《俗》落胆〈意気消沈〉した: einen ganz ～*en* Eindruck machen 全く意気消沈した印象を与える | Sie war völlig ～. 彼女はがっかりしていた.

ge·knịf·fen[gəknífən] kneifen の過去分詞.

ge·knịp·pen[gəknípən] gekneipt (kneipen[2]の過去分詞) の別形.

Ge·knịrsch[gəknírʃ] 中 -es/ , **Ge·knịr·sche**[gəknírʃə] 中 -s/ ギシギシきしむこと〈音〉; 歯ぎしり. [<knirschen]

Ge·knị·ster[gəknístər] 中 -s/ **1** (たき火・紙くずなどが) パチパチ〈パリパリ〉鳴ること〈音〉. **2**〘医〙(肺部聴診の際の) 捻髪(ねんぱつ)音. [<knistern]

ge·kọm·men[gəkɔ́mən] kommen の過去分詞.

ge·kọnnt[gəkɔ́nt] **I** können の過去分詞. **II** 形 (高い能力に裏付けられて) できばえのよい, 質の高い: ein sehr ～*es* Spiel きわめて練達した演技〈演奏〉| mit ～*er* Rhetorik 弁舌たくみに ‖ Die Verse sind ～. この詩はよくできている | Der Film ist ～ inszeniert. この映画の演出は上出来だ.

Ge·kọnnt·heit[–haıt] 女 -/ gekonnt なこと.

ge·kö·pert[gəkǿ:pərt] köpern の過去分詞.

ge·kọp·pelt[gəkɔ́pəlt] koppeln の過去分詞.

ge·ko·ren[gəkó:rən] **I** kiesen[2]の過去分詞. **II** gekürt (küren の過去分詞) の別形.

ge·körnt[gəkœ́rnt] **I** körnen の過去分詞. **II** 形 (körnig) 粒状の, 顆粒(かりゅう)の: ein ～*es* Waschpulver 顆粒状の洗剤.

Ge·ko·se[gəkó:zə] 中 -s/ 愛撫(あいぶ), いちゃつき. [<kosen]

Ge·krạch[gəkráx] 中 -[e]s/ , **Ge·kra·che**[..xə] 中 -s/ ガタガタ〈メリメリ〉鳴ること〈音〉. [<krachen]

Ge·krächz[gəkrɛ́çts] 中 -es/ , **Ge·kräch·ze**[..tsə] 中 -s/ (カラス・カエルなどが) カアカア〈ガアガア〉鳴くこと〈声〉. [<krächzen]

Ge·kra·kel[gəkrá:kəl] 中 -s/《軽蔑的に》へたな字で書かれたもの, へたくそな字. [<krakeln]

Ge·krätz[gəkrɛ́ts] 中 -es/ (**Ge·krät·ze**[..tsə] 中 -s/)〘金属〙鉱滓(こうさい). [<kratzen]

Ge·krạt·ze[gəkrátsə] 中 -s/ しきりに掻(か)く〈掻きむしる〉こと.

Ge·kräu·sel[gəkrɔ́yzəl] 中 -s/ **1** 縮れる〈ちりめん状になる〉こと; (水面に) さざ波が立つこと. **2** (縮れたもの. 例えば:) 縮れ毛; さざ波. [<kräuseln]

Ge·kreisch[gəkráıʃ] 中 -[e]s/ , **Ge·krei·sche**[..ʃə] 中 -s/ かん高く叫ぶこと〈声〉, 金切り声; (ブレーキなどの) きしみ. [<kreischen]

ge·kreu·zigt[gəkrɔ́ytsıçt] **I** kreuzigen の過去分詞. **II Ge·kreu·zig·te** 男《形容詞変化》〘宗〙十字架にかけられた者, キリスト.

ge·kri·schen[gəkríʃən] gekreischt (kreischen の過去分詞) の方言形.

Ge·krịt·zel[gəkrítsəl] 中 -s/ , **Ge·krịt·ze·le**[..tsələ] 中 -s/ 小さく読みにくい字で書かれたもの. [<kritzeln]

ge·kro·chen[gəkrɔ́xən] kriechen の過去分詞.

ge·kröpft[gəkrœ́pft] **I** kröpfen の過去分詞. **II** 形 (hakenförmig) フック状の, 直角に折れ曲がった: eine ～*e* Welle〘工〙クランクシャフト.

Ge·krö·se[gəkrǿ:zə] 中 -s/- **1 a**) (Eingeweide) 内

臓. **b)**〘料理〙(子牛・子羊などの)臓物. **2** (Mesenterium)〘解〙腸間膜. **3**〘服飾〙ひだ飾り. [*mhd.* „Krauses"; ◇kraus]

Ge·krös·fell[..krø:s..] 中 =Gekröse 2

ge·krümmt[gəkrʏ́mt] krümmen の過去分詞.

ge·krum·pen[gəkrʊ́mpən] krimpen の過去分詞.

ge·kün·stelt[gəkʏ́nstəlt] **I** künsteln の過去分詞. **II** 形 不自然な, 作為的な, わざとらしい, 気取った.

Ge·küs·se[gəkʏ́sə] 中 -s/ 〔絶えず〕キス〈口づけ〉すること. [<küssen]

Gel[ge:l] 中 -s/-e (↔ Sol)〘化〙ゲル, 凝膠(ぎょうこう). [<Gelatine]

Ge·la·ber[gəlá:bər] 中 -s/ 《話》(くだらない)おしゃべり. [<labern]

Ge·la·che[gəláxə] 中 -s/ 《軽蔑的に》うるさい笑い声, ばか笑い. [<lachen]

Ge·läch·ter[gəlɛ́çtər] 中 -s/- 《ふつう単数で》**1** 大きな笑い声, 爆笑: ein dröhnendes ~ どよめくばかりの笑い声 | ein homerisches ~ (→homerisch) ‖ in ~ ausbrechen どっと笑いだす | Seine letzten Worte gingen im allgemeinen ~ unter. 彼の最後の言葉は満座の爆笑にかき消された. **2** 《雅》物笑いの種: *jn.* zum ~ machen …を笑い物にする | zum ~ werden / *sich*[4] zum ~ machen 物笑いの種になる. [*mhd.*; <*ahd.* 〔h〕lachtar „Lachen"; ◇lachen[2]; *engl.* laughter]

ge·lack·mei·ert[gəlákmaɪərt] lackmeiern の過去分詞.

ge·la·den[gəlá:dən] **I 1** laden[1]の過去分詞. **2** 形《述語的》《話》(wütend) 腹を立てた, 憤激した: Er ist auf dich ~. 彼は君に対して腹を立てている ‖ Er erwiderte ~. 彼は憤然として答えた. **II** laden[2]の過去分詞.

Ge·la·ge[gəlá:gə] 中 -s/- (▽**Ge·lag**[..lá:k][1] 中 -〔e〕s/-e)《軽蔑的に》(酒や料理が豊富に出される)宴会, 酒盛り, 飲み食い, どんちゃん騒ぎ: ein ~ feiern 〈abhalten〉 にぎやかに酒盛りをする | ins ~ hineinreden《比》わめき散らす. [„Zusammengelegtes"; ◇legen]

Ge·lä·ger[gəlɛ́:gər] 中 -s/-〘醸〙(発酵によって生じる)おり, かす. [*mhd.*; ◇lagern]

ge·la·gert[gəlá:gərt] **I** lagern の過去分詞. **II** 形《様態を示す語句と》(…の)様相〈事情〉の: ein ähnlich 〈anders〉 ~*er* Fall 同様な〈異なった〉事例.

ge·lähmt[gəlɛ́:mt] lähmen の過去分詞.

▽**ge·lahrt**[gəlá:rt] 形 (gelehrt) 学問〈学識〉のある. [*mhd.*; ◇gelehrt]

▽**Ge·lahrt·heit**[−haɪt] 女 -/ gelahrt なこと.

Ge·län·de[gəlɛ́ndə] 中 -s/- 《ふつう単数で》**1** (自然の景観を保った)土地, 地域; 地形: ein flaches 〈bergiges〉 ~ 平坦(へいたん)な〈山の多い〉土地 ‖ ein ~ aufnehmen 地図〈地形図〉を作る | Wer läuft denn da durchs ~?《話》そこをうろついているのはだれだ. **2 a)** (建造物などの)敷地: das ~ der Ausstellung 〈des Bahnhofs〉 展示会〈駅〉の敷地. **b)**〘軍〙作戦地域: ein verlorenes ~ zurückerobern 失地を回復する. **c)**〘スポ〙ゲレンデ. **3**《中部》=Geländer 2 [*ahd.*; ◇Land]

Ge·län·de≈auf·nah·me 女 **1** 地形測量. **2** (測量用の)航空写真撮影. **≈au·to** 中 = Geländewagen **≈fahrt** 女 (自動車などによる)クロスカントリー〔レース〕, 断郊競走. **≈fahr·zeug** 中 =Geländewagen

ge·län·de·gän·gig 形 (自動車などについて)道のない原野でも走行できる, 断郊用の.

Ge·län·de≈hin·der·nis 中 地形障害物. **≈ho·bel** 男 = Bulldozer **≈kli·ma** 中 地形性局地気象. **≈kun·de** 女 -/ 地形学. **≈lauf** 男〘スポ〙(徒歩での)クロスカントリー〔レース〕, 断郊競走. **≈marsch** 男 断郊行軍. **≈pro·fil** 中 (起伏のある)土地の断面〔図〕.

Ge·län·der[gəlɛ́ndər] 中 -s/- **1** (階段・崖(がけ)などに設けられた)手すり, 欄干, 保護柵(さく) (→ 図 Treppe). **2** (果樹を支える)格子棚. [<*mhd.* lander „Stangenzaun" (◇Latte)]

Ge·län·der·docke 女 =Geländerstab

Ge·län·de·ritt[gəlɛ́ndə..] 男〘馬術〙(騎馬による)クロスカントリー〔レース〕, 野外騎乗.

Ge·län·der≈säu·le[gəlɛ́ndər..] 女, **≈stab** 男 欄干〈手すり〉の柱, 手すり子(→ 図 Treppe).

Ge·län·de≈spiel[gəlɛ́ndə..] 中 ゲレデシュピール(オリエンテーリングに似た野外での団体競技). **≈sport** 男 野外スポーツ. **≈sprung** 男〘スキ〙ゲレンデシュプルング. **≈übung** 女〘軍〙野外演習〈教練〉. **≈wa·gen** 男 野外走行車, 四輪駆動車, オフロード車(ジープなど).

ge·lang[gəláŋ] gelingen の過去.

ge·län·ge[..lɛ́ŋə] gelingen の接続法 II.

Ge·län·ge[gəlɛ́ŋə] 中 -s/- 《中部》細長い農地. [<lang]

ge·lan·gen[gəláŋən] 自 (s) **1**《方向を示す語句と》(…に)達する, 行き着く, 届く: ans Ziel 〈bis ans andere Ufer〉 ~ 目標〈向こう岸〉に到達する | Der Brief *gelangte* in meine Hände 〈meinen Besitz〉. その手紙は私の手元に届いた〈私の所有に帰した〉| Das Gerücht *gelangte* nicht zu mir 〈zu meinen Ohren〉. そのうわさは私の耳には入らなかった. **2** 《(zu *et.*[3])》**a)** (…の)状態になる: zu Ansehen 〈zur Macht〉 ~ 名望〈勢力〉を得る | zur Reife ~ 成熟する. **b)** 《〔動作〕名詞とともに機能動詞として受動の意味の動詞句をつくる》…される: zur Aufführung ~ (→Aufführung 1) | zur Auszahlung ~ (→Auszahlung 1) | zum Druck ~ 印刷される. **3** 《スイ》《an *jn.*》(…に)訴える: an das Obergericht ~ 控訴する | an die Öffentlichkeit ~ 世論に訴える. [*ahd.* gilangōn „einen langen Weg gehen"]

ge·langt[gəláŋt] **I** langen の過去分詞. **II** gelangen の過去分詞; 現在 3 人称単数・2 人称複数; 命令法複数.

ge·lappt[gəlápt] 形〘植〙(葉が)分裂している, 裂片のある. [<Lappen]

Ge·lär·che[gəlɛ́rçə] 中 -s/ 《方》家の残骸(ざんがい); がらくた. [*ahd.* gilāri „Wohnung"]

Ge·lärm[gəlɛ́rm] 中 -〔e〕s/ , **Ge·lär·me**[..mə] 中 -s/ 騒がしいこと〈音〉. [<lärmen]

Ge·lärr[gəlɛ́r] 中 -〔e〕s/ =Gelärche

Ge·laß[gəlás] 中 ..sses/..sse《雅》(小さな)部屋; 納戸, 物置. [*mhd.*; <*mhd.* gelāzen „sich niederlassen"]

ge·las·sen[gəlásən] **I** lassen の過去分詞. **II** 形 泰然〈平然〉たる, 冷静〈沈着〉な, 落ち着き払った, じたばたしない: ein ~*er* Mensch 冷静な人間 | einen Tadel ~ 〈mit einer ~*en* Miene〉 ertragen 顔色も変えず非難に耐える | ruhig und ~ bleiben 平静を失わない. [*mhd.* gelāzen „〔gott〕 ergeben"]

Ge·las·sen·heit[−haɪt] 女 -/ 平静, 沈着: mit ~ 落ち着き払って.

Ge·lä·ster[gəlɛ́stər] 中 -s/ 中傷, 悪口. [<lästern]

Ge·la·ti·ne[ʒelatí:nə, ʒə..] 女 -/ (料理用・写真感光材料用などの)ゼラチン. [<*lat.* gelātus „gefroren" (◇gelieren); ◇Galantine]

Ge·la·ti·ne≈blatt 中 板状ゼラチン. **≈dy·na·mit** 中〘化〙ゼラチンダイナマイト, ゼリグナイト(爆薬の一種). **≈kap·sel** 女〘医〙ゼラチンカプセル.

ge·la·ti·nie·ren[ʒelatiní:rən, ʒə..] **I** 自 (s) ゼラチン〈ゼリー〉状になる. **II** 他 (h) ゼラチン化する.

ge·la·ti·nös[..tinø:s][1] 形 ゼラチン〈ゼリー〉状の. [<..ös]

Ge·läuf[gəlɔ́ʏf] 中 -〔e〕s/-e **1**〘スポ〙**a)** (競馬などの)走路. **b)** (サッカーなどの)グラウンド〔の状態〕: Der Regen hat das ~ schwer gemacht. 雨でグラウンド=コンディションが悪い. **2**〘狩〙(鳥やウサギの)足跡.

Ge·lau·fe[gəláʊfə] 中 -s/ かけ回ること. [<laufen]

ge·lau·fen[gəláʊfən] laufen の過去分詞.

ge·läu·fig[gəlɔ́ʏfɪç][2] 形 **1** よく知られた, なじみの, 周知の: ~*e* Redewendungen だれもが知っている言い回し | Dieses Wort ist mir ~. その単語なら私はよく知っている. **2** 流暢(りゅうちょう)な, よどみない: in ~*em* Englisch 達者な英語で | ein Musikstück ~ spielen ある曲をすらすらと演奏する.

Ge·läu·fig·keit[−kaɪt] 女 -/ (geläufig なこと. 例えば:) 周知; 熟練, 流暢(りゅうちょう).

ge·launt[gəláʊnt] 形《述語的》《様態を示す語句と》(…の)気分である: Der Vater ist gut 〈schlecht〉 ~. 父は機嫌がよい〈悪い〉(付加語的には der gut*gelaunte* Vater のように

G

一語に書く). ［< Laune］

Ge・laut[gəláʊt] 中 -［e］s/ 《狩》(犬たちの)ほえ声. ［*mhd.*; ◇lauten］

Ge・läut[gəlɔ́ʏt] 中 -［e］s/-e, **Ge・läu・te**[..tə] 中 -s/- **1** 《単数で》**a)** 鐘を鳴らすこと〈音〉. **b)** =Gelaut **2** 組み合わせ鐘〈ベル〉, チャイム. ［*mhd.*; ◇läuten］

gelb[gɛlp][1] **I** 形 (英: *yellow*) 黄色の: flachs*gelb* 亜麻(あま)色の | hell*gelb* 淡黄色の ‖ ~*e* Farbe 黄色; 黄色の塗料〈染料〉| das ~*e* Fieber 《医》黄熱病 (=Gelbfieber) | der ~*e* Fleck 《解》(網膜の)黄斑(おうはん) | der *Gelbe* Fluß 黄河(中国の川) | die ~*e* Gefahr (→Gefahr) | das *Gelbe* Meer 黄海(中国の東の海) | der ~*e* Neid 激しい嫉妬(しっと)(黄色は嫉妬の色とされている) | die ~*e* Rasse 黄色人種 | ~*e* Rübe 《南部》ニンジン(人参) (=Mohrrübe) ‖ Die Blätter werden ~. (秋に)木の葉が色づく | *sich*[4] grün und ~ 〈~ und grün〉 ärgern (→grün I 1) | *jn.* grün und ~ schlagen (→grün I 1). **II Gelb** 中 -s/- (話: -s) 黄色; 黄色色素〈塗料・染料〉; (交通信号の)黄, 黄色〈注意〉信号. **III Gel・be**[1] 《形容詞変化》**1** 男 女 黄色人種〔に属する人〕. **2** 中 黄色〔の物〕: das ~ im 〈vom〉 Ei 卵の黄身 | **das ~ vom Ei sein** 《話》最良〈最善〉のものである. ［*westgerm.*; ◇ *engl.* yellow; *lat.* helvus „gelb"］

Gelb≠bee・ren[gɛ́lp..] 複 《植》クロウメモドキ属の一種の未熟な果実(黄色染料の原料). **≠blei・erz** 中 黄鉛鉱, 水銀鉛鉱. **≠blind・heit** 女 《医》黄〔色〕色盲.

gelb・braun 形 黄褐色の.

Gelb≠bren・nen 中 -s/ 《金属》酸洗. **≠buch** 中 《政》黄書(フランス・中国の外交報告書).

gelb・bunt 形 《北部》黄まだらの, とらぶちの.

Gel・be[1] →gelb III

Gel・be[2][gɛ́lbə] 女 -/ 黄色〔の物〕, 黄色色素〈染料・塗料〉; 《医》黄疸(おうだん).

gel・ben[gɛ́lbən][1] **I** 他 (h) 黄色にする. **II** 自 (h, s) 黄色になる.

Gelb≠er・de[gɛ́lp..] 女 -/ 《鉱》黄土, 黄色土. **≠fie・ber** 中 -s/ **1** 《医》黄熱病. **2** =Gelbsucht 3 **≠fil・ter** 中 男 《写》黄色フィルター.

Gelb・gie・ßer 男 黄銅鋳造業者. ［*ndl.* geel-geter–*ndd.*］

gelb・grün 形 黄緑色の.

Gelb≠guß 男 黄銅鋳造; 鋳鉄黄銅. **≠holz** 中 マメ科イヌエンジュ属などの木材(家具・彫刻の材料). **≠kie・fer** 女 《植》(米国西部に産する)マツ属の一種(木材は坑木・枕木(まくらぎ)・電柱などの材料). **≠kör・per** 男 《医》(卵巣の)黄体.

Gelb・kör・per・hor・mon 中 (略 GKH) 《医》黄体ホルモン.

Gelb≠kreuz 中 -es/ 《軍》黄十字(イペリット・ルイサイトなど糜爛(びらん)性毒ガスの総称). **≠kup・fer** 中 黄銅; 粗銅.

gelb・lich[gɛ́lplɪç] 形 黄色がかった, 黄ばんだ, 黄色っぽい: *gelblich*grün 黄色がかった緑色の.

Gelb・licht 中 -［e］s/ (交通信号の)黄色光.

Gelb・ling[gɛ́lplɪŋ] 男 -s/-e **1** (Pfifferling) 《植》アンズタケ(杏茸). **2** 《虫》モンキチョウ(紋黄蝶)属のチョウ.

Gelb・rand 男 《虫》ゲンゴロウモドキの一種(ヨーロッパ産).

gelb≠reif 形 (麦などが)黄色〈金色〉に熟した. **≠rot** 形 (orange) だいだい色の.

Gelb≠schei・be 女 =Gelbfilter **≠schna・bel** 男 (くちばしの黄色い)若鳥, ひな鳥; 《比》なまいきな若造, 青二才. **≠schwämm・chen** 中 《植》アンズタケ(杏茸). **≠se・hen** 中 -s/ 《医》(黄疸(おうだん)などによる)黄視症. **≠spöt・ter** 男 《鳥》キイロハシナガムシクイ(黄色嘴長虫喰). **≠sucht** 女 -/ **1** (Ikterus) 《医》黄疸: *sich*[3] die ~ an den Hals ärgern 《話》かんかんに怒る. **2** (Chlorose) 《植》(植物体の)黄白化, 白化, 退緑(たいりょく). **3** 《話》(信号が青になるのを待てずに)黄信号でスタートしたがること(ドイツでは赤と青の間にも黄信号が出る).

gelb・süch・tig 形 **1** 黄疸(おうだん)〈黄化病〉にかかった. **2** 《話》黄信号でスタートしたがる.

Gelb≠vei・ge・lein[gɛlp-fáɪgəlaɪn, ◡–◡◡–] 中 《南部》 (Goldlack) 《植》ニオイアラセイトウ.

Gelb≠wurz[gɛ́lp..] 女, **≠wur・zel** 女 《植》ウコン(鬱金)(根茎の粉はカレーの主な原料の一つ).

Geld[gɛlt][1] 中 -es(-s)/-er **1** 《単数で》(英: *money*) 金(かね), 金銭, 通貨, 貨幣; 《比》富, 財産: bares ~ 現金 | elektronisches ~ 電子マネー | falsches ~ にせ金, 偽造貨幣 | flüssiges ~ (有価証券などに対していつでも使える金という意味での)現金 | großes ~ 《話》お札(さつ), 紙幣 | hartes 〈kleines〉 ~ 《俗》硬貨 | heißes ~ i) 《経》ホットマネー, 短期資金(より高い金利の利ざやを求めて, 国際金融市場間を流動する短期の投機的資金); ii) 強奪した〔危険な〕金(番号が控えられる可能性がある) | hinausgeworfenes ~ 《話》むだ金 | leichtes ~ 労せずして得られる金 | das liebe ~ 《軽い皮肉・軽蔑をこめて》お金, 銭(ぜに) | schönes 〈schweres / gutes〉 ~ 《話》大金 | schmutziges ~ 不正な手段で入手した金, 悪銭 | Bar*geld* 現金 | Hart*geld* 硬貨 | Klein*geld* 小銭(こぜに) | Papier*geld* 紙幣 ‖ ~ und Geldeswert (→Geldeswert 2) | **~ und Gut** 《雅》すべての財産, 持てるものすべて, 一切(いっさい)合切(がっさい) | Kein ~, keine Ware. 《諺》何事も金次第(金がなければ物は買えない) | eine Menge 〈eine Stange〉 ~ 大金 | ein schönes Stück ~ かなりの金 ‖ Das ist sein ~ nicht wert. それはそれに支払われた金〈その代価〉ほどの値うちはない ‖ die Kaufkraft des ~*es* 金〈貨幣〉の購買力 | die Macht des ~*es* 金の力 | die Sklaverei des ~*es* 金の奴隷 | eine große Summe ~*es* ばく大な額の金 | der Wert des ~*es* 金の価値〈値うち・ありがたみ〉.

‖《主語として》*Geld* heckt. 《話》金は金を産む | Bar ~ lacht. 《諺》現金に勝るものなし; 金の顔見て笑わぬ者なし(現金は笑う) | **Das ~ liegt nicht auf der Straße.** 《話》金は道端に転がってはいない, 金は額に汗して稼ぐべきものだ | **Hier liegt das ~ auf der Straße.** 《話》ここでは金が道端に転がっている〈容易に金を稼げる〉| *Geld* allein macht nicht glücklich〔, aber es beruhigt〕. 《諺》金だけでは幸せにはならない〔が気は安まる〕| ***Geld* regiert die Welt.** 《諺》人間万事金の世の中, 地獄のさたも金次第(金が世界を支配する) | ***jm.* rinnt das ~ durch die Finger** …は金づかいが荒い〈金が身につかない〉| Alles ~ ist futsch. 《話》金がすっかりなくなった | *Geld* ist ein guter Diener, aber schlechter Herr. 《諺》金を遣うのはいいが金に使われてはならない(金はよい召使いだが悪しき主人だ) | 〔Das〕 ~ ist die Wurzel alles Bösen. 《諺》金は諸悪の根源 | Bei ihm sitzt das ~ locker. 彼は財布のひもがゆるい | ***Geld* stinkt nicht.** 《諺》金は素性を語らない(金は臭くない)(1世紀のローマ皇帝ウェスパシアヌスが公衆便所課税に対する非難に答えて言った言葉).

‖《述語名詞として》Zeit ist ~. 《諺》時は金なり.

‖《4格目的語として》~ 〔vom Konto〕 abheben 預金〈貯金〉をおろす | *sein* ~ in Aktien 〈Wertpapieren〉 anlegen 金を株券〈有価証券〉に投資する | ~ aufbringen 金を工面する | ~ ausgeben 金を支出する | *sein* ~ mit vollen Händen ausgeben 金を浪費する | für *jn.* ~ auslegen …に金を立て替える〈用立てる〉| Diese Idee bedeutet bares ~. このアイディアはもうけになる〈金になる〉| ~ bezahlen 金を払う | *jm.* ~ borgen 〈leihen〉 …に金を貸す | 〔*sich*[3]〕 von *jm.* ~ borgen 〈leihen〉 …から金を借りる | ***sein* ~ unter die Leute bringen** 《話》金を気前よくぱっぱと使う | ~ einkassieren 金を取り立てる, 集金する | ~ einstecken 金をポケットに入れる; 《話》もうける | ~ einstreichen 《話》金をかき集めてしまい込む | ~ einwechseln 金を両替する | ~ 〔auf ein Konto〕 einzahlen 金を〔ある口座に〕払い込む | ~ fälschen 金を偽造する | ~ flüssigmachen (有価証券などを売って)現金をつくる | Wir haben das ~ nicht auf der Straße gefunden. 《話》この金は私たちが道端で拾ったわけではない, この金は額に汗して手に入れたものだ | 〔viel〕 ~ haben 金がある, 金持ちである | kein ~ haben 金がない, 貧しい | ~ bei *sich*[3] haben 金の持ち合わせがある | ~ auf der Bank 〔liegen〕 haben 銀行に預金がある | **~ wie Heu 〈Dreck〉 haben** 《話》うなるほど金がある, 大金持ちである | Er hat ~, daß er stinkt. 《話》彼は大金持ちだ | das ~ 〔richtig〕 auf den Kopf hauen (よく考えもしないで)〔ばんばん〕有り金をはたく〈散財する〉| aus *et.*[3] ~ herausschlagen 《話》(本来は金もうけの対象にならないはずの)…から〔強引に〕金を稼ぎだす | **das ~ 〈*sein* ~〉 〔mit beiden Händen〕 zum Fenster 〈zum**

G

Schornstein⟩ hinauswerfen《話》〔やたらに〕むだづかいをする, 散財する | ***sein* ~ durch die Gurgel ⟨durch die Kehle⟩ jagen**《話》全財産を⟨有り金全部を⟩飲み食いに遣い果たす | ~ kassieren 集金する, 金を徴収⟨収納⟩する | *sein* ~ arbeiten lassen (利益を生むように)金を運用する | *sein* ~ spielen lassen 金にものを言わせる | **das große ~ ⟨〔leichtes〕 ~⟩ machen**《話》(容易に)大金をもうける | für *et.*[4] ~ nehmen …の報酬⟨代償⟩として金を取る | ~ prägen ⟨drucken⟩ 貨幣を鋳造⟨印刷⟩する | ~ pumpen《話》金を借りる | ~ scheffeln《話》がっぽりもうける | aus *et.*[3] ~ schlagen …でひともうけする | ~ sparen ⟨verschwenden⟩ 金をためる⟨浪費する⟩ | in *et.*[4] ~ stecken …に金をつぎ込む, …(事業など)に投資する | *sein* ~ auf die Sparkasse tragen ⟨bringen⟩ 預金する | *jm.* ~ überweisen …に振替で金を送る | ~ unterschlagen 金を横領⟨着服⟩する | ~ verdienen 金を稼ぐ | das ganze ~ verspielen ⟨vertrinken⟩ 有り金全部を賭けで⟨飲んで⟩すってしまう | *jm.* ~ vorschießen ⟨vorstrecken⟩ (いずれは払うべき)金を…に前貸しする⟨立て替える⟩ | ~ wechseln 金を両替する | **das ~ ⟨*sein* ~⟩ auf die Straße werfen**《話》金を浪費する | ***jm.* das ~ aus der Tasche ziehen ⟨lotsen⟩**《話》…に〔不必要な〕出費を強いる, …から金を引き出す | aus dem Geschäft ~ ziehen 商売でもうける | ~ zurücklegen《話》金をとっておく; 貯金する. ‖〖前置詞と〗Es fehlt **an** ~. 金が〔足り〕ない | **am ~ hängen ⟨kleben⟩**《話》金に執着する, 守銭奴である | es[4] **auf** *js.* ~ abgesehen haben …の金をねらっている, …の金が目あてである | **auf dem ~ sitzen**《話》けちである | Er ist nur auf ~ aus. 彼は金を儲けることしか考えていない | gut ⟨knapp / schlecht⟩ **bei** ~ sein 金回りがいい⟨悪い⟩ | **nicht für ~ und gute Worte**《話》(どんなことがあっても)絶対に…しない | Auch ⟨Selbst⟩ für ~ und gute Worte tut er das nicht. 〔どんな条件を出されても〕彼は絶対にそんなことはやらない | wenig ⟨viel⟩ für *sein* ~ bekommen 払った金のわりには得たものが少ない⟨多い⟩ | Das ist nicht für ~ zu haben. それは金では買えない〔ほど貴重なものだ〕 | *et.*[4] für teures ⟨billiges⟩ ~ kaufen …を高い金を払って⟨わずかな金で⟩手に入れる | Für ~ macht ⟨tut⟩ er alles. 金のためなら彼は何でもする | *sich*[4] für ~ sehen lassen können (お金を出してでも見たくなるほどの)変わり者である | viel für *sein* ~ verlangen 自分の払った金に対し〔てあまりにも〕多くの見返りを要求する | **in** barem ~〔*e*〕 現金で | **in ⟨im⟩ ~ schwimmen / in ⟨im⟩ ~ fast ersticken / *sich*[4] im ~*e* wälzen**《話》金をあり余るほど持っている | **ins ~ gehen ⟨laufen⟩** いずれ〔ひどく〕高いものにつく | *jm.* **mit** ~ aushelfen …に金を融通する | Das ist nicht mit ~ zu bezahlen. i) それは金では買えないほど貴重なものだ; ii) 高価すぎてとても払えない | mit ~ nicht umgehen können 金の遣い方を知らない, むだづかいばかりしている | mit 〔dem〕 ~ 〔nur so〕 um *sich*[4] werfen《話》金をやたらとまき散らす⟨浪費する⟩ | **nach ⟨vor⟩ ~ stinken**《話》腐るほど金を持っている | ***jn.* um *sein* ~ bringen** …の金を〔だまして〕奪い取る | Er kam um sein ~. 彼は金を失った | zu *jm.* um ~ kommen …に金を無心する | 〔beim Skat〕 um ~ spielen 〔(トランプの)スカート遊びで〕金をかけてゲームする | um ~ verlegen sein 金に困っている | Es ist schade ums ~! (つまらないもの・ことに遣う)その金がもったいない | Wenn es ums ~ geht, hört die Freundschaft ⟨die Gemütlichkeit⟩ auf.《諺》金の切れ目が縁の切れ目(金がからむと友情・人情もおしまい) | **von *seinem* ~〔*e*〕** leben 自分の金⟨収入・財産・年金⟩で生活する | **zu ~ kommen**《話》(短時日のあいだに)金持ちになる, 大金をつかむ | Wie komme ich wieder zu meinem ~〔*e*〕? いったいどうやったら私の貸金⟨未回収金⟩を取り立てられるだろう | Da kommt ~ zu ~. あれは金持ち同士の結婚だ | ***et.*[4] zu ~ machen**《話》…を金に換える, …を売る.

2《しばしば複数で》(一定の目的のための)まとまった金, 資金, 資本, 基金: ~*er* für Wohltätigkeitszwecke 慈善事業のための基金 ‖ ausstehende ~*er* 未回収金 | billiges ⟨teures⟩ ~ 低利⟨高利⟩資金(→1) | dicke ~*er* beziehen《話》ばく大な収入がある | flüssige ~*er* 手元資金; 流動資金(→1) | fremde ~*er* 外資 | langfristiges ⟨kurzfristiges⟩ ~ 長期⟨短期⟩資金 | öffentliche ~*er* 公金 | staatliche ~*er* 国家の金 | tägliches ⟨täglich fülliges⟩ ~ / ~ auf tägliche Kündigung〖経〗コールマネー.

3 (略 G) (↔Brief) (証券取引で)買い〔注文〕: US-Dollar = DM 2,51 *G*〔*eld*〕1ドル＝2マルク51ペニヒのレートでの買い注文. [*germ.* „Abgabe"; ◇gelten]

Geld⸗ab·fin·dung[gɛ́lt..] 女 金銭補償, (棄権などに対する)現金精算;〖軍〗(除隊時の)慰労金. **⸗adel** 男 **1** =Finanzaristokratie **2** (金で爵位を買った)成金貴族. **⸗an·ge·le·gen·heit** 女 =Geldsache **⸗an·la·ge** 女 投資; 投資の対象. **⸗an·lei·he** 女 借入金. **⸗an·wei·sung** 女 為替: telegrafische ~ 電信為替. **⸗ari·sto·kra·tie** =Finanzaristokratie **⸗auf·nah·me** 女 借金, 資金調達, 募金. **⸗aus·ga·be** 女〔金銭〕支出, 出費. **⸗aus·ga·be·au·to·mat** = Geldautomat **⸗aus·lei·her** 男 金貸業者. **⸗au·to·mat** 男 現金自動支払機. **⸗be·darf** 男 資金需要; 必要金額. **⸗bei·trag** 男 寄付金, 補助金, 助成金; 出資. **⸗be·stand** 男 (国の)通貨保有量. **⸗be·trag** 男 金額. **⸗beu·tel** 男 **1**《南部》(Portemonnaie) 財布, がまぐち: **auf dem ⟨*seinem*⟩ ~ sitzen**《話》けちである. **2**《話》金(かね), 財力: einen kleinen ⟨großen⟩ ~ haben 貧乏⟨金持ち⟩である ‖ den Daumen auf dem ~ halten しまり屋である, 支出をしぶる | Schwindsucht im ~ haben (→Schwindsucht) | tief in den ~ greifen 大金を支払う | vom väterlichen ~ abhängig sein 父親のすねをかじっている. **⸗be·wil·li·gung** 女 (議会の)支出⟨予算⟩承認. **⸗bom·be** 女 (銀行などで用いる金属製の)現金格納ケース. **⸗bör·se** 女 **1**《雅》(Portemonnaie) 財布, がまぐち. **2**〖経〗金融市場. **⸗brief** 男〖郵〗現金書留郵便物. **⸗brief·trä·ger** 男〖郵〗現金〔書留〕配達人. **⸗brin·ger** 男 -s/-《話》金をもうけさせてくれるもの, ドル箱, 金のなる木. **⸗büch·se** 女 金を入れる小箱(貯金箱・募金箱など). **⸗bu·ße** 女 罰金, 過料; 反則金. **⸗ein·nah·me** 女 -/-n〖商〗金銭受領⟨領収⟩;《ふつう複数で》入金額. **⸗ein·neh·mer** 男 金銭領収者, (銀行などの)収納係; 集金人. **⸗ein·wurf** 男 = Geldschlitz **⸗ent·schä·di·gung** 女 金銭補償; 弁償⟨補償⟩金. **⸗ent·wer·tung** 女〖経〗通貨価値の下落. **⸗er·satz** 男 **1** =Geldentschädigung **2** 金銭代用物, 現金に代わる物(手形など). **⸗er·werb** 男 金もうけ, 営利; もうけ, 利潤.

Gel·des·wert[gɛ́ldəs..] 男 -〔e〕s/ **1** 金銭的価値. **2** 有価物件(切符・装身具など); 貴重品: Geld und ~ 現金や貴重品(金めのもの).

Geld⸗for·de·rung[gɛ́lt..] 女 金銭請求〔権〕, 金銭債権. **⸗fra·ge** 女 金の〔有無〕の問題: Ob ich hier länger bleibe, das ist nur eine ~. 私がここにもっと長く滞在するかどうか それは金の問題にすぎない. **⸗ge·ba·rung** 女《オーストリア》=Gebarung 2 **⸗ge·ber** 男 -s/- 資金供給者, 出資者. **⸗ge·schäft** 中 -〔e〕s/-e《ふつう複数で》金融業; 金銭業務⟨取引⟩; 投機. **⸗ge·schenk** 中 金銭⟨現金⟩贈与; 祝儀, チップ. **⸗gier** 女 金銭欲.

geld·gie·rig 形 金銭欲の強い.

Geld⸗grün·de 複 aus ~*n* heiraten 財産目当ての結婚をする. **⸗gür·tel** 男 =Geldkatze **⸗hahn** 男《話》金銭の供給口:〖ふつう次の成句で〗***jm.* den ~ abdrehen ⟨zudrehen⟩** …の金づるを断つ. **⸗han·del** 男 -s/ 金銭取引; 金融業. **⸗haus** 中 金融機関. **⸗hei·rat** 女 金銭⟨財産⟩目当ての結婚. **⸗herr·schaft** 女 (Plutokratie) 金権政治. **⸗hil·fe** 女 金銭補助; 補助金. **⸗hun·ger** 男 =Geldgier

geld·hung·rig =geldgierig

gel·dig[gɛ́ldɪç][2] 形《南部》(reich) 金持ちの, 裕福な.

Geld⸗in·sti·tut[gɛ́lt..] 中 金融機関. **⸗ka·pi·tal** 中〖経〗貨幣資本. **⸗kas·set·te** 女 (手提げ)金庫. ▽**⸗kat·ze** 女 (革の)胴巻き: in die ~ greifen《比》取っておきの金を出す. **⸗klem·me** 女《話》金詰まり. **⸗knapp·heit** 女 金詰まり, 金融⟨通貨⟩逼迫(ひっぱく). **⸗kurs** 男 **1** 貨幣⟨為替⟩相場. **2** (↔Briefkurs) (証券の)買い相場. **⸗lei·her** =Geldverleiher **⸗leu·te** Geldmann の複数.

G

gẹld·lich[gέltlɪç] 形 金銭〈財政〉上の: eine ~*e* Unterstützung 財政援助 | Er hat ~*e* Schwierigkeiten./ Es geht ihm ~ nicht gut. 彼は金に不自由している.

Gẹld≠mak·ler 男 両替商; 金融業者. **≠man·gel** 男 -s/ 資金不足: an ~ leiden 金に困っている. **≠mann** 男 -〔e〕s/..leute《話》大金持ち, 富豪; 資金供給者, スポンサー. **≠markt** 男〘経〙貨幣〈金融〉市場. **≠men·ge** 女 通貨の流通量. **≠mit·tel** 複 資金, 財源. **≠not** 女 金銭的な窮乏; (一時的な) 現金不足; 財政困難: in ~ sein 〈stecken〉 金に窮している. **≠po·li·tik** 女 金融政策.

gẹld·po·li·tisch 形 金融政策〔上〕の.

Gẹld≠preis 男 **1** (↔Sachpreis) 賞金. **2** 貨幣価格, 為替相場〈レート〉. **≠protz** 男《軽蔑的に》成金. **≠quel·le** 女 財源, 資金源; 金づる: Die ~ fließt reichlich. 資金はたっぷりある. **≠rau·te** 女 =Goldrute **≠rol·le** 女 包装硬貨(硬貨を筒状に重ねて巻紙で封をしたもの). **≠rück·ga·be** 女 (自動販売機の) 硬貨返却口. **≠sa·che** 女 -/-n《ふつう複数で》金銭問題: **in** ~*n* genau sein 金に関してきちょうめんである〈やかましい〉 | In ~*n* hört die Gemütlichkeit auf.《諺》金となれば親子も他人. **≠sack** 男 ▽**1** (昔の大型の) 金袋(かねぶくろ), 財布: **auf dem** 〈*seinem*〉 **~ sitzen** 〔金持ちのくせに〕しまり屋である | das Loch im ~ stopfen 損失をうめる. **2** 現金輸送嚢(のう). **3**《話》〔けちんぼの〕成金. **≠säckel** 男《方》=Geldsack **≠samm·lung** 女 金集め, 募金. **≠schein** 男 (Banknote) 紙幣, 銀行券; 金銭証券. **≠schlitz** 男 (自動販売機などの) 硬貨投入口. **≠schnei·der** 男《話》がりがり亡者, 暴利をむさぼる人. **≠schnei·de·rei**[また: ⏑–⏑–́] 女 -/《話》(Wucherei) 暴利をむさぼること: Das ist doch ~! それは暴利もはなはだしい. **≠schrank** 男 金庫: einen ~ knacken《話》金庫破りをする.

Gẹld·schrank·knacker 男《話》金庫破り〔犯人〕.

Gẹld≠schuld 女 金銭債務, 負債. **≠sen·dung** 女 送金; 送金された金. **≠sor·gen** 複 金銭〈経済〉上の心配. **≠sor·te** 女 金(かね)の種別(硬貨・紙幣など); 通貨の種別(円・マルク・フランなど). **≠spen·de** 女 現金寄付; 寄〔付〕金. **≠sprit·ze** 女《話》財政〈金銭的な〉援助. **≠stra·fe** 女〘法〙罰金刑: *jn.* mit einer ~ belegen …に罰金刑を科する | *jn.* zu einer ~ 〔von 100 Mark〕 verurteilen …に罰金〔100マルク〕の判決を下す. **≠stück** 中 (Münze) 硬貨, 貨幣. **≠sum·me** 女 (Betrag) 金額: große 〈hohe〉 ~*n* zu *et.*[3] verwenden …に大金を使う. **≠sy·stem** 中 貨幣制度. **≠ta·sche** 女 **1** 財布, 札入れ; 金入れかばん. **2** 小銭入れポケット. **≠trans·por·ter** 男 現金輸送車. **≠um·lauf** 男〘経〙貨幣の流通; 通貨の流通高. **≠um·satz** 男〘経〙貨幣の売買〈取引〉〔高〕. **≠ver·kehr** 男 貨幣流通. **≠ver·lẹ·gen·heit** 女 (一時的な) 現金不足; 財政困難: in 〔einer großen〕 ~ sein 〔ひどく〕金に困っている. **≠ver·lei·her** 男 金貸し〔業者〕. **≠ver·lust** 男 金銭上の損失. **≠ver·schwen·dung** 女 金の浪費 **≠vor·rat** 男 手持ち現金〈資金〉, 準備金. **≠vor·schuß** 男 前払い〔金〕.

Gẹld·wasch·an·la·ge 女《話》(不正な資金を合法化するための) 不正資金浄化〔トンネル〕機関.

Gẹld·wä·sche 女《話》(非合法な手段で取得した金を正当に見せかけるための) 不正資金浄化〔行為〕, マネーウォッシング, マネーロンダリング〈クリーニング〉.

Gẹld·wä·scher 男 Geldwäsche を行う人.

Gẹld≠wech·sel 男 両替〔業〕. **≠wechs·ler** 男 両替商, 両替業者. **≠wert** 男 -〔e〕s/ **1** (↔Kunstwert) 金銭〔換算〕価値: keinen ~ haben 二束三文である. **2** 貨幣価値, 貨幣の購買力. **≠we·sen** 中 -s/ 貨幣制度; 財政〔制度〕. **≠wirt·schaft** 女 -/ (↔Naturalwirtschaft) 貨幣経済. **≠zähl·ma·schi·ne** 女 硬貨計算〔包装〕機.

ge·lẹckt[gəlέkt] **I** lecken の過去分詞.

II 形 (なめたように) きれいな, 清潔そのものの; 一分のすきもない服装をした: **wie ~ aussehen**《話》清潔そのものである; (服装が) 一分のすきもない | Er sieht immer 〔wie〕 ~ aus. 彼はいつも全くすきのない身なりをしている.

Ge·lẹckt·heit[–haɪt] 女 -/ geleckt なこと.

Ge·lee[ʒeléː, ʒə..] 中 (男) -s/-s〘料理〙**1** (果汁などの) ゼリー: Kirsch*gelee* さくらんぼのゼリー. **2** (肉や魚の煮汁の) 煮こごり, アスピック. [*fr.*; < *lat.* gelāre (→gelieren); ◇ *engl.* jelly]

Ge·lẹ·ge[gəléːgə] 中 -s/- **1 a)** (鳥や爬虫(はちゅう)類などの) ひと腹の卵〔の並んだ巣〕: auf *seinem* ~ sitzen (鳥が) 卵を抱いている. **b)**〘農〙(刈り取った) 穀物の束. **2**《北部》(Ordnung) 落ち着き: *jn.* ins ~ bringen …を安心させる〈落ち着かせる〉. [<legen]

ge·lẹ·gen[gəléːgən] **I** liegen の過去分詞.

II 形 **1** (liegend)《場所・様態などを示す語句と》(…に) 位置している: ein einsam ~*er* Bauernhof 人里離れたところにある農家 | eine am Meer ~*e* Stadt 海辺にある町 | eine nach Süden ~*e* Wohnung 南向きの住まい ‖ Das Dorf ist am Rhein ~. その村はライン河畔にある(=Das Dorf liegt am Rhein.). **2** (時間的・時期的に) 都合〈具合〉のよい, 好都合な: zu ~*er* Stunde 都合のよい時間に, 折よく | Das kam mir ~. それは私にとって好都合だった. **3** 重要な: An der Sache ist mir viel 〈wenig〉 ~. そのことは私にとって非常に重要だ〈どうでもよいことだ〉 | Mir ist an ihm ~. 彼は私にとって大切な人だ.

Ge·lẹ·gen·heit[–haɪt] 女 -/-en **1** 機会, 好機, チャンス: eine günstige 〈seltene〉 ~ 好都合な〈めったにない〉機会 | eine ~ abwarten 〈versäumen〉 機会を待つ〈逸する〉 | *jm.* die 〈eine〉 ~ 〔zu *et.*[3]〕 geben …に〔…の〕機会を与える | **die ~ beim Schopf**〔**e**〕 **fassen** 〈**ergreifen** / **nehmen** / **packen**〉《話》チャンスをすかさずとらえる | **bei ~** einer Zusammenkunft 会合の折に | bei 〔günstiger〕 ~ 機会を見て, 何かの折に | ein Kleid für alle ~*en* どんな場合にも着て行けるドレス | ***Gelegenheit* macht Diebe.**《諺》盗みは一時の出来心(チャンスが泥棒をつくる). **2** (特定の) 場所, 施設, 設備: Schlaf*gelegenheit* 宿泊の設備 | Sitz*gelegenheit* 座るための設備 ‖ Gibt es hier eine ~, wo man unter vier Augen reden kann? ここに二人だけで話のできるような場所はありますか. **3**《婉曲に》(Toilette) 便所: Wo ist hier die ~? トイレはどこでしょうか. ▽**4** (Lage) 位置, 場所がら, 立地条件.

Ge·lẹ·gen·heits≠ar·beit 女 臨時の仕事. **≠ar·bei·ter** 男 臨時の仕事をする人, 臨時工. **≠bil·dung** 女〘言〙即席造語. **≠de·likt** 中 出来心からの不法〈違法〉行為. **≠dich·ter** 男 Gelegenheitsgedicht の作者. **≠dich·tung** 女 =Gelegenheitsgedicht **≠dieb** 男 出来心による泥棒. **≠ge·dicht** 中 (洗礼・結婚・葬式など) 特定の機会に作られる詩. **≠ge·schäft** 中 臨時の取引〔業務〕. **≠ge·sell·schaft** 女〘商〙当座〈一時的〉組合. **≠job** 男 臨時のアルバイト. **≠kauf** 男 有利な買い物, 掘り出し物; 掘り出し物の機会: *et.*[4] durch einen ~ erwerben …を格安で手にいれる. ▽**≠ma·cher** 男 -s/- (女 **≠ma·che·rin** -/-nen) 売春仲介者. **≠rau·cher** 男 非常習性喫煙者. **≠tä·ter** 男 出来心から罪を犯す人.

ge·lẹ·gent·lich[gəléːgəntlɪç] **I** 形 **1** 折に触れての, ついでの, 偶然の: bei einem ~*en* Zusammentreffen 偶然出会った折に | Kommen Sie doch ~ einmal bei uns vorbei. どうぞ折を見てお立ち寄りください. **2** 時々の: heiter bis wolkig, ~*e* Niederschläge (天気予報などで) 晴れまたは曇り時々雨〈雪〉| Ich rauche nicht mehr ständig, sondern nur noch ~. 私はいまではタバコの常用はやめて時たま吸うだけだ.

II 前《2格支配》《官》(bei) …の折に: ~ einer Reise 旅行の際に | Ich traf ihn ~ des Kongresses. 会議のとき私は彼に出会った.

ge·lẹh·rig[gəléːrɪç][2] 形 (人・動物などが) 教え〈仕込み〉やすい, 物覚えのいい, のみこみの早い. [<lehren]

Ge·lẹh·rig·keit[–kaɪt] 女 -/ gelehrig なこと.

ge·lẹhr·sam[gəléːrzaːm] 形 **1** =gelehrig ▽**2** (gelehrt) 博学な.

Ge·lẹhr·sam·keit[–kaɪt] 女 -/《雅》(Gelehrtheit) 博識, 博学.

ge·lẹhrt[gəléːrt] **I** lehren の過去分詞. **II** 形 **1** 学問〈学識〉のある: ein ~*er* Mann 学者, 物知り | Du bist ein

～*es* Haus.《戯》君は大した物知りだ. **2** 学問〈学術〉的な: eine ～*e* Gesellschaft 学会 | ～*e* Veröffentlichungen 学術刊行物. **3**《話》学者ふうの, 難解な: Sprich nicht so ～! そんな持って回った〈分かりにくい〉言い方はよせ. **III Ge·lehr·te** 男 女《形容詞変化》学者, 物知り: **Darüber sind sich die ～*n* noch nicht einig. / Darüber streiten sich die ～*n*.**《比》その問題はまだすっかり解明されてはいない | Er ist ja ein halber ～*r*.《戯》彼は大した物知りだ.

Ge·lehr·ten≈fa·mi·lie[..fami:liə] 女 学者一家, 学者の家系. **≈re·pub·lik** 女 学者〈知識人〉共和国(一国の良識派を代表する学者・知識人の総称) ▽**≈schu·le** 女 =Gymnasium 1 a **≈stand** 男 -〔e〕s/ 学者の身分;《集合的に》学者. **≈welt** 女 -/ 学界.

Ge·lehrt·heit[..haɪt] 女 -/ gelehrt なこと.

Ge·lei·er[gəláɪər] 中 -s/ 単調な演奏〈朗読〉, 退屈な〈くどくどした〉話. [＜leiern]

Ge·lei·se[gəláɪzə] 中 -s/- **1**《雅》= Gleis **2**《オーストリア》=Gleis

..geleisig[..gəlaɪzɪç][2] =..gleisig

Ge·leit[gəláɪt] 中 -〔e〕s/-e **1**《単数で》《雅》同伴, 同行; 護衛: ***jm.* das ～ geben** …を見送って行く | ***jm.* das letzte ～ geben**《雅》…の葬儀に参列する ‖ **zum ～** (書物の巻頭などで)緒言, はじめに. **2**《集合的に》従者, 随員〔団〕: mit einem großen ～ 大勢の供を連れて. **3 freies 〈sicheres〉 ～**〔法〕(外交官などに与える)自由通行権. **4**《集合的に》〔軍〕(船団護衛の任務についている)護衛艦隊.

Ge·leit≈boot 中 小型護衛艦. **≈brief** =Geleitsbrief

▽**Ge·lei·te** 中 -s/- =Geleit 1, 2

ge·lei·ten[gəláɪtən]《01》他 (h)《雅》《*jn.*》(保護・護衛して)送る, 同行する: *jn.* sicher über die Straße ～ …を無事に〈安全に〉通りの向こうまで連れて行く | *jn.* zur letzten Ruhe ～ (→Ruhe 1). [*ahd.*; ◇leiten]

Ge·lei·ter[..tər] 男 -s/- geleiten する人.

ge·lei·tet[gəláɪtət] **I** leiten の過去分詞. **II** geleiten の過去分詞; 現在 3 人称単数・2 人称複数; 命令法複数.

Ge·leit·fahr·zeug 中 =Geleitschiff

Ge·leits·brief 男 (中世の)通行許可証; 通関〈運送許可〉証.

Ge·leit≈schiff 中 護衛艦. **≈schutz** 男 護衛, 護送: *jm.* ～ gewähren …を護衛〈護送〉する.

Ge·leits≈herr 男 (中世の)護送権者. **≈mann** 男 -〔e〕s/..männer, ..leute〔史〕護衛〈護送〉者.

Ge·leit≈wort 中 -〔e〕s/-e **1** (Vorwort) (本の)序文. **2** 告別の辞. **≈zug** 男 (Konvoi) 護送船団: im ～ fahren 護送船団を組んで航行する.

▽**ge·lenk**[gəlɛ́ŋk] =gelenkig 1

Ge·lenk[−] 中 -〔e〕s/-e **1**〔解〕関節: Ellbogen*gelenk* 肘(ちゅう)関節 | Finger*gelenk* 指関節 | Hüft*gelenk* 股(こ)関節 | Knie*gelenk* 膝(しつ)関節 ‖ steife ～*e* bekommen (年をとって)体が硬くなる. **2**〔工〕継ぎ手, ジョイント(→ 図). [*mhd.*; ＜*ahd.* 〔h〕lanca „Hüfte"; ◇Flanke, lenken; *engl.* link]

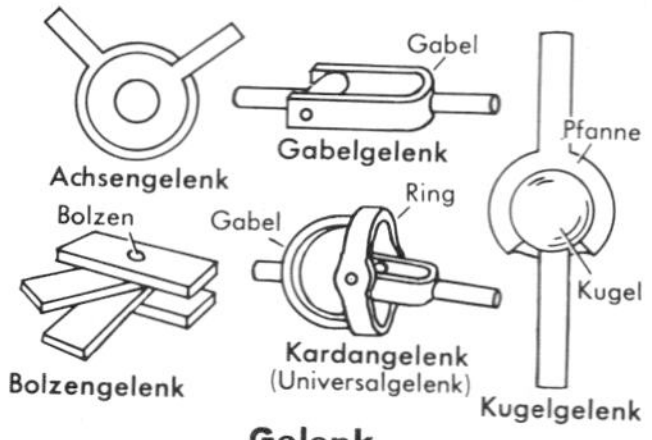

Gelenk

Ge·lenk≈band 中 -〔e〕s/..bänder〔解〕関節靭帯(じんたい); (Scharnierband)〔工〕そで形蝶番(ちょうつがい). **≈blu·me** 女〔植〕ハナトラノオ(花虎尾). **≈brü·cke** 女 可動橋. **≈ent·zün·dung** 女 (Arthritis)〔医〕関節炎. **≈er·guß** 男〔医〕関節滲出(しんしゅつ)液. **≈fahr·zeug** 中 (連結部にほろのある)関節連結式車両. **≈fü·gung** 女〔解〕関節接合. **≈gicht** 女〔医〕痛風性関節炎. **≈höh·le** 女〔解〕関節腔(こう).

ge·len·kig[gəlɛ́ŋkɪç][2] 形 **1** しなやかな, 柔軟な: einen ～*en* Körper haben 柔軟な肉体をもつ. **2** 関節による〈を媒介とする〉.

Ge·len·kig·keit[−kaɪt] 女 -/ しなやかさ, 柔軟さ.

Ge·lenk≈kap·sel 女〔解〕関節包(ほう). **≈ket·te** 女〔工〕リンクチェーン(→ 図 Kette). **≈knor·pel** 男〔解〕関節軟骨. **≈kopf** 男〔解〕(Gelenkpfanne にはまる)関節髁(か)〈頭(とう)〉. **≈krank·heit** 女〔医〕関節疾患. **≈kupp·lung** 女〔工〕自在継ぎ手. **≈lei·den** 中〔医〕関節疾患. **≈maus** 女〔医〕関節鼠(そ). **≈obus** 男 関節連結式トロリーバス. **≈om·ni·bus** 男 関節連結式バス. **≈pfan·ne** 女〔解〕(Gelenkkopf がはまりこむ)関節窩(か). **≈plat·te** 女〔工〕(蝶番(ちょうつがい)の)板. **≈pup·pe** =Gliederpuppe **≈rheu·ma·tis·mus** 男 -/〔医〕関節リューマチ, リューマチ性関節炎. **≈schmerz** 男 (Arthralgie)〔医〕関節痛. **≈schmie·re** 女 -/〔解〕関節滑液.

Ge·lenks·ent·zün·dung《オーストリア》= Gelenkentzündung

Ge·lenk≈tu·ber·ku·lo·se 女〔医〕結核性関節炎, 関節結核. **≈ver·stei·fung** 女〔医〕関節硬着. **≈was·ser·sucht** 女 /-〔医〕関節水腫(すいしゅ). **≈wel·le** =Kardanwelle

ge·lernt[gəlɛ́rnt] **I** lernen の過去分詞. **II** 形 (専門の)職業訓練を受けた, 一人前の: ein ～*er* Tischler 本職の指物(さしもの)師.

▽**Ge·le·se**[gəlé:zə] 中 -s/ 読むこと; 濫読. [＜lesen]

ge·le·sen[gəlé:zən] lesen の過去分詞.

Ge·leucht[gəlɔ́ʏçt] 中 -〔e〕s/-e, **Ge·leuch·te**[..tə] 中 -s/- **1**〔坑〕坑内〈安全〉灯(→ 図 Bergmann). **2**《単数で》《雅》照明; 灯火. [*mhd.*; ◇leuchten]

gel·fern[gɛ́lfərn]《05》(**gel·fen**[gɛ́lfən]) 自 (h)《中部》(鋭く)叫ぶ, わめきたてる; (犬が)ほえたてる. [＜gellen; ◇ *engl.* yelp]

Ge·li[gé:li·] 女名 (＜Angelika) ゲーリ.

Ge·li·bo·lu[gəlíbɔlu·] 地名 ゲリボル(→Gallipoli).[*türk.*]

Ge·lich·ter[gəlíçtər] 中 -s/ **1**《話》(Gesindel) 無頼の徒〈連中〉. ▽**2** 同類, 一味. [*ahd.* gilihtiri „Geschwister"; ＜*ahd.* lehtar „Gebärmutter" (◇liegen)]

▽**ge·lie·big**[gəlí:bɪç][2] =beliebig

ge·liebt[gəlí:pt] **I** lieben の過去分詞. **II** 形 愛する; 好きな: *sein* ～*es* Kind 愛児 | auf *seine* ～*e* Zigarre verzichten 好きな葉巻をやめる. **III Ge·lieb·te** 男 女《形容詞変化》**1** (夫あるいは妻の)愛人, 情夫, 情婦. ▽**2** 好きな人, 恋人.

ge·lie·fert[gəlí:fərt] **I** liefern の過去分詞. **II** 形《話》(verloren) 救いようのない, もうおしまいの: ein ～*er* Mann 救いようのない男 | **～ sein**《話》もう救いようがない, もうおしまいである | Wenn das passieren kann, bin ich ～. そんなことが起ころうものなら私はもうだめだ.

Ge·lie·ge[gəlí:gə] 中 -s/- (馬よろいの)しり当て(→ 図 Harnisch).

ge·lie·hen[gəlí:ən] leihen の過去分詞.

ge·lie·ren[ʒelí:rən, ʒə..] 自 (h) ゼリー〔状〕になる;〔化〕ゲル化する. [*lat.* gelāre „gefrieren 〔machen〕"−*fr.*; ◇kalt, Gel〔atine〕, Gelee]

ge·lind[gəlínt][1] 形, **ge·lin·de**[gəlíndə] 形 **1**《雅》**a)** 穏やかな, 柔らかい: ein *gelinder* Regen しとしと降る雨 | *gelinde* Wärme 快い暖かさ | ein *gelinder* Wind そよ風 ‖ *et.*[4] bei *gelindem* Feuer kochen …をとろ火で煮る | Das Klima hier ist ～. ここの気候は温和だ. **b)** (不快・怒りなどが)軽い, 軽微な: mit *gelindem* Grauen 〈Entsetzen〉 少し恐れを抱いて〈驚いて〉| ein *gelinder* Verweis 軽いとがめ ‖ ～ gesagt (きついことを言わずに)穏やかに言えば | eine ～ abführende Arznei〔医〕緩下剤. **2**《付加語的》《話》強い: Da packte ihn 〔eine〕 *gelinde* Wut. そのとき激しい怒

りが彼を襲った.
★ 副詞的用法ではつねに gelinde となる.

Ge·lind·heit[gəlínthaɪt] 女 -/, **Ge·lin·dig·keit**[..dɪçkaɪt] 女 -/ (gelinde なこと. 例えば:) 温和, 柔和; 軽微.

ge·lin·gen*[gəlíŋən] ((95)) **ge·lang**[gəláŋ]/**ge·lun·gen**[gəlʊ́ŋən]; 接II gelänge[gəlɛ́ŋə] **I** 自 (s) (↔mißlingen) ((事物を主語として)) うまくゆく, 成功する: Das Bild ⟨Die Arbeit⟩ ist gut *gelungen*. その絵⟨仕事⟩はよい出来ばえだった | Es *gelang* nicht, den Bergsteiger zu retten. その登山者の救出は成功しなかった ‖〖3 格と〗Ihm *gelingt* alles, was er anfängt. 彼はすることなすことうまくゆく | Es *gelang* mir, ihn zu überzeugen. 私は彼を説得することに成功した. **II Ge·lin·gen** 中 -s/ 成功, 成就: auf gutes ～ anstoßen ⟨trinken⟩ 成功を祝して乾杯する. **III ge·lun·gen** → 別出 [*ahd.*; ◇leicht]

Ge·lis·pel[gəlíspəl] 中 -s/ しきりにささやくこと⟨声⟩. [＜lispeln]

ge·lit·ten[gəlítən] leiden の過去分詞.

gell[1][gɛl] ((南部)) ＝gelt[2]

gell[2][−] **I** 形 ((雅)) かん高い, 鋭い: ～ lachen 高々と笑う. **II Gell** 男 -s/-e ((南部)) 鋭い叫び⟨響き⟩. [＜gellen]

gel·le[gɛ́lə] ((中部)) ＝gelt[2]

gel·len[gɛ́lən] **I** 自 (h) **1** 鋭く⟨耳をつんざくように⟩響く: Ein Schrei *gellte* durch die Nacht ⟨die Stille⟩. 叫び声がやみ⟨静寂⟩をつんざいて響いた | Es *gellt* mir in den Ohren. 私は耳ががんがんする⟨耳鳴りがする⟩. **2** 鋭い声で満たされる: Das ganze Haus *gellte*. (ある音が)その建物全体に響きわたった | Ihm *gellten* die Ohren von all dem Lärm. それらすべての騒音で彼の耳はがんがん鳴った. **II gel·lend** 現分 形 耳をつんざくように鋭い, かん高い: einen ～*en* Schrei ⟨ein ～*es* Lachen⟩ ausstoßen 鋭い叫び声⟨かん高い笑い声⟩を発する | ～ um Hilfe rufen 金切り声で助けを求める. [*idg.* „schreien“; ◇*engl.* yell]

ge·lo·ben[gəló:bən][1] 他 (h) ((雅)) **1 a**) ((*jm. et.*[4])) (…に…を厳かに・固く)約束する, 誓う, 誓約する: *jm.* Schweigen ⟨Treue⟩ ～ …に黙秘⟨忠誠⟩を誓う ‖ das *Gelobte* Land (→ Land 5). **b**) ((*sich*[3] *et.*[4])) (…を)固く心に誓う: Ich habe mir im stillen *gelobt*, daß ... 私は心ひそかに…を誓った. **2** 再帰 *sich*[4] *jm.* ～ …に誠実⟨貞節⟩を誓う, …に身をささげる. [*ahd.* gilobōn „billigen“; ◇loben]

Ge·löb·nis[gəlø:pnɪs] 中 -ses/-se ((雅)) (Gelübde) 誓約, 誓い, 固い約束.

ge·lobt[gəló:pt] **I** loben の過去分詞. **II** geloben の過去分詞; 現在 3 人称単数・2 人称複数; 命令法複数.

Ge·lock[gəlɔ́k] 中 -[e]s/, **Ge·locke**[..kə] 中 -s/ ((雅)) (ふさふさした・みごとな) 巻き毛.

ge·lo·gen[gəló:gən] lügen の過去分詞.

ge·lo·schen[gəlɔ́ʃən] löschen[1] I の過去分詞.

ge·löst[gəlø:st] **I** lösen の過去分詞. **II** 形 緊張の解けた, 無理のない, くつろいだ: eine ～*e* Stimmung のんびりした気分.

Ge·löst·heit[−haɪt] 女 -/ gelöst なこと.

Gel·se[gɛ́lzə] 女 -/-n ((オーストリア)) (Stechmücke) 〚虫〛カ(蚊).

gel·sen[gɛ́lzən][1] ((02)) 自 (h) ((南部)) **1** (summen) (虫が)ブンブンうなる. **2** 泣き叫ぶ⟨わめく⟩. [*mhd.* „schreien“; ◇gellen]

Gel·sen≠stich 男 ((オーストリア)) 蚊が刺すこと; 蚊に刺された跡. **≠tip·pel** 男 -s/-n ((オーストリア)) 蚊に刺された跡の皮膚のふくらみ.

gelt[1][gɛlt] 形 ((中部)) (unfruchtbar) (家畜などが) 子を産まない, 乳が出ない; (作物が) 実を結ばない. [*mndd.*; ◇galt[2]; *engl.* geld]

gelt[2][−] 間 ((南部)) (nicht wahr?) (相手の同意を誘って) ねえそうでしょう: Du kommst doch, ～? 君は来るよね | *Gelt*, das schmeckt gut? ねえ これはおいしいでしょう. [*mhd.* gelte „es möge gelten“; ◇gelten]

Gel·te[gɛ́ltə] 女 -/-n ((方)) (Eimer) 〔手〕おけ, バケツ; 搾乳おけ. [*mlat.*－*ahd.* gellita; ＜*gr.* kálathos „Handkorb“]

gel·ten*[gɛ́ltən] ((54)) **galt**[galt]/**ge·gol·ten**[gəgɔ́ltən]; 現 *du* giltst[gɪltst], *er* gilt; 命 gilt; 接II gälte[gɛ́ltə] (gölte[gœ́ltə])

I 他 (h) **1** ((数量を示す 4 格と)) **a**) ① (有価証券などが…の) 価値⟨値うち⟩がある, (…に) 値する: Diese Aktie *galt* damals soviel wie nichts. この株券は当時ただも同然だった | Das Geld *gilt* immer weniger. お金の価値はどんどん減っている ‖ Dieser Schein *gilt* 10 Mark. この紙幣は10マルク紙幣である | Ein Bon *gilt* 50 Pfennig. このクーポンは 1 枚50ペニヒに相当する⟨の値うちがある⟩ | Diese Note *gilt* einen Takt. この音符は 1 拍分の長さである ‖ Das As *gilt* elf. (トランプで) エースは11点だ.

② ((比)) (人・事柄などが…程度の) 重要性がある, (…程度に) 重きをなしている (→II 1 b): Im Betrieb *gilt* er etwas. 職場では彼は一目おかれている | Auf diesem Gebiet *gilt* sein Urteil etwas. この分野では彼の意見はかなり権威がある | Ein ⟨Der⟩ Prophet *gilt* nichts in seinem Vaterlande. 預言者は故郷に入れられぬ (聖書: マタ13,57) | In diesem Hause *gilt* Anstand sehr wenig. この家では礼儀作法などはとんどおかまいなしだ | Seine Beteuerungen *gelten* bei uns wenig. 彼の誓いとやらは我々のあいだではあまり信用がない | Heutzutage *gelten* Gelehrte bei der Öffentlichkeit nur wenig. 今日このごろでは学者の〔世間での〕信用も地に落ちてしまった | Der äußere Schein *gilt* bei ihm wenig. 外見を彼はあまり重視しない.

▽③ (kosten) (…の) 価格である: In diesem Jahr *galt* ein Scheffel Weizen drei Taler. その年の小麦の値段は 1 シェッフェルが 3 ターラーだった.

b) ① (賭(か)は…の) 金額である, (賭の対象は…) である: Was *gilt* die Wette? i) どのくらい⟨何を⟩賭(か)けるのか; ii) ((比)) (確信を示して) 賭けてもいい, 間違いなく, きっと, 必ず | Die Wette *gilt* eine Flasche Sekt. 賭はシャンパン 1 本だ, シャンパン 1 本を賭けよう.

② 非人称 i) ((雅)) ((es gilt *et.*[4])) (…が) かかっている, (…に) かかわることだ: Es *gilt* unsere Freiheit ⟨Zukunft⟩. 我々の自由⟨将来⟩にかかわることだ | Es *gilt* mein Leben ⟨meinen Kopf⟩. 私の死活の問題だ⟨私の首がかかっているのだ⟩ | Bei dem Kampf *galt* es Leben oder Tod. この戦いには生死がかかっていた | Ich will es wagen, und wenn es mein Leben *gilt*. たとえ命を失うことがあろうとも 私はあえてそれをやろうと思う | Es *galt* seine Stellung ⟨sein Ansehen⟩. 彼の地位⟨体面⟩にかかわることであった ‖ Was *gilt*'s? (＝Was *gilt* die Wette? → ①) | Was *gilt*'s, heute gibt es Kalbsbraten. 賭けてもいい 今日〔のおかず〕はきっと子牛のステーキだ.

ii) ((es gilt; ふつう zu 不定詞〔句〕と)) (…することが) 肝要⟨必要⟩である, 大切⟨肝心⟩である: Es *gilt*, einen Entschluß zu fassen. 決断を下すことが必要だ | Hier *gilt* es, erst einmal Zeit zu gewinnen. ここではまず時間をかせぐことが何よりも大事だ | Jetzt *gilt* es, nicht den Kopf zu verlieren. 今いちばん大切なことは冷静さを失わないことだ | Es *gilt* einen ⟨den⟩ Versuch. ともかくも試してみることが大事だ, 試してみなければ分からない, ものは試しだ ‖〖4 格の目的語なしで〗Ich konnte mich immer zusammenraffen, wo es *galt*. 私はいざというときにはいつでもしゃんとなることができた | Jetzt *gilt* es ⟨*gilt*'s⟩! 今が大事なとき⟨正念場⟩だ; もうのっぴきならない; さあいよいよ始まりだ⟨始めるぞ⟩.

▽**2** ((*jm. et.*[4])) **a**) (事柄が) 報いとして (…に…を) もたらす, 報いとして (…が…を) 受ける: Diese Bemerkung *galt* ihm eine Ohrfeige. そんなことを言ったため彼は平手打ちを食った. **b**) (vergelten) (人が…に…の) 報いをする: Gott *gelt*'s euch im Himmel! 神が天国においてお前たちにその報いをしてくださいますように.

II 自 (h) **1 a**) (gültig sein) (その本来の) 価値⟨効用⟩を有している, 認められている, 有効である, 通用⟨妥当⟩する; 重みをもつ, ものをいう: Es *gilt*! よし 承知した, それで決まった, けっこうだ (賭・取引・協定などで) | Das *gilt* nicht. (ゲームなどで) それは無効だ⟨カウントに入らない⟩ (→c) | Heute *gilt*'s, weil's gestern hat *gegolten*. その有効⟨妥当⟩性は慣例に基づくものにすぎない | Vor Gericht ⟨Bei ihm⟩ *gilt* kein Ansehen

G

der Person. 法廷〈彼の前〉では身分の区別はない | Die Fahrkarte *gilt* vier Tage. この乗車券は 4 日間有効である | In Zweifelsfällen *gilt* die englische Fassung. 疑問のある場合は英語版が基準となる | Der Handel 〈Die Wette〉 *gilt* nicht. その取引〈賭(かけ)〉は無効だ | Der Paß *gilt* nicht mehr 〈noch lange〉. パスポートはもう無効だ〈まだ当分有効だ〉 | Die neuen Preise *gelten* ab erstem 〈ersten〉 Januar. 新価格は 1 月 1 日から適用される | Das Verbot 〈Diese Ansicht〉 hat einmal *gegolten*. その禁令〈そういう見方〉もかつてはあった(がもう通用しない) | Diese Vereinbarung soll für immer 〈alle Zeiten〉 ~. この協定は永久に有効である | Was er sagt, *gilt*. 彼の言葉はそのまま掟(おきて)だ, 彼の言うことはすべて正しい ‖〖前置詞と〗**für** *et.*[4] 〈*jn.*〉 ~ …に適用される, …に当てはまる(→b) | Das *gilt* auch für dich. 君の場合だってそうだぞ | Diese Bestimmung *gilt* für alle Betriebsangehörigen. この規定は全従業員に適用される | Diese Regel *gilt* auch für ähnliche Fälle. この規則は似たような場合にも当てはまる | **von** *jm.* 〈*et.*[3]〉 ~ …について言える | Das gleiche *gilt* auch von ihm 〈für ihn〉. 彼についても同じことが言える | Das *gilt* nur von Männern. それは男についてしか言えない ‖〖**gelten lassen** の形で〗*et.*[4] ~ lassen …を(正しいもの・もっともなこととして)認める | *jn.* ~ lassen …を認める〈評価する〉, …を立てる | Das lasse ich 〔mir〕 ~! それはいい, それに賛成だ | Für diesmal lasse ich das ~. 今度だけはそれを認めよう | Soweit lasse ich es ~, aber ... そこまではいいんだが しかし… | Wer was gelten will, muß andere ~ lassen. 人に認められたいと思う者は人をも認めなければならない | Diesen Einwand 〈Diesen Grund〉 kann ich nicht ~ lassen. そんな異議〈理由〉は私は認めるわけにはいかない | Tatsachen muß man ~ lassen. 事実は認めないわけにいかない, 事実は事実だ.

b) 《**als** や **für** を伴う形容詞または名詞と》(…と)見なさ〈思わ〉れている, (…で)通っている: 〖形容詞と〗als 〈für〉 anstößig ~ 不快なこととされている | Er *gilt* auf dem Gebiet der Heilkunde als bedeutend. 医学の分野では彼は大家と見なされている | Er *gilt* als geheilt. 彼の病気は完治したと見なされている | Der Genuß dieser Frucht *galt* früher als tödlich. 昔はこの実を食べると死ぬと言われた | Eine undatierte Eingabe *gilt* als uneingereicht. 日付のない請願書は提出されていないものと見なされる | Die Botschafter eines Landes *gelten* als unverletzlich. 一国の大使は不可侵と見なされる(治外法権を有する) | Es *gilt* als ausgemacht, daß ... …は決まったものと見なされる | Es *gilt* als sicher, daß der offizielle Besuch im Mai stattfindet. 公式訪問が 5 月に行われることは確定的だ | Er ist nicht reich, er *gilt* nur dafür. 彼は金持ちではない. そう思われているだけだ ‖〖als *et.*[1] または für *et.*[4] の形で〗Er *gilt* als ein 〈für einen〉 Sonderling. 彼は変わり者で通っている | Der 〔gute〕 Wille *gilt* für die Tat. 意志〈善意〉は行為と同等と見なされる, 意志さえあれば実行したも同然だ | Er *gilt* als der aussichtsreichste Titelanwärter. 彼はもっとも有力なチャンピオン候補とされている | Havanazigarren *gelten* als 〈für〉 die besten. 葉巻ではハバナ産が最高級品と目されている | Es *galt* als 〔eine〕 Empfehlung, sein Schüler gewesen zu sein. 彼の弟子だったといえばどこでも大威張りで通用した.

☆ als の場合とは異なり, für のあとの名詞には必ず冠詞が必要である.

c) 許されている, 是認されている, さしつかえない: Das *gilt* nicht. それはいんちきだ〈フェアでない〉(→a) | Bange machen 〈Bangemachen〉 *gilt* nicht! 《話》びくびくすることはない, 勇気を出せ | Dabei *gelten* alle Mittel. その際はどんな手を用いてもいい | Hier *gilt* kein Zaudern. ここはぐずぐずしている場合ではない.

ᵛ**d**) *jm.* gleich ~ …にとってどちらでもいい(→gleichgültig 2).

2 《*jm.*/*et.*[3]》(非難・賞賛などが…に)向けられている, (…を)目ざしている, 目標〈対象〉にしている: *Gilt* das mir? それは私のことを言っているのか | Der Gruß sollte dir ~. あいさつされた〈よろしくと言われた〉のは君だよ ‖ Es *gilt* dir! (乾杯のとき)君の健康を祝して | Die Gäste spüren, daß diese Aufmerksamkeit ihnen *gilt*. 客たちはその行き届いた配慮〈サービス〉が自分たちに向けられたものであることを感じ取る ‖ Die Anspielungen *galten* seiner Frau. その当てこすりは彼の妻君に向けられたものだった | Die Herausforderung *gilt* der ganzen Menschheit. それは人類全体に対する挑戦だ | Der Beifall *galt* den Schauspielern. その喝采(かっさい)は俳優たちに対するものであった | Seine Sympathien *galten* den Schwächeren. 彼の同情は弱者に向けられた | Die Feier *galt* den Widerstandskämpfern. その儀式はレジスタンスの勇士のために行われた | Der Musik *galt* seine ganze Liebe. 彼が何よりも愛したのは音楽だった | Mein Interesse *gilt* diesem Problem. 私はこの問題に興味がある.

III gel·tend 現分 形 **1 a**) (gültig) (法律などが)現に有効な, 現在通用している; (考え方などが)一般に行わ〈認めら〉れている, 一般〈支配〉的な: Die ~*en* Bestimmungen schreiben vor, daß ... 現行の規定によると…でなければならないことになっている | ~*e* Lehren いま行われている諸説 | mit den ~*en* Meinungen übereinstimmen 世論と一致している | ~*e* Preise 規準価格; 時価 | eine Größe auf vier ~*e* Ziffern berechnen 有効数字 4 けたまでの数字を算出する.

ᵛ**b**) (時期などが)大事な, (局面などが)重大な: in dem ~*en* Augenblick 〔この〕大事なときに.

2 a) 《*et.*[4] **geltend machen** の形で》 ① (vorbringen) (意見・権利などを)主張する: Ich werde meine diesbezüglichen Ansprüche ~ machen. 私はこの点について自分の権利を主張するつもりだ | *seine* Bedenken ~ machen 懸念を表明する | *seine* Bedingungen ~ machen 条件を明らかにする | einen Einwand ~ machen 異議を唱える | Verjährung ~ machen 時効を主張する ‖ Er macht verschiedenes dagegen ~. それに対して彼はいろいろ文句を並べたてる ‖ ~ machen, daß ... …を主張する.

② i) …を行使する, …にものを言わせる; ᵛii) …の効果〈真価〉を発揮させる(＝*et.*[4] zur Geltung bringen): Er machte in dieser Angelegenheit seinen Einfluß ~. 彼はこの件ではその影響力にものを言わせた ‖ ᵛein Kleid, das die Reize einer Frau ~ macht 女性の魅力を引き立たせるドレス.

b) 《*sich*[4] **geltend machen** の形で》効力〈影響・徴候〉が現れる, 目に見え〈感じられ〉てくる: Sein hohes Alter macht sich ~. 彼の老齢が感じられる, 彼もさすがに年老いた | Bei ihr machten sich große Hemmungen ~. 彼女には強い心理的圧迫が見られた | Die Kälte 〈Die Hitze〉 macht sich ~. 寒さ〈暑さ〉がそれと感じられるようになる | Die erhöhten Löhne machen sich bereits in der Bilanz ~. 賃上げは早くも帳尻(ちょうじり)の上にはね返って来ている | Der Mangel an Arbeitskräften macht sich ~. 労働力の不足が顕著になっている | Diese Maßnahmen werden sich bald positiv ~ machen. この方策によってやがてよい結果がもたらされるであろう.

[*germ.* „entrichten"; ◇Geld, Gilde, gültig; *engl.* yield]

Gel·tend·ma·chung[gɛ́ltəntmaxʊŋ] 女 -/-en 《ふつう単数で》《官》(geltend machen すること. 例えば:) (権利などの)主張, (影響力などの)行使(→gelten III 2 a): die ~ von Ansprüchen 権利の主張.

Gelt·ling[gɛ́ltlɪŋ] 男 -s/-e＝Gelttier [＜gelt[1]]

Gelts·tag 男《スイ》(Bankrott) 破産, 倒産.

Gelt·tier 中《狩》(交尾はしたもののその年に)子を産んでいない雌の野獣.

Gel·tung[gɛ́ltʊŋ] 女 -/-en **1** 《ふつう単数で》(Gültigkeit) (法律などの)有効性, 効力; (貨幣などの)通用〔性〕; (意見・説などの)価値, 権威; (人などの)信望, 威信, 勢力; 《哲》妥当性: Deutschlands ~ in der Welt 世界におけるドイツの威信 ‖〖動詞と〗~ haben 価値〈効用〉がある, 認められている, 有効である; 重みをもつ, ものを言う, 通用〈妥当〉する(→gelten II 1 a) | Diese Ansicht hat allgemeine ~. この考え方は一般に支持されている | Diese Bestimmung 〈Diese Theorie〉 hat keine ~. この規定は無効である〈この説には何の権威もない〉 | Die in Europa gemachten politischen Erfahrungen haben in Asien nur bedingt ~. ヨーロッパで得られた政治的経験もアジアには条件つきでしか当てはまらな

G

い | Sein Wort hat bei uns ~. 彼の言葉は我々には信用できる, 我々は彼の言葉に耳を傾ける | 〈*jm.*〉 *et.*[3] **~ verschaffen** …に権威をもたせる | dem Recht wieder ~ verschaffen 法に再び力をもたせる ‖ *sich*[3] ~ verschaffen 自分を認めさせる, 認められる, 重きをなす | Er konnte sich bei seinen Vorgesetzten ~ verschaffen. 彼は上役に認められた ‖〚前置詞と〛**an ~ verlieren** 信望を失う | **in** 〈**außer**〉 ~ kommen 有効〈無効〉になる, 効力を発する〈失う〉 | in 〈außer〉 ~ sein《雅》有効〈無効〉である, 効力を有する〈有しない〉 | **von** ~ sein 権威〈価値〉がある, 取るに足る, 重要である ‖ ***et.***[4] **zur ~ bringen** …を有効に働かせる, …の効果〈真価〉を発揮させる; …にものを言わせる | ein Kleid zur ~ bringen 〈装身具などが〉ドレスを引き立たせる | *seinen* Willen zur ~ bringen 自分の意志を押し通す | ein Kleid, das die Reize einer Frau voll zur ~ bringt 女性の魅力を十分に引き立たせるドレス | **zur ~ kommen** 有効に働く, 効果〈真価〉を発揮する, ものを言うようになる | Er kam in der Masse nicht zur ~. 大勢の中で彼は目立たなかった | Bei seiner jetzigen Beschäftigung kommen seine Fähigkeiten nie richtig zur ~. 今の彼の仕事では彼の能力は真価を発揮しない | Alte Gebräuche kommen wieder zur ~. 古い習慣がまた幅をきかせるようになる | Bei dieser häßlichen Tapete kommen die antiken Möbel gar nicht zur ~. こんな悪趣味な壁紙ではせっかくの時代ものの家具も形なしだ | Die Reklame kommt an dieser Stelle nicht gut zur ~. こんな所に置いたのではこの広告はあまりぱっとしない | Auf der großen Bühne kam seine Stimme erst richtig zur ~. 大きな舞台でこそ彼の声もはじめてその真価を発揮した. **2 a**) 〚楽〛(音符の)長さ. ᐁ**b**) 〚詩〛(音節などの)長さ. ᐁ**c**) 〚言〛語義.

Gẹl·tungs≠be·dürf·nis[géltʊŋs..] 中 -ses/ 認められたいという欲求, 自己顕示欲. **≠be·reich** 男 (法・理論などの)通用区域〈範囲〉. **≠dau·er** 女 有効〈通用〉期間: eine ~ von drei Monaten haben 3か月間有効である. **≠drang** 男 認められたいという抑えがたい衝動〈欲求〉. **≠sucht** 女 -/ =Geltungsbedürfnis

gẹl·tungs·süch·tig 形 認められたいという欲求をもった.

Gẹl·tungs·trieb 男 -[e]s/ =Geltungsbedürfnis

Gẹlt·vieh[gélt..] 《方》=Galtvieh [<gelt[1]]

Ge·lü̇b·de[gəlʏ́pdə] 中 -s/- 《雅》(神への・神かけての)誓い, 誓約, 誓願: das ~ der Armut 〈des Gehorsams〉〚カトリック〛清貧〈従順〉の誓願 ‖ ein ~ ablegen 〈leisten〉 誓いをたてる | das ~ halten 〈brechen〉 誓いを守る〈破る〉 | Ich habe mich durch ein ~ gebunden. 私は誓いをたてた身である. [*ahd.*; ◇geloben]

Ge·lụm·pe[gəlʊ́mpə] 中 -s/ 《話》**1** くず, ぼろ; がらくた. **2** くずのような連中. **3** 身の回りの品. [<Lump[en]]

Ge·lü̇n·ge[gəlʏ́ŋə] 中 -s/ =Geräusch[1] [<Lunge]

ge·lụn·gen[gəlʊ́ŋən] **I** gelingen の過去分詞. **II** 形 **1** (仕事・計画などが)うまくいった, よいできばえの, みごとな. **2** 《方》(ulkig) おかしな, こっけいな: ein ~*er* Kerl 奇妙なやつ | Du siehst ~ aus. 君はおかしな顔〈姿〉になってるよ.

Ge·lü̇st[gəlʏ́st] 中 -es(-e)/-e, **Ge·lü̇·ste**[..tə] 中 -s/- 《雅》(突然の・激しい)欲求, 衝動; 情欲: sexuelle *Gelüste* 淫欲(いんよく) ‖ einem ~ folgen 欲望のままに振舞う | ein ~ auf *et.*[4] 〈nach *et.*[3]〉 haben …をたまらなく欲しがる.

ge·lü̇·sten[gəlʏ́stən] 《01》 **I** 他 (h) 《雅》 (非人称) 《es gelüstet *jn.* / *jn.* gelüstet [es]》(…が)欲する, 渇望する: Es *gelüstet* mich 〈Mich *gelüstet* [es]〉 nach Obst. 私は果物が欲しくてたまらない | Es *gelüstet* ihn, heute abend auszugehen. 彼は今夜是が非でも外出したがっている. ᐁ**II Ge·lü̇·sten** 中 -s/ =Gelüste [*ahd.*; ◇Lust]

ge·lü̇·stig[gəlʏ́stɪç][2] 形《雅》《方》欲しがって〈渇望して〉いる: mit ~*en* Blicken 物欲しげな目つきで | auf *et.*[4] 〈nach *et.*[3]〉 ~ sein …を欲しがって〈渇望して〉いる.

Gẹl·ze[géltsə] 女 -/-n 《方》去勢した〔雌〕豚. [*ahd.* galza]

gẹl·zen[géltsən] 《02》 他 (h) 《方》(verschneiden) (特に豚を)去勢する.

Gẹl·zer[..tsər] 男 -s/- 《方》gelzen する人.

Gẹl·zung[..tsʊŋ] 女 -/-en 《方》gelzen すること.

GEMA (**Gẹ·ma**)[gé:ma·] 略 女 -/ =**Gesellschaft für musikalische Aufführungs- und mechanische Vervielfältigungsrechte** (ドイツの)音楽著作権協会.

ge·mạch[gəmá(:)x] 《雅》 **I** 形 快適な, くつろいだ, ゆっくりした, 落ち着いた: ein ~*es* Leben 快適な生活. **II** 副 (allmählich) しだいに, ゆっくりと: Nur ~! あわてなさんな, まあ落ち着け | *Gemach* kam der Winter heran. しだいに冬が近づいてきた. [*ahd.*; ◇machen]

Ge·mạch[gəmá(:)x] 中 -[e]s/..mächer[..mɛ́(:)çər] (-e) 《雅》(Zimmer) 部屋, 居室: ***sich***[4] **in *seine Gemächer* zurückziehen** 《戯》(部屋に引き籠もって)もうだれにも会おうとしない.

ge·mäch·lich[gəmɛ́(:)çlɪç] 形 ゆっくり〈ゆったり〉した, 快適な, くつろいだ, 穏やかな: die ~*e* Ofenecke 快い炉端 | ein ~*es* Leben führen のんびり暮らす ‖ ~ daherkommen ゆっくりした足どりでやってくる.

Ge·mäch·lich·keit[–kaɪt] 女 -/ 快適, 安楽, くつろぎ.

ge·mạcht[gəmáxt] **I** machen の過去分詞. **II** 形 **1** こしらえものの, わざとらしい, 人為的な, 見せかけだけの: eine ~*e* Gleichgültigkeit うわべだけの無関心さ | Seine Begeisterung ist nur ~. 彼の感激ぶりは見せかけだけのものだ. **2** できあがった, 完成した: ein ~*er* Mann 成功者 | ~*e* Leute 裕福な人々. **3** 《für *jn.* 〈*et.*[4]〉/ zu *et.*[3]》(…のために)作られた, (…に)おあつらえ向きの, うってつけの, 具合のよい: Das ist wie ~ für uns. それはまさに私たちにおあつらえ向きだ.

Ge·mäch̥t[1][gəmɛ́çt] 中 -[e]s/-e, **Ge·mäch·te**[1][..tə] 中 -s/- **1** (Geschöpf) 被造物. **2** 《軽蔑的に》つくり物. [*ahd.*; ◇machen]

Ge·mäch̥t[2][gəmɛ́çt] 中 -[e]s/-e, **Ge·mäch·te**[2][..tə] 中 -s/- 《話》(男性の)性器, 生殖器. [*ahd.*; ◇Macht]

Ge·mạhl[gəmá:l] **I** 男 -[e]s/-e (⊛ **Ge·mah·lin** → 別出) (Ehemann) 夫(ただし他人の夫にのみ用いる敬語的表現; →Gatte 1), ご主人: die Gräfin und ihr ~ 伯爵夫人とその夫君 | Ihr Herr ~ (あなたの)ご主人様(2格 Ihres Herrn ~*s*, 3格 Ihrem Herrn ~, 4格 Ihren Herrn ~). **II** 中 -[e]s/-e 《雅》=Gemahlin [*ahd.*; <*ahd.* mahal „Versammlung, [Ehe]vertrag"; ◇Mahl[2]]

ge·mạh·len[gəmá:lən] mahlen の過去分詞.

Ge·mạh·lin[gəmá:lɪn] 女 -/-nen (Ehefrau) 妻(ただし他人の妻にのみ用いる敬語的表現; →Gattin), 夫人, 奥様: Herr Schmidt und Frau ~ シュミット氏夫妻 | Empfehlen Sie mich Ihrer Frau ~! ご令閨(れいけい)様によろしく. [<Gemahl]

ge·mạh·nen[gəmá:nən] 他 (h) 《雅》(erinnern) 《*jn.* an *et.*[4] 〈*jn.*〉》(…に…を)想起〈連想〉させる; (忘れないように)念を押す: Das *gemahnte* mich an meine selige Mutter. そのことで私は亡くなった母のことを思い起こした | Ich *gemahnte* ihn an sein Versprechen. 私は彼に約束を忘れるなと注意した ‖〚4格目的語なしで〛Gräber *gemahnen* ans Sterben. 墓は死を思い起こさせる.

ge·mạhnt[gəmá:nt] **I** mahnen の過去分詞. **II** gemahnen の過去分詞; 現在3人称単数・2人称複数; 命令法複数.

Ge·mäl·de[gəmɛ́:ldə] 中 -s/- **1** (彩色の)絵画, (特に:)油絵: Öl*gemälde* 油絵 | Wand*gemälde* 壁画 ‖ ein ~ restaurieren 絵画を修復する. **2** 《比》(生き生きとした・迫力ある)描写, 記述: Das Buch ist ein ~ des Lebens im 18. Jahrhundert. この書物は18世紀の生活を生き生きと描き出している. [*ahd.*; ◇malen]

Ge·mäl·de≠aus·stel·lung 女 絵画展覧〔会〕. **≠ga·le·rie** 女 絵画陳列室〈館〉, 画廊. **≠kon·ser·vie·rung** 女 絵画の手入れ〈保存〉.

Ge·mạn·sche[gəmánʃə] 中 -s/ 《話》(泥などを)しきりにこね回すこと. [<manschen]

Ge·mạr·kung[gəmárkʊŋ] 女 -/-en **1** (村などの)全域〈共有農地〉. **2** 境界: die Neureglung der ~ 村域の改定. [<Mark[2]]

ge·mạ·sert[gəmá:zərt] **I** masern の過去分詞. **II** 形 木目(もくめ)〔模様〕のある(→ 図 Muster): ~*er* Marmor 木

G

目模様のついた大理石.

ge·mäß[gəmɛ́:s] **I** 前《3格支配; 後置されることが多い》(nach) …(基準・情勢など)に従って〈応じて〉: der Sitte ~ 風習に従って, エチケットどおりに | dem Befehl ~ 命令どおりに | unserem Wunsch ~ / ~ unserem Wunsch 私たちの希望どおりに | ~ Artikel 9 der Verfassung 憲法第9条により | ~ dem Gesetz handeln 合法的に行動する | *seiner* Gesundheit 〈*seinem* Stande〉 ~ leben 自分の健康〈身分〉に応じた生活をする. **II** 形 (angemessen)《*jm.* / *et.*^{3}》(…に)ふさわしい, 相応の, 適合した: die den veränderten Umständen ~*e* Erhöhung der Versicherung 状況の変化に見合った保険金額の引き上げ | ein einem Künstler ~*es* Leben führen 芸術家にふさわしい生活をする ‖ Das ist ihrem Geschmack durchaus ~. それは彼女の趣味にぴったりだ. [*ahd.*; ◇messen]

..gemäß[..gəmɛːs]《名詞などにつけて「…に応じた・かなった・従った」などを意味する形容詞・副詞をつくる》: plan*gemäß* 計画どおりの | wahrheits*gemäß* 真実どおりの | zeit*gemäß* 時流にかなった | zweck*gemäß* 目的にかなった ‖ dem*gemäß* それに応じた.

Ge·mäß[gəmɛ́:s] 中 -es/-e 升(ます), 計量器. [<Maß]

Ge·mäß·heit[–haɪt] 女 -/《官》適合, 適応: in ~ der Anordnung 指示に従って.

ge·mä·ßigt [gəmɛ́:sɪçt] **I** mäßigen の過去分詞. **II** 形 穏健な; (気候などが)温和な: der ~*e* Gürtel 温帯 | ein ~*es* Klima 温和〈温暖〉な気候 | eine ~*e* Politik 穏便な政策 ‖ politisch ~ sein 政治的に穏健である.

Ge·mäu·er[gəmɔ́ʏər] 中 -s/-《雅》(古びた)外壁; 廃墟(はいきょ): Es rieselt im ~.《比》(国・社会などの)組織の内部ががたついている. [*mhd.*; ◇Mauer]

Ge·mau·schel[gəmáʊʃəl] 中 -/《軽蔑的に》私利を得るための闇取引. [<mauscheln]

Ge·mẹcker[gəmɛ́kər] 中 -s/ **1** (ヤギなどが)しきりに鳴くこと〈声〉. **2**《話》**a**) げらげら笑うこと〈声〉. **b**) (つまらぬことでひっきりなしに)不平を鳴らす〈ぼやく〉こと. [<meckern]

ge·mein[gəmáɪn] **I** 形 **1**《付加語的》(gewöhnlich) 普通の, 並の, よくある: das ~*e* Jahr (閏年(うるう)に対する)平年 | der ~*e* Soldat 兵卒(=der Gemeine) | die ~*e* Stubenfliege《比》なんの変哲もないもの | das ~*e* Volk 一般民衆, 庶民 | eine ~*e* Figur (→Figur 3).

2 卑しい, さもしい, 卑劣〈低劣〉な; 下品な, 粗野〈野卑〉な: eine ~*e* Gesinnung 〈Tat〉 卑しい心〈行為〉 | ein ~*er* Kerl げす野郎 | ~*e* Witze 品のない冗談, だじゃれ.

3《話》ひどい, 腹立たしい: Ich gewinne nie im Lotto, das ist einfach ~. 全く腹が立つんだが私は富くじに当たったことがない | Das ist ja ~. それはひどい | Du bist ~, mich so lange warten zu lassen. こんなに長く待たせるなんて君もひどいやつだ ‖ Das war ~ gehandelt. それはひどいやり方だった | Draußen ist es ~ kalt. 外はひどく寒い.

4 (gemeinsam) 共同の, 共通の: unser ~*es* Los われわれに共通の運命 ‖ ***jm.* 〈*et.*^{3}〉 ~ sein**《雅》…に共通である | ***et.*^{4} mit *jm.* ~ haben** …を…と共有する | nichts mit *jm.* ~ haben《比》…とかかわりがない〈無関係である〉 | ***sich*^{4} mit *jm.* ~ machen** …とつき合う〈友だちになる〉.

5《付加語的》(allgemein) 公共の, 一般的な: der ~*e* Nutzen 公共の利益 | auf ~*e* Kosten 公費で | die ~*e* Mark 共有地 | *Gemeines* Deutsch〘言〙(中世末期の南ドイツの)共通ドイツ語 | das ~*e* Recht〘法〙(中世以来の)普通法 | der ~*e* Wert (一般に適用される)通常価格.

II Ge·mei·ne^1《形容詞変化》**1** 男 女 平民, 庶民;〘軍〙兵卒. **2** 中 普通の〈一般的な〉もの; 下品〔なもの〕. **3** 男《ふつう複数で》(↔Versal)〘印〙小文字, スモール〔レター〕.

[*germ.*; ◇miß.., kommun; *engl.* mean]

Ge·mein≈acker[gəmáɪn..] 男, **≈an·ger** = Gemeindeanger **≈be·sitz** 男 = Gemeingut **≈be·trieb** 男 公共企業, 公益事業;〘農〙共同営農〈農場〉.

Ge·mein·de[gəmáɪndə] 女 -/-n **1** 地方自治体(市町村);《集合的に》市町村民; 市役所, 町村役場: ein Zug durch die ~ (→Zug 3 a). **2**〘宗〙教区, 教会;《集合的に》教区民; (礼拝の)会衆; (宗派の)信徒. **3** (Gemeinschaft) 同好会, 協会;《集合的に》同好の士. [*ahd.*; ◇gemein]

Ge·mein·de≈ab·ga·ben 複 市町村税. **≈acker** 男 = Gemeindeanger **≈am·mann** 男《スイス》**1** 市町村長. **2**〘法〙執行官, 執達吏. **≈an·ger** 男 (市町村の)共有農地. **≈an·lei·he** 女 市町村債. **≈bau** 男 -〔e〕s/-ten《オーストリア》(市町村, 特にウィーンの)公営住宅. **≈be·am·te** 男 (市町村の)地方公務員. **≈be·trieb** 男 (市町村の)公営事業. **≈be·zirk** 男〘政〙地方自治区域(市町村). $^▽$**≈die·ner** 男 村の使い走りをする下僕. **≈di·rek·tor** 男 市町村主事.

ge·mein·de·ei·gen 形 市町村有の.

Ge·mein·de≈flur 女 = Gemeindeanger **≈frak·tion** 女 = Fraktion 3 **≈glied** 中 -〔e〕s/-er《ふつう複数で》**1** 地方自治体住民. **2**〘宗〙教区民. **≈gut** 中 (市町村の)共有地, 共用地. **≈haus** 中 **1** 教区集会所. **2** 市町村役場. **≈hel·fer** 男〘新教〙(在俗の)教区ヘルパー. **≈kir·chen·rat** 男 -〔e〕s/..räte = Presbyterium 1 **≈kun·de** 女 -/ (教科目としての)郷土誌. **≈mit·glied** 中 = Gemeindeglied 2 **≈ord·nung** 女〘政〙市町村に関する法規;《スイス》自治体憲章. **≈pfle·ge** 女 -/〘宗〙教区内の厚生〈福祉〉事業. **≈rat** 男 -〔e〕s/..räte 市町村参事会〔員〕. **≈schwe·ster** 女 教区内の厚生〈福祉〉事業に従事するシスター. **≈steu·er** 女 市町村税, 地方税. **≈tag** 男 Deutscher ~ (ドイツの)全国市町村連絡協議会.

ge·mein·deutsch[gəmáɪn..] 形 ドイツ全土に通用する; 共通ドイツ語の.

Ge·mein·de≈ver·band[gəmáɪndə..] 男 市町村組合〈連合〉. **≈ver·samm·lung** 女 **1** (特にスイスにおける小さな地方自治体の)有権者大会. **2**〘宗〙教区集会. **≈ver·tre·ter** 男 市町村会議員. **≈ver·tre·tung** 女 市町村会. **≈ver·wal·tung** 女 地方行政〔当局〕. **≈vor·stand** 男 **1** 市町村首脳. **2** 市町村長. **≈vor·ste·her** 男 市町村長. **≈wahl** 女 市町村議会選挙. **≈woh·nung** 女《オーストリア》(市町村の)公営住宅.

ge·meind·lich[gəmáɪntlɪç] 形 (kommunal) 地方自治体(市町村)の.

Ge·mei·ne^1[gəmáɪnə] →gemein II

Ge·mei·ne^2[–] 女 -/-n《方》(Gemeinde)《集合的に》教区民, 宗徒. [*ahd.*; ◇gemein]

Ge·mein·ei·gen·tum[gəmáɪn..] 中 (共同体, 例えば市町村などの)共有財産,(特に:) 共有地.

ge·mein·faß·lich 形 だれにでも理解し得る, 平易な.

Ge·mein·ge·brauch 男〘法〙公共使用.

ge·mein·ge·fähr·lich 形 公安を害する, 公共の利益にとって害のある: ~*e* Krankheiten 法定伝染病.

Ge·mein·ge·fühl 中 一般〈基本〉感覚(飢え・渇き・疲労・めまいなどの肉体感覚).

Ge·mein·geist 男 -〔e〕s/ 公共心, 公徳心; 連帯精神. [*engl.* public spirit の翻訳借用]

ge·mein≈ger·ma·nisch 形〘言〙ゲルマン共通基語の: →deutsch **≈gül·tig** = allgemeingültig

Ge·mein·gut 中 -〔e〕s/ 共有財産, 共有地;《比》一般に普及したもの(特に精神的遺産): Eine Dichtung ist das ~ eines Volkes. 文学は民族の〔精神的〕共有財産である.

Ge·mein·heit[gəmáɪnhaɪt] 女 -/-en **1**《単数で》(gemein なこと. 特に:) 卑しさ, さもしさ, 卑劣〈低劣〉さ; 下品, 粗野, 野卑: Diese Tat zeugt von seiner ~. この行為は彼の卑劣さを証明している. **2** gemein な言動: eine ~ begehen 卑劣なことをする. **3**《話》ひどいこと, 腹の立つこと: So eine ~! なんてひどいことを, なんと腹の立つことか. $^▽$**4** = Gemeinde

ge·mein·hin[gəmáɪnhɪn, ⌣⌣] (雅: **ge·mei·nig·lich**[gəmáɪnɪklɪç]) 副 (im allgemeinen) 一般に, 概して.

Ge·mein≈jahr 中 (↔Schaltjahr) (閏年(うるう)でない)平年. **≈ko·sten** 複 共通経費. **≈nutz** 男 -es/ 公益: *Gemeinnutz* geht vor Eigennutz.《諺》公益は私益に優先する.

ge·mein·nüt·zig[..nʏtsɪç]^2 形 公益に奉仕する, 公益的な.

G

Ge·mein·nüt·zig·keit[..kaɪt] 女 -/ 公益性.

Ge·mein·platz 男《軽蔑的に》(言い古された)きまり文句. [*engl.* common-place (*lat.* locus commūnis の翻訳借用)の翻訳借用]

Ge·mein·recht 中〘史〙(中世以来の)普通法.

ge·mein·sam[gəmáɪnza:m] 形 共同〈共通〉の: unser ~*er* Freund 我々共通の友人 | der größte ~*e* Teiler〘数〙最大公約数 | das kleinste ~*e* Vielfache〘数〙最小公倍数 | der *Gemeinsame* Markt〘経〙〔ヨーロッパ〕共同市場 | mit *jm.* ~*e* Sache machen (→Sache 1 a ①) | *et.*[4] auf einen ~*en* Nenner bringen (→Nenner) ‖ Die Liebe zur Musik war ihnen ~. 音楽好きが彼らに共通していた ‖ Das Buch gehört uns ~. その本は我々皆のものだ | Wir fahren ~ in die Stadt. 我々は一緒に町へ行く.

Ge·mein·sam·keit[−kaɪt] 女 -/-en **1** 共通の点, 共通の性質: Es gibt viele ~*en* zwischen uns. 我々のあいだには多くの共通点がある. **2**《単数で》共同, 共有; 連帯.

Ge·mein·schaft[gəmáɪnʃaft] 女 -/-en **1** (利益ではなく, 連帯感に基づく)家族体, 共同社会(→Gesellschaft 1 a): die ~ der Familie 家族という共同体 | die ~ der Heiligen〘宗〙聖徒の交わり ‖ eine ~ bilden 共同体を形成する. **2**《単数で》共同, 連帯, 結びつき; 共同作業, 共同生活: die eheliche ~ 婚姻〔関係〕| **in ~ mit *jm.*** …と共同して〈一緒に〉. **3** 国家の連合: die Europäische ~ (略 EG) 欧州〈ヨーロッパ〉共同体.

ge·mein·schaft·lich[−lɪç] 形 共同の, 共有の, 連帯の, 一緒の: auf 〈für〉 ~*e* Rechnung 経費を出し合って | *et.*[4] ~ mit *jm.* verwalten …を…と共同管理する.

Ge·mein·schaft·lich·keit[..kaɪt] 女 -/-en 共同; 共有; 連帯.

Ge·mein·schafts≠an·schluß 男 (電話の)共同加入線. **≠an·ten·ne** 女〘電〙共同〔受信〕アンテナ. **≠ar·beit** 女 共同作業; 共同作品. **≠bad** 中 **1** 共同入浴. **2** 共同浴場. **≠be·we·gung** 女 -/〘新教〙(19世紀ドイツの)福音主義改革運動. **≠ehe** 女 (未開人社会の)群婚. **≠er·zie·hung** 女 -/ **1** (Koedukation) 男女共学. **2** 多宗派混合教育. **≠ge·fühl** 中 -〔e〕s/ 連帯〈社会〉感情. **≠geist** 男 -〔e〕s / 団体〈社会連帯〉精神, 公共〈公徳〉心. **≠klo** 中《話》共同便所. **≠kü·che** 女 共同炊事場. **≠kun·de** 女 -/ (教科としての)社会科. **≠le·ben** 中 -s/ 共同〈団体〉生活. **≠pro·duk·tion** 女 (番組・映画などの)共同制作. **≠schu·le** 女 **1** (↔Bekenntnisschule)(宗教の授業だけ別々に行う)宗派混合学校. **2** 男女共学校. **≠steu·ern** 複 (連邦と州の)共同租税(所得税・法人税・販売税など). **≠toi·let·te** 女 共同便所. **≠un·ter·neh·men** 中 合弁企業, ジョイント=ヴェンチャー. **≠ver·pfle·gung** 女 -/ 集団〈共同〉給食. **≠woh·nung** 女 共同住宅. **≠zel·le** 女 (刑務所などの)雑居房.

Ge·mein≠schuld·ner[gəmáɪn..] 男〘法〙破産者. **≠sinn** 男 -〔e〕s/ **1** 公共心, 共同精神. **2**〘心〙全身感覚. ▽**3** 常識. **≠spra·che** 女〘言〙共通語. ▽**≠spruch** 男 =Gemeinplatz

ge·mein·ver·ständ·lich 形 素人にもわかる, 平易な, 通俗的な.

Ge·mein·ver·ständ·lich·keit 女 -/ 平易さ, 通俗性.

Ge·mein≠werk 中《スイ》**1** (町や教区のための)無償奉仕. ▽**2** 共有林野. **≠we·sen** 中 公的団体; 公共団体(国家・市町村など). **≠wirt·schaft** 女 -/〘経〙公共経済;〘農〙共同〈集団〉営農.

Ge·mein·wohl 中 公共の福利, 公益. [*engl.* common-weal〔th〕(→Commonwealth) の翻訳借用]

Ge·mein·wort·schatz 男〘言〙共通語彙(ご).

Ge·men·ge[gəmɛ́ŋə] 中 -s/- **1** まぜ合わされたもの;〘化〙混合物;〘鉱〙礫岩(れきがん);〘農〙混作〔作物〕: ein ~ aus 〈von〉 zwei Säuren 二つの酸の混合物. **2** 雑踏. ▽**3** (Handgemenge) 殴り合い: mit *jm.* ins ~ kommen 〈geraten〉 …と乱闘をはじめる. [<mengen]

Ge·men·ge≠la·ge 女〘農〙(同一経営者の)耕地散在. **≠saat** 女〘農〙(飼料作物の)混作, 混合播種(はしゅ).

Ge·meng≠la·ge[gəmɛ́ŋ..] =Gemengelage **≠saat** =Gemengesaat

Ge·meng·sel[..zəl] 中 -s/- (Mischmasch) ごたまぜ.

Ge·merk[gəmɛ́rk] 中 -〔e〕s/-e, **Ge·mer·ke**[..kə] 中 -s/- **1** 目じるし, (特に:) 境界標〈石〉, (計量器の)目盛り;〘狩〙(傷を負って逃げた獣の)血痕(けっこん). **2** (中世の歌合戦の)審判台; (審判台に掲げられた)規則書. **3** 知覚力. [<merken]

ge·mes·sen[gəmɛ́sən] **I** messen の過去分詞. **II** 形 **1** 落ち着いた, 悠然〈泰然〉たる; 品位〈節度〉のある; 厳然たる: in ~*er* Haltung 落ち着きはらって, 堂々と | ~*en* Schrittes 〈mit ~*en* Schritten〉 gehen ゆったりと歩む ‖ *jn.* ~ grüßen …に節度をもって〈礼儀正しく〉あいさつする. **2**《付加語的》適度の: in ~*er* Entfernung 適当な距離を置いて.

Ge·mes·sen·heit[−haɪt] 女 -/ gemessen なこと.

Ge·met·zel[gəmɛ́tsəl] 中 -s/- 〔大量〕殺戮(さつりく). [<metzeln]

ge·mie·den[gəmí:dən] meiden の過去分詞.

Ge·mi·na·ta[gəminá:ta·] 女 -/..ten[..tən], ..tä[..tɛ·], **Ge·mi·na·te**[..tə] 女 -/-n〘言〙**1** 重ね子音(同一子音字を重ねて表した長子音. 例 イタリア語の anno[ánno]). **2** 重ね子音〔字〕(同一子音字の連続. 例 kommen[kɔ́mən]).

Ge·mi·na·tion[..natsió:n] 女 -/-en〘言〙子音重畳〈重複〉; (Epanalepse)〘修辞〙(文における)語〔群〕重複: expressive ~ 強意的子音重畳(例 nicken<neigen, zucken<ziehen). [*lat.*]

die **Ge·mi·ni·den**[..ní:dən] 複〘天〙双子(ふたご)座流星群. [<*lat.* geminī „Zwillinge"+..iden]

ge·mi·nie·ren[..ní:rən] 他 (h)〘言〙(同一子音を)重複する. [*lat.*; <*lat.* geminus „doppelt" (◇..gam)]

Ge·misch[gəmíʃ] 中 -〔e〕s/-e 混合物; (ガソリンと空気の)混合気: ein homogenes ~〘化〙均質混合物, 溶体 | ein ~ aus 〈von〉 Hoffnung und Angst 希望と不安の入りまじった気持 | ~ fahren《話》(バイクなどが)オイル混合ガソリンで走る. [<mischen]

ge·mischt[gəmíʃt] **I** mischen の過去分詞. **II** 形 **1** 混合された; 男女からなる: ein ~*er* Chor 混声合唱〔団〕| ein ~*es* Doppel (テニスなどの)混合ダブルス | ~*e* Flexion〘言〙混合変化 | mit ~*en* Gefühlen (→Gefühl 1). **2** (unfein) 低俗な, いかがわしい: eine ~*e* Gesellschaft 低俗な連中; 男女とりまぜのグループ(→1) | Es wird ~./ Es geht ~ zu.《話》乱痴気騒ぎが始まる; 話が落ちてくる.

Ge·mischt·bau·wei·se 女 -/〘建〙(溶接と鋲(びょう)打ち・鉄骨と木骨・高層と低層などの)混合〈調和〉建築方式.

ge·mischt·spra·chig 形 複数言語併用の.

Ge·mischt·wa·ren·hand·lung 女 食料品兼雑貨商, よろず屋.

ge·mischt·wirt·schaft·lich 形〘経〙(公共企業体などが)公私共同経営の; (販売とサービス業務とを)兼業の.

ge·mit·telt[gəmítəlt] 形 平均値の.

Gem·me[gɛ́mə] 女 -/-n **1** (像を彫りつけた)〔準〕宝石. **2**〘植〙無性芽. [*lat.* gemma „Knospe"−*it.*]

Gem·mo·glyp·tik[gɛmoglýptɪk] 女 -/ 宝石彫刻術.

Gem·mo·lo·gie[..logí:] 女 -/ 宝石学.

Gem·mu·la[gɛ́mula·] 女 -/..lae[..lɛ·], ..lä[..lɛ·] (Brutknospe)〘動〙芽球. [*lat.*]

ge·mocht[gəmɔ́xt] mögen の過去分詞.

ge·mol·ken[gəmɔ́lkən] melken の過去分詞.

ge·mop·pelt[gəmɔ́pəlt] 形《もっぱら次の形で》doppelt ~ (→doppelt).

Ge·mot·ze[gəmɔ́tsə] 中 -s/《軽蔑的に》文句ばかりつけること. [<motzen]

Gems≠bart[gɛ́ms..] 男 シャモアのたてがみ(猟師の帽子の飾りに用いる). **≠bock** 男〘動〙**1** シャモアの雄. **2** (南アフリカ産の)ゲムズボック.

Gem·se[gɛ́mzə] 女 -/-n〘動〙シャモア(アルプスの岩場に棲むカモシカの一種で, 敏捷(びんしょう)さ・注意深さで知られる). [*ahd.*; ◇chamois]

gems≠far·ben[gɛ́ms..] 形, **≠far·big** 形 (シャモアのような)淡黄色の.

Gems≠geiß 女〘動〙シャモアの雌. **≠horn** 中 -〔e〕s/..hörner〘楽〙ゲムスホルン(① 16世紀の角笛形フルート. ②

G

ホルン的な音を出すオルガンのフルー音栓). ≠**le·der** 中 シャモアのもみ革.

Ge·mun·kel[gəmύŋkəl] 中 -s/ ひそかにうわさをする(陰口を言う)こと; ひそかなうわさ, ひそひそ話. [<munkeln]

Ge·mur·mel[gəmύrməl] 中 -s/ ぶつぶつ言う声, つぶやき: ein erregtes ~ 興奮のざわめき. [<murmeln]

Ge·murr[gəmύr] 中 -[e]s/ , **Ge·mur·re**[..rə] 中 -s/ ぶつぶつ不平を言うこと(声). [<murren]

Ge·mü·se[gəmý:zə] 中 -s/- **1 a)** 野菜: rohes ⟨frisches⟩ ~ なまの(新鮮な)野菜 | Gefrier*gemüse* 冷凍野菜 ‖ ~ anbauen ⟨ziehen⟩ 野菜を栽培する. **b)** 《単数で》《料理》野菜の煮つけ: Fleisch mit Kartoffeln und ~ ジャガイモと野菜付き(添え)肉料理. **2** 《戯》**junges ~** 青二才, 若造. **3** 《話》**a)** 花[束]. **b)** 混合物, ごたまぜ: Red kein ~! ばかなことを言うな. [*mhd.* gemüese „breiartige Speise"; ◇Mus]

Ge·mü·se≠an·fall 男 野菜の収穫. ≠**bau** 男 -[e]s/ 野菜栽培. ≠**beet** 中 野菜畑. ≠**bei·la·ge** 女 《料理》つけ合わせ野菜. ≠**eu·le** 女 《虫》ヨトウガ(夜盗蛾)亜科のガ(幼虫は野菜の害虫). ≠**feld** 中 野菜畑. ≠**gar·ten** 男 菜園: quer durch den ~《話》いろいろなものがまざった, ごたまぜの | eine Prüfung quer durch den ~《話》多くの分野にわたる調査. ≠**ge·richt** 中 野菜料理. ≠**han·del** 男 -s/ 野菜の取引: Da hört [sich doch] der ~ auf. 《話》全くひどい(とんでもない)ことだ. ≠**händ·ler** 男 青物商人, 八百屋. ≠**kohl** 男 キャベツ. ≠**kon·ser·ven** 複 野菜の缶詰(瓶詰); (冷凍・乾燥した)保存野菜. ≠**kul·tur** 女 野菜栽培. ≠**la·den** 男 八百屋の店. ≠**pflan·zen** 複 野菜[用植物]. ≠**plat·te** 女 《料理》野菜の盛り合わせ. ≠**por·tu·lak** 男 《植》タチスベリヒユ(立滑莧). ≠**pud·ding** 男 《料理》野菜入りプディング. ≠**saft** 男 野菜ジュース. ≠**sa·lat** 男 野菜サラダ. ≠**spi·nat** 男 《植》ホウレンソウ(菠薐草). ≠**sup·pe** 女 野菜スープ. ≠**wan·ze** 女 《虫》カメムシ(亀虫)の一種(キャベツなどの害虫). ≠**was·ser** 中 《料理》野菜の煮汁.

ge·mü·ßigt[gəmý:sıçt] müßigen の過去分詞.

ge·mußt[gəmύst] müssen の過去分詞.

ge·mu·stert[gəmύstərt] mustern の過去分詞.

..gemut[..gəmu:t] 《形容詞につけて「気分が…な」を意味する形容詞をつくる》: froh*gemut* 朗らかな | hoch*gemut* 気分が高揚した | wohl*gemut* 機嫌のいい.

Ge·müt[gəmý:t] 中 -[e]s/-er **1** 《単数で》心情, 情緒, 気質: ein sanftes ⟨rauhes⟩ ~ haben 気性が穏やかである(荒い) | **ein sonniges ~ haben** 心が明るい; 《反語》いい気になっている, 考えが甘い | kein ~ haben / **ein ~ wie ein Fleischerhund haben** 《話》非情である, 木石の心の持ち主である | **ein ~ wie ein Schaukelpferd ⟨ein Veilchen⟩ haben** 《話》無邪気である ‖ ***jm.* aufs ~ schlagen ⟨gehen⟩** …を意気消沈させる | ***jm.* nach dem ~ sprechen** …に全く(百パーセント)同意する | *jm. et.*[4] **zu ~e** führen …に…をこんこんと言い聞かせる | ***sich*[3] *et.*[4] zu ~e führen** …を肝に銘じる; 《比》…を賞味する. **2** 《ふつう複数で》(心情の持ち主としての)人間, 人々: Sie ist ein ängstliches ~. 彼女は気の小さい人だ | Der Vorfall erregte die ~*er* der Stadt. その事件は町の人々を興奮させた. [*mhd.*; ◇Mut]

ge·müt·lich[-lıç] 形 **1** 居心地のよい, (気分が)くつろいだ; ゆったりした: Hier ist es ~! ここは気持(居心地)がいい | Mach es dir ~! まあくつろいでくれたまえ | *jn.* zu einem ~*en* Abendessen einladen …を肩のこらない夕食に招待する. **2** (人が)のんびりした, 穏やかな, 人柄のよい.

Ge·müt·lich·keit[..kaıt] 女 -/ (gemütlich なこと. 例えば:) 居心地のよさ, くつろぎ; 人柄のよさ, 穏やかさ: in aller ~ のんびりと, くつろいで | **Da hört aber ⟨doch⟩ die ~ auf!** 《話》そいつはひどすぎる; もう我慢がならない.

ge·müt≠los[..lo:s][1] 形 情を欠いた. ≠**reich** =gemütvoll

Ge·müts·an·la·ge 女 気質, 性情; 気立て.

ge·müts·arm 形 情に乏しい.

Ge·müts≠ar·mut 女 gemütsarm なこと. ≠**art** 女 =Gemütsanlage ≠**ath·let** 男 《話》神経の太い人, 感情に動かされない人; 無情な人. ≠**be·we·gung** 女 心の動き, 情緒, 感動. ≠**er·re·gung** 女 興奮[状態]. ≠**kräf·te** 複 感受性.

ge·müts·krank 形 《医・心》情性疾患の, 感情疾患の.

Ge·müts≠krank·heit 女 《医・心》情性疾患, 感情疾患. ≠**le·ben** 中 -s/ 感情生活: ein reiches ~ haben 豊かな感情の持ち主である. ≠**lei·den** 中 =Gemütskrankheit ≠**mensch** 男 **1** 情味のある人. **2** 《話》泰然自若とした人間, のんびり屋; (相手の立場など考えない)のんき坊主, 気の利かない人間. ≠**re·gung** 女 =Gemütsbewegung ≠**rich·tung** 女 性向, 性情. ≠**ru·he** 女 平静, 冷静: in aller ~ 泰然自若として. ≠**stim·mung** 女, ≠**ver·fas·sung** 女 気分, 感情(心)の状態. ≠**wert** 男 心情的価値. ≠**zu·stand** 男 =Gemütsverfassung

ge·müt·voll 形 情のある, 心の温かい.

gen[gɛn] 前 《4格支配》《雅》(gegen) …の方[向]へ, …に向かって: ~ Norden 北へ[向かって] | auf der Fahrt ~ München ミュンヒェンへの途上[で] ‖ Da sprach der Herr zu Mose: Recke deine Hand aus ~ Himmel ... Da streckte Mose seinen Stab ~ Himmel ... 主はモーセに言われた,「あなたの手を天に向かってさし伸べなさい…」モーセが天に向かって杖(つえ)をさし伸べると…(聖書: 出9, 22-23). [*mhd.* gein; ◇gegen]

gen. 1 略 =genannt **2** =Gen.

..gen[..ge:n] **1** 《「発生」を意味する形容詞・中性名詞 (-s/-e) をつくる》: homo*gen* 同質の | exo*gen* 《植》外生の; 《医》外因性の | karzino*gen* 発癌(はつがん)性の | patho*gen* 《医》病原の | halo*gen* 《化》造塩性の | pyro*gen* 《医》発熱性の; 《鉱》高熱によって生じた | radio*gen* 《理》放射線崩壊による(→2) | zyto*gen* 細胞によって形成された ‖ Hydro*gen* 《化》水素. **2** 《名詞などにつけて「…に適した」を意味する形容詞をつくる》foto*gen* 写真うつりのよい | radio*gen* 《話》(声などが)ラジオに適した(→1) | tele*gen* テレビ向きの. [*gr.*]

Gen[ge:n] 中 -s/-e 《遺伝》遺伝[因]子, ゲン(染色体中にある遺伝を規定する因子). [*gr.* génos „Abstammung, Geschlecht"; ◇Genus, Genese, ..gonie; *engl.* gene]

Gen. 略 =**Genitiv**

Ge·nack[gənák] 中 -[e]s/-e 《南部》=Genick

ge·nannt[gənánt] nennen の過去分詞.

ge·nant[ʒenánt] 形 **1** (事態が)やっかいな, 不愉快な, 動きのとれない: Das ist mir ~. それは困るよ. **2** 《方》恥ずかしがりの, はにかみ屋の. [*fr.*; ◇genieren]

Ge·nappe·garn[ʒenáp..] 中 (光沢のある)よりのきつい梳毛(そもう)糸. [<Genappe (ベルギーの原産地)]

ge·narbt[gənárpt] narben の過去分詞.

ge·nas[gəná:s][1] genesen の過去.

ge·nä·schig[gənέʃıç][2] 形 (naschhaft) つまみ食いの好きな; 食いしん坊の; 美食好きの. [<naschen]

ge·nä·se[gənέ:zə] genesen の接続法 II.

Ge·nä·sel[gənέ:zəl] 中 -s/ 鼻声[で話すこと]. [<näseln]

ge·nau[gənáυ] 形 **1 a)** 精確(精密)な, 綿密(詳細)な; (sorgfältig) 細心の; (streng) 厳正な: ein ~*er* Bericht 詳報 | der ~*e* Deckel eines Topfes つぼにぴったりのふた | bei ~*em* Hinsehen よくよく見れば | eine ~*e* Waage 精確なはかり ‖ *jn.* ~ kennen …をすみずみまで知っている, …と親友である | *et.*[4] ~ nehmen …を厳密に解する(考える)(→genaugenommen) | **es mit *et.*[3] ~ nehmen** …について厳格である, …にやかましい | **es mit *et.*[3] nicht so ~ nehmen** …に寛大である | Er arbeitet ~. 彼の仕事はきちょうめんだ(信用がおける) | Er kam ~ auf die Minute an. 彼は1分とたがえず到着した | Es ist ~ 8 Uhr. 8時ちょうどだ | Der Weg ist ~ 3 Meter breit. 道幅はきっちり3メートルある ‖ Es ist nichts *Genaues* mit ihm. 彼は信用がおけない | Es ist nichts *Genaueres* zu erfahren. (それ以上の)詳細は不明である. **b)** 《相手の主張に対する全面的賛同を示して》全く, そのとおり: Auf ihn ist kein Verlaß.—*Genau!* 彼は全く信用できない — そのとおりだ. **2** (knapp) ぎりぎりの: mit ~*er* Not かろうじて, やっとのことで | der ~*este* Preis ぎりぎりの安値. **3** (sparsam) 倹約な, けちな: In Geldsachen ist er sehr ～. 彼は金銭のことにはとても細かい. [*mhd.*; ＜*ahd.* hniuwan „schaben"]

ge·nau·ge·nom·men[gənáʊ..] 副 厳密に言えば.

Ge·nau·ig·keit[gənáʊɪçkaɪt] 女 -/ (genau なこと) **1** 精確; 詳密; 細心; 厳密; 〘理〙精度: die ～ einer Arbeit きちょうめんな仕事ぶり | mit umständlicher ～ こと細かに. **2** 節倹: Er ist von großer ～ in Geldsachen. 彼は金銭にとても細かい.

Ge·nau·ig·keits·grad 男〘理〙精度.

ge·nau·so[gənáʊzo:] 副 (geradeso) 全く同様に; まさにそのように: Es geschah ～, wie er es vorhergesagt hatte. まさに彼が予言していたとおりになった | ～ naß 〔wie vorher〕 sein (→naß I 1) ‖ Er hat das Auto selbst gebaut.—*Genauso* sieht es auch aus! 彼はその自動車を自分で組み立てたんだ — 事実いかにもお手製然としているよ.

Gẹn·bank[gé:n..] 女 遺伝子銀行(動植物・微生物およびその組み換え体などを収集・保存・管理する機関).

Gen·darm[ʒandárm, ʒãd..] 男 -en/-en **1** (旧ドイツ帝国・オーストリアで都市警察の管区外の村などに駐在し, 国家警察の管下におかれていた)地方警官; 《俗》おまわりさん: Räuber und ～ (→Räuber 1). **2** (プロイセンの)〔騎馬〕憲兵; (フランスの)近衛(このえ)騎兵. **3** 〘登山〙ジャンダルム, (主峰の前に衛兵のようにそびえる)塔状岩峰. [*fr.*; ＜*fr.* gens d'armes „Leute in Waffen" (◇Armarium)]

Gen·dar·me·rie[..darmərí:] 女 -/-n[..rí:ən] 地方警察〔の警官隊〕; (村の)駐在所. [*fr.*]

Gen·dar·me·rie·po·sten 男《オーストリア》(村の)駐在所.

Gẹn·de·fekt[gé:n..] 男〘遺伝〙遺伝子欠陥.

Gẹn·dia·gno·stik 女〘医〙遺伝子診断〔法〕.

Gẹ·ne[1] Gen の複数.

Gene[2][ʒɛ:n, ʒé:nə, ʒɛ́:nə] 女 -/ 窮屈, 困惑; こだわり. [*fr.* gêne „〔erpreßtes〕 Geständnis"; ＜*afr.* jehir „zum Geständnis zwingen" (◇Beichte); ◇genieren]

Ge·nea·lo·ge[genealó:gə] 男 -n/-n (→..loge) 系譜〈系図〉学者. [*gr.*–*lat.*]

Ge·nea·lo·gie[..logí:] 女 -/-n[..gí:ən] 系譜〈系図〉学; 系図調べ. [*gr.* „Geschlechtsregister"; ＜*gr.* geneá „Geburt, Geschlecht" (◇Gen〔us〕)]

ge·nea·lo·gisch[..ló:gɪʃ] 形 系譜〈系図〉学〔上〕の.

Ge·nẹcke[gənɛ́kə] 中 -s/ しきりにからかうこと. [＜necken]

ge·nẹhm[gəné:m] 形《雅》好ましい, 好都合の: Es ist mir ～. それは私には好都合です | wenn es Ihnen ～ ist もしご都合がよろしければ, それでよろしければ | eine ～*e* Entscheidung 意にかなった決定. [*mhd.*; ◇nehmen]

ge·nẹh·mi·gen[gəné:mɪgən][2] 他 (h) **1** 《*jm. et.*[4]》 (特に官庁などが)許可〈認可〉する, 同意する: Das Gesuch 〈Der Aufenthalt〉 wurde *genehmigt.* 申請〈滞在〉は認可された | *genehmigtes* Kapital 〘経〙認可資本.
2 《話》《〔*sich*[3]〕 *et.*[4]》 (ちょっとしたぜいたくを)あえてする, 奮発する: Ich habe mir etwas *genehmigt.* ちょっとうまいこと〈いいこと〉をしちゃったよ | ***sich***[3] **einen ～** 《戯》(酒を)一杯やる | Ich will mir schnell einen ～. ちょいと一杯ひっかけようと思う.

Ge·nẹh·mi·gung[..gʊŋ] 女 -/-en **1** (特に官庁などの)同意, 許可, 認可, 裁可; 〘法〙(民法における)追認: eine schriftliche ～ 書面による許可〈認可〉 | mit 〔freundlicher〕 ～ des Autors 著者の〔好意ある〕了解を得て | eine ～ einholen 〈erhalten〉 認可をもらう | *jm.* eine ～ erteilen …に許可〈認可〉を与える | *jm. et.*[4] zur ～ vorlegen …に…についての承認を求める〈裁可を仰ぐ〉. **2** 許可〈認可〉書〔類〕.

ge·nẹh·mi·gungs·frei 形 許可〈認可〉を受ける必要のない.

Ge·nẹh·mi·gungs·pflicht 女 (関係官庁などから)許可〈認可〉を受ける義務.

ge·nẹh·mi·gungs·pflich·tig 形 許可〈認可〉を受ける義務のある.

ge·neigt[gənáɪkt] **I** neigen の過去分詞. **II** 形 **1** 《述語的》《zu *et.*[3]》 (…する)傾向のある; (…に)乗り気である: **zu** ***et.***[3] **～ sein** / ***sich***[4] **zu** ***et.***[3] **～ zeigen** …の傾向がある; …に乗り気である | zum Zorn ～ sein 怒りっぽい | Er ist leicht ～, einem anderen zu vertrauen. 彼はとかく他人の言うことを信用しがちだ | Das hängt davon ab, wie er ～ ist. それは彼の気持しだいだ. **2** 《*jm.*/*et.*[3]》 好意的な, (…を)好む: Das Glück ist ihm ～. 彼は運がいい | Er ist der Mode nicht ～. 彼は流行を好まない ‖ um ein ～*es* Ohr bitten (→Ohr 1) | bei *jm.* ein ～*es* Ohr finden (→Ohr 1) | *jm.* ein ～*es* Ohr leihen 〈schenken〉 (→Ohr 1) ‖ *Geneigter* Leser! 《雅》(序文などで)読者の皆さん.

Ge·neigt·heit[–haɪt] 女 -/ 志向, 気持; 傾向, くせ; 好意, 愛着.

Gẹ·ne·ra Genus の複数.

general.. 《名詞などにつけて「一般的な・総合的な・主たる・上席の」などを意味する》 [*lat.* generālis „allgemein"]

Ge·ne·ral[genərá:l, gene..] 男 -s/-e, ..räle[..rɛ́:lə] **1** 〘軍〙陸軍〈空軍〉大将, 陸将, 空将; (広義では陸軍・空軍の)将官, 将軍; 〔総〕司令官. **2** 〘カトリック〙(修道会の)総長; (救世軍の)総司令官. **3** (Feuerwanze) 〘虫〙ホシカメムシ(星亀虫). [1: *fr.* 〔capitaine〕 général; 2: *mlat.*–*mhd.*]

Ge·ne·ral≈ab·so·lu·tion 女 〘カトリック〙総赦免, 全免償. **≈ad·ju·tant** 男〘軍〙(将官の中から任命される)高級副官. **≈agent** 男〘商〙総代理人. **≈agen·tur** 女〘商〙総代理店. **≈amne·stie** 女〘法〙大赦. **≈an·griff** 男〘軍〙総攻撃. **≈an·zei·ger·pres·se** 女 (特に19世紀末から20世紀初頭にかけて盛んだった)無党派〈中立〉新聞. **≈arzt** 男〘軍〙軍医将官.

Ge·ne·ra·lat[genəralá:t, gene..] 中 -〔e〕s/-e **1** 〘軍〙General 1の地位. **2** 〘カトリック〙General 2の職〈公邸〉. [＜..at]

Ge·ne·ral≈baß[genərá:l.., gene..] 男 (Basso continuo) 〘楽〙通奏低音. **≈beich·te** 女 〘カトリック〙総告白. **≈bun·des·an·walt**[また: ◡◡◡–◡◡◡◡] 男 (ドイツの)連邦検事総長. **≈di·rek·tion** 女 理事会; (政党などの)中央委員会. **≈di·rek·tor** 男 **1** 総支配人. ▽**2** 総裁, 長官.

Ge·ne·ra·le[1][genərá:lə, gene..] 中 -s/..lien[..liən], ..lia[..lia·] 通則, 一般事項(→Generalien II). [*lat.*]

Ge·ne·ra·le[2], **Ge·ne·rä·le** General の複数.

Ge·ne·ral≈feld·mar·schall[genəra:lfɛ́lt.., gene..] 男 陸軍〈空軍〉元帥. **≈feld·zeug·mei·ster** 男〘史〙陸軍砲兵元帥.

Ge·ne·ral≈fra·gen[genərá:l.., gene..] 複〘法〙(被告・証人に対する)人定質問〈尋問〉. **≈gou·ver·ne·ment** [..guvɛrnəmã:] 中〘政〙大行政区; (植民地の)総督管区; (ドイツ占領下の)ポーランド地区(1939-44). **≈gou·ver·neur**[..guvɛrnø:r] 男〘政〙(大行政区の)知事; (植民地の)総督. **≈han·del** 男 -s/ 〘経〙(通過貿易も含めて)一国の貿易全般.

Ge·ne·ra·lia Generale[1]の複数.

Ge·ne·ra·li·en[..liən] **I** Generale[1]の複数. **II** 複 《オーストリア》(Personalien) (個人の)履歴.

Ge·ne·ral≈in·spek·teur[..tø:r] 男 **1** (ドイツで) 〘軍〙(連邦国防軍の)統合幕僚長. **2** 〘史〙監察長官. **≈in·ten·dant** 男〘軍〙経理〈主計〉総監; 〘劇〙劇場総監督, 劇場総支配人.

Ge·ne·ra·li·sa·tion[genəralizatsió:n, gene..] 女 -/-en **1** 一般化; 〘心〙汎化(はんか). **2** 〘地〙(地図の)縮尺単純化.

ge·ne·ra·li·sie·ren[..zí:rən] 他 (h) **1** (verallgemeinern) 一般化する: eine *generalisierte* Krankheit 〘医〙全身に広がった病気. **2** 〘地〙(地図を)縮尺単純化する. [*fr.*]

Ge·ne·ra·lis·si·mus[..lísimʊs] 男 -/..mi[..mi·], -se 〘軍〙総司令官, 大元帥. [*it.* generalissimo]

Ge·ne·ra·list[genəralíst, gene..] 男 -en/-en (特殊な専門家ではなく)多方面の知識〈技能〉を有する人; なんでも屋, 万能家.

Ge·ne·ra·li·tät[..litɛ́:t] 女 -/ **1** 《集合的に》将官. ▽**2** (Allgemeinheit) 一般性. [*lat.*; ◇general..]

Ge·ne·ral≈ka·pi·tän[genərá:l.., gene..] 男〘史〙(ヴェネツィア共和国などの)総統; (スペイン・ポルトガルの)植民地長官. **≈ka·pi·tel** 中〘カトリック〙(修道会の)総会. **≈klau·sel** 女〘法〙一般条項. **≈kom·man·dant** 男〘軍〙総司令官. ▽**≈kom·man·do** 中〘軍〙総司令部〔員〕; 総司令権. **≈kon·sul** 男 総領事. **≈kon·su·lat** 中 総領事館〈職〉. **≈leut·nant** 男 (陸軍・空軍の)中将. **≈ma·jor** 男 (陸軍・空軍の)少将. **≈ma·na·ger**[..mɛnɪdʒər] 男 総支配人. **≈marsch** 男〘軍〙(総員集合を命じる)緊急警報. **≈mu·sik·di·rek·tor**[また: ◡◡–◡◡́◡◡◡] 男 (歌劇場などの)音楽総監督. **≈nen·ner** 男 (Hauptnenner)〘数〙公分母. **≈oberst** 男 (陸軍・空軍の)大将. ▽**≈par·don**[..dɔ̃:] 男 =Generalamnestie **≈pau·se** 女 (略 G.P.)〘楽〙総休止. **≈prä·ven·tion** 女 (↔Spezialprävention)〘法〙(犯罪の)一般予防. **≈pro·be** 女〘劇・楽〙(初演直前の)通し稽古(けいこ), ゲネプロ(→Hauptprobe). **≈quar·tier·mei·ster** 男〘軍〙**1** (第二次世界大戦中の)経理〈主計〉総監, 補給局長. ▽**2** 司令官付きの先任副官; 参謀本部員.

Ge·ne·ral·rat[genərá:l.., gene..] 男 -〔e〕s/..räte 総評議会〔員〕, 最高会議〔員〕; (フランスの)県会〔議員〕. [*fr.* Conseil général の翻訳借用]

Ge·ne·ral≈re·prä·sen·tanz 女《オーストリア》=Alleinvertretung **≈se·kre·tär** 男 (各種団体・連盟・国際連合などの)事務総長; (政党・組合などの)書記長.

Ge·ne·ral·staa·ten 複 (昔の)オランダ議会. [*ndl.* Staten-Generaal; *fr.* États généraux の翻訳借用]

Ge·ne·ral·staats·an·walt[genəra:lʃtá:ts.., gene..] 男 (ドイツ上級地方裁判所の)主席検事, 検事長; (旧東ドイツの)検事総長(現在の Generalbundesanwalt に相当した).

Ge·ne·ral≈stab[genərá:l.., gene..] 男〘軍〙参謀本部, 軍令部; 幕僚監部. **≈stäb·ler**[..ʃtɛ:plər] 男 -s/-《話》=Generalstabsoffizier

Ge·ne·ral·stabs≈chef[..ʃɛf] 男 参謀〈軍令部〉総長; 幕僚長. ▽**≈kar·te** 女 参謀本部地図(縮尺10万分の1). **≈of·fi·zier** 男 参謀本部〈軍令部〉員; 幕僚監部員.

Ge·ne·ral≈stän·de 複〘史〙三部会(貴族・聖職者・第三身分の3階級からなるフランス王国の身分制議会). **≈streik** 男 ゼネスト. **≈su·per·in·ten·dent** 男〘新教〙(管区)総監督. **≈syn·ode** 女〘新教〙全教会総会;〘カトリック〙全教会会議 (Konzil の前身).

ge·ne·ral·über·ho·len (過分 generalüberholt) 他 (h)《不定詞・過去分詞で》〘工〙全面的に分解検査〈オーバーホール〉する.

Ge·ne·ral≈über·ho·lung 女〘工〙全面的オーバーホール. **≈ver·samm·lung** 女 (略 GV) 総会;〘商〙株主総会. **≈ver·tre·ter** 男 =Generalagent. **≈ver·tre·tung** =Alleinvertretung **≈vi·kar** 男〘カトリック〙司教総代理. **≈voll·macht** 女 (↔Spezialvollmacht)〘法〙包括代理権.

Ge·ne·ra prọ·xi·ma Genus proximum の複数.

Ge·ne·ra·tion[genəratsió:n, gene..] 女 -/-en **1 a)** (人間の)世代, ジェネレーション; ある世代の人々; 一世代(約30年): die ～ unserer Eltern 我々の両親の世代 | meine 〈die junge〉 ～ 私の〈若い〉世代〔の人々〕| eine Entwicklung durch ～*en* hindurch 幾世代にもわたる発展. **b)**〘生〙(動植物の)世代. **2** (技術製品などの)世代: ein Computer der fünften ～ 第五世代コンピューター. [*lat.* „Zeugung"; ◇generieren]

Ge·ne·ra·tions≈kon·flikt 男 世代間の軋轢(あつれき). **≈pro·blem** 中 世代の差が原因で発生する問題. **≈ro·man** 男 ある家族の歴史を数世代にもわたって叙述した小説. **≈un·ter·schied** 男 世代間の相違. **≈wech·sel** 男 世代の交代;〘生〙世代交代〈交番〉.

ge·ne·ra·tiv[genəratí:f, gene..][1] 形 生みだす;〘生〙生殖の: die ～*e* Grammatik〘言〙生成文法. [*spätlat.*]

Ge·ne·ra·tor[genərá:tɔr, gene.., ..to:r] 男 -s/-en [..rató:rən] **1** 発電機: Turbo*generator* ターボ〈タービン〉発電機. **2** (Gasgenerator) ガス発生炉. **3**〘電算〙作製ルーティン. [*lat.*]

Ge·ne·ra·tor·gas 中 発生炉ガス.

Gẹ·ne·ra vẹr·bi Genus verbi の複数.

ge·ne·rell[genərɛ́l, gene..] 形 (↔speziell) 一般的な, 全般〈全体〉的な; 全般的に通用〈妥当〉する: ein ～*es* Problem 一般的な問題 ‖ *et.*[4] ～ verbieten …を全面的に禁止する | Ich habe ～ nichts dagegen. 私は全体としてはそれに対して少しも反対でない. [＜general..＋..ell]

ge·ne·rie·ren[genərí:rən, gene..] 他 (h) (erzeugen) 産出する, 発生させる. [*lat.*; ◇*engl.* generate]

ge·nẹ·risch[gené:rɪʃ] 形 種属〈種類〉に関する;〘動・植〙属の. [＜Genus]

ge·ne·rös[genərø:s, gene.., ʒe..][1] 形 (freigebig) 気前のよい, もの惜しみしない; (großmütig) おおらかな, 雅量のある, 寛大な; 高潔な. [*lat.* generōsus „edel 〔geboren〕"－*fr.*]

Ge·ne·ro·si·tät[..rozitɛ́:t] 女 -/ generös なこと. 「[*lat.*－*fr.*]」

Ge·nẹ·se[gené:zə] 女 -/-n 発生, 由来; 生成発展. [*gr.* génesis „Entstehen"－*lat.*; ◇Gen〔us〕]

ge·nẹ·sen*[gəné:zən][1]《106》**ge·nas**[gəná:s][1]/**ge·nẹ·sen**; 接II genäse[..nɛ́:zə] 自 (s) **1**《雅》(病気から)快復する, 再び健康になる: von einer Krankheit noch nicht ganz 〈völlig〉 *genesen* sein 病気がまだ完全に治っていない. ▽**2**《*js.*》分娩(ぶんべん)する: eines Kindes ～ 子供を産む. [*germ.* „heil davonkommen"; ◇nähren; *gr.* nóstos „Heimkehr"]

Gẹ·ne·sis[gé:nezɪs, gɛ́n.., gén..] 女 -/ **1** (旧約聖書の)創世記(モーセ五書の第1書). **2** =Genese [*gr.*]

Ge·nẹ·sung[gəné:zʊŋ] 女 -/-en《ふつう単数で》《雅》(病気の)治癒, 快復: in einem Bad 〈einem Kurort〉 ～ suchen 湯治場〈保養地〉で快復を図る | auf dem Wege der ～ sein / der ～ entgegengehen 快復〈快方〉に向かっている.

Ge·nẹ·sungs·heim 中 (快復後期の病人のための)療養所, サナトリウム.

Ge·nẹ·tik[gené:tɪk] 女 -/ (Vererbungslehre)〘生〙「遺伝学.」

Ge·nẹ·ti·ker[..tikər] 男 -s/-〘生〙遺伝学者.

ge·nẹ·tisch[..tɪʃ] 形〘生〙遺伝〔学〕上の: eine ～*e* Information 遺伝情報 | ～*e* Manipulation 遺伝子操作 | ～*e* Rekombination 遺伝子組み換え | ～*e* Technologie 遺伝子工学 ‖ *et.*[4] ～ manipulieren …に遺伝子操作を施す. [＜*gr.* génesis (→Genese)]

Gẹ·ne·tiv[gé:neti:f, gén.., genetí:f][1] 男 -s/-e =Genitiv

Ge·nẹt·te[ʒənɛ́t(ə), ʒen..] 女 -/-n[..tən]〘動〙ジェネット(ジャコウネコ科). [*arab.*－*span.* gineta－*fr.*]

Ge·nẹ·ver[ʒené:vər, ʒən.., gen..] 男 -s/- ジュニーバ(オランダ産のジン). [*lat.* iūniperus „Wacholder"－*afr.*－*ndl.*; ◇*engl.* geneva]

Ge·nẹ·za·reth[gené:tsarɛt] 地名 ゲネサレ(新約聖書ではゲネサレ湖西部の平野と湖をさす): der See ～ ゲネサレ湖(→galiläisch).

Genf[gɛnf] 地名 ジュネーヴ, ジュネーブ(ジュネーブ湖に臨むスイスの国際的な都市. フランス語形 Genève). [＜*kelt.* gena „Mündung"]

Gen·fer[gɛ́nfər] **I** 男 -s/- ジュネーブの人. **II** 形《無変化》ジュネーブの: die ～ Konvention ジュネーブ協定(1864年にジュネーブで結ばれた傷病兵および捕虜の保護に関する国際協定. その後数次にわたって改正された) | der ～ See ジュネーブ湖(スイスとフランスの国境にある. 別名レマン湖 Lac Léman).

ge·nial[geniá:l] 形 独創的な, 天才的な, 卓越した, すばらしい: ein ～*er* Künstler 〈Einfall〉 天才的な芸術家〈思いつき〉.

ge·nia·lisch[..lɪʃ] 形 天才ふうの; 非凡な. [＜Genie]

Ge·nia·li·tät[genialitɛ́:t] 女 -/ 天賦の才, 独創性〈力〉.

Ge·nick[gənɪ́k] 中 -〔e〕s/-e **1** (Nacken) 首筋(くびすじ), うなじ, 襟首(えりくび)(→ 図 Mensch B): ein steifes ～ haben 首が曲がらない〈回らない〉;《話》頑固である | ***jm.* das ～ brechen** …の首の骨を折る;《話》…を破滅させる | ***sich*[3] das ～ brechen** 首を骨折する;《話》破滅する, ひどい目にあう, 横死する ‖ *jn.* im 〈beim〉 ～ fassen …の首っ玉を捕まえる | den Hut ins ～ schieben 帽子をあみだにかぶる | ***jn.* im ～ sit-**

zen《話》…に解決〈決着〉を迫る. ▽2《単数で》うなずくこと. [1: *mhd.*; ◇Nacken; 2: <nicken]

Ge·nick≠beu·le 女《畜》(馬の)項腫(こうしゅ). **≠fang** 男 -[e]s/ 《狩》(猟刀で獣の首を突き刺す)とどめ: *jm.* den ~ geben《比》…にとどめを刺す. **≠fän·ger** 男《狩》(獣にとどめを刺すための)猟刀. **≠schuß** 男 (銃で)うなじを撃ち抜くこと. **≠star·re** 女《医》(脳脊髄(せきずい)膜炎による)頸部強直. **≠stoß** 男 =Genickfang **≠stück** 中 (馬のおもがいの)頭革(→ 図 Kopfgestell).

..genie[..geni:]《「発生・形成」を意味する女性名詞(-/)をつくる》: Anthropo*genie* 人類発生学 | Phylo*genie*《生》系統発生 | Onto*genie*《生》個体発生. [*gr.*; <..gen]

Ge·nie[ʒení:] **I** 中 -s/-s **1** すぐれた才能, 独創の才: das ~ Mozarts 〈eines Mozart〉 モーツァルトの〈モーツァルト的な〉天賦の才 ‖ Er hat ~. 彼は天才だ. **2** 天才(人): das ~ Goethe 天才ゲーテ | ein militärisches 〈musikalisches〉 ~ 天才的軍人〈音楽家〉‖ Er ist ein 〔verkanntes〕 ~. 彼は〔埋もれた〕天才だ. **II** 女 -/-s《スイ》工兵隊, 工兵科; 工兵の任務. [*lat.* genius－*fr.*; ◇Genius; *engl.* genius]

Ge·nie·epo·che 女 -/ =Geniezeit

Ge·nie·korps[..ko:r] 中《スイ》工兵隊. [*fr.* corps du génie の翻訳借用]

Ge·nie·kult 男 天才崇拝〈礼賛〉.

Ge·ni·en Genius の複数.

Ge·nie≠of·fi·zier[ʒení:..] 男《スイ》工兵将校. **≠pe·ri·ode** 女 -/ =Geniezeit

ge·nie·ren[ʒení:rən] **I** 他 (h) **1** 再帰 *sich*[4] ~ 気後れする, 遠慮する: Bitte *genieren* Sie sich nicht! どうぞお楽に〈ご遠慮なく〉| *sich*[4] vor *jm.* ~ …に対して恥ずかしがる | Ich *genierte* mich, das zu sagen. 私は気後れして〈恥ずかしくて〉なかなかそれが言えなかった. ▽**2** 困らせる, 当惑させる: *Geniert* es Sie, wenn ich meine Jacke ausziehe? 上着を脱いではいけませんか | Es *geniert* mich nicht. かまいませんよ ‖ *sich*[4] *geniert* fühlen 困ったなと思う. **II ge·niert** → 別出 [*fr.*; <*fr.* gêne (→Gene[2]); ◇genant]

Ge·nie·rer[ʒení:rər] 男 -s/《オーストリア》《話》(Schüchternheit) ものおじする気持, 遠慮.

ge·nier·lich[ʒení:rlıç] 形 (lästig) やっかいな, わずらわしい; (schüchtern) 内気な, 遠慮がちの.

ge·niert[ʒení:rt] **I** genieren の過去分詞. **II** 形《オーストリア》(peinlich) きまりの悪い, 気まずい.

ge·nieß·bar[gəní:sba:r] 形 飲食に適する,〔おいしく〕食べられる〈飲める〉;《比》鑑賞に堪え得る;《話》上機嫌の: Das Essen ist kaum ~. この食事は食えたものじゃない | Er ist heute nicht ~. 彼はきょうはご機嫌ななめだ.

Ge·nieß·bar·keit[–kaıt] 女 -/ genießbar なこと: *et.*[4] auf *seine* ~ hin prüfen …が食べられる〈飲める〉かどうかを調べる.

ge·nie·ßen*[gəní:sən]《107》**ge·noß**[gənɔ́s]/**ge·nos·sen**; 接II genösse[gənœ́sə] 他 (h) **1** 楽しむ, 味わう: den schönen Abend ~ 美しい夕べを楽しむ | die Jugend 〈den Urlaub〉 ~ 青春〈休暇〉を楽しむ | die frische Luft ~ 新鮮な空気を味わう | Mutterfreuden ~ (→Mutterfreuden) | *et.*[4] in vollen Zügen ~ (→Zug 6 a). **2** 食べる, 飲む: Ich habe heute noch nichts *genossen.* 私はきょうまだ何も食べていない | Die versalzene Suppe ist nicht zu ~. 塩の入りすぎたスープはとても飲めない | Du bist ja heute nicht 〔mit Senf〕 zu ~.《話》お前はきょうは ひどくいやなやつだ〈機嫌が悪い〉な. **3** 享受する, 受ける: die Achtung 〈das Vertrauen〉 ~ 尊敬〈信頼〉されている | einen guten Unterricht ~ よい授業を受ける. [*germ.*; ◇nießen, Genosse]

Ge·nie·ßer[gəní:sər] 男 -s/- 人生の喜び〈楽しさ〉を享受する人, 享楽主義者.

ge·nie·ße·risch[..sərıʃ] 形 楽しむ, 享受〈享楽〉的な: Wein ~ schlürfen ちびりちびりワインを楽しむ.

Ge·nieß·ling[gəní:slıŋ] 男 -s/-e 遊び人, 道楽者.

Ge·nie≠streich[ʒení:..] 男 天才的な行為, めざましい技; すばらしい思いつき. **≠trup·pe** 女《スイ》工兵隊. **≠zeit** 女 -/《文芸》天才時代 (Sturm-und-Drang-Zeit の別称).

Gen·in·du·strie[gé:n..] 女 遺伝子〔工学〕産業.

Ge·nist[gəníst] 中 -[e]s/-e, **Ge·ni·ste**[..tə] 中 -s/- **1** (Nest) 巣; 営巣; (巣中の)ひな. **2** わらくず, 小枝類; (Gestrüpp) やぶ;《比》ごちゃごちゃしている〈こんがらかっている〉もの: ein ~ von Einbildungen 雑多な着想. [*mhd.*; ◇Nest]

ge·ni·tal[genitá:l] 形 生殖の; 性器〈生殖器〉の: die ~*e* Phase《精神分析》性器〔愛〕期. [*lat.*]

Ge·ni·tal·ap·pa·rat 男 生殖器官; (特に男性の)性器, 生殖器.

Ge·ni·ta·le[..lə] 中 -s/..lien[..liən]《ふつう複数で》《解》性器, 生殖器.

Ge·ni·tal·or·gan 中 =Genitale

Ge·ni·tiv[gé(:)niti:f, gén.., genití:f][1] 男 -s/-e (略 Gen., G.) (Wesfall)《言》属格, 2 格, 所有格: ein attributiver ~ 付加語的属格. [*lat.* (cāsus) genitīvus „Herkunfts(fall)" (*gr.* ptōsis genikḗ „Gattungsfall" の誤訳)]

ge·ni·ti·visch[gé:nitiːvıʃ, gén.., genití:..] 形《言》属格〈所有格〉の, 2 格の.

Ge·ni·tiv·ob·jekt[gé:niti:f..] 中《言》属格〈2 格〉目的語.

Ge·ni·ti·vus[genití:vʊs, gé:niti:..] 男 -/..vi[..vi·] =Genitiv: ~ definitivus[definití:vʊs, dé:finiti:..]〈explicativus[ɛksplikatí:vʊs, ɛ́ksplikati:..]〉定義〈説明〉の属格(例 das Vergehen *des Diebstahls* 盗みの罪) | ~ obiectivus[ɔpjɛktí:vʊs, ɔ́pjɛkti:..] 目的語的属格(例 die Lösung *der Aufgabe* 課題の解決) | ~ partitivus[partití:vʊs, pártiti:..] 部分の属格(例 die Hälfte *des Vermögens* 財産の半分) | ~ possessivus[pɔsɛsí:vʊs, pɔ́sɛsi:..] 所有の属格(例 das Haus *des Vaters* 父の家) | ~ qualitatis[kvalitá:tıs] 性質の属格(例 ein Mann *mittleren Alters* 中年の男) | ~ subiectivus[zʊpjɛktí:vʊs, zʊ́pjɛkti:..] 主語的属格(例 die Ankunft *des Zuges* 列車の到着). [*lat.*]

Ge·nius[gé:niʊs] 男 -/..ien[..niən] **1** 守護神, 精霊; 創造力, 創造的精神: der ~ der deutschen Sprache ドイツ語の精神 | Mutter ist der ~ des Kindes. 母は子供の守り神だ. **2**《雅》=Genie I [〔*spät*〕*lat.*; <*lat.* gīgnere (→Genus)]

Gen≠kur[gé:n..] 女《医》遺伝子治療. **≠ma·ni·pu·la·tion** 女《生》遺伝子操作. **≠me·di·zin** 女 遺伝子医学. **≠mu·ta·tion** 女《遺伝》遺伝子突然変異.

Ge·no·cid[genotsí:t][1] 中 -[e]s/-e, -ien[..diən] = Genozid

Ge·nom[genó:m] 中 -s/-e《生》ゲノム(染色体の基本的な一組): das menschliche ~ ヒト(人)ゲノム. [<Gen+Chromosom]

Ge·nom≠ana·ly·se 女《遺伝》〔ヒト〕ゲノム解析. **≠for·schung** 女〔ヒト〕ゲノム研究.

ge·nom·men[gənɔ́mən] nehmen の過去分詞.

Ge·nom·pro·jekt 中 人ゲノム解析計画.

ge·noppt[gənɔ́pt] 形《織》けば〈ふし〉のある. [<Noppe]

Ge·nör·gel[gənœ́rgəl] 中 -s/ (しつこい)あらさがし,(しきりに)ぶつくさ言うこと. [<nörgeln]

ge·noß[gənɔ́s] genießen の過去.

Ge·nos·se[gənɔ́sə] 男 -n/-n (女 **Ge·nos·sin**[..sın]-/-nen) **1** (社会主義政党の)党員, 同志: ein alter 〈treuer〉 ~ 古参の〈忠実な〉党員 | die ~*n* der SPD ドイツ社会民主党の党員たち | Werte ~*n*! 同志諸君 ‖《名前に冠して》~ Schmidt 同志シュミット. **2 a)** 仲間, 友人, 同輩: Kampf*genosse* 戦友 | Zimmer*genosse* 同室者 | *seine* ~*n* in der Kneipe (同じ飲み屋に集まる)飲み友だち. ▽**b)**《商》社員; 組合員: Firma X und ~*n* X 商会. [*westgerm.*; ◇genießen]

ge·nös·se[gənœ́sə] genießen の接続法 II.

ge·nos·sen[..nɔ́sən] **I** genießen の過去分詞; 過去 1・3 人称複数. **II**《戯》niesen の過去分詞.

Ge·nos·sen·schaft[gənɔ́sənʃaft] 女 -/-en 仲間〈同輩〉関係;《商》同業〈協同〉組合: eine bäuerliche 〈handwerkliche〉 ~ 農業〈手工業〉組合 | einer ~ angehören

G

〈beitreten〉組合に所属〈加入〉する | *sich*[4] zu einer ~ zusammenschließen 組合を結成する.

Ge·nos·sen·schaft·ler[..tlər] (**Ge·nos·sen·schaf·ter**[..tər]) 男 -s/- 〔協同〕組合員.

ge·nos·sen·schaft·lich[..lɪç] 形 **1** 〔協同〕組合の: das ~*e* Eigentum 組合財産. **2** 〔協同〕組合方式の: der ~*e* Einkauf (組合単位の)共同購入.

Ge·nos·sen·schafts≈bank 女 -/-en〔協同〕組合銀行. **≈bau·er** 男 -n(-s)/-n (↔Einzelbauer) 農業協同組合員. **≈mit·glied** 中 = Genossenschaftler **≈we·sen** 中 -s/ 〔協同〕組合制度〈活動〉.

Ge·nos·sin Genosse の女性形.

Ge·noß·sa·me[gənɔ́sza:mə] 女 -/-n《スイ》 **1** (共有地をもつ)村落共同体. **2** 公有地.

ge·not[gənó:t] 形《方》窮迫した; 空腹の.

ge·nö·tig[..nø:tɪç][2] 形《スイ》(eilig) 急を要する, さし迫った; 窮迫した.

Ge·no·typ[genotý:p, gé:noty:p] 男 -s/-en =Genotypus

ge·no·ty·pisch[..pɪʃ] 形《生》遺伝子型の.

Ge·no·ty·pus[..pʊs] 男 -/..pen[..pən] (↔Phänotypus)《生》遺伝子型. [<*gr.* génos (→Gen)]

Ge·no·ve·va[genofé:fa·, ..vé:va·] 女名 ゲノフェーファ.

Ge·no·zid[genotsí:t][1] 男 中 -[e]s/-e, -ien[..diən] (人種的偏見などから計画的・組織的に民族・宗教集団などの絶滅をはかる)集団虐殺, 大量殺戮(さつりく), ジェノサイド. [<*gr.* génos (→Gen)]

Genre[ʒã:r, ʒã:rə, ʒáŋər] 中 -s/-s (Gattung) (特に芸術上の)種類, 様式, ジャンル: **nicht** *js.* **~ sein**《話》…の好み〈趣味〉に合わない, …の好きなタイプではない | Der ist nicht mein ~.《話》あの男は私の好みではない. [*lat.* genus–*fr.*; ◇Genus]

Genre≈bild[ʒã:r..] 中《美》風俗画. **≈fach** 中 風俗画〔の分野〕.

genre·haft[ʒã:rhaft] 形 日常の, 庶民的な, 平俗な; 風俗画ふうの.

Genre·ma·ler[ʒã:r..] 男《美》風俗画家.

Genre·ma·le·rei[ʒã:r.., −−⌣⊥] 女《美》風俗画〔法〕. [*fr.* peinture de genre の翻訳借用]

Gens[gɛns] 女 -/Gentes[gɛ́nte:s]《史》ゲンス(古代ローマの同姓同系氏族集団). [*lat.* gēns; ◇Genus]

▽**Gent**[1][dʒɛnt] 男 -s/-s (Stutzer) だて男, しゃれ者; 通人. [*engl.*; <Gentleman]

Gent[2][gɛnt] 地名 ガン(ベルギー北西部の河港都市. フランス語形 Gand, フラマン語形ヘント Ghent). [<*kelt.* condati „Zusammenfluß"; ◇*engl.* Ghent]

Gen·tech·nik[gé:n..] 女 -/《生》遺伝子工学.

gen·tech·nisch 形《生》遺伝子工学〔上〕の.

Gen·tech·no·lo·gie 女 -/《生》遺伝子工学.

gen·tech·no·lo·gisch 形 遺伝子工学〔上〕の.

Gen·tes Gens の複数.

Gen·the·ra·pie[gé:n..] 女《医》遺伝子治療〔法〕.

Gen·tia·ne[gɛntsiá:nə] 女 -/-n=Enzian [*lat.*]

gen·til[ʒɛntí:l, ʒã..] 形 **1**《西部》身なり〈しつけ〉のいい, 上品な. ▽**2** 生まれ〈育ち〉のいい. [*lat.–fr.*; <*lat.* gēns (→Gens); ◇*engl.* gent〔i〕le, genteel]

Gen·til·homme[ʒãtijɔ́m] 男 -s/-s (Edelmann) 貴人, 紳士, 人格者, 教養人士. [*fr.*; ◇Homo[1]]

Gentle·man[dʒɛ́ntlmən] 男 -s/..men[..mən] 紳士, 人格〈行動〉のりっぱな男. [*engl.*]

gentle·man·like[dʒɛ́ntlmənlaɪk] 形《述語的》紳士的な, 上品な. [*engl.*]

Gentle·man's Agree·ment (**Gentle·men's Agree·ment**)[dʒɛ́ntlmənz əgrí:mənt] 中 --/--s (特に外交上の)紳士協定. [*engl.*]

Gen·try[dʒɛ́ntri·] 女 -/ (イギリスの)紳士階級(貴族に次ぐ中流上層), ジェントリー. [*afr.–engl.*]

Ge·nua[gé:nua·] 地名 ジェノヴァ(イタリア北西部, Ligurien の港湾都市. イタリア語形 Genova). [◇*engl.* Genoa]

Ge·nue·se[genué:zə] 男 -n/-n ジェノヴァの人.

Ge·nue·ser[..zər] 形《無変化》ジェノヴァの.

ge·nue·sisch[..zɪʃ] 形 ジェノヴァ〔ふう〕の.

ge·nug[gənú:k]《不定数詞; 無変化》十分〔な〕, たっぷり〔した〕; いやになるほど〔の〕: **1**《形容詞的》〖付加語的にしばしば名詞の後に, また本来の名詞的用法のなごりとして 2 格名詞に付加されることがある〗Ich habe ~ Geld〈Geld ~〉. / Ich habe ~ Geldes〈Geldes ~〉. 私には十分な金がある | ~ Zucker für Kuchen ケーキを作れるだけの砂糖 | *Genug* der Scherze! 冗談はたくさんだ〈もうやめてくれ〉| Er besaß nicht ~ Ruhe, um das fortzusetzen. 彼にはそれを続けていくだけの心の落ち着きがなかった | Er ist Manns ~, 〔um〕 nein zu sagen. 彼にはノー〈否(いな)〉と言うだけの勇気がある ‖〖述語的に〗Das ist ~ 〈~ und übergenug〉 für mich. それで私には十分〈十分すぎるくらい〉です | Jetzt ist es aber ~! もうたくさんだ, そのくらいでやめよう〈やめてくれ〉| ***sich***[3] **selbst ~ sein** 自分ひとりで十分である, 他人をあてにする必要がない | **es** 〔**mit** *et.*[3]〕 **~ sein lassen** 〔…だけで〕よしとする,〔…だけで〕やめにする ‖ *Genug*, ich komme nicht mit. とにかく〈つまるところ〉私はご一緒しません | Nicht ~, daß er immer lügt, er ist auch noch frech. 彼はいつもうそをつくばかりか そのうえ恥知らずでさえある.

2《副詞的》mehr als ~ arbeiten 十二分に働く, 働きすぎる | Ich habe ~ getrunken. 私は十分飲みました〈もう飲めません〉| Man kann ihn nicht ~ loben. 彼のことはいくらほめてもほめ足りない ‖〖述語形容詞・副詞に後置されて〗Die Bühne ist tief ~. この舞台は十分奥行きがある | Er ist alt ~, um es zu begreifen. 彼はそれが分かるだけの年配だ | Wir haben lange ~ gewartet. 我々は十分長く待った〈たっぷり待たされた〉.

☆ 付加語形容詞を修飾するには genügend を用いる.

3《名詞的》Ich habe ~ zu leben〈zum Leben〉. 私は生活には困らない | Sie kann nicht ~ bekommen. 彼女は十分ということがない(満足を知らぬ) | Jetzt habe ich ~ davon! もうたくさんだ〈やりきれない〉| Er hat jetzt endgültig ~.《比》彼ももうおしまいだ ‖ Da standen ~ in Waffen. そこには十分な数の武装した人がいた | Der Worte sind ~ gewechselt. 言葉のやりとりはもう十分に行われた (Goethe: *Faust* I) | *Genug* ist nicht ~.(これで)十分ということはない.

☆ 名詞的な genug を主語とする場合に, 複数形の名詞を補って考えることができるときや複数 2 格の付加語があるときは, 定動詞は複数形となる.

[*germ.* „ausreichend"; ◇*lat.* nancīscī „erlangen"; *engl.* enough]

Ge·nü·ge[gəný:gə] 女 -/ (中 男 -s/) 充足, 満足: **zur ~** たっぷりと, 十分に ‖ ***et.***[3] **~ tun** 〈**leisten**〉《雅》…をかなえる, …を充足する | *js.* Neugier[3] ~ tun …の好奇心を満足させる | **~ an** ***et.***[3] **finden** 〈**haben**〉《雅》…に満足する | ***jm.*** 〈***et.***[3]〉 **geschieht ~**《雅》…の要求が満たされる | Mir 〈Meinem Anspruch〉 ist ~ geschehen. 私の要求は十分満たされた.

ge·nü·gen[gəný:gən][1] **I** 自 (h) 十分である, 足りる; 《*et.*[3]》(…を)満足させる, 満たす: Das Essen *genügt* für drei Personen. 料理はたっぷり 3 人前ある | Zwei Mann *genügen* für diese Arbeit. この仕事は二人かかればできる ‖ Seine Antwort *genügt* mir nicht. 彼の回答には私は不満だ | den Bedingungen 〈dem Wunsch〉 ~ 条件〈希望〉をかなえる | *seiner* Pflicht ~ 自分の責任を果たす ‖ Ich lasse es mir daran 〈damit〉 ~. 私はそれで満足だ ‖ ▽kein *Genügen* finden 満足しない. **II ge·nü·gend** 現分 形 **1** 十分な, 満足させ得る: bei ~*er* Übung たっぷり練習して | ~〔*en*〕 Lohn erhalten 十分な賃金をもらう ‖ eine ~ tiefe Bühne 十分に奥行きのある舞台(→genug 2) | eine ~ feste Grundlage 十分しっかりした基盤. ▽**2** =ausreichend 2

▽**ge·nüg·lich**[gəný:klɪç] 形 **1** =genugsam **2** =genügsam **3** (vergnügt) 満足した, うれしげな.

ge·nug·sam[gənú:kza:m] 形 (genügend) 十分な: eine nicht ~*e* Kenntnis 不十分〈生半可〉な知識 ‖ Ich kenne ihn ~. 私は彼を十分に〈よく〉知っている.

ge·nüg·sam[gənýːk..] 形 (anspruchslos) 足ることを知った, 寡欲な; 控えめな, 節度のある; おとなしい: Er ist ～ im Essen und Trinken. 彼は飲み食いにぜいたくを言わない ‖ ～ leben つましい暮らしをする.

Ge·nüg·sam·keit[..kaɪt] 女 -/ 寡欲; 節度; 温良: ～ üben 節制する.

ge·nụg|tun*[gənúːk..] 《198》 自 (h) 《*et.*[3]/*jm.*》 (…を) 満足させる, かなえる: einer Frage ～ 質問に十分に答える | *sich*[3] ～ 満足する ‖ **nicht ～ können** 《zu 不定詞句と》いくらしても十分ではない | Ich kann mir nicht ～, ihn zu loben. 私としては彼をいくらほめてもほめ足りない. [*mhd.*; *lat.* satis-facere (◇Satisfaktion) の翻訳借用]

Ge·nụg·tu·ung[..tu(ː)ʊŋ] 女 -/-en **1** 満足〔感〕: über *et.*[4] ～ empfinden …に満足する, …で気が済む | *et.*[4] mit ～ sehen ⟨hören⟩ …を見て⟨聞いて⟩満足する | Ich habe die ～, daß … …ということを私は満足に思う. **2** 補償, 償い: ～ für *et.*[4] fordern ⟨geben⟩ …の補償を求める⟨与える⟩ | *sich*[3] ～ verschaffen 補償を受ける. [*lat.* satis-factiō の翻訳借用]

ge·nuin[genuíːn] 形 **1** 《雅》 **a)** 生まれつきの, 純粋の. **b)** 正真正銘の, 本物の. **2** 〘医〙 真正〈生来性〉の.

Gẹ·nus[géːnʊs, gέn.., gén..] 中 -/..nera[..nera·] **1** (Gattung) 種属, 種類; 〘動・植〙 属. **2** (Geschlecht) 〘言〙 (名詞・代名詞などの) 性; (動詞の) 態: ～ des Verbs 〔動詞の〕態 (＝Genus verbi). [*lat.*; ＜*lat.* gīgnere „〔er〕zeugen"]

Gẹ·nus prọ·xi·mum[gé(ː)nʊs próksimʊm, gέn.. –] 中 --/..nera ..ma[..nera· ..ma·] 隣接の上位属〈概念〉. [*lat.*; ◇proximal]

Ge·nụß[gənʊ́s] 男 ..sses/..nüsse[..nʏ́sə] **1** 味わうこと, 飲食〔すること〕, 賞味: der ～ eines Glases Wein ⟨dieses Anblicks⟩ 1杯のワイン⟨この眺望⟩を楽しむこと | Alkohol*genuß* 飲酒 ‖ nach ⟨an⟩ dem ～ von giftigen Pilzen sterben 毒きのこを食べて死ぬ. **2** 喜び⟨満足⟩〔をもたらすもの〕, 享楽: geistiger ～ 精神的喜び | *et.*[4] mit ～ essen ⟨hören⟩ …を楽しんで食べる⟨聞く⟩ | Das Konzert war ein wirklicher ～. あの音楽会は本当にすばらしかった. **3** 受領: 〘ふつう次の形で〙 **in den ～ von *et.*[3] kommen** …(奨学金・利子・恩給など)を受ける⟨もらう⟩. [＜genießen]

ge·nụß·freu·dig 形 快楽を拒まない, 享楽的な.

ge·nüß·lich[gənʏ́slɪç] 形 **1** 享楽的な, 楽しんでいる: *et.*[4] ～ schlucken …をうまそうに飲〔みこ〕む. **2** 楽しくする: einen ～*en* Abend veranstalten 楽しい夕べ⟨夜会⟩を催す.

Ge·nüß·ling[..lɪŋ] 男 -s/-e ＝Genußmensch

Ge·nụß≈mensch[gənʊ́s..] 男 (Genießer) 享楽主義者, 遊び人. **≈mit·tel** 中 -s/- 《ふつう複数で》 嗜好(しこう)品 (香辛料・酒・コーヒー・タバコなど).

ge·nụß·reich 形 楽しみの多い, 楽しい.

Ge·nụß≈schein 男 〘経〙 (株式会社の) 受益証券. **≈specht** 男 《オーストリア》 ＝Genießling **≈sucht** 女 -/ (強度の) 享楽〈官能的快楽〉追求欲, 遊び好き.

ge·nụß·süch·tig[..zʏçtɪç][2] 形 快楽好きの, 享楽的な.

Gẹ·nus vẹr·bi[gé(ː)nʊs vέrbi·, gén.. –] 中 --/..nera –[..nera· –] 〘言〙 〔動詞の〕態 (能動態・受動態・中間態など: →Aktiv, Passiv, Medium). [*lat.*; ◇Verb]

geo.. 《名詞・形容詞につけて「地球・土地に関する」を意味する》: *Geo*magnetismus 地磁気 | *geo*zentrisch 〘天〙 地球中心の. [*gr.*－*lat.*; ＜*gr.* gē „Erde"]

Geo·bio·lo·gịe[geobiologíː, géːobiologiː; オーストリア: ∠⌣⌣⌣⌣–] 女 -/ 地球生物学, 生物地理学.

Geo·biọnt[geobiɔ́nt] 男 -en/-en 《ふつう複数で》 土壌微生物. [＜bio..]

Geo·bo·tạ·nik[geobotáːnɪk, géːobotaːnɪk; オーストリア: ∠⌣⌣–⌣] 女 -/ 地球植物学, 植物地理学.

geo·bo·tạ·nisch[geobotáːnɪʃ, géːobotaː..] 形 地球植物学⟨植物地理学⟩〔上〕の.

Geo·che·mịe[geoçemíː, géːoçemiː; オーストリア: géːokemiː] 女 -/ 地球化学.

geo·chẹ·misch[geoçéːmɪʃ, géːoçeː..] 形 地球化学〔上〕の.

Geo·chro·no·lo·gịe[geokronologíː, géːokronologiː] 女 -/ 地質年代学.

Geo·dä·sịe[geodεzíː] 女 -/ 測地学. [*gr.*; ＜*gr.* daíesthai „teilen" (◇Teil); ◇*engl.* geodesy]

Geo·dạ̈t[..dέːt] 男 -en/-en 測地学者.

geo·dạ̈·tisch[..tɪʃ] 形 測地学〔上〕の: ～*e* Breite 測地学緯度 | ～*e* Linie 〘地〙 測地線.

Ge·ọde[geóːdə] 女 -/-n (男 -n/-n) 〘地〙 晶洞石; 晶洞, ジオード; (Konkretion) 結核〔体〕, コンクリーション (砂岩などの中に見られる団塊). [＜*gr.* geṓdēs „erdig"]

Geo·dy·nạ·mik[geodynáːmɪk, géːodynaː..] 女 -/ 地球力学.

geo·dy·nạ·misch[..mɪʃ, géːodynaː..] 形 地球力学〔上〕の.

Geo·ge·nịe[geogeníː] 女 -/ 地球発生学.

▽**Geo·gno·sịe**[..gnozíː] 女 -/ ＝Geologie

▽**Geo·gnọst**[..gnɔ́st] 男 -en/-en ＝Geologe

▽**geo·gnọ·stisch**[..stɪʃ] ＝geologisch

Geo·go·nịe[..goníː] 女 -/ ＝Geogenie

Geo·grạph (**Geo·grạf**)[geográːf] 男 -en/-en 地理学者. [*gr.*]

Geo·gra·phịe (**Geo·gra·fịe**)[..grafíː] 女 -/ (Erdkunde) 地理学. [*gr.*－*lat.*]

geo·grạ·phisch (**geo·grạ·fisch**)[..gráːfɪʃ] 形 地理学〔上〕の: ～*e* Länge 経度 | ～*e* Breite 緯度.

Geo·ịd[geoíːt][1] 中 -〔e〕s/ ジオイド (物理学的に定義された地球の基本形).

Geo·iso·thẹr·me[..|izotέrmə, géːo|izotεr..] 女 -/-n 〘地〙 地球等温線.

Geo·kro·nịt[geokroníːt] 男 -s/-e ゼオクロン⟨硫安鉛⟩鉱.

Geo·lọ·ge[..lóːgə] 男 -n/-n (→..loge) 地質学者.

Geo·lo·gịe[..logíː] 女 -/ 地質学.

geo·lọ·gisch[..lóːgɪʃ] 形 地質学〔上〕の.

Geo·mạnt[..mánt] 男 -en/-en 砂占い師.

Geo·man·tịe[..mantíː] 女 -/ 砂占い (無作為に砂に描いた形象で占う). [＜*gr.* mántis „Wahrsager"]

Geo·me·di·zịn[..meditsíːn, géːomeditsiːn] 女 -/ 環境⟨風土⟩医学, 疾病地理学.

Geo·mẹ·ter[geoméːtər] 男 -s/- 〔土地〕測量技師.

Geo·me·trịe[..metríː] 女 -/-n [..ríːən] 幾何学: die analytische ⟨synthetische⟩ ～ 解析⟨総合⟩幾何学 | die euklidische ～ ユークリッド幾何学. [*gr.*－*lat.*]

geo·mẹ·trisch[..méːtrɪʃ] 形 幾何学〔上〕の: der ～*e* Ort 軌跡 | die ～*e* Reihe 等比級数 | das ～*e* Mittel 等比⟨比例⟩中項. [*gr.*－*lat.*]

Geo·mor·pho·lọ·ge[..mɔrfolóːgə, géːomɔrfoloː..] 男 -n/-n (→..loge) 地形学者.

Geo·mor·pho·lo·gịe[..logíː, géːomɔrfologiː] 女 -/ 地形学.

geo·mor·pho·lọ·gisch[..lóːgɪʃ, géːomɔrfoloː..] 形 地形学〔上〕の.

Geo·phạ·ge[geofáːgə] 男 -n/-n (**Geo·phạg**[..fáːk][1] 男 -en/-en) 〘人類〙 土食人種; 〘医〙 土食症患者.

Geo·pha·gịe[..fagíː] 女 -/ 〘人類〙 土食〔の習俗〕; 〘医〙 土食症.

Geo·phọn[..fóːn] 中 -s/-e 地中音波探知器 (地震観測・鉱脈探査などに用いる).

Geo·phy·sịk[geofyzíːk, géːofyziːk; オーストリア: ∠⌣⌣–] 女 -/ 地球物理学.

geo·phy·si·kạ·lisch[..fyzikáːlɪʃ, géːofyzikaː..] 形 地球物理学〔上〕の: das Internationale *Geophysikalische* Jahr 国際地球観測年.

Geo·phỵ·si·ker[..fýːzikər, géːofyː..] 男 -s/- 地球物理学者.

Geo·phỵt[geofýːt] 男 -en/-en 地中植物 (芽が地中にあって越冬する).

Geo·plạ·stik[..plástɪk, géːoplas..] 女 -/-en (地表の) 立体模型; 地表形態論.

Geo·po·li·tịk[..politíːk, géːopolitiːk] 女 -/ 地政学.

geo·po·lị·tisch[..políːtɪʃ, géːopoliː..] 形 地政学〔上〕の.

Geo·psy·cho·lo·gịe[..psyçologíː, géːopsyçologiː] 女 -/ 風土心理学.

G

ge·ọrd·net[gəǀɔ́rdnət] **I** ordnen の過去分詞. **II** 形 整理された, 整然たる, きちんとした, 秩序正しい; 〘軍〙作戦どおりの: ein ～*es* Leben まともな生活 | ein ～*es* Ganzes 一定の秩序をもった全体 | ein ～*er* Rückzug 〘軍〙予定の〈作戦どおりの〉撤退 | in ～*en* Verhältnissen leben 安定した〈裕福な〉暮らしをする ‖ Alles ist ～. すべてがきちんと〈整然と〉している; 万事片がついている.

Ge·ọrg[geɔ́rk, géːɔrk] 男名 ゲオルク(フランス語形 Georges [ʒɔrʒ], 英語形 George[dʒɔːdʒ]): der heilige ～ ゲオルギウス聖人(303年ごろ殉教, 十四救難聖人の一人. 12世紀以来竜を退治する騎士として描かれる). [*gr.* geōrgós „Landmann"]

Ge·ọr·ge[geɔ́rgə] 人名 Stefan ～ シュテファン ゲオルゲ(1868-1933; ドイツの詩人. 芸術至上主義を唱え, 強大な影響力を持った).

Geor·gette[ʒɔrʒɛ́t] **I** 女名 ジョルジェット. **II** 女 -/ (男 -s/) 〘織〙ジョーゼット(パリの婦人服商ジョーゼット夫人の名に由来するクレープの一種). [*fr.*]

Geọr·gia[1][geɔ́rgia·] 女名 (<Georg) ゲオルギア.

Geor·gia[2][dʒɔ́ːdʒiə] 地名 ジョージア(アメリカ合衆国南東部の州). [<George II.(英国王, †1760)]

Ge·ọr·gi·en[geɔ́rgiən] =Grusinien

Ge·ọr·gi·er[..giər] 男 -s/- (Grusinier) ジョージア人.

Ge·or·gị·ne[geɔrgíːnə] 女 -/-n (Dahlie) 〘植〙ダリア. [<I. I. Georgi (ロシアの生物学者, †1802)]

ge·ọr·gisch[geɔ́rgɪʃ] 形 ジョージアの: →deutsch | die ～*e* Sprache ジョージア語(南カフカズ語中の主要言語: →kaukasisch). [*armen.*－*pers.*－*gr.*]

Geo·stạ·tik[geostáːtɪk, geos..] 女 -/ 〘理〙剛体力学.

geo·sta·tio·när[..statsionɛ́ːr, géːostatsionɛːr] 形 地球を基準として静止している: ein Satellit auf ～*er* Bahn 静止衛星 | eine ～*e* Umlaufbahn (人工衛星の)静止軌道.

geo·stra·tẹ·gisch[..stratéːgɪʃ] 形 地球戦略上の.

Geo·syn·kli·nạ·le[..zʏnkliná:lə, géːozʏnklinaːlə] 女 -/-n 〘地〙地向斜.

Geo·tek·tọ·nik[..tɛktóːnɪk, géːotɛkto:..] 女 -/ 地殻構造学.

geo·tek·tọ·nisch[..nɪʃ, géːotɛkto:..] 形 地殻構造学「〔上〕の.」

Geo·thẹr·mik[..tɛ́rmɪk] 女 -/ 地熱学.

geo·thẹr·misch[..mɪʃ] 形 〘地〙地熱の: ～*e* Energie 地熱エネルギー | ～*e* Tiefenstufe 地熱上昇〈地下増温〉率.

Geo·ther·mo·mẹ·ter[..tɛrmoméːtər, géːotɛrmomeː..] 中 (男) -s/- 地熱〈地質温度〉計.

geo≠trọp[geotróːp] (≠**trọ·pisch**[..tróːpɪʃ]) 形 〘植〙屈地性の: positiv 〈negativ〉 ～ 正〈負〉の重力屈性の, 向地〈背地〉性の | transversal ～ 側面重力屈性の.

Geo·tro·pịs·mus[..tropɪ́smʊs, géːotropɪs..] 男 -/ 〘植〙重力屈性, 屈地性. [<*gr.* trópos (→Tropus)]

Gẹo·wis·sen·schaf·ten[géːovɪsənʃaftən] 複 地球諸科学(Geobiologie, Geochemie, Geophysik など, 地球に関するさまざまの研究分野を指す).

geo·zẹn·trisch[geotsɛ́ntrɪʃ, géːotsɛn..] 形 (↔heliozentrisch) 〘天〙 **1** 地球中心の, 地球を中心とみなす: die ～*e* Theorie 地球中心説, 天動説 | ein ～*es* Weltsystem (プトレマイオスなどの)天動説の立場から見た宇宙体系. **2** 地心の, 地心を原点とする: ～*e* Bewegung 地心運動 | ～*e* Breite 〈Länge〉 地心緯度〈経度〉.

geo·zỵ·klisch[..tsýːklɪʃ, géːotsyːk.., geotsýk..] 形 〘天〙(地球の)公転の.

ge·pa̱art[gəpáːrt] **I** paaren の過去分詞. **II** 形 **1** 対(つい)になった, 二つ一組の: ein ～*er* Reim 〘詩〙対韻(=Paarreim: →Reim 1). **2 a)** 〘生〙双生の. **b)** 〘化〙抱合性の.

Ge·pạ̈ck[gəpɛ́k] 中 -〔e〕s/ 《集合的に》 **1** (旅行に携行する)〔手〕荷物: großes 〈kleines〉 ～ 〘鉄道〙託送〈持ち込み〉手荷物 | Hand*gepäck* 手荷物 ‖ drei Stück ～ 手荷物 3 個 | mit leichtem 〈wenig〔em〕〉 ～ reisen 軽い〈わずかの〉手荷物を持って旅行する ‖ das ～ zum Bahnhof bringen 手荷物を駅へ運ぶ | das ～ im Gepäcknetz verstauen 〈ins Gepäcknetz legen〉 手荷物を網棚に載せる | das ～ aufgeben 手荷物を託送する. **2** 〘軍〙(行軍に携行する)装具(背嚢(はいのう)・水筒・銃など): in vollem ～ marschieren 完全装備で行軍する.

★ 個々の手荷物は Gepäckstück という. [<Pack[1]]

Ge·pạ̈ck≠ab·fer·ti·gung 女 手荷物の取り扱い〈発送〉; 手荷物取扱所. ≠**ab·la·ge** 女 荷物置き場; 荷物を置くための棚. ≠**an·na̱h·me** 女 手荷物受付〈取扱〉〔所〕. ≠**auf·be·wa̱h·rung** 女 手荷物の一時預かり〔所〕. ≠**auf·ga·be** 女 = Gepäckannahme ≠**auf·zug** 男 〘鉄道〙手荷物用リフト(→ 図 Bahnhof A). ≠**aus·ga·be** 女 手荷物引き渡し〔所〕. ≠**au·to·ma̱t** 男 (駅などの)コインロッカー. ≠**ba̱hn·steig** 男 〘鉄道〙手荷物用プラットホーム. ≠**bank** 女 -/..bänke 手荷物置き台. ≠**fracht** 女 手荷物運賃. ≠**hal·ter** 男 (客車などの)網棚(→ 図 Abteil). ≠**kon·trol·le** 女 (税関の)手荷物検査. ≠**marsch** 男 〘軍・スポ〙完全装備行軍. ≠**netz** 中 (電車などの)網棚. ≠**schal·ter** 男 手荷物取り扱い窓口. ≠**schein** 男 託送手荷物引き換え券, 手荷物切符. ≠**schie·be·kar·ren** 男 (駅・空港などでポーターが使う)手荷物運搬用手押し車. ≠**sor·tier·hal·le** 女 (駅・空港などの)手荷物仕分け場. ≠**stück** 中 (個々の)手荷物. ≠**trä·ger** 男 **1** (駅・空港などの)ポーター. **2** (列車の車室などの)荷物棚; (自転車などの)荷台(→ 図 Fahrrad). ≠**ver·si·che·rung** 女 手荷物保険. ≠**wa·gen** 男 〘鉄道〙(旅客列車の)〔手〕荷物車.

ge·pạn·zert[gəpántsərt] **I** panzern の過去分詞. **II** 形 **1** 甲冑(かっちゅう)を着けた, 武装した; 装甲した; 《比》無感覚の, むとんじゃくの: ein ～*er* Krieger 甲冑〈武具〉に身を固めた戦士 | ～*e* Fahrzeuge 装甲車. **2** 〘動〙甲羅(こうら)をかぶった.

Gẹ·pard[géːpart, gepárt][1] 男 -s/-e[géːpardə], -en[gepárdən] 〘動〙チーター. [*mlat.* gattus pardus „Pardelkatze"－*it.* gattopardo－*fr.* guépard; ◇Katze, Pard]

Ge·pa̱u·ke[gəpáʊkə] 中 -s/ **1** 〘楽〙ティンパニーの連打. **2** 《話》詰めこみ勉強. [<pauken]

ge·pẹrlt[gəpɛ́rlt] 形 真珠をちりばめた. [<Perle]

ge·pfẹf·fert[gəpfɛ́fərt] **I** pfeffern の過去分詞. **II** 形 《俗》法外な, ひどい; 野卑な, どぎつい, みだらな; きつい, はげしい: ～*e* Preise 目玉の飛び出るような値段 | ～*e* Ausdrücke 野卑な言い回し | ein ～*er* Brief きつい調子の手紙.

Ge·pfe̱i·fe[gəpfáɪfə] 中 -s/ (口笛などを)しきりに吹き鳴らすこと; ピーピーいう音. [<pfeifen]

ge·pfịf·fen[gəpfɪ́fən] pfeifen の過去分詞.

ge·pfle̱gt[gəpfléːkt] **I** pflegen の過去分詞. **II** 形 手入れの行き届いた; 身だしなみのよい; 《比》洗練された: ein ～*es* Äußere〔s〕 haben 身だしなみがきちんとしている | eine ～*e* Sprache haben 言葉づかいが洗練されている ‖ Seine Wohnung ist sehr ～. 彼の住まいは手入れがよく行き届いている.

Ge·pfle̱gt·heit[－haɪt] 女 -/ gepflegt なこと: von äußerster ～ sein 手入れが実によく行き届いている.

ge·pflo̱·gen[gəpflóːgən] gepflegt (pflegen の過去分詞)の別形.

Ge·pflo̱·gen·heit[－haɪt] 女 -/-en 《雅》(Gewohnheit) 習慣; (Brauch) 慣習, 慣例.

Ge·pị·de[gepíːdə] 男 -n/-n ゲピーデ人(東ゲルマンの一部「族).」

Ge·plạ̈n·kel[gəplɛ́ŋkəl] 中 -s/- 〘軍〙小競り合い; 《比》(ちょっとした)いさかい, 口論. [<plänkeln]

Ge·plạp·per[gəplápər] 中 -s/ 《俗》(子供などの)いつ果てるともしれぬ〈くだらぬ〉おしゃべり. [<plappern]

Ge·plạ̈rr[gəplɛ́r] 中 -〔e〕s/ , **Ge·plạ̈r·re**[..rə] 中 -s/ 《俗》泣きじゃくること〈声〉; がみがみ言うこと〈声〉. [<plärren]

Ge·plạ̈t·scher[gəplɛ́tʃər] 中 -s/ (水が)ピチャピチャいう音; 《比》くだらぬおしゃべり. [<plätschern]

Ge·pla̱u·der[gəpláʊdər] 中 -s/ おしゃべり; 歓談. [<plaudern]

Ge·pọ·che[gəpɔ́xə] 中 -s/ コツコツ(ノックする音); 鼓動, 動悸(どうき). [<pochen]

G

Ge·pol·ter[gəpɔ́ltər] 中 -s/ ガタガタいう音;《比》ののしること〈声〉: mit ~ laufen どたばた走る. [＜poltern]

Ge·prä·ge[gəprɛ́:gə] 中 -s/- (貨幣などの)刻印; (Kennzeichen) 特色: ein deutliches ~ tragen はっきりした刻印〈特色〉をもっている | einer Zeit das ~ geben 〈verleihen〉 ある時代に決定的な特色を与える | eine Demokratie englischen ~*s* イギリス型〈式〉の民主主義. [*ahd.*; ◇prägen]

Ge·prah·le[gəprá:lə] 中 -s/ (Prahlerei) (ひっきりなしの)大言壮語, しきりにいばること. [＜prahlen]

Ge·präng·ge[gəprɛ́ŋə] 中 -s/《雅》(Prunk) にぎにぎしさ, 華美, 華麗; 虚飾. [＜prangen]

Ge·pras·sel[gəprásəl] 中 -s/ パチパチ〈パラパラ〉いう音: das ~ des Regens 〈des Beifalls〉 雨〈拍手〉の音. [＜prasseln]

ge·prie·sen[gəprí:zən] preisen の過去分詞.

ge·prüft[gəprý:ft] **I** prüfen の過去分詞. **II** 形 **1** (試験・審査を経て)資格を与えられた; 確実な, 信頼のおける: ein ~*er* Lehrer 有資格〈経験豊かな〉教員. **2**《雅》試練を経た.

ge·punk·tet[gəpúŋktət] **I** punkten の過去分詞. **II** 形 **1**〖服飾〗水玉模様〈ドット〉の(→ 図 Muster): ein roter, weiß ~*er* Stoff 赤地に白い水玉模様の布地. **2** 点からなる: eine ~*e* Linie 点線.

Ge·quak[gəkvá:k] 中 -〔e〕s/ , **Ge·qua·ke**[..kə] 中 -s/ (カエルなどが)ガアガア鳴くこと〈声〉. [＜quaken]

Ge·quä·ke[gəkvɛ́:kə] 中 -s/ (赤ん坊などが)ギャーギャー泣きわめくこと〈声〉. [＜quäken]

ge·quält[gəkvɛ́:lt] **I** quälen の過去分詞. **II** 形 苦痛に満ちた, 苦しげな; 苦しまぎれの, 無理している: ~ lächeln つくり笑いをする.

Ge·quas·sel[gəkvásəl] 中 -s/《軽蔑的に》(たわいのない)おしゃべり, ばか話. [＜quasseln]

Ge·quatsch[gəkvátʃ] 中 -〔e〕s/ , **Ge·quat·sche**[..tʃə] 中 -s/《軽蔑的に》(くだらない)おしゃべり, 世間話. [＜quatschen]

Ge·quen·gel[gəkvɛ́ŋəl] 中 -s/ , **Ge·queng·le**[..kvɛ́ŋlə] 中 -s/ ぐずぐずねだること〈声〉. [＜quengeln]

Ge·quiek[gəkví:k] 中 -〔e〕s/ , **Ge·quie·ke**[..kə] 中 -s/ (ネズミ・子ブタなどが)チューチュー〈キーキー〉鳴くこと〈声〉. [＜quieken]

Ge·quietsch[gəkví:tʃ] 中 -〔e〕s/ , **Ge·quiet·sche**[..tʃə] 中 -s/ キーキーきしむ音〈叫ぶ声〉. [＜quietschen]

ge·quol·len[gəkvɔ́lən] quellen の過去分詞.

Ger[ge:r] 男 -〔e〕s/-e (古代ゲルマンの)投げ槍(ﾔﾘ); (Speer) (槍投げの)槍. [*idg.* „Stecken"; ◇Gerte, Geißel; *lat.* gaesum „Wurfspieß"]

ge·ra·de[1][gərá:də] 形《副詞的用法なし》(↔ungerade) 偶数の: eine ~ Zahl 偶数 ‖ drei 〈fünf〔e〕〉 ~ 〈eine ~ Zahl〉 sein lassen (→fünf I 2) ‖ *Gerade* und Ungerade spielen (丁半の)ばくちを打つ. [*ahd.*; ◇Rede]

ge·ra·de[2][–] (俗: **gra·de**[grá:də]) **I** 形 (↔krumm) まっすぐの, 一直線の, ストレートの; (↔schief) 直立の;《比》(aufrichtig) 率直〈正直〉な, 腹蔵のない, ざっくばらんな: eine ~ Linie 直線 | ein ~*r* Kegel 直円錐(ｽｲ) | ein ~*r* Mensch 〈Charakter〉 率直な人〈性格〉 | ein ~*r* Michel《話》正直者 | das ~ Gegenteil 正反対 | zu *et.*[3] in ~*m* Widerspruch stehen …と完全に矛盾する | *seine* ~*n* Glieder 〈Knochen〉 haben《比》健康である | eine ~ Haltung haben 姿勢が正しい;《比》すじを曲げない | in ~*r* Richtung まっすぐに | in einer ~*n* Linie von *jm.* abstammen …の直系〔の子孫〕である | den 〈*seinen*〉 ~*n* Weg gehen《比》一路邁進(ﾏｲｼﾝ)する | Der ~ Weg ist der beste.《諺》正直は最良の策 ‖ offen und ~ sein 率直である.

II 副 **1** まっすぐに; すぐ, じかに;《比》率直に: ~ sitzen 正座している | ~ gewachsen sein (木が)まっすぐ伸びている | ~ entgegengesetzt 正反対に〈の〉 | ~ gegenüber 真向かいに | ~ vor der Tür ドアのまん前に〈で〉 | ~ neben mir 私のすぐ隣に〈で〉 | ~ von *jm.* abstammen …の直系〔の子孫〕である | *jn.* nicht ~ ansehen können …の顔を直視できない | *et.*[4] 〔ehrlich und〕 ~ heraussagen …を率直に口に出す.

2《時間的に》**a**)《同時性を示して》〔今・その時〕ちょうど, たまたま; あいにく: ~ beim Lesen 〈zu Hause〉 sein ちょうど読書中である〈在宅している〉 | *et.*[4] ~ bei *sich*[3] haben …をちょうど持ち合わせている | Ich war ~ dort. 私はたまたまそこに居合わせた | Ich will 〈wollte〉 ~ 〔mal〕 ausgehen. 私はちょうど外出するところだ〈だった〉 | Es war ~ zwei Uhr, als ... …したのはちょうど2時だった | Du stehst ~, mach bitte die Tür zu! 君 立ってるついでに戸を閉めてくれよ ‖ Komm mal ~ 〈~ mal〉 her! ちょっと来たまえ ‖ so ~《南部》たまたま(＝zufällig).

b)《直前を示して》(soeben) たった今, つい今しがた; きわどいところで: Ich war doch ~ auf der Bank, und jetzt habe ich schon wieder kein Geld. ついさっき銀行でおろして来たばかりなのに私はもうまた無一文だ | Es hat ~ zehn Uhr geschlagen. 今10時を打ったところだ | Ich habe ihn **~ eben** 〈eben ~〉 gesehen. 私は彼についさっき会ったばかりだ | Ich habe es ihm doch **~ erst** gesagt. 私はそれを彼につい今しがた言ったところだ ‖ Ich habe **~ noch** 〈noch ~〉 mit ihm gesprochen. 私はまだなんとか彼と話し合うことができた | Er hat den Zug ~ noch erreicht. 彼はどうにかこうにか列車に間に合った.

3《2 b の時間性が薄れて》(eben noch) やっとのことで, どうやらこうやら: ~ genug zum Leben haben かつかつ暮らしていける | Das Geld hat **~ eben** 〈eben ~〉 gereicht. 金はどうやらやっと足りた | Er hat die Prüfung **~ noch** bestanden. 彼はかろうじて試験に合格した.

4 a)《数詞と》(genau) きっちり: ~ hundert Mark ちょうど100マルク | ~ drei Meter Stoff kaufen 布地をきっちり3メートル買う | Heute bin ich ~ einen Monat in London. 私はロンドンに来てきょうでちょうど1か月だ.

b) ちょうど, まさに; (ausgerechnet) よりによって; あいにく: ~ hier まさしくここで | ~ heute きょうに限って | ~ 〔in dem Augenblick〕, als ... ちょうど…した〔その〕ときに | ~ zur rechten Zeit kommen ちょうどいいときに来合わせる | ~ darum そのゆえにこそ | ~ 〔darum〕, weil ... まさに…だからこそ ‖ ~ das Gegenteil まさにその反対 | *Gerade* das ist auch meine Meinung! 私の意見もまさにそれだ | *Gerade* du wirst gesucht. ほかでもない 君を捜していたのさ | Warum ~ ich? 人もあろうに私がなぜ | Warum mußte das ~ mir passieren? よりによって私がなぜこんな目にあわねばならなかったのか ‖ Das ist es ja ~! (問題は)まさにそこなんだ, その点こそ重要なんだ | Das kommt mir ~ recht! まさに願ったりかなったりだ;《反語》なんて間が悪いんだ | Das fehlte 〔mir〕 ~ noch.《反語》そいつはひどい, そんなことってあるものか ‖ Ich arbeite, soviel ich ~ kann. 私は力のかぎり働く | Wir rannten, so schnell wir ~ konnten. 私たちは全速力で走った.

c) (sehr) 非常に: *Gerade* fein! 実にすばらしい ‖〖否定詞とともに用いられてその否定の意味をやわらげる〗Sie ist **nicht ~** schön 〈eine Schönheit〉. 彼女は必ずしも美人というわけではない.

☆ 部分否定の nicht ~ と全文否定の ~ nicht との区別に注意: Nun tue ich es ~ nicht. こうなったらなおさら私はそれをしない(→d).

d)《間投詞的に》《俗》(erst recht) いよいよ〔もって〕, (それなら)ますます: Nun ~ nicht! するものか | Nun 〔aber〕 ~! やらいでか, せずにおくものか | Wirf doch die Tür nicht so zu! —Nun ~! ドアをそんなに乱暴にしめるな―しめるともさ.

★ 動詞と用いる場合は分離の前つづりともみなされる.

III Ge·ra·de 女《形容詞変化》(また: -/-n)〖数〗直線;〖ｽﾎﾟｰﾂ〗直線コース, ホーム〈バック〉ストレッチ;〖ﾎﾞｸｼﾝｸﾞ〗ストレート〔パンチ〕: eine rechte ~ 右ストレート ‖ in die ~ einbiegen (コーナーを回って)直線コースにはいる.

[*mhd.* gerat „hurtig"; ◇rasch]

ge·ra·de·aus[gəra:də|áus] 副 まっすぐ〔前方へ〕; (乗り物で)直行して, 乗り換えずに;《比》率直に: ~ gehen 直進〈直行〉する | ~ sehen まっすぐ前を見る ‖ Er ist sehr ~. 彼はきわめて率直だ.

G

Ge·ra·de·aus·emp·fän·ger 男〘電〙ストレート受信機.

ge·ra·de≠|bie·gen* [gərá:də..] ⟪16⟫ 他 (h) (曲がった針金などを)まっすぐにする, 伸ばす; ⟪話⟫ (失態・混乱などを) 回復⟨解決⟩する. **≠|hal·ten*** ⟪65⟫ 他 (h) まっすぐに保つ: 再帰 *sich*[4] ～ 姿勢をまっすぐにしている.

Ge·ra·de·hal·ter 男 -s/- 〘医〙(小児の)背骨矯正板.

ge·ra·de≠her·aus [gəra:dəhɛráus] 副 ⟪話⟫ 歯に衣(きぬ)着せず, あけすけに, 素直に: ～ gesagt ずばり言えば. **≠hin** [..hín] 副 まっすぐ〔そちらへ〕; ⟪比⟫ 軽率に, 軽々しく: *et.*[4] ～ aussprechen うっかり…を口にする.

ge·ra·de≠|le·gen [gərá:də..] 他 (h) まっすぐ⟨きちんと⟩置く; 整頓(せいとん)する. **≠|ma·chen** 他 (h) ⟪話⟫ (gerade-richten) まっすぐにする.

ge·ra·den·wegs [gərá:dənve:ks] 副 **1** まっすぐ〔に〕: ～ auf *et.*[4] losgehen まっすぐ…目がけて進む | Ich komme ～ von zu Hause. 私は家からまっすぐ(ここへ)来た. **2** ⟪比⟫ 単刀直入に, ざっくばらんに: *jn.* ～ nach *et.*[3] fragen …にずばり…のことを尋ねる.

ge·ra·de≠|rich·ten [gərá:də..] ⟪01⟫ 他 (h) まっすぐにする. **≠|sit·zen*** ⟪171⟫ 自 (h) 端座⟨正座⟩している.

ge·rä·dert [gərɛ́:dərt] **I** rädern の過去分詞. **II** 形 ⟪話⟫ **wie ～ sein** / *sich*[4] 〔**wie**〕 **～ fühlen** へとへとに疲れている | *Gerädert* ⟨Mit ～*en* Knochen⟩ kam er nach Hause. 彼はくたくたに疲れ果てて帰宅した.

ge·ra·de≠so [gərá:dəzo:] 副 ちょうどそのように: Mir ging es ～. 私も全く同じ目にあった ‖〘wie, als 〔ob〕などと〙Ich denke darüber ～ wie du. 私はそれについて君と考えが全く同じだ | Es sieht ～ aus, als würde es regnen. まるで雨になりそうな気配だ | Er tut ～, als ob er der Chef wäre. 彼はまるで自分がボスであるかのように振舞う. **≠so·viel** [..zofi:l] 形 ちょうどそれだけ〔の〕: ～〔*e*〕 Männer wie Frauen ちょうど同数の男女 | Ich habe ～ Geld wie er. 私は彼とちょうど同額の金を持っている ‖ Er weiß ～ wie du. 彼は君と全く同じだけ知っている.

ge·ra·de≠|ste·hen* [gərá:də..] ⟪182⟫ 自 (h) **1** (auf-recht stehen) 直立している: Er konnte nicht mehr ～. 彼はもうまっすぐ立っていられなかった. **2** (einstehen) ⟪für *et.*[4] ⟨*jn.*⟩⟫ (…に対して)責任を負う, (…のことを)請け合う, 保証する: für die Folgen ～ müssen 結果に対して責任を負わねばならない. **≠|stel·len** 他 (h) まっすぐ立てる⟨置く⟩, きちんとそろえる: *jm.* die Möbel ～ (→Möbel 1) ‖ 再帰 *sich*[4] ～ 姿勢をまっすぐにする.

ge·ra·de〔s〕·wegs [gərá:də(s)ve:ks] ＝geradenwegs

ge·ra·de|zie·hen* [gərá:də..] ⟪219⟫ ＝geradebiegen

ge·ra·de·zu 副 **1** [gərá:dətsu:] まさに, 全く, 実に, ほとんど: Das ist ～ fürchterlich ⟨Wahnsinn⟩. それは全く恐ろしい⟨まさに狂気のさたた⟩. **2** [◡–◡⏊] あけすけに, ずばり, ざっくばらんに; 無遠慮に, あつかましく, ずうずうしく: *seine* Meinung ～ vortragen 率直に自説を述べ〔立て〕る ‖〘述語的に〙Er ist ein bißchen ～. 彼は少々無神経⟨がさつ・ぶっきらぼう⟩だ.

Ge·rad≠flüg·ler [gərá:t..] 男 -s/- ⟪ふつう複数で⟫〘虫〙直翅(ちょくし)目の昆虫(バッタ・コオロギ類). **≠füh·rung** 女〘工〙直進⟨直線運動⟩機構.

Ge·rad·heit[1] [gərá:thaɪt] 女 -/ まっすぐであること; ⟪比⟫ 率直さ, 誠実. [＜gerade[2]]

Ge·rad·heit[2] [–] 女 -/ 〘数〙偶数であること. [＜gerade[1]]

ge·rad≠läu·fig [gərá:t..] 形 直進する. **≠li·nig** 形 直線的な; ⟪比⟫ 直系の(子孫): eine ～*e* Straße ⟨Haltung⟩ まっすぐな街路⟨姿勢⟩ ‖ Die Grenze verläuft ～. 境界線はまっすぐ通っている. **≠sin·nig** 形 まっ正直な, 率直⟨誠実⟩な.

ge·rad·zah·lig 形 偶数の. [＜garade[1]]

Ge·raf·fel [gəráfəl] 中 -s/ ⟪オーストリア⟫ ＝Gerümpel

Ge·rald [gé:ralt] 男名 (＜Gerold) ゲーラルト.

Ge·räms [gərɛ́:ms][1] 中 -es/-e ⟪南部⟫ 格子〔組み〕; (Knochengerüst) 骸骨(がいこつ). [◇Rahmen]

Ge·ran·gel [gəráŋəl] 中 -s/ ⟪話⟫ 格闘, つかみ合い; いがみ合い, 争い: das ～ um *et.*[4] …をめぐっての奪い合い. [＜rangeln]

Ge·ra·nie [gerá:niə] 女 -/-n 〘植〙ペラルゴニウム, テンジクアオイ(天竺葵)属(園芸家のいうゼラニウム). [*gr.*－*lat.*; ＜*gr.* géranos „Kranich“ (◇Kran)]

Ge·ra·nium [..niʊm] 中 -s/..nien [..niən] 〘植〙**1** フウロソウ(風露草)属(ゲンノショウコなど). **2** ＝Geranie

Ge·rank [gəráŋk] 中 -〔e〕s/ , **Ge·ran·ke** [..kə] 中 -s/ (つる・小枝の)からまった様子⟨個所⟩, からまった小枝⟨つる⟩; 〘美〙唐草模様. [＜ranken]

ge·rannt [gəránt] rennen の過去分詞.

ge·rap·pelt [gərápəlt] **I** rappeln の過去分詞. **II** 形 ⟪もっぱら次の成句で⟫ **～ voll sein** ⟪話⟫ ぎっしり詰っている, ぎゅうぎゅう詰めである.

Ge·ra·schel [gəráʃəl] 中 -s/ (紙・草などが)ガサガサ⟨サラサラ⟩いうこと⟨音⟩. [＜rascheln]

Ge·ras·sel [gərásəl] 中 -s/ (車・金具などが)ガラガラ⟨ガチャガチャ⟩いうこと⟨音⟩. [＜rasseln]

ge·rät [gərɛ́:t] geraten の現在 3 人称単数.

Ge·rät [gərɛ́:t] 中 -〔e〕s/-e **1** 器具, 用具, 器械, 機器; 家財道具; ラジオ⟨テレビ⟩セット: ein elektrisches ⟨medizinisches⟩ ～ 電気⟨医療⟩器具 | Fernseh*gerät* テレビ受像器 ‖ an den ～*en* turnen 器械体操をする | das ～ leiser stellen ラジオ⟨テレビ⟩の音量を小さくする. **2** ⟪集合的に⟫〔商売〕道具: das ～ des Friseurs ⟨des Zimmermanns⟩ 散髪⟨大工⟩道具. [*ahd.* girāti „Beratung“; ◇Rat]

ge·ra·ten[1]* [gərá:tən] ⟪113⟫ **I** 自 (s) **1 a**) (予期しないところへ)はいり⟨迷い⟩こむ, 行きつく: **an** *jn.* ～ …に偶然出くわす | an den Falschen ⟨an die falsche Adresse⟩ ～ おかど違いである, 門前払いをくらう | **auf** Abwege ～ (→Abweg 1) | auf eine schiefe Bahn ～ 邪道に陥る | auf Grund ～ (船が)浅瀬に乗り上げる | **in** ein unbekanntes Dorf ～ 見知らぬ村に迷いこむ | **über** alte Briefe ～ 古い手紙を見つけて読みふける | **unter** die Räuber ～ 盗賊の手に陥る | unter ein Auto ～ 自動車にひかれる ‖ Wohin bin ich hier *geraten*? いったい私はどこに来てしまったのだろうか. **b**) (予期しない状況に)陥る; (ある状態・気分に)なる: aus den Fugen ～ (→Fuge[2]) | 〔ganz / rein〕 aus dem Häuschen ～ (→Häuschen 1) | aus der ⟨außer⟩ Fassung ～ 度を失う, 仰天する | außer *sich*[4(3)] ～ (→außer I 1) | außer Rand und Band ～ (→Rand 1) | **in** Ärger ～ 立腹する | in Gefahr ⟨Not⟩ ～ 危険⟨困窮⟩に陥る | in Gefangenschaft ～ 捕虜になる | ins Hintertreffen ～ (→Hintertreffen 1) | in die Klemme ～ / in 〔des〕 Teufels Küche ～ ⟪俗⟫ ひどい目にあう | in Verdacht ⟨Vergessenheit⟩ ～ 疑われる⟨忘れられる⟩. **c**) (ある状態に)移行する, (…し)はじめる: in Bewegung ⟨Fluß⟩ ～ 動き⟨流れ⟩だす | *sich*[4] in die Haare ～ ⟪話⟫ けんか⟨取っ組み合い⟩になる | ins Stocken ～ 停滞しはじめる.

2 a) (gelingen) うまくゆく, 成功する: Die Arbeit ist mir gut ⟨schlecht⟩ *geraten*. 仕事は成功⟨失敗⟩した | Alles, was er begann, *geriet* ihm. 彼は何を始めてもうまくいった. **b**) 発育⟨成育⟩する: Die Kinder *geraten* gut. 子供たちはすくすく育っている | Der Wein ist gut *geraten*. ぶどう〔酒〕の出来がよかった. **c**) (…の)結果になる: *jm.* zum Ärgernis ～ …の怒りを招く | Die Hose ist zu kurz *geraten*. ⟪話⟫ ズボンは〔作ってみたら〕短すぎた.

3 ⟪nach *jm.*⟫ (…に)似てくる, (…と)同じになる(→nachgeraten): Er ist nach dem Vater *geraten*. 彼は父親に似てきた.

II 過分 形 →geraten[2] I 2 [*ahd.* „anraten“; ◇raten]

ge·ra·ten[2] [–] **I 1** geraten[1]の過去分詞. **2** 形 出来のよい, 成功した. **II 1** raten の過去分詞. **2** 形 ⟪述語的⟫ ⟪ふつう zu 不定詞〔句〕と⟫ (…することが)当を得た, 賢明な, 得策⟨良策⟩な(→ratsam): Es scheint mir ～, einen Pflock zurückzustecken. 一歩譲歩するのが得策のように私には思われますが | Ich halte es für ～, hier zu bleiben. ここにいたほうがいいと私は思う ‖ Das ～*ste* wäre zu schweigen. 沈黙が最良の策でしょう | Das ist wohl das ～*ste*. たぶんそれがいちばん賢明だ.

Ge·rä·te≠schnur [gərɛ́:tə..] 女 -/..schnüre 電気器具の接続コード. **≠schup·pen** 男 道具置き場⟨小屋⟩(→図 Bauernhof). **≠stecker** 男 電気器具の接続プラグ.

≠tur·nen 中 器械体操. ≠wart 男 (学校・スポーツクラブなどの)体操器具の責任者.
Ge·ra·te·wohl[gəra:təvó:l, ◡⌣◡–] 中《次の成句で》**aufs ～** 運を天にまかせて, 行き当たりばったりに | *et.*[4] aufs ～ versuchen …を当てずっぽうにやってみる. [<geraten[1] I 2]
Ge·rät·ka·sten[gərɛ́:t..] 男 道具箱.
Ge·rät·schaft[gərɛ́:t-ʃaft] 女 -/-en **1** 装備〔している・すること〕. **2**《ふつう複数で》用具〔一式〕, 器具類; (Hausrat) 家具〈食器〉類.
Ge·rat·ter[gərátər] 中 -s/ (車・機械などが)ガラガラ〈ガタガタ〉響くこと〈音〉. [<rattern]
Ge·rät·tur·nen[gərɛ́:t..] = Geräteturnen
ge·räu·chert[gərɔ́yçərt] **I** räuchern の過去分詞. **II Ge·räu·cher·te** 中《形容詞変化》燻製(くんせい)肉.
Ge·rau·fe[gəráufə] 中 -s/ 殴り〈取っ組み〉合い, 乱闘. [<raufen]
ge·raum[gəráum] 形《付加語的》**1** (時間について)かなりの: nach ～*er* Zeit かなりたって〔から〕| Es dauerte eine ～*e* Zeit 〈Weile〉, bis ... …するまでかなりの時間がかかった. ▽**2** = geräumig [*ahd.* girūmo „bequem"; ◇Raum]
Ge·räum·de[gərɔ́ymdə] 中 -s/- (伐採によってできた)森林中の空き地〈耕地〉. [<räumen]
ge·räu·mig[gərɔ́ymıç][2] 形 広い: ein ～*er* Wohnraum 広々とした居間. [<geraum]
Ge·räu·mig·keit[–kaıt] 女 -/ 広いこと.
Ge·räum·te[gərɔ́ymtə] 中 -s/- = Geräumde
Ge·raun[gəráun] 中 -[s]/ , **Ge·rau·ne**[..nə] 中 -s/ ささやき, つぶやき; ひそひそ話. [<raunen]
Ge·raun·ze[gəráuntsə] 中 -s/《南部》しきりに不平〈泣き言〉を言うこと; 不平, 泣き言. [<raunzen]
Ge·räusch[1][gərɔ́yʃ] 中 -〔e〕s/ 〘狩〙(シカ・イノシシなどの)内臓, 臓物. [<*mndd.* rūsch „Eingeweide"]
Ge·räusch[2][–] 中 -〔e〕s/-e ざわめき, 物音, 騒音; 〘楽〙(楽音に対して)騒音: ein leises 〈lautes〉 ～ かすかな〈騒々しい〉物音 | ein ～ hören 〈vernehmen〉 物音を聞きつける | viel ～ verursachen 大きな音をたてる; 大騒ぎする. [*mhd.*; ◇rauschen]
Ge·räusch·ar·chiv 中〘劇・放送〙効果音〈擬音〉収集室.
ge·räusch·arm 形 騒音の少ない, 音の静かな.
Ge·räusch·dämp·fung 女 騒音抑制; 防音装置.
Ge·rau·sche[gəráuʃə] 中 -s/ サラサラいう音.
Ge·räusch≠ku·lis·se[gərɔ́yʃ..] 女〘劇・放送〙効果音, 音響効果; 周囲の物音; 《話》(つけっぱなしのラジオなどの)騒音. ≠**laut** 男 = Obstruent
ge·räusch·los[..lo:s][1] 形 音のない, 静かな; 《比》目だたない.
Ge·räusch·lo·sig·keit[..lo:zıçkaıt] 女 -/ geräuschlos なこと.
Ge·räusch·ma·cher 男 -s/-〘劇・放送〙〔擬音〕効果係.
ge·räusch·voll 形 騒々しい.
Ge·räusch·wort 中 -〔e〕s/..wörter〘言〙擬声語.
Ge·räus·per[gərɔ́yspər] 中 -s/ 〔しきりに〕せきをすること〈音〉, せきばらい. [<räuspern]
ge·rau·tet[gəráutət] 形〘紋〙斜めチェック〈ひし形〉模様の. [◇Raute]
Ger·be[gɛ́rbə] 女 -/ 《南部》ビール酵母. [*mhd.*; ◇gären, Germ]
Ger·be·kam·mer 女《南部》(教会の)聖具〈聖物〉室. [*mndd.* ger〔we〕kamere]
ger·ben[gɛ́rbən][1] 他 (h) (皮を)なめす: Häute 〈Felle〉 ～ (動物の)皮をなめす | *gegerbtes* Leder verarbeiten なめし革を加工する ‖ *jm.* das Fell 〈das Leder / die Schwarte〉 ～ (→Fell 2, →Leder 1, →Schwarte 1 c). [*germ.* „fertigmachen"; ◇ger]
Ger·ber[..bər] 男 -s/- 皮なめし工, 製革工.
Ger·be·ra[gɛrbé:ra·, gɛ́rbəra·, ..bera·] 女 -/-〔s〕〘植〙センボンヤリ(千本槍)属, ガーベラ. [<T. Gerber (ドイツの医師・自然科学者, †1743)]
Ger·be·rei[gɛrbəráı] 女 -/-en **1** なめし〈製革〉工場. **2**《単数で》皮なめし〔業〕, 製革〔業〕.
Ger·ber≠lo·he[gɛ́rbər..] 女 -/-n (製革用の)タンニン樹皮(ひきつぶしたオーク樹皮など). ≠**su·mach** 男〘植〙スマック(地中海地方原産ウルシ属の木).
Ger·bert[gɛ́rbɛrt] 男名 ゲルベルト. [<*ahd.* gēr „Ger"]
Gerb≠mit·tel[gɛ́rp..] 中 皮なめし〈製革〉用剤(タンニンなど). ≠**rin·de** 女 = Gerberlohe ≠**säu·re** 女〘化〙タンニン酸. ≠**stoff** 男 **1** = Gerbsäure **2** = Gerbmittel
Ger·bung[gɛ́rbuŋ] 女 -/-en 皮なめし, 製革.
Gerd[gɛrt] 男名 (<Gerhard) ゲルト.
Ger·da[gɛ́rda·] 女名 (<Hildegard, Gertrud) ゲルダ.
ge·re·belt[gəré:bəlt] **I** rebeln の過去分詞. **II Ge·re·bel·te** 男《形容詞変化》《オーストリア》(より抜きのぶどうでつくった)純良ぶどう酒.
ge·recht[gərɛ́çt] 形 **1** 正義の, 公明正大な, 公正な, 公平な; 〘宗〙心の正しい: der ～*e* Gott〘宗〙寛仁大慈の神 | *Gerechter* Gott 〈Himmel /俗: Strohsack〉! これはたいへん, なんたることだ(驚き・怒りの叫び) | einen ～*en* Krieg führen 義のための戦いを行う | ein ～*er* Richter 公正〈公平〉な裁判官 | eine ～*e* Verteilung 公平な分配 ‖ Er ist gegen alle ～. 彼はだれにでも公平だ | Das ist nicht ～. それはフェアでない | Wenn man von Herzen glaubt, so wird man ～. 人は心に信じて義とされる(聖書: ロマ10, 10) ‖ *jn.* ～ bestrafen 〈richten〉 …を公正に罰する〈裁く〉 ‖ den Schlaf des *Gerechten* schlafen (→Schlaf 1) | Der *Gerechte* muß viel erleiden. 正しい者には災いが多い(聖書: 詩34, 20).
2 理由〈根拠〉のある, 正当な, 当然の, もっともな: ein ～*er* Haß 〈Zorn〉 もっともな憎しみ〈怒り〉 ‖ Seine Ansprüche sind ～. 彼の要求は当然だ | *jm.* 〈*et.*[3]〉 ～ werden …を正当に評価する | Dieser Kritiker ist dem Autor 〈dem Werke〉 nicht ～ geworden. この批評家のこの作者〈作品〉に対する批評は的はずれである.
3 a) 《*et.*[3]》(…に)適合した, 対応しうる, ふさわしい, うってつけの: die einem Material ～*e* Verarbeitung 材料にぴったりの加工〔法〕| bedarfs*gerecht* 需要に応じた | kinder*gerecht* 子供むきの ‖ *js.* Wunsch[3] ～ werden …の望みをかなえる | eine diesen Problemen nicht mehr ～ werdende alte Theorie これらの問題にもはや対処しえない古い理論 ‖ in allen Sätteln ～ sein (→Sattel 1). **b)** 〘狩〙猟にむいた: ein ～*er* Jäger 猟のことをよく心得た猟師 | eine ～*e* Waffe うってつけの猟銃.
[*ahd.* gireht „gerade"; ◇recht]
ge·rech·ter·wei·se[gərɛ́çtərvaızə] 副 公平を期して〔言えば〕, 公正な立場で〔は〕.
ge·recht·fer·tigt[–fɛrtıçt] rechtfertigen の過去分詞.
Ge·rech·tig·keit[gərɛ́çtıçkaıt] 女 -/-en **1**《単数で》(gerecht なこと. 例えば:) 正義, 公正, 公平(シンボルは: → 図 Symbol); 正当〔性〕; 〘聖〙義: die ～ eines Urteils 〈einer Strafe〉 判決〈刑罰〉の公正 | die ～ einer Forderung 〈einer Bitte〉 要求〈願い〉の正当性 | ausgleichende 〈austeilende〉 ～〘法〙平均〈分配〉的正義 | *jm.* ～ widerfahren 〈zuteil werden〉 lassen …を公平に扱う, …に公平な処置をとる. **2**《単数で》司直,〔司〕法: die strafende ～ 因果応報 ‖ in die Hände der ～ fallen 司直の手にかかる | *jn.* der ～[3] übergeben 〈ausliefern〉 …を司直の手に渡す. **3** 〘法〙(認められた)権利, 免許: die ～ zum Fischen in einem Fluß 川の漁獲権 | Jagd*gerechtigkeit*. 狩猟権.
Ge·rech·tig·keits≠ge·fühl 中 正義感. ≠**lie·be** 女 正義愛, 正義心: *js.* ～ in Anspruch nehmen …の正義心に訴える. ≠**sinn** 男 -〔e〕s/ 正義感.
▽**Ge·recht·sa·me**[gərɛ́çtza:mə] 女 -/-n = Gerechtigkeit 3
Ge·re·de[gəré:də] 中 -s/ **1**《軽蔑的に》おしゃべり, 饒舌(じょうぜつ): ein dummes 〈albernes〉 ～ ばかげたおしゃべり | ein uferloses 〈ewiges〉 ～ 果てしない饒舌. **2** (Gerücht) (とかくの)うわさ, 風評: Ein ～ entsteht. うわさが立つ | Es gab ein böses ～ über ihn. 彼について悪いうわさがあった | ***jn.* ins ～ bringen** …についてうわさを立てる |〔mit *et.*[3] / durch *et.*[4]〕 **ins ～ kommen 〈geraten〉**〔…で〕うわさの種になる. **3** 《スイス》(Gespräch) 話し合い, 語らい, 対話. [<reden]

ge·re·gelt[gəréːgəlt] regeln の過去分詞.

ge·rei·chen[gəráiçən] 自 (h) 《*jm.* zu *et.*[3]》(…にとって…と)なる,(…に…を)もたらす: Es wird ihm zum Ruhm 〈zur Schande〉 ~. それは彼の名誉〈恥〉になるだろう | Dieser alte Teppich *gereicht* dem Zimmer nicht zur Zierde. この古ぼけたじゅうたんは部屋の飾りにはならない. [*mhd.*; ◇reichen]

ge·reicht[gəráiçt] **I** reichen の過去分詞. **II** gereichen の過去分詞; 現在 3 人称単数・2 人称複数; 命令法複数.

Ge·rei·me[gəráimə] 中 -s/ (へたな)押韻; へぼ詩. [<reimen]

ge·reimt[gəráimt] **I** reimen の過去分詞. **II** 形 韻をふんだ, 押韻の; 韻文の: Das sind schlecht ~*e* Verse. それは押韻のまずい詩だ | Er hat eine ~*e* Erzählung geschrieben. 彼は韻文体の物語を書いた.

ge·reist[gəráist] **I** reisen の過去分詞. **II** 形 旅をした; (旅の)経験〈見聞〉豊かな: ein weit ~*er* Mann 大いに旅をしてきた(見聞の広い)男.

ge·reizt[gəráitst] **I** reizen の過去分詞. **II** 形 **1** いらいらした, 怒りっぽい: in ~*er* Stimmung sein いらいら〈興奮〉している. **2** 《医》(皮膚・器官が)過敏〈興奮〉状態の.

Ge·reizt·heit[–hait] 女 -/ gereizt なこと.

Ge·ren·ne[gərέnə] 中 -s/ 走り回ること. [<rennen]

ge·reu·en[gərɔ́yən] 他 (h) 《雅》《*jn.*》後悔させる, 残念がらせる; 悲しませる: Laß dich keine Mühe ~! 労を惜しむな ‖ 《非人称》 Es *gereut* mich 〈Mich *gereut*〉 deiner Not[2]. 私は君の苦境を気の毒に思う ‖ Jung gefreit, hat nie *gereut.* (→jung I 1).

ge·reut[gərɔ́yt] **I** reuen の過去分詞. **II** gereuen の過去分詞; 現在 3 人称単数・2 人称複数; 命令法複数.

Ger·fal·ke[géːr..] 男 《鳥》シロハヤブサ(白隼)(鷹(たか)狩りに用いられる). [*anord.* geir-falki–*mhd.*; ◇Ger; *engl.* gyrfalcon]

Ger·hard (**Ger·hart**)[géːrhart] 男名 ゲールハルト. [<*ahd.* gēr „Ger"+harti „hart"]

Ger·ia·ter[geriáːtər] 男 -s/- 老人医学の専門家, 老人病学者.

Ger·ia·trie[geriatríː] 女 -/ (Altersheilkunde) 《医》老人医学, 老人病学. [<*gr.* gérōn „Greis" (◇Gerusia)+..iatrie]

Ger·ia·tri·kum[geriáːtrikum] 中 -s/..ka[..ka] 老人病治療薬.

ger·ia·trisch[geriáːtrɪʃ] 形 老人医学〔上〕の, 老人病学〔上〕の.

Ge·richt[1][gəríçt] 中 -〔e〕s/-e **1** (調理された)食物, 料理: ein ~ einfaches 〈leckeres〉 ~ 簡素な〈おいしい〉料理 | Fleisch*gericht* 肉料理 | Gemüse*gericht* 野菜料理 | ein ~ Fische 〔一皿の〕魚料理 ‖ ein ~ auftragen 〈auf den Tisch bringen〉 料理を食卓に供する | ein ~ bestellen 〈zubereiten〉 料理を注文〈調理〉する. **2** 《狩》鳥わな. [*mhd.*; ◇richten]

Ge·richt[2][–] 中 -〔e〕s/-e **1** 《単数で》裁き, 裁判, 審判: ein gerechtes ~ 公正な裁判 | **das Jüngste 〈das Letzte〉 ~** 《キリスト教》(世界の終末に予定される)最後の審判 ‖ **über *jn.* ~ halten 〈zu ~ sitzen〉** 《雅》…を裁く, …を裁判する | **mit *jm.* 〔hart / scharf〕 ins ~ gehen** …を厳しく処罰する; …を激しく非難する | *jn.* mit dem ~ drohen …を訴えるぞとおどす. **2** 法廷, 裁判所: Familien*gericht* 家庭裁判所 | Land*gericht* 地方裁判所 | das Oberste ~ 最高裁判所 ‖ vor die Schranken des ~*s* treten 法廷に出る, 出廷する | *jn.* den ~*en* ausliefern 〈dem ~ übergeben〉 …を司直の手にゆだねる ‖ *jn.* **bei ~** verklagen …を告訴する | *jn.* **vor ~** bringen 〈fordern / stellen〉 …を法廷に召喚する, …を訴える | *et.*[4] vor ~ bringen …を裁判ざたにする. **3** 《集合的に》判事, 裁判官: Hohes ~! 判事殿 | Das ~ zieht sich zur Beratung zurück. 判事たちは合議のため退席する. [*ahd.*; ◇〔ge〕recht]

ge·rich·tet[gəríçtət] **I** richten の過去分詞. **II** 形 **1** (光などについて)指向性の. **2** (gesinnt) (…に)心を寄せている: kirchlich ~ 信心深い; 教会第一主義の.

ge·richt·lich[gəríçtlɪç] 形 司法〈法律〉上の, 合法的な, 裁判〔所・官〕による: die ~*e* Leichenschau 〔司法〕検視, 検死 | ~*e* Medizin 法医学 | eine ~*e* Verhandlung 訴訟 | ein ~*es* Nachspiel haben 〔のちに〕裁判ざたになる ‖ *jn.* ~ belangen / gegen *jn.* ~ vorgehen …を告訴する | *jn.* ~ bestrafen …を判決によって罰する.

Ge·richts≠ak·te[gəríçts..] 女 -/-n 《ふつう複数で》《法》裁判記録〔書類〕. **≠arzt** 男 (法医学的検査などをする)裁判医. **≠as·ses·sor** 男 司法官試補.

Ge·richts·bar·keit[gəríçtsbaːrkait] 女 -/-en **1** 《単数で》裁判〔管轄〕権: die ~ ausüben 裁判権を行使する | unter der ~ eines Landes stehen ある国の裁判権に服する. **2** 《ふつう単数で》裁判〔管轄〕権の行使.

Ge·richts≠be·am·te 男 司法〈裁判〉官. **≠be·fehl** 男 《法》令状. **≠be·hör·de** 女 (Gericht) 裁判所. **≠be·schluß** 男 《法》判決; 裁判所の命令. **≠be·zirk** 男 裁判所の管轄区. **▽≠bo·te** 男 (外勤の)裁判所下級職員,(特に:) 執行〈執達〉吏. **▽≠die·ner** 男 (内勤の)裁判所下級職員,(特に:) 廷丁, 廷吏. **≠ent·scheid** 男 《法》判決. **≠fe·ri·en** 複 **1** 《法》(夏期)休廷期(ドイツでは 7 月15日から 9 月15日まで, オーストリアでは 8 月25日まで). **2** 食事と食事のあいだの中休み; 《話》(補給途絶による戦場での)欠食期間. **≠ge·bäu·de** 中 裁判所(の建物). **≠ge·büh·ren** 複 (法定の)裁判手数料. **≠herr** 男 裁判権〔所有〕者; 《史》裁判領主. **▽≠hof** 男 **1** (上級審の)法廷, 裁判所. **▽2** (一事件を審理する)全裁判官. **≠ho·heit** 女 -/ 司法〈裁判〉権. **≠kanz·lei** 女 裁判所事務局. **≠ko·sten** 複 裁判費用. **≠kri·tik** 女 (旧東ドイツで企業・行政当局に対する)裁判による批判. **≠me·di·zin** 女 -/ 法医学. **≠me·di·zi·ner** 男 法医学者.

ge·richts·no·to·risch 形 《法》裁判所が認知した.

Ge·richts≠ord·nung 女 裁判所〔構成〕法. **≠per·son** 女 裁判所職員. **≠prä·si·dent** 男 裁判長. **≠re·fe·ren·dar** 男 司法修習生. **≠saal** 男 法廷. **≠schrei·ber** 男 《スイ》裁判所書記官. **≠sit·zung** 女 公判; 法廷. **≠spra·che** 女 法廷用語; 裁判〈法律〉用語: In manchen Teilen Indiens ist Englisch die ~. インドの多くの地方では英語が法廷用語である. **≠stand** 男 裁判管轄地; 裁判籍. **≠tag** 男 公判〈開廷〉日: ~ halten 《雅》開廷する | ~ über *sich*[4] selbst halten 《比》自分自身を裁く, 自己批判する. **≠ver·fah·ren** 中 《法》裁判手続き. **≠ver·fas·sung** 女 裁判所構成法. **≠ver·hand·lung** 女 審理; 公判. **≠voll·zie·her** 男 執達吏; 《法》執行官. **≠vor·sit·zen·de** 男 女 裁判長. **≠we·sen** 中 -s/ 司法〔制度・組織〕.

ge·rie·ben[gəríːbən] **I** reiben の過去分詞. **II** 形 すれっからしの, ずるい, こすからい: ein ~*er* Kerl したたか者.

ge·rie·hen[gəríːən] gereiht (reihen[1]の過去分詞)の別形.

ge·rie·ren[geríːrən] 他 (h) **1** 《再帰》 *sich*[4] ~ 《様態を示す語句と》(…として, …であるかのように)振舞う | *sich*[4] 〔als〕 links 〈progressiv〉 ~ 左翼的〈進歩的〉な態度をとる | *sich*[4] als Gentleman ~ 紳士として振舞う, 紳士ぶる. **▽2** 指導〈管理〉する. [*lat.* se gerere „sich betragen"–*fr.*]

Ge·rie·sel[gəríːzəl] 中 -s/ (水などの)さらさら流れること〈音〉, せせらぎ; きぬずれ〔の音〕. [<rieseln]

ge·riet[gəríːt] geraten[1]の過去.

ge·ring[gəríŋ] 形 **1** (数量的に)小さい, 僅少(きんしょう)の, わずかの: eine ~*e* Anzahl 〈Menge〉 わずかの数〈量〉 | eine ~*e* Begabung 乏しい才能 | eine ~*e* Höhe わずかの高さ | eine ~*e* Leistung ささやかな仕事 | ein ~*er* Lohn 〈Preis〉 安い報酬〈値段〉 | eine ~*e* Rolle spielen わずかな役割しか演じない | *sich*[4] in nicht ~*er* Verlegenheit befinden 少なからず当惑している | bis auf die ~*ste* Kleinigkeit bedenken 細かい点まで熟慮する | den Weg des ~*sten* Widerstandes gehen 《比》できるだけ楽な生き方をする〈求める〉 ‖ die ~*ste* Idee von *et.*[3] haben (→Idee 1) | **nicht die geringste** Lust dazu haben 全くその気がない | **nicht im geringsten** 少しも〈これっぽっちも〉…ない ‖ 《名詞的に》 **um ein geringes** 《雅》ほんのわずかだけ, ほんの少々; ▽わずかな金(かね)で; あやうく, すんでのところで | *et.*[4] um ein ~*es* erwerben …を安く手に入れる | das Gewicht um ein ~*es* erhöhen ほんの少し重さを増す ‖ Es handelt sich dabei um nichts *Geringes*. そこではある重要なことが問題になっている | Es handelt sich um nichts *Geringeres* als den Bau einer Fabrik. まさに工場の建設そのものが問題なのだ | **kein Geringerer als ...** ほかでもない… | Kein *Geringerer* als Beethoven hat es gesagt. そう言ったのはほかならぬ〔大〕ベートーベンである | auch im *Geringsten* genau erzählen 微に入り細をうがって物語る ‖〖述語的に〗Die Chancen sind ~. チャンスは乏しい | Das Geschäft war heute ~. 商売はきょうはたいしたことはなかった | Der Abstand wurde immer ~*er*. 間隔はしだいに縮まった | *Gering* geschätzt, haben wir zwei Stunden zu gehen. 少なく見積もっても我々は2時間は歩かねばならない(ただし: →geringschätzen).

2 重要でない, 価値の低い, 粗悪な; 身分の卑しい;〖狩〗若い, 小さい: eine ~*e* Qualität 悪い品質 | ~*e* Waren 安物 | die ~*en* Instinkte 卑しい本能 | die ~*en* Leute 下層階級の人々 | von ~*er* Herkunft sein 生まれが卑しい, 下賤(げせん)の出である | ein ~*er* Hirsch〖狩〗若い〈小さな〉シカ ‖ vornehm und ~ / Vornehme und *Geringe* (→vornehm 1 a) ‖ Die Sache ist zu ~, als daß ... 事柄はそれほど重要でないので…するには及ばない | *jn.* ~ einschätzen …をさげすむ〈低く評価する〉. [*ahd.*; ◇ring]

ge·ring|ach·ten[gərɪ́ŋ..]《01》他 (h) 軽視する.

Ge·ring·ach·tung 女 -/ 軽視.

ge·ring·fü·gig[..fy:gɪç][2] 形 (unbedeutend) 取るに足らぬ, ほんの少しだけの. [<fügen]

Ge·ring·fü·gig·keit[..kaɪt] 女 -/-en **1**《単数で》geringfügig なこと. **2** 取るに足らぬ事柄.

ge·ring·gra·dig[..gra:dɪç][2] 形 程度の低い, 軽度の.

ge·ring·hal·tig[..haltɪç][2] 形〖鉱〗含有量の少ない; (酒などが) 水っぽい;《比》低質の, 劣等の.

ge·ring|schät·zen《02》他 (h) (verachten) 軽視〈軽蔑〉する(ただし: gering schätzen →gering 1).

ge·ring·schät·zig[..ʃɛtsɪç][2] 形 軽蔑的な.

Ge·ring·schät·zung 女 -/ 軽視, 軽蔑.

ge·ring·sten·falls[gərɪ́ŋstənfáls] 副 最低〈最少〉の場合に, 最小限度.

ge·ring·wer·tig 形 価値〈品質〉の低い: ~*e* Kohle 低品位炭.

ge·rinn·bar[gərɪ́nba:r] 形 凝固性の.

Ge·rinn·bar·keit[–kaɪt] 女 -/ 凝固性.

Ge·rin·ne[gərɪ́nə] 中 -s/- 小さな〈細い〉水流, 小川; (人工の) 水路, 放水溝〈管〉.

ge·rin·nen*[gərɪ́nən]《120》自 (s) (ミルク・血液などが) 凝固〈凝結〉する: Die Milch ist 〔durch die Hitze〕 *geronnen*. 〔暑さで〕ミルクが固まってしまった | *jm. gerinnt* das Blut in den Adern (→Blut 2). [*ahd.* gi-rinnan „zusammen-fließen"; ◇rinnen]

Ge·rinn·sel[gərɪ́nzəl] 中 -s/- **1** 小さな〈細い〉水流: Im Tal floß ein kleines ~. 谷間を小川が流れていた. **2** 凝固〈凝結〉した液体, (特に:) 凝血. [<rinnen, gerinnen]

Ge·rin·nung[gərɪ́nʊŋ] 女 -/ 凝固, 凝結.

Ge·rip·pe[gərɪ́pə] 中 -s/- **1** (人・動物の) 骨格, 骸骨(がいこつ): **wie ein wandelndes ~ aussehen** がりがりにやせている | Sie ist nur noch ein dürres 〈mageres〉 ~. 彼女は骨と皮ばかりだ. **2**《比》(船・飛行機・傘など, またドラマ・小説・文章などの) 骨組み, 大綱.

ge·rippt[..rɪ́pt] **I** rippen の過去分詞. **II** 形 **1** 肋骨(ろっこつ)のある. **2**〖織〗あぜ〈畝〉織りの. **3**〖植〗肋骨状の葉脈のある.

ge·ris·sen[gərɪ́sən] **I** reißen の過去分詞. **II** 形 ずるがしこい, (実に) 抜け目のない, 海千山千の, やり手の: ein ~*er* Kerl 抜け目のないやつ | Der Plan war ganz ~ ausgedacht. 計画は実に抜け目なく考え抜かれていた.

ge·rit·ten[gərɪ́tən] reiten の過去分詞.

Germ[gɛrm] 男 -〔e〕s/ (オーストリア: 女 -/)《南部・オーストリア》**1** (Bierhefe) ビール酵母. **2** (Backhefe) パン焼き酵母, イースト. [<Gerbe]

Ger·ma·ne[gɛrmá:nə] 男 -n/-n (⊛**Ger·ma·nin**[..nɪn] -/-nen) ゲルマン人 (インド=ヨーロッパ語族の一つであるゲルマン語を用いる人々. ドイツ人・アングロ=サクソン人・オランダ人・デンマーク人・スウェーデン人など). [*lat.* Germānus]

Ger·ma·nen·kun·de 女 -/ ゲルマン学.

Ger·ma·nen·tum[..tu:m] 中 -s/ ゲルマン民族性〈精神・気質〉; ゲルマン社会〈文化〉.

Ger·ma·nia[gɛrmá:nia·] **I** 女 -/ ゲルマニア(ドイツを擬人化した女性). **II** Germanien のラテン語形.

Ger·ma·ni·en[..niən] 地名 ゲルマニア(民族大移動以前におけるゲルマン人の居住地. ラテン語形 Germania).

Ger·ma·nin[1] Germane の女性形.

Ger·ma·nin[2][gɛrmaní:n] 中 -s/ 商標 ゲルマニン(睡眠病の特効薬). [<Germania]

ger·ma·nisch[gɛrmá:nɪʃ] 形 ゲルマン〔人・語〕の: →deutsch | die ~*en* Sprachen ゲルマン諸語(ドイツ語・英語・オランダ語・スカンジナビア語諸語などを含む一語群).

ger·ma·ni·sie·ren[gɛrmanizí:rən] 他 (h) (eindeutschen) (言語・文化などを) ドイツ化する.

Ger·ma·nis·mus[..nísmʊs] 男 -/..men[..mən] (他の言語に混入した) ドイツ語的な語法, ドイツ語なまり.

Ger·ma·nist[..níst] 男 -en/-en (⊛**Ger·ma·ni·stin**[..nístɪn]-/-nen) **1** ドイツ語学〈文学〉研究者; ドイツ〈ゲルマン〉学者, ゲルマニスト. **2** ドイツ法〈ゲルマン法〉学者.

Ger·ma·ni·stik[..nístɪk] 女 -/ ドイツ語学〈文学〉研究; ドイツ〈ゲルマン〉学.

ger·ma·ni·stisch[..nístɪʃ] 形 ドイツ語学〈文学〉研究の; ドイツ〈ゲルマン〉学の.

Ger·ma·nium[gɛrmá:niʊm] 中 -s/〖化〗ゲルマニウム(希金属元素名; 記号 Ge). [<Germania]

ger·ma·no·phil[gɛrmanofí:l] 形 ドイツ好き〈びいき〉の, 親独の.

Ger·ma·no·phi·lie[gɛrmanofilí:] 女 -/ ドイツ好き〈びいき〉, 親独〔的態度〕.

Ger·ma·no·pho·bie[..fobí:] 女 -/ ドイツ嫌い; 恐独病.

Ger·mer[gɛ́rmər] 男 -s/-〖植〗シュロソウ(棕櫚草)属: schwarzer ~ シュロソウ | weißer ~ バイケイソウ(梅蕙草). [*ahd.* germarrun]

ger·mi·nal[gɛrminá:l] 形〖生〗胚(はい)〔質〕の. [<*lat.* germen „Keim"+..al[1]]

Ger·mi·nal[ʒɛrminál] 男 -〔s〕/-s〖史〗芽月(フランス革命暦の第7月; 3月21日－4月19日に当たる: →Vendemiaire ★). [*fr.*]

Ger·mi·na·tion[gɛrminatsió:n] 女 -/-en (Keimung)〖植〗発芽. [*lat.*; <*lat.* germināre „keimen"]

gern[gɛrn] (**ger·ne**[gɛ́rnə]) **lie·ber**[lí:bər]/**am lieb·sten**[am lí:pstən] 副 **1 a)** (freudig) 喜んで, 好んで: liebend ~ (→lieben II 2) ‖ Er liest 〈tanzt〉 ~. 彼は読書〈ダンス〉が好きだ | Trinken Sie ~ Bier?—Nein, ich trinke lieber Wein. ビールはお好きですか—いいえ ワインのほうが好きです | Erdbeeren esse ich für mein Leben ~. いちごは大好物です | ***jn.* 〈*et.*[4]〉 ~ haben / *jn.* 〈*et.*[4]〉 ~ mögen** …が好きである | Sie hat ~ Besuch. / Sie hat Besuch ~. 彼女は客を招くのが好きだ | Ich habe 〈mag〉 ihn ~. 私は彼が好きだ | Ich mag 〈habe〉 es nicht ~, wenn ... …であるとしたら私の気持に添わないことだ | Ich helfe dir herzlich ~. 心から喜んで君を手伝うよ | Das hört man ~! i) それはうれしい知らせだ; ii)《皮肉》そいつは結構な(とんだ)ことだ | Er ist bei uns ~ gesehen 〈ein ~ gesehener Gast〉. うちでは彼の来訪を歓迎します(→gerngesehen) | Das Buch wird ~ gekauft. この本はよく売れる | Er kommt nur zu ~, wenn du ihn einlädst. 君が招待してやれば彼はただもう大喜びでやって来るよ ‖〖あいさつの文句として〗〔Es ist〕 ~ geschehen! / Bitte, das habe ich sehr ~ getan! (お礼を言われたのに対して)どういたしまして | 〔Ja,〕 ~!/〔Ja,〕 liebend ~!/Sehr 〈Aber〉 ~! (頼みに対して)いいですとも, かしこまりました ‖〖接続法IIと〗Ich hätte ~ Herrn X gesprochen. i) X 氏にお目にかかりたかったのです(が それは出来ませんでした); ii) X 氏にお目にかかりたいのです | Ich möchte ~ wissen, ob ... …かどうか知りたいものです | Wie ~ ich jetzt in Hawaii wäre! ここがハワイだったらなあ.

b) (bereitwillig) すすんで; 甘んじて: Das glaube ich 〔dir〕 ~. / Das will ich 〔dir〕 ~ glauben. そうだろうとも | Er läßt es sich³ ~ gefallen. 彼は甘んじてそれを忍ぶ ‖ 〖否定詞と〗Das habe ich **nicht ~** getan. / Es ist nicht ~ geschehen. (それは)わざとやったんじゃありません.
c) 《話し手の気持の投影として》(私は)かまわないから: Das kannst du ~ tun. 君はそうしてもいっこうにかまわない | Das kann ~ sofort geschehen. それは今すぐにでもかまわないよ ‖ ***jd.* kann mich ~ haben!** 《話》…なんかもう勝手にするがいい, …とはもうかかわりをもちたくない | Der kann 〈soll〉 mich ~ haben! やつなんか知るもんか.
2 a) とかく(…しがちである), よく(…する): Diese Pflanze wächst ~ am Wasser 〈auf trockenem Boden〉. この植物は水辺〈乾いた土〉を好む ‖ Er kommt ~ um diese Zeit. 彼はよくこの時間にやって来る | Er verlor ~ die Geduld. 彼はすぐにかっとなった.
b) 楽に, 優に, たっぷり: Du könntest ~ das Doppelte schaffen. 君なら2倍の業績は楽にあげられるはずだ | gut und ~ (→gut I 6 c). [*ahd.*; < *ahd.* gern (→Gier)]

Ger·ne⸗groß[gɛ́rnə..] 男 -/-e 《話》いばり屋(特に子供): den ~ spielen 偉そうに振舞う, いばりちらす. ⸗**klug** 男 -/-e 《話》知ったかぶりをする人(特に子供), おしゃま.

gern·ge·se·hen 形 《付加語的》歓迎される, 会いたく思われる: Er ist bei uns ein ~*er* Gast. うちでは彼の来訪は歓迎だ(→gern 1 a).

Ger·not[gé:rno:t] 男名 ゲールノート(《Nibelungenlied》の Gunther 王の次弟の名として有名). [< *ahd.* gēr „Ger" +nōt „Not"; ◇Notker]

Ge·ro[gé:ro·] 男名 (<Gerhard) ゲーロ.

Ge·rö·chel[gərǿçəl] 中 -s/ のどをゼイゼイ〈ゴロゴロ〉鳴らすこと; (臨終の際などの)喘鳴(ぜんめい). [<röcheln]

ge·ro·chen[gərɔ́xən] **I** riechen の過去分詞. **II** gerächt (rächen の過去分詞)の戯語形.

Ge·rold[gé:rɔlt] 男名 (<Gerald) ゲーロルト. [< *ahd.* gēr „Ger"+waltan „walten"]

Ge·röll[gərœ́l] 中 -〔e〕s/-e, **Ge·röl·le**[..rœ́lə] 中 -s/ -《ふつう集合的に》**1 a**) 川原石, 玉石(たまいし). **b**) 〖地〗(水・氷河で角のとれた)漂礫(ひょうれき). **c**) 〖登山〗がれ, ゲレル. **2** 《比》(Gerümpel) がらくた. [<rollen]

Ge·röll·hal·de 女 **1** 〖地〗崖錐(がいすい). **2** 〖登山〗がれ場, 岩場, 岩屑(がんせつ)斜面.

ge·ron·nen[gərɔ́nən] **I** rinnen の過去分詞. **II** gerinnen の過去分詞.

Ge·ront[gerɔ́nt] 男 -en/-en 〖史〗(Sparta の)長老会〈ゲルシア〉のメンバー(→Gerusia). [*gr.* gérōn „Greis"]

Ge·ron·to·kra·tie[gerɔntokratí:] 女 -/-n[..tí:ən] **1** (古代の)長老政治. **2** (広義で)老人支配.

Ge·ron·to·lo·ge[..ló:gə] 男 -n/-n (→..loge) 老人〔医〕学〈高齢学〉の専門家.

Ge·ron·to·lo·gie[..logí:] 女 -/ 老人医学〈科学〉, 高齢学.

Ge·ron·to·psych·ia·trie[..psyçiatrí:] 女 老人精神医学.

ge·rö·stet[gərǿ:stət, ..rœ́stət] **I** rösten の過去分詞.
II Ge·rö·ste·te 複 《形容詞変化》《南部・オーストリア》(Bratkartoffeln) 〖料理〗油でいためたジャガイモ.

Ger·ste[gɛ́rstə] 女 -/-n 《ふつう単数で》〖植〗オオムギ(大麦)属(→ 図). [„Stachelige"; *ahd.*; ◇*lat.* hordeum „Gerste"; *engl.* gorse]

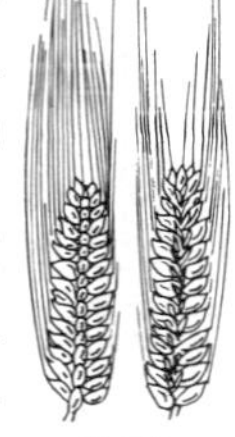
Gerste

Ger·stel[gɛ́rstəl] 中 -s/-〔n〕 **1** 《オーストリア》(Graupe) ひき割り麦: geriebenes ~ 〖料理〗(スープに入れる大麦粉の)ヌードル, ねり粉玉. **2** 《単数で》《南部・オーストリア》《戯》(Geld) 金(かね): Er hat kein ~ mehr. 彼は文無しだ.

Ger·stel·sup·pe 女 《オーストリア》大麦ヌードル入りコンソメスープ.

Ger·sten⸗bier[gɛ́rstən..] 中 大麦ビール. ⸗**brand** 男 -〔e〕s/ (大麦の)黒穂病. ⸗**brot** 中 大麦パン. ⸗**feld** 中 大麦畑. ⸗**grau·pen** 複 ひき割り大麦. ⸗**grüt·ze** 女 ひき割り麦〔がゆ〕. ⸗**hart·brand** =Gerstenbrand ⸗**kaf·fee** 男 -s/ 麦芽コーヒー. ⸗**korn** 中 -〔e〕s/..körner **1** 大麦の粒. **2** 〖医〗麦粒(ばくりゅう)腫(しゅ), ものもらい. **3** 〖織〗(粗くてじょうぶな)タオル地. ⸗**malz** 中 大麦の麦芽. ⸗**saft** 男 -〔e〕s/ **1** 《戯》(Bier) ビール. **2** =Gerstenschleim ⸗**schleim** 男 大麦の重湯. ⸗**schrot** 男 中 粗びき大麦. ⸗**sup·pe** 女 大麦スープ. ⸗**zucker** 男 (Malzzucker) 麦芽糖.

Gerstl[gɛ́rstəl] 中 -s/-〔n〕《オーストリア》=Gerstel

Gert[gɛrt] 女名 ゲルト.

Ger·ta[gɛ́rta] 女名 ゲルタ.

Ger·te[gɛ́rtə] 女 -/-n (しなやかな)若枝; (乗馬用の)むち: schlank wie eine ~ ほっそりとしなやかな. [*ahd.*; < *ahd.* gart „Stachel" (◇Yard); ◇Adrio]

ger·ten·schlank 形 ほっそりとしなやかな, きわめてスリムな.

Ger·trau·de[gɛrtráudə] 女名 ゲルトラウデ.

Ger·trud[gɛ́rtru:t] 女名 ゲルトルート. [< *ahd.* gēr „Ger"+trud „Stärke"]

Ge·ruch[gərʊ́x] 男 -〔e〕s/..rüche[..rʏ́çə] **1** におい, かおり: ein übler 〈schlechter〉 ~ 悪臭 | ein ~ von Heu 〈nach Essig〉 干し草の〈酢の〔ような〕〉におい | Körper*geruch* 体臭 | Schweiß*geruch* 汗のにおい ‖ einen ~ beseitigen においを消す〈抜く〉| Der ~ entsteht 〈breitet sich aus〉. においが出る〈広がる〉| Die *Gerüche* dringen 〈quellen〉 aus der Küche. 臭気が台所からただよい出る | Das hat den ~ der Gelehrtenstube an sich. 《比》それは学識をひけらかす感じがする.
2 《単数で》嗅覚(きゅうかく): einen feinen ~ haben 鼻がきく.
3 (Ruf) 評判: **im ~ stehen** 《様態を示す語句と》(…という)評判である | in keinem guten ~ stehen / in schlechtem 〈üblem〉 ~ stehen 評判がよくない | Er steht im ~, radikalen Kreisen anzugehören. 彼は過激派のグループに属しているとうわさされている | in ~ des Geizes kommen けちだという評判を立てられる.
[*mhd.*; < *mhd.* ruch „Duft" (◇riechen)]

ge·ruch·frei[gərʊ́x..] =geruchsfrei

ge·rüch·lich[gərʏ́çlıç] 形 におい〈かおり〉に関する.

ge·ruch·los[gerʊ́x..]¹ 形 においのない, 無臭の: *et.*⁴ ~ machen …を無臭化する.

Ge·ruch·lo·sig·keit[..lo:zıçkaıt] 女 -/ 無臭.

Ge·ruchs·emp·fin·dung[gərʊ́xs..] 女 においの感覚, 嗅覚(きゅうかく).

ge·ruchs·frei 形 においのない, 無臭の.

Ge·ruchs⸗nerv 男 〖解〗嗅(きゅう)神経. ⸗**or·gan** 中 〖解〗嗅覚器. ⸗**sinn** 男 -〔e〕s/ 嗅覚. ⸗**stö·rung** 女 嗅覚障害. ⸗**ver·mö·gen** 中 -s/ 嗅覚能力. ⸗**ver·schluß** 男 = Geruchverschluß ⸗**werk·zeug** 中 =Geruchsorgan

Ge·rücht[gərʏ́çt] 中 -〔e〕s/-e **1 a**) (Gerede) うわさ, 風評: ein bloßes ~ 単なるうわさ, 流言, デマ | ein übles 〈schlimmes〉 ~ 悪いうわさ ‖ ein ~ ausstreuen うわさをまき散らす | ein ~ verbreiten 〈in Umlauf bringen〉 うわさを広める ‖ Das halte ich für ein ~. それは単なるうわさだと思う, そんなことは信じない ‖ Das ~ entsteht 〈erhebt sich〉. うわさが立つ | Das ~ läuft 〈geht〉 um, daß ... …とのうわさが流れている. **b**) 《方》(Ruf) 評判; 名声. ᵛ**2** (Geschrei) 叫び, 騒ぎ. [*mndd.*; ◇rufen]

Ge·rüch·te⸗bör·se 女 《話》, ⸗**kü·che** 女 《話》うわさの製造元.

Ge·rüch·te·ma·cher 男 -s/- うわさを触れ歩く人.

ge·ruch·til·gend[gərʊ́x..] 形 においを無くする, におい消しの.

ge·rücht·wei·se[gərʏ́çt..] 副 うわさとして: *et.*⁴ ~ hören …をうわさに聞く | wie ~ verlautet うわさによると.

Ge·ruch·ver·schluß[gərʊ́x..] 男 〖工〗防臭装置, 防臭弁, 防臭トラップ(→ 図 Wasser).

Ge·ru·fe[gərú:fə] 中 -s/ しきりに呼ぶこと〈声〉. [<rufen]

ge·ru·fen[gərú:fən] rufen の過去分詞.

ge·ru·hen[gərú:ən] 自 (h) 《雅》《zu 不定詞〔句〕と》(おそ

れ多くも)…してくださる: Seine Majestät haben *geruht* zu genehmigen, daß … 陛下は…ということを認めたもうた | Willst du nicht endlich ~, mir zu antworten?《皮肉》いいかげんに私に答えてはくれませんかね. [*ahd.*; < *ahd.* ruohha „Sorge" (◇rechnen); ◇ *engl.* reck]

▽**ge·ru̥·hig**[gərúːɪç][2] 形 (ruhig) 静かな, 落ち着いた: *et.*[4] ~ abwarten …をじっと待ち受ける. [*mhd.*; ◇Ruhe]

ge·ru̥h·sam[gərúːzaːm] 形 (behaglich) ゆったりした, 平静な; 悠々たる: ein ~*er* Lebensabend 平穏な晩年 | ~ *seine* Mahlzeit einnehmen ゆったりと食事を楽しむ.

Ge·ru̥h·sam·keit[‒kaɪt] 女 -/ geruhsam なこと.

ge·ru̥ht[gərúːt] **I** ruhen の過去分詞. **II** geruhen の過去分詞; 現在 3 人称単数・2 人称複数; 命令法複数.

Ge·ru̥m·pel[gərʊ́mpəl] 中 -s/ (荷車などが)ガタガタいうこと〈音〉, (雷などが)ゴロゴロ鳴ること〈音〉, 鈍い音. [< rumpeln]

Ge·rü̥m·pel[..rʏ́mpəl] 中 -s/《集合的に》(使い古した)古道具, がらくた.

Ge·ru̥n·dium[gerʊ́ndiʊm] 中 -s/..dien[..diən]〘言〙(ラテン語・英語などの)ゲルンディウム, ジェランド, 動名詞. [*spätlat.*; < *lat.* gerere „tragen, ausführen" (◇gerieren)]

Ge·run·di̥v[gerʊndíːf][1] 中 -s/-e = Gerundivum

ge·run·di̥·visch[..díːvɪʃ] 形 Gerundivum としての.

Ge·run·di̥·vum[..vʊm] 中 -s/..va[..va·]〘言〙**1** (ラテン語で)(受動の必要・適当などの意を表す)動詞的形容詞. **2** (ドイツ語で)未来受動分詞(例 der *zu zahlende* Betrag 支払われるべき金額). [*spätlat.*]

ge·ru̥n·gen[gərʊ́ŋən] **I** ringen[2]の過去分詞. **II** ringen[3]の過去分詞.

Ge·ru·si̥a[geruzíːa·] 女 -/〘史〙(Sparta の)長老会, ゲルシア. [*gr.*; < *gr.* gérōn „alt"; ◇Geront]

Ge·rü̥st[gərʏ́st] 中 -es(-s)/-e **1**〘建〙足場; けた組み, トラス, 構脚; (仮設の)さじき: fliegendes ~ つり足場 | Bau*gerüst* 建築足場 ‖ ein ~ aufschlagen 〈abreißen〉 足場を組む〈取り払う〉. **2 a)** (一般に支えとなる)骨組み: Knochen*gerüst* 骨格. **b)**《比》(計画などの)骨組み. **c)**〘工・美〙芯(しん)組み, 骨格. **3**〘生〙基質. [*ahd.*; ◇rüsten]

Ge·rü̥·ster[..tər] 男 -s/-《オーストリア》足場組み職人.

Ge·rü̥t·tel[gərʏ́təl] 中 -s/ ガタガタ揺れること〈音〉. [< rütteln]

ge·rü̥t·telt[gərʏ́təlt] **I** rütteln の過去分詞. **II** 形《次の成句で》ein ~〔*es*〕 Maß an 〈von〉 *et.*[3] (→Maß 3 a) | Er besitzt ein ~ Maß an 〈von〉 Dreistigkeit. 彼はまことに厚かましい男だ ‖ **~ voll sein**《話》ぎっしり詰まっている, ぎゅうぎゅう詰めである.

Ger·vais[ʒɛrvɛ́ː, ʒɛ́rvɛ·] 男 -[‒(s)]/-[‒s] 商標 ジェルベー(ソフトチーズ). [< Ch. Gervais (フランスのチーズ業者, †1892)]

Ge̥r·wi̥n[gɛ́rviːn] 男名 ゲルヴィーン. [< *ahd.* gēr „Ger"+wini „Freund"]

ges[gɛs] 中 -/-〘楽〙変ト音.

Ges[‒] **I** 中 -/-〘楽〙変ト音. **II** 記号 (Ges-Dur)〘楽〙変ト長調.

ges. 略 **1** = **ges**ehen 閲覧済: ~ Schmidt (回覧する書類などで)シュミット閲覧済. **2** = **ges**ammelt 集録された: ~ Schr. 著作集.

Ge·sḁb·ber[gəzábər] (北部: **Ge·sḁb·bel**[..bəl]) 中 -s/ **1** よだれを垂らすこと. **2** くだらぬおしゃべり.

ge·sḁ̈gt[gəzɛ́ːkt] **I** sägen の過去分詞. **II** 形〘植〙(葉が)鋸歯(きょし)のある(→ 図 Blatt).

ge·sḁlbt[gəzálpt] **I** salben の過去分詞. **II** 形 **1**〘宗〙(聖香油を塗って)聖別された: der *Gesalbte* 〔des Herrn〕 救世主, キリスト; (神権による)帝王. **2**《話》もったいぶった.

ge·sḁl·zen[gəzáltsən] **I** salzen の過去分詞. **II** 形 **1** 塩の入った, 塩辛い: **weder ~ noch geschmalzen**《比》味もそっけもない | das *Gesalzene* 塩づけの肉. **2**《話》痛烈〈しんらつ〉な, 無遠慮な; (値段などが)法外な: eine ~*e* Strafe 〈Ohrfeige〉 bekommen ひどい罰〈びんた〉をくらう.

ge·sḁm·melt[gəzáməlt] **I** sammeln の過去分詞. **II** 形 **1** 集められた, 集成〈集録〉された(→sammeln I 1 a ①). **2** (考え・注意などが)集中した, 熱中した; (心の)落ち着いた, 冷静な, 平静な: ein ~*er* Blick 熱中した〈熱心な〉目つき | einen sehr ~*en* Eindruck machen 非常に落ち着いた〈一心不乱の〉様子である ‖〘述語的に〙Er war 〈wirkte〉 ~. 彼は落ち着いていた〈見えた〉, 彼は深く考えていた〈いる様子であった〉 ‖〘副詞的に〙Trotz einiger Unruhe im Saal sprach er durchaus ~. ホールは少しざわついていたにもかかわらず 彼はいささかの乱れもなく話を続けた.

ge·sḁmt[gəzámt] **I** 形《付加語的; ふつう単数の〔集合〕名詞と》全…, …の全部, …一同: die ~*e* Familie 家族一同 | die ~*e* Stadtbevölkerung 町の全住民 | *js.* ~*es* Vermögen …の全財産 ‖ Eigentum zur ~*en* Hand〘法〙共有財産 ‖ im ~*en* 全部で, ひっくるめて | Im ~*en* bin ich zufrieden. 全体として私は満足している.

☆ gesamt と sämtlich の違い: →sämtlich 1 ☆

II Ge·sḁmt 中 -s/ = Gesamtheit

[*ahd.* gisamanōt „gesammelt"; ◇sammeln]

Ge·sḁmt≠an·sicht 女 全体的な眺め, 全景. **≠ar·beits·ver·trag** 男《スイス》〘経〙包括的賃金契約. **≠aus·ga·be** 女 **1** 全集〔版〕. **2**〘経〙総支出. **≠aus·stat·tung** 女〘劇〙〔舞台〕装置. **≠be·trag** 男 総計額. **≠bild** 中 全体像; 全体的展望, 概観; 全体の印象: ~ einer Krankheit 病気の全症状.

ge·sḁmt·deutsch 形 **1** 全ドイツ〔人〕の. **2** (第二次大戦後の)東西両ドイツの: *Gesamtdeutscher* Block 全ドイツブロック(第二次大戦後難民に基礎を置いた右翼小政党. 1961年 *Gesamtdeutsche* Partei と改称: 略 GDP) | *Gesamtdeutsche* Volkspartei 全ドイツ人民党(中立による東西ドイツの統一を志した政党. 1957年解消) | Ministerium für ~*e* Fragen 全ドイツ問題省(旧西ドイツ政府内で東西ドイツに関する事項を扱う).

Ge·sḁmt≠deutsch·land 中 **1** 全ドイツ. **2** (第二次大戦後の)東西両ドイツ. **≠ef·fekt** 男 全体的効果. **≠ein·druck** 男 全体的印象. **≠ein·kom·men** 中 総収入〈所得〉. **≠er·be** 男 総〈全遺産〉相続人. **≠er·ge̥b·nis** 中 全体的〈最終〉成果. **≠er·trag** 男 総収益〈収穫〉. **≠eu·ro̥·pa** 中 全ヨーロッパ. **≠ge·sell·schaft** 女 社会全体. **≠ge·wicht** 中 総〈全備〉重量. **≠gläu·bi·ger** 複〘法〙総連帯債権者. **≠gut** 中〘法〙合有財産.

ge·sḁmt·haft[gəzámthaft] 副《スイス》(insgesamt) 総括的に, ひっくるめて.

Ge·sḁmt·haf·tung 女 -/〘法〙共同〈連帯〉責任.

Ge·sḁmt·heit[gəzámthaɪt] 女 -/-en《ふつう単数で》全体; 総量, 総数; 全員: die ~ der Einwohner 住民全部, 総人口 | *sich*[4] dem Willen der ~ fügen 全員の意志〈総意〉に従う | ein Problem in *seiner* ~ darstellen ある問題を全般的に記述する | in der ~ genommen 総括すると, 全体として.

Ge·sḁmt≠hoch·schu̥·le 女 (略 GH) (同一地域の諸高等教育機関からなる)統合大学. **≠hy·po·the̥k** 女〘法〙共同〈総括〉抵当. **≠in·halt** 男 全内容; 総収容力〈容量〉. **≠in·ter·es·se** 中 全員の利害. **≠ka·ta·lo̥g** 男 総目録. **≠kon·text** 男 全体の文脈〈コンテクスト〉: in dem ~, in dem wir uns befinden《比》我々の置かれている全体的な状況のなかで. **≠kunst·werk** 中 (R. Wagner の志した楽劇による文学・音楽・美術の)総合芸術. **≠schuld·ner** 複〘商〙連帯債務者. **≠schu̥·le** 女 (各種の進学コースを同一キャンパスに集めた)総合〔制〕学校. **≠stra·fe** 女〘法〙(複数の犯行に対する)合一〈総括〉刑. **≠sum·me** 女 総計, 総額. **≠um·satz** 男 総売り上げ〈取引〉. **≠un·ter·richt** 男 総合科目授業. **≠ur·teil** 中 全体としての〈総合的な〉判断;〘法〙(複数の犯行に対する)総括判決. **≠ver·band** 男 団体連合, 連合会. **≠ver·ein·bḁ·rung** 女《スイス》〘経〙(労使の)団体協約. **≠ver·tei·di·gung** 女 (軍事防衛と民間防衛を合わせた)総合防衛. **≠werk** 中 全作品〈著作〉, 全集. **≠we̥rt** 男 総価格〈評価額〉. **≠we̥r·tung** 女《スポーツ》総合評価〈得点〉. **≠zḁhl** 女, **≠zif·fer** 女 -/ 総数.

G

ge·sandt[gəzánt] **I** senden の過去分詞. **II Ge·sand·te** 男《形容詞変化》(⊛**Ge·sand·tin**[..tın]-/-nen)〔外交〕使節,(特に:) 公使: der deutsche ～ in Paris パリ〈フランス〉駐在ドイツ公使 | ein päpstlicher ～*r* ローマ教皇大使〈使節〉(＝Nuntius).

Ge·sandt·schaft[..ʃaft] 女 -/-en **1** 公使館. ▽**2** (Abordnung) (代表などの) 派遣.

ge·sandt·schaft·lich[..lıç] 形 公使〔館〕の.

Ge·sandt·schafts≈at·ta·ché[..|ataʃe:] 男 公使館付き専門補佐官(商務官など). **≈rat** 男 -〔e〕s/..räte 公使館参事官. **≈se·kre·tär** 男 公使館付き書記官.

Ge·sang[gəzáŋ] 男 -〔e〕s/..sänge[..zɛ́ŋə] **1**《単数で》歌うこと, 歌唱; 歌声, 響き: der ～ der Vögel 鳥のさえずり ‖ Unterricht in ～ nehmen 唱歌〈声楽〉の授業を受ける | mit 〈unter〉 ～ marschieren 歌いながら行進する. **2 a)** 歌曲: geistliche 〈weltliche〉 *Gesänge* 宗教〈世俗〉歌 | **Gregorianischer ～**〔楽〕グレゴリオ聖歌. **b)** (叙事詩の) 章節: ein Heldengedicht in zwölf *Gesängen* 12章からなる英雄詩. ▽**3**《単数で》歌唱の才; 詩才. [◇singen]

Ge·sang·buch 中 賛美歌集; ▽歌曲集: **das falsche ～ haben**《戯》(宗派や政治的傾向によって) 職業上〈職場で〉不利な立場にある | Das ～ stimmt.《比》宗派が同じである.

Ge·sang·buch·vers 男 歌曲集〈賛美歌〉の詩句.

Ge·sang·leh·rer 男 声楽〈唱歌〉教師.

ge·sang·lich[gəzáŋlıç] 形 歌うような; 歌〈声楽〉の.

Ge·sangs·buch《(オーストリア)》＝Gesangbuch

Ge·sang·schu·le 女 声楽〈歌唱〉学校.

ge·sangs·kun·dig 形 歌の上手な, 声楽を専門とする.

Ge·sangs≈kunst 女 -/ 声楽, 歌唱法. **≈leh·rer** ＝Gesanglehrer

Ge·sang≈stück 中 声楽曲, 歌曲. **≈stun·de** 女 唱歌〈声楽〉の授業時間, 歌のレッスン.

Ge·sangs·ver·ein《(オーストリア)》＝Gesangverein

Ge·sang≈un·ter·richt 男 唱歌〈声楽〉の授業. **≈ver·ein** 男 (略 GV) 合唱団, 合唱クラブ: Mein lieber Herr ～!《話》こいつはたまげた〈あきれた・がっかりだ〉.

Ge·säß[gəzɛ́:s] 中 -es/-e **1 a)** (Hintern) 尻(しり), 臀部(でんぶ) (→ ⊠ Mensch B): ein üppiges ～ 豊満な〈肉づきのいい〉尻. **b)** (ズボンなどの) 尻の部分: Hosen mit neuem ～ versehen ズボンに新しい尻当てを付ける. ▽**2** (Sitz) 座る場所, 座席. [*ahd.*; ◇sitzen]

Ge·säß≈backe 女 -/-n《ふつう複数で》尻(しり)たぶ(尻のふくらみの部分). **≈bein** 中 ＝Gesäßknochen **≈fal·te** 女, **≈fur·che** 女 (左右の尻のふくらみと大腿部の間にできる) 尻の横すじ(→ ⊠ Mensch B);〔解〕臀溝(でんこう). **≈kno·chen** 男 (Sitzbein)〔解〕座骨. **≈mus·kel** 男〔解〕〔大〕臀筋(でんきん). **≈rei·fen** 男 (よろいの) 尻当て, 後ろ草ずり (→ ⊠ Harnisch). **≈spal·te** 女〔解〕臀裂(でんれつ) (左右の尻の間の割れ目). **≈ta·sche** 女 (ズボンの) 尻ポケット.

ge·sät·tigt[gəzɛ́tıçt] sättigen の過去分詞.

Ge·sätz[gəzɛ́ts] 中 -es/-e〔詩〕(Meistergesang などの) 詩節. [◇Gesetz]

Ge·sätz·lein[-laın] 中 -s/-《南部》詩節.

Ge·sau·fe[gəzáufə] 中 -s/《話》(酒などの) がぶ飲み, 暴飲. [＜saufen]

Ge·säu·ge[gəzɔ́ʏgə] 中 -s/〔狩〕(雌の野獣・雌犬などの) 乳腺(にゅうせん). [＜saugen]

Ge·sau·se[gəzáuzə] 中 -s/ (風波などの) ざわめき; (車・機械などが) うねりを立てること〈音〉. [＜sausen]

Ge·säu·sel[gəzɔ́ʏzəl] 中 -s/ **1** (風などの) そよぐこと〈音〉. **2**《話》おしゃべり, 駄弁. [＜säuseln]

gesch. 略 ＝**geschieden**

ge·schacht[gəʃáxt] 形〔紋〕チェック模様の (→ ⊠ Wappen d). [＜Schach; ◇*engl.* checkered]

ge·schä·digt[gəʃɛ́:dıçt] **I** schädigen の過去分詞. **II Ge·schä·dig·te**[..tə] 男 女《形容詞変化》**1** 被害〈被災〉者. **2 a)** (身体・精神などの) 障害者. **b)**《(スイス)》(Verletzte) 負傷者.

ge·schaf·fen[gəʃáfən] **I** schaffen¹の過去分詞. **II** 形 **1** (新しく) 造り出された, 創造〈創作〉された: das bisher *Geschaffene* これまでに作られたもの. **2 für *et.*⁴ 〈zu *et.*³〉 wie ～ sein** …のために作られた〈生まれた〉ようなものである, …に打ってつけである | Er ist für diesen Beruf wie ～. 彼はこの職業には打ってつけの男だ | Dieser Beruf ist für ihn wie ～. この職業は彼にはおあつらえむきだ | Er ist zum Lehrer wie ～. 彼は教師になるために生まれてきたような男だ | Die beiden sind füreinander wie ～. あの二人は実にお似合いのコンビだ | **für *et.*⁴ 〈zu *et.*³〉 nicht ～ sein** …には向いていない | Sie waren beide für die Ehe nicht ～. 彼らは二人とも生来結婚生活には不向きだった.

ge·schafft[gəʃáft] **I** schaffen²の過去分詞. **II** 形《話》へとへとに疲れた.

Ge·schäft[gəʃɛ́ft] 中 -〔e〕s/-e (⊛ **Ge·schäft·chen** → 別出) **1 a)** 用事, 仕事: dringende 〈wichtige〉 ～*e* erledigen 急ぎの〈重要な〉仕事を片づける | mit ～*en* überhäuft 〈überlastet〉 sein 仕事に追われている ‖ ***sein* großes 〈kleines〉 ～ erledigen 〈machen / verrichten〉**《話》大〈小〉便をする. **b)** 取引, 商売, ビジネス: ein solides ～ treiben 手がたい商売を営む | mit *jm.* ein ～ abschließen …と取引契約を結ぶ | ein gutes ～ mit 〈bei〉 *et.*³ machen …で利益を上げる ‖ mit *jm.* ins ～ kommen …と取引を始める | in ～*en* reisen 商用で旅行する, ビジネスのために出張する ‖ Das ～ blüht 〈stockt〉. 商売がうまくいく〈行きづまる〉 | *Geschäft* ist ～. 勘定は勘定だ, 商売〈金銭〉には人情は禁物だ. **2** 商店, 営業所, 事務所; 商会, 会社: ein altes ～ 老舗, しにせ | ein teures ～ 高級品店 | Blumen*geschäft* 花屋 | Fach*geschäft* 専門店 | Lebensmittel*geschäft* 食料品店 ‖ ein ～ eröffnen 〈schließen〉 開店〈閉店〉する ‖ aus dem ～ kommen《話》勤め先から帰ってくる | ins ～ gehen《話》(会社・事務所・商店など自分の仕事場に) 出勤する | bei uns im ～ 私どもの店〈会社〉では.
▽**3** (Werk) 作品: das ～ seiner Hand 彼の手になる品. [*mhd.*; ◇schaffen¹]

Ge·schäft·chen[-çən] 中 -s/- Geschäft の縮小形: ***sein* ～ machen 〈erledigen / verrichten〉**《話》用を足す, 小便をする.

Ge·schäf·te·ma·cher[gəʃɛ́ftəmaxər] 男 -s/-《軽蔑的に》(あくどい方法で) 利益を上げる人, あくどい稼ぎ手, 不当利得者.

Ge·schäf·te·ma·che·rei[gəʃɛftəmaxəráı] 女 -/-en《軽蔑的に》(あくどい方法で) 利益を上げること, あくどい稼ぎ, 暴利行為.

ge·schäf·tig[gəʃɛ́ftıç]² 形 (仕事などに) せっせと励む, 熱心な, かいがいしい: ～ hin und her laufen 忙しげに走り回る.

Ge·schäf·tig·keit[-kaıt] 女 -/ geschäftig なこと: die ～ in den Straßen vor Festen 祭りの前の街路の活気.

Ge·schaftl·hu·ber[gəʃáftəl..] ＝Gschaftlhuber

ge·schäft·lich[gəʃɛ́ftlıç] 形 **1** 業務〈取引〉上の: ～*er* Erfolg 〈Verlust〉 商売上の成果〈損失〉 | eine ～*e* Verhinderung 仕事の都合による支障 ‖ *jn.* ～ sprechen …と用談する | mit *jm.* ～ zu tun haben …と仕事の上でつきあいがある | ～ nach Paris fliegen 仕事のためにパリへ飛ぶ. **2** 事務的な, そっけない.

Ge·schäfts≈ab·schluß 男 取引契約〔の締結〕. **≈an·teil** 男 営業持ち分, 社員権. **≈auf·ga·be** 女, **≈auf·lö·sung** 女 廃業, 閉店: das Lager wegen ～ ausverkaufen 店じまいのため在庫品一掃の大売り出しをする. **≈auf·sicht** 女 (裁判所による) 営業管理. **≈aus·la·ge** 女 (ショーウインドーなどの) 陳列商品. **≈au·to** 中 (商社・商店の) 営業〈配送〉用自動車. **≈be·din·gung** 女 取引〔契約〕条件. **≈be·reich** 男 管轄範囲: Minister ohne ～ 無任所大臣. **≈be·richt** 男〔商〕業務〈営業〉報告. **≈be·trieb** 男 営業, 経営. **≈brief** 男 (↔Privatbrief) 営業用〈社用〉の手紙. **≈er·öff·nung** 女 業務開始, 開業, 開店. **≈es·sen** 中 (ビジネス上の) 会食.

ge·schäfts·fä·hig 形〔法〕行為能力のある.

Ge·schäfts≈fä·hig·keit 女 -/ 〔法〕行為能力. **≈frau** 女 女性実業家; 店の女主人. **≈freund** 男 取引先(人), 商売〈取引〉相手.

ge·schäfts·füh·rend 形 業務を管理〈執行〉する: ein ～*er* Direktor (団体の)事務局長, マネージャー | eine ～*e* Regierung 暫定〈臨時〉政府.

Ge·schäfts≈füh·rer 男 **1** (各種団体の)業務執行者, 支配人, マネージャー. **2** (会社の)経営首脳者〈幹部〉. **≈füh·rung** 女 **1** 業務執行, 経営管理. **2** 執行部; (会社の)首脳部, 取締役会. **≈gang** 男 **1** 《単数で》営業〈経営〉の進行状況: Der ～ ist gut 〈schlecht〉. 商売はうまくいっている〈下り坂である〉. **2** 《単数で》事務手続き. **3** 仕事上の往来, 社用〈公用〉旅行; お使い. **≈ge·ba·ren** 中 〘商〙 営業方針〈態度〉. **≈ge·gend** 女 商業区域, 店舗地域. **≈ge·heim·nis** 中 業務〈営業〉上の秘密. **≈geist** 男 -〔e〕s/ 商人気質; 商才. **≈haus** 中 **1** (↔Wohnhaus) (店舗・事務所用の)ビルディング, オフィスビル. **2** (Firma) 会社, 商会. **≈in·ha·ber** 男 営業〈経営〉主, 店主. **≈jahr** 中 業務〈営業〉年度. **≈ka·pi·tal** 中 営業〈経営〉資本. **≈kar·te** 女 業務用名刺. **≈ko·sten** 複 (私費に対する)業務費用〈経費〉: auf ～ reisen 社費〈公費〉で旅行する. **≈krei·se** 複 〔実〕業界: wie aus ～*n* verlautet 業界のうわさによると.

ge·schäfts·kun·dig 形 業務に通じた, 実務経験のある.

Ge·schäfts≈la·ge 女 **1** ＝Geschäftsgang 1 **2** 商店の位置: eine Bank in guter ～ 立地条件のよい銀行. **≈le·ben** 中 -s/ 実業〈経営〉生活: ins ～ eintreten 実業界に入る. **≈lei·tung** 女 ＝Geschäftsführung

Ge·schäfts·mann 男 -〔e〕s/ ..leute (..männer) 実業家, ビジネスマン. [*fr.* homme d'affaires の翻訳借用]

ge·schäfts·mä·ßig 形 実務的な, 営業上の; 事務的な, 感情のこもらない.

Ge·schäfts≈ord·nung 女 職務〈執務〉規定; 〘法〙 議院規則. **≈pa·pie·re** 複 業務上の文書; 〘郵〙 (印刷物に準ずる)業務用書類. **≈part·ner** 男 **1** 共同経営者. **2** ビジネスの相手方, 商売相手. **≈raum** 男 (ビルなどの)店舗; 事務室. **≈rei·se** 女 商用〈公用〉旅行, 出張: eine ～ machen 出張する. **≈schluß** 男 閉店, 終業; 閉店〈終業〉時刻. **≈sinn** 男 -〔e〕s/ ＝Geschäftsgeist **≈sit·te** 女 商慣習. **≈sitz** 男 店舗所在地. **≈spra·che** 女 **1** 商業〈商用〉語. **2** ＝Amtssprache 1 **≈stel·le** 女 **1** 事務所〈室〉; 営業所. **2** 〘法〙 (裁判所の)書記課. **≈stil·le** 女 〘商〙 不景気, 沈滞. **≈stra·ße** 女 商店街. **≈stun·den** 複 営業〈執務〉時間. **≈ta·ge·buch** 中 〘商〙 (毎日の)出納帳. **≈trä·ger** 男 代理公使. [*fr.* chargé d'affaires の翻訳借用]

ge·schäfts·tüch·tig 形 経営〈実務〉手腕のある, 商才にたけた, 商売上手の; 《比》 抜けめない.

Ge·schäfts·über·nah·me 女 業務の引き継ぎ.

ge·schäfts·un·fä·hig 形 〘法〙 行為能力のない.

Ge·schäfts≈ver·bin·dung 女 取引関係: mit *jm.* in ～ treten …と取引を始める. **≈ver·kehr** 男 **1** 取引; 通商, 貿易. **2** 商業取引のための交通. **≈vier·tel**[..fɪrtəl] 中 商業地区, 商店〈オフィス〉街, 繁華街. **≈wa·gen** 男 ＝Geschäftsauto **≈welt** 女 -/ **1** 実業界. **2** 《集合的に》 実業家たち. **≈wert** 男 **1** (Firmenwert) (商店・会社などの)信用, よい評判, のれん. **2** 〘法〙 業務価値. **≈zim·mer** 中 事務室. **≈zweig** 男 支店, 出張所.

ge·schah[gəʃáː] geschehen の過去.

ge·schä·he[..ʃɛ́ːə] geschehen の接続法 II.

Ge·schä·ker[gəʃɛ́ːkər] 中 -s/ 《話》 いちゃつき, ふざけ合い. [＜schäkern]

ge·scha·mig[gəʃáːmɪç][2] 形, **ge·schä·mig**[..ʃɛ́ːmɪç][2] 形 《南部・オーストリア》 (schamhaft) 恥ずかしがり屋の; 内気な.

Ge·scharr[gəʃár] 中 -〔e〕s/ , **Ge·schar·re**[..rə] 中 -s/ 〔しきりに〕かきむしる〈こする〉こと, ガサガサ〈ゴシゴシ〉いう音. [＜scharren]

Ge·schau·kel[gəʃáʊkəl] 中 -s/ (ぶらんこ・揺りかごなどを)〔しきりに〕揺り動かすこと. [＜schaukeln]

ge·scheckt[gəʃɛ́kt] 形 まだらの, 斑点(はんてん)のある, ぶちの. [*mhd.*; ◇Schecke[1]]

ge·sche·hen*[gəʃéːən] 《127》 **ge·schah**[gəʃáː], **ge·sche·hen**; 現 es geschieht[gəʃíːt]; 接II geschähe [gəʃɛ́ːə]

I 自 (s) **1** (sich ereignen) (事が)起こる, 生起する, 生じる, 行われる: Eines Tages *geschah* es, daß ... ある日…ということが起こった | Das *geschieht* überall 〈täglich〉. それはどこにも〈毎日のように〉あることだ | Es ist ein Unglück *geschehen*. 不幸なことが訪れた〈事故が起こった〉| Es *geschehen* noch Zeichen und Wunder! 《話》 (びっくりして)不思議なこともあるものだ | Dein Wille *geschehe*. み心が行われますように(聖書: マタ6, 10) | In dieser Gelegenheit ist bisher nichts *geschehen*. この件についてはまだ何も手がつけられてない | *geschehe*, was da wolle 何が起ころうとも, この先どうなろうと ‖ 〘過去分詞で〙〔Es ist〕 gern *geschehen*! (礼を言われて)どういたしまして | [▽]So *geschehen* am 3. Juni 1750. (物語の結びに)これは1750年６月３日のことであった | *geschehen* zu Paris 〘政〙 (条約などの末尾に)パリにて作成 | *Geschehen* ist *geschehen*. 《諺》 済んだことは済んだこと | das *Geschehene geschehen* sein lassen 済んだことを問わない, 過去を不問に付す | **Das *Geschehene* kann man nicht ungeschehen machen.** 《諺》 覆水盆に返らず(過ぎたことは返らない) ‖ 〘前置詞と〙 Die Tat *geschah* **aus** Neid 〈Wut〉. その行為はねたみ〈怒り〉から発したものだ | Das *geschieht* nur **in** deinem Interesse. 君のためを思えばこそそうするんだよ | Was soll **mit** ihm ～? 彼をどうしたらよかろう | Es *geschah* nicht mit Absicht. それはわざとしたことではない | **es ist um *jn.* 〈*et.*[4]〉 *geschehen*** 《雅》 …はもう終りである | Es ist **um** dich 〈meine Gesundheit〉 *geschehen*. 君〈私の健康〉ももうおしまいだ | Als er das Mädchen blickte, war's um ihn *geschehen*. その少女を見たとたん彼はすっかりいかれてしまった ‖ 〘lassen と〙 Er ließ 〔es〕 ～, daß ich in Gefahr geriet. 彼は私が危険に陥るのをみすみす放っておいた | Du läßt alles mit dir ～. 君は何もかもされるがままになっている.

2 (widerfahren) 《*jm.*》 (事が…の)身に起こる, (…の)身にふりかかる: Das *geschieht* ihm ganz recht. 彼にはそれが当然の報いだ | Ihm ist 〔ein〕 Unrecht *geschehen*. 彼は不当な仕打ちにあった | Es *geschieht* dir nichts 〔Böses〕. 君はひどい目にはあわないよ〈たいしたことはないよ〉| Es *geschieht* mir damit ein großer Gefallen 〈Dienst〉. そうしてもらえれば私は大いに助かる | Ich wußte nicht, wie mir *geschah*. 私は自分がどうなっているのか分からなかった.

II Ge·sche·hen 中 -s/- 《ふつう単数で》《雅》 **1** 出来事, 事件: ein unerwartetes ～ 意外な出来事. **2** (一定期間内の)事件経過: das politische ～ der letzten 3 Monate 最近３か月間の政治的動向.

[„schnell fortgehen"; *westgerm.*; ◇schicken, Geschichte]

Ge·scheh·nis[gəʃéːnɪs] 中 -ses/-se 《雅》 (Ereignis) 出来事, 事件: die täglichen ～*se* 日々の出来事.

Ge·schei·de[gəʃáɪdə] 中 -s/- 〘狩〙 (獲物の)臓物. [„Auszuscheidendes"; ◇scheiden]

Ge·schein[gəʃáɪn] 中 -〔e〕s/-e **1** 〘植〙 ブドウの花序. **2** 《方》 輝き. [＜scheinen]

ge·scheit[gəʃáɪt] 形 **1** 頭のよい, 利口な; 《話》 分別のある, 思慮深い: ein ～*er* Kerl 〈Kopf〉 利口者 | ein ～*es* Buch 内容のすぐれた本 ‖ Du bist wohl nicht recht 〈ganz〉 ～? おまえ頭がおかしいんじゃないか | **aus *jm.* 〈*et.*[3]〉 nicht ～ werden** …が理解できない | Ich werde daraus nicht ～. それは私には合点がいかない | Es wäre ～*er*, nach Hause zu gehen. 家へ帰ったほうがいいんじゃないかね | Sei doch ～! ばかなまねはよせ ‖ *et.*[4] ～ machen 〈anstellen〉 …をうまくやる. **2** ちゃんとした, 気のきいた: In dem Geschäft gibt es nichts *Gescheites*. この店にはろくな品物がない.

[„geistig sondernd"; *mhd.*; ◇scheiden]

Ge·scheit·heit[–haɪt] 女 -/ gescheit なこと.

Ge·schenk[gəʃɛ́ŋk] 中 -〔e〕s/-e 贈り物, 進物: **ein ～ des Himmels** 天からの贈り物(予期しなかったうれしいこと・偶然の幸運) | ein ～ für Kinder 〈zum Geburtstag〉 子供たちへの〈誕生日の〉プレゼント | Weihnachts*geschenk* クリスマスプレゼント ‖ *jm.* *et.*[4] zum ～ machen …に…を贈る | Kleine ～*e* erhalten die Freundschaft. 《諺》 ささやかなプレゼントは友情の支え. [*mhd.* „Eingeschenktes";

◇schenken]

Ge·schẹnk≠ar·ti̱·kel 男 プレゼント〈贈答用〉商品, 贈り物. **≠packung** 女 プレゼント〈贈答品〉用包装〔をした品〕. **≠pa·pier** 中 (装飾的な) 進物用包装紙. **≠sen·dung** 女〘郵〙贈答用発送品.

ge·schẹnk·wei·se 副 (→..weise ★) 贈り物として: *jm. et.*^{4} ~ überlassen …に…を贈る.

Ge·schẹp·per[ɡəʃɛ́pər] 中 -s/《話》ガタガタ〈ガチャガチャ〉鳴ること〈音〉. [＜scheppern]

ge·schẹrt[ɡəʃé:rt] **I 1** geschoren (scheren^{1}の過去分詞) の別形. **2** 形 (農奴が髪をそられていたことから) 作法を知らぬ, 田舎者の, 愚かな. **3 Ge·schẹr·te** 男 女《形容詞変化》《南部・オーストリア》不作法者, 田舎者; ばか, うすのろ. **II** scheren^{2}の過去分詞. **III** scheren^{3}の過去分詞.

$^▽$**ge·scheu̱t**^{1}[ɡəʃɔ́ʏt] ＝gescheit

ge·scheu̱t^2[−] scheuen の過去分詞.

Ge·schịcht·chen Geschichte の縮小形.

Ge·schịch·te[ɡəʃɪ́çtə] 女 -/-n **1 a)**《単数で》(英: *history*) 歴史;〔歴〕史学: die deutsche ~ / die ~ Deutschlands ドイツ史 | die ~ der Musik / die Musik*geschichte* 音楽史 | Alte 〈Mittlere〉 ~ 古代〈中世〉史 | Neuere ~ 近世・近代史 | Welt*geschichte* 世界史 ‖ **~ machen** 歴史を作り出す, 画期的意味を持つ | ~ studieren (大学で) 歴史学を学ぶ | das Rad der ~ zurückdrehen (→Rad 2 a) | Das gehört der ~^{3} an. それはもう過ぎた〈過去の〉ことだ | **in die ~ eingehen** 史上に名をとどめる, 歴史に残る | in ~^{3} unterrichten 歴史の授業をする. **b)** 歴史書, 歴史に関する著作: eine dreibändige ~ der englischen Dichtung 3巻からなる英文学史.

2 (⑪ **Ge·schịcht·chen**[..çən], **Ge·schịcht·lein**[..laɪn] 中 -s/-) **a)** (英: *story*) 物語, 話;《話》作り話, でっちあげ: die ~ von Rotkäppchen 赤ずきん物語 (→Rotkäppchen 1) | ~*n* für Jungen und Mädchen 少年少女むきの物語 | Abenteuer*geschichte* 冒険物語 | **die 〈eine〉 unendliche ~**《比》際限のない〈はてしない〉もの (エンデの小説『はてしない物語』による) ‖ eine lustige ~ erfinden 〈vorlesen〉 楽しい物語を考え出す〈読んで聞かせる〉| Erzähl mir keine ~*n*! 作り話〈でたらめ〉はよせ. **b)**《話》事柄, 用件; 出来事, 一件, ごたごた: Das gibt ~*n*. 何か〔面倒なことが〕起こるぞ | Da haben wir die ~! ろくでもないことになったものだ | Die ~ ist für mich erledigt. その一件は私にとってはもう片がついている ‖ Das sind alte ~*n*. それはもう古いことだ〈珍しくもない〉| die alten ~*n* aufwärmen 昔のことを持ち出す | Die ganze ~ kannte ich schon. 私はすでにすべてを知っていた | Die ganze ~ kostet 3 Mark. 全部ひっくるめて3マルクです | eine große ~ aus *et.*^{3} machen …を大げさ〈表ざた〉にする | Das sind ja schöne 〈nette〉 ~*n*.《反語》結構なことですね, ざまあみろ | Er hat eine unangenehme ~ mit dem Magen. 彼は胃の具合がよくない ‖ Mach keine ~*n*! ばかなことはするな; ごたごた言うな; もったいぶるな. [*ahd.*; ◇geschehen]

Ge·schịch·ten≠bu̱ch 中 物語集. **≠er·zä̱h·ler** 男 物語の語り手, (特に中近東の路上や広場で演じる) 講釈師.

Ge·schịcht·lein Geschichte の縮小形.

ge·schịcht·lich[ɡəʃɪ́çtlɪç] 形 歴史的な, 歴史に関する; 歴史〈史実〉上の; 歴史的意味〈価値〉のある.

Ge·schịcht·lich·keit[−kaɪt] 女 -/ 歴史性; 歴史的重要性.

Ge·schịchts≠at·las 男 歴史地図〈図鑑〉. **≠auf·fas·sung** 女 歴史観: die materialistische ~ 唯物史観. **≠be·wußt·sein** 中 歴史意識. **≠bild** 中 歴史像. **≠bu̱ch** 中 **1** 歴史書 (特に教科書). $^▽$**2** 物語集. **≠denk·ma̱l** 中 歴史的記念碑 (像・建造物など); 歴史的文化遺産. **≠fäl·schung** 女 (政策などに基づく) 歴史の捏造(ねつぞう)〈歪曲(わいきょく)〉. **≠film** 男 歴史映画. **≠for·scher** 男 歴史研究家〈学者〉. **≠for·schung** 女 歴史研究, 史学. **≠ka·len·der** 男 (日々の歴史的事件を記した) 歴史カレンダー. **≠klit·te·rung** 女 歴史の改変〈書き換え・歪曲(わいきょく)〉. **≠ma̱·ler** 男 歴史画家. **≠ma·le·rei** 女 歴史画. **≠phi·lo·so·phie** 女 -/ 歴史哲学. $^▽$**≠schrei·ber** 男 歴史〈年代記〉編集者. **≠schrei·bung** 女 -/ 歴史の記述〈編集〉. **≠stun·de** 女 歴史の授業〔時間〕. **≠un·ter·richt** 男 歴史の授業. **≠werk** 中 歴史書, 歴史に関する著作. **≠wis·sen·schaft** 女 歴史学, 史学. **≠wis·sen·schaft·ler** 男 歴史学者. **≠za̱hl** 女 歴史上重要な年数.

Ge·schịck[ɡəʃɪ́k] 中 -〔e〕s/-e **1**《単数で》**a)** (Geschicklichkeit) 巧みさ, 器用,〔適応〕能力: diplomatisches ~ zeigen 外交的手腕を発揮する | Er hat ~ zu dieser 〈für diese〉 Arbeit. 彼はこの仕事を上手にやれる ‖ mit 〔großem〕 ~ 〔たいへん〕巧みに. **b)** (Ordnung) しかるべき状態: *et.*^{4} ins ~ bringen …をきちんと整える. **2** (Schicksal) 運命, めぐり合わせ: *sich*^{4} in *sein* ~ ergeben 運命に身をゆだねる | *sein* böses 〈trauriges〉 ~ ertragen 悲運を耐え忍ぶ | Ihn traf ein schweres ~. 彼は苦しい運命に見舞われた | die ~*e* des Staates leiten 国家の運命を左右する. **3**〘坑〙鉱脈: ein reichliches ~ erbohren 豊かな鉱脈を掘り当てる. [*mhd.* geschicke „Begebenheit"; ◇schicken^2]

Ge·schịck·lich·keit[−lɪçkaɪt] 女 -/ 巧みさ, 器用: eine erstaunliche ~ 驚くべき器用さ | mit großer ~ きわめて巧みに.

Ge·schịck·lich·keits·prü̱·fung 女 (自動車競技の) 技能テスト〔レース〕.

ge·schịckt[ɡəʃɪ́kt] **I** schicken の過去分詞. **II** 形 **1** 器用な, 巧みな, じょうずな, 手際のよい: ein ~*er* Handwerker 腕のよい職人 | ~*e* Finger 〈Hände〉 haben 手先が器用である | auf ~*e* Art 〈Weise〉 巧みに, 手際よく | *et.*^{4} durch ~*e* Fragen herausbekommen …を巧みに聞き出す ‖ im Reden ~ sein 話し上手である | im Umgang mit Kindern ~ sein 子供たちの扱いがうまい. **2** $^▽$**a)**《述語的》zu *et.*^{3} ~ sein …に必要な能力〈性質〉をもっている, …にふさわしい, …に向いて〈適して〉いる | *sich*^{4} zu *et.*^{3} ~ machen …に必要な能力〈知識〉を身につける. **b)**《南部》適当な, 好都合な: ein ~*er* Zeitpunkt 適当な〈都合のよい〉時点 | Das ist mir nicht ~. それは私には都合が悪い.

Ge·schịckt·heit[−haɪt] 女 -/ geschickt なこと.

Ge·schie̱·be[ɡəʃí:bə] 中 -s/- **1**《単数で》押し合いへし合い, 雑踏. **2**〘地〙(河・氷河などの運んだ) 玉石(たまいし);《単数で》(河床の) 土砂. [＜schieben]

Ge·schie̱·be≠le̱hm 男〘地〙(氷河による) 氷成粘土. **≠mer·gel** 男〘地〙(氷河による) 漂礫(ひょうれき)土.

ge·schie̱·den[ɡəʃí:dən] **I** scheiden の過去分詞. **II** 形 (略 gesch.; 記号 ∞) 離婚した: eine ~*e* Frau / eine *Geschiedene* 離婚した女性 | mein ~*er* Mann / mein *Geschiedener* 私の別れた夫 ‖ ~*e* Leute sein (→Leute 1).

ge·schie̱ht[ɡəʃí:t] geschehen の現在3人称単数.

ge·schie̱·nen[ɡəʃí:nən] scheinen の過去分詞.

Ge·schie̱·ße[ɡəʃí:sə] 中 -s/ (やたらに) 射撃すること〈音〉, 連射〔音〕. [＜schießen]

Ge·schịmpf[ɡəʃɪ́mpf] 中 -〔e〕s/ , **Ge·schịmp·fe** [..fə] 中 -s/ 〔やたらに〕ののしること〈声〉: mit ~ und Geschrei がみがみわめきながら. [＜schimpfen]

Ge·schịrr[ɡəʃɪ́r] 中 -〔e〕s/-e **1 a)**《単数で》《集合的に》(食事・料理に用いる) 食器類: Berge von ~ (汚れた) 食器の山 | viel schmutziges ~ たくさんの汚れた食器 ‖ ~ spülen 食器を洗う | das ~ abräumen 食器を片づける, 食事の後片づけをする. **b)** (皿・茶わんの) セット: ein ~ 〈zwei ~*e*〉 für zwölf Personen 12人用の茶わんセット一組〈二組〉. $^▽$**c)** (Gefäß) 器(うつわ), 容器: ein ~ voll Blumen 花をいっぱい生けたつぼ. **2 a)** (車・そりを引くための) 馬具 (→ 図): dem Pferde das ~ anlegen 馬を馬車につなぐ ‖ **aus dem ~ schlagen 〈treten〉**《比》退化する, 堕落する; 不貞を働く, 浮気をする ‖ **im ~ sein**《比》懸命に働いている | im ~ gehen (馬が) 車を引いている | **ins ~ gehen/*sich*^{4} ins ~ legen** (馬が) 力をこめて車を引く;《比》あくせく〈精いっぱい〉働く. **b)**《方》(馬をつないだ) 馬車. **3** 織機〔の仕切り枠〕. **4**《中部》川舟. [„Zurechtgeschnittenes"; *ahd.*; ◇scheren^1]

Ge·schịrr≠auf·zug 男 (ホテルなどの) 食器〈配膳(はいぜん)〉リフト. **≠schrank** 男 食器戸棚.

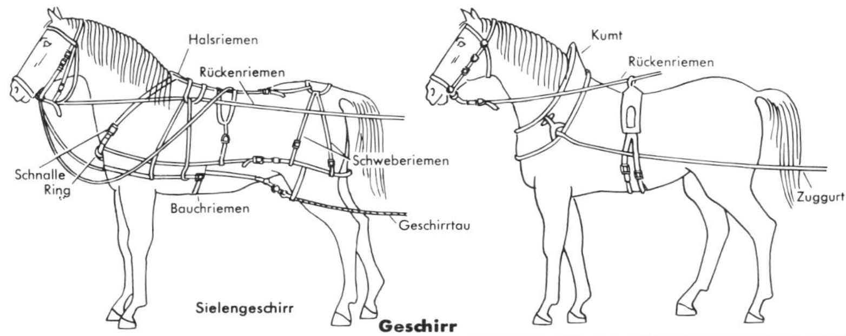

Ge·schịrr·spül⸗au·to·mat 男 ＝Geschirrspülmaschine ⸗**bür·ste** 女 食器ブラシ.

Ge·schịrr·spü·ler 男, **Ge·schịrr·spül·ma·schi·ne** 女 自動食器洗い機.

Ge·schịrr⸗tau 中 (輓馬(ばん)の)引き革(→ 図 Geschirr). ⸗**tuch** 中 -[e]s/ ..tücher ふきん.

ge·schịs·sen[gəʃísən] scheißen の過去分詞.

ge·schla·fen[gəʃlá:fən] schlafen の過去分詞.

ge·schla·gen[gəʃlá:gən] **I** schlagen の過去分詞. **II** 形 (schlagen された) **1** 打たれた, 殴られた: ～*e* Laute 〘言〙弾じき音, 単顫(せん)動音, 舌弾音(例 [ɾ], [ʀ]) | wie vor den Kopf ～ sein《比》(驚き・ショックのあまり)茫然(ぼう)自失の体(てい)である. **2** 伐採された: ein frisch ～*er* Weihnachtsbaum 切り出されたばかりのクリスマスツリー. **3** 打ち負かされた, 一敗地にまみれた; (過酷な運命などに)打ちのめされた, 敗残の: ein ～*er* Mann 敗残の男 ‖ ***sich***[4] **～ geben** 〈雅: **bekennen**〉負けたとあきらめる, 敗北を自認する | *sich*[4] für ～ erklären 敗北を認める ‖ Der *Geschlagene* mußte fliehen. 敗者は逃げるほかなかった. **4**《付加語的》《話》(ganz, voll)(時間について)まる〔まる〕, たっぷり: Ich warte schon eine ～*e* Stunde 〈einen ～*en* Tag〉 auf ihn. 私はもうたっぷり 1 時間〈まる 1 日〉彼を待っている.

Ge·schlẹcht[gəʃlɛ́çt] 中 -[e]s/-er **1 a**) (男女・雌雄の)性; 性別: das männliche ～ 男性; 雄 | das weibliche ～ 女性; 雌 | das andere ～ 異性 | **das dritte ～** 第三の性(同性愛の人々) | **das schöne** 〈**schwache** / **zarte**〉 **～**《話》女 | **das starke ～**《話》男 ‖ junge Leute beiderlei ～*s* 若い男女 | der Kampf der ～*er* (社会における)男性と女性の闘争. **b**)《雅》(Geschlechtstrieb) 性衝動. **c**)《単数で》《話》(Geschlechtsteil) 性器, 外陰部.
2 a) (Gattung) 種属, 類; 種族: das menschliche ～ 人類 ‖ das ～ der Katzen ネコ属. **b**) (Genus) 〘言〙(文法上の)性: männliches 〈weibliches〉 ～ 男性〈女性〉| sächliches ～ 中性 | grammatisches ～ 文法上の性 | schwankendes ～ 〘言〙動揺する性; 性の動揺(例 der 〈das〉 Radar レーダー). **c**)《単数で》一族, 家系: ein altes 〈alteingesessenes〉 ～ 由緒の古い〈古くから住みついている〉一家 | einem adligen ～ entstammen 貴族の出である ‖ das ～ der Medici 〈Habsburger〉 メディチ〈ハープスブルク〉家. **d**) (Generation) 世代: kommende ～*er* 後代の人々 ‖ von ～ zu ～ 代々. **e**)《スイ》(Familienname) 家族名(姓・名字).
3《南部》**a**) 畜群. **b**) (アルプス山中の)牧舎.
[*ahd.* „Eigenschaft"; ◇schlagen]

Ge·schlẹch·ter⸗kon·flikt[gəʃlɛ́çtər..] 男 男女両性間の争い〈葛藤(かっとう)〉. ⸗**kun·de** 女 -/ 系譜学. ⸗**rol·le** 女 男女それぞれの〔社会的〕役割.

..geschlechtig[..gəʃlɛçtɪç][2]《数詞などにつけて「…の性をもつ」を意味する形容詞をつくる》: ein*geschlechtig* 〘生〙単性の.

ge·schlẹcht·lich[gəʃlɛ́çtlɪç] 形 **1** 性的な, 性に関する: ～*e* Aufklärung 性教育 | ～*es* Verlangen 性欲 ‖ mit *jm.* ～ verkehren …と性交する. **2** 性別のある: ～*e* Fortpflanzung 有性生殖.

Ge·schlẹcht·lich·keit[‒kaɪt] 女 -/ **1** 性的な〈性に関する〉こと. **2** 性的特質, 性徴. **3** 性別, 有性.

Ge·schlẹchts⸗akt 男 性行為, 性交. ⸗**ap·pa·rat** 男 〘解〙性器, 生殖器. ⸗**be·stim·mung** 女 〘生〙性の決定. ⸗**cha·rak·ter** 男 〘生〙性徴: primärer 〈sekundärer〉 ～ 一次〈二次〉性徴. ⸗**chro·mo·som** 中 〘生〙性染色体. ⸗**drü·se** 女 〘解〙性腺(せん), 生殖腺. ⸗**er·zie·hung** 女 性教育. ⸗**fol·ge** 女 血統. ⸗**funk·tion** 女 性〈生殖〉機能.

ge·schlẹchts·ge·bun·den 形 性と結びついた; 〘医〙伴性(はんせい)の: ～*e* Vererbung 伴性遺伝.

Ge·schlẹchts⸗ge·nos·se 男 性を同じくする人, 同性の仲間. ⸗**hor·mon** 中 〘生〙性ホルモン: männliches ～ 男性〈雄性(ゆうせい)〉ホルモン | weibliches ～ 女性〈雌性(しせい)〉ホルモン. ⸗**kon·trol·le** 女 〘スポ〙(試合前の女性選手に対する)性別検査, セックスチェック.

ge·schlẹchts·krank 形 性病にかかった.

Ge·schlẹchts⸗krank·heit 女 性病. ⸗**le·ben** 中 性生活. ⸗**lei·den** 中 性病. ⸗**lie·be** 女 性愛.

ge·schlẹchts·los[..lo:s] 形 性〔別〕のない; 無性の: ～*e* Fortpflanzung 無性生殖.

Ge·schlẹchts⸗lust 女 性欲. ⸗**merk·mal** 中 〘生〙性徴: primäre 〈sekundäre〉 ～*e* 一次〈二次〉性徴. ⸗**mo·ral** 女 性道徳, 性のモラル. ⸗**na·me** 男 (Familienname) 姓. ⸗**or·gan** 中 〘解〙性器, 生殖器. ⸗**part·ner** 男 性交〈性行為〉の相手. ⸗**re·gi·ster** 中 系譜.

ge·schlẹchts·reif 形 性的に成熟した, 生殖能力のある.

Ge·schlẹchts⸗rei·fe 女 (Pubertät) 性成熟〔期〕: frühe ～ 早熟. ⸗**rol·le** ＝Geschlechterrolle ⸗**ta·fel** 女 系譜.

Ge·schlẹchts·teil 中 (男) -[e]s/-e 性器, 外陰部. [*lat.* pars genitālis の翻訳借用]

Ge·schlẹchts⸗trieb 男 -[e]s/ 性の衝動, 性欲. ⸗**um·wand·lung** 女 性転換. ⸗**un·ter·schied** 男 性別. ⸗**ver·hält·nis** 中 男女の〔出生〕比率. ⸗**ver·ir·rung** 女 性的倒錯. ⸗**ver·kehr** 男 -s/ (Koitus) 性交, 交接(→GV). ⸗**wech·sel** 男 〘言〙名詞の性の〔史的〕変遷〈転換〉(中世語では男性だった Blume が今日では女性になったなど). ⸗**wort** 中 -[e]s/..wörter (Artikel) 〘言〙冠詞. ⸗**zel·le** 女 〘生〙性細胞, 生殖細胞.

Ge·schlẹck[gəʃlɛ́k] 中 -[e]s/ , **Ge·schlẹ·cke**[..kə] 中 -s/《俗》**1 a**) 絶えずつまみ食いすること; 美食好き. **b**) しきりにキスすること. **2** 甘いもの. [＜schlecken]

Ge·schleif[gəʃláɪf] 中 -[e]s/ , **Ge·schlei·fe**[..fə] 中 -s/ 〘狩〙(野獣の)巣穴の入口. [＜schleifen[2]]

Ge·schlẹp·pe[gəʃlɛ́pə] 中 -s/- **1**《単数で》引きずること. **2** 引きずるもの(服のすそ・キツネの尾など). [＜schleppen]

ge·schli·chen[gəʃlɪ́çən] schleichen の過去分詞.

G

ge·schlif·fen[gəʃlífən] **I** schleifen[1]の過去分詞. **II** 形 **1** 洗練された, 磨きぬかれた: ein ～*er* Stil 洗練された文体 | Seine Umgangsformen sind sehr ～. 彼の人あしらいは堂にいったものだ. **2** 研ぎすまされた, 鋭い: eine ～*e* Zunge haben 舌鋒(ぜっぽう)が鋭い, 口が悪い.

Ge·schlif·fen·heit[–haɪt] 女 -/ geschliffen なこと.

Ge·schling[1][gəʃlíŋ] 中 -[e]s/-e, **Ge·schlin·ge**[1] [..ŋə] 中 -s/- (畜殺した獣の)内臓, 臓物. [< Schlund]

Ge·schling[2][gəʃlíŋ] 中 -[e]s/-e, **Ge·schlin·ge**[2] [..ŋə] 中 -s/- (つる・枝などの)からみ合い: ein ～ von Wurzeln からみ合った根. [< schlingen[1]]

ge·schlis·sen[gəʃlísən] schleißen の過去分詞.

ge·schlof·fen[gəʃlɔ́fən] schliefen の過去分詞.

ge·schlos·sen[gəʃlɔ́sən] **I** schließen の過去分詞. **II** 形 **1** 閉鎖的な, 非公開の: eine ～*e* Gesellschaft 会員制のパーティー;《話》じゅずつなぎの逮捕者;《話》監獄 | ein ～*es* Gewässer〘地〙内陸水面(湖沼など) | eine ～*e* Silbe〘言〙(子音に終わっている)閉音節 | eine ～*e* Sitzung 非公開の会議, 秘密会 | ～*e* Zeit〘カトリック〙禁婚期(待降節第1主日から降誕祭まで, 灰の水曜日から復活祭まで). **2 a)** 密集した: eine ～*e* Ortschaft 人家の密集した集落 ‖ ～ für 〈gegen〉 *et.*[4] stimmen 一致して…に賛成〈反対〉する. **b)**《付加語的》(abgerundet) まとまった, 仕上がった: eine ～*e* Persönlichkeit 円満な人格. **3** (eng)〘言〙口の開き方が小さい, 閉口の: ein ～*er* Vokal 閉母音.

Ge·schlos·sen·heit[–haɪt] 女 -/ geschlossen なこと: mannschaftliche ～ チームとしてのまとまり.

Ge·schluchz[gəʃlúxts] 中 -es/ , **Ge·schluch·ze** [..tsə] 中 -s/ 〔しきりに〕すすり泣くこと〈声〉. [< schluchzen]

ge·schlun·gen[gəʃlúŋən] **I** schlingen[1]の過去分詞. **II** schlingen[2]の過去分詞.

Ge·schmack[gəʃmák] 男 -[e]s/..schmäcke[..ʃmɛ́kə] (..schmäcker[..ʃmɛ́kər])《ふつう単数で》**1 a)** (Geschmacksinn) 味覚: wegen eines Schnupfens keinen ～ haben 鼻かぜを引いたために味がわからない | Der Wein ist für meinen ～ zu süß. このワインは私には甘すぎる ‖ auf den ～ kommen (特定の飲食物の)味を覚える, 味になれる (→b).
b) (一般的に)嗜好(しこう), 好み, 趣味, (美的な)センス; (時代の)流行: Zeit*geschmack* 時代趣味 ‖ einen guten 〈feinen〉 ～ haben 趣味がいい, センスがある | **an *et.*[3] ～ finden 〈gewinnen〉** / ***et.*[3] ～ abgewinnen** …が好きになる | *et.*[3] keinen ～ abgewinnen können 〔どうしても〕…が好きになれない | Das trifft meinen ～. / Das entspricht meinem ～. それは私の好みに合う | Du hast keinen ～, dich zu kleiden. 君は服装のセンスがない | Hast du 〔da〕 ～? 君はそれでいいかい, 君はほんとにそう思うか ‖ **auf den ～** 〔von *et.*[3]〕 **kommen** 〔…の〕味を覚える, 〔…が〕好きになる(→a) | im französischen ～ フランスふうに | mit ～ 趣味よく, センスを見せて | nach heutigem ～ 現代ふうに | je nach ～ 各人それぞれの好み次第で | ein Mann nach meinem ～ 私の好みに合う男 | Über ～ läßt sich nicht streiten. / ***Die Geschmäcker* sind verschieden.**《諺》蓼(たで)食う虫も好き好き, 好みは各人各様, 好き好きは人の勝手.
2 味, 風味: ein bitterer 〈schlechter〉 ～ 苦い〈いやな〉味 | ein süßer 〈saurer〉 ～ 甘い〈すっぱい〉味 | Wohl*geschmack* 美味 | der ～ der Seligen《俗》焦げ臭い味 ‖ einen guten ～ haben / von gutem ～ sein 美味である | einen ～ nach Fisch 〈wie Fisch〉 haben 魚のような味がする.
3《スイ》(Geruch) におい, かおり.
[*ahd.* smac; ◇schmecken; *engl.* smack]

ge·schmackig[gəʃmákɪç][2] 形《オーストリア》《俗》**1** 美味の, おいしい. **2** (geschmackvoll) 趣味のよい, 上品な.

ge·schmack·lich[gəʃmáklɪç] 形 **1** 味に関する. **2** 趣味に関する: *sich*[4] ～ bilden 趣味を磨く.

ge·schmack·los[..lo:s][1] 形 **1** 悪趣味な, 無風流な. **2** 風味のない, まずい.

Ge·schmack·lo·sig·keit[..lo:zɪçkaɪt] 女 -/-en **1** 《単数で》悪趣味, 無風流: ein Gipfel an ～ 悪趣味〈無風流〉の極み. **2** 悪趣味〈無風流〉な言動.

Ge·schmack·sa·che =Geschmackssache

ge·schmacks·bil·dend 形 趣味を洗練させる.

Ge·schmacks·emp·fin·dung 女 -/ 味覚.

Ge·schmack·sinn 男 -[e]s/ 味覚.

Ge·schmacks≠knos·pe 女〘解〙(舌の)味蕾(みらい). **≠mu·ster** 中 (商品の)登録意匠〈デザイン〉. **≠nerv** 男〘解〙味覚神経. **≠rich·tung** 女 **1** 味わい. **2** 趣味の傾向, 好み: die ～ der Zeit 時代の好尚(こうしょう). **≠sa·che** 女 趣味の問題: *et.*[1] **ist ～** …は好みの問題だ〈人の好き好きだ〉. **≠sinn** =Geschmacksinn **≠stoff** 男 味覚物質.

ge·schmack≠voll 形 **1** 趣味のよい, 上品な, 風流な: ～ gekleidet sein 趣味のよい服装をしている. **2** 風味のある, うまい. **≠wi·drig** =geschmacklos 1

ge·schmal·zen[gəʃmáltsən] schmalzen の過去分詞.

Ge·schmat·ze[gəʃmátsə] 中 -s/ 舌鼓を打つこと〈音〉. [< schmatzen]

Ge·schmau·se[gəʃmáuzə] 中 -s/ しきりに〈大いに〉飲み食いすること. [< schmausen]

Ge·schmei·chel[gəʃmáɪçəl] 中 -s/ お追従, へつらいごと. [< schmeicheln]

Ge·schmei·de[gəʃmáɪdə] 中 -s/- 《雅》(高価な)装身具, アクセサリー; (宝石・真珠をはめた)金銀細工. [*ahd.* gismīdi „Metall〔gerät〕"; ◇Schmied]

ge·schmei·dig[gəʃmáɪdɪç][2] 形 **1** しなやかな, 柔軟性のある: ～*e* Glieder 〈einen ～*en* Körper〉 haben 手足〈体〉が柔軟である ‖ Leder ～ machen 革をしなやかにする. **2**《比》融通のきく, 柔軟な: ein ～*er* Diplomat 巧者な外交官 | eine ～*e* Zunge haben 舌がよく回る, 口達者である ‖ *et.*[3] ～ ausweichen …を巧みにかわす. [*mhd.* „leicht schmiedbar"]

Ge·schmei·dig·keit[–kaɪt] 女 -/ geschmeidig なこと.

Ge·schmeiß[gəʃmáɪs] 中 -es/ **1** 虫けら; うじ虫;《比》人間のくず, 畜生, 野郎. **2**〘狩〙(猛禽(もうきん)の)ふん. [*mhd.* gesmeize „Auswurf"; ◇schmeißen]

Ge·schmet·ter[gəʃmɛ́tər] 中 -s/ (連続的な)かん高い響き. [< schmettern]

Ge·schmier[gəʃmí:r] 中 -[e]s/ , **Ge·schmie·re** [..rə] 中 -s/ へたな字〔で書いたもの〕; (絵・詩などの)駄作. [< schmieren]

ge·schmiert[..ʃmí:rt] schmieren の過去分詞.

ge·schmis·sen[gəʃmísən] schmeißen[1]の過去分詞.

ge·schmol·zen[gəʃmɔ́ltsən] schmelzen の過去分詞.

ge·schmort[gəʃmó:rt] **I** schmoren の過去分詞. **II Ge·schmor·te** 中《形容詞変化》〘料理〙シチュー.

Ge·schmun·zel[gəʃmúntsəl] 中 -s/《話》にやにや笑い, ほくそ笑み. [< schmunzeln]

Ge·schmus[gəʃmú:s][1] 中 -es/ , **Ge·schmu·se**[..zə] 中 -s/《俗》**1** いちゃつき. **2** おせじ, おべっか. [< schmunzeln]

Ge·schnä·bel[gəʃnɛ́:bəl] 中 -s/《話》**1** (ハトなどが)しきりにくちばしを突き合わせること. **2** キスの雨.

ge·schnä·belt[gəʃnɛ́:bəlt] **I** schnäbeln の過去分詞. **II** 形 くちばし状に曲がった〈そった〉: ～*e* Schuhe そりかえった靴.

Ge·schnarch[gəʃnárç] 中 -[e]s/ , **Ge·schnar·che** [..çə] 中 -s/ (絶え間ない)いびき. [< schnarchen]

Ge·schnat·ter[gəʃnátər] 中 -s/《話》**1** (カモ・アヒルなどが)ガアガア鳴くこと〈声〉. **2** ペチャクチャしゃべること〈声〉. [< schnattern]

ge·schnie·gelt[gəʃní:gəlt] schniegeln の過去分詞.

ge·schnit·ten[gəʃnítən] schneiden の過去分詞.

ge·schno·ben[gəʃnó:bən] **I** geschnaubt (schnauben の過去分詞)の古形. **II** geschniebt (schnieben の過去分詞)の別形.

ge·scho·ben[gəʃó:bən] **I** scheiben の過去分詞. **II** schieben の過去分詞.

ge·schol·len[gəʃɔ́lən] geschallt (schallen の過去分詞)の古形.

ge·schol·ten[gəʃɔ́ltən] schelten の過去分詞.

Ge·schöpf[gəʃœ́pf] 中 -[e]s/-e **1** (Kreatur) (神の)創

造物, 被造物;《集合的に》生き物, 生物: ～*e* Gottes 神の被造物 | stumme ～*e* もの言わぬ生き物たち(動物). **2**《話》**a**) 人間, やつ: Du bist ein dummes ⟨undankbares⟩ ～! このばかもの⟨恩知らず⟩め. **b**) 女の子: Sie ist ein reizendes ～. 彼女は魅力的な女の子だ. **3** 産物, 所産: die ～*e* seiner Phantasie 彼の空想の産物. [<schöpfen]

ge·scho̱·ren[gəʃóːrən] scheren¹の過去分詞.

Ge·schọß[gəʃɔ́s; (オーストリア: gəʃóːs] 中 ..sses/ ..sse (オーストリア: -es/-e) **1 a**) 弾丸, 銃⟨砲⟩弾(→ 図): ein ferngelenktes ～ 無線誘導弾, ミサイル. **b**)〔理〕射出粒子. **c**)〔球技〕シュートされたボール. **d**)《話》スピードの速い車⟨スポーツカー⟩. ▽**e**) (Pfeil) 矢; (Wurfspeer) 投げ槍(やり). **2**〔建〕階〔層〕: Dach*geschoß* 屋階 | Erd*geschoß* 1階 ‖ im zweiten ～ wohnen 2階に住んでいる | ein Haus mit nur einem ～ 1階建ての⟨平屋の⟩建物(=ein eingeschossiges Haus).
[*ahd.*; ◇schießen]

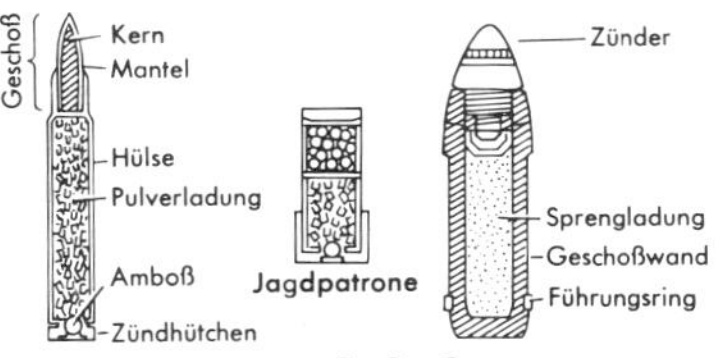

Geschoß

Ge·schọß≈auf·schla̱g 男〔軍〕弾着. **≈ba̱hn** 女〔軍〕弾道.

ge·schọs·sen[gəʃɔ́sən] schießen の過去分詞.

Ge·schọß≈gar·be[gəʃɔ́s..] 女〔軍〕集束弾道. **≈ha̱·gel** 男 弾丸の雨. **≈hül·se** 女〔軍〕弾殻, 弾莢(だんきょう).

..geschossig[..gəʃɔsɪç]² 《数詞などにつけて「…階建ての」を意味する形容詞をつくる》: zwei*geschossig* 2階建ての.

Ge·schọß≈kern[gəʃɔ́s..] 男〔軍〕弾体, 弾核. **≈man·tel** 男 弾丸の外被, 弾筒. **≈trich·ter** 男 砲弾によって生じたすり鉢状の穴. **≈wand** 女 弾殻(→ 図 Geschoß).

Ge·schrä̱·ge[gəʃrɛ́ːgə] 中 -s/- 格子垣.

ge·schra̱ubt[gəʃráupt] **I** schrauben の過去分詞. **II** 形 気取った, もったいぶった, 不自然な, わざとらしい: ein ～*er* Stil 気取った文体.

Ge·schra̱ubt·heit[–hait] 女 -/ geschraubt なこと.

Ge·schre̱i[gəʃrái] 中 -s/ **1** 叫び⟨わめき⟩声; (鳥などの) 鋭い鳴き声;《話》(つまらぬことで) 仰々しく騒ぎ立てること: ein lautes ～ ausstoßen ⟨erheben⟩ 大声で叫ぶ | viel ～ um *et.*⁴ ⟨wegen *et.*²⟩ machen …のことで大騒ぎする | Es gab ein riesiges ～. たいへんな騒ぎだった | **Viel ～ und wenig Wolle.**《諺》大山鳴動ネズミ一匹(大騒ぎして毛糸少々). **2**《方》(Gerede) うわさ, 評判: Er ist im ～, daß ... 彼は…といううわさだ. [<schreien]

Ge·schre̱i·be[gəʃráibə] 中 -s/《話》**1** しきりに書く⟨書きまくる⟩こと. **2** =Geschreibsel [<schreiben]

Ge·schre̱ib·sel[..ʃráipsəl] 中 -s/《話》書きなぐったもの; (文学上の) 駄作.

Ge·schre̱ie[gəʃráiə] 中 -s/ =Geschrei 1

ge·schri̱e·ben[gəʃríːbən] schreiben の過去分詞.

ge·schri̱e·en[gəʃríːən] (**ge·schri̱en**[..ʃríːn]) schreien の過去分詞.

Ge·schrịll[gəʃríl] 中 -[e]s/ , **Ge·schrịl·le**[..lə] 中 -s/《話》(ベルなどが) 続けざまにけたたましく響くこと⟨音⟩.
[<schrillen]

ge·schrị·ten[gəʃrítən] schreiten の過去分詞.

ge·schro̱·ben[gəʃróːbən] geschraubt (schrauben の過去分詞) の古形.

ge·schrọcken[gəʃrɔ́kən] geschreckt (schrecken の過去分詞) の古形.

ge·schro̱·ten[gəʃróːtən] geschrotet (schroten の過去分詞) の古形.

ge·schrụn·den[gəʃrúndən] schrinden の過去分詞.

Ge·schü̱·he[gəʃýːə] 中 -s/《南部》(Schuhwerk)《集合的に》靴. [<Schuh]

ge·schụn·den[gəʃúndən] schinden の過去分詞.

ge·schụppt[gəʃúpt] **I 1** schuppen¹の過去分詞. **2** 形 うろこのある. **II** schuppen²の過去分詞.

Ge·schụ̈t·tel[gəʃýtəl] 中 -s/《話》(車などが) 継続的にがたごと揺れること⟨音⟩. [<schütteln]

Ge·schụ̈tz[gəʃýts] 中 -es/-e〔軍〕砲, 火砲, 大砲(→ 図): ein schweres ⟨weittragendes⟩ ～ 重砲⟨長距離砲⟩ | Atom*geschütz* 原子砲 | Panzerabwehr*geschütz* 対戦車砲 ‖ ein ～ auffahren 砲を据える | ein ～ feuern 砲を発射する | ein ～ laden 砲に装塡(そうてん)する |〔**gegen** *jn.*〕**schweres ⟨grobes⟩ ～ auffahren**《話》〔…に〕強烈な反論をくらわす. [*mhd.*; ◇Schuß]

Ge·schụ̈tz≈be·die·nung 女 **1** 砲の操作. **2**《集合的に》(砲を操作する) 砲員. **≈bet·tung** 女 砲床. **≈bron·ze**[..brɔ̃ːsə] 女 砲金. **≈don·ner** 男 砲声. **≈feu·er** 中 砲火. **≈füh·rer** 男 砲兵隊長, 掌砲長. **≈gie·ße·rei** 女 砲の鋳造. **≈me·tall** 中 砲金. **≈park** 男 火砲集結場. **≈rohr** 中 砲身. **≈stand** 男 砲座, 砲床. **≈turm** 男 (軍艦・戦車などの) 砲塔.

Ge·schwa̱·der[gəʃváːdər] 中 -s/- **1 a**)〔軍〕戦隊 (数隻の軍艦からなる艦隊). **b**) (数中隊からなる) 飛行隊. ▽**2** (600騎内外の) 騎兵集団. **3**《軽蔑的に》女. [<*it.* squadra „Viereck"; ◇Quader, Eskadron]

Ge·schwa̱·der≈flu̱g 男 編隊飛行. **≈kom·man·dant** 男 **1** (海軍の) 戦隊司令官. **2** (空軍の) 編隊長.

Ge·schwa̱·fel[gəʃváːfəl] 中 -s/《話》くだらない⟨きりのない⟩おしゃべり. [<schwafeln]

ge·schwä̱nzt[gəʃvɛ́ntst] **I** schwänzen の過去分詞. **II** 形 **1** 尾のある: ein ～*er* Stern 彗星(すいせい), ほうき星. **2**〔楽〕符鉤(ふこう)のある.

Ge·schwä̱tz[gəʃvɛ́ts] 中 -es/《軽蔑的に》(つまらない) おしゃべり; うわさ話: dummes ⟨leeres⟩ ～ くだらぬおしゃべり ‖ *sich*⁴ vor dem ～ der Leute fürchten 世間のうわさを恐れる | Was kümmert ⟨schert⟩ mich mein ～ von gestern. (相手の非難に対して) 昔の話なんかむし返すな; おれの考えは変わったんだ. [<schwatzen]

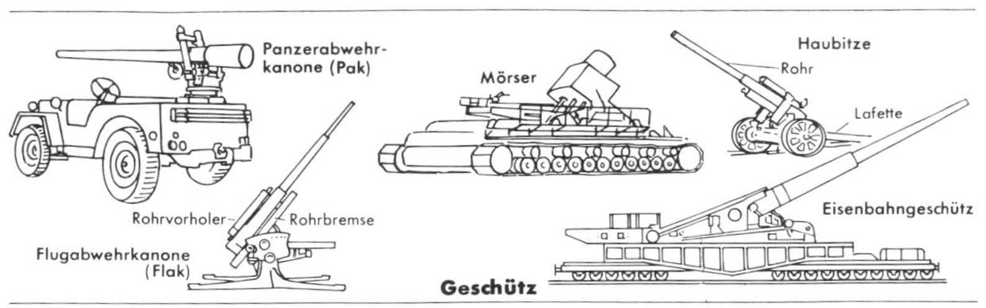

Geschütz

Ge·schwạt·ze[..ʃvátsə] (**Ge·schwät·ze**[..ʃvɛ́tsə]) 中 -s/《軽蔑的に》きりのないおしゃべり, 長話.

ge·schwät·zig[..ʃvɛ́tsɪç][2] 形 おしゃべりな, 口数の多い.

Ge·schwät·zig·keit[..kaɪt] 女 -/ 冗舌, 多弁.

ge·schwẹift[gəʃváɪft] **I** schweifen の過去分詞. **II** 形 **1** 尾のある: ein ~*er* Stern 彗星(すいせい), ほうき星 | ein ~*er* Reim《詩》付加尾韻(=Schweifreim: →Reim 1). **2** 湾曲した: ein Tisch mit ~*en* Beinen 脚の反り返ったテーブル | ~*e* Klammern 中括弧({ }).

ge·schwe̱i·ge[gəʃváɪgə] 接《並列; ふつう否定文を受け, しばしば denn を伴って》いわんや, まして: Er kann kaum reden, ~ 〔denn〕 singen. 彼は話すのさえろくにできないのに まして歌など歌えない | Ich habe ihn nicht einmal gesehen, ~ 〔denn,〕 daß ich ihn gesprochen hätte. 私は彼には会ったこともないのに話したことなどあるはずがない. [<ich geschweige]

▽**ge·schwe̱i·gen**[1]*[gəʃváɪgən][1]《158》自 (h)《*et.*[2] / von *et.*[3]》(…を)言わずにおく:〖ふつう zu 不定詞で〗aller andern Dinge zu ~ ほかのことはさておき | Er ist mildtätig, anderer guter Eigenschaften von ihm zu ~. 彼はほかにもいろいろ美点があるが特に慈善家だ.

ge·schwe̱i·gen[2][−] 他 (h)《スイス》《*jn.*》黙らせる; (幼児などを)あやす.

ge·schwi̱e·gen[gəʃví:gən] **I** schweigen の過去分詞. **II** geschweigen[1]の過去分詞; 過去 1・3 人称複数.

ge·schwịnd[gəʃvínt][1] 形 速い, すばしこい; 早急な: ein ~*es* Pferd 足の速い馬 | ~*en* Schrittes 足早に | Er ist ~*er* Zunge[2] 〈~ bei der Arbeit〉. 彼は口が達者だ〈仕事が早い〉‖ Das geht nicht so ~. それはそう急にはできない | Mach ~! さっさとやれ. [*mhd.*; < *mhd.* swint „stark" (◇gesund)]

Ge·schwịn·dig·keit[..dɪçkaɪt] 女 -/-en 速さ, 速度: eine große 〈hohe〉 ~ 高速度 | Stunden*geschwindigkeit* 時速 ‖ die ~ erhöhen 〈herabsetzen〉 スピードを上げる〈落とす〉| eine enorme ~ entwickeln (乗り物が)すごいスピードを出す ‖ in aller ~ 大急ぎで | **mit affenartiger ~**《話》猿のようにすばしこく, すごい速さで | mit einer ~ von 80 km in der Stunde 〈von 80 Stundenkilometern〉 fahren 時速80キロで走る.

Ge·schwịn·dig·keits≠be·schrän·kung 女 (≠**be·gren·zung** 女) 速度制限〈規制〉. ≠**gren·ze** 女 速度の限界(許容最高速度など). ≠**mes·ser** 男 速度計. ≠**über·schrei·tung** 女 速度超過〈違反〉.

Ge·schwịnd≠kunst[gəʃvínt..] 女 (手早い)手品, 奇術. ≠**marsch** 男 (Eilmarsch)〖軍〗急行軍. ≠**schrift** 女 -/ 速記文字〈字体〉. ≠**schritt** 男 (Eilschritt)《ふつう次の形で》im ~ 足早に;〖軍〗速歩(はやあし)で.

Ge·schwịrr[gəʃvír] 中 -〔e〕s/ , **Ge·schwi̱r·re**[..rə] 中 -s/ ブンブン〈ヒューヒュー〉鳴る音. [<schwirren]

Ge·schwị·ster[gəʃvístər] 中 -s/- **1**《複数で》兄弟姉妹, きょうだい, 同胞: Wir sind drei ~. 私たちは 3 人きょうだいだ | Ich habe zwei ~. 私にはきょうだいが二人いる. **2 a)**〖生・統計〗(個々の)兄, 姉, 弟, 妹. **b)**《スイス》=a [*westgerm.* „Schwestern"; ◇Schwester]

Ge·schwị·ster·kind 中 **1** (Einzelkind に対して)兄弟や姉妹のいる子供. **2**《方》きょうだいの子供(甥(おい)または姪(めい)). **3**《複数で》いとこ: Wir sind ~*er*. 私たちはいとこ同士だ.

ge·schwị·ster·lich[..lɪç] 形 きょうだいとしての; きょうだいのような.

Ge·schwị·ster·lie·be 女 -/ きょうだい間の情愛, きょうだい愛.

ge·schwị·ster·lo̱s[..lo:s][1] 形 きょうだいのない, 一人っ子の.

Ge·schwị·ster≠paar 中 兄と妹〈姉と弟〉〔の組み合せ〕. ≠**teil** 男 =Geschwister 2

ge·schwọl·len[gəʃvɔ́lən] **I** schwellen の過去分詞. **II** 形 **1** (言葉の)大げさな, 誇張した: eine ~*e* Redeweise 大げさな話しぶり | Sein Stil ist sehr ~. 彼の文体はたいへん仰々しい. **2**《話》思い上がった, 生意気な.

Ge·schwọl·len·heit[−haɪt] 女 -/ geschwollen なこと.

ge·schwọm·men[gəʃvɔ́mən] schwimmen の過去分詞.

ge·schwo̱·ren[gəʃvó:rən] **I** geschwärt (schwären の過去分詞)の古形. **II 1** schwören の過去分詞. **2** 形 確信をもった, 断固とした, 絶対的な, 妥協を知らない: *js.* ~*er* Feind (→Feind I 2 a). **3 Ge·schwo̱·re·ne** (**Ge·schwo̱r·ne**[..ʃvó:rnə]) 男 女《形容詞変化》〖法〗陪審員; 陪審裁判官.

Ge·schwo̱·re·nen≠bank 女 -/..bänke〖法〗陪審員席. ≠**ge·richt** 中 ▽**1** (Schwurgericht) 陪審裁判所. **2**《オーストリア》(Schöffengericht) 参審裁判所. ≠**li·ste** 女〖法〗陪審員リスト.

Ge·schwo̱r·ne =Geschworene

Ge·schwụlst[gəʃvúlst] 女 -/..schwülste[..ʃvʏ́lstə] (Tumor)〖医〗腫瘍(しゅよう): eine bösartige 〈gutartige〉 ~ 悪性〈良性〉腫瘍 | Gehirn*geschwulst* 脳腫瘍 ‖ eine ~ operieren 〈operativ entfernen〉 腫瘍を手術する〈手術によって取り除く〉. [*ahd.*; ◇schwellen]

Ge·schwụlst·le̱h·re 女 -/ (Onkologie) 腫瘍(しゅよう)学.

ge·schwụn·den[gəʃvúndən] schwinden の過去分詞.

ge·schwụn·gen[..ʃvúŋən] schwingen の過去分詞.

Ge·schwü̱r[gəʃvý:r] 中 -〔e〕s/-e **1**〖医〗潰瘍(かいよう): ein bösartiges ~ 悪性潰瘍 | Magen*geschwür* 胃潰瘍 ‖ ein ~ öffnen 〈aufschneiden〉 潰瘍を切開する | ein ~ am Hals haben 首に潰瘍ができている. **2**《比》(社会の)病弊. [*ahd.*; ◇schwären]

Ge·schwü̱r·bil·dung 女〖医〗潰瘍(かいよう)化.

ge·schwü̱·rig[gəʃvý:rɪç][2] 形〖医〗潰瘍(かいよう)性の.

Gẹs-Du̱r[gέsdu:r, ⌣⌣] 中 -/〖楽〗変ト長調(記号 Ges): →A-Dur

ge·sẹg·nen[gəzé:gnən]《01》《雅》=segnen

ge·sẹg·net[gəzé:gnət] **I 1** segnen の過去分詞. **2** 形《雅》祝福された, 恵まれた; 豊穣(ほうじょう)な: im ~*en* Alter von 90 Jahren 90歳の高齢で | einen ~*en* Appetit haben《話》食欲旺盛(おうせい)である | *jm.* ein ~*es* Jahr wünschen …に多幸な一年を祈る | ~*en* Leibes sein (→Leib 2 a) | in ~*en* Umständen sein (→Umstand 1) | *Gesegnete* Mahlzeit!《北部》(食事の際に) いただきます; どうぞ召しあがれ | einen ~*en* Schlaf haben《話》ぐっすり眠る〈眠っている〉‖ mit *et.*[3] ~ sein …に恵まれている(→segnen I 3). **II** gesegnen の過去分詞; 現在 3 人称単数・2 人称複数; 命令法複数.

ge·sẹ·hen[gəzé:ən] sehen の過去分詞.

Ge·sẹich[gəzáɪç] 中 -s/《話》空虚な〈くだらない〉おしゃべり, むだ話. [<seichen]

Ge·sẹi·er[gəzáɪər] 中 -s/ , **Ge·sẹi·re**[gəzáɪrə] 中 -s/ , **Ge·sẹi·res**[−s] 中 -/《話》くだらないおしゃべり; 愚痴. [*jidd.* gesera „Verordnung"]

ge·sẹlcht[gəzέlçt] **I** selchen の過去分詞. **II** 形《南部・オーストリア》燻製(くんせい)の. **III Ge·sẹlch·te** 中《形容詞変化》《南部・オーストリア》燻製肉.

▽**Ge·sẹll**[gəzέl] 男 -en/-en《次の形で》ein fahrender ~ (中世の)渡世職人; 遍歴学生.

Ge·sẹl·le[gəzέlə] 男 -n/-n **1** (女 **Ge·sẹl·lin**[..lɪn]-/-nen) **a)** (中世以来の手工業の)職人(見習期間を終え試験に合格した者: →Lehrling, Meister 1 a): Bäcker*geselle* パン焼き職人 | Zimmer*geselle* 大工職人 ‖ einen ~*n* einstellen 職人を雇う. **b)** 若者: Er ist ein lustiger 〈roher〉 ~. 彼は愉快な〈不作法な〉やつだ. **2** (Gefährte) 仲間, 同僚; 道づれ. [*ahd.* gisell〔i〕o „Hausgenosse"; ◇Saal]

ge·sẹl·len[gəzέlən] 他 (h) **1** 再帰 *sich*[4] 〔zu〕 *jm.* ~ …と仲間〈道づれ〉になる | *sich*[4] zu *et.*[3] ~ …に加わる | Dazu *gesellte* sich 〔noch〕, daß ... そのうえ…ということもあった | Gleich und gleich *gesellt* sich gern. (→gleich I 1). ▽**2**《*jn.* 〔zu〕 *jm.*》(…を…の)仲間にいれる.

Ge·sẹl·len≠brief 男 徒弟期間修了証, 職人検定審査合格証. ≠**ja̱h·re** 複 (Geselle 1 a としての)遍歴〈修業〉期間. ≠**prü·fung** 女 (手工業会議所による)職人検定審査.

Ge·sẹl·len·schaft[..ʃaft] 女 -/-en **1**《単数で》Geselle 1 a の身分. **2** Geselle 1 a の組合.

Ge·sel·len·stück 中 職人資格課題〈制作〉作品(ギルドの徒弟が職人になる資格試験用に制作する作品: →Meisterstück 1).

Ge·sel·len·tum[..tuːm] 女 -s/ =Gesellenschaft 1

Ge·sel·len≠ver·ein 男 Geselle 1 a の組合. **≠zeit** 中 =Gesellenjahre

ge·sel·lig[gəzɛ́lɪç][2] 形 **1 a)** (人が)交際好きの, 人づきあいのいい, 社交的な, うちとけた: Er ist eine ~*e* Natur. 彼は社交好きだ | Er ist nicht sehr ~. 彼はあまり人づきあいがよくない. **b)** (社交的に)楽しい: ein ~*er* Abend 社交の夕べ | ein ~*es* Beisammensein だんらん, 楽しい集い | die ~*en* Freuden 人々とともにする楽しみ, 社交の楽しさ | ~*e* Lieder 仲間と歌い楽しむ歌 | den ~*en* Umgang mit *jm.* pflegen …と如才なくつきあう. **2** 〘動〙 群居性の: ~*e* 〈~ lebende〉 Tiere 群をなしている動物. [*mhd.*; ◇Geselle]

Ge·sel·lig·keit[–kaɪt] 女 -/-en **1** 《単数で》(gesellig なこと. 例えば:) 社交好き; 交際〔じょうず〕; (うちとけた) もてなし: die ~ pflegen 付き合いを大事にする | die ~ lieben 社交好きである. **2** 楽しい集い, だんらん, パーティー.

Ge·sel·lig·keits·trieb 男 〘動〙 群居本能.

Ge·sell·schaft[gəzɛ́lʃaft] 女 -/-en **1 a)** 社会, 利益社会(→Gemeinschaft 1): die menschliche 〈bürgerliche〉 ~ 人間〈市民〉社会 | die kommunistische ~ 共産主義社会 | Industrie*gesellschaft* 産業社会 | Klassen*gesellschaft* 階級社会. **b)** 上流社会; 社交界: die vornehme 〈feine / gute〉 ~ 上流社会 ‖ zur 〔guten〕 ~ gehören 上流社会の一員である.

2 団体, 協会; 〘商〙 会社; 組合: eine wissenschaftliche 〈eingetragene〉 ~ 学術〈登録〉団体 | die ~ Jesu イエズス会, ジェスイット教団 | ~ mit beschränkter Haftung (略 GmbH, G. m. b. H.) 有限〔責任〕会社 | eine stille ~ 〘法〙 匿名組合 | Aktien*gesellschaft* 株式会社 | Handels*gesellschaft* 商事会社 ‖ in eine ~ eintreten ある会に入会する.

3 《単数で》 **a)** 〔交際〕仲間, 連れ: eine passende ~ finden ふさわしい仲間を見つける | *js.* ~ suchen 〈meiden〉 …との交際を求める〈避ける〉 | in schlechte ~ geraten 悪い連中と仲間になる | ***sich***[4] **in guter ~ befinden** 《戯》 偉い人〈先人〉たちと同じ仲間である(彼らもきみと同じ誤りを犯している) ‖ Bücher sind meine liebste ~. 書物こそ私の最愛の友だ | Böse 〈Schlechte〉 ~ verdirbt gute Sitten. 《諺》 朱に交われば赤くなる. **b)** お相手, 付き合い: in *js.* ~ / in ~ von *jm.* …と連れ立って ‖ ***jm.* ~ leisten** …のお相手をする | **zur ~** お付き合いで | zur ~ eine Zigarre 〔mit〕rauchen 葉巻を付き合う.

4 (社交的な)集い, パーティー: eine ~ geben パーティーを催す, 客を招く ‖ auf einer ~ パーティー〔の席〕で | in 〈auf〉 eine ~ gehen パーティーに出る. [*ahd.*; ◇Geselle]

Ge·sell·schaf·ter[gəzɛ́lʃaftər] 男 -s/- (女 **Ge·sell·schaf·te·rin** → 別出) **1** 社交家, 如才のない人, 付き合い上手; (気の合った) 話相手, 連れ: ein amüsanter ~ 愉快な仲間〈社交家〉. **2** 〘商〙 (合名会社・合資会社の)社員, 組合員; 事業仲間, 共同出資〈経営〉者: ein stiller ~ (業務には参加せず利益配分にのみあずかる)匿名組合員. **3** 《話》 (金でセックスの相手をする) 男性パートナー, ホスト.

Ge·sell·schaf·te·rin[..tərɪn] 女 -/-nen **1** Gesellschafter の女性形. **2** (上流社会の女性に雇われている)お相手役〈付添役〉の女性. **3** 《話》 (金でセックスの相手をする) 女性パートナー, ホステス.

ge·sell·schaft·lich[..lɪç] 形 **1** 社会の, 社会的な; 公共の: die ~*en* Verhältnisse 社会情勢 | die ~*e* Tätigkeit 社会での活動; 社会奉仕 | ~*e* Bauten 社会〈公共〉施設. **2** 上流社会の, 社交界の; 社交的な; 上品な: ~*e* Manieren 人前での作法 | eine ~*e* Stellung 社会的地位 ‖ *sich*[4] ~ unmöglich machen 人前に出られないようになる, 社会的信用を失墜する. **3** 〘動〙 群居性の: ~ lebende Tiere 群居動物.

Ge·sell·schafts≠abend 男 夜会, 夜のパーティー. **≠an·zug** 男 礼服, 社交服. **≠bild** 中 社会像. ▽**≠da·me** 女 =Gesellschafterin 2

ge·sell·schafts·fä·hig 形 〔上流〕社会に仲間入りできる〈受け入れられる〉.

Ge·sell·schafts·form 女 〘政〙 社会形態; 〘経〙 会社形態.

die **Ge·sell·schafts·in·seln** 地名 複 ソシエテ諸島 (Tahiti を主島とする南太平洋のフランス領 Polynesien の島々. フランス語形 Archipel de la Société).

Ge·sell·schafts≠kleid 中 (女性の) 夜会服, イブニングドレス, パーティードレス. **≠kri·tik** 女 -/ 社会〔体制〕批判. **≠leh·re** 女 -/ (Soziologie) 社会学; (初等中等学校の) 社会科. **≠lö·we** 男 《俗》 社交家. **≠ord·nung** 女 社会秩序, 社会体制. **≠raum** 男 娯楽〈休憩〉室, ラウンジ; (ホテル・劇場などの)ロビー. **≠rei·se** 女 団体旅行. **≠schicht** 女 社会階層. **≠spiel** 中 複数の人数でする遊戯〈ゲーム〉. **≠steu·er** 女 会社設立税. **≠struk·tur** 女 社会構造. **≠stück** 中 **1** 〘劇〙 (上流社会の日常生活に取材した)社交劇, サロン劇. **2** 〘美〙 (パーティーの模様などを描いた)風俗画. **≠sy·stem** 中 社会体制. **≠tanz** 男 社交ダンス. **≠theo·rie** 女 社会理論. **≠ver·trag** 男 **1** 〘社〙 社会契約. **2** 〘商〙 定款, 組合契約. **≠wa·gen** 男 遊覧用大型乗合馬車; 〘鉄道〙 (ダンス・映画なども楽しめる)特別客車, 娯楽車. **≠wis·sen·schaft** 女 -/-en **1** 《ふつう複数で》 社会科学(社会学・政治学・経済学などの総称). **2** (旧東ドイツで, 全学生の必修科目としての)基礎社会科学. **≠zim·mer** 中 社交〈休憩〉室, サロン.

Ge·senk[gəzɛ́ŋk] 中 -〔e〕s/-e **1** 〘工〙 (鍛造用の)打ち型, 鍛造型, タップ(→ 図). **2** 〘坑〙 めくら立坑. [<senken]

Oberstück

Unterstück

Gesenk

Ge·sen·ke[..kə] 中 -s/- (Senkung) くぼ地, 盆地.

Ge·senk≠ham·mer 男 〘工〙 (鍛造用の) 落とし〔空気〕ハンマー. **≠schmie·den** 中 -s/ 〘工〙 型鍛造.

ges·es (**Ges·es**)[gɛ́sǀɛs, ⌣⌣] 中 -/- 〘楽〙 重変ト音.

ge·ses·sen[gəzɛ́sən] sitzen の過去分詞.

Ge·setz[gəzɛ́ts] 中 -es/-e **1** 法, 法規範, 法律, 法令, 法規; (一般に)おきて; 〘聖・ﾕﾀﾞﾔ教〙 律法, トーラー(→Thora): ein ungeschriebenes ~ 不文律 | das moralische 〈sittliche〉 ~ 道徳律 | Handels*gesetz* 商法 | Straf*gesetz* 刑法 | das ~ über das Verlagsrecht 版権法 | das ~ des Dschungels (→Dschungel) ‖ das Auge des ~*es* 《戯》 警察(法の目) | die Hüter des ~*es* 警官たち(法の番人たち) | auf Grund 〈im Namen〉 des ~*es* 法に基づいて〈の名において〉 | durch die Maschen des ~*es* schlüpfen (→Masche[2] 1) ‖ ~*e* geben 立法する | ein ~ erlassen 〈veröffentlichen〉 法律を公布する | ein ~ abschaffen 〈in Kraft setzen〉 法律を廃止〈施行〉する | die ~*e* befolgen 法に従う | das ~ anrufen 〈anwenden〉 法に訴える〈を適用する〉 ‖ *sich*[4] an die ~*e* halten 法を守る | die ~*e* verletzen / gegen die ~*e* verstoßen / *sich*[4] gegen das ~ vergehen 法を犯す | Das ist gegen alles 〈ganz gegen〉 Recht und ~. それは断じて不正である | im ~ 〈in den ~*en*〉 nachschlagen 法文をひもとく | mit dem ~ in Konflikt geraten 法に触れる | nach dem ~ 法に従って, 法文どおりに | *sich*[3] *et.*[4] zum ~ machen 《比》 …を第一に心がける〈旨とする〉 ‖ Ein ~ tritt in Kraft. 法律が施行される | Ein ~ wird außer Kraft gesetzt. 法律が廃止される. **2** 法則, 原則, 定律: ein ökonomisches 〈physikalisches〉 ~ 経済〈物理学上の〉法則 | ein ~ der Natur 自然の法則 | das ~ von der Erhaltung der Energie エネルギー保存の法則 | das ~ von Angebot und Nachfrage 需要と供給の法則 | das ~ der Schwere 〈der Trägheit〉 重力〈慣性〉の法則 ‖ **nach dem ~ der Serie** 連続継起の法則に従えば, 二度あることは三度あるというわけで. **3** 《南部》 =Gesätz

[*ahd.* gisezzida „Festsetzung"; ◇setzen]

Ge·setz≠aus·le·gung[gəzɛ́ts..] 女 法の解釈. **≠blatt** 中 法律公報, 官報. **≠buch** 中 法典, 法令集; 〘聖〙 律法の書: das Bürgerliche ~ (略 BGB) 民法〔典〕. **≠ent·wurf** 男 法案.

G

Ge·set·zes≠bre·cher 男 法律違反者. **≠hü·ter** 男《戯》(Polizist) 警官(法の番人). **≠kon·kur·renz** 女 (同一事件に対する)複数法律の適用, 法条競合. **≠kraft** 女 -/ 法的効力. **≠kun·de** 女 -/ 法律学.
ge·set·zes·kun·dig 形 法律に通じた.
Ge·set·zes≠lücke 女 法の抜け穴. **≠no·vel·le** 女 改正法; 補足法規. **≠vor·la·ge** 女 法案.
ge·setz·ge·bend 形 立法〔上〕の: die ～*e* Gewalt 立法権.
Ge·setz·ge·ber 男 立法者; 立法機関.
ge·setz·ge·be·risch 形 立法〔上〕の.
Ge·setz≠ge·bung 女 立法. **≠kun·de** =Gesetzeskunde
ge·setz·kun·dig =gesetzeskundig
ge·setz·lich[gəzɛ́tslɪç] 形 **1** 法律〔上〕の, 法的な, 法定の: ein ～*er* Erbe 法定相続人 | ein ～*er* Feiertag 法律で定められた祝日 ‖ ～ verboten ⟨vorgeschrieben⟩ sein 法律によって禁止されて⟨定められて⟩いる. **2** 合法的な, 適法な: auf ～*em* Wege 合法的な手段で.
Ge·setz·lich·keit[–kaɪt] 女 -/ 合法性, 適法性.
ge·setz·los[..lo:s][1] 形 **1** 法を無視した, 非合法の. **2** 法律のない: eine ～*e* Situation 無法状態.
Ge·setz·lo·sig·keit[..lo:zɪçkaɪt] 女 -/ **1** 法律無視, 非合法. **2** 無法状態.
ge·setz·mä·ßig[..mɛ:sɪç][2] 形 **1** 法則どおりの, 規則的な. **2** =gesetzlich
Ge·setz·mä·ßig·keit[..kaɪt] 女 -/-en **1** 法則性, 規則性: eine physikalische ～ 物理学的法則性. **2** 合法性, 適法性.
Ge·setz≠pa·ket 中 一括法案. **≠rol·le** 女《史》(ユダヤの律法・モーセ五書などを記した皮製の)巻物の法典. **≠samm·lung** 女 法令集.
ge·setzt[gəzɛ́tst] **I** setzen の過去分詞.
II 副 (…であると)仮定すれば, 仮に(…である)として: *Gesetzt*, ihm passiert etwas ⟨daß ihm etwas passiert⟩, was soll dann werden? 彼の身に何か起こったら いったいどうなるだろうか(→setzen I 10) | ～ den Fall, daß ... (→Fall 2 a).
III 形 分別のある, 落ち着いた, 慎重な, しっかりした: ein ～*er* Mann 落ち着いた男 | in ～*em* Alter ⟨～*en* Jahren⟩ sein 分別ざかりの年配である | von ～*em* Wesen sein 落ち着いて⟨しっかりして⟩いる ‖ *sich*[4] ruhig und ～ benehmen 落ち着いて堂々と振舞う.
ge·setz·ten·falls 副 (…と)仮定すれば: ～, er wäre krank / ～, daß er krank wäre 仮に彼が病気だとすれば.
Ge·setzt·heit[..haɪt] 女 -/ 落ち着き, 分別, 沈着.
ge·setz·wid·rig[gəzɛ́tsvi:drɪç][2] 形 法律違反の, 違法の: eine ～*e* Entlassung 違法⟨不当⟩解雇.
Ge·setz·wid·rig·keit[–kaɪt] 女 -/-en **1**《単数で》違法性, 不当性. **2** 違法行為.
Ge·seuf·ze[gəzɔ́yftsə] 中 -s/ しきりにため息をつくこと. [＜seufzen]
ges. gesch. 略 =**gesetzlich geschützt** 法的に保護された(登録意匠など).
Ge·sicht[gəzɪ́çt] 中 **1** -[e]s/-er (小 **Ge·sicht·chen** [–çən] 中 -s/-) **a)** 顔, 顔面; 容貌(ようぼう), 面相;《比》上面, 前面: ein blasses ⟨kluges⟩ ～ 青白い⟨賢そうな⟩顔 | ein ～ wie Milch und Blut 血色のよい顔 ‖ Sein ～ lief rot an ⟨bekam wieder Farbe⟩. 彼の顔は赤味がさした⟨生気を取り戻した⟩ ‖ das ～ abwenden ⟨dem Fenster zukehren⟩ 顔をそむける⟨窓の方へ向ける⟩ | *sich*[3] das ～ waschen 洗面する | ***sein* wahres ～ zeigen**《比》仮面を脱ぐ, 正体⟨本性⟩を現す ‖【前置詞と】das Buch **aufs** ～ legen 本を伏せる | Ihm ist das Essen **aus** dem ～ gefallen.《戯》彼は食べ物を吐いた | ***jm.* wie aus dem ～ geschnitten sein** …に瓜(うり)二つである | Gräten **im** ～ haben (→Gräte 1) | ***et.***[3] **ins ～ blicken ⟨sehen⟩**《比》…を直視する, …を回避しない | Ich kann ihm nicht ins ～ blicken ⟨sehen⟩. 私はまともに彼の顔を見られない(良心にやましいところがある) | ***jm.* ins ～ lachen** …をあざけり笑う | ***jm.* ins ～ lügen** …に面と向かってうそを言う | ***jm. et.***[4] **ins ～ sagen** …に…を面と向かって言う⟨直言する⟩ | ein Schlag ins ～ (→Schlag I 1 a) | ***jm.* ins ～ schlagen** …の顔に一撃をくらわす;《比》…を面と向かって辱める | Das war ein Schlag ins ～ für mich.《比》それは私にとってひどい侮辱だった | der Tatsache[3] ⟨der Wahrheit[3]⟩ ins ～ schlagen (→Tatsache, →Wahrheit) | *jm.* die Wahrheit ins ～ schleudern《比》…に真実を直言する | den Tatsachen ins ～ sehen (→Tatsache) | Ich könnte **ihm vor Haß ins ～ springen.**《俗》私は憎らしくて彼に飛びかかりたいくらいだ(→2) | *sich*[3] eine〔Zigarre〕ins ～ stecken《俗》葉巻をくわえる | *sich*[3] den Hut ins ～ ziehen 帽子をまぶかにかぶる | **mit** dem ～ nach hinten ⟨vorn⟩ 顔を後ろ⟨前⟩へ向けて | **mit dem ～ in die Butter fallen**《比》運よく災難を免れる | Er lacht **übers** ganze ～. 彼は満面に笑みをたたえている | Über sein ～ huschte ein Lächeln. 彼の顔にふとほほえみが浮かんだ | *jm.* die Larve ⟨die Maske⟩ **vom** ～ reißen (→Larve 2 a, →Maske 1 b) | *jm.* einen Spiegel **vor** das ～ halten (→Spiegel 1 a) | Der Hut steht ihr gut ⟨nicht⟩ **zu** ～. この帽子は彼女に似合う⟨似合わない⟩.
b) 顔つき, 表情; (特徴的な)外見, 様子: ein böses ⟨fröhliches⟩ ～ 怒った⟨楽しそうな⟩顔 ‖ Sein ～ hellte sich auf. 彼の表情は明るくなった | Das ～ der Stadt hat sich völlig geändert. 町の様子⟨情景⟩はすっかり変わった ‖ ein amtliches ～ aufsetzen ⟨aufstecken⟩ とりすました顔をする | **ein anderes ～ bekommen** 異った様相を呈する | *et.*[3] das richtige ～ geben …をしかるべく整える | Die Sache hat jetzt ein ～. 事はこれで体(てい)をなした | **ein langes ～ machen / lange ～*er* machen** がっかりした顔つきをする | **ein schiefes ～ machen ⟨ziehen⟩** 不機嫌な顔をする | ein ～ wie drei ⟨sieben / zehn⟩ Tage Regenwetter machen (→Regenwetter) |〔nach außen hin〕**das ～ wahren** 感情を顔に出さない(→c) ‖ *et.*[4] **an** *js.* ～[3] sehen / *jm. et.*[4] vom ～ ablesen / *et.*[4] in *js.* ～[3] lesen …の顔つきから…を読み取る | Die Not schaut ihm **aus** dem ～. 彼の顔には苦悩の色がありありと見える | Das steht ihm **im** ～. それは彼の顔に書いてある.
c) (Ansehen) 面目, 体面, 面子(めんつ): **das ⟨*sein*⟩ ～ retten ⟨wahren⟩** 面目を保つ(→b) | **das ⟨*sein*⟩ ～ verlieren** 面目⟨面子⟩を失う(→2).
d) (…の顔をした) 人: fremde ⟨neue⟩ ～*er* 顔見知りでない⟨新顔の⟩人々.
2 -[e]s/《雅》視覚, 視力; 視野, 視界: das innere ⟨geistige⟩ ～ 心眼 ‖ ▽ein kurzes ⟨schwaches⟩ ～ haben 近視⟨弱視⟩である | **das Zweite ～ haben** 千里眼である, 予言能力がある | das ～ verlieren 失明する(→1 c) ‖ ***jm.* aus dem ～ kommen** …との連絡が途絶える | ***jn.* aus dem ～ verlieren** …を見失う;《比》…との連絡が途絶える | **ins ～** fallen ⟨springen⟩ 視界に飛び込む(→1 a) | ***et.***[4] **zu ～ bekommen** …を目にする | Ich hatte ihn lange nicht zu ～ bekommen. 私は長らく彼と会っていなかった | *jm.* zu ～ kommen《官》…の目にとまる.
3 -[e]s/-e (Vision) 幻影, まぼろし: ～*e* haben / ～*e* sehen 幻影を見る. [*ahd.*; ◇sehen, Sicht]
Ge·sich·tel[gəzɪ́çtəl] 中 -s/-[n]《ｵｰｽﾄﾘｱ》《話》美しい⟨やさしい⟩顔.
Ge·sichts≠aus·druck[gəzɪ́çts..] 男 顔の表情, 顔つき. **≠bil·dung** 女 顔だち, 容貌(ようぼう). **≠emp·fin·dung** 女 視覚. **≠er·ker** 男《話》(Nase) 鼻(顔全体を家に見立てて). **≠far·be** 女 顔色. **≠feld** 中 視野. **≠haut** 女 顔の肌. **≠kon·trol·le** 女《話》(ドアマンなどが客の顔を見て客種を見分けるための)顔検査. **≠krampf** 男〘医〙顔面痙攣(けいれん). **≠kreis** 男 **1** 視野: einen beschränkten ～ haben 視野が狭い, 狭量である. ▽**2** (Horizont) 地平線, 視界. **≠läh·mung** 女 顔面筋麻痺(まひ). **≠li·nie**[..li:niə] 女 **1** 視界, 地平線. **2** 顔の輪郭. **3**〘天〙視軸.
ge·sichts·los[gəzɪ́çtslo:s][1] 形 (人に関して)個性⟨特色⟩のない.
Ge·sichts≠mas·ke 女 **1** (顔面用の)仮面, 面(→図 Maske); (特定の目的のために用いられる)マスク(酸素吸入用マスク・手術用マスクなど). **2**〘ｱｲｽﾎｯｹｰ〙(ゴールキーパーの)フェイス

G

マスク. **3**〘美容〙(美顔用の)パック〔剤〕: eine ~ 〔aus *et.*³〕 auftragen ⟨entfernen⟩ 〔…で作った〕パックを塗る⟨はがす⟩. ≈**mas·sa·ge**[..masa:ʒə] 女 美顔マッサージ. ≈**ma·trat·ze** 女《俗》(Vollbart) 顔一面のひげ. ≈**milch** 女 (顔につける)乳液. ≈**mus·kel** 男〘解〙顔面筋. ≈**nerv** 男 顔面神経. ≈**pla·stik** 女 -/ (顔の)美容整形.

Ge·sịchts·punkt 男 **1** 視点, 観点, 見地, 見解: *et.*⁴ unter einem anderen ~ sehen …を別の観点で見る | Es kommt auf den ~ an. それは見かたの問題だ. **2**《複数で》《話》(顔の)そばかす. [1: *lat.* punctum vīsūs の翻訳借用]

Ge·sịchts≈rọ·se 女 -/ 〘医〙顔面丹毒. ≈**schlei·er** 男 顔を覆うベール(→ 図 Schleier). ≈**schmerz** 男〘医〙顔面痛, 顔面⟨三叉(さんさ)⟩神経痛. ≈**schnitt** 男 目鼻だち. ≈**sinn** 男 -〔e〕s/ 視覚, 視力. ≈**täu·schung** 女 目の錯覚, 錯視. ≈**ur·ne** 女 (先史時代の)顔型つぼ(→ 図 Urne). ≈**ver·lust** 男 面目⟨面子(めんつ)⟩を失うこと. ≈**was·ser** 中 -s/ (顔につける)化粧水, ローション. ≈**win·kel** 男 **1**〘理〙視覚. **2** =Gesichtspunkt 1 ≈**zug** 男 -〔e〕s/ ..züge《ふつう複数で》顔かたち, 顔だち, 容貌(ようぼう): edle ⟨harte⟩ *Gesichtszüge* 高貴な⟨きつい⟩顔だち.

Ge·sịms[gəzíms]¹ 中 -es/-e **1**〘建〙蛇腹(じゃばら), 飾りぶち, コルニス(→ 図). **2**〘登山〙岩棚(→ 図 Berg A).

Gesims

Ge·sịn·de[gəzíndə] 中 -s/- 《ふつう単数で》《集合的に》(特に農家の)下男下女, 奉公人. [*ahd.* gisindi „Gefolge“; < *ahd.* sind „Weg“ (◇sinnen)]

Ge·sịn·del[gəzíndəl] 中 -s/ (Pack)《集合的に》ならず者, 無頼の徒, やくざ, アウトロー: lichtscheues ~ (どろぼうなどの)悪人ども.

Ge·sịn·de≈ord·nung 女〘法〙奉公人規則(1918年廃止). ≈**stu·be** 女 (農家などの)奉公人部屋.

Ge·sịn·ge[gəzíŋə] 中 -s/ しきりに歌うこと⟨声⟩. [< singen]

ge·sịnnt[gəzínt] 形 **1**《様態を示す語句と》(…の)考え方⟨心情⟩を持った: ein liberal ~*er* Politiker 自由主義的な政治家 ‖ Ich bin anders ~ als er. 私は彼とは考え方が違う | *jm.* ⟨gegen *jn.*⟩ freundlich ~ sein …に対して好意的である. ▽**2** =gesonnen II 1 [*mhd.* „mit Sinn begabt“; ◇Sinn]

Ge·sịn·nung[gəzínʊŋ] 女 -/-en (個人のもつ根本的な)物の考え方, 心的態度, 心根, 心情, 志操, 主義: eine anständige ⟨gemeine⟩ ~ りっぱな⟨卑しい⟩心情 | von ehrlicher ⟨fortschrittlicher⟩ ~ sein 誠実な⟨進歩的な⟩考えの持ち主である | *jm.* freundliche ~ zeigen …に好意を示す | *seine* ~ wechseln 考え方を変える; 変節する. [< sinnen]

Ge·sịn·nungs≈akro·bat 男《話》= Gesinnungslump ≈**ge·nos·se** 男 同じ考え方⟨主義⟩の人, 同志.

ge·sịn·nungs·lọs[..lo:s]¹ 形 無定見な, 節操のない.

Ge·sịn·nungs·lọ·sig·keit[..lo:zɪçkaɪt] 女 -/ 無定見, 無節操.

Ge·sịn·nungs≈lump 男《話》無定見な⟨節操のない⟩人. ≈**schnüf·fe·lei** 女《軽蔑的に》(他人の)政治的信条などを嗅ぎ回ること, 思想調査.

ge·sịn·nungs·treu 形 節操のある, 信条の固い.

Ge·sịn·nungs≈wan·del 男, ≈**wech·sel** 男 変節, 変心.

ge·sịppt[gəzípt] 形 血縁のある. [< Sippe]

ge·sịt·tet[gəzítət] 形 **1** (sittsam) 礼儀正しい, しつけのよい; つつましやかな, しとやかな: ein ~*es* Benehmen 上品な振舞い. **2** 文明化した, 開化した, 教養のある: ein ~*es* Land 文明国. [*mhd.*; < *ahd.* sitōn „einrichten“ (◇Sitte)]

Ge·sịt·tung[..tʊŋ] 女 -/ **1**《雅》礼節, 上品さ, 良風. ▽**2** 文明開化.

Ge·sọcks[gəzɔ́ks] 中 -/ 《話》=Gesindel [< socken „〔davon〕laufen“]

Ge·sọ̈ff[gəzœ́f] 中 -〔e〕s/-e **1**《話》安酒. **2** 酒びたり. [< Suff]

ge·sọf·fen[gəzɔ́fən] saufen の過去分詞.

ge·sọ·gen[gəzó:gən] saugen の過去分詞.

ge·sọllt[gəzɔ́lt] sollen の過去分詞.

ge·sọn·dert[gəzɔ́ndərt] **I** sondern¹の過去分詞. **II** 形 別個の, 別々の: *et.*⁴ ~ behandeln …を別個に取り扱う.

ge·sọn·nen[gəzɔ́nən] **I** sinnen の過去分詞.
II 形 **1**《述語的》《zu 不定詞〔句〕と》(…する)つもりである: Ich bin nicht ~, meinen Plan aufzugeben. 私はこの計画を放棄する気はない. ▽**2** =gesinnt 1

ge·sọt·ten[gəzɔ́tən] **I** sieden の過去分詞.
II Ge·sọt·te·ne 中《形容詞変化》《方》煮込み肉.

ge·spạl·ten[gəʃpáltən] spalten の過去分詞.

Ge·spa̱n¹[gəʃpá:n] 男 -〔e〕s/-e (昔のハンガリーの)知事, 郡長. [*slaw.* župan－*ungar.* ispán]

Ge·spa̱n²[－] 男 -〔e〕s/-e; -en/-en《方》同僚, 仲間. [*mhd.*; ◇spannen]

Ge·spä̱n·ge[gəʃpɛ́ŋə] 中 -s/ 《集合的に》留め金, ブローチ. [< Spange]

Ge·spạnn[gəʃpán] 中 -〔e〕s/-e **1** (車を引く)一組の役畜: ein ~ Pferde 馬車1台を引く馬 | Die beiden geben ein gutes ~ ab.《比》その二人はぴったり呼吸が合っている. **2** 役畜の引く車: ein ~ mit drei Pferden 3頭立ての馬車.

ge·spạnnt[gəʃpánt] **I** spannen の過去分詞.
II 形 **1** 期待⟨好奇心⟩に満ちた, 手に汗を握るような: eine ~*e* Stille ぴんと張りつめた静けさ | in ~*er* Erwartung 期待をつのらせて ‖ auf *et.*⁴ ⟨*jn.*⟩ ~ sein …を待ちわびている; …に好奇心を燃やしている | Ich bin sehr ~, ob es ihm gelingt.《話》彼がうまくやるかどうか 私は気が気でない⟨興味津々(しんしん)だ⟩ | ~ wie ein Flitzbogen ⟨wie ein Regenschirm⟩ sein (→Flitzbogen, →Regenschirm) ‖ *jn.* ~ ansehen …を食い入るように見つめる. **2** 一触即発の, 危機をはらんだ: Die Lage wird immer ~*er*. 事態はますます緊張の度が加わる | mit *jm.* auf ~*em* Fuß stehen …と緊張関係にある, …と不仲である. **3**〘言〙緊張性の.

Ge·spạnnt·heit[－haɪt] 女 -/ gespannt なこと.

Ge·spa̱n·schaft[gəʃpá:nʃaft] 女 -/-en (昔のハンガリーの)県, 郡. [< Gespan¹]

Ge·spä̱r·re[gəʃpɛ́rə] 中 -s/ 〘建〙(対になった)垂木(たるき); (小屋根の)全垂木. [*ahd.*; ◇Sparren]

ge·spạrrt[gəʃpárt] 形〘紋〙(盾を)山形に〔2〕分割した.

ge·spa̱·ßig[gəʃpá:sɪç]² 形《南部・オーストリア》(lustig) おもしろい, おかしな; おどけた, こっけいな.

Ge·spẹnst[gəʃpɛ́nst] 中 -es(-s)/-er **1** 幽霊, おばけ: die Stunde ⟨die Zeit⟩ der ~*er* 丑(うし)三つ時 ‖ als ~ erscheinen 化けて出る | wie ein ~ aussehen (やせこけて青ざめ)幽霊さながらである ‖〔am hellichten Tage〕~*er* **sehen**《比》取り越し苦労をする(〔真っ昼間から〕幽霊を見る) | In dem Schloß geht ein ~ um. この城はおばけが出る. **2**《比》(迫り来る)黒い影, 不安, 危機: das ~ des Krieges ⟨Hungers⟩ 戦火⟨飢餓⟩の不安. **3**《複数で》〘虫〙ナナフシ(竹節虫)目の昆虫(ナナフシムシの類). [*ahd.*; < *ahd.* spanan „locken“ (◇spannen)]

Ge·spẹn·ster≈furcht 女 幽霊への恐れ. ≈**ge·schich·te** 女 幽霊話, 怪談. ≈**glau·be** 男 幽霊の存在を信じること.

ge·spẹn·ster·haft 形 幽霊のような, 薄気味悪い.

Ge·spẹn·ster·ma·ki 男〘動〙メガネザル(眼鏡猿).

ge·spẹn·stern[gəʃpɛ́nstərn]《05》自 **1** (h) 幽霊のように⟨となって⟩出没する: 非人称 Es *gespenstert* im Schloß. 城には幽霊が出る. **2** (s) 幽霊のように彷徨(ほうこう)する.

Ge·spẹn·ster≈reich 中 幽霊の国, 冥界(めいかい). ≈**schiff** 中 幽霊船. ≈**stun·de** 女 真夜中, 丑(うし)三つ時.

Ge·spẹnst·heu·schrecke[gəʃpɛ́nst..] 女 (Stabheuschrecke)〘虫〙ナナフシ(竹節虫).

ge·spẹn·stig[gəʃpɛ́nstɪç]² 形, **ge·spẹn·stisch** [..stɪʃ] 形 幽霊のような, 無気味な.

Ge·spẹnst≈kre̱bs[gəʃpɛ́nst..] 男〘動〙ワレカラ(破殻)

G

科の一種(下等なエビの一種). ≈**lauf·kä·fer** 男《虫》ウチワムシ(団扇虫)(オサムシ科の甲虫).

Ge·sperr[gəʃpɛ́r] 中 -[e]s/-, **Ge·sper·re**[..rə] 中 -s/- **1**《工》固定(制動)装置; ラチェット, つめ車. **2**《狩》(キジなどの)母子. [*mhd.*; ◇sperren]

ge·spickelt[gəʃpíkəlt] 形《紋》三角チェック模様の.

ge·spickt[gəʃpíkt] spicken の過去分詞.

ge·spie·ben[gəʃpí:bən] speiben の過去分詞.

ge·spie·en[gəʃpí:ən] (**ge·spien**[..ʃpí:n]) speien の過去分詞.

Ge·spiel[gəʃpí:l] 中 -[e]s/, **Ge·spie·le**[1][..lə] 中 -s/ 遊び; 遊びほうけること. [<spielen]

Ge·spie·le[2][..lə] 男 -n/-n (女 **Ge·spie·lin**[..lɪn] 女 -/-nen) **1** 遊び友だち; 幼な友だち(男女の別なく用いることがある). **2** セックスの相手, 愛人.

ge·spien =gespieen

ge·spie·sen[gəʃpí:zən]《スイ》speisen の過去分詞.

Ge·spinst[gəʃpínst] 中 -es(-s)/-e **1** 目の粗い織物: ein seidenes ⟨hauchdünnes⟩ ~ 絹の(ごく薄い)織物 | das ~ einer Seidenraupe カイコの繭 | das ~ einer Spinne クモの巣 | ein ~ von Rohren《工》(こみいった)配管施設 | ein ~ von Lügen《比》網の目のように張りめぐらされたうそ. **2**《織》より糸. [*mhd.* gespunst; ◇spinnen]

Ge·spinst≈blatt·wes·pe 女《虫》ヒラタハバチ(扁葉蜂)科の昆虫. ≈**fa·ser** 女 紡績繊維. ≈**mot·te** 女《虫》スガ(巣蛾)科のガ. ≈**pflan·ze** 女 繊維のとれる植物(綿・麻など).

ge·spitzt[gəʃpítst] **I** spitzen の過去分詞. **II** 形《話》auf *et.*[4] ~ sein …をじりじりしながら待っている, …を待ちあぐねている.

ge·splis·sen[gəʃplísən] spleißen の過去分詞.

ge·spon·nen[gəʃpɔ́nən] spinnen の過去分詞.

Ge·spons[gəʃpɔ́ns][1] **I** 男 -es/-e《戯》(Bräutigam) 花婿; (Gatte) 夫. **II** 中 -es/-e《戯》(Braut) 花嫁; (Gattin) 妻. [*mhd.*; < *lat.* spōnsus „verlobt" (◇Sponsalien)]

Ge·spött[gəʃpœ́t] 中 -[e]s/ あざけり, 嘲弄(ちょうろう); あざけりの対象: mit *jm.* *sein* ~ treiben / ***jn.* zum ~ machen** …を笑いものにする | **zum ~ werden** 笑いものになる | zum ~ der Leute[2] werden 世間の嘲笑を買う.

Ge·spöt·tel[..ʃpœ́təl] 中 -s/ (しきりに)あざけること. [<spotten]

Ge·spräch[gəʃprɛ́:ç] 中 -[e]s/-e **1 a)** 話し合い, 語らい, 対話, 会談, (言葉の)やりとり: ein offenes ⟨vertrauliches⟩ ~ 率直な(内密の)話し合い | Spitzen*gespräch* トップ(首脳)会談 ‖ ein politisches ⟨philosophisches⟩ ~ führen 政治会談(哲学談義)をする | mit *jm.* ein ~ unter vier Augen haben …と二人きりで話し合う | ein ~ abbrechen ⟨fortsetzen⟩ 話を中断する(続ける) | das ~ wieder aufnehmen 話し合いを再開する | das ~ auf *et.*[4] bringen 話題を…のことに持っていく ‖ Das ~ brach ⟨riß⟩ ab. 話がとぎれた | **mit *jm.* im ~ bleiben** …と話し合いを続ける(接触を保つ) ‖ *sich*[4] auf ⟨in⟩ ein ~ mit *jm.* einlassen / mit *jm.* ins ~ kommen …と話し合いを始める | an einem ~ teilnehmen 話に加わる | **im ~ sein** 議題(話題)にのぼっている. **b)**《しばしば複数で》(交渉のための)話し合い, 会談: die ~*e* der Tarifpartner 賃金をめぐる労資間の話し合い.
2 (Telefongespräch) 通話: Fern*gespräch* 市外(遠距離)通話 | Orts*gespräch* 市内通話 ‖ ein ~ mit ⟨nach⟩ Paris anmelden パリへの通話を申し込む | ein ~ mit ⟨nach⟩ Berlin führen ベルリンと通話する | Herr Schmidt, ein ~ für Sie! シュミットさん あなたにお電話ですよ | Bitte, ein ~ mit ⟨nach⟩ London, dringend, Nummer ...! ロンドンへの通話を至急で願います 番号は….
3《単数で》《話》話題: Der Vorfall wurde zum ~ der ganzen Stadt. 事件は町じゅうの話の種になった.
[*ahd.*; ◇sprechen]

ge·sprä·chig[gəʃprɛ́:çɪç][2] 形 (↔schweigsam) 話し好きの, おしゃべりな, 多弁(能弁)な.

Ge·sprä·chig·keit[−kaɪt] 女 -/ gesprächig なこと.

Ge·sprächs·ana·ly·se[gəʃprɛ́:çs..] 女《言》会話分析.

ge·sprächs·be·reit 形 話し合いの用意のある.

Ge·sprächs≈be·reit·schaft 女 gesprächsbereit なこと. ≈**ein·heit** =Gebühreneinheit ≈**form** 女 -/ 対話形式: *et.*[4] in ~ niederschreiben …を対談体で書き記す. ≈**ge·gen·stand** 男 話題, 対話の中身(テーマ). ≈**part·ner** 男 話しの相手. ≈**stoff** 男 対話の素材, 話の種, 話題: Der ~ hat sich erschöpft. 話の種が尽きた. ≈**the·ma** 中 対話のテーマ, 話題.

ge·sprächs·wei·se 副 (→ ..weise ★) 対話体で; 談話中に: *et.*[4] ~ erfahren 話し合っている間に…を聞き知る.

ge·spreizt[gəʃpráɪtst] **I** spreizen の過去分詞. **II** 形 大げさな, わざとらしい, 誇張した: ein ~*er* Stil わざとらしい文体 | *sich*[4] ~ ausdrücken 仰々しい話し方をする.

Ge·spreizt·heit[−haɪt] 女 -/ 大げさな(わざとらしい)こと, 誇張.

Ge·spren·ge[gəʃprɛ́ŋə] 中 -s/- **1**《単数で》《話》(水などを)まき散らすこと. **2**《建》**a)** (後期ゴシック建築教会の)祭壇わきの塔状装飾. **b)** 束柱のある棟(側壁). [<sprengen]

ge·spren·kelt[gəʃprɛ́ŋkəlt] **I** sprenkeln の過去分詞. **II** 形 ぶち(まだら)のある, 点々模様の(→ ⊠ Muster).

ge·sprickelt[gəʃpríkəlt] 形《スイ》斑点(はんてん)(そばかす)のある.

Ge·sprin·ge[gəʃpríŋə] 中 -s/《話》〔絶えず〕はね(とび)回ること. [<springen]

ge·spritzt[gəʃprítst] **I** spritzen の過去分詞. **II Ge·spritz·te** 男《形容詞変化》《南部・オーストリア》炭酸水で割ったワイン, ワインのソーダ割り.

ge·spro·chen[gəʃprɔ́xən] sprechen の過去分詞.

ge·spros·sen[gəʃprɔ́sən] sprießen[2]の過去分詞.

Ge·spru·del[gəʃprú:dəl] 中 -s/ (水などが)しきりに泡立ったり噴出したりすること(音). [<sprudeln]

Ge·sprüh[gəʃprý:] 中 -s/ **1**〔絶えず〕しぶきを飛ばすこと, 飛散すること. **2** しぶき, 噴霧; ぬか雨, 霧雨; 粉雪. [<sprühen]

ge·sprun·gen[gəʃprʊ́ŋən] springen の過去分詞.

Ge·spür[gəʃpý:r] 中 -s/ 知覚(感知)する能力, 勘, センス: ein feines ~ für lohnende Geschäfte haben もうけ仕事によく鼻がきく. [*mhd.*; ◇spüren, Spur]

gest. 略 =**gestorben** 死去した: ~ 3. Mai 1716 1716年5月3日没.

Gest[gɛst] 男 -[e]s/; 女 -/《北部》(Hefe) (パンの)酵母. [◇gären, Gischt; *engl.* yeast]

Ge·sta·de[gəʃtá:də] 中 -s/-《雅》(Küste) 岸, 浜辺, なぎさ. [*mhd.*; ◇Staden]

ge·stählt[gəʃtɛ́:lt] stählen の過去分詞.

Ge·stalt[gəʃtált] 女 -/-en **1**《ふつう単数で》**a)** (特定の)形, 形状, 形態, 姿; (人間の)外形の姿, 体格: die äußere ~ 外形 | die ~ des Kopfes 頭の形 | Miß*gestalt* 奇形 ‖ die ~ ändern 形(姿)を変える | **~ annehmen ⟨gewinnen⟩** (時とともにしだいに)輪郭が定まる, (計画などが)具体的になる | ***et.*[3] ~ geben ⟨verleihen⟩** …に形を与える, …を具体化する ‖ ein Abgott in menschlicher ~ 人間の姿をした偶像 | Hilfe in ~ von Geld und Sachwerten 金銭と物品の形での援助 | ***sich*[4] in *seiner* wahren ~ zeigen** 正体を現す | ein Mann von mittlerer ~ 中肉中背の男 | von schlanker ⟨untersetzter⟩ ~ sein 体つきがすらりと(ずんぐり)している | ein ~ von der traurigen ~ (→Ritter[1] 1 a). **b)**《官》あり方, 状態: nach ~ der Dinge 事態に応じて.
2 (だれとはっきり分からない)人の姿, 人影, (得体の知れぬ)人物: eine dunkle ~ だれと分からぬ人影 | eine fragwürdige ~ いかがわしい(うさんくさい)人物 | eine ~ im Dunkeln 暗がりの人影 | eine schwankende ~《話》千鳥足の酔っぱらい.
3 (重要な)人物; (作中の)人物: eine ~ wie Goethe ゲーテのような人物 | die großen ~*en* der Geschichte 歴史上の偉大な人物たち | die zentrale ~ des Romans 小説の中心的人物.
4《スイ》(Schnürleib) コルセット.

[*mhd.*; < *ahd.* gistalt „beschaffen" (◇stellen)]

..gestalt[..gəʃtalt] **1**《形容詞・代名詞の女性 2 格形につけて,「…のように」を意味する副詞をつくる》: der*gestalt* このように | solcher*gestalt* そんなふうに ‖ gleicher*gestalt* 同様に | folgender*gestalt* 次のように. **2**《副詞などにつけて,「…の格好の」を意味する形容詞をつくる》: wohl*gestalt* 姿〈形〉のいい | miß*gestalt* 奇形の.

ge·stalt·bar[gəʃtáltba:r] 形 (特定の形に) 形作ることのできる, 造形可能な.

ge·stal·ten[gəʃtáltən] 《01》 他 (h) 形作る, 形成〈構成〉する, 造形〈具体化〉する: einen Satz ～ 文章を作り上げる | eine Handlung ～ 筋書きを作る | *et.*[4] dramatisch 〈zu einem Drama〉 ～ …を戯曲に仕立てる | den Abend nett ～ 夜の集まり〈パーティー〉をうまく盛り上げる ‖ 再帰 *sich*[4] ～ 具体化〈展開〉する | *sich*[4] gut ～ よくなる | *sich*[4] günstig ～ 有利に展開する | *sich*[4] zu *et.*[3] ～ …になる ‖ die *gestaltende* Kraft 形成力 | seltsam *gestaltete* Felsen 奇妙な形の岩石 | bei so *gestalteten* Umständen《官》かかる状況の下で〔は〕.

ge·stal·ten≠reich 形, **≠voll** 形 さまざまな形の, 千態万様の.

Ge·stal·ter[gəʃtáltər] 男 -s/- (⊛ **Ge·stal·te·rin** [..tərɪn]-/-nen) 形作る人; (会などの) 企画者, 世話人, 幹事; (道具・装飾などの) デザイナー: der ～ *seines* Geschicks 自分の運命を自分で切り開く人.

ge·stal·te·risch[..tərɪʃ] 形 創造〈造形〉的な.

Ge·stalt·fe·stig·keit 女 (金属や木材の) 形状不変性.

..gestaltig[..gəʃtaltɪç][2]《名詞・形容詞・数詞などにつけて「…の形をした」を意味する形容詞をつくる》: menschen*gestaltig* 人間の形をした | viel*gestaltig* さまざまな形の.

Ge·stalt·leh·re[gəʃtált..] 女 -/ (Morphologie) 形態学, 形態論.

ge·stalt·los[..lo:s][1] 形 形のない〈定まらない〉, 無形の; 具体性のない, 抽象的な.

Ge·stalt·lo·sig·keit[..lo:zɪçkaɪt] 女 -/ gestaltlos なこと.

Ge·stalt·psy·cho·lo·gie 女 -/ 形態〈ゲシュタルト〉心理学.

Ge·stal·tung[gəʃtáltʊŋ] 女 -/-en **1**《ふつう単数で》(gestalten すること. 例えば:) 形成, 造形; 具体化. **2** (gestalten された状態. 例えば:) 型, 形; 様式: die ～ eines Buches 造本, 書物のデザイン. **3** (gestalten されたもの. 例えば:) 姿, 形姿.

Ge·stal·tungs≠kla·ge 女《法》(民事訴訟での) 形成の訴え. **≠kraft** 女 (特に芸術的な) 創作〈造形〉力. **≠recht** 中《法》(民事訴訟での) 形成権. **≠trieb** 男 創作衝動. **≠ur·teil** 中《法》(民事訴訟での) 形成判決.

Ge·stalt·wan·del 男 **1** 形態の変化. **2**《医》(成長期の) 体格変化.

Ge·stäm·me[gəʃtɛ́mə] 中 -s/ **1** 森〔の樹木〕. **2**《狩》(シカなどの) 枝角(えだづの). [< Stamm]

Ge·stam·mel[gəʃtáməl] 中 -s/ しきりにどもること; つっかえつっかえ話すこと. [< stammeln]

Ge·stampf[gəʃtámpf] 中 -〔e〕s/ , **Ge·stamp·fe** [..pfə] 中 -s/ しきりに足を踏みならすこと〈音〉. [< stampfen]

ge·stand[gəʃtánt][1] gestehen の過去.

Ge·stän·de[gəʃtɛ́ndə] 中 -s/- **1**《狩》(鳥, 特にタカなどの) 鉤爪(かぎづめ). **2** (Horst) (高い所にある) 猛禽(もうきん)類の巣. [< Stand]

ge·stan·den[gəʃtándən] **I** **1** stehen の過去分詞. **2** 形 **a)**《スキー》不倒(転倒せずに) ジャンプした (→stehen I 1 a ④). **b)**《付加語的》(主として男性について) 経験豊かな, ベテランの. **II** gestehen の過去分詞; 過去 1・3 人称複数.

ge·stän·dert[gəʃtɛ́ndərt] 形《紋》(盾を) 放射状に分割した (→ ⊠ Wappen d). [< Ständer]

ge·stän·dig[gəʃtɛ́ndɪç][2] 形《副詞的用法なし; しばしば 2 格・zu 不定詞〔句〕などを伴って》(…を) 自白〈白状〉した: ein ～*er* Angeklagter 自分の罪を認めた被告 ‖ eines Verbrechens ～ sein 犯罪を自白している | Er ist ～, den Mord begangen zu haben. 彼は殺人を犯したことを認めている.

[*mhd.*; ◇gestehen]

Ge·ständ·nis[gəʃtɛ́ntnɪs] 中 -ses/-se 自白, 告白: ein 〔durch Folter〕 erzwungenes ～〔拷問によって〕強制された自白 | das ～ der Liebe 愛の告白 ‖ ein ～ von *jm.* erzwingen 〈erpressen〉 …に自白を強要する | ein 〔volles〕 ～ ablegen 〔すっかり〕自白する | *sein* ～ widerrufen 自白を取り消す〈否認する〉 | *jm.* ein ～ machen …に秘密を打ち明ける.

Ge·stän·ge[gəʃtɛ́ŋə] 中 -s/- **1 a)** (垣根状の) 棒の連なり; 枠, 柵(さく). **b)**《狩》(シカなどの) 枝角(えだづの). **2**《工》**a)** (エンジン・弁などの) 連動桿(かん) (ピストン棒など: → ⊠ Regulator). **b)** (ドリル・ボーリング機の) 錐棒(きりぼう). [< Stange]

Ge·stank[gəʃtáŋk] 男 -〔e〕s/ 悪臭: ein fauliger ～ いやな腐敗臭 | Aas*gestank* 腐肉臭 ‖ ～ machen《比》もめ事を起こす.

Ge·stän·ker[gəʃtɛ́ŋkər] 中 -s/《話》絶えず難癖をつける〈悶着(もんちゃく)を起こす〉こと. [< stänkern]

Ge·sta·po[gestá:po·; まれ: ..ʃtá:.., géstapo·] 女 -/ (< Geheime Staatspolizei) ゲシュタポ (ナチ＝ドイツの秘密国家警察).

[▽]**Ge·sta·tion**[gɛstatsió:n] 女 -/-en (Schwangerschaft)《医》妊娠. [*lat.*]

Ge·sta·tions·to·xi·ko·se 女 -/-n ＝Gestose

ge·stat·ten[gəʃtátən] 《01》 他 (h) **1**《*jm. et.*[4]》(…に…を) 許す, 許容する: wenn es die Gesundheit *gestattet* 健康が許せば | Ist es *gestattet*, einzutreten? 入ってかまいませんか | Rauchen 〔ist〕 nicht *gestattet*! 禁煙 ‖《社交上の慣用句として》*Gestatten* Sie 〔mir〕 eine Frage? お尋ねしてかまいませんか | *Gestatten* Sie, daß ich rauche? タバコを吸ってよろしいでしょうか | *Gestatten* Sie 〔bitte〕! 失礼します (人の前を通るときなど). **2**《雅》再帰 *sich*[3] *et.*[4] ～ あえて…する | *sich*[3] Freiheiten ～ 遠慮しない | wenn ich mir eine Bemerkung ～ darf ひとこと言わせていただくなら | Ich *gestatte* mir, Sie zu benachrichtigen. あなたにお知らせ申し上げます. [*ahd.*; < *ahd.* stata (→statthaft)]

Ge·stat·tung[..tʊŋ] 女 -/ 許可, 許容.

Ge·ste[gɛ́stə, gé:stə] 女 -/-n **1** (談話に伴う) 身振り, ジェスチャー: mit lebhaften ～*n* sprechen さかんな身振り手振りで話す. **2** (相手にこちらの意図を分からせるための) 意思表示; (儀礼的な) 見せかけ, ポーズ: eine diplomatische ～ 外交的ジェスチャー | Der Brief ist nur eine höfliche ～. この手紙は儀礼的なものにすぎない. [*lat.* gestus; < *lat.* gerere (→gerieren); ◇ *engl.* gest〔ure〕]

Ge·steck[gəʃtɛ́k] 中 -〔e〕s/-e **1** フラワーデザイン〈生け花〉の作品. **2**《南部・オーストリア》(羽毛などによる) 帽子の飾り.

ge·steckt[gəʃtɛ́kt] **I** stecken の過去分詞. **II** 形《もっぱら次の形で》～ voll sein ぎっしり詰まっている, 超満員である | ein ～ volles Theater 大入り満員の劇場.

Ge·ste·he[gəʃté:ə] 中 -s/《話》(長時間) 立ちつくすこと, 立ちん坊. [< stehen]

ge·ste·hen*[gəʃté:ən] 《182》 **I** 他 (h) **1**《*jm. et.*[4]》(…に…を) 白状する, 告白する: *seine* Schuld 〈die Tat〉 ～ 罪〈犯行〉を認める | den Diebstahl ～ 盗みをはたらいたことを認める ‖ *jm. seine* Liebe ～ …に愛を打ち明ける | 〔um〕 die Wahrheit zu ～ 実を言うと ‖《目的語なしで》Der Täter hat *gestanden*. 犯人は自白した | offen *gestanden* 率直に言うと. **2**《方》再帰 *sich*[4] ～《zu 不定詞〔句〕と》あえて (…) する.

[▽]**II** 自 (s) 凝固する: *gestandene* Milch 凝乳.

[*ahd.* gistān „(zur Aussage) hintreten"; ◇stehen]

Ge·ste·hungs·ko·sten[gəʃté:ʊŋs..] 複《商》原価, 生産費: *et.*[4] unter ～ verkaufen …を原価を割って販売する. [< *mhd.* gestēn „zu stehen kommen, kosten"]

Ge·stein[gəʃtáɪn] 中 -〔e〕s/-e **1 a)** 岩石: sedimentäres ～ / Sediment*gestein* 堆積(たいせき)岩 | taubes ～ 有用鉱物を含まない岩石 | Eruptiv*gestein* 火成岩. **b)** (Felsen) 岩塊, 岩山. [▽]**2** 宝石類.

Ge·steins≠art 女 岩石の種類. **≠block** 男 -〔e〕s/ ..blöcke 岩塊. **≠boh·rer** 男, **≠bohr·ma·schi·ne** 女 鑿岩(さくがん)機. **≠kun·de** 女 -/ , **≠leh·re** 女 -/ 岩石

G

学. ≈**pflan·ze** 女 岩の割れ目に生える植物. ≈**pro·be** 女 岩石見本〈標本〉. ≈**schicht** 女 岩層.

Ge·stell[gəʃtɛ́l] 中 -〔e〕s/-e **1** 台架, 支持枠, 骨組み(→ 図 Säge): ein ~ für Handtücher タオル掛け | ein ~ für Schirme 傘立て; 傘の骨 | Bett*gestell* ベッドの架台〈フレーム〉| Bücher*gestell* 書架. **2** (高炉の)炉床(→ 図 Hochofen). **3**〘林〙(境界を兼ねる)林道. **4**《話》(Bein) 脚(あし). **5**《話》**a**) 骨格; 骸骨(がいこつ). **b**) 骨と皮の〈やせこけた〉人: Er ist ein dürres 〈langes〉 ~. 彼はやせっぽち〈のっぽ〉だ | Er ist das reine ~. 彼は骨と皮だ. [*ahd.* gistelli „Stellung"; ◇Stall]

ge·stel·len[gəʃtɛ́lən] 他 (h) **1**《*jn.*》(…を法廷などに)出頭させる: 再帰 *sich*⁴ ~ (法廷などに)出頭する | *sich*⁴ zum Militärdienst ~ 徴兵に応じる, 応召する. **2**《*et.*⁴》**a**) (品物などを)調達する, 用意する. **b**) (課税品などを税関に)提示する. [*ahd.*; ◇stellen]

Ge·stell·ma·cher[gəʃtɛ́l..] 男 -s/- 車大工.

ge·stellt[gəʃtɛ́lt] **I** **1** stellen の過去分詞. **2** 形 **a**) わざとらしい, ポーズを作った: eine ~*e* Aufnahme (スナップでなく)ポーズをとった撮影〈写真〉. **b**) gut 〈schlecht〉 ~ sein (経済的に)よい〈悪い〉待遇を受けている, 裕福である〈生活が苦しい〉| **auf *sich*⁴〔allein / selbst〕~ sein** 自立している. **II** gestellen の過去分詞; 現在 3 人称単数・2 人称複数; 命令法複数.

Ge·stel·lung[gəʃtɛ́lʊŋ] 女 -/-en《ふつう単数で》(〔sich〕gestellen すること. 例えば:) (法廷などへの)出頭;〘軍〙応召;〘鉄道〙(車両の)用意: die ~ der Wagen 配車.

Ge·stel·lungs·be·fehl 男〘軍〙召集令〔状〕.

ge·stern[gɛ́stərn] **I** (英: *yesterday*) 副 きのう, 昨日;《比》〔近い〕過去に: ~ abend 〈morgen〉 きのうの晩〈朝〉に | ~ in 〈vor〉 acht Tagen / ~ in 〈vor〉 einer Woche 来週〈先週〉のきのう | ~ um diese 〈dieselbe〉 Zeit きのうのこの〈同じ〉時刻に ‖ *Gestern* war Sonntag. きのうは日曜だった | Ich war ~ nicht zu Hause. 私はきのう家にいなかった ‖ **bis** ~ きのうまで | **seit** ~ / **von** ~ ab 〈an〉 きのうから | die Welt von ~ 昨日〈過ぎ去った時代〉の世界 | eine Methode von ~ 旧式な方法 ‖ Die Zeitung ist von ~. この新聞はきのうのだ | **von ~ sein**《話》すでに古くなっている, 時代遅れである | Diese Idee ist von ~.《話》このアイディアはもう古い ‖ **nicht von ~ sein**《話》きのう生まれたような未熟者ではない, ばかではない(聖書: ヨブ 8, 9 から) | Er ist von ~ übriggeblieben.《話》彼は昨夜から徹夜で飲み続けている.

II Ge·stern 中 -/〔近い〕過去: das ~ und das Heute 過去と現在 ‖ *sich*⁴ ans ~ klammern 過去〔の追憶〕にしがみつく | im ~ leben 過去〔の思い出〕に生きる.

[*westgerm.*; ◇*engl.* yesterday; *gr.* chthés „gestern"]

ge·sternt[gəʃtɛ́rnt] 形《雅》=gestirnt

Ge·sti·chel[gəʃtɪ́çəl] 中 -s/ しきりに刺すこと;《比》あてこすり, 皮肉. [<sticheln]

ge·stie·felt[gəʃtíːfəlt] **I** stiefeln の過去分詞. **II** 形 長靴を履いた: **~ und gespornt** 拍車のついた乗馬靴をはいて;《比》出かける身支度をして, 旅装をととのえて | der *Gestiefelte* Kater (→Kater 1 a).

ge·stie·gen[gəʃtíːgən] steigen の過去分詞.

ge·stielt[gəʃtíːlt] **I** stielen の過去分詞.
II 形 **1** 柄のついた. **2 a**)〘植〙葉柄のある, 有茎の. **b**)〘動〙有柄の: ~*e* Augen 有柄眼.

Ge·stik[gɛ́stɪk, géː..] 女 -/《集合的に》身振り〔手振り〕, 手まね, ジェスチャー: *sich*⁴ durch ~ verständigen (言葉でなく)身振り手振りで意志を疎通させる. [<Geste]

Ge·sti·ku·la·tion[gɛstikulatsióːn] 女 -/-en (個々の)身振り, 手まね. [*lat.*]

ge·sti·ku·lie·ren[..líːrən] 自 (h) 身振り〈手まね〉をする; 手まねで話す〈表す〉. [*lat.*]

ᵛ**Ge·stion**[gɛstióːn] 女 -/-en (Geschäftsführung) (業務の)執行, 管理. [*lat.*; <*lat.* gerere (→gerieren)]

Ge·stions·be·richt 男《オーストリア》《官》業務〈営業〉報告.

Ge·stirn[gəʃtɪ́rn] 中 -〔e〕s/-e《雅》(Himmelskörper) 天体(太陽・月・星など), 星辰(せいしん); (特に占星術上の)星座;《比》(星がつかさどるという)運命: ein neues 〈helles〉 ~ entdecken 新しい〈明るい〉星を発見する | unter einem glücklichen ~ geboren sein 幸運の星のもとに生まれている | Sein ~ geht auf.《比》彼は有名になる. [*ahd.*; ◇Stern²]

ge·stirnt[gəʃtɪ́rnt] 形《付加語的》《雅》星のある, 星におおわれた; 星形の飾りのついた: der ~*e* Himmel 星空 | der ~*e* Bär〘天〙熊(くま)座. [*ahd.*; ◇Stern²]

ge·sto·ben[gəʃtóːbən] stieben の過去分詞.

Ge·stö·ber[gəʃtǿːbər] 中 -s/- (雪・ほこりなどが風に)舞い上がること; 吹き降り, (特に:) (Schneegestöber) 吹雪. [<stöbern]

ge·sto·chen[gəʃtɔ́xən] stechen の過去分詞.

ge·stockt[gəʃtɔ́kt] stocken の過去分詞.

ge·stoh·len[gəʃtóːlən] stehlen の過去分詞.

Ge·stöhn[gəʃtǿːn] 中 -〔e〕s/ , **Ge·stöh·ne**[..nə] 中 -s/ しきりにうめくこと〈声〉. [<stöhnen]

Ge·stol·per[gəʃtɔ́lpər] 中 -s/ しきりにつまずくこと, つまずきながら歩くこと. [<stolpern]

Ge·stör[gəʃtǿːr] 中 -〔e〕s/-e《南部》(Floßholz) いかだ材. [*mhd.*; ◇Storre]

ge·stor·ben[gəʃtɔ́rbən] sterben の過去分詞.

ge·stört[gəʃtǿːrt] stören の過去分詞.

Ge·sto·se[gɛstóːzə] 女 -/-n (<Gestationstoxikose) (Schwangerschaftstoxikose)〘医〙妊娠中毒症. [◇Gestation; <..ose]

ge·sto·ßen[gəʃtóːsən] stoßen の過去分詞.

Ge·stot·ter[gəʃtɔ́tər] 中 -s/ しきりにどもること〈話し方〉, 口ごもり. [<stottern]

Ge·stram·pel[gəʃtrámpəl] 中 -s/ (子供などが)しきりに手足をばたつかせること. [<strampeln]

Ge·sträuch[gəʃtrɔ́ʏç] 中 -〔e〕s/-e **1** (Gebüsch) やぶ, 低木林, 灌木(かんぼく)林. **2**《集合的に》木の枝. [<Strauch]

ge·streckt[gəʃtrɛ́kt] strecken の過去分詞.

ge·streift[gəʃtráɪft] **I** streifen の過去分詞. **II** 形 縞(しま)模様の, 筋のはいった, ストライプの: eine ~*e* Katze 縞猫 | eine ~*e* Schürze 縞柄のエプロン ‖ Die Bluse ist blau-weiß ~. そのブラウスは青と白の縞模様だ | Sie zieht sich gern ~ an. 彼女は好んで縞模様の服を着る.

Ge·strei·te[gəʃtráɪtə] 中 -s/〔絶え間のない〕いさかい〈いざこざ〉. [<streiten]

ᵛ**ge·streng**[gəʃtrɛ́ŋ] 形 (streng) きびしい, 厳格な: eine ~*e* Methode 厳密な方法 | *Gestreng*〔*er*〕Herr! 殿, お上(かみ)(貴族・役人への呼びかけ) | die〔drei〕*Gestrengen* Herren《方》(5 月中旬の)寒い日々(=Eisheiligen).

Ge·streu[gəʃtrɔ́ʏ] 中 -〔e〕s/ (Streu) (畜舎の)敷きわら.

ge·stri·chelt[gəʃtríçəlt] stricheln の過去分詞.

ge·stri·chen[gəʃtríçən] streichen の過去分詞.

Ge·strick[gəʃtrík] 中 -〔e〕s/-e, **Ge·stri·cke**[..kə] 中 -s/- **1**《単数で》編むこと. **2** 編まれた物: ein Pullover in feinem ~ 目の細かいプルオーバー〈セーター〉. [<stricken]

gest·rig[gɛ́strɪç]² 形《付加語的》きのうの, 昨日の;《比》時代遅れの: am ~*en* Tage きのう | die ~*e* Zeitung きのうの新聞 | den ~*en* Tag suchen《話》ぼんやりしている ‖ unser *Gestriges*〘商〙昨日さしあげた書状 | zu den ewig *Gestrigen* gehören 時流に遅れている. [*ahd.*; ◇gestern]

ge·strit·ten[gəʃtrítən] streiten の過去分詞.

Ge·ström[gəʃtrǿːm] 中 -〔e〕s/ (液体・気体の)流れ; (群衆などの)流れ, 人波. [<strömen]

ge·stromt[gəʃtróːmt] 形 (犬などが)ぶちのある. [<*mhd.* strām (→Strömling)]

Ge·strüpp[gəʃtrýp] 中 -〔e〕s/-e (枝のからみ合った)やぶ;《比》からみ合い: *sich*⁴ im ~ der Tatsachen verirren いろいろな事実の錯綜(さくそう)する中で右往左往する. [<*mhd.* struppe „Buschwerk" (◇struppig)]

Ge·stü·be[gəʃtýːbə] (**Ge·stüb·be**[..ʃtýbə]) 中 -s/ (石・土のまじった)石炭殻. [*mhd.*; <*mhd.* stüppe „Staub" (◇stieben)]

Ge·stü·ber[gəʃtýːbər] 中 -s/-〘狩〙(野鳥・ウサギなどの)糞(ふん). [<stieben „Kot fallen lassen"]

G

▽**Ge·stück**[gəʃtʏ́k] 中 -[e]s/-e (Geschütz) (旧式の)大砲. [<Stück 7]

ge·stückt[..ʃtʏ́kt] 形〘紋〙(盾を)方形に分割した.

Ge·stühl[gəʃtý:l] 中 -[e]s/-e, **Ge·stüh·le**[..lə] 中 -s/ **1**《集合的に》いす; いす席. ▽**2** (Stuhlgang) 便通. [*ahd.*; ◇Stuhl]

ge·stüm·melt[gəʃtʏ́məlt] **I** stümmeln の過去分詞. **II** 形〘紋〙(鳥図形が)足を欠いた; (樹木図形が)根を欠いた.

Ge·stüm·per[gəʃtʏ́mpər] 中 -s/ しきりにへまをすること, (繰り返された)へま, 不手際. [<stümpern]

▽**ge·stun·den**[gəʃtʊ́ndən] =stunden

ge·stun·det[gəʃtʊ́ndət] **I** stunden の過去分詞. **II** gestunden の過去分詞; 現在3人称単数・2人称複数; 命令法複数.

ge·stun·ken[gəʃtʊ́ŋkən] stinken の過去分詞.

Ge·stürm[gəʃtʏ́rm] 中 -[e]s/《㊇》騒がしい話し声, 大騒ぎ. [*ahd.*; ◇stürmen]

Ge·stus[gɛ́stʊs] 男 -/ **1** しぐさ, 身振り. **2** (Ausdruck) 表現; 様子, 外見, 現れ. [*lat.* gestus (→Geste)]

Ge·stüt[gəʃtý:t] 中 -[e]s/-e **1** [種]馬飼育場. **2**《集合的に》(繁殖・品種改良用の)馬; 種馬. [<Stute]

Ge·stüt≠hengst 男 (繁殖・品種改良用の)雄馬, 種馬. **≠pferd** 中 (繁殖・品種改良用の)馬.

Ge·stüts·brand 男 種馬の焼き印.

Ge·stüt≠stu·te 女 (繁殖・品種改良用の)雌馬. **≠zei·chen** 中 =Gestütsbrand

Ge·such[gəzú:x] 中 -[e]s/-e 申請; 申請書, 願書: ein ~ auf ⟨um⟩ Verlängerung des Aufenthaltes 滞在期間延長願い | Abschieds*gesuch* 辞職願い ‖ ein ~ ablehnen ⟨bewilligen⟩ 申請を却下⟨認可⟩する | ein ~ an *jn.* ⟨bei *jm.*⟩ einreichen …に願書を出す | ein ~ auf ⟨um⟩ *et.*[4] prüfen …に関する申請[書]を検討する.

Ge·such·stel·ler 男 -s/- 申請⟨出願⟩者.

ge·sucht[gəzú:xt] **I** suchen の過去分詞. **II** 形 **1** (geziert) 気取った, わざとらしい, 不自然な: eine ~*e* Sprache わざとらしい言葉[づかい] | *sich*[4] ~ ausdrücken とりすました話し方をする. **2** (人々から)求められる, 需要の多い; 希少価値のある: ein ~*er* Arzt よくはやる医者 | ein sehr ~*er* Rohstoff 需要の極めて多い原料 ‖ Programmierer sind heute sehr ~. プログラマーは今日非常に求人が多い.

Ge·sucht·heit[–haɪt] 女 -/ gesucht なこと.

Ge·su·del[gəzú:dəl] 中 -s/ (字・絵などを)ぞんざいに書くこと; 塗りたくったもの, へぼ絵, 駄作; ぞんざい⟨おそまつ⟩な仕事. [<sudeln]

Ge·sül·ze[gəzʏ́ltsə] 中 -s/《方》《話》くだらぬおしゃべり. [<sülzen]

Ge·summ[gəzʊ́m] 中 -[e]s/ , **Ge·sum·me**[..mə] 中 -s/ (虫などが)ブンブン飛び回ること⟨音⟩;《比》しきりに不平をいうこと⟨声⟩. [<summen]

Ge·sums[gəzʊ́ms][1] 中 -es/《話》くだらぬおしゃべり. [<sumsen]

ge·sund[gəzʊ́nt][1] **ge·sün·der**[gəzʏ́ndər] (gesunder) / **ge·sün·dest** (gesundest) 形 **1** (英: *healthy*) (↔krank) 健康な, 丈夫な;《比》健全な: ein ~*es* Kind 丈夫な子 | ~*es* Holz〘林〙(虫食い・腐りのない)良材 | Ein ~*er* Geist in einem ~*en* Körper. 健全なる精神は健康なる肉体に(ラテン語のことわざ mens sana in corpore sano のドイツ語訳. ただしドイツではことわざ化していない) | ~*e* Zähne ⟨einen ~*en* Magen⟩ haben 歯⟨胃⟩が丈夫である ‖ ein ~*es* Aussehen ⟨eine ~*e* Farbe⟩ haben (見るからに)健康そうである⟨血色がいい⟩ | einen ~*en* Appetit haben 大いに食欲がある | ~*e* Ansichten haben (物の)考え方が健全である | der ~*e* Menschenverstand 良識 | ein ~*es* Unternehmen (経済的基盤の)健全な企業 ‖ einen Kranken ~ machen ⟨pflegen⟩ 病人を治す⟨看護する⟩(ただし: →gesundmachen) | *jn.* ~ schreiben …の健康証明書を書く | Er ist wieder ~. 彼は健康を回復した | Diese Preise sind nicht ~. この価格は健全でない⟨不当だ⟩ | ~ sein wie ein Fisch im Wasser (水中の魚のように)元気いっぱいである | Du bist wohl nicht ganz ~? / **Aber sonst bist du ~?**《話》おまえ少々いかれてるんじゃないか.

☆ 動詞と用いる場合はときに分離の前つづりとみなされる.

2 (↔ungesund) 健康によい, 健康⟨衛生⟩的な: ein ~*es* Klima 健康に適した気候 | eine ~*e* Lebensweise einhalten 節制を守る ‖ Obst essen ist ~. 果物を食べると健康にいい | *jm.* ganz ~ sein / ganz ~ für *jn.* sein …の体にいい;《比》(罰などが)…にいい薬になる.

3 (↔krank)〘狩〙傷を負って⟨撃たれて⟩いない: eine ~*e* Fährte 血のついていない獣の足跡.

[*westgerm.*; ◇geschwind; *engl.* sound]

ge·sund|be·ten[gəzʊ́nt..] **I**《01》他 (h)《*jn.*》(…の病気が治るように)加持祈禱(かじきとう)する.

II Ge·sund·be·ten 中 -s/ 加持祈禱, 信心療法.

Ge·sund·be·ter 男 加持祈禱(かじきとう)者.

Ge·sund·be·te·rei[gəzʊntbe:tərάɪ, ⌣⌣́–⌣–] 女 -/ =Gesundbeten

Ge·sund·brun·nen[gəzʊ́nt..] 男 (薬効のある)鉱泉;《比》健康のもと, 健康法.

ge·sun·den[gəzʊ́ndən][1]《01》自 (s) 健康になる, 全快する;《比》(景気が)持ち直す.

ge·sün·der gesund の比較級.

Ge·sund·er·hal·tung[gəzʊ́nt..] 女 健康維持.

ge·sün·dest gesund の最上級.

Ge·sund·heit[gəzʊ́nthaɪt] 女 -/-en **1**《単数で》**a)** 健康;《比》健全⟨堅実⟩さ: körperliche ⟨geistige⟩ ~ 体⟨心⟩の健康 | eine blühende ⟨robuste⟩ ~ haben きわめて健康である | eine angegriffene ~ haben 体をこわしている | die ~ der Wirtschaft 健全な経済[状態] ‖ auf die ~ bedacht sein 節制している | auf *js.* ~ trinken …の健康を祈って乾杯する | Auf Ihre ~! (乾杯の際に)ご健康を祈って | bei guter ~ sein 健康である | etwas für *seine* ~ tun 健康の保持に努める | mit der ~ wüsten 不節制をする | von zarter ~ sein 虚弱体質である | vor ~ strotzen 健康ではちきれそうである | [Zur] ~! (くしゃみの出た人に)お大事に ‖ *sich*[4] bester ~[2] erfreuen いたって健康です | der ⟨*seiner*⟩ ~[3] leben 健康に留意する | der ~[3] abträglich ⟨nicht zuträglich⟩ sein / der ~[3] schaden 健康に悪い | *js.* ~[4] angreifen …の健康を害する | die ~[1] selber sein 健康そのものである. **b)** 健康によい⟨健康的である⟩こと. ▽**2** 健康を祈っての乾杯: eine ~ [auf *jn.*] ausbringen …の健康を祈って乾杯する.

ge·sund·heit·lich[gəzʊ́nthaɪtlɪç] 形 **1** 健康の⟨に関する⟩: sein ~*er* Zustand 彼の健康状態 | die ~*en* Verhältnisse der Stadt 都市の衛生事情 | aus ~*en* Gründen 健康⟨衛生⟩上の理由で ‖ *Gesundheitlich* ⟨In ~*er* Beziehung⟩ geht es mir wieder besser. 私の体の具合はまたよくなりました. **2** 健康によい: der große ~*e* Wert frischen Obstes 新鮮な果実のすぐれた栄養価値.

Ge·sund·heits≠amt 中 衛生官庁(衛生局・保健所). **≠apo·stel** 男《戯》衛生⟨健康⟩にうるさい人. **≠ap·pell** 男〘軍〙身体検査. **≠at·test** 中 健康診断書;〘海〙検疫証書. **≠be·hör·de** 女 =Gesundheitsamt

ge·sund·heits·be·wußt 形 健康を意識した, 健康に留意した.

Ge·sund·heits≠dienst 男 公衆衛生業務. **≠er·zie·hung** 女〘体育〙保健教育.

ge·sund·heits≠för·der·lich 形, **≠för·dernd** 形 健康によい, 健康を増進する, 衛生的な. **≠hal·ber** 副 健康上の理由で.

Ge·sund·heits≠hel·fer 男 (旧東ドイツの, 赤十字によって訓練を受けた)健康管理補助員. **≠kost** 女 健康食[品]. **≠leh·re** 女 -/ (Hygiene) 衛生⟨保健⟩学. **≠paß** 男 健康診断書. **≠pfle·ge** 女 -/ 健康⟨衛生⟩管理: öffentliche ⟨vorbeugende⟩ ~ 公衆⟨予防⟩衛生. **≠po·li·tik** 女 保健政策. ▽**≠po·li·zei** 女 衛生警察(警察権をもつ保健官庁). **≠re·form** 女 健康保険制度改正. **≠rück·sich·ten** 複《次の形で》aus ~ 健康を考慮して, 健康上の理由で. **≠schä·den** 複 健康障害.

ge·sund·heits≠schä·di·gend 形, **≠schäd·lich** 形 健康に害のある, 非衛生的な.

Ge·sund·heits≠schutz 男 健康管理, 保健施策. **≠sy·stem** 中 健康保険制度. **≠ver·wal·tung** 女 健康管理. **≠we·sen** 中 -s/ 公衆衛生制度;《集合的に》保健〈衛生〉機関.

ge·sund·heits·wid·rig 形 健康によくない, 不健康〈非衛生〉な.

Ge·sund·heits≠zeug·nis 中 健康証明書〈診断書〉. **≠zu·stand** 男 -[e]s/ 健康状態.

ge·sund≠|la·chen[gəzʊ́nt..] 他 (h) 再帰 *sich*[4] ～ 陽気に構えて病気を追い払ってしまう〈元気になる〉. **≠|ma·chen** = gesundstoßen (ただし: gesund machen →gesund 1). **≠|pfle·gen**(*)《109》他 (h)《*jn.*》(…を健康が回復するまで)看護する. **≠|schrump·fen** 他 (h) 再帰 *sich*[4] ～〖経〗(不採算部門の閉鎖など)事業縮小によって経営を立て直す, 減量経営をはかる. **≠|sto·ßen***《188》他 (h)《話》再帰 *sich*[4] ～ (経済的に)持ち直す.

Ge·sun·dung[gəzʊ́ndʊŋ] 女 -/ 健康になること,(病気の)回復, 治療; 健全化; 持ち直し.

ge·sun·gen[gəzʊ́ŋən] singen の過去分詞.

ge·sun·ken[gəzʊ́ŋkən] sinken の過去分詞.

Ge·surr[gəzʊ́r] 中 -[e]s/ **, Ge·sur·re**[..rə] (機械などが)ブンブン回ること〈音〉. [<surren]

Ge·tä·fel[gətɛ́:fəl] 中 -s/ **1** (壁・床などに)羽目板を張ること, 板張り. **2** (壁・床などに張られた)羽目板. [*mhd.*; ◇Tafel]

ge·tä·felt[–t] täfeln の過去分詞.

Ge·tä·fer[..fər] 中 -s/《スイス》= Getäfel

ge·tan[gətá:n] tun の過去分詞.

Ge·tän·del[gətɛ́ndəl] 中 -s/ しきりに戯れる〈いちゃつく〉こと. [<tändeln]

ge·tauft[gətáʊft] taufen の過去分詞(略 get.).

Ge·tau·mel[gətáʊməl] 中 -s/ (しきりに)よろめくこと, 千鳥足. [<taumeln]

Geth·se·ma·ne[gɛtsé:mane·, gɛtzé:..] 地名 ゲツセマネ(Jerusalem の東方の Ölberg のふもとにあるオリーブ園. キリストが捕らえられる前, ここで最後の祈りをささげたという. 聖書: マコ14, 32). [*aram.* „Ölkelter"–*gr.*]

Ge·tier[gətí:r] 中 -[e]s/ **1**《集合的に》〔小〕動物,(特に:)虫けら. **2** (一般に)小動物(特に昆虫).

ge·ti·gert[gətí:gərt] tigern の過去分詞.

Ge·to·be[gətó:bə] 中 -s/ (子供などが)暴れ回ること〈音〉. [<toben]

Ge·tön[gətǿ:n] 中 -[e]s/ **, Ge·tö·ne**[..nə] 中 -s/ **1** 響き渡ること〈音〉: Man hörte das helle ～ der Glocken. 鐘がカンカン鳴り渡るのが聞こえた. **2**《話》ほら, 自慢話. [<tönen]

Ge·tos[gətó:s][1] (**Ge·tös**[..tǿ:s][1]) 中 -[e]s/ **, Ge·to·se**[..tó:zə] (**Ge·tö·se**[..tǿ:zə]) 中 -s/ とどろき渡ること〈音〉: das starke ～ des Sturmes 〈der Waffen〉 すさまじいあらしの〈武器のぶつかり合う〉音 | mit ～ fahren (車が)轟音(ごうおん)をたてて走る. [<tosen]

ge·tra·gen[gətrá:gən] **I** tragen の過去分詞.
II 形 **1** 着〈使い〉古した: ～*e* Schuhe 履き古しの靴. **2** (gemessen) 厳かな, 儀式ばった, 荘重な: ～ sprechen 重々しい話し方をする. **3**〖楽〗ソステヌートの, 音を十分に保った.

Ge·tra·gen·heit[–haɪt] 女 -/ (getragen なこと. 例えば:) 厳粛, 荘重.

Ge·tram·pel[gətrámpəl] 中 -s/ しきりに足を踏み鳴らすこと〈音〉, 足踏み; 足を踏み鳴らして歩くこと〈音〉. [<trampeln]

Ge·tränk[gətrɛ́ŋk] 中 -[e]s/-e 飲み物, ドリンク;〖医〗水薬: geistige 〈alkoholische〉 ～*e* アルコール飲料. [*mhd.*; ◇Trank]

Ge·trän·ke≠au·to·mat 男 飲み物用自動販売機. **≠kar·te** 女 (レストランの)飲み物のメニュー. **≠steu·er** 女 飲料〈酒類〉提供税, 飲酒税.

Ge·trap·pel[gətrápəl] 中 -s/ = Getrampel

Ge·tratsch[gətrá:tʃ] (**Ge·trätsch**[..trɛ́:tʃ]) 中 -[e]s/ **, Ge·trat·sche**[..trá:tʃə] (**Ge·trät·sche**[..trɛ́:tʃə]) 中 -s/《話》おしゃべり; うわさ話. [<tratschen]

ge·trau·en[gətráʊən] 他 (h) 再帰 *sich*[4] 〈*sich*[3]〉 ～《zu 不定詞〔句〕と》(…する)勇気がある, あえて(…する) | Ich *getraue* mich 〈mir〉 nicht, ihn zu fragen. 私には彼に問いただすだけの勇気はない | Ich *getraute* mich ins Haus 〈auf die Straße〉. 私は思いきって家へ入った〈通りへ出た〉 | Ich habe mir den Schritt *getraut.* 私はあえて1歩踏み出した〈その挙に出た〉. [*ahd.*; ◇trauen]

Ge·träum[gətrɔ́ʏm] 中 -[e]s/ **, Ge·träu·me**[..trɔ́ʏmə] 中 -s/《話》夢うつつでいること, 夢想. [<träumen]

ge·traut[gətráʊt] **I** trauen の過去分詞. **II** getrauen の過去分詞; 現在3人称単数・2人称複数; 命令法複数.

Ge·trei·be[gətráɪbə] 中 -s/ 雑踏, 混雑; (右往左往する)群衆. [<treiben]

Ge·trei·de[gətráɪdə] 中 -s/《集合的に》穀類, 禾穀(かこく), 穀類: Das ～ steht dieses Jahr gut. 今年は穀物の作柄がよい. [*ahd.* gitregidi „Ertrag"; ◇tragen]

Ge·trei·de≠an·bau 男 -[e]s/ 穀物の栽培. **≠art** 女 穀物の種類. **≠aus·fuhr** 女 穀物輸出. **≠bau** 男 -[e]s/ = Getreideanbau **≠bo·den** 男 穀物栽培の適地, 耕地; 穀物貯蔵庫, 穀倉. **≠bör·se** 女 穀物取引所. **≠brand** 男 -[e]s/〖農〗黒穂(くろぼ)病. **≠ein·fuhr** 女 穀物輸入. **≠ern·te** 女 穀物の収穫; 穀物収穫高; 収穫期. **≠feld** 中 穀物畑, 田畑 **≠han·del** 男 -s/ 穀物取引〈貿易〉; 穀物商会. **≠händ·ler** 男 穀物商人. **≠kam·mer** 女 穀倉地帯. **≠korn** 中 -[e]s/..körner 穀粒. **≠küm·mel** 男 (穀類を原料とする)キュンメル入り火酒. **≠land** 中 -[e]s/..länder **1** 穀物産出国. **2**《単数で》穀倉地帯. **≠laub·kä·fer** 男〖虫〗(ライ麦につく)ゾウムシ(象虫)の一種. **≠lauf·kä·fer** 男〖虫〗オサムシ(歩行虫)の一種(穀物の害虫). **≠mäh·ma·schi·ne** 女 穀物刈り取り機. **≠markt** 男 穀物市場〈取引所〉. **≠mie·te** 女《北部》(畑に積まれた)穀物の山, 稲むら. **≠mot·te** 女〖虫〗バクガ(麦蛾)(貯蔵小麦の害虫). **≠pflan·ze** 女 禾穀(かこく)類, 穀草類. **≠platt·kä·fer** 男〖虫〗ノコギリヒラタムシ(鋸扁虫), ノコギリコクヌスト(鋸穀盗人)(貯蔵穀物の害虫). **≠preis** 男 穀物価格. **≠pro·ber** 男 -s/- 穀物検量器(100リットル当たりの重量を量る). **≠rost** 男〖農〗さび病〔菌〕. **≠rüß·ler** 男 -s/- (Kornkäfer)〖虫〗コクゾウムシ(穀象虫). **≠schäd·ling** 男 穀物の害虫〈病菌〉. **≠spei·cher** 男 穀物貯蔵庫, 穀倉. **≠vor·rat** 男 穀物の蓄え. **≠wirt·schaft** 女 -/ 穀物農業. **≠zins** 男〖史〗穀物で納める小作料〈地代〉. **≠zoll** 男 穀物輸入関税.

ge·trennt≠blu·men·blät·te·rig[gətrɛ́nt..] 形 **, ≠blu·men·blätt·rig** 形〖植〗離弁〔花類〕の. **≠ge·schlech·tig** 形〖植〗雌雄異花〈異株〉の.

Ge·trennt·schrei·bung 女 (↔Zusammenschreibung)〖言〗分かち書き(例 obenerwähnt: oben erwähnt).

ge·tre·ten[gətré:tən] treten の過去分詞.

ge·treu[gətrɔ́ʏ] **I** 形 **1**《雅》(treu) (人について)信頼のおける, 忠実〈誠実〉な: ein ～*er* Diener 忠実な召使い | ein ～*er* Eckart (→Eckart) ‖ *sich*[3] selbst ～ bleiben 自分自身に対して忠実であり続ける, 自己に背かない | *seinem* Versprechen ～ 約束を守って. **2** 実物そのままの, 事実に忠実な: ein ～*es* Abbild 忠実な模写 | eine ～*e* Wiedergabe von *et.*[3] …の忠実な再現 | *et.*[4] ～ berichten …をありのままに報告する. **II Ge·treue** 男 女《形容詞変化》忠実な従者〈家来〉; 誠実な友人. [*ahd.*; ◇treu]

..getreu[..gətrɔʏ]《名詞につけて「…に忠実な, …どおりの」などを意味する形容詞をつくる》: buchstaben*getreu* 字句どおりの | original*getreu* 原作〈原画〉に忠実な | wahrheits*getreu* ありのままの.

ge·treu·lich[..lɪç] **I** 副 忠実に. ᵛ**II** 形 = getreu I

Ge·trie·be[gətrí:bə] 中 -s/- **1**〖工〗伝動装置, 歯車〈ギア〉装置(→ 図 Drehbank): Das ～ dieses Autos ist synchronisiert 〈hat drei Gänge〉. この自動車の変速装置はシンクロメッシュ〈3段式〉である | das ～ der Gesellschaft 〈des Staates〉 reformieren《比》社会〈国家〉機構を変革する ‖ nur 〈bloß〉 ein Rad 〈ein Rädchen〉 im ～ sein (→Rad

2 a) | *jm.* Sand ins ~ streuen ⟨werfen⟩ (→Sand 1). **2**《単数で》雑踏, 混雑: das festliche ~ auf der Straße 街頭の華やかなにぎわい | fern vom ~ der Welt 世のせわしさを離れて. **3**〖坑〗差矢(さしや)(仮支柱). [<treiben]

Ge·trie·be≠brem·se 女〖工〗推進軸ブレーキ. **≠leh·re** 女 -/ (Kinematik)〖理〗運動学.

ge·trie·ben[gətrí:bən] treiben の過去分詞.

Ge·tril·ler[gətrílər] 中 -s/ (ヒバリなどが)しきりにさえずること〈声〉. [<trillern]

Ge·trip·pel[gətrípəl] 中 -s/ **1** 小走りにちょこちょこ歩くこと〈音〉. **2** ぬか雨, 霧雨. [<trippeln]

ge·trof·fen[gətrɔ́fən] **I** treffen の過去分詞. **II** getrieft (triefen の過去分詞)の別形.

ge·tro·gen[gətró:gən] trügen の過去分詞.

Ge·trom·mel[gətrɔ́məl] 中 -s/ (太鼓などを)ドンドン鳴らすこと〈音〉. [<trommeln]

ge·trost[gətró:st] 形 安心した; 悠然たる: Er ist ~*en* Mutes. 彼は泰然としている ‖ Sei ~! 安心しろ; 元気を出せ | ▽nicht 〔recht〕 ~ sein《話》頭がどうかしてる ‖〖副詞的に〗~ sterben 安らかに死ぬ, 大往生をとげる | Man kann ~ sagen, daß ... …だと言ってもかまわない〈間違いじゃない〉. [*ahd.*; ◇Trost]

▽**ge·trö·sten**[gətrø:stən]《01》他 (h) **1** (trösten) 慰める, 安心させる: 再帰 *sich*[4] ~ 安心する. **2** 再帰 *sich*[4] *et.*[2] ~ …を期待する〈当てにして待つ〉. [*ahd.*; ◇trösten]

ge·trö·stet[gətrø:stət] **I** trösten の過去分詞. **II** getrösten の過去分詞; 現在 3 人称単数・2 人称複数; 命令法複数.

ge·trüf·felt[gətrʏ́fəlt] trüffeln の過去分詞.

Ge·trüm·mer[gətrʏ́mər] 中 -s/ 瓦礫(がれき)の山, 廃墟(はいきょ). [<Trümmer]

ge·trun·ken[gətrúŋkən] trinken の過去分詞.

Get·ter[gétər] 男 -s/-〖工〗(真空管内の残留ガスを吸収させる)ゲッター. [*engl.*; <*engl.* get „bekommen"]

Get·to[géto·] 中 (男) -s/-s **1** ゲットー(都市内でユダヤ人を隔離して居住させた一画); (社会的弱者の)スラム街;《軽蔑的に》(特定の人の)集合居住地区. **2** (社会的)閉鎖性. [*it.*]

Ge·tue[gətú:ə] 中 -s/《軽蔑的に》(わざとらしい)身ぶり, 態度, (仰々しい・もったいぶった)しぐさ; (無意味な)騒ぎ立て: *et.*[4] ohne viel ~ erledigen …をあっさり処理する. [<tun]

Ge·tüm·mel[gətʏ́məl] 中 -s/- (騒がしい)雑踏, 混乱: *sich*[4] ins ~ stürzen 雑踏に巻きこまれる | dem ~ der Schlacht ⟨der Welt⟩ entfliehen 乱戦〈騒がしい世の中〉からのがれる. [<*mhd.* tumel „Lärm" (◇tummeln)]

ge·tüp·felt[gətʏ́pfəlt] **I** tüpfeln の過去分詞. **II** 形 斑点(はんてん)〈水玉くずし模様〉のある(→ 図 Muster): eine ~*e* Schürze 水玉くずし模様のエプロン.

ge·tupft[gətúpft] **I** tupfen の過去分詞. **II** 形 =getüpfelt II

Ge·tu·schel[gətúʃəl] 中 -s/ ひそひそ話, ささやき. [<tuscheln]

Ge·tu·te[gətú:tə] 中 -s/ (警笛などを)しきりに鳴らすこと〈音〉. [<tuten]

ge·übt[gəlý:pt] **I** üben[1]の過去分詞. **II** 形 手なれた, 熟達した: ein ~*er* Schauspieler 老練な俳優 | ~ in *et.*[3] sein …に精通〈熟練〉している.

Ge·übt·heit[–haɪt] 女 -/ 熟練, 熟達.

Geu·se[gɔ́ʏzə] 男 -n/-n〖史〗ゴイセン同盟の戦士;《単数で》ゴイセン同盟(1566年スペインの専制に反抗したオランダ貴族たちのあだ名). [*fr.* gueux „Bettler"–*ndl.*]

GeV 略 =**G**iga**e**lektronen**v**olt ギガ〈10億〉電子ボルト.

▽**Ge·vat·ter**[gəfátər] 男 -s(-n)/-n (女 **Ge·vat·te·rin** [..tərɪn]-/-nen) (Pate) (洗礼に立ち会う)名づけ親, 代父;《比》懇意な人, 隣人, 親類, 相棒: **bei *jm.* ~ stehen** (洗礼に立ち会って)…の名づけ親になる | **bei *et.*[3] ~ stehen** …の片棒をかつぐ | Meine Uhr steht ~.《戯》私の時計は質に入っている ‖ *Gevatter* Müller ⟨Schmidt⟩!《戯》ミュラー〈シュミット〉君. [*ahd.*; *kirchenlat.* com-pater の翻訳借用; ◇Vater]

▽**Ge·vat·ter·schaft**[–ʃaft] 女 -/-en (Patenschaft) 代父〈代母〉であること;《比》親しい仲間〈つきあい〉;《軽蔑的に》徒党, 一味.

Ge·vat·ter·schmaus 男〖宗〗命名式〈洗礼〉の祝宴.

▽**Ge·vat·ters·mann** 男 -〔e〕s/..leute =Gevatter

▽**Ge·vier**[gəfí:r] 中 -〔e〕s/-e =Geviert

ge·viert[gəfí:rt] **I** vieren の過去分詞. **II** 形 **1** 4〔等〕分された;〖紋〗(十字に) 4 分割した(→ 図 Wappen d). **2** 四角い, 正方形の; 2 乗の. **III Ge·viert** 中 -〔e〕s/-e (**Ge·vier·te** 中 -s/-) 四辺形, (特に:) 正方形;〖坑〗方形枠;〖印〗全角クワタ: ein großes ⟨von Mauern umgebenes⟩ ~ 大きな〈塀に囲まれた〉四角〔い土地〕 | im eigenen ~《比》わが家で | im ~ stehen 四角く固まる, 方陣を作る | Das Zimmer hat fünf Meter im ~. その部屋は 5 メートル四方である | eine Zahl ins ~ bringen ある数を 2 乗する. [*ahd.*; *lat.* quadrātus (◇quadrieren) の翻訳借用]

ge·vier·teilt[gəfí:rtaɪlt] vierteilen の過去分詞.

Ge·viert≠fuß[gəfí:rt..] =Quadratfuß **≠maß** 中 角材の寸法;〖数〗平方積. **≠me·ter** =Quadratmeter **≠schein** 男〖天〗矩象(くしょう)(遊星が太陽と直角の位置に見えること). **≠wur·zel** =Quadratwurzel

Ge·vö·gel[gəfø:gəl] 中 -s/ **1** 鳥の群れ;《集合的に》鳥たち. **2**《卑》性交. [*ahd.*; ◇Vogel, vögeln]

GEW[ge:|e:vé:] 略 女 -/ =**G**ewerkschaft **E**rziehung und **W**issenschaft (ドイツの) 教員組合.

Ge·wächs[gəvéks] 中 -es/-e **1** (Pflanze) (一般的に) 植物: tropische ~*e* 熱帯植物 | unbekannte ~*e* 未知の〈見慣れぬ〉植物.

☆ 植物学の分類では複数形で科名を示す: Amaryllis*gewächse* ヒガンバナ科 | Heidekraut*gewächse* ツツジ科 | Rauten*gewächse* ミカン科.

2 (作物, 特にワインの品質に関して) (…)産のもの: das hiesige ~ 当地産ワイン | ein 〔19〕52er ~/ein ~ des Jahrgangs 〔19〕52 〔19〕52年もの(ワインなど) ‖ eigenes ~ sein (タバコ・ワインなどが) 自家製である.

3 はれもの, こぶ, いぼ; (Geschwulst) 腫瘍(しゅよう): ein bösartiges ~ 悪性腫瘍 | ein ~ an der Nase haben 鼻にはれものができている.

4《話》(あるタイプの) 人物: ein seltenes ⟨komisches⟩ ~ sein 変人である. ▽**5** (Wuchs) 体格, 体つき.

ge·wach·sen[gəváksən] **I** wachsen[1]の過去分詞. **II** 形 **1** (natürlich) 自然のままの, 人手を加えていない: ~*er* Boden 処女地. **2 *jm.* ~ sein** …に劣らない | ***et.*[3] ~ sein** …を解決するだけの力がある | Er war dem Gegner ⟨dem Problem⟩ nicht ~. 彼は相手に太刀打ちできなかった〈彼にはその問題は無理だった〉.

Ge·wächs·haus[gəvéks..] 中〖農・園〗(温度などを調節した) 温室, ガラス室.

Ge·wächs·haus·pflan·ze 女 温室栽培植物.

ge·wachst[gəvákst] **I** wachsen[2]の過去分詞. **II** 形 ワックス〈ろう〉を塗った.

Ge·wackel[gəvákəl] 中 -s/, **Ge·wacke·le** [..vákələ] (**Ge·wack·le**[..klə]) 中 -s/ ガタガタ揺れること〈音〉. [<wackeln]

Ge·waff[gəváf] 中 -〔e〕s/〖狩〗(イノシシなどの) 牙(きば).

▽**Ge·waf·fen**[..váfən] 中 -s/《集合的に》武器, 物の具. [*mhd.*; ◇Waffe]

ge·wagt[gəvá:kt] **I** wagen の過去分詞. **II** 形 **1** 思いきった, 大胆な; 冒険的な, 危険な: ein ~*es* Spiel spielen《比》危ない橋を渡る | eine ~*e* Frisur はでな髪型 ‖ Es scheint mir 〔zu〕 ~, das zu behaupten. 私はそれを主張するのは危いと思う. **2** みだらな, いやらしい, きわどい: ~*e* Scherze きわどい冗談.

Ge·wagt·heit[–haɪt] 女 -/-en gewagt なこと.

ge·wählt[gəvé:lt] **I** wählen の過去分詞. **II** 形 えりぬきの, すぐれた; 洗練された, 上品な: die ~*e* Gesellschaft 上流社会 ‖ *sich*[4] ~ ausdrücken 上品な言葉を使う.

ge·wahr[gəvá:r] 形《述語的》***jn.* ⟨*et.*[4]⟩ ~ werden / *js.* ⟨*et.*[2]⟩ ~ werden** …に気づく | *seinen* Irrtum ⟨*seines* Irrtums⟩ ~ werden 自分の誤りに気づく. [*westgerm.* „aufmerksam"; ◇wahren, wahrnehmen; *engl.* aware]

G

Ge·währ[gəvɛ́:r] 女 -/ **1** (Garantie) 保証; 担保: für *et.*[4] ~ leisten ⟨bieten⟩ …を保証する(→**gewährleisten**) | Können Sie mir die ~ geben, daß … ? 私に…ということを保証してくれますか | Die Zahlenangabe erfolgt ohne ~. (くじの当選番号の報道などで)数字については保証のかぎりでない. **2** 《南西部》保有〔権〕: in Besitz und ~[4] eines Vermögens eintreten 財産をわが物とする. [*ahd.*; ◇gewähren]

ge·wah·ren[gəvá:rən] 他 (h) 《雅》(wahrnehmen) 見つける, (…に)気づく. [*mhd.*; ◇gewahr]

ge·wäh·ren[gəvɛ́:rən] **I** 他 (h) 《*jm. et.*[4]》 **1** (希望するものを)与える, 認める: *jm.* Asyl ~ …に亡命を許す | *jm.* Schutz ~ …に保護を与える | *jm.* Rabatt ~ …に割引してやる. **2** (希望を)みたす: *jm.* eine Bitte ~ …の頼みを聞き入れる. **II** 自 (h) **1** ***jn.* ~ lassen** …の邪魔をしない, …にしたいように⟨好きなように⟩させておく. ∇**2** 《*jm.* für *et.*[4]》保証する. [*ahd.* 〔gi〕werēn; ◇wahr]

Ge·währ·frist[gəvɛ́:r..] 女 保証期間; 〖法〗(家畜売買の)担保期間.

ge·währ·lei·sten 《01》他 (h) 《*jm. et.*[4]》保証する.

Ge·währ·lei·stung 女 保証; 〖法〗担保.

Ge·wahr·sam[gəvá:rza:m] **I** 男 -s/ **1 a)** 保管: *et.*[4] in ~ geben ⟨nehmen⟩ …を寄託する⟨預かる⟩. **b)** 〖法〗保持(占有の意). **2** 拘禁, 拘置: *jn.* in ~ nehmen ⟨setzen⟩ …を拘置する | *sich*[4] in polizeilichem ~ befinden 警察に拘置されている. ∇**II** 中 -s/-e (Gefängnis) 拘置所, 監獄. [*mhd.*; < *mhd.* gewarsam „achtsam" (◇gewahr)]

Ge·währ·schaft[gəvɛ́:rʃaft] 女 -/ 保証; 担保; (法的に)保証〔された〕財産.

Ge·währs≈man·gel 男 〖法〗(家畜売買で)一定期間売り主の補償すべき欠陥⟨故障⟩(病気など). **≈mann** 男 -〔e〕s/..männer, ..leute **1** 〔身元〕保証人. **2** (信頼できる)情報提供者; 〖言〗インフォーマント.

ge·wahrt[gəvá:rt] **I** wahren の過去分詞. **II** gewahren の過去分詞; 現在 3 人称単数・2 人称複数; 命令法複数.

ge·währt[gəvɛ́:rt] **I** währen の過去分詞. **II** gewähren の過去分詞; 現在 3 人称単数・2 人称複数; 命令法複数.

Ge·wäh·rung[gəvɛ́:rʊŋ] 女 -/-en (gewähren すること. 例えば:) 供与; 許可, 認可; 承諾.

Ge·walt[gəvált] 女 -/-en **1** (Macht) 力, 権能, 権力; 支配力, 制御力: die gesetzgebende ~ 立法権 | die vollziehende ⟨ausführende⟩ ~ 執行⟨行政⟩権 | die richterliche ⟨rechtsprechende⟩ ~ 司法権 | die elterliche ~ 〖法〗親権 | ein Fall 〔von〕 höherer ~ 〖法〗(天災など)不可抗力事例 ‖ **~ über** *et.*[4] haben …を支配⟨制御⟩している ‖ *jn.* ⟨*et.*[4]⟩ **in** *seine* ~ bekommen …を支配下に収める | ***et.*[4] in der ~ haben** …を自分の意のままにしている | ***sich*[4] in der ~ haben** 自制力を失わない | Das steht nicht in meiner ~. それは私の権限外である⟨私にはどうすることもできない⟩ | unter *js.* ~[3] sein ⟨stehen⟩ …の支配下にある ‖ *Gewalt* geht vor Recht. 《諺》無理が通れば道理がひっこむ(権力は法律に優先する).

2 《単数で》無法〔な圧力〕; (肉体的)暴力: nackte ~ むき出しの暴力, ひどい無法 ‖ **mit** 〔roher〕 ~ 力ずくで, むりやり(→3) | **mit aller ~** 強引に, ぜがひでも, ぜひとも | mit 〔aller〕 ~ reich werden wollen ぜがひでも金持ちになろうとする ‖ ~ 〔gegen *jn.*〕 anwenden ⟨brauchen⟩ 〔…に対して〕暴力をふるう | ***jm.* ~ antun** 《雅》…に乱暴する; …(女性)に暴行する (= *jn.* vergewaltigen) | *sich*[3] ~ antun i) (あることを実行するために)克己する; ii) 自殺する | der Wahrheit ⟨der Geschichte⟩ ~ antun 《雅》真実⟨歴史⟩を歪曲(わいきょく)する.

3 激しさ, 勢い; 激しい力: die ~ der Natur 自然の猛威 | Das Schiff ist den ~*en* des Unwetters ausgeliefert. 船はあらしに翻弄(ほんろう)されている ‖ **mit ~** 激しく(→2) | Der Frühling naht mit ~. 春がぐんぐん近づく | von der ~ einer Leidenschaft erfaßt werden 激しい情熱のとりこになる. [*ahd.* „Befugnis"; ◇walten]

Ge·walt≈akt[gəvált..] 男 **1** 暴力行為, 暴行. **2** 《話》困難な⟨骨の折れる⟩仕事. **≈an·dro·hung** 女 脅迫, おどし. **≈an·wen·dung** 女 暴力の行使; 暴力ざた: unter ~ 暴力を用いて.

ge·walt·be·reit 形 暴力を行使する用意のある, 暴力容認の, 暴力を辞さない.

Ge·walt·brief 男 〔強制〕執行状.

Ge·wal·ten≈tei·lung 女 -/ , **≈tren·nung** 女 -/ 〖政〗(ふつう立法・司法・行政の)権力分立.

Ge·walt·film 男 暴力映画.

ge·walt·frei 形 暴力を用いない, 非暴力の.

Ge·walt·frei·heit 女 -/ gewaltfrei なこと(ガンジーの非暴力主義など).

Ge·walt≈frie·de 男, **≈frie·den** 男 (占領・戒厳令下など)強権によってもたらされた平和, 力の平和. **≈ha·ber** [..ha:bər] 男 -s/- (Machthaber) 権力者, 支配者. **≈herr·schaft** 女 -/ 専制, 圧制. **≈herr·scher** 男 専制⟨独裁⟩者, 暴君.

ge·wal·tig[gəváltɪç][2] 形 **1** 強力な; 権力のある: ein ~*er* König 強大な権力をもつ王. **2** (riesig) 巨大な; 激しい; 《話》ひどい, 非常な: ein ~*er* Felsen ⟨Turm⟩ 巨大な岩⟨塔⟩ | ~*e* Kälte ⟨Schmerzen⟩ ひどい寒さ⟨痛み⟩ | ein ~*es* Loch in die Kasse reißen (→Loch 1) ‖ Der Fortschritt war ~. 進歩は著しかった ‖ Da irrst ⟨täuschst⟩ du dich aber 〔ganz〕 ~! それは君のとんでもない思い違いだ.

ge·wäl·ti·gen[gəvɛ́ltɪgən][2] 他 (h) ∇**1** 圧倒する, 征服する. **2** 〖坑〗(坑道の)土砂⟨水⟩を取り除く: die Grubenwässer ~ 坑内を排水する.

∇**Ge·wal·ti·ger**[gəváltɪgər] 男 -s/- (中世の傭兵(ようへい)隊の)憲兵.

Ge·wal·tig·keit[..tɪçkaɪt] 女 -/ gewaltig なこと.

Ge·walt≈kri·mi·na·li·tät[gəvált..] 女 暴力犯罪. **≈kul·tur** 女 暴力〔容認⟨賛美⟩の〕文化. **≈kur** 女 荒療治.

ge·walt·los[..lo:s][1] 形 暴力を用いない, 非暴力の, 平和的な: ein ~*er* Widerstand 暴力に訴えない抵抗.

Ge·walt≈marsch 男 〖軍〗強行軍. **≈maß·nah·me** 女 強制措置⟨執行⟩; 《比》容赦のないやり方: ~*n* gegen *et.*[4] treffen …に強行手段⟨断固たる措置⟩をとる. **≈mensch** 男 粗暴な人間, 乱暴者. **≈mo·no·pol** 中 (国家権力による)暴力の独占. **≈po·ten·tial** 中 潜在的暴力. **≈recht** 中 〖法〗(占有侵害に対する)実力行使⟨自力救済⟩権.

ge·walt·sam[gəváltza:m] 形 暴力による, 強制的な, むりやりの; 横暴⟨無法⟩な: eine ~*e* Auslegung 曲解 | eine ~*e* Eroberung 力による征服 | einen ~*en* Tod sterben 変死⟨横死⟩する, 非業の死をとげる ‖ einen Streik ~ unterdrücken ストライキをむりやり押えつける⟨弾圧する⟩.

Ge·walt·sam·keit[–kaɪt] 女 -/-en 暴力行為, 暴行, 横暴; 無理〔無体〕.

Ge·walt≈streich 男 (抜き打ち的な)力の行使, 強襲; 〖政〗クーデター. **≈sze·ne** 女 (映画などの)暴力的な場面, 暴力シーン. **≈tat** 女 暴力行為, 暴行. **≈tä·ter** 男 暴力行為をする人, 暴力犯(人).

ge·walt·tä·tig 形 暴力的な, 乱暴な; 残忍⟨野蛮⟩な.

Ge·walt≈tä·tig·keit 女 = Gewalttat **≈ver·bre·chen** 中 暴力犯罪. **≈ver·bre·cher** 男 暴力犯(人). **≈ver·zicht** 男 力⟨武力⟩の行使を断念すること.

Ge·walt·ver·zichts·ab·kom·men 中 〖政〗武力不行使協定.

Ge·wand[gəvánt][1] 中 -〔e〕s/..wänder[..vɛ́ndər] (-e) **1 a)** 《雅》衣服, ころも: ein geistliches ~ 僧衣 | Braut*gewand* 花嫁衣装 ‖ ein ~ anlegen / *sich*[4] in ein ~ hüllen 服を身にまとう. **b)** 《比》装い, 仮面: im ~ des Biedermanns 正直者の仮面をかぶって | in neuem ~ 《比》装いを新たにして. ∇**2** (Stoff) 生地. [*ahd.* giwant „Wendung"; ◇wenden]

Ge·wän·de[gəvɛ́ndə] 中 -s/- **1** 〖建〗(出入口や窓などの)抱き(→ 図 Fenster A, Kirche C). **2** 《オーストリア》(Felswand) 岩壁. [< Wand]

Ge·wän·der Gewand の複数.

ge·wan·det[gəvándət] 形《ᵃ》(gekleidet) 服を着た: weiß 〈in Seide〉 ～ sein 白い〈絹の〉服を着ている.

Ge·wand·haus[gəvánt..] 中〘史〙織物商館, 織物倉庫(見本市の展示館を兼ね, Leipzig のそれは19世紀にコンサートホールとして使用された).

Ge·wand·haus·or·che·ster[..|ɔrkɛstər] 中 -s/ (Leipzig の)ゲヴァントハウス管弦楽団.

Ge·wand≈laus 女《ᵃ》《話》うるさい〈しつこい〉人. **≈mei·ster** 男〘映・劇〙衣装主任. **≈na·del** 女 (Brosche) ブローチ.

ge·wandt[gəvánt] **I** wenden の過去分詞. **II** 形 器用な, 達者な; 練達の, 熟練〈熟達〉した; 機敏〈敏活〉な: rede*gewandt* 弁の立つ, 口達者な | welt*gewandt* 世才のある, 世故にたけた ‖ Er ist ein ～*er* Redner 〈Tänzer〉. 彼は話〈踊り〉がうまい | Sie hat ein ～*es* Auftreten. 彼女は如才ない振舞いをする ‖ Er ist in allem ～. 彼は万事にそつがない〈つぼを心得ている〉.

Ge·wandt·heit[‒haɪt] 女 -/ (gewandt なこと. 例えば:) 器用, 達者; 練達, 熟練; 機敏, 敏活: ～ im Rechnen zeigen 計算の達者な腕前を見せる | *sich*[4] mit ～ bewegen 機敏に動く〈身体を動かす〉.

Ge·wan·dung[gəvándʊŋ] 女 -/-en **1 a)** 服を着る〈着せる〉こと, 装い, 着付け. **b)**〘美〙ドラペリー. **2**《雅》(特定の目的のための)着衣, 服装; 衣服, (特に:) 長い上衣, ころも. [＜Gewand]

ge·wann[gəván] gewinnen の過去.

Ge·wann[gəván] 中 -(e)s/-e, **Ge·wan·ne**[..nə] 中 -s/-〘農〙開放耕区, 帯状耕地. [*mhd.*; ◇Gewende, wenden]

ge·wän·ne[gəvɛ́nə] gewinnen の接続法 II.

Ge·wann·flur[gəván..] 女 ＝Gewann

ge·wär·tig[gəvɛ́rtɪç] 形《述語的》**1** *et.*[2] **～ sein** …を予期している | Er war ～, nicht eingelassen zu werden. 彼は入れてもらえないことを覚悟していた. ▽**2** *jm.* ～ sein …の命令を待ち受けている. [*mhd.*; ◇warten]

ge·wär·ti·gen[..vɛ́rtɪɡən][2] 他 (h) *et.*[4] ～/▽再帰 *sich*[4] *et.*[2] ～ …を期待〈予期〉する; …を覚悟する | Ich habe zu ～ 〈Ich muß ～〉, daß er entlassen wird. 私は彼が解雇されるのを覚悟せざるをえない.

Ge·wäsch[gəvɛ́ʃ] 中 -es(-s)/ , **Ge·wä·sche**[..ʃə] 中 -s/《話》むだ口, おしゃべり.

ge·wa·schen[gəváʃən] waschen の過去分詞.

Ge·wäs·ser[gəvɛ́sər] 中 -s/- 水のあるところ(河川・湖沼・海洋などの総称), 水域; (河川・湖沼・海洋などの)水: die fließenden ～ Europas ヨーロッパの河川. [＜Wasser]

Ge·wäs·ser·kun·de 女 -/ 水理学; 水文(すいもん)学.

Ge·we·be[gəvé:bə] 中 -s/- **1** 織物, 布地;《比》(張りめぐらされた)網: ein dünnes 〈leichtes〉 ～ 薄い〈軽い〉布地 | ein seidenes ～ 絹織物; 絹布 | Spinnen*gewebe* クモの巣 ‖ ein ～ von Lügen und Intrigen 張りめぐらされた虚偽と陰謀の網目. **2**〘生・解〙組織: das ～ der Muskeln 〈der Nerven〉 筋肉〈神経〉の組織 | Unterhaut*gewebe* 皮下組織 | Zell*gewebe* 細胞組織. [*ahd.*; ◇weben]

Ge·we·be≈brei·te 女〘織〙織り幅, 布幅. **≈kul·tur** 女〘生・医〙組織培養. **≈leh·re** 女 -/ ＝Histologie **≈pro·be** 女〘医〙組織検査, 組織診.

ge·we·be·scho·nend 形 (洗剤などについて)布をいためない.

Ge·we·be·wa·ren 複 織物.

Ge·webs≈at·mung[gəvé:ps..] 女 -/〘生〙組織呼吸. **≈trans·plan·ta·tion** 女〘医〙組織移植(術). **≈ver·let·zung** 女〘医〙組織損傷. **≈ver·pflan·zung** 女〘医〙組織移植(術). **≈zer·fall** 男 -(e)s/〘生〙組織溶離〈崩壊〉.

ge·weckt[1][gəvɛ́kt] **I** wecken[1]の過去分詞. **II** 形 (aufgeweckt) 機敏な, 利発な.

ge·weckt[2][‒] **I** wecken[2]の過去分詞. **II** 形〘紋〙菱形(ひしがた)チェック模様の(→ 図 Wappen d).

Ge·weckt·heit[..haɪt] 女 -/ 機敏〈利発〉さ.

Ge·wehr[gəvé:r] 中 -(e)s/-e **1** 銃, 小銃, 鉄砲: ein automatisches ～ 自動小銃 | Jagd*gewehr* 猟銃 | Maschinen*gewehr* 機関銃 ‖ das ～ abfeuern 〈anlegen〉 銃を発射する〈構える〉 | das ～ laden 銃に弾丸をこめる | das ～ schultern 〈auf die Schulter nehmen〉 銃をになう | das ～ strecken《比》(銃を捨てて)降伏する | (**mit**) **～ bei Fuß stehen**〘軍〙立て銃(つつ)の姿勢でいる;《比》待ち構えて〈身構えて〉いる | Haben ein ～!《戯》残念ながらそれはだめだ〈できない〉‖ **An** die ～*e*! 銃を取れ;《比》仕事にかかれ | **mit** dem ～ schießen 〈zielen〉 銃で撃つ〈ねらう〉 | mit vorgehaltem ～ 銃を突きつけて | **unters** ～ treten (衛兵などが)ささげ銃(つつ)をする ‖ *Gewehr* ab!〘軍〙立て銃(号令) | Das ～ über!〘軍〙になえ銃(号令) | Präsentiert das ～!〘軍〙ささげ銃(号令) | Setzt die ～*e* zusammen!〘軍〙組め銃(号令). **2**《複数で》〘狩〙(イノシシの)牙(きば). [*ahd.*; ◇Wehr[1]]

Ge·wehr≈auf·la·ge 女 銃架. **≈fa·brik** 女 銃器工場. **≈feu·er** 中 -s/ 銃火,(一斉)射撃. **≈gra·na·te** 女〘軍〙銃擲手榴弾(しゅりゅうだん). **≈griff** 男 -(e)s/-e (ふつう複数で)〘軍〙執銃教練. **≈kam·mer** 女〘軍〙銃器庫. **≈kol·ben** 男 銃床, 銃の台尻(だいじり). **≈ku·gel** 女 銃弾. **≈lauf** 男 銃身. **≈ma·ga·zin** 中 銃器庫. **≈py·ra·mi·de** 女〘軍〙叉銃(さじゅう). **≈rie·men** 男 銃の負い革. **≈sal·ve** 女〘軍〙(礼式としての)小銃斉射. **≈schaft** 男 銃床. **≈schein** 男 猟銃所持許可証. **≈schloß** 中 (銃の)遊底. **≈schuß** 男 **1** 銃撃. **2** 小銃弾. **≈stand** 男 銃架.

Ge·weih[gəváɪ] 中 -(e)s/-e〘狩〙(シカなどの)角(つの)(→ 図): das ～ abwerfen 〈fegen〉 (シカなどが)角を落とす〈とぐ〉 | *jm.* **ein ～ aufsetzen**《話》(妻が)浮気して…(夫)を裏切る; …の妻を寝取る. [*mhd.* gewī(g)e „Geäst"]

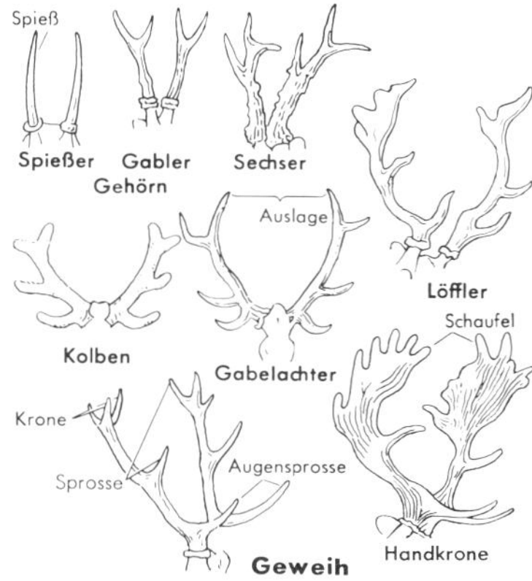

Geweih

Ge·weih≈farn 男〘植〙ビガクシダ(麋角羊歯)属. **≈ga·bel** 女 角(つの)の枝分かれ; 枝分かれした角(→ 図 Gabel). **≈schau·fel** 女 (角の先端の)掌状部.

ge·weiht[1][gəváɪt] 形〘狩〙(シカなどが)角を生やした.

ge·weiht[2][‒] weihen の過去分詞.

Ge·wei·ne[gəváɪnə] 中 -s/ しきりに泣くこと〈声〉.

ge·wellt[gəvɛ́lt] **I** wellen の過去分詞. **II** 形 波形模様の(→ 図 Muster).

▽**Ge·wen·de**[gəvɛ́ndə] 中 -s/-(Ackergrenze)〘農〙あぜ(道); ゲヴェンデ(東プロイセンの耕地面積単位: $^{1}/_{10}$ Morgen). [＜wenden]

Ge·wer·be[gəvɛ́rbə] 中 -s/- **1** (自由業・農林漁業・鉱業以外の)生業, 職業; 商売, 営業; 手工業, 産業: ein ehrliches 〈dunkles〉 ～ まともな〈いかがわしい〉商売 | **das horizontale** 〈**ambulante**〉 **～** / **das älteste ～ der Welt**《戯》売春 | Hotel*gewerbe* ホテル〈旅館〉業 | Kunst*gewerbe* 工芸(美術) ‖ Handel und ～ 商工業 ‖ das ～ des Bäckers ausüben 〈[be]treiben〉 パン屋を営む | [*sich*³] aus *et.*³ ein ～ machen …を商売の種にする, …で金もうけする | ein undankbares ～ sein《話》得にならない. **2**《方》(頼まれた)ことづけ; 用件: *js.* ～ ausrichten …の伝言を伝える | ***sich*³ bei *jm.* ein ～ machen** (何か情報を得ようとして)…のところに用事をさがす. ▽**3** (Gelenk) 関節. **4**《スイス》農場. [*mhd.*; ◇werben]

Ge·wer·be≈arzt 男 事業所保健医. **≈auf·sicht** 女〘政〙営業監察. **≈auf·sichts·amt** 中 営業監察局〈庁〉. **≈aus·stel·lung** 女 産業博覧会. **≈bank** 女 -/-en (特定業種への融資に当たる)勧業銀行. **≈be·trieb** 男 (自由業・農林業・鉱業以外の)一般営業. **≈er·laub·nis** 女 営業許可[証]. **≈fleiß** 男 生業にいそしむこと, 生産性, 生産力.

Ge·wer·be·frei·heit 女 -/ 営業の自由. [*engl.* freedom of trade の翻訳借用]

Ge·wer·be≈ge·richt 中 営業裁判所(労働裁判所の前身). **≈ge·setz** 中〘法〙営業法. **≈hy·gie·ne** 女 職業〈労働〉衛生. **≈kam·mer** 女 同業組合(商工会議所の前身). **≈krank·heit** 女 職業病. **≈leh·rer** 男 実業学校教員. **≈ord·nung** 女 (略 GewO) 営業法. **≈recht** 中 -[e]s/ 営業法規. **≈schein** 男 営業許可証. **≈schu·le** 女 実業学校. **≈steu·er** 女 営業税. **≈tä·tig·keit** 女 営業活動.

ge·wer·be·trei·bend **I** 形 生業〈商売〉を営む. **II Ge·wer·be·trei·ben·de** 男 女《形容詞変化》生業〈商売〉を営む人: die selbständigen ～*n* 自営業者(→Gewerbebetrieb).

Ge·wer·be≈ver·ein 男 営業〈同業〉組合. **≈we·sen** 中 -s/ **1** 営業制度. **2**《集合的に》営業, 商工業.

ge·werb·lich[gəvɛ́rplɪç] 形 営業[上]の: ～*e* Tätigkeit 営業行為 | ～*er* Betrieb / ～*es* Unternehmen 企業 ‖ *et.*⁴ ～ betreiben …を商売にする.

ge·werbs·mä·ßig 形 商売としての; 職業的な: ein ～*er* Verbrecher 常習犯罪者 | ～*e* Unzucht 売春営業 ‖ *et.*⁴ ～ betreiben 商売として〈金を取って〉…をする.

Ge·werbs·zweig 男 営業部門; 職業の部門.

Ge·werf(**t**)[gəvɛ́rf(t)] 中 -[e]s/-e (中世の)投石機, 砲. [＜werfen]

Ge·werk[gəvɛ́rk] 中 -[e]s/-e **1** (特に建設業の)専門業種(左官業・建具業など). **2** (Innung) 同業組合. ▽**3** 機械〈歯車〉装置, からくり. [*mhd.*; ◇Werk]

▽**Ge·wer·ke**[..kə] 男 -n/-n (鉱山会社の)株主.

Ge·werk·schaft[gəvɛ́rkʃaft] 女 -/-en **1** 労働〈従業員〉組合; ▽職人組合: Mitglied einer ～ 労働組合員 ‖ einer ～³ beitreten / *sich*⁴ einer ～³ anschließen 組合員になる. **2**〘坑〙共同[持分]鉱山会社.

Ge·werk·schaf·ter[..tər] 男 -s/-, **Ge·werk·schaft·ler**[..tlər] 男 -s/- 労働組合員〈活動家〉.

ge·werk·schaft·lich[..lɪç] 形 労働組合の〈による〉: der ～*e* Kampf 労働組合闘争 ‖ ～ organisierte Arbeiter 組織労働者.

Ge·werk·schafts≈bank 女 -/-en 労働金庫. **≈be·we·gung** 女 労働組合運動. **≈bund** 男 労働組合連盟: Deutscher ～ (略 DGB) ドイツ労働[組合]総同盟(ドイツの産業別組合の連合体) | Freier Deutscher ～ (略 FDGB) 自由ドイツ労働[組合]総同盟(旧東ドイツの労働者組織). **≈funk·tio·när** 男 労働組合役員. **≈mit·glied** 中 労働組合員. **≈pres·se** 女 労働組合機関紙. **≈we·sen** 中 -s/ 労働組合制度〈関係事項〉.

Ge·we·se[gəvéːzə] 中 -s/- **1**《北部》(Anwesen) 家屋敷, 地所. **2**《単数で》(Gehabe) 仰々しい態度〈振舞い〉: **ein ～ von *et.*³ 〈um *et.*⁴〉 machen** …を大げさに扱う, …で大騒ぎする. [*ndd.*; ◇wesen]

ge·we·sen[gəvéːzən] **I** sein の過去分詞. **II** 形《付加語的》過ぎ去った, かつての, もとの; 故人となった(→sein¹ I 1 c): ～*e* Mode 昔の流行 | der ～*e* Präsident 元大統領 | eine ～*e* Schönheit むかし美しかった[らしい]女性. **III Ge·we·se·ne** 中《形容詞変化》過ぎ去ったこと, 済んだこと: Laß uns das ～ vergessen! 済んだことは忘れよう | *Gewesenem* nachtrauern 過ぎたことをくよくよする.

ge·wi·chen[gəvɪ́çən] weichen²の過去分詞.

ge·wichst[gəvɪ́kst] **I** wichsen の過去分詞. **II** 形《話》(schlau) ずる賢い, 抜け目のない.

Ge·wicht¹[gəvɪ́çt] 中 -[e]s/-e **1 a**) (英: *weight*) 重量, 重さ, 目方: ein geringes 〈großes〉 ～ わずかな〈重い〉重量 | das spezifische ～〘理〙比重 | totes ～ (貨車などの)自重; 〘競馬〙負担重量 | Brutto*gewicht* 総重量 | Netto*gewicht* 正味重量 ‖ ～*e* und Maße 度量衡 | ein ～ von 50 kg 50キログラムの重さ ‖ Der Koffer hat sein ～. このトランクはかなり重い ‖ **an** ～ gewinnen 〈verlieren〉 目方が増える〈減る〉 | leicht 〈schwer〉 an ～ sein 目方が軽い〈重い〉 | *et.*⁴ **nach** ～ verkaufen …を目方で売る. **b**)〘理〙重量(重力の大きさ). **c**) (Körpergewicht) 体重: Er hat ～ verloren. 彼は体重が減った | Sie hat Probleme mit ihrem ～. 彼女は太り過ぎで悩んでいる.

2 分銅, おもり: geeichte ～*e* 検定済み分銅 | ein ～ auf die Waage setzen 分銅をはかりにのせる | ***sein* ganzes ～ in die Waagschale werfen**《比》精いっぱい努力する, 全力を尽くす.

3《単数で》**a**) 重み, 重要さ; 勢力: [großes] ～ haben [きわめて]重要である | **auf** ***et.*⁴ [großes] ～ legen** / *et.*³ [großes] ～ beilegen 〈beimessen〉 …を重視する ‖ **ins ～ fallen** 重要である | Eine solche Sache fällt gar nicht ins ～. そのような事柄は全く重要でない | von [großem] ～ sein [きわめて]重要である | eine Frage von [großem] ～ [きわめて]重要な問題. **b**)〘統計〙ウェート, 加重値. [*mhd.*; ◇wägen, Wichte; *engl.* weight]

Ge·wicht²[－] 中 -[e]s/-er (南部: **Ge·wich·tel** [..təl] 中 -s/-)〘狩〙(ノロジカの)枝角(えだ). [＜Geweih]

ge·wich·ten[gəvɪ́çtən]《01》他 (h)《*et.*⁴》(…の頻度・重要性を考慮して)数値を決定する; (…の)重要さの程度を判定する.

Ge·wicht≈he·ben 中 -s/〘スポーツ〙重量挙げ, ウェート=リフティング. **≈he·ber** 男 重量挙げ選手.

ge·wich·tig[gəvɪ́çtɪç]² 形 重い, どっしりした;《比》重大な, 意味深い: ～*e* Münzen 規定どおりの重さのある貨幣 | ～*en* Schrittes 重々しい足取りで ‖ eine Meinung ～ nehmen ある意見を重大視する.

Ge·wich·tig·keit[－kaɪt] 女 -/ gewichtig なこと.

Ge·wichts≈ab·gang 男〘商〙(小分けなどによる)重量の目減り. **≈ab·nah·me** 女 (病気などによる)体重減少. **≈ana·ly·se** 女〘化〙重量分析. **≈an·ga·be** 女 重量表示. **≈aräo·me·ter** 中 (男) 固体比重計. **≈be·stim·mung** 女 重量確認. **≈ein·heit** 女 重量単位. **≈klas·se** 女 (ボクシング・レスリングなどの)体重級別. **≈kon·trol·le** 女 重量〈体重〉の定期検査; ウェート=コントロール.

ge·wichts·los[..loːs]¹ 形 重量のない, 無重力状態の.

Ge·wichts≈man·ko 中 重量不足. **≈no·ta** 女〘商〙貨物量目明細[書]. **≈satz** 男 **1** 分銅セット. **2** (郵便などの)重量規程. **≈trai·ning**[..trɛːnɪŋ] 中 バーベル体操〈トレーニング〉. **≈ver·la·ge·rung** 女 **1** 体重の転位〈移動〉. **2** 重点〈重要性〉の転移. **≈ver·lust** 男 重量の目減り; 体重の減損. **≈zoll** 男 (↔Wertzoll) 従量関税. **≈zu·nah·me** 女 重量〈体重〉の増加.

ge·wieft[gəvíːft] 形《話》(schlau) ずる賢い, 抜け目のない, はしこい, せこい; (erfahren) 老練な. [＜*mhd.* wīfen „schwingen" (◇Wipfel)]

Ge·wieft·heit[－haɪt] 女 -/ gewieft なこと.

ge·wiegt[gəvíːkt] **I** wiegen¹の過去分詞. **II** 形 **1** ＝gewieft **2** ＝geschickt II

Ge·wie·her[gəvíːər] 中 -s/ **1** (馬の)いななき. **2**《話》ばか笑い, げらげら笑い. [＜wiehern]

ge·wie·sen[gəvíːzən] weisen の過去分詞.

ge·will·kürt[gəvɪ́lkyːrt] 形〘法〙(法律によらずに, 当事者同士の合意に基づく)任意の. [*mhd.*; ＜*mhd.* willekürn „freiwillig wählen" (◇Willkür)]

ge·willt[gəvɪ́lt] 形《比較変化なし; 述語的》(…する)意欲〈心構え・用意〉のある: **～ sein**《zu 不定詞[句]と》…するつも

りである | Er ist nicht ~, mir zu helfen. 彼は私に手をかしてくれる気がない | Bist du ~, das zu versprechen? 君はそれを約束してくれるのかい. [*mhd.*; ◇Wille]

Ge·wim·mel [gəvíməl] 中 -s/ 群れ集まること, 混雑, 雑踏; 群れ, 群衆. [<wimmeln]

Ge·wim·mer [gəvímər] 中 -s/ めそめそ〈しくしく〉泣き続けること〈声〉; (犬が)クンクン鳴くこと〈声〉. [<wimmern]

Ge·win·de [gəvíndə] 中 -s/- **1** 〘工〙 ねじ(→ 図): ein ~ schneiden ねじを切る〈刻む〉| Das ~ faßt nicht mehr. このねじはもうきかない〈ばかになっている〉. ᵛ**2** (花・若枝などを編んだ)環: das Tor mit einem ~ aus Blumen schmücken 門を花輪で飾る. **3** (巻き貝の)らせん, うず巻き. [<winden[1]]

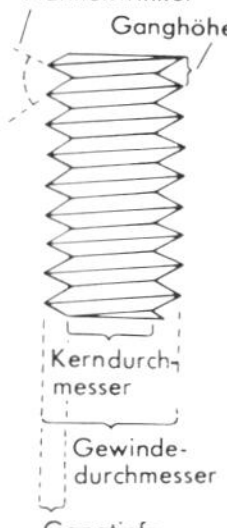

Gewinde

Ge·win·de≈boh·rer 男 〘工〙 ねじタップ. **≈bol·zen** 男 〘工〙 ねじ付きボルト. **≈dreh·bank** 女 -/..bänke 〘工〙 ねじ切り旋盤. **≈durch·mes·ser** 男 〘工〙 ねじの外径(→ 図 Gewinde). **≈fräs·ma·schi·ne** 女 〘工〙 ねじフライス盤. **≈gang** 男 〘工〙 ねじ山の間隔. **≈leh·re** 女 〘工〙 ねじ山ゲージ. **≈muf·fe** 女 〘工・電〙 ねじ込みソケット. **≈schnei·den** 中 -s/ 〘工〙 ねじ切り. **≈schnei·der** 男, **≈schneid·klup·pe** 女 〘工〙 ダイス回し(→ 図 Kluppe).

Ge·winn [gəvín] 男 -(e)s/-e **1** 利益, 収益, 利得, もうけ; 《比》益, 得: reiner ~ 〘商〙 純益 | ~ an Zeit 時間の得 ‖ ~ und Verlust 損得,(利害)得失 ‖ hohen ~ abwerfen 〈erzielen〉 大きな利益を生みだす〈収める〉| (*seinen*) ~ aus *et.*[3] ziehen …で利益を得る, …を利用する | von *et.*[3] einen ~ haben …から得るところがある ‖ *et.*[4] mit ~ verkaufen …を売ってもうける | ein Buch mit viel ~ lesen 本を読んで大いに得るところがある. **2** 当たりくじ; (くじの)賞金, 賞品: im Lotto einen ~ haben くじで当たる | ~*e* auszahlen 賞金を支払う.

Ge·winn≈ab·füh·rungs·ver·trag 男 〘経〙 利益支払い契約. **≈an·teil** 男 (Dividende) 〘商〙 利益配当金. **≈an·teil·schein** 男 〘商〙 利益配当証券, 利札. **≈be·tei·li·gung** 女 〘商〙 利益参加.

ge·winn·brin·gend 形 《話》 利益〈黒字〉をもたらす, 有利な.

Ge·winn·brin·ger 男 -s/- 《話》 利益〈黒字〉をもたらすもの(商品・産業部門など).

ge·win·nen* [gəvínən] (213) **ge·wann** [gəván]/**ge·won·nen** [gəvɔ́nən]; 接II gewönne [gəvœ́nə], gewänne [gəvɛ́nə]

I 他 (h) **1** (英: *win*) (↔verlieren) (勝負などに)勝つ: einen Kampf ~ 戦い〈試合〉に勝つ | einen Prozeß ~ 勝訴する | den 100-m-Lauf ~ 100メートル競走に勝つ ‖ bei *jm.* *gewonnenes* Spiel haben 《比》 …をくどき落としている; …はこちらの言いなりである.

2 (採掘・精製して)得る: Erz 〈Kohle〉 ~ 鉱石〈石炭〉を採掘する | Alkohol aus Trauben ~ ブドウからアルコールを採る.

3 a) (利益として)手に入れる, もうける: an einem Gemälde 〈am Verkauf eines Hauses〉 einige tausend Mark ~ 絵で〈家を売って〉数千マルク手に入れる | Dabei ist nicht viel 〈kein Blumentopf〉 zu ~. それはとんと得にならぬ | Was ist damit *gewonnen*? それでどんな得があるか ‖ **Wie *gewonnen*, so zerronnen.** 《諺》 悪銭身につかず.

b) 《*jn.*》 味方につける, くどき落とす: *jn.* für *seine* Partei 〈Absicht〉 ~ …を仲間〈もくろみ〉に誘いこむ | *jn.* zum Freund 〈als Mitarbeiter〉 ~ …を友人〈仕事仲間〉にする | das Publikum ~ (劇などが)客に受ける, 当たる.

c) 獲得する: einen Preis ~ 賞を獲得する | das Große Los ~ (くじで)大当たりを取る; 《比》 いいのを引き当てる, いいのに当たる | ein Auto in der Tombola ~ 福引で自動車を当てる | einen Vorsprung ~ (リードして)差をつける, 水をあける | den Sieg über *jn.* ~ …に勝つ | die Oberhand ~ 優位に立つ | die Herrschaft über *jn.* ~ …の支配権を握る | (großen) Einfluß auf *jn.* ~ …への影響力を(大きく)持つようになる | Macht ~ 権力を握る ‖ *js.* Herz 〈Liebe〉 ~ …の愛を得る.

d) (自然に)持つようになる: (einen) Einblick in *et.*[4] ~ …についての認識〈知識〉を得る | die Überzeugung 〈die Gewißheit〉 ~, daß ... …という確信を得る | Geschmack 〈Interesse〉 an *et.*[3] ~ …が好きになる〈…に興味を抱く〉| Lust 〈Neigung〉 zu *et.*[3] ~ …がしたくなる〈好きになる〉‖ einen Riß ~ ひび割れる | Laub 〈Blätter〉 ~ (木が)葉をつける | Es *gewinnt* den Anschein, als ob ... しだいに…の観を呈する | ein (ganz) anderes Gesicht ~ (事態が)様相を一変する | eine besondere Bedeutung ~ 特別な意義をもつようになる | Klarheit ~ 明確になる | Gestalt 〈Form〉 ~ 形をとる, 具体化する | Boden 〈Raum〉 ~ 《比》 根をおろす, 広まる, 固まる.

e) (場所に)行きつく: Boden 〈Land〉 ~ 《話》 (目の前から)出てうせる, 逃げだす | das Weite 〈das Freie〉 ~ / das freie Feld ~ 《比》 逃げ去る | die hohe 〈offene〉 See ~ (船が)沖に出る | das Ufer 〈den Hafen〉 ~ (船が)岸〈港〉に(たどり)着く | ein Ende ~ 終わる.

4 es über *sich*[4] ~ 《zu 不定詞(句)と》 (…する)勇気がある | Ich kann es nicht über mich ~, ihm so etwas zu sagen. 私は彼にそんなことを言う勇気がない ‖ ᵛes über *jn.* ~ …をへこます〈くどき落とす〉.

II 自 (h) **1** (↔verlieren) **a)** 勝つ; (くじが)当たる: bei einem Preisausschreiben ~ 懸賞で当選する | gegen *jn.* ~ …と戦って勝つ | in einem Kampf ~ 戦い〈試合〉に勝つ | spielend ~ 楽勝する ‖ Wer nicht wagt, der nicht *gewinnt.* (→wagen I 2) | Frisch gewagt(,) ist halb *gewonnen.* (→wagen I 2) | ᵛ*jm. gewonnen* geben …の勝ちを認める. **b)** (くじなどが)当る: in der Lotterie ~ 富くじに当たる | Jedes zweite Los *gewinnt.* 2本に1本は当たりくじだ | Nummer 58 hat *gewonnen.* 58番が当たりだった.

2 得をする; よくなる: an Klarheit[3] 〈Wucht[3]〉 ~ 明確さ〈勢い〉を増す | bei dem Handel ~ 取引でもうける | Er *gewinnt* bei näherer Bekanntschaft. 彼のよさは付き合いが深くなると分かってくる | Durch den Rahmen hat das Bild sehr (an Wirkung) *gewonnen.* 額縁に入れると絵はぐんと見ばえがした | Er hat in seinem Wesen sehr *gewonnen.* 彼は人間がうんとよくなった.

III ge·win·nend 現分 形 **1** 勝ちの, 当たりの: ein ~*es* Pferd (競馬の)勝ち馬 | die ~*e* Nummer 当選番号.
2 (einnehmend) 感じのよい, 魅力的な: ein ~*es* Lächeln 感じのいいほほえみ ‖ ~ sprechen 魅力的な話し方をする.
[*ahd.*; < *ahd.* winnan „sich anstrengen" (◇Wonne); ◇gewöhnen; *engl.* win]

Ge·win·ner [gəvínər] 男 -s/- **1** (gewinnen した人. 例えば:) 勝者, 入賞〈受賞〉者,(くじなどの)当選者. **2** =Gewinnler

Ge·win·ner·stra·ße 女 《もっぱら次の成句で》 **auf der ~ sein** 勝利への道を歩む, 勝利を目前にしている.

Ge·winn·ler [gəvínlər] 男 -s/- (不当)利得者.

Ge·winn·li·ste 女 **1** 賞金〈賞品〉目録. **2** 当たりくじ番号表, 当選者一覧.

ge·winn·los [..lo:s][1] 形 利益のない, もうからない.

Ge·winn≈los 中 当たりくじ. **≈num·mer** =Gewinnummer **≈quo·te** 女 **1** (くじの)配当金. **2** 〘経〙 =Gewinnspanne **≈rech·nung** 女 〘商〙 利益計算.

ge·winn·reich 形 利益の多い, もうかる.

Ge·winn≈span·ne 女 〘商〙 販売収益, 利ざや, 差益. **≈steu·er** 女 利潤税. **≈stre·ben** 中 -s/ 利潤追求. **≈sucht** 女 -/ 利欲, 利益追求心: aus ~ 利欲にかられて.

ge·winn·süch·tig 形 利欲にかられた, 貪欲(どんよく)な.

Ge·winn·über·schuß 男 過剰利得〈収益〉.

Ge·win·num·mer [gəvínnʊmər] 女 (くじの)当たり番号.

Ge·winn-und-Ver·lust-Rech·nung 女 〘商〙 損益計算(表).

G

Ge·win·nung[gəvínʊŋ] 女 -/-en (鉱物・農産物などの)産出〔量〕, 産額: die ~ von Erdöl 〈Gummi〉 石油〈ゴム〉の産出〔量〕.

Ge·winn≠vor·trag 男 《商》(前期からの)利益繰越金. **≠zahl** 女 -/-en《ふつう複数で》(くじの)当たり番号の数字.

Ge·win·sel[gəvínzəl] 中 -s/ (犬が)クンクン鳴くこと〈声〉; めそめそ〈しくしく〉泣き続けること, 哀泣; 《比》哀願, 哀訴. [<winseln]

▽**Ge·winst**[gəvínst] 男 -es(-s)/-e (Gewinn) 利益, 収益, 利得, もうけ. [*mndd.*]

Ge·wir·bel[gəvírbəl] 中 -s/ (しきりに)うず巻くこと; (太鼓の)連打〔音〕: das ~ der Schneeflocken うず巻くような雪, 吹雪. [<wirbeln]

Ge·wirk[gəvírk] 中 -〔e〕s/-e, **Ge·wir·ke**[..kə] 中 -s/- **1**《服飾》ニット製品, メリヤス(→ 図). **2**《比》絡み〈もつれ〉合い. **3** はちの巣. [<wirken]

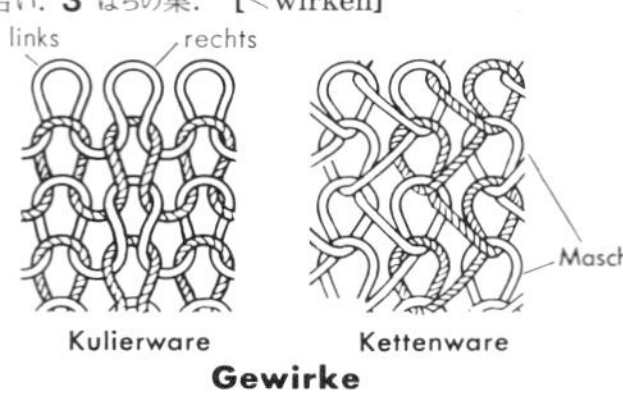

Gewirke

Ge·wirkst[gəvírkst] 中 -s/ 《オーストリア》こみいった〈やっかいな〉仕事.

Ge·wirr[gəvír] 中 -〔e〕s/-e, **Ge·wir·re**[..rə] 中 -s/- もつれ〈絡み〉合い, 混雑: ein ~ von Menschen ごった返している群衆 | ein ~ von Stimmen がやがやした人声. [<Wirre]

Ge·wis·per[gəvíspər] 中 -s/ (しきりに)ささやくこと〈声〉.

ge·wiß[gəvís] **I** 形 **1**《ふつう述語的》**a)** (sicher)(事柄が)確実な, 確かな: Der Sieg ist ihm ~. 彼の勝利は確実だ | Das ist 〔so〕 ~, wie die Nacht auf den Tag folgt. それは絶対確実まちがいなしだ | Soviel ist ~, dem leihe ich kein Geld mehr. やつには金輪際もう金を貸さぬ ‖ Man weiß nichts *Gewisses*. 確かなことは何もわかっていない | *gewisse* Zusage 承諾の確答 | ▽Er hatte den *gewissen* Tod vor Augen. 彼は死をまぬがれぬものと覚悟していた.

b) 《*et.*²》(人が…を)確信している, (…に)自信のある: 〔*sich*³〕 *seines* Sieges ~ sein 勝利を確信している | 〔*sich*³〕 *seiner* Sache ~ sein (→Sache 1 a ①) | Du kannst meiner Unterstützung ~ sein. 私は間違いなく君を支援する | Ich bin 〔dessen〕 ~, daß er kommt. 彼は必ず来るさ ‖ Ich bin es ~. / Das bin ich ~. そのことはだいじょうぶだ.

2《比較変化なし; 付加語的》**a)** 定まった, 確定した: ein *gewisser* Preis 定価 | ein *gewisses* Einkommen 定収入.

b) (それと明示せずに)特定の, ある〔種・程度・分量の〕, なんらかの, 若干の: *gewisse* Dinge ある種の事柄 | eine *gewisse* Ähnlichkeit ある種〈程度〉の類似 | ein *gewisser* Jemand だれかさん | ein *gewisser* 〔Herr〕 Müller ミュラーとかいう名の男 | eine *gewisse* Frau Müller ミュラー夫人とかいう人 | ein *gewisses* Örtchen 〈einen *gewissen* Ort〉 aufsuchen《話》便所へ行く | in *gewisser* Beziehung 〈Hinsicht〉 / in *gewissen* Punkten ある点で | in *gewissem* Sinne 〈Maße〉 ある意味で〈程度は〉 | bis zu einem *gewissen* Grade ある程度まで | zu *gewissen* Zeiten 時おり | Sie ist in einem *gewissen* Alter. 彼女は若くはない | Er hat so **ein *gewisses* Etwas.** 彼には何か〔魅力的なところ〕がある, 彼はなんとなく魅力がある.

II 副《陳述内容の現実度に対する話し手の判断・評価を示して》(bestimmt) 確かに, 確実に, 必ず, きっと, 間違いなく: Ich werde ~ kommen. 私はきっと参ります | Das kannst du mir ~ 〔und wahrhaftig〕 glauben. このことは絶対ほんとうだよ | Hast du das schon gesehen?—Aber 〔ganz〕 ~! 君はそれをもう見たか—もちろんだとも ‖《後続の aber, doch などと対応して》Sie ist ~ eine Schönheit, aber ... 確かに彼女は美人だが しかし….

[*germ.* „gewußt"; ◇wissen]

Ge·wis·sen[gəvísən] 中 -s/- **1** (個人の)良心, 善悪の判断力, 道徳意識: *js.* ärztliches 〈künstlerisches〉 ~ …の医師〈芸術家〉としての良心 | **ein gutes 〈reines〉 ~ haben** 心にやましいところがない | Ein gutes ~ ist ein sanftes Ruhekissen. 《諺》心にやましさがなければ安眠できる | das beste ~ der Welt いささかも良心にやましさのないこと | **ein schlechtes 〈böses〉 ~ haben** 気がとがめる, 心にやましいところがある | Er sieht aus wie das böse ~ 〔selbst〕. 彼はいかにも自分が悪かったという顔をしている | **ein reines 〈ruhiges〉 ~ haben** 良心にやましいところがない | kein ~ haben 良心をもたない ‖ Ihm schlägt das 〈sein〉 ~. / Das 〈Sein〉 ~ regt sich. 彼は良心がうずく ‖ *sein* ~ befragen 自分の良心に照らして善悪を考える | *sein* ~ erleichtern (告白などによって)気持を楽にする | ***sich*³ ein 〈kein〉 ~ aus *et.*³ machen** …を気にやむ〈気にしない〉 ‖《前置詞と》**an** *js.* ~ appellieren …の良心に訴える | ***jn.* auf dem ~ haben** …の不幸〈死〉に責任がある | ***et.*⁴ auf dem ~ haben** …(悪事など)が身に覚えのある, …(悪事など)を犯している | ein Mann mit einem Mord auf dem ~ 殺人を犯した男 | *jm.* auf dem ~ liegen …の良心を悩ませている | *jm. et.*⁴ aufs ~ binden …に…をしっかり教え込む | *jm.* schwer aufs ~ fallen …の心に重くのしかかる | auf Ehre und ~ (→Ehre) | *jn.* auf 〔Ehre und〕 ~ fragen …の良心に問いかける | Sagen Sie es mir auf Ihr ~! 良心のままに答えてください | Das ist **gegen** 〈wider〉 mein ~. それは私の良心が許さない | Der Tadel ging mir **ins** ~. その非難は私の心の奥底までこたえた | ***jm.* ins ~ reden** …の良心に訴える | *sich*⁴ **mit** *seinem* ~ abfinden 自分の良心を納得させる | mit gutem 〈ruhigem〉 ~ 安んじて, 後ろめたいところなく | **nach** bestem 〔Wissen und〕 ~ (→wissen III 1 a) | **wider** besseres 〔Wissen und〕 ~ 悪いと知りながら. ▽**2** (Bewußtsein) 意識.

[*ahd.*; *lat.* cōn-scientia (*gr.* syneídēsis の翻訳借用)の翻訳借用; ◇wissen]

ge·wis·sen·haft[gəvísənhaft] 形 良心的な, 誠実な; 小心な, きちょうめんな: eine ~*e* Untersuchung 綿密な調査 ‖ ~ in *seiner* Arbeit sein / ~ arbeiten 良心的に仕事をする.

Ge·wis·sen·haf·tig·keit[..haftıçkaıt] 女 -/ gewissenhaft なこと.

ge·wis·sen·los[..lo:s]¹ 形 良心のない, 無責任な, 破廉恥な, 向こう見ずの: an *jm.* ~ handeln …に良心を裏切るような〈破廉恥な〉ことをする.

Ge·wis·sen·lo·sig·keit[..lo:zıçkaıt] 女 -/-en **1**《単数で》gewissenlos なこと. **2** 背信〈不正〉行為: eine ~ begehen 背信行為をする.

Ge·wis·sens≠angst 女 (自分の行為に対する)良心から生じる不安. **≠be·den·ken** 複 良心のためらい.

Ge·wis·sens·biß 男 ..bisses/..bisse《ふつう複数で》良心のやましさ, 罪の意識: *Gewissensbisse* haben 自責の念をいだく. [*lat.* cōnscientiae morsus の翻訳借用]

Ge·wis·sens·ehe 女 法律によらない結婚〔生活〕; 《カトリック》良心婚姻(教会で公表しない結婚〔生活〕). [*lat.* mātrimōnium cōnscientiae の翻訳借用]

Ge·wis·sens·er·for·schung 女 -/ 《カトリック》(罪の告白前の)良心の究明.

Ge·wis·sens·fall 男 =Gewissenssache [*lat.* cāsus cōnscientiae の翻訳借用]

Ge·wis·sens·fra·ge 女 -/ 良心の問題: Das ist eine ~. それは自分の良心にたずねるべき事柄だ.

Ge·wis·sens·frei·heit 女 -/ 良心に従って行動する自由. [*lat.* lībertās cōnscientiae の翻訳借用]

ge·wis·sens·hal·ber 副 良心のままに, 良心に従って.

Ge·wis·sens≠kon·flikt 男 良心の葛藤(かっとう): *jn.* in ~*e* stürzen …を良心との葛藤状態に陥らせる | mit schwersten ~*en* 良心の葛藤に悩んだあげく. **≠not** 女 =Gewissenskonflikt **≠pein** 女, **≠qual** 女 良心の苦

G

しみ. ≈**ru·he** 女 良心の平静. ≈**sa·che** 女 良心に関する事柄. ≈**skru·pel** 男 -s/-《ふつう複数で》=Gewissensbedenken ≈**tä·ter** 男 自己の良心に従って法を犯す人, 確信犯. ≈**wurm** 男 -[e]s/ 良心のうずき《呵責(かしゃく)》: Der ~ plagt ihn. 彼は良心の呵責に苦しんでいる. ≈**zwang** 男 -[e]s/ 良心による内的強制: unter ~ stehen 良心に反する行動を迫られて悩んでいる. ≈**zwei·fel** 男 -s/ 良心の迷い.

ge·wis·ser·ma·ßen[gəvísərmá:sən] 副 (sozusagen) いわば, ある意味で, ある程度, まあだいたい: Du hast ~ recht. 君の言うことはまあもっともだ.

Ge·wiß·heit[gəvíshaıt] 女 -/-en《ふつう単数で》(gewiß なこと. 例えば:) 確実さ; 確信; 確証: *sich*³ ~ über *et.*⁴ verschaffen …を確かめる ‖ mit ~ 確信して, はっきりと | Die Vermutung wurde zur ~. 推測は事実〈確信〉となった.

ge·wiß·lich[..lıç] 副《雅》(gewiß) 確かに, 確実に: Das ist ~ wahr! それは疑いもなく真実だ.

Ge·wit·ter[gəvítər] 中 -s/- **1 a)** 雷雨,(雷鳴を伴う局地的な)どしゃ降り: ein heftiges ~ 激しい雷雨 ‖ Das wirkte wie ein reinigendes ~. それは雷雨の過ぎ去ったあとのように気分をすっきりさせた | Ein ~ zieht [her]auf. 雷雲が押し寄せて来る | Das ~ hat sich entladen. 雷雨となった. **b)**《話》(激しい)いさかい; (怒りなどの)爆発: ein eheliches ~ 夫婦げんか | ein häusliches ~ 家庭争議 ‖ Ein ~ ging auf ihn nieder.《比》彼はさんざんどなりつけられた. **2**《スイ》(Wetter) 天気, 空模様. [*westgerm.* „Witterung"; ◇Wetter²]

ge·wit·ter·dro·hend =gewitterschwanger

Ge·wit·ter≈flug 男〘空〙雷雲の中の飛行; (雷雲を利用する)上昇滑空. ≈**front** 女〘気象〙雷雨前線. ≈**ge·wölk** 中 雷雲, 夕立雲.

ge·wit·ter·haft[..haft] =gewittrig

Ge·wit·ter·him·mel 男 雷雲におおわれた空.

ge·wit·te·rig[gəvítərıç]² =gewittrig

Ge·wit·ter·luft 女 雷雨の前の蒸し暑い〈重苦しい〉大気.

ge·wit·tern[gəvítərn]《05》自 (h) 非人称《es gewittert》雷雨が襲う〈降る〉;《比》怒りが爆発する, 雷が落ちる: Es hat heute 〈Heute hat es〉 stark *gewittert*. きょうはひどい雷雨があった.

Ge·wit·ter≈nei·gung 女 -/ 雷雨の降りやすい〈多い〉傾向. ≈**re·gen** 男, ≈**schau·er** 男 雷雨, 夕立.

ge·wit·ter≈schwan·ger 形 雷雨をはらんだ, 夕立の来そうな;《比》一波瀾(はらん)ありそうな. ≈**schwül** 形 雷雨が来そうな蒸し暑さの.

Ge·wit·ter≈schwü·le 女 雷雨前の〈雷雨の来そうな〉蒸し暑さ. ≈**sturm** 男 雷雨[の吹き降り].

ge·wit·tert[gəvítərt] **I** wittern の過去分詞. **II** gewittern の過去分詞; 現在3人称単数・2人称複数; 命令法複数.

Ge·wit·ter≈ver·tei·ler[gəvítər..] 男《話》大きな雨傘. ≈**wol·ke** 女 雷雲, 積乱雲;《比》不機嫌な表情, 怒りだしそうな気配.

ge·witt·rig[gəvítrıç]² 形 **1** 雷雨の来そうな, 荒れ模様の;《比》重苦しい: Es sieht ~ aus. 雷雨の来そうな天気だ. **2** 雷雨の; 雷雨による: ~*e* Schauer どしゃ降りの雷雨.

ge·wit·zigt[gəvítsıçt] **I** witzigen の過去分詞. **II** 形 **1** (失敗・損害などを通じて)賢く〈利口に〉なった: Er ist jetzt [durch Erfahrungen] ~. 彼は今や[経験を積んだことによって]賢くなっている. ᵛ**2** =gewitzt II

ge·witzt[gəvítst] **I** witzen の過去分詞. **II** 形 抜け目のない.

GewO[ge:|e:ve:|ó:] 略 =**Gewerbeordnung**

ge·wo·ben[gəvó:bən] gewebt (weben の過去分詞)の雅語形.

Ge·wo·ge[gəvó:gə] 中 -s/ しきりに波打つこと;《比》雑踏: das ~ des Kornfeldes 〈der Bäume〉 穀物畑〈木立〉が風にそよぐさま | ein großes ~ auf der Straße 路上のすごい人波. [＜wogen]

ge·wo·gen¹[gəvó:gən] **I** wägen の過去分詞. **II** wiegen² の過去分詞.

ge·wo·gen²[−] 形《雅》(zugetan)《*jm.* / *et.*³》(…に)好意を抱いた: Er ist ihr ~. 彼は彼女に心を寄せている | Du kannst mir ~ bleiben.《反語》お前なんか出てうせろ. [＜*mhd.* gewegen „Gewicht haben" (◇wägen)]

Ge·wo·gen·heit[−haıt] 女 -/《雅》好意: *sich*³ *js.* ~ verscherzen (しくじって)…に嫌われる, …の不興を買う.

ge·wöh·nen[gəvǿ:nən] 他 (h)《*jn.* an *et.*⁴ 〈*jn.*〉》(…を…に)なじませる, 慣れさせる: einen Hund an *sich*⁴ ~ 犬を自分に慣れさせる | ein Kind an Sauberkeit ~ 子供に清潔にする習慣をつけさせる | Die Mutter hat ihre Kinder daran *gewöhnt*, früh aufzustehen. 母親は子供たちに早起きの習慣をつけさせた ‖ 再帰 *sich*⁴ an *et.*⁴ 〈*jn.*〉 ~ …になじむ〈慣れる〉| *sich*⁴ immer mehr an den Wein ~ しだいに酒飲みになる ‖〘過去分詞で〙an *et.*⁴ *gewöhnt* sein …に慣れている, …の習慣をもっている(→gewohnt² 2) | Ich bin [daran] *gewöhnt*, früh aufzustehen. 私は早起きに慣れている | *et.*⁴ *gewöhnt* sein …に慣れている(→gewohnt² 2) | Eine solche Kälte bin ich nicht *gewöhnt*. こんな寒さには私は慣れていない. [*ahd.* [gi]wennen; ◇gewinnen, gewohnt; *engl.* wean]

Ge·wohn·heit[gəvó:nhaıt] 女 -/-en **1** 習慣; 習癖, 癖: eine gute 〈schlechte〉 ~ 良い〈悪い〉習慣 | die ~, nachts zu arbeiten 夜に仕事をする習慣 ‖ eine ~ ablegen 〈abstreifen〉 習慣をやめる | eine ~ annehmen 習慣を身につける | *Gewohnheit* tut alles. 何にでも慣れるものだ ‖ aus alter ~ 古くからの習慣で | aus bloßer 〈reiner〉 ~ 単なる習慣で | gegen *seine* ~ 自分の習慣に反して | mit einer ~ brechen《雅》習慣を廃する | *sich*³ *et.*⁴ zur ~ machen …の習慣を身につける. **2** (Brauch) 慣習, 慣行, 慣例: soziale ~*en* 社会的慣習 | aus der ~ kommen すたれる. [*ahd.*; ◇gewöhnlich]

ge·wohn·heits≈ge·mäß 形 習慣に従った〈よる〉. ≈**mä·ßig** 形 習慣的な; 常習の: ein ~*er* Verbrecher 常習犯 | *sich*³ ~ [die] Nägel abkauen くせで爪をかむ.

Ge·wohn·heits≈mensch 男 すべてを習慣に従って行う人, 習慣の奴隷. ≈**rau·cher** 男 常習性喫煙者, 喫煙常習者. ≈**recht** 中《ふつう単数で》〘法〙慣習法.

ge·wohn·heits·recht·lich 形 慣習法[上]の.

Ge·wohn·heits≈sün·de 女 とかく陥り〈習癖となり〉やすい罪悪. ≈**tier** 中《戯》= Gewohnheitsmensch ≈**trin·ker** 男 常習性飲酒者. ≈**ver·bre·cher** 男 常習的犯罪者, 常習犯.

ge·wöhn·lich[gəvǿ:nlıç] 形 **1** 日常〈通常〉の, ふだんの, 通例の; 普通の, ありきたりの, 並の, 平凡な: ein ~*er* Anblick 見なれた〈ざらにある〉光景 | eine ~*e* Katze ありふれた猫 | im ~*en* Leben 日常生活で | *seiner* ~*en* Beschäftigung nachgehen いつもの仕事に従事する ‖ [für] ~ 通例は, 普通は | Er steht [für] ~ sehr früh auf. 彼はいつもはとても早起きだ | wie ~ いつものように. **2** 卑俗〈凡俗〉な, 下品な, 低級〈下等〉な: ein ~*es* Gesicht 下品な顔 | *sich*⁴ ~ benehmen 下品に振舞う. [*mhd.*; ＜*ahd.* giwon „üblich" (◇gewohnt)]

Ge·wöhn·lich·keit[−kaıt] 女 -/ gewöhnlich なこと.

ge·wohnt¹[gəvó:nt] wohnen の過去分詞.

ge·wohnt²[−] 形 **1**《付加語的》(üblich) ふだんの, いつも[ながら]の: mit der ~*en* Gründlichkeit いつもながらの念の入れ方で | mein ~*er* Weg zur Schule 私がふだん学校へ通う道 | in ~*er* Weise ふだん〈普通〉のやり方で | zur ~*en* Zeit いつもの時刻に. **2**《述語的》***et.***⁴ **~ sein** …に慣れている, …の習慣をもっている | Er ist schwere Arbeit ~. 彼は重労働に慣れている〈を苦にしない〉| Ich bin [es] ~, früh aufzustehen. 私は早起きには慣れている | *et.*⁴ ~ werden …に慣れる | Jung ~, alt getan. (→jung I 1). [＜*ahd.* giwonēn „gewohnt sein" (◇gewöhnen)]

ge·wohn·ter·ma·ßen[gəvó:ntərmá:sən] 副 ふだん〈いつも〉のように.

Ge·wöh·nung[gəvǿ:nʊŋ] 女 -/ **1** [sich] gewöhnen すること: durch ~ der Augen an *et.*⁴ …に目が慣れて | Das häufige Einnehmen dieses Mittels führt zur ~. この

G

薬を常用するとやめられなくなる. ▽**2** ＝Gewohnheit

Ge·wọ̈l·be[gəvœ́lbə] 中 -s/- **1** ヴォールト(アーチをもとにした曲面天井の総称);《俗》丸屋根, 丸天井〔のある部屋〕(→ 図); (地下の)穴ぐら: ein bombenfestes ～ 防空壕(ごう) ‖ das ～ des Himmels 青天井, 蒼穹(そうきゅう). **2**《南部》(Kramladen)(マーケット式の)小間物店. [*ahd.*; ◇wölben]

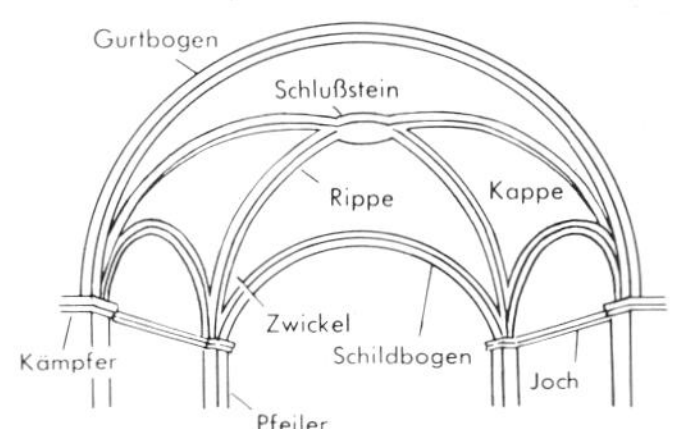

Gewölbe A

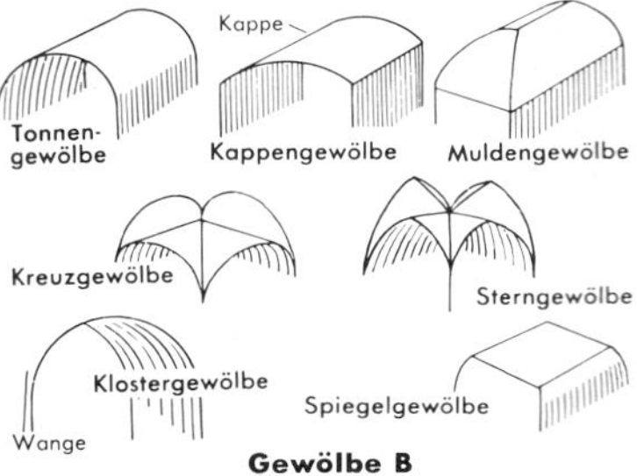

Gewölbe B

Ge·wọ̈l·be≠bau 男 -〔e〕s/-ten 丸天井をもった建物. **≠bo̱·gen** 男《建》丸天井のアーチ. **≠pfei·ler** 男《建》丸天井の支柱. **≠rip·pe** 女《建》丸天井の梁(はり), リブ, 稜助(りょうじょ). **≠schluß·stein** 男《建》(丸天井の頂上にある)かなめ〈くさび〉石. **≠stein** 男《建》迫石(せりいし), ブッソワール. **≠stüt·ze** 女, **≠trä̱·ger** 男《建》丸天井受け〔壁〕.

ge·wọ̈lbt[gəvœ́lpt] **I** wölben の過去分詞. **II** 形 アーチ形の, 丸天井の; 反った, 弓なりの: ein ～*er* Raum 〈Gang〉〔天井が〕アーチ形の部屋〈廊下〉| eine ～*e* Stirn 突き出た額 | eine ～*e* Brust 広くて厚い胸.

Ge·wọ̈lk[gəvœ́lk] 中 -〔e〕s/ 雲の集まり, わき立つ〈たなびく〉雲;《比》〔もうもうたる〕煙; もやもやしたもの. [*mhd.*; ◇Wolke]

Ge·wọ̈l·le[gəvœ́lə] 中 -s/-《狩》ペリット(ふくろうなどが不消化のまま吐き出す羽毛・骨などの塊). [*mhd.*; ◇wöllen]

ge·wọllt[gəvɔ́lt] **I** wollen²の過去分詞. **II** 形 わざとらしい, 無理をした, 不自然な: mit ～*er* Heiterkeit わざと〈無理に〉陽気を装って ‖ Diese Darstellung wirkt etwas ～. この表現〈描写〉は少しわざとらしい | ein ～ gleichgültiges Gesicht machen 無理に無関心〈平静〉を装う, 空とぼける ‖ Der Schluß des Romans hat etwas *Gewolltes*. この小説の結末には少し不自然なところがある.

ge·wọ̈n·ne[gəvœ́nə] gewinnen の接続法 II.

ge·wọn·nen[gəvɔ́nən] gewinnen の過去分詞.

ge·wọr·ben[gəvɔ́rbən] werben の過去分詞.

ge·wọr·den[gəvɔ́rdən] werden の過去分詞.

ge·wọr·fen[gəvɔ́rfən] werfen の過去分詞.

ge·wrụn·gen[gəvrʊ́ŋən] wringen の過去分詞.

Ge·wụ̈hl[gəvý:l] 中 -〔e〕s/ ごった返し, 押し合いへし合い: im ～ der Schlacht 乱戦の中で | *sich*⁴ im ～ des Lebens behaupten 世間にもまれて生き抜く. [＜wühlen]

ge·wụn·den[gəvʊ́ndən] **I** winden¹の過去分詞. **II** 形 (表現などが端的でなく)遠回しの, 回りくどい, もって回った: *sich*⁴ ～ ausdrücken 回りくどい〈もって回った〉表現をする.

ge·wụn·ken[gəvʊ́ŋkən] gewinkt (winken の過去分詞)の方言形・戯語形.

ge·wụ̈r·felt[gəvʏ́rfəlt] **I** würfeln の過去分詞. **II** 形 市松模様の, 格子〈碁盤〉縞(じま)の, チェックの(→ 図 Muster): ～*e* Hosen 格子縞〈チェック〉のズボン.

Ge·wụ̈r·ge[gəvʏ́rgə] 中 -s/ **1** 激しい吐き気, 嘔吐(おうと). **2**《話》ひどくつらい仕事. [＜würgen]

Ge·wụ̈rm[gəvʏ́rm] 中 -〔e〕s/-e《集合的に》**1** 虫けら. **2**《話》野郎ども; がきども. [*mhd.*; ◇Wurm]

Ge·wụ̈rz[gəvʏ́rts] 中 -es/-e 香辛料, スパイス, 薬味, 調味料(→ 図). [＜Wurz]

Ge·wụ̈rz≠es·sig 男 芳香酢. **≠ex·trakt** 男 薬味エキス (Maggi, Worcestersoße など). **≠gur·ke** 女 キュウリのピクルス.

ge·wụ̈r·zig[gəvʏ́rtsɪç]² 形 薬味〈香辛料〉を加えた, 風味のよい; 香ばしい.

Ge·wụ̈rz≠in·seln 複 ＝Molukken **≠kör·ner** 複 ピメント〔の実〕, オールスパイス〔の実〕(香辛料). **≠kraut** 中 香辛料〈スパイス〉用野菜(パセリ・セージなど). **≠mi·schung** 女 混合〈配合〉香辛料. **≠nel·ke** 女, **≠nel·ken·baum** 男《植》チョウジ(丁子). **≠pflan·ze** 女 香辛料植物. **≠salz** 中 香辛料入り〈配合〉食塩. **≠strauch** 男 ニオイロウバイ属の低木(花に芳香がある). **≠tra·mi̱·ner** 男 **1**《単数で》(白ワイン用)ゲヴュルツ＝トラミーナー種のぶどう. **2** ゲヴュルツ＝トラミーナー種のぶどうから造った白ワイン. **≠wein** 男 (ふつう温めて飲む)芳香〔赤〕ワイン(→Glühwein); 薬草酒.

ge·wụßt[gəvʊ́st] wissen の過去分詞.

Ge̱y·sir[gáɪzɪr] 男 -s/-e《地》間欠泉. [*isländ.*; ＜*isländ.* geysa „sprudeln" (◇gießen); ◇*engl.* geyser]

gez. 略 ＝**gezeichnet** 署名のある(→zeichnen II 2).

ge·zạckt[gətsákt] **I** zacken の過去分詞. **II** 形 (縁が)ぎざぎざの: ～*e* Felsen ごつごつした岩.

Ge·zä̱·he[gətsɛ́:ə] 中 -s/-《坑》(採掘・選鉱用の)道具類. [*ahd.* gizawa „Gerät"; ◇zauen, Tau²]

ge·zä̱h·nelt[gətsɛ́:nəlt] **I** zähneln の過去分詞. **II** ＝gezähnt II 1

ge·za̱hnt[..tsá:nt] **I** zahnen の過去分詞. **II** ＝gezähnt II 1

ge·zä̱hnt[..tsɛ́:nt] **I** zähnen の過去分詞. **II** 形 **1** 刻み目〈ぎざぎざ〉のある. **2**《植》(葉に)鋸歯(きょし)のある,(葉の縁

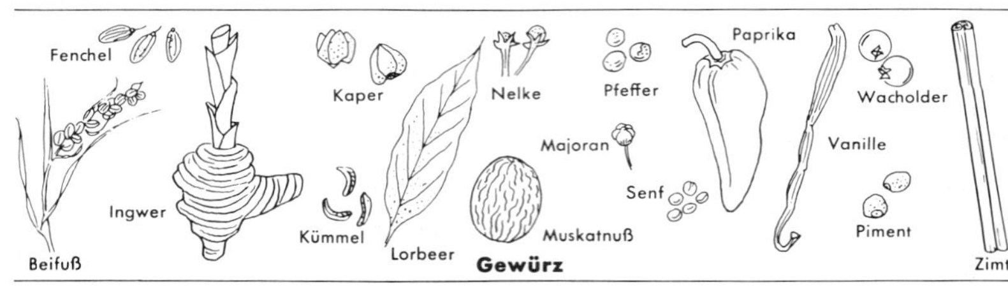

Gewürz

G

が) 歯牙(ﾎﾞ)状の(→ ㊛ Blatt).

Ge·zänk[gətsέŋk] 中 -[e]s/ , **Ge·zan·ke**[..tsáŋkə] 中 -s/ (絶え間のない)けんか, 口論. [＜zanken]

Ge·zap·pel[gətsápəl] 中 -s/ 手足をばたばた動かすこと, あがき. [＜zappeln]

Ge·zau·der[gətsáudər] 中 -s/ いつまでもためらうこと, 優柔不断. [＜zaudern]

ge·zeich·net[gətsáiçnət] zeichnen の過去分詞.

Ge·zei·ten[gətsáitən] 複 (潮の)干満(→ ㊛): die ewigen ～ des Lebens《比》人生の有為転変(禍福). [*ahd.* gezīt „Zeit[lauf]"＋*mndd.* getīde „Flutzeit"; ◇Zeit]

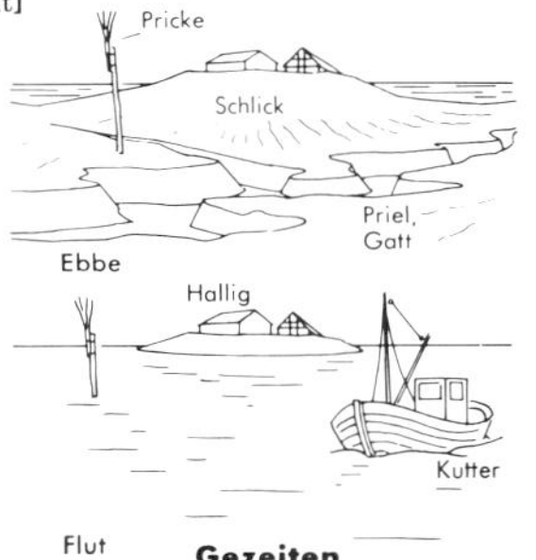

Gezeiten

Ge·zei·ten≠hub 男 潮の干満の差. ≠**kraft·werk** 中 潮力発電所. ≠**strom** 男《ふつう単数で》潮流. ≠**ta·fel** 女 潮汐(ちょうせき)表(→ ㊛ Strand). ≠**wech·sel** 男 (潮の)干満の交代.

Ge·zelt[gətsέlt] 中 -[e]s/-e **1**《雅》(Zelt) テント, 天幕. **2**《比》天蓋(ﾃﾝｶﾞｲ), 天空.

Ge·zerr[gətsέr] 中 -[e]s/ , **Ge·zer·re**[..rə] 中 -s/ しきりに引っぱること, 引っぱり合い. [＜zerren]

Ge·ze·ter[gətsé:tər] 中 -s/ しきりに助けを呼ぶこと(声), 悲鳴. [＜zetern]

Ge·zie·fer[gətsí:fər] 中 -s/ ▽**1** ＝Ungeziefer **2**《方》([Klein]vieh) (小さな)家畜類(犬・猫・ウサギ・鶏など).

ge·zie·hen[gətsí:ən] zeihen の過去分詞.

ge·zielt[gətsí:lt] **I** zielen の過去分詞. **II** 形 的を絞った, 狙いを定めた, (特定の)目標(目的)に合致した, 適切な: eine ～*e* Frage 的を射た質問 ‖ schnell und ～ handeln 迅速的確な行動をとる.

ge·zie·men[gətsí:mən] **I** 自 (h)《雅》《*jm.*》(…に)ふさわしい, 相応する: Er handelt, wie es ihm *geziemt*. 彼は身分相応の行動をする ‖ Es *geziemt* sich[3] nicht, daß ein junges Mädchen so etwas spricht. / Es *geziemt* sich nicht für ein junges Mädchen, so etwas zu sprechen. 若い女の子がそんなことを言うのはふさわしくない, 若い女の子がそんなことを言うものではない. **II ge·zie·mend** 現分 形《雅》ふさわしい, 相応した, しかるべき: mit ～*er* Höflichkeit しかるべく丁重に | Ich wies sein Ansinnen in ～*er* Weise zurück. 私は彼の無理難題をしかるべく(きっぱりと)拒絶した.

▽**ge·ziem·lich**[gətsí:mlıç] 形《雅》＝geziemend

ge·ziemt[gətsí:mt] **I** ziemen の過去分詞. **II** geziemen の過去分詞; 現在3人称単数・2人称複数; 命令法複数.

Ge·zie·re[gətsí:rə] 中 -s/ おしゃれ, 気取り.

ge·ziert[gətsí:rt] **I** zieren の過去分詞. **II** 形 気取った, わざとらしい: ～ tun つんとすます | ～ reden 気取ったものの言い方をする | ein ～*er* Stil いやみな文体.

Ge·ziert·heit[–hait] 女 -/ 気取り, わざとらしさ.

Ge·zirp[gətsírp] 中 -[e]s/ , **Ge·zir·pe**[..pə] 中 -s/ (虫などが)しきりに鳴くこと(声). [＜zirpen]

Ge·zisch[gətsíʃ] 中 -[e]s/ , **Ge·zi·sche**[..ʃə] 中 -s/ シューシューいう音. [＜zischen]

Ge·zi·schel[gətsíʃəl] 中 -s/ しきりにささやくこと(声); (舌打ちする)チェチェという音. [＜zischeln]

ge·zo·gen[gətsó:gən] ziehen の過去分詞.

Ge·zücht[gətsýçt] 中 -[e]s/-e (動物の)一腹の子;《比》野郎ども, 一味, ごろつき. [*mhd.*; ◇Zucht]

Ge·zün·gel[gətsýŋəl] 中 -s/ 舌をしきりに動かすこと; (炎が)めらめらと燃えること, ちらちらする炎. [＜züngeln]

ge·zungt[..tsúŋt] 形〘紋〙(動物図形が)〔色違いの〕舌をつけた. [＜Zunge]

Ge·zweig[gətsváik][1] 中 -[e]s/《雅》《集合的に》枝.

ge·zweit[gətsváit] zweien の過去分詞.

Ge·zwin·ker[gətsvíŋkər] 中 -s/ (反復する)まばたき. [＜zwinkern]

ge·zwirnt[gətsvírnt] zwirnen[1]の過去分詞.

Ge·zwit·scher[gətsvítʃər] 中 -s/ しきりにさえずること(声). [＜zwitschern]

ge·zwun·gen[gətsvúŋən] **I** zwingen の過去分詞. **II** 形 むりやりの; 不自然な, 作り物の, わざとらしい: ein ～*er* Ausdruck むりのある表現 | ein ～*es* Benehmen わざとらしい態度 ‖ ～ lachen むりに笑う, 作り笑いをする.

ge·zwun·ge·ner≠ma·ßen[gətsvúŋənərmá:sən] 副, ≠**wei·se** 副 強制的に, むりに; やむを得ず.

Ge·zwun·gen·heit[..hait] 女 -/ gezwungen なこと.

Gfrast[kfrast] 中 -s/-er《南部・オーストリア》**1** (Fussel) (衣服などに付着した)けば. **2** (Nichtsnutz) ろくでなし.

Gfrett[kfrεt] 中 -s/ ＝Gefrett

Gfrieß[kfri:s] 中 -es/-er ＝Gefrieß

gg 略 ＝Gauge ゲージ.

GG[ge:gé:] 略 中 -/ ＝Grundgesetz 2

ggf. 略 ＝gegebenenfalls

ggT 略, **g. g. T.** 略 ＝größter gemeinsamer Teiler〘数〙最大公約数(→kgV).

GH 略 ＝Gesamthochschule

Gha·na[gá:na·] 地名 ガーナ(アフリカ西部の共和国. もとは die Goldküste といったが, 1957年英連邦内で独立. 首都はアクラ Accra).

Gha·na·er[gá:naər] 男 -s/- ガーナ人.

gha·na·isch[..na·ıʃ] 形 ガーナ〔人〕の.

Gha·ne·se[gané:zə] 男 -n/-n ＝Ghanaer

gha·ne·sisch[..zıʃ] 形 ガーナの.

Gha·sel[gazé:l] 中 -s/-e, **Gha·se·le**[..lə] 女 -/-n ＝Gasel

Ghet·to[géto·] 中 -s/-s ＝Getto

GHH[ge:ha:há:] 略 女 -/ ＝Gutehoffnungshütte

Ghi·bel·li·ne[gibεlí:nə] 男 -n/-n ＝Gibelline

GHK 略 ＝Großhandelskontor

Ghost≠word[góustwə:d] 中 -s/-s〘言〙幽霊語(誤植・誤記・誤読から生じ, そのまま一般に流布している語. 例 英語 derring-do 大胆な行為). ≠**wri·ter**[..raitə] 男 -s/- ゴーストライター(有名人などの著作の代作者). [*engl.*; ＜*engl.* ghost (→Geist)]

G.I. (**GI**)[dʒí:ái, –⏊] 男 -[s]/-[s] アメリカ兵, ジーアイ. [*amerik.*]

Giaur[giáuər] 男 -s/-s (イスラム教徒からみた)不信の徒, 異教徒. [*pers.* gabr „Feueranbeter"–*türk.*; ◇*engl.* giaour]

gib[gi:p] geben の命令法単数.

Gib·be·rel·lin[gıberεlí:n] 中 -s/-e〘生化学〙ジベレリン(イネの馬鹿苗(ばかなえ)病菌から抽出された植物生長ホルモン). [◇*lat.* gibbus „Buckel"]

Gib·bon[gíbɔn] 男 -s/-s〘動〙テナガザル(南アジア産). [*fr.*]

Gi·bel·li·ne[gibεlí:nə] 男 -n/-n〘史〙(中世イタリアの)皇帝党員, ギベリン党員: die ～*n* ギベリン党, 皇帝党(派)(教皇党と争った: →Guelfe). [*mhd.* wībeling–*it.* ghibellino; ◇Waiblingen (神聖ローマ皇帝を出したシュタウフェン王朝の直属の町)]

Gi·bral·tar[gibráltar, ..braltá:r; オーストリア: gí:braltar] 地名 ジブラルタル(イベリア半島南端にあるイギリスの植民地で海軍基地): die Straße 〈die Meerenge〉 von ～ ジブラルタル海峡. [*arab.* Djebel-al-Tariq „Berg des Tariq"; 8世紀初めにアフリカから渡って占領した将軍の名から]

Gi·bral·ta·rer[gibraltá:rər] 男 -s/- ジブラルタル人.
gi·bral·ta·risch[..rɪʃ] 形 ジブラルタル〔人〕の.
gibst[gi:pst] geben の現在 2 人称単数.
gibt[gi:pt] geben の現在 3 人称単数.
gibt's (**gibts**)[gi:pts] =gibt es (→geben I 6).
Gicht[1][gɪçt] 女 -/-en **1** (溶鉱炉の)バーデン, 炉上口(→ 図 Hochofen). **2** (鉱石・石炭などの溶鉱炉への) 1 回の装入量.
Gicht[2][−] 女 -/ **1** 〘医〙痛風(ふう): an 〔der〕 ~ leiden 痛風にかかっている. **2** (線虫類によるムギの)心枯れ病. [*ahd.* „Behexung"; < *ahd.* jehan (→Beichte)]
Gicht·an·fall[gíçt..] 男〘医〙痛風発作.
gicht·ar·tig 形〘医〙痛風のような.
Gicht·bee·re 女《方》〘植〙クロスグリ.
gicht·brü·chig 形 痛風にかかった; 痛風のために体の不自由な: der 〈die〉 *Gichtbrüchige* 痛風患者.
Gicht·gas[gíçt..] 中 (溶鉱炉の)炉口ガス. [< Gicht[1]]
gich·tig[gíçtɪç][2], **gich·tisch**[..tɪʃ] =gichtkrank
Gicht·kno·ten 男〘医〙痛風結節.
gicht≈krank 形 痛風にかかった: der 〈die〉 *Gichtkranke* 痛風患者. **≈krumm** 形 (手・足などが)痛風のために曲がった.
Gicht≈mit·tel 中 痛風薬. **≈mor·chel** 女 (Stinkmorchel)〘植〙スッポンタケ.
Gickel[gíkəl] 男 -s/- 《中部》(Hahn) おんどり; 《比》怒りっぽい男. [擬音]
gickern[gíkərn] 《05》 (**gickeln**[..kəln] 《06》) 自 (h) くっくっと笑う. [擬音; ◇ *engl.* giggle]
Gick·gack[gíkgak] 中 -s/ ガアガア(ガチョウの鳴き声); 《比》くだらぬおしゃべり.
gicks[gɪks] 間 ギャー(ガチョウのかん高い鳴き声): 〚もっぱら gacks と〛 **weder ~ noch gacks sagen 〈wissen〉** うんともすんとも言わない〈なんにもわからない〉 | Das weiß ~ und gacks. そんなことは猫もしゃくしもご存じだ.
gick·sen[gíksən] 《02》 **I** 自 (h) **1** きいきい声をあげる: Vor Vergnügen *gickste* sie. うれしさのあまり彼女はかん高い叫び声をあげた. **2** 〘ビリヤード〙突きそこなう.
II 他 (h) (stoßen) (とがったもので軽く)突く; 刺す: *jn.* in die Seite ~ …のわき腹を突く.
Gide[ʒid, ʒi:t] 人名 André ~ アンドレ ジード(1869-1951; フランスの作家. 1947年ノーベル賞受賞).
gieb[gi:p] gib (geben の命令法単数)の古形.
Gie·bel[1][gí:bəl] 男 -s/- (Karausche)〘魚〙フナ(鮒). [*gr.* kōbiós „Gründling"−*lat.* gōbio−*ahd.* guva; ◇ *engl.* goby, gudgeon]
Gie·bel[2][−] 男 -s/- **1** 〘建〙切妻, 破風(はふ); 切妻壁(→ 図). **2** 《戯》(Nase) 鼻. **3** 《雅》(Gipfel) 頂上, てっぺん.

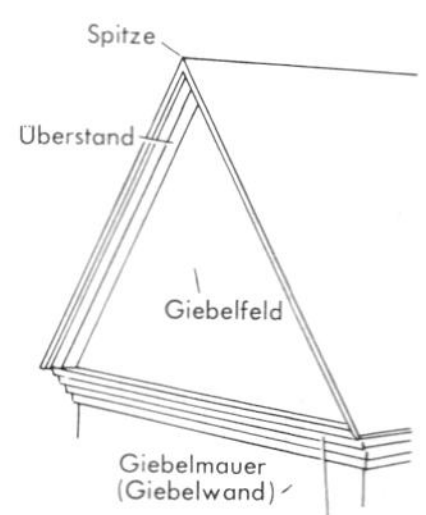

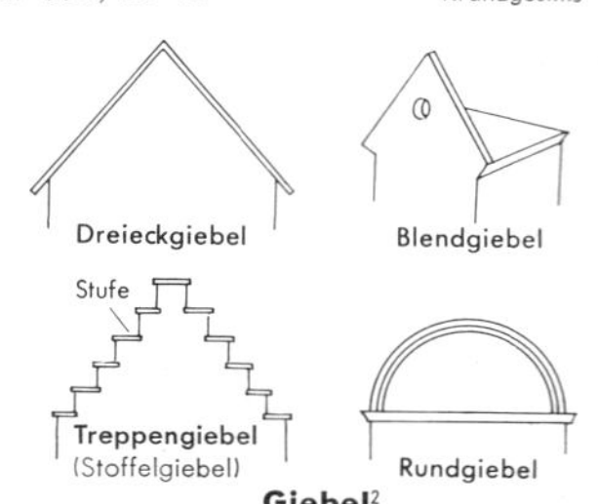

Giebel[2]

[*idg.*; ◇ kephalo.., Gabel; *engl.* gable]
Gie·bel≈bal·ken 男〘建〙切妻壁沿いの梁. **≈dach** 中 切妻屋根. **≈feld** 中〘建〙ペディメント(切妻壁の三角形の壁面: → 図 Giebel). **≈fen·ster** 中〘建〙切妻窓(ペディメントについている窓: → 図 Haus A).
gie·bel·för·mig 形 切妻形の.
Gie·bel·haus 中 街路に面して切妻のある家, 切妻造りの家.
gie·be·lig[gí:bəlɪç][2] (**gieb·lig**[..blɪç][2]) 形 切妻のある, 切妻造りの: eine ~*e* Stadt 切妻造りの〈切妻壁が街路に面した〉家々の立ち並ぶ町.
Gie·bel≈mau·er[gí:bəl..] 女〘建〙切妻面の壁(→ 図 Giebel). **≈sei·te** 女 (Schmalseite) 切妻側. **≈stu·be** 女 切妻壁裏の部屋. **≈wand** 女 =Giebelmauer **≈zim·mer** 中 切妻壁裏の部屋.
gie·best[gí:bəst] =giebst
gie·bet[gí:bət] =giebt
[▽]**Gie·big·keit**[gí:bɪçkaɪt] 女 -/-en 《ふつう複数で》《オーストリア》物納した税金. [◇ geben]
gieb·lig =giebelig
giebst[gi:pst] gibst (geben の現在 2 人称単数)の古形.
giebt[gi:pt] gibt (geben の現在 3 人称単数)の古形.
Giek≈baum[gí:k..] 男〘海〙スパンカー=ブーム(後檣(こうしょう)斜桁(しゃこう)帆の下隅を張り出す円材). **≈se·gel** 中〘海〙スパンカー(後檣に取り付けるガフのついた三角の縦帆). [< *ndl.* gijk „Rundholz"]
giek·sen[gí:ksən] 《02》 他 (h) 《中部》(stoßen) 突く; 刺す(→gicksen II): *jn.* in die Seite ~ …のわき腹を突く.
Gie·men[1][gí:mən] 男 -s/- 《南部》(氷河などの)割れ目. [< giemen „klaffen" (◇ gähnen)]
Gie·men[2][−] 中 -s/ 〘畜〙ギー音(馬の病的な呼吸音).
Gien[gi:n] 中 -s/-e 〘海〙複滑車, テークル, パーチェス. [*lat.* ingenium (→Ingenium)−*afr.* engin „Werkzeug"−*engl.* gin „Kran"−*ndl.* gijn]
gie·nen[1][gí:nən] 他 (h) 〘海〙複滑車で引く〈揚げる〉.
gie·nen[2][−] 自 (h) 《南部》(gähnen) あくびをする.
Gien·mu·schel[gí:n..] 女〘貝〙キクザルガイ(菊猿貝).
Gie·per[gí:pər] 男 -s/ 《北部》(Begierde) 欲望; 食欲.
gie·pern[gí:pərn] 《05》 自 (h) 《北部》《nach *et.*[3]》(…を)渇望する: Die Kinder *giepern* nach Eis. 子供たちはとてもアイスクリームを欲しがっている. [< *ndd.* giepen „Luft schnappen" (◇ Geifer)]
giep·rig[gí:prɪç][2] 形《北部》(gierig) 熱望している; 貪欲(どんよく)な, 情欲的な.
Gier[gi:r] (雅: **Gier·de**[gí:rdə]) 女 -/ 渇望, 貪欲(どんよく): eine wilde 〈fiebernde〉 ~ 荒々しい〈熱にうかされたような〉欲求 | ~ nach Macht 〈Reichtum〉 権勢〈金銭〉欲 | Hab*gier* 所有欲 | Neu*gier* 好奇心 ‖ eine wahre ~ auf *et.*[4] haben …を渇望している | *seine* ~ unterdrücken 欲望を抑える. [*ahd.*; < *ahd.* ger „begehrend"; ◇ Charis, Geier, gern, gehren[2]]
gie·ren[1][gí:rən] 自 (h) 《雅》《nach *et.*[3]》(…を)熱望〈渇望〉する, むやみに欲しがる.
gie·ren[2][−] 自 (h) **1** 〘海・空〙ヨーイング(船首〈機首〉ゆれ)する. **2** (針路から)偏逸する. [*ndl.*; ◇ Gehre]
Gier·fäh·re[gí:r..] 女 ロープフェリー, 綱渡し船.
Gier·fal·ke =Gerfalke
gie·rig[gí:rɪç][2] 形 貪欲(どんよく)な, 熱望〈渇望〉している: hab*gierig* 所有欲の強い | neu*gierig* 好奇心の強い ‖ ~*e* Blicke auf *et.*[4] werfen …をむさぼるように眺める | mit ~*en* Händen nach *et.*[3] greifen がつがつと…に手をのばす ‖ ~ essen がつがつ食う | ~ trinken がぶがぶ飲む | ~ lesen むさぼるように読む | auf *et.*[4] 〈nach *et.*[3]〉 ~ sein …をむやみに欲しがる.
Gie·rig·keit[−kaɪt] 女 -/ gierig なこと: ein Blick voller ~ もの欲しそうな目つき.
Giersch[gi:rʃ] 男 -〔e〕s/ 《方》= Geißfuß 2 [*ahd.* g〔i〕ers „Kraut"]
Gier·schlund[gí:r..] 男《話》大食らい, 大食漢.
Gie·se·king[gí:zəkɪŋ] 人名 Walter ~ ヴァルター ギーゼキ

ング(1895-1956; ドイツのピアニスト).

Gieß≠bach[gíːs..] 男 (雨や雪解けで水かさを増した)流れの速い渓流, 急流, 激流. ≠**bad** 中〘医〙灌水(かんすい)浴, 注水治療. ≠**becken·knor·pel** 男〘解〙(のどの)披裂軟骨. ≠**be·ton**[..betɔŋ] 男 流し込みコンクリート.

gie·ßen*[gíːsən] ⦅56⦆ **goß**[gɔs]/**ge·gos·sen**; 接II gösse[gœ́sə] **I** 他 (h) **1 a)** ⦅*et.*[4]⦆⦅方向を示す語句と⦆(液体を…へ)注ぐ, つぐ: Tee in eine Tasse ～ 茶わんに茶をつぐ | Wein in ein Glas ～ ワインをグラスに注ぐ | *sich*[3] 〔die〕 Soße über ⟨auf⟩ das Kleid ～ ソースを服にこぼす | Öl auf die Wogen ～ (→Öl) | Öl ins Feuer ～ (→Öl) | 〔*sich*[3]〕 eine ⟨eins⟩ hinter die Binde ～ (→Binde 2 b) | einen auf die Lampe ～ (→Lampe 1 a) | 〔*jm.*〕 Wasser in den Wein ～ (→Wasser 1) | Blei ～ (→Blei[2] I 1) ‖ 再帰・非人称 Es *gießt* sich[4] schlecht aus ⟨mit⟩ der Kanne. このポットはつぎにくい. **b)** (鋳型に)つぐ, 流し込む: Eisen 〔in eine Form〕 ～ 鉄を鋳型に流す ‖ *gegossenes* Eisen 鋳鉄. **2** ⦅*et.*[4]⦆〘工〙鋳造する; 鋳放しする: Lettern ～ 活字を鋳造する | eine Statue aus ⟨in⟩ Bronze ～ 像をブロンズで鋳造する ‖ wie aus Erz *gegossen* dastehen 化石になったように立ち尽くす. **3** (begießen) ⦅*et.*[4]⦆(…に)水をやる, 灌水(かんすい)する: die Blumen ～ 花に水をやる. **II** 自 (h) **1** 非人称 ⦅es gießt⦆(雨が)滝のように降る, どしゃ降りである: Es *gießt* in Strömen. どしゃ降りである | **Es *gießt* wie aus Eimern ⟨Kannen / Kübeln⟩. / Es *gießt* wie mit Eimern ⟨Kannen / Kübeln⟩.** ⦅話⦆ たらいをひっくり返したようなどしゃ降りである. **2** ＝ I 3

[*idg.*; ◇Fusion, Geysir, Guß; *gr.* cheīn „gießen"]

Gie·ßen[gíːsən] 地名 ギーセン(ドイツ Hessen 州, Lahn 河畔にある工業都市). [＜*mhd.* gieze „Stromschnelle"]

Gie·ße·ner[gíːsənər] **I** 男 -s/- ギーセンの人. **II** 形 ⦅無変化⦆ギーセンの.

Gie·ßer[gíːsər] 男 -s/- **1** 鋳造工, 鋳物工. **2** 水差し; じょうろ(如雨露).

Gie·ße·rei[giːsəráɪ] 女 -/-en **1** 鋳造〔術〕, 鋳物〔術〕. **2** 鋳物工場, 鋳造所. **3** ⦅単数で⦆水を注ぎ続けること; 雨が降り続くこと.

Gieß≠form[gíːs..] 女 **1** 鋳型. **2** 〘印〙(鋳植機の)活字鋳造型. ≠**gru·be** 女〘金属〙鋳坑. ≠**harz** 中 鋳造プラスチック. ≠**kan·ne** 女 **1** じょうろ(如雨露): eine Stimme wie eine 〔rostige〕 ～ haben ⦅話⦆(かぜをひいて)がらがら声をしている. **2** ⦅戯⦆(Penis) 陰茎, 男根: ***sich*[3] die ～ verbiegen ⟨verbeulen⟩** ⦅卑⦆(男性が)性病にかかる.

Gieß·kan·nen≠prin·zip 中 -s/ ⦅ふつう次の形で⦆ *et.*[4] nach dem ～ verteilen (予算・補助金などを)総花的にばらまく. ≠**schwamm** 男〘動〙カイロウドウケツ(偕老同穴).

Gieß≠ka·sten 男 鋳型箱, 型枠. ≠**kel·le** 女 ＝Gießlöffel ≠**loch** 中 (鋳型の)湯口, 注ぎ口. ≠**löf·fel** 男 (鋳造用の)手持ち取瓶(とりべ). ≠**ma·schi·ne** 女 **1** 鋳造機. **2** 〘印〙活字鋳造機. ≠**ofen** 男 鋳炉, キューポラ. ≠**pfan·ne** 女〘金属〙(溶解した鉄をキューポラから鋳型へ運ぶ)取瓶(とりべ).

Gift[gɪft] **I** 中 -〔e〕s/-e **1** 毒, 有毒物質, 毒物, 毒薬; ⦅比⦆害毒, 弊害: ein gefährliches ⟨tödliches⟩ ～ 危険な⟨死をもたらす⟩毒 | Mäuse*gift* 殺鼠(さっそ)剤 | Rausch*gift* 麻薬 ‖ **ein blondes ～** ⦅戯⦆(男を惑わす)エロチックなブロンド娘 ‖ *jm.* ～ 〔ein〕geben …に毒を盛る | ～ 〔ein〕nehmen 毒を飲む | **Darauf kannst du ⟨können Sie⟩ ～ nehmen.** ⦅話⦆それは絶対確実だ⟨信用できる⟩ ‖ 〔das reinste〕 **～ für *jn.* ⟨*et.*[4]⟩ sein** ⦅話⦆…にまさしく有害である | wie ～ schneiden (→schneiden II 3) | Dem einen ist's Speise, dem andern ～. (→Speise 1).

2 ⦅単数で⦆悪意, 意地悪; 憎しみ, 憎悪: voller ～ 悪意⟨憎悪⟩に満ちて ‖ **～ und Galle** 〔**über *jn.***〕 **speien ⟨spucken⟩** ⦅話⦆〔…に〕憤激をぶちまける, 〔…に〕当たり散らす | auf *jn.* ～ und Galle sein …に対して怒っている | ***sein* ～ verspritzen** ⦅話⦆毒舌をふるう, 悪口雑言を吐く.

II 男 -〔e〕s/ ⦅南部⦆(Ärger) 立腹, 腹立ち: einen ～ auf *jn.* haben …に対して怒っている.

[v]**III** 女 -/ (Gabe) 贈り物.

[*germ.* „Geben"; ◇geben, Gabe]

gift·ab·trei·bend[gíft..] 形 解毒性の.

Gift≠be·cher 男 毒杯: den ～ leeren 毒杯を飲み干す. ≠**bee·re** 女〘植〙オオセンナリ. ≠**bla·se** 女 (蛇の)毒胞, 毒嚢(どくのう). ≠**drü·se** 女 (蛇・クモなどの)毒腺(どくせん).

gif·ten[gíftən] ⦅01⦆ **I** 他 (h) (ärgern) ⦅*jn.*⦆(ひそかに)憤慨⟨立腹⟩させる: 再帰 *sich*[4] 〔über *et.*[4]〕 ～ 〔…で〕憤慨する, 〔…に〕腹を立てる. **II** 自 (h) ⦅gegen ⟨über⟩ *jn.*⦆(…に)いやみ⟨ひどいこと⟩を言う, 息まく.

gift≠fest[gíft..] 形 耐毒性の, 毒物に強い. ≠**frei** 形 毒性のない, 無毒の.

Gift·gas 中 毒ガス.

Gift·gas·fa·brik 女 毒ガス工場.

gift·grün 形 緑青(ろくしょう)色の.

Gift≠hauch 男 ⦅雅⦆毒気. ≠**hüt·te** 女 **1** 〘坑〙砒素(ひそ)精錬場. **2** ⦅話⦆酒場.

gif·tig[gíftɪç][2] 形 **1** 毒〔性〕のある: ～*e* Gase 有毒ガス | ein ～*es* Grün 毒性のある緑色(顔料) (→4) | ～*e* Pilze 毒キノコ | eine ～*e* Schlange 毒蛇 ‖ Die Abgase sind ～. 排気ガスは有毒である. **2** ⦅比⦆憎悪のこもった, とげのある; 立腹した: ～*e* Blicke 憎悪のまなざし | eine ～*e* Zunge haben 口が悪い, 毒舌家である ‖ auf *jn.* ～ sein …に対して立腹⟨憤慨⟩している | *jn.* ～ machen …を憤激させる | 〔sehr〕 ～ werden かんかんになる ‖ ～ antworten とげのある返答をする. **3** ⦅比⦆(選手・プレーヤーなどが)闘志むき出し⟨満々⟩の: ～ spielen ファイトをむき出しにしてプレーする. **4** ⦅比⦆(色彩などが)毒々しい: ein ～*es* Grün 毒々しい緑色(→1).

Gif·tig·keit[–kaɪt] 女 -/ giftig なこと.

Gift≠kies[gíft..] 男〘鉱〙硫砒(りゅうひ)鉄鉱, 毒砂. ≠**lat·tich** 男〘植〙アキノノゲシ(秋野芥子)属の一種(雑草).

Gift·ler[gíftlər] 男 -s/- ⦅オーストリア・スイス⦆(Drogensüchtiger) 麻薬中毒者⟨常用者⟩.

Gift≠mi·scher 男 **1** 毒を盛る人; (Giftmörder) 毒殺者. **2** ⦅戯⦆(Apotheker) 薬剤師; (Arzt) 医者. ≠**mi·sche·rei**[また: ◡◡◡⏑́] 女 毒を盛ること; 毒殺. ≠**mord** 男 毒殺: einem ～ zum Opfer fallen 毒殺される. ≠**mör·der** 男 毒殺者, 毒殺犯人. ≠**müll** 男 有毒ごみ⟨廃棄物⟩. ≠**nu·del** 女 **1** ⦅戯⦆安葉巻; 安巻きタバコ. **2** ⦅軽蔑的に⦆意地の悪い⟨かんしゃく持ちの⟩女. ≠**pfeil** 男 毒矢. ≠**pflan·ze** 女 有毒植物. ≠**pilz** 男 毒キノコ. ≠**reiz·ker** 男〘植〙チチタケ(乳茸)属のキノコ. ≠**schein** 男〘薬〙毒物購入証. ≠**schlan·ge** 女 毒蛇; ⦅話⦆意地悪な女. ≠**schrank** 男 (薬局の)毒物棚; ⦅戯⦆(風俗的または政治的な)禁書〔保管〕戸棚. ≠**schwamm** 男 毒キノコ. ≠**sta·chel** 男 毒針; 毒のとげ. ≠**stoff** 男 毒素. ≠**su·mach** 男〘植〙ウルシ(漆)属の一種. ≠**tier** 中 有毒動物. ≠**trank** 男 有毒飲料. ≠**wei·zen** 男 (ネズミ駆除用の)毒入り小麦. ≠**wir·kung** 女 毒作用. ≠**zahn** 男 (蛇の)毒牙(どくが); ⦅比⦆(Bosheit) 悪意: ***jm.* die *Giftzähne* ausbrechen ⟨ziehen⟩** ⦅話⦆…の毒気を抜く. ≠**zwerg** 男 ⦅話⦆意地悪な〔小〕男.

Gig[1][gɪk] **I** 中 -s/-s (1頭立ての)軽二輪馬車. **II** 女 -/-s (中 -s/-s) 船載軽ボート; (レース用の)軽ボート, ギグ(→図 Boot A). [*engl.*]

Gig[2][gɪg] 男 -s/-s **1** (ジャズ演奏家の1回の) 出演. **2** (1回の)ジャズ演奏会. [*engl.*]

giga.. ⦅単位名につけて「10億(10^9)」を意味する; 記号 G⦆.

[*gr.* Gígās (→Gigant)]

Gi·ga≠hertz[gigahɛ́rts] 中〘理〙ギガヘルツ(10億 Hertz). ≠**me·ter**[..méːtər] 男 (中) ギガメートル(10億 m; 記号 Gm): →Meter

Gi·gant[gigánt] 男 -en/-en **1** 〘ギ神〙ギガンテス(巨人族の一種). **2** ⦅比⦆巨人; 巨大な物(例えば巨船); 巨峰; 〘天〙巨星. [*gr.* Gígās–*lat.*–*ahd.*; ◇*engl.* giant]

gi·gan·tisch[..tɪʃ] 形 巨人のような, 巨大な, ものすごく大きな; (außerordentlich) 法外な: ein ～*es* Unternehmen 巨大企業 | eine ～*e* Leistung 非常な業績 | *Gigantisch* ragt der Turm. 巨人のようにその塔はそびえ立っている. [*gr.*]

Gi·gan·tis·mus[gigantísmus] 男 -/ (↔Nanismus)

G

〘医〙巨人症, 巨大発育症.

Gi·gan·to·ma·chie[gigantomaxí:] 女 -/ 〘ギ神〙(Zeus に対する)ギガンテスの戦い. [*gr.*; < *gr.* máchē „Kampf"]

Gi·gan·to·ma·nie[gigantomaní:] 女 -/ 巨大癖, 巨大マニア, 偏執狂的巨大嗜好.

gi·gan·to·ma·nisch[gigantomá:nɪʃ] 形 巨大癖〈マニア〉の, 偏執狂的な巨大嗜好の.

Gi·ga·watt[gigavát] 中 〘電〙ギガワット(10億 Watt).

Gi·gerl[gí:gərl, gíg..] 男 (中) -s/-n **1** 《オーストリア》(Geck) おしゃれ, だて男. **2** 《南部》(Hahn) おんどり. [擬音; ◇Gickel]

gi·gerl·haft[-haft] 形 《オーストリア》おしゃれな.

Gi·gerl·tum[..tu:m] -s/ 《オーストリア》おしゃれ; 軽薄さ.

Gi·go·lo[ʒí:golo·, ʒíg..] 男 -s/-s **1** (Eintänzer) (ダンスホールなどの)お抱えダンサー(男). **2** 《話》ジゴロ(女に養われる若い男, 商売女などのひも). [*fr.*; < *afr.* giguer (→Gigue)]

Gi·got[ʒigó:] 男 -/-s[-]; 中 -s/-s **1** 〘料理〙羊のもも肉. **2** 《ふつう複数で》〘服飾〙(婦人服の)ジゴスリーブ(袖つけのあたりでふくらみ, 袖口が細くなった羊脚型の袖: →図). [*fr.*; < *fr.* gigue „Bein" (◇Gigue)]

Schute
Gigot (Keulenärmel)

Gigot

Gigue[ʒi:k][1] 女 -/-n[ʒí:gən] 〘楽〙**1** ジグ, ジーグ(3拍子系のテンポの速い軽快な舞踊, およびその楽曲). **2** ジグ(マンドリンに似た中世の弦楽器). [*engl.* jig−*fr.*; < *afr.* giguer „tanzen" (◇Geige)]

gik·sen[gí:ksən] 《02》 = gieksen

gil·ben[gílbən][1] 自 (s) 《雅》(vergilben) 黄色くなる, 黄変する. [*mhd.*; ◇gelb]

Gil·bert[gílbɛrt] 男名 (< Giselbert) ギルベルト.

▽**Gilb·hard**[gílphart][1] 男 -s/-e, ▽**Gilb·hart**[gílphart] 男 -s/-e 《ふつう単数で》(Oktober) 10月. [◇gelb, hart]

Gil·de[gíldə] 女 -/-n **1** 〘史〙ギルド(中世ヨーロッパの〔同宗派の〕主として商人の同業者組合: →Zunft 1): Kaufmanns*gilde* 商人ギルド. **2** (趣味を同じくする人々の)協会, 同好会: Schützen*gilde* (中世諸都市で成立した)射撃協会. [*mndd.* „Opfer〔gelage〕"; ◇gelten; *engl.* guild]

Gil·de≈haus 中 =Gildenhalle ≈**mei·ster** 男 ギルドの親方, 組合長.

Gil·den·hal·le 女 ギルドの集会場, 組合会館.

Gil·den·schaft[..ʃaft] 女 -/ 《集合的に》〘史〙ギルドの組合員.

Gil·den·so·zia·lis·mus 男 -/ (1910年代にイギリスで発達した)ギルド社会主義.

Gi·let[《オーストリア》: ʒilé:; 《スイス》: ʒíle·] 中 -s/-s 《オーストリア・スイス》(Weste) ジレー(袖(そで)なしのチョッキ). [*türk.* yelek−*arab.*−*fr.*]

Gil·ga·mesch[gílgamɛʃ] 人名 ギルガメッシュ(Sumer の伝説的な王で, Babylonien の叙事詩の主人公).

Gil·ge[gílgə] 女 -/-n 《南部》(Iris) 〘植〙アヤメ(菖蒲)属, アイリス. [*lat.* līlium (→Lilie)−*it.* giglio]

Gil·ling[gílɪŋ] 女 -/-s (**Gil·lung**[..lʊŋ] 女 -/-en) 〘海〙船尾突出部. [*ndl.* gilling; < *ndl.* gillen „schräg zuschneiden"]

gilt[gɪlt] gelten の現在3人称単数; 命令法単数.

gil·tig[gíltɪç][2] 《オーストリア》=gültig

giltst[gɪltst] gelten の現在2人称単数.

Gim·pe[gímpə] 女 -/-n (服などのふち飾り用の)打ちひも, 組みひも, さきべり. [◇*engl.* gimp]

Gim·pel[gímpəl] 男 -s/- **1** (Dompfaff) 〘鳥〙ウソ(鷽). **2** 《比》お人よしな人. [*mhd.* gümpel; < *mhd.* gumpen „hüpfen" (◇*engl.* jump)]

Gim·pe·lei[gɪmpəláɪ] 女 -/-en お人よしな言動.

Gim·pel·fang[gímpəl..] 男 《比》お人よしをだますこと: auf 〔den〕 ～ ausgehen お人よしをだましにかかる, かもを探す.

Gin[dʒɪn] 男 -s/-s ジン(セイヨウトショウの実で香味をつけた蒸留酒). [*engl.*; < *engl.* geneva (→Genever)]

Gi·na[gí:na·] 女名 (< Regina) ギーナ.

ging[gɪŋ] gehen の過去.

Gin·gan[gíŋgan] (**Gin·gang**[..gaŋ]) 男 -s/-s 〘織〙ギンガム(縞(しま)または格子柄の平織り綿布). [*malai.* ginggang „gestreift"−*ndl.*; ◇*engl.* gingham]

gin·ge[gíŋə] gehen の接続法 II.

Ging·ham[gíŋəm] 男 -s/-s =Gingan

Gink·〔g〕o[gíŋ〔k〕o·] (**Gink·jo**[..kjo·]) 男 -s/-s 〘植〙イチョウ(銀杏). [*chines.* 銀杏 −*japan.*]

Gin·seng[gínzɛŋ, ʒín..] 男 -s/-s 〘植〙チョウセンニンジン(朝鮮人参). [*chines.* 人参]

Gin·ster[gínstər] 男 -s/- 〘植〙ゲニスタ, エニシダ. [*lat.* genista−*roman.*−*ahd.* geneste〔r〕; ◇*engl.* genista]

gio·co·so[dʒokó:zo·] 副 (spielerisch) 〘楽〙陽気に, 戯れて, ジョコーソ. [*lat.* iocōsus (→jokos)−*it.*]

Giot·to[dʒɔ́tto·] 人名 ジョット(1266頃−1337; イタリア, 初期ルネサンスの画家・建築家).

Gio·van·ni[dʒovánni·] 男名 ジョヴァンニ. [*it.*; ◇Johannes]

Gip·fel[gípfəl] 男 -s/- **1 a)** 山頂, 頂上: den ～ besteigen 〈bezwingen〉 山頂をきわめる. **b)** 《方》(Wipfel) (樹木の)頂, こずえ. **2** 《比》(Höhepunkt) 頂点, 絶頂, 極致, クライマックス: der ～ des Glückes 幸福の絶頂 | der ～ der Dummheit 愚の骨頂 | auf dem ～ des Ruhmes sein 人気の絶頂にある ‖ **Das ist doch der ～!** 《話》ずうずうしいにもほどがある. **3** =Gipfelkonferenz **4** 《スイス》(Kipfel) クロワッサン, 角(つの)形パン.

Gip·fel≈burg 女 頂上城(山や岩の頂に建てられた城). ≈**di·plo·ma·tie** 女 首脳〈サミット〉外交. ≈**flur** 女 〘地〙(連山の)山頂台地. ≈**hö·he** 女 山頂の高度; 〘空〙上昇限度: die Konstanz der ～ 〘地〙(山頂の)定高性.

Gip·fel·kon·fe·renz 女 頂上〈首脳〉会談, サミット. [*amerik.* summit conference の翻訳借用]

Gip·fel≈kreuz 中 山頂の十字架(→図 Berg A). ≈**lei·stung** 女 最高成績, レコード; 《比》極致: eine ～ vollbringen 最高成績をあげる | Das Buch ist eine ～ kritischen Denkens. この本は批判的思考の最高峰である.

gip·feln[gípfəln] 《06》 自 (h) 《in *et.*[3]》最高点に達する: Seine Ausführungen *gipfelten* in der Feststellung, daß ... 彼の論述のクライマックスは…ということの確認のくだりであった.

Gip·fel≈punkt 男 頂点. ≈**seil·bahn** 女 山頂に至るケーブルカー.

Gip·fel·tref·fen 中 =Gipfelkonferenz

Gips[gɪps] 男 -es/-e 《ふつう単数で》**1** 〘鉱〙石膏(せっこう): gebrannter ～ 焼(しょう)石膏 ‖ eine Statue in ～ abgießen 石膏像を作る | Löcher mit ～ ausfüllen 〈verschmieren〉 穴を石膏で塗りつぶす. **2** 〘医〙ギプス: aus dem ～ kommen (患者が)ギプスがとれる | in ～ liegen ギプスをはめられて寝ている | den Arm in ～ legen 腕にギプスをはめる. **3** 《話》(Geld) 金(かね). [*semit.*−*gr.* gýpsos−*lat.*−*ahd.*; ◇*engl.* gyps〔um〕]

Gips≈ab·druck[gíps..] 男 -〔e〕s/..drücke (直接成形による)石膏(せっこう)模型〔製作〕. ≈**ab·guß** 男 (間接成形による)石膏模型〔製作〕. ≈**bett** 中 〘医〙ギプスベッド. ≈**be·wurf** 男 しっくい荒塗り. ≈**bin·de** 女 〘医〙石膏帯, ギプス巻軸帯. ≈**bü·ste** 女 石膏胸像. ≈**decke** 女 しっくい天井.

gip·sen[gípsən] 《02》 他 (h) 〘建〙(…に)石膏(せっこう)プラスター〈しっくい〉を塗る; (…に)石膏(せっこう)を混ぜる.

Gip·ser[gípsər] 男 -s/- 石膏(せっこう)細工師; 左官.

gip·sern[gípsərn] 形 《付加語的》石膏(せっこう)製の.

Gips≈fi·gur[gíps..] 女 石膏(せっこう)像. ≈**form** 女 石膏型. ≈**kopf** 男 《話》うすのろ, 石あたま. ≈**kraut** 中 〘植〙コゴメナデシコ(小米撫子)〔属〕. ≈**kra·wat·te** 女 〘医〙(頸部(けいぶ)安定用の)ギプス首巻き. ≈**mas·ke** 女 石膏マス

ク(デスマスク・ライフマスクなど人の顔から直接型をとって作る).
≈mehl 中 粉末石膏, 粉しっくい. **≈mör·tel** 男 石膏モルタル, 化粧しっくい, スタッコ. **≈ofen** 男 石膏窯. **≈schie·ne** 女 〘医〙ギプス副木(ふく). **≈ver·band** 男 **1** 〘医〙ギプス包帯: einem Bein einen ~ anlegen 脚にギプス包帯をする. **2** 《話》窮屈な〈ごわごわの硬い〉襟カラー; 燕尾(えん)服の白チョッキ.

Gi·pür·ar·beit[gipý:r..] 女, **Gi·pü·re**[gipý:rə] 女 -/-n 〘服飾〙ギピュール(模様と模様を直接つなぎ合わせたレース). [*fr.* guipure; < *mndl.* wīpen „bekränzen" (◇weifen)]

Gi·raf·fe[giráfə; ｵｰｽﾄﾘｱ: ʒi..] 女 -/-n **1 a)** 〘動〙ジラフ, キリン. **b)** die ~ 〘天〙麒麟(きりん)座. **2** 《戯》(キリンの首に似た移動自在の腕木をもった器具. 例えば:) (舞台用の)支架マイクロフォン. [*arab.* zarāfah–*it.* giraffa]

Gi·ral·geld[ʒirá:l..] 中 (Buchgeld) 〘商〙振替〈帳簿〉貨幣.

Gi·ran·do·la[dʒirándola·] 女 -/..len[..randó:lən], **Gi·ran·do·le**[ʒirandó:lə, ..rād..] 女 -/-n **1** (車輪状に飛び散る)仕掛け花火, 回り花火. **2** 枝つき飾り燭台(しょくだい). **3** (宝石をちりばめた)ドロップ=イヤリング. [*it.*(–*fr.*)]

Gi·rant[ʒiránt] 男 -en/-en (Indossant) 〘商〙裏書人, 譲渡人. [*it.*; ◇girieren]

Gi·rat[ʒirá:t] 男 -en/-en, **Gi·ra·tar**[ʒiratá:r] 男 -s/-e 〘商〙被裏書人, 譲受人.

Gi·ri Giro の複数.

gi·rier·bar[ʒirí:rba:r] 形 (手形・証券などが) 裏書きできる, 譲渡できる.

gi·rie·ren[ʒirí:rən] 他 (h) (手形・証券などを) 裏書きする, 譲渡する. [*spätlat.*–*it.* girare „im Kreis bewegen"; < *lat.* gȳrus (→Giro); ◇*engl.* gyrate]

Girl[gø:rl, gœrl, gə:l] 中 -s/-s **1** (舞踊団の)踊り子, コーラスガール. **2** (Mädchen) 女の子, 小娘; ガールフレンド. **3** 〘ｽﾎﾟ〙女子選手. [*engl.*; ◇Göre]

Gir·lan·de[gırlándə] 女 -/-n 花飾り, 花づな(花や葉や彩色した紙ぐさりを長くつないだ飾り); 〘建〙フェスツーン, 花づな装飾: ein mit ~*n* geschmückter Saal 花飾りを施した広間. [*afr.*–*it.*–*fr.*; < *afr.* garlander „bekränzen"; ◇*engl.* garland]

Gir·litz[gírlıts] 男 -es/-e 〘鳥〙セイオウチョウ(カナリアの原種). [擬音]

Gi·ro[ʒí:ro·] 中 -s/-s (ｵｰｽﾄﾘｱ: -s/-s, ..ri[..ri·]) 〘商〙**1** (手形の)裏書き. **2** 振替. [*gr.* gỹros „Kries"–*lat.* gȳrus–*it.* giro „Umlauf"; < *gr.* gȳrós „krumm" (◇kauern)]

Gi·ro≈bank[ʒí:ro..] 女 -/-en 振替銀行. **≈ge·schäft** 中 振替取引〈業務〉. **≈kon·to** 中 (銀行の)振替口座, 振替勘定.

Gi·ron·dist[ʒirɔ̃díst] 男 -en/-en ジロンド党(フランス革命当時の穏健派共和党)の党員(→Jakobiner 1). [*fr.* la Gironde; フランス南西部の地域名から]

Gi·ro≈ver·kehr[ʒí:ro..] 男 振替取引, 振替制度. **≈zen·tra·le** 女 手形交換所.

gir·ren[gírən] 自 (h) **1** (ハトが)クークーと鳴く. **2** 《比》(女が男に)甘い言葉をささやく, コケティッシュに言い寄る. [擬音]

gis[gıs] **I** 中 -/- 〘楽〙嬰(えい)ト音. **II** 記号 (gis-Moll) 〘楽〙嬰ト短調.

Gis[–] 中 -/- 〘楽〙嬰(えい)ト音.

ᐁ**gi·schen**[gíʃən] 《04》 =gischten

Gischt[gıʃt] 男 -es(-s)/-e; 女 -/-en《ふつう単数で》(波の)泡立ち, しぶき; (沸騰して)泡立つ水. [< *mhd.* jest „Schaum" (◇gären); ◇Gest]

gisch·ten[gíʃtən] 《01》自 (h) 《雅》(aufschäumen) 泡立つ, しぶきを散らす.

Gi·se·la[gí:zəla·; ｵｰｽﾄﾘｱ: gizé:la·] 女名 ギーゼラ.

Gi·sel·bert[gí:zəlbɛrt] 男名 ギーゼルベルト.

Gi·sel·her[gí:zəlhe:r] 男名 ギーゼルヘール(《Nibelungenlied》の Gunther 王の末弟の名として有名). [*ahd.* heri „Heer"]

gis·is (**Gis·is**)[gís|ıs, ◡◡] 中 -/- 〘楽〙重嬰(えい)ト音.

gis-Moll[gísmɔl, ◡◡] 中 -/ 〘楽〙嬰(えい)ト短調(記号 gis): →A-Dur

Giß[gıs] 男 ..sses/..sse (女 -/..ssen) =Gissung

gis·sen[gísən] 《03》他 (h) 〘海・空〙(船・飛行機の)位置を推測する. [*mndd.*; ◇vergessen; *engl.* guess]

Gis·sung[..sʊŋ] 女 -/-en 〘海・空〙(船・飛行機の)位置推測.

Gi·tar·re[gitárə] 女 -/-n 〘楽〙ギター: eine elektrische ~ エレキギター ‖ ~ spielen ギターを弾く | auf der ~ ein Lied begleiten ギターで歌の伴奏をする. [*gr.* kithárā (→ Kithara)–*arab.*–*span.* guitarra; ◇Zither; *engl.* guitar]

Gi·tar·ren≈sän·ger 男 (⊛ **≈sän·ge·rin**) ギターを弾き語りする人. **≈spie·ler** 男 =Gitarrist

Gi·tar·rist[gitaríst] 男 -en/-en ギター奏者, ギタリスト.

gitt[gıt] 間 →igitt

Git·ter[gítər] 中 -s/- **1** 格子; 格子垣, 四つ目垣; 金網囲い: ein schmiedeeisernes ~ 鉄の格子 | Fenster*gitter* 窓格子 ‖ **hinter ~*n*** 《話》獄中で | ***jn.* hinter ~ bringen** 《話》…を投獄する | **hinter ~ geraten** 《話》投獄される. **2 a)** 〘電〙格子, グリッド. **b)** 〘理・数〙格子: Raum*gitter* 空間格子. **c)** (Beugungsgitter) 〘光〙回析格子. **3** =Gitternetz **4** 〘紋〙格子図形. [*ahd.* getiri; ◇Gatter]

git·ter·ar·tig 形 格子状の.

Git·ter≈bett 中, **≈bett·chen** 中 (周りにさくのある)ベビーベッド. **≈brücke** 女 (トラスけたが組み格子になった)格子橋. **≈fal·ter** 男 (Landkärtchen) 〘虫〙アカマダラ(赤斑蝶). **≈fen·ster** 中 格子窓.

git·ter·för·mig 形 格子形の.

Git·ter≈kraut 中 =Gitterpflanze **≈kreis** 男 〘電〙格子〈グリッド〉回路. **≈mast** 男 〘電〙(送電用の)格子鉄塔, ラチスマスト.

git·tern[gítərn] 《05》他 (h) (…に)格子をつける, 格子で囲む, 格子垣をする.

Git·ter≈netz 中 (地図の)碁盤目. **≈pflan·ze** 女 〘植〙レースソウ(レース編みのように見える観賞用水草). **≈rost**[1] 男 -[e]s/-e (マンホールなどの)格子ぶた. **≈rost**[2] 男 -[e]s/ 〘生〙ナシサビキン(梨銹菌). **≈schlan·ge** 女 〘動〙アミメニシキヘビ(網目錦蛇)(東南アジア産). **≈schnecke** 女 〘貝〙コロモガイ. **≈stab** 男 格子の棒〈桟〉. **≈tor** 中 格子門. **≈tür** 女 格子戸. **≈wan·ze** 女 〘虫〙グンバイムシ(軍配虫)科の昆虫. **≈werk** 中 -[e]s/ 格子組み, 格子細工. **≈zaun** 男 四つ目垣.

GKH[ge:ka:há:] 略 =**G**elb**k**örper**h**ormon

Glace 女 **1** [gla:s]-/-s[–] **a)** (ケーキにかける)砂糖ごろも, 糖衣. **b)** (煮つめた)肉汁のゼリー. **2** [glásə]-/-n[..sən] 《ｽｲｽ》(Speiseeis) アイスクリーム. [*lat.* glaciēs „Eis"–*fr.*]

Gla·cé (**Gla·cee**)[glasé:] 男 (中) -[s]/-s **1** 光沢のある織物. **2** =Glacéleder [*fr.*]

Gla·cé≈hand·schuh[glasé:..] 男 キッド革手袋: ***jn.* mit ~*en* anfassen** 《比》…を(はれ物にさわるように)そっと扱う. **≈le·der** 中 キッドの艶革(つやがわ)(滑らかで光沢のある子ヤギのなめし革).

gla·cie·ren[glasí:rən] 他 (h) **1** =glasieren ᐁ**2** 凍らせる. [*lat.* glaciāre „zu Eis machen"–*fr.*]

Gla·cis[glasí:] 中 -[–(s)]/-[–s] **1** 〘軍〙(堡塁(ほうるい)などの)斜堤. **2** 〘地〙崩積地. [*fr.*; < *afr.* glacier „gleiten"]

Gla·dia·tor[gladiá:tɔr, ..to:r] 男 -s/-en[gladiató:rən] (古代ローマの)剣士, 闘士. [*lat.*; < *lat.* gladius „Schwert"]

Gla·dio·le[gladió:lə] 女 -/-n 〘植〙グラジオラス. [*lat.*]

gla·go·li·tisch[glagolí:tıʃ] 形 グラゴル語(古代教会スラブ語)の(→kyrillisch): das ~*e* Alphabet グラゴル字母.

Gla·go·li·za[glagó:litsa·] 女 -/ グラゴル文字(古代教会スラブ語文献にはじめて用いられた文字で, 考案者は Kyrill). [*serbokroat.*; < *aslaw.* glagólu „Wort"]

Gla·mour[glémər] 男 (中) -s/ 魅惑的な美しさ, 外見上の魅力. [*engl.*]

G

Gla·mour·girl[glέmərgø:rl, glǽməgə:l] 中 -s/-s (若い)魅惑的な〈グラマーな〉女; (ポスター用などの) モデル女性.

gla·mou·rös[glamurø:s][1] 形 魅力に満ちた, 魅力的な. [*engl.*]

Glan·del[glándəl] 女 -/-n, **Glan·du·la**[..dula·] 女 -/..lae[..lε·] (Drüse) 〘解〙 腺(せん), 小腺. [*lat.*; ◇ *engl.* glandule]

Glans[glans] 女 -/ Glandes[glánde:s] =Eichel 2 「[*lat.*]」

Glanz[glants] 男 -es/-e **1** 輝き, きらめき; 光沢: seidiger ~ 絹のような光沢 | der ~ der Sonne 〈der Sterne〉 太陽の輝き〈星のきらめき〉 ‖ ~ haben 光沢がある | einen ~ im Gesicht haben 顔を紅潮させている | Der Spiegel hat seinen ~ verloren. 鏡が光沢を失った ‖ *et.*[4] auf ~ polieren …をみがいてつやを出す. **2** 《比》 輝かしさ, 華やかさ, 壮麗さ, 栄光: der ~ der Jugend 〈der Schönheit〉 若さ〈美〉の輝き ‖ *sich*[4] **in** vollem 〈im vollen〉 ~*e* zeigen 精一杯いいところを見せる | *sich*[4] im ~*e seines* Ruhmes sonnen 名声に甘んじている | **mit** ~ みごとに, りっぱに | eine Prüfung mit ~ 〔und Gloria〕 bestehen りっぱに試験に合格する | **mit ~ und Gloria** みごとに, りっぱに; 《皮肉》 もののみごとに | mit ~ und Gloria durchrasseln 〈durchfallen〉 みごとに落第する | mit ~ hinausfliegen みごとにたたき出される ‖ Welcher ~ kommt da in meine Hütte! 《話》 これは これは あばらやにたいそうなお客さまのお越し. **3** 〘鉱〙 (硫黄を含んで)光沢のある金属鉱石, 輝…鉱. [*mhd.*; < *ahd.* glanz „hell" (◇glänzen)]

Glanz·bür·ste[glánts..] 女 (靴用の)つや出しブラシ.

glän·zen [glέntsən] 《02》 **I** 自 (h) **1** 輝く, きらめく; 光沢がある: in der Sonne ~ 日を浴びて輝く | Der Schmuck *glänzt* von Juwelen. 装身具が宝石できらきら光る | Die Stadt *glänzte* von Lichtern. 町はあかりで輝いていた | vor Freude ~ (顔などが)喜びに輝く | Es ist nicht alles Gold, was *glänzt*. (→Gold 1). **2** 《比》 目だつ, ぬきんでる: durch Abwesenheit ~ (→Abwesenheit 1) | durch Schönheit ~ ひときわ美しい | durch *sein* Wissen ~ 知識がすぐれている.

II 他 (h) 〘工〙 (紙などに)光沢をつける; (みがいて)光らせる.

III glän·zend 現分 形 輝く, きらめく; 光沢のある; 《比》 輝かしい, すばらしい, みごとな, 華やかな: ~*e* Augen きらきら光る目 | ~*e* Stoffe 光沢のある生地 ‖ eine ~*e* Zukunft 輝かしい未来 | ~*es* Wetter すばらしい天気 | ~*e* Laune haben すばらしく上機嫌である | eine ~*e* Idee すばらしい思いつき | ein ~*er* Redner すばらしい雄弁家 | ein ~*er* Reinfall みごとな失敗 | eine ~*e* Versammlung 華やかな集会 | ~*es* Elend (表面の)華やかさのかげの悲惨さ ‖ die Aufgabe ~ lösen 課題をみごとに解く | *sich*[4] mit *jm.* ~ verstehen …とは実によく気が合う | ~ hineinfallen まんまとひっかかる | *sich*[4] ~ in Form fühlen 快調そのものである | Es geht ihm ~. 彼は快調そのものだ | Der Klimawechsel ist mir ~ bekommen. 転地が私にはすばらしく効きめがあった.

[*ahd.*; ◇glatt, Glanz; *engl.* glint]

glän·zend·schwarz 形 《付加語的》 (髪・石炭などが)黒光りする(ただし述語としては分けて書く: Sein Haar war glänzend schwarz. 彼の髪は黒光りしていた).

Glanz≈far·be[glánts..] 女 光沢塗料; 〘印〙 グロスインク(印字の光沢が強い); (Lack) ワニス. ≈**fir·nis** 男 つや出しワニス. ≈**fisch** 男 〘魚〙 マンダイ(万鯛), アカマンボウ(赤翻車魚). ≈**form** 女 《話》 《次の成句で》 in ~ sein 非常に調子がよい. ≈**garn** 中 光沢糸. ≈**gold** 中 〘化〙 水金(みずきん)(硫化バルサムに金・銀・白金などを溶かしたもの. 陶器などの絵付けに用いる). ≈**gras** 中 〘植〙 チフォイデス(イネ科の一属). ≈**kä·fer** 男 〘虫〙 **1** ケシキスイ(芥子木吸虫・出尾虫). **2** ケシキスイ科の昆虫. ≈**kat·tun** 男 光沢のある綿布. ≈**koh·le** 女 輝炭. ≈**lack** 男 つや出しラッカー. ≈**le·der** 中 光沢革, エナメル革. ≈**lein·wand** 女 (洋服の裏地に用いる)光沢のある麻布. ≈**lei·stung** 女 りっぱな業績; (スポーツ選手の)すばらしい記録; (俳優の)みごとな演技. ≈**licht** 中 -〔e〕s/-er **1** (glänzendes Licht) 輝く光. **2 a)** (Höhepunkt) (催し物などで)最高潮の場面, 圧巻, ハイライト. **b)** 〘美〙 (絵画の)強い光をあてて目立たせた部分, 光彩, ハイライト: *et.*[3] ~ **aufsetzen** 《比》 …に光彩〈効果〉を添える.

glanz·los[glántslo:s][1] 形 光沢のない, つやのない; 《比》 光彩のない, さえない, ぱっとしない: ~*es* Haar つやのない髪 | Das Fest verlief ~. お祭りはこれといった盛り上がりもなく過ぎた.

Glanz≈num·mer 女 (サーカスなどの)人気のある出しもの, 当たり芸, ハイライト. ≈**pa·pier** 中 光沢紙, つや紙. ≈**pap·pe** 女 (Preßspan) 光沢板紙. ≈**pe·ri·ode** 女 (Glanzzeit) 全盛期, 全盛時代. ≈**punkt** 男 《比》 (Höhepunkt) 最高潮, クライマックス; (レビューなどの)呼び物, ハイライト. ≈**sei·de** 女 ラストリング(光沢のある絹布). ≈**stär·ke** 女 -/ (洗濯用)つや出しのり. ≈**stoff** 男 **1** 光沢ある織物. **2** 商標 グレンツシュトフ(人絹の一種). ≈**stück** 中 **1** りっぱな仕事〈業績〉, 妙技. **2** 高価な品物, 宝石. **3** 秀れた作品, 傑作. ≈**vo·gel** 男 〘鳥〙 キリハシ(錐嘴).

glanz·voll 形 光沢のある; 《比》 光輝ある, 輝かしい: ein ~*er* Sieg 赫々(かくかく)たる〈輝かしい〉勝利.

Glanz≈wich·se 女 つや出し靴墨. ≈**zeit** 女 全盛期, 黄金時代. ≈**zwirn** 男 光沢糸.

gla·ren[glá:rən] 自 (h) 《スイ》 **1** (glänzen) 輝く, きらめく. **2** (gefrieren) 凍る, 凍結する; こわばる, 硬直する. [*mndd.*; ◇Glas; *engl.* glare]

gla·rig[..rıç][2] 形 《スイ》 **1** きらきら輝いている. **2** 凍った, 凍結した.

Glas[gla:s][1] **I** 中 -es/Gläser[glέ:zər] **1 a)** (英: *glass*) 《単数で》 ガラス; 《集合的に》 ガラス製品〈器具〉: buntes 〈feuerfestes〉 ~ 着色〈耐熱〉ガラス | geschliffenes ~ すりガラス; カットグラス〔製品〕 | milchiges 〈trübes〉 ~ 曇りガラス | splitterfreies ~ / Sicherheits*glas* 安全ガラス | Fenster*glas* 窓ガラス ‖ ~ blasen (吹きざおで)ガラス器を作る, ガラス吹きをする ‖ eine Wand **aus** ~ ガラスでできた壁面 | Du bist doch nicht aus ~! 《戯》 君はガラスでできてるんじゃないんだぞ(君は透明ではないのだから そこにいては向こうが見えないよ) | ein Bild **hinter** ~ setzen 絵をガラス板をはめた額縁に入れる | *et.*[4] **unter** ~ 〔und Rahmen〕 bringen …を額縁〈ガラスケース〉に納める; 《比》 …を仕上げる ‖ Glück und ~, wie leicht bricht das! (→Glück 2). **b)** 〘地〙 ガラス状鉱石.

2 (単位: -/-) (⊕ **Gläs·chen**[glέ:sçən], **Gläs·lein**[..laın] 中 -s/-) **a)** (飲み物用の)グラス, コップ: ein leeres ~ 空のコップ | Bier*glas* ビール用のコップ | Wein*glas* ワイングラス ‖ ein ~ 〔voll / mit〕 Milch コップ1杯のミルク | ein ~ guter Wein 〈雅: guten Weines〉 グラス1杯の上等のワイン | der Preis eines ~*es* Wein 〈eines ~ Weins〉 グラス1杯のワインの値段 | zwei ~ Bier ビール2杯 ‖ *sein* ~ austrinken 〈leeren〉 グラスを飲みほす | kein leeres ~ sehen können / die vollen *Gläser* nicht leiden können (なんだかんだ言って)酒を飲まずにはいられない | gern ein *Gläschen* trinken 酒好きである | ein ~ 〈ein *Gläschen*〉 über den Durst trinken (→Durst 1) | **die *Gläser* schwingen** 《比》 楽しく酒を飲む ‖ gern ins ~ gucken 〈schauen〉 《戯》 酒好きである | **zu tief ins ~ geguckt 〈geschaut〉 haben** 《戯》 酒を飲みすぎている, したたかきこしめしている | die Nase zu tief ins ~ stecken (→Nase 1 a) | *et.*[4] mit einem *Gläschen* begießen …(成功・幸運など)を祝して乾杯する〈酒宴を催す〉. **b)** (瓶詰用の)瓶(→ 図): ein ~ Kompott 一瓶の砂糖漬け | Honig*glas* 蜂蜜(はち)用の瓶〈ガラス容器〉.

3 a) 《雅》 レンズ; (Augenglas) めがね, 眼鏡; (Fernglas) 望遠鏡; (Opernglas) 双眼鏡, オペラグラス: Er braucht ein ~. 彼は眼鏡がいる | scharfe *Gläser* tragen 度の強い眼鏡を掛けている ‖ *et.*[4] durchs ~ sehen …をレンズ〈望遠鏡〉で見る. [▽]**b)** (Spiegel) 鏡.

4 (Stundenglas) 砂時計. **5 a)** (馬の目の)角膜. **b)** 〘狩〙 シカの目. [▽]**6** グラース(古い液量単位: 約0.15 *l*).

II 中 -es/-en 〘海〙 (8時から30分ごとの)時鐘: Es schlägt acht ~*en*. 今8点鐘〈正午〉である.

[*germ.* „Bernstein"; ◇glatt, gleißen, glaren; *engl.* glass]

Glas≈aal[glá:s..] 男 〘魚〙 ハリウナギ(ウナギの透明な幼魚). ≈**ar·beit** 女 ガラス製品.

Glas

glas·ar·tig 形 ガラス状の, ガラスのような.

Glas≈au·ge 中 **1 a)** (Augenprothese) 義眼. **b)** (人形などの)ガラスの目. **2** ガラス玉のような目, すわった(無表情な)目. **≈bal·lon**[..balɔŋ] 男 (果汁・ぶどう酒などを入れる)かご入り細口大瓶; 〖工〗カルボイ, 大型耐酸瓶. **≈ba·tist** 男 〖織〗オーガンジー(薄地の透き通った張りのある平織り). **≈bau** 男 **1** -(e)s/ ガラス建築. **2** -(e)s/-ten ガラス建造物.

Glas·bee·ren·strauch 男 (Schönfrucht) 〖植〗ムラサキシキブ(紫式部).

Glas·blä·ser 男 ガラス吹き工.

Glas·blä·se·rei[gla:sblɛ:zəráɪ] 女 **1** ガラス製造. **2** ガラス工場.

Glas·blä·ser·pfei·fe[glá:s..] 女 (ガラス吹き工用の)吹管.

Glas·bruch·ver·si·che·rung 女 ガラス破損保険.

Gläs·chen Glas の縮小形.

Glas≈dach[glá:s..] 中 (ベランダ・温室などの)ガラス〔張り〕の屋根. **≈deckel** 男 (瓶などの)ガラスぶた.

gla·sen[glá:zən][1] ⦅02⦆ **I** 他 (h) (verglasen) ⦅*et.*[4]⦆ (…に)ガラスをはめる〈張る〉. **II** 自 (h) すわった目で見つめる. **III** 自 (h) 〖海〗時鐘を打つ〈鳴らす〉(→Glas II).

Gla·ser[glá:zər] 男 -s/- (窓ガラスを切ったりはめたりする)ガラス屋, ガラス職人: Dein Vater ist wohl ~? ⦅戯⦆ 君のおやじはガラス屋かい(君は透明ではないのだから そこにいては向こうが見えないよ).

Glä·ser Glas I の複数.

Glä·ser·bür·ste[glɛ́:zər..] 女 コップ用ブラシ.

Gla·ser·dia·mant[glá:zər..] 男 ガラス切りダイヤ.

Gla·se·rei[gla:zəráɪ] 女 -/-en **1** 〔窓〕ガラス工作場. **2** (窓用ガラスを切ったりはめたりする)ガラス職.

Gla·ser·kitt[glá:zər..] 男 〔窓〕ガラス用パテ.

Glä·ser·klang[glɛ́:zər..] 男 ⦅雅⦆ (乾杯のときの)グラスの触れ合う音: bei ~ zusammen sein 楽しく飲みかわす.

Gla·ser·mei·ster[glá:zər..] 男 ガラス屋の親方.

glä·sern[glɛ́:zərn] 形 **1** ⦅付加語的⦆ ガラス〔製〕の: eine ~*e* Tür ガラス戸. **2** ⦅比⦆ ガラスのような; (目が)すわった, 無表情な; (音が)きんきんした; (zerbrechlich) もろい; (durchsichtig) 透き通った, 透明な; ⦅比⦆ (とくに収入・支出に関して)ガラス張りの: ein ~*er* Blick すわったまなざし, (じっと動かぬ)うつろな視線 ‖ ~ lachen かん高い声で笑う.

Glas≈erz[glá:s..] 中 (Silberglanz) 〖鉱〗輝銀鉱, 硫銀鉱. **≈fa·brik** 女 ガラス工場. **≈fa·bri·ka·tion** 女 (工場での)ガラス製造. **≈fa·den** 男 〖工〗ガラス糸. **≈fa·ser** 女 -/-n ⦅ふつう複数で⦆ ガラス繊維, グラスファイバー.

Glas·fa·ser·ka·bel 女 ガラス繊維〔通信〕ケーブル, グラスファイバーケーブル.

glas·fa·ser·ver·stärkt 形 ガラス繊維補強〈強化〉の.

Glas≈fen·ster 中 ガラス窓. **≈fi·ber** 女 = Glasfaser **≈fla·sche** 女 ガラス瓶. **≈flüg·ler**[..fly:glər] 男 -s/- 〖虫〗スカシバガ(透翅蛾)科のガ(羽が透明で, 蜂に擬態している). **≈fluß** 男 (Glaspaste) (模造宝石用)ガラス溶塊. **≈flüs·sig·keit** 女 〖解〗(目の)硝子(しょう)体〈液〉, ガラス体. **≈ge·fäß** 中 ガラス容器. **≈ge·häu·se** 中 ガラスケース. **≈ge·mäl·de** 中 ガラス絵; (特に教会の)ステンドグラス. **≈ge·schirr** 中 ガラス食器. **≈ge·spinst** 中 ガラス織布. **≈glocke** 女 (つり鐘形の)ガラスぶた, ガラス鐘, グロッケ; (ランプの)ほや, (電灯の)つり鐘状の笠(かさ) (→ 図 Ampel).

Glas·gow[glá:sgoʊ] 地名 グラスゴー(イギリス, スコットランドの港湾都市). [*bret.*]

glas·grün[glá:s..] 形 暗緑〈青緑〉色の.

Glas≈ha·fen 男 ガラス鉢; 〖工〗(ガラス溶融用)るつぼ. **≈har·mo·ni·ka** 女 〖楽〗グラス=ハーモニカ(ガラスのコップに異なる量の水を入れてぬれた指先でこすって演奏する).

glas·hart 形 **1** [glá:shart] **a)** (氷などが)ガラスのように堅くしまった. **b)** ガラスのようにもろい. **2** [⌐⌐] 〖スポ〗(パンチ・シュートなどが)猛烈な.

Glas≈haus 中 ガラス〔張り〕の家, (特に:) 温室; (ガラス屋根の)写真スタジオ: Wer 〔selbst〕 im ~ sitzt, soll nicht mit Steinen werfen. ⦅諺⦆ 他人を批評すると自分も傷つくことがある. **≈haut** 女 〖解〗(目の)硝子(しょう)様膜, ヒアリン膜.

glas·hell 形 ガラスのように透明な.

Glas·hüt·te 女 ガラス工場.

gla·sie·ren[glazí:rən] 他 (h) **1** (陶器などに)うわぐすりをかける. **2** (…に)エナメルを塗る. **3** 〖料理〗(ケーキなどに)糖衣をつける. [＜..ieren]

gla·sig[glá:zɪç][2] 形 **1 a)** ガラスのような, ガラス状の, 透明の, 冷たく光る. **b)** 〖地〗玻璃(はり)質の. **c)** (穀類が)ガラス質の(でんぷん質の乏しい). **2** ⦅比⦆ (目が)どろんとした, うつろな, すわった: Mit ~*en* Augen starrte der Betrunkene ins Leere. うつろな目で酔っぱらいは虚空を凝視していた.

Glas≈in·du·strie [glá:s..] 女 ガラス工業. **≈ka·sten** 男 ガラス箱; (ガラス張りの)陳列ケース; (ガラス屋根のある)温床. **≈kir·sche** 女 〖植〗スミノミザクラ(サクランボは酸味が強い).

glas·klar 形 **1** [glá:skla:r] ガラスのように澄んだ〈澄明な〉: die ~*e* Flüssigkeit 〈Gebirgsluft〉 よく澄んだ液体〈山の空気〉. **2** [⌐⌐] 明白な, 明らかな.

Glas≈knopf 男 ガラスボタン. **≈kol·ben** 男 〖化〗フラスコ, ガラス球. **≈kopf** 男 -(e)s/ 〖鉱〗赤鉄鉱. **≈kör·per** 男 〖解〗(眼球の)硝子(しょう)体. **≈kraut** 中 〖植〗ヒカゲミズ〔属〕. **≈ku·gel** 女 ガラス玉(クリスマスツリーの飾り玉・おもちゃのビー玉など).

Gläs·lein Glas の縮小形.

Glas≈lin·se[glá:s..] 女 ガラス製レンズ. **≈ma·cher** 男 **1** ガラス工. **2** ガラス〔製品〕製造人. **≈ma·ler** 男 ガラス画工, ガラス絵師; ガラス絵画家.

Glas·ma·le·rei[gla:sma:lərái] 女 (教会のステンドグラスの)ガラス彩色画〔法〕.

Glas≈mas·se[glá:s..] 女 〖工〗溶融ガラス, ガラスブロック. **≈mehl** 中 粉末ガラス, ガラス粉.

Glas·nost[glásnɔst, glásnɛstj] 女 -/ グラスノスチ(とくに旧ソ連 Gorbatschow 政権下での情報公開). [*russ.* glasnost' „Öffentlichkeit"]

Glas≈nu·del 女 ⦅ふつう複数で⦆ 〖料理〗透明ヌードル(はる

さめなど). ≈**ofen** 男 ガラスがま, ガラス溶融炉. ≈**pa·last** 男 (童話の)ガラスの城, 水晶宮; 《話》大きなガラス窓のたくさんあるモダンな建物: Das neue Kaufhaus ist der reinste ～! 新しいデパートはまるでガラスのお城だ. ≈**pa·pier** 中 紙やすり, ガラス紙. ≈**pa·ste** 女 (模造宝石用)ガラス溶塊. ≈**per·le** 女 ガラス玉, ビーズ; 模造真珠. ≈**plat·te** 女 ガラス板. ≈**rohr** 中, ≈**röh·re** 女 ガラス管. ≈**schei·be** 女 (窓・額などにはめる)ガラス板. ≈**scher·be** 女 ガラスの破片: *sich*⁴ an einer ～ schneiden ガラスのかけらでけがをする. ≈**schlei·fer** 男 (特に光学用の)ガラス研磨工〈加工職人〉. ≈**schmelz** 男 〘植〙アツケシソウ(厚岸草). ≈**schnei·der** 男 ガラス切り〔器〕. ≈**schrank** 男 ガラス戸棚. ≈**sei·de** 女 ガラス絹糸. ≈**split·ter** 男 ガラスの破片. ≈**stein** 男 〘建〙ガラスブロック. ≈**sturz** 男 -es/..stürze《南部・オーストリア》=Glasglocke

Glast[glast] 男 -es(-s)/-e 《南部・スイス》《雅》= Glanz [*mhd.*; ◇Glas]

Glas·ta·fel[glá:s..] 女 ガラス板, 板ガラス.

gla·stig[glástɪç]² 形《南部・スイス》=glänzend

Glas≈trä·ne[glá:s..] 女 ガラス玉. ≈**tür** 女 ガラスをはめたドア.

Gla·sur[glazú:r] 女 -/-en **1** (陶器の)うわぐすり, 釉薬(ゆうやく). **2** エナメル, ほうろう. **3** (革の)光沢. **4** (果物・ケーキなどの)糖衣, 砂糖ごろも. [<Glas+..ur; ◇glasieren; *engl.* glaze]

Glas≈ve·ran·da[glá:s..] 女 ガラス張りのベランダ, サンルーム. ≈**ver·si·che·rung** = Glasbruchversicherung ≈**wand** 女 ガラス壁(間仕切り); 鏡張りの壁. ≈**wa·ren** 複 ガラス製品. ≈**wat·te** 女 ガラス〔繊維〕綿. ≈**wei·zen** 男 〘植〙マカロニコムギ(小麦). ≈**wol·le** 女 ガラス毛〔繊維〕, グラスウール. ≈**zie·gel** 男 〘建〙ガラスブロック.

glatt[glat] **glat·ter**(**glät·ter**[glɛ́tər]/**glat·test**(**glät·test**) 形 **1 a)** 滑らかな, つるつる〈すべすべ〉した; 〘生〙無毛の; (銃身が)滑腔(かっこう)の; すべりやすい; (編物が)表編みの; (布地が)無地の, 平織りの: eine ～*e* Fläche 平滑な面 | ein ～*es* Gesicht しわ一つない〈きれいな・無表情な〉顔 | ～*es* Haar (巻き毛でなく)まっすぐな髪 | eine ～*e* Haut 滑らかな肌 | ～*er* Satz 〘印〙べた組み | ～*es* Vieh (手入れが行き届いて)肌つやのよい家畜 ‖ ～ wie ein Aal sein (→Aal) | Es ist ～ draußen. 外は(凍って・ぬかって)滑りやすい ‖ den Kopf ～ scheren 頭をつるつるにそる | ein Brett ～ hobeln 板にかんなをかけて滑らかにする | ～ rot 無地の赤の, 赤一色の. **b)** (数値が)端数のない: eine ～*e* Rechnung machen 精算する; (価格などについて)端数を切り捨ててまける | ～*e* vierzig Mark bezahlen ちょうど40マルク払う.

2 円滑な, 順調な: eine ～*e* Landung haben (飛行機が)無事〈スムーズ〉に着陸する ‖ Es ist alles ～ verlaufen. すべては順調に〈すらすらと〉経過した | *jm.* ～ eingehen …の頭に抵抗なく〈すらすらと〉入る; …の気に入る | *jm.* ～ von den Lippen 〈von der Zunge〉 gehen (→Lippe 1, →Zunge 1 a) | Die Rechnung geht ～ auf. 計算がきちんと合う; 胸算用がそのとおりになる.

3 (偽善的に)調子のよい, (お世辞などが)よどみのない: ein ～*er* Geschäftsmann 口先のうまい〈如才のない〉ビジネスマン | ～*e* Worte machen 甘言を弄(ろう)する.

4 《述語的用法なし》明白な, はっきりした, 全くの: eine ～*e* Lüge 真っ赤なうそ | eine ～*e* Niederlage 完敗 | ein ～*er* Unsinn 全くのナンセンス ‖ *et.*⁴ ～ ablehnen …をきっぱり拒絶する | *jm. et.*⁴ ～ ins Gesicht sagen …に…を面と向かってはっきり言う.

★ 動詞と用いる場合は分離の前つづりともみなされる.

[*germ.* „glänzend"; ◇gelb, Glas, Gold, glühen, gleiten, glänzen, glätten, Glatze; *engl.* glad]

Glatt·butt[glát..] 男 〘魚〙ヒラメ(鮃).

Glät·te[glɛ́tə] 女 -/-n **1** 《単数で》glatt なこと: die ～ seines Auftretens 彼の物腰の如才なさ | Geh bei dieser ～ vorsichtig! きょうは道がすべるから用心して行きなさい. **2** 光沢; うわぐすり, ほうろう, エナメル. **3** (Bleiglätte) 〘化〙一酸化鉛, 密陀(みつだ)僧.

Glatt·eis[glát..] 中 (路面に薄く張る)つるつるの氷; 路面凍結; 《比》(失敗を犯しやすい)危険な〈むずかしい〉状況: Heute ist ～. / Heute gibt es ～. きょうは路面が凍っている ‖ *jn.* **aufs ～ führen** 《比》…を危ない状況に誘い込む〔ことによってつまずかせようとする〕 | **aufs ～ geraten** 《比》うっかり自分のよく知らない領域にはいり込む; (議論などで)しどろもどろになる.

Glätt·ei·sen[glɛ́t..] 中 **1** 〘工〙研磨がね. **2** (靴職人の)つや出しこて. **3** 《スイス》(Bügeleisen) アイロン.

Glatt·eis·ge·fahr[glát..] 女 -/ 路面凍結の危険.

glät·ten[glɛ́tən] 《01》他 (h) (glattmachen) **1** 滑らか〈つるつる〉にする, 平らにする; (…に)光沢をつける; (金属を)みがく, とぐ; 《比》(文などに)みがきをかける; (興奮などを)静める: die Falten des Kleides ～ 衣服のしわをのばす | ein Brett 〔mit dem Hobel〕 ～ 板にかんなをかける | *jm.* 〈*sich*³〉 das Haar ～ …の〈自分の〉髪をなでつける | Papier ～ 紙に光沢をつける | einen Spiegel ～ 鏡をみがく | die Wogen ～ (→Woge) ‖ 再帰 *sich*⁴ ～ 滑らか〈つるつる〉になる | Die Wogen *glätteten* sich. (→Woge). **2** 《スイス》(bügeln) 《*et.*⁴》(…に)アイロンをかける. [*mhd.*; ◇glatt]

▽**glät·ter** glatt の比較級.

glat·ter·dings[glátərdɪŋs] 副 率直に, 遠慮なく, きっぱりと; 全く: *et.*⁴ ～ ablehnen …をきっぱりと拒絶する | Das ist ～ unmöglich. それは全く不可能だ.

Glät·te·rin[glɛ́tərɪn] 女 -/-nen 《スイス》(Büglerin) (女性の)アイロンかけ職人. [<glätten 2]

▽**glät·test** glatt の最上級.

Glätt·fei·le[glɛ́t..] 女 仕上げやすり. [<glätten]

glatt|ge·hen*[glát..] 《53》自 (s) (仕事などが障害・遅滞なく)うまくゆく: Es ist alles *glattgegangen*. 万事スムーズに行われた.

glatt·ge·scho·ren 形 (髪の毛などが)つるつるにそられた.

Glatt·ha·fer 男 〘植〙オオカニツリ(大蟹釣).

Glatt·heit[..haɪt] 女 -/ =Glätte 1

glatt≈|ho·beln[glát..] 《06》他 (h) 《*et.*⁴》(…に)かんなをかけて滑らかにする. ≈|**käm·men** 他 (h) (髪の毛を)滑らかにくしけずる.

glatt·köp·fig 形 つるつる〔にそった〕頭の.

glatt≈|le·gen 他 (h) (布地の)しわをのばす. ≈|**ma·chen** 他 (h) (glätten) 滑らかにする; 《比》きちんと決着をつける, 精算する: *jm.* 〈*sich*³〉 das Haar ～ …の〈自分の〉髪をなでつける | die Rechnung ～ 勘定をすませる, 精算する.

Glatt·na·se 女 〘動〙(ヒナコウモリ科の)コウモリ.

Glätt·pres·se[glɛ́t..] 女 (Kalander) (紙・織物などの)つや出し機, カレンダー. [<glätten]

glatt·ran·dig[glátrandɪç]² 形 縁の平ら〈滑らか〉な.

glatt≈|ra·sie·ren 他 (h) (顔などを)きれいに〈つるつるに〉そる. ≈|**schlei·fen*** 《140》他 (h) つるつるにみがく.

Glätt·stahl[glɛ́t..] 男 《方》(Bügeleisen) アイロン. [<glätten]

glatt|stel·len[glát..] 他 (h) 〘商〙清算〈皆済〉する, 差引勘定する.

Glatt·stel·lung 女 〘商〙清算, 差引勘定.

glatt|strei·chen* 《189》他 (h) なでて滑らかにする, (…の)しわをのばす: *sein* Haar ～ 髪をなでつける.

Glatt·wal 男 〘動〙セミクジラ.

glatt·weg[glátvɛk] 副 なんのためらいもなく, おかまいなしに, むぞうさに, あっさり〈きっぱり〉と: *et.*⁴ ～ leugnen …を頭から否認する.

glatt|zie·hen* 《219》他 (h) 引っ張って〈延ばして〉滑らかにする, (…の)しわをのばす.

glatt·zün·gig[..tsʏŋɪç]² 形 口のうまい, お世辞の上手な.

Gla·tze[glátsə] 女 -/-n **1 a)** はげ, 禿頭(とくとう): eine ～ bekommen はげになる | *sich*³ 〔eine〕 ～ schneiden lassen 《話》丸坊主にしてもらう. **b)** 〘カトリック〙トンスラ(聖職者の頭上の剃髪(ていはつ)部). **2** 《話》(Schallplatte) レコード. [*mhd.*; ◇glatt]

Gla·tzen·müh·le 女 《話》レコードプレーヤー.

gla·tzig[glátsɪç]² =glatzköpfig

Glatz·kopf 男 **1** (Kahlkopf) はげ頭〈坊主頭〉〔の人〕. **2** 《話》坊主.

glatz·köp·fig[..kœpfɪç]² 形 頭のはげた, 禿頭(とくとう)の.

Glau·be[gláʊbə] 男 2 格 -ns, 3 格 -n, 4 格 -n, 複数

-n《ふつう単数で》**1**（英: *belief*）信念, 確信; 信頼, 信用: ein blinder ～ 盲信｜ein fanatischer ～ 狂信｜ein fester ～ 確信｜der ～ an die Vernunft 理性への信頼‖〖2格で〗des ～*ns*〈des festen ～*ns*〉sein, daß … …と信じて〈確信して〉いる‖〖4格で〗den ～*n* an *jn.* haben〈verlieren〉…を信頼している〈…に対する信頼を失う〉｜***jm.*** 〈***et.***[3]〉 **～*n* schenken** …を信頼する｜*jm.* den ～*n* rauben〈zerstören〉…の信念を失わせる｜〔bei *jm.*〕 **～*n*** 〈**keinen ～*n*〉 finden** 〔…に〕信用される〈信じてもらえない〉‖〖前置詞と〗auf Treu und ～*n*（→Treue 1）｜*jn.* bei *seinem* ～*n* lassen …に信じさせておく（真実を教えずに）｜**im guten** 〈**in gutem**〉 **～*n*** 事柄の正しさを信じて; 悪意なしに, 下心なしに｜in *seinem* ～*n* schwankend〈wankend〉werden 信念がぐらつく｜in dem ～*n*, daß… …であると信じて｜in blindem ～*n* an *jn.*〈*et.*[4]〉…を盲信して｜*sich*[4] in dem ～*n* wiegen, daß … 誤って…と思いこんでしまう｜nach bestem ～*n* und Gewissen 誠心誠意｜*sich*[4] um allen ～*n* bringen すっかり信用を失う.

2（宗教上の）信仰: der christliche〈jüdische〉～ キリスト教〈ユダヤ教〉の信仰｜die Freiheit des ～*ns* 信教の自由‖*seinen* ～*n* bekennen 信仰を告白する｜vom ～*n* abfallen 信仰を捨てる｜*jn.* zu einem andern ～*n* bekehren …を改宗させる‖Der ～ allein macht selig.《諺》信じる者のみが救われる｜**Der ～ versetzt Berge.** 信仰は山をも移す（聖書: マタ17, 20から）.

▽**3**（Kredit）信用貸し.

［*ahd.*; ◇glauben］

glau·ben[glá͜ubən][1] **I** 他（h）**1**（英: *believe*）（…と）思う:〖副文・zu 不定詞〔句〕などと〗Ich *glaube*, daß er recht hat. 私は彼が正しいと思う｜Ich *glaubte*, du seiest verreist. 私は君が旅行に出かけていると思っていた｜Er wohnt im Ausland, *glaube* ich. 彼は外国に住んでいると思う｜Er *glaubte*, ihre Stimme gehört zu haben. 彼は彼女の声を聞いたように思った｜Vor wem *glauben* Sie zu sprechen? だれの前で話をしているつもりなのか｜Was *glauben* Sie, daß er gekauft hat? 彼が何を買ったと思いますか‖Ich *glaube*, ja〈nein〉. そうだ〈そうではない〉と思う‖〖4格目的語＋場所・様態を示す語句などと: →meinen 1 a, vermuten I 1〗Ich *glaubte* ihn noch im Urlaub. 私は彼がまだ休暇中であると思っていた（＝Ich *glaubte*, daß er noch im Urlaub sei.）｜Sie *glaubte* sich allein〈verraten〉. 彼女は自分がひとりきりだ〈裏切られた〉と思った.

2 a)《*et.*[4]》信じる, 事実〈真実〉と思う: Er wollte die Nachricht nicht ～. 彼はこのしらせを信じようとしなかった｜Das *glaube* ich nicht. 私はそうは思わない｜Du *glaubst* nicht, wie ich mich freue! 私がどんなにうれしいか 君にはわからないだろう｜Das ist doch kaum〈nicht〉zu ～! そんなことはとても信じられない｜Das soll einer ～! まさか｜Wer's *glaubt*, wird selig.《反語》そんなことを信じるやつはよほどおめでたいぜ（聖書: マコ16, 16から）｜Das kann ich von ihm nicht ～. 彼がそんなことをするとは〈彼にそんなことができるとは〉信じられない‖***jn. et.***[4] **～ machen wollen** …に…を信じ込ませようとする‖〖目的語なしで〗Ich *glaube* gar!《俗》まさか.

b)《*jm. et.*[4]》（…の言うことを）信じる: Sie *glaubt* ihm alles〈kein Wort〉. 彼女は彼の言うことをなんでも信じる〈全然信じない〉｜Das will ich dir gern ～. 確かに君の言うとおりだろう.

▽**3**《*jm. et.*[4]》（…に…を）信用貸しする.

II 自（h）**1**《*jm.* / *et.*[3]》（…に）信頼を置く,（…を）信じる, 信用する: *jm.* aufs Wort ～ …の言葉を真に受ける｜dem Gerede der Leute ～ 世間のうわさを信用する｜Ihm wurde von niemand *geglaubt*. 彼はだれからも信用されなかった.

2《an *jn.*〈*et.*[4]〉》（…の存在・価値などを）信じる;（宗教的確信をもって）信じる: an Gott〈Christus〉～ 神〈キリスト〉〔の存在〕を信じる｜an die Richtigkeit *seiner* Theorie ～ 自分の理論の正しさを信じる｜an Wunder ～ 奇跡を信じる‖an *sich*[4] selbst ～ 自信を持つ‖**d〔a〕ran ～ müssen**（死や避けがたいことの到来を前にして）覚悟を決めなければならない; 死ななければならない｜Jeder muß mal dran ～. 人はだれしもいつかは死ななければならない｜Wenn jetzt der Krieg losbricht, müssen wir alle daran ～. いま戦争が始まれば我々はみな死ななければならない.

3 信仰をもつ: Er *glaubt* fest〈wieder〉. 彼は確固たる信仰心をもっている〈再び信仰を取り戻した〉.

［*germ.* „vertraut machen"; ◇ge.., lieb］

▽**Glau·ben**[glá͜ubən] 男 -s/-《ふつう単数で》＝Glaube

Glau·bens≈ab·fall 男 背教. **≈ar·ti·kel** 男〖宗〗信仰個条;《比》信条. **≈be·kennt·nis** 中〖宗〗信仰告白〈宣言〉;〖キリスト教〗信条: das Apostolische ～ 使徒信条‖das ～ sprechen 信条を唱える｜*sein* politisches ～ ablegen《比》政治的な信念を披瀝(ひれき)する. **≈be·we·gung** 女 布教活動. **≈bru·der** 男 ＝Glaubensgenosse **≈ei·fer** 男 熱烈な信仰, 宗教上の熱意. **≈fra·ge** 女 信仰の問題. **≈frei·heit** 女 -/ 信仰〈信教〉の自由. **≈ge·mein·schaft** 女 信仰共同体. **≈ge·nos·se** 男 同信者, 宗旨仲間;《比》信念を同じくする者, 同志. **≈krieg** 男（Religionskrieg）宗教戦争. **≈leh·re** 女 -/ 教理神学. **≈sa·che** 女 信仰に関する事柄, 信仰の問題. **≈satz** 男 教義.

glau·bens·stark 形 信仰の堅固な.

Glau·bens≈streit 男（宗派間の）信仰上の争い, 宗教論争. **≈ver·fol·gung** 女 信仰に対する迫害.

glau·bens≈ver·schie·den 形《官》信仰〈宗教・宗派〉を異にする. **≈ver·wandt** 形 類似の信仰をもつ; 同じような宗教の.

Glau·bens≈wahr·heit 女 宗教〈信仰〉上の真理; 信仰個条の真理内容. **≈wech·sel** 男 改宗. **≈wut** 女 狂信. **≈zwang** 男 信仰の強制. **≈zwist** 男, **≈zwi·stig·keit** 女 ＝Glaubensstreit

Glau·ber·salz[glá͜ubər..] 中 -es/〖化〗グラウバー塩, 芒硝(ぼうしょう)（天然の硫酸ナトリウム）. ［＜J. R. Glauber（ドイツの化学者, †1670）］

glaub·haft[glá͜uphaft] 形 信用できそうな, 事実〈真実〉らしい: eine ～*e* Nachricht 信ずべき情報‖*et.*[4] ～ machen …を真実らしくみせる｜Es erscheint mir wenig ～, daß er kommt. 彼が来るなんて私にはあまり信じられない‖～ klingen（言い分などが）真実らしく聞こえる.

Glaub·haf·tig·keit[..tɪçkaɪt] 女 -/ glaubhaft なこと.

Glaub·haft·ma·chung 女 -/〖法〗疎明(そめい).

gläu·big[glɔ́ʏbɪç][2] **I** 形 **1**（vertrauensvoll）信頼に満ちた, 信用しきった: *jn.* ～〈mit ～*em* Blick〉ansehen …を信じきった目つきで見つめる. **2** 信心深い, 信仰心のあつい: ～ beten 熱心に祈る. **II Gläu·bi·ge** 男 女《形容詞変化》信者. ［*ahd.*; ◇Glaube］

Gläu·bi·ger[glɔ́ʏbɪgər] 男 -s/-（女 **Gläu·bi·ge·rin**-/-nen）（↔Schuldner）債権者. ［*lat.* crēditor の翻訳借用; ◇*mhd.* geloube „Kredit"］

Gläu·bi·ger≈land 中 -〔e〕s/ ..länder 債権国. **≈ver·samm·lung** 女 債権者総会.

Gläu·big·keit[glɔ́ʏbɪçkaɪt] 女 -/ gläubig なこと.

glaub·lich[glá͜uplɪç] 形 信じられる:〖ふつう否定詞と〗Das ist kaum ～. それはほとんど信じられない.

glaub·wür·dig 形 信用する価値のある, 信頼するに足る.

Glaub·wür·dig·keit 女 -/ glaubwürdig なこと: die ～ einer Aussage anzweifeln 陳述の信憑(しんぴょう)性を疑う.

glauko..《名詞などにつけて「青灰色・緑色」を意味する》［*gr.* glaukós „〔graublau〕 glänzend"］

Glau·ko·chro·it[gla͜ukokroíːt, ..oít] 男 -s/-e〖鉱〗青緑石. ［*gr.* chrṓs „Haut〔farbe〕"＋..it[2]］

Glau·ko·dot[gla͜ukodóːt] 中 -〔e〕s/-e〖鉱〗グローコドート（ふじ色絵の具の原料）. ［＜*gr.* dōtḗr „Geber"］

Glau·kom[gla͜ukóːm] 中 -s/-e（grüner Star）〖医〗緑内障, あおそこひ. ［*gr.*; ＜glauko..＋..om］

Glau·ko·nit[gla͜ukoníːt, ..nít] 男 -s/-e〖鉱〗海緑石. ［＜..it[2]］

Glau·ko·phan[..fáːn] 男 -s/-e〖鉱〗藍閃(らんせん)石. ［＜*gr.* phaínesthai „〔er〕scheinen"］

gla·zial[glatsiáːl] **I** 形〖地〗氷河の; 氷河時代の: ein ～*er* See 氷食湖. **II Gla·zial** 中 -s/-e ＝Glazialzeit ［*lat.*; ＜*lat.* glaciēs（→Glace）＋..al[1]; ◇*engl.* glaci-

G

al]

Gla·zi̲al≠fau·na 女 氷河期動物誌. **≠flo̲·ra** 女 氷河期植物誌. **≠kos·mo·go·nie** 女 -/ (宇宙の)氷塊原生説. **≠zeit** 女〘地〙氷河時代.

Gla·zio·lo̲·ge[glatsioló:gə] 男 -n/-n (→..loge) 氷河学者.

Gla·zio·lo·gi̲e[..logí:] 女 -/ (Gletscherkunde) 氷「河学.」

gleich[glaıç] **I** 形 **1**《比較変化なし》(同一性を示して)同じ, 同一の, 等しい; (類似性を示して)同様の, そっくりの: die ~*en* Gesichter wie gestern きのうと同じ顔ぶれ | die ~*e* Zahl 同じ数〔字〕 | zwei ~*e* Dreiecke 二つの合同な三角形 | am ~*en* Tag ⟨Ort⟩ 同じ日⟨場所⟩に | im ~*en* Jahr ⟨Augenblick⟩ 同年⟨同時⟩に | in ~*em* Maße 同じ程度に | in ~*er* ⟨auf ~*e*⟩ Weise 同じやり方で | zu ~*er* ⟨zur ~*en*⟩ Zeit 同時に | zwei Briefe ~*en* Datums ⟨mit ~*em* Datum⟩ 同じ日付の2通の手紙 | *et.*[4] mit der ~*en* Post 〔wie den Brief〕 abgehen lassen …を〔手紙と〕同時に別送する | den ~*en* Hut tragen i)(いつも)同じ帽子をかぶっている; ii)(形・色などが…と)同じ帽子をかぶっている | ~*er* ⟨der ~*en*⟩ Meinung[2] sein 同意見である | 〔mit *et.*[3]〕 ~*er* Größe[2] sein / von ~*er* Größe 〔wie *et.*[1]〕 sein 〔…と〕同じ大きさである | das ~*e* Schicksal erleiden 同じ運命に見舞われる ‖ 〔mit *jm.*〕 am ~*en* Strang ziehen (→Strang 1 a) | mit *jm.* auf ~*er* Stufe stehen《比》…と同列である | im ~*en* Boot sitzen (→Boot) | *jm. et.*[4] mit ~*er* Münze heimzahlen (→Münze 1 a) ‖ *Gleiche* Rechte, ~*e* Pflichten. (→recht II 1) | *Gleiche* Brüder, ~*e* Kappen. (→Bruder 2) ‖〘名詞的に〙Das kommt ⟨läuft⟩ aufs ~*e* hinaus. それは結局同じことになる ‖ Er ist nicht mehr der ~*e*. 彼はもう以前の彼ではない | ***Gleich* und ~ gesellt sich gern.**《諺》類は友を呼ぶ | **von ~ zu ~** 対等の立場で ‖ →III ‖〘述語的に〙(〔*jm.* / *et.*[3]〕 **an** Größe ~ sein 〔…と〕同じ大きさである | Vor dem Gesetz sind alle Menschen ~. 法の前では万人は平等である | A ist ~ B. A は B に等しい | Drei und vier 〔ist〕 ~ sieben. 3たす4は7 | Zweimal drei 〔ist〕 ~ sechs. 2かける3は6 ‖〘3格と〙~ Null sein (→Null 1 a) | In deiner Unpünktlichkeit bist du ihm ~. 時間にルーズな点で君は彼とおんなじだ | Das sieht ihm ~! それはいかにも彼らしい⟨彼のやりそうなことだ⟩.

2《述語的》(gleichgültig)《*jm.*》(…にとって)どうでもよい, 重要でない: Alles ist ihm ~. 彼は万事に無関心⟨むとんじゃく⟩だ | Es ist mir 〔ganz〕 ~, **ob** er kommt ⟨was er sagt⟩. 彼が来るかどうか⟨何を言おうと⟩私には〔全然〕問題ではない | Ganz ~ wer anruft, ich bin nicht zu sprechen. だれからの電話だろうと私は出ない | ~ welcher Art[2] どんな種類のものであれ ‖ ▽Das gilt mir ~. それは私にはどうでもよい.

▽**3** (eben) 平らな, 同じ高さの;《比》整った: ~*er* Erde[2] 1階に | dem 〔Erd〕boden ~ sein 地面と同じ高さである;《比》廃墟(はいきょ)となっている ‖ ***et.*[4] ins ⟨aufs⟩ ~*e* bringen**《雅》…を(もとのように)整える, …の始末をつける | ins ~*e* kommen (ごたごたなどが)片づく.

II 副 **1 a)** 同じに; 等しく, 同様に: ~ groß 〔wie …〕 sein 〔…と〕同じ大きさである | Er ist in beiden Sprachen ~ gut. 彼は両国語が同じくらい上手だ ‖ einem Sturmwind ~ / ~ einem Sturmwind 疾風のように. **b)**《雅》(gerade) ちょうど(…のように): ~ wie ⟨als⟩ ein Held さながら英雄のように | ~ als ob … あたかも…〔であるか〕のように.

☆ 動詞と用いる場合は分離の前つづりともみなされる.

2 a) (sogleich) すぐ〔に〕, ただちに: Ich erkannte ihn ~. 私はすぐに彼だとわかった | Ich komme ~ 〔wieder〕. 私はすぐ〔また〕まいります(ただし: →gleichkommen) | Ich bin ~ 〔wieder〕 da. すぐ〔また〕まいります | *Gleich* beginnt die Vorstellung. まもなく開演である | Es ist ~ zehn 〔Uhr〕. もうじき10時だ | Es muß nicht ~ sein. それはすぐでなくてもいい(急ぎはしない) | Bis ~! (別れる際に)じゃまた〔すぐに〕ね ‖〘他の副詞〔句〕の前におかれて〙~ morgen früh 明朝さっそく | ~ anfangs ⟨zu Beginn⟩ すぐ初めから, のっけから | ~ gegenüber ⟨nebenan⟩ すぐ真向かい⟨隣⟩に | ~ auf der ersten Seite さっそく第1ページに | ~ bei der Ankunft 到着早々 | ~ um die Ecke 角を曲がってすぐ ‖〘前後・順序に関して〙~ darauf その後⟨それから⟩すぐ | ~ **nach** dem Essen 食後すぐ | ~ nach *et.*[3] kommen (順位づけで)…のすぐ次に来る ‖〘感情をこめて〙Willst du ~ still sein! いい加減に静かにしろ | Das habe ich 〔doch〕 ~ gesagt! / Habe ich es nicht ~ gesagt? だから初めからそう言ったじゃないか, 言わないことじゃない | Das dachte ich mir doch ~. (どうせ)そんなことだと思っていたよ.

b)《数詞の前で》(zugleich) 同時に, 一度に: *sich*[3] ~ mehrere Blusen kaufen 一度になん枚ものブラウスを買いこむ.

3《疑問文の中で, いらだちを示して》いったい〔全体〕: Wie war doch ~ sein Name? 彼の名はいったいなんだっけ | Was wollte ich doch ~ sagen? ええっと なんと言おうとしたんだっけ.

4《wenn などに導かれる副文で譲歩の意を表して: →obgleich》**Wenn** er ~ reich war, war er doch nicht glücklich. 彼は金持ちではあったが幸福ではなかった | Wer an mich glaubt, der wird leben, ob er ~ stürbe. 私を信じる者は死んでも生きる(聖書: ヨハ11, 25).

III Glei̲·che[1] 中《形容詞変化》同じ⟨同様な⟩もの: **~*s* mit ~*m* vergelten** しっぺ返しをする | Es kann mir ein ~*s* widerfahren ⟨begegnen⟩. 私だって同じ目にあいかねない | Ich wünsche dir das ~. / Ich hoffe von dir ein ~*s*. 君もそうであるよう望みます | Das ~ gilt auch für Sie. あなたにも同じことが言えます, あなたも同様です ‖ →I 1

[*germ.* „von derselben Gestalt"; ◇ge.., Leiche; *engl.* like]

glei̲ch≠al·te·rig[gláıç|altərıç][2] 形, **≠alt·rig**[..|altrıç][2] 形 同年齢⟨同年代⟩の: ~*e* Handschriften 製作年代の等しい写本 ‖ Er ist mit mir ~. 彼は私と同い年だ.

glei̲ch·ar·tig 形 **1** (↔andersartig) (他のものと)同種⟨同質⟩の, 同様の: Die beiden Fälle waren ⟨lagen⟩ ~. 両事例は同種のものであった. **2** 均質の, むらのない.

Glei̲ch·ar·tig·keit 女 -/ gleichartig なこと.

glei̲ch·auf[gláıç|áuf, ⌣⌣] 副〘ス゚〙同列に並んで, 肩を並べて; 同順位で: ~ liegen ⟨sein⟩ 肩を並べている | Sie waren im Ziel ~. 彼らは同時にゴールインした.

glei̲ch·be·deu·tend 形 同じ意味の; (効果・価値などが)同等の: 〔mit〕 *et.*[3] ~ sein …と同意⟨同等⟩である.

Glei̲ch·be·hand·lung 女 平等な取り扱い.

glei̲ch·be·rech·tigt 形 同じ権利を持った: 〔mit〕 *jm.* ~ sein …と同権である.

Glei̲ch·be·rech·ti·gung 女 -/ 同権: die ~ bei der Geschlechter ⟨von Mann und Frau⟩ 男女同権.

glei̲ch|blei·ben*[gláıç..]《21》**I** 自 (s) **1** 〔いつまでも〕同じである, 不変である: Die Temperatur *blieb gleich*. 温度は一定だった. **2** 再帰 *sich*[3] ~ 変わらない: Trotz des zunehmenden Alters *bleibst* du dir *gleich*. 年をとっても君はちっとも変わらない | Es *bleibt* sich *gleich*, ob er kommt oder nicht. 彼が来ても来なくても同じだ. **II glei̲ch·blei·bend** 現分 形 不変の, 一定の, いつも同じ: mit ~*er* Freundlichkeit 変わらぬ親切さで.

glei̲ch·den·kend 形 同じ考えを持った.

Glei̲·che[1] →gleich III

Glei̲·che[2][gláıçə] 女 -/ **1 a)**〘建〙(れんが積みなどの)仕上げ, ならし. **b)**《ｵｰｽﾄﾘｱ》(Richtfest) 上棟式, 棟上げ. **2**《雅》***et.*[4] in die ~ bringen** …を(もとのように)整える⟨おさめる⟩, …を整理⟨解決⟩する. ▽**3** (Gleichheit) 同一性; 平坦; 均分.

[*ahd.*; ◇gleich]

glei̲·chen[(*)][gláıçən]《58》**glich**[glıç]/ **ge·gli̲·chen**; 接II gliche **I** 自 (h) **1** 《*jm.*/*et.*[3]》(…に)似ている, (…と)同様である; (…と)対等である; (…に)似つかわしい: Nichts *gleicht* dem Zauber Mozartscher Musik. モーツァルトの音楽の魅力は比類がない ‖ Das *gleicht* dir. それはいかにも君らしい⟨君のやりそうなことだ⟩. **2** 再帰《相互的》*sich*[3] ⟨einander⟩ aufs Haar ~ (→Haar 1) | *sich*[3] ⟨einander⟩ ~ wie ein Ei dem andern (→Ei 1) | ***sich*[3] ⟨einander⟩ wie Tag und Nacht ~** 全然似ていない, 似ても似つかない, 月とすっぽんである.

G

▽**II** 他 (h) 《まれに規則変化》 **1** 《*et.*⁴ *jm.*》 (…を…に)適合させる, ふさわしくする: 再帰 *sich*⁴ *jm.* ~ 《雅》 …に調子を合わせる; …と肩を並べる. **2** (ebnen) 平ら〈一様〉にする, ならす.

..gleichen[..glaɪçən] **1** 《所有代名詞・指示代名詞の 2 格につけて「…と同様・同等な人・物」を意味する無変化の指示代名詞をつくる》: meines*gleichen* 私と同様〈同等〉な人 | der*gleichen* そのような事〈物〉. **2** 《前置詞・指示代名詞などにつけて副詞をつくる》: ohne*gleichen* / sonder*gleichen* 比類なく | des*gleichen* 同様にまた. [*mhd.*; ◇gleich]

Glei·chen·fei·er 女 《ｵｰｽﾄﾘｱ》 (Richtfest) 〖建〗 上棟式, 棟上げ. [< Gleiche]

glei·chen·tags 副 《ｽｲｽ》 (am gleichen Tage) その同じ日に.

Glei·cher[gláɪçər] 男 -s/- **1** 《南部》 (Eichmeister) 度量衡検定官. ▽**2** 《単数で》 (Äquator) (地球の)赤道.

gleich·er·big[gláɪç..] 形 (homozygot) 〖遺伝〗 (遺伝子が)同型〈ホモ〉接合の.

glei·cher⸗ma·ßen[gláɪçərmá:sən] 副, **⸗wei·se** (**⸗ge·stalt**) 副 同じように, 等しく, 同様に.

gleich⸗falls[gláɪç..] 副 (ebenfalls) 同じく, 同様に: Schlafen Sie wohl! — Danke, ~! ぐっすりおやすみなさい — ありがとう ご同様に. **⸗far·big** 形 同色の.

Gleich·flüg·ler[..fly:glər] 男 -s/- 〖虫〗 同翅(ﾄﾞｳｼ)目の昆虫(ヨコバイ・アリマキの類).

gleich·för·mig[..fœrmɪç]² 形 同様〈一様〉な; 単調な, 変哲のない: ein ~*es* Leben führen 単調な生活を送る.

Gleich·för·mig·keit[..kaɪt] 女 -/ gleichförmig なこと.

gleich⸗ge·ar·tet 形 同じ種類〈性質〉の. **⸗ge·la·gert** 形 (事情や状況が)同じ性質の: ~*e* Fälle 類似の場合〈ケース〉. **⸗ge·schlech·tig** 形 同性の. **⸗ge·schlecht·lich** 形 **1** (homosexuell) 同性愛の: die ~*e* Liebe 同性愛. **2** = gleichgeschlechtig **⸗ge·sinnt** 形 志〈考え〉を同じくする. **⸗ge·stellt** 形 地位〈等級〉の等しい: ein mir ~*er* Beamter 私と同じ地位にある役人. **⸗ge·stimmt** 形 **I** gleichstimmen の過去分詞. **II** 形 同じ感情をもった, 志〈考え〉を同じくする.

Gleich·ge·wicht[gláɪçgəvɪçt] 中 -[e]s/-e 《ふつう単数で》 釣り合い, 平衡, 均衡, バランス, 安定; 《比》 (心の)平静, 落ち着き: ein stabiles 〈labiles〉 ~ 〖理〗 安定した〈不安定な〉つりあい | inneres 〈seelisches〉 ~ 心の平静 | politisches ~ 政治上の勢力均衡 | das ~ eines Schiffes 船のバランス | das ~ der Kräfte 力〈勢力〉の均衡 | das ~ zwischen Einnahmen und Ausgaben 収支のバランス ‖ *sein* ~ verlieren 〈bewahren〉 バランスを失う〈保つ〉 | *sein* ~ wiederfinden 〈wiedergewinnen〉 バランスを取り戻す; 落ち着きを取り戻す | das ~ halten バランスを保つ | *jm.* das ~ nehmen 〈rauben〉 …をろうばいさせる, …の度を失わせる ‖ 〖前置詞と〗 **aus** dem ~ kommen 〈geraten〉 バランスを失う, ぐらつく; 《比》 度を失う, どぎまぎする | *et.*⁴ 〈*jn.*〉 aus dem ~ bringen …のバランスを失わせる | *jn.* aus dem ~ bringen 《比》 …をうろたえさせる | **im** ~ sein / *sich*⁴ im ~ befinden バランスを保っている, 安定している, 落ち着いている | *sich*⁴ im ~ halten バランスを保つ | *et.*⁴ 〈*jn.*〉 ins ~ bringen …を安定させる, …を落ち着かせる. [*lat.* aequi-lībrium (→Äquilibrium) の翻訳借用]

Gleich·ge·wichts⸗künst·ler 男 = Äquilibrist **⸗la·ge** 女 平衡状態. **⸗or·gan** 中 〖動〗 平衡器官. **⸗sinn** 男 〖生理〗 平衡感覚. **⸗stö·rung** 女 〖医〗 (頭部傷害・中毒などによる)平衡障害.

gleich·gil·tig 《ｵｰｽﾄﾘｱ》 = gleichgültig

Gleich·grö·ße 女 〖言〗 等格部.

gleich·gül·tig[gláɪçgʏltɪç]² 形 **1** 無関心な, 投げやりな, むとんじゃくな, 冷淡な: ein ~*es* Benehmen 冷淡な態度 | mit ~*em* Gesicht / mit ~*er* Miene 無関心な表情で ‖ gegen *et.*⁴ 〈bei *et.*³〉 ~ sein …に対して〈際して〉心を動かさない | gegen *seine* Frau 〈*seiner* Frau gegenüber〉 ~ sein 妻に冷淡である. **2** (unwichtig) 《*jm.*》 (…にとって)どうでもよい, 重要でない, 興味のない: ein paar 〔mir〕 ~*e* Worte sagen 〔私にとっては〕どうでもいいことを二言三言いう | über ~*e* Dinge sprechen / von ~*en* Dingen reden つまらぬおしゃべりをする ‖ Politik ist mir ~. 私は政治には興味がない | Es ist mir ~, ob ... …かどうかは私にはどうでもいい | Er ist mir nicht ~ geblieben. 私は〔いつしか〕彼に好意を寄せるようになった ‖ ~, was du tust 君が何をしようと関係なく.

Gleich·gül·tig·keit[−kaɪt] 女 -/ gleichgültig なこと: aus bloßer ~ (なんの底意もなく)ただむとんじゃくに | mit gespielter ~ 無関心を装って.

Gleich·heit[gláɪçhaɪt] 女 -/-en (gleich なこと. 例えば:) 同一; 同等, 対等; 平等; 均一: eine ~ der Interessen 利害の一致 | die ~ aller vor dem Gesetz 法の前での万人の平等 | die ~ im Alter 年齢が同じであること | die ~ im Lohn 賃金の面での平等.

Gleich·heits⸗grund·satz 男, **⸗prin·zip** 中 平等の原則. **⸗zei·chen** 中 〖数〗 等号(=).

Gleich·klang[gláɪç..] 男 (音の)協和; 《比》 一致, 調和.

gleich|kom·men* 《80》 自 (s) 《*jm.*/*et.*³》 (…と)同等である, (…に)匹敵する; (…)同然である(ただし: gleich kommen →gleich II 2 a): Niemand *kommt* ihm an Geschicklichkeit *gleich*. 器用さではだれも彼にはかなわない | Eine solche Frage *kommt* ja einer Beleidigung *gleich*. そのようなことを尋ねるのは侮辱も同然じゃないか.

Gleich·lauf 男 -[e]s/ **1** 〖工〗 同期〔作動〕. **2** 〖数〗 平行.

gleich|lau·fen* 《89》 **I** 自 (s) (機械などが)同時に〈平行して〉作動する. **II gleich·lau·fend** 現分 形 平行の, 平行して進行する.

gleich⸗läu·fig 形 (synchron) 〖工〗 同期〔作動〕の. **⸗lau·tend** 形 **1** 同じ文面の, 同文の. **2** (homophon) 〖言〗 同音〔異義〕の: ~*e* Wörter 同音同形異義語(= Homonym).

gleich|ma·chen 他 (h) 等しく〈同じに〉する; 平等〈一様〉にする: Männer und Frauen von dem Gesetz ~ 男女を法の前で平等に扱う | *et.*⁴ dem Erdboden ~ (→Erdboden 1).

Gleich·ma·cher 男 -s/- 《軽蔑的に》 平等〈無差別〉主義者.

Gleich·ma·che·rei[glaɪçmaxəráɪ] 女 -/-en 《軽蔑的に》 平等〈無差別〉主義.

gleich·ma·che·risch[gláɪçmaxərɪʃ] 形 平等〈無差別〉主義の.

Gleich·maß[gláɪçma:s] 中 -es/ **1** (リズムなどの)安定, 均等, 一様, 規則正しさ; 均斉, シンメトリー: das ~ der Atemzüge 呼吸の規則正しさ | das ~ der Glieder 手足〈肢体〉の均斉. **2** (心理的な)バランス, 落ち着き, 平静: ein inneres ~ 心の平静 | aus dem gewohnten ~ geraten ふだんの落ち着きを失う.

gleich·mä·ßig[..mɛ:sɪç]² 形 均等〈一様〉な, 規則正しい; (リズムなどの)安定した; 均斉〈釣り合い〉のとれた, シンメトリカルな: ~*e* Atemzüge 静かな息づかい | ~*e* Gesichtszüge 整った顔だち | ein ~*er* Puls 規則正しい脈拍 | ein ~*es* Marschieren 整然としたテンポの行進 | im ~*en* Tempo 一貫したテンポで | mit ~*em* Eifer 終始かわらぬ熱心さで | von ~*em* Körperbau sein 均斉のとれた体つきである ‖ ~ atmen 規則正しく呼吸する | Der Motor läuft ruhig und ~. モーターは静かに安定して回転している | *et.*⁴ ~ verteilen …を均等に分ける〈等分する〉.

Gleich·mä·ßig·keit[..kaɪt] 女 -/ gleichmäßig なこと.

Gleich·mut[gláɪçmu:t] 男 -[e]s/ (女 -/) (心の)平静, 冷静, 沈着; 平気, 無感動, 無関心: mit ~ 平然と, 平気で, 落ち着きはらって | mit geduldigem 〈heiterem〉 ~ 平然と辛抱強く〈朗らかに〉 | *et.*⁴ mit lächelndem ~ ertragen 落ち着いて微笑しながら…に耐える ‖ *seinen* ~ verlieren 平静さを失う, うろたえる.

gleich·mü·tig[..my:tɪç]² 形 平静な, 沈着な, 落ち着いた; 平気な, 無感動の, 無関心の: ~*e* Ruhe 落ち着き | mit ~*er* Höflichkeit いんぎんに ‖ ~ bleiben (心が)動じない | *et.*³ ~ zusehen …を平気で見ている〈平然と傍観する〉.

gleich·na·mig[..na:mɪç]² 形 《付加語的》 **1** 名前が同じ〔の〕, 同名の: ~*e* Magnetpole 同名の磁極 (N 極と N 極, または S 極と S 極). **2** 〖数〗 同分母の: ~*e* Brüche 同じ

G

分母の分数 ‖ die Brüche ~ machen 通分する.

Gleich·na·mig·keit[..kaɪt] 女 -/ gleichnamig なこと.

Gleich·nis[gláiçnɪs] 中 -ses/-se **1** 比喩(ひゆ), たとえ〔話〕; 《修辞》直喩: *et.*^{4} durch ein ~ erklären …をたとえ〔話〕で説明する | in ~*sen* reden たとえを使って話す; 《比》(わざわざ)分かりにくい話し方(もってまわった言い方)をする ‖ Alle ~*se* hinken. 《諺》たとえは所詮(しょせん)たとえにすぎぬ(実際とはぴったりとは合わない). ▽**2** 似姿, 写し〔絵〕: Da Gott den Menschen schuf, machte er ihn nach dem ~ Gottes. 神が人を創造されたとき 神にかたどって造られた(聖書: 創 5, 1). [*ahd.*; *spätlat.* parabola (→Parabel) の翻訳借用]

gleich·nis≠haft 形 比喩の, たとえ話の. ≠**wei·se** 副 (→..weise ★)比喩的に, たとえ話で.

gleich|ord·nen 《01》 他 (h) 同格にする, 同等に扱う.

gleich·ran·gig[..raŋɪç]^2 形 地位(等級)の等しい.

gleich|rich·ten 《01》 他 (h) 《電》(交流を直流に)整流する; 検波する.

Gleich·rich·ter 男 《電》整流管.

Gleich·rich·ter·röh·re 女 《電》整流管.

Gleich·rich·tung 女 《電》整流作用.

Gleich·ring·ler[gláiçrɪŋlər] 男 -s/- 《虫》フシトビムシ(節跳虫)科の昆虫.

gleich·sam[gláiçza:m] 副 《雅》(sozusagen) いわば, 言ってみれば; ほとんど: Diese Werke sind ~ Bekenntnisse des Dichters. これらの作品はいわば詩人の告白の書である ‖ ~ als ... いわば…として | ~ wie ... さながら…のごとく | ~ als ob ⟨als wenn⟩ ... あたかも…〔である〕かのごとく.

gleich|schal·ten 《01》 他 (h) 画一化する, (思想・言論などを)統制する: 再帰 *sich*^{4} ~ 同調する, 雷同する.

Gleich·schal·tung 女 -/ 画一化, (思想・言論などの)統制.

gleich≠schen·ke·lig[..ʃɛŋkəlɪç]^2 形, ≠**schenk·lig**[..klɪç]^2 形 《数》二等辺の: ein ~*es* Dreieck 二等辺三角形.

Gleich·schritt 男 同じ歩調, 同一歩度: im ~ 歩調(足なみ)をそろえて | Im ~ marsch! 歩調とれ 進め(号令).

gleich|se·hen* 《164》 自 (h) 《*jm.*》(…に)似ている: Er *sieht* seinem Vater ganz *gleich*. 彼は父親にそっくりだ | Das *sieht* ihm *gleich*. 《話》それはいかにも彼らしい(彼のやりそうな)ことだ ‖ etwas ~ 《方》りっぱに見える | nichts ~ 《方》見ばえがしない.

gleich·sei·tig 形 《数》等辺の: ein ~*es* Vieleck 等辺多角形.

gleich|set·zen 《02》 他 (h) 《*et.*^{4} mit *et.*^{3}/*jn.* mit *jm.*》(…を…と)同一視する, 同等に扱う: Man darf die geschlechtliche Liebe nicht mit der Liebe ~. 性愛と愛情とをとり違えてはいけない ‖ 再帰 *sich*^{4} mit *jm.* ~ 自分を…と同一視する, 自分を…の同類(仲間)だと思う.

Gleich·set·zung 女 -/-en gleichsetzen すること.

Gleich·set·zungs≠ak·ku·sa·tiv 男 《言》同定対格. ≠**no·mi·na·tiv** 男 《言》同定主格. ≠**satz** 男 《言》同定文. ≠**verb** 中 =Kopula 1

gleich≠sil·big 形 《言》つづり(音節)の数の等しい. ≠**sin·nig** 形 同じ意味の, 同じ方法による.

Gleich·stand[gláiçʃtant]^1 男 -[e]s/ (ゲームでの)同得点, タイ〔スコア〕: Das Spiel wurde bei ~ 5: 5(読み方: fünf zu fünf) beendet. その試合は5対5のタイに終わった.

gleich≠|ste·hen* 《182》 自 (h) **1** 《*jm.*/mit *jm.*》(…と)同等(対等)である, (…と)程度(能力)が同じである: Du *stehst* leistungsmäßig ihm ⟨mit ihm⟩ *gleich*. 君は能力からいって彼と同等だ. **2** 《スポ》(ゲームの際に)同得点である. ≠|**stel·len** 他 (h) 《*jn.* ⟨*et.*^{4}⟩ 〔mit〕 *jm* ⟨*et.*^{3}⟩》(…を…と)同列(対等の立場)に置く: die Arbeiter 〔mit〕 den Angestellten finanziell ~ ブルーカラーを賃金面でホワイトカラーと同様に扱う.

Gleich·stel·lung 女 -/-en gleichstellen すること.

gleich|stim·men **I** 他 (h) (楽器を)同じ調子に調律(調弦)する. **II gleich·ge·stimmt** → 別出

gleich·stim·mig[..ʃtɪmɪç]^2 =gleichgestimmt II

Gleich·strom 男 (↔Wechselstrom) 《電》直流.

Gleich·strom≠ge·ne·ra·tor 男 《電》直流発電機. ≠**ma·schi·ne** 女 《電》直流機. ≠**mo·tor** 男 直流電動機(モーター).

gleich|tun* 《198》 他 (h) 《es^4 *jm.*》(…に)匹敵する, 太刀打ちできる, (…と)競い合う; (…の)まねをする: es *jm.* an Leistung ~ 業績(成績)では…に負けない | Er will es mir in allem ~. 彼は何から何まで私のまねをしようとする.

Glei·chung[gláiçʊŋ] 女 -/-en 《数・化》方程式: eine chemische ~ 化学方程式 | eine ~ ersten ⟨zweiten⟩ Grades 1次(2次)方程式 ‖ eine ~ aufstellen ⟨lösen⟩ 方程式を立てる(解く). [*mhd.*; ◇gleichen]

gleich·viel[glaiçfí:l, ⌐–] 副 同じに, 同様に, どうでもよく: Ich werde es tun, ~, ob du darüber böse mit mir bist. 私はそれをやるだろう. 君がそのために私に対して腹をたてようとも.

Gleich·wel·len·funk[gláiç..] 男 《電》同一周波放送.

gleich·wer·tig[gláiçve:rtɪç]^2 形 (äquivalent) 等(同)価値の, 値打ち(実力)の等しい; 《理》等価の.

Gleich·wer·tig·keit[–kaɪt] 女 等(同)価値; 《理》等価.

gleich·wie[gláiçvi:, ⌐⌐] 接 《従属》《雅》ちょうど…のように, …と同じように: ~ im Traum 夢の中でのように.

gleich≠win·ke·lig 形, ≠**wink·lig** 形 《数》等角(同角)の: ein ~*es* Dreieck 等角三角形.

gleich·wohl[glaiçvó:l, ⌐–] **I** 副 (trotzdem) それにもかかわらず: Er hatte viel zu tun, ~ kam er. 彼は多忙だったがそれにもかかわらず来た.
▽**II** 接 《従属》(obwohl) …にもかかわらず.

gleich·zei·tig[gláiç..] 形 《述語的用法なし》同時の: die ~*e* Uraufführung 同時初演 ‖ ~ das Ziel erreichen 同時に目標に到達する; 同時にゴールに入る | Man kann nicht alles ~ tun. すべてをいちどきにすることはできない ‖ ~ mit *et.*^{3} …と同時に.

Gleich·zei·tig·keit[..kaɪt] 女 -/ gleichzeitig なこと.

gleich|zie·hen* 《219》 自 (h) 《mit *jm.*》(ゲームの際に)(…に)追いつく, (…と)同得点になる; 《比》(…と)対等の立場になる, (…と)肩を並べる.

Glei·me[gláimə] 女 -/-n 《中部》(Glühwürmchen) 《虫》ホタル(蛍). [*ahd.*; ◇glimmen; *engl.* gleam]

Gleis[glaɪs]^1 中 -es/e **1** 《鉄道》(レール・道床・枕木(まくらぎ)からなる)軌道(→ 図): ein totes ~ (行き止まりの)引込線; 使われていない軌道 | Abstell*gleis* 留置(待避)線 | Rangier*gleis* 仕分け線 ‖ das ~ erneuern ⟨verlegen⟩ レールを更新(敷設)する ‖ Der Zug fährt auf ~ 4 ein ⟨von ~ 6 ab⟩. 列車は4番線に到着する(6番線から発車する) | den

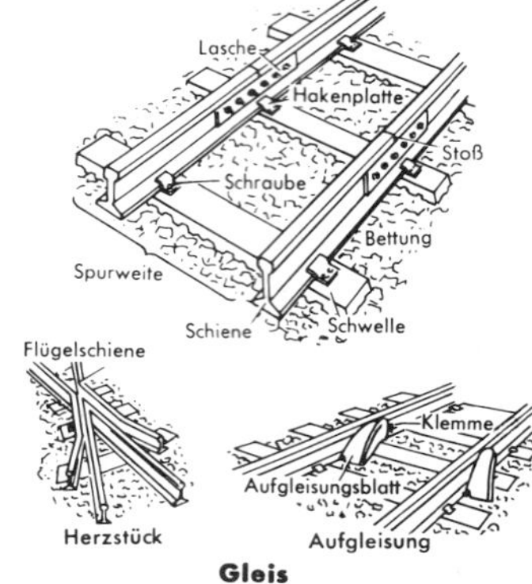

Gleis

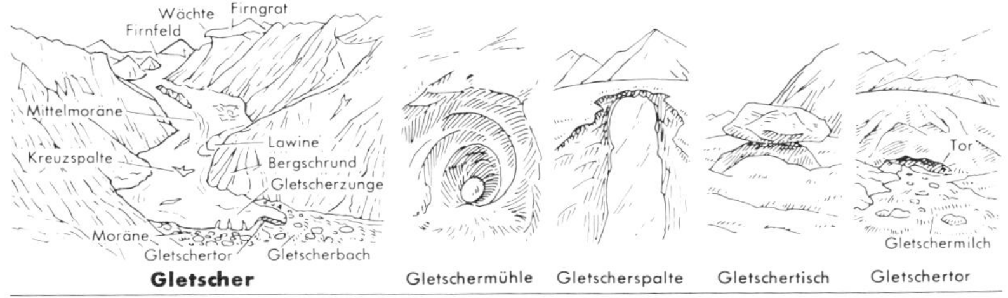

Gletscher Gletschermühle Gletscherspalte Gletschertisch Gletschertor

Zug auf ein anderes ~ schieben ⟨umsetzen⟩ 列車を他の線に引き込む⟨転轍(てんてつ)する⟩ | aus dem ~ springen (車両が)脱線する. **2** 《比》軌道: **auf** ⟨**in**⟩ ein falsches ~ geraten 目標からそれる; 見当違いの考え方をする | ***et.***[4] **aufs falsche** ⟨**auf ein falsches**⟩ **~ schieben** …を本筋からそれさせる | **aufs tote ~** ⟨**auf ein totes ~**⟩ **geraten** 《比》行き詰まる | ***et.***[4] **aufs tote ~** ⟨**auf ein totes ~**⟩ **schieben** 《比》…を棚上げにする | ***jn.*** **aufs tote ~** ⟨**auf ein totes ~**⟩ **schieben** 《比》…を腕の振るえない部署につける, …を閑職に移す | Er ist auf dem toten ~. 彼はもう活躍の余地⟨昇進の見込み⟩がない | ***jn.*** **aus dem ~ bringen** …の平静を失わせる | **aus dem ~ kommen** 平静を失う, 平常の状態でなくなる | **aus dem ~ geworfen werden** 人生の軌道を狂わされる | ***sich***[4] **in ausgefahrenen ~*en* bewegen** 旧態依然としている, 旧套(きゅうとう)を脱していない | ***et.***[4] **wieder ins** 〔**rechte**〕 **~ bringen** …を常態に戻す | **wieder ins** 〔**rechte**〕 **~ kommen** 常態に復する | im richtigen ~ laufen ⟨sein⟩ 順調である, うまくいっている | im alten ~ sein 常態に復している. [*mhd.* geleis „Weg"; < *mhd.* leis〔e〕 „Spur"; ◇Leisten; *lat.* līra „Furche"]

Gleis⸗an·la·ge[gláıs..] 女 軌道⟨線路⟩施設. **⸗an·schluß** 男 (本線への)レールの接続. **⸗bau** 男 -〔e〕s/ 軌道建設, 線路工事. **⸗bau·er** 男 -s/- 線路工. **⸗bet·tung** 女 軌道の道床. **⸗brem·se** 女 〔鉄道〕カーレターダー, 軌条制動機⟨装置⟩. **⸗drei·eck** 中 -s/-e 〔鉄道〕デルタ線, 回り線.

..gleisig[..glaızıç][2] (**..geleisig**[..gəl..]) 《基数・不定数詞などにつけて「(軌道が)…本の」を意味する形容詞をつくる》: ein*gleisig* 単線の | zwei*gleisig* 複線の.

Gleis·ket·te[gláıs..] 女 無限軌道.

Gleis·ket·ten·fahr·zeug 中 無限軌道車.

gleis·los[..lo:s][1] 無軌道の, レールのない.

Gleis·ner[gláısnər] 男 -s/- 偽善者. [*mhd.*; < *ahd.* gilīhhisōn „gleichtun"; ◇gleich]

Gleis·ne·rei[glaısnəráı] 女 -/ 偽善.

gleis·ne·risch[gláısnərıʃ] 形 偽善的な, 見せかけ⟨うわべだけ⟩の.

Gleiß[glaıs] 男 -es/ 《雅》(Glanz) 輝き, 光沢, つや.

glei·ßen[(*)][gláısən] 《59》 **gleiß·te** (ᵛgliß[glıs])/**ge·gleißt** (ᵛgeglissen); 接II gleißte (ᵛglisse) 自 (h) 《雅》〔ぴかぴか〕輝く, 光る. [*ahd.*; ◇Glas, glitzern; *engl.* glitter]

Gleis⸗über·gang[gláıs..] 男 〔鉄道〕(駅の)線路横断路; 線路切り替え. **⸗un·ter·hal·tung** 女 〔鉄道〕軌道保全. **⸗ver·le·gung** 女 軌条⟨レール⟩敷設. **⸗waa·ge** 女 〔鉄道〕車両計重台.

Gleit⸗bahn[gláıt..] 女 滑走路, 斜路, すべり台, シュート; 〔工〕すべり棒. **⸗boot** 中 滑走艇; (Tragflächenboot) 水中翼船.

glei·ten[(*)][gláıtən] 《60》 **glitt**[glıt] (ᵛgleitete)/**ge·glit·ten** (ᵛgegleitet); 接II glitte (ᵛgleitete)

I 自 **1** (s) (英: *glide*) すべる; すべるように動く, 滑走する; 滑空する; スリップする; (機械などが)なめらかに作動する: durch die Luft ~ 滑空する | durch das Wasser ~ 水を切ってすべっていく | über das Eis ⟨die Wasserfläche⟩ ~ 氷の上⟨水面⟩をすべっていく | Seine Hand *glitt* über ihr Haar. 彼の手は彼女の髪をそっとなでた | Ein Lächeln *glitt* über sein Gesicht. 微笑が彼の顔をかすめた ‖ Das Taschentuch ist zu Boden ⟨ihr aus der Hand⟩ *geglitten*. ハンカチが床に⟨彼女の手から⟩すべり落ちた ‖ Er *glitt* und fiel hin. 彼はすべって転んだ | Der Wagen kam ⟨geriet⟩ ins *Gleiten*. 車はスリップした ‖ Das Geld *gleitet* ihr aus den Händen. 《比》彼女の財布からは金がどんどん出ていく | *et.*[4] in *seine* Tasche ~ lassen …をポケットにすべり込ませる | die Augen ⟨den Blick⟩ über *et.*[4] ~ lassen …に目を走らせる. **2** (h) (フレックス=タイム制で始業・終業時間を)自由に選ぶ, 適宜ずらす, 融通する.

II glei·tend 現分 形 すべる〔ような〕; スライド式〔制〕の: ~*e* Arbeitszeit フレックス=タイム(→Arbeitszeit 1) | ~*e* Lohnskala 賃金スライド制 ‖ ein ~*er* Reim 〔詩〕滑走韻, ダクテュロス脚韻(→Reim 1).

[*westgerm.*; ◇glatt; *engl.* glide]

Glei·ter[gláıtər] 男 -s/- **1** 〔空〕(初級用の)グライダー. **2** すべる⟨滑走する⟩人.

Gleit⸗flä·che[gláıt..] 女 〔工〕すべり面; 〔スキー〕滑降面. **⸗flug** 男 〔空〕空中滑走, 滑空. **⸗flug·zeug** 中 = Gleiter 1 **⸗hang** 男 〔地〕滑走斜面. **⸗klau·sel** 女 (労働契約の賃金スライド制に関する)エスカレーター条項. **⸗kom·ma** 中 (↔Festkomma) 〔電算〕浮動小数点. **⸗laut** 男 〔言〕わたり音. **⸗mit·tel 1** 便軟化剤(下剤の一種). **2** 潤滑剤. **⸗schie·ne** 女 (競技用ボートの座席の)スライドレール(→ 図 Boot C); (カタパルトの)リードレール(→ 図 Katapult). **⸗schutz** 男 (自動車のタイヤの)すべり止め〔装置〕.

gleit·si·cher 形 (自動車のタイヤなどが)すべる危険⟨おそれ⟩のない, すべり止めの.

Gleit⸗sitz 男 (競技用ボートの)スライディングシート; 〔工〕すべり座. **⸗wachs** 中 (↔Steigwachs) 〔スキー〕滑降ワックス. **⸗zeit** 女 **1 a)** (↔Fixzeit) (フレックス=タイム制で)自由出退勤時間. **b)** 《話》(gleitende Arbeitszeit) フレックス=タイム. **2** (規定の労働時間数に対する)超過⟨不足⟩労働時間.

Glen·check[glɛ́ntʃɛk] 男 -〔s〕/s 〔服飾〕グレンチェック. [*engl.*; < *schott.* glen „Tal"]

Glet·scher[glɛ́tʃər] 男 -s/- 氷河(→ 図). [*vulgärlat.* -*schweiz.*; ◇Glace, glazial; *engl.* glacier]

glet·scher·ar·tig 形 氷河のような, 氷河状の.

Glet·scher⸗bach 男 氷河から流れ出る小川, 氷河渓流(→ 図 Gletscher). **⸗bil·dung** 女 氷河の形成. **⸗brand** 男 -〔e〕s/ (高山の)氷雪面の反射紫外線による日焼け, 雪焼け. **⸗bril·le** 女 (高山用の)サングラス. **⸗eis** 中 氷河氷. **⸗ero·sion** 女 〔地〕氷食作用. **⸗floh** 男 〔虫〕クロトビムシ(黒跳虫). **⸗kap·pe** 女 〔地〕氷帽(山頂部をおおう氷河); 氷冠(極地の広範囲の地域をおおう雪氷原). **⸗kun·de** 女 -/ (Glaziologie) 氷河学. **⸗milch** 女 (乳灰色の)氷河渓流の水(→ 図 Gletschertor). **⸗müh·le** 女 氷河甌穴(おうけつ)(→ 図). **⸗pe·ri·ode** 女 (Eiszeit) 氷河時代, 氷期. **⸗spal·te** 女 氷河の裂け目⟨割れ目⟩, クレバス(→ 図). **⸗tisch** 男 氷河卓(→ 図). **⸗tor** 中 氷河口⟨門⟩(氷河渓流の出口: → 図). **⸗zun·ge** 女 氷河の先端(→ 図 Gletscher).

Glịb·ber[glíbər] 男 -s/ **1** 《北部》ゼリー状のつるつる〈ぬるぬる〉したもの. **2** 《卑》(Sperma) 精液.

glịb·be·rig[glíbərıç]² 形《北部》なめらかな, つるつる〈ぬるぬる〉した.

glịb·bern[glíbərn] 《05》自 (h) 《北部》(wackeln) ぐらぐらする. [*ndl.*]

glich[glıç] gleichen の過去.

glị·che[glíçə] gleichen の接続法 II.

Glied[gli:t]¹ 中 -es(-s)/-er **1 a)** (関節で胴とつながった)肢, 手足; 肢節,(指などの)節; (節足動物の)関節: ein künstliches ～ 義肢(義手・義足など) (＝Prothese) ‖ gesunde ～*er* haben 五体健全である | kein ～ regen 〈rühren〉 können (痛み・驚き・疲れなどで)身うごきもできない | Mir schmerzen alle ～*er*. 私は体じゅうが痛い | Wie das Haupt, so die ～*er*. (→Haupt 1 a) ‖ **an** allen ～*ern* zittern (興奮などで)おののく, わななく | an Haupt und ～*ern* (→Haupt 1 a) | ***jm.* in die ～*er* fahren** (恐怖などが)…の全身を貫く | ***jm.* 〔noch〕 in den ～*ern* sitzen 〈stecken〉** (疲れ・恐怖などが)…の全身に〔まだ〕残っている | Das Wetter liegt mir in den ～*ern*. 私は手足の痛み具合で天気の変わり方がわかる | *jm.* wie Blei in den ～*ern* liegen (→Blei² I 1). **b)** das männliche ～ 男根, 陰茎 (＝Penis).

2 a) 構成要素〈分子〉, 成分, 成員; (鎖の)環(→ 図 Kette): ein nützliches ～ der Gesellschaft 社会の有用な一員 | Satz*glied* 《言》文の成文, 文肢 ‖ Wir alle sind ～*er* einer Kette. 《比》私たちは皆ひとつのきずなで結ばれた〈一心同体の〉仲間だ. **b)** 《論・数》項, 名辞.

3 (隊伍(たいご)の)列: aus dem ～ treten 列を離れる | im ～ stehen 隊列を組んでいる | in Reih und ～ (→Reihe 1).

4 《雅》(Generation) 世代: Er konnte seine Ahnen bis zum achten ～ aufzählen. 彼は祖先の名を8代前までさかのぼって挙げることができた.

[*ahd.* 〔gi〕lid; ◇ge..; *engl.* Limb]

Gli̱e·der⸗arm·band[glí:dər..] 中《服飾》チェーンブレスレット(→ 図 Armband). **⸗bau** 男 -〔e〕s/ 四肢の構造, 体つき; 《言》文の構成〈組み立て〉. **⸗fü̱·ßer**[..fy:sər] 男 -s/-, **⸗fü̱ß·ler**[..fy:slər] 男 -s/- 《動》節足動物.

..gliederig[..gli:dərıç]² (**..gliedrig**[..gli:drıç]²) 《数詞・形容詞などにつけて「…の部分から成る, …の肢体をもった」・《数》「…項の」・《軍》「…列の」などを意味する形容詞をつくる》: zwei*glied*〔*e*〕*rig* 二つの部分からなる; 《数》2 項の | mehr*glied*〔*e*〕*rig* 《数》多項の | stark*glied*〔*e*〕*rig*/ grob*glied*〔*e*〕*rig* がっしりした体つきの | fein*glied*〔*e*〕*rig* (体格などが)きゃしゃな.

Gli̱e·der⸗kak·tus 男《植》カニサボテン(蟹仙人掌). **⸗ket·te** 女《工》リンクチェーン, 輪鎖(→ 図 Kette).

gli̱e·der·la̱hm 形 (手足が)疲れきった; 《医》肢体麻痺(まひ)の.

Gli̱e·der·lä̱h·mung 女《医》肢体麻痺(まひ), 不随.

gli̱e·dern[glí:dərn] 《05》他 (h) 《*et.*⁴ in *et.*⁴》(…をその構成要素に)分ける, 区分する; (部分に分けて)構成〈組織・整理〉する: eine Stadt in Bezirke ～ 都市を市区に分ける | einen Aufsatz klar ～ 論文を論旨明快に組み立てる ‖ 再帰 *sich*⁴ in *et.*⁴ ～ …に分かれる, …で構成される | Das englische Parlament *gliedert* sich in Oberhaus und Unterhaus. 英国議会は上院と下院からなる ‖ die ständisch *gegliederte* Welt 身分〈階級〉社会 | eine reich *gegliederte* Küste 《地》入江の多い海岸.

Gli̱e·der⸗pup·pe 女 (手・足などを折り曲げられる)模型人形(玩具(がんぐ)・マネキン人形・人体モデルなど). **⸗rei·ßen** 中 -s/ 《医》四肢痛. **⸗satz** 男 (Periode) 《言》双対文. **⸗schmerz** 男 ＝Gliederreißen **⸗sucht** 女 -/ 《方》(Rheuma) リューマチ. **⸗tier** 中 (Artikulate) 《動》体節動物.

Gli̱e·de·rung[glí:dərʊŋ] 女 -/-en **1** 区分, 構成, 組織, 整理, 組み立て,(系統的な)分類; 《軍》編制. **2** 分節, 関節. **3** (ナチ党の)支部.

Gli̱e·der⸗we̱h[glí:dər..] 中 -〔e〕s/ ＝Gliederreißen **⸗wurm** ＝Ringelwurm **⸗zucken** 中 -s/ 《医》(神経障害による)四肢〈手足〉の痙攣(けいれん). **⸗zug** 男《鉄道》関節〈連節〉列車.

Gli̱ed·ma̱·ße[glí:tma:sə] 女 -/-n 肢; 《複数で》四肢, 手足; (Extremität) 《生》付属肢: die oberen 〈unteren〉 ～*n* 上〈下〉肢 | die vorderen 〈hinteren〉 ～*n* 前〈後〉肢.

..gliedrig ＝..gliederig

Gli̱ed⸗satz[glí:t..] 男《言》文節, 文肢文(文成分の役割を演じる従属文: →Satzglied). **⸗schwamm** 男《医》白腫(はくしゅ), 関節海綿腫. **⸗staat** 男 (連邦を構成する)邦, 州. **⸗teil** 男《言》文成分〈文肢〉の構成部分.

gli̱ed·wei·se 副 (→..weise ★)列を組んで; 列ごとに.

glịm·men⁽*⁾[glímən] 《61》**glomm**[glɔm] (glimmte) / **ge·glọm·men** (geglimmt); 接II glömme[glœmə] (glimmte) 自 (h) かすかに光る, 微光を発する; 熱を発して輝く: Die Zigarette *glomm* 〈*glimmte*〉 in der Dunkelheit. タバコの火が暗やみの中で光っていた | Eine letzte Hoffnung *glomm* noch in ihr. 最後の希望の光がなお彼女の心のなかにともっていた, 彼女の心にはなお一縷(いちる)の望みが残っていた. [*mhd.*; ◇gleißen, Gleime, glimmern]

Glịmm·ent·la·dung[glím..] 女《電》グロー放電.

Glịm·mer[glímər] 男 -s/- **1** 《鉱》雲母(うんも), きらら. **2** (Schimmer) にぶい輝き, 弱い光, 微光.

glịm·mer·a̱r·tig 形 **1** 《鉱》雲母のような. **2** ＝glimmerig

glịm·me·rig[glímərıç]² 形 きらめく, ちらちらする.

glịm·mern[glímərn] 《05》自 (h) きらきらと輝く, きらめく, ちらちらする. [*mhd.*; ◇glimmen; *engl.* glimmer]

Glịm·mer·schie·fer 男《鉱》雲母片岩.

Glịmm⸗lam·pe[glím..] 女《電》グロー電球. **⸗licht** 中 -〔e〕s/-er **1** 微光. **2** 《電》暈光(うんこう). **⸗sten·gel** (**⸗stän·gel**) 男《戯》(Zigarre) 葉巻タバコ; (Zigarette) 紙巻きタバコ. [<glimmen]

Glimpf[glımpf] 男 -〔e〕s/ 《ふつう次の形で》ᵛmit ～ i) 無事に, うまく; 大過なく; ii) 寛大に, いたわり〈思いやり〉の気持をこめて. [*ahd.* gilimpf „Angemessenheit"; ◇Lumpen; *engl.* limp]

glịmp·fig[glímpfıç]² 形《スイ》曲げやすい, しなやかな, 弾力のある.

glịmpf·lich[glímpflıç] 形 **1** どうにか無事の, 大過〈大きな損害〉のない: Er ist noch ～ davongekommen. 彼はなんとか無事に切り抜けた〈難をのがれた〉. **2** 寛大な, いたわり〈思いやり〉のこもった: eine ～*e* Strafe 寛大な罰.

Gli̱o̱m[glió:m] 中 -s/-e 《医》神経膠腫(こうしゅ), グリオーム. [<*mgr.* glía „Leim"+..om]

gliß[glıs] gleißte (gleißen の過去)の古形.

Glis·sa̱·de[glısá:də] 女 -/-n 《ダンス》グリサード, 滑歩.

glis·sạn·do[glısándo·] **I** 副 (gleitend) 《楽》グリッサンド,(音と音の間を切らず)なめらかに. **II Glis·sạn·do** 中 -s/-s, ..sandi[..di·] 《楽》グリッサンド〔で演奏すること〕. [*fr.* glissant „gleitend" (◇gleiten) をイタリア語めかした形]

glịs·se[glísə] gleißte (gleißen の接続法 II)の古形.

Glịtsch·ba̱hn[glítʃ..] 女 (北部: **Glịt·sche**[..tʃə] 女 -/-n) 氷〈雪〉滑りをする所,(スキー・スケート・そりなどの)滑走場.

glịt·schen[glítʃən] 《04》自 **1** (s) 《話》(rutschen) 滑る. **2** (h, s) 《方》(schlittern) 氷〈雪〉滑りをする. [<gleiten]

glịt·sche·rig[glítʃərıç]² 形, **glịt·schig**[glítʃıç]² 形, **glịtsch·rig**[glítʃrıç]² 形《話》**1** (glatt) なめらかな, つるつる滑る; ぬるぬるの. **2** (パン・ケーキなどが)なま焼けの.

glitt[glıt] gleiten の過去.

glịt·te[glítə] gleiten の接続法 II.

Glịt·zer[glítsər] 男 -s/- きらきらする光〈個所〉.

glịt·ze·rig[glítsərıç]² 形 きらきら光る.

glịt·zern[glítsərn] 《05》自 (h) きらきら光る, きらめく,(星が)またたく. [*mhd.* glitzen; ◇gleißen; *engl.* glitter]

glịtz·rig[glítsrıç]² ＝glitzerig

glo·ba̱l[globá:l] 形《比較変化なし》**1** 地球全体の, 全世界に及ぶ: die ～*e* Abrüstung 世界軍縮. **2** 包括的な, 全般的〈総体的〉な; 概括的な, 大ざっぱな: ～*es* Wissen 包括的な〈総合的な〉知識 ‖ ～ gerechnet 大ざっぱに見積もって | die

Frage ～ beantworten 質問に対して全般的な答えをする.

glo·ba·li·sie·ren[globalizí:rən] 他 (h) ⟪*et.*[4]⟫ 地球的規模に広げる, 全世界に及ぼす. [*engl.*]

Glo·ba·li·sie·rung[..ruŋ] 女 -/ globalisieren すること.

Glo·bal·stra·te·gie 女 世界戦略.

glo·bal·stra·te·gisch 形 世界戦略〔上〕の.

Glo·bal≈zahl 女 概数. **≈zes·sion** 女〘法〙包括的債権譲渡.

Glo·ben Globus の複数.

Glo·be·trot·ter[gló:bətrɔtər, gló:pt..] 男 -s/- (Weltenbummler) 世界をまたにかけて旅する人, 世界漫遊旅行者. [*engl.*; ◇Globus, Trott]

Glo·bi·ge·ri·ne[globigerí:nə] 女 -/-n〘動〙グロビゲリナ(海産の有孔虫類). [< *lat.* gerere „tragen" (◇gerieren)]

Glo·bi·ge·ri·nen·schlamm 男〘地〙グロビゲリナ軟泥(大部分が死んだグロビゲリナの殻からなる海底の軟泥).

Glo·bin[globí:n] -s/〘生理〙グロビン(ヘモグロビンのたんぱく質成分). [<..in[2]]

Glo·bu·lin[..bulí:n] 中 -s/-e〘生理〙グロブリン(水溶性で血漿(けっしょう)に含まれるたんぱく質). [< *lat.* globulus „Kügelchen"+..in[2]]

Glo·bus[gló:bus] 男 -/..ben[..bən] (-ses/-se) **1** (Erdkugel) 地球. **2** 地球儀; 天球儀. **3**〘話〙(Kopf) 頭. [*lat.* globus „Kugel"; ◇Kolben; *engl.* globe]

Glock[glɔk]⟪北部⟫⟪時刻を示す数詞の前に置かれて⟫きっかり: ～ sechs〔Uhr〕正6時.

Glocke[glɔ́kə] 女 -/-n (⊘ **Glöck·chen**[glœ́kçən], **Glöck·lein**[..laın] 中 -s/-) **1 a)** 鐘, つり鐘(→ 図); 時鐘; 鈴, 振鈴, 呼びりん: eine bronzene ～ 青銅の鐘 | Alarm*glocke* 警鐘 | Tisch*glocke* 卓上呼びりん | die ～ zur letzten Runde〘スポ〙最終周を知らせる鐘 ‖ eine ～ gießen 鐘を鋳造する | die ～ ziehen 鐘〈ベル〉を鳴らす | Die ～ schlägt zehn〔Uhr〕. 10時の鐘が鳴る | Was ist die ～? いま何時か | Die ～ läutet Sturm. 警鐘が鳴る ‖ **die ～ läuten hören, aber nicht wissen, wo sie hängt**⟪話⟫事の次第があまりよくわかっていない ‖ **an die große ～ kommen**⟪話⟫世間に言い触らされる | *et.*[4] **an die große ～ hängen**⟪話⟫…を世間に触れ回る | **wissen, was die ～ geschlagen hat**⟪話⟫事態の深刻さがわかっている, 事の重大さに気がついている. **b)** (Klingel) 呼びりん, ベル.

2 (鐘状のもの) **a)** (Käseglocke)(つり鐘形の)チーズケース(→ 図): Käse 〈Butter〉 unter die ～ legen チーズ〈バター〉を鐘形容器に入れる. **b)** (Taucherglocke)(潜水作業用の)鐘形潜水器. **c)**〘植〙鐘状花(→ 図 Blütenform). **d)**〘動〙(クラゲの)傘. **e)** 鐘形の帽子〈スカート〉; (ランプの)鐘形のほや〈シェード〉. **f)** (剣の)半球形のつば(→ 図 Degen). **g)** (かぶとの)鉢(→ 図 Harnisch).

[*air.* cloc〔c〕－*ahd.*; 擬音; ◇*engl.* clock]

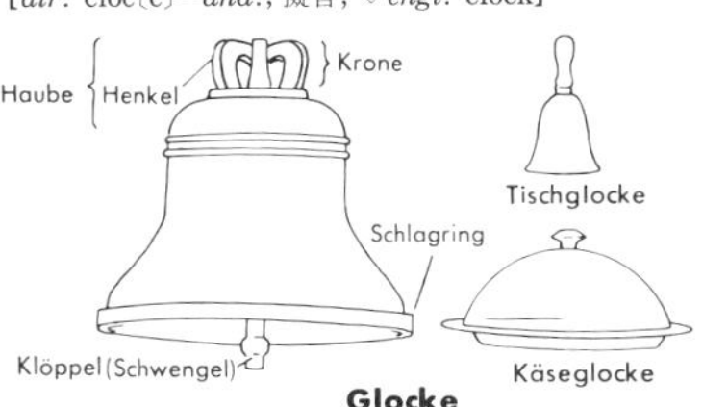

Glocke

Glocken≈bal·ken[glɔ́kən..] 男 鐘をつるす梁(はり), 釣鐘(ちょうしょう)梁. **≈be·cher** 男〘考古〙鐘形杯(新石器時代末期の西・中部ヨーロッパの鐘形の土器). **≈blu·me** 女〘植〙**1** (Kampanula) ホタルブクロ(蛍袋)属(チシマギキョウ・イワギキョウなど). **2** セイヨウオダマキ(西洋苧環). **≈bo·je** 女 =Glockentonne **≈bron·ze**[..brɔ̃:sə] 女〘金属〙(鋳鐘の材料に用いる)ベルメタル, 鐘銅. **≈form** 女 鐘形, つり鐘形.

glocken·för·mig 形 鐘形の, つり鐘状の: ～*e* Blüte〘植〙鐘形花.

Glocken≈frosch 男 =Geburtshelferkröte **≈ge·häu·se** 中 =Glockenstuhl **≈ge·läut** 中, **≈ge·läu·te** 中 鐘〈鈴〉を鳴らす音, 鐘〈鈴〉の音.

Glocken·gie·ßer 男 鋳鐘師, 鐘作り.

Glocken·gie·ße·rei[glɔkəngi:sərái] 女 鋳鐘所, 鐘作り工場.

Glocken≈guß[glɔ́kən..] 男 鐘の鋳造. **≈gut** 中 -〔e〕s/ =Glockenspeise **≈hei·de** 女〘植〙エリカ属の一種.

glocken·hell 形 (声などが)鈴の音のように明るい: eine ～*e* Stimme 鈴をころがすような声.

Glocke·nist[glɔkəníst] 男 -en/-en 鉄琴〈グロッケンシュピール〉奏者.

Glocken·klang[glɔ́kən..] 男 鐘〈鈴〉の音.

glocken·klar 形 (声などが)鈴の音のように澄んだ.

Glocken≈klöp·pel 男 鐘〈鈴〉の舌. **≈läu·ten** 中 -s/ 鐘〈鈴〉を鳴らすこと; 鐘〈鈴〉の音. **≈man·tel** 男 **1** 鐘の外側の鋳型. **2** つり鐘形マント. **≈me·tall** 中 =Glockenspeise **≈re·be** 女〘植〙コベア(ハナシノブ科の草花).

glocken·rein =glockenklar

Glocken≈rock 男〘服飾〙つり鐘形スカート, ベルスカート. **≈schlag** 男 時鐘を打つ音: **auf den ～ / mit dem ～** きっかり時間どおりに. **≈schwen·gel** 男 =Glockenklöppel **≈seil** 中 鐘を鳴らす引き綱. **≈si·gnal** 中 鐘の合図, (火事・暴風雨などを知らせる)警鐘〔信号〕. **≈spei·se** 女 鐘の鋳造に用いる材料(銅と錫(すず)の合金). **≈spiel** 中 **1 a)** (教会の鐘楼・昔の市庁舎の塔などの)調律した一組の鐘. **b)**〔ドア〕チャイム. **2**〘楽〙グロッケンシュピール, 鉄琴. **≈strang** 男 =Glockenseil **≈stu·be** 女 鐘楼. **≈stuhl** 男 鐘架. **≈tau·fe** 女 =Glockenweihe **≈tier·chen** 中〘動〙ツリガネムシ(原生動物). **≈ton** 男 -〔e〕s/..töne 鐘〈鈴〉の音. **≈ton·ne** 女〘海〙打鐘浮標(→ 図 Seezeichen). **≈turm** 男 鐘塔, 鐘楼(→ 図 Baukunst). **≈vo·gel** 男〘鳥〙スズドリ. **≈wei·he** 女 (教会の)鐘の祝別式, 献鐘式. **≈win·de** 女〘植〙**1** ツルニンジン(蔓人参)属(キキョウ科). **2** ノラナ(ノラナ科の草花). **≈zei·chen** 中 =Glockensignal **≈zug** 男 =Glockenseil

glockig[glɔ́kıç][2] 形 (glockenförmig) 鐘形の, つり鐘状の: ein ～*er* Rock =Glockenrock

Glöck·lein Glocke の縮小形.

Glöck·ner[glœ́knər] 男 -s/- (教会の)鐘を鳴らす人, 鐘つき番.

glomm[glɔm] glimmen の過去.

glöm·me[glœ́mə] glimmen の接続法 II.

Glo·ria[gló:ria·] 中 -s/ **1** (また 女 -/)⟪しばしば皮肉⟫(Glorie) 栄光, 栄誉, 誉れ: mit Glanz und ～ (→Glanz 2). **2**〘カトリック〙グロリア, 栄光の賛歌. [*lat.*]

Glo·ria·sei·de[gló:ria..] 女 -/ グローリア絹(絹と毛の交ぜ織りの一種).

Glo·rie[gló:riə] 女 -/-n **1** 栄光, 栄誉, 誉れ; 栄華. **2** =Glorienschein [*lat.* glōria－*mhd.*; ◇*engl.* glory]

Glo·ri·en·schein 男 (Heiligenschein)(キリスト像・聖像などの)光輪, 円光, 後光: *jn.* mit einem ～ umgeben ⟪比⟫…を偶像視する, …を過大に賛美する.

Glo·riet·te[gloriɛ́tə] 女 -/-n (バロック式庭園などの)あずまや, 緑亭. [*mlat.* glorieta „kleines Gebäude"－*fr.*]

Glo·ri·fi·ka·tion[glorifikatsió:n] 女 -/-en glorifizieren すること. [*kirchenlat.*]

glo·ri·fi·zie·ren[..tsí:rən] 他 (h) ⟪*jn./et.*[4]⟫ (…の)栄光をたたえる; (…を)賛美〈称揚〉する. [*kirchenlat.*]

Glo·rio·le[glorió:lə] 女 -/-n =Glorienschein [*lat.* glōriola „Rühmchen"; ◇Glorie]

glo·rios[..ó:s][1] ⟪しばしば軽蔑的に⟫ =glorreich [*lat.*]

glor·reich[gló:rraıç] 形 (ruhmreich) 栄光〈名声〉に満ちた, 輝かしい, はなやかな; 華麗〈壮麗〉な. [<Glorie]

glo·sen[gló:zən][1] ⟪02⟫⟪雅⟫⟪方⟫ =glimmen [*mhd.*; ◇Glas]

gloss.. →glosso..

G

Glos·sar[glɔsá:r] 中 -s/-e, ..rien[..riən] (**Glos·sa·rium**[..riʊm] 中 -s/..rien[..riən])(古写本の行間・欄外注を集めた)注釈〈語釈〉集, 注解語彙(ごい); (特定の書物・領域などについての)小辞典, 語彙集. [*gr.* glōssárion－*lat.* glōssārium; ◇ *engl.* glossary]
Glos·sa·tor[glɔsá:tɔr, ..to:r] 男 -s/-en[..sató:rən]〔語彙(ごい)〕注釈者, 注解者. [*mlat.*; ◇glossieren]
Glos·se[glɔ́sə, gló:..] 女 -/-n **1** (古写本の行間・欄外などに記された)注釈, 語釈, 語句の注解. **2**《比》(皮肉・しんらつな)寸評: über *et.*[4] 〈zu *et.*[3]〉 *seine* ～ machen …について皮肉〈しんらつ〉な批評を加える. [*gr.* glõssa „Zunge"－*lat.* glōssa „schwieriges Wort"; ◇ *engl.* gloss, gloze]
Glos·sem[glɔsé:m] 中 -s/-e〔言〕(言理学上の)言〔語〕素, 言語形式素.
Glos·se·ma·tik[glɔsemá:tɪk] 女 -/〔言〕(特にコペンハーゲン学派の)言理学.
Glos·se·ma·tist[..matíst] 男 -en/-en 言理学者.
Glos·sen·ma·cher[glɔ́sən..] 男 -s/- 好んで皮肉〈しんらつ〉な批評をする人, けなし屋, 一言居士(こじ).
glos·sie·ren[glɔsí:rən] 他 (h)《*et.*[4]》**1** (…に)注釈〈注解〉を施す. **2**《比》(…に)皮肉〈しんらつ〉な寸評を加える, けなす. [*mlat.*－*mhd.* glōsieren]
glosso..《名詞などにつけて「舌・言葉」などを意味する. 母音の前では gloss.. となる》: *Glosso*graph (古代・中世のテキストの)注釈書の編者 ‖ *Gloss*algie〔医〕舌痛. [*gr.* glõssa „Zunge, Sprache"]
Glos·so·la·lie[glɔsolalí:] 女 -/〔宗・心〕異言(いげん)(宗教的恍惚状態で発せられる意味不明のことば), 舌語り. [<*gr.* laliá „Geschwätz" (◇lallen)]
glo·sten[glɔ́stən]《01》《南部》= glimmen [*mhd.*; <*mhd.* glost(e) „Glut" (◇Glast)]
Glot·tal[glɔtá:l] 男 -s/-e, **Glot·tal·laut** 男 (Stimmritzenlaut)〔言〕声門音(⑲ [h][ʔ]〔本書では[ǀ] で示す〕. ドイツ語では Kehlkopflaut ともいう). [<..al[2]]
Glot·tis[glɔ́tɪs] 女 -/..ttides[..tide:s](..ttes[..te:s]) (Stimmritze)〔解〕声門. [*gr.* glõtta „Zunge"; ◇Glosse]
Glot·tis·schlag 男 (Knacklaut)〔言〕声門閉鎖音(音標文字: [ʔ]; 本書では[ǀ] で示す).
Glotz·au·ge[glɔ́ts..] 中 **1** ぎょろりとした〈眼球の飛び出した〉目; (驚いて)見開いた目. **2**〔医〕眼球突出(バセドー病などの症状).
glotz·äu·gig[..ɔʏgɪç][2] 形 目のぎょろりとした, 出目の; (驚いて)目を見開いた.
Glot·ze[glɔ́tsə] 女 -/-n《話》(Fernsehgerät) テレビ受像機.
glot·zen[glɔ́tsən]《02》自 (h) **1**《話》(目をすえて)じっと見つめる, (愚鈍・無表情な目つきで)見る: verständnislos ～ ぽかんと見つめる ǀ mit aufgerissenen Augen ～ 驚いて目をむく ǀ wie ein (ab)gestochenes Kalb ～ (→Kalb 1). **2**《俗》(fernsehen) テレビを見る. [„leuchten"; *mhd.*; ◇Glas; *engl.* gloat]
Glotz≈ka·sten[glɔ́ts..] 男, **≈ki·ste** 女《話》(Fernsehapparat) テレビ受像機.
Glot·zo·phon[glɔtsofó:n] 中 -s/-e《戯》(Fernsehapparat) テレビ受像機.
Glo·xi·nie[glɔksí:niə] 女 -/-n〔植〕グロキシニア, オオイワギリソウ(イワタバコ科の草花). [<B. P. Gloxin (アルザスの医師, †1784)]
glub·schen[glʊ́pʃən]《04》《北部》=glupen
gluck[glʊk] 間《ふつう gluck gluck とくり返して》**1** (めんどりの鳴き声)コッコッ. **2** (のどを鳴らして飲む音)ゴクゴク; (瓶から注ぐ音)トクトク: *Gluck*, ～, machte der Whisky, als er eingegossen wurde. ウイスキーをグラスに注ぐとトクトクという音がした ǀ **～, ～ machen**《話》酒を飲む.
Gluck[glʊk] 人名 Christoph Willibald von ～ クリストフ ヴィリバルト フォン グルック(1714-87; オーストリアの作曲家).
Glück[glʏk] 中 -(e)s/-e《ふつう単数で》**1** (英: *luck*)幸運(シンボルは: → ⑱ Symbol); (Fortuna) 幸運の女神:〖1 格で〗Es ist ein ～, daß ... …で〔運が〕よかった ǀ Das ist dein ～, daß ... …で君は〔運が〕よかった ‖〖2 格で〗ein Kind 〈ein Stiefkind〉 des ～*s* 幸運児〈不運な人〉ǀ Das Rad des ～*s* dreht sich schnell.《諺》幸福は長続きしない(運命の車輪は回転が早い) ǀ Jeder ist seines ～*es* Schmied. (→Schmied) ‖〖4 格で〗**～ haben** 幸運に恵まれる, 運がよい ǀ Ich habe ～ gehabt. 私は運がよかった, 私は幸い成功した ǀ **～ im Unglück haben** 不幸中の幸いを経験する ǀ Er hatte ～ im Unglück, daß ... 彼は不幸中の幸いで…ということになった ǀ *Glück* muß der Mensch haben. 運のいい人にはかなわない ǀ **mehr ～ als Verstand haben**《話》きわめて幸運である, 大いについている ǀ bei Frauen viel ～ haben 女にもてる ǀ Damit wirst du bei mir kein ～ haben.《話》私はその手に乗らないぞ ‖ ***sein* ～ machen** 運〈幸福〉を築き上げる, 成功する ǀ ***sein* ～ versuchen 〈probieren〉** 運だめしをする ǀ **Viel ～!** お幸せに; がんばれよ ǀ *jm.* zum Geburtstag ～ wünschen …に誕生日の祝いを述べる ‖〖主語として〗Ihm lächelte das ～. 彼に幸運の女神がほほえんだ ǀ Das ～ ist ihm günstig 〈gewogen〉. 彼は幸運に恵まれている ǀ Das ～ hat mich verlassen. 私は幸運に見放された ‖〖前置詞と〗**auf gut ～** 運を天に任せて ǀ *sich*[4] auf *sein* ～ verlassen 自分の幸運を信じる, 運を天に任せる ǀ **von ～ sagen 〈reden〉 können** たいへん運がよいと言わなければならない ǀ noch nichts von *seinem* ～ wissen《反語》どんな不幸〈不愉快なこと〉が待ちうけているか つゆ知らない ǀ **zum ～ / zu *js.* ～** 幸運にも, 運よく, 幸いに ǀ Zu meinem ～ hat mich niemand gesehen. さいわい私はだれにも見られなかった ‖ ***Glück* ab!** 無事に降りてこいよ(離陸する搭乗員へのあいさつ) ǀ ***Glück* auf!** 無事に上がってこいよ(入坑する鉱員へのあいさつ).
2 幸福, 幸せ: das ～ des jungen Paares 若いカップルの幸せ ǀ das ～ der ganzen Menschheit 全人類の幸福 ‖ *sein* ～ verscherzen (せっかく手に入れた)幸福をふいにする ǀ Scherben bringen ～. (→Scherbe 1) ‖ ***Glück* und Glas, wie leicht bricht das!**《諺》幸福とガラスは壊れもの(なんと壊れやすいことか) ǀ *Glück* und Unglück wandern auf einem Steig.《諺》禍福はあざなえる縄のごとし(幸福と不幸は同じ道を歩む) ‖ Jeder ist seines ～es Schmied.《諺》幸福はみずからの手で築くもの ‖ im ～ 〈in einem Meer von ～〉 schwimmen 幸福にひたっている ǀ nach ～ streben 幸福を追い求める ǀ Das 〈Er〉 hat mir gerade noch zu meinem ～ gefehlt!《反語》そうなる〈彼まで来る〉とはおれもよくよくついていない.
[*mhd.* g(e)lücke „Geschick"; ◇ge.. ; *engl.* luck]
Glück·ab[glʏk|áp] 中 -s/ (離陸する搭乗員への)無事を祈るあいさつ.
Glück·auf[glʏk|áuf] 中 -s/ (入坑する鉱員への)無事を祈るあいさつ: *jm.* ein herzliches ～ wünschen《比》…に心から無事〈成功〉を祈る.
glück·brin·gend[glʏ́k..] 形 幸運〈幸せ〉をもたらす, めでたい.
Glucke[glʊ́kə] 女 -/-n **1** (Gluckhenne) 卵を抱く〈ひよこを連れた〉めんどり: eine künstliche ～ 天蓋育雛(てんがいいくすう)器. **2**〔植〕ハナビラタケ(花弁茸). **3**〔虫〕カレハガ(枯葉蛾)科のガ.
glucken[glʊ́kən] 自 (h) **1** (めんどりが卵を抱きたがって, またひよこを呼んで)コッコッと鳴く. **2**《話》ぼんやり座っている, (家の中に)引きこもっている. [*mhd.*; ◇gluck; *engl.* cluck]
glücken[glʏ́kən] 自 (s, まれに h) (↔mißglücken) (gelingen)《*jm.*》(…にとって)うまくいく, 成功する: Die Operation ist gut 〈schlecht〉 *geglückt*. 手術は首尾よく成功した〈不首尾に終わった〉ǀ Es *glückte* ihm, ein möbliertes Zimmer zu finden. 彼は家具付きの部屋をうまく見つけた. [*mhd.*; ◇Glück]
gluckern[glʊ́kərn]《05》**I** 自 (h) (液体が)ゴボゴボ〈ドクドク〉と音を立てる; 《比》クックッと含み笑いをする. **II** 他 (h)《話》ゴクゴクと音を立てて飲む. [<glucken]
glück·haft[glʏ́khaft] 形《雅》幸運な; 幸せをもたらす.
Gluck·hen·ne[glʊ́k..] 女 卵を抱く〈ひよこを連れた〉めんどり. [<glucken]
glück·lich[glʏ́klɪç] 形 **1** (英: *lucky*)幸運な, 運のよい; 都合のよい, 恵まれた; 上首尾の, 成功した; 円滑〈無事〉な; (表現などが)適切な, うまい: ein ～*er* Ausgang 幸運な結末, ハッピ

ーエンド | ein ~*er* Einfall 〈Gedanke〉 うまい思いつき〈考え〉 | ein ~*er* Umstand 幸運な事情 ‖ einen ~*en* Ausdruck für *et.*[4] finden …をうまく〈適切に〉表現する | in 〈mit〉 *et.*[3] eine ~*e* Hand haben …がじょうずである, …によい勘をもっている | *jm.* eine ~*e* Reise wünschen …に道中の無事を祈る | unter dem ~*en* Stern geboren sein 幸運の星のもとに生まれついている, 生まれつき運がよい | eine ~*e* Wahl treffen うまく選ぶ ‖ ~ ankommen 〈davonkommen〉 無事に到着する〈災いをのがれる〉 | ~ veranlagt sein 素質に恵まれている | ~ vonstatten gehen 順調に進行する | Der Ort war nicht ~ gewählt. 場所の選択がまずかった.

2 幸福な, 幸せな: ein ~*es* Leben 幸せな生活 | ein ~*er* Mensch 幸福な人間 | ~*e* Tage verleben 幸福な日々をすごす ‖ *jn.* ~ machen …を幸せにする | *jn.* ~ preisen (→preisen) | *sich*[4] ~ schätzen (→schätzen 2) ‖ über *et.*[4] ~ sein …を喜んでいる | Ich bin sehr ~ darüber, daß du die Prüfung bestanden hast. 君が試験に合格してくれてとてもうれしい ‖ Dem *Glücklichen* schlägt keine Stunde. (→Stunde 3).

3 《副詞的》《話》(endlich) ついに, ようやく, やっと: Es wurde ~ Mittag, bis er kam. 正午になってやっと彼は来た.

glück·li·cher·wei·se[glʏ́klɪçərváɪzə] 副 (zum Glück) 幸運にも, 運よく, 幸い.

Glücks≠bo·te[glʏ́ks..] 男 幸運の使者, 吉報をもたらす人. **≠bot·schaft** 女 吉報, 福音. **≠brin·ger** 男 マスコット, 幸運のお守り; 吉報をもたらす人.

glück·se·lig[glʏkzé:lɪç, ◡–◡][2] 形 非常に幸福な, 至福の, 喜びにあふれた: ~ lächeln 心からうれしそうにほほえむ.

Glück·se·lig·keit[–kaɪt] 女 -/-en **1** 《単数で》 glückselig なこと. **2** glückselig な出来事.

gluck·sen[glʊ́ksən] 《02》 = gluckern [*mhd.*]

Glücks≠fall[glʏ́ks..] 男 幸運なケース〈偶然〉, 僥倖(ぎょうこう): im ~ もしも運がよければ. **≠ge·fühl** 中 幸福感, 幸せな気持. **≠göt·tin** 女 (Fortuna) 幸運の女神. **≠gü·ter** 複 (現世の)幸運の宝(財宝・健康など). **≠ha·fen** 男 =Glückstopf **≠hau·be** 女 《医》 幸福帽(生まれてきた赤ん坊がしばしば頭にかぶっている羊膜): **mit der ~ geboren sein** 幸運児である. **≠jä·ger** 男 幸運を追い求める人; 冒険家. **≠kä·fer** 男 《虫》 テントウムシ(天道虫)科の昆虫. **≠kind** 中 幸運児, 果報者. **≠klee** 男 -s/ **1** (四つ葉の)幸運のクローバ. **2** 《植》 モンカタバミ(紋酢漿草). **≠pfen·nig** 男 (縁起物・お守りとして持ち歩く)幸運の小銭. **≠pilz** 男 《話》 =Glückskind **≠rad** 中 **1** 運命の車の輪(有為転変のシンボルとして中世美術に現れる. 運命の女神 Fortuna の回す車輪に人間がしがみついている). **2** (年の市などに設けられる)回転式抽選器(回転する箱の中からくじを引く). **≠rit·ter** 男 幸運をあてにする無責任な人; 冒険家. **≠sa·che** 女 -/ 運しだいの事: **Das ist** 〔**reine**〕 **~.** それは全く運のよしあしで決まることだ. **≠schwein** 中 幸福の豚(幸運をもたらすと言われる豚の模像). **≠spiel** 中 勝負が幸運に左右される遊戯〈ゲーム〉(ポーカー・ルーレットなど); 賭事(かけごと), 賭博(とばく), ギャンブル. **≠stern** 男 幸運の星. **≠sträh·ne** 女 -/ (↔ Pechsträhne) 幸運続きの〈何事もうまくゆく〉時期: die ~ erwischen つきが回ってくる, 幸運をつかむ. **≠tag** 男 幸運の日. **≠topf** 男 (福引の)くじ壷(つぼ): in einen ~ greifen 幸福〈チャンス〉に恵まれる.

glück·strah·lend 形 (顔などが)幸福〈喜び〉に輝く.

Glücks≠um·stand 男 幸運な状況〈事情〉. **≠vo·gel** 男 《話》 =Glückskind **≠zu·fall** 男 幸運な偶然.

glück≠ver·hei·ßend 形, **≠ver·spre·chend** 形 幸運〈幸せ〉を約束する, さい先〈縁起〉のよい.

Glück·wunsch[glʏ́kvʊnʃ] 男 祝意, 祝福; 祝いの言葉, 祝詞, 賀詞: *jm.* herzliche *Glückwünsche* aussprechen …に心から祝いの言葉を述べる | Herzlichen ~ zum Geburtstag 〈zur bestandenen Prüfung〉! お誕生日〈試験に合格されて〉本当におめでとう.

Glück·wunsch≠adres·se 女 祝詞, 賀状. **≠kar·te** 女 祝いのカード〈葉書〉, 賀状. **≠schrei·ben** 中 祝いの手紙, 賀状. **≠te·le·gramm** 中 慶賀電報, 祝電.

Glu·co·se[glukó:zə] 女 -/ (Traubenzucker) 《化》 グルコース, ぶどう糖. [*fr.*; <glyko..]

Glu·co·sid[glukozí:t][1] 中 -〔e〕s/-e 《生化学》 グルコシド (糖部がグルコースの, すなわち狭義の配糖体).

gluh[glu:] (ᵛ**glüh**[gly:]) 形 (glühend) 灼熱(しゃくねつ)した; 燃え立つ.

Glüh≠bir·ne[glý:..] 女 (ふつうの形の)白熱電球(→Glühlampe). **≠bren·ner** 男, **≠ei·sen** 中 《医》 焼灼(しょうしゃく)器. **≠emis·sion** 女 《理》 熱電子放出.

glü·hen[glý:ən] **I** 自 (h) **1** (炎をあげずに)赤く燃える, 赤熱する, 灼熱(しゃくねつ)する; (太陽・灯火などが)赤々と輝く; (体などが)燃えるように熱〔くて赤〕い: Die Kohlen *glühen.* 石炭が赤く燃えている | Man muß das Eisen schmieden, solange es *glüht.* 《諺》 鉄は熱いうちに打て | Die Berge *glühen* im Abendschein. 山々が夕日に赤く染まっている | Er *glühte* im Gesicht vor Fieber. 彼は熱のために顔がほてっていた | Sein Körper *glühte* im 〈vor〉 Fieber. 彼の体は熱で燃えるように熱かった ‖ *glühende* Hitze 灼熱; 炎暑 | der *glühende* Sonnenball 赤々と燃える日輪 | wie auf *glühenden* Kohlen sitzen (→Kohle 1 a) | *et.*[4] in *glühenden* Farben schildern …をどぎつく描写する | mit *glühenden* Wangen zuhören ほおを紅潮させて聞き入る ‖ *glühend* heiß 灼熱した, 燃えるように熱い.

2 (感情が)燃え立つ, 興奮〈熱中〉する: in Liebe 〈Leidenschaft〉 ~ 恋〈情熱〉に燃える | für *et.*[4] ~ …に熱中する〈夢中になる〉 | nach *et.*[3] ~ …を熱望する | vor Eifer ~ 熱中する | Er *glüht* danach, sich zu rächen. 彼は復讐(ふくしゅう)心に燃えている ‖ *glühender* Haß 燃え立つ憎しみ | *glühende* Liebe 灼熱の恋 | ein *glühender* Verehrer 熱烈なファン ‖ *jn. glühend* bewundern …を熱烈に賛美する.

II 他 (h) (金属などを)赤熱する, 真っ赤に焼く: Eisen ~ 鉄を赤熱する. [*germ.*; ◇glatt, Glut; *engl.* glow]

Glüh≠fa·den[glý:..] 男 (電球の)フィラメント. **≠far·be** 女 白熱色.

glüh·fri·schen 《04》 (《過分》 glühgefrischt) 他 (h) 《金属》 (鋳鉄を焼きもどして)可鍛(かたん)化する.

glüh·heiß 形 灼熱(しゃくねつ)の, 燃えるように暑い: die ~*e* Sonne 灼熱の太陽.

Glüh≠hit·ze 女 白熱, 灼熱(しゃくねつ). **≠ka·tho·de** 女 (真空管の)熱陰極. **≠ker·ze** 女 (エンジンの)加熱〈予熱〉プラグ. **≠kopf** 男 (焼玉(やきだま)機関の)焼玉. **≠kopf·mo·tor** 男 焼玉機関〈エンジン〉. **≠kör·per** 男 (照明・暖房器具の)白熱体(発光体・発熱体など). **≠lam·pe** 女 白熱電球(→Glühbirne)(→図). **≠licht** 中 -〔e〕s/-er 白熱光. **≠ofen** 男 《金属》 焼きなまし炉. **≠punsch** 男 =Glühwein **≠strumpf** 男 (ガス灯の)白熱套(とう), ガスマントル(→図 Gaslicht). **≠wein** 男 グリュー=ワイン(赤ぶどう酒に砂糖・香料などを加えて熱したもの). **≠würm·chen** 中 《話》 ホタル(蛍)の幼虫(→Leuchtkäfer).

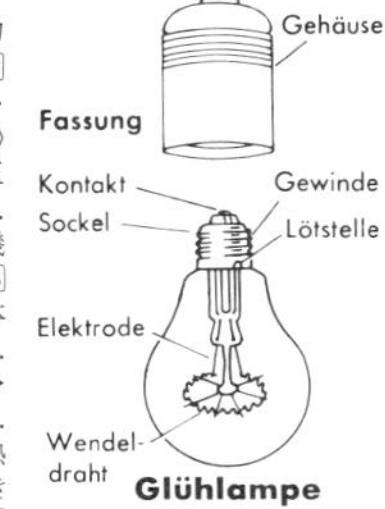

Glühlampe

Glu·ko·se[glukó:zə] 女 -/ =Glucose

Glu·ko·sid[glukozí:t] 中 -〔e〕s/-e =Glucosid

Glu·kos·urie[glukozurí:] 女 -/-n[..rí:ən] =Glykosurie

Glum·se[glʊ́mzə] 女 -/ 《方》 (Quark) 凝乳, カード. [*poln.* glomz〔d〕a]

glu·pen[glú:pən] 自 (h) 《北部》 (ぎょろ目で)陰険に〈うかがうように〉じっと見る. [<*afries.* glūpa „sich heimtückisch einschleichen"]

glu·pisch[..pɪʃ] 形 《北部》 (目つきが)陰険な, うかがうような.

glup·schen[glʊ́pʃən] 《04》 《北部》 =glupen

Glut[glu:t] 女 -/-en 灼熱(しゃくねつ), 白熱, 赤熱; (炎をあげずに赤く燃える)残り火, おき; (燃えるような)赤さ; (焼けつくような)

G

暑さ; 《比》(感情の)燃え立ち, 激情: die rote ~ einer Zigarette 紙巻きタバコの赤い火 | die ~ des Abendhimmels 夕焼け | die ~ der Wangen 頰(ほお)の紅潮 | die ~ des Hasses 〈der Leidenschaft〉 憎しみ〈情熱〉のほむら ‖ *jn.* in ~ bringen …を激昂(げっこう)させる. [*germ.*; ◇glühen; *engl.* gleed]

Glut·amat[glutamá:t] 中 -[e]s/-e 《化》グルタミン酸塩(化学調味料の原料). [<Gluten]

Glut·amin[glutamí:n] 中 -s/-e 《化》グルタミン.

Glut·amin·säu·re 女 《化》グルタミン酸.

Glut·au·gen[glú:t..] 複 《雅》燃えるような〈情熱的な〉目.

glut·äu·gig 形 《雅》燃えるような〈情熱的な〉目をした.

glu·ten[glú:tən] 《01》 自 (h) 灼熱(しゃくねつ)する; 焼けつくように暑い.

Glu·ten[gluté:n] 中 -s/ 《化》グルテン. [*lat.* glūten „Leim"; ◇kleben]

Glut≠hauch[glú:t..] 男 熱い吐息; 熱風. **≠hit·ze** 女 灼熱(しゃくねつ).

Glu·tin[glutí:n] 中 -s/ 《生化学》グルチン, 膠質(こう). [<Gluten+..in[2]]

Glut·meer[glú:t..] 中 《雅》火の海.

glut≠rot 形 燃えるように赤い. **≠voll** 形 激情のこもった.

Glut·wind 男 熱風.

Gly·ce·rid[glytserí:t][1] 中 -s/-e 《化》グリセリド.

Gly·ce·rin[..rí:n] 中 -s/ =Glyzerin

glyk.. →glyko..

Glyk·ämie[glykɛmí:] 女 -/ 《医》(正常値の)血糖.

glyko.. 《名詞などにつけて「甘い・糖」を意味する. 母音の前では glyk.. となる: →*Glyk*ämie》 [*gr.* glykýs „süß"]

Gly·ko·gen[glykogé:n] 中 -s/ 《生化学》グリコーゲン, 糖原.

Gly·ko·ge·ne·se[..gené:zə] 女 -/-n 《生》糖新生.

Gly·ko·ge·no·se[..genó:zə] 女 -/-n 《医》糖原[貯蔵]症. [<..ose]

Gly·ko·koll[..kɔ́l] 中 -s/ 《化》グリココル. [<Kolla]

Gly·kol[glykó:l] 中 -s/-e 《化》グリコール. [<..ol]

Gly·kol·säu·re 女 《化》グリコール酸.

Gly·ko·ly·se[glykolý:zə] 女 -/-n 《生化学》解糖.

Gly·ko·se[..kó:zə] 女 -/ =Glucose

Gly·ko·sid[..kozí:t][1] 中 -[e]s/-e 《ふつう複数で》《生化学》グリコシド, 配糖体. [<..id[2]]

Gly·kos·urie[..kozurí:] 女 -/-n[..rí:ən] 《医》糖尿.

Gly·phe[glý:fə] 女 -/-n (のみなどで)石に彫り込まれた文字. [*gr.*; <*gr.* glýphein „ausmeißeln" (◇klieben)]

Glyp·te[glýptə] 女 -/-n 切り石, 彫り石.

Glyp·tik[..tɪk] 女 -/ **1** 切石〈彫石〉術. **2** 彫刻〈彫金〉術. [<..ik]

Glyp·to·thek[..toté:k] 女 -/-en 彫刻品展示館.

Gly·san·tin[glyzantí:n] 中 -s/ 商標 グリュザンティーン(エンジン不凍液). [◇Glykol, Glyzerin]

Gly·ze·rid[glytserí:t][1] 中 -s/-e =Glycerid

Gly·ze·rin[..rí:n] 中 -s/ 《化》グリセリン. [*fr.* glycérine; <*gr.* glykerós „süß" (◇glyko..)+..in[2]]

Gly·ze·rin≠sal·be 女 グリセリン軟膏(なんこう). **≠sei·fe** 女 グリセリンせっけん.

Gly·zi·n[i]e[glytsí:n(i)ə] 女 -/-n 《植》フジ(藤). [<glyko..]

Gm[gigamé:tər] 記号 (Gigameter) ギガ〈10億〉メートル.

GmbH (**G. m. b. H.**) [ge:|ɛmbe:há:] 略 女 -/-s =Gesellschaft mit beschränkter Haftung 有限[責任]会社.

g-Moll[gé:mɔl, ⌒⌒] 中 -/ 《楽》ト短調(記号 g): →A-Dur

Gna·de[gná:də] 女 -/-n **1** 恩恵, 慈悲; 好意, 親切; 《宗》(神の)恵み, 恩寵(おんちょう), 聖寵; 《単数で》赦免, 恩赦: *jm.* eine ~ erweisen 〈gewähren〉 …に情けをかける, …に好意を示す | *js.* ~[4] finden 〈verlieren〉 …の寵愛を得る〈失う〉 | **vor *jm.* 〈vor *js.* Augen[3]〉 ~ finden** …に気に入られる, …に目をかけられる | vor *jm.* keine ~ finden …のお気に召さない; …に助命を許されない | **~ vor 〈für〉 Recht ergehen lassen** 大目に見る, 寛大に振舞う ‖ **die ~ haben** 《zu 不定詞[句]と》《皮肉》親切にも〈もったいなくも〉(…)してくれる | Er hatte nicht die ~, uns eintreten zu lassen. 彼は私たちを中に入れてくれなかった ‖ 《前置詞と》**auf ~ und 〈oder〉 Ungnade** 運を天に任せて, 無条件で | *sich*[4] *jm.* auf ~ und Ungnade ergeben …に無条件で降伏する | **aus ~ [und Barmherzigkeit]** あわれみの気持から | **in ~*n*** 好意をもって | ***jn.* wieder in ~*n* aufnehmen** 《雅》…をふたたび仲間の一人として迎え入れてやる | **bei *jm.* in [hohen] ~*n* stehen** …に[大いに]目をかけられて〈買われて〉いる | **ohne ~** 無慈悲に | *jn.* **um ~** bitten 〈flehen〉 …に慈悲を請う〈嘆願する〉 | **von** *js.* **~*n*** …のおかげ〈好意〉によって | von Gottes ~*n* 神の恩寵によって, 神授の(特に王号に付して) | von *js.* ~[3] abhängen 〈leben〉 …のお慈悲にすがって生きてゆく, …に生殺与奪の権を握られている | wieder **zu** ~*n* kommen 再び目をかけられる | [▽]Halten 〈Haltet〉 zu ~*n*! おゆるしのほどを.

[▽]**2** 《高位の貴族に対する呼称に用いられて》**Euer** (略 Ew.) **~*n*** / **Ihro ~*n*** 閣下, 猊下(げいか).

[*ahd.* ginâda „[göttliche] Hilfe"; ◇ge..]

[▽]**gna·den**[gná:dən][1] 《01》 自 (h) 《*jm.*》(…に)恵みをかける: 《ふつう Gott を主語とする願望文に用いられ, 悪い予感・脅しなどを示して》Nun *gnade* [uns] Gott! さあこれからが大変だぞ | Wenn du das vergißt, dann *gnade* [dir] Gott! 君がもしそれを忘れたらひどい目にあうぞ.

Gna·den≠akt 男 慈悲からの行為; 恩赦, 恩典. **≠be·weis** 男 =Gnadenbezeigung **≠be·zei·gung** 女 恩恵を施す〈好意を示す〉こと: *jm.* mit ~*en* überhäufen …にあふれるばかりの好意を示す. **≠bild** 中 《カトリック》(霊験あらたかな)聖像(特に聖母マリアの).

gna·den·brin·gend 形 恩恵〈幸せ〉をもたらす.

Gna·den≠brot 中 -[e]s/ 恵み〈施し〉のパン(老齢・病気などで働けない者に長年の労をねぎらって与えるお情けの扶養): *jm.* 〈einem Tier〉 das ~ geben …に好意的に生活費を支給する〈動物を飼い殺しにする〉 | bei *jm.* das ~ essen …にただで食べさせてもらう. **≠er·laß** 男 恩赦, 特赦, 赦免. **≠frist** 女 (特別のはからいによる)猶予期間; (刑の)執行猶予. **≠ga·be** 女 恩恵〈施し〉の贈り物, 施物(せもつ); 賜物(たまもの). **≠ge·halt** 中 (本来はその資格のない者に対して支給される)恩典の給与(→Gnadenzeit). **≠ge·schenk** 中 =Gnadengabe **≠ge·such** 中 恩赦の請願. **≠kraut** 中 《植》グラチオラ(オオアブノメ属の薬草). **≠lohn** 男 =Gnadengehalt

gna·den·los[..lo:s][1] 形 慈悲心のない, 容赦ない, 冷酷な: Die Sonne brennt ~. 太陽がかんかん照りつける.

Gna·den≠mit·tel 複 《カトリック》恩恵の手段(ミサ・秘跡・祈りなど). **≠mut·ter** 女 -/ 《カトリック》(恩恵の施し手としての)聖母マリア. **≠ort** 男 -[e]s/-e (Wallfahrtsort) 《カトリック》聖地, 巡礼地. **≠recht** 中 -[e]s/ 《法》恩赦権; 恩赦法規.

gna·den·reich 形 恩恵あふれる, 慈悲深い; 恵まれた, 幸せな.

Gna·den≠schuß 男 (断末魔の苦しみを終わらせるための)慈悲の一撃ち, とどめの一発: *jm.* den ~ geben …にとどめの一発をうつ. **≠stät·te** 女 =Gnadenort **≠stoß** 男 (断末魔の苦しみを終わらせるための)慈悲の一突き, とどめの一刺し: ***jm.* den ~ geben** …にとどめを刺す. **≠tisch** 男 《雅》(Altar) 祭壇. **≠tod** 男 《雅》安楽死. **≠ver·hei·ßung** 女 《カトリック》恩恵の約束.

gna·den·voll =gnadenreich

Gna·den≠wahl 女 《カトリック》恩恵による選び. **≠weg** 男 -[e]s/ 《法》(赦免・減刑を実現する手段として)恩赦の請願による方法, 恩赦の道. **≠zeit** 女 (無資格者に対する)恩典〈特別はからい〉の期間(死亡者の給与が好意的に遺族に引き続き支給される期間など: →Gnadengehalt).

gnä·dig[gnɛ́:dɪç][2] 形 慈悲〈恵み〉深い, 親切な; (処置などが)寛大な: der ~*e* Gott 恵み深き神 | Sei so ~ und hilf mir! / Sei so ~ mir zu helfen! 後生だから助けてくれ ‖ ein ~*es* Urteil 寛大な判決 | ~ abgehen (事が)無事に運ぶ, たいしたこともなくすむ | Wir sind noch einmal ~ davongekommen. 我々はいま一度たいしたこともなく〈無事に〉切り抜けた | Machen Sie es ~ mit mir! 《戯》どうかお手やわらかに ‖ 《丁重な呼称に用いられて》*Gnädige* Frau! / [▽]Meine *Gnädige* 〈*Gnädigste*〉! 奥様 | *Gnädiges* Fräulein! お嬢様 | [▽]*Gnädiger* Herr! だんな様.

G

ᵛ**gnä·dig·lich**[..dɪklɪç] 副 恵み深く, 親切に, 寛大に.

Gna·tho·plạ·stik[gnatoplástɪk] 女 -/ 〘医〙顎形成術.

Gna·tho·schị·sis[..sçí:zɪs] 女 -/..sen[..zən] 〘医〙顎裂(がくれつ). [< *gr.* gnáthos „Kiefer"]

Gnatz[gnats] 男 -es/-e《北部》**1** 発疹(ほっしん); 疥癬(かいせん). **2** 不機嫌, 無愛想. **3** 不機嫌な(気むずかしい)人.

gnạt·zen[gnátsən]《02》自 (h)《北部》不機嫌である, 気むずかしい. [< *ahd.* gnitan „reiben"]

gnạt·zig[..tsɪç][2] 形《北部》**1** 疥癬(かいせん)にかかった. **2** 不機嫌な, 気むずかしい.

Gneis[gnaɪs][1] 男 -es/-e 〘鉱〙片麻岩. [*ahd.*]

gnẹi·sig[gnáɪzɪç][2] 形 〘鉱〙片麻岩質の; 片麻岩を含んだ.

Gnịt·te[gnítə] 女 -/-n, **Gnịt·ze**[..tsə] 女 -/-n《北部》(Kriebelmücke)〘虫〙ヌカカ(糠蚊)科の昆虫(ヌカカ・ブユなど). [*mndd.*; ◇nagen; *engl.* gnat]

Gnom[gno:m] 男 -en/-en **1** (Erdgeist)(地中の宝を守るという小人の姿をした)地の精. **2**《軽蔑的に》(Zwerg) 小人, 侏儒(しゅじゅ). [◇*engl.*; gnome]

Gnọ·me[gnó:mə] 女 -/-n 〘文芸〙(特に古典古代の)箴言(しんげん), 金言, 格言, 警句. [*gr.* gnṓmē „Einsicht"; ◇Gnosis]

gnọ·men·haft 形 (zwergenhaft) 小人(侏儒(しゅじゅ))のような; 矮小(わいしょう)な. [< Gnom]

Gnọ·mi·ker[gnó:mikər] 男 -s/- 箴言(しんげん)(金言)詩人, 金言(格言)の作者.

gnọ·misch[..mɪʃ] 形 箴言(しんげん)(金言)の; 金言(格言)的な: ein ~*er* Dichter 格言詩人 | ein ~*er* Aorist (~*es* Präsens)〘言〙金言のアオリスト(現在)(金言などで本来の時称的意味を越えて無時間的に用いられる). [< Gnome]

Gnọ·mon[gnó:mɔn] 男 -s/-e[gnomó:nə] (古代の)太陽測定器, 日時計(の針). [*gr.* gnṓmōn „Kenner"]

..gnọse[..gno:zə], **..gnosie**[..gnozi:], **..gnọsis**[..gno:zɪs]《「認識, …学」を意味する女性名詞 (-/-n) をつくる》: Theo*gnosie* / Theo*gnosis* 神の認識 | Pharmako*gnosie* 生薬学 | Pro*gnose* 予測; 〘気象〙予報; 〘医〙予後 | Dia*gnose* 〘医〙診断.

Gnọ·sis[gnó:zɪs] 女 -/ **1** 〘哲・宗〙グノーシス, 認識, 覚知, 霊知(神秘的直観). **2 a)** グノーシス説(主義). **b)** 秘教的哲学(世界観). [*gr.*; ◇können, nobel, Gnome]

Gnọ·stik[gnɔ́stɪk] 女 -/ グノーシス派(説).

Gnọ·sti·ker[..tikər] 男 -s/- グノーシス派の人.

gnọ·stisch[..tɪʃ] 形 グノーシス(派)の. [< *gr.* gnōstikós „einsichtsvoll"]

Gno·sti·zịs·mus[gnɔstitsísmʊs] 男 -/ グノーシス主義.

Gno·to·bio·lo·gịe[gnotobiologí:] 女 -/ 〘生〙ノトバイオロジー, ノトバイオティックス(無菌動物を扱う生物学の一部門). [< *gr.* gnōtós „erkennbar"]

Gnu[gnu:] 中 -s/-s 〘動〙ヌー(南・東アフリカ産のウシカモシカ). [*hottentott.* ngu]

Go[go:] 中 -/ 碁. [*japan.*]

Gọa[gó:a·] 地名 ゴア(インド西岸中部の政府直轄地. 16世紀以来ポルトガルの植民地として東洋進出の拠点だったが, 1961年インドに接収された).

Goal[go:l] 中 -s/-s《オーストリア・スイス》(Tor)〘スポーツ〙(サッカーなどの)ゴール. [*engl.*]

Goal·get·ter[gó:lgɛtər] 男 -s/-《オーストリア・スイス》(Torschütze)〘スポーツ〙(サッカーなどで)シュートを決めた(よく決める)選手. [< *engl.* get a goal „ein Tor schießen"]

Goal≠kee·per[gó:lki:pər] 男, **≠mann** 男 -(e)s/..männer (Torhüter) ゴールキーパー. **≠stan·ge** 女 ゴールのポール.

Goa·nẹ·se[goané:zə] 男 -n/-n ゴアの人(→Goa).

goa·nẹ·sisch[..zɪʃ] 形 ゴアの.

Go·be·lin[gobəlɛ̃:, ..lí:n] 男 -s/-s ゴブラン織. [*fr.*; 15世紀に織布工場を経営した染色家の名から]

die **Gọ·bi**[gó:bi·] 地名 女 -/ ゴビ(モンゴルから中国北西部にわたる砂漠). [*mongol.* „Wüste"]

Gọckel[gɔ́kəl] 男 -s/-, **Gọckel·hahn** 男《南部》《話》(Hahn) おんどり. [◇Gickel]

Göd[gø:t][1] 男 -en/-en《オーストリア》, **Gọ·de**[gó:də] 男 -n/-n《南部》=Gote[2] I

Gọ·del[gó:dəl] 女 -/-n《南部》, **Gọ̈·del**[1][gǿ:..] 女 -/-n《南部》=Gote[2] II

Gö·del[2][gǿ:dəl] 人名 Kurt ~ クルト ゲーデル(1906- ; オーストリアの数学者・論理学者).

Gode·mi·ché[go:tmiʃé:] 男 -/-s (Dildo) 張形(はりがた), ディルド(男根を形どった性具). [*fr.*]

Gọ·den[gó:dən] 女 -/-《南部》=Gote[2] II

Gọ·der[gó:dər] 男 -s/- (小 **Gọ·derl**[..dərl] 中 -s/-(n))《オーストリア》《話》(Doppelkinn) 二重あご. [*mhd.* goder „Gurgel"]

Gọ·derl[gó:dərl] 中 -s/-n《オーストリア》《話》《もっぱら次の成句で》*jm.* **das ~ kratzen** …にお世辞を言う(ごまをする).

Gö·derl[gǿ:dərl] 中 -s/-n《オーストリア》(豚の)あご肉.

Gọ·des·berg →Bad Godesberg

God·wịn[gɔ́tvi:n] 男名 ゴットヴィーン. [*ndd.*; ◇Gott-win]

Goeb·bels[gœ́bəls] 人名 Joseph ~ ヨーゼフ ゲッベルス(1897-1945; ナチ=ドイツの政治家で国民啓発宣伝相).

Goe·the[gǿ:tə] 人名 Johann Wolfgang von ~ ヨハン ヴォルフガング フォン ゲーテ(1749-1832; ドイツの詩人. 1782年貴族に叙せられ von を得た. 作品《Faust》など).

Goe·the·haus[gǿ:tə..] 中 -es/ ゲーテハウス (Frankfurt am Main にあるゲーテの生家; Weimar にあるゲーテの邸宅).

Goe·the-In·sti·tụt[gǿ:tə..] 中 -(e)s/-e ゲーテ=インスティトゥート(ドイツ語とドイツ文化を外国に普及させることを目的とするドイツの国際交流機関: →Herder-Institut).

Goe·the·preis[gǿ:tə..] 男 ゲーテ賞 (Frankfurt am Main 市が1927年に創設. 1949年からは 3 年に 1 回与えられる文芸・文化賞).

goe·thesch[gǿ:təʃ] =goethisch

goe·thisch[gǿ:tɪʃ] 形 ゲーテふう(流)の; 《大文字で》ゲーテの: eine ~*e* Sprache ゲーテばりの言葉 | die *Goethischen* Werke ゲーテの作品.

Gogh[go:k, gɔx] 人名 Vincent van ~ ヴィンセント ヴァン ゴッホ(1853-90; オランダの画家).

Gọ-go-Girl[gó:gogø:rl] 中 -s/-s ゴーゴーガール. [*engl.*]

Gọ·gol[gó:gɔl] 人名 Nikolai Vasilievich ~ ニコライ ヴァシーリエヴィチ ゴーゴリ(1809-52; ロシアの作家. 作品『死せる魂』など).

Gọi[gó:i·] 男 -(s)/Gojim[gó:jɪm, gojí:m] 非ユダヤ人; 異邦人; 異教徒, 不信仰者. [*hebr.* gōy „Volk" –*jidd.*]

Go-ịn[go:(|)ín] 中 -s/-s ゴーイン(デモ隊などがむりに押し入ること). [*engl.* go in „hinein-gehen"]

Gọi·se·rer[gɔ́ʏzərər] 男 -s/-《ふつう複数で》ゴイゼラー登山靴. [< Goisern (オーストリアの保養地)]

Gọ·jim Goi の複数.

Gọ-Kart[gó:kart, ..ka:rt] **I** 男 -(s)/-s ゴーカート. **II** 中 -(s)/ ゴーカート競技. [*engl.* go-cart „Lauf-wagen (für Kinder)"]

gọ·keln[gó:kəln]《06》自 (h)《中部》(不注意に)火をもてあそぶ, 火遊びをする. [< gaukeln]

der **Go·lạn**[golá:n] 地名 男 -(s)/ ,die **Go·lạn·hö·hen** 地名 複 ゴラン高原(シリア南西部の高地).

Go·lạt·sche[golátʃə, ..lá:tʃə] 女 -/-n =Kolatsche

gold[gɔlt] 形《無変化》《オーストリア》かなり多くのミルクを入れた: 〘名詞に後置して〙eine Schale[1] (Kaffee) ~ ミルクたっぷりのコーヒー 1 杯.

Gold[gɔlt][1] 中 -es(-s)/ **1** (英: *gold*) 黄金, 金(記号 Au): gediegenes (reines) ~ 純金 | 18 karätiges ~ 18金 | **flüssiges ~**《比》石油 | rotes ~ i) まばゆい黄金; ii) 赤銅(金と銅の合金) | **schwarzes ~**《比》黒い黄金(石炭・石油など) | weißes ~ ホワイトゴールド(金と銀との合金: →2); 《比》雪 ‖ **treu wie ~ sein**《比》誠実そのものである ‖ Eigener Herd ist ~*es* wert. (→Herd 1 a) | ~ graben 金を採掘する | ~ waschen (水洗法で)砂金をとる ‖ ein Ring aus (von) ~ 金の指輪 | *et.*[4] mit ~ überziehen …に金をかぶせる(張る), …を金めっきする ‖ **gegen *jn.* (*et.*[4]) noch ~ sein**《話》…に比べればまだはるかにましである | Reden ist Silber, Schweigen ist ~. (→reden I) | **Es ist nicht al-**

G

les ~, was glänzt. 《諺》輝くもの必ずしも金ならず.
2 a) 金貨; 金製品;《比》富, 財力,(金のように)貴重なもの(→Goldchen): **~ in der Kehle haben**《比》すてきな声の持ち主である;(歌手が)のどで稼いでいる | ~ in der Kniekehle haben《話》(踊り手が)脚線美で稼いでいる | Morgenstunde hat ~ im Munde. (→Morgenstunde) | ***Gold* öffnet jede Tür.**《諺》世の中すべて金しだい ‖ einen Edelstein in ~ fassen 宝石を金台にはめる | **im ~ schwimmen**《比》大金持ちである | **nicht mit ~ aufzuwiegen 〈zu bezahlen〉 sein** 何物にも換えがたい, かけがえがない | von ~ und Silber speisen 金銀の食器で食事する. **b)**《ふつう無冠詞で》(Goldmedaille)〘スポ〙金メダル: olympisches ~ オリンピックの金メダル | Die japanische Mannschaft gewann einmal ~ und dreimal Silber. 日本選手団は金メダル1個と銀メダル3個を獲得した.
3 金色, 金色の輝き: das ~ der Sonne 金色に輝く太陽.
[*germ.*; ◇glatt, gelb; *engl.* gold]

Gold≠ader[gɔ́lt..] 女 金の鉱脈, 金脈. **≠am·mer** 女〘鳥〙ホオジロ(頬白). **≠am·sel** 女 (Pirol)〘鳥〙(ヨーロッパ産の)コウライウグイス(高麗鶯). **≠ar·beit** 女 =Goldschmiedearbeit **≠au·ge** 中 クサカゲロウ(草蜉蝣)科の昆虫. **≠bal·drian** 男〘植〙オミナエシ(女郎花)属. **≠band·li·lie**[..liə] 女〘植〙ヤマユリ(山百合). **≠barren** 男 金の延べ棒. **≠barsch** 男〘魚〙スズキの一種. **≠berg·werk** 中 金鉱, 金山. **≠be·stand** 男〘経〙金保有高. **≠blätt·chen** 中 金箔(きんぱく). **≠blech** 中 金〔めっき〕の板.

gold·blond 形 (髪の毛が)金色の, 金髪の: ~*es* Haar 金髪 | ein ~*er* Junge 金髪の少年.

Gold·bor·te 女 金の縁どり, 金モール.

gold·braun 形 金褐色の.

Gold≠bro·kat 男〘織〙金襴(きんらん)〔錦〕. **≠bron·ze**[..brɔ̃:sə] 女 ゴールドブロンズ(印刷・塗装などに用いる銅合金). **≠buch·sta·be** 男 金文字.

Gold·chen[gɔ́ltçən] 中 -s/-《話》かわいい〈好きな・大事な〉人, 恋人.

Gold≠deckung 女〘経〙金〈正貨〉準備. **≠druck** 男 -〔e〕s/-e〘印〙金箔(きんぱく)押し, 金文字刷り.

gold·ehr·lich 形 きわめて誠実〈正直〉な.

gol·den[gɔ́ldən] 形 **1**《付加語的》金の, 黄金の; 金製の: ein ~*er* Becher 〈Ring〉 金の杯〈指輪〉 | *jm.* ~*e* Berge versprechen (→Berg[3] 1 a) | eine ~*e* Brille 金縁めがね | *jm.* ~*e* Brücken 〈eine ~*e* Brücke〉 bauen (→Brücke 1) | eine ~*e* Uhr 金〔側〕時計 ‖〘大文字で〙die *Goldene* Bulle (→Bulle[2] 1) | die ~*e* Hochzeit (→Hochzeit 1) | das *Goldene* Kalb (→Kalb 1) | der *Goldene* Sonntag (→Sonntag) | das *Goldene* Tor (サンフランシスコ湾の)金門海峡 | das *Goldene* Vlies (→Vlies). **2** 金色の;《比》この上なく貴重な, すばらしい: die ~*en* Ähren (収穫前の)こがね色の穂 | ein ~*es* Gemüt 〈Herz〉 誠実そのものの心 | ~*es* Haar 金髪 | die ~*e* Mitte / der ~*e* Mittelweg 中道, 中庸 | ~*e* Worte 金言 ‖〘大文字で〙die *Goldene* Regel (→Regel 1 a) | der *Goldene* Schnitt (→Schnitt 1 a) | das *Goldene* Zeitalter 黄金時代 ‖ ~ glänzen 金色に輝く. [*ahd.* guldīn; ◇Gold, Gulden]

Gold≠erz[gɔ́lt..] 中 金鉱〔石〕. **≠fa·den** 男 金糸. **≠far·be** 女 金色.

gold≠far·ben 形, **≠far·big** 形 金色の.

Gold≠fa·san 男 **1**〘鳥〙キンケイ(金鶏);《話》(愛称として)恋人: mein ~ 私のかわいい人(=mein Liebling). **2**《皮肉》金色の党章をつけたナチの上級党員,(ナチ時代の)はぶりのよい連中. **≠fe·der** 女 (万年筆の)金製のペン先, 金ペン. **≠fie·ber** 中 -s/ (金鉱発見に熱中する)黄金熱, ゴールドラッシュ, 黄金狂: vom ~ ergriffen werden 黄金熱にとりつかれる. **≠fin·ger** 男 (Ringfinger) くすり指. **≠fisch** 男 金魚;《戯》(結婚相手としての)金持ちの娘〈男〉(→Goldkäfer): *sich*[3] einen ~ angeln 〈ans Land ziehen〉 金持ちをひっかける〈と結婚する〉.

Gold·fisch·glas 中 -es/..gläser 金魚鉢.

Gold≠flie·ge 女〘虫〙キンバエ(金蠅). **≠flim·mer** 男, **≠flit·ter** 男 金ぴかの飾り. **≠fo·lie**[..liə] 女 金箔(きんぱく). **≠fuchs** 男 **1**〘動〙**a)** アカギツネ(赤狐). **b)** 金栗毛の馬. **2**《話》金貨.

gold·füh·rend 形〘鉱〙金を含有する.

Gold·ge·halt 男 (金貨・合金などの)含金量, 金含有度.

gold·gelb 形〔黄〕金色の: ~*er* Honig 黄金色のはちみつ.

Gold·geld 中 金貨.

gold·ge·lockt 形 金色の巻き毛をした. [<Locke[1]]

Gold≠ge·schirr 中 金の食器. **≠ge·schmei·de** 中 金の装身具〈装飾品〉.

gold·ge·stickt 形 金糸の縫い取りのある.

Gold≠ge·wicht 中 金衡; 含有金の重量. **≠ge·winnung** 女 金の採取〈抽出〉. **≠gier** 女 黄金〈金銭〉欲. **≠glanz** 男 金色の輝き.

gold·glän·zend 形 金色に輝く.

Gold≠glät·te 女 -/ =Bleiglätte **≠glöck·chen** 中〘植〙レンギョウ属. **≠grä·ber** 男 金採掘者, 金鉱探し屋. **≠gru·be** 女 金坑;《話》豊富な資金源, 宝庫, ドル箱: Sein Laden ist eine 〔wahre〕 ~. 彼の店はまさに金坑みたいなものだ(ばく大な利益をあげている). **≠grund** 男 -〔e〕s/〘美〙金色下地: auf ~ malen 金地に描く. **≠haar** 中 金髪.

gold·haa·rig 形 金髪の.

Gold·hähn·chen 中 (Regulus)〘鳥〙キクイタダキ(菊「戴」).

gold≠hal·tig(オーストリア: **≠häl·tig**) 形 金を含有する.

Gold≠ham·ster 男〘動〙〔ゴールデン〕ハムスター(実験用動物). **≠ha·se** 男 (Aguti)〘動〙アグーチ(南アメリカ産の齧歯(げっし)類). **≠hor·tung** 女〘経〙金の保有〔高〕.

gol·dig[gɔ́ldɪç][2] 形 [V]**1** (golden) 金色の: ~ leuchten 金色に輝く. **2** (reizend) 愛くるしい, かわいい; (nett) 親切な: ein ~*es* Kind かわいらしい子.

Gold≠jun·ge 男《俗》**1** 好きな〈かわいい〉男の子. **2**〘スポ〙(男性の)ゴールドメダリスト. **≠kä·fer** 男 **1**〘虫〙ハナムグリ(花潜)亜科の昆虫. **2**《戯》金持ちの女の子(→Goldfisch). **≠kat·ze** 女〘動〙ゴールデンキャット(東南アジアに生息するネコ科の動物). **≠ket·te** 女 金の鎖. **≠keu·le** 女〘植〙オロンチウム(サトイモ科の水草). **≠kind** 中 かわいい子供, 寵児(ちょうじ); クラス一番の子. **≠klau·sel** 女〘経〙金約款. **≠klum·pen** 男 金塊. **≠knöpf·chen** 中〘植〙コゴメギク属(ハキダメギクなど). **≠kro·ne** 女 **1** 黄金の冠. **2** (歯にかぶせる)金冠; 金クローネ(金貨の一種). **≠ku·gel·kak·tus** 男〘植〙タマサボテン. **≠kurs** 男 金相場.

die **Gold·kü·ste**[gɔ́ltkʏstə] 地名 女 -/ 黄金海岸, ゴールド=コースト(ガーナのイギリス領時代の名). [◇*engl.* Gold Coast]

Gold≠lack 男〘植〙ニオイアラセイトウ. **≠la·mé**[..lame:] 男〘服飾〙金ラメ. **≠lär·che** 女〘植〙イヌカラマツ, 金松(中国原産の針葉樹). **≠le·gie·rung** 女 金合金. **≠lei·ste** 女 (額縁・家具などの)金の縁どり, 金縁. **≠ma·cher** 男 -s/- (Alchimist) 錬金術師.

Gold·ma·che·rei[gɔltmaxərái] 女 -/ , **Gold·ma·cher·kunst**[gɔ́lt..] 女 (Alchimie) 錬金術.

Gold≠mäd·chen 中《話》**1** かわいい女の子. **2**〘スポ〙(女性の)ゴールドメダリスト. **≠mark** 女 (第一次大戦前の)マルクの金平価, 金マルク. **≠maul·wurf** 男〘動〙キンモグラ. **≠me·dail·le**[..medaljə] 女 (オリンピック競技などの)金メダル. **≠me·lis·se** 女〘植〙モナルダ〔属〕(タイマツバナ・ヤグルマハッカなど). **≠mi·ne** 女 金坑, 金鉱. **≠mohn** 男 (Eschscholtzia)〘植〙ハナビシソウ(花菱草), カリフォルニア=ポピー. **≠mund·stück** 中 (紙巻きタバコの)金口. **≠mün·ze** 女 金貨. **≠nes·sel** 女〘植〙オドリコソウ(踊子草)属の一種. **≠oran·ge**[..orã:ʒə] 女〘植〙アオキ(青木). **≠or·fe** 女〘魚〙ウグイの一種. **≠pa·pier** 中 金箔(きんぱく)紙; 金色の紙. **≠pa·ri·tät** 女〘経〙(為替相場の)金平価. **≠pflau·me** 女〘植〙ココアプラム(中南米原産の果樹). **≠plat·tie·rung** 女 金をかぶせること, 金めっき. **≠plom·be** 女 (歯腔(しこう)に詰める)金の充塡(じゅうてん)物. **≠pro·be** 女 金含有量の検査. **≠punkt** 男〘経〙金〈正貨〉輸送点;〘理〙金の融点(1063°C). **≠pur·pur** 男〘化〙カシウス紫金(ガラス絵の紅色顔料). **≠rausch** 男 -〔e〕s/

＝Goldfieber ≈**re·gen** 男 **1** 黄金の雨,(思いがけなく手に入った)大金. **2** 〚植〛キバナフジ(黄花藤)属. ≈**re·gen·pfei·fer** 男〚鳥〛ムナグロ(胸黒)(チドリの一種).

gold·reich 形 金に富んだ, 金を多量に含有する.

Gold≈reif 男 金の腕輪. ≈**re·ser·ve** 女〚経〛金準備〔高〕.

gold·rich·tig 形《話》全く〈きわめて〉正しい.

Gold≈ru·te 女〚植〛アキノキリンソウ(秋麒麟草)属. ≈**sand** 男 金を含有する砂; 砂金. ≈**schaum** 男 オランダ金箔(きんぱく)(銅・亜鉛からなる模造金箔). ≈**schei·de·was·ser** 中 -s/ 〚化〛王水. ≈**schlä·ger** 男 金箔師.

Gold·schlä·ger·haut 女 金箔(きんぱく)打皮(うちかわ).

Gold·schmied 男 金細工師, 金工.

Gold·schmie·de≈ar·beit 女 **1**《単数で》金細工. **2** 金細工品. ≈**kunst** 女 -/ 金細工術.

Gold≈schnep·fe 女〚鳥〛タマシギ(玉鷸). ≈**schnitt** 男 (本の)天金; 三方金. ≈**schnur** 女 -/..schnüre (贈り物の包装などに用いる)金のひも. ≈**sei·fe** 女 -/-n《ふつう複数で》〚鉱〛砂金〔鉱床〕. ≈**stan·dard** 男 ＝Goldwährung ≈**staub** 男 **1** 金粉. **2** ＝Goldstern ≈**stern** 男〚植〛キバナノアマナ属(ユリ科). ≈**sticke·rei** 女 金糸の縫い取り〈ししゅう〉. ≈**stoff** 男 金糸を用いた織物, 金襴(きんらん). ≈**stück** 中 ▽金貨;《話》愛すべき有能な人, なかなかいい人. ≈**tres·se** 女 金モール. ≈**über·zug** 男 金めっき. ≈**vor·rat** 男〚経〛正貨準備〔高〕.

Gold·waa·ge 女 金秤(はかり)(貴金属用の精密秤): **jedes Wort auf die ～ legen**《比》(他人の発言に関して)一語一語を厳密に文字どおりに受け取る〈解釈する〉; (自分が発言する際に)一語一語を慎重に選ぶ | Unter den Freunden legt man nicht jedes Wort auf die ～. 友人間ではお互いの言ったことをいちいち杓子(しゃくし)定規には取らないものだ.

Gold≈wäh·rung 女〚経〛金本位制. ≈**wa·ren** 複 金製品. ≈**wä·sche** 女 金の洗鉱. ≈**was·ser** 中 -s/ Danziger ～ ダンツィヒの黄金水 (Danzig 産の金箔(きんぱく)を入れたリキュール). ≈**wert** 男 -〔e〕s/ 〚経〛金価格. ≈**wes·pe** 女〚虫〛セイボウ(青蜂)科の昆虫. ≈**wurz** 女〚植〛セイヨウオダマキ(西洋苧環). ≈**zahn** 男 金歯.

Go·lem[góːlɛm] 男 -s/ (ユダヤの民間信仰で神秘的な力をもつと思われていた)粘土人形. [*hebr.* „formlose Masse"]

Golf[1][gɔlf] 中 -s/ 《スポーツ》ゴルフ: ～ spielen ゴルフをする. [*schott.*－*engl.*]

Golf[2][－] 男 -〔e〕s/-e (大きな)湾: der ～ von Mexiko メキシコ湾. [*gr.* kólpos „Wölbung"－*vulgärlat.*－*it.* golfo; ◇wölben; *engl.* gulf]

Golf·an·rai·ner·staa·ten[gɔ́lf..] 地名 複 ペルシア湾〔沿〕岸諸国.

Golf·ball 男 ゴルフボール.

Gol·fer[gɔ́lfər] 男 -s/- **1** (女 **Gol·fe·rin**[..fərɪn]-/-nen) ＝Golfspieler **2** ゴルフジャケット. [*engl.*]

Golf≈han·di·cap[..hɛndikɛp] 中 (ゴルフの)ハンディ. ≈**ho·se** 女 ゴルフズボン. ≈**jun·ge** 男 (ゴルフの)キャディー.

Golf≈krieg 男 (特にペルシア湾沿岸地方での)湾岸戦争. ≈**kri·se** 女 湾岸危機.

Golf≈müt·ze 女 ゴルフ帽. ≈**platz** 男 ゴルフ場.

Golf·pro[..proː] 男 -s/-s《話》プロゴルファー. [＜Profi]

Golf≈pro·fi 男 ＝Golfpro ≈**schlä·ger** 男 (ゴルフの)クラブ. ≈**spiel** 中 ゴルフ〔のゲーム〕. ≈**spie·ler** 男 ゴルファー.

Golf·staa·ten[gɔ́lf..] ＝Golfanrainerstaaten

der **Golf·strom** 地名 男 -〔e〕s/ メキシコ湾流.

Golf≈ta·sche 女 ゴルフバッグ. ≈**tur·nier** 中 ゴルフ＝トーナメント.

Gol·ga·tha[gɔ́lgataˑ] (**Gol·go·t**〔**h**〕**a**[..gotaˑ]) **I** 地名 ゴルゴタ (Jerusalem 郊外の丘. ここでキリストが十字架にかけられたという. 聖書: マコ15, 22). **II** 中 -〔s〕/ 受難, 受苦. [*aram.*－*gr.*－*kirchenlat.*; ＜*hebr.* gulgōleth „Schädel"]

Go·liath (**Go·liat**)[góːliat] **I** 人名〚聖〛ゴリアテ (Philister 族の巨人で David に殺された: Iサム17). **II** 男 -s/ -s《比》巨人. [*hebr.*]

Göl·ler[gœ́lər] 中 -s/- 《スイス》(Kragen) (シャツなどの)襟. [＜Koller[1]]

Go·lo[góːloˑ] 男名 ゴーロ. [＜*ndd.* Godehard (◇Gotthard), Godefried (◇Gottfried)]

göl·te[gœ́ltə] gälte (gelten の接続法 II)の別形.

Go·mor·r〔**h**〕**a**[gomɔ́raˑ] 地名〚聖〛ゴモラ(住民の不道徳のため, Sodom とともに天の火に焼かれた Jordanien 低地の町: 創19);《比》(Sündenpfuhl) 罪業の泥沼 | Sodom und ～ (→Sodom). [*hebr.*]

gon[goːn] 記号 (Gon) ゴーン.

..gon[..goːn]《「…角形」を意味する中性名詞 (-s/-e) をつくる》: Penta*gon* 五角形 | Poly*gon* 多角形.

Gon[goːn] 中 -s/-e (単位: -/-) ゴーン(測地学などで用いる角度単位: 直角の $^1/_{100}$; 記号 gon). [*gr.* gōníā „Winkel"; ◇Knie]

Go·na·de[gonáːdə] 女 -/-n (Keimdrüse)〚生〛生殖腺(せん). [＜*gr.* gonḗ „Erzeugung" (◇..gonie)＋..ade]

Gon·agra[góːnagraˑ] 中 -s/ (Kniegicht) 膝痛風. [＜*gr.* góny „Knie"＋-ágra „Gicht"]

Gon·ar·thri·tis[gonartríːtɪs] 女 -/..tiden[..tritíːdən]〚医〛膝関節炎.

Gon·del[gɔ́ndəl] 女 -/-n (ヴェネツィアの)ゴンドラ; (飛行船・気球・空中ケーブルなどの)ゴンドラ(つりかご・つり座席など);《比》長めの舟形いす;《話》大きなどた靴: in die ～〔ein〕steigen ゴンドラに乗る. [*it.* gondola]

Gon·del≈bahn 女 空中ケーブルカー〈鋼索鉄道〉, ロープウェー. ≈**füh·rer** 男 ＝Gondolier ≈**lied** 中 ゴンドラの舟歌, バルカロール(→Barkalore 1).

gon·deln[gɔ́ndəln]《06》自 **1** (s, h) ゴンドラで行く; ゴンドラをこぐ. **2** (s)《話》ぶらつく; (のんびりとあてもなく)旅をする: durch die ganze Stadt ～ 町じゅうをぶらつく.

Gon·do·lier[gɔndoliéː] 男 -s/-s, **Gon·do·lie·re**[..liéːrə] 男 -〔s〕/..ri[..riˑ] ゴンドラの船頭. [*it.*]

Gon·fa·lo·nie·re[gɔnfaloniéːrə] 男 -s/..ri[..riˑ], -s (中世イタリア都市国家の)首長, 長官. [*it.* „Bannerträger"; ＜*ahd.* gund-fano „Kampf-fahne" (◇Fahne)]

Gong[gɔŋ] 男 (中) -s/-s〚楽〛ゴング(マレー地方の青銅製の打楽器)〔の音〕; (食事・試合開始などの時刻を示す)ゴング, どら〔の音〕; (皿形の)ゴングベル〔の音〕: Der ～ ertönte zur letzten Runde. 最終ラウンドを告げるゴングがひびきわたった. [*malai.*－*engl.*; 擬音]

gon·gen[gɔ́ŋən] 自 (h) どら〈ゴング〉を鳴らす, ゴングで合図する: 非人称 Es *gongte* zum Abendessen. 夕食の合図のゴングが鳴った.

Gong·schlag 男 どら〈ゴング〉を打つ音.

..gonie[..goniː]《「発生・形成」を意味する女性名詞 (-/-n) をつくる》: Geo*gonie* 地球発生学 | Kosmo*gonie*〚天〛宇宙進化論. [*gr.*－*lat.*; ＜*gr.* gónos „Zeugung" (◇Gen)]

Go·nio·me·ter[goniomé:tər] 中 (男) -s/- (Winkelmesser) 測角器, ゴニオメーター. [＜Gon]

Go·nio·me·trie[..metríː] 女 -/ 測角〔法〕.

go·nio·me·trisch[..méːtrɪʃ] 形 角度測定の.

gön·nen[gœ́nən] 他 (h)《*jm. et.*[4]》(…に…を)喜んで〈惜しみなく〉与える; 許す, 認める; (恩恵的に)恵む: *jm. seinen* Erfolg nicht ～ …の成功を喜ばない〈ねたむ〉| *jm.* keinen Blick 〈kaum ein gutes Wort〉 ～ …に目もくれない〈親切な言葉ひとつかけようとしない〉| Er *gönnt* sich[3] kaum eine Pause. 彼はほとんど休もうともしない ‖ Ich *gönne* ihm sein Glück von Herzen. 私は彼の幸福を心から喜ぶ | Das *gönne* ich dir. 君がそうなったからって 別にうらやましくはないよ | Ich *gönne* ihm seinen Reichtum nicht. 私は彼の富がねたましい ‖ *jm.* nicht das Salz in der Suppe 〈das Schwarze unter dem Nagel〉 ～ (→Salz 1 a, →schwarz III 5) | *jm.* nicht das Weiße im Auge ～ (→weiß[2] III) ‖ Ich *gönne* ihm diese Blamage. あいつがこんなに恥をかいて いい気味だ. [*ahd.* 〔gi〕unnan; ◇ge.., Gunst]

G

Gọ̈n·ner[gœ́nər] 男 -s/- (女 **Gọ̈n·ne·rin**[..nərɪn]-/-nen) 恩恵を与える人,(芸術などの)後援者, パトロン.

gọ̈n·ner·haft[-haft] 形 パトロンぶった, 恩着せがましい.

Gọ̈n·ner·haf·tig·keit[..tɪçkaɪt] 女 -/ gönnerhaftなこと.

Gọ̈n·ne·rin Gönner の女性形.

gọ̈n·ne·risch[gœ́nərɪʃ] =gönnerhaft

Gọ̈n·ner·mie·ne[gœ́nər..] 女 恩着せ顔.

Gọ̈n·ner·schaft[..ʃaft] 女 -/ **1** 後援: unter der ~ des Königs stehen 国王の後ろだてがある. **2** 《集合的に》後援者たち.

Go·no·kọk·kus[gonokɔ́kʊs] 男 -/..kokken[..kɔ́kən] 《ふつう複数で》〘細菌〙淋菌(りんきん). [<*gr.* gonḗ „Zeugung"]

Go·nor·rhọ̈[gonɔrǿ:, ..nor..] 女 -/-en, **Go·nor·rhöe**[gonɔrǿ:, ..nor..] 女 -/-n[..rǿ:ən] (Tripper) 〘医〙淋疾(りんしつ), 淋病. [*gr.*; <*gr.* rhoḗ „Strömung"; ◇..gonie]

go·nor·rhọ·isch[..ró:ɪʃ] 形 淋疾(りんしつ)〈淋菌性〉の.

Good·will[gʊ́dwíl] 男 -s/ **1** (Wohlwollen) 好意, 友好的意志. **2** (Geschäftswert) 〘商〙(店・会社などの) 信用, のれん, よい評判. [*engl.*; ◇gut, Wille]

Good·will⸗be·such[gʊ́dwíl..] 男 (政治家・要人などの) 親善訪問. **⸗rei·se** 女 親善旅行.

Gọ̈·pel[gǿ:pəl] 男 -s/- **1** =Göpelwerk **2** 《スイ》《戯》古くて故障しやすい器具(ミシン・自転車・自動車など). **3** 〘紋〙逆Y字図形(→ 図 Wappen e).

Gọ̈·pel⸗schnitt 男 〘紋〙(盾の)逆Y字分割(線)(→ 図 Wappen d). **⸗werk** 中 (牛・馬などの牽引(けんいん)力を利用して作動させる)巻き上げ装置(→ 図).

Welle
Stirnrad
Kegelrad
Göpelwerk

gọp·pel[gɔ́pəl] 副《スイ》(hoffentlich) 希望としては, …であればよいのだが. [<Gott wolle!]

gor[go:r] gären の過去.

Gör[gǿ:r] 中 -[e]s/-en =Göre

Gor·ba·tschọw[gɔrbatʃɔ́f] 人名 Michail ~ ミハイル ゴルバチョフ(1931- ; 旧ソ連の政治指導者, 初代大統領〔1990-91〕).

Gọr·ding[gɔ́rdɪŋ] 女 -/-s 〘海〙バントライン(帆を絞るとき横帆のすそを絞る索). [*ndl.–ndd.*; ◇gürten]

gọr·disch[gɔ́rdɪʃ] 形 ゴルディオスの: **der** ***Gordische*** **Knoten** ゴルディオスの結び目 (Phrygien の王ゴルディオス Gordios が Zeus の神殿に奉献した車のくびきに結んだ綱の結び目. これを解く者は全アジアを支配するという神託があったが, この難問を Alexander 大王が結び目を剣で断ち切って解決した) ‖ ein *~er* Knoten《比》難問題 | den *~en* Knoten durchhauen (→Knoten 1).

gọ̈·re[gǿ:rə] gären の接続法 II.

Gọ̈·re[−] 女 -/-n《北部・ベルリン》**1** (小さい)子供. **2** 生意気な娘; わんぱく小僧. [<*ahd.* gōrag „gering"; ◇Girl]

Gọr·go[gɔ́rgo·] 女 -/-nen [gɔrgó:nən]《ふつう複数で》〘ギ神〙ゴルゴー〔ン〕(恐ろしい顔とヘビの髪をもつ女怪. Medusa とその姉妹ステノ Stheno, エウリュアレ Euryale をさす). [*gr.–lat.*; <*gr.* gorgós „furchtbar"]

Gor·gọ·nen·haupt[gɔrgó:nən..] 中 ゴルゴー〔ン〕の頭; 《比》恐ろしい〈身の毛のよだつ〉姿.

Gor·gon·zọ·la[gɔrgɔntsó:la·] 男 -s/-s ゴルゴンツォーラ=チーズ. [北イタリアの原産地名]

Go·rịl·la[gorɪ́la·] 男 -s/-s **1** 〘動〙ゴリラ. **2** 《話》**a)** 強そうな〈ごつい体格の〉護衛の人, ボディーガード. **b)** (Gangster) ギャング, 暴力団員. [*afrikan.–gr.–engl.*]

Gọ̈·ring[gǿ:rɪŋ] 人名 Hermann ~ ヘルマン ゲーリング(1893-1946; ナチ=ドイツの政治家・軍人).

Gọr·ki[gɔ́rki·] 人名 Maxim ~ マクシム ゴーリキー(1868-1936; ロシアの作家. 作品『どん底』など).

Gösch[gœʃ] 女 -/-en **1** 〘海〙(停泊中の船が日曜・祭日などに掲げる)船首〈艦首〉旗. **2** (旗の, 色や図柄が他の部分と異なる)左上部の区画. [*ndl.* geus〔je〕„kleine Fahne"]

Gọ·sche[gɔ́ʃə] 女 -/-n《南部・オーストリア・スイス》《ふつう軽蔑的に》(Mund) 口.

Gọ·scherl[gɔ́ʃərl] 中 -s/-〔n〕《オーストリア》**1** Gosche の縮小形. **2** (服の縁どりに縫いつける)組みひも. **3** 《話》かわいい女の子.

gọ·schert[gɔ́ʃərt] 形《オーストリア》《話》口の悪い.

Gösch⸗flag·ge[gœ́ʃ..] 女 = Gösch 1 **⸗stock** 男 -〔e〕s/..stöcke 〘海〙船首〈艦首〉の旗ざお.

Gọ·se[gó:zə] 女 -/-n ゴーゼ (Sachsen 産の酸味の強い白ビール). [産地 Goslar の近くを流れる川の名]

Gọs·lar[gɔ́slar] 地名 ゴスラル(ドイツ Niedersachsen 州の都市). [<Gose (川の名)+..lar]

Go-slow[goʊslóʊ] 男 -s/-s (Bummelstreik) (特に航空会社の) 遵法闘争, サボタージュ. [*engl.*]

Gọs·pel[gɔ́spəl] 中 -s/-s, **Gọs·pel·song** 男 -s/-s 〘楽〙ゴスペルソング(ジャズ的要素を含む黒人霊歌の一種). [*engl.*; <*engl.* go-spel „Evangelium" (◇Gott, Kirchspiel)]

Gos·po·dạr[gɔspodá:r] 男 -s/-e; -en/-en =Hospodar [*russ.*]

goß[gɔs] gießen の過去.

Gọs·se[gɔ́sə] 女 -/-n (道路わきの)溝, 側溝, 下水溝(→ 図 Straße); (汚水の)流入口, 流し, 排水口(→ 図 Haus B); 《比》汚辱, (道徳的)腐敗: ***jn.*** **aus der ~ auflesen** 〈**ziehen**〉 …をどん底生活から救いあげる | ***jn.*** 〈***js.*** **Namen**〉 **durch die ~ ziehen** 〈**schleifen**〉 (悪評を立てて)…の顔に泥を塗る | **in der ~ enden** 〈**landen**〉 落ちぶれる, 落魄(らくはく)する.

gọ̈s·se[gœ́sə] gießen の接続法 II.

Gọ̈s·sel[gœ́səl] 中 -s/-〔n〕《北部》(Gänschen) ガチョウ(鵞鳥)の子. [<*ndd.* gos „Gans" (◇Gans)]

Gọs·win[gɔ́svɪn] 男名 ゴスヴィン. [<*ahd.* wini „Freund"]

Gọ·te[1][gó:tə] 男 -n/-n ゴート人(ゲルマン人の一種族). [*germ.–spätlat.*; ◇*engl.* Goth]

Gọ·te[2][−] 《南部》 **I** 男 -n/-n (Pate) 代父, 教父. **II** 女 -/-n (Patin) 代母, 教母. [*ahd.*; ◇Gott]

Gọ̈·te·borg[gǿ:təbɔrk] 地名 イェーテボリ(スウェーデン南西部の港湾都市). [*schwed.*; ◇Gote[1], Burg]

Gọ·tha[gó:ta·] 地名 ゴータ(ドイツ中央部, Thüringen 州の都市). [<Gotha (今日の Leine 川)]

Gọ·tha·er[gó:taər] **I** 男 -s/- ゴータの人. **II** 形《無変化》ゴータの.

gọ·tha·isch[gó:ta·ɪʃ] 形 ゴータの: *Gothaischer* Hofkalender ゴータ宮廷名鑑(ゴータの一出版社が1763年から1943年まで刊行したヨーロッパの王家の年鑑).

Gọ·tik[gó:tɪk] 女 -/ 〘建〙ゴシック様式(12-16世紀にヨーロッパで流行した芸術様式); ゴシック様式時代.

gọ·tisch[gó:tɪʃ] 形 **1** ゴート人〈語〉の: →deutsch | die *~e* Sprache ゴート語. **2** ゴシックふう〈様式〉の(→ 図 Stilmöbel): eine *~e* Kirche ゴシック様式の教会(→ 図 Baukunst) | die *~e* Schrift 〘印〙ゴシック(欧文活字書体の一種). [<Gote[1]; ◇*engl.* Gothic]

Gott[gɔt] 男 -es(-s)/ Götter[gœ́tər] (女 **Gọ̈t·tin** → 別出) (英: *god*) 神: der allmächtige ~ 全能の神(→allmächtig) | der dreieinige ~ 三位一体の神 | die germanischen 〈griechischen〉 *Götter* ゲルマン〈ギリシア〉の神々 | heidnische *Götter* 異教の神々 | **wie ein junger ~** spielen 〈tanzen〉 (人間わざとは思えぬほど)絶妙に演じる〈踊る〉, 入神の技である | der liebe ~ (敬愛をこめて)神様 | **o ~! / ach〔, du lieber〕 ~! / mein ~! / guter** 〈**großer / allmächtiger**〉 **~!** おやまあ〔驚いた〕, これは大変, ああどうしよう, これはしたり, 残念無念, 南無三(なむさん) (驚きの叫び) ‖ ~ der Allmächtige 全能〔者〕なる神 | ~ der Herr 主なる神 | **~ und die Welt** いっさいのもの; すべての人々 | An diesem Abend haben wir uns über ~ und die Welt unterhalten. あの晩 私たちはありとあらゆることについて話し合った | **wie ~ in Frankreich leben** 《話》ぜいたくに暮らす | *Gott* im Himmel! ああどうしよう(驚きの叫び) | *Götter* in

Weiß《軽蔑的に》白衣の神々, 医者ども | ᵛGott zum Gruß! こんにちは; さようなら ‖〔ach〕~, ... さて…, やっぱり…(文頭で熟慮を表す) |〔Ach〕~, das ist nichts Rechtes. まあ それはとてもまともなこととは言えない | Gott ja, das Buch ist schön, aber nichts Besonderes. 確かにその本はきれいだが 大したものではない | Gott noch〔ein〕mal, wo ist meine Brille?《話》(さんざん捜して)ちくしょう 私のめがねはどこへ行ったんだ.

‖〘前置詞と〙**an** ~ glauben ⟨zweifeln⟩ 神を信じる⟨疑う⟩ | **auf** ~⁴ vertrauen ⟨bauen⟩ 神に頼る, 神にすがる | **bei** ~ 神にかけて, 絶対に間違いなく | Ich weiß es bei ~ nicht. 私は本当にそれを知らない | bei ~ schwören 神にかけて誓う | Bei ~ ist kein Ding unmöglich.《諺》神は全能なり(聖書: ルカ1, 37から) | **ein Anblick ⟨ein Blid / ein Schauspiel⟩ für〔die〕*Götter***《戯》実におかしな⟨こっけいな⟩見もの | Hier ruht **in** ~ X.(墓碑銘として)ここに X の霊安らかに眠る | ***seinen* Frieden mit ~ machen**(神を信じて)心安らかに死を迎える | **Du bist wohl〔ganz und gar〕von ~ ⟨von allen〔guten〕*Göttern*⟩ verlassen.** きみはたぶん頭がどうかしてしまったんだろう | **zu** ~ beten 神に祈る | *jn.* ⟨*et.*⁴⟩ zu *seinem* ~ machen …をあがめる.

‖〘2格で〙Du bist das größte Roß ⟨Kamel⟩ auf ~*es* Erdboden.《話》君は底なしの大ばかものだ | Alles liegt ⟨steht⟩ in ~*es* Hand. すべては神の御手の中にある | Mann ~*es*! おいこら(警告の声) | *Gottes* Mühlen mahlen langsam, mahlen aber trefflich fein. 天網恢々(かいかい)疎にして漏らさず(神の臼(うす)はゆっくりと しかしきめこまかに挽(ひ)く) | die Mutter ~*es* 聖母(=Maria) | **in ~*es* Namen**《話》(異存のないことを示して)お好きなように, ご随意に | Komm in ~*es* Namen mit! 来たいなら一緒に来たまえ | Willst du unbedingt hier bleiben? Nun, in ~*es* Namen! 君はどうしてもここにとどまるというのか. じゃあ好きなようにしろ | **um ~*es* Lohn**《雅》無報酬で, ただで | **um ~*es* willen** とんでもない, めっそうもない; ᵛ後生(お願い)だから | das Reich ~*es* 神の国(天国) | ~*es* Sohn 神の息子(=Christus) | eine Strafe ~*es* (→Strafe 1 a) | **leider ~*es*!** 残念至極(→leider) | Gebet dem Kaiser, was des Kaisers ist, und ~, was ~*es* ist! カイゼルのものはカイゼルに 神のものは神に返しなさい(聖書: マコ12,17).

‖〘3格で〙***Gott* sei〔Lob und〕Dank!** / ***Gott* sei's gedankt!** ありがたや, やれやれ, ああよかった | ***Gott* befohlen!**《雅》さようなら | ***Gott* sei's geklagt!** 残念ながら | ***Gott* sei's getrommelt und gepfiffen!**《戯》やれやれ, ありがたや | **dem lieben ~ den Tag ⟨die Zeit⟩ stehlen**《話》のらくら日を送る | Wer *Gott* vertraut, hat wohl gebaut.《諺》信仰あれば迷いなし.

‖〘4格で〙~ anbeten 神をあがめる | **den lieben ~ einen guten ⟨frommen⟩ Mann sein lassen**(あとのことを考えずに)のんきに暮らす.

‖〘主語として〙***Gott* behüte ⟨bewahre⟩!** / **Da sei ~ vor!** とんでもない, めっそうもない(→behüten 1) | **daß〔es〕~ erbarm'** ひどく情けなく, みじめに | Er sang, daß〔es〕~ erbarm'. 彼は全くへたくそな歌いぶりだった | Sie sah so elend aus, daß ~ erbarm'! 彼女の様子は悲惨そのものだった | ***jn.* hat ~ im Zorn erschaffen**《比》…はまことに不快な⟨鼻もちならぬ⟩存在である | **Gnade dir ~!** ひどい目にあうぞ(→gnaden) | **Grüß ~!** / **Grüß dich ⟨euch / Sie⟩ ~!** / *Gott* grüße dich ⟨euch / Sie⟩!《南部》おはよう, こんにちは, こんばんは, さようなら | ~ hab ihn selig《挿入句的に》故人なのだが | Helf' ~! (くしゃみをした人やしかけている人に向かって)くわばら くわばら(くしゃみをすると悪いことが起こるという俗信から) | so wahr mir ~ helfe 神かけて誓って(誓言) | Der Mensch denkt, ~ lenkt. (→Mensch I 1) | **wie *jn.* ~ geschaffen hat**《戯》…を神がつくったままの姿で(生まれたままの姿で, 一糸まとわず) | *Gott* soll mich strafen, wenn ... もし…だったら首をやってもいい | Was ~ tut, das ist wohlgetan.《諺》神のなすところ善なり | **Vergelt's ~!**《方》ありがとう(慣用句的なお礼の表現) | **weiß ~** 確かに, 本当に | Das war weiß ~ nicht meine Absicht. それは実際 私の意図したことではなかった | ***Gott* weiß,** wann er kommt. 彼はいつ来るか分かったものではない | Sie ist jetzt ~ weiß wo. 彼女は今どこにいるものやら | Ob er zurückkommt, **das wissen die *Götter*.**《話》彼が戻って来るかどうかはまったく分からない | **so ⟨wenn⟩ ~ will**《話》(神の御心のままに)万事順調にいけば | Wollte ⟨Gebe⟩ ~, daß ... 望むらくは… | Was ~ zusammenfügt hat, das soll der Mensch nicht scheiden.(結婚に際して)神の結ばれたものを人は離してはならない(聖書: マタ19, 6).

‖〘述語として〙Das Geld ⟨Der Bauch⟩ ist sein ~. 金(かね)⟨食うこと⟩が彼には何よりも大事だ.

★ 一神教であるキリスト教では Gott は固有名詞なみにふつう無冠詞・単数で用いる. ただし付加語があるときは定冠詞をそえる: *der* Gott des Christentums キリスト教の神 | *der* allwissende Gott 全知の神.

[*germ.* „Angerufenes"; ◇ *engl.* god]

gott≈äh·nlich[gɔt..] 形 神に似た, 神のような. **≈be·gna·det** 形 神の恵みを豊かに受けた, 天分豊かな; 神から授けられた.

gott≈be·wah·re (オーストリア: **≈be·hü·te**) [gɔt..] 間 (<Gott bewahre〔mich davor〕!)《拒否・否定の強調として》とんでもない, まっぴらごめんだ, 決して〔…ない〕: *Gottbewahre*, so etwas lasse ich mir doch nicht einfallen. とんでもない そんなことはまっぴらだ | Du darfst ~ nicht alles ernst nehmen, was er sagt! 彼の言うことをなんでもかんでも まともにとることはないんだよ.

Gott·chen¹[gɔ́tçən] 中 -s/ (Gott の縮小形)《次の形で》〔Ach〕~! (感嘆・驚きを示して)おや⟨あら⟩まあ.

Gott·chen²[–] 中 -s/-《スイス》=Patenkind 1

Got·te[gɔ́tə] 女 -/-n《スイス》=Gote² II

Göt·ter Gott の複数.

Gott·er·bar·men[gɔ́t..] 中《もっぱら次の形で》**zum ~** i) あわれを催す⟨みじめな⟩ほどに, 痛々しいばかりに; ii)(拙劣で)情けない⟨みじめな⟩ほどに | Er sieht zum ~ aus. 彼は見るもあわれなかっこうだ | Das Kind heulte zum ~. 子供はかわいそうなほど泣きわめいた | Sie spielte Klavier zum ~. 彼女のピアノの演奏ぶりは実に情けないものだった.

Göt·ter≈baum[gœ́tər..] 男〘植〙シンジュ(神樹), ニワウルシ(庭漆). **≈bild** 中 神像. **≈blu·me** 女〘植〙ドデカテオン(サクラソウ科の草花). **≈bo·te** 男 -n/ 神の使者(ふつうギリシア神話の Hermes, ローマ神話の Merkur をさす).

Göt·ter·däm·me·rung 女 **1**〘北欧神〙神々のたそがれ(神々と世界の没落: →語源欄). **2**『神々のたそがれ』(Wagner の楽劇『ニーベルンゲンの指輪』4 部作の第 4 番目の作品). [*aisländ.* ragna rök (→Ragnarök) を ragna rökkr „Götter-verfinsterung" と取り違えての翻訳借用]

Göt·ter≈fun·ke 男, **≈fun·ken** 男《雅》詩的霊感(神々に吹き起こされた火花). **≈ga·be** 女《雅》神々からの賜物(たまもの), すばらしい贈り物. **≈gat·te** 男《戯》夫.

gott·er·ge·ben[gɔ́t..] 形 神に帰依した, 敬虔(けいけん)な, 信心深い; 恭順な.

Göt·ter·ge·stalt[gœ́tər..] 女 神〔の姿〕;《比》りっぱな「⟨すばらしい⟩姿.」

göt·ter·gleich 形 神に等しい⟨似た⟩, 神のような.

Göt·ter≈leh·re 女 -/ (Mythologie) 神話学. **≈mahl** 中 神々の饗宴(きょうえん);《戯》すばらしい食事. **≈sa·ge** 女 (Mythos) 神話. **≈spei·se** 女 **1** (Ambrosia)〘ギ神〙神々の食物;《戯》美味な食物. **2** =Tuttifrutti **≈spruch** 男 神託. **≈trank** 男 (Nektar)〘ギ神〙神々の飲み物;《戯》美味な飲み物.

Got·tes≈acker[gɔ́təs..] 男《雅》(Friedhof) 墓地. **≈an·be·te·rin** 女 (Fangheuschrecke)〘虫〙カマキリ(蟷螂)科の昆虫. **≈be·weis** 男 神の存在の証明. **≈die·ner** 男 神のしもべ, 牧師, 司祭, 聖職者. **≈dienst** 男 礼拝, 祭式; ミサ聖祭.

got·tes·dienst·lich 形 礼拝⟨祭式⟩の; ミサ聖祭の.

Got·tes·frie·de 男〘史〙神の休戦⟨平和⟩(→Treuga Dei). [*mhd.*; <*mlat.* treuga deī の翻訳借用]

Got·tes·furcht 女 神に対する畏敬(いけい)の念, 敬神. [*lat.* timor deī (◇timid) の翻訳借用]

got·tes·fürch·tig 形 敬神の念の厚い, 敬虔(けいけん)な:

dreist und ～ (→dreist I).

Got·tes≠ga·be 女 神の賜物(たまもの), すばらしい贈り物. **≠ge·bä·re·rin** 女 聖母マリア. ᵛ**≠ge·lahrt·heit** 女 = Gottesgelehrtheit ᵛ**≠ge·lehr·te** 男 (Theologe) 神学者. ᵛ**≠ge·lehrt·heit** 女 -/ (Theologie) 神学. **≠ge·richt** 中 = Gottesurteil **≠glau·be** 男 神に対する信仰, 信心. **≠gna·de** 女 神の恩寵(おんちょう). **≠gna·den·kraut** = Gnadenkraut **≠gna·den·tum** 中 -s/ 《史》王権神授〔説〕.

Got·tes·haus 中 《雅》(Kirche) 教会; 神殿. [*ahd.*; *lat.* domus deī の翻訳借用]

Got·tes≠ka·sten 男 (教会の)献金箱. **≠kind·schaft** 女 -/ 神の子たること.

Got·tes·lamm 中 -〔e〕s/ 神の子羊たるキリスト. [*lat.* āgnus deī (◇Agnus Dei) の翻訳借用]

Got·tes·lä·ste·rer 男 瀆神(とくしん)者, 神を冒瀆(ぼうとく)する言葉を発する人.

got·tes·lä·ster·lich 形 瀆神(とくしん)的な, 冒瀆的な.

Got·tes≠lä·ste·rung 女 (神への)冒瀆, 瀆神(とくしん), 汚聖(おせい). **≠leh·re** 女 -/ 神学; 宗教. **≠leug·ner** 男 無神論者. **≠leug·nung** 女 (Atheismus) 無神論. **≠lohn** 男 -〔e〕s/ (善行に対する)神の応報〈報酬〉: **um** 〈**für**〉〔**ei·nen**〕**～** 無報酬で. **≠mann** 男 -〔e〕s/..männer《雅》聖職者;《戯》職務熱心な司祭〈牧師〉; 非常に信心深い男. **≠mut·ter** 女 -/ 神の母(聖母マリア). **≠reich** 中 -〔e〕s/ 天国,(天上の)神の国. **≠sohn** 男 -〔e〕s/ 神の子(キリスト). **≠staat** 男 -〔e〕s/ (地上で実現される)神の国. **≠tag** 男《雅》(Sonntag) 主日, 日曜日. **≠tisch** 男 祭壇. **≠ur·teil** 中 神の裁き; (Ordal) (古代・中世の)神明裁判, 神判. **≠ver·eh·rung** 女 -/ 敬神. **≠volk** 中 -〔e〕s/ ᵛ**1** 神の民(イスラエルの民). **2** 《雅》キリスト教社会. **≠wort** 中 -〔e〕s/ (聖書に記されている)神の言葉.

Gott·fried[gɔ́tfriːt] 男名 ゴットフリート. [< *ahd.* got „Gott"+fridu „Friede, Schutz"]

Gott·fried von Straß·burg[– fɔn ʃtráːsbʊrk] 人名 ゴットフリート フォン シュトラースブルク (?-1215頃; 中世ドイツの宮廷叙事詩人. 作品『トリスタンとイゾルデ』).

gott≠ge·fäl·lig[gɔ́t..] 形 神意にかなった, 敬虔(けいけん)な. **≠ge·wollt** 形 神の御心にかなった, 神によって定められた. **≠gläu·big** 形 **1** 信仰をもった. **2** (ナチ時代に)無信仰ではないが特定宗派には属さない.

Gott·hard[gɔ́thart] **I** 男名 ゴットハルト. **II** →Sankt Gotthard [< *ahd.* got „Gott"+harti „hart"]

Gott·heit[gɔ́thaɪt] 女 -/-en **1** 《単数で》神たること, 神性, 神位. **2** 神, 偶像.

Gott·helf[gɔ́thɛlf] **I** 男名 ゴットヘルフ. **II** 人名 Jeremias ～ イェレミーアス ゴットヘルフ(1797-1854; スイスの作家. 本名はアルベルト ビツィウス Albert Bitzius). [Pietismus 期の造語; ◇helfen]

Gott·hold[..hɔlt] 男名 ゴットホルト. [a): < *ahd.* got „Gott"+waltan „walten"; b): Pietismus 期の造語; ◇hold]

Gö̱t·ti[gœ́ti·] 男 -s/- 《ｽｲｽ》= Gote² I

Gö̱t·tin[gœ́tɪn] 女 -/-nen (Gott の女性形)女神: die ～ der Weisheit 〈der Freiheit〉 知恵〈自由〉の女神.

Gö̱t·tin·gen[gœ́tɪŋən] 地名 ゲッティンゲン(ドイツ中央部, Niedersachsen 州の都市で大学の所在地). [<..ingen]

Göt·tin·ger[..ŋər] **I** 男 -s/- ゲッティンゲンの人. **II** 形 《無変化》ゲッティンゲンの: die ～ Sieben 《史》ゲッティンゲンの七教授〔事件〕(1837年, 自由主義的な7人の教授が Hannover 王の憲法破棄に抗議して職を追われた).

gött·lich[gœ́tlɪç] 形 **1** 神の〔ごとき〕; 神に対する: die ～*e* Gnade 〈Weisheit〉 神の恵み〈知恵〉| die ～*e* Vorsehung 神の摂理 | eine ～*e* Erleuchtung 〈Eingebung〉 天啓 | ～*e* Verehrung 神として敬うこと ‖ das *Göttliche* im Menschen 人間の神性 |《Die *Göttliche* Komödie》(ダンテの)『神曲』(→Divina Commedia). **2** 《比》(herrlich) すばらしい;《話》ひどい; (komisch) おかしな: eine Frau von ～*er* Schönheit 絶世の美女 | ein ～*er* Gedanke 〈Einfall〉 すばらしい着想 | ein ～*er* Trunk すてきにうまい酒 | ein ～*er* Leichtsinn ひどい軽率さ ‖ *sich*⁴ ～ amüsieren 底抜けに楽しむ | Du bist ja wirklich ～! お前って全くおかしなやつだな. [*ahd.*; ◇Gott]

Gött·lich·keit[–kaɪt] 女 -/ 神性.

Gott·lieb[gɔ́tliːp] 男名 ゴットリープ. [a): < *ahd.* got „Gott"+..leip „Nachkomme"; b): Pietismus 期の造語; ◇lieb]

gott·lob[gɔtlóːp] 副 (安堵(あんど)・喜びの気持を表して)ありがたい, やれやれ: Wir hatten ～ immer schönes Wetter. 私たちはありがたいことにいつも好天気に恵まれた. [*mhd.*; < *ahd.* got sī lob „Gott sei Lob!"]

Gott·lob[gɔ́tloːp] 男名 ゴットローブ. [Pietismus 期の造語]

gott·los[gɔ́tloːs]¹ **I** 形 **1** 神〔の存在〕を認めない, 無神論の. **2** 神を恐れない, 瀆神(とくしん)的な, 罪深い: ein ～*es* Leben führen 罰当たりな生活を送る | ein ～*es* Maul haben (→Maul 2). **II Gott·lo·se** 男 女 《形容詞変化》無神論者: Der Rest ist für die ～*n*. 《話》(酒を注ぎながら)これでこの瓶はおしまい〈からっぽ〉になる.

Gott·lo·sen·be·we·gung 女 -/ 《史》(旧ソ連邦などの)無神論者運動.

Gott·lo·sig·keit[..zɪçkaɪt] 女 -/ gottlos なこと.

Gott·mensch[gɔ́tmɛnʃ] 男 -en/ 《宗》神人(イエス キリストをさす).

Gott·sched[gɔ́tʃeːt] 人名 Johann Christoph ～ ヨハン クリストフ ゴッチェート〈ゴットシェート〉(1700-66; ドイツの文芸学者・著述家).

die **Gott·schee**[gɔtʃéː] 地名 女 -/ ゴッチェー, コチェヴィ(スロヴェニアの小都市 Kočevje のドイツ名. かつてのドイツ語使用地域).

Gott·sei·bei·uns[gɔtzaɪbáɪ|ʊns, ◡◡–◡] 男 -/ (< Gott sei bei uns!) 《話》(Teufel) 悪魔.

gott·se·lig[gɔtzéːlɪç, ◡–◡]² 形 **1** 信心深い, 敬虔(けいけん)な. **2** 信心ぶった, 偽善的な. **3** 故人となった.

Gott·se·lig·keit[..kaɪt, ◡–◡–] 女 -/ gottselig なこと.

gotts≠er·bärm·lich[gɔ́ts|ɛrbɛ́rmlɪç] 形《話》**1** ひどくあわれな; みじめきわまる: ～ aussehen なんともひどい〈あわれな〉格好だ | Das Kind schrie ～. 子供はひどくあわれに泣きわめいた. **2 a)** 《付加語的》いやになるほどひどい: eine ～*e* Hitze 〈Kälte〉 うんざりするほどひどい暑さ〈寒さ〉. **b)** 《副詞的》(sehr) 非常に, ひどく: ～ schwitzen ものすごく汗をかく | Es ist ～ kalt. べらぼうに寒い. **≠jäm·mer·lich** 形《話》ひどく痛ましい, みじめきわまる: ein ～*er* Anblick 見るもいやな光景 ‖ ～ aussehen ひどくみすぼらしく見える | *jn.* ～ verprügeln …をさんざんに殴りつける.

Gotts·ö̱ber·ste[gɔts|øːbərstə] 男 《形容詞変化》《ｵｰｽﾄﾘｱ》《皮肉》紳士. [< oberst]

Gott·su·cher[gɔ́t..] 男 (禁欲して神を求める)修行者.

Gott·va·ter[gɔtfáːtər] 男 -s/ 《ふつう無冠詞で》《ｷﾘｽﾄ教》父なる神.

gott·ver·dam·mich[gɔtfɛrdamɪç, ◡◡◡◡] 間 (< Gott verdamme mich!) こんちくしょう.

gott≠ver·dammt[gɔ́t.., ◡◡◡] 形, **≠ver·flucht** 形 ᵛ**1** 《付加語的》神にのろわれた. **2** 《話》ひどくのろわしい; いまわしい: Der ～*e* Hund! いまいましい犬め | Warum geht alles so ～ schief? どうしてこう何もかもうまく行かないんだ くそおもしろくもない. **≠ver·ges·sen** 形 **1** 神を忘れた, 瀆神(とくしん)的な,(道徳的に)節度のない. **2** = gottverlassen 1 **≠ver·haßt** 形 神に憎まれた; いまわしい. **≠ver·las·sen** 形 **1** 神に見放された; のろわれた, どうしようもない. **2** 《話》ひどくへんぴな; 荒涼とした, 殺風景な.

Gott·ver·trau·en 中 -s/ 神に対する信頼.

gott·voll[gɔ́tfɔl] 形《話》すばらしい; 愉快な,《反語》ひどくこっけいな: ein ～*er* Witz すばらしい〈ひどくこっけいな〉冗談 | Du hast ja einen ～*en* Hut auf. お前はなんてこっけいな帽子をかぶっているんだ | Der Abend war ～. その晩は愉快な晩だった ‖ ～ frech sein あきれ返るほど厚かましい | Du bist ja ～! お前にはあきれ返るよ.

Gott·we·sen 中 -s/ 神的存在, 神.

Gott·win[gɔ́tviːn] 男名 ゴットヴィーン. [< *ahd.* wini „Freund"]

Götz[gœts] 男名（<Gottfried）ゲッツ: ***Götz* von Berlichingen!**《婉曲に》くそくらえ, ほっといてくれ（„Leck mich am Arsch!“「おれのしりをなめろ」の婉曲な表現. ゲーテの戯曲『ゲッツ フォン ベルリヒンゲン』の初稿に由来する: →Berlichingen）.

Gö̤t·ze[gœ́tsə] 男 -n/-n **1**（Abgott）邪神〔像〕, 偶像;《軽蔑的に》（無批判な）崇拝〈愛好〉の対象: Das Geld ist sein ~. お金こそが彼の偶像だ. **2**《比》（Ölgötze）でくのぼう: wie ein ~ dasitzen ただぽかんとして手出しをしない〈手をこまぬいている〉. ［*mhd.*; ◇Gott］

Gö̤t·zen≠bild 中 邪神像, 偶像. **≠die·ner** 男 偶像崇拝者. **≠dienst** 男 -〔e〕s/ 邪神〈偶像〉崇拝: mit *jm.* 〈*et.*[3]〉 ~ treiben …を盲目的に崇拝する. **≠glau·be** 女 偶像信仰. **≠tem·pel** 男 邪神の神殿.

Gö̤tz·zi·ta̱t[gœ́ts..] 中 -〔e〕s/（「くそくらえ」というような）卑猥(ひわい)で侮辱的な言葉, 卑語（→Götz）.

Gouache[guá(:)ʃ] 女 -/-n[..ʃən] = Guasch

Gou·da·kä̱·se[gáʊda.., xáʊda..] 男 ゴーダチーズ. ［<Gouda（原産地のオランダの都市）］

Gou·dron[gudrɔ̃́:] 男 中 -s/《化》タール. ［*arab.*－*fr.*］

Gou·nod[gunó(:)] 人名 Charles ~ シャルル グノー(1818-93; フランスの作曲家. 作品は歌劇『ファウスト』など).

Gourde[gurd] 男 -/-〔s〕(単位: -/-) グルド（Haiti の貨幣〔単位〕: 100 Centimes）. ［*fr.*; <*fr.* gourd „steif“］

Gour·mand[gʊrmɑ̃́:] 男 -s/-s 美食家でかつ健啖(けんたん)家〈大食漢〉, 食道楽の人. ［*fr.*］

Gour·man·di̱·se[gʊrmɑ̃dí:zə] 女 -/-n **1**《単数で》(Schlemmerei) 食道楽, 美食. **2** 特別の〈ちょっとした〉珍味.

Gour·met[gʊrmέ, ..mé:] 男 -s/-s (Feinschmecker) 美食家, 食通, グルメ, (特に:) ワイン通. ［*fr.*; <*afr.* gromet „Weinhändlers Gehilfe“］

▽**Gout**[gu:] 男 -s/-s (Geschmack) 好み, 趣味; 味覚, 風味. ［*lat.* gūstus (→Gusto)－*fr.* goût］

gou·ti̱e·ren[gutí:rən] 他 (h) ▽**1** (kosten) 味わう, 試食〈試飲〉する, 賞味する. **2** たしなむ, 楽しむ, 愛好する: den Jazz ~ ジャズが好きである. **3** (gutheißen) 是認する, 可とする. ［*lat.*－*fr.*］

Gou·ver·na̱n·te[guvɛrnántə] 女 -/-n ▽**1** 女家庭教師. **2** お節介やきのオールドミス〔ふうな女〕. ［*fr.*］

gou·ver·na̱n·ten·haft 形（お節介やきの）オールドミス「ふうな.」

Gou·ver·ne·ment[guvɛrnəmɑ̃́:, ..nmɑ̃́:] 中 -s/-s **1** 統治, 支配; 管理; 行政. **2** 州, 行政管区,〔占領〕管轄区域. ［*fr.*; <*lat.* gubernāre „steuern“; ◇*engl.* government］

Gou·ver·neur[..nǿ:r] 男 -s/-e 総督; 地方長官;（米国の）州知事;（要塞(ようさい)の）司令官. ［*lat.*－*fr.*; <*gr.* kybernãn „steuern“ (◇Kybernetik); ◇*engl.* governor］

Go̱·ya[gója·] 人名 Francisco José de ~ フランシスコ ホセ デ ゴヤ(1746-1828; スペインの画家).

G. P. 略 =Generalpause

GPU (**G. P. U.**)[ge:pe:ǀú:] 女 -/ ゲーペーウー(1922年以来の旧ソビエト秘密警察: →NKWD). ［*russ.*; <*russ.* *g*ossudarstwennoje *p*olitischeskoje *u*prawlenije］

GPU-Kel·ler[ge:pe:ǀú:..] 男 ゲーペーウー地下留置所.

Gr. 略 **1** =Greenwich **2** =**Groß...**: ~-2°《印》大二つ折り判(=Großfolio) | ~-4°《印》大四つ折り判(=Großquart) | ~-8°《印》大八つ折り判(=Großoktav). **3** =**Gros**[2]

Gra̱b[gra:p][1] 中 -es (-s)/Gräber[grέ:bər] (小 **Grä̱b·chen**[grέ:pçən], **Grä̱b·lein**[..laɪn] 中 -s/-) 墓, 墓穴;《比》死, 終末: ein frisches ~ (埋葬したばかりの) 新しい墓 | **das Heilige ~** キリストの墓 | Doppel*grab* i) 二人墓地; ii) 夫婦(めおと)墓〈墓標〉| Einzel*grab* i) 個人の墓所; ii) 孤立墓地 | Familien*grab* 家族の墓所 | die *Gräber* der Angehörigen 一族の墓 | **das ~ des Unbekannten Soldaten** 無名戦士の墓 ‖ Das war das ~ seines Ruhmes. そこまでで彼の名声は終わりだった | **wie ein ~ schweigen** 固く沈黙を守っている | **stumm 〈verschwiegen〉 wie ein ~ bleiben 〈sein〉**《話》たいへん口が堅い ‖ am Rande des ~*es* stehen (→Rand 1) | *jn.* an den Rand des ~*es* bringen (→Rand 1) ‖ ein ~ bepflanzen 墓に木や花を植える | ein ~ besuchen 墓参りする | **ein frühes ~ finden**《雅》若死にする | **ein nasses 〈feuchtes〉 ~ finden** / ***sein* ~ in den Wellen finden**《雅》水死する | ***sich*[3] selbst *sein* eigenes ~ graben 〈schaufeln〉**《比》みずから墓穴を掘る ‖〖前置詞と〗**an *js.* ~**[3] stehen …の墓前に立つ | Blumen **auf** ein ~ legen 墓に花を供える | **bis ans 〈ins〉 ~ / bis über das ~ hinaus**《雅》いつまでも, 永遠に | Liebe bis ans 〈ins〉 ~ / Liebe bis über das ~ hinaus 終生変わらぬ愛情 | **im** ~ liegen 〈ruhen〉 墓に眠っている | **mit einem Bein 〈Fuß〉 im ~*e* stehen**《話》棺桶(かんおけ)に片足をつっこんでいる, 半分死にかけている | ***jd.* würde sich im ~ herumdrehen, wenn ...**《話》もし…ということなれば…はさぞかし墓の中で身もだえする〈くやしがる〉ことだろう | ***jn.* ins ~ bringen** …の死を招く, …の死の原因となる | den Sarg ins ~ senken 棺を埋葬する | **ins ~ sinken** / *sich*[4] ins ~ legen《雅》死ぬ | *jn.* ins ~ bringen …を殺す | ***jm.* ins ~ folgen**《雅》…のあとを追って死ぬ | ***et.*[4] mit ins ~ nehmen** …(秘密など)を最後まで胸にしまっておく〈明かさずじまいにする〉| ***jn.* zu ~*e* tragen**《雅》…を埋葬する | ***et.*[4] zu ~*e* tragen**《雅》…(希望・計画など)を断念〈放棄〉する. ［*westgerm.* „Grube“; ◇graben; *engl.* grave］

Gra̱b·bei·ga̱·be[grá:p..] 女《考古》副葬品.

Grab·be·le̱i[grabəláɪ] 女 -/-en《北部》やたらにひっかき回すこと; せかせかした手さぐり仕事.

gra̱b·beln[grábəln]《06》**I** 自 (h)《北部》《nach *et.*[3]》まさぐってつかむ; 指ですばやくつかむ: in der Tasche 〈Schublade〉〔nach *et.*[3]〕 ~ ポケット〈引き出し〉の中〔で…〕を探る. **II** 他 (h) **1**《北部》手探りでつかむ: das Feuerzeug aus der Tasche ~ ポケットを探ってライターを取り出す. **2** (kraulen) 軽く掻(か)く, くすぐる: *Grabbel* mich mal ein bißchen auf dem Rücken! 背中をちょっと掻いておくれ. ［*mndd.* grabben; ◇Garbe[1], grapschen; *engl.* grab〔ble〕］

Grä̱b·chen Grab, Graben の縮小形.

Gra̱b·denk·ma̱l[grá:p..] 中 墓石, 墓標;《紋》墓像.

Gra̱·be·land[grá:bə..] (**Gra̱b·land**[grá:p..]) 中 -〔e〕s/ (空き地を一時転用した) 菜園. ［<graben］

gra̱·ben*[grá:bən][1]《62》**grub**[gru:p][1] / **ge·gra̱·ben**; 現 *du* gräbst[grɛ:pst], *er* gräbt; 接II grübe[grý:bə]

I 他 (h) **1** (英: *grave*) (穴・溝などを)掘る; 彫り〈刻み〉つける: ein Loch 〔in die Erde〕 ~ 〔地面に〕穴を掘る | einen Brunnen 〈einen Gang〉 ~ 井戸〈坑道〉を掘る |〔*sich*[3]〕 einen Bau ~ (アナグマなどが) 巣を掘って作る | eine Inschrift in den Stein ~ 銘を石に刻む | Falten 〈Furchen〉 in *js.* Stirn[4] ~ (労苦などが) …の額にしわを刻む | *seine* Spuren in den Schnee ~ (スキーヤーが) 雪にシュプールを刻む | Wer andern eine Grube *gräbt*, fällt selbst hinein. (→Grube 1). **2** (*et.*[4] in *et.*[4]) 埋めこむ, 押しこむ: *seine* Zähne in den Apfel ~ リンゴにかぶりつく | die Hände in die Taschen ~ 両手をポケットにつっこむ | das Kinn in den Mantel ~ コートにあごをうずめる ‖ 再帰 *sich*[4] in *et.*[4] ~ …の中に食いこむ; …に刻〔みこ〕まれる | Die Räder *gruben* sich tief in den Schlamm. 車輪がぬかるみに深くめりこんだ | *sich*[4] *jm.* tief 〈fest〉 ins Gedächtnis ~ …の記憶にしっかりと刻みつけられる ‖ *jm.* ewig ins Gedächtnis *gegraben* sein 〈bleiben〉 …の心にいつまでも消えぬ記憶として残っている. **3** (石炭などを) 掘り出す: Erz 〈Kohle〉 ~ 鉱石〈石炭〉を掘り出す | Kartoffeln ~ ジャガイモを掘る.

II 自 (h) **1**《nach *et.*[3]》掘り出す, 掘り求める(→I 3): nach Kohle ~ 石炭を掘る | nach Wasser ~ 地面を掘って水を得ようとする | nach vergangenen Kulturen ~ 遺跡を発掘する. **2**《in *et.*[3]》掘る: im Sand ~ 砂を掘る. ［*germ.*; ◇Grab, Grube, Gruft; *engl.* grave］

Gra̱·ben[grá:bən] 男 -s/ Gräben[grέ:bən] (小 **Grä̱b·chen**[grέ:pçən], **Grä̱b·lein**[..laɪn] 中 -s/-) 溝, 堀;《軍》〔散兵〕壕(ごう); 塹壕(ざんごう);《地》地溝(ちこう), グラーベン; 海溝(かいこう);《陸上》(障害用の) 水濠(すいごう);《馬術》空濠(からぼり): mit dem Auto in den ~ fahren 車ごと溝に突っこむ | im ~ landen 溝に落ちる | im 〔vordersten〕 ~ liegen《軍》最

前線にいる｜noch nicht überm ～ ⟨über den ～⟩ sein《比》まだ峠を越していない‖einen ～ ziehen ⟨ausheben⟩ 溝を掘る｜einen ～ nehmen 水濠を跳び越す｜den ～〔ein〕-nehmen ⟨aufrollen⟩〘軍〙(敵の)塹壕を占領する.

Gra·ben≈bag·ger 男 溝掘り機. **≈bö·schung** 女《ス⁴》堀の斜面: die äußere ～ 外岸斜面. **≈bruch** 男〘地〙地溝. **≈fie·ber** 中 -s/ 〘医〙五日熱, 塹壕(ざんごう)熱. **≈kampf** 男〘軍〙塹壕戦. **≈krieg** 男 塹壕戦;《比》(表面に出ない)冷たい争い. **≈sen·ke** 女 =Grabenbruch **≈soh·le** 女 壕の底. **≈spie·gel** 男〘軍〙(塹壕の)展望鏡. **≈wehr** 女〘軍〙胸壁, 砲座.

Grä·ber[1][grɛ́:bər] 男 -s/- **1** (graben する人. 例えば:) 墓掘り人; (Graveur) (金属・石などの)彫刻師. **2 a)**〘動〙穴居動物. **b)** =Totengräber 2 **3** =Grabstichel

Grä·ber[2][-] Grab の複数.

Grä·ber≈feld 中 (発掘された)古代の墓地跡. **≈fund** 男 墓地〔跡〕からの発掘物.

Gra·bes≈dun·kel[grá:bəs..] 中, **≈nacht** 女 -/ (墓穴の中のような)不気味な暗黒(暗やみ). **≈rand** 男 墓のふち: am ～ stehen《雅》死にかかっている. **≈ru·he** 女 墓場の〔ような〕安らかさ(静けさ). **≈stil·le** 女 墓場の〔ような〕静寂. **≈stim·me** 女《話》陰気な(不気味な)声.

Grab≈ge·läut[grá:p..] 中, **≈ge·läu·te** 中 弔いの鐘. **≈ge·sang** 男 弔いの歌, 葬送歌. **≈ge·wöl·be** 中 (地下の)墓所, 納骨所. **≈hü·gel** 男 墓の盛り土, 墓丘. **≈in·schrift** 女 墓碑銘(文). **≈kreuz** 中 墓の十字架.

Grab·land =Grabeland

Grab·le·gung 女 埋葬.

Gräb·lein Grab, Graben の縮小形.

Grab≈lied[grá:p..] 中 = Grabgesang **≈mal** 中 -〔e〕s/-e, ..mäler 墓石, 墓標〔板〕, 墓碑;〘紋〙墓像: ein ～ errichten 墓標(墓碑)をたてる.

Grab·mei·ßel 男 (銅版彫刻用の)のみ. [<graben]

Grab≈num·mer 女 (霊園の)墓地番号〔標〕. **≈plat·te** 女 (〔教会内の〕墓の上に横たえられた大理石などの)墓標板; (死者の肖像・紋章などを刻んだ)教会の壁の追悼記念牌(はい). **≈re·de** 女 (埋葬の際の)弔辞. **≈säu·le** 女 (装飾のある)墓標柱. **≈schän·dung** 女 墓荒らし, 墓をあばくこと.

Grab·scheit 中《東部》シャベル. [<graben]

grab·schen[grápʃən]《04》=grapschen

Grab·schrift[grá:p..] 女 墓碑銘(文).

gräbst[grɛ:pst] graben の現在 2 人称単数.

Grab≈stät·te[grá:p..] 女 墓所, 墓地. **≈stein** 男 墓石. **≈ste·le** =Stele 1 **≈stel·le** 女 墓地.

Grab≈sti·chel 男 (銅版彫刻用の)のみ, ビュラン, 溝切り: der ～〘天〙彫刻具座. **≈stock** 男 -〔e〕s/..stöcke 古代の〔農耕用〕穴掘り棒.

gräbt[grɛ:pt] graben の現在 3 人称単数.

Grab·tuch 中 -〔e〕s/..tücher (Leichentuch) 死体に巻きつける布, 屍衣(しい); 棺にかける布, 墓覆い: ～ Christi キリストの聖骸(せいがい)布.

Gra·bung[grá:bʊŋ] 女 -/-en 掘ること; 発掘; 採掘; 彫刻.

Grab≈ur·ne[grá:p..] 女 納骨つぼ. **≈va·se** 女 墓地の花立て.

Grab·wes·pe 女〘虫〙ジガバチ(似我蜂・細腰蜂)科の昆虫. [<graben]

Grace[greɪs] 女名 グレイス. [*mlat.*–*engl.*; ◇Grazie]

Gra·chel[gráxəl] 女 -/-n《南部》(Granne)〘植〙芒(のぎ).

Gracht[graxt] 女 -/-en (オランダなどの)市中の運河, 掘割; 水路; 排水渠(きょ). [*ndl.*–*ndd.*; ◇graben]

Grad[gra:t][1] 男 -es (-s)/-e (単位: -/-) **1** (英: *grade*) (目盛り・度合いの)度(記号 °, g); (Schriftgrad)〘印〙ボデー(活字の肩から足までの角柱部分): 15 ～ Wärme ⟨Kälte⟩ 温度(零下) 15度｜ein Winkel von 45 ～ 21 Minuten 45度21分(記号 45°21′)の角度｜Es sind ⟨オーストリア: Es hat⟩ 20 ～. 温度は20度である｜Er hatte 40 ～ Fieber. 彼は熱が40度あった｜Du bist einen ～ in meiner Achtung gestiegen. 私は君をちょっぴり見直したよ‖**auf** ⟨**unter**⟩ 20 ～ östlicher Länge liegen 東経20度に位置する｜auf 32 ～〔plus / über Null〕⟨auf plus 32 ～⟩ stehen (温度計・水銀柱が) 32度を指している｜*et.*[4] auf 100 ～〔Celsius〕erhitzen …を〔摂氏〕100度に熱する｜**bei** 5 ～ Kälte〔minus / unter Null〕マイナス 5 度の温度で｜Wasser kocht bei 100 ～. 水は100度で沸騰する｜*et.*[4] **in** *～e* einteilen …に度盛りを入れる｜eine Wendung **um** 180 ～ ⟨hundertachtzig ～⟩ 180度の方向転換｜*seine* Meinung um 180 ～ ändern《比》意見を180度変える｜***sich***[4] **um 180 ～ drehen** 180度回転する;《比》反対の立場に変わる｜um einige ～〔*e*〕dunkler sein (色などが)一段と濃い.

2 程度, 度合い: der ～ einer Konzentration〘化〙濃〔縮〕度｜einen hohen ～ der Wahrscheinlichkeit haben 確度が高い｜den höchsten ～ an ⟨der⟩ Reinheit erreichen 最高の純度に達する‖**bis** zu einem gewissen ～〔*e*〕ある程度まで｜**in** hohem ～〔*e*〕かなりの程度に, 高度に｜im höchsten ～〔*e*〕/ in höchstem ～〔*e*〕極度に｜nicht im geringsten ～〔*e*〕これっぽちも…ない｜ein Wissenschaftler **von** hohen *～en* 第一級の科学者.

3 a) 階級, 位階; 学位: der ～ eines Doktors 博士号｜einen akademischen ～ erlangen ⟨erwerben⟩ 学位を得る. **b)**〘数〙(方程式などの)次;〘法〙親等;〘言〙(比較変化の)級: eine Gleichung ⟨ein Verwandter⟩ zweiten *～es* 2 次方程式(2 親等の男子親族)｜Verbrennungen dritten *～es* 3 度の火傷(やけど)‖mit *jm.* nur in einem sehr entfernten ～ verwandt sein …と非常に遠い親類であるにすぎない. [*lat.* gradus „Schritt"–*ahd.*; <*lat.* gradī „schreiten"; ◇*engl.* grade]

Grad≈ab·tei·lung[grá:t..] 女 **1** =Gradfeld **2** (物差しなどの)目盛り. **≈ab·zei·chen** 中〘軍〙階級章.

gra·da·tim[gradá:tɪm] 副 徐々に, 少しずつ. [*lat.*]

Gra·da·tion[..datsió:n] 女 -/-en **1** 等級, 階級, 位階. **2**〘修辞〙漸層法. **3** 明暗, ニュアンス;〘美〙ぼかし. **4**〘動〙(開始から終息まで数世代を要する)漸進大発生. [*lat.*]

Grad·bo·gen[grá:t..] 男 分度器;〘測量〙目盛り付き円弧アーム.

gra·de[grá:də]《話》=gerade[2]

★ 複合語の場合は gerade.. に始まる形の方が多い.

Grad·ein·tei·lung[grá:t..] 女 (物差しなどの)目盛り.

Gra·del[grá:dəl] 男 -s/-《南部》**1** (マット・作業用前掛けなどに用いる)かたい布地. **2** 粗い砂利.

gra·de〔n〕·wegs =geradenwegs

Grad·feld[grá:t..] 中〘地〙度分(隣接する 2 本の緯度・経度で囲まれた地域).

Grad≈flüg·ler[grá:t..] =Geradflügler **≈füh·rung** =Geradführung

Gra·dient[gradiɛ́nt] 男 -en/-en〘数〙勾配(こうばい);〘理〙傾斜(変化)度, グラジエント. [<*lat.* gradī (→Grad)]

Gra·dien·te[..tə] 女 -/-n〘鉄道〙勾配線.

Gra·dier·ei·sen[gradí:r..] 中 刻み目の入った彫刻用のみ.

gra·die·ren[gradí:rən] 他 (h) **1** 濃縮する, (塩水などを)蒸発させて濃くする, 枝条架(しじょうか)装置で濃縮する. **2** 精製(精錬)する, 濁りを除く. **3** (金合金の表面の)金色を強める. **4**《*et.*[4]》(…に)目盛り(度盛り)をつける. [<Grad]

Gra·dier·haus[gradí:r..] 中 =Gradierwerk

Gra·die·rung[..rʊŋ] 女 -/-en gradieren すること.

Gra·dier≈waa·ge[gradí:r..] 女 塩分〔比重〕計. **≈was·ser** 中 -s/ (金合金の表面の)金色を強める溶液. **≈werk** 中 (製塩の過程で塩水を蒸発させて鹹水(かんすい)を作る)枝条架(しじょうか)装置(その近辺の塩分を含んだ空気は呼吸系統の病気の治療に役だつ: → 図).

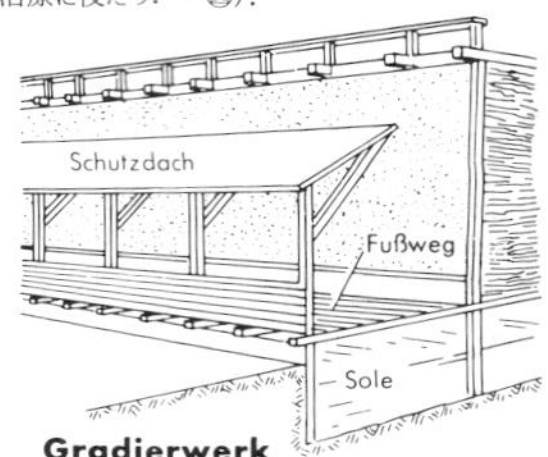

Gradierwerk

..gradig[..graːdɪç]²(ｵｰｽﾄﾘｱ: **..grädig**[..grɛːdɪç]²)《数詞・形容詞などにつけて「…度の」を意味する形容詞をつくる》: zwei*gradig* 2度の | hoch*gradig* 高度の. [<Grad]
Gradl[gráːdəl] 男 -s/- =Gradel
grad·läu·fig[gráːt..]《話》=geradläufig
Grad·lei·ter 女 分度器.
grad·li·nig《話》=geradlinig
Grad≈mes·ser 男 尺度, 物差し: Beifall als ～ des Wohlgefallens (観客などの)満足の度合いを示す尺度としての拍手. ≈**mes·sung** 女 天体測量, 測度; (Bogenmessung)〘地〙弧長測量. ≈**netz** 中 (地図の)経緯度線. ≈**par·ti·kel** 女〘言〙度数詞, 焦点化詞, とりたて詞(分成分にかかってそれを際立たせる働きをする不変化詞. 例 besonders, gerade, nur など).
grad·sin·nig《話》=geradsinnig
Grad·stock 男 -[e]s/..stöcke ヤコブの杖(ﾂｴ)(14世紀ごろヨーロッパで航海に用いられた, 巡礼杖に似た天測機械).
gra·dual[graduáːl] 形 等級〈段階〉のある. [*mlat.*]
Gra·dua·le[..lə] 中 -s/..lien[..liən]〘ｶﾄﾘｯｸ〙昇階唱(ミサの際, 書簡朗読のあとで歌われる答唱). [*mlat.*; <*lat.* gradus (→Grad)]
gra·duell[..duɛ́l] 形 **1** 等級〈段階〉のある. **2** 漸次の, 徐々の: eine ～*e* Reform 段階的改革. [*mlat.*－*fr.*]
gra·du·ier·bar[graduíːrbaːr] 形 (steigerungsfähig)〘言〙(形容詞などについて)程度の差をつけることの可能な.
Gra·du·ier·bar·keit[–kaɪt] 女 -/ graduierbar なこと.
gra·du·ieren[graduíːrən] **I** 他 (h) **1** 《*et.*⁴》(…に)目盛り〈度盛り〉をつける. **2** 《*jn.*》(…に)〔学位を授けて〕大学を卒業させる. **II Gra·du·ier·te**[..íːrtə] 男 女《形容詞変化》大学卒業生. [*mlat.*; ◇ *engl.* graduate]
Gra·du·ierung[..íːrʊŋ] 女 **1** 目盛り, 度盛り. **2** 学位授与.
Gra·dus ad Par·nas·sum[gráːdʊs at parnásʊm] 男 ---/---[gráːduːs ––] パルナッソスへの階梯(ｶｲﾃｲ)(18世紀に出版された古典作詩法入門書や練習曲集〔の表題〕: → Parnaß). [*lat.* „Stufe zum Parnaß"]
grad·wei·se[gráːt..] 副 (→..weise ★)徐々に, 段階的に.
Grae·cum[grɛ́ːkʊm] 中 -s/ **1** 古典ギリシア語学力認定試験; 認定された古典ギリシア語の語学力(→Latinum): das ～ haben 〈machen〉 古典ギリシア語認定試験に合格している〈を受ける〉. **2** 古典ギリシア語〔認定レベル〕の教材(→Latinum). [*lat.* „Griechisches"; ◇gräko..]
..graf[..graːf] →..graph
Graf[graːf] 男 -en/-en **1** (女 **Grä·fin** → 別出) **a)** 伯爵(Fürst と Freiherr との中間の爵位): ～ von Zeppelin ツェペリーン伯 ‖ **wie ～ Koks** 〔**von der Gasanstalt**〕《話》ばかにめかしこんで | **wie ～ Rotz** 〔**von der Backe**〕《軽蔑的に》厚かましい, ずうずうしい, 尊大な. **b)**〘史〙伯(フランク王国以来 König に仕える高級官僚): Burg*graf* 城伯 | Mark*graf* 辺境伯. **2**《北部》同業組合長. [*gr.* grapheús „Schreiber"－*mlat.* graphio －*ahd.* grāv〔i〕o; <*gr.* gráphein (→..graph)]
Gra·fen≈bank[gráːfən..] 女 -/..bänke (議会などでの)伯爵席. ≈**kro·ne** 女 伯爵の冠(→ 図 Krone A). ≈**stand** 男 伯爵の身分. ≈**ti·tel** 男 伯爵の称号. ≈**wür·de** 女 伯爵の爵位.
Graf·fel[gráfəl] 中 -s/ 《ｵｰｽﾄﾘｱ》, **Graf·fel·werk** 中《南部・ｵｰｽﾄﾘｱ》(Kram)(価値のない)品物, がらくた. [<Geraffel]
Graf·fi·to[grafíːtoˑ] 男 (中) -[s]/..ti[..tiˑ] **1**〘美〙(古代の遺跡の壁などに刻み込まれた)掻(ｶ)き絵. **2** (壁などの)落書き. [*it.*; <*it.* graffiare „kratzen" (◇..graph)]
..grafie[..grafiː] →..graphie
Gra·fik[gráːfɪk] 女 -/ =Graphik
Gra·fi·ker[..fikər] 男 -s/- =Graphiker
Grä·fin[grɛ́ːfɪn] 女 -/-nen (Graf の女性形) **1** Graf の地位にある女性. **2** 伯爵夫人; 伯爵令嬢.
gra·fisch[gráːfɪʃ] =graphisch
Gra·fit[grafíːt, ..fɪ́t] 男 -s/-e =Graphit
gra·fi·tie·ren[grafitíːrən] =graphitieren
gra·fi·tisch[grafíːtɪʃ] =graphitisch
gräf·lich[grɛ́ːflɪç] 形 伯爵〔領〕の. [*mhd.*; ◇Graf]
Gra·fo·lo·ge[grafolóːgə] 男 -n/-n =Graphologe
Gra·fo·lo·gie[..logíː] =Graphologie
gra·fo·lo·gisch[..lóːgɪʃ] =graphologisch
Graf·schaft[gráːfʃaft] 女 -/-en **1** 伯爵の身分. **2** 伯爵領; (英国の)州, カウンティ.
Gra·ham·brot[grá(ː)ham..] 中 (ひいたままで, ふすまを除いてない小麦粉を用いた)グラハムパン, 全麦パン. [<S. Graham (アメリカの食餌(ｼﾞ)法改良家, †1851)]
Graie[gráɪə] 女 -/-n《ふつう複数で》〘ギ神〙グライア(Gorgo と同腹の, 生まれながら白髪の女怪三姉妹).
Grain[greːn, greɪn] 男 -s/-s (単位: -/-) **1** グレーン(英米で用いられる最小重量単位: 0.0648g). ▽**2** =Grän [*lat.* grānum (→Gran) －*afr.*－*engl.*]
grai·nie·ren[grɛníːrən] 他 (h) (紙などの表面を)ざらざら〈ぶつぶつ〉に仕上げる. [*fr.*]
gräko..《名詞などにつけて「ギリシア」を意味する》[*lat.* Graecus „griechisch"; ◇Grieche; *engl.* gr〔a〕eco..]
grä·ko·la·tei·nisch[grɛ́ːkolatáɪnɪʃ] 形 ギリシア=ラテン〔語〕の.
Grä·ko·ma·nie[grɛkomaníː] 女 -/ ギリシア崇拝,〔古代〕ギリシア熱.
Grä·kum[grɛ́ːkʊm] 中 -s/ =Graecum
Gral[graːl] 男 -s/ 《ふつう次の形で》der 〔Heilige〕 ～ グラール, 聖石, 聖杯(中世ヨーロッパの伝説・文学に登場し, 選ばれた者にだけ見える, 生命力・幸福の源泉となる秘宝. 石あるいは酒杯の形をとるが, 後者の場合, それはキリストが最後の晩餐(ﾊﾞﾝｻﾝ)で用いた杯に由来するとされる). [*afr.* graal „Gefäß"－*mhd.*]
Grals≈burg[gráːls..] 女 聖杯〔を守る〕城. ≈**hü·ter** 男 聖杯の守護者;《比》神聖犯すべからざるものを守ろうとする人: die ～ des rechten Glaubens 正しい信仰を護持する人たち. ≈**rit·ter** 男 聖杯〔を守る〕騎士. ≈**sa·ge** 女 聖杯伝説.
gram[graːm]《雅》**I** 形《比較変化なし》《次の形で》*jm.* ～ sein …を恨んでいる | Man kann ihm nicht ～ sein. 彼は憎めない男だ. **II Gram** 男 -[e]s/ 心痛, 悲嘆; ▽憤慨: aus 〈vor〉 ～ über einen Verlust sterben 損失のショックで死ぬ | vor ～ vergehen 心痛にやつれ果てる, 傷心のあまり死ぬ思いをする ‖ *seinem* ～ nachhängen (いつまでも)悲嘆に暮れる | Der ～ zehrte 〈fraß〉 an ihm. 心痛が彼をさいなんだ. [*germ.* „grollend"; ◇grimm]
grä·meln[grɛ́ːməln]《06》自 (h)《中部・北部》不機嫌である.
grä·men[grɛ́ːmən] 他 (h)《*jn.*》《雅》(深く)悲しませる, 嘆かせる: Das soll mich nicht ～. それは私には悲しくもなんともない ‖ 再帰 *sich*⁴ über *jn.* 〈*et.*⁴〉 ～ …のことを嘆く, …のことを恨む | *sich*⁴ zu Tode ～ 死ぬほど嘆く〈恨む〉.
gram·er·füllt[gráːm..] 形 悲嘆に暮れた.
Gram-Fär·bung[grám..] 女〘医〙(細菌の)グラム染色〔法〕. [<H. Ch. Gram (デンマークの細菌学者, †1938)]
gram·ge·beugt[gráːm..] 形 傷心の, 悲嘆に暮れた.
Gra·mi·neen[graminéːən] 複 (Gräser)〘植〙イネ科植物. [<*lat.* grāmen (→Gras)]
Gräm·ler[grɛ́ːmlər] 男 -s/- grämeln する人.
gräm·lich[..lɪç] 形《雅》(mißmutig) 気むずかしい, 不機嫌な: ein ～*er* Alter 気むずかし屋の老人 | ein ～*es* Gesicht 不機嫌な顔つき ‖ *jm.* ～ antworten …に不愉快そうに返答する. [<gram]
Gräm·lich·keit[..kaɪt] 女 -/ grämlich なこと.
..gramm [..gram]《「文字・書かれたもの・図」などを意味する中性名詞 (-s/-e) をつくる》: Ideo*gramm* 表意文字 | Mono*gramm* 組み合わせ文字, モノグラム | Steno*gramm* 速記文字原稿 | Tele*gramm* 電報 | Dia*gramm* 図表 | Kardio*gramm*〘医〙心拍〔動〕曲線. [*gr.* grámma „Geschriebenes"; ◇..graph]
Gramm[gram] 中 -s/-e (単位: -/-) グラム(記号 g): ein Brief von 20 ～ 20グラムの目方の手紙 | Bitte 200 ～

Schinken! ハムを200グラムください | Wieviel ~ wiegt das Paket? その小包は何グラムですか. [*gr.* grámma－*fr.*]

Gramm·äqui·va·lent[grám..] 中〘化〙グラム当量.

Gram·ma·tik[gramátık] 女 -/-en **1**《単数で》文法: die deutsche ~ ⟨die ~ der deutschen Sprache⟩ ドイツ〔語〕文法 | die diachronische ⟨synchronische⟩ ~ 通時⟨共時⟩〔的〕文法 | die historische ⟨strukturelle⟩ ~ 歴史⟨構造主義⟩文法 ‖ gegen die ~ verstoßen 文法的な間違いをする. **2** 文法〔教科〕書. [*gr.* grammatikḗ (téchnē) －*lat.*－*ahd.*; <*gr.* grámma (→..gramm); ◇ *engl.* grammar]

Gram·ma·ti·ka·li·sa·tion[gramatikalizatsió:n] 女 -/-en ＝Grammatikalisierung

gram·ma·ti·ka·lisch[..ká:lıʃ] ＝grammatisch

Gram·ma·ti·ka·li·sie·rung[..kalizí:rʊŋ] 女 -/-en〘言〙文法化, 辞〔素〕化(語が本来の詞的意味を失い文法的機能語に転化すること).

Gram·ma·ti·ka·li·tät[..kalitɛ́:t] 女 -/〘言〙文法〔適合〕性.

Gram·ma·ti·ker[gramátikər] 男 -s/- 文法家⟨学者⟩. [*gr.* grammatikós „sprachkundig"－*lat.*]

Gram·ma·tik≈re·gel[gramátık..] 女 -/-n《ふつう複数で》文法規則. **≈theo·rie** 女 文法理論.

gram·ma·tisch[..tıʃ] 形 文法〔上〕の; (↔ungrammatisch) 文法的に正しい: ein ~*er* Bau 文法的構造 | ein ~*er* Fachausdruck ⟨Fehler⟩ 文法上の術語⟨誤り⟩ | ein ~*es* Genus ⟨Geschlecht⟩ 文法上の性 | die ~*en* Regeln beherrschen 文法規則をマスターする | ein ~*es* Subjekt 文法的主語(後置された本来の主語の代わりに文頭に置かれる es. ⑲ *Es* geschah ein Unfall. 事故が起きた) | der ~*e* Wechsel 文法的子音交替(⑲ verlie*r*en—Verlu*s*t, zie*h*en—zo*g*) ‖ ~ richtig sprechen ⟨schreiben⟩ 文法的に正しい話し⟨書き⟩方をする.

Gram·ma·ti·zi·tät[..matitsitɛ́:t] 女 -/ ＝Grammatikalität

Gramm·atom[grám..] 中〘化〙グラム原子.

Gram·mel[grámәl] 女 -/-n **1**《南部・オーストリア》＝Griebe 1 **2**《オーストリア》売春婦, 娼婦(しょうふ).

..grammig[..gramıç][2]《数詞につけて「…グラムの」を意味する形容詞をつくる》: dreihundert*grammig* 300グラムの.

Gramm·mol ＝Grammol

Gramm·mo·le·kül ＝Grammolekül

Gram·mo[grámo·] 中(スイスではときに男) -s/-s《話》(特にスイスで)＝Grammophon

Gram·mo·fon ＝Grammophon

Grammol[grammó:l], **Grammolekül**[grámmoleky:l, ◡◡◡◡⊥] 中 -s/-e〘化〙グラム分子.

Gram·mo·phon[gramofó:n] 中(スイスではときに男) -s/-e 商標 グラモフォン(旧式の〔手回し式〕蓄音機): auf dem ~ spielen 蓄音機〔でレコード〕をかける. [<..gramm]

Gram·mo·phon≈na·del 女(蓄音機の)レコード針. **≈plat·te** 女 (Schallplatte) レコード. **≈trich·ter** 男 (旧式蓄音機の)らっぱ形スピーカー.

gram≈ne·ga·tiv[gram..] 形〘医〙(細菌が)グラム陰性の(→Gram-Färbung). **≈po·si·tiv** 形〘医〙(細菌が)グラム陽性の.

gram≈ver·sun·ken[grá:m..] 形 悲嘆に暮れた, 憂いに沈んだ. **≈voll** 形 悲嘆⟨恨み⟩に満ちた. [<Gram]

Gran[gra:n] 中 -〔e〕s/-e (単位: -/-) **1**〘薬〙グレーン(薬剤用の重量単位: 約65mg);《比》ごくわずか: Darin liegt ein ~ Wahrheit. その話には少しだけ真実が含まれている. **2** ＝Grän [*lat.* grānum „Korn"; ◇ Korn, Grain]

Grän[grɛ:n] 中 -〔e〕s/-e (単位: -/-) グレーン(貴金属・宝石類の重量単位: それぞれ1/12カラット, 1/4カラット). [*fr.*]

Gra·na·da[graná:da·] 地名 グラナダ(スペイン南部の古都で遺跡が多い). [*span.*; ◇ Granate]

Gra·na·dil·le[granadílә] 女 -/-n ＝Grenadille

Gra·nat[1][graná:t] 男 -〔e〕s/-e〘動〙(北海産の)エビジャコの一種. [*fläm.*－*ndd.*; ◇ Garnele]

Gra·nat[2][–] 男 -〔e〕s/-e (オーストリア: -en/-en) **1**〘鉱〙石榴(ざくろ)石. **2**《オーストリア》いかさま賭博(とばく)師. [*mlat.* (lapsis) grānātus „körniger (Edelstein)"－*mhd.*; ◇ *engl.* garnet]

Gra·nat·ap·fel 男〘植〙ザクロ(石榴)の実. [*mhd.*; <*lat.* mālum grānātum „körniger Apfel"; ◇ *engl.* pomegranate]

Gra·nat〔**·ap·fel**〕**·baum** 男 ザクロの木.

Gra·na·te[graná:tә] 女 -/-n **1**〘軍〙榴弾(りゅうだん)(→ ⑲ Geschoß): 〔Potz〕 Bomben und ~*n*! (→Bombe 1) | mit Bomben und ~*n* durchfallen (→Bombe 1). **2**《話》(サッカーなどの)強烈なシュート. [*it.* granata „Granatapfel"; <*lat.* grānum (→Gran); ◇ Grenadier; *engl.* grenade]

Gra·nat·ein·schlag 男 **1** 榴弾(りゅうだん)の炸裂(さくれつ). **2** (建物の壁にできた)榴弾痕(こん).

Gra·na·ten·ha·gel 男 雨あられと降る榴弾(りゅうだん).

Gra·nat≈feu·er 中 -s/ 榴弾(りゅうだん)射撃. **≈ha·gel** ＝Granatenhagel

gra·na·tig[graná:tıç][2] 形《方》ひどい, はなはだしい: eine ~*e* Kälte 恐ろしい寒さ ‖ *jn.* ~ verprügeln …をこっぴどく打ちのめす.

gra·nat·rot[graná:t..] 形 **1** (石榴(ざくろ)石のような)赤茶色の. **2** (ザクロのような)紅色の.

Gra·nat≈split·ter 男 榴弾(りゅうだん)の破片. **≈stein** 男〘鉱〙石榴(ざくろ)石. **≈trich·ter** 男 (地面にできた)榴弾痕(こん). **≈wer·fer** 男〘軍〙擲弾(てきだん)筒; (小型の)追撃砲.

Grand[1][grant][1] 男 -〔e〕s/《北部》砂利, 割石; 麦のふすま. [<Grind]

Grand[2][–] 男 -〔e〕s/-e《南部・オーストリア》水槽, おけ. [*ahd.*]

Grand[3][grã:, graŋ] 男 -s/-s (↔Farbenspiel)〘トランプ〙(スカートで)グラン(親がスペードとかダイヤとかの特定のマークの札を切り札と決めずジャックだけを切り札と決めて勝負すること). [*fr.* grand (jeu) „großes (Spiel)"]

Grand[4] →*Grand* ouvert, *Grand* Prix

Gran·de[grándә] 男 -n/-n (スペインの)大公; 高官. [*span.* grande „der Große"; <*lat.* grandis „groß"; ◇ *engl.* grandee]

Gran·del[grándәl] 女 -/-n〘狩〙(シカの上あごの)きば.

〔die〕 **Grande Na·tion**[grãdnasjɔ̃] 女 --/ 大国民(Napoleon I. 以来のフランス〔国民〕の自称). [*fr.*]

Gran·deur[grãdǿ:r] 女 -/ (Großartigkeit) 壮大さ. [*fr.*; <*fr.* grand „groß"]

Gran·dez·za[grandɛ́tsa·] 女 -/ **1** (スペインの)大公の階級⟨身分⟩. **2** 品格, 威厳; 尊大. [*span.* grandeza をイタリア語めかした形; ◇ Grande]

Grand·ho·tel[grã́:hotɛl] 中 豪壮なホテル. [*fr.*]

gran·dig[grándıç][2] 形《方》大きい, 壮大な. [◇ Grand[3]]

gran·dios[grandió:s][1] 形 雄大な, 壮大な, 圧倒的な; 荘厳な, みごとな: ein ~*er* Anblick 雄大な眺め. [*it.* grandioso; <*it.* grande „groß"]

Gran·dio·si·tät[..diozitɛ́:t] 女 -/ grandios なこと.

Grand ou·vert[grã: uvé:r, – uvɛ́:r] 男 --〔s〕[––(s)]/-〔s〕-s[––(s)]〘トランプ〙(スカートで)グラン ウベール(親が手札を子に開いて見せたまま Grand[3]をすること. 基本点は一般に36点でいちばん高い: →Grand[3]). [*fr.*; <*fr.* ouvert „offen"]

Grand Prix[grãprí(:)] 男 --[–(s)]/--[–s] 大賞, グランプリ. [*fr.*]

Grand·sei·gneur[..sɛnjǿ:r] 男 -s/-s, -e 貴人, 殿様, お大尽. [*fr.*]

Grand-Tou·risme≈-Ren·nen[grãturísm..] 中 GTカーレース(⑲ GT-Rennen). **≈-Wa·gen** 男 GTカー(高性能のスポーツカー; ⑲ GT-Wagen). [<*fr.* grand tourisme „großer Reisesport"]

Grä·ne[grɛ́:nә] (オーストリア: **Gra·ne**[grá:..]) 女 -/-n ＝Grandel

gra·nie·ren[graní:rәn] **I** 他 (h) **1** (銅版画の版面を)ざらざらにする. **2** ＝grainieren **3** ＝granulieren I 1

II gra·niert 過分 形 粒状の, ざらざらした. [<Gran]

Gra·nit[graní:t, ..nít] 男 -s/-e〘鉱〙花崗(かこう)岩, 御影

(みかげ)石: **fest** 〈**hart**〉 **wie ~ sein** 《話》少しもゆるがない, 頑固である | **bei *jm.* auf ~ beißen** 《比》…にかかっては歯が立たない, …の強い抵抗にあう. [*mlat.* grānitum (marmor) „gekörnter (Marmor)"–*it.* granito–*mhd.*; <*lat.* grānum (→Gran); ◇*engl.* granite]

gra·ni·t·ar·tig 形 花崗(こう)岩質(状)の.

Gra·nit·block 男 -(e)s/..blöcke 花崗(こう)岩の塊.

gra·ni·ten[graní:tən, ..nítən] 形《付加語的》花崗(こう)岩〔質〕の;《比》(意志・決意などの)堅い, 断固とした: eine ~*e* Säule 〈Tafel〉 御影(みかげ)石の柱〈板〉| ein ~*er* Entschluß 不動の決意.

Gra·nit≈fel·sen 男 花崗(こう)岩壁. **≈ge·bir·ge** 中 花崗岩の山脈〈山塊〉. **≈por·phyr** 男《鉱》花崗斑岩(はんがん). **≈qua·der** 男 女 (直方体の)花崗岩の切り石.

Gran·ne[gránə] 女 -/-n **1**《植》(麦などの)芒(のぎ). **2** (動物の毛皮の)剛毛. [*germ.* „Stechendes"; ◇Grenze, Grat]

Gran·nen·wei·zen 男《植》有芒(ゆうぼう)種コムギ(→ 図 Weizen).

gran·nig[..nıç][2] 形 芒(のぎ)のある; ひげのある, とげとげしている.

Grans[grans][1] 男 -es/Gränse[grέnzə], **Gran·sen** [..zən] 男 -s/-《南部》船の先端(船首または船尾). [*ahd.* granso; ◇Granne]

Grant[grant] 男 -s/ 《南部・オーストリア》《話》不機嫌; 不満, 憤懣(ふんまん).

gran·teln[grántəln] 《06》自 (h) 《南部・オーストリア》不機嫌である, ぶつぶつ文句を言う.

gran·tig[grántıç][2] 形《南部・オーストリア》《話》不機嫌な, 気むずかしい.

Gran·tig·keit[–kaıt] 女 -/ grantig なこと.

Grant·ler[grántlər] 男 -s/-《南部・オーストリア》《話》不機嫌な人; 気むずかし屋.

Gra·nu·la Granulum の複数.

gra·nu·lär[granulέ:r] 形 (körnig) 粒のような, 粒状の, 顆粒(かりゅう)状の.

Gra·nu·lar·atro·phie[granulá:r..] 女《医》(腎臓(じんぞう)の)顆粒(かりゅう)性萎縮(いしゅく).

Gra·nu·lat[granulá:t] 中 -(e)s/-e 粒状にした〈顆粒(かりゅう)化した〉物質.

Gra·nu·la·tion[granulatsió:n] 女 -/-en **1** (granulieren すること. 例えば:) 顆粒(かりゅう)化, 顆粒形成. **2** (〔表面が〕粒状のもの) **a**) (装身具などの)粒状の装飾. **b**) =Granulen **3**《医》肉芽.

Gra·nu·la·tions≈ge·schwulst 女《医》肉芽腫瘍(しゅよう). **≈ge·we·be** 中《医》肉芽組織.

Gra·nu·len[granú:lən] 複《天》(太陽光球面に見られる)粒状斑(はん).

gra·nu·lie·ren[granulí:rən] **I** 他 (h) **1** 〔砕いて〕粒状にする, 顆粒(かりゅう)化する. **2** (装身具などに)粒状の飾りをつける. **II** 自 (s, h)《医》肉芽を形成する.

Gra·nu·lit[granulí:t, ..lít] 男 -s/-e 《鉱》白粒岩. [<..it[2]]

gra·nu·li·tisch[..tıʃ, ..lítıʃ] 形 白粒岩の.

Gra·nu·lom[..ló:m] 中 -s/-e《医》肉芽腫(しゅ).

Gra·nu·lo·ma·to·se[..lomató:zə] 女 -/-n《医》肉芽腫(しゅ)症. [<..om(+..ose)]

gra·nu·lös[..lø:s][1] 形 (körnig) 粒のような, 粒状の, 顆粒(かりゅう)状の; 粒のある. [*fr.* granuleux]

Gra·nu·lo·zyt[..lotsý:t] 男 -en/-en《ふつう複数で》《医・生》顆粒(かりゅう)〔白血〕球.

Gra·nu·lum[grá:nulʊm] 中 -s/..la[..la·]《医・生》顆粒(かりゅう);《薬》顆粒剤. [*spätlat.*; <*lat.* grānum (→Gran)]

Grape·fruit[gré:pfru:t, gréıp..] 女 -/-s《植》グレープフルーツ. [*engl.*; ◇Grappa, Frucht]

Grape·fruit·baum[gré:pfru:t..] 男 グレープフルーツの木.

..graph[..gra:f] 《..graf と書くこともある》 **1** 《「記録する人・機械」を意味する男性名詞 (-en/-en) をつくる》: Tele*graph* / Tele*graf* 電信機 | Seismo*graph* 地震計 | Geo*graph* 地理学者 | Lexiko*graph* 辞書〈事典〉編集者 | Steno*graph* 速記者 | Photo*graph* / Foto*graf* 写真家. **2** 《「書かれたもの」を意味する中性名詞 (-s/-e) をつくる》: Epi*graph* (古代の)碑銘 | Auto*graph* 自筆原稿. [*gr.*; ◇..gramm]

Graph[gra:f] 男 -en/-en《数》グラフ;《言》書記体. [*gr.* graphḗ „Geschriebenes"; <*gr.* gráphein „schreiben"]

Gra·phem[grafé:m] 中 -s/-e《言》書記素(表記体系上の最小単位).

Gra·phe·ma·tik[grafemá:tık] 女 -/ , **Gra·phe·mik**[..fé:mık] 女 -/《言》書記素論.

gra·phe·misch[grafé:mıʃ] 形《言》書記素論の.

..graphie[..grafi:] 《「書くこと・描写・記述, …学」などを意味する女性名詞 (-/-n) をつくる. ..grafie と書くこともある》: Ortho*graphie* 正書法 | Steno*graphie* 速記〔術〕| Karto*graphie* 地図〈海図〉作製〔法〕| Photo*graphie* / Foto*grafie* 写真撮影 | Bio*graphie* 伝記. [*gr.*]

Gra·phik[grá:fık] 女 -/-en **1**《単数で》(英: *graphic art*) グラフィック=アート; 版画〈複製印刷〉術. **2** 複製画, 版画, 図版. [*gr.* graphikḗ (téchnē) „Schreib-kunst"]

Gra·phi·ker[grá:fikər] 男 -s/- 版画家, エッチング画家; 複製印刷技術者.

gra·phisch[..fıʃ] 形 グラフィック=アートの, 複製〈版画〉の, 図による;《比》(叙述の)具象的な;《言》文字〈書記素〉の: das ~*e* Rechnen《数》図式計算 | eine ~*e* Darstellung 図表, グラフ ‖ *et.*[4] ~ darstellen …を図示〈図解〉する.

Gra·phit[grafí:t, ..fít] 男 -s/-e《鉱》黒鉛, 石墨, グラファイト. [<..it[2]]

Gra·phit·elek·tro·de 女《電》黒鉛電極.

gra·phi·tie·ren[grafití:rən] 他 (h) (…の表面を)黒鉛でおおう, 黒鉛化する.

gra·phi·tisch[..fí:tıʃ, ..fítıʃ] 形 黒鉛〈石墨〉の; 黒鉛〈石墨〉を含有した.

Gra·phit≈stift[grafí:t.., ..fít..] 男 (黒鉛の芯(しん)を用いた)鉛筆. **≈tie·gel** 男 (金属の溶解に用いる)黒鉛るつぼ. **≈zeich·nung** 女《美》鉛筆〔石墨〕画.

Gra·pho·lo·ge[grafoló:gə] 男 -n/-n (→..loge) 筆跡鑑定家, 書相〈筆跡〉学者.

Gra·pho·lo·gie[..logí:] 女 -/ 筆跡鑑定〈観相〉術, 書相学, 筆跡学.

gra·pho·lo·gisch[..ló:gıʃ] 形 筆跡鑑定〈観相〉術による: ein ~*es* Gutachten 専門的な筆跡鑑定〔書〕‖ ein Schriftstück ~ deuten 文書を筆跡学的に解釈する.

Gra·pho·spas·mus[grafospásmʊs, ..fɔs..] 男 -/ ..men[..mən] (Schreibkrampf)《医》書字痙攣(けいれん), 書痙.

Gra·pho·sta·tik[..stá:tık] 女 -/《建》図式〔静〕力学.

Grap·pa[grápa·] 女 -/ グラッパ(ぶどうの搾りかすからつくられるイタリア産の透明なリキュール). [*it.*; <*it.* grappo „Traube" (◇Krapfen)]

grap·schen[grápʃən] 《04》《話》**I** 自 (h) (さっと手を伸ばして)つかもうとする, 手を伸ばす: nach *et.*[3] ~ …をつかもうとする | Er versuchte, ihr unter den Rock zu ~. 彼は彼女のスカートに手を入れようとした. **II** 他 (h) ひっつかむ, ひったくる: *jn.* am Kragen ~ …の襟首をつかむ. [◇grabbeln; *engl.* grasp]

grap·sen[grápsən] 《02》 **I** 自 (h) 《北部》= grapschen **II** 他 (h) **1** =grapschen **2** 《オーストリア》(stehlen) 盗む, くすねる.

Grap·to·lith[graptolí:t, ..lít] 男 -s(-en)/-en《ふつう複数で》《古生物》筆石(ふでいし)(腔腸(こうちょう)動物に属する化石動物). [<*gr.* graptós „geschrieben" (◇Graph); ◇*engl.* graptolite]

Gras[gra:s][1] 中 -es/Gräser[grέ:zər] **1** (小 **Gräs·chen** [grέ:sçən] 中 -s/-, Gräserchen[grέ:zərçən], **Gräs·lein** [..laın] 中 -s/-) 《植》イネ(稲)科植物: mehrjährige *Gräser* 多年生のイネ科植物.

2 《単数で》(英: *grass*) 《集合的に》草; 芝草, 牧草; 草むら, 草地, 芝生, 牧草地: grünes ~ 青草 | dürres 〈welkes〉 ~ 枯れ草 | üppiges ~ 生い茂った草 ‖ ~ fressen (家畜など

G

が)草を食(は)む | ～ mähen 草を刈る ‖ **im ～ liegen** 草むらに横たわる | **ins ～ beißen**《俗》死ぬ, くたばる | *sich*[4] ins ～ legen 草むらに身を横たえる | Der Weg ist **mit ～** bewachsen ⟨von ～ überwuchert⟩. 道には草が生えている⟨草が生い茂っている⟩ ‖ **das ～ von unten besehen ⟨betrachten⟩〔können〕**《話》草葉の陰から眺める,(死んで)地下に横たわっている | **das ～ wachsen hören**《話》耳がさとい, 早耳である; 何でもよく気がつく〔と思い込んでいる〕, 自分が利口のつもりでいる | **über *et.*[4] ～ wachsen lassen**《話》…を(人々の記憶から)忘れさせる(時の経過を待つなどして) | **Darüber ist längst ～ gewachsen.**《話》それはとっくに忘れられている | **Wo er ⟨der⟩ hinhaut ⟨hintritt⟩, da wächst kein ～ mehr.**《話》彼は容赦のない男だ.

3《俗》(Marihuana) マリファナ; (Haschisch) ハシッシュ.
[*germ.*; ◇grün; *engl.* grass; *lat.* grāmen „Gras"]

Gras∠af·fe[grá:s..] 男《軽蔑的に》青二才, 生意気なやつ. **∠an·ger** 男 草地, 牧草地, 牧場.

gras·ar·tig 形 イネ科の〔ような〕.

Gras·baum 男〘植〙キサントロエア(オーストラリア原産の木本性単子葉植物).

gras·be·wach·sen 形 草の生い茂った, 草深い, 草におおわれた.

Gras∠bo·den 男 牧草地, 牧場; 芝生. **∠bü·schel** 中 草の束; 草むら, 茂み.

Gräs·chen Gras 1 の縮小形.

Gras·decke[grá:s..] 女 芝生.

▽**Gra·sel**[grá:zəl] 男 -s/-〔n〕《オースト》(Lump) 浮浪者.

gra·sen[grá:zən][1] 《02》自 (h) **1** (家畜などが)草を食(は)む⟨食べる⟩. **2**《話》(〔in *et.*[3]〕 nach *et.*[3]) (〔…のなかを〕…を求めて)捜しまわる. **3**《スイ》(草・穀物などを)刈る. [*ahd.*]

Gra·ser[grá:zər] 男 -s/- **1**《スイ》草を刈る人, 草刈り人夫. **2**〘狩〙(シカなどの)舌.

Grä·ser Gras の複数.

Grä·ser·chen Gräschen (Gras 1の縮小形)の複数.

Gras∠eu·le[grá:s..] 女〘虫〙ヤガ(夜蛾)科の一種. **∠flä·che** 女 草地,〔放〕牧場; 芝生. **∠fleck** 男 **1** 草地; 芝生. **2** (衣服についた)草のしみ.

gras·fres·send 形 草食の.

Gras∠fres·ser 男 草食動物. **∠frosch** 男〘動〙アカガエル(赤蛙)(ヨーロッパ中北部に分布). **∠fut·ter** 中 牧草, 草飼料. **∠füt·te·rung** 女 牧草による家畜の飼育. **∠gar·ten** 男 芝生を敷きつめた庭, 垣をめぐらした牧場.

gras·grün[grá:sgrý:n, ∠–] 形 草色の, もえぎ色の.

Gras∠halm 男 草の茎. **∠hirsch** 男〘狩〙初夏のやせた赤シカ(まだ穀物がなく, 草ばかり食べている). **∠hüp·fer** 男 (Heuschrecke)〘虫〙バッタ(飛蝗)・キリギリス(螽蟖)類.

gra·sig[grá:zɪç][2] 形 **1** 草のような;〘植〙イネ科の. **2** 草の茂った.

Gras∠land[grá:s..] 中 -〔e〕s/ 草地, 牧場. **∠lauch** 男〘植〙ヒメニンニク(姫大蒜). **∠läu·fer** 男〘鳥〙コモンシギ(小紋鷸).

Gräs·lein Gras[1]の縮小形.

Gras∠lei·nen[grá:s..] 中〘織〙(カナリヤ群島産の厚い丈夫な)ラミー布, からむし布. **∠li·lie**[..li:liə] 女〘植〙アンテリクム(ユリ科の一属). **∠mahd** 女《方》草刈り; 刈り取った草. **∠mä·her** 男 草を刈る人; 草⟨芝⟩刈り機. **∠mäh·ma·schi·ne** 女 草⟨芝⟩刈り機.

Gras·mücke 女〘鳥〙ノドジロムシクイ(喉白虫喰).
[*ahd.* „Gras-schlüpferin"; ◇schmücken]

Gras∠nar·be 女 芝土(移植用に切り取られたりする). **∠nel·ke** 女〘植〙ハマカンザシ属, アルメリア. **∠pferd** 中 (Heuschrecke)〘虫〙バッタ(飛蝗)・キリギリス(螽蟖)類. **∠pflan·ze** 女〘植〙イネ科植物. **∠platz** 男 草原; 芝生.

gras·reich 形 草深い, 草でおおわれた.

Grass[gras] 人名 Günter ～ ギュンター グラス(1927-; ドイツの作家).

Gras∠sen·se 女 (柄の長い)草刈りがま(→ 図 Sense). **∠si·chel** 女 (弓形刃の)草刈りがま.

gras·sie·ren[grasí:rən] 自 (h) (病気が)蔓延(まんえん)する, 流行する; (うわさが)広まる. [*lat.* grassārī „losschreiten"; ＜*lat.* gradī (→Grad)]

gräß·lich[grɛ́slɪç] 形 恐ろしい, 残忍な, ひどい, いやな: ein ～*er* Anblick 恐ろしい(ぞっとするような)光景 | ein ～*es* Verbrechen 残忍な犯罪 |〔ein〕～*es* Wetter ひどい天気 |〔einen〕～*en* Schnupfen haben しつこい鼻かぜにかかっている | ein ～*er* Zustand やりきれない状態 | *jn.* in〔eine〕～*e* Verlegenheit bringen …をひどく困らせる ‖ ～ müde ⟨langweilig⟩ sein 恐ろしくくたびれている⟨退屈である⟩ | Es ist ～ kalt. ひどく寒い | Sein Gesicht war ～ verzerrt. 彼の顔はものすごくひきつっていた | Das finde ich ～ von ihm. そんなことをするなんて彼はひどいと私は思う. [*mndd.* greselīk; ◇*mhd.* graz „wütend"]

Gräß·lich·keit[–kaɪt] 女 -/-en **1**《単数で》gräßlich なこと. **2** 残忍な行為.

Gras∠step·pe[grá:s..] 女 大草原. **∠stück** 中 草地; 芝生. **∠tep·pich** 男《雅》(目が細かくてやわらかい)芝生. **∠topf** 男〘植〙(インド原産)ホタルイ属の一種(観葉植物). **∠wirt·schaft** 女 -/ 草地⟨放牧⟩式経営. **∠wuchs** 男 -es/ **1** 草の生長. **2** 生えている草.

Grat[gra:t] 男 -〔e〕s/-e **1** (山の)稜線(りょうせん), 尾根(→ 図 Berg A): auf schmalem ～ wandeln《比》危ない綱渡りをする. **2**〘建〙**a**) (Dachgrat) 隅棟(すみむね). **b**) 穹稜(きゅうりょう)(穹稜の交差線). **3**〘工〙(刃先・削り縁などの)まくれ; 角じゃくり. **4**〘金属〙(鋳型の合わせ目からはみ出した)鋳張(いばり).
[*ahd.* grāt „Rückgrat"; ◇Granne]

Grä·te[grɛ́:tə] 女 -/-n **1** (魚の)骨: die ～*n* aus dem Fisch entfernen 魚の骨を取り除く | **～*n* im Gesicht haben**《俗》無精ひげをはやしている. **2**《複数で》《話》(Bein) (人間の)骨: **nur noch in den ～*n* hängen**《話》(疲労困憊(こんぱい)して)立っているのがやっとである, くたくたである. **3**《卑》(Penis) 陰茎, 男根.

Grä·ten∠fisch 男《話》(Knochenfisch)〘魚〙硬骨魚類. **∠mu·ster** 中 ＝Fischgrat **∠schritt** 男〘スキ〙開脚登行. **∠stich** ＝Fischgrätenstich

Grat·ho·bel[grá:t..] 男 (溝つけ用の)しゃくり鉋(かんな), くり鉋.

Gra·tial[gratsiá:l] 中 -s/-e, -ien[..liən], **Gra·tia·le**[..lə] 中 -s/..lien[..liən] (Dankgebet) 感謝の祈り; (Geschenk) 贈り物, 謝礼; (Trinkgeld) 心付け, 祝儀, チップ.
[*mlat.*; ＜*lat.* grātia (→Grazie)]

Gra·tia·nus[..nʊs] 男名 グラツィアーヌス. [*lat.*]

Gra·ti·as[grá:tsias] 中 -/- (Dankgebet) 感謝の祈り; (Tischgebet) 食前⟨食後⟩の祈り. [＜*lat.* grātias (agāmus deō) „Dank (sagen wir Gott)" (祈禱(きとう)の冒頭句)]

Gra·ti·fi·ka·tion[gratifikatsió:n] 女 -/-en 賞与, 祝儀; 謝礼, 贈与品: Er erhielt zu Weihnachten eine ～ von seiner Firma. 彼はクリスマスに会社からボーナスをもらった.

gra·ti·fi·zie·ren[..fitsí:rən] 他 (h) 《*jm. et.*[4]》謝礼をする, 心付け⟨祝儀⟩を与える. [*lat.*; ＜*lat.* grātus „erwünscht"]

grä·tig[grɛ́:tɪç][2] 形 **1** (魚に関して)骨の多い. **2**《話》(mürrisch) 気むずかしい, 不機嫌な. [＜Gräte]

Gra·tin[gratɛ̃́:] 中 -s/-s〘料理〙グラタン. [*fr.*]

Grä·ting[grɛ́:tɪŋ] 女 -/-e, -s〘海〙(ボートの底・船の昇降口に敷いた木製または金属製の)格子目の板, すのこ. [*engl.* grating „Gitter"; ＜*lat.* crātis „Geflecht"; ◇Grill]

gra·ti·nie·ren[gratiní:rən] 他 (h)〘料理〙《*et.*[4]》(…の)グラタンを作る. [*fr.*; ＜*fr.* gratter „abkratzen" (◇kratzen)]

gra·tis[grá:tɪs] 副 (unentgeltlich) 無料で, ただで, 無償で: **～ und franko**《話》代金送料ともに不要で, 全く無料で | Der Eintritt ist ～. 入場は無料だ. [*lat.* ; ＜*lat.* grātia (→Grazie)]

Gra·tis∠ak·tie[..|aktsiə] 女〘商〙贈与株, 無償株. **∠an·zei·ger** 男《スイ》(新聞・雑誌などの)広告版⟨付録⟩. **∠bei·la·ge** 女 (新聞・雑誌の)付録. **∠ex·em·plar** 中 献呈本. **∠pro·be** 女 (商品の)無料見本⟨サンプル⟩. **∠sup·pe** 女 (困窮者のための)無料スープ. **∠vor·stel·lung** 女 無料公演. **∠zu·stel·lung** 女 無料配達.

Grat·lei·ste[grá:t..] 女〘建〙広木舞(ひろこまい).
grätsch·bei·nig[grɛ́:tʃ..] 形〘体操〙開脚の.
Grät·sche[grɛ́:tʃə] 女 -/-n〘体操〙開脚〔跳び〕.
grät·schen[grɛ́:tʃən; スイス: -, grɛ́tʃən]《04》自 (h, s) 両足を広げる〈ふんばる〉; 両足を広げて跳ぶ;〘体操〙同時に両脚を伸ばして開く(→schwimmen I 1 ☆). [＜*mhd.* grēten „die Beine spreizen"]
Grätsch≈sprung 男〘体操〙開脚跳び. **≈stel·lung** 女〘体操〙開脚姿勢.
Grat·tier[grá:t..] 中 =Gemse
Gra·tu·lant[gratulánt] 男 -en/-en 祝辞を述べる人,「祝賀客.」
Gra·tu·la·tion[..latsió:n] 女 -/-en 祝賀〔のあいさつ〕, 祝辞. [*lat.*]
Gra·tu·la·tions≈be·such 男 祝賀〈お祝い〉の訪問. **≈schrei·ben** 中 お祝いの手紙, 賀状.
gra·tu·lie·ren[gratulí:rən] 自 (h) (beglückwünschen)《*jm.* zu *et.*[3]》(…に…の)お祝いを言う: Ich *gratuliere*! おめでとう | Darf man〔schon〕~? (試験などで) うまくいったかい ‖ *jm.* schriftlich 〈telegrafisch〉 ~ …にお祝いの手紙〈祝電〉を送る | *jm.* zu einer Beförderung 〈zum Geburtstag〉 ~ …に昇進〈誕生日〉の祝いを言う | Zu solchem Sohn kann man Ihnen〔nur〕~. こんな息子さんがあってあなたは結構ですね ‖ ***sich***[3] **~ können**《話》(ある事に対して)喜んでいられる | Du kannst dir ~, daß du heil davongekommen bist. 君は無事に切り抜けられて何よりじゃないか | Wenn du erwischt wirst,〔da〕kannst du dir ~!《反語》君は捕まったら最後だよ. [*lat.*; ＜*lat.* grātus „erwünscht"; ◇Grazie, gratifizieren]
Grat·wan·de·rung[grá:t..] 女 山の稜線を〈尾根づたいに〉歩くこと, 尾根歩き;《比》危い綱渡り.
Grät·zel[grɛ́tsəl] 中 -s/-〔n〕《オーストリア》(Häuserblock) 街区. [＜*mhd.* gereiz „Umkreis"]
grau[graʊ] **I** 形 **1** (英: *gray*) 灰色〈ねずみ色〉の; 白っぽい; どんよりした, 薄暗い, 陰気な; (年とって)髪の白くなった, しらがの; 灰色のひとみの; 灰色の服を着た: dunkel*grau* 濃い灰色の | fahl*grau* 灰色がかった ‖ ~*es* Eisen〘金属〙ねずみ銑(せん) | eine ~*e* Farbe 灰色; 灰色の塗料 | eine ~*e* Gesichtsfarbe 青ざめた顔色 | ~*es* Haar bekommen しらがになる | der ~*e* Himmel 曇り空 | ~*er* Körper〘理〙灰色体(=Graustrahler) | ~*e* Salbe〘薬〙水銀軟膏(なんこう) | der ~*e* Star〘医〙白内障 | ~*e* Substanz〘解〙(神経の)灰白質 | die ~*en* Zellen《話》脳細胞 ‖〔alt und〕~ werden 老人になる | Bei Nacht sind alle Katzen ~.(→Katze 1 a). **2** 退屈〈単調〉な, 生彩のない, わびしい; 悲観的な: der ~*e* Alltag 単調な毎日 | das ~*e* Einerlei des Alltags 毎日の単調な繰り返し | das ~*e* Elend kriegen (→Elend 1 a) ‖ *jm.* ~ und farblos 〈öde〉 erscheinen …の目にとんと味気なく映る | **alles ~ in ~ malen 〈sehen〉** すべてを悲観的に述べる〈見る〉 | Es sieht ~ in ~ aus. 空模様がどんよりしている; 先行きが暗い. **3** 捕らえようのない, おぼろな, 不分明な; 遠い昔の: ~*e* Eminenz (→Eminenz 2) | noch in ~*er* Ferne 〈Zukunft〉 liegen まだ遠い将来のことである | Ich habe nur eine ~*e* Vorstellung davon. それについては私はぼんやりしたイメージしか持っていない | in ~*er* Vorzeit / vor ~*en* Zeiten はるか大昔に. **4** (取引などが)あまり合法的でない, 半ばやみの: der ~*e* Markt (→Markt 2)
II Grau 中 -s/- (話: -s) 灰色, ねずみ色; 単調; 不分明: das erste ~ des Morgens 朝ぼらけ, あけぼの ‖ in ~〔gekleidet〕グレーの服を着て | das ~ in ~《比》(希望のない)暗澹(あんたん)たる状況 | im ~ der Vorzeit はるか大昔に.
III Graue《形容詞変化》**1** 男 女 グレーの服を着た人; 老人, 白髪の人. **2** 中 灰色〔のもの〕: ins ~ spielen 灰色がかっている. [*germ.*; ◇gries; *engl.* gray]
grau·äu·gig[gráʊ|ɔʏgɪç][2] 形 灰色の目をした.
Grau≈bär =Grizzlybär **≈bart** 男 白ひげ;《話》白いひげを生やしている人.
grau≈bär·tig 形 白ひげの. **≈blau** 形 灰色〈ねずみ色〉がかった青色の. **≈braun** 形 暗褐色の.
Grau·brot 中 (小麦粉とライ麦粉を原料とする)黒ずんだパン(キュンメルブロート, サワーライブレッドなど).
Grau·bün·den[graʊbýndən] 地名 グラウビュンデン(スイス東部の州). [◇Bund]
Grau·bünd·ner[..dnər] **I** 男 -s/- グラウビュンデンの人. **II** 形《無変化》グラウビュンデンの(→Bündner II).
grau·bünd·ne·risch[..dnərɪʃ] 形 グラウビュンデンの.
Grau·chen[gráʊçən] 中 -s/-《話》(Esel) 小さいロバ.
Graue[gráʊə] →grau III
Gräu·el[grɔ́ʏəl] 男 -s/- =Greuel
grau·en[1][gráʊən] **I** 自 (h) **1**《雅》(dämmern) 薄明るくなる: Der Tag 〈Der Morgen〉 begann zu ~. 夜が明けかかった, 空が白みかけた ‖ 非人称 Es *graut*. 空が白みかかる. **2** 灰色になる; (ergrauen) (髪が)白くなる;《スイス》(食物に)かびが生える. **II Grau·en**[1] 中 -s/ grauen[1]すること: beim ersten ~ des Tages 空がようやく白みかけるころ〔に〕.
grau·en[2][−] **I** 自 (▽他) (h) 非人称《es graut *jm.* 〈▽*jn.*〉/ *jm.* 〈▽*jn.*〉 graut〔es〕》(…が)恐怖を感じる, ぞっとする: *Graut*〔es〕dir 〈▽dich〉 vor dem Examen? お前は試験がこわいのか | Mir 〈▽Mich〉 *graut*〔es〕, wenn ich an morgen denke. あすのことを思うと私はぞっとする. ▽**II** 他 (h) 再帰 *sich*[4] vor *et.*[3] 〈*jm.*〉 ~ …を恐ろしがる, …がこわい.
III Grau·en[2] 中 -s/- 恐怖; 恐ろしい姿〈出来事〉: das ~ im Dunkel 〈vor dem Krieg〉 暗がりでの〈戦争への〉恐れ | das große ~ kriegen すっかりおじけづく | die ~ des Atomkriegs schildern 核戦争のむごたらしさを描く | Mich erfaßte 〈überkam〉〔ein〕~. 私は恐怖に襲われた. [*ahd.*〔in〕grūēn „schaudern"; ◇Grieß, Greuel, grausen]
grau·en·er·re·gend 形 恐ろしい, ぞっとするような.
grau·en·haft[..haft] 形 恐ろしい, ぞっとするような;《話》(出来ばえなどの)ひどくまずい: ein ~*er* Anblick 恐ろしい光景 | sein ~*er* Tod 彼のむごたらしい死 ‖ Er sang〔einfach〕~. 彼の歌ときたら〔てんで〕ひどかった.
grau·en·voll =grauenhaft
Grau≈fuchs[gráʊ..] 男〘動〙ハイイロギツネ(灰色狐)(南北両アメリカ産). **≈gans** 女〘鳥〙ハイイロガン(灰色雁).
grau·grün 形 灰色がかった緑色の.
Grau·guß 男〘金属〙ねずみ鋳鉄.
grau·haa·rig 形 白髪〔まじり〕の.
Grau≈hai 男〘魚〙カグラザメ(神楽鮫). **≈hei·de** 女〘植〙エリカの一種. **≈hörn·chen** 中〘動〙ハイイロリス(灰色栗鼠). **≈kap·pe** 女〘植〙イグチ(猪口)属のキノコの一種. **≈kopf** 男《話》しらが頭; しらが頭の人.
grau·köp·fig 形《俗》白髪の; 年老いた.
grau·len[gráʊlən] **I** 自 (他) (h)《俗》非人称《es grault *jm.* 〈*jn.*〉/ *jm.* 〈*jn.*〉 grault〔es〕》(…が)〔軽い〕恐怖を感じる, こわがる: Es *graulte* ihm 〈ihn〉 vor der Dunkelheit. / Ihm 〈Ihn〉 *graulte* vor Dunkelheit. 彼は暗やみを恐れた. **II** 他 (h)《話》**1** 再帰 *sich*[4] vor *et.*[3] ~ …を恐れる. **2**《*jn.*》いびり出す, じゃけんに扱って追い出す. [*mhd.*; ◇grauen[2]]
grau·lich[1][gráʊlɪç] 形《話》**1** (grauenerregend) 恐ろしい, 不気味な. **2** こわがっている: *jn.* ~ machen …をこわがらせる. [＜Greuel; ◇greulich]
gräu·lich[1][grɔ́ʏlɪç] =greulich
gräu·lich[2][grɔ́ʏlɪç] (**grau·lich**[2][gráʊ..]) 形 灰色がかった; 半白の(髪), 白髪(しらが)まじりの(人): ein ~*er* Tag どんよりした〈陰鬱(いんうつ)な〉日.
grau·me·liert[gráʊmeli:rt] 形 (angegraut) (髪などの)白くなりかかった, 白髪(しらが)まじりの, ごま塩頭の.
Grau·pa·pa·gei 男〘鳥〙ヨウム(洋鵡)(オウム科).
Grau·pe[gráʊpə] 女 -/-n《ふつう複数で》(小 **Gräup·chen**[grɔ́ʏpçən] 中 -s/-) **1** ひきわり麦〔の粒〕: dicke ~*n* 濃いひきわりがゆ | **große ~*n* im Kopfe haben**《話》とんでもないことを企てる. **2**〘坑〙(選鉱の際の)鉱石粒. [*slaw.*; ◇grob]
Grau·pel[gráʊpəl] 女 -/-n《ふつう複数で》(小さい)氷粒, あられ.
grau·peln[gráʊpəln]《06》自 (h) 非人称《es graupelt》あられが降る.

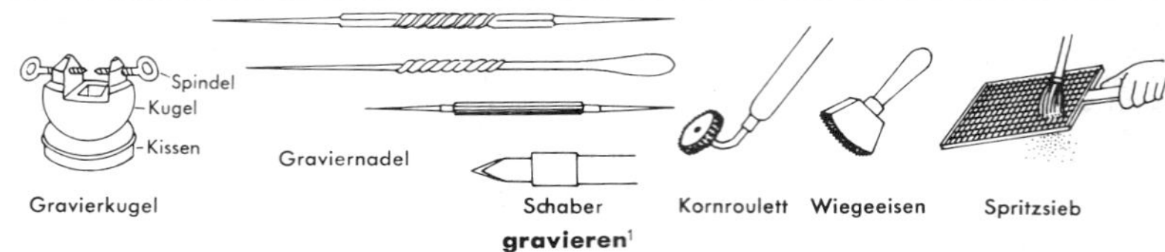

gravieren[1]

Grau·pel·wet·ter 中 あられまじりの天候.
Grau·pen≈müh·le[gráupən..] 女 (麦などをひく)ひきわり臼(ｳｽ). **≈sup·pe** 女 ひきわり麦を材料にしたスープ.

graus[graus][1] ▽**I** =grausig **II Graus**[1] 男 -es/ ▽**1** (Grausen) 恐怖, 戦慄(ｾﾝﾘﾂ); 恐怖(戦慄)の対象. **2** 《話》ひどい事柄: O ~! まあひどい | Es war ein ~. 全くひどい話だった | Er ist aus allen Sachen herausgewachsen, es ist ein ~ mit ihm. 彼は背が伸びて何もかも寸法が合わなくなった. 全く始末に負えぬやつだ. [*mhd.* grūs[e]; ◇grausen]

Graus[2][−] 男 -es/ (砕けたりして細かくなったもの. 例えば:) 瓦礫(ｶﾞﾚｷ), 砂利, 川原石. [*germ.*; ◇Grieß, Grus; *engl.* grout]

grau·sam[gráuza:m] 形 **1** 残酷(残虐)な, 無慈悲な, 冷酷な; ぞっとする, 恐ろしい: ein *~er* Mensch 冷血漢 | eine *~e* Strafe 残忍な刑罰 | eine *~e* Kälte 厳しい寒さ | *~e* Schmerzen 激痛 | *~e* Verlegenheit ひどい困惑 ‖ einen *~en* Tod sterben 無残な死をとげる | Genug des *~en* Spiels! (→Spiel 1) ‖ *jn.* ~ behandeln …を虐待する. **2** 《強調の副詞として》《話》ひどく, はなはだしく: *sich*[4] ~ langweilen ひどく退屈する | ~ müde sein ものすごく疲れている. [*mhd.*; ◇grauen[2]]

Grau·sam·keit[−kait] 女 -/-en **1** 《単数で》grausam なこと. **2** grausam な行為.

Grau·schim·mel[gráu..] 男 **1** 葦毛(ｱｼｹﾞ)(の馬). **2** 《植》**a**) 《単数で》ボトリチス病(植物の腐敗病). **b**) =Grauschimmelpilz

Grau·schim·mel·pilz 男 《植》ハイイロカビ(灰色黴)属, ボトリチス(ボトリチス病の原因となる).

grau·sen[gráuzən][1] 《02》 **I** 自 (他) (h) 《非人称》《es graust *jm.* 〈*jn.*〉 / *jm.* 〈*jn.*〉 graust [es]》(…が)ひどい恐怖に襲われる, ぞっとする: Es *graust* mir 〈mich〉 vor ihm. / Mir 〈Mich〉 *graust* [es] vor ihm. 私は彼が非常にこわい | Mir *graust* [es], wenn ich an die Prüfung denke. 試験のことを考えるとぞっとする. **II** 他 (h) 《再帰》 *sich*[4] ~ ぞっとする, 身の毛がよだつ: Ich *grause* mich vor Raupen. 私はいも虫が大の苦手だ ‖ eine *grausende* Kluft 目もくらむような峡谷. **III Grau·sen** 中 -s/ ぞっとする(総毛立つ)ような恐怖, 戦慄(ｾﾝﾘﾂ) (Grauen より意味が強い): das ~ des Krieges 戦争の恐怖 ‖ allgemeines ~ erregen 人心を恐れおののかせる | *sich*[4] mit ~ abwenden ぞっとして顔をそむける ‖ Vor ~ standen ihm die Haare zu Berge. 彼は恐ろしさに総毛立った. [*ahd.*; ◇grauen[2]]

grau·sen·haft[−haft] 形, **grau·sig**[gráuzıç][2] 形 身の毛のよだつ, ぞっとする, 恐ろしい: ein *~er* Anblick 恐ろしい光景 ‖ Allein der Gedanke ist ~. 考えただけでぞっとする.

graus·lich[gráuslıç] 形 《南部・ｵｰｽﾄﾘｱ》=grausig

Grau≈specht[gráu..] 男 《鳥》ヤマゲラ(山啄木鳥)(キツツキの一種). **≈spieß·glanz** 男 《鉱》輝安(ｱﾝ)鉱. **≈strah·ler** 男 (grauer Körper) 《理》灰色体. **≈tier** 中 《話》**1** (Esel) ロバ(驢馬). **2** (Maultier) ラバ(騾馬). **≈wacke** 女 《鉱》硬砂岩, グレイワッケ. **≈wal** 男 《動》コククジラ(克鯨), コクジラ. **≈werk** 中 -[e]s/ (Feh) キタリスの毛皮. **≈zo·ne** 女 灰色地帯, グレーゾーン(中間地帯, 特に合法・非合法すれすれの領域).

Gra·va·men[gravá:mən, ..mɛn] 中 -s/..mina[..mina·] 《ふつう複数で》 ▽**1** 《法》苦情. **2** 《史》(15-16世紀ドイツにおける一般民衆の教会に対する)苦情申し立て. [*spätlat.*]

▽**Gra·va·tion**[gravatsió:n] 女 -/-en 重荷, 負担; (肉体的)苦痛, (精神的)苦悩. [*spätlat.*]

gra·ve[grá:və] 副 (schwer) 《楽》グラーベ, 重々しくゆるやかに. [*lat.* gravis (→Gravis) −*it.*]

Gra·veur[gravǿ:r] 男 -s/-e (女 **Gra·veu·rin**[..vǿ:rın] -/-nen) (金属・石・ガラスなどの)彫刻師. [*fr.*; ◇gravieren[1]]

gra·vid[graví:t][1] 形 (schwanger) 《医》妊娠した. [*lat.*]

Gra·vi·da[grá:vida·] 女 -/..dae[..dɛ·] 《医》妊婦.

Gra·vi·di·tät[gravidité:t] 女 -/-en 《医》妊娠: hysterische ~ ヒステリー性妊娠, 想像妊娠. [*lat.*; ◇Gravis]

Gra·vier≈an·stalt[graví:r..] 女 Graveur の仕事場(工房). **≈ar·beit** 女 Graveur の仕事(作品).

gra·vie·ren[1][graví:rən] 他 (h) (金属・石・ガラスなどに文字・装飾などを)彫刻する, 彫る, 刻みこむ: das Trauungsdatum in die Ringe ~ lassen 指輪に結婚記念日の日付を入れてもらう | Kristall mit einem besonderen Werkzeug ~ 特殊な道具を使って水晶を彫る. [*mndl.*−*fr.*; ◇graben]

▽**gra·vie·ren**[2][−] **I** 他 (h) (belasten) 《*jn.*》(…に)重荷を負わす, (…の)責任を加重する. **II gra·vie·rend** 現分 形 重大な, 深刻な; 手痛い: Der Verlust war ~. それは手痛い損失であった | Neue *~e* Tatsachen sind bekannt geworden. 重大な新事実が発見された. [*lat.* gravāre „beschweren“−*mhd.*; < *lat.* gravis (→Gravis)]

Gra·vier≈ku·gel[graví:r..] 女 彫板万力(→ 図 gravieren). **≈kunst** 女 Graveur の技術. **≈na·del** 女 エッチングニードル(→ 図 gravieren).

Gra·vi·me·ter[gravimé:tər] 中 -s/- 《理》重力計.

Gra·vi·me·trie[..metrí:] 女 -/ 《理》**1** (Schweremessung) 重力測定. **2** (Gewichtsanalyse) 重量分析.

Gra·vis[grá:vıs] 男 -/- (↔Akut) 《言》低(抑音)アクセント[符号], アクサン=グラーヴ(例 è). [*lat.* gravis „schwer“]

Gra·vi·tät[gravité:t] 女 -/ 重々しさ, 荘重さ, いかめしさ; とりつくろった威厳, もったいぶったさま: mit ~ einherschreiten もったいぶって歩く. [*lat.*; ◇bary..]

Gra·vi·ta·tion[gravitatsió:n] 女 -/ (Schwerkraft) 《理》重力; [万有]引力. [*fr.*]

Gra·vi·ta·tions≈feld 中 《理》重力の場. **≈ge·setz** 中 -es/ 重力の法則. **≈kol·laps** 男 《天》重力崩壊. **≈kon·stan·te** 女 -/ 《理》重力定数, 万有引力定数. **≈lin·se** 女 《天》重力レンズ. **≈wel·le** 女 《理》重力波.

gra·vi·tä·tisch[gravité:tıʃ] 形 (würdevoll) もったいぶった, しかつめらしい; 重々しい, 荘重な, いかめしい: ~ stolzieren もったいぶって(威厳をとりつくろって)歩く.

gra·vi·tie·ren[graviti:rən] 自 (h) **1** 《理》重力で引き寄せられる. **2** (tendieren) 《zu *et.*[3]》(…へと)傾く, (…を)めざす. [*fr.*; ◇Gravität]

Gra·vi·ton[grá:vitɔn] 中 -s/-en[gravitó:nən] 《理》重力量子, グラビトン.

Gra·vur[gravú:r] 女 -/-en (金属・石・ガラスなどに彫り込んだ)文字, 飾り, 模様.

Gra·vü·re[..vý:rə] 女 -/-n **1** =Gravur **2** =Heliogravüre ▽**3** 銅(鋼)版画. [*fr.* gravure; ◇gravieren[1]]

Graz[gra:ts] 地名 グラーツ(オーストリア南東部の商工業都市. 大学がある). [< *slaw.* Gradec „kleine Burg“]

Gra·zie[grá:tsiə] 女 -/-n **1** 《ふつう複数で》《ロ神》グラツィ

ア(優美の女神. ギリシア神話の Charis に当たる);《戯》優美な若いご婦人方: **die ~n haben nicht an *js.* Wiege gestanden** …はあまり美貌ではない. **2**《単数で》(Anmut) 優美, 気品: *sich*⁴ mit ~ aus der Affäre 〔heraus〕ziehen 巧みにもめごとから手をひく〈窮地を逃れる〉. [*lat.* grātia „Gefälligkeit"; ◇Gratial〔e〕, graziös; *engl.* grace]

gra·zịl[gratsíːl] 形 (体格や手足などの)すらっとした, ほっそりした; きゃしゃな, なよなよした; しなやかな. [*lat.*; ◇*engl.* gracile]

gra·ziö̦s[gratsiǿːs]¹ 形 (anmutig) 優美な; (lieblich) 愛くるしい: ~ tanzen 優雅に踊る. [*lat.* grātiōsus „gefällig"–*fr.* gracieux; ◇Grazie; *engl.* gracious]

gra·zio̦·so[..tsióːzoˑ] 副 (anmutig) 〘楽〙グラチオーソ, 優雅に,(気品をもって)優しく. [*lat.* grātiōsus–*it.*]

grä·zi·sie̦·ren[grɛtsizíːrən] **I** 他 (h) (名前などを)ギリシア化する, ギリシア語ふうにする. **II** 自 (h) (特に言語や文化などの点で)古代ギリシア人を模倣する. [*gr.* graikízein–*lat.*]

Grä·zis·mus[..tsísmʊs] 男 -/..men[..mən] (ほかの言語の中に混入した)ギリシア語ふうの表現. [*mlat.*]

Grä·zi̦st[..tsíst] 男 -en/-en ギリシア〔語〕学者, ギリシア〔語〕研究家, ギリシア語の教師〈学生〉.

Grä·zi·tä̦t[..tsitɛ́ːt] 女 -/ (言語や習俗に表れた)古代ギリシア精神, 古代ギリシアの本質〈真髄〉. [*lat.*]

Gre̦·co[grɛ́koˑ] 人名 El ~ エル グレコ(1541頃-1614; ギリシア生まれのスペインの画家. 本名は Dominikos Theokopulos). [*span.* „Grieche"; ◇gräko..]

Green·horn[gríːnhɔːn] 中 -s/-s 青二才, 若造; 新米; 外国から来たばかりの人. [*engl.*; ◇Grünhorn]

Green·peace[gríːnpiːs]《団体名》グリーンピース(1969年に結成された国際環境保護団体). [*engl.*]

Green·pea·cer[..piːsər] 男 -s/- グリーンピースの会員.

Green·wich[grínɪdʒ, ..nɪtʃ] 地名 (略 Gr.) グリニッジ(イギリス Themse 川南岸の住宅都市で, 大 London の一部).

Green·wi·cher[..dʒər, ..tʃər] 形《無変化》グリニッジの: ~ Zeit グリニッジ標準時(グリニッジ天文台を通る経度 0 °の子午線を基準にした時刻). [< *aengl.*]

Grège[grɛːʒ] 女 -/ =Rohseide [*it.* (seta) greggia „rohe (Seide)"–*fr.* (soie) grège]

Gre̦·gor[gréːgɔr] 男名 (<Gregorius) グレーゴル.

Gre·go·ria̦·nik[gregoriáːnɪk] 女 -/ 〘楽〙グレゴリオ聖歌学〈聖歌の総称〉.

Gre·go·ria̦·nisch[..nɪʃ] 形 グレゴリウスの: der ~*e* Gesang 〘楽〙グレゴリオ聖歌 | der ~*e* Kalender (→Kalender 1 b).

Gre·go̦·rius[..góːriʊs] 男名 グレゴーリウス. [*gr.* „der Wachsame"; <*gr.* egeírein „〔er〕wecken"]

Greif[graɪf] 男 -〔e〕s/-e; -en/-en **1**〘ギ神〙グリフィン(黄金の宝を守るとされる, 体はライオンで頭と翼がワシの怪獣. しばしば紋章に用いる: → 図 Wappen f). **2** =Greifvogel [*gr.* grȳps–*lat.*–*ahd.* grīf; *engl.* griffin]

Gre̦if·bag·ger[gráɪf..] 男〘土木〙グラブ船, グラブ=ドレッジャー, クラムシェル掘削機(→ 図 Bagger).

gre̦if·bar[gráɪfbaːr] 形 **1** つかむことのできる; 手の届く〔ほどの〕;《比》具体的な, 明白な, はっきりした: in ~*e* Nähe rücken《比》(目標などが)目前に迫る | ~*e* Gestalt 〈Formen〉 annehmen (計画などが)具体化する | ein ~*er* Beweis seiner Schuld 彼の罪の明らかな証拠 | ~*e* Vorteile haben 〈bieten〉 目に見える利益がある. **2**《述語的》(verfügbar) 手持ちの, 在庫の, すぐにも供給〈入手〉可能な; (人間が)連絡可能な, 捕まえられる.

gre̦i·fen*[gráɪfən]《63》**griff**[grɪf] / **ge·grịf·fen**; 接II griffe **I** 自 (h) **1**《方向を示す語句と》(…を)つかもうとする,(…に)手を伸ばす; 食い込む, 食い入る: **an** den Hut ~ 帽子〔のつば〕に手をやる(あいさつのために) | *sich*³ an den Kopf 〈die Stirn〉 ~ (びっくりして・困って)頭〈額〉に手をやる | *jm.* ans Herz ~ (→Herz 2) | *jm.* an die Ehre ~《比》…の名誉を傷つける | **hinter *sich*⁴ ~ müssen**〘球技〙(ゴールキーパーが) 1 ゴール取られる | **ins** Leere ~ 空(くう)をつかむ | in die Saiten 〈die Tasten〉 ~〘楽〙弦〈鍵盤(けんばん)〉を鳴らす | 〔tief〕 in den Beutel 〈die Tasche〉 ~ müssen《話》ごっそり払わされる, 有り金をはたく破目になる | in ein Wespennest ~ (→Wespennest) | tief ins Land ~ (湾などが)深く陸地に入りこんでいる | **nach** *seinem* Hut 〈*seinem* Mantel〉 ~ 帽子〈コート〉に手を伸ばす | nach dem Mond ~ (→Mond 1 a) | nach dem rettenden Strohhalm ~ (→Strohhalm 1) | nach den Sternen ~ (→Stern 1) | **um *sich*⁴ ~** i) (やたらに)手を振り回す; ii) (火事・病気・悪風などが)四方八方に広がる, 蔓延(まんえん)する | *jm.* **unter** die Arme ~ (→Arm 1 a) | **zu** den Waffen ~ 武器をとる, 武力に訴える | zum Wanderstab ~ (→Wanderstab) | zur Feder ~ (→Feder 2 a) | zur Flasche ~ (→Flasche 1 a) | zu strengeren Maßnahmen ~ 規制を強める | zum äußersten 〈letzten〉 Mittel ~ (→Mittel 1) ‖ auf *et.*³ falsch ~ …(楽器)を弾きそこなう | 〔**mit *et.*³**〕 **zu hoch 〈niedrig〉 ~** …(数字・金額など)を過大〈過小〉に見積もる | 2000 Mark sind zu hoch 〈niedrig〉 *gegriffen.* 2 千マルクというのは過大〈過小〉な見積もりだ.

2 (歯車・ねじなどが)うまく作動する;《比》(方策などが)効く: Das Rad *greift* nicht. 車輪が滑る | Der Bagger *greift* nicht richtig. バケットがうまく食い込まない | Die Argumente *greifen* nicht mehr. その議論はもう通用しない.

II 他 (h) つかむ, 捕まえる, つかみ取る: einen Dieb ~ どろぼうを捕まえる | 〔auf dem Klavier〕 einen Akkord 〈eine Oktave〉 ~ 〔ピアノで〕和音〈オクターブ〉を鳴らす | Platz ~ (意見・習慣などが)根をおろす, 広まる | zu hoch 〈niedrig〉 *gegriffen* sein (数字が)過大〈過小〉に見積もられている ‖ *sich*³ noch ein Stück Kuchen ~ ケーキをもう 1 個取る | Den werde ich mir schon 〈mal〉 ~.《話》いまにあいつをきっととっちめてやる | Der Bagger *greift* das Erdreich. バケットが土に食い込む ‖ *jn.* **an** den Händen ~ …の両手をつかむ | den Topf an den Henkeln ~ なべの取っ手をつかむ | *et.*⁴ aus der Luft ~ (手品師が)…をぱっと取り出す;《比》…をでっち上げる | aus der Luft *gegriffen* sein (→Luft 5 b) | aus dem Leben *gegriffen* sein (小説の筋などが)事実に基づいている | *et.*⁴ mit der Zange ~ …をやっとこ〈ペンチ〉でつかむ | mit Händen zu ~ sein (→Hand 1).

III Grei·fen 中 -s/ つかむ〈捕まえる〉こと: zum ~ nahe sein 〈liegen〉 (→nah I 1) ‖ ~ spielen 鬼ごっこをする.

[*germ.*; ◇Griff; *engl.* gripe]

Gre̦i·fer[gráɪfər] 男 -s/- (greifen する人・物) **1**〘工〙つかみ機, つかみバケツ, グラブ, グラブ=バケット(→ 図 Bagger); (ミシンの)ルーパー; (印刷機などの)くわえ〔づめ〕, グリッパー, クロー;〘海〙引っ掛け錨(いかり). **2**《話》警官, 刑事.

Gre̦i·fer·bag·ger =Greifbagger

Gre̦if≠fuß 男 (猿などの)物をつかむ〈握る〉のに適している足. **≠klaue** 女 **1** (ワシ・タカなどの)つめ, かぎづめ. **2** (ショベルカー・グラブドレッジャーなどの)グラブ=バケット. **≠schwanz** 男 (猿などの物に巻きついたりできる)巻き尾. **≠spiel** 中 鬼ごっこ〔遊び〕.

Gre̦if·stach·ler[..ʃtaxlər] 男 -s/- (Baumstachelschwein) 〘動〙キノボリヤマアラシ(木登豪猪)(尾を枝などに巻きつけてぶら下がることができる). [<stacheln]

Gre̦ifs·wald[gráɪfsvalt] 地名 グライフスヴァルト(ドイツ Mecklenburg-Vorpommern 州の大学都市).

Gre̦if≠trup·pe 女 (逃亡者・脱走兵などを追う)特別逮捕〈捕獲〉班. **≠vo̦·gel** 男 猛禽(もうきん)(ワシ・タカ・トビ・フクロウなど). **≠zan·ge** 女 (物をつかんだり挟んだりする道具. 例えば:) ペンチ, やっとこ; つかみばさみ;〘医〙把握鉗子(かんし);〘動〙(ウニ・ヒトデなどの) 叉棘(さきょく). **≠zir·kel** 男〘工〙外径カリパス(物の直径を測る道具);〘医〙骨盤計.

gre̦i·nen[gráɪnən] 自 (h)《話》口をゆがめてめそめそ泣く; めそめそ泣き言をいう: über das kaputte Geschirr ~ 食器が壊れたことで泣き言をいう. [*germ.*; ◇grinsen, grienen; *engl.* groan]

Gre̦i·ner[..nər] 男 -s/- greinen する人.

greis[graɪs]¹ 形《ふつう付加語的》《雅》非常に高齢の, 年老いた; 白髪の: der ~*e* Kanzler 老宰相 | ein ~*es* Haupt 白髪の頭. [*mndd.* grīs (→gries)–*mhd.*]

Greis[—] 男 -es/-e (女 **Gre̦i·sin** → 別出) (非常に高齢の)老人, 翁(おきな).

G

grei·sen[gráɪzən][1] 《02》 自 (h) 《雅》高齢である; 高齢に達する: das *greisende* Haar 白くなり始めた髪.

Grei·sen[―] 男 -s/- 〖鉱〗グライゼン, 英霊岩, 珪(けい)雲岩.

Grei·sen≈al·ter 中 高齢, 老年. ≈**bart** 男〖植〗サルオガセモドキ, ルイジアナモス(中南米原産パイナップル科の植物). ≈**blöd·sinn** 男〖医〗老年性痴呆(ちほう). ≈**bo·gen** 男〖医〗老人環(角膜の変化による老人の視力障害).

grei·sen·haft[..haft] 形 高齢の; 老人めいた; 老衰した.

Grei·sen·haf·tig·keit[..tɪçkaɪt] 女 -/ (greisenhaft なこと. 例えば:) 高齢; 老人くさいこと; 老衰.

Grei·sen·haupt 中〖植〗オキナサボテン(翁仙人掌).

Grei·sin[gráɪzɪn] 女 -/-nen (Greis の女性形)(非常に高齢の)老婦人, 老女, 媼(おうな).

Greis·kraut[gráɪs..] 中〖植〗キオン(黄苑)属.

Greiß·ler[gráɪslər] 男 -s/- 《ｵｰｽﾄﾘｱ》 **1** 小売商; 食料品商. **2** 《比》(Kleinigkeitskrämer) 小事にこだわる人, 小心者. [< Graus[2]]

Greiß·le·rei[graɪsləráɪ] 女 -/-en 《ｵｰｽﾄﾘｱ》 小売商店; 食料品店.

grell[grɛl] 形 (声・音が)鋭い, かん高い; (色が)けばけばしい, どぎつい; (光が)ぎらぎらする, 目につきささるような: ein ~*es* Lachen かん高い笑い | ~*e* Farben けばけばしい色 | ein ~*er* Gegensatz 際だった対照 ‖ *et.*[4] in den ~*sten* Farben schildern …を非常にどぎつく描写する ‖ ~ von *et.*[3] abstechen …に対してはっきりと際だつ. **2** 《南部》不作法な, 行儀の悪い. **3** 《北部》身の軽い, すばしこい.

Grel·le[grɛ́lə] 女 -/ (grell なこと. 例えば:)(声の)かん高さ; (色の)けばけばしさ, どぎつさ.

grelleuch·tend[grɛ́llɔʏçtənt][1] 形 ぎらぎら光っている, どぎつい光を放っている.

grell·far·big 形 どぎつい色の, けばけばしい色をした.

Grell·heit[grɛ́lhaɪt] 女 -/-en **1** 《単数で》 =Grelle **2** grell なもの.

grell·leuch·tend =grelleuchtend

Gre·mium[gré:miʊm] 中 -s/..mien[..miən] **1** (Ausschuß) 委員会: ein ~ von Fachleuten 専門家委員会 | ein ~ bilden 〈zusammenstellen〉 委員会を作る. **2** 《ｵｰｽﾄﾘｱ》同業組合. [*lat.* „Schoß"–*spätlat.* „Bündel"; < *lat.* grex „Herde" (◇Agora[2])]

Grem·pel[grɛ́mpəl] 男 -s/ =Krempel[1]

Gremp·ler[grɛ́mplər] 男 -s/- =Krempler

Gre·na·da[grená:da·] 地名 グレナダ(中米, 西インド諸島の一部. 1974年英連邦内で独立. 首都はセントジョージズ Saint George's).

Gre·na·der[..dər] 男 -s/- グレナダの人.

Gre·na·dier[grenadí:r] 男 -s/-e **1** (精鋭としての)選抜歩兵; (特に英国の)近衛(このえ)歩兵. ᵛ**2** (手投げ弾で戦う)擲弾(てきだん)兵. [*fr.*; ◇Granate]

Gre·na·dil·le[..dɪ́lə] 女 -/-n 〖植〗クダモノトケイソウ(の実). [*span.* granadilla–*fr.*; < *span.* granada „Granatapfel"]

Gre·na·din[grənadɛ̃́:, gre..] 中 男 -s/-s グレナダン(肉とベーコンをくしにさして焼いたもの). [*fr.*; < Granada]

Gre·na·di·ne[1][grenadí:nə] 女 -/ 〖織〗グレナディン(強撚糸(ねんし)を用いた婦人服地). [*fr.*; < Granada]

Gre·na·di·ne[2][―] 女 -/ 〖料理〗グレナディン(ザクロのシロップ). [*fr.*; < *fr.* grenade „Granatapfel"]

Gren·del[grɛ́ndəl] 男 -s/- **1** (戸の)閂(かんぬき). **2** 〖農〗(すきの)ねり木(→ ◎ Pflug). [*westgerm.*]

Grenz≈bahn·hof[grɛ́nts..] 男 国境駅. ≈**baum** 男 **1** 国境の遮断棒. **2** 境界になっている木. ≈**be·fe·sti·gung** 女 国境防衛施設, 国境要塞(ようさい). ≈**be·ge·hung** 女 国境巡察. ≈**be·griff** 男〖論〗限界概念. ≈**be·la·stung** 女 -/ 〖工〗限界荷重. ≈**be·trieb** 男〖経〗かろうじて採算のとれている企業, 限界企業. ≈**be·woh·ner** 男 国境住民. ≈**deut·sche** = Grenzlanddeutsche ≈**dienst** 男 《ふつう単数で》 **1** 国境〔警備〕勤務. **2** 国境警備隊, 国境警察. ≈**dorf** 中 国境〔地帯〕にある村. ≈**durch·bruch** 男 国境突破, 不法越境.

Gren·ze[grɛ́ntsə] 女 -/-n **1** (領土・地域などの)境界〔線〕; 《複数で》(境界内の)領土, 領域: die geographischen 〈politischen〉 ~*n* 地理的〈政治的〉境界〔線〕 | die grüne ~ (柵(さく)などの設けられてない)森林〈草原〉国境地帯 | über die grüne ~ gehen 《話》(税関を通らずに)不法に国境を越える ‖ die ~*n* der Schweiz スイスの国境 | die ~ gegen Italien イタリアとの国境 | die ~ zwischen Deutschland und Frankreich/die deutsch-französische ~ 独仏国境 | die ~ zwischen Gut und Böse 善悪の境目 | Die ~ war gesperrt 〈俗: dicht〉. 国境は閉鎖されていた ‖ die ~ überschreiten 〈passieren〉 境界線を越える | eine ~ ziehen 〈abstecken〉 境界線を引く ‖ **an** der ~ wohnen 国境地帯に住む | **in** allen ~*n* des Reiches 帝国内のいたるところで | Er ist **über** die ~ 〈über der ~〉. 《話》彼は国外に出た.

2 限度, 限界; 枠, 範囲: die ~ der Erkenntnis 認識の限界 | die obere 〈untere〉 ~ 上〈下〉限 ‖ die ~*n* einhalten / *seine* ~*n* wahren 限度を守る, 控え目にする | *seine* ~〔*n*〕 erreichen 限界に達する | Alles hat seine ~〔*n*〕. すべて物事には限度がある | *seine* ~*n* kennen 自分の限界を心得ている | **keine ~**〔*n*〕 **kennen** 限度を知らない, とどまるところがない | weder Maß noch ~*n* kennen (→Maß 4) | mit *et.*[3] *seine* ~*n* überschreiten 〈nicht die richtige ~ finden〉 …をやりすぎる, …で度をすごす | *et.*[3] 〔feste〕 ~*n* ziehen 〈setzen / stecken〉 …に制約を加える, …に限界を設ける, …に限度を定める ‖ hart **an** der ~ des Lächerlichen liegen (表現などが)もう少しでこっけいなものになりかねない | **bis** an die ~〔*n*〕 des Erlaubten gehen 許容限度すれすれまでいく | bis zur äußersten ~ gehen ぎりぎりの限度までいく | **in** mäßigen ~*n* ほどほどに | ***sich***[4] **in ~*n* halten** 並の枠を越えない, 度を越えて大きいというわけではない, 並の程度〈分量〉である | Seine Leistungen halten sich in ~*n*. 彼の業績はまあまあである | *sich*[4] in *seinen* ~*n* halten 限度を守る, 分をわきまえる | *sich*[4] in engen ~*n* bewegen 〈halten〉 (話題・影響などが)狭い範囲にとどまる | *jn.* in *seine* ~*n* verweisen …の出すぎた振舞いをたしなめる |〔Auch〕 meine Geduld ist nicht **ohne** ~*n* 〈hat ihre ~〔*n*〕〉. 私の忍耐にも限度があるぞ | ohne Maß und ~ (→Maß 4) | **über** die ~〔*n*〕 des Erlaubten gehen 許容限度を越える. [*westslaw.*–*mhd.*; < *aslaw.* grani „Ecke" (◇Granne)]

gren·zen[grɛ́ntsən] 《02》 自 (h) 《an *et.*[4]》 **1** 境を接している, 隣接している: Der Garten *grenzt* im Osten an den See. その庭は東側が湖に続いている | Die Schweiz *grenzt* auch an Österreich. スイスはオーストリアとも境を接している. **2** 《比》(…と)紙一重である, ほとんど(…と)言ってよいくらいである: ans Unmögliche 〈Unglaubliche〉 ~ ほとんど不可能事である〈奇跡に近い〉 ‖ Das *grenzt* schon ans Verbrechen. それはもう犯罪と言ってもいいくらいのものだ ‖ eine an Gewißheit *grenzende* Vermutung ほぼ確信に近い推測.

gren·zen·los[grɛ́ntsənlo:s][1] 形 果てしない, かぎりない, 極度の: die ~*e* Weite des Meeres 〈des Himmels〉 海〈空〉の果てしない広がり | ein ~*er* Ehrgeiz とどまるところを知らない名誉欲 ‖ *sich*[4] ~ unglücklich fühlen 我が身を限りなく不幸だと感じる | *jn.* ~ verachten …をとことん軽蔑する ‖ bis ins *Grenzenlose* どこまでも, 限りなく.

Gren·zen·lo·sig·keit[..lo:zɪçkaɪt] 女 -/ grenzenlos なこと.

Gren·zer[grɛ́ntsər] 男 -s/- 《話》 **1** 国境税関吏; 国境監視員; 国境守備兵. **2** =Grenzbewohner

Grenz≈fall[grɛ́nts..] 男 **1** 極端な〈特別の〉場合. **2** ボーダーラインすれすれの場合〈ケース〉; 二つの隣接分野〈学科〉にまたがる問題. **3** 国境事件. ≈**fe·stung** 女 国境要塞(ようさい). ≈**fi·nan·zer** 男 《ｵｰｽﾄﾘｱ》(Zöllner) 税関職員. ≈**fluß** 男 国境〈境界線〉になっている川. ≈**fre·quenz** 女〖理〗最高振動数; 最高周波数; リミットサイクル. ≈**gän·ger** 男 (仕事・通学などのため)ひんぱんに国境を往来する人: ein illegaler ~ 不法越境者. ≈**ge·biet** 中 国境〈辺境〉地帯; (二つの学問分野の間などの)境界〈中間〉領域. ≈**ge·bir·ge** 中 国境〈境界〉になっている山脈. ≈**jä·ger** 男 = Grenzposten

≠**koh·len·was·ser·stoff** 男〘化〙飽和炭化水素. ≠**kon·flikt** 男 国境紛争. ≠**kon·trol·le** 女 国境検問; 国境検問官〈班〉. ≠**kon·troll·punkt** 男 国境検問所. ≠**ko·sten** 複〘経〙限界コスト. ≠**land** 中 -〔e〕s/..länder 国境〈辺境〉地帯.

Grenz·land≠be·woh·ner 男 国境地帯の住民. ≠**deut·sche** 男 女《形容詞変化》(ドイツに隣接する国の)国境地帯に住むドイツ系住民.

Grenz≠leh·re 女〘工〙限界〈リミット〉ゲージ(→ 図 Lehre). ≠**li·nie**[..li:niə] 女 国境〔線〕, 境界〔線〕: die ~ befestigen 国境〈境界〉を確定する. ≠**mal** 中 -〔e〕s/-e 境界標, 境界の目印. ≠**mark** 女 -/-en 国境〈辺境〉地帯. ≠**nut·zen** 男〘経〙限界効用. ≠**ort** 男 -〔e〕s/-e 国境の町. ≠**pfahl** 男 境界標柱. ≠**po·li·zei** 女 (特に旧東ドイツの)国境警備警察. ≠**po·sten** 男 国境警備兵〈守備隊員〉. ≠**punkt** 男 **1** 限界点;〘数〙極限〈境界〉点. **2** = Grenzübergang 2 ≠**rain** 男 国境の帯状草原. ≠**schei·de** 女 分かれ目, 境界: an der ~ zu einer neuen Zeit stehen ひとつの新しい時代の入口に立つ. ≠**schicht** 女〘化〙限界〈境界〉層. ≠**schutz** 男 国境守備〈警備〉; 国境守備〈警備〉隊. ≠**si·tua·tion** 女 極限状況. ≠**sper·re** 女 **1** 国境〈境界〉遮断機. **2** 国境〈境界〉閉鎖. ≠**stadt** 女 国境の町. ≠**sta·tion** 女 = Grenzbahnhof ≠**stein** 男 境界石, 境界標. ≠**streit** 男, ≠**strei·tig·keit** 女 境界をめぐるいざこざ; 国境紛争. ≠**über·gang** 男 **1** = Grenzübertritt **2** (正規の)国境通過地点, 出入国点: den ~ versperren 〈öffnen〉 国境の出入口を閉鎖する〈開く〉.

grenz·über·schrei·tend 形 国境を越える, 越境する.

Grenz≠über·schrei·tung 女 越境;《比》限度を越えること. ≠**über·tritt** 男 国境通過; 越境. ≠**ver·kehr** 男 国境往来, 国境貿易: der kleine ~ (国境地帯住民のための)簡易手続きによる短期出入国. ≠**ver·let·zung** 女 国境〈境界〉侵犯. ≠**wa·che** 女 **1** 国境監視; 国境での関税監視. **2** 国境監視所; 国境税関. ≠**wäch·ter** 男 国境監視兵; 国境税関吏. ≠**wall** 男 -〔e〕s/..wälle 国境〈境界〉の壁, 防壁. ≠**wert** 男 限界値;〘数〙極限〔値〕. ≠**win·kel** 男〘理〙臨界角. ≠**wis·sen·schaft** 女 二つの隣接学科にまたがっている学問, 境界科学. ≠**zei·chen** 中 境界標. ≠**zoll** 男 -〔e〕s/..zölle 国境関税. ≠**zo·ne** 女 国境をはさんだ両側の地帯, 国境地帯. ≠**zwi·schen·fall** 男 国境での〔突発〕事件, 国境紛争.

Gret·chen[gré:tçən] 女名 (<Grete) グレートヒェン (Goethe の戯曲『ファウスト』の女主人公の名として特に有名).

Gret·chen·fra·ge 女 グレートヒェンの問い(信仰・良心・政治的態度などについての, 答えに窮する決定的な問いかけ. Goethe の戯曲『ファウスト』のなかでの女主人公グレートヒェンの問い „Wie hast du's mit der Religion?"「宗教のことはどうお考えになるの」による).

Gre·te[gré:tə] 女名 (<Margarete) グレーテ: Hans und ~ (→Hans II) | Jeder Hans findet seine ~.(→Hans II).

Gre·tel[..təl] 女名 (<Grete) グレーテル.

Greu·el[grɔ́yəl] 男 -s/- **1** 身の毛のよだつような恐怖〈嫌悪〉感: einen ~ vor *et.*[3] haben …をひどく恐れて〈嫌って〉いる | ***jm.* ein ~ und** 〔**ein**〕 **Scheuel sein** …にとってひどくいとわしい. **2** 身の毛のよだつようなもの;《複数で》残虐行為, 冷酷無残な言動: die ~ des vergangenen Krieges 今次の戦争のもたらした惨禍 ‖ ~ begehen 〈verüben〉 残虐行為をする ‖ Das 〈Er〉 ist mir ein ~. それ〈彼〉を見ると私は虫ずが走る. [*mhd.*; ◇grauen[2], greulich]

Greu·el≠ge·schich·te 女 ぞっとするような話, 残酷な内容の物語. ≠**het·ze** 女 ありもしない恐ろしい話を流布して人心を動揺させること. ≠**mär·chen** 中 = Greuelgeschichte ≠**nach·richt** 女 身の毛のよだつような内容の報道〈ニュース〉. ≠**pro·pa·gan·da** 女 = Greuelhetze ≠**tat** 女 身の毛のよだつような残虐行為, 凶行.

greu·lich[grɔ́ylıç] 形 身の毛のよだつ; いやらしい; いまわしい;《話》ひどい, 極度にまずい: eine ~*e* Geschichte ぞっとするような話〈物語〉| ein ~*er* Anblick 顔をそむけたくなるような情景 | ein ~*es* Durcheinander《話》ひどい混乱 ‖ Mir war ~ zumute. 私は怖気(おぞけ)をふるった | Er sang 〔einfach〕 ~.《話》彼の歌ときたら〔まるで〕ひどかった. [*mhd.*; ◇Greuel]

Grie·be[grí:bə] 女 -/-n **1** (ベーコンなどから溶けて出た)脂肪のかす, (ソーセージにまじっている)脂肪の小片. **2**《話》口のまわりの吹き出物. [*ahd.* griobo „Grobes"]

Griebs[gri:ps] 男 -es/-e《方》**1** (果物の)芯(しん): den ~ mitessen 芯まで食べる. **2** (Gurgel) のど.

Grie·che[grí:çə] 男 -n/-n (女 **Grie·chin**[..çın]-/-nen) ギリシア人. [*gr.* Graikós－*lat.* Graecus－*ahd.*Grecus; ◇gräko..; *engl.* Greek]

Grie·chen·land[grí:çənlant] 地名 ギリシア(バルカン半島南端の共和国で, 首都は Athen. 1830年トルコから独立: → Hellas).

Grie·chen·tum[..tu:m] 中 -s/ ギリシア人の全体; ギリシア精神.

Grie·chin Grieche の女性形.

grie·chisch[grí:çıʃ] 形 ギリシアの; ギリシア語の: → deutsch ‖ ~*es* Feuer (中世の)ギリシア火薬(水上でも燃える) ‖ das ~*e* Kaisertum〘史〙東ローマ帝国 | die ~*e* Kirche〘宗〙ギリシア正教会 | das ~*e* Kreuz (縦横同長の)ギリシア十字架(→ 図 Kreuz) | eine ~*e* Nase ギリシア人的な鼻(→ 図 Nase) | die ~*e* Schrift ギリシア文字(→付録: 字母一覧) | ein ~*er* Tempel ギリシアの神殿(→ 図 Baukunst).

grie·chisch-ka·tho·lisch 形 **1** (略 gr.-kath.) ギリシア帰一教会の. ▽**2**《話》= griechisch-orthodox

grie·chisch-or·tho·dox 形 ギリシア正教の.

grie·chisch-rö·misch 形〘レスリング〙グレコローマンの: ein Ringen im ~*en* Stil グレコローマン=スタイルのレスリング.

grie·chisch-uniert = griechisch-katholisch 1

Grie·fe[grí:fə] 女 -/-n《中部》= Griebe 1 [*mhd.*]

Grieg[gri:k] 人名 Edvard Hagerup ~ エドヴァルト ハーゲルプ グリーク(1843-1907; ノルウェーの作曲家. 作品は組曲『ペール ギュント』など).

grie·meln[grí:məln]《06》(**griem·la·chen**[grí:m..]) 自 (h)《中西部》ほくそえむ, にんまりする, 冷笑する. [*ndd.*; ◇grienen]

Grien[gri:n] 中 -s/《スイス》小石まじりの砂, 砂礫(されき). [*mhd.* „Zerriebenes"]

grie·nen[grí:nən] 自 (h)《北部》(grinsen) にやにや笑う, ほくそえむ. [<greinen; ◇*engl.* grin]

▽**gries**[gri:s][1] 形《方》(grau) (髪・ひげなどについて)灰色の, 白髪の. [*mndd.*; ◇grau, greis]

Grie·sel·bär[grí:zəl..] = Grizzlybär

Grie·sel·fie·ber 中 -s/《方》(Schüttelfrost) 悪寒(おかん). [<grieseln]

grie·se·lig[grí:zəlıç][2] 形 細粒状の. [<Grieß]

grie·seln[grí:zəln]《06》他 (自) (h)《北部》非人称《es grieselt *jn.* 〈*jm.*〉/*jn.* 〈*jm.*〉 grieselt 〔es〕》(…が寒気・嫌悪などのために)ぞっとする: Es *grieselte* ihm über den ganzen Leib. 彼の全身に悪寒が走った. [◇gruseln]

Gries·gram[grí:sgra:m] 男 -〔e〕s/-e 不機嫌な人, 気むずかし屋: ein eingefleischter ~ 根っからの不平家.

▽**gries·gra·men**[..gra:mən] 自 (h) (murren) 不機嫌である, ぶつぶつ不平を言う; 歯ぎしりする;《gegen *jn.*》(…のことで)かんかんに怒る. [*ahd.* grisgramōn „mit den Zähnen knirschen"; ◇grieseln, gram]

gries≠grä·mig[..grɛ:mıç][2] (≠**grä·misch**[..mıʃ], ≠**gräm·lich**[..grɛ:mlıç]) 形 不機嫌な, 気むずかしい: in ~*er* Stimmung sein 気分がむしゃくしゃしている ‖ das Gesicht ~ verziehen 不機嫌に顔をしかめる.

Grieß[gri:s] 男 -es/ (種類: -e) 粗びきの穀粉; (大粒の)砂, 小石; ざらめ糖;〘鉱〙グリット;〘医〙(腎臓(じんぞう)などの)結石, 尿砂. [*germ.* „Kies"; ◇Grund, Graus[2], groß, Grit[1]]

Grieß·brei[grí:s..] 男〘料理〙粗びきの小麦で作ったかゆ.

grie·ßeln[grí:səln]《06》自 (h) **1** 粒状になる. **2** 非人称《es grießelt》(小粒の)あられが降る.

grie·ßig[grí:sɪç]² 形 細粒状の.

Grie·ßig[–] 中 -〔e〕s/ ミツバチの糞(ふん).

Grieß·koch[grí:s..] 中 -s/《南部・オーストリア》=Grießbrei

Grieß·ler[grí:slər] 男 -s/-《話》(Kleinigkeitskrämer) 小事にこだわる人, 小心者.

Grieß≈mehl[grí:s..] 中 (セモリーナなど)粗びきの穀物粉. **≈schmar·ren** 男《オーストリア》粗びき麦粉で作ったケーキ. **≈stein** 男〔医〕淋砂(りんしゃ), 尿酸石. **≈sup·pe** 女〔料理〕ひきわり小麦粉で作ったスープ.

Grieß·wär·tel[..vɛrtəl] 男 -s/- (中世の馬上槍(やり)試合の)立会人. [<Wart]

griff[grɪf] greifen の過去.

Griff[–] 男 -〔e〕s/-e **1** つかむ〈握る〉こと, つかみ〈握り〉方, グリップ;〔楽〕指使い;《比》扱い方, こつ: ein falscher ~〔楽〕指使いのミス, ミスタッチ;《比》へま | ein kühner ~《比》思い切った手 | **ein ~ ins Klo**《話》失敗, 不成功, どじ | ein rascher ~ nach *et.*³ …をすばやくつかむ〈握る〉こと | der ~ zur Flasche (アル中のように)つい手が酒瓶の方にいくこと ‖ verbotene ~*e* anwenden (レスリングなどで)禁じ手を使う | einen harten ~ haben 握る〈つかむ〉力が強い | **einen guten 〈glücklichen〉 ~ haben**《比》こつを心得ている, 器用である | **~*e* kloppen 〈klopfen〉**《話》(兵隊が)銃を持って教練する | einen ~ in die Kasse tun (→Kasse 1 a) | einen tiefen ~ in den Beutel 〈in die Tasche〉 tun たっぷり金を支払う | einen ~ nach *et.*³ tun …へ手を伸ばす, …をつかもうとする | 〔mit *jm.* 〈*et.*³〉〕 **einen guten 〈glücklichen〉 ~ tun** 〔…に関して〕選択に成功する | Mit dieser Sekretärin hat er einen guten 〈glücklichen〉 ~ getan. この女秘書を雇ったのは彼にとって成功だった | den ~ wechseln (器械体操などで)持ち手を変える ‖ ***et.*⁴ im ~ haben**《比》…の扱いになれている; …を掌握している, …を制御できている, …に対して押えがきいている | ***et.*⁴ in den ~ bekommen 〈kriegen〉**《比》…の扱いになれる, …のこつ〈要領〉をのみ込む, …を使いこなせる〈処理できる〉ようになる; …を掌握する, …を制御する | **mit einem 〔einzigen〕 ~** いっぺんに, たちまち, 簡単に | **mit ~*en* und Kniffen** 手練手管を使って, うまいかけひきで.

2 (道具などをつかむ・握る部分. 例えば:) 握り, つまみ, 取っ手, 柄, (刀剣の)つか(→ 図 Degen), (かばんの)下げ革, (自転車などの)グリップ, (鍵(かぎ)の)弓形; (蹄鉄(ていてつ)の)つま先;〔登山〕(岩の)突出部, 手掛かり, グリップ;〔解〕胸骨柄;〔狩〕(鳥の)つめ.

3〔織〕手ざわり: einen harten 〈weichen〉 ~ haben 手ざわりがかたい〈柔らかい〉 | ein Gewebe mit einem körnigen 〈glatten〉 ~ ざらざら〈すべすべ〉した感触の織物.

[*westgerm.*; ◇greifen; *engl.* grip]

griff·be·reit[grɪf..] 形 すぐ使用できるように準備できている(下着・道具など).

Griff·brett 中〔楽〕(弦楽器の)指板(→ 図 Geige).

grif·fe[grífə] greifen の接続法 II.

Grif·fel[grífəl] 男 -s/- **1** 石筆, 鉄筆: mit ehernem ~ in das Buch der Geschichte eingetragen sein《雅》歴史に厳然と記されている, 後世に残る. **2 a)**〔植〕花柱. **b)**〔解〕茎状体. [*ahd.*; <*gr.* grapheĩon „Griffel“ (◇Graph)]

grif·fel·för·mig 形 石筆状の.

Grif·fel≈fort·satz 男〔解〕茎状突起(→ 図 Schädel). **≈ka·sten** =Bleistiftkasten **≈spit·zer** 男 **1** 石筆削り. **2**《比》ことさら小事にこだわる人.

griffest (**griff·fest**)[grífːfɛst] 形 (ナイフ・傘などの)柄〈握り〉のしっかりしている.

griff·gün·stig 形 つかみやすい, 握りやすい: eine ~ liegende Handbremse 操作しやすいところに取りつけられているハンド=ブレーキ.

grif·fig[grífɪç]² 形 **1** (器具などが)扱いやすい. **2** (布などが)手ざわりのよい. **3** (路面・タイヤが)グリップのよい, 滑らない. **4** (小麦粉などが)粒の粗い.

Grif·fig·keit[–kaɪt] 女 -/-en griffig なこと.

griff·la·chen[gríflaxən] 自 (h)《北部》(hohnlachen) あざ笑う; にやにやする. [◇griemeln]

Griff·loch[grɪf..] 中〔楽〕(管楽器で指で押えて音を変えるための)指孔, 音孔(→ 図 Pfeife).

griff·los[..lo:s]¹ 形 柄〈取っ手〉のない.

Griff·nä·he 女 手を伸ばせば届くほどの近い距離: in ~ liegen すぐ近くにある.

Grif·fon[grɪfɔ̃:] 男 -s/-s グリフォン(中型猟犬の一種: → 図). [*fr.*; ◇Greif]

Griffon

Grill[grɪl] 男 -s/-s **1** (Bratrost)〔料理〕(肉・ソーセージなどを焼く)焼きあみ, あぶり器, グリル. **2** =Kühlergrill [*lat.* crātīcula–*fr.*–*engl.*; <crātis (→Gräting)]

Gril·la·de[grijá:də] 女 -/-n〔料理〕グリヤード, (あみ)焼き肉. [*fr.*; <*fr.* griller (→grillen)]

Gril·le[grílə] 女 -/-n **1**〔虫〕コオロギ(蟋蟀); コオロギ科の昆虫: Im Garten zirpen die ~*n*. 庭でコオロギが鳴いている. **2**《ふつう複数で》気まぐれ, むら気, 妄想; (理由のない)憂愁, ふさぎ, 物思い: **~*n* fangen** むら気を起こす; ふさぎ込む, くよくよする | ~*n* im Kopf haben 妙な考えにとりつかれている | *sich*³ ~*n* machen 〈in den Kopf setzen〉 取り越し苦労をする, 気を回しすぎる | ***jm.* die ~*n* vertreiben 〈austreiben / verjagen〉** …のふさぎの虫を追い払う, …の気持を晴れやかにする | Das ist 〔nur〕 so eine ~ von ihm. それは彼の気まぐれにすぎない. [*gr.* grýllos „Schweinchen“–*lat.*–*ahd.*]

gril·len[grílən] 他 (h)〔料理〕焼きあみで焼く: *sich*⁴ in der Sonne ~《比》(過度に)日光浴をする. [*fr.* griller–*engl.* grill; ◇Grill]

Gril·len·fän·ger[grílən..] 男《話》気まぐれな人間; くよくよする人.

Gril·len·fän·ge·rei[grɪlənfɛŋəráɪ] 女 -/《話》気まぐれなこと; くよくよすること.

gril·len·fän·ge·risch[grílənfɛŋərɪʃ] 形《話》気まぐれな; くよくよした.

gril·len·haft[..haft] 形 気まぐれな; ふさぎの虫にとりつかれた; 風変わりな. [<Grille 2]

Gril·len·haf·tig·keit[..tɪçkaɪt] 女 -/ grillenhaft なこと.

Grill≈ge·rät[gríl..] 中 =Grill **≈ge·richt** 中 焼き肉〈グリル〉料理.

gril·lie·ren[grɪlí:rən, grijí:rən] =grillen

gril·lig[grílɪç]² =grillenhaft

Grill·par·zer[grílpartsər] 人名 Franz ~ フランツ グリルパルツァー(1791–1872; オーストリアの劇作家).

Grill·room[grílru:m] 男 -s/-s グリル=ルーム(ホテル・レストランなどのグリル専門の食事室. 客の目の前で調理する); (一般に)ホテルの朝食用食堂. [*engl.*; ◇Raum]

Gri·mas·se[grimásə] 女 -/-n (不機嫌・軽蔑・おどけなど, さまざまな気持の反映としての)しかめっつら: das Gesicht zu einer ~ verziehen 顔をしかめる ‖ ~*n* schneiden 〈ziehen / machen〉 しかめっつらをする, 渋面(じゅうめん)を作る. [*span.* grimazo „panischer Schrecken“–*fr.* grimace; ◇grimm]

gri·mas·sie·ren[grimasí:rən] 自 (h) しかめっつらをする. [*fr.* grimacer]

Grim·bart[grímba:rt] 男名 **1** グリムバールト. **2** グリムバルト(動物寓話(ぐうわ)でアナグマの名): Meister ~ (→Meister 5). [<*aengl.* grīma „Maske“+..bert]

ᵛ**grimm**[grɪm] **I** 形《付加語的》《雅》(grimmig) 怒った. **II Grimm**¹ 男 -〔e〕s/《雅》(押し殺した)深い憤り, 激怒, 憤怒(ふんぬ); 怒りの爆発: *seinen* ~ ersticken 〈unterdrücken〉 憤激を抑える. [*germ.* „grollend“; ◇gram; *engl.* grim]

Grimm²[–] 人名 Jacob ~ ヤーコプ グリム(1785–1863; ドイツの言語学者で, 弟のゲルマン学者 Wilhelm ~ ヴィルヘルム グリム〔1786–1859〕とともに『ドイツ語辞典』の編集に着手し, また『子どもと家庭のための昔話集』いわゆる『グリム童話集』を集成した: →Grimmsch): die Brüder ~ グリム兄弟.

Grimm·darm[grímdarm] 男 (Kolon)〔解〕結腸. [<Grimmen; 腸痛の座があると考えられたことから]

Grimm·darm·teil 男〘解〙結腸の部分: S-förmiger ～ 結腸のS字状部, S状結腸.
Grim·mels·hau·sen[grímǝlshaʊzǝn] 人名 Hans Jakob Christoffel von ～ ハンス ヤーコプ クリストッフェル フォン グリメルスハウゼン(1622頃-76; ドイツの作家. 作品『阿呆(ぁほう)物語』など).
▽**grim·men**¹[grímǝn] **I** 自 (h) 憤激する. **II** 他 (h) (ärgern) 憤激させる. [*ahd.* grimman „wüten"; ◇grimm]
▽**grim·men**²[−] **I** 自 (他) 《ふつう非人称的に》 Es *grimmt* mir 〈mich〉 im Bauch./Der Bauch *grimmt* mir. 私はひどく腹が痛い. **II Grim·men** 中 -s/ 〘医〙絞痛(こうつう), 疝痛(せんつう). [*ahd.* krimman „drücken"; ◇krumm]
grim·mig[grímɪç]² 形 憤激〈立腹〉した; 《比》しんらつな; きびしい, ひどい: ein ～*es* Gesicht 憤怒(ふんぬ)の形相 | ～*er* Humor とげのあるユーモア | ein ～*er* Winter 厳冬 | eine ～*e* Kälte きびしい寒さ | ～*e* Schmerzen 激痛 | ～*en* Hunger haben ひどく空腹である ‖ ～ aussehen ひどく怒った顔をしている | ～ dreinschauen こわい目つきである | Es ist ～ kalt. ひどく寒い. [*ahd.*; ◇grimm]
Grim·mig·keit[−kaɪt] 女 -/ grimmig なこと.
Grimmsch[grɪmʃ] 形 Grimm²の: das ～*e* Gesetz〘言〙グリムの法則(→Lautverschiebung) | die ～*en* Märchen グリム童話集 | das ～*e* Wörterbuch グリムのドイツ語辞典(32冊からなる大辞典,1854-1960).
Grind[grɪnt]¹ 男 -[e]s/-e **1**〘医〙膿痂(のうか)疹; 痂皮(かひ); (一般に)かさぶた. **2**〘植〙(ジャガイモなどの)痂皮病. **3** = Grindwal **4**〘狩〙(シカなどの)頭. [*ahd.* grint; ◇Grund, Grand¹]
Grin·del[gríndǝl] 男 -s/- = Grendel
grin·dig[gríndɪç]² 形 かさぶただらけの; 〘医〙痂皮(かひ)に覆われた.
Grind≠kopf[grínt..] 男〘医〙頭部白癬(はくせん). **≠maul** 中〘医〙口囲湿疹(しっしん). **≠wal** 男〘動〙マゴンドウ(真巨頭), ゴンドウクジラ(巨頭鯨).
Grin·go[gríŋgo·] 男 -s/-s (⊛ **Grin·ga**[..ga]-/-s) 《軽蔑的に》グリンゴ(南アメリカでの非ラテン系の白人, 特に英米人). [*span.*; < *span.* griego „Grieche"]
Grin·sel[grínzǝl] 中 -s/-[n] 《オーストリア》(銃の)谷形照門. [< Runse „[Wasser]rinne"]
grin·sen[grínzǝn]¹ 《02》自 (h) (歯をむき出して)にやにやする, にやにや笑う; 《中部》泣く: in *sich*⁴ hinein ～ ほくそえむ | über beide Backen 〈übers ganze Gesicht〉 ～ 顔をくしゃくしゃにして笑う. [< *mhd.* grinnen „knirschen" (◇greinen); ◇*engl.* grin]
grip·pal[grɪpá:l] 形 **1** 流感〈インフルエンザ〉の: ein ～*er* Infekt 流行性感冒症. **2** = grippeartig
Grip·pe[grípǝ] 女 -/-n〘医〙流感〈流行性感冒〉, インフルエンザ: ～ haben/an ～ erkrankt sein インフルエンザ〈流感〉にかかっている | mit ～ im Bett liegen インフルエンザ〈流感〉で床についている. [*fr.*; < *fr.* gripper „erhaschen" (◇greifen)]
grip·pe·ar·tig 形 インフルエンザ性の, 流感に似た.
Grip·pe·wel·le 女〘医〙インフルエンザの流行.
grip·pös[grɪpǿ:s]¹ = grippeartig
Grips[grɪps] 男 -es/-e 《話》(Verstand) 理解力, 知恵, 脳みそ: von *seinem* ～ Gebrauch machen / *seinen* ～ zusammennehmen 〈anstrengen〉 頭を働かせる | nicht viel ～ brauchen たいして知恵はいらない | **keinen ～ [im Kopf] haben** 頭がからっぽである. [< grippen „raffen" (◇greifen)]
Gri·saille[grizá:j] 女 -/-n **1** 《単数で》〘美〙グリザイユ(灰色系統の色彩のみを用いる画法). **2** グリザイユ画法の絵画. **3** 霜降りの服地. [*fr.*; < *fr.* gris „grau" (◇gries)]
Gri·sel·dis[grizέldɪs] 女名 グリゼルディス. [*it.*]
Gri·set·te[grizέtǝ] 女 -/-n **1** (昔のパリの)針子; 浮気な娘, はすっぱ娘. **2** グリゼット(ねずみ色の安物の服地). [*fr.*; < *fr.* gris „grau" (◇gries)]
Gris·ly (**Gris·li**) [grísli·] 男 -s/-s, **Gris·ly·bär** (**Gris·li·bär**) [grísli..] = Grizzlybär
Grit¹[grɪt] 男 -s/-e (機械などにつまる)あら砂, 小石. [*engl.*; ◇Grieß]
Grit²[−] 女名, **Gritt**[−] 女名 (< Margarete) グリット.
Grizz·ly·bär[grísli.., grízli..] 男〘動〙(北アメリカ西部産の)ハイイログマ(灰色熊). [*engl.* grizzly bear; < *engl.* grizzle „grau" ◇gries]
gr.-kath. 略 = **gr**iechisch-**kath**olisch 1
grob[gro:p]¹ **grö·ber**[grǿ:bǝr]/**gröbst**[grø:pst] 形 **1** (↔fein) (目・粒・きめ・手ざわりなどの)あらい; あらけずりの, いかつい; 太い: eine ～*e* Feile 荒目やすり | ～*es* Mehl 粗びきの〔小麦〕粉 | ein ～*es* Netz 〈Sieb〉 目の粗い網〈篩(ふるい)〉 | ～*es* Papier ざら紙 | ～*er* Sand (粒の)粗い砂 ‖ ～*e* Gesichtszüge いかつい顔立ち | eine ～*e* See〘海〙荒れた海 | eine ～*e* Stimme 太い声, どら声 ‖ die ～*e* Arbeit verrichten 荒仕事をする; 下働きをする | von der Arbeit ～*e* Hände bekommen 仕事で手が荒れる ‖ den Kaffee ～ mahlen コーヒーを粗びきする ‖ aus dem ～*en* 〈*gröbsten*〉 [heraus] arbeiten 荒仕上げする | **aus dem *Gröbsten* heraus sein** 《話》一番むずかしい段階〈最悪の事態〉を切り抜ける, 峠を越える ‖ Auf einen ～*en* Klotz gehört ein ～*er* Keil. (→Klotz 1). **2** 大まかな, 大ざっぱな, あらましの: eine ～*e* Skizze 大まかなスケッチ | ein ～*er* Überblick 大ざっぱな概観 | *et.*⁴ in ～*en* Umrissen 〈Zügen〉 schildern …の概略を述べる ‖ *et.*⁴ ～ schätzen 〈unterscheiden〉 …をざっと見積もる〈大ざっぱに区別する〉. **3** (↔sanft) 粗野な, 荒っぽい, がさつな, 乱暴な; (↔höflich) 無遠慮〈不作法〉な, 無礼な: ein ～*es* Benehmen 粗野な振舞い | ～*e* Späße あくどい冗談 | ～*e* Worte 乱暴な〈ぶしつけな〉言葉 | gegen *jn.* ～ werden …に対して無礼な〈断固とした〉態度に出る | gegen *jn.* ～*es* Geschütz auffahren (→Geschütz) | ***jm.* ～ kommen** 《俗》…を露骨にたしなめる, …にずけずけ言う, …を面罵(めんば)する ‖ *jn.* ～ anfassen …を乱暴に扱う. **4** ひどい, 重大な: eine ～*e* Beleidigung ひどい侮辱 | ～*e* Fahrlässigkeit〘法〙重過失 | ein ～*er* Fehler ひどい間違い, 大きなミス ‖ das Gesetz ～ verletzen 法律にはなはだしく違反する | Er lügt gar zu ～. 彼はあまりにひどいうそをつく | ～ unhöflich sein ひどく不作法である. **5**〘狩〙(野獣が)大きな. [„rauh"; *ahd.* g[e]rob; ◇*engl.* gruff]

Grob≠blech[gró:p..] 中 (↔Feinblech) 厚い金属板. **≠ein·stel·lung** 女 (機械・器具などの)粗(あら)調整.
grö·ber[grǿ:bǝr] grob の比較級.
grob·fa·se·rig[gró:p..] 形 繊維の粗い.
Grob·fei·le 女 荒目やすり.
grob≠ge·mah·len 形 (コーヒー・穀粉などが)粗く挽(ひ)かれた, 粗挽きの. **≠ge·spon·nen** 形 粗く〈太目に〉紡いだ. **≠glie·de·rig** 形, **≠glied·rig** 形 (体格などの)がんじょうな.
Grob·heit[gró:phaɪt] 女 -/-en **1** 《単数で》grob なこと. **2** 《しばしば複数で》不作法〈無遠慮〉な言行: *jm.* ～*en* sagen 〈an den Kopf werfen〉 …に悪口を浴びせる.
Gro·bian[gró:bia:n] 男 -[e]s/-e 粗野〈無骨〉な人, 不作法者. [< grob + ..ian]
Grob·ke·ra·mik[gró:p..] 女 (↔Feinkeramik) (土器・瓦(かわら)など)粗製の焼き物, コースセラミックス.
grob≠klot·zig 形 粗野〈無骨〉な, 不作法〈がさつ〉な. **≠kno·chig** 形 頑健な.
Grob≠koh·le 女 (Nußkohle)〘坑〙中小塊炭. **≠korn** 中 **1**〘金属〙粗粒. **2** = Vollkorn 2
grob·kör·nig 形 粒の粗い, 大粒の; 〘写〙(フィルムの膜面が)粒子の粗い.
gröb·lich[grǿ:plɪç] 形 **1** 《述語的用法なし》乱暴な; ひどい, はなはだしい: eine ～*e* Beleidigung ひどい侮辱 | ～*e* Hand an *jn.* legen …に乱暴を働く ‖ *jn.* ～ beleidigen …をひどく侮辱する | ～ gegen das Gesetz verstoßen はなはだしく法律に違反する. ▽**2** (粒・網目などが)少し粗い.
grob≠ma·schig[gró:p..] 形 (網・編物・織物などが)目の粗い. **≠po·rig** 形 (皮膚が)汗孔(かんこう)〈毛穴〉の大きい(→Pore 1).
Grob·sand 男 -[e]s/〘建・土木〙粗砂(そしゃ).

grob·schläch·tig 形 粗野な, 無骨な.

ᵛ**Grob·schmied** 男 鍛冶(かじ)屋; 蹄鉄(ていてつ)工.

Grob·schnitt 男 -[e]s/ (パイプ用タバコなどの)粗きざみ.

gröbst grob の最上級.

Grob·wä·sche[gró:p..] 女 (洗濯の際に特別な配慮を要しない)並の洗濯物(肌着・シーツ類など).

Gro·den[gró:dən] 男 -s/- 《北部》海岸堤防の外側の土地. [*mndd.*; < *ahd.* gruoen „wachsen" (◇grün)]

Grö·faz[grǿ:fats] 男 -/-e (< größter Feldherr aller Zeiten) 《皮肉》あらゆる時代でもっとも偉大なる将帥(しょうすい)〈最高指揮官〉.

Grog[grɔk] 男 -s/-s グロッグ酒(ラム・ブランデーなどに熱湯を注ぎ, 砂糖をまぜた飲み物). [*engl.*; < Old Grog (部下にストレートの飲酒を禁じた Ed. Vernon 提督(†1757)の異名); 粗い布地 grogram (◇gros, Grain) のコートを着たことから]

grog·gy[grɔ́gi·] 形 《述語的》〖ボクシング〗グロッキーの; 《比》疲れてくたくたの. [*engl.* „(vom Grog) betrunken"]

grö·len[grǿ:lən] **I** 自 (h) (野卑な声で)わめく; (蛮声を張りあげて)歌う. **II** 他 (h) (野卑な声で…を)わめく; (蛮声を張りあげて…を)歌う. [*mndd.* grālen „lärmen"; ◇Gral]

Grö·le·rei[grø:ləráɪ] 女 -/-en わめき声〔をあげること〕.

Groll[grɔl] 男 -[e]s/ (心に秘めた)恨み, 怨恨(えんこん); 憤り, 憤懣(ふんまん): einen ~ auf *jn.* haben/einen ~ gegen *jn.* hegen …に対して恨みを抱く. [*mhd.*; ◇grell; *engl.* growl]

grol·len[grɔ́lən] 自 (h) **1** 《[mit] *jm.*》(…を)恨む, 憎む. **2** (雷鳴などが)鈍くとどろく: das *Grollen* des Donners 〈der Geschütze〉 遠雷〈砲声〉のとどろき.

Grön·land[grǿ:nlant] 地名 グリーンランド(北アメリカの北東方にある世界最大の島で, デンマーク領). [*skand.* „grünes Land"; ◇ *engl.* Greenland]

Grön·län·der[..lɛndər] **I** 男 -s/- **1** グリーンランド人(エスキモーとヨーロッパ人との混血). ᵛ**2** = Kajak 1 **II** 形 《無変化》グリーンランドの.

grön·län·disch[..lɛndɪʃ] 形 グリーンランドの.

Grön·land·wal 男 〖動〗ホッキョククジラ(北極鯨)(セミクジラ科).

Groom[gru:m] 男 -s/-s ᵛ**1** (旅館などの)ボーイ, 若い下僕. **2** 馬丁. [*engl.*]

Gro·pius[gró:piʊs] 人名 Walter ~ ヴァルター グローピウス(1883-1969; ドイツの建築家で, Bauhaus の創立者).

Grop·pe[grɔ́pə] 女 -/-n 〖魚〗カジカ(鰍). [*mlat.* corabus „Karpfen"–*ahd.*]

gros →en *gros*

Gros[1][gro:] 中 -[-(s)]/-[-s] 大部分, 主要部分: das ~ der Bevölkerung 住民の大多数. [*spätlat.* grossus „dick"–*fr.* gros „groß"; ◇ *engl.* gross]

Gros[2][grɔs] 中 -ses/-se (略 Gr.) グロス(量の単位: 12ダース). [*fr.* grosse (douzaine) „großes (Dutzend)"–*ndl.*]

Gro·schen[grɔ́ʃən] 男 -s/- **1 a)** (略 g) グロッシェン(オーストリアの旧小額貨幣〔単位〕: 1/100 Schilling). **b)** (昔のドイツ・フランスなどの)グロッシェン銀貨. **2** 《話》 **a)** 10 Pfennig 硬貨: *jm.* den letzten ~ abknöpfen …から最後の一文までまき上げる | den ~ 〈jeden ~ einzeln〉 umdrehen 金にうるさい, 倹約家である | einen hübschen 〈schönen〉 ~ verdienen しこたま金を稼ぐ | keinen ~ wert sein 一文の値うちもない | Das kostet mich keinen ~. それは私にはただで手に入る〈ただでできる〉 ‖ **bei ~ sein** (手元に)金がある | **nicht** 〔**ganz** / **recht**〕 **bei ~ sein** 《話》頭がどうかしている | nicht für 'n ~ 〈für drei ~〉 Verstand haben 《比》全く頭が悪い | Das ist allerhand für 'n ~. 《俗》そんなことは思いもよらなかった ‖ **der ~ fällt bei *jm.*** 《話》…がやっと事態を理解する(コインが落ちて初めて動き出す自動販売器から来た表現) | Jetzt ist auch bei ihr der ~ gefallen. 《話》(血のめぐりの悪い)彼女にもようやくのみこめたようだ | **der ~ fällt bei *jm.* pfennigweise.** 《話》…は頭の働きが鈍い〈のみこみが遅い〉. **b)** 《ふつう複数で》《戯》小銭, (少しの)お金: ein paar ~ zum Telefonieren bereithalten 電話をかけるために10ペニヒ貨を二三枚用意する | *sich*[3] ein paar ~ nebenbei verdienen 内職でわずかばかりの金を稼ぐ | *seine* paar ~ zusammenhalten 手元の金を大事にする. [*mlat.* (dēnārius) grossus „dicker (Pfennig)"–*mhd.* gros〔se〕〔–*tschech.* groš〕; *engl.* groat]

Gro·schen≈blatt 中 (低俗・安手な)三文新聞, 大衆紙. **≈heft** 中 (低俗な)〔通俗小説などを載せた〕仮とじ本, (仮とじの)三文小説. **≈ro·man** 男 (低俗な)三文小説, 通俗〈大衆〉小説.

groß[gro:s] **grö·ßer**[grǿ:sər]/**größt** **I** 形 (英: *big, large*) (↔klein) **1 a)** 大きい, 大型の; 大規模な, 広大な; 長期の; 数値の高い; 背丈の高い; 大きくなった, 生長〈成長〉した, 成人した, 年長の: ~*e* Augen machen 目を丸くする | ein ~*er* Baum 大木 | ein ~*er* Brand 大火 | ein ~*er* Garten 大きな〈広い〉庭園 | ~*es* Geld 高額紙幣 | ein ~*er* Gewinn 多額の利益, 巨利 | die *größere* Hälfte 〈der *größere* Teil〉 der Bevölkerung 住民の大半 | ~*e* Hände 〈Füße〉 haben 手〈足〉が大きい | ein ~*er* Haufen Arbeit 〈Holz〉 大量の仕事〈木材〉 | ein ~*er* Kerl (背丈の高い)大男 | Er ist noch ein ~*es* Kind. (年はとっていても)彼はまるで子供だ | eine ~*e* Klasse 〈Familie〉 (多人数の)大クラス〈大家族〉 | eine ~*e* (= lange) Leiter 長いはしご | die ~*e* Masse/das ~*e* Publikum 一般大衆 | eine ~*e* Pause 長い中休み, 大休止 | eine ~*e* Rede halten 長広舌をふるう | eine ~*e* Reise 大旅行 | ~*e* Schritte 大また〔の歩き方〕 | ihre ~*e* 〈*größere*〉 Schwester 彼女の姉 | eine ~*e* Terz 〖楽〗長 3 度 | ein ~*es* Werk Goethes ゲーテの大作 | die ~*e* Zehe 〔足の〕親指 | der ~*e* Zeiger 長針 | das *größte* Zimmer im Haus 家でいちばん大きい部屋 ‖ 〖述語的に〗Der Junge ist sehr ~ für sein Alter. 少年は年の割にはたいへん背が高い | Mein Sohn ist schon ~ geworden. 私の息子はもう一人前〈大人〉になった ‖ 〖副詞的に〗 *jn.* ~ ansehen …を目を丸くして〈まじまじと〉見つめる | bei *jm.* ~ angeschrieben sein …に目をかけられて〈高く買われて〉いる | die Gasflamme ~ aufdrehen 〈stellen〉 (コックを回して)ガスの炎を強くする | ein Wort ~ schreiben ある語〔の頭文字〕を大文字で書き起こす(ただし: →großschreiben) ‖ *et.*[4] **groß und breit** erzählen …を詳しく物語る | Da stand er, ~ und breit. そこにはまぎれもなく彼が立っていた ‖ 〖名詞的に〗*Groß* (ルーレットの)パセ, 大(19-36の点数) | **~ machen** 《俗》うんこをする(ただし: →großmachen) | **groß und klein** 《単数または複数扱い》大人も子供も, だれもかれもみんな; 身分の高い人も低い人も, すべての〔階級の〕人たち | Im Zimmer war〔en〕 ~ und klein versammelt. 室内には大人も子供もみな集まっていた ‖ im ~*en* verkaufen 〖商〗卸売りする | *et.*[4] im ~*en* kaufen …を大量に〈まとめて〉買う ‖ →III 1, 2

b) 《量を示す語句と》(…の)大きさの; (…の)背丈の: Er ist so ~ wie ich. 彼は私と背が同じくらいだ | Meine Wohnung ist doppelt so ~ wie die seine. 私の住まいは彼のの 2 倍の広さがある ‖ Der Anzug läßt ihn *größer* erscheinen, als er ist. あの服を着ると彼は実際より大きく見える ‖ 〖4 格と〗Er ist 1,70m (読み方: eins Komma siebzig Meter) ~. 彼は身長が 1 メートル70ある ‖ Das Gelände ist 2 ha *größer* als je. 敷地は前より 2 ヘクタール広い | Bitte eine Nummer *größer*! (靴などを買うとき)もう 1 サイズ〈ひと回り〉大きいのをください.

2 a) 重要〈重大〉な, 主要な: ein ~*er* Augenblick 重大な瞬間 | eine ~*e* Entdeckung 〈Frage〉 大発見〈問題〉 | das ~*e* Hauptquartier 〖軍〗総司令部 | die ~*e* Nummer im Zirkus サーカスの大一番〈呼び物〉 | eine ~*e* Rolle spielen 《比》重要な役割を演じる | mein ~*er* Tag 私の大事な〈晴れの〉日 ‖ 〖名詞的に〗→III 2

b) 大げさな; 盛大〈豪華〉な: *sich*[3] ein ~*es* Ansehen geben 〔wollen〕もったいぶる | in ~*em* Anzug 〈Kleid〉 正装して | in ~*er* Aufmachung 大々的に | eine ~*e* Geste はでな身振り | ein ~*es* Wesen um *et.*[4] machen …を大げさに〈大々的に〉取りあげる | ~*e* Worte gebrauchen 〈machen〉 もったいぶる, えらそうな口をきく ‖ ~ auftreten もったいぶる, はでに振舞う | ~ ausgehen 盛装して出かける; はでに金

G

を遣う | *et.*⁴ ~ feiern 〈herausbringen〉 …を大々的に祝う〈売りこむ〉 | *jn.* 〈*et.*⁴〉 ~ herausbringen …を大々的に売り出す | ~ herauskommen (芸人などが) 鉦(かね)や太鼓でデビューする | Auf der Feier ging es ~ her. 祭りは豪勢だった | Bei ihm 〈In seinem Haus〉 geht es ~ her. 彼は暮らしが派手だ | *sich*⁴ ~ machen もったいぶる, 派手に振舞う | ~ reden 大口をたたく.

c) 高度の, 非常な: ~*e* Angst haben 大いに不安がる | ~*es* Aufsehen machen 大騒動をひき起こす | zu meinem ~*en* Bedauern 〈Erstaunen〉 ひどく残念な〈驚いた〉ことには | *jm.* einen ~*en* Dienst erweisen …のために大いに尽力する | eine ~*e* Dummheit たいへんな愚行 | ~*er* Durst 〈Hunger〉 ひどいのどの渇き〈空腹感〉 | mit ~*em* Fleiß 非常に勤勉に | ~*e* Fortschritte machen 長足の進歩をとげる | *jm.* ~*e* Freude 〈~*en* Kummer〉 machen …を大いに喜ばせる〈悲しませる〉 | ~*e* Hitze 〈Kälte〉 すごい暑さ〈寒さ〉 | ~*e* Mehrheit 圧倒的多数 | mit ~*er* Mühe さんざん骨折って | 〔die〕 ~*e* Mode sein 大いに流行している | in ~*er* Not はなはだ困窮して | ein ~*er* Unterschied 大きな相違, 大差.

d) 高尚な; (großartig) すばらしい: ein ~*es* Herz haben 気高い〈おうような〉心の持ち主である ‖ ~ 〔und edel〕 denken 気高い考え方をする | *et.*⁴ ~ finden …をすばらしいと思う | Hier kann man ~ speisen. ここの料理はすてきだ | Der Film war ganz ~. その映画はとても良かった ‖〖名詞的に〗→III 2

3 a) (英: *great*) 偉大な, 勢力〈威力〉のある, 強大な; 著名な; 富貴な, 上流社会の: ein ~*er* Bauer 豪農 | die ~*en* Deutschen des 19. Jahrhunderts 19世紀のドイツの偉人たち | den ~*en* Herrn 〈die ~*e* Dame〉 spielen 〈むりをして〉偉そうに振舞う | ein ~*er* Künstler 〈Unternehmer〉 大芸術家〈企業家〉 | der ~*e* Rembrandt 大〈巨匠〉レンブラント ‖ der *größte* Sohn der Heimat 郷土の出世頭 ‖ ~ von *jm.* denken …を尊敬する ‖〖名詞的に〗→III 1

b) 練達の, 達者な; 大の, 非常な: ein ~*er* Dieb 〈Lügner〉 大どろぼう〈うそつき〉 | kein ~*er* Freund von *et.*³ sein …があまり好きでない | Wir sind ~*e* Freunde. 私たちは大の仲よしだ | ein ~*er* Jäger 〈Imker〉 狩猟〈養蜂(ようほう)〉の名人 | Er war ihre ~*e* Liebe. 彼は彼女が熱愛した人だった | kein ~*er* Redner sein 演説が不得手である ‖ In Mathematik 〈Als Unterhalter〉 ist er ganz ~. 数学〈座談〉にかけては彼は達人だ.

4《述語的用法なし》大まかな, 大体の: das ~*e* Ganze vergessen 〈im Auge haben〉 大局を見失う〈見失わない〉 | die ~*e* Linie des Ereignisses 事件の大筋 ‖ *et.*⁴ ~ umreißen 大まかに…の輪郭を描く; …を略述する ‖〖名詞的に〗**im großen 〔und〕 ganzen** 全体として, 全般的に見て | Im ~*en* 〔und ganzen〕 betrachtet 〈gesehen〉 war die Ernte nicht schlecht. 概観したところでは収穫は悪くなかった.

II 副《話》**1** →I 1 a, I 2 b, I 4 **2**《否定詞と》たいして(…でない); ほとんど(…でない): *sich*⁴ nicht ~ um *et.*⁴ kümmern …をさして気にかけない | Es verlohnt sich⁴ nicht ~ der Mühe². あまり骨折りがいがない ‖ Das hat niemand ~ gehört. それを聞いた人はまずいない | Da liegt mir nichts ~ daran. それは私にはほとんど問題にならない. **3**《疑問詞と》(überhaupt) そもそも: Was gibt's da noch ~ zu fragen? 今さら尋ねることなんかあるかね | Wo wird er ~ sein? いったい彼はどこにいるのかしら | Wer braucht mich ~? 私を必要とする人なんかいるのかなあ.

III Gro·ße《形容詞変化》**1** 男 女 **a**) 大きくなった人, おとな: unser ~*r* (成人した)うちの息子; うちの長男 | ~ und Kleine/die ~*n* und die Kleinen 大人たちと子供たち. **b**) 偉大な人: die ~*n* der deutschen Musik ドイツ音楽の巨匠たち | die ~*n* der Welt お歴々 | Friedrich 〈Alexander〉 der ~ フリードリヒ〈アレクサンダー〉大王. **2** 中 大きな〈重大な〉こと; 高尚な心: ~*s* leisten 大事をなしとげる | um ein ~*s* 〈*großes*〉 大いに, たいへん | den Zug zum ~*n* 〈ins ~〉 haben 心におおらかなところがある.

IV Größ·te 男 女《形容詞変化》最年長者; 最も偉大な人: unser ~*r* うちの長男.

［*westgerm.* „grobkörnig"; ◇Grieß; *engl.* great］

Groß⸗ab·neh·mer[gró:s..] 男〖商〗大口購買者. **⸗ad·mi·ral** 男 海軍元帥. **⸗ak·tion** 女 大規模な行動. **⸗ak·tio·när** 男 大株主.

groß·an·ge·legt 形《付加語的》大規模な: ein ~*es* Forschungsprogramm 大規模な研究計画.

Groß·an·griff 男 大攻勢, 総攻撃.

groß·ar·tig[gró:s|a:rtıç]² 形 **1** すばらしい, りっぱな; 雄大な: ein ~*er* Fachmann りっぱな専門家 | eine ~*e* Idee 〈Leistung〉 すばらしい着想〈業績〉 ‖ Der Film war ~. その映画はすばらしかった ‖ ~ in Form sein 上々の調子〈コンディション〉である | ~ schmecken すばらしくおいしい | Das hast du ~ gamacht. すばらしいお手並みだったよ. **2**《軽蔑的に》もったいぶった, 尊大な: Er tut sehr ~. 彼はいやにもったいぶる.

Groß·ar·tig·keit[–kaıt] 女 -/ großartig なこと.

Groß⸗auf·nah·me 女〖写〗大写し, クローズアップ: *et.*⁴ in ~ zeigen …を大写しにして〈クローズアップして〉見せる. **⸗auf·trag** 男〖商〗大口の注文.

groß·äu·gig[..|ɔʏgıç]² 形 目の大きい.

Groß⸗bank 女 -/-en 大銀行. **⸗bau·er** 男 -n(-s)/-n 大農(広大な土地や多くの家畜を所有する農夫). **⸗baum** 男〖海〗大檣(たいしょう)帆円材, メーン=ブーム(→ 図 Segel B). **⸗bau·stel·le** 女 大規模建設工事現場. **⸗be·trieb** 男 **1** 大規模経営, 大企業; 大農園. **2** 大にぎわい.

groß⸗blät·te·rig 形, **⸗blätt·rig** 形 葉の大きな, 大葉の. **⸗blu·mig** 形 花の大きな, 大輪の.

Groß⸗bram·se·gel 中〖海〗メーン=トガーンスル(→ 図 Segel A). **⸗bram·stag·se·gel** 中〖海〗メーン=トガーン=ステースル(→ 図 Segel A). **⸗brand** 男 大火事, 大火災.

Groß·bri·tan·ni·en[gro:sbritániən, ⏊◡◡◡◡] 地名 **1** グレートブリテン(イングランド・スコットランド・ウェールズからなるイギリスの主要な島). **2** イギリス連合王国.

groß·bri·tan·nisch[..nıʃ, ⏊◡◡◡] 形 グレートブリテンの; イギリス連合王国の.

Groß⸗buch·sta·be[gró:s..] 男 大文字. **▽⸗bür·ger** 男 (↔Kleinbürger) 大市民, 富裕な市民.

groß·bür·ger·lich[..lıç] 形 大市民の, 富裕な市民の.

Groß·bür·ger·tum 中 -s/ 大市民階級.

groß⸗den·kend 形 (edel) 高潔な, 利己的でない. **⸗deutsch** 形〖史〗(オーストリアを主体としたドイツの統一をめざす)大ドイツ主義の; 大ドイツ国の.

Groß·deutsch·land 中 -s/〖史〗大ドイツ国(1938年オーストリア併合以後1945年までのナチ政権下のドイツ帝国).

Gro·ße →groß III

Grö·ße[grǿ:sə] 女 -/-n **1**《単数で》(das Großsein) 大きいこと. **2**《ふつう単数で》大きさ, サイズ; 身長; 面積, 容積; 量; 額; 等級: die ~ eines Gebäudes 建物の大きさ | die ~ eines Grundstückes 地所の広さ | die ~ eines Betrages 金額の大きさ | Normal*größe* ふつうの大きさ, 標準サイズ | Schuh*größe* 靴の大きさ〈サイズ〉 ‖ ein Mann mittlerer ~ 中背の男 | Tische von verschiedener ~ 〈in verschiedenen ~*n*〉 さまざまの大きさの机 | ein Stern erster ~〖天〗1等星 ‖ nach der ~ / der ~ nach 大きさに応じて, 大きさの順に | in natürlicher ~ 実物大で | Schuhe in ~ 40 サイズ40の靴 | Sie trägt ~ 38. 彼女の洋服〈靴〉のサイズは38だ | In dieser ~ sind die Schuhe nicht vorrätig. このサイズの靴は在庫がありません. **3**〖数・理〗量, 値: eine unbekannte ~ 未知量;《比》未知数〔の人〕 | die zu suchende ~ 求める値. **4**《単数で》偉大さ; 重大さ: die menschliche 〈innere〉 ~ 人間的な〈内面的な〉偉大さ | Er hat 〈besitzt〉 ~. 彼はスケールの大きい人物だ. **5**《話》重要人物, 有名人, 大家, 大物(おおもの), 大(だい)人物; 天才: eine kommende 〈werdende〉 ~ 未来の大物 ‖ Er ist eine ~ auf dem Gebiet der Medizin. 彼は医学の分野での大立者だ | Er ist für uns eine noch 〈noch eine〉 unbekannte ~.《戯》私たちにとって彼はまだ無名の大家だ(海のものとも山のものともわからない). ［*ahd.*; ◇groß］

Groß⸗ein·kauf[gró:s..] 男 大量購入: einen ~ machen 大量購入する. **⸗ein·satz** 男 (人員・資材の)大量投

入.

groß·el·ter·lich 形《付加語的》祖父母の.

Groß≈el·tern 複 祖父母. **≈en·kel** 男 (⊛ ≈en·ke·lin) (Urenkel) 曾孫(ひまご).

Grö·ßen≈klas·se[grǿ:sən..] 女 **1** 大きさの等級. **2**〔天〕(明るさによる星の)等級. **≈ord·nung** 女 **1** 大きさ(面積・容積)の等級. **2** (特定の大きさの)規模, 範囲: Das Wirtschaftswachstum wird auch im nächsten Jahr in ⟨bei⟩ dieser ~ liegen. 経済成長は来年もこの程度の規模にとどまるだろう.

grö·ßen·teils[gró:səntáɪls] 副 (zum großen Teil) 大半は, 主として.

Grö·ßen≈un·ter·schied[grǿ:sən..] 男 大きさの違い. **≈ver·hält·nis** 中 大きさの割合⟨比率⟩. **≈wahn** 男, **≈wahn·sinn** 男 誇大妄想.

grö·ßen·wahn·sin·nig 形 誇大妄想の; 思い上がった, 不遜(ふそん)な.

grö·ßer groß の比較級.

grö·ße·ren·teils[grǿ:sərəntáɪls] 副, **grö·ßern·teils**[..sərn..] 副 (zum größeren Teil) 大半は, たいてい, 主として.

Groß≈fa·bri·ka·tion[gró:s..] 女 大規模生産. **≈fa·mi·lie**[..liə] 女 (↔Kleinfamilie)〔社〕大家族(一代家族に対して, 直系・傍系親族を含む家長的家族). **≈feu·er** 中 =Großbrand **≈feue·rungs·an·la·ge** 女 (工場・発電所などの)大型燃焼施設. **≈flug·ha·fen** 男 大型空港. **≈fo·lio** 中 (⊛ Gr.-2°)〔印〕大二つ折り判, 大フォリオ. **≈for·mat** 中 (紙・書籍などの)大判.

groß·for·ma·tig[..fɔrma:tɪç][2] 形 大判の.

Groß·fres·se 女《話》=Großsprecher

groß·fres·sig[..frɛsɪç][2]《話》=großsprecherisch

Groß≈fürst 男 (旧ロシア・ポーランド・フィンランドなどの)大公. **≈für·sten·tum** 中 大公国. **≈für·stin** 女 大公妃; (旧プロシアの)大公の息女⟨孫娘・姉妹⟩.

Groß·fuß≈fle·der·maus 女〔動〕モモジロコウモリ(股白蝙蝠). **≈huhn** 中〔鳥〕ツカツクリ(塚造)(キジ類).

groß≈ge·mu·stert 形 大柄な模様の. **≈ge·wach·sen** 形 背の高い.

der **Groß·glock·ner**[gró:sglɔknər, ⌣́⌣] 地名 男 -s/ グロースグロックナー(オーストリア西部にある同国第一の高山. 標高3797m).

Groß·grund≈be·sitz 男 大土地所有. **≈be·sit·zer** 男 大土地所有者, 大地主.

Groß·han·del 男 -s/ (↔Einzelhandel) 卸売業, 問屋業.

Groß·han·dels≈kon·tor 中 (⊛ GHK) (旧東ドイツの)卸商流通センター. **≈preis** 男 卸値.

Groß≈händ·ler 男 (↔ Einzelhändler) 卸売商人. **≈hand·lung** 女 卸売商(店), 問屋. **≈herr** 男 (イスラムの)君主, サルタン.

groß·her·zig[..hɛrtsɪç][2] 形 高潔な; 寛大な; 気前のよい.

Groß·her·zig·keit[..kaɪt] 女 -/ großherzig なこと.

Groß·her·zog 男 (旧ドイツの)大公 (König と Herzog の中間の称号ならびにその所有者). [*it.* gran-duca の翻訳借用; ◇ *engl.* grand duke]

Groß·her·zo·gin 女 大公妃.

Groß·her·zogs·kro·ne 女 大公の冠(→ 図 Krone A).

Groß·her·zog·tum 中 大公国.

Groß·hirn 中〔解〕大脳(→ 図 Gehirn).

Groß·hirn·rin·de 女〔解〕大脳皮質.

[▽]**Groß·hun·dert** 中 120(昔の数量単位), 10ダース.

Groß≈in·du·strie 女 大工業. **≈in·du·striel·le**[..triɛlə] 男 女 大工業家, 大工業の企業家⟨経営者⟩. **≈in·qui·si·tor** 男〔カトリック〕大審問官(宗教裁判の裁判長).

Gros·sist[grɔsíst] 男 -en/-en (Großhändler)〔商〕卸売商人. [<Gros[1]]

groß·jäh·rig[gró:sjɛ:rɪç][2] 形 (↔ kleinjährig) (volljährig) 成年に達した. [*lat.* māiōr-ennis の翻訳借用]

Groß·jäh·rig·keit[–kaɪt] 女 -/ 成年.

groß·ka·li·b[e]rig[gró:skali:b(ə)rɪç][2] 形 (銃砲が)大口径の;《比》スケールの大きい.

Groß≈kampf·schiff 中 (Schlachtschiff)〔大型〕戦艦. **≈kampf·tag** 男 激戦の行われた日;《比》つらい仕事のあった日. **≈kanz·ler** 男 (イギリスの)大法官. **≈ka·pi·tal** 中 大資本. **≈ka·pi·ta·lis·mus** 男 大資本主義; 大資本による支配. **≈ka·pi·ta·list** 男 大資本家.

groß≈ka·pi·ta·li·stisch 形 大資本の; 大資本主義⟨支配⟩の. **≈ka·riert** 形 **1** 大きいチェック⟨碁盤じま⟩の. **2**《話》(anmaßend) 横柄な, 尊大な.

Groß≈kauf·mann 男 **1** =Großhändler **2** 大商人. **≈kind** 中《スイス》(Enkelkind) 孫. **≈kli·ma** 中 (↔ Kleinklima) 広域気候. **≈knecht** 男 (農家の)下男頭. **≈kopf** 男 **1**〔魚〕ボラ(鯔). **2**《話》ほら吹き.

Groß≈kop·fe·te[..kɔpfətə] (南部・オーストリア: **≈kop·fer·te**[..kɔpfərtə]) 男《形容詞変化》《軽蔑的に》**1** 大立者, 有力者. **2** インテリ, 知識人. [<großer Kopf]

groß·köp·fig[..kœpfɪç][2] 形 **1** 大あたまの, 巨頭の. **2** 多人数の: eine ~*e* Familie 大家族.

Groß·kopf·schild·krö·te 女〔動〕オオアタマガメ(大頭亀).

Groß·kotz[..kɔts] 男 -en/-en《話》いばり屋, ほら吹き. [*jidd.*; <kotzen+*hebr.* kōzīn „vornehm"]

groß·kot·zig[..kɔtsɪç][2] 形《話》いばりたがる, ほら吹きの.

Groß≈kraft·werk 中 大型発電所. **≈kreis** 男〔数〕大円. **≈kreuz** 中 大十字勲章. **≈kü·che** 女 (病院・ホテル・工場などの)大調理場. **≈laut·spre·cher** 男 大型拡声器⟨スピーカー⟩. **≈lo·ge**[..lo:ʒə] 女 フリーメーソンの本部〔集会所〕(→Freimaurer).

groß|ma·chen 他 (h)《話》再帰 *sich*[4] ~ 自分をえらそうに見せる, いばる(ただし: groß machen →groß I 1 a).

Groß·macht 女 (国際的影響力のある)大国, 強国.

groß·mäch·tig 形 [▽]**1** 強大な, 権力の大きい. **2**《話》(sehr groß) きわめて大きい, 巨大な.

Groß·macht·po·li·tik 女 大国政治.

Groß≈magd 女 (農家の)下女頭. **≈ma·ma** 女 =Großmutter

Groß·manns·sucht[gró:smans..] 女 -/ いばりぐせ; 自己顕示欲, 権勢欲.

groß·manns·süch·tig 形 いばりたがる; 自己顕示欲⟨権勢欲⟩の強い.

Groß≈mars[gró:s..] 男 -/-e 女〔海〕大檣楼(しょうろう), メーンマストの檣楼. **≈mars·se·gel** 中〔海〕メーントップスル(→ 図 Segel A).

groß≈ma·schig 形 編め目の大きい. **≈maß·stäb·lich** (≈**maß·stä·big**) 形 基準⟨縮尺⟩の大きな, 大規模な.

Groß≈mast 男〔海〕大檣(たいしょう), メーンマスト(→ 図 Schiff A). **≈maul** 中 **1**《話》=Großsprecher **2**〔魚〕(ワニトカゲギス科の)大口の魚;《話》大口の人.

groß·mäu·lig[..mɔʏlɪç][2]《話》=großsprecherisch

Groß·mäu·lig·keit[..kaɪt] 女 -/《話》=Großsprecherei

Groß·mei·ster 男 **1 a)** (チェスの)世界チャンピオン. **b)** (一般に)大家, 巨匠. **2** (フリーメーソンの)本部長. **3**〔史〕騎士団長.

Groß·mo·gul[また: ⌣́⌣] 男〔史〕(インドのムガール帝国の)ムガール皇帝. [*fr.* (le) grand Mogol の翻訳借用]

Groß·muf·ti 男 大ムフティ(イスラム法の最高権威者).

Groß·mut 女 -/ おおらかさ, 雅量, 太っ腹, 寛容; 高潔.

groß·mü·tig[..my:tɪç][2] 形 おおらかな, 寛大な, 雅量のある, 太っ腹の; 高潔な, 気高い.

Groß·mü·tig·keit[..kaɪt] 女 -/ großmütig なこと.

Groß·mut·ter 女 -/..mütter **1** 祖母: meine ~ mütterlicherseits ⟨väterlicherseits⟩ 私の母方⟨父方⟩の祖母 ‖ zum dritten Mal ~ werden 3人目の孫が生まれる | **Das kannst du deiner ~ erzählen**!《話》そんなたわごとはおばあさんにでも話して聞かせるんだな(私は真に受けるものか). **2**《話》老婆, おばあさん. [*fr.* grand-mère の翻訳借用; ◇ *engl.* grandmother]

groß·müt·ter·lich 形《述語的用法なし》祖母の〔ような〕;《比》やさしい, 寛大な.

Groß≈nef·fe 男 甥(おい)⟨姪(めい)⟩の息子. **≈nich·te** 女 甥⟨姪⟩の娘. **≈ober·bram·se·gel** 中〔海〕メーンロイヤルスル(→ 図 Segel A). **≈of·fen·si·ve** 女 =Großangriff

≈**oheim** 男 = Großonkel ≈**ohr** 中 (Ohrenfledermaus)〘動〙ウサギコウモリ(兎蝙蝠).
Groß·ohr·hirsch 男〘動〙ミュールジカ(鹿).
Groß≈ok·tav 中 -s/ (略 Gr.-8°)〘印〙大八つ折り判, 大オクタボ. ≈**on·kel** 男 **1** 大おじ(祖父母の兄弟). **2** Großtante 1 の夫. ≈**pa·pa** 男 = Großvater ≈**pro·duk·tion** 女 大規模生産. ≈**quart** 中 -〔e〕s/ (略 Gr.-4°)〘印〙大四つ折り判, 大クォート. ≈**rat** 男 -〔e〕s/ ..räte (Kantonsrat)(スイスの)州議会議員. ≈**raum** 男 **1** 広い範囲〈区域〉, 広域: im ~ Stuttgart シュトゥットガルト圏(シュトゥットガルトおよびその周辺)において. **2 a)** 大きい〈広い〉容積. **b)** (多数の人を宿泊させるための)大部屋; (いくつもの事務室が同居している)大部屋事務所. **c)**〘坑〙大坑内室.
Groß·raum≈bü·ro 中 (室内が仕切られていない)大部屋式の事務室. ≈**flug·zeug** 中 大型飛行機, ジャンボ機.
groß·räu·mig 形 **1** 広範囲の, 広域におよぶ. **2 a)** 容積の大きい. **b)** (住居が)大きい部屋からできている.
Groß·raum≈wa·gen 男 **1**〘鉄道〙(車内が隔壁によって仕切られず, 中央に通路, 両側に座席のある)大部屋式客車. **2**〘坑〙大型鉱車〈炭車〉. ≈**wirt·schaft** 女 -/ 広域経済.
Groß·raz·zia 女 警察の大規模な手入れ.
Groß·rei·ne·ma·chen[gro:sráɪnəmaxən, ⏊–◡◡◡] 中 -s/ 大掃除.
Groß≈roy·al·stag·se·gel[gró:sroaja:l..] 中〘海〙メーン=ロイヤル=ステースル(→ 図 Segel A). ≈**satz** 男 (Periode)〘言〙複雑複合文, 双対文. ≈**schiffahrts·weg** (≈**schiff·fahrts·weg**) 男 (大型船の航行できるほどの)大運河. ≈**schmet·ter·ling** 男《ふつう複数で》(↔Kleinschmetterling)〘虫〙大型鱗翅(りんし)類(チョウと大型ガ類).
≈**schnau·ze** 女《話》= Großsprecher
groß≈schnau·zig[..ʃnaʊtsɪç][2], ≈**schnäu·zig**[..ʃnɔʏtsɪç][2]《話》= großsprecherisch
groß|schrei·ben*《152》他 (h)《ふつう受動態で》《比》(↔kleinschreiben) 特筆大書する, 特に〈ことさらに〉重んじる, 重視する(ただし: groß schreiben →groß I 1 a): *großgeschrieben* werden《話》i) 大きな役割を演じる, 重視される; ii)〔残念ながら〕数が少ない, 払底している | Arbeitsplätze wurden damals *großgeschrieben*. 当時は働く場所はめったになかった.
Groß≈schrei·bung 女 (↔ Kleinschreibung)〘言〙(〔名詞の〕かしら文字の)大文字書き. ≈**se·gel** 中〘海〙主帆, メーンスル(→ 図 Kutter, Segel A, B). ≈**sie·gel·be·wah·rer** 男 (特に昔のフランスの)国璽尚書. ≈**spiel** 中 = Grand[3] ≈**spre·cher** 男 大口をたたく〈大言壮語する〉人, ほら吹き, いばり屋.
Groß·spre·che·rei[gro:sʃprɛçəráɪ] 女 -/ 大口をたたく〈大言壮語する〉こと, ほらを吹くこと.
groß·spre·che·risch[gró:s..] 形 大口をたたく, ほら吹き〈いばり屋〉の; えらそうな, いばった.
groß·spu·rig[..ʃpu:rɪç][2] 形 いばった, 思い上がった, 横柄〈尊大〉な: ~*e* Reden führen えらそうな口をきく.
Groß·spu·rig·keit[..kaɪt] 女 -/ großspurig なこと.
Groß≈staat 男 -〔e〕s/-en = Großmacht ≈**stadt** 女 (公式には人口10万以上の)大都市, 大都会. ≈**städ·ter**[..ʃtɛ(:)tər] 男 大都市の住民;《比》(洗練された)都会人.
groß·städ·tisch[..ʃtɛ(:)tɪʃ] 形 大都市の;《比》都会ふうの, 洗練された.
Groß·stadt≈le·ben 中 大都市の生活. ≈**luft** 女 都会の空気〈開放的な雰囲気〉. ≈**mensch** 男 大都市に住む人間. ≈**ver·kehr** 男 大都市の交通.
Groß·stein·grab 中〘考古〙(新石器時代の)巨石墳墓.
Groß·stein·grä·ber·leu·te 複 (Megalithiker)〘考古〙巨石文化時代の人.
Groß·sten·ge·stag·se·gel 中〘海〙メーン=トップマスト=ステースル(→ 図 Segel A).
größt groß の最上級.
Groß≈tan·te[gró:s..] 女 **1** 大おば(祖父母の姉妹). **2** Großonkel 1 の妻. ≈**tat** 女 偉大な〈崇高な〉行為, 偉業.
Größ·te →groß IV
Groß·tech·nik 女 巨大技術.
groß·tech·nisch 形 巨大技術〔上〕の.
Groß·tech·no·lo·gie 女 巨大技術, ビッグテクノロジー.
groß·tech·no·lo·gisch 形 巨大技術〈ビッグテクノロジー〉〔上〕の.
Groß·teil[gró:s..] 男 大部分: Ein ~ des Publikums war mit dem Vortrag zufrieden. 聴衆のほとんどはその講演に満足していた | zum ~ 大部分〔は〕.
größ·ten·teils[grø:stəntáɪls, ⏊◡–] 副 (zum größten Teil) 大部分〔は〕.
Größt·maß 中 最大限の大きさ〈分量〉.
größt·mög·lich[grø:stmø:klɪç] 形《付加語的》(möglichst groß) できるだけ大きな: mit ~*er* Eile kommen できる限り急いでくる.
groß·tö·nend[gró:s..] 形 偉そうな, ごたいそうな.
Groß·tu·er[gró:stu:ər] 男 -s/- いばり屋, ほら吹き.
Groß·tue·rei[gro:stu:əráɪ] 女 -/-en 偉そうにすること, ほらを吹くこと.
groß·tue·risch[gró:stu:ərɪʃ] 形 いばりたがる, ほら吹きの.
groß|tun*《198》**I** 自 (h) 偉そうにする, いばる, ほらを吹く. **II** 他 (h) 再帰 *sich*[4]〔mit *et.*[3]〕~〔…で〕自分を偉そうに見せる,〔…を〕自慢する.
Groß≈un·ter·neh·men 中 大企業. ≈**un·ter·neh·mer** 男 大企業家.
Groß·va·ter 男 **1** 祖父: mein ~ mütterlicherseits〈väterlicherseits〉私の母方〈父方〉の祖父 | **als der ~ die Großmutter nahm**《戯》祖父が祖母を嫁に迎えたころ,(すべてが今とはずいぶん違っていた)昔々に. **2**《話》老人, おじいさん.
[*fr.* grand-père の翻訳借用; ◇*engl.* grandfather]
groß·vä·ter·lich 形《述語的用法なし》祖父の〔ような〕;《比》優しい, 寛大な.
Groß·va·ter·stuhl 男 (祖父の座るような)大型の安楽いす.
Groß≈ver·an·stal·tung 女 大規模な行事〈催し〉, 多人数の集会. ≈**ver·brau·cher** 男 大口消費者.
groß·ver·die·nen 自 (h)《スイ》荒稼ぎをする.
Groß≈ver·die·ner 男 高額所得者. ≈**vieh** 中 (↔ Kleinvieh)《集合的に》大型家畜(馬・牛・豚など).
groß·vo·lu·mig[..volu:mɪç][2] 形 (voluminös) かさばる, 大部の, 大型の. [◇Volumen]
Groß≈we·sir 男 (イスラム教国, 特に旧トルコ帝国の)宰相.
≈**wet·ter·la·ge** 女 広域気象状況, 天気概況. ≈**wild** 中 (↔Kleinwild)《集合的に》〘狩〙大型狩猟鳥獣.
Groß·wild≈jagd 女 猛獣狩り. ≈**jä·ger** 男 猛獣狩りのハンター.
Groß·wür·den·trä·ger 男 高位高官の人.
groß|zie·hen*《219》他 (h)(子供を一人前に)育て上げる, 養育する; (家畜を)飼育する.
groß·zü·gig[..tsy:gɪç][2] 形 **1** (↔kleinlich) 太っ腹の, 雅量のある, おうような; (金遣いが)気前のよい. **2** 大規模な: eine ~*e* Hilfe 大がかりな援助. **3** (叙述などが)大まかな.
Groß·zü·gig·keit[..kaɪt] 女 -/ großzügig なこと.
Grosz[1][grɔʃ] 男 -/-e[grɔ́ʃɛ·], -y[grɔ́ʃy·, ..ʃi·] グロスジ(ポーランドの貨幣〔単位〕: 1/100 Zloty). [*dt.–tschech.–poln.*; ◇Groschen]
Grosz[2][grɔs] 人名 George ~ ゲオルゲ グロス(1893-1959; ドイツの画家. 風刺的な画風の版画で知られる).
gro·tesk[grotɛ́sk] **I** 形 グロテスクな, 怪奇〈異様〉な, 奇妙な; ばかげた, 滑稽(こっけい)な: ein ~*er* Einfall 奇妙きてれつな着想. **II Gro·tesk** 女 -/〘印〙グロテスク字体. [*it.* grottesca (pittura), „(Gemälde) wie Wandmalerei der römischen Grotten" – *fr.* grotesque; ◇Grotte]
Gro·tes·ke[..kə] 女 -/-n **1** グロテスクな事件. **2 a)**〘美〙グロテスク模様(→図). **b)** 怪奇小説; 怪奇主義. **c)** = Groteskтanz
gro·tes·ker·wei·se[..kər..] 副 グロテスクに; 奇妙なことに.
Gro·tesk≈schrift 女 -/ = Grotesk ≈**tanz** 男 グロテスク=ダンス(グロテスクな, あるいはこっけいな効果をねらった舞踊).

Groteske

G

Gro̲·te·wo̲hl[gróːtəvoːl] 人名 Otto ～ オットー グローテヴォール(1894-1964; 政治家. 旧東ドイツ時代の首相〔1949-64〕).

Gro̲t·te[grɔ́tə] 女 -/-n (庭園などの)〔人造〕洞窟(どうくつ). [*gr*. kryptḗ (→Krypta)－*lat*.－*it*. grotta; ◇*engl*. grotto]

Gro̲t·ten≈olm 男〘動〙オルム, ホライモリ(洞井守). **≈werk** 中 (貝殻・こけなどを用いた)人造洞窟(どうくつ)の装飾.

Gro̲t·zen[grɔ́tsən] 男 -s/- **1**《中部》果物の芯(しん). **2** (針葉樹の)こずえの若芽.

Grou·pie[grúːpiˑ] 中 -s/-s《話》(芸能人などに付きまとう)親衛隊の女の子, グルーピー, 追っかけ. [*amerik*.; ＜*engl*. group (◇Gruppe[1])]

gru̲b[gruːp][1] graben の過去.

gru̲b·ben[grʊ́bən][1] ＝grubbern

Gru̲b·ber[grʊ́bər] 男 -s/- (Kultivator)〘農〙耕耘(こううん)機, カルチベーター. [*engl*.; ＜*engl*. grub (→grübeln)]

gru̲b·bern[grʊ́bərn]《05》**I** 他 (h) (畑を)耕耘機〈カルチベーター〉で耕す. **II** 自 (h) 耕耘機〈カルチベーター〉で作業する.

Grü̲b·chen[grýːpçən] 中 -s/- **1** Grube の縮小形. **2** (ほお・あご・口の上などの)小さいくぼみ, えくぼ.

Gru̲·be[grúːbə] 女 -/-n (⊕ **Grü̲b·chen** → 別出, **Grü̲b·lein**[grýːplaın] 中 -s/-) **1** 穴; 巣穴: Abfall*grube* ごみ捨て穴 | Fall*grube* 落とし穴 ‖ eine ～ ausheben 〈graben〉 穴を掘る | **Wer andern eine ～ gräbt, fällt selbst hinein.**《諺》人を呪(のろ)わば穴二つ(他人のために穴を掘る者は自分が穴に落ちる). **2**〘坑〙**a**) 坑, 鉱山施設: Gold*grube* 金坑 | Kohlen*grube* 炭坑 ‖ eine ～ schließen 〈stillegen〉 閉坑〈休坑〉する ‖ in die ～ einfahren 入坑する | in 〈auf〉 die ～ gehen 鉱山に就職する | in 〈auf〉 der ～ arbeiten 鉱山で働く; 坑夫である. **b**)《集合的に》(その鉱山で働いている)鉱山労働者. **3** (Grab) 墓: **in die ～ 〈zur ～〉 fahren**《話》葬られる, 死ぬ(古くは雅語). **4**〘解〙窩(か), (組織表面の)くぼみ: Achsel*grube* 腋窩(えきか)| Magen*grube* みぞおち. [*germ*.; ◇graben, Gruft]

grü̲·be[grýːbə] graben の接続法 II.

Grü̲·be·le̲i[gryːbəláı] 女 -/-en grübeln すること.

grü̲·beln[grýːbəln]《06》**I** 自 (h)《über *et*.[4] 〈*et*.[3]〉》(…について)〔いたずらに〕思いわずらう, 思案する, くよくよ思い悩む, 沈思黙考する. **II Grü̲·beln** 中 -s/ grübeln すること: ins ～ geraten 〈kommen〉 考え込む, 物思いに沈む. [*ahd*. grubilōn „herumbohren"; ◇graben; *engl*. grub]

Gru̲·ben≈an·teil[grúːbən..] 男 鉱山持ち分〈持ち株〉. **≈ar·beit** 女 坑内作業, 鉱山労働. **≈ar·bei·ter** 男 (Bergmann) 鉱員, 鉱山労働者. **≈aus·bau** 男 -〔e〕s/ 坑内支保〔工事〕, 坑内枠組み. **≈ba̲hn** 女 坑内軌道(→ ⊗ Tagebau). **≈bau** 男 **1** -〔e〕s/-ten 坑内施設〈構造物〉. **2** -〔e〕s/-e 坑内採掘, 採鉱. **≈be·leuch·tung** 女 坑内照明. **≈bild** 中 坑内図〔面〕. **≈brand** 男 坑内火災. **≈ex·plo·sio̲n** 女 坑内爆発. **≈feld** 中 鉱区. **≈för·de·rung** 女 坑内運搬; 採鉱. **≈ga̲s** 中 坑内ガス(爆発性のメタンガス). **≈ge·bäu·de** 中《集合的に》坑内施設, 坑内構築物(坑道など). **≈holz** 中 坑木. **≈ka·ta·stro̲·phe** 女 ＝Grubenunglück **≈kopf** 男〘動〙広節裂頭条虫. **≈lam·pe** 女, **≈licht** 中 -〔e〕s/-er 坑内ランプ〈安全灯〉. **≈lo·ko·mo·ti̲·ve** 女 坑内機関車. **≈ot·ter** 女〘動〙マムシ(蝮). **≈ret·tungs·dienst** 男 坑内救護班〈活動〉. **≈schmelz** 男 -es/ エマイユ＝シャンルベ(金属を彫ってうわぐすりを焼きつける七宝細工). **≈so̲h·le** 女〘坑〙坑底(→ ⊗ Tagebau). **≈un·glück** 中 鉱山〈坑内〉事故. **≈wa̲·gen** 男 鉱車, 炭車. **≈was·ser** 中 -s/ 坑内水. **≈we̲hr** 女 坑内事故〈災害〉防止隊; 坑内救護隊. **≈wet·ter** 中 坑内ガス, 坑〔内空〕気. **≈wurm** 男 (Hakenwurm)〘動〙十二指腸虫, 鉤虫(こうちゅう). **≈zim·me·rung** 女 (坑木による)坑内支保〔工事〕.

Grü̲b·lein Grube の縮小形.

Grü̲b·ler[grýːblər] 男 -s/- (⊛ **Grü̲b·le·rin**[..lərın]-/-nen) grübeln する人.

grü̲b·le·risch[..lərıʃ] 形 思案する, 思い悩む: ein ～*er* Geist 物事をくよくよ思いわずらう人.

Gru̲·de[grúːdə] 女 -/-n **1**《ふつう単数で》＝Grudekoks **2** ＝Grudeherd **3**《北部》熱い灰. [*mndd*.; ◇Grus]

Gru̲·de≈he̲rd 男 褐炭コークスでたく炉〈かまど〉. **≈ko̲ks** 男 褐炭コークス. **≈o̲fen** 男 褐炭コークスでたく炉〈ストーブ〉.

grü̲e·zi[grýːɛtsiˑ, grýːətsiˑ] 間《スイ》おはよう, こんにちは, こんばんは, ごきげんよう, さようなら. [＜(Gott) gruezi-i „(Gott) grüße Euch"]

Gruft[grʊft] 女 -/Grüfte[grýftə] **1** 墓穴. **2** (地下の)墓所, 霊廟(れいびょう). [*ahd*.; ＜*ahd*. girophti „Graben"; ◇graben, Grube]

Gru̲f·ti[grʊ́ftiˑ] 男 -s/-s《若者語》(若者から見た25才以上の)おじん, おばん.

gru̲m·meln[grʊ́məln]《06》自 (h)《北部》**1** (雷鳴・砲声などが遠くでかすかに)ゴロゴロ〈ゴウゴウ〉音がする. **2** (brummeln) ぶつぶつつぶやく. [◇grimmen[1]]

Gru̲m·met[grʊ́mət] 中 -s/ 〘農〙二番刈りの干し草. [*mhd*.; ＜*ahd*. gruoen „wachsen"; ◇grün, Mahd]

Gru̲m·met·ern·te 女 -/ 二番刈りの干し草の刈り入れ.

Grumt[grʊmt] 中 -〔e〕s/ ＝Grummet

gru̲m·ten[grʊ́mtən]《01》他 (h) (牧草の)二番刈りをする.

grü̲n[gryːn] **I** 形 **1** (英: *green*) 緑〔色〕の: dunkel*grün* 濃緑色の | immer*grün* 常緑の ‖ Es ist alles im ～*en* Bereich. (→Bereich) | der ～*e* Bericht (ドイツ政府の)農業報告書 | ～*e* Bohnen サヤインゲン(莢隠元) | der *Grüne* Donnerstag〘キリスト教〙受難週中の木曜日(＝Gründonnerstag) | ～*e* Hochzeit (→Hochzeit 1) | die ～*e* Hölle 緑地獄(熱帯の密林の別名) | die *Grüne* Insel 緑の島(アイルランドの別名) | ～*es* Licht geben (→Licht 1) | die ～*en* Lungen einer Großstadt 大都市の緑地帯 | *Grüne* Minna《話》犯人(囚人)護送車 | Ach du ～*e* Neune!《話》こいつはたまげた, なんたることだ, 参った参った | der *Grüne* Punkt グリーン・ポイント(商品の再生可能な包装・容器などにつけられるマーク) | ～*er* Salat〘植〙レタス | ～*er* Sand〘鉱〙緑〔色〕砂 | ～*er* Star〘医〙緑内障 | ～*er* Tee 緑茶 | am ～*en* Tisch / vom ～*en* Tisch aus (→Tisch 1) | ～*e* Weihnachten 雪の降らないクリスマス(参考 weiße Weihnachten ホワイトクリスマス) | die ～*e* Welle (→Welle 1 b) | **eine ～*e* Witwe** 郊外やもめ(郊外に住んでいて夫の出勤後ひとり寂しく夫の帰宅を待つ妻) | die *Grüne* Woche 緑の週間(特にベルリンの農業博覧会) | auf einen 〈keinen〉 ～*en* Zweig kommen (→Zweig 1) ‖ Die Ampel ist ～. 信号は青だ | Die Bäume werden wieder ～. (春に)木々が再び緑になる | ***jm*. wird ～ und blau 〈～ und gelb〉 vor den Augen**《話》(気分が悪くて・失神しかけて)…は目がくらくらする ‖ *et*.[4] ～ anstreichen …を緑色に塗る | ***sich***[4] **～ und blau 〈gelb und ～〉 ärgern**《話》かんかんに怒る | ***jn*. ～ und blau 〈～ und gelb〉 schlagen**《話》…を(あざのできるほど)さんざん殴る. **2** まだ青い, 未熟な; 生の;《比》青くさい, 経験の乏しい, 青二才の: ～*e* Äpfel 〈Tomaten〉 まだ熟していないリンゴ〈トマト〉| ～*e* Heringe 生ニシン | ～*es* Holz (よく乾いてない)生乾きのまき〈たきぎ〉| ein ～*er* Junge 青二才; 若造 ‖ Er ist noch hinter den Ohren ～. 彼はまだ青二才だ. **3**《話》好意的な: ***jm*. nicht ～ sein** …に好意〈好感〉をいだいていない | *sich*[4] an *js*. ～*e* Seite setzen …のそばに腰を下ろす.

II Grü̲n 中 -s/ (俗: -s) **1** 緑〔色〕; (交通信号の)青, 青信号: das frische ～ (木々の)新緑 | ein helles 〈giftiges〉 ～ 明るい〈毒々しい〉緑色 ‖ Die Ampel steht auf ～ 〈zeigt ～〉. 信号は青だ | bei Mutter ～ schlafen (→Mutter 1 a) | Bei ～ darf man die Straße überqueren. 信号が青のときは通りを横断してよい | in ～ gekleidet sein 緑色の服を着ている | **Das ist dasselbe in ～.**《話》それは結局同じことだ〈ほとんど変わりはない〉. **2** (Laub) (ドイツ式トランプの)スペード, 緑札. **3**〘ゴルフ〙グリーン: den Ball aufs fünfte ～ schlagen ボールを5番グリーンにのせる.

III Grü̲·ne[1]《形容詞変化》**1** 中 **a**) 緑色: ins ～ spielen 緑色がかっている, 緑色を帯びる. **b**)《ふつう無冠詞で》青

野菜, 青物; (スープなどに入れる)緑の薬味; (装飾用の)緑の植物; 青葉飼料: viel ～*s* essen 野菜をたくさん食べる. **c**) 緑の自然, 緑野: ins ～ fahren 郊外へ出かける, ピクニックに行く | im ～*n* wohnen 緑の多い郊外に住む. **2** 男《話》**a**) (緑の制服を着た役人. 例えば:) 警官, 国境警備員, 税関吏, 営林署員. **b**) (Zwanzigmarkschein) 20マルク紙幣. **c**) 《卑》(吐かれた)痰(たん). **3** 男 女《ふつう複数で》die ～*n* 緑の党, 緑派の人々(1980年に旧西ドイツで生まれ, 環境保護を訴える人たち). [*germ.*; ◇Gras, Groden; *engl.* green]

Grün≈al·ge[grý:n..] 女 -/-n《ふつう複数で》〘植〙緑藻類. **≈an·la·ge** 女 (町の中に設けられた)緑地〔帯〕(花壇をあしらった芝生など). **≈au·ge** 中 = Halmfliege

grün≈äu·gig[..|ɔʏgɪç][2] 形 緑色の目の. **≈be·laubt** 形 青葉でおおわれた. **≈blau** 形 緑青色の.

Grün≈blei·erz 中〘鉱〙緑鉛鉱. **≈blind·heit** 女 -/ 〘医〙緑〔色〕色盲. **≈buch** 中〘政〙緑書(イタリア・メキシコ政府などの外交報告書).

grund..《名詞・形容詞などにつけて「土地」の他に「基礎的な・根本的な・全く」などを意味する》: *Grund*buch 土地台帳 | *Grund*gebühr 基本料金 | *Grund*regel 基本法則 ‖ *grund*ehrlich きわめて正直な | *grund*falsch 根本的に間違っている.

Grund[grʊnt][1] 男 -es(-s)/Gründe[grʏ́ndə] **1** (英: *ground*) **a**) 《単数で》(Erdboden) 地面, 土地; ▽(Erde) 土, 土壌: fetter 〈magerer〉 ～ 肥えた〈やせた〉土地 | sandiger ～ 砂地 | steiniger ～ 石の多い土地 ‖ **in ～ und Boden**《比》完全に, すっかり; 壊滅的に; 心から | *jn.* in ～ und Boden reden …を徹底的にやっつける〈論破する〉; …に一言もいわせない | *sich*[4] in ～ und Boden schämen すっかり恥じ入る. **b**) (Grundbesitz) (所有の)土地, 地所: **～ und Boden / liegende *Gründe*** 地所 | auf eigenem ～〔und Boden〕wohnen 自分の土地に住む | Das ist nicht auf deinem eigenen ～ und Boden gewachsen.《比》それは君自身の考えではないね.

2《単数で》(英: *bottom, basis*) (Boden) 底(水底・谷底・容器の底など); (Grundlage) (建物の)土台; 根底, 基礎; 内奥, (心の)奥底: den ～ unter den Füßen verlieren (水中で)足場を失う | keinen ～ finden (水が深くて)底に足がつかない, 背が立たない | Sein Magen hat keinen ～. 彼の胃袋は底なしだ ‖ **den ～ zu *et.***[3] 〈**für *et.***[4]〉 **legen**《比》…の基礎を置く | den ～ für die moderne Physik legen 近代物理学の基礎を築く | **auf** dem tiefsten ～ des Meeres 海底の最も深い所で | auf〔den〕～ geraten 〈laufen〉 (船が)座礁する | ***et.***[3] **auf den ～ gehen** 〈**kommen**〉 …の根源を究明する, …の真相をきわめる | **aus** dem ～ *seines* Herzens 〈*seiner* Seele〉 心の底から | ▽**aus dem ～** 根本から, すっかり, 完全に | **bis auf** den ～ 底の底まで; (建物の)土台まで; 《比》徹底的に | das Glas bis auf den ～ leeren グラスを飲み干す | *et.*[4] bis auf den ～ zerstören …を破壊し尽くす | **im ～*e*** 〔**genommen**〕根本において, 結局のところ, 要するに, 本当〈実際〉は | Es war im ～*e*〔genommen〕nur ein Scherz. それは要するに冗談にすぎなかった | im ～*e seines* Herzens 〈*seiner* Seele〉 心の底で, 心底 | ein Schiff in den ～ bohren 船を沈める | **von ～ auf** 〈**aus**〉 根本から, 徹底的に, 完全に | *et.*[4] von ～ auf 〈aus〉 ändern …を根本から〈すっかり〉変える | *et.*[4] von ～ auf erlernen …を基礎から習得する | **zu ～*e*** (→zugrunde).

3 (英: *reason*) 根拠, 理由, 動機, 原因, 都合: ein einleuchtender 〈hinreichender〉 ～ もっともな〈十分な〉理由 | wirtschaftliche 〈zwingende〉 *Gründe* 経済上の〈やむを得ぬ〉理由 | **auf Grund** *et.*[2] 〈von *et.*[3]〉 …に基づいて(→aufgrund) | auf ～ meiner Erfahrungen 〈von meinen Erfahrungen〉 私の経験に基づいて | **aus** persönlichen *Gründen* 個人的な理由で | aus gesundheitlichen *Gründen*/aus Gesundheits*gründen* 健康上の理由から | aus Platz*gründen* 場所が狭いため, 紙面の都合で | aus dem einfachen ～, weil … …というだけの理由で | **aus diesem kühlen ～**《戯》たったこれだけの理由で (In einem kühlen Grunde …で始まる民謡をもじって) | aus welchem ～〔*e*〕いかなる理由で | **mit** ～ それなりの理由があって | mit guten *Gründen* りっぱな根拠をもって | **ohne**〔jeden〕～〔いかなる〕理由もなく | Seine Behauptung ist ohne jeden ～. 彼の主張にはなんの根拠もない ‖ den ～ für *et.*[4] angeben …の理由を述べる〈根拠を示す〉 | *seinen* ～ darin haben, daß … …がその理由〈原因〉である | Das hat seine *Gründe*. それにはそれなりの理由〈事情〉があるのだ | Ich habe allen ～ zu glauben, daß … 私には…と信じる十分な根拠がある | Du hast keinen ～ 〈keine *Gründe*〉 zum Klagen. 君が不平を鳴らすいわれはない.

4《単数で》(Untergrund) (絵・織物などの)〔下〕地, 地色; (Hintergrund) 背景: den ～ auf die Leinwand auftragen カンバスに地色を塗る | ein roter Kreis auf weißem ～ 白地に赤丸.

▽**5** 谷あい, くぼ地, 低地; (森の)奥: in einem kühlen ～*e* 涼しい山の谷間に.

[*germ.* „Sandboden"; ◇Grieß, Grind; *engl.* ground]

Grund≈ak·kord[grʊ́nt..] 男〘楽〙基本位置の和音. **≈an·gel** 女 底釣り用の釣り針. **≈an·geln** 中 -s/ 底釣り. **≈an·schau·ung** 女 根本思想, 基礎的見解.

grund·an·stän·dig[また: ⌣⌣́⌣⌣] 形 きわめて礼儀〈作法〉にかなった; (考え方・品行などが)この上なくりっぱな.

Grund≈an·strich[grʊ́nt..] 男 下塗り. **≈aus·bil·dung** 女 (職業などの)基礎教育. **≈aus·stat·tung** 女 基本装備. **≈baß** 男〘楽〙根音バス. **≈bau** 男 **1** -〔e〕s/ 基礎工事. **2** -〔e〕s/-ten (建築物の)基礎〔部分〕. **≈be·deu·tung** 女 原義, 原意; 基本的意味. **≈be·din·gung** 女 根本〈基礎〉条件. **≈be·dürf·nis** 中 (生活に不可欠な)基本的欲求. **≈be·griff** 男 -〔e〕s/-e《しばしば複数で》根本概念, 基礎概念. **≈be·sitz** 男 **1**《単数で》土地所有. **2** 所有地, 土地. **≈be·sit·zer** 男 土地所有者, 地主. **≈be·stand·teil** 男 主要構成要素, 主成分. **≈blei** 中 (Senkblei) 測鉛. **≈buch** 中 土地〈不動産〉登記簿, 土地台帳.

Grund·buch·amt 中 土地登記所.

Grund≈da·ten 複 基礎〈基本〉データ. **≈deutsch** 中 -〔s〕/ 基礎ドイツ語. **≈dienst·bar·keit** 女 -/ 地役権.

Grün·de Grund の複数.

grund·ehr·lich[grʊ́nt|é:rlɪç, ⌣⌣́⌣] 形 きわめて正直「〈誠実〉な.

Grund≈ei·gen·tum[grʊ́nt..] 中 = Grundbesitz **≈ei·gen·tü·mer** 男 = Grundbesitzer **≈ein·heit** 女 〘理〙基本単位 (CGS システムのセンチ・グラム・秒); 〘政〙(旧東ドイツで政党などの)基本単位組織. **≈ein·stel·lung** 女 基本的態度, 根本的立場. **≈eis** 中 底氷: *jm.* **geht der Arsch** 〈**der Hinterste / die Hose**〉 **mit ～.**《卑》…はひどくこわがっている.

Grun·del[grʊ́ndəl] (**Grün·del**[grʏ́n..]) 女 -/-n (男 -s/-) 〘魚〙ハゼ(沙魚). [*ahd.*; ◇Grund, Gründling]

Grund·ele·ment[grʊ́nt..] 中 根本要素.

grün·deln[grʏ́ndəln] 《06》自 (h) (水鳥などが)水底のえさをあさる.

grün·den[grʏ́ndən][1] 《01》 **I** 他 (h) **1** (…の)基礎を置く〈築く〉; 創設〈創立・設立〉する, 建設する, 結成する: eine Familie ～ 一家を構える, 世帯をもつ | eine Firma ～ 会社を創立する | eine Partei ～ 党を結成する | eine Stadt ～ 町を建設する ‖ Firma X *gegründet* (略 gegr.) 1875 1875年創業 X 商会. **2** 《*et.*[4] auf *et.*[4]》(…を…に)基づかせる: Er *gründet* seinen Verdacht auf falsche Informationen./Sein Verdacht ist auf falsche 〈falschen〉 Informationen *gegründet*. 彼の抱いている嫌疑は間違った情報に基づいている ‖ 再帰 *sich*[4] auf *et.*[4] ～ …に基づく | Der Plan *gründet* sich auf genaue Berechnungen. この計画は綿密な計算の上に組み立てられている | Worauf *gründen* sich seine Ansprüche? 彼の要求の根拠は何か. **3** (grundieren) 《*et.*[4]》〘美〙(カンバスに)地(じ)の色を塗る, 下塗りをする. ▽**4** = ergründen **II** 自 (h) **1** 《(auf 〈in〉 *et.*[3])》(…に)基づいている: Seine Zuversicht *gründet* auf dieser Annahme 〈in seinem tiefen Glauben〉. 彼の自信はこのような仮定に〈彼の深い信念に〉基づいている. ▽**2** (…の)深さがある: Stille Wasser *gründen* tief. (→Wasser 2).

..grün̩den[..grʏndən]《aus ..gründen の形で: → Grund 3》…のせいで, …の理由から: aus Gesundheits*gründen* 健康上の理由で | aus Platz*gründen* 紙面の都合で | aus Termin*gründen* 時間のやりくりがつかなくて.

Grün̩·der[grʏ́ndər] 男 -s/- 創設〈設立〉者; (学説などの)創唱者, 生みの親: der ~ einer Firma 会社の創立者.

Grün̩·der≠ak·tie[..|aktsiə] 女 -/-n〘商〙発起人株. **≠jah̲·re** 複〘史〙(普仏戦争直後の)会社設立ブーム時代, 泡沫(ほうまつ)会社乱立時代(1871-73).

Grun̩d·er·werb[grʊ́nt..] 男 不動産取得.

Grun̩d·er·werb〔s〕·steu·er 女 不動産取得税.

Grün̩·der·zeit[grʏ́ndər..] 女 -/ =Gründerjahre

grun̩d·fa̩lsch[grʊ́ntfálʃ, ◡◡́] 形 根本的に間違っている; 全く偽りの.

Grun̩d≠far·be 女 **1** 原色(混合して他の色をつくることができる3色 Rot, Blau, Gelb で, 3色表示の基本となる). **2** 地色(じいろ), 下塗りの色. **≠feh̲·ler** 男 根本的な間違い. **≠fe·ste** 女 -/-n《ふつう複数で》土台, 基盤, 根底: **an den ~n von** ***et.***[3] **rütteln**《比》…の根幹をゆるがせる | an den ~*n* der Gesellschaftsordnung rütteln 社会秩序の根底をぐらつかせる | ***et.***[4] **in** ***seinen*** **~n** 〈**bis in** ***seine*** **~n**〉 **erschüttern**《比》…を根底から危うくする. **≠flä·che** 女〘数〙底面. **≠form** 女 **1** 基本形〔式〕, 原型. **2**〘言〙**a)** (Infinitiv) 不定詞. **b)** (Lemma)(辞書などの)見出し語; (語形変化をする語の)原形. **c)** (Grundstufe)(形容詞・副詞の)原級. **d)** 基本文型. **≠fra̲·ge** 女 根本〈基本〉問題. **≠ge·bir·ge** 中〘地〙基盤, 基底〔山地〕. **≠ge·büh̲r** 女 基本料金. **≠ge·dan·ke** 男 根本〈中心〉思想, 主旨. **≠ge·halt I** 男 基本的内容, 主眼. **II** 中 基本給.

grun̩d·ge·leh̲rt 形 きわめて博学の〈学識の深い〉.

Grün̩d·gens[grʏ́ntgəns] 人名 Gustaf ~ グスタフ グリュントゲンス(1899-1963; ドイツの俳優・舞台監督).

grun̩d·ge·sche̲it[grʊ́ntgəʃáɪt, ◡◡◡́] 形 きわめて利口な〈頭のよい〉.

Grun̩d≠ge·setz[grʊ́nt..] 中 **1** 根本法則. **2 a)** 基本的な法律. **b)** (略 GG)〘法〙基本法(特に: 1949年に旧西ドイツで制定され, 統一後もそのまま引き継がれている現行のドイツ憲法). **≠grö̲·ße** 女 **1** (数学・物理学などの)基本的な量(長さ・質量・時間など). **2**〘言〙主格部.

grun̩d≠gu̲t 形 きわめてよい〈すぐれた〉. **≠gü̲·tig**[また: ◡◡́◡] 形 きわめて親切な〈慈悲深い〉. **≠häß·lich** 形 きわめて醜い〈醜悪な〉.

Grun̩d≠herr[grʊ́nt..] 男〘史〙(封建制下の)荘園領主; 大地主. **≠herr·lich·keit** 女〘史〙(封建制下の)領主権. **≠herr·schaft** 女〘史〙**1**《単数で》(封建制下の)土地領主制, 荘園制. **2** 土地と隷属農民に対する領主の支配権. **≠ho̲·bel** 男〘工〙えぐりかんな. **≠hol·de** 男《形容詞変化》〘史〙農奴. **≠idee** 女 根本理念.

Grun·die̲r·an·strich[grʊndíːr..] 男 下塗り.

grun·die̲·ren[grʊndíːrən] 他 (h)《*et.*[4]》〘美〙(カンバスに)地(じ)の色を塗る, 下塗りをする. [<Grund]

Grun·die̲r·far·be 女 下塗りの色〈絵の具・塗料〉.

grun̩·dig[grʊ́ndɪç][2] 形 **1** 泥土質の. **2** (味が)泥くさい.

Grun̩d≠in·du·strie[grʊ́nt..] 女 基幹産業. **≠irr·tum** 男 基本的な誤り〈思い違い〉. **≠kan·te** 女〘数〙底面の辺. **≠ka·pi·ta̲l** 中 **1**〘経〙株式資本. **2** =Anfangskapital **≠kennt·nis** 女 -/-se《ふつう複数で》基礎知識. **≠kon·sens** 男 基本的合意. **≠kon·zept** 中, **≠kon·zep·tio̲n** 女 基本構想. **≠kre·di̲t** 男〘経〙土地信用. **≠la̲·ge** 女 **1** 基盤, 根底; 根拠: auf 〔der〕 ~ der Erfahrungen 経験に基づいて | auf rechtlicher ~ 法的根拠に基づいて ‖ jeder ~[2] entbehren いかなる根拠もない. **2**〘楽〙(和音の)基本位置.

Grun̩d·la̲·gen≠for·schung 女 基礎研究. **≠kennt·nis** 女 基礎知識. **≠ver·trag** =Grundvertrag **≠wis·sen** 中 基礎知識.

Grun̩d·last 女 -/-en **1**《複数で》土地負担, 土地諸掛かり. **2**〘電〙ベース負荷.

grun̩d·le̲·gend[..leːgənt][1] 形 基本〈根本〉的な: ein ~*er* Unterschied 根本的な相違 ‖ *et.*[4] ~ ändern …を根本的に変える.

Grun̩d·le̲·gung[..gʊŋ] 女 -/-en 基礎固め〈づけ〉.

Grun̩d·leh̲·re 女 基礎学説〈理論〉.

grün̩d·lich[grʏ́ntlɪç] 形 徹底的な, 根本〈抜本〉的な; 非常に丹念な, 良心的な: ~*e* Arbeit leisten (→Arbeit 1 a) | eine ~*e* Analyse 徹底的分析 | ein sehr ~*er* Mensch 物事を徹底的に行う人 ‖ Er ist in allem sehr ~. 彼は何事につけきわめて徹底している ‖ *et.*[4] ~ untersuchen …を徹底的に調査する | *sich*[4] in *jm.* ~ täuschen …をすっかり見そこなう | *jm.* ~ die Meinung sagen …に対して思う存分意見を述べる | *sich*[4] ~ langweilen ひどく退屈する. [*ahd.*; ◇Grund]

Grün̩d·lich·keit[−kaɪt] 女 -/ gründlich なこと.

Grün̩d·ling[grʏ́ntlɪŋ] 男 -s/-e〘魚〙**1** コイ科ゴビオ属の小魚(食料や釣り餌(え)になる). **2** =Grundel

Grun̩d≠li̲·nie[grʊ́ntliːniə] 女 -/-n **1**〘数〙底辺, 底線. **2**《ふつう複数で》基本線, 大すじ. **3**〘テニス〙ベースライン. **≠lo̲hn** 男 基本賃金.

grun̩d·lo̲s[..loːs][1] 形 **1 a)** 〔一見〕底なしの: ~*er* Morast 底なしの沼 | die ~*e* Tiefe 底なしの深み. **b)** (道路などが土のままで)基礎のない. **2** (unbegründet) 根拠〈いわれ〉のない: ~ lachen 理由なく笑う | *jn.* ~ entlassen …を理由なく解雇する.

Grun̩d·lo̲·sig·keit[..loːzɪçkaɪt] 女 -/ grundlos なこと.

Grun̩d≠mau·er 女〘建〙基礎壁, 台座. **≠mit·tel** 中 -s/-《ふつう複数で》(旧東ドイツで, 企業の)固定〈設備〉資産および設備資金. **≠mor·phe̲m** 中 (↔Hilfsmorphem)〘言〙基幹形態素. **≠nah̲·rungs·mit·tel** 中 (小麦粉・ジャガイモ・牛乳など)基本的食料〔品〕. **≠nes·sel** 女〘植〙クロモ(黒藻). **≠netz** 中〘漁〙定置網(→ 図 Fischerei). **≠norm** 女 -/-en《ふつう複数で》(↔Fachnorm) 一般〔工業〕規格.

Grün·do̲n·ners·tag[gryːndɔ́nərstaːk][1] 男〘キリスト教〙聖木曜日, 洗足木曜日(この日にはホウレンソウなど青野菜を食べる風習がある). [*mhd.* grüene donerstac]

Grun̩d≠pfand·recht[grʊ́nt..] 中〘法〙不動産担保権. **≠pfei·ler** 男〘建〙支柱, 大黒柱: an den ~*n* der Gesellschaftsordnung rütteln《比》社会秩序の根底をゆさぶる. **≠plat·te** 女 **1**〘建〙底板, 基板, 土台. **2**〘工〙(機械・ミシンなどの)床板, ベース〈ベッド〉プレート(→ 図 Nähmaschine). **≠preis** 男 基準価格, 定価. **≠prin·zi̲p** 中 根本原理. **≠pro·ble̲m** 中 =Grundfrage **≠re·chen·a̲r·ten** 複, **≠rech·nungs·a̲r·ten** 複 die vier ~〘数〙四則(加減乗除). **≠recht** 中 **1**〘法〙基本的権利, 基本権. **2**〘史〙(荘園の)領主権. **≠re̲·gel** 女 基本法則, 主要規則, 基本的なルール. **≠ren·te** 女 **1** 地代. **2** (旧西ドイツ以来引き継がれている)戦争犠牲者基本年金. **≠riß** 男 **1** 平面図, 見取り図: einen ~ zeichnen 見取り図を描く. **2** 概要, 概説: ein ~ der deutschen Geschichte / die deutsche Geschichte im ~ ドイツ史概説.

Grun̩d·satz 男 (Prinzip) 原理, 原則; 主義: demokratische *Grundsätze* 民主主義の諸原則 ‖ keine *Grundsätze* haben 原則をもたない | ein Mann mit *Grundsätzen* / ein Mann von *Grundsätzen* 自分の主義〈原則〉をもった男, すじを曲げぬ男 | von *seinen Grundsätzen* nicht abgehen 〈abweichen〉 自分の主義を曲げない.

Grun̩d·satz·de·bat·te 女 原則をめぐっての討議.

grun̩d·sätz·lich[..zɛtslɪç] 形 (prinzipiell) 原理〈原則〉的な, 根本〈基本〉的な: ~*e* Meinungsverschiedenheiten 根本的な意見の相違 | von ~*er* Bedeutung sein 決定的な意味をもつ ‖ Ich bin ~ dafür 〈dagegen〉. 私は基本的に〔は〕それに賛成〈反対〉だ.

Grun̩d·satz≠pro·gramm 中 (政党などの)基本綱領. **≠re·fe·ra̲t** 中 基調報告.

Grun̩d·säu·le 女 =Grundpfeiler

grun̩d·schle̲cht[grʊ́nt-ʃlɛ́çt, ◡◡́] 形 きわめて悪い〈粗悪な・不都合な・けしからぬ〉.

Grun̩d≠schlepp·netz 中〘漁〙底引き網. **≠schuld** 女〘経〙土地債務, 地債. **≠schu̲·le** 女 〔義務教育〕基礎課程〔学校〕(以後の進学コースと無関係にすべての児童が通る小学校前期課程で旧西ドイツ・現ドイツ・オーストリアでは 4 年, 旧東ドイツでは 8 年間: →Hauptschule). **≈schü·ler** 男 Grundschule の生徒. **≈see** 女《海》底波(浅水中に起こる大波). **≈sei·te** 女《数》底辺. **≈ska·la** 女《楽》基本音階, 八調長音階. **≈spra·che** 女《言》祖語,〔共通〕基語.

grund·stän·dig 形 **1** (bodenständig) 土着の, 生えぬきの. **2**《植》(葉などに関して)基部に着く. **3** ~*e* Schule (Grundschule に接続する)中等学校.

Grund·stein 男《建》礎石;《比》基礎: **der ~ zu *et.*[3] ⟨für *et.*[4]⟩ sein** …の〔発展の〕基礎である, …の発端である | **den ~ zu *et.*[3] ⟨für *et.*[4]⟩ legen** …の礎石を置く;《比》…の基礎となる, …の発端となる.

Grund·stein·le·gung 女 -/-en《建》定礎〔式〕, 地鎮〔祭〕.

Grund≈stel·lung 女 **1** 基本位置. **2**《スポ》基本姿勢(→ 図 Fechten). **3**《楽》(和音の)基本位置. **4** (↔Gegenstellung)《言》(定動詞の)正置〔法〕. **≈steu·er** 女 土地税; 地租. **≈stim·me** 女《楽》バス⟨最低音⟩部; 根音バス; (オルガンの)基本的なストップ. **≈stock** 男 -〔e〕s/..stöcke《ふつう単数で》基礎⟨根幹⟩となる部分: Diese Summe bildete den ~ für sein späteres Vermögen. この金額が彼ののちの財産の基礎となった. **≈stoff** 男 **1** (Rohstoff) 原料. **2** (Element)《化》元素.

Grund·stoff·in·du·strie 女 原料産業(鉱業・製鉄業など).

Grund≈strecke 女《坑》地並沿層坑道. **≈strich** 男 **1** (↔Haarstrich)(文字を書く際の)下向きの運筆⟨太い線⟩. **2** =Grundanstrich **≈strö·mung** 女《比》底流, 基調. **≈stück** 中 (一定面積の)土地, 地所, 不動産: ein ~ kaufen 地所を買う | mit ~*en* handeln 土地を売買する.

Grund·stücks≈be·sit·zer 男, **≈ei·gen·tü·mer** 男 地所⟨不動産⟩の所有者, 地主. **≈mak·ler** 男 土地仲買人⟨ブローカー⟩, 不動産屋. **≈preis** 男 地価. **≈spe·ku·la·tion** 女 土地投機.

Grund≈stu·dium 中 (大学での)基礎⟨普通⟩課程の勉学. **≈stu·fe** 女 **1** 基礎段階; 初等教育課程, Grundschule の課程. **2**《言》**a)** (Positiv)(形容詞・副詞の)原級. **b)** (Ablaut における)基礎階梯. **≈sub·stanz** 女 (Matrix)《生》基質. **≈ta·xe** 女 =Grundgebühr **≈tem·po·ra** =Haupttempora **≈text** 男 (Urtext) 原本, 原典, 底本, 原文. **≈the·ma** 中 根本主題;《楽》主要主題. **≈the·se** 女 基本テーゼ, 根本命題. **≈ton** 男 基本音, 基音;《楽》(和音の)根音;《比》基調. **≈übel** 中 根原悪, 禍根. **≈um·satz** 男《生》基礎代謝.

Grün·dung[1][grý:nduŋ] 男 -〔e〕s/《農》緑肥.

Grün·dung[2][grýnduŋ] 女 -/-en **1** (gründen すること. 例えば:) 基礎を置くこと; 創設, 設立. **2** (Grundbau)(建築物の)基礎〔部〕, 基礎工事.

Grün·dungs≈fei·er 女 創立式典⟨祝賀会⟩. **≈jahr** 中 創設⟨設立⟩の年. **≈ka·pi·tal** 中 (企業の)設立⟨創立⟩資金, 創業資本. **≈ur·kun·de** 女 創立定款. **≈ver·samm·lung** 女 創立総会.

Grün·dün·gung[grý:n..] 女 -/《農》緑肥をやること.

Grund≈un·ter·schied[grúnt..] 男 根本的な相違. **≈ur·sa·che** 女 根本原因.

grund≈ver·kehrt[grúntfɛrké:rt, ⏑⏑⏊] 形 根本的に間違っている. **≈ver·schie·den**[また: ⏑⏑⏊⏑] 形 根本的に異なる.

Grund≈ver·trag[grúnt..] 男 -〔e〕s/《史》(1972年に旧東西両ドイツ間で締結された)基本条約. **≈vor·aus·set·zung** 女 (重要な)基本的前提. **≈waa·ge** 女 水準器. **≈wahr·heit** 女 基本的真理. **≈was·ser** 中 -s/- 地下水.

Grund·was·ser≈spie·gel 男 地下水面. **≈stand** 男 地下水位.

Grund≈wehr·dienst 男 基礎兵役(15か月). **≈wis·sen** 中 基礎知識: *sich*[3] ~ aneignen 基礎知識を身につける. **≈wis·sen·schaft** 女 基礎科学. **≈wort** 中 -〔e〕s/..wörter (↔Bestimmungswort)《言》(複合語の)基礎語(例 Haustür の Tür). **≈wort·schatz** 男 基本語彙(ご). **≈zahl** 女 **1** (↔Ordnungszahl) (Kardinalzahl) 基数; 自然数. **2** (↔Hochzahl) (Basis)《数》(指数関数の)底(例 $y=x^n$ における x). **≈zins** 男 地代. **≈zug** 男 根本的特徴, 基本的特質. **≈zu·stand** 男《理》基底状態.

Grü·ne[1] →grün III

Grü·ne[2][grý:nə] 女 -/《雅》緑色; 緑であること: die ~ der Wälder 森の緑.

Grün·ei·sen·erz[grý:n..] 中《鉱》緑燐(りょくりん)鉄鉱.

gru·neln[grú:nəln] (**grü·neln**[grý:..])《06》自 (h) 青草⟨青葉⟩のにおいがする.

grü·nen[grý:nən] 自 (h)《雅》緑色になる,(植物が)若芽⟨若葉⟩を出す;《比》(愛情などが)新しく芽生える; 若返る: Die Bäume *grünen* wieder. 木々が再び緑色になる⟨芽を出す⟩ ‖ 非人称 Es *grünt*.(春になって)草木が緑色になる⟨芽を出す⟩.

Grün·er·de[grý:n..] 女 -/《鉱》緑土.

Grü·ne·wald[grý:nəvalt] 人名 Matthias ~ マッティーアス グリューネヴァルト(1460頃 -1528; ドイツの画家).

Grün≈fäu·le[grý:n..] 女《園・農》べと病, うどん粉病. **≈fink** 男 (Grünling)《鳥》カワラヒワ(河原鶸). **≈flä·che** 女 (町の中に設けられた)緑地(芝生・庭園・公園など). **≈fut·ter** 中 (家畜の)青草飼料.

grün·gelb 形 黄緑色の.

Grün·gür·tel 男 緑地帯, グリーンベルト.

Grün·holz·frak·tur 女《医》若木骨折.

Grün·horn 男 -s/..hörner《話》初心者, 新米. [*engl.* greenhorn (→Greenhorn) の翻訳借用]

Grün≈kern 男 (未熟の小麦の)粗びきの粉(スープなどに用いる). **≈kno·chen** 男《魚》ダツ(駄津). **≈kohl** 男 -〔e〕s/《植》チリメンキャベツ(→ 図 Kohl). **≈kram** 男 青物, 野菜類.

Grün·kram≈händ·ler 男 青物商⟨業者⟩, 八百屋. **≈la·den** 男 青物商〔店〕, 八百屋の店.

Grün≈kreuz 中 -es/《軍》毒ガス(第一次世界大戦時に, 毒ガスを緑十字のしるしをつけた榴弾(りゅうだん)につめたことから). **≈land** 中 -〔e〕s/《農》草地, 牧草地, 牧場.

grün·lich[grý:nlɪç] 形 緑色がかった, 緑っぽい.

Grün·licht 中 -〔e〕s/-er 青信号〔灯〕.

Grün·ling[..lɪŋ] 男 -s/-e **1** = Grünreizker **2** =Grünfink **3**《比》青二才, 未熟者.

Grün≈pflan·ze 女 観葉植物. **≈reiz·ker** 男《植》キシメジ(黄占地). **≈rock** 男《戯》**1** (Jäger) 猟師. **2** (Förster) 林務官, 営林署員.

Grün·rot·blind·heit[gry:nró:t..] 女 -/ 赤緑色盲.

Grün·schna·bel[grý:n..] 男《話》(くちばしの黄色い)青二才, 生意気⟨出しゃばり⟩な若造.

Grün·span 男 -〔e〕s/《化》緑青(ろくしょう). [*mhd.*; *mlat.* viride Hispān〔ic〕um „spanisches Grün" の翻訳借用]

Grün≈specht 男《鳥》アオゲラ(緑木啄鳥)の一種. **≈stein** 男《鉱》緑岩. **≈strei·fen** 男 (自動車専用道路などの中央分離帯に設けられた)緑地帯, グリーンベルト(→ 図 Autobahn). **≈wa·ren** 複 青物, 野菜類.

grun·zen[grúntsən]《02》自 (h)(豚などが)ブーブー⟨グーグー⟩うなる;《比》低い声でうなる⟨うめく⟩, ぶつぶつ不平を言う. [*westgerm.*; 擬音; ◇ *engl.* grunt]

Grun·zer[..tsər] 男 -s/-《話》(Schwein) 豚;《比》ぶつぶつ不平を言う人.

Grün·zeug[grý:n..] 中 **1**《単数で》**a)** =Grünkram **b)** (スープなどに入れる)緑の薬味. **2** 青二才.

Grün·zeug·händ·ler =Grünkramhändler

Grunz·och·se[grúnts..] 男 (Jak)《動》ヤク.

Grupp[grʊp] 男 -s/-s (銀行の)送金行嚢(こうのう). [*it.* gruppo „Klumpen"]

Grup·pe[1][grúpə] 女 -/-n (⊘ **Grüpp·chen**[grýpçən], **Grüpp·lein**[..laɪn] 中 -s/-) **1** (英: *group*) **a)** グループ, 群: eine ~ Jugendlicher ⟨Erwachsener / Reisender⟩ 一群の若者⟨大人・旅行者⟩たち | eine ~ diskutierender ⟨diskutierende⟩ Studenten 議論している学生のグループ | eine ~ Kinder ⟨von Kindern⟩ 子供たちの一群 ‖ eine Klasse in ~*n*[4] zu je sieben einteilen クラスを 7 人ずつの

G

グループに分ける. **b)** 〘軍〙分隊: *Gruppe* halt! 分隊止まれ(号令). **c)** 〘美〙群像. **2** 〘数〙群. **3** 〘地〙界(年代層序区分の最大単位. 以下, 系 System, 統 Abteilung, 階 Stufe とする). [*it.*－*fr.* groupe]

Grup·pe[2][grúpə] (**Grüp·pe**[grýpə]) 女 -/-n《北部》**1** (畜舎の)下水溝. **2** 樋(とい), 導水管. [*mndd.*; ◇Graben]

grüp·peln[grýpəln]《06》他 (h), **grup·pen**[grúpən] 他 (h)《北部》排水溝を掘る. [*mndd.*]

Grup·pen≠ar·beit[grúpən..] 女 グループ作業. ≠**auf·nah·me** 女 (写真の)グループ撮影. ≠**bild** 中 **1** 〘美〙群像. **2** ＝Gruppenaufnahme ≠**bil·dung** 女 グループを作ること. ≠**druck** 男 集団内での心理的圧力. ≠**dy·na·mik** 女 〘社〙グループ=ダイナミックス, 集団〈社会〉力学. ≠**ego·is·mus** 男 特定集団の利己主義, 集団エゴ. ≠**ehe** ＝Gemeinschaftsehe ≠**feu·er** 中 (数丁の銃による)一斉射撃. ≠**fo·to** 中 ＝Gruppenaufnahme ≠**füh·rer** 男 **1** 〘軍〙分隊長. **2** ＝Gruppenleiter ≠**kri·mi·na·li·tät** 女 集団犯罪. ≠**le·ben** 中 -s/ 集団生活. ≠**lei·ter** 男 グループの長〈リーダー〉. ≠**psy·cho·lo·gie** 女 -/ 集団心理学. ≠**rei·se** 女 (↔ Einzelreise) 団体旅行. ≠**satz** 男 〘数〙群定理. ≠**selbst·mord** 男 集団自殺. ≠**sex** 男 グループセックス.

grup·pen·spe·zi·fisch 形 (それぞれの)集団特有の.

Grup·pen≠spra·che 女 〘言〙(各種の社会集団の内部で使われる)集団語. ≠**sug·ge·stion** 女 〘心〙集団暗示. ≠**theo·rie** 女 -/ 〘数〙群論. ≠**the·ra·pie** 女 〘医〙集団療法. ≠**un·ter·richt** 男 **1** (個人教授に対して)グループ教授. **2** 〘教〙(クラスをいくつかの集団に分けて行う)グループ授業(→Frontalunterricht).

grup·pen·wei·se 副 (→..weise ★)群〈グループ〉をなして, 群〈グループ〉ごとに; 〘軍〙分隊ごとに.

grup·pie·ren[grupí:rən] **I** 他 (h)《*jn.*/*et.*[4]》《様態または場所を示す語句と》グループ別に集める, グループ分けする; グループにする, 集める, まとめる: Briefe nach Bestimmungsorten ～ 手紙をあて先別に仕分けする ‖ 再帰 *sich*[4] um *jn.* 〈*et.*[4]〉 ～ …の周りに集まる | *sich*[4] zu einem Kreis ～ 輪になって集まる. **II** 自 (h)《mit *et.*[3]》(…と)グループになる.

Grup·pie·rung[..ruŋ] 女 -/-en **1** グループになる〈する〉こと, グループ化. **2** グループ, 集まり, 集団.

Grüpp·lein Gruppe[1]の縮小形.

Grus[gru:s][1] 男 -es/ (種類: -e) **1** (風化によって生じた)砂礫(されき), 風化礫. **2** (Kohlengrus) 粉炭, 炭塵(たんじん). [*mndl.* gruus „Grobes"－*mndd.*; ◇Graus[2]]

Gru·sel≠film[grú:zəl..] 男 恐怖〈ホラー〉映画. ≠**ge·schich·te** 女 身の毛もよだつ恐ろしい話.

gru·se·lig[grú:zəlɪç][2] (**grus·lig**[..zlɪç][2]) 形 恐ろしい, 気味の悪い, 身の毛のよだつ.

Gru·sel≠ka·bi·nett 中 恐ろしい〈身の毛のよだつ〉品物を並べた陳列室. ≠**mär·chen** 中 気味の悪いお話, 怪談.

gru·seln[grú:zəln]《06》**I** 自 (他) (h) 非人称《es gruselt *jm.* 〈*jn.*〉 / *jm.* 〈*jn.*〉 gruselt 〔es〕》(…が)ぞっとする: Mir 〈Mich〉 *gruselt* 〔es〕 vor dem Anblick. 私はその光景に身の毛がよだつ ‖ *jn.* ～ machen / *jm. Gruseln* verursachen …をぞっとさせる | Ein kaltes *Gruseln* lief ihm über den Rücken. 冷たいものが彼の背筋を走った. **II** 他 (h) **1** 再帰 *sich*[4] 〔vor *et.*[3]〕 ～ 〔…を見て〕ぞっとする. **2** 非人称 →I

[*mhd.*; ◇grausen, grieseln]

Gru·sel·sze·na·rio 中 恐怖のシナリオ.

Gru·si·cal[grú:zikəl] 中 -s/-s《戯》怪奇ミュージカル. [＜gruselig＋Musical]

gru·sig[grú:zɪç][2] 形 風化礫(れき)〈粉炭〉から成る; 粉末状の: ～*e* Kohle 粉炭, 炭塵(たんじん). [＜Grus]

Gru·si·ner[gruzí:nər] 男 -s/- ＝Grusinier

Gru·si·ni·en[gruzí:niən] 地名 (Georgien) ジョージア(カフカス山脈の南斜面を占める地方で, 旧ソ連邦を構成する共和国だったがソ連解体後,1991年に独立. ロシア語形 Grusija. 首都は Tbilissi). [*armen.*－*pers.*－*türk.*－*russ.*]

Gru·si·ni·er[..niər] 男 -s/- (Georgier) ジョージア人.

gru·si·nisch[..nɪʃ] 形 ジョージアの(→georgisch).

Grus·koh·le[grú:s..] 女 -/ 粉炭.

grus·lig ＝gruselig

Gruß[gru:s] 男 -es/Grüße[grý:sə] (出会いまたは別れの際などの)あいさつ〔の身ぶり・言葉〕; (人を介して伝える)あいさつの言葉; 〘軍〙敬礼: ein höflicher 〈herzlicher〉 ～ 丁重な〈心からの〉あいさつ | ein stummer ～ 黙礼 | **der Deutsche** ～ (右手を高く挙げる)ナチ式敬礼 | **der Englische** ～ 〘カトリック〙天使祝詞(アヴェ=マリア: → Ave-Maria 1) | Neujahrs*gruß* 新年のあいさつ ‖ einen süßen ～ senden《比》プレゼントに甘い物を送る ‖ Mit freundlichem ～ 〈freundlichen *Grüßen*〉 〔verbleibe ich〕 Ihr ergebener 〈Ihre ergebene〉 Schmidt (手紙の結びに)敬具 シュミット | auf *js.* ～ nicht danken …のあいさつに対して答礼しない | ohne ～ weggehen あいさつをせずに立ち去る | den Hut zum ～〔e〕 ziehen 帽子を取ってあいさつする | *jm.* die Hand zum ～〔e〕 bieten 〈reichen〉 …に握手の手をさしのべる ‖ Einen ～ an Ihre Gattin! (手紙文で)奥さんによろしく | *Grüße* tauschen 〈wechseln〉 あいさつをかわす | *js.* ～ erwidern …にあいさつを返す | *jm.* einen ～ zunicken …に会釈する | *jm.* freund〔schaft〕liche *Grüße* senden 〈schicken〉 …に親しいあいさつを送る | einen ～ von Berlin schicken (滞在中の)ベルリンから便りであいさつする | *jm.* einen ～ 〔an 〈für〉 *jn.*〕 auftragen …に〔…への〕あいさつを依頼する, …に〔…に〕よろしくと言ってもらう | *jm.* ～ 〔von *jm.*〕 ausrichten 〈bestellen〉 …に〔…からの〕あいさつを伝える | Bestelle 〈Sage〉 ihm einen schönen ～ von mir! 私からもよろしくと彼に伝えてくれ.

Gruß≠adres·se[grú:s..] 女 (集会などに寄せられる)あいさつの言葉〈メッセージ〉. ≠**be·kannt·schaft** 女 会えばあいさつをかわす程度のつきあい.

Grü·ße Gruß の複数.

grü·ßen[grý:sən]《02》他 (h) **1** (英: *greet*)《*jn.*》(…に)あいさつする, 会釈する(→begrüßen 1 a ☆); (…に)敬礼する: *jn.* freundlich 〈höflich〉 ～ …に親しげに〈丁重に〉あいさつする | *jn.* stumm 〈schweigend〉 ～ …に黙礼する | *jn.* mit einem Nicken ～ …に会釈する ‖ *Gegrüßt* seist du, Maria! 〘カトリック〙アヴェ=マリア(天使の受胎告知) | Seid 〔mir〕 *gegrüßt*!《雅》(君たち) ようこそ | Ich *grüße* dich in meinem Haus. よく来てくれたね | *Grüß* Gott! / *Grüß* dich 〈euch / Sie〉 Gott! / Gott *grüße* dich 〈euch / Sie〉! (→Gott) | ***Grüß* dich!**《話》こんにちは ‖ 再帰《相互的》*sich*[4] 〈einander〉 ～ お互いにあいさつをかわす | *Grüßt* du dich mit ihr?《話》君は彼女と(あいさつをかわすような)知り合いか.

2 《*jn.* von *jm.*》(…に…の)あいさつを伝える: *Grüßen* Sie ihn von mir. 彼によろしくお伝えください | Ich soll 〔dich〕 von ihm ～./ Er läßt 〔dich〕 ～. 彼が〔君に〕よろしくと言っていました | Ungeschick läßt ～!《話》(不手際なことをしたときに)やれしまった.

3 《目的語なしで》《雅》眼前に〔あいさつを送るかのように〕ある, 姿を見せている: Aus der Ferne *grüßen* die schneebedeckten Gipfel der Alpen. はるか遠方に雪をいただいたアルプスの峰が望まれる | Fahnen *grüßen* von den Dächern. 屋根屋根に旗がひるがえって〔歓迎して〕いる.

[*westgerm.* „zum Reden bringen"; ◇ *engl.* greet]

Gruß·for·mel[grú:s..] 女 あいさつの形式〈きまり文句〉.

Grüß·fuß[grý:s..] 男《もっぱら次の成句で》mit *jm.* auf ～ stehen …とただあいさつを交わす程度の間柄である.

gruß·los[grú:slo:s][1] 形 あいさつなしの: ～ vorbeigehen あいさつもせずに通り過ぎる.

Gruß≠ord·nung[grú:s..] 女 〘軍〙敬礼に関する規程. ≠**pflicht** 女 〘軍〙敬礼の義務. ≠**schrei·ben** 中 あいさつ状.

Grütz≠beu·tel[grýts..] 男 〘医〙粉瘤(ふんりゅう). ≠**brei** 男 オートミール〔がゆ〕.

Grüt·ze[1][grýtsə] 女 -/-n **1** ひき割り穀粒, (特に:) カラスムギ, ソバ, オオムギ. **2** オートミール〔ポリッジ〕; セモリナ=プディング: **rote** ～《方》果汁入りプディング(赤色でデザート用). [*westgerm.* „Grobgemahlenes"; ◇Grieß; *engl.* grits]

Grụ̈t·ze[2][−] 女 -/ **1**《話》(Verstand) 理解力, 脳みそ: **keine ～ im Kopf haben** 頭がからっぽである | Dazu braucht man keine ～. それはばかでもできる. **2**《方》(Dummheit) 愚鈍. [＜Kritz „Witz" (◇kritzeln)]

Grụ̈tz·kopf 男《話》(Dummkopf) ばか, あほう; 脳みそ.

Grụ̈tz≠mühle 女 ひき割り臼(ｳｽ). ≠**sup·pe** 女 ひき割り麦のポタージュ. ≠**wurst** 女 ひき割り麦のはいったソーセージ. [＜Grütze[1]]

Grỵ·phi·us[grý:fiʊs] 人名 Andreas ～ アンドレーアス グリューフィウス(1616-64; バロック期のドイツの作家).

G-Sai·te[gé:..] 女〘楽〙(弦楽器の弦の) G 線.

Gschạftl·hu·ber[kʃáftəlhu:bər] 男 -s/-《南部・オーストリア》(もったいぶって)ひどく忙しそうに振舞う人, 忙しがり屋. [＜Geschäft]

G-Schlüs·sel[gé:..] 男〘楽〙ト音(高音部)記号.

Gschnạs·fest[kʃná:sfɛst] 中 -es/《オーストリア》(ウィーンの)仮面舞踏会. [＜Geschneiß „Schnitzelabfälle"]

gschupft[kʃʊpft] 形《オーストリア・スイス》(affektiert) もったいぶった, きざな, 気取った; (überspannt) とっぴな; 気違いじみた. [＜*ahd.* scupfa „Schaukelbrett"]

gspạ·ßig[kʃpá:sɪç][2] 形《南部・オーストリア》(spaßig) ひょうきんな, おどけた; こっけいな, おかしな.

Gspụ·si[kʃpú:zi·, gʃ..] 中 -s/-s《南部・オーストリア》**1** (Liebelei) 情事: mit *jm.* ein ～ haben …と情事をもつ. **2** 愛人, 恋人(男女いずれにも用いる). [*mhd.* gespunse; ◇Gespons]

GST[ge:|ɛsté:] 略 女 ＝**G**esellschaft für **S**port und **T**echnik (旧東ドイツの)スポーツ・技術協会(入隊前の16歳以上の少年に軍事教練を施す組織).

Gstạn·zel (**Gstanzl**)[kʃtántsəl] 中 -s/-n《南部・オーストリア》(Schnaderhüpferl) グシュタンツル(アルプス地方の 4 行より成る滑稽(こっけい)卑俗な内容の歌, 即興的につくられる). [＜Stanze]

Gstä̱t·ten[kʃtɛ́tən] 女 -/-《オーストリア》(草の少ない)荒地, 山腹.

gstatzt[kʃtatst] 形《オーストリア》(aufgeputzt) めかしこんだ, おしゃれの.

GT-Ren·nen[ge:té:..] 中 ＝Grand-Tourisme-Rennen

GT-Wa̱·gen[ge:té:..] 男 ＝Grand-Tourisme-Wagen

Gua·jạk≠baum[guaják..] 男〘植〙ユソウボク(癒瘡木). ≠**harz** 中 -es/ ユソウボク脂(製薬原料となる). ≠**holz** 中 ユソウボク材, リグヌム=ビタエ(堅くて重い). [*hait.*−*span.* guayaco; ◇*engl.* guaiac]

Gua·ja·kọl[guajakó:l] 中 -s/〘薬〙グアヤコール(ユソウボク脂から作り去痰(きょたん)剤・防腐剤・殺菌剤などに用いる). [＜..ol]

Gua·jạ·ve[guajá:və] 女 -/-n〘植〙バンジロウ(フトモモ科の果実).

Gua·nạ·ko[guanáko·] 中 (男) -s/-s〘動〙グアナコ(野生のラマ). [*peruan.* huanacu −*span.* guanaco]

Guang·dong[gŭăŋdōŋ] ＝Kwangtung

Guang·xi Zhuang[gŭăŋcīdʒŭàŋ] ＝ Kuangsi Tschuang

Guang·zhou[gŭăŋdʒōŭ] ＝Kanton[1]

Gua·ni·dịn[guanidí:n] 中 -s/〘化〙グアニジン.

Gua·nịn[..ní:n] 中 -s/〘化〙グアニン. [＜..in[2]]

Gua̱·no[guá:no·] 男 -s/ グアノ, 糞(ふん)化石(肥料になる). [*peruan.* huanacu „Mist"−*span.*]

Guar·diạn[guardiá:n; オーストリア: guá:rdia(:)n] 男 -s/-e〘カトリック〙(フランシスコ会およびカプチン会の)修道院長. [*mlat.* guardiānus−*it.* guardiano „Wächter"; ◇Garde, Wardein]

Guạsch[guá(:)ʃ] 女 -/-en〘美〙**1** グアッシュ(ゴム水彩画). **2**《単数で》グアッシュ画法. [*lat.* aquātiō „Wasserholen"−*it.* guazzo−*fr.* gouache; ◇aqua..]

Guạsch≠far·be 女 (Guasch 用の不透明な)水彩絵の具. ≠**ma̱·le·rei** 女 ＝Guasch

Gua·te·ma̱·la[guatemá:la·] 地名 **1** グアテマラ(中央アメリカの共和国). **2** グアテマラ(1の首都). [*aztek.*]

Gua·te·mal·tẹ·ke[guatemaltéːkə] 男 -n/-n グアテマラ人.

gua·te·mal·tẹ·kisch[..kɪʃ] 形 グアテマラ〔人〕の.

Gua·ya̱·na[guajá:na·] 地名 **1** ギアナ, ガイアナ(南アメリカ北東部, 大西洋岸の Orinoko 川と Amazonas 川に囲まれた広大な熱帯地域). **2** ＝Guyana [*span.*]

Gua·ya̱·ner[..nər] 男 -s/- ＝Guyaner

gua·ya̱·nisch[..nɪʃ] ＝guyanisch

Gu·ber·na̱l[gubɛrná:l] 中 -s/-e《オーストリア》(自転車の)ハンドルバー.

▽**Gu·bẹr·nium**[gubɛ́rniʊm] 中 -s/ ..nien [..niən] ＝Gouvernement [＜*lat.* gubernāre „steuern"]

Guck[1][gʊk] 男 -〔e〕s/-e《話》**1** 一見, 一瞥(いちべつ). **2** 眺め, 展望.

Guck[2][gʊk] 女 -/-en, **Gụcke**[gʊ́kə] 女 -/-n《南部》(Papiertüte) 紙袋. [◇Gugel]

Gụck·au·ge[gʊ́k..] 中《話》(子供の)目, おめめ.

gụcken[gʊ́kən] 自 (h) **1** (schauen) 見る, のぞく, 見つめる: *Guck* mal! 見てごらん ‖ *jm.* auf die Finger ～ (→Finger 1) | aus dem Fenster 〈durchs Schlüsselloch〉 ～ 窓から〈かぎ穴を〉のぞく | dumm 〈dämlich〉 aus der Wäsche ～ (→Wäsche 2) | wie ein Auto ～ (→Auto) ‖ zu tief ins Glas *geguckt* haben (→Glas 2) | *jm.* in die Karten ～ (→Karte 2) | in den Mond ～ (→Mond 1 a) | in die Röhre ～ (→Röhre 1, 2 b) | *jm.* in die Töpfe ～ (→Topf 1 a) ‖〘4 格と〙Löcher 〈ein Loch〉 in die Luft ～ (→Loch 1). **2**〔のぞいて〕見える,(ちらちら)出ている: Das Taschentuch *guckt* aus der Tasche. ハンカチがポケットからのぞいている | Ihm *guckt* der Schurke aus den Augen. 彼は見るからに悪党だ. [*westgerm.*]

Gụcker[gʊ́kər] 男 -s/-《話》**1** のぞき見する人; せんさく屋. **2** 望遠鏡; オペラグラス. **3**《複数で》(Augen) 目.

Gụcker·schecken[gʊ́kərʃɛkən] 複《オーストリア》(Sommersprossen) そばかす. [＜Gucker „Kuckuck"＋Schecke[1]; カッコウの腹毛の紋様と似ていることから]

gụcker·scheckert[..kərt] 形《オーストリア》そばかすのある.

Gụck·fen·ster[gʊ́k..] 中〘建〙のぞき窓.

Gụcki[gʊ́ki·] 男 -s/-s **1**〘トランプ〙(スカートで)グッキー(親が場に伏せてある札をみて不利な手札を有利な札と交換すること). **2**〘写〙〔スライド〕ビューアー(スライドの拡大透視装置).

Gụck·in·die·luft[gʊ́k|ɪndi(:)lʊft] 男 -/《話》《しばしば次の形で》〔**Hans**〕～ (足もとに注意しないで)よくころぶ〈つまずく〉人; (周囲の現実を見ないで)夢みる〔ように暮らす〕人. [＜ich gucke in die Luft]

Gụck·in·die·welt[..vɛlt] 男 -/《話》未熟者, 青二才; 好奇心の強い子供. [＜ich gucke in die Welt]

▽**Gụck·ka·sten** 男 のぞきからくり;《話》テレビ〔受像機〕.

Gụck·ka·sten·büh·ne 女〘劇〙のぞき舞台, 額縁舞台(観客が客席からプロセニアムの向こうの舞台をのぞき込む形の劇場: →Proszenium).

Gụck·loch 中 **1** (ドアなどの)のぞき穴. **2**《戯》靴〔下〕の破れ, 穴.

Gụd·run[gú:dru:n] 女名 グードルーン. [＜*ahd.* gund „Kampf"＋rūna „Geheimnis" (◇Rune)]

Gụd·run·sa·ge 女 -/ グードルーン伝説(王女グードルーンを主人公とするゲルマン伝説).

Gụ·du·la[gú:dula·] 女名 グードゥラ.

Guẹl·fe[g(u)ɛ́lfə] 男 -n/-n〘史〙(中世イタリアの)教皇党員, ゲルフ党員: die ～*n* ゲルフ党, 教皇党〈派〉(皇帝党と争った: →Gibelline). [*mhd.* welf−*it.* Guelfo; ◇Welfe]

Gue·rị̈l·la[gerílja·, ..la·] **I** 女 -/-s＝Guerillakrieg ▽**II** 男 -〔s〕/-s《ふつう複数で》(Partisan) ゲリラ隊, パルチザン. [*span.*−*fr.*; ＜*span.* guerra „Krieg" (◇Wirre)]

Gue·rị̈l·la≠kampf[gerí(l)(j)a..] 男 ゲリラ戦. ≠**kämp·fer** 男 ゲリラ兵, ゲリラ隊員. ≠**krieg** 男 ゲリラ戦争.

Gue·ril·le·ro[gerɪljé:ro·] 男 -s/-s (⊛ **Gue·ril·le·ra** [gerɪljé:ra·]-/-s) (中南米諸国の)ゲリラ兵, ゲリラ隊員.

Gue·vạ·ra[gevá(:)ra·] 人名 Ernesto ～ エルネスト ゲバラ (1928-67; キューバの革命家. Bolivien で捕らえられ, 射殺された. 愛称: チェ Ché).

G

Gu̠·gel[gúːgəl] 女 -/-n カウル(襟首をおおう垂れ布のついた頭巾(ずきん), 僧帽の一種でもある: → 図 Schecke). [*mlat.* cuculla－*ahd.*; ◇*engl.* cowl]

Gu̠·gel≠hopf[..hɔpf] 男 -[e]s/-e 《スイス》, **≠hupf** [..hʊpf] 男 -[e]s/-e《南部・オーストリア》クグロフ(鉢形のスポンジケーキの一種).

Gui̠·do[guíːdoˑ, gíːdoˑ; オーストリア: gúidoˑ] 男名 グイード.

Guil·loche[gɪljɔ́ʃ, gijɔ́ʃ; オーストリア: guijɔ́ʃ] 女 -/-n[..ʃən] **1** (貨幣などの偽造防止のための)波縞(なみじま), 編み縄模様(→図). **2** 波縞(編み縄模様)をつける道具. [*fr.*]

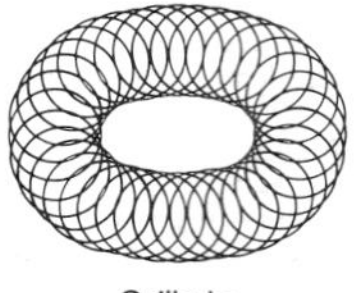
Guilloche

Guil·lo·cheur[..jɔʃǿːr] 男 -s/-e 波縞をつける職工.

guil·lo·chie·ren[..jɔʃíːrən] 他 (h) 《*et.*[4]》(…に)波縞をつける, 縄編み模様で飾る. [*fr.*; <*lat.* gutta (→guttieren)]

Guil·lo·ti̠·ne[gɪljotíːnə, gijo..; オーストリア: guijotíːn] 女 -/-n ギロチン, 断頭台: auf die ～ steigen 断頭台にのぼる | unter der ～ sterben 断頭台の露と消える. [*fr.*; <J. I. Guillotin (考案者のフランス人医師, †1814)]

guil·lo·ti·ni̠e·ren[..tiníːrən] 他 (h) 《*jn.*》ギロチンにかける, 断頭台で処刑する.

Gui·ne̠a[1][ginéːaˑ] 地名 ギニア(アフリカ西部の共和国. 1958年フランスから独立. 首都はコナクリ Conakry).

Gui·nea[2][gíniˑ] 女 -/-s ＝Guinee

Gui·ne̠a-Bis·sa̠u[ginéːabɪsáu, ..sáːuˑ] 地名 ギニアビサオ (Guinea[1]北隣の共和国. 1973年ポルトガルから独立. 首都はビサオ Bissau).

Gui·ne̠e[ginéː(ə)] 女 -/-n[..néːən] **1** ギニー(イギリスの旧貨幣[単位]: 21 Shilling). **2** ギニー金貨(1663-1813年に発行されたイギリスの金貨). [*engl.* guinea[－*fr.*]; ◇*port.* Guiné „Guinea[1]"; 金の産地]

Gui·ne̠·er[ginéːər] 男 -s/- ギニア人.

Guir·la̠n·de[gɪrlándə] 女 -/-n ＝Girlande

Gui·ta̠r·re[gitárə] 女 -/-n ＝Gitarre

Gui·yang[gŭɛ̆ĭĭáŋ] ＝Kueiyang

Gui·zhou[gŭɛ̆ĭdʒɔ̄ŭ] ＝Kueitschou

Gu·lag[gúːlak, gulák] 男 -[s]/-s グーラーグ(旧ソ連の強制労働収容所またはその制度). [*russ.*; ◇Glavnoe Upravlenije Lagerej]

Gu̠·lasch[gúːlaʃ, gúl.., gúːl..] 中 (男) -[e]s/-e, -s 〖料理〗グーラシュ(パプリカ入り肉シチュー): ungarisches ～ ハンガリアふうグーラシュ. [*ungar.* gulyás (hús) „(Fleischgericht) der Rinderhirten"; <*ungar.* gulya „Rinderherde"; ◇*engl.* goulash]

Gu̠·lasch·ka·no̠·ne 女《戯》(Feldküche) 野戦炊事車.

Gu̠l·den[gʊ́ldən] 男 -s/- **1** (略 hfl) (Florin) ギルダー(オランダの旧貨幣[単位]: 100 Cents). **2** 〖史〗(14-19世紀に使われたドイツおよび近隣諸国の)グルデン金貨(銀貨). [*mhd.* guldīn [pfennic] „goldener Pfennig"; ◇golden]

gü̠l·den[gʏ́ldən]《雅》＝golden

gü̠l·disch[gʏ́ldɪʃ] 形 〖鉱〗金を含有する.

Gü̠l·disch·sil·ber 中 金を含有する銀鉱.

Gü̠l·le[gʏ́lə] 女 -/《南西部》**1** (Jauche) 〖農〗水肥(すいひ). **2** (Pfütze) (きたない) 水たまり. [*mhd.*]

gü̠l·len[..lən] 他 (h) 〖農〗(畑などに)水肥(すいひ)をほどこす.

Gü̠l·len≠faß 中 水肥(すいひ)おけ. **≠wa·gen** 男 水肥運搬車.

Gu̠l·ly[gʊ́liˑ, gá.., gʌ́..] 男 (中) -s/-s **1** (街路わきの鉄格子ぶたをかぶせた)排水孔, 下水落ち口, 下水孔(→ 図 Straße). **2** 〖地〗ガリ, 雨裂(細溝 Rinne のさらに発達したもの). [*engl.*; <*lat.* gula „Schlund" (◇Kehle)]

Gült[gʏlt] 女 -/-en, **Gü̠l·te**[gʏ́ltə] 女 -/-n 《スイス》(Grundschuld) 土地債務, 地債; 地代. [*mhd.* gülte „zu Entrichtendes"; ◇gelten]

gü̠l·tig[gʏ́ltɪç][2] 形 有効な, 効力のある; 《für *et.*[4]》(…に)通用する, (…に) 妥当する, あてはまる: allgemein*gültig* 普遍妥当の | end*gültig* 最終[妥当]的な ‖ eine ～*e* Eintrittskarte 有効な(通用する)入場券 ‖ *et.*[4] als ～ anerkennen …を有効と認める | für alle Fälle ～ sein あらゆる場合(ケース)にあてはまる | Dieser Ausweis 〈Diese Fahrkarte〉 ist nicht mehr ～. この証明書〈乗車券〉はもう無効だ | Der neue Fahrplan ist ab Mai ～. 新しい運行時刻表は5月から適用される.

Gü̠l·tig·keit[－kaɪt] 女 -/ 有効, 効力, 通用, 妥当性: ～ des Rechts 〖法〗法の効力 ‖ keine ～ mehr haben もはや通用しない | ～ verlieren 効力を失う, 失効する | von allgemeiner ～ sein 普遍的に妥当する, 一般に通用する.

Gü̠l·tig·keits·dau·er 女 有効〈通用〉期間.

Gu̠m·ma[gʊ́maˑ] 中 -s/-ta[..taˑ], Gummen[..mən] 〖医〗(梅毒第3期の)ゴム腫(しゅ).

Gu̠m·mi[gʊ́miˑ] **I** 中 (男) -s/-[s] **1** ゴム; (Kautschuk) 弾性ゴム: Reifen 〈Stiefel〉 aus ～ ゴムタイヤ〈長靴〉‖ *sich*[4] wie ～ dehnen ゴムのように伸びる | **～ geben** 《話》(車で)急いで出発する. **2** 《単数で》＝Gummiarabikum **3** (Gummiharz) ゴム樹脂. **II** 男 -s/-s **1** (Radiergummi) 消しゴム. **2** (Gummiring) 輪ゴム, ゴム輪. **3** 《話》(Kondom) コンドーム. **III** 中 -s/-s (Gummiband) ゴムひも. [*ägypt.*－*gr.* kómmi－*mlat.* gummi－*mhd.*; ◇*engl.* gum]

Gu̠m·mi≠ab·satz[gʊ́mi..] 男 (靴の)ゴムかかと. **≠an·zu̠g** 男 (潜水用などの)ゴム製の服.

Gum·mi·ara̠·bi·kum[gʊmi|aráːbikʊm] 中 -s/ アラビアゴム(粘着剤・接着剤に用いられる). [◇arabisch]

gu̠m·mi·a̠r·tig[gʊ́mi..] 形 ゴム状の.

Gu̠m·mi≠ball 男 ゴムまり, ゴムボール. **≠band** 中 -[e]s/..bänder ゴムバンド, ゴムひも. **≠bä̠r·chen** 中 小熊の形をしたグミキャンディー. **≠baum** 男 〖植〗インドゴムノキ(東南アジア原産イチジク属. 昔はゴムの原料として用いられたこともあるが, 現在はもっぱら観葉植物として鉢植えで栽培される). **≠be·griff** 男 あいまいな概念. **≠bein** 中《話》《次の成句で》**～*e* haben 〈bekommen〉** i) (病気などで)足が弱っている, 足腰が立たない; ii)《比》足がすくんでしまう, こわくて〈不安で〉仕方がない. **≠be·la̠g** 男 〖卓球〗(ラケットの)ラバー.

gu̠m·mi·be·reift 形 ゴムタイヤの〈をつけた〉.

Gu̠m·mi≠be·rei·fung 女 **1** (自動車に)タイヤをつけること. **2** 《集合的に》(一車両の)ゴムタイヤ. **≠boot** 中 ゴムボート. **≠dich·tung** 女 〖工〗(継ぎ目などの)ゴムパッキング. **≠druck** 男 -[e]s/ **1** ゴム版印刷. **2** ＝Offsetdruck

Gum·mi·ela̠·sti·kum[gʊmi|elástikʊm] 中 -s/ (Kautschuk) 弾性ゴム. [◇elastisch]

gum·mi̠e·ren[gʊmíːrən] **I** 他 (h) 《*et.*[4]》(…に)[アラビア]ゴムを塗る〈引く〉; (…を)ゴムで固める〈くっつける〉, (…に)ゴムをはる. **II gum·mi̠ert** 過分 形 ゴムのりのついた; ゴム引きの: ～*e* Klebestreifen ガムテープ.

Gum·mi̠e·rung[..rʊŋ] 女 -/-en **1** gummieren すること. **2** (封筒などの) gummieren された面(→ 図 Brief).

Gu̠m·mi≠fe̠·der[gʊ́mi..] 女 〖鉄道〗ゴム製の緩衝器. **≠fe·ti·schis·mus** 男 ゴム[製品]に対するフェチシズム〈淫物(いんぶつ)愛〉. **≠fluß** 男..flusses/ ＝Gummose

Gu̠m·mi·gutt[..gʊt, ◡◡◡́] 中 -s/ **1** 〖薬〗しおう(インドシナ産のオトギリソウの樹脂. 下剤として用いる). **2** ガンボージ, しおう(黄色絵の具). [<*malai.* getah „Harz" (◇Guttapercha)]

Gu̠m·mi≠hand·schu̠h[gʊ́mi..] 男 ゴム手袋. **≠ha̠rz** 中 ゴム樹脂. **≠kni̠e**[..kniːə] 複 がくがくするひざ. **≠knüp·pel** 男 [硬質]ゴム製の警棒. **≠lack** 男 ゴムラック, シェラック. **≠lin·se** 女 (Zoomobjektiv) 〖写・映〗ズームレンズ. **≠lö̠·sung** 女 ゴム液. **≠lö̠·we** 男《話》強がりをいう弱虫, 張り子の虎(とら). **≠man·tel** 男 [ゴム引き]防水マント, 雨合羽(あまがっぱ). **≠pa·ra·gra̠ph** ＝Kautschukparagraph **≠pol·ster** 中 ゴム製クッション. **≠pup·pe** 女 (おもちゃの)ゴム人形. **≠ra̠d** 中 ゴムタイヤの車輪. **≠ra̠d·ler** 男 -s/-《オーストリア》**1**《話》ゴムタイヤつきの手押し車. ▽**2** ゴムタイヤつきの馬車. **≠rei·fen** 男 ゴムタイヤ. **≠ring** 男 **1** 輪ゴム, ゴム輪. **2** 輪状ゴムパッキング. **3** (輪投げ用の中空の)ゴム輪. **≠sau·ger** 男 **1** (哺乳(ほにゅう)瓶の)ゴムの乳首. **2** (養

歯用)吸着ゴム杯. ≈**schlauch** 男 **1** ゴムホース. **2** (タイヤの)チューブ. ≈**schuh** 男 ゴム靴; ゴムのオーバーシューズ. ≈**schwamm** 男 ゴム〈ラバー〉スポンジ, ゴム海綿. ≈**soh·le** 女 (靴などの)ゴム底, ラバーソール. ≈**stem·pel** 男 ゴム印. ≈**stie·fel** 男 ゴム長靴. ≈**stöp·sel** 男 (瓶などの)ゴム栓. ≈**strumpf** 男 (静脈瘤(りゅう)のときなどに用いる)ゴム靴下. ≈**tier** 中 (おもちゃの)ゴム製の動物. ≈**tuch** 中 -[e]s/..tücher ゴム引き防水布; (Gummiunterlage) ゴムシーツ. ≈**über·schuh** 男 ゴムのオーバーシューズ. ≈**über·zug** 男 ゴム製カバー, ラバーシート. ≈**um·hül·lung** 女 (電線などの)ゴム被覆[部]. ≈**un·ter·la·ge** 女 ゴムシーツ. ≈**wal·ze** 女 ゴムローラー. ≈**wa·re** 女 -/-n《ふつう複数で》ゴム製品、 ≈**wulst** 男〘鉄道〙(客車連結部の)ゴム製ほろ. ≈**zel·le** 女 (精神病院の躁狂(そうきょう)患者用)ゴム張りの小室. ≈**zug** 男 **1** (靴下の上部などの)ゴム編みの部分. **2** (衣類に縫い込まれた)ゴム帯, ゴムバンド.

gum·mös[gʊmǿːs][1] 形〘医〙ゴム腫(しゅ)状の(→Gumma).

Gum·mo·se[gʊmóːzə] 女 -/-n (Gummifluß)〘植〙ゴム質化異状樹脂分泌病. [<Gummi+..ose]

Gum·pe[gʊ́mpə] 女 -/-n **1** (Schlammkasten)〘坑〙スラム=テーブル. **2**《南部・スイス》(Tümpel) 水たまり, 池; (川・池などの)深み. [*mhd.*]

Gun·del≈kraut[gʊ́ndəl..] 中 -[e]s/ , ≈**re·be** 女 -/ =Gundermann 「(垣通).」

Gun·der·mann[gʊ́ndər..] 男 -[e]s/〘植〙カキドオシ

Gun·dolf[gʊ́ndɔlf] 男名 グンドルフ. [<*ahd.* gund „Kampf"+wolf (◇Wolf[3])]

Gun·du·la[gʊ́ndula·] 女名 グンドゥラ.

Gun·kel[gʊ́ŋkəl] 女 -/-n《南部》盆地.

gunk·sen[gʊ́ŋksən]《02》他 (h)《中部》(stoßen) 突く, 押す.

Gun·nar[gʊ́nar] 男名 グンナル. [*nord.*; ◇Günther]

Gün·sel[gʏ́nzəl] 男 -s/-〘植〙キランソウ(金瘡小草)[属]. [*mlat.* cōn-solida (*gr.* sým-phyton の翻訳借用) – *mhd.* cunsele; ◇konsolidieren]

Gunst[gʊnst] 女 -/-en (ᵛGünste) **1**《ふつう単数で》(Wohlwollen) 好意[のしるし]; 愛顧[のしるし]: die ~ des Augenblicks 〈der Umstände〉 nutzen《比》好機〈有利な状況〉を逃がさない ‖ *sich*[4] **in** der ~ *seiner* Vorgesetzten sonnen 上役にかわいがられている | bei *jm.* [hoch / sehr] in ~ stehen …に[とても]気に入られている | *sich*[4] bei *jm.* in ~ setzen …に気に入られる | **nach** ~ urteilen 私情に従って〈情実で〉判断する, えこひいきする | *sich*[4] **um** *js.* ~[4] bemühen 〈bewerben〉 …に気に入られようと努める ‖ *js.* ~ erlangen 〈gewinnen〉/*js.* ~[2] teilhaftig werden …に気に入られる | *js.* ~ genießen / *sich*[4] *js.* ~[2] erfreuen 〈rühmen〉 …の気に入られている, …に目をかけられている | *js.* ~ verlieren …に嫌われる | *jm. seine* ~ schenken …に目をかける | *jm.* eine ~ erweisen 〈gewähren〉 …に好意を示す.

2《複数で》(Vorteil) 有利, 好都合: **zu** *js.* **~en**[3] …にとって有利な結果になるように(→zugunsten) | Das Spiel steht zu meinen ~*en*. ゲームは私に有利に展開している, ゲームは私が優勢である. ᵛ**3** 許可: **mit ~**[*en*] お許しをいただいて, 失礼ながら. [*mhd.*; ◇gönnen]

Gunst≈be·weis[gʊ́nst..] 男 好意〈寵愛(ちょうあい)〉のしるし〈表明〉. ≈**be·zei·gung** 女 好意〈寵愛〉の表示.

Gunst·ge·werb·le·rin[..gəvɛrplərɪn] 女 -/-nen《戯》(Prostituierte) 売春婦. [<Gewerbe]

gün·stig[gʏ́nstɪç][2] 形 **1** 好都合な, 有利な, 有望な: eine ~*e* Gelegenheit 好機 | mit ~*em* Wind segeln 順風に乗って帆走する | eine ~*e* Wendung [für *jn.*] nehmen (事態が)[…にとって]有利に展開する | in einem ~*en* Licht erscheinen 〈stehen〉 (→Licht 1) | bei *jm.* einen ~*en* Eindruck erwecken …に好感を与える | unter einem ~*en* Stern stehen (→Stern 2) ‖ *jm.* ~ sein …にとって好都合である ‖ bei einem Wettbewerb ~ abschneiden 競争に勝つ | Das kam ihm sehr ~. それは彼には願ったりかなったりだった | Der Prozeß steht ~ für ihn. 訴訟は彼に有利である | über *jn.* ~ urteilen 〈sprechen〉 …のことをよくとる〈言う〉 | *et.*[4] ~ verkaufen …を有利に売る.

2 (wohlwollend) (…に)好意をもった, 好意的な: *jm.* ~ sein …に好意を抱いている | Das Glück war ihm ~. 幸運が彼にほほえみかけていた ‖ ᵛder ~*e* Leser 親愛なる読者諸兄.

..günstig[..gʏnstɪç][2]《名詞などにつけて「…に関して好都合な, …の点で有利な」などを意味する形容詞をつくる》: preis*günstig* (商品などが)格安の | verkehrs*günstig* 交通の便のよい.

gün·sti·gen·falls[gʏ́nstɪgənfáls] 副 都合よくいって, せいぜい.

Gün·stig·keit[gʏ́nstɪçkaɪt] 女 -/ günstig なこと.

Günst·ling[gʏ́nstlɪŋ] 男 -s/-e《軽蔑的に》(…の)お気に入り, 寵愛をこうむっている人; 腰ぎんちゃく. [*fr.* favori (◇Favorit) の翻訳借用]

Günst·lings·wirt·schaft 女 -/ 情実人事; えこひいき: die ~ am Hof 宮廷の情実政治.

Gun·ter[gʊ́ntər] 男名 グンター.

Gün·ter[gʏ́ntər] 男名 ギュンター.

Gun·ther[gʊ́ntər] **I** 男名 グンター. **II** 人名 グンター(《Nibelungenlied》に登場するブルグントの王).

Gün·ther[gʏ́ntər] **I** 男名 ギュンター. **II** 人名 Johann Christian ~ ヨハン クリスティアン ギュンター(1695–1723; ドイツの詩人). [<*ahd.* gund „Kampf"+heri „Heer" (◇Heer)]

Gunt·ram[gʊ́ntram] 男名 グントラム. [<*ahd.* hraban „Rabe" (◇Rabe)]

Guo·min·dang[gŭɔ́míndǎŋ] =Kuomintang

Guo Mo·ruo[gŭɔ̄mɔ̀rŭɔ̀] =Kuo Mo-juo

Gupf[gʊpf] 男 -[e]s/Güpfe[gʏ́pfə] (オーストリア: -e)《南部・オーストリア・スイス》**1** (Gipfel) 頂上; 先端[部分]. **2** (容器などから)はみ出した部分; 超過[分]. [*mhd.*]

Gup·py[gʊ́pi·] 男 -s/-s〘魚〙グッピー. [*engl.*; 大英博物館への寄贈者の名]

Gur[guːr] 女 -/〘地〙(有機物あるいは鉱物の分解した)泥土: Kiesel*gur* 珪藻(けいそう)土. [<gären]

Gur·de[gʊ́rdə] 女 -/-n (昔の巡礼用の, 元来はひょうたんで作られた)水筒(→ 図 Pilger). [*lat.* cucurbita (→Kürbis) – *fr.* gourde; ◇ *engl.* gourd]

Gur·gel[gʊ́rgəl] 女 -/-n のどくび; のど: *jm.* **die ~ abdrehen** 〈**umdrehen** / **zuschnüren** / **zudrücken**〉《話》(経済的に)…の息の根を止める | *jm.* die ~ ausspülen《話》…に飲み代をやる | ***sich***[3] **die ~ anfeuchten** 〈**ölen** / **schmieren**〉《戯》のどをしめらせる, 軽く一杯やる ‖ *jm.* an die ~ fahren 〈springen〉 …ののどくびに飛びかかる | *jn.* an 〈bei〉 der ~ packen …ののどくびをつかむ, …の胸倉をつかむ | *jm.* das Messer an die ~ setzen (→Messer 1) | Das Wasser steht ihm bis an die ~.《比》彼は破滅寸前だ | *sein* Geld durch die ~ jagen (→Geld 1). [*lat.* gurguliō – *ahd.* gurgula; < *lat.* gurges „Strudel" (◇Kehle); ◇ *engl.* gurgle]

Gur·gel≈ab·schnei·der 男《話》人殺し, 殺人犯. ᵛ≈**ader** 女 頸(けい)動脈. ≈**mit·tel** 中 うがい薬.

gur·geln[gʊ́rgəln]《06》自 (h) **1** うがいをする. **2** のどをガラガラ〈ゴロゴロ〉鳴らす; (乗り物などが)ガラガラ〈ゴロゴロ〉と音をたてる〈たてて行く〉.

Gur·gel·was·ser 中 -s/..wässer うがい水.

Gur·ke[gʊ́rkə] 女 -/-n **1**〘植〙キュウリ(胡瓜): ~*n* anbauen キュウリを栽培する. **2** (小 **Gürk·chen**[gʏ́rkçən] 中 -s/-) キュウリ(実): saure ~*n* 酢漬けキュウリ, キュウリのピクルス. **3**《俗》(キュウリに似たもの) **a)** (Nase) [不格好な大きい]鼻: Er hat aber eine ~. 彼のはなんてひどい鼻だ. **b)**《卑》(Penis) 陰茎, 男根. **c)**《複数で》(はき古した)どた靴. **4**《話》ぼろ服; ぼろ車; おどけ屋, ふざけ屋.

[*mgr.* ágouros – *westslaw.*; < *gr.* á[n]-ōros „unzeitig" (◇hora); ◇ *engl.* gherkin]

gur·ken[gʊ́rkən]《話》**I** 自 (s, h) (車・バイクなどで)行く. **II** 他 (h) (車・バイクなどで人を)のせて行く.

Gur·ken≈baum 男〘植〙ゴレンシ(五斂子). ≈**beet** 中 キュウリの苗床. ≈**kraut** 中 (Dill)〘植〙ヒメウイキョウ(姫

茴香), イノンド(キュウリのピクルスに香辛料として用いられる).
≈sa·lat 男〘料理〙キュウリのサラダ. **≈scha·le** 女《話》下士官のそで章.

Gur·kha[gʊ́rkaˑ] 男 -[s]/-[s] **1** グルカ人 (Nepal の山岳民族の総称). **2** (グルカ族出身の)グルカ兵(英軍の傭兵(ようへい)で勇猛さをもって知られる). [„Rinderhirten"; *Hindi*]

Gur·re[gʊ́rə] 女 -/-n《南部》こき使われた馬, 廃馬;《比》あばずれ女. [*mhd.*]

gur·ren[gʊ́rən] 自 (h) **1** (ハトが)クークー鳴く. **2**《比》おもねるような甘い〈コケティッシュな〉言葉で話す, ねこなで声を出す; クークーという(ハトの鳴き声に似た)声〈音〉を出す; (赤ん坊が)クックッと言って喜ぶ: 非人称 Es *gurrt* ihm im Bauche. 腹がグーグー鳴る. [*mhd.*]

Gurt[gʊrt] 男 -[e]s/-e (方: -en) **1** (幅広の強靱(きょうじん)な)ベルト, 帯; (Sicherheitsgurt)(自動車・飛行機などの座席の)安全ベルト; (パラシュートの)装着帯; (馬の)腹帯: *sich*⁴ mit einem ~ anschnallen (座席の)安全ベルトを締める. **2** (Gürtel)(男子用の幅広い)ベルト. **3** (Patronengurt)〘軍〙保弾帯. **4**〘建〙**a**) (トラスの)弦. **b**) ブーム(施工機械). **c**) 糸尺. [*mhd.*; ◇gürten]

Gurt≈band[gʊ́rt..] 中 -[e]s/..bänder (ズボンやスカートのバンド用の)帯ひも. **≈bo·gen** 男〘建〙横断アーチ〈迫持(せりもち)〉(→ 図 Gewölbe A).

Gür·tel[gʏ́rtəl] 男 -s/- **1 a**)〘服飾〙ベルト, バンド(→ 図): den ~ abnehmen 〈umbinden〉 ベルトをはずす〈締める〉| **den ~ enger schnallen** ベルトをさらにきつく締める;《話》財布を引き締める, 切り詰めた生活をする | den ~ weiter schnallen ベルトをゆるめる. **b**) 帯: der Schwarze ~ (柔道などの)黒帯 | Er ist Träger des Schwarzen ~*s*. 彼は(柔道の)有段者だ. **2** 帯状の地域, 帯域: die subtropischen ~ der Erde〘地〙亜熱帯域 | ein ~ von Grünanlagen グリーンベルト. **3**〘解〙腰部. **4**〘工〙(タイヤの)ブレーカー(トレッドとカーカスの間の補強帯). [*ahd.*; ◇gürten; *engl.* girdle]

Gürtel

Gür·tel≈bahn 女〘鉄道〙環状線. **≈flech·te** 女 = Gürtelrose **≈li·nie**[..li:niə] 女 **1 a**)〘服飾〙ウエストライン. **b**)〘ボクシング〙ベルトライン: ein Schlag unter die ~ (→Schlag I 1 a). **2**《話》(自動車の)窓の下端の線. **≈maus** 女〘動〙ヒメアルマジロ.

gür·teln[gʏ́rtəln]《06》他 (h) **1** =gürten **2** (樹皮を)帯状にはぐ〈切りとる〉.

Gür·tel≈rei·fen 男 (車輪の)ラジアルタイヤ. **≈ro·se** 女 -/〘医〙帯状疱疹(ほうしん)〈ヘルペス〉. **≈schnal·le** 女 (ベルトの)締め金, バックル. **≈ta·sche** 女 (ベルトに下げる)ポシェット. **≈tier** 中〘動〙アルマジロ.

gur·ten[gʊ́rtən]《01》**I** 他 (h) **1 a**)〘軍〙(薬包を)保弾帯に入れる. **b**) (鞍(くら)を)腹帯で固定する. **2** (überschneiden)〘建〙合欠(あいがき)でつぐ, 違いはぎを入れる. **II** 自 (h) 安全ベルトをつける〈締める〉. [<Gurt]

gür·ten[gʏ́rtən]《01》他 (h) **1** (英: *gird*)《*jn.*/*et.*⁴》(…を)帯〈ベルト〉でしめつける: *jn.* mit einem Schurz ~ …に前掛けをしめてやる | das Pferd ~ 馬の腹帯を締める | Ein Schurz *gürtet* ihn 〈seine Lenden〉. 彼はエプロンをしめている ‖ *seine* Lenden ~ (→Lende 1 b) ‖ 再帰 *sich*⁴ mit dem Schwert 〈zur Reise〉 ~ 剣を腰に帯びる〈旅支度をする〉| *sich*⁴ mit Kraft ~《比》(…する)力を蓄える ‖ ein *gegürtetes* Sportkleid ベルトつき運動服. **2** (帯・ベルトなどを)巻きつける: *jm.* das Schwert um den Leib 〈die Hüfte〉 ~ …に剣を帯びさせる. [*germ.*; ◇Garten; *engl.* gird]

Gurt≈för·de·rer[gʊ́rt..] 男〘工〙ベルト=コンベヤー. **≈ge·sims** 中〘建〙胴蛇腹(どうじゃばら).

Gürt·ler[gʏ́rtlər] 男 -s/- 金属細工職人; ベルト=バックル製造人. [*mhd.*; ◇Gürtel]

Gur·tung[gʊ́rtʊŋ] 女 -/-en **1**《単数で》gurten すること. **2**〘建〙**a**) (トラスの)弦. **b**) ブーム.

Gurt·werk 中〘空〙落下傘の装着具.

Gu·ru[gú:ruˑ, gó:ruˑ] 男 -s/-s (ヒンズー教の)導師;《比》(特定の分野・グループの精神的)指導者, 教祖的存在. [*sanskr.* gurúh „gewichtig"–*Hindi*]

GUS[ge:|u:|ɛ́s, gʊs] 略 女 -/ =**G**emeinschaft **u**nabhängiger **S**taaten 独立国家共同体(旧ソ連邦の新国名. 英語では CIS).

Gu·sche[gʊ́ʃə] 女 -/-n《中部》(Mund) 口: Halt deine ~! だまれ. [◇Gosche]

Guß[gʊs] 男 ..sses/Güsse[gʏ́sə] **1**〘金属〙**a**) 鋳造, 鋳込み: der ~ einer Büste 〈einer Glocke〉 胸像〈鐘〉の鋳造 ‖ [**wie**] **aus einem ~ sein**《比》(作品などが)渾然(こんぜん)一体としている. **b**) 鋳造物, 鋳物, インゴット: ~ aus Eisen 鉄の鋳物. **c**) (Schriftguß)〘印〙フォント(同一ポイント・同一書体の欧文活字の一そろい). **2** (液体の)注出; 一注ぎ;《複数で》〘医〙冷水浴: Noch einen ~ Milch in den Teig! こね粉にもう1杯ミルクを加えなさい | Wasser in breiten *Güssen* schütten 水をざあっとあける | *jn.* mit kalten *Güssen* behandeln …に冷水浴療法を施す. **3**《話》(Regenguß)(短時間の)どしゃ降り: von einem ~ überrascht werden / in einen ~ kommen どしゃ降りにあう | Das Gewitter war von einem starken ~ begleitet. あらしは豪雨を伴った ‖ Das war ein [heftiger] ~! ひどいどしゃ降りだった. **4**〘料理〙(ケーキ類にかぶせる砂糖・チョコレートなどの)アイシング, ころも. **5**〘金属〙鋳込み口; 注入〈注出〉口; (Ausguß)(台所などの)流し口, 排水口. [*westgerm.*; ◇gießen]

Guß≈as·phalt[gʊ́s..] 男〘土木〙(舗装用の)グース〈マスチック〉アスファルト, アスファルト舗装材. **≈be·ton**[..betɔŋ] 男 流し込みコンクリート. **≈block** 男 -[e]s/..blöcke〘金属〙鋳塊, インゴット.

Güs·se Guß の複数.

Guß·ei·sen[gʊ́s..] 中 (↔ Schmiedeeisen)〘金属〙「鋳鉄.」

guß·ei·sern 形《付加語的》鋳鉄[製]の.

Guß≈feh·ler 男 鋳物の傷〈ひび〉. **≈form** 女 鋳型. **≈glas** 中 -es/ 鋳造板ガラス. **≈mes·sing** 中〘金属〙デルタメタル, 鋳物真鍮(しんちゅう). **≈me·tall** 中 鋳物金属. **≈mo·dell** 中〘金属〙(Gußform をつくる)もと型, 木型. **≈naht** 女 鋳張り. **≈re·gen** 男 豪雨. **≈stahl** 男 鋳鋼. **≈stein** 男 (台所の)流し. **≈stück** 中 鋳物. **≈wa·re** 女 -/-n《ふつう複数で》鋳物, 鋳造品.

güst[gʏst] 形《北部》**1** (雌馬・雌牛などが)不妊の. **2** (雌牛などが)乳の出ない. [*mndd.*; ◇Geest]

Güst[–] 女 -/-en 不妊の雌馬〈雌牛〉.

Gu·stav[gʊ́staf] 男名 グスタフ: ~ Adolf グスタフ アードルフ (1594-1632; スウェーデン王グスタフ二世の別名). [*schwed.*; <*aschwed.* göt „Gote"+stav „Stab, Stütze"]

Gu·stel[gʊ́stəl] **I** 男名 (<August, Gustav) グステル. **II** 女名 (<Auguste) グステル.

Gü·ster[gʏ́stər] 男 -s/- =Blicke

gu·stie·ren[gʊstí:rən] =goutieren [*lat.*–*it.*]

gu·stiös[gʊstiø̃:s][1] 形《オーストリア》(appetitlich) 食欲をそそる, うまそうな.

Gu·sto[gʊ́stoˑ] 男 -s/-s《オーストリア》**1** (Geschmack) 趣味, 嗜好(しこう); (Lust)(…したい)気持, 欲求: zu *et.*³ einen ~ haben …に興味〈関心〉を持っている, …したい気がある | nach *js.* ~³ sein …の好みに合っている. **2** (Appetit) 食欲, 食べよう〈飲もう〉という気持: auf 〈für〉 *et.*⁴ einen ~ haben …を食べ〈飲み〉たいと思う. [*lat.* gūstus–*it.*; ◇kiesen², Gout]

Gu·sto·men·scherl[gʊ́stomɛnʃərl] 中 -s/-[n]《オーストリア》きれいな少女.

Gu·sto·me·trie[gʊstometrí:] 女 -/ 味覚測定〈検査〉.

Gu·sto·stückerl[gʊ́stoʃtʏkərl] 中 -s/-[n]《オーストリア》とびきり上等な品; とてもうまい物〈料理〉.

gut[gu:t] **bes·ser**[bɛ́sər]→ 別出 / **best**[bɛst]→ 別出

I 形 (英: *good*) (↔schlecht) よい, いい
1a) (倫理的観点から)善良な, 善意の, 誠実な; (社会倫理的に)しつけの良い, 上品な, 見苦しくない;《軽蔑的に》人のいい

b)(宗教的に)信仰のあつい, 敬虔(けいけん)な
c)(他人に)好意をいだいている, 親切な; (互いに)仲のいい, 親密な
2a)上質の, できのよい, 優良な, すばらしい; 価値のある, 貴重な; 特別〔用〕の
b)信頼できる, 確かな, しっかりした
c)(社会的に)上流の, 声望のある, 富裕な
d)〖楽〗強音のある
3a)(目的・用途に)適切〈好適〉な, 当を得た, 具合のよい; 有用な
b)(wirksam) 有効〈有益〉な, ためになる
4a)(tüchtig) 有能〈優秀〉な, すぐれた; 堪能(たんのう)な
b)性能が良い, 健全な, しっかりした
c)(成績評語で)優
5a)(angenehm) 好ましい, 喜ばしい, 結構な
b)好調〈順調〉な, 上首尾の; 《意味が弱まって》まずまずの
c)《付加語的用法なし》見ばえがする, 引き立つ; 良く似合う
6a)《付加語的用法なし》(leicht) 容易な, 気楽な; (vergeblich) むなしい
b)(genügend) 十分な, 満足のいく
c)(reichlich) たっぷりした, 豊富な, 大量〈多額〉の
7《**so gut wie** の形で》
a)《副詞的》(fast) ほとんど, ほぼ; …も同然
b)《従属接続詞的》(…の)範囲内で精一杯, (…で)ある限り
II Gute《形容詞変化》

I 形 (英: *good*) よい, いい: **1 a)** (↔böse, schlecht 1 a) (倫理的観点から)善良な, 善意の, 誠実な; (社会倫理的に)しつけ〈行儀〉の良い, 上品な, 見苦しくない, おとなしい;《軽蔑的に》人のいい: ~*e* Absicht 善意 | ein ~*es* Benehmen haben 礼儀正しい, 行儀が良い | Hier herrscht ein ~*er* Geist. ここではみんな行儀がいい | ein ~*es* Gewissen haben うしろ暗い〈良心にやましい〉ところがない | in ~*em* 〈im ~*en*〉 Glauben / ~*en* Glaubens (自分の言行を)正しいと信じきって | ein ~*er* Kerl/eine ~*e* Seele お人よし | ein ~*es* Kind〔しつけの〕いい子 | einen ~*en* Lebenswandel führen 行い正しく生きる |〔den lieben〕Gott einen ~*en* Mann sein lassen (なんとかなるさと)のんきに暮らす | eine ~*e* Sache 正義 | gegen den ~*en* Ton verstoßen 良俗に反する | Böse Beispiele verderben ~*e* Sitten.《諺》朱に交われば赤くなる(悪例は良俗を害する) | eine ~*e* Tat / ein ~*es* Werk 善行, 徳行 ‖ *sich*[4] ~ anziehen 〈kleiden〉 きちんとした服装をする | *sich*[4] ~ aufführen 〈benehmen〉 行儀が良い, 行いが正しい | zu ~〔für diese Welt〕sein お人よしすぎる | Dafür bin ich mir zu ~. 私にはそんな変な〈つまらない〉ことはできない, そんなことは私の沽券(こけん)にかかわる | nicht ~ tun 行いを誤る ‖〖そのままの形で名詞として〗*Gut* und Böse 善悪 | jenseits von *Gut* und Böse sein《皮肉》更年期に入っている.

b) (↔schlecht 1 b) (宗教的に)信仰のあつい, 敬虔(けいけん)な: ein ~*er* Christ 篤信なキリスト教徒 | einen ~*en* Kampf kämpfen〖聖〗義のために戦う.

c) (↔schlecht 1 c) (他人に)好意〈好感〉をいだいている, 愛想のいい, 親切な; (互いに)仲のいい, 親密な: ~*e* Freunde 〈Nachbarn〉 親しい友人〈隣人〉同士 | mit *jm.* auf ~*em* Fuße stehen …と仲がいい | in ~*en* Händen sein 親切な人にゆだねられている, たしかな人に守られている | ein ~*es* Herz haben 親切である | Mein ~*es* Kind! (小児への呼びかけで)ねえ君 | *Guter* Mann 〈Herr〉! もしあなた(女性に対しては: *Gute* Dame 〈Frau〉!) | ~*e* Miene zum bösen Spiel machen (いやなことに動じないで)腹の虫を押える | unter einem ~*en* Stern geboren sein いい星の下に生まれる, 生まれつき運がよい | ~*er* Wille 好意 ‖ auf ~ Glück 運を天にまかせて ‖ es mit *jm.* ~ meinen …に好意をもつ | Er meint es ~ mit dir. 彼は君のためを思っているんだよ | Die Sonne meint es ~. いい日和である | mit *jm.* ~ sein 〈stehen〉 …と仲がいい |〔mit〕einander wieder ~ sein 仲直りしている |〔zu〕*jm.* ~ sein …に好意を寄せている, …を好いている | Sie war immer ~ zu den Kindern 〈[v]gegen die Kinder〉. 彼女はいつも子供にやさしかった | Sei〔mir〕wieder ~! きげんを直してくれよ | Sei so ~ und hole mir das Buch! すまないが本を持ってきておくれ ‖ Du bist ~, wie soll ich denn das alleine schaffen.《皮肉》それはご親切さま どうやってそれを一人でやれというのか ‖〖名詞的に〗**im ~*en*** / in ~*em* 好意的に; 穏便に | **im ~*en* wie im bösen** やさしくも厳しくも.

2 a) (↔schlecht 2) 上質の, できのよい, 優良〈良好〉な, すばらしい; 価値のある, 貴重な; 特別〔用〕の, 晴れの: ~*e* Bücher 良書 | ~*e* Butter (マーガリンに対して)純良バター | Ein ~*er* Baum bringt ~*e* Früchte.《諺》よい木にはよい実がなる | das ~*e* Kleid / der ~*e* Anzug 晴れ着 | die ~*en* Sachen anziehen 盛装する, 着飾る | die ~*e* Stube 客間, お座敷 | *Gute* Ware lobt sich selber.《諺》良品に宣伝は不要 ‖ *et.*[4] für ~ gebrauchen …を特別なときに使う | ein Kleid für ~ anziehen 服をよそ行き用に着る | Diese Tassen sind für ~. これらのカップは来客用だ.

b) 信頼できる, 確かな, しっかりした: *et.*[4] aus 〈von〉 ~*er* Hand haben / *et.*[4] aus ~*er* Quelle wissen 〈haben〉 …を確かな筋から聞いて知っている ‖ *jm.* ~ für *et.*[4] sagen …に…を保証する(→gutsagen) | *jm.* ~ für 5 000 Mark stehen 〈sein〉 …に5000マルク分の信用を持っている(ただし: →gutstehen) | Für 20 Mark sind Sie uns ~.〖商〗20マルクまでは信用貸しいたします.

c) (社会的に)上流〈上層〉の, 声望のある, 富裕な: aus ~*er* Familie 〈aus ~*em* Hause〉 sein / ~*er* Leute Kind sein 良家の出である, 育ちがよい | ~*e* Gesellschaft 上流社会 ‖ alles, was ~ und teuer ist《話》金(かね)と名前のある連中.

d) (betont)〖楽〗強音のある: der ~*e* Taktteil (小節の)強拍〔部〕.

3 a) (↔schlecht 3 a) (treffend) (目的・用途に)適切〈好適〉な, 当を得た, 具合のよい; (brauchbar) 有用な, 役に立つ, 使える: eine ~*e* Antwort geben うまい返答をする | eine ~*e* Ausrede haben うまく言いぬける | der ~*e* Boden für den Weizenbau 小麦〔栽培〕に適する土壌 | ~*es* Deutsch いいドイツ語 | eine ~*e* Gelegenheit 好機 | eine ~*e* Idee 妙案, いいアイディア ‖ **für *et.*[4] ~ sein** …する力〈能力〉がある | *sich*[4] ~ als Lehrer 〈zum Lehrer〉 eignen 教師にうってつけである | Ich halte es〔für〕~, daß 〈wenn〉 … 私は…するのがいいと思う | Mach's ~! (別れぎわに)うまくやれよ, しっかりな, がんばれよ(ただし: →gutmachen) | *jm.* ~ passen 〈sitzen〉 (服などが)…にぴったり合う(→gutsitzend) | Das hast du ~ gesagt. それはまさに君の言うとおりだ, それは名言だ(ただし: →gutsagen) | Laß es ~ sein! それはそれでいいとしよう(→6 b) | **~ daran tun**《zu 不定詞〔句〕などと》…するほうがいい | Du tust 〈tätest〉 ~ daran, sofort zu kommen. 君はすぐ来たほうがよい(ただし: →guttun) | Sie hat ~ daran getan, an der Party nicht teilzunehmen. 彼女はそのパーティーに参加しなくてよかった | Das Brot wird bald ~ sein. パンはもうすぐ焼きあがる(食べられるようになる) ‖ Ist die Milch noch ~? 牛乳はまだ悪くなっていないか(飲めるか) | Die Schuhe sind nicht mehr ~. この靴はもうはけない | ~ zum Kochen 〈Braten〉 sein 煮て〈焼いて〉食べるのに適している | Es wäre ~, wenn ich das täte. 私はそうするのが良さそうだ.

b) (wirksam) 有効〈有益〉な, ためになる: eine ~*e* Lehre 有益な教訓 | ein ~*es* Mittel gegen Kopfschmerzen 頭痛の良薬 | Da ist ~*er* Rat teuer. こうなると思案にあまる ‖ ~ gegen 〈für〉 Husten sein 咳(せき)にきく.

4 a) (↔schlecht 4 a) (tüchtig) 有能〈優秀〉な, すぐれた; 堪能(たんのう)〈じょうず〉な: ein ~*er* Arzt 〈Koch〉 腕のいい医者〈料理人〉 | Die Katze ist ein ~*er* Mauser. この猫はよくねずみをとる ‖ ~ im Rechnen sein 計算に強い(＝ein ~*er* Rechner sein) | ~ schreiben 〈singen〉 字〈歌〉がじょうずである(ただし: →gutschreiben) | ~ Deutsch sprechen 〈Geige spielen〉 ドイツ語〈ヴァイオリン〉がうまい.

b) (↔schlecht 4 b ①) 性能がよい, 健全〈じょうぶ〉な, しっかりした: ~*e* Augen 〈Ohren〉 haben 目〈耳〉がいい | ein

G

~*es* Gehör 〈Gedächtnis〉 haben 耳〈記憶力〉が良い | kein ~*es* Haar an *jm.* lassen …を完膚(ぷ)なきまでにやっつける〈ぼろくそにこきおろす〉 | ein ~*es* Herz 〈einen ~*en* Magen〉 haben 心臓〈胃〉がじょうぶである | Er ist ein ~*er* Kopf. 彼は頭がいい | eine ~*e* Nase haben 鼻がいい; 《比》勘がいい ‖ Der Ofen heizt ~. このストーブはよく暖まる | Das Messer schneidet ~. このナイフは良く切れる | Er ist ~ zu Fuß. 彼は健脚だ.

c) (成績評語で)優 (6 段階中の第 2 位: →ausreichend 2, Note 2 ☆): sehr ~ (成績評語で)秀 (6 段階中の第 1 位: →ausreichend 2, Note 2 ☆).

5 a) (↔schlecht 5 a) (angenehm) 好ましい, 喜ばしい, 結構な: *Guten* Abend! (→Abend I 1) | ~*er* Dinge[2] sein i) 上きげん〈陽気〉である; ii) 楽観している, 自信満々である | Aller 〈俗: Alle〉 ~*en* Dinge sind drei. 《諺》 i) いいことは三つそろうものだ; 《反語》悪いことは三つそろうものだ; ii) 3 は縁起のいい数だ | *Gut* Ding will Weile haben. 《諺》せいては事をし損じる(よいことをするには時間がかかる) | ein ~*er* Eindruck いい〈好ましい〉印象 | ein ~*es* Ende nehmen 結果がよい | ~*er* Hoffnung[2] sein 妊娠している | 〔Ich wünsche Ihnen ein〕 ~*es* neues Jahr! 新年おめでとう | Sein Name hat einen ~*en* Klang. 彼は評判がよい | *Guten* Morgen! (→Morgen[1] I 1) | eine ~*e* Nachricht 吉報 | *Gute* Nacht! (→Nacht I) | *Gute* Reise 〈Fahrt〉! (旅に出る人に)ごきげんよう, 行ってらっしゃい | einen ~*en* Ruf haben / im ~*en* Ruf stehen 評判がいい | *et.*[4] von der ~*en* Seite sehen 〈nehmen〉 …をいいほうに解釈する | eines ~*en* Tages ある日〔のこと〕 | *Guten* Tag! (→Tag 5) | einen ~*en* Tag haben (万事うまくいく)よい日である | in ~*en* Verhältnissen leben 裕福に暮らす | einen ~*en* Verlauf nehmen 経過がよい | ~*es* Wetter 上天気, 好天, 晴れ | ein ~*es* Zeichen 吉兆 | die ~*e* alte Zeit 古きよき時代, なつかしい昔の日々 ‖ bei *jm.* ~ angeschrieben sein (→anschreiben I 3) | ~ schmecken 〈riechen〉 よい味〈におい〉がする | Es trifft sich ~, daß Sie kommen. いらしていただいてよかった | Der tut nicht ~. あいつはろくでなしだ〈ろくなことをしない〉 | *sich*[4] ~ verheiraten (金持ちと)結婚して裕福になる, 玉のこしに乗る | ~ werden よくなる, (傷などが)なおる; 《反語》(事態が)悪化する (=schlimm werden) ‖ Ende ~, alles ~. (→Ende 1 a).

☆ Guten Abend 〈Morgen / Tag〉!, Gute Nacht! などは Gott gebe dir 〈euch / Ihnen〉 einen guten Abend! などの略である.

b) (↔schlecht 5 b) 好調〈順調〉な, 調子〈具合〉のいい, 上首尾の; 《意味が弱まって》まずまず〈まあまあ〉の, 無難な: bei ~*er* Gesundheit sein 健康状態がよい | ~*er* Laune[2] 〈~*en* Mutes〉 sein きげんがよい ‖ ~ abgehen 〈ablaufen〉 まあまあの結果に終わる | Das fängt ja ~ an. (→anfangen II 1) | ~ ankommen 無事に到着する, 安着する; 《反語》歓迎されない, つっぱねられる | ~ aussehen 健康そうである(→c) | ~ davonkommen 無難に切りぬける | *sich*[4] ~ fühlen (健康で)気分がよい | Das Geschäft geht ~. 商売は順調だ | Ihm geht es ~. 彼は順調だ | Laß es dir ~ gehen 〈bekommen〉! 元気でね | Wenn's ~ geht! うまく〈無事に〉行けばいいな, 何事もなければいいがね | Sonst geht dir's ~? 《反語》君はちょっとどうかしてるよ | es ~ haben 運がいい(→6 a; ただし: →guthaben) | **es 〔mit *et.*[3]〕 ~ getroffen haben** 〔…に関して〕上首尾である〈大いにうまくいった〉 | Komm ~ nach Haus! 無事に帰れよ, 気をつけてね | Sitzt du ~? 座りごこちはいいかね | Er ist ~ dran. 彼は運がよい〈ついている〉, 彼は元気いっぱいだ | Ich bin ~ mit ihm dran. 私は彼とうまくいっている | Mir ist nicht ~ 〔im Magen〕. 私は〔胃の〕調子がよくない | Die Saat steht ~. 苗の発育状況は良好だ.

c) 《付加語的用法なし》見ばえがする, 引き立つ; よく似合う: In diesem Kleid siehst du ~ aus. このドレスを着ると君は引き立つ(→b) | Diese Farbe kleidet dich 〈steht dir〉 ~. この色は君にうつりがよい.

6 a) (↔schlecht 6 a) 《付加語的用法なし》 (leicht) 容易な, 気楽な; (vergeblich) むなしい: mit *seinem* Lohn ~ auskommen 〔können〕自分の給料で楽にやっていける | es ~ haben 生活が楽である(→5 b; ただし: →guthaben) | Diese Geige spielt sich ~. このヴァイオリンはひき易い | Das ist ~ verständlich 〈zu verstehen〉. / Das läßt sich ~ verstehen. それはわかり易い ‖ 〖können と〗 Es kann ~ sein, daß er bald kommt. たぶん彼はすぐ来るだろう | Das kann ich mir ~ denken 〈vorstellen〉. それは私にはよくわかる, なるほどね | Zurückblickend kann man ~ reden. あとからあれこれ言うのはたやすいことだ | Ich kann doch nicht ~ in diesem Kleid ausgehen. 私はまさかこの服では外出できない | Man kann es ihm doch nicht ~ sagen. どうも彼にはそうは言いにくい | Ich kann ihn nicht ~ darum bitten. 本当は彼にこんなことを頼む筋合いではない ‖ 〖不定詞+sein 〈haben〉 と〗 Hinterher ist 〈hat man〉 ~ reden. 他人の受け売りなら楽なものだ | Du hast ~ reden 〈lachen〉. (局外者だから)君は勝手なことがいえる〈笑っていられる〉 | Du hast ~ reden, man glaubt dir nicht. いくら話したって無駄だよ だれも君のことなんか信じやしない | Aus fremder Haut ist ~ Riemen schneiden. (→Haut 1 a) | Hier ist ~ wohnen 〈sein〉. ここは住み〈居〉心地がよい.

b) (↔schlecht 6 b) (genügend) 十分な, 満足のいく: ~*en* Absatz finden 〖商〗売れ行きがいい | ein ~*er* Bekannter von mir 私のよく知っている男 | *Gute* Besserung! (病人への別れのあいさつ)ご回復を祈ります, お大事に | mit *jm.* ~*e* Freundschaft 〈Nachbarschaft〉 halten …と親しく交わる〈近所付き合いをする〉 | *seinen* ~*en* Grund haben 十分に理由がある | ~*e* Kenntnisse 十分な知識 ‖ kurz und gut (→kurz 4) | Das ist ja ganz schön und gut 〈~ und schön〉, aber … それはたいへん結構ではあるが … ‖ *Gut* so! それで結構だ | Nun 〈Also〉 ~ 〔denn〕! じゃあ良かろう | Schon ~! (お礼やわびを言われて)いいよいいよ, どういたしまして | … 〔und〕 damit ~! …ということでけりにしよう | Wenn …, auch ~. …であればそれでもいい〈それもまたよし〉 ‖ *sich*[4] ~ an *et.*[3] festhalten しっかり…につかまる | es *jm.* ~ geben …にちゃんと言い聞かせる | *sich*[4] ~ halten (食品などが)長持ちする; 《比》(へこたれずに)よくがんばる | *jn.* ~ kennen …をよく知っている, …と昵懇(じこん)である | **es mit *et.*[3] ~ sein lassen** 《話》…でよしとする, …だけでやめにする | Laß 〔es〕 ~ sein! もういいじゃないか, いいかげんにやめろ(→3 a) | Es ist ~! それで結構だ | Ihm ist nichts ~ genug. 彼は何事にも満足しない | *sich*[4] ~ zudecken (ふとんなどを)ちゃんと体にかける.

c) (↔schlecht 6 b) (reichlich) たっぷりした, 豊富な, 大量〈多額〉の, 実入りの多い: *Guten* Appetit! (→Appetit 1) | ein ~*es* Auskommen haben / ein ~*es* Gehalt 〈Geld〉 verdienen 収入が多い | eine ~*e* Ernte 豊作 | ~*e* Geschäfte machen しこたまもうける | ein ~*es* Jahr 豊年 | einen ~*en* Schluck tun / einen ~*en* Zug haben 飲みっぷりがよい | ein ~〔*es*〕 Stück 〔des〕 Weges / eine ~*e* Hälfte des Weges 道のりの大半 | Es kostete mich ein ~*es* Stück Geld 〈mein ~*es* Geld〉. 私はずいぶん散財した | drei ~*e* Stunden 3 時間たっぷり | ein ~〔*es*〕 〈ein ~*er*〉 Teil 〔von〕 Schuld 責任の大半 | Das hat noch ~*e* Wege 〈Weile / Zeit〉. それはまだ容易には片がつかない, それはまだたっぷり時間がある; そう急ぐことではない ‖ ~ besucht sein (催し物などが)客の入りがいい | ~ wiegen / ~*es* Gewicht geben (商人が)気前よく計る ‖ 〖数詞の前で〗 ~ drei Stunden たっぷり 3 時間も | ein Mann von ~ 50 Jahren 少なくとも〈優に〉 50歳になっている男 ‖ **~ und gern** 楽に, 優に, たっぷり | Dazu braucht man ~ und gern neun Tage. それにはたっぷり 9 日間かかる | Das ist ~ und gern zehn Jahre her. それは優に10年以上も前のことだ | Du könntest ~ und gern das Doppelte leisten. 君なら 2 倍の業績は楽にあげられるはずだ.

7 《**so gut wie** の形で》 **a**) 《副詞的》 (fast) ほとんど, ほぼ; …も同然: so ~ wie beschlossen 〈gewonnen〉 sein 決まった〈勝った〉も同然である | so ~ wie sicher 〈unmöglich〉 sein 確実〈不可能〉と言っていい | Er hat es mir so ~ wie versprochen. 彼はそれを私に約束したようなものだ ‖ so ~ wie nichts verstehen 何ひとつ理解していないに等しい | So

G

〜 wie jeder hat eine Kamera. ほとんど全員がカメラを持っている | Es waren so 〜 wie keine Leute da. そこには人っ子ひとりいないも同然だった | Hundert Pfennige sind so 〜 wie eine Mark. 100ペニヒと言えばすなわち 1 マルクだ ‖ 〘wie をはぶいて〙 Er hätte so 〜 schon gestern kommen können. 彼は(きょうでなく)きのうだって当然来られたはずだ.
b) 《従属接続詞的》 (…の)範囲内で精一杯, (…で)ある限り: so 〜 wie möglich できるだけ, 可能な限り ‖ 〘wie をはぶき, können, wissen, wollen などを含む副文を導いて〙 so 〜 ich kann ⟨vermag⟩ 私にできる限り | Er lief, so 〜 er konnte. 彼は精一杯走った | so 〜 ich weiß 私の知る限りでは | so 〜 es gehen will (なんとか)可能な限り, できるだけ | so 〜 Zeit und Geld zuläßt 時間と金の許す限り.
II Gu̱·te 《形容詞変化》 **1** 男 女 (gut な人. 例えば:) 善人, 善良⟨親切⟩な人, お人よし; (小学校などで)できる⟨成績のいい⟩子: mein 〜*r* / meine 〜 (気安い呼びかけとして)〔ねえ〕あんた,〔おい〕お前さん.
2 中 (gut な事物. 例えば:) 善行, 親切; 上首尾, 幸運; 取柄, 長所, 利点; 優良品: das 〜 an *et.*³ …の優れている点 | *sein* 〜*s* haben それなりの取柄がある | 〜*s* tun 善行をする, 善根を積む | *jm.* 〔viel〕 〜*s* 〔und Liebes〕 tun ⟨erweisen⟩ / 〔viel〕 〜*s* für *jn.* tun …に〔いろいろ〕親切を尽くす | 〜*s* mit Bösem vergelten 恩を仇(あだ)で返す | *jm.* 〔viel〕 〜*s* ⟨alles 〜⟩ wünschen …のしあわせを祈る | des 〜*n* zuviel tun 度を過ごす | **Das ist des 〜*n* zuviel ⟨zuviel des 〜*n*⟩.** 《反語》 (いくらなんでも)そいつはひどすぎる, これではありがた迷惑だ | Das 〜 empfiehlt sich selbst. 《諺》 良品に宣伝は不要 ‖ **an** das 〜 im Menschen glauben 人間の善意を信じる | **im** 〜*n* wie im Schlechten zusammenstehen 苦楽を共にする | *et.*⁴ **zum** 〜*n* lenken …を好転させる | alles zum 〜*n* kehren (→kehren I 1) | *sich*⁴ zum 〜*n* kehren (→kehren I 1) | *sich*⁴ zum 〜*n* wenden (事態などが)好転する, よい方に向かう ‖ Heute gibt es etwas 〜*s* zu essen. きょうはごちそうがある ‖ nichts 〜*s* im Schilde führen ⟨im Sinne haben⟩ よからぬことをたくらむ | nichts 〜*s* anzuziehen haben ろくな晴れ着がない | Aus dem wird nichts 〜*s* werden. これではろくな結果になるまい | zu nichts 〜*m* führen ろくな結果を生まない.
[*germ.* „passend"; ◇Gatter; *engl.* good]

..gut[..gu:t] 《中性名詞 (-〔e〕s/) をつくる》 **1** 《動詞につけて「材料」を意味する》: Koch*gut* 料理の材料 | Mahl*gut* 臼(うす)で粉にする材料 | Streu*gut* (道路にまく)砂や砂利. **2** 《名詞につけて集合名詞をつくる》: Gedanken*gut* (民族・時代などの)思想所産 | Lied*gut* 歌.

Gu̱t[gu:t] 中 -es(-s)/Güter[gý:tər] **1** よいもの; 財宝, 財産: geistiges 〜 精神的財産 | irdisches 〜 現世の財宝 | bewegliche ⟨ᵛfahrende⟩ *Güter* 動産 | unbewegliche ⟨liegende⟩ *Güter* 不動産(=Immobilien) ‖ 〜 und Blut 《雅》 生命財産 | Geld und 〜 (→Geld 1) | Hab und 〜 (→Hab und Gut) ‖ *sich*⁴ an fremdem 〜 vergreifen 他人の物に手をつける | Gesundheit ist das höchste 〜. 健康にまさるものはない | **Unrecht 〜 gedeiht nicht. / Unrecht 〜 tut selten gut.** 《諺》 不正なる財は栄えず, 悪銭身につかず. **2** (⊘ **Gü̱t·chen**[gý:tçən] 中 -s/) (所有物としての)土地, 地所, 所有地; 〘史〙 (封建領主や貴族の所有する)大農場; (一般にかなり大きな)農場(農家の建物を含める): ein 〜 pachten ⟨bewirtschaften⟩ 土地を小作する⟨耕作する⟩. **3** (Frachtgut) 貨物: *Güter* abfertigen ⟨absenden⟩ 貨物を発送する | *Güter* aufgeben ⟨befördern⟩ 貨物を託送する ⟨運ぶ⟩ | *Güter* verladen 貨物を積みこむ. **4** ᵛ**a**) (Stoff) (扱う)物; 材料, 資材, 原料: irdenes 〜 陶器, 土器 (=Tonware). **b**) (Tauwerk) 〘海〙 索具: laufendes 〜 動索 | stehendes 〜 静索.
★ 形容詞 gut をそのまま名詞として使う用法とは別である: Gut und Böse (→gut I 1 a)
[*ahd.*; ◇gut; *engl.* goods]

gut·ach·ten[gú:t|axtən] 《01》 **I** 自 (h) 鑑定する.
II Gu̱t·ach·ten 中 -s/- 鑑定〔書〕, 専門家の判定, 専門家としての意見, 所見: ein ärztliches ⟨medizinisches⟩ 〜 医学的鑑定 | ein positives ⟨negatives⟩ 〜 肯定⟨否定⟩的な所見 ‖ ein 〜 über *et.*⁴ ⟨*jn.*⟩ abgeben …について鑑定する, …について専門家の立場から所見をのべる | ein 〜 〔von *jm.*〕 einfordern ⟨einholen⟩ 〔…に〕鑑定を求める.

Gu̱t·ach·ter 男 -s/- 鑑定人.

gu̱t·ach·ter·lich 形 《述語的用法なし》 鑑定人としての, 鑑定人による: 〜 tätig sein 鑑定人の役目を務める.

gu̱t·acht·lich[..|axtlıç] 形 《述語的用法なし》 鑑定〔人〕としての: eine 〜*e* Äußerung 鑑定人としての意見表明 | *sich*⁴ über *et.*⁴ 〜 äußern …についての鑑定を述べる.

gu̱t·a̱r·tig 形 (↔bösartig) **1** たちのいい, おとなしい: ein 〜*er* Hund おとなしい犬. **2** 〘医〙 良性の: eine 〜*e* Geschwulst 良性腫瘍(しゅよう).

Gu̱t·a̱r·tig·keit 女 -/ **1** 温順. **2** 〘医〙 良性.

gu̱t≈aus·se̱·hend 形 《付加語的》 器量のよい, 美貌(びぼう)の, 美しい. **≈be·leum·det** 形 《付加語的》 (↔übelbeleumdet) 評判のよい. **≈be·za̱hlt** 形 《付加語的》 (職などが)報酬⟨給料⟩のよい.

gu̱t|brin·gen* 《26》 =gutschreiben

gu̱t·bu̱r·ger·lich 形 (まずは貧困でない, どちらかといえば富裕な)市民階級に典型的な, 中流家庭の: eine 〜*e* Küche (レストランなどの名物となっている)家庭的料理 | 〜 leben (ぜいたくではないが)金に困らぬ⟨満ち足りた⟩生活をする.

Gü̱t·chen Gut 2, Güte 1 b の縮小形.

gu̱t·do·tiert 形 《付加語的》 (ポストなどが)給料のよい.

Gu̱t·dün·ken[gú:t..] 中 -s/ 考え, 意見, 判断: nach 〔eigenem / *seinem*〕 〜 随意に | *et.*⁴ nach *seinem* 〜 entscheiden …を自分の考えで決める | Es ist Ihrem 〜 überlassen. あなたのご判断⟨ご裁量⟩しだいです, あなたのお好きなようになさってください.

Gu̱·te →gut II

Gü̱·te[gý:tə] 女 -/ **1 a**) 気だてのよさ; 親切〔心〕, 善意, 好意; 穏便: seine 〜 / die 〜 seines Herzens 彼の気だてのよさ | **ach, du meine ⟨liebe⟩ 〜!** 《話》 あら⟨おや⟩まあ〔これはまたなんということだ〕 ‖ die 〜 selbst ⟨in Person⟩ sein / die wandelnde 〜 sein 親切そのものである ‖ den Weg der 〜 beschreiten 穏便な扱いをする ‖ in 〜 好意的に; 平和裏に, (話し合いなどによって)納得ずくで | Bei ihm ist mit 〜 nichts zu erreichen. 彼を相手にはおとなしい手段ではどうにもならない | einen Vorschlag zur 〜 machen 和解⟨穏便な解決⟩を提案する ‖ Würden Sie ⟨Wollen Sie bitte⟩ die 〜 haben und die Tür schließen? / Haben Sie doch die 〜 ⟨Würden Sie die 〜 haben⟩, die Tür zu schließen! すみませんが戸を閉めていただけませんか, おそれいりますが戸をお閉め願います. **b**) (⊘ **Gü̱t·chen**[gý:tçən] 中 -s/-) 親切〔な行い〕: ***sich*³ an *et.*³ ein *Gütchen* ⟨ᵛeine 〜⟩ tun** 《話》 …を(たっぷり味わって)楽しむ(→gütlich 2) ‖ ᵛ*jm.* eine 〜 tun …に親切にしてやる. **2** (〔品〕質の)良さ; (Klasse) 等級: Waren 〔von〕 erster ⟨zweiter⟩ 〜 一⟨二⟩級品 | ein Hotel dritter 〜 三流ホテル | eine Straße zweiter 〜 2 級道路 | Waren letzter 〜 低級品 | von ausgezeichneter 〜 sein 特級〔品〕である | erster 〜 fahren (列車などの) 1 等で行く ‖ für 〜 bürgen 品質〔の良さ〕を保証する | Diese Marke ist ein Begriff für 〜. この商標なら品質は間違いない. [*ahd.*; ◇gut]

Gü̱·te·gra̱d[gý:tə..] 男 =Güteklasse

Gu̱·te·ho̱ff·nungs·hüt·te[gu:tə..] 女 -/ (略 GHH) グーテホフヌングスヒュテ(旧西ドイツの金属・機械のコンツェルン名): der 〜 Aktienverein グーテホフヌングスヒュテ持株会社.

Gü̱·te≈klas·se[gý:tə..] 女 品質の等級: 〜 eins ⟨zwei⟩ 1 ⟨2⟩等級 | nach 〜*n* einteilen 等級分けする. **≈kon·trol·le** 女 品質検査.

Gu̱·te·na̱cht≈gruß[gu:tənáxt..] 男 (就寝前の)おやすみのあいさつ. **≈kuß** 男 おやすみのキス. [<gute Nacht!]

Gu̱·ten·berg[gú:tənbɛrk] 人名 Johannes 〜 ヨハネス グーテンベルク(1400頃 -68; ドイツの活版印刷術創始者).

Gu̱·ten·mo̱r·gen·gruß[gu:tənmɔ́rgən..] 男 おはようのあいさつ. [<guten Morgen!]

Gü̱·ter Gut の複数.

Gü̱·ter≈ab·fer·ti·gung[gý:tər..] 女 〘鉄道〙 貨物の発

送; 貨物取扱所. ∠**an·nah·me** 女〘鉄道〙貨物の受け付け〈引き受け〉; 貨物受付所. ∠**aus·tausch** 男 (特に外国との)貨物の交易. ∠**bahn·hof** 男〘鉄道〙貨物駅(→ 図 Bahnhof B). ∠**be·för·de·rung** 女 貨物の運送. ∠**bo·den** 男 貨物倉庫. ∠**ex·pe·di·tion** 女 = Güterabfertigung ∠**fern·ver·kehr** 男 自動車遠距離貨物運送. ∠**ge·mein·schaft** 女 (↔ Gütertrennung)〘法〙(夫婦間の)財産共同制. ∠**nah·ver·kehr** 男 自動車近距離貨物運送. ∠**recht** 中 -〔e〕s/ 財産法. ∠**rechts·re·gi·ster** 中〘法〙夫婦財産制登記簿. ∠**schläch·te·rei** 女《話》(無秩序な)小規模土地買い付け〈開発〉. ∠**schup·pen** 男, ∠**spei·cher** 男〘鉄道〙貨物倉庫. ∠**stand** 男〘法〙(夫婦間の)財産分配規定. ∠**ta·rif** 男〘鉄道〙貨物運賃表. ∠**tren·nung** 女 (↔Gütergemeinschaft)〘法〙(夫婦財産の)別産制. ∠**ver·kehr** 男 (↔Personenverkehr) 貨物運輸. ∠**ver·si·che·rung** 女 貨物保険. ∠**wa·gen** 男〘鉄道〙貨車: ein gedeckter 〈offener〉 ～ 有蓋(ゆうがい)〈無蓋〉貨車. ∠**zug** 男 (↔ Personenzug) 貨物列車.

Gü·te·sie·gel[gý:tə..] 中 品質証明〈保証〉のスタンプ.

gü·te·trie·fend 形《付加語的》善意に満ち満ちた, 善意あふれんばかりの.

Gü·te∠ver·fah·ren 中〘法〙(起訴前の)和解手続き. ∠**ver·gleich** 男〘法〙起訴前の和解. ∠**ver·hand·lung** 女〘法〙和解審理. ∠**zei·chen** 中 (商品につけられた)品質保証マーク.

Gut·fin·den[gú:t..] 中 -s/ 《スイ》= Gutdünken

gut·fun·diert 形《付加語的》基礎のしっかりした; 根拠〈論拠〉のしっかりした.

gut|ge·hen* 《53》 **I** 自 (s) **1** 非人称 《es geht *jm.* 〈mit *et.*^{3}〉 gut》(…の健康・経済状態などが)良い状態にある, 具合〈調子〉が良い(→gehen I 8 b): Es ist ihm in seinem ganzen Leben *gutgegangen*. 彼は幸福な一生を送った | Laß es dir ～! 体に気をつけたまえ. **2** よい結果に終わる: Die Sache ist noch einmal *gutgegangen*. 事は今一度はうまくいった.

★ ただし: Man kann in diesen Schuhen gut gehen. この靴は歩きやすい.

II gut·ge·hend 現分 形《付加語的》実入りの多い, 繁栄している; 売れ行きのよい: ein ～*es* Restaurant はやっているレストラン | ～*es* Stück 当たり芝居.

gut∠ge·klei·det 形 良い服装をした. ∠**ge·launt** 形 上機嫌な. ∠**ge·lun·gen** 形《付加語的》うまく成功した, よくできた: ein ～*er* Mensch お人よしな人 | Du bist zu ～. 君は人がよすぎる. ∠**ge·meint** 形《付加語的》善意の, 親切な. ∠**ge·ord·net** 形 整頓(せいとん)された. ∠**ge·pflegt** 形 手入れの行き届いた. ∠**ge·sinnt** 形 好意的な, 気だてのよい.

Gut·ge·wicht 中 -〔e〕s/ **1**〘商〙(減損を見越した)添量, さや. **2**〘工〙見込み代(しろ), アロウアンス, 余裕.

gut·gläu·big 形 **1** お人よしな, 信じやすい. **2**〘法〙善意の: ～*er* Erwerb 善意取得.

Gut·gläu·big·keit 女 -/ gutgläubig なこと.

gut|ha·ben* 《64》 **I** 他 (h) 《*et.*^{4} bei *jm.*》貸しがある(ただし: gut haben →gut I 5 b, 6 a): Du *hast* bei mir noch einen Kaffee *gut*. 君にはコーヒー 1 杯(おごられた分)の借りがある. **II Gut·ha·ben** 中 -s/- 貸し, 売掛金; 預金; 資産: ein ～ bei der Bank haben 銀行に預金がある.

gut|hei·ßen* 《70》 他 (h) (billigen) よいと認める, 是認〈認可〉する: einen Plan ～ 計画に同意する.

Gut·hei·ßung 女 -/ 是認; 認可.

gut·her·zig 形 気だてのよい, 善良な; 情け深い, 同情心のあつい.

Gut·her·zig·keit 女 -/ gutherzig なこと.

gü·tig[gý:tɪç]^{2} 形 善良な, 親切な, 好意的な, 慈悲深い: ein ～*es* Herz haben 親切である | um ～*es* Gehör bitten《雅》(頼みを)聞いてくれるよう願う | mit Ihrer ～*en* Erlaubnis《雅》あなたのお許しを得て, 失礼ながら ‖ *sich*^{4} ～ gegen *jn.* zeigen / *sich*^{4} *jm.* gegenüber ～ zeigen …に対して親切に振舞う | Würden Sie ～*st* die Tür zumachen? すみませんが扉を閉めていただけますか | Sie sind sehr 〈zu〉 ～!《皮肉》これはなんともありがたいことです. [*mhd.*; ◇gut]

Gü·tig·keit[−kaɪt] 女 -/ 《雅》(gütig なこと. 例えば:) 善良さ, 親切さ, 慈悲深さ.

Güt·ler[gý:tlər] 男 -s/- 小地主. [<Gut]

güt·lich[gý:tlɪç] 形 **1** (friedlich) 平和的な, 穏やかな,(話し合いによる)納得ずくの: auf ～*em* Wege 友好的に, 穏便に, 納得ずくで | auf dem Wege ～*er* Verständigung 穏やかに話し合いをつけて〈がついて〉‖ einen Streit ～ beilegen 争いを調停する〈穏やかにおさめる〉. **2** ***sich***^{3} 〈***sich***^{4}〉 **an** ***et.***^{3} **～ tun** …を(味わって)楽しむ | Wir haben uns an Beefsteaks ～ getan. 私たちはビフテキに舌鼓を打った. [*ahd.*; ◇gut]

gut|ma·chen[gú:t..] 他 (h) **1 a)** (損害・過ちなどを)償う, 埋め合わせる: einen Fehler ～ 過ちを償う | Das ist nicht wieder *gutzumachen*. それは取り返しがつかない. **b)** (遅れ・ハンディキャップなどを)取り戻す: Boden 〔wieder〕 ～ (→ Boden 1 b). **2** (金を)余分に残す, もうける: *sich*^{3} Geld ～ 金を残す | bei *et.*^{3} viel Geld ～ …で大金をもうける. **3** (好意・恩義などに対して)お返しをする, 返礼する.

★ ただし: gut machen →gut I 3 a

Gut·ma·chung[..xʊŋ] 女 -/ 埋め合わせ, 補償.

gut·mü·tig[gú:tmy:tɪç]^{2} 形 お人よしの, 柔和な, 温厚な.

Gut·mü·tig·keit[−kaɪt] 女 -/ お人よしなこと, 人のよさ, 温厚さ: *js.* ～ ausnützen …の人のよさを食い物にする.

gut·nach·bar·lich 形 (隣人のように)親密な: ～*e* Beziehungen zwischen den Staaten 国家間の善隣友好関係.

Gut·punkt[gú:t..] 男〘体操〙加点.

gut|sa·gen 自 (h) (bürgen) 《für *et.*^{4} 〈*jn.*〉》(…を)保証する(ただし: gut sagen →gut I 3 a).

Guts·be·sit·zer[gú:ts..] 男 農場主,〔大〕地主.

Gut·sche[gʊ́tʃə] 女 -/-n 丸のみ; 孔たがね. [*fr.* gouge]

Gut·schein[gú:t..] 男 (Bon) (金品の)貸し証書, 証券, 手形; 商品切手, 商品券; 商品引換券: ～ für 〈über〉 20 Mark 20マルクの商品券 | ～ für Bier ビール引換券.

gut|schrei·ben* 《152》 他 (h) 《*jm. et.*^{4}》(…の)貸方に(…を)記入する(ただし: gut schreiben →gut I 4 a): *jm.* einen Betrag ～ 金額を…の貸方勘定に加える | Die Zinsen sind seit Jahren *gutgeschrieben* worden. 利子は数年間積み立てられた.

Gut·schrift 女 (↔Lastschrift)〘商〙貸し〔方〕, 貸方「記入」.

Gut·sel[gú:tsəl] 中 -s/-《南部》(Bonbon) ボンボン(キャンディーの一種). [<Gute]

Guts∠haus[gú:ts..] 中 農場付属の住宅, 農家. ∠**herr** 男 農場主, 地主;〘史〙(大農場の所有者としての)封建領主. ∠**herr·schaft** 女 **1**《単数で》〘史〙グーツヘルシャフト, 農場領主制(15-16世紀以降東部ドイツで形成された封建的大農場経営). **2** 農場主〈領主〉一家. ∠**hof** 男 **1** 大農場, 農園. **2** 農家の構内(農家・納屋などの周囲の囲いの中の空き地).

gut∠si·tu·iert[gú:t..] 形 恵まれた地位〈境遇・生活環境〉に置かれた. ∠**sit·zend** 形《付加語的》**1** (服などが)ぴったりした, 体に合った. **2**《話》的をはずさない, 的確な.

Guts Muths[gú:ts mú:ts] 人名 Johann ～ ヨハン グーツムーツ(1759-1839; 近代ドイツ体育の創始者).

ᵛ**gut|spre·chen*** 《177》 = gutsagen

gut|ste·hen* 《182》 自 (h) 《方》(bürgen) 《〔*jm.*〕 für *et.*^{4}》(〔…に〕…を)保証する.

Guts∠ver·si·che·rung[gú:ts..] 女 財物保険. ∠**ver·wal·ter** 男 農場管理人.

gut·ta ca·vat la·pi·dem[gʊ́ta· ká:vat lá:pidɛm]《ラテ語》(steter Tropfen höhlt den Stein) 点滴 岩をもうがつ(根気こそ第一). [◇guttieren, Kavatine, lapidar]

Gut·ta·per·cha[gʊtapɛ́rça·] 女 -/ (中 -〔s〕/) グタペルカ(ゴム状樹脂の一種. 絶縁体・歯科用仮封材などに用いる). [*malai.* getah percha (◇Gummigutt) − *engl.*]

Gut·ta·per·cha·baum[gʊtapɛ́rça..] 男〘植〙グタペルカノキ(東南アジア原産アカテツ科): chinesischer ～ トチュウ(杜仲).

▽**Gut·tat**[gú:t..] 女 (Wohltat) 善行, 慈善〔行為〕.
▽**gut·tä·tig** 形 (wohltätig) 善行の, 慈善を施す, 情け深い.
Gut·ta·tion[gʊtatsió:n] 女 -/-en 〘植〙 排水, 出滴.
gut·tie·ren[gʊtí:rən] 自 (h) 〘植〙 (葉緑などから)水分を排出する〈滴下させる〉. [< *lat.* gutta „Tropfen"]
gut|tun*[gú:ttu:n] ⟨198⟩ 自 (h) **1** ⟪*jm.*/*et.*[3]⟫ (…の)ためになる, ききめがある; (…の)気分を爽快(そう)にする(ただし: gut tun →gut I 3 a): Die frische Luft hat ihm *gutgetan*. 新鮮な空気が彼にはよかった〈快かった〉 | Bei der Kälte *tut* ein Schnaps *gut*. 寒いときには火酒を1杯ひっかけるとよくきく. **2** ⟪方⟫ (両親・上司などの希望どおり)ちゃんと勉強〈仕事〉をする: Er hat in der Schule nicht *gutgetan*. 彼は学校ではいい生徒じゃなかった. **3** すらすらはかどる, うまくいく.
gut·tu·ral[gʊturá:l] **I** 形 **1** のど(喉頭(こう))の; のど声の, (声が)のどの奥で発せられる. ▽**2** 〘言〙 喉頭音の: ~*er* Vokal 奥舌母音(=Hinterzungenvokal).
▽**II Gut·tu·ral** 男 -s/-e 〘言〙 喉頭音(例 [g][k]).
[< *lat.* guttur „Kehle"]
Gut·tu·ra·lis[gʊturá:lɪs] 女 -/..len[..lən], ..les [..le:s], **Gut·tu·ral·laut** 男 =Guttural
gut·un·ter·rich·tet[gú:t..] 形 消息によく通じた.
Gut·wet·ter·zei·chen[gu:tvɛ́tər..] 中 好天をもたらす徴候.
gut·wil·lig[gú:t..] 形 **1** 親切な; (gehorsam) 温順な, 従順な. **2** (freiwillig) 自発的な: ~ zahlen みずから進んで金を払う.
Gut·wil·lig·keit 女 -/ gutwillig なこと.
Gu·ya·na[gujá:na·] 地名 ガイアナ(南アメリカ北東部 Guayana 地域にある共和国. 首都はジョージタウン Georgetown).
Gu·ya·ner[..nər] 男 -s/- ガイアナ人.
gu·ya·nisch[..nɪʃ] 形 ガイアナの.
g. v. (**gv**)[ge:fáʊ] 略 =**garnisonverwendungsfähig**
GV[ge:fáʊ] 略 **1** 女 -/ =**Generalversammlung 2** 男 -s/ =**Gesangverein 3** 男 -/ ⟪話⟫ =**Geschlechtsverkehr**
Gy·ges[gý:gɛs] 人名 ギュゲス(前685頃–652; Lydien の王). [*gr.*]
Gym·kha·na[gʏmká:na·] 中 -s/-s 〘スポーツ〙 (馬術・自動車などの)技能競技, スポーツ競技. [*engl.*; < *Hindi* gendkhāna „Ball-Haus"+*engl.* gymnasium „Sporthalle"]
gym·na·sial[gʏmnaziá:l] 形 ギムナジウムの〈に関する〉.
Gym·na·sial≠bil·dung 女 ギムナジウムでの教育. **≠di·rek·tor** 男 ギムナジウムの校長. **≠leh·rer** 男 ギムナジウムの教師. **≠pro·fes·sor** 男 ⟪オーストリア⟫ =Gymnasiallehrer
Gym·na·si·ast[gʏmnaziást] 男 -en/-en (⊛ **Gym·na·sia·stin**[..tɪn]-/-nen) ギムナジウムの生徒.
Gym·na·sium[gʏmná:ziʊm] 中 -s/..sien[..ziən] **1 a)** ギムナジウム (Grundschule 修了後大学入学までの〔古典語必修の〕9年制中等教育機関: →Realgymnasium): neusprachliches ~ 近代語ギムナジウム | naturwissenschaftliches ~ 理科系ギムナジウム | das ~ besuchen / aufs ~ gehen ギムナジウムに進学する. **b)** ⟪話⟫ (Zuchthaus) 刑務所. **2** (古代ギリシアの)体操場, 体育道場. [*gr.* gymnásion „Übung〔splatz〕"–*lat.*; < *gr.* gymnós „nackt"]
Gym·nast[gʏmnást] 男 -en/-en (⊛ **Gym·na·stin** [..tɪn]-/-nen) **1** =Gymnastiker **2** (古代ギリシアの)闘技者のトレーナー. [*gr.*]
Gym·na·stik[..tɪk] 女 -/ 〔徒手〕体操; (広義で)体育: moderne ~ 新体操 | schwedische 〈rhythmische〉 ~ スウェーデン〈リズム〉体操 | Jazz*gymnastik* ジャズ体操 ‖ ~ treiben 〈machen〉 体操をする. [*gr.*–*lat.*; < *gr.* gymnázesthai „(nackt) Leibesübungen machen"]
Gym·na·stik·an·zug 男 体操着, 運動着.
Gym·na·sti·ker[..tikər] 男 -s/- 体操家, 体操〈体育〉教師.
Gym·na·stik≠leh·rer[..tɪk..] 男 体操〈体育〉の教師. **≠saal** 男 室内体操場. **≠un·ter·richt** 男 体操〈体育〉の授業.
Gym·na·stin Gymnast の女性形.
gym·na·stisch[..tɪʃ] 形 体操の, 体育の: ~*e* Übungen 体操練習, 体育訓練. [*gr.*–*lat.*]
Gym·no·lo·gie[gʏmnologí:] 女 -/ 体育学.
Gym·no·sper·me[gʏmnospɛ́rmə, ..nɔs..] 女 -/-n ⟪ふつう複数で⟫ (↔Angiosperme) 〘植〙 裸子植物. [< *gr.* gymnós „nackt"(+Sperma)]
gyn.., gynäko.. ⟪名詞などにつけて「女性・雌」を意味する⟫ [*gr.* gynḗ „Weib"; ◇Queen]
Gy·nä·ko·lo·ge[gynɛkoló:gə] 男 -n/-n (→..loge) (Frauenarzt) 婦人科医.
Gy·nä·ko·lo·gie[..logí:] 女 -/ (↔ Andrologie) (Frauenheilkunde) 婦人科〔学〕.
gy·nä·ko·lo·gisch[..ló:gɪʃ] 形 婦人科〔学〕の.
Gy·nä·ko·ma·stie[..mastí:] 女 -/-n[..tí:ən] 〘医〙 (男性の)女性化乳房. [< *gr.* mastós „Brustwarze"]
Gy·nä·ko·pho·bie[..fobí:] 女 -/ 〘医〙 女性恐怖〔症〕.
Gyn·an·der[gynándər] 男 -s/- 〘医〙 半陰陽体, ふたなり; 〘動〙 雌雄モザイク. [< andro..]
Gyn·an·drie[gynandrí:] 女 -/ (▽**Gyn·an·dris·mus**[..drísmʊs] 男 -/) (男性に見られる)半陰陽現象.
Gyn·an·dro·mor·phis·mus[gynandromɔrfísmʊs] 男 -/..men[..mən] 〘生〙 雌雄モザイク現象.
Gy·nä·ze·um[gynɛtsé:ʊm] 中 -s/..zeen[..tsé:ən] **1** (古代ギリシア家屋の)婦人室. **2** 〘植〙 雌蕊(しずい)群(一つの花の雌性器官の総称). [*gr.* gynaikeĩon–*lat.* gynaecēum]
Gy·no·ga·met[gynogamé:t] 男 -en/-en (↔Androgamet) 〘生〙 女性生殖細胞.
Gy·no·ge·ne·se[..gené:zə] 女 -/-n (↔Androgenese) 〘生〙 雌性発生.
gy·no·ge·ne·tisch[..gené:tɪʃ] 形 雌性発生の.
Gy·ro[gý:ro·] 男 -s/-s =Gyroskop
gy·ro·ma·gne·tisch[gyromagné:tɪʃ] 形 〘理〙 磁気回転の: ein ~*er* Effekt 磁気回転効果.
Gy·ro·skop[gyroskó:p, ..rɔs..] 中 -s/-e ジャイロスコープ, 回転儀. [< *gr.* gỹros (→Giro)]
Gy·ro·stat[..stá:t] 男 -en/-en 〘理〙 ジャイロスタット. [< *gr.* statós „gestellt"]
Gyt·tja[gýtja·] 女 -/..jen[..jən] 〘地〙 ユッチャ(富栄養湖の活性湖底有機物層). [*schwed.*; < *schwed.* gjuta „gießen"]

G

H

h¹[haː], **H**¹[−] 中 -/- (→a¹, A¹ ★) ドイツ語のアルファベットの第８字(子音字): →a¹, A¹ 1 | *H* wie Heinrich (通話略語) Heinrich の H〔の字〕(国際通話では *H* wie Havana) | das Dehnungs-*h* 〘言〙延音化の h (例えば dehnen の h のように前の母音が長音であることを示す h).

h² **I** [haː] 中 -/- 〘楽〙ロ音: →a² I | *h*-Moll ロ短調.
II 記号 **1** [haː] (h-Moll) 〘楽〙ロ短調: →a² II 1 **2** (hekto..) ヘクト. **3** (hora) **a)** [ʃtʊ́ndə] (Stunde) 時間(60分): 8*h* 8時間(=8 Stunden) | kW*h* キロワット時(=Kilowattstunde) | 60km/*h* 時速60キロメートル(=60 Kilometer/Stunde). **b)** [uːr] (Uhr) 時(数字の右肩に付して時刻を表す): 18ʰ 18時(=18 Uhr). **4** [haː] 〘理〙プランク定数.

H² **I** [haː] 中 -/- 〘楽〙ロ音: →A² I | *H*-Dur ロ長調.
II 記号 **1** [haː] (H-Dur) 〘楽〙ロ長調: →A² II 1 **2** [haː, vásərʃtɔf] (Hydrogenium) 〘化〙水素(=Wasserstoff). **3** [hɛ́nriˑ] (Henry) 〘電〙ヘンリー(単位). **4** (国名略号: →A² II 3) ハンガリー (Hungaria=Ungarn) **5** (Haltestelle) (交通標識) 停留所.
III 略 **1** =**Haben** 〘商〙貸し. **2** =**Härte** 〘鉱〙硬度. **3** =**Höhe** 高度. **4** =**Hoch, Hochdruck**〔gebiet〕(↔T) 〘気象〙高気圧〔地域〕. **5** =**Hochschule** 大学(複数: HH): T*H* 工科大学(= Technische Hochschule). **6** =**Haupt..** 主要…: *H*bf. 中央駅(=Hauptbahnhof). **7** =**Herren** (↔D) (入口の表示などで) 紳士(男性)用.

H. 略 =**Heft** (雑誌などの)号: Jg. 5, *H*. 2 第５巻第２号.

ha¹[ha, haː] 間 **1** (激しい驚き・喜びの気持を表して)はあ, ほう, おや, まあ, ほほう, わあい: *Ha*, was haben Sie für große Pläne! わあ あなたはなんて大きな計画をお持ちなのでしょう | *Ha*, da bist du ja schon! おや 君はもう来ていたのか | *Ha*, das sieht man gerne! あれ こいつはうれしいぞ.
2 (勝ち誇る・人をあざける気持を表して)よし(こっちのものだ); そら, へん(わかったか): *Ha*, nun habe ich doch noch gewonnen! そら やっぱり私が勝ったよ | *Ha*, das hättest du wohl nicht erwartet? どうだい こうは予想していなかっただろう.
3 《南部》〜 no (自明だという気持を表して)へへん もういい, ええ もちろん(言わなくてもいい, そんなこと決まってらあ).
4 (hüst) (牛馬に対する掛け声) 左へ.
5 《ふつう haha〔ha〕と繰り返して》(明るい笑い声) ハハハ.
[*mhd.*]

ha²[hɛktáːr, ⌣́−] 記号 (Hektar) ヘクタール.

h. a. 略 **1** =**hoc anno** 今年〔に〕. **2** =**hujus anni** 今年〔の〕.

Ha[haː|áː, háːniʊm] 記号 (Hahnium) 〘化〙ハーニウム.

hä[hɛ, hɛː] 間 (勝ち誇る・人をあざける気持を表して)へえい, そら(ざまみろ): *Hä*, ich habe ja gleich gesagt, daß das schiefgeht! それみろ それがうまくゆかないことは私が初めから言ってただろう.

Haag¹[haːk] 地名 Den 〜[de(ː)n háːk]〔デン〕ハーグ(オランダの政府所在地で, 実質上の首都. 国際司法裁判所がある): in 〔Den〕 〜 〔デン〕ハーグで. [< *ndl.* ’s-Gravenhage „des Grafen Hag“; ◇ *engl.* the Hague]
der **Haag**²[−] 男 -s/ ハーグ (Den Haag のドイツ語形): im 〜 ハーグで.
Haa·ger[háːgər] **I** 男 -s/- ハーグの人. **II** 形 《無変化》ハーグの: der 〜 Internationale Schiedsgerichtshof ハーグ国際仲裁裁判所(1899年開設) | die 〜 Konventionen ハーグ条約(ハーグで結ばれた諸種の条約) | die 〜 Landkriegsordnung ハーグ陸戦法規.

Haar[haːr] 中 -〔e〕s/-e (⊘ **Här·chen** → 別出, **Här·lein** [hɛ́ːrlaɪn] 中 -s/-) **1** 《集合的に用いる場合はふつう単数で》(英: *hair*) 毛髪, 頭髪(→ 図); 毛, 体毛: blondes ⟨rotes⟩ 〜 ブロンド⟨赤毛⟩の髪 | schwarzes ⟨dunkles⟩ 〜 黒い⟨褐色の⟩髪 | falsches ⟨künstliches⟩ 〜 かつら, ヘアピース | glattes ⟨krauses / lockiges⟩ 〜 なめらかな⟨縮れた・巻き毛の⟩髪 | kurzes ⟨langes⟩ 〜 短い⟨長い⟩髪 | volles ⟨spärliches⟩ 〜 豊かな⟨薄い⟩髪 | Brust*haar* 胸毛 | Flaum*haar* うぶ毛 | Kopf*haar* 頭髪 ‖ mehr Schulden als 〜*e* auf dem Kopf haben 《話》山ほどの借金がある | **Krauses 〜, krauser Sinn.** 《諺》心は形より(髪の毛が縮れている者は心もねじれている) | **Lange 〜*e*, kurzer Verstand.** 《諺》髪は長いが頭は悪い, 髪の長さと頭のよさは反比例.
‖〘前置詞と〙*jn.* **an** den 〜*en* ziehen ⟨zerren⟩ …の髪をつかんで引っぱる | *et.*⁴ **an** ⟨**bei**⟩ **den 〜*en* herbeiziehen** 《話》…をむりやりこじつけて引き合いに出す | **an einem 〜 hängen** 《話》風前のともし火である(髪の毛一本でつながっている) | *sich*³ ⟨**einander**⟩ **aufs 〜 gleichen** 互いにそっくりである | **bei einem 〜** 《比》あわや(…するところだった) | *jn.* bei den 〜*en* zurückhalten 《比》…をむりやり引き留める | *sich*³ mit den Fingern **durch** das 〜 fahren (考えごとにふけりながら) 指で髪をかきあげる | *jm.* wächst der Kopf durch

Haar A **Haar B**

H

die ～*e* (→Kopf 1) | **in** ～*en*《北部》無帽で | ***sich***[3] **in den** ～***en* liegen** / ***sich***[4] **bei den** ～***en* haben**《話》(はでに)けんかし合っている | ***sich***[3] **in die** ～***e* geraten** 〈**fahren** / **kriegen**〉《話》(はでに)けんかをし合う | **mit** Haut und ～〔*en*〕(→Haut 1) | *jm.* **übers** 〈über das〉 ～ streichen …の髪をなでる | **um ein** ～ / **ums** ～《比》 i) 間一髪のところで, あわや(…するところだった); ii) ほんの少しだけ | Um ein ～ wäre ich überfahren worden. すんでのところで車に轢かれるところだった | 〔**um**〕 **kein** ～ / **nicht** 〔**um**〕 **ein** ～《比》これっぽっちも…でない.

‖〘主語として〙Die ～*e* fielen ihm aus. 彼は毛が抜け落ちた | Das ～ fällt ihm bis auf die Schultern. 彼は髪が肩までたれている | Ihre ～*e* sitzen gut. 彼女の髪型はよく似合っている | ***jm.* stehen die** ～***e* zu Berge** / ***jm.* sträuben sich die** ～***e***《話》…は身の毛がよだつ(恐怖などで) | Da sträuben sich einem ja die ～*e*! 全く身の毛もよだつような(恐ろしい・あきれた)話だ | An ihm ist kein gutes ～.《比》彼は無能だ.

‖〘4 格の目的語として〙*sich*[3] das ～ 〈die ～*e*〉〔ab〕-schneiden lassen 散髪してもらう | die ～*e* bürsten 〈kämmen〉 髪をブラッシングする〈くしけずる〉 | *sich*[3] das ～ 〈die ～*e*〉 färben lassen 染髪してもらう | ***sich***[3] **die** ～***e* raufen** (途方にくれて・絶望して自分の)髪をかきむしる | **ein** ～ **in der Suppe finden**《話》あらを探し出す | **ein** ～ **in** ***et.***[3] **finden**《話》…にけちをつける | Er fand ein ～ darin. 彼はそれにけちをつけた | *sich*[3] das ～ zu einem Zopf flechten 髪を編んでおさげにする | ***jm.* die** ～***e* vom Kopf fressen**《話》…の財産を食いつぶす | ***jm.* kein** ～ 〈***Härchen***〉 **krümmen**《話》…にこれっぽっちも害を与えない | **niemandem ein** ～ **krümmen** 〔**können**〕《話》おとなしい, 虫も殺せない | das ～ 〈die ～*e*〉 machen 髪を整える | das ～ 〈die ～*e*〉 legen 髪をセットする | ～***e* lassen** 〔**müssen**〕《話》多少の痛手をこうむる | ～*e* spalten《比》細かい点を詮議(せん)立てする | das ～ 〈die ～*e*〉 kurz tragen 髪を短くしている | das ～ 〈die ～*e*〉 offen tragen 髪を束ねずにいる | ～***e* auf den Zähnen** 〈**der Zunge**〉 **haben**《比》(特に女性が)気が強い, 手ごわい | graues ～ 〈graue ～*e*〉 bekommen しらがになる | ***sich***[3] **keine grauen** ～***e*** 〔**über** ***et.***[4]〕 **wachsen lassen**《話》〔…のことを〕気にかけない〈気に病まない〉 | **kein gutes** ～ **an** ***jm.* lassen**《話》…をぼろくそにこきおろす.

2 a) 《単数で》(動物の)毛〔皮〕. **b)** 〘織〙毛羽(けば). **c)** 《ふつう複数で》〘植〙毛茸(もうじ) (→ 図 Beere).

[„Rauhes“; *germ.*; ◇ *engl.* hair]

Haar·an·satz[há:r..] 男 (額やうなじの頭髪の)生えぎわ: herzförmigen ～ haben 富士額(びたい)の持ち主である.

haar·ar·tig 形 毛〔髪〕状の.

Haar≈aus·fall 男 脱毛, 抜け毛; 〘医〙脱毛〔症〕. **≈balg** 男 -〔e〕s/..bälge 〘解〙毛包.

Haar·balg≈drü·se 女 〘解〙毛包腺(せん), 脂腺. **≈mus·kel** 男 〘解〙立毛筋.

Haar≈band 中 -〔e〕s/..bänder ヘアバンド. **≈be·sen** 男 毛ぼうき. **≈beu·tel** 男 髪袋, 袋かつら(衣服のよごれを防ぐために, 後ろにたらした髪を袋になったリボンで包む男子の髪型. 18世紀フランスに起こった流行): einen ～ haben《話》ほろ酔い機嫌である | *sich*[3] einen ～ antrinken《話》ほろ酔いになる. **≈blu·me** 女 〘植〙カラスウリ(烏瓜)属. **≈bo·den** 男 頭の地肌.

haar·breit I 形 髪の毛ほどの幅の, ごく細い〈幅の狭い〉; ほとんど…な, …ぎりぎりの: ～ vor *et.*[3] stehen …の直前にある, …しそうである. **II Haar·breit** 中 -/ 《ふつう次の形で》 **nicht** 〔**um**〕 **ein** ～ / 〔**um**〕 **kein** ～ 少しも…ない | Er geht nicht ein ～ von seiner Ansicht ab. 彼はいささかも自説を曲げない. [◇Haaresbreite]

Haar≈bür·ste 女 **1** 頭髪用ブラシ, ヘアブラシ. **2** ブラシのような短髪(→ 図 Haar A). **≈busch** 男, **≈bü·schel** 中 毛の房; (帽子・かぶとなどの)飾毛. **≈creme**[..kre:m, ..krɛ:m] 女 ヘアクリーム. **≈decke** 女 〘狩〙毛皮.

haar·dünn[また: ⌐⌐] 形 毛のように細い.

Haar·ei·sen 中 **1** (毛皮をなめす際の)毛かき具. **2** 毛髪用のこて, ヘアアイロン.

haa·ren[1][há:rən] **I** 自 (h) (毛皮をもった動物が)毛を失う, (毛皮の)毛が抜け落ちる. **II** 他 (h) **1** 再帰 *sich*[4] ～ 毛が抜け〈生え〉かわる: Die Katze *haart* sich. 猫の毛が抜け落ちる. **2** *sich*[4] mit *jm.* ～《話》…とけんかする. **3** 《北部》(鎌(かま)を)研ぐ. **III ge·haart** → 別出

[▽]**haa·ren**[2][－] 形《付加語的》毛製の.

Haar≈ent·fer·ner[há:r..] 男 -s/- 除毛〈脱毛〉剤. **≈er·satz** 男 かつら, ヘアピース, かもじ.

Haar·er·zeu·gungs·mit·tel 中 発毛剤.

Haa·res·brei·te[há:rəs..] 女 -/ 《ふつう次の形で》**um** ～ ほんの少し〈ごくわずか〉だけ; もう少しで, すんでのところで | Um ～ wäre er von der Leiter gefallen. 彼はあわやはしごから落ちるところだった | **nicht um** ～ これっぽっちも…でない | nicht um ～ weichen 一歩たりとも退かない.

Haar≈far·be[há:r..] 女 **1** 頭髪の色. **2** ヘアカラー, 頭髪染色剤. **≈fär·be·mit·tel** 中 頭髪染色剤. **≈farn** 男 (Hautfarn) 〘植〙コケシノブ科のシダ. **≈fe·der** 女 **1** (鳥の)綿毛, 柔毛. **2** (時計の)ひげぜんまい.

haar·fein[há:rfáın, ⌐⌐] 形 毛のように細い, きわめて繊細な; ごく精密〈精巧〉な.

Haar≈fe·sti·ger[há:r..] 男 -s/- (調髪用の)セットローション. **≈flech·te** 女 **1** 編み毛, 弁髪. **2** 〘医〙毛髪苔癬(たいせん). **≈form** 女 髪型.

haar·för·mig 形 毛〔髪〕状の; 毛細管状の.

Haar·garn 中 動物の毛で作った粗糸.

Haar·garn·tep·pich 男 Haargarn 製のじゅうたん.

Haar·ge·fäß 中 (Kapillare) 〘解〙毛細管.

haar·ge·nau 形《話》きわめて精確な: eine ～*e* Schilderung 微に入り細をうがった描写 ‖ *et.*[4] ～ erzählen …をこと細かに物語る | Das stimmt ～. 全くそのとおりだ.

haa·rig[há:rıç][2] ([▽]**haa·richt**[há:rıçt]) 形 **1 a)** 毛の〔たくさん〕生えた, 毛深い, 毛むくじゃらの: ～*e* Beine 毛深い足 | die ～*e* Seite eines Teppichs じゅうたんの表側. **b)** 毛でできた, 毛製の. **2** 《話》(unangenehm) いやな, やっかいな, 始末に負えない, ひどい: eine ～*e* Geschichte i) ひどいこと; ii) いかがわしい話 | eine ～*e* Sache 面倒な事柄. **3** (neblig) 〘海〙霧の深い.

Haa·rig·keit[－kaıt] 女 -/ (haarig なこと. 例えば:) 毛深さ, 多毛.

Haar≈kamm[há:r..] 男 くし. **≈klam·mer** 女 ヘアクリップ. **≈klau·ber** 男 = Haarspalter **≈kleid** 中 《雅》毛の衣, 毛皮.

haar·klein 形《述語的用法なし》きわめて細かい, ごく精確〈詳密〉な: *et.*[4] ～ berichten …をこと細かに報告する.

Haar≈klem·me 女 ヘアクリップ. **≈kno·ten** 男 束ねて結った髪, まげ(→ 図 Haar A). **≈krank·heit** 女 〘医〙毛髪病(多毛症・脱毛症・無毛症など). **≈kranz** 男 **1** 花環状に編んだ髪(→ 図 Haar A). **2** (頭頂がはげた結果)花環状に生え残った頭髪. **≈kro·ne** 女 冠状に編んだ髪, ヘアクラウン. **≈künst·ler** 男 ヘアドレッサー, 調髪〔美容〕師; かつら屋. **≈lack** 男 ヘアラッカー, ヘアスプレー.

Haar·lem[há:rlɛm] 地名 ハールレム(オランダ西部の商業都市).

Haar·ling[há:rlıŋ] 男 -s/-e 〘虫〙 **1** ケモノハジラミ(獣羽虱)科の昆虫. **2** 食毛目の昆虫(動物に寄生するケジラミ類).

Haar·locke 女 巻き毛, 髪の房; ほつれ髪.

haar·los[há:rlo:s][1] 形 毛のない, 無毛の.

Haar·lo·sig·keit[..lo:zıçkaıt] 女 -/ (haarlos なこと. 例えば:) 無毛〔症〕.

Haar≈mark 中 〘生〙毛髄質. **≈ma·sche** 女《オーストリア》= Haarband **≈mensch** 男 毛深い人, 多毛症の人. **≈mo·de** 女 髪型の流行, ヘアモード. **≈moos** 中 〘植〙スギゴケ(杉苔)属. **≈mücke** 女 〘虫〙ケバエ(毛蠅)科の昆虫. **≈na·del** 女 **1** 〔髪飾り用の〕ヘアピン. **2** 〘スキー〙(回転滑降競技の)ヘアピン〔旗門〕.

Haar·na·del≈kur·ve 女 ヘアピンカーブ(道路の U 字形の急カーブ). **≈tor** 中 〘スキー〙(回転滑降競技の)ヘアピン旗門.

Haar≈netz 中 ヘアネット. **≈öl** 中 ヘアオイル, 髪油. **≈pfeil** 男 矢の形をした髪飾り. **≈pfle·ge** 女 髪の手入れ, 調髪, 理髪. **≈pin·sel** 男 毛筆; 毛ばけ. **≈po·ma·de**

女 調髪用ポマード. ⸗**pu·der** 男 (中) **1** (昔かつらに振りかけた)髪粉, ヘアパウダー. **2** 粉末状シャンプー剤. ⸗**raub·wild** 中《集合的に》〘狩〙肉食獣.

Haar·rauch[há:rraʊx] 男 -(e)s/ (山火事などによる)煙霧. [<Herauch]

Haar⸗rin·de[há:r..] 女〘生〙毛皮質. ⸗**riß** 男 (目に見えないほどかすかな)ひび, 割れ目. ⸗**röhr·chen** 中 (Kapillare)〘理〙毛管, 毛細管.

Haar·röhr·chen⸗an·zie·hung 女〘理〙毛管引力. ⸗**wir·kung** 女〘理〙毛管現象.

Haar·salz 中〘鉱〙瀉利(しゃり)塩.

haar·scharf 形 **1** (sehr dicht) (間一髪で接触しそうなほど)すぐそばの, すれすれの: Das Auto fuhr ~ an mir vorbei. 自動車が私のわきをすれすれに通り過ぎた. **2** =haargenau

Haar⸗sche·re[há:r..] 女 調髪用のはさみ. ⸗**schlei·fe** 女 髪飾りのリボン. ⸗**schmuck** 男 髪飾り.

Haar·schnei·de·ma·schi·ne 女 バリカン.

Haar⸗schnei·der 男 (Herrenfriseur) 理髪師, 床屋. ⸗**schnitt** 男 **1** 理髪, 調髪, ヘアカット. **2** 髪の刈り方, (男性の)ヘアスタイル: Er hat einen kurzen ~. 彼は髪を短く刈り上げている. ⸗**schopf** 男 (頭髪の)毛の束〈房〉; もじゃもじゃの毛. ⸗**schup·pe** 女 -/-n《ふつう複数で》(頭の)ふけ. ⸗**schwund** 男 毛髪脱落, 脱毛, 抜け毛. ⸗**sei·te** 女 (↔Aasseite) (獣皮の)表側(毛の生えている側). ⸗**sieb** 中 目の細かい篩(ふるい).

Haar·spal·ter[há:rʃpaltər] 男 -s/-《軽蔑的に》小事にこだわる〈やかましい〉人, せんさく好きな人. [<spalten]

Haar·spal·te·rei[ha:rʃpaltəráɪ] 女 -/-en《軽蔑的に》小事にこだわること, せんさく; 細かすぎる区別.

haar·spal·te·risch[há:rʃpaltərɪʃ] 形《軽蔑的に》小事にこだわる, せんさく好きな.

Haar⸗span·ge 女 (装飾用の)髪留め. ⸗**spit·ze** 女 毛の先端, 毛先. ⸗**spray**[..ʃpre:, ..spre:] 男 中 ヘアスプレー. ⸗**stein** 男〘医〙毛〔髪〕胃石. ⸗**stern** 男 **1** (Seelilie)〘動〙ウミユリ(海百合)(棘皮(きょくひ)動物). ▽**2** ほうき星, 彗星(すいせい). ⸗**sträh·ne** 女 頭髪の束. ⸗**strang** 男〘植〙カワラボウフウ(河原防風)〔属〕.

haar·sträu·bend 形 **1** 身の毛もよだつような, ぞっとするほど恐ろしい. **2** (empörend) あきれ返るような, ひどい: einen ~*en* Unsinn reden およそわけの分からないことを言う.

Haar⸗strich 男 **1**〘美〙(特にペン画や銅版画での)ごく細い線: um einen ~《比》ほんの少し. **2** (↔Grundstrich) (文字を書く際の)上向きの運筆〈細い線〉. **3** 特に動物の(体毛などの)毛の向き, 毛線. ⸗**tol·le** 女《話》(額に垂れた)毛髪の房, 前髪. ⸗**tracht** 女 髪の結い方, 髪型. ⸗**trans·plan·ta·tion** 女 毛髪移植, 植毛. ⸗**trock·ner** 男 -s/- ヘアドライヤー. ⸗**tru·he** 女《卑》(Vagina) 膣(ちつ), ワギナ. ⸗**tuch** 中 ヘアクロス(ヤギ・ラクダなどの毛を織り込んだ粗布), 馬巣(ばす)織り. ⸗**wachs** 中 調髪用チック. ⸗**wä·sche** 女 洗髪. ⸗**was·ser** 中 -s/..wässer ヘアローション〈トニック〉. ⸗**wech·sel** 男 (動物の)換毛, 毛の生え変わり. ⸗**wel·le** 女 (髪の)ウエーブ. ⸗**wickel** 男 (頭髪をカールするための)ヘアカーラー. ⸗**wild** 中《集合的に》〘狩〙野獣. ⸗**wir·bel** 男 (頭髪の)つむじ, 毛渦(けうず). ⸗**wuchs** 男 **1** 毛〔髪〕の生長. **2**《集合的に》頭髪; (動物の)毛: einen spärlichen ~ haben 頭の毛が薄い. **3**《話》草屋根.

Haar·wuchs·mit·tel 中 発毛促進剤.

Haar⸗wur·zel 女〘解〙毛根: bis in die ~*n* erröten《比》(怒り・恥ずかしさなどで)髪の付け根まで真っ赤になる. ⸗**zan·ge** 女 毛抜き. ⸗**zwie·bel** 女〘解〙毛球(毛根の最下部).

Hab →*Hab* und Gut

Hab·acht·stel·lung[ha:p|áxt..] 女〘軍〙不動〈気をつけ〉の姿勢. [<habe acht!]

Ha·ba·kuk[há:bakʊk] 人名〘聖〙ハバクク(前 7 世紀ごろに活動した小預言者): der Prophet ~ 預言者ハバクク; (旧約聖書の)ハバクク書. [*hebr.*]

Ha·ba·ne·ra[habané:ra] 女 -/-s ハバネラ(キューバの Havanera を中心に起ったダンス). [*span.*]

Hab·chen[há:pçən] 中 -s/-《中部》《ふつう次の成句で》~ und Babchen〔全〕財産, 所有物. [<Habe]

Hab·dank[há:pdaŋk, ⌣́⌣] =Habedank

Ha·be[há:bə] 女 **1** -/《雅》(Besitz) 財産, 所有物: bewegliche 〈▽fahrende〉 ~ 動産 | unbewegliche 〈▽liegende〉 ~ 不動産 | *seine* gesamte ~ 自分の全財産. ▽**2** -/-n ハンドル, 取っ手. [*ahd.*; ◇haben]

Ha·be·as·kor·pus·ak·te[ha:beaskɔ́rpʊs..] 女 -/ (1679年イギリスで公布された)人身保護法. [<*lat.* habeās corpus „du habest den Körper"; ◇Corps]

Ha·be·dank[há:bədaŋk, ⌣⌣́⌣] 男 -(s)/《雅》(Dank) 感謝. [<habe Dank!]

ha·be·los[há:bəlo:s][1] 形《雅》財産をもたない, 貧しい.

Ha·be·mus[habé:mʊs] 男 -/《方》陶酔, 熱狂. [*kirchenlat.* habēmus (pāpam) „wir haben (einen Papst)" (新ローマ教皇が選出された時にバチカン宮殿の前で民衆が叫ぶ文句)]

ha·ben*[há:bən][1] 《64》 **hat·te**[hátə] / **ge·habt**[gəhá:pt]; 現 *du* hast[hast], *er* hat[hat]; 接II hätte[hɛ́tə]

> **I** 他 (h)《ふつう受動態なし》(英: *have*) 持っている
> **1** (halten) 保持している
> **a)**《場所を示す語句と》(…を…に)持っている, (…を身体の…に)つけている, 持ち合わせている
> **b)**《方向を示す語句と》ein Auge auf *jn.* ~ …にほれこむ
> **c)** (交渉などを)維持する, 保つ
> **2** 備えている, (…が)備わっている
> **a)** 所有している, (…が)ある
> **b)** (…の)性質〈状態・事情〉を備えている
> **c)**《es, nichts などを目的語とする言い回しで》
> **d)** (enthalten) (…)からなる
> **e)** (wiegen) (…の)目方をもつ
> **3**《自分の意志によらない受動的行為・状態》
> **a)** 与えられている, 付与されている, 負わされている
> **b)** (病気などに)かかっている, (…を)しょいこんでいる
> **c)**《話》〔聞いて〕知っている; (学校などで)教えられる
> **d)** (spüren) 感じる, 心に抱く
> **4a)** (bekommen) 手に入れる, 手中におさめる
> **b)**《話》《*jn.*》(…と)寝る
> **5**《存在を表す sein に対応する言い回しで》
> **a)** (…)である, (…)がある
> **b)**《過去分詞とともに用いられて》…してある
> **6**《haben 本来の意味が希薄化して, 目的語の名詞のほうが述語の意味をになう言い回しで》…する
> **7a)** 再帰 *sich*[4] in den Haaren ~ 激しく争う
> **b)** 再帰 *sich*[4] ~ もったいぶる; 大げさに騒ぐ
> **c)** 再帰・非人称 Es *hat* sich. 事は終わった
> **d)**《南部・オーストリア》非人称《es hat *et.*[4]》(…が)存在する, ある(=es gibt *et.*[4])
> **II**《助動詞として》
> **1**《完了時称を構成する》…した, …してしまう, …し終わった状態にある
> **2**《外形は完了形であるが, 過去分詞が述語形容詞の性格を持つ場合: →I 5 b)》
> **III Haben** 中 -s/

I 他 (h)《ふつう受動態なし: →bekommen》(英: *have*) 持っている:

1 (halten) 保持している:

a)《場所を示す語句と》(…を…に)持っている, (…を身体の…に)つけている, 持ち合わせている:〘空間的〙den Ring **am** Finger ~ 指に指輪をはめている | den Hut **auf** dem Kopf ~ 帽子をかぶっている | *et.*[4] auf dem Rücken ~ …を背負っている | *et.*[4] **bei** *sich*[3] ~ …を持ち合わせている | *et.*[4] **in** der Hand ~ …を手に持っている | *et.*[4] in der Tasche ~ …をポケット〈かばん〉に用意している | eine Zigarette im Mund ~ タバコをくわえている | *jn.* **vor** *sich*[3] ~ …と向きあって〈…の背後に〉いる | *jn.* **zur** Seite ~ …をそばに連れている ‖〘抽象的〙Ich *habe* einen treuen Freund **an** ihm. 私にとって彼は誠実な友である | *et.*[4] **auf** dem Herzen ~ …が気にかかる |

H

et.[4] **im** Auge ～ …に注目している, …を念頭に置いている | *et.*[4] im Gedächtnis 〈Sinne〉 ～ …を覚えて〈意図して〉いる | *et.*[4] in *seiner* Macht ～ …を左右する力を持っている | *jn.* im 〈in〉 Verdacht ～ …に嫌疑をかけている | die Finger in *et.*[3] ～ …に関与している | *et.*[4] **hinter** *sich*[3] ～ …をすでに終えている, …を処理〈経験〉ずみである | Das Schlimmste *haben* wir hinter uns. 最悪の事態はすでに乗り切った | *jn.* **über** 〈unter〉 *sich*[3] ～ …を上役〈部下〉に持つ | *et.*[4] **unter** Aufsicht ～ …を監視している | *et.*[4] unter den Händen ～ …(仕事など)をかかえている | *et.*[4] **vor** Augen ～ …をありありと思い浮かべる | *et.*[4] 〈*jn.*〉 vor *sich*[3] ～ …と相対している, …を目前にしている | *et.*[4] **zur** Hand ～ …を手元に置いている ‖〖zu のない不定詞句と〗Sie *hat* viele Kleider im Schrank **hängen**. 彼女は洋服だんすの中にドレスをたくさん掛けている | Wir *haben* Vorräte im Keller **liegen**. 我々は買い置きの品を地下室に置いている | Der Arzt *hat* viele Patienten im Wartezimmer **sitzen**. この医者の待合室にはたくさん患者が詰めかけている | Er *hat* Geld auf der Bank **stehen**. 彼は銀行に預金がある | Wir *haben* Blumen auf dem Tisch stehen. 我が家のテーブルの上には花がいけてある | *jn.* bei *sich*[3] **wohnen** ～ …を同居させている.

b) 《方向を示す語句と》ein Auge auf *jn.* 〔geworfen〕 ～ 《比》…にほれこんでいる | es auf *jn.* ～ …に含むところがある.

c) (交渉などを)維持する, 保つ: Umgang mit *jm.* ～ …と交際する(→6) | ein Liebesverhältnis mit *jm.* ～ / 《話》etwas mit *jm.* ～ …と恋愛関係にある ‖〖es を目的語とする言い回しで〗es mit *jm.* ～ i) …と〔恋愛〕関係がある; ii) …と話しあう必要がある; iii) …と事をかまえている | 〔es〕 mit *et.*[3] ～ …を重視する | Er *hat* es ständig mit dem Fußball. 彼はいつもサッカーに夢中だ ‖ nicht so sehr mit der Arbeit ～ 仕事にあまり熱心でない.

2 備えている, (…が)備わっている(→5): **a**) 所有している, (…が)ある; (商品として…を)扱っている: Wir *haben* ein Auto. うちには自動車がある | Ich *habe* zwei Brüder. 私には兄弟が二人いる | Er *hat* keine Eltern mehr. 彼にはもう両親がない | Er *hat* zwei Kinder mit 〈von〉 seiner ersten Frau. 彼には最初の妻との間の子供が二人ある | Wir *haben* keine Zeit dafür. 私たちにはそれをする暇がない | Die Giraffe *hat* einen langen Hals. キリンは首が長い | Das Haus *hat* zwei Eingänge. その家には入口が二つある ‖ In dem Geschäft *haben* sie jetzt auch Lederwaren. その店ではこんど革製品も扱うようになった | *Haben* Sie frische Eier? (食料品店で)新鮮な卵ありますか ‖ (非人称) Ihn *hat* es. 彼はどうかしている.

b) (…の)性質〈状態・事情〉を備えている: keinen Anstand ～ 礼儀を知らない | ein gutes Gedächtnis ～ 記憶力がいい | eine kernige Gesundheit ～ きわめて健康である | Kenntnisse ～ 知識を備えている | Talent ～ 才能がある | Vorzüge ～ いろいろ長所を備えている | recht ～ 正しい ‖ Dieses Ereignis *hat* seine Bewandtnis 〈seinen Grund〉. この事件にはそれなりの事情〈理由〉がある | keinen Sinn ～ 無意味である.

c) 《es, nichts などを目的語とする言い回しで》**es** dicke ～ 《話》金〈物〉持ちである | Er *hat* es so an sich[3], immer erst zu widersprechen. いつもまず反対するのが彼の性分だ | es in *sich*[3] ～ (見かけ以上に)たいした〈なかなかの〉ものである, 侮れない, 手ごわい | Wir *haben*'s ja! そのくらいのお金はあるさ | Er *hat* 〔so〕 **etwas** an sich[3], das ihm alle Herzen zufliegen läßt. 彼にはみんなの心をひきつけるだけのものがある | etwas für *sich*[4] ～ それなりの取柄がある | etwas gegen *jn.* 〈*et.*[4]〉 ～ …をいやがっている | etwas mit *jm.* ～ …と恋愛関係にある | **nichts** ～ 無一物である | Das *hat* 〈Damit *hat* es〉 nichts auf sich[3]. それは取るに足らないことだ | **Was** *hat* es damit auf sich[3]? それにどんな意義があるのか ‖ Wer *hat*, der *hat*. 《諺》預かり物は自分の物(現物を押えている側が所有権者よりも強い) | 〔**was**〕 ***haste* was kannste** / *hast* du, was kannst du 大急ぎで | Er ist 〔was〕 *haste* (＝hast du) was kannste (＝kannst du) davon gelaufen. 《話》彼は一目散に逃げ去った | ***haste* was, biste was** / *hast* du was, bist du was 《話》金持ちは尊敬される.

d) (enthalten) (…)からなる: Ein Meter *hat* hundert Zentimeter. 1メートルは100センチである | Die Stadt *hat* 30 000 Einwohner. この町の人口は3万である(→a).

e) (wiegen) (…の)目方をもつ: Der Fisch *hat* wenigstens fünf Pfund. この魚は目方が少なくとも5ポンドある.

3 《自分の意志によらない受動的行為・状態》

a) 与えられている, 付与されている, 負わされている: einen Auftrag 〈eine Aufgabe〉 ～ ある依頼を受けて〈課題を与えられて〉いる | Er *hat* viel Arbeit. 彼はなすべき仕事をたくさんかかえている | die Berechtigung 〈die Erlaubnis〉 zu *et.*[3] ～ …をする権限〈許可〉を与えられている | *Haben* Sie Dank! 感謝をお受けください, ありがとう存じます | Das *hat* jetzt ein Ende. それはもう終わりにしなければならない | Das *hat* keine Eile. それは急ぐには及ばない | einen Titel ～ ある称号を与えられている | die Verantwortung ～ 責任を負わされている | den Vorrang ～ 優先権を与えられている | Zeit ～ 時間〈暇〉がある ‖〖由来を示す語句と〗Woher *hast* du das Geld? そのお金はどこでもらったのか | Das *habe* ich von meiner Mutter. それは母からもらった〈遺伝した〉ものです(→c).

‖〖**zu** 不定詞〔句〕と: →sein[1] I 4〗ein Buch zu lesen ～ i) 本を1冊読まなければならない; ii) 読む本が1冊ある | Wir *haben* noch zwei Zimmer zu vermieten. まだ二部屋貸せます〈貸さねばならない〉(＝Noch zwei Zimmer sind zu vermieten.) | Kinder *haben* zu schweigen (＝müssen schweigen), wenn Erwachsene sprechen. 大人が話しているときには子供は黙っていなければならない | Er *hat* noch zu arbeiten. 彼はまだ仕事がある | Schulden zu bezahlen ～ 借金を支払わねばならない | noch drei Kilometer 〔zu gehen〕 ～ まだ3キロ歩かねばならない | noch eine Stunde bis Hamburg 〔zu fahren〕 ～ ハンブルクまではまだ1時間乗らなければならない | *Haben* Sie weit von hier 〔zu gehen〕? そこはここからまだ遠いのですか ‖ Er *hat* dafür zu sorgen, daß ... 彼は…となるよう配慮しなければならない | Wir *haben* nichts 〈es〉 mit ihm zu tun. 我々は彼と何のかかわりもない〈かかわりがある〉 ‖ Ich *habe* nichts zu essen. 私は食べる物が何もない | Wir *haben* nichts zu verlieren. 我々は失うものは何もない | Das *hat* viel zu bedeuten. それはたいへん意味のあることである | Ich *habe* ihm nichts zu sagen. 私は彼にとやかく言うべき筋合いではない | Sie *hat* etwas gegen ihn 〔zu sagen〕. 彼女は彼に含むところがある.

‖〖gut reden haben などの形で成句的に〗Er *hat* gut reden 〈lachen〉. 彼は何とでも言える〈笑っていられる〉(→gut 6 a).

‖ (非人称) Damit *hat* es noch gute Weile. それにはまだたっぷり時間がかかる | Es *hat* keine Eile. 急ぐ必要はない.

b) (病気などに)かかっている, 取りつかれている, (…を)しょいこんでいる: eine Erkältung ～ かぜをひいている | die Grippe ～ 流感にかかっている | Fieber ～ 熱がある | Husten ～ せきが出ている〈止まらない〉 ‖ Was *hast* du? どこか悪いのですか, どうしたのですか ‖〖es と〗es an 〈auf〉 der Lunge ～ 肺を病んでいる | es im Magen 〈Knie〉 ～ 胃〈ひざ〉の具合が悪い ‖ Ich *habe* kalt. 《方》私は寒い(→Mir ist kalt.).

c) 《話》〔聞いて〕知っている; 〔すでに〕経験している; (学校などで)教えられる: *et.*[4] aus der Zeitung ～ …のことを新聞で読んで知っている | Ich *habe* es von ihm. そのことは彼から聞いて知っています | Ich *habe* diese Geschichte von einem Japaner. この話はある日本人から聞いたものだ | Das haben wir alles schon *gehabt*. そういうことは全部わかっている(経験ずみである) | Wir haben in der Schule Latein *gehabt*. 私たちは学校でラテン語を教わった | Wir *haben* jetzt die französische Revolution in der Schule. 今授業でフランス革命を勉強している ‖ **wie gehabt** これまでと同じように, 従来どおり | Wie *gehabt* mußte ich wieder lange warten. 例によって私は長時間待たされた.

d) (spüren) 感じる, 心に抱く: Angst vor *et.*[3] ～ …に恐れを抱く | Durst ～ のどが渇く | 〔*seine*〕 Freude an *et.*[3] ～ …をうれしがる | Hunger ～ 空腹を感じる | Schmerzen ～ 痛みを感じる | Sorgen ～ 心配する | Zweifel ～ 疑惑をもつ.

H

4 a) (bekommen) 手に入れる, 手中におさめる(→2 a): Kann ich dieses Buch ~? この本は手にはいる〈いただける〉でしょうか | **zu ~ sein** 買う〈手に入れる〉ことができる | Dieser Artikel ist jetzt überall zu ~. この品物は今ではどこででも入手できる | Körperschönheit ist etwas, was nicht käuflich zu ~ ist. 肉体の美しさは金では買えないものだ | Sie ist noch zu ~.《話》彼女はまだ決まった相手がいない | Sie ist gut zu ~. 彼女は扱いやすい | Hier *hast* du zwei Mark. ここに2マルクあります〔持って行きなさい〕 | Kann ich eine Tasse Kaffee ~? コーヒーを1杯いただけますか ‖ *Haben* Sie den Dieb schon? どろぼうはもう捕まえましたか | Ich *hab*'s!《話》あったぞ; (答えが)わかったぞ | Da *haben* wir's. やれやれ思ったとおりだ | Da *hast* du's! そらあげるよ;《話》ほらみたことか ‖〖前置詞と〗*jn.* **für** *sich*⁴ ~ …を味方に引きこんでいる | Er ist für alles zu ~. 彼は何にでも賛成してくれる | Für einen Kognak bin ich immer zu ~. コニャックになら私はいつでもとびつく | Für die Musik ist sie nicht zu ~. 音楽には彼女は興味がない | *jn.* **zur** Frau ~ …を妻にする | *jn.* zum besten 〈zum Narren〉 ~ …をばか扱いする.
b)《俗》《*jn.*》(…と)寝る: ein Mädchen ~ 女の子と寝る.
5《存在を表す sein〔の非人称表現〕に対応する言い回しで》**a)** (…)である,(…)がある: Wir *haben* heute schönes Wetter. きょうはよい天気だ(=Es ist heute schönes Wetter.) | Wir *haben* heute Sonntag. きょうは日曜日だ(=Heute ist Sonntag.) | Wir *haben* jetzt Sommer. 今は夏だ | Den wievielten *haben* wir heute?－Wir haben den 2. November. きょうは何日ですか－11月2日です ‖ In Hamburg *hat* man jetzt Nebel. ハンブルクでは目下霧がかかっている | Da *haben* wir den See! そら湖が見えてきたぞ | Gott *hab* ihn selig! 神の助けで彼が天国の救いにあずかりますように | Er kann es nicht ~, daß ... …ということは彼には耐えられないことだ〈ありえないことだ〉 ‖〖非人称の es を目的語として〗Hier *hat* man **es** bequem. ここは快適である | Wir haben es gut *gehabt*. 私たちは暮らしが楽だった | Ich *habe* es eilig. 私は急いでいます | es nicht leicht ~ なかなか大変である | Ich *habe* es im Büro nötig. 事務所に用事がある | es satt ~ あきあきしている | Hier *hat* man es warm. ここは暖かい | So will er es ~. そうするのが彼の意向だ.
b)《過去分詞とともに用いられて〔完了形とも解し得る形式で〕》…してある: Wir *haben* den Laden heute bis 8 Uhr geöffnet. 私どもの店はきょうは8時まで開店しています(=Unser Laden ist heute bis 8 Uhr geöffnet.) | Er *hat* seinen Namen in Marmor gemeißelt 〔an der Tür〕. 彼は代理石に名を彫りこませた表札を用いている(=Sein Name ist in Marmor gemeißelt).
6《haben 本来の意味が希薄化して, 目的語の名詞のほうが述語の意味をになう言い回しで》…する:〖動作名詞と〗Sie *hat* die Absicht, ihn zu besuchen. 彼女は彼を訪ねるつもりでいる | keine Ahnung davon ~ それについて全く知らない | Es *hat* den Anschein, als ob ... まるで…であるかのように見える | eine Aussprache mit *jm.* ~ …と話し合いをする | ein Einsehen ~ 理解がある, 斟酌(しんしゃく)する | Erfolg ~ 成功する | Wir *haben* die Hoffnung, ihn wiederzusehen. 彼と再会することを期待している | mit *jm.* Nachsicht ~ …のことを大目に見る | Du *hast* die Verpflichtung, den Auftrag auszuführen. 君は指令を遂行する義務がある | mit *jm.* Streit ~ …と争う | Wir *haben* die Überzeugung, daß ... 私たちは…ということを確信している | kein Verständnis für *et.*⁴ ~ …に対して全く理解をもたない | Wir *hatten* die Vorstellung, daß ... 私たちは…と考えていた | Ich *hatte* den Wunsch, dich zu besuchen. 君を訪ねたいと思っていた ‖〖状態を表す抽象名詞と〗Ähnlichkeit mit *jm.* ~ …と似ている | *Haben* Sie die Güte 〈die Freundlichkeit〉, das Fenster zu schließen! すみませんが窓を閉めていただけるでしょうか ‖〖副詞と〗Ich *habe* ihn gern. 私は彼が好きだ ‖〖完了の助動詞としての用法に近い用法で: →5〗*et.*⁴ fertig 〈weg〉 ~ …をすませる〈片づける〉 | die Seite herunter ~ 1ページを書き〈読み〉終わる | ein Buch durch ~ 本を読み終える.
7 a) (再帰) *sich*⁴ 〔mit *jm.*〕 in den Haaren ~ 〔…と〕激しく争う, はでにやりあう | Gestern haben sich die beiden wieder *gehabt*. 二人はきのうまたもやけんかした.
b) (再帰) *sich*⁴ ~ もったいぶる, 気取る; 大げさに騒ぐ: *Hab* dich nicht so! そんなにもったいぶるな.
c) (再帰・非人称) Es *hat* sich. 事は終わった | Damit *hat* sich's auch. 話はこれで終わりだ ‖〔Es〕 ***hat*** **sich was!** 問題にならん, そんなばかなことがあるものか.
d)《南部・オーストリア・スイス》(非人称)《es hat *et.*⁴ 〈*jn.*〉》(…が)存在する, ある(=es gibt *et.*⁴) | Hier *hat*'s viel〔e〕 Bäume. ここは樹木が多い | Dieses Jahr *hat* es viele Äpfel. 今年はリンゴがよくとれた.

★ haben と bekommen の関係: →bekommen I ★ ii

II《助動詞として》**1**《すべての他動詞および一部の〔継続相の〕自動詞の過去分詞とともに用いられて完了時称を構成する: →sein¹ II》…した, …してしまう, …し終わった状態にある: Er *hat* den Brief gelesen. 彼は手紙を読み終わっている | Er *hat* sich geeilt. 彼は急いだ | Wir *haben* gut geschlafen. 私たちは十分眠りが足りている | Die Rose *hat* nur kurz geblüht. バラはわずかの期間しか咲かなかった | Wir *haben* in der Schule Latein gehabt. 私たちは学校でラテン語を習った ‖ *Hast* du gestern ins Kino gehen dürfen?－Ja, ich *habe* es gedurft. きのうは映画を見に行ってもよかったのかい－うんよかったんだ | Ich *habe* nicht kommen können. 私は来られなかった.
‖〖完了の不定詞〔句〕をつくって〗Er kann 〈muß〉 den Brief gelesen ~. 彼はその手紙を読んだかもしれない〈読んだに違いない〉 | Er will dich gesehen ~. / Er behauptet, dich gesehen zu ~. 彼は君を見たと言い張っている | Es soll fünf Tote gegeben ~. 死者が5人出たとのことである | Sie wird jetzt schon den Brief gelesen ~. 彼女は今ごろもうその手紙を読んでしまっているだろう | In einer halben Stunde werde ich den Brief geschrieben ~. 半時間で手紙を書き終わります(=In einer halben Stunde *habe* ich den Brief geschrieben.) ‖ Ich will damit nicht gesagt ~, daß ... こう言ったからといって…ということが言いたいのではない | Das möchte ich dir auch geraten ~. その事を実際また君に忠告しておきたいと思う.
‖〖接続法による間接引用文で, 過去の出来事を表して〗Er erzählte, daß er damals in Berlin gewohnt *habe* 〈*hätte*〉. 彼は当時ベルリンに住んでいたと語った ‖〖接続法IIの形で, 実現しなかった過去の事や願望を表して〗Wenn ich gestern Zeit gehabt *hätte, hätte* ich Sie besucht 〈würde ich Sie besucht ~〉. / Ich *hätte* Sie besucht, aber ich hatte gestern keine Zeit. もしきのう暇があったらお訪ねしたでしょうに | *Hätte* er doch diesen Fehler nicht gemacht! 彼がこんな間違いをしなかったらよかった | Was du mir auch gegeben *hättest, hätte* ich diese Arbeit nicht getan. 君が何をくれたって私はこの仕事をしなかったろう | Er *hätte* die Prüfung beinahe nicht bestanden. 彼はあやうく試験に落ちるところだった | Daran *hätte* ich nie geglaubt. そんなことは(前には)夢にも信じなかったろう〈全く思いがけないことだ〉 | Das *hättest* du gleich sagen sollen 〈können〉. 君はそのことをすぐに言うべきであった〈言うことができた〉のに ‖ Ich *hätte* ihn gern besucht. 私は彼を訪問したかったのだが | Ich *hätte* gerne gewußt, ob ...《話》私は…かどうかを知りたいのだが.
2《外形は完了形であるが, 過去分詞が述語形容詞の性格を持つ場合》**a)** Er *hat* seinen Namen in Marmor gemeißelt.(→I 5 b).
b)《話法の助動詞とともに用いられて一種の受動表現となる: →bekommen I 1 a ②》Ich will 〈möchte〉 das rechtzeitig mitgeteilt ~. 私はそのことを手遅れにならないうちに知らせてもらいたい((参考) Ich bekam das rechtzeitig mitgeteilt. 私はそのことを手遅れにならないうちに知らせてもらった) | Ich will das Manuskript gedruckt ~. この原稿を印刷してほしい | Gekocht will ich die Eier ~. 卵はゆでてもらいたいのだ.

☆ i) 自動詞のうち完了相のものや場所の移動を表すものなど

が sein 支配となるが, 同一の動詞の完了形において haben 支配と sein 支配の両方が見られる場合がある. すなわち:

ⓐ 緩やかな状態の変化などを表す自動詞では, いずれかに確定していない場合がある: Er *ist* 〈*hat*〉 gealtert. 彼は年をとった.

ⓑ 場所の移動に視点が向けられている場合 (sein 支配)と動作そのものに視点が向けられている場合 (haben 支配)で使い分けられる場合がある: Er *ist* über den See gesegelt. 彼はヨットで湖を渡った | Er *hat* den ganzen Tag gesegelt. 彼は一日じゅうヨット乗りをしていた.

ⓒ 地域差のある場合がある:《北部》Ich *habe* in der Sonne gelegen. /《南部》Ich *bin* in der Sonne gelegen. 私は日光浴をした.

ii) 過去形と完了形の時間的前後関係:

ⓐ 過去と現在完了の間には時間的前後関係はない: Als wir vor zwei Jahren in Norwegen *waren, hat* es unaufhörlich *geregnet.*「私たちが2年前にノルウェーにいたときは雨がひっきりなしに降ったものだ」—しかし過去は単なる思い出の出来事として表現するのに対し, 現在完了は Es *hat geschneit!*「雪が降ったぞ(一夜のうちに積もった雪景色を見たときなど)」のように, 具体的結果が現在に残っている場合のほか, 話者が心情的に現在の自分と関係づけて表現する場合に用いられる.

ⓑ 過去完了は過去よりも一つ前のことを表すのに用いられることが多い(大過去)が, 時間の前後関係とは関係なく事柄の完了だけを表すのに用いられることがある: Wir *hatten* die Arbeit bereits erledigt, als er uns besuchte. 私たちは彼が訪ねてきたときには仕事を終えてしまっていた | Wir gingen damals solange, bis wir Wasser gefunden *hatten.* そのとき私たちは水が見つかるまで歩き続けた.

ⓒ まれに, 過去完了で表された出来事より一つ前の出来事を表現するために二重の完了形が用いられることがある: Als sie nach Hause kam, war er wieder zurückgekommen. Er *hatte* zwei Monate lang im Krankenhaus gelegen *gehabt.* 彼女が帰宅したとき彼はまた戻って来ていた. 彼は〔それまでに〕2か月間の入院を終えていたのだった.

Ⅲ Ha̱·ben 中 -s/ (↔Soll)〘商〙貸し〔高〕;〘簿〙貸方(複式簿記の右の欄): Soll und ~ 借方と貸方, 支出と収入. [*germ.*; ◇heben, Habicht; *engl.* have]

Ha̱·be·nichts[há:bənıçts] 男 -〔es〕/-e 一文なし, すかんぴん: Baron 〈Herr〉 von ~《戯》(台所が火の車の)見えっぱりお大尽(だいじん). [*mhd.*]

Ha̱·ben·sei·te[há:bən..] 女〘商〙(帳簿の)貸方.

ha̱·bent su̱a fa̱·ta li·be̱l·li[há:bɛnt zú:a· fá:ta· libɛ́li·]《ラテ語》(Bücher haben ihre Schicksale) 本にもそれぞれの運命〈人気の浮き沈み〉がある. [◇Libell]

Ha̱·ben·zin·sen[há:bən..] 複 (↔Sollzinsen)〘商〙貸方利息.

Ha̱·ber¹[há:bər] 男 -s/ 《南部》= Hafer [*germ.* „Bock〔skorn〕"; ◇*gr.* kápros „Eber"; *engl.* haver]

Ha̱·ber²[–] 人名 Fritz ~ フリッツ ハーバー(1868-1934; ドイツの化学者. 1918年ノーベル化学賞を受賞).

Ha̱·be·recht[há:bərɛçt] 男 -〔e〕s/-e 独善家, 常に自説を正しいとする人. [<(ich) habe recht]

Ha̱·be·rer[há:bərər] 男 -s/-《オーストリア》《話》(Verehrer) 賛美〈心酔〉者, ファン; (Kumpan) 相棒, なかま. [*jidd.*]

Ha̱·ber·feld·trei·ben[há:bər..] 中 -s/-《南部》(農民の)民衆裁判. [<Haber-fell „Bocks-fell" (◇Haber¹); 罪人にヤギの皮を着せて引き回したことから]

Ha̱·ber≠geiß 女《南部》**1** 幽霊, 夜の怪物. **2** 畑の最後の穀束(魔神が宿るとされる). **3** (Bekassine)〘鳥〙タシギ(田鷸). **4** うなり独楽(ごま). ≠**sack** =Hafersack

Ha̱b·gier[há:pgi:r] 女 -/ 貪欲(どんよく), 強欲, 所有欲: in *seiner* ~ 強欲にかられて.

ha̱b·gie·rig[..gi:rıç]² 形 貪欲(どんよく)〈強欲〉な, 所有欲の強い: ~*e* Augen もの欲しそうな目.

ha̱b·haft[há:phaft] 形 **1**《ふつう次の形で》《雅》*js.* 〈*et.*²〉 **~ werden** …を捕らえる〈入手する〉| Die Polizei konnte des Verbrechers nicht ~ werden. 警察は犯人を捕らえられなかった. **2**《方》(schwer)(食物が)こってりした. [*mhd.*; ◇Habe]

Ha̱·bicht[há:bıçt] 男 -s/-e 〘鳥〙オオタカ(蒼鷹). [*germ.* „Fänger"; ◇haben; *engl.* hawk]

Ha̱·bichts≠au·ge 中 (タカのような)鋭い目. ≠**kauz** 男〘鳥〙フクロウ(梟). ≠**kraut** 中 -〔e〕s/〘植〙ヤナギタンポポ(柳蒲公英)属. ≠**na̱·se** 女 かぎ鼻, わし鼻. ≠**pilz** 男, ≠**schwamm** 男〘植〙シシタケ(猪茸).

ha·bi̱l[habí:l] 形 (gewandt) 熟練した, 有能な, 巧みな, すばしこい; 適した. [*lat.* habilis „handlich"–*fr.*; <*lat.* habēre „halten"]

habil. →Dr. *habil.*

Ha·bi·li·ta̱nd[habilitánt]¹ 男 -en/-en 大学教授資格取得志願者. [*mlat.*]

Ha·bi·li·ta·tio̱n[..tatsió:n] 女 -/-en **1** 大学教授の資格〔の取得〕. **2** =Habilitationsschrift [*mlat.*]

Ha·bi·li·ta·tio̱ns·schrift 女 Habilitation 1のための論文.

ha·bi·li·tie̱·ren[habilití:rən] 他 (h)《*jn.*》(…に)大学教授の資格を与える: 再帰 *sich*⁴ 〔in Anglistik〕~ 〔英文学の〕教授の資格を得る. [*mlat.* habilitāre „fähig machen"]

Ha·bi̱t[habí:t, ..bít; オーストリア: habít, há:bıt] 男 中 -s/-e **1** 修道服, 僧服, 法衣(→ 図 Mönch); 法服. ᵛ**2**《戯》〔妙な〕衣装, 服. [*lat.* habitus–*fr.*]

Ha·bi·ta̱t[habitá:t] 中 -s/-e〘生〙生息場所, すみ場〔所〕. [*lat.*; <*lat.* habitāre „bewohnen"]

Ha·bi·tua·tio̱n[habituatsió:n] 女 -/-en 習慣化; (薬などの)常用化, 慣れ. [*engl.*]

Ha·bi·tué[(h)abityé:] 男 -s/-s《オーストリア》(Stammgast) 常連, 得意客. [*fr.*]

ha·bi·tue̱ll[habituɛ́l] 形 習慣〈常習〉的な; 通例の, いつもの;〘心〙習慣性の: ~*e* Krankheiten 持病. [*fr.*]

Ha̱·bi·tus[há(:)bitʊs] 男 -/ **1** 外見, 外貌; しぐさ, 振舞;〘生〙体型. **2**〘医〙〔特異〕体質. **3** 習性, 気質. [*lat.*; <*lat.* habēre „〔an sich〕 haben"; ◇habil]

ha̱b·lich[há:plıç] 形 **1**《スイス》(wohlhabend) 金持ちの, 富裕な. ᵛ**2** 財産に関する. [*mhd.*; ◇haben]

die **Ha̱bs·burg**[há:psbʊrk; スイス: –, háps..] 女 -/ ハープスブルク(スイスの Aargau にあるハープスブルク家の居城). [<*mhd.* habech „Habicht"]

Ha̱bs·bur·ger[..bʊrgər] **I** 男 -s/- ハープスブルク家の人(ドイツの王侯および皇帝の家系で, Aargau の領主から出て, カール五世〔1500-58〕のとき最盛期に達したが,1740年に男系が絶え, Habsburg-Lothringen 家となって存続. 1918年オーストリア皇帝カール一世〔1887-1922〕が退位して消滅). **II** 形《無変化》ハープスブルク〔家〕の.

ha̱bs·bur·gisch[..gıʃ] 形 ハープスブルク〔家〕の.

Ha̱b·schaft[há:pʃaft] 女 -/-en (Habe) 財産, 所有物.

Ha̱b·se·lig·keit[..ze:lıçkaıt] 女 -/-en《ふつう複数で》こまごました全財産, がらくた. [<Habe+..selig²]

Ha̱b·sucht 女 -/ =Habgier

ha̱b·süch·tig[..zʏçtıç]² =habgierig

Ha̱bt·a̱cht·stel·lung[ha:pt|áxt..] =Habachtstellung [<habt acht!]

Ha̱b und Gu̱t[há:p ʊnt gú:t] 中 ---〔e〕s/ 全財産: *sein* ~ verlieren 全財産を失う. [<Habe]

hach[hax] 間 (驚きを表す)おや, あっ.

Ha·ché[(h)aʃé:] 中 -s/-s=Haschee

Ha̱·chel[háxəl] 中 -s/-; 女 -/-n《オーストリア》野菜削り器.

ha̱·cheln[háxəln]《06》他 (h)《オーストリア》(野菜を)削る. [<Hechel]

Ha̱ch·se[háksə] 女 -/-n **1**〘料理〙(豚・子牛などの)すね肉(→ 図 Rind). **2**《話》足. [*ahd.*; ◇hangen, Sehne; 肉をつるすのに腱(けん)をかぎなどにひっかけたことから]

Hacht[haxt] 男 -〔e〕s/-e《南部》=Habicht

Hack¹[hɛk, hæk] 男 -〔s〕/-s ハクニー(英国産の小型の乗用馬). [*engl.* hackney]

Hack²[hak] **I** 中 -s/ **1**《北部》(Hackfleisch) ひき肉. **2**《ふつう次の形で》~ und Mack がらくた, いんちきもの; 賤民(せんみん). **II** 男 -〔e〕s/-e (おのなどの)打撃, 打ち下ろし.

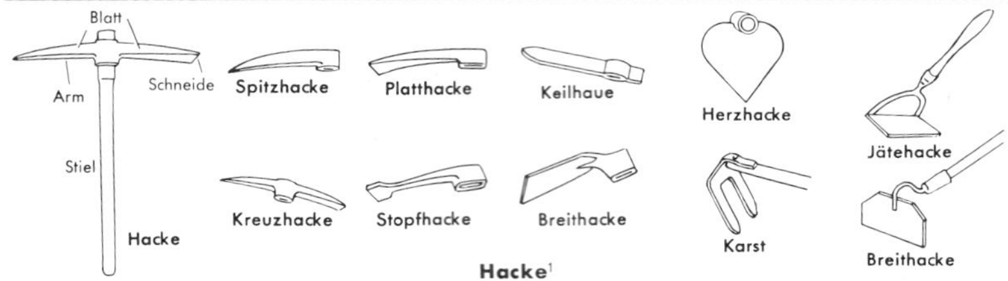

Hacke[1]

Hack≈bank[hák..] 女 -/..bänke 肉屋のまないた, 肉切り台. **≈bau** 男 -(e)s/ くわによる耕作, 耨耕(どうこう). **≈beil** 中 なた, 手おの; 肉切り包丁. **≈block** 男 -(e)s/..blöcke = Hackklotz **≈bra·ten** 男〘料理〙ミートローフ. **≈brett** 中 **1** まないた(→ 図 Küche). **2**〘楽〙ツィンバロン(中世の打弦楽器).

Hạcke[1][hákə] 女 -/-n **1 a)** くわ, 根掘りぐわ, つるはし(→ 図): den Boden mit der ～ bearbeiten 土地をくわで耕す ‖ der ～ einen Stiel finden《比》対策を講じる. **b)**《オーストリア》(Beil, Axt) おの. **2** くわで耕すこと〈時期〉. [*mhd.*; ◇hacken]

Hạcke[2][–] 女 -/-n **1** (Ferse) かかと; 靴のかかと; 靴下のかかと部(→ 図 Strumpf): die ～*n* zusammenschlagen (靴のかかとを打ち合わせて)直立不動の姿勢をとる | die ～*n* zusammenreißen《比》力を尽くす, 骨折る | **sich**[3] **die ～*n* nach *et.***[3] **ablaufen 〈abrennen〉** 足を棒にして…をさがし求める | die ～*n* voll haben / einen im ～*n* haben《方》酔っぱらっている ‖ ***sich***[4] **an *js.* ～*n* hängen 〈heften〉**《比》…にうるさくつきまとう | ***jm.* auf** die ～*n* treten (あやまって)…のかかとにつまずく;《比》…を尾行する | ***jm.* (dicht) auf den ～*n* sein 〈sitzen / bleiben〉** …を追跡中である;《比》(仕事・業績などで)もう少しで…に追いつく | *sich*[4] auf die ～*n* machen 逃げ出す ‖ ***jm.* nicht von den ～*n* gehen** …にうるさくつきまとう. **2** (馬の)くるぶしの関節(→ 図 Pferd A). **3** (船の)かじの末端; (台・柱などの)下端. [*mndd.*]

hạ̈cke·lig[hɛ́kəlɪç][2] 形《中部》不ぞろいの, 不規則な; 扱いにくい. [< heikel]

Hạckels·lạd[hákəlsla:t][1] 女 -/-en《南部》(昔の)わら刻み機, 押し切り. [< Häcksel+Laden]

Hạckel·werk 中 柵(さく), 逆茂木(さかもぎ), 鹿砦(ろくさい), 木の枝などで作ったバリケード. [„behacktes Buschwerk"; ◇Hecke[1]]

Hạcke·mack[hákəmak] 男 -s/-s がらくた; 混乱; おしゃべり; 賤民(せんみん). [< Hack und Mack „Gehacktes und Gemengtes"]

hạcken[hákən] **I** 他 (h) **1** (英: *hack*) (おので)たたき切る, 割る; (肉・玉ねぎなどを)みじんに切り刻む: *jn.* in *et.*[4] ～ (おのなどで)…の…を傷つける | die Bank zu Kleinholz ～ ベンチをおので割って薪(まき)にする | Holz ～ 薪割りをする | Holz auf *sich*[3] ～ lassen (→Holz 1 b) ‖ *gehacktes* Fleisch / das *Gehackte* ひき肉 ‖ 再帰 *sich*[4] in den Finger ～ おので指にけがをする. **2** (くわ・つるはしで土などを)掘り起こす〈返す〉; 掘って(…を)作る: das Beet ～ 花壇を掘り返す | eine Grube ～ 溝を掘る. **3** 《*jn.* in *et.*[4]》(…の…を)くちばしでつつく.

II 自 (h) **1** (くわ・つるはしで)土を掘る, 地面を耕す: im Garten ～ (くわ・つるはしを使って)庭仕事をする | aufs 〈auf dem〉 Klavier ～《比》ピアノを乱暴にたたく. **2** 《*jm.* in *et.*[4]》(おのなどで…の…を)傷つける: Ich habe mir in den Finger *gehackt.* 私はおので指にけがをした. **3** くちばしでつつく: Die Henne *hackte* nach ihm 〈seiner Hand〉. めんどりは彼〈彼の手〉をつついた | *jm.* ins Auge ～ …の目をくちばしでつつく. **4**〘スポ〙ラフプレーをする.

III Ge·hạck·te → 別出

[*westgerm.*; ◇Hechel, Haken; *engl.* hack]

Hạcken[hákən] 男 -s/- = Hacke[2]

Hạcke·pe̱·ter[hákə..] 男 -s/《北部》〘料理〙ひき肉; タルタルステーキ: **aus *jm.* ～ machen**《戯》…をさんざんに打ちのめす. [< hacken+Peter]

Hạcker[1][hákər] (**Hạ̈cker**[hɛ́kər]) 男 -s/- **1**《南部》ぶどう畑の労働者. ▽**2** 小農, 小作農.

Hạcker[2][hákər, hǽkə] 男 -s/-s ハッカー(コンピューター・システムへの不法侵入者). [*engl.*]

Hạ̈cker·ling[hɛ́kərlɪŋ] 男 -s/ **1** = Häcksel **2** がらくた. [< hacken]

Hạck≈fleisch[hák..] 中 ひき肉: **aus *jm.* ～ machen**《戯》…をさんざんに打ちのめす | Aus dir mache ich ～!《俗》ひどいめにあわせてやるぞ. **≈frucht** 女 -/..früchte《ふつう複数で》畑野菜(キャベツ・いもなど. 栽培中に地面を hacken しなければならないところから). **≈klotz** 男 肉〈骨〉切りまないた; 薪(まき)割り台(→ 図 Block). **≈ma·schi̱·ne** 女 **1** 肉ひき機. **2** (パルプ用の)砕木機. **3**〘農〙耕耘(こううん)機. **≈mes·ser** 中 肉切り〔出刃〕包丁(→ 図 Messer); 大型ナイフ, なた. **≈ord·nung** 女 (ニワトリが自分よりも弱い立場にある仲間をくちばしでつついて, えさ場から追い払うことから)強者による弱者支配の社会秩序. [< hacken]

Hacksch[hakʃ] 男 -es/-e 雄豚, イノシシの雄;《比》猥談(わいだん)好きの人. [< hacken]

Hạ̈ck·sel[hɛ́ksəl] 中 男 -s/ 刻みわら: **～ im Kopf haben**《話》大ばかである. [< hacken]

Hạ̈ck·sel≈bank 女 -/..bänke わら刻み台. **≈ma·schi̱·ne** 女 わら刻み機. **≈sieb** 中 刻みわら用の篩(ふるい).

Hạck≈sil·ber[hák..] 中 割り銀(中世の通貨). **≈stock** 男 -(e)s/..stöcke《オーストリア》= Hackklotz

Hạck·wald·wirt·schaft 女 -/〘林・農〙矮林(わいりん)経営, 林間農耕〈農業〉.

Ha̱·der[1][há:dər] 男 **1** -s/-n《南部・オーストリア》(Lumpen) ぼろ, くず;《複数で》(製紙用)くず布. **2** -s/-《中部》布切れ, ぞうきん. [*ahd.* hadara „Schafpelz"; ◇Cento, Hudel]

Ha̱·der[2][–] 男 -s/ (Streit) 争い, 論争, 口論, けんか: mit *jm.* in ～ leben 〈liegen〉 …と不和である. [*germ.* „Kampf"]

Ha̱·de·rer[há:dərər] (**Ha̱d·rer**[..drər]) 男 -s/- **1** けんか好き, 口論家. **2** イノシシの牙(きば).

Ha̱·der≈lump[há:dər..] 男《南部・オーストリア》浮浪者, ルンペン. **≈mann** 男 -(e)s/..leute《南部》ぼろくず屋, くず拾い.

ha̱·dern[há:dərn] 《05》自 (h) **1** 《mit *jm.*》(…と)争う, 口論〈論争〉する, けんかする; さからう, たてつく. **2** 《mit *et.*[3]》(…に)不満を抱く: mit *seinem* Schicksal ～ 運命に不満を抱く, 運命を恨む. [*mhd.*; ◇Hader[2]]

Ha̱·dern≈pa·pier 男 ラグペーパー(綿・亜麻繊維を含む上質紙). **≈schnei·der** 男 ぼろ切断〈裁断〉機. [< Hader[1]]

ha̱·der·süch·tig[..zʏçtɪç][2] 形 けんか〈論争〉好きの.

Ha̱·des[há:dɛs]〘ギ神〙 **I** 人名 ハデス(死者の国の支配者: →Pluto I). **II** 男 -/ 死者の国, 冥界(めいかい)(→Orkus II). [*gr.*]

Ha̱d·rer = Haderer

Ha·dri̱an[1][hadriá:n; オーストリア: há:dria:n] 男名 ハドリアーン.

Ha·dri̱an[2][–] 人名 ハドリアヌス(76-138; ローマ帝国第14代の皇帝). [*lat.*]

ha̱d·rig[há:drɪç][2] 形《南部》けんか好きの, 口うるさい. [< Hader[2]]

Ha̱·dschi[há:dʒi·] 男 -s/-s **1**〘イスラム教〙メッカ巡礼者. **2**〘キリスト教〙エルサレム巡礼者. [*arab.*; < *arab.* hāğğ „Pilgerfahrt"; ◇*engl.* ha(d)ji]

Haeckel[hɛ́kəl] 人名 Ernst ～ エルンスト ヘッケル(1834–

H

1919; ドイツの動物学者・哲学者. 生態学 Ökologie の提唱者).

Haer·bin[xā-ʌ́rbīn] ＝Harbin

Hä·fe·li·abend[hɛ́:fəli..] 男《方》ピクニック.

Ha·fen[1][há:fən] 男 -s/Häfen[hɛ́:fən] (英: *harbor*) 港, 港湾;《比》避難〈安息〉所, 目的地: ein eisfreier ～ 不凍港 | Kriegs*hafen* 軍港 | der Londoner ～ / der ～ in 〈von〉 London ロンドン港 ‖ in einen ～ einlaufen 入港する | **in den ～ der Ehe einlaufen / im ～ der Ehe landen**《戯》結婚する | **in den letzten ～ einlaufen**《話》死ぬ | im [sic..rn] ～ sein 安全である | aus einem ～ auslaufen ... ‖ einen ～ anlaufen 寄港する | **den ～ d... euern**《戯》結婚をめざす. [*mndd.*; ...

...Häfen[hɛ́:fən] **1**《南部》(大きな)なべ, ... **3**〘工〙(ガラス用の)るつぼ. [„Be...n, Hafner]

... **1**《ｵｰｽﾄﾘｱ》＝Hafen[2] 1 **2** (Ge...

...

女 -/-n《ふつう複数で》港...所, 港務局. ≈**an·la·ter** 男 港湾労働者. 女 港内航路標識. ...). ≈**becken** 中 ＝Hafenamt ...話》(Häftling)

...(ぇ); 防波 ...gäste 港 ...-[e]s/ ...än 男 ...nei·... 湾

うと呼ばれて食用となる: →Bocksbart 2).

Haff[haf] 中 -[e]s/-s, -e (砂州などで海から隔てられてできた)ラグーン, 潟(ｶﾀ) (→ 図 Küste). [*mndd.* haf „Meer“; ◇Hafen[1]]

Ha·fis[há:fɪs] 人名 ハーフィズ(1327頃-90; ペルシアの叙情詩人. 英語形 Hafiz). [*arab.* hāfiz „Bewahrer“]

Haf·ke[háfkə] 男 -s/-s《北部》＝Habicht

Haf·ner[há:fnər] (**Häf·ner**[hɛ́:f..]) 男 -s/-《南部・ｵｰｽﾄﾘｱ・ｽｲｽ》(Töpfer) 陶工; 暖炉工事人. [＜Hafen[2]]

Haf·ne·rei[ha:fnəráɪ] (**Häf·ne·rei**[hɛ:f..]) 女 -/-en 製陶業, 陶器工場; 窯業; 暖炉工事業.

Haf·nium[há(:)fniʊm] 中 -s/ 〘化〙ハフニウム(金属元素名; 記号 Hf). [＜Hafnia (この元素の存在を予言した N. Bohr の住んだコペンハーゲンのラテン名)]

..haft[..haft]《名詞などにつけて「…のような, …のある」などを意味する形容詞をつくる》: sagen*haft* 伝説めいた | frühlings*haft* 春めいた | grauen*haft* ぞっとさせる, 恐ろしい | zweifel*haft* 疑わしい. [*germ.* „gefangen“; ◇heben, heften]

Haft[1][haft] 女 -/ **1** 拘束, 監禁;〘法〙拘留, 勾留(ｺｳﾘｭｳ); 拘禁; (6 週間までの)禁固〔刑〕; 拘留期間: Untersuchungs*haft*〘法〙〔未決〕勾留 ‖ *jn.* in ～ [be]halten …を監禁する | *jn.* **in ～ nehmen** 〈setzen〉 …を収監〈拘引〉する | *jn.* aus der ～ entlassen 〈befreien〉 …を釈放する | *jm.* mit drei Tagen ～ bestrafen …を 3 日間の拘留で処罰する | zur fünf Tagen ～ verurteilt werden 禁固 5 日の判決を受ける. **2**《南部》(Pfand) 抵当, 担保; 弁償責任. [*germ.*; ◇..haft]

Haft[2][−] 男 -[e]s/-e[n] (Haken) 留め金, ホック, ピン; 自在かぎ. 「ロウ類).

Haft[3][−] 男 中 -[e]s/-en〘虫〙蜉蝣(ｶｹﾞﾛｳ)目の昆虫(カゲ

Haft≈an·stalt[háft..] 女 (Gefängnis) 刑務所. ≈**aus·set·zung** 女〘法〙拘留の停止.

haft·bar[háftba:r] 形《ふつう次の形で》*jn.* **für** *et.*[4] **～ machen** …に…の責任を負わせる | **für** *et.*[4] **～ sein** …の責...を負う義務がある | Sie ist für die Schulden ihres ...nes ～. 彼女は夫の借財を払う義務がある. [＜haften]

...**bar·keit**[−kaɪt] 女 -/ 責任, 責務.

...**fehl** 男〘法〙逮捕状, 勾留状; 拘禁命令: gegen ... ～ ausstellen …に対する勾留状を出す. ...状. ≈**dau·er** 女 勾留期間.

...(男) -s/- (**Haf·te**[háftə] 女 -/-n)

... Heftelmacher

... heften

1《an 〈auf / in〉 *et.*[3]》(…...着〈粘着〉する; 残っている; ...頭にこびりついて離れな... 〈schlecht〉. ラベルが ... am Schuh. 靴 ... ihm. 彼には ... ～ 思い出 ...hts [im ...ngen ...に

H

はたくさん私の脳裏に焼きついている.

haft·ent·las·sen[háft..] 形 釈放(保釈)された, 出獄した.

Haft≠ent·las·sung 女 釈放, 保釈; 出獄, 放免: vorläufige ～ verfügen 仮釈放を命じる. **≠ent·schä·di·gung** 女〘法〙(誤認逮捕などによる)拘留補償.

haft·fä·hig[1] 形〘法〙(心身が)拘留に耐えられる.

haft·fä·hig[2] 形 付着力のある, 粘着性の. [<haften]

Haft·fä·hig·keit[1] 女 -/ 〘法〙(心身の)被拘留能力.

Haft≠fä·hig·keit[2] 女 付着力, 粘着性. **≠geld** 中 手付金, 保証金. [<haften]

Haft·ge·nos·se 男 (監獄の)同房者, 同室に拘留された者.

Haft·glas 中 -es/..gläser《ふつう複数で》(Kontaktlinse) コンタクトレンズ: weiche *Haftgläser* ソフト=コンタクトレンズ. [<haften]

..haftigkeit[..haftıçkaıt]《..haft に終わる形容詞から女性抽象名詞(-/)をつくる: →..keit》: Frauen*haftigkeit* 女らしさ | Zweifel*haftigkeit* 疑わしさ.

Häft·ling[hɛ́ftlıŋ] 男 -s/-e 囚人, 拘留されている人; 拘置〈抑留〉されている人. [<Haft[1]]

Häft·lings≠hil·fe 女《ふつう単数で》(ドイツで)〔被〕抑留者援助. **≠klei·dung** 女 囚人服.

Haft≠lin·se[háft..] 女 =Haftglas **≠or·gan** 中〘生〙(寄生虫などの)固着器官; (両生類の)粘着器. **≠pflicht** 女〘法〙損害補償義務, 賠償責任.

haft·pflich·tig 形〘法〙損害補償義務のある.

Haft·pflicht·ver·si·che·rung 女〘法〙責任保険.

Haft≠psy·cho·se 女〘心〙拘禁〔性〕精神病. **≠reak·tion** 女〘心〙拘禁反応.

Haft≠scha·le 女 -/-n《ふつう複数で》**1** =Haftglas **2**〘服飾〙乳パッド, ブラカップ. **≠schei·be** 女 (海藻などの)吸盤. [<haften]

Haft·stra·fe 女〘法〙拘留, (6か月以内の)禁固.

haft·un·fä·hig 形 (心身が)拘留に耐えられない.

Haf·tung[háftʊŋ] 女 -/-en **1** 粘着, 付着, 固着;〘理〙吸着〔作用〕: die ～ der Reifen タイヤの路面保持性〈ロードホールディング〉. **2** 責任; 債務履行〈損害補償〉義務: für *et.*[4] die ～ übernehmen …の責任を引き受ける | Gesellschaft mit beschränkter ～ (略 GmbH, G. m. b. H.) 有限責任会社.

Haft≠un·ter·bre·chung[háft..] 女〘法〙拘留の中止. **≠ur·laub** 男 (受刑者に与えられる)拘留中の外出休暇. **≠ver·scho·nung** 女〘法〙保釈.

Haft·ze·her 男 -s/- (Gecko)〘動〙ヤモリ(守宮). [<haften+Zehe]

Hag[ha:k][1] 男 -〔e〕s/-e《雅》**1** (Hecke) 生け垣, 柵(さく). **2** (Wald) 森, 木立. [*germ.*; ◇Hecke[1], Hain, Gehege, hegen; *engl.* haw]

Hag·ap·fel[há:k..] =Holzapfel

Ha·ge·bu·che[há:gə..] 女〘植〙クマシデ(熊四手)属の一種(カバノキ科).

ha·ge·bu·chen 形《付加語的》シデ材製の.

ha·ge·bü·chen =hanebüchen

Ha·ge·but·te 女 -/-n 野バラの実(茶のように煎(せん)じて飲む). [<*mhd.* hagen „Dornbusch"+butte „Hagebutte" (◇Butz[2])]

Ha·ge·dorn 男 -〔e〕s/-e〘植〙サンザシ(山査子)属. [„Dornstrauch zum Hag"; *mhd.*; ◇*engl.* hawthorn]

Ha·gel[há:gəl] 男 -s/-《ふつう単数で》**1** ひょう(雹), あられ(霰); あられのように降るもの: Der ～ prasselt nieder. あられがパラパラ降る ‖ ein ～ von Steinen 雨あられと飛んでくる石 | Blitz und ～!/ *Hagel* und Wetter!《俗》こんちくしょう. **2**〘狩〙散弾. **3** =Hagelschnur **4**《話》Hans 〈Jan〉 ～ 民衆, 人々. [*idg.* „Kiesel"; ◇*engl.* hail; *gr.* káchlēx „Kiesel"]

Hä·gel[hɛ́:gəl] 女 -/; 男 -s/《西部》(Hirse)〘植〙キビ.

ha·gel·dicht[há:gəldíçt] 形 あられのように激しい, 雨あられと降り注ぐ: ～*e* Hiebe めった打ち.

Ha·gel≠korn[há:gəl..] 中 -〔e〕s/..körner **1** あられの粒. **2**〘医〙(まぶたの)霰粒腫(さんりゅうしゅ). **≠ku·gel** 女 散弾.

ha·geln[há:gəln]《06》自 (h) 非人称《es hagelt》あられ(霰)〈ひょう(雹)〉が降る: Es *hagelte* Schläge auf ihn. 彼の頭上にげんこつが雨あられと打ち下ろされた ‖〘人称動詞として〙Bomben *hagelten* auf die Stellungen. 爆弾が雨あられと陣地に降って来た | Die Vorwürfe *hageln.*《比》ごうごうたる非難が浴びせられる.

Ha·gel≠scha·den 男 ひょう害. **≠schau·er** 男 (短時間の)降ひょう, あられ. **≠schlag** 男 (突然の)激しいあられ(降ひょう). **≠schlo·ße** 女 あられの粒. **≠schnur** 女 -/..schnüre (Chalaza) (鳥類の卵黄の両側のひも状の)カラザ. **≠ver·si·che·rung** 女 ひょう害保険. **≠wet·ter** 中 あられ(ひょう)を伴うあらし. **≠zucker** 男 ざらめ糖.

Ha·gen[1][há:gən] 地名 ハーゲン(ドイツ Nordrhein-Westfalen 州の工業都市). [<Hag]

Ha·gen[2][-] 男名 ハーゲン: ～ von Tronje ハーゲン フォン トロニエ (Nibelungen 伝説に登場する勇士).

Ha·ge·nau[há:gənaʊ] →Reinmar von Hagenau

Ha·gen·beck[há:gənbɛk] 人名 Karl ～ カール ハーゲンベック(1844-1913; Hamburg のハーゲンベック動物園創立者).

ha·ger[há:gər] 形 (mager) やせ衰えた, 骨と皮ばかりの, ひょろ長い: ein ～*er* Hals 〈Alter〉 肉の落ちた頸(くび)〈老人〉| Er ist sehr ～ im Gesicht. 彼は顔がやせ衰えている. [*mndd.* −*mhd.*; ◇*engl.* haggard]

Hä·ger[hɛ́:gər] 男 -s/-《北部》砂州. [◇Höcker]

Ha·ger·keit[há:gərkaıt] 女 -/ hager なこと.

Ha·ge·ro·se[há:gə..] 女 野バラ. [<Hag]

[v]**Ha·ge·stolz** 男 -es/-e(-en/-en) 妻帯しない中年すぎの〔変わり者の〕男, 独身主義者. [*ahd.* hagu-stalt „Hagbesitzer"; ◇*got.* staldan „besitzen"]

Hag·ga·da〔h〕[hagadá:] 女 -/..doth[..dó:t] ハガダー(旧約聖書に取材したユダヤ教の教訓的説話). [*hebr.* „Erzählung"]

Hag·gai[hagá:i·] 人名〘聖〙ハガイ(前500年ごろのユダヤの小預言者): der Prophet ～ 預言者ハガイ; (旧約聖書の)ハガイ書. [*hebr.* „der Festliche (=Festtagskind)"]

Ha·gias·mos[hagiasmɔ́s] 男 -/〘ギリシア正教会〙水の祝別(イエスの洗礼を記念する). [*gr.*; <*gr.* hagiázein „heiligen"]

die **Ha·gia So·phia**[há:gia· zofí:a·] 女 --/ 聖ソフィア聖堂(トルコの Istanbul にある教会. ビザンチン芸術を代表する建築物で今日では博物館). [*gr.* „Heilige Weisheit"]

Ha·gio·graph[hagiográ:f] 男 -en/-en **1** 聖徒伝作者. **2**《複数で》聖文学, (律法・預言書と並ぶ旧約聖書の)諸書.

Ha·gio·gra·phie[..grafí:] 女 -/-n[..fí:ən] 聖徒伝〈聖人伝記〉の研究. [<*gr.* hágios „heilig"]

Ha·gio·la·trie[..latrí:] 女 -/-n[..rí:ən] 聖徒〈聖人〉崇拝. [<*gr.* latreía „〔Gottes〕dienst"]

ha·ha[hahá(:)] 間 **1** (明るい笑い声)ハハ(→ha[1] 5). **2** (勝ち誇る・人をあざける気持を表して)ようし(こっちのものだ); へえい, そら(ざまみろ).

ha·ha·ha[hahahá(:)] 間 (明るい笑い声)ハハハ(→ha[1] 5).

Hä·her[hɛ́:ər] 男 -s/-〘鳥〙カケス(懸巣). [*westgerm.*; 擬音; ◇Reiher]

Hä·her·kuckuck 男〘鳥〙カンムリカッコウ(冠郭公).

Hahn[1][ha:n] 男 -〔e〕s/Hähne[hɛ́:nə] (小 **Hähn·chen** → 別出, **Hähn·lein**[hɛ́:nlaın] 中 -s/-) **1 a)** (↔Henne) おんどり(→Huhn 1 a);《比》けんか〈口論〉好きな男: der gallische 〈welsche〉 ～ ガリアのおんどり(フランスの象徴) ‖ bis die *Hähne* krähen おんどりが鳴くまで; 夜が明けるまで | **nach *jm.* 〈*et.*[3]〉 kräht 〔kein Huhn und〕 kein ～**《話》だれも…を問題〈相手〉にしない | wenn der ～ Eier legt おんどりが卵を産んだら(あり得ぬことのたとえ) | **von *et.*[3] so viel verstehen wie der ～ vom Eierlegen**《話》…についてまるで分かっていない | wie zwei *Hähne* aufeinander losgehen 激しくいがみ合う | **wie der ～ auf dem Mist einherstolzieren 〈umherstolzieren〉** ふんぞり返って歩き回る | stolz wie ein ～ ひどく誇らしげに〈いばって〉‖ **vom ～ betrampelt 〈beflattert〉 sein**《話》頭がどうかしている ‖ ***jm.* den roten ～ aufs Dach setzen**《比》…の家に放火する ‖ **～ im Korb sein**(女の中の男一匹のように)皆からちやほやされている. **b)**

(Wetterhahn)(おんどりの形をした)風向計, 風見鶏(かざみどり). **c**) -〔e〕s/-en〘狩〙鳥の雄. **2** (工: -〔e〕s/-en)(ガス・水道などの)コック, 活栓, 蛇口: den ~ aufdrehen 〈zudrehen〉 コックを開ける〈閉める〉| *jm.* den ~ zudrehen《比》…の金づるを断つ. **3** (銃の)撃鉄: den ~ spannen 撃鉄を起こす. **4**《卑》(Penis) 陰茎, 男根. **5** ロールパン: halber ~ (一種の)チーズパン. [*germ.* „Sänger"; ◇Kantor, Huhn, Henne; *engl.* hen]

Hahn[2][ha:n] 人名 Otto ~ オットー ハーン(1879-1968; ドイツの化学者. ウラン核分裂を発見. 1944年ノーベル化学賞).

Häh·chen[hɛ́:nçən] 中 -s/- **1** Hahn[1]の縮小形. **2** (食肉用の)若鶏: ein tiefgefrorenes ~ 冷凍チキン. **3**〘虫〙クリオケリス(クビナガハムシの一種. アスパラガスの害虫).

Häh·ne Hahn[1]の複数.

hah·ne·bü·chen[há:nə..] =hanebüchen

Hah·ne·but·te =Hagebutte

Hah·nen≠bal·ken[há:nən..] 男〘建〙棟木(→ 図 Dach A);《話》(劇場の)天井桟敷. **≠ei** 中 非常に小さな卵; 鶏の糞(ふん);《比》(実のない)見かけだけのアイディア. **≠fe·der** 女 おんどりの尾羽. **≠fuß** 男〘植〙キンポウゲ(金鳳花)属.

Hah·nen·kamm 男 **1** (おんどりの)とさか. **2**〘植〙ケイトウ(鶏頭). [*lat.* crista gallī の翻訳借用]

Hah·nen≠kampf 男 闘鶏. **≠ruf** 男, **≠schrei** 男 (特に朝の)鶏の鳴き声: beim ersten ~ aufstehen 一番どりの声で起床する. **≠sporn** 男 鶏のけづめ. **≠tritt** 男 **1** (卵の)胚盤(はいばん), 胚点. **2**《単数で》千鳥格子〔の模様〕. **3**《単数で》〘畜〙(馬の)跛行(はこう)症. **≠wackel**[..vakəl] 中 -s/-, **≠wecker** 男 (Katerfrühstück) 宴会の翌朝の軽い朝食〔パーティー〕.

Hah·ne·pam·pel[há:nəpampəl] 男 -s/-《話》お人よしのでくの坊, 弱虫. [<Johannes+Bampel „gutmütiger Trottel"]

Hah·ne·pot[..po:t] 男 中 -s/-en (女 -/-en)〘海〙分岐綱. [*ndd.* „Hahnen-pfote"]

Hah·nium[há:niʊm] 中 -s/〘化〙ハーニウム(記号 Ha). [<(Otto) Hahn[2]]

Hähn·lein Hahn[1]の縮小形(→Hähnchen).

Hahn·rei[há:nraɪ] 男 -〔e〕s/-e 妻に姦通(かんつう)された夫, 妻を寝取られた男, コキュ: Sie hat ihren Mann zum ~ gemacht. 彼女は夫の目をぬすんで他の男と情を通じた. [*mndd.* hane-rei „verschnittener Hahn"]

Hai[haɪ] 男 -〔e〕s/-e **1**〘魚〙サメ(鮫);《比》強欲な企業家. [▽]**2** 濃霧. [1: *anord.* hār „Pfahl"–*isländ.* hai–*ndl.* haai]

Hai·fa[háɪfa·] 地名 ハイファ(イスラエル北部の港湾都市).

Hai·fisch[háɪ..] 男 **1** (Hai)〘魚〙サメ(鮫)〔類〕. **2**《話》(売春婦の)ひも, ぽん引き; 女衒(ぜげん).

Haik[haɪk] 中 男 -s/-s ムーア人の木綿製の上っ張り〈コート〉. [*arab.*; <*arab.* hāka „weben"]

Hai·kai[háɪkaɪ] 中 -〔s〕/-s 俳諧(はいかい). [*japan.*]

Hai·ku[háɪku·] 中 -〔s〕/-s 俳句. [*japan.*]

Hai·le Se·las·sie[háɪlə zelási·, ..le· ..sie·] 人名 ハイレ セラシエ(1892-1975; Äthiopien の皇帝).

Hai·mons·kin·der[háɪmɔns..] 複 (中世ドイツ伝説の)ハイモン伯の 4 人の子;《比》誠実な兄弟姉妹; 親友たち.

Hain[haɪn] 男 -〔e〕s/-e《雅》(囲いのある)林, 林苑(えん); 聖域としての森; 小さな森(→ 図 Park): Göttinger ~ (→Hainbund). [*ahd.* hagan „Dornstrauch"; ◇Hag]

Hai·nan·tao[háɪnantaʊ] (**Hai·nan·dao**[xǎɪnándǎʊ]) 地名 海南島, ハイナンタオ(中国, 広東省南部, 中国第 2 の大島).

Hain≠blu·me[háɪn..] 女〘植〙(ハゼリソウ科の)ルリカラクサ属, ネモフィラ. **≠bu·che** =Hagebuche **≠bund** 男 -〔e〕s/ 森の詩社 (Klopstock を崇拝し, フォス Voß, ヘルティ Hölty らによって Göttingen に結成された詩人団体. 1772–74). **≠sim·se** 女〘植〙スズメノヤリ(雀槍)属.

Hai·ti[haí:ti·] 地名 ハイチ(カリブ海のヒスパニオラ島西半分を占める共和国. 首都はポルトープランス Port-au-Prince). [*indian.* „Berg"]

Hai·tia·ner[haitiá:nər] 男 -s/- ハイチ人.

hai·tia·nisch[..nɪʃ] 形 ハイチ〔人〕の.

Hai·ti·er[haí:tiər] 男 -s/- =Haitianer

hai·tisch[..tɪʃ] =haitianisch

Häk·chen[hɛ́:kçən] 中 -s/- (Haken の縮小形. 例えば:) 小さな鉤(かぎ);〘言〙省略符号 ('), セディーユ(フランス語の ç における, c の下の鉤記号), 引用符 („"): ein ~ im Kopf haben 気が変である | ein ~ auf *jn.* haben《比》…に恨みを抱く | **Was ein ~ werden will, krümmt sich früh 〈beizeiten〉.**《諺》蛇は寸にして人をのむ(将来大をなさんとする者は幼少のころから努めねばならぬ); 梅檀(せんだん)は双葉より芳し.

Hä·kel[hɛ́:kəl] 男 -s/- =Häkelnadel

Hä·kel·ar·beit 女 鉤(かぎ)編み, クロシェット編み.

Hä·ke·lei[hɛ:kəláɪ] 女 -/-en **1** =Häkelarbeit **2**《話》ちょっとした〈冗談半分の〉いさかい.

Hä·kel·garn[hɛ́:kəl..] 中 鉤針(かぎばり)編み〈クロシェット〉用の糸.

hä·ke·lig[hɛ́:kəlɪç][2] (**häk·lig**[..klɪç][2]) 形 **1** 鉤(かぎ)の多い, 鉤のついた. **2** 扱いにくい, やっかいな; 気むずかしい, 文句の多い.

ha·keln[há:kəln]《06》 **I** 自 (h) **1**《南部》(力比べに)指を組み合わせて引きあう. **2**〘狩〙(アルプスカモシカ同士が)角をつきあわせて戦う. **II** 他 (h) **1** =haken I 4 **2**〘レスリング〙足で相手をブロックする.

hä·keln[hɛ́:kəln]《06》 他 (h) **1** 鉤(かぎ)〈クロシェット〉編みする, 鉤針(かぎばり)で編む(→ 図 Handarbeit): eine Tischdecke ~ クロシェット編みでテーブル掛けを作る. **2**《話》《an *et.*[3]》(…を)作製する, 書く. **3** 鉤に掛ける, 鉤で留める〈引き寄せる〉: 再帰 *sich*[4] an *et.*[4] ~ …に鉤で留まる〈掛かる〉. **4**《*jn.*》あてこする, からかう, ひやかす, 文句をつける: 再帰 *sich*[4] mit *jm.* ~ …と軽口をたたきあう, …とからかいあう. **5** =haken I 4

Hä·kel·na·del 女 鉤針(かぎばり), クロシェット=ニードル(→ 図 Nadel).

ha·ken[há:kən] **I** 他 (h) **1**《*et.*[4] an *et.*[4]》鉤(かぎ)で〈に〉掛ける, 鉤で〈に〉留める; ひっかける: die Feldflasche an den Gürtel ~ 水筒をベルトに掛ける ‖ 再帰 *sich*[4] ~ 鉤で〈に〉掛かる | Sie *hakte* sich fest in seinen Arm. 彼女は彼の腕にしっかりとぶら下がった. **2** 再帰 *sich*[4] mit *jm.* ~ …とけんかする. **3**《北部》(pflügen) 鋤(すき)で耕す. **4**《*jn.*》(サッカーなどでボールを持っている相手の足を)ひっかける. **II** 自 (h)《an *et.*[3]》鉤(かぎ)で〈に〉掛かっている; (機械が引っかかって)動かない: Der Schlüssel *hakt* im Schloß. 鍵が鍵穴にささったまま動かない | Da *hakt* es.《比》そこが難点〈引っかかるところ〉だ.

Ha·ken[há:kən] 男 -s/- (小 **Häk·chen** → 別出, **Häk·lein**[hɛ́:klaɪn] 中 -s/-) **1 a**) (英: *hook*) (ひっかけたり引き寄せたりする鉤(かぎ)形の道具. 例えば:) 鉤金具, 掛け鉤〈くぎ〉, 洋服〈帽子〉掛け; フック, ホック; 鉤棒, とび口, ハーケン; 釣り針, 鉤針; (時計の)アンクル; 草刈りがま: ~ und Öse〘服飾〙フックと受け金 ‖ den ~ in eine Schlinge einhängen 鉤形を環にひっかける | den ~ in die Wand einschlagen 鉤具を壁に打ち込む ‖ den Hut an einen ~ hängen 〈vom ~ nehmen〉 帽子を帽子かけに掛ける〈帽子かけから取る〉| Ein Fisch zappelte am ~. 魚が釣り針にかかってはねていた | ***jn.* 〈*et.*[4]〉 auf den ~ nehmen** …をむりやり運び〈連れ〉去る | **mit** einem langen ~ das Boot ans Land ziehen 長い鉤竿(かぎざお)でボートを陸に引き寄せる | **mit ~ und Ösen**《話》手段を選ばぬやり方で, あらゆる手段を使って. **b**) =Hakenbüchse **c**) =Hakenpflug **2** (鉤印. 例えば:) (文字につける)チェック; 省略符号, アポストロフィ. **3** 鉤形の動き, 急転回: **einen ~ schlagen**〘狩〙(逃走する獲物が)急に方向を転じる. **4** ひっかかり, 故障, 難点, きず: **einen 〔kleinen〕 ~ haben**《話》〔ちょっとした〕難点〈障害〉がある | **Da ist 〈liegt / sitzt / steckt〉 der ~.**《話》そこが難しい〈問題なのだ〉. **5** 敵意, 恨み: einen ~ auf *jn.* haben …に悪意〈恨み〉を抱く. **6**〘レスリング〙タックル. **7**〘ボクシング〙フック: Ein linker ~ traf ihn. 左フックが彼に命中した. **8**《ふつう複数で》(動物の)鉤形の歯, きば. [*ahd.* hā〔c〕ko; ◇hacken, Huker; *engl.* hook]

Ha·ken≠blatt[há:kən..] 中〘工〙(角材の)はめ〈かみ合わせ〉継ぎ(→ 図 Holz B). **≠büch·se** 女 (鉤(かぎ)形架台にもたせて発射した15世紀ごろの)火縄銃.

ha·ken·för·mig 形 鉤形の.

Ha·ken≠gurt 男 (消防士などが要具を掛ける)鉤(かぎ)〈フッ

ク〉ベルト. ≈**ket·te** 女 フックチェーン(→ ⊗ Kette). ≈**kreuz** 中〘紋〙鉤十字(ナチ党の記章として有名になった: →Wappen e). ≈**lei·ter** 女 (先端に鉤のある)ひっかけばしご(→ ⊗ Leiter). ≈**li·lie**[..liə] 女〘植〙ハマオモト(浜万年青)属, ハマユウ(浜木綿)属. ≈**na·gel** 男 鉤〈折り〉くぎ. ≈**na·se** 女 かぎ鼻(→ ⊗ Nase). ≈**pflug** 男 鉤形犂(すき)(木の二またを利用した最も原始的なもの). ≈**plat·te** 女〘鉄道〙(レールの)タイプレート(→ ⊗ Gleis). ≈**schlüs·sel** 男 鉤形鍵(かぎ); 引っかけ〈鉤〉スパナ, 鉤頭ねじ回し(→ ⊗ Schraube B). ≈**schütz** 男, ≈**schüt·ze** 男 = Arkebusier ≈**wurf** 男〘球技〙フックショット. ≈**wurm** 男〘動〙鉤虫(こうちゅう), 十二指腸虫.

Ha·ken·wurm·krank·heit 女〘医〙十二指腸虫症.

Ha·ken·zahn 男〘動〙きば; 犬歯.

ha·kig[háːkɪç]² 形 鉤(かぎ)のついた; 鉤形の.

Ha·kim[hakíːm] 男 -s/-s (近東の)医師; 賢者, 学者. [*arab.*; <*arab.* hakama „urteilen"]

Häk·lein Haken の縮小形(→Häkchen).

häk·lig =häkelig

Ha·la·li[halalíː] 中 -s/-〔s〕〘狩〙獲物を仕留めた〈狩猟終了を知らせる〉合図のラッパ. [*fr.*]

halb[halp]¹ **I** 《分数; 無変化》(英: *half*) 2 分の 1〔の〕: eine Zahl mit ein ～ multiplizieren ある数に 2 分の 1 をかける ‖〘時刻を示して〙um ～ drei〔Uhr〕2 時半に | fünf Minuten vor ～ acht 7 時25分 | Die Uhr schlägt voll und ～. この時計は〔毎時〕0 分と30分とに鳴る.

☆ 付加語的には形容詞として扱われる(→II). ただし帯分数を表す複合語をつくるときは無変化のまま用いられる: drei und ein ～*er* Tag / drei〔und〕ein*halb* Tage 3 日半.

II 形《述語的用法なし; 付加語的に単数名詞と》**1 a**) 半分の, 2 分の 1 の; 半分くらいの; 半分もの, 大半の; ほとんど…に近い: ein ～*er* Apfel 〈Kohl〉 リンゴ〈キャベツ〉半個 | ein ～*es* Hemd (→Hemd) | ein ～*es* Glas Wasser 水 2 分の 1 カップ | Die Wand ist einen ～*en* Meter dick. その壁は厚さが半メートルある | eine ～*e* Note 〈Pause〉〘楽〙2 分音符〈休符〉| eine ～*e* Portion (→Portion) | *et.*⁴ zum ～*en* Preis verkaufen …を半値で売る | eine ～*e* Stunde 半時間,30分間 | Die ～*e* Welt 〈Klasse〉 spricht davon. 世界〈クラス〉の半分もの人びとがそれを話題にしている | Er ist ein ～*er* Wissenschaftler 〈Künstler〉. 彼は学者〈芸術家〉といってもいいくらいだ ‖〘名詞的に〙einen *Halben* 〈eine *Halbe* / ein *Halbes*〉 trinken《話》(酒などを)半分だけ飲む(この場合の単位はふつう男性形が Schoppen($^1/_4$ -$^1/_2$リットル)または Liter (リットル), 女性形が Maß (1-2リットル)または Flasche (1 瓶), 中性形が Glas (コップ 1 杯)を想定している) ‖〘副詞的に〙Die Tür ist ～ geöffnet. ドアは半開きになっている | Er war schon ～ verrückt. 彼はもう気が狂いそうだった | Gut gekaut, ～ verdaut. (→kauen I) | Frisch gewagt〔,〕ist ～ gewonnen. (→wagen I 2) ‖ Mein Haus ist ～ so groß wie seines. 私の家は彼の家の半分の大きさだ | Du bist nicht ～ so begabt wie er. 君は彼よりずっと才能がない | Dein Fehler ist ～ so schlimm. 君の誤りはそうひどくはない | Damit macht die Reinigung nur ～ soviel Mühe. これを使うと掃除はずっと楽になる | Das Kind ist ～ tot. その子は死にそうだ(参考 ein halbtotes Kind 瀕死(ひんし)の子供) ‖〘**halb und halb** の形で〙200 Gramm Gehacktes, ～ und ～ (牛・豚肉の)合いびき200グラム | ～ und ～ machen 半分わけする | *jm. et.*⁴ ～ und ～ versprechen …に…をなかば〈だいたい〉約束する | Hat es geklappt?—Nur ～ und ～. うまくいったかい—まあまあさ ‖〘**halb ..., halb ...** の形で〙～ Liebe, ～ Haß 愛憎相半(あいなか)ばして | ～ stehend, ～ sitzend なかば立ちなかば腰かけて, 立っているとも腰かけているともつかぬ姿勢で; 立っていたり腰かけていたり.

b) せいぜい半分の, 不完全〈不十分〉な, 中途はんぱな: nur ～*e* Arbeit getan haben 仕事を半分しか〈中途半端にしか〉やっていない | mit ～*em* Herzen うわの空で, あまり気を入れずに | das ～*e* Licht der Abenddämmerung 夕暮れのあわい光 | ～*e* Maßnahmen treffen 中途はんぱな策を講じる | nur noch ein ～*er* Mensch sein (病気・心労などの結果)やつれはてている | mit ～*em* Ohr hinhören 〈zuhören〉 (→Ohr 1) | Geteilter Schmerz ist ～*er* Schmerz.《諺》苦悩も分け合えば和らぐものだ ‖〘副詞的に〙Die Trauben sind erst ～ reif. ブドウはようやく熟しかけている〈まだ熟しきらない〉| Ich verstehe ihn nur ～. 私は彼の言うことがよく分からない | Er ist nur ～ 〈nur mit ～*em* Herzen〉 dabei. 彼はそのことにあまり関心がない | Das Fleisch ist ～ gar. 肉はまだ煮えていない(参考 halbgares Fleisch 生煮えの肉) ‖〘名詞的に〙**nichts *Halbes* und nichts Ganzes sein** / nichts Ganzes und nichts *Halbes* sein / weder ～ noch ganz sein 中途半端でどうにもならない.

☆ i) 他の分数への類推から付加語的にも無変化のこともある(→I). 特に中性の地名につく場合は無変化・無冠詞である: ein ～〔*es*〕Dutzend Bleistift 鉛筆半ダース | *Halb* Paris war in Flammen. パリの半分が燃えていた.

ii) all のあとでは強変化のこともある: Er kam alle ～*e*〔*n*〕Monate zu uns. 彼は半月ごとに私たちのところへ来た.

2 半分に至る; (mittler) 中ほどの, 中間の: ein Kleid mit ～*em* Arm 半そでの服 | auf ～*er* Höhe des Berges 山の中腹で | im ～*en* Mai 5 月なかばに | auf der ～*en* Stange flaggen 半旗〈弔旗〉をかかげる(→halbmast) | bis in den ～*en* Tag お昼ごろまで | *jn.* auf dem ～*en* Weg treffen …に道の途中で会う;《比》…に寛大な態度を示す, …に譲歩する | Sie ist auf der ～*en* Zeit.《話》彼女は妊娠数か月だ | ein ～*er* Ton〘楽〙半音.

3 片側〔から〕の: ～*e* Brüder 異父〈異母〉兄弟 | ～*en* Wind haben (船が)横風を受ける.

III Hal·be¹[hálbə] 男 女 中《形容詞変化》→II 1

[*germ.* „geteilt"; ◇Skalpell, Halfter², Hälfte; *engl.* half]

Halb·af·fe[hálp..] 男〘動〙原猿類(キツネザル・メガネザルなど).

halb·amt·lich 形 (offiziös) なかば公式の, 公的にほぼ確認された: eine ～*e* Nachricht 半公式情報.

Halb·är·mel 男 **1** 半そで. **2** そでカバー.

halb·är·me·lig 形 半そでの.

Halb≈au·to·mat 男 半自動機械〈装置〉. ≈**bad** 中〔下〕半身浴. ≈**bar·bar** 男 **1**《話》(教養のない)野郎, ばかもの. **2**〘史〙混血ギリシア人.

halb·bat·zig[hálpbatsɪç]² 形《スイ》(schlecht) 質の悪い, 不十分な. [<Batzen]

Halb≈bau·er 男 -n(-s)/-n **1** (Kleinbauer) 小農. **2**〘史〙(中世の)二分の一フーフェ農民(→Vollbauer 2). ≈**be·wuß·te** 中《形容詞変化》〘心〙半意識. ≈**bild** 中〔上〕半身像. ≈**bil·dung** 女 はんぱな教養, 半可通.

halb·bit·ter 形 (チョコレートなどが)セミスイートの.

Halb·blatt 中〘印〙半枚, 半丁(全紙の$^1/_{16}$: →Blatt 2).

halb·blind 形《付加語的》半盲の;《比》(ガラスなどが)半透明の.

Halb·blut 中 **1** (↔Vollblut)(純血種との)雑種の馬. **2** 混血の人. [*engl.* half-blood の翻訳借用]

Halb≈bo·gen 男〘印〙2 分の 1 全紙(→Bogen 3). ≈**bril·lant**[..brɪljant] 男 (上面だけを研磨した)半ブリリアント形ダイヤモンド. ≈**bru·der** 男 異父〈異母〉の兄〈弟〉.

halb·bür·tig[..bʏrtɪç]² 形 異父〈異母〉の, 父母の一方を異にした. [<Geburt]

Halb≈da·mast 男 交ぜ織り緞子(どんす). ≈**dre·hung** 女 半回転.

halb·dun·kel I (..dunk·l..) 形《付加語的》薄暗い.

II Halb·dun·kel 中 薄明, 薄暗がり: →Dunkel 1

Hal·be¹ →halb II 1

Hal·be²[hálbə] 女 -/-n《北部》半分, 片側.

Halb·edel·stein[hálp..] 男 準宝石.

hal·be-hal·be[halbəhálbə] 副《話》半々〈五分五分〉に: **mit *jm.* ～ machen** (利益などを)…と山分けする; (損害・出費などを)…と半分ずつ受け持つ | Machen wir ～. 半々にしようよ.

▽**hal·ben**[hálbən] 前《2 格支配; 後置》=halber I

..halben[..halbən]《代名詞の 2 格の古形につけて「…のため

に, …のせいで」などを意味する副詞をつくる. ただし発音の都合上〔e〕t を挿入する》: meinet*halben* 私のおかげで | dessent*halben* そのために | allent*halben* いたるところに.

hal·ber[hálbər] **I** 前《2格支配; つねに後置》(wegen) …のために; …のせいで: der Ordnung ～ 秩序を保つ上で | wichtiger Geschäfte ～ だいじな仕事があるので | der Einfachheit ～ ことを簡単にするために.

II 副 **1** (unterwegs) 途中で. **2**《南部》(halb) 半分〔だけ〕: ～ drei 2時半 | noch ～ im Schlaf 半分眠った状態で. [< *ahd.* halba „Seite"; ◇halb]

..halber[..halbər]《名詞につけて「…のために, …のせいで」を意味する副詞をつくる》: umstände*halber* 事情により | vorsichts*halber* 用心のために | krankheits*halber* 病気のために.

halb⸗er·blin·det[hálp..] 形《付加語的》なかば失明した, 半盲の. ⸗**er·fro·ren** 形《付加語的》なかば凍った; 凍死寸前の. ⸗**er·ha·ben** 形《付加語的》半〈浅〉浮き彫りの. ⸗**er·wach·sen** 形《付加語的》なかば大人になりかけの, 未成年の.

Halb⸗er·zeug·nis 中, ⸗**fa·bri·kat** 中 半製品.

halb·fer·tig 形《付加語的》半製品の, 半分出来あがっている, 出来かけの.

Halb·fer·tig⸗fa·bri·kat 中, ⸗**pro·dukt** 中 半製品.

halb⸗fest 形《付加語的》半固体の. ⸗**fett** 形《付加語的》**1** あまり脂肪の強くない. **2**〘印〙ボールドフェースの, セミボールド体の.

Halb⸗fi·na·le[hálp..] 中〘スポ〙セミファイナル, 準決勝戦. ⸗**flüg·ler** 男 -s/- (Schnabelkerfe)〘虫〙半翅(はんし)類.

halb·flüs·sig 形《付加語的》半流動体の.

Halb·franz 中 -/〘製本〙子牛背革装.

Halb·franz·band 男〘製本〙子牛背革装〔の書物〕(→Franzband).

halb⸗gar 形 **1**〘料理〙半〈生(なま)〉焼けの, 生煮えの. **2**〘製革〙半なめしの. **3**《比》生半可な, 中途半端な. ⸗**ge·bil·det** 形 半可通の.

Halb⸗ge·fro·re·ne 中〘料理〙冷菓, 氷菓, みぞれアイスクリーム. ⸗**ge·lehr·te** 男女 半可通, えせ学者. ⸗**ge·schoß** 中 (Zwischengeschoß)〘建〙中階(中二階・中三階など). ⸗**ge·schwi·ster** 複 異父〈異母〉兄弟姉妹.

halb·ge·walkt 形《話》(zweifelhaft) いかがわしい, うさん臭い. [< walken]

Halb·gott 男 **1** (古代の神話での) 半神(神と人との間に生まれたもの); 英雄(神々の座に列する人). **2**《皮肉》お偉方, ボス: **ein ～ in Weiß** 白衣のお偉い先生(病院に君臨する医者). [*ahd.*; *lat.* semi-deus の翻訳借用]

Halb·heit[hálphaıt] 女 -/-en **1**《単数で》半分であること; 中途半端, 不十分; 不決断. **2** 不完全なもの; 不十分な行為, 中途半端な処理〈処置〉.

halb⸗her·zig 形 あまり熱のこもっていない, 一応の: ～ zustimmen 一応賛成する. ⸗**hoch** 形 あまり高くない.

Halb·idiot 男《話》愚か者.

hal·bie·ren[halbí:rən] 他 (h) **1** 半分にする: einen Apfel ～ リンゴを半分に切る. **2**〘数〙2等分する: einen Winkel ～ 角を2等分する. [*mhd.*; halb からのロマンス語めかした造語]

Hal·bie·rung[..ruŋ] 女 -/-en halbieren すること.

▽**hal·big**[hálbıç][2] =halbwegs

Halb·in·sel[hálp..] 女 半島: die Iberische ～ イベリア半島. [*lat.* paen-īnsula (→Peninsula) の翻訳借用]

Halb⸗in·va·li·de 男女 軽度〔の〕身体障害者. ⸗**jahr** 中 半年, 半期; (2学期制で) 1学期: im ersten 〈zweiten〉 ～ 上〈下〉半期に. ⸗**jahr·hun·dert** 中 半世紀.

halb⸗jäh·rig[hálpjɛ:rıç][2] 形 半年を経た, 半歳の; 半年間の. ⸗**jähr·lich**[..jɛ:rlıç, ⌣´–⌣] 形 半年ごとの, 年に2回の.

Halb·jahrs⸗aus·weis[halpjá:rs..] 男《オーストリア》(2学期制の) 前期修了証明書. ⸗**kurs** 男 半年修了の講義〈講習会〉.

Halb⸗ju·de[hálp..] 男 (両親の片方だけがユダヤ人の) 半ユダヤ人. ⸗**kan·ton** 男 (スイスの) 半カントン, 半州(一つの州でありながら行政的に二分されているそれぞれの地域). ⸗**kennt·nis** 女 生半可な知識. ⸗**kon·ser·ve** 女 =Präserve ⸗**kon·so·nant** 男〘言〙半子音(実質的には Halbvokal と同じ). ⸗**kreis** 男 半円〔周〕. ⸗**ku·gel** 女 半球: die nördliche 〈südliche〉 ～ 北〈南〉半球.

halb⸗ku·ge·lig 形 半球形の. ⸗**lang** 形 中ぐらいの長さの: **Mach** 〔**aber** / **mal**〕 **～!**《話》極端なことはするな, 適当なところでやめておけ. ⸗**laut** 形 声をおさえた, 小声の;《比》内気な.

Halb·le·der[また: ⌣´–⌣] 中 (略 Hld., Hldr.)〘製本〙半革〈背革〉装, 角背革〔製〕: ein Buch in ～ 背革装の本.

Halb·le·der⸗band[また: ⌣´–⌣⌣] 男〘製本〙半革〈背革〉装〔の書物〕. ⸗**ein·band** 男 (略 Hld., Hldbd., Hldr.)〘製本〙半革〈背革〉装.

halb·leer 形 なかば空いた, 半分からっぽの.

Halb·lei·nen 中 **1** 半麻織物〈布地〉. **2** [また: ⌣´–⌣] (略 Hln.)〘製本〙半〈背〉クロース装〔丁〕, ハーフクロス.

Halb·lei·nen⸗band[また: ⌣´–⌣⌣] 男〘製本〙半〈背〉クロース装〔の書物〕. ⸗**ein·band** 男 (略 Hln.)〘製本〙半〈背〉クロース装.

Halb·lei·ter 男〘理〙半導体.

Halb·lei·ter⸗de·tek·tor 男 半導体検出器. ⸗**di·ode** 女〘電〙半導体ダイオード. ⸗**in·du·strie** 女 半導体産業. ⸗**la·ser**[..le:zər] 男 半導体レーザー. ⸗**tech·nik** 女, ⸗**tech·no·lo·gie** 女 半導体技術.

Halb·licht 中 -〔e〕s/ 薄明かり, 薄明.

Halb·ling[hálplıŋ] (**Hälb·ling**[hɛ́lp..]) 男 -s/-e ぐずぐずする〈不決断な〉人, 中途はんぱな人.

Halb·lin·ke[halplíŋkə] 男《形容詞変化》=halblinks II

halb·links I 副 なかば左へ〈で〉: ～ einbiegen (車などが) 斜め左へ曲がる | ～ spielen〘サッカー〙レフトインナーをつとめる.

II Halb·links 男 -/-〘サッカー〙レフトインナー.

Halb⸗ma·ki[hálp..] 男〘動〙ヒメキツネザル. ⸗**mas·ke** 女 (鼻から上だけの) 半仮面.

halb·mast 副 (↔vollmast)〘海〙帆柱〈マスト〉の中ほどに, 半旗〈弔旗〉の位置に: ～ flaggen / die Flagge auf ～ hissen 半旗〈弔旗〉をかかげる. [*engl.* half-mast の翻訳借用]

halb·matt 形〘写〙(印画紙が) 半光沢の.

Halb⸗mensch 男 **1** (古代の神話での) 半人半獣(ギリシア神話の Zentaur など). **2**《軽蔑的に》野蛮人. ⸗**mes·ser** 男〘数〙半径. ⸗**me·tall** 中〘化〙半金属(アンチモン・ビスマスなど).

halb·me·ter·dick[hálpme:tər..] 形 半メートルの厚さの.

halb⸗mi·li·tä·risch 形 なかば軍隊〈軍事〉的な. ⸗**mo·na·tig** 形 半月を経た, 半歳の, 生後半月の; 半月間の. ⸗**mo·nat·lich** 形 半月ごとの.

Halb·mo·nats·schrift[halpmó:nats.., ⌣´–⌣⌣] 女 セミマンスリー(隔週ないし月2回刊の刊行物).

Halb·mond[hálp..] 男 **1** 半月(はんげつ). **2** (半月形のもの) **a)** (トルコの) 半月旗. **b)**〘軍〙半月堡(ほ).

halb·mond·för·mig 形 半月形の.

Halb·mond·mes·ser 中 (革細工用の) 半月刀.

Halb⸗mot·te 女〘虫〙マエヒゲモドキガ(擬前角蛾)科のガ. ⸗**mund·art** 女〘言〙半方言(都市などでの口語・方言の中間相, 方言がかった口語).

halb⸗nackt 形 半裸の. ⸗**of·fen** 形 半開きの, 開きかけの. ⸗**of·fi·ziell**[..tsiɛl] =halbamtlich

Halb·pacht 女〘史〙半小作, 分益小作(耕地の一部にのみ小作料を払うこと).

halb·part 副 (zur Hälfte) 半分ずつ: **mit** *jm.* **～ machen**《話》(利益などを) …と折半〈山分け〉する. [< Part]

Halb⸗pen·sion[..pãzio:n] 女 (↔Vollpension) (朝食のほか, 昼食もしくは夕食付きの) 2食付き下宿〈ペンション・ホテル〉. ⸗**por·zel·lan** 中 (Steingut) 炻器(せっき). ⸗**prä·fix** 中 (Präfixoid)〘言〙擬似接頭辞.

Halb·rech·te[halprɛ́çtə] 男《形容詞変化》=halbrechts II

halb·rechts I 副 なかば右へ〈で〉: →halblinks II
Halb·rechts 男 -/- 〘ｻｯｶｰ〙ライトインナー.
halb·reif[hálp..] 形 (果実などが)半熟の, 成熟しかけの.
Halb·reim 男 (↔ Vollreim) (Assonanz) 〘詩〙半韻(母音のみの押韻. ㊥ laben と klagen).
halb·roh 形《付加語的》半生の, 生煮え〈焼け〉の.
halb·rund I 形 半円〔形〕の. II **Halb·rund** 中 半円〔形〕.
Halb·schat·ten 男 **1** (↔Kernschatten) 〘理〙半影(→ ㊂ Schatten). **2** 薄暗がり. **3** 〘美〙光と影の接する部分, 濃淡の境.
Halb·scheid[..ʃaɪt] 女 -/ 《南部》(Hälfte) 半分. [<scheiden]
Halb·scheid·wirt·schaft 女 =Halbpacht
halb·schläch·tig[..ʃlɛçtɪç][2] 形 **1** 雑種の; 混血の. **2** 《雅》不明瞭(ふめいりょう)な, あいまいな, どっちつかずの.
Halb≠schlaf 男 -〔e〕s/ 浅い眠り, 仮眠. **≠schluß** 男 〘楽〙半終止. **≠schuh** 男 半靴, 短靴.
halb·schü·rig[..ʃy:rɪç][2] 形 **1** 年2度刈りの(羊毛). **2** 《比》上等でない, 二流の, 粗末な. [<Schur]
Halb·schwer≠ge·wicht 中 -〔e〕s/ (ボクシング・レスリングなどの)ライト〈ジュニア〉=ヘビー級. **≠ge·wicht·ler** 男 -s/- ライト〈ジュニア〉=ヘビー級選手.
Halb≠schwe·ster 女 異父〈異母〉姉妹. **≠sei·de** 女 半絹織物.
halb·sei·den 形 **1** 《付加語的》半絹の. **2** 《話》 **a)** (男が)なよなよした, おかまのような. **b)** いかがわしい, うさん臭い, 不道徳な.
Halb·sei·ten·läh·mung 女 〘医〙半身麻痺(まひ), 半「身不随.」
halb·sei·tig 形 片側の; 半ページの.
Halb·spän·ner[..ʃpɛnər] 男 -s/- 《北部》=Halbbauer 1 [◇Gespann, Vollspänner]
Halb·spie·ler 男 〘ﾗｸﾞﾋﾞｰ〙ハーフバック.
halb·staat·lich 形 なかば国家による, 半国営〈国立〉の, 半官半民の.
Halb·stahl 男 〘工〙半性銑, 鋼もどき.
halb·stark 形《話》ちんぴらの, 不良〈つっぱり〉少年の.
Halb≠star·ke 男《形容詞変化》《話》(グループを組んで騒いだり乱暴をはたらいたりする)ちんぴら, 不良〈つっぱり〉少年. **≠stie·fel** 男 半長靴, (くるぶしまでの)短いブーツ.
halb·stock〔**s**〕 =halbmast
Halb≠stoff 男 (↔Ganzstoff) 〘紙〙未完成紙料(特にパルプ). **≠strauch** 男 〘植〙亜低木. **≠strumpf** 男 (すねまでの)ソックス.
halb·stün·dig 形 半時間の; 半時間を経た.
halb·stünd·lich[また: ◡◡◡] 形 半時間ごとの, 半時間おきの, 1時間に2回の.
Halb≠stür·mer 男 〘ｽﾎﾟｰﾂ〙(サッカー・ラグビーなどの)ハーフバック. **≠suf·fix** 中 (Suffixoid) 〘言〙擬似接尾辞.
halb≠tä·gig 形 半日を経た; 半日間の: eine ~*e* Arbeit 半日仕事 ‖〘副詞的に〙~ arbeiten 半日仕事をする. **≠täg·lich** 形 半日ごとの. **≠tags** 副 半日のあいだ.
Halb·tags≠ar·beit 女 (午前または午後だけの)半日仕事. **≠job**[..dʒɔp] 男 半日仕事のアルバイト. **≠schu·le** 女 (午前だけしか授業のない)半日制学校.
▽**Halb·teil** 中 (男) (Hälfte) 半分.
Halb·ton 男 -s/..töne **1** 〘楽〙半音. **2** 〘美〙ハーフトーン, 半陽部.
halb·tot[hálptó:t, ◡–] 形 半死半生の, 死にかけた: *jn.* ~ schlagen …を殴って半殺しにする | *sich*[4] ~ lachen《話》(腹がよじれるほど)大笑いする.
Halb≠trau·er 女 **1** (死後6か月以降の)半喪期. **2** (半喪期に着る)半喪服. **≠vers** 男 〘詩〙(詩句の)半行; (特に短い)不完全行. **≠vo·kal** 男 〘言〙半母音(母音と子音の中間帯).
halb·voll[hálp-fɔ́l, ◡◡] 形 なかばまで満ちた, 半分の.
halb·wach 形 なかば夢うつつの.
Halb·wahr·heit 女 -/-en《ふつう複数で》生半可の事実.
Halb·wai·se 女 片親のいない子供(→Vollwaise).
halb·wegs[hálpvé:ks] 副 **1** 中途で. **2** (einigermaßen) いくぶん, ある程度: ein ~ brauchbares Werkzeug まあどうにか使える道具 | Mach es bloß ~!《話》ほどほどにしておけよ. [<Weg]
Halb·welt 女 -/ (有閑階級の出入りする)花柳界, 高級娼婦の世界. [*fr.* demi-monde (→Demimonde) の翻訳借用]
Halb·welt·da·me 女 花柳界の女, 高級娼婦; 《比》不誠実な女.
Halb·werts≠dicke 女, **≠schicht** 女 〘理〙半価層. **≠zeit** 女 〘理〙(放射能の)半減期.
halb·wild 形 未開の; 少し飼いならされた, なかば野生の.
Halb≠wis·sen 中 -s/ 生(なま)半可な知識, 浅学, 一知半解. **≠wis·ser** 男 -s/- 浅薄な〈生半可な〉知識の持ち主.
Halb·wis·se·rei[halpvɪsəráɪ] 女 -/-en 生半可な知識をふりまわすこと.
Halb·wol·le[hálp..] 女 半毛織物.
halb·wol·len 形《付加語的》半毛の.
halb·wüch·sig[..vy:ksɪç][2] 形 まだ成長しきっていない, 未成年の, 青少年期の: der 〈die〉 *Halbwüchsige* (十代なかばぐらいの)青少年, 未成年者. [<Wuchs]
halb≠zahm 形 なかば野性を失った, なかば家畜〈家禽(かきん)〉化した. **≠zart** 形《話》(特に女性に関して)未成年の, ティーンエージャーの.
Halb·zei·le 女 (詩・文の)半行, 短行.
Halb·zeit 女 〘球技〙**1** (試合時間の)前〈後〉半. **2** ハーフタイム(試合の中間の休憩時間). [*engl.* half-time の翻訳借用]
Halb·zeit≠pau·se 女 〘球技〙ハーフタイムの休憩時間. **≠pfiff** 男 〘球技〙ハーフタイムのホイッスル.
Halb≠zeug 中 **1** 〘工〙(半加工段階の)中間材料, 半製品. **2** =Halbstoff **≠zug** 男 〘軍〙分隊.
Hal·de[háldə] 女 -/-n **1** 《雅》(なだらかな)山腹, 斜面. **2 a)** 〘坑〙ぼた山; 《比》(石炭・商品などの)在庫〔量〕: auf ~ stehen 〘商〙(売れ残って)在庫している | *jn.* auf die ~ setzen《比》…を放逐する. **b)** 〘地〙溶岩の堆積(たいせき)(→ ㊂ Berg A). [*ahd.*; < *ahd.* hald „geneigt" (◇hold)]
Ha·le[há:lə] 女 -/-n 《ｽｲｽ》クルミの殻.
Ha·léř[hálɛ:rʃ] 男 -/-, -ů[..rʒu:] ハレーシュ(チェコ・スロヴァキアの貨幣〔単位〕: 1/100 Koruna). [*mhd.* haller–*tschech.*; ◇Heller]
half[half] helfen の過去.
Half[ha:f] 男 -s/-s 《ｵｰｽﾄﾘｱ》(Läufer) 〘ｻｯｶｰ〙ハーフバック. [*engl.*; ◇halb]
Hal·fa[hálfa·] 女 -/ (Alfa) **1** 〘植〙アフリカハネガヤ(羽茅). **2** アフリカハネガヤの繊維(紙・かご編みなどの原料). [*arab.*]
häl·fe[hɛ́lfə] hülfe (helfen の接続法II)の別形.
Hälf·te[hɛ́lftə] 女 -/-n **1** (英: *half*) 半分, なかば, 2分の1; 中途: die ~ des Apfels 〈der Kosten〉 リンゴ〈費用〉の半分 | die ~ des Tages 半日〔間〕 | die erste 〈zweite〉 ~ des Monats 月の前半〈後半〉 | die größere 〈kleinere〉 ~ 半分以上〈以下〉 | *js.* **bessere ~**《戯》…の妻君〈ベターハーフ〉 | meine schönere ~《戯》うちの女房 ‖ die ~ abstreichen《話》(他人の言うことなどを)半分割り引きして考える | Von dem, was er sagt, kann 〈muß〉 man die ~ abstreichen. 彼の言うことなど半分しか信用できない | Sagen wir „die ~"!《比》君の言うことは誇張だ, 話半分だね ‖ **auf** der ~ des Weges umkehren 中途で引き返す | das Werk nur auf die ~ bringen 仕事を半分までしかしない | *et.*[4] auf die ~ reduzieren …を半分に減らす | *et.*[4] **in** zwei ~*n* teilen …を半分に分ける | *et.*[4] genau in der ~ durchschneiden …をちょうど半分に切る | **um** die ~ billiger 〈kleiner〉 sein 半値〈半分の大きさ〉である | **zur** ~ 半分だけ. **2** 〘球技〙サイド, エンド: in der gegnerischen ~ 敵陣内〈相手側のサイド〉で. [*mndd.* helfte; ◇halb; *engl.* half]
hälf·ten[hɛ́lftən] 《01》=halbieren
Half·ter[1][hálftər] 女 -/-n; 中 -s/- ピストルの革ケース, ホルスター. [*mhd.* hulfter „Köcher"; < *ahd.* hul〔u〕ft „Hülle"; ◇hehlen, Holster]

Half·ter[2][−] 男 中 -s/- (ᵛ女 -/-n) (馬・牛などをつないだり, 引いたりするための)端綱(はづな), つなぎ綱(→ 図). [*westgerm.* „Handhabe"; ◇halb, Helm[2]; *engl.* halter]

half·tern[..tərn] ⦅05⦆ 他 (h) (馬などに)端綱(はづな)をつける.

Halfter[2]

hälf·tig[hɛ́lftɪç][2] 形 半分ずつの: *et.*[4] ~ teilen …を半分に分ける.

Hälf·tung[..tʊŋ] 女 -/-en =Halbierung

Ha·li·kar·nas·sos[halikarnásɔs] 地名 ハリカルナッソス(小アジアの南西部にあった古代ギリシアの都市): das Mausoleum zu ~ ハリカルナッソスの霊廟(れいびょう)(古代の世界七不思議の一つ). [*gr.*; ◇*engl.* Halicarnassus]

Ha·lit[halíːt, ..lɪt] 男 -s/-e (Steinsalz) 〘鉱〙岩塩; 塩分を含んだ岩石. [<halo..+..it[2]]

Hal·kyo·ne[halkyóːnə, ..neˑ, ..kýːoneˑ] =Alkyone

hal·kyo·nisch[..kyóːnɪʃ] =alkyonisch

Hall[hal] 男 -[e]s/-e ⦅ふつう単数で⦆ **1** 響き, 音響. **2** 反響, こだま. [*mhd.*; < *ahd.* hellan „schallen" (◇hell)]

Hal·le[1][hálə] 女 -/-n **1** (種々な用途に用いられる)ドームにおおわれた空間; ホール, 講堂; 会館, 会堂, 集会場: Ausstellungs*halle* 陳列⟨展示⟩ホール | Flugzeug*halle* (飛行機の)格納庫 | Schwimm*halle* 室内プール場 | Turn*halle* 体育館 ‖ Der Zug verläßt die ~. 列車が(ドームにおおわれた)駅を出て行く. **2** (ホテル・劇場などの)ロビー. **3** 〘建〙柱廊. [*ahd.*; ◇hehlen, Zelle; *engl.* hall]

Hal·le[2][−] 地名 ハレ (Saale 川中流に臨むドイツ Sachsen-Anhalt 州の工業都市). [< *ahd.* hal[hus] „Salzquelle"; 18世紀の学生語で Salz-Athen と呼ばれた]

hal·le·lu·ja[haleluːjaˑ] **I** 間 ハレルヤ(神をたたえる叫びまたは祈り). **II Hal·le·lu·ja** 中 -s/-s 神をたたえる儀典歌, ハレルヤ誦(しょう)⟨聖歌⟩. [*hebr.* hallelū-yāh „preiset Jahwe!"−*kirchenlat.*]

hal·len[hálən] **I** 自 (h) 鳴り響く; 反響する, こだまする: Ein Schuß *hallte* durch die Nacht. 一発の銃声が夜のやみをつんざいた ‖ *hallendes* Gelächter 哄笑(こうしょう) | ein *hallender* Lärm どよめき渡る騒音. **II** 他 (h) 響かせる. [<Hall]

Hal·len≈bad[hálən..] 中 屋内⟨室内⟩プール. **≈hand·ball** 男 屋内ハンドボール. **≈hockey**[..hɔkiˑ] 中 屋内ホッケー. **≈kir·che** 女 ホール式教会(中廊と側廊との天井がほぼ同じ高さで, 大ホールのような印象を与える教会建築. ドイツ・オーストリアなどのゴシック教会を代表する様式: → 図). **≈schwimm·bad** =Hallenbad **≈schwim·men** 中 屋内水上競技. [<Halle[1]]

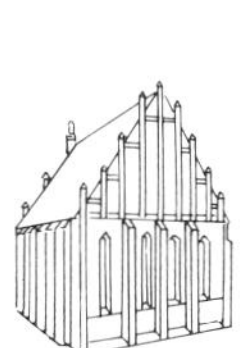
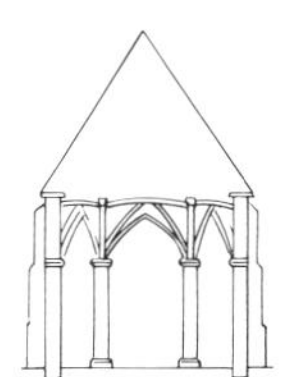

Hallenkirche

Hal·len·ser[halɛ́nzər] **I** 男 -s/- ハレ (Halle[2]) の人. **II** 形 ⦅無変化⦆ ハレの.

Hal·len≈spiel[hálən..] 中 (↔Feldspiel) 屋内⟨室内⟩競技. **≈sport** 男 屋内⟨室内⟩スポーツ, インドアスポーツ. **≈ten·nis** 中 屋内テニス. **≈wett·kampf** 男 屋内⟨室内⟩競技. [<Halle[1]]

hal·lesch[hálɛʃ] =hallisch

Hal·ley[hɛ́liˑ] 人名 Edmund ~ エドマンド ハレー(1656−1742; イギリスの天文学者).

Hal·leysch[hálɛʃ] 形 ハレーの: der ~*e* Komet ハレー彗星(すいせい)(周期76. 03年の長円軌道の彗星. 1705年ハレーによってその周期が算定された).

Hal·lig[hálɪç][2] 女 -/-en (高潮でしばしば海没する北海沿岸の)低い小島(→ 図 Gezeiten): die ~*en* ハリゲン諸島(北海沿岸の群島). [*fries.*−*ndd.*; ◇Holm[2]]

Hal·lig·leu·te 複 Hallig の島民.

Hal·li·masch[hálimaʃ] 男 -es(-s)/-e 〘植〙ナラタケ(楢茸).

hal·lisch[hálɪʃ] 形 ハレ(<Halle[2]) の.

Hall·jahr[hál..] 中 〘ユダヤ教〙ヨベルの年, 五十年節(→Jobeljahr). [<Hall]

hal·lo[haló:, háloˑ] **I** 間 (人の注意をひくための呼びかけ)おい, ちょっと, やあ, おうい; (電話で, 特に通話が中途で切れたときに)もしもし; (人との出会いの際に喜ばしい驚きの気持を表して)これはこれは, わあい: ~ rufen ハローと呼ぶ⟨声をかける⟩ ‖ *Hallo*, ist da jemand? おい そこにだれかいるかい | *Hallo*, Sie haben etwas verloren! ちょっと 何か落とされましたよ | *Hallo*, da seid ihr ja! これはこれは 君たちいる⟨来た⟩ね.

II Hal·lo 中 -s/-s **1** hallo という声, 大声の挨拶(あいさつ): *jn.* mit lautem ~ begrüßen …に大声で挨拶する | *jn.* unter großem ~ verabschieden 大げさに挨拶しながら…を見送る | *jm.* ein ~ zuwinken …に向かって大声で挨拶しながら手を振る. **2** (また 男 -s/-s) わいわいがやがや, 大騒ぎ, 活況. [< *mhd.* haln „holen" (◇holen); ◇holla]

Hal·lo·dri[haló:driˑ] 男 -s/-[s] ⦅南部・オーストリア⦆ そこつ者, お調子者. [<Allotria]

Hal·lo·re[haló:rə] 男 -n/-n (古風な衣装を着た)ハレ(Halle[2]) の製塩労働者.

Hall·statt≈kul·tur[hálʃtat..] 女 -/ 〘考古〙ハルシュタット文化(上部オーストリアのハルシュタット村付近の遺跡から発見された初期鉄器文化). **≈zeit** 女 -/ 〘考古〙ハルシュタット期. [<Halle[2]]

Hall·stein-Dok·trin[hálʃtaɪn..] 女 -/ 〘史〙ハルシュタイン原則(1955年以降東ドイツを承認した国とは断交するという当時の西ドイツ外務次官 W. Hallstein の外交基本原則. 1969年以後の SPD, FDP 連立政権の東方外交で消滅).

Hal·lu·zi·na·tion[halutsinatsió:n] 女 -/-en 〘心〙幻覚: akustische ~*en* 幻聴 | optische ~*en* 幻視. [*lat.*]

hal·lu·zi·na·tiv[..tí:f][1] 形 幻覚による.

hal·lu·zi·nie·ren[halutsiní:rən] 自 (h) 幻覚を起こす, 幻覚が生じる. [*lat.* ālūcinārī „faseln"]

hal·lu·zi·no·gen[halutsinogé:n] **I** 形 〘医〙幻覚を起こさせる. **II Hal·lu·zi·no·gen** 中 -s/-e 〘医〙幻覚剤 (LSD など). [<..ose]

Hal·lu·zi·no·se[..nó:zə] 女 -/-n 〘医〙幻覚症.

Halm[halm] 男 -[e]s/-e (⑪ **Hälm·chen**[hɛ́lmçən], **Hälm·lein**[..laɪn] 中 -s/-) **1 a)** (イネ科植物の中空でふしのある)茎, 稈(かん): Stroh*halm* わら茎, 麦わら ‖ das Getreide ⟨die Ernte⟩ auf dem ~ verkaufen 穀物⟨収穫⟩を取り入れ前に売る, 青田売りをする | wie ein ~ im Sturm zittern あらしの中のわらのように激しくふるえる | Die Gerste ist vom ~. 大麦の収穫は終わった(実がわらから離された). **b)** ⦅比⦆ ささいなこと, 無価値なもの: keinen ~ besitzen 無一物である. **2** ⦅スイス⦆ (Holm) (おの・ハンマーなどの)柄. [*idg.*; ◇Kalamus; *engl.* ha[u]lm]

Hal·ma[hálmaˑ] 中 -s/ ハルマ(2人または4人でする飛び将棋の一種). [*gr.* hálma „Sprung"; ◇Salto]

Hälm·chen Halm の縮小形.

Halm≈flie·ge[hálm..] 女 〘虫〙キモグリバエ(黄潜蠅)科の昆虫(幼虫が麦などの茎にもぐる). **≈frucht** 女 -/..früchte ⦅ふつう複数で⦆ 〘農〙禾穀(かこく)(米・麦・トウモロコシなどの総称).

Hälm·lein Halm の縮小形.

Halm·wes·pe 女 〘虫〙クキバチ(茎蜂)科の昆虫.

halo.. ⦅名詞・形容詞などにつけて「塩」を意味する⦆: *halo*gen 〘化〙造塩性の | *Halo*phyt 〘植〙塩生植物. [*gr.* háls „Salz"; ◇Salz]

Ha·lo[há:loˑ, háloˑ] 男 -[s]/-s, -nen[haló:nən] **1** (太陽・月の)暈(かさ); (聖像の)光輪: glaukomatöser ~ 〘医〙暈輪(うんりん), 緑内障輪. **2** 〘写・テレビ〙ハレーション. [*gr.* hálōs „Tenne"−*lat.*]

ha·lo·gen[halogé:n] **I** 形 〘化〙造塩性の. **II Ha·lo·**

gen 中 -s/-e 〖化〗ハロゲン, 造塩元素.
Ha·lo·ge·nid[..ɡení:t][1] 中 -[e]s/-e =Haloid
Ha·lo·ge·nid·salz =Haloidsalz
ha·lo·ge·nie·ren[..ɡení:rən] 他 (h) ハロゲン化する.
Ha·lo·gen≠lam·pe[haloɡé:n..] 女 ハロゲン灯.
≠schein·wer·fer 男 (自動車の)ハロゲン前照灯.
Ha·lo·id[haloí:t][1] 中 -[e]s/-e 〖化〗ハロゲン化物.
Ha·lo·id·salz 中 〖化〗ハロゲン化金属. [<..oid]
Ha·lo·nen[haló:nən] Halo の複数.
Ha·lo·phyt[..fý:t] 男 -en/-en 〖植〗塩生植物.
Hals[hals][1] 男 -es/ Hälse[hέlzə] (小 **Häls·chen** → 別出, **Häls·lein**[hέlslaın] 中 -s/-) **1 a)** 首〔すじ〕, うなじ, 襟もと; 〖解〗頸部(けいぶ)(→ 図 Mensch B); 首ねっこ, 生命にかかわるところ: ein magerer ⟨breiter⟩ ~ やせた⟨太い⟩首 | ein sehniger ⟨feister⟩ ~ すじばった⟨ずんぐりした⟩首 | **einen dicken ~ haben** 《話》激怒している | einen steifen ~ haben (痛くて動かせないくらい)首がつっぱる | **einen langen ~ machen** (好奇心からよく見ようと)首を伸ばす ‖ **~ über Kopf** 《比》あわてふためいて, あたふたと, 前後の見さかいなく, やみくもに(突っ走る), ころりと(まいる) ‖ den ~ 〔aus-〕recken (よく見ようと)首を伸ばす | *sich*[3] den ~ brechen 首〔の骨〕を折る ‖ ***jm.* den ~ abdrehen** ⟨**abschneiden** / **brechen** / **umdrehen**⟩ 《話》…の息の根をとめる, …を破滅させる | einer Flasche den ~ brechen (→Flasche 1 a) | 〔***jn.*** /***jm.***〕 **den ~ kosten** 《話》〔…の〕命にかかわる | ***seinen* ~ riskieren** 自分の生命をかける | den ~ an *et.*[3] wagen ⟨riskieren⟩ 《比》命がけで…と取り組む | ***sich*[3] nach *jm.* ⟨*et.*[3]⟩ den ~ verrenken** 《話》物珍しそうに⟨期待をこめて⟩…の方を見る | den ~ aus der Schlinge ziehen (→ Schlinge 2).
‖〖前置詞と〗*jn.* **am** ~ würgen …の首をしめる | *jn.* ⟨*et.*[4]⟩ **am** ⟨**auf dem**⟩ **~ haben** 《話》…にわずらわされている | *sich*[3] die Krätze ⟨die Pest / die Schwindsucht⟩ an den ~ ärgern (→Krätze[2] 1, →Pest[1], →Schwindsucht) | ***jm. et.*[4] an den ~ hängen** 《話》…を…⟨厄介など⟩に巻きこむ, …に…を押しつける | ***et.*[4] an den ~ kriegen** 《話》…にわずらわされる | *jm.* an den ~ gehen 《比》…の命とりになりかねない | ***sich*[4] *jm.* an den ~ werfen** ⟨**schmeißen**⟩ …の首っ玉にとび⟨抱き⟩つく; 《話》…に対して押しつけがましい態度をとる, …につきまとう, …を追いまわす | *sich*[3] *et.*[4] an den ~ reden 《話》口がわざわいして…(厄介など)を招く | *jm.* die Pest an den ~ wünschen (→Pest[1]) | ***jn.* ⟨*et.*[4]⟩ auf den ~ bekommen** 《話》…にわずらわされる | ***jm. jn.* auf den ~ hetzen** ⟨**schicken**⟩ 《話》…に…(迷惑な相手)をおしつける | *jm.* die Polizei auf den ~ schicken ⟨hetzen⟩ 《比》警察をさし向けて…につきまとわせる | ***jm.* auf dem ~ liegen** ⟨**hocken**⟩ 《話》…の厄介もの⟨悩みの種⟩である | ***sich*[3] *et.*[4] auf den ~ laden** ⟨**ziehen**⟩ 《話》…(厄介など)をしょいこむ | *jm. et.*[4] auf den ~ bringen 《比》…に…(厄介など)をしょいこませる | **bis** an den ~ erröten (首すじまで赤くなるくらい)ひどく赤面する | bis an den ~ im Wasser stehen 首まで水につかっている | bis an den ~ ⟨bis über den ~⟩ in Schulden stecken (→Schuld 2) | Das Wasser steht ihm bis an den ~. 《話》彼は破滅寸前だ | barfuß bis an den ~ ⟨bis zum ~⟩ (→barfuß) | das Kinn **gegen** den ~ drücken あごを引く | Da steh' ich nun **mit** 〔rein〕 gewaschenem ~. 《話》(せっかく用意していたのに)私はばかを見た | *jm.* **über** den ~ kommen 《比》…を不意打ちする | *jm.* **um** den ~ fallen …の首っ玉に抱きつく | Es geht um den ~. 《比》命が⟨すべての浮沈が⟩かかっている | *sich*[4] um den ~ ⟨um ~ und Kragen⟩ bringen 命にかかわる危険に身をさらす | ***sich*[4] um den ⟨*seinen*⟩ ~ reden** 《話》(口がわざわいして)身の破滅を招く | *et.*[4] **vom** ~ haben 《話》…を厄介払いしている | ***sich*[3] *et.*[4] vom ~ halten** ⟨**schaffen**⟩ …(厄介もの)を寄せつけない | ***jm.* mit *et.*[3] vom ~ bleiben** 《比》…を…でわずらわさない. **b)** (羊・子牛の)首肉(→ 図 Schaf).
2 (人間の首のように細くなった部分・くびれ) **a)** (瓶などの)首. **b)** (弦楽器の)さお(→ 図 Geige). **c)** 〖楽〗(音符の)符尾(→ 図 Note). **d)** 〖体操〗(跳馬の)馬首. **e)** 《南部》(Halskette) 首飾り, ネックレス; (家畜の)首輪. **f)** 〖楽〗(リュートやハープの)柱頭(→ 図 Harfe).
3 a) (Kehle) のど: einen rauhen ~ haben のどが荒れている | Mein ~ ist ganz trocken. 私はのどがからからだ | Mir tut der ~ weh. 私はのどが痛い ‖ ***sich*[3] den ~** 〔**nach *jm.***〕 **ausschreien** 《話》〔…に向かって〕大声で叫ぶ | den ~ nicht voll 〔genug〕 kriegen können (食いしんぼう・貪欲(どんよく)で)いくらもらっても満足しない | Der ~ ist mir wie zugeschnürt. 私はのどがしめつけられるような感じだ.
‖〖前置詞と〗**aus vollem ~** lachen ⟨schreien / singen⟩ 大声をはりあげて笑う⟨叫ぶ・歌う⟩ | *sich*[3] die Lunge ⟨die Kehle⟩ aus dem ~ schreien (→Lunge, →Kehle 1) | *sich*[3] die Zunge aus dem ~ rennen ⟨reden⟩ (→Zunge 1 a) | Das Herz schlägt mir **bis** zum ~ 〔herauf〕. 私は心臓がどきどきする | ***jm.* bis zum ~ stehen** 《話》…をうんざりさせる | Das steht mir schon bis an den ~ ⟨bis zum ~⟩. 《比》私はもう(のどからあふれるくらい)それにうんざりしている | **es bis zum ~ haben** 《比》うんざりしている | die ganze Habe **durch** den ~ jagen 《話》全財産を飲みつぶす | *jm.* **im** ~ steckenbleiben (食べ物が)…ののどにつかえて⟨ひっかかって⟩いる; 《比》(言葉が)つかえて…の口に出ない | *jm.* bleibt der Bissen im ~〔e〕 stecken (→Bissen 1) | einen Kloß im ~ haben (→Kloß 1) | einen Frosch im ~ haben (→Frosch 1) | es ⟨Schmerzen⟩ im ~ haben のどが痛む | ***et.*[4] in den falschen ~ bekommen** ⟨**kriegen**⟩ 《話》…を曲解して憤慨する | *jm.* in den falschen ~ geraten 《話》(食物などが)…の気管にはいる; 《話》…に誤解⟨曲解⟩される | ***jm.* zum ~ heraushängen** ⟨**herauswachsen**⟩ 《話》…をうんざりさせる | *jm.* hängt die Zunge zum ~ heraus (→Zunge 1 a). **b)** 〖狩〗(犬の)ほえ声: ~ geben (犬が)ほえたてる.
4 -es/-en 〖海〗(帆の)タック(→ 図 Segel B).
[*germ.* „Dreher (des Kopfes)"; ◇Zyklus, Kollo]
Hals≠ab·schnei·der[háls..] 男 首斬(き)り人, 人殺し; 《比》ゆすり取る人, いかさま師; 高利貸し. **≠ader** 女 〖解〗頸(けい)静脈. **≠aus·schnitt** 男 (衣服の)襟あき, 襟ぐり, ネックライン. **≠band** 中 -〔e〕s/..bänder ネックレス, 首飾り; (犬の)首輪; (絞首刑用の)首縄.
Hals·band·lem·ming 男 〖動〗クビワ(首輪)レミング.
Hals≠ber·ge[hálsbɛrɡə] 女 -/-n (甲冑(かっちゅう)の)のど⟨首⟩あて, 頸甲(けいこう)(→ 図 Harnisch). **≠ber·ger**[..ɡər] 男 -s/- **1** 〖動〗潜頸(せんけい)類(カメ類の一種). ▽**2** 鎧(よろい)造り師. [*ahd.*; ◇bergen]
Hals≠bin·de 女 ネクタイ; スカーフ. **≠bräu·ne** 女 〖医〗咽頭(いんとう)カタル, 咽頭ジフテリア, クループ.
hals·bre·che·risch[..brɛçərıʃ] 形 命がけの, 危険な; 命知らずの, 向こう見ずの, 冒険的な: ein ~*er* Sport (生命の)危険を伴うスポーツ | eine ~*e* Kletterpartie 命がけの登攀(とうはん)隊 ‖ Das Unternehmen ist ~. この企ては無謀だ ‖ ~ ⟨mit ~*er* Geschwindigkeit⟩ fahren 無謀なスピードで走行する. [<brechen]
Hals≠bruch 男 -〔e〕s/ 首の骨折: → Beinbruch **≠bünd·chen** 男 (シャツなどの)立ち襟; (ワイシャツのカラーをつける)台襟.
Häls·chen[hέlsçən] 中 -s/- **1** Hals の縮小形. **2** ネッカチーフ, マフラー. **3** 《話》(ワイシャツの)堅い平胸.
Hal·se[hálzə] 女 -/-n **1** 〖海〗(帆船が針路を)風下へ向けること. **2** 〖狩〗首輪. [<Hals]
Häl·se Hals の複数.
Hals·ei·sen[háls..] 中 首かせ,(牢獄(ろうごく)で用いられた)鉄の首輪.
hal·sen[1][hálzən][1] 《02》 **I** 他 (h) 《雅》《ふつう次の形で》 *jn.* ~ und küssen …の首に抱きついてキスする.
II ge·halst → 別出 [*ahd.*; ◇Hals]
hal·sen[2][—] 《02》 自 (h) 〖海〗(帆船が)針路を風下に変える. [<Halse]
Hals·ent·zün·dung[háls..] 女 〖医〗咽喉(いんこう)炎, 咽喉カタル.
hals·fern 形 (↔halsnah) 〖服飾〗襟元がゆったりした.
Hals·fi·stel 女 〖医〗頸(けい)フィステル, 頸瘻(けいろう).
hals·frei 形 〖服飾〗襟元のあいた.
Hals·ge·richt 中 〖史〗(中世の)重罪刑事裁判〔所〕; 重罪刑事裁判権.

Hals·ge·richts·ord·nung 女 (中世の) 重罪刑事裁判規則.

Hals·gra·ben 男 首形堀 (半島状に突き出た所に立つ城を陸地・山地から隔てる堀. 城を人体の頭部に見たてた命名).

..halsig[..halzıç][2] 《数詞・形容詞などにつけて「首が…の」を意味する形容詞をつくる》: drei*halsig* 3本首の | lang*halsig* 首の長い.

Hals≈ket·te[háls..] 女 (くさり状の) 首飾り, ネックレス; (犬などの) 首くさり. **≈kra·gen** 男 **1** カラー, 立ち襟. **2** 〘畜〙(負傷した家畜用の) 首のコルセット. **≈krank·heit** 女 咽喉(いんこう)〈頸部(けいぶ)〉疾患. **≈krau·se** 女 (襟に巻く) ひだ飾り, ひだ襟 (→ 図 Geistliche); (理髪店で首に巻く) 襟紙. **≈län·ge** 女 (特に競馬で, 馬の) 首の長さ: um eine ~ 首の差で. **≈lei·den** 中 = Halskrankheit

Häls·lein Hals の縮小形.

Hals·mus·kel[háls..] 男 〘解〙 頸筋(けいきん).

hals·nah 形 (↔halsfern) 〘服飾〙 襟元のつまった.

Hals-Na·sen-Oh·ren≈-Arzt 男 耳鼻咽喉(いんこう)科医 (略 HNO-Arzt). **≈-Heil·kun·de** 女 -/ 耳鼻咽喉科学 (略 HNO-Heilkunde).

Hals≈rie·men 男 (馬具の) 首革 (→ 図 Geschirr). **≈röh·re** 女 気管. **≈schlag·ader** 女 〘解〙 頸(けい)動脈. **≈schlei·fe** 女 襟飾りのリボン; (動物の) 首に巻くリボン. **≈schmer·zen** 複 (扁桃腺(へんとうせん)炎などによる) のどの痛み, 咽喉(いんこう)痛. **≈schmuck** 男 首飾り. **≈star·re** 女 〘医〙 頸部強直〈硬直〉.

hals·star·rig[hálsʃtarıç][2] 形 強情な, がんこな.

Hals·star·rig·keit[–kaıt] 女 -/ 強情, がんこ.

Hals≈stück 中 **1** (牛などの) 首の肉. **2** (衣服の) 頸部(けいぶ). **3** (馬のよろいの) のどあて (→ 図 Harnisch). **≈tuch** 中 -[e]s/..tücher ネッカチーフ, スカーフ, マフラー.

Hals- und Bein·bruch → Beinbruch 1

Hals≈weh 中 -[e]s/ = Halsschmerzen **≈wen·der** [..vɛndər] 男 -s/- 〘動〙 曲頸(きょくけい)類 (カメ類の一種). **≈wir·bel** 男 〘解〙 頸椎(けいつい). **≈zäpf·chen** 中 〘解〙 口蓋(こうがい)垂, 懸壅(けんよう)垂, のどひこ.

halt[1][halt] 副 《南部・オーストリア・スイス》 (eben) 《文中でのアクセントなしで; 動かしがたい既定の現実についての話し手の主観的心情を反映して》 Komm ~ her! とにかくこっちへ来いよ | Da kann man ~ nichts machen. これは本当にどうしようもないんだ | Das ist ~ so und nicht anders. それは結局そうなるよりほかないんだ. [*germ.* „[viel] mehr"; ◇hold]

halt[2][–] **I** halten の命令法単数. **II** 間 止まれ, おい待て, 動くな, やめろ, ストップ: *Halt*, keinen Schritt weiter! 止まれ一歩もそこを動くな | *Halt!* Wer da? 止まれ だれか (歩哨(ほしょう)・番人などの問いかけ).

Halt[halt] 男 -[e]s/-e 《ふつう単数で》 **1** (Stütze) 支え; よりどころ, 手〈足〉がかり; 《比》 座り (のよさ), 安定, 確固たること: ein ~ für die Hände 〈die Füße〉 つかまるところ〈足がかり〉 ‖ ein Mensch ohne jeden ~ 《比》 全く無節操〈浮薄〉な人 ‖ einem Baum durch einen Pfahl ~ geben 木に支柱を立ててやる | *jm.* ~ geben 〈bieten〉 …を支えてやる | [einen] ~ am Geländer suchen 手すりにつかまって体を支えようとする | an 〈bei〉 *jm.* ~ suchen …を頼ろうとする | keinen ~ mit den Händen finden 〈bekommen〉 つかまるところがない | den ~ [unter den Füßen] verlieren [足もとが] ぐらつく, 安定を失う | einen [inneren] ~ an *jm.* haben 《比》 …を頼りにしている | Der Bücherstoß hat keinen ~. 山積みの本が今にも倒れそうだ | Im Sandboden hat der Pflock keinen ~. 砂地では杭(くい)は固定しない.

2 a) (Stillstand) 停止, 静止; 休み[場]: einen kurzen ~ machen 短時間停止する ‖ ein ~ von einer Stunde 1時間の休憩 ‖ ohne ~ durchfahren 無停車で通過する | zum ~ kommen (計画などが) ストップする, 中止になる ‖ ***et.***[3] **~ gebieten** 《雅》 …を阻止する, …を食い止める. **b)** 《南部・スイス》 (Haltestelle) 停留所. **c)** 〘狩〙 野外での食事.

3 《スイス》 **a)** (Umfang) (土地などの) 大きさ, 面積. [▽]**b)** (Gehalt) 容積, 容量. [*mhd.*; ◇halten; *engl.* hold]

hält[hɛlt] halten の現在3人称単数.

halt·bar[háltbaːr] 形 **1** (品物が) 長持ちする, 丈夫な, 堅牢(けんろう)な; (食品などが) 腐りにくい, 変質しにくい; (色が) 褪(あ)せない; (天候が) 安定した: ~*e* Lebensmittel 長持ちする〈持ちのいい〉食品 | ~*e* Schuhe 丈夫な靴 ‖ *et.*[4] ~ verpacken …をしっかり包装する. **2** (状態が) 維持できる, 持ちこたえられる; (陣地などが) 支えられる, 守れる; (意見・主張などが) 保持できる, 根拠のある; (約束が) 守れる; 〘スポ〙 (相手の攻撃・シュートなどが) 阻止できる: eine ~*e* Theorie 確固たる理論 | Dieser Zustand 〈Diese Festung〉 ist nicht mehr ~. この状態〈要塞(ようさい)〉はもはや維持できない.

Halt·bar·keit[–kaıt] 女 -/ haltbar なこと.

Halt·bar·keits≈da·tum 中 (食品などの) 保存〈賞味〉期限. **≈dau·er** 女 (食品などの) 保存〈賞味〉期間.

Hal·te[háltə] 女 -/-n **1** 支点. **2** 停留所. **3** 〘体操〙 (床・平行棒・平均台の運動での) 静止.

Hal·te≈bo·gen 男 〘楽〙 タイ (同じ高さの音符を結ぶ弧線. 二つの音を続けて演奏することを示す). **≈bucht** 女 (道路の) 一時停車用の張り出し部分. **≈griff** 男 (バス・電車などの) つり革. **≈gurt** 男 (飛行機・自動車などの) 安全ベルト. **≈lei·ne** 女 支持索. **≈li·nie**[..liːniə] 女 (交差点などの) 停止線 (→ 図 Straße).

hal·ten*[háltən] 《65》 **hielt**[hiːlt]/**ge·hal·ten**; 現 *du* hältst[hɛltst], *er* hält; 接II hielte

> **I** 他 (h)
> **1a)** ① (英: *hold*) つかんで〈つかまえて・放さないで〉いる, 支えている
> ② (物・事が…を) 失わない; 保つ; 入れる
> **b)** 《*et.*[4]》 (…に対して) 持ちこたえる, (…に) 耐える
> **c)** (zurückhalten) 引きとめる; 《比》 抑止する
> **2a)** 保持する, 防衛する
> **b)** 維持する; (取りきめなどを) 守る
> **c)** 管理〈世話〉する; (家畜を) 飼う; (使用人などを) 置く, かかえる; (定期刊行物を) 購読する
> **d)** 《機能動詞として動詞句を構成する》 (…を) 催す, [とり] 行う, (…[を]) する
> **3** 《*et.*[4]》 《様態を示す語句と》 (…を…の状態に) 保つ
> **4a)** 《方向を示す語句と》 かざす, 突きつける, あてがう
> **b)** 《*et.*[4] an 〈gegen〉 *et.*[4]》 (…を…と) 比べる, 照らし合わせる
> **c)** 再帰 *sich*[4] **an** *jn.* ~ …につきまとう; …にすがる, 「…を頼る」
> **5** 《しばしば für を伴い, 様態を示す語句と》 (…を…と) 見なす, 考える, 評価〈判断〉する
> **6** 《es を目的語とする慣用的表現で》 es mit *et.*[3] ~ …を処理する; …を好む ‖ es mit *jm.* ~ …の側に立つ
> **II** 自 (h)
> **1** (車・馬・乗り手などが) 立ち止まる; 動きを中止する
> **2a)** 持続する, もつ, 持ちこたえる, (色などが) 消えない
> **b)** (ゴールキーパーが) 守り通す
> **c)** dicht ~ (おけなどが) 漏らない, 水を通さない
> **d)** warm ~ (衣服などが) 暖かい
> **3** 《方向を示す語句と》
> **a)** **an** *sich*[4] ~ 自制する
> **b)** [treu] **zu** *jm.* ~ …の側〈味方〉につく
> **c)** (船などが…の方に) 進路をとる
> **d)** (銃で…を) ねらう
> **4** 尊重する
> **a)** 《auf *et.*[4]》 (…を) 尊重する, (…に) 気をつかう
> **b)** 《量を示す4格と》 nichts von *et.*[3] ~ …を評価しない
> **III** **gehalten** → 別出

I 他 (h) **1 a)** ① (英: *hold*) (人が手で) つかんで〈つかまえて・放さないで〉いる, 支えて〈押えて〉いる: *jm.* den Mantel ~ …にコートを着せかけてやる | *jm.* die Stange ~ 《比》 …を見捨てない; …の味方につく | *jm.* 〈für *jn.*〉 den Daumen ~ 《比》 …の成功を念じる, …に心の中で声援を送る | *sich*[3] vor Lachen die Seiten 〈den Bauch〉 ~ 《比》 腹をかかえて笑う | Das Bücherregal wurde von zwei Haken *gehalten*. その本棚は2本の留め金で固定された | *Haltet* den Dieb! どろぼうだ 捕まえてくれ ‖ 〘前置詞と〙 einen Hund **an** der Kette ~ 犬を鎖につないで(連れて)いる | eine Tasse am

H

Henkel ～ カップの握りを持つ | *jn.* am Gängelband ～ 《比》…を意のままにあやつる | *jn.* **bei** 〈an〉 der Hand ～ …の手を捕まえる | *jn.* beim Wort ～ …の言質をとる | *jn.* bei der Stange ～ 《比》…を引きとめて最後まで行動を共にするよう仕向ける | *et.*^{4} **in** der Hand ～ …を手に握っている | das Heft 〈die Zügel / die Fäden〉 in der Hand ～ 《比》実権を握っている, 牛耳をとっている | alles Glück der Welt in Händen ～ 《比》世の幸福すべてを手中にしている | *et.*^{4} **mit** den Händen 〈mit der Zange〉 ～ …を両手〈やっとこ〉でつかんでいる | *et.*^{4} **unterm** Arm 〈**zwischen** den Lippen〉 ～ …を小わきにかかえ〈口にくわえ〉ている ‖ 再帰 *sich*^{4} 〔gut〕 an *et.*^{3} ～ 体を〔しっかりと〕…で支える.

② (物・事が…を)失わない, 逃がさない; 保つ, 支える; 入れる, (…の)容積を持つ: die Fährte ～ 〖狩〗(犬が獲物の)あとを追い続ける | die Wärme ～ (物質が)熱を逃がさない | Der Ofen *hält* die Glut 〔lange〕. このストーブは火持ちがいい | Das Faß *hält* 〔das〕 Wasser. そのたるは水が漏らない | Der Stoff *hält* die Farbe. その布地は色が落ちない ‖ 再帰 *sich*^{3} 〈einander〉 die Waage ～ 《比》たがいに釣り合う, 相殺される ‖ Das Faß *hält* zwanzig Liter. そのたるは20リットル入る.

b) 《*et.*^{4}》(…に対して)持ちこたえる, (…に)耐える: Stich 〈die Last〉 ～ 試練〈重み〉に耐える | die Probe ～ テストに合格する | den Elfmeter ～ 〖サッカー〗(ゴールキーパーが)ペナルティキックを防ぐ.

c) (zurückhalten) 引きとめる; 《比》抑止する: den Hund 〈das Pferd〉 ～ 犬〈馬〉を制する | die Tränen ～ 涙を抑える | das Wasser 〈den Urin〉 ～ 小便をこらえる | den Mund ～ 黙る | den Rand 〈das Maul / die Schnauze / die Klappe〉 ～ 《話》黙る ‖ 再帰 *sich*^{4} ～ 自制する | *sich*^{4} vor Lachen nicht 〔mehr〕 ～ können こらえ切れずに笑い出す ‖ *sich*^{4} nicht 〔von *jm.*〕 ～ lassen 〔…の力では〕引きとめられない〈止めようにも止まらない〉 ‖ Mich *hält* in dieser Stadt nichts mehr. 私をこの町に引きとめるものはもう何もない, 私はこの町にもうなんの未練もない.

2 a) 保持する, 防衛する: eine Festung ～ 砦(とりで)を守り通す | den Rekord 〈*seinen* Titel〉 ～ 記録〈タイトル〉を保持する | den Vorsprung ～ リード〈優位〉を守る | die Spitze ～ 先頭をゆずらない | eine Theorie 〈eine These〉 ～ 学説〈命題〉の正しさを主張し続ける | den Einsatz ～ (ばくちなどで)もとを取る ‖ 再帰 *sich*^{4} ～ (陣地・防衛軍などが)持ちこたえる | *sich*^{4} in *et.*^{3} gut 〈tapfer〉 ～ …(競技・試験など)でがんばる | *Halt* dich gut! がんばれよ | Wie hat er sich im Rennen *gehalten*? 彼はレースでどうだったか(どんなふうに戦ったか).

b) (bewahren) 維持する; (einhalten) (取りきめなどを)守る: die Preise 〈das Tempo〉 ～ 価格〈テンポ〉を崩さない | den Ton ～ 〖楽〗音程を崩さない | die Höhe 〈das Niveau〉 ～ 高度〈水準〉を維持する | das Gleichgewicht ～ 均衡を保つ, 平衡を失わない | Die Thermosflasche *hält* die Wärme. 魔法瓶は中の液体の温度を保つ ‖ 〔das rechte〕 Maß ～ 節度を守る〈失わない〉 | Ordnung 〈Disziplin〉 ～ 秩序〈規律〉を守る | Gesetze 〈Gebote〉 ～ 法律〈戒律〉を守る | Vertrag 〈Schwur〉 ～ 契約〈誓約〉を守る | *sein* Wort 〈Versprechen〉 ～ 約束を守る | den Zahlungstermin 〈〔die〕 Diät〉 ～ 支払期限〈食餌(しょくじ)療法〉を守る | Ruhe ～ 静かに〈じっと〉している, 安静を守る | reinen Mund ～ 《話》秘密をもらさない, 他言しない | *jm.* Treue ～ …に対して忠実であり続ける | mit *jm.* 〔gute〕 Freundschaft ～ …と仲よくする | mit *jm.* Frieden ～ …と仲よく〈平和に〉やってゆく | mit *jm.* Schritt ～ …と歩調〈調子〉を合わせる, …におくれをとらずに進む | Abstand von 〈zu〉 *jm.* ～ …との隔たりを保つ | die 〔rechte〕 Mitte zwischen A und B ～ A と B のどちらにも偏しない | Richtung ～ 方向を変えない | 〔den〕 Kurs nach Süden 〈auf Hamburg〉 ～ (船・航空機などが)南方〈ハンブルク〉へ針路をとり続ける(→II 3 c) | Das Buch *hält*, was es verspricht. その本は期待にそむかない | Versprich wenig, aber *halte* viel. (→versprechen 1 a) ‖ 再帰 *sich*^{4} 〔lange〕 ～ 持ちこたえる, (長く)もつ, 長続きする(→II 2 a) | Das gute Wetter wird sich ～. 天気は持つであろう | Gute Ware *hält* sich. 《諺》よい品物は長持ちする; 《比》老いてなおさかんである | Bei diesem Wetter *hält* sich die Milch nicht gut. この気候ではミルクは長くもたない | Sie 〈Er〉 hat sich gut *gehalten*. 彼女〈彼〉は年齢の割には若さを保っている.

c) 管理〈世話〉する; (家畜を)飼う; (使用人などを)置く, かかえる; (定期刊行物を)購読する: Haus ～ 家事を管理する | das Buch ～ 帳簿をつける | die Bank ～ (ばくちで)親をつとめる ‖ 〔*sich*^{3}〕 Hühner 〈einen Hund〉 ～ 鶏〈犬〉を飼う | 〔*sich*^{3}〕 eine Magd 〈Aufwartung〉 ～ 女中〈使用人〉を置く | 〔*sich*^{3}〕 ein Auto ～ マイカーを持っている | 〔*sich*^{3}〕 Pferd und Wagen ～ 自家用馬車をかかえている | 〔*sich*^{3}〕 eine Zeitung ～ 新聞をとっている ‖ *jn.* mit *et.*^{3} kurz 〈knapp〉 ～ …の…(食事・小遣いなど)を切りつめる | *seine* Kinder streng ～ 自分の子供をきびしくしつける | *jn.* wie *sein* eigenes Kind ～ …をわが子のように世話する〈扱う〉 ‖ gut *gehalten* sein 世話〈手入れ〉が行き届いている.

d) 《halten 自体の意味が希薄化し, 機能動詞として〔動作〕名詞とともに動詞句を構成する》(…を)催す, 〔とり〕行う, (…〔を〕)する: eine Sitzung 〈eine Versammlung〉 ～ 会議〈集会〉を催す | Gericht 〈Markt〉 ～ 法廷〈市(いち)〉を開く | Hof ～ (君主が)廷臣たちを参内させる | Tafel ～ 宴を張る | Hochzeit 〈ein Fest〉 ～ 結婚式〈祝祭〉を催す | Kirche 〈eine Messe〉 ～ 礼拝〈ミサ〉を行う | Schule 〈Unterricht〉 ～ 授業を行う | eine Predigt 〈eine Vorlesung〉 ～ 説教〈講義〉をする | eine Rede 〈einen Vortrag〉 ～ 演説〈講演〉する | *jm.* eine Strafpredigt ～ …にお説教する | 〔an *jn.*〕 eine Ansprache ～ 〔…(聴衆)に〕あいさつのスピーチをする | 〔mit *jm.*〕 Rat ～ 〔…と〕協議する | mit *jm.* Zwiesprache ～ …と対談する | bei *jm.* Rückfrage ～ …に再照会する | nach *jm.* 〈*et.*^{3}〉 Ausschau ～ …の出現を見張る | Wache ～ 当直〈見張り〉をする | Rast ～ 休息〈休養〉する | ein Mittagsschläfchen ～ 昼寝する | den Winterschlaf ～ 冬眠する | Der Tod *hielt* reiche Ernte. 《雅》死亡者が多かった.

3 《*et.*^{4}》《様態を示す語句と》(…が…であり続けるよう)気を配る; (…を…の状態に)保つ: die Temperatur konstant ～ 温度を一定に保つ | das Essen warm 〈kalt / kühl〉 ～ 料理をさめないように〈冷たく〉しておく | *et.*^{4} frisch ～ …(食品など)の鮮度を保つ | *sein* Zimmer ordentlich ～ 部屋を整頓(せいとん)しておく | *seine* Wäsche rein ～ 下着を清潔にしている | den Kopf 〈die Füße〉 still ～ 頭〈足〉を動かさずにいる | die Ohren 〈den Nacken〉 steif ～ 《比》がんばり続ける, 譲歩しない | die Zügel straff 〈lose〉 ～ (馬の)手綱をしめて〈ゆるめて〉いる; 《比》規制を強める〈ゆるめる〉 | das Spiel unentschieden 〈remis〉 ～ ゲームを引き分けにする, 勝敗を持ち越す | *et.*^{4} vorrätig ～ …の手持ち〈在庫〉をおく | 〔für *jn.*〕 einen Stuhl besetzt 〈frei〉 ～ 〔…のために〕いす席をとって〈あけて〉おく | *et.*^{4} versteckt 〈geheim〉 ～ …を隠して〈秘密にして〉おく | die Tür verschlossen ～ 戸に鍵(かぎ)をかけておく | die Augen geschlossen 〈offen〉 ～ 目を閉じて〈あけて〉いる | den Blick auf *jn.* gerichtet ～ 目を…に向けたままでいる | den Kopf gesenkt 〈schief〉 ～ くびをうなだれて〈傾けて〉いる ‖ den Topf **am** Kochen ～ なべを(しばらく)沸騰させる | Waren **auf** Lager ～ 商品を在庫させる | die Hand auf der Tasche ～ 《比》倹約家〈しまり屋〉である | *jn.* auf dem laufenden ～ (時勢・周囲に遅れさせまいと)…に絶えず(新しい)情報を与える | *et.*^{4} 〈*jn.*〉 hinter Schloß und Riegel ～ …を厳重に保管〈監禁〉する | *et.*^{4} 〈*jn.*〉 **in** Gewahrsam ～ …を保管〈監護〉する | *et.*^{4} in Schranken ～ 《比》…に制限を加える; …を抑制〈拘束〉する | *seine* Zunge im Zaum〔e〕 ～ 口をつつしむ | *jn.* in Schach 〈Spannung〉 ～ …を牽制する〈はらはらさせる〉 | *jn.* in Atem ～ …に休む〈息をつぐ〉暇を与えない | *et.*^{4} in Gang ～ …(機械など)を動かし続ける; 《比》…の活動を持続させる | *et.*^{4} in Ordnung 〈instand / im Stande〉 ～ …をきちんと〈良好な状態に〉しておく | *et.*^{4} 〈*jn.*〉 in 〔hohen〕 Ehren ～ …を〔大いに〕尊重〈尊敬〉する | 〔ganz〕 in Weiß *gehalten* sein 白〔一〕色に統一されている | weiß in weiß 〈Ton in Ton〉 *gehalten* sein 白一色に〈色調が〉統一されている | *jn.* **über** Wasser ～ …を沈まないようにかろうじて支える; 《比》…の生存だけは確保してやる | *et.*^{4} **unter** Verschluß ～ …を厳重に保管する | *et.*⁴〔weit〕**von** *sich*³ ～ …を遠ざける〈寄せつけない〉| *sich*³ *et.*⁴ vom Leib〔e〕〈Hals〔e〕〉～ …から逃れている ‖ 再帰 *sich*⁴ aufrecht〈gerade〉～ 体をまっすぐにしている | *sich*⁴ still〈stramm〉～ 体を動かさない〈背筋をぴんと伸ばしている〉| *sich*⁴ gut〈schlecht〉～ i) 姿勢がいい〈悪い〉; ii) 持ちがいい〈悪い〉(→2 b) | *sich*⁴ warm ～ 暖かい服装をする(→II 2 d) | *sich*⁴ gesund ～ 健康を保つ | *sich*⁴ schadlos ～ 弁償してもらう | *sich*⁴ auf *et.*⁴ bereit ～ …に対して準備している | *sich*⁴ abseits〔von *et.*³〕～〔…から〕(ひとり)離れて〈はずれて〉いる ‖ *sich*⁴ **an** der Spitze der Liga ～ (チームが)リーグの首位を保つ | *sich*⁴ kaum **auf** den Beinen ～ können (衰弱して)ちゃんと立っていられない | *sich*⁴ **aus** dem Streit ～ 争いに巻きこまれずにいる | *sich*⁴ **bei** Kräften ～ 元気〈たくましさ〉を失わない | *sich*⁴〔zu sehr〕für *sich*⁴ ～〔あまりにも〕閉鎖的である | *sich*⁴ **in** der Nähe ～ そばを離れない | *sich*⁴ in mäßigen Grenzen ～ 穏当な限度を越えない | *sich*⁴ im Gleichgewicht ～ バランスを保つ | *sich*⁴ **über** Wasser ～ 沈まずにいる;《比》なんとか生計を立てて行く ‖〖目的語なしで〗Der Mantel *hält* warm. このコートは暖かい(→II 2 d).

4 a)《方向を示す語句と》かざす, 突きつける, あてがう: die Hand **an** den Ofen ～ ストーブに手をかざす | *et.*⁴ ans〈gegen das〉Licht ～ …(ネガなど)を光にかざす | die Fahne **in** die Höhe ～ 旗をかかげる | die Hände in die Höhe ～ 両手を挙げる;《比》降参する | die Füße ins Wasser ～ 足を水〔中〕につける | *sein* Gesicht in den Wind ～ まともに風に向かう | den Topf **über** das Feuer ～ なべを火にかける | ein Kind über die Taufe〈das Taufbecken〉～ 子供に洗礼を受けさせる | den Schild〈*seine* schützende Hand〉über *jn.* ～ …をかばう | *et.*⁴ **unter** die Lampe ～ …をランプの明かりにかざす | *jm. et.*⁴ unter die Nase〈**vor** Augen〉～ …の鼻先〈目の前〉に…を突きつける | das Taschentuch vor die Nase ～ ハンカチを鼻にあてがう | die Hand vor die Augen〈den Mund〉～ 小手をかざす〈手を口にあてがう〉| eine Lupe vor die Augen ～ 虫めがねをのぞく ‖ *sich*³ *et.*⁴ gegenwärtig〈vor Augen〉～ …のことを忘れない.

b)《*et.*⁴ an〈gegen〉*et.*⁴》(…を…と)比べる, 照らし合わせる: beides aneinander〈gegeneinander〉～ 両者を対比する | einen Vorschlag gegen einen anderen ～ 提案をもう一つの提案と比較する ‖ an diesen Maßstab *gehalten* この規準に照らして見ると.

c) 再帰 *sich*⁴ **an** *jn.* ～ …につきまとう; …にすがる, …を頼る | *sich*⁴ an *et.*⁴ ～ …を尊重する; …(とりきめなど)を守る; …に準拠する | *sich*⁴ an die Wahrheit ～ 真実をよりどころにする | *sich*⁴ eng an den Text ～ 原文に忠実である | Ich weiß nicht, woran ich mich zu ～ habe. 私は何をよりどころとすべきか分からない | ▽〔*sich*⁴〕**zu** *jm.* ～ …の側〈味方〉につく(→II 3 b) ‖ *sich*⁴〔nach〕rechts ～ 右の方へ進む | *sich*⁴ nach Norden ～ 北へ進み続ける(→II 3 c).

5《しばしば **für** を伴い, 様態を示す語句と》(…を…と)見なす, 考える, 評価〈判断〉する: *et.*⁴ lieb〈teuer〉～ …を好む〈大事にする〉| *et.*⁴ der Mühe〔für〕wert ～ …を骨折りがいのあることと思う | *et.*⁴ unter *seiner* Würde ～ …を自分の品位を傷つけることだと考える | Ich *halte* es noch nicht an der Zeit, unsere Pläne bekanntzugeben. まだ我々の計画を公表する時機ではないと思う ‖ *et.*⁴ **für** angebracht〈angemessen〉～ …を適切なことと考える | *et.*⁴ für ratsam〈wünschenswert〉～ …を得策な〈望ましい〉ことと考える | *et.*⁴ für richtig〈falsch〉～ …を正しい〈誤りだ〉と考える | *et.*⁴ für wahr〈sicher / gewiß〉～ …を真実〈確実〉であると思う | Das hätte ich nie für möglich *gehalten*. まさかそんなことがあり得るとは思いもよらなかった ‖ *et.*⁴ für Unsinn〈ein Glück〉～ …を無意味〈幸運〉だと思う | *et.*⁴ für eine Ehre ～ …を名誉に思う | *et.*⁴ für *seine* Pflicht〈*sein* gutes Recht〉～ …を自分の義務〈当然の権利〉と考える | Ich *halte* es besser, hier zu bleiben. ここにじっとしているほうがよいと思う | Ich *halte* es für das beste, wenn du jetzt gehst. 君が今行くのがいちばんだと私は思う ‖ *jn.* für tot〈verrückt〉～ …を死んだ〈気が狂った〉と見なす | *jn.* für klug〈dumm〉～ …を賢い〈ばかだ〉と思う | *jn.* für einen Betrüger〈Schurken〉～ …をぺてん師〈ならず者〉だと思う | *jn.* für einen Freund ～ …を友人と見なす | Für wie alt *hältst* du mich? 君は私の年を幾つだと思うか | Wofür *hältst* du mich? (憤慨して)君は私をなんだと思っているんだ ‖ 再帰 *sich*⁴ für klug〈gescheit〉～ 利口なつもりでいる | *sich*⁴ für einen Fachmann〈einen Meister〉～ 専門家〈大家〉気取りでいる | Er *hält* sich für zu gut, so etwas zu tun. 彼はそんなことをするのは自分の品位にかかわると考えている.

6《**es** を目的語とする慣用的表現で》**a)** es mit *et.*³ ～ …を(あるやり方で)処理する | *Halte* du es〔damit〕, wie du willst!〔それについては〕好きなようにしたまえ〈考えたまえ〉| Wie *hältst* du **es** mit der Politik? 君の政治的立場はどうなのか. **b)** **es** mit *jm.* ～ …の側に立つ, …の味方をする, …と〔友好・肉体〕関係がある | **es** mit zwei Parteien gleichzeitig ～ 同時に両党派と通じている | **es** mehr mit *seinem* Vater als mit *seiner* Mutter ～ 母親よりも父親とのほうが気が合う. **c)** es mit *et.*³ ～ …を好む | Er *hält* **es** nicht mit dem Wandern. 彼はハイキングは好まない.

II 自 (h) **1** (車・馬・乗り手・隊列などが)立ち止まる; 動きを中止する: Laß den Fahrer〈den Wagen〉～! あの車を止めろ ‖ an einer Kreuzung ～ 交差点で止まる〈一時停車する〉| auf jeder Station ～ 各駅に止まる | mit *seiner* Meinung hinter dem Berg ～《比》自分の意見を明らかにしない | mit dem Wagen ～ (乗っている)車を止める | vor der Tür ～ / vorm Hause ～ 門前に止まる〈馬・車を止める〉‖〖命令形で: →halt²〗Abteilung〈Das Ganze〉*halt!*〖軍〗分隊〈全体〉止まれ(号令) | *Halt!* Wer da? 止まれ だれか(歩哨・番人などの問いかけ) | *Halt*〔*e*〕mal! (話の途中で)ちょっと待ってくれ(考えさせてくれ) | *Halt!* Wo bin ich? (ひとりごとで)待てよ ここはどこだっけ ‖〖名詞として〗*Halten* verboten! 停車禁止, 止まるな | *et.*⁴ zum *Halten* bringen …(車など)を停止させる; …(進撃など)を食い止める | Es gab kein *Halten* mehr. もう止まらなかった.

2 (→I 1 b, I 2 b) **a)** 持続する, もつ, 持ちこたえる, (色などが)消えない, はげない: lange〔gut〕～ 長もちする ‖ In der Gipswand *hält* kein Nagel. しっくい壁では釘(くぎ)はきかない | In der Vase *hält* die Blume nur zwei bis drei Tage. 花瓶にいけたら花は二三日しかもたない | Die Freundschaft *hält* schon viele Jahre. 友情はすでに長年続いている | Wird das〔gute〕Wetter ～? 天気はもつだろうか | Wird der Strick ～? ひもは切れないかしら | Das Eis *hält*. (この川・池の)氷は乗っても割れない | Er schuftet〈läuft〉, **was** das Zeug *hält*. 彼は力の限り懸命に働き〈走り〉続ける ‖ Doppelt genäht *hält* besser.《諺》念には念を(二重に縫ってあるほうがよく持つ). **b)**〖球技〗(ゴールキーパーが)守り通す. **c)** dicht ～ (おけなどが)漏らない, 水を通さない. **d)** warm ～ (衣服などが)暖かい(→I 3).

3《方向を示す語句と》**a)** **an** ***sich***⁴ **～** 自制する | nicht mehr an *sich*⁴ ～ können もう我慢していられない〔で感情を爆発させる〕. **b)**〔treu〕**zu** *jm.* ～ …の側〈味方〉につく ‖ zu unserer Sache〈Partei〉～ 私たちの仲間〈同志〉である. **c)** (船などが…の方に)針路をとる(→I 2 b, I 4 c): südwärts ～ / nach Süden ～ 南へ進み続ける | auf die Küste ～ 岸へ向かう. **d)** (銃で…を)ねらう: **auf** *et.*⁴ ～ …をねらう | zu hoch〈tief / niedrig〉～ 上〈下〉をねらいすぎる.

4 尊重する: **a)**《auf *et.*⁴》(…を)尊重する, 大事にする, (…に)気をつかう: auf *sich*⁴ ～ 体面を重んじる; 身なり〈健康〉に気をくばる | auf Bildung ～ 教育を重んじる | auf *sein* Benehmen〈*seine* Kleidung〉～ ものごし〈服装〉に神経質である | auf Gesundheit ～ 健康に留意する | auf Ehre ～ 名誉を重んじる |〔viel〕auf Anstand〈gute Manieren〉～ 礼儀作法にうるさい |〔streng〕auf Ordnung ～〔きびしく〕秩序を重んじる | sehr auf Äußerlichkeiten ～ 体裁をひどく気にする ‖ nichts auf *sich*⁴ ～ (体面・服装・健康など)自分のことにむとんじゃくである(→b). **b)**《量を示す 4 格と》große Stücke auf *jn.* ～ …を大いに尊敬する〈高く買う〉(→a) ‖ nichts〈das geringste〉von *et.*³ ～ …を全く評価しない, …をへとも思わない | Ich weiß nicht, was ich davon ～ soll. 私はそれをどう受け取っていいか分からない | Was *hältst* du

davon, wenn wir heute ins Kino gehen? 君はきょう映画を見に行く気はないか.

Ⅲ ge·hal·ten → 別出

[*germ*. „hüten“; ◇ *engl*. hold; *gr*. kéllein „antreiben“]

Hal·te≈platz[háltə..] 男 **1** (車の)待避所; (特に自動車の)一時駐車場所. **2** タクシー待合所(乗場). **≈punkt** 男 **1** 《鉄道》(側線・ポイントのない)小駅, 簡易駅, 停留所. **2** (射撃の)照準点. **3** (金属の性状が変化する)臨界点.

Hal·ter[háltər] 男 -s/- **1 a)** 止め具, ホルダー; 取り付け〈支持〉金具: Socken*halter* 靴下どめ. **b)** (Federhalter) ペン軸; (Füllhalter) 万年筆. **2** (㊛ **Hal·te·rin**[..tərın] -/-nen) **a)** 《法》保有者: Kraftfahrzeug*halter* 自動車保有者 | Tier*halter* 動物保有者. **b)** 《オーストリア》(Hirt) 牧人,(特に:) 牛飼い.

Hal·ter·bub 男《南部》(Hirtenjunge) 牧童.

Hal·te·re[halté:rə] 女 -/-n **1** 《ふつう複数で》《虫》平均棍(こん)(双翅目の後翅(こう)が退化したものでバランスを取る平衡器官). **2** (古代ギリシアで筋肉鍛錬に用いた)鉛球つき棍棒. [*gr*. haltēres „Schwunggewichte“; <*gr*. hállesthai „springen“]

Hal·te·rie·men[háltə..] 男 (電車・バスなどの)つり革.

Hal·te·rin Halter 2 の女性形.

hal·tern[háltərn] 《05》 他 (h) 止め具で固定する.

Hal·te·rung[..tərʊŋ] 女 -/-en 《工》止め具, 取り付け〈支持〉金具: die Skier in ~*en* auf dem Autodach befestigen スキーを自動車の屋根の止め具に固定する.

Hal·te≈seil[háltə..] 中 支持索(→ ⊠ Bagger); 係留索(→ ⊠ Ballon). **≈si·gnal** 中 停止信号. **≈stel·le** 女 (路面電車・バスの)停留所: an der ~ warten 停留所で待つ. **≈tau** 中 =Halteseil **≈ver·bot** 中 (交通規則で)停車禁止. **≈vor·rich·tung** 女 《工》固着装置; 《船》(進水時の)船の固定台. **≈zei·chen** 中 **1** =Haltesignal **2** (Fermate) 《楽》フェルマータ, 延音記号.

..haltig[..haltıç][2] (《オーストリア》: **..hältig**[..hɛltıç][2]) 《名詞・形容詞につけて「…を含有している」を意味する形容詞をつくる》: gold*haltig* 金を含有する | reich*haltig* 内容豊富な ‖ Vitamin-B-*haltig* ビタミン B を含んだ.

Halt·li·nie[háltli:niə] =Haltelinie

halt·los[háltlo:s][1] 形 **1** 支えのない, 不安定な. **2** 確固たる基礎を欠いた, 根拠のない: eine ~*e* Behauptung 根拠のない主張. **3** (性格・情緒などの)不安定な, 無定見な, ふらふらした: die heutige, völlig ~*e* Jugend 今日の全く無定見な若者たち.

Halt·lo·sig·keit[..lo:zıçkaıt] 女 -/ haltlos なこと.

halt|ma·chen 自 (h) **1** 立ち止まる, 止まる, 停止する; 停車する; 行進を中断して休む: Wir *machen* im nächsten Dorf *halt*. 私たちは次の村まで行ってから休む | Der Wagen *machte* vor dem Bahnhof *halt*. 車は駅の前で止まった. **2** 《比》しりごみする, 躊躇(ちゅうちょ)する: **vor nichts** 〔**und niemandem**〕 **~** 何ごとにも躊躇しない | **vor *jm*. 〈*et*.[3]〉 nicht ~** …さえ容赦しない.

hältst[hɛltst] halten の現在 2 人称単数.

Hal·tung[háltʊŋ] 女 -/-en **1** 《ふつう単数で》姿勢: in krummer 〈gebückter〉 ~ 体を曲げて〈身をかがめて〉‖ **~ annehmen** (兵士などが)直立不動の姿勢をとる | gerade 〈stramme〉 ~ annehmen まっすぐな〈しゃちこばった〉姿勢をとる | eine gute 〈aufrechte〉 ~ haben いい姿勢をしている | eine schlechte 〈lässige〉 ~ haben 姿勢が悪い〈だらしない〉| die ~ verbessern 姿勢を正す. **2** 態度, 身のこなし, 振舞い; 考え方, 心がまえ: politische ~ 政治上の立場 | fortschrittliche 〈konservative〉 ~ 進歩〈保守〉的な立場 | kühle 〈kritische〉 ~ 冷淡〈批判的〉な態度 | ein Herr von vornehmer ~ ものごしの上品な紳士 ‖ *seine* ~ ändern 態度を変える | eine drohende 〈herausfordernde〉 ~ einnehmen 脅迫〈挑発〉的な態度に出る | in 〈zu〉 einer Frage eine klare ~ einnehmen ある問題ではっきりした態度をとる | eine ruhige 〈gesetzte〉 ~ zeigen 落ちついた態度を示す. **3** 《単数で》規律ある態度, 落ちつき, 自制: *seine* ~ bewahren / nicht die ~ verlieren 落ちつきを失わない, 取り乱さない | alle ~ verlieren すっかり度を失う. **4** 《単数で》(halten すること. 特に:) 飼養, 飼育: Bienen*haltung* 養蜂(ようほう). **5** 《経》市況.

Hal·tungs·feh·ler[háltʊŋs..] 男 《医》(病変の原因となる)姿勢欠陥.

hal·tungs·los[..lo:s][1] 形 不安定な, 頼り〈節操の〉ない.

Hal·tungs·no·te 女 《スポーツ》 **1** (体操競技などの)姿勢〔評〕点. **2** (スキージャンプの)飛型点.

Halt·ver·bot[hált..] 《官》=Halteverbot

Ha·lun·ke[halúŋkə] 男 -n/-n **1** (Schuft) 無頼漢, ならず者, やくざ, ごろつき. **2** 《戯》いたずら小僧, わんぱく小僧. [*tschech*. holomek „nackter Bettler“; <*tschech*. holy „nackt“ (◇kahl)]

Ham[ham] 人名 《聖》ハム (Noah の第 2 子で, Hamit の祖). [*hebr*.]

häm.. →hämo..

Ha·ma·me·lis[hamamé:lıs] 女 -/ (Zaubernuß) 《植》マンサク(満作)〔属〕. [*gr*.; <*gr*. háma „zusammen“; ◇Melone]

Häm·an·gi·om[hɛmaŋgió:m] 中 -s/-e (Adergeschwulst) 《医》血管腫(しゅ).

Ha·mann[há:man] 人名 Johann Georg ~ ヨハン ゲオルク ハーマン(1730-88; ドイツの思想家. 啓蒙(けいもう)思潮に反対して神秘主義哲学を提唱).

hämat.. →hämato..

Hä·ma·te·me·sis[hɛmaté:mezıs] 女 -/ (Blutbrechen) 《医》吐血. [<Emesis]

Hä·ma·tin[..tí:n] 中 -s/ 《化・医》ヘマチン(鉄を含んだ血色素の成分). [<..in[2]]

Hä·ma·tit[..tí:t, ..tít] 男 (中) -s/-e (Blutstein) 《鉱》血石, 赤鉄鉱. [<..it[2]]

hämato.. 《名詞などにつけて「血液」を意味する. 母音の前では hämat.. となる: →*Hämat*emesis》[*gr*. haĩma (→hämo..)]

hä·ma·to·gen[hɛmatogé:n] 形 血液による; 《医》血行性の: ~*e* Metastase (癌(がん)などの)血行性転移.

Hä·ma·to·lo·ge[..ló:gə] 男 -n/-n (→..loge) 血液学者.

Hä·ma·to·lo·gie[..logí:] 女 -/ 《医》血液〔病〕学.

Hä·ma·tom[..tó:m] 中 -s/-e 《医》血腫(けっしゅ). [<..om]

Hä·ma·tor·rhö〔**e**〕[..tɔrø:, ..torø:] 女 -/..rhöen[..rø:ən] (Blutsturz) 《医》大喀血(かっけつ). [<*gr*. rhoḗ „Fließen“]

Hä·ma·to·sko·pie[..toskopí:, ..tɔs..] 女 -/-n [..pí:ən] 血液検査.

Hä·ma·to·xy·lin[..tɔksylí:n] 中 -s/ 《化》ヘマトキシリン(中米産ロッグウッドからつくられた色素: →Blauholz). [<xylo..+..in[2]]

Hä·ma·to·zo·on[..totsó:ɔn] 中 -s/..zoen[..tsó:ən] 《ふつう複数で》《医》住血原虫. [<zoo..]

Hä·mat·urie[..turí:] 女 -/-n [..rí:ən] (Harnblutung) 《医》血尿〔症〕. [<uro..]

Ham·burg[hámbʊrk] 地名 ハンブルク (Elbe 下流に臨み, ドイツ最大の貿易港がある. 旧ハンザ同盟市. 都市であるとともにドイツ連邦の州のひとつでもある): Freie und Hansestadt ~ 自由ハンザ都市ハンブルク | die ~-Amerika Linie ハンブルク=アメリカ郵船会社 (Hapag の別名). [<*ndd*. ham „Bucht“]

Ham·bur·ger[hámbʊrgər] **Ⅰ** 男 **1** -s/- ハンブルクの人. **2** [また: hǽmbə:gə] -s/-〔s〕《料理》 **a)** (deutsches Beefsteak) ハンバーグステーキ. **b)** (パンにハンバーグステーキをはさんだ)ハンバーガー. **Ⅱ** 形 《無変化》ハンブルクの: ~ Dom (→Dom).

ham·bur·gern[hámbʊrgərn] 《05》 自 (h) ハンブルクなまりで話す.

ham·bur·gisch[..gıʃ] 形 ハンブルク〔ふう〕の.

Hä·me[hɛ́:mə] 女 -/ 意地悪, 悪意, 意地の悪い〈悪意のある〉言辞. [<hämisch]

Ha·meln[há:məln] 地名 ハーメルン(ドイツ Niedersachsen

H

州の都市. ネズミ捕りの伝説で知られる: →Rattenfänger 1). [<die Hamel (川の名; ◇Hamburg)]

Ha·men[há:mən] 男 -s/- **1** 〘漁〙 たも網, すくい網. **2** 〘狩〙 捕鳥網; 捕虫網. [< *ahd.* hamo „Hülle"+*lat.* hāmus „Haken"+*mndl.* hāme „Kummet"]

Ham·fel[hámfəl] 女 -/-n 《中部》 一つかみ, 一握り, 小量. [<Handvoll]

Hä·min[hɛmí:n] 中 -s/-e 〘化〙 ヘミン (Hämatin が酸と結合して生じる塩. 血液の鑑定などに利用される). [<hämo..+..in²]

hä·misch[hɛ́:mɪʃ] 形 意地の悪い, 悪意のある, 他人の不幸を喜ぶ, 陰険な: ~*e* Bemerkungen 意地の悪い言辞 | ~*e* Blicke 意地悪な目つき ‖ ~ grinsen 意地悪くにたにた笑う. [*mhd.*; < *ahd.* hamo „Hülle" (◇Hemd)]

Ha·mit[hamí:t] 男 -en/-en ハム人, ハム族の人 (北アフリカに住む, ハム語を用いる諸族の総称. Ham の子孫といわれる).

ha·mi·tisch[..tɪʃ] 形 ハム族の. [<..it³]

Ham·let[hámlɛt] 人名 ハムレット (伝説的なデンマークの王子. Shakespeare の戯曲の素材となった). [*isländ.*]

Häm·ling[hɛ́mlɪŋ] 男 -s/-e (Verschnittener) 去勢された男. [<Hammel]

Ham·mel[háməl] 男 -s/-, Hämmel[hɛ́məl] **1 a)** (去勢された) 雄羊: **um wieder auf besagten ~ zurückzukommen ⟨zu kommen⟩** 話題を元に戻せば, さて閑話休題. **b)** 《単数で》 =Hammelfleisch **2** 《卑》 ばか者, とんま: Du ~! おいばか野郎. [*mhd.*; < *ahd.* hamalōn „verstümmeln" (◇Kapaun)]

Ham·mel≈bei·ne 複 羊の足: 〘もっぱら次の成句で〙 ***jm.* die ~ langziehen** 《話》 …を強く戒める⟨きびしくしかりつける⟩ | ***jn.* bei den ~n nehmen ⟨kriegen⟩** 《話》 i) …の足をつかむ; ii) …の責任を追及する. **≈bra·ten** 男 羊の焼き肉, ローストマトン. **≈fleisch** 中 (料理用の) 羊肉, マトン. **≈keu·le** 女 (料理用の) 羊のもも肉. **≈sprung** 男 〘政〙 羊の表決 (議員がいったん総退場し賛成・反対・棄権に分かれて別々の戸口から再入場し戸口で人数を数える. 1870年代に党首のあとに議員が羊のように従うことから名づけられた).

Ham·mer[hámər] 男 -s/Hämmer [hɛ́mər] (⑪ **Häm·mer·chen** [hɛ́mərçən] 中 -s/-, **Häm·mer·lein** → 別出) **1** ハンマー, 槌(ち); (Sporthammer) 〘陸上〙 (ハンマー投げの) ハンマー(→ 図): ein eiserner ~ 金槌 | ein hölzerner ~ 木槌 | Preßluft*hammer* 圧搾空気ハンマー | ~ und Zirkel im Ährenkranz 麦の穂で囲まれた槌とコンパス (旧東ドイツにおける労働者・知識階級・農民の団結の象徴) ‖ ob er ~ oder Amboß sein will 《比》 彼は人を使う身になる気なのか使われる身になる気なのか | Mein Herz pochte laut wie ein ~. 私の心臓は早鐘のようにどきどきした | **Das ist ein ~!** 《話》 そいつはすばらしい⟨とんでもない⟩ | **wissen, wo der ~ hängt** 《話》 様子がわかっている, 事情に通じている | ***jm.* zeigen, wo der ~ hängt** 《話》 …にずばずば意見を言う, …をたしなめる ‖ den ~ werfen 〘陸上〙 ハンマー投げをする | **den ~ fallen lassen** 《比》 (ぴたりと) 仕事をやめる ‖ **mit** einem ~ schlagen ハンマーで打つ (=hämmern) | **unter den ~ kommen** 《比》 競売に付される | ***et.*⁴ unter den ~ bringen** 《比》 …を競売に付する | **zwischen ~ und Amboß sein** 《比》 窮地にある, 進退きわまっている. **2 a)** 〘楽〙 (ピアノの) ハンマー. **b)** 〘球技〙 スティック, 打球槌. **3** 〘解〙 (中耳の) 槌骨(ついこつ) (→ 図 Ohr). ▽**4** =Hammerwerk 1 **5** 《話》 ひどい間違い: *sich*³ einen ~ leisten 大ミスをする | **einen ~ haben** 《話》 頭がおかしい | Du hast wohl einen ~! きみちょっとおかしいんじゃないのか. [*germ.* „(Werkzeug aus) Stein"; ◇ *gr.* ákmōn „Stein, Amboß"]

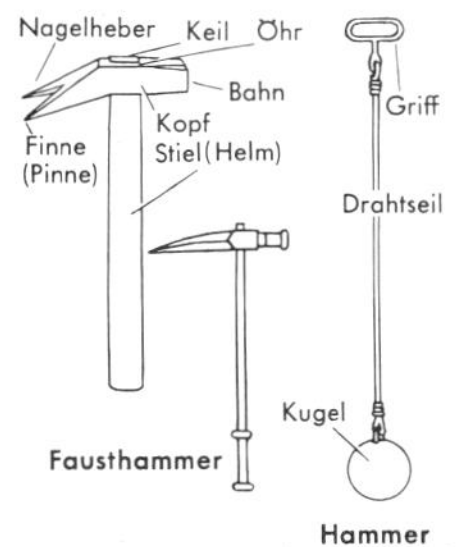

Hammer

häm·mer·bar[hɛ́mərba:r] 形 槌(ち)で伸ばし得る, 展性の, 可鍛性の.

Häm·mer·bar·keit[–kaɪt] 女 -/ 展性, 可鍛性.

Häm·mer·chen Hammer の縮小形.

Ham·mer≈fisch[hámər..] 男, **≈hai** 男 〘魚〙 シュモクザメ (撞木鮫). **≈huhn** 中 〘鳥〙 サイヅチドリ (セレベス産でトサカが槌(ち)状). **≈kla·vier** 中 〘楽〙 ハンマークラヴィーア (ピアノの前身). **≈kopf** 男 〘解〙 (中耳の) 槌骨(ついこつ).

Häm·mer·lein[hɛ́mərlaɪn] 中 -s/- **1** Hammer の縮小形. ▽**2** 妖精(ようせい); (Teufel) 悪魔: Meister ~ (→Meister 5).

▽**Häm·mer·ling**[..lɪŋ] 男 -s/-e =Hämmerlein 2

Ham·mer≈me·cha·nik[hámər..] 女 槌(ち)打ちによって起動する機構⟨装置⟩ (ピアノなど). **≈müh·le** 女 **1** 砕石機械. **2** =Hammerwerk 1 **≈mu·schel** 女 〘貝〙 シュモクガイ (撞木貝).

häm·mern[hɛ́mərn] 《05》 **I** 自 (h) **1** (槌(ち)・ハンマー・こぶしなどで) 強く打つ, トントン打つ: (mit den Fäusten) an der Tür ⟨die Tür⟩ ~ 扉をドンドンたたく | auf dem Amboß ~ 鉄床(かなとこ)をハンマーで打つ | auf der Schreibmaschine ⟨dem Klavier⟩ ~ タイプライター⟨ピアノ⟩をポンポンたたく. **2** (脈が) 打つ, (心臓が) どきどきする, 鼓動する: Das Blut *hämmert* in den Adern. 血が高鳴っている ‖ 非人称 Es *hämmert* in meinem Kopf. 私は頭がずきずきする.

II 他 (h) **1** ハンマーなどで打つ: **a)** (金属を) 加工する, 打ち延ばす, 板金(ばんきん)にする, 鍛える: Zinn ~ 錫(すず)をたたいて延ばす | *gehämmertes* Silber 延べ銀. **b)** (金属製品を) ハンマーで打って作る: einen Schmuck ~ (金属を) たたいて装身具を作る | ein Tablett aus Messing ~ 真鍮(しんちゅう)を打ち延ばして盆を作る. **2** (*jm. et.*⁴) (…の頭に…を) たたき込む, (…に…を) 強く言って聞かせる: *jm. et.*⁴ in den Kopf ⟨ins Gewissen⟩ ~ 《比》 …に…をたたき込む⟨言って聞かせる⟩. **3 a)** 〘ボクシング〙 連続的に強打する. **b)** 〘サッカー〙 (ボールを) 思い切り強くける: einen Ball ins Tor ~ ボールをたたき込むようにシュートする.

Ham·mer≈schlacke[hámər..] 女 (金属などを赤熱してハンマーで打つとき飛び散る) 酸化被膜. **≈schlag** 男 **1 a)** 槌(ち)で打つこと. **b)** 〘ボクシング〙 打ちおろし. **2** =Hammerschlacke **≈schmied** 男 鍛工, 鍛冶(かじ)屋. **≈wer·fen** 中 -s/ 〘陸上〙 ハンマー投げ. **≈wer·fer** 男 ハンマー投げの選手. **≈werk** 中 **1** 鍛造機械, 機械ハンマー, 槌(ち)打ち機. ▽**2** (蒸気・水車による) 鍛造工場. **≈wurf** 男 =Hammerwerfen

Ham·mond·or·gel[hǽmənd|ɔrgəl, hɛ́mənt..] 女 ハモンドオルガン. [<L. Hammond (アメリカ人発明者, †1973)]

Ham·mu·ra·bi[hamurá:bi·] (**Ham·mu·ra·pi** [..pi·]) 人名 ハムラビ (Babylonien 第一王朝の王で, 「ハムラビ法典」の制定者).

hämo.. 《名詞などにつけて「血液」を意味する. 母音の前では häm.. となる》 [*gr.* haĩma „Blut"; ◇hämato..]

Hä·mo·dia·ly·se[hɛmodialý:zə] 女 -/-n (Blutwäsche) 〘医〙 (腎臓(じんぞう)病患者に施す) 血液透析.

Hä·mo·glo·bin[hɛmoglobí:n] 中 -s/ 〘生理〙 ヘモグロビン, 血色素. [<Globulin]

Hä·mo·glo·bin·urie[..globinurí:] 女 -/-n[..rí:ən] 〘医〙 血色素尿(症). [<uro..]

Hä·mo·ly·se[..lý:zə] 女 -/-n 〘医〙 溶血, 溶血反応(作用).

hä·mo·phil[..fí:l] **I** 形 〘医〙 血友病の. **II Hä·mo·phi·le** 男 女 《形容詞変化》 (Bluter) 〘医〙 血友病患者, 出血性素因者.

Hä·mo·phi·lie[..filí:] 女 -/-n[..lí:ən] (Bluterkrankheit) 〘医〙 血友病.

Hä·mo·ptoe[hɛmɔptó:ə] 女 -/ 〘医〙 喀血(かっけつ). [<*gr.* ptýein (→speien)]

Hä·mor·rha·gie[hɛmɔragí:, hɛmor..] 女 -/-n [..gí:ən] 〘医〙 出血. [<*gr.* rhēgnýnai (→Rhagade)]

hä·mor·rha·gisch[..rá:gɪʃ] 形 〘医〙 出血性の.

hä·mor·rhoi·dạl[..roidá:l] 形 痔(じ)の, 痔疾の, 痔核の. [<..al¹]

Hä·mor·rhoi·dạl≠blu̱·tung 女〘医〙痔(じ)出血. **≠kno̱·ten** 男〘医〙痔核. **≠lei·den** 中 =Hämorrhoide

Hä·mor·rhoi·dạ·rius[..dá:riʊs] 男 -/..rien[..riən]〘医〙痔(じ)患者.

Hä·mor·rhoị·de[..roí:də] 女 -/-n《ふつう複数で》〘医〙痔(じ), 痔核. [*gr.*–*lat.*; <*gr.* haimórrhoos „Blutfluß habend" (◇rheo..)]

Hä·mo·stạ·se[hɛmostá:zə, ..mɔs..] 女 -/ 〘医〙止血; 鬱血(うっけつ).

hä·mo·stạ·tisch[..stá:tɪʃ] 形 止血の; 鬱血(うっけつ)の.

Hạm·pel·mann[hámpəlman] 男 -s/..männer **1** あやつり人形: *Hampelmänner* machen《話》徒手体操をする. **2**《話》他人のいいなりになる人, ロボット, おっちょこちょい; 傀儡(かいらい): ***jn.* zu *seinem* ∼ machen / einen ∼ aus *jm.* machen** …を自分のいいなりにする.

hạm·peln[hámpəln]《06》自(h) 手足をぶらぶら動かす; 落ち着きなくふらふらする: nach *et.*³ ∼ …をつかもうとあがく. [*mndd.*]

Hạm·ster[hámstər] 男 -s/- **1**〘動〙〔ゴールデン〕ハムスター(大きな頰嚢(ほおぶくろ)に穀物を貯蔵して運ぶ). **2**《比》欲張り屋, ためこみ屋. [*aslaw.*–*ahd.* hamustro]

Hạm·ster≠backe[hámstər..] 女 -/-n **1** ハムスターの頰嚢(ほおぶくろ). **2**《ふつう複数で》《話》ふくらんだ(まるまるとした)ほっぺた. **≠bau** 男 -[e]s/-e ハムスターの巣穴.

Ham·ste·re̱i[hamstəráɪ] 女 -/-en 買いだめ, ためこみ.

Hạm·ste·rer[hámstərər] 男 -s/-《話》買いだめをする人, ためこむ人.

Hạm·ster≠fa̱hrt[hámstər..] 女 (いなかなどへの必要物資の)買い出し. **≠kauf** 男 (必要物資の)買いだめ.

hạm·stern[hámstərn]《05》他 自(h) (食料品などを)ためこむ, 蓄える; (特に戦時に不足がちな物資を法を犯して)買いだめする: bei den Bauern Eier ∼ 農家から卵を買いだめする | auf die Dörfer zum *Hamstern* gehen 農村へ買い出しに行く.

Hạm·ster≠rat·te 女〘動〙アフリカオニネズミ(鬼鼠). **≠wa̱·re** 女 買いだめ品, 隠匿物資(特に食料品).

Hạm·sun[hámzʊn] 人名 Knut ∼ クヌート ハムスン(1859–1952; ノルウェーの作家. 1920年ノーベル文学賞受賞).

Han¹[han, xàn] 女 -/ 漢(中国古代の王朝. 前漢〔前206–後 8〕と後漢〔25–220〕に分かれる): die ∼-Dynastie 漢王朝.

Han² =Hangang

Hand[hant]¹ 女 -/ Hände[hɛ́ndə] **1** (⊘ **Hạ̈nd·chen** → 別出, **Hạ̈nd·lein**[hɛ́ntlaɪn] 中 -s/-) (英: *hand*) (人間・サルなどの)手(手首から先: → ⊠) (→Arm); (働く手)人手, 働き手; (保護・支配する手)保護者, 支配者:

① von *seiner Hände* Arbeit leben (他人の助けを借りずに)自活(自立)している | die Ausgabe letzter ∼ 著者自身による最終決定版(→Ausgabe 3 a) | Politik der starken ∼ 強権政治, 侵略政策 ‖〘方向を示す語句と〙*Hände* hoch! (抵抗をやめて)〔両〕手をあげろ, 降伏しろ, ホールドアップ | *Hände* weg 〔davon〕! 〔そこから〕手を離せ,〔それに〕手を触れるな | *Hand* aufs Herz! 誓ってそのとおりだ; 誓って真実を言え | Meine ∼ darauf! 誓ってほんとうだとも ‖ Alle *Hände* an 〈auf〉 Deck! 〘海〙総員甲板へ(号令) ‖ Wenn man dem Teufel den kleinen Finger gibt, will er gleich die ganze ∼.《諺》悪事に手を染めると悪のとりこになってしまう; 甘くするとつけあがる(悪魔に小指を与えると手全体をよこせと言う) | Kalte *Hände*, warmes Herz.《諺》手の冷たい人は心が暖かい | Laß deine linke ∼ nicht wissen, was die rechte tut.《諺》善行はひそかに行え(右の手のしていることを左の手に知らせるな. 聖書: マタ6, 3) | Die linke ∼ kommt von Herzen. 左手は心より出づ(心臓が左側にあるところから, 左手で握手してしまった時, 冗談めかしてわびる時に言う).

‖ ②〘前置詞と〙**an ∼ *et.*²** 〈von *et.*³〉 …に基づいて, …を手がかりに(→anhand) | an ∼ vieler Unterlagen 〈von vielen Unterlagen〉 多くの証拠に基づき | an *js.* ∼ …の指導によって, …の援助で | an den *Händen* frieren 〈schwitzen〉 両手が凍える〈汗をかく〉 | *jn.* an 〈bei〉 der ∼ führen …の手をとって導く | ***jm. et.*⁴ an die ∼ geben** …に…を〔なんの拘束もせずに〕まかせる〈用立てる・提供する〉 | ***jm.* an die ∼ gehen** …を手伝う〈援助する〉 | **an *Händen* und Füßen gebunden sein**《比》手も足も出ない, 無力である | *et.*⁴ an 〈bei〉 der ∼ haben …を手元に持っている | ***jn.* an der ∼ haben** 〔いつでも協力・助力を頼める〕…を知っている, …にはいつでも助けてもらえる ‖ 100 Mark **auf** die ∼ bekommen まるまる100マルクもらう | auf *Händen* und Füßen kriechen 四つんばいになって進む | 〔**klar**〕**auf der ∼ liegen**《比》明白である | *jm.* auf die *Hände* sehen …の手元〈仕事ぶり〉を見守る | **auf den *Händen* sitzen**《比》手を出ししぶる; 拍手を送らない | auf den *Händen* stehen 〈laufen〉 さか立ちする〈さか立ちして歩く〉 | ***jn.* auf *Händen* tragen** …を〔愛情こめて〕大事にする〈甘やかす〉(聖書: 詩91,12から) | *jm.* 100 Mark auf die 〔flache〕 ∼ zahlen …に100マルクを即金で払う ‖ **aus der ∼** 〔確かな〕資料なしに, とりあえず;〘トランプ〙(スカートで)手札だけで(親が持ち札交換をあきらめることによって得点がさらに加点されることをねらう場合) | Ich kann jetzt aus der ∼ nur ein paar Zahlen nennen. (確かな資料を調べて見なければわかりませんが)とりあえず今二三の数字を申し上げておきましょう | aus 〈von〉 der ∼ essen《話》手づかみで食べる | ***jm.* aus der ∼ fressen** …の手から餌(え)をたべる〔ほどなれている〕;《比》…の言いなりになる | ***et.*⁴ aus der ∼ geben** 〈**lassen**〉 …(品物・財産・地位・役職など)を手放す〈他人に譲る〉 | 〔*jm.*〕 *et.*⁴ aus der ∼ lesen 〔…の〕手相を見て…を占う〈予言する〉 | *jm. et.*⁴ aus der ∼ nehmen 〈reißen / schlagen〉 …の手から…を取り上げる〈ひったくる・たたき落とす〉 ‖ *jn.* **bei** der ∼ fassen 〈halten / nehmen〉 …の手をとる, …と手をつなぐ | ***et.*⁴ bei der ∼ haben** (すぐ用立てられるように)…を手元に用意している | Er hat immer einen Fahrplan 〈eine Antwort〉 bei der ∼. 彼はいつでも時刻表を携行している〈ちゃんと答えを用意している〉 | **mit *et.*³ schnell** 〈**rasch / gleich**〉 **bei der ∼ sein**《話》即座に…する用意がある, …に関して(意見を)たちどころに述べられる | Er ist mit der Ausrede rasch bei der ∼. 彼はいつもすぐに言い訳を言う ‖ **durch *js.* ∼** 〈***Hände***〉 **gehen** …の手を経る, …によって処理される ‖ **∼ in ∼** 手に手をとって, 一緒に, 協力して | 〔**mit *jm.***〕 ∼ in ∼ arbeiten 〈gehen〉 〔…と〕協力し合う〈手を携えて行く・行動を共にする〉; 〔…と〕結びついている | Dummheit und Dreistigkeit gehen oft ∼ in ∼. 愚かさとあつかましさは結びついていることが多い | ***jm.* in die *Hände* arbeiten** (知らずに)…の手助けをする, (気づかずに)…に対して利敵行為をする | *et.*⁴ in die ∼ 〈die *Hände*〉 bekommen …を〔偶然〕手に入れる | ***jn.* in die ∼** 〈**in die *Hände***〉 **bekommen**《比》…を意のままにする | *jm. et.*⁴ in die ∼ bezahlen …に…(の代金)を現金で払う | *jm. et.*⁴ in die ∼ drücken …の手に…(金銭など)をそっと握らせる; …に…(安物など)をつかませる | ***jm.* in die *Hände* fallen** i) …の手に落ちる, …の術中に陥る, …のものになる; ii) (暴力などをふるおうとしている)…の手を押さえて阻止する | *jm. et.*⁴ in die ∼ geben …に…をゆだねる〈任せる〉, …に…を引き渡す〈手渡す〉 | Sie gaben sich die Türklinke in die ∼.《話》彼らは踵(きびす)を接してやって来た | *jm.* in die *Hände* geraten 〈kommen〉 …の手に落ちる, …のものになる | ***jn.* in der ∼** 〈**in** 〔**den**〕 ***Händen***〉 **haben**

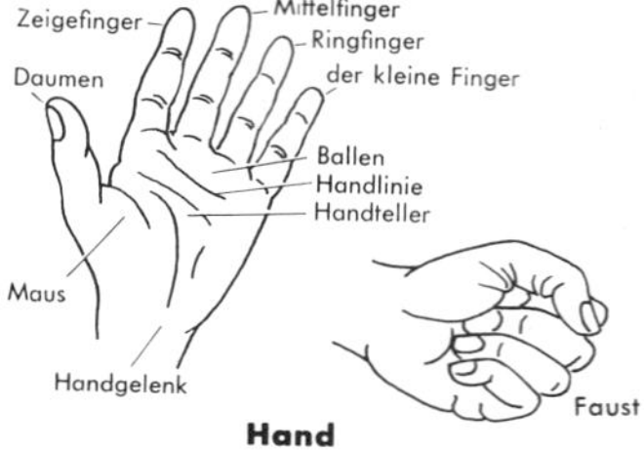

Hand

《比》…を掌握している, …を意のままに動かせる | *sich*^{4} in der ~ haben 自制する, 克己する | in die *Hände* klatschen 拍手する | *jm.* in die *Hände* laufen …とばったり出会う | *et.*^{4} in *js. Hände* legen ⟨befehlen⟩ …を…の手にゆだねる | *et.*^{4} in *js.* ~ ⟨Hände⟩ liefern …を…の手に渡す | **in *js.* ~ liegen ⟨stehen⟩** …の手中にある; 《比》…の思いのままである | Mein Schicksal ⟨Die Führung⟩ liegt in seiner ~. 私の運命は彼の手に握られている⟨統率権は彼の手の中にある⟩ ‖ ***et.*^{4} in die ~ nehmen** …を手にとる; 《比》…(責任・指導など)を引き受ける | Die Eltern müssen die Erziehung ihrer Kinder in die ~ nehmen. 両親は子供の教育〔の責任〕を引き受けなければならない | *seine* Zukunft energisch selbst in die ~ nehmen 自分の未来を自力で果敢に切りひらく | die Augen in die ~ nehmen (→Auge 1) | die Beine in die ~ nehmen (→Bein 1 a) | das Heft in die ~ nehmen 支配権⟨指導権⟩を握る ‖ **in *js.* ~ ⟨*Händen*⟩ sein** …の手中にある, …の手に握られている | ***jm. et.*^{4} in die ~ ⟨die *Hände*⟩ spielen** …に…をこっそり渡す, …の手に…が落ちるように仕組む | **in die *Hände* spucken** 手につばきする; 《比》意気ごんで仕事にかかる | Unser Leben steht ⟨ruht⟩ in Gottes ~. 我らの人生は神の手の中にある | die Wangen in die *Hände* stützen (両手で)ほおづえをつく | ***jm. et.*^{4} in die ~ versprechen ⟨geloben⟩** …に…を〔誓いの握手とともに〕固く約束する | Es zuckt mir in den *Händen*. (あることをしたくて)手がむずむずする ‖ Ein Sperling ⟨Ein Spatz⟩ in der ~ ist besser als eine Taube auf dem Dach. 《諺》先の雁(がん)より手前の雀(すずめ) (屋根の上のハトより手の中のスズメのほうがましだ) | Mit dem Hute in der ~ kommt man durch das ganze Land. (→Hut^1 1) ‖ **mit** Herz und ~ (→Herz 2) | *et.*^{4} mit der ~ fassen …を手でつかむ | **mit *Händen* zu greifen sein** 《比》明白である | *et.*^{4} mit der ~ herstellen ⟨nähen⟩ …を(機械でなく)手で作る⟨縫う⟩ | mit den *Händen* ⟨mit *Händen* und Füßen⟩ reden さかんに手振りをまじえて⟨身振り手振りで⟩話す | Der Brief ist mit der ~ geschrieben. この手紙は(タイプライターでなく)手書きだ | ***sich*^{4} mit *Händen* und Füßen** 〔**gegen *et.*^{4}**〕 **wehren ⟨sträuben⟩** 《比》激しく〔…に〕抵抗する | *jm.* mit der ~ winken …に手を振って合図する ‖ **~ über ~** klettern ⟨schwimmen⟩ 両手を交互に出してよじ登る⟨抜き手を切って泳ぐ⟩ ‖ **um die ~ eines Mädchens anhalten ⟨bitten⟩** 《比》…に結婚を申し込む ‖ **unter der ~** ひそかに, こっそり (=unterderhand) | *et.*^{4} unter der ~ erhalten ⟨kaufen⟩ …をひそかに入手⟨購入⟩する | ***et.*^{4} unter den *Händen* haben** …に従事している | ***jm.* unter die *Hände* kommen** 《比》…の手中に陥る | dem Arzt unter den *Händen* ⟨unter den *Händen* des Arztes⟩ sterben 医師の治療を受けている間に死ぬ | ***jm.* unter den *Händen* zerrinnen ⟨zerfließen / schmelzen⟩** (金・財産などが)みるみる…の手元から消える ‖ **von** ~ gearbeitet ⟨genäht⟩ (機械によらず)手作り⟨手縫い⟩の | Die Arbeit geht ihr gut ⟨leicht⟩ von der ~. 彼女はその仕事をやすやすとやってのける | **von der ~ in den Mund leben** その日暮らしである | ***et.*^{4} von der ~ weisen** …を拒絶する⟨はねつける⟩ | **nicht von der ~ zu weisen sein / *sich*^{4}** nicht von der ~ weisen **lassen** 否定できない⟨大いにあり得ることである⟩ | ein Werk von *js.* ~ …の手になる作品 ‖ ***jm.* zur ~ gehen** …を手伝う⟨援助する⟩ | ***et.*^{4} zur ~ haben** …を手元に持っている⟨用意している⟩ | *jm.* zu *Händen* kommen (手紙などが)…の手元に届く | *et.*^{4} zur ~ nehmen …を手に取る | 〔*jm.*〕 **zur ~ sein** 〔…のために〕すぐに役だつ⟨用意されている⟩ | eine Sonate 〔für Klavier〕 zu vier *Händen* 四手用⟨連弾用⟩〔ピアノ〕ソナタ | Firma X, zu *Händen* (略 z. H.) des Herrn Y ⟨von Herrn Y⟩ (手紙の上書きで) X 社 Y 様あて.

Ⅱ ③ 〖形容詞などと〗 Wir brauchen jetzt jede ~. 今は猫の手も借りたいくらいだ | Viele *Hände* machen bald ⟨schnell⟩ ein Ende. 《諺》手が多ければ仕事は早い ‖ eine feste ~ 《比》しっかりした支え手 | *jm.* freie ~ lassen …の思いどおりにさせる, …の自由裁量に任せる | die flache ~ 平手, てのひら | eine grobe ⟨feine⟩ ~ ごつごつした⟨きゃしゃな⟩手 | eine hilfreiche ~ 援助の手 | die hohle ~ (丸めて)くぼみを作った手; 《比》物欲しげな手 | kalte ⟨warme⟩ *Hände* 冷たい⟨温かい⟩手 | lange ⟨schmale⟩ *Hände* 細長い手 | **von langer ~ vorbereitet** 時間をかけて周到に準備された | **an *et.*^{4}** 〔**die**〕 **letzte ~ legen** 《雅》…に最後の仕上げをする | **eine manikürte ⟨beringte⟩ ~** マニキュアをした⟨指輪をはめた⟩手 | die rechte ⟨linke⟩ ~ 右手⟨左手⟩ | ***js.* rechte ~** 《比》…の右腕(最も信頼された重要な協力者) ‖ $^\nabla$schlanker ~^{2} 支障なく, とどこおりなく | schöne ⟨verarbeitete⟩ *Hände* きれいな⟨労働で荒れた⟩手 | Gib dem Onkel die schöne ~! (子供に対して)おじちゃまにちゃんと右手を出してごあいさつ⟨握手⟩なさい ‖ **blutige *Hände* haben** 手に血がついている; 《比》殺人者である | 〔**in *et.*^{3}**〕 **freie ~ haben** 《比》〔…を〕自分の思いどおりにやれる, 〔…の〕自由裁量権を持つ | ***jm.* freie ~ lassen** …の自由裁量にゆだねる | eine geschickte ~ haben 〔手先が〕器用である; 《比》(他人との交際などが)巧みである, (難しいことでも)うまくやってのける | **in ⟨mit⟩ *et.*^{3} eine glückliche ~ haben** …がじょうずである, …に対してよい勘をもっている⟨勘がいい⟩, …に際して運がいい | **eine grüne ~ haben** 《話》植物を育てるのがうまい | **eine hohle ~ haben** 《話》買収されやすい, わいろがきく | **klebrige *Hände* haben** 手がべとべとしている; 《話》手癖が悪い, 盗癖がある | eine lange ~ haben 広範囲に及ぶ権力を持っている | eine leichte ⟨schwere⟩ ~ haben 手先が器用⟨不器用⟩である | **zwei linke *Hände* haben** 《話》不器用である | **eine lockere ⟨lose⟩ ~ haben** 《話》手が早い(すぐ人に暴力をふるう) | **eine milde ⟨offene⟩ ~ haben** 気前がいい, 物惜しみしない | **reine ⟨saubere⟩ *Hände* haben** 手が汚れていない; 《比》潔白である | eine ruhige ⟨sichere⟩ ~ haben (仕事などに際して)手が震えない, 落ち着いた⟨確かな⟩手つきである | **schmutzige ⟨unsaubere⟩ *Hände* haben** 手が汚れている; 《比》いかがわしい行為をしている, 買収されている.

‖ 〖前置詞と〗 **an den beiden *Händen* abzählen ⟨abfingern⟩** 〔**können**〕 《話》容易に想像がつく | *et.*^{4} **auf** eigene ~ tun …を独力で⟨自己の責任で⟩行う | **aus erster ~** (当事者から)直接に, 仲介者を通さずに; (よりどころの)確実な, 正真正銘の(→2 a) | aus freier ~ zeichnen フリーハンドで描く | aus privater ~ 個人⟨私人⟩から | **aus zweiter ~** 仲介者を通して, 間接〔的〕に; (自動車などが)中古の(→2 a) | die Nachricht aus zweiter ~ 人づてに聞いたニュース | **in** *seine* erstarrten *Hände* blasen ⟨hauchen⟩ 凍えた手に息を吐きかけ〔て暖め〕る | **hinter vorgehaltener ~** 《比》ひそかに, こっそりと | **in guten *Händen* sein** 安心⟨信頼⟩できる人の手にある | **Nicht in die hohle ~!** どんなことがあってもだめだ, 不可能だ, 冗談じゃない | **besser als in die hohle ~ geschissen** 《卑》全くないよりはましな | in schlechten *Händen* sein ひどい扱いを受けている, 安心⟨信頼⟩できない人の手にある | in sicheren *Händen* sein 安全である | **mit beiden *Händen* zugreifen** 両手でつかむ; 《比》積極的に手を出す, (チャンスなどに)喜んで飛びつく | mit bloßen *Händen* anfassen ⟨angreifen⟩ 素手でつかむ | mit eigner ~ 自身で, 自力で | mit eiserner ~ 精力的に, きびしく, しゃにむに | 《Götz von Berlichingen mit der eisernen ~》『鉄手のゲッツ フォン ベルリヒンゲン』(Goethe の戯曲) | *sich*^{4} mit erhobenen *Händen* ergeben 両手をあげて降伏する | **mit fester ⟨starker⟩ ~** 精力的に; きびしく | mit gefalteten *Händen* beten 両手を〔組み〕合わせて祈る | *et.*^{4} mit geschmatzten *Händen* 〔an〕nehmen (大喜びで)飛びつくように…を受け取る | *jm. et.*^{4} mit harter ~ beibringen …に…を拳(こぶし)をふるって⟨スパルタ式にきびしく⟩教えこむ | *et.*^{4} mit kluger ~ regieren ⟨lenken⟩ …を巧みに支配する⟨操る⟩ | **mit leeren *Händen*** i) 手ぶらで; 手みやげを持たずに; 徒手空拳(くうけん)で(財産・資本金などを持たずに); ii) 何の成果もあげずに | **mit leichter ~** 何の苦もなく, 容易に | **mit der linken ~** 《話》片手間に, 苦もなく, やすやすと | mit milder ~ regieren 寛大な政治⟨統治・支配⟩をする | mit ruhiger ⟨sicherer⟩ ~ arbeiten 落ち着いた⟨確かな⟩手つきで仕事をする | **mit vollen ⟨beiden⟩ *Händen*** schenken 気前よくたっぷり贈る | das Geld mit vollen *Händen* ausgeben 金をふんだんに遣う, 浪費する | **von** zarter ~ 女性〔の手〕から | *jm.*

einen Brief **zu** eigenen *Händen* übergeben …の手紙を直接手渡す | eine Ehe zur linken ～〘史〙左手婚姻(貴族が平民の女をめとる身分違いの結婚) | ***jm. et.***[4] **zu treuen *Händen* übergeben** (信頼・安心して)…に…を託す.

‖ ④〘動詞と〙〘主語として〙***jm.* rutscht die ～ aus** …は(かっとなって)思わず手が出てしまう〈相手を殴ってしまう〉| Ihm rutscht die ～ gleich aus. 彼はすぐに手を出す〈相手を殴る〉| Mir **sind die *Hände*** 〔**und Füße**〕 **gebunden.** 私は行動の自由を束縛されている ‖〘4 格の目的語として〙***sich***[3] **die ～ für *jn.*** 〈***et.***[4]〉 **abschlagen** 〈**abhacken**〉 **lassen** 《話》…を保証する(…のためなら片手を切り落とされてもよい) | die 〈*seine*〉 ～ von *jm.* abziehen …から手を引く, …にそれ以上協力しない | einer Dame[3] *seine* ～ antragen《雅》女性に求婚する | 〔**mit**〕 **～ anlegen** 手を貸す, 協力する | **die ～ aufhalten** 〈**hinhalten**〉 《話》(チップなどを)欲しが〔って手をさしのべ〕る | *jm.* die ～ 〈die *Hände*〉 auflegen (祝福するため)…の頭の上に手を置く | ***js.* ～ ausschlagen**《比》…の求婚を退ける | **die ～ nach *et.***[3] **ausstrecken** …に向かって手を伸ばす;《比》…を手に入れようとする, …を欲しがる | die ～ 〈die *Hände*〉〔zur Faust〕 ballen げんこを固める | *jm.* die ～ bieten (あいさつ・和解・助力などの印として)…に手を差し出す | ***jm.* die *Hände* unter die Füße breiten**《雅》…にできるかぎりの手助けをする | *jm.* die ～ drücken …と握手する | die ～ gegen *jn.* erheben …に向かって手を振り上げる, …をおどす | die *Hände* 〔zum Gebet〕 falten 〔祈るために〕両手を組み合わせる | ***jm.* die *Hände* füllen** 〈**schmieren** / **versilbern**〉《話》…を買収する, …にわいろを贈る | *jm.* die ～ geben 〈reichen〉 (あいさつ・和解・助力などの印として)…に手を差し出す, …と握手する | ***jm.* auf *et.***[4] **die ～ geben** …に…を保証する, …に…を確言〈確約〉する | Ich gebe dir die ～ darauf! 君に保証するよ, 絶対間違いないと誓うよ | ***jm.* die ～ fürs Leben geben** 〈**reichen**〉 《比》…と結婚する; …との結婚を承諾する | Wir können uns die ～ geben. 私たちは同じ立場〈身の上〉じゃないか, 私たちは仲間同士なんだ ‖ **～ und Fuß haben**《話》よく考えられている, 筋が通っている | Was er sagt, hat ～ und Fuß. 彼の言うことはよく筋が通っている | weder ～ noch Fuß haben 《比》筋が通らない, 体(てい)をなしていない ‖ keine ～ frei haben 手がふさがっている; 荷物をたくさん持っている | *seine Hände* in *et.*[3] haben …に関係している | *seine Hände* in *et.*[4] stecken …に干渉する | 〔**bei *et.***[3]〕 **die** 〈***seine***〉 **～ mit im Spiel haben** 〔…に〕ひそかに関係している, 〔…に〕一役買っている | die ～ immer in der Tasche haben《比》いつでも金を出す, 気前がいい | die *Hände* 〈eine ～〉 voll Kirschen haben 両手〈片手〉いっぱいにサクランボを持っている | **alle** 〈**beide**〉 ***Hände* voll zu tun haben** (仕事・苦労のたねなどをかかえて)手いっぱいである, ほかに手がまわらない, 多忙である | **die ～ auf der Tasche** 〈**auf die Tasche**〉 **halten** 《話》金を出ししぶる, けちである | **die** 〈***seine***〉 〔**schützende**〕 **～ über *jn.* halten**《雅》…を保護する, …を援助する | *sich*[3] die ～ vor den Mund halten (自分の)口に手をあてがう | die ～ heben 挙手する | die ～ zur Abstimmung 〈zum Gruß / zum Schwur〉 heben 票決〈あいさつ・誓い〉のため手をあげる | *jm.* die ～ küssen …の手にキスをする | Küss' 〈Küß〉 die ～! 《オーストリア》(女性に対して, まれに高位の男性に対しても)こんにちは, さようなら, ありがとうございます | die *Hände* von *et.*[3] lassen …から手を引く | die ～ 〔zum Gruß / grüßend〕 an die Mütze legen 敬礼する | **～ an *jn.* legen** …に暴力をふるう; 暴力をふるって…を殺す | **～ an *sich***[4] **legen** 自害〈自殺〉する | **die** 〈***seine***〉 **～ auf *et.***[4] **legen** …を占有する, …を自分の所有物と〔して確保〕する | **die** 〈***seine***〉 **～ für *jn.*** 〈***et.***[4]〉 **ins Feuer legen** …のことを保証する, …についてうけ合う | **die *Hände* in den Schoß legen** 手をこまぬいている, 何もしない, 怠けている | *js.* ～ nehmen …の手をつかむ, …の手をとって案内する | die *Hände* regen 手を動かす; 《比》勤勉に働く | *sich*[3] vor Freude 〈vor Kälte〉 die *Hände* reiben うれしくて〈寒くて〉手をこすり合わせる | ***sich***[3] **die *Hände* reiben** (温かくするために・うれしくて)手をこすり合わせる;《話》(ざまみろと)ひそかに喜ぶ | *jm.* die ～ reichen (あいさつ・和解・援助などのため)…に手を差し出す | *jm.* die ～ fürs Leben reichen《雅》…と結婚する | ***sich***[3] 〈**einander**〉 **die ～ reichen können**《話》(互いにその欠点において)同類である | Ihr beide könnt euch die ～ reichen. Von euch ist einer so unzuverlässig wie der andere. お前たちときたら全くどっちもどっちだ. そろいもそろって当てになりはしないんだから | vor Verzweiflung die *Hände* ringen 絶望して手をよじる;《比》ひどく絶望している | **keine ～ rühren** 《話》手を出さない, 手をこまぬいている | *jm.* die ～ schütteln …と握手する | **die ～ vor den Augen nicht sehen** 〔**können**〕 一寸先も見えないほど暗い〈霧が深い〉| die *Hände* in die Hosentaschen stecken 両手をズボンのポケットにつっこむ | die *Hände* in die Seiten stemmen 〈stützen〉 両手を腰にあてがう | **die *Hände* sinken lassen** 両手をだらりと垂らす;《比》勇気をなくす, あきらめる | **ehe man die ～ umdreht** 〈**umkehrt**〉 《比》たちまち, あっという間に | *sich*[3] die *Hände* waschen 手を洗う | ***seine Hände* in Unschuld waschen**《比》無実を〈無関係であると〉主張する(聖書: 詩73,13から) | Eine ～ wäscht die andere. 《諺》世の中は持ちつ持たれつ(一方の手がもう一方の手を洗う) | *seine* ～ von *jm.* 〈*et.*[3]〉 ziehen《比》…から手を引く | **die *Hände* über dem Kopf zusammenschlagen** 両手を頭の上で打ち合わせる(ひどくびっくりしたり, あきれ返ったりしたときの身振り).

2 a) 所有者: *et.*[4] aus erster 〈zweiter〉 ～ kaufen …を新品〈中古〉で買う | durch viele *Hände* gegangen sein 所有者がもう何人もかわっている | in andere *Hände* übergehen 他人の手に渡る, 所有者がかわる | in anderen *Händen* sein 他人の手にある, 所有者がかわっている | in die falschen 〈unrechten〉 *Hände* geraten 間違った〈正当でない〉所有者の手に渡る | **in festen *Händen* sein**《話》(品物が)売約ずみである; 売りに出ない, 売買できない;《戯》特定のお相手がいる | Sie ist in festen *Händen*. 《話》彼女はもう自由でない(きまったボーイフレンドがいる・結婚している) | in französischen *Händen* sein フランス領〈フランス〔人〕の所有物〉になっている | in gute *Hände* kommen 大切にしてくれる人の手に渡る | Das Buch war schon in mehreren *Händen*. この本はもう多くの人の手を経ている | von ～ zu ～ gehen 所有者が転々とする.

b) 〘政〙管理者, 支配者: **die öffentliche ～** 公共体, 国家, 政府 | aus Mitteln der öffentlichen ～ 公〔共〕の〈国家の〉資金で | von hoher ～ 国家機関の〈による〉.

c) 〘法〙〔財産〕所有者; 所有権: tote ～ 死手(しで)(譲渡・相続のできない財産を所有する団体, 特に教会・宗教法人など; 譲渡不能の所有権; 法人などによる土地・家屋の永久保有) | Eigentum zur gesamten ～ 共同財産.

3 (Handschrift) 筆跡: eine gute 〈schöne〉 ～ 上手な〈きれいな〉字 ‖ eine leserliche 〈ausgeschriebene〉 ～ haben 読みやすい字を書く〈達筆である〉| eine leichte 〈schwere〉 ～ haben 字がうまい〈下手だ〉| Das ist seine ～. これは彼の筆跡だ.

4 (Seite) 側, 方; 方向: **linker** 〈**rechter**〉 **～**[2] / **zur linken** 〈**rechten**〉 **～** 左〈右〉側に, 左〈右〉方に | das erste Zimmer rechter ～ 右手のとっつきの部屋 | Das Rathaus liegt linker 〈zur linken〉 ～ am Markt. 市役所は市場の左手にある.

5 《単位としてしばしば無変化で》ハント(手の幅, 約10cm: → Handbreit): Der Stoff ist zwei ～ 〈*Hände*〉 breit. この生地は 2 ハント幅だ | ein eine ～ breiter Saum 1 ハント幅のふちどり.

6 a) 〘サッカー〙ハンド〔リング〕(ボールに手を触れる反則): auf ～ entscheiden ハンドリングの判定を下す. **b)** 〘ボクシング〙有効打.

7 a) (機械・道具などのつかんだりひっかけたりする部分. 例えば:) (いかりの)つめ(→ 図 Anker). **b)** (鷹(たか)狩り用の)タカのつめ.

8 〘馬術〙 **a)** (馬体の)各部分: Hinter*hand* 後脚部 | Mittel*hand* 中央部(前脚と後脚の間) | Vor*hand* / Vorder*hand* 前脚部. **b)** 手綱さばき: leichte ～ 軽い手綱さばき.

9 〘トランプ〙持ち札, 手.

[*germ*. „Greifende"; ◇handeln; *engl*. hand]

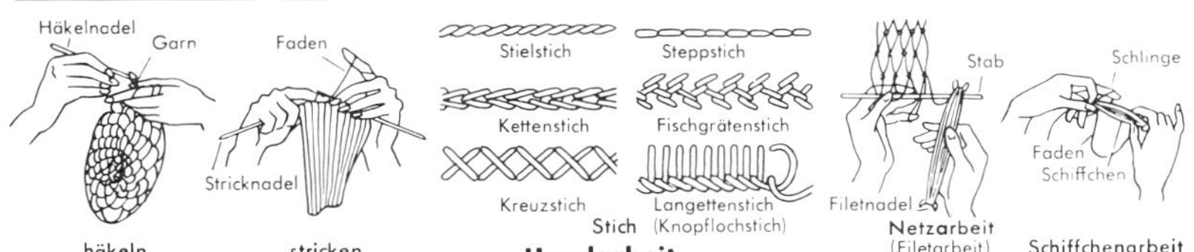

Hand⸗ab·zug[hánt..] 男 **1** 〖印〗手刷りの印刷物. **2** 〖写〗(自動式でなく)手で焼いた陽画. **⸗än·de·rung** 女《スイス》土地の所有権移転. **⸗an·trieb** 男 手動, 手による運転(操作). **⸗ap·pa·rat** 男 **1** (電話機の)〔送〕受話器(→ 図 Fernsprecher A). **2** (あるテーマの研究をするため図書館などの一つのコーナーに特にまとめられた)参考図書(文献). **⸗ar·beit** 女 **1 a)** (↔Maschinenarbeit)(機械によらない)手仕事, 手工, 手細工; 手工業. **b)** (↔Kopfarbeit)(頭脳労働に対する)肉体労働. **2** 手仕事による製品; (特に)手芸(→ 図). **3** 《単数で》《話》手芸の授業.

hand·ar·bei·ten 《01》《過分 gehandarbeitet; ただし形容詞的用法ではふつう handgearbeitet》自 (h) **1** 編物をする. **2** 手仕事をする.

Hand⸗ar·bei·ter 男 **1** 手仕事(手細工)をする人; 手工業者. **2** 肉体労働者. **⸗at·las** 男 -ses/-se, ..lanten (ハンディーな)常用地図〔帳〕. **⸗auf·he·ben** 中 挙手: durch ~ abstimmen 挙手によって採決する. **⸗auf·le·gen** 中, **⸗auf·le·gung** 女〖宗〗按手(あんしゅ)〔礼〕(祝福・叙任などを受ける者の頭に手を置く行為). **⸗aus·ga·be** 女 (本の)中型版. **⸗ball** 男 **1** 《単数で》ハンドボール: ~ spielen ハンドボールをする. **2** ハンドボール用のボール. **⸗bal·len** 男〖解〗母〈小〉指球(親指のつけ根のふくらみ). **⸗bal·ler** 男 -s/- ハンドボールをする人.

Hand·ball·spiel 中 ハンドボールのゲーム.

hand·be·dient 形《付加語的》(機械・装置などについて)手動の.

Hand⸗beil 中 手おの(→ 図 Beil). **⸗be·sen** 男 手ぼうき. **⸗be·trieb** 男 = Handantrieb **⸗be·we·gung** 女 手ぶり, 手まね. **⸗bi·blio·thek** 女 **1** (図書館の)辞書参考書コーナー, リファレンス=ライブラリー. **2** Handapparat 2 の大規模なもの. **⸗brau·se** 女 ハンドシャワー.

hand·breit[hánt..] **I** 形 手のひらの幅の. **II Hand·breit** 女 -/- (尺度としての)手幅(約10cm): zwei ~ 2手幅 | jede ~ Boden kennen 土地を隅から隅まで知りつくしている.

Hand⸗brei·te 女 手のひらの幅: meine ~ 私の手一つの幅. **⸗brem·se** 女 (↔Fußbremse) 手動〈ハンド〉ブレーキ.

Hand·buch 中 ハンドブック, 手引書, 案内書, 便覧; 教科参考書. [*spätlat.* manuāle (→Manual) の翻訳借用; ◇ *engl.* handbook]

Hand·büch·se 女 小型小銃, 騎銃.

Händ·chen[hɛ́ntçən] 中 -s/- (Hand の縮小形) **1 a)** 小さな手: ~ halten (恋人同士が)手と手を取りあっている | *jm.* ~ halten《話》…に手を貸す, 助力する. **b)** 《幼児語》おてて: Gib dem Onkel das schöne ~! おじさんにおててを出してごあいさつしなさい. **2** (見事な)手際, 手並み: für *et.*[4] ein ~ haben …のこつを心得ている, …が巧みである; 《比》…の機を見るに敏である.

Hand⸗deu·tung[hánt..] 女 -/ = Handlesekunst **⸗dienst** 男 (↔Spanndienst)〖史〗手仕事による賦役.

hand·dres·siert 形《オーストリア》〖料理〗手作りの.

Hand·druck 男 -〔e〕s/-e〖印・染〗手刷り.

Hän·de Hand の複数.

Hän·de⸗ab·trock·ner[hɛ́ndə..] 男 -s/- =Händetrockner **⸗druck** 男 -〔e〕s/..drücke 握手: mit *jm.* einen 〔festen〕 ~ tauschen 〈wechseln〉 …と〔固い〕握手を交わす.

Hand·ei·sen[hánt..] 中 手錠.

Hän·de·klat·schen[hɛ́ndə..] 中 -s/ 拍手〔喝采〕.

Han·del[hándəl] 男 -s/Händel[hɛ́ndəl] **1** 《単数で》 **a)** 商品の売買, 商売, 商取引, 貿易, 商業(シンボルは: → 図 Symbol); 《方》(Laden)〔小売〕商店: ambulanter ~ 行商 | der überseeische 〈ausländische〉 ~ 海外〈外国〉貿易 ‖ der ~ im großen / der ~ en gros 卸商 | der ~ im kleinen / der ~ en détail 小売商 | der ~ mit Gebrauchtwagen 中古車売買 | der ~ mit 〈in〉 Stoffen 織物商 | der ~ mit Waffen 武器の売買 | der ~ mit dem Ausland 〈nach Übersee〉 外国〈海外〉貿易 ‖ ~ und Gewerbe 商工業, 産業 | **~ und Wandel** 商業〔活動〕; 《比》(せわしい)日常生活, 日々の営み ‖ in den ~ kommen (商品が)市場に出る | im ~ erhältlich 〈zu haben〉 sein 店で買える(売っている) | Im ~ hört die Freundschaft auf. 《諺》人情は人情 商売は商売 ‖ ~ 〔mit *jm.* 〕 treiben 〔…と〕取引をする | einen ~ 〔mit *et.*[3]〕 betreiben 〈aufmachen〉 〔…の〕小売商を営む〈店を開く〉 | den ~ erlernen 〖商〗商売を習う | Der ~ blüht 〈geht gut〉. 商売が繁盛する〈順調である〉 | Der ~ schrumpft 〈liegt darnieder〉. 商売が不振になる〈不振である〉.

b) (Geschäft) 商談, 売買契約; 《比》はなし, たくらみ, 事件: ein guter 〈schlechter〉 ~ 有利な〈得にならない〉商談 | ein böser 〈schlimmer〉 ~ いかがわしいこと ‖ auf einen ~ eingehen 話に乗る | *sich*[4] aus dem ~ ziehen 手を引く | **mit** *jm.* **in den ~ kommen** …との商談にはいる | *sich*[4] mit *jm.* in 〈auf〉 einen ~ einlassen …の一件にかかわり合う ‖ einen ~ mit *jm.* eingehen 〈〔ab〕schließen / machen〉 …と商談を結ぶ | den ~ rückgängig machen 商談を破棄〈解約〉する | den 〈*seinen*〉 ~ verstehen 事情に通じている, 実務に堪能(たんのう)である | Der ~ gilt! 話は決まった | Der ~ bahnt sich an 〈kommt zustande〉. 商談が軌道に乗る〈成立する〉| Der ~ lohnt sich 〈wirkt sich günstig aus〉. 商談が有利である〈有利にまとまる〉.

2 《ふつう複数で》もめごと, いさかい, 不和; 殴り〈つかみ〉合い; 訴訟: auf *Händel* ausgehen けんかっ早い | mit *jm.* **in** *Händel* geraten …とけんかになる | *sich*[4] 〔mit *jm.*〕 in *Händel* einlassen 〈verstricken lassen〉 〔…との〕けんかに仲間入りする〈巻きこまれる〉 | in *Händel* verwickelt werden 争いに巻きこまれる | Wegen Nichtigkeiten kommt es unter ihnen sofort zu *Händeln.* つまらないことで彼らはすぐけんかになる ‖ *Händel* stiften 〈anfangen〉 争いを始める | mit *jm. Händel* haben …と争っている | mit *jm. Händel* suchen …にけんかを売る | Kleine *Händel* stärken die Liebe. 《諺》小さないさかいは愛情を育てる. [<handeln]

Hän·del[1] Handel の複数.

Hän·del[2][hɛ́ndəl] 人名 Georg Friedrich ~ ゲオルク フリードリヒ ヘンデル(1685–1759; ドイツに生まれ イギリスに帰化したバロック後期の作曲家).

han·deln[hándəln] 《06》 **I** 自 (h) **1** (英: *handle*) **a)** 行動する: Nicht reden, sondern ~! 理屈よりも実行だ, 不言実行 | Es muß *gehandelt* werden. 行動に移さなければならない | Es ist höchste Zeit zu ~ 〈zum *Handeln*〉! 今こそ行動すべき時だ | Der Augenblick des *Handelns* ist gekommen. 行動すべき時が来た ‖ die *handelnden* Personen (劇などの)登場人物.

b) 《様態を示す語句と》(…な)行動をとる, (…に)振舞う: mutig 〈gemein〉 ~ 勇敢な〈卑劣な〉行動をする | gegen das Gesetz ~ 法律にそむいた行動をする | den Grundsätzen gemäß ~ 原則にのっとって行動する | nach Anweisung ~

H

指示どおりにする | wider besseres Wissen ～ 良心に反した行動をする | gerecht **gegen** *jn.* ～ …を公正に扱う.

c) 《an *jm.* 》《様態を示す語句と》(…に…の)行動をとる,(…に対して…に)振舞う: gut an *jm.* ～ …に親切にする | undankbar an *jm.* ～ …に忘恩的な仕打ちをする.

2 (behandeln) 《von *et.*³ / über *et.*⁴》 (…を)題材にする,(著者・論文などが)扱う: Der Film *handelt* vom Zweiten Krieg. その映画の題材は第二次世界大戦である.

3 商う; 《mit *jm.* 》(…と)商売〈取引〉する; 《mit 〈商: in〉 *et.*³》 (…を)商う, 売買する: in 〈mit〉 Getreide ～ 穀物を商う | im großen 〈kleinen〉 ～/en gros 〈détail〉 ～ 卸売り〈小売り〉する | mit 〈in〉 Lebensmitteln ～ 食料品を商う | mit Zitronen *gehandelt* haben (→Zitrone 2) | mit Übersee ～ 海外と取引する | Die Firma *handelt* mit vielen Ländern. この商社は多くの国々と貿易をしている ‖ **～ und wandeln** 商業活動を営む | gewinnbringend 〈mit Gewinn〉 ～ 商売してもうける ‖ *handelnd* von Haus zu Haus ziehen 行商して回る.

4 (verhandeln) 《mit *jm.* um *et.*⁴》 (…と…の値について)かけ合う, 商談する; 値切る: um eine Ware ～ 商品について(値段を)かけ合う〈値切る〉| um den Preis ～ 値段をかけ合う, 値切る ‖ mit *sich*³ ～ lassen (売り手が)値引き〔の相談〕に応じる | Er läßt mit sich nicht ～. 彼は〔値引きの〕交渉に応じない; 彼はなかなか要求を引っこめない.

II 他 (h) **1** 《ふつう受動態で》《*et.*⁴》 商う; (株・証券を)売買する: Kartoffeln werden heute für 0,80 DM das Kilo *gehandelt*. ジャガイモのきょうの相場はキロ当たり80ペニヒである.

2 再帰・非人称 《**es handelt** *sich*⁴ **um** *jn.* 〈*et.*⁴〉》 …にかかわる問題である: Es *handelt* sich um dich 〈um deine Zukunft〉. 君に〈君の将来に〉かかわる問題だ | Es *handelt* sich darum, ob … …かどうかが問題だ | Darum *handelt* es sich nicht. そんなこと〔を問題にしてるん〕じゃない | Worum 〈話: Um was〉 *handelt* es sich? なんのことか, 何が問題になっているのか | Es kann sich nur noch um Sekunden ～, bis … …するまで数秒しかない ‖ Bei diesem Geschäft *handelt* es sich um große Summen. この話には大金がからんでいる | Es *handelt* sich dabei nicht ums Geld. これは金銭の問題ではない | Bei dem jungen Mann *handelt* es sich um einen bekannten Sänger. この若者はとりも直さず有名な歌手なのだ.

3 《俗》(handhaben) (道具・器具などを)取り扱う, 操作する.

[*ahd*; ◇Hand; *engl*. handle]

Han·dels≠ab·kom·men[hándəls..] 中 (国家間の)通商協定. **≠adreß·buch** 中 商業人名録; 顧客名簿. **≠agent** 男 《ｵｰｽﾄﾘｱ》= Handelsvertreter **≠aka·de·mie** 女 《ｵｰｽﾄﾘｱ》 商業経済専門学校. **≠amt** 中 商務局. **≠ar·ti·kel** 男 -s/- 《ふつう複数で》 商品. **≠at·ta·ché** [..ataʃe:] 男 (大公使館付き)商務官. **≠bank** 女 -/-en 商業銀行. **≠bar·rie·re** 女 貿易障壁. **≠be·richt** 男 商況報告. **≠be·schrän·kung** 女 (保護関税などによる)輸入制限. ▽**≠be·triebs·leh·re** = Betriebswirtschaftslehre **≠be·zie·hun·gen** 複 貿易〈取引〉関係. **≠bi·lanz** 女 **1** (会社などの)営業決算. **2** 貿易〔収支の〕差額, 貿易じり: aktive 〈passive〉 ～ 輸出〈輸入〉超過. **≠blatt** 中 商業〈経済〉新聞. **≠brauch** 男 商慣習. **≠brief** 男 商業信書, 商用書簡. **≠buch** 中 -〔e〕s/..bücher 《ふつう複数で》 商業帳簿. **≠damp·fer** 男 貨物船. **≠de·fi·zit** 中 取引上の欠損; 貿易赤字. **≠de·le·ga·tion** 女 通商使節団.

han·dels≠ei·nig 形, **≠eins** 形 《述語的》 商談のまとまった: **mit** *jm.* **～ werden** …との商談〈取引契約〉がまとまる.

Han·dels≠fach 中 -〔e〕s/ 商業〈貿易・営業〉部門. **≠fir·ma** 女 商事会社, 商社, 商会. **≠flag·ge** 女 (商船が国籍を示すために掲げる)商船旗. **≠flot·te** 女 (↔Kriegsflotte) 《集合的に》 (一国の)商船〔隊〕. **≠flug·zeug** 中 《空》 商用機. **≠frei·heit** 女 -/ 通商〈貿易〉の自由, 自由貿易制. **≠frik·tion** 女 貿易摩擦. **≠gärt·ner** 男 (市場向けの)野菜栽培業者. **≠ge·hil·fe** =Handlungsgehilfe **≠geist** 男 -〔e〕s/ 商魂, 商才. **≠ge·nos·sen·schaft** 女 商事組合. **≠ge·richt** 中 商事裁判〔所〕. **≠ge·schäft** 中 **1** 営業, 商行為, 商取引. **2** 商会, 商事会社. **≠ge·sell·schaft** 女 商事会社, 商社: offene ～ (略 OHG) 合名会社. **≠ge·setz** 中 《法》 商法. **≠ge·setz·buch**[また: ⏑⏑⏑⏑–] 中 -〔e〕s/ (略 HGB) 商法典. **≠ge·wer·be** 中 商業. **≠ge·wicht** 中 《商》 (商品の)常衡〈常用〉ウエート. **≠ge·wohn·heit** 女 商慣習. **≠ha·fen** 男 商〔業〕港, 貿易港. **≠haus** 中 商社, 商会. ▽**≠herr** 男 商社の長; 大商人, 豪商. ▽**≠hoch·schu·le** 女 (略 HH) 商科大学(今日では Wirtschaftshochschule という). **≠kam·mer** 女 商業会議所. **≠ka·pi·tal** 中 《経》 商業資本. **≠kauf** 男 商事売買, 商取引. **≠ket·te** 女 **1** (一連の)商業過程(生産から販売・消費まで). **2** コマーシャル=チェーン(同系商店の連合〔組織〕). **≠klau·sel** 女 商取引約款. **≠kom·pa·nie** 女 《史》 (17-18世紀に市場独占権を持った植民地などの)貿易商社. **≠kor·re·spon·denz** 女 商業通信. **≠krieg** 男 経済戦争; 貿易戦争. **≠kri·se** 女 商業恐慌. **≠lehr·ling** 男 商業見習〈徒弟〉, 手代. **≠leu·te** Handelsmann の複数. **≠macht** 女 貿易大国. **≠mak·ler** (**≠mäk·ler**) 男 《法》 商事仲立人; ブローカー, 仲買人. **≠mann** 男 -〔e〕s/..leute(..männer) 商人. **≠ma·ri·ne** 女 (↔Kriegsmarine) 《集合的に》 (一国の)商船〔隊〕. **≠mar·ke** 女 商標. **≠ma·tu·ra** 女 《ｵｰｽﾄﾘｱ》 Handelsakademie の卒業資格取得試験. **≠mes·se** 女 商業〈貿易〉見本市. **≠mi·ni·ster** 男 商務〈商業〉大臣. **≠mi·ni·ste·rium** 中 商務〈商業〉省. **≠miß·brauch** 男 商慣習違反. **≠mis·sion** 女 貿易使節団. **≠mo·no·pol** 中 商業独占. **≠na·me** 男 **1** (Firma) 商号, 社名. **2** 商用名〔称〕; 商品名. **≠nie·der·las·sung** 女 営業所, 代理店. **≠or·ga·ni·sa·tion** 女 **1** 商業組織. **2** 《単数で》 (略 HO) (旧東ドイツの)国営小売企業〈商店〉. **≠packung** 女 (商品の)商用包装. **≠part·ner** 男 商取引の相手; 貿易の相手国. **≠platz** 男 商業地. **≠po·li·tik** 女 -/ 商業〈貿易〉政策. **≠prak·tik** 女 商慣習. **≠recht** 中 -〔e〕s/ 《法》 商法. **≠re·gi·ster** 中 商業登記簿: eine Firma aus dem ～ streichen 〈ins ～ eintragen〉 ある会社を商業登記簿から削除〈商業登記簿に登記〉する. **≠rei·sen·de** =Handlungsreisende **≠rich·ter** 男 商事裁判官(名誉職). **≠sa·che** 女 -/-n 《ふつう複数で》 《法》 商事事件. **≠schiff** 中 商船. **≠schiffahrt** **≠schiff·fahrt** 女 海運, 通商航海. **≠schu·le** 女 商業学校. **≠schü·ler** 男 商業学校の生徒. **≠span·ne** 女 売買格差, マージン, 利ざや. **≠sper·re** 女 通商〈取引〉停止(禁輸・不買など). **≠spra·che** 女 国際商用語(南米におけるスペイン語など). **≠staat** 男 商業国. **≠stadt** 女 商業都市, 商都. **≠stand** 男 -〔e〕s/ 《集合的に》 《法》 商人および商業使用人; 商人階級; 実業界. **≠sta·ti·stik** 女 (特に外国貿易などの)商業統計. **≠stra·ße** 女 通商路(シルクロードなど). **≠über·schuß** 男 取引上の黒字; 貿易黒字.

han·dels·üb·lich 形 商慣習上の.

Hän·del·sucht[hɛ́ndəl..] 女 -/ 口論好き, けんか好き.

hän·del·süch·tig 形 争いを好む, けんか好きの.

Han·dels≠un·ter·neh·men[hándəls..] 中 商業を営む企業. **≠ver·bin·dung** 女 -/-en **1** 《ふつう複数で》 通商〈取引〉関係. **2** 商事組合, 商業連盟. **≠ver·bot** 中 通商禁止, 取引停止. **≠ver·kehr** 男 -s/ 商取引, 交易; 通商貿易. **≠ver·trag** 男 商事契約; 通商条約. **≠ver·tre·ter** 男 代理商, 取次人; (特に:) 訪問販売員, 外交員, セールスマン. **≠ver·tre·tung** 女 **1 a**) 販売代理, 取次. **b**) 代理店, 取次店. **2** (在外の)通商代表部. **≠volk** 中 商業国民. **≠vo·lu·men** 中 (特定期間中の)貿易総額. **≠wa·re** 女 商品. **≠wech·sel** 男 《商》 商業手形. **≠weg** 男 **1** 通商路. **2** (商品が生産者から消費者に渡るまでの)流通〈商業〉ルート. **≠wert** 男 (芸術品などの)市場価値, 取引相場. **≠zei·chen** 中 =Handelsmarke **≠zei·tung** 女 商業〈経済〉新聞. **≠zweig** 男 商業部門.

han·del·trei·bend I 形 商業〈貿易〉を営んでいる, 取引をしている, 商業上の.

II Han·del·trei·ben·de 男 女 《形容詞変化》 商人.

Hän·del·wurz[hɛ́ndəl..] 女〘植〙テガタチドリ(手形千鳥)属.
Hän·de·rin·gen[hɛ́ndə..] 中 -s/ 両手を絞るようにもむこと(悲嘆・絶望のしぐさ: →ringen³ II 1 a).
hän·de·rin·gend 形《述語的用法なし》**1** Händeringen のしぐさをする: Das ～*e* Mädchen schluchzte laut. 少女はもみ手しながら大声で泣きじゃくった. **2**《比》(flehentlich) 哀願的な;《話》(dringend) せっぱつまった, 緊急の: *jn.* um Hilfe ～ bitten …にもみ手して頼む; …に哀願〈嘆願〉する, …に泣きつく | Wir suchen ～ eine Hilfskraft.《話》我々は緊急に助っ人を求めている.
Hän·de≠schüt·teln 中 -s/ (力をこめて何度も繰り返される)握手(→Händedruck). ≠**trock·ner** 男 ハンドドライヤー(洗面所などでぬれた手を乾かすための温風装置). ≠**wa·schen** 中 -s/ 手を洗うこと;〘カトリック〙洗手式.
Hand≠fäu·stel[hánt..] 男 (砕石用の)手ハンマー. ≠**fe·ger** 男 手ぼうき: wie ein wild gewordener ～ herumlaufen《話》髪をふり乱して〈興奮して〉あちこち走り回る.
hand·fer·tig 形 手先の器用な.
Hand≠fer·tig·keit 女 -/ 手先の器用さ. ≠**fes·sel** 女 (Handschelle) 手かせ, 手錠(→ 図).

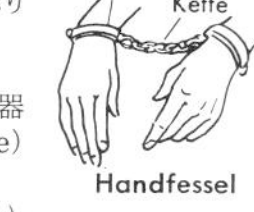

Handfessel

hand·fest 形 **1** 強くて粗野な, ごつい, がっしりした: ein ～*er* Bursche 屈強の若者. **2 a)** (内容が具体的で)充実した, 強力な; したたかな, 手荒い, ひどい: ～*e* Beweise 反駁(はんばく)の余地のない〈有無を言わさぬ〉証拠 | eine ～*e* Lüge 紛れもないうそ | ～*e* Vorschläge 具体的な提案 ‖ *jn.* ～ betrügen …をあからさまに欺く | *jm.* ～ helfen …を強力に援助する. **b)** (食物が)実質のある, 栄養に富んだ: etwas *Handfestes* essen 滋養のあるものを食べる. ▽**3** しっかり捕まえた: *jn.* ～ machen …を逮捕する.
▽**Hand·fe·ste** 女 -/-n **1** (Urkunde) 自署の証書. **2** (中世の都市領主の授ける)都市特許状.
Hand≠feu·er·lö·scher 男 手動消火器. ≠**feu·er·waf·fe** 女〘軍〙携帯火器 (Geschütz に対して Gewehr, Karabiner など一人で扱える火器をいう). ≠**flä·che** 女 (Handteller) てのひら. ≠**flüg·ler** 男 -s/-《ふつう複数で》(Flattertier)〘動〙翼手類(コウモリなど). ≠**ga·lopp** 男〘馬術〙ハンドギャロップ(ゆるやかなギャロップ), (ギャロップに近い)キャンター, だくあし.
hand·ge·ar·bei·tet 形《副詞的用法なし》(機械でなく)手で作った, 手作りの: ～*e* Spitzen 手製のレース | Das Möbelstück ist ～. この家具は手作りである.
Hand·ge·brauch 男 -[e]s/ 日常の使用, 常用:〘ふつう次の形で〙zum 〈für den〉 ～ 常用の, 日用の | eine Ausgabe zum ～ (手軽な)小型〈携帯〉版(書物).
hand≠ge·bun·den 形 (書物が)手綴(と)じの. ≠**ge·fer·tigt** ＝handgearbeitet
Hand·geld 中 **1** (Draufgabe) (契約の際の)手付金, 内金; 初回払込金. **2** (雇用の際の)支度金;〘スポ〙(契約完了時に選手に支払われる)契約一時金. ▽**3** (最初の給料前に支払った)傭兵(ようへい)への手金.
Hand·ge·lenk 中 手首の関節(→ 図 Hand): *sich*³ das ～ brechen 〈verstauchen〉 手首を折る〈くじく〉| **ein lockeres 〈loses〉 ～ haben**《話》手が早い(すぐ人に暴力をふるう) | ～ mal Pi / **aus dem ～** [**heraus**]《話》i)即席で, 何の準備もなしに; ii)苦もなく, 無造作に | *et.*⁴ **aus dem ～ schütteln 〈machen〉** …を苦もなくやってのける | Das geht nicht so [einfach] aus dem ～. それはそう簡単にできることではない.
hand·ge·mein 形《もっぱら次の成句で》[**miteinander**] **～ werden** [互いに]殴り合い〈つかみ合い〉になる.
Hand≠ge·men·ge 中 殴り合い, つかみ合い, 格闘, 乱闘;〘軍〙白兵戦: in ein wildes ～ kommen 激しい乱闘になる | Es kam zum ～. 殴り合い〈つかみ合い〉が始まった. ≠**ge·päck** 中 (車内に持ちこめる)手荷物,〘法〙携帯手荷物.
Hand·ge·päck·auf·be·wah·rung 女 **1** 手荷物保管. **2** 手荷物一時預かり所.
Hand·ge·rät 中 手ごろな〈軽便な〉道具;〘体操〙手具(手で扱う体操用具).
hand·ge·recht **I** 形 扱いやすい, 手ごろな. **II** 副 **1** →I **2** 手近な場所に: *et.*⁴ ～ hinlegen …を手の届く場所に置く.
Hand·ge·schick·lich·keit 女 (図工・手芸などでの)手先の器用さ〈熟練〉.
hand≠ge·schöpft 形 (紙が)手漉(す)きの. ≠**ge·schrie·ben** 形 手書きの. ≠**ge·strickt** 形 手編みの;《しばしば軽蔑的に》手製〈自家製〉の: ～*e* Strümpfe 手編みの靴下 | mit *seiner* ～*en* Philosophie 自己流の哲学で. ≠**ge·webt** 形 手織りの.
Hand·gra·na·te 女 手榴弾(りゅうだん): eine ～ abziehen 手榴弾の安全装置をはずす.
hand·greif·lich[..graɪflɪç, ⌣⌣⌣] 形 **1** (tätlich) 腕力ざたの, 手荒な: ～*e* Streitigkeiten 殴り合い〈つかみ合い〉のけんか ‖ ～ werden つかみ合いになる. **2** (greifbar) (手で)つかめる;《比》具体的な; (deutlich) 明白な, すぐわかるような: ein ～*er* Beweis 明らかな証拠 | eine ～*e* Lüge 紛れもないうそ ‖ *jm. et.*⁴ ～ erklären …に…をわかりやすく説明する.
Hand·greif·lich·keit[..kaɪt] 女 -/-en **1**《ふつう複数で》腕力ざた: Es kam zu ～*en*. つかみ合いが始まった. **2**《単数で》handgreiflich なこと. [＜greifen]
Hand·griff[..grɪf] 男 **1 a)** (手でつかむ・握る動作. 例えば:) (道具・器具などの)操作, 取り扱い;〘医〙手技: ein falscher ～ あやまった操作 | die ～*e* lernen 〈üben〉 (取り扱いの)こつを覚える〈習う〉. **b)**《比》ちょっとした骨折り: *jm.* einen ～ machen …に手をかしてやる | keinen ～ tun 指一本動かさない, 仕事を何もしない | ein paar ～*e* zu tun haben 二三片づけなければならないことがある | *et.*⁴ mit einem ～ 〈mit ein paar ～*en*〉 machen …を苦もなく〔すばやく〕片づける, …を小手先でやってのける | Es ist nur ein ～ für mich.《話》それは私にはお茶の子さいさいだ. **2** (Griff) (道具・器具などの手でつかむ・握る部分. 例えば:) 握り, 取っ手, 柄(え), グリップ; 槓桿(こうかん), クランク, ハンドル: der ～ des Koffers トランクの握り.
hand·groß 形 手ほどの大きさの.
Hand·ha·be[hántha:bə] 女 -/-n **1** (ある事柄を行うための)手がかり, 動機, きっかけ, 口実, 論拠: eine juristische ～ finden 法的な論拠を見いだす | keine ～ haben《zu 不定詞[句]と》(…する)きっかけ〈チャンス〉がない | *jm.* eine ～ für *et.*⁴ bieten 〈geben〉 …に…の口実を与える. ▽**2** ＝Handgriff 2 [*ahd.*; ＜*ahd.* haba „Griff" (◇heben)]
hand·ha·ben[..bən]¹《過 handhabte; 過分 gehandhabt》他 (h) **1** (道具・器具などを)取り扱う, 操作する: Messer und Gabel richtig ～ ナイフとフォークを正しく使う | Das Musikinstrument ist leicht 〈schwer〉 zu ～. その楽器は扱いやすい〈にくい〉. **2**《ふつう様態を示す語句と》(自由裁量の余地のある事柄を…のように)処理する, 運用する: die Gesetze unparteiisch 〈mit äußerster Strenge〉 ～ 法律を公平に〈きわめて厳密に〉運用する. [*mhd.*; *lat.* manūtenēre の翻訳借用]
Hand·ha·bung[..bʊŋ] 女 -/-en handhaben すること.
Hand≠har·mo·ni·ka 女〘楽〙手風琴, アコーデオン. ≠**he·bel** 男 手動レバー, ハンドレバー.
hand·hoch 形 手の長さ(手首から指先まで)ほどの高さ〈深さ〉の.
..händig[..hɛndɪç]²《数詞・形容詞などにつけて「…[本]の手を持つ・使う」を意味する形容詞をつくる》: zwei*händig* 手の二つある | links*händig* 左ききの.
Han·di·kap (Han·di·cap)[hɛ́ndikɛp, hǽndɪkæp] 中 -s/-s **1** ハンディキャップ;《比》不利な条件: ein schweres 〈großes〉 ～ 非常に不利な条件, 大きなハンディキャップ. **2**〘スポ〙**a)** ハンディキャップ(競馬・ゴルフ・バドミントンなどで, 優劣均衡のために与える不利または有利な条件). **b)** ハンディキャップつきの競技〈試合〉. [*engl.*; ◇Hand, in¹, Kappe]
han·di·ka·pen[hɛ́ndikɛpən]《過分 gehandikapt》他 (h)《*jn.*》〘スポ〙(…に)ハンディキャップをつける;《比》不利な立場におく: einen Wettkampf ～ 試合にハンディキャップをつける | Er ist durch seinen Sehfehler *gehandikapt*. 彼は視力障害のためハンディキャップを負っている. [*engl.* handicap]
Han·di·kap·per[hɛ́ndikɛpər] 男 -s/- 〘スポ〙ハンディキ

ャップ査定係. [*engl.*]

Hand-in-Hand≈-Ar·bei·ten[hántınhánt..] 中 -s/ 共同作業, 協力. **≈-Ge·hen** 中 -s/ 手をつないで歩くこと, 同行;《比》(共同作業の)調和した進行, 協調.

Hand≈in·nen·flä·che[hánt..] 女, **≈in·ne·re** 中 手のひら.

hän·disch[héndıʃ] 形《オースト》《話》手を用いての, 手による.

Hand·kan·te[hánt..] 女 手のへり(小指側の); 手刀.

Hand·kan·ten≈hieb 男, **≈schlag** 男 空手チョップ.

Hand≈kar·re 女, **≈kar·ren** 男 手押し車, トロッコ. **≈kauf** 男 現金購入, 直接購買;〖法〗現実売買. **≈keh·rer** 男 ハンドクリーナー,(手で持つ)小型掃除機.

hand·kehr·um[hántke:r|ʊm]《スイス》 **I** 副 突然, 思いがけず; すばやく, たちまち. **II Hand·kehr·um** 中《もっぱら次の成句で》im ～ またたく間に, すばやく(→Handumdrehen). [<umkehren]

Hand≈kof·fer 男 小型トランク, スーツケース: *jn.* zum ～ schlagen《話》…をたたきのめす. **≈korb** 男 手さげかご. **≈kro·ne** 女 (シカの角(つの)の)手の形をした上枝(→ 図 Geweih). **≈kur·bel** 女〔手回し〕クランク,〔手動〕ハンドル(→ 図 Kurbel). **≈kuß** 男 (男性が女性に対して, あるいは一般に高位の聖職者に対して行う)手の甲への口づけ〈キス〉(あいさつの際の特別な尊敬の表現: → 図): *jm.* einen ～ geben …の手の甲に口づけする ‖ *et.*[4] **mit ～ tun**〈[**an**]**nehmen**〉《比》大喜びで…をする〈受け入れる〉| **zum ～ kommen**《オースト》(肩代わりに)犠牲になる. **≈lam·pe** 女 手さげ電灯.

Handkuß

hand·lang[また: ∽∽] 形 手の長さ(手首から指先)の.

Hand·lan·ger[..laŋər] 男 -s/- (材料を運んだりする)下働きの職人;《比》手先; 子分: den ～ machen 下働きをつとめる | zum ～ des Feindes werden 敵の手先になる.

Hand·lan·ger≈ar·beit 女 -/-en = Handlangerdienst **≈dienst** 男 -[e]s/-e《ふつう複数で》下働き: *jm.* ～*e* leisten …の下働きをつとめる; …のために泥をかぶる; …の手先となって働く.

hand·lan·gern[..laŋərn]《05》自 (h) 下働きをつとめる, 手先となって働く.

Hand≈la·ter·ne 女 ちょうちん, カンテラ. **≈lauf** 男 (階段の)手すり〔棒〕(→ 図 Treppe).

Händ·lein Hand の縮小形(→Händchen).

Händ·ler[héndlər] 男 -s/- (女 **Händ·le·rin**[..lərın]-/-nen)〔小売〕商人, あきんど: ein ambulanter〈fliegender〉～ 行商人, 露店商人 | ein ～ in Rauschgiften 麻薬密売商人 | ein ～ mit Gemüse/Gemüse*händler* 八百屋 ‖ Buch*händler* 書籍商 | Groß*händler* 卸商人 | Klein*händler* 小売商人. [<handeln]

Händ·ler·boot 中 (Bumboot)〖海〗(停泊中の船に物品を売り回る)物売り船.

Händ·le·rin Händler の女性形.

händ·le·risch[héndlərıʃ] 形 商人〔特有〕の, 商人的な.

Händ·ler≈netz 中 販売網. **≈or·ga·ni·sa·tion** 女 販売組織. **≈spra·che** 女 商業〔用〕語, 商人言葉.

Hand·le·se·kunst[hánt..] 女 -/ **1** 手相占い〔の能力〕; 手相術. **2** 観掌学.

Hand≈le·sen 中 -s/ 手相を見ること, 手相占い; 手相術. **≈le·ser** 男 (女 **≈le·se·rin**) 手相占い(をする人). **≈leuch·te** 女 = Handlampe **≈leuch·ter** 男 手燭(てしょく). **≈le·xi·kon** 中 中型辞典〈事典〉.

hand·lich[hántlıç] **I** 形 **1** 手で扱える;《比》扱いやすい, 手ごろな: ein ～*es* Wörterbuch ハンディーな辞書 | in ～*er* Nähe すぐ手近に | Der Staubsauger ist recht ～. この掃除機は手ごろでとても使いやすい. **2**《スイス》**a**) (behende) すばしこい. **b**) (kräftig) 力強い. **II** 副《スイス》**1** →I **2** (mit der Hand) 手で.

Hand·lich·keit[−kaıt] 女 -/ handlich I なこと.

Hand·li·nie[..li:niə] 女 -/-n《ふつう複数で》てのひらの線(生命線・運命線など: → 図 Hand).

Hand·li·ni·en·deu·tung 女 -/ 手相占い, 手相術.

Hand·lung[hándlʊŋ] 女 -/-en **1** (Tat) 行為, 行動, 所業;〖法・社〗行為;〖心〗動作; (宗教的な)儀式: eine bewußte〈unbewußte〉～ 意識的〈無意識的〉行為 | eine tapfere ～ 勇敢な行い | kriegerische ～*en* 作戦行動 | eine strafbare ～ begehen 犯罪行為を行う ‖ die heilige ～〖カトリック〗(ミサ・洗礼などの)聖式. **2 a**) (小説・戯曲などの)内容の展開, 筋, ストーリー: die ～ des Films 映画のストーリー | ein Schauspiel ohne ～ 筋のない芝居. [▽]**b**) (Aufzug)(戯曲の)幕. **3** (Laden) 商店: eine ～ betreiben 店を営む ‖ Buch*handlung* 書店 | Fach*handlung* 専門店. [*mhd.*; ◇handeln]

Hand·lungs≈ab·lauf 男 (小説などの)筋の経過〈展開〉. **≈art** 女 **1** (Aktionsart)〖言〗相, 動作態様. **2** =Handlungsweise **≈be·voll·mäch·tig·te** 男 女〖法〗商事代理人.

hand·lungs·fä·hig 形 行動〈行為〉能力のある.

Hand·lungs≈fä·hig·keit 女 -/ **1** handlungsfähig なこと. **2**〖法〗行為能力 (Geschäftsfähigkeit と Deliktsfähigkeit の総称). **≈frei·heit** 女 -/ 行動の自由; 自由裁量権. **≈ge·hil·fe** 男 商店〔従業〕員;〖経〗商業使用人. **≈lehr·ling** 男 商業見習, 丁稚(でっち), 小僧;〖経〗商業徒弟. **≈pas·siv** 中〖言〗行為〈動作〉受動(→Vorgangspassiv). **≈rei·sen·de** 男 女〖商〗**1** 出張販売員, 巡回注文取り. **2** =Handelsvertreter **≈satz** 男〖言〗(4格目的語をもつ)行為文. **≈spiel·raum** 男 行為〈行動〉の自由裁量の余地. **≈verb** 中〖言〗(4格目的語をもつ)行為動詞(例 bauen, fangen). **≈voll·macht** 女〖商〗商事代理権. **≈wei·se** 女 行為の仕方, 行動のやり方: eine unverantwortliche ～ 無責任な行為 | die ～ der Polizei während der Unruhen 騒動中の警察の対処の仕方. **≈wil·le** 男〖法〗行為意思. **≈wis·sen·schaft** 女 行動科学. **≈zwang** 男 (特定の)行動を余儀なくされること.

Hand≈mehr[hánt..] 中 -s/《スイス》挙手による多数決. **≈mi·kro·phon** 中 携帯用マイクロホン, ハンドマイク. **≈müh·le** 女 手〔回し〕臼(うす). **≈or·gel** 女《スイス》**1** =Handharmonika **2** (Drehorgel) 手回しオルガン.

Hand·out[héndaʊt] 中 -s/-s (学会の研究発表などでの)配布資料〈印刷物〉, ハンドアウト. [*engl.*; <*engl.* hand out „aus-teilen"]

Hand≈pa·pier[hánt..] 中 手漉(す)き紙. **≈pferd** 中 (↔Sattelpferd) 副馬(2頭立て馬車で御者の乗らない右手の馬); (騎手が同伴している)予備馬, 換え馬. **≈pfle·ge** 女 -/ (Maniküre) 手の手入れ, マニキュア. **≈pres·se** 女 **1** 手動印刷機. **2** (果物の)手押しジューサー. **≈pum·pe** 女 手押しポンプ. **≈pup·pe** 女 指人形. **≈rad** 中〖工〗(旋盤・ボール盤などの)ハンドル車,(ミシンの)はずみ車(→ 図 Nähmaschine). **≈ram·me** 女〖土木〗ハンドランマー, 小だこ(くい打ち込み・割りぐり石突き固め用具); (コンクリート打設用の)突き棒. **≈ra·sen·mä·her** 男 手押し芝刈り機.

Hand·rei·chung[..raıçʊŋ] 女 -/-en **1** 手助け, 援助, 助力, 扶助; 施し〔物〕: *jm.* eine ～ machen …に〔ちょっと〕加勢する | *jm.* ～*en* leisten …に助力する | *jm.* mit kleinen ～*en* helfen …をちょっと手助けする. **2** (Empfehlung)(扱い方などに対する)助言, 勧め; (Richtlinie) 指導要領: Die Broschüre bietet eine Fülle von praktischen ～*en* für die Hausfrau. このパンフレットは主婦のための実用的な助言を満載している. [<reichen II]

Hand≈rücken 男 手の甲, 手背. **≈sä·ge** 女 手挽(び)きのこぎり.

hand·sam[hántza:m] 形《オーストリア》**1** =handlich I 1 **2** (umgänglich) 人づきあいのよい, 親しみやすい.

Hand·satz 男 -es/ (↔Maschinensatz)〖印〗手組み〔植字〕.

Han·dschar[handʒá:r] 男 -s/-e (トルコの)半月刀, 曲刀.

H

[*arab.*]

Hand⸗schau·fel[hánt..] 女 小型のシャベル; ちり取り. **⸗schei·den** 中 -s/ 〘坑〙手選, 手による選鉱. **⸗schel·le** 女 -/-n《ふつう複数で》手かせ, 手錠: *jm.* ~*n* anlegen …に手錠をかける | *jm.* ~*n* abnehmen …の手錠を外す.

hand·scheu 形〘狩〙(猟犬が打擲(ちょうちゃく)をおそれて)おじけづいた, びくびくした, 呼んでも来ない.

Hand·schlag[hánt-ʃla:k] 男 **1**《ふつう単数で》(Händedruck)(あいさつの)握手; (契約・約束などに際しての固めのしるしの)握手, 手打ち: *jn.* mit ⟨durch/per⟩ ~ begrüßen …を握手で迎える ‖ *et.*[4] durch ~ bekräftigen ⟨mit ~ besiegeln⟩(約束・契約などを)握手で確約する | *jn.* durch ~ verpflichten …に固く約束させる. **2** 手で打つこと, 打擲(ちょうちゃく): *jm.* einen ~ versetzen …を殴る | **keinen ~ tun**《話》何一つ仕事をしない.

Hand⸗schlau·fe 女〘スキ〙(ストックの)手革(→ 図 Ski). **⸗schrei·ben** 中 **1** (高位・高官の人などの)〔手書きの〕私信. **2** (Empfehlungsschreiben) 推薦状, 紹介状.

Hand·schrift[hánt-ʃrɪft] 女《ふつう単数で》**1 a)** 手跡, 筆跡: eine unleserliche ~ 解読不能の筆跡 | eine schöne ~ haben 字がきれい⟨上手⟩である ‖ **eine gute ⟨kräftige⟩ ~ haben ⟨schreiben⟩**《話》手荒く殴る. **b)** (作家や作品に独自の)筆法, 作風. **2** (略 Hs., 複数: Hss.) 手写⟨筆写⟩したもの, 手書きのもの; 稿本, 原稿; (特に中世の)〔古〕写本: eine wertvolle ~ aus dem 12. Jahrhundert 12世紀の貴重な写本.

Hand·schrif·ten⸗deu·ter 男 (Graphologe) 筆跡鑑定家. **⸗deu·tung** 女 筆跡鑑定術, 筆跡判断. **⸗kun·de** 女 -/ 古書体学, 古文書学. **⸗kun·di·ge** 男 女《形容詞変化》古写本学者. **⸗pro·be** 女 筆跡標本.

Hand·schrift·le·ser 男 (手書きの文字や数字の)自動読み取り機.

hand·schrift·lich[..lɪç] 形 **1** 手書きの, 自筆の: ein ~*er* Lebenslauf 自筆の履歴書. **2** 写本の. **3**〘法〙証書⟨文書⟩の: ein ~*er* Gläubiger 証書債権者.

Hand·schuh[hánt-ʃu:] 男 -〔e〕s/-e **1**《ふつう複数で》手袋: der rechte ⟨linke⟩ ~ 右⟨左⟩の手袋 | ein Paar ~*e* 一組の手袋 | ~*e* aus Leder ⟨Gummi⟩ 革⟨ゴム⟩手袋 | lederne ⟨gefütterte⟩ ~*e* 革⟨裏張り⟩手袋 ‖〔*sich*[3]〕die ~*e* anziehen ⟨ausziehen⟩ 手袋をはめる⟨脱ぐ⟩ | ~*e* tragen 手袋をはめている ‖ **den ~** (=Fehdehandschuh) **aufnehmen ⟨aufheben⟩**《雅》挑戦を受けて立つ | ***jm.* den ~** (=Fehdehandschuh) **hinwerfen ⟨ins Gesicht schleudern / vor die Füße werfen⟩**《雅》…に挑戦する | wie Hand und ~ zusammengehören《比》一体⟨ぐる⟩になっている | *jn.* mit〔seidenen〕~*en* (=mit Glacéhandschuhen) anfassen《比》…を〔はれ物にさわるように〕そっと⟨非常に慎重に⟩扱う. **2** (よろいの)手甲(→ 図 Harnisch).

Hand·schuh⸗ehe 女 手袋結婚(当事者は出席せず代理人によって取り結ばれる). **⸗fach** 中 (自動車運転席の)物入れ, グラブコンパートメント. **⸗grö·ße** 女 手袋のサイズ. **⸗le·der** 中 (手袋にする)子ヤギの革. **⸗ma·cher** 男 手袋製造者⟨工⟩. **⸗num·mer** 女 手袋のサイズ番号: Welche ~ haben Sie? あなたの手袋のサイズは何号ですか | Das ist meine ~.《話》それは私〔の希望・能力〕にぴったりだ.

Hand⸗schutz[hánt..] 男 -es/-e **1**《単数で》手の保護. **2** 手を保護するためのカバー⟨防具⟩. **⸗schwin·ge** 女 -/-n〘鳥〙手羽(てばね), 初列⟨一次⟩風切り羽(最外側の大羽(おおばね)): → 図 Vogel B). **⸗set·zer** 男〘印〙手組み植字工.

hand·si·gniert 形 (自筆での)署名のある.

Hand⸗spie·gel 男 手鏡(てかがみ). **⸗sprit·ze** 女 (小型の)噴霧器, 霧吹き. **⸗stand** 男〘体操〙(両手を伸ばして体を支える)倒立(とうりつ), 逆立ち: einen ~ am ⟨auf dem⟩ Barren machen 平行棒で倒立をする. **⸗steue·rung** 女〘工〙手動制御〔装置〕. **⸗sticke·rei** 女 手刺しの刺繡(ししゅう), 手細工刺繡.

hand|stop·pen[hánt-ʃtɔpən] 他 (h)《不定詞・過去分詞で》〘陸上〙ストップウォッチで測る; 〘ホッケー〙(ボールを)手でインターセプトする.

Hand·streich 男〘軍〙奇襲, 急襲: eine Festung im ~ nehmen ⟨erobern⟩ 要塞(ようさい)を急襲して占領する. [*fr.* coup de main の翻訳借用]

Hand⸗strick·ap·pa·rat 女 手動編物機. **⸗stück** 中〘地〙(手ほどの大きさの)鉱石見本;〘医〙(歯科穿孔(せんこう)用の)ハンドピース. **⸗ta·sche** 女 手さげかばん,(特に:) ハンドバッグ: eine lederne ~ 革のハンドバッグ. **⸗tel·ler** 男 (Handfläche) てのひら(→ 図 Hand). **⸗trom·mel** 女〘楽〙手太鼓, タンバリン.

Hand·tuch 中 -〔e〕s/..tücher **1** タオル, 手ぬぐい: ein nasses ⟨trockenes⟩ ~ ぬれた⟨乾いた⟩タオル | ewiges ~《戯》(洗面所などの)回転式手ふきタオル ‖ **das ~ werfen ⟨schmeißen⟩**〘ボクシング〙(敗北の印としてコーチなどがリングに)タオルを投げ入れる;《話》(力の余る仕事などを)放棄する. **2**《比》(タオルのように細長いもの. 例えば:) うなぎの寝床のような部屋; ひどく細長い地所: **ein schmales ~**《話》やせた⟨ほっそりした⟩人.

Hand·tuch·hal·ter 男 タオルかけ⟨ハンガー⟩.

hand·tuch·schmal 形 タオルのように細長い, うなぎの寝床のような: ein ~*er* Mensch《戯》ひょろっとした人.

Hand⸗um·dre·hen[..|ʊmdre:ən] 中 -s/ てのひらを返すこと:〘ふつう次の成句で〙**im ~** またたく間に, すばやく, 即座に. **⸗ver·kauf** 男 (処方箋(せん)なしの)薬の小売り.

hand·ver·le·sen 形 手でより分けられた;《比》選(え)り抜きの, 選りすぐりの.

Hand·voll[hántfɔl] 女 -/- **1** てのひらいっぱい, 一握り, ひとつかみ(→ 図 Maß): eine ~ Reis 一握りの米 | zwei ~ Sand 二つかみの砂 | Er gab mir eine ~ Blütenzweige. 彼は私に一握りの花の枝をくれた(参考 Er hatte die〔eine〕Hand voll〔er〕Blütenzweige. 彼は片手いっぱいに花の枝をかかえていた). **2** 少量, 少数: eine ~ Zuschauer ⟨Soldaten⟩ 少数の観客⟨兵士たち⟩ | Nur eine ~ Aufrührer versetzte〔n〕die ganze Stadt in Angst. ほんの一握りの暴徒が町じゅうを恐怖に陥れた. [<eine Hand voll]

Hand·wa·gen 男 手押し車, リヤカー.

hand·warm 形 人肌の, 微温の,〔なま〕ぬるい⟨あたたかい⟩(手で触れて快い程度の温度を示す).

Hand·wä·sche 女 (↔Maschinenwäsche)(洗濯機によらない)手洗い.

Hand·we·be·rei 女 手織〔業〕.

Hand·web·stuhl 男 手動式織機, 手織機(ておりばた).

Hand·werk[hántvɛrk] 中 -s/-e **1** 手工業(大工・左官・屋根屋・鍛冶(かじ)屋・仕立屋・靴屋・陶工など伝統的な職人による手仕事から発展したもの); (一般に)職業, 生業, なりわい; 職人芸: das ~ des Schneiders ⟨des Tischlers⟩ 仕立屋⟨指物師⟩の仕事 ‖ Er ist seines ~*s* ein Schuster. 彼の渡世⟨職業⟩は靴屋である ‖ ein ~ erlernen 手に職をつける | ein sauberes ~ treiben まともな商売を営む | *sein* ~ verstehen (自分の職業に関して)仕事を十分にマスターしている, よい腕前を持っている | ***jm.* das ~ legen**《比》…の悪行をやめさせる ‖ ***jm.* ins ~ pfuschen**《比》…の領分に手出しをする, …の縄張りを荒す | Klappern gehört zum ~. (→klappern 1) ‖ *Handwerk* hat goldenen Boden.《諺》手に職があれば食いはぐれはない, 芸は身を助ける | **Das ~ nährt seinen Mann.**《諺》芸は身をたすく | Jeder lobt sein ~.《諺》だれでも自分の商売が一番だと思う.

2《単数で》職人階級; 職人の組合, 同業者仲間: Gott grüße das ehrbare ⟨ehrsame⟩ ~! ごめんください(旅の職人が同業者仲間のところに立ち寄る際のあいさつ).

hand·wer·keln[hántvɛrkəln]《06》自 (h) (素人が)職人の仕事をする; (素人の域を出ない)下手な仕事をする.

Hand·wer·ker[..kər] 男 -s/- 手工業者, 職人; 職人的芸術家: ein guter ~ sein いい職人である;《比》(独創性に欠けるが)仕事がうまい,(地味だが)念入りな仕事をする.

Hand·wer·ker·schaft 女 -/《集合的に》手工業者, 職人.

Hand·wer·ker⸗stand 男 -〔e〕s/ 手工業者⟨職人⟩階級. **⸗zunft** 女 (中世の)同業組合, クラフト=ギルド.

hand·werk·lich 形《述語的用法なし》手工業の, 職人仕事の.

Hand·werks⸗be·trieb 男 手工業の経営⟨工場⟩.

▽⸗**bur·sche** 男 =Handwerksgeselle ⸗**ge·sel·le** 男 (手工業の)職人(→Geselle 1 a). ⸗**kam·mer** 女 手工業会議所. ⸗**kunst** 女 -/ 工芸. ▽⸗**mann** 男 -[e]s/..leute =Handwerker

hand·werks·mä·ßig 形 手工業的な: eine ~*e* Produktionsweise 手工業的生産様式.

Hand·werks⸗mei·ster 男 手工業の親方〈マイスター〉(→Meister 1 a). ⸗**zeug** 中 -[e]s/ 職人の道具, 手工具. ⸗**zunft** =Handwerkerzunft

Hand⸗win·de[hánt..] 女 〘工〙手動ウインチ, ジャッキ. ⸗**wi·scher** 男《スイ》=Handbesen ⸗**wör·ter·buch** 中 中型辞典. ⸗**wur·zel** 女 〘解〙手根, 手首.

Hand·wur·zel·kno·chen 男 -s/-《ふつう複数で》〘解〙手根骨(→ 図 Mensch C).

Han·dy[hέndɪ] 中 -s/-s 携帯電話. [*engl.*]

Han·dy·ge·spräch 中 携帯通話.

hand·zahm 形《話》(gefügig) 従順な, 御しやすい, 言いなりの.

Hand⸗zei·chen 中 **1 a**) 手による合図: ein ~ geben 手をあげて合図する | Er stoppte den Wagen durch ~. 彼は手をあげて車をとめた. **b**) (表決の際の)挙手: Ich bitte um das ~. 表決の挙手をお願いいたします. **2** (文盲の人の)署名代わりの記号(多くは×××). **3** =Hausmarke 1 ⸗**zeich·nung** 女 素描, デッサン; スケッチ: eine Ausstellung von Dürers ~*en* デューラーのデッサン展. ⸗**zet·tel** 男 (手で配る)ビラ, ちらし.

ha·ne·bü·chen[há:nəby:çən] 形《話》腹立たしい, ひどい, 途方もない: eine ~*e* Frechheit ひどい厚かましさ | eine ~*e* Lüge 大うそ ‖ Das ist ja ~. まったくひどい話だ ‖ ~ lügen とんでもないうそをつく. [<Hagebuche (その幹のごつごつした形から)]

Hanf[hanf] 男 -[e]s/ **1** 〘植〙アサ(麻), タイマ(大麻)(繊維・麻酔薬などの原料となる): indischer ~ インドアサ | Manila*hanf* マニラアサ ‖ [**wie der Vogel**] **im ~ sitzen**《比》安楽に暮らす(麻畑には鳥のえさがたくさんあるところから). **2** アサの実. **3** アサの繊維: ein Seil aus ~ 麻縄, 麻のロープ ‖ ~ spinnen 麻糸を紡ぐ | *sich*[4] nicht aus dem ~ finden können《比》困難〈紛糾〉から抜け出せない. [*germ.*; ◇Cannabis; *engl.* hemp]

Hanf⸗[**an·**]**bau**[hánf..] 男 -[e]s/ 麻の栽培. ⸗**bre·che** 女 麻ぐし, 麻梳(す)き機. ⸗**dar·re** 女 麻の乾燥(がま).

Han Fei-tzu[hanfáɪtsə] (**Han Fei·zi**[xánfēĭdzɨ]) 人名 韓非子(?- 前233頃; 中国, 戦国時代末期の思想家).

han·fen[hánfən] (**hän·fen**[hέn..]) 形《付加語的》麻〔製〕の.

Hanf⸗fa·den[hánf..] 男 麻糸. ⸗**fa·ser** 女 麻の繊維. ⸗**garn** 中 麻糸. ⸗**he·chel** 女 麻ぐし. ⸗**korn** 中 -[e]s/..körner 麻の実. ⸗**ku·chen** 男 麻の実の油かす(飼料用).

Hänf·ling[hέnflɪŋ] 男 -s/-e **1** 〘鳥〙ムネアカヒワ(胸赤鶸). **2**《話》やせっぽちの男.

Hanf⸗nes·sel[hánf..] 女 (Hohlzahn) 〘植〙チシマオドリコソウ(千島踊子草)〔属〕. ⸗**sa·men** 男 麻の実. ⸗**schwin·ge** 女 麻打ち棒. ⸗**seil** 中 麻縄, 麻ロープ. ⸗**tod** 男 〘植〙ハマウツボ属の一種(アサとタバコの根に寄生する). ⸗**werg** 中 麻くず, 粗麻糸. ⸗**wür·ger** 男 =Hanftod

Hang[haŋ] 男 -[e]s/Hänge[hέŋə] **1** 斜面, 傾斜地, 坂, 勾配(こう); 山腹: ein steiler 〈sanfter〉 ~ 急斜面〈ゆるやかな斜面〉| den ~ hinaufsteigen 〈hinuntersteigen〉 斜面を登る〈おりる〉. **2**《単数で》(Neigung) 傾向, 性癖; (Vorliebe) 好み, 愛着: einen ~ zur Lüge 〈zum Stehlen〉 haben うそをつく癖〈盗癖〉がある ‖ Er hat einen ~ zu den Mädchen. 彼は女の子には目がない. **3**《単数で》**a**) (衣服などの)垂れ具合, 垂れ下がり. **b**) 〘体操〙懸垂: ~ rücklings 背面懸垂. [<hangen]

Han·gang[háŋgaŋ] 地名 漢江, ハンガン(韓国中部の川. 大白山脈に発し, 黄海に注ぐ).

Han·gar[háŋga:r, ∪ム; オース・トリア: ∪—] 男 -s/-s **1** (収穫物や農具などを納める)四方抜きの納屋. **2** 〘空〙格納庫. [*fr.*; ◇*engl.* hangar]

Hän·ge Hang の複数.

Hän·ge⸗arsch[hέŋə..] 男《卑》しまりなく垂れた尻(しり); (ズボンの)だぶだぶになった尻の部分. ⸗**backe** 女 -/-n《ふつう複数で》垂れ下がった頬(ほお). ⸗**bahn** 女 **1** ロープウェー; 懸垂型モノレール. **2** 〘工〙テルファ, クレーン, つりトロリー. ⸗**bank** 女 -/..bänke **1** (壁に取りつけた)つりベンチ. **2** 〘坑〙立坑口, 坑口操車場. ⸗**bauch** 男《軽蔑的に》(だぶだぶの)垂れ腹; 〘医〙下垂〈懸垂〉腹. ⸗**baum** 男 枝の垂れた木(シダレヤナギなど: → 図 Baum B). ⸗**bo·den** 男 〘建〙下がり天井(→ 図). ⸗**brücke** 女 つり橋(→ 図 Brücke A). ⸗**brust** 女, ⸗**bu·sen** 男 (だらりと)垂れ下がった乳房. ⸗**ge·rüst** 中 〘建〙つり足場. ⸗**glei·ter** 男 〘空〙ハンググライダー. ⸗**gurt** 男 (負傷等によって起立不能の馬などに用いる)つり帯. ⸗**kar·tei** 女 ハングカード〈ファイル〉ケース. ⸗**ket·te** 女 〘服飾〙(帯に下げて小物をつるす)下げ鎖, シャトレーヌ(→ 図). ⸗**la·ger** 中 〘工〙つり軸受け; 〘劇〙つり物の収納所. ⸗**lam·pe** 女, ⸗**leuch·te** 女 つり下げ電灯. [<hängen]

Decke
Wand
Hängeboden

Han·gel·lei·ter[háŋəl..] 女 〘体操〙水平はしご.

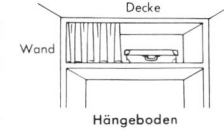

han·geln[háŋəln] ((06)) **I** 自 (s, h) ぶらさがりながら(両手を使って)のぼる; 〘体操〙懸垂しながらのぼる: am Tau ~ ロープをよじのぼる.
II 他 (h) 再帰 *sich*[4] ~=I [<hangen]

Hängekette

Hän·ge·mat·te[hέŋə..] 女 つり床(どこ), ハンモック(→ 図): in der ~ schlafen ハンモックで眠る ‖ die ~ auftakeln 〈abschlagen〉 〘海〙つり床をつる〈はずす〉. [*hait.*−*span.* hamaca−*fr.* hamac−*ndl.* hangmak, hangmat; ◇*engl.* hammock]

Spreize
Leine
Netz
Hängematte

▽**han·gen***[háŋən] ((66)) **hing**[hɪŋ]/**ge·han·gen**; 現 *du* hängst[hɛŋst], *er* hängt; 接II hinge **I** =hängen I
II Han·gen 中 -s/ hangen すること: **mit ~ und Bangen**《雅》心配しながら, どきどきしながら.
III han·gend =hängend

hän·gen*[hέŋən] ((66)) **hing**[hɪŋ]/**ge·han·gen**[gəháŋən]; 接II hinge **I** 自 (h)《不規則変化》**1 a**) (英: *hang*) ぶら下がって〈つり下がって〉いる, 垂れている; 《an *et.*[3]》(…に)掛かって〈下がって〉いる, 掛けて〈下げて〉ある, (ぶらぶらと・たるんだ状態で)〔くっ〕ついている, 〔くっ〕つけてある; 《über *et.*[3]》(…の上に)ぶら下がって〈かぶさって〉いる, ぶら下げてある: gerade 〈schräg〉 ~ まっすぐに〈斜めに〉掛かっている | Das Laub *hängt* welk. 葉はしおれて垂れ下がっている | Das Bild *hängt* schief. その絵はまがって掛かっている | Das *hängt* mir zu hoch.《話》それは高尚すぎて私には理解できない | Der Mörder soll ~. その人殺しは絞首刑に処すべきだ ‖ den Schwanz 〈die Flügel〉 ~ lassen (→hängenlassen 2) | den Kopf 〈die Nase/die Ohren〉 ~ lassen (→hängenlassen 2) ‖ 〘前置詞と〙Das Bild *hängt* **an** der Wand. 絵は壁にかけてある | *jn.* am Galgen ~ lassen …を絞首刑にする(ただし: →hängenlassen) | an *js.* Hals〔e〕 ~ …の首っ玉に抱きつく | an Mutters Rockschößen ~《比》母親から自立できない | stundenlang an der Strippe 〈am Telefon〉 ~《比》電話口に何時間もしがみついている | an einem Haar ~/an einem dünnen 〈seidenen〉 Faden ~ (→Haar 1,→Faden 1 a) | Das Plakat *hängt* nur noch an einer Ecke. ポスターは(三隅がはがれて)一隅だけでくっついている | Ein Schmetterling *hängt* an der Blüte. 1匹のチョウが花にとまっている | Der Bergsteiger *hing* an

H

einem Felsen. 登山家は岩壁にへばりついていた | Seine Augen *hängen* ⟨Er *hängt* 〔mit den Augen〕⟩ an deinen Lippen. 《比》彼のまなざしは君の唇の動きに注がれている | Der Anzug *hängt* mir 〔nur so〕 am Leibe. 《比》私は(やせたので)服がだぶだぶだ | Die Wäsche *hängt* **auf** der Leine. 洗濯物がロープにかかっている | alles, was drum und dran *hängt* 《比》それに付随するいっさいのもの | **in** der Luft ～ 空に浮かぶ(ただよう), (音響が)尾を引く; 《比》宙に浮いている, 宙ぶらりん⟨未解決・不安定⟩である | in *seinen* Kleidern ～ 《比》服がだぶつく | Die Tür *hängt* in den Angeln. ドアが蝶番(ちょうつがい)で留めてある | Das Kleid *hängt* im Schrank. 服がたんすにつるしてある | Dichter Rauch ⟨Eine Spannung⟩ *hing* im Saal. 広間には濃い煙が立ちこめて⟨緊張がみなぎって⟩いた | Die Haare *hängen* ihm in die Stirn ⟨in den Nacken⟩. 彼は髪の毛が額⟨うなじ⟩に垂れている | Der Magen *hängt* mir bis in die Kniekehlen. 《話》私は腹ぺこだ | Bisher hat das Bild **über** dem Sofa *gehangen.* 絵はこれまでソファーの上に掛けてあった | Regenwolken *hängen* über den Bergen. 雨雲が山々の上に垂れこめている | Die Brücke *hängt* über dem Abgrund. 橋が深い谷にかかっている | Ein Damoklesschwert *hängt* über seinem Haupte. 《比》彼は絶えず危険にさらされている | Sein Bart *hängt* ihm über die Lippen. 彼はひげが唇にかぶさっている ‖ 〖本来 hängen すべきものに voll〔er〕をそえ, 場所を主語として〗 Der Schrank *hängt* **voll**〔**er**〕 Kleider. たんすには服がびっしりつるしてある | Der Baum *hängt* voll〔er〕 Früchte. その木には実が鈴なりである | *jm.* ⟨für *jn.*⟩ *hängt* der Himmel voller Geigen (→Himmel 2).

b) 《an *et*^{3}》(車両に)連結している: Der Wohnwagen *hängt* am Auto. キャンピングカーが自動車につないである.

2 (壁などが)傾いている; (人が)身を傾ける, 体を乗り出す(→II 3 c): aus dem Fenster ⟨über dem Geländer⟩ ～ 窓⟨手すり⟩から身を乗り出している | Die Mauer ⟨Der Wagen⟩ *hängt* nach einer Seite. 壁⟨車⟩が一方に傾いている.

3 《比》《an *et.*^{3} ⟨*jm.*⟩》 (…に)執着する; (…から)離れられない (→II 3 b): am Geld ⟨am Leben⟩ ～ 金銭⟨生命⟩に執着する | Sein Herz *hängt* mit allen Fasern an dir. 彼は君が好きで⟨かわいくて⟩たまらないんだ | Er hat sehr an seiner Tochter ⟨an dieser Sammlung⟩ *gehangen.* 彼は娘を非常に愛していた⟨このコレクションに非常に愛着をもっていた⟩.

4 《an *jm.* ⟨*et.*^{3}⟩》 (…に)依存している, (…)次第である: Der weitere Verlauf der Verhandlungen *hängt* an ihm ⟨an seiner Geschicklichkeit⟩. 今後交渉がどのように進展するかは彼の出方⟨彼の腕⟩にかかっている | Woran ⟨Wo⟩ *hängt* es? (支障・故障などについて)どこに原因があるのか, 何のせいかな.

5 a) 《話》(居すわって)いつまでもぐずぐずしている(→hängenbleiben 1 c): Er *hängt* jeden Abend in der Kneipe. 彼は毎晩飲み屋に腰をすえて⟨入りびたって⟩いる | Wo *hängt* er bloß? あいつはいったいどこにいるんだ.

b) 《話》(ひっかかって)先へ進まない, 停滞する: Unser Prozeß *hängt* immer noch. 我々の訴訟はいまだに片がつかない.

c) 《話》(生徒が授業に)ついてゆけない: in der Mathematik ～ 数学の成績が悪い.

6 《bei *jm.*》 **a)** (…に)借金がある: bei *jm.* mit 100 Mark ～ …に100マルク借りがある | beim Hauswirt ～ 家主に家賃の借りがある, 家賃をためている.

b) (…に)にらまれている: bei *seinem* Vorgesetzten ⟨Lehrer⟩ ～ 上役⟨教師⟩ににらまれている.

7 《話》《hängen haben の形で》 einen ～ haben 一杯機嫌である | eine ～ haben 一発(平手打ちを)くらう.

II 他 (h) 《規則変化; ただし, 方: 過 hing, 過分 gehangen》 **1 a)** 《*et.*^{4}》 垂らす, 〔ぶら〕さげる; 《*et.*^{4} an *et.*^{4}》 (…を…に)掛ける, つるす; 《*et.*^{4} über *et.*^{4}》 (…を…の上に)つり下げる, (…を…にかぶさるように)掛ける: den Kopf ～ うなだれる; 《比》しょげる | Laß den Kopf nicht ～! 《比》元気を出せよ | *jm.* den Brotkorb höher ～ (→Brotkorb) ‖ Er hat das Bild **an** die Wand *gehängt.* 彼はその絵を壁に掛けた⟨掛けている⟩(→I 1 a) | *et.*^{4} an den Nagel ～ (→Nagel 1) | *et.*^{4} an die große Glocke ～ (→Glocke 1 a) | *jm. et.*^{4} an den Hals ～ 《話》…に…(やっかいごとなど)をしょい込ませる | das Kleid **auf** den Bügel ～ 服をハンガーにつるす | die Wäsche auf die Leine ～ 洗濯物をロープにつる〔して干〕す ‖ den Schinken **in** die Räucherkammer ～ ハム用肉を燻蒸(くんじょう)室につるす | den Mantel ⟨das Mäntelchen⟩ **nach** dem Wind〔e〕 ～ (→Mantel 1) | die Lampe **über** den Tisch ～ テーブルの上方にランプをつるす | 〔*sich*^{3}〕 *et.*^{4} über die Schulter ～ …を肩に掛ける, …を羽織る ‖ *sich*^{3} *et.*^{4} **um** den Hals ～ …(飾りなど)をくびに掛ける.

b) 《*jn.*》 絞首刑に処する(→3 e): *jn.* an den Galgen ～ …を絞首台につるす ‖ Lieber lasse ich mich ～, als daß … …するくらいなら縛り首になった方がましだ(ただし: →hängenlassen 3) | Ich will mich ～ lassen, wenn … もし…なら縛り首にでもなろうじゃないか | … und wenn sie mich *hängen!* たとえ縛り首にされようとも | Die kleinen Diebe *hängt* man, die großen läßt man laufen. (→Dieb 1 a).

c) 《*et.*^{4} an *et.*^{4}》 (…を車両に)連結する: den Wohnwagen ans Auto ～ キャンピングカーを自動車に連結する.

2 《比》(金などを)つぎ込む; (情熱などを)注ぐ, 打ちこむ: Geld ⟨Zeit⟩ **an** ein Hobby ～ 道楽に金をつぎ込む⟨時間を費やす⟩ | *sein* Herz an *et.*^{4} ～ …に心を奪われる⟨夢中になる⟩ | *seine* Liebe an *jn.* ～ …にぞっこんほれ込む | *sich*^{3} alles **auf** den Leib ～ 《話》有り金を全部衣装代にかける.

3 a) 再帰 *sich*^{4} an *et.*^{4} ～ …に付着する⟨へばりつく⟩ | Der Schmutz *hängt* sich an die Schuhe. 汚れが靴に付着する | Seine Augen *hängen* sich an ihren Mund. 彼の目は彼女の口もとに吸いつけられている | *sich*^{4} an die Strippe ⟨ans Telefon⟩ ～ 電話口にしがみつく ‖ *sich*^{4} 〔wie eine Klette〕 an *jn.* ～ …に〔べったり〕つきまとう | *sich*^{4} an *js.* Rockschöße ～ 《比》ひたすら…に頼る | *sich*^{4} an *jn.* ⟨*jm.* an die Ferse⟩ ～ …のあとをつけ回す.

b) 再帰 *sich*^{4} an *et.*^{4} ～ …に執着する, …から離れられない | *sich*^{4} ans Geld ⟨ans Leben⟩ ～ 金銭⟨生命⟩に執着する.

c) 再帰 *sich*^{4} aus *et.*^{3} ～ …から身を乗り出す | *sich*^{4} aus dem Fenster ⟨über die Brüstung⟩ ～ 窓⟨手すり⟩から乗り出す.

d) 《話》再帰 *sich*^{4} in *et.*^{4} ～ …にくちばしを突っ込む⟨容喙(ようかい)する⟩ | *sich*^{4} in *js.* Angelegenheit ～ …の事柄に干渉する.

e) 再帰 *sich*^{4} ～ 首をつる, 首をくくる: Er hat sich aus Verzweiflung ans Fensterkreuz *gehängt.* 彼は絶望して窓の桟で首をつった.

III Hän·gen 中 -s/ hängen すること: *jn.* zum Tod durch ～ verurteilen …に絞首刑を宣告する | **mit ～ und Würgen** 《話》ひどく苦労して, やっとの思いで | Sie hat die Prüfung mit ～ und Würgen bestanden. 彼女はその試験にやっとのことで合格した.

IV hän·gend 現分 形 垂れ〔さがっ〕ている, 〔ひっ〕かかっている; 宙づりの; おおいかぶさる形の: eine ～*e* Brücke つり橋 | ein ～*es* Dach さしかけ屋根 | eine ～*e* Felswand おおいかぶさるような岩壁 | ～*e* Ohren 垂れ耳 | ～*e* Schultern なで肩 | mit ～*em* Kopf ⟨～*en* Ohren⟩ 《比》悄然(しょうぜん)とうなだれて | mit ～*er* Zunge 舌をだらりと出して ‖ die *Hängenden* Gärten von Babylon (→Babylon) | das *Hängende* Herz 〖植〗ケマンソウ(華鬘草). **[*germ.*]**

hän·gen|blei·ben* [hɛ́ŋən..] 《21》 自 (s) **1** 《ふつう場所を示す語句と》 **a)** (…に)付着したままである, くっついて離れない: Der Lehm *blieb* an den Absätzen *hängen.* 粘土が靴のかかとにねばりついて取れなかった | Ihr Blick *blieb* an dem Fremden *hängen.* 彼女の目はその見知らぬ男に釘(くぎ)づけになっていた | Der Verdacht *blieb* an ihnen *hängen.* 嫌疑は依然として彼らにかかっていた ‖ Es *bleibt* alles an mir *hängen.* 何もかも私ひとりで片づけなければならない ‖ Von dem Gelernten ist bei den Schülern nicht viel 〔im Gedächtnis〕 *hängengeblieben.* 習ったことのうち生徒たちの記憶に残っていたものはあまりなかった | Bei diesem Geschäft *blieb* ein hoher Gewinn *hängen.* この仕事は巨額の利益を残した | Es *bleibt* immer etwas 〔an einem〕 *hängen.* 《諺》(中傷・嫌疑などで)一度つけられた汚点は完全には消えない

H

ものだ.
b) (…に)引っかかって動きがとれない〈先へ進めない〉: Er ist mit dem Ärmel 〈dem Mantel〉 an einem Nagel *hängengeblieben.* 彼は袖(そで)〈コート〉が釘に引っかかって動きがとれなくなった | Das Uhrwerk ist *hängengeblieben.* 時計仕掛けが(何かに引っかかって)動かなくなった | Er *bleibt* bei jeder Einzelheit *hängen.* 彼は細かなことにいちいちこだわる | Die Arbeit *blieb* an 〈auf〉 ihm *hängen.* 仕事は彼のところで引っかかった〈彼のせいで先へ進まなかった〉 ‖ am Start ～ 〘ｽﾎﾟｰﾂ〙スタートに失敗する(スタートができないままで終わる) | Der Läufer *blieb* im Zwischenlauf *hängen.* その走者は準決勝で落ちてしまった(決勝に進出できなかった).
c) (…に居座って)いつまでもぐずぐずしている(→hängen I 5 a): Ich bin gestern abend bei meinem Freund 〈in der Kneipe〉 *hängengeblieben.* 私は昨晩彼のところに長居してしまった〈飲み屋に腰をすえてしまった〉 | Nach langem Umherziehen ist er im Ausland *hängengeblieben.* 長い放浪ののち彼は外国に住みついてしまった.
2 《話》(sitzenbleiben) 留年する, 進級できない: Wenn er weiterhin so faul ist, wird er dieses Jahr ～. この調子で怠け続けたら彼は今年は落第するだろう.

hạn·gen|las·sen* [hɛ́ŋən..] 《88》《過分 hängen〔ge〕-lassen: →lassen I ★ ii》 他 (h) **1 a**) 《*et.*[4]》(衣服などを)ぶらさげた〈つるした〉ままにしておく, 掛けたまま忘れる: den Hut in der Garderobe ～ 帽子をクロークに掛けたままにしておく〈掛けたまま忘れる〉. **b**) 《話》《*jn.*》(…のことを忘れて)ほったらかしにしておく. **2** 《hängen lassen と2語に書くことが多い》(身体の部分を)だらりと垂らしている: die Flügel ～ (→Flügel 1) | das Maul ～ (→Maul 2 a) | den Kopf 〈die Ohren〉 ～ (→Kopf 1, →Ohr 1) | den Schwanz ～ (→Schwanz 1). **3** 再帰 *sich*[4] ～ 意気沮喪している, やる気をなくしている.
★ ただし: hängen lassen →hängen I 1 a, II 1 b

Hạ̈n·ge≀ohr [hɛ́ŋə..] 中 -〔e〕s/-en 《ふつう複数で》(犬などの)垂れ耳. **≀par·tie** 女 〘ﾁｪｽ〙指しかけ(一時中断した試合).

Hạn·ger [háŋər] 男 -s/- 〘海〙(クレーンの)腕木つり索.

Hạ̈n·ger [hɛ́ŋər] 男 -s/- **1** (女性・子供の)ゆったりした上着〈コート〉. **2** (Anhänger)(トラックなどの)付随車, トレーラー. **3 a**) 《話》ふわふわとだらしなく暮らしている〔無気力な〕人. **b**) 《卑》(勃起していない状態の)陰茎, 男根.

Hạn·gerl [háŋərl] 中 -s/-〔n〕《ｵｰｽﾄﾘｱ》**1** (Lätzchen)(幼児の)よだれ掛け. **2** (給仕が腕にかけている)ふきん.

Hạ̈n·ge≀säu·le [hɛ́ŋə..] 女 〘建〙束(つか)(→ 図 Dach C). **≀schloß** 中 (Vorhängeschloß) 南京(なんきん)錠. **≀schrank** 男 つり戸棚(→ 図 Schrank). **≀stab** 男 〘土木〙(つり橋などの)つり材, ハンガー(→ 図 Brücke A). **≀stück** 中 〘劇〙(舞台の)つり物(→ 図 Bühne). **≀tal** 中 〘地〙懸谷(けんこく). **≀wei·de** 女 (Trauerweide)〘植〙シダレヤナギ(枝垂柳). **≀werk** 中 〘建〙トラス.

Hạ̈n·ge·werks·dach 中 〘建〙トラス小屋組み屋根(→ 図 Dach C).

Hạ̈n·ge·zeug 中 **1** =Hängegurt **2** 〘坑〙角度測定器.

hạ̈n·gig [hɛ́ŋɪç][2] 形 **1** 傾斜している; 斜面〈傾斜地〉にある. **2** 《ｽｲｽ》(anhängig)〘法〙係属中の. **3** 《方》(子どもが)まだ完全には目が覚めていない, ねぼけまなこの.

Hang-over [hǽŋoʊvə, ⌣́⌣] 中 -s/ (Katzenjammer) 二日酔い. [*engl.*; <*engl.* hang over „über-hängen"]

Hạng·se̱·geln [háŋ..] 中 (グライダーの)斜面滑空.

Hạ̈ng·sel [hɛ́ŋzəl] 中 -s/- 掛けるもの, (上着の)襟づり.

hängst [hɛŋst] hangen, hängen の現在2人称単数.

hängt [hɛŋt] hangen, hängen の現在3人称単数.

Hạng·tschou [háŋtʃaʊ] 地名 杭州, ハンチョウ(中国, 浙江 Tschekiang 省の省都).

Hạng≀waa·ge [háŋ..] 女 〘体操〙水平懸垂: ～ rücklings 背面水平懸垂. **≀wind** 男 山腹上昇気流.

Hang·zhou [xáŋdʒɔ̄ʊ̄] =Hangtschou

Hạn·ke [háŋkə] 女 -/-n (馬の)腰部, 後腿(こうたい)部.

Hạn·kou [háŋkaʊ, xànkǒʊ] 地名 漢口, ハンコウ(中国, 湖北 Hupeh 省東部, 武漢市の商工業地区. 第二次大戦後, 武昌, 漢陽と合併して武漢市の一部となった).

Hạn·na[1] [hána·] 女名 (<Johanna) ハンナ.

Hạn·na[2] (**Hạn·nah**) [hána·] 人名 ハンナ(預言者 Samuel の母. 聖書: I サム1-2). [*hebr.* „Gnade, Anmut"]

Hạnn·chen [hánçən] 女名 (<Hanna[1]) ハンヒェン.

Hạn·ne [hánə] 女名 (<Hanna[1]) ハンネ.

Hạn·ne·lo̱·re [hánəlo:rə] 女名 ハネローレ.

Hạn·ne·mann [hánəman] 男名 (<Hans, Johannes) ハンネマン: ***Hannemann*, geh du voran!** ハンネマン 君が先に行け(いやな・困難なことについて, お前がまず先にそれをやれの意).

Hạn·nes [hánəs] 男名 (<Johannes) ハンネス.

Hạn·ni·bal [hánibal] 人名 ハンニバル(前247-183; Karthago の武将. アルプスを越えてローマに迫ったが, 敗れて自殺): *Hannibal* ad portas! [at pɔ́rta(:)s] 《ﾗﾃﾝ語》ハンニバル 市門に迫る(=Hannibal an den Toren); 《比》国難〈危険〉迫る(しばしば ad の代わりに ante [ántə] も誤用される). [*phöniz.* channi baal „Gnade ist (der Gott) Baal"]

Hạn·no [háno·] 男名 (<Johannes) ハンノ.

Han·no̱·ver [hanó:fər, ..vər] 地名 ハノーファー, ハノーヴァー (ドイツ中北部の工業都市で Niedersachsen 州の州都). [<*mndd.* ho „hoch"+over „Ufer"]

Han·no·ve·ra̱·ner [hanovərá:nər, ..fərá:..] **I** 男 -s/- **1** ハノーファーの人. **2** ハノーファー種の馬. **II** 形 《無変化》ハノーファーの.

han·no̱·ve·risch [hanó:fərɪʃ, ..vərɪʃ] (**han·nö̱·ve·risch** [..nø:..]) 形, **han·no̱·versch** [hanó:fərʃ, ..vərʃ] (**han·nö̱·versch** [..nø:..]) 形 ハノーファー〔ふう〕の.

Ha·no̱i [hanɔ́y, ⌣́−, ha:nóĭ] 地名 ハノイ(ヴェトナム社会主義共和国の首都).

..hans [..hans] →..fritze

Hans [hans][1] **I** 男名 (<Johannes) ハンス(愛称形: Hänschen)
☆ i) s, ß, x, z, tz に終わる人名の2格はアポストロフィをつけるか, やや古くは -ens とする. 前置詞 von によって代替されることも多い: *Hans'* Auto/*Hansens* Auto/das Auto von *Hans* ハンスの自動車.
ii) ドイツの最もありふれた男子の名で, わが国の「太郎」に当たる. 昔話・民謡・流行歌などにしばしば現れ, 普通名詞として比喩的に用いられることも多い(→II). 今日では単独形よりも *Hans*jakob, *Hans*jürgen のような二重形式が好まれる.
II 男 -/Hänse [hɛ́nzə] (-en/-en) (小 **Häns·chen** → 別出) 《比》(平凡人の代名詞として)太郎, やつ, …者, …屋; 愚物, たわけ, まぬけ: große ～*en* おえら方, お歴々(=große Herren) | **～ und Franz** 太郎も次郎も, 熊公八公, 猫もしゃくしも(=Hinz und Kunz) | **～ und Grete** ハンスとグレーテ, 太郎と花子(農村の若い男女) | 〔**ein**〕 **～ im Glück** 幸運児, 〔運の〕ついている人(グリム童話の主人公にちなむ) ‖ **Jeder ～ findet seine Grete.** 《諺》破鍋(われなべ)にとじ蓋(ぶた), 似た者夫婦 | **Was *Hänschen* nicht lernt, lernt *Hans* nimmermehr.** 《諺》(何ごとも)習うなら若いうち ‖ Ich will ～ heißen, wenn … 《話》もし…ならば たわけ呼ばわりされたってよい(自信をもって請け合う言い方) | Ich will ～ heißen, wenn das nicht wahr ist. それは絶対ほんとだよ ‖ Meister ～ 刑吏, 死刑執行人(→Henker 1) | Plapper*hans* おしゃべり屋 | ～ Dampf=Hansdampf | ～ Guckindieluft (→Guckindieluft) | ～ Langohr 耳の長太郎(=Esel) | ～ Liederlich (→liederlich) | **～ Taps** ぶきっちょ | **～ Urian** 《婉曲に》悪魔 | ～ Wurst=Hanswurst ‖ der blanke ～ 海, (特に:)あらしの北海.

Hạn·sa [hánza·] 女 -/=Hanse [*mndd.*]

Hạ̈ns·chen [hɛ́nsçən] **I** 男名 (<Hans) ヘンスヒェン. **II** Hans II の縮小形: Was ～ nicht lernt, lernt Hans nimmermehr. 《諺》(何事も)習うなら若いうち.

Hans·dạmpf [hansdámpf, ⌣́−] 男 -〔e〕s/-e 《しばしば **Hansdampf in allen Gassen** の形で》何でもよく知っている人; 知ったかぶり屋, 半可通(はんかつう), 出しゃばり屋, おせっかい者.

Hạn·se [hánzə] 女 -/ 〘史〙ハンザ同盟(北ドイツの商人および都市が結んだ海外貿易に特権を有する同盟. 13-17世紀まで続き, 1400年ごろ最盛期を迎えたが, 三十年戦争のために没落).

[*germ.* „Schar"]

Hän·se Hans II の複数.

Han·seat[hanzeá:t] 男 -en/-en **1**〘史〙ハンザ同盟に加入した商人. **2** ハンザ同盟都市の市民(→Hansestadt). [*mlat.* Hanseāticus „hansisch"; ◇Hansa]

Han·sea·ten·geist 男 -〔e〕s/ ハンザ同盟の精神.

han·sea·tisch[hanzeá:tɪʃ] 形 ハンザ同盟〔都市〕の.

Han·se·bund[hánzə..] 男 -〔e〕s/ =Hanse

Han·sel[hánzəl] **I** 男名 (<Hans I) ハンゼル. **II** 男 -s/-〔n〕=Hans II

Hän·sel[hɛ́nzəl] **I** 男名 ヘンゼル:《~ und Gretel》『ヘンゼルとグレーテル』(グリム童話の一つ). **II** 男 -s/-〔n〕=Hans II

Hän·se·lei[hɛnzəlái] 女 -/-en **1** hänseln すること. **2** 嘲弄(ちょうろう)的な言辞.

hän·seln[hɛ́nzəln] 《06》 他 (h) 《*jn.*》からかう, 嘲弄(ちょうろう)する. [*mhd.* hansen „in eine Gilde aufnehmen"; ◇Hanse]

Han·se·stadt[hánzə..] 女 ハンザ同盟都市 (Bremen, Hamburg, Lübeck など).

han·se·städ·tisch 形 ハンザ同盟都市の.

Han·si[hánzi·] 男名 女名 (<Hans, Johanna) ハンジ.

han·sisch[hánzɪʃ] =hanseatisch

Hans≈ja·kob[hansjá:kɔp] 男名 ハンスヤーコプ. **≈joa·chim**[..jó:axɪm] 男名 ハンスヨアヒム. **≈jörg**[..jœrk] 男名 ハンスイェルク. **≈jür·gen**[..jýrgən] 男名 ハンスユルゲン.

Hanswurst

Hans·narr[hansnár, ⌣́⌣] 男 -en/-en あほう, まぬけ, ばか者.

Hans·wurst[hansvúrst, ⌣́⌣] 男 -〔e〕s/-e (戯:..würste[..vʏrstə, ⌣́⌣⌣]) (謝肉祭劇の)道化役(→ 図); 《話》こっけいな人, おかしなやつ, ばか者(本来は「腸詰めのような太っちょ」): den ~ spielen 道化役を演じる;《比》物笑いの種になる, 笑い物にされる.

Hans·wur·ste·rei[hansvʊrstərái] 女 -/-en, **Hans·wur·stia·de**[..stiá:də] 女 -/-n 道化芝居; 茶番, 愚行, いたずら.

Han·tel[hántəl] 女 -/-n **1**〘体操〙**a)** 亜鈴, ダンベル(→ 図). **b)** (Scheibenhantel) バーベル. **2** 《方》= Fausthandschuh [*ndd.* hantel „Handhabe"; ◇Hand]

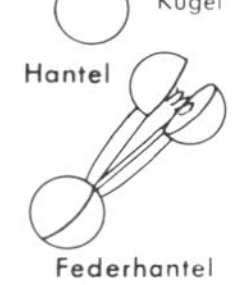

Hantel

han·teln[hántəln] 《06》 他 (h) 亜鈴〈ダンベル〉を用いて体操をする.

han·tie·ren[hantí:rən] 自 (h) **1** (多く手を使っての仕事に関して)仕事する, 働く: in der Küche 〔emsig〕 ~ 台所で〔せっせと〕働く | am Radio ~ ラジオと取り組む(組み立て・修理など). **2** 《mit *et.*[3]》(…を使って)仕事をする; (…を)扱う, 操作する: mit einem Bohrer ~ ドリルを使って仕事をする. [*angelsächs.* hāmettan „beherbergen"–*afr.* „oft besuchen"–*mndl.*–*mndd.*; ◇Heim; *engl.* haunt]

Han·tie·rung[..rʊŋ] 女 -/-en hantieren すること.

han·tig[hántɪç][2] 形《南部・オーストリア》**1** (bitter) にがい: ~*es* Bier にがいビール. **2** (zänkisch) 怒りっぽい, 不機嫌な. [*ahd.*; ◇Hand]

Ha·pag[há(:)pak] 女 -/ (<Hamburg-Amerikanische Packetfahrt-Actien-Gesellschaft) ハンブルク=アメリカ郵船株式会社(1847年創立).

Ha·pax·le·go·me·non[hapakslegó(:)menɔn] 中 -s/..mena[..mena·] (古文書などに)ただ一度だけ使用例が記録されている語. [<*gr.* hápax „einmal"+légein „sagen"]

ha·pe·rig[há:pərɪç][2] 形《北部》(stockend) 停滞した, 滞りがちの; (言葉などが)つまった, しどろもどろの: Der Schüler liest sehr ~. その生徒の読み方はひどくたどたどしい.

ha·pern[há:pərn] 《05》 自 (h) 《北部》 非人称 **1** (fehlen) 《es hapert an *et.*[3]》(…が)欠けている, 足りない: Bei ihm *hapert* es am Geld. 彼は金に困っている | Woran *hapert* es? どこが悪いのか; 何がうまくゆかないのか. **2** (stocken) 《es hapert in 〈mit〉 *et.*[3]》(…が)停滞する, はかどらない; (…が)うまくゆかない: In 〈Mit〉 der Mathematik *hapert* es bei ihm. 彼は数学が不得手だ. [*mndl.* hāperen „stottern"]

Haph·al·ge·sie[hafalgezí:] 女 -/ 〘医〙接触痛. [<*gr.* haphḗ „Anfassen" (◇Haptik)+álgēsis „Schmerz"]

Ha·plo·gra·phie[haplografí:] 女 -/-n[..fí:ən] (↔Dittographie)〘言〙(筆記・印刷の際の)重字誤脱 (herausgegeben を herausgeben とすることなど).

ha·plo·id[haploí:t][1] 形〘生〙(染色体について)単相の, 一倍体の. [<*gr.* haplóos „einfach"+..oid]

Ha·plo·lo·gie[haplologí:] 女 -/-n[..gí:ən] (↔Dittologie)〘言〙重音誤脱(例 Zauberin<Zaubererin).

Häpp·chen Happen の縮小形.

hap·pen[hápən] 他 (h) 《北部》(zubeißen) (食物に)ぱくりとかみつく.

Hap·pen[–] 男 -s/- (小 **Häpp·chen**[hɛ́pçən], **Häpp·lein**[..laɪn] 中 -s/-) 《話》(Bissen) (食物の)一口, 少量の食物: ein fetter ~ ごちそう;《比》もうけ口 | *sich*[3] den fetten ~ nicht entgehen lassen《比》好機を逃がさない ‖ Ich habe noch keinen ~ gegessen. 私はまだ何も食べていない |Sie nimmt keinen ~ Brot von ihm.《比》彼女は彼の世話を全く受けていない | **ein 〈einen〉 ~ doof sein** 《話》頭がどうかしている |Du bist vielleicht 'nen ~ doof. 《北部》君もいいかげん ばかだね. [*ndd.*; 擬音]

Hap·pe·ning[hɛ́pənɪŋ] 中 -s/-s〘劇〙ハプニング(ショッキングな方法で観客の眼前に作品を発生させてゆく現代前衛芸術における表現法, およびその催し). [*engl.* „Ereignis"; <*anord.* happ (→Happy-End)]

Hap·pe·ning·künst·ler[hɛ́pənɪŋ..] 男 ハプニング芸術家.

Hap·pe·nist[hɛpəníst] 男 -en/-en = Happening-künstler

hap·pig[hápɪç][2] 形 **1** 《北部》(gierig) 食い意地の張った, 貪欲(どんよく)な: nach *et.*[3] ~ sein …をほしがっている | Sei nicht so ~! そうがつがつするな. **2** 《話》ひどい, 法外な, 途方もない: eine ~*e* Kälte ひどい寒さ | ~*e* Preise べらぼうな値段 ‖ Der Preis ist mir zu ~. 値段が私には高すぎる | Das ist ein bißchen ~. それはいささかひどすぎる.

Häpp·lein Happen の縮小形.

Hap·py-End[hɛ́pi|ɛ́nt, hæpiɛ́nd] 中 -〔s〕/-s ハッピーエンド, めでたい結末: mit einem ~ enden ハッピーエンドに終わる. [*engl.*; <*anord.* happ „Glück" (◇Happening)]

hap·py·en·den[hɛ́pi|ɛ́ndən] 《01》 自 (h) 《ふつう不定詞・現在形で》《話》ハッピーエンドとなる, めでたい結末をつげる.

hap·rig[há:prɪç][2] =haperig

Hap·tik[háptɪk] 女 -/ 触覚学(皮膚感覚について研究する心理学の一部門). [<*gr.* háptein „〔an〕heften"]

hap·tisch[..tɪʃ] 形 触覚の.

har[ha:r] 間 (牛馬に対する掛け声)左へ: einmal hott und einmal ~ sagen (→hott). [<her]

Ha·ra·ki·ri[harakí:ri·] 中 -〔s〕/-s 切腹;《比》自殺行為: ~ machen 〈begehen〉 切腹する. [*japan.*]

Ha·rald[há:ralt] 男名 ハーラルト. [*nord.*; ◇Herold; *engl.* Harold]

▽**ha·ran·gie·ren**[haraŋgí:rən] **I** 自 (h) 長々と演説する, 長広舌をふるう. **II** 他 (h) 《*jn.*》(…に向かって)長々と演説する; 長広舌をふるってうんざりさせる. [*fr.*; <*fr.* harangue „feierliche Ansprache"; ◇ *engl.* harangue]

Ha·raß[háras] 男 ..rasses/..rasse (ガラス・陶器類を荷作りするための)格子箱. [*germ.*–〔*a*〕*fr.*]

harb[harp][1] 形《南部・オーストリア》**1** (böse) 感情を害した, 怒っている: *jm.* ~ sein …に対して怒っている. **2** (fesch) 気のきいた, いきな. [*ahd.* „schneidend"; ◇scheren[1], herb]

Har·bin[hárbɪn] 地名 哈爾濱, ハルビン(中国, 黒龍江 Heilungkiang 省の省都).

Här·chen[hέːrçən] 中 -s/- (Haar の縮小形. 例えば:) 細かな毛, 細毛; 〔生〕繊毛: *jm.* kein ~ krümmen《比》…に少しも害を加えない

Hard co·ver[háːdkʌvə, háːdkʌ́və] 中 --s/--s 堅表紙〈ハードカバー〉の書物. [*engl.*]

Hard-co·ver-Ein·band[háːdkʌvə..] 男 堅表紙〈ハードカバー〉〔の装丁〕.

Hard Drink[háːd dríŋk] 男 --s/--s (アルコール分の多い)ハードドリンク. [*engl.*]

Har·de[hárdə] 女 -/-n ハルデ, 郡(もと Schleswig-Holstein の数村からなる行政区). [*anord.*–*mndd.*; ◇Heer]

Har·des·vogt 男 ハルデの長官, 郡長.

Hard·li·ner[háːdláɪnə] 男 -s/- (政治的な)強硬路線論者. [*engl.*]

Hard Rock[háːd rɔ́k] 男 --〔s〕/ 〔楽〕ハードロック. [*engl.*]

die **Hardt**[hart, haːrt] 地名 女 -/ ハルト(フランス中東部 Vogesen の北につらなる山地). [*ahd.*; ◇Hart]

Hard·top[háːdtɔp] 中 男 -s/-s **1** ハードトップ(自動車の着脱式鋼板屋根). **2** ハードトップの自動車. [*engl.*; ◇hart]

Hard·ware[háːdwɛə] 女 -/-s (↔Software)〔電算〕ハードウェア. [*engl.*–*amerik.*]

Ha·rem[háːrɛm] 男 -s/-s **1** ハレム, 後宮(イスラム教国で血族外の男子禁制の婦人室). **2**《集合的に》ハレムに住む女たち: Er hat immer einen ganzen ~ um sich.《戯》彼はいつも大勢の女たちに取り巻かれている. [*türk.*; <*arab.* harām „verboten"]

hä·ren[1][hέːrən] **I** 自 (h) 毛が抜ける. **II** 他 (h) 再帰 *sich*[4] ~ = I

hä·ren[2][−] 形《付加語的》《雅》〔やぎの〕毛で作られた,〔やぎの〕毛皮の. [*mhd.*; ◇Haar]

Hä·re·sie[hɛreziː] 女 -/-n[..ziːən] **1**〔カトリック〕(正統派の教義から逸脱した)異端. **2** (一般に)異端, 邪説, 異説. [*gr.* haíresis „Wahl"–〔*kirchen*〕*lat.*; <*gr.* haireīn „nehmen"]

Hä·re·ti·ker[hɛréːtikər] 男 -s/- **1**〔カトリック〕異端者. **2** 異説を唱える人.

hä·re·tisch[..réːtɪʃ] 形 **1**〔カトリック〕異端の. **2** 異説の. [*gr.* hairetikós „auswählend"–〔*kirchen*〕*lat.*; ◇*engl.* heretic]

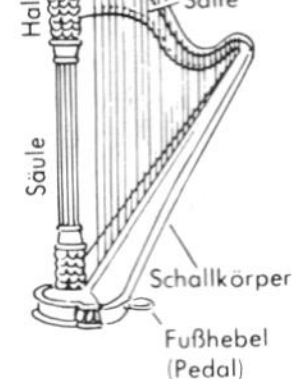

Harfe

Har·fe[hárfə] 女 -/-n **1**〔楽〕竪琴(たてごと), ハープ(→ 図): die ~ 〈auf der ~〉 spielen ハープをひく. **2**〔農〕かいば格子, 干し草棚. ▽**3**《北部》(ハープ型の)穀物篩(ふるい). [*germ.*; ◇Kurve; *engl.* harp]

har·fen[hárfən] **I** 自 (h) ハープをひく. **II** 他 (h) **1** (穀物を)かいば格子〈干し草棚〉で乾燥させる. ▽**2**《北部》(sieben)(穀粒を)ふるう.

Har·fe·nist[harfənɪ́st] 男 -en/-en (⊛ **Har·fe·ni·stin**[..tɪn]-/-nen) ハープ奏者.

Har·fen≠klang[hárfən..] 男 ハープの音. ≠**spiel** 中 -〔e〕s/ ハープの演奏. ≠**spie·ler** 男 竪琴(たてごと)ひき, ハープ奏者.

▽**Harf·ner**[hárfnər] 男 -s/- (⊛ **Harf·ne·rin**[..nərɪn]-/-nen) = Harfenspieler

Hä·ring[hέːrɪŋ] 男 -s/-e = Hering

Har·ke[hárkə] 女 -/-n《北部》**1** (Rechen)(草かき・地ならし用の)熊手(くまで), レーキ(→ 図 Rechen): ***jm.* zeigen, was eine ~ ist**《比》…にこちらの言いたいことをはっきり言ってやる, …に思い知らせてやる; …を厳しくしかる, …にきつく意見する. **2**《話》(レーキ形のもの) **a**) (Antenne) アンテナ. **b**) (Kamm) 櫛(くし). [*mndl.*–*mndd.*; ◇*engl.* harrow]

har·ken[hárkən] 他 (h)《北部》**1** 熊手で掃き清める, かき寄せる; (地面を)かきならす. **2**《話》(…の)髪をとかす.

Här·lein Haar の縮小形(→Härchen).

Har·le·kin[hárlekiːn] 男 -s/-e **1** アルルカン(イタリア喜劇の男性道化師);《話》ひょうきん者. **2**〔虫〕スグリシロエダシャク(須具利白枝尺蛾). [*it.* arlecchino (→Arlecchino)–*fr.*; ◇*engl.* harlequin]

Har·le·ki·na·de[harlekináːdə] 女 -/-n 道化芝居, 茶番劇. [*fr.* arlequinade]

har·le·ki·nisch[..kíːnɪʃ] 形 道化役的な.

Har·le·kin·spin·ne[hárlekiːn..] 女〔虫〕ハエトリグモ(蠅取蜘蛛).

Harm[harm] 男 -〔e〕s/《雅》(Gram) 深い心痛: nagender 〈verzehrender〉 ~ 心をさいなむ深い悲しみ | *jm.* ~ zufügen …を深く悲しませる, …の気持をひどく傷つける. [*idg.* Qual, „Schande"]

Har·ma·ge·don[harmáːgedɔn] 中 -/ 〔聖〕ハルマゲドン(世界の終末に起こる大戦争; 黙16,16);《比》(〔politische〕 Katastrophe)〔政治的〕破局. [*hebr.* „Berg (= *hebr.* har) von Meggido"–*gr.*]

här·men[hέrmən] 他 (h)《雅》**1**《*jn.*》悲しませる: Was *härmt* euch? 君たちは何を嘆いているのか.
2 再帰 *sich*[4] ~ 悲嘆にくれる, 心痛する: *sich*[4] um 〈über〉 *et.*[4] ~ …のことを嘆く, …を心配する | *sich*[4] zu Tode ~ 死ぬほど悲しむ.

harm·los[hármloːs][1] 形 罪〈悪意〉のない, 無邪気な; 害にならない, 危険のない: ein ~*er* Mensch お人よし, 他意のない人 | eine ~*e* Miene 無邪気な顔つき | ein ~*es* Tier 人に危害を与えない動物 | ein ~*es* Schlafmittel 副作用のない睡眠薬 | ein ~*es* Vergnügen 罪のない楽しみ〈娯楽〉‖ Es fing alles ganz ~ an. はじめは全くどうということもなかった(後であのような恐ろしいことになるとは だれも思わなかった).

Harm·lo·sig·keit[..loːzɪçkaɪt] 女 -/-en harmlos なこと.

Har·mo·ni·chord[harmonikɔ́rt][1] 中 -s/-e〔楽〕ハルモニコルド(1808年カウフマンが発明した鍵盤(けんばん)楽器). [<Harmonium+Chorda]

Har·mo·nie[harmoníː] 女 -/-n[..níːən] **1**〔楽〕和声,〔協〕和音: die ~ eines Dreiklangs 三和音の和声. **2**《ふつう単数で》調和, 融和, 和合, 一致; 均斉, つり合い;〔医〕調和接合: die ~ der Farben 色彩の調和 | die eheliche ~/die ~ einer Ehe 夫婦の和合 | prästabilierte ~〔哲〕(ライプニッツにおける)予定調和 ‖ *et.*[4] in ~[4] bringen …を調和させる | in ~[3] mit *jm.* leben …と仲むつまじく暮らす. [*gr.* harmoníā „Fügung"–*lat.*; <*gr.* harmós „Fuge" (◇Arm)]

Har·mo·nie≠be·dürf·nis 中 (争いを好まない)融和〈和合〉への欲求. ≠**leh·re** 女 -/〔楽〕和声学.

Har·mo·ni·en Harmonium の複数.

har·mo·nie·ren[harmoníːrən] 自 (h) **1**〔楽〕和声〈和音〉になる, よく合った響きになる. **2**《mit *et.*[3]》(…と)調和する, 和合する, うまく合う, 折り合う: Die Bluse *harmoniert* gut mit dem Rock. ブラウスがスカートとよく調和している | Die Eheleute *harmonieren* nicht gut miteinander. その夫婦は仲がよくない.

Har·mo·nik[harmóːnɪk] 女 -/〔楽〕和声法; 倍音.

Har·mo·ni·ka[..nika·] 女 -/-s, ..ken[..kən] **1** (Mundharmonika) ハーモニカ; (Ziehharmonika) アコーデオン, 手風琴: ~[4] 〈auf der ~[3]〉 blasen ハーモニカを吹く | Das spielt keine ~.《話》それは大したことではない. **2** (Balg)(写真機や車両連結部などのひだのある)ほろ, 蛇腹(じゃばら).

Har·mo·ni·ka≠ho·se[..nika..] 女《戯》横じわのたくさんできた長ズボン. ≠**tür** 女 アコーデオン≈ドア.

har·mo·nisch[harmóːnɪʃ] 形〔楽〕和声の,〔協〕和音の, 倍音の, 響きの美しい; 調和した, 協調〈融和〉的な, なごやかな, 平和な; 調和〈均斉〉のとれた, つり合いのとれた: eine ~*e* Ehe 〈Familie〉 仲のいい夫婦〈家族〉| ~*er* Charakter 調和のとれた〈円満な〉性格 | ~*e* Reihe〔数〕調和数列 | ~*e* Schwingungen〔理〕調和振動 | ~*e* Teilung〔数〕調和分解 ‖ Die Sitzung verlief recht ~. 会議はごくなごやかに進行した. [*gr.*–*lat.*]

har·mo·ni·sie·ren[harmonizíːrən] 他 (h) **1**《*et.*[4]》〔楽〕(…に)和声〈和音〉をつける. **2** 調和〈和合〉させる, 一致〈適合〉させる, つり合いをとらせる.

Har·mo·nium[harmóːniʊm] 中 -s/..nien[..niən], -s

〘楽〙ハルモニウム(オルガンに似た鍵盤(けんばん)楽器: → 図). [*fr.*]

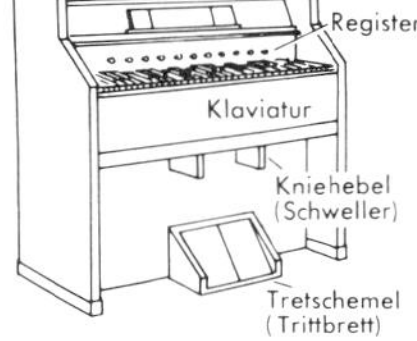

Harmonium

Hạrn [harn] 男 -(e)s/-e (Urin) 尿, 小便: blutiger ~ 血尿 | Rest*harn* 〘医〙残尿 ‖ ~ lassen 排尿〈放尿〉する | ~ untersuchen 検尿する. [*ahd.*; ◇ scheren[1]; *gr.* skõr „Kot"]

Hạrn⸗ab·fluß [hárn..] 男, ⸗**ab·gang** 男 排尿. ⸗**ap·pa·rat** 男〘解〙泌尿器. ⸗**be·schwer·de** 女〘医〙排尿障害. ⸗**bla·se** 女〘解〙膀胱(ぼうこう). ⸗**blu·tung** 女〘医〙血尿(症). ⸗**drang** 男〘医〙尿意(逼迫(ひっぱく)). ⸗**ei·weiß** 中〘医〙尿蛋白(たんぱく).

hạr·nen [hárnən] 自 (h) 排尿する, 放尿〈小便〉する.

Hạrn⸗ent·lee·rung 女 排尿. ⸗**fla·sche** 女 尿瓶(しびん). ⸗**fluß** 男〘医〙尿失禁, 漏尿. ⸗**grieß** 男〘医〙(砂粒状)尿砂. ⸗**häu·fig·keit** 女〘医〙**1** 排尿回数. **2** 頻尿. ⸗**haut** 女〘生〙尿膜(胚膜の一種).

Hạr·nisch [hárnɪʃ] 男 -es(-s)/-e **1** よろい, 甲冑(かっちゅう), 具足(→ 図): den ~ anlegen 〈ablegen〉 よろいを着る〈脱ぐ〉 ‖ **in ~[3] sein** 《比》怒っている | **in ~[4] geraten** 〈**kommen**〉《比》怒る, 激怒する | *jn.* **in ~[4] bringen** 〈**jagen**〉《比》…を怒らせる, …を激昂(げっこう)させる. **2** 〘織〙(ジャカード織機の)通糸(つうし). **3** 〘地〙鏡はだ, 滑面. [*anord.* „Heeres-vorrat"−*afr.* harnais−*mhd.*; ◇ Heer; *engl.* harness]

hạr·ni·schen [hárnɪʃən] 《04》 **I** 他 (h) よろいを着せる: 再帰 *sich*[4] ~ 甲冑(かっちゅう)に身を固める. **II ge·hạr·nischt** → 別出

ᵛ**Hạr·ni·scher** [..ʃər] 男 -s/- 甲冑(かっちゅう)師.

Hạrn⸗ka·näl·chen [hárn..] 中〘解〙尿細管. ⸗**ko·lik** 女〘医〙膀胱(ぼうこう)疝痛(せんつう). ⸗**kraut** 中〘植〙ヘルニアリア(地中海地方産ナデシコ科の一属. 昔, 利尿剤として用いられた). ⸗**las·sen** 中 -s/ 排尿. ⸗**lei·ter** 男〘解〙尿管.

Hạrn·lei·ter·ver·schluß 男〘医〙尿管閉塞(へいそく).

Hạrn⸗mes·ser 男〘医〙尿比重計. ⸗**or·gan** 中 -s/-e 《ふつう複数で》〘解〙泌尿器. ⸗**pro·be** 女 (検尿用の)尿のサンプル. ⸗**röh·re** 女〘解〙尿道.

Hạrn·röh·ren⸗ent·zün·dung 女〘医〙尿道炎. ⸗**ver·en·ge·rung** 女〘医〙尿道狭窄(きょうさく).

Hạrn⸗ruhr 女〘医〙**1** (Wasserharnruhr) 尿崩症. **2** (Zuckerharnruhr) 糖尿病. ⸗**sand** 男 -(e)s/〘医〙尿砂. ⸗**säu·re** 女 -/〘化〙尿酸.

Hạrn·säu·re·spie·gel 男〘医〙(血液中の)尿酸濃度, 尿酸値.

Hạrn⸗stein 男〘医〙尿(結)石. ⸗**stoff** 男 -(e)s/〘化〙尿素. ⸗**stot·tern** 中〘医〙断続放尿. ⸗**stren·ge** 女 = Harnzwang

hạrn·trei·bend 形〘医〙利尿性の: ~*es* Mittel 利尿剤.

Hạrn⸗un·ter·su·chung 女〘医〙尿検査, 検尿. ⸗**ver·gif·tung** 女 (Urämie)〘医〙尿毒症. ⸗**ver·hal·tung** 女〘医〙尿閉. ⸗**weg** 男 -(e)s/-e 《ふつう複数で》〘解〙尿路(腎臓・尿管・膀胱および尿道の総称).

Hạrn·weg·in·fek·tion 女〘医〙尿路感染.

Hạrn⸗zucker 男 -s/〘医〙尿糖. ⸗**zwang** 男〘医〙尿意急迫.

Hạ·rold [há:rɔlt, hǽrəld] 男名 ハーロルト. [*aengl.*; ◇ Herold]

Hạr·pa·gon [hárpagɔn, arpagɔ̃] **I** 人名 アルパゴン (Molière の喜劇『守銭奴』の主人公). ᵛ**II** 男 -s/-s (Geizhals) 守銭奴, けちんぼ. [*fr.*]

Harp·si·chọrd [harpsikɔ́rt][1] 中 -s/-e (Cembalo)〘楽〙ハープシコード, チェンバロ. [*it.* arpi-cordo−*fr.*−*engl.*; ◇ Harfe, Chorda]

Har·pụ·ne [harpú:nə] 女 -/-n **1** (捕鯨用などの)銛(もり)(→ 図). **2** 水中銛, 水中銃(→ 図 Taucher). [*afr.* harpon „Eisenklammer"−*ndl.* harpoen; ◇ Harfe; *engl.* harpoon]

Granate
Widerhaken
Harpunenkanone

Harpune

Har·pụ·nen⸗ge·schütz 中, ⸗**ka·no·ne** 女 (捕鯨用などの)銛(もり)撃ち銃, 捕鯨砲(→ 図 Harpune).

Har·pu·nier [harpuní:r] 男 -s/-e 銛(もり)を投げる者, 捕鯨砲の射手.

har·pu·nie·ren [..ní:rən] 他 (h) 《*et.*[4]》(…に対して)銛(もり)を射る〈投げる〉. [*ndl.*]

Har·pu·nie·rer [..ní:rər] 男 -s/- = Harpunier

Har·pyie [harpý:jə] 女 -/-n **1** 《ふつう複数で》〘ギ神〙ハルピュイア(女性の頭をもち鳥の姿をした怪物). **2** 《比》強欲漢. **3** 〘鳥〙オウギワシ(扇鷲), アメリカオオワシ(中南米産の大型のワシ). [*gr.*−*lat.*; < *gr.* harpázein „raffen" (◇ raffen); ◇ *engl.* harpy]

hạr·ren [hárən] 自 (h) 《雅》《*js.*/*et.*[2]/auf *jn.* 〈*et.*[4]〉》(…

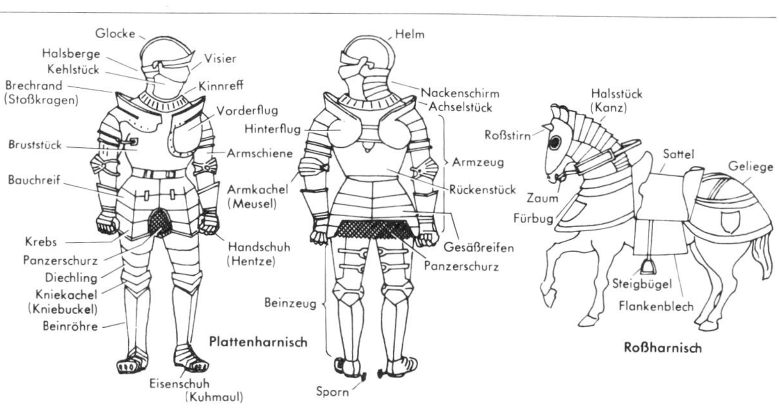

Plattenharnisch

Roßharnisch

Harnisch

H

を)待ちわびる, 待ちこがれる, 待ち望む: Wir *harren* seiner ⟨seiner Ankunft⟩. 我々は彼⟨彼の到着⟩を待ちわびている | Neue Aufgaben *harren* seiner ⟨auf ihn⟩. 新しい任務が彼を待っている | Dieses Problem *harrt* einer baldigen Lösung. この問題は一日も早く解決されなければならない. [*mhd.*; ◇beharrlich]

Har·ri[hári·] 男名 ハリー.

Har·ry[hári·, hέri·] 男名 ハリー. [*engl.*; ◇Heinrich]

harsch[harʃ] 形 **1** 氷のように冷たい: ein ~*er* Regen 冷たい雨, 氷雨(ひさめ). **2** (雪などの表面が)凍結した; ざらざらした: ~*er* Schnee＝Harsch **3** 無愛想な, ぶっきらぼうな: ~*e* Worte 無愛想な言葉. [*mndd.* harsk; ◇scharren; *engl.* harsh]

Harsch[–] 男 -es(-s)/ (表面が凍結した)ざらめ雪, 硬雪.

har·schen[hárʃən] ⦅04⦆ 自 (s, h) (雪などの表面が)凍結する, 固まる.

har·schig[..ʃɪç]² 形 (雪などが)凍結した, ざらざらした.

Harsch·schnee 男 ＝Harsch

Hars·dör〔f〕·fer[hársdœrfər] 人名 Georg Philipp ~ ゲオルク フィーリップ ハルスデルファー(1607–58; ドイツの詩人で文芸理論家. 作品⦅Poetischer Trichter⦆など).

ᵛ**Harst**[harst] 男 -es(-s)/-e **1** ⦅スイ⦆ 軍勢, (特に:) (Vorhut) 前衛, 先兵. **2** ＝Hauptfeld¹ [*mhd.*]

hart[hart] **här·ter**[hέrtər]/**här·test** **I** 形 **1** (英: *hard*) (↔weich) **a)** かたい; 硬質の; 堅固(がんじょう)な: ein ~*es* Bett 堅いベッド | ein ~*er* Bleistift 芯の硬い鉛筆 | ~*es* Brot 堅くなったパン | ein ~*es* Brot sein (→Brot) | ein ~*es* Ei 固ゆで卵 | eine ~*e* Feder 先の硬いペン | ~*es* Futter 穀粒飼料 | ~*er* Gaumen〘解〙硬口蓋(こうこうがい) | ~*es* Geld 硬貨 | ~*es* Holz 堅い木材, 硬材 | aus ~*em* ⟨*härterem*⟩ Holz geschnitzt sein (→Holz 1 a) | einen ~*en* Kopf ⟨Schädel⟩ haben ⦅比⦆ 頭が固い, 頑固である | einen ~*en* Leib ⟨Stuhl⟩ haben 便秘している | ~*es* Metall 硬度の高い金属 | mit ~*em* Mund 口を固く結んで | eine ~*e* Nuß (→Nuß 1) ‖ *sich*⁴ ~ anfühlen 手触りが硬い | ~ liegen ⟨sitzen⟩ 堅い(クッションなどの)上に寝て⟨座って⟩いる | ~ gefroren ⟨gekocht⟩ sein 固く凍っている⟨ゆでてある⟩(ただし: 付加語として→hartgefroren, hartgekocht) | ~ verpackt sein ⦅比⦆ (人が)とっつきにくい, 無愛想である | ~ wie Pudding sein ⦅話⦆ すぐへなへなとなる, すぐに譲歩する | ~ wie Stein ⟨Stahl⟩ sein 石⟨はがね⟩のように硬い.

b) (通貨について)安定した, 変動のない: eine ~*e* Währung 安定している通貨, 硬貨.

c) (水について)硬質の, 鉱物塩類を含んだ: ~*es* Wasser 硬水.

2 厳しい, 過酷な; つらい, 苦しい, 骨の折れる, 痛切な: eine ~*e* Arbeit ⟨Aufgabe⟩ つらい仕事⟨課題⟩ | in ~*er* Armut ひどい貧困の中で | unter ~*en* Bedingungen 厳しい条件のもとで | unter einer ~*en* Bürde keuchen つらい重荷にあえぐ | eine ~*e* Lage 厳しい状況 | ein ~*es* Los ⟨Schicksal⟩ 過酷な運命 | ~*e* Maßnahmen 厳しい処置 | eine ~*e* Prüfung überstehen 厳しい試験に合格する⟨試練に耐える⟩ | einen ~*en* Stand haben 悪戦苦闘する | eine ~*e* Strafe 厳罰 | ein ~*es* Urteil〘法〙厳しい判決 | ein ~*er* Verlust ⟨Schlag⟩ 手ひどい損失⟨打撃⟩, 大きな痛手 | ein ~*er* Winter 厳冬 | ~*e* Zeiten 苦しい時代 ‖ ~ arbeiten つらい仕事をする | *jn.* ~ ankommen …にとってつらい⟨つらく感じられる⟩ | *jn.* ~ 〔be〕strafen ⟨anfassen⟩ …を厳しく罰する⟨扱う⟩ | *jn.* ~ mitnehmen …をひどく痛めつける⟨弱らせる⟩ | *jn.* ~ treffen …にとって痛烈な打撃となる | *sich*³ ~ tun ⦅南部⦆ 苦労する.

3 かたくなな, 情に動かされない, 非情な, 冷酷な: ein ~*er* Blick 厳しい目つき | mit ~*er* Hand durchgreifen 断固たる処置をとる | ein ~*es* Herz haben 非情⟨無慈悲⟩である | *js.* ~*es* Herz ⟨~*en* Sinn⟩ erweichen …のかたくなな心を和らげる ‖ ~ bleiben 心を動かされない.

4 (鍛えられて)抵抗力のある, 不屈の, たくましい: ~*e* Burschen 荒くれ男たち ‖ **~ im Nehmen sein** パンチに対してタフである; ⦅比⦆ 受身に回ったときにしぶとい.

5 強烈な, 激しい, きつい; 〘スポ〙 (反則には至らないが)攻めの激しい: ~*e* Drinks ⟨Drogen⟩ 強い酒⟨麻薬⟩ | ein ~*er* Frost ひどい寒さ, 厳寒 | ein ~*er* Kampf 激闘 | eine ~*e* Mannschaft 攻めの激しいチーム | ein ~*er* Roman ⟨Film⟩ ハードボイルドの小説⟨映画⟩ | ein ~*er* Schlag 痛撃 | eine ~*e* See 荒海 | ein ~*es* Spiel〘スポ〙苛烈(かれつ)な試合 | ~*e* Strahlen〘理〙(透過力の強い)硬放射線 | ~*e* Vorwürfe きつい非難 | Es fielen ~*e* Worte zwischen ihnen. 彼らの間には激しい言葉のやりとりがあった ‖ ~ aneinandergeraten ⟨aufeinanderprallen⟩ 激しく殴り⟨ぶつかり⟩合う | *jn.* ~ anfahren …をひどくどなりつける | ~ auf den Fußboden aufschlagen 激しく床にぶつかる | **es geht ⟨kommt⟩ ~ auf ~** 今や(決裂しかねないほど)激論が戦わされている; 今や(万事おしまいになりかねない)危険な状況である | Es geht im Leben ~ her. 人生は激しい闘争である | Es weht ~.〘海〙風が強い | *jm.* ~ zusetzen …をひどく苦しめる.

6 (↔weich) (印象・手ごたえなどが)硬い; きつい, どぎつい; ぎすぎす⟨ぎくしゃく⟩した, ぎごちない: eine ~*e* Aussprache きつい感じの発音 | ~*e* Farben どぎつい⟨はっきりした⟩色彩 | ~*er* Galopp 荒っぽいギャロップ | ~*e* Gegensätze ⟨Umrisse⟩ 鋭い対比⟨輪郭⟩ | ~*e* Konsonanten〘言〙(スラヴ語などの)硬子音; ᵛ無声子音 | ein ~*es* Licht どぎつい光 | ein ~*es* Negativ〘写〙硬調のネガ | eine ~*e* Stimme ぎすぎすした声; ⦅南部⦆ どら声 | ~*e* Verse ぎくしゃくした詩句.

II 副 **1** →I **2** (dicht) 密接して, すれすれに: ~ **an** *et.*⁴ grenzen …と直接に境を接する; ⦅比⦆ ほとんど…に等しい | Seine Haltung grenzt ~ an Arroganz. 彼の態度は傲慢(ごうまん)に近い | ~ am Wind segeln〘海〙詰め開きで帆走する | ~ am Wege stehen 道にすぐ接して立っている | ~ an *jm.* vorbeifahren (車などが)…をかすめて走り過ぎる | *jm.* ~ **auf** den Fersen folgen …にぴったりと続く, …に追いすがる | *jm.* ~ auf den Leib ⟨den Pelz⟩ rücken ⦅比⦆ …にしつこく迫る | ~ **neben** dem Bürgersteig halten (車が)歩道に横付けに止まる | ~ **vor** dem Einschlafen 眠りこむ直前に. **3**〘海〙まっすぐに, 一直線に: ~ auf *et.*⁴ zuhalten (船が)まっすぐに…に向けて針路を取る. **4**〘海〙(舵(かじ)を切る際に)いっぱいに: *Hart* Backbord ⟨Steuerbord⟩! 取舵(とりかじ)⟨面舵(おもかじ)⟩いっぱい(号令).

III Har·te 男 ⦅形容詞変化⦆ ⦅話⦆ (Schnaps) 火酒: einen ~*n* trinken 火酒を1杯飲む.

[*germ.*; ◇..kratie; *engl.* hard; *gr.* kratýs „kräftig"]

Hart[hart] 女 -/ (男 -〔e〕s/-e) ᵛ**1** 山林. **2** ⦅方⦆ 砂地, 砂礫(されき)地. **3** ⦅スイ⦆ (Allmende) 共有⟨公有⟩地. [*germ.*; ◇Harz¹]

Hart≠be·ton[hártbetɔŋ] 男 硬質コンクリート. **≠blei** 中 -s/〘化〙硬鉛(鉛とアンチモンの合金). **≠brand** 男 -〔e〕s/ (Brand)〘植〙(オオムギの)黒穂(くろほ)病. **≠brand·zie·gel** 男 硬質強化れんが.

Har·te →hart III

Här·te[hέrtə] 女 -/-n ⦅ふつう単数で⦆ **1** かたさ, 硬度: die ~ des Stahls ⟨des Wassers⟩ 鋼⟨水⟩の硬度 | die ~ einer Strahlung〘理〙放射線の硬度(透過力) ‖ ein Stein von großer ~ 硬度の高い石. **2** 厳しさ, 過酷さ; かたくなさ, 非情さ; 不屈さ: die ~ des Gesetzes ⟨des Herzens⟩ 法の厳しさ⟨心のかたくなさ⟩ | die ~ des Winters ⟨des Schicksals⟩ 冬⟨運命⟩の厳しさ | die ~ gegen *jn.* …に対する厳しさ⟨過酷さ⟩ ‖ *et.*⁴ mit rücksichtsloser ~ durchsetzen …を強引に⟨しゃにむに⟩押し通す ‖ Das ist die ~! ⦅若者語⦆ これはきびしい, ことはひどすぎる. **3** どぎつさ, きつさ; 激しさ: die ~ der Farben ⟨der Gegensätze⟩ 色〔の対照〕のどぎつさ⟨対立の激しさ⟩ | die ~ des Kampfes 戦いの激しさ ‖ in aller ~ きわめて激しく. **4** 安定性. [*ahd.*; ◇hart]

Här·te·aus·gleich[hέrtə..] 男 災害⟨被災⟩補償.

Har·te·beest[hártəbe:st] 中 -s/-e, -er (Kama)〘動〙カーマハーテビースト(南アフリカ産のオオカモシカ). [*afrikaans*; ◇Hirsch, Biest¹]

Här·te≠fall[hέrtə..] 男 (洪水・地震・大火など不可抗力的な)災害, ひどい損害を受けた場合⟨ケース⟩. **≠grad** 男 硬度. **≠mit·tel** 中 (金属)の硬化剤.

här·ten[hέrtən] ⦅01⦆ **I** 他 (h) 堅くする, 硬化させる, 固

まらせる;〖金属〗(鉄などを)鍛える,(…に)焼きを入れる;《比》鍛錬する, 強くする: Stahl ~ はがねを鍛える ‖ 再帰 *sich*[4] ~ i) 堅くなる, 硬化する; ii) からだを鍛える. **II** 自 (h) 堅くなる, 硬化する. [*ahd.*; ◇hart]

Här·te⸗ofen 男 焼き入れ炉. **⸗pa·ra·graph** 男〖法〗(Härtefall に適用される)特別減税条項. **⸗prü·fung** 女 (材料などの)硬度試験.

här·ter hart の比較級.

Här·ter[hɛ́rtər] 男 -s/- 硬化剤.

Här·te·rei[hɛrtəráɪ] 女 -/-en〖金属〗焼き入れ〔部門〕.

Här·te·ska·la[hɛ́rtə..] 女 (鉱物の)硬度.

här·test hart の最上級.

Här·te·stu·fe 女 硬度.

Hart·fa·ser[hárt..] 女 (サイザル麻・マニラ麻などから作る)硬質繊維, ハード=ファイバー.

hart⸗fratsch[..fratʃ] 形《北部》食物のより好みをしない, 何でもやたらに食べる. **⸗ge·brannt** 形 堅く焼かれた, 焼き固められた. **⸗ge·fro·ren** 形《付加語的》固く凍った, 凍(い)てついた. **⸗ge·kocht** 形 **1**《付加語的》(↔weichgekocht)(卵が)固ゆでの. **2** =hartgesotten 1

Hart·geld 中 -〔e〕s/ (Münze)《集合的に》硬貨.

hart·ge·sot·ten 形 **1 a)** (gefühllos) 無情〈冷酷〉な, 非情な. **b)** 頑固な, 頑迷固陋(ろう)な: ein ~*er* Gauner 〈Sünder〉 手のつけられない悪党. **2**《オーストリア》=hartgekocht 1

Hart⸗glas 中 -es/ 硬質ガラス. **⸗gum·mi** 中 (男) -s/ 硬質ゴム. **⸗guß** 男〖金属〗**1**《単数で》はだ焼き入れ, 冷硬. **2** チルド〈冷硬〉鋳物.

hart·her·zig 形 冷酷な, 無情な.

Hart·her·zig·keit 女 -/-en《ふつう単数で》冷酷, 無情.

Hart⸗heu 中〖植〗オトギリソウ(弟切草)属. **⸗holz** 中 (↔Weichholz) 硬材(カシ・ブナ・マホガニーなど).

hart·hö·rig[..høːrɪç][2] 形 ▽**1** (schwerhörig) 耳の遠い, 難聴の. **2** 聞く耳をもたない, 聞こうとしない. [<hören]

Hart·hö·rig·keit[..kaɪt] 女 -/ harthörig なこと.

Hart·kä·se 男 (↔Weichkäse) 硬質チーズ (Emmentaler など).

hart·köp·fig[..kœpfɪç][2] 形 **1** 頭の固い, 頑固な. **2** 頭が固くてのみ込みの悪い, 愚鈍な.

Hart·köp·fig·keit[..kaɪt] 女 -/ hartköpfig なこと.

Hart·laub⸗ge·hölz 中, **⸗ge·wächs** 中〖植〗硬葉樹(地中海性気候の地域に分布する. コルクガシ・オリーブなど). **⸗wald** 男〖植〗硬葉樹林.

hart·lei·big[..laɪbɪç][2] 形〖医〗便秘している;《比》ものを出したがらない, けちな.

Hart·lei·big·keit[..kaɪt] 女 -/ hartleibig なこと.

Härt·ling[hɛ́rtlɪŋ] 男 -s/-e **1**〖地〗堅牢(けんろう)残丘(モナドノックの一種で硬岩により浸食を免れた丘陵: →Fernling, Restberg). **2** (鉄を含んだ錫(すず)鉱を精錬する際にできる)鉄と錫の合金. ▽**3** =Herling

Hart·lot[hárt..] 中〖工〗硬質はんだ, 硬蠟(ろう).

hart|lö·ten《01》他 (h) 硬質はんだづけする.

Hart·man·gan·erz 中 硬マンガン鉱.

Hart·mann[hártman] **I** 男名 ハルトマン. **II** 男 -〔e〕s/..männer《話》山高帽. [<*ahd.* harti „hart" (◇hart)]

Hart·mann von Aue[– fɔn áʊə] 人名 ハルトマン フォン アウエ(1160頃-1210頃; 中世ドイツの宮廷叙事詩人. 作品『哀れなハインリヒ』『イーヴァイン』など).

hart·mäu·lig[hártmɔʏlɪç][2] 形 (↔weichmäulig)(馬が)くつわ〈手綱さばき〉に反応しない, はみのきかない.

Hart·mäu·lig·keit[–kaɪt] 女 -/ hartmäulig なこと.

hart·mel·kig[..mɛlkɪç][2] 形 (牛・ヤギなどが)乳をしぼりにくい, 搾乳をきらう. [<melken]

Hart⸗me·tall 中 硬質合金, 超硬合金. ▽**⸗mo·nat** (▽**⸗mond**) 男 (Januar) 1月(11月・12月を指すこともある).

Hart·mut[hártmuːt] 男名 ハルトムート. [<*ahd.* harti „hart" (◇hart)]

hart·näckig[hártnɛkɪç][2] 形 **1** 頑固な, 強情な; 粘り強い, 執拗(しつよう)な: eine ~*e* Frage 執拗な質問 | ein ~*er* Mensch 強情者 | ~*en* Widerstand leisten あくまでも抵抗する ‖ ~ leugnen 強情に否定する. **2** (病気などが)治りにくい: ein ~*er* Schnupfen 頑固な〈いつまでも治らない〉鼻かぜ. [<Nacken]

Hart·näckig·keit[–kaɪt] 女 -/ hartnäckig なこと.

Hart⸗pa·pier 中 紙基材積層板. **⸗pap·pe** 女 硬質厚紙; ハードボード. **⸗platz** 男〖スポーツ〗(アスファルト・れんが粉などで造ったテニス用などの)ハード〈アンツーカー〉コート. **⸗por·zel·lan** 中 硬磁器.

Hart·rie·gel 男〖植〗ミズキ属. [*ahd.* har〔t〕-trugil „hartes Holz"; ◇Trog]

hart·rin·dig[..rɪndɪç][2] 形 樹皮の硬い. [<Rinde]

hart·scha·lig[..ʃaːlɪç[2]] 形 殻〈皮〉の硬い. [Schale[2]]

Hart·schier[hartʃíːr] 男 -s/-e (旧バイエルン王国の)近衛(このえ)兵, 親衛隊員. [*it.* arciere „Bogenschütze"; ◇Arcus]

Hart·spi·ri·tus[hárt..] 男 -/-se 固形アルコール.

▽**Har·tung**[hártʊŋ] 男 -s/-e《ふつう単数で》(Januar) 1月. [<hart; ◇Hartmonat]

Här·tung[hɛ́rtʊŋ] 女 -/-en 硬化;〖金属〗焼き入れ.

Hart·wei·zen[hártvaɪtsən] 男〖植〗マカロニムギ.

Hart·wig[hártvɪç] 男名 ハルトヴィヒ. [<*ahd.* harti „hart"+wīg „Kampf"]

Hart·wurst 女 (保存のきく)固いソーセージ.

Ha·ru·spex[harúspɛks] 男 -/-e, ..spizes[..spitseːs] (古代ローマで犠牲獣の内臓で神意を占う)腸卜(ちょうぼく)師. [*lat.*]

Ha·ru·spi·zium[haruspíːtsium, harus..] 中 -s/..zien[..tsiən] 腸卜(ちょうぼく). [*lat.*; ◇Chorda, spähen]

der **Harz**[1][haːrts] 地名 男 -es/ ハールツ, ハルツ(ドイツ中央部にあり, Niedersachsen 州と Sachsen-Anhalt 州にまたがる山地. 最高峰は Brocken). [<Hart]

Harz[2][–] 中 -es/-e (特に針葉樹の)樹脂: künstliches ~ 合成樹脂 | fossiles ~ 化石樹脂, 琥珀(こはく)(=Bernstein). [*ahd.*]

harz·ar·tig[háːrts..] 形 樹脂状の, 樹脂に似た.

Harz·elek·tri·zi·tät 女 樹脂電気.

har·zen[háːrtsən]《02》**I** 自 (h) **1** 樹脂を分泌する. **2**《スイス》ねばりつく; 行きなやむ, 滞る: Die Verhandlungen *harzen.* 交渉が難航する ‖ 非人称 Es *harzt* mit *et.*[3] …は厄介である, …の進行が滞る. **II** 他 (h) **1**《*et.*[4]》(…に傷をつけて)樹脂を採る: Nadelbäume ~ 針葉樹から樹脂を採る. **2**《*et.*[4]》(…に)樹脂を塗る; (弦楽器の弓に)ロジンを塗る.

Har·zer[háːrtsər] **I** 男 -s/- **1** ハールツ (Harz[1]) の住民. **2** ハールツ産チーズ. **II** 形《無変化》ハールツの.

Harz·fluß[háːrts..] 男〖植・林〗樹脂浸出.

har·zig[háːrtsɪç][2] 形 **1** 樹脂状の. **2** 樹脂を含んだ〈に富んだ〉; ねばねばした. **3** 樹脂から発する: ~*er* Geruch 樹脂香. **4**《スイス》(schwierig) 厄介な, 面倒な: eine ~*e* Verhandlung 厄介な〈難航する〉交渉.

Harz·lack[háːrts..] 女 樹脂ワニス. **⸗öl** 中 樹脂油, ロジン油. **⸗säu·re** 女 樹脂酸. **⸗sei·fe** 女 樹脂せっけん.

Ha·sard[hazárt;《オーストリア》hazáːr] 中 -s/ 賭事(かけごと), 賭博(とばく): **~ spielen** 賭博〈一発勝負〉をする; 運をかける; 軽率に振舞う, 堅気でない行動をする | mit dem Leben ~ spielen 命をかける. [*fr.*; <*arab.* yasara „würfeln"; ◇*engl.* hazard]

Ha·sar·deur[hazardǿːr] 男 -s/-e (女 **Ha·sar·deu·se**[..døːzə]-/-n) 賭博(とばく)師;《比》勝負師. [*fr.*]

ha·sar·die·ren[..díːrən] 自 (h) 賭事(かけごと)をする; 一発勝負に出る, 冒険的なことをする. [*fr.*]

Ha·sard⸗spiel[hazárt..] 中 賭事(かけごと), 賭博(とばく);《比》運任せの勝負事, 冒険, 投機的な企画. **⸗spie·ler** 男 =Hasardeur

Hasch[haʃ] 中 -s/《話》=Haschisch

Ha·schee[haʃéː] 中 -s/-s〖料理〗ひき肉〔料理〕. [*fr.* (viande) hachée „gehacktes (Fleisch)"; <*fr.* hache „Axt"; ◇Hippe[1]; *engl.* hash]

Ha·sche·mann[háʃəman] 男 -〔e〕s/ 鬼ごっこ: ~ spielen 鬼ごっこをする.

H

ha·schen[1][háʃən]《04》 **I** 他 (h) **1** すばやくつかむ, ひっとらえる: Schwalben *haschen* die Insekten im Flug. つばめは飛びながらさっと虫をつかまえる. **2** 再帰《相互的》 *sich*[4] ～ 鬼ごっこをする. **II** 自 (h) 《nach *et.*[3]》 (…を)すばやくつかもうとする, ひっとらえようとする; (…を)得ようと汲々(きゅうきゅう)として努める: nach einer Fliege ～ ハエをつかまえようとしてさっと手を出す | nach Anerkennung 〈nach Erfolg〉 ～ 認められようと〈成功をめざして〉懸命に努める. **III Hạ·schen**[1] 中 -s/ 〔遊戯〕 鬼ごっこ: ～ spielen 鬼ごっこをする. [*germ.*; ◇heben]

hạ·schen[2][háʃən]《04》《話》 **I** 自 (h) ハシッシュを吸う(→Haschisch). **II Hạ·schen**[2] 中 -s/ haschen[2]すること.

Häs·chen[hɛ́ːsçən] 中 -s/- (Hase の縮小形) **1** 小ウサギ; 《幼児語》うさぎちゃん: ～ in der Grube 穴の中の小うさぎ(歌の題名; 子どもの遊び) | mein ～ いい子, ねえお前(呼びかけ). **2** 《話》 新米飛行士.

Hạ·scher[1][háʃər] 男 -s/- 《話》 ハシッシュ常用者(→Haschisch).

Hạ·scher[2][–] 男 -s/- 《南部・オーストリア》 =Hascherl

▽**Hä·scher**[hɛ́ʃər] 男 -s/- **1** 追跡者, 追っ手, 捕吏. **2** (Gerichtsdiener) 廷丁, 廷吏. [<haschen[1]]

Hạ·scherl[háʃərl] 中 -s/-[n] 《南部・オーストリア》《話》 気の毒な〈かわいそうな〉人, みじめなやつ.

ha·schie·ren[haʃíːrən] 他 (h) (肉・野菜などを)細かく切る, みじん切りにする; ひき肉にする. [*fr.* hacher; ◇Haschee; *engl.* hash]

Hạ·schisch[háʃɪʃ, haʃíːʃ] 中 男 -[s]/ ハシッシュ(アサ, インド大麻の樹脂から作る麻薬): ～ rauchen インド大麻を吸う. [*arab.* hašīš „Heu"; ◇*engl.* hashish, hasheesh]

Hạ·schisch≈rau·cher 男 ハシッシュ吸飲〔常習〕者. ≈**zi·ga·ret·te** 女 ハシッシュ入りタバコ.

Hasch·mich[háʃmɪç] 男《話》《もっぱら次の成句で》 **einen ～ haben** 頭がおかしい, どうかしている. [<haschen[1]]

Hạ·se[háːzə] 男 -n/-n (女 **Hä·sin**[hɛ́ːzɪn] -/-nen; 小 **Häs·chen** → 別出, **Häs·lein**[hɛ́ːslaɪn] 中 -s/-) **1 a)** (英: *hare*) 〔動〕 ノウサギ, 野兎(やと)(方言や日常語では Kaninchen「カイウサギ」の意にも用いる); 兎類: Angst*hase* 臆病(おくびょう)〈小心〉者 ‖ Der ～ hoppelt. ウサギがぴょんぴょんはねる | Der ～ macht Männchen. ウサギが後足で立つ ‖ einen ～*n* jagen ウサギを狩り立てる | Man soll nicht zwei ～*n* auf einmal jagen. 《諺》 二兎を追う者は一兎をも得ず ‖ **sehen, wie der ～ läuft** 《話》 事態の推移を見守る; 事の成り行きを予知する | **wissen, wie der ～ läuft** 《話》 事の成り行きを予知する; 事情に通じている | **Da liegt der ～ im Pfeffer.** 《話》 難点〈問題〉はそこだ (Pfeffer は Hasenpfeffer のこと) | wo sich Fuchs und ～ gute Nacht sagen (→Fuchs 1 a) | furchtsam 〈feige〉 wie ein ～ sein ひどく臆病である | Viele Hunde sind des ～*n* Tod. 《諺》 衆寡敵せず, 数には勝てぬ | den ～*n* laufen lassen 《話》 大金を支出する | einen ～*n* machen 《話》 逃げる, ずらかる. **b)** 《人に関して比喩的に》 **ein alter ～ sein** ベテランである | **kein heuriger ～ sein** もはや新米ではない, 年季が入っている | mein ～ ねえお前(愛情・あわれみをこめた呼びかけ: →Häschen 1). **c)** **falscher ～** 〔料理〕 ミートローフ(=Hackbraten). **2** der ～ 〔天〕 兎(うさぎ)座. **3 Mein Name ist ～**〔, ich weiß von nichts〕. 《話》 私は全く関知しない(かつて決闘で相手を殺した学生の逃亡を助けたかどで取り調べられた法学士 Victor von Hase の陳述に由来). [*germ.* „Grauer"; ◇*engl.* hare; *lat.* cānus „〔weiß〕grau"]

Hạ·sel[1][háːzəl] 男 -s/- 〔魚〕 ウグイ(鯎)の一種. [*ahd.* hasala]

Hạ·sel[2][–] 女 -/-n (英: *hazel*) 〔植〕 ハシバミ(榛)属: in die ～*n* gehen 《話》 女に会いに行く. [*idg.*; ◇*engl.* hazel; *lat.* corulus „Hasel"]

▽**Ha·se·lạnt**[hazəlánt] 男 -en/-en (Spaßmacher) 冗談好き〔の人〕, おどけ者. [<haselieren]

Hạ·sel≈busch[háːzəl..] 男 〔植〕 ハシバミの茂み. ≈**huhn** 中 〔鳥〕 エゾライチョウ(蝦夷雷鳥).

▽**ha·se·lie·ren**[hazəlíːrən] 自 (h) 茶番を演じる, ふざける; 騒ぎたてる, 大騒ぎをやらかす; 〔ほらを〕ふく; ぜいたく三昧(ざんまい)をする, 浪費する. [*afr.* harceler „plagen"–*mhd.*]

Hạ·sel≈maus[háːzəl..] 女 〔動〕 ヨーロッパヤマネ(山鼠). ≈**nuß** 女 〔植〕 **1** ハシバミ(→図 Nuß): *Haselnüsse* knacken ハシバミを割る. **2** =Haselnußstrauch

Hạ·sel·nuß·strauch 男 ハシバミ属の木.

Hạ·sel≈ru·te 女 ハシバミ製のむち. ≈**stau·de** 女, ≈**strauch** =Haselnußstrauch ≈**wurz** 女 -/ 〔植〕 カンアオイ(寒葵)属.

Hạ·sen≈au·ge[háːzən..] 中 **1** ウサギの目. **2** 〔医〕 兎眼(とがん)(まぶたが完全に閉じない目). ≈**bra·ten** 男 ウサギの焼き肉. ≈**brot** 中 **1** 《戯》 (旅行や仕事から子供に持ち帰った)朝食のパンの残り. **2** 〔植〕 スズメノヤリ(雀槍). ≈**fell** 中 ウサギの毛皮. ≈**fuß** 男 **1** ウサギの足. **2** 《話》 臆病(おくびょう)者, 小心者.

hạ·sen·fü·ßig 形 《話》 臆病(おくびょう)な, 小心な.

Hạ·sen≈hacke 女 〔畜〕 (馬の)飛節後腫(こうしゅ). ≈**herz** 中 **1** ウサギの心臓. **2** 《話》 臆病者, 小心者.

hạ·sen·her·zig 形 《話》 臆病(おくびょう)な, 小心な.

Hạ·sen≈jagd 女 ウサギ狩り: die rein〔st〕e ～ (無抵抗者の群れを)一網打尽に捕らえること ‖ auf die ～ gehen ウサギ狩りに行く. ≈**jun·ge** 中 《形容詞変化》《オーストリア》 =Hasenklein ≈**kän·gu·ru**[h][..kɛŋguru·] 中 〔動〕 ウサギワラビー(カンガルー科). ≈**kla·ge** 女 =Hasenquäke ≈**klee** 男 -s/ 〔植〕 **1** シロツメクサ(白詰草)属の一種. **2** コミヤマカタバミ(小深山酢漿草). ≈**klein** 中 -s/ ウサギの煮込み料理(首・足・内臓などの). ≈**lip·pe** 女 =Hasenscharte

Hạ·sen·maul·fle·der·maus 女 〔動〕 ウオクイコウモリ(魚食蝙蝠)(アフリカ産).

Hạ·sen≈maus 女 〔動〕 マウンテンチンチラ. ≈**ohr** 中 **1** ウサギの耳. **2** 〔植〕 ミシマサイコ(三島柴胡)〔属〕. ≈**pa·nier** 中 《ふつう次の成句で》 **das ～ ergreifen** 急いで〈脱兎(だっと)のごとく〉逃げる(逃げるウサギの尾を旗に例えたもの). ≈**pfef·fer** 男 〔料理〕 ハーゼンペファー(コショウをきかせたウサギの煮込み料理): ein ～ ohne Hasen 《比》 名のみで中身のないもの. ≈**pfo·te** 女 〔植〕 サラエノヒトヨタケ(一夜茸). ≈**quä·ke** 女 〔狩〕 (キツネをおびき出すのに使う)うさぎ〔のなき声をまねた〕笛.

hạ·sen·rein 形 〔狩〕 (猟犬が命令なしには)ウサギを追わない, ウサギに目をくれない: **nicht ganz ～ sein** 《比》 完全無欠というわけではない; 疑わしい〈あやしい〉ところがなくもない.

Hạ·sen≈schar·te 女 〔医〕 口唇(こうしん)裂, 兎唇(としん), みつくち. ≈**schlaf** 男 ウサギの眠り: einen ～ haben 《比》 眠りが浅い(わずかな物音にもすぐに目を覚ます).

Hä·sin Hase の女性形.

▽**Hä·si·ta·tion**[hɛzitatsióːn] 女 -/ (Zögern) 躊躇(ちゅうちょ), ためらい. [*lat.*–*fr.*]

hä·si·tie·ren[..tíːrən] 自 (h) ▽**1** (zögern) 躊躇(ちゅうちょ)する, ためらう. **2** 〔医〕 口ごもる, ためらいながら話す. [*lat.*–*fr.*; <*lat.* haerēre „haften"; ◇*engl.* hesitate]

Häs·lein Hase の縮小形(→Häschen).

Has·lin·ger[háslɪŋər] 男 -s/- 《オーストリア》 ハシバミ製の杖(つえ). [<Hasel[2]]

Has·pe[háspə] 女 -/-n (Fischband) ひじつぼ(ドアの開閉用金具). [*germ.*; ◇heben, Cassa; *engl.* hasp]

Has·pel[háspəl] 女 -/-n (男 -s/-) **1** (Förderhaspel) 〔工〕 巻き上げ機, ウインチ(→図); 回転枠, リール. **2** (Garnhaspel) 〔織〕 糸車, 糸くり車(→図). **3** 〔製革〕 ウィンス染色機〔のリール〕. **4** 〔農〕 脱穀リール.

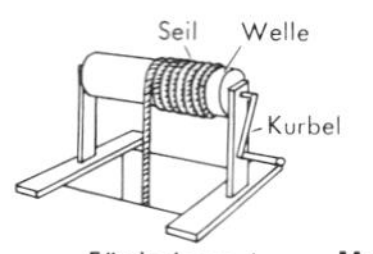

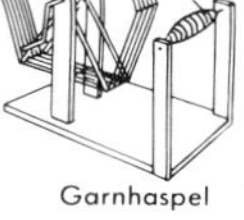

Haspel

Has·pel·kreuz 中 回転木戸.

has·peln[..pəln]《06》 **I** 他 (h) **1** (リールなどに)巻く:

das Garn auf die 〈von der〉 Spule ～ より糸を糸車に巻きつける〈糸車から巻き戻す〉. **2** (ウインチで)巻き上げる.
II 自 (h) 《話》早口にまくしたてる; 気ぜわしく働く.
Has·pel·rad 中 (ウインチなどの)リール, 転輪.
Has·pen[háspən] 男 -s/- ＝Haspe
hasp·lig[hásplıç]² 形 《話》(急ぐあまり)不注意な, せかせかしている: ～ sprechen あわただしく話す.
Haß[has] 男 Hasses/ 憎しみ, 憎悪, 嫌悪: blinder 〈tödlicher〉 ～ やみくもの〈激しい〉憎悪 ‖ aus ～ gegen *jn.* …に対する憎悪から ‖ ～ auf 〈gegen〉 *jn.* haben/《雅》～ auf 〈gegen〉 *jn.* im Herzen tragen …を憎んでいる | ～ ernten 憎しみを買う | ～ säen 憎しみの種をまく | *sich*³ *js.* ～ zuziehen …の恨みを買う. [*germ.*; ◇hetzen, häßlich; *gr.* kē̃dos „Sorge"; *engl.* hate]
has·sen[hásən] 《03》 **I** 他 (h) 憎む, 憎悪する; (ひどく)嫌う, いやがる; 好きでない: *jn.* 〈*et.*⁴〉 glühend ～ …を激しく憎む | ***jn.* 〈*et.*⁴〉 wie die Pest ～** 《話》…をひどく憎む, …をひどく嫌う | *jn.* bis auf 〈bis in〉 den Tod ～ …を徹底的に憎悪する ‖ Ich *hasse* laute Musik. 私はやかましい音楽は嫌いだ | Ich *hasse* es, mir von anderen diktieren zu lassen, was ich zu tun habe. 私は自分のなすべきことを他人から指図されるのは好まない ‖〖目的語なしで〗Er ist unfähig zu ～. 彼は人を憎むことができない. **II** 自 (h) 《auf *et.*⁴》〖狩〗(猛禽(もうきん)などが他の鳥に)荒々しく襲いかかる.
has·sens·wert 形 憎むに値する, 憎むべき.
Has·ser[hásər] 男 -s/- **1** 憎む人, 反対者: ein ～ aller Konventionen あらゆる因習の敵対者 | Frauen*hasser* 女ぎらいの人. **2** (憎悪される者. 例えば:) 仇敵(きゅうてき).
haß·er·füllt[hás|ɛrfʏlt] 形 憎悪〈憎しみ〉に満ちた.
Haß·ge·fühl 中 憎しみの感情, 憎悪の念.
häs·sig[hɛ́sıç]² 形 《スイス》(mürrisch) 不機嫌な, 気むずかしい.
häß·lich[hɛ́slıç] 形 **1** 醜い, 醜悪な, 不格好な: ein ～*es* Gesicht 醜い顔 ‖ Ärger macht ～. 怒りは人を醜くする | **～ wie die Nacht 〈wie die Sünde〉 sein** 《話》ひどく醜い. **2** (unangenehm) 不快な, いとわしい: eine ～*e* Angelegenheit やっかいな問題 | ein ～*er* Traum 不吉な夢 | ein ～*es* Wetter いやな天候. **3** (gemein) 卑しい, 低劣な, いとうべき, いやらしい, 下品な, ひどい: ～*e* Ausdrücke 下卑た言葉 ‖ zu *jm.* ～ sein …に意地悪をする | Das war ～ von dir. 君のやったことはひどかった ‖ *jn.* ～ behandeln …にひどい仕打ちをする | ～ schimpfen 口ぎたなくののしる | ～ von *jm.* sprechen …の悪口を言う. **4** みじめな:〖ふつう次の形で〗klein und ～ dastehen 〈sein〉 しょんぼり立っている〈している〉. [*westgerm.* „gehässig"; ◇Haß]
Häß·lich·keit[–kaıt] 女 -/-en **1** 《単数で》häßlich なこと. **2** häßlich な言動.
Haß≤lie·be[hás..] 女 愛憎定まらぬ思い. **≤ob·jekt** 中 憎悪〈憎しみ〉の対象. **≤ti·ra·de** 女 憎悪に駆られての長広舌.
haß·ver·zerrt 形 (顔などが)憎しみにゆがんだ.
hast[hast] haben の現在 2 人称単数.
Hast[–] 女 -/ 急ぎ, 性急; あわただしさ, せわしさ: die ～ des modernen Lebens 現代生活のあわただしさ ‖ in großer 〈wilder〉 ～ 大急ぎで, 大あわてで | mit 〔rasender〕 ～ 〔狂ったように〕せかせかと | ohne ～ あわてずに, ゆっくりと ‖ **Nur keine jüdische ～!** 《話》そんなにあわてるな. [*germ.* „Streit"－*afr.*－*mndl.*－*mndd.*; ◇ *engl.* haste]
ha·ste[hástə] 《話》<hast du (→haben I 2 c)
ha·sten[hástən] 《01》 自 (s, h) 《雅》大いに急ぐ; 大急ぎで行く: beim Essen ～ せかせかと食べる | zum Bahnhof ～ 駅に向かって急ぐ, あたふたと駅へかけつける ‖ das *hastende* Getriebe der Großstadt 大都会のせわしない営み.
ha·stig[hástıç]² 形 大急ぎの, 性急な, あわただしい, あたふたとした: ～*e* Schritte 急ぎ足 | eine ～*e* Abreise にわかの旅立ち ‖ ～ essen 〈sprechen〉 せかせかと食べる〈しゃべる〉 | ～ geschriebene Zeilen 走り書きのメモ. [*mndl.* －*mndd.*; ◇Hast; *engl.* hasten]
Ha·stig·keit[–kaıt] 女 -/ hastig なこと.
hat[hat] haben の現在 3 人称単数.
Hat·sche[há:tʃə] 女 -/-n 《方》(Pantoffel) スリッパ, 上ばき. [<hatschen]
Hät·sche·lei[hɛ:tʃəláı] 女 -/-en 絶えず〈しきりに〉 hätscheln すること.
Hät·schel·kind[hɛ́:tʃəl..] 中 《話》甘やかされた子供, 甘えっ子, 甘えん坊, だだっ子.
hät·scheln[hɛ́:tʃəln; スイス: –, hɛ́tʃəln] 《06》 他 (h) **1** (liebkosen) 愛撫(あいぶ)する, 猫かわいがりする; (verwöhnen) ちやほやする, ご機嫌とりをする, 甘やかす: das Kind 〈den kleinen Hund〉 ～ 子供〈子犬〉をべたべたかわいがる. **2** (ある計画・考えなどに)愛着を覚える, 執心する: *seinen* heimlichen Plan ～ ひそかな計画を育てる. [<hatschen]
hat·schen[há:tʃən] 《04》 自 (h) 《南部・オーストリア》《話》**1** 足をひきずって歩く. **2** (長い道程を)歩く. **3** (hinken) (不自由な足で)よろめき歩く. [„rutschen"]
Hat·scher[..tʃər] 男 -s/- 《オーストリア》《話》**1** 《複数で》はき古した靴. **2** 長く歩くこと, 強行軍.
hat·schert 形 《オーストリア》《話》(hinkend) 足の不自由な; (schwerfällig) 大儀そうな.
hat·schi[hatʃí:, hátʃi·] 間 (くしゃみの音)ハックション: ～ machen 《話》くしゃみをする.
Hat·schier[hatʃí:r] 男 -s/-e＝Hartschier
hat·te[hátə] haben の過去.
hät·te[hɛ́tə] haben の接続法 II.
Hat-Trick (**Hat·trick**)[hǽttrık] 男 -s/-s ハットトリック(サッカーなどで同じ選手による 3 回ゴール); 三連勝; 三冠王になること. [*engl.* „Hut-Trick"; クリケットで 3 打者を連続アウトにした投手に帽子を与えたことから]
Hatz[hats] 女 -/-en **1 a)** (Hetzjagd)〖狩〗(猟犬を使っての)狩り立て〈追い出し〉猟. **b)** 《話》(犯人などの)追跡; 異端者狩り. **c)** (座席などへの)殺到. **2** 《南部》《話》せかせか〈やきもき〉すること. [<hetzen]
Hatz·hund[háts..] 男 (追い出し猟用の)猟犬.
hat·zi[hatsí:, hátsi·] ＝hatschi
hau →*hau* ruck
Hau[haʊ] 男 -〔e〕s/-e **1** hauen すること: **einen ～ 〔mit der Wichsbürste〕 〔weg〕haben** 《話》知能が低い, 頭がおかしい. **2** 〖林〗伐採; 伐採区; 共有林伐採権. [*mhd.*; ◇hauen]
hau·bar[háʊba:r] 形 〖林〗伐採に適した: ～*e* Bäume 伐採できる樹木 | ein ～*er* Wald 伐採可能な森林.
Hau·bar·keits·al·ter 中 〖林〗(樹木の)伐採適齢期.
Hau·be[háʊbə] 女 -/-n (小 **Häub·chen**[hɔ́ʏpçən], **Häub·lein**[..laın] 中 -s/-) **1 a)** (女性用の)縁なし帽, ボンネット; 頭巾(ずきん) (→ 図); (Schwesternhaube) 看護婦帽; (Nonnenhaube) 尼僧帽; (Badehaube) 水泳帽; (Fliegerhaube) 飛行帽: eine ～ aufsetzen 〈abnehmen〉 帽子をかぶる〈脱ぐ〉 ‖ ***jm.* eins auf die ～ geben** 《話》…の頭を一発殴る | ***jn.* unter die ～ bringen** 《戯》…を結婚させる (未婚婦人が Kranz をかぶったのに対し既婚婦人が Haube をかぶった中世の習慣に由来する表現) | **unter die ～ kommen** 《戯》(女性が)結婚する | **unter der ～ sein** 《戯》(女性が)結婚している ‖ Der Gipfel hat eine weiße ～. 《比》山頂は雪をいただいている. **b)** (中世の頭巾型の)かぶと, 軍帽. **c)** 《南部・オーストリア》(Mütze) (ふちなしの)帽子.
2 (頭巾状のもの) **a)** (Trockenhaube)〖美容〗ボンネット型ヘアドライヤー: 〔beim Friseur〕 unter der ～ sitzen 〔美容院で〕ドライヤーをかぶっている. **b)** (器械類の)キャップ, おおい, 被覆; (タイプライターの)カバー; (コーヒーなどの保温用)ホットカバー; (食卓用ハエよけの)ほろがや; (Motorhaube) エンジン〈モーター〉のフード, (自動車の)ボンネット; (機関車の)鐘形汽室; (鐘・自転車のベルなどの)上半部(→ 図 Glocke); 〖建〗(塔の)円蓋(えんがい)部. **c)** ＝Netzmagen **d)** (Schopf) (鳥の)冠毛. **e)** 〖植〗蘚帽(せんぼう); (Wurzelhaube) 根冠. **f)** 〖狩〗(キツネ・ウサギなどの穴に仕掛ける)袋網. [*germ.*; ◇hoch; *engl.* hive]
Hau·ben≤band 中 -〔e〕s/..bänder (あごの下で結ぶ)ボンネットのひも. **≤ler·che** 女 〖鳥〗カンムリヒバリ(冠雲雀). **≤stock** 男 -〔e〕s/..stöcke (頭巾(ずきん)の型を崩さないための)頭巾掛け〈台〉. **≤tau·cher** 男 〖鳥〗カンムリカイツブリ(冠鸊

Haube

鵰).

Hau·bit·ze[haubítsə] 女 -/-n〘軍〙榴弾砲(→ ⊗ Geschütz): **voll wie eine ~ sein**《話》ぐでんぐでんに酔っぱらっている. [*tschech.* houfnice „Steinschleuder"; ◇*engl.* howitzer]

Häub·lein Haube の縮小形.

Hauch[haux] 男 -[e]s/-e《ふつう単数で》**1 a)**《雅》(吐く)息, 呼気, いぶき: den letzten ~ von *sich*³ geben 息を引き取る | Man sieht den ~ vor dem Mund.(寒さで)吐く息が白く見える. **b)**〘言〙気[息]音. **c)**《雅》風のそよぎ, 微風: ein kühler ⟨erfrischender⟩ ~ 涼しい⟨さわやかな⟩微風. **2 a)** 気配, かすかな痕跡(こんせき); ほのかな香⟨色⟩; 気風, 雰囲気: der ~ der Freiheit 自由の気風 | ein ~ von Parfüm ほのかな香水のかおり | ein ~ von Schwermut 一抹の憂愁 | einen ~ Rouge auflegen うっすらと紅をつける | ein ~ von Abendkleid 薄手の夜会服 | Sie hat nicht den leisesten ~ von Schönheit. 彼女はおよそ美人とは縁遠い. **b)** 薄い被層(果実の表面に出る粉・ガラスのくもりなど).

hauch·dünn[háuxdʏ́n] 形 **1** (いぶきにも似て)きわめて薄い: ein ~*es* Porzellan 非常に薄手の磁器 | ein ~*er* Schleier 透きとおるほど薄いベール ‖ Schminke ~ auftragen おしろいをごく薄く塗る. **2** (sehr knapp) ひどくかつかつの: ein ~*er* Punktsieg かろうじての判定勝ち.

hau·chen[háuxən] **I** 自 (h) **1 a)** 息を吐く, 呼吸する; ささやく: an ⟨gegen⟩ *et.*⁴ ~ …に息を吹きかける | auf *seine* Brille ~ (磨くために)眼鏡に息を吐きかける | in die froststarrten Hände ~ 寒さでかじかんだ両手に息を吐きかけて温める. **b)**〘言〙気[息]音を出す. **2** (風・霧などが)吹きつける; (気分・感情などが)息づく, 漂う. **II** 他 (h) **1** (息を)吐きかける; 聞きとれないほどの小声で言う, ささやく: *jm.* einen Kuß auf die Stirn ~ …の額にごく軽くキスする | *jm. et.*⁴ ins Ohr ~ …の耳に…をささやく. **2**〘言〙気[息]音とともに出す: einen Konsonanten *gehaucht* aussprechen 子音に気[息]音を響かせて発音する. [*mhd.*; 擬音; ◇keuchen]

hauch·fein 形 きわめて細い⟨繊細な⟩.

Hauch·laut 男 (Aspirata)〘言〙有気音, 気[息]音.

hauch·zart 形 きわめて繊細な; (織物が)薄く透けた.

Hau·de·gen[háu..] 男 **1** (両刃の)剣. **2** 手だれの勇士; 剛勇の士; (Draufgänger) 向こう見ず⟨無鉄砲⟩な人.

ᵛ**Hau·de·rer**[háudərər] 男 -s/-《北西部》**1** 貸馬車業者; (貸馬車の)御者, 馬車主, **2** のろま, ぐず. [<haudern „im Mietwagen fahren" (◇heuern)]

Haue[háuə] 女 -/-n **1**《南部・オーストリア》(Hacke) つるはし; (Hackbeil) 手おの. **2**《単数で》《話》(Hieb) 殴ること, 殴打: ~ bekommen ⟨kriegen⟩ 殴られる. [1: *ahd.*; ◇hauen; 2: *mhd.*; ◇Hau]

hau·en⁽*⁾[háuən]《67》**hau·te, hieb**[hi:p]¹/**ge·hau·en** (方: gehaut → 別出); 接II haute, hiebe

I 他 (h) **1 a)** (schlagen)《*jn.*》打つ, たたく, ぶつ, 殴る: *jn.* braun ⟨grün⟩ und blau ~《話》…を(あざのできるほど)さんざん殴る | *jn.* aus dem Anzug ~ (→Anzug 1) | *jn.* zu Brei ~ (→Brei) | *jn.* zum Krüppel ~ …を殴って不具にする; …を(不具になるほど)ぶちのめす ‖ *jn.* auf die Finger ⟨ins Gesicht⟩ ~ …の手⟨顔⟩をひっぱたく(→II 2) | *jn.* übers Ohr ~ (→Ohr 1). **b)**《*jm. et.*⁴》(…に一撃を)くらわす: *jm.* **eine ~** / *jm.* eins ⟨eine⟩ hinter die Ohren ~ …の横っつらに一発くらわす | *jm.* eins in die Schnauze ⟨die Fresse⟩ ~《話》…の鼻づらを一発殴る.

2《*et.*⁴ in *et.*⁴》**a)** (…を…に)打ちこむ: einen Nagel in die Wand ~ 壁にくぎを打つ | den Stiel in die Axt ~ 斧(おの)に柄をすげる. **b)**《過 hieb》(…を…に)突き立てる: *jm.* ein Messer in den Rücken ~ …の背中にナイフを突き刺す.

3《*et.*⁴》《方向を示す語句と》**a)** (…を…へ)たたきつける: *et.*⁴ auf den Tisch ~ …をテーブルにたたきつける⟨どんと置く⟩ | Eier in die Pfanne ~ フライパンに卵を割りこむ | *jn.* in die Pfanne ~ (→Pfanne 1) | Mich *haut's* ⟨Das *haut* mich⟩ vom Stuhl!《話》こいつはおったまげた ‖ 再帰 *sich*⁴ aufs Bett ~ ベッドに身を投げる | *sich*⁴ aufs Ohr ⟨in die Falle⟩ ~ (→Ohr 1,→Falle 2). **b)** (さっと)書きつける: *et.*⁴ aufs ⟨über das⟩ Papier ~ …を紙に書きなぐる | *seinen* Namen unter das Protokoll ~ 調書に(乱暴に)署名する. **c)**《話》再帰 *sich*⁴ an *et.*³ ~ …(出っ張りなど)にぶつかる.

4 a) 切って⟨削って・掘って⟩作る; 切り出す; 彫り上げる: Feilen ~ やすりを目立てする | Balken ⟨Steine⟩ ~ 角材⟨石材⟩を切り出す | Erze ⟨einen Gang⟩ ~〘坑〙鉱石⟨坑道⟩を掘る ‖ ein Loch **in** *et.*⁴ ~ (切って)…に穴をあける | Löcher ⟨ein Loch⟩ in die Luft ~《話》(打ち損じて)空(くう)を切る | *jn.* in Stein ~ …の石像を刻む ‖ eine in ⟨aus⟩ Holz *gehauene* Figur 木彫りの像. **b)**《過 hieb(haute)》(進路を)切り開く: *sich*³ einen Weg **durch** *et.*⁴ ~ (剣などをふるって)…(敵・障害物など)を突破する ‖ 再帰 *sich*⁴ durch *et.*⁴ ~ (剣などをふるって)…の中を突破する.

5 a) (樹木を)伐採する;《方》(mähen) 刈る: Holz ~ 木を切る(→b) | Bäume ⟨den Wald⟩ ~ 森の木を切る | das Gras ⟨die Wiese⟩ ~ 牧草地の草を刈る | das Korn ⟨das Feld⟩ ~ 畑の穀物を刈る | Äste [vom Baum] ~ 木の大枝を払う. **b)**《方》(zerhacken) 切り刻む, 細かく切る: Fleisch ~ (小売り用に)肉を切り分ける | Holz ~ まきを割る(→a). **c)**《南部》(畑の土を)掘り返す, 耕す.

II 自 (h) **1**《過 hieb; 話: haute》(武器で)切りつける; 切りかかる, 打ちかかる; (↔stechen)〘フェンシング〙切る: Die Polizisten *hieben* mit dem Schlagstock auf die Demonstranten. 警官たちは警棒をふるってデモ隊に打ちかかった | mit dem Stock um *sich*⁴ ~ 棒で四方八方なぎ払う ‖ **auf *Hauen* und Stechen gehen**《比》(議論などがあげくのはてに)けんかざたになる | Da gab es *Hauen* und Stechen.《比》そこで大げんか⟨立ち回り⟩となった | **mit *jm.* auf *Hauen* und Stechen stehen**《比》…とひどく仲が悪い ‖ **weder *gehauen* noch gestochen sein** / **nicht *gehauen* und nicht gestochen sein**《比》どっちつかずである(フェンシングでの「切り」と「突き」の区別から) | Hier [bei] weiß man nicht, was *gehauen* und gestochen ist.《比》これではさっぱり訳が分からない | **Das ist *gehauen* wie gestochen.**《比》これじゃどっちみち同じ事だ.

2《過 hieb》《話》《auf *et.*⁴》(…を)強く打つ⟨たたく⟩: mit

H

der Faust auf den Tisch ～ こぶしでテーブルをどんとたたく | auf die Tasten ～ (ピアノの)鍵盤(けんばん)を強くたたく | auf die Pauke ～ (→Pauke 1) | *sich*[3] vor Lachen auf die Schenkel ～ ひざをたたいて笑う | *jm.* auf die Finger ⟨ins Gesicht⟩ ～ …の手⟨顔⟩をひっぱたく(→I 1 a).

3 《成句で》 **a**) über die Schnur ⟨die Stränge⟩ ～ (→Schnur 1 a, →Strang 1 a). **b**) in dieselbe ⟨die gleiche⟩ Kerbe ～ (→Kerbe 1). **c**) in den Sack ～ (→Sack 1).

4 (s) 打ち⟨突き⟩当たる, ぶつかる; (激しく)落下する: mit dem Kopf **an** die Wand ～ 頭を壁にぶつける | mit dem Fuß an einen Stein ～ 石につまずく | Der Regen *haut* ans Fenster. 雨が強く窓を打つ ‖ aufs Gesicht ～ (ばったりと)うつぶせに倒れる | Die Bombe ist ins Haus nebenan *gehauen*. 爆弾が隣の家に落下した.

5 〘狩〙(牙(きば)で)突く; 牙が生えそろう(→Hauer 1 a): ein *hauendes* Schwein (牙の生えそろう) 3 歳から 5 歳のイノシシ.

6 (schneiden) (刃物が)切れる.

[*germ.*; Heu, Heib; ◇ *lat.* cūdere „schlagen"; *engl.* hew]

Hau·er[háʊər] 男 -s/- **1 a**) 〘狩〙(雄イノシシの)牙(きば); (セイウチの)大牙; 《話》(人間の)出っ歯. **b**) (Keiler) 〘狩〙雄イノシシ. **2** 〘坑〙(最終切羽で働く熟練した)採炭夫, 先山(さきやま)鉱員. **3** 《南部・オーストリア》(Winzer) ブドウ栽培兼ぶどう酒醸造業者; ぶどう園労働者. [▽]**4** (切る道具. 例えば:) 猟刀; 肉切り包丁; (Degen) 剣.

Häu·er[hɔ́ʏər] 男 -s/- 《オーストリア》 = Hauer 2

Hau·er·chen[háʊərçən] 中 -s/- 《ふつう複数で》《話》(幼児の)歯.

Haue·rei[haʊəráɪ] 女 -/-en 《話》とっくみ合い, 殴り合い.

Hau·er·wein[háʊər..] 男 -[e]s/-e 《オーストリア》ぶどう園直売のワイン.

Häuf·chen[hɔ́ʏfçən] 中 -s/- (Haufen の縮小形. 例えば:) 小さな堆積(たいせき), ひと山; 小さなかたまり; 小群: ein ～ Asche ⟨Kinder⟩ 一かたまりの灰⟨一群の子供たち⟩ ‖ **nur noch ein ～ Elend ⟨Unglück⟩ sein** 《話》(老衰・病気による衰弱などで)もはや見るかげもない | **wie ein ～ Unglück dasitzen ⟨aussehen⟩** しょげ返っている ‖ Der Hund machte ⟨setzte⟩ mitten auf dem Fußweg ein ～. 犬が歩道の上に糞(ふん)をした.

Hau·fe[háʊfə] 男 2 格 -ns, 3 格 -n, 4 格 -n, 複数 -n 《雅》= Haufen

häu·feln[hɔ́ʏfəln] ⦅06⦆ 他 (h) **1** 《*et.*[4]》(…を)積み上げる, (…の)小山を作る: Heu ～ 干し草を積み上げる. **2** 《*et.*[4]》〘農〙(…に)土寄せする: Kartoffeln ～ ジャガイモの根もとに盛り土する | das Beet ～ 花壇の畝を盛り上げる.

Hau·fen[háʊfən] 男 -s/- (小 **Häuf·chen** → 別出, **Häuf·lein**[hɔ́ʏflaɪn] 中 -s/-) **1 a**) (英: *heap*) (物を積み上げてできた)山, 堆積(たいせき), 積み重ね, かたまり: ein ～ Getreide ⟨Blätter⟩ 穀物⟨木の葉⟩の堆積 | ein großer ～ Schutt 瓦礫(がれき)の大きな山 | Ein ～ faulender Äpfel[2] ⟨faulende Äpfel[1]⟩ lag[en] auf dem Tisch. テーブルの上には腐りかかったリンゴの山があった ‖ **auf** einem ～ liegen 一か所に積み上げられている, 一かたまりになっている | In einer Ecke des Kellers liegen Kohlen auf einem ～. 地下室の一隅に石炭が山と積まれている | *et.*[4] auf einen ～ legen …を一か所に山と積み上げる | Schmutz auf einen ～ kehren 汚物を一か所に掃き集める | Heu **in ～** setzen 干し草の山をつくる | *et.*[4] **zu** ～ stapeln …を積み上げて山にする | [▽]zu ～ かたまって(= zuhauf) ‖ **über den ～ fallen** 《比》(計画などが)ひっくり返る, ご破算になる | ***jm.* über den ～ fahren ⟨knallen / schießen⟩** 《話》…を車ではね飛ばす⟨一気に撃ち倒す⟩ | ***jn.* ⟨*et.*[4]⟩ über den ～ rennen** 《話》走って…を突き倒す, …を強襲して一気に制圧する | ***et.*[4] über den ～ werfen ⟨schmeißen⟩** 《話》…(計画など)をひっくり返す, …をご破算にする. **b**) 《話》(Kot) (一かたまりの)糞便(ふんべん), くそ: einen [großen] ～ machen ⟨setzen⟩ 糞をする(→Häufchen). **2** 《単数で》《話》山ほどの分量, たくさん: ein ～ netter Freunde[2] ⟨nette Freunde[1]⟩ たくさんのいい友達 | einen ～ Bücher besitzen どっさり本を持っている | einen ～ Arbeit ⟨Schulden⟩ haben 仕事⟨借金⟩が山ほどある | einen schönen ～ Geld verdienen しこたま金をもうける. **3 a**) (Schar) (人間や動物の)群れ, 大勢, 多数: ein ～ Kinder 子供たちの群れ | ein aufgeregter ～ Menschen 激昂(げっこう)した人々の一団 ‖ **auf** einem ～ 一団となって, 一緒に | **in ～** 群れをなして | **in hellen ～** 多数の群れをなして, 大勢まとまって. **b**) 《話》(特定の)集団, 一味, 仲間; 《軽蔑的に》大衆, 愚民: in einen üblen ～ hineingeraten 悪い連中の仲間になる | im großen ～ mitlaufen 付和雷同する | zum großen ～ gehören 大衆の一人である, 並の人間である. **c**) 〘史〙傭兵隊の一部隊⟨単位⟩; 《話》軍隊, 部隊: ein ～ Landsknechte 傭兵の一隊 | ein verlorener ～ (敵中に突入した)孤立部隊, 決死隊 | in ～ 〔部〕隊を組んで | [▽]**zum alten ～ fahren** 《婉曲に》死ぬ.

[*westgerm.*; ◇ Küpe, hoch; *engl.* heap]

häu·fen[hɔ́ʏfən] **I** 他 (h) **1** 積み上げる, 積み重ねる; 《比》集める, 集積する, ためる: das Essen auf den Teller ～ 食べ物を皿に山盛りにする | Schuld auf Schuld ～ 罪に罪を重ねる ‖ einen *gehäuften* Löffel voll さじに山盛り一杯 | ein *gehäufter* Reim 〘詩〙重韻(= Haufenreim; →Reim 1). **2 a**) 再帰 *sich*[4] ～ 積み重なる, 山積する; 集積する, 蓄積される, たまる: *sich*[4] zu Bergen ～ 積み重なって山となる | Die Schulden *häufen* sich. 借金がたまる. **b**) 再帰 *sich*[4] ～ 度重なる: In letzter Zeit *häufen* sich die Beschwerden. 最近しきりに苦情が舞い込む.

II ge·häuft → 別出

Hau·fen≠dorf[háʊfən..] 中 塊村(民家が雑然と一塊となった村落). **≠reim** 男 〘詩〙重韻(→Reim 1).

hau·fen·wei·se 副 (→..weise ★) 積み重なって, 山となって; 群れをなして; たくさん: ～ strömen 大勢押しかける, 殺到する.

Hau·fen·wol·ke 女 (Kumulus) 積雲.

Hauff[haʊf] 人名 Wilhelm ～ ヴィルヘルム ハウフ(1802-27; ドイツの詩人・小説家).

häu·fig[hɔ́ʏfɪç][2] 形 **1** たび重なる, しばしば起こる, たびたびの: ein ～*er* Gast よく来る客, 常客 | ～*e* Unfälle ⟨Fehler⟩ よくある事故⟨間違い⟩ ‖ Er kommt ～ zu spät. 彼はよく遅刻する | Das Buch wird am ～*sten* gekauft. この本がいちばんよく売れる. [▽]**2** 非常に多くの. [„haufenweise"; ◇ Haufen]

Häu·fig·keit[–kaɪt] 女 -/-en 《ふつう単数で》 **1** しばしば起こること, 頻発: in großer ～ auftreten 頻繁に起こる. **2** 頻度, 度数: ～ der Elemente 〘理〙元素の存在度 | Geburten*häufigkeit* 出産率.

Häu·fig·keits≠zahl 女, **≠zif·fer** 女 頻度数.

Häuf·lein Haufen の縮小形(→Häufchen).

Häu·fung[hɔ́ʏfʊŋ] 女 -/-en **1** 積み上げること, 堆積(たいせき); 集積, 蓄積. **2** (sich häufen すること. 例えば:) 集積, 増加; 頻発, 反復; 〘心〙重畳: die ～ von schweren Verkehrsunfällen 大きな交通事故の頻発.

Häu·fungs≠punkt 男 〘数〙集積点. **≠wir·kung** 女 〘心〙重畳効果.

Hauf·werk[háʊf..] 中 -[e]s/ (Hauwerk) 〘坑〙採掘された原石, 掘り起こした物.

Hau·he·chel[háʊhɛçəl] 女 -/-n 〘植〙ハリモクシュ(オノニス属. 根が強く耕作を妨げる雑草). [＜Heu]

Hau≠klotz 男 (Hackklotz) 肉⟨骨⟩切りまないた; 薪(まき)割り台. **≠mes·ser** 中 **1** (Hackbeil) なた, 手おの. **2** (Buschmesser) (枝払い用の)大型ナイフ, なた.

Häu·nel[hɔ́ʏnəl] 中 -s/-n 《オーストリア》小型つるはし. [＜Haue]

Haupt[haʊpt] 中 -es(-s)/Häupter[hɔ́ʏptər] (雅: Häupte[hɔ́ʏptə]) (小 **Häupt·chen** → 別出) **1 a**) (英: *head*) 《雅》(Kopf) (人間・動物の)頭(あたま), 頭部: ein graues ～ 白髪の頭(→b) | erhobenen ～*es*/mit erhobenem ～ 昂然(こうぜん)と頭を上げて | gesenkten ～*es*/mit gesenktem ～ 首うなだれて, すごすごと ‖ *jm.* das ～ abschlagen …の首をはねる | das ～ bedecken ⟨entblößen⟩ 帽子をかぶる⟨脱ぐ⟩ | das ～ [er]heben (ぐいと)頭を上げる⟨も

たげる〉;《比》表面化する | das ～ neigen 頭を下げる〈垂れる〉| das ～〔auf die Brust〕sinken lassen うなだれる | *sein* weises〈graues/greises〉～ schütteln《話》くびを横に振る, 拒絶する | das〈*sein*〉～ verhüllen (哀悼・畏敬(いけい)の意を表して)顔をおおう | Er weiß nicht, wo er sein ～ hinlegen soll.《話》彼には泊まるべき宿がない ‖ Wie das ～, so die Glieder.《諺》手足は頭しだい(部下は上司しだい) ‖ **an ～ und Gliedern**《比》全面的に, すっかり, 完全に | einen Helm **auf** dem ～ tragen 兜(かぶと)をかぶっている | eins aufs ～ bekommen 頭に一発くらう; お目玉をくらう | *et.*^{4} auf *sein* ～ herbeiziehen《比》…(災いなど)を招く〈しょいこむ〉| *jm.* die Hände aufs ～ legen (祝福するために・なだめるために)…の頭に両手を当てがう | feurige〈glühende〉Kohlen auf *js.* ～ sammeln (→Kohle 1 a) | ***jn.* aufs ～ schlagen**《雅》…を完全に打ち負かす | *sich*^{3} Asche aufs ～ streuen (→Asche 1) | **mit** bloßem ～ 無帽で | wie ein Damoklesschwert **über** *js.* ～ hängen〈schweben〉(→Damoklesschwert) | ***jm.* zu *Häupten* / zu *js. Häupten***《雅》…のまくら元に〈頭のところに〉(参考 zu Füßen) | zu *Häupten* des Bettes《雅》ベッドのまくら元に. **b**)《比》(…の頭をもった)人: **ein bemoostes ～**《学生語》古株の大学生 | **ein gekröntes ～**《雅》君主 | ein graues ～ 白髪の老人(→a). **c**) (単位: -/-) (牛・馬などを数える)頭(とう): drei ～ Rinder 3頭の牛.

2《雅》頭(かしら), 頭目, 頭領, 首長, 元首, 中心人物: das ～ der Familie 家長 | das ～ des Staates 国の元首(＝Staatsoberhaupt) | das ～ der Clique〈der Verschwörung〉一味〈陰謀〉の頭目.

3 頭状部: **a**)《雅》(山・盛り土などの)頂: die schneebedeckten *Häupter* der Berge 山々の雪をかぶった頂. **b**)〔建〕(積み石の)露出面; (アーチの)表側(→ 図 Bogen). **c**) (Häuptchen) (チシャ・レタスなどサラダ菜の)玉, 結球. **d**)〔紋〕(盾の)上部(→Schildhaupt). [*idg*. „Schale"; ◇Chef; *engl*. head; *lat*. caput „Kopf"]

haupt.. (↔neben..)《名詞などにつけて「主〔要〕な・最大の・最高の・総…」などを意味する》: *Haupt*rolle 主役 | *Haupt*werk 主要作品, 代表作 | *haupt*sächlich 主として.

Haupt⸗ab·schnitt[háupt..] 男 (書物などの)主要な章, 主要部分. **⸗ab·sicht** 女 主なねらい, 主眼. **⸗ab·sperr·hahn** 男 (水道・ガスなどの)元栓(→ 図 Gas). **⸗ach·se** 女 **1** 主軸. **2**〔数〕長軸, 長径. **⸗ak·zent** 男 (↔Nebenakzent)〔言〕主〈第一〉アクセント: auf *et.*^{4} den ～ legen《比》…を特に強調する. **⸗al·tar** 男 (教会堂の)本〈中央〉祭壇. **⸗amt** 中 (電話局の)本局, 中央局.

haupt·amt·lich 形 (↔nebenamtlich) 専任〈常勤〉の, 本務の.

Haupt⸗an·schluß 男 (電話の)直通接続;〔鉄道〕幹線接続. **⸗an·spruch** 男〔法〕主たる請求権. **⸗an·triebs·ma·schi·ne** 女〔海〕(船舶の)主機, 主機関(→ 図 Schiff B). **⸗ar·beit** 女 主な仕事; 主要な業績. **⸗ar·mee** 女〔軍〕本隊. **⸗auf·ga·be** 女 主要な任務〈課題〉. **⸗au·gen·merk** 中 主要な着眼, 注意の主眼: *sein* ～ auf *et.*^{4} richten …に特に注目〈留意〉する. **⸗bahn** 女〔鉄道〕幹線〈鉄道〉, 本線. **⸗bahn·hof** 男 (略 Hbf.) (大都市の)中央駅(例えば東京の場合には東京駅). **⸗be·ruf** 男 (↔Nebenberuf) 主要な職業, 本業, 本職: Im ～ ist er Lehrer. 彼の本業は教師だ.

haupt·be·ruf·lich 形 本業〈本職〉の.

Haupt⸗be·schäf·ti·gung 女 主な仕事. **⸗be·stand·teil** 男 主成分. **⸗boots·mann** 男 海軍上等曹長. **⸗buch** 中〔商〕元帳, 台帳. **⸗büh·ne** 女 中央舞台〈ステージ〉, 本舞台.

Häupt·chen[hɔ́yptçən] 中 -s/- **1** Haupt の縮小形. **2**〔植〕(チシャ・レタスなどサラダ菜の)玉, 結球(→Haupt 3 c).

Haupt⸗dar·stel·ler[háupt..] 男 (女 **⸗dar·stel·le·rin**)〔劇〕主演俳優, 立役者. **⸗deck** 中〔海〕(船舶の)主〈正〉甲板, メーンデッキ(→ 図 Schiff A).

Häup·te Haupt の複数.

Haupt⸗ei·gen·schaft 女 主な特徴, 主要特性. **⸗ein·gang** 男 正門, 表玄関, 中央口. **⸗ein·nah·me·quel·le** 女 主要な財源〈収入源〉.

Häup·tel[hɔ́yptəl] 中 -s/-〔n〕《南部・オーストリア》**1** (サラダ菜など結球野菜の)玉, 結球. **2** (Zwiebelhäuptel) タマネギの鱗茎(りんけい)〈球根〉. [＜Haupt 3 c]

Häup·tel·sa·lat 男《南部・オーストリア》(Kopfsalat)〔植〕チシャ・レタス(サラダ菜の一種).

Häup·ter Haupt の複数.

Haupt·er·be[háupt..] 男 主たる相続人.

Haup·tes·län·ge[háuptəs..] 女 頭〈首〉一つの長さ: *jm.* um ～ überragen …より首一つだけ背が高い.

Haupt⸗fach[háupt..] 中 **1** (↔Nebenfach) (大学での)主専攻分野〈科目〉: Geschichte als ～〈im ～ Geschichte〉studieren 主科目として歴史を専攻する. **2** (高校以下の学校での)主要教科〈科目〉. **⸗fak·tor** 男 主な要因〈因子〉. **⸗far·be** 女 (服地や部屋などの)主調となっている色, 基調色. **⸗feh·ler** 男 主要な欠点; 重大な過失. **⸗feind** 男 主要な〈最大の〉敵. **⸗feld**^{1} 中〔スポーツ〕(中距離・長距離競走での走者たちの)主要集団. **⸗feld**^{2} 男 -s/-s《話》＝Hauptfeldwebel **⸗feld·we·bel** 男 (陸軍・空軍の)上級曹長. **⸗fi·gur** 女 中心人物, 主人公, 主役. **⸗film** 男 (ニュースや短編映画に対して)プログラムの中心をなす映画. **⸗fluß** 男 (川の)本流, 主流. **⸗fra·ge** 女 主要問題;〔法〕(陪審の答申に関する)主問. **⸗gang** 男 **1** (ビルなどの)中央〈幹線〉廊下. **2** ＝Hauptgericht **⸗ge·bäu·de** 中 本館, 母屋(おもや). **⸗ge·dan·ke** 男 中心的な考え, 根本思想. **⸗ge·frei·te** 男 (ドイツの)〔水〕兵長. **⸗ge·gen·stand** 男 **1** 主要な対象〈テーマ〉. **2**《オーストリア》(学校の)主要教科〈科目〉. **⸗ge·richt** 中〔料理〕中心をなす料理, メーンコース. **⸗ge·schäft** 中 **1** 主要業務. **2** 本店, 本社. **⸗ge·schäfts·stra·ße** 女 (商店やデパートの立ちならぶ)主要商店街(東京の銀座通りなど). **⸗ge·schäfts·stun·de** 女, **⸗ge·schäfts·zeit** 女 (商店・デパートなどで)特に店の混み合う時間. **⸗ge·winn** 男 主な利益(もうけ); (くじなどの) 1 等賞. **⸗ge·win·ner** 男 (くじの) 1 等賞獲得者. **⸗gleis** 中〔鉄道〕本線. **⸗grund** 男 主な理由. **⸗haar** 中 -〔e〕s/《雅》頭髪. **⸗hahn** 男 **1** (ガス・水道などの)元栓: den ～ abstellen 元栓をとめる | *jm.* den ～ abdrehen《話》…の意図を邪魔する. **2** おんどりのボス;《話》立役者, リーダー; 向こう見ずな勇士; 女性の人気者. **⸗haus** 中 ＝Hauptgebäude **⸗in·halt** 男 主な内容; 大意, 主旨. **⸗in·ter·es·se** 中 主な〈第一の〉関心〔事〕: Sein ～ gilt der Politik. 彼はなによりも政治に関心をもっている. **⸗in·ter·ven·tion** 女〔法〕主参加. **⸗kampf·li·nie**[..niə] 女〔軍〕最前線. **⸗kar·tei** 女 マスター=ファイル. **⸗kas·se** 女 中央受払窓口. **⸗kenn·zei·chen** 中 主要な目印〈特徴〉.

Haupt·kerl 男《話》有能なやつ, 好漢.

Haupt⸗kla·ge 女〔法〕本訴. **⸗leh·rer** 男 教頭, 古参教師; (小さな小学校・分校などの)校長. **⸗lei·tung** 女 (ガス・水道などの)本管, 元管, メーン. **⸗leu·te** Hauptmann^{2}の複数.

Häupt·ling[hɔ́yptlɪŋ] 男 -s/-e **1** (未開民族などの)酋長(しゅうちょう). **2**《話》指導者, 首領;〔劇〕座長. [＜Haupt]

▽**haupt·lings**[..lɪŋs] 副 **1** (kopfüber) 頭から先に, まっさかさまに. **2** (zu Häupten) 頭のところに, まくら元に.

Haupt⸗li·nie[háuptli:niə] 女 (鉄道・航路などの)幹線. **⸗ma·cher** 男《話》リーダー, ボス, 頭目. **⸗mahl·zeit** 女 (1日の)最も正式な食事(ドイツではふつう昼食). **⸗man·gel** 男 主要な欠陥, 重大な欠点;〔法〕主たる瑕疵(かし).

Haupt·mann^1[háuptman] 人名 Gerhart ～ ゲールハルト ハウプトマン(1862–1946; ドイツの劇作家で,1912年ノーベル文学賞受賞. 作品『織工』『日の出前』など).

Haupt·mann^2[－] 男 -〔e〕s/..leute **1** (陸軍・空軍の)大尉. **2** 中隊長. **3** (中世の)傭兵(ようへい)隊長,(近代初頭の)部隊長.

Haupt·manns·rang 男 大尉の位.

Haupt⸗mas·se[háupt..] 女 **1** 主要部分, 大部分, 大多数. **2** (行軍部隊の)本隊. **⸗maß·stab** 男〔工〕(ノギスの)本尺. **⸗mast** 男〔海〕メーンマスト, 大檣(たいしょう). **⸗merk·mal** 中 主要な特徴. **⸗mie·ter** 男 住居を家主から直接借りている借家人(→Untermieter). **⸗nah·**

rung 女 主要食糧, 主食. ≈**nen·ner** 男〘数〙公分母. ≈**no·te** 女〘楽〙(装飾音に対する)主要音; (和音の)基音. ≈**per·son** 女 主役, 主人公; 重要人物, 要人. ≈**pfahl** 男〘紋〙T 字帯(→ ⊠ Wappen e). ≈**plan** 男 マスタープラン, 基本計画. ≈**por·tal** 中 (宮殿・教会などの)表玄関, 正門, 中央入口. ≈**post** 女, ≈**post·amt** 中 中央郵便局. ≈**pro·be** 女〘劇・楽〙(Generalprobe に先立つ)本稽古(ほんげいこ), 総ざらい. ≈**pro·blem** 中 主要な〈最も重要な〉問題. ≈**pro·dukt** 中 主産物. ≈**punkt** 男 **1** 要点, 中心〈主眼〉点: Das ist mein ~. それが私の特に重視している点です. **2**〘光〙主点. ≈**quar·tier** 中〘軍〙司令部, 本営. ≈**quel·le** 女 主要な源泉. ≈**re·gel** 女 原理, 根本法則. ≈**rei·se·zeit** 女 旅行シーズンの最盛期. ≈**rol·le** 女〘劇・映〙主役: 〔in 〈bei〉 *et.*[3]〕 die ~ spielen 〔…で〕主役を演じる. ≈**sa·che** 女 **1** 主要〈最も重要〉なこと: **in der ~** / **zur ~** 主として, とりわけ | der ~ nach 実質的には | zur ~ kommen 核心に触れる ‖ Das ist die ~. そこが大事なのだ | Die ~ 〔dabei〕 ist, daß ... 〔その際〕肝心なのは…ということだ. **2**〘法〙**a**) 主たる物, 主物. **b**) 本案.

haupt·säch·lich[..zɛçlɪç, ‿⌣⌣] **I** 形《付加語的》大事な, 主要な, 主だった: die ~*ste* Frage 最も重要な問題. **II** 副 主として, とりわけ: Dieses Theater spielt ~ klassische Stücke. この劇場は主に古典劇をやっている.

Haupt≈sai·son[háuptzɛzɔ̃ː] 女 (流行・商売などの)最も盛んな季節, 最盛期. ≈**satz** 男 **1** (↔Nebensatz)〘言〙主文〔章〕, 主節. **2**〘論〙主命題;〘数・理〙原理, 法則, 公理: der zweite ~ der Thermodynamik 熱力学第二法則. **3**〘楽〙主要楽節. ≈**schiff** 中 (Mittelschiff)〘建〙(教会堂の)身廊, 中廊, ネーブ. ≈**schild** 中〘紋〙主紋章盾(→ ⊠ Wappen a). ≈**schlag·ader** 女〘解〙大動脈. ≈**schluß** 男〘電〙直列接続. ≈**schlüs·sel** 男 マスターキー, 親かぎ. ≈**schrift·lei·ter** 男 主筆, 編集長. ≈**schuld** 女 **1** (過失に対する)主な責任: Die ~ trifft ihn. 罪は主として彼にある. **2**〘法〙主債務. ≈**schu·le** 女〔義務教育〕本課程〔学校〕(Grundschule 修了後 Gymnasium や Realschule に進学しない生徒のための義務教育後期課程でドイツ・オーストリアの小学校第5-9学年をいう). ≈**schü·ler** 男 Hauptschule の生徒. ≈**schwie·rig·keit** 女 主要なむずかしい点. ≈**se·gel** 中〘海〙主帆, メーンスル. ≈**se·mi·nar** 中 (大学での)中級ゼミナール (Proseminar に続く段階で, Oberseminar の前段階). ≈**si·che·rung** 女〘電〙メーンヒューズ. ≈**si·gnal** 中〘鉄道〙主信号機. ≈**sitz** 男 本拠地: Diese Firma hat in Köln ihren ~. この会社はケルンに本店がある. ≈**spaß**[また: ⌣⌣] 男《俗》すばらしく愉快なこと. ≈**spei·cher** 男〘電算〙(コンピューターの)主記憶装置, メーンメモリー. ≈**stadt** 女 (略 Hptst.) (国・州の)首都, 首府, 主都, 政府所在都市: Bundes*hauptstadt* 連邦首都 | ~ der DDR Berlin ドイツ民主共和国の首都ベルリン(旧東ドイツにおける旧東ベルリンの公式名). ≈**städ·ter** 男 首都の住民.

haupt·städ·tisch[..ʃtɛ(ː)tɪʃ] 形 首都の; 首都らしい.

Haupt≈stel·le 女〘紋〙(盾の)上部中央(→ ⊠ Wappen a). ≈**stra·fe** 女 (↔Nebenstrafe)〘法〙主刑 (Freiheitsstrafe, Geldstrafe, Jugendstrafe の三つを指す). ≈**stra·ße** 女 (市内の)中心〈幹線〉街路, 目抜き通り, メーンストリート. ≈**strecke** 女 **1**〘鉄道〙幹線〔区間〕. **2**〘坑〙主要坑道.

Haupt·strom≈kreis 男〘電〙直列回路. ≈**mo·tor** 男 直巻(ちょくまき)電動機.

Haupt≈stück[háupt..] 中 **1** 主要部, 中心部分. **2**〘宗〙信仰個条. ≈**stüt·ze** 女 **1** 主な支え, 頼みの綱, 大黒柱. **2 a**)〘海〙大檣(たいしょう)支柱. **b**)〘工〙主支柱. ≈**sün·de** 女〘カトリック〙大罪(→Todsünde). ≈**teil** 男 主要部; 大部分, 多数. ≈**tem·po·ra** 複 (↔Nebentempora)〘言〙主時称(現在・過去〔・未来〕). ≈**the·ma** 中 主要テーマ. ≈**ti·tel** 男 **1** (↔Untertitel) (論文・書物などの)題名, 標題. **2**〘印〙(標題紙・題とびらの)完全書名.

Haupt·ti·tel·blatt 中〘印〙標題紙, 題とびら.

Haupt≈ton 男 -〔e〕s/..töne **1** = Hauptakzent **2** = Grundton ≈**tref·fer** 男 = Hauptgewinn ≈**trupp** 男 本隊. ≈**tu·gend** 女 最大の人間的長所, 特に優れた徳性. ≈**tür** 女 正面入口〔のドア〕. ≈**übel** 中 主要な悪〈害〉.

Haupt- und Staats·ak·tion 女 (17-18世紀ドイツで虚飾・誇大な演じ方をした)どさ回りの政治劇: **aus** ***et.***[3] **eine ~ machen**《比》…のことで大げさに騒ぎたてる.

Haupt≈ur·sa·che[háupt..] 女 主要な原因, 主因. ≈**ver·ant·wor·tung** 女 主たる責任: die ~ 〔für *et.*[4]〕 tragen 〔…に対して〕主として責任を負う. ≈**ver·band·platz** 男〘軍〙(前線の)応急救護所. ≈**ver·fah·ren** 中〘法〙(刑事事件の)主要手続き. ≈**ver·hand·lung** 女〘法〙(刑事事件の)公判. ≈**ver·kehrs·stra·ße** 女 幹線道路. ≈**ver·kehrs·zeit** 女 ラッシュアワー, 交通混雑時間帯. ≈**ver·le·sen** 中 -s/- 《スイス》〘軍〙点呼. ≈**ver·samm·lung** 女 総会;〘商〙株主総会. ≈**ver·wal·tung** 女 事務総局. ≈**wa·che** 女 (警察の)中央派出所;〘軍〙衛兵本部. ≈**werk** 中 **1** 主要作品, 代表作. **2** 本社工場. **3**〘楽〙グレート=オルガン(オルガンの 2 段目の主鍵盤(けんばん)). ≈**wort** 中 -〔e〕s/..wörter (Substantiv)〘言〙名詞.

Haupt·wör·te·rei[hauptvœrtəráɪ] 女 -/-en, **Haupt·wör·ter·krank·heit**[háuptvœrtər..] 女〘言〙名詞過多症(動詞の代わりに名詞〔句〕+機能動詞の形を多用すること. 例 *et.*[4] erfahren のかわりに *et.*[4] in Erfahrung bringen を用いる).

haupt·wört·lich[..vœrtlɪç] 形 名詞の; 名詞的な.

Haupt·wort·stil 男〘言〙名詞文体(名詞〔句〕の多い構文).

Haupt≈wur·zel[háupt..] 女〘植〙主根(→ ⊠ Baum B). ≈**zeu·ge** 男 主要〈重要〉証人. ≈**ziel** 中 主要目標. ≈**zoll·amt** 中 (ドイツの)中央税関. ≈**zug** 男 **1**《ふつう複数で》主要特性〈特徴〉. **2** (山脈などの)主脈. ≈**zweck** 男 主〔要〕目的. ≈**zweig** 男 主要部門.

hau ruck[háu rúk] 間 (力を合わせて重い物を動かすときの掛け声)よいしょ, どっこい, それやっと: Eins, zwei, ~! いち に の それっ.

Haus[haus][1] 中 -es/Häuser[hɔ́ʏzər]

1 (小 **Häus·chen** → 別出, **Häus·lein**[hɔ́ʏslaɪn] 中 -s/-) **a**) (英: *house*) 建物, 家屋(→ ⊠); 住宅, 家: ein großes 〈kleines〉 ~ 大きい〈小さい〉建物 | ein neues 〈baufälliges〉 ~ 新しい〈老朽化した〉建物 | Hoch*haus* 高層建築物 | Holz*haus* 木造家屋 | **~ und Hof** 家屋敷, 全財産 | *jn.* von ~ und Hof 〔ver〕jagen …から家屋敷を取り上げる ‖ das irdische ~《比》(現世における霊魂のすみ家としての)肉体 | das letzte ~《雅》ひつぎ, 棺 | Er hat Einfälle wie ein altes ~.《話》彼はやたらと奇妙なことを思いつく人だ ‖ ein ~ bauen 〈abbrechen〉 家を建てる〈取りこわす〉 | **auf** ***jn.*** ***Häuser*** **bauen**《比》…を深く〈無条件に〉信頼する | ein ~ umbauen 〈renovieren〉 家を改築〈修復〉する | ein eigenes ~ besitzen 〈haben〉 自分の家をもっている | ein ~ mieten 〈vermieten〉 家を借りる〈貸す〉 | das ~ schließen 家の戸締まりをする ‖ **~ an ~** wohnen 隣り合わせに住む | *jn.* **aus** dem ~〔*e*〕 jagen …を家から追い出す | nicht aus dem ~〔*e*〕 gehen 〈kommen〉 家から外へ出ない | **im** elterlichen ~ wohnen 両親の家に住む | 〔***jm.***〕 **ins ~ stehen**《話》〔…にとって〕目前に迫っている | keinen Schritt **vors ~** tun 家から一歩も外に出ない.

b) (特定の目的のために造られた)建物(会堂・劇場・宿舎・旅館・商館など): das ~ Gottes 〈des Herrn〉 教会〔堂〕, 聖堂 | ~ der Jugend 青年の家 | **ein öffentliches ~**《婉曲に》売春宿 | das Weiße ~ ホワイトハウス(アメリカ合衆国大統領官邸) | ~ Meeresblick 眺海楼(ホテルの名称など) | Gäste*haus* ゲストハウス, 迎賓館 | Kranken*haus* 病院 ‖ **vor leerem** 〈ausverkauftem/vollem〉 **~**〔*e*〕 **spielen** (俳優などが)不入りでがらんとした〈大入り満員の〉芝居小屋で演じる | **volle** ***Häuser*** **haben** 〈machen〉 (芝居の出し物などが)満員の客を集める, 大当たりを取る.

c) (家畜などの)小屋; (鳥の)巣〔箱〕; (カタツムリ・ヤドカリなどの)殻;〘動〙包巣: Vogel*haus* 禽舎(きんしゃ).

2《ふつう単数で》**a**) (ふだんの住居としての)すまい, わが家, 自宅, うち; (定住地としての)故郷, くにもと: **~ und Herd**(自分

H

の)家庭, 所帯(→b) | Lieferung **frei Haus**〖商〗無料配達 | frei ~ liefern (注文の品物を)無料配達する ‖ **ein großes** ⟨**offenes**⟩ **~ führen** 客好きである, 人の出入りが多い | **das ~ hüten**(家に残って)留守番をする; (病気などで)家にこもる | *jm.* das ~ ⟨*sein* ~⟩ öffnen …に家への出入りを許す, …を自由に家に出入りさせる | ***jm.* das ~ verbieten** …に出入りを差し止める | ***jm.* das ~ einlaufen** ⟨**einrennen**⟩《話》…の家にうるさく押しかける | das ~ auf den Kopf stellen (→Kopf 1) ‖ **außer ~** sein 家をそとにしている, 留守である | außer ~ essen (自宅ではなく)外で食事をする | **in** *js.* ~ ein- und ausgehen …の家に出入りする | ***jm.* ins ~ platzen**《話》突然〈無遠慮に〉…の家を訪ねる | *jm. et.*[4] ins ~ schicken …の家へ…を届ける | ***jm.* ins ~ schneien** ⟨**geschneit kommen**⟩《話》(訪問客・手紙などが)…のもとに舞い込む | mit der Tür ins ~ fallen (→Tür) | nicht mehr Herr im eigenen ~ sein 自分の家なのに小さくなって暮らしている | *jn.* **nach ~**〔*e*〕bringen ⟨begleiten⟩ …を家まで送る | nach ~〔*e*〕gehen ⟨kommen⟩ 家へ帰る, 帰宅する; 帰郷する | Ich muß langsam nach ~〔*e*〕〔gehen〕. そろそろ家に帰らなければならない | Kommen Sie gut nach ~*e*! どうぞお気を付けてお帰りください | nach ~〔*e*〕schreiben 家へ手紙を書く | einige Zeit **von** ~*e* fortbleiben しばらく家を離れている | von ~ zu ~ gehen 家を一軒一軒まわって歩く | **zu** ~〔*e*〕自宅で(→zuhause) | zu ~〔*e*〕bleiben 家に残る, 自宅にとどまる | **mit** ***et.***[3] **zu ~*e* bleiben**《話》…を自分の胸の内にとどめておく | Damit kannst du zu ~*e* bleiben.《話》そんなくだらぬことは言わずにおけ | **zu ~**〔*e*〕**sein** i) 在宅している; 故郷〈くにもと〉にいる; ii) (…に)定住している; (習慣などが)行われている; iii) (…に)精通している | Morgen bin ich den ganzen Tag zu ~.

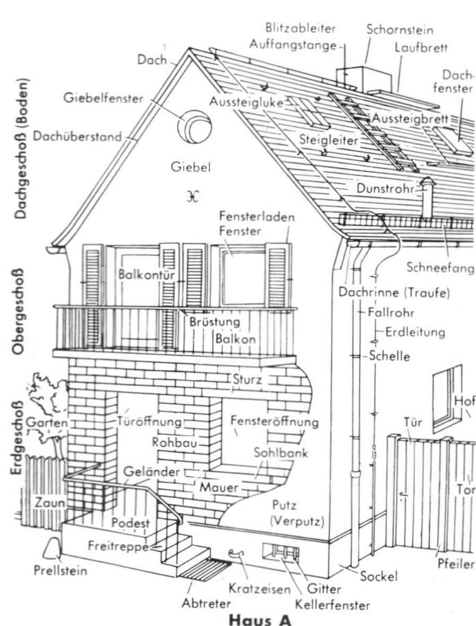

Haus A

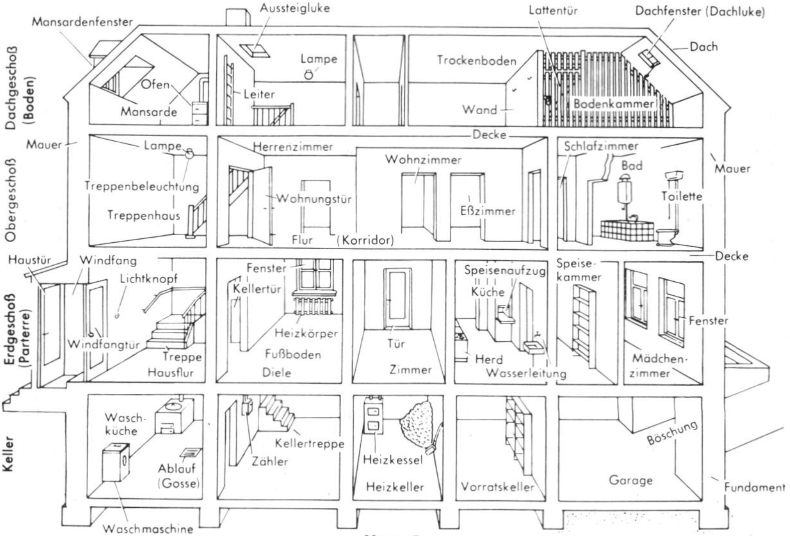

Haus B

H

あすは私は一日じゅう家にいる | Ich bin heute für niemanden zu ～*e*. 私はきょうはだれが来ても会わない(居留守をきめこむ) | Er ist auf diesem Gebiet 〈in der Mathematik〉 zu ～*e*. 彼はその領域〈数学〉に精通している | *sich*⁴ bei *jm.* wie zu ～*e* fühlen …のところで我が家にいるのと同じようにくつろいでいられる | Tu, als ob du zu ～*e* wärest! 自分の家にいるつもりで気楽にしてくれ | Er ist in Berlin zu ～*e*. 彼はベルリンに住んでいる; 彼はベルリン出身である | mit *seinen* Gedanken nicht zu ～*e* sein うわの空〈心ここにあらずの状態〉である | von zu ～*e* ausziehen (別居するために)家を出る | Ich komme direkt von zu ～. 私は自宅から直接来ました(寄り道せずに). **b**) 家事, 所帯: *jm.* das ～ besorgen …のために家事〈所帯〉のめんどうを見る | **das 〈*sein*〉 ～ bestellen**《雅》(大事・旅立ち・死などを前にして)身辺を整理する.

3 a)《雅》(Familie) 家族, 家庭: der Herr des ～*es* 一家のあるじ | die Dame des ～*es* 一家の女主人, 主婦 | ein Freund des ～*es* 家族みんなの友人 ‖ **aus** gutem ～*e* sein 〈stammen〉 良家の出である | *jn.* **ins** ～ nehmen 〈aufnehmen〉 …を家族の一員として迎える | **von** ～〔*e*〕 **aus** 生まれつき, 生来; 本来, もともと | Er war von ～ aus Arzt 〈Handwerker〉. 彼はもともと医者〈職人〉だった | Sie ist von ～ aus freigebig. 彼女は生来気前がいい | herzliche Grüße **von ～ zu ～** (手紙の結びで)家族一同より皆さまに心からよろしく. **b**) (名門の)家系; 王家: das ～ Rothschild ロスチャイルド家 | das ～ Habsburg 〈Bourbon〉 ハープスブルク〈ブルボン〉王家. **c**) (Parlament) 国会, 議会: das Hohe ～ 国会, 議会 | die beiden *Häuser* (二院制の)〔上下〕両院. **d**)《集合的に》(家屋の)居住者(→1 a): Das ganze ～ rannte auf die Straße. 家じゅうの人たちが道路に走り出た. **e**)《集合的に》(会堂・劇場などの)観客, 聴衆(→1 b): Das ～ spendete lebhaften Beifall. 客席からは盛んな拍手が送られた.

4《話》人間, やつ: ein fideles ～ 愉快なやつ | ein gelehrtes ～ 物知り | ein kluges 〈gescheites〉 ～ りこう者 | Wie geht's, altes ～? きみ 調子はどうだい.

5〖占星〗(天球を12分したそれぞれの)宮, 宿.

［*germ.*; ◇Scheune, Haut, Hose, Hort; ◇ *engl.* house］

Hau·sa[háʊsa·] =Haussa

Haus⸗al·tar[háʊs..] 男 家庭祭壇. **⸗an·dacht** 女 家庭内での礼拝〈祈禱(きとう)〉. **⸗an·ge·stell·te** 女 家事手伝いの女性 (Hausgehilfin ともいう: →Hausmädchen). **⸗an·schluß** 男 (電気・水道などの)屋内配線〈配管〉. **⸗an·zug** 男 家庭着, ふだん着. **⸗apo·the·ke** 女 家庭用救急箱, 常備用薬箱. **⸗ar·beit** 女 **1** 家事; 屋内労働. **2** (↔Klassenarbeit) (Hausaufgabe) 宿題.

Haus·ar·beits·tag 男 (働く女性に与えられる有給・定期性の)家事休日.

Haus⸗ar·rest 男 自宅監禁, 禁足: unter ～ stehen 自宅に監禁されている. **⸗ar·ti·kel** 男 自家製商品. **⸗arzt** 男 **1** かかりつけの医者, 主治医, 家庭医, ホームドクター. **2** (ホテル・寮などの)指定医, 専従医. **⸗auf·ga·be** 女 宿題, 自宅学習用課題. **⸗auf·satz** 男 (自宅でする)宿題作文.

haus·backen[háʊs..] 形 **1** 自家焼きの, 自家製の, ホームメードの: ～*es* Brot 家で焼いたパン. **2** ありふれた, 平凡な, 洗練されない, しゃれたところのない: ein ～*es* Mädchen 魅力にとぼしい娘 | eine ～*e* Idee ぱっとしない着想 | einen ～*en* Verstand haben 頭がさえない ‖ ～ angezogen sein やぼな服装をしている. ［＜(im) Haus gebacken］

Haus⸗bank 女 -/-en 主要取引銀行, メーンバンク. **⸗bar** 女 ホームバー〔用の家具・飲み物〕. **⸗bau** 男 -〔e〕s/-ten **1** 家屋. **2**《単数で》〔家屋〕建築. **⸗be·darf** 男 家庭での需要, 自家用; 家庭必需品: Roggen nur für den ～ anbauen ライ麦を自分の家で使う量〈ために〉だけ栽培する. **⸗berg** 男《話》(都市に近く, ハイキングなどの目的地として親しまれる)身近な山. **⸗be·set·zer** 男 家屋の不法占拠者. **⸗be·set·zung** 女 家屋の不法占拠. **⸗be·sit·zer** 男 家主, 家持ち. **⸗be·sor·ger** 男《オーストリア》=Hausmeister 1 **⸗be·such** 男 家庭訪問; (医師の)往診. **⸗be·woh·ner** 男 建物の居住者〈住人〉. **⸗bi·blio·thek** 女 家庭図書室; 個人蔵書. **⸗block** =Häuserblock **⸗bock** 男〖虫〗イエカミキリムシ(家髪切虫). **⸗boot** 中 (水上生活者用の)居住船,(居住用の)屋根船. **⸗brand** 男 -〔e〕s/ 家庭用燃料. **⸗brand·koh·le** 女 家庭燃料用石炭. **⸗brauch** 男 (特定の)家庭での習慣. **⸗buch** 中 **1** 家庭で愛読される本, 家庭図書. **2** (旧東ドイツの)家屋居住者登録簿. ▽**3** 家計簿.

Haus·buch·mei·ster 男 -s/ 〖美〗ハウスブーフの画家 (15世紀末に中部ライン地方で活動した写実的〔銅版〕画家. 古くは「アムステルダムのキャビネット画家」とも呼ばれた).

Haus·bur·sche 男 家僕, 召使い; (ホテルなどの)使用人.

Häus·chen[hɔ́ʏsçən] 中 -s/-, Häuserchen[hɔ́ʏzər-çən] **1** (Haus の縮小形)小さな家, 小屋: *jn.* 〔ganz〕 **aus dem ～ bringen**《話》…を逆上〈興奮・狂喜〉させる | 〔**ganz/rein**〕 **aus dem ～ geraten 〈fahren〉**《話》(逆上・興奮・狂喜して)〔すっかり〕我を忘れる | 〔**ganz / rein**〕 **aus dem ～ sein** (逆上・興奮・狂喜して)我を忘れている. **2**《方》便所: aufs ～ gehen 便所へ行く.

Haus⸗dach[háʊs..] 中 建物の屋根. **⸗da·me** 女 (上流家庭などで家事一切を取りしきる)女執事. **⸗de·tek·tiv** 男 (デパート・スーパーマーケットなどの)警備員. **⸗die·le** 女 =Hausflur **⸗die·ner** 男 (上流家庭・ホテルなどの)使用人, ボーイ. **⸗dra·chen** 男《話》がみがみ女房, 恐妻, 山の神; 口やかましい家政婦. **⸗durch·su·chung**《オーストリア》=Haussuchung **⸗eh·re** 女 **1** 家の名誉, 家名. ▽**2** (家の名誉としての)主婦.

haus·ei·gen 形 (ホテル・会社などの)自家用の; (劇場などの)専属の: Hotel mit ～*em* Schwimmbad 専用プールを備えたホテル.

Haus⸗ei·gen·tü·mer 男 =Hausbesitzer **⸗ein·fahrt** 女 **1** (車での建物への)進入口〈路〉. **2**《オーストリア》=Hauseingang **⸗ein·gang** 男 建物〈家屋〉の入口. **⸗ein·rich·tung** 女 建物の設備.

Häu·sel[hɔ́ʏzəl] 中 -s/-《南部》=Häuslein

hau·sen[háʊzən]¹《02》 **I** 自 (h) **1**《場所を示す語句と》(条件のよくない環境などに)住む, 居住する, 暮らす; (けだものなどが)棲(す)む, 居着く: in einer Baracke ～ 仮小屋に住む | 〔mit *jm.*〕 unter einem Dach ～ (→Dach 1) | In den Wäldern *hausten* Räuber. その森には盗賊たちが住んでいた | Wo *haust* du jetzt eigentlich?《戯》君は 今いったいどこに住んでるんだい. **2** 乱暴を働く, 暴れる, 荒れる: Die Soldaten haben in der Stadt übel *gehaust*. その兵士たちは町で狼藉(ろうぜき)を働いた | Das Ungewitter hat in den Kornfeldern schrecklich *gehaust*. あらしが穀物畑にひどい損害を与えた. **3**《南部・スイス》家政をとる, 家計のやりくりをする, 倹約をする.

▽**II** 他 (h) (beherbergen)《*jn.*》(…に)宿所を提供する.

..hausen[..haʊzən]《本来は「家・集落」を意味し, 地名にみられる》: Eschers*hausen* | Ober*hausen*

Hau·sen[háʊzən] 男 -s/-〖魚〗シロチョウザメ(白蝶鮫). ［*ahd.* hūso; ＜*anord.* hauss „Schädel"］

Hau·sen·bla·se[háʊzən..] 女 -/ (チョウザメなどの)浮き袋; 鰾膠(にべ).

Haus·en·te[háʊs..] 女 -/-n〖鳥〗アヒル(家鴨).

Hau·ser[háʊzər] 男 -s/-《南部・オーストリア》=Haushalter

Häu·ser Haus の複数.

Häu·ser·block[hɔ́ʏzər..] -〔e〕s/..blöcke(-s) (街路で四方を区切られた)家屋群, 街区.

Häu·ser·chen Häuschen の複数.

Häu·ser⸗flucht[hɔ́ʏzər..] 女 = Häuserreihe **⸗front** 女 家並みの街路面.

Hau·se·rin[háʊzərɪn] (**Häu·se·rin**[hɔ́ʏ..]) 女 -/-nen《南部・オーストリア》=Haushälterin

Häu·ser⸗kampf[hɔ́ʏzər..] 男 (市街戦などで)家屋をめぐっての攻防戦. **⸗mak·ler** 男 家屋周旋業者 (Hausmakler の正式な呼称). **⸗meer** 中 海のように広がった家並み. **⸗rei·he** 女 家並み.

Haus⸗fas·sa·de[háʊs..] 女 建物の正面, 家屋の前面. **⸗flag·ge** 女〖海〗社旗, 船主旗. **⸗flie·ge** 女〖虫〗イエバエ(家蠅). **⸗flur** 男 (家の戸口を入ったところの)ホール, 玄関

H

の間(ᵃ) (→ ⊠ Haus B). ⸗**frau** 女 **1** (一家の)主婦; 女主人: eine gute ⟨schlechte⟩ ~ 所帯の切り盛りのうまい⟨へたな⟩主婦 | Nur*hausfrau* 専業主婦. **2** 《南部・オーストリア》女家主. ⸗**freund** 男 **1** (⊛ ⸗**freun·din**) 家族ぐるみの友人, 家庭へ自由に出入りする友人. **2** 《婉曲に》主婦の愛人⟨情夫⟩. ⸗**frie·de** 男, ⸗**frie·den** 男 **1** 家庭⟨建物の住人どうし⟩の平和: den ~ wahren ⟨stören⟩ 家庭の平和を保つ⟨乱す⟩. **2** 〖法〗家安.

Haus·frie·dens·bruch 男 〖法〗家宅⟨住居⟩侵入〔罪〕.

Haus⸗front 女 = Hausfassade ⸗**gang** 男 《南部・オーストリア・スイス》= Hausflur ⸗**gar·ten** 男 家の庭園. ⸗**gast** 男 (ホテルなどの)宿泊客: ein Parkplatz für *Hausgäste* 客用駐車場. ⸗**ge·brauch** 男 自家使用, 家庭での使用: Staubsauger für den ~ 家庭用電気掃除機 | Klavier für den ~ spielen 《戯》(公開でなく)内輪の集まりでピアノをひく. ⸗**ge·hil·fin** 女 家事手伝いの女性(→Hausangestellte). ⸗**geist** 男 家の精(家に住みついている妖魔(ようま)), 家の守り神; 《比》長年家のために尽くしてくれている使用人, 家庭の忠僕. ⸗**geld** 中 扶養家族給付金(被保険者が病気入院中, その家族に支払われる保険金).

haus·ge·macht 形 自家製の, 手製の; しろうと作りの: ~*e* Wurst 自家製ソーセージ.

Haus⸗ge·mein·schaft 女 **1** 家族共同体, 家庭. **2** (旧東ドイツの)同じ家屋の居住者がつくる組合. ⸗**ge·nos·se** 男 同じ家屋に居住する者; 同居人. ⸗**ge·rät** 中 《ふつう単数で》家具, 什器(じゅうき), 所帯道具. ⸗**ge·setz** 中 (貴族などの)家憲, 家訓. ᵛ⸗**ge·sin·de** 中 奉公人, (男女の)家僕. ⸗**ge·wer·be** 中 家内工業.

Haus·ge·wer·be·trei·ben·de 男 《形容詞変化》〖法〗家内工業者.

Haus⸗glocke 女 玄関の鐘⟨ベル⟩. ⸗**gott** 男 家の守護神. ⸗**gril·le** 女 (Heimchen) 〖虫〗イエコオロギ(家蟋蟀).

Haus·halt[háʊshalt] 男 -(e)s/-e **1** (経済を共同にする人の集合. 特に:) 家庭, 世帯, 所帯: ein ~ von 7 Personen 7人所帯 | Das Dorf hat 500 ~*e*. その村には500世帯住んでいる. **2** 家政, 家事, ハウスキーピング; 家計, 家の経済, 金のやりくり: den ~ führen 家政をみる, 所帯をきりもりする | *jm.* den ~ führen …の家事⟨家政⟩の面倒をみる | *seinen* eigenen ~ gründen ⟨einrichten⟩ 独立して所帯をもつ | *seinen* ~ auflösen 家をたたむ | Die Töchter helfen der Mutter im ~. 娘たちは母の家事の手伝いをする. **3** (国家・地方自治体などの)財政, 会計, 予算: ordentlicher ⟨außerordentlicher⟩ ~ 一般⟨特別⟩会計 ‖ den ~ für das kommende Jahr aufstellen 来年度の予算を編成する | die Einnahmen und Ausgaben des städtischen ~*s* 市の財政の収入と支出. [< haushalten; ◇ *engl.* household]

Haus·halt⸗ar·ti·kel → Haushalt(s)artikel ⸗**aus·schuß** →Haushalt(s)ausschuß ⸗**buch** → Haushalt(s)buch ⸗**de·fi·zit** →Haushalt(s)defizit

haus|hal·ten*[háʊshaltən] (65) **I** 自 (h) 《しばしば不定詞で》**1** 家政⟨家事⟩をとる; 家計をつかさどる, 家の経済をきりもりする, 金のやりくりをする; (時間などを)うまく配分する: Sie kann gut ⟨schlecht⟩ ~. 彼女はやりくりがじょうず⟨へた⟩だ. **2** (sparen) 《mit *et.*³》(…を)倹約⟨節約⟩する, むだのないように⟨控え目に⟩遣う: Sie hat mit den Vorräten *hausgehalten*. 彼女は蓄えを節約しながら遣った | Er *hielt* mit seinen Kräften nicht *haus*. 彼は努力を惜しまなかった⟨全力を尽くした⟩. **II Haus·hal·ten** 中 -s/ haushalten すること.

ᵛ**Haus⸗hal·ter**[..haltər] (⸗**häl·ter**[..hɛltər]) 男 -s/- **1** 家事管理人, 執事. **2** =Hausvater

Haus·häl·te·rin[..tərɪn] 女 -/-nen (Haushalter の女性形) 家政婦, ハウスキーパー.

haus⸗häl·te·risch[..hɛltərɪʃ] (ᵛ⸗**häl·tig**[..tɪç]²) 形 **1** 家政に関する. **2** 家政じょうずの, 倹約な, 配分のうまい: eine ~*e* Frau やりくりじょうずな主婦 | mit *et.*³ ~ umgehen …を節約する, …をうまく配分する.

Haus·halt(s)⸗ab·fall[háʊshalt(s)..] 男 家庭から出るごみ⟨塵芥(じんかい)⟩. ⸗**ar·ti·kel** 男 家庭用品. ⸗**aus·schuß** 男 〖政〗予算委員会. ⸗**buch** 中 家計簿. ⸗**de·bat·te** 女 予算審議. ⸗**de·fi·zit** 中 財政赤字, 予算の不足額. ⸗**füh·rung** 女 家政, 所帯のきりもり. ⸗**geld** 中 家計費. ⸗**ge·rät** 中 家庭用器具: elektrische ~*e* 家庭用電気製品. ⸗**hil·fe** 女 家政婦, 家事手伝いの女. ⸗**jahr** 中 **1** 会計年度. **2** (娘が他家に奉公して)家事見習いをする期間. ⸗**mit·tel** 複 財政資金. ⸗**packung** 女 (普通より多めの)徳用パック⟨包装⟩. ⸗**plan** 男 予算案; 収支計画〔書〕. ⸗**po·li·tik** 女 財政政策. ⸗**recht** 中 〖法〗財政法.

Haus·hal·tung[..haltʊŋ] 女 **1** 家政, 家計, 所帯のきりもり, 家事; (都市・国などの)財政. **2** 世帯, 家族.

Haus·hal·tungs⸗ar·ti·kel =Haushalt(s)artikel ⸗**buch** = Haushalt(s)buch ⸗**ko·sten** 複 家計費. ⸗**schu·le** 女 家政学校. ⸗**vor·stand** 男 家長, 戸主, 世帯主.

Haus·halt·wa·ren 複 家庭用品.

Haus-Haus-Ver·kehr 男 宅配輸送.

Haus⸗herr[háʊs..] 男 **1** 家長, 一家の主人. **2** 《南部・オーストリア》家主. **3** 《比》指導的人物. **4** 〖スポ〗ホーム=チーム, 地元軍. ⸗**her·rin** 女 (Hausherr の女性形) **1** 家長⟨一家の主人⟩の妻. **2** 《南部・オーストリア》女家主. ⸗**hil·fe** =Haushalt(s)hilfe

haus·hoch[háʊshó:x, ⌐–] 形 家ほども⟨非常に⟩高い, とても大きい, 著しい: ein *haushoher* Stapel von Kisten うず高い箱の山 | den Wettkampf ~ gewinnen ⟨verlieren⟩ 競技に大勝利をおさめる⟨大敗を喫する⟩.

Haus⸗hof·mei·ster[háʊs..] 男 執事, 家令. ⸗**huhn** 中 にわとり. ⸗**hund** 男 飼い犬, 畜犬, 番犬.

hau·sie·ren[haʊzí:rən] **I** 自 (h) (家々を回って)売り歩く, 行商する: mit *et.*³ ~ gehen …を売り歩く | Er geht mit dieser Geschichte ~. 《比》彼はこの話をふれ回っている.

II Hau·sie·ren 中 -s/- 行商: Betteln und ~ verboten. 物ごい物売りお断り(玄関のはり札). [< Haus]

Hau·sie·rer[..rər] 男 -s/- 行商人; (戸別訪問の)セールスマン.

Hau·sier·han·del[..zí:r..] 男 -s/ 行商; (戸別訪問の)セールス.

..häusig[..hɔʏzɪç]² 《数詞などにつけて「…の宿り場をもつ」を意味する形容詞をつくる》: ein*häusig* 〖植〗雌雄同株の.

Haus·in·du·strie[háʊs..] 女 家内工業.

haus·in·tern 形 内輪の; (企業などの)社内の; 部外秘の.

Haus⸗jacke 女 自宅用の上着. ⸗**ju·rist** 男 (会社などの)法律顧問, 顧問弁護士. ⸗**ka·pel·le** 女 **1** (貴族の館・病院などに設けられた)付属礼拝堂. **2** 専属の楽団⟨バンド⟩. ⸗**ka·plan** 男 付属礼拝堂つき司祭. ⸗**kat·ze** 女 **1** 家猫, 飼い猫. **2** 《話》出無精な人, ひっこみ屋. ⸗**kleid** 中 家庭着, 部屋着, ふだん着. ᵛ⸗**knecht** 男 下男. ⸗**kno·chen** 男 《戯》=Hausschlüssel ⸗**kon·zert** 中 家庭音楽会, ホームコンサート. ⸗**kor·rek·tor** 男 〖印〗(印刷所の)社内⟨現場⟩校正係, 内校担当者. ⸗**kreuz** 中 家庭〔内〕の悩み; 《戯》悪妻, がみがみ女房.

Häusl[hɔ́ʏzəl] 中 -s/- =Häusel

Haus·leh·rer[háʊs..] 男 (⊛ **Haus·leh·re·rin**) 家庭教師.

Häus·lein Haus の縮小形(→Häuschen).

Haus·lek·tü·re[háʊs..] 女 (宿題の)課外読み物.

Häus·ler[hɔ́ʏslər] 男 -s/- (家持ちの)小作人, 日雇い農夫, 小百姓. [< Haus]

Haus·leu·te[háʊs..] 複 **1** (家屋の)管理人夫婦. **2** 同じ家屋に住む人たち, 同居者.

häus·lich[hɔ́ʏslɪç] 形 **1** 《付加語的》家庭の, 家内の, 家事の: ~*e* Arbeiten 家事 | ~*e* Verhältnisse ⟨Sorgen⟩ 家庭の事情⟨心配事⟩ | ~*e* Gemeinschaft 家族仲間; 〖法〗家庭的共同生活. **2** 家庭的な, 家庭本位の, 家にこもりがちな: ein ~*es* Leben führen 静かな家庭暮らしをする ‖ Er ist sehr fürs *Häusliche*. 彼は非常にマイホーム主義だ ‖ ***sich***⁴ **bei *jm.* ~ einrichten** ⟨**niederlassen**⟩ 《話》…のもとに長逗留(とうりゅう)する⟨しりを据える⟩. **3** 倹約の, 所帯持ちのよい. [*mhd.*; ◇ Haus]

Häus·lich·keit[–kaɪt] 女 -/-en **1** 《単数で》(häuslich なこと. 例えば:) 所帯持ちのよさ; 家庭本位〈家にこもりがち〉なこと. **2** 家庭; 家庭での生活.

Haus·ma·cher≠art[háusmaxər..] 女 自家製のやりかた: Würste nach ~ 自家製〈手づくり〉ふうのソーセージ. **≠kost** =Hausmannskost **≠wurst** 女 自家製ソーセージ.

Haus≠macht 女《単数で》〘史〙(王侯の)支配権, 王権, (王家の)領土権: Böhmen gehörte zur ~ der Habsburger. ボヘミアはハープスブルク王権下にあった. **ᐁ≠mäd·chen** 中, **ᐁ≠magd** 女 (Hausangestellte, Hausgehilfin) お手伝いさん. **≠mak·ler** 男 家屋周旋屋. **≠mann** 男 -[e]s/..männer **1** =Hausmeister **2** (主婦に代わって)家事に従事する夫, 主夫; 自分で家事をする男.

Haus·man·nit[hausmaní:t, ..nít] 男 -s/ 〘鉱〙黒マンガン鉱. [<L. Hausmann (ドイツの鉱物学者, †1859)+..it²]

Haus·manns·kost[háusmans..] 女 簡便で栄養のある食べ物; 《比》平凡な出来ばえ: Dieses Buch ist nur ~. 《比》この本はまあまあの出来だ.

Haus≠mar·der[háus..] 男 (Steinmarder) 〘動〙ブナテン. **≠mar·ke** 女 **1** (備品などにつける)所有者印; 〘紋〙標章. **2** (特定の店の)銘柄商品. **3** 《話》(特定の個人の)好みの銘柄: Dieses Bier ist meine ~. このビールは私の愛用のビールだ. **4** 《話》(酒場などで)その店で特に安く飲めるグラス入りのワイン. **≠mau·er** 女 家屋の外壁. **≠maus** 女 〘動〙イエネズミ(家鼠). **≠mei·er** 男 〘史〙(フランク王国の)宮宰. **≠mei·ster** 男 (女 ≠mei·ste·rin) **1** 家屋〈ビル・マンション〉管理人, 守衛, 門番; (学校・官庁などの)用務員. **2** 《スイス》(Hausbesitzer) 家主. **≠mie·te** 女 家賃. **≠mit·tei·lung** 女 -/-en **1** 社内通知. **2** 《しばしば複数で》(企業などの)社内情報(機関)紙. **≠mit·tel** 中 家庭薬. **≠mücke** 女 〘虫〙イエカ(家蚊). **≠müll** 男 家庭から出るごみ〈塵芥(じんかい)〉. **≠mu·sik** 女 家庭音楽. **≠mut·ter** 女 **1** 主婦. **2** 家政婦. **3** 保母, 寮母. **4** 〘虫〙ヤガの一種. **≠müt·ter·chen** 中《戯》家事好きな主婦〈女性・少女〉. **≠na·me** 男 家〈建物〉の名称; 家号. **≠nel·ke** 女 〘植〙オランダセキチク, カーネーション. **≠num·mer** 女 家の番号, 番地. **≠or·den** 男 (王侯の)家章. **≠ord·nung** 女 居住者心得; 社内〈所内〉規則. **≠par·tei** 女《南部・オーストリア》(Mietpartei) 《集合的に》借家人. **≠pferd** 中 〘動〙(家畜としての)ウマ(馬). **≠pfle·ge** 女 **1** 自宅療養. **2** 家事〈家政〉の世話. **≠pla·ge** 女 =Hauskreuz **≠putz** 男 家の清掃. **≠rat** 男 -[e]s/ (Hausgerät) 《集合的に》家具, 家財道具.

Haus·rat·ver·si·che·rung 女 家財保険.

Haus≠rat·te 女 〘動〙クマネズミ(熊鼠). **≠recht** 中 〘法〙**1** 家宅不可侵権. **2** 議事堂管理権. **≠rind** 中 (↔ Wildrind) 〘動〙(家畜としての)ウシ(牛). **≠rock** 男 =Hausjacke

Haus·sa (**Hau·sa**)[háusa·] **I** 男 -[s]/-[s] ハウサ(アフリカ Sudan 地方の黒人の一族). **II** 中 -/ ハウサ語(アフリカの重要な交易語の一つ): auf ~ ハウサ語で.

Haus·schatz[háus..] 男 家宝.

haus|schlach·ten¹ 《01》他 (h) 《ふつう不定詞・過去分詞で》(家畜を)自家畜殺する; (ソーセージなどを)自家製造する.

haus·schlach·ten² 形 《付加語的》自家畜殺の; 自家製の: ~*e* Würste 自家製ソーセージ.

Haus≠schlach·tung 女 (豚・子牛などの)自家畜殺. **≠schlüs·sel** 男 (屋外から屋内に入るための)かぎ, 家〈玄関〉のかぎ. **≠schuh** 男 屋内靴, 室内ばき, 上靴, スリッパ. **≠schwamm** 男 〘植〙ナミダタケ(涙茸)(木材を腐食させる).

Hausse[ho:s, hó:sə, o:s] 女 -/-n[(h)ó:sən] (↔Baisse) 〘商〙(相場・物価の)上昇, 騰貴; 好況, 好景気: auf ~ spekulieren 騰貴を予想して投機する. [*fr.*; ◇haussieren]

Haus·se·gen[háus..] 男 **1** (玄関や壁に掛けられた)家の祝福のことば: **bei** ***jm.*** **hängt der ~ schief** 《話》…の家庭ではもめごとが絶えない. **2** 子宝.

hau·ßen[háusən] 副 《中部・南部》(hier außen) ここ戸外で, 屋外のここで. [*mhd.*; <*mhd.* hie ūzen „hier außen"]

Haus·sier[(h)osié:] 男 -s/-s (↔Baissier) 〘商〙強気筋, 買い方針の人(相場の高騰を予想して買いにまわる側). [*fr.*]

haus·sie·ren[(h)osí:rən] 自 (h) **1** 〘商〙(相場が)上がる. **2** 強気相場を見込んで投機する, 買いあおる. [*fr.*; <*lat.* altus (→Alt); ◇Hausse]

Haus≠sit·te[háus..] 女 =Hausbrauch **≠spin·ne** 女 〘動〙タナグモ(棚蜘蛛). **≠spra·che** 女 家庭語. **≠stand** 男 -[e]s/ 世帯, 家庭: einen eigenen ~ gründen 世帯〈一家〉を構える. **ᐁ≠statt** 女 住居, 家. **≠su·chung** 女 家宅捜索, 家(ゃ)探し. **≠tau·be** 女 〘鳥〙イエバト(家鳩).

Hau·stein[háu..] 男 〘建〙切り石.

Haus≠te·le·fon (**≠te·le·phon**)[háus..] 中 屋内専用電話. **≠tier** 中 家畜(家禽(かきん)をも含む), 愛玩動物, ペット. **≠toch·ter** 女 (家族待遇の)家事見習いの娘. **≠tor** 中 家の門. **≠trau·ung** 女 (教会ではなく)家で行う婚礼. **≠tür** 女 (戸外から入る)建物の扉〈戸口〉, 玄関口〔のドア〕(→ 図 Haus B). **≠ty·rann** 男 家庭の暴君. **≠ur·ne** 女 〘考古〙(新石器時代の)家型骨壺(こつ). **≠va·ter** 男 **1** 家父長, 戸主. **2** 施設〈ホーム〉の長. **≠ver·bot** 中 (住居・家屋への)立ち入り禁止. **≠ver·stand** 男 常識. **≠ver·wal·ter** 男 家屋管理人. **≠ver·wal·tung** 女 家屋の管理; 家屋管理人事務室. **≠wand** 女 (建物の)外壁. **≠wan·ze** 女 〘虫〙トコジラミ(床虱)科の昆虫. **≠wap·pen** 中 家紋. **≠wart** 男 《オーストリア・スイス》= Hausmeister **≠we·sen** 中 -s/ 《集合的に》世帯; 家政. **≠wirt** 男 **1** (女 ≠wir·tin)家主, 大家(おおや); (客に対する)主人. **ᐁ2** 戸主, 家長. **≠wirt·schaft** 女 **1** 《単数で》家政, 家事. **2** (Haushalt) 世帯, 所帯. **3** persönliche 〈individuelle〉 ~ (旧東ドイツで, 家畜・農機具・家屋を含めた)私有農地. **4** 自家経済.

haus·wirt·schaft·lich 形 Hauswirtschaft の; Hauswirtschaft に関する.

Haus·wirt·schafts≠ge·hil·fin 女 家政婦. **≠lei·te·rin** 女 (寮などの)家政婦長. **≠mei·ste·rin** 女 (Meister 試験に合格した)家政婦マイスター.

Haus·wurf·sen·dung 女 〘商〙(ちらし・商品見本などの)投げこみ広告.

Haus≠wurz 女 -/ 〘植〙センペルビブム(ベンケイソウ科の多肉植物). **≠zei·chen** 中 = Hausmarke 1 **≠zeit·schrift** 女 社内〔雑〕誌. **≠zelt** 中 家形テント(→ 図 Zelt). **≠zier·de** 女 《戯》家の飾り〈誇り〉(主婦のことをいう). **≠zins** 男 -es/-e 《南部・スイス》家賃.

Haus-zu-Haus-Ver·kehr = Haus-Haus-Verkehr

Haut[haut] 女 -/ Häute[hɔ́ytə] (小 **Häut·chen** → 別出, **Häut·lein**[hɔ́ytlaın] 中 -s/-) **1** 《ふつう単数で》 **a)** 皮膚, 肌: eine dicke 〈dünne〉 ~ 皮の厚い〈薄い〉皮膚 | eine helle 〈dunkle〉 ~ 白い〈〔あさ〕黒い〉肌 ‖ **nur** 〈**bloß**〉 **noch ~ und Knochen sein** 《比》(やせこけて)骨と皮ばかりである.

‖〘前置詞と〙***jm.*** **an die ~ gehen** 《比》…の身にふりかかる | *et.*⁴ **auf** der bloßen ~ tragen …を素肌にじかに着る | Dieses Buch **brennt auf der ~.** 《比》この本は切実な問題を扱っている | naß bis auf die ~ sein ぐしょぬれである | *jn.* bis auf die ~ ausplündern …を身ぐるみ残らずはぐ | **nicht aus seiner ~ heraus können** 《話》自分の殻から抜け出せない(生まれつきの性分を変えられない) | ***sich***³ ***et.***⁴ **nicht aus der ~ schneiden können** …のための金がどうしても〔都合〕できない | **aus der ~ fahren** 《話》激昂する, かっとなる | Das ist [ja], um aus der ~ zu fahren./Das ist zum Aus-der-~-Fahren. これは我慢ならぬことだ | Aus fremder ~ ist gut 〈leicht〉 Riemen schneiden. (→Riemen¹ 1) | **aus heiler ~** 《話》思いがけなく, 突然 | Ganz aus heiler ~ packte ihn die Wut. 《話》彼は突如として怒り狂った〈かんしゃくを起こした〉| ein Mittel in die ~ einreiben 薬を皮膚にすりこむ | in die ~ einschneiden 皮膚に食いこむ | **in die ~ fahren** 《比》興奮がおさまる | ***sich***⁴ **in** ***seiner*** **~ nicht wohl fühlen** 自分の置かれた境遇に満足していない | **in keiner gesunden** 〈**guten**〉 **~ stecken** 《話》病身である | **Ich möchte nicht in seiner ~ stecken.** 《比》私は彼の立場にはなりたくない | nur **mit** der ~ kostü-

miert《戯》すっぱだかで | **mit ～ und Haar〔en〕**《話》すっかり, 全面的に | *jn.* mit ～ und Haar auffressen wollen 丸ごと食ってしまいたいほど…をかわいく〈憎く〉思う | **mit heiler ～ davonkommen**《話》(困難な事態を)無事に切り抜ける | *jm.* **über** die ～ laufen (戦慄(せんりつ)などが)…の肌を走る | ***jm.* unter die ～ gehen** 〈dringen〉《話》…の肺腑(はいふ)をつく〈えぐる〉, …の心をゆさぶる, …を深く感動させる.
‖〚4格で〛*sich*³ die ～ abschürfen 皮膚をすりむく | die ～ in der Sonne bräunen 〔lassen〕日光で肌を焼く | ***jm.* die ～ gerben**《俗》…をさんざん殴る | *seine* ～ zu Markte tragen (→Markt 1 a) | die ～ in großen Stücken zu Markte tragen 肌もあらわな服装をする | ***seine* ～〔möglichst〕teuer** 〈**so teuer wie möglich**〉 **verkaufen**《話》(むざむざとは死なず)せいいっぱい防戦〈抵抗〉する | ***seine* 〔eigene〕 ～ retten**《話》わが身を救う, (かろうじて)助かる | die ～ schonen《比》仕事をさぼる; 危険〈責任〉を逃れる.
‖〚2格で〛***sich*⁴ *seiner* ～ wehren**《話》必死でわが身を守る ‖〚主語として〛Die ～ springt auf. あかぎれが切れる | Die ～ schält sich. (日焼けして)皮膚がむける | Mir brennt die ～ 〔bei Sonnenbrand〕. 私は〔日焼けで〕皮膚がひりひりする.
b) (Fell) (動物の)皮; 毛皮: die ～ abziehen 皮をむく | ***jm.* die ～ abziehen/*jm.* die ～ über die Ohren ziehen**《比》…をぺてんにかけ〔て巻き上げ〕る | *Häute* gerben 皮をなめす | *jm.* die ～ gerben《話》…をさんざん殴る ‖ **auf der faulen ～ liegen**《話》(仕事をせずに)のらくらしている | ***sich*⁴ auf die faule ～ legen**《話》(仕事をやめて)のらくらする.
2 a) (果実などの)皮, 上皮(→ 図 Beere); 皮膜: Die Zwiebel hat mehrere *Häute*. 玉ねぎには幾重にも皮がある. **b**) (液体表面の)膜: Auf der Suppe bildet sich eine ～. スープの表面に膜ができる. **c**)〔建〕被覆, 外被. **d**)〔海〕(船の)外板. **e**) 上っ張り, レインコート.
3《話》《ふつう形容詞を伴って》**a**) ひと, やつ: eine ehrliche 〈gute〉 ～ 正直者〈気のいいやつ〉. **b**) 若い女の子: dufte ～ かわい子ちゃん. [*germ.*; ◇kutan, Haus, Hütte, Hode; *gr.* kýtos „Hülle"; *engl.* hide]

Haut≠ab·schür·fung[háʊt..] 女〔医〕擦〔過〕傷, すり傷, 表皮剝離(はくり). **≠arzt** 男 (Dermatologe) 皮膚科専門医. **≠at·mung** 女〔生理〕皮膚呼吸. **≠aus·schlag** 男 発疹(ほっしん), 皮疹. **≠bank** 女 -/-en (移植用の皮膚の)皮膚銀行, スキンバンク. **≠blü·te** 女〔医〕皮膚発疹, 皮疹.

Haut·bois[(h)oboá] 男 -[..á(s)]/-[..ás] (Hoboe)〔楽〕オーボエ. [*mlat.* altus buxus „Hoch-holz"–*fr.*; ◇Alt, Busch² *engl.* hautboy]

Häut·chen[hɔ́ʏtçən] 中 -s/- **1** Haut の縮小形. **2**〔解〕薄膜, 皮膜, 膜皮.

Haut≠creme[háʊtkreːm] 女 (肌の手入れのための)スキンクリーム. **≠drü·se** 女〔解〕皮膚腺(せん).

Häu·te Haut の複数.

Haute Cou·ture[(h)oːtkutýːr] 女 --/ オートクチュール, (特にパリ上流階級の)高級衣装店. [*fr.*; <*lat.* altus „hoch"+cōn-suere „zusammen-nähen"]

Haute Cou·tu·rier[..kutyrié:] 男 --s/--s オートクチュールのモード=デザイナー.

Haute·fi·nance[(h)oːtfinã́ːs] 女 -/ (Hochfinanz)《集合的に》財界〈金融業界〉の首脳部. [*fr.*]

Haute·lisse[(h)oːtlís] 女 -/-n[..sən]〔織〕経織り(壁布・じゅうたんなどの). [*fr.*; ◇Litze]

Haute·lisse·we·be·rei[(h)oːtlís..] 女〔織〕経織りによる織物.

häu·ten[hɔ́ʏtən]《01》他 (h) **1** (…の)皮をはぐ: einen Hasen ～ うさぎの皮をはぐ. **2** 再帰 *sich*⁴ ～ 皮〔膚〕がむける, 剝離(はくり)する; (動物が)脱皮する. [*mhd.*; ◇Haut]

haut·eng[háʊt..] 形 (セーター・ズボンなどについて)体にぴったりついた, スキンタイトの: ein ～*es* Kleid スキンタイトのドレス.

Haut·ent·zün·dung 女〔医〕皮膚炎.

Haute·vo·lee[(h)oːtvolé:] 女 -/《軽蔑的に》〔最〕上流社会, 貴顕紳士連中. [*fr.*; <*lat.* altus „hoch"+volāre (→Volant)]

Haut≠far·be[háʊt..] 女 皮膚の色, 肌の色, 皮膚色調: Menschen aller ～*n* あらゆる人種の人々. **≠farn** 男〔植〕コケシノブ(苔忍)科のシダ. **≠flüg·ler** 男 -s/- 《ふつう複数で》〔虫〕膜翅(まくし)目の昆虫(ハチ類).

haut·freund·lich 形 皮膚を刺激しない: ～*es* Gewebe 〈Reinigungsmittel〉 肌にやさしい布地〈洗剤〉.

Haut≠ge·fäß 中〔解〕皮膚血管. **≠ge·we·be** 中〔解〕皮膚〔細胞〕組織.

Haut·gout[ogúː, (h)oːgúː] 男 -s/〔料理〕(つるして熟成した鳥獣の肉の)刺激性の強い〈つんとくる〉風味(食道楽が愛好する);《比》いかがわしさ, 臭み: ～ haben (鳥獣などの肉が)つんとくる味がする, 食べごろである. [*fr.*; <*fr.* haut „hoch, stark" (◇Alt)+gout „Geschmack"]

Haut·grieß[háʊt..] 男〔医〕粟粒腫(ぞくりゅうしゅ).

hau·tig[háʊtɪç]² 形 **1**《方》(肉が)筋や皮だらけの, かたい. ▽**2** しわだらけの〈たるんだ〉皮膚の.

häu·tig[hɔ́ʏtɪç]² 形 **1** 皮〈膜〉のある; 皮〔質〕の, 膜状の. **2** =hautig 1

..häutig[..hɔʏtɪç]²《形容詞などにつけて「皮膚・皮膜が…の」を意味する形容詞をつくる》: dunkel*häutig* 皮膚の黒い.

Haut≠jucken[háʊt..] 中 -s/ 皮膚のかゆみ, 皮膚瘙痒(そうよう). **≠kar·zi·nom** 中 =Hautkrebs **≠kli·nik** 女 皮膚科病院. **≠krank·heit** 女 (Dermatose) 皮膚病. **≠krebs** 男〔医〕皮膚癌(がん). **≠lei·den** 中 皮膚病. **≠leim** 男 膠(にかわ).

Häut·lein Haut の縮小形.

Haut·lei·sten 複〔解〕皮膚小稜(しょうりょう), 皮丘(→Leiste).

Haut≠ma·le·rei 女 (未開人種の)皮膚彩色. **≠mil·be** 女〔虫〕皮膚に寄生するダニ類(ヒゼンダニなど).

haut≠nah 形 **1** (描写などが)肌にじかに触れるような, なまなましい. **2**〔医〕皮下の: ～*es* Gewebe 皮下組織. **3**〔球技〕(相手を)ぴったりマークした, (相手の)肌に触れるほど接近した. **≠näh·rend** 形 (クリームなどが)皮膚の栄養になる.

Haut≠naht 女〔医〕皮膚縫合. **≠öl** 中 スキンオイル. **≠pfle·ge** 女 肌の手入れ. **≠pilz** 男 -es/-e《ふつう複数で》(Dermatophyten)〔医〕皮膚糸状菌, 植物性皮膚病原菌. **≠pla·stik** 女 (Dermatoplastik)〔医〕(植皮による)皮膚形成〔術〕. **≠po·re** 女〔解〕皮膚の孔(汗孔・毛穴など). **≠re·flex** 男〔医〕皮膚反射. **≠reiz** 男 皮膚刺激.

Haut·re·lief[(h)óːreliɛf, oreliɛ́f] 中 -s/-s, -e (↔Basrelief) (Hochrelief)〔美〕高肉彫り. [*fr.*; ◇Alt]

Haut≠riß[háʊt..] 男〔医〕皮膚裂傷. **≠sack** 男 (目の下などの)皮膚のたるみ. **≠sal·be** 女〔医〕皮膚用軟膏(なんこう). **≠sche·re** 女 (マニキュア用の)あま皮ばさみ. **≠schie·ber** 男 キューティクル=プッシャー, オレンジ=スティック(→ 図 Nagelpflege).

haut·scho·nend =hautsympathisch

Haut≠schup·pe 女 -/-n《ふつう複数で》鱗屑(りんせつ). **≠sinn** 男〔生理〕皮膚感覚.

haut·sym·pa·thisch 形 (クリームなどが)皮膚に無害な, 肌を荒らさない.

Haut≠talg 男 皮脂. **≠trans·plan·ta·tion** 女〔医〕皮膚移植〔術〕, 植皮〔術〕. **≠tu·ber·ku·lo·se** 女〔医〕皮膚結核. **≠über·pflan·zung** 女, **≠über·tra·gung** 女 =Hauttransplantation

Häu·tung[hɔ́ʏtʊŋ] 女 -/-en **1** 皮をはぐ〈むく〉こと. **2 a**) 皮膚剝脱(はくだつ)〈剝離〉, 落屑(らくせつ). **b**) (動物の)脱皮.

haut·ver·jün·gend 形 (クリームなどが)皮膚を若返らせる.

Haut≠ver·pflan·zung 女 =Hauttransplantation **≠was·ser·sucht** 女 -/〔医〕皮膚水腫(すいしゅ), 全身浮腫. **≠wolf** 男〔医〕間擦疹(しん)(乳児や肥満児に見られる股(また)ずれなど), (顔面にできる)一種の皮膚結核(→Wolf³ 3). **≠wun·de** 女 皮膚の傷, 皮膚創傷.

Hau≠werk[háu..] =Haufwerk 1 **≠zahn** 男 牙(きば).

Ha·van·na[havána·] **I** 地名 ハヴァナ(キューバ共和国の首都). **II** 女 -/-s ハヴァナ産の葉巻. **III** 男 -s/ ハヴァナ=コーヒー. [*span.*; ◇Hafen²; *engl.* Havana]

Ha·van·na≠ta·bak[havána..] 男 ハヴァナ産のタバコ. **≠zi·gar·re** 女 ハヴァナ産の葉巻.

H

Ha·va·rie[havaríː] 女 -/-n[..ríːən] **1** 〘海〙海損(船・積み荷の被害・損壊): große 〈kleine/besondere〉 ～ 共同〈小・単独〉海損 | eine ～ aufmachen 〘海〙海損を清算する. **2 a)** (飛行機・大型機械などの)破損, 事故. **b)** 《ｵｰｽﾄﾘｱ》(自動車の)事故〈損壊〉: mit dem Auto eine ～ haben 事故で自動車をこわす. [*arab.–it.* avaria–*fr.* avarie; < *arab.* 'awār „Schaden"; *engl.* average]

ha·va·rie·ren[..ríːrən] 自 (h) **1** (船・飛行機が)事故で破損する. **2** 《ｵｰｽﾄﾘｱ》(自動車が)事故で破損する.

Ha·va·rist[..ríst] 男 -en/-en 〘海〙 **1** 海損をこうむった船. **2** 海損をこうむった船の船主.

die **Ha·vel**[háːfəl] 地名 女 -/ ハーフェル (Elbe 川の支流). [< *anord.* haf „Haff" (◇Haff)]

Ha·ve·lock[háːvəlɔk] 男 -s/-s インバネス(ケープつきのそでなし男子用コート). [< H. Havelock (イギリスの将軍, †1857)]

▽**Ha·ve·rei**[havəráɪ, haf..] 女 -/-en = Havarie [*it.* avaria–*ndl.* averij–*ndd.*]

Ha·waii[haváɪi·, həwáːiː] 地名 ハワイ(北太平洋中部の諸島で, アメリカ合衆国第50番目の州). [*polynes.*]

Ha·wai·ier[haváɪiər] 男 -s/- ハワイの現地人.

Ha·waii·gi·tar·re[haváɪi..] 女 ハワイアンギター.

die **Ha·waii-In·seln** 地名 複 ハワイ諸島.

ha·wai·isch[haváɪɪʃ] ハワイの.

Ha·xe[háksə] 女 -/-n (**Ha·xen**[..sən] 男 -/-) 《南部》 = Hachse

Haydn[háɪdən] 人名 Franz Joseph ～ フランツ ヨーゼフ ハイドン(1732-1809; オーストリアの作曲家で, 古典派の代表的存在).

haydnsch[háɪdənʃ] 形 ハイドンふうの; 《大文字で》ハイドンの.

Ha·zien·da[hatsiέnda·] 女 -/-s (中南米の大規模な)農業, 農園. [*lat.* facienda „Dinge, die getan werden müssen"–*span.*; ◇..fizieren, Fazenda; *engl.* hacienda]

Ha·zien·de·ro[..εndéːro·] 男 -s/-s Hazienda の所有者.

Hb[haːbéː] 記号 (Hämoglobin) 〘生理〙ヘモグロビン.

HB[haːbéː] 記号 (Brinellhärte) 〘金属〙ブリネル〔金属〕硬度.

H.B.[haːbéː] 略 = **H**elvetisches **B**ekenntnis ヘルヴェチア信条書(→helvetisch).

Hbf. 略 = **H**aupt**b**ahn**h**o**f**

H-Bom·be[háːbɔmbə] 女 (Wasserstoffbombe) 水素爆弾(→H^2 II 2).

h. c.[haːtséː] 略 = **h**onoris **c**ausa

H-Dur[háːduːr, ⌐⌐] 中 -/ 〘楽〙ロ長調(記号 H): →A-Dur

HDV[haːdeːfáʊ] 略 = **H**eeres**d**ienst**v**orschrift

he[heː] 間 **1** (人の注意を促す呼びかけ)おい, こら: *He* da! おい お前 | *He*, paß auf! そら注意しろ | *He* 〔du〕, hörst du nicht? こら〔お前〕聞こえないのか. **2** (驚き・激昂(げっこう)の気持を表して)へえ, おや; ああ, うわあ(たいへんだ); ふん, へへん(いやだ・いまいましい): *He*, was soll denn das? へえ これはいったいなんだ | *He*, laß das gefälligst! ああ それだけはやめてくれ. **3** (質問のあとにおいて応答を促して)ええ, ねえ(どうだい): Was meinst du, ～? どう思うんだい ええ. [*mhd.*]

h. e.[haː|éː] 略 = **h**oc **e**st

He[haː|éː, héːliʊm] 記号 (Helium) 〘化〙ヘリウム.

Head·line[hέdlaɪn] 女 -/-s (Schlagzeile) (新聞などの)大見出し, ヘッドライン. [*engl.*; ◇Haupt, Linie]

Hea·ring[híərɪŋ] 中 -〔s〕/-s (Anhörung) (意見の)聴取, 聴聞; (議会などでの)聴聞〈公聴〉会, ヒアリング: ein ～ über *et.*[4] veranstalten …についての公聴会を開く. [*engl.*; ◇hören]

Hea·vi·side·schicht[hέvɪsaɪd..] 女 -/ 〘理〙E 層, ヘビサイド層(地上約90-140km 間の電離層). [< O. Heaviside (イギリスの物理学者, †1925)]

Heb·am·me[héːp|amə, héːbamə] 女 -/-n 助産婦, 産婆. [*ahd.* hev〔i〕-anna „Hebe-Ahne"; ◇heben]

Heb·bel[hέbəl] 人名 Friedrich ～ フリードリヒ ヘッベル (1813-63; ドイツの劇作家・詩人).

Heb·do·ma·dar[hεpdomadáːr] 男 -s/-e, **Heb·do·ma·da·rius**[..dáːriʊs] 男 -/..rien[..riən] 〘ｶﾄﾘｯｸ〙週務者, 週番修道士〈司祭〉. [*mlat.*; < *gr.* hebdomás „Siebenzahl" (◇hepta..)]

He·be[héːbə, ..beː] **I** 人名 〘ギ神〙へベ(青春の女神. Zeus の娘で, 昇天した Herkules の妻となった). **II** 女 -/-n 《戯》(バーなどの)ウエートレス. [*gr.* hḗbē „Jugend"–*lat.*]

He·be≠arm[héːbə..] 男, **≠bal·ken** 男, **≠baum** 男 てこ〔棒〕, かなてこ, 押し上げジャッキ. **≠bock** 男 巻き上げ機, 三脚起重機, ジャッキ: ein hydraulischer ～ 水圧ジャッキ. **≠büh·ne** 女 **1** (自動車などの)せりあげ台. **2** 〘劇〙せり上げ舞台(→ 図 Bühne). **≠ei·sen** 中 かなてこ, バール.

He·bei[xʌ́bĕɪ] = Hopeh

He·be·kran 男 昇降起重機. [< heben]

He·bel[1][héːbəl] 人名 Johann Peter ～ ヨハン ペーター ヘーベル(1760-1826; ドイツの詩人).

He·bel[2][–] 男 -s/- **1** てこ, 槓杆(こうかん); 《比》原動力, 推進力; (有効な)手段, 措置, てこ入れ: einarmiger 〈zweiarmiger〉 ～ 1元〈2元〉てこ | ökonomischer ～ (旧東ドイツの)経済発展のための措置〈てこ入れ〉‖ **den ～ ansetzen** 《ふつう場所を示す語句と》《話》(あるところ・段階から)着手する, 仕事にかかる | **alle ～ in Bewegung setzen** 《比》あらゆる手段を講じる ‖ **am ～ sitzen** 《比》決定権をにぎっている | **am längeren ～ sitzen** 《比》(相手方より)大きな力〈権力〉を持っている ‖ Hier sitzt der einzig wirksame ～. 《比》ここから始めるのが〈ここを押すのが〉唯一の有効な手段だ. **2** レバー, ハンドル, 取っ手: Schalt*hebel* 開閉〈スイッチ〉レバー; (自動車の)変速レバー | einen ～ betätigen レバー〈ハンドル〉を動かす. [< heben]

He·bel≠arm 男 てこの腕〈柄〉: am längeren ～ sitzen 《比》(相手方より)大きな力を持っている. **≠griff** 男 てこの柄 (→ 図 Zange); 〘鉄道〙手ブレーキ; 〘ｽﾎﾟｰﾂ〙(柔道などの)関節技, 逆技. **≠kraft** 女 てこの作用, てこ比.

▽**he·beln**[héːbəln] 《06》 他 (h) (てこのように)持ち上げる, 持ち上げて運ぶ.

He·bel≠schal·ter 男 〘電〙ナイフ〈刃形〉スイッチ. **≠vor·schnei·der** 男 針金切断ペンチ(→ 図 Zange).

He·be·mus·kel[héːbə..] 男 〘解〙挙筋(きょきん).

he·ben*[héːbən][1] 《68》 **hob**[hoːp][1] (hub[huːp][1]) / **ge·ho·ben**; 接II höbe[hǿːbe] (▽hübe[hýːbə])

I 他 (h) **1 a)** (英: *heave*) 〔持ち〕上げる: den Deckel ～ ふたを取る | das Glas ～ (グラスを上げて)乾杯する | ein Kind ～ (助産婦が)赤ん坊をとり上げる | den Koffer ～ トランクを持ち上げる | den Rock ～ スカート〔のすそ〕をからげる | den Schleier ～ ベールを脱ぐ | den Taktstock ～ 〘楽〙指揮棒をふり上げる | **einen ～** 《話》一杯飲む ‖ 〘前置詞と〙 *jn.* **aufs** Pferd ～ …を馬に乗せる | *jn.* **aus** dem Sattel ～ (→Sattel 1) | die Tür aus den Angeln ～ 扉をちょうつがいから外す | *jn.* aus der Taufe ～ (→Taufe 3) | *jn.* **in** den Sattel ～ (→Sattel 1) | *jn.* 〈*et.*[4]〉 in den Himmel ～ (→Himmel 2) | den Ball über den Torwart ～ 〘ｻｯｶｰ〙キーパーの頭上を抜く〈抜いてゴールを決める〉| *jn.* **vom** Stuhl ～ …をいすから抱きおろす ‖ 〘結果を示す語句と〙 *sich*[3] einen Bruch ～ 重い物を持ち上げてヘルニアを起こす | einen neuen Rekord ～ (重量挙げで)新記録を樹立する ‖ 〘目的語なしで〙 Er hat früher *gehoben.* 彼は以前は重量挙げ選手だった. **b)** 再帰 *sich*[4] ～ 〔持ち〕上がる; 身を起こす, 立ち上がる; 《雅》そびえ立つ; (こね粉が)ふくれる; (鳥・飛行機が)地上から舞い上がる: *sich*[4] auf die Zehenspitzen ～ つま先立つ | Das *hebt* sich leicht. これは軽い | Das Flugzeug *hob* sich in die Luft. 飛行機が空中に舞い上がった | Der Vorhang *hebt* sich. 幕が上がる | Die Türme der Kathedrale *heben* sich in die Nacht. 大寺院の塔が夜空にそびえ立っている. **c)** (体の特定の部位を)上げる: die Augen 〈den Blick〉 ～ 目を上げる | das Bein ～ (犬が)片足を上げて放尿する | die Brauen ～ (怪訝(けげん)・不審の表情として)眉(まゆ)を上げる | die Faust ～ こぶしを振り上げる | die Hand ～ 挙手する | die Hand zum Schwur ～ 手を挙げて誓う | den Kopf ～ 頭を上げる | die Schultern ～ (軽蔑・無関心を示して)肩をすくめる | die Zähne ～ 《比》まずそうに食べる ‖ 再帰 Beim Atmen *hebt* und senkt sich die Brust.

呼吸につれて胸が上下に波打つ. **d**) (沈没船を)引き揚げる; (宝を)掘り出す. **e**) 《南部》(erheben) (税・料金などを)取り立てる, 徴収する: Steuern 〈Gebühren〉 ~ 税金〈料金〉を徴収する.

2 a) (erhöhen) (…の効果を)高める, ひき立てる; 助長〈増進〉する: die Produktion 〈das Niveau〉 ~ 生産〈水準〉を高める | den Wohlstand ~ 福祉を増進する | den Ertrag ~ 収益を増す | den Betrieb ~ 営業成績を上げる | die Farben 〈den Geschmack〉 ~ 色〈味〉をひき立てる | *js.* Ansehen ~ …の名声を高める | die Stimme ~ 声高になる | Der Kragen *hebt* das ganze Kleid. この襟が服全体を引き立てている ‖ 再帰 *sich*[4] ~ 高まる; ひき立つ; (商売などが)さかんになる | Die Stimmung *hebt* sich. 気分が盛り上がる | Der Handel *hob* sich. 商売が隆盛になった. **b**) (家を)建てる. **c**) 《雅》(erbauen) 《*jn.*》 (…の)精神〈品性〉を高める.

3 非人称 《**es hebt *jn.***》 はき気をもよおす: Bei dem Geruch *hebt* es mich. そのにおいをかぐと私は胸がむかつく.

▽**4 a**) 再帰 *sich*[4] ~ 相殺される. **b**) (beheben) (障害などを)除く, 除去する.

5 〖数〗 **a**) (分数などを)約分〈通分〉する. **b**) 再帰 *sich*[4] ~ 約分されて 1 となる.

6 《雅》(erheben) 再帰 *sich*[4] ~ (音響などが)起こる: Der Tag 〈Der Gesang〉 *hebt* sich. 夜が明ける〈歌声が起こる〉.

7 《南部》(festhalten) しっかり持つ: Kannst du mal einen Moment das Paket ~. この包みをちょっと持っててくれないか ‖ 再帰 *sich*[4] an *et.*[3] ~ …にしっかりつかまる.

II 自 (h) 《方》(折れたり取れたりしないで)持ちこたえる.

III He̱·ben 1 中 -s/ **a**) heben すること. **b**) (Gewichtheben) 〖スポーツ〗 重量挙げ. ▽**2** 男 -s/ 《北部》(Himmel) 空, 天空. **IV ge·ho̱·ben** → 別出

[*germ.* „fassen"; ◇ kapieren, haben, haschen[1], Hefe, Haspe, Heft[2]; *engl.* heave]

He·be·phre·ni̱e[hebefreníː] 女 -/-n[..níːən] 〖医〗 破瓜(はか)病, ヘベフレニー(思春期の精神分裂症). [< *gr.* hḗbē (→Hebe) + phreno..; ◇ Schizophrenie]

He̱·be≈prahm[héːbə..] 男 〖海〗 サルベージ船. **≈pum·pe** 女 吸い上げポンプ. [< heben]

..he̱ber[..heːbər] 《数詞につけて (Jambus, Trochäus, Daktylus, Anapäst などの詩脚を単位とする)「…詩脚詩句」を意味する男性名詞 (-s/-) をつくる》: Fünf*heber* 5 詩脚詩句. [◇ Hebung 2]

He̱·ber[héːbər] 男 -s/- **1** サイホン; ピペット, スポイト. **2** 巻き上げ機; ジャッキ. **3** 〖解〗 挙筋. **4** (Gewichtheber) 〖スポーツ〗 重量挙げ選手.

He̱·be≈rol·le[héːbə..] 女 徴税簿. **≈satz** 男 (土地税・営業税の)税率. **≈schiff** 中 〖海〗 サルベージ船, 海難救助船. **≈schmaus** 男 (Richtfest) 上棟式, 棟上げの宴会. **≈stan·ge** 女 = Hebearm **≈stel·le** 女 納税所. **≈werk** 中 **1** (船の)起重機; 巻き上げ機, ジャッキ. **2** (運河の)ロックゲート. **≈win·de** 女 = Hebebock **≈zeug** 中 起重〈巻き上げ〉装置, 昇降装置.

..he̱big[..heːbɪç][2] 《数詞につけて「揚音・強音を…個もつ」を意味する形容詞をつくる》: ein fünf*hebiger* Vers 〖詩〗 五つの揚音をもつ詩の 1 行. [◇ Hebung 2]

He·brä̱·er[hebréːər] 男 -s/- (女 **He·brä̱e·rin** -/-nen) **1** ヘブライ人(じん) (Israelit の非公式の名称); 〖聖〗 ヘブル人, ヘブライ人: der Brief an die ~ (新約聖書の)ヘブル人への手紙. **2** (Jude) ユダヤ人. [*hebr.* „von jenseits (des Jordans) stammend" — *gr.* Hebraîos; ◇ *engl.* Hebrew]

He·brä̱·er·brief 男 (新約聖書の)ヘブライ人(じん)への「手紙.」

He·brä̱e·rin[hebréːərɪn] Hebräer の女性形.

He·bra̱i·cum (**He·bra̱i·kum**) [hebráːikʊm] 中 -s/ **1** (神学生の)ヘブライ語試験. **2** ヘブライ文学. [*gr.* — *mlat.*]

He·bra̱i·ka[hebráːika·] 複 ヘブライ文化・歴史・言語関係文献.

he·brä̱·isch[hebréːɪʃ] 形 ヘブライの; ヘブライ語の: → deutsch ‖ Das lernt *Hebräisch.* 《戯》 それは質屋に入っている〈質に入れてある〉. [*gr.* — *lat.*]

He·bra·i̱s·mus[hebraísmʊs] 男 -/..men[..mən] ヘブライ語ふうの語法〈言いまわし〉.

He·bra·i̱st[..íst] 男 -en/-en ヘブライ〔語〕学者.

He·bra·i̱·stik[..ístɪk] 女 -/ ヘブライ語〈文学〉研究, ヘブライ学.

die **He·bri̱·den**[hebríːdən] 地名 複 ヘブリディーズ諸島 (スコットランドの北西, 北大西洋上の約500の英国領の島): die Neuen ~ ニューヘブリディーズ諸島 (太平洋南西部にある Vanuatu 共和国の火山島群). [◇ *engl.* the Hebrides]

He̱·bung[héːbʊŋ] 女 -/-en **1** heben すること: die ~ eines Schatzes 宝の発掘 | die ~ des gesunkenen Schiffes 沈没船の引き揚げ ‖ die ~ der Stimmung 気分の高揚 | die ~ des Lebensstandards 生活水準の向上. **2** (↔Senkung) 〖詩〗 揚音部, 強音部 (→Arsis). **3** (↔Senkung) 〖地〗 隆起.

He̱·chel[héçəl] 女 -/-n (英: *hatchel*) (麻・亜麻などの)すきぐし: den Hanf mit der ~ reinigen 麻をこく | ***jn.*** 〈***et.***[4]〉 **durch die ~ ziehen** 《話》 …をこきおろす〈酷評する〉. [*germ.*; ◇ hacken, Hecht; *engl.* hatchel, hackle]

He·che·le̱i[heçəláɪ] 女 -/-en **1** (すきぐしでの)麻こき〈すき〉. **2** 《話》 (他人の)こきおろし, 酷評, あらさがし.

He̱·chel≈hanf[héçəl..] 男 麻こきでこいた麻. **≈ma·schi̱·ne** 女 麻こき機.

he̱·cheln[1][héçəln] 《06》 **I** 他 (h) **1** (麻を)すきぐしでこく〈すく〉. ▽**2** 《話》 (durchhecheln) こきおろす, 酷評する. **II** 自 (h) 《話》 über *jn.* 〈*et.*[4]〉 ~ …をこきおろす, …のあら探しをする.

he̱·cheln[2][–] 《06》 自 (h) (犬が)ハーハーあえぐ. [擬音]

He̱ch·se[héksə] 女 -/-n = Hachse

Hecht[heçt] 男 -[e]s/-e **1** 〖魚〗 カワカマス(川魣): **der ~ im Karpfenteich** 《比》 怠け者の群れの中のやりて; まわりの連中をひっかき回すやつ. **2** 《話》 (Bursche) 若者: ein feiner ~ いなせなあんちゃん | ein toller ~ 元気者. **3** = Hechtsprung **4** 《単数で》 《話》 (部屋にこもった)タバコの煙. [*westgerm.*; ◇ Hechel]

He̱cht·ba̱rsch[héçt..] 男 (Zander) 〖魚〗 ホタルジャコ(蛍囃喉).

he̱cht·blau 形 (カワカマスのように)灰青色の.

He̱cht·dorsch 男 (Seehecht) 〖魚〗 メルルーサ.

he̱ch·ten[héçtən] 《01》 自 **1** (h) **a**) 〖泳〗 えび型〈ジャックナイフ〉飛び込みをする. **b**) 〖体操〗 伸身(しんしん)跳びをする. **c**) 〖サッカー〗 ダイビングをする, ダイビングをしてボールをキャッチする. **2** (s) (窓や水に)頭から飛び込む.

he̱cht·grau[héçt..] 形 (カワカマスのように)灰青色の.

He̱cht≈rol·le 女 〖体操〗 飛び込み前転. **≈sprung** 男 **1** 〖泳〗 えび型飛び込み. **2** 〖体操〗 伸身(しんしん)跳び.

He̱cht·sup·pe 女 《話》 《次の成句で》 **es zieht wie ~** すきま風がひどい. [*jidd.* hech supha „wie ein Sturm"]

Heck[hɛk] 中 **1** -[e]s/-e, -s (↔Bug) 〖海〗 船尾, とも (→ 図 Schiff A); (飛行機・自動車などの)尾部, 後部: Der VW hat den Motor im ~. このフォルクスワーゲンはリアエンジン式である | Der Wagen hat einen großen Gepäckraum im ~. その車の後部には大きなトランクがある. **2** -[e]s/-e 《北部》 〔格子〕垣, 柵(さく); 囲い地: zu ~ kommen 《比》 i) 帰宅する; ii) 目的を達する. [*mndd.* heck „Umzäunung" ◇ Hecke[1]; *engl.* hatch]

He̱ck·an·trieb[hék..] 男 後輪駆動, リアドライブ: ein Auto mit ~ 後輪駆動の自動車.

He̱cke[1][hékə] 女 -/-n 生け垣; (いばらなどの)やぶ, しげみ. [*westgerm.* ◇ Hag, Heck; *engl.* hedge]

He̱cke[2][–] 女 -/-n **1** (哺乳(ほにゅう)動物の)一腹の子; (鳥の)一かえりのひな: eine ~ Kinder haben 《話》 子だくさんである. **2** 繁殖期, 孵化(ふか)期; 繁殖地; 孵化箱, 孵化用鳥かご.

He̱ckel[hékəl] 男 -s/- 《北部》 種豚.

▽**he̱cken**[hékən] 自 (h) **1** (鳥や小動物が一度にたくさんの)子を産む, 孵化(ふか)する; 繁殖〈増殖〉する; 《話》 (金が)殖えていく; 《比》 大量生産する. **2** 交尾する. **3** 《南部》 突く, 刺す. [*mhd.*; ◇ hacken; *engl.* hatch]

He̱cken≈ber·be·rit·ze[hékən..] 女 〖植〗 ヒロハヘビノボラズ(広葉蛇不登). **≈gang** 男 垣根のある道. **≈kir·sche** 女 〖植〗 スイカズラ(忍冬)属. **≈land·schaft** 女 (風よけの

ために)垣をめぐらした耕地(牧草地). ≈**ro·se** 女〘植〙(垣根に生える)野ばらの一種. ≈**sche·re** 女 (垣根用)剪定(せん)ばさみ, 刈り込みばさみ. ≈**schüt·ze** 男 狙撃(そげき)者; ゲリラ兵. ≈**zaun** 男 生け垣. ≈**zwie·bel** 女〘植〙ネギ(葱).

Heck≈fen·ster[hɛ́k..] 中 (自動車の)リアウインドー, 後部窓. ≈**flag·ge** 女〘海〙船尾旗. ≈**flos·se** 女 -/-n **1**《ふつう複数で》テールフィン(自動車の尾部に突き立った飾り). **2** (飛行機の)尾部垂直安定板.

heckig[hɛ́kɪç][2] 形 **1** 生け垣(やぶ)のある. **2** 生け垣ふうの, やぶのような. [<Hecke[1]]

Heck≈lam·pe[hɛ́k..] 女, ≈**la·ter·ne** 女, ≈**leuch·te** 女 尾灯, テールランプ.

Heck·männ·chen 中 = Alraune 2 [<hecken]

Heck·meck[hɛ́kmɛk, ⌣⌣] 男 -s/《話》ナンセンス, ばかげたこと, 意味のないおしゃべり, ぎょうぎょうしさ. [◇Hackemack]

Heck·mo·tor[hɛ́k..] 男 (自動車などの)リアエンジン.

Heck≈mün·ze 女 **1** = Heckpfennig **2** (Falschgeld) 贋造(がんぞう)貨幣, にせがね. ≈**pfen·nig** 男 (Glückspfennig) 縁起銭, 種銭(金福を呼ぶ金として常に財布に入れておく小銭). [<hecken]

Heck·rad·damp·fer 男〘海〙船尾外輪汽船.

Heck·schei·be 女 (自動車の)リアウインドーのガラス.

Heck·zeit 女 孵化(ふか)(繁殖)期. [<hecken]

▽**he·da**[hé:da·] 間 **1** (hallo)(人の注意を促す呼びかけ)おおい, こら: *Heda*, wo willst du denn hin? おおい いったいどこへ行くのだ. **2**〘狩〙(猟犬を追いたてる声)しっしっ(行け). [<he+da[3]]

Hed·da[hɛ́da·] 女名 (<Hedwig) ヘッダ. [*nord.*]

He·de[1][hé:də] 女名 ヘーデ.

He·de[2][—] 女 -/-n **1**《北部》(麻ぐしでこくとき出る)麻くず; (麻くずを紡いだ)粗麻糸. **2**〘海〙まいはだ, 槇肌(まきはだ). [„Gekämmtes"; *mndd.*; ◇verheddern; *engl.* hards]

he·den[hé:dən] 形《付加語的》《北部》麻くず(粗麻糸)でできた.

He·de·rich[hé:dərɪç] 男 -s/-e〘植〙セイヨウノダイコン(西洋野大根). [*ahd.*; <*lat.* hedera „Efeu"]

He·din[hedí:n] 人名 Sven ~ スヴェン ヘディン(1865-1952; スウェーデンの地理学者・探検家).

He·do·ni·ker[hedó:nikər] 男 -s/- **1**〘哲〙快楽説信奉者. **2** 快楽主義者.

He·do·nis·mus[hedonísmʊs] 男 -/ **1**〘哲〙快楽説. **2** 快楽主義. [<*gr.* hēdonḗ „Lust"]

He·do·nist[..nɪ́st] 男 -en/-en = Hedoniker

he·do·ni·stisch[..nɪ́stɪʃ] 形 **1**〘哲〙快楽説の. **2** 快楽主義的な.

He·dschas[hɛ́dʒas] 地名 ヘジャズ, ヒジャーズ(紅海に沿うサウジアラビア王国の州で, 州都は Mekka). [*arab.*; ◇*engl.* Hejaz]

He·dschra[hɛ́dʒra·] 女 -/ ヘジラ, 聖遷 (Mohammed の Mekka から Medina への移動; イスラム紀元, 西暦622年). [*arab.* „Loslösung"; ◇*engl.* Hegira]

Hed·wig[hé:tvɪç] 女名 ヘートヴィヒ. [<*ahd.* hadu „Kampf"+wīg „Kampf"]

Heer[he:r] 中 -[e]s/-e **1 a)** (Armee) 軍〔隊〕, 軍勢: ein stehendes ~ 常備軍 | ein ~ aufstellen 軍隊を編制する. **b)** (特に:) 陸軍(→Marine, Luftwaffe): ~ und Marine 〈Flotte〉 陸海軍. **2** 多数, 大群: ein ~ von Arbeitslosen 〈Ameisen〉 失業者の群れ(アリの大群) | das Wilde ~ (→wild I 3). [*germ.*; ◇Herzog, Herberge, Harnisch]

Heer·bann[hé:r..] 男〘史〙**1** (国王の)臣下召集令(権), 総動員令. **2** 召集(動員)された軍隊. **3** 総動員令に応じなかったことに対する罰金.

Hee·res≈amei·se[hé:rəs..] 女 (Wanderameise)〘虫〙グンタイアリ(軍隊蟻), サスライアリ(放浪蟻). ≈**be·fehl** 男 軍令. ≈**be·richt** 男 (司令部からの)戦況報告. ≈**be·stand** 男 -[e]s/..stände《ふつう複数で》軍需備蓄品. ≈**dienst** 男 -[e]s/ (Militärdienst) 兵役.

Hee·res·dienst·vor·schrift 女 (略 HDV) 軍人服務規程.

Hee·res≈grup·pe 女 軍集団(数個の Armee の集合体). ≈**gut** 中 -[e]s/ 軍需品. ≈**lei·tung** 女 軍の司令部; 統帥. ≈**lie·fe·rant**[..lifərant] 男 軍の御用商人, 軍需品〔納入〕商人. ≈**macht** 女 兵力; 軍隊. ≈**spra·che** 女〘言〙軍隊(軍事)用語. ≈**ver·wal·tung** 女 軍需品管理〔局〕. ≈**zug** 男 (Feldzug) 出兵, 出征; 出征中の(隊列を作って移動中の)軍隊.

Heer≈fahrt[hé:r..] 女 (中世の)出兵, 出征. ≈**füh·rer** 男 軍司令官, 将軍. ≈**hau·fe** 男, ≈**hau·fen** 男 (武装した)兵士の群れ; 軍勢. ≈**la·ger** 中 -s/- 陣営. ≈**säu·le** 女《雅》(行軍隊形をとった)軍隊, 出征軍の長蛇の列. ≈**schar** 女 -/-en《ふつう複数で》軍勢;《比》大勢の人, 群れ: die himmlischen ~*en* 天使の大群. ≈**schau** 女 観閲〔式〕. ≈**stra·ße** 女 軍用道路; (軍隊の通れるような道幅の広い)街道. ≈**we·sen** 中 -s/ 軍事, 兵制. ≈**wurm** 男 **1**《雅》出征軍の長蛇の列. **2**〘虫〙アワヨトウの幼虫(群れをなして移動し, 作物を荒らす). ≈**zug** = Heereszug

He·fe[hé:fə] 女 -/ (種類: -n) **1** 酵母〔菌〕, イースト, パン種;《比》推進力, 原動力: dem Teig ~ zusetzen ねり粉にイーストを加える | Kuchen mit ~ backen イーストを使ってケーキを焼く. **2** (醸造の際の)沈殿物, おり, かす;《比》(人間の)くず: den 〔**bitteren**〕 Kelch bis zur ~ leeren (→Kelch 1 a) | Jeder Wein hat seine ~*n.* (→Wein 1 a) ‖ die ~ der Gesellschaft 社会のくず(最下層の人々). [*germ.* „Hebemittel"; ◇heben]

He·fe·brot 中 酵母を入れて焼いたパン.

He·fei[xʌ́féɪ] = Hofei

He·fe≈kloß[hé:fə..] 男 酵母入りだんご: **wie ein ~ aufgehen**《話》太る, 肥満する; ますます得意になる. ≈**kranz** 男 (酵母を入れて焼いた)王冠型(輪型)のケーキ. ≈**ku·chen** 男 酵母を入れて焼いたケーキ.

He·fen≈brot《方》= Hefebrot ≈**ku·chen**《方》= Hefekuchen ≈**pilz**《方》= Hefepilz ≈**stück**《方》= Hefestück ≈**teig**《方》= Hefeteig

He·fe≈pilz 男 酵母(イースト)菌. ≈**stück** 中 酵母入りねり粉, 酵母もち; 酵母を入れて焼いたケーキ類. ≈**teig** 男〘製菓〙発酵生地.

he·fig[hé:fɪç][2] 形 **1** 酵母(イースト)の. **2** 酵母(イースト)の味(香り)のする. **3** 酵母(イースト)入りの.

▽**Hef·ner·ker·ze**[hé:fnər..] 女 (略 HK) ヘーフナー燭〔光〕(1940年までに採用されていた光力単位). [<Fr. v. Hefner-Alteneck (ドイツの電気工学者, †1904)]

Heft[1][hɛft] 中 -[e]s/-e **1** (小 **Heft·chen** → 別出) **a)** (Schreibheft) 筆記帳, 帳面, ノート: ein ~ für Aufsätze 作文ノート | ein ~ für Hausaufgaben 宿題帳 | Noten*heft* 楽譜ノート ‖ *et.*[4] in ein ~ schreiben 〈eintragen〉 …をノートに書く(記入する). **b)** 小冊子, パンフレット; (Lieferung) 分冊: ein ~ Gedichte 詩の小冊子 | Das Wörterbuch erscheint in einzelnen ~*en.* その辞書は分冊形式で刊行される. **c)** (略 H.) (雑誌などの)号: das neueste ~ der Zeitschrift その雑誌の最新号.

2 (紙の分量単位として)全紙10枚分. [<heften]

Heft[2][hɛft] 中 -[e]s/-e **1**《雅》(Griff) (刃物・道具などの)にぎり, 柄(え)(→ 図 Messer): das ~ eines Messers ナイフの柄 | Feilen*heft* やすりの柄 ‖ *jm.* einen Dolch bis ans ~ ins Herz stoßen …の心臓に短刀を柄(つか)まで刺し通す. **2**《比》(Leitung) 支配(主導)権: **das ~ ergreifen** 〈**in die Hand nehmen**〉《雅》支配権を握る | **das ~ aus der Hand geben**《雅》支配権をゆずる(放棄する) | ***jm.* das ~ aus der Hand nehmen** 〈**winden**〉《雅》…の手から支配権を奪い取る | **das ~ 〔fest〕 in der Hand haben** 〈**behalten**〉《雅》支配権を握っている. [*ahd.*; ◇heben; *gr.* kṓpē „Griff"; *engl.* haft]

Heft·chen[hɛ́ftçən] 中 -s/- **1** (Heft[1] 1 の縮小形)小冊子; (回数券などの)つづり: ein ~ für Notizen メモ帳. **2**《軽蔑的に》(うすっぺらな)漫画, ミステリー, 三文小説.

Heft·draht 男 製本用の針金(ステープル). [<heften]

Hef·tel[hɛ́ftəl] 中 (男) -s/- **1**《中部》(衣服を留める)フックと受け金. **2**《南部》(Stecknadel) 留め針, ピン. [*mhd.*;

H

◇Haft²]

Hẹf·tel·ma·cher 男 -s/- 鉤ホック〈留め針〉を作る人: wie ein ~ aufpassen (→aufpassen I 1).

hẹf·teln[hέftəln]《06》他 (h)《中部》《*et.*⁴》(…を)ホックで留める.

hẹf·ten[hέftən]《01》**I** 他 (h) **1** 縫いとじる, とじ合わせる, 仮縫い〈仮とじ〉する: ein Kleid für die Anprobe ~ 服を仮縫いする | Die Broschüre ist nicht gebunden, sondern nur *geheftet.* その小冊子は製本してあるのではなく仮とじしてあるだけだ. **2 a)** (ある場所に)付着〈固定〉させる, (画鋲(がびょう)・ピンなどで)留める: ein Plakat an die Wand ~ ポスターを壁に留める | *jm.* einen Orden an die Brust ~ …の胸に勲章をつける ‖ die Augen auf *jn.* 〈*et.*⁴〉 ~/den Blick auf *jn.* 〈*et.*⁴〉 ~ …に目をくぎづけにする, …をじっと見すえる | den Sieg an *seine* Fahne ~ (→Sieg²). **b)** 再帰 *sich*⁴ an *et.*⁴ ~ …に付着する〈結びつく〉| *sich*⁴ *jm.* an die Fersen 〈Sohlen〉 ~ (→Ferse 1, →Sohle 1 a) | Sein Blick *heftete* sich auf mich. 彼のまなざしはじっと私にそそがれていた. **II ge·hẹf·tet** → 別出 [*germ.*; ◇..haft]

Hẹf·ter[hέftər] 男 -s/- **1** 書類ばさみ〈とじ〉, ファイル, バインダー. **2** ＝Heftmaschine

Hẹft≠fa·den 男〘服飾〙しつけ糸, とじ糸. **≠ga·ze** [..ga:zə] 女〘製本〙寒冷紗(しゃ).

hẹf·tig[hέftɪç]² 形 **1** 激しい, 猛烈〈強烈〉な; 熱烈な, 激情的な: ~*e* Kälte 酷寒 | ein ~*er* Kampf 激戦 | eine ~*e* Kritik 酷評 | ein ~*er* Regen 豪雨 | ~*e* Schmerzen 激痛 | ein ~*er* Zorn 激怒 ‖ eine ~*e* Liebe 熱烈な恋 | mit ~*en* Worten 激越な言葉で ‖ ~ debattieren 激論をたたかわす | ~ sieden 煮えたぎる | *sich*⁴ ~ erschrecken ひどく驚く | Es regnet ~. 雨が激しく降っている. **2** 怒りっぽい, かんしゃく持ちの: ein ~*er* Mensch 癇(かん)〈癖〉の強い人間, 激情家 | Er wird leicht ~. 彼はすぐにかっとなる. [＜*ahd.* heiftīg „ungestüm" (◇Hast)＋*mhd.* heftec „haftend" (◇..haft)]

Hẹf·tig·keit[−kaɪt] 女 -/-en **1**《単数で》激しさ, 激烈, 猛烈, 強烈, 熱烈, 激情; 短気, かんしゃく: an ~ zunehmen 激しさを増す | mit ~ 激しく. **2** 激しい言動.

Hẹft≠klam·mer[hέft..] 女 **1** ステープル(ホチキスの針: → 図 Klammer). **2** (Büroklammer) クリップ. **≠la·de** 女〘製本〙かがり台. **≠ma·schi·ne** 女 とじ〈つづり〉機, ステープラー, ホチキス. **≠na·del** 女 **1**〘製本〙とじ針. **2**〘医〙縫合針. **≠pfla·ster** 中〔中央部にガーゼのついた〕絆創膏(ばんそう). **≠schnur** 女 -/..schnüre〘製本〙かがり糸. **≠stich** 男〘服飾〙しつけ, 仮縫い, とじ付け. [＜heften]

hẹft·wei·se 副 (→..weise ★) 1 冊ずつ, 分冊で.

Hẹft≠zwecke 女 画鋲(がびょう). **≠zwirn** 男 ＝Heftfaden [＜heften]

Hẹ·ge[hé:gə] 女 -/ (森林・鳥獣・魚介類などの)保護, 育成: ~ und Pflege des Waldes 森林の保護育成. [*ahd.* hegī „Einhegung"; ◇hegen]

Hẹ·gel[hé:gəl] 人名 Georg Wilhelm Friedrich ~ ゲオルク ヴィルヘルム フリードリヒ ヘーゲル(1770-1831; ドイツの哲学者).

He·ge·lia̱·ner[he:gəliá:nər] 男 -s/- ヘーゲル派の哲学者.

he·ge·lia̱·nisch[..nɪʃ] 形 ヘーゲル派〈流〉の;《大文字で》ヘーゲル〔派〕の.

Hẹ·ge·lin·gen[hé:gəlɪŋən] 複 ヘーゲリンゲン, ヘーゲリングの人々(ドイツ英雄伝説における Hagen とその一族. 13世紀初頭の叙事詩『グードルーン』に登場する).

hẹ·gelsch[hé:gəlʃ] ＝hegelianisch

Hẹ·ge·mei·ster[hé:gə..] 男 主任林務官. [＜hegen]

he·ge·mo·nia̱l[hegemoniá:l] 形 **1** ヘゲモニー〈覇権〉の. **2** 覇権を握った, 主導的な, 優位に立った. **3** 覇権を求める, 主導権を得ようとする. [＜..al¹]

He·ge·mo·nia̱l·macht 女 覇権大国.

He·ge·mo·ni̱e[hegemoní:] 女 -/-n[..ní:ən] (Vorherrschaft) ヘゲモニー, (政治的な)支配〈主導〉権, 覇権; 支配〈指導〉的地位, 優位. [*gr.*; ＜*gr.* hēgemṓn „Anführer"]

he·ge·mọ·nisch[..mó:nɪʃ] 形 ヘゲモニー〈主導権〉を握った, 主導的な.

He·ge·mo·nịs·mus[..monísmʊs] 男 -/ 覇権主義.

he·ge·mo·nị·stisch[..nístɪʃ] 形 覇権主義的な.

hẹ·gen[hé:gən]¹ 他 (h) **1 a)** (植物や動物を)育てる, 育成する: den Wald 〈das Wild〉 ~ 森林〈野性の動物〉を保護する. **b)**《雅》《*jn.*》保護〈愛護〉する; 育成〈養育〉する: ***jn.*** **~ und pflegen** 親身になって…のめんどうを見る | *jn.* wie *seinen* eigenen Sohn ~ und pflegen …をわが子のようにいつくしみ育てる. **2** (心のなかに)抱く, もつ: eine Freundschaft 〈eine tiefe Liebe〉 für *jn.* ~ …に対して友情〈深い愛情〉を抱く | eine starke Abneigung gegen *et.*⁴ ~ …に対してはげしい嫌悪の念を抱く | einen Plan ~ 計画を抱く. ᵛ**3** (umzäunen) (垣で)かこむ; (enthalten) 内蔵〈含有〉する. ᵛ**4** (abhalten) Gericht ~ 裁判を行う. [*ahd.* he〔g〕gan „umzäunen"; ◇Hag]

Hẹ·ger[hé:gər] 男 -s/- (保護・育成する人. 特に:) 鳥獣保護者, 森林監視人, 林務官.

Hẹ·ge≠rei·ter[hé:gə..] 男 騎馬林務官. **≠ring** 男 (隣接する猟区の所有者同士の協定による)猟場. **≠schlag** 男, **≠wald** 男 保護林. **≠was·ser** 中 -s/..wässer 禁漁区〈水域〉. **≠zeit** 女 (Schonzeit) 禁猟〈禁漁〉期.

Hẹhl[he:l] 中 (男) 隠しだて, 隠匿:〘もっぱら次の成句で〙ohne ~ 隠さずに, あからさまに ‖ **ein〔en〕 ~ aus** ***et.***³ **machen** …を隠す, …を秘匿する | kein〔en〕 ~ 〈nie ein〔en〕 ~〉 aus *et.*³ machen …を隠さない〈決して隠さない〉| Er machte aus seiner Abneigung kein〔en〕 ~. 彼は嫌悪の情を露骨に示した | Sie macht nie ein〔en〕 ~ daraus, daß sie vorbestraft ist. 彼女は自分に前科があることを決して隠そうとしない ‖ ᵛes nicht 〈kein〔en〕〉 ~ machen, daß … …を隠す〈秘匿する〉.

hẹh·len[hé:lən] 他 (h) 隠す, 秘密にする; (盗品を)隠匿〈故買〉する. [*westgerm.*; ◇hüllen; *lat.* cēlāre „verbergen"]

Hẹh·ler[..lər] 男 -s/- (女 **Hẹh·le·rin**[..lərɪn]-/-nen) (盗品の)隠匿者, 故買人: Der ~ ist schlimmer als der Stehler.《諺》故買者は盗人より悪い.

Heh·le·rei̱[he:lərái] 女 -/-en〘法〙贓物(ぞう)収得.

hẹhr[he:r] 形《雅》(erhaben) 崇高な, 高貴な: ein ~*er* Anblick 荘厳な光景 | eine ~*e* Gestalt 神々しい姿. [*germ.* „grau"; ◇Herr; *engl.* hoar]

Hẹh·re[hé:rə] 女 -/ , **Hẹhr·heit**[hé:rhaɪt] 女 -/《雅》崇高, 荘厳, 神聖.

hei[haɪ] 間 **1** (感激・歓喜の気持を表して)おお, やあ, わあ(すごい・すばらしい・うれしい): *Hei*, wie sie singt! わあ なんて彼女の歌はすごいんだ | *Hei*, war das ein Spaß! ああ おもしろかった. **2** (けげん・驚きの気持を表して)へえ, おや, あっ(変だ・驚いた・予期していなかった): *Hei*, wer hat das gesagt? ほう だれがそう言ったんだい | *Hei*, wie der Wind ins Gesicht bläst! わっ なんてひどく風が顔に吹きつけるんだ. [*mhd.*]

hei̱a[háɪa·] **I** 間《幼児語》(幼児を寝かしつけるときの言葉) ねんねんよ: **~ machen** ねんねする.

II Hei̱a 女 -/-〔s〕《ふつう単数で》《幼児語》(子供の)ベッド: Jetzt ab in die ~! さあ おねんねするんだよ.

heia·po·pei̱a[haɪapopáɪa·, ⏊◡◡⏊◡] ＝eiapopeia

hei·da̱[haɪdá:, háɪda·] 間 (歓呼・声援の気持を表して)わあい, ばんざい; しっかり, がんばれ, やれやれ. [＜hei+da³]

Hei̱·de¹[háɪdə] 男 -n/-n (女 **Hei̱·din**[..dɪn]-/-nen) 異教徒; (Nichtchrist) 非キリスト教徒;〘聖〙異邦人;《比》不信心者, 無神論者: die ~*n* bekehren 異教徒を改宗させる | den ~*n* das Evangelium verkünden 異教徒に福音を伝える〈宣教する〉| Das Kind ist noch ein kleiner ~.《戯》この子はまだ洗礼を受けていない. [*ahd.*; ◇*engl.* heathen]

Hei̱·de²[−] 女 -/-n **1** (平坦(へいたん)で高木のない原野, 砂地であってヒースやネズが生育していることが多い)荒野, 荒地: eine blühende ~ 花の咲き乱れる荒野 | die Lüneburger ~ リューネブルクの荒地 | **… daß die ~ wackelt**《話》ものすごい勢いで, 手ひどく | Wenn du nicht hörst, bekommst du Prügel, daß die ~ wackelt. 言うことを聞かないと手ひどく殴られることになるぞ. **2**《単数で》＝Heidekraut [*germ.*; ◇ *engl.* heath]

Hei·de³[−] 女名 (＜Adelheid) ハイデ.
Hei·de·be·sen 男 ヒース製のほうき.
Hei·deg·ger[háidɛgər] 人名 Martin ～ マルティーン ハイデッガー(1889-1976; ドイツの哲学者で,20世紀実存哲学の代表者とされる. 著作は『存在と時間』など).
Hei·de≈grüt·ze[háidə..] 女, **≈korn** 中 -[e]s/ (Buchweizen)〘植〙ソバ(蕎麦). **≈kraut** 中 -[e]s/〘植〙ヒース, エリカ属(荒地や湿地に生えるツツジ科の小低木). **≈land** 中 -[e]s/ 荒野, 荒地.
Hei·del·bee·re[háidəlbe:rə] 女〘植〙コケモモ(苔桃)「属(の実).」
Hei·del·beer·kraut[..be:r..] 中 -[e]s/〘植〙コケモモ(苔桃)属. [*ahd.* heit-peri; ◇Heide²]
Hei·del·berg[háidəlbɛrk] 地名 ハイデルベルク(ドイツ南西部, Neckar 川に沿う古都. ドイツ最古の大学〔1386年創立〕がある). [＜Heidelbeere+Berg³]
Hei·del·ber·ger[..gər] I 男 -s/- ハイデルベルクの人. II 形《無変化》ハイデルベルクの.
Hei·del·berg·mensch 男〘人類〙ハイデルベルク人(ハイデルベルクの近くでその化石が発見された洪積世の原人).
Hei·de·ler·che[háidə..] 女〘鳥〙(荒野や森の草地に住む)モリヒバリ(森雲雀).
Hei·de·ma·rie[háidəmari:] 女名 ハイデマリー.
heiden..《名詞につけて「異教徒」を意味するが, 口語ではまた「非常な・法外な・どえらい」などを意味し, ふつうアクセントは同時に基礎語にもおかれる》: *Heiden*geld 巨額の金(かね) | *Heiden*spektakel 大騒動. [＜Heide¹]
Hei·den[háidən] 男 -s/《オーストリア》＝Heidekorn
Hei·den≈angst 女《話》非常な恐怖〈不安〉. **≈ar·beit** 女《話》たいへんな〈膨大な量の〉仕事.
Hei·den·christ 男 (↔Judenchrist)〘史〙(原始キリスト教時代の, ユダヤ人キリスト教徒に対する)異邦人キリスト教徒.
Hei·den·geld 中 -[e]s/《話》巨額の〈ばく大な〉金(かね).
Hei·den·korn ＝Heidekorn
Hei·den≈krach 男《俗》1 ＝Heidenlärm 2 大げんか. **≈lärm** 男《話》ものすごい騒音.
hei·den·mä·ßig 形《話》ものすごく大きな〈多い〉, 法外〈非常〉な: ein ～*es* Geld verdienen ばく大な金を稼ぐ.
Hei·den·mehl 中 -s/《オーストリア》そば粉. [＜Heiden]
Hei·den·mis·sion 女〘聖〙異邦人〈異教徒〉伝道.
Hei·den·re·spekt 男《話》非常な尊敬の念.
Hei·den≈rös·chen ＝Heideröschen **≈rös·lein** 中《雅》野ばら.
Hei·den≈schreck 男《話》非常な驚き〈驚愕(きょうがく)〉. **≈spaß** 男《話》非常な楽しみ〈喜び〉. **≈spek·ta·kel** 男《話》大騒ぎ, 大騒動.
Hei·den·tum[háidəntu:m] 中 -s/《集合的に》異教徒, 異教世界; 異教徒的な特徴〈振舞い〉. [*ahd.*; ◇Heide¹]
Hei·den·wei·zen 男〘植〙ソバ(蕎麦).
Hei·de≈rös·chen[háidə..] 中〘植〙フマナ(ハンニチバナ科の野草). **≈ro·se** 女 1《雅》野ばら. 2 ＝Heideröschen
hei·di[haidí:, háidi·] 間 (迅速・軽快な動きを表して, またそれに対する掛け声)さっ[と], あっ[という間に]; さあ(早く・急げ); ばんざい, フレー(やれやれえ・いいぞ): Er sprang ～ weg. 彼はさっととびのいた | Sie setzten sich auf den Schlitten, und ～ ging's den Berg hinunter. 彼らはそりに乗ってサーッと山を滑り降りた ‖ **～ gehen**《話》i) なくなる, うせる; ii)《オーストリア》寝に行く, 寝床に入る | Das ganze Geld ist ～ gegangen. 有り金はあっという間になくなった ‖ **～ sein**《話》i) なくなって〈紛失して〉いる; ii) だめになっている, 使いものにならない | Das Messer ist ～. ナイフがなくなった〈使いものにならなくなった〉. [＜hei]
Hei·di[háidi·] 女名 (＜Adelheid) ハイディ, ハイジ.
Hei·din Heide¹の女性形.
Heid·jer[háidjər] 男 -s/- [Lüneburg の]荒地の住人. [*ndd.*; ◇Heide²]
heid·nisch[háidnɪʃ] 形 異教[徒]の; 非キリスト教的な;《比》不信心な. [*ahd.*; ◇Heide¹]
Heid·schnucke[háit..] 女 -/-n [Lüneburg の]荒地産の羊. [＜Heide²]

Hei·duck[haidúk] 男 -en/-en 1〘史〙ハンガリーの傭兵(ようへい). 2 (オーストリア=ハンガリー帝国の貴族の)召使い; 廷吏. 3《話》ならず者; がき大将, わんぱく小僧. [*ungar.* hajdúk]
Hei·er·mann[háiərman] 男 -[e]s/..männer[..mɛnər]《北部》《話》(Fünfmarkstück) 5マルク貨幣. [＜Heuer²; 船員の支度金から]
Hei·ke[háikə] I 女名 (＜Heinrike) ハイケ. II 男名 (＜Heiko) ハイケ.
hei·kel[háikəl] (heik·l..) (ᵛ**heik·lig**[háiklɪç]²) 形 1 扱いにくい, 慎重な配慮を要する, むずかしい, 微妙な: ein *heikler* Fall 厄介〈微妙〉なケース. 2《南部》(wählerisch) 好みのうるさい, 気むずかしい: Er ist im Essen ～. 彼は食べ物にうるさい. [＜*mhd.* hei[g]en „hegen" (◇Hege)+ekel]
Hei·ko[háiko·] 男名 (＜Heinrich) ハイコー.
heil[hail] 形 1 無傷の, 破損のない; 健康〈健全〉な; 無事な: ～ am Ziel ankommen 無事に目的地に到着する | ～*e* Glieder haben 五体健全である | aus ～*er* Haut (→Haut 1 a) | mit ～*er* Haut davonkommen (→Haut 1 a) | Der Finger ist wieder ～. 指のけがはすっかりよくなった | Die Vase ist ～ geblieben. 花瓶は壊れなかった〈きず一つつかなかった〉 | *et.*⁴ ～ machen《幼児語》(破れた)…をちゃんとする(繕う). 2《北部》非常な, 全くの: ～*e* Angst 非常な心配〈恐怖〉 | ～ und deil 全く, すっかり(＝ganz und gar). [*idg.*; ◇Heil, heilen, heilig; *engl.* whole, hale]
Heil[−] 中 -s(-es)/ 1 a) (Wohlergehen) 無事, 平安, 健康, 安寧; (Glück) 幸福, 幸運; (Nutzen) 利益: *jm.* ～ und Segen wünschen …の無事〈幸運〉を祈る | *sein* ～ versuchen 運を試す | zu *js.* ～ sein …のためになる | von *jm.* 〈*et.*³〉 *sein* ～ erwarten …に期待をかける, …を神だのみにする | ***sein* ～ in der Flucht suchen** 逃げ出す(逃げて身の安全をはかる). b)《あいさつの言葉として》*Heil* dem König! 国王万歳 | *Heil* Hitler! ハイル=ヒトラー(ヒトラー政権下のドイツで用いられたあいさつ) | Petri ～! ペトリ=ハイル(釣り人のかわすあいさつ) | Schi ～! シー=ハイル, スキー万歳(スキーヤーのかわすあいさつ) | Gut ～! がんばれよ(昔の競技者のあいさつ). 2 (Erlösung)〘宗〙救済; (Seligkeit) (永遠の)至福, 浄福: das ～ der Seele 魂の至福 | im Jahre des ～*s* 1510 キリスト紀元1510年に. [*germ.*; ◇heil; *engl.* hail]
Hei·land[háilant]¹ 男 -[e]s/-e 1 救済者, 救い主. 2《単数で》救世主(イエス=キリスト). [*westgerm.*; *kirchenlat.* salvātor (*gr.* sōtér の翻訳借用)の翻訳借用; ◇heilen]
Heil≈an·stalt[háil..] 女 療養所; (中毒患者の)治療施設; (Irrenanstalt) 精神病院. **≈an·zei·ge** 女 (↔Gegenanzeige) (Indikation)〘医〙適応[症]. **≈bad** 中 1 湯治場. 2 治療のための薬浴, 薬湯(くすりゆ).
heil·bar[háilba:r] 形 (病気・けがなどが)治療できる, 癒(い)やすことのできる: eine nicht ～*e* Krankheit 不治の病.
Heil·bar·keit[−kait] 女 -/ heilbar なこと.
Heil·be·helf 男《オーストリア》＝Heilmittel
heil·brin·gend 形 1 永遠の至福をもたらす. 2 治療効果のある.
Heil·brun·nen 男 ＝Heilquelle
Heil·butt[háil..] 男〘魚〙オヒョウ(北方海洋産の大ヒラメ). [*ndd.* hillig-butt „Butt für Heiligentage"; ◇heilig; *engl.* halibut]
hei·len[háilən] I 自 (s) (英: *heal*) (病気・傷などが)治る, 治癒する: Die Wunde ist von selbst *geheilt.* 傷はひとりでに治った. II 他 (h) 1《*et.*⁴》(病気・傷などを)治す, 治療する; (害悪を)矯正〈除去〉する: eine Entzündung durch Penizillin 〈mit Penizillin〉 ～ 炎症をペニシリンで治す | Die Zeit *heilt* alle Wunden.《諺》時はすべての傷をいやす ‖ eine *heilende* Wirkung 治療作用. 2《*jn.*》(…の病気・傷・悪癖などを)治す, 治療する: *jn.* von *seiner* Krankheit 〈von *seinem* Mißtrauen〉 ～ …の病気を治す〈不信の念を解消する〉 | Ich bin davon für immer *geheilt.* 私はこの過ちはもう二度と繰り返さない, 私はもうこりた. III **Hei·len** 中 -s/ heilen すること: Vorbeugen ist besser als ～. (→vorbeugen III). [*germ.*; ◇heil, Heiland, Heliand; *engl.* heal]
Heil≈er·de[háil..] 女 治療土(治療・美容効果のある土).

⸗er·folg 男 治療効果. **⸗er·zie·hung** 女 (精神薄弱児・身体障害児などのための)治療〈養護〉教育. **⸗fa·sten** 中 治療のための断食, 断食療法. **⸗fie·ber** 中〖医〗治療熱(治療の目的で人為的に生じさせる高熱).

heil·froh[háilfróː] 形《述語的》《話》(sehr froh) 非常に喜んでいる, とてもうれしい; (苦しみなどをのり越えて)ほっとした.

Heil⸗für·sor·ge[háil..] 女 (無料の)医療奉仕. **⸗ge·hil·fe** 男 治療助手. **⸗gym·nast** 男 (女 **⸗gym·na·stin**)療養体操指導員 **⸗gym·na·stik** 女〖体育・医〗健康〈治療〉体操. [<heilen]

hei·lig[háilıç]² **I** 形 **1** (略 hl., 複数: hll.) (英: *holy*) (宗教的に)神聖な; 信仰のあつい, 敬虔(けいけん)な: das ~*e* Sakrament〖カトリック〗聖なる秘跡 | der ~*e* Paulus 聖パウロ | ein ~*es* Leben führen 敬虔な生活を送る ‖ **die** ***Heilige*** **Familie** 聖家族(幼児イエス, マリアおよびヨゼフ) | **die** ***Heilige*** **Jungfrau** 聖なるおとめ(聖母マリア) ‖ **der** ***Heilige*** **Abend** =Heiligabend | die *Heilige* Dreieinigkeit 聖三位一体(父・子・聖霊の) | **der** ***Heilige*** **Geist** 聖霊 | das *Heilige* Grab 聖墓(エルサレムにある) | der *Heilige* Krieg der Muslime (異教徒に対する)イスラム教徒の聖戦 | das *Heilige* Land 聖地(パレスチナ) | die *Heilige* Nacht 聖夜 | die *Heilige* Schrift 聖書 | der *Heilige* Vater〖カトリック〗教皇聖下 | die *heilige* Woche 聖週〔間〕, 受難週(復活祭の前の 1 週間; =Karwoche) ‖ das *Heilige* Römische Reich Deutscher Nation〖史〗神聖ローマ帝国.

2 神聖な, 犯すことのできない, 厳粛な, 大切な: ein ~*es* Gefühl 神聖な感情 | ein ~*er* Schwur 厳粛な誓い | die ~*e* Pflicht 神聖な義務 | die ~*e* Wahrheit 厳粛な真理 ‖ die *Heilige* Allianz〖史〗神聖同盟(1815年ロシア・オーストリア・プロイセン間に結ばれた) | Das ist mein ~*er* Ernst. 私は本気で言っているのだ ‖ *et.*⁴ hoch und ~ versprechen 〈beteuern〉 (→hoch 5) | Mein Wort ist mir ~. 私にとって約束は神聖である | Ihm ist nichts ~. 彼は畏敬(いけい)の心を知らない | Ich schwöre bei allem, was mir ~ ist. 私は誓って申しあげます ‖〖間投詞的表現で〗Ach du ~*er* Bimbam 〈Strohsack〉! これはたまげた | Du ~*e* Einfalt! ああ なんたる無邪気さ〈おめでたさ〉よ.

3《付加語的》《話》極度の, 非常な: eine ~*e* Angst 激しい恐怖〈不安〉 | ein ~*er* Tumult 大騒ぎ, 大混乱 | *seine* ~*e* Not haben 大いに手を焼く, 困りはてる.

4《副詞的》《方》全く, 本当に: ~ wahr sein 絶対に真実である.

II Hei·li·ge《形容詞変化》**1** 男 女〖カトリック〗聖人, 聖女; 《話》非常に敬虔(けいけん)な人: um aller ~*n* willen《話》後生だから | **ein sonderbarer 〈wunderlicher〉 ~*r***《話》変わり者, 変人 | Er ist kein ~*r*. 彼にも弱点はある.

2 中 神聖な物: der Begriff des ~*n* 神聖さの概念.
[*germ.*; ◇heil; *engl.* holy]

Hei·lig·abend[hailıçáːbənt]¹ 男 クリスマスイブ.

hei·li·gen[háilıgən]² 他 (h)《雅》**1** (heilighalten) 神聖なものとして崇(あが)める: den Namen Gottes ~ 神の御名(みな)を崇める ‖ den Feiertag ~ 祝日を守る(労働に従事せず, ミサにあずかるなど). **2** (rechtfertigen) 正当化する: Der Zweck *heiligt* die Mittel. (→Zweck 1). **3** (weihen) 神聖なものにする, 清める, 祝別〈聖別〉する.

Hei·li·gen⸗bild 中 聖人像〈画〉. **⸗blu·me** 女〖植〗サントリナ, ラベンダーコットン(地中海原産のキク科の低木). **⸗schein** 男 (キリスト・聖人などの頭の周りの)光輪, 円光, 後光(→ 図): ***jn.* mit einem ~ umgeben**《比》…を偶像視する, …を過大に賛美する. **⸗ver·eh·rung** 女 聖人崇拝.

Scheibe (Nimbus)

Kreuznimbus

Mandorla

Aureole

Heiligenschein

hei·lig|hal·ten*[háilıç..]《65》=heiligen 1

Hei·lig·keit[háilıçkait] 女 -/ **1** heilig なこと: die ~ der Ehe 結婚の神聖さ. **2** (ローマ教皇に向かっての敬称として) Euer ~ 猊下(げいか)(第三者としての教皇については Seine ~ を用いる).

hei·lig|spre·chen*《177》他 (h) (kanonisieren)〖カトリック〗(*jn.*)(死者を)聖人の列に加える.

Hei·lig·spre·chung 女 -/-en〖カトリック〗聖人の列に加えること, 列聖〔式〕.

Hei·lig·tum[háilıçtuːm] 中 -s/..tümer[..tyːmər] **1** 神聖な〈犯すべからざる〉場所, 聖域. **2** 神聖な〈犯すべからざる〉もの, 聖物.

Hei·li·gung[háilıgʊŋ] 女 -/ heiligen すること.

Heil·kli·ma[háil..] 中 健康〈病気療養〉によい気候.

heil·kli·ma·tisch 形 健康〈病気療養〉によい気候の.

Heil·kraft 女 治癒力, (薬などの)効力, ききめ.

heil·kräf·tig 形 治癒力のある, 効力〈ききめ〉のある.

Heil⸗kraut 中 =Heilpflanze **⸗kun·de** 女 -/ (Medizin) 医学, 医術.

heil·kun·dig 形 医術に通じている: der 〈die〉 *Heilkundige* (医師ではないが)医術の心得のある人.

heil·kund·lich 形 医術の; 医術に関する.

Heil·kunst 女《ふつう単数で》医術.

heil·los[háilloːs]¹ 形 **1** 救いがたい, どうしようもない, ひどい, 法外な: eine ~*e* Angst 非常な不安 | ein ~*es* Durcheinander 収拾のつかない混乱 ‖ ~ betrunken sein 泥酔している. ▽**2** 不吉な; 無意味な.

Heil⸗ma·gne·tis·mus[háil..] 男 = Mesmerismus **⸗mas·sa·ge**[..masaːʒə] 女 治療マッサージ. **⸗me·tho·de** 女 治療法; 救済策〈手段〉. **⸗mit·tel** 中 **1** 治療薬, 薬剤: antibiotische ~ 抗生物質製剤 | chemische ~ 化学的薬品. **2** 治療法; 救済策〈手段〉.

Hei·long·jiang[xāilʊ́ŋdziāŋ] =Heilungkiang

Heil⸗päd·ago·gik 女 =Heilerziehung **⸗pflan·ze** 女 薬用植物, 薬草. **⸗pfla·ster** 中 膏薬(こうやく). **⸗prak·ti·ker** 男 (医者ではないが正式の許可を得ている)治療師. **⸗pro·zeß** 男 治療〈治癒〉過程. **⸗quel·le** 女 (治療効果のある)鉱泉, 療養泉. [<heilen]

Heil·ruf 男 万歳の叫び声(特にナチ政権下での「ハイル=ヒトラー」: →Heil 1 b).

Heil·sal·be 女 軟膏(なんこう). [<heilen]

heil·sam[háilzaːm] 形 **1** (道徳的に)役にたつ, ためになる, 有益な: eine ~*e* Lehre 有益な教訓 | Diese Erfahrung wird ihm ~ sein. この経験は彼によい薬になるだろう. ▽**2** (heilkräftig) 治癒力のある; 救済的な: eine ~*e* Pflanze 薬草. [*ahd.*; ◇Heil; *engl.* wholesome]

Heil·sam·keit[–kait] 女 -/ heilsam なこと.

Heils·ar·mee[háils..] 女 -/ 救世軍(→Salutist). [*engl.* Salvation Army (→Salvation Army) の翻訳借用]

Heils⸗bot·schaft 女 **1**《単数で》(Evangelium)〔救済の〕福音. **2**《比》喜ばしい知らせ. **⸗brin·ger** 男〖宗〗救済をもたらす者, 神, 救世主.

Heil⸗schlaf[háil..] 男 -[e]s/ 睡眠療法. **⸗schlamm** 男 治療〈美容〉効果のある泥土. **⸗se·rum** 中〖医〗抗〈免疫〉血清. [<heilen]

Heils⸗ge·schich·te[háils..] 女 -/ 救済史(天地創造からキリストの受難までを扱う). **⸗leh·re** 女 -/ 救済の教義. **⸗ord·nung** 女 -/〖キリスト教〗救済の秩序.

Heil·stät·te[háil..] 女 (結核患者などの)療養所, サナトリウム.

Hei·lung[háilʊŋ] 女 -/-en《ふつう単数で》(heilen すること. 例えば:) 治癒; 治療.

Hei·lung·kiang[háilʊŋkiaŋ] 地名 黒龍江, ヘイロンチアン(中国, 東北地区北部の省で, 省都はハルビン Harbin).

Hei·lungs⸗me·tho·de[háilʊŋs..] = Heilmethode **⸗pro·zeß** =Heilprozeß **⸗ra·te** 女 (疾患の)治癒率.

Heil⸗ver·fah·ren[háil..] 中 治療〔法〕, 療養. **⸗wir·kung** 女 治療効果.

Heim[haim] **I** 中 -[e]s/-e **1**《ふつう単数で》(英: *home*) わが家, 自宅, 住まい: Eigen*heim* マイホーム ‖ ein eigenes

～ gründen 所帯をもつ | in ein neues ～ einziehen 新しい住まいに引っ越す. **2** (施設としての)ホーム, 収容所, 療養〈保養〉施設; 集合〈宿泊〉所, クラブハウス: Alters*heim* 老人ホーム | Obdachlosen*heim* 浮浪者収容施設 ‖ einen Kranken in ein ～ einweisen 病人を養養所に入れる | Das Kind wuchs in einem ～ auf. その子供は施設で育った | Der Betrieb hat ein ～ an der Ostsee. この会社はバルト海に海の家をもっている.

II heim 副 **1** 自宅〈故郷〉で. **2** わが家〈故郷〉へ: Wollen wir schnell ～! 急いで帰宅しようではないか | *et.*[4] ～ ins Reich holen (→Reich 1).

☆ 動詞と用いる場合は分離の前つづりともみなされる.

[„Lager"; *germ.*; ◇*engl.* home; *gr.* kṓmē „Dorf"]

Heim≠abend[háim..] 男 ホーム〈集会所・クラブハウス〉での夜の集い. **≠ar·beit** 女 **1** 家内労働; (パソコンなどを利用しての)在宅勤務. **2** 家内工業の製品. **≠ar·bei·ter** 男 家内労働者; 在宅勤務者.

Hei·mat[háima:t] 女 -/-en《ふつう単数で》**1** 〔生まれ〕故郷, ふるさと; 故国, 祖国: in die ～ zurückkehren 故郷〈郷里〉へ帰る ‖ Hamburg ist seine zweite ～. ハンブルクは彼の第二の故郷だ | Die ～ dieser Kunstform ist Deutschland. この芸術形式の発祥地はドイツだ ‖ die ewige ～《比》来世, あの世. **2** (動植物の)原産地. [*ahd.*; ◇Heim]

hei·mat·be·rech·tigt 形 **1** (wohnberechtigt)《場所を示す語句と》(…に)居住権のある. **2**《ス⁴》《場所を示す語句と》(…に)市民権のある: Er ist in Zürich ～. 彼はチューリヒの市民である.

Hei·mat≠be·rech·ti·gung 女 -/ 居住〈定住〉権. **≠dich·ter** 男 郷土詩人. **≠dich·tung** 女 郷土文学. **≠er·de** 女 -/ 故郷〈郷里〉の土: die ～ wieder betreten 再び故郷の土を踏む. **≠for·scher** 男 郷土誌〔研究〕家. **≠ge·schich·te** 女 郷土史. **≠ha·fen** 男〔海〕船籍港, 母港. **≠kun·de** 女 -/ 郷土誌〈研究〉. **≠kunst** 女 郷土芸術. **≠land** 中 -〔e〕s/..länder 故国, 生国.

hei·mat·lich[háima:tlɪç] 形 故郷〈郷里〉の; 故郷を思わせる; なじみの: der ～*e* Dialekt 郷里の方言, お国なまり | ～*e* Wehmut 郷愁 ‖ Alles mutet mich hier ～ an. すべてがここでは私に身近なものに感じられる.

Hei·mat·lie·be 女 郷土愛.

hei·mat·los[..lo:s][1] **I** 形 故郷〈郷里〉のない, 故郷喪失の, 故郷を追われた; 流浪の; 無国籍の. **II Hei·mat·lo·se** 男 女《形容詞変化》故郷なき人; 無国籍者.

Hei·mat·lo·sig·keit[..lo:zɪçkaɪt] 女 -/ heimatlosなこと.

Hei·mat≠mu·se·um 中 郷土博物館. **≠ort** 男 -〔e〕s/-e **1 a**) 故郷〈郷里〉の町; 出生地. **b**)《ス⁴》(その人が市民権を所有している)本籍地. **2** =Heimathafen **≠pfle·ge** 女 = Heimatschutz **≠prin·zip** 中 -s/《ス⁴》〔法〕属人主義. **≠recht** 中《ふつう単数で》居住〈市民〉権. **≠schein** 男《南部》居住〈市民〉権証明書. **≠schuß** 男《話》(治療のため戦地から)本国送還の要ある銃創. **≠schutz** 男 郷土色(風土・風俗・文化財などの)保存〈保護〉. **≠staat** 男 -〔e〕s/-en 故国, 生国; (その人の国籍のある)本国. **≠stadt** 女 故郷〈郷里〉の町. **≠ur·laub** 男 (外地からの)帰省休暇. **≠ver·trie·be·ne** 男 女 故郷を追われた人(特に第二次大戦直後に旧ドイツ帝国領土から追放されたドイツ人: →Flüchtling).

heim≠|be·ge·ben*[háim..]《52》他 (h) 再帰 *sich*[4] ～ 帰宅〈帰郷・帰国〉する. **≠|be·glei·ten**《01》他 (h)《*jn.*》家まで送る. **≠|brin·gen***《26》他 (h) **1**《*et.*[4]》家〈郷里・故国〉へ持ち帰る. **2**《*jn.*》家まで送る.

Heim≠bür·ge 男 ᵛ**1** 村の代官. **2**《中部》(Leichenbestatter) 葬儀屋. **≠bür·gin** 女《中部》(Leichenfrau) 湯灌(ゆかん)をする女.

Heim·chen[háimçən] 中 -s/- **1** (Hausgrille)〔虫〕イエコオロギ(家蟋蟀). **2**《軽蔑的に》無能〈無経験〉な女: **ein ～ am Herd**〔**e**〕《比》家事だけで満足している女. [*ahd.* heimo; Heim]

Heim·com·pu·ter[..kɔmpju:tər] 男 ホーム〈家庭用〉コンピューター.

Heim·dal〔**l**〕[háimdal] 人名〔北欧神〕ヘイムダル(神々の居所を守る光の神). [*anord.*]

heim|ei·len 自 (s) 急いで帰宅〈帰郷・帰国〉する.

hei·me·lig[háiməlɪç][2] 形 (anheimelnd) 故郷をしのばせるような,(わが家のように)居心地のよい, アットホームな. [<*mhd.* heimen „heimisch machen" (◇Heim)]

Hei·men[háimən] 中 -s/-, **Hei·met**[..mət] 中 -s/-e (女 -/-en)《ス⁴》(Bauerngut)(一農家の)農地.

heim|fah·ren*[háim..]《37》自 (s) **1** (乗り物で)帰宅〈帰郷・帰国〉する. **2**《婉曲に》(sterben) 死ぬ.

Heim≠fahrt 女 **1 a**) (乗り物での)帰宅, 帰郷, 帰国. **b**) (乗り物に限定せず)帰郷の旅. **2**《婉曲に》(Tod) 死. **≠fall** 男 -〔e〕s/ (heimfallen すること. 例えば:)〔法・史〕(地上権の)復帰, 帰属.

heim|fal·len*《38》自 (s)《*jm.*》〔法・史〕(…の手に)復帰〈帰属〉する.

heim·fäl·lig 形《an *jn.*》〔法・史〕復帰〈帰属〉すべき.

Heim·falls·an·spruch 男〔法・史〕帰属〈復帰〉請求権.

heim≠|fin·den*《42》**I** 自 (h) 家〈故郷〉へ帰る道を見いだす. **II** 他 (h) 再帰 *sich*[4] ～ 家〈故郷〉へ帰る道を見つけ出す: *Finden* Sie sich *heim*? (お宅への)帰り道はわかりますか. **≠|füh·ren** 他 (h) **1**《*jn.*》(介助を必要とするものなどを)家へ連れて行く, 家まで送る: *jn.* als Frau ～《雅》…を妻にする. **2**《*jn.*》(出来事などが…に)帰国〈帰郷・帰宅〉をうながす.

Heim·gang 男《ふつう単数で》**1**《婉曲に》(Tod) 死. **2** 帰宅, 帰国.

heim≠|ge·ben*《52》《方》= heimzahlen **≠|ge·hen***《53》自 (s) **1** 帰宅する. **2**《婉曲に》(sterben) 死ぬ: zu *seinen* Vätern ～ (→Vater 1 c) | der 〈die〉 *Heimgegangene* 亡き人, 故人 ‖ 非人称 Jetzt *geht's heim.* さあ家へ帰ろう. **≠|gei·gen** 他 (h)《*jn.*》ᵛ**1** 音楽の伴奏つきで家まで送る. **2**《話》(…の要求を)はねつける: Laß dich ～! さっさと失(う)せろ. **≠|ho·len** 他 (h)《*jn.*》**1** 家へ連れ戻す. **2**《婉曲に》(神が…を)天国へ召す,(病気・事故などが…を)天国へ送る.

Heim·in·du·strie 女 家内工業.

hei·misch[háimɪʃ] 形 **1**《付加語的》わが家の, 故郷〈郷土〉の, その土地の, 国内〈自国〉の: die ～*e* Bevölkerung 〈Mundart〉 その土地の人々〈方言〉 | ～*e* Nachfrage 国内需要, 内需 | am ～*en* Herd (→Herd 1 a). **2** 住みついた, わが家のような, 慣れ親しんだ: die in Afrika ～*en* Tiere アフリカに生息する動物 ‖ *et*[4] ～ machen …をなじませる〈広める・普及させる〉 | Er fühlt sich in Bonn ～. 彼はボンの生活に我が家のようになじんでいる ‖ Er ist in dieser Wissenschaft ～.《比》彼はこの学問に通暁している.

Hei·mi·to[haimí:to·] 男名 ハイミート.

Heim·kehr[háimke:r] 女 -/ 帰宅, 帰郷, 帰国, 帰省.

heim|keh·ren 自 (s) 帰宅〈帰郷・帰国〉する.

Heim≠keh·rer 男 -s/- 帰宅〈帰郷・帰国〉者; (戦地・抑留地などからの)帰還者〈兵〉. **≠kind** 中 施設〔収容〕の子供. **≠ki·no** 中 **1 a**) 家庭用映写機. **b**) 家庭での映写会. **2**《戯》(Fernsehen) テレビ.

heim|kom·men*《80》自 (s) 帰宅〈帰郷・帰国〉する.

Heim≠kunft[..kʊnft] 女 -/ 帰宅, 帰郷, 帰国. **≠lei·ter** 男 (女 **≠lei·te·rin**) 寮長, 寮監.

heim|leuch·ten《01》自 (h) **1**《*jm.*》(…の帰り道を照らしながら)送りとどける. **2**《*jm.*》(…の要求を)はねつける.

heim·lich[háimlɪç] 形 **1** ひそかな, 秘密〈内密〉の; 隠れた, 人目をしのぶ: eine ～*e* Absprache 秘密の取り決め | ein ～*es* Stelldichein 人目をしのぶデート, 密会 | ein ～*er* Unterschlupf 秘密の隠れ家 | auf ～*e* Weise ひそかに | ～*e* Wege gehen《比》禁じられた行為をする, 悪事を働く ‖ *et*[4] ～ tun …を内緒で〈人に隠れて〉行う(ただし: →heimlichtun) | **～, still und leise**《話》まったく気づかれずに, こっそり | *sich*[4] ～〔, still und leise〕 davonmachen こっそり立ち去る. **2**《南部》=heimelig [*ahd.*; ◇Heim]

heim·lich·feiß[–fais] 形《ス⁴》(財産・能力などを隠して)貧しい〈無能な〉ふりをしている.

Heim·lich·keit[..kait] 女 -/-en **1** heimlich 1なこと: in aller ～ ひそかに, こっそりと. **2**《ふつう複数で》(Geheimnis) 秘密, 内緒ごと: vor *jm.* ～*en* haben …に対して隠しご

H

とをもっている. **3**《南部》heimelig なこと.

Heim·lich·tu·er[..tu:ər] 男 -s/- 秘密ありげに振舞う〈思わせぶりをする〉人.

Heim·lich·tue·rei[haɪmlɪçtu:əráɪ] 女 -/-en heimlichtun すること.

heim·lich|tun*[háɪmlɪç..]《198》自 (h) 秘密ありげに振舞う, 思わせぶりをする(ただし: heimlich tun →heimlich 1).

heim·los[háɪmlo:s][1] 形 家庭〈住む家〉のない.

Heim·mann·schaft 女 (↔Gastmannschaft)〘スポーツ〙(招待チームを受け入れる側の)地元〈ホーム〉チーム.

heim|neh·men*《104》他 (h) 家に持って帰る.

Heim≠or·gel 女 家庭用電子オルガン. **≠rei·se** 女 帰郷〈帰国〉の旅.

heim≠|rei·sen[háɪmraɪzən][1]《02》自 (s) 帰郷〈帰国〉の旅をする, 旅から家に戻る. **≠|schicken** 他 (h)《*jn.*》帰宅させる; 追い返す.

Heim≠schu·le 女 寄宿学校. **≠se·her** 男 ビデオレコーダー〈プレーヤー〉, VTR.

heim|seh·nen 他 (h) 再帰 *sich*[4] ～ 家に帰りたがる, 故郷をしたう.

Heim≠si·phon[..zi:fɔ̃·] 男 ソーダサイフォン. **≠spiel** 中 (↔Gastspiel)〘スポーツ〙ホームグラウンドでの試合, ホームゲーム. **≠statt** 女 =Heimstätte 1 **≠stät·te** 女 **1** 居所, すみか, 安住の地: feste ～ 定住地. **2** (庭つきの)個人住宅; (特に戦争犠牲者のための)小住宅.

heim|su·chen[háɪm..] 他 (h)《*jn./et.*[4]》(不幸・災難などが)襲う, (…に)ふりかかる; 悩ます, 苦しめる; (…に神が)試練を下す; (よからぬ意図をもって…を)襲う: Die Stadt wurde von einem Erdbeben *heimgesucht.* 町は地震に襲われた | Er wurde von Verzweiflung *heimgesucht.* 彼は絶望に襲われた. **2**《戯》《*jn.*》(不意に)訪問する.

Heim≠su·chung 女 -/-en **1** heimsuchen すること. **2** 不幸, 災難; 天罰, (神の)試練. **3** Mariä ～〘カトリック〙聖母の訪問〔の祝日〕(5月31日; 元来は7月2日). **4**《南部》(Haussuchung) 家宅捜査. **≠trai·ner**[..trɛ:nər] =Hometrainer

heim|trei·ben*《193》他 (h) (家畜などを)小屋へ追い〈連れ〉戻す.

Heim≠tücke[háɪmtʏkə] 女 陰険, 狡猾(こうかつ), 悪意. **≠tücker** 男 -s/- 陰険〈狡猾〉な人, 卑劣漢.

heim·tückisch[..kɪʃ] 形 陰険〈狡猾〉な, 卑劣な, 悪意のある: eine ～*e* Krankheit たちの悪い病気.

heim·wärts[háɪmvɛrts] 副 自宅〈故郷〉に向かって: auf dem Wege ～ 家に帰る途中で.

Heim≠weg 男 -[e]s/ 家路, 帰路: auf dem ～ 帰宅の途中で | *sich*[4] auf den ～ machen 家路につく. **≠weh** 中 -s/ (↔Fernweh) 郷愁, ホームシック: an 〈unter〉 〔einem heftigen〕 ～ leiden 〔激しい〕ホームシックにかかっている.

heim·weh·krank 形 ホームシックにかかった.

Heim·wehr 女 (特に第一次大戦後のオーストリアに成立し1936年まで続いた反共的な)自警〈防郷〉団, 護国団.

heim|wer·ken 自 (h)《ふつう不定詞・現在分詞で》家庭で大工仕事をする, 家庭大工をする.

Heim≠wer·ker 男 **1** heimwerken する人. **2** 家庭用電動工具. **≠we·sen** 中《スイス》家屋敷; 家政, 所帯.

heim≠|zah·len 他 (h) **1**《*jm. et.*[4]》(…に…の)報復〈仕返し〉をする: *jm. et.*[4] in 〈mit〉 gleicher Münze ～ (→Münze 1 a). ▽**2**《*jm. et.*[4]》(…に…の)お礼をする, お返しをする. **≠|zie·hen***《219》**I** 自 (s) 家に帰る. **II** 他 (h) 家へ引きつける: 非人称 Es *zieht* mich *heim.* 私は家〈故郷〉に帰りたい.

heim·zu《話》=heimwärts

heim|zün·den[háɪmtsʏndən] 自 (h)《スイス》= heimleuchten 2

Hein[haɪn] 男名 (<Heinrich) ハイン: Freund ～ (→Freund 1 a).

Hei·ne[háɪnə] 人名 Heinrich ～ ハインリヒ ハイネ(1797–1856; ドイツの詩人).

Hei·ner[háɪnər] 男名 (<Heinrich) ハイナー.

Hei·ni[háɪni·] **I** 男名 (<Heinrich) ハイニ. **II** 男 -s/-s《話》(愚鈍・単純・無能力な)男: ein grüner ～ 青二才 | den müden ～ spielen のろのろ仕事をする.

..heini[..haɪni·] →..fritze

hei·nisch[háɪnɪʃ] 形 ハイネふうの(→Heine):《大文字で》ハイネの.

Hein·rich[háɪnrɪç] 男名 ハインリヒ: **den flotten ～ haben**《話》下痢をしている | **den müden ～ spielen/auf müden ～ machen**《話》のろのろ仕事をする ‖ guter ～〘植〙アカザ属の一種(食用となる). [<Hagan-rich „Herrscher in seinem umhegten Besitz" (◇Hag, reich)]

Hein·ri·ke[haɪnrí:kə] 女名 (<Henrike) ハインリーケ.

heint[haɪnt] 副《南部》**1** (heute nacht) 昨夜, 今晩〔未明〕; 今夜. **2** (heute) きょう. [*ahd.* hī-naht „diese Nacht"]

Heinz[haɪnts] 男名 (<Heinrich) ハインツ. [◇Hinz]

Hein·ze[háɪntsə] **I** 男 -n/-n《南部》**1** (Heureuter) 干し草掛け. **2** (Stiefelknecht) (長靴用の)靴脱ぎ台. **II** 女 -/-n《スイス》= I 1

Hein·zel≠bank[háɪntsəl..] 女 -/..bänke《オーストリア》(Werkbank) 仕事台. **≠männ·chen** 中 -s/-〘民俗〙(人家に出没するいたずら好きで家事の手伝いなどもする)小鬼, 小妖精(ようせい), 家の精.

heio·po·peio[haɪopopáio·, ⏑⏑⏑⏑⏑] =eiapopeia

Hei·rat[háɪra:t] 女 -/-en (伝統的な手続きとしての)結婚, 婚姻: eine frühe 〈späte〉 ～ 早婚〈晩婚〉| eine politische 〈reiche〉 ～ 政略〈金持ちとの〉結婚 | eine ～ aus Liebe 恋愛結婚 ‖ eine ～ mit *jm.* eingehen …と結婚する.

★ Heirat と Ehe の違い: →Ehe ★

[*ahd.* hī-rāt „Haus-versorgung"; ◇Heim, Rat]

hei·ra·ten[háɪra:tən]《01》**I** 他 (h)《*jn.*》(…と)結婚する: *seine* Braut 〈*seinen* Verlobten〉 ～ いいなずけの女〈男〉と結婚する | Geld ～《比》財産ほしさに結婚する | *jn.* auf Abbruch ～ (→Abbruch 1 a) ‖ 再帰《相互的》*sich*[4] ～ 結婚する | Wann habt ihr euch *geheiratet*? 君たちはいつ結婚したのか. **II** 自 (h) 結婚する: früh 〈jung〉 ～ 若いときに結婚する | spät ～ 年とってから結婚する | nach Geld 〈unter *seinem* Stande〉 ～ 財産ほしさに〈身分の下の人と〉結婚する | in eine reiche Familie 〈nach Frankreich〉 ～ 金持ち〈フランスに住む人〉と結婚する.

Hei·rats≠al·ter 中 結婚年齢; 結婚〈婚姻〉適齢期: Er hat das ～ erreicht. 彼は(法律上)結婚できる年齢に達した. **≠an·ge·bot** 中 = Heiratsantrag **≠an·non·ce**[..anɔ̃:sə] 男 女 =Heiratsanzeige 2 **≠an·trag** 男 結婚の申し込み: *jm.* einen ～ machen …に結婚を申し込む. **≠an·zei·ge** 女 **1** (書状または新聞掲載による)結婚通知. **2** 結婚相手を求める広告. **≠bü·ro** 中 結婚仲介所. **≠er·laub·nis** 女 (特に軍人などの)結婚許可.

hei·rats·fä·hig 形 結婚する能力のある, 結婚適齢の.

Hei·rats≠ge·such 中 結婚許可願い. ▽**≠gut** 中 (Mitgift) 結婚の際に持参する財産. **≠in·sti·tut** 中 =Heiratsbüro **≠kan·di·dat** 男《戯》結婚志願者; 結婚まぢかの男; 結婚相手としての候補者, 花婿候補. **≠kon·trakt** 男 =Heiratsvertrag

hei·rats·lu·stig 形 結婚する気のある, 結婚したがっている.

Hei·rats≠markt 男《戯》集団見合い〔の場・催し〕. **≠re·gi·ster** 中 婚姻登録簿. **≠schwin·del** 男 結婚詐欺. **≠schwind·ler** 男 結婚詐欺師. **≠ur·kun·de** 女 結婚証明書. **≠ur·laub** 男 結婚のための有給休暇. **≠ver·mitt·lung** 女 結婚の仲介. **≠ver·trag** 男 結婚契約.

hei·sa[háɪza·, háɪsa·] 間 (迅速・軽快な動きに対する掛け声, 鼓舞・喜びの気持などを表して)さっさ; さあさあ, ほいほい, そらそら(がんばれ); よいしょ, わあい, ばんざい: ～ über Stock und Stein どんどんと道なき道を乗り越えて | *Heisa,* jetzt geht's los! さあ始まるぞ | *Heisa,* jetzt haben wir's geschafft! そらやってのけたぞ. [<hei+sa]

Hei·sche≠form[háɪʃə..] 女〘言〙(接続法による)要求〈願望〉形. **≠kon·junk·tiv** 男〘言〙要求の接続法.

hei·schen[háɪʃən]《04》他 (h) (強制的に)要求〈要請〉す

H

る,(…が)必要である; 懇願する: Hilfe 〈eine Erklärung〉 ~ 援助〈説明〉を求める | Almosen ~ 施しをねだる ‖ Diese Arbeit *heischt* Geduld. この仕事には根気がいる. [*westgerm.* „aufsuchen“; ◇ *engl.* ask]

Hei·sche·satz 男〘言〙要求文(命令文・願望文などの総称).

Hei·sen·berg[háɪzənbɛrk] 人名 Werner ~ ヴェルナー ハイゼンベルク(1901-76; ドイツの物理学者で量子力学を確立し, 1932年ノーベル物理学賞受賞).

hei·ser[háɪzər] 形 耳ざわりな, しわがれた,(声の)かすれた: mit ~*er* Stimme しわがれ声で ‖ vom vielen Sprechen 〈wegen einer Erkältung〉 ~ sein しゃべり過ぎて〈かぜのために〉声がかれている | *sich*[4] ~ schreien 叫びすぎて声をからす. [*germ.* „ausgetrocknet“; ◇heiß[2]; *engl.* hoarse]

Hei·ser·keit[–kaɪt] 女 -/-en《ふつう単数で》(声が)しわがれていること, しわがれ声.

heiß[1][haɪs] **I** heißen[1]の命令法単数. **II** heißen[2]の命令法単数.

heiß[2][haɪs] 形 **1** (英: *hot*) (↔kalt) 熱い, 暑い: ~*er* Kaffee 熱いコーヒー | die ~*en* Länder 熱帯諸国 | ~*e* Quelle 温泉 | ein ~*er* Sommer 暑夏 | ein sommerlich ~*er* Tag 夏の〔ような〕暑さの一日 | ~*es* Wasser 熱湯 | ein paar ~*e* Würstchen/《話》ein paar *Heiße* ゆでたてのソーセージ二三本 | die ~*e* Zone 熱帯 ‖ ein ~*er* Draht (→Draht 2) ‖ ein ~*es* Bad nehmen 入浴〈温浴〉する | ein ~*es* Eisen (→Eisen 1) | wie ein Tropfen auf den ~*en* Stein sein 焼け石に水である ‖ *sich*[4] ~ reden 話しているうちに興奮する | *jm.* die Hölle ~ machen《比》…をおどす, …にせっつく ‖ Mir war ~. i) 私は暑かった; ii) 私は頭がかっとなっていた〈赤面していた〉 | Ihm wurde ~. i) 彼は暑くなった; ii) 彼は頭に血がのぼった(恥・当惑などのため) | Das Kind ist ganz ~. 子供は熱がある | Der Motor ist ~ gelaufen. エンジンが過熱してしまった | **Es wird nichts so ~ gegessen, wie es gekocht wird.**《諺》案ずるより産むがやすし; 何事も短兵急には行われぬ(煮たときの熱さのまま食べる物はない) | **es überläuft *jn.* ~ und kalt / es läuft *jm.* ~ und kalt über den Rücken** …は(恐怖のために)背筋が寒くなる〈ぞっとする〉 | **nicht ~ und nicht kalt sein / weder ~ noch kalt sein**《比》中途半端である | Der Boden 〈話: Das Pflaster〉 wurde ihm zu ~ 〔unter den Füßen〕.《比》彼は身の危険を感じた; 彼は浮き足立った; 彼の身に危険が迫った | Dich haben sie wohl als Kind zu ~ gebadet.《話》お前は頭が少しおかしいんじゃないか | Man muß das Eisen schmieden, solange es ~ ist.《諺》鉄は熱いうちに打て.

2 a) (↔kalt) 熱烈な, 激しい, 興奮した; 情熱的な: eine ~*e* Debatte 激論 | ein ~*er* Kampf 激戦 | ~*e* Sehnsucht 〈~*es* Verlangen〉 nach *et.*[3] …に対する熱烈なあこがれ | ~*e* Tränen 熱い涙 | ein ~*er* Wunsch 熱望 ‖ ~*es* Blut haben 熱血漢である | *Heißen* Dank!《話》本当にありがとう | mit ~*em* Herzen 熱心に | in ~*er* Liebe entbrannt 激しい恋に燃えて ‖ *jn.* ~ und jung lieben …を熱愛する | *sich*[4] ~ nach *jm.* 〈*et.*[3]〉 sehnen 熱烈に…にあこがれる | Die Frage ist ~ umstritten. この問題は激しく論議されている ‖ **~ auf *jn.* 〈*et.*[4]〉 sein**《話》…を熱愛〈熱望〉している | **Was ich nicht weiß, macht mich nicht ~.**《諺》知らぬが仏, 見ぬもの清し(私の知らないことは私を怒らせない). **b)**《話》(läufig)(動物が)さかりのついた. **c)**《話》(人間が)性的に興奮した: *jn.* ~ machen …に欲情を起こさせる.

3 刺激的な, 興奮を誘う, 大さわぎの: ~*e* Atmosphäre 興奮に包まれた雰囲気 | eine ~*e* Frau《話》(見ていて)ぞくぞくするような女 | ~*e* Höschen (→Höschen 1) | ~*e* Musik 熱狂的な音楽 | ~*e* Rhythmen 強烈なリズム ‖ Es geht ~ her. 大さわぎである, そうぞうしい.

4《副詞的用法なし》**a)** 危険〈騒動〉を伴った, 問題の多い: ~*es* Geld (→Geld 1) | ein ~*es* Thema 避けたほうが安全なテーマ | ~*e* Waren《話》盗品, 密輸品. **b)**〘理〙高度の放射能を持った: ~*es* Laboratorium 放射性物質を扱っている実験室.

5《付加語的》(競争で)有望な; 期待を集めている: ein ~*er* Favorit〘競馬〙人気馬 | einer der *heißesten* Anwärter auf eine Medaille 最有望なメダル候補者のひとり.

6《話》目的物に近い,(もうすぐ)答えが出そうな: eine ~*e* Spur finden 有力な手がかりを発見する | *jm.* einen ~*en* Tip geben …に成功間違いなしの秘訣(ひけつ)〈ヒント〉を教える. [*germ.*; ◇heizen, Hitze; *engl.* hot]

heiß..《形容詞・他動詞の過去分詞などにつけて「熱烈に, 激しく」などを意味する》: *heiß*hungrig 激しい空腹を覚えた ‖ *heiß*geliebt 熱愛された | *heiß*umstritten 激しい議論の対象となった.

hei·ßa[háɪsaˑ] =heisa

hei·ßas·sa[háɪsasaˑ] 間 (heißa の強めとして)ほいさっさ, ほいほいほい; わっしょいわっしょい, わいわいわい.

heiß·blü·tig[háɪsblyːtɪç][2] 形《副詞的用法なし》情熱的な, 激しやすい, 血の気の多い.

Heiß·dampf 男 過熱蒸気.

Heiß·dampf·ma·schi·ne 女〘工〙過熱蒸気機関.

hei·ßen[1]*[háɪsən]《70》**hieß**[hiːs]/**ge·hei·ßen**; 接II hieße **I** 自 (h)《述語名詞などと》**1** (…と)呼ばれている,(…という)名である: Ich *heiße* Karl 〔Müller〕. 私の名はカール〔ミュラー〕です | Wie *heißt* du? 君の名はなんと言いますか | Wie *heißt* die Straße 〈das Buch〉? その通りの名〈本の表題〉はなんと言いますか | Wie *heißt* er mit Nachnamen? 彼の姓はなんと言うのですか | Wie *hieß* er doch gleich?《話》ええと彼はなんという名前だったっけ ‖ **Ich will Emil 〈Hans/Meier/ein Schuft〉 ~, wenn** das nicht so ist! もしそうじゃなかったらなんとののしられてもいい(絶対まちがいない) | Das stimmt, so wahr ich ... *heiße*.《話》そうなんだ 本当だとも(私が…という名であるのと同じくらい真実だ) ‖ ... und wie sie *heißen* …など(=... und so weiter).

2 (…ということを)意味する,(…という)意味である: Leben *heißt* kämpfen. 生きるとは戦うこと〈人生は戦い〉である | Alles verstehen *heißt* alles verzeihen. すべてを理解するということはすべてを許すことである ‖〘das を主語として〙**das heißt**(略 d. h.) すなわち, 言いかえると, つまり; ただし(=das ist) | Verreisen, das *heißt* neue Menschen kennenlernen. 旅へ出るとは つまり新しい人々を知ることだ | in Berlin, d. *h.* in einem Vorort von Berlin ベルリンで といってもベルリンの郊外で | Ich werde kommen, d. *h.*, wenn es nicht regnet. 私も参りましょう. もっとも雨が降らなかったらの話ですが ‖ *Heißt* das, ich soll gehen 〈daß ich gehen soll〉? つまり私に立ち去れということですか | Das *hieße* den Plan aufgeben. つまり計画を断念するということになるだろう ‖ Was soll das ~? それはいったいどういう意味〈こと〉だ | Das soll〔te〕 nun was 〈etwas〉 ~. こいつは効果があるだろうよ | Das will wenig 〈nichts〉 ~! そんなことは問題じゃない | Das will viel 〈〔schon〕 etwas〉 ~. こいつは大したことだぞ.

3 (lauten)(語・句・文章などが)(…と)なっている,(…と)書いてある; (…という)文言〈文句〉である: Wie *heißt* dieses Wort auf japanisch? この単語は日本語ではなんというんですか | Wie *heißt* der Titel 〈die Stelle im Text〉? 標題は〈この個所は原文では〉どうなっていますか | In dem Abkommen *heißt* es, daß ... 協定〔の文言〕は…となっている.

4 非人称《es heißt》**a)** (…という)うわさである,(…と)言われている: Es *heißt,* daß er morgen kommt./Er kommt, wie es *heißt,* morgen. 彼はあす来るそうだ〈ということだ〉 | Es *heißt* allgemein so. 広くそう言われている | Sonst *heißt* es, ich sei eine schlechte Mutter. さもないと私は悪い母親だと言われてしまう | Es soll nicht ~, ich sei eine schlechte Mutter. 私が悪い母親だなどと言われては困ります. **b)** (gelten)(…が)問題である,(…が)必要である: Jetzt *heißt* es aufgepaßt 〈aufpassen〉! 今こそ注意が必要だ | Da *heißt* es schnell handeln. すばやく行動すべき時だ.

II 他 (h) **1**《*jn.*/*et.*[4] のほかにさらに 4 格または様態を示す語句を伴って》**a)** (nennen)(…を…であると)称する, 言う, 呼ぶ,(…を…と)見なす: *jn.* willkommen ~ (→willkommen) | *jn. seinen* Freund 〈einen Lügner〉 ~ …を友人〈うそつき〉と呼ぶ | Das *heiße* ich ein Essen 〈gesund leben/klug gehandelt〉! これでこそ〔本当の〕食事〈健康な生活・賢明なやり方〉と言うべきだ.

H

▽**b**)（…を…と）命名する, 名づける: Man *hieß* das Kind Barbara. その子はバルバラと命名された | ein Junge, Emil *geheißen* エーミールという名の少年.

2《不定詞〔句〕と; zu のない不定詞の場合は完了形でふつう geheißen の代わりに heißen を用いる》(befehlen) 命じる: *jn.* schweigen ~ …に黙っているよう命じる | Tu, was ich dich *heiße*! 私の言う通りにしろ | Wer hat dich das tun *heißen*?/Wer hat dich *geheißen,* das zu tun? だれが君にそんなことをしろと言ったんだ | *et.*[4] mitgehen ~ (→mitgehen).

[*germ.* „antreiben, auffordern"; ◇zitieren; *lat.* ciēre „bewegen, herbeirufen"]

hei·ßen[2][háɪsən]《02》《北部》＝hissen

heiß≠er·sehnt[háɪs..] 形《付加語的》熱望された, 待ちこがれた: die ~*en* Sommerferien 待ちこがれた夏休み. **≠ge·liebt** 形《付加語的》熱愛された.

Heiß·hun·ger 男 **1** 激しい空腹,〔突然の〕激しい食欲;《比》渇望, 貪欲(どんよく): ~ auf *et.*[4]〈nach *et.*[3]〉haben〔急に〕…への食欲がわく. **2**〖医〗病的飢餓, 善飢症, 大食.

heiß·hung·rig 形 激しい空腹〈食欲〉を覚えた, むさぼるような.

heiß|lau·fen*《89》**I** 自 (s) **1** 走って暑くなる;（馬などが）走って汗をかく. **2** ＝*sich*[4] heißlaufen **II** 他 (h) 再帰 *sich*[4] ~〖工〗(車軸・エンジンなどが) 過熱する.

Heiß≠lei·ter 男〖電〗サーミスター. **≠luft** 女 熱気, 熱風: die Hände mit ~ trocknen〔熱風〕ドライヤーで手を乾かす.

Heiß·luft≠bad 中（サウナなどでの）熱気浴. **≠bal·lon**[..balɔŋ] 男 熱気球. **≠du·sche** 女 熱風送風機, 熱風ドライヤー. **≠ge·rät** 中 整髪ドライヤー. **≠hei·zung** 女 熱風暖房〔装置〕.

Heiß·man·gel 女 -/（洗濯物仕上げ用の）熱風圧搾ローラー.

Heiß·sporn 男 -〔e〕s/-e 激しやすい人, 短気な人, 向こう見ずな男. [*engl.* hot-spur の翻訳借用]

heiß·um·kämpft 形《付加語的》（それをめぐって）激戦の展開されている(勝利・陣地など). [＜kämpfen]

heiß·um·strit·ten 形《付加語的》（論点などが）激しく論じられた, 論争の種となった.

Heiß·was·ser≠ap·pa·rat[háɪsvasər.., haɪsvásər..] 男, **≠be·rei·ter** 男 湯わかし器, ボイラー. **≠hei·zung** 女 熱湯暖房〔装置〕. **≠spei·cher** 男 貯湯式湯わかし器〈ボイラー〉.

Hei·ster[1][háɪstər] 男 -s/- **1**〖林〗若木, 苗木. **2**《中部》(Buche)〖植〗ブナ(橅). [*germ.*; ◇ *lat.* caedere „hauen"; *got.* triu „Baum"]

Hei·ster[2][–] 男 -s/-; 女 -/-n《北部》(Elster)〖鳥〗カササギ(鵲), ミヤマカケス.

..heit[..haɪt]（英: *..hood*）《形容詞・名詞などにつけて抽象名詞・集合名詞などの女性名詞 (-/-en) をつくる》**1**《形容詞につけて》: Frei*heit* 自由 | Wahr*heit* 真理 | Krank*heit* 病気 | Schön*heit* 美; 美女 ‖ Trunken*heit* 酩酊(めいてい) | Vergangen*heit* 過去 | Hochfahren*heit* 不遜(ふそん), 尊大.

☆ 形容詞のうち, ..bar, ..el, ..er, ..ig, ..lich, ..sam などで終わる語につく場合は ..keit となり, 単つづりの形容詞の一部や..haft, ..los で終わる形容詞の場合は..igkeit となる (→ ..keit ★ i).

2《名詞などにつけて》: Christen*heit* キリスト教界 | Gott*heit* 神性 | Kind*heit* 幼年期 | Mensch*heit* 人類 | Tor*heit* 愚かなこと; 愚行 | Zwei*heit* 二元性.

★「…なこと」の意味の抽象名詞・集合名詞の場合は単数しかないが,「行為・人・物・状態」などを意味するときは複数もありうる: Schön*heiten* 美女たち.

[*germ.* „Schein"; ◇heiter; *engl.* ..hood, ..head]

hei·ter[háɪtər] 形 **1**《副詞的用法なし》**a**)（天候について）晴れた, 雲のない, 快晴の;〖気象〗晴れの(雲量2.5まで): ~*es* Wetter うららかな日和 | ein ~*er* Tag 好天気の一日 | wie ein Blitz aus ~*em* Himmel (→Blitz 1) ‖ Das Wetter〈Der Himmel〉war ~. うららかな日和であった | Morgen wird es ~〈~ bis wolkig〉sein. あすの天気は晴れ〈晴れまたは曇り〉でしょう. **b**) 明るい, 穏やかな: die ~*en* Räume der Wohnung 住居のうちで明るい〈光のよく入る〉部屋 | eine ~*e* Landschaft のどかな景色 | ~*e* Ruhe のどかさ(→2 a).

2 a) 朗らかな, 明朗な, 快活な, 明るい, 屈託のない; (vergnügt) 上機嫌な, 陽気な, はしゃいだ, ほろ酔いの: ein ~*es* Gemüt〈Wesen〉haben 朗らかな気質である | ~*e* Gespräche 明るいやりとり, 歓談 | in ~*er* Laune 上機嫌で | ein ~*er* Mensch 明朗な人物 | eine ~*e* Miene 晴れやかな顔つき | mit ~*er* Ruhe〈Gelassenheit〉悠然とにこやかに | in ~*er* Stimmung 陽気な〈にぎやかな〉気分で ‖ vergnügt und ~ aussehen 陽気で楽しげな様子である | Die Gesellschaft war schon sehr ~ geworden. パーティーの一同はもう(ほろ酔い気分で)にぎやかになっていた ‖ ~ fragen〈erwidern〉にこにこしながら尋ねる〈答える〉. **b**)（事物について）愉快な, 楽しい, 陽気な, にぎやかな: ein ~*er* Anblick 愉快な光景 | ein ~*es* Erlebnis 愉快な体験 | ein ~*er* Film 陽気な映画 | ~*e* Musik 陽気な〈にぎやかな〉音楽 | *et.*[4] von der ~*en* Seite nehmen …を楽観する ‖ Ernst ist das Leben, ~ ist die Kunst. 人生は真剣で芸術は楽しいものだ.

3《話》ひどい, とんでもない: Das ist ja eine ~*e* Geschichte! それはとんでもないことだ ‖ Das kann ja ~ werden! 大変な事になるかもしれないぞ.

[*westgerm.* „glänzend"; ◇ ..heit]

Hei·ter·keit[háɪtərkaɪt] 女 -/ **1** 明朗, 快活, 陽気, 上機嫌: Jubel, Trubel, ~ (→Jubel). **2** (Gelächter) 笑い声, 哄笑(こうしょう): ~ auslösen〈erregen〉笑いをひき起こす. **3** 晴天, 晴朗.

Hei·ter·keits·er·folg 男 einen〔großen/starken〕~ haben〈erzielen〉(芝居などが)〔大いに〕受ける, 笑わせる.

Heiz≠an·la·ge[háɪts..] 女〔集中〕暖房装置. **≠ap·pa·rat** 男 暖房器, ヒーター.

heiz·bar[háɪtsba:r] 形 暖房し得る; 暖房装置のある: ein schwer ~*er* Raum 暖房のききにくい部屋.

Heiz≠bat·te·rie 女〖電〗A 電池, フィラメント〈線条〉電池. **≠decke** 女 電気毛布.

Hei·ze[háɪtsə] 女 -/-n《話》(Ofen) ストーブ, 暖炉.

Heiz≠ef·fekt 男〖理〗熱効果. **≠ele·ment** 中〖電〗発熱体.

hei·zen[háɪtsən]《02》**I** 他 (h)（英: *heat*）暖房する, 暖める, 熱する; 火をつける, 燃やす: einen Ofen ~ ストーブをたく | ein Zimmer ~ 部屋を暖房する | Holz〈Kohle〉~ 木〈石炭〉を燃やす | Das Zimmer ist gut *geheizt.* この部屋はよく暖房がきいている | Das Zimmer läßt sich schwer ~. この部屋は暖房がききにくい. **II** 自 (h) 熱を出す, 暖まる; 暖房する: Der Ofen *heizt* gut. このストーブはよく燃える〈よく暖まる〉| elektrisch〈mit Öl〉~ 電気〈石油〉で暖房する | In der Küche wird nicht *geheizt.* 台所は暖房されていない.

[*germ.*; ◇heiß[2]]

Hei·zer[háɪtsər] 男 -s/- かまたき, 火夫, ボイラーマン.

Heiz≠fa·den 男〖電〗フィラメント, 線条; ヒーター. **≠flä·che** 女〖電・工〗伝熱面;（暖房器具などの）放熱体の表面. **≠gas** 中 燃料ガス;（ストーブなどの）排気ガス. **≠kel·ler** 男 暖房機用地下室(→ 図 Haus B). **≠kes·sel** 男 暖房用ボイラー. **≠kis·sen** 中 電気ぶとん. **≠kör·per** 男 **1**（暖房器具の）放熱体〈器〉, ラジエーター. **2** ＝Heizelement **≠ko·sten** 複 燃料費. **≠kraft·werk** 中 火力発電所;（集中・地域暖房用の）大型暖房施設. **≠lei·ter** 男〖理〗熱〔電気〕導体. **≠lüf·ter** 男〔電気〕温風機, 温風暖房機. **≠ma·te·ri·al** 中〔暖房用〕燃料. **≠ofen** 男 ストーブ, 暖房器: ein elektrischer ~ 電気ストーブ. **≠öl** 中 暖房用石油. **≠pe·ri·ode** 女（一年のうちの）暖房〔必要〕期間. **≠plat·te** 女（電子レンジ・電気こんろなどの）熱皿, 熱板. **≠raum** 男（暖房用の）ボイラー室;〖工〗(ボイラーの) 火室. **≠rohr** 中 **1**〖工〗煙管, ボイラー管; 暖房用パイプ. **2**（サモワールの）火槽(→ 図 Samowar). **≠röh·re** 女〖工〗火管;〖電〗フィラメント管. **≠schlan·ge** 女 放熱コイル;〖工〗加熱線輪〈蛇管〉. **≠son·ne** 女 反射式〔赤外線〕電気ストーブ. **≠span·nung** 女〖電〗フィラメント〈線条〉電圧, ヒーター電圧. **≠stoff** 男〔暖房用〕燃料. **≠strom** 男〖電〗フィラメント〈線条〉電流, ヒーター電流.

H

Hei·zung[háitsʊŋ] 女 -/-en **1**《単数で》加熱, 暖房. **2**〔集中〕暖房装置; 暖房器.

Hei·zungs≠an·la·ge 女 暖房設備〈装置〉. **≠rohr** 中 暖房用配管〈パイプ〉.

Heiz·wert[háits..] 男《理》発熱量.

He·ka·te[hé:kate·] 人名《ギ神》ヘカテ(夜・冥界(めいかい)・魔法の女神). [*gr.* „die Ferntreffende"–*lat.*]

He·ka·tom·be[hekatɔ́mbə] 女 -/-n (古代ギリシア人が神々にささげた)雄牛100頭のいけにえ;《比》多数の犠牲〔者〕, ばく大な損失: Dem Erdbeben fielen ~*n* von Menschen zum Opfer. 地震のため多数の犠牲者が出た. [*gr.*–*lat.*; < hekto..+*gr.* boũs „Rind"]

die **He·kla**[hé:kla·] 地名 女 -/ ヘクラ(アイスランドの活火山). [*isländ.* „Kapuze"]

hekt.. →hekto..

Hekt·ar[hɛktá:r, ⌣–] 中 (男) -s/-e (スイス: **Hekt·are** [hɛ́kta:rə] 女 -/-n)(単位: -/-) ヘクタール(面積単位: 100a; 記号 ha): eine Fläche von 50 ~ 50ヘクタールの平地. [*fr.*]

Hek·tik[hɛ́ktɪk] 女 -/ **1**《医》消耗性疾患,(特に肺結核における)消耗. **2**《比》性急〔な活動〕, 大忙し, 大いそぎ: die ~ des Lebens 繁忙な生活.

hek·tisch[hɛ́ktɪʃ] 形 **1**《医》(特に肺結核で)消耗性の; 結核性の: ~*e* Röte 消耗性の熱による頬(ほお)の赤み. **2**《比》性急な, せっかちな, いらいらした, 興奮した: ~*e* Betriebsamkeit 大忙し | ~*e* Menschen せっかちな〈興奮した〉人たち ‖ ~ leben 繁忙な暮らしを送る. [*gr.* hektikós „anhaltend"–*mlat.*; < *gr.* échein „halten" (◇Sieg[2])]

hekto.. **1**《名詞などにつけて「多数の」を意味する》: *Hekto*graph 複写機. **2**《単位名につけて「100」を意味する; 記号 h》: *Hekto*gramm ヘクトグラム.

★ 母音の前では hekt.. となる: →*Hekt*ar

[*fr.*; < *gr.* he-katón „ein-hundert"; ◇hundert]

Hek·to·gramm[hɛktográm, ⌣⌣⌣] 中 ヘクトグラム (100g; 記号 hg): →Gramm [*fr.*]

Hek·to·graph[..grá:f] 男 -en/-en こんにゃく版〈ゼラチン版〉複写機.

Hek·to·gra·phie[..grafí:] 女 -/-n[..fí:ən] **1**《単数で》Hektograph による複写. **2** Hektograph による複写物.

hek·to·gra·phie·ren[..grafí:rən] 他 (h) Hektograph で複写する.

Hek·to·li·ter[..lí:tər, ⌣⌣–⌣] 男 (中) ヘクトリットル (100*l*; 記号 hl): →Liter [*fr.*]

Hek·to·me·ter[..mé:tər, ⌣⌣–⌣] 男 (中) ヘクトメートル (100m; 記号 hm): →Meter [*fr.*]

Hek·to·pas·cal[..paskál, ⌣⌣⌣⌣] 中 -s/- (単位: -/-)《気象》ヘクトパスカル(記号 hPa: →Pascal II).

Hek·tor[hɛ́ktɔr, ..to:r] **I** 人名《ギ神》ヘクトル (Priamos の息子で Homer の《Ilias》の主人公の一人. Achilles に敗れて死んだ): **rangehen wie ~ an die Buletten**《戯》勇敢にからだを張る〈立ち向かう〉. **II** 男名 ヘクトル. [*gr.* „Erhalter"–*lat.*; ◇hektisch]

Hek·to·ster[hɛktosté:r, ..tɔs.., ⌣⌣–] 男 -s/-e, -s (単位: -/-) ヘクトステール(100 Ster).

He·ku·ba[hé:kuba·] 人名《ギ神》ヘカベ (Priamos の妃で Hektor の母. ギリシア語形 Hekabe): Das ist ihm ~.《比》そんなこと彼にはどうでもいい〈関係ない〉ことだ. [*gr.*–*lat.*]

Hel[he:l] **I** 人名《北欧神》ヘル(死の女神). **II** 女 -/《ふつう無冠詞で》死者の国, 冥界(めいかい). [*anord.*; ◇Hölle]

He·lan·ca[helá̃ŋka·] 中 -/ 商標 ヘランカ(ナイロン糸).

he·lau[heláu] 間 (カーニバルのときの挨拶(あいさつ)の掛け声)イヨーッ, ばんざい: ~ rufen ヘラウと叫ぶ.

Held[hɛlt][1] 男 -en/-en (女 **Hel·din** → 別出) **1** (英: *hero*) 英雄, 勇士, 豪傑; 戦士: ein großer 〈tapferer〉 ~ 偉大な〈勇敢な〉英雄 | die ~*en* der germanischen Sage ゲルマン伝説の英雄たち | ~ der Arbeit (旧東ドイツの称号) 労働英雄 ‖ den ~*en* spielen/*sich*[4] als ~〔*en*〕aufspielen《比》威張る | **kein ~ in** *et.*[3] **sein**《話》…が得意ではない, …が苦手である | Er ist kein ~ im Rechnen 〈in Latein〉. 彼は計算〈ラテン語〉が不得手である | Er ist ein ~ im Spielen 〈Trinken〉. 彼は名うての賭博(とばく)師〈酒豪〉である ‖ Du bist mir ein schöner ~!《皮肉》何とまあ お前は弱虫なんだ. **2** (小説・戯曲・詩歌の)主人公, 主要人物; (演劇の)主役, 立役者; 花形: den ~*en* spielen 主役を演じる(→1) ‖ der jugendliche ~《劇》恋人役, 二枚目主役 | **der ~ des Tages 〈des Abends〉 sein**《比》皆の注目を一身に集めている. [*germ.*]

Held·bock[hɛ́lt..] 男 (Eichenbock, Spießbock)《虫》(ヨーロッパ産の)カミキリムシ(髪切虫).

Hel·den≠buch[hɛ́ldən..] 中 (中世の)英雄叙事詩〈文学〉〔を収めた書物〕. **≠dich·tung** 女 (中世の)英雄文学〈叙事詩〉. **≠epos** 中 (中世の)英雄叙事詩. **≠fried·hof** 男 戦没将兵の墓地. **≠ge·denk·tag** 男 (第一・二次世界大戦の)戦没将兵慰霊の日(ナチ時代に制定され,1945年以後は Volkstrauertag となった). **≠ge·dicht** 中 (古代および中世初期の)英雄〔叙事〕詩 (Heldenepos よりも小規模なもの). **≠geist** 男 -〔e〕s/ 英雄的精神, 豪勇. **≠ge·stalt** 女 英雄; 英雄叙事詩中の人物.

hel·den·haft[hɛ́ldənhaft] 形 英雄的な, 雄々しい, 勇ましい: einen ~*en* Tod sterben 英雄的な最期をとげる ‖ ~ für Menschenrechte streiten 人権のために勇敢に戦う.

Hel·den≠kel·ler 男《戯》待避壕(ごう), 防空壕. **≠lied** 中 (主として民族大移動時代の英雄を扱った)英雄〔叙事〕詩. **≠mut** 男 英雄的豪胆, 豪勇.

hel·den·mü·tig 形 英雄的に大胆な, 豪勇果敢な.

Hel·den≠rol·le 女《劇》主役, ヒーロー役. **≠sa·ge** 女 英雄伝説. **≠stück** 中 英雄的行為, 傑出した仕事: Du hast ja ein〔wahres〕~ vollbracht.《話》君はまあ本当に結構なこと〈ろくでもないこと〉をやってくれたね. **≠tat** 女 英雄的な〈傑出した〉行為. **≠te·nor** 男《楽》(Wagner のオペラの主人公などを歌う量感と輝かしさを兼ねそなえた)ヘルデン=テノール. **≠tod** 男 壮烈な最期, 戦死: den ~ sterben 壮烈な最期を遂げる; 戦死する.

Hel·den·tum[hɛ́ldəntu:m] 中 -s/ 英雄的精神; 英雄的な態度; 英雄的行為.

Hel·den≠ver·eh·rung 女 英雄崇拝. **≠zeit·al·ter** 中 (Heroenzeit) 英雄時代.

Hel·der[hɛ́ldər] 男 中 -s/- (北ドイツの)築堤されていない沼沢地. [*ndd.*; < *mndd.* helden „neigen" (◇Halde)]

Hel·din[hɛ́ldɪn] 女 -/-nen (Held の女性形) **1** 女傑, 女丈夫, 烈婦. **2** (英: *heroine*)(小説・戯曲・詩歌の)女主人公, ヒロイン.

hel·disch[hɛ́ldɪʃ] 形 英雄の; 英雄的な, 豪勇な.

He·le·na[hé:lena·, hél..] **I** 人名《ギ神》ヘレネ (Zeus の娘で絶世の美女. Menelaos の妻となったが, Paris によって Troja へ奪い去られ, Troja 戦争のもととなった). **II** 女名 ヘーレナ.

He·le·ne[helé:nə] 女名 ヘレーネ. [*gr.*–*lat.*]

Hel·fe[hɛ́lfə] 女 -/-n《織》(織機の)綜絖(そうこう), ヘルド.

hel·fen*[hɛ́lfən]《71》 **half**[half]/**ge·hol·fen**[gəhɔ́lfən]; 現 *du* hilfst[hɪlfst], *er* hilft; 命 hilf; 接II hülfe[hʏ́lfə](まれ: hälfe[hɛ́lfə]) 自 (h) **1** (英: *help*) **a)**《*jm.*》(…に)助力する, 力を貸す,(…を)手伝う, 助ける: dem Freund ~ 友人の手助けをする | der Polizei ~ 警察に協力する | einander 〈*sich*[3] gegenseitig〉 ~ 互いに助け合う | *jm.* beim Abwaschen 〈beim Anziehen des Mantels〉 ~ …が洗い物をする〈コートを着る〉のを手伝う | *sich*[3] bei *et.*[3] ~ lassen …を手伝ってもらう | *jm.* in der Not ~ 窮境の…を助ける ‖ Ihm ist nicht〔mehr〕zu ~. 彼は助け〈救い〉ようがない | *sich*[3] nicht zu raten noch zu ~ wissen (→raten I 1 a) | Wem nicht zu raten ist, dem ist auch nicht zu ~. (→raten I 1 a) | so wahr mir Gott *helfe* 神に誓って(誓言) | Ich werde 〈will〉 dir〔schon〕~!《話》思い知らせてやるぞ, ただではおかぬぞ ‖〖不定詞と; zu のない不定詞の場合は完了形でしばしば geholfen の代わりに helfen を用いて〗Er *hilft* mir waschen. 彼は私が洗濯するのを手伝ってくれる | Ich habe ihr aufräumen *helfen* 〈*geholfen*〉. 私は彼女が片づけるのを手伝った | Sie *half* ihm das Gepäck tragen./Sie *half* ihm, das Gepäck zu

H

tragen. 彼女は彼が荷物を運ぶのを手伝った.
b)《*jm.*》《方向を示す語句と》(…に)手を貸して(…に)到達させる: *jm.* **ans** Ufer ~ (助力して)…を岸に上がらせてやる | *jm.* **aufs** Pferd ~ …が馬に乗るのに手を貸す | *jm.* auf die Beine ~ …を助け起こす;《比》…を再起させる, …を立ち直らせる | *jm.* auf die Sprünge ~ (きっかけを与えて)…に〔自力〕発展の道を開いてやる | dem Gedächtnis auf die Sprünge ~ 記憶をよみがえらす | Dieser Hinweis *half* der Polizei auf die Spur 〈die Fährte〉 der Verbrecher. このヒントが警察が犯人を割り出す手がかりになった | *jm.* **aus** der Not 〈der Verlegenheit〉 ~ …を窮境から救い出す | *jm.* **in** den Wagen 〈aus dem Wagen〉 ~ …の乗車〈下車〉に手を貸す | *jm.* in den Mantel 〈aus dem Mantel〉 ~ …がコートを着る〈脱ぐ〉のを手伝う | *jm.* in den Sattel ~ (→Sattel 1 a) | *jm.* **über** den Berg ~《比》…が山場を乗り越える〈危機を脱する〉のに力を貸す | *jm.* **zu** Brot 〈einer Anstellung〉 ~ …の就職に力を貸す.
2《しばしば nichts, viel などと》(nützen) 役だつ, 有益〈有効〉である; (薬・治療などが)効く: 〔*jm.*〕 viel 〈wenig〉 ~ 〔…にとって〕大いに役にたつ〈ほとんど役にたたない〉| Es *hilft* nichts./Da *hilft* 〔alles〕 nichts. 何とも仕方がない, どうしようもない | Da *hilft* 〔weiter〕 nichts als Ruhe. この際安静にする以外に手はない | Nichts wollte mehr ~. もはや策の施しようがなかった | Was kann hier ~? こうなってはどうしようもないじゃないか | Wozu kann 〈soll〉 das ~? それが何の役にたつだろうか | Was *hilft* das Klagen? 嘆いて何になろう | Sein Sträuben *half* 〔ihm〕 nichts. 彼の抵抗はむなしかった | Das Mittel *hilft* gegen 〈bei〉 Kopfschmerzen. この薬は頭痛にきく.
3 再帰 *sich*[3] ~ 自力で何とかする, 切り抜ける: *Hilf* dir selbst, so *hilft* dir Gott.《諺》神はみずから助くるものを助く, 自力でがんばる者にこそ神の助けがある ‖ **ich kann mir nicht ~** 私は自分の意見を変えるわけにはいかない | Ich kann mir nicht ~, aber ich bin da anderer Meinung. いたしかたないことですが その点で私は意見を異にします ‖《wissen と》*sich*[3] zu ~ wissen 自力で何とかできる | *sich*[3] nicht 〔zu raten noch〕 zu ~ wissen (→ raten 1 a).
[*germ.*; ◇Hilfe; *engl.* help]

Hẹl·fer[hɛ́lfər] 男 -s/- (女 **Hẹl·fe·rin**[..fərɪn]-/-nen) **1** 助力者, 協力者; 助手; 救援隊員; 共犯者;《比》補助手段, 助け. **2** (Ratgeber) 相談相手, 顧問: ᐁ~ in Steuersachen 税務顧問.

Hẹl·fers·hel·fer 男 (悪事の)加担者, 共犯者.

Hẹl·fer·zel·le 女《免疫》ヘルパー細胞, ヘルパー T リンパ球.

Hẹl·ga[hɛ́lga·] 女名 ヘルガ. [*anord.* „die Geweihte"; ◇heilig, Olga]

Hẹl·ge[hɛ́lgə] 女 -/-n, **Hẹl·gen**[1][..gən] 男 -s/= Helling [*ndd.*]

Hẹl·gen[2][..gən] 男 -s/- 《ｽｲｽ》《軽蔑的に》画像, 写真; 写し絵(子供の遊び道具). [<heilig]

Hẹl·go·land[hɛ́lgolant] 地名 ヘルゴラント(北海にあるドイツ領の島). [<*schwed.* helg „heilig" (◇Helga)]

Hẹl·go·län·der[..lɛndər] **I** 男 -s/- ヘルゴラントの人. **II** 形《無変化》ヘルゴラントの.

hẹl·go·län·disch[..lɛndɪʃ] 形 ヘルゴラントの.

heli.. →helio..

He·lia̧·de[heliá:də] 女 -/-n《ギ神》ヘリアス(太陽神 Helios の娘. Phaethon の姉妹). [*gr.*–*lat.*]

he·lia̧·kisch[heliá:kɪʃ] 形《付加語的》《天》太陽の近くで起こる, (星が)太陽に近い. [*gr.*–*spätlat.*]

Hẹ·liand[hé:liant] 男 -s/ ヘーリアント(古ザクセン語による9世紀の宗教叙事詩.「救世主」の意). [*asächs.*; ◇Heiland]

He·lian̦·thus[heliántʊs] 中 -/..then[..tən] (Sonnenblume)《植》ヒマワリ(向日葵)属. [<helio..+antho..]

He·lia̧r[heliá:r] 中 -s/-e 商標 ヘリアール(カメラの複合レンズ).

Hẹ·li·kon[1][hé:likɔn] 中 -s/-s《楽》ヘリコン(軍楽隊などで用いられる大型の金管楽器). [<*gr.* hélix „Windung"; ◇volta, Helminthe]

der **Hẹ·li·kon**[2][–] 地名 男 -〔s〕/ ヘリコン(ギリシア南部 Böotien にある山脈で, Muse たちが住んだという). [*gr.*–*lat.*]

He·li·kọp·ter[helikɔ́ptər] 男 -s/- (Hubschrauber) ヘリコプター. [*fr.*–*engl.*; <*gr.* pterón (→Feder)]

helio..《名詞などにつけて「太陽」を意味する. 母音の前では heli.. となる》: *Helio*therapie《医》日光浴療法 | *helio*phob《生》日光を嫌う ‖ *Heli*anthus《植》ヒマワリ(向日葵)属. [*gr.* hḗlios „Sonne"; ◇schwelen, Sonne]

He·lio·dọr[heliodó:r] 男 -s/-e《鉱》ヘリオドール(緑柱石の一種).

He·lio·grạph[heliográ:f] 男 -en/-en 日光反射信号機; 日照計; 太陽写真儀.

He·lio·gra·phie̦[..grafí:] 女 -/ 日光反射信号法;《印》ニエプス式写真石版法.

he·lio·grạ·phisch[..grá:fɪʃ] 形 Heliographie の〈に関する〉.

He·lio·gra·vü̦·re[..gravý:rə] 女 -/-n《印》グラビア〔印刷〕, 写真凹版〔術〕; ヘリオグラビア.

He·lio·mẹ·ter[..mé:tər] 中 -s/-《天》ヘリオメーター, 太陽儀.

he·lio·phi̦l[..fí:l] 形《生》日光を好む, 陽生の.

he·lio·phọb[..fó:p][1] 形《生》日光をきらう, 嫌日性の.

Hẹ·lios[hé:liɔs] 人名《ギ神》ヘリオス(太陽神で Hyperion の息子. ローマ神話の Sol に当たる). [*gr.*]

He·lio·skọp[helioskó:p, ..iɔs..] 中 -s/-e《天》ヘリオスコープ, 太陽鏡.

He·lio·stạt[..stá:t] 男 -〔e〕s(-en)/-en《天》ヘリオスタット, 日光反射鏡. [<*gr.* statós „gestellt"]

He·lio·the·ra·pie̦[..terapí:] 女 -/《医》日光浴療法.

He·lio·trọp[..tró:p] **I** 中 -s/-e **1**《植》ヘリオトロープ, キダチルリソウ属. **2** ヘリオトロープ色(薄紫色); ヘリオトロープの花の香り; (香水の名)ヘリオトロープ. **3**《測量》回光機〈儀〉, 日光反射器. **II** 男 -s/-e《鉱》血滴石, 血石. [*gr.*–*lat.*; <*gr.* trópos (→Tropus)]

he·lio·trọ·pisch[..tró:pɪʃ] 形《生》向日性の.

He·lio·tro·pi̦s·mus[..tropísmʊs] 男 -/《生》(植物, まれに動物の)向日性.

he·lio·zẹn·trisch[..tsɛ́ntrɪʃ] 形 (↔ geozentrisch)《天》**1** 太陽中心の, 太陽を中心とみなす: die ~*e* Theorie 太陽中心説, 地動説 | ~*es* Weltsystem (コペルニクス以降の)太陽中心宇宙体系. **2** 日心の, 日心を原点とする: ~*e* Bewegung 日心運動.

He·lio·zọ·on[..tsó:ɔn] 中 -s/..zoen[..tsó:ən]《ふつう複数で》《動》太陽虫(原生動物の一つ). [<zoo..]

He·li·pọrt[helipɔ́rt] 男 -s/-s ヘリポート, ヘリコプター発着場. [*engl.*; ◇Helikopter, Airport]

hẹ·lisch[hé:lɪʃ] =heliakisch

Hẹ·lium[hé:liʊm] 中 -s/《化》ヘリウム(希ガス元素名; 記号 He). [<helio..]

hell[hɛl] **I** 形 **1** (↔dunkel) **a**) 明るい, 光の豊かな; 晴れわたった: ein ~*es* Licht 明るい光 | ein ~*er* Himmel 晴れわたった明るい空 | ein ~*es* Zimmer 明るい部屋 | am ~*en* Tage 明るい日中に, 白昼公然と | eine ~*e* Nacht 月あかりの夜 | bis in den ~*en* Morgen schlafen 朝寝坊をする | eine ~*e* Zukunft 見通しの明るい将来 ‖ Am Tage ist es ~. 日中は明るい | Draußen wird es ~. 空が白む ‖ ~ leuchten 〈scheinen〉 明るく輝く | ~ erleuchtet 明かりが煌々(こうこう)とともされて. **b**) 白色がかった, 明色の, 色の淡い: ~*e* Farben 明るい色 | ~*e* Haut 白い肌 | ~*es* Bier (黒ビールに対して通常の)淡色のビール | ein ~*es* Blau 淡青色, 空色 | ein ~*es* Kleid 明るい色のドレス | ~*es* Haar 金髪 ‖ Die Wand ist ~ getönt. 壁は明るい色調である. **c**) (音の)さえた, 朗々と鳴り響く: eine ~*e* Glocke さえた音色の鐘 | eine ~*e* Stimme かん高い声, よく通る澄んだ声 | ein ~*er* Vokal《言》明音〈鋭音〉の母音, 高音調〔性〕母音(例 [i] [e]) ‖ ~ auflachen 〈klingen〉 高らかに笑う〈鳴り響く〉.
2 利発な, 聡明(そうめい)な: ein ~*er* Kopf 明晰(めいせき)な頭脳〔の持ち主〕| ein ~*er* Junge 利発な男の子 | ein ~*er* Au-

genblick 〘医〙(狂人などの)正常な知覚が戻る時期 ‖ Sie ist ~*er* als die anderen. 彼女は他の連中より利発である | Mensch, sei ~〔*e*〕!《話》おい油断するな(→helle).
3《話》全くの, 非常な: ~*er* Unsinn 全くのナンセンス | eine ~*e* Freude 心からの喜び | ~*e* Tränen weinen さめざめと泣く | in ~*er* Verzweiflung 深く絶望して | in ~*em* Zorn かんかんに腹を立てて | in ~*en* Scharen 〈Haufen〉 (→Schar[1], →Haufen 3 a) ‖ ~ jubeln 大歓声をあげる | Er ist davon ~ begeistert. 彼はそれにすっかり夢中になっている.
II Hel·le[1] 中《形容詞変化》**1**《単数で》明るい状態: im ~*n* nach Hause gehen 明るいうちに家路につく | ins ~ treten (暗い所から)明るい所へ歩み出る, 日差しの中へ足を踏み出す. **2** (淡色の)ビールの1杯: Herr Ober, bitte ein ~*s* 〈zwei ~〉! ボーイさん ビールを1杯〈2杯〉.
[*mhd.* hel „tönend"; ◇klar, holen, Hall]

Hel·las[hɛ́las] 地名 ヘラス(本来はギリシア北東部 Thessarien 南部の一地方名だったが, 転じてギリシア全域, 特に古代ギリシアの名称となった). [*gr.*; ◇Hellene]

hell·auf I[hɛl|áʊf] 副 (laut) 声高に: ~ lachen 哄笑(こうしょう)する | ~ begeistert sein すっかり夢中になっている. ᵛ**II** [hɛl|áʊf] 間 さあ, いざ(来い).

hell·äu·gig[hɛ́l..] 形 明るい〈澄んだ〉目をした;《比》烱眼(けいがん)の.

hell≠blau 形 (↔dunkelblau) 淡青色の, 空色の, 水色の: ~*e* Augen 空色の目. **≠blond** 形 淡い〈明るい〉ブロンドの. **≠braun** 形 (↔dunkelbraun) 淡褐色の; くり色の: ~*e* Augen くり色の目 | ~*es* Haar くり色の髪.

hell·dun·kel I (..dunk·l..) 形 明暗の交錯する; 薄明の. **II Hell·dun·kel** 中 -s/ **1** 明暗の交錯; 〘美〙明暗法. **2** 薄明, 薄暗がり. [*fr.* clair-obscur (→Clair-obscur) の翻訳借用]

hel·le[hɛ́lə] 形《述語的》《方》(aufgeweckt) 利発な, 物わかりが早い; (gewitzt) 利口である. 抜けめがない(→hell I 2): Er sieht ganz ~ aus. 彼は全く利発そうだ.

Hel·le[1] →hell II

Hel·le[2][hɛ́lə] 女 -/ 明るいこと; 明るさ, 光度, 輝度, 透明度.

Hel·le·bar·de[hɛləbárdə] 女 -/-n ほこやり(ほこ・やり兼用の中世の武器: →図). [*mhd.* helm-barte „Stielaxt"; ◇Helm[2], Barte; *engl.* halberd]

Haken

Hellebarde

Hel·le·bar·dier[hɛləbardíːr] 男 -s/-e ほこやり兵.

Hel·le·bo·rus[hɛléːborʊs, heléb..] 男 -/..ri[..riˑ] 〘植〙ヘレボルス, クリスマスローズ属. [*gr.*; ◇*engl.* hellebore]

Hel·le·gat〔**t**〕[hɛ́ləgat] 中 〘海〙(甲板下の)倉庫, 要具庫. [*ndd.* „Höllen-Loch"; ◇Hölle]

Hell·emp·find·lich·keits≠grad[hɛ́l..] 男 〘理〙(異なる波長の光に対する)視感度, 明度. **≠kur·ve** 女 〘理〙明度曲線.

hel·len[hɛ́lən] 他 (h)《雅》再帰 *sich*[4] ~ 明るくなる: Der Morgen *hellt* sich. 朝がやって来る.

Hel·le·ne[hɛléːnə] 男 -n/-n (⊛ **Hel·le·nin**[..nɪn]-/-nen) (古代の)ギリシア人(本来は, Deukalion の息子ヘレン Hellen を祖として Hellas 地方に住んでいた部族名だったが, のちにギリシア人の総称となった: →Grieche). [*gr.*; ◇Hellas]

Hel·le·nen·tum[..tuːm] 中 -s/ (古代)ギリシアの文化〔思想〕, ギリシア民族〔性〕.

Hel·le·nin Hellene の女性形.

hel·le·nisch[hɛléːnɪʃ] 形 ヘラス〈古代ギリシア〉の(→Hellas).

hel·le·ni·sie·ren[hɛlenizíːrən] 他 ギリシア化する, ギリシアふうにする. [*gr.*]

Hel·le·nis·mus[..nɪ́smʊs] 男 -/ 後期ギリシア文化, ヘレニズム (Alexander 大王以降 Augustus 皇帝のころまでの東洋の影響の加わったギリシア文化).

Hel·le·nist[..nɪ́st] 男 -en/-en ヘレニズム研究家.

Hel·le·ni·stik[..nɪ́stɪk] 女 -/ ヘレニズム研究.

hel·le·ni·stisch[..nɪ́stɪʃ] 形 ヘレニズム〔期〕の.

Hel·ler[hɛ́lər] 男 -s/- ヘラー(昔のドイツの小額銅貨・銀貨: 約 $^1/_2$ Pfennig. オーストリアでは1924年まで通用: $^1/_{100}$ Krone): **keinen** 〔**roten / lumpigen**〕 **~ besitzen** 〈**haben**〉《比》一文無しである | **keinen** 〈**nicht einen**〉 〔**blutigen / roten / lumpigen**〕 **~ wert sein** びた一文の価値もない | **keinen** 〔**roten**〕 **~ für *jn.*** 〈***et.***[4]〉 **geben**《比》…を絶望視する ‖ **auf ~ und Pfennig / bis auf den letzten ~**《話》一銭一厘もまちがえずに | *et.*[4] auf ~ und Pfennig 〈bis auf den letzten ~〉 bezahlen …の代金をきっかり支払う. [*mhd.*; <Hall (鋳造地名)]

hel·ler·licht[hɛ́lərlɪçt]《方》=hellicht

der **Hel·les·pont**[hɛlɛspɔ́nt] 地名 男 -〔e〕s/ ヘレスポントス(「ヘレの海」の意で, ギリシア神話で継母イノ Ino (Kadmos の娘)の策略から逃れる途中溺死(でき)したヘレ Helle の名にちなむ. Dardanellen の古名). [*gr.*-*lat.*; <*gr.* póntos (→Pontus)]

hell·euch·tend[hɛ́llɔʏçtənt][1] 形 明るく光る, きらきら輝く.

hell·far·big[hɛ́l..] 形 明るい色の, 淡い色の; (音などが)穏やかな; 金髪の.

Hell·feld 中 (↔Dunkelfeld) 〘光学〙(顕微鏡の)明視野.

hell≠gelb 形 (↔ dunkelgelb) 淡黄色の. **≠glän·zend** 形 光輝あざやかな, きらきら光る. **≠grau** 形 明るい〈薄い〉灰色の. **≠grün** 形 (↔dunkelgrün) 明るい〈淡い〉緑色の, 浅緑色の. **≠haa·rig** 形 (blond) 金髪の.

hell·häu·tig 形 (肌が)色白の, 白い肌の.

hell·hö·rig 形 **1** 耳ざとい, 聴覚の鋭い;《比》(aufmerksam) 聞き耳を立てた, 油断のない; 明敏な: **~ werden** 聞き耳を立てる | Als er das sagte, wurde ich ~. 彼がそれを言ったとき私は耳を澄ませた | ***jn.* ~ machen** …に聞き耳を立てさせる. **2** (壁・ドアなどが)音を遮断しない, 音が筒抜けの: Diese Wohnung ist ~. この住居は音が筒抜けだ. [<hören]

hel·licht[hɛ́llɪ́çt, ⌣⌣] 形《付加語的》たいへん明るい: 〘ふつう次の成句で〙Es war ~*er* Tag. 昼日中であった | **am** 〈**beim**〉 **~*en* Tage** 〔思いもかけず〕まっぴるまに, 白昼に.

Hel·li·gen Helling の複数.

Hel·lig·keit[hɛ́lɪçkaɪt] 女 -/-en **1**《単数で》**a**) 明るいこと, 光明, 輝き. **b**) 明るさ; (色の)明度; 〘理〙光度, 輝度. **2** 〘天〙(星の)等級.

Hel·lig·keits·grad 男 =Helligkeit 1 b

hel·li·la[hɛ́lliːlaˑ] 形《無変化》薄紫色の, ふじ色の.

Hel·ling[hɛ́lɪŋ] 女 -/-en, Helligen[..lɪgən]; 男 -s/-e 〘海〙(傾斜した)造船台; 進水台, 船架, スリップ. [*mndd.* heldinge „Schräge"; ◇Halde]

hell≠leuch·tend[hɛ́l..] = helleuchtend **≠licht** =hellicht **≠li·la** =hellila

hell·o·dernd (**hell·lo·dernd**)[hɛ́lloːdərnt][1] 形 炎炎と燃え上がる.

hell·rot[hɛ́l..] 形 (↔dunkelrot) 明るい〈淡い〉赤の, 淡紅色の.

Hell·schrei·ber[hɛ́l..] 男 〘電〙ヘルシュライバー(鍵盤(けんばん)式模写電送装置). [<R. Hell (発明者のドイツ人技師)]

hell|se·hen*[hɛ́l..]《164》**I** 自 (h)《ふつう不定詞で》千里眼を働かせる, 透視する, 未来を見通す: Er kann ~. 彼は千里眼がきく | Du kannst wohl ~? 当ててごらん; 君は読心術でも知ってるのかい. **II Hell·se·hen** 中 -s/ 千里眼, 透視. **III hell·se·hend** 現分 形 千里眼の, 透視能力のある.

Hell·se·her 男 -s/- (⊛ **Hell·se·he·rin**-/-nen) 千里眼の〈透視能力のある〉人, 予言者. [*fr.* clair-voyant (◇klar, Voyeur) の翻訳借用]

Hell·se·he·rei[hɛlzeːərάɪ] 女 -/《軽蔑的に》千里眼, 透視〔能力〕; 予言.

Hell·se·he·rin Hellseher の女性形.

hell·se·he·risch[hɛ́lzeːərɪʃ] 形 **1** 千里眼の, 透視能力のある. **2** =hellsichtig

hell·sich·tig[hɛ́lzɪçtɪç][2] 形 烱眼(けいがん)な, 眼力の鋭い, 目端のきく.

H

Hell·sich·tig·keit[–kaıt] 女 -/ hellsichtig なこと.
hell·strah·lend ＝helleuchtend
hell·wach[hɛ́lváx] 形 はっきり目ざめている; 《比》ぼんやりしていない, 頭がさえた: plötzlich ～ werden はっと目がさめる〈気がつく〉| ein ～*er* Junge〔ひどく〕頭のきれる少年.
Hell·wer·den[hɛ́l..] 中 -s/ 夜明け: eine gute Stunde vor〔dem〕～ 夜の明ける1時間も前に.
Helm[1][hɛlm] 男 -〔e〕s/-e **1**（英: *helmet*）鉄かぶと, 保安帽, ヘルメット;（昔の）かぶと; ヘルメット帽, トピー(→ 図): den ～ aufsetzen〈abnehmen〉ヘルメットをかぶる〈脱ぐ〉| Feuerwehrmänner in ～*en* ヘルメットをかぶった消防士たち.
2 a)〘建〙(ヘルメット状の)円錐形屋根, 尖塔(せんとう)の屋根; 半球天井(→ 図 Kirche A);（蒸留器の）円蓋(えんがい). **b)**〘紋〙かぶと形. [*germ.* „Verbergender"; ◇hüllen; *engl.* helm]

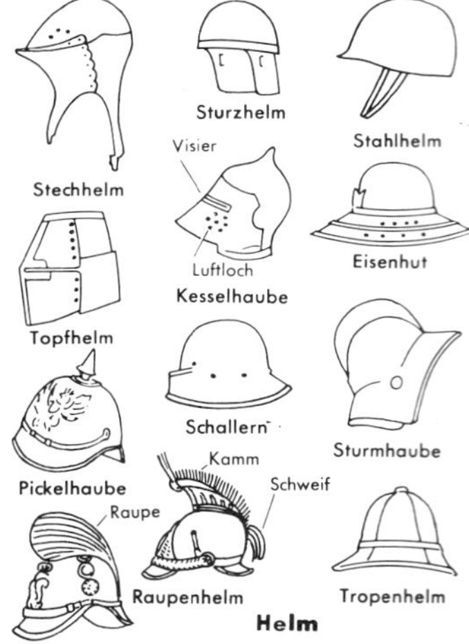

Helm

Helm[2][–] 男(中) -〔e〕s/-e（おの・ハンマーなどの）柄(→ 図 Axt);〘海〙舵柄(だへい), ヘルム. [*mhd.*; ◇Halfter[2], Holm[1]]
Hel·ma[hɛ́lma·] 女名（＜Helmtraud）ヘルマ.
Helm≠bie·ne[hɛ́lm..] 女（ミツバチの）雄バチ. **≠boh·ne** 女〘植〙フジマメ(藤豆). **≠busch** 男 かぶとの前立て〈羽根飾り〉. **≠dach** 中〘建〙円屋根, 尖塔(せんとう), とんがり屋根. **≠decke** 女 かぶと頭巾(ずきん)(紋章は: → 図 Wappen c). **≠git·ter** 中 かぶとの面頬(めんぼお), あご当て.
Helm·holtz[hɛ́lmhɔlts] 人名 Hermann von ～ ヘルマン フォン ヘルムホルツ(1821-94; ドイツの物理学者・生理学者).
Hel·min·the[hɛlmíntə] 女 -/-n《ふつう複数で》(腸内の)寄生虫, 蠕虫(ぜんちゅう). [＜*gr.* hélmins „Wurm" (◇Helikon[1])]
Hel·min·thia·sis[hɛlmıntí:azıs] 女 -/..thiasen[..tiá:zən] (Wurmkrankheit)〘医〙寄生虫病, 蠕虫(ぜんちゅう)病. [＜..iasis]
Hel·min·tho·lo·gie[..tologí:] 女 -/ (Wurmkunde) 寄生虫学, 蠕虫(ぜんちゅう)学.
Hel·min·tho·se[..tó:zə] 女 -/-n ＝Helminthiasis
Helm≠kamm[hɛ́lm..] 男 かぶとの前立て. **≠klein·od** 中 ＝Helmzier **≠kraut** 中〘植〙タツナミソウ(立浪草)属. **≠kro·ne** 女〘紋〙かぶとの上の位冠. **≠pflicht** 女（オートバイ運転者などの）ヘルメット装着の義務. **≠schau** 女（騎士の馬上試合で参加資格を確かめる）かぶと改め. **≠schmuck** 男 かぶとの飾り(冠毛・羽根飾りなど). **≠schnecke** 女〘貝〙トウカムリガイ(唐冠貝). **≠sturz** 男 ＝Helmgitter
Helm·traud[hɛ́lmtraʊt] 女名 ヘルムトラウト. [＜*ahd.* helm „Helm"＋..trud „Kraft, Stärke"]
Hel·mut[hɛ́lmu:t] 男名 ヘルムート. [＜*ahd.* heil „heil", hiltja „Kampf"; ◇Mut; *engl.* Helmuth]
Helm·zier〔·de〕[hɛ́lm..] 女 かぶと飾り, クレスト(→ 図 Wappen c).
He·loi·se[heloí:zə] 女名 ヘロイーゼ, エロイーズ:《Die neue ～》『新エロイーズ』(Rousseau の書簡体恋愛小説). [*fr.*]
He·lot[heló:t] 男 -en/-en (**He·lo·te**[..tə] 男 -n/-n)〘史〙ヘイロテス(古代 Sparta の農奴: →Spartiat, Periöke);《比》被抑圧者. [*gr.*]
he·lo·tisch[..tıʃ] 形 奴隷の, 奴隷的な.
Hel·sing·fors[hɛ́lzıŋfɔrs, hɛlsıŋfɔ́rs] 地名 ヘルジングフォルス(「ヘルジング族の滝」の意: →Helsinki). [*schwed.*]
Hel·sin·ki[hɛ́lzıŋki·, ..sıŋki·] 地名 ヘルシンキ(フィンランド共和国の首都で, フィンランド湾北岸の貿易港. 1550年スウェーデンによって建設された. スウェーデン語形 Helsingfors).
Hel·ve·ti·en[hɛlvé:tsiən] (**Hel·ve·tia**[..tsia·]) 地名 ヘルヴェチア(スイスのラテン語名; Helvetier の住んだ国).
Hel·ve·ti·er[..tsiər] 男 -s/- ヘルヴェチア人(南ドイツからスイスの北部と西部に移住したケルト族の一部族). [*lat.*]
hel·ve·tisch[..tıʃ] 形 ヘルヴェチア〔人〕の; スイスの: die *Helvetische* Republik ヘルヴェチア共和国(フランスによってつくられたスイスの統一国家, 1798-1803) | das *Helvetische* Bekenntnis (略 H. B.)/ die *Helvetische* Konfession ヘルヴェチア信条書(16世紀に出された改革教会の二つの信条書).
Hel·ve·tis·mus[hɛlvetísmʊs] 男 -/..men[..mən] スイス語法(スイス特有の慣用語法).
hem[həm] 間（せき払いの声）ヘン, エヘン, オホン.
Hemd[hɛmt][1] 中 -es(-s)/-en（一般的に, 広義の）シャツ; (Unterhemd) 肌着, シュミーズ; (Oberhemd) ワイシャツ: ein ～ aus Baumwolle 木綿のシャツ | ein frisches〈sauberes〉～ 洗いたての〈清潔な〉シャツ | ein gestärktes〈bügelfreies〉～ 糊(のり)のきいた〈アイロン不要の〉ワイシャツ | **ein halbes** ～《話》青二才, 半人前 | ein langärmeliges〈wollenes〉～ 長そでの〈ウールの〉シャツ ‖ das ～ anziehen〈ausziehen〉シャツを着込む〈脱ぐ〉| ***sich***[3] **das ～ ausziehen lassen**《比》さんざん利用される | Das zieht einem ja das ～ aus.《話》そいつはひどい, お手上げだ | **Das ～ ist mir näher als der Rock.**《諺》他人の事よりわが身の利益が大事 ‖ **kein ～〔mehr〕am〈auf dem〉Leib tragen**《話》素寒貧(すかんぴん)である | ***sein* letztes ～ verschenken〈hergeben〉** / ***sich***[3] **das letzte ～ vom Leib reißen** / ***sich***[3] **bis aufs〔letzte〕～ ausziehen**《話》(他人のために)財産をすっかりはたいてしまう, 持っているものを一つ残らずやってしまう | ***et.***[4] **wie das ～〈wie *seine* ～*en*〉wechseln**《話》…を自分の肌着のようにたびたび取り替える | *seine* Meinung〈*seine* Freunde〉wie das ～ wechseln 意見〈友人〉をしばしば変える | ***jm.* das ～ über den Kopf ziehen**《話》…の持ち物を全部うばう, …をすっかり貧乏にしてしまう ‖ *jm.* einen Bonbon〈ein Bonbon〉**ans** ～ kleben (→Bonbon) | ***jn.* bis aufs ～ ausziehen〈ausplündern〉**《話》…を身ぐるみ剝(は)ぐ | **alles bis aufs ～ verlieren**《比》素寒貧になる | nur im ～ dastehen〔ワイ〕シャツ姿でいる | ***jm.*〔eine Delle〕ins ～ treten**《話》(おどしの文句で)…を痛い目にあわせる | *jm.* 'nen Achter ins ～ treten (→Achter 3) | Sei bloß still, sonst trete ich dir ins ～. 静かにしろ. さもないと痛い目にあわせるぞ | Mach dir nicht ins ～!《話》そんなにもったいぶるな, そんなに大げさに騒ぐな.
[*westgerm.* „Verhüllendes"; ◇Himmel, Kamisol]
Hemd·är·mel[hɛ́mt..]《オーストリア》＝Hemdsärmel
hemd·är·me·lig《オーストリア》＝hemdsärmelig
Hemd·blu·se 女〘服飾〙シャツブラウス, シャツヴェスト.
Hemd·blu·sen·kleid 中〘服飾〙シャツドレス.
Hemd·brust 女（上着からのぞいている）ワイシャツの胸, シャツフロント;（礼服などの）胸あて, ディッキー, するめ.
Hem·den≠ge·schäft[hɛ́mdən..] 中 ワイシャツ専門店. **≠knopf** 男 シャツのボタン. **≠matz** 男《戯》シャツだけ着た幼児. **≠stoff** 男, **≠tuch** 中 ワイシャツ地. **≠zip·fel** 男

ワイシャツのすそ.

Hemd≠ho·se[hέmt..] 女 〘服飾〙コンビネーション(シャツとズボン下の続いたもの). **≠knopf** = Hemdenknopf **≠kra·gen** 男〔ワイ〕シャツの襟. **≠krau·se** 女(ひだのついた)シャツの襟飾り.

Hemds·är·mel[hέmts..] 男 -s/-《ふつう複数で》〔ワイ〕シャツのそで: *sich*³ die ～ hochkrempeln《比》張り切って仕事にかかる | in ～*n* 上着を脱いで,〔ワイ〕シャツ姿で.

hemds·är·me·lig 形 上着を脱いだ,〔ワイ〕シャツ姿の;《比》ざっくばらんな.

Hemds·mau·ge[..maʊgə] 女 -/-n《話》=Hemdsärmel [<*ndd.* mauge „Ärmel"]

He·mer·al·opie[hemeralopí:] 女 -/ (Nachtblindheit)〘医〙夜盲症, とりめ(鳥目). [<*gr.* hēmérā „Tag"+alaós „blind"+..opie; ◇Nyktalopie]

hemi..《名詞などにつけて「半分」を意味する》: *Hemi*sphäre 半球. [*gr.*; ◇semi..]

He·mi·al·gie[hemi(|)algí:] 女 -/-n[..gí:ən] (Migräne)〘医〙偏頭痛.

He·mi·an·op·sie[..(|)an(|)ɔpsí:] 女 -/-n[..sí:ən] (Halbsichtigkeit)〘医〙半盲症.

He·mi·eder[..|é:dər] 中 -s/-〘鉱〙(結晶)の半面像.

He·mi·kra·nie[..kraní:] 女 -/-n[..ní:ən]=Hemialgie [*gr.*−*spätlat.*; <kranio..; ◇Migräne]

He·ming·way[hέmɪŋweɪ, ..we·] 人名 Ernest ～ アーネスト ヘミングウェー(1899-1961; アメリカの作家).

He·mi·ple·gie[hemiplegí:] 女 -/-n[..gí:ən]〘医〙半身不随(麻痺(まひ)), 片麻痺. [<*gr.* plēgē „Schlag"]

He·mi·pte·re[hemɪpté:rə, ..mip..] 男 -n/-n《ふつう複数で》〘虫〙半翅(はんし)目. [<*gr.* pterón (→Feder)]

He·mi·sphä·re[hemisfέ:rə, ..mɪs..] 女 -/-n (Halbkugel) **1** 半球体. **2** (地球・天体の)半球: die südliche 〈nördliche〉 ～ 南〈北〉半球. **3**〘医〙脳半球. [*gr.*−*spätlat.*]

he·mi·sphä·risch[..rɪʃ] 形 半球の.

He·mi·sti·chion[hemistíçiɔn, ..mɪs..] (**He·mi·sti·chium**[..çiʊm]) 中 -s/..chien[..çiən]〘詩〙詩の半句〈半行〉. [*gr.*〔−*spätlat.*〕; <*gr.* stíchos (→stichisch)]

he·mi·zy·klisch[..tsý(:)klɪʃ, ..tsÝk..] 形 **1** 半円の, 半円形の. **2**〘植〙(花が)半輪生の.

Hem·lock·tan·ne[hέmlɔk..] 女〘植〙ツガ(栂)属.

Hem·me[hέmə] 女 -/-n (車輪の)歯止め, 制動機, ブレーキ.

hem·men[hέmən] 他 (h) (…の動きを)妨げ〔て静止させ〕る, はばむ, 阻止する, 制動する; 遅延〈遅滞〉させる;〘心〙抑制する: den feindlichen Angriff ～ 敵の攻撃を食い止める | die Entwicklung 〈den Fortschritt〉 ～ 発展〈前進〉をはばむ | die rasche Fahrt des Wagens ～ ブレーキをかけて車の速度をゆるめる | ein Rad am Fahren ～ / einen Wagen ～ 車にブレーキをかける | *seine* Tränen ～ 涙をこらえる | einen Wasserlauf ～ 水の流れをせき止める ‖ *jn.* bei der Arbeit ～ …の仕事を妨げる | Der enge Rock *hemmte* sie beim Gehen. 彼女はタイトスカートが邪魔になって歩きにくかった | *jn.* in *seiner* Tätigkeit ～ …の活動を妨げる ‖ *hemmende* Wirkung〘心〙抑制作用 | auf *jn.* *hemmend* einwirken …の意気を沮喪(そそう)させる ‖ durch *et.*⁴ *gehemmt* sein …のために気おくれする. [*mnd.*; ◇*gr.* kēmós „Maulkorb"]

Hemm≠ga·bel[hέm..] 女 二またブレーキ. **≠keil** 男 制動くさび, 輪止め. **≠ket·te** 女〘海〙制動鎖, ドラグチェーン. **≠klotz** =Bremsklotz

Hemm·nis[hέmnɪs] 中 -ses/-se 障害〔物〕, 妨害〔物〕: ein großes ～ für die Entwicklung 発達にとっての大きな障害 ‖ ～*se* beseitigen 〈überwinden〉 障害を除去〈克服〉する.

Hemm≠rad[hέm..] 中 (時計の)がんぎ車. **≠schuh** 男 **1 a)** (坂道駐車に用いる)輪止め〔くさび〕. **b)**〘鉄道〙(操車の際に路線に固定する)車〔輪〕止め(→ 図 Bremse A). **2** (急坂を下る際に後輪にはかせる)輪止め〔板〕. **3**《比》妨害物, ブレーキ役: *jm.* einen ～ in den Weg legen …を妨害する.

≠schwel·le 女〘心〙(特定の行動を妨げる働きをする)阻止閾(いき). **≠stoff** 男 **1**〘生〙(成長や酵素反応などの)抑制〈阻害〉物質. **2**〘化〙(さまざまな化学反応の)抑制物質.

Hem·mung[hέmʊŋ] 女 -/-en **1** 阻止, 制止, 制動, 停止, 減速; 妨害, 阻害, 障害: ～*en* bewirken 障害になる. **2** ためらい, 気おくれ, 逡巡(しゅんじゅん), 心理的圧迫;〘心〙抑制: an 〈unter〉 ～*en* leiden 小心翼々としている | keine moralischen ～*en* haben 道徳的ためらいを感じない | *seine* ～*en* überwinden 気おくれを克服する | Nur keine ～*en*! さあびくびくせずにやりたまえ ‖ ohne jede ～ 何のためらいもなく, 平然と. **3**〘工〙(時計の)がんぎ: ruhende ～ 直進がんぎ.

Hem·mungs·bil·dung 女〘医〙発育不全, 発育抑制.

hem·mungs·los[..lo:s]¹ 形 慎みのない, 思いのままの, 抑制を受けていない, 傍若無人の: ein ～*er* Mensch 慎みのない人間 ‖ ～ lügen 平気でうそをつく | ～ weinen 思いきり泣く.

Hem·mungs≠nerv 男 -s/-en《ふつう複数で》〘解〙抑制神経. **≠rad** =Hemmrad

Hemm·vor·rich·tung[hέm..] 女〘工〙制動装置.

He·nan[xʌ́nán] =Honan I

Hen·de·ka·gon[hɛndekagó:n] 中 -s/-e (Elfeck)〘数〙十一角形. [<*gr.* hén-deka „elf"]

Hen·de·ka·syl·la·bus[..zÝlabʊs] 男 -/..bi[..bi·], ..ben[..zʏlá:bən]〘詩〙11音節の詩. [*gr.*−*lat.*; ◇Silbe]

Hen·del[hέndəl] 中 -s/-〔n〕=Hendl

Hen·dia·dy·oin[hɛndiadyɔ́yn] 中 -s/ (**Hen·dia·dys**[..dÝs] 中 -/)〘修辞〙二語一想, 二詞一意(i) 形容詞の代わりに名詞を und で結ぶ表現. 例 aus Bechern und Gold 黄金の杯から(=aus goldenen Bechern); ii) 同様な意味の名詞や動詞を並べる表現. 例 bitten und flehen 請い求める). [*mlat.*; <*gr.* hèn dià dyoĩn „eins durch zwei"]

Hendl[hέndəl] 中 -s/-〔n〕《南部・オーストリア》**1** (Brathuhn) ローストチキン. **2** 若鶏(わかどり); ニワトリ. [<Henne]

Hengst[hɛŋst] 男 -es(-s)/-e (成熟した)雄馬, 種馬(→ Pferd 1); ロバ〈ラクダ〉の雄;《話》女を追い回す男. [*germ.*]

Hengst≠foh·len[hέŋst..] 中, **≠fül·len** 中 雄の子馬.

Hen·kel[hέŋkəl] 男 -s/- **1** (かご・なべ・カップ・つぼなどの)取っ手, 耳, 握り(→ 図 Gefäß): den Korb am ～ anfassen かごの取っ手をつかむ. **2 a)** (バッグなどの)下げ革. **b)**《中部》(コート・上着などの)襟づり. [<henken]

Hen·kel·be·cher 男〔両側に〕取っ手のついた杯(→ 図 Becher).

..henkelig[..hɛŋkəlɪç]² (**..henklig**[..klɪç]²)《数詞につけて「…の柄・取っ手をもつ」を意味する形容詞をつくる》: zwei*henkelig* 柄の二つある.

Hen·kel≠korb[hέŋkəl..] 男 手さげかご. **≠kreuz** 中 エジプト式十字架(→ 図 Kreuz). **≠krug** 男 ジョッキ; 取っ手のついた壺(つぼ). **≠tas·se** 女 取っ手のついた茶わん: die große ～《戯》おまる. **≠topf** 男 取っ手のついた深なべ.

hen·ken[hέŋkən] **I** 他 (h)《*jn.*》(…を)絞首刑にする. **II Ge·henk·te** → 別出 [*ahd.*; ◇hängen]

Hen·ker[hέŋkər] 男 -s/- **1** (Scharfrichter) 絞首刑吏, 死刑執行人;《比》(Tyrann) 暴君, 圧制者. **2**《話》《慣用的表現で Teufel の代わりに》**Beim 〈Zum〉 ～!** こんちくしょうめ | Zum ～ mit dir! お前なんかくそくらえだ | **zum ～ gehen / *sich*⁴ zum ～ scheren** 行って〈無くなって〉しまう | *jn.* zum ～ wünschen …がどこかへ行ってしまえばいいと思う ‖ **Hol's der ～! / Hol' mich der ～!** まっぴらごめんだ | Hol dich der ～! くたばってしまえ ‖〘一種の否定の表現として〙**den ～ nach *et.*³ fragen / *sich*⁴ den ～ um *et.*⁴ scheren** …をてんで問題にしない〈気にかけない〉 | Daraus werde der ～ klug! / 〔**Das**〕 **weiß der ～.** そんなこと知るもんか.

Hen·ker≠beil =Henkersbeil **≠block** =Henkersblock

Hen·kers≠beil 中 首切りおの〈まさかり〉. **≠block** 男 -〔e〕s/..blöcke 首切り台. **≠frist** 女 暫時の死刑執行猶予;《比》つかの間の猶予. **≠hand** 女《ふつう次の形で》durch ～ 〈von ～〉 sterben 処刑される. **≠knecht** 男 刑吏の手下;《比》子分, とりまき. **≠mahl·zeit** 女 処刑前の

H

最後の食事;《戯》つらい別れ〈試練〉を前にした最後の食事.

..henklig = ..henkelig

Hen·na[hέna·] 女 -/ (中 -[s]/) **1**〔植〕ヘンナ, 指甲(とう)花(樹皮から黄色の染料をとる). **2** (毛髪・つめなどの)ヘンナ染料. [*arab.*]

Hen·na·strauch[hέna..] 男 =Henna 1

Hen·ne[hέnə] 女 -/-n **1** (英: *hen*) (↔Hahn) めんどり(→Huhn 1 a); (一般に) 鳥の雌: Die ~ gackert 〈legt ein Ei〉. めんどりが鳴く〈卵を産む〉| Das Ei 〈Das Küken〉 will klüger sein als die ~. (→Ei 1, →Küken 1 a). **2**〔天〕昴(すばる). [*westgerm.*; ◇Hahn[1]; *engl.* hen]

Hen·ne·gat[t][hέnəgat] 中《北部》〔海〕舵穴. [*ndl.*]

▽**Hen·nin**[εnέ̃] 男 中 -s/-s ヘニン(15世紀にベールとともに用いた円錐(えん)形の長い女性用帽子: → 図 Haube). [*fr.*]

He·no·the·is·mus[henoteísmus] 男 -/ (多くの神の存在を認めながら一神を信じる)単一神教, 単神教. [< *gr.* hén „eins"+theo..]

Hen·rik[hέnrɪk] 男名 (< Heinrich) ヘンリク. [*ndd.*]

Hen·ri·ke[hɛnríːkə] 女名 ヘンリーケ.

Hen·ri·qua·tre[ãrikátr] 男 -[s][‑]/-s[‑] アンリ四世ひげ(上向きの口ひげと短いあごひげの組み合わせ). [< Henri Quatre (フランス国王, †1610)]

Hen·ry[hέnri·] 中 -/-〔電〕ヘンリー([自己]誘導係数の単位; 記号 H: →Induktivität 2). [< J. Henry (米国の物理学者, †1878)]

Hent·ze[hέntsə] 女 -/-n (よろいの)手甲(→ 図 Harnisch).

He·or·to·lo·gie[heɔrtologíː] 女 -/ 教会祝祭学. [< *gr.* heortḗ „Fest"]

hepat.. →hepato..

He·pat·al·gie[hepatalgíː] 女 -/-n [..gíːən] (Leberschmerz)〔医〕肝臓痛.

He·pat·ar·gie[..targíː] 女 -/-n[..gíːən]〔医〕肝[機能]不全.

he·pa·tisch[hepáːtɪʃ] 形 肝[臓]の; 肝性の.

He·pa·ti·tis[hepatíːtɪs] 女 -/..titiden[..titíːdən] (Leberentzündung)〔医〕肝炎: akute 〈chronische〉 ~ 急性〈慢性〉肝炎 | ~ B B 型肝炎 | Serum*hepatitis* 血清肝炎.

He·pa·ti·tis·vi·rus 中 (男)〔医〕肝炎ウイルス.

hepato..《名詞・形容詞などにつけて「肝臓」を意味する. 母音の前では hepat.. となる: →*Hepat*itis》[*gr.* hēpar „Leber"]

he·pa·to·gen[hepatogéːn] 形〔医〕肝性の.

He·pa·to·lith[..líːt, ..lít] 男 -s/-e; -en/-en〔医〕肝結石.

He·pa·to·lo·ge[..lóːgə] 男 -n/-n (→..loge) 肝臓専門医.

He·pa·to·lo·gie[..logíː] 女 -/ 肝臓学.

He·phäst[heféːst], **He·phä·stus**[..stus] (**He·phai·stos**[hefáɪstɔs]) 人名〔ギ神〕ヘパイストス(火と鍛冶(かじ)の神. ローマ神話の Vulkan に当たる). [*gr.*[−*lat.*]; < *gr.* haphḗ „Anzünden" (◇Haptik)]

Hep·pe[hέpə] 女 -/-n =Hippe[1]

hepta..《名詞などにつけて「7」を意味する. 母音の前では hept.. となる: →*Hept*ode》[*gr.* heptá „sieben"; ◇sieben[2]]

Hep·ta·chord[hɛptakɔ́rt][1] 男 中 -[e]s/-e〔楽〕**1** 7音音階. **2** (ルネサンスの)フィドル, 7弦リラ. [*gr.*−*lat.*; ◇Chorda]

Hep·ta·eder[..|éːdər] 中 -s/- (Siebenflächner)〔数〕七面体.

Hep·ta·gon[..góːn] 中 -s/-e (Siebeneck)〔数〕七角形.

Hept·ame·ron[hɛptáːmerɔn] 中 -s/ 七日物語(16世紀の小説集). [< *gr.* hēmérā „Tag"]

Hep·ta·me·ter[hɛptáːmetər] 男 -s/-〔詩〕7歩格(七つの同一の詩脚または単位韻律からなる詩行). [*mlat.*]

Hep·tan[hɛptáːn] 中 -s/〔化〕ヘプタン. [< ..an]

Hept·ar·chie[hɛptarçíː] 女 -/-n[..çíːən] **1** 七頭政治. **2** (5-9世紀の英国の)七王国.

Hep·ta·teuch[hɛptatɔ́ʏç] 男 -s/〔聖〕旧約聖書の最初の七書. [*gr.*−*spätlat.*; < *gr.* teũchos „Zubereitung"]

Hept·ode[hɛptóːdə] 女 -/-n〔電〕7極[真空]管.

her[heːr] **I** 副 (↔hin) **1 a)**《空間的》こちらへ: *Her* zu mir! 私のそばへおいで | Bier ~! ビールを持ってこい | *Her* mit dem Geld! その金をよこせ | Er soll sofort ~! / *Her* mit ihm! すぐ彼を来させなさい ‖ Sein Deutsch ist 〈Mit seinem Deutsch ist es〉 nicht so weit ~. 彼のドイツ語はたいしたものではない. **b)**《時間的》今までずっと: Das ist schon lange ~. それはずっと以前[から]のことだ | Das ist [noch gar] nicht lange ~. それはまだつい最近のことだ | Wie lange ist es ~? あれ以来どれほどたったか | die ganze Zeit ~《オーストリア》それ以来ずっと | Es ist schon zwei Jahre ~, daß wir uns nicht gesehen haben 〈seit wir uns das letzte Mal gesehen haben〉. この前お会いして以来もう2年になります | Es ist noch keine drei Monate ~, daß ... …以来まだ3か月にもならない. **c)**《**hin und her** などの形で》→hin 1 d

2《von ... her の形で》**a)**《空間的》von *et.*[3] ~ …から[こちらへ] | vom Himmel 〈Fenster〉 ~ 空〈窓〉から | von Norden 〈Süden〉 ~ 北〈南〉から | von außen 〈innen〉 ~ 外部〈内部〉から | von dort 〈weit〉 ~ あそこ〈遠方〉から. **b)**《時間的》von *et.*[3] ~ …以来ずっと | von frühester Jugend ~ ずっと幼いころから | von früher 〈alters〉 ~ 以前〈昔〉から | Wir kennen uns von München ~. 私たちはミュンヒェン以来の知り合いだ. **c)**《由来・観点》Sie ist [von] dort ~. 彼女はあそこの生まれだ | von der Theorie ~ 理論からして, 理論的に | von Konzeption und Form ~ ausgezeichnet 構想と形式の点できわめてすぐれた.

3《その他の前置詞句にそえて; 一定の距離と位置関係を保った動きを示す》**hinter** *jm.* 〈*et.*[3]〉 ~ (一定の距離を保って)…の[動く]あとを追って | hinter der Arbeit ~ sein 仕事を追い回している, 忙しがっている | Er ist hinter dem Täter 〈einem Mädchen〉 ~. 彼は犯人〈女の子〉を追い回している | Sie läuft hinter ihm ~. 彼女は彼のあとを追い回している | Er geht **neben** mir ~. 彼は私と並んで歩く | **um** *et.*[4] ~ …の周囲に, …をめぐって | Wir standen um ihn ~. 私たちは彼を取り巻いて立っていた | um *sich*[4] ~ sehen 周囲を見回す | Sie ging **vor** ihm ~. 彼女は彼の前を歩いて行った | Er treibt die Schafe vor sich ~. 彼は羊の群れを追い立てていく.

II Her →Hin und *Her* [*ahd.*; ◇hier, hin]

her.. **1**《分離動詞の前つづり.「接近・一定の距離を保ちながら・円滑・仕上げ」などを意味する. つねにアクセントをもつ》: *her*kommen やって来る | *her*sehen こちらを見る | von *et.*[3] *her*rühren …に由来する | hinter 〈neben〉 *jm.* *her*gehen …の後について〈…と並んで〉歩く | über *et.*[4] *her*fallen …に飛びかかる, …にむしゃぶりつく ‖ *her*sagen (すらすらと)となえる | *her*stellen つくり上げる | *her*richten ととのえる.

2《方向を示す副詞につけて「こちらへ」を意味する. つねにアクセントをもたない》: *her*an こちらへ近づいて | *her*aus こちらへ出て | *her*ein こちらへはいって.

He·ra[héːra·] 人名〔ギ神〕ヘラ (Zeus の妻で, ローマ神話の Juno に当たる). [*gr.* „Schützerin"; ◇Heros]

her·ab[hɛráp] 副 (herunter) (こちらの)下へ, こちらへ下って: *Herab* mit dir! おまえ 降りて来いよ | vom Gipfel ~ bis zum Hotel braucht man zwei Stunden. 山頂から下のこのホテルまでは2時間かかる | Vom Dache tropfte es auf mich ~. 屋根から私の頭上にしずくが落ちてきた ‖ von oben ~ 上から下の方へ;《比》上から見下すように | *jn.* von oben ~ behandeln《比》…を高飛車にあしらう | Er ist sehr von oben ~.《比》彼は高慢ちきだ | *sich*[4] sehr von oben ~ zeigen《比》きわめて傲慢な態度をとる.

herab..《分離動詞の前つづり. つねにアクセントをもつ》**1**《「(向こうの上からこちらの)下へ」を意味する》: *herab*fallen 落ちて来る | *herab*ziehen ひきずりおろす. **2**《比喩的に「下に」を意味する》: *herab*sehen 見下す | *herab*würdigen 格下げする.

her·ab|beu·gen[hɛráp..] 他 (h) こちらへかがめる: Er *beugte* den Kopf zu mir *herab*. 彼は私の方へ身〈頭〉をか

がめた ‖ 再帰 *sich*^{4} ～ こちらへ身をかがめる. ≠|**blicken** = herabsehen ≠|**drücken** = herunterdrücken ≠|**ei·len** 自 (s) 急いでおりて来る. ≠|**fah·ren*** 《37》 =herunterfahren ≠|**fal·len*** 《38》 自 (s) こちらへ落ちる, 落ちて来る: Der Vorhang *fiel herab*. (芝居などの)幕がおりた. ≠|**fle·hen** 他 (h) 《雅》 (神が恵みなどを)くださるように祈る: Sie *flehte* Gottes Segen auf ihren Sohn *herab*. 彼女は息子のために神の恵みを祈った. ≠|**flie·ßen*** 《47》 自 (s) 流れ下って〈落ちて〉来る. ≠|**füh·ren** **I** 他 (h) つれて〈案内して〉おりて来る. **II** 自 (h) (道などが)下りになる. ≠|**ge·hen*** 《53》 =heruntergehen

her·ab·ge·kom·men =heruntergekommen II

her·ab≠|gie·ßen* 《56》 =heruntergießen ≠|**hän·gen*** 《66》 自 (h) (こちらへ)垂れ下がっている: Die Wolken *hängen* tief *herab*. 雲が低く垂れこめている ‖ mit *herabhängenden* Schultern 肩をがっくりと落として. ≠|**ho·len** =herunterholen

her·ab|kom·men*[hɛráp..] 《80》 **I** = herunterkommen **II** **her·ab·ge·kom·men** =heruntergekommen II

her·ab|las·sen*[hɛráp..] 《88》 **I** 他 (h) **1** =herunterlassen 1 **2 a)** 再帰 *sich*^{4} ～ (高貴な身分の人・目上の者が)下の者と同じ立場まで降りてくる; 腰を低くする, へりくだる. **b)** 再帰 *sich*^{4} ～ 《前置詞句や zu 不定詞〔句〕と》(しばしば皮肉な調子で)親切にも〈恐れ多くも〉(…)してくれる; 気安く(…)してやる | *sich*^{4} zu einer Antwort ～ / *sich*^{4} ～, zu antworten わざわざ返事をしてやる〈くれる〉.

II **her·ab·las·send** 現分 形 (わざとらしく)腰の低い, (いやみなほど)愛想のよい, いんぎん無礼な; パトロンぶった: *jn.* ～ behandeln …をいんぎん無礼な態度で遇する | Er war zu mir sehr ～. 彼は私にばかに愛想がよかった.

Her·ab·las·sung[..sʊŋ] 女 -/ sich herablassen すること: *jn.* mit ～ behandeln …をいんぎん無礼な態度で遇する.

her·ab≠|lau·fen*[hɛráp..] 《89》 自 (s) 走りおりて来る; (水などが)流れ落ちて来る. ≠|**min·dern** 《05》 他 (h) 減少〈低下〉させる, (価値を実際以下に)低く見積もる, 過小評価する: die Geschwindigkeit 〈den Wert〉 〔auf *et.*^{4}〕 ～ 〔…にまで〕減速〈減価〉する. ≠|**rei·chen** =herunterreichen ≠|**schie·ßen*** 《135》 = herunterschießen ≠|**se·hen*** 《164》 自 (h) (上からこちらを)見下ろす: an *jm.* ～ …を上から下までじろじろ見る | auf *jn.* ～ 《比》 …を見下す〈ばかにする〉. ≠|**sen·ken** 他 (h) **1** 再帰 *sich*^{4} ～ (山・丘陵などのこちら側が)しだいに低くなる. **2** 再帰 *sich*^{4} ～ (上から)舞いおりて来る: Aus dem Himmel *senkt* sich ein Flugzeug *herab*. 空から飛行機が一機降りて来る | Der Abend *senkt* sich *herab*. 夕暮れが訪れる. **3** 減少させる, 下げる: die Preise ～ 値段を下げる.

her·ab|set·zen[hɛráp..] 《02》 **I** 他 (h) **1** (数量を)引き下げる; 下落〈減少〉させる, 縮小〈削減〉する; (品質・価格などを)低下させる; (…の)価格を引き下げる: die Geschwindigkeit 〈den Preis〉 ～ 速度〈価格〉を下げる | Die Waren wurden 〔im Preis〕 stark *herabgesetzt*. 商品は大幅に値下げされた | Die Arbeitszeit wird auf 6 Stunden *herabgesetzt*. 労働時間が 6 時間に短縮される ‖ zu *herabgesetzten* Preisen 割引値で. **2** (故意に)過小評価する, けなす, こきおろす: *js.* Verdienste ～ …の功績をけなす | *jn.* in der allgemeinen Achtung ～ …の世評を下落させる.

II **her·ab·set·zend** 現分 形 けなす〈こきおろす〉ような, あしざまな, 軽蔑的な: in ～*er* Weise あしざまに | von *jm.* mit ～*en* Worten sprechen …のことをけなす.

Her·ab·set·zung[..tsʊŋ] 女 -/ herabsetzen すること.

her·ab≠|sin·ken*[hɛráp..] 《169》 自 (s) **1** (上から)おりて来る: Die Nacht *sinkt herab*. 夜のとばりがおりる. **2** (価値・価格などが)下がる; 落ちぶれる, 堕落する: im Preis ～ (…の)価格が下がる | auf ein niedriges Niveau ～ レベルの低いものになり下がる. ≠|**stei·gen*** 《184》 自 (s) (上から)おりて来る: vom Berg ～ 山を下って来る | vom Pferd ～ 馬からおりる | von *seinem* Thron ～ (→Thron 1 a). ≠|**stim·men** 他 (h) **1** 《*jn.*》 (…の)意気をそぐ, がっかりさせる. **2** やわらげる, 緩和させる: *seine* Ansprüche ～ 要求を引き下げる. **3** 〘楽〙 (ピアノなどを)調律して音を下げる. ≠|**sto·ßen*** 《188》 **I** 自 (s) (ワシなどが空から)急降下する, さっと襲いかかる. **II** 他 (h) 《*jn.*》 (…を上からこちらへ)つき落とす. ≠|**strö·men** 自 (s) (雨が)ざあざあ降る; (滝が)流れ落ちて来る. ≠|**stür·zen** 《02》 **I** 自 (s) (岩・滝などが)落下して来る. **II** 他 (h) 《*jn.*》 (…を)つき落とす〈倒す〉: 再帰 *sich*^{4} ～ 身を投げる. ≠|**wür·di·gen** 他 (h) 《*jn.*》 (…に対して)その地位〈名誉〉にふさわしくない扱いをする, (…を)軽んじる; おとしめる, けなす, 誹謗(ひぼう)する: *jn.* zum Dienstboten ～ …を使い走り扱いする | *js.* Namen 〈*js.* Verdienste〉 ～ …の名声〈功績〉をけなす ‖ 再帰 *sich*^{4} 〔zu *et.*^{3}〕 ～ 〔…に〕身を落とす〈なり下がる〉.

Her·ab·wür·di·gung 女 -/-en herabwürdigen すること.

her·ab|zie·hen*[hɛráp..] 《219》 他 (h) **1** 引き〔ずり〕おろす: die Rolläden ～ よろい戸を引きおろす ‖ mit *herabgezogenen* Mundwinkeln 口をへの字に曲げて. **2** 《*jn.*》 (…を)低い次元の存在に引きずりおろす: *jn.* zu *sich*^{3} ～ …の足を引っぱって自分の程度にまで引きずりおろす.

he·ra·kle·isch[heraklé:ɪʃ] =herkulisch

He·ra·kles[hé:raklɛs] =Herkules

He·ra·kli·de[heraklí:də] 男 -n/-n 《ふつう複数で》 ヘラクレスの子孫. [*gr.*; ◇Hera, Leumund]

He·ra·klit[heraklí:t, ..klít] 人名 ヘラクレイトス(前540頃-480頃; ギリシアの哲学者. 万物流転を唱える). [*gr.*-*lat.*]

He·ral·dik[heráldɪk] 女 -/ (Wappenkunde) 紋章学. [*fr.* héraldique; < *fr.* héraut „Herold" (◇Herold)]

He·ral·di·ker[..dikər] 男 -s/- 紋章研究家.

he·ral·disch[..dɪʃ] 形 紋章学の.

her·an[hɛrán] 副 こちらへ近づいて: Nur 〈Immer〉 ～! さあさあこちらへ | Zu mir ～! 私のそばへ寄りたまえ | *Heran* zum Wettkampf! いざ技を競おう | Es standen nur ein paar Häuser bis an das Wasser ～. 水辺まで迫って家が二三軒立っているだけだった ‖ 〘述語的に〙 Weihnachten ist wieder ～. クリスマスがまた近づいている | Er ist bis auf einen halben Meter ～. 彼はあと半メートルまでに近づいて来ている.

heran.. 《分離動詞の前つづり. つねにアクセントをもつ》 **1** 《「近づいて」を意味する》: *heran*kommen 近寄る | *heran*ziehen 引きよせる. **2** 《「だんだんと(…になる)」を意味する》: *heran*reifen だんだん成熟する | *heran*wachsen だんだん成長する | *heran*bilden 育てあげる.

her·an≠|ar·bei·ten[hɛrán..] 《01》 他 (h) 再帰 *sich*^{4} an *et.*^{4} ～ 苦労して…に近づく. ≠|**bil·den** 《01》 他 (h) 養成〈教育〉する: *jn.* zum Künstler 〈als Künstler〉 ～ …を芸術家に育て上げる | junge Ärzte ～ 若い医師を養成する | *sich*^{3} eigenen Nachwuchs ～ 自分の後継者を育成する ‖ 再帰 *sich*^{4} ～ (後継者などが)育ってくる.

Her·an·bil·dung 女 -/ 育て上げること, 養成.

her·an≠|bre·chen*[hɛrán..] 《24》 自 (s) **1** (波などが)押し寄せて砕け散る. **2** 《ｽｲｽ》 (anbrechen) (時代などが)始まる. ≠|**brin·gen*** 《26》 他 (h) **1** (こちらへ)持って来る. **2** 《*jn.* an *et.*^{4}/*et.*^{4} an *jn.*》 (…を…に)なじませる, 近づける: Kinder sollte man an solche Probleme vorsichtig ～. 子供たちをこのような問題に触れさせるのは慎重にしなければならない. ≠|**ei·len** 自 (s) 急いで近づいて来る. ≠|**fah·ren*** 《37》 **I** 自 (s) (乗り物で・乗り物が)近づいて来る. **II** 他 (h) 《*jn.*/*et.*^{4}》 (…を乗り物で)近くへ運ぶ. ≠|**füh·ren** **I** 他 (h) **1** こちらへ持って来る, 導く. **2** 《*jn.* an *et.*^{4}》 (…に対して…への)手引きをする: die Jugendlichen an die Literatur ～ 青少年に文学への手引をする. **II** 自 (h) 《an *et.*^{4}》 (…へ)通じる, 達する: Der Weg *führt* bis an den Wald *heran*. 道は森まで通じている. ≠|**ge·hen*** 《53》 自 (s) 《an *et.*^{4}》 **1** (…に)近寄って行く: 〔an *jn.*〕 näher ～ 〔…の所へ〕歩み寄る | an das Schaufenster ～ ショーウインドーに近寄る | scharf an *seinen* Gegner ～ 猛然と相手につっかかっていく. **2** (…に)着手する: an die Arbeit ～ 仕事にとりかかる. ≠|**ho·len** 他 (h) **1** (取りに行って)持って来る, 取り寄せる. **2** 〘映・ﾃﾚﾋﾞ〙 《*jn.*/*et.*^{4}》 (…を)クローズアップする. **3** 《*jn.*》 (…を)叱咤激励する.

H

her·an|kom·men* [hεrán..] 《80》 自 (s) 近寄って来る, (時日が) 近づいて来る; 《an *jn.*》 (…に) 近寄る, 迫る; 《an *et.*⁴》 (…に) 接近する〔ことができる〕, 達する, 手が届く: dicht 〈ganz nahe〉 ～ 間近まで接近する | an den Schalter ～ 窓口に近づいて来る | an das Niveau ～ 水準に達する | an das Geld 〈das Morphium〉 ～ 金〈モルヒネ〉を入手する ‖ Der Urlaub *kam* langsam *heran.* 休暇がだんだん近づいて来た | Man kann schwer an ihn ～. 彼にはなかなか近づけない ‖ Er läßt alles an *sich*⁴ ～. 彼は自分からは何もしない〔で時機の到来を待つ〕 ‖ nichts an *sich*⁴ ～ lassen 何ものにも影響されない, 何ものも近づけない.

her·an≈|las·sen* [hεrán..] 《88》 他 (h) 《*jn.* an *et.*⁴ 〈*jn.*〉》 (…を…に) 近づかせる; 参加〈関与〉させる: Der Hund *läßt* niemanden an das kleine Kind 〈an sich〉 *heran.* この犬はその小さな子供〈自分〉にだれも近づかせない | Das Mädchen *läßt* niemanden *heran.* 《話》 その娘は男を寄せつけない. ≈|**ma·chen** 他 (h) 《話》 **1** 再帰 *sich*⁴ an *jn.* ～ …にしのび寄る, (下心をいだいて) …に近づく | *sich*⁴ an den Chef ～ 上役に取り入る | *sich*⁴ an eine Frau ～ 女に近づく〈手を出す〉. **2** 再帰 *sich*⁴ an *et.*⁴ ～ 〔ようやく〕…にとりかかる〈着手する〉 | *sich*⁴ an die Arbeit ～ 仕事にかかる. ≈|**müs·sen*** 《103》 自 (h) 《話》 仕事をやらされる: Ich *mußte* im Haushalt *heran.* 私は家事手伝いをさせられた. ≈|**na·hen** 自 (s) 近づいて来る, (危険などが) さし迫って来る: der *herannahende* Winter 間近に迫る冬. ≈|**neh·men*** 《104》 他 (h) 《*jn.*》 (特定の目的のために…を) きたえる, しごく. ≈|**pfei·fen*** 《108》 **I** 他 (h) 口笛で呼び寄せる: den Hund ～ 口笛で犬を呼ぶ. **II** 自 (s) (弾丸などが) ヒューと飛んで来る. ≈|**rei·chen** 自 (h) **1** 《an *et.*⁴》 (…に) 達する, 及ぶ, 手が届く, 匹敵する: noch nicht an die Türklinke ～ まだドアのとってに手が届かない | Ich *reiche* noch längst nicht an ihn 〈an seine Leistung〉 *heran.* 私はまだまだ彼には力が及ばない | Das *reicht* schon ans Verbrecherische *heran.* それはすでに犯罪と紙一重である. **2** 《方》 長さが足りる: Diese Schnur *reicht* nicht *heran.* このひもは長さが足りない. ≈|**rei·fen** 自 (s) (…まで) 成長〈成熟〉する: Sie war zu einer Schönheit *herangereift.* 彼女は成長して美しい女性になっていた | die Ausführung eines Plans ～ lassen 計画実行の機の熟するのを待つ. ≈|**rücken** **I** 他 (h) 押して〈ずらして〉近寄せる: Man *rückt* den Stuhl an den Tisch *heran.* いすをテーブルのそばへ寄せる. **II** 自 (s) 近づいて来る, 近寄る; (時日が) 迫ってくる: dicht an *jn.* ～ …にぴったり迫る | Weihnachten *rückt* immer näher *heran.* クリスマスがしだいに近づいてくる. ≈|**schaf·fen** 他 (h) 運び込む; 供給する. ≈|**schlän·geln** 《06》 他 (h) 再帰 *sich*⁴ ～ (蛇・行列などが) うねりくねって近寄って来る; にじり寄る. ≈|**schlei·chen*** 《139》 **I** 自 (s) 《an *et.*⁴》 しのび寄る. **II** 他 (h) 再帰 *sich*⁴ ～ = I ≈|**schmei·ßen*** 《145》 他 (h) 《話》 再帰 *sich*⁴ an *jn.* ～ …に取り入る〈こびる〉. ≈|**sein*** 《165》 自 (s) 《話》 近づいている (ふつう 2 語に書く). ≈|**ste·hen*** 《182》 自 (s) 《オーストリア》 さし迫っている, 到来しようとしている. ≈|**ta·sten** 《01》 他 (h) 再帰 *sich*⁴ an *et.*⁴ ～ …を目指して手探りで進む; 《比》 …を慎重に調べる: Ich *tastete* mich an die Tür 〈das Geheimnis〉 *heran.* 私は手探りでドアの方へ進んだ〈慎重に秘密を探った〉. ≈|**tra·gen*** 《191》 他 (h) **1** (こちらへ) 運んで来る. **2** 《an *jn.*》 (知識・情報などを…に) 知らせる, 示す, 教える; (願い・訴えなどを) 持ち込む, 提出する: Die Streitigkeiten wurden an eine Schiedskommission *herangetragen.* 紛争は調停委員会に持ち込まれた. ≈|**tre·ten*** 《194》 自 (s) 《an *et.*⁴ 〈*jn.*〉》 (…に) 歩み寄る, 接近する; (期日・運命・誘惑などが) 迫る: näher an das Bett des Kranken ～ 患者のベッドに歩み寄る ‖ dicht bis an das Meer ～ (山などが) 海岸線まぢかまで達している | an *jn.* mit einer Bitte 〈einem Vorschlag〉 ～ …にお願い〈申し出〉をする ‖ Eine Versuchung 〈Eine Frage〉 *trat* an ihn *heran.* 彼は誘惑にかられた〈疑問が心に浮かんできた〉.

her·an|wach·sen* [hεrán..] 《199》 **I** 自 (s) 成熟する, 一人前になる; (aufwachsen) 成長する, 成育する: zur Frau ～ 成長して一人前の女になる | Konkurrenten *wachsen heran.* 競争相手が育つ.

II he·ran·wach·send 現分 形 成人に近づいた, 思春期の; 《法》 年長少年の: der *Heranwachsende* 《法》 年長少年 (18歳以上21歳未満.「少年裁判所法」において14歳以上18歳未満の ein Jugendlicher と区別される) | die ～*e* Jugend 〈Generation〉 成人に近づいた (思春期の) 世代.

her·an≈|wa·gen [hεrán..] 他 (h) 再帰 *sich*⁴ an *jn.* ～ …にあえて近寄る | *sich*⁴ an *et.*⁴ ～ …を思い切ってやってみる | An so ein Unternehmen *wage* ich mich nicht *heran.* そのような企てには手を貸す勇気がない. ≈|**win·ken** 他 (h) 《*jn.*》 (…を) 合図して呼び寄せる.

her·an|zie·hen* [hεrán..] 《219》 **I** 他 (h) **1 a)** (こちらへ) 引き寄せる, 近づける: den Stuhl zu *sich*³ 〈an den Tisch〉 ～ いすを手もと〈テーブル〉に引き寄せる. **b)** 《*et.*⁴》 (…を) 考慮に入れる, 引きあいに出す, 援用する; 《*jn.*》 (…の) 助力を得る, 引き入れる, 動員する: *et.*⁴ zum Vergleich ～ …を比較の対象にする | geschichtliche Quellen ～ 史料を調べる ‖ einen Fachmann ～ 専門家の意見を聞く | *jn.* zur Unterstützung ～ …に援助を頼む | *jn.* zu einer Arbeit ～ ある仕事に…を動員する | *jn.* zur Steuer ～ …に課税する | *jn.* zu den Kosten mit ～ …に費用を分担させる. **2** (植物・動物を) 育て上げる, 栽培する; 《比》 育成する, 養成する: einen Nachfolger ～ 後継者を養成する. **II** 自 (s) (herankommen) 近寄って来る, 接近する: Das Unwetter *zog* schnell *heran.* あらしが急速に近づいてきた.

He·rauch [hé:raʊx] 男 -〔e〕s/ = Höhenrauch

her·auf [hεráʊf] 副 (向こうの下からこちらの) 上へ, こちらへ上って: ～ und herunter 〈herab〉 上がったり下がったり | *Herauf* mit dir! おまえ上がって来いよ | den Berg 〈die Treppe〉 ～ 山〈階段〉を登ってこちらへ | einen Abhang ～ 斜面の下からこちらへ ‖ Man rief **von** der Straße 〈aus dem Keller〉 ～. (下の) 通り〈地下室〉から呼ぶ声がした | *jn.* von unten ～ ansehen 《比》 (うさんくさそうに) …をじろじろ見る | von unten ～ dienen (下の地位から) 勤め上げる.

herauf.. 《分離動詞の前つづり. つねにアクセントをもつ》 **1** 《「(向こうの下からこちらの) 上へ」を意味する》: *herauf*bringen 持って上がる | *herauf*setzen (価格・水準などを) 引き上げる.

2 《比喩的に「現れて・生まれて」を意味する》: *herauf*führen (新時代などの) 幕開けをつげる | *herauf*ziehen (雲・あらしなどが) 発生する.

her·auf≈|ar·bei·ten [hεráʊf..] 《01》 他 (h) 再帰 *sich*⁴ ～ 苦労〈努力〉して下から上に到達する: *sich*⁴ von kleinen Anfängen in die höchste Stellung ～ 《比》 下っ端から身を起こして最高の位にまで達する | *sich*⁴ einen Abhang ～ 苦労して斜面をよじ登る. ≈|**be·mü·hen** 他 (h) 《*jn.*》 (…に) 〔わざわざ〕上へ来てもらう: 再帰 *sich*⁴ ～ わざわざ〔こちらから〕上へ行く. ≈|**be·schwö·ren*** 《163》 他 (h) **1** (魔物・死霊などを) 呼び出す; (過去の光景などを記憶に) 呼びさます: Dieser Vorfall *beschwor* bei mir die Erinnerung an ein Erlebnis meiner Jugend *herauf.* この事件によって図らずも私は若いころのある体験の記憶を呼びさまされた. **2** (軽はずみによって災禍・不快な出来事を) ひき起こす: einen Streit 〈einen Skandal〉 ～ けんか〈醜聞〉をひき起こす. ≈|**bit·ten*** 《19》 他 (h) 《*jn.* zu *sich*³》 (…に自分のところへ) 上がって来てくれるよう頼む. ≈|**brin·gen*** 《26》 他 (h) 《*et.*⁴》 持って〈運んで〉上がって来る; 《*jn.*》 連れて上がって来る: Bitte *bring* meinen Hut mit *herauf*! ついでに私の帽子も上へ持って来てくれ. ≈|**däm·mern** 《05》 自 (s) (朝・時代が) あけぼのを迎える, 徐々に始まる. ≈|**füh·ren** 他 (h) **1** 《*jn.*》 (…を) 案内して〈つれて〉上がって来る. **2** 《*et.*⁴》 (…の) 幕開けになる, (…の) 開始を告げる: Diese Konferenz hat eine neue Epoche *heraufgeführt.* この会議は一つの新しい時代の幕開けになった. ≈|**kom·men*** 《80》 自 (s) 上がって来る, 近づいて来る; 始まる: *Komm* doch *herauf*! 上がって来いよ | Die Sonne *kam herauf.* 太陽が昇った | Der Morgen *kommt* strahlend *herauf.* 輝くばかりの朝があける.

Her·auf·kunft [..kʊnft] 女 -/ (heraufkommen すること. 例えば:) 台頭, 登場.

her·auf≈|set·zen [hεráʊf..] 《02》 他 (h) 《話》 (価格・

水準などを)引き上げる: die Preise ～ 価格を引き上げる.
⸗|**stei·gen*** ⟪184⟫ 自 (s) 登って〈昇って〉来る; (音声が下方から)響いて来る; (感情が胸底から)わき上がって来る; (記憶が)よみがえって来る; ⟪雅⟫ (新しい日・時代などが)始まる.
⸗|**zie·hen*** ⟪219⟫ **I** 他 (h) (こちらへ)引っぱり上げる: einen Eimer am Seil ～ バケツを綱で引っぱり上げる. **II** 自 (s) (雷雲・夕立雲などが地平線から頭上に向かって)近づいてくる; (災いなどが)身に迫る; ⟪雅⟫ (新しい時代などが)始まる.

her·aus [hɛráus] 副 **1 a)** (外から見て)〔こちらの〕外へ出て; 抜けて, 外れて: *Heraus* mit dir! おまえ出て来い | *Heraus* mit dem Geld! 金を出せ〈よこせ〉 | ～ mit der Sprache! (→Sprache 4) ‖ 〖前置詞句にそえて〗 **aus** *sich*³ ～ 自発的に | *Heraus* aus dem Bett 〈den Federn〉! 起きろ | aus solchen Erwägungen ～ このような考慮に基づいて, これらのことを勘案して | aus einer Notlage ～ 苦しまぎれに | **von** innen ～ 内部から; 心の奥底から ‖ 〖述語的に〗 bis wir aus der Stadt ～ sind ⟪話⟫ 私たちが町を出てしまうまで | Die ersten Knospen sind ～. ⟪話⟫ 最初のつぼみが顔を出している | Der Zahn ist ～. ⟪話⟫ 歯が抜けた. **b)** ⟪話⟫ 脱出して, 抜け出して, 逃れて: Sie ist jetzt fein ～. 彼女は今や〔苦境を脱して〕うまくやっている〈元気だ〉 | Wir sind aus dem Ärgsten ～. 我々は最悪の局面をすでに乗り切った.
2 (法律・本などが)出されて, 公表〈出版〉されて, 確定して: Das Gesetz ist schon ～. その法律はもう公布されている | Es ist noch nicht ～, ob ... …かどうかはまだ分からない〈未定だ〉.

heraus.. ⟪分離動詞の前つづり. つねにアクセントをもつ⟫ **1** ⟪「(向こうの中からこちらの)外へ」を意味する⟫: *heraus*fallen 転がり出る | *heraus*locken おびき出す | *heraus*klingeln 呼び鈴を鳴らして出て来させる. **2** ⟪比喩的に「(はっきりしなかったものが具体的な形をとって)表へ」を意味する⟫: *heraus*arbeiten 作り出す | *heraus*lesen 読んで知る | *sich*⁴ *heraus*stellen 判明する.

her·aus|ar·bei·ten [hɛráus..] ⟪01⟫ 他 (h) (素材から完成品を)作り出す; ⟪比⟫ 浮き彫りにする, 際立たせる; ⟪話⟫ (居残り・早出などで)時間を浮かす: eine Figur aus dem Holz ～ 木像を彫り上げる | ein Problem 〈einen Unterschied〉 ～ 問題〈相違〉を明らかにする | einen Tag ～ ⟪話⟫ (ほかの日に余分に働いて)休暇を1日手に入れる | die verlorene Zeit ～ ⟪話⟫ むだに過ごした時間分の仕事の埋め合わせをする ‖ 再帰 *sich*⁴ ～ 際立つ | Der Gesichtspunkt *arbeitet* sich *heraus*. この視点が有力になる | *sich*⁴ aus *et.*³ ～ (難関などを)切り抜ける | *sich*⁴ mühsam aus *seinen* finanziellen Schwierigkeiten ～ やっとのことで経済的苦境を脱する.

her·aus|bei·ßen* [hɛráus..] ⟪13⟫ 他 (h) **1** 嚙(か)みちぎる; 嚙んだ際に失う: *sich*³ einen Zahn ～ (堅いものを嚙んで)歯を折る | ein *herausgebissenes* Stück Apfel 嚙みちぎられたリンゴのかけら. **2** ⟪話⟫ (苦境から)救い出す: 再帰 *sich*⁴ 〔aus der üblen Lage〕 ～ 苦境から抜け出る. **3** (競争相手を)押しのける, けおとす. **4** ⟪話⟫ (自分の優越した地位を)見せびらかす: den Vorgesetzten 〈die Dame〉 ～ 上役〈淑女〉ぶってみせる.

her·aus|be·kom·men* [hɛráus..] ⟪80⟫ 他 (h) **1** ⟪*et.*⁴ aus *et.*³⟫ (…を…から苦心して)引き抜く, 抜き取る; ⟪*et.*⁴ aus *jm.*⟫ (金品を…から)巻き上げる, (情報・秘密などを)探り出す, 聞き出す; (悪癖などを)やめさせる: den Nagel aus der Wand ～ 釘(くぎ)を壁から抜き取る | den Fleck aus dem Kleid ～ 衣服のしみを抜き取る | *jn.* aus einer Notlage 〈dem Gefängnis〉 ～ …を窮境〈牢獄(ろうごく)〉から救い出す | aus *jm.* eine Auskunft 〈ein Geständnis〉 ～ …から情報〈告白〉を引き出す | aus einer Katze das Vögelfangen ～ 猫に鳥をとる癖をやめさせる. **2** (謎などを苦労して)解く, 見分ける, (真実を)発見する: eine Inschrift ～ 碑文を解読する | die Mathematikaufgabe ～ 数学の問題を解く | Ich habe noch nicht *herausbekommen*, wie man es macht. どうやってやるのか私にはまだ見当がつかない. **3** 釣り〈払い戻し〉を受け取る.

her·aus⸗|bil·den [hɛráus..] ⟪01⟫ 他 (h) **1** 作り上げる, 形成する. **2** 再帰 *sich*⁴ ～ 出現する, 形成される.
⸗|**bre·chen*** ⟪24⟫ **I** 他 (h) 抜き取る, 取り出す; ⟪話⟫ (食べたものを)吐く. **II** 自 (s) (タイルなどが)はがれて浮き上がる; (不意に)突き破って出て来る; (言葉などが)ほとばしり出る; (グループなどから)抜け出す.

her·aus|brin·gen* [hɛráus..] ⟪26⟫ 他 (h) **1** 持ち出して来る; 持ち出す, 運び出す: das Frühstück in den Garten ～ 朝食を庭へ運ぶ | den Kranken auf einer Bahre ～ 病人を担架に乗せて運び出す. **2** 公開する, 発表〈発行〉する, 市場に出す, 製造する: ein neues Modell ～ (自動車などの)新しい型を出す | ein neues Drama ～ 新しいドラマを舞台にかける | eine Sondermarke ～ 特別〈記念〉切手を発行する ‖ eine junge Schauspielerin groß ～ 若い女優を大々的に売り出す | Die Geschichte wurde in der Zeitung groß *herausgebracht*. その事件は新聞にでかでかと書き立てられた. **3** ⟪話⟫ (栓・釘(くぎ)・衣服のしみなどを)抜き取る; ⟪*et.*⁴ aus *jm.*⟫ (情報・返答などを…から)引き出す, 聞き〈探り〉出す; (問題を)解く, (解答・真実などを)発見する: Es ist nichts aus ihm *herauszubringen*. 彼からは何一つ聞き出せない. **4** ⟪話⟫ (音声を)やっと発する, 語る: 〔vor Angst〕 kein Wort ～ 〔恐怖のあまり〕一言もしゃべることができない.

her·aus⸗|drücken [hɛráus..] 他 (h) **1** ⟪*et.*⁴⟫ (…を)しぼり〈押し〉出す: Zahnpasta aus der Tube ～ 歯みがきをチューブからしぼり出す. **2** ⟪*jn.*⟫ (…を)押し出す: *jn.* aus dem Saal ～ …をホールから押し出す. **3** (身体の一部を)わざと〈これ見よがしに〉突き出す: die Brust ～ 胸をぐっと張る〈そらす〉.
⸗|**ekeln** ⟪06⟫ 他 (h) ⟪*jn.* 〔aus *et.*³〕⟫ (…を〔…から〕)いや気がさして出てゆくように仕向ける.

her·aus|fah·ren* [hɛráus..] ⟪37⟫ **I** 自 (s) **1** (乗り物で・乗り物が)出て来る: Der Wagen ist 〈Er ist mit dem Wagen〉 aus der Garage *herausgefahren*. 車が〈彼が車で〉ガレージから出て来た. **2** (急に)飛びだす; ⟪話⟫ (言葉などが不用意に)もれる: aus dem Bett ～ ベッドから飛び出す | aus den Kleidern ～ さっと服を脱ぐ | Das Wort ist mir nur so *herausgefahren*. つい口がすべってそう言ってしまった. **II** 他 (h) **1** (乗り物を)外へ出す, (乗り物で)運び〈連れ〉出す: den Wagen aus der Garage ～ 車をガレージから出す | Er hat die Stämme aus dem Wald *herausgefahren*. 彼は材木を森から車で運び出した. **2** (自動車競走で)走って手に入れる: einen Sieg ～ レースで優勝する | einen Vorsprung ～ レースでリードを奪う.

her·aus⸗|fal·len* [hɛráus..] ⟪38⟫ 自 (s) (中から)落ちて来る, 転がり出る: aus dem Bett ～ ベッドから転がり落ちる.
⸗|**feu·ern** ⟪05⟫ 他 (h) ⟪話⟫ 追い出す, くび〈お払い箱〉にする.

her·aus|fin·den* [hɛráus..] ⟪42⟫ 他 (h) **1** (多数の中から求めるものを)見つけ出す, 探し出す; (隠されているものを)発見する: den richtigen Schlüssel ～ うまく合う鍵(かぎ)を見つけ出す | den Dieb unter Hunderten ～ 何百人もの中からどろぼうを探し出す ‖ den Fehler ～ 誤り〈欠陥〉を発見する | den Sinn des Wortes ～ 言葉の意味をさぐり当てる. **2** 再帰 *sich*⁴ ～ 外へ出る道が分かる, 苦境を脱する方法を見いだす: *sich*⁴ aus dem Gebäude ～ 建物からの出口が分かる | Er *findet* sich aus den Widersprüchen nicht *heraus*. 彼はそれらの矛盾をどう解決したらよいか分からないでいる.

her·aus⸗|fi·schen [hɛráus..] ⟪04⟫ 他 (h) ⟪話⟫ 引っぱり出す, 引きずり上げる: einen Ertrunkenen aus dem Wasser ～ おぼれた人を水から引き上げる | ein paar Geldstücke aus der Tasche ～ 小銭をポケットから取り出す.
⸗|**flie·gen*** ⟪45⟫ **I** 自 (s) **1** (外へ)飛んで出て来る〈ゆく〉, 飛び出す: aus dem Käfig ～ (鳥が)かごから逃げる | aus dem fahrenden Auto ～ 走っている自動車から飛び出す. **2** ⟪話⟫ (不意に)追い出される, お払い箱になる. **II** 他 (h) 飛行機で救出する.

Her·aus·for·de·rer [hɛráus..] 男 (herausfordern する人. 特に:) (ボクシング・チェスなどの)タイトル挑戦者.

her·aus|for·dern [hɛráus..] ⟪05⟫ **I** 他 (h) **1** ⟪*jn.* zu *et.*³⟫ (…を…するように)挑発する, そそのかす; ⟪*et.*⁴⟫ (…に)挑戦する; (…を)誘発する, 招く, (気分・欲望を)そそる: *jn.* zum Zweikampf ～ …に決闘を挑む | Das *fordert* 〔uns〕 zur Diskussion *heraus*. そのことが論争を呼びおこす ‖ die Diskussion ～ 論議を呼ぶ | das Schicksal ～ 運命に挑戦する, 災いを招く | das Unglück ～ (自ら)災いを招く. **2** ⟪*et.*⁴⟫ (…の)返却を要求する. **II her·aus·for·dernd** 現分 形

H

挑発的な, 傲慢(ごう)な; 誘惑的な, 欲望をそそる: ein ～*es* Benehmen haben けんか腰の〈挑発的な〉態度をとる ‖ ～ höhnen 傲慢無礼にあざ笑う ‖ *sich*^{4} ～ anziehen 挑発的な服装をする.

Her·aus·for·de·rung 女 -/-en 挑戦, 決闘の申し込み; 挑発, 誘発; (自己の能力・学問的好奇心などに対する)挑発: die ～ annehmen 挑戦に応じる | *jm.* eine ～ überbringen …に果たし状を渡す.

her·aus≠|fres·sen* [hɛráʊs..] 《49》 他 (h) **1** (動物が)中からあさって食う. **2** 《話》 再帰 *sich*^{4} ～ (人間が)むさぼり食って太る: ein *herausgefressener* Nichtstuer 太っちょのろくでなし. ≠|**füh·len** 他 (h) 感知〈推知〉する, 感じとる: Ich *fühle* es *heraus*, daß er Kummer hat. 私には彼が心の中に苦しみを隠していることが分かる. ≠|**fut·tern** 《05》 他 (h) 再帰 *sich*^{4} ～ ＝herausfressen 2 ≠|**füt·tern** 《05》 他 (h) 《話》(人や動物に)食物をたくさん与えて太らせる.

Her·aus·ga·be [hɛráʊs..] 女 -/ **1** (Auslieferung) (品物・犯人などの)返却, 引き渡し. **2** (書籍・雑誌などの)編集, 刊行; (切手・証券などの)発行.

her·aus|ge·ben* [hɛráʊs..] 《52》 **I** 他 (h) **1** (中から)出して渡す〈よこす〉: den Koffer durchs Fenster ～ トランクを窓から渡す. **2** (保管物を)出して渡す; (犯人を)引き渡す: *sich*^{3} die Garderobe ～ lassen 預けた携帯品を受け取る | gestohlenes Gut ～ (警察などが所有者に)盗品を返還する. **3** (余分を)戻す,(両替金・つり銭を)出す: zwei Mark ～ つり銭2マルクを出す. **4** (法令を)発布する,(本などを)編集〈出版〉する,(切手などを)発行する: Lexikon, *herausgegeben* von Dr. K. K 博士編集の事典. **II** 自 (h) **1** つり銭を出す(→I 3): Können Sie auf 50 Mark ～? 50マルク〔紙幣〕でおつりがありますか. **2** 《*jm.*》ぞんぶんに言い返す: Ich habe ihm ganz schön *herausgegeben*. 私は彼にみごとに言い返してやった.

Her·aus·ge·ber 男 -s/- 編集〈発行〉〔責任〕者.

her·aus≠|ge·hen* [hɛráʊs..] 《53》 自 (s) **1** 外へ出て行く: aus dem Haus ～ 家から出かける〈出て行く〉| aus *sich*^{3} ～ 《話》自分の殻を破る, のびのびと振舞う, おくせずしゃべる | mit der Sprache ～ 《比》ざっくばらんに話す. **2** 《話》(栓・釘(くぎ)などが)抜ける,(しみ・しわなどが)とれる: Dieser Kork ist leicht *herausgegangen*. このコルク栓はすぐ抜けた | Der Fleck *geht* nicht aus dem Stoff *heraus*. しみが服地から抜けない. ≠|**grei·fen*** 《63》 他 (h) (たくさんの物の中から)つかみ出す, 取り〈選び〉出す. ≠|**gucken** 自 (h) **1** (中から外を)のぞく: aus dem Fenster ～ 窓から外をのぞく. **2** 見えて〈のぞいて〉いる: Der Hemdzipfel *guckt* aus der Hose *heraus*. シャツの端がズボンからのぞいている.

her·aus|ha·ben* [hɛráʊs..] 《64》 他 (h) 《話》 **1** (釘(くぎ)・栓などを)抜き取ってしまっている,(汚れ・しわなどを)取り除く; 追い〈締め〉出してしまう: Er *hat* den Korken *heraus*. 彼はコルク栓を抜いてしまっている | die Mieter aus der Wohnung ～ wollen 店子(たなこ)を追い出そうとする. **2** 見つけている, 探知している; 理解している: den Täter ～ 犯人をつきとめている | die Aufgabe ～ 問題を解いてしまっている | den Trick ～ トリックを見破っている ‖ den Bogen ～ (→Bogen 1 a) | Ich *hab's heraus*! 分かったぞ | Jetzt *habe* ich endlich *heraus*, wie ich das machen kann. どうしたらそうできるかやっと分かったぞ | Die Polizei *hatte* bald *heraus*, wer der Täter war. 警察はほどなく犯人がだれであるか調べ上げていた. **3** 返金〈返済〉してもらう.

her·aus≠|hal·ten* [hɛráʊs..] 《65》 他 (h) **1** 《*et.*^{4}》(中から)さし出す: Man *hält* seine Papiere aus dem Fenster *heraus*. 身分証明書類を(車の)窓から呈示する. **2** 《*jn.*》しめ出す, 関与させない: 再帰 Ich möchte mich aus dieser ganzen Sache ～. 私はこの一件にはいっさいかかわり合いたくない. ≠|**hän·gen**$^{(*)}$ 《66》 **I** 自 (h) 《不規則変化》外へ垂れている: Die Fahnen *hingen* aus dem Fenster *heraus*. 旗は窓から垂れ下がっていた | Der Hund saß mit *heraushängender* Zunge da. 犬は舌をだらりと出して座っていた | *jm. hängt* die Zunge zum Hals *heraus* (→Zunge 1 a) | *jm.* zum Halse ～ (→Hals 3). **II** 他 (h) 《規則変化》**1** 外へ垂らす〈つるす〉; 陳列する: eine Fahne aus dem Fenster ～ 旗を窓から垂らす | Sie hat die Wäsche zum Trocknen *herausgehängt*. 彼女は洗濯物を外へ掛けて干した〈干している〉| Sie *hängten* weiße Tücher *heraus*. 彼らは〔降伏のしるしに〕白い布をかかげた. **2** 《話》見せびらかす: Er *hängt* immer den Fachmann *heraus*. 彼はいつも専門家ぶりたがる. ≠|**hau·en**$^{(*)}$ 《67》 他 (h) 切って〈きざんで〉取り出す: eine Inschrift ～ 碑銘を刻む | Zweige aus einem Baum ～ 木から枝を切り取る | *jn.* ～ 《話》…を血路を開いて救い出す ‖ 再帰 *sich*^{4} ～ 《話》血路を開く, 苦境を脱する. ≠|**he·ben*** 《68》 他 (h) **1** (こちらへ)持ち上げて出す, 取り出す, (人を車などから)助け降ろす: die Last aus dem Wagen ～ 積み荷を車から降ろす | Sie *hob* das Kind aus dem Bad *heraus*. 彼女は子どもを湯舟から出してやった. **2** (周囲のものから)際立たせる, 強調する: Die Wörter waren durch Fettdruck *herausgehoben*. それらの語は太文字で強調されていた ‖ 再帰 *sich*^{4} ～ 目だつ | Die Muster *heben* sich gut *heraus*. この模様はよく目だつ | Er *hebt* sich durch seine Begabung aus der Menge *heraus*. 彼はその才能によって衆に抜きん出ている. ≠|**hel·fen*** 《71》 自 (h) 《*jm.* aus *et.*^{3}》(…に手をかして…から)出してやる, 出て来させる: Ich habe ihr aus dem Auto 〈ihren Schwierigkeiten〉 *herausgeholfen*. 私は彼女が自動車から出て来る〈困難を切り抜ける〉のを手伝ってやった ‖ 再帰 *sich*^{3} aus *et.*^{3} ～ …を切り抜ける, …から脱出する.

her·aus|ho·len [hɛráʊs..] 他 (h) **1** (こちらへ)取り出す, 拾い〈掘り〉出す; 《*jn.*》(…を)連れ出す, 救い出す: den Mantel aus dem Schrank ～ コートをたんすから取り出す | Bodenschätze aus der Erde ～ 地下資源を開発する | Er *holte* den Arzt aus dem Bett *heraus*. 彼は寝ていた医者を起こして連れて来た | Sie hat das Kind aus dem Waisenhaus *herausgeholt*. 彼女はその子供を孤児院から引き取った. **2** (利益・能力などを)引き出す; (秘密・情報などを)聞き出す: aus dem Geschäft viel ～ 商売で大もうけをする | aus einem Motor das Äußerste 〈das Letzte〉 ～ エンジンの能力を最大限度まで発揮させる | aus *jm.* eine Antwort ～ …に〔むりに〕答えさせる, …から答えを引き出す ‖ Ich habe alles aus mir *herausgeholt*. 私は精いっぱいやった.

her·aus|hö·ren [hɛráʊs..] 他 (h) (多くの音・声の中から)聞き取る〈分ける〉; 《比》(ある人のことばから)感じ取る, かぎつける.

her·aus|ixen [hɛráʊs|ɪksən] 《02》 他 (h) 《話》頭をひねって考え出す. [<x]

her·aus≠|keh·ren [hɛráʊs..] 他 (h) **1** 掃き出〔してよこ〕す: allen Schmutz auf die Straße ～ ごみをみんな通りへ掃き出す. **2** 際立たせる, 強調する; 見せびらかす: *seine* beste Seite ～ 自分のいちばんよいところを見せつける | Er *kehrte* den Vorgesetzten 〈den Moralisten〉 *heraus*. 彼は上役〈道学者〉ぶりたがった. ≠|**kit·zeln** 《06》 他 (h) (巧みな操作によって)ひっぱり出す: hundert ～ 《話》(おんぼろ自動車で)時速100キロを出す. ≠|**klau·ben** 他 (h) 見つけ出す, 取り出す, 拾い出す. ≠|**klin·geln** 《06》 他 (h) 《*jn.*》(…を戸口や電話口などへ)呼び鈴を鳴らして出て来させる. ≠|**klop·fen** 他 (h) たたいて出す: Staub aus dem Mantel ～ コートをたたいてほこりを出す | *jn.* ～ ノックして…を戸口へ出て来させる. ≠|**kno·beln** 《06》 他 (h) 《話》究明する, さぐり出す, 見抜く.

her·aus|kom·men* [hɛráʊs..] 《80》 自 (s) **1** 外へ出て来る; 外出する; 《話》刑務所から出る; (星や月などが)出る,(植物の芽などが)顔をのぞかす, 現れる,(煙などが)出てくる; (苦境から)脱出する; 《話》調子はずれになる: **aus** dem Zimmer ～ 部屋から出て来る | aus *seiner* Vaterstadt nie ～ 生まれた町から一歩も外へ出ない | aus der Geldnot 〈*seinem* Unglück〉 ～ 財政的ピンチ〈不幸〉から抜け出す | aus dem Lachen 〈dem Staunen〉 nicht ～ 笑い〈驚き〉が止まらない | tagelang nicht aus den Kleidern ～ 幾日もゆっくり寝る暇がない生活を送る | aus den roten Zahlen ～ (→Zahl 1) ‖ Du *kommst* viel zu wenig *heraus*. 君は家に閉じこもりすぎる; 君は行動を起こさなすぎる | Der Nagel *kommt* auf der anderen Seite *heraus*. 釘(くぎ)が反対側に突き出る | Ich *komme* beim Tanzen sehr schnell *heraus*. 《話》

私は踊りだすとすぐ皆と調子が合わなくなる.
2 (新製品などが)市場に出る; 発行される; (劇などが初めて)上演される: Das Buch ist eben *herausgekommen*. この本は発行されたばかりだ | **groß ~** 《話》華々しくデビューする | Der Sänger ist ganz groß *herausgekommen*. 《話》その歌手は華々しい成功を収めた.
3 (色などが)はっきり出る, (音などが)はっきり聞こえる: Das Rot *kommt* gut *heraus*. 赤はよく目だつ | Die romantischen Züge des Stückes *kommen* in dieser Inszenierung nicht *heraus*. この演出ではこの作品のロマン派的な特色は出て来ない.
4 《話》(隠し事などが)漏れる, 露見する, ばれる; 明らかになる: Die Geschichte *kommt* mit der Zeit *heraus*. その事件は時がたつにつれて知れ渡る | Es wird wohl nie ~, wer der Täter war. だれが犯人かおそらく分かることはなかろう.
5 a) 《bei *et.*³》(…の)成果として生じる: Was ist eigentlich noch dabei *herausgekommen*? それでも何か成果があったのかい | Bei der Diskussion ist nichts *herausgekommen*. その討論では何の結果も出なかった. **b)** 《様態を示す語句と》(…の)結果となる: Wie wäre es wohl *herausgekommen*, wenn ich das nicht getan hätte? 私がそうしなかったらどんな結果になっていただろうか | In solchen Fällen *kommt* es nie gut *heraus*. こんな場合けっしてよい結果にはならない | **auf eins** 〈〔**ein und**〕 **dasselbe**〉 **~** 同一の結果になる | im 1. Rang ~ (くじで) 1 等に当たる ‖ Er ist nur mit dem Einsatz *herausgekommen*. 彼は賭金(かけきん)を取り戻せただけだった.
6 (発言などが)一定の響きを持つ, (…のように)聞こえる: Der Vorwurf *kam* etwas zu scharf *heraus*. その非難はいささかきつすぎるように聞き取れた.
7 《話》《mit *et.*³》(…を)言い出す, 打ち明ける: mit der Sprache ~ (それまで黙っていた人が)口を開く | mit der Wahrheit ~ 真相を話す.

her·aus≠|krab·beln[hɛráus..] 《06》 **I** 自 (s) (虫などが)はい出て来る. **II** 他 (h) 《話》 再帰 *sich*⁴ wieder ~ (病人が)快癒する, 健康を回復する. **≠|krie·gen** = herausbekommen **≠|kri·stal·li·sie·ren** 他 (h) **1** 《化》 **a)** 結晶の形で取り出す. **b)** 再帰 *sich*⁴ ~ 結晶として分離される, 結晶する. **2 a)** 要約する, 取り出す: die wesentlichen Punkte aus einer Abhandlung ~ 論文の要点をまとめる. **b)** 再帰 *sich*⁴ ~ 形成される, はっきりした形を取る: In der Diskussion *kristallisierten* sich mehrere Standpunkte *heraus*. 討論の過程でいくつかの立場が浮かび上がってきた. **≠|la·chen** 自 (h) あたりかまわずに笑う, ぷっと吹き出す. **≠|las·sen*** 《88》 他 (h) **1** 出て行かせる, 出してやる, 放免する; (空気・煙などを)外へ出す, 逃がす: *Laß* mich *'raus*! 《話》外へ出してくれ. **2** 再帰 *sich*⁴ über *et.*⁴ ~ …について自分の意見を述べる〈漏らす〉. **≠|lau·fen*** 《89》 **I** 自 (s) 走り出て来る; (水などが)流れ出て来る, 漏れる, こぼれる. **II** 他 (h) 《スポ》(走って)かち取る: den Sieg ~ (競走で)勝利をおさめる | einen Vorsprung ~ リードする. **≠|le·gen** 他 (h) 取り出して並べる, 出してきちんと置く: Ware zum Verkauf ~ 品物を店頭に並べる | *jm.* Unterwäsche ~ …のために下着一式を出しておく(衣装戸棚などから). **≠|le·sen*** 《92》 他 (h) **1** 選び出す, 取り出す. **2** 読んで知る, (行間から)読み取る: *et.*⁴ aus einem Brief ~ 手紙を読んで…をさとる. **≠|locken** 他 (h) おびき出す; 《比》(金や情報などをたくみに)引き出す: den Fuchs aus dem Bau ~ キツネを穴から誘い出す | *jn.* aus *seiner* Zurückhaltung ~ …を打ち解けさせる | aus *jm.* Geld ~ …を口車にのせて金を巻き上げる. **≠|lü·gen*** 《97》 他 (h) 《*jn.*》(…を)うそをついて嫌疑〈窮地〉から救い出す: 再帰 *sich*⁴ ~ うそを言って嫌疑を逃れる. **≠|ma·chen** 他 (h) 《話》 **1** 取り除く: den Dorn aus dem Finger ~ 指のとげを抜く | den Fleck aus dem Kleid ~ 衣服のしみを取る. **2** 再帰 *sich*⁴ ~ (健康を)回復する; 成長する; 出世〈繁栄〉する: Ihre kleine Tochter hat sich jetzt schön *herausgemacht*. 今ではお宅のお嬢さんは美しく成長なさいましたね | Der Betrieb hat sich sehr gut *herausgemacht*. その会社はきわめて順調に大きくなった. **≠|müs·sen*** 《103》 自 (h) 《話》外へ出なければ〈起床しなければ〉ならない; 取り除かれねばならない: Ich *muß* morgens früh *heraus*. 私は朝は早くおきなければならない | Der Zahn *muß heraus*. この歯は抜かなければならない ‖ Das *müßte* noch *heraus*, bevor ich weggehe. 私はここを去る前にこれだけは言っておかねばなるまい.

her·aus·nehm·bar[hɛráus..] 形 (中から外へ)取り出す〈取り除く〉ことが可能な.

her·aus|neh·men*[hɛráus..] 《104》 他 (h) **1** (中から外へ)取り出す, 取り除く, はずす: Kleider aus dem Koffer ~ トランクから衣類を取り出す | Geld aus der Kasse ~ 預金を引き出す | einen Schüler aus dem Internat ~ 生徒を退寮させる | einen Zahn ~ 抜歯する | *sich*³ den Blinddarm ~ lassen 盲腸切除の手術をしてもらう ‖ den Gang ~ (自動車などで)ニュートラルにする, ギアをはずす. **2** 《話》 再帰 *sich*³ *et.*⁴ ~ …を選び取る; …をあえてする | *sich*³ Freiheiten ~ 勝手な振舞いをする | *sich*³ viel〔es〕 〈zuviel〉 *jm.* gegenüber ~ …に対してずうずうしく振舞う | *sich*³ das Recht ~ 《zu 不定詞〔句〕と》(…する)権利をあつかましくも主張する.

her·aus≠|plat·zen[hɛráus..] 《02》 自 (s) 《話》 **1** 突然現れる, 急に破れ出る: Die Kohlen *platzen* aus dem Sack *heraus*. 袋が突然破れて石炭がこぼれ出る. **2** 不意に〔大声で〕笑い出す: *sich*⁴ zusammennehmen, um nicht 〔laut〕 *herauszuplatzen* ぷっと吹き出したくなるのをけんめいにこらえる. **3** 《mit *et.*³》(質問・答えなどを)不意に発する: mit einer Frage ~ 不意に質問する. **≠|pres·sen** 《03》 他 (h) **1** 押し〈しぼり〉出す; 《比》しぼり取る, むりに出させる: Saft aus Zitronen ~ レモンの果汁をしぼる | aus *jm.* ein Geständnis ~ …にむりに白状させる | aus dem Volk neue Steuern ~ 民衆から新税を搾取する. **2** (身体の一部をわざと)突き出す, 誇示する: die Brust ~ 胸を張ってみせる. **≠|put·zen** 《02》 他 (h) 飾りたてる: 再帰 *sich*⁴ ~ 盛装する, めかす. **≠|quel·len*** 《111》 自 (s) 勢いよくわき出て来る, ほとばしり出る: Aus der Wunde *quoll* Blut *heraus*. 傷口から血がどっと噴き出した | Die Studenten *quollen* aus dem Hörsaal *heraus*. 学生たちがぞくぞく教室から出て来た. **≠|quet·schen** 《04》 《話》 = herauspressen 1

her·aus|ra·gen[hɛráus..] **I** 自 (h) 突き出る; そびえる; 卓越〈傑出〉する. **II her·aus·ra·gend** 現分 形 卓越した, 飛びぬけた; 特別の, 重要な: ein ~*er* Schauspieler 傑出した俳優 | ~*e* Leistungen すぐれた業績.

her·aus|re·den[hɛráus..] 《01》 他 (h) **1** (自発的に)話す, しゃべる: frei ~ 隠さずしゃべる, すべてを話す. **2** 再帰 *sich*⁴ 〔mit *et.*³〕 ~ 〔…を口実にして〕言い逃れる.

her·aus|rei·ßen*[hɛráus..] 《115》 他 (h) **1** 引き抜く, もぎ〈破り〉取る, 引きずり出す: das Unkraut 〔mit der Wurzel〕 ~ 雑草を〔根こそぎ〕むしり取る | *sich*³ einen Zahn ~ lassen 歯を抜いてもらう ‖ das Schwert aus der Scheide ~ 剣をさやからすらりと抜き放つ | eine Seite aus dem Heft ~ ノートの1ページを破り取る | *jn.* aus dem Schlaf ~ 眠っている…をたたき起こす | *jn.* aus der Arbeit ~ …の仕事を(急に)やめさせる | *jn.* aus *seinen* Gewohnheiten ~ …の習慣を断ち切らせる. **2** 《話》 **a)** 《*jn.*》(…を窮境から)脱出させる: Deine Aussage hat ihn *herausgerissen*. 君の証言で彼は窮地を脱した ‖ 再帰 *sich*⁴ durch Fleiß wieder ~ 勉勉によって苦境を切り抜ける. **b)** (…の)埋め合わせをする: Das *reißt* alles 〔wieder〕 *heraus*. これですっかり埋め合わせがつく | Der Schlips *reißt* den ganzen Anzug *heraus*. このネクタイのおかげで服装全体がなんとか様になっている. **3** 《話》べたぼめする.

her·aus≠|rücken[hɛráus..] **I** 他 (h) **1** (こちらへ)押し出す, 移し出す: den Tisch aus der Veranda in den Garten ~ テーブルをベランダから庭へ移す. **2** 《話》しぶしぶ差し出す; やっと口に出す: Geld ~ しぶしぶ金を出す. **II** 自 (s) **1** 現れる, ずり出る; (軍隊が)移動して行く. **2** 《mit *et.*³》(…を)いやいや差し出す; やっと言い出す: mit der Sprache nicht ~ (→Sprache 4) | mit der Wahrheit ~ (いやいやながら)事実を白状する. **≠|ru·fen*** 《121》 他 (h) **1** 《*jn.*》(…をこちらへ)呼び出す; 《劇》(…に対して)カーテンコールをする. **2** (言葉などを)中から外へ向かって叫ぶ, 呼ばわる.

H

⸗|**rut·schen** ⟪04⟫ 自 (s) **1** ずり出して来る, はみ出す: Das Hemd war ihm aus der Hose *herausgerutscht*. 彼はシャツをズボンからはみ出させていた. **2** ⟪話⟫ うっかり口から漏れる: Das ist mir 〔nur〕 so *herausgerutscht*. そいつはついうっかり私の口が滑ったのだ. ⸗|**sa·gen** 他 (h) 打ち明けて言う, どしどし言う: alles ～ 思っていることを全部ぶちまける; いっさい包み隠さず白状する ‖ Frei 〈Glatt〉 *herausgesagt*, ich habe keine Lust dazu. 率直に言えば私にはまるでその気がないのだ. ⸗|**schaf·fen** 他 (h) **1** (こちらへ)出す, 取り〈運び〉出す; 遠ざける, 取り除く. **2** ⟪方⟫ 再帰 *sich*⁴ ～ (なんとか自力で)出る, 脱出する: Er hat sich mühsam aus seiner Misere *herausgeschafft*. 彼はなんとかみじめな境遇を脱出した. ⸗|**schä·len** 他 (h) **1** 殻から取り出す; ⟪話⟫ 衣服を脱がせる: die Nuß ～ クルミの殻を割って果肉を取り出す. **2** 取り出す, 分離する, 取り除く; はっきりと示す: die faule Stelle aus einer Frucht ～ 果実の腐ったところを取り除く. **3** 再帰 *sich*⁴ ～ しだいに明らかになる, ゆっくりと姿を現す: Dieses Problem *schälte* sich bei der Diskussion als dringlichstes *heraus*. 討論の過程でこの問題がもっとも緊急を要することが判明した. ⸗|**schau·en** 自 (h) **1** ⟪方⟫ (hinausschauen) (外を)見〔や〕る: zum Fenster 〈durchs Fenster〉 ～ 窓から外を眺める. **2** ⟪方⟫ 姿を見せる, 顔をのぞかせる: Dein Unterhemd *schaut heraus*. 下着がのぞいているぞ. **3** ⟪話⟫ 利益を生みそうである, 有望である: Bei diesem Geschäft *schaut* nicht viel *heraus*. この商売ではそうもうかりそうにない. ⸗|**schie·ßen*** ⟪135⟫ **I** 他 (h) **1** 射撃によって取り除く. **2** 射撃によって獲得する; ⟪ｻｯｶｰ⟫ シュートを浴びせて(リード・勝利を)手に入れる. **II** 自 **1** (h) 外へ向かって撃つ. **2** (s) 速い速度でとび出して来る; (血などが)ほとばしり出る, 噴き出す. ⸗|**schin·den*** ⟪136⟫ ⟪話⟫ ＝herausschlagen I 2

her·aus|schla·gen* [hɛráʊs..] ⟪138⟫ **I** 他 (h) **1** 打つことによって出す〈獲得する〉; たたいて落とす〈はずす・取り除く〉: Funken aus einem Stein ～ 石から火花を打ち出す | eine Statue aus dem Steinblock ～ 石材から立像を刻む | Staub aus den Büchern ～ 本のほこりを払う | den Spund aus dem Bierfaß ～ ビアだるの栓を抜く. **2** ⟪話⟫ (うまくやって利益を)手に入れる, (やりくり算段して暇などを)こしらえる: bei dem Geschäft eine hohe Summe ～ 商売で大金をこしらえる. **3** ⟪*jn.*⟫ (…を)救出する; (…を)追い払う: den Freund aus der gegnerischen Meute ～ 友人を敵の一味から奪回する. **II** 自 (s) 飛び出して来る, 噴き出て来る: Flammen *schlugen* aus dem Fenster *heraus*. 火炎が窓から噴き出した.

her·aus⸗|schlei·chen* [hɛráʊs..] ⟪139⟫ **I** 自 (s) そっと出て来る, 忍び出る: Sie kamen zur Tür *herausgeschlichen*. 彼らはドアからそっと出て来た. **II** 他 (h) 再帰 *sich*⁴ ～ 忍び出て来る. ⸗|**schleu·dern** ⟪05⟫ **I** 他 (h) (内から外へ)投げ出す, ほうり出す; 噴き出す; ⟪比⟫ (ことばなどを)はげしく発する. **II** 自 (s) (車などが)〔カーブを切り損ねて〕横すべりする. ⸗|**schlüp·fen** 自 (s) するりとすべり出る, 抜け出す; ⟪比⟫ ⟪*jm.*⟫ うっかり(…の)口に出る.

Her·aus·schmei·ßer [hɛráʊs..] 男 -s/- ＝Rausschmeißer

her·aus⸗|schnei·den* [hɛráʊs..] ⟪148⟫ 他 (h) 切り取る〈離す〉, 切除する: Bilder aus einem Buch ～ 本から絵を切り取る. ⸗|**schöp·fen** 他 (h) (水などを)くみ出す; (スープなどを)すくう, よそう. ⸗|**schrau·ben** 他 (h) ねじをゆるめて抜く: die Birne aus der Fassung ～ 電球を回してソケットからはずす. ⸗|**schrei·ben*** ⟪152⟫ 他 (h) ⟪〔*sich*³〕 *et.*⁴ aus *et.*³⟫ (…を…から)書き出す〈写す〉. ⸗|**schwin·deln** ⟪06⟫ 他 (h) ごまかして嫌疑をまぬがれさせる: 再帰 *sich*⁴ ～ ごまかして嫌疑をまぬがれる, だましてうまく切り抜ける.

her·aus|sein* [hɛráʊs..] ⟪165⟫ 自 (s) ⟪話⟫ **1** ⟪aus *et.*³⟫ (…の外へ)出ている; (…から)脱している, (…を)済ませている: aus dem Ärgsten 〈dem Gröbsten〉 ～ 最悪の事態は通り過ぎている ‖ Wir *sind* endlich aus dem Wald *heraus*. 我々はようやく森の外に出た | Die ersten Knospen *sind* schon *heraus*. 最初のつぼみがもう顔を出している | fein ～ (→fein 2). **2** (本・法律などが)出されている; 知られている; 確定している: Das Buch *ist* seit gestern *heraus*. その本は昨日出版された | Es *ist* noch nicht *heraus*, ob ... …かどうかはまだ分からない.

★ ふつう 2 語に書く.

her·au·ßen [hɛráʊsən] 副 ⟪南部⟫ (hier draußen) ここ戸外〈室外〉で.

ᵛ**her·aus|set·zen** [hɛráʊs..] ⟪02⟫ 他 (h) **1 a)** ⟪*et.*⁴⟫ 外へ出す, 外へ置く. **b)** ⟪*jn.*⟫ 外へ追い出す, 立ち退かせる. **2** (hervorheben) ⟪*et.*⁴⟫ 際立たせる, 強調する.

her·aus⸗|sprin·gen* [hɛráʊs..] ⟪179⟫ 自 (s) 飛び出して来る; ⟪話⟫ (利益が)出て来る, 得られる: aus dem Haus ～ 家から飛び出す | aus den Schienen ～ 脱線する ‖ Der Korken *sprang* knallend *heraus*. コルク栓がポンと抜けた | Vor Erstaunen *springen* seine Augen *heraus*. 驚きのあまり彼の両眼が飛び出さんばかりになる | Bei dem Handel ist für mich gar nichts *herausgesprungen*. その取引では私は一銭ももうからなかった. ⸗|**staf·fie·ren** ⟪戯⟫ ＝herausputzen ⸗|**ste·chen*** ⟪180⟫ 自 (h) **1** (鼻などが)飛び出している, 突き出ている. **2** 目だつ, 飛び抜けている, すぐれている. ⸗|**stecken**⁽*⁾ ⟪181⟫ **I** 他 (h) ⟪規則変化⟫ **1** 外へ向けて差し出す: eine Fahne aus dem Fenster ～ 窓から旗を出す | *jm.* die Zunge ～ …に向かって舌を出す. **2** ⟪話⟫ 言う, 述べる: eine Lüge ～ うそをつく. **3** ⟪話⟫ (自分の地位などを)強調する, ひけらかす: den reichen Mann ～ 金持ちぶる. **II** 自 (h) ⟪不規則変化⟫ 突き出る, そびえる: Die Zaunpfähle *staken* aus dem Schnee *heraus*. 垣根の杭(くい)が雪の上に突き出ていた. ⸗|**ste·hen*** ⟪182⟫ 自 (h) (釘(くぎ)などが)外に突き出ている, 飛び出している: *herausstehende* Backenknochen 飛び出た頬骨(ほおぼね). ⸗|**stel·len** 他 (h) **1** 外へ出す, 外へ立てる〈置く〉; ⟪ｽﾎﾟｰﾂ⟫ (反則者を)退場させる: den Stuhl auf den Balkon ～ いすをバルコニーへ出す. **2** はっきり示す, 強調する, 際立たせる: Grundsätze ～ 原則を明示する | das Merkmal ～ 特徴を強調する | einen Schauspieler in dem Film ～ 俳優に映画でいい役をふる ‖ 再帰 *sich*⁴ ～ 現れる, 判明する, 証明される | *sich*⁴ als falsch 〈wahr〉 ～ 誤り〈ほんとう〉だと分かる | Es hat sich *herausgestellt*, daß ... …ということが判明した.

Her·aus·stel·lung 女 -/-en ⟪ｽﾎﾟｰﾂ⟫ (反則により)退場させられること.

her·aus⸗|sto·ßen* [hɛráʊs..] ⟪188⟫ 他 (h) 押し〈突き〉出す; (押し出すようにして言葉を)発する. ⸗|**strecken** 他 (h) (特に身体の一部を)外へ向けて差し出す〈伸ばす〉, これ見よがしに示す: *jm.* die Zunge ～ …に向かって舌を出して見せる(ざまあみろという表情) | die Brust ～ 胸を張ってみせる〈突き出す〉. ⸗|**strei·chen*** ⟪189⟫ 他 (h) **1** ぬぐい消す; (字句などを)削除する: ein paar Sätze aus dem Manuskript ～ 原稿から二三の文章を削る. **2** ⟪*jn.* / *et.*⁴⟫ (…を)際立たせる, 強調する; 褒めそやす: *js.* Vorzüge 〈Verdienste〉 ～ …の長所〈功績〉を強調する ‖ 再帰 *sich*⁴ ～ 自画自賛する, 手前味噌(みそ)を並べる. ⸗|**strö·men** 自 (s) (勢いよく・続々と)流れ出て来る, あふれ出る: Die Studenten *strömten* aus dem Hörsaal *heraus*. 学生たちが講義室からぞろぞろ出て来た. ⸗|**stür·zen** ⟪02⟫ **I** 他 (h) (中からこちらへ)突き落とす, 投げ落とす: 再帰 *sich*⁴ ～ (中から外へ)墜落する. **II** 自 (s) (勢いよく)とび出して来る: aus dem Wagen ～ 車からころがり出る. ⸗|**su·chen** 他 (h) 探し出す, 見つけ出す, 選び出す. ⸗|**tra·gen*** ⟪191⟫ 他 (h) 運び出す. ⸗|**tre·ten*** ⟪194⟫ 自 (s) (中から)あゆみ出て来る; 現れ出る; (身体の一部などが不自然に)飛び出す: aus der Reihe ～ 列から外へあゆみ出る | aus *sich*³ ～ ⟪比⟫ 遠慮を捨てる, 思っていることをずばずば言う ‖ Die Adern *traten* an seiner Stirn *heraus*. 彼の額には血管が浮き上がった | Seine Augen waren vor Entsetzen *herausgetreten*. 驚愕(きょうがく)のあまり彼の目は飛び出さんばかりになっていた. ⸗|**tun*** ⟪198⟫ 他 (h) ⟪話⟫ 外へ出す, 取り出す, 選び出す. ⸗|**wach·sen*** ⟪199⟫ 自 (s) (根や芽などが)伸び〈生え〉出て来る; ⟪話⟫ (子供が大きくなって)服が合わなくなる: Die Wurzeln *wachsen* aus dem Topf *heraus*. 根が生長して鉢からはみ出〔てい〕る | Er ist aus dem Anzug *herausgewachsen*. 彼は大きくなってその服が着られなくなった | *jm.* zum Hals ～ (→Hals 3). ⸗|**wa·**

gen 他 (h) 再帰 *sich*[4] ～ 思いきって出て来る | *sich*[4] mit der Sprache ～ あえて口を開く. ≈|**win·den*** ⟪211⟫ 他 (h) (わな・網などから)のがれ出させる, 救い出す: 再帰 *sich*[4] ～ ⟪比⟫ (逆境などを)苦労して切り抜ける, なんとか乗り切る. ≈|**wirt·schaf·ten** ⟪01⟫ 他 (h) (利益・収益として)手に入れる. ≈|**wol·len*** ⟪216⟫ 自 (h) ⟪話⟫ 外へ出ようと思う: Die Kinder *wollen* bei dem schönen Wetter *heraus*. 天気がいいと子供たちは外へ出たがる | nicht mit der Sprache ～ ⟪比⟫ 話したがらない, 口をにごす. ≈|**zie·hen*** ⟪219⟫ **I** 他 (h) (中から)引き出す, 引き抜く; 抜粋する: eine Schublade ～ 引き出しを引き抜く | den Verletzten aus dem Auto ～ けが人を自動車から引っぱり出す | *et.*[4] mit der Wurzel ～ …を根こぎにする ‖ Man muß ihr jedes Wort ～. 彼女ときたらなかなか自分の方から進んで話してはくれない ‖ 再帰 *sich*[4] ～ 脱出する, 抜け出る | *sich*[4] aus einer unangenehmen Situation ～ 思わしくない状況から抜け出す. **II** 自 (s) (中から)出て来る〈行く〉.

herb[hɛrp][1] 形 **1** きつい風味の, しぶい, 苦味〈酸味〉を帯びた, (ワインなどが)辛口の, ドライの, 酸味のかった; (色が)目ざわりな, (音が)耳ざわりな: 〔ein〕 ～*es* Parfüm 渋い〈地味な〉感じの香水 | ～*e* Schokolade 苦味のきいたチョコレート | ～*er* Wein 辛口のワイン | Diese Äpfel schmecken ⟨sind⟩ angenehm ～ (＝säuerlich). このリンゴは酸味がきいておいしい. **2** つらい, 苛酷な, 情け容赦のない: eine ～*e* Kälte 酷寒 | das ～*e* Schicksal きびしい運命 | ein ～*es* Wort 辛辣(しんらつ)な言葉. **3** 無愛想な, 打ち解けない: ein ～*es* Mädchen とりすました女の子. **4** ⟪方⟫ (böse) 立腹した: auf *jn.* ～ sein …のことで腹を立てている. [*mhd.*; ◇harb]

Her·bar[hɛrbáːr] 中 -s/-ien[..riən] ＝Herbarium

Her·bar·ex·em·plar 中 植物〈腊葉(さくよう)〉標本.

Her·ba·rium[hɛrbáːriʊm] 中 -s/..rien[..riən] **1** ⟪集合的に⟫ 植物〈腊葉(さくよう)〉標本. **2** 植物標本室〈館〉. [*spätlat.*; <*lat.* herba „Pflanze"]

Her·bart[hɛ́rbart] 人名 Johann Friedrich ～ ヨハン フリードリヒ ヘルバルト(1776-1841; ドイツの哲学者・教育学者).

Her·be[hɛ́rbə] 女 -/ ＝Herbheit

her·bei[hɛrbáɪ] 副 こちらへ: Alles ～! みんな集まれ | Alle Mann ～! 全員集合 | *Herbei* zu mir! 私のところへ来い | Mit dem Wasser ⟨Das Wasser⟩ ～! 水を持って来い.

★ 動詞と用いる場合は分離の前つづりとみなされる.

her·bei≈|brin·gen*[hɛrbáɪ..] ⟪26⟫ 他 (h) こちらへ持って〈つれて〉来る; (証拠などを)持ち出して来る. ≈|**ei·len** 自 (s) 急いで近づいて来る. ≈|**füh·ren** 他 (h) **1** 導いて〈つれて〉来る: Die Neugier ⟨Der Zufall⟩ hat mich *herbeigeführt*. 私がここへ来たのは好奇心からだ〈偶然だ〉. **2** (bewirken) ひき起こす, もたらす: eine Einigung ～ 一致を得る | ein Unglück ⟨den Tod⟩ ～ 不幸〈死〉を招く. ≈|**ho·len** 他 (h) (行って)こちらへ持って来る, 取り寄せる, 呼んで来る. ≈|**kom·men*** ⟪80⟫ 自 (s) こちらへ近づいて来る. ≈|**las·sen*** ⟪88⟫ 他 (h) 近づくのを許す: 再帰 *sich*[4] zu einer Auskunft ～ 問い合わせにやっと答える | *sich*[4] ～ ⟪zu 不定詞〔句〕と⟫ (…することを)しぶしぶ承諾する, (…を)甘受する | Würdest du dich nun endlich ～, mir den Fall zu *erklären*? いいかげんに真相を説明してくれないか. ≈|**lau·fen*** ⟪89⟫ 自 (s) こちらへ走って来る. ≈|**ru·fen*** ⟪121⟫ 他 (h) 呼び寄せる: einen Arzt ～ 医者を呼ぶ. ≈|**schaf·fen** 他 (h) こちらへ運んで〈つれて〉来る: Geld für *et.*[4] ～ …のために金を調達〈算段〉する | Beweise ～ 証拠を提出する. ≈|**strö·men** 自 (s) こちらへ流れて来る; 大挙してやって来る: Die Menschen *strömten* in Scharen zu dem Feste *herbei*. 人々は群れをなして祭りに押し寄せて来た. ≈|**win·ken** 他 (h) こちらへ来るように合図〈手招き〉する. ≈|**wün·schen** ⟪04⟫ 他 (h) ⟪*jn.* / *et.*[4]⟫ (…が)来ることを願う〈望む〉: 〔*sich*[3]〕 einen Helfer ⟨das Wochenende⟩ ～ 手助け〈週末〉を待ち望む. ≈|**zie·hen*** ⟪219⟫ **I** 他 (h) 引き寄せる: *sich*[3] einen Stuhl ～ いすを引き寄せる | *et.*[4] an ⟨bei⟩ den Haaren ～ (→Haar 1). **II** 自 (s) 進んで来る.

her|be·kom·men*[héːrbəkɔmən] ⟪80⟫ 他 (h) (…から)手に入れる, もらう: Wo soll ich das ～? どこ〈だれ〉からそれを手に入れればいいのか(＝Woher soll ich das bekommen?).

her|be·mü·hen[héːrbəmyːən] 他 (h) ⟪*jn.*⟫ (…に)わざわざ来てもらう: 再帰 *sich*[4] ～ わざわざやって来る, こちらへ来てくれる.

her|be·or·dern[héːrbə|ɔrdərn] ⟪05⟫ 他 (h) 命令で呼び〈取り〉寄せる.

Her·ber·ge[hɛ́rbɛrgə] 女 -/-n **1** (安直な)宿屋, 安宿; (Jugendherberge) ユースホステル: ～ zur Heimat (新教の社会福祉施設としての)簡易宿泊所 ‖ in einer ～ übernachten 〔安〕宿に泊まる | Holz vor der ～ haben (→Holz 1 a). **2** ⟪単数で⟫ 宿泊: *jm.* eine ～ bieten …を泊める | ～ erhalten 泊めてもらう. [*ahd.* heri-berga; ◇Heer, bergen; *engl.* harbour]

▽**her·ber·gen**[..gən][1] (過分 geherbergt) **I** 自 (h) 宿泊する: bei *jm.* ～ …のもとに宿泊する. **II** 他 (h) 宿泊させる.

Her·bergs≈mut·ter[hɛ́rbɛrks..] 女 宿泊所(特にユースホステル)の女管理人. ≈**va·ter** 男 宿泊所(特にユースホステル)の管理人.

Her·bert[hɛ́rbɛrt] 男名 (<Heribert) ヘルベルト.

her|be·stel·len[héːrbəʃtɛlən] 他 (h) 呼び寄せる.

her|be·ten[héːrbeːtən] ⟪01⟫ 他 (h) (祈禱(きとう)文を)機械的に〈早口で〉となえる.

Herb·heit[hɛ́rphaɪt] (▽**Her·big·keit**[hɛ́rbɪçkaɪt]) 女 -/ **1** しぶ味, 苦味, 酸味, 辛味: die ～ des Weins ワインの辛口の度合い〈しぶ味〉. **2** 過酷, きびしさ; 無愛想.

her|bit·ten*[héːrbɪtən] ⟪19⟫ 他 (h) ⟪*jn.*⟫ (…に)こちらへ来るように頼む, 呼び寄せる.

Her·bi·vo·re[hɛrbivóːrə] 男 -n/-n 〘動〙 草食〈植食〉動物. [<*lat.* herba „Pflanze"＋vorāre „fressen"]

Her·bi·zid[..tsíːt][1] 中 -〔e〕s/-e 化学除草剤.

her|brin·gen*[héːrbrɪŋən] ⟪26⟫ **I** 他 (h) こちらへ持って来る, 運んで〈つれて〉来る. **II her·ge·bracht** → 別出

Herbst[hɛrpst] 男 -es(-s)/-e **1** (英: *autumn*) 秋 (→Frühling, Sommer, Winter); ⟪比⟫ 凋落(ちょうらく)期: ein goldener ～ ⟪雅⟫ 黄金の秋 | ein milder ⟨nebliger⟩ ～ 穏やかな〈霧の多い〉秋 | Früh*herbst* 初秋 | Spät*herbst* 晩秋 | der ～ des Lebens 人生の秋(晩年) | der ～ des Mittelalters 中世の秋(中世末期) ‖ im ～ 秋に | Es wird ～. 秋になる | Der ～ kommt ⟨zieht ein⟩. 秋がやってくる. **2** ⟪方⟫ 果実の収穫; ぶどう摘み. [*germ.* „Pflückzeit"; ◇scheren[1]; *engl.* harvest; *gr.* karpós „Abgeschnittenes"]

Herbst≈abend[hɛ́rpst..] 男 秋の晩〈夕べ〉. ≈**an·fang** 男 秋分(9月23日ごろ). ≈**aster** 女 〘植〙 ユウゼンギク(友禅菊). ≈**blu·me** 女 秋〔咲き〕の花.

herb·steln[hɛ́rpstəln] ⟪06⟫ 自 (h) ⟪オーストリア⟫ 非人称 ⟪es herbstelt⟫ 秋になる, 秋らしくなる.

herb·sten[hɛ́rpstən] ⟪01⟫ **I** 自 (h) **1** ＝herbsteln **2** ＝ II **II** 他 (h) (ernten) (特にぶどうを)収穫する.

Herbst≈fa·den 男 (秋の空中に浮かんだり茂みなどにかかっている)クモの糸. ≈**fär·bung** 女 (木の葉が)秋に色づくこと, 紅葉. ≈**fe·ri·en** 複 (学校などの)秋休み, 秋期休暇.

herbst·lich[hɛ́rpstlɪç] 形 秋の〔ような〕, 秋らしい: Es wird ～. 秋めいてくる.

Herbst·ling[hɛ́rpstlɪŋ] 男 -s/-e **1** 秋の果物; 秋子(秋生まれの家畜の子, 特に子牛). **2** (Reizker) 〘植〙 チチタケ(乳茸)属.

Herbst≈mo·de 女 〘服飾〙 秋のモード. ≈**mo·nat** 男 -〔e〕s/-e **1** ⟪複数で⟫ 秋の月(9月・10月・11月). **2** ⟪単数で⟫ ⟪雅⟫ (September) 9月. ≈**mond** 男 **1** 秋の月(天体). ▽**2** 9月. ≈**nacht·glei·che** 女 -/-n 秋分. ≈**ne·bel** 男 秋の霧. ≈**punkt** 男 〘天〙 秋分点. ≈**rü·be** 女 〘植〙 カブ(蕪). ≈**tag** 男 秋の日.

Herbst-Tag·und·nacht·glei·che ＝ Herbstnachtgleiche

Herbst≈wet·ter 中 秋の天気. ≈**wie·se** 女 (二番刈りの干し草しか取れない)秋の牧草地. ≈**zeit·lo·se** 女 〘植〙 イヌサフラン.

herb·süß[hɛ́rp.., ⌣⌣] 形 甘ずっぱい, ほろ苦い.

H

Herd[heːrt; ｽｲｰ: –, hɛrt][1] 男 -〔e〕s/-e **1 a)** (英: *hearth*) かまど, レンジ(→ 図); 炉, いろり;《比》家庭, だんらん,(家庭的な)円居(まどい): ein zweiflammiger ～ / ein ～ mit zwei 〔Koch〕platten (上面に)こんろが 2 個ついたレンジ | Elektro*herd* 電気レンジ | Gas*herd* ガスレンジ | Mikrowellen*herd* 電子レンジ | Haus und ～ (→Haus 2 a) ‖ den ～ anzünden かまど〈レンジ〉に火をつける |〔*sich*[3]〕einen eigenen ～ gründen《比》所帯をもつ ‖ **am heimischen 〈häuslichen〉 ～** (他人の家ではなく)わが家で | am ～ stehen 炊事に従事する | ein Heimchen am ～〔*e*〕(→Heimchen 2) | den Topf auf den ～ stellen 〈vom ～ nehmen〉 なべをかまどにかける〈かまどからおろす〉| Feuer im ～ anzünden かまどに火をつける ‖ **Eigener ～ ist Goldes wert.**《諺》わが家にまさるものなし. **b)**〘金属〙火床(ほど), 火入れ,〘工〙(蒸気機関の)火室. **2** (火元・火種となるもの) **a)** 根源, 発生地: der ～ des Aufruhrs 暴動のみなもと | der ～ des Erdbebens 震源地 | der ～ des Feuers 火元. **b)** (Krankheitsherd)〘医〙病巣: der primäre 〈sekundäre〉 ～ 原発〈続発〉巣. **3**〘狩〙(鳥の)おとり場. [*westgerm.* „Brennender"; ◇karbo.., kremieren]

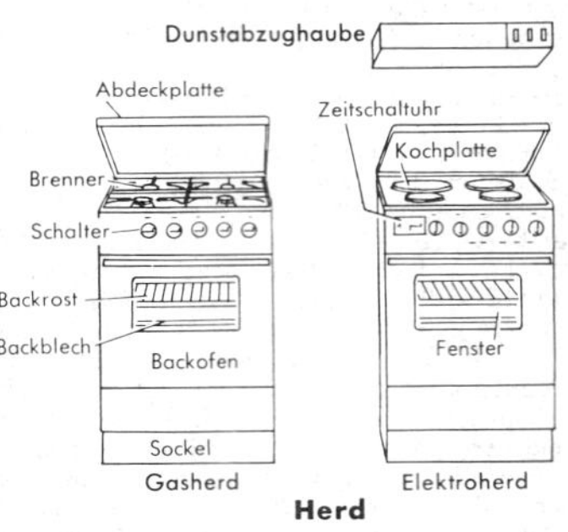

Herd

Herd·buch[héːrt..] 中 (種畜の)血統証明書.

Her·de[héːrdə] 女 -/-n (英: *herd*) (獣や家畜の)群れ;《軽蔑的に》(自分の意志を持たず他人の言いなりになる)群衆; 教区民: eine ～ Rinder 〈Elefanten〉 一群れの牛〈象〉| Schaf*herde* 羊の群れ ‖ wie eine ～ Schafe laufen 羊の群れのように雑然とむらがって走る | **mit der ～ laufen** / **der ～ folgen** 唯々(いい)として大勢に順応する. [*idg.*; ◇Hirt]

Her·den∠in·stinkt[héːrdən..] 男 = Herdentrieb **∠mensch** 男 群畜的人間, 群盲(ぐんもう) (Nietzsche の造語). **∠tier** 中 **1** 群棲(ぐんせい)〈群居〉動物. **2**《軽蔑的に》大勢に順応する人, 衆愚. **∠trieb** 男 -〔e〕s/ **1**〘動〙群棲〈群居〉本能. **2**《軽蔑的に》(人間の)群集本能. **∠vieh** 中 =Herdentier

her·den·wei·se 副 (→..weise ★)群れをなして; 群棲〈群居〉して.

Her·der[hérdər] 人名 Johann Gottfried von ～ ヨハン ゴットフリート フォン ヘルダー(1744–1803; ドイツの思想家・文学者. 若い Goethe に影響を与え, Sturm-und-Drang-Zeit の文学運動の原動力となった).

Her·der-In·sti·tut 中 -〔e〕s/ ヘルダー=インスティトゥート(外国人に対するドイツ語教育を目的とする旧東ドイツ Leipzig 大学の付属機関: →Goethe-Institut).

her·de·risch[hérdərɪʃ] (**her·dersch**[..dərʃ]) 形 ヘルダー的な, ヘルダー流の;《大文字で》ヘルダーの.

Herd·feu·er[héːrt..] 中 かまどの火.

Herd·frisch∠stahl 男〘金属〙平炉鋼. **∠ver·fah·ren** 中 -s/〘金属〙平炉法.

Herd∠in·fek·tion 女〘医〙病巣感染. **∠ofen** 男 **1**〘金属〙平炉. **2** 炊事用こんろ. **∠plat·te** 女 **1** 石炭こんろの耐熱カバー〈鉄板〉. **2** 電気レンジの熱板. **∠reak·tion** 女〘医〙病巣反応. **∠ring** 男 (ガスレンジなどの)リング状五徳. **∠steu·er** 女 **1**〘史〙(炉の数に応じて課された中世の)世帯税. **2**《ｽｲｰ》独立世帯税. **∠sym·ptom** 中〘医〙病巣症状.

He·re[héːrə, ..reˑ] =Hera

he·re·di·tär[hereditɛ́ːr] 形 **1**〘生・医〙遺伝〔性〕の: die ～*e* Disposition 遺伝的素質〈素因〉. **2** 世襲の, 相続〔権〕に関する. [*lat.*–*fr.*]

He·re·di·tät[..tɛ́ːt] 女 -/-en **1** (Vererbung)〘生・医〙遺伝. ▽**2** 世襲, 相続〔権〕. [*lat.*; ＜*lat.* hērēs „Erbe"]

He·re·do·pa·thie[heredopatíː] 女 -/-n[..tíːən] (Erbkrankheit)〘医〙遺伝病.

her|ei·len[héːr..] 自 (s) (こちらへ)急いで来る.

her·ein[hɛráɪn] 副 (内から見て)〔こちらの〕中へ: Nur 〈Immer〉 ～, meine Herrschaften! 皆さん さあ お入りください | *Herein*, ohne anzuklopfen! ノック不要(ドアの掲示) | *Herein*, wenn es kein Schneider ist! (→Schneider 1 a) | „*Herein*" rufen (室内から)「お入り」と叫ぶ ‖ Die Post ist ～. 郵便は届いている ‖〘前置詞句と〙von draußen ～ 外から中へ.

herein..《分離動詞の前つづり. つねにアクセントをもつ》**1**《「向こうの外からこちらの中へ」を意味する》: *herein*bitten 招き入れる | *herein*bringen 持ち込む | *herein*schauen のぞき込む. **2**《比喩的に「入って」を意味する》: *herein*bekommen (金品を)収受する | *herein*kommen (商品が)入荷する. **3**《「突然の訪れ」を意味する》: *herein*brechen (不幸などが)突然降りかかる | *herein*platzen (知らせなどが)舞い込む. **4**《「わななどの中へ」を意味する》: *herein*fallen だまされる | *herein*legen だます | *herein*reißen (窮地に)陥れる.

her·ein∠|be·kom·men*[hɛráɪn..]《80》他 (h) (金品を)収受する,(貸金を)回収する: Wann *bekommen* Sie Obst *herein*? 果物はいつ入荷しますか. **∠|be·mü·hen** 他 (h)《*jn.*》わざわざ中に入って来てもらう: Darf ich Sie ～? お入りいただけますか ‖ 再帰 *sich*[4] ～ 中へ入る労をとる, わざわざ中へ入る | Bitte *bemühen* Sie sich *herein*! どうぞ中へお入りください. **∠|bit·ten***《19》他 (h)《*jn.*》招き入れる. **∠|bre·chen***《24》自 (s) **1** (壁などが内側へ)崩壊して倒れ込む. **2** (大量の水が)勢いよく流れ込む. **3**《雅》《über *jn.*》(不幸などが…の身に)突然降りかかる: Das Unglück ist über mich *hereingebrochen*. 私は突然不幸に見舞われた. **4**《雅》突如として始まる: Die Dunkelheit 〈Die Nacht〉 *bricht herein*. 急に日が暮れる. **∠|brin·gen***《26》他 (h) **1** (こちらへ)持ち〈連れ〉込む; (収穫物・洗濯物などを)運び〈取り〉入れる: den Tisch durch die Tür ～ テーブルを戸口から運び込む. **2**《話》(損失・遅れなどを)取り戻す: die Verspätung wieder ～ 時間の遅れを取り戻す. **∠|drin·gen***《33》自 (s) 侵入する, 押し入って来る. **∠|dür·fen***《35》自 (h) 入ることが許されている: Du *darfst* nicht *herein*. 君は入って来てはいけない. **∠|ei·len** 自 (s) 急いで入って来る. **∠|fah·ren***《37》**I** 自 (s) (乗り物で・乗り物が)入って来る. **II** 他 (h) **1**《*jn.*/*et.*[4]》(乗り物で)運び込む. **2**《*et.*[4]》(車などを)乗り入れて来る.

Her·ein·fall[hɛráɪn..] 男 (Reinfall) 期待はずれ, 失望, 幻滅.

her·ein∠|fal·len*[hɛráɪn..]《38》自 (s) **1** (外から中へ)落ちる, 落ち込んで来る: in ein Loch ～ 穴に落ちる | Das Sonnenlicht *fällt herein*. 日光が差し込む. **2**《話》(計略などに)ひっかかる, だまされる: auf einen Trick ～ トリックにかかる | auf *js.* schöne Worte[4] ～ …の甘言に乗る | Bei diesem Handel bin ich ganz schön *hereingefallen*. 私はこの取引でまんまと一杯食わされた. **∠|flie·gen***《45》自 (s) **1** 飛び込んで来る. **2**《話》=hereinfallen 2 **∠|füh·ren** 他 (h)《*jn.*》つれて〈案内して〉入って来る. **∠|fun·ken** 自 (h)《話》《in *et.*[4]》(…に)余計な口出しをする,(…の)邪魔立てをする. **∠|ge·ben***《52》他 (h) **1** 差し入れて〈中へ手渡して〉よこす. **2**〘球技〙(ボールを)内側へ回す〈パスする〉.

her·ein·ge·schmeckt[hɛráɪn..] **I** hereinschmecken の過去分詞. **II Her·ein·ge·schmeck·te** 男 女《形容詞変化》《南部》(移住して来た)よそ者.

her·ein∠|ho·len[hɛráɪn..] 他 (h) **1** 持って〈つれて〉入って来る. **2** =hereinbringen 2 **∠|kom·men***《80》自 (s) **1** (こちらへ)入って来る: *Kommen* Sie bitte *herein*! どうぞお入りください. **2** (商品などが)入荷する. **∠|las·sen***《88》他 (h) (こちらへ)入らせる, 入ることを許す: keine Maus

～ (→Maus 1) | *Laß* niemanden *herein*! だれも入れるな. ⸗|**lau·fen*** ⟪89⟫ 自 (s) **1** 走り込んで来る. **2** (水などが)しみ入ってくる. ⸗|**le·gen** 他 (h) **1** (こちらへ)入れる, 運び(しまい)込む. **2** ⟪話⟫ ⟪*jn.*⟫ だます, (…に)一杯食わせる: Man hat ihn schön *hereingelegt.* 彼はみごとぺてんにかかった. ⸗|**locken** 他 (h) (こちらへ)おびき入れる. ⸗|**müs·sen*** ⟪103⟫ 自 (h) ⟪話⟫ (こちらへ)入って来なければいけない: Die Blumentöpfe *müssen* über Nacht *herein.* 植木鉢は夜のあいだ家の中に取り込まなければいけない. ⸗|**neh·men*** ⟪104⟫ 他 (h) **1** 取り込む, 取り入れる; 受け入れる: die Stühle vom Balkon ～ いすをバルコニーから屋内へ取り込む | ausländische Arbeiter in einen Betrieb ～ 企業体に外国人労働者を採用する. **2** 〘商〙 (手形を)割り引く; (決算を)繰り越す. ⸗|**nö·ti·gen** 他 (h) ⟪*jn.*⟫ 入って来るように強いる, むりに入って来させる. ⸗|**plat·zen** ⟪02⟫ 自 (s) ⟪話⟫ 突然入って来る, 闖入(ちんにゅう)する; (知らせなどが)舞い込む. ⸗|**ras·seln** ⟪06⟫ 自 (s) ⟪話⟫ **1** ＝hereinfallen 2 **2** (自分のせいで)窮地〈まずい状況〉に陥る. ⸗|**reg·nen** ⟪01⟫ 自 (h) 非人称 ⟪es regnet herein⟫ 雨が降り込んで来る. ⸗|**rei·ßen*** ⟪115⟫ 他 (h) ⟪話⟫ ⟪*jn.*⟫ (窮地に)陥れる, (危険な・やっかいな状況に)引きずり込む. ⸗|**rei·ten*** ⟪116⟫ **I** 自 (s) (馬で)入って来る. **II** 他 (h) ⟪話⟫ ＝hineinreiten II 2 ⸗|**rie·chen*** ⟪118⟫ 自 (h) ⟪話⟫ ⟪in *et.*[4]⟫ (…のにおいを)ちょっとかいでみる; (仕事などを)ためしにちょっと経験してみる, ちょっとかじってみる. ⸗|**ru·fen*** ⟪121⟫ 他 (h) **1** ⟪*jn.*⟫ (…の名前を呼んで)呼び入れる. **2** (外から中へ)呼びかける: Er *rief* einen Gruß zu mir *herein.* 彼は中にいる私にあいさつを呼びかけてきた. ⸗|**schau·en** 自 (h) **1** ＝hereinsehen 1 **2** ⟪話⟫ (様子を見るために)ちょっと立ち寄る: bei *jm.* ～ …のもとにちょっと立ち寄る. ⸗|**schei·nen*** ⟪130⟫ 自 (h) (光がこちらへ)差し込んでくる.

her·ein|schmecken[hɛráin..] ⟪南部⟫ **I** 自 (h) ⟪場所を示す語句と⟫ (…に)ためしに住んでみる. **II Her·ein·ge·schmeck·te** → 別出 [＜schmecken „riechen"]

her·ein⸗|schnei·en[hɛráin..] 自 **1** (h) 非人称 ⟪es schneit herein⟫ 雪が降り込んでくる. **2** (s) ⟪話⟫ (来客などが)思いがけずやってくる: Er ist mitten in der Nacht bei uns *hereingeschneit.* 彼は真夜中に突然うちへ舞い込んで来た. ⸗|**se·hen*** ⟪164⟫ 自 (h) **1** (こちらを)のぞき込む. **2** ＝hereinschauen 2 ⸗|**spa·zie·ren** 自 (s) ⟪話⟫ (ふらりと)入って来る: Nur *hereinspaziert,* meine Herren! さあ さあ みなさん おはいり(サーカスなどの呼び込み). ⸗|**strö·men** 自 (s) (大量に)流れ込んでくる; (群れをなして)入って来る. ⸗|**stür·men** 自 (s) (急いで・あわてて)とび(かけ)込んで来る. ⸗|**stür·zen** ⟪02⟫ 自 (s) **1** ⟪in *et.*[4]⟫ (…の中へ)落ちる, (…に)落ちこんでくる: in einen Graben ～ 濠(ごう)の中に落ちる. **2** ＝hereinstürmen **3** ⟪über *jn.*⟫ (不幸などが…に)突然降りかかる. ⸗|**tra·gen*** ⟪191⟫ 他 (h) (こちらへ)運び入れる, かつぎ込む. ⸗|**tre·ten*** ⟪194⟫ 自 (s) 入って来る, 足を踏み入れる. ⸗|**wer·fen*** ⟪209⟫ 他 (h) (こちらへ)投げ入れる, 投げ込む. ⸗|**wol·len*** ⟪216⟫ 自 (h) ⟪話⟫ 入って来ようとする, 入りたがる. ⸗|**wür·gen** 他 (h) ⟪話⟫ *jm.* einen ～ …をこっぴどくしかる. ⸗|**zie·hen*** ⟪219⟫ **I** 他 (h) (こちらへ)引き入れる, 引きずり込む: *jn.* am Arm ins Zimmer ～ …の腕をつかんで部屋へ引っぱり込む | *jn.* in das Gespräch ～ …を話の仲間に引き入れる. **II** 自 (s) **1** (行進して)中へ入って来る. **2** 引っ越して来る. **3** 非人称 ⟪es zieht herein⟫ (風・においなどがすきまを通って)入って来る.

He·re·ro[heré:ro·, hé(:)rero·] **I** 男 -[s]/-[s] ヘレロ(西南アフリカに住む Bantu 族の一部族). **II** 中 -/ ヘレロ語.

her|fah·ren*[hé:rfa:rən] ⟪37⟫ **I** 自 (s) **1** (乗り物で・乗り物が)こちらへ来る: Er wird morgen ～. 彼はあすやって来るだろう. **2** ⟪特定の前置詞を伴って⟫ (乗り物で・乗り物が)一定の距離と位置関係を保って走る(→her I 3): hinter einem Motorrad ～ オートバイの後について走る. **II** 他 (h) **1** (乗り物を)運転して来る. **2** (乗り物で)運んで来る.

Her·fahrt[..fa:rt] 女 -/-en (乗り物で・乗り物が)こちらへ来ること; 帰路, 帰り: Auf der ～ war der Zug überfüllt. こちらへ〈帰って〉来るときは列車は満員だった.

her|fal·len*[hé:rfalən] ⟪38⟫ 自 (s) ⟪über *jn.* 〈*et.*[4]〉⟫ (…に向かって急に)襲いかかる: über *jn.* mit Fragen 〈Vorwürfen〉 ～ …に激しく質問〈非難〉を浴びせる | über *sein* Frühstück ～ ⟪話⟫ がつがつと朝食を食べ始める | Die Zeitungen sind über den Minister *hergefallen.* 新聞は大臣を攻撃した.

her|fin·den*[hé:rfındən][1] ⟪42⟫ **I** 自 (h) ⟪話⟫ (こちらへの)道をうまく見つける. **II** 他 (h) ⟪話⟫ 再帰 *sich*[4] ～ ＝ I

her|flie·gen*[hé:rfli:gən][1] ⟪45⟫ 自 (s) 飛んで来る; (飛行機で)やって来る.

Her·flug[..flu:k][1] 男 -[e]s/..flüge こちらへ〈帰路〉の「飛行.」

her|füh·ren[hé:rfy:rən] **I** 他 (h) ⟪*jn.*⟫ こちらへ導く, 連れて来る: Was *führt* Sie[4] *her*? こちらへ何のご用でおいでになったのですか. **II** 自 (h) (道などが)こちらへ通じている: Der Weg *führt* direkt *her.* その道は直接ここに通じている.

ᵛ**her·für**[hɛrfý:r] ＝hervor

Her·gang[hé:rgaŋ] 男 -[e]s/..gänge[..gɛŋə] ⟪ふつう単数で⟫ (あとから見た事件などの)経過, なりゆき, いきさつ: der ～ eines Unfalls 事故の経緯 | Tat*hergang* 事実〈犯罪行為〉の経過 ‖ die näheren Umstände des ～*s* その事件の詳細 | den genauen ～ des Ereignisses schildern 事件のくわしいいきさつを述べる. [＜hergehen]

her|ge·ben*[hé:rge:bən][1] ⟪52⟫ 他 (h) **1** こちらへ[手]渡す, よこす, 引き渡す: *Gib* mal *her*! こっちへよこせよ | Kannst du mir die Schere ～? そのはさみを取ってくれるかい. **2** 手離す; 差し出す, 提供する: *et.*[4] ungern ～ …をいやいや差し出す | Für diese Unternehmung hat er viel Geld *hergegeben.* この事業に彼は大金を支出した | *sein* letztes Hemd ～ (→Hemd) | Sie hat im Krieg zwei Söhne ～ müssen. 彼女は戦争で二人の息子を失わねばならなかった | *sein* Letztes ～ (→letzt I 1 b) | Er lief, was seine Beine *hergaben.* 彼は全力をあげて疾走した. **3** (悪事などに自分の力や名前を)貸す: *seinen* Namen für *et.*[4] 〈zu *et.*[3]〉 ～ …に自分の名義を貸す ‖ 再帰 *sich*[4] für *et.*[4] 〈zu *et.*[3]〉 ～ …(悪事など)に加担する | Zu Spitzeldiensten *gebe* ich mich nicht *her.* 私はスパイ活動などに加わるのはいやだ. **4** (利益などを)もたらす, 生み出す: Der Aufsatz *gibt* viel 〈wenig〉 *her.* その論文からは得るものが多い〈ほとんどない〉 | Der Boden *gibt* nichts *her.* この土地からはいかなる収穫も期待できない | Der Stoff *gibt* einen Rock *her.* この生地からはスカートが1枚できる.

her·ge·bracht[hé:rgəbraxt] **I** herbringen の過去分詞. **II** 形 昔から伝えられた, 在来の; ありきたりの: die ～*e* Gewohnheit 古くからの習慣 | eine ～*e* Redensart 昔からの慣用句 | in ～*er* Weise 今までどおりのやり方で ‖ am *Hergebrachten* hängen 伝統〈しきたり〉を固守する.

her·ge·brach·ter·ma·ßen 副 慣習〈しきたり〉に従って, 今までどおりに.

her|ge·hen*[hé:rge:ən] ⟪53⟫ 自 (s) **1** ⟪場所を示す前置詞句を伴って⟫ 一定の距離と位置関係を保って歩く(→her I 3): hinter 〈vor〉 *jm.* ～ …のあとからついて〈…の先に立って〉行く | neben *jm.* ～ …と並んで歩く. **2 a)** 非人称 ⟪es geht her; 様態を示す語句と⟫ (会・催しなどが…の様子で)進行する: In der nächsten Sitzung wird es heiß 〈hart〉 ～. 次の会議では激論が飛び交うだろう | Bei der Feier *ging* es lustig 〈laut〉 *her.* 祝賀会は楽し〈騒々し〉かった. **b)** 非人称 ⟪**es geht über *jn.* her**; 様態を示す語句と⟫ (…に)激しい非難が浴びせられる, (…が)さんざん悪口を言われる: Es *ging* scharf über ihn *her.* 彼は激しく攻撃された. **c)** 非人称 ⟪**es geht über *et.*[4] her**; 様態を示す語句と⟫ (蓄えなどが)使い荒らされる, 費消される: Über unsere Vorräte ist es tüchtig *hergegangen.* 我々の蓄えはさんざん食い荒らされてしまった. **3** ⟪南部・オーストリア⟫ **a)** (herkommen) こちらへ来る, やって来る; ⟪比⟫ (仕事に)乗りだす, 手を下す: *Geh her* [zu mir]! こっちへ来い. **b)** ⟪話⟫ ⟪**～ und ...** の形で⟫ さっさと〈いきなり〉やってのける: Ich habe mir so viel Mühe damit gegeben, aber er *geht her* und räumt alles achtlos beiseite. この件は私がさんざん苦心してきたのに 彼は無神経にすべてをさっさとわきへ片づけてしまう.

her|ge·hö·ren[hé:rgəhø:rən] 自 (h) ここに属する; ここに入れるのがふさわしい: Das *gehört* hier nicht *her.* それはこの

H

問題とは無関係だ.

her·ge·lau·fen[hé:rgəlaufən] **I** herlaufen の過去分詞. **II** 形《付加語的》《話》どこからかやって来た, 素性の知れない, どこの馬の骨ともわからない: ein ~*er* Kerl (素性の知れない)よそ者, 風来坊.

her|ha·ben*[hé:rha:bən][1]《64》他 (h)《話》《ふつう場所を示す語句, 特に wo と》(…から)得て(もらって)いる, 手に入れている: Wo *hast* du das Buch 〈diese Neuigkeit〉 *her*? この本〈ニュース〉をどこから入手したのか | Ich weiß nicht, wo er diese Begabung *herhat.* 彼のこの才能がだれからの遺伝なのか私は知らない.

her|hal·ten*[hé:rhaltən]《65》**I** 他 (h)(こちらへ)差し出す, 呈示する: der Teller 〈die Hände〉 ~ 皿〈両手〉をこちらへ差し出す. **II** 自 (h)《ふつう müssen と》(意に反して)いやな役割に甘んじなければならない, だしに使われる: als Zielscheibe des Spottes ~ müssen 嘲笑(ちょうしょう)のまとにされる | Ich mußte wieder für alle ~. またもや私は皆の尻(しり)ぬぐいをさせられた | In diesem Vortrag mußte sogar Goethe ~. この講演ではゲーテまでがだしに使われた.

her|ho·len[hé:rho:lən] 他 (h)《*et.*[4]》取って来る;《*jn.*》連れて〈呼んで〉来る: einen Arzt ~ 医者を呼んで来る ‖ **weit *hergeholt***《比》(かけ離れたところから取って来た)こじつけの | Die Erklärung ist 〈Deine Gründe sind〉 sehr weit *hergeholt.* その説明〈君の言う理由〉は全くのこじつけだ.

her|hö·ren[hé:rhø:rən] 自 (h)(こちらへ)耳を傾ける: *Hör* mal *her*! (私の言うことを)注意して聞いてくれ | Alle mal ~! おいみんな ちょっと聞いてくれ.

He·ri·bert[hé:ribɛrt] 男名 ヘーリベルト. [＜*ahd.* heri „Heer" (◇Heer)]

He·ring[hé:rɪŋ] 男 -s/-e **1**〘魚〙ニシン(鰊): grüne 〈geräucherte/gesalzene〉 ~*e* 生〈燻製(くんせい)・塩漬け〉のニシン ‖ wie die ~*e* 〔in der Tonne〕 zusammengepreßt《話》(たる漬けのニシンのように)すし詰めになって. **2**《話》やせてひょろ長い人(特に若者). **3** (Zelthering)(テントの張り綱などを留める)杭(くい), ペッグ(→ 図 Zelt). [*westgerm.*; ◇*engl.* herring]

He·rings≠bän·di·ger 男《話》食料品商,〔輸入〕食料品店主. **≠fang** 男 ニシン漁: auf ~ gehen ニシン漁に出る〈出航する〉. **≠faß** 中 塩漬けニシン用のたる. **≠fi·let** [..file:] 中 ニシンの切り身. **≠fi·scher** 男 ニシン漁の漁師. **≠fi·sche·rei** 女 ニシン漁. **≠hai** 男〘魚〙ネズミザメ(鼠鮫). **≠kö·nig** 男 (Petersfisch)〘魚〙マトウダイ(的鯛)の類. **≠log·ger** 男 (特にニシン漁に用いられる)小型漁船. **≠milch** 女 ニシンの白子(しらこ)〈魚精〉. **≠sa·lat** 男 塩漬けニシンのサラダ. **≠schwarm** 男 ニシンの群れ. **≠ton·ne** 女 =Heringsfaß

her·in·nen[hɛrínən] 副《南部・オーストリア》(hier drinnen) ここの中で, 中のこの場で.

her|ja·gen[hé:rja:gən][1] **I** 他 (h) **1** 駆り立てて来る. **2 a)** *jn.* vor *sich*[3] ~ …を追いかける. **b)** *jn.* hinter *jm.* ~ …を…のあとから急派する, …に…を追いかけさせる.
II 自 (s)《hinter *jm.*》(…のあとを)急いで追う.

her|kom·men*[hé:rkɔmən]《80》**I** 自 (s) **1** こちらへ来る, やって来る: *Komm* mal *her*! こっちへ来いよ. **2**《場所を示す語句と》(…の)出である; (…に)由来〈起因〉する: Das *kommt* von etwas ganz anderem *her.* それは全然別の事柄のせいだ | Wo *kommen* Sie *her*? あなたはどこから来たのですか; あなたの出身地はどこですか | Wo *kommt* das Wort *her*? その語の語源は何ですか. **II Her·kom·men** 中 -s/ **1** こちらへ来ること, 到来. **2** 出身, 素性: von gutem ~ sein 良家の出である. **3** 慣習, 風習, 伝統: nach altem ~ 昔からのしきたりに従って. [◇Herkunft]

her·kömm·lich[hé:rkœmlɪç] 形 従来どおりの, 慣例の, 慣習的な: ~*e* Bräuche これまでのしきたり | in der ~*en* Weise=herkömmlicherweise ‖ ~ gesinnt sein 伝統的〈保守的〉な考えをもっている.

her·kömm·li·cher·wei·se 副 従来どおりの方法で, 慣例に従って, しきたりどおりに.

her|krie·gen[hé:rkri:gən][1] 他 (h) **1**《話》= herbekommen **2**《北部》取り出す, 手に取る.

Her·ku·les[hɛ́rkulɛs] **I** 人名〘ギ神〙ヘラクレス, ヘルクレス(怪力無双の英雄で, その12の功業は特に有名): die Säulen des ~ (→Säule 1). **II** 男 **1** -/-se (ヘラクレスのような)怪力の大男. **2** der ~〘天〙ヘラクレス座. [*gr.* Hēraklēs–*lat.*; ◇Herakles]

Her·ku·les≠ar·beit 女 ヘラクレスの〔12の〕功業;《比》(多大の労力を要する)大仕事. **≠kä·fer** 男〘虫〙ヘルクレスオオカブトムシ(大兜虫). **≠keu·le** 女〘植〙スリコギタケ(擂粉木茸).

her·ku·lisch[hɛrkú:lɪʃ] 形 ヘラクレスの; ヘラクレスのような: ein Mann von ~*em* Körperbau ヘラクレスのように頑丈な体格の男.

Her·kunft[hé:rkʊnft] 女 -/..künfte[..kʏnftə]《ふつう単数で》**1** 起源, 出所; 由来: die ~ des Wortes〔その単語の〕語源 | Die Waren sind ausländischer ~[2]. これらの商品は外国製である. **2** 出身, 素性: adliger 〈niedriger〉 ~[2] sein 貴族〈低い身分〉の生まれである | Er ist nach seiner ~ Spanier. 彼は生まれはスペイン人だ. [＜herkommen]

Her·kunfts≠be·zeich·nung 女 (商品の)製造〈生産〉地の表示, 製造会社の記名. **≠land** 中 -〔e〕s/..länder (商品の)生産国. **≠ort** 男 -〔e〕s/-e (商品の)生産地. **≠zei·chen** 中 生産地〈製造会社〉のマーク.

her|lan·gen[hé:rlaŋən] **I** 自 (h)《方》(数量が)足りる, 間に合う. **II** 他 (h)《話》こちらへ手渡す, よこす.

her|las·sen*[hé:rlasən]《88》他 (h)《話》《*jn.*》(…を)こちらへ来させる; (…に)こちらへ来ることを許す.

her|lau·fen*[hé:rlaufən]《89》**I** 自 (s) **1** 走って来る. **2**《場所を示す前置詞句を伴って》一定の距離と位置関係を保って走る〈歩く〉(→her I 3): hinter *jm.* ~ …のあとを追って走る〈歩く〉; (おべっかを使って)…の尻(しり)にくっついて回る | hinter jedem Rock 〈hinter jeder Schürze〉 ~ (→Rock[1] 1 a, →Schürze 1) | neben *jm.* ~ …と並んで走る〈歩く〉.
II her·ge·lau·fen → 別出

her|le·gen[hé:rle:gən][1] 他 (h)《話》こちらへ持って来て置く.

her|lei·ern[hé:rlaɪərn]《05》=herunterleiern

her|lei·hen*[hé:rlaɪən]《91》他 (h)《話》貸してよこす.

her|lei·ten[hé:rlaɪtən]《01》他 (h) **1**《*et.*[4] aus 〈von〉 *et.*[3]》(…を…から)導き出す: eine Formel ~ 公式を導き出す | das Wort vom 〈aus dem〉 Lateinischen ~ その単語の語源をラテン語に求める ‖ ein aus dem Griechischen *hergeleitetes* Wort ギリシア語に由来する単語. **2** 再帰 *sich*[4] von *et.*[3] ~ …に由来する | Seine Familie *leitet* sich von einem königlichen Geschlecht *her.* 彼の家族はさる王家の血筋をひいている.

Her·ling[hɛ́rlɪŋ] 男 -s/-e 未熟なブドウ; (熟しきれずに終わった)遅なりブドウ. [*ahd.*; ◇Härtling]

Her·lit·ze[hɛ́rlɪtsə, ⌣⌣⌣] 女 -/-n (Kornelkirsche)〘植〙セイヨウサンシュユ(西洋山茱萸). [*ahd.* arliz-boum; ◇Erle]

her|locken[hé:rlɔkən] 他 (h) こちらへ誘う, おびき寄せる.

her|ma·chen[hé:rmaxən]《話》他 (h) **1**《etwas, viel, wenig, nichts などを目的語として》**a)** (外見上…の)効果を及ぼす: Dieser Strauß *macht* viel 〈wenig〉 *her.* この花束はとても見ばえがする〈あまり見ばえがしない〉 | In diesem Kleid *macht* sie nicht genug *her.* このドレスでは彼女はあまり引き立たない. **b)**《von *et.*[3]》(…について…の)評価をする, 騒ぎ立てる: viel von den Kindern ~ 子供のことで大騒ぎをする | Von diesem Buch wird sehr viel *hergemacht.* この本はたいへんな評判になっている ‖ Sie *macht* von sich zu wenig *her.* 彼女はあまりにも謙虚すぎる. **2** 再帰 *sich*[4] über *jn.* 〈*et.*[4]〉 ~ …に向かって襲い〈つかみ〉かかる | Sie haben sich über ihn *hergemacht.* 彼らは彼に襲いかかった ‖ *sich*[4] über die Arbeit 〈die Wäsche〉 ~ (すぐさま・猛然と)仕事〈洗濯〉にとりかかる | *sich*[4] über die Wurst ~ ソーセージにかぶりつく.

Her·man·dad[hɛrmandá:t] 女 -/ **1**〘史〙(中世スペインの)都市同盟. **2** (スペインの)地方警察: die heilige ~《話》(一般に)警察. [*span.* 〔Santa〕 Hermandad „〔Heilige〕 Bruderschaft"; ＜*lat.* germānus „Bruder"]

H

Hẹr·mann[hérman] 男名 ヘルマン. [< *ahd.* heri „Heer“ (◇Heer)]

Hẹr·manns≠denk·mal 中 -s/ ヘルマン記念像 (Teutoburger Wald にある Arminius の戦勝記念碑). **≠schlacht** 女 -/ 〘史〙 ヘルマンの戦い(→Varusschlacht, Teutoburger Wald).

Herm·aphro·dịs·mus[hɛrm(|)afrodísmʊs] 男 -/ =Hermaphroditismus

Herm·aphro·dịt[..dí:t] 男 -en/-en (Zwitter) 半陰陽者, 両性具有者, ふたなり; 〘生〙 雌雄同体〈同株〉; 両性動物. [*gr.*–*lat.*; ◇Hermes, Aphrodite]

herm·aphro·dị·tisch[..dí:tɪʃ] 形 半陰陽の, 両性具有の, ふたなりの; 〘生〙 雌雄同体〈同株〉の, 両性の; 両性動物的な: ～*e* Blüte 〘植〙 両性花.

Herm·aphro·di·tịs·mus[..ditísmʊs] 男 -/ 半陰陽, 両性具有; 〘生〙 雌雄同体〈同株〉現象.

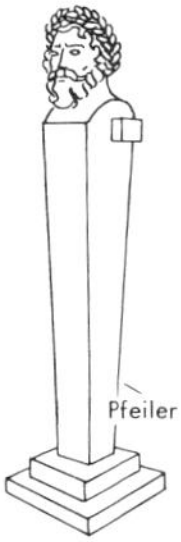

Hẹr·me[hérmə] 女 -/-n (古代ギリシアの)ヘルメス神の柱像(→ 図); (一般に)柱像. [*gr.*–*lat.*; ◇Hermes; *engl.* herm]

Pfeiler

Herme

Her·me·lịn[hɛrməlí:n] **I** 中 -s/-e 〘動〙 オコジョ, エゾイタチ(蝦夷鼬), ヤマイタチ. **II** 男 -s/-e **1** アーミン(オコジョの毛皮). **2** 〘紋〙 アーミン模様(→ 図 Wappen b). [*ahd.*; < *ahd.* harmo „Wiesel“; ◇ *engl.* ermine]

Her·me·nẹu·tik[hɛrmenɔ́ʏtɪk] 女 -/ **1** 聖書解釈学. **2** (文献や芸術作品の)解釈学. [*gr.*; < *gr.* hermēneúein „auslegen“]

her·me·nẹu·tisch[..tɪʃ] 形 **1** 聖書解釈学〔上〕の; (一般に)解釈学〔上〕の. **2** 解釈〈説明〉的な.

Hẹr·mes[hérmɛs] 人名 **1** 〘ギ神〙 ヘルメス(富・幸運・商業・盗人などの神で, ローマ神話の Merkur に当たる). **2** ～ Trismegistos[trɪsmé:gɪstɔs, ..még..] ヘルメス トリスメギストス(「三倍賢いヘルメス」の意でエジプト神話の Thot のギリシア名). [*gr.*]

Her·mẹ·tik[hɛrmé:tɪk] 女 -/ ▽**1** (Alchimie) 錬金術; 秘法, 魔術. **2** 気密装置.

her·mẹ·tisch[..tɪʃ] 形 密閉〈密封〉した, 気密〈水密〉の; 完全に遮断〈封鎖〉された: eine ～*e* Kabine (宇宙船などの)気密キャビン ‖ *et.*[4] ～ verschließen …を密閉する | Durch den Lawinensturz ist das Dorf ～ von der Außenwelt abgeschlossen. 雪崩のためにその村は外界から完全に遮断されている. [< Hermes]

her·me·ti·siẹ·ren[hɛrmetizí:rən] 他 (h) 密閉〈密封〉する; 気密〈水密〉にする.

Her·mị·ne[hɛrmí:nə] 女名 (< Hermann) ヘルミーネ.

Her·mi·nọ·nen[hɛrminó:nən] 複 〘史〙 ヘルミノネース族(中部ドイツに住んだ古代ゲルマン人の一部族: →Istwäonen). [*lat.*]

her·mi·nọ·nisch[..nɪʃ] 形 ヘルミノネース族の.

Her·mi·tạ·ge[(h)ɛrmitá:ʒə, ɛrmitá:ʒ] 男 -/ (フランス南東部の Rhone 川渓谷に産する)エルミタージュ=ワイン. [*fr.*; 原産地名]

Her·mun·dụ·re[hɛrmʊndú:rə] 男 -n/-n ヘルムンドゥーリ人 (Swebe の一種族).

hẹr|müs·sen*[hé:rmʏsən] 《103》 自 (h) 《話》 来なければならない: Es *muß* ein neuer Kühlschrank *her.* 新しい冷蔵庫を入れなければならない | Da *muß* eine neue Ordnung *her.* 新しい秩序を打ち立てねばならぬ.

her·nạch[hɛrná:x] 副 **1** (danach) そのあとで: gleich ～ すぐその後で | den Tag ～ その翌日. **2** あとで: Das kann man ～ auch noch tun. それはあとからでもやれるさ.

hẹr|neh·men*[hé:rne:mən] 《104》 他 (h) **1** 《場所を示す語句と》(…から)取って来る: Wo *nimmt* er nur den Mut dazu *her*? いったいどこから彼にその勇気がわいてきたのか | Wo soll ich das Geld ～ und nicht stehlen? 《戯》 盗みでもしないことにはどこからその金を手に入れることができよう. **2** 《話》 《*jn.*》 **a)** 叱責(しっせき)する, しかりつける. **b)** 疲労困憊(こんぱい)させる: Die Krankheit hat ihn sehr *hergenommen.* 彼は病気のためにすっかり衰弱した. **c)** さんざん殴りつける.

Her·nie[hérniə] 女 -/-n **1** (Bruch) 〘医〙 ヘルニア, 脱腸. **2** 〘植〙 根瘤(こぶ)病. [*lat.* hernia „Bruch“; ◇Chorda]

her·niẹ·der[hɛrní:dər] 《雅》 =herab, herunter

★ 動詞と用いる場合は分離の前つづりともみなされる.

Her·nio·to·miẹ[hɛrniotomí:] 女 -/-n[..mí:ən] 〘医〙 ヘルニア切開〔術〕. [< Hernie]

Hẹ·ro[hé:ro·] →Leander II

her·ọben[hɛró:bən] 副 《南部・オーストリア》 (hier oben) ここの上で, 上のここに.

He·rọ·des[heró:dɛs] 人名 ヘロデ, ヘロデス(前73頃–前4; ユダヤ人の王で大王と称せられ, Bethlehem の幼児殺しを行ったといわれる). [*gr.*–*lat.*]

He·ro·dọt[herodɔ́t, ..dó:t; オーストリア: hé:rodɔt] 人名 ヘロドトス(前484頃–425頃; ギリシアの歴史家で, その著『歴史』によって「歴史の父」と呼ばれる). [*gr.*–*lat.*]

He·rọe[heró:ə] 男 -n/-n =Heros

He·rọ·en Heroe, Heros の複数.

He·rọ·en≠kult 男, **≠kul·tus** 男 英雄崇拝.

He·rọ·en·tum[..tu:m] 中 -s/ (Heldentum) 英雄的精神; 英雄的な態度; 英雄的行為.

He·rọ·en·zeit 女 (Troja 戦争の終わりごろまでの古代ギリシアの)英雄時代.

He·roị·de[heroí:də] 女 -/-n 《ふつう複数で》 英雄書簡 (Ovid の創始した古代英雄の愛を歌う書簡体詩). [*gr.*–*lat.*]

He·rọik[heró:ɪk] 女 -/ (英雄的な)雄々しさ; 高潔さ.

He·roịn[1][heroí:n] 中 -s/ ヘロイン(モルヒネから作られる強力な麻薬). [<..in[2]]

He·rọin[2][heró:ɪn] 女 -/-nen **1** 〘ギ神〙 (ふつう神と人間の中間に位する)半神女; 《比》 (Heldin) 女傑, 女丈夫, 烈婦. **2** =Heroine

He·roị·ne[heroí:nə] 女 -/-n **1** (小説・戯曲などの)女主人公, ヒロイン. **2** 〘劇〙 女主人公役の女優. [*gr.* hērōínē „Heldin“–*lat.*; ◇Heros]

He·roi·nịs·mus[heroinísmʊs] 男 -/ ヘロイン中毒.

He·roịn·sucht[heroí:n..] 女 -/ =Heroinismus

he·roịn·süch·tig 形 ヘロイン中毒の.

he·rọ·isch[heró:ɪʃ] 形 **1** (heldenhaft) 英雄的な, 雄々しい, 勇ましい; 高潔な: eine ～*e* Tat 英雄的行為 | ～ kämpfen 雄々しく戦う. **2** 〔古代の〕英雄に関する: eine ～*e* Dichtung 英雄詩〈物語〉. **3** 崇高な, 雄大な: eine ～*e* Landschaft 壮大な風景. [*gr.*–*lat.*; ◇Heros]

he·roi·siẹ·ren[heroizí:rən] 他 (h) 《*jn.*》 英雄化〈英雄視〉する, (過度に)賛美する.

He·ro·ịs·mus[heroísmʊs] 男 -/ 英雄主義, ヒロイズム; 英雄的精神〈行為〉: *et.*[4] mit ～ ertragen …に雄々しく耐える.

Hẹ·rold[hé:rɔlt][1] 男 -[e]s/-e 〘史〙 **1** (王侯の)使者, 伝令官; 《比》 (重要な知らせの)告知者, 先触れ. **2** (中世の)紋章官. [*afränk.*–*afr.*–*mhd.*; ◇Heer, walten; *engl.* herald]

Hẹ·rolds≠amt 中 紋章局(貴族の系譜作成・昇任人事などをつかさどる. ドイツでは1919年廃止). **≠bild** 中 〘紋〙 幾何学的図形(→ 図 Wappen e). **≠kunst** 女 -/ (Heraldik) 紋章学. **≠stück** 中 〘紋〙 分割図形(→ 図 Wappen d).

Hẹ·rons·ball[hé:rɔns..] 男 ヘロンの球(一種の噴水器で香水瓶などに応用される). [< Heron (1世紀ごろのギリシアの物理学者・数学者)]

Hẹ·ros[hé:rɔs] 男 -/..roen[heró:ən] 〘ギ神〙 (ふつう神と人間との中間に位する)半神, 神人, 古代英雄; 《比》 (Held) 英雄, 勇者. [*gr.*–*lat.*; ◇ *engl.* hero]

He·ro·strạt[herɔstrá:t] 男 -en/-en 売名的な犯罪人. [< Hēróstratos (歴史に名を残そうと前356年 Ephesus の Artemis 神殿を焼いたギリシアの王)]

He·ro·strạ·ten·tum[..təntu:m] 中 -s/ 売名的な犯罪行為, 手段を選ばぬ名誉欲.

he·ro·strạ·tisch[..tɪʃ] 形 売名的犯罪の, 手段を選ばぬ.

H

Herp·an·gi̱·na[hɛrpaŋgí:na·] 女 -/..nen[..nən] 〘医〙 水疱(すいほう)性口峡炎, ヘルパンギナ. [<Herpes+Angina]

He̱r·pes[hɛ́rpɛs] 男 -/..petes[hɛrpé:tɛs] 《ふつう単数で》〘医〙 ヘルペス, 疱疹(ほうしん). [*gr.*; <*gr.* hérpein „kriechen"]

He̱r·pes zo̱·ster[– tsó:stər] 男 --/ (Gürtelrose) 〘医〙 帯状疱疹(ほうしん)〈ヘルペス〉. [<*gr.* zōstḗr „Gürtel"]

her·pe·ti·fo̱rm[hɛrpetifɔ́rm] 形 〘医〙 疱疹(ほうしん)〈ヘルペス〉状の. [<*lat.* fōrma (→Form)]

her·pe̱·tisch[..pé:tɪʃ] 形 〘医〙 疱疹(ほうしん)〈ヘルペス〉の.

Her·pe·to·lo·gi̱e[hɛrpetologí:] 女 -/ 爬虫(はちゅう)類学. [<*gr.* herpetón „Kriechtier" (◇Serpens)]

he̱r|plap·pern[hé:rplapərn] 《05》 他 (h) 《話》 無表情〈機械的〉にしゃべり散らす; 早口に読みあげる.

Herr[hɛr] 男 2格 -n (ᵛ-en), 3格 -n (ᵛ-en), 4格 -n (ᵛ-en), 複数 -en (小 **He̱r·chen** → 別出, **He̱rr·lein** → 別出) **1 a)** (英: *gentleman*) (↔Dame) (敬称的に)男性, 男の方, 殿方; 紳士: ein junger 〈älterer〉 ～ 若い〈中年の〉男性 | ein vornehmer ～ 上品な紳士 | ein sauberer ～ 《反語》いかがわしい男 ‖ ein geistlicher ～ 聖職者 | **ein Alter ～** (略 A. H.) 《話》 (大学生の諸団体・クラブなどの)旧正会員, OB; 〘スポーツ〙 (32歳以上の)壮年選手 | mein Alter ～ 《戯》私のおやじ ‖ ～*en* (略 H) (入口の表示などで)紳士〈男性〉用 | Schwimmen 〈Turnen〉 der ～*en* 〘スポーツ〙 男子水泳〈体操〉 ‖ Was darf es sein, mein ～? (男性客に対して)何をお求めでしょうか お客様 | Meine ～*en*! i) (男性たちに向かって)皆さん; ii) [⏊⏑ ⏑⏑] 《話》 いやはや, こりゃ驚いた | Meine Damen und ～*en*! (スピーチの冒頭で)お集まりの皆様 | einen festen ～*n* haben (女性が)特定のボーイフレンド〈婚約者〉がいる.

b) 《男性に対する敬称として, 姓・職名・称号などの前にそえて》 (略 Hr.; 3・4格: Hrn.) (英: *Mr.*) …様, …氏, …殿: ～ Müller ミュラー氏 | ～ Professor 〈Richter〉 Müller ミュラー教授〈判事〉殿 | ～ Soundso 何某氏, なんとかさん | Ihr ～ Vater 〈Sohn〉 ご尊父〈ご令息〉様 ‖ Sehr geehrter ～ Müller! (手紙の書き出しで)拝啓ミュラー様.

☆ i) 格変化の形式: ～*n* Müllers Adresse/die Adresse des ～*n* Müller ミュラー氏のあて名〈住所〉 | mit 〔dem〕 ～*n* Müller ミュラー氏と | an 〔den〕 ～*n* Müller ミュラー氏あてに ‖ das Zimmer Ihres ～*n* Vaters あなたの父上のお部屋 | mit Ihrem ～*n* Vater あなたのお父上と | an Ihren ～*n* Vater あなたの父上あてに.

ii) 手紙のあて名は3格: ～*n* Professor Peter Müller ペーター ミュラー教授殿.

2 a) (女 **He̱r·rin** → 別出) (Gebieter) 主人, あるじ, 雇い主; 主君, 領主, 支配者: ***js.* ～ und Gebieter** 〈Meister〉 《戯》…の夫 | der ～ des Hauses 一家のあるじ, 家長, 戸主 ‖ ***sein* eigener ～ sein** 自主独立である | **～ der Lage** 〈**der Situation**〉 **sein** 〈**bleiben**〉 事態を掌握している, 情勢に対処する能力がある | **die ～*en* der Schöpfung** 《戯》 (この世の主人である)男たち | **～ *seiner* Sinne** 〈***seiner* selbst**〉 **sein**/**～ über *sich*⁴** 〔**selbst**〕 **sein** 自制力をもっている | **nicht mehr ～ *seiner* Sinne sein** われを忘れる, 自制心を失う | *et.*² nicht mehr ～ werden können …をもうコントロールしきれなくなっている ‖ aus aller ～*en* Länder〔n〕 (→Land 5) | als großer ～ auftreten いばる | den großen ～*n* spielen 虚勢を張る, 偉がる | Mit großen 〈hohen〉 ～*en* ist nicht gut Kirschen essen. 《諺》 おえら方とは付き合いにくい(おえら方と一緒にサクランボを食べるのは気が疲れる) | der hohe ～ 《話》 上役, ボス ‖ Wie der ～, so der Knecht. 《諺》 上が上なら下も下, 下の者は上の者しだい | Niemand kann zwei 〈zween〉 ～*en* dienen. だれも二人の主人に兼ね仕えることはできない(聖書: マタ6, 24) | den ～n herauskehren 親分風を吹かせる ‖ *sich*⁴ über *et.*⁴ zum ～*n* machen …を自分の支配下におく.

b) 〘キリスト教〙 神; キリスト: der ～ Gott/Gott, der ～ 主なる神 | der ～ Jesus 主イエス〔キリスト〕 | das Haus des ～*n* 《雅》 主の家(教会・聖堂) | der Tisch des ～*n* 《雅》 祭壇 | zum Tisch des ～*n* gehen (→Tisch 1) | im Jahre des ～*n* … 西暦…年に(＝Anno Domini) | der Tag des ～*n* (→Tag 4) ‖ *Herr* du meine Güte! 《話》 ややっ なんたることか ‖ im ～*n* entschlafen 《雅》 神に召される(永眠する). [*ahd.*; ◇hehr]

He̱rr·chen[hɛ́rçən] 中 -s/- (Herr の縮小形) **1** 小柄な男〈紳士〉; 若い男性〈紳士〉; 若主人, 若だんな. **2** (犬などの)飼い主: Wo ist denn dein ～? (犬に向かって)お前のご主人はどこにいるんだい.

he̱r|rei·chen[hé:rraɪçən] **I** 自 (h) 《方》 (数・量が)足りる, 間に合う. **II** 他 (h) (こちらへ)差し出す, 手渡す.

He̱r·rei·se[hé:rraɪzə] 女 -/-n (↔Hinreise) こちらへの〈帰りの〉旅〔路〕 | Hin- und *Herreise* (→Hinreise).

he̱r|rei·sen[hé:rraɪzən][1] 《02》 自 (s) 旅をして来る.

He̱r·ren≈a̱bend[hɛ́rən..] 男 男たちだけの晩の集まり〈晩餐(ばんさん)会〉. **≈an·zug** 男 男子〈紳士〉服. **≈ar·ti̱·kel** 男 -s/- 《ふつう複数で》 紳士用品. **≈aus·stat·ter**[..|aʊsʃtatər] 男 -s/- 紳士用品店. **≈ba̱d** 中 (公衆浴場・プールの)男子用区画. **≈be·kannt·schaft** 女 男友達: **eine ～ machen** 《話》 男〔の子〕と知り合いになる. **≈be·klei·dung** 女 紳士用衣料品. **≈be·su̱ch** 男 (女性の所への)男性の訪問〔客〕. ᵛ**≈bro̱t** 中 **1** 主人用の上等のパン. **2** 主人から与えられる賄い: 〘もっぱら次の成句で〙 **～ essen müssen** (みじめにも)他人の恩顧にすがって生きてゆかねばならない. **≈dienst** 男 (領主に対する)賦役. **≈dop·pel** 中, **≈dop·pel·spiel** 中 〘テニス・卓球〙 男子ダブルス. **≈ein·zel** 中, **≈ein·zel·spiel** 中 〘テニス・卓球〙 男子シングルス. **≈es·sen** 中 **1** 男たちだけの会食. **2** ぜいたくな食事. **≈fah·rer** 男 **1** (メーカー専属でない)自前のカーレース参加者. **2** 《話》 (大型車を)わがもの顔に乗り回す人. **≈fa̱hr·ra̱d** 中 男性用自転車. **≈fri·seur**[..frizø:r] 男 男性のための理髪師〈美容師〉. **≈ge·sell·schaft** 女 **1** 男たちだけの集会〈パーティー〉. **2** 《単数で》 男性同伴: Sie kam in ～. 彼女は男の人と連れ立ってやって来た. **≈haus** 中 **1** 領主のやかた. **2** 〘史〙 (プロシア・オーストリアの)上院, 貴族院(1918年まで). **≈hemd** 中 紳士用シャツ. **≈ho̱·se** 女 紳士用ズボン. **≈hu̱t** 男 紳士用帽子. **≈ja̱h·re** 複 《もっぱら次の成句で》 Lehrjahre sind keine ～. (→Lehrjahr). **≈klei·dung** 女 紳士用衣料品. **≈kon·fek·tio̱n** 女 紳士用既製服. **≈le̱·ben** 中 (仕事もせずに送る)豪勢な生活: ein ～ führen 豪奢(ごうしゃ)な暮らしをする.

he̱r·ren·lo̱s[hɛ́rənlo:s][1] 形 **1** 主人を持たない: ein ～*er* Hund のら犬. **2** 持ち主〈所有者〉のない: ～*e* Güter 遺失物 | ～*e* Sache 〘法〙 無主物.

He̱r·ren·mahl 中 〘聖〙 主の晩餐(ばんさん).

he̱r·ren·mä·ßig 形 **1** 紳士〈殿方〉にふさわしい. **2** 支配者ふうの, 尊大な.

He̱r·ren≈mensch 男 支配欲の強い〈権力を持ちたがる〉人. **≈mo̱·de** 女 紳士用服飾品の流行. **≈mo·ra̱l** 女 君主道徳 (Nietzsche の用語で奴隷道徳と対立するもの. 彼は古代ギリシアの道徳を君主道徳として肯定する反面, キリスト教や社会主義などの道徳は奴隷道徳と呼んで軽蔑した: →Sklavenmoral). **≈par·ti̱e** 女 **1** 男たちだけの遠足〈ハイキング〉. **2** ＝Herrengesellschaft 1 **≈pilz** 男 (Steinpilz) 〘植〙 ヤマドリタケ(山鳥茸). **≈ra̱d** ＝Herrenfahrrad

He̱r·ren·rei·ter 男 自分の馬をもつ乗馬愛好家, アマチュア騎手. [*engl.* gentleman rider の翻訳借用]

He̱r·ren≈sa·lon[..zalɔ̃:] 男 男性用理髪店. **≈sat·tel** 男 男性用の乗馬鞍(→ 図 Sattel). **≈schnei·der** 男 紳士服の仕立屋, テーラー. **≈schnitt** 男 (短く刈り上げた)男性ふうの髪型. **≈schu̱h** 男 紳士靴. **≈sitz** 男 **1** (宮殿ふうの)豪壮な屋敷. **2** 《単数で》 (馬にまたがって乗る)騎馬姿勢. **≈socke** 女 紳士用靴下. **≈tier** 中 -〔e〕s/-e 《ふつう複数で》 (Primat) 〘動〙 霊長類. **≈toi·let·te**[..toalɛtə] 女 男性用便所. **≈**〔**un·ter·**〕**wä·sche** 女 男性用肌着〈下着〉類. **≈welt** 女 -/ 《戯》 《集合的に》 (その場に居合わせている)男たち. **≈wort** 中 -〔e〕s/-e 〘聖〙 主〈イエス〉の言葉. **≈zim·mer** 中 **1** (家の主人の)書斎. **2** (家の主人が客を迎える)男性用客間.

He̱rr·gott[hɛ́rgɔt] 男 -s/ **1** 〘キリスト教〙 主なる神: unser ～ 神様 | dem lieben ～ den Tag stehlen 《比》 無為に日を送る ‖ ***Herrgott* noch mal!** 《話》 (不快・怒りの気持を示し

H

て)こんちくしょう | Himmel, ~, Sakrament! (→Himmel 3). **2** 《南部・ｵｰｽﾄﾘｱ》(Kruzifix) キリスト十字架像. [*mhd.*; 呼びかけが一語につまった形]

Hẹrr·gotts≈frü·he 女 《話》《もっぱら次の成句で》**in aller ~** 朝早く〔まだ薄暗いうちに〕. **≈kä·fer** 男 (Marienkäfer)〘虫〙テントウムシ(天道虫). **≈schnit·zer** 男 《南部・ｵｰｽﾄﾘｱ》(特にキリストの十字架像を彫る)木像彫刻師. **≈win·kel** 男 《南部・ｵｰｽﾄﾘｱ》(居間などの)キリスト十字架像を安置した一隅.

hẹr|rich·ten [hé:rrıçtən] 《01》 他 (h) **1 a)** 整える, 用意する: ein Zimmer für den Gast ~ 客用に部屋の準備をする | den Tisch ~ (食事のために)食卓を整える, お膳(ぜん)立てをする. **b)** 《方》 再帰 *sich*[4] ~ 身仕度をする, おめかしをする: *sich*[4] zum Ausgehen ~ 外出のため身仕度〈化粧〉をする. **2** 整え直す, 修復〈修理・修繕〉する: das alte Haus 〔wieder〕 ~ 古い建物を修復する.

Hẹr·rich·tung [..tʊŋ] 女 -/-en herrichten すること.

Hẹr·rin [hɛ́rın] 女 -/-nen (Herr の女性形) 女主人; 女主君; 領主夫人; (呼びかけの言葉として)奥方様(→Herr 2 a).

hẹr·risch [hɛ́rıʃ] 形 命令的な, 専制〈強制〉的な; (口調・態度などが)高圧的な, 高飛車な, 尊大〈横柄な〉: in ~*em* Ton 横柄な口調で ‖ *sich*[4] ~ benehmen 尊大に振舞う.

herr·jẹ〔·mi·ne〕 [hɛrjé:(mine·)] 間, **herr·jẹs** [hɛrjé:s] 間, **herr·jẹ·ses** [hɛrjé:zəs] 間, **herr·jẹs·ses** [hɛrjɛ́səs] 間 (驚き・同情などの気持を表して)へえっ, おやおや, これはこれは. [<Herr Jesu 〔Domine〕!; ◇Dominus]

Hẹrr·lein [hɛ́rlaın] 中 -s/- (Herr の縮小形. 特に:) 《雅》若い男性〈紳士〉.

hẹrr·lich [hɛ́rlıç] 形 **1** 華麗な, 壮大な, 堂々とした; 格調の高い; すばらしい, みごとな, すてきな: ein ~*er* Anblick 壮観, 絶景 | ~*e* Kleider 豪華な衣装 | ein ~*er* Schauspieler すばらしい名優, 千両役者 | ein ~*es* Wetter すばらしい好天気 ‖ **~ und in Freuden leben** 《雅》すてきな楽しい生活を送る | Dieser Wein schmeckt ~. このワインは実にうまい. **2** 輝かしい, 光栄ある: *jn.* ~ machen …の栄光をたたえる | *js.* Namen ~ machen …の名を高からしめる. [*ahd.* hērlīch „vornehm"; ◇hehr]

Hẹrr·lich·keit [–kaıt] 女 -/-en **1** 《ふつう単数で》(herrlich なこと. 例えば:) 華麗, 壮観, すばらしさ: die ~ Gottes 神の栄光 | Die ~ wird nicht lange dauern. 〔この〕栄華は長続きしないだろう. **2** 《ふつう複数で》herrlich な事物: die ~*en* dieser Welt この世の栄華. **3** 《単数で》(貴人への呼びかけ): Euer ~! 閣下; 殿下.

Hẹrrn·hu̱t [hɛ́rnhu:t] 地名 ヘルンフート(ドイツ Sachsen 州の都市). [„Gottes Hut" (敬虔(けいけん)主義時代の命名)]

Hẹrrn·hu̱·ter [..tər] **I** 男 -s/- ヘルンフート〔派〕の人. **II** 形 《無変化》ヘルンフートの: die ~ Brüdergemeinde ヘルンフート同胞教会(敬虔主義の一派. 1722年に Zinzendorf 伯が Herrnhut に創設した).

Hẹrr·schaft [hɛ́rʃaft] 女 -/-en **1** 《単数で》**a)** 支配〔権〕, 統治〔権〕, 権力; 統制, 管理: die absolute ~ 絶対支配 | die ~ der Mehrheit 多数決 | die ~ der Mode 流行の支配〈強制力〉| *die* ~ *zur See* 〈*in der Luft*〉 制海〈制空〉権 | Allein*herrschaft* 独裁 ‖ die ~ antreten 政権〈権力の座〉につく | zur ~ kommen 〈gelangen〉 支配権を握る; 政権の座につく | die ~ über *jn.* 〈das Land〉 ausüben …を〈その国を〉支配する | unter *js.* ~ stehen …の支配下にある | die ~ an *sich*[4] reißen/*sich*[4] der ~[2] bemächtigen 権力を奪う. **b)** 抑制, 制御: die ~ über den Wagen verlieren (運転者が)車をコントロールしきれなくなる | die ~ über *sich*[4] verlieren 自制心を失う. **2** 領主; 主人〔一家〕; 《ふつう複数で》(身分の高い)人々, 紳士淑女たち: Er hatte immer eine gute ~. 彼はいつもよい主人に恵まれていた | Die ~*en* sind nicht zu Hause. 当家のご主人がたはご不在でございます ‖ **Alte ~*en*** 《戯》両親 | die hohen ~*en* 高貴な方々 | Wünschen die ~*en* etwas zu trinken? (給仕が客に対して)何かお飲みものを召し上がりますか ‖ Ruhe bitte, meine ~*en*! 《話》みなさん どうかお静かに. **3** ***Herrschaft* 〔noch mal〕!** 《話》(不快の気持を示して)おやおや, これはしたり, とんでもない. **4** 〘史〙領地, 荘園. [*ahd.*; ◇hehr]

hẹrr·schaft·lich [hɛ́rʃaftlıç] 形 **1** 領主の; 主人の: das ~*e* Gut 〘史〙荘園 | ein ~*er* Diener 領主〈大家(たいけ)〉の召使い. **2** 領主にふさわしい; 上流の, 優雅な; おおらかな: eine ~*e* Wohnung りっぱな邸宅.

Hẹrr·schafts≈be·reich 男 (中) 統治〈管轄〉権の及ぶ範囲, 支配圏. **≈recht** 中 支配〈統治・管轄〉権. **≈struk·tu̱r** 女 支配〈統治〉構造.

Hẹrrsch≈be·gier [hɛ́rʃ..] 女, **≈be·gier·de** 女 支配〈権勢〉欲.

hẹrr·schen [hɛ́rʃən] 《04》 **I** 自 (h) **1** 支配する, 治める, 統治する: in dem Land 〈über das Volk〉 ~ 国〈民衆〉を統治する | allein ~ 独裁者である | unumschränkt ~ 無際限な権力をもつ | die Leidenschaften über *sich*[4] ~ lassen 情熱に支配される ‖ das *herrschende* Gesetz 現行法 | die *herrschende* Klasse 支配階級. **2** 支配的である, 主調をなす, 優勢〈主力〉を占める: Es *herrscht* Totenstille im Hause. 家の中はひっそりと静まりかえっている | Eine Seuche *herrscht* in der Stadt. この町では疫病がはやっている | Es *herrscht* heute eine drückende Schwüle. きょうはひどく蒸し暑い ‖ die *herrschende* Mode 目下の流行 | nach der *herrschenden* Meinung 支配的な意見に従って〈従えば〉. **II** 他 (h) ＝anherrschen [*ahd.* hērisōn; ◇hehr]

Hẹrr·scher [hɛ́rʃər] 男 -s/- (女 **Hẹrr·sche·rin** [..ʃərın] -/-nen) 支配者, 統治者; 君主; 命令者, 主人: ein absoluter ~ 絶対〔専制〕君主 | Allein*herrscher* 独裁者 ‖ Er spielt sich gern als ~ auf. 彼は人の上に立ちたがる, 彼には権勢欲がある.

Hẹrr·scher·ge·schlecht 中 王朝; 王室, 王家.

Hẹrr·sche·rin Herrscher の女性形.

Hẹrr·scher≈na·tu̱r 女 支配者としての性質〈人々の上に立つ素質〉〔をもった人〕. **≈paar** 中 皇帝〈国王〉夫妻. **≈stab** 男 (王権の象徴として王の持つ)笏(しゃく), 王笏.

Hẹrrsch·sucht 女 -/ 支配〈権勢〉欲.

hẹrrsch·süch·tig 形 支配〈権勢〉欲の強い.

hẹr|rücken [hé:rrʏkən] **I** 他 (h) (家具などを)こちらへ動かす. **II** 自 (s) 近寄って来る: *Rück* doch etwas näher zu mir *her*! さあもっと〔私の〕近くへ来たまえ.

hẹr|ru·fen* [hé:rru:fən] 《121》 **I** 他 (h) **1** 《*jn.*》呼び寄せる. **2** hinter *jm. et.*[4] ~ …の背後から大声で…と呼ぶ. **II** 自 (h) 《hinter *jm.*》 (…の)背後から声をかける.

hẹr|rüh·ren [hé:rry:rən] 自 (h) 《von *et.*[3]》 (…に)由来〈起因〉する: Das alles *rührt* von deinem Leichtsinn *her*. 万事は君の軽率さのせいだ ‖ aus Deutschland *herrührend* ドイツ製〈産〉の.

hẹr|sa·gen [hé:rza:gən][1] 他 (h) (暗記した文句などを)無表情〈機械的〉に唱える: ein Gedicht aus dem Kopf ~ 詩をそらで言う | *sein* Sprüchlein ~ (→Sprüchlein).

hẹr|schaf·fen [hé:rʃafən] 他 (h) こちらへ運んで来る: Wo wird er die Mittel dazu ~? 彼はそのための資金をどこから調達するのだろうか.

hẹr|schau·en [hé:rʃauən] 自 (h) こちらを見る: **Da *schau her*!** ほら見てごらん; 《話》(驚きの気持を示して)おやおや, これはこれは.

hẹr|schicken [hé:rʃıkən] 他 (h) こちらへ送ってよこす.

hẹr|schie·ben* [hé:rʃi:bən][1] 《134》 他 (h) **1** こちらへ押してよこす. **2** *et.*[4] vor *sich*[3] ~ …を前へ押して行く.

hẹr|schlei·chen* [hé:rʃlaıçən] 《139》 **I** 自 (s) **1** こちらへ忍び足で近寄って来る. **2** 《hinter *jm.*》 (…のあとを)そっと〈忍び足で〉ついて行く. **II** 他 (h) 再帰 *sich*[4] ~ = I

hẹr|schlep·pen [hé:rʃlɛpən] 他 (h) 《*et.*[4]》こちらへ引きずって来る; 《*jn.*》力ずくで連れて来る.

hẹr|schrei·ben* [hé:rʃraıbən][1] 《152》 **I** 自 (h) 手紙を書いてよこす. **II** 他 (h) **1** さっと書く, 書きなぐる: *seinen* Namen ~ 署名〈サイン〉する. **2** 《雅》 再帰 *sich*[4] von *et.*[3] ~ …に由来〈起因〉する.

hẹr|se·hen* [hé:rze:ən] 《164》 自 (h) こちらを見る: Alle mal ~! みんなちょっと こっちを見てくれ.

hẹr|seh·nen [hé:rze:nən] 他 (h) **1** 再帰 *sich*[4] ~ こちらへ来たいと切望する. **2** 《*jn./et.*[4]》 (…が)こちらへ来ることを切望

する.

her|sein* [hé:rzaın] ⦅165⦆ →her I (→absein I ☆)

her|sen·den* [hé:rzɛndən][1] ⦅166⦆ =herschicken

her|set·zen [hé:rzɛtsən] ⦅02⦆ **I** 他 (h) **1** ⦅*et.*[4]⦆ (持って来て)こちらへ置く: *Setze* deinen Namen *her*! ここへ署名したまえ. **2** ⦅*jn.*⦆ こちらへ座らせる: 再帰 *sich*[4] ～ こちらへ来て座る | *Setze* dich *her* zu mir! 私のそばへ座りたまえ | Ich kann mich nicht länger ～ und warten. 私はこれ以上ここに座って待つわけにはいかない. **II** 自 (h) ⦅話⦆ ⦅hinter *jm.*⦆ (…のあとを)〔急ぎ足で〕追いかける.

her|sprin·gen* [hé:rʃprıŋən] ⦅179⦆ 自 (s) こちらへすっとんで(とびはねて)来る.

her|stam·men [hé:rʃtamən] 自 (h) ⦅場所を示す語句と⦆ (…に)由来する,(…の)出である; (…に)起因する: aus München ⟨von Bauern⟩ ～ ミュンヒェン生まれ⟨農民出身⟩である | Wo *stammen* Sie *her*? あなたはどこのお生まれですか ‖ Der Ring *stammt* von meiner Mutter *her*. この指輪は母から譲られたものだ | Das Wort *stammt* aus dem Lateinischen *her*. この語はラテン語系である | Wo *stammt* der Fehler *her*? この間違いはどこから来たのか.

her|stel·len [hé:rʃtɛlən] 他 (h) **1** (商品として)製造⟨製作⟩する, 生産する, 製品に作り上げる⟨組み立てる⟩: Autos ⟨Lebensmittel/Wein⟩ ～ 自動車⟨食料品・ワイン⟩を製造する | *et.*[4] maschinell ⟨von Hand⟩ ～ …を機械で作る⟨手作りする⟩ | *et.*[4] billig ⟨in Serie⟩ ～ …を安く⟨大量に⟩生産する ‖ eine in Deutschland *hergestellte* Maschine ドイツ製の機械. **2** (努力してある状態を)作り出す, 確立する, 打ち立てる: eine Telefonverbindung nach Berlin ～ 電話をベルリンにつなぐ | eine enge Verbindung zu *jm.* ～ …と親密な間柄になる | Ruhe und Ordnung ～ 治安を確立する | das Gleichgewicht ～ 均衡状態を作り出す ‖ 再帰 *sich*[4] ～ (ある状態が)作り出される, 確立される. **3** (wiederherstellen) 修復する, 復元する; (病気などを)治癒させる: Der Friede wurde *hergestellt*. 平和が戻った | Er ist von der Krankheit *hergestellt*. 彼は病気から快復した. **4** (持って来て)こちらへ立てる, こちらへ置く: *Stell* die Lampe näher zu mir *her*! ランプをもっと私の方へ近づけてくれ ‖ 再帰 *sich*[4] ～ こちらへ来て立つ.

Her·stel·ler [hé:rʃtɛlər] 男 -s/- **1** 製作者, 製造業者, メーカー: Auto*hersteller* 自動車製造業者 | Film*hersteller* 映画製作者. **2** 編集者.

Her·stel·ler≠be·trieb 男 製造企業体(会社). ≠**firma** 女 製造会社. ≠**mar·ke** 女 商標.

Her·stel·lung [..luŋ] 女 -/-en (herstellen すること) **1** 製造, 生産. **2** (出版社の)編集部. **3** 確立; 修復, 復元; 治療.

Her·stel·lungs≠ko·sten 複 製造⟨製作⟩費. ≠**pro·zeß** 男 製造⟨製作⟩過程. ≠**ver·fah·ren** 中 製造⟨製作⟩方法.

her|stot·tern [hé:rʃtɔtərn] ⦅05⦆ 他 (h) (言葉を)どもりながら口に出す.

her|stür·zen [hé:rʃtʏrtsən] ⦅02⦆ **I** 自 (s) **1** こちらへ突進して来る. **2** ⦅hinter *jm.*⦆ (…のあとを追って)突進する. **3** ⦅über *et.*[4]⦆ (…に)襲いかかる: über das Essen ～ がつがつ食べ始める. **II** 他 (h) 再帰 *sich*[4] über *jn.* ⟨*et.*[4]⟩ ～ …に襲いかかる.

Her·t〔h〕a [hérta·] 女名 ヘルタ. [＜Nerthus (ゲルマン神話の女神)]

her|tra·gen* [hé:rtra:gən][1] ⦅191⦆ 他 (h) **1** こちらへ運んで来る. **2** *et.*[4] hinter *jm.* ～ …を…のあとを追って運ぶ | *et.*[4] vor *sich*[3] ～ …をささげ持って運ぶ.

her|trei·ben* [hé:rtraıbən][1] ⦅193⦆ 他 (h) **1** 追い立てて来る: Was *treibt* dich *her*? 君は何の用で来たのか, いったいどうしたんだ. **2** *et.*[4] vor *sich*[3] ～ …(家畜など)を追い立てて行く | den Ball vor *sich*[3] ～〘球技〙ボールをドリブルする.

Hertz [hɛrts] **I** 人名 Heinrich ～ ハインリヒ ヘルツ(1857–94; ドイツの物理学者). **II** 中 -/-〘理〙ヘルツ(振動数・周波数の単位; 記号 Hz).

her·üben [hɛrý:bən] ⦅南部・オーストリア⦆ =hüben

her·über [hɛrý:bər] 副 (↔hinüber) (越えて)こちら側へ, こちらの方へ: der Weg ～ (山などを越えての)こちらへの道 | der Flug von Amerika ～ (海を越えての)アメリカからここまでの飛行 ‖ über den Fluß ～ 川を越えてこちらへ.

★ 動詞と用いる場合は分離の前つづりともみなされる.

her·über≠|be·mü·hen [hɛrý:bər..] 他 (h) ⦅雅⦆ **1** ⦅*jn.*⦆ (…に)わざわざこちらへ来てもらう. **2** 再帰 *sich*[4] ～ わざわざこちらへ来る: Würden Sie sich bitte einmal hier ～? 一度こちらへご足労いただけましょうか. ≠|**bit·ten*** ⦅19⦆ 他 (h) ⦅*jn.*⦆ (…に)こちらへ来てくれるよう頼む: Darf ich Sie zu mir ～? 私の所までおいで願えますか. ≠|**brin·gen*** ⦅26⦆ 他 (h) こちら側へ運んで来る: *jn.* mit dem Boot ～ …をボートでこちら岸へ渡す. ≠|**fah·ren*** ⦅37⦆ **I** 自 (s) (乗り物が・乗り物で)こちら側へ渡って⟨越えて⟩来る. **II** 他 (h) (乗り物で)こちら側へ運んで来る. ≠|**flie·gen*** ⦅45⦆ **I** 自 (s) こちら側へ飛んで来る. **II** 他 (h) (飛行機で)こちら側へ運んで来る. ≠|**füh·ren** **I** 他 (h) こちら側へ導いて⟨案内して⟩来る: *jn.* über die Brücke ～ …を橋の向こう側から連れて来る. **II** 自 (h) (道などが)こちら側へ通じている. ≠|**ge·ben*** ⦅52⦆ 他 (h) こちら側へ手渡す: Er *gab* mir den Brief über den Zaun *herüber*. 彼は私に手紙を垣根越しに渡してくれた. ≠|**ho·len** 他 (h) こちら側へ連れて⟨持って⟩来る. ≠|**kom·men*** ⦅80⦆ 自 (s) こちら側へやって来る: zu einem Besuch ～ 訪ねて来る | Ich werde sofort in Ihr Büro ～. すぐにあなたの事務所へおうかがいします. ≠|**lau·fen*** ⦅89⦆ 自 (s) こちら側へ走って来る. ≠|**locken** 他 (h) こちら側へ誘い⟨おびき⟩寄せる. ≠|**rei·chen** **I** 自 (h) こちら側まで届く⟨達する⟩: bis in unsere Zeit ～ (慣習などが)今日まで伝わる. **II** 他 (h) こちら側へ手渡す: *Reiche* mir das Buch *herüber*! その本を取ってくれ. ≠|**ret·ten** ⦅01⦆ 他 (h) こちら側へ救い出す: alte Traditionen aus dem vorigen Jahrhundert in unsere Tage ～ 前世紀の古い伝統を今日まで保存する. ≠|**tra·gen*** ⦅191⦆ 他 (h) こちら側へ運んで来る: Der Wind *trug* den Ruf über den Fluß *herüber*. 風がその叫び声を川越しに運んで来た. ≠|**wech·seln** ⦅06⦆ 自 (s, h) こちら側へ場所を変える⟨移って来る⟩. ≠|**zie·hen*** ⦅219⦆ **I** 他 (h) こちら側へ引っぱって来る. **II** 自 (s) こちら側へ引っ越して⟨移って⟩来る.

her·um [hɛrúm] 副 **1** (…のまわりを)回って: die Reihe ～ 順々に ‖ einen Spaziergang 〔rings〕 **um** den See ～ machen 湖畔一周の散歩をする | gleich um die Ecke ～ 角を曲がってすぐの所に | um mehrere Ecken ～ verwandt sein ⦅比⦆ 遠縁である | Wir können nicht darum ～. 我々はこの事実を避けて通ることはできない(→herumkommen 2) ‖ verkehrt ～ (→verkehrtherum). **2** ⦅um *jn.* ⟨*et.*[4]⟩⦆ (…の)まわり⟨周囲⟩に; (…の)周辺に: um Berlin ～ ベルリン周辺に | Um das Haus ～ standen Bäume. 家は木々に囲まれていた | Er hat immer eine Menge Damen um sich ～. 彼はいつも大勢のご婦人たちに取り巻かれている ‖ dort ⟨hier⟩ ～ あの⟨この⟩あたりに. **3** ⦅数詞などと⦆ ⦅um *et.*[4]⦆ ほぼ⟨およそ⟩…くらい: 〔so〕 um 100 Mark ～ 約100マルク, 100マルク内外 | um 〔das Jahr〕 1950 ～ 1950年ごろ〔に〕 | um Ostern ～ 復活祭のころに | um die Mittagszeit ～ お昼ごろ〔に〕 | um sechs Uhr ～ 6時ごろ〔に〕.

herum.. ⦅分離動詞の前つづり. つねにアクセントをもつ⦆ **1** ⦅「…を回って・…を取り囲んで・…のまわりをぐるりと」などを意味する⦆: *herum*wickeln 巻きつける | *herum*legen 周囲に置く | *herum*geben (カルタなどを)配る. **2** ⦅「向きを変えて・回転して」などを意味する⦆: *herum*drehen 裏返す | *sich*[4] *herum*werfen 寝返りをうつ. **3** ⦅「あちこちと・…して回る」などを意味する⦆: *herum*bummeln ぶらつき回る | *herum*liegen (乱雑に)散らばっている. **4** ⦅「ぐずぐず・無計画に・いじくり回して」などを意味する⦆: *sich*[4] *herum*ärgern ぐずぐずといつまでも腹を立てている | *herum*doktern あれこれと素人療法を試みる.

her·um≠|al·bern [hɛrúm..] ⦅05⦆ 自 (h) ⦅話⦆ しきりにばかなまねをする: mit *jm.* ～ …とふざけ回る. ≠|**är·gern** ⦅05⦆ 他 (h) ⦅話⦆ 再帰 *sich*[4] 〔mit *jm.*〕 ～ 〔…に対して〕ぐずぐずといつまでも腹を立てている. ≠|**bal·gen** 他 (h) ⦅話⦆ 再帰 *sich*[4] mit *jm.* ～ …とつかみ合いをする; …とふざけ合ってころげ回る. ≠|**ba·steln** ⦅06⦆ 自 (h) ⦅an *et.*[3]⦆ (工作などで…を)あちこち⟨もたもたと⟩いじくり回す. ≠|**be·kom·men*** ⦅80⦆ =herumkriegen ≠|**bes·sern** ⦅05⦆ 自 (h) ⦅話⦆

《an *et.*³》(改良しようと…を)あちこちいじくり回す. ≈|**bet·teln**《06》自 (h) あちこち物ごいして回る. ≈|**blät·tern**《05》自 (h) (本などを)ぱらぱらとめくる. ≈|**blicken** 自 (h) あちこち見回す. ≈|**brin·gen*** 《26》他 (h)《話》**1** (一定の時間を)つぶす, なんとか過ごす: Wie hast du die Wartezeit *herumgebracht*? 君は待ち時間をどうやってつぶしたのか. **2** (人々に)言いふらす, 触れ回る: *et.*⁴ weit und breit ～ …をあちこち広く触れ回る. **3** (監視の目などをかすめて)こっそり運び込む〈出す〉: *jn.* um den Wachtposten ～ 歩哨(ほしょう)の目をかすめて…を連れ込む〈出す〉. ≈|**bum·meln**《06》自《話》**1** (s) あちこちぶらつき回る. **2** (h) 無為に時を過ごす: den ganzen Tag so ～ 一日中何もせずに過ごす. ≈|**deu·teln**《06》自 (h)《話》《an *et.*³》(…を)あれこれこじつけて解釈する. ≈|**dok·tern**《05》自 (h)《話》《an *jm.*》(…に)あれこれと素人療法を試みる;《an *et.*³》(修繕しようと…を)あちこちいじくり回す.

her·um|dre·hen[hɛrúm..] **I** 他 (h) **1** (軸を中心に)回転させる, 回す; 裏返しにする, ねじる: die Hand ～ 手のひらをかえす | die Matratze ～ 敷きぶとんを裏返す | den Kopf ～ 顔の向きを変える | den Schlüssel nach links ～ かぎを左へ回す | *et.*⁴ um die Achse ～ …を回転させる ‖ *jm.* das Wort im Munde ～ (→Wort 1 a). **2** 再帰 *sich*⁴ ～ 回転する; 向きを変える: *sich*⁴ ganz 〈halb〉 im Kreise ～ ぐるりと一(半)回転する | *sich*⁴ im Bett ～ ベッドで寝返りを打つ | *sich*⁴ auf dem Absatz ～ 回れ右をする(引き返すために) | *jd.* wird sich im Grabe ～, wenn ... (→Grab) | *jm. drehte* sich das Herz im Leibe *herum* (→Herz 1 a). **3**《*jn.*》(…に)方向〈方針〉を変えさせる. **II** 自 (h)《an *et.*³》(ダイヤルなどを)あちこちいじくり回す: am Radio ～ ラジオのダイヤルをあちこちに回す | am Schlüssel ～ (錠をあけようとして)かぎをガチャガチャいわせる.

her·um≈|drücken[hɛrúm..] 他 (h) **1** 押して回す. **2**《話》再帰 *sich*⁴ ～ (仕事もせずに)ぶらぶらと時を過ごす: *sich*⁴ auf der Straße ～ 通りをうろつき回る. **3**《話》再帰 *sich*⁴ um *et.*⁴ ～ …(気の進まないこと)を避けて通る〈さぼる〉 | *sich*⁴ um eine Entscheidung 〈eine offene Aussprache〉 ～ 決断〈腹を割った話し合い〉を避ける. ≈|**druck·sen**《02》自 (h)《話》(心にあることを)なかなか口に出さない, 話を切り出さない. ≈|**er·zäh·len** 他 (h)《話》あちこち話して回る, 触れ回る. ≈|**ex·pe·ri·men·tie·ren** 自 (h)《an 〈mit〉 *et.*³》(…を)計画もなくあれこれ実験してみる.

her·um|fah·ren*[hɛrúm..]《37》**I** 自 (s) **1** 乗り物に乗って回る; (乗り物が・乗り物で)あちこち走り回る: auf dem Karussell ～ 回転木馬に乗って回る | mit dem Auto in der Stadt 〈um die Stadt〉 ～ 車で町中を乗り回す〈町のまわりを回る〉. **2** (驚いて)急にふり向く. **3** 勢いよく動かす: mit den Händen in der Luft ～ 両手を振り回す | *sich*³ mit den Fingern im Kragen ～ 指で襟元をこする. **4**《um *et.*⁴》(乗り物が・乗り物で…を)迂回(うかい)する. **II** 他 (h) (人や物を)乗り物に乗せてあちこち回る; (車を)運転してあちこち回る.

her·um≈|fau·len·zen[hɛrúm..]《02》自 (s)《話》(あちこちぶらぶらして)のらくら暮らす. ≈|**flan·kie·ren** 自 (s)《オーストリア》あちこちほっつき歩く, 放浪する. ≈|**flie·gen*** 《45》**I** 自 (s) **1** (飛行機・鳥・昆虫などが)あちこち飛び回る: um *et.*⁴ ～ …のまわりをぶんぶん飛ぶ. **2**《話》(どこかに)ある, いる, 滞在している. **II** 他 (h)《*jn.*》(飛行機で)あちこちへ連れて〈運んで〉行く. ≈|**fra·gen** 自 (h) あちこち聞いて回る〈問い合わせる〉. ≈|**fuch·teln**《06》自 (h)《mit *et.*³》(…を)振り回す: mit den Händen 〔in der Luft〕 ～ 両手を振り回す.

her·um|füh·ren[hɛrúm..] **I** 他 (h) **1** あちこち連れて〈案内して〉回る: *jn.* im Museum ～ …を連れて博物館の中を案内して回る | *et.*⁴ mit *sich*³ ～ …を肌身離さず持ち回る ‖ *jn.* an der Nase ～ (→Nase 1 a). **2** (塀・垣根などを)巡らす: einen Zaun um das Grundstück ～ 地所を垣根で囲む. **II** 自 (h) (道などが)回って通じている; (塀・垣根などが)巡っている: Der Weg *führt* um den Wald *herum.* この道は森の周囲を巡って通じている.

her·um≈|fuhr·wer·ken[hɛrúm..] 自 (h)《話》**1**《mit *et.*³》(…をせわしく)あちこち動かす〈振り回す〉. **2**《an *et.*³》(…を)不器用に〈無計画に〉いじくり回す. ≈|**fum·meln**《06》自 (h)《話》《an 〈mit〉 *et.*³》(…を)もたもたいじくり回す. ≈|**ge·ben*** 《52》他 (h) 次々と手渡す, (カルタなどを)配る.

her·um|ge·hen*[hɛrúm..]《53》自 (s) **1** 回って歩く, 巡る; 一巡する: im Kreis ～ どうどう巡りをする | um die Ecke ～ 角を回る | bei allen Nachbarn ～ 近所じゅうを回る | Der Zaun *geht* um das Grundstück *herum.* 垣根が地所を囲んでいる ‖ Das Foto *ging* im Kreis der Versammelten *herum.* その写真は一座の人たちの手から手へと回された | den Pokal ～ lassen 杯を順に回す, 回し飲みする | Mir *geht* 〔es wie〕 ein Mühlrad im Kopf *herum.* (→Mühlrad). **2**《um *et.*⁴》(…を)避けて通る, 迂回(うかい)する; 回避する: um die Gefahr ～ 危険を避ける. **3** あちこち歩き回る: ein bißchen im Garten ～ ちょっと庭を散歩する | unruhig im Zimmer ～ そわそわと部屋の中を歩き回る ‖ *jm.* im Kopf ～ (→Kopf 1). **4** (うわさなどが)広まる, 人から人へ伝わる: Das Gerücht ist überall *herumgegangen.* そのうわさはいたるところに広まった. **5** 過ぎ去る: Der Urlaub ist schnell *herumgegangen.* 休暇はまたたく間に過ぎ去った.

her·um≈|gon·deln[hɛrúm..]《06》自 (s)《話》あちこち〔あてもなく・気ままに〕ドライブする. ≈|**ha·ben*** 《64》他 (h) **1**《話》《*jn.*》(…を)くどき落としてしまっている(→herumkriegen 1). **2**《*et.*⁴》(かぎなどを)回しきっている. ≈|**hacken** 自 (h) **1**《比》《auf *jm.*》(…にあれこれと)文句をつける. **2** (くわなどで)あちこち掘り起こす, (おのなどで)しきりに刻む; (鳥が)しきりについばむ. ≈|**hän·gen*** 《66》自 (h) あちこちに乱雑にぶらさがって〈つりさがって〉いる. ≈|**hor·chen** 自 (h) あちこち聞いて回る: bei den Nachbarn 〈in der Nachbarschaft〉 ～ 隣近所じゅう聞き回る. ≈|**ir·ren** 自 (s) あちこちさまよい歩く. ≈|**kom·man·die·ren** 他 (h)《話》《*jn.*》(…に)あれこれ命令を下す.

her·um|kom·men*[hɛrúm..]《80》自 (s) **1** 回って来る; 一巡する: um die Ecke ～ 角を回って来る. **2**《um *et.*⁴》(…を)避けて通る, 回避する: um die Prüfung ～ 試験を免れる | Wir *kommen* um die Tatsache nicht *herum.* 我々はこの事実を避けて通ることはできない. **3** あちこち歩き回る; 旅をして回る: Er ist weit in der Welt *herumgekommen.* 彼はひろく世界じゅうを回ってきた. **4** (うわさなどが)広まる, 人から人へ伝わる: Der Fall war in dem Ort *herumgekommen.* その事件は町じゅうに知れ渡っていた.

her·um≈|krie·gen[hɛrúm..] 他 (h)《話》**1**《*jn.*》くどき落とす, 説き伏せる, 翻意させる: Ich habe ihn *herumgekriegt,* mit uns zu gehen 〈, daß er mit uns geht〉. 私は我々と一緒に出かけるよう彼をくどき落とした | Den *kriege* ich schon *herum.* あいつならくどき落としてみせるさ. **2**《*et.*⁴》苦心して〈やっとのことで〉回す: Ich *kriege* den Schlüssel nicht *herum.* このかぎがどうしてもうまく回らない. **3** ＝herumbringen 1 ≈|**kri·ti·sie·ren** 自 (h)《an *jm.* 〈*et.*³〉》(…について)あれこれ批評する, あらさがしをする.

her·um≈|lau·fen*[hɛrúm..]《89》自 (s) **1** あちこち走り〈かけずり〉回る; うろつき回る: in der ganzen Stadt nach *et.*³ ～ …を求めて町じゅうかけずり回る ‖ In der Stadt *laufen* viele Touristen *herum.* 町には旅行客がうようよしている ‖〚移動の意味が薄れて〛Hier *laufen* die Mädchen alle mit kurzen Röcken *herum.* 当地の娘はみな短いスカートをはいている | Er *läuft* seit einer Woche mit der Erkältung *herum.* 彼は1週間もかぜが治らずにいる | So kannst du nicht ～. 君はそんな格好で〔出歩いて〕はいけない. **2**《um *et.*⁴》**a)** (…のまわりを)走って〈歩いて〉回る. **b)** (垣などが…を)囲む. ≈|**le·gen** 他 (h) **1** 周囲に置く, まわりに並べる. **2** 裏返しにする. ≈|**lie·gen*** 《93》自 (h) **1** (乱雑に)あちこちに散らばっている; (だらしなく)寝そべっている: *et.*⁴ ～ lassen …を散らかしたままにする. **2**《um *et.*⁴》(…を囲んで)横たわっている: um das Feuer ～ 火を囲んで寝そべっている | die um das Gehöft *herumliegenden* Felder 屋敷の周囲の畑. ≈|**lun·gern**《05》自 (h)《話》《ふつう場所を示す語句と》(ひまを持て余して)ぶらぶらする, ぼやっと立って〈座って〉いる, (することもなく)たむろする. ≈|**ma·chen** 自 (h)《話》**1**《an *et.*³ 〈*jm.*〉》(…に)かかずらう, うつつを抜かす; (…を)いじくり回す, も

H

てあそぶ. **2** 《場所を示す語句と》(…に)あてもなくとどまる,(…で)のらくらしている. ≠|**murk·sen** 《02》 自 (h) 《an *et.*³》(…を)へたにつつき〈いじくり〉回す. ≠|**rät·seln** 《06》 自 (h) 《an *et.*³》(…〔のなぞ〕を)解こうとあれこれ考え〔あぐね〕る. ≠|**re̲·den** 《01》 **I** 自 (h) 《um *et.*⁴》(肝心な…を避けて)つまらぬことばかり あれこれしゃべる | um den 〔heißen〕 Brei ~ (→Brei). **II** 他 (h) = herumerzählen ≠|**rei·chen I** 他 (h) (ごちそうの皿などを)次々と手渡す〈回す〉; 《*jn.*》(次々と)引き回して皆に紹介する: Er wurde in der Gesellschaft *herumgereicht.* 彼はその場の人たちに順ぐりに紹介された. **II** 自 (h) 《um *et.*⁴》(長さが…の周囲を)一巡りするに足りる: Ich kann um den Stamm nicht ~. この幹は私にはかかえきれない太さだ. ≠|**rei·sen** 《02》 自 (s) あちこち旅して回る. ≠|**rei·ßen*** 《115》 **I** 他 (h) **1** ぐいと回す,(車・船・馬などを) 180度転換する: das Steuer ~ (→Steuer¹). **2** 《話》《*jn.*》(…に)衝撃を与える: Die Nachricht hat ihn *herumgerissen.* その知らせは彼を打ちのめした. **II** 自 (h) 《an *jm.* 〈*et.*³〉》(…を)しきりに引っ張る〈ひっかく〉. ≠|**rei·ten*** 《116》 **I** 自 (s) **1** あちこち馬を乗り回す: im Wald ~ 森の中で馬を乗り回す. **2** 《um *et.*⁴》(…のまわりを)馬に乗って回る: um die Stadt ~ 町のまわりを馬で回る. **3 a)** 《auf *et.*³》(…に)固執する,(…を)くどくどと繰り返す: auf derselben Frage ~ 同じ質問を執拗(しつよう)に繰り返す. **b)** 《auf *jm.*》(…の)あらさがしをする,(…を)しつこくとがめる. **II** 他 (h) (馬を)乗り回す: ein Pferd um *et.*⁴ ~ …のまわりを馬で回る. ≠|**re̲·keln** 《06》 他 (h) 《話》 再帰 *sich*⁴ ~ (手足を投げ出して)だらしなく寝そべる〈腰かける〉. ≠|**ren·nen*** 《117》 自 (s) **1** あちこち走り〈かけずり〉回る. **2** 《um *et.*⁴》(…のまわりを)走って回る. ≠|**schicken** 他 (h) (回状・使者などを)回す.

her·u̲m|schla̲·gen* [hɛrúm..] 《138》 **I** 他 (h) **1** 《um *et.*⁴》(…のまわりに)巻きつける,(…を)おおいくるむ: ein Tuch um die Schüssel ~ 深皿を布でくるむ | eine Decke um das Kind ~ 毛布で子供をくるむ. **2** 再帰 *sich*⁴ mit *jm.* ~ …と格闘する〈殴り合いをする〉 | *sich*⁴ miteinander ~ 殴り合う | *sich*⁴ mit dem Problem 〈mit unvorhergesehenen Hindernissen〉 ~ 問題〈予想しなかった障害〉と必死になって取り組む | *sich*⁴ mit dem Finanzamt ~ 税務署と渡り合う.

II 自 (h) むちゃくちゃに打ち回る: mit der Rute in der Luft ~ むちをやたらに振り回す.

her·u̲m≠|schlep·pen [hɛrúm..] 他 (h) **1** 《*et.*⁴》あちこち引きずって歩く, いつも持ち歩く: den Kummer 〈eine Grippe〉 mit *sich*³ ~ いつまでもくよくよと心配している〈流感が治らない〉. **2** 《*jn.*》(むりやりに)あちこち連れ歩く〈案内して回る〉. ≠|**schnüf·feln** 《06》 自 (h) (秘密を探ろうとして)あちこちかぎ回る. ≠|**schrei·en*** 《153》 自 (h) やたらにわめき立てる〈どなり散らす〉. ≠|**schwei·fen** 自 (s) あちこちさまよう: *seine* Blicke 〈*seine* Gedanken〉 ~ lassen (ぼんやりと)視線をあちこちへ向ける〈とりとめのない考えにふける〉. ≠|**schwen·ken I** 他 (h) やたらと振り回す: eine Fahne in der Luft ~ 旗を振り回す ‖ *jn.* im Kreise ~ (ダンスで)…の体を一回転させる ‖ 再帰 *sich*⁴ im Kreise ~ (ダンスのペアなどが)旋回する. **II** 自 (s) ぐるっと方向を転じる. ≠|**se̲·hen*** 《164》 自 (h) あちこち見回す.

her·u̲m|sein* [hɛrúm..] 《165》 自 (s) **1** 《um *jn.* 〈*et.*⁴〉》(絶えず…の)まわりにいる,(…の)そばにつきまとっている: Sie *ist* immer um ihren Mann *herum.* 彼女はいつも夫につきそっている. **2 a)** (時が)過ぎ去ってしまっている: Die Ferien *sind* immer so schnell *herum.* 休暇はいつでも早く過ぎてしまう. **b)** (うわさなどが)ひろまっている, 知れ渡っている: Die Nachricht *war* gleich in der ganzen Gegend *herum.* その知らせはすぐに辺り一帯に知れ渡った.

★ ふつう 2 語に書く.

her·u̲m≠|set·zen [hɛrúm..] 《02》 他 (h) **1** 《*et.*⁴ 〔um *jn.*/um *et.*⁴〕》(…を〔…を中心として〕)囲むように置く. **2** 再帰 *sich*⁴ 〔um *jn.*/um *et.*⁴〕 ~ 〔…を中心として〕囲むように座る. ≠|**sit·zen*** 《171》 自 (h) **1** (することもなく)ぼんやり座っている. **2** 《um *et.*⁴》(…を)囲んで座っている. ≠|**spie·len** 自 (h) **1** 《mit *et.*³/an *et.*³》(…を)ひねくり〈いじくり〉回す. **2** 《auf *et.*³》(楽器を)あれこれ弾いてみる; でたらめに鳴らす. ≠|**spre·chen*** 《177》 他 (h) 再帰 *sich*⁴ ~ (うわさなどが)あちこちに広まる: So etwas *spricht* sich schnell *herum.* そういううわさはすぐに広まる | Es hat sich *herumgesprochen,* daß ... …といううわさが広まった. ≠|**sprin·gen*** 《179》 自 (s) **1** あちこちはね回る; 《um *et.*⁴》(…のまわりを)はね回る. **2** 《話》《mit *jm.*》(…を)こき使う. ≠|**ste̲·hen*** 《182》 自 (h) **1 a)** (することもなく)ぼんやりつっ立っている. **b)** (乱雑に)散らばっている. **2** 《um *et.*⁴》(…を)囲んで立っている. ≠|**stie·ren** 《オーストリア》 = herumstöbern ≠|**stö̲·bern** 《05》 自 (h) 《in *et.*³》(猟犬がやぶなどを)つつき回す; (…の中を)あちこちかき回して捜す: in fremden Angelegenheiten ~ 《比》他人のことをかぎ回る. ≠|**strei·chen*** 《189》 **I** 自 **1** (s) **a)** あちこちうろつき回る: im Wald ~ 森を歩き回る. **b)** 《um *jn.* 〈*et.*⁴〉》(機会をねらいながら…の)まわりをうろつく. **2** (h) 《an *et.*³》(原稿などに)あちこち訂正を加える. **II** 他 (h) 《um *et.*⁴》(…のまわりに)塗りつける. ≠|**strei·fen** 自 (s) (あてもなく)あちこちさすらう: auf den Meeren ~ あちこちの海をさすらう | in der Welt ~ 放浪生活をする. ≠|**strei·ten*** 《190》 他 (h) 再帰 *sich*⁴ mit *jm.* ~ (しょっちゅう)…とけんかをする〈いがみ合う〉. ≠|**streu·en** 他 (h) あちこちまき散らす; (乱雑に)散らかす. ≠|**streu·nen** 自 (s) 《話》あちこちうろつき回る. ≠|**su̲·chen** 自 (h) あちこちさがし回る: im ganzen Haus nach *et.*³ ~ …を家じゅうさがし回る. ≠|**tan·zen** 《02》 自 (h) **1** 《um *jn.* 〈*et.*⁴〉》(…のまわりを)踊りながら回る: um den Maibaum ~ メイポールの周囲を踊りながら回る ‖ **um *jn.* ~** 《比》…をおだてて機嫌をとる. **2** あちこち踊り回る, はね回る: vor Freude im Zimmer ~ 喜びのあまり部屋の中をはね回る | *jm.* auf dem Kopf 〈auf der Nase〉 ~ (→Kopf 1,→Nase 1 a). ≠|**ta·sten** 《01》 自 **1** (h) あちこち手さぐりする. **2** (s) あちこち手さぐりしながら移動する. ≠|**ti̲·gern** 《05》 自 (s) 《話》(おりの中のトラのように部屋の中を)あちこち歩き回る. ≠|**tol·len** 自 (h, s) あちこちはしゃぎ〈ふざけてはね〉回る. ≠|**tra̲·gen*** 《191》 他 (h) **1** あちこち持ち回る, あちこち運ぶ: *et.*⁴ mit *sich*³ ~ …を持ち歩く〈携帯する〉 | Diese Idee *trage* ich schon lange mit mir *herum.* このアイディアを私はもう長いこと胸に温めている. **2** 人に見せて回る: (うわさなどを)ふれ回る. **3** 《um *et.*⁴》(…のまわりを)持って回る. ≠|**tram·peln** 《06》 自 (s) 《話》《場所を示す語句と》(…を)あちこちドシンドシン歩き回る: im Blumenbeet ~ 花壇を踏み荒らす ‖ *jm.* auf dem Kopf ~ (→Kopf 1) | auf *jm.* 〈*js.* Nerven〉 ~ 《比》…の感情を土足で踏みにじる, …の神経を逆なでする.

her·u̲m|trei·ben* [hɛrúm..] 《193》 **I** 他 (h) **1** 再帰 *sich*⁴ ~ あてもなく(あちこち)ほっつき歩く: *sich*⁴ in der Welt ~ 諸国を放浪する | *sich*⁴ in Kneipen ~ あちこちの飲み屋に出没する | Sie *trieb* sich⁴ mit einem jungen Mann *herum.* 彼女はある若い男と遊び歩いた. **2** (家畜などを)追い回す; 《um *et.*⁴》(…のまわりを)追い立てる. **II** 自 (s) **1** (水上を)あちこち漂う. **2** 《um *et.*⁴》(…のまわりを)漂い回る.

Her·u̲m·trei·ber 男 -s/- 《話》(仕事もせずに)あちこちほっつき歩く人; 夜遊び好きの人.

her·u̲m≠|wäl·zen [hɛrúm..] 《02》 他 (h) **1** 再帰 *sich*⁴ ~ あちこち転げ回る: *sich*⁴ im Schnee ~ 雪の中を転げ回る. **2** 反対側に転がす, 転がして裏返しにする: *et.*⁴ im Geiste 〈in *seinem* Kopf〉 ~ 《比》…のことを とつおいつ考える ‖ 再帰 *sich*⁴ ~ 寝返りを打つ | *sich*⁴ schlaflos im Bett ~ 眠れずに寝床の中で展転反側する. **3** 《um *et.*⁴》(…〔のまわり〕を)転がして回す. ≠|**wan·dern** 《05》 自 (s) **1** あちこち歩き回る, 放浪する; (視線・考えなどが)あちこちさまよう. **2** 《um *et.*⁴》(…のまわりを)歩き回る; (天体が…のまわりを)回る.

her·u̲m|wer·fen* [hɛrúm..] 《209》 **I** 他 (h) **1** まわりに投げる, 投げ散らす: Die Kinder *werfen* ihre Spielsachen *herum.* 子供たちがおもちゃを投げ散らかす. **2** すばやく回転させる, くるりと裏返す; 急に向きを変える: den Pfannkuchen in der Pfanne ~ フライパンの中のパンケーキをひっくり返す ‖ das Steuer ~ (→Steuer¹) | den Kopf ~ 頭をぐいと回す〈そらす〉 ‖ Das Schiff wurde vom Sturm *herumgeworfen.* 船は嵐(あらし)にほんろうされた. **3** 再帰 *sich*⁴ ~ 寝返りを打つ. **II** 自 (h) 《mit *et.*³》(…を)投げ散らす,(…を)ま

き散らす; みだりに使う: mit Kleidungsstücken ～ 衣類をあちこちに脱ぎ散らかす | mit Fachausdrücken ～ やたらに専門語を使う.

her·um≠|wer·wei·ßen[hɛrʊ́m..]《02》《ｽｲｽ》＝herumrätseln ≠|**wickeln**《06》他 (h)《*et.*[4] um *et.*[4]》(…を…の回りに)まきつける: ein Tuch um *et.*[4] ～ …を布に包む | *jn.* um den〔kleinen〕Finger ～〔können〕(→Finger 1). ≠|**wir·beln**《06》**I** 他 (h) 旋回させる: *jn.* vor Freude ～ …を喜びのあまり踊り回らせる. **II** 自 (s) 旋回する; 渦を巻く. ≠|**wirt·schaf·ten**《01》自 (h)《話》(仕事などで)絶えずせかせか動き回る, せわしなくする. ≠|**wüh·len** 自 (h)《in *et.*[3]》(…の中を)ひっかき回〔して捜〕す: im Schmutz ～ 泥の中をひっかき回す;《比》(作家などが)人生の醜さばかり書きまくる | in *js.* Vergangenheit ～〔いつまでも〕…の過去〔の古傷〕をほじくり返す. ≠**wur·steln** (≠|**wursch·teln**)《06》自 (h)《話》《an *et.*[3]》(…を)いたずらにあちこちいじくり回す. ≠|**zan·ken** 他 (h) 再帰 *sich*[4]〔mit *jm.*〕～〔…と〕(しょっちゅう)けんかをする〈いがみ合う〉. ≠|**zer·ren** 他 (h) **1** あちこち引っぱり回す. **2** 強引にねじ向ける.

her·um|zie·hen*[hɛrʊ́m..]《219》**I** 自 **1** (s) (umherziehen) あちこち移動〈巡回〉する: ein *herumziehender* Händler 行商人 | ein *herumziehender* Schauspieler 旅回りの芸人. **2** (s)《um *et.*[4]》(…のまわりを)回る: Die Blaskapelle *zog* um das Rathaus *herum.* ブラスバンドは市庁舎のまわりを行進した. **3** (h)《an *et.*[3]》(…をしきりに)引っぱる.

II 他 (h) **1** (あちこち)引っぱり回す: *jn.* in der ganzen Ausstellung ～ …を展覧会場じゅう引っぱり回す ‖ 再帰 *sich*[4] mit einem Plan ～《比》ある計画をたえず胸に温めている. **2**《*et.*[4] um *et.*[4]》(…を…のまわりに)巻きつける: ein Seil um einen Baum ～ 綱を木に巻きつける | einen Bindfaden um ein Paket ～ 包みにひもをかける ‖ *et.*[4] um *sich*[4] ～ …(衣類)を身にまとう〈巻きつける〉. **3** 再帰 *sich*[4] um *et.*[4] ～ …のまわりを回る; …のまわりを囲む | Um das Haus *zieht* sich eine Hecke *herum.* その家のまわりには生け垣が巡らされている. **4**《方》(hinhalten)《*jn.*》(気をもたせて・うまいことを言って…を)釣っておく.

her·un·ten[hɛrʊ́ntən] 副《南部・ｵｰｽﾄﾘｱ》ここの下に, 下のここに: Ich bin im Keller, und er ist auch ～. 私は地下室にいて 彼もまたここにいる. [＜hier＋unten]

her·un·ter[hɛrʊ́ntər] 副 (herab) **1** (向こうの上からこちらの)下へ, こちらへ下って: *Herunter* mit dir! おまえ降りて来いよ | Vom Dach ～ tropft es. 屋根からしずくが落ちてくる | Er verspricht mir das Blaue vom Himmel ～.(→Blaue 2). **2**《述語的に sein と》《話》下りてしまっている; 取り除かれている; 衰弱している: in der Frühe, als die Jalousie noch ～ sind 早朝まだブラインドが下りている時刻に(→heruntersein).

herunter..《分離動詞の前つづり. つねにアクセントをもつ》**1**《「(向こうの上からこちらの)下へ」を意味する》: *herunter*drücken 押し下げる | *herunter*hängen 垂れ下がっている | *herunter*helfen おりるのを手伝う. **2**《「低下・衰退」を意味する》: *herunter*handeln 値切る | *herunter*kommen 衰微する | *herunter*wirtschaften 放漫経営によってだめにする. **3**《「機械的に」を意味する》: *herunter*hauen 一気に書きなぐる | *herunter*leiern 単調に唱える | *herunter*rasseln (せりふなどを)棒読みにぺらぺら唱える.

her·un·ter≠|be·kom·men*[hɛrʊ́ntər..]《80》＝herunterkriegen ≠|**blicken** ＝heruntersehen ≠|**bren·nen***《25》自 (s) **1** (ろうそくなどが)燃え尽きる; (建物などが)燃え〈焼け〉落ちる. **2** (太陽が)焼けつくように地上の物を照らす. ≠|**brin·gen***《26》他 (h) **1** こちらへ降ろす, 下へ持って〈連れて〉来る. **2** (価値・温度などを)下げる. **3**《*jn.*/*et.*[4]》(…の健康・地位などを)衰えさせる, おちぶれさせる: eine Firma ～ 会社を没落させる | Der Alkohol hat ihn völlig *heruntergebracht.* 酒が彼をすっかりだめにしてしまった. **4**《話》(飲食物を)飲み下す. **5**《*jn.* von *et.*[3]》(…に…を)やめさせる. ≠|**drücken** 他 (h) 押し下げる: eine Taste ～ キーを押す | das Fieber〈die Preise〉～ 熱〈物価〉を下げる.

≠|**fah·ren***《37》**I** 自 (s) (乗り物で・乗り物が)降りて来る; こちらへとやって来る. **II** 他 (h) (乗り物で・乗り物が)運びおろして来る. ≠|**fal·len***《38》自 (s) 落ちて来る: vom Baum ～ 木から落ちる | Er *fiel* die Treppe *herunter.* 彼は階段を転げ落ちた. ≠|**ge·hen***《53》自 (s) **1** (歩いて)降りて来る. **2**《話》(飛行機が)高度を下げる; (熱・価格などが)下がる; (品質などが)落ちる: auf〈in〉den ersten Gang ～ (自動車の)ギアをローに落とす | im Preis ～ (商品が)値下がりする; (商人が)値下げする | mit dem Preis ～ (商人が)値引きする. **3**《話》(色・しみなどが)落ちる, 取り除かれる; (金額が)差し引かれる.

her·un·ter·ge·kom·men[hɛrʊ́ntər..] **I** herunterkommen の過去分詞. **II** 形 衰微〈衰弱〉した; 落ちぶれた; 荒廃した: ein ～*es* Haus 荒れはてた家 | eine ～*e* Firma 経営不振に陥った会社 | ein ～*es* Subjekt 下等なやつ ‖ Er sieht sehr ～ aus. 彼はたいそう落ちぶれた様子をしている.

her·un·ter≠|gie·ßen*[hɛrʊ́ntər..]《56》他 (h) **1** こちらへ注ぎ落とす: Wasser vom Fenster auf *jn.* ～ 窓から…の頭上に水をぶっかける. **2** 非人称 Es *gießt* vom Himmel *herunter.* 雨が滝のように降る. ≠|**han·deln**《06》他 (h)《俗》値切る: 20 Mark vom Preis ～ 値を20マルク引かせる | *et.*[4] um 20 Mark ～ の値を20マルク負けさせる. ≠|**hän·gen***《66》自 (h)《von *et.*[3]》(…から)垂れ下がっている. ≠|**hau·en**(*)《67》他 (h) **1** 打ち〈切り〉落とす, 殴り倒す. **2** 打ち下ろす: *jm.* eine〈ein paar〉～《話》…の横っ面を一発〈数発〉張る. **3**《話》一気に書きなぐる; 急いでざっと仕上げる. ≠|**hel·fen***《71》自 (h)《話》《*jm.*〔von *et.*[3]〕》(…が〔…から〕)おりるのを手伝う. ≠|**ho·len** 他 (h) **1** (上から)連れて〈取って〉くる. **2** (果実を木から)摘み取る. **3** (鳥や飛行機を)撃ち落とす. **4** *sich*[3] einen ～《卑》(男性がオナニーをして)一発抜く.

her·un·ter|kan·zeln[hɛrʊ́ntər..]《06》他 (h)《話》《*jn.*》(頭ごなしに)しかりつける. [＜Kanzel]

her·un·ter|klap·pen[hɛrʊ́ntər..] **I** 他 (h) パタンとおろす; (襟などを)折り返す: den Deckel des Klaviers ～ ピアノのふたをパタンと閉める. **II** 自 (s) パタンとおりる〈おりて閉まる〉.

her·un·ter|kom·men*[hɛrʊ́ntər]《80》**I** 自 (s) **1** **a**) 降りて来る: die Treppe ～ 階段を降りて来る | den Fluß ～ 川を下って来る | vom Baum ～ 木から降りて来る. **b**) (ずんずんと)こちらへやって来る: Er *kam* die Straße *herunter.* 彼は道をこちらへやって来た. **2** 衰微する, 衰弱する; 落ちぶれる, 零落する; 墜落する: Der Betrieb *kam* immer weiter *herunter.* 企業はますます不振に陥った. **3**《話》(成績などが)上がる: in Mathematik von einer schlechten Note ～ (悪かった)数学の成績がこれまでよりもよくなる ‖ Er *kam* von seinem Anfangsgehalt lange nicht *herunter.* 彼は長いこと初任給のままに留め置かれていた.

II her·un·ter·ge·kom·men → 別出

her·un·ter≠|krie·gen[hɛrʊ́ntər..] 他 (h)《話》**1** 苦心して〈やっとのことで〉こちらへおろす; (熱・価格などを努力して)下げる. **2** (飲食物を)飲み下す. ≠|**küh·len** 他 (h)《*et.*[4]》(…の温度を)下げる, (…を)冷やす. ≠|**lan·gen**《話》**I** 他 (h) **1** ＝herunterreichen II **2** *jm.* eine〔Ohrfeige〕～ …の横っ面を張る. **II** 自 (h)＝herunterreichen I ≠|**las·sen***《88》他 (h) **1** 下へおろす;《*jn.*》降りて来させる: die Jalousie ～ ブラインドをおろす | die Hose ～ (はいている)ズボンを下へおろす ‖ 再帰 *sich*[4] an einem Seil ～ ザイルを伝わっておりる. **2** ＝herablassen 2 ≠|**lei·ern**《05》他 (h)《話》単調に〈機械的に・一本調子に〉唱える. ≠|**le·sen***《92》他 (h) 棒読みする. ≠|**ma·chen** 他 (h)《話》**1** 下へおろす; 下に曲げる: die Jalousie ～ ブラインドをおろす | den Schnee vom Dach ～ 屋根の雪をおろす | den Kragen ～ 襟を折り返す. **2**《話》《*jn.*》こきおろす, 酷評する; しかりつける. ≠|**neh·men***《104》他 (h) **1** (上から)〔取り〕おろす: den Koffer aus dem Gepäcknetz ～ トランクを網棚からおろす | einen Kochtopf vom Feuer ～ なべを火からおろす. **2**《*et.*[4] von *et.*[3]》(…を…から)取り去る, 取り除く. ≠|**put·zen**《02》他 (h)《話》《*jn.*》しかりつける. ≠|**ras·seln**《06》《話》**I** 他 (h) (せりふなどを)棒読みにぺらぺら唱える. **II** 自

H

(s) ガラガラ〈ガチャガチャ〉と音を立てて落ちる: die Treppe ～ 階段を転げ落ちる. ⸗|**rei·chen** **I** 自 (h)《bis zu *et.*^{3}》垂れ下がって(…まで)届く. **II** 他 (h)《*jm. et.*^{4}》(上から)こちらへ差し出す, 手渡す.

her·un·ter|rei·ßen*[hɛrʊ́ntər..]《115》他 (h) **1** 引きおろす, 引きはがす,(乱暴に)取りはずす; 下へ落とす; (家屋などを)取り壊す: das Bild von der Wand ～ 絵を壁から取りはずす | *sich*^{3} die Kleider ～ 衣服を乱暴に脱ぐ | *jm.* die Maske ～ …の仮面をはぐ | eine Vase vom Tisch ～ (そでに引っかけるなどして)花瓶をテーブルから落とす. **2**《話》《*jn.*》こきおろす, 酷評する. **3**《話》(ableisten)(勤め・ノルマなどを)いやいや果たす〈勤めあげる〉: *et.*^{4} auf einer 〈auf der linken〉 Backe ～ (→Backe 2). **4**《過去分詞で》《南部・ｵｰｽﾄﾘｱ》**wie heruntergerissen** そっくりの, 酷似した. **5**《方》(衣服を)ぼろぼろに着古す, すり切らす: Der Junge hat die Hosen schon wieder *heruntergerissen.* その男の子はズボンをもうまたぼろぼろにしてしまった. **6**《話》(音楽などを)速すぎるテンポで演奏する.

her·un·ter⸗|ren·nen$^{(*)}$[hɛrʊ́ntər..]《117》自 (s) (こちらへ)かけおりて来る. ⸗|**ru·fen***《121》**I** 他 (h)《*jn.*》下へ呼びおろす. **II** 自 (h)(上から)こちらに向かって叫ぶ. ⸗|**rut·schen**《04》自 (s) 滑り落ちる〈降りる〉: Ihr sind die Strümpfe *heruntergerutscht.* 彼女の靴下が落ちた〈ずり落ちている〉. ⸗|**schie·ßen***《135》**I** 自 (s) **1** (上から)こちらへ向けて射撃〈発射〉する. **2**《auf *et.*^{4}》(鳥などが…に向かって)急降下する. **3** (上から)勢いよく進んで来る; かけおりて〈滑りおりて〉来る. **II** 他 (h) **1** (弾丸・矢などを上から)こちらへ向けて射ってよこす. **2** 撃ち落とす: ein Flugzeug ～ 飛行機を撃墜する. ⸗|**schla·gen***《138》他 (h) **1** たたき落とす. **2** 下へ折〔り曲げ〕る. **3** = herunterklappen I ⸗|**schlucken** 他 (h)(飲食物などを)飲み下す. ⸗|**se·hen***《164》自 (h) **1**《von *et.*^{3}》(…から)こちらを見おろす. **2**《auf *jn.*》《比》(…を)見くだす, ばかにする. **3**《an *jm.*》(…を)上から下までじろじろ見る.

her·un·ter|sein*[hɛrʊ́ntər..]《165》自 (s)《話》**1** おりて〈低くなって〉しまっている: Die Sonne *war* jetzt ganz *herunter.* 太陽はもうすっかり沈んでしまっていた. **2** 取り除かれている: Die Sahne *ist* von der Milch schon *herunter.* 乳脂はもう牛乳の表面から取り除かれている. **3** 衰微〈衰弱〉している, 零落している, 落ちぶれている: gesundheitlich ～ 身体が衰弱している | mit den Nerven ～ 神経が疲れ切っている | Die Firma *ist* total *herunter.* この会社はすっかりだめになってしまった.

★ ふつう 2 語に書く.

her·un·ter⸗|set·zen[hɛrʊ́ntər..]《02》= herabsetzen ⸗|**sin·ken***《169》= herabsinken 1 ⸗|**spie·len** 他 (h) **1** (曲を)無感動に〈機械的に〉演奏する; (芝居を)気を入れずに演じる. **2** (↔hochspielen)(事柄・事件・事態などを)故意に軽く扱う, 軽視〈過小評価〉する. ⸗|**stei·gen***《184》= herabsteigen ⸗|**sto·ßen***《188》= herabstoßen

Her·un·ter·strich[hɛrʊ́ntər..] 男 (↔ Aufstrich)〘楽〙(弦楽器運弓法の)下げ弓(記号 ⊓).

her·un·ter⸗|stu·fen[hɛrʊ́ntər..] 他 (h)《*et.*^{4}》(…の)等級を下げる;《*jn.*》(…の)給料の号俸を下げる, 減俸処分に付する. ⸗|**tra·gen***《191》他 (h)(こちらへ)運びおろす. ⸗|**wer·fen***《209》他 (h) **1** (こちらへ)投げおろす, 投げ落とす. **2** (うっかりして)取り落とす. ⸗|**wirt·schaf·ten**《01》他 (h)(企業などを)放漫経営によってだめにする: Das Gut war in einem *heruntergewirtschafteten* Zustand. 家屋敷は荒れ果てていた. ⸗|**zie·hen***《219》**I** 他 (h) **1** 引き〔ずり〕おろす: die Rollos ～ ブラインドをおろす | die Mundwinkel ～ 口をへの字に曲げる. **2**《*jn.*》(…を低い次元の存在に)引きずりおろす: Sie hat ihn zu sich 〈auf ihr Niveau〉 *heruntergezogen.* 彼女は彼を自分のレベルにまでひきずりおろした. **3** 再帰 *sich*^{4} bis zu *et.*^{3} 〈an *et.*^{4}〉 ～ (道などが)下の…まで通じている. **II** 自 (s) 下へおりて来る; 下へ移転する.

her·vor[hɛrfóːr] 副 (中・陰から)外へ, 手前へ: *Hervor* aus dem Loch! 穴から出て来い | hinter dem Baum ～ 木の背後からこちらへ | unter dem Sofa ～ ソファーの下から前へ ‖ *Hervor* mit euch! 君たち〔前に〕出て来い | Nur ～ mit dem Zeugnis! さあ成績表を出して見せろ.

hervor..《分離動詞の前つづり. つねにアクセントをもつ》**1**《「外へ・手前へ」を意味する》: *hervor*ragen 突き出る | *hervor*rufen 呼び出す | *hervor*springen とび出す. **2**《比喩的に「出て」を意味する》: *hervor*bringen 産出する | *hervor*gehen 由来する | *hervor*zaubern 魔法で呼び出す.

her·vor|blicken[hɛrfóːr..] 自 (h) **1** (中から外を)のぞき見る: hinter dem Vorhang 〈unter dem Tisch〉 ～ カーテンの陰〈テーブルの下〉からのぞく. **2** (はみ出した部分が)のぞく, ちらりと見える: Unter seinem Hut *blickt* graues Haar *hervor.* 彼の帽子の下から白髪がのぞいている.

her·vor|bre·chen*[hɛrfóːr..]《24》自 (s) **1** 急にとび出して来る, 突然現れる; (液体が)ほとばしり出る; (感情などが)急に起こる: Der Feind *brach* aus dem Hinterhalt *hervor.* 敵が物陰から突如として現れ出た | Die Tränen *brachen* aus ihren Augen *hervor.* 涙が彼女の目からどっとわき出た | Der Schmerz *bricht hervor.* 痛みがにわかに起こる ‖ Nach langem Schweigen *brach* es aus ihm *hervor.* 長い沈黙ののち彼は堰(せき)を切ったようにしゃべり始めた. **2** おおいを破って現れる: Die ersten Schneeglöckchen *brechen hervor.* 今年はじめてのスノードロップが地中から顔を出す.

her·vor|brin·gen*[hɛrfóːr..]《26》他 (h) **1** 生み出す, 産出する; (印象などを)ひき起こす: gute Früchte ～ 良い実を結ぶ | bedeutende Werke ～ すぐれた作品を生み出す | Die Stadt hat große Musiker *hervorgebracht.* この町からは偉大な音楽家たちが輩出した. **2** (音や音声を)発する,(言葉を)やっと口に出す: Töne ～ 音を出す | vor Angst kein Wort ～ können 恐怖のあまり一言も発することができない. **3** (貯蔵場所・隠し場所などから)取り出す, 持ち出てくる: ein Messer aus *seiner* Hosentasche ～ ズボンのポケットからナイフを取り出す | die Leiter hinter dem Hause ～ 建物のうしろからはしごを持ち出してくる.

Her·vor·brin·gung 女 -/ **1**《単数で》hervorbringen すること. **2** (hervorbringen されたもの. 例えば:)(芸術家の)作品.

her·vor⸗|drän·gen[hɛrfóːr..] 他 (h) **1** (中から外へ)押し出す. **2** 再帰 *sich*^{4} ～ 押し分けて出る. ⸗|**drin·gen***《33》自 (s) 押し出てくる, 出現する, ほとばしり出る.

her·vor|ge·hen*[hɛrfóːr..]《53》自 (s)《aus *et.*^{3}》**1** (…から)発する,(…に)由来する, 源は(…に)ある,(…の)出である: Aus der ersten Ehe *gingen* drei Kinder *hervor.* 最初の結婚で 3 人の子供が生まれた | Dieser Künstler ist aus dem Proletariat 〈aus einem kleinen Dorf〉 *hervorgegangen.* この芸術家は無産階級〈小さな村〉の出である. **2** (…の)結果として出て来る〈生じる〉: aus einem Kampf als Sieger 〈siegreich〉 ～ 戦いの結果勝利者となる. **3** (…から)読みとれる, 推定される, 判明する, わかる: Aus dem Brief *geht hervor,* daß ... 手紙を読むと…ということがわかる | Aus der Anwesenheit nur weniger Minister *ging* das geringste Interesse *hervor.* 少数の大臣しか出席していないことから 関心がきわめて薄いことが読みとれた.

her·vor|gucken[hɛrfóːr..] =hervorblicken

her·vor|he·ben*[hɛrfóːr..]《68》他 (h) 際立たせる, 強調する: *js.* Verdienste besonders ～ …の功績を特に強調する | Ich möchte ～, daß ... 私は…ということを特に強調したいと思う ‖ 再帰 *sich*^{4} ～ 際立つ.

Her·vor·he·bung 女 -/〔sich〕hervorheben すること.

her·vor⸗|ho·len[hɛrfóːr..] 他 (h)《*et.*^{4}》(…から)取り出して来る, 持ち出して来る;《*jn.*》連れ出す. ⸗|**keh·ren** 他 (h) **1 a)** (毛を)さか立てる: *seine* Borsten ～ (→Borste). **b)**《比》強調する, 見せびらかす, 誇示する: *seine* Überlegenheit ～ 自己の優位を誇示する | den Vorgesetzten ～ 上役風を吹かす. **2** (ごみなどを)掃き出す. ⸗|**kom·men***《80》自 (s)(…から)出てくる, 姿を現す, 現れる: Die Sonne *kam* zwischen den Wolken *hervor.* 太陽が雲間から姿を見せた. ⸗|**krie·chen***《83》自 (s)(…から)はい出てくる. ⸗|**leuch·ten**《01》自 (h)(…から)輝き出る;《比》際立つ: Die Freude *leuchtet* ihm aus den Augen *hervor.* うれしさが彼の目の輝きに現れている. ≠|**locken** 他 (h) おびき出す, 誘い出す: ein Geständnis aus *jm.* ～ (誘導尋問などによって)…の自白を誘い出す | Damit kann man keinen Hund hinter dem Ofen ～. (→Hund 1 a). ≠|**quel·len*** 《111》 自 (s) **1** (…から)わき出て来る, あふれ出る: Aus seinen Augen 〈Unter seinen Lidern〉 *quollen* Tränen *hervor.* 彼の目から〈彼のまぶたから〉涙があふれ出た. **2** (hervortreten) 突出する; (腹などが)突き出る, (目などが)飛び出る: Die Augen *quollen* ihm vor Erstaunen *hervor.* 彼はびっくりして目をむいた.

her·vor|ra·gen[hɛrfóːr..] **I** 自 (h) **1** (…から)そびえ出る, 突き出る: Ein Fels *ragt* aus dem Wasser *hervor.* 岩が一つ水面から突き出ている. **2** 目だつ, 秀でる, 傑出する: Er *ragt* unter allen durch Fleiß *hervor.* 彼はとりわけ勤勉さによって際立つ存在である. **II her·vor·ra·gend** 現分 形 ぬきんでた, 傑出した; 卓越した, 抜群の; すぐれた, すばらしい: ein ～*er* Arzt 名医 | eine ～*e* Leistung 際立った業績 ‖ Der Wein ist ～. このワインはすばらしい ‖ Er hat ～ gut gespielt. 彼の演奏〈演技〉は飛び抜けてよかった.

her·vor|rücken[hɛrfóːr..] **I** 他 (h) (中から外へ)押し出す. **II** 自 (s) (列などから)進み出る: mit einem Vorschlag ～ 進み出て提案をする.

Her·vor·ruf[hɛrfóːr..] 男 《劇》 アンコール, カーテンコール.

her·vor≠|ru·fen*[hɛrfóːr..] 《121》 他 (h) **1** 《*jn.*》 呼び出す, (演奏者・俳優などに)アンコール〈カーテンコール〉をする. **2** (ある結果を)呼び起こす, 惹起(じゃっき)する, 招来する, 生じさせる: Empörung ～ 憤激を招く | Fieber ～ 発熱を引き起こす | lautes Gelächter ～ 哄笑(こうしょう)をさそう | Diese Worte *riefen* heftigen Widerspruch *hervor.* この言葉が激しい反論を招いた | Diese Krankheit wird durch ein 〈einen〉 Virus *hervorgerufen.* この病気はウイルスによってひき起こされる. ≠|**schau·en** =hervorblicken ≠|**schei·nen*** 《130》 = hervorleuchten ≠|**schie·ßen*** 《135》 自 **1** (s) (…から)勢いよく飛び出てくる; 突然出現する: Die Häuser *schossen* wie die Pilze *hervor.* 家が雨後の竹の子のように次々と建った. **2** (h) (中から外へ弾丸・矢などを)撃つ, 射る, 発射する: auf *jn.* hinter der Mauer ～ 囲壁の陰から…に向かって発砲する. ≠|**schim·mern** 《05》 自 (h) (…から)微光を発して〈ほのかに〉輝き出る: Zwischen den Büschen *schimmerte* der See *hervor.* 茂みの間に湖が光って見えた. ≠|**se·hen*** 《164》 = hervorblicken ≠|**sprie·ßen*** 《178》 自 (s) (植物の芽・葉などが)生え〈のび〉出る. ≠|**sprin·gen*** 《179》 自 (s) **1** (…から)はね出てくる, 飛び出す: hinter der Tür ～ ドアの陰から飛び出してくる. **2** 突き出る, 出っ張る: ein *hervorspringender* Unterkiefer しゃくれた下あご. ≠|**spru·deln** 《06》 自 (h) (…から)わき出てくる; (言葉が)次々と口をついて出る: Seine Worte *sprudelten* nur so *hervor.*/*Er sprudelte* nur so *hervor.* 彼はやたらとしゃべりまくった. ≠|**ste·chen*** 《180》 自 (h) **1** 突き出ている, 突出する. **2** 《比》 目だつ, 際立つ: durch *et.*^{4} ～ …のために目だつ ‖ eine *hervorstechende* Eigenschaft 顕著な特徴. ≠|**ste·hen*** 《182》 自 (h) 突き出ている, 出っ張る; 浮き出る: *hervorstehende* Backenknochen 突き出たほお骨. ≠|**sto·ßen*** 《188》 **I** 他 (h) =herausstoßen **II** 自 (s) =hervortreten 2 ≠|**stür·zen** 《02》 自 (s) (…から)走り出てくる; 噴出する. ≠|**su·chen** 他 (h) 《*et.*^{4} unter *et.*^{3}》 (…を…の中から)さがし出す.

her·vor|tre·ten*[hɛrfóːr..] 《194》 自 (s) **1** (…から)歩み出てくる, 進み出る, 出現する: aus der Reihe ～ 列の中から進み出る | Die Sonne *trat* aus den Wolken *hervor.* 太陽が雲間から姿を現した | Plötzlich *trat* ein Mann hinter der Telefonzelle *hervor.* 突然一人の男が電話ボックスの背後から姿を現した. **2** (不自然に)飛び出る, 突き出る, 出っ張る: Die Adern *treten* an den Schläfen dick *hervor.* 青筋がこめかみの辺りに太く浮いて見える ‖ *hervortretende* Augen 飛び出した目. **3** 《比》 目だつ, 際立つ. **4** (世間に)登場する, 有名になる: mit einem Roman ～ 小説を書いて有名になる.

her·vor≠|tun*[hɛrfóːr..] 《198》 他 (h) **1** 再帰 *sich*^{4} ～ 頭角を現す, ぬきんでる: *sich*^{4} als Lehrer ～ 教師として優れた能力を示す | *sich*^{4} in der Mathematik vor den anderen ～ 数学で抜群の才能を示す. **2** 再帰 *sich*^{4} ～ 能力をひけらかす, 才能を見せつける: Er *tut* sich sehr mit seinem Wissen *hervor.* 彼はひどく自分の知識をひけらかす. **3** (中から)取り出す. ≠|**wa·gen** 他 (h) 再帰 *sich*^{4} ～ 思い切って出てくる: *sich*^{4} mit *et.*^{3} ～ …(主張など)を思い切って持ち出す. ≠|**zau·bern** 《05》 他 (h) 魔法で呼び出す〈取り出す・作り出す〉. ≠|**zer·ren** 他 (h) (…から)ひきずり出す. ≠|**zie·hen*** 《219》 他 (h) (…から)引き〈ひっぱり〉出す.

her|wa·gen[héːrvaːgən][1] 他 (h) 再帰 *sich*^{4} ～ あえて〈思い切って〉こちらへ来る.

Her·ward[hérvart] 男名 ヘルヴァルト. [＜*ahd.* heri „Heer"+wart „Schützer"; ◇Harald]

her·wärts[héːrvɛrts] 副 (↔hinwärts) こちらへ, こちらへ来る途中で; (往路に対して)帰路に〔は〕: *Herwärts* mußte ich im Zug stehen. こちらに来る途中の列車では座れなかった.

Her·weg[héːrveːk][1] 男 -〔e〕s/-e (↔Hinweg) こちらへ来る道; 帰り道, (旅行などの)帰路: auf dem ～ 帰路に〔は〕.

Her·wig[hérvɪç] 男名 ヘルヴィヒ. [＜*ahd.* heri „Heer" +wīg „Kampf"]

Her·wi·ga[hɛrvíːgaˑ] 女名 (＜Herwig) ヘルヴィーガ.

Her·win[hérviːn] 男名 ヘルヴィーン. [＜*ahd.* wini „Freund"; ◇Erwin]

her|win·ken[héːrvɪŋkən] **I** 他 (h) 《*jn.*》 合図して呼び寄せる. **II** 自 (h) こちらへ合図を送る〈手を振って見せる〉.

Herz[hɛrts] 中 2格 -ens, 3格 -en, 4格 -, 複数 -en (《医》 2格 -es, 3格 -, 4格 -, 複数 -e) (小 **Herz·chen** → 別出, **Herz·lein**[hértslaɪn] 中 -s/-)

1 a) (英: *heart*) 《解》 心臓; (心臓のありかとしての)胸: ein gesundes 〈krankes〉 ～ 健康な〈病気の〉心臓 | 〔das Heiligste〕 ～ Jesu 《カトリック》 み心(槍(やり)で貫かれたイエスの心臓. キリストの愛の象徴).

‖《1格で》 Das ～ schlägt 〔regelmäßig〕. 心臓が〔規則正しく〕鼓動する | Das ～ klopft 〈pocht〉. 心臓がどきどきする | Das ～ hämmert. 心臓が早鐘を打つように鼓動する | Vor Angst schlug ihm das ～ bis zum Hals 〔hinauf〕. 彼は不安で息がつまりそうだった | Vor Schreck stand mir das ～ still 〈stockte mir das ～〉. ぎょっとして私の心臓は止まりそうだった | Das ～ wollte ihr zerspringen vor Freude 〈vor Verzweiflung〉. 彼女はうれしくて心臓が破裂しそうだった〈絶望のあまり胸が張り裂けそうだった〉 ‖ ***jm.* blutet das ～** 《雅》 …は胸が痛む(気の毒な思いで) | ***jm.* dreht sich das ～ im Leibe** 〔**her**〕**um** …は胸の張り裂ける〈はらわたが煮えくり返る〉思いがする | Mir hüpft das ～ vor Freude. 私はうれしくて胸が躍る | ***jm.* lacht das ～ im Leibe** …はうれしくて胸がわくわくする | ***jm.* fällt** 〈**rutscht**〉 **das ～ in die Hose**〔**n**〕 《話》 …はすっかりおじけづく | Alle ～*en* schlagen ihm entgegen. 彼はみんなの人気の的だ(→2).

‖《4格で》 ***jm.* das ～ abdrücken** 《雅》 …の心に重くのしかかる | Die Angst drückte ihm fast das ～ ab. 不安のあまり彼は心臓がつぶれる思いだった | ***jm.* das ～ brechen** 《雅》 …をひどく悲しませる | Er hat schon viele ～*en* gebrochen. 《話》 彼はすでに多くの女たちを泣かせてきた | **das ～ auf dem rechten Fleck haben** 〈**tragen**〉 《比》 健全な考えをもっている; 公正無私な人間である | **das ～ auf der Zunge haben** 〈**tragen**〉 《雅》 腹蔵のない〈あけすけな〉人間である | *sein* Herz in der Hand halten 自制する, 気をしっかり持つ | **das ～ in die Hand** 〈**in beide Hände**〉 **nehmen** (気の進まないことに対して)勇気を奮い起こす | *sich*^{3} das ～ aus dem Leibe reden 口をすっぱくして説く | ***js.* ～ höher schlagen lassen** …の気持をわくわくさせる | ***jm.* das ～ zerreißen** 〈zerschneiden〉 《雅》 …に胸のはり裂ける思いをさせる.

‖《前置詞と》 Er hat es **am** ～*en*. 彼は心臓が悪い | *jn.* ans 〈an *sein*〉 ～ drücken 《雅》 …を胸に抱きしめる ‖ ***jn.* auf ～ und Nieren prüfen** 《話》 …を徹底的にためす, …の本心を見極める(聖書: 詩7, 9から) | die Hand aufs ～ legen (誓いのために)胸に手をあてる | Hand aufs ～! 正直に言いなさい; 率直に話し合おう | *jn.* **ins ～** treffen …の心臓を射抜く(→2) | Er hat es **mit** dem ～*en* 〔zu tun〕. 彼は心臓が悪い | ***jn.* unter dem ～*en* tragen** 《雅》 …を懐妊

〈妊娠〉している.
b)〘料理〙(子牛・羊などの)心臓: gedünstetes ~ in Burgundersoße (子牛の)心臓のブルゴーニュふう蒸し煮.
2 心, 心情, 気持; 元気, 勇気: ein goldenes ~ 立派な〈誠実な〉心, 真心 | ein gutes ~ 善良な〈親切な〉心 | ein hartes 〈weiches〉 ~ 非情な〈やさしい〉心 | ein kaltes 〈warmes〉 ~ 冷たい〈温かい〉心 | ein steinernes ~/ein ~ von Stein 石のように冷酷な心 | ein weites 〈enges〉 ~ 寛容な〈せまい〉心 ‖ ~ und Hirn 感情と理性.
‖〘1格で〙**ein ~ und eine Seele**〔**mit** *jm.*〕**sein**〔…と〕一心同体である,〔…と〕ぴったり気が合う | Mir ist das ~ schwer. 私は心が重い | Mir tut das ~ weh. 私は心が痛む | ***js.* ~ gehört *et.*[3]**《雅》…は…に専念〈熱中〉している | Sein ~ gehört der Musik. 彼は音楽に打ち込んでいる | Sein ~ erschrak bei dem Gedanken. そう考えて彼は愕然(がくぜん)とした | Da ging mir das ~ auf. それで私はほっとした | Mein ~ treibt mich, eine Reise anzutreten. 私は旅に出たい気持に駆られている | ***jm.* fliegen alle *~en* zu**《雅》…はみなに愛されている〈みんなの人気の的である〉| **Wes das ~ voll ist, des geht der Mund über. / Wem das ~ voll ist, dem geht der Mund über.** 心にあふれていることは言葉となって口に出る(聖書: マタ12, 34) | **alles, was das ~ begehrt** 欲しいものはすべて.
‖〘2格で〙im Grunde *seines ~ens* 心の底で〔は〕‖ klopfenden *~ens*《雅》胸をどきどきさせながら | **leichten *~ens***《雅》心も軽く | **schweren *~ens***《雅》重苦しい〈ゆううつな〉気持で, いやいやながら | Selig sind, die reines *~ens* sind. 心の清い人たちは幸いである(聖書: マタ5, 8).
‖〘3格で〙*seinem ~en* folgen 自分の気持に従う, 心のままに行動する | *seinem ~en* einen Stoß geben (→Stoß 1 a) | *seinem ~en* Luft machen (→Luft 7 a).
‖〘4格で〙***jm. sein* ~ ausschütten** …に胸中を打ち明ける | *jm.* das ~ bedrücken 〈beschweren〉 …の心に重くのしかかる | ***sein* ~ für *et.*[4] entdecken** (突然)…に対する興味がわく | *sein* ~ erleichtern (告白などをして)自分の気持を軽くする | ***js.* ~ im Sturm erobern** …の心を一挙につかむ | ***sich*[3] ein ~ fassen** (気の進まないこと・躊躇をおぼえることに対して)勇気を奮い起こす | *js.* ~ gewinnen …の愛をかちとる | das ~ eines Löwen haben 非常に勇気がある | kein ~ haben 思いやりがない, 冷酷〈非情〉である | Er hat ~. 彼は思いやりがある | **nicht das ~ haben**《zu 不定詞〔句〕と》…をする勇気がない | Er hat nicht das ~ dazu 〈, es dir zu sagen〉. 彼はそうする〈君にそれを言う〉勇気がない | ***sein* ~ an *jn.* 〈*et.*[4]〉 hängen**《雅》…に執心する, …にほれこむ | *jm. sein* ~ öffnen …に胸中を打ち明ける | *js.* ~ rühren 〈bewegen/ergreifen〉 …を感動させる | ***jm. sein* ~ schenken**《雅》…に愛情をささげる | ***jm.* das ~ schwermachen**《雅》…の心を重苦しくする〈悩ませる〉| *sein* ~ sprechen lassen 思っていることをそのまま口に出す | ***jm.* das ~ stehlen**《雅》…のハートを奪う, …の心をとりこにする | ***sein* ~ an *jn.* verlieren** …にほれ込む | *jm.* das ~ zerreißen (→1 a).
‖〘前置詞と〙**am *~en* fressen** 〈nagen〉 心をさいなむ | ***jm.* am *~en* liegen** …にとって気がかり〈切実な問題〉である | arm am Beutel, krank am *~en* (→Beutel[2] 1 b) | ***jm.* ans ~ gewachsen sein** …にとって大事な存在になっている | ***jm.* ans ~ greifen** …を感動させる; …の心を苦しめる | ***jm. et.*[4] ans ~ legen** …に…を配慮する〈気にかけてくれる〉よう依頼する | *jm.* ans ~ rühren …の心を揺さぶる ‖ ***et.*[4] auf dem *~en* haben** …が気にかかっている | Was hast du auf dem *~en*? 君は何を悩んでいるのか, 君の言いたいことは何か | *jm.* schwer aufs ~ fallen …の心に重くのしかかる ‖ **aus tiefstem *~en***《雅》心の底から | ***jm.* aus dem *~en* gesprochen sein** …の気持をそっくり代弁するものである | ***sich*[3] *et.*[4]** aus dem *~en* reißen (いやな思い出などを)払いのける | aus *seinem ~en* keine Mördergrube machen (→Mördergrube) ‖ Er gab sich kühl **bis** ans ~ hinan. 彼は冷ややか〈冷静そのもの〉に振舞った (Goethe の詩《Der Fischer》から) | bis ins ~ erschrecken 愕然(がくぜん)とする ‖ ***jm.* im *~en* liegen** …にとって大切な〈かけがえのない〉存在である | *jn.* im *~en* tragen …を心に思いつづける | ***jn.* ins 〈in *sein*〉 ~ schließen** …を心から愛する | ***jm.* ins ~ schneiden** …の心を傷つける〈さいなむ〉| Man kann einem Menschen nicht ins ~ sehen. 人の心の中をのぞくことはできない | ***sich*[4] in die *~en*** 〔**der Menschen**〕 **stehlen** 多くの人々の心をとらえる | ***jn.* ins ~ treffen** …の心を傷つける(→1 a) | *jm.* einen Stich ins ~ geben …の心をえぐる〈ちくりと刺す〉‖ **mit ~ und Hand** 心身を打ち込んで (Hoffmann von Fallersleben の詩《Mein Vaterland》から) | **mit halbem *~en***《雅》中途半端な気持で, 身を入れずに | mit schwerem 〈traurigem〉 *~en* 重い〈悲しい〉気持で | ein Mensch mit 〔viel〕 *~en* 情のある人 ‖ **nach *seinem ~en* handeln** 心のままに行動する | Das ist gerade nach meinem *~en*. それはまさに私の気持にぴったりだ ‖ ***et.*[4] nicht übers ~ bringen** (つらくて・気の毒で)…するに忍びない | Sie brachte es nicht übers ~, ihn zu belügen. 彼女は彼にうそをつくことがどうしてもできなかった ‖ reden, wie 〔es〕 einem **ums** ~ ist 思ったとおり正直に話す | Weißt du, wie mir ums ~ ist? 私がどんな気持か分かるかね | Mir wurde leicht 〈weh〉 ums ~. 私はほっとした〈心が痛んだ〉‖ **von** 〔**ganzem**〕 ***~en*** 心の底から | Das tue ich von *~en* gern. 私は心から喜んでそれをする | Mir ist ein Stein vom *~en* gefallen. 私は胸のつかえがおりたような気持だ | Das kommt von *~en*. それは真情から発したものだ | 〔Die linke Hand〕 kommt von *~en*! 左手で失礼します(握手の際に右手が使えないときの表現) | ***sich*[3] *et.*[4] vom *~en* reden** (気持を軽くするために悩みなどを)洗いざらいしゃべってしまう ‖ *jm.* 〔sehr〕 **zu *~en*** gehen …の真情に訴える | ***sich*[3] *et.*[4] zu *~en* nehmen** …を真剣に受けとめる | Was nicht von *~en* kommt, geht nicht zu *~en*.《諺》真情から出たのではない言葉は相手の心に通じない.
3 a) 心臓部, 中心〔部〕, 核心: das Grüne ~ Deutschlands ドイツの緑心 (Thüringen の愛称) | das ~ der Erde 地球の中心, 地核;《比》地の底 | im *~en* der Stadt 町の中心部に. **b**) (Herzblatt) (キャベツ・サラダ菜などの)心葉. **c**) (ケーブルなどの)心材(→ 図 Seil).
4 いとしい人〈子〉: Mein liebes ~! ねえ あなた〈おまえ〉(恋人・夫・妻などに対する呼びかけ).
5 心臓の形をしたもの: ein ~ aus Schokolade ハート形のチョコレート | ein kleines ~ aus Gold ハート形の小さい金のペンダント | **Tränendes 〈Flammendes〉 ~**〘植〙ケマンソウ(華鬘草).
6 (Cœur)〘トランプ〙 **a**)《無冠詞》ハート: *Herz* ist Trumpf. ハートが切り札だ. **b**)《複数: Herz》ハートの札; ハートが切り札のゲーム: Ich habe zwei ~ auf der Hand. 私は手元にハートの札を2枚もっている.
7 《スイス》〔チェリー〕ブランデー.
[*germ.*; ◇Kardia; *engl.* heart]

her|zäh·len[hé:rtsɛ:lən] 他 (h) 一つ一つ数える, 数え立てる: Seine Freunde kann man an einer Hand 〈den fünf Fingern〉 ~. 彼の友人は片手〈5本の指〉で数えられるくらいのわずかな数だ.

Herz≈ak·tion[hɛ́rts..] 女〘医〙心機能. **≈ak·tions·strom** 男 -〔e〕s/..ströme《ふつう複数で》〘医〙心臓活動電流.

herz·al·ler·liebst 形 最愛の: mein *Herzallerliebster* いとしいあなた.

Herz≈an·fall 男〘医〙心臓発作. **≈angst** 女 -/《話》(Angina pectoris) 狭心症. **≈as**〔**s**〕(≈**-As**〔**s**〕)[また: ∪∠] 中〘トランプ〙ハートのエース. **≈asth·ma** 中〘医〙心臓喘息(ぜんそく). **≈at·tacke** 女 =Herzanfall

her|zau·bern[hé:rtsaʊbərn]《05》=hervorzaubern

Herz≈au·to·ma·tis·mus[hɛ́rts..] 男〘医〙心臓自動性. **≈bad** 中 心臓泉(心臓病に特効のある鉱泉・温泉など).

herz·be·klem·mend 形 胸をしめつける〔ような〕.

Herz≈be·klem·mung 女 心臓への圧迫感;《比》不安;〘医〙胸内〈心窩(しんか)部〉苦悶(くもん). **≈be·schwer·den** 複 心臓障害. **≈beu·tel** 男 (Perikard)〘解〙心膜(→ 図 Mensch D).

Herz·beu·tel·ent·zün·dung 女〘医〙心膜炎.

herz·be·we·gend 形 心をゆさぶる〔ような〕, 感動的な.

Herz·bin·kerl[..bɪŋkərl] 中 -s/-n《南部・ｵｰｽﾄﾘｱ》《話》=Herzblatt 1 b [<Binkel]

Herz≠blatt 中 1 (小 ≠blätt·chen 中 -s/-) a)〘植〙心葉. b) 最愛の〈いとしい〉人; お気に入りの子供. 2〘植〙ウメバチソウ属. 3〘ﾄﾗﾝﾌﾟ〙ハートの札. **≠block** 男 -〔e〕s/..blöcke (-s)〘医〙心〔臓〕ブロック, 心遮断. **≠blu·me** 女〘植〙ケマンソウ. **≠blut** 中 心臓の血:〖ふつう次の成句で〗***sein* ~ für *jn.* 〈*et.*⁴〉 hingeben**《雅》…に一身をささげる | ***et.*⁴ mit *seinem* ~ schreiben**《雅》…をまごころをこめて〈全身全霊を傾けて〉書く. **≠bräu·ne** 女《話》(Angina pectoris) 狭心症.

herz·bre·chend 形《雅》胸の張り裂けるような, 悲痛な.

Herz≠bru·der =Herzensbruder **≠bu·be** 男〘ﾄﾗﾝﾌﾟ〙ハートのジャック.

Herz·chen[hɛ́rtsçən] 中 -s/ (Herz の縮小形. 特に:) 1 ハート形チョコレート. 2 a) いとしい子〈人〉; お気に入り. b)(世間知らずの)お人よし.

Herz≠chir·urg 男 心臓外科医. **≠chir·ur·gie** 女 -/ 心臓外科〔学〕. **≠da·me** 女〘ﾄﾗﾝﾌﾟ〙ハートのクイーン. **≠dämp·fung** 女〘医〙心濁音界. **≠di·la·tion** 女 =Herzerweiterung **≠drücken** 中《話》《もっぱら次の成句で》**nicht an ~ sterben** 思っていることはなんでも口に出す, ずばずばものを言う.

Her·ze[hɛ́rtsə] 1 中 2 格 -ns, 3 格 -n, 4 格 -, 複数 -n《雅》=Herz 2 医学用語としての Herz の複数.

die **Her·ze·go·wi·na**[hɛrtsegó:vina·, ..goví:na·] 地名 女 -/ ヘルツェゴヴィナ(ユーゴスラヴィア中部の山岳地方. Bosnien とともに連邦内の一共和国を形成する). [*serbokroat.* „Herzogsland"]

her|zei·gen[hé:rtsaɪgən][1]《話》 I 他 (h) (vorzeigen) 出して見せる, 呈示〈提示〉する. II 自 (h) こっちを〔指〕さす.

Her·ze·leid[hɛ́rtsə..] 中 -〔e〕s/《雅》心痛, 傷心.

her·zen[hɛ́rtsən]《02》他 (h) 1《*jn.*》抱きしめ〔て愛撫す〕る, 抱擁する. 2《方》《*jn.*》(…に)勇気〈信頼〉を起こさせる.

Herz·en·ge 女 -/《話》(Angina pectoris) 狭心症.

Her·zen·kün·di·ge =Herzenskündige

Her·zens≠an·ge·le·gen·heit 女 心にかかる切実な問題; 心情にかかわる問題. **≠angst** 女《雅》心の底からの心配〈不安〉. **≠be·dürf·nis** 中《雅》心からの欲求: ***jm.* 〔ein〕 ~ sein** …にとって切実な欲求である. **≠bil·dung** 女 -/《雅》(他人との交際に必要な)心の修養,(他人への)思いやり, 心づかい, 心〈気〉くばり. **≠bre·cher** 男《話》女泣かせの男, 女たらし. **≠bru·der** 男 1 なかよしの兄〈弟〉. 2 親友. **≠dieb** 男 =Herzensbrecher **≠ein·falt** 女 心の素朴さ, 純朴, 純真. **≠er·gie·ßung** 女 (≠er·guß 男)《雅》真情の吐露〈流露〉. **≠freu·de** 女 心の底からの喜び. **≠freund** 男 (女 ≠freun·din)《雅》親友. **≠grund** 男 心の〔奥〕底: aus ~ 心の底から.

her·zens·gut[また: ◡◡⌣] 形 (人について)心から善良〈親切〉な.

Her·zens≠gü·te 女 心からの善意〈親切〉: in *seiner* ~ 心からの善意で. **≠kind** 中 いとしい子〈人〉.

Her·zens·kün·di·ge[..kʏndɪgə] 男《形容詞変化》《雅》〔人の心を知りたもう〕神. [<kundig]

Her·zens≠lust 女《もっぱら次の成句で》**nach ~** 心ゆくまで, 存分に. **≠not** 女 心の苦悩: in *seiner* ~ せっぱつまって. **≠sa·che** 女 =Herzensangelegenheit **≠wär·me** 女 -/ 心の温かさ. ᵛ**≠wei·de** 女 心を楽しませてくれるもの. **≠wunsch** 男 心からの願い, 切望.

Herz·ent·zün·dung[hɛ́rts..] 女 (Karditis)〘医〙心〔臓〕炎.

herz≠er·freu·end (≠er·freu·lich) 形 心から喜ばしい. **≠er·fri·schend** 形 心をすがすがしくさせる, 心楽しい. **≠er·grei·fend** 形 深く心を打つ, 感動的な. **≠er·he·bend** 形 心を高めてくれる, 教化的な. **≠er·leich·ternd** 形 心を軽くする, ほっとさせるような.

Herz·er·obe·rer 男 =Herzensbrecher

herz≠er·quickend =herzerfrischend **≠er·schüt·ternd** =herzergreifend

Herz≠er·wei·te·rung 女 -/ (Kardiektase)〘医〙心〔臓〕拡張. **≠feh·ler** 男 1 心臓の欠陥. 2 =Herzklappenfehler **≠fell** 中 =Herzbeutel **≠fin·ger** 男《雅》くすり指. **≠flim·mern** 中 -s/ (早くて不規則な)心臓の動悸(どうき);〘医〙心〔臓〕細動. **≠form** 女 心臓の形, ハート形: ein Blatt in ~ ハート形の葉.

herz·för·mig 形 心臓の形をした, ハート形の.

Herz≠fre·quenz 女〘医〙(毎分当たりの)脈拍数. **≠funk·tion** 女〘医〙心機能. **≠ge·gend** 女 心臓のあたり: Schmerzen in der ~ 心臓部の痛み. **≠ge·räusch** 中 -〔e〕s/-e《しばしば複数で》〘医〙心雑音: funktionelles 〈organisches〉 ~ 機能性〈器質性〉心雑音. **≠ge·spann** 中 1〘植〙メハジキ(目弾)〔属〕. 2 胸やけ.

herz·ge·win·nend 形《雅》(人の)心をとらえる〈ひきつける〉, 魅力的な, 好感のもてる.

Herz≠gru·be 女 (Magengrube) みぞおち, みずおち;〘解〙心窩(しんか)部. **≠hacke** 女〘農〙丸鍬(まるぐわ) (→ 図 Hacke).

herz·haft[hɛ́rtshaft] 形 1 したたかな, はなはだしい, 相当な: *jm.* einen ~*en* Kuß geben …に強くキスする | einen ~*en* Schluck nehmen ぐいと一飲みする ‖ ~ gähnen 大あくびをする | ~ lachen 大笑いする. 2 (飲食物が)滋養に富んだ, 実(み)のある; 薬味のきいた: ein ~*es* Frühstück 栄養たっぷりな朝食 | Ich möchte etwas *Herzhaftes* essen. 何かこってりしたものが食べたい. 3 元気のいい, 勇ましい, 大胆な: ein ~*er* Entschluß 断固たる決心.

Herz·haf·tig·keit[..tɪçkaɪt] 女 -/ herzhaft なこと.

Herz≠haut 女〘解〙心膜: die äußere 〈innere〉 ~ 心外膜〈内膜〉. **≠hy·per·tro·phie** 女〘医〙心〔臓〕肥大.

her|zie·hen*[hé:rtsi:ən]《219》 I 他 (h) 1 (こちらへ)引き寄せる, 引っぱる:〔*sich*³〕 einen Stuhl ~ いすを引き寄せる ‖ *jn.* 〈*et.*⁴〉 hinter *sich*³ ~ …を引っぱって歩く | ein Kind hinter *sich*³ ~ 子供の手を引いて歩く. 2 再帰 *sich*⁴ bis zu *et.*³ ~ (山脈などが)…まで伸びている.

II 自 (s) 1 (動いている人・ものに)ついて行く: vor *jm.* 〈*et.*³〉 ~ …の前を歩いて行く | Kinder *zogen* hinter 〈neben〉 dem Zirkuswagen *her.* 子供たちがサーカスの車の後ろ〈横〉について歩いていた. 2 a) (こちらへ)来る, 移住〈移転〉して来る: Er ist zu uns *hergezogen.* 彼は私たちのところへ引っ越して来た. b) 非人称《es zieht her》すきま風が吹いて来る. 3《話》《über *jn.* 〈*et.*⁴〉》(…の)悪口を言う,(…を)けなす.

her·zig[hɛ́rtsɪç][2] 形 1 かわいらしい, 愛嬌(あいきょう)のある, 魅惑的な: ein ~*es* Kind 愛らしい子供. 2 (樹木などについて)芯(しん)〈髄〉のある.

Herz≠igel[hɛ́rts..] 男〘動〙心形類(殻が心臓形のウニ類). **≠in·farkt** 男〘医〙心筋梗塞(こうそく). **≠in·nen·haut** 女〘解〙心内膜.

Herz·in·nen·haut·ent·zün·dung 女〘医〙心内膜炎.

herz≠in·nig[hɛrts|ínɪç, ◡◡⌣][2](雅: ≠in·nig·lich) 形 心の底からの: *sich*⁴ ~ freuen 心から喜ぶ.

Herz≠in·suf·fi·zienz[hɛ́rtsɪnzʊfitsiɛnts] 女〘医〙心不全. **≠ja·gen** 中 -s/〘医〙心〔臓〕頻拍.

Herz-Je·su≠-Bild[hɛrtsjé:zu..] 中〘美〙イエスのみ心の像. **≠-Fest** 中〘ｶﾄﾘｯｸ〙イエスのみ心の祝日.

Herz≠kam·mer[hɛ́rts..] 女〘解〙心室: die linke 〈rechte〉 ~ 左〈右〉心室. **≠ka·the·ter** 男〘医〙心臓カテーテル. **≠ka·the·te·ris·mus** 男 心〔臓〕カテーテル法. **≠kir·sche** 女〘植〙ハート=チェリー(ハート形の甘味の強いサクランボ). **≠klap·pe** 女〘解〙心臓弁, 心弁膜.

Herz·klap·pen·feh·ler 男〘医〙〔心臓〕弁膜症.

Herz≠klaps 男《話》心臓発作; 心不全. **≠klop·fen** 中 -s/ 心臓の鼓動, 動悸(どうき);〘医〙心悸亢進(しんきこうしん): ~ haben (不安などで)胸がどきどきする. **≠knacks** 男《話》=Herzfehler **≠kohl** 男《方》(Wirsingkohl)〘植〙チリメンタマナ(縮緬球菜). **≠kol·laps** 男 =Herzversagen **≠kö·nig** 男〘ﾄﾗﾝﾌﾟ〙ハートのキング. **≠krampf** 男〘医〙心臓痙攣(けいれん).

herz·krank 形 心臓病の.

Herz·krank·heit 女 心臓病, 心臓疾患.

Herz·kranz≠ar·te·rie[..riə] 女〘解〙冠〔状〕動脈. **≠ge·fäß** 中〘解〙(心臓の)冠状血管(冠動脈と冠静脈).

Herz≠kün·di·ge =Herzenskündige **≠kur·ve** 女

H

(Kardioide)〘数〙心臓形, ハート形曲線. ≠**läh·mung** 女〘医〙心臓麻痺(ᵏ). ≠**lei·den** 中 心臓病.

herz·lei·dend ＝herzkrank

Herz·lein Herz の縮小形(→Herzchen).

herz·lich[hέrtslɪç] **I** 形 心からの, まごころ(情愛)のこもった; 心底からの, 熱烈な: eine ～*e* Bitte 切望 | ～*e* Worte 心のこもった言葉 ‖ *Herzlichen* Dank! ほんとうにありがとう | Mit ～*en* Grüßen (手紙の結びで) 心からのあいさつをこめて | ein ～*es* Verhältnis zueinander haben たいへん親密な間柄である ‖ *jm.* ～ danken …に心から感謝する | *jn.* ～ empfangen …を温かく迎える | *jm.* ～ die Hand drücken …と心をこめて握手する | ～ lachen 心から笑う | *jn.* aufs ～*ste* grüßen …に心からのあいさつを送る ‖ Er war sehr ～ zu mir. 彼は私に対してとても親身になってくれた | Seien Sie ～ willkommen! ようこそいらっしゃいました.

II 副 **1** →I **2** (sehr) 大いに, 非常に: ～ wenig ごく少ない | ein ～ schlechter Aufsatz ひどくへたな作文 | Es war ～ langweilig. それはひどく退屈だった.

Herz·lich·keit[–kaɪt] 女 -/ (herzlich なこと. 例えば:) 誠実さ; (温かい) 友情.

herz·lieb[hέrts..] 形 いとしい: mein *Herzliebster* 私の最愛の方.

Herz·li·lie[..liə] 女〘植〙ギボウシ属.

herz·los[..loːs][1] 形 無情な, 薄情な, 冷酷な, 心の冷たい: ein ～*er* Mensch 薄情な人 | eine ～*e* Tat むごい仕打ち.

Herz·lo·sig·keit[..loːzɪçkaɪt] 女 -/-en **1**《単数で》herzlos なこと. **2** herzlos な言動.

Herz-Lun·gen-Ma·schi·ne[また: ◡́◡◡◡–◡, ◡◡́◡◡–◡] 女〘医〙人工心肺.

Herz≠mas·sa·ge[..masaːʒə] 女〘医〙心〔臓〕マッサージ. ≠**mit·tel** 中 心臓薬, 強心薬〈剤〉. ≠**mu·schel** 女〘貝〙ヨーロッパ=ザルガイ(笊貝)(食用になる二枚貝: → 図 Muschel). ≠**mus·kel** 男〘解〙心筋.

Herz·mus·kel≠ent·zün·dung 女〘医〙心筋炎. ≠**in·farkt** ＝ Herzinfarkt ≠**in·suf·fi·zienz**[..tsiɛnts] 女〘医〙心筋不全. ≠**schwä·che** 女〘医〙心筋衰弱.

Herz≠mus·ku·la·tur 女〘解〙心筋層. ≠**neu·ro·se** 女〘医〙心臓神経症.

Her·zog[hέrtsoːk][1] 男 -s(-es)/..zöge[..tsøːgə](-e) **1** 公爵(15世紀以来 König と Fürst との中間の爵位): ～ von Windsor (英国の) ウインザー公. **2**〘史〙**a)** (古代ゲルマン族の) 戦時最高指導者, 将軍. **b)** 公, 大公(中世期の部族領邦の領主). [*ahd.*; *gr.* strat-ēlátēs „Heer-führer" (◇Stratege, elastisch) の翻訳借用; ◇Heer, ziehen]

Her·zo·gin[hέrtsoːgɪn] 女 -/-nen (女性の) 公爵; 公爵夫人, 公妃.

her·zog·lich[hέrtsoːklɪç] 形 公爵〔領〕の.

Her·zogs≠kro·ne 女 公爵冠(→ 図 Krone A). ≠**wür·de** 女 -/ 公爵の地位.

Her·zog·tum[hέrtsoːktuːm] 中 -s/..tümer[..tyːmər] **1** 公国, 公爵領. **2** 公爵の地位. **3**〘史〙(中世期の) 大公領, 大公位.

Herz≠ohr[hέrts..] 中〘解〙心耳. ≠**ope·ra·tion** 女〘医〙心臓手術. ≠**pa·tient**[..tsiɛnt] 男 心臓病患者. ≠**punkt** 男《雅》中心点, 核心. ≠**rhyth·mus** 男〘医〙心臓リズム(心拍のリズム). ≠**rup·tur** 女〘医〙心〔臓〕破裂. ≠**schild** 中〘紋〙中心盾(→ 図 Wappen a). ≠**schlag** 男 **1** 心臓の鼓動;〘医〙心拍〔動〕: einen ～ lang《雅》一瞬の間. **2** 心臓卒中. ≠**schmerz** 男 -/-en《ふつう複数で》心臓〔部〕の痛み;〘医〙心臓痛: heftige ～*en* bekommen ひどい心臓の痛みに襲われる. ≠**schritt·ma·cher** 男 **1**〘解〙心拍のペースメーカー(心臓の一部). **2**〘医〙心臓ペースメーカー(心臓の拍動数を調整する電気装置). ≠**schwä·che** 女 -/〘医〙心〔臓〕衰弱. ≠**spe·zia·list** 男 心臓専門医. ≠**spit·ze** 女〘解〙心尖(ᵏ).

herz·stär·kend 形 心臓の働きを強める: ein ～*es* Mittel 強心薬〈剤〉.

Herz·stär·kung 女 -/ 心臓機能の強化.

Herz·stär·kungs·mit·tel 中 強心薬〈剤〉.

Herz≠stel·le 女〘紋〙中心位置(→ 図 Wappen a). ≠**still·stand** 男 心臓が止まること;〘医〙心〔拍〕停止. ≠**stol·pern** 中 -s/〘医〙心機不整. ≠**stück** 中 **1 a)**〘鉄道〙(転轍(ᵏ)点の) 轍叉(ᵏ), フロッグ(→ 図 Gleis). **b)**〘服飾〙(ファスナーの) すべりがね, スライダー. **2**《雅》核心, 中心〔部〕. ≠**tam·po·na·de** 女〘医〙心膜タンポナーデ. ≠**tä·tig·keit** 女 心臓の活動. ≠**tod** 男 (心臓の機能停止による) 心臓死. ≠**ton** 男 -〔e〕s/..töne《ふつう複数で》〘医〙心音: fötale *Herztöne* 胎児心音. ≠**trans·plan·ta·tion** 女〘医〙心臓移植〔術〕.

her·zu[hɛrtsúː] 副《雅》こちらの方へ.

★ 動詞と用いる場合は分離の前つづりともみなされる.

her·zu≠|ei·len[hɛrtsúː..] 自 (s)《雅》(こちらへ) 急いでやって来る, かけつける. ≠|**tre·ten***《194》自 (s)《雅》(こちらへ) 歩み寄って来る.

Herz≠ver·fet·tung[hέrts..] 女〘医〙心〔臓〕脂肪化, 心脂肪沈着〔症〕. ≠**ver·grö·ße·rung** 女〘医〙心拡大. ≠**ver·pflan·zung** 女 ＝Herztransplantation ≠**ver·sa·gen** 中 -s/〘医〙心不全: an ～ sterben 心不全で死ぬ. ≠**vor·hof** 男〘解〙心房. ≠**weh** 中 ᵛ**1** ＝Herzschmerz **2**《雅》心痛.

herz·zer·rei·ßend[hέrtstsɛrraɪsənt][1] 形 心臓の張り裂けるような, 悲痛な;《比》ひどい: ein ～*er* Anblick 悲惨きわまりない光景 ‖ ～ weinen 身も世もあらず泣く | eine ～ unlogische Antwort 非論理きわまる返事.

He·se·kiel[hezéːkieːl, ..kiɛl] →Ezechiel

hes·es[hέsɛs, ◡́◡], **Hes·es**[–] 中 -/-〘楽〙重変ロ音.

He·siod[hezióːt, ..siɔ́t; ᵒˢᵗᵉʳʳ: –, héːsiɔt] 人名 ヘシオドス(前8世紀末のギリシアの叙事詩人. 作品『仕事と日々』『神統記』など). [*gr.*–*lat.*]

He·spe·ri·de[hɛsperíːdə] 女 -/-n《ふつう複数で》〘ギ神〙ヘスペリデス(黄金のリンゴを番する Atlas の娘たち). [*gr.*–*lat.*]

die **He·spe·ri·en**[hɛspéːriən] 地名 複 ヘスペリア(西ヨーロッパ, 特にイタリア・スペインの古代の呼び名で,「ゆうべの国」の意). [*lat.*]

He·spe·rus[hέsperʊs] (**He·spe·ros**[..rɔs]) **I** 人名〘ギ神〙ヘスペロス(Eos の息子で宵の明星, 金星の擬人化). **II** 男 -/《雅》西方. [*gr.* hésperos–*lat.*; ◇Vesper]

Heß[hɛs] 人名 Rudolf ～ ルードルフ ヘス(1894–1987; ナチの副総統. ニュルンベルク裁判で終身刑の判決を受けた).

Hes·se[1][hέsə] 人名 Hermann ～ ヘルマン ヘッセ(1877–1962; ドイツの詩人・小説家. 作品『ペーター カーメンツィント』『ガラス玉演戯』など. 1946年ノーベル文学賞を受賞).

Hes·se[2][–] 女 -/-n《方》＝Hachse 1

Hes·se[3][–] 男 -n/-n (⊛ **Hes·sin**[..sɪn]-/-nen) ヘッセン人: ein blinder ～《話》とんま, まぬけ.

Hes·sen[1][hέsən] 地名 ヘッセン(ドイツ中部の州で, 州都は Wiesbaden).

Hes·sen[2] Hesse[2], Hesse[3]の複数.

Hes·sen-Darm·stadt[hέsəndármʃtat] 地名 ヘッセン=ダルムシュタット(16世紀後半にヘッセン方伯領が分裂してできた領邦の一つで, 現在は一部は Hessen 州に, 一部は Rheinland-Pfalz 州に属する).

Hes·sen·flie·ge 女〔虫〕コムギタマバエ(幼虫は小麦の害虫).

Hes·sen-Nas·sau[hέsənnásaʊ] 地名 ヘッセン=ナッサウ(16世紀後半にヘッセン方伯領が分裂してできた領邦の一つ. ヘッセン=カッセル, ナッサウ公爵領, 自由都市 Frankfurt などを併合して作られたプロイセンの州. 今日では Hessen 州に属する).

Hes·sian[hέsɪən] 中 -〔s〕/ (袋などに使う) 粗い麻布. [*engl.*; ◇hessisch]

Hes·sin Hesse[3]の女性形.

hes·sisch[hέsɪʃ] 形 Hessen[1]〔ふう〕の: das *Hessische* Bergland ヘッセン山地 | das *Hessische* ヘッセン方言 | *Hessischer* Rundfunk (略 HR) ヘッセン放送(ドイツ Frankfurt に本拠を置く放送局).

He·ster[hέstər] 女 -/-n《北部》(Elster)〘鳥〙カササギ.

He·stia[hέstia·] 人名〘ギ神〙ヘスティア(炉の女神でローマ神話の Vesta に当たる). [*gr.* hestíā „〔Haus〕herd";

◇Vesta]

He·tä̱·re[hetɛ́:rə] 女 -/-n **1** (古代ギリシアの)〔教養のある〕遊女. **2** 《話》(高級な)娼婦(しょうふ). [*gr.* hetaírā „Gefährtin"]

He·tä·rie̱[hetɛrí:] 女 -/-n[..rí:ən] 〘史〙(古代ギリシアの)政治秘密結社: ～ der Befreundeten (19世紀初めのギリシアの)反トルコ秘密結社. [*gr.*; <*gr.* hetaĩros „Genosse"]

heter.. →hetero..

he̱·te·ro[hé:tero·, hɛ́t..] 形 《述語的》《話》(↔homo) 異性愛の(→heterosexuell).

hetero.. (↔homo..) 《名詞・形容詞につけて「異なった・別様の」を意味する. 母音の前では heter.. となることもある》[*gr.* héteros „der andere"]

He·te·ro·chro·mie̱[heterokromí:] 女 -/-n[..mí:ən] 〘医〙(左右の虹彩(こうさい)などの)不同着色, 異色〔症〕. [<chromato..]

he·ter·odo̱nt[..dɔ́nt] 形 (↔homodont) 〘動〙(門歯・犬歯・臼歯に区別される)異形歯の, 異歯性の. [<odonto..]

he·te·ro·do̱x[..dɔ́ks] 形 (↔orthodox) 〘宗〙正統でない, 異端の. [*gr.*; <*gr.* dóxa „Meinung"]

He·te·ro·do·xie̱[..dɔksí:] 女 -/-n[..sí:ən] 〘宗〙異端. [*gr.*]

He·te·ro·ga·mie̱[..gamí:] 女 -/ **1** =Anisogamie **2** (↔Homogamie) 〘社〙(出身階層・教育程度・年齢・宗教などの点で)格差のある者同士の結婚.

he·te·ro·ge̱n[..gé:n] 形 (↔homogen) 異種の, 異質の; 不等質〈不均質〉の: ～*e* Substanz 〘理〙不均質体 | ～*es* System 〘理〙不均一系(相が共存する不均質な物質系) | ～*e* Zeugung 〘生〙異原発生. [*gr.*–*mlat.*]

He·te·ro·ge·ne̱·se[..gené:zə] (**He·te·ro·ge̱·ne·sis**[..gé(:)nezɪs]) 女 -/ 〘生〙異形発生; 自然発生; 世代交代.

He·te·ro·ge·ni·tä̱t[..genitɛ́:t] 女 -/ 不等〈不均〉質.

He·te·ro·go·nie̱[..goní:] 女 -/ 〘生〙相対生長; (両性生殖と単性生殖との)世代交代; 異常生殖.

He·te·ro·kli·sie̱[..klizí:] 女 -/ 〘言〙(名詞の)混成〈不規則〉変化. [<*gr.* klísis „Flexion" (◇Klima)]

he·te·ro·kli̱·tisch[..klí:tɪʃ] 形 〘言〙(名詞類について)混成〈不規則〉変化の. [◇*engl.* heteroclite]

He·te·ro̱·kli·ton[heteró:klitɔn] 中 -s/..ta [..ta·] 〘言〙混成〈不規則〉変化名詞. [*gr.*]

he·te·ro·lo̱g[heteroló:k][1] 形 **1** (関係・位置・性質などが)相応しない. **2** 〘生〙異種の, 非対応の: ～*e* Insemination 非配偶者間人工受精. [<..log[1]]

he·te·ro·me̱r[..mé:r] 形 **1** さまざまの,〔数の〕不ぞろいな部分からなる. **2** (↔isomer) 〘植〙(花の萼片(がくへん)・花弁・おしべなどが)異数の.

he·te·ro·mo̱rph[..mɔ́rf] 形 (↔isomorph) **1** 異形の. **2** 〘鉱〙同質異鉱の.

He·te·ro·mor·phie̱[..mɔrfí:] 女 -/ **1** 異形. **2** 〘鉱〙同質異鉱.

He·te·ro·mor·pho̱·se[..mɔrfó:zə] 女 -/ 〘生〙異質形成, 異形再生.

he·te·ro·no̱m[..nó:m] 形 (↔autonom) 他律的な: 別個の法則に従う.

He·te·ro·no·mie̱[..nomí:] 女 -/ 他律〔性〕.

he·te·ro·phi̱l[..fí:l] =heterosexuell

he·te·ro·pho̱n[..fó:n] 形 異音の.

He·te·ro·pho·nie̱[..foní:] 女 -/ 異音〔現象〕; 〘楽〙ヘテロフォニー.

He·te·ro·phyl·lie̱[..fʏlí:] 女 -/ 〘植〙異〔形〕葉性. [<*gr.* phýllon „Blatt"]

He·te·ro·pla̱·stik[..plástɪk] 女 -/-en 〘医〙異種移植〔術〕(他人または動物の組織を移植する手術).

he·te·ro·po·la̱r[..polá:r] 形 〘化〙異極〔性〕の: ～*e* Moleküle 異極分子 | eine ～*e* Verbindung 異極化合物.

He·te·ro·se·xua·li·tä̱t[..zɛksualitɛ́:t] 女 -/ 異性愛.

he·te·ro·se·xue̱ll[..zɛksuɛ́l, ⏑⏑⏑⏑⏑⏑] 形 (↔homosexuell) 異性愛の.

He·te·ro·spo·rie̱[..ʃporí:] 女 -/ 〘植〙異形胞子性.

He·te·ro·to·pie̱[..topí:] 女 -/-n[..pí:ən] 〘医〙異所性.

he·te·ro·tro̱ph[..tró:f] 形 (↔autotroph) 〘生〙従属〈他給〉栄養の, 有機栄養の. [<*gr.* trophḗ (→trophisch)]

he·ter·ö̱zisch[heterø̱:tsɪʃ] 形 (diözisch) 〘植〙雌雄異株〈異体〉の, 二家花の.

he·te·ro·zy·go̱t[heterotsygó:t] 形 〘遺伝〙(遺伝子が)異型〈ヘテロ〉接合の.

He·te·ro·zy·go̱·te[..tsygó:tə] 女 -/-n 〘遺伝〙(遺伝子の)異型〈ヘテロ〉接合体.

he·te·ro·zy̱klisch[..tsý(:)klɪʃ] 形 〘化〙複素環式の: ～*e* Verbindungen 複素環式化合物.

He·thi̱·ter[hetí:tər] 男 -s/- ヒッタイト人(紀元前2000年ごろから同1200年ごろまで小アジアに栄え強力な王国をたてたインド=ヨーロッパ系の民族). [*hebr.*; ◇*engl.* Hittite]

he·thi̱·tisch[..tɪʃ] 形 ヒッタイト〔語〕の: →deutsch | das *Hethitische* / die ～*e* Sprache ヒッタイト語(前2000年の楔(くさび)形文字によって伝えられたインド=ヨーロッパ語族に属する).

He·thi·to·lo̱·ge[hetitoló:gə] 男 -n/-n ヒッタイト〔語〕研究家.

He·thi·to·lo·gie̱[..logí:] 女 -/ ヒッタイト〔語〕研究.

He̱t·man[hétman, ..mən] 男 -s/-e(-s) コサックの首長; 〘史〙(ポーランド王国の)軍司令官. [*dt.*–*poln.*; ◇Hauptmann[2]]

He̱t·sche·petsch[hɛ́tʃəpɛtʃ] 女 -/- (**He̱t·scherl**[hɛ́tʃərl] 中 -s/-n) 《オーストリア》(Hagebutte) 野バラの実(茶のように煎(せん)じて飲む). [*tschech.* šipek]

Het·ti̱·ter[hɛtí:tər] 男 -s/- =Hethiter

Hetz[hɛts] 女 -/-en 《ふつう単数で》《オーストリア》(Spaß) 冗談, ふざけ, おどけ: aus ～ 冗談に, ふざけて.

He̱tz≠ar·ti·kel[hɛ́ts..] 男 煽動(せんどう)記事. ≠**ba̱hn** 女 〘狩〙追いこみ道. ≠**blatt** 中 煽動新聞〈ビラ〉.

He̱t·ze[hɛ́tsə] 女 -/-n 《ふつう単数で》**1** 煽動(せんどう), 誹謗(ひぼう); (マスコミなどを利用した)非難攻撃, 憎しみをあおる大衆動員: eine böse ～ gegen *jn.* entfalten …に対する悪意ある誹謗攻撃を繰りひろげる | eine wilde ～ gegen ein Land betreiben ある国に対して激しい非難攻撃を行う. **2** (Hast) あわただしさ, せわしなさ; 大車輪〔の活動〕: die ～ des Alltags 毎日の忙しさ | in fürchterlicher ～ あわてふためいて, 息せききって ‖ Das war eine ～, bis wir glücklich hierhergekommen sind! 私たちは無事に着きはしたもののここへ来るまでが息もつげないほどだったんだよ. **3** 〘狩〙=Hetzjagd 1 **4** 《話》(Schar) 群れ, 大勢, 多数: eine ganze ～ Kinder haben 子供がうじゃうじゃいる.

he̱t·zen[hɛ́tsən] 《02》 **I** 他 (h) **1** (獲物を)狩り立てる; 《*jn.*》追い立てる, せきたてる: Wild mit Hunden ～ 猟犬を使って獲物を狩り立てる | Der Hund *hetzt* einen Hasen. 犬がウサギを追い立てる | Die Polizei *hetzte* den Täter. 警察が犯人を追い回した | *jm. jn.* auf den Hals ～ (→Hals 1 a) ‖ *sein* Pferd tot ～ 馬を乗りつぶす | *et.*[4] zu Tode ～ (→Tod 1) | Ein Rundschreiben *hetzt* das andere. 《比》回状が次々と追いかけるように出される ‖ 再帰 *sich*[4] ～ むりをして(作業の)ピッチを上げる | *sich*[4] halbtot ～ むりに急いでふらふらになる ‖ wie *gehetzt* laufen 一目散に走る | ein *gehetztes* Wild 追い立てられた野獣 | von Angst *gehetzt* 不安にかり立てられて | mit allen Hunden *gehetzt* sein (→Hund 1 a). **2** 《*jn.* auf 〈gegen〉 *jn.*》(…を…に対して)けしかける: den Hund auf 〈gegen〉 *jn.* ～ 犬を…にけしかける.

II 自 **1** (s) 急いで行く, つっ走る: durch die ganze Stadt ～ 町じゅうを走り回る | hinter *et.*[3] her ～ …のあとを追いかけて走る | zum Bahnhof ～ あわてて駅へ急ぐ | Ich bin *gehetzt*, um den Zug zu erreichen. 私は列車に乗り遅れまいと急いだ. **2** (h) せかせか〈やきもき〉する, やっきになる: nach *et.*[3] ～ …(利益など)を追求する. **3** (h) (aufwiegeln) そそのかす, けしかける, 煽動(せんどう)する: gegen *jn.* ～ 人々を煽動して…に対する反感の気運を作り出す | im Hintergrunde ～ 陰でそそのかす | zum Krieg ～ 人心を戦争にかり立てる ‖ Auf diesem Sender wird viel *gehetzt*. この放送局はやたら煽

動的だ. [*germ.*; ◇Haß]

Het·zer[hɛ́tsər] 男 -s/- (Aufwiegler) 煽動者.

Het·ze·rei[hɛtsəráɪ] 女 -/-en **1** せかせか急ぐこと, やきもきすること: die ~ am Morgen zum Zug (朝の通勤時の)列車をめがけての突進. **2** そそのかし, 煽動(せんどう).

het·ze·risch[hɛ́tsərɪʃ] 形 煽動(せんどう)的な: eine ~*e* Rede アジ演説.

Hetz·feld·zug[hɛ́ts..] 男 =Hetzkampagne

hetz·hal·ber 副《オーストリア》(spaßeshalber) 冗談に, ふざけて, 面白半分に.

Hetz≈hund 男 (狩り立て用の)猟犬. **≈jagd** 女 **1** (猟犬を使っての)狩り立て〈追い出し〉猟: eine ~ auf 〈gegen〉 *jn.*《比》…に対する魔女狩り; …に対する非難攻撃. **2**《話》あわただしさ, せわしなさ; 狂奔. **≈kam·pa·gne**[..kampanjə] 女 (大衆の憎しみをかき立てる)煽動(せんどう)運動〈キャンペーン〉: eine ~ gegen *jn.* führen …を誹謗(ひぼう)する, …に対して論陣を張る. **≈peit·sche** 女 猟犬をけしかけるためのむち: unter der ~ von *et.*[3]《比》…に追い立てられて. **≈pres·se** 女 煽動新聞. **≈pro·pa·gan·da** 女 アジ宣伝活動. **≈re·de** 女 アジ演説. **≈red·ner** 男 アジ演説家. **≈schrift** 女 煽動文書, アジビラ.

heu[hɔʏ] 間 (意外・驚きの気持を表して)おや, あれっ, ええ, うわあ: *Heu*, bist du schon da! おや 君はもう来てるのかい | *Heu*, das ist prima! わあ そいつはいい | *Heu*, kannst du nicht aufpassen! あれ 君は気をつけるってことができないのかい. [◇hoi]

Heu[―] 中 -[e]s/ **1** (英: *hay*) (飼料としての)干し草: ~ machen 干し草を作る | ~ wenden 干し草をすき返す(上下を入れかえる) ‖ ins ~ fahren 干し草作りに出かける | mit *jm.* ins ~ gehen《戯》…と干し草の中へいちゃつきに行く | im ~ schlafen 干し草の中で眠る | Pferde mit ~ füttern 馬に干し草を与える ‖ **wie ~ und Stroh sein**《話》ひどくちらかっている | ~ und Stroh im Kopf haben (→Stroh) | Geld wie ~ haben (→Geld 1) | ***sein* ~ im trockenen haben**《話》経済的に安泰である. **2**《話》(Geld) 金(かね). **3**《話》(Marihuana) マリファナ. [*germ.*; ◇hauen; *engl.* hay]

Heu≈asth·ma[hɔ́ʏ..] 中 =Heuschnupfen **≈baum** 男 (干し草車に縦長にして置かれた)干し草固定用支柱. **≈ba·zil·lus** 男 -/..llen《ふつう複数で》〔生〕枯草菌. **≈blu·me** 女 -/-n《ふつう複数で》干し草くず(干し草をふるいにかけて採れる種子などで, 煎(せん)じ汁が民間療法に用いられた). **≈bo·den** 男 **1** (家畜小屋・納屋などの2階の)干し草置き場. **2**《話》(Galerie) (劇場の)天井桟敷. **≈büh·ne** 女《スイス》=Heuboden 1 **≈bün·del** 中 干し草の束.

Heu·che·lei[hɔʏçəláɪ] 女 -/-en 見せかけ, 偽装; ねこかぶり, 偽善: Das Seufzen war [nichts als] ~. ため息はお芝居にすぎなかった | In seinem Tun lag keine ~. 彼のすることにはなんのけれんもなかった.

heu·cheln[hɔ́ʏçəln] 《06》 **I** 自 (h) ふりをする, ねこをかぶる, 見せかける; 偽善を行う; 信心ぶる. **II** 他 (h) 装う, 見せかける: *jm.* Mitleid ~ …に同情しているふりをする | Verständnis ~ 分かったふりをする ‖ mit *geheucheltem* Erstaunen わざとらしく驚いてみせて. [< *mhd.* hūchen „kauern" (◇hocken)]

Heuch·ler[hɔ́ʏçlər] 男 -s/- 偽善者, ねこかぶり.

heuch·le·risch[hɔ́ʏçlərɪʃ] 形 見せかけ〈うわべ〉だけの; 偽善の, 表裏のある, 腹黒い: ein ~*er* Mensch 偽善者 | eine ~*e* Träne そら涙 ‖ ~ reden (口先だけで)うまいことを言う.

Heuch·ler·mie·ne[hɔ́ʏçlər..] 女 偽善者づら.

Heu·die·le[hɔ́ʏ..] 女《スイス》=Heuboden 1

heu·en[hɔ́ʏən] 自 (h)《方》(Heu machen) 干し草を作る, 草を刈って干す.

heu·er[hɔ́ʏər] 副《南部・オーストリア・スイス》(in diesem Jahr) 今年: Sie fahren ~ im Sommer wieder an die See. 彼らは今年の夏もまた海岸に出かける. [*ahd.* hiu jāru; ◇heute]

Heu·er[1][―] 男 -s/-《方》=Heumacher 1

Heu·er[2][―] 女 -/-n **1**〔海〕**a)** (船員の)給料. **b)** (船員の)雇用[契約]: ~ auf dem Dampfer nehmen 雇われて汽船に乗り組む. ▽**2** (Pacht) 賃借り料〈契約〉. [*mndd.*]

Heu·er·baas 男〔海〕船員周旋人. **≈bü·ro** 中〔海〕船員周旋所.

heu·ern[hɔ́ʏərn] 《05》 他 (h)《北部》**1** (anheuern) 《*jn.*》〔海〕(乗組員として)雇い入れる: fünf Matrosen ~ 水夫5人を雇い入れる. **2** (chartern)〔海〕(船舶を)チャーターする, 借り切る [*westgerm.*; ◇Hauderer; *engl.* hire]

Heu·ern·te[hɔ́ʏ..] 女〔農〕干し草の取り入れ, 草刈り.

▽**Heu·ert**[hɔ́ʏərt] 男 -s/-e《ふつう単数で》(Juli) 7月. [◇Heumonat]

Heu·er·ver·trag[hɔ́ʏər..] 男 船舶乗組員雇用契約; 用船契約.

Heu·et[hɔ́ʏət] ▽**I** 男 -s/-e《ふつう単数で》=Heumonat **II** 男 -s/ (女 -/)《南部》=Heuernte

Heu≈fal·ter[hɔ́ʏ..] 男〔虫〕モンキチョウ(紋黄蝶)属のチョウ. **≈feim** 男, **≈fei·me** 女, **≈fei·men** 男《北部・中部》= Heuschober **≈fie·ber** 中 -s/〔医〕枯草熱. **≈fu·der** 中 車1台分〈1フーダー〉の干し草. **≈ga·bel** 女〔農〕干し草用熊手〈フォーク〉(→ 図 Gabel). **≈gei·ge** 女《オーストリア》**1** =Heureuter **2**《話》(特に女子について)背高のっぽ. **≈har·fe** 女《オーストリア》=Heureuter **≈har·ke** 女《北部》=Heurechen **≈hau·fen** 男 干し草の山〈堆積(たいせき)〉: eine Nadel 〈Stecknadel〉 im ~ suchen (→Nadel 1 b, →Stecknadel).

Heul·bo·je[hɔ́ʏl..] 女 **1**〔海〕サイレンブイ(自動的に鳴る霧笛浮標: →Heultonne). **2**《話》(金切り声をはりあげる)流行歌手.

Heu·le[hɔ́ʏlə] 女 -/-n《話》(Kofferradio) 携帯〈ポータブル〉ラジオ.

heu·len[hɔ́ʏlən] **I** 自 (h) **1 a)** (オオカミ・犬などが)遠ぼえする: Mit den Wölfen muß man ~. (→Wolf 1 a). **b)** (フクロウが)ホーホーと鳴く. **c)** (風・海・大砲・サイレン・エンジンなどが)とどろく, うなる. **2**《話》(悲しみ・怒り・喜びのあまり)大声をあげて泣く, 泣き叫ぶ〈わめく〉: laut ~ 大声で泣く | wie ein Schloßhund ~ (→Schloßhund) | Ich könnte ~ vor Wut. 私は腹が立って泣きたいくらいだ ‖〔結果を示す語句と〕Rotz und Wasser ~ (→Rotz 1 a) ‖ das *heulende* Elend bekommen 〈kriegen〉 (→elend II).

II Heu·len 中 -s/ heulen すること: ~ **und Zähneklappern** 〈**Zähneknirschen**〉 やりきれない不安(聖書: マタ8, 12) | Tu das nicht, sonst gibt's hinterher ~ und Zähneklappern! そんなことはするな でないとあとでひどいことになるぞ ‖ **zum ~ sein**《話》泣きたいほどの気持である | Das ist ja zum ~! 全く泣きたくなるよ(立腹・落胆などで). [*mhd.* hiuweln; < *ahd.* hūwila „Eule" (◇Eule); ◇ *engl.* howl]

Heu·ler[hɔ́ʏlər] 男 -s/- **1**《話》**a)** (絶えず)泣き叫ぶ〈わめく〉こと. **b)** 泣き叫ぶ〈わめく〉人. **2**《話》すてきな〈すばらしい〉もの; どえらいこと: **der letzte ~**《話》i) 最高にすばらしいもの; ii) ひどい代物(しろもの). **3**《話》(母親に捨てられた)アザラシ(→Seehund) の子. **4**《軽蔑的に》(1848年3月革命時の)反動家.

Heu·le·rei[hɔʏləráɪ] 女 -/-en 絶えず heulen すること.

Heul≈krampf[hɔ́ʏl..] 男《話》=Weinkrampf **≈lie·se** 女 -/-n =Heulsuse **≈pe·ter** 男 -s/-《話》(男の子の)泣き虫. **≈su·se** 女 -/-n (女の子の)泣き虫. **≈ton·ne** 女 =Heulboje 1(→ 図 Seezeichen). **≈tri·ne** 女 -/-n=Heulsuse

Heu≈ma·cher[hɔ́ʏ..] 男 **1** 干し草を刈る〈作る〉人. **2**《話》大振りをするボクサー. **≈mahd** 女 **1** =Heuernte **2** (積み上げた)干し草の山. **≈mie·te** 女 =Heuschober ▽**≈mo·nat** (▽**≈mond**) 男《ふつう単数で》(Juli) 7月. **≈ochs** 男, **≈och·se** 男 **1**《話》うすのろ, でくのぼう. **2** 去勢成牛. **≈pferd** 中 (Laubheuschrecke)〔虫〕バッタ・キリギリス類;《比》まぬけ. **≈rau·fe** 女〔畜〕かいば格子. **≈re·chen** 男 干し草用レーキ〈熊手〉. **≈rei·ter** 男《オーストリア》=Heureuter

heu·re·ka[hɔ́ʏreka·] 間 (ich hab's gefunden) 分かったぞ (Archimedes の言葉). [*gr.*; < *gr.* heurískein „finden"]

Heu·reu·ter[hɔ́ʏrɔʏtər] 男 -s/-《南部》干し草掛け, 牧

草乾燥用の木組み.

heu̲·rig[hɔ́yrɪç]² **I** 形《南部・オーストリア・スイス》(diesjährig) 今年の, 本年〔度〕の: die ～*e* Ernte 本年の収穫 | ～*er* Wein 本年産ワイン(→II 1 a) ‖ kein ～*er* Hase sein (→Hase 1 b). **II Heu̲·ri·ge** 男《形容詞変化》《オーストリア》**1 a)** 本年産ワイン. **b)** ＝Heurigenlokal **2**《ふつう複数で》新ジャガイモ. [*mhd.*; ◇heuer]

Heu̲·ri·gen≥abend[hɔ́yrɪgən..] 男《オーストリア》Heurigenlokal での夜の酒宴. **≥be·su̲ch** 男 Heurigenlokal を訪れること. **≥lo·ka̲l** 中《南部・オーストリア》〔Wien 郊外の〕自家ぶどう園の新酒を飲ませる酒場. **≥sän·ger** 男《オーストリア》Heurigenlokal で歌う歌手.

Heu̲·ri·gen·stü·berl[..ʃty:bərl] 中 -s/-《オーストリア》(レストランの) Heurigenlokal ふうの客室. [＜Stube]

Heu·ri̲·stik[hɔyrístɪk] 女 -/ 〘哲〙(新しい認識に達するための)発見的方法〔論〕. [＜*gr.* heurískein (→heureka)]

heu·ri̲·stisch[..tɪʃ] 形 真理発見を助ける; (試行錯誤を積み重ねて解決を求める)発見的な, 発見的手法による: ～*es* Prinzip (カント哲学の)発見的原理.

Heu̲≥schnup·fen[hɔ́y..] 男〘医〙枯草(こそう)鼻カタル. **≥scho̲·ber** 男 (積み上げて屋根をかけた)干し草の山: eine Stecknadel im ～ suchen (→ Stecknadel). **≥schreck** 男 -〔e〕s/-e《オーストリア》＝Heuschrecke

Heu̲·schrecke 女 -/-n 直翅(ちょくし)目の昆虫(バッタ・コオロギ類). [*ahd.* hewi-skrekko „Heu-springer“; ◇schrecken]

Heu̲·schrecken≥baum 男〘植〙オオイナゴマメ(中米産マメ科の木). **≥krebs** 男 (Fangschreckenkrebs)〘動〙シャコ(蝦蛄). **≥schwarm** 男 バッタ〔の類〕の群れ: wie ein ～ 雲霞(うんか)のごとく.

Heuss[hɔys] 人名 Theodor ～ テーオドール ホイス(1884-1963; ドイツ連邦共和国初代大統領〔1949-59〕).

Heu̲≥sta·del[hɔ́y..] 男《南部・スイス》干し草の納屋. **≥stock** -〔e〕s/..stöcke《オーストリア・スイス》納屋に積み重ねた干し草.

heut[hɔyt]《話》＝heute I

heu̲·te[hɔ́ytə] **I** 副 (英: *today*) きょう, 本日;《比》今日, 現今: erst ～ きょう〈今日〉ようやく | noch ～ きょうのうちに; 今日でもなお ‖ ～ abend 〈morgen〉 きょうの晩〈朝〉に, 今晩〈けさ〉| ～ nacht 昨夜, 今暁〔未明〕; 今夜〔遅く〕(→Nacht II) | ～ in 〈vor〉 acht Tagen/～ in 〈vor〉 einer Woche 来週〈先週〉のきょう | ～ über eine Woche 来週のきょう | hier und ～ (→hier) ‖ Wir gehen ～ ins Theater. 私たちはきょう芝居に出かける | *Heute* habe ich meine Mutter besucht. 私はきょう母を訪ねた ‖ *Heute* ist Sonntag 〈schönes Wetter〉. きょうは日曜〈上天気〉だ | *Heute* ist für mich ein Feiertag. きょうは私にとって〔特別の〕記念すべき日だ | *Heute* ist der zehnte Mai. / *Heute* haben wir den zehnten Mai. きょうは 5 月10日だ | Welches Datum 〈Den wievielten〉 haben wir ～? / Der wievielte ist ～? きょうは何日ですか | Es sind ～ drei Tage 〔her〕./ *Heute* ist es drei Tage her. きょうで 3 日になる | *Heute* ist es anders als früher. きょうはこれまでとは違う; 今では昔とは事情が違う ‖〘前置詞と〙**ab ～** きょうから〈以降〉| **bis ～** きょう〈今日〉まで | Schluß **für ～**! きょうはこれでおしまい | **seit ～** morgen けさから | **von ～** an 〈ab〉 きょうから | das Japan 〈die Jugendlichen〉 von ～ 今日の日本〈若者たち〉| die Zeitung von ～ きょうの新聞 | Das Brot ist von ～. このパンはきょうのだ | nicht von 〔gestern und〕 ～ sein《比》(きのうきょうにできた)新しい〈底の浅い〉ものではない ‖〘morgen と対比的に〙**～ oder morgen** きょうあすのうちに, 早急に | **lieber ～ als morgen** あすと言わずにきょうのうちに | Das geschieht nicht ～ und nicht morgen. それはきょうあすに起こるというわけではない(それまでにはまだ時間がある) | Er denkt immer: Kommst du ～ nicht, dann kommst du morgen. 彼はいつも きょうがだめなら あすがあるさという流儀だ | *Heute* mir, morgen dir.《諺》あすはわが身 | *Heute* rot, morgen tot. (→rot I 1) | **von ～ auf morgen** きょうからあすにかけて;《比》あわてて, 短期間に | *et.*⁴ von ～ auf morgen verschieben (1 日のばしに)…をあすまでのばす | Das geht nicht von ～ auf morgen. それは一朝一夕にはいかぬ ‖ Was du ～ kannst besorgen, das verschiebe nicht auf morgen.《諺》きょう済ませられることはあすにのばすな.

II Heu̲·te 中 -/ (Gegenwart) 今日, 現今, 現代: das ～ und das Morgen 現在と将来 | das Gestern und das ～ 過去と現在 ‖ ein Mensch von ～ 現代人 | im Hier und ～ leben 現代に生きる. [*ahd.* hiu tagu; *lat.* ho-diē の翻訳借用; ◇heuer]

heu̲·tig[hɔ́ytɪç]² 形 **1**《付加語的》きょうの: die ～*e* Zeitung 〈Vorstellung〉 きょうの新聞〈公演〉| am ～*en* Tag きょう | bis zum ～*en* Tag きょうまで | unterm ～*en* Datum きょうの日付で | Der Brief ist mit der ～*en* Post gekommen. 手紙はきょう配達された | mein *Heutiges*〘商〙当方よりの本日付書状 | am *Heutigen*〘商〙本日付で〔の〕. **2** 今日の, 現今の, 現代の; 今日的な, 現代ふうの: die ～*e* Jugend 現代の青年 | der ～*e* Stand der Forschung 研究の現状 | in der ～*en* Zeit 現時, 現今 ‖ Sie wirkt ～*er* als er. 彼女は彼よりも現代的な感じを与える ‖ wir *Heutigen* われわれ現代人.

heu̲·ti·gen·ta̲gs[hɔ́ytɪgəntá:ks, ⌣⌣⌣́⌣, ⌣⌣⌣⌣́] (**heu̲·ti·ges·ta̲gs**[..gəs..]) 副 現今, 今日, 当今.

heu̲t·zu·ta̲·ge[hɔ́yttsuta:gə] 副 今日〔では〕.

Heu̲≥wa·gen[hɔ́y..] 男 干し草〔運搬〕車. **≥wen·der** 男 -s/- (草を乾燥させるための)干し草攪拌(かくはん)機, テッダー. **≥wurm** 男〘虫〙ブドウハマキガの幼虫.

hex.. →hexa..

hexa..《名詞・形容詞につけて「6」を意味する. 母音の前では hex.. となることがある》[*gr.* héx „sechs“; ◇sechs]

He·xa·cho̲rd[hɛksakɔ́rt]¹ 男 中 -〔e〕s/-e〘楽〙6 音音階. [◇Chorda]

He·xa·e̲der[..(|)é:dər] 中 -s/- (Sechsflächner)〘数〙〔正〕六面体.

he·xa·e̲drisch[..(|)é:drɪʃ] 形〔正〕六面体の.

He·xa·e̲·me·ron[..(|)é:merɔn] 中 -s/ 〘聖〙6 日間の創世のみわざ. [*gr.*－*spätlat.*; ＜*gr.* hēmérā „Tag“]

He·xa·go̲n[..gó:n] 中 -s/-e (Sechseck)〘数〙六角形. [*gr.*]

he·xa·go·na̲l[..goná:l] 形 六角形の: ～*es* Kristallsystem (結晶の)六方晶系 | ～*es* Prisma 六角柱〈プリズム〉.

He·xa·gra̲mm[..grám] 中 -s/-e (Sechsstern) (正三角形を 2 個組み合わせた)六角星形(✡).

He·xa̲·me·ter[hɛksá:metər] 男 -s/-〘詩〙6 歩格(六つの同一の詩脚または単位韻律からなる詩行). [*gr.*－*lat.*]

he·xa·me̲·trisch[hɛksamé:trɪʃ] 形 (sechsfüßig)〘詩〙Hexameter の.

He·xa̲n[hɛksá:n] 中 -s/-e〘化〙ヘクサン. [＜..an]

He·xa·teu̲ch[hɛksatɔ́yç] 男 -s/ 〘聖〙(旧約冒頭の)六書(モーセ五書とヨシュア記). [＜*gr.* teũchos „Zubereitung“]

He̲·xe[hɛ́ksə] 女 -/-n **1 a)** 魔女, 女の魔法使い, 女妖術(ようじゅつ)師. **b)** (悪魔と交わって魔力を得, 異端を説いたり, 害悪を加えるとされた中世の)魔女. **2**《比》**a)** みにくい老女, 鬼ばばあ: Diese alte ～! このくそばばあめ. **b)** 妖婦: eine kleine ～《戯》おてんば, おきゃんな娘. [*westgerm.*; ◇Hag; *engl.* hag]

he̲·xen[hɛ́ksən]《02》**I** 自 (h) 魔法を使う;《比》すばやいことをする: **Ich kann doch nicht ～!**《話》(魔法使いじゃあるまいし)そう早わざはできないよ | Es geht wie *gehext*. 魔法みたいな早わざだ. **II** 他 (h) **1**《*et.*⁴》(あらしなどを)魔法で起こす. **2**《*et.*⁴》〘服飾〙(…に)へリンボン〈杉綾(すぎあや)〉ステッチをする(→Hexenstich).

He̲·xen≥be̲·sen 男 **1** 魔女の乗るほうき. **2**〘植〙てんぐ巣病. **≥but·ter** 女〘植〙ヒメキクラゲ(姫木耳). **≥ei** 中〘植〙スッポンタケ(鼈茸). **≥ein·ma̲l·eins** 中 **1** 魔法陣. **2** 魔女の九九 (Goethe: *Faust* I). **≥haus** 中 **1** 魔女の家. **2** ヘクセンハウス(レープクーヘンでできたお菓子の家: →Lebkuchen). **≥jagd** 女 (中世の)魔女狩り;《比》魔女狩り(政治的・人種的理由から個人または少数派に加えられる弾

圧, 例えば赤狩り). ∻**kes·sel** 男 (秘薬を煮る)魔女のなべ; 《比》大混乱〔の場〕, 紛糾〔のうず〕; (百鬼夜行の)伏魔殿: im ～ sitzen 紛糾の渦中にある ‖ Dieses Land ist ein ～ der Spionage. この国はスパイがさかんに横行している | In ihm brodelt ein ganzer ～ düsterer Fragen. 彼の胸中には暗い疑惑がうず巻き煮えたぎる. ∻**kraut** 中 -〔e〕s/ 〘植〙ミズタマソウ(水玉草)属. ∻**kü·che** 女 (秘薬を作る)魔女の厨(くりや). ∻**kunst** 女 妖術(ようじゅつ), 魔女. ∻**mehl** 中 ヒカゲノカズラ属の胞子(花火などに用いる). ∻**mei·ster** 男 (老練な)妖術〈魔法〉使い, 魔術師. ∻**milch** 女 **1** 〘生理〙(新生児の)奇乳. **2** 〘植〙トウダイグサ(灯台草)科植物の乳液. ∻**pro·zeß** 男 (中世の)魔女裁判. ∻**ring** 男 (Feenring) 〘植〙菌環(キノコの環状発生). ∻**sab·bat** 男 (年に一度魔女たちが集まってはねをのばす)魔女の安息日〈集会〉; 《比》どんちゃん騒ぎ. ∻**schuß** 男 ..schusses/ 突然の腰部の激痛, ぎっくり腰 (Lumbago「腰痛症」の俗称): Beim Heben des schweren Koffers hat sie einen ～ bekommen. 重いトランクを持ちあげたとき彼女はぎっくり腰になった〈腰痛に襲われた〉. ∻**stich** 男 〘服飾〙ヘリンボン〈杉綾(すぎあや)〉ステッチ. ∻**ver·bren·nung** 女 (中世の)魔女の火刑. ∻**wahn** 男 (中世の)魔女信仰.

He·xer[hέksər] 男 -s/- 妖術(ようじゅつ)者, 魔法使い.

He·xe·rei[hɛksəráɪ] 女 -/-en 妖術(ようじゅつ), 魔法; 奇術, 手品: Das ist keine ～. それはなにも難しいことではない | Geschwindigkeit ist keine ～. 急ぐことならだれにだってできる.

Hex·ode[hɛksó:də] 女 -/-n 〘電〙6 極〔真空〕管.

He·xo·gen[hɛksogé:n] 中 -s/ 〘化〙ヘキソゲン(高性能爆発物).

He·xo·se[hɛksó:zə] 女 -/-n 〘化〙ヘキソーゼ, 六炭糖.

Hey·se[háɪzə] 人名 Paul ～ パウル ハイゼ(1830-1914; ドイツの小説家).

Hf[ha:|έf, há(:)fniʊm] 記号 (Hafnium) 〘化〙ハフニウム.

HF[ha:|έf] 略 ＝**H**och**f**requenz 高周波.

hfl 略 ＝**h**olländischer **Fl**orin (オランダの)フローリン(→Gulden 1).

hg[hɛktográm, ⌣⌣⌣] 記号 (Hektogramm) ヘクトグラム (100g).

hg. 略 ＝**h**erausge**g**eben 出版〈編集〉された(→hrsg.): ～ von H. Neumann H. ノイマン編.

Hg[ha:gé:, kvέkzɪlbər] 記号 **1** (Hydrargyrum) 〘化〙水銀(＝Quecksilber). **2** (Quecksilbersäule) 〘理〙水銀柱.

Hg. 略 ＝**H**erausgeber 出版社, 編集者(→Hrsg.)(複数: Hgg.).

HGB[ha:ge:bé:] 略 中 -/ ＝**H**andels**g**esetz**b**uch 商法典.

Hgg. 略 ＝Herausgeber (複数)(単数は: →Hg.).

HGZ[ha:ge:tsέt] 略 男 -/- ＝**H**och**g**eschwindigkeits**z**ug 高速列車.

HH[ha:há:] 略 ＝**H**andels**h**ochschule

HHF[ha:ha:|έf] 略 ＝**H**öchst**f**requenz 超高周波.

hi[hi:] 間 (悪意のこもった・意地悪な・軽蔑的な笑い声)ひい(→hihi).

Hias[hí:as] 男名 (＜Matthias)《南部》ヒーアス.

Hiat[hiá:t] 男 -s/-e ＝Hiatus 1

Hia·tus[hiá:tʊs] 男 -/- **1** 〘言〙母音接続(語末の母音に語頭の母音が接すること. 例 sagt*e e*r). **2** 〘地〙ハイエイタス(堆積(たいせき))休止期間). **3** 〘医〙裂孔(れっこう). **4** 〘心〙(思考の)中断, 途切れ. [*lat.*＜*lat.* hiāre „gaffen" (◇gähnen)]

Hi·ber·na·tion[hibɛrnatsió:n] 女 -/-en (Überwinterung) 〘生〙越冬; (Winterschlaf) 冬眠; 〘医〙人工冬眠〔法〕. [*lat.*; ＜*lat.* hībernāre „überwintern"]

Hi·ber·ni·en[hibέrniən] 地名 ヒベルニア (Irland のラテン語名). [*gr.* Iérnē－*lat.*]

Hi·bis·kus[hibískʊs] 男 -/..ken[..kən] 〘植〙ハイビスカス, ブッソウゲ(仏桑花)(フヨウ属の総称). [*lat.* hibíscum (→Eibisch)]

hic 《ラテ語》→*hic* et nunc; *hic* Rhodus, *hic* salta

hic et nunc[hí:k ɛt nóŋk] 《ラテ語》(hier und jetzt) いまここで, 現在この場所で; いますぐに, 即座に.

Hick·hack[híkhak] 男 中 -s/-s 《話》(Streiterei) (無意味な・くだらない)争い, いさかい.

Hicko·ry[híkori·] **I** 男 -s/-s (女 -/-s) 〘植〙ヒッコリー(米国産クルミ科. 堅果を食用とする). **II** 中 -s/ ヒッコリー材(スキーなどの用材となる). [*indian.* pawcohiccora－*engl.*]

hic Rho·dus, hic sal·ta[hí:k ró(:)dʊs hí:k zálta·] 《ラテ語》(hier〔ist〕Rhodus, hier springe!) いますぐにお手並みを拝見しよう(ここがロードス島だ ここでとんで見せろ; Äsop の寓話(ぐうわ)から).

Hi·dal·go[hidálgo·] 男 -s/-s **1** ヒダルゴ(中世スペインの下級貴族. ポルトガルの Fidalgo にあたる). **2** ヒダルゴ(メキシコの金貨). [*lat.* fīlius dē aliquō „Sohn von jemand"－*span.* hi〔jo〕d'algo]

Hid·den·see[hídənze:] 地名 ヒッデンゼー(バルト海にある島. G. Hauptmann の墓がある). [*nord.* Hithins-ö „Hütten-Insel"]

Hi·dra·de·ni·tis[hidradení:tɪs] 女 -/..tiden[..nití:dən] 〘医〙汗腺炎. [◇Adenitis]

Hi·dro·se[hidró:zə] 女 -/ **1** 発汗. **2** 〘医〙異常発汗, 発汗症.

Hi·dro·ti·kum[..tikʊm] 中 -s/..ka[..ka·] 〘医〙発汗薬. [＜*gr.* hidrōs „Schweiß" (◇schweißen)]

hi·dro·tisch[..tɪʃ] 形 (schweißtreibend) 発汗を促す, 発汗性の.

hie[hi:] 副 《南部》(hier) ここ: ～ **und da** ときどき; そこここに. [*mhd.*; ◇hier]

hieb[hi:p][1] hauen の過去.

Hieb[－] 男 -es(-s)/-e **1 a)** (Schlag) 一撃, 打撃, 打ち〈切り〉込み; 《比》(Anspielung) あてこすり, あてつけ: ein ～ mit dem Stock 〈mit der Peitsche〉 棒〈むち〉での一撃 | ein ～ auf *jn.* …に対するあてこすり ‖ einen ～ auffangen 〈parieren〉 〘フェンシング〙攻撃を受けとめる〈かわす〉| einen ～ bekommen 一撃をくらう | *jm.* einen ～ versetzen …に一撃をくらわす; 《比》…に痛手を与える ‖ Der ～ sitzt. 〘フェンシング〙攻撃がきまる; 《比》あてこすりが急所を突く | Der ～ hat dir gegolten. 《比》それは君へのあてつけだ ‖ **auf** den ersten ～ 最初の一撃で | Es ist ihm gleich auf den ersten ～ gelungen. 彼はいっぺんでうまくいった | **auf einen ～** 《話》一挙に, いちどきに | Auf einen 〈den ersten〉 ～ fällt kein Baum. 《諺》事を成すには根気が大事 | auf einen ～ 《話》一気に | **beim** ersten ～ 最初の一撃で〈に際して〉| fest **gegen** ～ und Stich sein 切っても突いても傷つかない, 不死身である. **b)** 《複数で》《話》(Prügel) 殴ること, 殴打: ～*e* austeilen 殴る | ～*e* bekommen 〈beziehen〉 殴られる. **2 a)** 切り傷, 傷あと, ミミズばれ: einen ～ auf der Backe haben ほおに傷あとがある. **b)** 《複数で》(Feilenhiebe) 〘工〙やすりの表面の刻み刃. **3** 《話》**a)** ほろ酔い状態: **einen** 〔**leichten**〕 **～ haben** i) 〔いささか〕ほろ酔い状態にある; ii) 〔少々〕頭がおかしい, 気がふれている | einen ～ vertragen können 酒に強い. **b)** (酒の)一飲み, 一口: einen ～ trinken 酒を一杯飲む. **4** 《単数で》〘林〙(山林の管理保全のための)伐採.

hie·be[hí:bə] hauen の接続法 II.

hie·bei[hí:báɪ, －⌣; 指示的強調: ⌣－] 《南部》＝hierbei

hieb·fest[hí:p..] 形 (刺そうとしても)刃の立たない: 〘もっぱら次の形で〙 ***hieb-* und stich*fest*** (証拠などの)確固不動の, 確実な, くつがえせない.

Hiebs·art[hí:ps..] 女 〘林〙(山林の)伐採方式.

hiebs·reif 形 〘林が〙伐採の機の熟した.

Hieb∻waf·fe[hí:p..] 女 切るための武器, 刀, 剣. ∻**wun·de** 女 (刀剣による)切り傷.

hie·durch[hí:dúrç, －⌣; 指示的強調: ⌣⌣] 《南部》＝hierdurch

Hie·fe[hí:fə] 女 -/-n 《南部》(Hagebutte) 野バラの実(茶のように煎(せん)じて飲む). [*westgerm.*; ◇*engl.* hip]

hie∻für[hí:fý:r, －⌣; 指示的強調: ⌣－] 《南部》＝hierfür ∻**ge·gen**[..gé:gən, －⌣⌣; 指示的強調: ⌣－⌣] 《南部》＝hiergegen ∻**her**[..hé:r, －⌣; 指示的強調: ⌣－] 《南部》＝hierher

hielt[hi:lt] halten の過去.

hiel·te[hí:ltə] halten の接続法 II.

hie≠mit[hí:mít, –⌣́; 指示的強調: ⌣́⌣]《南部》=hiermit ≠**nach**[..ná:x, –⌣́; 指示的強調: ⌣́–]《南部》=hiernach ≠**ne·ben**[..né:bən, –⌣́⌣; 指示的強調: ⌣́–⌣]《南部》= hierneben ≠**nie·den**[..ní:dən, –⌣́⌣; 指示的強調: ⌣́–⌣] 副《雅》この地上で, この世で.

hier[hi:r] 副 (英: *here*)《空間的》(↔dort) ここで〈に〉, ここにある〈いる〉; この点で〈に〉;《時間的》このとき: der 〈dieser〉〔Mann〕 ~ (ここにいる)この男 | Geben Sie mir dieses ~! これをください ‖ Herrn X, ~ (直接使いの者が届ける手紙の封筒の上書きで)当地在住 X 様 ‖ **~ und da** i) そこここに; ii) 時おり | **~ und dort** ここでもあそこでも; ここかしこに | **~ und heute** 〈**jetzt**〉《雅》いまこの場で, 即刻 | Du mußt dich ~ und jetzt entscheiden. 君はいますぐ決心しなければいけない ‖ ~ oben 〈unten〉 上〈下〉の方のここで | ~ draußen 〈hinten〉 外〈後〉のここに | ~ herum このあたりに, ここいら辺に | *Hier* links 〈entlang〉, bitte! ここを左〈こちら〉へどうぞ | ~ am Orte 当地で | ~ an der Ecke このかどで | ~ auf Erden この世で | ~ in Bonn 当地ボンにおいて | ~ in der Nähe この近くに | Der Zettel liegt ~ auf dem Tisch. その紙片はこのテーブルの上にある ‖ Mir steht es bis ~.《話》私はあきあきする〈もうたくさんだ〉(→hierher) | Kommen Sie einmal nach ~ (=hierher)? 一度当地へいらっしゃいませんか | von dort nach ~ そっちからこっちへ | von ~ nach dort 〈bis zum Bahnhof〉 ここからそこへ〈駅まで〉 | von ~ ab 〈an〉 ここから〔先〕; この時から〔以後〕 | von ~ aus ここから外へと | von ~ abreisen 〈weggehen〉 ここを旅立つ〈立ち去る〉 | die Leute von ~ 当地の人々 | nicht weit von ~ sein ここから遠くない | **nicht von ~ sein** 当地の人間〈出身者〉でない(土地不案内である);《話》(少々)頭がおかしい〈気が変だ〉| ein bißchen ~ sein《話》少々低能だ ‖ Der Ausgang ist ~. 出口はここ〈こちら〉です | *Hier* 〔bin ich〕! (点呼に答えて)はい(ここにいます) | *Hier* ist der Bayerische Rundfunk. (放送で)こちらはバイエルン放送 | *Hier* 〔spricht / ist〕 Müller. (電話で)〔こちらは〕ミュラーです | *Hier* ruht 〔in Gott〕 X (墓碑銘で) X ここに眠る | *Hier* steht 〈ist zu lesen〉, daß .. (本などで)ここに…と書いてある | *Hier*, nimm! さあ〔受け〕取れ | *Hier* hast du dein Buch zurück. ほら君の本を返すよ | Bitte, wo ist ~ die Post? この辺では郵便局はどこでしょうか | *Hier* muß ich dir recht geben. この点では君の言うとおりだ | *Hier* stimmt was nicht. こいつはどこか変だ | *Hier* liegt der Hund begraben. (→Hund 1 a) | *Hier* gibt es nichts zu lachen. 笑ったりする問題じゃないぞ | *Hier* machte er eine abwehrende Handbewegung. このとき彼は拒否するように手を振った.

★ dort および da との違い: →da I 1 a ☆

[*germ.*; ◇zis.., her, hin, hiesig; *engl.* here]

hier..[1] **1**《da.. と同じように, 前置詞 an, auf, aus, bei, durch, für, gegen, hinter, in (4格支配では ein の形で), mit, nach, neben, über, um, unter, von, vor, wider, zu, zwischen と結合して副詞をつくり, i) 前文の内容や既出の名詞を受けたり; ii) 近くの場所を指す(→hier). アクセントはふつう前置詞のほうにあるが, 例えば場所を指す場合などのように指示的意味の強い場合には hier.. にアクセントがおかれる: → da.. 1》: Das ist eine Gemeinheit. *Hier*für (=Dafür) habe ich kein Verständnis. これは卑劣なやり方だ. 私にはそれが許せない | Es hat jemand laut gerufen. *Hier*von (=Davon) war er erwacht. だれかが大声を出しそれで彼は目がさめた | Es wurde gesungen. Die Feierstunde war *hier*mit (=damit) beendet. 歌が歌われ祝典はこれで終わった ‖〖場所に関連して〗*Hier*über wohnt niemand mehr. この上の部屋にはもうだれも住んでいない.

☆ da.. との違い: i) 既出の名詞を受ける用法は da.. の方がはるかに頻度が高い. ii) 両者が対比的に用いられる場合には, hier.. の方が手近な事物に関連して用いられる: Dort sind zwei Tore. Soll ich *hier*durch gehen oder *da*durch? 門が二つ見えているが私はこちらの方の門を通るべきだろうか そちらの方の門を通るべきだろうか.

2《場所・方向を示す副詞 her, hin, innen などと結合して副詞をつくる. アクセントはふつう後の副詞の方にあるが, 指示的意味が強く残っている場合には, hier.. にアクセントがおかれる: → da.. 2》: *hier*her こちらへ | *hier*hinab こちらの下の方へ.

3《分離動詞の前つづり. おもに話者に近い存在を意味する. つねにアクセントをもつ》: *hier*behalten ここに置いておく; 残しておく | *hier*sein 存在する; 来ている.

hier..[2] →hiero..

hier≠ämt·lich[hí:r..] 形《付加語的》《ｵｰｽﾄﾘｱ》この〈わが〉役所に関する, 当庁の扱うべき. ≠**amts** 副《ｵｰｽﾄﾘｱ》この〈わが〉役所で, 当庁において.

hier·an[hí:rán, –⌣́; 指示的強調: ⌣́⌣] 副 ここに; これに〔ついて〕(→daran; hier..[1] 1 ☆).

Hier·ar·chie[hierarçí:, hir..] 女 -/-n[..çí:ən] **1**《単数で》〖ｶﾄﾘｯｸ〗 **a**) 教階制度(聖職者の位階制). **b**) 全聖職団. **2 a**) (厳格な)職階制, 階級組織. **b**) (Rangfolge) (一般に)序列, 順位. **3** =Hierokratie [*gr.*–*kirchenlat.*]

hier·ar·chisch[hierárçɪʃ, hir..] 形 Hierarchie の: eine ~*e* Ordnung (厳格な)階級組織体系 | eine ~ gegliederte Organisation (厳格な)階級制の組織.

hier·ar·chi·sie·ren[hierarçizí:rən, hir..] 他 (h)《*et.*[4]》(…に)職階制を導入する; (…に)序列〈順位〉をつける.

hie·ra·tisch[hierá:tɪʃ] 形 **1** 聖職者の; 神官の: ~*e* Schrift 神聖〈神官〉文字(古代エジプトの神官が用いた象形文字のパピルス用簡略体: →demotisch). **2**〖美〗アルカイックな. [*gr.*–*lat.*]

hier·auf[hí:ráuf, –⌣́; 指示的強調: ⌣́–] 副 この上に; これに続いて〈対して・関して〉(→darauf; →hier..[1] 1 ☆).

hier·auf·hin[hí:raufhín, ––⌣́; 指示的強調: ⌣́–⌣] 副 この結果, そこで(→daraufhin; →hier..[1] 1 ☆).

hier·aus[hí:ráus, –⌣́; 指示的強調: ⌣́–] 副 ここから; これで(→daraus; →hier..[1] 1 ☆).

hier|be·hal·ten*[hí:r..]《65》他 (h) ここに〈手もとに〉残して置く, ここに〈手もとに〉留めて置く, 手放さない: Kannst du nicht mein Gepäck 〈meinen Sohn〉 ~? 私の荷物〈息子〉を預かってはくれまいか.

hier·bei[hí:rbái, –⌣́; 指示的強調: ⌣́–] 副 ここら〈このそば〉に; その際, これに伴って, これと同時に(→dabei; →hier..[1] 1 ☆).

hier|blei·ben*[hí:r..]《21》自 (s) (ここに)とどまる;《話》(nachsitzen) (学校に)居残りさせられる.

hier·durch[hí:rdúrç, –⌣́; 指示的強調: ⌣́⌣] 副 ここを抜けて〈通って〉; このため, これによって; こうして; (hiermit) この書面で, ここに(→dadurch; →hier..[1] 1 ☆).

hier·ein[hí:ráin, –⌣́; 指示的強調: ⌣́–] 副 この中へ; これに〔対して〕(→darein; →hier..[1] 1 ☆).

hier·für[hí:rfý:r, –⌣́; 指示的強調: ⌣́–] 副 このために, これに対して(→dafür; →hier..[1] 1 ☆).

hier·ge·gen[hí:rgé:gən, –⌣́⌣; 指示的強調: ⌣́–⌣] 副 ここに〔向かって〕; これに対〔抗〕して; これと比べて(→dagegen; →hier..[1] 1 ☆).

hier·her[hí:rhé:r, –⌣́; 指示的強調: ⌣́–] 副 こちらへ, ここへ: *Hierher*, Kinder! 子供たち こっちへおいで | Was führt Sie ~? 何の用件でこちらに来られたのですか ‖ **bis ~** ここまで; この時まで, これまで | Bis ~ 〔und nicht weiter〕! i) ここまでで止まれ; ii) (討議などで)ここでやめにしよう; iii) (満腹で)もう入らん | in *et.*[3] bis ~ kommen …(研究など)でここまで到達する | Mir steht es bis ~. (のどのあたりを示して)私はもうたくさんだ〈へどが出そうだ〉.

★ 動詞と用いる場合は分離の前つづりともみなされる.

hier·her·auf[hí:rhɛráuf, –⌣⌣́; 指示的強調: ⌣́⌣–] 副 こっちへのぼって.

hier·her≠|be·mü·hen[hi:rhé:r.., hí:rhé:r..]《過分 hierherbemüht》他 (h)《*jn.*》(…にていねいに頼んで)こちらまで来てもらう: 再帰 Ich danke Ihnen, daß Sie sich[4] *hierherbemüht* haben. わざわざお越しいただいて恐縮です. ≠|**bit·ten***《19》他 (h)《*jn.*》(…に頼んで)来てもらう: Darf ich Sie einen Augenblick ~? ちょっとこちらへお越し願えませんか. ≠|**brin·gen***《26》他 (h) こちらへ持って来る. ≠|**ei·len** 自 (s) こちらへ急いで来る. ≠|**fah·ren***《37》**I** 自 (s) (乗り物で)こちらへ来る. **II** 他 (h) (乗り物で

H

人・荷物などを)こちらへ運んで来る. ≠|**füh·ren** **I** 他 (h)《*jn.*》こちらへ導いて〈連れて〉来る. **II** 自 (h) (道などが)こちらへ通じている. ≠|**ge·hö·ren** 自 (h) (分類などで)ここに所属する; これと関連する, ここにふさわしい: Das *gehört* nicht *hierher*. それはここでは当たらない〈ここの問題ではない〉| die *hierhergehörenden* Möbel ここに備え付けの家具(→hierhergehörig).

hier·her·ge·hö·rig[hi:rhé:r.., hí:rhé:r..] 形 ここに所属している: die ~*en* Möbel ここに備え付けてある家具.

hier·her≠|kom·men*[hi:rhé:r.., hí:rhé:r..]《80》自 (s) こちらへ来る: Wie bist du *hierhergekommen*? 君はここまでどうやって来たのか. ≠|**lau·fen***《89》自 (s) こちらへ走って〈歩いて〉来る.

hier·her·um[hí:rhεrúm, ―◡́; 指示的強調: ⊥◡◡] 副 この辺りに;《概数に続けて》その前後: irgendwo ~ どこかこの辺りに | hundert Mark **oder ~** 100マルク前後.

hier·hin[hí:rhín, ―◡́; 指示的強調: ⊥◡] 副 ここへ, こちらへ: bis ~ ここまで〔は〕; これまで〔は〕| Bis ~ fahre ich und nicht weiter. ここまでは(車で)行きますが これ以上先には行きません | Lege das Buch ~! その本をここへ置け | ~ und dorthin あちこちへ | Er schaute bald ~, bald dorthin. 彼はきょろきょろした.

★ 動詞と用いる場合は分離の前つづりともみなされる.

hier≠hin·ab[hí:rhınáp; 指示的強調: ⊥◡◡] 副 こちらの下の方へ. ≠**hin·auf**[hí:rhınáuf; 指示的強調: ⊥◡―] 副 こちらの上へ. ≠**hin·aus**[hí:rhınáus; 指示的強調: ⊥◡―] 副 こちらの外へ. ≠**hin·ein**[hí:rhınáın; 指示的強調: ⊥◡―] 副 こちらの中へ.

hier·hin·ter[hí:rhíntər; 指示的強調: ⊥◡◡] 副 この後に(→dahinter; →hier..[1] 1 ☆).

hier·in[hí:rín, ―◡́; 指示的強調: ⊥◡] 副 この中に〈で〉; この点に〈で〉(→darin; →hier..[1] 1 ☆).

hier·in·nen[hí:rínən, ―◡́◡; 指示的強調: ⊥◡◡] 副 この内部で; この点で(→darinnen).

ᵛ**hier·lands**[hí:rlánts, ―◡́; 指示的強調: ⊥◡] 副 (hierzulande) この国では; 当地では.

hier|las·sen*[hí:r..]《88》他 (h)《*jn./et.*[4]》ここに置いたままにしておく, ここに置きざりにする(→lassen I 1 b ①): Das Auto *lasse* ich *hier*, wenn ich in Urlaub fahre. 休暇の旅に出かけるときには この車はここに置いてゆく.

hier·mit[hí:rmít, ―◡́; 指示的強調: ⊥◡] 副 これを使って; これとともに; これに関して; これをもって, このようにして;〖商〗本状により, ここに(→damit I; →hier..[1] 1 ☆): *Hiermit* wird bescheinigt, daß .. ここに…であることを証明します.

hier·nach[hí:rná:x, ―⊥; 指示的強調: ⊥―] 副 こののち, これに次いで; これに従って〈よれば〉(→danach; →hier..[1] 1 ☆).

hier·ne·ben[hí:rné:bən, ―⊥◡; 指示的強調: ⊥―◡] 副 これと並べて〈並んで〉; (außerdem) このほかに(→daneben; →hier..[1] 1 ☆).

hiero..《名詞などにつけて「神聖な」を意味する. 母音の前では hier.. となる: →*Hier*archie》[*gr.*]

Hie·ro·du·le[hierodú:lə] **I** 男 -n/-n **1** (古代ギリシアの)神殿奉仕奴隷. **2**〖ギリシア正教会〗聖堂番. **II** 女 -/-n (古代ギリシアの)神殿奉仕女奴隷. [*gr.*; <*gr.* doũlos (→Dulie)]

Hie·ro·gly·phe[hieroglý:fə; オーストリア: ―, ..glí:fə] 女 -/-n **1** (古代エジプトなどの)象形文字〔文書〕(→ 図 Schrift). **2**《複数で》《戯》(悪筆で)判読しにくい文字.

hie·ro·gly·phisch[hieroglý:fıʃ] 形 **1** 象形文字の. **2**《戯》判読しにくい, なぞのような.

Hie·ro·krat[hierokrá:t] 男 -en/-en **1** 教権政治主義者. **2** 教権統治を目指す聖職者.

Hie·ro·kra·tie[hierokratí:] 女 -/-n[..tí:ən] (Priesterherrschaft) 教権〈僧職〉政治, 聖職者統治.

hie·ro·kra·tisch[hierokrá:tıʃ] 形 教権〈僧職〉政治の.

Hie·ro·mant[hierománt] 男 -en/-en Hieromantie を行う僧侶(そうりょ). [<*gr.* mántis „Wahrsager"]

Hie·ro·man·tie[hieromantí:] 女 -/ いけにえ獣による占い.

Hie·ro·ny·mit[hieronymí:t] 男 -en/-en〖宗〗聖ヒエロニムス隠修士会士.

Hie·ro·ny·mus[hieró(:)nymus, hiró:..] **I** 男名 ヒエロニュムス. **II** 人名 der heilige ~ 聖ヒエロニムス(347頃-419; Vulgata 聖書の翻訳者). [*gr.*–*lat.*; <*gr.* ónyma „Name"]

Hie·ro·phant[hierofánt] 男 -en/-en〖宗〗(古代ギリシアの)秘儀を教える導師. [*gr.*–*spätlat.*; <*gr.* phaínen „zeigen"]

hier·orts[hí:r|ɔrts, ―◡́; 指示的強調: ⊥◡] 副《官》当地では, 当庁では.

Hie·ro·sko·pie[hieroskopí:, ..rɔs..] 女 -/ = Hieromantie

hier|sein*[hí:rzaın]《165》**I** 自 (s) 現存〈存在〉する, ある; 到着している: Es muß viel Wein ~. ワインはまだたくさんあるはずだ.

☆ ふつう 2 語に書く.

II Hier·sein 中 -s/ 現存, 存在; 滞在; 訪問;〖哲〗現存在: bei unserem ~ 我々の〔来て〕いるときに.

hier·selbst[hí:rzέlpst, ―◡́; 指示的強調: ⊥◡] 副《雅》当地で.

hier·über[hí:rý:bər, ―⊥◡; 指示的強調: ⊥―◡] 副 この上に; これを越えて; これについて; このために(→darüber; →hier..[1] 1 ☆): *Hierüber* wohnt ein junges Ehepaar. この上の階には若い夫婦が住んでいる.

hier·um[hí:rúm, ―◡́; 指示的強調: ⊥◡] 副 このまわり〈あたり〉に; これについて(→darum; →hier..[1] 1 ☆).

hier·un·ter[hí:rúntər, ―◡́◡; 指示的強調: ⊥◡◡] 副 この下に; この中に〔まじって〕; このことで(→darunter; →hier..[1] 1 ☆): *Hierunter* wohnt niemand. この下の階にはだれも住んでいない.

hier·von[hí:rfɔ́n, ―◡́; 指示的強調: ⊥◡] 副 ここ〈これ〉から; これの, これについて(→davon; →hier..[1] 1 ☆).

hier·vor[hí:rfó:r, ―⊥; 指示的強調: ⊥―] 副 この前〈以前〉に; これに対して(→davor; →hier..[1] 1 ☆).

hier·wi·der[hí:rví:dər, ―⊥◡; 指示的強調: ⊥―◡] 副 これに〔反〕対して(→dawider; →hier..[1] 1 ☆).

hier·zu[hí:rtsú:, ―⊥; 指示的強調: ⊥―] 副 こうするように〈ために〉; これについて〈対して〉; これに加えて〈添えて〉(→dazu; →hier..[1] 1 ☆).

hier·zu·lan·de[hí:rtsulándə; 指示的強調: ⊥◡◡◡] 副《雅》(bei uns) 当地では.

hier·zwi·schen[hí:rtsvíʃən, ―◡́◡; 指示的強調: ⊥◡◡] 副 この間に; この合間に; この間〈中〉へ(→dazwischen; →hier..[1] 1 ☆).

Hie·sel[hí:zəl] **I** 男名 ヒーゼル: der Bayrische ~ バイエルンのヒーゼル(18世紀の盗賊の首領, 本名は Matthias Klostermeier). **II** 男 -s/-《南部》農村の若者.

hie·sig[hí:zıç][2] 形《付加語的》ここの, 当地の: die ~*e* Bevölkerung ここ〈当地〉の住民 | ~*en* Ort〔e〕s 当地では | ~*er* Wein 当地産のワイン ‖ ein *Hiesiger* この土地の男. [„hierseiend"; ◇hie]

hieß[hi:s] heißen[1]の過去.

hie·ße[hí:sə] heißen[1]の接続法 II.

hie·ven[hí:fən, hí:vən[1]] 他 (h) **1**〖海〗(ウインチなどで)巻き上げる eine Last an Deck ~ 荷を甲板に揚げる. **2**《話》持ち上げる: *seinen* Koffer ins Gepäcknetz ~ トランクを網棚へ上げる. [*engl.* heave (→heben)]

hie·von[hí:fɔ́n, ―◡́; 指示的強調: ⊥◡]《南部》=hiervon

hie·vor[hí:fó:r, ―⊥; 指示的強調: ⊥―]《南部》=hiervor

hie·wi·der[hí:ví:dər, ―⊥◡; 指示的強調: ⊥―◡]《南部》=hierwider

hie·zu[hí:tsú:, ―⊥; 指示的強調: ⊥―]《南部》=hierzu

hie·zu·lan·de[hí:tsulándə; 指示的強調: ⊥◡◡◡]《南部》=hierzulande

hie·zwi·schen[hí:tsvíʃən, ―◡́◡; 指示的強調: ⊥◡◡]《南部》=hierzwischen

Hif·fe[hífə] 女 -/-n《方》=Hiefe

Hi-Fi[háıfi·, háıfáı] 略 =**High-Fidelity** ハイファイ.

Hi-Fi-Schall·plat·te[háıfi.., háıfáı..] 女 ハイファイレコード.

H

Hift·horn[hɪ́ft..] 中 -〔e〕s/..hörner (Jagdhorn)〘狩〙狩猟用角笛, 猟笛. [＜*ahd.* hiūfan „wehklagen"]

high[haɪ] 形《述語的》**1**（麻薬で）興奮した, 酔った: ～ werden ハイな気分になる. **2**《話》(一般に)気分が高揚した. [*engl.*; ◇hoch]

High·ball[háɪbɔːl] 男 -s/-s（ウイスキーをソーダ水で割った）ハイボール. [*engl.*]

High-brow[háɪbraʊ] 男 -〔s〕/-s〔教養を鼻にかける〕知識人. [*engl.*; ◇*engl.* brow „Hirn"]

High-Church[háɪtʃə́ːtʃ] 女 -/〘宗〙(イギリス国教の)高教会派. [*engl.*; ◇Hochkirche]

High-Fi·de·li·ty[háɪfaɪdɛ́lɪti·, háɪfɪdɛ́lɪtiː] 女 -/（略 Hi-Fi）(録音・再生の)高忠実度, ハイファイ. [*engl.*; ◇Fidelität]

High-Fi·de·li·ty-Schall·plat·te[háɪfaɪdɛ́lɪti..] ＝Hi-Fi-Schallplatte

High·life[háɪlaɪf; ｵｰｽﾄﾘｱ: ーム] 中 -〔s〕/ **1** 上流社会. **2**《話》にぎやかな集い. [*engl.*; ◇Leib]

High-So·cie·ty[háɪsəsáɪəti·] 女 -/ 上流社交界〈階級〉. [*engl.*; ◇Sozietät]

High-Tech[háɪtɛ́k] 中 -〔s〕/（女 -/）＝Hochtechnologie [*engl.*; ＜*engl.* high technology]

hi·hi[hihíː] 間（悪意のこもった・意地悪な・軽蔑的な笑い声）ひひ, ひっひっ.

Hi·jacker[háɪdʒɛkər] 男 -s/- (Luftpirat) 航空機乗っ取り〈ハイジャック〉犯人. [*amerik.*; ＜*engl.* highwayman „Straßenräuber"]

Hi·la Hilum の複数.

▽**Hi·la·ri·tät**[hilaritɛ́ːt] 女 -/ (Heiterkeit) 快活, 陽気. [*lat.*; ＜*gr.* hilarós „heiter" (◇selig)]

hilb[hɪlp][1] 形《副詞的用法なし》《ｽｲｽ》(windgeschützt) 風に対して保護された, 風の当たらない; (mild)(天候が)穏やかな. [＜hehlen]

Hil·bert[hɪ́lbərt] 人名 David ～ ダーヴィット ヒルベルト (1862-1943; ドイツの数学者): der *Hilbert*raum〘数〙ヒルベルト空間.

Hil·da[hɪ́lda·] 女名 (＜Hilde) ヒルダ.

Hild·burg[hɪ́ltbʊrk] 女名 ヒルトブルク.

Hil·de[hɪ́ldə] 女名 (＜Hildegard, Mathilde) ヒルデ.

Hil·de·brand[hɪ́ldəbrant] **I** 男名 ヒルデブラント. **II** 人名 ヒルデブラント(ゲルマン伝説で Dietrich von Bern の師傅(ふ)で剣術指南番: →Hildebrandslied). [＜*ahd.* hiltja „Kampf"＋brant „(brennenden Schmerz verursachende) Waffe"]

Hil·de·brands·lied 中 -〔e〕s/ ヒルデブラントの歌(800年ごろに成立したドイツの英雄叙事詩).

Hil·de·burg[hɪ́ldəbʊrk] 女名 (＜Hildburg) ヒルデブルク.

Hil·de·gard[..gart] 女名 ヒルデガルト.

Hil·de·gund[..gʊnt] 女名 ヒルデグント. [＜*ahd.* gund „Kampf"]

Hil·de·gun·de[hɪldəgʊ́ndə] 女名 ヒルデグンデ.

hilf[hɪlf] helfen の命令法単数.

Hil·fe[hɪ́lfə] 女 -/-n **1 a)**《ふつう単数で》助け, 援助, 助力, 支援, 手助け, 手伝い; 救い, 救助, 救援: gegenseitige ～ 相互扶助 | finanzielle ～ 財政援助 | **Erste** ～（医療行為の前の）応急処置 | ～ für *jn.* …に対する援助 | Wirtschafts*hilfe* 経済援助 | *jm.*〔*seine*〕～ anbieten …に援助を申し出る | *jm.* ～ bringen 〈leisten〉 …を援助する | bei *jm.* ～ suchen …に助けを求める | *jm. seine* ～ verweigern …に対して助力を拒絶する ‖〘前置詞と〙**auf** ～ hoffen 〈angewiesen sein〉援助を期待する〈当てにしている〉| **mit** ～ der Werkzeuge 〈von Werkzeugen〉道具を使って | mit ～ von zwei Assistenten 二人の助手の手を借りて | **ohne**〔jede〕～〔なんの・だれの〕助けも借りずに | ohne fremde ～ 他人に助けてもらわずに | *jn.* **um** ～ bitten 〈anflehen / angehen〉…に援助を請う〈切願する〉|〔um〕～ schreien 〈rufen〉助けてくれと叫ぶ | *sich*[4] an *jn.* um ～ wenden …に援助を求める | *et.*[4] **zu** ～ nehmen …の助けを借りる, …を利用する | *jn.* zu ～ rufen …に助けを求め〔て呼び寄せ〕る | *jm.* zu ～ kommen (かけつけて)…に加勢する | Sie wollte seinem Gedächtnis zu ～ kommen. 彼女は彼が忘れ〔たがっ〕ていることを思い出させようとした |〔Zu〕～! 助けてくれ. **b)**《複数で》〘体操〙幇助(ほうじょ), 補助, 介添え;〘馬術〙(馬への)命令, 合図: ～*n* geben i)(騎手が馬に)命令する, 合図する; ii)(体操で)介添えをする. **2** 手伝いの人, アシスタント: Haus*hilfe* 家事手伝いの女 | Küchen*hilfe* 調理場の手伝い女 ‖ eine ～ für den Haushalt brauchen 〈einstellen〉家事手伝い人を必要とする〈雇い入れる〉| Unsere ～ ist krank. うちのお手伝いさんは病気だ. **3**《北部》(Hosenträger) ズボンつり. [*ahd.*; ◇helfen]

..hilfe[..hɪlfə]《mit ..hilfe の形で: →Hilfe 1 a)》…の助けを借りて: mit Computer*hilfe* コンピューターを使って.

hil·fe≈be·dürf·tig[hɪ́lfə..] ＝hilfsbedürftig ≈**fle·hend** 形 援助を願い求める(ような).

Hil·fe≈lei·stung 女 援助; 救援, 救助. ≈**ruf** 男 援助を求める叫び;〘海〙SOS. ≈**stel·lung** 女〘体操〙(練習の際の危険防止の)介添え〔人〕, 補助〔員〕: *jm.* ～ leisten 〈geben〉《比》…を支援する.

hil·fe·su·chend 形 援助を求める(ような).

hilf·los[hɪ́lfloːs][1] 形 助けのない, 頼るもののない; 無力な, (自分で自分を)どうすることもできない, お手あげの: eine dumme, ～*e* Antwort とんまで頼りない答え | ein ～*er* Blick 途方にくれたまなざし | ～*e* Kinder 寄る辺のない子供 ‖ *jn.* ～ ansehen ぽかんと〈ぼう然と〉…を見つめる | *jm.* ～ ausgeliefert sein …の手中に陥ってどうすることもできない状態にある ‖ Ohne Brille ist er völlig ～. めがねなしでは彼はてんでお手あげだ. [*ahd.*; ◇Hilfe]

Hilf·lo·sig·keit[..loːzɪçkaɪt] 女 -/ hilflos なこと.

hilf·reich 形《雅》**1** 積極的に援助する, 親切な: *jm.* eine ～*e* Hand bieten / *jm.* ～ zur Seite stehen …に援助の手をさしのべる | *jm.* ～ in die Seite treten (→Seite 1 a). **2** (nützlich) 有益な, 役に立つ, ためになる: Seine Kritik ist sehr ～. 彼の批判は非常に有益だ.

Hilfs≈ak·tion[hɪ́lfs..] 女 (組織的な)救助〈救援〉活動. ≈**ar·bei·ter** 男 見習工, 臨時工〈雇い〉. ≈**as·si·stent** 男 研究室補助員, 研究室勤務の学生. ≈**be·am·te** 男 補助官, 補助職員.

hilfs·be·dürf·tig 形 援助の必要な, 困窮している: die *Hilfsbedürftigen* 貧困者たち, 貧窮な階級.

Hilfs·be·dürf·tig·keit 女 -/ 困窮, 貧困.

hilfs·be·reit 形 積極的に援助する, 協力的な, 親切な: ein ～*er* Kollege 親切〈協力的〉な同僚 | ～ sein 親切である.

Hilfs≈be·reit·schaft 女 -/ 親切〔心〕: Ich danke Ihnen für Ihre ～. ご親切〈ご援助・ご協力〉ありがとうございます. ≈**dienst** 男 **1** 救助活動; 救援サービス〈奉仕〉. **2 a)**〘軍〙補充予備役勤務. **b)**〘史〙(第一次大戦中の)銃後〔防空〕勤務. **3**〔緊急〕救助組織〈機関〉: für die Bevölkerung einen ～ einrichten 住民のために救助対策本部を設ける. ≈**flü·gel** 男 (Schlitzflügel)〘空〙隙間(げきかん)翼, スロット付き翼. ≈**fonds**[..fɔ̃ː] 男 救済基金. ≈**geist·li·che** 男 助任司祭; 代理牧師. ≈**gel·der** 複 補助〈助成〉金; 救済金. ≈**gut** 中《ふつう複数で》救援物資. ≈**kas·se** 女 救援基金; 共済金庫. ≈**kraft** 女 **1** 補助員, 助手: eine studentische ～ 研究室勤務の学生. **2**〘工〙補強力. ▽≈**kreu·zer** 男〘軍〙(商船を改装した)補助巡洋艦. ≈**leh·rer** 男 補助〈代理〉教員, 臨時教員, 準教員; 嘱託教師, 講師. ≈**li·nie**[..niə] 女 目じるしの線;〘数〙補助線;〘楽〙加線. ≈**ma·schi·ne** 女 補助機械〈エンジン〉. ≈**maß·nah·me** 女 -/-n《ふつう複数で》救援〈応急〉措置, 対策. ≈**mit·tel** 中 -s/- **1 a)**《ふつう複数で》補助物〈具〉. **b)**《複数で》補助金. **2** 補助手段; 救助策, 対策;〘医〙薬: ein gutes ～ gegen Husten せきどめの良薬 | ～ gegen Arbeitslosigkeit 失業対策. **3** (授業のための)参考資料; 参考書. ≈**mor·phem** 中 (↔Grundmorphem)〘言〙補助形態素(接辞・屈折形態素・文法的形態素の総称). ≈**mo·tor** 男 補助エンジン〈モーター〉. ≈**or·ga·ni·sa·tion** 女〔災害〕救助〈救援〉組織. ≈**pre·di·ger** 男 助任司祭; 代理牧師. ≈**pro·gramm** 中 援助計画. ≈**quel·le** 女

H

-/-n《ふつう複数で》〔援用〕資料, 参考文献; 資〔金〕源. ≈**ra·ke·te** 女 補助ロケット. ≈**rich·ter** 男《法》(臨時応援の) 特任判事, 補助裁判官. ≈**ru·der** 中《空》(方向舵(だ)の) 補助舵. ≈**satz** 男《数·論》補助定理. ≈**schiff** 中《軍》(商船を改装した) 補助艦. ≈**schu·le** 女 (精神薄弱児のための) 特殊学校. ≈**schü·ler** 男 Hilfsschule の生徒.

Hilfs·schul·leh·rer 男 Hilfsschule の教員.

Hilfs≈schwe·ster 女 補助看護婦, 准看護婦. ≈**spra·che** 女 補助言語; (Welthilfssprache) 国際補助言語 (エスペラントなど).

hilfst[hılfst] helfen の現在2人称単数.

Hilfs≈trup·pe[hílfs..] 女 -/-n《ふつう複数で》《軍》予備〈増援〉部隊. ≈**verb** 中《言》(本動詞に対して) 助動詞 (ただしふつう話法の助動詞は含まれない: →Modalverb 1). ≈**werk** 中 **1** 救援組織, 救援機関. **2**《電》副〈補助〉発電所.

hilfs·wil·lig[hílfsvılıç][2] **I** 形 助力〈援助〉する気持のある, 協力的な. **II Hilfs·wil·li·ge** 男《形容詞変化》(第二次世界大戦中のドイツ軍占領地域での現地民の) 対独協力者(略 Hiwi).

Hilfs≈wis·sen·schaft 女 補助科学. ≈**zeit·wort** 中 -[e]s/..wörter =Hilfsverb ≈**zug** 男《鉄道》(事故時の) 救援列車.

hilft[hılft] helfen の現在3人称単数.

Hi·li Hilus の複数.

Hil·le·bil·le[hílәbılә] 女 -/-n (合図などを伝えるためのつるした) 鳴らし板 (特に Harz 地方で用いられた). [„Hexengesäß"; <Hille „Hexe"+Bell[e] „Gesäßbacke"]

Hil·ty[hílti·] 人名 Carl ~ カール ヒルティ(1833-1909; スイスの法学者·哲学者. 著作は『眠られぬ夜のために』など).

Hi·lum[hí:lʊm] 中 -s/..la[..la·] (Nabel)《植》へそ (種子の胚珠(はいしゅ)が胎座に付着していた部分の痕跡(こんせき)). [*lat.* „Fäserchen"; <*lat.* filum „Faden"; ◇Filet, nihilistisch]

Hi·lus[hí:lʊs] 男 -/..li[..li·]《解》門 (血管·神経などが出入する内臓表面の凹陥部).

Hi·lus·drü·se 女《解》肺門リンパ腺(せん)〈節〉.

der **Hi·ma·la·ja**[himá:laja·, ..malá:ja·] 地名 男 -[s]/ ヒマラヤ (南アジアの大山系). [*sanskr.* „Schneewohnung"]

Hi·ma·la·ja·ze·der[himá:laja..] 女《植》ヒマラヤ杉.

Hi·ma·tion[himá:tiɔn] 中 -[s]/..tien[..tiәn] ヒマチオン (古代ギリシア人が羽織った四角な布). [*gr.*; <*gr.* heĩma „Kleid" (◇Weste)]

Him·bee·re[hímbe:rә] 女 -/-n《植》(キイチゴ属の) ミヤマウラジロイチゴ〔の実〕, ラズベリー〔の実〕(→ 図). [*westgerm.* „Hirsch-beere"; ◇Hinde]

Himbeere

him·beer≈far·ben[hímbe:r..] 形, ≈**far·big** 形 ラズベリー色の, 暗赤紫色の.

Him·beer≈geist 男 -[e]s/ ラズベリーのブランデー. ≈**ge·lee**[..ʒele:] 中 (男) ラズベリーのゼリー. ≈**kä·fer** 男《虫》キスイムシモドキ(擬木扱虫) 科の昆虫. ≈**saft** 男 -[e]s/ ラズベリージュース. ≈**strauch** 男《植》ラズベリーの木. ≈**zun·ge** 女《医》(猩紅(しょうこう)熱で暗紅色にはれた) いちご舌.

Him·mel[hímәl] 男 -s/- 《ふつう単数で》**1** (英: *sky*) (↔Erde) 空, 天, 天空: ein bewölkter 〈heiterer〉 ~ 曇った〈晴れた〉空 | ein blauer 〈wolkenloser〉 ~ 青い〈雲一つない〉空 | der gestirnte ~《雅》星空 | der nächtliche ~ 夜空 ‖ **~ und Erde** 天と地;《料理》(ソーセージなどの付け合わせにする) ジャガイモとリンゴとのピューレ | **~ und Menschen**《話》大勢の人々, 雲霞(うんか)のような人数 ‖《1格で》Der ~ ist blau 〈bedeckt〉. 空が青い〈曇っている〉| Der ~ bewölkt sich 〈klärt sich auf〉. 空が曇る〈晴れ上がる〉| soweit der ~ blaut 〈reicht〉(空の続く限り) どこもかしこも, どこまでも | Der ~ öffnet seine Schleusen.《雅》(天の水門が開かれたように) どしゃ降りの雨が降る | Ich glaubte 〈Eher hätte ich gedacht〉, der ~ stürzte ein. (空が崩れ落ちるかとばかり) 私はびっくり仰天した, 私はとても信じられなかった ‖《4格で》**den ~ für eine Baßgeige 〈einen Dudelsack〉 ansehen**《話》へべれけに酔っている | den ~ stürmen《比》不可能なことを企てる ‖《前置詞と》**am ~** dahinziehen (月·雲が) 空を渡る | am ~ stehen (太陽·月などが) 空にかかっている | ein aufgehender Stern am literarischen ~《雅》文壇の新星 | trübe Wolken am politischen ~《雅》政界を覆う暗雲 | wie ein Blitz aus heiterem ~ (→Blitz 1) | **in** den ~ [hinein] ragen 天空にそびえる | Kein Baum wächst in den ~.《諺》物には限度がある(天まで伸びる木はない) | Es ist dafür gesorgt, daß die Bäume nicht in den ~ wächst. (→sorgen I 1) | **unter** freiem ~ 野外〈露天〉で | unter einem rauhen 〈milden〉 ~ 気候の厳しい〈穏やかな〉地方で | Er wohnt unter südlichem ~. 彼は南国に住んでいる | **vom ~ fallen 〈schneien〉**《比》不意に現れる | **wie** vom ~ gefallen 〈geschneit〉 降ってわいたように | Es ist noch kein Meister vom ~ gefallen. (→Meister 2 a) | *jm.* 〈für *jn.*〉 die Sterne vom ~ holen [wollen] …のためならどんなことでも〔してやろうと〕する | das Blaue vom ~ [herunter]lügen (→blau III 2) | **zum** ~ 〈雅: gen ~〉 aufblicken 空を仰ぎ見る | zum ~ emporsteigen 上空へ立ち昇る | zum ~ sinken《話》ひどすぎる, 度を越している | **zwischen ~ und Erde** schweben 宙づりになっている.

2 (↔Hölle) 天国: **den ~ auf Erden haben**《比》きわめて幸福である | ***jm.* den ~ [auf Erden] versprechen** …にこの上ない幸福を約束する | **den ~ offen sehen**《雅》(目的を達して) この世の天国を感じる | **den Himmel voller Baßgeigen sehen**《話》(願いが叶って) 有頂天である | *seinen* ~ in der Brust tragen (外界に影響されず) 胸に幸せを秘めている ‖《前置詞と》**aus allen ~*n* fallen 〈stürzen / gerissen werden〉**(あてがはずれて) がっくりする; びっくり仰天する | ***jn.* aus allen ~*n* reißen** …をがっくり〈びっくり仰天〉させる | **in** den ~ eingehen《雅》死ぬ | ***jn.* 〈*et.*[4]〉 in den ~ heben** 〈erheben〉《話》…をやたらに褒め上げる | in den ~ kommen (死んで) 昇天する | die Engel im ~ singen hören (幸福·苦痛で) ぼうっとなる | **[wie] im siebten ~ sein 〈schweben〉** / ***sich*[4] wie im sieb[en]ten ~ fühlen** 無上の幸福を感じている | Dein Wille geschehe wie im ~, also auch auf Erden! み心が天に行われるとおり地にも行われますように(聖書: マタ6, 10) | ***jm.* 〈für *jn.*〉 hängt der ~ voller Geigen**《雅》…は幸福に酔いしれている (キリスト生誕のとき天は楽を奏でる天使で満ちていたということから) ‖《Hölle と対句をなして》**~ und Hölle** 天国と地獄; けんけん遊び (地面に描いた図形の上を片足で跳び歩く遊び); (折り紙による) 当てっこ遊び | *Himmel* und Hölle! ちくしょう, いまいましい | **~ und Hölle 〈Erde〉 in Bewegung setzen**《話》死力を尽くす, あらゆる手段を試みる | nicht nach ~ und Hölle fragen《比》何事も気にかけない.

3 (Gott) 天〔命〕, 神: eine Fügung 〈der Segen〉 des ~*s* 天の摂理〈祝福〉‖ [**ach du**] **lieber ~!/o ~!/o gerechter 〈gütiger〉 ~!** ああどうしよう (驚きの叫び) | *Himmel* noch [ein]mal, wo ist mein Füller? (さんざん捜して) ちくしょう私の万年筆はどこへ行ったんだ | ***Himmel*, Herrgott, Sakrament!** / 卑: ***Himmel*, Arsch und Zwirn 〈Wolkenbruch〉!** ちくしょうめ ‖ *sich*[4] dem ~ angeloben《雅》教団〈修道院〉にはいる | Dem ~ sei Dank! やれやれありがたや ‖ den ~ 〈~ und Erde〉 als Zeuge anrufen 天地神明に誓う ‖ Der ~ bewahre 〈behüte〉! とんでもない, めっそうもない | Der ~ sei mein Zeuge! 神も照覧あれ (誓いの言葉) | Das verhüte der ~! (嫌な·恐ろしいことを避けたい気持で) くわばらくわばら | weiß der ~ たしかに | Weiß der ~, wo er ist. 彼はどこにいるものやら | Das weiß der [liebe] ~! そんなこと (だれにも) 分かるもんか ‖ **um [des] ~*s* willen!** とんでもない, めっそうもない; 後生〈お願い〉だから | **zum ~ schreien 〈stinken〉**《話》全くけしからぬことである (→himmelschreiend) | Der Betrug schreit 〈stinkt〉 zum ~. これは実にけしからぬ詐欺だ.

4 (上部をおおうもの. 特に:) **a**) (Baldachin) (王座·寝台などの) 天蓋(てんがい). **b**) (車の) 幌(ほろ), 屋根. **c**) (舞台の) 天井,ホリゾント; 〖坑〗ヒンメル(坑道の天井). **d)** 〖狩〗捕鳥網の上部. **e)** 《ｽｲ》(ミルクの)膜.
[*germ.* „Bedeckendes"; ◇Kammer, Hemd; *engl.* heaven]

him·mel·an [hɪməl|án, ◡‿◡́] 副 《雅》天へ向かって.

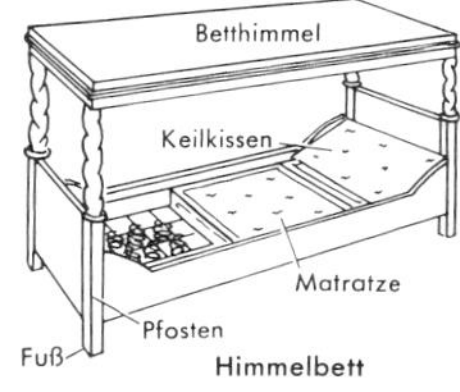

him·mel·angst [híməl|aŋst] 形 《述語的》ひどく不安な: Mir war 〈wurde〉 ~. 私はすごく怖かった〈怖くなった〉.

Him·mel·bett [híməl..] 中 天蓋(てんがい)つき寝台(→ 図).

him·mel·blau 形 空色の, 淡青色の.

ᐁ**Him·mel·dach** 中 (Baldachin) (王座・寝台などの)天蓋.

Him·mel·don·ner·wet·ter 中 《間投詞的に》 ***Himmeldonnerwetter* noch** 〔**ein**〕**mal!** こんちくしょう; くそいまいましい.

Him·mel·fahrt [híməl..] 女 **1** 〖ｶﾄﾘｯｸ〗昇天; 《ふつう無冠詞で》昇天の祝日: Christi ~ キリストの昇天(復活祭後40日目) | Mariä ~ 〖ｶﾄﾘｯｸ〗聖母マリアの被昇天(８月15日) ‖ zu 〈南部: an〉 ~ キリスト昇天の祝日に. **2** 《話》いのちにかかわる危険な企て, 自殺的行為; きもを冷やす急上昇.

Him·mel·fahrts≈blu·me 女 〖植〗エゾノチチコグサ(蝦夷父子草). **≈kom·man·do** 中 《話》〖軍〗決死的任務〈使命〉, 自殺的企て; 決死隊. **≈na·se** 女 《戯》(Stupsnase) 短くて上を向いた鼻. **≈tag** 男 キリスト昇天の祝日(復活祭後40日目).

him·mel·froh [híməlfró:] 形 《述語的》《話》非常に喜んでいる, とってもうれしい.

him·mel·hoch [híməlhó:x] 形 天まで届くような: ein *himmelhoher* Turm 高い高い塔 ‖ ~ aufragen 空高くそびえる | *jn.* ~ bitten 《比》…に切願〈懇願〉する | **~ jauchzend, zu**〔**m**〕 **Tode betrübt** 極度の喜びと悲しみとにこもごも襲われて.

Him·mel·hund [híməl..] 男 《卑》 **1** 卑劣漢, 悪党. **2** 無鉄砲なやつ, 命知らずの男.

him·meln [híməln] 《06》 **I** 自 (h) **1** うっとりと〔空を〕見上げる; 熱狂〔的な目つきを〕する: *himmelnde* Augen うっとりした目つき. **2 a)** 〖狩〗(撃たれた鳥が死ぬ前に)一直線に舞い上がる. **b)** 《南部》《卑》死ぬ, くたばる. **c)** 信心ぶる. **3** 《南部》 非人称 《es himmelt》 (幕状に)稲光がする. **II** 他 (h) **1** 《*et.*⁴》 (寝台に)天蓋(てんがい)を付ける. **2** 《話》 (anhimmeln) 《*jn.*》 (熱狂的に)敬慕する, あがめる.

Him·mel·reich [híməl..] 中 -〔e〕s/ 〖ｷﾘｽﾄ教〗天国; 《比》極楽: Des Menschen Wille ist sein ~. (→Wille).

Him·mels≈ach·se 女 -/ 〖天〗天軸. **≈äqua·tor** 男 -s/ 〖天〗天の赤道. **≈bahn** 女 〖天〗(天体の)軌道. ***≈baum*** 男 = *Götterbaum* **≈bläue** 女 空の青さ〈青色〉. **≈bo·gen** 男 《雅》 **1** 《単数で》 = Himmelsgewölbe **2** (Regenbogen) 虹(にじ). **≈braut** 女 **1** 《雅》(Nonne) 修道女. **2** die ~ 〖ｷﾘｽﾄ教〗聖処女マリア. **≈brot** 中 〖聖〗マナ (→Manna 1 a).

Him·mel≈schlüs·sel 男 (中) -s/-, **≈schlüs·sel·chen** 中 -s/- = Himmelsschlüssel I

him·mel·schrei·end 形 (不正・罪などが)天人ともに許さぬ, 許すべからざる, 極悪非道の, ひどい: ein ~*es* Elend 見るにたえぬ悲惨さ | ~*er* Blödsinn 《比》底抜けの愚鈍さ, 全くのナンセンス | Die Mißstände waren ~. 弊害はなんともひどいものであった.

Him·mels≈er·schei·nung [híməls..] 女 天界の異常現象(流星・虹(にじ)・オーロラなど). **≈fe·ste** 女 -/ 《雅》 = Himmelsgewölbe **≈fürst** 男 神, 天国の支配者. **≈ge·gend** 女 **1** 天の一角. **2** = Himmelsrichtung **≈ge·wöl·be** 中 -s/ 《雅》 (Firmament) (丸天井と見たてた)天空. **≈glo·bus** 男 (Sternglobus) 〖天〗天球儀. **≈gucker** 男 **1** 〖魚〗ミシマオコゼ. **2** 《戯》星占い師; 天文学者. **≈haus** 中 〖占星〗(天の12の)宿, 宮(きゅう) (→Himmelszeichen). **≈he·rold** 男 〖植〗ミヤマムラサキ(深山紫)属. **≈kar·te** 女 (Sternkarte) 星図, 天球図. **≈kö·ni·gin** 女 -/ 〖ｶﾄﾘｯｸ〗元后の聖母(聖母マリア). **≈kör·per** 男 天体; (Gestirn) 星. **≈kreis** 男 〖天〗天緯(例えば Himmelsäquator など). **≈ku·gel** 女 **1** 《単数で》〖天〗天球. ᐁ**2** = Himmelsglobus **≈kun·de** 女 -/ (Astronomie) 天文学, 天体学. **≈lei·ter** 女 (Jakobsleiter) **1** 《単数で》〖聖〗(天に達する)ヤコブのはしご(聖書: 創28,12). **2** 〖植〗ハナシノブ(花忍)属. **≈licht** 中 -〔e〕s/ 《雅》空からの陽光, 天の光; 《比》天来の啓示: das große ~ 《雅》太陽. **≈me·cha·nik** 女 -/ 天体力学. **≈raum** 男 (Weltraum) 宇宙〔空間〕. **≈rich·tung** 女 方位; 方向: die vier ~*en* 四方位(東西南北) ‖ aus allen 〈vier〉 ~*en* 四方八方から | in alle ~*en* 四方八方へ. **≈schlüs·sel** **I** 男 中 -s/- (Schlüsselblume) 〖植〗セイヨウサクラソウ(西洋桜草). **II** 男 《雅》天国のかぎ. **≈schlüs·sel·chen** 中 -s/- = Himmelsschlüssel I **≈schrei·ber** 男 空中に広告文字を書く飛行機. **≈schrift** 女 (広告用飛行機が煙で空中に書く)空文字. **≈strah·lung** 女 〖理〗大気圏中に散乱する太陽光線. **≈strich** 男 **1** (Himmelsgegend) 天の一角. **2** 《雅》風土; 地帯, 地方.

him·mel〔**s**〕**·stür·mend** 形 《雅》こわいもの知らずの, めくらめっぽうな.

Him·mel〔**s**〕**·stür·mer** 男 《雅》(盲目的な)理想家, こわいもの知らず.

der **Him·mels·wa·gen** 男 -s/ 《雅》(Großer Bär) 〖天〗大熊(おおぐま)座.

Him·mels≈zei·chen 中 (Tierkreiszeichen) 〖天〗獣帯記号, 十二宮(きゅう). **≈zelt** 中 -〔e〕s/ 《雅》(Himmel) 天空, 蒼穹(そうきゅう), 青天井. **≈zie·ge** 女 **1 a)** (Bekassine) 〖鳥〗タシギ(田鷸). **b)** 《戯》愚直〈偏屈〉な女. **2** die ~ 〖天〗カペラ(御者座の首星→Kapella).

him·mel·wärts [híməlvɛrts] 副 《雅》天に〈空へ〉向かって, 天〈空〉の方向に.

him·mel·weit [híməlváɪt] 形 非常に遠い; 無限に大きい: ein ~*er* Unterschied 雲泥の差 | Er ist ~ davon entfernt, daß ... 彼はおよそ…することがない.

Himm·ler [hímlər] 人名 Heinrich ~ ハインリヒ ヒムラー(1900-45; ナチの親衛隊長, 秘密国家警察の長官).

himm·lisch [hímlɪʃ] **I** 形 (↔irdisch) **1** 《雅》天〔空〕の; (göttlich) 天〔国〕の, 神に由来する: das ~*e* Licht 太陽 ‖ unser ~*er* Vater 天にまします我らが父(神) | die ~*en* Heerscharen 天使の大群 | die ~*en* Mächte 神々 | das ~*e* Reich 天国, 神の国. **2** 《比》(herrlich) この世ならぬ, 神々しい, すばらしい; 《話》絶大な, 途方もない: ~*e* Musik 妙(たえ)なる音楽 | ~*e* Ruhe この世ならぬ静けさ | ~*es* Wetter すばらしい上天気 | ~*e* Schönheit 神々しい美しさ | eine ~*e* Geduld besitzen 途方もなくしんぼう強い ‖ Das Wetter war ~. すばらしい天気だった ‖ ~ bequem sein すばらしく具合がいい | Du siehst ~ aus in diesem Kleid. 君はこの服を着るととってもすてきだ. **II Himm·li·sche** 男 《形容詞変化》神; 天使. [*ahd.*; ◇Himmel]

hin [hɪn] 副 (↔her) **1 a)** 《空間的》(ここから離れて)そちら〈あちら〉へ, 向こうへ, 前方へ: Wo ist er ~? 彼はどこへ行っちゃったのか | Wo willst du 〔denn〕 ~? 君はどこへ行く気か | Wo denkst du ~! (君の言うことは)とんでもない, 見当違いだ | ~ zu *jm.* gehen …のところへ行く(=zu *jm.* hingehen) ‖ Ist es weit bis ~? そこまでは遠いのですか | Nichts wie ~! (何はさておき)行かなくちゃ.
b) 《時間的》(現在から将来に向かって)まだずっと; ずっと引き続き: Es ist noch lange 〈eine Weile〉 ~, bis ... …まではまだしばらく時間がかかる | Noch ein paar Monate ~, und niemand denkt mehr daran. 二三か月もたてば もうだれもそんなことは考えてみもしない | die ganze Nacht ~ ひと晩じゅうずっと | lange Zeit ~ 引き続き長時間にわたって.

H

c) ① 過ぎ去った: *Hin* ist ～. 済んだことは済んだことだ(今さらどうしようもない).
② 《話》(weg) なくなった; こわれた, 死んだ; 疲れた(→hinsein): Mein ganzes Geld ist ～. 私はお金がすっからかんだ.
d) 《her などと対になって》**hin und her** あっちこっちへ; 行ったり来たり; 《比》あれこれと; ▽あちこちで; ▽しょっちゅう(→Hin und Her) | ～ und her gehen あちこち歩き回る; 行きつ戻りつする | ～ und her gerissen sein あれこれ思い迷っている | ～ und her stehen あちこちに立っている | ～ und her überlegen (→überlegen² I) | Das langt ⟨reicht⟩ nicht ～ und nicht her. それは全く不十分だ | drei Tage **hin oder her** 3日間内外, 3日かそこら | Das ist **hin wie her.** 《話》それはどっちみち同じだ | **nicht ～ und nicht her langen** ⟨**reichen**⟩ 《話》全然⟨とうてい⟩足りない | Vater **～**, Vater **her**, ich kann ihm nicht recht geben. 父親であろうとなかろうと私はその言い分を認めるわけにはいかない ‖ ～ und wider (→wider II) | **hin und wieder** ときおり, ときたま | Wir treffen uns ～ und wieder. 我々はときどき会う ‖ **hin und zurück** 行ったり来たり, 行き帰り | eine Fahrkarte ～ und zurück 往復切符 | Bitte einmal ⟨zweimal⟩ Hamburg ～ und zurück! ハンブルク往復1枚⟨2枚⟩ください.
2 《前置詞句にそえて》**a**) 《方向》**auf** den Befehl ⟨die Nachricht⟩ ～ 命令⟨知らせ⟩に応じて | auf die Gefahr ～ 危険をおかして | ein Wort auf seine Herkunft ～ untersuchen 単語の由来を調べる | aufs Ungewisse ～ 運を天に任せて | auf einen Verdacht ～ 嫌疑に基づいて | Das Haus hat drei Fenster auf die Straße ～. その家には街路に面する窓が三つある | auf Frankfurt ～ (＝zu) 《方》フランクフルトへと | **gegen** Mittag ～ 昼にかけて | gegen den Herbst ～ 秋にかけて | **nach** außen ～ 外へ向かって | nach allen Seiten ～ 四方八方へ | nach rechts ～ 右へ向かって | **vor** *sich*⁴ ～ (はっきりした目標なしに)ただ漠然と, 足の向くままに, どこへ⟨だれに⟩ともなく | vor *sich*⁴ ～ sprechen ひとりごとを言う | vor *sich*⁴ ～ starren ぼんやり前方を見つめる | vor *sich*⁴ ～ wandern あてもなくさまよう | leise vor *sich*⁴ ～ lachen くすくす笑う | still vor *sich*⁴ ～ weinen しくしく泣く | **zu** einem Ziel ～ 目標に向かって | zur anderen Seite ～ 向こう側へと | die Straße zum Bahnhof ～ 駅へ通じる街路.
b) 《広がり》**an** Ufer ～ 岸に沿ってずっと | **durch** das Tal ～ 谷を通り抜けてずっと | durch ⟨über⟩ viele Wochen ～ 何週間にもわたって | **über** die ganze Wand ～ 壁一面にわたって | über die ganze Welt ～ 全世界にわたって.
[*ahd.* hina „von hier"; ◇hier, her]

hin.. **1** 《分離動詞の前つづり.「そっちへ・向こうへ・消滅・なりゆきまかせ」などを意味する. つねにアクセントをもつ》: *hin*gehen (ある場所へ)行く | *hin*geben 引き渡す | *hin*sehen 見やる ‖ *hin*richten 処刑する | *hin*reden しゃべり立てる.
2 《方向を示す副詞につけて「そっちへ」を意味する. つねにアクセントをもたない》: *hin*auf あちらの上へ | *hin*ein (外から見て)〔あちらの〕中へ | *hin*weg あちらへ〔去って〕.

hin·ab[hɪnáp] 副 (hinunter) (こちらの上から)あちらの下へ: *Hinab* mit dir! お前おりて行け ‖ den Berg ⟨den Fluß⟩ ～ 山⟨川⟩を下って, ふもと⟨下流⟩へ向かって ‖ vom Gipfel bis ins Tal ～ 頂上から谷まで | vom General bis ～ zum gemeinen Soldaten 上は将軍から下は一兵卒に至るまで.
★ 動詞と用いる場合は分離の前つづりともみなされる.

hin·ab≠|blicken[hɪnáp..] 自 (h) **1** 見おろす: 〔auf〕 die Straße ～ 通りを見おろす. **2** 《auf *jn.*》(…を)見くだす, ばかにする. **≠|fah·ren*** 《37》 **I** 自 (s) (乗り物が・乗り物で)〔走り〕下って行く: im Fahrstuhl ～ エレベーターでおりて行く ‖〖4格と〗den Bergabhang ～ 《登山》山腹をグリセードする | den Rhein ～ ライン川を船で下る. **II** 他 (h) (乗り物などで)運びおろす; (乗り物を)下方へ進める: ein Schiff den Rhein ～ 船でライン川を下る. **≠|ge·hen*** 《53》 自 (s) (歩いて)おりて行く; 《空》下降する: in den Garten ～ 庭へおりる ‖〖4格と〗Er *geht* die Stufen *hinab*. 彼は段段をおりて行く ‖ 非人称 Es *ging* steil den Berg *hinab*. 道はきつい下り坂だった. **≠|las·sen*** 《88》 他 (h) おろす, おりて行かせる: 再帰 *sich*⁴ an einem Seil ～ ロープをつたって降りて行く, ロープでおろしてもらう. **≠|schau·en** 自 (h) 見おろす: ins Tal ～ 谷を見おろす. **≠|se·hen*** 《164》 自 (h) (こちらから)見おろす; 《比》《auf *jn.*》見下す, ばかにする: vom Turm in Tiefe ～ 塔の上から下の方を見おろす. **≠|sen·ken** 他 (h) **1** (低い位置に)下ろす, 沈める. **2** 再帰 *sich*⁴ ～ (道が)下り坂である. **≠|stei·gen*** 《184》 自 (s) おりて行く; 《比》悪化する: in den Keller ～ 地下室におりて行く ‖〖4格と〗Er *steigt* die Treppe *hinab*. 彼は階段をおりて行く. **≠|stür·zen** 《02》 **I** 自 (s) (どっと)落ちる. **II** 他 (h) (どっと)落下させる: ein paar Gläser Bier ～ ビールを二三杯のどに流しこむ ‖ 再帰 *sich*⁴ von einem Turm ～ 塔の上から身を投げる. **≠|trei·ben*** 《193》 他 (h) (家畜などをふもとの方へ)追いおろす.

Hi·na·ja·na[hinajá:na·] 中 -/ (↔Mahajana) 《宗》小乗〔仏教〕. [*sanskr.* hīna-yāna „kleines Fahrzeug"]

hin·an[hɪnán] 副 《雅》(hinauf) (こちらの)下から上へと: den Berg ～ 山を(下から)上の方へと | Das Ewig-Weibliche zieht uns ～. 永遠にして女性的なるものが我々を引き上げてくれる (Goethe: *Faust* II).
★ 動詞と用いる場合は分離の前つづりともみなされる.

hin|ar·bei·ten[hín|arbaɪtən] 《01》 **I** 自 (h) **1** 《auf *et.*⁴》(…を目ざして)努力する. **2** 再帰 *sich*⁴ ～ 過労で健康をそこねる⟨倒れる・死ぬ⟩. **II** 他 (h) **1** 再帰 *sich*⁴ nach *et.*³ ～ …を目指して努力する. **2** そそくさと⟨ぞんざいに⟩作る.

hin·auf[hɪnáʊf] 副 (こちらの下から)あちらの上へ: der Weg ～ (そこまでの)登り道 | etwas weiter ～ もう少し上へ | vom einfachen Soldaten bis ～ zum General 下は一兵卒から上は将軍に至るまで | bis zu den Anfängen der Geschichte ～ 歴史のそもそもの始めまでさかのぼって ‖ Den Fluß ～ bis dorthin sind es genau 100 m. 上流のあそこまではちょうど100メートルある | Ich hatte bis zu den Knien ～ kalte Füße. 私は両足が膝頭(ひざがしら)まで冷たかった.
★ 動詞と用いる場合は分離の前つづりともみなされる.

hin·auf≠|ar·bei·ten[hɪnáʊf..] 《01》 他 (h) 再帰 *sich*⁴ ～ 苦労して高い所へ到達する: *sich*⁴ zu *et.*³ ～ 《比》努力して…に昇進⟨立身出世⟩する ‖ *sich*⁴ den Berg ～ 山道を苦労して登って行く. **≠|be·för·dern** 《05》 他 (h) 上に運搬する. **≠|be·ge·ben*** 《52》 他 (h) 再帰 *sich*⁴ ～ (階上などへ)上がって行く. **≠|blicken** 自 (h) 《zu *et.*³》(…を)仰ぎ見る: zum Himmel ～ 空を仰ぐ. **≠|brin·gen*** 《26》 他 (h) **1** 運び上げる. **2** 《オーストリア》 再帰 *sich*⁴ ～ 努力して昇進⟨立身出世⟩する. **≠|die·nen** 他 (h) 再帰 *sich*⁴ ～ 努力して昇進する. **≠|fah·ren*** 《37》 **I** 自 (s) (乗り物が・乗り物で)登って行く: mit dem Lift ～ エレベーターで登る ‖〖4格と〗den Fluß ～ 流れをさかのぼる | Man *fährt* mit der Seilbahn den Berg *hinauf*. ロープウェーで山を登る. **II** 他 (h) (乗り物などで)運び上げる; (乗り物を)上方へ進める. **≠|fal·len*** 《38》 自 (s) 《ふつう次の形で》die Treppe ～ (→Treppe 1). **≠|füh·ren** **I** 他 (h) 連れて⟨案内して⟩上って行く: den Gast in den ersten Stock ～ 客を(階下から)2階へ連れて行く. **II** 自 (h) (道などが)上へと通じている: *Führt* dieser Weg zum Aussichtsturm *hinauf*? この道を登って行くと展望台に出〔られ〕ますか.

hin·auf≠|ge·hen*[hɪnáʊf..] 《53》 自 (s) **1** (歩いて)上る: 〖4格と〗Ich *gehe* die Treppe *hinauf*. 階段を上がる | 非人称 Es *ging* steil den Berg *hinauf*. 山道はきつい上り坂だった. **2** (温度・価格などが)上がる, (要求などが)高まる: im Preis ～ (商品が)値上がりする(→3) ‖ Der Kolben *geht hinauf* und hinunter. ピストンが上下する. **3** (値段などを)上げる; (高速に)ギアチェンジする: Man *geht* im ⟨mit dem⟩ Preis *hinauf*. 値上げする(→2) | in den zweiten Gang ～ (ローから)セカンドギアに切りかえる. **≠|kom·men*** 《80》 自 (s) 上って行く; 《比》昇進⟨立身出世⟩する: aufs Pferd ～ 馬にまたがる | bis zum Gipfel ～ 山頂に達する. **≠|las·sen*** 《88》 他 (h) 《話》上がらせる, 登らせる: *Laß* ihn nicht auf die Mauer *hinauf*! あいつを塀の上に登らせちゃいかん. **≠|schicken** 他 (h) (命令して)上へ行かせる. **≠|schnel·len** 自 (s) 《話》(物価・数値などが)急激にはね上がる. **≠|schrau·ben** 他 (h) **1 a**) ねじを回して上げる: die Lampe ～ ランプの芯(しん)をねじって出す. **b**) 《話》(値段など

H

を)徐々に上げる: die Preise ～ 物価をつり上げる | die Produktion ～ 生産をだんだん高める. **2** 再帰 *sich*⁴ ～ (鳥・飛行機などが)旋回しながら舞い上がる. ≈|**schwin·gen*** ⟪162⟫ 他 (h) 再帰 *sich*⁴ ～ さっと舞い上がる〈飛び乗る〉: *sich*⁴ aufs Pferd ～ 馬にひらりと飛び乗る | *sich*⁴ zum Himmel ～ ぱっと空に舞い上がる. ≈|**set·zen** ⟪02⟫ 他 (h) (高い所に)上げる; (料金などを)つり上げる; ⟪*jn.*⟫ (…の)席順を上げる: Kaffee〔im Preis〕～ コーヒーを値上げする ‖ 再帰 *sich*⁴ ～ 上の方の座席へ移る. ≈|**stei·gen*** ⟪184⟫ 自 (s) **1**〔よじ〕登る; ⟪比⟫ 昇進〈立身出世〉する: auf *et.*⁴ ～ …に〔よじ〕登る | bis zum Gipfel ～ 山頂をきわめる | auf der Leiter des Erfolges weiter ～ 成功者の道をさらに歩み続ける ‖〖4格と〗Man *steigt* die Treppe *hinauf*. 階段を登る. **2** (温度・価格が)上がる. ≈|**stei·gern** ⟪05⟫ 他 (h) ⟪雅⟫ 高める: 再帰 *sich*⁴ ～ 高まる. ≈|**tra·gen*** ⟪191⟫ 他 (h) 運び上げる. ≈|**trei·ben*** ⟪193⟫ 他 (h) (家畜を)追い上げる; ⟪比⟫ (価格を)つり上げる: das Vieh auf die Alm ～ 家畜を山の草場へ追い上げる | die Preise künstlich ～ 物価を人為的につり上げる. ≈|**tun*** ⟪198⟫ 他 (h) (高い所に)置く, あげる, 入れる. ≈|**win·den*** ⟪211⟫ 他 (h) **1** (ウインチで)巻き上げる. **2** 再帰 *sich*⁴ ～ (道・階段が)らせん状に上へ通じている.

hin·auf|zie·hen*[hɪnáuf..] ⟪219⟫ **I** 他 (h) **1** 引っぱり〈つり〉上げる: die Rollos ～ ブラインドを巻き上げる | den Wagen den Berg ～ 車を山上へ引き上げる | die Brauen bis an den Haaransatz ～ まゆを髪の生え際までつり上げる ‖ 再帰 *sich*⁴ an einem Seil ～ ロープにすがって上る. **2** 再帰 *sich*⁴ ～ 上の方まで伸びている: Die Felder *ziehen* sich weit den Hang *hinauf*. 畑は斜面の上の方まで続いている. **II** 自 (s) **1** ⟪話⟫ (集団が)ぞろぞろ上って行く; ⟪雅⟫ (巡礼が)聖地へ上って行く. **2** 上の方へ引っ越す: in den zweiten Stock ～ (下の階から) 3 階に移転する.

hin·aus[hɪnáus] 副 (内から見て)〔あちらの〕外へ; 先の方へと: Zu hoch nicht ～! あまり高望みするな(→hinauswollen 2) | *Hinaus* mit dir! お前出て行け ‖〖前置詞句にそえて〗**～ aufs** offene Meer 沖へ向かって | auf Jahre 〈Wochen〉 ～ 数年〈数週〉先〔の分〕まで | ein Zimmer **nach** dem Hof **～** 中庭に面した部屋 | **über** *et.*⁴ **～** sein …を越えて〈克服して〉いる | Er ist längst über das Alter ～, wo ... 彼は…する年ごろはとっくに過ぎている | darüber ～ それを越えて, それ以上に, そのほかに, さらに(→darüber).

★ 動詞と用いる場合は分離の前つづりともみなされる.

hin·aus≈|be·för·dern[hɪnáus..] ⟪05⟫ 他 (h) 運び出す; ⟪話⟫ ⟪*jn.*⟫ (乱暴に)追い出す, おっぽり出す. ≈|**be·ge·ben*** ⟪52⟫ 他 (h) 再帰 *sich*⁴ ～ (中から)外へ出かける, おもむく. ≈|**be·glei·ten** ⟪01⟫ 他 (h) ⟪*jn.*⟫ (客などを)送って出る: *jn.* zum Flughafen ～ …を空港まで見送る. ≈|**beu·gen** 他 (h) 再帰 *sich*⁴〔zum Fenster〕～〔窓から〕身を乗り出す. ≈|**blicken** = hinausschauen ≈|**brin·gen*** ⟪26⟫ 他 (h) **1** 運び〈連れ〉出す. **2** =hinausbegleiten **3** es über *et.*⁴ ～ …以上に進歩〈昇進〉する(→bringen 2 c). ≈|**den·ken*** ⟪28⟫ 自 (h) ⟪über *et.*⁴⟫ (…より)先のことまで考える: Sie *denkt* nie über ihre Heimat *hinaus*. 彼女はおよそ自分の狭い世界のことしか考えない. ≈|**drän·gen I** 他 (h) **1** 押し〈追い〉出す: *jn.* aus dem Zimmer ～ …を部屋から追い出す. **2** 再帰 *sich*⁴ ～ = II **II** 自 (h) 押しあいへしあいしながら外へ出る. ≈|**drücken** 他 (h) ⟪話⟫ **1** (人をその地位から)追放する, 追い落とす. **2** 再帰 *sich*⁴ ～ そっとその場を去る. ≈|**ei·len** 自 (s) **1** 急いで出て行く. **2** ⟪über *et.*⁴⟫ 順調に進んで(…を)上まわる. ≈|**ekeln** ⟪06⟫ 他 (h) ⟪話⟫ ⟪*jn.* 〔aus *et.*³〕⟫ (…が〔…から〕)いや気がさして出て行くよう仕向ける.

hin·aus≈|fah·ren*[hɪnáus..] ⟪37⟫ **I** 自 (s) (乗り物などで)出かける; (乗り物などが)スタートする; (急に・さっと)出る: **aufs** Meer ～ (船が・船で)沖へ出る | 〔**aus** dem Hafen〕～ (船が)出航する | in die Welt ～ ⟪比⟫ 社会に出る, 世間の荒海に乗り出す | **über** *et.*⁴ ～ ⟪比⟫ …(限度など)を越える | Er *fuhr* mit dem Kopf **zum** Fenster *hinaus*. 彼は窓からさっと首を出した. **II** 他 (h) **1** (乗り物などで)連れ〈運び〉出す. **2** (乗り物などを)出す: das Auto aus der Garage ～ 車をガレージから出す. ≈|**feu·ern** ⟪05⟫ **I** 自 (h) (内から外へ)銃を発砲する. **II** 他 (h) ⟪話⟫ 追い出す, くび〈お払い箱〉にする. ≈|**fin·den*** ⟪42⟫ **I** 自 (h) 出口が分かる, 出ることができる. **II** 他 (h) 再帰 *sich*⁴ ～ = I ≈|**flie·gen*** ⟪45⟫ **I** 自 (s) 飛び出して行く; 遠くの方へ飛んで行く; ⟪比⟫ くびになる, おっぽり出される: aus dem Käfig ～ (鳥が)かごから逃げる | aus der Schule 〈der Stellung〉 ～ 放校になる〈職場をくびになる〉 | in hohem 〈im hohen〉 Bogen ～ (→Bogen 1 a) | hochkant ～ (→hochkant). **II** 他 (h) ⟪しばしば受動形で⟫ 飛行機で避難させる. ≈|**füh·ren I** 他 (h) **1** ⟪*jn.*⟫ 連れ〈送り〉出して行く. ᵛ**2** (ausführen) 仕上げる, 完成する. **II** 自 (h) **1** (道・出口が)通じている: *Führt* der Weg aus dem Wald *hinaus*? この道を行くと森から出られますか | Das Pförtchen *führt* in den Garten *hinaus*. この木戸は庭へ通じている. **2** ⟪über *et.*⁴⟫ (…から)はみ出す; (…を)上まわる, 越える.

hin·aus≈|ge·hen*[hɪnáus..] ⟪53⟫ 自 (s) **1** (歩いて)出て行く; (歩いて)遠くへ行く: auf die Straße 〈in den Garten〉 ～ 通り〈庭〉へ出る | aufs Land ～ 田舎へ出かける | aus dem Zimmer ～ 部屋を出る | zur Hintertür ～ 裏口から出る. **2** ⟪話⟫ (窓などが)面している: auf den Garten 〈nach Süden〉 ～ 庭〈南〉に面している | Die Tür *geht* in den Garten *hinaus*. 戸口は庭へ通じている. **3** ⟪über *et.*⁴⟫ (…を)越え〔て出〕る: über das Übliche ～ 並はずれて〈度を越して〉いる | über *seine* Vorgänger ～ 先人をしのぐ〈以上である〉. **4** =hinauslaufen 2 ≈|**ge·lei·ten** ⟪01⟫ 他 (h) ⟪*jn.*⟫ 送り〈連れ〉出す. ≈|**grei·fen*** ⟪63⟫ 自 (h) ⟪比⟫ ⟪über *et.*⁴⟫ (…を)上回る. ≈|**hän·gen*** ⟪66⟫ **I** 自 (h) ⟪不規則変化⟫ 中から外へ垂れている. **II** 他 (h) ⟪規則変化⟫ 外へ垂らす: die Wäsche ～ 洗濯物を外へ垂らして干す | die Fahne zum Fenster ～ 窓から旗を垂らす ‖ 再帰 *sich*⁴ 〔zum Fenster〕～ ⟪比⟫〔窓から〕身を乗り出す. ≈|**he·ben*** ⟪68⟫ 他 (h) **1** 持ち上げて出す: den Koffer zum Fenster ～ トランクを窓から外へ運び出す. **2** ⟪雅⟫ ⟪*et.*⁴ über *et.*⁴⟫ (…に…を)超越させる: 再帰 *sich*⁴ über *et.*⁴ ～ …を超越する. ≈|**ja·gen I** 他 (h) 狩り立てる, 追い出す; ⟪話⟫ くびにする, おっぽり出す: *jn.* zum Tempel ～ (→Tempel 1). **II** 自 (s) (さっと)とび出して行く: auf den Spielplatz ～ 運動場にとび出す. ≈|**kom·men*** ⟪80⟫ 自 (s) **1** 出て行く: auf die Straße ～ 通りへ出る | den ganzen Tag 〔über〕 nicht ～ 一日じゅう部屋にとじこもっている. **2** über *et.*⁴ nicht ～ …から先へ進まない. **3** ⟪auf *et.*⁴⟫ (…に)終わる, (…という)結果になる: Das *kommt* auf dasselbe *hinaus*. それは帰するところは同じである. ≈|**las·sen*** ⟪88⟫ 他 (h) ⟪話⟫ 外へ出す, 出て行かせる. ≈|**lau·fen*** ⟪89⟫ 自 (s) **1** 走り出して行く, 急いで出る. **2** ⟪auf *et.*⁴⟫ (…という)結果になる, (…を)目的としている: auf das gleiche 〈aufs gleiche〉 ～ 同じ結果になる, 結局は同じことである | Es *läuft* darauf *hinaus*, daß ... その結果は…となる, その目的は…である | Wo soll das ～? それはどういう結果に終わるだろうか. **3** ⟪über *et.*⁴⟫ (…を)越える. ≈|**le·gen** 他 (h) 出す, 出して横たえる: *et.*⁴ vors Fenster ～ …を窓の外に出す ‖ 再帰 *sich*⁴ in die Sonne ～ 日なたに寝そべる. ≈|**leh·nen** 他 (h) 再帰 *sich*⁴ ～ 身を乗り出す: *sich*⁴ zum Fester ～ 窓から身を乗り出す | Nicht ～! 窓から体を乗り出すな(列車などにある注意書き). ≈|**ma·chen** ⟪話⟫ **I** 自 (h) 出て行く: aufs Dorf ～ 村へ出かけて行く. **II** 他 (h) 再帰 *sich*⁴ ～ = I ≈|**re·den** ⟪01⟫ 他 (h) **1** zum Fenster ～ (→Fenster 1 a). **2** ⟪南部⟫ 再帰 *sich*⁴ auf *et.*⁴ ～ …を口実にして言いのがれる. ≈|**rei·chen I** 他 (h) ⟪*jm.* *et.*⁴⟫ (外にいる人に)手渡す. **II** 自 (h) のび出る: Die Landzunge *reicht* bis weit ins Meer *hinaus*. 岬は海上遠くまでのび出ている. ≈|**rei·ten*** ⟪116⟫ 自 (s) 馬に乗って出る: zum Tor ～ 馬に乗って門を出る.

hin·aus≈|schaf·fen 他 (h) 運び出す. ≈|**schau·en** 自 (h) (外を)見〔や〕る: zum Fenster ～ 窓から外を見る. ≈|**sche·ren** 他 (h) ⟪話⟫ 再帰 *sich*⁴ ～ 大急ぎで出る: *Scher* dich *hinaus*! ⟪卑⟫ とっとと出てうせろ. ≈|**schicken** 他 (h) 使いに出す; (部屋などから)外へ〔追い〕出す. ≈|**schie·ben*** ⟪134⟫ 他 (h) **1** 押し出す: *seinen*

H

Oberkörper zum Fenster ~ 窓から上半身を乗り出す ‖ 再帰 *sich*⁴ zur Tür ~ 戸口から抜け出る. **2** 《比》先へのばす: die Reise ~ 旅行を延期する. ≠|**schie·ßen*** 《135》 自 **1** (h) 外に向かって射る. **2** (s) 《話》すばやく飛び出して行く: Er *schoß* zur Tür *hinaus*. 彼は勢いよく戸口から飛び出した. **3** (h, s) 〔weit〕 übers 〈über das〉 Ziel ~ (→Ziel 1). ≠|**schlei·chen*** 《139》 **I** 自 (s) そっと出て行く, 忍び出る. **II** 他 (h) 再帰 *sich*⁴ ~ = I ≠|**schmei·ßen*** 《145》《話》 = hinauswerfen ≠|**se·hen*** 《164》 自 (h) (外を)眺める: aufs Meer ~ 海を眺める〈見晴らす〉 | nicht über *seine* Nasenspitze ~ 〔können〕 (→Nasenspitze). ≠|**set·zen** 《02》 他 (h) **1** 外に出す〈置く〉: 再帰 *sich*⁴ in den Garten ~ 庭に出〔て座〕る. **2** 《話》おっぽり出す, 追放する, くびにする. ≠|**sol·len*** 《172》 自 (h) 出〔かけ〕なければならない; 《über *et.*⁴》(…を)越えて行かねばならない: Wo *soll* das *hinaus*? 《比》これはどうなるというのか〈結局何が目的なのだ〉. ≠|**spie·len** 他 (h) **1** 延期する. **2** 再帰 *sich*⁴ auf *et.*⁴ ~ …であるように見せかける, …だと見られたがる | *sich*⁴ auf die Naive ~ (女が)おぼこぶる, かまととをきめこむ. ≠|**steh·len*** 《183》 他 (h) (↔hineinstehlen) 再帰 *sich*⁴ ~ こっそり抜け出る〈逃げ出す〉. ≠|**stei·gen*** 《184》 自 (s) **1** 外へ出る: aus dem Boot ~ ボートから下りる | zum Fenster ~ 窓から降りる. **2** 《über *et.*⁴》(…を)越える, 上回る: über 40 Grad ~ (温度が) 40度を越える. ≠|**stel·len** 他 (h) 外へ出す: die Topfblume auf den Balkon 〈vors Fenster〉 ~ (花の)鉢植えをバルコニーに〈窓の外に〉出す. ≠|**sto·ßen*** 《188》 他 (h) 押し〈突き〉出す; 《比》追い出す〈払う〉. ≠|**strö·men** 自 (s) 流れ出て行く; 《比》(大挙して)外へ出て行く. ≠|**stür·zen** 《02》 **I** 自 (s) (勢いよく・大あわてで)とび出して行く. **II** 他 (h) (外へ)突き落とす, ほうり出す: 再帰 *sich*⁴ 〔zum Fenster〕 ~ 〔窓から〕身を投げる. ≠|**tra·gen*** 《191》 他 (h) **1** (外へ)運び出す: die Stühle in den Garten ~ いすを庭に持ち出す. **2** (遠くへ)運ぶ: *et.*⁴ in die Welt ~ …を世に広める.

hin·aus≠|trei·ben*[hınáʊs..] 《193》 **I** 他 (h) (家畜を)外へ連れ出す〈追い立てる〉; 《*jn.*》追い立てる〈払う〉: das Vieh auf die Weide ~ 家畜を草場へ出す ‖ 非人称 Es *trieb* ihn in die Welt *hinaus*. 彼は世間に出たいという気持にかり立てられた. **II** 自 (s) (舟などが)漂い出る: aufs Meer ~ 沖へ流される. ≠|**tre·ten*** 《194》 自 (s) あゆみ出て行く: auf den Balkon ~ バルコニーに出る. ≠|**tun*** 《198》 他 (h) **1** 外へ出す. **2** 《話》《*jn.*》おっぽり出す, くびにする. ≠|**wach·sen*** 《199》 自 (s) 《über *et.*⁴》(植物などが…を)越えてのびる〈大きくなる〉: über *seinen* Lehrer ~ 《比》(教え子が学問的に)師をしのぐ | Über diese Kinderbücher ist er längst *hinausgewachsen*. 彼はこんなお子さま本の段階はとっくに卒業している. ≠|**wa·gen** 他 (h) 再帰 *sich*⁴ ~ (大胆にも)外出する, 出かける: *sich*⁴ mit einem kleinen Boot aufs Meer ~ 小舟で大海に乗り出す | Du willst dich doch nicht etwa in diesem Mantel ~? まさかこんなコートを着て外出しようというんじゃあるまいな.

hin·aus·wärts[hınáʊsvɛrts] 副 (内から)外の方へ, 外へ向けて.

hin·aus≠|wei·sen*[hınáʊs..] 《205》 **I** 他 (h) 《*jn.*》(…に)出て行くように言う, (…を)追い出す. **II** 自 (h) 外の方を指示する: mit dem Stock aufs Meer ~ ステッキで海の方をさす. ≠|**wer·fen*** 《209》 他 (h) 外へ投げ〔捨て〕る, ほうり出す; 《話》《*jn.*》おっぽり出す, くびにする: Abfälle zum Fenster ~ ごみを窓から捨てる | *sein* Geld zum Fenster ~ 《比》金をむだ遣いする ‖ *jn.* achtkantig ~ (→achtkantig) | einen Blick auf die Straße ~ 通りへ目をやる | *jn.* aus der Schule ~ …を放校にする. ≠|**wol·len*** 《216》 自 (h) **1** 外に出ようと思う. **2** 《auf *et.*⁴》(…を)ねらう, 目的とする, 志す: **hoch** ~ 《話》大望を抱く, 出世欲に燃えている | zu hoch ~ (身分不相応の)高望みをする ‖ Ich weiß, worauf du *hinauswillst*. 君の意図が何であるか私には分かっている | Worauf 〈Wo〉 *will* das *hinaus*? その意図はどこにあるのだろうか, そんなことをしていて結局はどうなることだろうか.

Hin·aus·wurf 男 -/ hinauswerfen すること.

hin·aus≠|zie·hen* 《219》 **I** 自 (s) 外に〈遠くに〉出て行く; 移る; 〖軍〗進出する: aufs Land ~ (都会から)田舎に居を移す | in die Welt ~ 広い世間に出て行く | ins Feld ~ 戦場に行く. **II** 他 (h) **1** 引っぱり出す. **2** 再帰 *sich*⁴ ~ (道などが)延びている. **3** 《時間的》長びかす, 引き延ばす; 遅らせる, 延期する: einen Termin ~ 期限を延ばす ‖ 再帰 *sich*⁴ ~ 長びく; 延期される. ≠|**zö·gern** 《05》 他 (h) 《話》(行動などを)先へのばす: 再帰 *sich*⁴ ~ (行動などが)先へのびる, のびのびになる.

hin|be·ge·ben*[hínbəge:bən]¹ 《52》 他 (h) 再帰 *sich*⁴ ~ (こちらから)向こうへおもむく.

hin|be·glei·ten[hínbəglaıtən] 《01》 他 (h) 《*jn.*》(…の)お伴をして(こちらから)向こうへ行く.

hin|be·kom·men*[hínbəkɔmən] 《80》 他 (h) 《話》 =hinkriegen

hin|be·mü·hen[hínbəmy:ən] 他 (h) 《*jn.*》(…にそっちへ)出向いてもらう, 足労を願う: 再帰 *sich*⁴ 〔selbst〕 ~ わざわざ(そっちへ)足を運ぶ, 出向く.

hin|be·stel·len[hínbəʃtɛlən] 他 (h) 《*jn.*》(…にそっちへ)行くよう指示する: für neun Uhr zu ihm *hinbestellt* werden 9時に彼の所へ行く〈来る〉よう言われる.

hin|bie·gen*[hínbi:gən]¹ 《16》 他 (h) (望ましい形に)曲げる; 《俗》なんとか取りはからう, うまく処理する; 《話》《*jn.*》(望ましい方向へ)教化〈教育〉する.

Hin·blick[hínblık] 男 -〔e〕s/ ▽**1** 目を向けること. **2 im 〈in〉 ~ auf *et.*⁴** …を顧慮して | Ich sage es im ~ auf seine Kränklichkeit. 私は彼が病弱だからそう言うのだ.

hin|blicken[hínblıkən] 自 (h) (ある方向に)目を向ける, ちらっと視線を向ける: nach *et.*³ ~ …を見やる | weit über *et.*⁴ ~ …を越えてはるか遠くまで見晴らす.

hin|brin·gen*[hínbrıŋən] 《26》 他 (h) **1** (そちらへ)持って〈つれて〉行く: Kinder zur Schule ~ 子供を学校へ送り届ける. **2** 《話》(時を)過ごす: *sein* Leben kümmerlich ~ 細々と暮らす. **3** 《話》やりとげる.

hin|brü·ten[hínbry:tən] 《01》 自 (h) vor *sich*⁴ ~ (くよくよと)思い悩む.

hin|däm·mern[híndɛmərn] 《05》 自 (h) (時を)意識不明に近い状態で〈夢うつつで〉過ごす.

Hin·de[híndə] 女 -/-n =Hindin [*ahd.* hinta]

Hin·de·mith[híndəmıt] 人名 Paul ~ パウル ヒンデミット (1895–1963; ドイツの作曲家).

Hin·den·burg[híndənbʊrk] 人名 Paul von ~ パウル フォン ヒンデンブルク (1847–1934; 第一次大戦のドイツの参謀総長. 1925–34大統領).

hin|den·ken*[híndɛŋkən] 《28》 自 (h) **1** (…へ)思いをはせる, 思いやる: zu *jm.* ~ しきりに…のことを思う. **2** 行こうと思う: Wo *denkst* du *hin*? 君はどこへ行くつもりなんだい | Wo *denkst* du *hin*! なんてことを考えるんだ, とんでもない.

hin·der·lich[híndərlıç] 形 **1** 《*et.*³ / für *et.*⁴》(…にとって)邪魔な, 妨げ〈支障〉になる: Das kann deiner Karriere 〈für deine Karriere〉 ~ werden. それは君の将来の経歴にとって支障になるかもしれない. **2** (包帯などについて)手足が動きづらくなる, 行動を妨げる.

hin·dern[híndərn] 《05》 他 (h) **1** 《*jn.* an 〈bei/in〉 *et.*³》(…が…するのを)妨げる, 邪魔する; 阻止する: Ich möchte dich daran nicht ~. 私は君の邪魔はしたくない | Sie *hinderte* ihn daran, noch mehr zu trinken. 彼女は彼がそれ以上飲むのをおしとどめた. ▽**2** (verhindern) 《*et.*⁴》(…の実現を)妨げる, 阻止する, はばむ: den Krieg ~ 戦争を阻止する | Ich kann es nicht ~. 私にはそれを阻止する力はない. [*westgerm.* „zurückdrängen"; ◇hinter; *engl.* hinder]

☆ behindern, hindern, verhindern の違い: →behindern ☆

Hin·der·nis[híndərnıs] 中 -ses/-se 妨げになるもの, 邪魔もの, 障害〔物〕; 《比》支障, 困難; 〖スポ〗障害物: ***jm.* 〈*et.*³〉 ~*se* in den Weg legen** …を妨害する | alle ~*se* überwinden あらゆる障害を克服する ‖ auf viele ~*se* stoßen 多くの困難に遭遇する | ein Rennen mit ~*sen* 障害物競走 | ohne ~*se* すらすらと, 滞りなく.

Hin·der·nis≠bahn 女 〖陸上・馬術〗障害物競走路, 障

H

害レースのコース. ≈**lauf** 男〘陸上〙障害物競走. ≈**läu·fer** 男〘陸上〙障害物競走者, 障害ランナー. ≈**rei·ten** 中〘馬術〙障害飛越. ≈**ren·nen** 中〘馬術〙障害レース: das reinste ～ zurücklegen《比》大奮闘する, 大汗をかく.

Hin·de·rung[híndərʊŋ] 女 -/-en (hindern すること. 例えば:) 妨害, 妨げ, 障害〔物〕.

Hin·de·rungs·grund 男 阻害原因: Das ist für mich kein ～. それだからといって私がやめる理由にはならない.

hin|deu·ten[híndɔʏtən]《01》自 (h) **1**《auf *jn.* 〈*et.*[4]〉》(…を)指し示す: Er *deutete* mit dem Finger nach dem Bahnhof *hin.* 彼は指で駅の方を指した. **2**《auf *et.*[4]》(…を)示唆〈暗示〉する: Das *deutet* auf nichts Gutes *hin.* それはいい徴候ではない.

Hin·di[híndi·] 中 -/ ヒンディー語(インドの公用語): auf ～ ヒンディー語で. [＜*Hindi* Hind „Indien" (◇Hindu)]

Hin·din[híndɪn] 女 -/-nen《雅》(Hirschkuh) 雌ジカ. [*germ.* „Hornlose"; ◇*engl.* hind]

Hin·do·stan[híndɔsta(:)n, hɪndɔstá:n] ＝Hindustan

hin|drän·gen[híndrɛŋən] **I** 他 (h) **1** 押しやる: *jn.* zu einer Entschließung ～ …にむりやり決心をつけさせる. **2** 再帰 *sich*[4] ～ ＝ II **II** 自 (h) 押しかける, 押し寄せる.

Hin·du[híndu·] 男 -[s]/-[s] ヒンズー教徒. [*pers.*; ＜*pers.* Hind „Indien" (◇Indus)]

Hin·du·is·mus[hɪnduísmʊs] 男 -/ ヒンズー教(古代インドのバラモン教に民間諸宗教を総合したもの. 別名インド教).

hin·dui·stisch[..ístɪʃ] 形 ヒンズー教の.

der **Hin·du·kusch**[híndukʊʃ, ⌣⌣́] 地名 男 -[s]/ ヒンズークシ(パミール高原から南西にのびる南アジアの大山脈). [*pers.* „Indisches Gebirge"]

hin·durch[hɪndʊ́rç] 副 **1**《空間的; しばしば durch … hindurch の形で》通して, 貫いて, 横切って: dort ～ そこを通って | quer durch den Wald ～ 森を横切って. **2**《時間的; 4 格の名詞の後で》(…の)間じゅう, (…を)通じて: den ganzen Tag 〈Winter〉 ～ 一日〈冬の間〉じゅう | Jahre ～ 何年もの間ずっと.

hindurch..《分離動詞の前つづり. つねにアクセントをもつ》**1**《「通り抜けて」を意味する》: *hindurch*gehen 通り抜ける. **2**《「苦労して…しとげる」を意味する》: *sich*[4] *hindurch*arbeiten (苦労して)通り抜ける.

hin·durch≈ar·bei·ten[hɪndʊ́rç..]《01》他 (h) 再帰 *sich*[4] ～ (苦労して)通り抜ける: *sich*[4] durch ein Buch ～ (努力して)本を読み通す, 熟読玩味(がんみ)する. ≈**ge·hen***《53》自 (s) 通り抜ける: durch einen Wald ～ 森を通り抜ける | zwischen *et.*[4] ～ …の間を通り抜ける | durch viele Leiden ～ 多くの苦難を経験する. ≈**zie·hen***《219》**I** 他 (h)《durch *et.*[4]》(…に)通す: den Faden durch das Nadelöhr ～ 糸を針穴に通す ‖ 再帰 *sich*[4] durch *et.*[4] ～ …の全体に行きわたっている | Der Gedanke *zieht* sich durch den ganzen Roman *hindurch.* その考えはこの小説全体の基調をなしている. **II** 自 (s) 通り抜ける: durch einen Wald ～ 森を通り抜ける. ≈**zwän·gen** 他 (h)《durch *et.*[4]》(…をむりやり)くぐらせる, こじ入れる: 再帰 *sich*[4] ～ (むりやり)くぐり抜ける.

hin|dür·fen*[híndʏrfən]《35》自 (h)《話》(そっちへ)行っても〈運ばれても・置かれても〉よい.

Hin·du·stan[híndʊsta(:)n, hɪndʊstá:n] 地名 ヒンドスタン(インド北部, Ganges 川流域の平野. 以前は北インドをいい, 今日ではパキスタンに対してインドを指すこともある). [*pers.* „Hindus-land"; ◇Hindu]

Hin·du·sta·ni[hɪndʊstá:ni·] 中 -[s]/ ヒンドスタニー語(西部ヒンディー方言の一種で, 北部インド人の日常口語). [*Hindi*]

hin·du·sta·nisch[..nɪʃ] 形 ヒンドスタンの; ヒンドスタニー語の: →deutsch

hin|ei·len[hín|aɪlən] 自 (s) (そちらへ)急いで向かう; 急いで立ち去る; (時間が)速くすぎる.

hin·ein[hɪnáɪn] 副 (外から見て)〔あちらの〕中へ: *Hinein* mit dir! おまえ入って行け ‖〘前置詞句にそえて〙*Hinein* ins Bett! さっさと寝ろ | 〔bis〕 ins Zimmer ～ 室内へ〔まで〕| bis 〔tief〕 in die Nacht ～ aufbleiben 夜遅くまで起きている | bis in den 〔hellen〕 Tag ～ schlafen 真昼まで眠っている | bis tief in den Mai ～ 5月もずっと遅くまで | bis in die Einzelheiten ～ 細目にいたるまで | bis ins Innerste 〈Mark〉 ～ 心の奥底〈骨の髄〉まで | *sich*[4] 〔bis〕 ins Herz 〈in die Seele〉 ～ schämen 心から深く恥じ入る.

★ 動詞と用いる場合は分離の前つづりともみなされる.

[*ahd.* hina īn; ◇in]

hin·ein≈ar·bei·ten[hɪnáɪn..]《01》他 (h) **1** 再帰 *sich*[4] 〔in *et.*[4]〕 ～ 〔…の中へ〕努力して入りこむ | *sich*[4] in *seinen* neuen Beruf ～ 新しい職業にとけこもうとする. **2**《*et.*[4] in *et.*[4]》(くふうして…を…の中へ)はめこむ, 挿入する. ≈**bei·ßen***《13》自 (h)《in *et.*[4]》(…に)かぶりつく: zum *Hineinbeißen* sein かぶりつきたいほど(すてき・うまそう)である. ≈**be·kom·men***《80》他 (h)《in *et.*[4]》(うまく・なんとか…の中へ)入れる: den Schlüssel ins Schlüsselloch ～ 鍵(かぎ)を鍵穴にうまく差しこむ. ≈**be·mü·hen** 他 (h)《*jn.*》(…に)わざわざ入ってもらう: Darf ich Sie mit ～? いっしょに入っていただけますか ‖ 再帰 *sich*[4] ～ (わざわざ)入って行く. ≈**blicken** ＝hineinschauen ≈**boh·ren** 他 (h) **1**《*et.*[4] in *et.*[4]》(…を…をうがって)あける: ein Loch in den Stamm ～ 木の幹に穴をうがつ. **2** 再帰 *sich*[4] 〔in *et.*[4]〕 ～ (穴をうがって)〔…に〕もぐり〈くい〉込む | *sich*[4] in ein Wissensgebiet ～《話》ある専門分野に没頭する.

hin·ein≈brin·gen*[hɪnáɪn..]《26》他 (h) **1**《*jn.* 〈*et.*[4]〉 in *et.*[4]》(…を…へ)持ち〈つれ〉込む;《*et.*[4] in *jn.*》(…を…に)納得させる: einen Kranken in den Operationssaal ～ 患者を手術室に入れる | einen Vorfall in die Zeitung ～ ある事件を新聞だね〈記事〉にする | Zwiespalt in eine Familie ～ 分裂〈対立〉をある家族にもたらす | *et.*[4] in *js.* Kopf[4] ～ …(判断など)を…に納得させる. **2**《話》＝hineinbekommen ≈**den·ken***《28》他 (h) 再帰 *sich*[4] 〔in *et.*[4]〕 ～ 身を入れて〔…を〕考える | *sich*[4] in *jn.* 〈in *js.* Lage[4]〉 ～ …の身になって考える. ≈**deu·ten**《01》他 (h)《*et.*[4] in *et.*[4]》(ありもしない意味などを…に)かんぐる, 読み取る. ≈**drän·gen** **I** 他 (h)《*et.*[4] in *et.*[4]》押しこむ: *jn.* in einen Beruf ～《比》…をむりやりある職につける ‖ 再帰 *sich*[4] 〔in *et.*[4]〕 ～ (群衆などが)〔…に〕押し入る. **II** 自 (s)《in *et.*[4]》(群衆などが…に)押し入る. ≈**drin·gen***《33》自 (s)《in *et.*[4]》(…に)押し入る, 侵入する: Der Splitter *drang* in seinen Finger *hinein.* 破片が彼の指に食いこんだ. ≈**drücken** 他 (h)《*et.*[4] in *et.*[4]》押し〈詰め〉こむ: *seine* Sachen in den Koffer ～ 自分の荷物をトランクに詰めこむ. ≈**dür·fen***《35》自 (h)《話》入っていくことを許されている: Es *darf* niemand zu dem Kranken *hinein.* その患者は面会謝絶だ.

hin·ein≈fah·ren*[hɪnáɪn..]《37》**I** 自 (s) **1** (乗り物などが)走りこむ;《比》(急に)入りこむ: Ein Blitz *fuhr* in den Baum *hinein.* 雷が木に落ちた | in die Hose ～《話》さっとズボンをはく. **2**《mit *et.*[3]》(乗り物などを)乗り入れる; (手などを)さっと突っこむ: mit dem Auto in eine Fußgängergruppe ～ 自動車で歩行者の群れに突っこむ. **II** 他 (h) **1** (乗り物などを)乗り入れる: das Auto in die Garage ～ 自動車を車庫に入れる ‖ 再帰 *sich*[4] in die Weltspitze ～〘スポ〙世界のトップレベルにおどり出る. **2** (乗り物などで)運びこむ. ≈**fal·len***《38》自 (s) **1**《in *et.*[4]》(穴などへ)落ちこむ; (…の)方向をとる: *sich*[4] in *et.*[4] ～ lassen《話》悠然と…に腰をおろす. **2**《話》(hereinfallen)《auf *et.*[4]》(計略などに)ひっかかる, だまされる. ≈**fin·den***《42》他 (h) 再帰 *sich*[4] 〔in *et.*[4]〕 ～ (道を探して)〔…に〕入る;《比》〔…に〕順応する〈なれる〉| *sich*[4] in *sein* Schicksal ～ 自分の運命に従う〈さからわない〉. ≈**fres·sen***《49》**I** 他 (h) **1** ein Loch in *et.*[4] ～ (虫などが)食って…に穴をあける; (酸などが)穴があくまで…を侵食する ‖ 再帰 *sich*[4] in *et.*[4] ～ …に食いこんでいく. **2**《話》*et.*[4] in *sich*[4] ～ …をむさぼり食う;《比》…(怒りなど)をじっと抑える. **II** 自 (h)《in *et.*[4]》食いこむ; 侵食する. ≈**füh·ren** **I** 他 (h) 招じ〈導き〉入れる: die Wasserleitung ins Dorf ～ 村に水道を引く. **II** 自 (h)《in *et.*[4]》(道などがある場所へと)通じる, 通じている.

hin·ein|ge·heim·nis·sen[hɪnáɪngəhaɪmnɪsən]《03》他 (h)《*et.*[4] in *et.*[4]》(ありもしない意味・意図などを…

に)かんぐる, 憶測する, 読み取る: in den Brief viel ～ 手紙の真意をあれこれかんぐる. [＜Geheimnis]

hin·ein≠ge·hen* [hınáın..] ⦅53⦆ 自 (s) **1** 入っていく: ins Haus ～ 家⟨屋内⟩に入る | ins Rötliche ～ (色が)赤みがかる | in die Hunderte ～ (数が)数百にのぼる ‖ Es will nicht in seinen Kopf ～, daß er unrecht hatte. 彼には自分が間違っていたことがなかなかのみ込めない. **2** ⦅話⦆ 収容され得る: In diesen Saal *gehen* 1500 Menschen *hinein.* このホールの収容人員は1500人である. ≠|**ge·ra·ten*** ⦅113⦆ 自 (s) (意図せずに)入りこむ, 巻きこまれる: in ein Gewitter ～ 雷雨にあう | in eine Sackgasse ～ 袋小路に迷い込む; ⦅比⦆ 行きづまる, 進退きわまる ‖ Ich bin mit meinem Ärmel in die Suppe *hineingeraten.* 私はうっかり袖(そで)をスープに入れてしまった. ≠|**grei·fen*** ⦅63⦆ 自 (h) ⦅in *et.*⁴⦆ (…の中へ)手を突っこむ⟨差し入れる⟩. ≠|**hei·ra·ten** ⦅01⦆ 自 (h) (einheiraten) ⦅in *et.*⁴⦆ (…に)婿⟨嫁⟩入りする. ≠|**hel·fen*** ⦅71⦆ 自 (h) ⦅*jm.* in *et.*⁴⦆ (…が…に)入るのに手を貸す: *jm.* in den Zug ⟨in den Mantel⟩ ～ …が列車に乗る⟨コートを着る⟩のに手を貸す. ≠|**in·ter·pre·tie·ren** ＝hineindeuten ≠|**knien**[..kni:(ə)n] 他 (h) ⦅話⦆ 再帰 *sich*⁴ in *et.*⁴ ～ …にうち込む, …に沈潜⟨没頭⟩する. ≠|**kom·men*** ⦅80⦆ 自 (s) **1** ⦅in *et.*⁴⦆ (…の中へ)入っていく; (間違いなどが…に)まぎれ込む. **2** ＝hineingeraten ≠|**la·chen** 自 (h) ⦅in *et.*⁴⦆ (…に向かって)笑いかける: in *sich*⁴ ～ ひとりくっくっと笑う, ほくそえむ. ≠|**lan·gen** 自 (h) **1** ⦅話⦆ (hineingreifen) ⦅in *et.*⁴⦆ (手などを…の中へと)伸ばす, 突っこむ: mit den Fingern in *et.*⁴ ～ …に指を突っこむ. **2** ⦅bis in *et.*⁴⦆ (…の中まで)届く. ≠|**las·sen*** ⦅88⦆ 他 (h) ⦅話⦆ 入らせる, 入れる; 入るのを認める: *Laß* niemanden zu dem Kranken *hinein.* だれも病人のところへ入れちゃだめだぞ. ≠|**lau·fen*** ⦅89⦆ 自 (s) ⦅in *et.*⁴⦆ **1** (…に)走り込む; ⦅比⦆ (自分のせいで…に)陥る: ins Zimmer ～ 部屋にかけ込む | in ein Kraftrad ～ (走っていて)オートバイに衝突する | ins Unglück ～ みずから不幸を招く. **2** (水が…に)流れ込む: das Bier in *sich*⁴ ～ lassen ビールを飲む. ≠|**le·ben** **I** 自 (h) in den Tag ～ (先のことなど考えず)ぶらぶら日を送る. **II** 他 (h) 再帰 *sich*⁴ in *et.*⁴ ～ …になじむ⟨習熟する⟩. ≠|**le·gen** 他 (h) **1** ⦅*et.*⁴ in *et.*⁴⦆ (…を…の中へ)入れる; (感情などを)投入する, こめる: ein Lesezeichen in das Buch ～ しおりを本にはさむ. **2** ＝hineindeuten **3** ⦅話⦆ (hereinlegen) 欺く, だます. ≠|**le·sen*** ⦅92⦆ 他 (h) **1** 再帰 *sich*⁴ in *et.*⁴ ～ 読んで…になれ親しむ | *sich*⁴ in Goethe ～ ゲーテを読んでその作風になじむ. **2** ⦅*et.*⁴ in *et.*⁴⦆ (ありもしない意味・意図などを…に)読み取る, かんぐる: in einen Roman viel ～ 小説にいろいろ勝手な解釈を試みる. ≠|**mi·schen** ⦅04⦆ 他 (h) ⦅*et.*⁴ in *et.*⁴⦆ 混入する, まぜる: Wasser in den Wein ～ ワインを水で割る ‖ 再帰 *sich*⁴ in *et.*⁴ ～ …にまじる; …に干渉⟨介入⟩する | *sich*⁴ in alles ～ 何にでもおせっかいをやく⟨口を出す⟩. ≠|**müs·sen*** ⦅103⦆ 自 (h) ⦅話⦆ 入っていかねばならない, 入る必要がある. ≠|**pas·sen** ⦅03⦆ **I** 自 (h) **1** ⦅in *et.*⁴⦆ (…の中へ)うまく入る, 収まる: In den Bücherschrank *paßt* kein Buch mehr *hinein.* その本箱にはもう1冊も本が入らない. **2** ⦅in *et.*⁴⦆ (…に)うまく適合⟨順応⟩する: in *seine* neue Umgebung nicht ～ 新しい環境になじまない. **II** 他 (h) ⦅*et.*⁴ in *et.*⁴⦆ (…を…に)うまく合わせる, はめ込む. ≠|**plat·zen** ⦅02⦆ 自 (s) ⦅話⦆ ⦅in *et.*⁴⦆ (請われもしないのに突然…の中へ)飛び込む, 入っていく; (知らせなどが不意に)舞い込む, やって来る: Seine Bemerkung *platzte* ⟨Er *platzte* mit seiner Bemerkung⟩ in die Stille *hinein.* 彼の発言が突如その場の静けさを破った. ≠|**ra·gen** 自 (s) ⦅in *et.*⁴⦆ 突出する: in den Himmel ～ (木などが)空に〔向かって〕そそり立つ.

hin·ein≠re·den [hınáın..] ⦅01⦆ 自 (h) **1** 中へ向かって語りかける: zum Fenster ～ 窓の外から中へ向かって話す | etwas Unverständliches in den Apparat ～ 何かわけの分からないことを受話器に向かって言う. **2** 口をはさむ; ⦅*jm.* in *et.*⁴⦆ (…の…に)干渉する, 余計な口出しをする: Du hast hier ⟨in diese Angelegenheit⟩ gar nichts *hineinzureden.* いまの場合⟨この件に関して⟩口出しする権利は君には全くない | Ihr Mann *redet* ihr immer in alles *hinein.* 彼女の亭主はしじゅう何かにつけて彼女に干渉する. **3** ⦅in *jn.*⦆ (…を)説得しようと努める, (…に)しきりに説く. **4** 再帰 *sich*⁴ in *et.*⁴ ～ 話をしているうちに…の状態になる | *sich*⁴ in Wut ⟨Begeisterung⟩ ～ 話をしているうちに怒り心頭に発する⟨すっかり感激してしまう⟩. ≠|**rei·chen** **I** 自 (h) ⦅bis in *et.*⁴⦆ (…の中にまで)達する: Die Berggipfel *reichten* bis in die Wolken *hinein.* その山々の頂は雲の中にまで達していた | Sein Urlaub *reicht* in die übernächste Woche *hinein.* 彼の休暇は再来週までかかっている. **II** 他 (h) (外から)中へ向かって差しのべる, 手渡す. ≠|**rei·ßen*** ⦅115⦆ 他 (h) ⦅話⦆ ⦅*jn.* in *et.*⁴⦆ (…を苦境・やっかいな事件などに)巻きこむ. ≠|**rei·ten*** ⦅116⦆ **I** 自 (s) (馬で)入っていく. **II** 他 (h) **1** (馬を)乗り入れる: *sein* Pferd in den Wald ～ 馬を森に乗り入れる. **2** ⦅話⦆ ⦅*jn.*⦆ やっかい⟨危険・不快⟩な目にあわせる: *jn.* in eine hoffnungslose Situation ～ …を絶望的な状況に追い込む ‖ 再帰 *sich*⁴ schön ⟨mächtig⟩ ～ ひどい⟨さんざんな⟩目にあう. ≠|**ren·nen*** ⦅117⦆ **I** 自 (s) ＝hineinlaufen 1 **II** 他 (h) ⦅*et.*⁴ in *et.*⁴⦆ さっと⟨ぐさりと⟩突き立てる: *jm.* das Messer in die Brust ～ …の胸にナイフを突きさす. ≠|**rie·chen*** ⦅118⦆ 自 (h) ⦅話⦆ ⦅in *et.*⁴⦆ (新しい領域・仕事などを)ちょっとのぞいて⟨かじって⟩みる. ≠|**schaf·fen** 他 (h) ⦅*et.*⁴ in *et.*⁴⦆ 運び込む. ≠|**schau·en** 自 (h) ⦅in *et.*⁴⦆ のぞき込む; ⦅bei *jm.*⦆ (…のもとに)ちょっと立ち寄る: Laß mich mit ins Buch ～! 私にも一緒にその本をのぞかせてくれ | 〔mit offenen Augen〕 in die Welt ～ ⦅比⦆ 世間の現実を直視する | zu tief ins Glas ～ 酒をすごす, いささか酔う. ≠|**schie·ben*** ⦅134⦆ 他 (h) ⦅*et.*⁴ in *et.*⁴⦆ 押し込む⟨入れる⟩: 再帰 *sich*⁴ 〔in *et.*⁴〕 ～ 〔…に〕割り込んでいく. ≠|**schlei·chen*** ⦅139⦆ **I** 自 (s) ⦅in *et.*⁴⦆ しのび込む. **II** 他 (h) 再帰 *sich*⁴ 〔in *et.*⁴〕 ～ 〔…に〕しのび込む. ≠|**schlin·gen*** ⦅144⦆ 他 (h) ⦅話⦆ ⦅*et.*⁴ in *sich*⁴⦆ (食物を)がつがつ食べる: *et.*⁴ stehend in *sich*⁴ ～ …を立ったままぱくつく. ≠|**schlit·tern** ⦅05⦆ 自 (s) ⦅in *et.*⁴⦆ **1** (スケートで)滑り込む. **2** ⦅話⦆ (ある状況に)ずるずる⟨知らず知らず⟩はまり込む: in den Krieg ～ (いつのまにか)戦争に引きずり込まれる. ≠|**schmug·geln** ⦅06⦆ 他 (h) (einschmuggeln) 密輸入する, こっそり運び込む; (人を)裏口から入れる: 再帰 *sich*⁴ in *et.*⁴ ～ こっそり…にもぐり込む. ≠|**schüt·ten** ⦅01⦆ 他 (h) ⦅*et.*⁴ in *et.*⁴⦆ 注ぎ込む, あける, ぶちまける. ≠|**se·hen*** ⦅164⦆ 自 (h) ⦅in *et.*⁴⦆ のぞきこむ, のぞいて見る: *sich*³ in *seine* Arbeit nicht ～ lassen 自分の仕事を他人にのぞかせない, 手の内を見せない. ≠|**spie·len** **I** 自 (h) ⦅in *et.*⁴⦆ (…に)関係している, 関与している: Hier *spielen* verschiedene Gesichtspunkte *hinein.* ここにはいろいろな見解が入りこんできている. **II** 他 (h) 再帰 *sich*⁴ in die Herzen der Zuschauer ～ (演技によって)観客⟨観衆⟩の心を奪う. ≠|**spre·chen*** ⦅177⦆ 自 (h) **1** ⦅in *et.*⁴⦆ (…の中へ向けて)話す: ins Mikrophon ～ マイクロホンに向かって話す | in den offenen Wagen zu *jm.* ～ 窓のあいている車の中の…に向かって話しかける. **2** 再帰 *sich*⁴ in *et.*⁴ ～ 話しているうちに…の状態になる | *sich*⁴ in eine starke Erregung ～ 話しているうちにひどく興奮する. ≠|**sprin·gen*** ⦅179⦆ 自 (s) とび⟨おどり⟩込んでいく. ≠|**ste·chen*** ⦅180⦆ **I** 他 (h) さし込む, 突っ込む. **II** 自 **1** (h) ⦅mit *et.*³⦆ (棒などを)突き立てる, (棒などで)突く. **2** (s) (ある方向へ)突っ込んでいく. ≠|**stecken** 他 (h) **1** ⦅*et.*⁴ in *et.*⁴⦆ さし込む, 突っ込む: den Schlüssel in das Schloß ～ 鍵(かぎ)を鍵穴へ差し入れる | *seine* Nase überall ⟨in alles⟩ ～ (→Nase 1 a). **2** ⦅話⦆ viel Geld in *et.*⁴ ～ …に多額の金を投資する | viel Mühe in *et.*⁴ ～ …のことで大骨を折る. ≠|**steh·len*** ⦅183⦆ 他 (h) (↔hinausstehlen) 再帰 *sich*⁴ ～ こっそり忍び込む. ≠|**stei·gen*** ⦅184⦆ 自 (s) (einsteigen) ⦅in *et.*⁴⦆ (電車などに)乗り込む. ≠|**stei·gern** ⦅05⦆ 他 (h) 再帰 *sich*⁴ in *et.*⁴ ～ …(感情など)にしだいに強くとらえられる | *sich*⁴ in Wut ～ 憤りがつのる. ≠|**stop·fen** 他 (h) ⦅*et.*⁴ in *et.*⁴⦆ 押し込む, 詰め込む: *et.*⁴ in *sich*⁴ ～ ⦅話⦆ …をがつがつ食べる⟨胃袋に詰め込む⟩. ≠|**sto·ßen*** ⦅188⦆ **I** 他 (h) ⦅*et.*⁴ in *et.*⁴⦆ 押し込む. **II** 自 (s) ⦅in *et.*⁴⦆ 突入⟨進入⟩する. ≠|**strö·men** 自 (s) ⦅in *et.*⁴⦆ (大量に)流れ込む; (群衆などが)ぞろぞろ入っていく. ≠|**stür·zen** ⦅02⦆ **I** 自 (s) **1** ⦅in *et.*⁴⦆ 墜落する,

H

落ち込む: in die Grube ～ 穴に落ちる. **2** 《in *et.*[4]》飛び〈かけ〉込んでいく: ins Zimmer ～ 大あわてで部屋に飛び込む. **II** 他 (h) 《*et.*[4] in *et.*[4]》突き落とす: 再帰 *sich*[4] 〔in *et.*[4]〕 ～ 〔…に〕身投げする; 《比》〔…に〕飛び込む | *sich*[4] in die Arbeit ～ 仕事に没頭する. **≈|tra·gen*** 《191》他 (h) 《*et.*[4] in *et.*[4]》運び込む; 《比》(不和などを)持ち込む. **≈|trei·ben*** 《193》他 (h) 《*jn.* in *et.*[4]》 **1** (家畜を小屋などに)追い込む; (…をやっかいな事件などに)巻き込む. **2** 《*et.*[4] in *et.*[4]》(くさびなどを…に)打ち込む: einen Nagel in die Wand ～ くぎを壁に打つ. **≈|tre·ten*** 《194》自 (s) 《in *et.*[4]》足を踏み入れる, 入っていく. **≈|trin·ken*** 《196》他 (h) 《話》《*et.*[4] in *sich*[4]》(…を)がつがつと〈たらふく〉飲む, (…を胃の腑(ふ)へ)流し込む. **≈|tun*** 《198》他 (h) 《*et.*[4] in *et.*[4]》しまう; 入れる: etwas Salz in die Suppe ～ スープに塩を少々入れる | einen 〔flüchtigen〕 Blick in *et.*[4] ～ 《比》…に〔さっと〕目を通す, …を〔ちらっと〕のぞく. **≈|ver·set·zen** 《02》他 (h) **1** 《*et.*[4] in *et.*[4]》移し入れる, (…を…の)中へ移す: *sein* Drama ins 17. Jahrhundert ～ 自作のドラマの舞台を17世紀に設定する. **2** 再帰 *sich*[4] in *et.*[4] ～ …に感情移入する, …の身になって考える | *sich*[4] in die Gedankenwelt der Kinder ～ 子供の思考の世界に身を置く.

hin·ein≈|wach·sen*[hınáın..] 《199》自 (s) 《in *et.*[4]》 **1** (植物がのびて窓などに)はいり込む; (成長してある年齢に)達する; (成長して)適合するようになる; しだいになじんでくる: in ein schwieriges Alter ～ (子供が)扱いにくい年齢に達する ‖ in ein Kleid ～ (大きかった)服が合うくらいにまで〔体が〕大きくなる | in *seinen* Beruf ～ 自分の職業に慣れる | in eine Aufgabe ～ (課せられた)仕事のこつを覚える | in die Rolle ～ (役者が)役になじむ. **2** 《in *et.*[4]》生長の過程で(…の中へ)食い込む. **≈|wa·gen** 他 (h) 再帰 *sich*[4] 〔in *et.*[4]〕 ～ あえて〔…の〕中へ入る | *sich*[4] in die Höhle des Löwen ～ (→Höhle 1). **≈|wer·fen*** 《209》他 (h) 《*et.*[4] in *et.*[4]》投げ入れる〈込む〉: einen Blick in *et.*[4] ～ …の中をのぞき込む ‖ 再帰 *sich*[4] in *et.*[4] ～ …の中へ身を投げる〈飛び込む〉. **≈|wol·len*** 《216》自 (h) 《話》入って行こうとする, 入るつもりでいる: Das *will* nicht in meinen Kopf 〈mir nicht in den Kopf〉 *hinein.* それはいっこうに私にはのみ込めない. **≈|wür·gen** 他 (h) **1** 《*et.*[4] 〔in *sich*[4]〕》(…を素早く・無理に)のみ込む; 《比》(怒りなどを)じっと抑える. **2** 《話》*jm.* eine ～ …をしかりつける | eine *hineingewürgt* kriegen しかりつけられる. **≈|zie·hen*** 《219》 **I** 他 (h) 引き入れる, 引きずり込む: ein Dorf mit in die Stadt ～ 村を町に編入する | *jn.* 〔mit〕 in einen Streit ～ …を争いに巻き込む. **II** 自 (s) 《in *et.*[4]》(…に)入って行く; 引っ越す, 入居する: in die Stadt ～ (田舎から)都会へ移り住む. **≈|zwän·gen** 他 (h) 《*et.*[4] in *et.*[4]》むりに押し込む: 再帰 *sich*[4] in *et.*[4] ～ 体をむりに…〔の中〕に押し込む.

hin|fah·ren*[hínfa:rən] 《37》 **I** 自 (s) **1** 《zu *et.*[3]》(乗り物で・乗り物が…へ)走っていく; 《比》立ち去る; 《雅》死去する. **2** 《über *et.*[4]》(…の上を)軽くなでる, (風などが)吹き過ぎていく. **II** 他 (h) 乗せて〈運んで〉いく: *jn.* zum Flughafen ～ (車で)…を空港まで送る.

Hin·fahrt[..fa:rt] 女 -/-en **1** (↔Rückfahrt) (乗り物で・乗り物が)そちらへ行くこと; 往路, 行き. **2** 《雅》(Hingang) 死去.

hin|fal·len*[hínfalən] 《38》自 (s) **1** 倒れる, 転倒する: Das Glas ist mir *hingefallen.* 私はコップを落として〈倒して〉しまった. **2** 《雅》《vor *jm.*》(…の前に)ひざまずく, さっとひれ伏す. **3** 思いつく: Wo die Liebe *hinfällt*! (→Liebe 1 a).

hin·fäl·lig[..fɛlıç][2] 形 **1** 弱く〈もろく〉なった; 虚弱な; 老衰した: ～*e* Haut 〘医〙脱落膜. **2** 無効になった, 不要になった: ～ machen 無効にする | Die Bedenken sind ～ geworden. そういう心配はもういらなくなった.

Hin·fäl·lig·keit[..kaıt] 女 -/ (hinfällig なこと. 例えば:) 〘医〙脱力, 衰弱.

hin|fin·den*[hínfındən][1] 《42》 **I** 自 (h) (ある場所への)道をうまく見つける: Wirst du ～? 君はそこへ行く道が分かるかい. **II** 他 (h) 再帰 *sich*[4] ～ = I

hin|fle·geln[hínfle:gəln] 《06》他 (h) 《話》再帰 *sich*[4] 〔auf das Sofa〕 ～ (だらしなく)べたりと〔ソファーに〕腰を落とす.

hin|flie·gen*[hínfli:gən][1] 《45》 **I** 自 (s) **1** (ある場所へ)飛んで〈飛行機で〉行く. **2** 《比》飛ぶように走る; (時間が)飛ぶように過ぎる. **3** 《話》(hinfallen) ぶったおれる; おっこちてしまう. **II** 他 (h) (ある場所へ)空輸する.

Hin·flug[..flu:k][1] 男 -〔e〕s/..flüge (↔Rückflug) 男 行き〈往路〉の飛行.

hin·fort[hınfɔ́rt] 副 《雅》(von nun an) 今後は, これからさきは.

hin|füh·ren[hínfy:rən] **I** 他 (h) (ある場所へ)導く, 案内する: *jn.* zur modernen Kunst ～ 《比》…に近代芸術の手ほどきをする.

II 自 (h) (道がある場所へ)通じる; 《比》(ある結果に)至る: am Ufer ～ (道が)岸に沿っている | zum Bahnhof ～ 駅に通じている ‖ Die Tatsache *führt* zu der Vermutung *hin,* daß ... その事実から…という推測が出てくる | Wo soll sein Leichtsinn noch ～? 彼の軽率さはそのうちどんな事態を招くことやら.

▽**hin≈für**[hınfý:r], **≈für·der**[..fýrdər], **≈fü·ro**[..fý:ro·] =hinfort

hing[hıŋ] hängen Iの過去.

Hin·ga·be[hínga:bə] 女 -/ (hingeben すること. 特に:) 献身; 専念, 没入; 《雅》(女性が)肌を許すこと: ～ an *seinen* Beruf 自分の職業への打ちこみ ‖ mit echter ～ 本当に打ちこんで, 全身全霊をあげて | *jn.* voll〔er〕 ～ pflegen …を献身的に看護する | mit ～ auf dem Klavier üben 一生懸命ピアノの練習をする.

hin·ga·be·fä·hig 形 献身的な, (物事に)打ちこめる.

Hin·gang[híngaŋ] 男 -s/ (hingehen すること. 例えば:) 往路; 《雅》死去.

hin·ge[híŋə] hängen Iの接続法II.

hin|ge·ben*[hínge:bən][1] **I** 《52》他 (h) 《*jm. et.*[4]》(…に…を)引き渡す; ゆだねる, 譲る; 放棄する; 犠牲にする, ささげる: für eine Idee *sein* Leben ～ ある思想のために生命を投げ出す | *seine* letzten Ersparnisse ～ 貯金を最後の一文まではたく ‖ 再帰 *sich*[4] *et.*[3] ～ …にふける〈没頭する・身をささげる〉| *sich*[4] keinen Illusionen ～ いかなる幻想も抱かない | *sich*[4] dem Augenblick ～ 刹那(せつな)のみに生きる | *sich*[4] *jm.* ～ …に身も心もささげる〈帰依する〉; 《雅》(女性が)…に肌を許す.

II hin·ge·bend 現分 形 献身的な, 専心した, 熱心な: ～ für *jn.* sorgen 我を忘れて…のことを世話する | *jn.* mit ～*er* Liebe pflegen …を献身的な愛情で看護する.

Hin·ge·bung[..buŋ] 女 -/ hingeben すること.

hin·ge·bungs·voll 形 献身的な: *et.*[4] ～ betreuen 献身的に…の面倒を見る.

hin·ge·gen[hıngé:gən] 副 (dagegen) それに反して, それとは逆〈反対〉に, しかるに: Er war sehr sparsam, seine Frau ～ 〈～ seine Frau〉 gab gern Geld aus. 彼はたいへんな倹約家だったが妻君は逆に金ばなれがよかった | Bier mag er nicht, ～ trinkt er Wein. 彼はビールは好きではないがワインなら飲む.

hin·ge·gos·sen[híngəgɔsən] hingießen の過去分詞.

hin|ge·hen*[hínge:ən] 《53》自 (s) **1** (ある場所へ)行く: zu einem Fest 〈ins Theater〉 ～ 祭りに〈劇場へ〉行く | zu *jm.* ～ …のところへ行く ‖ Wo *geht* es hier *hin*? この道はどこへ通じているのですか | Ich habe gar keine Lust, *hinzugehen.* 私は全然行く気がしない | Ihr Blick *ging* über die weite Landschaft *hin.* 彼女はその広大な景色を見はるかした. **2 a)** なくなる, 消える; 《雅》(sterben) 死ぬ. **b)** (時が)経過する: Der Frühling *geht hin.* 春も終わりだ | Wir wollen erst einige Zeit ～ lassen. まず若干の冷却期間を置くことにしよう. **3** *et.*[4] ～ lassen …に目をつぶる | Du darfst den Kindern nicht alle Unarten ～ lassen. 君は子供たちのいたずらを何でも大目に見てはいけない. **4** (なんとか)うまくゆく, 我慢ができる程度である: Diesmal mag es ～. 今回はまあなんとかそれでいいかも知れない | Die Dissertation *geht* 〔so〕 *hin.* この論文はまあまあだ. **5** 《話》**in einem ～** ついでに片が付く | Das *geht* dann alles in einem

H

hin. そうなれば万事一挙に解決だ.

hịn|ge·hö·ren[hɪ́ngəhøːrən] 自 (h)《ふつう場所を示す語句と》(本来…に)所属している; ふさわしい; しっくりする, ぴったりである: Leg es dahin, wo es *hingehört*! それをあるべき場所に置け | Hier *gehören* Blumen nicht *hin.* ここには花は似合わない | Der Junge weiß gar nicht, wo er *hingehört.* その男の子は自分の家がどこだかまるで知らない.

hịn|ge·ra·ten*[hɪ́ngəraːtən]《113》自 (s)(意図せずにとんでもないところへ)行きつく: Wo ist der Brief *hingeraten*? いったいあの手紙はどこへ行っちまったんだ.

hịn·ge·ris·sen[hɪ́ngərɪsən] **I** hinreißen の過去分詞. **II** 形 夢中になった, うっとりした: die von seiner Rede ~*en* Zuhörer 彼の演説にうっとりと(感激)した聴衆 | ~ der Musik lauschen 夢中になって音楽に耳を傾ける.

hịn·ge·schie·den[hɪ́ngəʃiːdən] hinscheiden の過去分詞.

hịn|gie·ßen*[hɪ́ngiːsən]《56》他 (h)(液体をある場所に)あける, 注ぐ: Sie liegt〔wie〕*hingegossen* auf dem Sofa. 彼女はのびのびとソファーに横たわっている.

hịn|glei·ten*[hɪ́nglaɪtən]《60》自 (s) **1** すべって行く; すべるように進む: über das Eis ~ 氷の上を滑走して行く | die Hand über *et.*[4] ~ lassen/mit der Hand über *et.*[4] ~ 手を…の上にすべらせる | über ein Thema leicht ~《比》あるテーマに簡単に触れる ‖ Die Zeit ist *hingeglitten.*《雅》時がいつしか過ぎ去った. ▽**2** すべって転倒する.

hịn|ha̱·ben*[hɪ́nhaːbən][1]《64》他 (h)《話》(ある場所に)運んで(運ばせて)おく: Dort möchte ich Blumen ~. あそこに花がほしい(花を置きたい).

Hịn·hal·te·ma·nö̱·ver[hɪ́nhaltə..] 中 引き延ばし工作.

hịn|hal·ten*[hɪ́nhaltən]《65》他 (h) **1**《*jm. et.*[4]》差し出す, 差し出している: *jm* die Hand〔zum Gruß〕~ …に〔あいさつ・握手のため〕手を差しのべる | für *et.*[4] die 〈*seine*〉Knochen ~ (→Knochen 1 c) | für *et.*[4] den 〈*seinen*〉Kopf ~ (→Kopf 1) | das 〈*sein*〉Ohr ~《話》耳をすます, じっくり聞く. **2** (ある状態を)維持する, 長びかせる;《*jn.*》(…の足を)引きとめておく; (…に)気を持たせる, (うまいことを言って…を)釣っておく:〔den Feind〕*hinhaltender* Widerstand〘軍〙〔敵をくぎづけにして〕時間をかせぐための抵抗.

Hịn·hal·te≈po·li·ti̱k 女 引き延ばし政策, 延引政策. **≈tak·tik** 女 引き延ばし戦術.

Hịn·hal·tung[..tʊŋ] 女 -/-en (hinhalten すること. 例えば:)(うまいことを言って)釣っておくこと, 引き延ばし.

Hịn·hal·tungs·tak·tik =Hinhaltetaktik

hịn|hän·gen(*)[hɪ́nhɛŋən]《66》**I** 自 (h)《不規則変化》(…の方へ)垂れかかる(さがる);《比》宙ぶらりんである: zu *et.*[3] ~《比》(人に)…の傾向がある | *et.*[4] ~ lassen《比》…を(未解決のまま)放置する. **II** 他 (h)《規則変化》(ある場所へ)掛ける, ぶらさげる: den Mantel an den Kleiderhaken ~ コートをフックに掛ける.

hịn|hau·chen[hɪ́nhaʊxən] **I** 自 (h)《auf *et.*[4]》(…に)息を(そっと)吹きかける. **II** 他 (h) 聞きとれないほどの小声でささやく: das Jawort ~ 蚊(か)の鳴くような声で はいと返事をする | wie *hingehaucht* (そっと吹きかけられたように)かすかな.

hịn|hau·en(*)[hɪ́nhaʊən]《67》《過 haute hin; 過分 hingehauen》**I** 自《俗》**1** (h) 打ってかかる: mit dem Hammer auf *et.*[4] ~ ハンマーで…を打つ | Wo er 〈der〉 *hinhaut*, da wächst kein Gras mehr. (→Gras 2). **2** (h) うまくゆく; 効果的である; 足りる: Ich glaube, das *haut* nicht *hin.* 多分それはうまくゆかないだろう. **3** (s) 急ぐ; 急いで立ち去る. **4** (s) 倒れる: lang 〈der Länge nach〉 ~ (人が倒れて)長々とのびる.

II 他 (h)《俗》**1** 投げ出す, ほうり投げる, 投げとばす, 投げ倒す: die Tasche ~ かばんを投げ出す ‖ Das *haut* einen〔lang〕*hin*! (驚き・当惑を表して)こいつは驚いた, これはひどい. **2** (仕事などを不意に)投げ出す. **3** (仕事などを)ぞんざいにやる, 乱暴に片づける: einen Brief schnell ~ 手紙を大急ぎでぞんざいに書きあげる. **4** 再帰 *sich*[4] ~ (休息するために)横になる, 就寝する; 地面に身を伏せる.

hịn|hocken[hɪ́nhɔkən] =hinkauern

hịn|hor·chen[hɪ́nhɔrçən] 自 (h) 聞き入る, じっと耳をすます.

hịn|hö·ren[hɪ́nhøːrən] 自 (h) (↔weghören) 耳を傾ける: mit halbem Ohr ~ (→Ohr 1).

hịn|kau·ern[hɪ́nkaʊərn]《05》他 (h) 再帰 *sich*[4] ~ しゃがみ(座り)込む.

Hịn·ke≈bein[hɪ́ŋkə..] 中 不ぞろいの(びっこの)足; 足の長さの不ぞろい(足がびっこ)の人: Er hat ein ~./Er ist ein ~. 彼は両足が不ぞろい(足がびっこ)である. **≈fu̱ß** 男 =Hinkebein [<hinken]

Hịn·kel[hɪ́ŋkəl] 中 -s/-《方》(Hühnchen) ひよこ, 鶏のひな. [*ahd.*; ◇Huhn]

hịn·ken[hɪ́ŋkən] **I** 自 **1** (h, s) 不自由な足を引きずって歩く, びっこをひく; 足がびっこである (h, s について: →schwimmen I 1 ☆): auf 〈mit〉 dem rechten Bein ~ 右足がびっこである. **2** (h)《比》不完全で(欠点が)ある, ぎくしゃくしている: Der Vergleich *hinkt.* その比喩(ゆ)(たとえ)はしっくりしない. **II hịn·kend** 現分 形 足がびっこの; 不完全な, 欠陥のある: ~*e* Verse リズムの乱れた(へたな)詩句 | einen ~*en* Gang haben 歩行が不自由である | Der ~*e* Bote kommt nach 〈hinterher〉. (→Bote 1). [*westgerm.*; ◇Skazon, Schenkel]

hịn|knal·len[hɪ́nknalən] 他 (h) **I**《話》《*et.*[4]》《方向を示す語句と》(…を…へ)たたきつける: den Hörer ~ 受話器をガチャンと置く. **II** 自 (s)《話》激しく〔音を立てて地面に〕落ちる(倒れる).

hịn|knien[hɪ́nkniː(ə)n] **I** 自 (s) ひざまずく. **II** 他 (h) 再帰 *sich*[4] ~ = I

hịn|kom·men*[hɪ́nkɔmən]《80》自 (s) **1** (ある場所へ)行く, 着く: zu *jm.* ~ …のところへ行く ‖ In dieses Museum bin ich noch nie *hingekommen.* 私はこの博物館にはまだ入ったことがない | Wo ist das Buch *hingekommen*? あの本はどこへ行ってしまったのかな | Wo *kommen* wir *hin* 〈Wo sollen wir ~ / Wo *kämen* wir *hin*〉, wenn …?《話》…の場合われわれは一体どうなるのだろうか. **2**《話》(なんとか)うまくゆく: Es wird schon ~. きっとなんとかなるでしょう. **3**《話》《mit *et.*[3]》(…で)足りる, 十分である: Ich *komme* mit meinem Geld gut *hin.* 私は自分の金で間に合う.

hịn|kön·nen*[hɪ́nkœnən]《81》自 (h)《話》(そっちへ)行くことができる.

hịn|krie·gen[hɪ́nkriːgən][1] 他 (h)《話》**1**《*et.*[4]》うまく処置する, なんとかやってのける: Das werden wir schon ~. そいつはきっとなんとかできるよ | Das hast du ja fein *hingekriegt.* 君はうまくやったね **2 a)**《*et.*[4]》元どおりの状態に修復する: Ob wir den alten Wagen wieder *hinkriegen*? このぽんこつ車はうまくまた動くようになるかな. **b)**《*jn.*》(…の)健康を回復させる.

hịn|krit·zeln[hɪ́nkrɪtsəln]《06》他 (h) 書きなぐる, ぞんざいに書きつける.

hịn|krüp·peln[hɪ́nkrʏpəln]《06》**I** 自 (h, s) 苦労して(よたよたと)歩く. **II** 他 (h) 再帰 *sich*[4] ~ = I

Hịn·kunft[hɪ́nkʊnft] 女 -/ **1**《オーストリア》(Zukunft) 将来: in ~ 今後, 将来. **2** 到着. [<hinkommen]

Hịnk·vers[hɪ́ŋk..] 男 **1** リズムの乱れた(へたな)詩句. **2** =Choliambus

hịn|lan·gen[hɪ́nlaŋən] **I** 自 (h) **1**《nach *et.*[3]》手をのばして届かせる;《〔bis〕zu *et.*[3]》届く. **2** (ausreichen) 足りる. **II** 他 (h) (hinreichen)〔手〕渡す.

hịn·läng·lich[..lɛŋlɪç] 形 (ausreichend) 十分な: über *et.*[4] ~ informiert 〈unterrichtet〉 sein …について十分な情報を得ている.

hịn|las·sen*[hɪ́nlasən]《88》他 (h)《話》《*jn.*》(…をあちらへ)行かせる.

hịn|lau·fen*[hɪ́nlaufən]《89》自 (s) **1** (ある場所へ)かけつける, 走って行く: zur Unfallstelle ~ 事故現場へかけつける. **2** (hinziehen)(道などが)のびている.

hịn|le̱·gen[hɪ́nleːgən][1] 他 (h) **1 a)**《*jn.* / *et.*[4]》(ある場所へ)横たえる; (手放して)置く;《話》倒す: einen Bleistift ~ (書くのをやめて)鉛筆を置く | ein Kind ~ 子供を寝かせる | den Löffel ~ (→Löffel 1 a) ‖ 再帰 *sich*[4] ~ 横になる; 就寝する;《話》ころぶ ‖ Es hätte mich beinah *hingelegt.*《話》私はぶっ倒れるほど驚いた ‖ *Hinlegen!*〘軍〙伏

せ(号令). **b)** 《*et.*[4]》(多額の金を)支払う: für *et.*[4] 100 Mark ~ …の代金として100マルク払う〈出す〉. **2** 《話》みごとに演じる, やってのける: einen Walzer ~ みごとなワルツを踊ってみせる | eine großartige Rede ~ すばらしい演説をぶつ. ▽**3** (争いなどを)治める.

hin|lei·ten[hínlaɪtən] 《01》他 (h) (ある場所・方向へ)導く, 向ける: nach *et.*[3] ~ …の方へ向かわせる〈誘導する〉| *js.* Aufmerksamkeit auf *et.*[4] ~ …の注意を…に向けさせる.

hin|len·ken[hínlɛŋkən] 他 (h) (ある場所・方向へ)向かわせる, 向ける: *js.* Aufmerksamkeit auf *et.*[4] ~ …の注意を…に向ける | das Gespräch auf ein Thema ~ 会話をあるテーマの方へ誘導する.

hin|locken[hínlɔkən] 他 (h) (ある場所・方向へ)誘う.

hin|lüm·meln[hínlʏməln] 《06》=hinflegeln

hin|ma·chen[hínmaxən] **I** 他 (h) 《話》**1** (ある場所へ)置く, 据え〔つけ〕る. **2** 再帰 *sich*[4] 〔mit *et.*[3]〕~ 〔…で〕健康をそこねる. **3** 《ふつう目的語なしで》(子供・犬などが)大小便をする. **4 a)** 《*et.*[4]》こわす, 破壊する. **b)** 《*jn.*》破滅させる; 《卑》殺す. **II** 自 (s) **1** 《方》急ぐ: *Mach hin!* 急げ. **2** (ある場所へ)出かけて行く, 旅行する: nach Venedig ~ ヴェネチアへ旅行する.

Hin·marsch[hínmarʃ] 男 -〔e〕s/..märsche[..mɛrʃə] (↔Rückmarsch) (行きの)行進, 行軍: auf dem ~ (行きの)行軍途中で.

hin|mor·den[hínmɔrdən][1] 《01》他 (h) 殺戮(さつりく)する; (自由などを)圧殺する, 血祭りにあげる.

hin|müs·sen*[hínmʏsən] 《103》自 (h) 《話》(そっちへ)行かなくてはならない; (そっちへ)運ばれねばならない: Wo *muß* der Tisch *hin*? テーブルはどこへ置きますか.

Hin·nah·me[hínna:mə] 女 -/ **1** 受け取る〈受け入れる〉こと. **2** (侮辱などを)堪え忍ぶ〈甘受する〉こと.

hin·nehm·bar[hínne:mba:r] 形 受け入れられる, 甘受〈我慢〉できる.

hin|neh·men*[hínne:mən] 《104》他 (h) **1** 受け取る; 《話》(世話などを)引き受ける: das Geschenk ohne einen Dank ~ 贈り物を礼も言わずに受け取る | eine Katze zu *sich*[3] ~ 猫を自分のところに引き取る. **2** 持ち〈連れ〉去る; 《雅》(神が人を)召す: *jn.* mit ~ …を一緒に連れてゆく. **3** (やむを得ないこととして)受け入れる, 甘受〈我慢〉する: Beleidigungen ruhig ~ 侮辱に平然と耐える | *et.*[4] als Tatsache ~ …を事実として受け入れる. **4** 《*jn.*》(…の)心を奪う, 夢中にさせる: *Hingenommen* lauschte er ihren Worten. 彼は夢中になって彼女の言葉に耳をすました.

hin|nei·gen[hínnaɪgən][1] **I** 他 (h) (首などを)傾ける: den Kopf zur Seite ~ 首を横にかしげる ‖ 再帰 *sich*[4] 〔zu *et.*[3]〕~ 〔…の方へ〕身をかがめる〈かがみこむ〉. **II** 自 (h) 《比》《zu *et.*[3]》(ある考えなどに)傾く, 心をひかれる.

▽**hin·nen**[hínən] 副 《ふつう von を伴って》**von ~** ここから; 去って | von ~ gehen 立ち去る | von ~ reiten 馬で立ち去る | von ~ scheiden 《比》死ぬ. [*ahd.* hin〔n〕an〔a〕; ◇hin; *engl.* hence]

hin|op·fern[hín|ɔpfərn] 《05》他 (h) 《*et.*[4] *jm.* 〈für *jn.*〉》(…を…の)〔むだな〕犠牲にする: 再帰 *sich*[4] ~ 身をささげる.

hin|pflan·zen[hínpflantsən] 《02》他 (h) **1** (ある場所に)植える. **2** 《話》(ある場所へ)これ見よがしに置く: 再帰 *sich*[4] vor *jn.* ~ …の前に立つ〈立ちふさがる〉.

hin|pur·zeln[hínpʊrtsəln] 《06》自 (s) (おかしな格好で)すってんと転ぶ.

hin|raf·fen[hínrafən] 他 (h) 《雅》《*jn.*》(死などが…を)ひっさらっていく, 奪い去る: von der Pest *hingerafft* werden ペストに命を奪われる.

hin|re·den[hínre:dən][1] 《01》他 (h) しゃべり立てる: *et.*[4] 〔ohne Nachdenken〕 nur so ~ …を〔深い考えもなしに〕ただ何となくぺらぺら話す.

hin|rei·ben*[hínraɪbən][1] 《114》他 (h) 《南部》《話》《*jm. et.*[4]》突きつける, 意地悪く難詰する.

hin|rei·chen[hínraɪçən] **I** 他 (h) 《*jm. et.*[4]》〔手〕渡す: *jm.* den Zucker 〈den Hörer〉 ~ …に砂糖〈受話器〉を渡す. **II** 自 (h) **1** 《bis zu *et.*[3]》(…まで)届く, 達する: Das Kleid *reicht* bis an die Knie *hin*. そのドレスはひざまである. **2** 足りる, 十分である: Für diese Aufgabe *reicht* seine Erfahrung nicht *hin*. この任務には彼は経験不足だ. **III hin·rei·chend** 現分 形 十分な: eine ~*e* Erklärung 十分な説明 | *et.*[4] ~ begründen …を十分に根拠づける.

Hin·rei·se[hínraɪzə] 女 -/-n (↔Rückreise, Herreise) (行きの)旅〔路〕: auf der ~ 行きの旅路で, 往路に | *Hin*- und Her*reise* 〈Rück*reise*〉 行き〔の旅〕と帰り〔の旅〕.

hin|rei·sen[hínraɪzən][1] 《02》自 (s) (ある場所・方向へ)旅行する.

hin|rei·ßen*[hínraɪsən] 《115》 **I** 他 (h) **1** むしり〈破り〉取る; (ある方向・遠くへ)むりやり引っぱって〈引きずって〉行く, 拉(ら)し去る. **2** 《*jn.*》(…に)我を忘れさせる, (…を)魅了〈圧倒〉する, (…の)心を奪う: *jn.* zur Bewunderung ~ …を〔思わず〕感嘆させる | *sich*[4] von *et.*[3] ~ lassen …に夢中になる〈ぼうっとなる〉; …にかっとなる〈逆上する〉| ***sich***[4] **zu** ***et.***[3] **~ lassen** (強い感情にかられて)思わず…をする ‖ Sie ließ sich ~ und ohrfeigte ihn. 彼女は思わずかっとして彼の横面を張った | Sie waren alle von ihrem Spiel ganz *hingerissen*. 彼らはみな彼女の演技にすっかり引き込まれていた. **II hin·rei·ßend** 現分 形 魅惑的〈感動的〉な, 心を奪うような: ein ~*er* Tänzer 思わずうっとりするような踊り手 | ein ~ schönes Mädchen 思わず息をのむような美少女. **III hin·ge·ris·sen** → 別出

Hin·rich[hínrɪç] 男名 《北部》(<Heinrich) ヒンリヒ.

hin|rich·ten[hínrɪçtən] 《01》他 (h) **1** (判決に基づいて)死刑にする, 処刑する: *jn.* durch den Strang 〈mit dem Schwert〉 ~ …を絞首〈斬殺(ざんさつ)〉刑に処する. **2** (食事などを)準備〈用意〉する. **3** 《*et.*[4] auf *et.*[4] 〈nach *et.*[3]〉》(視線などを…の方へ)向ける.

Hin·rich·tung[..tʊŋ] 女 -/-en 死刑の執行, 処刑: eine ~ vollziehen 死刑を執行する.

Hin·rich·tungs≈ge·rät 中 処刑器具(ギロチン・絞首台・電気いすなど). **≈stät·te** 女 刑場.

hin|rücken[hínrʏkən] **I** 他 (h) **1** (ある場所・方向へ)動かす, 移す, 押しやる. **2** 我を忘れさせる, 夢中にさせる. **II** 自 (s) (ある場所・方向へ)移動する, 行進する.

hin|sa·gen[hínza:gən][1] 他 (h) (ふと)口に出す: Das ist nur so *hingesagt*. それはただそう言っただけのことだ(大した意味はない) | Das *sagt* sich[4] 〈Das *sagt* man〉〔so〕 leicht *hin*. 《話》そいつは言うのは簡単だ(しかし実行はそう簡単ではない).

hin|schaf·fen[hínʃafən] 他 (h) (ある場所・方向へ)運ぶ, 移す.

hin|schei·den*[hínʃaɪdən][1] 《129》自 (s) 《雅》(sterben) 死去する, みまかる: der 〈die〉 *Hingeschiedene* 故人.

hin|schicken[hínʃɪkən] 他 (h) (ある場所・方向へ)送る; (使者などを)行かせる.

hin|schie·ben*[hínʃi:bən][1] 《134》他 (h) (ある場所・方向へ)押しやる, ずらす; (犯罪人などに手をかして)逃亡させる: 再帰 *sich*[4] ~ (群衆が)ぞろぞろ進む.

Hin·schied[hínʃi:t][1] 男 -〔e〕s/ 《スイス》《雅》(Ableben) 逝去, 死去. [<hinscheiden]

hin|schie·ßen*[hínʃi:sən] 《135》 **I** 他 (h) (弾丸などを)発射する, (矢を)放つ, (球を)投げる. **II** 自 (s) 飛ぶように〈まっしぐらに〉進む, 突進する.

hin|schlach·ten[hínʃlaxtən] 《01》他 (h) (人・動物を)〔大量に〕殺す; 惨殺する.

hin|schla·gen*[hínʃla:gən][1] 《138》 **I** 自 **1** (h) 《auf *et.*[4]》(…をめがけて)打つ, 打ってかかる. **2** (s) 《話》(どさっと)倒れる: der Länge nach ~ 棒を倒すように〈長々と〉倒れる ‖ **Da** ***schlag'*** 〔**doch**〕 **einer lang** ***hin!*** こりゃたまげた. **II** 他 (h) **1** (ボールなどを)打って飛ばす. **2** (くぎなどを)打つ, 打ち込む.

hin|schlei·chen*[hínʃlaɪçən] 《139》 **I** 自 (s) **1** そっと近づいて行く, 忍び足で行く. **2** (時が)ゆっくり過ぎていく. **II** 他 (h) **1** 再帰 *sich*[4] ~ = I **2** (時を)ゆっくり経過させる.

hin|schlep·pen[hínʃlɛpən] 他 (h) **1** 《話》(重い物を)引きずって行く. **2** 再帰 *sich*[4] ~ 足を引きずって〈だらだらと〉進む, 苦労して歩く; 長びく: *sich*[4] am Stock ~ つえにすがってとぼとぼと行く | *sich*[4] über den Winter ~ かろうじて冬を越す ‖

Der Prozeß *schleppte* sich über Monate *hin.* 訴訟はだらだらと何か月も続いた.

hin|schmei·ßen*[hínʃmaɪsən]《145》他 (h)《話》**1**《*jm. et.*⁴》(…に…を)投げてやる, 投げ与える. **2** ほうり出す, 投げつける;(仕事などを突然)放棄する: den ganzen Kram ⟨Krempel⟩ ~ (→Kram 1 b, →Krempel) ‖ 再帰 *sich*⁴ ~ 身を伏せる.

hin|schmie·ren[hínʃmi:rən] 他 (h) ぬたくる; 書きなぐる.

hin|schrei·ben*[hínʃraɪbən]¹《152》**I** 他 (h) 書きつける; 書きなぐる, 乱雑に書く: *Schreiben* Sie bitte Ihren Namen hier *hin.* ここへご署名ください. **II** 自 (h)《話》(照会・問い合わせの)手紙を出す.

hin|schwin·den*[hínʃvɪndən]¹《161》自 (s)《雅》(ゆっくり・だんだん・いつの間にか)消滅する, なくなる, 消え去る: in Ohnmacht ~ 失神する.

hin|se·hen*[hínze:ən]《164》自 (h) **1** 目をやる, 見やる; 眺める, 見晴らす;(窓などがある方角に)向いている: Vom bloßen *Hinsehen* wird mir schlecht. 私はそれを見るだけでも気分が悪くなる. **2** (wegsehen)《über *et.*⁴》(…を)大目に見る, 見て見ぬふりをする.

hin|seh·nen[hínze:nən] 他 (h) 再帰 *sich*⁴ nach *et.*³ ⟨zu *jm.*⟩ ~ …へ⟨のもとへ⟩行きたがる; …にこがれる.

hin|sein*[hínzaɪn]《165》自 (s) **1** (物が)失われている; こわれて⟨故障して⟩いる: Hin *ist hin*〔, weg ist weg〕. なくなった⟨こわれた⟩ものはどうしようもない. **2**《話》(人が)疲れきっている; 死んでしまっている; 酔ってしまっている; ほれこんで⟨夢中になって⟩いる; 立ち去っている, もういない: Er *ist* ganz *hin* in sie ⟨von ihr⟩. 彼は彼女に首ったけだ | Sie *ist* gerade *hin* zu ihm. 彼女はたったいま彼のところへ出かけたところだ. **3** (dauern) 継続⟨経過⟩する: Bis zu diesem Tag dürfte es noch lange ~. その日が来るまではまだしばらくかかるだろう.

★ ふつう 2 語に書く.

hin|set·zen[hínzɛtsən]《02》他 (h) **1** (ある場所へ・手放して)置く, 据える: Wo soll ich meinen Namen ~? どこへ署名したらいいでしょうか | Es hätte mich beinah *hingesetzt.*《話》私は腰を抜かすほど驚いた. **2** 再帰 *sich*⁴ ~ 着席する;《話》しりもちをつく, 腰を抜かす | *sich*⁴ zur Arbeit ~ 腰を下ろして仕事に取りかかる.

Hin·sicht[hínzɪçt] 女 -/ 関係, 観点, 見地:〖前置詞 in を伴って〗in dieser ~ この点で | in gewisser ~ ある点⟨意味⟩では | in jeder ~ あらゆる点で, どう考えても | in politischer ~ 政治的観点からすると ‖ **in ~ auf *et.*⁴** …の点に関して, …のことを考えて⟨考えると⟩; …であるがために. [<hinsehen]

hin·sicht·lich[‒lɪç] (ᵛ**hin·sichts**[..zɪçts]) 前《2格支配》《官》…に関して: ~ des Preises 価格の点について.

hin|sie·chen[hínzi:çən] 自 (s)《雅》(病気・苦悩などのため)徐々に衰弱して死ぬ: vor Gram ~ 心痛に病み衰えて死ぬ.

hin|sin·ken*[hínzɪŋkən]《169》自 (s)《雅》くずおれる: ohnmächtig ~ 気を失って倒れる | zum *Hinsinken* müde sein へたへたと座り込みたいくらい疲れている.

hin|sol·len*[hínzɔlən]《172》自 (h)《話》行く⟨移される⟩べきである: Wo *soll* ich damit *hin*? それをどこへ運びましょうか.

Hin·spiel[hínʃpi:l] 中《ス"》(2 回戦試合の)第 1 試合(→Rückspiel).

hin|spucken[hínʃpʊkən] 自 (h)《場所を示す語句と》(…に)つばを吐く: **wo man *hinspuckt***《話》いたるところで.

hin|stel·len[hínʃtɛlən] 他 (h) **1** (ある場所へ)置く, 立てる, 据える; 配置する, ポストにつける: im Garten einen Tisch ~ 庭にテーブルを置く | **etwas ~ können**《話》(ふつう金銭面で)しかるべき援助ができる ‖ 再帰 *sich*⁴ ~ 位置を占める, 立つ | Ich *stellte* mich vor ihn ⟨ihm⟩ *hin.* 私は彼の前に立った ‖ Sie tut ihre Pflicht, wo man sie auch *hinstellt.* 彼女はどの部署につけてもきちんと自分の責務を果たす. **2**《比》《*et.*⁴ als *et.*⁴》(…を…のように)見せる, 見せかける,(…を…と)思わせる: *jn.* als dumm ~ …をばか呼ばわりする ‖ 再帰 *sich*⁴ als *et.*¹ ⟨ᵛ*et.*⁴⟩ ~ …であると自称する ‖ die Sache so ~, als ob ... 事がまるで…であるかのように見せかける.

hin|ster·ben*[hínʃtɛrbən]¹《185》自 (s)《雅》死ぬ, みまかる.

hin|steu·ern[hínʃtɔʏərn]《05》**I** 他 (h)(船などの)針路を(ある方向へ)向ける;《比》《*et.*⁴ auf *et.*⁴》(話などを…の方へ)もっていく. **II** 自 **1** (s)(船などがある方向へ)向かう. **2** (h)《比》《auf *et.*⁴》(…を)目ざす, 意図する.

hin|stre·ben[hínʃtre:bən]¹ 自 **1** (h, s)《nach ⟨zu⟩ *et.*³》(…の方へ)行こうとする;(引力などで)引き寄せられていく. **2** (h)《nach *et.*³/auf *et.*⁴》(…を)手に入れようと努力する.

hin|strecken[hínʃtrɛkən] 他 (h) **1**《*jm. et.*⁴》差し出す: *jm.* zur Versöhnung die Hand ~ …に和解の手を差しのべる. **2** 再帰 *sich*⁴ ~ 長々と横になる, 寝そべる: Die Sümpfe *strecken* sich am Ufer *hin.* 沼沢地が岸沿いに伸びている ‖ die weit *hingestreckte* Ebene はるか遠くまで広がっている平原. **3**《雅》《*jn.*》殺す, 殺害する.

hin|strei·chen*[hínʃtraɪçən]《189》**I** 自 **1** (s)《über *et.*⁴》(風・鳥などが…の上を)かすめ過ぎる;(時間が)経過する. **2** (h)《über *et.*⁴》(手などで…の表面を)なでる: vorsichtig über die Wunde ~ そっと傷をなでる. **II** 他 (h) 塗り⟨なで⟩つける.

hin|stür·zen[hínʃtʏrtsən]《02》**I** 自 (s) **1** (激しい勢いで)地面⟨床⟩に倒れる, 転ぶ: auf der Treppe ~ 階段で転ぶ. **2** (ある方向へ)突進する, 急ぐ: zum Ausgang ~ 出口へ急ぐ. **II** 他 (h) **1** たたき落とす; 倒す;(水を切るために食器を)ふせて⟨斜めに⟩置く. **2** 再帰 *sich*⁴ auf *jn.* ~ …めがけて突進する.

hintan..《分離動詞の前つづり. つねにアクセントをもつ》**1**《「後ろに・後に・最後尾に」を意味する》: *hintan*bleiben おくれる, とり残される | *hintan*halten おくらせる, さまたげる. **2**《「あと回しで・無視して」を意味する》: *hintan*setzen あと回しにする, 軽視する. [*mhd.* hinden-ān; ◇hinten, an]

hint·an|set·zen[hɪnt|ánzɛtsən]《02》他 (h) あと回しにする, 最後に置く; 無視⟨軽視⟩する, ないがしろにする, 考えるのをあと回しにする.

Hint·an·set·zung[..tsʊŋ] 女 -/ 無視, 軽視: mit ⟨unter⟩ ~ der Familie 家族を顧みないで.

hint·an≠|ste·hen*[hɪnt|án..]《182》自 (h) (zurückstehen) あと回しになっている. **≠|stel·len** =hintansetzen

hin·ten[híntən] 副 (↔vorn) 後ろ⟨背後⟩に, 後方に; 末尾に; 裏〔側〕に; 奥に; 末端⟨はずれ⟩に;《比》(発育・昇進などが)遅れて;《俗》しりの辺りに: ~ im Auto sitzen 自動車の後席に座っている | ~ im Buch stehen 本の終わりの方に出ている | ~ in der Schublade liegen 引き出しの奥に入っている | ganz ~ im Wald ⟨Korridor⟩ 森⟨廊下⟩のずっと奥⟨はずれ⟩に ‖ *sich*⁴〔in der Reihe〕~ anstellen 列の後尾につく⟨並ぶ⟩ | einen ⟨ein paar⟩ ~ draufkriegen《話》しりを一発⟨二三発⟩ぶたれる | Bitte ~ einsteigen! 後ろのドアからご乗車ください | Ich habe〔doch〕~ keine Augen! (ぶつかられて)おれは後ろには目がないんだぞ(そっちで気をつけろ) | Geld ~ haben《話》金をためこんでいる | ***jm.* ~ hineinkriechen**《卑》(しりでもなめんばかりに)…にへつらう | **~ nicht mehr hoch können**《話》窮地にある;(衰弱して)死期が近づいている | *et.*⁴ ~ lassen …を凌駕(りょうが)する | Der Eingang ist ~. 入口は裏にある | Das Kleid ist ~ ausgeschnitten. その服は後ろ襟がくってある ‖ **nach ~**〔hin〕後方へ | *jn.* nach ~ bringen〖軍〗…を(前線から)後送する | Das Zimmer liegt nach ~. その部屋は家の裏側に向いている | **von ~** 後ろ⟨背後⟩から; 末尾から | der Dritte von ~ 後ろから 3 人目の男 | ein Stich von ~ 背後からの一突き;《比》(陰険な)当てこすり | **von ~ durch die Brust**〔**ins Auge**〕《戯》i) 回りくどく; ii) 不正なやり方で | ***jn.* von ~ ansehen**《話》…に背を向ける, …を相手にしない | es *jm.* von ~ machen《話》…の後ろから性交する | ***jn.* am liebsten von ~ sehen**《話》…が大嫌いである, …の顔なんか見たくもない.

‖〖vorn〔e〕と対比的に〗**hinten und vorn**〔**e**〕前も後ろも;《比》どこもかしこも; とことんまで, すっかり | *sich*⁴〔von *jm.*〕~ und vorn bedienen lassen (自分では何もせずに)何から何まで〔…に〕面倒をみてもらう | *seine* Augen vorn und ~ haben (→Auge 1) | Sie hat ~ und vorn nichts.《比》彼女は一文なしだ;《戯》彼女はしりも胸もぺしゃんこだ | **~ und**

H

vorn〔e〕 **nicht reichen** 全然〈とうてい〉足りない | ~ und vorn nicht/nicht vorn und nicht ~/**weder ~ noch vorn〔e〕**《比》全然〈まるっきり〉…でない | **nicht 〔mehr〕 wissen, wo ~ und vorn〔e〕 ist**《比》すっかり途方に暮れている ‖ *et.*⁴ 〔**von**〕 vorn und ~ 〈~ und vorn〉 betrachten《比》…をとっくり観察する | von vorn〔e〕 bis ~ (→vorn¹) | *et.*⁴ von vorn bis ~ 〈von ~ bis vorn〉 lesen《比》…を隅から隅まで読む | Jetzt heißt es Herr Meier ~ und Herr Meier vorn. 今やどこへ行ってもマイヤーさんマイヤーさんで持ちきりだ.
 [*germ.*; ◇hinter; *engl.* hinder, behind]

hin·ten·an[hıntən|án] 副〔いちばん〕後ろに; 最後に.

hin·ten·an|set·zen《02》=hintansetzen

hin·ten≠drauf[hıntəndráuf] 副《話》(…の)後ろの上に〈へ〉: ***jm.* eins 〈ein paar〉 ~ geben** …のおしりを一発〈数発〉殴る. **≠drein**[..dráın] =hinterher

hin·ten≠her·um[híntənhɛrʊm] 副 **1** 後ろに〈を〉回って;《比》不正なやり方で, ひそかに: ~ ins Haus kommen 裏から家に入る | Waren ~ bekommen 商品をやみで手に入れる. **2**《話》しりの辺りに. **≠hin** 副 後ろへ: Setzen Sie sich⁴, bitte, ~. 後ろの方の席におかけください.

hin·ten·nach[hıntənnáːx]《南部》=hinterher 1

hin·ten·rum[híntənrʊm]《話》=hintenherum

hin·ten·über[hıntən|ýːbər] 副 後ろへ, あおむけに.
 ★ 動詞と用いる場合は分離の前つづりともみなされる.

hin·ten·über≠|fal·len* 《38》自 (s) あおむけにひっくり返る. **≠|wer·fen*** 《209》他 (h) (頭ごしに)後ろに投げる.

hin·ter[híntər] **I** 前《位置を示すときなどは3格支配, 方向を示すときなどは4格支配; 口語調では定冠詞 dem と融合して hinterm, den と融合して hintern, das と融合して hinters となることがある》
1《空間的》(英: *behind*) (↔vor) …の後ろ〈背後〉に, …の裏手に, …の向こうに, …の奥に, …の陰に, …の内側に: 〖3格と〗~ dem Haus 家の裏手に〈で〉| ~ *jm.* sitzen …の後ろ〔の席〕に座っている | das dritte Haus ~ der Kirche 教会から向こうへ3軒目の建物 | *et.*⁴ bis auf zwei Stellen ~ dem Komma berechnen …を小数点以下2けたまで計算する | ~ den Kulissen (→Kulisse 1) | ~ dem Lenkrad sitzen ハンドルを握っている | ~ dem Schreibtisch 〈~ Büchern〉 sitzen デスクの向こうに座って〈本の山に埋もれて〉いる | ~ *js.* Rücken (→Rücken 1) | ~ verschlossenen Türen (→Tür) | *et.*⁴ ~ vorgehaltener Hand sagen 口に手を当ててひそひそ声で…と言う ‖ einer ~ dem anderen 一列になって次々と(→2 a) ‖ *jn.* ~ *sich*³ haben …を後ろだてにしている, …に支持されている | *et.*⁴ ~ *sich*³ haben …をすでに終えている, …を処理〈経験〉ずみである | die Hälfte des Weges ~ *sich*³ haben すでに道のりの半分をあとにしてしまっている | ein bewegtes Leben ~ *sich*³ haben 波瀾(はらん)に富んだ人生を乗り越えて〈経験して〉きている | die Tür ~ *sich*³ schließen 後ろ手にドアをしめる ‖ ~ *et.*³ stecken …(言動)の背後にひそんで〈こめられて〉いる | Es steckt nicht viel ~ seinen Worten. 彼の言葉には大した意味はない | ~ *jm.* stehen …の後ろだてになっている, …を支持している | *sich*⁴ ~ *et.*³ verschanzen …を口実にしている | *sich*⁴ ~ *et.*³ verstecken …の陰に隠れている ‖ **~ *jm.* 〈*et.*³〉 her** …のあとについて | Er ist immer ~ ihr her. 彼は彼女を追いかけてばかりいる | Er lief 〈rief〉 ~ mir her. 彼は私のあとから走って来た〈呼びかけてきた〉| ~ *et.*³ **hervor** …の後ろ〈陰〉からこちらへと | ~ dem Vorhang hervortreten カーテンの陰から歩み出る.
‖〖4格と〗~ das Haus gehen 家の裏にまわる | *sich*⁴ ~ *jn.* setzen …の後ろ〔の席〕に腰かける | ~ den Vorhang treten カーテンの陰〈内側〉に入る | ~ das Geheimnis 〈die Wahrheit〉 kommen 秘密〈真相〉をかぎつける | Die Truppen zogen sich ~ den Fluß zurück. 軍勢は川の後ろ〈向こう側〉に退いた ‖ *et.*⁴ ~ *sich*⁴ bringen …(道のりなど)をあとにする〈通過する〉, …(苦難など)を乗り越える〈克服する〉| ~ *sich*⁴ sehen 後ろを振り返る ‖ *sich*⁴ ~ *et.*⁴ machen《話》…(仕事など)に身を入れる | bis ~ *et.*⁴ reichen …の向こうまで達する | *sich*⁴ ~ *et.*⁴ stecken …の陰に隠れる;《話》…の面倒をみる〈世話をやく〉| *sich*⁴ ~ *jn.* stecken …の陰に隠れる;《話》…にかばってもらう.
2《時間的・順位的》**a**) (↔vor) …よりあとに, …より遅れて: 〖3格と〗~ *jm.* an der Reihe sein …の次の番に当たっている | Der Zug ist zehn Minuten ~ der Zeit. 列車は定刻より10分遅れている | Ich habe ihn weit ~ mir gelassen. 私は彼をはるかに追い抜いた | ~ der Mode zurückbleiben 時代〈流行〉遅れである. **b**)《zurück とともに用いられて》…より劣って: 〖3格と〗~ *js.* Erwartungen zurückbleiben …の期待を下回っている | An Begabung bleibe ich ~ ihm zurück. 才能の点では私は彼にかなわない ‖〖4格と〗in *seinen* Leistungen ~ *jn.* zurückfallen 成績で…に負ける.
II 副 **1**《中部・南部》(nach hinten) 後方へ. **2**《中部》(hinunter) (飲食物が)のどから下へ.
III 形《比較級なし; 最上級: **hin·terst** → 別出》《付加語的》(→vorder) 後ろの; 後方の, 奥の; 裏の: die ~*e* Reihe 後列 | die ~*e* Seite 裏側 | ~*e* Zähne 奥歯 | die ~*e* Tür des Hauses 建物の裏側の戸.
IV Hin·te·re《形容詞変化》**1** 男《話》=Hintern **2** 男 女 後ろにいる人. **3** 中 後ろのもの.
 [*germ.*; ◇hin, hinten; *engl.* hinder, behind]

hinter.. **1**《動詞の前つづり》**a**)《分離の前つづり.「後ろへ・奥へ」を意味する. つねにアクセントをもつ》《話》: *hinter*gehen 後ろ〈裏〉へ行く | *hinter*trinken (飲み物を)飲み下す. **b**)《非分離の前つづり. 比喩的な意味を帯びつねにアクセントをもたない》: *hinter*bringen こっそり知らせる | *hinter*gehen だます.
2《名詞につけて「後ろ・奥・裏」などを意味する. つねにアクセントをもつ》: *Hinter*deck 後甲板 | *Hinter*haupt 後頭〔部〕| *Hinter*treppe 裏階段 | *Hinter*indien インドシナ半島(ヨーロッパから見てインドの後ろに当たる) | *Hinter*grund 背景 | *Hinter*gedanke 下心, 底意 | *Hinter*list 術策.
3《副詞につけて「後ろで・あとで」などを意味する. アクセントをもたないことが多い》: *hinter*her 後ろから; そのあとで | *hinter*einander 相前後して.

Hin·ter·ach·se[híntər|aksə] 女 -/-n (↔Vorderachse)〖工〗後車軸.

Hin·ter·an·sicht[híntər|anzıçt] 女 -/-en (↔ Vorderansicht)〖建〗背面〔図〕.

Hin·ter·asi·en[híntər|aːziən] 地名 東アジア, 極東.

Hin·ter·backe[híntərbakə] 女 -/-n《話》**1** (人・動物の)尻(しり)たぶ. **2**《複数で》(Gesäß) 尻.

Hin·ter·bänk·ler[híntərbɛŋklər] 男 -s/- (後方の議席に座っている)陣笠(じんがさ)議員. [<Bank¹]

Hin·ter·bein[híntərbaın] 中 -〔e〕s/-e (↔ Vorderbein) (四足獣の)あと〈後ろ〉足, 後肢;〖虫〗後脚: *sich*⁴ auf die ~*e* setzen あと足で立つ, ちんちんする | ***sich*⁴ auf die ~*e* stellen**《話》抵抗する, 拒否の態度をとる;《南部》奮闘する, がんばる.

hin·ter·blei·ben*[hıntərbláıbən]¹ 《21》 **I** 自 (s) **1** (遺族として)あとに残される; ᵛ(人を見送って)あとに残る. **2** =unterbleiben **II Hin·ter·blie·be·ne**[..blíːbənə] 男 女《形容詞変化》遺族.

Hin·ter·blie·be·nen≠für·sor·ge 女 遺族援助〈援護〉. **≠ren·te** 女 遺族年金.

hin·ter|brin·gen¹* [híntərbrıŋən] 《26》他 (h)《話》**1** 後ろへ運ぶ. **2** (食物を)飲み込む.

hin·ter·brin·gen²* [⌣⌣⌣] 《26》他 (h) 《*jm. et.*⁴》(…に…を)こっそり知らせる, 密告する.

Hin·ter·brin·ger[..ŋər] 男 -s/- 内報〈密告〉者.

Hin·ter·brin·gung[..ŋʊŋ] 女 -/-en 内報, 密告, 告げ口.

Hin·ter·büh·ne[híntərbyːnə] 女 -/-n〖劇〗バックステージ(使用される舞台の奥の空間: → 図 Bühne).

Hin·ter·deck[híntərdɛk] 中 -〔e〕s/-s(-e)〖海〗(船の)後〔部〕甲板: das ~〖天〗艫(とも)座.

hin·ter·drein[hıntərdráın] =hinterher

hin·ter·drein|lau·fen* 《89》自 (s) あとからついて行く, あとを追う, 追いかける.

Hin·te·re →hinter IV

H

hin·ter·ein·an·der[hıntər|aınándər] 副《hinter＋相互代名詞に相当: →sich 2 ★ ii》相前後して, 次々と, 続いて; 順序よく, 順番に: drei Tage ～ 連続 3 日間 | zweimal ～ 2 回続けて ‖ *sich*[4] ～ aufstellen 順番に並ぶ.

★ 動詞と用いる場合は分離の前つづりともみなされる.

hin·ter·ein·an·der≈|brin·gen* 《26》 他 (h) **1** 前後〈縦〉に並べる. **2** 《方》反目〈仲たがい〉させる. ≈|**fah·ren*** 《37》 自 (s) (車などが)縦列をつくって〈縦につながって〉走る. ≈|**kom·men*** 《80》 自 (s) **1** 前後〈縦〉に並ぶ. **2** 《方》反目〈仲たがい〉する. ≈|**schal·ten** 《01》 他 (h) 〘電〙 直列に接続する. ≈|**schrei·ben*** 《152》 他 (h) 字間をあけずに書く.

hin·ter|es·sen*[híntər|ɛsən] 《36》 他 (h) 《東 部》 (aufessen) (食物を)たいらげる; (無理に)飲み込む.

Hin·ter·flä·che[híntərflɛçə] 女 -/-n 〘数〙 (立体の)背面.

Hin·ter·flug[híntərflu:k][1] 男 -〔e〕s/..flüge[..fly:gə] (よろいの)後ろ肩甲(→ ⊛ Harnisch).

Hin·ter·flü·gel[híntərfly:gəl] 男 -s/- 〘虫〙 後 翅(こうし) (→ ⊛ Kerbtier).

hin·ter·fot·zig[híntərfɔtsıç][2] 《卑》 ＝hinterlistig [＜Fotze]

Hin·ter·fot·zig·keit 女 **1** 《単数で》 hinterfotzig なこと. **2** hinterfotzig な言動.

hin·ter·fra·gen[hıntərfrá:gən][1] 他 (h) 《*et.*[4]》 (…の)背景〈根拠・前提〉が何であるかを調べる, (…の)裏面〈背後〉をさぐる: eine Meinung ～ 意見の裏をさぐる.

Hin·ter·front[híntərfrɔnt] 女 -/-en (↔Vorderfront) 〘建〙 背面.

Hin·ter·fuß[híntərfu:s] 男 -es/..füße[..fy:sə] (↔Vorderfuß) (四足獣の)後ろ足, あと足: *sich*[4] auf die *Hinterfüße* stellen《話》抵抗する, 拒否の態度をとる.

Hin·ter·gau·men[híntərgaumən] 男 -s/- (↔Vordergaumen) 〘解〙 軟口蓋(こうがい).

Hin·ter·gau·men·laut 男 ＝Velar

Hin·ter·ge·bäu·de[híntərgəbɔʏdə] 中 -s/- ＝Hinterhaus

Hin·ter·ge·dan·ke[híntərgədaŋkə] 男 -ns/-n 下 心, 底意: Er ist ohne ～*n*. 彼は裏のない人だ.

hin·ter|ge·hen[1]*[híntərge:ən] 《53》 自 (s) 《話》後ろへ行く, 裏へ回る.

hin·ter·ge·hen[2]*[◡◡⏊◡] 《53》 他 (h) **1** 《*jn.*》だます, 欺く: *seine* Frau ～ (浮気をして)妻を裏切る. **2** (命令などを)ごまかして巧みに回避する, よけて通る, 無視する.

Hin·ter·ge·hung[..uŋ] 女 -/-en 《ふつう単数で》 hintergehen[2]すること.

Hin·ter·ge·stell[híntərgəʃtɛl] 中 -〔e〕s/-e (自動車などの)後部車体; 《戯》 (Gesäß) 尻(しり): Sie hat ein breites, tüchtiges ～. 彼女はでっかい立派な尻をしている.

Hin·ter·ge·trei·de[híntərgətraıdə] 中 -s/ 〘農〙 穀物の選(え)りくず.

hin·ter|gie·ßen[1]*[híntərgi:sən] 《56》 他 (h) 《話》 (hinuntergießen) (ぐいと)飲みくだす, すばやく飲みほす: ein Glas Wein ～ 1 杯のワインをぐっとあける.

hin·ter·gie·ßen[2]*[◡◡⏊◡] 《56》 他 (h) 〘印〙 裏金付けする(電気版製作のためにガラ版の裏に鉛合金からなる裏金を鋳付けて補強する).

Hin·ter·glas≈bild[hıntərglá:s..] 中 〘美〙 ガラス絵. ≈**ma·le·rei**[また: ◡◡−−◡⏊] 女 〘美〙 ガラス絵〔技法〕.

Hin·ter·glied[híntərgli:t][1] 中 -〔e〕s/-er (↔Vorderglied) **1** 〘動〙 後 肢. **2** 〘数〙 後 項. **3** 〘軍〙 後 列〔兵〕. **4** 〘論〙 後命題.

Hin·ter·grund[híntərgrunt][1] 男 -〔e〕s/..gründe [..gryndə] **1** 《ふつう単数で》 (↔Vordergrund) (絵・景色などの)背景, 遠景, バック; 《比》目だたない〈日の当たらない〉場所, 背後: ein heller ～ 明るいバック ‖ **im ～ bleiben** / ***sich***[4] **im ～ halten** 遠慮する, 出しゃばらない | **im ～ stehen** あまり目だたない, 無視され〔てい〕る | **in den ～ treten** 〈**rücken**〉 背景に退く; 《比》影が薄くなる ‖ ***jn.*** 〈***et.***[4]〉 **in den ～ drängen** 〈**spielen**〉 …を背景におしやる; 《比》…の影を薄くする | ***et.***[4] **im ～ haben** 《話》…を予備として持っている ‖ Im ～ sieht man eine Burg. 〘劇〙 (ト書きで)背景には城塞(じょうさい)が一つ見える | Die Handlung des Dramas hat einen geschichtlichen ～. その戯曲の筋はある史実をふまえている. **2** 《ふつう複数で》 (事件などの)背景, 裏面〔の事情〕: Die Sache hat politische *Hintergründe*. その件には裏で政治がからんでいる.

hin·ter·grün·dig[..gryndıç][2] 形 (↔vordergründig) 見きわめがたい, 難解な; 意味深長な: ein ～*er* Mensch 何を考えているのか分からない人 | ～ lächeln 意味深長〈いわくありげ〉な微笑をもらす.

Hin·ter·grund≈in·for·ma·tion 女 (出来事などの)背景についての情報. ≈**mu·sik** 女 背景音楽, バックグラウンド＝ミュージック, BGM.

Hin·ter·halt[híntərhalt] 男 -〔e〕s/-e **1** 隠れ場所, 待ち伏せ場所: im ～ liegen 〈lauern〉 待ち伏せする, 隠れてうかがう | in einen ～ geraten 待ち伏せにひっかかる | *jn.* aus dem ～ überfallen …を待ち伏せして襲う. **2** 《話》 (予備の)蓄え: ***et.***[4] **im ～ haben** …を予備として持っている. ▽**3** 《単数で》 (Zurückhaltung) 遠慮: ohne ～ sagen 腹蔵なく言う. ▽**4** 《単数で》 (Rückhalt) 後ろだて, 支持, バックアップ.

▽**hin·ter·hal·ten***[hıntərháltən] 《65》 他 (h) 《*jm. et.*[4]》 (…に…を)取って〈しまって・渡さないで〉おく; 《*jn.*》引き止める, 妨害する.

hin·ter·häl·tig[híntərhɛltıç][2] 形 陰険な, 意地悪い; ずるい, こすからい; すれっからしの: ～ und falsch wie eine Katze sein たいへん陰険で腹黒い | *jn.* ～ fragen …に底意地の悪い質問をする | eine ～*e* Politik betreiben 奸策(かんさく)を弄(ろう)する.

Hin·ter·häl·tig·keit[−kaıt] 女 -/-en 「hinterhältig なこと.」

Hin·ter·hand[híntərhant] 女 -/ **1** (馬・犬などの)後脚部(しりの部分も含めて). **2** 〘トランプ〙 後手(最後にカードを出す人・順番) (↔Vorhand 3, Mittelhand 3): in der ～ sein 最後に札を出す番に当たる | ***et.***[4] **in** 〈**auf**〉 **der ～ haben** 《比》…を予備として持っている | einen Trumpf in der ～ haben (→Trumpf 1).

Hin·ter·haupt[híntərhaupt] 中 -〔e〕s/..häupter [..hɔʏptər] (↔Vorderhaupt) 〘解〙 後頭〔部〕.

Hin·ter·haupt〔s〕≈bein 中 〘解〙 後頭骨(→ ⊛ Schädel). ≈**la·ge** 女 〘医〙 (胎児の)後頂位(正常位である頭位の一種). ≈**lap·pen** 男 〘解〙 (脳の)後頭葉.

Hin·ter·haus[híntərhaus][1] 中 -es/..häuser[..hɔʏzər] (↔Vorderhaus) (直接街路に面していない)裏の家屋, 家屋の裏側部分, 後屋; 裏の離れ: bei *jm.* ist Krach im ～ (→krach II 2).

hin·ter·her 副 **1** [hıntərhé:r, ⏊◡−] 《時 間 的》 (nachher, danach) (↔vorher) そのあとから, そのあと〔で〕, のちになって: *sich*[4] ～ beschweren あとになってぶつぶつ言う〈不平をもらす〉 | Der hinkende Bote kommt ～. (→Bote 1). **2** [hıntərhé:r] 《空間的》 (↔voran) 後ろから, すぐ後ろを: *jm.* ～ gehen …の〔すぐ〕後ろからついて行く.

★ 動詞と用いる場合は分離の前つづりともみなされる.

hin·ter·her≈|ge·hen*[hıntərhé:r..] 《53》 自 (s) あとから〔ついて〕行く. ≈|**hin·ken** 自 (s) 足をひきずりながらついて行く; おくれをとる; 《比》時期に遅れる: mit *seiner* Arbeit 〈*seiner* Zahlung〉 ～ 仕事〈支払い〉が滞っている. ≈|**kom·men*** 《80》 自 (s) 〔いちばん〕あとから〔ついて〕来る. ≈|**lau·fen*** 《89》 自 (s) **1** 《*jm.*》 (…の)あとを急いで〔走って〕追う. **2** 《話》《*jm./et.*[3]》手に入れようとしつこく追いまわす: einem Mädchen ～ 女の子の尻(しり)を追いまわす.

hin·ter·her|sein*[hıntərhé:r..] 《165》 自 (s) **1** 《*jm.*》 (…の)あとを追っている. **2** 熱心である: 〘daß 副文・zu 不定詞〔句〕と〙 Er *ist* 〔sehr〕 *hinterher*, daß ... 彼は…しようと懸命である. **3** 《in 〈mit〉 *et.*[3]》 (…が)劣っている.

★ ふつう 2 語に書く.

Hin·ter·hirn[híntərhırn] 中 -〔e〕s/-e (↔ Vorderhirn) 〘解〙 後脳.

Hin·ter·hof[híntərho:f] 男 -〔e〕s/..höfe[..hø:fə] (↔ Vorhof) (街路に面しない)裏庭, 後ろ庭, 中庭.

Hin·ter·in·di·en[híntər|ındiən, ⏊◡⏊◡◡] 地名 インドシ

ナ半島(ただし, いわゆるインドシナ三国にとどまらず, シンガポール・タイ・ビルマ・マレーシアをも含む: →hinter.. 2).

Hin·ter·kie·mer[..ki:mər] 男 -s/- (↔ Vorderkiemer)〘動〙後鰓(こうさい)類. [<Kieme]

Hin·ter·kip·per[híntərkɪpər] 男 -s/- (↔Vorderkipper) (荷台を後ろへ傾ける)後方ダンプトラック.

Hin·ter·kopf[híntərkɔpf] 男 -[e]s/..köpfe[..kœpfə] (↔Vorderkopf) 後頭部: auf den ~ fallen あおむけに(後ろざまに)倒れる | *et.*[4] **im ~ haben** ⟨**behalten**⟩ (知識・記憶・考えなどを)心の片隅(意識の底)にとどめておく.

Hin·ter·korn[híntərkɔrn] 中 -[e]s/ =Hintergetreide

Hin·ter·la·der[híntərla:dər] 男 -s/- **1** (↔Vorderlader)〘軍〙後装銃(砲). **2**《話》(女役の)ホモ, おかま. **3**《戯》(しりの部分が開閉できる)幼児用ズボン. [<laden[1]]

Hin·ter·la·ge[híntərla:gə] 女 -/-n《スイス》(Pfand) 抵当, かた.

Hin·ter·land[híntərlant][1] 中 -[e]s/ 〘経〙後背地, 背後地域; (商業港などの背後にあって商品の販路となる)奥地; (堤防で守られている)内陸部;〘軍〙(戦線の)後方(背後)〔地域〕.

hin·ter|las·sen[1]*[híntərlasən]《88》他 (h)《話》《*jn.*》後ろへ行かせる, 後ろを通り抜けさせる.

hin·ter·las·sen[2]*[◡◡⏑◡]《88》**I** 他 (h) **1** あとに残す; (伝言などを)言い残す: einen guten Eindruck ~ 好印象を残す | keinerlei Spuren ~ 少しの痕跡(こんせき)もとどめない ‖ Er hat auf einem Zettel *hinterlassen*, wo er zu finden ist. 彼はメモに居場所を書き残して行った. **2** 《*jm. et.*[4]》(…に…を)遺産として残す, 遺言して贈る: nur Schulden ⟨ein beträchtliches Vermögen⟩ ~ 借金だけ(かなりの財産)を残す. **II** 過分 形 (死後に)残した: ~*e* Werke 遺作. **III Hin·ter·las·se·ne** 男 女《形容詞変化》《スイス》遺族.

Hin·ter·las·sen·schaft[..ʃaft] 女 -/-en (故人が)残したもの, 遺産, 相続財産: die ~ unter die Kinder aufteilen 遺産を子供たちのあいだで分配する | *js.* ~ **antreten** ⟨**übernehmen**⟩ …の遺産を受け継ぐ; …の未完の仕事を引き継ぐ ‖ die geistige ~ der deutschen Romantik《比》ドイツ=ロマン派の精神的遺産.

Hin·ter·las·sung[..sʊŋ] 女 -/ hinterlassen[2]すること: 〘ふつう次の形で〙unter ~ von ... …をあとに残して | unter ~ von Schulden sterben ⟨fliehen⟩ 借金を残して死ぬ(逃亡する).

hin·ter·la·stig[híntərlastɪç][2] =achterlastig

Hin·ter·lauf[híntərlauf] 男 -[e]s/..läufe[..lɔʏfə] (↔ Vorderlauf)〘狩〙(犬・ウサギ・シカなどの)後足.

hin·ter|le·gen[1][híntərle:gən][1] 他 (h)《話》後ろに置く: den Koffer ~ (自動車の中などで)トランクを後部座席に置く.

hin·ter·le·gen[2][◡◡⏑◡] 他 (h) **1** 預ける, 保管してもらう;〘法〙寄託(供託)する: den Schlüssel beim Nachbarn ~ かぎを隣家に預ける | Wertsachen bei einer Bank ~ 貴重品を銀行に預ける ‖ *hinterlegtes* Geld〘法〙供託金. ᵛ**2** 《*et.*[4] mit *et.*[3]》(絵などで…を…に)背景としてあしらう.

Hin·ter·le·ger[..gər] 男 -s/-〘法〙供託人.

Hin·ter·le·gung[..gʊŋ] 女 -/-en 預けること; 寄託, 供託.

Hin·ter·le·gungs≠schein 男 預かり証;〘法〙供託証書. **≠stel·le** 女〘法〙供託所.

Hin·ter·leib[híntərlaɪp][1] 男 -[e]s/-e (動物の)後半身; 〘虫〙腹部(→ 図 Kerbtier).

Hin·ter·list[híntərlɪst] 女 -/ **1** (陰険な)たくらみ, 術策, わな. **2** =Hinterlistigkeit

hin·ter·li·stig[..lɪstɪç][2] 形 (heimtückisch) 陰険な, 腹黒い, 術策を弄(ろう)する: *et.*[4] zu ~*en* Zwecken verwenden (→Zweck 1).

Hin·ter·li·stig·keit[..kaɪt] 女 -/ 陰険〔な態度〕, 腹黒さ, 欺瞞(ぎまん)性.

hin·term[híntərm]<hinter dem

Hin·ter·mann[híntərman] 男 -[e]s/..männer [..mɛnər] (↔Vordermann) (自分の)後ろの人;〘軍〙後列兵;〘トランプ〙次の手番の人;〘経〙(手形の)次の裏書人;〘海〙(旗艦の)後続艦;《ふつう複数で》(陰で糸を引く)覆面指導者, 黒幕.

Hin·ter·mann·schaft[híntərmanʃaft] 女 -/-en〘球技〙後衛, バック.

hin·ter·mau·ern[hɪntərmáuərn]《05》他 (h)〘建〙(石・れんがなどで壁を裏側から)補強する, 裏打ちする.

Hin·ter·mau[e]·rung[..máu(ə)rʊŋ] 女 -/-en〘建〙**1**《単数で》hintermauern すること. **2** 裏打ち壁.

hin·tern[híntərn]<hinter den

Hin·tern[–] 男 -s/- (Gesäß) 尻(しり), 臀部(でんぶ): **den ~ betrügen**《戯》吐く | *jm.* **den ~ lecken**《卑》…にへつらう(へいこらする) | *jm.* den ~ verhauen ⟨versohlen⟩ …の尻をぶちのめす | *sich*[3] den ~ wischen (用便後に)尻をふく | *sich*[3] **mit** *et.*[3] **den ~ wischen können**《話》…をちり紙同然に思う ‖ Pech **am** ~ haben (→Pech 1) | **alles an den ~ hängen**《話》着る物に有り金をはたく | *jm.* **an den ~ wollen**《話》…をいやな目にあわせたいと思う | *sich*[4] **auf den ~ setzen** しりもちをつく;《比》腰をすえて仕事(勉強)にかかる;《話》びっくりする, 腰を抜かす(→hinsetzen 2) | Pfeffer im ~ haben (→Pfeffer 1 b) | Quecksilber im ~ haben (→Quecksilber) | *jm.* ⟨*jn.*⟩ in den ~ beißen …を背後から襲う, …の不意をつく | *sich*[3] ⟨*sich*[4]⟩ **in den ~ beißen** 〔**können**〕くやしくて腹わたが煮えくりかえる | *jm.* Zucker in den ~ blasen (→Zucker 1) | *jm.* **in den ~ kriechen**《話》…にへいこらする | *jm.* Pfeffer in den ~ pusten (→Pfeffer 1 b) | *jm.* ⟨*jn.*⟩ **in den ~ treten**《話》(激励・強制のために)…の尻をたたく | *jm.* **mit dem** 〔**nackten**〕 **~ ins Gesicht springen**《卑》(居丈高(いたけだか)に)…をどやしつける | *jm.* Feuer **unter** den ~ ⟨unter dem ~⟩ machen (→Feuer 1). [*mhd.*; ◇Hintere]

Hin·ter·ohr·ge·rät[híntər|o:r..] 中 耳後型補聴器.

Hin·ter·pfor·te[híntərpfɔrtə] 女 -/-n **1** 裏門. **2**〘海〙船尾の門.

Hin·ter·pfo·te[híntərpfo:tə] 女 -/-n (動物の)後足〔の先端部分〕.

Hin·ter·quar·tier[híntərkvarti:r] 中 -s/-e **1** 家の裏側の部分. **2** 靴の後ろの(かかとを包む)部分. **3**《話》尻(しり), けつ.

Hin·ter·rad[híntərra:t][1] 中 -[e]s/..räder[..rɛ:dər] (↔Vorderrad) 後〔車〕輪(→ 図 Fahrrad).

Hin·ter·rad·an·trieb 男 (↔Vorderradantrieb) (自動車などの)後輪駆動.

hin·ter·rücks[híntərrʏks] 副 **1** (von hinten) 背後から;《比》だまし討ち的に: den Nachbarstaat ~ angreifen 隣国を奇襲する. **2** ᵛ背後で;《比》陰で, 隠れて, こっそり, 陰険に: über *jn.* ~ lachen …のことを陰で嘲笑(ちょうしょう)する. ᵛ**3** 後方へ, 後ろざまに. [<Rücken]

hin·ters[híntərs]<hinter das

Hin·ter·saß[híntərzas] 男 ..sassen/..sassen, **Hin·ter·sas·se**[..zasə] 男 -n/-n **1**〘史〙(封建制下の)隷農; (市民権のない)転入農民. **2**《方》零細土地保有農民.

Hin·ter·satz[híntərzats] =Nachsatz

Hin·ter·schiff[híntərʃɪf] 中 -[e]s/-e (Achterschiff)〘海〙船尾.

hin·ter|schlin·gen*[híntərʃlɪŋən]《144》他 (h)《話》(食物を)むりやり(急いで)飲み込む.

hin·ter|schlucken[híntərʃlʊkən]《方》=hinunterschlucken

Hin·ter·sei·te[híntərzaɪtə] 女 -/-n (↔Vorderseite) 後ろ側, 裏側, 裏面;〘印〙(開いた本の)左ページ.

Hin·ter·sinn[híntərzɪn] 男 -[e]s/ 隠された意味, 底意.

hin·ter·sin·nen*[hɪntərzínən]《170》他 (h) **1**《南部・スイス》再帰 *sich*[4] ~ (すぎ去ったことを)くよくよ思いわずらう, あれこれ考える. **2**《南部》再帰 *sich*[4] ~ ゆううつになる; 気がふれる.

hin·ter·sin·nig[híntərzɪnɪç][2] 形 **1** 底意のある, 表面には出ない意味を持った. **2**《南部》(くよくよ思いわずらって)ゆううつになった; 気のふれた.

Hin·ter·sitz[híntərzɪts] =Rücksitz

hin·terst[híntərst] **I** 形《hinter の最上級》いちばん後ろの, 最後尾の: in der ~*en* Reihe sitzen 最後列の席に座っ

H

ている ‖ Der *Hinterste* ist noch nicht zu sehen. 最後〈びり〉の人はまだ見えてこない. **II Hịn·ter·ste** 男《形容詞変化》《話》尻(しり): *jn.* geht der ～ mit Grundeis (→ Grundeis).

Hịn·ter·ste·ven[híntɐrʃteːvən] 男 -s/- 〘海〙船尾材.

Hịn·ter·stüb·chen[híntɐrʃtyːpçən] 中 奥の小部屋: im ～《比》陰でひそかに.

Hịn·ter·stu·be[híntɐrʃtuːbə] 女 -/-n 奥の部屋.

Hịn·ter·stück[híntɐrʃtʏk] 中 -〔e〕s/-e 後ろの部分.

Hịn·ter·teil[híntɐrtaɪl] 中 -〔e〕s/-e **1** (↔Vorderteil) 後部. **2** (キツネなどの)しっぽ. **3** 《話》尻(しり): auf *sein* ～ fallen 尻もちをつく.

Hịn·ter·tref·fen[híntɐrtrɛfən] 中 -s/ **1** 不利な立場: **im ～ sein / *sich*⁴ im ～ befinden** 不利な状況にある | **ins ～ geraten 〈kommen〉** 不利な状況に陥る | ***jn.* 〈*et.*⁴〉 ins ～ bringen** …を不利な状況に追いやる. ▽**2** 〘軍〙後方戦列, 後衛.

hin·ter·trẹi·ben*[hɪntɐrtráɪbən]¹ 《193》 他 (h) (他人の計画などをひそかに)妨害〈阻止〉〔しようと〕する: einen Plan 〈die Veröffentlichung eines Buches〉 ～ ある計画〈ある本の刊行〉を妨害〔しようと〕する.

Hin·ter·trẹi·bung[..bʊŋ] 女 -/-en《ふつう単数で》妨害, 阻止.

Hịn·ter·trep·pe[híntɐrtrɛpə] 女 (使用人用などの)裏階段: *et.*⁴ auch von der ～ aus beobachten《比》…の裏の事情まで観察する.

Hịn·ter·trep·pen≈po·li·tik 女 秘密政治, 裏面でのやりとり. **≈ro·man** 男 俗悪〈三文〉小説. **≈witz** 男 くだらぬ〈俗悪な〉しゃれ, 卑猥(ひわい)な冗談.

hịn·ter|trin·ken*[híntɐrtrɪŋkən] 《196》 他 (h) (飲み物を)飲みくだす.

Hịn·ter·tücke ＝Heimtücke

hịn·ter·tückisch ＝heimtückisch

Hịn·ter·tür[híntɐrtyːr] 女 -/-en 裏口, (自動車などの)後部ドア; 非常口: ***sich*³ eine ～ offenhalten 〈offenlassen〉** 《比》逃げ口上を用意しておく, 逃げ道をあけておく ‖ **durch die 〈eine〉 ～** 《比》裏口から, 不正な方法で | durch die ～ wiederkommen《比》断られても断られても食いさがる.

Hịn·ter·tür·chen 中《南部・オーストリア》＝Hintertür

Hịn·ter·vier·tel[híntɐrfɪrtəl] 中 -s/- 畜殺獣の後ろ四半分の肉; 《話》尻(しり).

Hịn·ter·wäld·ler[híntɐrvɛltlɐr, ..vɛldlɐr] 男 未開地の住民; 《比》時勢にうとい人, 古くさい感覚の持ち主; 田舎っぺ. 【engl. backwoods-man の翻訳借用】

hịn·ter·wäld·le·risch[..lərɪʃ] 形 無骨な, やぼったい, 田舎っぺの; 世間知らずの, 時勢にうとい, 浮世離れした.

▽**hịn·ter·wärts**[híntɐrvɛrts] 副 後方へ; 後ろから; 背後で.

hịn·ter|zie·hen¹*[híntɐrtsiːən] 《219》 **I** 他 (h) 《話》(車などを)後ろへ引っぱる. **II** 自 (s) 《話》後ろへ行く〈移る〉.

hin·ter·zi̱e·hen²*[◡◡⏊◡] 《219》 他 (h) (税金などを)ごまかす, 故意に納めないでおく.

Hin·ter·zi̱e·hung[..ʊŋ] 女 -/-en hinterziehen²すること: Steuer*hinterziehung* 脱税.

Hịn·ter·zim·mer[híntɐrtsɪmɐr] 中 -s/- (↔Vorderzimmer) (建物や家の)後ろ側〈裏側〉の部屋, 奥の間.

Hịn·ter·zun·gen·vo·kal[híntɐrtsʊŋən..] 男 (↔Vorderzungenvokal) 〘言〙奥舌母音(例 [u][o]).

Hịn·ter·zwie·sel[híntɐrtsviːzəl] 男 -s/- 鞍尾(→図 Sattel).

hịn|tra̱·gen*[híntraːgən]¹ 《191》 他 (h) 運んで〈持って〉行く.

hịn|trau·ern[híntraʊɐrn] 《05》 他 (h) (時間を)嘆きつつすごす.

hịn|träu·men[híntrɔʏmən] **I** 自 (h) 夢見つづける, 引き続き夢想する. **II** 他 (h) **1** (時間を)夢見つつ過ごす. **2** 再帰 *sich*⁴ ～ (ある場所に)自分がいると夢想する.

hịn|trei·ben*[híntraɪbən]¹ 《193》 **I** 他 (h) 追いやる, かり立てる: Kühe zur Weide ～ 雌牛を牧場へ追う. **II** 自 (s) 漂い去る, 漂うように動いて行く, (風などが)吹き過ぎる.

hịn|tre·ten*[híntreːtən] 《194》 自 (s) (ある方向に)足を踏み出す: vor *jn.* ～ …の前に進み出る | Wo er 〈der〉 *hintritt*, da wächst kein Gras mehr. (→Gras 2).

▽**Hịn·tritt**[..trɪt] 男 -〔e〕s/ (Tod) 死去.

hịn|tu̱n*[híntuːn] 《198》 他 (h) (ある場所に)置く, 片づける, しまう: Wo soll ich das Buch ～? この本はどこに置いておこうか | Ich weiß nicht, wo ich ihn ～ soll. 《話》いったい彼がだれだったか覚えていないんだが.

hin·ü̱ber[hɪnýːbɐr] 副 **1** (↔herüber) (越えて)向こう側へ, あちらへ: der Weg ～ (山などを越えて)あちらへ行く道 | über den Fluß ～ 川を越えてあちらへ.

☆ 動詞と用いる場合は分離の前つづりともみなされる.

2 《話》(人について)死んでいる; (物について)壊れた, 使い古した, だめになった: Er ist schon lange ～. 彼はもうとうにあの世へ行ってしまった | Der Anzug ist ～. その服はもう着られない.

hin·ü̱ber≈|blicken[hɪnýːbɐr..] 自 (h) (向こう側を)見やる, 眺めやる. **≈|brin·gen*** 《26》 他 (h) 向こう側へ持って〈連れて〉行く: *jn.* mit dem Boot ～ …をボートで向こう岸へ渡す. **≈|fa̱h·ren*** 《37》 **I** 自 (s) (乗り物で・乗り物が)向こう側へ渡って〈越えて〉行く. **II** 他 (h) (乗り物で)向こう側へ渡らせる. **≈|fü̱h·ren** **I** 他 (h) 向こう側へ連れて〈案内して〉行く: *jn.* über die Straße ～ …を通りの向こうへ連れて渡る. **II** 自 (h) (道などが)向こうへ通じている: Die Tür *führt* in die Küche *hinüber*. そのドアは向こうの台所に通じている. **≈|ge̱·hen*** 《53》 自 (s) 向こう側へ渡って行く: über die Straße ～ 通りを横切って向こう側へ行く | ohne Schmerzen 〈in Frieden〉 ～《雅》苦痛もなく〈安らかに〉息をひきとる. **≈|grei·fen*** 《63》 自 (h) 向こう側へ手を伸ばす: in *et.*⁴ ～《比》(問題・領域などが)…にまで及ぶ〈入りこむ〉. **≈|hel·fen*** 《71》 自 (h) 《*jm.*》手を貸して向こう側へ越えさせる〈渡らせる〉. **≈|klet·tern** 《05》 自 (s) 《über *et.*⁴》 (…を)よじ登って向こう側へ越える. **≈|kom·men*** 《80》 自 (s) **1** 《über *et.*⁴》 (…の)向こうへ行く, (…を)越えて行く. **2** 《zu *jm.*》 (…のところへ)立ち寄る. **≈|kön·nen*** 《81》 自 (h) 《話》向こう側へ渡る〈越える〉ことができる. **≈|las·sen*** 《88》 他 (h) 《話》向こう側へ渡る〈越える〉ことを許す; 向こう側へ行かせて〈渡らせて〉やる. **≈|lau·fen*** 《89》 自 (s) 向こう側へ走って〈歩いて〉行く. **≈|ne̱h·men*** 《104》 他 (h) 向こう側まで持って行く; 《比》(弊害などを)持ち越す. **≈|rei·chen** **I** 自 (h) 向こう側まで達する〈届く〉: Das Seil *reicht* bis auf die andere Seite *hinüber*. その綱は向こう側まで届く. **II** 他 (h) 《*jm. et.*⁴》 (向こう側にいる…に…を)手渡す. **≈|ret·ten** 《01》 他 (h) 《*jn.*》 (向こう側の安全なところへ)救い出してやる; 《比》《*et.*⁴》 (古来の風習などを)生かし続ける. **≈|schaf·fen** 他 (h) 向こう側へ運ぶ〈持って行く〉. **≈|schlum·mern** 《05》 自 (s) 《雅》安らかに永眠する. **≈|schwim·men*** 《160》 自 (s) 向こう側へ泳いで行く, 対岸へ泳ぎ渡る: zur Insel ～ 島へ泳ぎ渡る. **≈|sprin·gen*** 《179》 自 (s) **1** 《über *et.*⁴》 (…の向こう側へ)とび越える. **2** 《話》《zu *et.*³》 (…へ)走って〈すっとんで〉行く. **≈|tra̱·gen*** 《191》 他 (h) 向こう側へ運ぶ〈持って行く〉. **≈|wech·seln** 《06》 自 (s) 向こう側へ移る: auf die andere Straßenseite ～ 通りの向こう側へ転居する | in einen anderen Beruf ～ 転職〈転業〉する | zu einer anderen Partei ～ 別の党にくら替え〈移籍〉する. **≈|zie·hen*** 《219》 **I** 他 (h) 向こう側へ引っぱる: *jn.* zu *sich*³ ～《比》…を自分の陣営に引きずりこむ. **II** 自 (s) 向こう側へ移る〈引っ越す〉: in die neue Wohnung ～ 新居に越して行く.

Hịn und Hẹr[hín ʊnt héːr] 中 ---〔s〕/《話》あちこちうろうろ〈行ったり来たり〉すること; 《比》あれこれと考えること, 逡巡(しゅんじゅん), (議論が)なかなか決しないこと: Es gab ein langes ～, bis sie sich einigten. 彼らの意見がまとまるまでには長々とした議論のやりとりがあった | nach einigem ～ いくらかためらったあとで.

Hin·und·hẹr·ge·re̱·de[hɪn|ʊnthéːr..] 中 果てしのない〔無益な〕議論, とりとめのない長談義.

hin·ụn·ter[hɪnʊ́ntɐr] 副 (hinab) **1** (こちらの上から向こうの)下へ, あちらへ下って; 南(壁にはった地図の下の方)へ向かって: *Hinunter* mit dir! お前おりて行け | *Hinunter* mit dem Bier! 《話》ビールをぐっと飲み下せ ‖ den Berg 〈den Fluß〉 ～ 山〈川〉を下って | vom Fabrikdirektor bis zum Arbeiter ～ 上は工場長から下は一工員に至るまで | Von

H

hier zum Strand ～ sind es genau 100 m. ここから渚(なぎさ)まではちょうど100メートルある. **2** (…に沿って)先へずっと: Den Weg ～ begegnete mir niemand. その道を行くあいだ私はだれにも出会わなかった | Er blickte die lange Reihe der Türen ～. 彼は長く続くドアの並びにずっと視線を走らせた.

★ 動詞と用いる場合は分離の前つづりともみなされる.

hin·un·ter≠|brin·gen* [hɪnúntər..] 《26》 他 (h) **1** 下へ連れて〈持って〉行く, おろす, 下へ案内する. **2** 《話》(飲食物を)飲み下す〔ことができる〕: keinen Bissen mehr ～ もう食物は何ひとつのどを通らない. ≠|**fah·ren*** 《37》 **I** 自 (s) (乗り物で・乗り物が)下って行く; ずんずん進んで行く. **II** 他 (h) (乗り物で)運びおろす. ≠|**fal·len*** 《38》 自 (s) 下へと落ちる: Er *fiel* die Treppe *hinunter*. 彼は階段を転げ落ちた. ≠|**ge·hen*** 《53》 自 (s) **1 a)** おりて行く: zum Eingang 〈in den Keller〉 ～ 入口〈地下室〉へおりて行く | Er *geht* die Treppe *hinunter*. 彼は階段をおりて行く | den Bach ～ (→Bach[1] 1) ‖ Die Straße *geht* 〔bis〕 zum Ufer *hinunter*. 通りは下り道で岸辺に通じている. **b)** ずんずん進んで行く: Er *ging* den Gang *hinunter*. 彼は廊下をどんどん歩いて行った. **2** 降下する, 高度を下げる: auf 100 Meter Flughöhe ～ 飛行高度100メートルまで降下する. ≠|**gie·ßen*** 《56》 他 (h) **1** (容器に入った液体を下へ)注ぎかける. **2** 《話》ぐっと飲み下す: ein Glas Wein ～ 1杯のワインをぐっとあける. ≠|**las·sen*** 《88》 他 (h) (綱などで)おろす, 下へ行かせる: den Eimer in den Brunnen ～ おけを井戸におろす〈沈める〉 ‖ 再帰 *sich*[4] an einem Seil ～ ロープで下へおりる. ≠|**lau·fen*** 《89》 自 (s) 走りおりて行く, 先へと走って行く: den Berg ～ 山を走りおりる ‖ 非人称 Ihr *lief* es eiskalt den Rücken *hinunter*. 《話》彼女の背すじを氷のように冷たいものが走った. ≠|**schlucken** 他 (h) (飲食物を)ぐっと飲む, 飲み下す; 《比》(侮辱などを)ぐっとこらえる, 我慢する: *seinen* Ärger ～ ふんまんを腹の中に納める〈おもてに表さないでおく〉. ≠|**spü·len** 他 (h) 《話》(ビールなどを)ぐっと飲み干す; (飲み物の助けをかりて食物を)飲み下す; (不愉快な感情などを)酒の力で吹き払う: *seinen* Kummer ～ 心配ごとを酒を飲んでまぎらす. ≠|**stür·zen** 《02》 **I** 自 (s) 落ちて行く, 墜落する; 大急ぎで〈すっとんで〉おりる. **II** 他 (h) **1** 突き落とす: 再帰 *sich*[4] ～ (自殺しようとして)飛びおりる | *sich*[4] aus dem Fenster 〈von einem Turm〉 ～ 窓〈塔〉から飛びおり〔自殺す〕る. **2** 《話》(飲食物を)急いで口にほうりこむ: mehrere Gläser nacheinander ～ たて続けに何杯もあおる. ≠|**wer·fen*** 《209》 他 (h) 投げ落とす; 《話》(地面に)投げつける, 倒す: *jn.* die Treppe ～ …を階段の上から突き落とす. ≠|**wür·gen** 他 (h) (むりやりに・やっとのことで)飲み込む〈下す〉: die Tränen ～ 《比》涙をこらえる. ≠|**zie·hen*** 《219》 **I** 他 (h) **1** 下へ引っぱる, 引きずりおろす. **2** 再帰 *sich*[4] ～ 下の〈低い〉方へ広がる〈延びる〉. **II** 自 (s) **1** 下の〈低い〉方へ行く〈進む〉. **2** 下の階へ移る: in das Parterre ～ 1階に引っ越す.

hin|wa·gen [hínva:gən][1] 他 (h) 再帰 *sich*[4] ～ (ある場所へ)あえて〈思い切って〉赴く: *sich*[4] zu *jm.* nicht ～ können …のところへ出向くだけの勇気がない.

hin·wärts [hínvɛrts] 副 (↔*herwärts*) あちらへ, あちらへ行く途中で; (帰路に対して)往路に〔は〕: *Hinwärts* haben wir zwei Stunden gebraucht. 行きは2時間かかった.

hin·weg [hɪnvέk] 副 **1** (英: *away*) 《雅》あちらへ(去って): *Hinweg* **mit** dir! お前はあっちへ行け. **2 über** *et.*[4] ～ …を越えて(向こうへ) | über *seine* Brille ～ めがね越しに | über *js.* Kopf ～ …の頭越しに; 《比》…をさしおいて直接.

★動詞と用いる場合は分離の前つづりともみなされる.

Hin·weg [hínve:k][1] 男 -〔e〕s/-e (↔Herweg) あちらへ行く道; (旅行などの)往路: auf dem ～ 往路に〔は〕.

hin·weg≠|den·ken* [hɪnvέk..] 《28》 他 (h) 再帰 *sich*[3] *et.*[4] ～ …はないものと考える〈想像する〉 | Die Klimaanlage ist heute nicht mehr *hinwegzudenken*. 今日ではエアコンなしの生活はもはや考えられない. ≠|**fe·gen** **I** 自 (s) 《über *et.*[4] 〈*jn.*〉》 (…の上を)さっと通り過ぎる; (…を)完全に無視する: Ein Flugzeug ist über unsere Köpfe *hinweggefegt*. 飛行機が私たちの頭上をかすめた. **II** 他 (h) 《雅》一掃する, さっさと片づける; 殺す: Viele Häuser wurden von dem Sturm *hinweggefegt*. 多くの家屋が暴風雨で倒壊した. ≠|**ge·hen*** 《53》 自 (s) **1** 《über *et.*[4]》 (わざと)気にとめない, (故意に)無視する: über die Einwände ～ 抗議の声を聞き流す. **2** 《雅》《über *et.*[4]》 (…の上を)通り過ぎる, 通過する. ≠|**hel·fen*** 《71》 自 (h) 《*jm.* über *et.*[4]》 (…を助けて…を)乗り切らせる: Der Gedanke an meine Kinder hat mir über den Schmerz *hinweggeholfen*. 私は子供たちのことを考えたおかげで苦痛を耐え抜くことができた. ≠|**kom·men*** 《80》 自 (s) **1** 《über *et.*[4]》 越えて行く; 《比》克服する, 切り抜ける: über den Berg ～ 山を越える; 《比》最大の危機を乗り越える. **2** 立ち去る; 紛失する, なくなる: mit einer leichten Strafe ～ 軽い処罰だけで済む. ≠|**le·sen*** 《92》 自 (h) 《über *et.*[4]》 (…を)読みとばす. ≠|**raf·fen** 他 (h) 《雅》(病気が突然人命を)奪い去る. ≠|**re·den** 《01》 **I** 自 (h) 《über *et.*[4]》 (話の中で…を)無視する, 触れずじまいにする: über die Köpfe ～ 《比》聴衆に分かるかどうかに頓着(とんちゃく)なく勝手にしゃべる. **II** 他 (h) 言葉たくみにとりつくろう: *sich*[3] das böse Gewissen ～ 自分で理屈をつけて良心の痛みをしずめる. ≠|**se·hen*** 《164》 自 (h) 《über *et.*[4]》 **1** (…越しに)眺める, 見渡す. **2** 大目に見る, 見ないふりをしてやる. **3** わざと無視する, 問題にしない. ≠|**set·zen** 《02》 **I** 他 (h) 再帰 *sich*[4] über *et.*[4] ～ …を無視する, …を(故意に)見のがす. **II** 自 (s, h) 《über *et.*[4]》 (馬などが…を)飛び越える: über ein Hindernis ～ 《比》障害を克服する. ≠|**täu·schen** 《04》 他 (h) 《*jn.* über *et.*[4]》 (…に…について)思い違いをさせる, (…に…が)存在しないかのような錯覚に陥らせる: 再帰 *sich*[4] über *et.*[4] ～ …について思い違いする, …は存在しないものと思い込む | Ihre Schönheit sollte dich nicht über ihre Dummheit ～. 美貌(びぼう)にだまされて彼女がばかだということを忘れてもらっては困る. ≠|**trö·sten** 《01》 他 (h) 《*jn.* über *et.*[4]》 (慰めの言葉などによって…に…のことを)忘れさせる: 再帰 *sich*[4] über *et.*[4] ～ わが身を慰めて…のことを忘れる | Seine überraschende Zusage *tröstete* sie über mehrere Absagen *hinweg*. 彼の思いがけない承諾はこれまで幾度か拒絶された時の悲しみを彼女に忘れさせた.

Hin·weis [hínvaɪs][1] 男 -es/-e 指示, 助言; 暗示, ヒント; 指摘, 注意, 警告: einen ～ für die Benutzung 〈zur Benutzung〉 geben 利用法を指示する | unter ～ auf *et.*[4] …を指示して.

hin|wei·sen* [hínvaɪzən][1] 《205》 **I** 他 (h) 《*jn.* auf *et.*[4]》 (…に…を)指示〈指摘〉する, (…に…への)注意を喚起する: *jn.* auf *seinen* Fehler ～ …にその欠点〈誤り〉を指摘する. **II** 自 (h) 《auf *et.*[4]》 指示〈指摘〉する: mit der Hand auf *et.*[4] ～ 手で…を指し示す ‖ ein *hinweisendes* Fürwort 〔言〕指示代名詞(＝Demonstrativpronomen).

Hin·weis≠schild [hínvaɪs..] 中 〔交通〕案内標識板. ≠**ta·fel** 女 (指示・案内・注意・警告などの)表示板. ≠**zei·chen** 中 〔交通〕指示標識.

hin|wel·ken [hínvɛlkən] 自 (s) 《雅》(花などが)しだいに生気を失う, しぼむ, なえる, 衰滅する.

hin|wen·den[(*)] [hínvɛndən][1] 《206》 他 (h) (ある方向に)向ける: den Kopf zu *jm.* ～ …の方へ顔を向ける ‖ 再帰 *sich*[4] ～ (ある方向に)向く | Ich weiß nicht, wo ich mich mit dieser Frage ～ soll. 《話》私はこの疑問をだれにぶつけたらいいのか分からない.

hin|wer·fen* [hínvɛrfən][1] 《209》 他 (h) **1** (ある場所へ向かって)投げる: *jm.* den Handschuh ～ (→Handschuh 1) | dem Hund einen Knochen ～ 犬に骨を1本投げ与える. **2** (言葉を)ふと〈無意識に〉もらす: ein achtlos *hingeworfenes* Wort 不注意に口からもれた一言. **3** (字や絵などを)ぞんざいに書く〈仕上げる〉: ein paar Zeilen ～ 二三行すらすらと書き流す. **4** 《話》 **a)** ぱいと投げ出す; (仕事などを)突然ほうり出す: *seine* Kleider einfach ～ 衣類を脱ぎちらかす | *seinen* Beruf ～ (不満などが原因で)突然職を投げ出す | die Brocken ～ (→Brocken[1] 1) | das Leben ～ 自殺する. **b)** (花瓶などを)うっかり床〈地面〉に取り落とす. **c)** 再帰 *sich*[4] ～ 床〈地面〉にがばと身を投げ出す: *sich*[4] vor *jm.* 〈*jn.*〉 ～ …の前にひざまずいて懇願する.

hin·wie·der [hɪnví:dər] 副, **hin·wie·der·um**

[..víːdərʊm] 副《雅》**1** それに対して; これまた同様に; こちらのほうも同様に, それにこたえて, さればとて: Ich unterstütze sie in der Hausarbeit, sie ~ hilft mir beim Einkaufen. 私が彼女の家事を手伝い 彼女のほうでも私の買い物の手伝いをしてくれる. **2** 再び, もう一度, またしても.

hin|wir·ken[hínvɪrkən] 自 (h) 《auf *et.*⁴》(…を)目ざす, (…を)手に入れようと努力する.

hin|wol·len*[hínvɔlən]《216》自 (h)《俗》(そっちへ)行きたい: Wo *willst* du *hin*? 君はどこへ行きたいのかね.

Hinz[hɪnts] 男名 (＜Heinz) ヒンツ: **~ und Kunz** ヒンツもクンツも, だれもかれも | Das weiß schon ~ und Kunz. そんなことはもうだれでも知っている. [*ndd.*]

hin|zah·len[híntsaːlən] 他 (h) (代金の残額を)支払う, 皆済する.

hin|zäh·len[híntsɛːlən] 他 (h) (金を)いちいち数えながらテーブルの上に置く.

hin|zau·bern[híntsaʊbərn]《05》他 (h)《話》魔法によって出現させる, 不意に(あっというまに)作り出す, (手品のように)いとも簡単にひねり出す.

hin|zei·gen[híntsaɪɡən][1] 自 (h) 《auf *et.*⁴》(…を)指し示す, 指摘する.

hin|zie·hen[híntsiːən]*《219》**I** 自 (s) **1** (ある場所へ)移る, 引っ越す. **2**《雅》(鳥・雲などが)(ある方向へ向けて)行く, 移動する: Flugzeuge *zogen* am Himmel *hin*. 飛行機が空を飛んで行った. **II** 他 (h) **1** (ある場所へ)引っぱる, 引き寄せる, 引きつける: Es *zog* sie unwiderstehlich zu ihm *hin*. 彼女はいやおうなしに彼に引きつけられた. **2** 長びかせる, のばす: den Prozeß ~ 裁判を長びかせる. **3 a)**《時間的》再帰 *sich*⁴ ~ 延引する, 長びく: Der Prozeß hat sich über Jahre *hingezogen*. 裁判は何年も続いた. **b)**《空間的》《雅》再帰 *sich*⁴ ~ 長く延びている: Der Garten *zieht* sich bis zum rechten Ufer des Flusses *hin*. その庭は川の右岸にまで達している.

hin|zie·len[híntsiːlən] 自 (h) 《auf *et.*⁴ / nach *et.*³》(…を)目ざす; ねらう; 照準をあわせる; 諷(ふう)する, あてこする; 《zu *et.*³》(…に)向かう, 志向する: Worauf *zielt* seine Frage *hin*? 彼の質問の真意はどこにあるのだろうか.

hin·zu[hɪntsúː] 副 **1** (dazu, obendrein) その上に, さらに, かてて加えて. **2** (…へ)向けて, (…の)方へ.

★ 動詞と用いる場合はふつう分離の前つづりともみなされる.

hin·zu|den·ken*[hɪntsúː..]《28》他 (h)《*et.*⁴》考えの中に(…を)加える, (…をも)含めて考える.

hin·zu|fü·gen 他 (h)《(zu) *et.*³ *et.*⁴》(…に…を)付け加える, 付加(添加)する; 付言(補足)する: Er hatte nichts *hinzuzufügen*. 彼には言い足すべきことは何ひとつなかった.

Hin·zu·fü·gung 女 -/-en 付加, 添加, 付言, 付記.

hin·zu|ge·sel·len 他 (h) 再帰 *sich*⁴ 〔*et.*³〕~ 〔…(会など)に〕参加(加入)する.

hin·zu|kom·men*《80》**I** 自 (s) **1** (事件の現場・人々の集まりなどに)やって来る, 現れる: zu einer Gruppe ~ あるグループの一員になる. **2** (別の事情などが)さらにつけ加わる: *Hinzu kam* (Es *kam hinzu*), daß ... さらに…という事情が出てきた. **II hin·zu·kom·mend** 現分 形 新たに加わった, 付加的な: eine ~*e* Krankheit 余病.

hin·zu⸗neh·men*[hɪntsúː..]《104》他 (h) (別のところから)さらにもってくる(つけ加える). ⸗**|rech·nen**《01》他 (h) 計算に加える, 加算する. ⸗**|schrei·ben***《152》他 (h) 書き加える, 書き添える. ⸗**|set·zen**《02》他 (h) **1** ＝hinzufügen **2** 再帰 *sich*⁴ ~ (すでに座っている人々に)加わって座る, 自分も腰をおろす. ⸗**|tre·ten***《194》自 (s) **1** ＝herantreten **2** (仲間に)加わる, 参加する; (新たな事情などが)つけ加わる. ⸗**|tun***《198》他 (h)《話》加える, 付加(添加)する. ⸗**|zäh·len** 他 (h) 数に加える, 加算(算入)する.

hin·zu|zie·hen*《219》他 (h)《*jn.*》(補足的に意見を徴するために専門家などを)呼ぶ, 招く; 引き入れる, (…の)参加を求める: einen Fachmann ~ 専門家の意見を聞く, 専門家の参加(立ち会い)を求める.

Hin·zu·zie·hung 女 -/ hinzuziehen すること: unter ~³ von Experten 専門家たちと相談しながら.

Hiob[híːɔp, híːjɔb] 人名〘聖〙ヨブ, イヨブ(あらゆる試練に耐え抜いた信仰の人): das Buch ~ (旧約聖書の)ヨブ記 | arm wie ~ ヨブのように惨めな | Er ist ein zweiter ~.《比》彼はひどく不運な人だ. [*hebr.*; ◇ *engl.* Job]

Hiobs⸗bot·schaft[híːops..] 女 悲報, 凶報(聖書: ヨブ 1,14-19から): eine ~ bringen 不吉な知らせをもってくる. ⸗**ge·duld** 女 (Hiob のような)非常な忍耐強さ. ⸗**post** 女 ＝Hiobsbotschaft

hipp →hipp, hipp, hurra

hipp.. →hippo..

Hipp·arion[hɪpáːriɔn] 中 -s/..rien[..riən]〘考古〙ヒッパリオン, 三趾(し)馬(鮮新世前期に北米・アジア・ヨーロッパに広く分布していた小型の馬). [*gr.* „Pferdchen“]

Hip·pe[1][hípə] 女 -/-n **1** (園芸用の, 特にぶどう摘み用の刃の曲がった)小刀(→ 図 Messer). **2** (死神の持つ)鎌(かま). [*ahd.*; ◇schaben]

Hip·pe[2][ー] 女 -/-n《中部》雌ヤギ;《話》性悪な女. [＜Haber[1]]

Hip·pe[3][ー] 女 -/-n《方》薄くて丸い菓子パン.

hipp, hipp, hur·ra[híphíphʊráː] **I** 間 (スポーツ, 特にボート競技の応援の音頭)がんばれ がんばれ フレー(音頭取りが hipp, hipp! を, 他がそれに答えて hurra! を叫ぶ). **II Hipp·hipp·hur·ra**[◡◡◡ˊ] 中 -s/-s (スポーツ, 特にボート競技の)がんばれ がんばれ フレーの声, 応援の声: ein dreifaches ~ 万歳三唱 | ein kräftiges ~ 激しい声援. [*engl.* hip hip hurrah]

Hipp·ia·trik[hɪpiáːtrɪk] 女 -/ 馬〔獣〕医学.

Hip·pie[hípiː] 男 -s/-s ヒッピー(「自然に帰れ」を合言葉に, インディアンのような服装をして街頭にたむろする若者. 1960年代にアメリカで発生し, やがて世界的に広まった). [*amerik.*; ＜*amerik.* hip „informiert“]

hippo..《名詞などにつけて「馬」を意味する. 母音の前では hipp.. となる: →*Hipp*iatrik》[*gr.* híppos „Pferd“]

Hip·po·cam·pus[hɪpokámpʊs] 男 -/..pi[..piˑ] **1**〘ギ神〙(馬の胴と魚の尾をもつ)海馬. **2**〘魚〙タツノオトシゴ(竜の落子, 海馬). **3**〘解〙(大脳の)海馬状隆起. [*gr.*－*lat.*]

Hip·po·drom[hɪpodróːm] 男 中 -s/-e 曲馬場(→ 図 Rummelplatz); 古代の競馬〈競車〉場. [*gr.*; ＜*gr.* drómos „Lauf〔bahn〕“]

Hip·po·gryph[..ɡrýːf] 男 -s/-e; -en/-e〔n〕イッポグリフォ(イタリアのルネサンス期の詩人たちが空想した翼と Greif の頭とをもつ馬. のちに Pegasus と混同された). [*it.* ippogrifo; ◇Greif]

Hip·po·kamp[hɪpokámp] 男 -en/-en ＝ Hippocampus 1

Hip·po·kra·tes[hɪpó(ː)kratɛs] 人名 ヒポクラテス(前460頃 -375頃; 古代ギリシアの医学者.「医学の父」と呼ばれる). [*gr.*－*lat.*; ＜*gr.* krátos (→..kratie)]

Hip·po·kra·ti·ker[hɪpokráːtikər] 男 -s/- ヒポクラテス学派の人.

hip·po·kra·tisch[..tɪʃ] 形 ヒポクラテスの: der ~*e* Eid ヒポクラテスの誓詞(医師としての倫理的な義務・責任についての宣誓) | das ~*e* Gesicht 死相.

Hip·po·kre·ne[hɪpokréːnə, ..neˑ] 女 -/〘ギ神〙ヒッポクレネ (Helikon 山の泉. Pegasus がひづめで岩を打った所からわき, 詩的霊感を与えたという). [*gr.* Híppos krḗnē „Pegasus-Quelle“－*lat.*]

Hip·po·lo·ge[hɪpolóːɡə] 男 -n/-n (→..loge) 馬学者; 馬のことに精通している人.

Hip·po·lo·gie[..loɡíː] 女 -/ (Pferdekunde) (馬を研究する)馬学.

hip·po·lo·gisch[..lóːɡɪʃ] 形 馬学〔上〕の.

Hip·po·lyt[hɪpolýːt] 人名〘ギ神〙ヒポリュトス (Theseus の子. 母 Phädra の不倫の愛を退けた). [*gr.* „Rosselöser, Wagenlenker“－*lat.*]

Hip·po·po·ta·mus[hɪpopó(ː)tamʊs] 男 -/- (Flußpferd)〘動〙カバ(河馬). [*gr.*－*spätlat.*; ＜*gr.* potamós „Fluß“]

Hip·pur·säu·re[hɪpúːr..] 女 -/ 〘化〙馬尿酸. [＜uro..]

Hip·pus[hípʊs] 男 -/〘医〙瞳孔(どうこう)動揺. [*nlat.*]

Hi·ra·ga̤·na[hiragá:na·] 中 -[s]/ (女 -/)平仮名. [*japan.*]

Hirn[hırn] 中 -[e]s/-e **1** (Gehirn) **a)** 〘解〙脳, 脳髄: Groß*hirn* 大脳 | Klein*hirn* 小脳 ‖ Adern im ~ 脳静脈 | einen Pup im ~ haben (→Pup). **b)** (特に料理用の牛・豚などの)脳: gebratenes ~〘料理〙焼いた脳. **c)** 《話》頭脳, 知恵, 知力: mit Herz und ~ 知と情をこめて ‖ *sein* ~ anstrengen 知恵をしぼる, 頭を使う | *sich*³ das ~ zermartern 懸命に知恵をしぼる | Das ist nicht seinem ~ entsprungen. それは彼の考え出したことではない. **2** (樹幹の)横断面. [*germ.*; ◇kranio.., Horn, Zerebrum]

Hi̤rn≠an·ämie[hírn|anεmi:] 女〘医〙脳貧血. **≠an·hang** 男〘解〙〔脳〕下垂体.

Hi̤rn·an·hangs·drṳ̈·se 女〘解〙(脳の)下垂体腺.

Hi̤rn≠ar·beit 女《話》頭脳労働. **≠blṳ·tung** 女〘医〙脳出血. **≠bruch** 男〘医〙脳ヘルニア. **≠chir·ur·gie** 女 -/ 脳外科〔学〕. **≠er·schüt·te·rung** 《スイ》=Gehirnerschütterung

hi̤rn·ge·schä̤·digt 形 脳障害の.

Hi̤rn≠ge·schwulst 女〘医〙脳腫瘍(しゅよう). **≠ge·spinst** 中 空想〈妄想〉の産物, 幻想. **≠haut** 女〘解〙髄膜, 脳膜.

Hi̤rn·haut·ent·zün·dung 女 (Meningitis)〘医〙髄膜炎, 脳〔脊髄〕膜炎.

Hi̤rn·holz 中 (材木の)木口(こぐち).

Hi̤r·ni[hírni·] 男 -s/-s《話》低能なやつ, 脳たりん.

Hi̤rn≠in·farkt 男〘医〙脳梗塞(こうそく). **≠kam·mer** 女〘解〙脳室. **≠ka·sten** 男《戯》頭, 頭脳.

hi̤rn·lo̤s[..lo:s]¹ 形《軽蔑的に》低能の, ばかな.

Hi̤rn·lo̤·sig·keit[..lo:zıçkaıt] 女 -/ hirnlos なこと.

Hi̤rn≠nerv 男〘解〙脳神経. **≠pres·sung** 女〘医〙脳圧迫〔症〕. **≠rin·de** 女〘医〙脳皮質.

hi̤rn·ris·sig 形《オーストリア》《話》(verrückt) 頭の狂った.

Hi̤rn·ris·sig·keit 女 -/ hirnrissig なこと.

Hi̤rn≠sand 男〘医〙脳砂. **≠schä·del** 男, **≠scha̤·le** 女〘解〙頭蓋(ずがい). **≠schla̤g** 男〘医〙脳卒中. **≠schmalz** 中《戯》脳みそ, 知恵. **≠schnitt** 男 (樹幹の)輪切り〔面〕(→ 図 Holz A). **≠stamm** 男〘解〙脳幹. **≠stro̤m** 男〘医〙脳波.

Hi̤rn·stro̤m·bild 中〘医〙脳波図.

Hi̤rn≠throm·bo̤·se 女〘医〙脳血栓症. **≠to̤d** 男〘医〙脳死.

hi̤rn·to̤t 形 脳死した.

Hi̤rn·tṳ·mor 男 =Hirngeschwulst

hi̤rn·ver·brannt 形《話》(verrückt) 狂気の, ばかげた: eine ~*e* Idee 途方もない思いつき. [*fr.* cerveau brûlé の翻訳借用]

Hi̤rn·ver·brannt·heit 女 -/ hirnverbrannt なこと.

Hi̤rn≠ver·let·zung 女〘医〙脳損傷. **≠wä·sche** = Gehirnwäsche **≠zel·le** 女〘解〙脳細胞. **≠zen·tren** 複〘解〙脳中枢.

Hirsch[hırʃ] 男 -es(-s)/-e **1** (英: *stag*) シカ(鹿) (→ 図); 《比》老練な人: *ein kapitaler* ~ *(角が)*堂々たるシカ | Der ~ röhrt. シカが(さかりがついて)鳴く | Zum Goldenen ~[*en*] (ホテルなどの屋号として)金鹿亭 ‖ Unser Lehrer ist ein [alter] ~. 私たちの先生はその道のベテランだ. **2** laufender ~〘射撃〙動く標的. **3** ein fliegender ~〘虫〙クワガタムシ(=Hirschkäfer). **4** 《話》(ハンドルの形がシカの角に似ているところから)自転車, オートバイ: ein schneller ~ オートバイ; 競走用自転車. [*germ.* „Gehörnter"; ◇Horn; *engl.* hart; *lat.* cervus „Horn"]

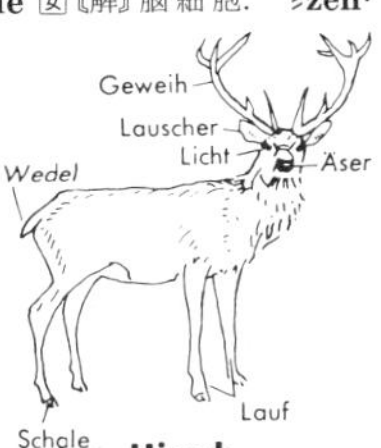

Hirsch

Hi̤rsch≠an·ti·lo̤·pe[hírʃ..] 女〘動〙エダヅノ〈マタヅノ〉カモシカ(枝角〈股角〉羚羊), プロングホーン. **≠bock** 男 **1** 雄ジカ. **2** ヤギの一種. **≠brunft** 女, **≠brunst** 女 **1** シカの交尾期. **2** 〘植〙ホコリタケ(埃茸). **≠e̤ber** 男〘動〙バビルサ(セレベスの森林地帯にすむイノシシ科の動物).

Hi̤r·sche·ne[hírʃənə]《形容詞変化》《オーストリア》《話》 **I** 中 シカ肉. **II** 女 シカ革のズボン.

Hi̤rsch·fän·ger[hírʃ..] 男 (シカ猟などに用いる)猟刀, 山刀(→ 図 Jagd).

Hi̤rsch·feld[hírʃfεlt] 人名 Magnus ~ マーグヌス ヒルシュフェルト(1868-1935; ドイツの精神科医・性科学者).

hi̤rsch·ge·recht 形 シカの狩猟や飼育に熟達した.

Hi̤rsch·ge·weih 中 (枝のようにのびた)シカの角.

Hi̤rsch·ge·weih·farn 男〘植〙ビガクシダ(麋角羊歯).

Hi̤rsch≠hals 男 鹿首(しかくび)(シカののどのように, のどが弧状に張り出した馬の首: → 図 Pferd B). **≠horn** 中 -[e]s/ (ナイフの柄・ボタンなどの材料としての)シカの角.

Hi̤rsch·horn·salz 中〘化〙鹿角(ろっかく)塩(ふくらし粉. 昔はシカの角から取った).

Hi̤rsch≠kä̤·fer 男〘虫〙 **1** クワガタムシ(鍬形虫). **2** クワガタムシ科の昆虫. **≠kalb** 中 子ジカ, 若ジカ. **≠klee** 男 (Honigklee)〘植〙シナガワハギ(品川萩)〔属〕. **≠kṳh** 女 (Hindin) 雌ジカ. **≠le̤·der** 中 シカのなめし革.

hi̤rsch·le̤·dern 形《付加語的》シカ革〔製〕の: eine *Hirschlederne*《オーストリア》シカ革のズボン.

Hi̤rsch≠sprung 男 **1** シカの跳躍(シカがそこから跳躍しそうな突出した岩の名にも用いられる). **2** =Kapriole 1 b **3** 〘植〙ナデシコ科の一属. **≠talg** 男 シカの脂肪. **≠trüf·fel** 女〘植〙ツチダンゴ(土団子)属. **≠zun·ge** 女〘植〙コタニワタリ(小谷渡り).

Hi̤r·se[hírzə] 女 -/-n〘植〙キビ〔の類〕(→ 図): echte ~ キビ(黍) | italienische ~ アワ(粟) | japanische ~ ヒエ(稗). [*westgerm.* „Nahrung"; ◇Ceres]

Hirse

Hi̤r·se≠brei 男 キビがゆ. **≠korn** 中 -[e]s/..körner キビの穀粒. **≠pilz** 男〘植〙イグチ(猪口)属のキノコ.

Hir·su·ti̤s·mus[hırzutísmʊs] 男 -/ 〘医〙(特に女性の)〔男性型〕多毛〔症〕.

Hirt[hırt] 男 -en/-en (ᵛ**Hi̤r·te**[hírtə] 男 -n/-n) (女 **Hi̤r·tin**[..tın]-/-nen) **1** 牛〈羊〉飼い, 牧人. **2** 《比》指導〈統率〉者; パトロン; 〘宗〙牧師, 司祭, 牧者; 神: der Gute ~ イエス キリスト. [*germ.*; ◇Herde; *engl.* herd]

hi̤r·ten[hírtən]《01》《スイ》 **I** 自 (h) 牛〈羊〉飼いをする; 家畜の世話をする. **II** 他 (h) (家畜を)飼う.

Hi̤r·ten≠amt 中〘宗〙 **1** (教会の)司牧職. **2** 降誕祭の第2ミサ. **≠brief** 男〘カトリック〙司教の牧書, 司教教書〈書簡〉. **≠dich·tung** 女 (Schäferdichtung) 牧人〈田園〉文学. **≠flö̤·te** 女 牧笛. **≠ge·dicht** 中 田園詩. **≠gott** 男 (Pan)〘ギ神〙牧羊神. **≠jun·ge** 男 牧童. **≠kar·ren** 男 (車輪つきの)牧人用移動小屋. **≠kna̤·be** 男 牧童. **≠kö·ni·ge** 複 ヒクソス王朝の諸王(ヒクソス民族は紀元前1730年から1570年までエジプトを支配した. 元来「異国人の支配者」を意味した「ヒクソス」という名称が, のちに誤って「牧羊者の王」と解釈された). **≠le̤·ben** 中 牧人生活; 《比》田園生活, 牧歌的な生活. **≠mä̤d·chen** 中 羊飼いの少女. **≠pfei·fe** 女 =Hirtenflöte **≠spiel** 中 田園劇〔文学〕. **≠sta̤b** 男 **1** 牧人のつえ. **2** 〘カトリック〙司教杖(じょう), 牧杖. **≠ta·sche** 女 牧人が肩から下げる袋. **≠tä·schel** 中 -s/-〘植〙ナズナ, ペンペングサ. **≠volk** 中 牧畜民族, 遊牧民.

Hi̤r·tin Hirt の女性形.

his[hıs], **His**[–] 中 -/-〘楽〙嬰(えい)ロ音.

hi̤s·is[hís|ıs, ⌣⌣], **Hi̤s·is**[–] 中 -/-〘楽〙重嬰(えい)ロ音.

Hi·spa̤·ni·en [hıspá:niən] 地名 ヒスパニア(Pyrenäenhalbinsel の旧称). [*lat.* Hispānia; ◇Spanien]

hi·spa̤·nisch[..nıʃ] 形 ヒスパニアの.

hi·spa·ni·sie̤·ren[hıspanizí:rən] 他 (h) スペイン化する, スペインふうにする.

Hi·spa·ni̤s·mus[..nísmʊs] 男 -/..men[..mən] (他の言

語に混入した)スペイン語的な語法, スペイン語なまり.

Hi·spa·nist[..níst] 男 -en/-en スペイン〔語学・文学〕研究家.

Hi·spa·ni·stik[..nístɪk] 女 -/ スペイン〔語学・文学〕研究.

his·sen[hísən]《03》他 (h) **1** (旗・帆などを)揚げる: die Flagge halbmast ～ 半旗を揚げる｜die Nationalflagge ～ 国旗を掲揚する. **2**《南部》=hetzen I [*ndd.*; 擬音; ◇*engl.* hoise, hoist]

hist.. →histo..

Hist·amin[hɪstamí:n] 中 -s/〘医〙ヒスタミン. [<Histidin+Amin]

Hi·sti·din[hɪstidí:n] 中 -s/〘医〙ヒスチジン(アミノ酸の一種). [<*gr.* histíon „Gewebe"]

hi·stio·id[hɪstioí:t][1] 形〘医〙組織様の, 類組織性の.

histo..《名詞などにつけて「組織」を意味する. 母音の前では hist.. となる: →*hist*〔i〕oid》[*gr.* histós „Webebaum, Gewebe"]

Hi·sto·che·mie[hɪstoçemí:] 女 -/ 組織化学.

hi·sto·che·misch[..çé:mɪʃ] 形 組織化学〔上〕の.

hi·sto·gen[..gé:n] 形〘医〙組織原の.

Hi·sto·ge·ne·se[..gené:zə] 女 -/〘生・医〙組織発生〈生成〉, 組織形成〈分化〉.

hi·sto·ge·ne·tisch[..gené:tɪʃ] 形〘生・医〙組織発生〈生成〉の, 組織形成〈分化〉の.

Hi·sto·gramm[hɪstográm] 中 -s/-e〘統計〙柱状〈棒状〉図, 棒グラフ, ヒストグラム.

hi·sto·id[hɪstoí:t][1] =histioid

Hi·sto·lo·ge[..ló:gə] 男 -n/-n (→..loge)〘医〙組織学者.

Hi·sto·lo·gie[..logí:] 女 -/ (Gewebelehre)〘医〙組織学.

hi·sto·lo·gisch[..ló:gɪʃ] 形〘医〙組織学〔上〕の.

Hi·sto·ly·se[..lý:zə] 女 -/〘生・医〙組織分解〈融解〉.

Hi·sto·pa·tho·lo·gie[..patologí:] 女 -/ 組織病理学.

hi·sto·pa·tho·lo·gisch[..ló:gɪʃ] 形 組織病理学〔上〕の.

Hi·sto·phy·sio·lo·gie[..fyziologí:] 女 -/ 組織生理学.

Hi·stör·chen[hɪstǿ:rçən] 中 -s/- 小話, 笑話, 逸話; 色話: ein lustiges 〈pikantes〉 ～ 愉快な〈ワサビのきいた〉小話.

Hi·sto·rie[hɪstó:riə] 女 -/-n (Geschichte) **1** 歴史〔学〕; 史実. **2** 物語, 話; 知らせ. **3** 出来事, 事件. [*gr.*–*lat.*–*mhd.*; <*gr.* hístōr „wissend"; ◇Story]

Hi·sto·ri·en≈ma·ler 男 歴史画家. **≈ma·le·rei**[また: ⏑–⏑⏑–⏑⏊] 女 歴史画.

Hi·sto·rik[hɪstó:rɪk] 女 -/ 歴史学方法論, 史学.

Hi·sto·ri·ker[..rikər] 男 -s/- 歴史家, 史学者; 歴史科の学生. [*gr.*–*lat.*]

Hi·sto·rio·graph[hɪstoriográ:f] 男 -en/-en 修史家, 史料編纂(さん)者. [*gr.*–*spätlat.*]

Hi·sto·rio·gra·phie[..grafí:] 女 -/ 修史, 史料編纂.

hi·sto·risch[hɪstó:rɪʃ] 形 **1** 歴史の, 歴史上の; 歴史に基づく, 史実による, 記録上の: ～*e* Fakten 〈Tatsachen〉 歴史上の事実｜～*er* Materialismus 史的唯物論｜ein ～*er* Roman 歴史小説｜～*e* Stätten 史跡‖～ interessant sein 歴史的に見て興味深い. **2** 歴史にとって重要な, 歴史的な: ein ～*er* Augenblick 歴史的瞬間｜ein ～*es* Verdienst 歴史的功績.

hi·sto·ri·sie·ren[hɪstorizí:rən] 他 (h) 歴史的なものとして強調する, 歴史的な性格を明らかにする: ein *historisierender* Stil 歴史記述的文体.

Hi·sto·ris·mus[..rísmʊs] 男 -/..men[..mən]〘哲〙歴史主義.

hi·sto·ri·stisch[..rístɪʃ] 形 歴史主義的な.

Hi·strio·ne[hɪstrió:nə] 男 -n/-n (古代ローマの)俳優; (俳優を卑しめて)河原者. [*lat.* histriō]

Hit[hɪt] 男 -〔s〕/-s **1** ヒット曲〈番組〉; ヒット商品. **2**《話》(麻薬の) 1 回分. [*engl.*]

hitch·hi·ken[hítʃhaɪkən] (過分 gehitchhikt) 自 (s, h) ヒッチハイクする. [*amerik.*; <*engl.* hitch „anhalten"+hike „wandern"]

Hitch·hi·ker[..kər] 男 -s/- ヒッチハイカー.

Hit·ler[hítlər] 人名 Adolf ～ アードルフ ヒトラー(1889–1945; ドイツの政治家. 1933年首相, 翌年総統となって独裁権を握った. 第二次大戦に敗れて自殺).

Hit·ler≈ära 女 -/ ヒトラー時代. **≈bärt·chen** 中 (鼻下の)ヒトラーふうのちょびひげ. **≈fa·schis·mus** 男 -/ ヒトラー=ファシズム. **≈gruß** 男 ヒトラー敬礼(右腕をななめ上に上げ, 指をそろえて Heil Hitler! と叫ぶナチの敬礼).

Hit·le·ris·mus[hɪtlərísmʊs] 男 -/ **1** ヒトラー主義. **2** ヒトラー体制.

Hit·ler-Ju·gend[hítlər..] (**Hit·ler·ju·gend**) 女 -/ (略 HJ)〘史〙ヒトラー青年団(1926年に創立されたナチの青少年組織. 1939年以降, 加入が義務となった).

Hit·ler≈jun·ge 男 ヒトラー青年団の団員. **≈zeit** 女 -/ ヒトラー時代.

Hit≈li·ste[hít..] 女 ヒット歌謡曲の順位リスト, ヒットチャート. **≈pa·ra·de** 女 (歌謡曲の)ヒットパレード.

Hit·sche[hítʃə] 女 -/-n **1**《中部》**a)** (Fußbank) 足〔のせ〕台. **b)** 小さな橇(そり). **2**《話》(小型の)おんぼろ自動車. [<Hutsche]

Hitz≈aus·schlag[híts..] 男, **≈bläs·chen** 中〘医〙汗疹(かん), あせも. **≈draht** 男 電熱線.

Hit·ze[hítsə] 女 -/ **1** (↔Kälte) 熱さ, 熱気; 暑さ, 暑熱; 高温: eine große 〈tropische〉 ～ 非常な〈熱帯的な〉暑さ｜Es herrschte eine drückende 〈feuchte〉 ～. 息苦しい〈むすような〉暑さだった‖*et.*[4] bei schwacher 〈starker〉 ～ kochen …を弱火〈強火〉で煮る. **2** (Fieber) 高い体温, 熱: **fliegende ～** 間欠熱｜～ haben 熱がある. **3** (Erregung) 興奮, 激情, 怒り〔の爆発〕: in der ersten ～ 思わず興奮して, かっとなって｜**in der ～ des Gefechts** 夢中になっていて, 興奮のあまり｜in ～ geraten 興奮する, 怒る｜*sich*[4] in ～[4] reden 話しているうちに しだいに興奮する. **4** (Brunst)〘動〙(特に雌の)交尾欲, さかり: in der ～ sein さかりがついている. **5**〘工〙(くい打ち機の)一連打. [*germ.*; ◇heiß[2]; *engl.* heat]

Hit·ze·aus·schlag[hítsə..] =Hitzausschlag

hit·ze·be·stän·dig 形 耐熱性の, 熱〈暑さ〉に強い.

Hit·ze≈be·stän·dig·keit 女 耐熱性. **≈bläs·chen** =Hitzbläschen

hit·ze·emp·find·lich 形 熱に対して敏感な; 暑さに弱い.

Hit·ze≈emp·fin·dung 女 -/ 熱感覚. **≈fe·ri·en** 複 (学校の)〔臨時〕暑気休み.

hit·ze·fest 形 耐熱性の.

hit·ze·frei I 形〘述語的〙暑気休みの: Wir haben 〈kriegen〉 heute ～. 私たちはきょうは暑気休みだ｜Heute nachmittag ist ～. きょうの午後は暑気休みだ.

II **Hit·ze·frei** 中 -/《ふつう無冠詞で》暑気休み.

Hit·ze≈ge·fühl 中 熱感, 灼熱(しゃくねつ)感. **≈grad** 男 熱度, 〔高〕温度. **≈〔grad·〕mes·ser** 男〘理〙高温計, 熱度計.

▽**hit·zen**[hítsən]《02》他 (h) (erhitzen) 熱する, 熱くする.

Hit·ze≈pro·be 女 耐熱試験. **≈schild** 男 (宇宙ロケットの)耐熱防護板. **≈wel·le** 女 (↔Kältewelle)〘気象〙熱波.

hit·zig[hítsɪç][2] 形 **1 a)** 気性の激しい, 興奮しやすい, 短気な: ein ～*er* Mensch 〈Kopf〉 興奮しやすい人, 短気な〈怒りっぽい〉人, かんしゃく持ち｜ein ～*es* Temperament 激しい気質, 短気｜～*es* Blut haben 血の気が多い, 激情家〈熱血漢〉である‖Nur nicht so ～! まあ そう興奮するなよ｜Er wird leicht ～. 彼はすぐにかっとなる, 彼は怒りっぽい. **b)** (議論などが)熱を帯びた, 激しい: eine ～*e* Auseinandersetzung 白熱した討議｜～*e* Wahlkämpfe 火花を散らす選挙戦‖Die Diskussion war sehr ～. 討論は非常に熱気を帯びていた‖～ debattieren 激論を戦わせる. ▽**c)**《付加語的》熱のある, 熱性の: ein ～*es* Fieber 高熱｜ein ～*es* Getränk 強烈な酒｜eine ～*e* Krankheit 熱の高い病気｜mit ～*en* Wangen ほおをほてらせて. **2** (brünstig) (特に犬や猫の雌について) さかりのついた, 発情した, 交尾期にある. **3** ～*er* Boden〘農〙促成土壌.

Hit·zig·keit[–kaɪt] 女 -/ hitzig なこと.

Hitz·kopf[híts..] 男 短気な〈怒りっぽい〉人, 激情家.

hịtz·köp·fig[..kœpfɪç][2] 形 短気な, 怒りっぽい, 激しやすい.

Hịtz≈pocke 女 -/-n《ふつう複数で》あせも. **≈schlag** 男《医》熱射病, 熱中症.

HIV[ha:|i:fáʊ] 中 -〔s〕/-〔s〕《ふつう単数で》《医》ヒト免疫不全ウィルス, エイズウィルス(エイズの病原となるウィルス). [<*engl.* **human immunodeficiency virus**]

HIV≈-In·fek·tion[ha:|i:fáʊ..] 女《医》ヒト免疫不全ウィルス感染. **≈in·fi·zier·te** 男 女《形容詞変化》ヒト免疫不全ウィルス感染者.

HIV≈-ne·ga·tiv[ha:|i:fáʊ..] 形《医》ヒト免疫不全ウィルス〈エイズウィルス〉陰性の. **≈-po·si·tiv** 形《医》ヒト免疫不全ウィルス〈エイズウィルス〉陽性の.

HIV-Trä·ger[ha:|i:fáʊ..] 男 ヒト免疫不全ウィルス〈エイズウィルス〉感染者〈キャリア〉.

Hị·wi[hí:vi·] 男 -s/-s (<Hilfswillige)《話》**1** =Hilfswillige **2** (大学での臨時雇いの)研究補助員.

HJ[ha:jɔ́t] 略 女 -/ =**Hitler-Jugend**

Hjạl·mar[hjálmar, jálmar] 男名 ヤルマル. [*nord.*; <*aisländ.* hjalmr „Helm“+herr „Heer“]

HK 略 =**Hefnerkerze**

hl[hɛktolí:tər, ⏑⏑–⏑] 記号 (Hektoliter) ヘクトリットル.

hl. 略 =**heilig** 聖なる.

h. l. 略 =**hoc loco** ここに.

Hld. 略 =**Halbleder**〔**einband**〕

Hldbd. 略 =**Halbleder**〔**ein**〕**band** (→Ldbd.)

Hldr. 略 =**Halbleder**〔**einband**〕

hll. 略 =heilige (→heilig I 1)

Hln. 略 =**Halbleinen**〔**einband**〕

hm[1][hɛktomé:tər, ⏑⏑–⏑] 記号 (Hektometer) ヘクトメートル.

hm[2][hm] 間 **1** (せき払いの声)ヘン, エヘン, オホン. **2** (考慮・当惑・不同意・消極的肯定などの気持を表して, また言葉が出ないときに言葉をにごして)さあ, さあねえ, ふうむ, ふむ, ええ: Wird er sie heiraten?−*Hm*, das glaube ich nicht. 彼は彼女と結婚するんだろうかーふうむ しないと思うよ | Fritz ist durch die Prüfung gefallen.−*Hm*, schade, aber er kann das noch einmal versuchen. フリッツは試験に落ちたよーふむ残念 しかしもう一度受けられるさ. **3** (怪訝(けげん)の気持を表して)そう, ええっ: Ich habe im Lotto gewonnen.−*Hm?* 私は宝くじに当たったよーええっ. **4** (非難の気持を表して)そら(よくないぞ): *Hm*, ~, das ist ja bedenklich. そらそら そいつはいかがわしいよ.

h. m. 略 =**hujus mensis** 今月の(=d. M.).

H-Milch[há:..] 女 (<haltbare Milch)(超高温滅菌処理された)ロングライフ〈長期保存〉牛乳.

h-Moll[há:mɔl, ⏑⏑] 中 -/ 《楽》ロ短調(記号 h): →A-Dur

HNO≈-Ạrzt[ha:|ɛn|ó:..] 男 (<Hals-Nasen-Ohren-Arzt) 耳鼻咽喉(いんこう)科医. **≈-Heil·kun·de** 女 -/ 耳鼻咽喉科学.

ho[ho:] 間 **1** (呼びかけ)おおい. **2** =hoho **3**《ho ruck の形で》よいしょ(=hau ruck).

Ho[ha:|ó:, hɔ́lmiʊm] 記号 (*Holmium*)《化》ホルミウム.

HO[ha:|ó:] **I** 略 女 -/ =**Handelsorganisation** (旧東ドイツの)国営小売企業: in der ~ einkaufen HO で買い物をする. **II** 略 中 =**Handelsorganisationsgeschäft** (旧東ドイツの)国営小売商店: in das ~ einkaufen gehen HO に買い物に行く.

der **Hoang·ho**[hoáŋho·, hoaŋhó:] 地名 男 -〔e〕/ 黄河, ホワンホー(青海省に発し, 中国北部を流れて渤海 Parhae に注ぐ中国第二の大河).

hob[ho:p][1] heben の過去.

Họb·bes[hɔ́bəs, hɔbz] 人名 Thomas ~ トーマス ホッブズ(1588–1679; イギリスの哲学者).

Họb·bock[hɔ́bɔk] 男 -s/-s (塗料・油脂などの)運送用ブリキ缶(→ 図). [<Hubbuck (イギリスの塗料会社)]

Hobbock

Họb·by[hɔ́bi·] 中 -s/-s (Steckenpferd) 道楽, 趣味, ホビー: Welche ~*s* haben Sie? どんなご趣味をお持ちですか | Mein ~ ist Reiten. 私の趣味は乗馬です. [*engl.*; ◇Robert]

hobby..《特定の仕事に従事する人を表わす名詞につけて「趣味の, アマチュアの」を意味する》: *Hobby*funker アマチュア無線家 | *Hobby*gärtner 趣味の園芸家.

Hob·by·ịst[hɔbiíst] 男 -en/-en 道楽〈趣味〉の持ち主, 道楽〈趣味〉に熱中する人.

Họb·by≈gärt·ner[hɔ́bi..] 男 道楽〈趣味〉として庭仕事をする人. **≈kel·ler** 男 道楽〈趣味〉専用の地下室. **≈koch** 男 道楽〈趣味〉として料理をする人. **≈raum** 男 道楽〈趣味〉専用の部屋.

hö·be[hǿ:bə] heben の接続法 II.

Họ·bel[hó:bəl] 男 -s/- **1**《木工》鉋(かんな)(→ 図): Blas mir den ~ aus.《卑》とっとと失せろ. **2**《料理》野菜スライサー. **3**《坑》ホーベル(切羽面の炭層を削り取る採炭機械).

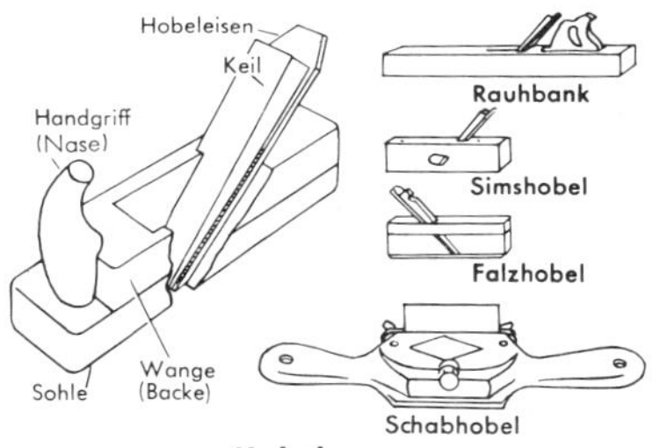

Hobel

Họ·bel≈bank 女 -/..bänke かんな台,(木工用の)工作台. **≈ei·sen** 中 かんなの刃(→ 図 Hobel). **≈ma·schi·ne** 女《工》平削り盤, プレーナー.

họ·beln[hó:bəln]《06》 **I** 他 (h) **1** かんなで削る, かんな〈平削り盤〉にかける: ein Brett ~ 板をかんなで削る | Kohl fein ~ (スライサーで)キャベツを千切りにする | Rillen ~ 溝かんなで溝をほる ‖ **Wo *gehobelt* wird,**〔**da**〕**fallen Späne.**《諺》大事を行うには多少の犠牲はつきもの(かんなをかければ木くずが落ちる). **2**《比》磨きをかける, 洗練する: Den mußt du noch ein bißchen ~. あいつを君はもう少し仕込まなきゃいかん. **3**《卑》(koitieren)《*jn.*》(…と)性交する. **II** 自 (h) **1**《an *et.*[3]》(…に)かんなをかける. **2**《卑》性交する. [*mndd.*−*mhd.*; <*ahd.* hubil „Hügel“ (◇Hof)]

Họ·bel≈schar·te[hó:bəl..] 女《オーストリア》=Hobelspan **≈schlit·ten** 男《工》溝調整付き工具送り台, 平削り送り台. **≈span** 男 -〔e〕s/..späne **1**《ふつう複数で》かんなくず. **2**《複数で》《オーストリア》《料理》ホーベルシュペーネ(かんなくず状のデザートケーキ).

Họb·ler[hó:blər] 男 -s/- **1** 平削り盤工. **2**《話》(Hobelmaschine) 平削り盤.

Ho·bọe[hobó:ə] 女 -/-n =Oboe

Ho·bo·ịst[hoboíst] 男 -en/-en =Oboist

hoc《ラテン語》→*hoc* anno, *hoc* est, *hoc* loco

[▽]**học ạn·no**[hó:k áno·]《ラテン語》(略 h. a.)(in diesem Jahr)《商》本年, 今年〔に〕.

[▽]**học ẹst**[hɔ́k ɛ́st]《ラテン語》(略 h. e.)(das ist) すなわち.

họch[ho:x] **hö·her**[hǿ:ər]/**hö̩chst**[hǿ:çst]

I 形 (ho·h..[hó:..]) **1 a)** (英: *high*)(↔niedrig) 高い, 丈の高い(ただし人の身長にはふつう groß を用いる): ein *hoher* Berg 〈Turm〉 高い山〈塔〉| eine *hohe* Felsenwand 〈Tanne〉 そそり立つ岩壁〈モミの木〉| ein *hohes* Gebäude 〈Haus〉 高い建物〈家〉| *hohes* Gras 丈の伸びた草 | eine *hohe* Leiter 〈掛けられた〉長いはしご | *hoher* Schnee 高く積もった雪(参考 tiefer Schnee 深い雪) | auf *hoher* See i) 沖で(海岸から眺めると盛り上がって見えるので); ii)《法》公海上で | *hoher* Seegang 荒波〔の立ちさわぐ海〕, 荒海 | *hohe* Wellen 高波 ‖ Schuhe mit *hohen* Absätzen かかとの高い靴 | *hohe* Absätze tragen ハイヒールをはいている | *hohe*

H

Schuhe i)(くるぶしの上までおおう)深靴, 編み上げ靴, ブーツ, 長靴; ii)《南部》かかとの高い靴 | *hohe* Strümpfe 長靴下 | *hohe* Backenknochen 高い頬骨(ほお) | eine *hohe* Stirn 高く秀でた(はげ上がった)ひたい, 広いひたい | in *hohem* Bogen (→Bogen 1 a) | ein Mann von *hoher* Gestalt 〈von *hohem* Wuchs〉《雅》背の高い男 | *et.*[4] auf die *hohe* Kante legen (→Kante 1 a) | auf dem *hohen* Roß sitzen (→Roß[2] 1) ‖ Der Schornstein ist sehr ～. その煙突はとても高い | Dieser Tisch 〈Dieser Stuhl〉 ist *höher* als jener. この机〈いす〉はあの机〈いす〉より丈が高い ‖ Die Papiere türmen sich ～ auf dem Tisch. 書類が机の上にうず高く積まれている | Der Schnee liegt ～. 雪がずいぶん積もっている | Die See geht ～. 海には荒波が立っている | ein ～ aufgeschossener Junge 背ばかりひょろひょろと伸びた少年.

b) (↔niedrig, tief) (位置などが)高い, 上方の: eine *hohe* Decke haben 天井が高い | ein *hohes* Zimmer 天井の高い部屋 | *hohe* Zweige 〈Wolken〉 高い枝〈雲〉 | ein Kleid mit *hoher* Taille ハイウエストのドレス | die *höhere* 〈*höchste*〉 Stufe der Treppe 階段の上の方〈いちばん上〉の段 ‖ ～ 〔oben in den Wolken〕 fliegen 空高く〔雲の中を〕飛ぶ(ただし: →hochfliegen) | die Arme ～ heben 両腕〈両手〉を高く挙げる | Wer ～ steigt, fällt tief. 《諺》高く登る者は落ちるのも大きい | Die Seifenblasen stiegen immer *höher*. シャボン玉はますます高く昇っていった | *et.*[4] ～ halten …を高く支える〈ささげ持っている〉(ただし: →hochhalten) | den Kopf 〈die Nase〉 ～ tragen《比》いばっている, 高慢である ‖ Hände ～! (降参のしるしに)手を挙げろ | Kopf ～! 頭〈顔〉を上げろ; 《比》元気を出せ | *Hoch* vom Stuhl! いすから立て | Die Sonne steht ～ 〔am Himmel〕. 太陽が高く昇っている, 日が高い | Du stehst mir 〔viel〕 zu ～, als daß ich dir mißtrauen würde. 《話》君ほどの人を私が信用しないなんてとんでもない ‖〖数量を示す 4 格と〗Er wohnt drei Etagen *höher*. 彼は 3 階上に住んでいる ‖ ᵛ〖数量を示す 2 格と〗eines Hauptes *höher* sein 頭一つだけ高い.

c) 《比》(↔tief) (地図で上方の意味で)北方の: im *hohen* Norden / ～ oben im Norden ずっと北の方で | nach Hamburg ～ ハンブルクに向かって北上して.

2 a) (…の)高さのある, 高さが(…)の: Wie ～ ist der Tisch? そのテーブルの高さはどれほどか ‖〖数量を示す 4 格と〗ein acht Stockwerke *hohes* Haus 9〈8〉階建ての建物 | ein 30 m *hoher* Turm 高さ30メートルの塔 ‖ Die Mauer ist drei Meter ～. 囲壁は高さが 3 メートルある | an der Felswand 70 m ～ klettern 岩壁を70メートルよじ登る | Der Schnee liegt 10 cm ～. 積雪は10センチある | Das Wasser steht im Keller einen Meter ～. 地下室に水が 1 メートルもたまっている | Der Ballon ist 1 000 m ～ gestiegen. 気球は1000メートル上昇した | Er wohnt eine Treppe ～. 彼は 2 階に住んでいる.

b) 〖数〗累乗の, …乗: fünf ～ drei 5 の 3 乗(5^3).

c) (…人)まとまって, 全部で(…人): Wir gingen acht Mann ～ ins Kino. 私たちは総勢 8 人で映画に行った.

3 (↔tief) (声・音程が)高い: *hohe* Stimme 高い声 | *hohe* Stimmlage〖楽〗高声〈高音〉域 | ein *hoher* Vokal〖言〗高母音(㊥ [i]) | *jn.* in den *höchsten* Tönen loben《比》…を口を極めてほめちぎる ‖ 〔um〕 einen halben Ton zu ～ singen 半音高く歌う | ein Klavier einen Ton *höher* stimmen ピアノを 1 音高く調律する.

4 (数値・度合い・価格・程度などが)高い, 大きい, 高度の; はなはだしい, 非常な; (時期・季節などが)盛りの, たけなわの: ein *hohes* Alter erreichen 高齢に達する | in *hohem* Ansehen stehen 声望が高い | *hohe* Ansprüche stellen 高度の要求を出す | in *hoher* Blüte stehen (花が)満開である; 《比》全盛を極めている | *hoher* Druck 高圧 | *jm.* eine *hohe* Ehre sein …にとって大きな名誉である | mit *hohem* Fettgehalt 脂肪含有度の高い | *hohes* Fieber〖医〗高熱 | *hohes* Gehalt 高給 | 〔eine〕 *hohe* Geschwindigkeit 高速 | in *hohem* Grad 〈Maße〉 高度に | *hohe* Kultur besitzen 高い文化を持つ | das *hohe* Mittelalter〖史〗中世盛期〈中期〉 | ein *hohes* Niveau 高い水準〈レベル〉 | *hohe* Preise 〈Zinsen〉 高い物価〈利息〉 | von *hohem* Rot brennen 赤々と燃える | im *hohen* Sommer 真夏〈盛夏〉に | ein *hoher* Siebziger 〈Achtziger〉 70〈80〉歳台後半の人 | eine *hohe* Strafe 厳罰 | eine *hohe* Summe 〈Zahl〉 大きな金額〈数〉 | Es ist *hoher* Tag. 真昼である | Es ist *hohe* Zeit zu gehen. 今こそ行くべき時だ, 今行かないと時期遅れだ ‖ *höheres* Angebot〖商〗より上の付け値 | Das ist ja *höherer* Blödsinn. 《話》それは全くのナンセンスだ | für *höhere* Löhne kämpfen 賃上げ闘争をする ‖ im *höchsten* 〈in *höchstem*〉 Grad 最高度に, 極度に | in *höchster* Not せっぱつまって | Es ist 〈wird〉 *höchste* Zeit 〈話: Eisenbahn〉, daß du kommst. 君が来るなら今をおいてはない, 君は今来なければ時期を失する.

Ⅱ〖述語的に〗～ an 〈in den〉 Jahren sein 高齢である | Es ist ～ am Tage. 真昼である | ～ in die Achtzig 〈in den Achtzigern〉 sein 80歳をとうに越している | ***jm.*** 〈**für *jn.***〉 **zu ～ sein**《話》…にとって高級すぎる〈むずかしすぎて理解できない〉 | Die Zahl der Toten ist *höher* als zuerst berichtet. 死者の数は当初の報告よりも多い.

Ⅱ〖副詞的に〗bei *jm.* ～ in Gunst stehen …から大いに愛顧を受けている, …にとても気に入られている | ～ im Kurs stehen 相場が高い; 《比》人気がある, 高く評価されている | ～ im Preise stehen 値段が高い ‖ ein ～ bezahlter Angestellter 高給の従業員 | *et.*[4] ～ 〔ein〕schätzen …を高く見積もる(ただし: →hochschätzen) | ～ erfreut 〈willkommen〉 sein 大喜び〈大歓迎〉である | 〔mit *et.*[3]〕 zu ～ greifen (→greifen I 1) | die Preise ～ halten 値段をつりあげる(ただし: →hochhalten) | Beim Fest ging es ～ her. 祭りはにぎやか〈華やか〉だった | ～ interessiert 〈zufrieden〉 sein 大いに興味がある〈満足している〉 | ein ～ industrialisiertes Land 高度の工業国 | Wie ～ kommt es zu zahlen? 支払額はいくらになるか | **wenn's** 〈**wenn es**〉 **hoch kommt** せいぜい(ただし: →hochkommen) | Wenn es ～ kommt, kostet alles etwa 900 Mark. たかだか全部で900マルクというところでしょう | *Hoch* lebe der König! 国王陛下万歳 | *Hoch!*《間投詞的に》万歳(→II 1) | ～ spielen 大金をかけてゲームをする(ただし: →hochspielen) | ～ schwanger sein 出産が迫っている | Wie ～ stehen die Aktien? 株価はいくらか | Wie ～ steht das Thermometer? 温度計の示度はいくらか | *jn.* ～ 〔ver〕ehren …を大いに尊敬する | ～ versichert sein 多額の保険がかかっている ‖ *höher* bieten〖商〗せり上げる | *Höher* 〔hinauf〕 geht's nimmer 〈nicht mehr〉. 《話》けしからんにも程がある, 愚の骨頂だ | um drei Mark *höher* im Preise liegen 価格が 3 マルク高い | Mein Herz schlug *höher*. (うれしくて)私は胸がわくわくした ‖ Die Erregung war aufs *höchste* gestiegen. 興奮はその極に達していた | Er war aufs *höchste* 〈zum *höchsten*〉 erstaunt. 彼はひどく驚いていた.

Ⅱ〖単独に **höchst** の形で程度を示す副詞として:〗→IV 2

5 (↔nieder) (地位・身分などが)高い, 高級〈高位〉の; 高尚〈高貴〉な; 〖生〗高等な: ein *hoher* Beamter 〈Offizier〉 高級官僚〈士官〉 | ein *hoher* Besuch 〈Gast〉 賓客 | ein *hoher* Feiertag / ein *hohes* Fest 大祭〔日〕 | von *hoher* Geburt sein 高貴の生まれである | ein Mensch von *hohem* Geist 〈*hoher* Bildung〉 心の高尚な〈教養の高い〉人 | das *Hohe* Haus 国会〔議事堂〕; 《集合的に》国会議員 | *Hohes* Haus! (国会の演説で)議員諸君 | die *hohen* Herrschaften 高位の〈高貴な〉人々; 《戯》おえら方 | die *hohe* Jagd〖狩〗(シカ・クマ・オオカミなどの)大物狩り(㊜ die niedere Jagd 小物狩り) | einen *hohen* Begriff vor *jm.* 〈*et.*[3]〉 haben …を重大視している | eine *hohe* Meinung von *jm.* 〈*et.*[3]〉 haben …を高く買っている | die Hohe Pforte〖史〗(トルコのサルタンの)王宮; (オスマントルコの)政府 | die *hohe* Politik 高等政策 | von *hohem* Rang 高級な | die *Hohe* Schule i)高等馬術(→ ㊟ Schule); 《比》優れた処世術; ᵛii)大学(＝Hochschule) ‖ hoch hinauswollen (→hinauswollen 2) | *et.*[4] **hoch und heilig** versprechen 〈beteuern〉 …を固く約束〈厳かに誓約〉する(宣誓の際手を高く挙げることから) ‖ *höhere* Beamte 上級官吏〈公務員〉(㊜ niedere Beamte 下級官吏: →Beamte) | auf *höheren* Befehl 〔hin〕 上司の命令により | *höhere* Gewalt 〖法〗(不可抗力としての)天災 | die *höhere* Instanz 〖法〗上級審 | die *höheren* Klassen (学校の)上級クラス; (社会の)上層階級 | *höhere* Lebewesen 高等生物 | eine *höhere* Macht《比》神の摂理 | *höhere* Mathematik 高等数学 | Tiere *höherer* Ordnung 高等動物 | *höheren* Orts《官》上司のところで, 上級官庁で | in *höheren* Regionen schweben《比》現実離れしている | der *höchste* Richter 至高の裁き手, 神 | eine *höhere* Schule 高等学校 (Oberschule, Gymnasium など: →Hochschule) | ▽eine *höhere* Tochter 良家の子女 | ein *höheres* Wesen 大いなる存在, 神 ‖ das *höchste* Gebot 最高のおきて | von *höchster* Qualität 最上質の ‖〖名詞的に〗**hoch und nieder** / *Hohe* und Niedere / **hoch und niedrig** / *Hohe* und Niedrige (貴賤(きせん)の別なく)だれもかれも.

★ i)動詞と用いる場合はふつう分離の前つづりとみなされる. ii)分詞と複合して形容詞をつくる場合, 変化には次の三つの型がある: ⓐ hochbegabt / höherbegabt / höchstbegabt の型. ⓑ hochfahrend / hochfahrender / hochfahrendst の型. ⓒ hochgeachtet / höher geachtet / am höchsten geachtet の型.

II Hoch 中 -s/-s **1** 万歳〔の声〕, 歓声: auf *jn.* ein dreifaches ~ ausbringen …に向かって万歳を三唱する. **2** (↔Tief)〖気象〗高気圧, 高圧帯: Das ~ lagert über der Nordsee ⟨wandert nach Osten ab⟩. 高気圧が北海に停滞している⟨東に移動しつつある⟩.

III Hö·he·re《形容詞変化》**1** 男 der ~《雅》神. **2** 中 高等⟨高尚⟩なもの: nach ~*m* streben より高きものを追い求める, 向上に努める.

IV höchst 1 形 hoch の最上級. **2** 副 **a**) →1 **b**)《程度のきわめて高いことを示して》非常に, きわめて, 全く: ~ unwahrscheinlich とてもありそうにない | ~ selten きわめてまれな | ~ leichtsinnig この上なく軽率な | ~ erstaunt ひどく驚いた ‖ Jetzo bitt' ich, hoch und *höchst*, für diesmal mich zu entlassen. このたびはぜひともこれでお暇をいただきたくお願いいたします (Goethe).

V Höchst 中 -〔e〕s/ **a**) (Höchstleistung) (労働者・機械の)最高効率; 最高記録. **b**) (Maximum) 最高値.

VI Höch·ste《形容詞変化》**1** 男 最高位の人: der ~《雅》神 | vom ~*n* bis zum Geringsten 全く身分の上下を問わず. **2** 中 最高のもの: *jm.* als das ~ gelten …にとって最高の価値をもつ | Sein Sinn ist auf das ~ gerichtet. 彼は最高のものを志している.

[*germ.* „gewölbt"; ◇hocken, Haufe; *engl.* high]

hoch.. **1**《形容詞につけて「高度に, 大いに, きわめて」などを意味する》: *hoch*entwickelt 高度に発達した | *hoch*interessant きわめて興味ぶかい | *hoch*wirksam 大いに効果的な. **2**《名詞につけて「頂点, 絶頂, 最高潮」などを意味する》: *Hoch*mittelalter 中世の最盛期 | *Hoch*saison シーズンの最盛期 | *Hoch*sommer 真夏.

hoch·ab·strakt[hó:x..] 形 高度に抽象的な.

hoch·acht·bar 形 大いに尊敬⟨尊重⟩すべき.

hoch|ach·ten 《01》他 (h) 大いに尊敬⟨尊重⟩する.

Hoch·ach·tung 女 -/ *hochachten* すること: vor *jm.* ~ haben …を尊敬する | mit vorzüglicher ~ (手紙の結びに用いて)敬具.

hoch·ach·tungs·voll 形 尊敬の念に満ちた; (手紙の結びに用いて)敬具.

Hoch·adel 男《集合的に》(由緒ある高位の)貴族〔階級〕.

hoch⸗ade·lig 形, **⸗ad·lig** 形 Hochadel の. **⸗ak·tuell** 形 きわめて aktuell な, きわめて今日的な, 目下焦眉(しょうび)の. **⸗al·pin** 形 高地アルプスの; 純高山性の.

Hoch⸗al·tar 男〖カトリック〗大祭壇, 中央祭壇(→ 図 Kirche B). **⸗amt** 中〖カトリック〗荘厳⟨盛式⟩ミサ; 歌ミサ: das ~ halten 荘厳ミサを行う.

hoch⸗an·ge·se·hen 形《付加語的》名声の高い, きわめて声望のある. **⸗an·stän·dig** 形 きわめて anständig な.

Hoch·an·ten·ne 女 屋上⟨屋外⟩アンテナ.

hoch|ar·bei·ten 《01》他 (h) 再帰 *sich*[4] ~ 努力して⟨せっせと働いて⟩出世する.

Hoch·ari·sto·kra·tie 女 =Hochadel

hoch⸗ari·sto·kra·tisch =hochadelig **⸗auf·ge·schos·sen** 形 (背丈の)すらりと伸びた, ひょろ長い. **⸗auf·lö·send** 形〖光〗解像力⟨分解能⟩の高い, 高解像度の: ~*es* Fernsehen 高解像度テレビ, HDTV.

Hoch⸗bahn 女 高架鉄道. **⸗bau** 男 -〔e〕s/-ten **1**《単数で》(↔Tiefbau)〔地上〕建築工事. **2**〔地上〕建築物.

hoch·be·gabt 形 (→hoch I ★ ii ⓐ)《付加語的》きわめて才能に恵まれた, 天分の豊かな.

Hoch·be·häl·ter 男 高架水槽タンク.

hoch⸗bei·nig 形 (家具・什器(じゅうき)などの)高脚の; (動物などの)脚の長い. **⸗be·jahrt** 形 高齢の.

hoch|be·kom·men* 《80》他 (h) =hochkriegen

hoch⸗be·rühmt 形 きわめて有名な, 高名⟨著名⟩な. **⸗be·steu·ert** 形 (→hoch I ★ ii ⓐ)《付加語的》(企業などが)高い税金を課せられた, 多額納税の. **⸗be·tagt** =hochbejahrt

Hoch·be·trieb 男 -〔e〕s/ 大にぎわい, 大混雑: Im Kaufhaus herrschte ~. デパートのなかは大にぎわいだった.

hoch·be·zahlt 形 (→hoch I ★ ii ⓐ)《付加語的》きわめて高給の, 給料の非常によい: eine ~*e* Stellung きわめて高給の勤め口.

Hoch⸗bild 中 (Relief) 浮き彫り, レリーフ. **⸗blü·te** 女 -/ 満開;《比》全盛〔期〕.

hoch·bre·chend 形〖光〗(レンズが)屈折率の高い.

hoch|brin·gen*[hó:x..]《26》他 (h) **1** (病人などを)健康⟨元気⟩にする; (企業・経営状態などを)立て直す. **2** (großziehen)《*jn.*》(子供を一人前に)育てる. **3**《話》(aufbringen)《*jn.*》憤激させる. **4 a**)《*et.*[4]》運び上げる. **b**)《話》《*jn.*》(家の中へ)つれて上る. **5** =hochkriegen 2

hoch·bri·sant 形 (火薬などが)破砕⟨爆発⟩力の高い;《比》危険度の高い, 大いに論議を呼びそうな.

Hoch⸗bun·ker 男 (↔Tiefbunker)〖軍〗地上防空室. **⸗burg** 女 城塞(じょうさい);《比》(思想・運動・権力などの)中心地: die ~ der Demokratie 民主主義の牙城(がじょう).

hoch·bu·sig[..bu:zɪç][2] 形 乳房の盛り上がった.

Hoch·decker[hó:xdɛkər] 男 -s/- (↔Tiefdecker)〖空〗高翼単葉機. [＜Deck]

hoch·de·ko·riert 形 多数の〔高位の〕勲章を与えられた.

hoch·deutsch I 形 **1** 高地ドイツ語の. **2** 標準ドイツ語の: →deutsch **II Hoch·deutsch** 中 -〔s〕/ **1** 高地ドイツ語. **2** 標準ドイツ語: ~ mit Streifen《話》なまりのある標準ドイツ語.

★ → 付録: ドイツ語の歴史.

hoch|die·nen[hó:x..] 他 (h) 再帰 *sich*[4] ~ (刻苦して)昇進する, 出世する.

hoch·do·tiert 形《付加語的》(資金・賞金などが)高額の; (官職・地位などが)高給の(参考 述語的用法の場合には hoch dotiert と書く).

Hoch·druck[hó:x..] 男 -〔e〕s/-e (↔Tiefdruck) **1**〖印〗凸版印刷(→ 図 Druck). **2**《単数で》**a**) (略 H)〖気象〗高気圧. **b**)〖理・工〗高圧. **c**) (Bluthochdruck)〖医〗高血圧〔症〕. **d**)《話》全力投球: **mit ⟨unter⟩ ~**《話》全力投球で | mit ~ arbeiten 大車輪で働く ‖ Wir haben augenblicklich ~. 我々は目下全力を挙げて仕事をしている.

Hoch·druck⸗ge·biet 中 (略 H) (↔Tiefdruckgebiet)〖気象〗高圧域, 高圧部. **⸗krank·heit** 女 (Hypertonie)〖医〗高血圧症.

Hoch·druck·ma·schi·ne 女〖印〗凸版印刷機.

Hoch·druck·zo·ne 女 =Hochdruckgebiet

Hoch·ebe·ne 女 (↔Tiefebene)〖地〗高原.

Hoch·ehr·wür·den[ho:x|é:rvʏrdən, ⌐‒⌣⌣]《無冠詞; 2格 -〔s〕》Euer ⟨Eure⟩ ~〔尊〕師, 猊下(げいか) (新教の牧師に対する呼びかけ).

▽**hoch·ehr·wür·dig**[hó:x..] 形 (牧師などに対する尊称で)尊敬すべき.

hoch⸗ele·gant[hó:x..] 形 非常に洗練された, きわめて上品な. **⸗emp·find·lich** 形 (→hoch I ★ ii ⓐ)きわめて敏感⟨鋭敏⟩な: ein ~*er* Film 高感度のフィルム. **⸗ener·ge·tisch** 形 (燃料などが)高性能の.

H

Hoch·ener·gie≈astro·phy·sik 女 -/ 高エネルギー宇宙物理学. **≈phy·sik** 女 高エネルギー物理学.
hoch≈ent·wickelt 形 (→hoch I ★ ii ⓐ)《付加語的》高度に発達した. **≈er·freut** 形 大いに喜んだ. **≈er·ho·ben** 形《付加語的》高く持ち上げた(もたげた); 昂然(こうぜん)と(誇らしげに)胸を張って. **≈ex·plo·siv** 形 爆発性の高い. **≈ex·zen·trisch** 形〘理〙高離心率の: eine ～*e* Kreisbahn (人工衛星などの)長楕円(だえん)軌道.
hoch|fah·ren*[hóːx..]《37》**I** 自 (s) **1** (驚いて)飛びあがる: aus dem Schlafe ～ はっと目をさます. **2** (aufbrausen) 激昂(げっこう)する. **3**《話》(乗り物で)上へゆく; (自分の位置より)北へゆく. **II** 他 (h)《話》(乗り物で)上へ運ぶ; (自分の位置より)北へ運ぶ. **III hoch·fah·rend** 現分 形 (→hoch I ★ ii ⓑ) 不遜(ふそん)な, 横柄な.
hoch|fal·len*[hóːx..]《38》自 (s)《もっぱら次の成句で》die Treppe ～ (→Treppe 1).
hoch·fein[また: ⊥⊥] 形〘商〙極上の, 特上の.
Hoch≈fi·nanz[hóːx..] 女 -/《集合的に》財界〈金融業界の〉首脳部. **≈flä·che** 女 ＝Hochebene
hoch|flie·gen*《45》**I** 自 (s) 飛び上がる, 舞い上がる(ただし: hoch fliegen →hoch I 1 b). **II hoch·flie·gend** 現分 形 (→hoch I ★ ii ⓑ)《付加語的》目標の高い, 望みの大きい: ～*e* Pläne haben 遠大な計画をもっている.
Hoch≈flut[hóːx..] 女 高潮; 最高水位;《比》夥多(かた): eine ～ von Touristen 観光客の洪水. **≈form** 女 (スポーツ選手などの)ベスト=コンディション. **≈for·mat** 中 (↔Breitformat) 縦長のサイズ: ein Blatt Papier im ～ 縦長の紙片.
hoch·fre·quent 形〘電〙高周波の.
Hoch·fre·quenz 女 (略 HF)〘電〙高周波.
Hoch·fre·quenz≈astro·no·mie 女 電波天文学. **≈hei·zung** 女 高周波加熱. **≈strom** 男 高周波電流. **≈tech·nik** 女 高周波電気工学. **≈trock·nung** 女 (木材などの)高周波乾燥.
hoch·fürst·lich 形 王侯貴族の;《比》豪奢(ごうしゃ)な.
Hoch·ga·ra·ge[..ʒə] 女 (↔Tiefgarage) 屋上の車庫, 屋上駐車場.
hoch≈ge·ach·tet I hochachten の過去分詞. **II** 形 (→hoch I ★ ii ⓒ)《付加語的》非常に尊敬されている. **≈ge·bil·det** 形《付加語的》教養の高い.
Hoch·ge·bir·ge 中 (↔Mittelgebirge) (アルプス型の)高い山脈, 高山系;〘地〙高山形.
hoch≈ge·bo·ren 形 高貴な生まれの. **≈ge·ehrt** 形 大いに尊敬された: Ich fühle mich ～. 光栄の至りです.
Hoch·ge·fühl 中 高揚した感情, 感激〈歓喜〉の念.
hoch|ge·hen*[hóːx..]《53》自 (s) **1** (人が階段などを)上にのぼる; (柵(さく)・幕・気球などが)上にあがる; (物価などが)上昇する: *jm. geht* der Hut *hoch* (→Hut 1) | Das ist, um die Wände *hochzugehen*. / Da kann man die Wände ～. (→Wand 1). **2** (波浪が)高まる,(海が)荒れる: *hochgehende* Wellen 高波. **3**《話》(aufbrausen) 激昂(げっこう)する. **4** (explodieren) (爆発して)空中にはね飛ぶ. **5**《話》(正体を)あばかれる; (警察に)逮捕される: *jn.* ～ lassen …を逮捕する; …を警察に密告する.
hoch·gei·stig[hóːx..] 形 高度に知的〈精神的〉な.
ᵛ**hoch·ge·lahrt** ＝hochgelehrt
hoch≈ge·le·gen[hóːx..] 形《付加語的》高い場所にある. **≈ge·lehrt**[また: ⊥⌣⊥] 形 学識〈造詣(ぞうけい)〉の深い, 博学の. **≈ge·mut**[..gəmuːt] 形 陽気〈快活〉な, 楽天的な.
Hoch≈ge·nuß[hóːx..] 男 無上の楽しみ, 最上の快楽: Dieser Wein ist ein ～. このワインは大変おいしい | Das Konzert war ihr 〈für sie〉 ein ～. そのコンサートは彼女にとって大変楽しいものであった. **≈ge·richt** 中 **1** (昔の) 処刑場, 絞首台. **2** (中世の) 重罪裁判所.
hoch≈ge·schlos·sen 形〘服飾〙ハイネックの. **≈ge·schraubt** 形《話》過度に高められた, 過大な(期待など). **≈ge·schürzt** 形 (スカートなどの)すそをからげた.
Hoch·ge·schwin·dig·keits≈bahn 女 高速鉄道. **≈ka·nal** 男 (Windkanal)〘工〙風洞. **≈zug** 男 (略 HGZ)〘鉄道〙(時速250キロ以上の)高速〈快速〉列車.

hoch≈ge·sinnt 形 志操の高邁(こうまい)な, 気高い. **≈ge·spannt** 形 **1**〘電〙高圧の. **2** (期待・好奇心などで)きわめて緊張した〈気分の張りつめた〉. **≈ge·steckt** 形 (非現実的なほど)高く設定された(目標・計画など). **≈ge·stellt I** hochstellen の過去分詞. **II** 形 (→hoch I ★ ii ⓐ)《付加語的》高位〈高官〉の. **≈ge·stimmt** 形 (気分の)高揚した, 荘重な, はなやいだ. **≈ge·sto·chen** 形 **1** (内容が)高級〈難解〉な, 高踏的な. **2** 高慢な, うぬぼれの. **≈ge·wach·sen** 形 背丈の高い. **≈gif·tig** 形 きわめて有毒な, 毒性の高い.
Hoch·glanz 男 高度の輝き〈光沢〉: *et.*[4] **auf ～ bringen** 〈**polieren**〉 …をぴかぴかに磨き上げる.
hoch·glän·zend 形 きわめて光沢のある.
Hoch·glanz·pa·pier 中 光沢〈エナメル〉紙.
hoch≈gra·dig[..graːdɪç][2] 形 高度〈強度〉の, 非常な: ～ kurzsichtig sein 強度の近眼である. **≈hackig**[..hakɪç][2] 形 (靴などの)かかとの高い(→Hacke[2] 1).
hoch|hal·ten*《65》他 (h) **1** 高くあげる〈かかげる〉: die Fahne ～ 旗を高くかかげる;《比》(→Fahne 1 a). **2**《比》維持〈護持〉する;《雅》尊重する: eine alte Tradition ～ 古い伝統を守り続ける.
★ただし: hoch halten →hoch I 1 b, I 4
Hoch·haus 中 高層ビル, 高層建築物.
Hoch·haus·woh·nung 女 高層住宅.
hoch|he·ben*《68》他 (h) 高く持ち上げる.
hoch≈herr·schaft·lich 形 非常に身分の高い, きわめて高貴な. **≈her·zig** 形 高潔な, 気高い; 寛容な, 雅量のある.
hoch|hie·ven[hóːx..] 他 (h) (クレーンなどで) 高く持ち〈引き〉上げる.
Ho Chi Minh[hotʃimín, xɔtʃə..] **I** 人名 ホー チ ミン(1890–1969; ベトナムの政治家. 1945年ベトナム民主共和国を建てて大統領となる.「ベトナムの独立の父」と呼ばれる). **II** 地名 ホー チ ミン(1975年ベトナム共和国の崩壊後, Saigon を中心として付近の都市を合併して新設されたベトナム南部の都市).
hoch≈in·du·stria·li·siert[hóːx..] 形 (→hoch I ★ ii ⓒ)《付加語的》高度に工業化した. **≈in·te·griert** 形〘電子工学〙高度集積の: ein ～*er* Schaltkreis 高度集積回路. **≈in·tel·lek·tuell** 形 高度の知性をもった, きわめて知的な. **≈in·tel·li·gent** 形 きわめて知的〈聡明(そうめい)〉な. **≈in·ter·es·sant** 形 きわめて興味深い.
Hoch·jagd 女 (↔Niederjagd)〘狩〙大物狩り(シカ・クマ・オオカミなどを対象とする狩猟).
hoch≈|ja·gen 他 (h) **1 a)** 上〈高い所〉へかり立てる. **b)** (動物を)狩り出す, 追いたてる;《*jn.*》たたき起こす: *jn.* aus dem Schlaf ～ …を(眠りから)起こす. **2** (エンジンの)回転を上げる. **≈|ju·beln**《06》他 (h)《話》ほめそやして世に広める.
hoch≈ka·lo·risch 形 カロリー価の高い, 高カロリーの. **≈kant** 副, **≈kan·tig** 副 (直方体のものに関して)幅の狭い面を下にして(→ 図 Kante): einen Koffer ～ stellen トランクを縦に置く | ***jn.* ～ hinauswerfen** 〈**hinausschmeißen** / **hinausfeuern** / **rausschmeißen**〉《話》(乱暴に)…を追い出す | **～ hinausfliegen** 〈**rausfliegen**〉《話》(乱暴に)追い出される.
Hoch·ka·pi·ta·lis·mus 男 最盛期資本主義.
hoch·ka·rä·tig[..karɛːtɪç]* 形 **1** (宝石・金の合金などに関して) カラット度の高い: ein ～*er* Diamant 高カラットのダイヤモンド. **2**《話》すぐれた, 優秀な, 上等な.
Hoch·kir·che 女〘キリスト教〙高教会〔派〕(英国国教会の一派). 【*engl.* High Church の翻訳借用】
hoch·kirch·lich 形 高教会〔派〕の.
hoch|klap·pen[hóːx..] 他 (h) (ぱたんと) 上にあげる: den Mantelkragen ～ コートの襟を立てる.
hoch|kom·men*《80》自 (s) **1 a)** 〔こちらへ〕上がって来る, やって来る: Die Kinder sollen zum Essen ～. 子供たちに食事に家に帰ってくるように言いなさい | Ein Mann *kam* die Straße *hoch*. 一人の男が通りを(こちらへ)近づいてきた | Ich werde auf einen Sprung zu euch ～. 私はちょっと君たちを訪ねようと思う. **b)** 上がる, のぼる; (表面に) 浮かび上がる: aus dem Sessel ～ いすから立ち上がる | Eine Erinnerung

H

kam in ihm *hoch*. ある思い出が彼の心に浮かび上がってきた | Tränen *kommen hoch*. 涙が浮かんでくる | Das Essen *kam* mir 〔wieder〕 *hoch*. 私は食物をもどしたくなった ‖ Mir *kommt* es *hoch*.《比》私は虫酸(むしず)が走る, 私はむかむかする | *jm. kommt* die Galle *hoch* (→Galle[2] 1). **2** 出世する: durch Fleiß ~ 努力によって栄達する. **3** 元気になる, 立ち直る, 奮起する.

★ただし: hoch kommen →hoch I 4

hoch·kom·plex 形 高度に複合した, きわめて複雑な.

Hoch·kon·junk·tur 女 好景気, 好況.

hoch·kon·zen·triert 形 高度に濃縮された, 高濃度の.

hoch|krem·peln 《06》 他 (h) (袖(そで)・裾(すそ)などを折り返して)高くまくり(たくし)上げる: *sich*[3] die Ärmel ~ (→Ärmel 1).

hoch|krie·gen 他 (h) **1** 《話》《*et.*[4]》(努力してなんとか)持ち上げる: Ich *krieg'* den schweren Koffer nicht *hoch*. この重いスーツケースがどうしても持ち上げられない. **2** 《婉曲に》(男根を)勃起(ぼっき)させる: **einen 〈keinen〉 ~** 勃起する〈しない〉.

hoch·kul·ti·viert 形 《付加語的》高い教養を身につけた, きわめて洗練された.

Hoch≈kul·tur 女 (発達した生産手段・社会機構をもつに至った)高度文化. **≈land** 中 -〔e〕s/..länder (-e) (↔Tiefland) (海抜200メートル以上の)高地, 高原: das ~ von Pamir パミール高原. **≈län·der** 男 -s/- **1** 高地〈高原〉の住民. **2** スコットランド北部高地の住民. **≈lau·tung** 女 〔言〕標準発音.

hoch≈|le·ben 自 (h) 元気〈幸せ〉に生きる: Der Kaiser *lebe hoch*! 皇帝万歳 | *jn.* **~ lassen** …のために万歳を唱える. **≈|le·gen** 他 (h) (足などを)高い所におく.

Hoch·lei·stung 女 (高度の Leistung. 例えば:) 高い業績〈出来ばえ〉; 高性能〈能率〉.

Hoch·lei·stungs≈chip 男 〔電子工学〕高性能チップ. **≈mo·tor** 男 高性能モーター〈エンジン〉. **≈sport** 男 -〔e〕s/ (高度の能力を要求する)競技スポーツ.

höch·lich[hǿːçlıç] 副 《雅》(sehr) 大いに, 非常に: Ich bin ~*st* erstaunt. 私は非常に驚いている. [*ahd*.; ◇hoch]

ᵛ**hoch·löb·lich**[hóːx..] 形 きわめて称賛すべき〈あっぱれな〉.

Hoch≈mei·ster 男 〔史〕大団長(ドイツ騎士団団長に与えられた称号). **≈mit·tel·al·ter** 中 中世の中期〈最盛期〉.

hoch≈mo·dern 形 超近代的な. **≈mo·disch** 形 最新流行の.

hoch·mö·gend[..møːgənt, ⏊⏊⏑][1] 形 《皮肉》(世間に)広く尊敬された, 声望のある, 影響力のある. [<〔ver〕mögen]

hoch·mo·le·ku·lar 形 (↔niedermolekular) 〔化〕高分子の: ~*e* Chemie 高分子化学 | eine ~*e* Verbindung 高分子化合物.

Hoch·moor 中 (↔Flachmoor) 高層湿原.

Hoch·moor·gelb·ling 男 〔虫〕ミヤマモンキチョウ(深山紋黄蝶).

Hoch·mut[hóːxmuːt] 男 **1** 高慢, うぬぼれ, 尊大, 不遜(ふそん): *seinen* ~ ablegen 高慢な気持を捨てる | ***Hochmut* kommt vor dem Fall.** 《諺》おごる平家は久しからず. ᵛ**2** (Stolz) 誇り, 自負〔心〕. [„gehobene Stimmung"]

hoch·mü·tig[..myːtıç][2] 形 **1** 高慢な, うぬぼれている, 尊大〈不遜(ふそん)〉な: ein ~*es* Gesicht 高慢ちきな顔 | ~ lächeln 尊大な笑みを浮かべる. ᵛ**2** (stolz) 誇り高い.

Hoch·mü·tig·keit[..kaıt] 女 -/ hochmütig なこと.

hoch·nä·sig[hóːxnɛːzıç][2] 《話》= hochmütig 1

hoch|neh·men* 《104》 他 (h) **1** 持ち上げる: ein Kind ~ 子供を抱き上げる. **2** 《*jn.*》(…を)からかう, 愚弄(ぐろう)する. **3** 《*jn.*》(…から)大金を巻き上げる. **4** 《*jn.*》 **a)** (…を)ひどく叱責(しっせき)する. **b)** (兵隊を)きたえる, しごく. **5** 《話》《*jn.*》(犯人を)逮捕する.

hoch·not·pein·lich[hóːxnoːtpáınlıç, ⏊⏊⏊⏑] 形 **1** きわめて厳しい, 仮借のない. **2** ein ~*es* Gericht 〔史〕(中世の)重罪裁判所.

Hoch·ofen[hóːx..] 男 溶鉱炉, 高炉(→ 図).

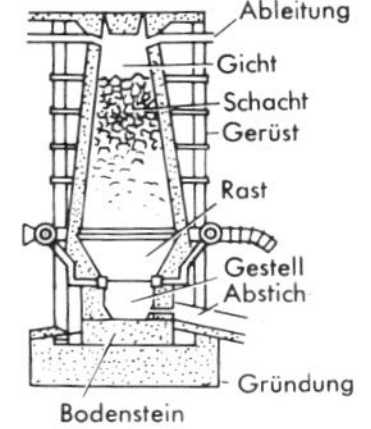

Hochofen

Hoch·ofen≈gas[hóːxoːfən..] 中 溶鉱炉(高炉)ガス. **≈schlacke** 女 溶鉱炉鉱滓(こうさい), 高炉滓. **≈ze·ment** 男 高炉セメント.

hoch|päp·peln[hóːx..] 《06》 他 (h) 《話》(子供を)大切に一人前に育てる; (病人を)大事に看護して健康にする: *js.* Ruf ~ 《比》(宣伝などによって)…の人気を盛り上げる.

Hoch≈par·terre [..partɛr] 中 〔建〕中二階. **≈pla·teau**[..platoː] 中 = Hochebene

hoch·po·li·tisch 形 きわめて政治的な.

hoch·po·ly·mer **I** 形 〔化〕高重合の. **II Hoch·po·ly·mer** 中 〔化〕高重合体.

hoch|prei·sen* 《110》 他 (h) 大いに賞賛する, 激賞する.

hoch·pro·zen·tig[..prɔtsɛntıç][2] 形 百分率〈パーセンテージ〉の高い: ~*es* Bier アルコール含有度の高いビール.

hoch|put·schen 《04》 他 (h) 《*jn.*》煽動(せんどう)する, けしかける; 《*et.*[4] zu *et.*[3]》(誇張して…を…に)仕立て上げる.

hoch≈qua·li·fi·ziert 形 (→hoch I ★ ii ⓒ)きわめて適格〈優秀〉な. **≈qua·li·ta·tiv** 形 質の高い; 高性能の.

Hochrad

Hoch·rad 中 (昔の)だるま式自転車(前輪が後輪よりもはるかに大きい: → 図).

hoch≈räd·rig 形 車輪の大きな. **≈ra·gend** 形 高くそびえた.

hoch·ran·gig 形 高位の.

☆ 比較級は höherrangig, 最上級は höchstrangig となる.

hoch≈|ran·ken **I** 他 (h) 再帰 *sich*[4] an *et.*[3] ~ (植物が)…につるをからませて這(は)いのぼる; 《比》…によって自信を強める. **II** 自 (s) (植物が)つるをからませて高く伸びる. **≈|rap·peln** 《06》 他 (h) 再帰 *sich*[4] ~ = aufraffen 3 **≈|rech·nen** 《01》 自 (h) (コンピューターなどで部分的数値から)全体の〈最終的〉数値を算出する.

Hoch·rech·nung 女 (hochrechnen すること. 特に:) (選挙の)予測最終得票数〔の算出〕.

hoch|rei·ßen* 《115》 他 (h) 《*et.*[4]》(…を)さっと〈ぐいと〉引っぱり上げる, 持ち上げる; 《*jn.*》(…を)元気づける, 活気づける.

Hoch≈re·lief[..reliɛf] 中 〔美〕高肉彫り. **≈re·nais·sance** 女 〔史〕ルネサンス最盛期. **≈re·ser·voir** [..rezɛrvoaːr] 中 = Hochbehälter

hoch|rich·ten 《01》 他 (h) 再帰 *sich*[4] ~ 体をまっすぐに起こす, 起きあがる.

hoch·rot 形 真紅の, 真っ赤な: ein ~*es* Gesicht haben 顔を真っ赤にしている.

Hoch≈ruf[hóːx..] 男 万歳の叫び. **≈sai·son**[..zɛzɔ̃ː] 女 シーズンの最盛期.

hoch≈|schal·ten 《01》 自 (h) ギア〈変速装置〉をより高速の段階に切り替える: in den vierten Gang ~ ギアを第 4 段にシフトアップする. **≈|schät·zen** 《02》 他 (h) 《*jn./et.*[4]》高く評価する, 大いに尊敬〈尊重〉する(ただし: hoch schätzen →hoch I 4).

Hoch·schät·zung 女 -/ hochschätzen すること: ~ genießen 高く評価される, 大いに尊敬〈尊重〉される.

hoch≈|schla·gen* 《138》 **I** 他 (h) **1** (そで口を)まくり〈たくし〉上げる, (襟を)立てる. **2** 〔球技〕(ボールを)高く打つ. **II** 自 (s) 《an *et.*[3]》(波が岸壁などに)当たって高くしぶきを上げる. **≈|schnel·len** 自 (s) 高く跳ね上がる. **≈|schrau·ben** 他 (h) **1** (回転いすなどを)回して高くする. **2** (物価などを)上昇させる, つり上げる; (要求などを)次第に増大させる: mit *hochgeschraubter* Stimme うわずった声で. **3** 再帰 *sich*[4] ~ 螺旋(らせん)状に立ちのぼる; 〔空〕螺旋上昇する. **≈|schrecken**(*) 《151》 **I** 他 (h) 《規則変化》驚かせて飛

H

び上がらせる, 愕然(がくぜん)と〈ぎょっと〉させる. **II** 自 (s) 《不規則変化; ただし今日では 過 schreckte 〈schrak〉 hoch; 過分 hochgeschreckt》 驚いて飛び上がる, 愕然と〈ぎょっと〉する.

Hoch·schul·bil·dung[hó:xʃu:l..] 女 大学教育: ～ haben 大学教育を受けている.

Hoch·schu·le[hó:xʃu:lə] 女 (一般的に)大学; 単科大学(→Universität): eine pädagogische 〈technische〉 ～ 教育〈工業〉大学 | Musik*hochschule* 音楽大学 ‖ an 〈auf〉 einer ～ studieren 大学で勉強する.

Hoch·schü·ler 男 (Student) 大学生.

Hoch·schul≠ge·setz 中 大学法. **≠leh·rer** 男 大学の教員〈教官〉. **≠rah·men·ge·setz** 中 (ドイツの)大学大綱法. **≠re·form** 女 大学改革. **≠rei·fe** 女 大学入学資格〔のある学力〕. **≠stu·dium** 中 大学での勉学: Bewerber mit abgeschlossenem ～ 大学卒の(就職)志願者たち. **≠we·sen** 中 -s/ 大学に関するすべてのこと; 大学制度: Ministerium für *Hoch*- und Fach*schulwesen* (旧東ドイツの)大学専門学校省.

hoch·schwan·ger[hó:x..] 形 (妊婦に関して) 分娩(ぶんべん)時期の近い, 臨月〔まぢか〕の.

Hoch·see[hó:xze:] 女 -/ 外海, 外洋.

Hoch·see≠fi·sche·rei 女 (↔Küstenfischerei) 遠洋漁業. **≠flot·te** 女 遠洋航海船団. **≠schiffahrt** (≠schiff·fahrt) 女 (↔Küstenschiffahrt) 遠洋〈外洋〉航海.

Hoch·seil 中 (綱渡り用の)高く張った綱.

Hoch·seil·akt 男 綱渡り.

ᵛ**hoch≠se·lig** 形 故人となった, 死んだ. **≠sen·si·bel** 形 きわめて感じやすい〈デリケートな〉.

Hoch·si·cher·heits≠ge·fäng·nis 中 重警備刑務所. **≠trakt** 男 (刑務所内の)重警備棟.

Hoch·sinn 男 -〔e〕s/ 高潔; 寛容.

hoch·sin·nig 形 高潔な; 寛容な.

Hoch≠sitz 男 =Hochstand **≠som·mer** 男 真夏, 盛夏.

hoch·som·mer·lich 形 真夏〈盛夏〉の〔ような〕.

Hoch·span·nung 女 **1** (↔Niederspannung) 《電》 高圧(シンボルは: → 図 Symbol). **2** 緊張した空気〈気分〉.

Hoch·span·nungs≠ka·bel 中 《電》 高圧ケーブル(→ 図 Kabel). **≠lei·tung** 女 高圧〔送電〕線. **≠mast** 男 高圧線送電塔.

hoch·spe·zia·li·siert 形 高度に専門化した.

Hoch·strom 男 高圧電流.

hoch|spie·len[hó:x..] 他 (h) (↔ herunterspielen) 《*et.*⁴》 (…を)世間の注視〈関心〉の的に仕立て上げる, (…に過度に)スポットライトを当てる(ただし: hoch spielen →hoch I 4).

Hoch·spra·che 女 《言》 標準語(→Dialekt, Mundart, Umgangssprache).

hoch·sprach·lich 形 標準語的な: ～ seltene Ausdrücke 標準語ではめったに用いられない表現.

hoch|sprin·gen* 《179》 **I** 自 (s) (高く)跳ね上がる, 飛び上がる; 《陸上》 走り高跳びをする. **II Hoch·sprin·gen** 中 -s/ =Hochsprung

Hoch≠sprin·ger 男 走り高跳びの選手. **≠sprung** 男 《陸上》 走り高跳び, ハイジャンプ; 《馬術》 高障害飛越.

höchst I hoch I の最上級(また: →hoch IV). **II Höchst** →hoch V **III Höch·ste** →hoch VI

hoch·stäm·mig[hó:x..] 形 (樹木の)幹の高い.

Hoch·stand 男 《狩》 (獲物を待ち伏せするための)樹上の〈やぐらの上の〉足場(→ 図 Jagd).

Hoch·sta·pe·lei[ho:xʃta:pəlái] 女 **1** 紳士詐欺. **2** 業績や知識を偽ってほらを吹くこと.

hoch|sta·peln¹[hó:x..] 《06》 他 (h) 高く積み上げる.

hoch|sta·peln² 《06》 自 (h) **1** 紳士詐欺をはたらく. **2** 業績や知識があるかのように自慢する〈大ぶろしきを広げる〉. [< *rotw.* hoch „vornehm"+sta〔p〕peln „betteln"]

Hoch≠stap·ler[..ʃta:plər] 男 -s/- **1** 紳士詐欺師. **2** 業績や知識を偽ってほらを吹く人. **≠start** 男 《陸上》 スタンディング=スタート(立った姿勢からのスタートの型).

Höchst≠be·la·stung[hø:çst..] 女 最大負荷〈荷重〉. **≠be·trag** 男 最高額.

Höchst·bie·ten·de 男 女 《形容詞変化》 最高額入札者. [<bieten]

Höchst·druck 男 -〔e〕s/..drücke 超高圧.

Höch·ste →hoch VI

hoch|stecken[hó:x..] 他 (h) (髪・服などを)上げてピンで留める: *sich*³ die Haare ～ 自分の髪をピンでアップにする | *sich*³ *hochgesteckte* Ziele setzen 望みの高い目標を立てる

hoch|ste·hen*[hó:x..] 《182》 **I** 自 (h) 高く〈まっすぐに〉立っている: Einige Haare *stehen hoch*. 毛が数本さか立っている. **II hoch·ste·hend** 現分 形 (→hoch I ★ ii ⓐ) 地位の高い; すぐれた, ひいでた: ein geistig ～*er* Mensch きわめて見識〈学問〉のある人.

höchst·ei·gen[hø:çst|áigən] 形 自分自身の: in ～*er* Person 自分自身で, おんみずから.

hoch|stel·len[hó:x..] **I** 他 (h) **1** 上に〈高い所に〉置く: eine Zahl ～ 数字を半行上に書く(指数など). **2** まっすぐに立てる: den Kragen ～ 襟を立てる. **II hoch·ge·stellt** → 別出

hoch|stem·men[hó:x..] 他 (h) **1** (重いものを)頭上に高く支える. **2** (上体などを)腕で支えてゆっくりと立ち上がる: 再帰 *sich*⁴ ～ ふんばって重い体をやおら起こす.

höch·sten·falls[hø:çstənfáls] =höchstens

höch·stens[hø:çstəns] 副 (↔mindestens, wenigstens) 多くても, 最大限, 最大に見積もって; せいぜい, たかだか: Dort waren ～ zwanzig Leute anwesend. そこにはせいぜい20名ぐらいの人しかいなかった | Die Sitzung dauerte ～ eine Stunde. 会議はせいぜい1時間しかかからなかった ‖ Er treibt keinen Sport, ～ geht er gelegentlich schwimmen. 彼はスポーツはやらない. せいぜいたまに泳ぎに行くぐらいのものだ.

Höchst≠fall[hø:çst..] 男 **im** ～ 多くても, せいぜい (=höchstens). **≠form** 女 -/ 《スポーツ》 ベストコンディション: in ～ sein 絶好調である. **≠fre·quenz** 女 (略 HHF) 《電》 超高周波. **≠ge·bot** 中 (競売などでの)最高の付け値. **≠ge·schwin·dig·keit** 女 最高速度. **≠ge·wicht** 中 最大〔許容〕重量. **≠gren·ze** 女 最大限, 最高度, 極限, マキシマム: bis zur ～ 極限まで, 最大限に.

Hoch≠sticke·rei[hó:x..] 女 盛り上げ刺繍(ししゅう). **≠stift** 中 〔大〕司教区本部.

hoch|sti·li·sie·ren 他 (h) 《*et.*⁴ zu *et.*³》 (平凡・月並みなものなどを…へ)上等らしく仕立て上げる, りっぱなものに見せかける: ein Durchschnittsbuch zu einem Kunstwerk ～ 凡庸な著作を芸術作品に仕立て上げる.

Hoch·stim·mung 女 高揚した〈荘重な〉気分.

Höchst≠lei·stung[hø:çst..] 中 (最高度の Leistung. 例えば:) 最高の業績〈出来ばえ〉; 最高性能〈能率〉; 《スポーツ》 最高記録. **≠lohn** 男 最高賃金. **≠maß** 中 -es/ (↔Mindestmaß) (Maximum) 最大限, マキシマム.

höchst≠mög·lich 形 最大限に可能な, でき得るかぎりの. **≠per·sön·lich** 形 (ふつう高位の人に関して) 自分自身での, おんみずからの: ～*es* Recht 《法》 一身専属的権利 | Der Minister hat ihm die Urkunde ～ überreicht. 大臣は彼に手ずからその証書を渡した.

Höchst·preis[hø:çst..] 男 最高価格.

höchst·ran·gig hochrangig の最上級.

Hoch·stra·ße[hó:x..] 女 高架〔自動車〕道路.

hoch|stre·ben 自 (s) 上方を目指す, 上に向かって伸びる: 《分詞で》 eine *hochstrebende* Felswand そそり立つ岩壁 | ein *hochstrebender* Mensch 《比》 大志〈大望〉を抱いた人 | *hochstrebende* Pläne haben 遠大な計画を抱いている.

höchst·rich·ter·lich[hø:çstríçtər..] 形 最高裁判所の.

Höchst≠satz[hø:çst..] 男 最高率. **≠schuß·wei·te** 女 (大砲などの)最大射程距離. **≠stand** 男 最高の状態〈水準〉. **≠stra·fe** 女 最高刑. **≠stu·fe** 女 (Superlativ) 《言》 (形容詞・副詞の)最上〈最高〉級. **≠tem·pe·ra·tur** 女 (↔Tiefsttemperatur) 最高温度〈気温〉.

höchst·wahr·schein·lich[hø:çstva:rʃáinlıç] 副 《陳述内容の現実度に対する話者の判断・評価を示して》 きっと〈まず間違いなく〉〔…らしい〕: *Höchstwahrscheinlich* ist er der Täter. 彼が犯人であることはまず間違いない.

Höchst≠wert[hø:çst..] 男 最高値, 最大値, マキシマム.

H

≈**zahl** 女 最高〈最大〉数值.
höchst·zu·läs·sig[また: ⏤⏤◡◡] 形 許容範囲内で最高〈最大〉の.

Hoch·tal[hó:x..] 中 山間の深い谷.
hoch≈ta·len·tiert 形 高度の才能にめぐまれた, 才能豊かな. ≈**tech·ni·siert** 形 高度に技術化された.
Hoch·tech·no·lo·gie 女 -/ 先端技術, 高度科学技術, ハイテク.
hoch·tech·no·lo·gisch 形 先端〈高度科学〉技術の,「ハイテクの.」
Hoch·tem·pe·ra·tur≈plas·ma 中〘原子力〙高温プラズマ. ≈**reak·tor** 男〘原子力〙高温ガス冷却炉.
Hoch·ton 男 -〔e〕s/..töne (↔Tiefton) **1** 高音. **2**〘言〙最強揚音〈アクセント〉.
hoch≈tö·nend =hochtrabend ≈**to·nig** 形 **1** 高音の. **2**〘言〙高強揚音〈アクセント〉の.
Hoch·ton·laut·spre·cher 男 高音用スピーカー.
Hoch·tour[..tu:r] 女 **1** (Bergtour) 山歩き, 登山. **2** (機械の)高速回転, フル回転: auf ～*en* laufen 〈arbeiten〉 フルに回転する;《比》最高度の能率を発揮する | ***jn.* auf ～*en* bringen**《比》仕事の能率を上げるように…を督励する.
hoch·tou·rig[..tu:rıç][2] 形 (↔niedertourig) (機械などが)高速回転の.
Hoch≈tou·rist[..turıst] 男 登山家, アルピニスト. ≈**tou·ri·stik**[..turıstık] 女 登山〔術〕.
hoch·tra·bend[hó:x..] 形 (表現などが)大げさな, 誇張した, 気取った. [*mhd.*; ◇traben]
hoch|tra·gen*《191》 **I** 他 (h)《北部・中部》上へ運ぶ. **II hoch·tra·gend** 現分 形 (家畜が)まもなく子を産む.
hoch|trei·ben*《193》 他 (h) (値段などを)つり上げる.
Hoch·va·ku·um 中〘理〙高真空.
hoch≈ver·dient 形 きわめて功績のある. ≈**ver·ehrt** =hochgeehrt
Hoch·ver·rat 男 反逆〔罪〕; 国事犯. [*fr.* haute trahison (*engl.* high treason の翻訳借用)の翻訳借用]
Hoch·ver·rä·ter 男 大逆〈反逆〉罪の犯人; 国事犯人.
hoch·ver·rä·te·risch 形 大逆〈反逆〉〔罪〕の; 国事犯の.
Hoch≈wald 男 (↔Niederwald)〘林〙(植林して育てた)高〔木〕林, 喬(きょう)林(→ 図 Forst). ≈**was·ser** 中 -s/- 高潮; 大水, 洪水, (河川の)氾濫(はんらん): **～ haben** i) (川が)氾濫する; ii)《戯》すねがまる出しである(ひどく短いズボンをはいている) | Der Fluß führte ～. 川が氾濫した.
Hoch·was·ser·scha·den 男 高潮〈大水〉による被害, 水害.
hoch≈wer·tig 形 価値の高い: ～*e* Nahrungsmittel 栄養に富んだ食料品. ≈**wich·tig** 形 きわめて重要〈重大〉な.
Hoch·wild 中 (↔Niederwild)《集合的に》〘狩〙大物猟獣〈猟鳥〉(シカ・イノシシ・クマ・オオカミ・ワシなどの総称).
hoch·will·kom·men 形 大いに歓迎すべき, きわめて好ましい.
hoch|win·den*[hó:x..]《211》 他 (h) **1** (ウインチ・ホイストなどで)巻き上げる. **2** 再帰 *sich*[4] ～ 巻きついて上方へ進む; (道が)曲がりくねりながらのぼって行く.
Hoch·win·ter[hó:x..] 男 真冬.
hoch≈wirk·sam 形 大いに効果的な〈ききめのある〉. ≈**wohl·ge·bo·ren**[..vo:lgəbo:rən, ⏤⏤◡◡⏤◡] 形 高貴の生まれの: Euer *Hochwohlgeboren* (尊称, 特に手紙のあて名に用いて)閣下.
Hoch·wür·den[hó:xvʏrdən]《無冠詞; 2格 -〔s〕》(カトリックの聖職者, 新教の高位の聖職者に対する呼びかけ): Eu〔e〕re 〈Euer〉 ～! 神父様; 牧師様 | *Hochwürden*〔*s*〕 Predigt war gestern besonders schön. 師のきのうのご説教は格別すばらしゅうございました.
hoch·wür·dig[..vʏrdıç, ⏤◡◡][2] 形〘宗〙(聖職者に対する尊称で)大いに尊ぶべき: ～*ster* Herr 尊師 | *Hochwürdigste* Exzellenz 猊下(げいか).
Hoch≈zahl[hó:x..] 女 (↔ Grundzahl) (Exponent)〘数〙指数. ≈**zeit**[1] 女《雅》最盛期, 全盛期.

Hoch·zeit[2][hɔ́xtsaıt; ｽｲ: ⏤, hó:x..] 女 -/-en **1** 結婚式, 婚礼: **die diamantene ～** ダイヤモンド婚式(結婚後60年目) | **die eiserne ～** 鉄婚式(結婚後65年目) | **die goldene ～** 金婚式(結婚後50年目) | **die grüne ～** 緑の結婚式(結婚式の当日) | **die hölzerne ～** 木婚式(結婚後10年目) | **die silberne ～** 銀婚式(結婚後25年目) | **die kupferne ～** 銅婚式(結婚後7年目) | **die papierene ～** 紙婚式(結婚後1年目) ‖ ～ feiern 〈halten〉 結婚式を挙げる ‖ **auf allen ～*en* tanzen**《話》どこにでも顔を出す〈出したがる〉| **auf der falschen ～ tanzen**《話》失策をやらかす | **auf einer fremden ～ tanzen**《話》(自分に関係ないことに)おせっかいをする | **nicht auf zwei ～*en* tanzen können**《話》体は二つあるわけではない, 同時に二つのことはできない | *jn.* **zur ～ einladen** …を婚礼に招待する. **2**《雅》最盛期, 隆盛期, 黄金時代. **3** (Dublette)〘印〙ダブレット(植字の際の誤りで重出する語). [*ahd.* hōha gezīt „festliche Zeit"]
[▽]**hoch·zei·ten**[hɔ́xtsaıtən]《01》 自 (h) 結婚式を行う; 結婚を祝う; (heiraten) 結婚する.
Hoch·zei·ter[..tər] 男 -s/-《南部・ｵｰｽﾄﾘｱ・ｽｲｽ》(Bräutigam) (婚礼の日の)新郎, 花婿.
Hoch·zei·te·rin[..tərın] 女 -/-nen《南部・ｵｰｽﾄﾘｱ・ｽｲｽ》(Braut) (婚礼の日の)新婦, 花嫁.
hoch·zeit·lich[..lıç] 形 結婚式〈婚礼〉の.
Hoch·zeits≈an·zei·ge 女 (新聞などに出す)結婚式の広告. ≈**bild** 中 結婚〈婚礼〉写真. [▽]≈**bit·ter** 男 (田舎の風習として)婚礼に客を招待して回る人. ≈**fei·er** 女, ≈**fest** 中 結婚式, 婚礼. ≈**flug** 男〘虫〙婚姻飛行, 結婚飛行. ≈**fo·to** 中 =Hochzeitsbild ≈**ge·schenk** 中 結婚の贈り物. ≈**ge·sell·schaft** 女 婚礼のパーティー. ≈**kleid** 中 **1** (新婦の)婚礼〈結婚〉衣装, ウェディングドレス. **2**〘生〙婚衣, 婚羽, 生殖羽, 婚姻色. ≈**ku·chen** 男 婚礼のケーキ, ウェディングケーキ. ≈**kut·sche** 女 婚礼馬車. ≈**mahl** 中 婚礼の祝宴. ≈**marsch** 男 婚礼行進曲, ウェディングマーチ. ≈**nacht** 女 結婚の初夜. ≈**pho·to** 中 =Hochzeitsbild ≈**rei·se** 女 新婚旅行. ≈**schmaus** 男 =Hochzeitsmahl ≈**tag** 男 結婚式〈婚礼〉の日; 結婚記念日. ≈**zug** 男 婚礼の行列.

hoch|zie·hen*[hó:x..]《219》 **I** 他 (h) **1** 引っぱり〈引き〉上げる: den Rolladen 〈die Fahne〉 ～ (綱を引っぱって)ブラインド〈旗〉を上げる ‖ 再帰 *sich*[4] am Geländer ～ (欄干の)手すりにつかまって体を引き上げる | *sich*[4] an *et.*[3] ～《話》…をおもしろがる; …で〔性的に〕興奮する | *sich*[4] an Skandalen ～《話》他人のスキャンダルをおもしろがる. **2** 上方へずらせる〈引きつらせる〉: die Brauen ～ まゆをつり上げる | die Schultern ～ 肩をすくめる | die Nase ～《話》鼻水をずるずるとすする. **3**《話》(航空機を)急上昇させる. **4**《話》(建物・塀を)高く築き上げる. **II** 自 (s) **1** 起こる; (頭上に)近づく: Das Gewitter *zieht hoch*. 雷雲が近づいてくる. **2**《話》(煙などが)立ちのぼる: Der Schmerz *zieht* bis in den Kopf *hoch*. 痛みが頭にまでのぼる. **3**《話》上階へ移転する.

Hoch·ziel 中 遠大〈重要〉な目標.
Hoch·zins·po·li·tik 女 高金利政策.
hoch·zi·vi·li·siert 形 (→hoch I ★ ii ⓒ)高度に文明の発達した.
Hoch·zucht 女 (家畜・植物などの)品種改良, 育種.
hoch|züch·ten《01》 他 (h) **1** (家畜・植物などの)品種を改良する;《比》(エンジンなどの)性能を高めすぎる(そのために修繕が多くなる); (感情などを)過度に高める〈盛り上げる〉. **2**《比》(後進を)育成する.
hoch·zu·frie·den 形 大いに満足した.

Hock[hɔk] 男 -s/ Höcke[hœ́kə], **Höck**[hœk] 男 -s/-e《ｽｲｽ》**1** 社交的な集まり. **2** 堆積(たいせき).
Hocke[hɔ́kə] 女 -/-n **1** (穀物・干し草などを束ねて積み上げた)禾束(かそく), 禾堆(かたい), いなむら: Getreide in ～*n* setzen 穀物を〔刈り取って乾燥させるため〕禾堆に積む. **2 a)** かがんだ〈しゃがんだ〉姿勢: in die ～ gehen / *sich*[4] in 〔die〕 ～ setzen しゃがみこむ. **b)**〘ｽﾎﾟｰﾂ〙(跳馬・高跳び・重量挙げなどの)屈膝(くっしつ)姿勢; (スキーの)屈身姿勢, ホッケ; (体操の)抱え込み; (レスリングの)クラウチ(攻撃待機体勢). **3**〘ﾁｪｽ〙(盤の)隅の目(→ 図 Dame).
hocken[hɔ́kən] **I** 自 **1** (h) しゃがむ, うずくまる(→ 図 sitzen);《話》〔背を丸めて・だらしない姿勢で〕座っている: am 〈auf dem〉 Boden ～ 地面にしゃがみこんでいる | im Sessel

～《話》安楽いすに背を丸めて腰かけている | Die Henne *hockt* auf den Eiern. めんどりが卵をあたためている ‖ *jm.* auf dem Hals ～ (→Hals 1 a) | auf *seinem* Geld ～《話》けちである. **2** (h, 南部: s)《話》つくねんと座っている; (無為に)時をすごす; 長居する; かくれて〈ひそんで〉いる; 落第する: an einer Arbeit ～ 長い間仕事にかかりっきりになっている | hinterm Ofen ～ (→Ofen 1) | in einer Wirtschaft ～ 酒場にとぐろを巻いている | bei *seinem* Freund ～ 友だちのところに居座って雑談する | immer zu Hause ～ 家にとじこもって外出しない | den ganzen Tag hinter 〈über〉 *seinen* Büchern ～ 一日じゅう本にかじりついている | Die Angst *hockt* in seinen Augen. 彼の目には不安の色が浮かんでいる. **3** (s)〘体操〙かがみ跳びをする. **II** 他 (h) **1** 再帰 *sich*⁴ ～ しゃがむ, うずくまる:《南部》座る: *sich*⁴ auf den Boden ～ 地面にしゃがみこむ. **2**《方》荷を負う: ein Kind auf dem Rücken ～ 子供を背負う. **3**《方》(穀物・干し草などを)禾堆(かたい)に積む. [*mndd.* hucken „kauern"; ◇hoch]

hocken|blei·ben*[hɔ́kən..]《21》自 (s)《話》**1** (sitzenbleiben) (進級できずに)原級にとどまる, 留年〈落第〉する. **2** 座ったまま動きがとれない: auf *seinen* Waren ～ (商人が)商品が全然売れなくて困っている.

Hocker[hɔ́kər] 男 -s/- **1 a)** (ひじ掛け・背もたれのない)いす, 腰掛け, スツール(→図): **locker vom ～**《話》くつろいだ気分で, 気楽に | ***jn.* vom ～ reißen 〈hauen〉**《話》…を(いすから転げ落ちるほど)びっくりさせる, …を感服させる. **b)** (バーのカウンターの前の)とまり木, 足台. **2** (ぼんやりと)ある場所にとどまっている人, 出無精の人; (酒場などに)いつまでもねばっている人; (学校の)落第生. **3**〘考古〙屈葬(くっそう)人骨.

Hocker

Höcker[hœ́kər] 男 -s/- **1 a)** (ラクダなどの)こぶ, 突起〔物〕: das Kamel mit einem ～ 〈zwei ～*n*〉〘動〙ヒトコブ〈フタコブ〉ラクダ. **b)**〘医〙隆起,〔小〕結節, 顆(か): Er hat einen ～ 〔zwischen den Schultern〕.《話》彼は背中にこぶがある〈くる病だ〉. **2 a)** (平らであるべきところに生じた)突起: die ～ auf einer Eisfläche beseitigen 氷面のでこぼこを平らにする. **b)**〘軍〙(戦車防御用の)コンクリート製突起物〈角柱〉. **c)** (小さな)丘.
[*mhd.* ho〔g〕ger; < *ahd.* houg (→Hügel)]

Hocker·grab[hɔ́kər..] 中〘考古〙屈葬(くっそう)墳墓.

höcke·rig[hœ́kərɪç]² (**höck·rig**[..krɪç]²) 形 こぶ状に隆起した; せむしの; 平坦(へいたん)でない, でこぼこした;〘医〙結節のある.

Höcker≈schwan[hœ́kər..] 男〘鳥〙コブハクチョウ(瘤白鳥). **≈sper·re** 女〘軍〙(コンクリート製突起物を並べた)対戦車障害物.

Hockey[hɔ́ki·, hɔ́ke·] 中 -s/ 〘スポ〙ホッケー. [*engl.*]

Hockey≈ball[hɔ́ki.., hɔ́ke..] 男 ホッケー用のボール. **≈schlä·ger** 男 ホッケー用のスティック. **≈spiel** 中 ホッケーの試合. **≈spie·ler** 男 ホッケーの選手.

höck·rig =höckerig

Hock≈stand[hɔ́k..] 男, **≈stel·lung** 女 しゃがんだ〈うずくまった〉姿勢, 蹲踞(そんきょ)(→図).

Hockstand

hoc lo·co[hó:k ló:ko·]《ラテ語》(略 h. l.) (an diesem Orte) ここに.

Ho·den[hó:dən] 男 -s/- (**Ho·de**[hó:də] 男 -n/-n; 女 -/-n)《ふつう複数で》〘解〙睾丸(こうがん), 精巣. [„Hüllende"; *ahd.*; ◇Haut]

Ho·den≈bruch 男〘医〙陰嚢(いんのう)ヘルニア. **≈ent·zün·dung** 女〘医〙睾丸(こうがん)炎. **≈ge·schwulst** 女〘医〙精巣〈睾丸〉腫瘍(しゅよう). **≈hoch·stand** 男〘医〙潜在睾丸〔症〕, 潜睾(せんこう). **≈sack** 男〘解〙陰嚢. **≈schmerz** 男 睾丸痛. **≈tu·mor** 男 = Hodengeschwulst **≈was·ser·sucht** 女〘医〙陰嚢水腫(すいしゅ).

Hod·ler[hó:dlər] 人名 Ferdinand ～ フェルディナント ホードラー(1853-1918; スイスの画家).

Ho·do·graph[hodográ:f] 男 -en/-en〘数〙ホドグラフ, 速度図. [< *gr.* hodós „Weg" (◇..ode¹)]

Ho·do·me·ter[hodomé:tər] 中 (男) -s/- 測歩計, 路程計.

Hödr[hø:dər] (**Hö·dur**[..dʊr]) 人名〘北欧神〙ヘードル(盲目の神. 誤って Baldr を殺した).

Ho·dscha[hɔ́dʒa·] 男 -[s]/-s (オスマントルコで)イスラム教の学者〈僧侶(そうりょ)〉. [*türk.*]

..hoe[..ho:]《本来は「森」を意味し, 地名にみられる》: Itze*hoe*

Hof[ho:f] 男 -[e]s/Höfe[hø:fə] (小 **Höf·chen**[hø:fçən], **Höf·lein**[..laɪn] 中 -s/-) **1** (壁や塀で囲まれ, しばしば舗装されている建物・公共施設などの)中庭, 裏庭, サービスヤード; 構内: ein kahler 〈dunkler〉 ～ 殺風景な〈日の当たらない〉裏庭 | der ～ einer Schule / Schul*hof* 校庭 | Hinter*hof* (街路に面しない)裏庭 | Kasernen*hof* 営庭 | Schloß*hof* 宮殿の中庭 | Haus und ～ (→Haus 1 a) ‖ Die Wäsche hängt im 〈auf dem〉 ～. 洗濯物が裏庭に干してある | Gefangene auf 〈in〉 den ～ führen 捕虜を営庭〈運動場〉へ連れ出す | Das Zimmer geht auf den ～./ Das Zimmer liegt nach dem ～ hinaus. 部屋は裏庭〈中庭〉に面している. **2** 作業用広場などを備えた〔公共〕施設: Auto*hof* (給油・修理施設などのある)遠距離輸送トラック用駐車場 | Bahn*hof* 駅 | Schlacht*hof* 畜殺場. **3** 農場, (家屋・納屋・田畑などを含む)農家; (りっぱな)屋敷: einen ～ bewirtschaften 農場を経営する | Haus und ～ (→Haus 1 a). **4 a)** (貴人・王などの)宮殿, 宮廷, 邸宅: der kaiserliche ～ 皇室, 宮中 ‖ am ～〔*e*〕Karls IV. カール四世の宮廷で | am ～ verkehren 〈leben〉 宮廷に出入りする〈宮廷生活を送る〉 | bei ～*e* 宮廷で, 宮中で | einen großen ～ halten (王などが)華やかな集会を開く, 堂々たる謁見式を行う ‖ ***jm.* den ～ machen**《比》…(とくに女性)の機嫌をとる, …に言い寄る. **b)**《単数で》《集合的に》(宮廷に仕える)廷臣, 近侍;《比》とりまきの人々: mit *seinem* ganzen ～ erscheinen 全廷臣を従えて登場する. **5**《地名とともに》ホテル, 旅館: 〔der〕 Frankfurter ～ ホテル=フランクフルト. **6** (Aureole)〘天〙(太陽・月などの)暈(かさ), 光環: Der Mond hat heute einen ～. きょうは月に暈(かさ)がかかっている. **7** ハルマ(陣取り遊び)の盤の四隅にある陣地. [*germ.* „Anhöhe"; ◇hoch]

Hof≈amt[hó:f..] 中〘史〙(諸侯の)宮内官職 (Truchseß, Marschall, Kämmerer, Schenk など). **≈arzt** 男 宮中医, (王侯の)侍医. **≈ball** 男 宮中舞踏会. **≈be·am·te** 男 宮内官. **≈be·sit·zer** 男 農場主. **≈burg** 女 王宮; (特に:) ウィーン王宮.

Höf·chen Hof の縮小形.

Hof≈da·me[hó:f..] 女 **1** (宮廷の)女官. **2**〘虫〙リシリヒトリ(利尻燈取蛾). **≈dich·ter** 男 **1** 宮廷詩人; (英国の)桂冠(けいかん)詩人. **2**《皮肉》(統治者におもねる)御用詩人. **≈dienst** 男 宮仕え, 宮廷での勤務.

Hö·fe Hof の複数.

Ho·fei[hó:faɪ] 地名 合肥, ホーフェイ(中国, 安徽 Anhwei 省の省都で工業都市).

hö·feln[hø:fəln]《06》自 (h)《スイ》(schmeicheln)《*jm.*》(…の)ご機嫌をとる, (…に)こびる.

Hof·er·be[hó:f..] 男〘法〙世襲農場の相続人.

Hö·fe·recht[hø:fə..] 中〘法〙農地単独〈不分割〉相続法.

hof·fä·hig[hó:ffɛ:ɪç]² 形 **1** 宮中に参内資格のある. **2** 公衆の面前〈社交の席〉に出られる, (態度・服装などが)きちんとした.

Hof·fä·hig·keit[–kaɪt] 女 -/ hoffähig なこと.

Hof·fart[hɔ́fart, ..fa:rt] 女 -/《雅》傲慢(ごうまん), 不遜(ふそん), 横柄, うぬぼれ. [*mhd.*; < *mhd.* hōhe varn „vornehm leben" (◇hochfahrend)]

hof·fär·tig[..fɛrtɪç, ..fɛ:r..]² 形《雅》傲慢(ごうまん)〈不遜(ふそん)〉な, 横柄な, うぬぼれの強い.

hof·fen[hɔ́fən] **I** 他 (h) (英: *hope*)《*et.*⁴》期待する, 望む, (…に)望みを持つ: das Beste ～ 最善を期待する | nichts zu ～ haben 希望〈よい見込み〉が持てない, 状況がひどく悪い | Ich wage es nicht zu ～. 私はほとんどそれをあきらめている | Ich will es ～. ぜひそうあって欲しいものだ | Das will ich nicht ～. そんなことは起こって欲しくない | Das läßt mich ～. どうやらその望みがかなえそうだ ‖〘daß 副文と〙Ich *hoffe*, daß alles gut gehen wird 〈alles wird gut gehen〉. 何もかもうまくいくとよいと思っている | Es steht 〈ist〉 zu ～, daß ...

…であることが期待される ‖〘zu 不定詞〔句〕と〙 Wir *hoffen*, uns bald wiederzusehen. またじきにお目にかかれるよう望んでいます. **II** 自 (h) **1** 《auf *et.*[4] 〈*jn.*〉》 (…の実現〈援助〉を)希望〈期待〉している, あてにしている: auf Rettung 〈baldige Genesung〉 ～ 救助〈まもなく回復すること〉を期待している | auf Gott 〈die Freunde〉 ～ 神〈友人たち〉の助力を頼みにしている. **2** 希望をもつ: Er hörte nie auf zu ～. 彼は決して希望を捨てなかった | Es *hofft* der Mensch, solange er lebt. 《諺》人間はいのちある限り希望をもつ.

[*mhd.*; ◇hüpfen; *engl.* hope]

hoff·fent·lich [hɔ́fəntlɪç] 副 《陳述内容の現実度に対する話し手の期待感を示して》 望むらくは, …であればよいのだが; (ときに疑惑・皮肉をこめて)さあどうだか: *Hoffentlich* ist ihm nichts passiert. 彼の身に何か起こったのでなければよいが | Du wirst doch ～ morgen dabeisein? 君 あしたなんとか来てくれるだろうね | Er kommt bestimmt rechtzeitig.—*Hoffentlich.* 彼 きっと遅れずにやってくるよ—それならいいんだけどね | Ob der Zug wohl Verspätung hat?—*Hoffentlich* nicht! 列車は遅れるのでしょうか—そうでないといいのだが.

..höffig [..hœfɪç][2] 《名詞につけて「…の豊富な埋蔵量が見込まれる」を意味する形容詞をつくる》: erdgas*höffig* 天然ガスが豊富に埋蔵されていそうな.

höff·lich [hœflɪç] 形 〘坑〙 豊富な産出が見込まれる, (鉱脈が)有望な.

Hoff·mann [hɔ́fman] 人名 **1** Ernst Theodor Amadeus ～ エルンスト テーオドール アマデーウス ホフマン(1776-1822; ドイツ=ロマン派の詩人・小説家・作曲家). **2** ～ von Fallersleben [fálərsleːbən] ホフマン フォン ファラースレーベン(本名は August Heinrich ～ アウグスト ハインリヒ ホフマン. 1798-1874; ドイツのゲルマニストで詩人. Deutschlandlied の作詩者).

Hoff·manns·trop·fen 複 〘医〙 ホフマン滴剤(気付け薬として用いられる家庭常備薬). [＜Fr. Hoffmann (ドイツ人医師, †1742)]

Hoff·nung [hɔ́fnʊŋ] 女 -/-en **1** 希望, 期待; 信頼: eine zaghafte 〈begründete〉 ～ 控え目な〈正当な〉希望 | eitle 〈unberechtigte〉 ～*en* あだな〈不当な〉望み ‖ das Vorgebirge 〈das Kap〉 der Guten ～ 喜望峰(アフリカ南端の岬) | voller ～ 期待にあふれた ‖ die ～ aufgeben 〈fahrenlassen〉 希望を捨てる | eine ～ begraben 〈zu Grabe tragen〉 絶望する | Es besteht keine ～ mehr. もはやすべての望みは失われた | *jm.* ～ einflößen …に希望を与える | Es gibt keine ～ auf Besserung. 回復の希望は全くない | falsche ～*en* hegen 〈nähren〉 あやまった期待を抱く | *sich*[3] 〈*jm.*〉 ～ auf *et.*[4] machen …への期待を抱く〈…に…への期待を抱かせる〉 | *jm.* jede ～ nehmen 〈rauben〉 …からすべての希望を奪う | 〔aus *et.*[3]〕 neue ～ schöpfen 〔…に〕新たな希望を見いだす | *seine* ～ auf *jn.* 〈*et.*[4]〉 setzen …に期待をかける | alle unsere ～*en* übertreffen 我々の予想以上の好結果になる ‖ der ～[3] Ausdruck geben 〈verleihen〉 希望を表明する | *sich*[4] der ～ hingeben, daß … …を望む ‖ **guter ～[2] sein / in 〔der〕 ～ sein** 《婉曲に》 妊娠している | [▽]**in die ～ kommen** 《婉曲に》 妊娠する | *sich*[4] in der ～ wiegen, daß … …を夢みて〈望んで〉いる | In der ～, bald von Ihnen zu hören, grüßt Sie Ihr Hans Meyer (手紙の末尾で)じきにお便りいただけるものと期待しつつ ハンス マイヤー | zu den schönsten ～*en* berechtigen 前途有望である, 将来が楽しみである. **2** (将来を)期待できる人物, (未来の)ホープ: zu den ～*en* zählen 将来のホープの一人である.

[*mhd.*; ◇hoffen]

Hoff·nungs·lauf 男 〘スポ〙 敗者復活レース.

hoff·nungs·los [hɔ́fnʊŋsloːs][1] **I** 形 希望〈見込み〉のない, 絶望的な: ein ～*er* Fall sein (→Fall 2 a). **II** 副 **1** →I **2** 《話》 どうしようもなく, ひどく, すっかり: ～ betrunken sein べろべろに酔っぱらっている.

Hoff·nungs·lo·sig·keit [..loːzɪçkaɪt] 女 -/ (hoffnungslos I なこと. 例えば:) 希望〈見込み〉のないこと, 絶望.

hoff·nungs·reich 形 希望にみちた, 有望な.

Hoff·nungs⸗schim·mer 男, **⸗strahl** 男 希望の曙光(しょこう), かすかな希望.

hoff·nungs·voll 形 希望にあふれた, 期待にみちた; 有望な.

Hof⸗fräu·lein [hóːf..] 中 (宮廷の)若い女官. **⸗gang** 男 (刑務所で囚人たちの)中庭での散歩. **⸗gän·ger** [..gɛŋər] 男 -s/- 農場の日雇い人夫. **⸗gar·ten** 男 王宮付属庭園. **⸗ge·bäu·de** 中 (Hinterhaus) (直接街路に面していない)裏の家屋. **⸗ge·richt** 中 (王侯・領主などの行う)高級裁判所. **⸗ge·sell·schaft** 女 《集合的に》 廷臣, 宮内官. **⸗ge·sin·de** 中 **1** 《集合的に》 廷臣, 近侍. **2** (農家の)作男, 下男. **⸗gut** 中 御料地.

hof|hal·ten* 《65》 自 (h) (君主が)居を構える, 宮廷を構える: Der Kaiser *hielt* in Berlin *hof.* 皇帝はベルリンに居を構えていた.

Hof⸗hal·tung 女 **1** 宮廷〔生活〕; 《比》 豪奢(ごうしゃ)な生活. **2** 《集合的に》 廷臣. **⸗hund** 男 (農家などの)番犬.

ho·fie·ren [hofíːrən] 他 (h) 《*jn.*》 (…の)機嫌をとる, (…に)取り入ろうとする, こびる. [*mhd.*; ◇Hof 4]

hö·fisch [høːfɪʃ] 形 **1** 宮廷〔ふう〕の: ～*e* Dichtung 〈Epik〉 (中世の)宮廷文学〈叙事詩〉 | ～*e* Kleidung 宮中服. **2** 典雅な, 洗練されて上品な, しとやかな, 礼儀正しい: ～*es* Benehmen 上品な態度 ‖ *sich*[4] ～ benehmen 優雅に〈しとやかに〉振舞う.

[*mhd.*; *afr.* corteis (◇Cour) の翻訳借用; ◇hübsch]

Hof⸗kanz·lei [hóːf..] 女 (昔のオーストリアの)司法局, 高等法院. **⸗ka·pel·le** 女 宮廷〈王宮〉内礼拝堂; 宮廷楽団. **⸗ka·plan** 男 宮廷〔内礼拝堂〕つき司祭. **⸗le·ben** 中 -s/ 宮廷生活.

Höf·lein Hof の縮小形.

Hof·leu·te Hofmann の複数.

höf·lich [høːflɪç] 形 (↔grob) ていねいな, いんぎんな, 礼儀正しい; 親切な; 優雅な: ein ～*er* Mann 礼儀作法の正しい男 ‖ zu *jm.* 〈*jm.* gegenüber / [▽]gegen *jn.*〉 ～ sein …に対して丁重である | *jn.* ～ grüßen …に丁重にあいさつする ‖ Wir bitten Sie ～〔*st*〕, daß … (書簡などで)なにとぞ…賜りますようお願い申し上げます.

[*mhd.* hovelīch „hofgemäß“; ◇Hof 4]

Höf·lich·keit [–kaɪt] 女 -/-en **1** 《単数で》 ていねい, いんぎん〔な態度〕, (正しい)礼儀作法: *et.*[4] nur aus ～ tun ただ儀礼上…をする | **Da〔rüber〕 schweigt 〈Das verschweigt〉 des Sängers ～.** 《戯》 それについては(エチケットとして)何も言わないでおこう, それを口にするのはちょっとはばかられる. **2** 《ふつう複数で》 あいさつ〔の言葉〕; (空疎な)お世辞: ～*en* austauschen あいさつをかわす; お世辞を言い合う.

Höf·lich·keits⸗be·such 男 儀礼的な〈礼儀上の〉訪問, 表敬訪問. **⸗be·zei·gung** 女 あいさつ; お世辞. **⸗form** 女 〘言〙 敬称形: ein Fürwort der ～ 敬称の代名詞(例 Sie あなた〔方〕). **⸗for·mel** 女 形式的なあいさつ〔の言葉〕.

Hof·lie·fe·rant [hóːfliːfə..] 男 宮廷御用商人, 宮内省御用達〔商人〕.

Höf·ling [høːflɪŋ] 男 -s/-e 廷臣, 宮内官; 《軽蔑的に》 佞臣(ねいしん), へつらい者. [*mhd.*; ◇Hof 4]

Hof⸗ma·ler [hóːf..] 男 宮廷画家, (宮廷の)御用画家. [▽]**⸗mann** 男 -〔e〕s/..leute **1** 廷臣, 宮内官; 礼儀作法を心得た紳士. **2** 農奴. **3** 農場所有者.

[▽]**hof·män·nisch** [..mɛnɪʃ] 形 廷臣ふうの, 宮廷人ふうの; 《比》 みやびやかな, 優雅な.

Hof·manns·thal [hóːfmanstaːl] 人名 Hugo von ～ フーゴー フォン ホーフマンスタール(1874-1929; オーストリアの詩人).

Hof⸗mar·schall [hóːf..] 男 侍従長, 式部卿(きょう). **⸗mei·ster** 男 **1** (特に貴族の)家庭教師. **2** 農場管理人; 執事.

hof·mei·stern 《05》 (過分 gehofmeistert) 他 (h) 《*jn.*》 (家庭教師ふうに)やかましく教える, 訓戒する.

Hof⸗narr 男 宮廷道化師. **⸗pre·di·ger** 男 宮廷〔内教会の〕説教師. **⸗rat** 男 -〔e〕s/..räte **1 a)** 宮廷〈枢密〉顧問官〔の称号〕. **b)** 《軽蔑的に》 官僚的な人間. [▽]**2** 宮廷顧問官会議, 枢密院. **⸗raum** 男 中庭. **⸗recht** 中 (中世の)荘園法.

Hof·rei·te [..raɪtə] 女 -/-n 《南部・スイス》 (中世の)農家の庭(家屋・納屋などを囲む部分); 農場, 農園. [*mhd.*]

H

Hof≠sän·ger 男 **1**〔史〕宮廷吟遊詩人. **2**《話》中庭などで歌を歌う乞食(こじき), 辻(つじ)音楽師, 流しの音楽師. **≠schau·spie·ler** 男 宮廷〈王立〉劇場の専属俳優. **≠schran·ze** 女 -/-n (男 -n/-n)《ふつう複数で》こびへつらう廷臣, 佞臣(ねいしん). **≠sit·te** 女 宮中の礼式〈慣習〉. **≠spra·che** 女 宮廷語. **≠staat** 男《ふつう単数で》**1**《集合的に》廷臣, 宮内官. **2** 宮廷. **3**《軽蔑的に》追従者〈ファン〉〔の群れ〕. **≠statt**[..ʃtat] 女 -/-en《スイ》(付属建物を含む) 農場; 農場の中庭; (農場の) 果樹園, 牧草地.

Höft[hø:ft] 中 -〔e〕s/-e《北部》**1** (Landspitze) 岬. **2** (Buhne) (護岸用の) 突堤, 水制(すいせい).
［*mndd.*; ◇Haupt］

Hof≠tag[hó:f..] 男〔史〕**1** (中世に国王が召集した) 諸侯会議. **2** 宮廷裁判所の召喚日. **≠thea·ter** 中 宮廷〈王立〉劇場. **≠tor** 中 (農家の) 中庭へ通じる門. **≠tracht** 女 宮中服. **≠trau·er** 女 宮中喪: ～ haben《戯》指のつめにあかをためている. **≠tür** 女 裏口, (家から) 中庭へ出る戸.

hö·gen[hø:gən] 他 (h)《北部》再帰 *sich*⁴ über *et.*⁴ ～ …について(満足感をもって) 喜ぶ.

hoh.. →hoch

Hö·he[hø:ə] 女 -/-n **1 a)** (英: *height*) (空間的な) 高さ, 高度; 高み, 上方: Länge, Breite und ～ 長さ幅および高さ｜die ～ des Turmes 塔の高さ｜die absolute ～ / die ～ über Normalnull / die ～ über dem Meeresspiegel 海抜｜die relative ～ eines Berges 山の相対的高度(ふもとから山頂まで)｜eine lichte ～ (トンネルの) 内高, (橋の) けた下｜die ～ des Absatzes 靴のかかとの高さ｜die ～ eines Gestirns〔天〕星の高度｜die ～ eines Dreiecks〔数〕三角形の高さ｜Augen*höhe* 目の高さ｜Schulter*höhe* 肩の高さ‖Die ～ des Baumes beträgt 40 Meter. 木の高さは40メートルある｜Der Berg hat eine ～ von über 1 000 Metern. 山の高さは1000メートル以上ある｜eine ～ von 2 000 Metern erreichen 高度2000メートルに達する｜Das Boot hat die ～ des Leuchtturms erreicht. その船は灯台の所に達した(船の進行方向に直角の線が灯台のある地点を通る関係)｜die ～ eines Gegenstandes messen ある物体の高さを測る｜**Das ist**〔**doch** / **ja**〕**die ～!**《話》こいつはひどい‖〔前置詞と〕**an** ～ gewinnen 高度を増す〈上げる〉｜**auf**〈in〉gleicher ～ liegen (競走などで) 一線〔上〕に並ぶ; 同程度である(→5 b)｜Die Not stieg auf eine unerträgliche ～. 窮迫は耐えがたいまでにつのった｜Das Boot ist jetzt auf der ～ des Leuchtturms. その船は現在灯台の所にいる(船の進行方向に直角の線が灯台のある地点を通る関係)｜**in**〈**auf**〉einer ～ von 5 000 Metern / in 5 000 Meter ～ 高度5000メートルで｜Die Stadt liegt in 700 m ～. 町は標高700メートルのところにある｜in die ～ 上へ, 高く｜**in die ～ fahren**《話》(驚いて) とび上がる; かっとなる, 腹を立てる｜**in die ～ gehen** i) (物価・熱などが) 上がる; ii) (こね粉が) ふくれる; iii)《話》かっとなる, 腹を立てる｜*et.*⁴ in die ～ heben …を高く挙げる｜in die ～ schießen《話》ぐんぐん成長〈生長〉する｜in die ～ steigen 上がる｜die Preise in die ～ treiben 価格をつり上げる｜*sich*⁴〔aus eigner Kraft〕in die ～ arbeiten 自力で〈努力して〉出世する｜*sich*⁴ am eigenen Haar in die ～ ziehen《比》自力で窮地を脱する｜ein Berg **von** 1 000 Meter ～ 高さ1000メートルの山. **b)** 高地, 丘: sanfte〈bewaldete〉～*n* なだらかな〈木の茂る〉丘陵｜die ～*n* und Tiefen des Lebens《雅》人生の禍福. **c)** 高空;〔宗〕天国: in der ～ 高空で; 天国で｜ein Flug in großen ～*n* 高空飛行｜Ehre sei Gott in der ～! 高きにいます神に栄光あれ(聖書: ルカ2, 14). **d)**〔海〕沖: auf der ～ des Meeres 沖で.

2 (抽象的な) 高さ, 大きさ, 程度: die *sittliche*〈*intellektuelle*〉～ 道徳の〈知的な〉レベル｜die ～ der Temperatur 温度の高さ｜die ～ der Geschwindigkeit 速度の大きさ｜die ～ der Summe〈des Schadens〉額〈損害〉の大きさ‖einen Preis〈eine Geldstrafe〉in ～ von 500 Mark erhalten 500マルクの賞金をもらう〈罰金を科される〉｜eine Summe von beträchtlicher ～ かなりの高額.

3 (Höhepunkt) 頂点, 絶頂: *seine* ～ überschreiten《比》峠を越す‖**auf der ～ sein**《話》(体調・事業が) 好調である; (科学・時代などの) 先端を行く｜geistig nicht auf der ～ sein 知恵が遅れている, 精神が正常でない｜Ich bin〈fühle mich〉heute nicht ganz auf der ～.《話》私はきょうは〔体の〕調子があまりよくない｜auf der ～ *seiner* Jahre〈*seines* Lebens〉sein 働き盛りの年齢である｜auf der ～ des Glückes sein 幸福の絶頂にある｜*jn.* in die ～ bringen …を健康〈元気〉にならせる｜einen Betrieb in die ～ bringen 事業をさかんにする.

4〔楽〕(音の) 高さ: Er〈Seine Stimme〉hat eine schöne ～. 彼はきれいな高音が出せる.

5 a)〔数〕垂線: auf eine Linie die ～ errichten 直線上に垂線を引く〈立てる〉. **b)**〔地〕緯度: auf gleicher ～ liegen 同緯度にある(→1 a).
［*ahd.*; ◇hoch; *engl.* height］

Ho·heit[hó:haɪt] 女 -/-en **1**《単数で》崇高, 高貴, 尊厳, 偉大. **2** 主権, 統治権, 国権: Finanz*hoheit* (国家の) 財政権｜Gerichts*hoheit* 司法〈裁判〉権‖Das Gebiet befindet sich unter britischer ～. この地域はイギリスの統治権下にある. **3** 殿下, 陛下(公式には1919年まで用いられた尊称): Eure ～ 陛下, 殿下｜Seine Königliche ～, der Kronprinz 皇太子殿下｜Kaiserliche ～ (オーストリアの) 大公殿下, (ドイツの) 皇太子殿下. ［*mhd.*; ◇hoch］

ho·heit·lich[–lɪç] 形 **1** 崇高な, 高貴な, 偉大な. **2** (国家の) 主権〈統治権〉にもとづく; 主権〈統治権〉を持つ; 君主の.

Ho·heits≠ab·zei·chen 中 (国家主権を標示する) 国章(紋章・国旗など);〔空・海〕国籍記号. **≠ge·biet** 中 領土, 統治圏〈範囲〉. **≠ge·wäs·ser** 複 領海. **≠recht** 中 高権, 国家主権.

ho·heits·voll 形 (態度などが) 荘重〈尊厳〉な; 尊大な.

Ho·heits·zei·chen =Hoheitsabzeichen

Ho·he·lied[ho:əlí:t][1] 中《ふつう Hohe の部分は形容詞として変化する》**1** (旧約聖書の) 雅歌: in Salomo〔n〕s *Hohemlied*〔*e*〕ソロモンの雅歌の中で. **2**《比》賛歌: das ～ der Liebe 愛の賛歌｜ein *Hoheslied*〈～〉der Treue singen 貞節〈忠節〉をほめたたえる. ［<das hohe Lied］

hö·hen[hǿ:ən] 他 (h) ▽**1** (erhöhen) 高める. **2**〔美〕(絵の一部分を) 際立たせる. ［*ahd.*; ◇hoch］

Hö·hen≠ab·stand 男 垂直距離, 高度差. **≠an·ga·be** 女〔空〕高度表示. **≠angst** 女 -/〔医〕高所恐怖〔症〕. **≠an·zug** 男 高空飛行用与圧服.

Hö·hen·at·mer[..|a:tmər] 男 -s/-〔空〕高空飛行用酸素マスク. ［<atmen］

Hö·hen≠burg 女 山城(山上や岩上に建てられた城). **≠dar·stel·lung** 女〔地〕(地図上の) 起伏〈高低〉表示〔法〕. **≠flos·se** 女〔空〕水平尾翼〈安定板〉(→図 Flugzeug). **≠flug** 男〔空〕高空飛行;《比》精神的高揚.

hö·hen·gleich 形 高さが同じの: eine ～*e* Kreuzung (道路の) 平面交差〔点〕.

Hö·hen≠ket·te 女 =Höhenzug **≠kli·ma** 中 高山気候. **≠krank·heit** 女〔医〕高山〈高地〉病. **≠kreis** 男〔天〕鉛直圏; 方位環. **≠kur·ort** 男 -〔e〕s/-e 高山療養地. **≠la·ge** 女 **1** (海面からの) 高さ, 海抜. **2** 高い位置〔にあること〕, 高所, 高山. **≠läu·fer** 男〔鳥〕ヒバリチドリ(雲雀千鳥), タネシギ. **≠leit·werk** 中〔空〕(昇降舵(だ)を含めて) 水平尾翼(→図 Flugzeug).

Ho·hen·lied[ho:ən..] →Hohelied

Hö·hen≠li·nie[hǿ:ənli:niə] 女〔地〕等高線. **≠luft** 女 -/ 山地の空気.

Hö·hen·luft·kur·ort =Höhenkurort

Hö·hen≠mar·ke 女〔地〕(測量の) 水準点. **≠mes·ser** 男〔空〕高度計. **≠mes·sung** 女 測高法, 高度測定. **≠plan** 男 (交通路の) 縦断面図, 立体交差計画図.

Ho·hen·prie·ster[ho:ən..] →Hohepriester

Hö·hen·rauch[hǿ:ən..] 男 もや, かすみ, 煙霧. ［<*ahd.* hei „heiß"］

Hö·hen≠rausch 男 **1**〔医〕(病的な) 高所多幸感. **2** 有頂天. **≠re·kord** 男〔空〕高度記録. **≠rich·tung** 女〔軍〕(砲の) 照準角, 射角. **≠rücken** 男 なだらかな山〔の背〕; (特に:) なだらかな連山. **≠ru·der** 中〔空〕昇降舵(だ) (→図 Flugzeug). **≠schwin·del** 男〔医〕高所めまい.

H

≈son·ne 女 **1**（紫外線に富む）高山の太陽〔照射〕. **2** 商標 〘医〙（紫外線療法用の）太陽灯.

Ho·hen·stau·fe[ho:ənʃtáʊfə] 男 -n/-n ホーエンシュタウフェン家の人（中世ドイツの王侯の家系で，1268年に絶えた．Hohenstaufen に同名の居城があった）.

Ho·hen·stau·fen[..fən] **I** 地名 ホーエンシュタウフェン（II のふもとにある村）. **II der Ho·hen·stau·fen** 地名 男 -s/ ホーエンシュタウフェン（ドイツ Stuttgart の東方，Schwäbische Alb の西北側にある山．標高684m）.

ho·hen·stau·fisch[..fɪʃ] 形 ホーエンシュタウフェン家の.

Hö·hen≈steu·er[hǿ:ən..] 中 〘空〙 昇降舵(だ). **≈strah·lung** 女 宇宙線. **≈un·ter·schied** 男 高低差，高度差;《比》優劣〔の差〕.

Ho·hen·zol·ler[ho:əntsɔ́lər] 男 -n/-n ホーエンツォレルン家の人（ドイツの王侯および皇帝の家系で，第一次大戦の結果，皇帝 Wilhelm II. が退位するまで続いた）.

ho·hen·zol·le·risch[..lərɪʃ] 形 ホーエンツォレルン家の.

der Ho·hen·zol·lern[..lərn] 地名 男 -s/ ホーエンツォレルン（ドイツ Tübingen の南方，Schwäbische Alb の西側にあるツォラー Zoller 山上の城．ホーエンツォレルン家の居城であった）.

Hö·hen·zug[hǿ:ən..] 男 なだらかな山脈，丘の連なり.

Ho·he·prie·ster[ho:əprí:stər] 男《ふつう Hohe の部分は形容詞として変化する》（古代ユダヤの）司祭長，大司祭；教皇;《比》指導的人物: Er gilt als *Hoherpriester* mathematischer Gelehrsamkeit. 彼は数学の学識においてまさに大御所である. [<der hohe Priester]

ˊ**ho·he·prie·ster·lich**[−lɪç] 形 司祭の，高僧の;《比》威厳のある，神聖な.

Hö·he·punkt[hǿ:ə..] 男（↔Tiefpunkt）頂き；最高潮，絶頂，クライマックス；極致: den ⟨*seinen*⟩ ～ erreichen 極に達する | auf dem ～ seines Lebens 彼の人生の最高潮で.

hö·her I hoch I の比較級. **II Hö·he·re** →hoch III

Hö·her·ent·wick·lung[hǿ:ər..] 女 発達，発展.

Ho·her·prie·ster[ho:ər..] →Hohepriester

hö·her·ran·gig[hǿ:ər..] hochrangig の比較級.

hö·her|schrau·ben 他 (h)（物価などを）つり上げる.

Hö·her·stu·fe 女（Komparativ）〘言〙（形容詞の）比較級.

hö·her|stu·fen 他 (h)《*jn.*》昇進〈昇任〉させる.

Hö·her·ver·si·che·rung 女 増加保険料保険.

Ho·hes·lied[ho:əs..] →Hohelied

Hoh·hot[ho:hó:t] 地名 ＝Huhehot

hohl[ho:l] 形 **1**（内部が）からの，空洞のある: ein ～*er* Baum（中が）うつろな木 | ein ～*er* Zahn 虫歯 | Das ist nur für den ～*en* Zahn.《俗》それは少なすぎて腹の足しにはならない. **2** へこんだ，内側に湾曲した: ～*e* Augen くぼんだ目 | ～*e* Gasse 谷あいの道（＝Hohlweg）| eine ～*e*（＝konkave）Linse 凹面レンズ | ～*e* Wangen こけた頬(ほお) ‖ die ～*e* Hand（水などを飲むために）くぼみを作った手；（メガホンのように）丸めた手;《比》（収賄・無心の象徴として）物欲しげな手 | Nicht in die ～*e* Hand!（→Hand 1）| besser als in die ～*e* Hand geschissen（→Hand 1）. **3** 空虚な，内容のない: ～*es* Geschwätz（内容のない）おしゃべり | ein ～*er* Kopf ばか，まぬけ，とんま | ～*e* Phrasen（空疎な）きまり文句. **4**（声・音などが）うつろな，力ない: ～*es* Lachen 陰にこもった笑い ‖ ～ husten 力なく咳(せき)をする | ～ klingen うつろに響く. [*germ.*; ◇Zölom, Kohl[1]; *gr.* kaulós „Stengel“; *engl.* hole, hollow]

Hohl·ader[hó:l..] 女 〘解〙 大静脈.

hohl≈äu·gig[hó:l|ɔʏgɪç][2] 形 目のくぼんだ. **≈backig**[..bakɪç][2] 形 頬(ほお)のこけた.

Hohl≈block·stein 男 〘建〙 空洞〔コンクリート〕ブロック（→ 図 Baustoff）. **≈boh·rer** 男 〘木工〙（木材に穴をあける）中空錐(きり)（→ 図 Bohrer）. **≈dech·sel** 男 〘木工〙 中ぐり刃手斧(ちょうな)（→ 図 Dechsel）.

Höh·le[hǿ:lə] 女 -/-n **1** 穴，ほら穴，（原始人・野獣などのすむ）洞窟，洞穴: Eis*höhle* 氷窟 | Tropfstein*höhle* 鐘乳(しょうにゅう)洞 ‖ **sich[4] in die ～ des Löwen begeben ⟨wagen⟩ / in die ～ des Löwen gehen**《比》虎穴(こけつ)に入る;《戯》危険な人物・上司などにあえて接近する. **2**《話》粗末な住居，陋屋(ろうおく). **3**（Augenhöhle）眼窩(がんか). [V]**4** 〘坑〙（16ツェントナー積みの）トロッコ. [*ahd.*; ◇hohl]

Hohl·ei·sen[hó:l..] 中 〘木工〙 丸のみ，丸刀.

höh·len[hǿ:lən] 他 (h) 中空にする，へこませる: Steter Tropfen *höhlt* den Stein.（→Tropfen 1 a）.

Höh·len≈bär[hǿ:lən..] 男 〘考古〙（氷河時代の）ホラアナグマ. **≈be·woh·ner** 男 〘考古〙 穴居人. **≈bild** 中 〘考古〙（氷河時代の）洞穴絵画〈壁画〉. **≈brü·ter** 男 洞穴で孵化(ふか)する鳥. **≈burg** 女 洞窟(どうくつ)城（洞窟内やおおいかぶさるように突き出た岩の下に建てられた城）. **≈fen·ster** 中 〘服飾〙 地獄窓（中世の婦人の袖(そで)なし服の大きく開いた袖ぐり）. **≈for·schung** 女 洞穴調査〈研究〉. **≈heu·schrecke** 女 〘虫〙 カマドウマ（竈馬）科の昆虫. **≈kun·de** 女 -/ 洞窟〈洞穴〉学. **≈ma·le·rei** 女 〘考古〙（石器時代などの）洞穴絵画〈壁画〉. **≈mensch** 男 〘考古〙 穴居人，洞穴居住者. **≈tier** 中 -〔e〕s/-e《ふつう複数で》〘動〙 穴居〈洞穴〉動物. **≈woh·nung** 女 〘考古〙（有史以前の）穴居，洞穴住居.

Hohl≈flä·che[hó:l..] 女 〘理〙 凹面. **≈fuß** 男 〘医〙 凹足. **≈ge·biß** 中（馬の）くつばみ，大ろくばみ（→ 図）. **≈glas** 中 -es/..gläser **1**《集合的に》中空のガラス容器（瓶・コップなど）. **2** 凹レンズ.

Hohlgebiß

Hohl·heit[hó:lhaɪt] 女 -/ 中空，うつろなこと;《比》空虚，浅薄.

Hohl≈keh·le 女 **1** 〘工〙 面取り；くぼみ溝. **2** 〘建・美〙 えぐり，えぐり〈中空〉くり形. **≈kopf** 男 まぬけ，とんま.

hohl·köp·fig[..kœpfɪç][2] 形 頭のからっぽな，愚鈍な，とんまな.

Hohl≈kör·per 男 〘工〙 中空体. **≈ku·gel** 中 中空の球〔体〕. **≈lei·ste** 女 ＝Hohlkehle **≈lin·se** 女 〘光〙 凹レンズ. **≈maß** 中 **1** 容量〈容積〉〔単位〕. **2** 升(ます). **≈mus·kel** 男 〘解〙 子宮洞筋. **≈na·del** 女 〘医〙 注射針，空洞針，穿刺(せんし)針（→ 図 Kanüle）. **≈naht** 女 **1** 〘服飾〙 糸抜きかがり；伏せ縫い. **2** ＝Hohlsaum **≈or·gan** 中 〘解〙 管腔(かんくう)器官〈臓器〉. **≈raum** 男 空所，空洞，空隙(くうげき). **≈saum** 男 〘服飾〙 縁(ふち)かがり，ヘムステッチ，ドローン〔スレッド〕ワーク. **≈schliff** 男 〘工〙（刃物の刃などの）凹面研磨〈カット〉〔面〕. **≈spie·gel** 男（Konkavspiegel）〘光〙 凹面鏡. **≈sti·chel** 男 〘工〙 丸のみ. **≈tier** 中 -〔e〕s/-e《ふつう複数で》〘動〙 腔腸(こうちょう)動物.

Höh·lung[hǿ:lʊŋ] 女 -/-en 中空，空洞，穴；くぼみ.

Hohl·ve·ne[hó:l..] 女 ＝Hohlader

hohl·wan·gig[..vaŋɪç][2] 形 頬(ほお)のこけた. [<Wange]

Hohl≈weg 男（急斜面にはさまれた）凹道，切り通し，谷あいの道. **≈wel·le** 女 〘工〙 中空軸，ホローシャフト. **≈wurz** 女 〘植〙 キケマン（黄華鬘）属. **≈zahn** 男 〘植〙 チシマオドリコソウ（千島踊子草）〔属〕. **≈zie·gel** 男 中空瓦(がわら)，中空〈空洞〉れんが（→ 図 Baustoff）. **≈zir·kel** 男 〘工〙 内キャリパス，内パス.

Hohn[ho:n] 男 -〔e〕s/ あざけり，嘲笑(ちょうしょう)，侮蔑(ぶべつ): beißender ⟨bitterer⟩ ～ 痛烈な嘲笑 ‖ nur ⟨nichts als⟩ ～ und Spott ernten 物笑いの種になる | *et.*[3] ～ sprechen《雅》＝hohnsprechen ‖ *jn.* mit ～ behandeln ⟨überschütten⟩ …を嘲笑する〈…に嘲笑を浴びせる〉| *jm. et.*[4] zum ～〔*e*〕 tun ⟨sagen⟩ …を怒らせようとして…をする〈言う〉| **der rein〔st〕e ⟨blanke⟩ ～ sein** 言語道断な〈とんでもない〉ことである. [*ahd.*]

höh·nen[hǿ:nən] 自 他 (h) **1**《雅》あざけって〈嘲笑(ちょうしょう)的に〉言う: „Schwächling!“ *höhnte* sie.「弱虫」と彼女はあざけった | *jm. et.*[4] ins Gesicht ～ …に面と向かって…（あざけりの言葉など）を投げつける. **2**（verhöhnen）あざける，嘲笑する，侮辱する，物笑いの種にする: *seinen* Gegner ～ 敵〈相手〉をあざけり面罵(めんば)する.

Hoh·neu·jahr[hó:..] 中 〘カトリック〙 主の公現〔の祝日〕（1月6日）. [<hoch]

Hohn·ge·läch·ter[hó:n..] 中 嘲笑(ちょうしょう).

höh·nisch[hǿ:nɪʃ] 形 軽蔑的な，嘲笑(ちょうしょう)的な.

hohn≈|lä·cheln[hó:n..] 《06》《現在・過去ではときに非分離》自 (h) 薄笑いを浮かべて軽蔑する, せせら笑う. **≈|la·chen**《現在・過去ではときに非分離》自 (h) 《*jm.* / über *et.*[4]》(声をあげて)嘲笑(ちょうしょう)する, あざ笑う: *hohnlachend* antworten あざ笑いながら答える. **≈|spre·chen***《177》自 (h) 《*jm.* / *et.*[3]》(…を)軽蔑する, 無視する, あざける: Das *spricht* allem Rechte *hohn.* それは全く法に反することだ.

ho·ho[hohó:] 間 (驚き・軽蔑・反対などの気持を表して)ほほう, おやまあ, へへえ; へへん, まさか: *Hoho,* was ist denn das? へえ それはいったい何だい | *Hoho,* das würde ihm so passen! へへえ まさに彼らしいね | *Hoho,* so schnell geht das nicht! まさか そんなに早くは行かないよ.

hoi[hɔʏ] ＝heu

hoi·ho[hɔʏhó:] 間 **1** (呼びかけ)おおい. **2** (歓声)うわあい. **3** (開始の掛け声)それっ(かかれ, 行け).

hö·ken[hǿ:kən] 自 (h) 露店を張って商売する. [＜Hucke]

[V]**Hö·ker**[hǿ:kər] 男 -s/- (⊛ **Hö·ke·rin**[..kərɪn]-/-nen) 露店商人.

[V]**Hö·ke·rei**[hø:kəráɪ] 女 -/-en 露店〔を張ってする小さな商い〕.

[V]**Hö·ker·frau**[hǿ:kər..] 女 ＝Hökerin

[V]**Hö·ke·rin** Höker の女性形.

[V]**hö·kern**[hǿ:kərn] 《05》＝höken

Ho·kus·po·kus[ho:kʊspó:kʊs] 男 -/ **1** 《無冠詞で》ホークスポークス(魔法・手品などの際にかける呪文(じゅもん)): Und ～ war er fertig. 彼はあっという間に終えてしまった | ***Hokuspokus* Fidibus**《戯》ムニャ ムニャ ムニャ(呪文) | ***Hokuspokus* verschwindibus!**《戯》ムニャムニャ 消えてなくなれ. **2 a)** 魔術, 手品; 《比》いんちき, まやかし, ぺてん. **b)** がらくた; いたずら, ろうぜき: ～ treiben いたずらをする. [*engl.*]

hol.. →holo..

Hol·ark·tis[hɔl|árktɪs] 女 -/ 〔地〕(動植物分布上の)全北区.

hol·ark·tisch[..|árktɪʃ] 形 全北区の.

Hol·bein[hɔ́lbaɪn] 人名 **1** Hans ～〔der Jüngere〕ハンス ホルバイン〔子〕(1497頃-1543; Dürer と並ぶドイツ=ルネサンスの大画家). **2** Hans ～〔der Ältere〕ハンス ホルバイン〔父〕(1465頃-1524; 1の父. ドイツの画家).

hold[hɔlt][1] **I** 形《雅》**1** 優美な, 快い, かわいい, 魅力的な: eine ～*e* Gestalt 優美な姿 | ein ～*er* Anblick 快い〈美しい〉眺め ‖ ～ lächeln 婉然(えんぜん)とほほえむ. **2** 《述語的》***jm.* 〈*et.*[3]〉 ～ sein** …に好意的である, …が好きである | Er ist mir ～. 彼は私に好意的だ | Das Glück war uns nicht ～. 我々は運が悪かった | Das Kind war dem Schreiben nicht ～. その子は習字が嫌いだった. **II Hol·de**《形容詞変化》**1** 女 **a)** 妖精(ようせい); (女の)幽霊. **b)** 《戯》(Freundin) 恋人, 愛人; 《皮肉》(Mädchen) 女の子, 娘っ子. **2** 男 女《複数で》die ～*n* 死者の霊. [V]**3** 男 女 家来, 召使い. [*germ.* „geneigt“; ◇halt[1], Halde, Huld, Holle[2]]

Hol·da[hɔ́lda·] **I** 女名 ホルダ. **II** ＝Holle[2]

Hol·der[hɔ́ldər] 男 -s/-《南部・中部》＝Holunder

Höl·der·lin[hœ́ldərli:n] 人名 Friedrich ～ フリードリヒ ヘルダリーン(1770-1843; ドイツの詩人. ゲーテ以後最大の叙情詩人といわれるが, 後半生は精神病者として終わった. 唯一の小説として『ヒュペーリオン』がある).

Hol·din[hɔ́ldɪn] 女 -/-nen 恋人, 美女; 魔女, 妖精(ようせい). [＜hold]

Hol·ding[hó:ldɪŋ, hóʊl..] 女 -/-s, **Hol·ding·ge·sell·schaft** 女〔経〕持株会社. [*engl.* holding company; ＜*engl.* hold (→halten)]

hol·drio[hɔ́ldrio·] **I** [また: hɔldrió:] 間《南部》(山岳地帯における, 特に牧童の呼びかけ・歓声)おおい, ヤッホー; うわあい, トララー. **II Hol·drio 1** [また: ⏑⏑⏤] 中 -s/ holdrio という歓声. **2** 男 -〔s〕/-〔s〕《戯》軽薄者, のらくら者, 浮気者, だて男, プレイボーイ.

hold·se·lig[hɔ́ltze:lɪç, ⏑⏤⏑][2] 形 魅惑的な, 優雅な, 優美な.

Hold·se·lig·keit[-kaɪt] 女 -/ 魅惑, 優美, 優雅〔な人・態度〕.

Hole[ho:l, hoʊl] 中 -s/-s〔ゴルフ〕ホール. [*engl.*; ◇hohl]

ho·len[hó:lən] 他 (h) **1 a)** 《*et.*[4]》(必要とする物を)行って持ってくる, 取りに行く; 買ってくる, 買いに行く: Brot〔beim 〈vom〉 Bäcker〕～〔パン屋に〕パンを買いに行く,〔パン屋から〕パンを買ってくる | Wo *holen* Sie Ihr Brot? パンはどこでお買いになりますか | das Buch aus der Bibliothek ～ 本を図書館から借りてくる | zur Bank gehen und Geld ～ 銀行へ行って金を受け取ってくる | Kartoffeln〔aus dem Keller〕～〔地下室から〕ジャガイモを取ってくる | aus der Luft *geholt* sein (→Luft 5 b) | ein Paket〔von der Post〕～ 小包を〔郵便局に〕取りに行く | *jm.* 〈für *jn.*〉 einen Stuhl ～ …のためにいすを取ってくる | Er weiß, wo〔der〕Barthel〔den〕Most *holt.* 《比》彼はすこぶる抜け目がない〈裏の裏まで通じている〉| Morgen wird Sperrmüll *geholt.* あすは粗大ごみを回収します. **b)** 《*jn.*》(…を)行って呼んで〈連れて〉くる, 呼びに〈連れに〉行く: den Arzt ～ lassen 医者を呼び〈迎え〉にやる | *jn.* aus dem Bett ～ 寝ている…を起こす | die Kinder in die Stube ～ 子供たちを部屋に連れてくる | Sie haben ihn nachts *geholt.* 彼は夜半に逮捕された | Den Kerl werde ich mir mal ～! 《話》やつとはいつかきっと話をつけてやるぞ ‖ Der Tod hat ihn *geholt.* 《婉曲に》彼はお迎えが来た(死んだ) | *Hol*〔*e*〕 dich der Teufel 〈der Henker〉! 《話》くたばりやがれ | *Hol*'s der Teufel 〈der Kuckuck〉! 《話》まっぴらごめんだ.

2 a) (声や通報で)〔急いで〕呼び寄せる, 来てもらう: den Arzt〔zu dem Kranken〕～〔病人のために〕医者に来てもらう | die Feuerwehr 〈die Polizei〉 ～ 急いで消防〈警察〉を呼ぶ | *jn.* ans Telefon ～ …を電話口に呼び出す | als Assistent an die Universität *geholt* werden 大学の助手に迎えられる | Der Betrieb *holte* ihn aus dem Urlaub. 勤務先の都合で彼は休暇の途中で呼び返された | Der König *holte* Techniker aus Frankreich. 王は技術者たちをフランスから呼び寄せた | *jn.* zur Hilfe ～ …に手伝いに来てもらう | *jn.* zum Militär ～ …を軍隊に召集する. **b)** 手をのばして取り出す: *et.*[4] aus der Tasche ～ …をポケットから取り出す |〔für *jn.*〕die Kastanien aus dem Feuer ～《比》〔…のために〕火中の栗(くり)を拾う | Er mußte alles neu machen und aus sich selbst ～. 彼はすべてを新たに自分の考えでやるほかなかった | ein Kind mit der Zange ～ (分娩(ぶんべん)の際に)胎児を鉗子(かんし)で引き出す | Bücher vom Regal ～ 本を棚から取り出す | *jm.* 〈für *jn.*〉 die Sterne vom Himmel ～ wollen …のためならどんなことでもしようとする | ein feindliches Flugzeug vom Himmel ～《話》敵機を撃墜する.

3 《〔*sich*[3]〕 *et.*[4]》 **a)** 求めて手に入れる, 努力して得る: *sich*[3] bei *jm.* Rat 〈Trost〉 ～ …から助言〈慰め〉を得る | *sich*[3] von *jm.* Hilfe 〈die Erlaubnis〉 ～ …から援助を受ける〈許可をもらう〉| *sich*[3] den ersten Preis 〈eine Goldmedaille〉 ～ (競技などで) 1 等賞〈金メダル〉を取る ‖ Er hat viele Punkte für seine Mannschaft *geholt.* 彼はチームのために大量の得点をした ‖ **Hier 〈Dabei〉 ist nichts zu ～.**《話》ここには何ひとつ得るものはない | Bei ihm ist nichts〔mehr〕zu ～. 《話》彼からはもう何ももらえないよ, 彼にはもう財産は何もない. **b)** 《話》(zuziehen) (いやな・不快なことを)身に招く, 招来する; 被る, 受ける; (病気に)かかる: *sich*[3] die Grippe 〈einen Schnupfen〉 ～ 感冒〈鼻かぜ〉にかかる | *sich*[3] eine Krankheit ～ 病気にかかる | *sich*[3] eine Niederlage 〈einen Sieg〉 ～ 敗北を喫する〈勝利を勝ちとる〉| *sich*[3] einen Rausch ～ 酔っぱらう | *sich*[3] den Rest ～ (→Rest 1) | *sich*[3] Schläge ～ さんざんぶん殴られる | *sich*[3] ein Strafmandat wegen zu schnellen Fahrens ～ スピード違反で罰金をくらう | *sich*[3] bei *et.*[3] den Tod ～ …で死を招く ‖ *sich*[3] eine Abfuhr ～ はねつけられる, けんつくをくう | *sich*[3] blutige Köpfe ～ (→Kopf 1) | *sich*[3] kalte Füße ～ (→Fuß 1 a).

4 (息などを)〔吐いて〕吸いこむ: Atem ～ 息を吸う; 一息つく | tief Luft ～ 深く息を吸いこむ.

5 a) 〔海〕(索などを)たぐりこむ, (帆などを)引きおろす. **b)** 〔スポ〕《*jn.*》(…に)追いつく.

[*westgerm.* „rufen“; ◇hell; *gr.* kaleĩn „rufen“; *engl.* hale, haul]

Ho·lis·mus[holísmʊs] 男 -/ 〔哲・生〕全体論, 有機体論. [＜holo..]

ho·li·stisch[holístɪʃ] 形 全体論〔上〕の, 全体論的な.

H

Holk[hɔlk] 男 -(e)s/-e(n)(-en/-en); 女 -/-e(n)《倉庫などに転用された》老廃船; (中世の3本マストの)大型帆船. [*gr.* holkás „Schleppkahn"–*mlat.*–*ahd.*; <*gr.* hélkein „ziehen"]

hol·la[hɔ́la·] 間 **1** (制止したり, 注意を喚起する呼びかけ)おい, こら; おーい, もうし: *Holla*, was machst du denn hier! こら ここで何をしているんだ | *Holla*, das geht zu weit! おい それはひどすぎるよ. **2** (驚き・意外の気持を表して)おや, あれ, まあ: *Holla*, was ist hier los! おや これは何事だ | *Holla*, das hätte ich aber nicht von ihr gedacht! へえ 彼女がそんなことをするとは思わなかったね. [*mhd.*; ◇holen, holüber]

Hol·land[hɔ́lant] 地名 **1** オランダ(王国)(die Niederlande の通称). **2** ホラント(オランダの中枢部を占める州): Jetzt ist ~ in Not (→Not 2). [*ahd.* Holt-land „Gehölzland"]

Hol·län·der[hɔ́lɛndər] **I** 男 -s/- **1** (⇔ **Hol·län·de·rin**[..dərɪn]-/-nen) オランダ人: der Fliegende ~ さまよえるオランダ人(幽霊船に乗って航海をつづける伝説上の人物. 特に Wagner のオペラの題名として有名) ‖ den ~ machen《話》逃亡する | wie ein ~ losgehen ⟨durchgehen⟩《方》難局を切り抜ける; 走り去る. **2**〚紙〛ビーター, ホランダー, 叩解(こうかい)機(17世紀にオランダで発明された). **3** (手動の)四輪車(子供の玩具(がんぐ)). **4** オランダチーズ. **II** 形《無変化》オランダの: ~ Käse オランダチーズ.

ᵛ**Hol·län·de·rei**[hɔlɛndəráɪ] 女 -/-en 酪農業.

Hol·län·der·müh·le[hɔ́lɛndər..] 女 **1** オランダ(式)風車. **2** =Holländer I 2

hol·län·dern[hɔ́lɛndərn]《05》**I** 他 (h) **1**〚製本〛仮とじする. **2**〚紙〛(パルプを)叩解(こうかい)する. **II** 自 (h, s) (二人で)腕を組んでスケートをする.

hol·län·disch[..dɪʃ] 形 オランダ(人・語)の: →deutsch | ~*er* Käse オランダチーズ.

Hol·le[1][hɔ́lə] 女 -/-n (鳥の)冠毛. [*mndd.* hulle „Mütze"; ◇Hülle]

Hol·le[2][–] 人名 **Frau ~** ホレおばさん(中部ドイツの伝説・童話に出てくる女性. 天候に関する慣用句が多い): Frau ~ schüttelt die Betten (aus).《比》雪が降る | Frau ~ muß zum Sonntag ihren Schleier trocknen.《比》週末はきっといい天気だ(ホレおばさんが日曜日のためにベールを干さなければならない). [*ahd.*; ◇hold]

Höl·le[hœ́lə] 女 -/-n《ふつう単数で》**1** (英: *hell*) (↔ Himmel) (Inferno) 地獄, 冥土(めいど); (地獄のような)苦しみ(の場所): die ~ des Krieges 戦争の苦しみ | die ~ auf Erden この世の地獄, 残酷な場面 | **die grüne ~** 緑地獄(熱帯の密林の別名) ‖ Dort **ist die ~ los.** i) そこは大あらしだ; ii) そこでは大騒ぎ⟨大事件⟩が起こっている; iii) そこでは敵の砲撃が始まった ‖ Ausgeburt der ~ 地獄の申し子(悪魔・怪物など) | der Fürst der ~ 悪魔 ‖ Er hat dort die ~. そこは彼には居たたまれない | **die ~ auf Erden haben** きわめて不幸である | *jm.* **die ~ heiß machen**《話》…をおどしつける; …を(頼みごとで)悩ます | Himmel und ~ in Bewegung setzen (→Himmel 2) ‖ **in** die ~ kommen 地獄に落ちる;《話》くたばる | Es führen viele Wege in die ~, aber keiner heraus. (→Weg 1) | Fahr ⟨Scher dich⟩ **zur ~!**《話》地獄へ落ちろ, とっととうせろ, くたばってしまえ | Zur ~ mit den Verrätern! 裏切り者は死んでしまえ | Zur ~ mit seinem Kognak! 彼の飲んでいるコニャックなんかなくなればいいのに | *jm.* das Leben zur ~ machen …の生活をめちゃめちゃにする, …をひどく苦しめる | *jn.* **zur ~ wünschen**《雅》…をのろう(地獄へ行けばいいと願う) | Der Weg zur ~ ist mit guten Vorsätzen gepflastert. (→Weg 1) ‖〚Himmel と対句をなして〛→Himmel 2 **2**《南部》暖炉と壁との間, 隠れ場所. **3**〚服飾〛(裁断くずなどを捨てるための)仕立て台の穴.
[*germ.*; ◇hüllen; *engl.* hell]

höllen..《ふつう名詞につけて「地獄の」を意味するが, 口語ではまた「非常な・恐ろしい・たいへんな」などを意味し, ふつうアクセントは同時に基礎語にもおかれる》: *Höllen*durst 焼けつくような渇き ‖ *höllen*heiß 極度に暑い.

Höl·len≈angst[hœ́lən|áŋst] 女《話》非常な⟨極度の⟩恐怖. ≈**brand**[また: ⌣⌣⌣] 男 **1**《話》非常な渇き. **2** 地獄の火, 焦熱地獄.

Höl·len≈bra·ten[hœ́lən..] 男《話》(地獄行きの)悪党. ≈**brut** 女 -/ 地獄の申し子, 悪魔の一味. ≈**fahrt** 女 地獄巡り, 地獄落ち. ≈**fürst** 男 -en/ (Teufel) 悪魔, 魔王. ≈**hund** 男 -(e)s/ 地獄の番犬(→Zerberus 1).

Höl·len·lärm 男《話》大騒ぎ, 大喧噪(けんそう).

Höl·len·ma·schi·ne 女 (暗殺などのための)時限爆弾. [*fr.* machine infernale (◇infernal) の翻訳借用]

Höl·len≈pein[また: ⌣⌣–] 女, ≈**qual**[また: ⌣⌣–] 女《話》地獄の苦しみ, ひどい責め苦.

Höl·len·spek·ta·kel 男《話》大騒動.

Höl·len·stein[hœ́lən..] 男 -(e)s/〚医・化〛棒状硝酸銀. [*nlat.* lapis īnfernālis (◇infernal) の翻訳借用]

Höl·len·tem·po 中《話》すさまじい速度.

Hol·ler[hɔ́lər] 男 -s/-《南部・オーストリア》=Holunder

Hol·le·rith·ma·schi·ne[hɔlərít.., hɔ́lərɪt..] 女 パンチカード(式情報処理)機械. [<H. Hollerith (発明者のドイツ系アメリカ人, †1929)]

höl·lisch[hœ́lɪʃ] 形 **1** 地獄の(ような): das ~*e* Feuer 地獄の業火. **2**《話》極度の, 恐ろしい, ひどい: ~*e* Angst 極度の不安 | eine ~*e* Hitze 猛暑 ‖ Es tut ~ weh. ひどく痛む. [*mhd.*; ◇Hölle]

Hol·ly·wood[hɔ́lɪwʊd, ..wʊt] 地名 ハリウッド(アメリカ, Los Angeles の北西地区. 映画の都として有名). [*engl.* „Stechpalmenwald"; ◇Hülse[1]]

Hol·ly·wood·schau·kel[hɔ́lɪwʊd..] 女 ハリウッド=ベンチ(左右にゆれる庭園用腰掛け).

Holm[1][hɔlm] 男 -(e)s/-e **1 a)** (はしごの)横木(→ 図 Leiter). **b)**〚体操〛(平行棒の)バー. **c)**〚建〛桁(けた)(柱の上端をつなぐ横材), 横架材(→ 図 Fachwerk). **d)**〚空〛(翼の)桁(けた). **2** (おの・ハンマー・オールなどの)柄(→ 図 Dechsel). [*mndd.*; ◇Helm[2]]

Holm[2][–] 男 -(e)s/-e《北部》**1** 中州, 小島, 小半島. **2**〚海〛造船所, ドック. [*mndd.*; ◇kulminieren; *gr.* kolōnós „Hügel"]

Holm·gang 男 (ゲルマン時代に紛争解決の手段として行われた)孤島での決闘.

Hol·mium[hɔ́lmiʊm] 中 -s/〚化〛ホルミウム(希土類金属元素名; 記号 Ho). [<*nlat.* Holmia]

holo..《名詞・形容詞などにつけて「完全な・全部の」などを意味する. 母音の前で hol.. となることもある: →*Hol*ismus》[*gr.* hólos „ganz"; ◇Salve]

Ho·lo·caust[hó:lokaʊst, holokáʊst, hɔ́ləkɔ:st] 男 -/-(-s/-s) 大量殺戮(さつりく), (特にナチ政権によるユダヤ人の)大虐殺. [*lat.*; <*lat.* holo caustum „Brandopfer"]

Ho·lo·eder[holo|é:dər] 男 -s/-〚鉱〛完面像(結晶族の一種).

ho·lo·ed·risch[..|é:drɪʃ] 形 完面像の.

Ho·lo·gramm[..grám] 中 -s/-e〚光〛ホログラム.

Ho·lo·gra·phie[..grafí:] 女 -/〚光〛ホログラフィー.

ho·lo·gra·phie·ren[..grafí:rən] 他 (h) 自筆で書く.

ho·lo·gra·phisch[..grá:fɪʃ] 形 **1** 自筆の; 手稿本の: ein ~*es* Testament 自筆の遺言状. **2**〚光〛ホログラフィーの; ホログラフィーによる.

ho·lo·krin[..krí:n] 形 (↔merokrin)〚生理〛(完)全分泌性の: ~*e* Drüsen ホロクリン腺(せん), 全分泌腺. [<*gr.* krínein (→Krise)]

ho·lo·kri·stal·lin 形〚鉱〛完晶(質)の, 完全結晶の.

Ho·lo·me·ta·bo·len[..metabó:lən] 複〚虫〛完全変態類. [◇metabol]

Ho·lo·me·ta·bo·lie[..bolí:] 女 -/〚虫〛完全変態.

ho·lo·zän[..tsɛ́:n] **I** 形〚地〛完新世の. **II Ho·lo·zän** 中 -s/〚地〛完新世. [*fr.*; <*gr.* kainós „neu"]

hol·pe·rig =holprig

hol·pern[hɔ́lpərn]《05》自 **1** (h, s) (車などがでこぼこ道で)揺れる, 揺れながら行く (h, s について: →schwimmen I 1 ☆). **2** (h) つまずく, つっかえる: beim Lesen ~ つっかえつっかえ読む | Die Sätze *holpern.* その文章はぎくしゃくして

H

Jahresring Rinde (Borke) Kern[holz] Splint[holz] Hirnschnitt Ast Maserung Brett Span Balken Leiste Scheit Spaltholz Kloben Reisig Holzspalter

Holz A

いる.

hǫlp·rig[hɔ́lprɪç]² (**hǫl·pe·rig**[..pərɪç]²) 形 **1** (道などが穴や石ころで)でこぼこの: ein ∼*er* Weg がたがた道. **2** 《比》(話・文章などが)なめらかでない, たどたどしい: eine ∼*e* Rede たどたどしい演説 | Er spricht nur ∼ Deutsch. 彼はたどたどしい〈ブロークンな〉ドイツ語しか話せない.

Hǫl·schuld[hó:l..] 女 (↔Bringschuld) 〘法〙取り立て債務. [<holen]

Hǫl·stein[hɔ́lʃtaɪn] 地名 ホルシュタイン(ドイツ Schleswig-Holstein 州の南部を占めるかつての公爵領). [<Holtsaten „(bei den) Wald-bewohnern"; ◇Holz, Sasse²]

Hǫl·stei·ner[..nər] **I** 男 -s/- **1** (女 **Hǫl·stei·ne·rin**[..nərɪn]-/-nen) ホルシュタインの人. **2** ホルシュタイン種の馬(乗用馬として有名). **II** 形《無変化》ホルシュタインの.

hǫl·stei·nisch[..nɪʃ] 形 ホルシュタインの: ∼*e* Butter ホルシュタイン産バター | die *Holsteinische* Schweiz ホルシュタイン=スイス(湖が多くて風光の美しいホルシュタイン地方の低地).

Hǫl·ster[hɔ́lstər] 中 -s/- (肩やベルトにつるした)ピストル用の革ケース, ホルスター. [*ndl.*–*engl.*; ◇Halfter¹]

hol·ter·die·pǫl·ter[hɔltərdipɔ́ltər] 副《話》あわてふためいて, どたばたと; ゴロゴロと音をたてて: ∼ die Treppe hinunterstürzen バタバタと階段をかけ降りる | Die Steine rollten ∼ herab. 石はゴロゴロと音をたてながら転げ落ちた. [<poltern]

hol·ü̲ber[ho:l|ý:bər] 間 (渡し船に対する対岸からの呼び声) おーい こちらへ来てくれ. [<holen; ◇holla]

Ho·lụn·der[holóndər, hɔl..] 男 -s/- **1** 〘植〙ニワトコ(接骨木)属. **2** =Holunderbeere [*ahd.*]

Ho·lụn·der≈baum 男 ニワトコの木. **≈bee·re** 女 ニワトコの実. **≈blü̲·te** 女 ニワトコの花. **≈busch** 男 =Holunder 1 **≈mark** 中 ニワトコの木の髄. **≈tee** 男 ニワトコ茶(ニワトコの花から製し, 発汗剤として用いる).

Holz[hɔlts] 中 -es/Hölzer[hœ́ltsər] (小 **Hölz·chen** → 別出, **Hölz·lein**[hœ́ltslaɪn] 中 -s/-) **1** 《種類を示すときのほかはふつう単数で》(英: *wood*) **a)** 木, 木材, 材木: grünes 〈frisches〉 ∼ なま木 | harte 〈edle〉 *Hölzer* 硬質〈高級〉木材 | schön gemasertes ∼ 美しい木目の入った木材 | stehendes ∼ 立ち木 | **viel ∼**《話》(大量のもの. 例えば:) 大金(→2 b) | ∼ zu Balken はり〈けた〉用材 ‖ Dies ∼ läßt sich leicht bearbeiten. この木材は加工しやすい | **wie ein Stück ∼ dasitzen 〈dastehen〉**《比》(硬くなって)黙りこくっている ‖ **kein hartes ∼ bohren**《比》困難〈厄介〉なことを避ける | das ∼ bohren, wo es am dünnsten ist (→bohren I 2) | ∼ fällen 〈schlagen〉 木を切り倒す | 〔**viel**〕 **∼ vor der Hütte 〈vor dem Haus / vor der Tür / vor der Herberge / bei der Wand〉 haben**《戯》豊満な胸をしている | Wo ∼ gehauen wird, 〔da〕 fallen Späne.《諺》大事には多少の犠牲はつきもの(木を切ればおがくずが散らかる) | **∼ sägen** 木を鋸(のこ)で切る;《話》大いびきをかく | ∼ sammeln たきぎを拾い集める | **∼ in den Wald tragen**《比》余計〈むだ〉なことをする ‖ Das ist ∼ ins Feuer. それは火に油を注ぐようなものだ ‖〘前置詞と〙Und das **am** grünen ∼*e*! (専門家がお手上げなら)素人にできるわけがない(聖書: ルカ23, 31から) | 〔dreimal〕 an ∼ klopfen (成功を祈って)〔3回〕木をトントンたたく | ein Haus **aus ∼** 木造家屋 | **nicht aus ∼ sein**《比》木石〈石部金吉〉ではない, 血の通った人間である | **aus anderem 〈dem gleichen〉 ∼ 〔geschnitzt〕 sein**《比》異なった〈同じ〉性格の持ち主である; 人間としてのできが違っている〈同じである〉| **aus feinem 〈feinerem〉 ∼ geschnitzt sein** (精神や肉体が)生まれつき繊細である | **aus hartem 〈härterem〉 ∼ geschnitzt sein**《比》(精神や肉体が)生まれつき強靱(きょうじん)である | Er ist aus dem ∼, aus dem man Minister macht. 彼には大臣が務まるだけの器量がある | ins ∼ schießen〘園〙(果樹が)徒長する(枝ばかり伸びて実がならない) | die Wände **mit ∼** verkleiden 壁を板張りにする.

b) (Brennholz) まき, たきぎ(→ 図 Holz A): ∼ hacken 〈machen / kleinmachen〉 まき割りをする | **∼ auf *sich*³ hacken lassen**《話》(お人よしで)何をされても黙っている ‖ Das ∼ brennt gut 〈schlecht〉. このまきはよく燃える〈燃えにくい〉| einen Ofen mit ∼ heizen ストーブにまきを入れる.

c) 〘植〙木質部, 木部(もくぶ): Der Baum steht gut im ∼. この木は健全である(木質部が腐ったりしていない).

2 a) (木製の器具. 例えば:) 麺棒(めんぼう); 木柱; 木の枠; 木製スプーン〈フォーク〉. **b)** (単位: -/-) (九柱戯の)ピン: Er hat drei 〈viel〉 ∼ 〔geschoben〕. 彼はピンを3本〈たくさん〉倒した(→1 a) | Gut ∼! (九柱戯の競技前のあいさつとして)お互いがんばろう. **c)** 《単数で》《集合的に》〘楽〙(オーケストラの)木管楽器群: Das ∼ war zu laut. 木管の音が大きすぎた.

3 《単数で》《方》(Wald) 森, 林: ins ∼ gehen 〈fahren〉 森へたきぎを拾いに行く | zu ∼〔*e*〕 gehen〘狩〙森へ狩りに行く | zu ∼*e* ziehen〘狩〙(野獣が)森へ逃げ込む.

[*germ.* „Abgeschnittenes"; ◇*gr.* kládos „Zweig"; *engl.* holt]

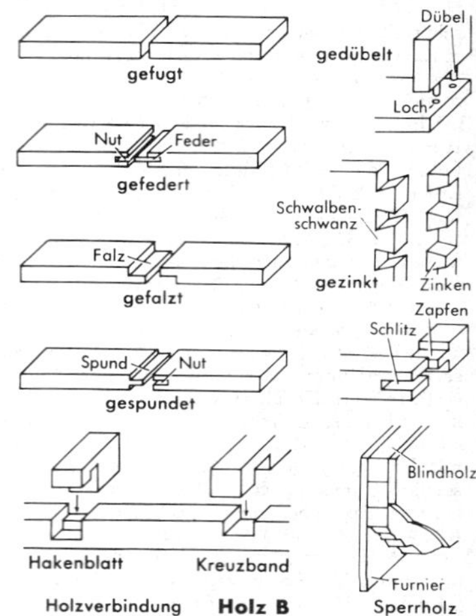

Holz B

Hǫlz≈ab·fall[hɔ́lts..] 男 木くず. **≈ab·fu̲hr** 女 木材〈材木〉運搬. **≈al·ko·hol** 男 -s/ 〘化〙木精, メチルアルコール. **≈ap·fel** 男 〘植〙ヤマリンゴ(の果実). **≈ar·bei·ter** 男 **1** =Holzfäller **2** 木工師. **≈art** 女 木材の種類.

hǫlz·ar·tig 形 木材のような, 木質の.

Hǫlz≈asche 女 木灰. **≈au·ge** 中《戯》《もっぱら次の形

H

で自戒のことばとして》 ***Holzauge*, sei wachsam!** 注意〈用心〉が肝心だ. ≈**axt** 女 伐採用の斧(おの). ≈**bank** 女 -/..bänke **1** 木製ベンチ. **2** (ベンチ形に)積み上げられた木材. ≈**ba·racke** 女 木造バラック. ≈**bau** 男 -[e]s/-ten **1** 木造建築物. **2** 《単数で》木構造. ≈**be·ar·bei·tung** 女 木材加工, 木工. ≈**bein** 中 木製の義足. ≈**bei·ze** 女 〘化〙木材着色用媒染剤. ≈**bie·ne** 女 〘虫〙ダイクバチ(クマバチ科). ≈**bild·hau·er** 男 木彫師, 木彫家. ≈**bild·haue·rei** 女 木彫. ≈**bir·ne** 女 〘植〙野生のセイヨウナシ〔の実〕. ≈**blä·ser** 男 〘楽〙木管楽器奏者. ≈**blas·in·stru·ment** 中 〘楽〙木管楽器(オーボエ・クラリネットなど). ≈**block** 男 -[e]s/..blöcke **1** 丸太, 丸木. **2** (舗装用の)木(も)れんが. ≈**bock** 男 **1** 〘動〙イヌダニ. **2** 木挽(こびき)台; (ストーブの)薪架(たきぎ). ≈**bo·den** 男 **1** 板張りの床. **2** 木材置き場. ≈**boh·rer** 男 **1** (木工用の)錐(きり)(→ 図 Bohrer). **2** 〘虫〙ボクトウガ(木蠹蛾)科のガ. ≈**bohr·kä·fer** 男 〘虫〙ナガシンクイムシ(長芯食虫)科の昆虫. ≈**brand·ma·le·rei** 女 〘美〙焼き絵〔術〕. ≈**brett** 中 木の板. ≈**brü·cke** 女 木製の橋. ≈**bün·del** 中 まき〈たきぎ〉束.

Hölz·chen[hœltsçən] 中 -s/- (Holz の縮小形) **1** 小木片; マッチ〔棒〕. **2** 小さな森, 林, 木立, 茂み: **vom ～ aufs Stöckchen kommen** 《比》(会話で)話題が横道へそれる.

Holz≈decke[hɔ́lts..] 女 木〈板張り〉の天井. ≈**de·stil·la·tion** 女 木材乾留. ≈**dieb** 男 盗伐者, 材木どろぼう. ≈**dieb·stahl** 男 森林盗伐, 材木窃盗. ≈**die·le** 女 板張りの床. ≈**draht** 男 木製線条(マッチの軸木などに用いる). ≈**dü·bel** 男 木製だぼ.

hol·zen[hɔ́ltsən] 《02》 **I** 他 (h) **1** (樹木を)切り倒す: einen Wald ～ 森林を伐採する. **2** 《話》 再帰 *sich*[4] ～ 殴り合いをする.

II 自 (h) **1** 樹木を伐(き)る; (ストーブに)まきをくべる. **2** (h, s) (野鳥・野獣が)木に飛び乗る〈よじ登る〉, 木から木へ飛び移る. **3** 《話》(サッカーなどで)ラフプレーをする, 乱暴な〈フェアでない〉プレーをする. **4** 《話》ぞんざいな仕事をする. **5** 《話》ミスの多い演奏をする. **6** 《話》= *sich*[4] holzen

Hol·zer[hɔ́ltsər] 男 -s/- **1** 《南部・オーストリア・スイス》木こり, 森林労働者. **2** 《話》(サッカーなどで)乱暴な〈フェアでない〉プレーをする競技者, ラフプレーヤー.

Höl·zer Holz の複数.

Hol·ze·rei[hɔltsəráɪ] 女 -/-en 《話》(holzen すること. 特に:)(サッカーなどの)反則プレー, ラフプレー.

höl·zern[hœltsərn] 形 **1** 《付加語的》木の, 木製の: ein ～*es* Spielzeug 木製玩具(がんぐ) | die ～*e* Hochzeit (→ Hochzeit 1). **2** (動作などが)こわばった, ごつごつした, 不器用な; (文体・表現などが)硬い, ぎごちない. [*mhd.*]

Holz≈es·sig[hɔ́lts..] 男 -s/ 〘化〙木酢. ≈**fach·schu·le** 女 林業専門学校. ≈**fäl·ler**[..fɛlər] 男 -s/- 木こり. ≈**fa·ser** 女 木質繊維.

Holz·fa·ser≈plat·te 女 木質繊維板, パルプ=ボード. ≈**stoff** 男 〘化〙木質〔繊維〕素.

Holz≈fäu·le 女 (菌類による)木材腐朽. ≈**flie·ge** 女 〘虫〙キアブ(木虻)科の昆虫.

holz·frei 形 木質繊維〈砕木パルプ〉の入っていない(上質の「紙など).

Holz≈fre·vel 男 = Holzdiebstahl ≈**fuh·re** 女 木材運搬〔馬〕車. ≈**fuß·bo·den** 男 板張りの床. ≈**gas** 中 〘化〙(木炭を不完全燃焼させるさいに発生する)木(も)ガス. ≈**geist** 男 -[e]s/ 〘化〙木精(もくせい)(メチルアルコールの別称).

▽**holz·ge·recht** = forstgerecht

Holz·ge·rech·tig·keit 女 〘法〙木材伐採権.

holz≈ge·schnitzt 形 木彫りの. ≈**ge·tä·felt** 形 板張りの.

Holz≈ge·wächs 中 (Gehölz) 〘植〙(草本に対する)木本(もくほん). ≈**ge·win·de** 中 木製のねじ. ≈**gum·mi** 男 木質ゴム. ≈**hacker** 男 **1** 《オーストリア》= Holzfäller **2** 〘鳥〙キツツキ(啄木鳥). **3** = Holzer 2

Holz·hack·übung 女 〘体操〙(体の)前後屈(→ 図).

Holzhackübung

holz·hal·tig 形 (紙が)木質繊維〈砕木パルプ〉を含んだ.

Holz·ham·mer 男 木づち: *jn.* mit dem ～ bearbeiten 《比》…を手荒く扱う | ***jm. et.***[4] **mit dem ～ beibringen** 《話》…に…をむりやり覚えこませる | **eins mit dem ～ abgekriegt haben** 《話》頭がおかしい.

Holz·ham·mer≈me·tho·de 女 (強引な)詰めこみ教育〈主義〉. ≈**nar·ko·se** 女 《話》頭部への一撃で気絶させること. ≈**po·li·tik** 女 《話》強引なやり方〈政策〉.

Holz≈han·del 男 材木売買〈取引〉. ≈**hau·er** 男 《方》= Holzfäller ≈**hau·fen** 男 木材の堆積(たいせき); まきの山. ≈**haus** 中 木造家屋. ≈**hof** 男 材木〈まき〉置き場. ≈**hüt·te** 女 木造小屋.

hol·zig[hɔ́ltsɪç][2] 形 木質の; 硬い繊維の通った(野菜).

Holz≈in·du·strie[hɔ́lts..] 女 木材産業. ≈**ka·sten** 男 木箱. ≈**ki·ste** 女 (大型の)木箱. ≈**kitt** 男 木材用コーキング〈充塡(じゅうてん)〉剤. ≈**klam·mer** 女 木製クリップ〈かすがい〉. ≈**klas·se** 女 **1** 〘鉄道〙(座席が板張りの) 3 等. **2** 木材の等級. ≈**klo·ben** 男 丸太, 割り木. ≈**klotz** 男 丸太, 割り木; 《比》無骨者. ▽≈**knecht** 男 = Holzfäller ≈**knüp·pel** 男 木の棒, こん棒. ≈**koh·le** 女 木炭: *et.*[4] auf ～ grillen …を炭火で焼く | mit ～ zeichnen 木炭で描く, 木炭画をかく. ≈**kopf** 男 (人形などの)木の頭; 《話》まぬけ, のろま, 鈍感なやつ. ≈**lack** 男 木材用ワニス. ≈**laus** 女 〘虫〙チャタテムシ(茶柱虫)目の昆虫(チャタテムシの類). ≈**leim** 男 木材用接着剤.

Hölz·lein Holz の縮小形(→Hölzchen).

Holz≈ma·se·rung 女 木目. ≈**mehl** 中 (製材・虫食いなどによる)木粉, おがくず. ▽≈**mei·er** 男 (封建制下の)山林監督官(16世紀には死神の別称としても用いられた). ≈**na·gel** 男 木釘(くぎ). ≈**öl** 中 桐油(とうゆ)(アブラギリの種子から採る油). ≈**opal** 男 〘鉱〙木蛋白石(もくたんぱくせき). ≈**pan·tof·fel** 男 木製サンダル; 木靴. ≈**pa·pier** 中 木質繊維〈砕木パルプ〉を含んだ紙, パルプから製した紙. ≈**pap·pe** 女 パルプ板紙. ≈**pflan·ze** 女 〘植〙(草本に対する)木本(もくほん). ≈**pfla·ster** 中 木(も)れんが舗装. ≈**pflock** 男 丸太杭(くい); くさび; 木釘(くぎ). ≈**pilz** 男 〘植〙ナミダタケ(涙茸)(木材を腐らせる乾腐菌). ≈**pla·stik** 女 **1** 《単数で》木彫. **2** 木彫品. ≈**plat·te** 女 木の板, 版木. ≈**platz** 男 木材置き場. ≈**prit·sche** 女 板張りの寝台(→ 図 Pritsche). ≈**rei·fen** 男 木製のたが. ≈**rut·sche** 女 (南部・オーストリア: ≈**rie·se** 女) 材木運搬用滑送路, 木材滑降用丸太敷き. ≈**sä·ge** 女 (木材用)のこぎり. ≈**san·da·le** 女 木製サンダル. ≈**säu·re** 女 〘化〙木酢酸. ≈**schaff** 中 《南部・オーストリア》木製たらい. ≈**scheit** 中 まき, たきぎ. ≈**schim·mel** 男 = Holzfäule ≈**schlag** 男 伐採, 森林の開拓〔地〕. ≈**schliff** 男 -[e]s/ (製紙用の)砕木パルプ. ≈**schnei·de·kunst** 女 木版術. ≈**schnei·der** 男 木版師, 版画家. ≈**schnitt** 男 **1** 《単数で》木版彫刻. **2** 木版画, 木版刷り.

holz·schnitt·ar·tig 形 木版画ふうの; 《比》粗削りの, 大ざっぱな.

Holz≈schnit·zer 男 木彫家, 木版師. ≈**schnit·ze·rei** 女 **1** 《単数で》木彫. **2** 木彫〔作品〕. ≈**schrau·be** 女 木(も)ねじ(→ 図 Schraube A). ≈**schuh** 男 -[e]s/-e 《ふつう複数で》木靴; 木底靴. ≈**schup·pen** 男 **1** まき小屋. **2** 木造小屋. ≈**schutz** 男 木材の防腐〈防虫〉加工. ≈**schwal·be** 女 〘鳥〙モリツバメ(森燕). ≈**schwamm** = Hausschwamm ≈**soh·le** 女 木の靴底. ≈**spal·ter** 男 まき割り器(→ 図 Holz A). ≈**span** 男 -[e]s/..späne 《ふつう複数で》木くず, おがくず; かんなくず. ≈**split·ter** 男 木の裂片, 木片. ≈**stab** 男 木の棒; 〘楽〙(木琴の)木鍵(けん). ≈**sta·del** 男 《南部》木造の納屋〈小屋〉. ≈**sta·pel** 男 = Holzhaufen ≈**stich** 男 **1** 《単数で》木版彫刻. **2** 木版画, 木版刷り. ≈**stift** 男 (小さな)木釘(くぎ). ≈**stock** 男 -[e]s/..stöcke **1** 木の棒〈杖(つえ)〉. **2** (木版画の)版木. ≈**stoff** 男 **1** 砕木パルプ. **2** 木質素. ≈**stoß** 男 材木〈まき〉の山. ≈**tä·fe·lung** 女 **1** 板張り. **2** 羽目板. ≈**ta·pe·te** 女 〘建〙壁張り薄板; 板目壁紙. ≈**tau·be** 女 (Ringeltaube) 〘鳥〙モリバト(森鳩). ≈**teer** 男 (木材を乾留して得られる)木(も)タール. ≈**tel·ler** 男 木製の皿. ≈**trep·pe** 女 木製の階段. ≈**trocken·an·la·ge** 女

H

〘建〙木材乾燥設備. ≈**tür** 女 木のとびら, 木製ドア.

Hol·zung[hɔ́ltsʊŋ] 女 -/-en **1** (holzen すること. 特に:) (樹木の)伐採. **2** (Gehölz) 林, 雑木林, やぶ.

holz·ver·ar·bei·tend[hɔ́lts..] 形 木材加工の: die ~*e* Industrie 木工業.

Holz≈ver·ar·bei·tung 女 木材加工, 木工. ≈**ver·band** 男, ≈**ver·bin·dung** 女〘工〙木材の接合部, 木造継ぎ手, 仕口(しくち), 差口(さしくち)(→ 図 Holz B). ≈**ver·klei·dung** 女 **1 a)** 板張り. **b)** 羽目板. **2** 木のケーシング(機械・装置の被覆の役をする外被枠). ≈**ver·koh·lung** 女 木材炭化, 炭焼き. ≈**ver·schlag** 男 **1** 板壁. **2** 材木(まき)小屋. **3** (運送用の)木枠. ≈**ver·zucke·rung** 女〘化〙木材糖化. ≈**wand** 女 板壁. ≈**wa·ren** 複 木製品, 木製器具. ≈**weg** 男 (森の中の)木材運搬用道路: **auf dem ~ sein** / *sich*[4] **auf dem ~ befinden**《話》間違っている, 思い違いをしている. ≈**wes·pe** 女〘虫〙キバチ(木蜂)科の昆虫. ≈**wirt·schaft** 女 木材業, 製材〈木工〉業. ≈**wol·le** 女 -/ (パッキング用の)木毛(もくもう)(毛状にけずった木). ≈**wurm** 男 **1**〘虫〙シバンムシ(死番虫)の幼虫. **2**《戯》(Tischler) 指物師; 大工. ≈**zaun** 男 木のさく〈垣根〉. ≈**zucker** 男〘化〙木糖, キシローゼ. ≈**zün·der** 男 マッチ〔棒〕.

hom.. →homo..

Hom·burg[hɔ́mbʊrk] **I** 地名 Bad ~ バート ホムブルク(ドイツ Hessen 州にある有名な湯治場).
II 男 -s/-s〘服飾〙ホンブルク帽(中折帽の一種).

Home·com·pu·ter[hóʊm..] =Heimcomputer

Home·page[hóʊmpeɪdʒ] 女 -/-s〘電算〙(インターネットなどの)ホームページ. [*engl.*]

Ho·mer[homé:r] 人名 ホメロス(古代ギリシア最大の叙事詩『イリアス』『オデュッセイア』の作者とされる半伝説的詩人). [*gr.–lat.*]

ho·me·risch[homé:rɪʃ] 形 ホメロス〔ふう〕の: **ein ~es Gelächter**《比》(果てしのない)大笑い, 哄笑(こうしょう)(ホメロスの『イリアス』1, 599;『オデュッセイア』8, 326; 20, 346による).

Ho·me·ros[homé:rɔs] =Homer

Home·rule[hó:mru:l, hóʊm..] 女 -/ (特にアイルランドの)地方自治. [*engl.*; ◇Heim, Regel]

Home·spun[hó:mspu:n, hóʊmspʌn] 中 -s/-s〘織〙ホームスパン(手紡ぎの太い羊毛糸で織った毛織物). [*engl.* „hausgesponnen"; ◇spinnen]

Home·trai·ner[hóʊmtreɪnə] 男 -s/- ホームトレーナー, 家庭用体操器具.

Ho·mi·let[homilé:t] 男 -en/-en **1** 説教師. **2** 説教学者. [*gr.–mlat.*]

Ho·mi·le·tik[..tɪk] 女 -/ 説教学(キリスト教神学の一部門). [*gr.* homīlētikós „gesellig"; ◇Homo[1]]

ho·mi·le·tisch[..tɪʃ] 形 説教学の.

Ho·mi·lie[homilí:] 女 -/-n[..lí:ən] (聖書の章句に関する)説教. [*gr.* homīlíā „Umgang"–*kirchenlat.*]

Ho·mi·nes Homo[1]の複数.

Ho·mi·nes no·vi Homo novus の複数.

Ho·mi·ni·de[hominí:də] 男 -n/-n《ふつう複数で》〘生〙ヒト科の動物.

Ho·mi·ni·sa·tion[..nizatsió:n] 女 -/〘生〙(霊長類の)ヒト化.

Hom·mage[ɔmá:ʒ] 女 -/-n[..ʒən] (Ehrerbietung) 尊敬の表示, 敬意; 賛辞. [*fr.*; <*fr.* homme „Mensch"+..age]

Homme de Lettre[ɔmdəlɛ́tr] 男 ---/-s--[–] 文人, 文学者. [*fr.*; ◇Litera]

ho·mo[hó:mo·] 形《述語的》《話》(↔hetero) ホモの, 同性愛の(→homosexuell).

homo.. (↔hetero..)《名詞・形容詞などにつけて「同じ・同類の」などを意味する. 母音の前では hom.. となる》: *Homo*graph〘言〙同形異義語 | *homo*gen 同種の, 等質の | *homo*phil 同性愛の ‖ *Hom*onym〘言〙同音同形異義語. [*gr.* homós „derselbe"; ◇samt]

Ho·mo[1][hó(:)mo·] 男 -〔s〕/..mines[..mine:s] (Mensch) 人間: →*Homo* erectus, *Homo* faber, *Homo* ludens, *Homo* novus, *Homo* sapiens [*lat.*; ◇Humus]

Ho·mo[2][hó:mo·] 男 -s/-s《話》同性愛の男, ホモ(→Homosexuelle).

homö.. →homöo..

Ho·mö·ark·ton[homø|árktɔn] 中 -s/..ta[..ta·]〘言〙連結する単語・文の最初のつづりの音が同一・類似の現象(例 Mädchen–mähen). [*gr.* „gleich anfangend"]

hom·odont[homodɔ́nt] 形 (↔heterodont)〘動〙(歯に形態上の区別のない)同歯性の. [<odonto..]

Ho·mo erec·tus[hó:mo· erɛ́ktʊs] 男 --/〘人類〙直立猿人. [*lat.*; <*lat.* ērigere (→erigieren)]

Ho·mo·erot[homo|eró:t] 男 -en/-en =Homoerotiker

Ho·mo·ero·ti·ker[..|eró:tik*er*] 男 -s/- =Homosexuelle

ho·mo·ero·tisch[homo|eró:tɪʃ] =homosexuell

Ho·mo·ero·tis·mus[..|erotísmʊs] 男 -/ =Homosexualität

Ho·mo fa·ber[hó:mo· fá:bər, hó(:)mo· fábɛr] 男 --/ ホモ=ファーベル(道具を作る人, 技術者としての人間). [*lat.*; ◇Fabrik]

ho·mo·fon[homofó:n] 形 =homophon I 1

Ho·mo·fo·nie[..foní:] 女 -/ =Homophonie

Ho·mo·ga·mie[homogamí:] 女 -/ **1** (↔Dichogamie)〘植〙雌雄同熟. **2** (↔Heterogamie)〘社〙(出身階層・教育程度・年齢・宗教などの点で)格差のない者同士の結婚.

ho·mo·gen[homogé:n] 形 (↔heterogen) 同種の, 同質の, 等質〈均質〉の;〘数〙同次の: eine ~*e* Funktion〘数〙不変関数 | eine ~*e* Gruppe 同種〈均質〉の成員によって構成されているグループ | ~*es* System〘理〙均一系(単一の相からなる均質な物質系). [*gr.* homogenḗs „blutsverwandt"]

ho·mo·ge·ni·sie·ren[..genizí:rən] 他 (h) 同質〈等質〉にする, 均質化する; 均等に分散させる: *homogenisierte* Milch 均質〈ホモ〉牛乳.

Ho·mo·ge·ni·tät[..genitɛ́:t] 女 -/ 同種〈同質〉性, 等質〈均質〉性.

Ho·mo·gramm[..grám] 中 -s/-e =Homograph

ho·mo·graph[..grá:f] **I** 形〘言〙同形異義の. **II Ho·mo·graph** 中 -s/-e〘言〙同形異義語(例 die Heide 荒野 –der Heide 異教徒; 形が同じで発音が異なるものもある: der Tenor[tenó:r] テノール –der Tenor[té:nɔr] 主旨: →Homonym, Homophon).

Ho·mo·gra·phie[..grafí:] 女 -/〘言〙同形異義.

ho·mo·log[..ló:k][1] 形 **1**〘生〙相同の: ~*e* Chromosomen 相同染色体 | ~*e* Organe 相同器官. **2**〘化〙同族の: eine ~*e* Reihe 同族列. [*gr.*]

Ho·mo·lo·gie[..logí:] 女 -/-n[..gí:ən] **1**〘生〙(形態上の)相同. **2**〘数〙ホモロジー. **3**〘化〙同族関係. [*gr.*]

Ho·mo lu·dens[hó(:)mo· lú:dɛns] 男 --/ ホモ=ルーデンス(遊ぶ人, 遊戯者としての人間). [*lat.*; ◇Ludus]

ho·mo·morph[homomɔ́rf] 形〘数〙準同型の(→isomorph).

Ho·mo no·vus[hó:mo· nó:vʊs, hómo· nóvʊs] 男 --/..mines ..vi[..mine:s ..vi·] 新参者; 成り上がり者. [*lat.*; ◇neu]

hom·onym[homoný:m] **I** 形〘言〙同音同形異義の. **II Hom·onym** 中 -s/-e **1**〘言〙同音同形異義語(例 das Steuer 舵(かじ)–die Steuer 税: →Homograph, Homophon). **2** 同名異人; (古典作家などにあやかった)同名雅号.

Hom·ony·mie[..nymí:] 女 -/〘言〙同音同形異義. [*gr.–spätlat.*; <*gr.* ónyma „Name"]

hom·ony·misch[..ný:mɪʃ] =homonym

homöo..《名詞・形容詞などにつけて「似た・同様の」などを意味する. 母音の前では homö.. となる: →*Homö*arkton》[*gr.* homoios „gleichartig"; ◇homo..; *engl.* hom〔o〕eo..]

Ho·möo·path[homøopá:t] 男 -en/-en 同種療法を行う医者, 同種療法家.

Ho·möo·pa·thie[..patí:] 女 -/ (↔Allopathie)〘医〙同種療法, ホメオパシー(健康体に与えるとその病気に似た症状を起こす薬品を, ごく少量患者に与えて治療する方法).

ho·möo·pa·thisch[..pá:tɪʃ] 形 同種療法〈ホメオパシー〉の: ein ~*er* Arzt 同種療法を行う医者 | eine ~*e* Dosis

《比》ごくわずかな量, 微量.

Ho·möo·plạ·stik[..plástɪk] 女 -/-en 〖医〗同種移「植〔術〕.」

ho·möo·plạ·stisch[..plástɪʃ] 形 〖医〗同種形成性の.

ho·möo·thẹrm[..tέrm] 形 (warmblütig) 〖動〗恒温性の: ein ~*es* Tier 恒温〈温血〉動物. [＜thermo..]

ho·mo·phịl[homofíːl] ＝homosexuell

Ho·mo·phi·lịe[..filíː] 女 -/ ＝Homosexualität

ho·mo·phọb[homofóːp][1] 形 同性愛に対して〔病的な〕敵意をもった, 同性愛ぎらいの.

Ho·mo·pho·bịe[..fobíː] 女 -/ 同性愛に対する病的な「嫌悪.」

ho·mo·phọn[homofóːn] **I** 形 **1** 〖楽〗ホモフォニーの. **2** 〖言〗同音〔異義〕の. **II Ho·mo·phọn** 中 -s/-e 〖言〗同音異義語(ふつうつづり字が異なるものをいう. ㊀ die Seite 側 — die Saite 弦: →Homograph, Homonym).

Ho·mo·pho·nịe[..foníː] 女 -/ **1** 〖楽〗ホモフォニー. **2** 〖言〗同音〔異義〕. [*gr.*]

Ho·mo·plạ·stik[..plástɪk] 女 -/-en ＝Homotransplantation

hom·or·gạn[homɔrgáːn] 形 〖言〗同一調音点の: ~*e* Laute 同一調音点の音(㊀ [p]－[b]). [＜organisch]

Họ·mo sạ·piens[hóːmoˑ záːpiɛns, hómoˑ zápiɛns] 男 --/ ホモ＝サピエンス(知性人, 知性の所有者としての人間). [*lat.*; ＜*lat.* sapiēns „einsichtsvoll"]

Ho·mo·se·xua·li·tạ̈t[homozɛksualitέːt] 女 -/ (特に男性の)同性愛.

ho·mo·se·xuẹll[..suέl] **I** 形 (↔heterosexuell) 同性愛の: ~ veranlagt sein 同性愛の素質をもっている. **II Ho·mo·se·xuẹl·le** 男 女 《形容詞変化》同性愛の人.

Ho·mo·trans·plan·ta·tiọn[..transplantatsióːn] 女 -/en 〖医〗同種移植.

ho·mo·zẹn·trisch[..tsέntrɪʃ] 形 同一の中心をもつ.

ho·mo·zy·gọt[..tsygóːt] 形 〖遺伝〗(遺伝子が)同型〈ホモ〉接合の.

Ho·mo·zy·gọ·te[..tsygóːtə] 女 -/-n 〖遺伝〗(遺伝子の)同型〈ホモ〉接合体.

Ho·mụn·ku·lus[homúŋkulʊs] 男 -/-se, ..li[..liˑ] ホムンクルス(人造のこびと. Goethe の『ファウスト』第 2 部にも登場する). [*lat.*; ◇Homo[1]]

Họ·nan[hóːnan] **I** 地名 河南, ホーナン(中国, 華北地区南部の省で, 省都は鄭州 Tschengtschou または Zhengzhou). **II** 男 -s/-s＝Honanseide

Họ·nan·sei·de[hóːnan..] 女 -/n ホーナン絹(中国の河南省産の琥珀(こはく)織り).

Hondtsch →d'Hondtsch

Hon·du·rạ·ner[hɔnduráːnər] 男 -s/- ホンジュラス人.

hon·du·rạ·nisch[..nɪʃ] 形 ホンジュラスの.

Hon·dụ·ras[hɔndúːras] 地名 ホンジュラス(中央アメリカの共和国で, 1821年スペインから独立. 首都はテグシガルパ Tegucigalpa).

Họ·necker[hɔ́nɛkər, hóːn..] Erich ~ エーリヒ ホネカー(1912–94; 旧東ドイツの政治家, 1976–90国家評議会議長).

họ·nen[hóːnən] 他 (h) (金属面をきめの細かい砥石(といし)で)研ぐ. [*engl.* hone; ◇Konus]

ho·nẹtt[hɔnέt] 形 《雅》誠実な, 律義な, 清廉な, 正直な. [*lat.* honestus „geehrt"－*fr.* honnête; ＜*lat.* honōs (→Honneur); ◇*engl.* honest]

Họng·kong[hɔ́ŋkɔŋ, ⌐⌐] 地名 香港(ほんこん)(中国東南部に接するイギリスの直轄植民地. 1997年中国に返還された).

Họng·kon·ger[..ŋər] **I** 男 -s/- 香港(ほんこん)の人. **II** 形 《無変化》香港の.

Hong Xiu·quan[xʊ́ŋɕĭɔ̀ŭtɕŷǽn] ＝Hung Hsiu-tjüan

honi →ho〔n〕ni soit qui mal y pense

Họ·nig[hóːnɪç][2] 男 -s/ (種類: -e) (英: *honey*) 蜂蜜(はちみつ); 《比》甘い〈甘美な〉もの: Blüten*honig* 花蜜 | **türkischer ~** トルコ蜂蜜(蜂蜜・砂糖・ゼラチン・アーモンド・クルミなどで作った菓子) ‖ süß wie ~ 蜂蜜のように甘い〈甘美な〉| süß wie ~ reden 甘い言葉を語る, へつらいの言葉を述べる ‖ ~ sammeln (ミツバチが)蜜を集める | **aus jeder Blüte ~ saugen wollen** 《比》万事につけて自分の利益を図ろうとする | ~ schleudern 遠心分離機にかけて蜜房から蜂蜜を取り出す | *jm.* **~ um den Bart 〈ums Maul / um den Mund〉 schmieren** 《話》…にお世辞を言う, …にごまをする | ~ aufs Brot streichen パンに蜂蜜を塗る. [*germ.* „Gelbes"; ◇*engl.* honey; *gr.* knēkós „gelblich"]

Họ·nig≠an·zei·ger 男 〖鳥〗ミツオシエ(蜜教)(アフリカ・インド産. 動物, 特にミツアナグマを奇妙な声でハチの巣に案内し, その食べ残しを食べる). **≠bie·ne** 女 〖虫〗ミツバチ(蜜蜂). **≠brọt** 中 蜂蜜(はちみつ)を塗ったパン. **≠dachs** 男 〖動〗ミツアナグマ(蜜穴熊), ラーテル(アフリカ・東インド産. 好んでミツバチの巣を襲う). **≠drụ̈·se** 女 -/-n 《ふつう複数で》〖植〗(花蜜を分泌する)蜜腺(みつせん).

họ·nig≠far·ben 形, **≠far·big** 形 蜂蜜(はちみつ)色の, 黄金色の.

Họ·nig·fres·ser 男 〖鳥〗ミツスイ(蜜吸).

họ·nig·gelb ＝honigfarben

Họ·nig≠glas 中 -es/..gläser 蜂蜜(はちみつ)用の瓶〈ガラス容器〉. **≠gras** 中 〖植〗シラゲガヤ(白毛茅)属(→ 図). **≠klee** 男 〖植〗シナガワハギ(品川萩)〔属〕. **≠kụ·chen** 男 蜂蜜ケーキ.

Họ·nig·kụ·chen·pfẹrd 中 駒形(こまがた)蜂蜜(はちみつ)ケーキ: 〖ふつう次の成句で〗**wie ein ~ grinsen 〈lachen / strahlen〉** 《話》(いかにもうれしそうに)満面に笑みを浮かべる.

Honiggras

Họ·nig·lecken 中 (Zuckerlecken) 《次の成句で》**kein ~ sein** 《話》楽なことではない.

Họ·nig≠mo·nat 男, **≠mọnd** 男 (Flitterwochen) 蜜月(みつげつ), ハネムーン. [*fr.* lune de miel (*engl.* honeymoon の翻訳借用)の翻訳借用]

Họ·nig≠pilz 男 〖植〗ナラタケ(楢茸). **≠re·de** 女 お世辞, ごますり. **≠sau·ger** 男 〖鳥〗タイヨウチョウ(太陽鳥). **≠schlecken** 中 -s/ ＝Honiglecken **≠schleu·der** 女 蜂蜜(はちみつ)分離機. ᵛ**≠seim** 男 (精製されない)蜂蜜, なま蜜: Seine Worte sind wie ~ zu hören. 《雅》彼の言葉は蜜のように甘く耳に快い.

họ·nig·süß[また: ⌐‿⌐] 形 蜜(みつ)のように甘い: ein ~*es* Lächeln 妙になれなれしい微笑 | ~*e* Worte 甘言.

Họ·nig≠tau 男 **1** (植物の葉や茎の分泌するねばりけのある)糖液. **2** 〖動〗(アブラムシ類が分泌する)蜜(みつ). **≠wa·be** 女 (蜂蜜のつまった)蜜房. **≠wein** 男 (Met)(発酵させた蜂蜜から造る)蜜酒. **≠wo·chen** 複 《雅》(Flitterwochen) 蜜月, ハネムーン.

ho·ni soit qui mal y pense ＝honni soit qui mal y pense

Hon·neur[(h)ɔnǿːr] 男 -s/-s **1** 《ふつう複数で》尊敬, 敬意; 〖軍〗敬礼: *jm.* die ~*s* erweisen …に敬意を表する | **die ~*s* machen** 礼を尽くして客を迎える. **2** 〖トランプ〗最高の役札. [*lat.* honōrēs－*fr.*; ＜*lat.* honōs „Ehre"; ◇*engl.* hono〔u〕rs]

hon·ni soit qui mal y pense[ɔ́nisoaˑ kimalipáːs] 《フランス語》(Schande dem, der Arges dabei denkt) 思いよこしまなる者に災いあれ(英国のガーター勲章に記された文句).

ᵛ**ho·no·rạ·bel**[honoráːbəl] (..ra·bl..) 形 (ehrenvoll) 尊敬すべき, 名誉ある: die *honorablen* Leute 尊敬すべき〈高貴な〉人々. [*lat.*－*fr.*]

Ho·no·rạr[honoráːr] 中 -s/-e (医師・弁護士・芸術家・著述家など自由業者への)謝礼, 報酬(→Gehalt II 1, Lohn 1): ein hohes ~ fordern 〈zahlen〉 多額の謝礼を要求する〈支払う〉| für *et.*[4] ein angemessenes ~ erhalten 〈bekommen〉 …に対して相応の謝礼を受け取る. [*lat.* honōrārium 〔dōnum〕 „Ehren-sold"; ◇*engl.* honorary]

ho·no·rạr·frei 形 謝礼なしの, 無報酬の.

Ho·no·rạr≠kon·sul 男 名誉領事. **≠pro·fes·sor** 男 客員〈嘱託〉教授(講座をもたないが学問的業績により講義を委嘱された大学教授の名誉称号).

H

Ho·no·ra·tio·ren[honoratsió:rən] 複《雅》(小さい町などの)名士連, 有力者たち. [< *lat.* honōrātus „geehrt"]

ho·no·rie·ren[honorí:rən] 他 (h) **1** (*jn.* / *et.*[4]) (…に)謝礼〈報酬〉を払う;《比》正当に評価する, (功績などに)報いる: *jn.* für *et.*[4] ~ …に…の謝礼を払う | einen Vortrag ~ 講演料を払う ‖ Offenheit wird nicht *honoriert*.《諺》物言えば唇寒し(率直に物を言っても得にはならない). **2**〔商〕(手形・小切手を)引き受ける: einen Wechsel ~ 手形を引き受ける〈支払う〉. [*lat.* „ehren"; < *lat.* honōs (→Honneur)]

Ho·no·rie·rung[..ruŋ] 女 -/-en honorieren すること.

ho·no·rig[honó:rıç][2] 形 **1** 尊敬すべき, 信頼するに足る. **2** 気前のよい, 物惜しみしない.

Ho·no·rig·keit[—kaıt] 女 -/ honorig なこと.

ho·no·ris cau·sa[honó:rıs káuza·]《ラテン語》(略 h. c.) (ehrenhalber) 名誉のために, 尊敬の印として: Doktor ~ (略 Dr. h. c.) 名誉博士.

Ho·no·ri·tät[honoritɛ́:t] 女 -/-en **1**《単数で》尊敬すべきこと. **2** 尊敬すべき人.

Hon·ved (**Hon·véd**)[hónve:d] **I** 女 -/〔史〕**1** (1848-67の)ハンガリー義勇軍. **2** (1867-1919の)ハンガリー予備役軍団. **3** (1919-45の)ハンガリー陸軍. **II** 男 -s/-s I 1, 2の兵士. [*ungar.*; < *ungar.* hon „Heim"+véd „Verteidigung"]

Hoo·li·gan[hú:lıgən] 男 -s/-s フーリガン, ならず者, ごろつき, 無頼漢; ちんぴら. [*engl.*; < Houlihan (ロンドンに住んだアイルランド人一家の姓)]

Hoo·li·ga·nis·mus[huliganísmus] 男 -/ ならず者〈無頼漢〉の言動; ごろつき気質. [*engl.* hooliganism]

Ho·peh[hó:pe·] (**Ho·pei**[hó:paı]) 地名 河北, ホーペイ(中国, 華北地区北部の省で, 省都は石家荘 Schikiachwang, または Shijiazhuan).

Hopf[hɔpf] 男 -(e)s/-e〔鳥〕ヤツガシラ(戴勝).

hop·fen[hɔ́pfən] 他 (h) (ビールに)ホップを加える〈きかせる〉.

Hop·fen[hɔ́pfən] 男 -s/-〔植〕ホップ(花がビールの風味づけに用いられる): ~ anbauen 〈pflücken〉 ホップを栽培〈収穫〉する | **bei** 〈**an**〉 ***jm.*** **ist ~ und Malz verloren**《話》…は度しがたい〈どうにもならない〉やつだ. [*westgerm.* „Quaste"; ◇ *engl.* hop]

Hop·fen≈bau 男 -(e)s/ ホップ栽培. **≈baum** 男, **≈bu·che** 女〔植〕アサダ属. **≈dar·re** 女 ホップ乾燥炉〈室〉. **≈feld** 中 ホップ畑. **≈klee** 男〔植〕コメツブウマゴヤシ(米粒馬肥やし). **≈öl** 中 ホップ油. **≈sei·de** 女〔植〕クシロネナシカズラ(釧路根無葛). **≈stan·ge** 女 ホップの支柱: Er ist eine (richtige) ~. / Er ist lang wie eine ~.《戯》彼はのっぽだ.

Ho·plit[hoplí:t] 男 -en/-en (古代ギリシアの)装甲歩兵. [*gr.*; < *gr.* hópla „Waffen"]

hopp[hɔp] **I** 間 (起立・跳躍・開始などを促して)さあ, それ, ほい: *Hopp*, komm mit! さあ いっしょに来いよ | Mach schon, ~! やれよ そら. **II** 副《話》すばやく, 手っ取りばやく, さっさと: Ein bißchen ~! もう少しはやく | Bei ihm muß alles ~ gehen. 彼は万事手っ取りばやく片づけないと気がすまない ‖ ~ nehmen =hoppnehmen

hop·peln[hɔ́pəln]《06》自 (s) (ウサギなどが)ぴょんぴょん跳ねていく;《比》(車などがでこぼこ道を)跳ねるように〈がたぴし〉走っていく. [< hüpfen]

Hop·pel·pop·pel[hɔ́pəlpɔ́pəl] 中 -s/- **1** (Bauernfrühstück) ホッペルポッペル(卵とベーコンを混ぜていためたオムレツふうジャガイモ料理). **2** ホッペルポッペル(ラム酒・リキュールに卵・砂糖を加えた飲料). [< hoppeln+bobbeln]

hopp·hopp[hɔphɔ́p] **I** 間 (hopp I の強めとして)さあさあ, それそれ, ほいほい. **II** 副《話》(hopp II の強めとして)さっささっさと, てっとりばやく: So ~ ging es doch nicht. なんと言っても そう手ばやくはいかなかった.

hopp·la[hɔ́pla·] **I** 間 **1** (つまずいたとき・つまずきそうになったとき・物を投げ渡すときなどに出す声)おっと, どっこい(しょ); ほれ, そら: *Hoppla*, hast du dir weh getan? あらあら 痛かったかい | *Hoppla*, da ist eine Stufe! おっと そこは段になっているよ | *Hoppla*, fang den Ball! そら このボールを受けてみな. **2** (人にぶつかったときなど軽い陳謝の気持を表して)ごめんよ, しっけい. **3** (ようやく事柄が理解できたときに出す声)なあるほど, ふふうん: Jetzt verstehe ich erst, was sie damit sagen wollte, ~! ようやく彼女の言おうとしたことが分かったよ なるほどねえ. **II** 副《話》すばやく, 手っ取りばやく, さっさと: Mach ein bißchen ~! 少し急いでやれよ. [hoppeln の命令形から]

hopp|neh·men*[hɔ́p..]《104》他 (h)《話》(*jn.*) **1** (犯人を犯行現場で)ひっとらえる, 逮捕する. **2** ゆする, (…から)しぼり取る.

hops[hɔps] **I** 間 (跳躍の掛け声)それ, ほい, よいしょ: Eins, zwei, drei, ~! いち にの さん よいしょ. **II** 形《付加語的用法なし》《話》壊れた, だめになった; 死んだ: **~ sein** なくなった, うせた; 壊れている; 死んでいる | Der Ball 〈Der Spiegel〉 ist ~. ボールがなくなった〈鏡が壊れた〉| Sein Ruf ist ~. 彼の評判は台なしになった ‖ ~ gehen =hopsgehen | *jn.* ~ nehmen (→hopsnehmen). **III Hops** 男 -es/-e (小さな)跳躍: mit einem ~ 一跳びに | einen ~ über den Zaun machen 垣根をぴょんと飛び越える.

hop·sa[hɔ́psa·] 間 (子供が跳ぶときにそばからかけたり, 子供をいすやひざに乗せるときにかける掛け声)ぴょん, それ, よいしょ.

hop·sa·la[hɔ́psala·] 間, **hop·sa·sa**[hɔ́psasa·] 間 (hopsa の強めとして)ぴょんぴょん, それそれ, ほいほい.

hop·sen[hɔ́psən]《02》自 (s) ぴょんぴょん跳びはねる; 跳びはねるようにして踊る: auf einem Bein ~ 片足で跳ぶ | Der Ball *hopst*. 舞踏会は(踊るというよりは)はね回っている | Sie ist vor Freude durch das Zimmer *gehopst*. 彼女はうれしさのあまり小躍りしながら部屋を通りぬけて行った ‖ **Das ist *gehopst* wie gesprungen.**《比》どっちにしても違わない, 結局は同じことだ. [◇ hoppeln]

Hop·ser[hɔ́psər] 男 -s/-《話》**1** (小さな)跳躍: vor Freude einen ~ machen うれしさのあまり飛び上がる, 小躍りして喜ぶ. **2** (4分の2拍子の)急テンポの踊り.

hops≈ge·hen*[hɔ́ps..]《53》自 (s)《話》**1** だめになる, 破滅する; おだぶつになる, やられる, 死ぬ. **2** (犯行現場で)ぱくられる, 逮捕される. **3** なくなる, 消えうせる. **4** 壊れる, (皿などが)割れる. **≈neh·men***《104》他 (h)《話》(*jn.*) (犯人を犯行現場で)ひっとらえる, 逮捕する.

ho·ra[hó:ra·]《ラテン語》…時(記号 h, ʰ): 6ʰ 6時(=6Uhr). [*gr.* hṓrā „Zeitabschnitt"; ◇ Jahr, Uhr; *engl.* hour]

Ho·ra[1][hó:ra·] 女 -/..ren[..rən]《ふつう複数で》**1**〔カトリック〕(聖務日課の)時課: die *Horen* beten 各時課の祈りをとなえる(→Brevier I 1). **2** 人名〔ギ神〕ホーラ(秩序と季節の女神. Dike, Eunomia, Eirene の3人をさす). [*gr.*-(*kirchen*)*lat.*]

Ho·ra[2][—] 女 -/-s ホラ(ルーマニアの民族舞踊). [*rumän.*]

Hör·ap·pa·rat[hø͡ːr..] 男 補聴器. [< hören]

Ho·ra·rium[horá:rium] 中 -s/..rien[..riən] (Stundenbuch)〔カトリック〕(特に中世の)聖務日課書, 祈禱書. [*kirchenlat.*; < hora]

Ho·ra·tius[horá:tsius] 人名 Quintus ~ Flaccus クウィントゥス ホラティウス フラックス(前65-前8; Virgil と並ぶローマの古典詩人). [*lat.*]

Ho·raz[horá:ts] 人名 ホラーツ (Horatius のドイツ語慣用形).

ho·ra·zisch[..tsıʃ] 形 ホラティウスふうの.

hör·bar[hø͡ːrba:r] 形 聞きとれる, 聞こえる: kaum ~ ほとんど聞きとれないほどの | Draußen wurden Schritte ~. 戸外で足音が聞こえた. [< hören]

Hör·bar·keit[—kaıt] 女 -/ hörbar なこと.

hör·be·hin·dert 形 聴覚に障害のある.

Hör≈be·reich[hø͡ːr..] 男 **1**〔理〕可聴範囲. **2** (ラジオ・テレビなどの)聴取〈受信〉可能地域. **≈be·richt** 男 (ラジオの)ルポルタージュ, 実況放送. **≈bild** 中 (ラジオの)録音構成. **≈bril·le** 女 めがね型補聴器, 補聴器付きめがね.

hor·chen[hɔ́rçən] 自 (h) **1 a)** 耳をそばだてて聞く, 聞き耳をたてる: am Schlüsselloch 〈an der Tür〉 ~ 鍵穴に耳を当てて〈戸口で〉立ち聞きする | an der Matratze ~ (→Matratze 1 a) | nach draußen ~ 戸外に耳をすます | *Horch!*

H

Er kommt! しいっ 彼が来たぞ | Ich *horchte*, ob seine Schritte wohl draußen zu hören waren. 私は外で彼の足音が聞こえるのではないかと聞き耳を立てた. **b)** 《auf *et.*[4]》(…に)耳をすます,(…を)注意して聞く, 傾聴する: auf jeden Laut ～ どんな音も聞きもらすまいと耳をすます | auf die Anweisungen aus dem Lautsprecher ～ スピーカーから流れる指示に耳を傾ける. **2** 《方》《auf *jn.*》(…の)言うことをきく, 言いつけに従う. [*westgerm.*; ◇hören; *engl.* hark〔en〕]

Hor·cher[hɔ́rçər] 男 -s/- (⊛ **Hor·che·rin**[..çərɪn]-/-nen) 立ち聞き〈盗み聞き〉する人: **Der ～ an der Wand hört seine eigene Schand'.** 《諺》盗み聞きする者は自分の恥を耳にすることになる.

Horch≠ge·rät[hɔ́rç..] 中 〖軍〗聴音機. **≠po·sten** 男 〖軍〗聴音哨(しょう).

ᵛ**horch·sam**[hɔ́rçza:m] 形 耳をそばだてた, 注意深い.

Hor·de[1][hɔ́rdə] 女 -/-n **1** (ジャガイモ・野菜・果実などの保存に使う)すのこ囲いの箱〈棚〉. ᵛ**2** (家畜の)おり, 畜舎. ᵛ**3** (Hürde) 〖陸上〗ハードル. [＜Hürde]

Hor·de[2][−] 女 -/-n **1** (規律のない)群衆, 集団, 群れ: eine ～ von Kindern 一団の子供たち. **2** 〖民族〗漂泊放浪する家族集団. [*tatar.* urdu „Aufgeschlagenes“－*türk.* ordū „Heer〔lager〕“]

Hor·de·in[hɔrdeí:n] 中 -s/ 〖生化学〗ホルデイン(大麦に含まれる単純蛋白(たん)質の一種). [＜*lat.* hordeum (→ Gerste)＋..in[2]]

hor·den·wei·se[hɔ́rdənvaɪzə] 副 (→..weise ★)群れをなして.

Ho·ren Hora[1]の複数.

hö·ren[hǿ:rən] **I** 他 (h) **1** 《聴覚的》(英: *hear*)耳で知覚する: **a)** (意図的行為としてではなく)(…を)耳にする,(…が)耳に入る,(…〔の音〕が)聞こえる: ein Geräusch 〈einen Schrei〉 ～ 物音〈叫び声〉を耳にする | die Uhr 〈das Ticken der Uhr〉 ～ 時計の〈時計の時を刻む〉音が聞こえる | die Autos auf der Straße ～ 通りを走る自動車の音が聞こえる | Ich *hörte* ihn schon von weitem. すでに遠くから彼の足音が聞こえた | *Hörst* du mich? 私の声が聞こえますか | Vor lauter Geräusch *höre* ich nichts. やかましくて何も聞こえない | Er tat, als ob er nichts *gehört* hätte. 彼は何も聞こえなかったふりをした ‖ *et.*[4] **gern** ～ …を耳にして喜ぶ〈快く思う〉| Lobreden *hört* man gern. 人にほめられるのはうれしいものだ | Kritik *hört* er nur ungern. 彼は他人に批判されるのをとても嫌がる ‖ *et.*[4] nicht mehr ～ können …を二度と聞きたくないと思う | Seitdem konnte er diese Musik nicht mehr ～. それ以来 彼はこの音楽は耳にするのも嫌だった ‖〖副文と〗Er *hörte*, wie sie weinte. 彼は彼女が泣くのを耳にした | Sie *hörte*, daß ihre Tochter nebenan ein Lied sang. 彼女は娘が隣りのへやで歌を歌っているのを耳にした ‖〖目的語なしで〗Der Teilnehmer *hört* nicht. 先方がお出になりません(電話交換手の言葉) ‖〖zu のない不定詞〔句〕と; 完了形ではしばしば gehört の代りに hören を用いて〗*jn.* lachen ～ …が笑うのを耳にする | einen Vogel singen ～ 鳥の鳴き声を聞く | Man *hörte* die Schlangen im Gras rascheln. ヘビが草むらでカサカサ音を立てるのが聞こえた | Ich habe ihn kommen *hören* 〈*gehört*〉. 私は彼がやって来る足音を聞いた | Es war so still, daß man eine Stecknadel hätte zur Erde fallen ～ können. あたりは針の落ちる音さえ聞こえるほどしんとしていた | Ich habe es sagen *hören* 〈*gehört*〉. 私はそう言われているのを聞いた (es は sagen の目的語) | *sich*[4] gern loben ～ 人に褒められることを好む, お世辞を喜ぶ (sich は loben の目的語) | *sich*[4] gern 〔reden / sprechen〕 ～ (自分の話しぶりに自信をもっていて)おしゃべりである (sich は hören の目的語) | von *et.*[3] läuten ～ (→ läuten I 1).

b) (意図的行為として) ① 聞く,(…に)耳を傾ける, 聴取する: ein Hörspiel ～ ラジオドラマを聞く | ein Konzert 〈eine Oper〉 ～ 演奏会〈オペラ〉を聞く | die Messe ～ ミサに列席する | Radio 〈die Nachrichten im Radio〉 ～ ラジオ〈ラジオのニュース〉を聞く | einen Vortrag ～ 講演を聞く | *et.*[4] nur mit halbem Ohr ～ …をうわの空で聞く ‖ Ich *höre* oft Bach 〈klassische Musik〉. 私はよくバッハ〈古典音楽〉を聞く | Mit diesem Radioapparat kann man ganz Europa ～. このラジオでならヨーロッパじゅうの放送が聞ける ‖〖zu のない不定詞〔句〕と〗Ich habe ihn einmal Mozart spielen *hören* 〈*gehört*〉. 私は一度彼がモーツァルトを演奏するのを聞いたことがある ‖ *sich*[4] 〔vor *jm.*〕 ～ lassen (人が)〔…の前で〕演奏〈講演〉する | Die Sängerin ließ sich öffentlich 〈vor dem Publikum〉 ～. その女性歌手は聴衆の前で歌を披露した ‖ ***sich***[4] **～ lassen** (事柄が)聞く価値がある, 聞いてうなずける | Dieser Vorschlag läßt sich ～. この提案は傾聴に値する ‖〖目的語なしで〗***Hört, hört!*** (しばしば嘲弄(ちょうろう)的に, 特に不満の表明の野次として)謹聴 謹聴 | **Na, *hör* mal** 〈***hören* Sie mal**〉**!** (相手に対して異議を唱える際などに)おい聞けよ, ちょっと待ってくれよ | Na, *hör* mal! Wie kannst du so etwas behaupten? おい待ってくれ. どうしてそんなばかなことが言えるんだ | **man *höre* und staune!** 聞いて驚くなよ.

② (…の)講義を聞く, 受講する: eine Vorlesung über *et.*[4] ～ …についての講義を聞く | *jn.* ～ …の講義を聞く | neuere Geschichte ～ 近代史を受講する ‖〖目的語なしで〗bei *jm.* ～ …の講義を聞く | in der philosophischen Fakultät ～ 文学部の講義を聞く.

③ 《*jn.*》(…の言葉に)耳をかす,(…の)意見〈言い分〉をきく: beide Parteien ～ 双方の言い分を聞く | einen Zeugen ～ 証人の証言を聴取する | Wir müssen auch ihn ～. / Er muß auch *gehört* werden. 彼の意見も聞かねばならない.

2 《精神的知覚》 **a)** (人から)聞き知る,(…について)聞く, 耳にする,(…についての)情報を得る: eine Nachricht ～ 知らせを聞く | *et.*[4] 〔von *jm.* 〈durch *jn.*〉〕 ～ …を〔…から〈…を通じて〉〕聞く | Das habe ich von Fritz *gehört*. そのことを私はフリッツから聞いた | Das *höre* ich zum erstenmal. それは初耳だ | nach allem, was ich *gehört* habe 私の耳にしたかぎりでは | Er will es nicht *gehört* haben. 彼はそんなことは聞いていないと言い張る ‖ von *jm.* 〈*et.*[3]〉 *et.*[4] ～ / über *jn.* 〈*et.*[4]〉 *et.*[4] ～ …に関して…を聞き知る | Davon 〈Darüber〉 habe ich nichts *gehört*. それについては何も聞いていない | Ich habe lange nichts von ihm *gehört*. 私は長い間彼の消息を聞いていない | Von dir 〈Über dich〉 *hört* man ja schöne Dinge. (皮肉な調子で)君のことはいろいろ聞いているよ | Ich will nichts mehr davon ～. そんなことはもう聞きたくない ‖〖副文と〗Ich habe *gehört*, daß er krank ist. 私は彼が病気だということを聞いた | Ich *höre*, daß sie morgen kommt. 彼女はあす来ると聞いている | *Hör* mal, was ich dir noch sagen wollte! 君にもう一つ言おうと思っていたことを聞いてくれ ‖〖lassen と〗Laß ～, was du zu sagen hast! 君の言い分を聞かせてくれ | Laß ～! さあ話せよ | 〔**etwas**〕 **von *sich***[3] **～ lassen** 自分の消息を知らせる | Ich lasse mal wieder 〔etwas〕 von mir ～. いずれまた便りをするよ | Seitdem hat sie nichts mehr von sich ～ lassen. あれ以来彼女からは もはや何一つ音沙汰(おとさた)がない ‖ **etwas von *jm.* zu ～ bekommen** 〈**kriegen**〉 《話》…から小言をくう, …に叱(しか)られる | Er hat von mir ganz schön was zu ～ gekriegt. 彼には私からたっぷり小言を言っておいたよ ‖〖目的語なしで〗Ich habe schon davon *gehört*. 私はそれについてすでに聞いている | Wie ich *höre*, ist er momentan verreist. 聞くところによると 彼は目下旅行中だ | Sie *hören* wieder von mir. いずれまたご連絡します | Glauben Sie nicht, daß ich mir das gefallen lasse, Sie werden noch von mir ～. 私が泣き寝入りをすると思ったら大間違いですよ. いずれお返しはしますからね.

b) 《ふつう daß 副文と》(…であると)聞き分ける,(…に)気づく: Am Schritt *hörte* ich, daß es mein Vater war. 足音を聞いて父だということがわかった.

II 自 (h) **1** 聴力をもっている, 耳が聞こえる: gut ～ 耳がいい | schlecht 〈schwer〉 ～ 耳が遠い | nur auf einem Ohr ～ 片方の耳しか聞こえない | Ich kann nicht ～. 私は耳が聞こえない.

2 《auf *jn.* 〈*et.*[4]〉》 **a)** (…の音を)耳を澄ませて聞く; (…の言葉を)よく注意して聞く,(…に)耳を傾ける: auf die Glockenschläge ～ 鐘の音に聞き入る.

b) (言いつけを)聞く,(命令・助言などに)従う: auf *js.* Rat ～ …の忠告に従う | auf die Eltern ～ 両親の言いつけを守る | Alles *hört* auf mein Kommando! 〔今後は〕全員私の命

H

令に従え(軍隊などで新しい指揮官が) | Der Hund *hört* auf den Namen Nero. この犬はネロと呼べば来る〈言うことを聞く〉; この犬の名前はネロという ‖〖目的語なしで〗Das Kind *hört* einfach nicht. / Das Kind will absolut nicht ~. この子供はとんと言うことをきかぬ | Wer nicht ~ will, muß fühlen. 《諺》言い聞かせても分かろうとしない者は痛い目にあわせる必要がある.

3 《南部》(gehören) 《*jm.*》(…の)所有物である; (…に)隷属している.

III Hö·ren 中 -s/ 聞くこと; 聞く力, 聴力; 聴覚: beim ~ der Musik 音楽を聞く際に ‖ ***jm.* vergeht ~ und Sehen** …は気が遠くなる〈仰天する〉 | Ich verprügelte ihn, daß ihm ~ und Sehen verging. 私は彼をさんざんに(彼が耳も聞こえず目も見えなくなるほど)殴った.

[*germ.*; ◇horchen, gehorsam; *engl.* hear]

Hö·ren·sa·gen[hǿ:rənza:gən] 中 -s/ 伝聞, 風説, うわさ: auf bloßes ~ vertrauen 単なるうわさを信じる | nach dem ~ うわさによれば | ***jn.* nur vom ~ kennen** / ***et.*⁴ nur vom ~ wissen** …を話に聞いて知っているだけである.

hö·rens·wert[hǿ:rəns..] 形 聞く価値のある, 聞くに値する: eine ~*e* Musik 聞くに値する音楽.

Hö·rer[hǿ:rər] 男 -s/- (女 **Hö·re·rin**[..rərɪn]-/-nen) **1 a)** (↔Sprecher) 聞き手. **b)** (ラジオの)聴取者: die ~ durch das Programm führen (アナウンサーが)番組案内を放送する. **c)** (大学の)聴講者, 受講者: eine Vorlesung für ~ aller Fakultäten 全学向けの講義 | *sich*⁴ als ~ 〔an der Universität〕 einschreiben 大学の受講手続を取る.

2 (電話の)受話器(→ 図 Fernsprecher A); (Kopfhörer) ヘッドホン, レシーバー: den ~ abnehmen 受話器を取る | den ~ auflegen 〈einhängen〉 受話器を置く〈掛ける〉 | den ~ hinknallen《話》受話器をガチャンと置く | den ~ aufsetzen ヘッドホンを頭につける.

Hö·rer·brief 男 (ラジオの)聴取者からの手紙〈投書〉.

Hö·rer·schaft[..ʃaft] 女 -/-en《ふつう単数で》《集合的に》聴衆; 聴講〈聴取〉者〔一同〕.

Hö·rer·ver·samm·lung 女《オーストリア》(大学の)聴講者集会.

Hör⸗fä·hig·keit[hǿ:r..] 女〖医〗聴能. **⸗feh·ler** 男 **1** 聞き違い. **2** 聴覚の欠陥〈障害〉, 難聴. **⸗feld** 中〖生理〗可聴範囲. **⸗fol·ge** 女 (ラジオの)連続放送, シリーズ番組. **⸗fre·quenz** 女 可聴周波〔数〕. **⸗funk** 男 (テレビに対して)ラジオ放送. **⸗ge·rät** 中 = Hörapparat

hör·ge·schä·digt 形 聴覚障害のある, 難聴の.

hö·rig[hǿ:rɪç]² **I** 形 **1** 《*jm.*》〖史〗(…に)隷属している: ~*e* Bauern 農奴. **2** 《*jm.* / *et.*³》〔性的に〕(…の)とりこになっている, (…の)意のままになっている: Er ist ihr ~. 彼は彼女の言いなりだ. **II Hö·ri·ge**[..rɪgə] 男 女《形容詞変化》〖史〗農奴. [*mhd.*; < *ahd.* gahōrig „gehorsam" (◇〔ge〕hören)]

Hö·rig·keit[..rɪçkaɪt] 女 -/-en 《ふつう単数で》hörigなこと.

Ho·ri·zont[horitsɔ́nt] 男 -〔e〕s/-e **1** 地平線, 水平線: Ein Schiff taucht am ~ auf. 一隻の船が水平線上に姿を現す | Am ~ ziehen dunkle Wolken auf. 地平線に暗雲が立ち上がる; 《比》〔政治〕情勢悪化のきざしが見える | ein Silberstreifen am ~ (→Silberstreifen) | Die Sonne sinkt unter den ~. 太陽が地平線に沈む. **2** 《比》(精神的な)地平, 視野; (知識や理解能力の)範囲: Erwartungs*horizont* 期待の地平〈範囲〉 | einen engen 〈weiten〉 ~ haben 視野が狭い〈広い〉 | *seinen* ~ erweitern 視野を広げる | neue ~*e* eröffnen 新しい地平〈視野〉を開く | Das geht über meinen ~ hinaus. それは私の理解力を越えたことだ. **3** = Rundhorizont **4** 〖地〗層準. [*gr.* horízōn 〔kýklos〕 „Grenz-Kreis"–*lat.*; < *gr.* hóros „Grenze"; ◇ *engl.* horizon]

ho·ri·zon·tal[horitsɔntá:l] **I** 形 (↔vertikal) (waagerecht) 水平の: eine ~*e* Achse 水平軸 | das ~*e* Gewerbe (→Gewerbe 1) | eine ~*e* Kurve 水平曲線; 〖地〗等高線 ‖ *sich*⁴ ~ erstrecken 水平に伸びる. **II Ho·ri·zon·ta·le** 女《形容詞変化》(また: -/-n) **1** 水平の線; 水平状態. **2** 《戯》売春婦.

Ho·ri·zon·tal⸗ebe·ne 女 水平面. **⸗flug** 男 水平飛行. **⸗in·ten·si·tät** 女 (地磁気の)水平強度, 水平磁力. **⸗kon·zern** 男 (↔Vertikalkonzern)〖経〗(同一生産段階の諸企業を結合する)水平型コンツェルン. **⸗pen·del** 中〖理〗水平振り子. **⸗schnitt** 男 水平断面.

hor·misch[hɔ́rmɪʃ] 形〖心〗ホルメ(生活体を一定の目的に向かってかり立てる本源的な力)による; 本能的な: ~*e* Psychologie ホルメ心理学. [< *gr.* hormḗ „Andrang" (◇Serum)]

Hor·mon[hɔrmó:n] 中 -s/-e〖生理〗ホルモン: männliches 〈weibliches〉 ~ 男性〈女性〉ホルモン | Wachstums*hormon* 成長ホルモン. [*gr.* hormõn „antreibend"]

Hor·mon·ab·son·de·rung 女 ホルモン分泌.

hor·mo·nal[hɔrmoná:l] 形 ホルモンの; ホルモンによる: ~*e* Störungen ホルモン障害. [< ..al¹]

Hor·mon⸗be·hand·lung[hɔrmó:n..] 女 ホルモン療法. **⸗drü·se** 女〖解〗ホルモン〔分泌〕腺(せん).

hor·mo·nell[hɔrmonɛ́l] = hormonal

Hor·mon⸗haus·halt[hɔrmó:n..] 男 (体内の)ホルモン調節. **⸗man·gel** 男 ホルモン欠乏. **⸗prä·pa·rat** 中〖薬〗ホルモン〔製〕剤. **⸗pro·duk·tion** 女 ホルモン形成. **⸗sprit·ze** 女 ホルモン注射. **⸗stö·rung** 女 ホルモン障害. **⸗the·ra·pie** 女 ホルモン療法.

Hor·mus[hɔrmʊ́s, hormóz] 地名 ホルムズ(ホルムズ海峡内の Iran 側にある島): die Straße von ~ ホルムズ海峡(ペルシア湾とオーマン湾を結ぶ海峡). [*pers.*; ◇ *engl.* 〔H〕ormuz]

Hör·mu·schel[hǿ:r..] 女 (電話機の)受話口(→ 図 Fernsprecher A). [< hören]

Horn[hɔrn] 中 (小 **Hörn·chen** → 別出) **1** -〔e〕s/Hörner [hœ́rnər] **a)** (英: *horn*) (牛・羊・ヤギ・シカおよび悪魔などの)角(つの); (Fühlhorn) (カタツムリの)触角: gebogene 〈spitze〉 *Hörner* 湾曲した〈とがった〉角 | Ein*horn* 一角獣 ‖ ***sich*³ die *Hörner* ablaufen 〈abrennen/abstoßen〉**《話》(経験を積んで)かどが取れる, 分別がつく | ***jm.* Hörner aufsetzen** 《話》(妻が)浮気をして…(夫)を裏切る; …の妻を寝取る | Sie setzt ihrem Manne *Hörner* auf. 《話》彼女は夫をだましてほかの男と通じる | Er hat dir *Hörner* aufgesetzt. 《話》彼は君の妻君と浮気をした | die *Hörner* senken (牛などが)角を低く構える | *Hörner* tragen《話》妻を寝取られる | ***jm.* die *Hörner* zeigen**《話》…に歯向かう ‖ ***jn.* auf die *Hörner* nehmen** …を角にひっかける; 《話》…を猛然と攻撃する | ***et.*⁴ auf die 〈*seine*〉 *Hörner* nehmen**《話》…を引き受ける | den Stier bei den *Hörnern* packen 〈fassen〉 (→Stier 1) | ***sich*⁴ mit *Hörnern* und Klauen wehren 〈zur Wehr setzen〉**《比》(あばれ回って)抵抗する. **b)** (角(つの)状の突起部. 例えば:) (ミミズクの)耳; (頭部・額などの)こぶ; (三日月・岩などの)突端; (金敷(かなしき))の)角, 鳥口(とりぐち)(→ 図 Amboß); (突出した)鞍頭(あんとう)(→ 図 Sattel); (山の)氷食尖峰(せんぽう)(→ 図 Berg B); 〖海〗(縦帆の)タック(→ 図 Segel A); 〖地〗岬〔の先端〕: das Goldene ~ (ボスポラス海峡に面する)金角湾 | das ~ von Afrika アフリカの角(アフリカ大陸の東部に角状に突出した地域で, 大部分は Somalia に属する) ‖ *sich*³ ein ~ stoßen ぶつかって(額に)こぶを作る.

2 -〔e〕s/Hörner[hœ́rnər] **a)** 角笛; 〖楽〗ホルン, フレンチホルン: Englisch*horn* 〖楽〗イングリッシュホルン ‖ das ~ 〈ins ~〉 blasen 角笛を吹く; ホルンを吹奏する | **in *js.* ~⁴ blasen 〈stoßen / tuten〉** / **mit *jm.* ins gleiche 〈in dasselbe〉 ~ blasen 〈stoßen / tuten〉**《話》…と同意見である; …とぐるである | **kräftig 〈mächtig〉 ins ~ stoßen**《話》大ぼらを吹く, 大言壮語する. **b)** (自動車などの)警笛, クラクション. **c)** 角杯(角をくりぬいた杯).

3 -〔e〕s/-e **a)** 角質材料, 角(つの); べっ甲: ein Knopf aus ~ 角製のボタン | eine in ~ gefaßte Brille べっ甲縁の眼鏡. **b)** (Keratin)〖化〗ケラチン.

4 -〔e〕s/Hörner[hœ́rnər] (角質のもの. 例えば:) (Hornhaut) 〔表皮〕角質層; 胼胝(べんち), たこ; 《南部》(Huf) ひづめ. [*germ.*; ◇kerato.., Hirn, Hirsch, Hornisse; *engl.* horn; *lat.* cornū „Horn"]

H

Horn·ar·beit[hɔ́rn..] 女 角(ﾂﾉ)細工〔品〕.
horn·ar·tig 形 角(ﾂﾉ)状の; 角質の.
Horn·baum 男〘植〙クマシデ(熊四手)属.
Horn·ber·ger[hɔ́rnbɛrgər] 形 ホルンベルクの: **ausgehen wie das ～ Schießen**《話》骨折り損のくたびれもうけに終る, 苦労が水の泡になる. [＜Hornberg (南西ドイツの小都市); 市民が領主歓迎の祝砲の予行演習をしすぎて本番では火薬がなかったという故事による]
Horn≠blä·ser[hɔ́rn..] 男〘楽〙ホルン奏者;〘軍〙らっぱ手. **≠blatt** 中〘植〙マツモ(松藻)属(キンギョモなど). **≠blen·de** 女〘鉱〙角閃(ｶｸｾﾝ)石. **≠bril·le** 女 角(ﾂﾉ)〈べっ甲〉縁の眼鏡;《戯》劇評家.
Hörn·chen[hœ́rnçən] 中 -s/- **1** Horn の縮小形. **2** クロワッサン(三日月形のフランスパン: → 図 Brot). **3**《ふつう複数で》= Hörnchennudel **4** (Eichhörnchen)〘動〙リス(栗鼠).
Hörn·chen·nu·del 女 -/-n《ふつう複数で》〘料理〙角(ﾂﾉ)形をした小型のマカロニ.
Hörndl·bau·er[hœ́rndəl..] 男 -n(-s)/-n《ｵｰｽﾄﾘｱ》牧畜に重点をおく農夫(→Kö̈rndlbauer). [＜Horn〔vieh〕]
Horn·drechs·ler[hɔ́rn..] 男 角(ﾂﾉ)細工師.
horn·dumm 形《話》大ばかの, きわめて愚鈍な. [◇Hornochs]
ᵛ**hor·nen**[hɔ́rnən] = hörnern
hör·nen[hœ́rnən] **I** 他 (h) **1** 角質化する: der *gehörnte* Siegfried (Nibelungen 伝説で, 角質の皮膚に包まれた)不死身のジークフリート. **2**《話》den Mann ～ (妻が)夫の目を盗んで密通する ‖ ein *Gehörnter* 妻に姦通(ｶﾝﾂｳ)された男(→ Horn 1 a). **3** 再帰 *sich*⁴ ～ (シカなどが)角(ﾂﾉ)を落とす〈生え変わらせる〉. **II** 自 (h) = *sich*⁴ hörnen **III ge·hörnt** → 別出
Hör·ner Horn 1, 2, 4の複数.
Hör·ner≠〔blitz·〕ab·lei·ter[hœ́rnər..] 男 角(ﾂﾉ)形避雷針. **≠hau·be** 女 (中世婦人の)角(ﾂﾉ)形ずきん(→ 図 Haube). **≠klang** 男〘楽〙角笛〈ホルン〉の音〈響き〉.
hör·nern[hœ́rnərn] 形《付加語的》角質の; 角(ﾂﾉ)製の.
Hör·ner≠schall 男 = Hörnerklang **≠schlit·ten** 男 (先端が高くそり返った)角(ﾂﾉ)形そり(→ 図 Schlitten).
Hör·nerv[hø̀:r..] 男〘解〙聴神経. [＜hören]
Horn≠erz[hɔ́rn..] 中 = Hornsilber **≠fels** 男〘鉱〙(石英・雲母・長石などからなる)ホルンフェルス. **≠flie·ge** 女〘虫〙ヤチバエ(谷地蠅)科の昆虫.
horn·för·mig 形 角(ﾂﾉ)状(形)の.
Horn≠frosch 男〘動〙ツノガエル(角蛙). **≠ge·schwulst** 女 (Keratom)〘医〙角化腫(ｼｭ). **≠haut** 女 **1**〔表皮〕角質層; 胼胝(ﾍﾞﾝﾁ), たこ. **2**〘解〙(目の)角膜.
Horn·haut≠ent·zün·dung 女〘医〙角膜炎. **≠ge·schwür** 中〘医〙角膜潰瘍(ｶｲﾖｳ). **≠pla·stik** 女〘医〙角膜形成〔術〕. **≠trans·plan·ta·tion** 女〘医〙角膜移植〔術〕. **≠trü·bung** 女〘医〙角膜混濁.
..hörnig[..hœrnɪç]² 《数詞などにつけて「…〔本〕の角(ﾂﾉ)をもつ」を意味する形容詞をつくる》: ein*hörnig* 角が1本ある.
Hor·nis·se[hɔrnísə, ⌣́⌣⌣] 女 -/-n〘虫〙モンスズメバチ(紋雀蜂). [*westgerm.* „gehörntes Tier"; ◇Horn; *engl.* hornet]
Hor·nist[hɔrníst] 男 -en/-en ホルン奏者. [＜..ist]
Horn≠kamm[hɔ́rn..] 男 角(ﾂﾉ)製の櫛(ｸｼ). **≠klee** 男〘植〙ミヤコグサ(都草)属. **≠kluft** 女 (馬などの)ひづめの割れ目, 裂蹄(ﾚｯﾃｲ). **≠kon·zert** 中〘楽〙ホルン協奏曲. **≠kraut** 中〘植〙ミミナグサ(耳菜草)属. **≠krebs** 男〘医〙カンクロイド, 類癌(ｶﾞﾝ), 表皮癌.〔の類〕.
Hörn·ling[hœ́rnlɪŋ] 男 -s/-e〘植〙ホウキタケ(箒茸)
Horn≠mehl[hɔ́rn..] 中 角質粉の肥料. **≠mil·be** 女 (Moosmilbe)〘動〙ササラダニ(簓蜱). **≠mohn** 男〘植〙グラウキウム, ツノゲシ(角芥子)属. **≠ochs** 男, **≠och·se** 男《話》大ばか者, とんま: Du, ～! このたわけめ.
Horn·pipe[hɔ́:npaɪp] 女 -/-s **1**〘楽〙ホーンパイプ(英国ウェールズ地方の古い吹奏楽器). **2** (18世紀に英国で流行した)ホーンパイプ踊り〔の舞曲〕. [*engl.*; ◇Pfeife]
Horn≠ra·be[hɔ́rn..] 男〘鳥〙ジサイチョウ(地犀鳥)(地上性の犀鳥). **≠sau·er·klee** 男〘植〙カタバミ(酢漿草). **≠schicht** 女〔表皮〕角質層. **≠schwamm** 男〘動〙角質海綿〔類〕. **≠schwie·le** 女 胼胝(ﾍﾞﾝﾁ), たこ. **≠si·gnal** 中 ホルン〈クラクション〉による合図. **≠sil·ber** 中〘鉱〙角銀鉱. **≠spal·te** 女 = Hornkluft **≠stein** 男〘鉱〙角岩. **≠strah·ler** 男〘電〙(マイクロ波用の)ラッパ放射器. **≠tier** 中〘動〙(2本の空洞の角を持つ)有角獣, 洞角獣.
ᵛ**Hor·nung**[hɔ́rnʊŋ] 男 -s/-e《ふつう単数で》(Februar) 2月. [„zu kurz Gekommener"; *ahd.*; ◇Horn]
Hor·nuß[hɔ́rnu:s] 男 -es/-e ([..nʊs]..nusses/..nusse) **1** = Hornisse **2**《ｽｲｽ》Hornußen の球: den ～〔sicher〕treffen《比》核心をつく. [＜Hornisse]
hor·nu·ßen[hɔ́rnu:sən]《02》 (**hor·nus·sen**[..nʊsən])《03》 **I** 自 (h)《ｽｲｽ》ホルヌーセンをする.
II Hor·nu·ßen (**Hor·nus·sen**) 中 -s/《ｽｲｽ》ホルヌーセン(卵形の球を用いるスポーツ).
Horn≠vieh[hɔ́rn..] 中 **1** 有角の家畜(ウシ・ヤギ・ヒツジなど). **2** = Hornochse **≠vi·per** 女〘動〙クサリヘビ(鎖蛇)科の一種. **≠vo·gel** 男〘鳥〙サイチョウ(犀鳥). **≠wa·re** 女 角(ﾂﾉ)製品, 角細工品.「[*slaw.*]
Horn·zie[hɔ́rntsiə] 女 -/-n《北部》あばら屋, 廃屋.
Ho·ro·log[horoló:k]¹ 中 -s/-e = Horologion 1
Ho·ro·lo·gion[..ló(:)giɔn] 中 -s/..gien[..giən] **1** 時辰(ｼﾞﾝ)儀, 時計(特に日時計・水時計・砂時計など). **2** (ギリシア正教会の)聖務日課書. [*gr.*; ◇hora, Logos]
Ho·ro·lo·gium[..ló(:)giʊm] 中 -s/..gien[..giən] = Horologion 2 [*gr.*－*lat.*]
Hor·op·ter[horɔ́ptər] 男 -s/ , **Hor·op·ter·kreis** 男 -es/ 〘医〙単視軌跡, ホロプテル. [＜*gr.* hóros (→Horizont)＋optḗr „Späher" (◇..opie)]
Hör·or·gan[hø̀:r..] 中〘解〙聴覚器官. [＜hören]
Ho·ros[hó:rɔs] 人名〘ｴｼﾞﾌﾟﾄ神〙ホロス, ホルス(タカの姿をした光の神, また少年の姿をした子供の守護神). [*ägypt.*－*gr.*]
Ho·ro·skop[horoskó:p, ..rɔs..] 中 -s/-e **1** (占星術に用いる)天宮図, 十二宮図, ホロスコープ. **2** 星占い, 占星術: *jm.* das ～ stellen (天宮図を操って)…の星占いをする. [*gr.*－*spätlat.*; ◇hora]
ho·ro·sko·pie·ren[..skopí:rən] 自 (h) 星占いをする.
ho·ro·sko·pisch[..skó:pɪʃ] 形 星占い〈占星術〉の; 星占い〈占星術〉による.
hor·rend[hɔrɛ́nt]¹ 形 **1** 非常な, 法外な: ein ～*er* Preis とてつもない値段. **2** 恐ろしい, ぞっとするような: eine ～*e* Idee 恐るべき考え. [*lat.*; ＜*lat.* horrēre „starren"]
ᵛ**hor·ri·bel**[hɔrí:bəl] (..ri·bl..) 形 恐ろしい, ものすごい, すさまじい; ひどい, とてつもない. [*lat.*－*fr.*]
hor·ri·bi·le dic·tu[..bile· díktu·]《ﾗﾃﾝ語》口にするのも恐ろしいことだが. [„schrecklich zu sagen"; ◇Diktion]
ᵛ**Hor·ri·bi·li·tät**[hɔribilitɛ́:t] 女 -/ horribel なこと.
hor·ri·bl..[hɔrí:bl..] →horribel
hor·ri·do[hɔridó:] **I** 間 **1**〘狩〙(狩猟のあとの宴席などで祝杯をあげるときの叫び声)乾杯, おめでとう. **2** (喜び・勝利などの叫び声)万歳, やったぞ. **II Hor·ri·do** 中 -s/-s 乾杯〈万歳〉の声. [＜ho, Rüd', ho!; ◇Rüde]
Hör·rohr[hø̀:r..] 中 **1** (Stethoskop)〘医〙聴診器. ᵛ**2** (らっぱ形)補聴器. [＜hören]
Hor·ror[hɔ́rɔr, ..ro:r] 男 -s/ 恐怖, 戦慄(ｾﾝﾘﾂ); ひどい嫌悪〈反感〉: einen ～ vor *et.*³ haben …をひどく嫌う. [*lat.*; ＜*lat.* horrēre (→horrend)]
Hor·ror≠film 男 恐怖〈ホラー〉映画. **≠li·te·ra·tur** 女 恐怖〈怪奇〉文学. **≠strei·fen** 男《話》= Horrorfilm
Hor·ror va·cui[hɔ́rɔr vá:kui·] 男 --/ (Aristoteles などの説く自然の)真空嫌忌(ｹﾝｷ). [*nlat.*; ◇Vakuum]
Hor·ror·vi·deo 中 恐怖〈ホラー〉ビデオ.
hors《ﾌﾗﾝｽ語》→*hors* concours
Hör·saal[hø̀:r..] 男 **1** (大学の)講義室, 教室. **2**《単数で》《俗》《集合的に》(特定の講義室での)聴講者.
hör·sam[hø̀:rza:m] 形 (akustisch) 音響学〔上〕の, 音響〔効果〕に関する. [＜hören]
Hör·sam·keit[－kaɪt] 女 -/ (Akustik) 音響効果.
Hör≠schär·fe[hø̀:r..] 女 -/ 聴力. **≠schwel·le** 女

H

聴覚の限界;〘医〙可聴域値.

hors con·cours[ɔrkɔ̃kúːr]《フランス語》特別出場で, 番外で, 無鑑査で. [„außer Wettbewerb“; ◇konkurrieren]

Hors·d'œu·vre[(h)ɔrdǿːvər, (h)oːr.., ɔrdœ́ːvr] 中 -s [—]/-s[—] (-/-) (Vorspeise)〘料理〙オードブル, 前菜. [*fr.* hors-d'œuvre „Beiwerk“; <*spätlat.* dēforīs „von außen“+*lat.* opera „Werk“ (◇Opus)]

die **Hör·sel**[hœ́rzəl] 地名 女 -/ ヘルゼル (Werra 川の支流).

Hör·spiel[hǿːr..] 中 ラジオドラマ, 放送劇. [<hören]

Horst[1][hɔrst] 男名 ホルスト.

Horst[2][—] 男 -es(-s)/-e **1 a)** (高い所にある)猛禽(もうきん)類の巣, 高巣. **b)** (Fliegerhorst) 空軍基地. **2** 茂み, 叢林(そうりん). **3**〘地〙地塁. [*westgerm.* „Flechtwerk“; ◇Hürde; *engl.* hurst]

hor·sten[hɔ́rstən]《01》自 (h) (猛禽(もうきん)が)巣をつくる,「巣くう.」

Hort[hɔrt] 男 -[e]s/-e **1**《雅》避難所, 安全な場所; 牙城(がじょう), 本拠, 中心地; 守護者, 盾: Die Universität ist ein ~ des Geistes. 大学は精神の本拠である. **2** (Kinderhort) 託児所, 保育園. **3**《雅》財宝: der ~ der Nibelungen ニーベルンゲンの宝. **4** 大切なもの; 愛人. [*germ.* „Bedecktes“; ◇Haus, Kustos; *engl.* hoard]

hor·ta·tiv[hɔrtatíːf][1] **I** 形 (adhortativ)〘言〙勧奨の. **II Hor·ta·tiv**[また: ⌣⌣—] 男 -s/-e (Adhortativ)〘言〙勧奨法.

hor·ten[hɔ́rtən]《01》他 (h) (金銭・食料などを)多量に蓄える, ため込む. [<Hort]

Hor·ten·sie[hɔrtέnziə] 女 -/-n〘植〙アジサイ(紫陽花)属. [<Hortense Lepaute (ヨーロッパ人としてはじめてアジサイ属を中国で見つけた Ph. Commerson (†1773)の友人の妻の名)]

Hor·ti·kul·tur[hɔrtikultúːr] 女 -/-en (Gartenbau) 園芸. [<*lat.* hortus „Garten“ (◇Garten)]

Hort·ne·rin[hɔ́rtnərɪn] 女 -/-nen (託児所・保育園の)保母; 学童保育所の女教師. [<(Kinder)hort]

▽**Hor·to·lo·ge**[hɔrtolóːgə] 男 -n/-n (→..loge) (Gärtner) 園芸家, 庭師.

Hor·to·lo·gie[..logíː] 女 -/ 園芸学. [<*lat.* hortus „Garten“ (◇Garten)]

Hör·trich·ter[hǿːr..] 男 らっぱ形補聴器. [<hören]

Hor·tung[hɔ́rtʊŋ] 女 -/-en horten すること.

ho ruck[hoː rʊ́k] =hau ruck

Ho·rus[hóːrʊs] =Horos

Hör≠ver·mö·gen[hǿːr..] 中 -s/ 聴力. **≠wei·te** 女 声の聞こえる〈とどく〉範囲: Bitte, bleib in ~! すまないけれど声の届くところにいてくれ. [<hören]

ho·san·na[hozána·] =hosianna

Hös·chen[hǿːsçən] 中 -s/- **1** (Hose の縮小形. 例えば:)《しばしば複数で》短ズボン, ショートパンツ; ブリーフ, パンツ, パンティー: **heiße ~**《戯》ホットパンツ(=Hotpants). **2**〘蜂〙ミツバチの脚に付着した花粉.

Ho·se[hóːzə] 女 -/-n (小 **Hös·chen** → 別出) **1**《しばしば複数で》**a)** ズボン, スラックス: eine enge ~ (ぴったりした)細身のズボン | eine kurze 〈lange〉 ~ 半〈長〉ズボン | eine neue ~ / ein Paar neue ~*n* 新しいズボン 1 着 | **tote ~**《若者語》くだらない〈面白くも何ともない〉(こと・もの), たいくつな〈つまらない〉(こと・もの) | Bade*hose* 水泳パンツ | Jeans*hose* ジーパン ‖ die ~n anziehen 〈ausziehen〉 ズボンをはく〈脱ぐ〉| die ~*n* tragen 〈anhaben〉 ズボンをはいている | **daheim** 〈**zu Hause**〉 **die ~*n* anhaben**《話》(妻が)家の中で発言権をもつ, かかあ天下である | die ~ hochkrempeln ズボンのすそをたくし上げる ‖ *jm.* geht die ~ mit Grundeis (→Grundeis) ‖ ***jm.* die ~ ausklopfen**《話》…をさんざん殴る | die ~ über der Tonne gebügelt 〈getrocknet〉 haben《戯》がにまたである | [***sich***[3]] **die ~[*n*] vollgemacht haben** / **die ~[*n*] [gestrichen] voll haben**《俗》おびえきっている | die ~*n* voll kriegen《話》(子供が)尻(しり)をぶたれる | ***sich***[3] **die ~[*n*] vollmachen**《話》ズボンに便をもらす; ひどくおびえる〈こわがる〉| **die ~*n* runterlassen**《話》本当のことを言う, 開き直る | ***jm.* die ~*n* strammziehen**《話》…の尻をぶつ, …をしたたかぶん殴る | die ~*n* auf halbmast tragen《戯》つんつるてんのズボンをはいている | die ~ mit der Beißzange 〈mit der Kneifzange〉 zumachen《比》間が抜けている ‖〘前置詞と〙Pech an den ~*n* haben (→Pech 1) | ***sich***[4] **auf die ~*n* setzen**《比》(仕事・勉強などに)腰をすえて取りかかる | nicht **aus** der ~ kommen können《話》便秘している | *jm.* fällt 〈rutscht〉 das Herz **in** die ~*n* (→Herz 1 a) | **in die ~ gehen**《話》失敗に終る | ***sich***[3] **in die ~[*n*] machen**《話》ズボンに便をもらす; ひどくおびえる〈こわがる〉| **mit *jm.* in die ~*n* müssen**《スイス》…と雌雄を決する羽目になる | in die ~ steigen《話》ズボンをはく;《スイス》戦いの身支度をする. **b)** (女性・子供の)下ばき; パンティー, パンツ: Hemd und ~ シャツとパンティー. **c)**《スイス》(Strumpf) ストッキング, 長靴下.

2《複数で》(馬の)[下]もも[の筋肉] (→ 図 Pferd A). **3** (タカ・ワシなどの)ももの羽毛; (ミツバチなどの)あと足の房毛. **4** (Windhose)〘気象〙竜巻(たつまき). **5**《方》(バターを入れる)小型のおけ(たる). [*germ.* „Hülle“; ◇Haut]

Ho·sea[hozéːa·] 人名〘聖〙ホセア, ホシェア (前 8 世紀の北イスラエル王国の預言者): der Prophet ~ 預言者ホセア; (旧約聖書の)ホセア書. [*hebr.* „(Der Herr ist) Rettung“]

ho·sen[hóːzən][1]《02》他 (h)《*jn.*》(…に)ズボンをはかせる.

Ho·sen≠an·zug 男〘服飾〙(女性・子供の)パンツ=スーツ. **≠auf·schlag** 男 ズボンの折り返し. **≠band** 中 -[e]s/..bänder 半ズボンの裾(すそ)口をしぼるひも.

Ho·sen·band·or·den 男 (英国の)ガーター勲章.

Ho·sen≠bein 中 ズボンの脚の部分: die ~*e* hochkrempeln ズボンの裾(すそ)を高くたくし上げる. **≠bo·den** 男《話》ズボンの尻(しり): auf *seinen* ~ fallen 尻もちをつく | **den ~ voll kriegen** (子供が)尻をぶたれる | ***sich***[4] **auf den ~ setzen** (仕事・勉強などに)腰をすえて取りかかる | ***jm.* den ~ strammziehen**《話》…の尻をぶつ, …をしたたかにぶん殴る. **≠bo·je** 女〘海〙(ズック製の)ズボン型救命具(→ 図).

Hosenboje

≠bü·gel 男 = Hosenspanner **≠bund** 男 ズボンの(ウエスト)バンド. **≠fal·te** 女 ズボンの折り目. **≠gurt** =Hosenbund **≠hal·ter** 男 -s/- =Hosenträger **≠kacker** 男《話》**1** 臆病(おくびょう)者, 弱虫. **2** おいぼれ. **≠kerl** 男《話》(Penis) 陰茎, 男根. **≠klam·mer** 女 (自転車に乗る際などに使う)ズボンのすそどめ用クリップ (→ 図 Klammer). **≠klap·pe** 女 (子供のズボンの)尻(しり)あき. **≠knopf** 男 **1** ズボンのボタン. **2**《比》つまらぬ事, 些事(さじ): Er kümmert sich um jeden ~. 彼はどんな些細な事でも気にする. **≠latz** 男 **1** ズボンの前たて; ズボンの尻あき. **2**《方》=Hosenschlitz **≠lupf** 男《スイス》(スイス式の)レスリング;《比》政治上の争い. **≠matz** 男《戯》(ズボンをはいた)幼児. **≠naht** 女 ズボンの(両外側の)縫い目. **≠rock** 男〘服飾〙キュロット; キュロットスカート, ディバイデッド=スカート. **≠rohr** 中〘工〙分岐管. **≠rol·le** 女〘劇〙**1** 女優の演じる男役. **2** (女優の演じる)男装の女役. **≠sack** 男《南部・オーストリア・スイス》= Hosentasche **≠schei·ßer** 男 = Hosenkacker **≠schlitz** 男 ズボンの前あき. **≠span·ner** 男 ズボンハンガー. **≠stall** 男《戯》= Hosenschlitz **≠ta·sche** 女 ズボンのポケット: die Hände in den ~*n* haben ズボンのポケットに両手をつっこんでいる ‖ ***et.***[4] **wie *seine* ~ kennen**《話》…を熟知している, …に通暁している | ***et.***[4] **aus der linken ~ bezahlen**《話》…(大金など)をいともたやすく支払う | Ihm fiel das Herz in die ~.《話》彼はひどく不安になった. **≠trä·ger** 男 -s/-《ふつう複数で》ズボンつり, サスペンダー. **≠tür** 女, **≠tür·chen** 中《戯》=Hosenschlitz **≠um·schlag** 男 =Hosenaufschlag

ho·sian·na[hoziána·] **I** 間 (歓喜・歓迎の叫び声)ホサナ, 万歳, ようこそ: ~ rufen ホサナと叫ぶ, 喜び〈歓迎〉の叫びをあげる. **II Ho·sian·na** 中 -s/-s ホサナ〈喜び〉の声, 歓迎の歌: ein ~ singen 喜び〈歓迎〉の歌を歌う. [*hebr.* „hilf doch!“; イエスのエルサレム到着を喜ぶ民衆の叫びから; ◇*engl.* hosanna]

Hos·pi·tal[hɔspitá:l] 中 -s/-e, ..täler[..tέ:lər] **1** (Krankenhaus)(小規模の)病院. ᵛ**2** 養老院; 救貧院. [*lat.* hospitālis „gast(freund)lich"－*mlat.* hospitāle „Gastzimmer"－*ahd.*; ◇Spital]

Hos·pi·tal·in·fek·tion 女〔病〕院内感染.

hos·pi·ta·li·sie·ren[hɔspitalizí:rən] 他 (h) ⦅*jn.*⦆ 病院〈養老院・救貧院〉へ入院させる.

Hos·pi·ta·lis·mus[hɔspitalísmʊs] 男 -/ **1**〖医〗ホスピタリズム, 病院病, 施設病(病院や施設に長期滞在している病人・子供に見られる心身症状・情緒発達障害). **2** (Krankenhausinfektion)〖医〗〔病〕院内感染.

ᵛ**Hos·pi·ta·li·tät**[..talitέ:t] 女 -/ (Gastfreundschaft) 客を手厚くもてなすこと, 歓待. [*lat.*]

Hos·pi·ta·li·ter[..talí:tər] 男 -s/- **1**〖史〗(中世の)ホスピタル騎士団員〈会士〉. **2**〖カトリック〗(病院で病人の看護をする)〔慈悲〕修道会会員.

Hos·pi·tant[..tánt] 男 -en/-en **1** (授業・講義などの)臨時聴講生. **2** (政治的に近い立場の党派に客員として所属する)無所属議員.

Hos·pi·ta·tion[..tatsió:n] 女 -/ 臨時聴講.

hos·pi·tie·ren[..tí:rən] 自 (h) (授業・講義などを)臨時に聴講する. [*lat.* hospitārī „zu Gast sein"]

Hos·piz[hɔspí:ts; スイス: ..píts] 中 -es/-e **1** ホスピス(治療よりも患者との対話や苦痛の軽減を重視するなど, 末期の患者に人間らしい死に方を可能ならしめる施設). **2** (キリスト教団体の経営する)ホスピス, 宿泊施設. ᵛ**3** 貧民収容所. [*lat.*; ＜*lat.* hospes „Gast(freund)"; ◇hostil; *engl.* hospice]

Hos·po·dar[hɔspodá:r] 男 -s/-e; -en/-en ホスポダール, 大公(昔のスラヴ諸国, 特に Montenegro の王侯の称号). [*ukrain.*－*rumän.*; ◇Gospodar]

Ho·stess (**Ho·steß**)[hóstεs, ◡⌣] 女 -/..ssen [hɔstέsən] **1** (博覧会・見本市などの)女性コンパニオン; 案内嬢. **2**〖空〗フライト〈キャビン〉アテンダント. **3** (バー・キャバレーなどの)ホステス. [*engl.* „Gastgeberin"]

Ho·stie[hóstiə] 女 -/-n〖キリスト教〗ホスチア, ホスト, 祭餅(さいへい)(聖餐(せいさん)式のパン). [*lat.* hostia „Opfer(tier)"－*mlat.*－*mhd.*; ◇*engl.* the Host]

Ho·sti·en≠be·häl·ter[hóstiən..] 男 ホスチアの容器. **≠kelch** 男 ホスチア用の聖杯. **≠schrein** 男 ホスチア用の聖櫃. **≠tel·ler** 男 ホスチア用の皿, パテナ.

ho·stil[hɔstí:l] 形 (feindlich) 敵対的な, 敵意のある. [*lat.*; ＜*lat.* hostis „Fremdling" (◇Gast)]

Ho·sti·li·tät[hɔstilitέ:t] 女 -/-en (Feindseligkeit) 敵意; 敵対行為. [*spätlat.*]

Hot[hɔt] 男 -s/-s〖楽〗ホットジャズ. [*engl.*; ◇heiß²]

Hot dog[hót dók] 中 --s/--s ホットドッグ. [*amerik.*]

Ho·tel[hotέl] 中 -s/-s ホテル, 旅館: ein billiges 〈erstklassiges〉 ～ 安宿〈一流ホテル〉| ein rollendes ～⦅話⦆(宿泊設備のある)遠距離用旅行バス | ein schwimmendes ～ 洋上ホテル(豪華客船) ‖ im ～ absteigen 〈übernachten / wohnen〉 ホテルに投宿する〈泊まる / 泊まっている〉| →*Hotel* garni [*mlat.* hospitāle (→Hospital)－*fr.* hôtel; ◇*engl.* ho(s)tel]

Ho·tel≠be·sit·zer 男 ホテルの所有者〈経営者〉. **≠fach** 中 -(e)s/ (職業部門としての)ホテル業. **≠füh·rer** 男 ホテル案内(ガイドブック).

Ho·tel gar·ni[hotél garní:] 中 --/-s -s[−−] ホテルガルニ(朝食だけ出す簡素なホテル). [*fr.*; ◇garnieren]

Ho·tel≠gast 男 ホテルの泊まり客. **≠ge·wer·be** 中 ホテル〈旅館〉業.

Ho·te·lier[hotəlié:, ..tεlié:] 男 -s/-s ホテル経営者, ホテル業者. [*fr.*]

Ho·tel≠in·du·strie[hotέl..] 女 ホテル産業. **≠ket·te** 女 (同系列の資本による)ホテルチェーン.

Ho·tel·le·rie[hotεlərí:] 女 -/ ⦅スイス⦆ ＝Hotelgewerbe [*fr.*]

Ho·tel≠nach·weis[hotél..] 男 **1** ＝Hotelverzeichnis **2** (駅などの)ホテル紹介所. **≠per·so·nal** 中 ⦅集合的に⦆ ホテル〈旅館〉の従業員. **≠ver·zeich·nis** 中 ホテル〈旅館〉一覧表. **≠zim·mer** 中 ホテル〈旅館〉の部屋.

Hot pants (**Hot·pants**)[hɔ́t pέnts] 複〖服飾〗ホットパンツ. [*engl.*; ◇Panty]

hott[hɔt] 間 (牛馬に対する掛け声)前へ, 進め, 行け; (↔hü) 右へ: **einmal ～ und einmal har 〈hü〉 sagen** ⦅比⦆ 右と言ったり左と言ったりする, 絶え間なく意見を変える, 朝令暮改する | nicht hü noch ～ wissen (→hü). [*mhd.*; ＜*mhd.* hotten „antreiben"]

Hot·te[hɔ́tə] 女 -/-n ⦅南西部⦆ 桶(おけ), 背負いかご.

hot·te·hü[hɔtəhý:] **I** 間 (馬に対する掛け声)はいっ, 前へ, 急げ. **II Hot·te·hü** 中 -s/-s ⦅幼児語⦆ (Pferd) お馬, ひんひん.

hot·ten[hɔ́tən] ⦅01⦆ 自 (h) ⦅話⦆ ホットジャズに合わせて踊る. [*engl.* hot; ＜Hot]

Hot·ten·tot·te[hɔtəntɔ́tə] 男 -n/-n ホッテントット(アフリカの南部および南西部に住む種族). [*afrikaans*]

hot·ten·tot·tisch[..tɪʃ] 形 ホッテントット〔人・語〕の: → deutsch

Hot·ter[hɔ́tər] 男 -s/- ⦅オーストリア⦆ 村〈畑〉の境界.

Hot·to[hɔ́to·] 中 -s/-s ⦅幼児語⦆ (Pferd) お馬. [＜hott]

Ho·ver·craft[hó:vərkra(:)ft, hɔ́vəkrɑ:ft] 中 -s/-s ホバークラフト. [*engl.*; ＜*engl.* hover „schweben"]

h. p. (ᵛ**HP**) 略 ＝**horse-power** 馬力(＝Pferdestärke). [*engl.*]

Hptst. 略 ＝**Hauptstadt**

Hr. 略 ＝Herr

HR[ha:|έr] 略 男 -/ ＝**Hessischer Rundfunk** ヘッセン放送.

der **Hrad·schin**[(h)rátʃi:n, ◡⌣] 地名 男 -s/ ラジーン (Prag の城, およびその市区). [*tschech.*; ＜*tschech.* hrad „Burg"]

Hrn. 略 ＝Herrn (Herr の単数 3・4 格. 手紙の上書きなどで男性あて名に冠して)…様〈殿〉.

Hros·wi·tha[rɔsví:ta·] ＝Roswitha

hrsg. 略 ＝**herausgegeben** (→herausgeben I 4).

Hrsg. 略 ＝**Herausgeber**

Hs. 略 ＝**Handschrift** 手〈筆〉写本(複数は: →Hss.).

Hsi·an[sí:an] 地名 西安, シーアン(中国, 陝西 Schensi 省の省都. 旧称 Tschangan).

Hsiang Yü[sĭaŋjý:] 人名 項羽(前232-202; 中国, 秦(しん)末期の武将, 劉邦と天下を争って敗れた).

Hsin-lo[sínlo·] 女 -/ 新羅(しらぎ)(朝鮮古代三王国の一つ; 356-935. Silla ともいう).

Hsi-tai-hou[sitaɪháʊ] 人名 西太后(1835-1908; 中国, 清の咸豊帝の側室).

Hsiung-nu[sĭʊŋnú:] 複 匈奴(きょうど)(前 3 世紀末から後 1 世紀ごろまでモンゴルで活躍した遊牧の騎馬民族). [*chines.*; ◇Hunne]

Hsi·yü[sijý:] 地名 西域(さいいき)(古代中国人が漠然と西方の地域を総称した語).

Hss. 略 ＝Handschriften (→Handschrift 2).

Hsüan Tsang[sўantsáŋ] 人名 玄奘(602-664; 仏法を求めてインドに渡り, 帰国後, 多数の仏典の翻訳事業を起こした中国唐代の僧).

Hsüan-tsung[sўantsύŋ] 人名 玄宗(685-762; 中国, 唐第 6 代の皇帝).

Hsün-dsi[sýntsə] 人名 荀子(前298頃-235頃; 中国, 戦国時代末期の儒家).

hu[hu:] 間 (恐怖・嫌悪・寒さなどの気持を表して)げえ, わあ, ひゃあ, ぶるぶる: *Hu*, eine Schlange! きゃあ 蛇だ | *Hu*, wie schmutzig! わあ 汚い | *Hu*, ist es hier kalt! ぶるぶる ここは寒いなあ. [*mhd.*]

hü[hy:] 間 (牛馬に対する掛け声)前へ, 進め; 止まれ; (↔hott) 左へ: **nicht ～ noch hott wissen** ⦅比⦆ 左へ行くべきか右へ行くべきか分からない, 途方にくれる ‖ Der eine sagt ～, der andere sagt hott. ⦅比⦆ 互いに正反対のことを言う, くい違った意見〈命令〉を出す | einmal hott und einmal ～ sagen (→hott).

Huai·he[xŭáɪxʌ́] ＝Weiho

Huang·he[xŭáŋxʌ́] ＝Hoangho

hub[hu:p]¹ hob (heben の過去)の古形.

Hub[hu:p][1] 男 -(e)s/Hübe[hý:bə] **1** 引き上げる(持ち上げる)こと. **2** =Hubhöhe 1 **3** (気筒内の)ピストンの往復行程(作動距離).

Hub·brücke[hú:p..] 女 引きあげ跳開橋.

Hu·be[hú:bə] 女 -/-n《南部・オーストリア》=Hufe

hü·be[hý:bə] höbe (heben の接続法 II)の古形.

Hü·be Hub の複数.

Hu·bei[xúběǐ] =Hupeh

hü·ben[hý:bən] 副 (↔drüben) (道・川・海・国境などを越えて)こちら側で:〘ふつう drüben と結合して〙**~ und drüben** / **~ wie drüben** こちら側でもあちら側でも; 敵味方ともに | von ~ nach drüben こちら側から向こう側へ ‖〘2 格の名詞と〙~ und drüben des Vorhangs カーテンをはさんで両側で. [„hier auf dieser Seite"; ＜hie+üben[2]]

..huber[..hu:bər] →..meier

Hu·ber[hú:bər] 男 -s/-《方》=Hufner

Hu·bert[hú:bɛrt] 男名 フーベルト: der heilige ~ 聖フベルトゥス(→Hubertus). [„der durch Verstand Glänzende"; ＜*ahd.* hugu „Verstand"+..bert]

Hu·ber·tus[hubέrtʊs] 男名 フベルトゥス: der heilige ~ 聖フベルトゥス(655頃-727; Lüttich の司教. 猟師の守護者: →Hubertustag). [*lat.*]

Hu·ber·tus≠burg 女 -/ フベルトゥスブルク城 (Sachsen 選帝侯の猟館. 1763年に七年戦争終結のフベルトゥスブルクの和約がここで成立した). **≠jagd** 女 Hubertustag に催される狩猟. **≠man·tel** 男《オーストリア》=Lodenmantel **≠tag** 男〘カトリック〙聖フベルトゥスの祝日(11月3日: →Hubertus).

Hub·hö·he[hú:p..] 女 **1**〘工〙引き上げ(持ち上げ)の高さ. **2**〘医〙揚高, 引きあげの高さ(胃の長さの測定値. 胃下垂診断の目安となる).

hü·big[hý:bɪç][2] 形《付加語的》《話》こちら側の. [◇hüben]

Hu·bi·lie[xūbìlǐɛ̀] =Chubilai

Hub≠kar·ren[hú:p..] 男 持ち上げ車, リフトトラック(→ 図). **≠kol·ben·mo·tor** 男〘工〙ピストン往復機関(エンジン). **≠kraft** 女 揚力; 浮力. **≠ma·gnet** 男 つり上げ磁石; (電話装置などの)上昇電磁石.

Hüb·ner[hý:bnər] 男 -s/- =Hufner

Hub≠pum·pe[hú:p..] 女 (Saugpumpe) 押し上げ(吸い上げ)ポンプ(→ 図 Pumpe). **≠raum** 男 (気筒内の)ピストンが作動する空間部: ein Motor mit 1 800 Kubikzentimeter ~ シリンダー容積1800cc のエンジン.

hübsch[hʏpʃ] 形 **1** 見た目に好ましい(美しい・きれいな・かわいらしいなど); 魅力的な, 感じのよい, すばらしい: ein ~*es* Kind かわいらしい子供 | ein ~*es* Mädchen 美しい少女 | eine ~*e* Melodie 美しい旋律 | Sie hat ~*e* Augen ⟨Beine⟩. 彼女は目⟨脚⟩がきれいだ | Es war ein ~*er* Abend. すばらしい(たのしい)晩だった ‖ *sich*[4] ~ anziehen きれいな服装をする | *sich*[4] ~ machen おめかしをする ‖ eine ~ eingerichtete Wohnung 調度や設備のよく調った住居 | Sie spielt sehr ~ Klavier. 彼女はピアノがとても上手だ ‖ ~ machen (犬が)ちんちんする.

2《反語》けっこうな: ein ~*es* Früchtchen 相当なろくでなし | Das ist ja eine ~*e* Geschichte. 全くひどい話だ | Das kann ja ~ werden. これは大変なことになりそうだ ‖ Man hat mich ~ hereingelegt. 私はまんまと一杯食わされた.

3 (freundlich) 親切な, 好意的な: Es ist ~ von dir, mir zu helfen. 君が私の手伝いをしてくれるとはありがたい.

4《述語的用法なし》(量に関して)かなりの, 相当な: eine ~*e* Summe ⟨Strecke⟩ かなりの金額⟨道のり⟩ | Er hat ein ~*es* Vermögen. 彼にはちょいとした財産がある ‖ Der Koffer ist ~ schwer. このトランクはけっこう重い | Er war ganz ~ betrunken. 彼はすっかり酔っぱらっていた.

5《副詞的》ちゃんと: Sei ~ artig! ちゃんとおとなしくしていなさい | Immer ~ der Reihe nach! ちゃんと順番を守って.

6《話》《親しみをこめた呼び掛け語として名詞的に》Hallo; du *Hübscher* ⟨*Hübsche*⟩, wie geht's dir denn? やあ 君 どうだね元気かい. [*mhd.*; ◇höfisch]

Hübsch·heit[hʏ́pʃhaɪt] 女 -/ hübsch 1 なこと.

Hübsch·ling[..lɪŋ] 男 -s/-e《軽蔑的に》(ほかには何も取柄のない)美男子.

Hub≠schrau·be[hú:p..] 女〘空〙(ヘリコプターの)回転翼. **≠schrau·ber** 男〘空〙ヘリコプター: ein einrotoriger ⟨mehrrotoriger⟩ ~ 1個⟨2個以上⟩の回転翼をもつヘリコプター.

Hub·schrau·ber·trä·ger 男〘軍〙ヘリコプター空母.

Hub≠stap·ler 男 (Absetzwagen) フォークリフト. **≠vo·lu·men** 中 =Hubraum

huch[hʊx] 間 (軽い驚き・恐怖・嫌悪〔のふり〕を表して)あらら, おやおや, まあ, ひゃあ, あんれ, おんや: *Huch*, was ist denn da! あらら 何ごとだい | *Huch*, wie unvornehm! おやまあ下品ね | *Huch*, das will Student sein! あれあれ それでも学生かね | *Huch*, wie kalt ist es hier! ああ ここは寒いなあ.

Huch[hu:x] 人名 Ricarda ~ リカルダ フーフ(1864-1947; ドイツの女流作家).

Hu·chen[hú:xən] 男 -s/- (Donaulachs)〘魚〙(Donau 川などの)サケの一種.

Hucke[húkə] 女 -/-n《方》**1** (Rücken) 背, 背中: ***jn.* die ~ voll hauen**《話》…をさんざんに殴りつける | **die ~ voll kriegen** さんざん殴られる | ***sich*[3] die ~ voll lachen**《話》笑いころげる | ***jm.* die ~ voll lügen**《話》…をひどくだます | 〔***sich*[3]**〕**die ~ voll saufen**《話》酔っぱらう. **2** 背負った荷物; 一回で背負える荷の量. **3** 背負いかご. **4**《軽蔑的に》(Menge) 多数. [＜Hocke]

hucken[húkən]《方》他 (h)《*et.*[4]》背負う;《*jm. et.*[4]》背負わせる:〔*sich*[3]〕einen schweren Sack auf den Rücken ~ 重い袋を背中にかつぐ.

hucke·pack[húkəpak] 副《話》背中に: ein Kind ~ nehmen 子供を背負う | *jn.* ⟨*et.*[4]⟩ ~ tragen …を背負っている | bei ⟨mit⟩ *jm.* ~ machen …に背負われる. [*ndd.*; ＜hucken+*ahd.* bah „Rücken" (◇back)]

Hucke·pack≠ver·kehr 男〘鉄道〙(Huckepackwaggon による)ピギーバック輸送. **≠wag·gon**[..vagɔ̃:] 男〘鉄道〙ピギーバック車(トラックなどを貨物もろとも積載する無蓋(ふ)貨車).

..hude[..hu:də]《本来は「堤防で囲まれた所」の意味から「放牧地」または「小さな港」を意味し, 北ドイツの地名に見られる》: Buxte*hude*

Hu·de[hú:də] 女 -/-n《北部》(Weide) (家畜の)放牧地. [＜*mndd.* hōden „hüten" (◇hüten)]

Hu·del[hú:dəl] 男 -s/-〔n〕《南部》**1** ぼろきれ; くず; つまらぬもの. **2** 浮浪者; 自堕落な人間. [*mhd.*; ◇Hader[1]]

Hu·de·lei[hu:dəláɪ] 女 -/-en《方》**1** ずさんな(ぞんざいな・不手際な)仕事. **2** 面倒(やっかい)なこと.

Hu·de·ler[hú:dələr] (**Hud·ler**[..dlər]) 男 -s/-《方》ずさんな(ぞんざいな・不手際な)仕事をする人.

hu·de·lig[..dəlɪç][2] (**hud·lig**[..dlɪç][2]) 形《方》ずさんな, ぞんざいな, 不手際な.

hu·deln[hú:dəln]《06》《方》**I** 自 (h) ずさんな(ぞんざいな・不手際な)仕事をする. **II** 他 (h)《*jn.*》いじめる, 苦しめる.

hu·dern[hú:dərn]《05》**I** 他 (h) (ひな鳥を)羽の下に入れる. **II** 自 (h) (鳥が)砂を浴びる.

Hud·ler =Hudeler

hud·lig =hudelig

Hu·dri-Wu·dri[hú:dri:vú:dri:] 男 -s/-s《オーストリア》《話》落ち着きのない人.

die **Hud·son·bai**[hátsɔnbaɪ, hʌ́dsn béɪ] 地名 女 -/ ハドソン湾(カナダ北東部の内海). [＜H. Hudson (発見者のイギリス人航海家, †1611)]

Hud·son·hörn·chen[hʌ́dsn..] 中〘動〙アカリス(赤栗鼠)(北米産).

huf[hu:f] 間 (牛馬に対する掛け声)後へ, 戻れ, バック.

Huf[―] 男 -[e]s/-e **1** (牛・馬などの)ひづめ(蹄)(→ 図): einem Pferd die ~*e*

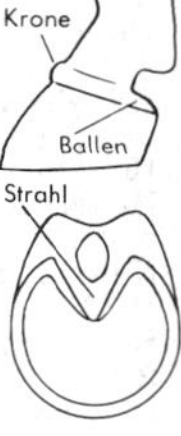

〔mit Eisen〕 beschlagen 馬のひづめに蹄鉄(ていてつ)を打つ. **2** (Huftier) 有蹄類の動物. [*germ.*; ◇*engl.* hoof]
hüf[hy:f] =huf
Huf≈bein[hú:f..] 中《畜》蹄骨(ていこつ). **≈be·schlag** 男 **1** 蹄鉄を打つこと, 装蹄. **2** =Hufeisen
Huf·be·schlag≈schmied 男 蹄鉄(ていてつ)〔製造・装着〕工. **≈schmie·de** 女 蹄鉄工場.
Hu·fe[hú:fə] 女 -/-n (中世に村有地から各農民にに割り当てられた)農地, フーフェ(約10-20ヘクタール). [*ahd.* huoba; ◇*gr.* kẽpos „Garten"]
Huf·ei·sen[hú:f..] 中 蹄鉄(ていてつ)(幸運の象徴と考えられることがある). 「gen).」
Huf·ei·sen·bo·gen 男《建》馬蹄形アーチ(→ ⊠ Bo-
huf·ei·sen·för·mig 形 馬蹄(ばてい)形の.
Huf·ei·sen≈ma·gnet 男 馬蹄(ばてい)形磁石(→ ⊠ Magnet). **≈na·se** 女《動》キクガシラコウモリ(鼻づらが馬蹄形をしている). **≈nie·re** 女《医》馬蹄形腎(じん), 蹄鉄腎(腎臓奇形の一種).
Hu·fen·dorf[hú:fən..] 中《地》(農地・草原を背後にもつ家屋の並んだ)街村. [<Hufe]
Huf·ham·mer[hú:f..] 男 (蹄鉄(ていてつ)用の)装蹄槌(つち).
..hufig[..hu:fıç][2]《数詞などにつけて「…〔個〕のひづめをもつ」を意味する形容詞をつくる》: ein*hufig*《動》単蹄(たんてい)〈奇蹄〉〔目〕の | paar*hufig*《動》偶蹄〔目〕の.
Huf≈krebs[hú:f..] 男《畜》蹄癌(ていがん). **≈lat·tich** 男《植》フキタンポポ(鎮咳(ちんがい)剤に用いる). **≈na·gel** 男 (蹄鉄用の)平頭釘(くぎ).
Huf·ner[hú:fnər] (ᵛ**Hüf·ner**[hý:fnər]) 男 -s/- Hufe を所有する農民.
Huf≈schlag[hú:f..] 男 **1** ひづめで蹴(け)ること: einen ~ abbekommen ひづめで蹴りつけられる. **2** ひづめの音. **≈schmied** = Hufbeschlagschmied **≈schmie·de** =Hufbeschlagschmiede
Hüft·bein[hʏ́ft..] 中《解》寛骨(腸骨・坐骨・恥骨からなる); 腰骨.
Hüf·te[hʏ́ftə] 女 -/-n **1** 腰, 腰部, 臀部(でんぶ)(→ ⊠ Mensch B, Pferd A): aus der ~ schießen 〈feuern〉 (銃を)腰だめにして発射する | die Hände in die ~*n* stützen 腰に両手を当てる | *sich*[4] in den ~*n* wiegen 腰を振る | mit wiegenden ~*n* gehen 腰を振って歩く | Sie hat schmale ~*n*. 彼女はほっそりとした腰をしている. **2**《単数で》《料理》腰肉. [*germ.* „Biegung"; ◇Kubus, Haufe, hüpfen; *engl.* hip]
Hüf·ten≈gür·tel[hʏ́ftən..]《スイ》= Hüftgürtel **≈hal·ter**《スイ》=Hüfthalter
Hüft·ge·lenk[hʏ́ft..] 中《解》股(こ)関節.
Hüft·ge·lenk≈ent·zün·dung 女《医》股(こ)関節炎. **≈lu·xa·tion** 女, **≈ver·ren·kung** 女《医》股関節脱臼(だっきゅう).
Hüft≈gür·tel 男《服飾》ガーターベルト. **≈hal·ter** 男《服飾》ガードル(婦人用の略式コルセットで, 靴下つりを兼ねる).
hüft·hoch 形 (下から)腰のところまで達する: hüfthohes Gras 腰の高さにまで生い茂った草.
Hüft·horn =Hifthorn
Huf·tier[hú:f..] 中 -〔e〕s/-e《ふつう複数で》《動》(古い分類で)有蹄(ゆうてい)類.
Hüft·kno·chen[hʏ́ft..] 男 =Hüftbein
hüft≈lahm 形 (股(こ)関節の障害で)腰が萎(な)えた. **≈lang** 形 (上着・ブラウスなどが)尻(しり)まで達する.
Hüft≈lei·den 中 股(こ)関節疾患. **≈nerv** 男《解》坐骨神経. **≈pfan·ne** 女《解》寛骨臼(きゅう), 股臼(こきゅう).
hüft·schmal 形 腰のほっそりした, 柳腰の.
Hüft≈schmerz 男 -es/-en《ふつう複数で》=Hüftweh **≈tuch** 中 -〔e〕s/..tücher 腰布. **≈um·fang** 男 腰まわり, 腰周(ようしゅう): den ~ messen 腰まわりの寸法を測る. **≈ver·ren·kung** =Hüftgelenkverrenkung **≈weh** 中 腰痛(坐骨神経痛・股(こ)関節痛など). **≈wei·te** 女《服飾》腰回りの寸法, ヒップ.
Hug·bald[hú:kbalt] 男名 フークバルト. [<*ahd.* hugu „Gedanke"+bald „kühn"]

Hü·gel[hý:gəl] 男 -s/- **1** (小高い)丘, 丘陵: ein sanfter ~ なだらかな丘. **2 a)** 積み上げた山: Kohlen*hügel* 石炭の山. **b)**《雅》(Grabhügel) 墓の盛り土, 墓丘. **3**《比》(女性の)盛り上がった胸. [<*ahd.* houg „Hügel" (◇hoch)] 「副 丘を上って.」
hü·gel≈ab[hy:gəl|áp] 副 丘を下って. **≈an** 副, **≈auf**
Hü·gel·grab[hý:gəl..] 中《史》古墳.
hü·ge·lig[hý:gəlıç][2] (ᵛ**hü·ge·licht**[..lıçt]) 形 丘陵状の; 丘陵〈起伏〉の多い.
Hü·gel≈ket·te 女 丘の連なり, 連丘. **≈land** 中 -〔e〕s/..länder 丘陵地.
Hu·ge·not·te[hugənɔ́tə] 男 -n/-n ユグノー派の人(フランスの新教徒). [*schweiz.*-*fr.* Huguenot; ◇Eidgenosse]
hu·ge·not·tisch[..tıʃ] 形 ユグノー派の.
hüg·lig[hý:glıç][2] (ᵛ**hüg·licht**[..lıçt]) =hügelig
Hu·go[1][hú:go·] 男名 (<Hugbald) フーゴー.
Hu·go[2][ygó:] 人名 Victor ~ ヴィクトル ユゴー(1802-85; フランス=ロマン派の作家. 作品『レ=ミゼラブル』など).
huh[hu:] =hu
hüh[hy:] =hü
Hu·he·hot[huhehó:t] (**Hu·he·hao·te**[xūxʌ́xàŭtʌ̀]) 地名 呼和浩特, フホホト(中国, 内蒙古自治区の首都: → Mongolei).
Huhn[hu:n] 中 -〔e〕s/Hühner[hý:nər] (⊘ **Hühn·chen** → 別出, **Hühn·lein**[hý:nlaın] 中 -s/-) **1 a)** (雌雄の区別なく)ニワトリ(鶏)(おんどりは Hahn, めんどりは Henne, ひよこは Küken);《料理》鶏肉: ein gebratenes ~ ローストチキン ‖ 〔*sich*[3]〕 *Hühner* halten 鶏を飼う | ***sein* ~ im Topf haben**《比》経済的に安定している, 食うに困らない | ein ~ rupfen 鶏の羽をむしる ‖ **wie ein kopfloses** ~ / wie ein ~ ohne Kopf やみくもに | **wie die *Hühner* auf der Stange**《戯》目白押しに並んで ‖ **Da lachen 〔ja〕 die *Hühner*!**《話》そんなばかな, とんだお笑い草だ | **aussehen, als hätten *jm.* die *Hühner* das Brot weggefressen** (まるで鶏にパンをさらわれたように)驚いた〈途方にくれた〉顔をしている | nach *jm.* 〈*et.*[3]〉 kräht kein ~ und kein Hahn (→ Hahn 1 a) | **Ein blindes ~ findet auch einmal ein Korn.**《諺》へたな鉄砲も数撃てば当たる(盲目の鶏もいつかは穀粒を見つける) ‖ **mit den *Hühnern* aufstehen 〈zu Bett gehen / schlafen gehen〉**《戯》早起き〈早寝〉をする | das Ei unterm ~ verkaufen müssen (→Ei 1). **b)** (Henne) めんどり: **das ~, das goldene Eier legt, schlachten**《比》ことをあせって元も子もなくす. **2** (Rebhuhn)《狩》ヨーロッパヤマウズラ(山鶉). **3**《ふつう様態を示す付加語と》《俗》(Mensch) 人, やつ: ein dummes 〈komisches〉~ ばかな〈おかしな〉やつ | Er ist zur Zeit ein krankes ~. 彼はいま病気だ. [*germ.*; ◇Hahn[1]]
Hühn·chen[hý:nçən] 中 -s/- Huhn の縮小形: **mit *jm.* 〔noch〕 ein ~ zu rupfen haben**《話》〔まだ〕…と話をつけなければならない, …と決着をつけなければならないことが〔まだ〕残っている.
Hüh·ner Huhn の複数.
Hüh·ner·au·ge[hý:nər..] 中 **1** 鶏の目. **2**《医》魚(うお)の目, 鶏目(けいがん): ein ~ entfernen lassen 魚の目を取り除いてもらう | ***jm.* auf die ~*n* treten**《話》i)…の痛いところをつく, …の感情を害する; ii) (忘れないように)…に念を押す. [*mlat.* oculus pullīnus の翻訳借用]
Hüh·ner·au·gen·pfla·ster 中 魚の目〔除去〕用の硬膏(こう)〈貼用(ちょうよう)薬〉.
Hüh·ner≈aus·lauf 男 鶏舎の運動場. **≈bei·gel** 中 -s/-〔n〕《オースト》鶏のもも肉. **≈biß** 男《植》ナンバンハコベ(南蛮繁縷).
hüh·ner·blind 形《俗》(nachtblind) 鳥目(とりめ)の.
Hüh·ner≈blind·heit 女《俗》鳥目, 夜盲症. **≈bra·ten** 男 ローストチキン; 焼き鳥. **≈brü·he** 女 鶏のブイヨン, チキンスープ. **≈brust** 女 **1** 鶏の胸部. **2**《医》鳩胸(はとむね). **3**《俗》(特に虚弱な男性の)細くて薄い胸.
hüh·ner·brü·stig[..brʏstıç][2] 形《俗》(特に男性が)胸の細くて薄い.
Hüh·ner≈darm 男 (Vogelmiere)《植》ハコベ.

H

≈**dieb** 男 鶏泥棒. ≈**dung** 男 (肥料としての) 鶏糞(けいふん). ≈**ei** 中 鶏卵. ≈**farm** 女 養鶏場. ≈**fleisch** 中 鶏肉. ≈**fri·kas·see** 中〔料理〕鶏肉のフリカッセ(ホワイトソースの煮込み). ≈**grind** 男 (鶏の)とさかの疥癬(かいせん). ≈**ha·bicht** 男〔鳥〕アオタカ(青鷹). ≈**hal·ter** 男 養鶏家〈業者〉. ≈**hal·tung** 女 養鶏. ≈**haus** 中 鶏小屋, 鶏舎. ≈**haut**《南部》=Gänsehaut ≈**hir·se** 女〔植〕ケイヌビエ(毛犬稗). ≈**hof** 男 =Hühnerauslauf ≈**hund** 男 キジ類の狩猟犬. ≈**jagd** 女 キジ類の狩猟. ≈**jun·ge** 中《形容詞変化》《オーストリア》鶏の臓物. ≈**lei·ter** 女 鶏用のはしご(→図 Leiter);《戯》狭く急な階段. ≈**myr·te** 女〔植〕ハコベ(繁縷). ≈**pa·ste·te** 女 チキンパイ. ≈**pest** 女〔畜〕鶏ペスト. ≈**sa·lat** 男 チキンサラダ. ≈**schen·kel** 男, ≈**schle·gel** 男 鶏のもも肉. ≈**stall** 男 =Hühnerhaus ≈**stan·ge** 女 鶏のとまり木. ≈**stei·ge** 女《南部・オーストリア》鶏小屋, 鶏舎. ≈**stie·ge** 女 =Hühnerleiter ≈**sup·pe** 女 チキンスープ. ≈**vo·gel** 男 -s/..vögel《ふつう複数で》〔鳥〕キジ(雉)類〔の鳥〕. ≈**zucht** 女 養鶏. ≈**züch·ter** 男 養鶏家, 養鶏業者.

Hühn·lein Huhn の縮小形(→Hühnchen).

hu·hu 間 **1** [hú:hu:] (遠くの人・あちらを向いている人を呼ぶ声) おーい, もうし: *Huhu*, komm noch mal zurück! おーい もう一度帰って来い | *Huhu*, hörst du mich denn nicht? おーい 聞こえないのか. **2** [huhú:] (寒さ・恐怖など〔のふり〕を表して) ひゃあ, ぶるぶる: *Huhu*, wie kalt! ぶるぶる なんて寒いんだ | *Huhu*, hier spukt's! ぶるぶる ここは幽霊が出るよ. [<hu]

hui [hʊɪ] **I** 間 **1** (風などの速い動きを表して) ヒューッ, サーッ: Da kam ~ ein Wind. そのときヒューッと風が吹いてきた. **2** (喜ばしい驚き・感激などの気持を表して) おお, わあ, これはこれは: *Hui*, das macht Spaß! わあ これはおもしろい | **Oben ~, unten pfui.** / **Außen ~, innen pfui.** うわべはいいが中身はお粗末, 見かけだおしだ. **II** 形《述語的》《話》速い, そそっかしい, ぞんざいな: Er ist immer ~. あいつはいつもあわてんぼうだ. **III Hui** 中《話》《**im 〈in einem〉 Hui** の成句で》(風のように) さあっと, 速く, あっというまに. [*mhd.*]

hu·jus an·ni [hú:jʊs ánɪ·]《ラテン語》(略 h. a.) (dieses Jahres) 今年の, 今年に〔は〕.

hu·jus men·sis [– ménzɪs]《ラテン語》(略 h. m.) (dieses Monats) 今月の, 今月に〔は〕.

Hu·ka [hú:ka·] 女 -/-s (インドの) 水ぎせる. [*arab.* huqqah „Gefäß"; ◇*engl.* hooka〔h〕]

Huk·boot [hók..] 中 (**Hu·ker** [hókər] 男 -s/-) (オランダの) 遠洋漁船. [*ndl.* 〔–*engl.* hooker〕; <*ndl.* hoek „Haken" (◇Haken)]

Hu·la [hú:la·] 女 -/-s; 男 -s/-s (ハワイの) フラダンス. [*polynes.*]

Hu·la-Hoop [hu:lahóp] 男 中 -s/-s **1** フラフープ. **2** 《単数で》フラフープ遊び. [*amerik.*; <*engl.* hoop „Reifen"]

Huld [hʊlt] 女 -/《雅》(Gnade) 恩恵, 寵愛(ちょうあい); (目下の者などに対する) 好意, 親切: Gottes ~ 神の恩寵 | in *js.* ~³ stehen …の寵愛を受けている. [*ahd.*; ◇hold]

Hul·da [hólda·] **I** 女名 (<Holda) フルダ. **II** 女 -/-s《話》(男性の) 連れの女.

hul·di·gen [hóldɪgən]² 自 (h) **1**《雅》《*jm.*》敬意を表する; (支配者に) 忠誠を誓う. **2**《*et.*³》(…に) 忠実である; (…に) 熱中する, ふける: einem Aberglauben ~ 迷信を信じ切っている | einer Ansicht ~ ある見解を信奉する | dem Alkohol ~ 飲酒にふける | 〔dem〕 Bacchus ~ (→Bacchus) | dem Sport ~ スポーツに熱中する.

Hul·di·gung [..gʊŋ] 女 -/-en huldigen すること: eine ~ an *jn.* …に対する敬意〔のしるし〕| *jm. seine* ~ darbringen i) …に敬意を表する; ▽ii) …に忠誠を誓う.

Hul·di·gungs·eid 男 忠誠の誓い.

huld≈reich [hólt..] 形, ≈**voll** 形 慈悲深い, 好意にあふれた.

hül·fe [hÝlfə] helfen の接続法 II.

▽**Hül·fe** [–] 女 -/-n =Hilfe

Hulk [hʊlk] 男 -〔e〕s/-e〔n〕; 女 -/-e〔n〕 =Holk

Hül·le [hÝlə] 女 -/-n **1 a)** おおい, 包み; カバー, ケース; (Schleier) ベール; (Briefumschlag) 封筒: eine ~ aus Plastik 〈für den Ausweis〉 プラスチックの〈証明書の〉ケース | Buch*hülle* ブックカバー | Schallplatten*hülle* レコードのジャケット ‖ den Brief in die ~ stecken 手紙を封筒に入れる ‖ die ~ der Nacht《雅》夜のとばり | in der ~ der Nacht 夜陰に乗じて. **b)**〔動〕外皮, 包被;《話》(着ている) 衣服: die ~*n* abstreifen《戯》脱衣する; (蛇などが) 脱皮する | die ~*n* fallen lassen《戯》服を脱ぎ捨てる ‖ **die sterbliche 〈irdische〉 ~**《雅》肉体; 遺骸(いがい), なきがら | die sterbliche 〈irdische〉 ~ ablegen《雅》死ぬ. **2 in ~ und Fülle** /《雅》**die ~ und Fülle** 豊富に, たくさん, たっぷり | *et.*⁴ in ~ und Fülle haben 〈besitzen〉 …をたくさん持っている.

hül·len [hÝlən] 他 (h) **1** (*et.*⁴ in *et.*⁴) (…を…に) くるむ, 包み込む: einen Blumenstrauß in Papier ~ 花束を紙にくるむ ‖ in Flammen 〈Wolken〉 *gehüllt* sein 炎に包まれて〈雲におおわれて〉いる | Der Beweggrund für seine Tat ist in Dunkel *gehüllt.* 彼の行動の動機はなぞに包まれている ‖ 再帰 *sich*⁴ in *et.*⁴ ~ …にくるまる, …に包まれ〈おおわれ〉る | *sich*⁴ in Schweigen ~ (→schweigen III). **2** (*et.*⁴ um *jn.* 〈*et.*⁴〉) (…を…のまわりに) かける, (…で…を) おおう: *jm.* einen Schal um die Schultern ~ …の肩にショールをかけてやる. [*germ.*; ◇hehlen, Hölle, Helm¹]

hül·len·los [..lo:s]¹ 形 おおいのない, あらわな.

Hüll≈kelch [hÝl..] 男〔植〕総苞(そうほう). ≈**kur·ve** 女 (Enveloppe)〔数〕包絡線. ≈**spel·ze** 女〔植〕(イネ科の) 苞穎(ほうえい). ≈**wort** 中 -〔e〕s/..wörter (Euphemismus)〔言〕婉曲(えんきょく)語〔法〕.

Hül·se¹ [hÝlzə] 女 -/-n (Stechpalme)〔植〕セイヨウヒイラギ(西洋柊). [*ahd.* hul〔i〕s; ◇*engl.* holly]

Hül·se² [–] 女 -/-n (小 **Hüls·chen** [hÝlsçən], **Hüls·lein** [..laɪn] 中 -s/-) **1** (豆類などの) 莢(さや) (→図 Schote); (穀類などの) 殻;〔植〕豆果(とうか), 莢果(きょうか): Erbsen aus der ~ 〔heraus〕lösen えんどう豆をさやから取り出す〈むく〉. **2** (さや状の) 容器 (ケース・サック・カプセルなど): die ~ der Patrone 薬莢(→図 Geschoß) | eine ~ für den Bleistift 〈das Thermometer〉 鉛筆のキャップ〈体温計のケース〉. [*ahd.* hulsa; ◇Hülle]

Hül·sen≈frucht [hÝlzən..] 女〔植〕豆果(とうか), 莢果(きょうか) (Erbse, Bohne, Linse など). ≈**frücht·ler** 男 -s/-〔植〕マメ科植物. ≈**schlüs·sel** 男〔工〕箱スパナ. ≈**wurm** 男〔虫〕トビケラ(飛螻蛄)の幼虫; 条虫類の嚢(のう)状幼虫.

Hüls·lein Hülse²の縮小形.

Hüls·strauch [hÝls..] 男〔植〕セイヨウヒイラギ(西洋柊).

▽**hum** [hm] =hm²

hu·man [humá:n] 形 **1** (↔inhuman) (menschlich) 人道的な, 人間にふさわしい, 人間的な; 人情味のある: ein ~*er* Chef 思いやりのある上司 | ~*es* Sterben 人間らしい死に方 ‖ die Gefangenen ~ behandeln 捕虜〈囚人〉を人道的に扱う. **2**〔医〕人間〔特有〕の. [*lat.*; ◇Homo¹]

Hu·man·bio·lo·gie [humá:n..] 女 人間生物学.

Hu·man en·gi·nee·ring [hjú:mən ɛndʒɪníərɪŋ] 中 -/ 人間工学, ヒューマン=エンジニアリング.

Hu·man≈etho·lo·gie 女 人間行動学. ≈**ge·ne·tik** 女 人間遺伝学. ≈**ge·ne·ti·ker** 男 人間遺伝学者.

hu·man·ge·ne·tisch 形 人間遺伝学〔上〕の.

▽**Hu·ma·nio·ra** [humanió:ra·] 複 (教養の基礎・教科としての) 古典古代〔研究〕. [*nlat.*]

hu·ma·ni·sie·ren [..nizí:rən] 他 (h) 人間らしくする, 文化的にする, 教化する.

Hu·ma·nis·mus [..nísmʊs] 男 -/ **1 a)** 人文主義(特に, 古代ギリシア・ローマ研究を基礎としたルネサンス当時の精神活動). **b)** (特に古典語の習得に力を入れた) 人文主義的教育〈教養〉. **2** (人間性の尊厳を基調とする) 人本主義, 人間〔中心〕主義; ヒューマニズム, 人道主義.

Hu·ma·nist [..níst] 男 -en/-en **1 a)** (ルネサンス期の) 人文主義者. ▽**b)** (ギリシア・ラテンの) 古典文学〈古典語〉研究家, 古典的教養のある人; 文科系ギムナジウムの教育を受けた人. **2** ヒューマニスト, 人道主義者. [*it.* umanista]

hu·ma·ni·stisch [..nístɪʃ] 形 **1 a)** 人文主義の. **b)** (ギ

リシア・ラテンの)古典語〔研究〕の: ein ～*es* Gymnasium (ギリシア・ラテン語の授業のある)文科系ギムナジウム | ～*e* Studien 古典語研究 ‖ Er ist ～ gebildet. 彼は古典的教養の持ち主である. **2** 人道〈人間〉主義的な: Er denkt ～. / Er ist ～ gesinnt. 彼は人間中心の〈人道主義的な〉考えを持っている.

hu·ma·ni·tär[humanitɛ́:r] 形 思いやりのある, 博愛の; 人道的な: ～*e* Hilfe 人道的援助. [*fr.*]

Hu·ma·ni·tas[humá:nitas] 女 -/ (完全な)人間らしさ, 人間性; 人間愛. [*lat.*]

Hu·ma·ni·tät[humanitɛ́:t] 女 -/ (高貴な)人間性, ヒューマニティー, 人道. [*lat.*]

Hu·ma·ni·täts≠du·se·lei 女《軽蔑的に》感傷的人道主義. **≠ver·bre·chen** 中 人道に背く犯罪.

Hu·man·me·di·zin[humá:n..] 女 (獣医学に対して)人間医学.

hu·man·me·di·zi·nisch 形 人間医学〔上〕の.

Hu·man≠öko·lo·gie 女 人間〈人類〉生態学. **≠wis·sen·schaft** 女 人間科学.

Hum·bert[húmbɛrt] 男名 フンベルト. [＜*ahd.* huni 「„Hüne"」]

Hum·boldt[húmbɔlt] 人名 **1** Alexander von ～ アレクサンダー フォン フンボルト(1769-1859; ドイツの自然科学者・地理学者). **2** Wilhelm von ～ ヴィルヘルム フォン フンボルト(1767-1835; ドイツの言語学者・政治家で, 1の兄).

Hum·bold·tisch[..tɪʃ] (**Hum·boldtsch**[..tʃ]) 形 フンボルトの.

Hum·boldt·strom 男〘地〙フンボルト海流(ペルー海流の別名).

Hum·boldt-Uni·ver·si·tät[また: ⏑⏑⏑⏑⏑⏑⏑⏑] 女 -/ フンボルト大学(1810年創立のいわゆるベルリン大学の後身).

Hum·bug[húmbʊk] 男 -s/《話》ナンセンス, くだらないこと; いかさま, ごまかし, ぺてん. [*engl.*]

Hu·me·ra·le[humerá:lə] 中 -s/..lien[..liən], ..lia[..lia·]〘カトリック〙肩掛け布, 肩布(→ 図 Geistliche). [*kirchenlat.*; ＜*lat.* umerus „Schulter"]

hu·mid[humí:t][1] 形, **hu·mi·de**[..də] 形 (feucht)〘地〙(気候などの)湿った, 湿性の. [*lat.*－*fr.*; ＜*lat.* 〔h〕ūmēre „feucht sein"; ◇Humor] 「[*fr.*]」

Hu·mi·di·tät[humiditɛ́:t] 女 -/〘地〙しめり, 湿度.

Hu·mi·fi·ka·tion[humifikatsió:n] 女 -/〘生〙(バクテリア・菌類・虫などによる)腐植, 腐植土化.

hu·mi·fi·zie·ren[..tsí:rən] 他 (h)〘生〙腐植化する.

ᵛ**hu·mil**[humí:l] 形 (demütig) 謙遜(けんそん)な, 卑下した. [*lat.* humilis „niedrig"; ＜*lat.* humus (→Humus)]

ᵛ**Hu·mi·lia·tion**[humiliatsió:n] 女 -/-en (Demütigung) 謙譲, 卑下. [*spätlat.*－*fr.*]

Hu·min·säu·re[humí:n..] 女〘化〙腐植酸.

Hum·mel[1][hóməl] 女 -/-n **1** (Bombus)〘虫〙マルハナバチ(円花蜂): **eine wilde** ～《話》おてんば娘 | **～n im 〈unterm〉 Hintern haben**《話》そわそわして落ち着かない, 根気がない. **2**〘楽〙**a**) フムレ(ツィター類に属する北欧の民俗楽器). **b**) (うなるような低音を持続的に出す)バグパイプの一種. [„Summende"; *ahd.* humbal; ◇*engl.* humble-bee]

Hum·mel[2][−]《間投詞的に》*Hummel*, ～! やあ こんにちは(ハンブルク人同士のあいさつ. 同地にいた一奇人のあだ名に由来し, Mors, Mors! と答える. Mors はハンブルク方言で「尻(しり)」を意味する).

Hum·mel·flie·ge 女〘虫〙ツリアブ(長吻虻)科の昆虫.

Hum·mer[hómər] 男 -s/-〘動〙ウミザリガニ, ロブスター(→ 図). [*anord.*－*ndd.*; ◇Kammer]

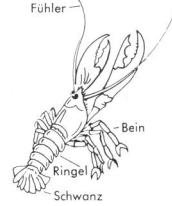

Fühler
Bein
Ringel
Schwanz

Hummer

Hum·mer·sa·lat 男〘料理〙ロブスターのサラダ.

Hu·mor 1 [humó:r] 男 -s/-e《ふつう単数で》(英: *humour*) **a**) おかしみ, ユーモア, しゃれ; ユーモアを解するセンス: derber ～ きわどいしゃれ | der schwarze ～ ブラックユーモア ‖ ～ haben ユーモアを解する. **b**) (Laune)〔ゆかいな〕気分, 〔上〕機嫌: bei gutem 〈schlechtem〉 ～ 上機嫌〈不機嫌〉なときに. **2** [hú:mɔr] 男 -s/-es[humó:re:s] (Körpersaft)〘医〙体液. [*lat.* 〔h〕ūmor „Feuchtigkeit"〔－*afr.*－*engl.*〕; ◇humid]

hu·mo·ral[humorá:l] 形〘医〙体液の.

Hu·mo·ral·pa·tho·lo·gie 女 -/ (↔Solidarpathologie)〘医〙体液病理学.

Hu·mo·res·ke[humorɛ́skə] 女 -/-n **1** こっけい〈諧謔(かいぎゃく)〉小説. **2**〘楽〙ユーモレスク. [＜..esk]

hu·mo·rig[humó:rɪç][2] 形 陽気な, ユーモアのある.

Hu·mo·rist[humoríst] 男 -en/-en **1** ユーモア作家. **2** 喜劇俳優, コメディアン. **3** ユーモアのある人; こっけいな人, ひょうきん者. [*fr.*－*engl.*]

hu·mo·ri·stisch[..rístɪʃ] 形 ユーモアの〔ある〕, こっけいな, おどけた: eine ～*e* Ader haben ユーモアの天分がある.

hu·mor≠los[humó:r..] 形 ユーモア〈こっけい味〉のない. **≠voll** 形 ユーモア〈こっけい味〉に富んだ.

hu·mos[humó:s][1] 形 腐植土に富んだ, 肥沃な. [＜Humus]

Hüm·pel[hýmpəl] 男 -s/-《北部》(Haufen) **1** 堆積(たいせき), かたまり: ein ～ Erde ひと山の土. **2** 多数, 群れ. [*mndd.*]

Hum·pe·lei[humpəlái] 女 -/ たえず humpeln すること.

hum·pe·lig[hómpəlɪç][2] (**hump·lig**[..plɪç][2]) 形 片足の不自由な; でこぼこの: ein ～*er* Weg でこぼこ道.

hum·peln[hómpəln]《06》自 (h, s) **1** (不自由な)片足を引きずって歩く;《方》(車などが)ガタガタ揺れながら走る (h, s について: →schwimmen I 1 ☆). **2** (仕事が)うまく行かない. [*ndd.*; 擬音]

Hum·pel·rock 男 (1910年ごろの先細の)ロングスカート.

Hum·pen[hómpən] 男 -s/- (取っ手・ふたなどのついた)大杯, 大ジョッキ(→ 図 Gefäß): den ～ schwingen 大いに飲む. [„ausgehöhlter Klotz"; ◇Zymbal]

hump·lig =humpelig

Hu·mus[hú:mʊs] 男 -/〘農〙腐植質〔の土〕, 腐植土. [*lat.* humus „Erdboden"; ◇chthonisch]

hu·mus·arm 形 (土壌が)腐植質の乏しい.

Hu·mus≠bo·den 男〘農〙腐植土〔層〕. **≠er·de** 女〘農〙腐植土〔壌〕.

hu·mus·reich 形 (土壌が)腐植質に富んだ.

Hu·nan[hú:nan, xúnán] 地名 湖南, フーナン(中国, 華中地区南西部の省で, 省都は長沙 Tschangscha, また Changsha).

Hund[hʊnt][1] 男 -es (-s)/-e **1 a**) (女 **Hün·din** → 別出; 小 **Hünd·chen**[hýntçən], **Hünd·lein**[..laɪn] 中 -s/-) (英: *dog*) 犬(闘争的な・忠実な・みじめな・虐待されるものの象徴: → 図);《複数で》〘動〙イヌ属(科): ein bissiger 〈scharfer〉 ～ 猛犬;《比》がみがみ屋 | ein herrenloser ～ のら犬 | Blinden*hund* 盲導犬 | Jagd*hund* 猟犬 | Polizei*hund* 警察犬 | Wach*hund* 番犬 ‖ **ein dicker** ～《比》大失策, (ひどい)やっかいごと;〘トランプ〙たいへんよい手 | **ein fliegender** ～〘動〙オオコウモリ(大蝙蝠)(＝Flughund) | laufender ～〘美〙連続波がしら模様 | weiße ～*e*〘海〙波がしら, 白波 | **bekannt sein wie ein bunter 〈scheckiger〉** ～ (知らない人がないほど)よく知られている | wie ein geprügelter ～ aussehen (ぶたれた犬のように)しょげ返って〈しょんぼりして〉いる | **wie ein junger** ～ **frieren**《話》やたらに寒がる | Es ist, um junge ～*e* zu kriegen.《比》なんとも絶望的〔な事態〕だ | müde wie ein ～

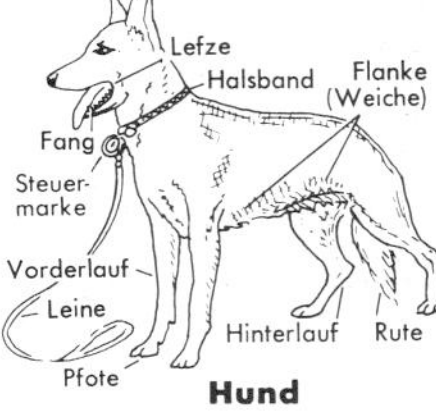

Hund

H

sein (→müde 1) | treu wie ein ~ sein 犬のように忠実である, 誠実そのものである | Viele ~*e* sind des Hasen Tod. 《諺》衆寡敵せず, 数には勝てぬ.

‖〖1格で〗**Da 〈Hier〉 liegt der ~ begraben.** 《比》これが問題〔の核心〕なのだ | Hier ist der tote ~ begraben. 《比》ここは殺風景な場所だ | der ~, der sich in den Schwanz beißt《話》堂々めぐり, 循環論法 | Ein toter ~ beißt nicht mehr. 《諺》死者は恐れるに足らない | **Den Letzten beißen die ~*e*.** 《諺》最後に残った者がばかを見る | Der ~ bellt 〈knurrt / winselt / heult〉. 犬がほえる〈うなる・クンクン鳴く・遠ぼえする〉 | Der ~ macht wau, wau. 犬はワンワンとほえる | ***Hunde*, die 〔viel〕 bellen, beißen nicht.** 《諺》ほえつく犬は弱い犬(やたらにほえる犬はかみついたりしない) | **Die ~*e* bellen, und die Karawane zieht weiter.** 犬はほえ キャラバンはそのまま先へ進む(周囲の雑音に惑わされずに自分の信念に従って行動する) | **wenn die ~*e* mit dem Schwanz bellen** 《比》たとえ お日様が西から出ても | *jm.* wie ein ~ folgen なんでも…の言うとおりにする, …の言いなりになる | wie ein ~ leben みじめな生活をする | **wie ~ und Katze 〔miteinander〕 leben / *sich*[4] wie ~ und Katze vertragen** 犬猿の仲である | **wie ~ schmecken** 《話》ひどい味がする, じつにまずい | Von dem nimmt kein ~ einen Bissen 〈ein Stück Brot〉 mehr. 《比》もう彼はだれからも相手にされない | *sich*[4] wie ein ~ treten lassen 踏みつけにされる | Der ~ wedelte freudig mit dem Schwanz. 犬はうれしそうにしっぽを振った ‖〖4格で〗einen ~ ausführen 〈spazierenführen〉 犬を散歩に連れ出す | *jn.* wie einen ~ behandeln …を手ひどく扱う, …に対してしたい放題をする | einen ~ an der Leine führen 犬をひもにつないで連れ歩く | 〔*sich*[3]〕 einen ~ halten 犬を飼う | **aus jedem Dorf einen ~ haben** 〖トランプ〗(スカートで)すべての種類の組札のカードを自分の手にもっている | ~*e* auf *jn.* hetzen 犬を…にけしかける | **Damit kann man keinen ~ hinter dem Ofen hervorlocken.** 《比》そんなことでは人の気は引けない | Bei diesem Wetter jagt man 〔ja〕 keinen ~ hinaus 〈vor die Tür / auf die Straße〉. 《比》これは(犬も外へ出せないほど)全くひどい天気だ | **Das kann 〈muß〉 〔ja / sogar〕 einen ~ jammern.** 《話》それはまことに気の毒だ〈とても話にならない〉 | Er sieht aus, daß es einen ~ jammern könnte. 《比》彼は見るもあわれな様子をしている | einen ~ an die Kette legen 〈an die Leine nehmen〉 犬を鎖〈ひも〉につなぐ | Das macht ja den ~ in der Pfanne verrückt. 《比》これは全くひどい話だ | **schlafende ~*e* wecken** 《話》無用の騒ぎを引き起こす.

‖〖前置詞と〗***jn.* auf den ~ bringen** 《話》(事件などが, 経済的・肉体的・精神的に)…を打ちのめす | **auf den ~ kommen** 《話》だめになる, 衰微〈零落〉する | **mit *et.*[3] ganz auf dem ~ sein** 《話》すっかり…(健康・機嫌など)をそこねている | Da liegt der Knüppel **beim ~**. (→Knüppel 1 a) | **mit allen ~*en* gehetzt sein** 《話》海千山千のしたたか者である | Kommt man **über den ~**, 〔so〕 kommt man auch über den Schwanz. 《諺》山さえ越せばあとは簡単だ | **unterm 〈unter allem〉 ~ sein** 《話》とても話にならない, 全くくだらない | **vor die ~*e* gehen** 《話》(人・事業が)破滅する | ***et.*[4] vor die ~*e* werfen** 《話》…を(惜しげもなく)投げ〈使い〉捨てる. **b)** **der Große 〈der Kleine〉 ~** 〖天〗大〈小〉犬座.

2 《話》 **a)** (Mensch) 人, やつ: ich ein armer ~ あわれな私 | ein junger ~ 若造, 青二才 | ein krummer ~ 信用のできないやつ; けちんぼ; ばか. **b)** 《軽蔑的に》卑劣漢, 犬畜生: Dieser ~ von einem Verräter! この裏切り者めが.

3 a) 〖坑〗手押し車, トロッコ, 小炭車. **b)** 《中部》小型溶鉱炉.

[*germ.*; ◇zynisch, Kaniden; *engl.* hound]

Hund·chen[hʊ́ntçən] 中 -s/- 《方》=Hündchen

Hụ̈nd·chen Hund の縮小形.

hunde.. 《話》《名詞・形容詞などにつけて「犬」を意味するが, 口語ではまた「いやな・たいへんな」などを意味し, ふつうアクセントは同時に基礎語にもおかれる. hunds.. の形もある》: *Hunde*wetter 悪天候 | *hunde*kalt ひどく寒い | *hunds*miserabel ひどくみじめな.

Hụn·de·ab·teil[hʊ́ndə..] 中 (列車の)犬を連れた人の乗るコンパートメント; (船の)犬を閉じ込めておく部屋.

Hụn·de·ạr·beit[また: ◡◡◡◡–] 女 苦役, つらい仕事.

Hụn·de·ạrt[hʊ́ndə..] 女 **1** 犬の種類. **2** 犬の性質〈本性〉.

hụn·de·ạr·tig 形 犬のような〔性質の〕; イヌ科の: ~*e* Raubtiere イヌ科の猛獣.

Hụn·de≈au·ge 中 -s/-n《ふつう複数で》犬の目: *jn.* mit treuen 〈traurigen〉 ~*n* ansehen《比》…を忠実な〈悲しげな〉犬のように見つめる. **≈aus·stel·lung** 女 ドッグショー, 畜犬展覧会. **≈be·sit·zer** 男 犬の所有者〈飼い主〉. **≈biß** 男 犬にかまれた傷. **≈blu·me** 女《話》(Löwenzahn)〖植〗タンポポ.

hun·de·ẹlend 形 《ふつう述語的》《話》ひどくみじめな: Mir ist ~. 私はひどく気分が悪い.

Hụn·de≈fän·ger[hʊ́ndə..] 男 野犬捕獲員. **≈floh** 男 〖虫〗イヌノミ(犬蚤). **≈flö·hen** 中 -s/《話》(犬のノミを取るように)たいへんな仕事, 難儀: Das kommt gleich nach dem ~. この仕事はたいへんだ, かんべんしてくれ. **≈fraß** 男, **≈fut·ter** 中 犬のえさ; 《比》粗末な食物. **≈hals·band** 中 -〔e〕s/..bänder 犬の首輪. **≈hal·ter** 男《官》=Hundebesitzer **≈hüt·te** 女 犬小屋; 《比》あばら屋.

hụn·de·kạlt 形《話》ひどく寒い.

Hụn·de·kạ̈l·te 女《話》ひどい寒さ: Es ist eine ~. ひどい寒さだ.

Hụn·de≈kampf[hʊ́ndə..] 男 (競技としての)闘犬. **≈kop·pel** 女 〖狩〗(ひもにつないだ)犬の群れ. **≈kot** 男 犬の糞(ふん). **≈ku·chen** 男 犬のえさにする〔堅焼きの〕ビスケット. **≈le·ben** 中 -s/ みじめな生活: ein ~ führen みじめな生活を送る. **≈lei·ne** 女 犬のひき綱. **≈lieb·ha·ber** 男 愛犬家. **≈loch** 中《比》あばら屋; 牢獄(ろうごく). **≈mar·ke** 女 **1** 犬の鑑札. **2** 《話》私服警官のバッジ〈認識票〉.

hụn·de·mạ̈·ßig 形《話》みじめな, 法外な.

hụn·de·mụ̈·de 形《述語的》《話》くたくたに疲れた.

Hụn·de≈peit·sche[hʊ́ndə..] 女 犬のむち. **≈ras·se** 女 犬の品種. **≈ren·nen** 中 ドッグレース.

hụn·dert[hʊ́ndərt] **I 1** 《基数》(英: *hundred*) 百〈100〉〔の〕: ~ Häuser 100軒の家 | einige 〈ein paar / mehrere〉 ~ Kinder 数百人の子どもたち | ein Buch mit über 〈unter〉 ~ Seiten 100ページ以上〈以下〉の本 ‖ die *Hundert* Tage 〖史〗(ナポレオンの)百日天下 ‖ ~ Pfund 〈Kilo〉 Weizenmehl 100ポンド〈キロ〉の小麦粉 | ungefähr 〈an die〉 ~ Flaschen Bier ビール約100本 ‖〖名詞的に〗**auf ~ kommen 〈sein〉** 《話》かんかんに怒る〈怒っている〉 | ***jn.* auf ~ bringen** 《話》…をかんかんに怒らせる | von fünfzig bis ~ 50から100まで | Ich wette ~ gegen eins, daß ... 私は…ということを確信している | 〔mit〕 ~ fahren 《話》時速100キロで走る.

☆ 200, 300など, また110, 120などは一語に書かれる: zweihundert 200 | achthundertfünfzig 850 | hunderteinunddreißig 131.

2 《比》多数の, 無数の: Mir kamen ~ Einfälle. 私は次から次へと思いつきが浮かんだ.

II Hụn·dert 1 女 -/-en 百〈100〉という数〔字〕: eine römische ~ schreiben ローマ数字の百(C)を書く.

2 中 -s/-e **a)** (まとまった数・単位としての)百,100: Das ~ kostet dreißig Mark. 100個で30マルクします | vom ~ 百分の(…),(…)パーセント(略 v. H., vH; 記号 %) | zwölf vom ~ der Einwohner 住民の12パーセント(参考 zwölf von *hundert* Einwohnern 100人の住民のうち12人) ‖ ein ~ 〈ein halbes ~〉 Zigarren 葉巻100〈50〉本. **b)** 《複数で》《比》何百, 多数: ~*e* alte Briefe / ~*e* alter Briefe 〈von alten Briefen〉 何百通もの古い手紙 ‖ Die Kosten gehen in die ~*e*. 費用は何百マルクにも達する | Unter ~*en* weiß nicht einer, daß ... …を知っている人は数える程しか〈ほとんど〉いない | Die Vögel fliegen zu ~*en*. 鳥が何百となく飛んでいる.

☆ 複数では付加語により格が分かるときは語尾を省略できるが, 付加語のない 2 格では格を示すため -er をつけることがある: einige ~〔*e*〕 Lochkarten 数百枚のパンチカード | Viele ~〔*e*〕 waren auf dem Platz gesammelt. 何百

という人が広場に集まっていた ‖ der Wunsch ～*er* von Gefangenen 数百人の捕虜の望み.
[*asächs.* hunde-rod „Hundert-zahl"－*mhd.*; ◇zenti.., Rede; *engl.* hundred]

hụn·dert·ẹins[hóndərt|áıns] ＝hundertundeins

Hụn·der·ter[..tər] 男 -s/- **1**〘数〙3けた(百の位)の数; 100のつく数(200・300など). **2**《話》100マルク〔紙幣〕.
★ →Hundert 2 ☆

hụn·der·ter·lei《種類を表す数詞; 無変化》《話》百種類もの; 多種多様な: →tausenderlei

Hụn·der·ter·no·te 女《スイ》100フラン紙幣.

hụn·dert·ẹrst《序数》第101の, 101番目の.

Hụn·der·ter·stel·le 女〘数〙百の位.

hụn·dert≈fach 形 100倍の: →fünffach ▽**≈fäl·tig** ＝hundertfach

Hun·dert·fünf·und·sie̱b·zi·ger[hʊndərt.., ◡◡◡◡⊥◡◡] 男 -s/-《話》(Homosexueller) 同性愛の男(同性愛に関する刑法の旧条項が175条であったことから).

hun·dert·fünf·zig·pro·zen·tig[また: ◡◡◡◡◡◡◡] 形 150%の;《話》常軌を逸した; ひどく党派的な: ein ～*er* Nationalist 狂信的な国粋主義者.

Hụn·dert≈fü·ßer[hóndərt..] (**≈füß·ler**) 男 -s/- ＝Tausendfüßer

Hun·dert·ja̱hr·fei·er 女 100年〔記念〕祭.

hụn·dert≈jäh·rig[hóndərt..] 形 **1** 100年をへた, 100歳の: ein ～*er* Greis 100歳の老人. **2** 100年間の: der *Hundertjährige* Krieg〘史〙百年戦争(1339-1453) | der *Hundertjährige* Kalender 万年暦(18世紀初頭に流布した占星術と民間伝承とに基づく天気占いの書). **≈jähr·lich** 形 100年(1世紀)ごとの. **≈ka·rä·tig** 形《話》性格的に申し分ない(信用のおける).

Hun·dert·ki·lo·me̱·ter·tem·po 中 毎時100キロの速度: im ～《話》すごい早さで.

hụn·dert≈mal 副 100回;《比》何百回も; 100倍;《比》何百倍も: →fünfmal ‖ *et.*[4] ～ sagen …を何度も何度も言う | wenn er auch ～ versichert 彼がいかに保証しても | Er hat ～ recht. 彼の言うことは全く正当だ. **≈ma̱·lig** 形《付加語的》100回の;《比》何百回もの: →fünfmalig

Hun·dert·mạrk·schein 男 100マルク紙幣.

Hun·dert·me̱·ter·lauf 男 100メートル競走.

hụn·dert·pro·zen·tig[hóndərt..] 形 100パーセントの;《比》完全な; まさにそのもの(ぴったり)の: eine ～*e* Sicherheit 百パーセントの安全性 | ～*er* Unsinn 全くのナンセンス ‖ Ich komme ～. 私は必ず参ります.

Hụn·dert·satz 男 (Prozentsatz) パーセンテージ, 百分率.

Hụn·dert·schaft[hóndərt-ʃaft] 女 -/-en **1** 百人隊: mehrere ～*en* der Polizei 〈der Soldaten〉 数百人の警官隊(兵士). **2**〘史〙**a)** (古代ゲルマンの)百人組(古くは貴族の従士団). **b)** (フランク王国で)伯爵領の裁判(行政)区.

hụn·dertst[hóndərtst]《序数》第100の, 百番目の: →fünft | zum ～*en* Mal 100回目に; なん度となく ‖ jeder *Hundertste* 100人に1人が | Das kann 〈weiß〉 nicht der *Hundertste.* それはほとんどだれもできない(知らない) | **vom *Hundertsten* ins Tausendste kommen**《話》本題から〔ますます〕それてしまう.

hụn·dert·stel[hóndərtstəl]《分数》100分の1〔の〕: →fünftel

hụn·dert·steln《06》他 (h) 100〔等〕分する.

Hụn·dert·stel·se·kun·de 女 100分の1秒.

hụn·dert·stens[hóndərtstəns] 副 (列挙の際などに) 第100に〔は〕: →fünftens

hụn·dert≈tä·gig 形 100日間の; 100日をへた, 生後100日の. **≈täg·lich** 形 100日ごとの.

hụn·dert≈tau·send《基数》10万〔の〕: → tausend **≈und·ẹins**《基数》101〔の〕(hunderteins ともいう). **≈wei·se** 副 (→..weise ★)〔数〕百ずつ; 何百となく.

Hụn·de≈sa·lon[hóndəzalɔ̃ː] 男 犬の美容室. **≈schau** 男 ドッグショー, 畜犬展覧会.

hụn·de·schlẹcht 形《話》ひどく悪い.

Hụn·de≈schlit·ten[hóndə..] 男 犬ぞり. **≈schnau·ze** 女 犬の鼻: **kalt wie 〔eine〕 ～ sein**《話》ひどく冷淡(無関心)である.

hụn·de·schnäu·zig 形《話》ひどく冷淡な, 無関心な.

Hụn·de≈sohn 男《話》犬畜生, 卑劣漢. **≈spe·re** 女 (狂犬病のおそれのあるとき)強制的に畜犬をつなぎ口輪をはめさせる法令, 畜犬係留令. **≈stau·pe** 女 (犬の)ジステンパー. **≈steu·er** 女 畜犬税. **≈wa·che** 女 (英: *dogwatch*)〘海〙ドッグウォッチ, 折半直(16-18時および18-20時の当直). **≈wet·ter** 中 -s/《話》荒天, しけ. **≈wurm** 男〘畜〙犬に寄生するサナダムシ. **≈zucht** 女 犬の飼育(訓練). **≈zwin·ger** 男 犬のおり(檻), 犬小屋, 犬を飼う囲い地.

Hụ̈n·din[hýndın] 女 -/-nen (Hund の女性形) 雌犬: Du Sohn einer ～!《卑》この野郎(ろくでなし)め.

hụ̈n·disch[hýndıʃ] 形《軽蔑的に》**1** 犬のような; 卑屈な, こびへつらう, 奴隷的な: *jm.* ～ ergeben sein …に奴隷のように服している. **2** 卑劣な, 恥知らずの: eine ～*e* Gemeinheit 言いようもない卑劣さ.

Hụ̈nd·lein Hund の縮小形.

Hun·dred·weight[hʌ́ndrədweıt] 中 -/-s (単位: -/-) ＝Zentner [*engl.* „Hundert-Gewicht"]

hunds.. →hunde..

hụnds≈ẹlend[hónts|éːlɛnt][1] ＝hundeelend **≈er·bärm·lich** 形《話》ひどくあわれな(みじめな); ひどく悪い; ひどい: eine ～*e* Kälte ひどい寒さ.

Hụnds·fott[hóntsfɔt] 男 -〔e〕s/-e, ..fötter[..fœtər]《卑》無頼漢, やくざ, ろくでなし(本来は雌犬の陰部). [< *mhd.* vut „Scham" (◇Fotze)]

Hụnds·föt·te·rei̱[hʊntsfœtəráı] 女 -/-en《卑》卑劣〔な行為〕, 破廉恥.

hụnds·föt·tisch[hóntsfœtıʃ] 形《卑》卑劣な, 無頼の.

hụnds·ge·mei̱n 形《話》卑劣な, 下劣きわまる, 破廉恥な; ひどい: ～ schwül sein ひどく蒸し暑い.

Hụnds≈gift[hʊ́nts..] 中〘植〙アポキヌム, バシクルモン属. **≈gras** 中〘植〙カモガヤ(鴨茅)〔属〕. **≈hai** 男〘魚〙エイラクブカ(永楽鱶). **≈ka·mil·le** 女〘植〙ローマカミツレ属. **≈kopf** 男 (Pavian)〘動〙ヒヒ(狒狒). **≈lat·tich** 男〘植〙タンポポ属. **≈le̱·ben** ＝Hundeleben

hụnds≈mi·se·ra̱·bel(..ra·bl..) 形《話》ひどく悪い(みじめな): ein *hundsmiserables* Wetter ひどい天気 | Mir ist ～ zumute. ひどく気分が悪い. **≈mü̱·de** ＝hundemüde

Hụnds≈pe·ter·si̱·lie[hóntspetərziːliə] 女〘植〙エチューサ(セリ科の雑草). **≈ro̱·se** 女〘植〙ドッグローズ(バラ属の一種). **≈stern** 男 -〔e〕s/ (Sirius)〘天〙シリウス, 天狼星.

Hụnds·ta̱·ge 複 盛夏 (Hundsstern が太陽の近くに現れる7月23日ごろから8月23日ごろまで). [*lat.* diēs canīculārēs の翻訳借用; ◇ *engl.* dog days]

Hụnds·ta̱·ge·flie·ge 女〘虫〙ヒメイエバエ(姫家蠅).

Hụnds≈veil·chen 中〘植〙香りのない野生のスミレ属の一種. **≈wet·ter** ＝Hundewetter **≈wür·ger** 男〘植〙カモメヅル属. ▽**≈wu̱t** 女 (Tollwut) 狂犬病, 恐水病.

▽**hunds·wü̱·tig** 形 (tollwütig) 狂犬(恐水)病の.

Hụnds≈za̱hn 男 **1** 犬の歯. **2**〘解〙犬歯. **3**〘工〙鋭いのみ. **4**〘植〙カタクリ(片栗)属の一種. **≈zecke** 女〘動〙イヌダニ(家蜱). **≈zun·ge** 女〘植〙オオルリソウ(大瑠璃草)属.

Hü̱·ne[hýːnə] 男 -n/-n (ゲルマン伝説での)巨人;《比》(長身で体格のよい)大男, 偉丈夫: ein ～ von Mann 堂々たる大男. [*mndd.* hūne „Hunne"; ◇Hunne]

Hü̱·nen≈bett 中 ＝Hünengrab **≈ge·stalt** 女 巨人のごとき姿, 堂々たる体つき; 大男, 偉丈夫. **≈grab** 中〘考古〙(有史以前の)巨人塚, 石塚 (→図).

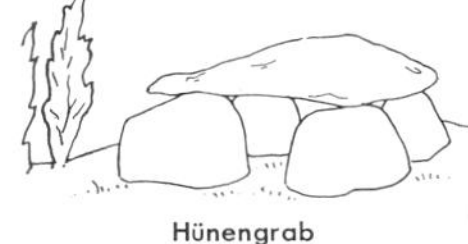
Hünengrab

hü̱·nen·haft 形 巨人のような, 巨大な, 怪力の.

Hü̱·nen·stein 男 ＝Hünengrab

Hun·ga̱·ri·ka[hʊŋgáːrikaˑ] 複 ハンガリー関係図書(文献).

H

[＜*nlat.* Hungaria „Ungarn" (◇Ungar)]

Hun·ga·ri·stik[..garístɪk] 女 -/ ハンガリー〔語〕研究.

Hun·ger[hóŋər] 男 -s/ **1** (英: *hunger*) 空腹, 飢え, 飢餓(→Durst): großer 〈heftiger〉 ～ ひどい〈はげしい〉空腹 ‖ ～ haben 空腹である, 食欲がある | ～ auf Brot 〈Fleisch〉 haben パン〈肉〉が食べたい | ～ wie ein Bär 〈ein Wolf〉 haben ひどく空腹である | ～ leiden 飢える | *seinen* ～ stillen 〈befriedigen〉 飢えをいやす ‖ an 〈vor〉 ～[3] sterben / 《雅》～*s* sterben 餓死する | Ich falle bald um vor ～. 私は腹ぺこで倒れそうだ ‖ **Guten ～!** 《戯》(食事を始める際のあいさつとして)たくさん召し上がれ(＝Guten Appetit!) ‖ ***Hunger ist der beste Koch.*** 《諺》空腹は最高の料理人, ひもじい時にまずいものなし | In der Stadt herrschte nun großer ～. 町には今や食糧が尽きはてていた. **2** 《比》強い欲求, 渇望, 熱望: ～ nach Liebe haben 愛情に飢えている. **3** 〖医〗絶食, 食事量制限, 飢餓療法. [*germ.* „Brennen"; ◇*engl.* hunger; *gr.* kágkanos „dürr"]

Hun·ger≠blocka·de[hóŋər..] 女 (敵国を飢えさせるための)食糧封鎖. **≠blu·me** 女 〖植〗エロフィラ(アブラナ科の雑草). **≠da·sein** 中 食うや食わず〈極貧〉の生活状態. **≠de·mon·stra·tion** 女 食糧要求〈物価値上げ反対〉デモ. **≠ge·fühl** 中 飢餓〈空腹〉感. **≠har·ke** 女 ▽**1** 〖農〗(落ち穂をかき集める)大熊手(くまで). **2** 《単数で》(1948-49年ベルリン封鎖のときの連合国による空輸を記念して旧西ベルリン地区に建てられた)大空輸記念碑. **≠jahr** 中 飢饉(ききん)〈凶作〉の年. **≠korn** 中 〖農〗麦角(ばっかく). **≠krank·heit** 女 〖医〗飢餓疫, 浮腫(ふしゅ)性疾患, 飢餓水腫. **≠künst·ler** 男 (金をもらって断食を見せる)断食芸人. **≠kur** 女 〖医〗飢餓療法. **≠le·ben** 中 ＝Hungerdasein **≠lei·der** 男 -s/- 《話》貧乏人, 貧困者. **≠lohn** 男 《軽蔑的に》(ひどく安くて空腹を満たすにも足りない)飢餓賃金. **≠marsch** 男 ＝Hungerdemonstration

hun·gern[hóŋərn] 《05》 **I** 他 (h) 非人称 ▽**1** 《es hungert *jn.* / *jn.* hungert》(…が)腹をすかせている, 空腹である, ひもじい思いをしている: Es *hungert* mich. / Mich *hungert.* 私はおなかがすいている(今日ではふつう Ich habe Hunger. または Ich bin hungrig. という表現を用いる). **2** 《比》《es hungert *jn.* nach *et.*[3] / *jn.* hungert nach *et.*[3]》(…が…を)渇望している, (…が…に)飢えて〈焦がれて〉いる: Es *hungert* ihn 〈Ihn *hungert*〉 nach einem tröstenden Wort. 彼は慰めの言葉を切望している.

II 自 (h) **1** 空腹である, 腹がへっている, ひもじい; (空腹を覚えるほど)食事量をへらす, 断食〈絶食〉する; 《比》飢える, 食物に不自由な生活をする: *jn.* 〈das Vieh〉 ～ lassen …に食物を〈家畜にえさを〉〔十分には〕与えない | ～, um schlank zu werden やせるために減食する ‖ 〖結果を示す語句と〗 再帰 *sich*[4] tot 〈zu Tode〉 ～ 空腹で死にそうである; 餓死する | *sich*[4] wieder gesund ～ 絶食〈減食〉して健康を取り戻す. **2** 《比》《nach *et.*[3]》渇望する: Sie *hungert* nach Liebe 〈einem verständnisvollen Mann〉. 彼女は愛情〈理解ある男性〉に飢えている.

Hun·ger≠ödem 中 〖医〗飢餓水腫(すいしゅ)〈浮腫〉. **≠pfo·te** 女 《話》《次の成句で》**an den ～*n* saugen** 〈nagen〉 飢えに苦しむ, 困窮する(冬眠中前足から脂肪を吸収するクマの習性に由来する表現). **≠quel·le** 女 間欠泉.

Hun·gers·not 女 飢饉(ききん), 食糧難.

Hun·ger≠streik 男 ハンガーストライキ, ハンスト: in den ～ treten ハンストに入る. **≠tod** 男 -〔e〕s/ 餓死: den ～ sterben 餓死する. **≠tuch** 中 -〔e〕s/..tücher (18世紀まで四旬節の断食中に祭壇の前に掛けられた)断食敷布: **am ～ nagen** 《戯》飢えに苦しむ, せっぱつまっている, 困窮している(am Hungertuch nähen のもじり). **≠turm** 男 城内牢(ろう), 市門の中の牢獄. **≠ty·phus** 男 〖医〗飢餓〈発疹(ほっしん)〉チフス.

Hung Hsiu-tjüan[hʊŋsĭutʃyán] 人名 洪秀全, ホン シウチュワン(1814-64; 中国, 太平天国の指導者).

hung·rig[hóŋrɪç][2] 形 **1** (英: *hungry*) (↔satt) 空腹の, ひもじい, 飢えた; 《nach *et.*[3]》(…に)食欲を感じている; (時代などが)食糧の乏しい: ein ～*es* Kind 腹をすかした子供 | ～*e* Jahre 食糧の乏しい時代 | ein ～*er* Magen ぺこぺこのおなか ‖ Ich bin ～. 私は腹がすいている | ～ nach Brot sein パンが食べたい | **～ wie ein Bär 〈ein Wolf〉 sein** ひどく腹がへっている. **2** 《雅》《nach *et.*[3]》(…を)熱望する, (…に)焦がれている: ～ nach Glück sein 幸福を渇望している. [*ahd.*; ◇Hunger]

..hungrig[..hʊŋrɪç][2] 《名詞などにつけて「…に飢えた, …を渇望(熱望)する」を意味する形容詞をつくる》: geld*hungrig* 金銭欲の強い | sonnen*hungrig* (太陽の乏しい季節などが終って)日光を渇望する | wissens*hungrig* 知識に飢えた.

Hun·ne[hónə] 男 -n/-n **1** 《ふつう複数で》フン族〔の人〕(カスピ海の北と東に住んだ遊牧民族. 5 世紀半ば Attila のときに最盛期をむかえてヨーロッパに大帝国を形成): wie ～*n* hausen さんざんあばれ回る. **2** 《軽蔑的に》〔野〕蛮人; 《比》強靭(きょうじん)な人. [*spätlat.*－*ahd.* Hūn〔i〕; ◇Hsing-nu; *engl.* Hun]

hun·nisch[hónɪʃ] 形 フン族の.

der **Huns·rück**[hónsrʏk] 地名 男 -s/ フンスリュック(ライン粘板岩山地 das Rheinische Schiefergebirge の南西の高原). [„Hunds-Rücken"]

Hunt[hʊnt] 男 -〔e〕s/-e 〖坑〗手押し車, トロッコ, 小炭車. [＜Hund]

hun·ten[hóntən] 副 《中部》〔ここの〕下に, 下方に. [＜hie＋unten]

Hun·ter[hántər, hʌ́ntə] 男 -s/- 〖狩〗猟馬; 猟犬. [*engl.*]

▽**hun·zen**[hóntsən] 《02》 他 (h) 《方》《*jn.*》(…を犬のように)手ひどく扱う, いじめる, 虐待する; ののしる. [＜Hund]

Hu·pe[hú:pə] 女 -/-n (自動車などの)警笛, クラクション: auf die ～ drücken クラクションを鳴らす. [擬音]

Hu·peh[hú:pe·] (**Hu·pei**[hú:paɪ]) 地名 湖北, ホーペイ(中国, 華中地区北部の省で, 省都は武漢 Wuhan).

hu·pen[hú:pən] 自 (h) 警笛を鳴らす: Das Auto 〈Der Fahrer〉 *hupt.* 自動車〈ドライバー〉がクラクションを鳴らす.

Hu·pen·si·gnal 中 (自動車の)警笛の音〈合図〉.

Hu·pe·rei[hu:pəráɪ] 女 -/ やかましい警笛の音.

Hupf[hʊpf] 男 -〔e〕s/-e 《方》(Sprung) ぴょんと跳ぶ(はねる)こと, 小さな跳躍.

Hupf·doh·le[hópf..] 女 《話》レビュー＝ダンサー, ストリッパー.

hüp·fen[hýpfən] (南部・オーストリア: **hup·fen**[hópfən]) 自 (s, h) (ちょっと)飛ぶ; (はねながら)走り回る; 《話》へたくそなダンスをする: auf einem Bein ～ 片足でぴょんぴょん跳ぶ | über einen Bach ～ 小川をぴょんと跳び越える | Der Vogel 〈Der Frosch〉 *hüpft.* 鳥〈カエル〉がぴょんぴょん跳び歩く | Das Herz *hüpfte* ihm vor Freude. 《比》彼の胸は喜びにおどっていた ‖ mit einer *hüpfenden* Stimme はずんだ〈うわずった〉声で | *Hüpfen* spielen けんけん遊びをする(地面に描いた図形の上を片足で跳び歩く子供の遊び. Himmel und Hölle spielen ともいう) | **Das ist *gehüpft* 〈*gehupft*〉 wie gesprungen.** 《比》それはどっちにしても違いはない, それは結局同じこと〈五十歩百歩〉だ. [*mhd.*; ◇hoffen; *engl.* hop]

Hüp·fer[hýpfər] (南部・オーストリア: **Hup·fer**[hópfər]) 男 -s/- **1** hüpfen すること: einen freudigen ～ machen 喜んでぴょんぴょん跳びはねる. **2** hüpfen するもの: Gras*hüpfer* 〖虫〗バッタ・キリギリス類 | Küsten*hüpfer* 〖動〗ハマトビムシ(浜跳虫) | ein junger ～ 《皮肉》新兵.

Hüp·fer·ling[－lɪŋ] 男 -s/-e 〖動〗ケンミジンコ(剣微塵子); (Ruderfußkrebs) 橈脚(とうきゃく)類.

Hüpf≠maus 女 〖動〗トビハツカネズミ(跳二十日鼠). **≠spin·ne** 女 (Springspinne) 〖動〗ハエトリグモ(蠅取蜘蛛).

Hup·kon·zert[hú:p..] 中 《戯》(多数の自動車の)警笛の鳴らし合い. [＜Hupe]

hup·pen[hópən] 自 《北部》＝hüpfen

Hup≠ring[hú:p..] 男 (自動車のハンドルの)クラクションリング. **≠ton** 男 -〔e〕s/..töne (自動車などの)警笛の音. **≠ver·bot** 中 (病院付近などの)警笛禁止. [＜Hupe]

Hür·chen Hure の縮小形.

Hur·de[hórdə] 女 -/-n **1** 枝編み細工, 編み垣. **2 a)** 《南西部・スイス》＝Hürde 3 **b)** ジャガイモ貯蔵棚.

Hür·de[hʏ́rdə] 女 -/-n **1** 〖スポ〗障害物; (Sprunghürde) 〖陸上〗ハードル(→ 図): **eine ～ nehmen** ハードルを跳び越える; 《比》難関を突破する. **2** 〖畜〗移動柵(さく). **3** (Obst-

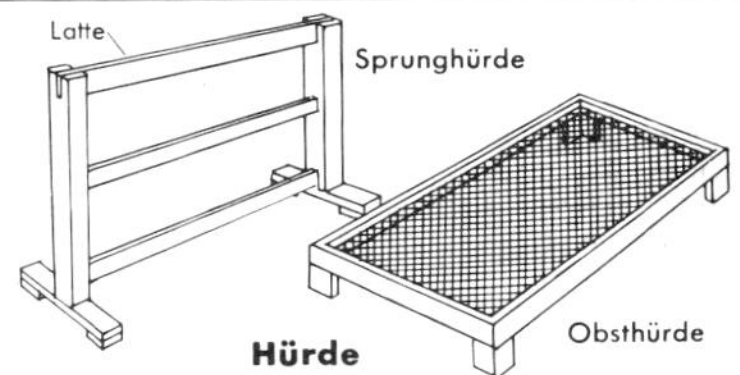

hürde)〖農〗(果物・野菜などを並べる)すのこ(→ ⊛). [*germ.* „Flechtwerk"; ◇Horst²; *gr.* kýrtē „Reuse"; *engl.* hurdle]

Hür·den≈lauf 男〖陸上〗障害物〈ハードル〉競走. **≈läu·fer** 男 障害物〈ハードル〉競技選手. **≈ren·nen** 中〖馬術〗障害飛越. **≈sprint** 男〖陸上〗(100・110・200メートルの) 障害物〈ハードル〉競走.

Hu·re[hú:rə] 女 -/-n (小 **Hür·chen**[hý:rçən] 中 -s/-) **1**《軽蔑的に》(Prostituierte) 売春婦, 娼婦(しょうふ). **2**《しばしばののしりの呼びかけに用いて》身持ちの悪い女, 尻軽(しりがる)女, 売女(ばいた). [*germ.* „Ehebrecherin"; ◇ *lat.* cārus „begehrt"; *engl.* whore]

hu·ren[hú:rən] **I** 自 (h) **1** 女郎買いをする; 女遊びをする; 姦淫(かんいん)する: mit einem Mann 〈mit einer Frau〉 ~ (配偶者以外の)男〈女〉と寝る. **2** 売春〔行為〕をする. **3**〖聖〗偶像崇拝する. **II** 他 (h)《*jn.*》**1** (配偶者以外の…と)同衾(どうきん)する. **2** (…を)売女(ばいた)呼ばわりする.

Hu·ren≈balg 男 = Hurenkind 1 **≈bock** 男 女たらし, 助平野郎. **≈haus** 中《軽蔑的に》売春宿, 女郎屋. **≈kind** 中 **1** 娼婦の子, 私生児. **2**〖印〗ウィドー(ページ・欄の最初・最後の行で長さの一部分しか組まれていないもの). **≈sohn** 男 ろくでなし, げす. ᵛ**≈wei·bel** 男〖史〗(15-16世紀の)傭兵軍に随行した民間人,(特に:) 売春婦の監督官. **≈wirt** 男《軽蔑的に》売春宿〈女郎屋〉の主人; 女衒(ぜげん).

Hu·rer[hú:rər] 男 -s/- (huren する人. 特に:) 女郎買い〈女遊び〉をする人; 好色漢.

Hu·re·rei[hu:rəráɪ] 女 -/-en huren すること.

hu·re·risch[hú:rərɪʃ] 形 女郎買いの, 女遊びの; 好色の, 性的乱行の, みだらな.

Hu·ri[hú:ri·] 女 -/-s〖イスラム教〗天国の美しい処女. [*arab.* -*pers.*; ◇ *engl.* houri]

ᵛ**hür·nen**[hýrnən] 形 (hörnern) 角質の: der *hürnene* Siegfried (Nibelungen 伝説で角質の皮膚に包まれた)不死身のジークフリート. [*ahd.*; ◇Horn]

Hu·ro·ne[huró:nə] 男 -n/-n ヒューロン人 (Irokese 族に属する北アメリカ=インディアンの一部族). [*fr.*; < *fr.* hure „Wuschelkopf"]

hu·ro·nisch[..nɪʃ] 形 ヒューロン人の.

hur·ra[hʊrá:, hóra·] **I** 間 (喜び・感激・吶喊(とっかん)などを表す叫び声)ばんざあい, わあい; うわあ(進め): *Hurra*, das wäre geschafft! ばんざあい やってのけたぞ | *Hurra* die Enten!《話》でかした でかした ‖ →hipp, hipp, hurra **II Hur·ra** 中 -s/-s 歓喜〈感激〉の叫び, 万歳; 吶喊(とっかん)の叫び: ein dreifaches ~ 万歳三唱 | im 〈mit〉 ~ すばやく, さあっと, 一気に | ~ rufen 万歳を叫ぶ, 歓呼をあげる | *jn.* mit einem ~ begrüßen 〈verabschieden〉 …を万歳で迎える〈送る〉 ‖ Mit ~ stürmten die Soldaten voran. 吶喊の叫びをあげながら兵士たちは突き進んだ.

Hur·ra≈pa·triot[hʊrá:..] 男 盲目的〈熱狂的〉愛国者. **≈pa·trio·tis·mus** 男 盲目的〈熱狂的〉愛国心. **≈ruf** 男 万歳の呼び, 歓呼の声.

hur·ren[hórən] 自 (h, s)《北部》(eilen) 急ぐ, 急速に動く. [*mhd.*; 擬音; ◇ *engl.* hurry]

Hur·ri[hóri·] 中 -s/《北部》いさかい, 口ぎたなくののしること.

Hur·ri·kan[hórikan] 男 -s/-e ([hʌ́rɪkən]-s/-s[-z]) ハリケーン(北大西洋西部に起こる熱帯性の大旋風). [*indian.*-*span.* huracán-*engl.* hurricane; < *indian.* hura „Wind"; ◇Orkan]

hur·schig[hórʃɪç]² 形《南部》うろたえた, あわただしい.

Hurst[hʊrst] 男 -〔e〕s/-e 《南部》茂み, 生け垣. [< Horst²]

Hurt[hʊrt] 男 -〔e〕s/-e《南部》(Stoß) 突き, 押し. [*afr.*-*mhd.*; < *anord.* hrūtr „Widder" (◇Hirsch)]

Hur·te[hórtə] 女 -/-n《方》= Hürde

hur·ten[hórtən] 《01》他 (h)〖体操〗はずみをつけて突く.

hur·tig[..tɪç]² 形《方》(flink) 急いだ, 迅速な, 敏捷(びんしょう)な, 活発な: ein ~*es* Pferd 足の速い馬 | der ~*e* Takt der Musik 音楽の速いテンポ ‖ *Hurtig*, ~! 早く早く, 急いで急いで. [*mhd.*; ◇Hurt]

Hur·tig·keit[..kaɪt] 女 -/ 迅速, 敏捷(びんしょう), 活発.

Hus[hʊs] 人名 Jan ~ ヤン フス(1369頃-1415; Böhmen の宗教改革者. 焚刑(ふんけい)に処せられた).

Hu·sar[huzá:r] 男 -en/-en **1**〖軍〗(本来ハンガリーの,16世紀以来一般に)軽騎兵. **2**《方》男まさりの女; おてんば. **3**《話》ein brauner 〈schwarzer〉 ~ 蚤(のみ). [*it.* corsaro -*serbokroat.*-*ungar.* huszár; ◇Korsar; *engl.* hussar]

Hu·sa·ren≈jacke 女〖服飾〗ドルマン=ジャケット(元来は18-19世紀の軽騎兵の制服の短上衣). **≈ritt** 男, **≈streich** 男, **≈stück** 中, **≈stück·chen** 中 無鉄砲な行為, 向こう見ずな冒険.

husch[hʊʃ] **I** 間《しばしば husch, husch と繰り返して》**1** (ほとんど音のないすばやい動きを表して)さっ(と), しゅっ(と): *Husch*, war er weg. さっと〈あっという間に〉彼はいなくなった | Die Arbeit ging bei ihm ~, ~. その仕事を彼は手ばやく大まかに片づけた. **2** (追い立てたり, 促したりする声)しっ, さっ, さあ(早く): Und jetzt ~, ~, an die Arbeit! さあ さっさと仕事にかかるんだ. **3** シーッ, 静かに. **II Husch** 男 -es/-e《ふつう単数で》《話》《ふつう次の形で》**im ~** / **in einem ~** すばやく, さっと, あっという間に | **auf einen ~** ほんのちょっと, 大急ぎで | Er kam gestern auf einen ~ zu mir. 彼はきのう私のところにほんのちょっと立ち寄った. [*mhd.* hutsch; 擬音; ◇ *engl.* hush]

Hu·sche[hóʃə] 女 -/-n《北部・中部》**1** にわか雨〈雪〉. **2** 突くこと, 平手打ち.

Hu·sche·lei[hʊʃəláɪ] 女 -/-en 乱雑な〈速いが粗い〉仕事ぶり.

hu·sche·lig[hóʃəlɪç]² 形 **1** 速い, 乱雑な, 粗っぽい. **2** のんびりした, くつろいだ.

hu·scheln[hóʃəln] 《06》**I** 自 (h) 速くぞんざいに仕事をする, せかせかと働く. **II** 他 (h) 再帰 *sich*⁴ in *et.*⁴ ~ …に暖かくくるまる, …をすっぽりかぶる | *sich*⁴ in eine Decke ~ 毛布にくるまる.

hu·schen[hóʃən] 《04》自 (s) さっと動く, かすめ過ぎる: übers Wasser ~ (鳥などが)水面をかすめて飛ぶ | Traurige Gedanken *huschten* durch sein Gehirn.《比》悲しい思いが彼の脳裏をよぎった.

Hu·scher[hóʃər] 男 -s/- = Husche 1

Hu Schi[huʃí:] (**Hu Shi**[xúʃí:]) 人名 胡適, フウ シー(1891-1962; 中国の文学者・思想家).

hu·schig[hóʃɪç]², **husch·lig**[hóʃlɪç]² = huschelig

Hü·sing[hý:zɪŋ] 女 -/-en《北部》**1** (Behausung) 居住, 宿泊. **2**〖海〗ハウスライン(タールを塗った細い索). [*mndd.*; 1: ◇Haus]

Hus·sje[hʊsjé:] 男 -s/-s《北部》(Gerichtsdiener) 廷丁, 廷吏. [*fr.* huissier; < *fr.* huis „Tür"]

ᵛ**huß**[hʊs] = hussa

hus·sa[hósa·] (**hus·sa·sa**[hósasa·]) 間 (猟犬や馬を駆り立てる声)しっ, それ(行け): ~ rufen しっ〈それっ〉と駆り立てる.

hus·sen[hósən] 《03》他 (h)《南部・オーストリア》(hetzen) (猟犬を)けしかける;《*jn.* auf 〈gegen〉 *jn.*》(…を…に対して)けしかける.

Hus·serl[hósərl] 人名 Edmund ~ エトムント フッサール (1859-1938; ドイツの哲学者で, 現象学の創始者).

Hus·sit[hʊsí:t] 男 -en/-en 〖史〗フス派〔の信徒〕(→Hus).

Hus·si·ten·krieg 男〖史〗フス戦争(1419-36).

hüst[hʏst] 間 (hü) (牛馬に対する掛け声)左へ: nicht ~ noch hott wissen《比》左へ行くべきか右へ行くべきか〈西も東

も〉分からない, 途方にくれる. ［◇wist］

hü·steln[hýːstəln; ｵｰｽﾄﾘｱ: hýːstəln]《06》自 (h) 軽いせきをする.

hu·sten[húːstən]《01》 **I** 自 (h) せきをする; せきこむような音をたてる: diskret ～ (合図として)そっとせきばらいする｜stark 〈keuchend〉 ～ ひどく〈あえぐように〉せきをする｜die Flöhe ～ hören (→Floh 1 a)｜Der Motor *hustet.* 《話》エンジンがノッキングを起こす ‖ **auf *et.*⁴ ～**《話》…を無視する〈相手にしない〉‖〖結果を示す語句と〗再帰 *sich*⁴ halbtot ～ 息も絶え絶えにせきこむ. **II** 他 (h) せきをして吐く: Blut ～ せきをして〈せきとともに〉血を吐く｜***jm.* 〔et〕was 〈eins〉 ～**《話》…の要望をあっさりとはねつける｜Ich werde dir was 〈eins〉 ～! 《話》お前の望みどおりになどしてやらんぞ; 〔はっきり言っておくが〕そうは問屋がおろさんぞ ‖ *jm.* die Ohren voll ～ せきをして…を困らせる. ［*ahd.*; 擬音］

Hu·sten[húːstən; ｵｰｽﾄﾘｱ: hús..] 男 -s/-《ふつう単数で》せき(咳), せきばらい: feuchter ～〖医〗湿性せき｜trockener ～ (痰(たん)を伴わない)空せき; 〖医〗乾性せき｜Keuch*husten* 百日ぜき ‖〔den〕～ haben せきが出る.

Hu·sten≠an·fall 男〖医〗せきの発作. **≠bon·bon** [..bɔŋbɔŋ] 男 中 せきどめドロップ. **≠mit·tel** 中 せきどめ薬. **≠reiz** 男 せきこむこと. **≠saft** 男, **≠si·rup** 男 せきどめシロップ.

hu·sten·stil·lend 形 せきどめの.

Hu·sten·trop·fen 複 せきどめ用滴薬.

Hu·ster[húːstər] 男 -s/- **1**《話》ゴホンと出るせき. **2** せきの止まらない人.

Hu·sum[húːzʊm] 地名 フーズム(ドイツ Schleswig-Holstein 州の都市. 詩人 Storm の故郷). ［*afries.* „(bei den) Häusern"］

Hut¹[huːt] 男 -es(-s)/Hüte[hýːtə] (小 **Hüt·chen** [hýːtçən], **Hüt·lein**[..laɪn] 中 -s/-) **1** (英: *hat*) (つばのある)帽子(→ 図) (→Mütze 1): **ein alter ～** 古い帽子; 《比》周知の〈陳腐な〉話｜ein breitkrempiger ～ つば広の帽子｜der rote ～〖ｶﾄﾘｯｸ〗枢機卿(けい)の地位〔を象徴する赤い帽子〕｜ein ～ mit breiter 〈schmaler〉 Krempe つばの広い〈狭い〉帽子｜Filz*hut* フェルト帽｜Stroh*hut* 麦わら帽子 ‖ ***jm.* geht der ～ hoch**《話》…が激怒する〈かっとなる〉｜Mir ging der ～ hoch. 私はかんかんになった〈頭にきた〉｜Da geht einem der ～ hoch. 実にけしからん, 全く腹の立つことだ.

‖ den ～ abnehmen 帽子を脱ぐ｜**vor *jm.* 〈*et.*³〉 den ～ abnehmen 〈abziehen〉**《比》…に対して脱帽する, …に尊敬を惜しまない｜*Hut* ab! (→ab² I 3)｜den ～ aufsetzen 〈aufhaben / tragen〉 帽子をかぶる〈かぶっている〉｜den ～ 〔auf dem Kopf〕 behalten 帽子をかぶったままでいる｜den ～ 〔tief〕 ins Gesicht 〈in die Stirn〉 drücken 帽子をまぶかにかぶる｜den ～ in der Hand halten 帽子を手にしている｜für *jn.* 〈*et.*⁴〉 den ～ herumgehen lassen …のために醵金(きょきん)用の帽子を回す｜den ～ lüften 帽子をちょっとあげてあいさつする｜**den 〈*seinen*〉 ～ nehmen**《話》辞職する｜Der Minister wird seinen ～ nehmen müssen. 大臣は辞任せざるを得ないだろう｜den ～ ins Genick 〈aus der Stirn〉 schieben 帽子をあみだにかぶる｜den ～ aufs Ohr setzen 帽子を横っちょにかぶる｜**den ～ in den Ring werfen**《比》(特定の地域・職に)立候補する｜**vor *jm.* 〈*et.*³〉 den ～ ziehen**《比》…に対して脱帽する, …に尊敬を惜しまない｜den ～ vom Kopf 〈in die Stirn〉 ziehen 帽子を脱いであいさつする〈まぶかにかぶる〉.

‖〖前置詞と〗**mit *et.*³ etwas 〈nichts〉 am ～ haben**《話》…といささかかかわりがある〈何のかかわりもない〉; …に多少関心がある〈無関心である〉｜*sich*³ *et.*⁴ an den ～ stecken …(羽毛飾りなど)を帽子にくっつける｜**Das kannst du dir an den ～ stecken!**《話》そんなものぼくは欲しくはないよ｜Steig mir doch am 〈auf den〉 ～!《南部》私になんかかまわないでくれ｜an den ～ tippen 帽子〔のつば〕に手をかけてあいさつする｜**eins auf den ～ bekommen 〈kriegen〉**《話》一発殴られる; ひどくしかられる｜***jm.* eins auf den ～ geben**《話》…に一発くらわせる; …をひどくしかる｜***et.*⁴ aus dem ～ machen**《話》(手品のように)あっさり…を取り出す〈その場で即興でやってのける〉｜**in ～** und Mantel 外出の身支度をして｜**mit** dem ～ winken 帽子を振ってあいさつする｜Mit dem ～*e* in der Hand kommt man durch das ganze Land. 《諺》腰を低くすれば何もかもうまくいく(帽子を脱いで手に持っていれば国じゅう渡って歩ける)｜viele Menschen 〈Interessen〉 **unter einen ～ bringen**《話》多くの人々〈利害〉の調和をはかる｜**unter einen ～ kommen**《話》協調〈一致〉する｜nicht richtig unterm ～ sein《話》少し頭がおかしい｜Du hast wohl Spatzen unterm ～? (→Spatz 1). **2** (帽子状のもの. 例えば:) (円錐(すい)形の)ふた, かさ; (Fingerhut)〖服飾〗指貫(ゆびぬき); 〖植〗(きのこの)かさ(→ 図 Pilz); 〖料理〗三角帽子状の棒砂糖. ［*westgerm.*; ◇Hut²; *lat.* cassis „Helm"; *engl.* hood］

Hut¹

Hut²[huːt] 女 -/ **1**《雅》(Schutz) 保護, 監督, 注意: 〔**vor *jm.* 〈*et.*³〉**〕 **auf der ～ sein** 〔…に対して〕用心する｜Du mußt vor 〈bei〉 ihm auf der ～ sein! 彼には用心しろよ｜**in** guter 〈sicherer〉 ～ sein 安全に保護されている｜in 〈unter〉 *js.* ～³ sein 〈stehen〉 …に保護されている, …の監督を受けている｜*jn.* 〈*et.*⁴〉 in *seine* ～ nehmen …の世話を引き受ける｜ein Kind in fremde ～ geben 子供を里子に出す｜**unter** *js.* ～³ sein 〈stehen〉 …に保護されている, …の監督を受けている. **2**《中部》**a)** 放牧権; 放牧地. **b)**《集合的に》放牧中の家畜. ［*westgerm.*; ◇hüten］

Hut·band[húːt..] 中 -〔e〕s/..bänder 帽子のリボン(→ 図 Hut); 帽子のあごひも.

Hüt·chen Hut¹の縮小形.

Hü·te Hut¹の複数.

Hü·te≠hund[hýːtə..] 男 (Schäferhund) 牧羊犬. **≠jun·ge** 男 羊飼いの少年.

hü·ten[hýːtən]《01》他 (h) **1** (*jn.* / *et.*⁴) (…の)番をする, (…を大事に)守る, 保護する: Kinder 〈Vieh〉 ～ 子供たち〈家畜〉の番をする｜*jn.* 〈*et.*⁴〉 wie *seinen* Augapfel ～ (→Augapfel)｜das Bett 〈das Zimmer〉 ～ müssen (→Bett 1 a, →Zimmer 1)｜ein Geheimnis ～ 秘密を守る｜*seine* Zunge ～ (→Zunge 1 a). **2** 再帰 *sich*⁴ vor *jm.* 〈*et.*³〉 ～ …に用心する｜Ich werde mich 〔wohl〕 ～, ihm die Wahrheit zu sagen (話 nicht zu sagen)! 彼には真相を言わないように〔十分に〕注意しましょう｜Sie *hütete* sich davor, daß sie zu schnell (話 nicht zu schnell) fuhr. 彼女はスピードを出しすぎないよう用心した ‖〖返事として〗Ich werde mich 〔schwer / schön〕 ～! 絶対にしないよ. ［*westgerm.*; ◇Hut²; *engl.* heed］

Hü·ter[hýːtər] 男 -s/- **1**《雅》番人, 監督者, 保護者: die ～ des Gesetzes《戯》警官たち｜ein ～ des Rechtes 法の番人｜ein ～ der Tradition 伝統を守り伝える者. **2** (Torhüter)〖球技〗ゴールキーパー. **3** (Hirt) 羊飼い.

Hut≠fa·brik[húːt..] 女 帽子製造所〈工場〉. **≠fach** 中 (たんすなどの)帽子用の棚〈仕切り〉. **≠fe·der** 女 帽子の羽根飾り. **≠form** 女 **1** 帽子の形〈型〉. **2** 帽子型台. **≠fut·ter** 中 帽子の裏地. **≠ge·schäft** 中 帽子店; 帽子商.

H

≈grö·ße 女 帽子のサイズ: ～ 55 tragen サイズ55の帽子をかぶっている.

Hut·haus[hú:t..] 中《坑》(鉱員の)集会所, 控室; 道具置き場. [<Hut²]

Hut≈kof·fer 男 帽子のケース. **≈krem·pe** 女 帽子のへり〈つば〉. **≈la·den** 男 帽子店.

Hüt·lein Hut¹の縮小形.

Hut≈ma·cher[hú:t..] 男 帽子製造業者; 製帽屋(人). **≈na·del** 女 婦人帽の留めピン, ハットピン. **≈rand** 男 帽子のつば〔のへり〕. **≈schach·tel** 女 帽子箱〈ケース〉.

Hut·sche[hʊ́tʃə] 女 -/-n **1**《南部・オーストリア》(Schaukel) ぶらんこ. **2** 足台, 低い腰掛け. **3** (小型の)そり.

hut·schen[hʊ́tʃən]《04》 **I** 自 (h)《南部・オーストリア》(schaukeln) ぶらんこ遊びをする. **II** 他 (h) 再帰 *sich*⁴ ～＝I

Hut≈schlan·ge[hú:t..] 女《動》コブラ〔属〕(南アジア産の毒蛇). **≈schnecke** 女《貝》カツラガイ. **≈schnur** 女 -/..schnüre 帽子のひも:〖ふつう次の形で〗**Das geht mir über die ～!**《話》それはひどすぎる〈度が過ぎる〉.

Hutsch·pferd[hʊ́tʃ..] 中《オーストリア》(Schaukelpferd) 揺り木馬: wie ein 〔frisch lackiertes〕 ～ grinsen《戯》にやにや笑う.

Hut·stän·der[hú:t..] 男 (スタンド式)帽子掛け.

Hüt·te[hʏ́tə] 女 -/-n (⑥ **Hütt·chen**[hʏ́tçən], **Hütt·lein** [..laɪn] 中 -s/-) **1** 小屋, ほったて小屋;《話》ぼろ家, 陋屋(ろうおく): Berg*hütte* 山小屋, ヒュッテ | Jagd*hütte* 狩猟小屋 | Schutz*hütte* 避難小屋 | Ski*hütte* スキー小屋 ‖ Hier laßt uns ～*n* bauen.《比》ここにとどまることにしよう ‖ auf 〈in〉 einer ～ übernachten 〔山〕小屋に泊まる | Welch ein Glanz in meiner 〔armen〕 ～!《戯》このあばら家にようこそおいでくださいました | Holz vor der ～ haben (→Holz 1 a). **2**《海》船尾楼, プープ; 船長室. **3** (Hüttenwerk)(金属・ガラスなどの)製錬所, 製錬工場: Eisen*hütte* 製鉄所 | Glas*hütte* ガラス工場 | Kupfer*hütte* 銅精錬所. [*ahd.*; ◇Haut; *engl.* hut]

Hut·ten[hʊ́tən] 人名 Ulrich von ～ ウルリヒ フォン フッテン(1488-1523; ドイツの人文主義者で宗教改革の支持者).

Hüt·ten≈ar·bei·ter[hʏ́tən..] 男 製錬所労務者, 鋳造工. **≈be·trieb** 男 製錬〈冶金(やきん)〉工場. **≈bims** 男 膨脹スラグ(絶縁体などに用いる). **≈in·du·strie** 女 鉄鋼工業(製錬・溶鉱・冶金など). **≈koks** 男 (↔Zechenkoks)《金属》製錬用コークス. **≈kun·de** 女 -/ (Metallurgie) 冶金学. **≈mann** 男 -[e]s/..leute (ᵛ..männer) **1** 冶金学者; 冶金〈製錬〉技師. **2** ＝Hüttenarbeiter **≈mei·ster** 男 製錬技師長〈工場長〉, 冶金工場長. **≈rauch** 男 **1** 冶金工場の煙, 溶鉱炉の鉱毒煙. **2**《化》砒煙(ひえん). **≈schuh** 男 (表面にししゅうをした)室内用布靴(山小屋でスキー客がはいたものに由来する: →図). **≈werk** 中 (金属・ガラスなどの)製錬所, 製錬工場. **≈we·sen** 中 -s/ 冶金, 製錬, 溶鉱.

Hüttenschuh

Hütt·lein Hütte の縮小形.

ᵛ**Hütt·ner**[hʏ́tnər] 男 -s/- **1** 小屋の持ち主. **2** 小農, 小作人.

Hütt·rach[hʏ́trax] 中 -s/《オーストリア》《話》(Arsen) 砒素(ひそ). [<Hüttenrauch]

Hu·tung[hú:tʊŋ] 女 -/-en《農》(貧弱な, 特に羊の)放牧「地.」

Hü·tung[hý:..] 女 -/-en **1** 監視, 見張り. **2** 牧畜.

Hut·wei·de[hú:t..] 女 (公有の)放牧地.

Hut·zel[hʊ́tsəl] 女 -/-n **1**《南部》乾燥果物(特にヨウナシなど). **2**《話》(小柄の)しわくちゃばばあ. **3** (Tannenzapfen) モミの毬果(きゅうか). [*mhd.*]

Hut·zel·brot 中 (南ドイツで祝祭日などに焼く)乾燥果物入りのパン.

hut·ze·lig[hʊ́tsəlɪç]² (**hutz·lig**[hʊ́tslɪç]²) 形《話》(dürr) しなびた, ひからびた; しわだらけの; 古い.

Hut·zel·männ·chen[hʊ́tsəl..] 中 **1** ＝Heinzelmännchen **2**《話》(小柄の)しわくちゃじじい.

hut·zeln[hʊ́tsəln]《06》 **I** 他 (h) (果物を)干す. **II** 自 (s) (果物などが)からからに乾燥する; しわくちゃになる, しわが寄る.

Hut·zel≈weib[hʊ́tsəl..] 中, **≈weib·lein** 中 ＝Hut-「zel 2」

Hut·zen·stu·be[hʊ́tsən..] 女《方》糸つむぎ室; (ストーブと腰掛けのある)団欒(だんらん)室.

Hut·zie·hen[hú:t..] 中 -s/ 帽子をとってあいさつすること(→図).

Hutziehen

hutz·lig ＝hutzelig

Hut·zucker[hú:t..] 男 (三角帽子状の)棒砂糖.

Hwang·ho[xváŋho·] ＝Hoangho

HwG-Mäd·chen[ha:ve:gé:..] 中 (<Mädchen mit häufig wechselndem Geschlechtsverkehr) **1** (相手かまわず不純交遊をする)ふしだらな少女. **2** (Prostituierte) 売春婦.

Hya·den[hyá:dən] 複 **1**《ギ神》ヒュアデス (Atlas の娘たち.「雨を降らす女」の意). **2** die ～《天》ヒアデス星団(牡牛(おうし)座の頭部にある群星. この星と太陽の出が同じ時刻になったとき雨季が始まると考えられた). [*gr.* Hyádes－*lat.*; <*gr.* hỹs (→Hyäne)]

hya·lin[hyalí:n] 形 **1** ガラス状の, 透明な. **2**《地》ガラス質の: ～*e* Gesteine ガラス質の岩石. **3**《医》ヒアリンの, ガラス質の: ～*er* Knorpel ヒアリン軟骨. [*gr.*－*spätlat.*; <*gr.* hýalos „Glas"]

Hya·lit[..lí:t, ..lɪt] 男 -s/-e 《鉱》玉滴(ぎょくてき)石. [<..it²]

Hya·lo·gra·phie[hyalografí:] 女 -/-n[..fí:ən] ガラス彫刻術.

Hya·lo·phan[..fá:n] 男 -s/-e 《鉱》重土長石. [<*gr.* phaínesthai „〔er〕scheinen"]

Hyä·ne[hyɛ́:nə] 女 -/-n **1**《動》ハイエナ(鬣犬): gestreifte ～ / Streifen*hyäne*《動》シマ(縞)ハイエナ | gefleckte ～ / Tüpfel*hyäne*《動》ブチ(斑)ハイエナ. **2**《話》残忍強欲ながりがり亡者; 利己的で口うるさい女; (戦場などで)死者の所持品を略奪する人. [*gr.* hýaina－*lat.*〔－*ahd.* ijēna〕; <*gr.* hỹs „Schwein"; ◇Sau; *engl.* hy〔a〕ena]

Hyä·nen·hund 男《動》リカオン(アフリカ野性犬の一種).

Hya·zinth[hyatsínt] **I** 人名《ギ神》ヒュアキントス (Apollon に愛され, その投げた円盤に当たって死んだ美少年. その血からヒヤシンスの花が咲いたという). **II 1** 男 -s/-e 美少年. **2** 男 -[e]s/-e《鉱》赤色ジルコン, 風信子鉱; 淡色柘榴(ざくろ)石, 黄赤色尖晶(せんしょう)石(いずれも宝石として使用される).

Hya·zin·the[..tə] 女 -/-n 《植》ヒヤシンス. [*gr.* hyákinthos „Schwertlilie"－*lat.*; ◇*engl.* hyacinth]

hy·brid¹[hybrí:t]¹ 形 (überheblich) 不遜(ふそん)な, 傲慢(ごうまん)な, 思い上がった; 傍若無人な. [<Hybris]

hy·brid²[－] 形 雑種の, 混血〈交配〉の: ～*e* Bildungen 〈Wörter〉《言》混種語(異なる言語に属する要素を結合したもの. 例 Büro·kratie) | ein ～*es* Rechensystem ハイブリッド計算機(アナログ計算機とデジタル計算機とを結合したもの) | ～*e* Züchtung 〔人工〕交配.

Hy·bri·de[..də] 女 -/-n (男 -n/-n)《生》雑種. [*lat.* hibrida „Mischling"]

ᵛ**hy·bri·disch**[..dɪʃ] ＝hybrid²

hy·bri·di·sie·ren[hybridizí:rən] 他 (h) 雑種にする.

Hy·brid≈rech·ner[hybrí:t..] 男《電》ハイブリッド〈混成型〉計算機. **≈trieb·werk** 中《工》(ロケットの)ハイブリッド=エンジン.

Hy·bris[hý(:)brɪs] 女 -/ (Übermut) 不遜(ふそん), 傲慢(ごうまん), 倨傲(きょごう); (神に対する)反抗. [*gr.*; ◇*engl.* hu-「bris」]

hyd.. →hydato..

Hyd·ar·thro·se[hydartró:zə] 女 -/-n (Gelenkwassersucht)《医》関節水腫(すいしゅ).

Hy·da·ti·de[hydatí:də] 女 -/-n **1** (Blasenwurm)《動》包虫, 嚢(のう)〔尾〕虫(サナダムシの幼虫). **2**《医》包虫嚢. [<*gr.* hydatís „Wasserblase" (◇hydro..)]

hydato.. 《名詞・形容詞などにつけて「水」を意味する.

hyd.. という形もある: →*Hyd*arthrose》[*gr.*; <hydro..]
hy·da·to·gẹn[hydatogé:n] 形〘地〙溶液鉱化の.
Hy·da·to·ge·nẹ·se[..gené:zə] 女 -/ 〘地〙溶液鉱化.
Hyde·park[háıtpa:rk, háıdpá:k] 男 -〔e〕s/ ハイドパーク(ロンドン中央部の公園). [*engl.*]
hydr.. →hydro..
Hỵ·dra[hý:dra·] 女 -/..dren[..drən] **1**《単数で》**a**)〘ギ神〙ヒュドラ(Herkules に殺された 9 頭の水蛇. 一つの頭を切るとすぐそのあとに新たに二つの頭が生えたという): die ～ des Imperialismus 帝国主義というヒュドラ(根絶しがたい怪物). **b**) die ～〘天〙海蛇(うみへび)座. **2**〘動〙ヒドラ. [*gr.* hýdra „Wasserschlange"–*lat.*; ◇Otter[1]]
Hy·drä·mịe[hydrεmí:] 女 -/-n[..mí:ən]〘医〙水血症. [<..ämie; ◇*engl.* hydr〔a〕emia]
Hy·drạnt[hydránt] 男 -en/-en (街頭の)消火〈給水〉栓〔設置場所〕. [*engl.*; <..ant]
Hy·drar·gil·lịt[hydrargılí:t, ..lít] 男 -s/-e〘鉱〙銀星石; 水礬土(すいばんど)石. [<*gr.* árgillos „weißer Ton"]
Hy·drar·gy·rọ·se[..gyró:zə] 女 -/ (Quecksilbervergiftung)〘医〙〔慢性〕水銀中毒. [<..ose]
Hy·drạr·gy·rum[hydrárgyrum] 中 -s/ (Quecksilber)〘化〙水銀(記号 Hg). [<*gr.* árgyros „Silber"; ◇Argentum]
Hy·drar·thrọ·se[hydrartró:zə] 女 -/-n ＝Hydarthrose
Hy·drạt[hydrá:t] 中 -〔e〕s/-e〘化〙水化物. [<..at]
Hy·dra·〔ta·〕tiọn[hydra(ta)tsió:n] 女 -/ **1**〘化〙水和(すいわ); 水化. **2**〘建〙(セメント粒子などの)水和〔作用〕.
Hy·drạu·lik[hydráulık] 女 -/ **1**〘理〙水力学, 水理学. **2**〘工〙水圧〈油圧〉装置.
hy·drạu·lisch[hydráulıʃ] 形 水力学の; 水力の; 液圧(水圧・油圧など)の; 流水〈動水〉の: die ～*e* Bremse 水圧〈油圧〉ブレーキ | die ～*e* Presse 水圧〈油圧〉機. [*gr.*–*lat.*; <*gr.* aulós „Röhre"]
Hy·dra·zịn[hydratsí:n] 中 -s/〘化〙ヒドラジン. [<Hydrogen+Azote]
Hỵ·dren Hydra の複数.
Hy·drịd[hydrí:t][1] 中 -〔e〕s/-e〘化〙水素化〔合〕物. [<hydro..+..id[2]]
Hy·drịer·ben·zịn[hydrí:r..] 中〘工〙水素添加分解ガソリン.
hy·drịe·ren[hydrí:rən] 他 (h)《*et.*[4]》(…に)水素を添加する,(…を)水素と化合させる.
Hy·drịe·rung[..ruŋ] 女 -/-en 水素添加.
hydro..《名詞・形容詞などにつけて「水の・水に関係した」などを意味する. 母音の前では hydr.. となることが多い: →*Hydr*at》[*gr.* hýdōr „Wasser"]
Hy·dro·bio·lo·gịe[hydrobiologí:] 女 -/ 水生生物学.
Hy·dro·chi·nọn[..çinó:n] 中 -s/〘写〙ヒドロキノン(現像剤). [<Chinasäure]
Hy·dro·dy·nạ·mik[..dyná:mık] 女 -/〘理〙流体動力学.
hy·dro·dy·nạ·misch[..dyná:mıʃ] 形〘理〙流体動力学〔上〕の.
hy·dro·elẹk·trisch[..|elέktrıʃ] 形 **1** 水力電気の: ein ～*es* Kraftwerk 水力発電所. **2**〘医〙電気水浴の: ～*es* Bad 電気水浴.
hy·dro·gẹn[hydrogé:n] 形 水成の.
Hy·dro·gẹn[–] 中 -s/, **Hy·dro·gẹ·nium**[..gé:nium] 中 -s/ (Wasserstoff)〘化〙水素(記号 H). [*fr.* hydrogène]
Hy·dro·geo·lo·gịe 女 -/ 水文(すいもん)〈水理〉地質学.
Hy·dro·gra·phịe[..grafí:] 女 -/ 水路学.
hy·dro·grạ·phisch[..grá:fıʃ] 形 水路学〔上〕の; 水路に関する: eine ～*e* Karte 水路図 | ～*e* Vermessung 水路測量.
Hy·dro·kul·tụr[hydrokultú:r, hý:drokultu:r] 女 ＝Hydroponik
Hy·dro·lo·gịe[hydrologí:] 女 -/ 水文学.
Hy·dro·lọ·gium[..ló:gium] 中 -s/..gien[..giən] (昔の)水時計. [<*gr.* légein „lesen" (◇Logos)]
Hy·dro·lỵ·se[..lý:zə] 女 -/-n〘化〙加水分解.
hy·dro·ly·sịe·ren[..lyzí:rən] 他 (h) 加水分解する.
hy·dro·lỵ·tisch[..lý:tıʃ] 形〘化〙加水分解の.
Hy·dro·me·chạ·nik[..meçá:nık] 女 -/ 流体力学.
Hy·dro·me·dụ·se[..medú:zə] 女 -/-n〘動〙ヒドロクラゲ(水母).
Hy·dro·me·tall·ur·gịe[..metalurgí:] 女 -/〘金属〙湿式製錬.
Hy·dro·me·teọr[..meteó:r] 男 -s/-e〘気象〙大気水象(水・水蒸気などによる大気現象, 雨・霧・雲など).
Hy·dro·mẹ·ter[..mé:tər] 中 (男) -s/- 流速計;〔液体〕比重計, 浮き秤(ばかり).
Hy·dro·ne·phrọ·se[..nefró:zə] 女 -/-n〘医〙水腎(すいじん)〔症〕.
Hy·dro·pạth[..pá:t] 男 -en/-en 水治(すいち)療法師, 水治医.
Hy·dro·pa·thịe[..patí:] 女 -/ 水治(すいち)療法.
hy·dro·pạ·thisch[..pá:tıʃ] 形 水治(すいち)療法の.
Hy·dro·phạn[..fá:n] 男 -s/-e〘鉱〙透蛋白(たんぱく)石. [<*gr.* phānós „leuchtend" (◇photo..)]
hy·dro·phịl[..fí:l] 形〘化〙親水性の: ～*es* Kolloid 親水コロイド | ～*es* Radikal 親水性基.
hy·dro·phọb[..fó:p][1] 形〘化〙疎水性の: ～*es* Kolloid 疎水コロイド | ～*es* Radikal 疎水性基.
Hy·dro·pho·bịe[..fobí:] 女 -/ (Wasserscheu)〘医〙恐水病, 狂犬病.
Hy·droph·thạl·mus[hydrɔftálmus] 男 -/..mi[..mi·]〘医〙水眼, 牛眼. [<ophthalmo..]
hy·drọ·pisch[hydró:pıʃ] 形〘医〙水腫(すいしゅ)の. [<Hydrops〔ie〕]
hy·dro·pneu·mạ·tisch[hydropnɔymá:tıʃ, ..rɔp..] 形 水と空気(液体と気体)の作用による, 水空の.
Hy·dro·pọ·nik[..pó:nık] 女 -/〘農〙水耕法, 水栽培法. [<*gr.* pónos „Arbeit"]
Hỵ·drops[hý:drɔps] 男 -/, **Hy·drop·sịe**[hydrɔpsí:] 女 -/〘医〙水症, ヒドロップス. [*gr.*–*lat.*; <*gr.* ṓps (→..opie)]
Hy·dro·sphạ̈·re[hydrosfέ:rə, ..rɔs..] 女 -/〘地〙水圏, 水界(海・湖沼・地下水・大気中の水分などの総称).
Hy·dro·stạ·tik[..stá:tık] 女 -/〘理〙流体静力学.
hy·dro·stạ·tisch[..stá:tıʃ] 形〘理〙流体静力学〔上〕の.
Hy·dro·sul·fịt[..zulfí:t, ..fít] 中 -s/-e〘化〙ヒドロ亜硫酸塩.
Hy·dro·tẹch·nik[..tέçnık] 女 -/ 水利工事; 河川工学, 水利建築学.
Hy·dro·the·ra·pịe[..terapí:] 女 -/ (Wasserbehandlung)〘医〙水治(すいち)療法.
Hy·dro·tro·pịs·mus[..tropísmus] 男 -/〘植〙水屈性, 屈湿〈屈水〉性.
Hy·dro·xỵd[hydrɔksý:t][1] 中 -〔e〕s/-e〘化〙水酸化物.
Hy·dro·xỵl·grup·pe[..rɔksý:l..] 女〘化〙水酸基.
Hy·dro·zẹ·le[hydrotsé:lə] 女 -/-n (Wasserbruch)〘医〙水瘤(すいりゅう), 陰嚢(いんのう)水腫(すいしゅ). [<*gr.* kḗlē „Geschwulst, Bruch"]
Hy·dro·zẹ·pha·lus[..tsé(:)falus] 男 -/..len[..tsefá:lən] (Wasserkopf)〘医〙水頭〔症〕. [<kephalo..]
Hy·dro·zọ·en[..tsó:ən] 複〘動〙ヒドロゾア類. [<zoo..]
Hy·dru·rịe[hydrurí:] 女 -/〘医〙水尿症. [<uro..]
Hye·to·grạph[hyetográ:f] 男 -en/-en 雨量図.
Hye·to·gra·phịe[..grafí:] 女 -/ 雨量学, 雨量図法.
Hye·to·mẹ·ter[..mé:tər] 中 (男) -s/- 雨量計. [<*gr.* hyetós „Regen"]
Hy·gi·ẹia[hygiáıa·] 人名〘ギ神〙ヒュギエイア(健康の女神). [*gr.*; <*gr.* hygiḗs „gesund" (◇keck)]
Hy·giẹ·ne[hygié:nə] 女 -/ 衛生学, 予防医学; 保健, 衛生; 衛生〔的〕状態, 清潔: öffentliche ～ 公衆衛生 | geistige ～ 精神衛生 | Körper*hygiene* 身体衛生, 体の手入れ ‖ auf eine 〔einwandfreie〕 ～ in der Küche achten 台所の〔完全な〕清潔に留意する. [*gr.* hygieinḗ (téchnē) „Gesundheits(lehre)"]

Hy·gie·ni·ker[..nikər] 男 -s/- 衛生学者; 保健指導士.

hy·gie·nisch[..nɪʃ] 形 衛生学〔上〕の; 衛生的な, 健康的な, 清潔な: ～*e* Einrichtungen 保健衛生設備 | die ～*e* Verpackung von Lebensmitteln 食品の衛生的〈清潔な〉包装 ‖ ～ einwandfrei sein 衛生的に全く問題がない.

Hy·gro·graph[hygrográ:f] 男 -en/-en 自記湿度計.

Hy·grom[hygró:m] 中 -s/-e 《医》粘液腫(しゅ), ヒグローマ. [<*gr.* hygrós „naß"+..om]

Hy·gro·me·ter[hygromé:tər] 中 (男) -s/- 湿度計.

hy·gro·phil[..fí:l] 形 (↔xerophil) 《生》(動植物が)湿潤な環境を好む, 好湿性の.

Hy·gro·phi·lie[..filí:] 女 -/ 《生》好湿性.

Hy·gro·phyt[..fý:t] 男 -en/-en (↔ Xerophyt) (Feuchtpflanze) 《植》湿生植物. [<phyto..]

Hy·gro·skop[hygroskó:p, ..grɔs..] 中 -s/-e 《理》験湿器, 験湿計.

hy·gro·sko·pisch[..skó:pɪʃ] 形 **1** 吸湿性の. **2** 験湿器による.

Hy·gro·sko·pi·zi·tät[..skopitsitɛ́:t] 女 -/ 吸湿力.

Hyk·sos[hýksɔs] 複 ヒクソス(紀元前1720年ごろから約140年間エジプトを支配した遊牧民族). [*ägypt.* „Herrscher, Nomaden"–*gr.*]

Hy·lo·zo·is·mus[hylotsoísmʊs] 男 -/ 《哲》物活論(物質に生命があるとする説). [<*gr.* hýlē „Holz, Stoff"+zoo..]

Hy·men[1][hý:mən, ..mɛn] **I** 人名 《ギ神》ヒュメーン, ヒュメナイオス(婚礼の神). **II** 男 -s/- (古代ギリシアの)婚礼の歌. [*gr.–lat.*]

Hy·men[2][–] 中 (男) -s/- (Jungfernhäutchen) 《解》処女膜. [*gr.* hymḗn „Häutchen"; ◇Hymne]

Hy·me·nae·us (**Hy·me·nä·us**)[hymenɛ́:ʊs] 男 -/ ..naei[..nɛ́:i·] = Hymen[1] I [*gr.–lat.*]

hy·me·nal[hymená:l] 形 《解》処女膜の.

Hy·me·nium[hymé:niʊm] 中 -s/..nien[..niən] 《植》(菌類の)子実層.

Hy·me·no·my·zet[hymenomytsé:t] 男 -en/-en 《植》帽菌類. [<myko..]

Hy·me·no·pte·re[..nɔpté:rə, ..nop..] 女 -/-n (Hautflügler) 《虫》膜翅(し)類. [<*gr.* pterón (→Feder)]

Hym·nar[hʏmná:r] 中 -s/-e, -en[..riən] 《宗》賛美歌集, 聖歌集; 頌歌(しょうか)集. [*mlat.*]

Hym·ne[hýmnə] 女 -/-n **1 a)** (古代ギリシアの)神への賛歌. **b)** 《宗》賛美歌, 聖歌. **2** (一般に)頌歌(しょうか), 賛歌: eine ～ auf die Freundschaft 〈an die Musik〉 友情〈音楽〉の賛歌 | *jn.* in ～*n* preisen 《比》…をほめそやす. **3** (Nationalhymne) 国歌. [*gr.* hýmnos „Gefüge, Lied"–*lat.* hymnus; ◇Saum[1], Hymen[1]; *engl.* hymn]

Hym·nen·samm·lung 女 賛〔美〕歌集, 頌歌(しょうか)集.

Hym·nik[hýmnɪk] 女 -/ 賛美文学; 賛歌形式.

hym·nisch[..nɪʃ] 形 賛〔美〕歌の; 賛歌ふう〈形式〉の.

Hym·no·lo·gie[hʏmnologí:] 女 -/ 《宗》賛美歌学, 聖歌学.

Hym·nus[hýmnʊs] 男 -/..nen[..nən] = Hymne

Hyos·cya·min (**Hyos·zya·min**)[hyɔstsyamí:n] 中 -s/ 《薬》ヒヨスチアミン(鎮静剤). [<*gr.* hyos-kýamos „Sau-bohne"; ◇Hyäne, hohl]

hyp.. →hypo..

Hyp·aku·sis[hypakú:zɪs] 女 -/ (Schwerhörigkeit) 《医》難聴, 聴力障害. [<*gr.* ákousis „Hören" (◇Akustik)]

Hyp·al·ge·sie[hypalgezí:] 女 -/-n[..zí:ən] 《医》痛覚鈍麻〔症〕. [<*gr.* álgēsis „Schmerz" (◇..algie)]

hyp·al·ge·tisch[..gé:tɪʃ] 形 痛覚鈍麻〔症〕の.

Hyp·al·la·ge[hypalagé:, hypálage·] 女 -/ **1** = Enallage **2** = Metonymie [*gr.–spätlat.*; <*gr.* hypallássein „vertauschen" (◇allo..)]

Hyp·äs·the·sie[hypɛstezí:] 女 -/ 《医》知覚鈍麻〔症〕.

hyp·äs·the·tisch[..té:tɪʃ] 形 知覚鈍麻〔症〕の.

hyper.. (↔hypo..) 《名詞・形容詞などにつけて「過度の, 超…, 極…」などを意味する》[*gr.* hypér „über"; ◇super.., über]

Hy·per·aci·di·tät[hypər|atsiditɛ́:t, hypɛr..] 女 -/ 《医》胃酸過多〔症〕.

Hy·per·aku·sie[..|akuzí:] (**Hy·per·aku·sis**[..|akú:zɪs]) 女 -/ 《医》聴覚過敏〔症〕. [<*gr.* ákousis (→Hypakusis)]

Hy·per·al·ge·sie[..|algezí:] 女 -/-n[..zí:ən] 《医》痛覚過敏〔症〕. [<*gr.* álgēsis (→Hypalgesie)]

hy·per·al·ge·tisch[..gé:tɪʃ] 形 痛覚過敏〔症〕の.

Hy·per·ämie[..|ɛmí:] 女 -/ 《医》充血.

Hy·per·äs·the·sie[..|ɛstezí:] 女 -/-n[..zí:ən] 《医》知覚過敏〔症〕.

hy·per·äs·the·tisch[..|ɛsté:tɪʃ] 形 知覚過敏〔症〕の.

Hy·per·ba·ton[hypɛ́rbatɔn] 中 -s/..ta[..ta·] 《修辞》挿分〈転逸〉法(強調のために統語論的に密接に結合している語群を挿入・転移などにより崩すこと. 例 mit *des Donners* Getöse 雷鳴とともに <mit dem Getöse des Donners). [*gr.–lat.*; <*gr.* hyper-baínein „über-treten" (◇Basis)]

Hy·per·bel[hypɛ́rbəl] 女 -/-n **1** 《修辞》誇張法(例 ein himmelhochragender Felsen 天にそそりたつ岩): in ～*n* reden ひどく誇張して言う. **2** 《数》双曲線(→ 図 Kegel). [*gr.*; <*gr.* hyper-bállein „über (das Ziel) hinaus-werfen"]

Hy·per·bel·funk·tion 女 《数》双曲線関数.

hy·per·bo·lisch[hypərbó:lɪʃ, hypɛr..] 形 **1** 《修辞》誇張法〔上〕の; 誇張された, 大げさな. **2** 《数》双曲線の.

Hy·per·bo·lo·id [..boloí:t][1] 中 -〔e〕s/-e 《数》双曲面(→ 図).

Hyperboloid

Hy·per·bo·re·er[..boré:ər] 男 -s/- 《ギ神》ヒュペルボレ〔イ〕オス人(極北に住むという伝説的な民族). [*gr.–lat.*; ◇Boreas; *engl.* Hyperborean]

hy·per·bo·re·isch[..ré:ɪʃ] 形 極北の, 極北に住む; ヒュペルボレ〔イ〕オス人の.

Hy·per·dak·ty·lie[..daktylí:] 女 -/ (↔Hypodaktylie) 《医》多指(趾(し))症. [<daktylo..]

Hy·per·funk·tion[..fʊŋktsió:n] 女 -/-en **1** (↔Hypofunktion) 《医》機能亢進(こうしん). **2** 《数》超関数.

Hy·per·glyk·ämie[..glykɛmí:] 女 -/-n[..mí:ən] (↔Hypoglykämie) 《医》高血糖症.

hy·per·go·lisch[..gó:lɪʃ] 形 《工》(ロケット燃料などが)自燃〈自然発火〉性の. [◇Erg, Öl]

Hy·per·hi·dro·se[..hidró:zə] 女 -/ (↔Hyphidrose) 《医》発汗過多〔症〕, 多汗〔症〕.

Hy·per·in·fla·tion[..|ɪnflatsió:n] 女 -/-en 《経》超インフレーション, 悪性インフレ.

Hy·pe·rion[hypé:riɔn, ..perí:..] 人名 **1** 《ギ神》ヒュペリオン (Titan 族の一人, Helios の父). **2** 《文芸》ヒュペーリオン (Hölderlin の小説). [„der oben (=am Himmel) Wandelnde"; *gr.–lat.*; ◇hyper.., Ion]

hy·per·ka·ta·lek·tisch[hypərkatalɛ́ktɪʃ, hypɛr..] 形 《詩》音節過剰行の, 余剰行末の.

Hy·per·ka·ta·le·xe[..katalɛ́ksə] 女 -/-n 《詩》音節過剰行.

hy·per·kor·rekt[..kɔrɛ́kt, hý:pərkɔrɛkt] 形 **1** 過度に正確な〈きちょうめんな・折り目正しい〉. **2** 《言》過剰訂正〈正格〉の.

hy·per·kri·tisch[..krí:tɪʃ] 形 極度に批判的な; 酷評の.

Hy·per·me·ter[hypɛ́rmetər] 男 -s/- 《詩》音節余剰詩句.

hy·per·me·trisch[hypərmé:trɪʃ, hypɛr..] 形 《詩》音節余剰詩句の.

Hy·per·me·tro·pie[hypərmetropí:, hypɛr..] 女 -/ (↔ Myopie) (Weitsichtigkeit) 《医》遠視. [<*gr.* hypérmetros „über-mäßig"+..opie]

hy·per·me·tro·pisch[..metró:pɪʃ] 形 遠視の.

hy·per·mo·dern[..modɛ́rn, hý:pərmodɛrn] 形 超モダ

H

ソな.

Hy·per·ne·phrom[..nefró:m] 中 -s/-e 〖医〗副腎腫(ふくじんしゅ). [<nephro..+..om]

Hy·pe·ron[hý:perɔn] 中 -s/-en[hyperó:nən] 〖理〗ハイペロン(素粒子の一つ). [*engl.*; <hyper..+Ion]

Hy·per·onym[hypər|oný:m, hypɛr..] 中 -s/-e (↔Hyponym)(Oberbegriff) 〖言〗上位概念語. [<*gr.* ónyma „Name"]

Hy·per·osto·se[..|ɔstó:zə] 女 -/ 〖医〗過骨症. [<osteo..]

Hy·per·pla·sie[..plazí:] 女 -/-n[..zí:ən] (↔Hypoplasie) 〖医〗過形成, 増殖; 〖生〗増生, 過生. [<*gr.* plásis „Bilden" (◇Plasma)]

Hy·per·schall[hý:pərʃal] 男 -[e]s/ 〖理〗極超音速.

Hy·per·schall≠flug 男 極超音速飛行. **≠flug·zeug** 中 極超音速機.

hy·per·sen·si·bel[..zɛnzí:bəl] 形 過度に敏感な,〔感覚〕過敏性の.

hy·per·sen·si·bi·li·sie·ren[..zɛnzibilizí:rən] 他 (h) 〖写〗超増感する.

Hy·per·so·mie[..zomí:] 女 -/ (↔Hyposomie) (Gigantismus) 〖医〗巨大発育, 巨人症. [<Soma]

hy·per·so·nisch[..zó:nɪʃ] 形 〖理〗極超音速の. [*engl.* hypersonic; <*lat.* sonus „Ton" (◇Sonant)]

Hy·per·ten·sion[..tɛnzió:n] 女 -/-en (↔Hypotension) 〖医〗高血圧〔症〕; 緊張亢進(こうしん)〔症〕.

Hy·per·to·nie[..toní:] 女 -/-n[..ní:ən] (↔Hypotonie) 〖医〗高張, 緊張過度; 高血圧〔症〕; 高眼圧〔症〕.

Hy·per·to·ni·ker[..tó:nikər] 男 -s/- 高血圧の人.

hy·per·to·nisch[..tó:nɪʃ] 形 〖医〗高張〔性〕の, 緊張過度の; 高血圧の. [<Tonus]

Hy·per·tri·cho·se[..trɪçó:zə] (**Hy·per·tri·cho·sis**[..zɪs]) 女 -/ (↔Hypotrichose) 〖医〗多毛〔症〕.

hy·per·troph[hypərtró:f, hypɛr..] 形 **1** 〖医〗肥大〈肥厚〉性の. **2** 《比》肥大した, 過度の: ~*es* Selbstbewußtsein 自意識過剰. [<tropho..]

Hy·per·tro·phie[..trofí:] 女 -/ (↔Hypotrophie) 〖医〗肥大, 肥厚; 栄養過度.

hy·per·tro·phiert[..trofí:rt], **hy·per·tro·phisch**[..tró:fɪʃ] =hypertroph

Hy·per·vi·ta·mi·no·se[..vitaminó:zə] 女 -/ (↔Hypovitaminose) 〖医〗ビタミン過剰〔症〕. [<Vitamin]

Hyph·ä·re·se[hyfɛré:zə] 女 -/-n 〖言〗(他の母音の前の)短母音脱落. [*gr.*; ◇hypo.., Häresie]

Hy·phe[hý:fə] 女 -/-n (Pilzfaden) 〖植〗菌糸. [*gr.* hyphḗ „Gewebe"; <*gr.* hyphaínein „weben" (◇weben)]

Hyph·en[hyfén] 中 -[s]/-[e] (Bindestrich) 〖言〗ハイフン, 連字符 (-). [*gr.* hyphén „zusammen"–*spätlat.*; <hypo..+*gr.* hén „eins"]

Hyph·idro·se[hyfidró:zə] 女 -/ (↔Hyperhidrose) 〖医〗発汗過少〔症〕. [<hypo..+Hidrose]

hypn.. →hypno..

Hyp·nal·gie[hʏpnalgí:] 女 -/ 〖医〗睡眠時神経痛. [<..algie]

hypno.. 《名詞などにつけて「睡眠」を意味する. 母音の前では hypn.. となることがある: →*Hypn*algie》[*gr.*]

Hyp·no·ana·ly·se[hʏpno|analý:zə] 女 -/- 〖心〗睡眠分析.

hyp·no·id[hʏpnoí:t][1] 形 〖心〗催眠状態に似た. [<..id[1], ..oid]

Hyp·no·pä·die[..pɛdí:] 女 -/ 〖教〗睡眠学習. [<*gr.* paideíā „Erziehung" (◇pädo..)]

Hyp·nos[hýpnɔs] 人名 〖ギ神〗ヒュプノス(眠りの神, Nyx の息子). [*gr.* hýpnos „Schlaf"; ◇somnolent]

Hyp·no·se[hʏpnó:zə] 女 -/-n (Zwangsschlaf) (人為的な)催眠状態: *jn.* in ~ versetzen …を催眠状態にする.

Hyp·no·sie[..nozí:] 女 -/-n[..zí:ən] 〖医〗**1** (Schlafkrankheit) 睡眠病. **2** 催眠術.

Hyp·no·the·ra·pie[..terapí:] 女 -/-n[..pí:ən] 〖医〗催眠〔術〕療法.

Hyp·no·tik[..nó:tɪk] 女 -/ 催眠術, 催眠法.

Hyp·no·ti·kum[..nó:tikʊm] 中 -s/..ka[..ka·] 催眠薬, 催眠剤.

hyp·no·tisch[..nó:tɪʃ] 形 **1** 催眠〔術〕の: eine ~*e* Heilung 催眠療法 | *sich*[4] im ~*en* Zustand befinden 催眠状態にある. **2** 催眠作用のある, 催眠状態に引き入れる; 催眠術にかかったような, 催眠状態の: ein ~*er* Blick 相手を呪縛(じゅばく)するような目つき | auf *et.*[4] ~ starren …に魅せられたように見入る. [*gr.* hypnōtikós „einschläfernd"–*spätlat.*]

Hyp·no·ti·seur[..notizǿ:r] 男 -s/-e 催眠術師. [[*fr.*]]

hyp·no·ti·sie·ren[..notizí:rən] 他 (h) 《*jn.*》(…に)催眠術をかける; 催眠状態にする; 《比》呪縛(じゅばく)〈魅了〉する. [*engl.*–*fr.* hypnotiser]

Hyp·no·tis·mus[..notísmʊs] 男 -/ **1** 催眠学; 催眠術. **2** 強い影響〈暗示〉力. [*engl.* hypnotism]

hypo.. (↔hyper..) 《名詞・形容詞などにつけて「下・次・亜・不全・軽度・減少」などを意味する. 母音の前では hyp.. となることが多い: →*Hyp*akusis》[*gr.* hypó „unter"; ◇sub.., auf]

Hy·po·blast[hypoblást] 中 -[e]s/-e 〖動〗胚盤(はいばん)葉下層; 内胚葉. [<*gr.* blastós „Trieb"]

Hy·po·chlo·rit[..klorí:t, ..rít] 中 -s/-e 〖化〗次亜塩素酸塩.

Hy·po·chon·der[hypoxɔ́ndər, ..pɔx..] 男 -s/- 〖医〗心気症患者. [*fr.*; ◇*engl.* hypochondriac]

Hy·po·chon·drie[..xɔndrí:] 女 -/ 〖医〗ヒポコンデリー, 心気症. [*gr.* hypochóndria „obere Därme"–*spätlat.*; <*gr.* chóndros „Brustknorpel"]

hy·po·chon·drisch[..xɔ́ndrɪʃ] 形 〖医〗心気症の: ~*er* Wahn 心気妄想.

Hy·po·dak·ty·lie[hypodaktylí:] 女 -/ (↔Hyperdaktylie) 〖医〗指〈趾(し)〉数不足〔症〕. [<daktylo..]

Hy·po·derm[..dɛ́rm] 中 -s/-e **1** 〖植〗下皮(茎の表皮下の繊維層). **2** 〖動〗下皮(無脊椎(せきつい)動物の表皮細胞層). [◇Derma]

hy·po·der·mal[..dɛrmá:l] 形 (subkutan) 〖医〗皮下の.

hy·po·der·ma·tisch[..dɛrmá:tɪʃ] 形 **1** =hypodermal **2** 〖生〗下皮の.

Hy·po·funk·tion[..fʊŋktsió:n] 女 -/-en (↔Hyperfunktion) 〖医〗機能低下, 機能減弱〈減退〉.

Hy·po·ga·strium[..gástriʊm] 中 -s/..rien[..riən] (Unterleib) 下腹部. [<gastro..]

Hy·po·glyk·ämie[..glykɛmí:] 女 -/-n[..mí:ən] (↔Hyperglykämie) 〖医〗低血糖症.

hy·po·gyn[..gý:n] 形 (↔epigyn) 〖植〗(花が)子房上位の.

Hy·po·kau·stum[..káʊstʊm] 中 -s/..ten[..tən] (古代・中世の)床下暖房装置. [*gr.*–*spätlat.*; ◇kaustisch]

Hy·po·ko·ri·sti·kum[..korístikʊm] 男 -s/..ka[..ka·] (Kosename) 〖言〗愛称. [*gr.* hypokoristikón „Kosewort"; <*gr.* kórē „Mädchen" (◇Kore)]

Hy·po·ko·tyl[..kotý:l] 中 -s/-e 〖植〗胚軸(はいじく). [<Kotyledon[e]]

Hy·po·kri·sie[..krizí:] 女 -/ (Heuchelei) 見せかけ, 偽装; ねこかぶり, まやかし. [*gr.*–*lat.*–*fr.*; <*gr.* hypokrī́nesthai „eine Rolle spielen" (◇Krise)]

Hy·po·krit[..krí:t] 男 -en/-en (Heuchler) 偽善者, ねこかぶり. [*gr.*–*lat.*–*fr.*]

hy·po·kri·tisch[..krí:tɪʃ] 形 (heuchlerisch) 見せかけ〈うわべ〉だけの; 偽善の, 表裏のある.

Hyp·onym[hyponý:m] 中 -s/-e (↔Hyperonym) (Unterbegriff) 〖言〗下位概念語. [<*gr.* ónyma „Name"]

Hy·po·phy·se[..fý:zə] 女 -/ **1** 〖解〗〔脳〕下垂体. **2** 〖植〗原根層. [<*gr.* phýesthai „wachsen" (◇Physis)]

Hy·po·pla·sie[..plazí:] 女 -/-n[..zí:ən] (↔Hyperplasie) 〖医〗発育不全, 形成不全. [<*gr.* plásis „Bil-

H

den“ (◇Plasma)]

hy·po·pla·stisch[..plástɪʃ] 形 発育〈形成〉不全の.

Hy·po·py·on[..pý:ɔn] 中 -s/ 〘医〙 前房蓄膿(ちくのう). [<*gr.* pýon „Eiter“ (◇pyogen)]

Hy·po·so·mie[..zomí:] 女 -/ (↔Hypersomie) 〘医〙 矮小(わいしょう)発育. [<Soma]

Hy·po·spa·die[hypospadí:, ..pɔs..] 女 -/-n[..dí:ən] 〘医〙 尿道下裂. [<*gr.* hypo-spān „unten wegziehen“]

Hy·po·sta·se[hypostá:zə, ..pɔs..] 女 -/-n **1** 〘哲〙 (概念の)実体化, 具体〈具象〉化; 基礎, 本質, 実体. **2** 〘神〙 実体, 位格. **3** 〘医〙 血液沈滞, 沈下鬱血(うっけつ). **4** 〘言〙 (統語論的な機能の変化による語形などの)独立品詞化, 品詞転換(例 morgens <(des) Morgens). **5** (↔Epistase) 〘遺伝〙 (遺伝子効果の)下位. [*gr.* hypó-stasis „Darunter-stellen“—*spätlat.*]

Hy·po·sta·sie[hypostazí:] 女 -/-n [..zí:ən] =Hypostase 5

hy·po·sta·sie·ren[..stazí:rən] 他 (h) 実体化する, 具体〈具象〉化する, 体現する, 基礎とする.

hy·po·sta·tisch[..stá:tɪʃ] 形 **1** 〘哲〙 実体の, 本質の, 基礎の. **2** 〘神〙 実体の, 位格の. **3** 〘医〙 〔血液〕沈下性の, 沈下鬱血(うっけつ)の. [*gr.*]

Hy·po·sty·lon[hypɔ́stylɔn] 中 -s/..la[..la·], **Hy·po·sty·los**[..lɔs] 男 -/..loi[..lɔʏ] 〘建〙 ヒュポステュロス(背面にも玄関廊を持つギリシア神殿); 柱廊〔玄関〕. [*gr.*; <*gr.* stȳlos „Säule“]

Hy·po·sul·fit[hypozʊlfí:t, ..fít] 中 -s/-e 〘化〙 次亜硫酸塩.

hy·po·tak·tisch[..táktɪʃ] 形 (↔parataktisch) 〘言〙 従属の, 従属的な. [*gr.*; <*gr.* hypo-tássein „unterordnen“]

Hy·po·ta·xe[..táksə] 女 -/-n (**Hy·po·ta·xis**[hypó(:)taksɪs] 女 -/..xen[hypotáksən]) (↔Parataxe) 〘言〙 (文〔成分〕の)従属〔関係〕. [*gr.*]

Hy·po·ten·sion[..tɛnzió:n] 女 -/-en (↔Hypertension) 〘医〙 低血圧〔症〕; 緊張低下〔症〕.

Hy·po·te·nu·se[..tenú:zə] 女 -/-n 〘数〙 (直角三角形の)斜辺(→Kathete). [*gr.*—*spätlat.*; <*gr.* hypoteínein „sich unter (dem 〔rechten〕 Winkel) erstrecken“ (◇Tonus)]

Hy·po·tha·la·mus[..tá:lamʊs] 男 -/..mi[..mi·] 〘解〙 (間脳の)視床下部.

Hy·po·thek[hypoté:k] 女 -/-en 〘法〙 抵当権; 抵当, 担保; 《比》負い目: erste 〈zweite〉 ~ 1番〈2番〉抵当〔権〕‖ die Bestellung einer ~ 抵当権の設定 | eine ~ auf ein Haus aufnehmen 家を抵当に入れる ‖ mit einer ~ belastet sein 抵当に入っている. [*gr.*—*lat.*; ◇Hypothese]

Hy·po·the·kar[..teká:r] 男 -s/-e 抵当権者.

hy·po·the·ka·risch[..rɪʃ] 形 抵当〔権〕上の, 質権上の: ~*er* Kredit 抵当信用 | ~*e* Sicherheit 抵当担保.

Hy·po·the·ken≠bank[hypoté:kən..] 女 -/-en 〘商〙 抵当銀行, 不動産銀行. **≠brief** 男 〘商〙 抵当証券. **≠buch** 中 抵当登記簿. **≠dar·le·hen** 中 抵当貸付〔金〕. **≠for·de·rung** 女 抵当つき債権.

hy·po·the·ken·frei 形 抵当に入っていない, 負債のない.

Hy·po·the·ken≠gläu·bi·ger 男 抵当〔債〕権者. **≠pfand·brief** 男 抵当〈担保〉証券, 抵当債券. **≠schuld·ner** 男 〘法〙 抵当権設定者.

Hy·po·ther·mie[hypotɛrmí:] 女 -/ (Untertemperatur) 〘医〙 低体温〔症〕. [<thermo..]

Hy·po·the·se[..té:zə] 女 -/-n 仮説, 仮定, 仮言: eine kühne 〈gewagte〉 ~ 大胆な仮説 ‖ eine ~ aufstellen 〈widerlegen〉 仮説をたてる〈論駁(ろんばく)する〉 | Das sind reine ~*n*. それは単なる仮説にすぎない. [*gr.*—*spätlat.*; <*gr.* hypotithénai „darunter-stellen“]

hy·po·the·tisch[..té:tɪʃ] 形 仮説〈仮定〉の: eine ~*e* Frage 仮定の質問 | ~*er* Schluß 仮説的〈仮言的〉推理 | ein ~*er* Satz 〘言〙 仮定〈条件〉文 ‖ Die Aussage ist rein ~. その言説は全くの仮説だ.

Hy·po·to·nie[hypotoní:] 女 -/-n[..ní:ən] (↔Hypertonie) 〘医〙 低張, 緊張低下; 低血圧〔症〕; 低眼圧〔症〕.

Hy·po·to·ni·ker[..tó:nikər] 男 -s/- 低血圧の人.

hy·po·to·nisch[..tó:nɪʃ] 形 低張〔性〕の, 低緊張の; 低血圧の. [<Tonus]

Hy·po·tra·che·lion[..traxé:liɔn] 中 -s/..lien[..liən] 〘建〙 柱頭の下の首飾り. [*gr.*; <*gr.* tráchēlos „Träger, Hals“ (◇tragen)]

Hy·po·tri·cho·se[..trɪçó:zə] (**Hy·po·tri·cho·sis**[..zɪs]) 女 -/ (↔Hypertrichose) 〘医〙 貧毛〔症〕.

Hy·po·tro·phie[..trofí:] 女 -/ (↔Hypertrophie) 〘医〙 栄養不良, 発育不全. [<tropho..+..ie]

Hy·po·vi·ta·mi·no·se[..vitaminó:zə] 女 -/ (↔Hypervitaminose) 〘医〙 ビタミン不足〔症〕. [<Vitamin]

Hy·po·xie[hypɔksí:] 女 -/-en[..ksí:ən] 〘医〙 低酸素〔症〕. [<hypo..+Oxygen]

Hy·po·zen·trum[hypotsɛ́ntrʊm] 中 -s/..tren[..trən] (Erdbebenherd) 〘地〙 震源.

Hy·po·zy·klo·ide[..tsykloí:də] 女 -/-n (↔Epizykloide) 〘数〙 内サイクロイド, 内擺線(はいせん).

Hyp·si·pho·bie[hʏpsifobí:] 女 -/-n[..bí:ən] (Höhenangst) 〘医〙 高所恐怖〔症〕. [<*gr.* hýpsi „hoch“ (◇hypo..)]

Hyp·so·me·ter[hʏpsomé:tər] 中 (男) -s/- 〘理〙 測高計.

Hyp·so·me·trie[..metrí:] 女 -/ (Höhenmessung) 測高法, 高度測定. [<*gr.* hýpos „Höhe“]

hyster.. →hystero..

Hy·ster·al·gie[hʏsteralgí:] 女 -/-n[..gí:ən] 〘医〙 子宮疝痛(せんつう).

Hy·ste·ra-Pro·te·ra Hysteron-Proteron の複数.

Hy·ster·ek·to·mie[hʏstɛrɛktomí:] 女 -/-n[..mí:ən] 〘医〙 子宮摘出.

Hy·ste·re·se[hʏsteré:zə] (**Hy·ste·re·sis**[..sté(:)rezɪs]) 女 -/ 〘理〙 (弾性・磁気などの)ヒステリシス, 履歴現象. [*gr.* „Mangel“; <*gr.* hýsteros „nachstehend“]

Hy·ste·rie[hʏsterí:] 女 -/-n[..rí:ən] 〘医〙 ヒステリー: eine kollektive ~ 集団ヒステリー.

Hy·ste·ri·ker[hʏsté:rikər] 男 -s/- ヒステリー患者; 興奮しやすい人.

hy·ste·risch[..rɪʃ] 形 **1** ヒステリー〔性〕の: ein ~*er* Anfall ヒステリー発作. **2** ヒステリックな, 極度に興奮した, ひどく感情的な: sich[4] ~ gebärden ヒステリックな振舞いをする. ▽**3** 子宮疾患の. [*gr.* hysterikós „an der Gebärmutter leidend“—*spätlat.*]

hystero.. 《名詞などにつけて「子宮・ヒステリー」を意味する. 母音の前では hyster.. となる: →*Hyster*ektomie》 [*gr.* hystérā „Gebärmutter“; ◇Uterus]

hy·ste·ro·id[hʏsteroí:t][1] 形 〘医〙 ヒステリー様の.

Hy·ste·ro·lo·gie[..logí:] 女 -/-n [..gí:ən] =Hysteron-Proteron [*gr.*—*lat.*]

Hy·ste·ro·ma·nie[..maní:] 女 -/-n[..ní:ən] 〘医〙 (女性の)性欲異常亢進(こうしん), 女子色情症.

Hy·ste·ro·me·ter[..mé:tər] 中 -s/- 〘医〙 子宮計.

Hy·ste·ron-Pro·te·ron[hʏ́sterɔnpró(:)terɔn] 中 -s/Hystera-Protera[hʏ́sterapró(:)tera·] 〘修辞〙 倒逆〔法〕(強意のため文中の要素の論理的・時間的順序を逆にすること); 〘論〙 倒逆論法(本来さきに証明すべきことを論拠に他を論証すること). [*gr.* „Späteres als Früheres“; ◇Hysteresis, vorder]

Hy·ste·ro·pto·se[hʏsterɔptó:zə, ..rop..] 女 -/-n (Gebärmuttervorfall) 〘医〙 子宮脱, 子宮下垂〔症〕. [<*gr.* ptōsis „Fall“]

Hy·ste·ro·skop[hʏsteroskó:p] 中 -s/-e 〘医〙 子宮鏡.

Hy·ste·ro·sko·pie[hʏsteroskopí:, ..rɔs..] 女 -/-n[..pí:ən] 〘医〙 (子宮鏡による)子宮腔(くう)視診法.

Hz[hɛrts] 記号 (Hertz) 〘理〙 ヘルツ(周波数の単位).

H

I

i^{1}[i:], **I**^{1}[−] 中 -/- (→a^{1}, A^{1} ★)ドイツ語のアルファベットの第 9 字(母音字): →a^{1}, A^{1} 1 | *I* wie Ida (通話略語) Ida の I(の字)(国際通話では *I* wie Italia) | das Tüpfelchen 〈der Punkt〉 auf dem *i* (→Punkt 1 a, →I-Tüpfelchen) | Bei dieser Arbeit fehlt noch das Tüpfelchen auf dem *i*. この仕事は画竜(がりょう)点睛(てんせい)を欠いている.

i^{2}[i:] 記号 (imaginäre Einheit)〘数〙アイ(虚数単位. i $=\sqrt{-1}$).

i^{3}[i:] 間《話》(嫌悪・拒絶などの気持を表して)げぇ, ちぇっ, 畜生め: *i* bewahre! (→bewahren 3) | *i* wo! (→wo I 1 c) | *I*, ist das hier schmutzig! うえっ なんてここは汚いんだ | *i* gitt=igitt

i. 略 **1** =im, in^{1}: Freiburg *i.* Br. (=im Breisgau) ブライスガウのフライブルク | Weißenburg *i.* (=in) Bayern バイエルンのヴァイセンブルク | Neumark *i.* d. Opf. (=in der Oberpfalz) オーバープファルツのノイマルク ‖ →*i.* A., *i.* allg., *i.* b., *i.* Durchschn., *i.* e. S., *i.* H., *i.* J., *i.* L., *i.* V., *i.* w. S. **2** =innen **3** =innerhalb **4** =innerlich **5** =intra

I^{2} 記号 **1** (ローマ数字の) 1 (→付録). **2** (国名略号: →A^{2} II 3) イタリア (Italien). **3** (貨幣鋳造刻印: →A^{2} II 2) ハンブルク (Hamburg) 造幣局(1871年以来). **4** =Jod

Ia[áıns á:]《話》(prima) すばらしい, 極上の: →a^{1}, A^{1} 2

i. A.[i:|á:], **I. A.**[−] 略 =im **Auftrag** 委託を受けて.

..iade[..ia:də] →..ade

iah[í:á:, iá:] 間 (ロバの鳴き声) ヒーン: ～ machen ヒーンと鳴く.

ia·hen[í:á:ən, iá:ən]《過分 iaht》自 (h) (ロバが) ヒーンと鳴く.

..ial[..ia:l] →..al^{1}

i. allg., i. Allg. 略 =im **allg**emeinen 一般に, 概して.

Iam·be[iámbə] 男 -n/-n =Jambe

iam·bisch[..bıʃ] =jambisch

Iam·bus[..bʊs] 男 -/..ben[..bən] =Jambus

..ian[..ia(:)n]《形容詞などにつけて軽蔑的に「人」を意味する男性名詞 (-[e]s/-e) をつくる. ..jan となることもある》: Dummr*ian*/Dummer*jan*/Dumm*ian* とんま | Liedr*ian*/Lieder*jan* ふしだらな人 | Grob*ian* 不作法者. [*lat.*; <..aner]

..iana[..ia:na·] →..ana

..ianer[..ia:nər] →..aner

IAO[i:|a:|ó:] 略 女 -/ =**I**nternationale **A**rbeits**o**rganisation 国際労働機関(=ILO).

..iasis[..i:azıs]《「病・症」を意味する女性名詞 (-/) をつくる》: Elefant*iasis* 象皮病 | Satyr*iasis* (男性の) 性欲異常亢進(こうしん). [*gr.*]

Ia·son[iá:zɔn] =Jason

..iat[..ia:t] →..at 1

IATA[iá:ta·, áreıti:éı] 女 -/ 国際航空輸送協会. [*engl.*; <*engl.* *I*nternational *A*ir *T*ransport *A*ssociation]

..iater[..ia:tər]《「医者」を意味する男性名詞 (-s/-) をつくる》: Psych*iater* 精神病〈科〉医 | Päd*iater* 小児科医. [*gr.* iātrós „Arzt“]

..iatrie[..iatri:]《「医学」を意味する女性名詞 (-/) をつくる》: Psych*iatrie* 精神医学 | Päd*iatrie* 小児科学. [*gr.*]

Ia·trik[iá:trık] 女 -/ (Heilkunst) 医術. [*gr.* iātrikós „heilkundig“]

ia·trisch[iá:trıʃ] 形 医術の.

Ia·tro·che·mie[iatroçemí:] 女 -/ (Paracelsus が始めた) 医〔療〕化学.

I-Aus·weis[í:..] =Identitätsausweis

ib. 略 =**ib**idem

i. b. 略 =im **b**esonderen 特に.

ibd. 略 =**ib**i**d**em

..ibel[..i:bəl] →..abel

Ibe·rer[ibé:rər] 男 -s/- イベリア人(イベリア半島の先住民族). [◇*engl.* Iberian]

Ibe·ria (**IBERIA**)[ibé:ria·] 女 -/ イベリア航空(スペインの航空会社. スペイン語形 Líneas Aéreas de España).

Ibe·ri·en[ibé:riən] 地名 **1** イベリア(スペインの古称). **2** イベリア(コーカサス南部, ジョージアの古称). [*gr.*−*lat.*]

ibe·risch[ibé:rıʃ] 形 イベリア〔半島・人・語〕の: →deutsch ‖ die *Iberische* Halbinsel イベリア半島.

Ibe·ro·ame·ri·ka[ibé:ro..] 地名 (Lateinamerika) ラテンアメリカ(16世紀にイベリア半島のスペイン・ポルトガルなどラテン系民族の植民地となった).

ibe·ro·ame·ri·ka·nisch 形 ラテンアメリカの.

ibe·ro-ame·ri·ka·nisch 形 スペイン・ポルトガルとラテンアメリカとの間の〈に関する〉.

IBFG[i:be:|ɛfgé:] 略 男 -/ =**I**nternationaler **B**und **F**reier **G**ewerkschaften 国際自由労働組合連合, 国際自由労連(英語形 ICFTU).

ibid. 略 =**ibid**em

ibi·dem[ibí:dɛm, í(:)bidɛm]《ラテン語》(略 ib., ibd., ibid.) (ebenda, ebendort) (特に文献の引用個所を示す際に用いられて) 同じ個所〈文献〉にあり. [*lat.*; <*lat.* ibi „da“]

Ibis[í:bıs] 男 -ses/-se〘鳥〙トキコウ(朱鷺鸛), トキイロコウ(コウノトリ科). [*ägypt.*−*gr.*−*lat.*]

IBM[i:be:|ɛ́m] 女 -/ アイ=ビー=エム(アメリカのコンピューター会社). [*engl.*; <*engl.* *I*nternational *B*usiness *M*achines Corporation]

Ibn[íbən] イブン(アラビア人の男名の一部をなす. 例 *Ibn* Saud イブン サウド). [*arab.* „Sohn“]

Ibra·him[í:brahi:m, ibrahí:m] 男名 イーブラヒム. [*arab.*; ◇Abraham]

Ib·sen[ípsən] 人名 Henrik ～ ヘンリク イプセン(1828-1906; ノルウェーの劇作家で近代劇の確立者. 作品『人形の家』『ペール ギュント』など).

Iby·kus[í:bykʊs] 人名 イビュコス(前 6 世紀のギリシアの詩人. 盗賊に殺されたが, その犯行が鳥に暴露されたと伝えられ, Schiller の詩『イビュコスの鶴』の題材となった). [*gr.*−*lat.*]

IC[i:tsé:] 略 男 -〔s〕/-〔s〕 =**I**nter**c**ity-Zug

ICE[i:tse:|é:] 略 男 -〔s〕/-〔s〕 =**I**nter**c**ity-**E**xpreßzug

ich[ıç] **I**《人称代名詞, 1 人称単数 1 格: 2 格 **mei·ner**[máınər] (ᵛmein[maın]), 3 格 **mir**[mi:r], 4 格 **mich**[mıç]; 所有代名詞 mein》(英: *I*) (性の区別なく) 私; 僕, おれ: **1**《1 格で》*Ich* bin Japaner 〈女 Japanerin〉. 私は日本人です | *Ich* lerne Deutsch. 私はドイツ語を学んでいます | ～ selbst 私自身 | *Ich* für meine Person 〈für mein〔en〕 Teil〉 habe nichts dagegen. 私としてはそれに異存はない ‖ *Ich* Dummkopf! しまった 私としたことが ‖ Wer ist da?—*Ich* bin's. どなた — 私です(アクセントは ich にある) | Er ist jung, aber ～ bin es 〈das bin ～〉 nicht. 彼は若いが私はそうではない(アクセントは bin にある) ‖〘他の人称の主語と〙 Menschen wie du und ～ 我々と変わらない普通の人間 | *Ich* und du 〈Du und ～〉〔, wir〕 sind schon alt. 私と君はもう年寄りだ | Meine Frau und ～〔, wir〕 würden uns über Ihren Besuch sehr freuen. おいでいただければ妻と私はたいへんうれしいのですが | Entweder ～ oder meine Frau kommt 〈meine Frau oder ～ komme〉 gleich. 私か妻かがすぐ参ります.

☆口語・詩文および商用書簡では(特に文頭の)主語 ich が省略されることがある: Weiß wohl. よくわかってるよ | Danke sehr! どうもありがとう | Habe Ihr Schreiben erhalten. 貴簡拝受.

2 《2格で: 今日では付加語としては用いられず, 動詞・形容詞・前置詞の支配を受けて》Gedenke *meiner* auch in der Ferne! 《雅》遠くにいても私を忘れないでください | Das ist *meiner* nicht würdig. それは私にふさわしくない〈私のこけんにかかわる〉| Geh statt *meiner*! 私の代わりに行ってくれ ‖〘再帰代名詞として〙Ich war *meiner* 〔selbst〕 nicht mehr mächtig. 私はもう自制しきれなかった.

☆halben, wegen, um ... willen とは meinet.. の形で結合する: →meinethalben, meinetwegen, meinetwillen

3 《3格で》Folge *mir* 〔nach〕! 私について来い | *Mir* ist, als wäre er noch am Leben. 私には彼がまだ生きているような気がする | *Mir* kann keiner! 《話》私はだれにも負けないぞ | Du kannst 〈Er kann〉 *mir* mal! 《話》君〈彼〉なんかどうでもいい ‖ ***mir* nichts, dir nichts** 《話》いきなり, やぶから棒に | Wir können doch nicht einfach *mir* nichts, dir nichts die Arbeit hinwerfen. 我々とてもそうあっさり仕事を投げ出すわけにはいかないじゃないか | *Mir* nichts, dir nichts stand er vor mir. 突然〈降ってわいたように〉彼が目の前に現れた | Wie du *mir*, so ich dir. (→du² I 1 d) ‖〘前置詞と〙soviel an *mir* liegt 私にできるだけ | **von *mir* aus** 私の立場からすれば, 私に関しては | Von *mir* aus kannst du heimgehen. 君が帰っても私はかまわない | Von *mir* aus könnt ihr es machen. きみたちがそうしたいのなら私は別にかまわないよ | Von *mir* aus! どうぞご自由に〈おかまいなく〉, いいよ いいよ ‖〘所有の3格〙Der Rauch biß *mir* ins Auge. 煙が私の目にしみた ‖〘関心の3格〙Falle *mir* nur nicht ins Loch! いいか穴へ落ちるなよ | Du bist *mir* der Rechte! 《反語》君がそんなやつとは, 君なんかに用はない ‖〘再帰代名詞として〙Ich habe kein Geld bei *mir*. 私は手元に一文もない | Ich kaufte *mir* eine Uhr. 私は(自分用に)時計を買った.

4 《4格で》Er starrte *mich* an. 彼は私をみつめた | Er trat *mich* 〈*mir*〉 auf den Fuß. 彼は私の足を踏んだ | Du kannst *mir* und *mich* nicht unterscheiden. 《比》君はドイツ語をうまく話せない ‖〘再帰代名詞として〙Ich rettete *mich* aus dem Feuer. 私は火の中からのがれた | Ich freue *mich* auf die Ferien. 私は休暇を楽しみにしている.

★ i) 同格名詞の付加語形容詞は原則として強変化であるが, 3格では弱変化のことも多い: *ich* armer Arbeiter 〈㊛ arme Arbeiterin〉 貧しい労働者である私 | mit *mir* jung*em* 〈jung*en*〉 Studenten 若い学生である私と.

ii) ich を受ける関係代名詞の性は自然の性によるが, それが主語の場合には関係文で ich を再提示して定動詞を ich に一致させることが多い: *ich*, der 〈㊛ die〉 *ich* Deutsch lerne/*ich*, der 〈㊛ die〉 Deutsch lernt ドイツ語を学んでいる私. ただし意味上の先行詞が es の場合は ich を再提示しない: *Ich* war es, der 〈㊛ die〉 das sagte. それを言ったのは私だった.

II Ich 中 -〔s〕/〔s〕自己, 自分自身; 自我; 〘心〙エゴ(→Es¹ 2, Über-Ich): *sein* anderes 〈zweites〉 ~ 第二の自分, 分身(うりふたつ・親友・腹心など); 改心した〈生まれ変わった〉自分 | *sein besseres* ~ 良心 | Sie kennt nur ihr liebes ~. 彼女はエゴイストだ.
[*germ.*; ◇ego; *engl.* I; *gr.* egṓ〔n〕 „ich"]

Ich·be·wußt·sein[íç..] 中 〘心〙自我意識.

ich·be·zo·gen 形 (egozentrisch) 自己にとらわれた, 自己中心的な.

Ich≈Er·zäh·lung 女 一人称小説. **≈form** 女 -/〔第〕1人称形式: Roman in der ~ = Ich-Roman **≈ge·fühl** 中 自我感情〈意識〉.

Ich·heit[íçhaıt] 女 -/ 自我, 個性; 我欲, 利己心.

Ich-Laut 男 (↔Ach-Laut) 〘言〙ich 音(硬口蓋(こうこうがい)無声摩擦音[ç]).

Ich·neu·mon[ıçnɔ́ʏmɔn] 男 中 -s/-e, -s (Manguste) 〘動〙マングース. [*gr.*–*lat.*; <*gr.* ichneúein „spüren"]

Ich·no·gramm[ıçnográm] 中 -s/-e 〘医〙足跡〔図〕; 足型採取. [<*gr.* íchnos „Spur"]

Ich-Ro·man[íç..] 男 (長編の)一人称〈自称体〉小説, イヒ=ロマーン.

Ich·sucht 女 -/ 利己心, 自己本位, エゴイズム.

ich·süch·tig[..zʏçtıç]² 形 利己的な, 自己本位の, エゴイスティックな.

..icht[..ıçt] 《中性名詞 (-〔e〕s/-e) をつくる》**1** 《植物を表す名詞につけて「…の生えている所」を意味する》: Röhr*icht* アシの茂み | Weid*icht* 柳の林. **2** 《動詞の語幹につけて「…されたもの」を意味する》: Kehr*icht* 掃きためられたごみ | Spül*icht* 汚れた洗い〈すすぎ〉水.

ichthy.. →ichthyo..

ichthyo.. 《名詞・形容詞などにつけて「魚」を意味する. 母音の前では ichthy.. となる: →*Ichthy*ose》[*gr.*]

Ich·thy·odont[ıçtyodɔ́nt] 男 -en/-en (護符として用いられた)魚の歯の化石. [<odonto..]

Ich·thyol[ıçtyóːl] 中 -s/ 商標 イヒチオール(消毒・鎮痛剤). [<*lat.* oleum (→Öl)]

Ich·thyo·lith[ıçtyolíːt, ..lít] 男 -s/-e; -en/-en 魚の化石.

Ich·thyo·lo·ge[ıçtyolóːgə] 男 -n/-n (→..loge) 魚類学者.

Ich·thyo·lo·gie[..logíː] 女 -/ (Fischkunde) 魚類学.

ich·thyo·lo·gisch[..lóːgıʃ] 形 魚類学〔上〕の.

Ich·thyo·pha·ge[..fáːgə] 男 -n/-n 魚を主食とする人類; 魚常食者. [*gr.*]

Ich·thy·oph·thalm[ıçtyɔftálm] 男 -s/-e 〘鉱〙魚眼石. [<ophthalmo..]

Ich·thyo·sau·ri·er[ıçtyozáʊriər] 男 -s/-, **Ich·thyo·sau·rus**[..rʊs] 男 -/..rier[..riər] 〘古生物〙魚竜〔類〕, イクチオザウルス(→ 図 Echse).

Ich·thyo·se[ıçtyóːzə] 女 -/-n, **Ich·thyo·sis**[..zıs] 女 -/..sen[..zən] 〘医〙魚鱗癬(ぎょりんせん). [<..ose]

Icing[áısıŋ] 中 -〔s〕/-s 《ふつう単数で》〘アイスホッケー〙アイシング(反則の一種). [*engl.*]

ick[ık] 《北部》= ich

IC-Zug[iːtséː..] = Intercity-Zug

id →*id* est

..id¹[..iːt]¹ 《形容詞をつくる》**1** 《「…の特徴をもった, …〔人〕種の」を意味する》: negr*id* 黒人の | europ*id* ヨーロッパ人種の. **2** 《多く接続のための母音をはさんで「…〔人〕種に似た」を意味する》: negro*id* 黒人のような | europä*id* ヨーロッパ人に類似している. [*gr.* eĩdos „Aussehen"; <*gr.* ideĩn (→Idee)]

..id²[..iːt]¹ 〘化〙《「化合物」を意味する中性名詞 (-〔e〕s/-e) をつくる》: Sulf*id* 硫化物 | Brom*id* 臭化物 | Halo*id* ハロゲン化物.

id. 略 = idem

i. d. 略 = in der (→i. 1)

Ida¹[íːda·] 女名 イーダ. [*ahd.*]

der **Ida**²[–] 地名 男 -/ イダ(小アジアおよび Kreta 島にある山).

idä·isch[idɛ́ːıʃ] 形 イダの. [[*gr.*–]*lat.*]

..ide[..iːdə] 《「(種類が)…に属するもの, …と関係のあるもの」を意味する男性名詞 (-n/-n) をつくる》: Homin*ide* 〘生〙ヒト科の動物 | Leon*iden* 〘天〙獅子(しし)座流星群. [<..id¹]

ide. 略 = indoeuropäisch

ideal[ideáːl] **I** 形 **1** 理想的な, 完全な, 模範的な: ein ~*er* Ehemann 理想的な夫 | Er ist der ~*e* Mann für diesen Posten. 彼はこのポストに打ってつけの男だ ‖ Hier ist es einfach ~. ここは何から何まですべて結構ずくめだ. **2** (↔real) 理想の, 理念〈観念〉上の: der ~*e* Staat 理想国家, ユートピア | ~*es* Gas 〘理〙理想気体 | ~*e* Landschaft 〘美〙理想風景. **3** 精神的な: ~*e* Werte 観念的価値 | ~*e* Güter 精神財.

II Ideal 中 -s/-e 理想; 理想像, 模範: ein ~ an Schönheit 美の極致 ‖ einem ~ nachstreben 理想を追い求める | Sie ist das ~ einer Gattin. 彼女は理想的な妻だ. [*spätlat.*; ◇Idee, .. al¹]

Ideal≈bild 中 理想〈模範〉像. **≈fall** 男 理想的な場合〈ケース〉. **≈fi·gur** 女, **≈ge·stalt** 女 **1** 理想的な姿態〈スタイ

ル〉. **2** (空想上の)理想的な人物.

[v]**idea·lisch**[ideá:lɪʃ] =ideal

idea·li·sie·ren[idealizí:rən] 他 (h) 理想化する, 美化する: *et.*[4] *idealisiert* darstellen …を理想化して表現する.

Idea·li·sie·rung[..ruŋ] 女 -/-en 理想化〈美化〉〔されたもの〕.

Idea·lis·mus[idealísmʊs] 男 -/..men[..mən] **1** (↔ Realismus) 理想主義. **2** (↔Materialismus)〘哲〙観念論: der deutsche ~ ドイツ観念論.

Idea·list[..lɪ́st] 男 -en/-en **1** (↔Realist) 理想主義者. **2** (↔Materialist)〘哲〙観念論者.

idea·li·stisch[..lístɪʃ] 形 **1** (↔realistisch) 理想主義の. **2** (↔materialistisch)〘哲〙観念論の: die ~*e* Weltanschauung 観念論的世界観.

Idea·li·tät[idealitɛ́:t] 女 -/ 理想性;〘哲〙観念性.

idea·li·ter 副 [ideá:litər] 副 理想的〔な場合〕には.

Ideal≈kon·kur·renz[ideá:l..] 女 (↔Realkonkurrenz)〘法〙観念的〈想像的〉競合. **≈lö·sung** 女 理想的な解決. **≈rea·lis·mus** 男〘哲〙観念〔的〕実在論. **≈typ** 男 **1** 理想的なタイプ, 理想像: Er ist ~ eines Golfspielers. 彼は理想的なゴルファーだ. **2** =Idealtypus

ideal·ty·pisch[ideá:l..] 形〘社〙理想型の; 理想型に対応した.

Ideal≈ty·pus 男 **1**〘社〙理想型, 理念型. **2** =Idealtyp 1 **≈vor·stel·lung** 女〘哲〙理想観念. **≈wert** 男 (美術品などについて市場価値に対する)観念上の価値.

Idee[idé:] 女 -/-n[idé:ən] **1** (Gedanke) 考え; (Vorstellung) 観念; (Einfall) (よい)着想, 思いつき, アイディア; (Absicht) 意図: eine neue 〈revolutionäre〉 ~ 新しい〈革命的な〉考え | eine fixe ~ 固定観念 | eine gute 〈glänzende〉 ~ よい〈すばらしい〉思いつき ‖ Ich habe eine ~. 私にいい考えがある | Du hast 〔vielleicht〕 eine ~!《皮肉》(君の考えていることは)それは大間違いだ | Willst du sie heiraten?—Keine ~! 君は彼女と結婚するつもりかい — とんでもない | **keine** 〔**blasse**〕 〈**nicht die geringste** / **nicht die leiseste**〉 **~ von** ***et.***[3] **haben**《話》…についてまったく何も知らない ‖ Wie kommen Sie denn auf so eine ~? いったいどうしてそんなことを思いついたのですか | **Das ist eine ~ von Schiller.**《話》それは名案だ. **2** 理念, イデー; (指導的な)思想: die ~ des Friedens 平和の理念 | humanistische 〈marxistische〉 ~*n* ヒューマニズム〈マルキシズム〉の思想. **3**《話》〔ごく〕少量: **eine ~** ほんのちょっぴり | Die Hose ist 〔um〕 eine ~ zu lang. このズボンはちょっぴり長すぎる. [*gr.* idéa „Aussehen"; <*gr.* ideīn „sehen" (◇wissen); ◇*engl.* idea]

ideell[ideɛ́l] 形 観念上の, 概念的な; 精神的な. [ideal をフランス語めかした形]

ide·en·arm[idé:ən..] 形 着想〈アイディア〉に乏しい.

Ide·en≈as·so·zia·tion 女〘心〙観念連合, 連想. **≈aus·tausch** 男 思想〈意見・着想〉の交換. **≈dra·ma** 中 観念劇. **≈flucht** 女〘心〙観念〈意想〉奔逸. **≈ge·halt** 男 思想〈観念〉内容. **≈ge·schich·te** 女 -/ 精神〈思想〉史. **≈klau** 男《話》アイディア盗用. **≈leh·re** 女 -/〘哲〙観念論; (プラトンの)イデア論.

ide·en≈los[idé:ənlo:s][1] 形 着想〈アイディア〉を持たない. **≈reich** 形 着想〈アイディア〉に富んだ.

Ide·en≈ver·bin·dung 女 **1** 思想の連関. **2** =Ideenassoziation **≈welt** 女 思想〈観念〉の世界.

idem《ラテ語》(略 id.) **1** [í:dɛm] (derselbe) (文献指示などで)同じ著者. **2** [ídɛm, í(:)dɛm] (dasselbe) 同上〔書・個所〕.

Iden[í:dən] 複 (古代ローマの暦の)月半ばの日(3・5・7・10月は15日, 他の月は13日): die ~ des März 3月15日 (Cäsar の殺された日). [*lat.* īdūs; ◇*engl.* ides]

Iden·ti·fi·ka·tion[idɛntifikatsió:n] 女 -/-en =Identifizierung

iden·ti·fi·zie·ren[..tsí:rən] 他 (h) **1** (同一の人・物であることを)確認する, 同定する;《*jn.*》(…の)身元を確かめる: Die Flecke wurden als Blut *identifiziert*. そのしみは血であることが確認された. **2** 《*jn.* mit *jm.*/*et.*[4] mit *et.*[3]》(…を…と)同一視する, 同じものとして扱う. [*mlat.*]

Iden·ti·fi·zie·rung[..ruŋ] 女 -/-en identifizieren すること.

Iden·ti·fi·zie·rungs·satz 男〘言〙同定文.

iden·tisch[idɛ́ntɪʃ] 形 同一の, 一致した, 等しい: mit *jm.* 〈*et.*[3]〉 ~ sein …と等しい, …と一致している | Zoroaster und Zarathustra sind ~. ゾロアスターとツァラトゥストラとは同一人物である ‖ eine ~*e* Gleichung〘数〙恒等式 | ein ~*er* Reim〘詩〙同語韻(→Reim 1). [*mlat.*]

Iden·ti·tät[idɛntitɛ́:t] 女 -/ **1** 同一性; (…と)同一である〈一致している〉こと; 本人〈そのもの〉であること: der Satz der ~〘論〙同一律 ‖ *seine* ~ beweisen 自分の身元を証明する | *js.* ~ feststellen …が本人であるかどうかを確かめる, …の身元を確認する | *seine* wahre ~ preisgeben 〈verheimlichen〉 本名を明かす〈隠す〉| Die ~ des Toten mit dem Vermißten konnte nicht festgestellt werden. その死者が行方不明者と同一の人物であるかどうかは確認できなかった. **2** (自分自身・そのもの自体の)独自性, アイデンティティー. [*spätlat.*; ◇idem]

Iden·ti·täts≈aus·weis[idɛntitɛ́:ts..] 男《オーストリア》(第二次大戦後の被占領時代の)身元証明書(略 I-Ausweis). **≈kar·te** 女《オーストリア・スイス》(Personalausweis) 身元証明書. **≈nach·weis** 男 **1** 同一性の証明; 身元証明. **2** (税関の)同品証明. **≈phi·lo·so·phie** 女〘哲〙(Spinoza, Schelling などが唱えた)同一哲学. **≈ver·lust** 男 アイデンティティーの喪失.

ideo..《名詞・形容詞などにつけて「概念・観念」などを意味する》[*gr.*; <*gr.* idéa (→Idee)]

Ideo·gramm[ideográm] 中 -s/-e 表意記号, 表意文字(漢字・エジプト文字など).

Ideo·gra·phie[..grafí:] 女 -/-n[..fí:ən]《ふつう単数で》表意文字体系〔による表記〕.

ideo·gra·phisch[..grá:fɪʃ] 形 表意文字の; 表意的な.

Ideo·lo·ge[ideoló:gə] 男 -n/-n (→..loge) **1** (特定の)イデオロギーの代表者〈唱導者〉; 政治的論理家. **2** 空論家.

Ideo·lo·gem[ideologé:m] 中 -s/-e 思考の産物; (イデオロギーを構成する, 個々の)観念価値.

Ideo·lo·gie[..logí:] 女 -/-n[..gí:ən] **1** イデオロギー, 観念体系〈形態〉: eine reaktionäre 〈fortschrittliche〉 ~ 反動的〈進歩的〉イデオロギー. **2**〘哲〙(観念の起源は感覚にあるとする)観念学. **3** 空理空論. [*fr.*]

ideo·lo·gie·frei 形 イデオロギーにとらわれない, イデオロギーを離れた.

ideo·lo·gisch[..ló:gɪʃ] 形 **1** イデオロギー〔上〕の. **2** 空論的な, 空理空論の.

ideo·lo·gi·sie·ren[..logizí:rən] 他 (h) 《*et.*[4]》イデオロギーの問題にすりかえる; (…に)イデオロギーを浸透させる.

ideo·mo·to·risch[..motó:rɪʃ] 形〘心〙観念運動の.

id est[ɪt ɛ́st]《ラテ語》(略 i. e.) (das ist) すなわち, 換言すれば.

ideu〔**r**〕. 略 =indoeuropäisch

idg. 略 =indogermanisch

idio..《名詞・形容詞などにつけて「自己の・特異な」などを意味する》: *Idio*latrie 自己崇拝〈神格化〉| *idio*synkratisch〘医〙特異体質の. [*gr.* ídios „eigen〔tümlich〕"]

Idio·blast[idioblást] 男 -en/-en《ふつう複数で》〘生〙異型〈異質〉細胞. [<*gr.* blastós „Trieb"]

Idio·la·trie[..latrí:] 女 -/ 自己崇拝〈神格化〉. [<*gr.* latreíā „〔Gottes〕dienst"]

Idio·lekt[idiolɛ́kt] 男 -〔e〕s/-e〘言〙個人言語(個々人に特有な言語慣用). [*engl.*; Dialekt にならった造語]

idio·lek·tal[..lɛktá:l] 形 個人特殊語の. [<..al[1]]

Idiom[idió:m] 中 -s/-e **1** (特定の地域・グループ・個人などに固有の)特殊言語, 方言: im heimatlichen ~ お国なまりで. **2** 慣用句, 熟語, イディオム. [*gr.* idíōma „Eigentümlichkeit"–*spätlat.*–*fr.*; <*gr.* ídios (→idio..)]

Idio·ma·tik[idiomá:tɪk; オーストリア: ..mátɪk] 女 -/〘言〙特殊語法〈慣用語法〉論.

idio·ma·tisch[..tɪʃ] 形 *Idiom* の: eine ~*e* Wendung 慣用句〔的な言いまわし〕, 熟語.

idio·morph[idiomɔ́rf] 形〘鉱〙(結晶構造が)自形の.

I

idio·pa·thisch[..pá:tɪʃ] 形〘医〙特発〔性〕の.
Idio·phon[..fó:n] 中 -s/-e〘楽〙体鳴楽器(みずからの弾性によって振動する打楽器: →Membranophon).
Idio·plas·ma[..plásma·] 中 -s/〘生〙遺伝質, イディオプラスマ.
Idio·syn·kra·sie[..zʏnkrazí:] 女 -/-n[..zí:ən]〘医〙特異体質. [*gr.*; <*gr.* sýgkrāsis „Verschmelzung"]
idio·syn·kra·tisch[..zʏnkrá:tɪʃ] 形〘医〙特異体質の.
Idiot[idió:t] 男 -en/-en (⊛ **Idio·tin**[..tɪn]-/-nen) **1**〘医〙白痴〔者〕. **2**《話》(Dummkopf) 愚か者. [*gr.* idiṓtēs „Privatperson"–*lat.*; <*gr.* ídios (→idio..)]
idio·ten·haft[idió:tənhaft] =idiotisch
Idio·ten≈hang 男, **≈hü·gel** 男《話》(スキーの)初心者用スロープ.
idio·ten·si·cher 形《話》(機械・器具の操作などに関して)だれでも確実に〈心配なく〉扱える; だれがやっても失敗するおそれのない: eine ~*e* Methode 絶対確実な方法.
Idio·tie[idiotí:] 女 -/-n[..tí:ən] **1**《単数で》〘医〙白痴(強度の精神薄弱). **2** ばかげた〈愚かな〉言動.
Idio·ti·kon[idió:tikɔn] 中 -s/..ken[..kən], ..ka[..ka·](Mundartwörterbuch) 方言辞典.
Idio·tin Idiot の女性形.
idio·tisch[idió:tɪʃ] 形 **1**〘医〙白痴の. **2**《話》ばかげた, 愚かしい. [*gr.*–*spätlat.*]
Idio·tis·mus[idiotísmʊs] 男 -/..men[..mən] **1** = Idiotie **2** =Idiom [2 : *gr.*–*spätlat.*]
Idio·va·ria·tion[idiovariatsió:n] 女 -/-en〘生〙**1** 遺伝変異. **2** (Mutation) 突然変異.
Ido[í:do·] 中 -s/ イド語(エスペラント語に基づく国際語).
Idol[idó:l] 中 -s/-e (Abgott) **1** (宗教的礼拝の対象としての)偶像. **2**《比》崇拝〈熱愛〉の対象, アイドル: ein ~ der Leinwand スクリーン〈映画界〉の人気者. [*gr.* eídōlon „Bild"–*lat.*; ◇..id[1]]
Ido·la·trie[idolatrí:] 女 -/-n[..rí:ən] 偶像崇拝. [*gr.*–*mlat.*; <*gr.* latreía „〔Gottes〕dienst"]
ido·li·sie·ren[..lizí:rən] 他 (h)《*jn.*》偶像化する, 偶像にまつり上げる.
Ido·lo·la·trie[..lolatrí:] 女 -/-n[..rí:ən]=Idolatrie
IdS[i:de:|ɛ́s] 略 =Institut für deutsche Sprache ドイツ語研究所 (Mannheim にあるドイツの国語研究所).
Idun[í:dʊn] 人名〘北欧神〙イドン(青春・不老不死の女神). [*anord.*]
i. Durchschn. 略 =im Durchschnitt 平均して, 概して〔言えば〕.
IDV[i:de:fáʊ] 略 = Internationaler Deutschlehrerverband 国際ドイツ語教師連盟.
Idyll[idʏ́l] 中 -s/-e (平和な)田園的情景, 牧歌的生活. [*gr.* eidýllion „Bildchen"–*lat.* īdyllium; ◇..id[1]]
Idyl·le[idʏ́lə] 女 -/-n **1** 田園詩, 牧歌; 田園〈牧人〉画. **2** =Idyll
Idyl·lik[..lɪk] 女 -/ 牧歌的雰囲気.
idyl·lisch[..lɪʃ] 形 田園的な, 牧歌ふうの.
..ie[..i:]《女性名詞 (-/-n) をつくる. ..erie となることもある》**1**《「…学, …術」を意味する》: Orthopäd*ie* 整形外科〔学〕| Psycholog*ie* 心理学 | Geograph*ie* 地理学 | Philosoph*ie* 哲学 | Ökonom*ie* 経済〔学〕| Chirurg*ie* 外科〔学〕| Geometr*ie* 幾何学. **2**《「活動・現象」を意味する》: Demagog*ie* 煽動(せんどう)| Sympath*ie* 共感 | Melanchol*ie* 憂鬱(ゆううつ)‖ Pirat*erie* 海賊行為 | Pedant*erie* 小事にこだわること | Clown*erie* おどけ. **3**《「…店, …所」を意味する》: Parfüm*erie* 化粧品〈香水〉店 | Raffin*erie* (石油・砂糖などの)精製工場. **4**《集合名詞をつくる》: Bourgeois*ie* 市民階級 | Diplomat*ie* 外交団〈術〉‖ Infant*erie* 歩兵隊 | Maschin*erie* 機械装置 | Lott*erie* 富くじ. [〔*gr.*–〕*lat.*〔–*roman.*〕; ◇..ei]
i. e. 略 =id est
i.-e. 略 =indoeuropäisch
I. E. (**IE**)[i:|é:] 略 女 -/ **1** =Immunisierungseinheit 免疫単位. **2** =Internationale Einheit (抗生物質などの)国際単位.
IEA[í:|e:|á:] 略 女 -/ =Internationale Energie-Agentur 国際エネルギー機関(1974年設立).
..iell[..iɛl] →..ell
..ieren[..i:rən]《主として外来動詞の後つづり. つねにアクセントをもち, これによってつくられる動詞は過去分詞に ge.. がつかない》**1 a)**《外国語の動詞をドイツ語化する》: organis*ieren* 組織する(< フランス語: *organiser*) | inform*ieren* 報知する(< ラテン語: *informare*). **b)**《ドイツ語の動詞を外来語めかす》: sinn*ieren*《話》思いわずらう(<sinnen). **2 a)**《外来名詞を動詞化する. しばしば「付加」の意味を導く》: lack*ieren* ラッカーを塗る(<Lack) | prob*ieren* ためす(<Probe). **b)**《ドイツ語の名詞から外来語めかした動詞をつくる》: amt*ieren* 在職する(<Amt) | gast*ieren* 客演する(<Gast). **3**《主としてドイツ語の形容詞から外来語めかした動詞をつくる》: halb*ieren* 二分する(<halb) | stolz*ieren* 闊歩(かっぽ)する(<stolz). [*lat.*–*fr.*]
i. e. S. 略 **1** =im engeren Sinne (↔i. w. S.) 狭い意味〈狭義〉で〔は〕. **2** =im eigentlichen Sinne 本来の意味で〔は〕.
i. f. 略 =ipse fecit
IF[i:|ɛ́f] 記号 (INTERFLUG) インターフルーク.
I-för·mig[í:fœrmɪç][2] 形 I〔字〕形の.
..ig[..ɪç][2]《形容詞をつくる》**1**《名詞につけて「…のある, …のような」などを意味する》: blut*ig* 血まみれの | fleiß*ig* 勤勉な | mut*ig* 勇気のある | blauäug*ig* 青い目の | feur*ig* 火のような | eis*ig* 氷のように冷たい. **2**《動詞の語幹につけて「〔よく〕…する, …する傾向の」などを意味する》: find*ig* 創意豊かな | zappel*ig* 落ち着かない | gläub*ig* 信心深い | schwerhör*ig* 難聴の | goldhalt*ig* 金を含有する | kurzleb*ig* 短命の. **3**《副詞につけて形容詞化する》: dort*ig* あそこの | hies*ig* ここの | heut*ig* 今日の | gestr*ig* 昨日の.
★ i) ..ig と..lich の違い:〘時間的〙zweistünd*ig* 2時間つづく | zweistünd*lich* 2時間ごとの ‖ dreiwöch*ig* 3週間の | dreiwöchent*lich* 3週間ごとの.
‖〘言語の表示〙deutschsprach*ig* (授業などが)ドイツ語による | deutschsprach*lich* (授業などが)ドイツ語に関する.
‖〘その他の場合〙verständ*ig* 理解力のある | verständ*lich* 理解しやすい ‖ unförm*ig* 不格好な | unförm*lich* 形式ばらない ‖ tät*ig* 活動している | tät*lich* 行動による; 暴力的な ‖ gläub*ig* 信心深い | glaub*lich* 信ずべき.
ii) ..ig と..isch の両形がある場合は少ない(→..isch ★ ii). [*germ.*; ◇..ik; *engl.* ..y]
IG[i:gé:] 略 女 -/ **1** =Industriegewerkschaft 産業組合. **2** =Interessengemeinschaft 利益協同体.
Igel[í:gəl] 男 -s/- **1 a)**〘動〙ハリネズミ(針鼠): wie ein ~ borstig ハリネズミのように剛毛の多い〈無愛想な〉| passen wie der ~ zum Handtuch〈zur Türklinke〉《話》全然ふさわしくない, まるっきりそぐわない. **b)**《比》無愛想な〈強情な〉人. **2** (ハリネズミの形をしたもの, 剛毛状のもの. 例えば:) 瓶洗いのブラシ; (ジャガイモ畑などに用いられる)砕土(さいど)用の鋤(すき); ケーキの一種. **3** =Igelstellung [*germ.* „Schlangenfresser"; ◇Echinus]
Igel≈fisch 男〘魚〙ハリセンボン(針千本)〔科〕. **≈fri·sur** 女 (短髪ふうの)ブラッシュ=カットの髪型.
Ige·lit[igelí:t, ..lít] 中 -s/ 商標 イゲリット(塩化ビニール). [<IG-Farben]
Igel≈kä·fer[í:gəl..] 男 (Stachelkäfer)〘虫〙ハナノミ(花蚤)科の昆虫. **≈kak·tus** 男〘植〙ウニサボテン. **≈kol·ben** 男 =Igelkopf 2 **≈kopf** 男 **1**《話》短髪〈ブラッシュ=カット〉の頭. **2**〘植〙ミクリ属. **≈sa·me** 男〘植〙ノムラサキ属. **≈schnitt** 男 =Igelfrisur **≈stel·lung** 女〘軍〙(包囲された部隊の)防御態勢〈陣地〉.
IG-Far·ben[i:ge:fárbən] 女 -/ (<Interessengemeinschaft der deutschen Farbenindustrie AG) イー=ゲー=ファルベン(かつてはドイツ最大の化学工業コンツェルン. 1925年に創立され, 第二次大戦後に解体).
igitt[igít] (**igit·ti·gitt**[igítigít]) 間 わあ やだやだ (i gitt とも書く). [<o Gott!]
..igkeit[..ɪçkaɪt] →..keit

I

Ig·lu[íːgluˑ, íg..] 男 中 -s/-s イグルー(エスキモー人の雪でつくった円形の住居). [*eskimo*.]

Igna·tius[ɪgnáːtsiʊs] 男名 **I** イグナツィウス. **II** 人名 ～ de Loyola イグナティウス デ ロヨラ(1491-1556; スペインの宗教家でイエズス会の創立者). [*lat.*; <*lat.* īgnis „Feuer"]

Ignaz[ígnaːts, ◡⊥] 男名 イグナーツ.

igno·bel[ɪgnóːbəl] (..no·bl..) 形 《ｵｰｽﾄﾘｱ》(gemein) 下劣な. [*lat.*; <in..+*lat.* nōbilis (→nobel)]

igno·ra·mus et igno·ra·bi·mus[ɪgnoráːmʊs ɛt ɪgnoráːbimʊs] 《ﾗﾃﾝ語》(wir wissen〔es〕nicht und werden〔es auch〕nicht wissen) 我々はそれを知らず また知ることもないであろう(ドイツの生理学者デュ ボア=レモン Du Bois-Reymond が自然認識の限界について述べた言葉).

igno·rant[ɪgnoránt] **I** 形 無知〈無学〉な. **II Igno·rant** 男 -en/-en 無知〈無学〉な人; 愚か者.

Igno·ran·ten·tum[..tantuːm] 中 -s/ =Ignoranz

Igno·ranz[..ránts] 女 -/ 無知, 無学; 愚鈍.

igno·rie·ren[ɪgnoríːrən] 他 (h) 無視する, 黙殺する, (故意に)看過する, 見て見ぬふりをする: einen Befehl 〈*js.* Einwände〉 ～ 命令を無視する〈…の異議を黙殺する〉| Sie hat meine Anwesenheit einfach *ignoriert*. 彼女は私がそこにいることなど頭から問題にしなかった.
[*lat.*; <*lat.* ī-gnārus „un-kundig"]

▽**Ignos·zenz**[ɪgnɔstsɛ́nts] 女 -/ (Verzeihung) 赦免,「免罪.

▽**ignos·zie·ren**[..tsíːrən] 他 (h) (verzeihen) 《*jn.*》許す, (…の)罪を免じる. [*lat.* ī-gnōscere „ein-sehen"; ◇Gnosis]

Iguan·odon[iguáːnodɔn] 中 -s/-s, -ten[..anodɔ́ntən] 〘古生物〙イグアノドン(鳥脚類の恐竜). [<*span.* iguana „Leguan" (◇Leguan)+odonto..]

i. H. 略 =im Haus〔e〕(手紙のあて名で)…気付.

IH[iːháː] 略 =Interhotel

Ihe·ring[jéːrɪŋ] 人名 Rudolf von ～ ルードルフ フォン イェーリング(1818-92; ドイツの法学者).

IHK[iːhaːkáː] 略 女 -/ =Industrie- und Handelskammer 商工会議所.

Ih·le[íːlə] 男 -n/-n (産卵後のやせた)ニシン. [<*ndl.* iel „dünn"]

ihm[iːm] er, es[1]の3格.

ihn[iːn] er の4格.

ih·nen[íːnən] 《人称代名詞》**1** 3人称複数 sie の3格. **2 Ih·nen** 2人称敬称 Sie の3格.

ihr[1][iːr] 《人称代名詞》 **I 1** 《2人称複数親称1格: 2格 **eu·er**[ɔ́ʏər], 3・4格 **euch**[ɔʏç]; 所有代名詞 euer; du の複数に相当》(社交的配慮を必要としない親族・親友・同輩・子供・動物など名を呼び捨てにできる相手, また神・故人および事物に対して; 性の区別なく)あなたがた, 君たち, お前ら, 諸君(→du[2] I 1, Sie[3]).

a) 《1格で》Habt ～ Durst, Kinder? のどが渇いたの 子供たち | *Ihr* Feiglinge! この臆病(ｵｸﾋﾞｮｳ)者どもめ | Lebt wohl, ～ Berge! さらば山々よ ‖ *Ihr* seid es./Das seid ～.〔それは〕君たちだ(アクセントは ihr にある) | Er ist reich, aber ～ seid es 〈das seid ～〉 nicht. 彼は金持ちだが諸君はそうではない(アクセントは seid にある) ‖〘他の人称の主語と〙*Ihr* und ich〔, wir〕sind alt. お前たちと私とは年寄りだ | Er und ～〔,～〕arbeitet in derselben Firma. 彼と君たちとは同じ会社で働いている | Entweder ich oder ～ mußt 〈～ oder ich muß〉 zu ihm gehen. 君たちか私かが彼のところへ行かねばならない.

☆ i) 口語・詩文では(特に文頭の)主語 ihr が省略されることがある: Habt noch Zeit. まだ時間があるよ | Wollt nach Hause? うちへ帰ろうというのか.
ii) 命令文の主語 ihr は原則として省略されるが, 対照的に強調するため動詞の直後に挿入されることがある: Geht *ihr* voran! (ほかの人でなく)諸君が先に行きたまえ.

b) 《2格で: 主として動詞・形容詞・前置詞の支配を受けて》Ich bedarf *euer*. 《雅》私には君たちが必要だ | Das ist *euer* unwürdig. それは君たちにはふさわしくない | Wer kommt statt *euer*? だれが諸君の代わりに来るのか ‖〘付加語として数詞とともに〙in *euer* aller 〈dreier〉 Namen 君たち全員〈3人〉の名で | Ihr seid *euer* fünf?/▽*Euer* seid fünf? 君たち5人連れだね ‖〘再帰代名詞として〙Seid ihr *euer*〔selbst〕nicht sicher? 君たちは自信がないのか.

☆ halben, wegen, um … willen とは euert.. または euret.. の形で結合する: →eurethalben, euretwegen, euretwillen

c) 《3格で》Ich sage *euch*, daß … 君たちに言っておくが… | Es wird *euch* niemals gelingen. 君たちは決して成功しないだろう ‖〘前置詞と〙Es war freundlich von *euch*, daß ihr mir halft. 君たち 私に力を貸してくれてありがとう ‖〘所有の3格〙Das Geld kommt bald *euch* in die Hände. その金はすぐに君たちの手に入るわけだ ‖〘関心の3格〙Der ist *euch* ein wunderlicher Kerl. あいつは全く妙なやつなんだよ.
‖〘再帰代名詞として〙Stellt *euch* vor, daß …! …と想像してみたまえ | Habt ihr *euch* das Zimmer gemietet? 君たちは(自分用に)その部屋を借りたのか ‖〘相互的に〙In der Not müßt ihr *euch*〔einander〕helfen. 苦しいときは諸君はお互い助け合わねばならない.

d) 《4格で》Niemand tadelt *euch*. だれも君たちを非難はしない ‖〘前置詞と〙Dies sind die Briefe an *euch*. これは諸君あての手紙だ ‖〘再帰代名詞として〙Ich sehe, daß ihr *euch* fürchtet. 私には諸君が怖がっているのが分かる | Denkt an *euch*〔selbst〕zuletzt! 自分たちのことは最後に考えるもんだ ‖〘相互的に〙Warum starrt ihr *euch* an? なぜ君たちは顔を見つめ合っているのか.

★ 手紙では大文字書きをしてきた: Liebe Eltern! Ich danke *Euch* für das Päckchen, das *Ihr* mir geschickt habt. おとうさん おかあさん 私に小包を送ってくださってありがとう.

▽**2 Ihr**[1] 《2人称敬称1格: 2格 **Eu·er**, 3・4格 **Euch**; 所有代名詞 Euer》(性・数の区別なく目上の相手に対して. 17世紀ごろからしだいにすたれ, 代わって Sie が用いられるようになった: →Sie[3]) あなた〔がた〕: Was wollt *Ihr*, mein Herr? 何のご用で だんなさま.

★ i) 同格名詞の付加語形容詞は原則として強変化であるが, 1格では弱変化のことが多い: *ihr* liebe〔n〕Kinder お前たちいとしい子供たち.
ii) ihr を受ける関係代名詞が主語のときは, 関係文で ihr を再提示して定動詞を ihr に一致させることが多い(→ich I ★ ii): *ihr*, die *ihr* dagegen seid/*ihr*, die dagegen sind それに異議のある諸君.

II 《3人称単数女性 sie の3格》: →sie[1]

▽**III** =ihrer I
[*germ.*; ◇*engl.* ye, you]

ihr[2][iːr] 《所有代名詞: 変化は mein に準じる》**1** 《3人称単数女性: →sie[1]》《人間を指す場合》彼女の; 《事物を指す場合》それの, これ〈あれ〉の: →mein I, sein[2] I **2** 《3人称複数: →sie[2]》彼〈彼女〉らの, それ〈これ〉らの: →mein I, sein[2] I **3 Ihr**[2] 《2人称敬称: →Sie[3]》あなた〔がた〕の; 君〔たち〕の; お前〔ら〕の: →mein I 1 [*ahd.*]

ih·rer[íːrər] **I** 《人称代名詞》**1** 3人称単数女性および複数 sie の2格. **2 Ih·rer** 2人称敬称 Sie の2格.
II 《所有代名詞》ihr[2]の語尾変化した形; 《大文字で》Ihr[2]の語尾変化した形.

ih·rer·seits[íːrərzáɪts, ⊥◡ー] 副 彼女の側〈立場〉で; 彼〈彼女〉らの側〈立場〉で; 《大文字で》あなた〔がた〕〈君〔たち〕〉の側〈立場〉で: →meinerseits

ih·res≠glei·chen[íːrəsgláɪçən] 《指示代名詞; 無変化》彼女と同様〈同等〉な人; 彼〈彼女〉らと同様〈同等〉な人々; 《大文字で》あなた〔がた〕〈君〔たち〕〉と同様〈同等〉な人〔びと〕: →meinesgleichen | ～ suchen 他に類を見ない. **≠teils**[..taɪls] =ihrerseits

▽**ih·ret·hal·ben**[íːrəthálbən] =ihretwegen

ih·ret≠we·gen 副 彼女のために; 彼らのために; 《大文字で》あなた〔がた〕〈君〔たち〕〉のために: →meinetwegen **≠wil·len** 副 um ～ =ihretwegen

ih·ri·ge[íːrɪgə] 《所有代名詞, 3人称単数女性・3人称複数: →sie[1], sie[2]; 変化は meinige に準じる》彼女のもの; 彼〈彼女〉らのもの; 《大文字で》あなた〔がた〕〈君〔たち〕〉のもの: →meinige

I

▽**Ih·ro**[í:ro·]《所有代名詞; 無変化で尊称につけて》(Euer): ～ Majestät〔, Kaiser von Österreich〕〔オーストリア皇帝〕陛下.

ihr·zen[í:rtsən]《02》他 (h)《*jn.*》Ihr[1]を使って話しかける(→ihr[1] I 2). [*mhd.*]

IHS[i:ha:|ɛ́s] 略 **1** =ΙΗΣΟΥΣ イエス〔キリスト〕(Jesus のギリシア文字での書法; また俗に「救世主イエス」を意味するドイツ語 **Jesus, Heiland, Seligmacher**, ラテン語 **Iesus Hominum Salvator** の略とも解される). **2** =I. H. S.

I. H. S. 略 **1** =**in hoc salus** **2** =**in hoc signo**

i. J. 略 =**im Jahre** …年に: ～ 1781 1781年に.

..ik[..ɪk, ..i:k]《女性名詞 (-/-en) をつくる. ..atik となることもある》**1**《「活動・現象」を意味する》: Hekt*ik* 性急 | Krit*ik* 批評 | Erot*ik* 性愛. **2**《事実・知識・原理などの集大成としての「学・術」を意味する》: Grammat*ik* 文法 | Dialekt*ik* 弁証法 | Takt*ik* 戦術 | Statist*ik* 統計学 | Germanist*ik* ドイツ語学〈文学〉研究 | Kybernet*ik* サイバネティクス | Phys*ik* 物理学. **3**《集合名詞をつくる》: Gest*ik* (<Geste) 身ぶり | Problem*atik* (<Problem) 問題性. [*gr.–lat.*; ◇..isch, ..esk; *engl.* ..ic〔s〕]

Ika·rus[í:karʊs] (**Ika·ros**[..rɔs]) **I** 人名《ギ神》イカロス (Dädalus の子. 父とともに蠟付けの翼をつけて迷宮を脱出したが, 太陽に近づきすぎてその蠟がとけ, 海に落ちて死んだ). **II** 男 -/-se (人工の翼で)空を飛ぼうとする人. [*gr.*〔*–lat.*〕]

Ike·ba·na[ikebá:na·] 中 -〔s〕/ (日本の)生け花. [*japan.*]

Ikon[ikó:n] 中 -s/-e, **Iko·ne**[..nə] 女 -/-n (Heiligenbild)《東方正教会》聖像, 聖画像, イコン. [*gr.* eikṓn „Bild〔nis〕"*–mgr.–russ.* ikona; ◇Eikonal]

Iko·nen≈ma·le·rei[ikó:nən..] 女 イコン〈聖画像〉絵画〔芸術〕. **≈wand** 女 =Ikonostase

iko·nisch[ikó:nɪʃ] 形 聖像の〔ような〕;《比》等身大の: eine ～*e* Statue 等身立像. [*gr.–lat.*]

ikono..《名詞などにつけて「形像」を意味する》

Iko·no·du·le[ikonodú:lə] 男 -n/-n 聖画像崇敬者.

Iko·no·du·lie[..dulí:] 女 -/ 聖画像崇敬.

Iko·no·graph[..grá:f] 男 -en/-en **1** Ikonographie の学者〈研究者〉. **2** (原画を石版石に模写する)石版用模写器.

Iko·no·gra·phie[..grafí:] 女 -/ イコノグラフィー, 図象学, 肖像〈聖像〉学, 肖像〈聖像〉研究. [*gr.–mlat.*]

iko·no·gra·phisch[..grá:fɪʃ] 形 イコノグラフィー〈図像学〉の, 肖像〈聖像〉学の, 肖像〈聖像〉研究の.

Iko·no·klas·mus[..klásmʊs] 男 -/..men[..mən] (特に8－9世紀ビザンチン帝国内で起こった)聖画像破壊〔主義〕, 毀像(きぞう)運動.

Iko·no·klast[..klást] 男 -en/-en 聖画像破壊主義者. [*mgr.–mlat.*; <*gr.* klãn (→klastisch)]

iko·no·kla·stisch[..klástɪʃ] 形 聖画像破壊〔主義〕の.

Iko·no·la·trie[..latrí:] 女 -/ 聖画像崇敬. [<*gr.* latreíā „〔Gottes〕dienst"]

Iko·no·lo·ge[..ló:gə] 男 -n/-n (→..loge) 聖像学者.

Iko·no·lo·gie[..logí:] 女 -/ =Ikonographie

Iko·no·me·ter[..mé:tər] 中 -s/-《写》イコノメーター.

Iko·no·skop[ikonoskó:p, ..nɔs..] 中 -s/-e (テレビカメラの)アイコノスコープ.

Iko·no·stas[..stá:s][1] 男 -/-e, **Iko·no·sta·se**[..stá:zə] 女 -/-n《東方正教会》聖画壁, 聖障, イコノスタシス(教会の内陣と身廊を隔てる聖像で飾られた壁(障柵(しょうさく))). [*mgr.–russ.*]

Iko·sa·eder[ikoza(|)é:dər] 中 -s/-《数》20面体. [*gr.*; <*gr.* eíkosi „zwanzig"]

Iko·si·te·tra·eder[ikozitetra(|)é:dər] 中 -s/-《数》偏菱(へんりょう)24面体(柘榴(ざくろ)石の結晶体など).

ikr 略 =**isländische Krone** アイスランド=クローナ(→Krone 7 a).

IKRK[i:ka:|ɛrká:] 略 中 -/ =**Internationales Komitee vom Roten Kreuz** (スイス国民からなる)赤十字国際委員会.

Ik·ten Iktus の複数.

ik·te·risch[ɪkté:rɪʃ] 形 (gelbsüchtig)《医》黄疸(おうだん)の.

Ik·te·rus[íkterʊs] 男 -/ (Gelbsucht)《医》黄疸(おうだん). [*gr.–lat.*]

ik·tisch[íktɪʃ] 形《詩》揚音〈強音〉のある: eine ～*e* Silbe 揚音〈強音〉節.

Ik·tus[íktʊs] 男 -/-[..tu:s], ..ten[..tən] **1** 突き, 打撃. **2**《詩》揚音, 強音. **3**《医》発作症状(脳溢血(のういっけつ)など). [*lat.*]

il.. →in..

i. L. 略 =**im Lichten** 内のり〈内側寸法〉で.

Il[i:|ɛ́l, ɪlí:niʊm] 記号 (Illinium)《化》イリニウム.

Ile·um[í:leʊm] 中 -s/ Ilea[..lea·]《ふつう単数で》(Krummdarm)《解》回腸. [*spätlat.*; <*lat.* īle „Darm"]

Ile·us[í:leʊs] 男 -/ Ileen[..leən] (Darmverschluß)《医》腸閉塞(へいそく)〔症〕, イレウス. [*gr.–lat.*]

Ilia·de[iliá:də] 女 -/ , **Ilias**[í:lias] 女 -/《文芸》イーリアス (Troja の攻防をうたったギリシア最古の長編叙事詩. Homer の作と伝えられる). [*gr.–lat.*; <*gr.* Ílion (Troja の都)]

..ilität →..ität

ill. 略 =**illustriert**

die **Ill**[ɪl] 地名 女 -/ イル (Rhein 川の支流).

▽**Il·la·tum**[ɪlá:tʊm] 中 -s/..ta[..ta·], ..ten[..tən]《ふつう複数で》嫁入り持参金, 婚資. [<*lat.* īn-ferre „hineintragen"]

il·le·gal[ílega:l, ◡◡–́] **I** 形 不法〈不当〉な, 違法〈非合法〉の, 法律違反の: eine ～*e* Aktion 非合法活動 | der ～*e* Waffenbesitz 武器の不法所持 | auf ～*em* Wege 非合法な手段で ‖ ～ arbeiten 不法労働をする, もぐりの仕事をする. **II Il·le·ga·le** 男 女《形容詞変化》《オーストリア》(Nazi) ナチ党員. [*mlat.*; ◇legal]

Il·le·ga·li·tät[ɪlegalitɛ́:t, ◡́◡◡◡–] 女 -/-en **1**《単数で》illegal なこと. **2** illegal な言動.

il·le·gi·tim[ílegiti:m, ◡◡◡–́] 形 不法な, 不当な, 違法〈非合法〉の; (unehelich) 婚姻によらない: ein ～*es* Kind 庶子, 私生児. [◇legitim]

Il·le·gi·ti·mi·tät[ɪlegitimitɛ́:t, ◡́◡◡◡◡–] 女 -/ illegitim なこと.

die **Il·ler**[ílər] 地名 女 -/ イラー (Donau 川の支流).

il·lern[ílərn]《05》自 (h)《方》(spähen)(様子を)うかがう: durchs Schlüsselloch ～ かぎ穴をのぞく.

il·li·be·ral[ílibera:l, ◡◡◡–́] 形 非寛容な, 狭量〈偏狭〉な. [*lat.*; ◇liberal]

Il·li·be·ra·li·tät[ɪliberalitɛ́:t, ◡́◡◡◡◡–] 女 -/ illiberal なこと. [*lat.*]

il·li·mi·tiert[ɪlimití:rt] 形 無制限の, 制約のない. [<in..+limitieren]

▽**Il·li·nium**[ɪlí:niʊm] 中 -s/《化》イリニウム(記号 Il; Promethium の旧称). [<Illinois (アメリカ合衆国の州)]

il·li·quid[ílikvi:t, ◡◡–́][1] 形《商》流動資金の欠けた, 支払不能の. [◇liquid]

Il·li·qui·di·tät[ɪlikviditɛ́:t, ◡́◡◡◡–] 女 -/《商》流動資金不足, 支払不能.

Il·lo·ku·tion[ɪlokutsió:n] 女 -/-en《言》発話〈発語〉内行為. [◇Lokution]

il·lo·ku·tio·när[ɪlokutsionɛ́:r] 形《言》発話〈発語〉内行為〔上〕の.

il·lo·ku·tiv[ɪlokutí:f][1] =illokutionär

il·loy·al[íloaja:l, ◡◡–́] 形 忠誠心のない; 不誠実な; 不法な, 法律違反の. [◇loyal]

Il·loya·li·tät[ɪloajalitɛ́:t, ◡́◡◡◡◡–] 女 -/ illoyal なこと.

Il·lu·mi·nat[ɪluminá:t] 男 -en/-en 光明会(→Illuminatenorden) の会員.

Il·lu·mi·na·ten·or·den 男 -s/ 光明会(哲学者ヴァイスハウプト Adam Weishaupt が1776年に設立した理性主義秘密結社).

Il·lu·mi·na·tion[ɪluminatsió:n] 女 -/-en **1** イルミネーション. **2** (中世の写本の)彩飾〔さし絵〕. **3**《神》〔神的〕照明, 光被.

Il·lu·mi·na·tor[..ná:tɔr, ..to:r] 男 -s/-en [..nató:rən] **1** (中世の写本の)さし絵画家. **2** (光学機械の)照明装置.

il·lu·mi·nie·ren[..ní:rən] **I** 他 (h) イルミネーションで

照明する; (写本に) 彩飾さし絵を描く; 啓蒙(けいもう)する. **II il·lu·mi·niert** 過分 形《話》(betrunken) 酩酊(めいてい)した.
[*lat.–fr.*; < *lat.* lūmen „Licht" (◇Lux)]

Il·lu·mi·nie·rung[..ruŋ] 女 -/-en illuminieren すること.

Il·lu·sion[ɪluzióːn] 女 -/-en 幻想, 幻覚, 幻影; (間違った) 思い込み, 〔自己〕欺瞞(ぎまん), 錯覚; 〖美〗(遠近法による) 幻覚的空間表現; 〖劇〗幻想, 錯覚(舞台を現実と思いこむこと); (手品の) トリック: *sich*^{4} 〔über *et.*^{4}〕 *~en*^{3} hingeben 〔…についての〕幻想にふける | *jm. seine ~en* nehmen ⟨rauben⟩ …の錯覚を取り除く, …に真実をはっきり言う | *seine ~en* verlieren 幻滅する.
[*lat.–fr.*; < *lat.* lūdere (→Ludus)]

il·lu·sio·när[ɪluzionέːr] 形 幻想⟨錯覚⟩に基づく, 幻想⟨錯覚⟩に満ちた.

Il·lu·sio·nis·mus[..nísmus] 男 -/ 〖哲〗幻想主義, 迷妄説; 〖美·劇〗錯覚⟨幻覚⟩主義.

Il·lu·sio·nist[..níst] 男 -en/-en **1** 幻想⟨錯覚⟩を抱く人, 夢想⟨空想⟩家. **2** (Zauberkünstler) 手品⟨魔術⟩師. **3** 〖哲〗幻想主義者.

il·lu·sio·ni·stisch[..nístɪʃ] 形 **1** =illusionär **2** 〖美〗(遠近法による) 幻覚的空間表現の; 〖劇〗イリュージョン的な, 舞台を現実と思いこむような; 〖哲〗幻想主義の.

Il·lu·sions≈büh·ne[ɪluzióːns..] 女 〖劇〗錯覚舞台, イリュージョン舞台(舞台を現実と錯覚させるような演劇).
≈bun·ker 男《話》(Kino) 映画館.

il·lu·sions·los[..loːs][1] 形 幻想⟨錯覚⟩のない, 冷静な.

il·lu·so·risch[ɪluzóːrɪʃ] 形 幻想⟨錯覚⟩の, いつわりの; むなしい: ~ werden 実体を失う, むなしいものになる.
[*spätlat.*]

il·lu·ster[ɪlústər] (..lu·str..) 形 すぐれた, 立派な, 輝かしい; 一流の, 著名な: ein *illustrer* Wissenschaftler 著名な学者 | ein *illustres* Mahl 豪勢な食事. [*lat.–fr.*]

Il·lu·stra·tion[ɪlustratsióːn] 女 -/-en **1** イラスト〔レーション〕(さし絵·図版·図解·説明図など). **2**《単数で》〔図表による〕説明, 解説. [*lat.*]

il·lu·stra·tiv[..tíːf][1] 形 説明⟨解説⟩用の; さし絵⟨図解⟩による: *~e* Beispiele 図解例.

Il·lu·stra·tor[ɪlustráːtɔr, ..toːr] 男 -s/-en [..ratóːrən] 説明⟨解説⟩者; イラストレーター; さし絵画家. [*spätlat.*]

il·lu·strie·ren[ɪlustríːrən] **I** 他 (h) 説明⟨解説⟩する; (…に) さし絵⟨説明図⟩をつける, 図解する. **II il·lu·striert** 過分 形 (略 ill.) さし絵⟨図版·写真⟩入りの: ein *~es* Insektenbuch 昆虫図鑑. **III Il·lu·strier·te** 女《形容詞変化》(< illustrierte Zeitschrift) グラフ雑誌(写真を主体にした雑誌), 画報. [*lat.* il-lūstrāre „erleuchten"–*fr.*; ◇*engl.* illustrate]

Il·lu·strie·rung[..ruŋ] 女 -/-en illustrieren すること.

Il·ly·rer[ɪlýːrər] 男 -s/- =Illyrier

Il·ly·ri·en[..riən] 地名 イリュリア (Illyrier の住んでいた地方の古代名).

Il·ly·ri·er[..riər] 男 -s/- イリュリア人(古代に Balkan 半島北西部, Adria 海沿岸に住んだインド=ヨーロッパ語族の一つ).

il·ly·risch[..rɪʃ] 形 イリュリア〔人·語〕の: →deutsch | das *Illyrische*/die *~e* Sprache イリュリア語(今日の albanisch 語と同系の死語で, インド=ヨーロッパ語の一つ).

die **Ilm**[ɪlm] 地名 女 -/ イルム (Saale 川の支流).
[< *ahd.* ilme „Ulme" (◇Ulme^{2})]

Ilm-Athen[ílm|ateːn] 地名 イルム河畔のアテナイ (Weimar の別称).

Il·men·au[ílmənau] 地名 イルメナウ(ドイツ中部, Thüringer Wald の北東斜面にある都市).

Il·me·nit[ɪlmeníːt, ..nít] 男 -s/-e (Titaneisenerz) 〖鉱〗チタン鉄鉱. [< Ilmen (ウラル山脈中の連山) + ..it^{2}]

ILO[áɪɛlóu] 女 -/ 国際労働機関(=IAO). [*engl.*; < *engl.* *I*nternational *L*abor *O*rganization]

Il·sa[ílza·] 女名 イルザ.

Il·se[ílzə] 女名 (< Elisabeth) イルゼ.

Il·tis[íltɪs] 男 -ses/-se 〖動〗ケナガイタチ(毛長鼬) (ヨーロッパ産の臭気の強いイタチの一種, 毛皮用). [*ahd.*]

im[ɪm] < in dem

im.. →in..

i. m.[iː|έm] 略 =intramuskulär 筋肉内〔へ〕の.

IM[iː|έm] 略 男 -/ =Inoffizieller Mitarbeiter (旧東ドイツで) (Stasi の) 非公式協力者.

I. M.[iː|έm] 略 **1** =Ihre Majestät 女王⟨皇后⟩陛下. **2** =Innere Mission 〖新教〗キリスト教社会事業団.

Image[ímɪtʃ, ímɪdʒ] 中 -〔s〕/-s[ímɪtʃ(s), ..dʒɪz] イメージ, 表象, 心象; 典型. [*lat.* imāgō–*afr.–engl.*]

Image·pfle·ge[ímɪtʃ.., ímɪdʒ..] 女 (世間によい印象を与えるための) イメージ作り; (すでに築き上げた) イメージの保持.

ima·gi·na·bel[imaginá:bəl] (..na·bl..) 形 考えられる, 想像し得る. [*spätlat.–fr.*; < ..abel]

ima·gi·när[..nέːr] 形 (↔real) 想像上の, 架空⟨虚構⟩の; (↔reell) 〖数〗虚の: eine *~e* Einheit 〖数〗虚数単位 (記号 i) | eine *~e* Zahl 〖数〗虚数. [*lat.–fr.*]

Ima·gi·na·tion[..natsióːn] 女 -/-en 想像, 空想; 想像力. [*lat.*]

ima·gi·nie·ren[..níːrən] 他 (h) 想像する, 空想する. [*lat.–fr.*]

Ima·go[imáːgo·] 女 -/..gines[..gineːs] **1** 〖動〗(昆虫や蛛形(ちゅけい)類の) 成虫(→Larve 2). **2** 〖精神分析〗イマーゴ(幼時に愛した人の理想像). [*lat.* imāgō „〔Ab〕bild"; ◇eben, imitieren]

Ima·go Dei[– déːiˑ] 女 --/ (Ebenbild Gottes) 神の似姿.

im allg., im Allg. 略 =im allgemeinen 一般に, 概して.

Imam[imáːm] 男 -s/-s, -e イマーム(回教の礼拝の際の導師, または Kalif の称号). [*arab.* „Vorsteher"]

im bes. 略 =im besonderen 個別に, 個々に.

im·be·zil[ɪmbetsíːl] 形, **im·be·zill**[..tsíl] 形 〖医〗痴愚(ちぐ)な. [*lat.* im-bēcillus „un-gestützt, schwach"–*fr.*; < *lat.* baculum „Stab" (◇Bazillus)]

Im·be·zil·li·tät[..tsilitέːt] 女 -/ 〖医〗痴愚(中程度の精神薄弱). [*lat.–fr.*]

im·bi·bie·ren[ɪmbibíːrən] 他 (h) (液体の吸収によって) ふくれあがらせる; (液体が) 浸透⟨浸染⟩する. [*lat.* im-bibere „ein-saugen"]

Im·bi·bi·tion[..bitsióːn] 女 -/ 〖医〗浸染.

Im·biß[ímbɪs] 男 ..bisses/..bisse **1** 軽食, 間食, スナック: einen ~ einnehmen 軽い食事をとる. **2** =Imbißhalle
[*ahd.*; ◇in^{1}, beißen]

Im·biß≈hal·le 女, **≈lo·kal** 中, **≈raum** 男, **≈stand** 男, **≈stu·be** 女 軽⟨簡易⟩食堂, スナック.

Im·bro·glio[ɪmbrɔ́ljo·] 中 -s/-s, ..gli[..ljiˑ] **1** (Verwirrung) 混乱, もつれ, 紛糾. **2** 〖楽〗インブローリオ. [*it.*; ◇brodeln]

..iment[..imɛnt] →..ement

IMF[iː|ɛm|έf, áɪɛmέf] 男 -/ 国際通貨基金(=IWF). [*engl.*; < *engl.* *I*nternational *M*onetary *F*und]

Imid[imíːt][1] 中 -s/-e 〖化〗イミド. [< Amid]

Imi·do·grup·pe[imíːdo..] 女 〖化〗イミド基.

Imin[imíːn] 中 -s/-e 〖化〗イミン. [< Amin]

Imi·no·grup·pe[imíːno..] 女 〖化〗イミン基.

Imi·tat[imitáːt] 中 -〔e〕s/-e 模造品, 模造物. [*lat.*]

Imi·tat·garn[imitáːt..] 中 模造毛糸.

Imi·ta·tio Chri·sti[..tsio· krístiˑ] 女 --/ (die Nachfolge Christi) キリストのまねび(ラテン語による中世の信仰書の題名). [*lat.*]

Imi·ta·tion[imitatsióːn] 女 -/-en (Nachahmung) **1 a)** まね, 模倣; 模造. **b)** 〖楽〗(カノン·フーガなどで旋律·音型などの) 模倣. **2** =Imitat [*lat.*]

Imi·ta·tor[imitáːtɔr, ..toːr] 男 -s/-en[..tatóːrən] (Nachahmer) 模倣⟨模造⟩者; 物まね芸人. [*lat.*]

imi·ta·to·risch[imitatóːrɪʃ] 形 模倣的な, 物まねの.

imi·tie·ren[imitíːrən] 他 (h) (nachahmen) 模倣⟨模造⟩する, まねる: *imitierter* Marmor 人造大理石. [*lat.*; ◇Imago; *engl.* imitate]

Im·ker[ímkər] 男 -s/- (Bienenzüchter) 養蜂(ようほう)家.

[*ndl.－ndd.*; ◇Imme, Kar]

Im·ke·rei[ɪmkəráɪ] 女 -/-en **1**《単数で》養蜂(ようほう)〔業〕. **2** 養蜂場.

im·kern[ímkərn]《05》自 (h) ミツバチ(蜜蜂)を飼う, 養蜂(ようほう)業を営む.

Im·ma·cu·la·ta[ɪmakulá:ta·] 女 -/ 汚れなき聖女マリア. [*lat.*; <in..＋*lat.* macula (→Makel)]

Im·ma·cu·la·ta con·cep·tio[– kɔntsέptsio·] 女 -/ (die unbefleckte Empfängnis 〔Marias〕)〘カトリック〙(聖マリアの)無原罪の汚れなきおん宿り, 無垢(く)受胎. [*lat.*; ◇Konzeption]

im·ma·nent[ɪmanέnt] 形 (innewohnend) 内在する; (↔transzendent)〘哲〙内在的な: *et.*³ ～ sein …に内在している, …に固有である | die ～*e* Wahrheit 内在的真理. [*spätlat.*; <in²＋*lat.* manēre „bleiben"]

Im·ma·nenz[..nέnts] 女 -/ 内在; (↔Transzendenz)〘哲〙内在.

Im·ma·nenz·phi·lo·so·phie 女 -/〘哲〙内在哲学.

Im·ma·nuel[ɪmá:nue:l, ..nuεl] 男名 イマーヌエール. [*hebr.* „Gott (ist) mit uns"]

Im·ma·te·rial·gü·ter·recht[ɪmateriá:l..] 中〘法〙無形財産権(商標・特許・著作権など).

Im·ma·te·ria·lis·mus[ɪmaterialísmʊs] 男 -/〘哲〙非物質主義, 反唯物論.

im·ma·te·riell[ɪmateriέl, ◡́◡◡◡◡] 形 非物質的な; 精神的な: ～*e* Schäden 非物質的損害(精神的・肉体的損害など). [*mlat.－fr.*]

Im·ma·tri·ku·la·tion[ɪmatrikulatsió:n] 女 -/-en (↔Exmatrikulation) (大学での)学籍登録, 入学許可;《スイ》(自動車の)登録, 使用許可.

im·ma·tri·ku·lie·ren[..lí:rən] 他 (h) (↔exmatrikulieren)《*jn.*》学籍簿に登録する, (…に)入学を許可する: *sich*⁴ ～ lassen (大学に)入学の手続きを取る. [*mlat.*; <in²＋*mlat.* mātricula (→Matrikel)]

Im·me[ímə] 女 -/-n《方》《雅》(Biene)〘虫〙ミツバチ(蜜蜂). [*ahd.* imbi „〔Bienen〕schwarm"; ◇Imker]

im·me·diat[ɪmediá:t] 形 (unmittelbar) 直接の; 元首直属の. [*mlat.*; <*lat.* medium (→Medium)]

Im·me·diat≠ein·ga·be 女, **≠ge·such** 中 (国の最高機関への)直接請求, 直訴.

im·me·dia·ti·sie·ren[ɪmediatizí:rən] 他 (h) 直轄にする;〘史〙(諸侯領などを)帝国直属にする.

im·mens[ɪmέns][1] 形 ばく大な, 無限の: ～*e* Kosten ばく大な(巨額の)費用. [*lat.*; <in..＋*lat.* mētīrī „messen"]

ᵛ**Im·men·si·tät**[ɪmεnzitέ:t] 女 -/ immens なこと. [*lat.*]

im·men·su·ra·bel[ɪmεnzurá:bəl] (..ra·bl..) 形 (unmeßbar) 測り得ない. [*spätlat.*]

im·mer[ímər] 副 **1 a)** いつも, 常に, 絶えず, しじゅう; しばしば, ひんぱんに;《ふつう wenn, sooft など反復を意味する接続詞とともに用いられて》そのたびごとに, 毎回;《ふつう noch を伴って》依然として, やはり, 何はともあれ; (その間)ずっと: ～ fröhlich sein いつも陽気である | ～ nicht fröhlich sein いつも鬱々(うつうつ)としている | **nicht ～** 常に…であるとは限らない | Sie ist *nicht* ～ krank, wenn sie fehlt. 彼女が欠席したからといっていつも病気〔のせい〕とは限らない ‖ ～ derselbe Spötter bleiben あい変わらずの毒舌家〈皮肉屋〉である | Er ist ～ der Dumme.《話》彼はいつも損な役回り〈貧乏くじ〉だ | *Immer* ich!《話》いつだって私のせいにされてしまう〈私が背負いこんでしまう〉んだから | ～ eine Dummheit nach der andern 〈über die andere〉 machen 次から次へとへまをやらかす ‖ Sie streiten sich ～. 彼らは実によくけんかをする | Ich habe dich ～ gewarnt. あんなにしょっちゅう警告してあげたのに | *Immer* sind Ferien. 年がら年じゅう休暇だ ‖ **Wenn** etwas los ist, 〔dann〕 ist er ～ dabei./*Immer*, wenn etwas los ist, ist er dabei. 何か事件が起こると決まって彼が出て来る〈彼が一枚かんでいる〉| Ich helfe ihr, **sooft** ich ～ kann. 私は可能な限りいつでも彼女に手を貸してやる(→4) | Sie kommt ～ mit derselben Klage. 彼女は決まって同じ苦情ばかり持ち出す ‖ ～ mal《話》時おり | **～ wieder**/**～ und ～** wieder 再三再四, くり返し(→wieder 1) | **～ und ～** いつも決まって; 永遠に |〔**auf**〕**～ und ewig**《話》いつまでも, 永久に | **für ～**/**auf ～** 永久に; 最終的に | die Augen für ～ schließen/für ～ Abschied nehmen《雅》死ぬ, 永眠する | Lebe wohl für 〈auf〉 ～! 永遠にさようなら ‖ Das habe ich schon ～ gesagt. 私は前々からそう言ってきた ‖ wie ～ いつものように; 例によって | Alles war wie ～. 万事いつものとおりだった ‖ Er ist 〈bleibt〉 ～ dein Vater. 何と言ったって〔彼は〕君のお父さんだよ | Er ist ～ 〔**noch**〕 krank. 彼はいまだに病気が治らない | Er ist noch ～ 〈～ noch〉 nicht da. まだ彼は来ない, 彼はまだ来ていない | Obwohl er mich haßt, ist er doch ～ noch mein Vater. 私のことを憎んでいるとはいえ私にとって 彼はやっぱり父親なんです.

b)《数詞とともに用いられて》《話》…ずつ, …ごとに: ～ vier und vier marschieren 4人ずつ〔並んで〕行進する | ～ zwei Stufen auf einmal nehmen (階段を)一度に2段ずつ上がる〈降りる〉| *Immer* das zehnte Los gewinnt. 当たりくじは10本につき1本である.

2《比較級とともに用いられて, 当該概念が時間の経過とともにその程度を強めることを表す》いっそう, ますます: ～ weiter 〔und weiter〕 gehen どんどん先へ歩いて行く | ～ mehr fordern どんどん要求をつりあげる | Es wird ～ dunkler 〔und dunkler〕. 辺りがいっそう暗くなる.

3《wer, was, wann, wo, wie などの疑問代名詞・疑問副詞に先導される副文に用いられて譲歩を表す. auch と併用されることが多く, また定動詞にはしばしば mögen が用いられる》Laß niemanden herein, **wer** 〔auch〕 ～ es sein mag 〈wer ～ es auch sein mag〉! たとえだれであれ一人も入れてはならん | **Was** 〔auch〕 ～ du tust, bedenke die Folgen! 何をするにしたって結果のことを考えなきゃだめだよ | Du kannst kommen, **wann** 〔auch〕 ～ du willst. いつだって好きな時に来ていいよ | Ich werde an dich denken, **wo** 〔auch〕 ～ ich bin. どこにいようと君のことは決して忘れない | **Wie** 〔auch〕 ～ es kommt 〈Wie ～ es auch kommt〉, ich halte zu dir. 事態がどうなろうと私は君の味方だ.

4《so＋副詞で始まる副文に用いられたり, was, wie, als などの後に用いられて可能の限度いっぱいであることを示す. nur で代用できるし nur と併用されることも多い: →nur II 2》Er lief, **so** schnell er ～ konnte. 彼は精いっぱい速く走った | Ich helfe ihr, sooft ich ～ kann. 私は可能な限りいつでも彼女に手を貸してやる(→1) | Beeile dich, so viel ～ möglich. できるだけ急ぎなさい | so unschuldig ich ～ bin 私がどんなに無実であっても; これほど私は潔白であるのに | ein Vorteil, den man **nur** ～ daraus ziehen kann その件から引き出し得る最大限の利益 | Ich habe seinen Tod empfunden, als man nur ～ einen solchen Zufall empfinden kann. 彼の死は私にとって およそこうした事件が与え得る限りでの最大の打撃でした (Lessing).

5《要求を表す文で》**a)**《短い命令文に用いられて催促・督促を表す. nur と併用されることが多い: →nur II 1 b)》さあさあ, どんどん, とにかく: 〔Nur〕 ～ zu! さあやれ, かかれ | *Immer* mit der Ruhe! とにかく落ち着いて. **b)**《命令というよりは許可を表して》かまわないから, 勝手に(…するがいい): Laß ihn nur ～ kommen! 彼が来たければ来させるがいい | Soll er es ～ wissen! それが彼の耳に入ったって一向にかまわぬ | Mögen sie 〔nur〕 ～ schimpfen! 連中には勝手に悪態をつかせておけ.

6《疑問文の口調をやわらげる》Wie geht es dir ～? いったい具合はどうかね | Wie ging es ～ zu? いったいどうしてそんなことになったんだい.

7《話》《返事として間投詞的に》むろんだ, いうまでもない: Kommst du mit?—*Immer*! 君も来るかい — もちろんさ. [*ahd.* io-mēr; ◇je[1], mehr]

im·mer≠dar[ɪmərdá:r] 副 (immer) いつも, 常に; (für immer) 永久に. **≠fort** 副 (immer) いつも, 常に; 絶えず.

im·mer·grün[ímər..] **I** 形 常緑の: ～*e* Bäume 常緑樹(参考 Die Bäume dort bleiben *immer grün*. あそこの木々は四季を問わず青々とした葉をつけている).

II Im·mer·grün 中 -s/-e **1**〘植〙ツルニチニチソウ(蔓日日草)属. **2**《話》(Efeu) キヅタ(木蔦).

I

im·mer·hin[ímərhín] 副 **1** それでも, ともかく〔も〕, なんといったって; (wenigstens) 少なくとも: Wenn die Behandlung auch nicht sehr schmerzhaft ist, so ist sie ~ unangenehm. その治療はたいして痛くないにしても やはり不快には違いない | Schimpf nicht auf ihn, er hat dir ~ oft beigestanden. 彼のことを悪く言うな. なんといったって何度も君を援助してくれたんだから | Er spricht schlecht Deutsch, aber ~ besser als ich. 彼はドイツ語を話すのが下手だが それでも私よりはましだ | Es ist zwar wening, aber ~! わずかだけれど それでもね(ないよりましさ) | Zwar fehlte der Sonnenschein, doch hat es ~ nicht geregnet. 日こそ照らなかったが 少なくとも降りはしなかった | *Immerhin* hat er doch einmal angerufen. ともかく彼は一度電話をよこすにはよこした | Du hättest mir ~ schreiben können. 君にしても 私にせめて手紙ぐらい書けたろうに | Wenn du meinst, daß du Frfolg hast, versuch es ~! 成功すると思うなら とにかくやってみたまえ.
2《接続詞を欠く譲歩文で mögen とともに》なんなら(…でもかまわない): Mochten ~ meine Pulse unregelmäßig schlagen, so war mein Geist doch vollkommen ruhig. 脈拍こそ乱れていたが 私の気持は完全に平静だった.

Im·mer·mann[ímərman] 人名 Karl ~ カルル インマーマン(1796–1840; ドイツの詩人・作家).

Im·mer·sion[ımɛrzió:n] 女 -/-en **1**〘理〙液浸; 油浸〔装置〕. **2**〘天〙潜入(天体が他の天体の陰に隠れること). **3**〘地〙海進.
[*spätlat.*; < *lat.* im-mergere „ein-tauchen"]

Im·mer·sions≠me·tho·de 女〘理〙(顕微鏡検査の)液浸法. **≠tau·fe** 女〘キリスト教〙浸〔水洗〕礼(受洗者を完全に水中に浸す洗礼の原型).

im·mer≠wäh·rend[ímərvɛ́:rənt][1] 形 絶え間ない, 持続〈恒常〉的な: ein ~*er* Kalender 万年暦 | Er stört uns ~. 彼は絶えず我々の邪魔をする. **≠zu** 副 (immer) いつも, 常に, 絶えず: Nur ~! さあ かまわずやりなさい.

Im·mi·grant[ımigránt] 男 -en/-en (↔Emigrant) (国外からの)移住者, 来住〈入植〉者.

Im·mi·gra·tion[..gratsió:n] 女 -/-en (↔Emigration) (国外からの)移住, 来住, 入植.

im·mi·grie·ren[..grí:rən] 自 (s) (↔emigrieren) (国外から)移住する, 来住〈入植〉する. [*lat.*; ◇ *engl.* immigrate]

im·mi·nent[ıminɛ́nt] 形 (bevorstehend) 差し迫った, 切迫〈緊迫〉した. [*lat.*–*fr.*; < *lat.* im-minēre „hereinragen"]

Im·mis·sion[ımısió:n] 女 -/-en ▽**1** (官職への)任用, 任命. **2**〘法〙(騒音・煙害・悪臭・振動などの近隣地域への)侵入, 波及; (一般に)環境汚染. [*lat.*; < *lat.* im-mittere „hineinschicken"]

Im·mis·sions·schutz 男 環境汚染防止.

Im·mis·sions·schutz·ge·setz 中〘法〙環境汚染防止法.

im·mo·bil[ímobi:l, ◡◡⏗] 形 **1** (unbeweglich) 動かない, 不動の, 固定した. **2**〘軍〙動員されていない. [*lat.*]

Im·mo·bi·liar≠kre·dit[ımobiliá:r..] 男 不動産〔担保〕信用. **≠ver·mö·gen** 中 不動産, 固定資産. **≠ver·si·che·rung** 女 不動産保険.

Im·mo·bi·lie[ımobí:liə] 女 -/-n《ふつう複数で》(↔Mobilien) 不動産, 固定資産. [*lat.* im-mōbilia (bona) „un-bewegliche (Güter)"]

Im·mo·bi·li·en≠fir·ma[ımobí:liən..] 女 不動産会社. **≠ge·schäft** 中 不動産取引; 不動産業務. **≠ge·sell·schaft** 女 不動産会社. **≠han·del** 男 -s/ 不動産取引〈売買〉. **≠händ·ler** 男, **≠mak·ler** 男 不動産〔取引〕業者.

Im·mo·bi·li·sa·tion[ımobilizatsió:n] 女 -/-en〘医〙(ギプスなどによる関節などの)固定; (卒中などによる身体部分の)不随.

im·mo·bi·li·sie·ren[ımobilizí:rən] 他 (h) **1** (動産を)不動産化〈固定資本化〉する. **2**〘医〙(関節などを)固定する.

im·mo·ra·lisch[ímora:lıʃ, ◡◡⏗◡] 形 非道徳的な, 不道徳な.

Im·mo·ra·lis·mus[ımoralísmʊs] 男 -/ 非道徳主義.

Im·mo·ra·list[..líst] 男 -en/-en 非道徳主義者; 不道徳な人.

Im·mo·ra·li·tät[ımoralitɛ́:t, ⏗◡◡◡–] 女 -/ 非道徳性, 不道徳.

Im·mor·ta·li·tät[ımɔrtalitɛ́:t, ⏗◡◡◡–] 女 -/ (Unsterblichkeit) 不滅〈不朽〉性, 不死. [*lat.*]

Im·mor·te·le[..tɛ́lə] 女 -/-n (Strohblume)〘植〙ムギワラギク(麦藁菊)属(花は枯れても形や色が変わらない). [*fr.*; < *lat.* in-mortālis „un-sterblich"]

im·mun[ımú:n] 形《比較変化なし》**1**《gegen *et.*[4]》〘医〙(特定の病菌や病気に対して)免疫の, 不感染性の: Er ist gegen Diphterie〔bazillen〕~. 彼はジフテリア〔菌〕に対する免疫性をもっている | gegen Verlockungen ~ sein《比》誘惑に対して抵抗力のある. **2**〘法〙(外交官・国会議員などが免責・不逮捕など)不可侵特権をもった. [*lat.*; < in..+*lat.* mūnus „Pflicht"]

Im·mun≠ab·wehr 女〘医〙(生体による)免疫防衛. **≠bio·lo·gie** 女 免疫生物学. **≠che·mie** 女 免疫化学. **≠che·mi·ker** 男 免疫化学者.

im·mun≠che·misch 形 免疫化学〔上〕の. **≠ge·schwächt** 形〘医〙免疫不全の.

im·mu·ni·sie·ren[ımunizí:rən] 他 (h)《*jn.* 〈*et.*[4]〉 gegen *et.*[4]》(…を…に対して)免疫にする, (…に…に対する)免疫性を与える.

Im·mu·ni·sie·rung[..rʊŋ] 女 -/-en immunisieren すること.

Im·mu·ni·sie·rungs·ein·heit 女 (略 IE, I. E.)〘医〙免疫単位.

Im·mu·ni·tät[ımunitɛ́:t] 女 -/-en《ふつう単数で》**1**〘医〙(特定の病菌や病気に対する)免疫〔性〕. **2 a)**〘法〙(外交官・国会議員などのもつ免責・不逮捕などの)不可侵特権; 治外法権. **b)**〘史〙(公吏の)不入権. [*lat.*]

Im·mu·ni·täts·for·schung 女 =Immunologie

Im·mun·kör·per[ımú:n..] 男〘医〙免疫体.

Im·mu·no·lo·ge[ımunoló:gə] 男 -n/-n (→..loge) 免疫学者.

Im·mu·no·lo·gie[..logí:] 女 -/ 免疫学.

im·mu·no·lo·gisch[..ló:gıʃ] 形 免疫〔性〕の; 免疫学〔上〕の.

Im·mun≠re·ak·tion 女〘医〙免疫反応. **≠schwä·che** 女〘医〙免疫不全: eine erworbene ~ 後天性免疫不全(エイズなど).

Im·mun·schwäche·krank·heit 女〘医〙免疫不全疾患(エイズなど).

Im·mun≠se·rum 中〘医〙免疫血清. **≠sup·pres·sion** 女〘医〙免疫抑制. **≠sy·stem** 中〘医〙(生体の)免疫システム. **≠the·ra·pie** 女 免疫療法.

imp. 略 =imprimatur

Imp[ımp] 男 -s/-《南部・オーストリア》=Imme [*mhd.*]

Imp. 略 **1** =Imperativ 1 **2** =Imperator

im·pair[ɛ̃pɛ́:r] 形《ふつう述語的》(↔pair) (ルーレットで)奇数の(→ 図 Roulett). [*lat.* im-pār „un-gleich"–*fr.*]

Im·pakt[ımpákt] 男 -s/-e 隕石(いんせき)の衝撃. [*lat.*–*engl.*]

im·pak·tiert[ımpaktí:rt] 形〘医〙埋伏した, 嵌入した.

Im·pa·ri·tät[ımparitɛ́:t] 女 -/ (Ungleichheit) 不同; 不平等, 不均衡. [*fr.*; ◇ impair]

Im·pa·sto[ımpásto·] 中 -s/-s, ..sti[..ti·]〘美〙(絵の具の)厚塗り. [*it.*; ◇ in[1], Pasta]

Im·pe·danz[ımpedánts] 女 -/-en〘電〙インピーダンス.

Im·pe·di·ment[ımpedimɛ́nt] 中 -〔e〕s/-e (Hindernis)〘法〙障害. [*lat.*; < *lat.* im-pedīre „verwickeln"]

im·pe·ne·tra·bel[ımpenetrá:bəl] (..tra·bl..) 形 (undurchdringbar) 貫通〈浸透〉できない. [*lat.*–*fr.*]

im·pe·ra·tiv[ımperatí:f][1] 形 **1** 命令的な, 強制的な. **2**〘言〙命令法の.
[*spätlat.*; < *lat.* imperāre (→Imperium)]

I

Im·pe·ra·tiv[ímperati:f, ⏑⏑⏑⏊][1] 男 -s/-e **1** (略 Imp.) (Befehlsform) 《言》命令法. **2** (Forderung) 要求; (Gebot) 命令, おきて: der kategorische ~《哲》(Kant の)定言的命令.

im·pe·ra·ti·visch[ımperatí:vıʃ, ⏊⏑⏑–⏑] = imperativ 2

Im·pe·ra·tiv·satz[..tí:f..] 男《言》命令文.

Im·pe·ra·tor[ımperá:tɔr, ..to:r] 男 -s/-en [..rató:rən] (略 Imp.) 《史》インペラートル(古代ローマの最高軍指令官の称号. のちローマ皇帝の世襲の称号). [*lat.*]

im·pe·ra·to·risch[..rató:rıʃ] 形 Imperator の; 《比》(gebieterisch) 命令〈高圧〉的な. [*lat.*]

Im·per·fekt[ímpɛrfɛkt, ⏑⏑⏊] 中 -s/-e《言》〔未完了〕過去〔時称〕(ドイツ語文法ではふつう Präteritum と同義: → Tempus 1); (フランス語などの)半過去.
[*lat.* im-perfectus „un-vollendet"]

im·per·fek·tiv[..ti:f, ⏑⏑⏑⏊][1] 形《言》未完了の; 〔未完了〕過去の: ~*er* Aspekt (動詞の)未完了〈継続〉相 | ~*e* Verbformen 動詞の過去形.

Im·per·fek·tum[ımpɛrfέktʊm, ⏊⏑⏑⏑] 中 -s/..ta [..ta·] = Imperfekt

▽**im·per·fo·ra·bel**[ımpɛrforá:bəl] (..ra·bl..) 形 (undurchbohrbar) 穿孔(せんこう)不能の. [*spätlat.*; < *lat.* perforāre (→perforieren)]

im·pe·rial[ımperiá:l] **I** 形 帝国〈皇帝〉の. **II Im·pe·rial 1** 男 -s/-e インペリアル金貨(旧ロシア帝国の貨幣). **2** 中 -〔s〕/ インペリアル判(昔の紙の規格). ▽**3** 女 -/《印》インペリアル活字(12ポイント相当). [*spätlat.*]

Im·pe·ria·lis·mus[ımperialísmʊs] 男 -/..men [..mən] 《ふつう単数で》帝国主義. [*fr.*]

Im·pe·ria·list[..líst] 男 -en/-en 帝国主義者.

im·pe·ria·li·stisch[..lístıʃ] 形 帝国主義の.

Im·pe·rium[ımpé:riʊm] 中 -s/..rien[..riən] **1** (広範囲の領土をもつ)帝国; 大国, 強国: das römische ~ ローマ帝国. **2** 最高命令〈統治〉権. [*lat.* imperium „Befehl"; < *lat.* im-perāre „an-ordnen"; ◇ parat]

im·per·mea·bel[ımpɛrmeá:bəl, ⏊⏑⏑–⏑] (..mea·bl..) 形《化・生》透過し得ない, 非浸透性の. [*spätlat.*]

Im·per·mea·bi·li·tät[..abilitέ:t, ⏊⏑⏑⏑⏑⏑–] 女 -/《化・生》非透過〈非浸透〉性.

Im·per·so·na·le[ımpɛrzoná:lə] 中 -s/..lien[..liən], ..lia[..lia·]《言》非人称動詞. [*spätlat.*; ◇ personal]

im·per·ti·nent[ımpɛrtinέnt] 形 あつかましい, 恥知らずな. [*spätlat.*; < in..+ *lat.* per-tinēre „betreffen"]

Im·per·ti·nenz[..nέnts] 女 -/-en **1** 《単数で》impertinent なこと. **2** impertinent な言動. [*mlat.*]

im·per·zep·ti·bel[ımpɛrtsɛptí:bəl, ⏊⏑⏑–⏑] (..ti·bl..) 形 知覚し得ない. [*mlat.*]

Im·pe·ti·go[ımpetí:go·] 女 -/ (Eiterflechte) 《医》膿痂疹(のうかしん). [*lat.*; < *lat.* impetere (→Impetus)]

im·pe·tuo·so[ımpetuó:zo·] **I** 副 (stürmisch) 《楽》激しく, 激烈に, インペトゥオーソ. **II Im·pe·tuo·so** 中 -s/-s, ..si[..zi·] 《楽》インペトゥオーソ(激しく・激烈に演奏すること). [*spätlat.*-*it.*]

Im·pe·tus[ímpetʊs] 男 -/ (Ungestüm) 激しさ ; (Schwung) 勢い; (Anstoß) 衝撃. [*lat.*; < *lat.* impetere „an-greifen"]

Impf≠ak·tion[ímpf..] 女 一斉種痘〈予防接種〉. **≠an·stalt** 女 ワクチン製造所. **≠arzt** 男 種痘〈予防接種〉医. **≠aus·weis** 男 予防接種証明書: Internationaler ~ (世界保健機構が発行する)国際予防接種証明書.

imp·fen[ímpfən] 他 (h) **1** 《*jn.*/*et.*[4]》《医》(…にワクチン・ウイルス・微生物・培養細胞などを)〔予防〕接種する: *jn.* gegen Diphtherie ~ …にジフテリアの予防接種をする | *sich*[4] gegen Typhus ~ lassen チフスの予防接種をしてもらう. **2** 《*jm. et.*[4]》(感情などを)植えつける, 吹き込む: Kindern Haß ins Herz ~ 子供たちの心に憎しみを植えつける. **3** den Boden ~ 《農》(窒素分を増すためにバクテリアなどをすき込んで)土壌を改良する. ▽**4** (pfropfen) 《園》接ぎ木する. [*gr.* emphyteúein „ein-pflanzen" – *vulgärlat.* im-putāre – *ahd.* impfōn „pfropfen"; ◇ *engl.* imp]

Impf≠ge·setz[ímpf..] 中《法》予防接種法. **≠lan·zet·te** 女 = Impfmesser

Impf·ling[ímpflıŋ] 男 -s/-e **1** 予防接種を受けるべき〈受けた〉人. ▽**2** 《園》接ぎ木に用いる若枝.

Impf≠mes·ser 中《医》接種刀. **≠nar·be** 女《医》〔種〕痘痕(とうこん). **≠paß** 男 = Impfausweis **≠pflicht** 女 -/ 予防接種の義務.

impf·pflich·tig 形 予防接種を義務づけられた.

Impf≠pi·sto·le 女 ピストル型接種器. **≠reis** 中 (Pfropfreis) 接ぎ穂. **≠schein** 男 = Impfausweis **≠schutz** 男 接種〈ワクチン〉による病気予防. **≠stoff** 男 ワクチン, 痘苗(とうびょう).

Imp·fung[ímpfʊŋ] 女 -/-en impfen すること.

Impf≠zer·ti·fi·kat 中, **≠zeug·nis** 中 = Impfausweis **≠zwang** 男 -〔e〕s/ (法的な)強制接種〈種痘〉.

Im·pie·tät[ımpietέ:t] 女 -/ 敬虔(けいけん)さ〈信仰心・愛情〉のないこと. [*lat.*; < *lat.* im-pius „nicht fromm"]

Im·plan·tat[ımplantá:t] 中 -〔e〕s/-e《医》移植組織.

Im·plan·ta·tion[..plantatsió:n] 女 -/-en **1** (Einpflanzung) 《医》(皮膚・臓器などの)〔体内〕移植. **2** 《生》(受精卵の子宮粘膜への)着床.

im·plan·tie·ren[..plantí:rən] 他 (h) (einpflanzen) 《*jm. et.*[4]》《医》(…の体内に…を)移植する: *jm.* einen Herzschrittmacher ~ …の体内に心臓のペースメーカーを埋め込む. [◇ in[2]]

Im·ple·ment[ımplemέnt] 中 -〔e〕s/-e **1** (Ergänzung) 補充. **2** (Vollziehung) (契約などの)履行. **3** 《医》充塡(じゅうてん). [*spätlat.*; < *lat.* im-plēre „er-füllen" (◇ Plenum)]

Im·pli·ka·tion[ımplikatsió:n] 女 -/-en 含意(がんい), 内含(ないがん), 含蓄. [*lat.*]

im·pli·zie·ren[ımplitsí:rən] 他 (h) 《*et.*[4]》(…の)意味を〔暗に〕含む, (…を)含意する. [*lat.*; < in[2] + *lat.* plicāre (→pliieren)]

im·pli·zit[ımplitsí:t] 形 (↔explizit) **1** 暗黙のうちに示された, 暗黙の, 含意的な; 《言》暗示的な; 《心》内示的な: eine ~*e* Ableitung 《言》暗示的派生〔語〕(接尾辞を媒介としない派生. 例 Gang < gehen, Schlaf < schlafen). **2** 《数》陰関数表示の, 陰の: eine ~*e* Funktion 陰関数. [*lat.*]

im·pli·zi·te[ımplí:tsite·] 副 (↔explizite) 暗黙のうちに, 暗示的に. [*lat.*]

im·plo·die·ren[ımplodí:rən] 自 (s) (真空管などが)内側へ破裂する, 内裂する(→explodieren). [< in[2] + *lat.* plaudere (→plausibel)]

Im·plo·sion[ımplozió:n] 女 -/-en **1** 内側への破裂. **2** 《言》内破.

Im·plo·sions·laut 男《言》内破音.

im·pon·de·ra·bel[ımpɔnderá:bəl] (..ra·bl..) 形 (unwägbar) 計量〈測定〉できない, 測り得ない.

Im·pon·de·ra·bi·li·en[..rabí:liən] 複 不可量物(感情・気分など).

Im·pon·de·ra·bi·li·tät[..rabilitέ:t] 女 -/ imponderabel なこと.

im·po·nie·ren[ımponí:rən] 自 (h) 《*jm.*》(…に)感銘を与える, 感嘆〈畏怖(いふ)〉の念を起こさせる: eine *imponierende* Persönlichkeit 感銘を与える人物 | Ihre Haltung *imponierte* mir. 私は彼女の態度に感心した.
[*lat.* im-pōnere „hinein-legen"; ◇ *engl.* impose]

Im·po·nier·ge·ha·be[ımponí:r..] 中《動》(雌に対する雄の)威圧行動.

Im·port[ımpɔ́rt] 男 -〔e〕s/-e (↔Export) (Einfuhr) **1** 《単数で》輸入: den ~ fördern 〈einschränken〉 輸入を促進〈制限〉する. **2** 輸入品. [*engl.*]

im·port·ab·hän·gig 形 輸入に依存している.

▽**im·por·tant**[ımpɔrtánt] 形 (wichtig) 重要な.

▽**Im·por·tanz**[..tánts] 女 -/ 重要性. [*mlat.*-*fr.*]

Im·port≠ar·ti·kel[ımpɔ́rt..] 男 -s/- 《ふつう複数で》輸入品〔目〕. **≠be·schrän·kung** 女 輸入制限.

I

Im·por·te[ɪmpɔ́rtə] **I** 女 -/-n《ふつう複数で》(Einfuhrware) 輸入品. **II** Import の複数.

Im·por·teur[ɪmpɔrtø̂:r] 男 -s/-e (↔Exporteur) 輸入業者. [<..eur]

Im·port≠fir·ma[ɪmpɔ́rt..] 女 輸入会社(商社). ≠**ge·schäft** 中 輸入業; 輸入商社. ≠**han·del** 男 -s/ 輸入貿易. ≠**händ·ler** 男 輸入〔貿易〕業者.

im·por·tie·ren[ɪmpɔrtí:rən] 他 (h) (↔exportieren) 輸入する: Öl ~ 石油を輸入する‖〔aus Hongkong〕*importierte* Ware 〔香港からの〕輸入品. [*lat.* im-portāre „hinein-tragen"]

Im·port≠koh·le[ɪmpɔ́rt..] 女 輸入炭. ≠**li·zenz** 女 輸入許可〈ライセンス〉. ≠**quo·te** 女 輸入割り当て額. ≠**über·schuß** 男 輸入超過.

im·por·tun[ɪmpɔrtú:n] 形 (↔opportun) 時宜を得ない, 不都合な; 不適切な. [*lat.*; ◇in.., opportun]

Im·port≠ver·bot[ɪmpɔ́rt..] 中 輸入禁止. ≠**wa·re** 女 輸入〔商〕品. ≠**zi·gar·re** 女 輸入〈舶来〉葉巻〔タバコ〕. ≠**zoll** 男 輸入関税.

im·po·sant[ɪmpozánt] 形 (eindrucksvoll) 感銘を与える, 印象的な; (großartig) 堂々とした, りっぱな. [*fr.*; ◇imponieren]

▽**im·pos·si·bel**[ɪmpɔsí:bəl] (..si·bl..) 形 (unmöglich) 不可能な. [*lat.*–*fr.*]

▽**Im·pos·si·bi·li·tät**[..sibilitɛ́:t] 女 -/ 不可能なこと, 不可能〔性〕.

▽**Im·post**[ɪmpɔ́st, ◡́◡] 男 -〔e〕s/ (Warensteuer) 物品税. [*lat.* im-positus „auf-erlegt"–*mlat.*; ◇imponieren]

im·po·tent[ímpotɛnt, ◡◡◡́] 形 **1**〘医〙(男性が)勃起(ぼっき)〈性交〉不能の, 陰萎(いんい)の. **2** 無能力の, 創造力の欠如した. [*lat.*]

Im·po·tenz[..ts, ◡◡◡́] 女 -/ **1**〘医〙(男性の)勃起(ぼっき)〈性交〉不能, 陰萎(いんい), インポテンツ. **2** 無能力, 創造力の欠如. [*lat.*]

impr. 略 =imprimatur

Im·prä·gna·tion[ɪmprɛgnatsió:n] 女 -/-en (imprägnieren すること. 例えば:) 浸透; 受精, 受胎.

im·prä·gnie·ren[..gní:rən] 他 (h) **1**《*et.*[4]》(…に防腐・防水などの目的で化学溶液を)しみ込ませる, 浸透させる. ▽**2** (…に)受精〈受胎〉させる. [*spätlat.*; ◇in[2], prägnant]

Im·prä·gnie·rung[..rʊŋ] 女 -/-en =Imprägnation

im·prak·ti·ka·bel[ɪmpraktiká:bəl, ◡́◡◡◡–◡] (..ka·bl..) 形 実行〈適用〉不可能な; (unzweckmäßig) 目的にかなわない, 役に立たない. [*fr.*]

Im·pre·sa·rio[ɪmprezá:rio·] 男 -s/-s, ..ri[..ri·] (芝居・演奏会などの)興行師, 勧進元. [*it.*; <*it.* impresa „Unternehmen"; ◇Prise]

Im·pres·sen Impressum の複数.

Im·pres·sion[ɪmprɛsió:n] 女 -/-en (Eindruck) 印象, 感銘; (Wahrnehmung) 知覚〔したもの〕. [*lat.*–*fr.*]

im·pres·sio·na·bel[..sioná:bəl] (..na·bl..) 形 感銘を受けやすい, 印象に対して敏感な; (reizbar) 怒りっぽい. [*fr.*]

Im·pres·sio·nis·mus[..nísmʊs] 男 -/ 印象主義, 印象派(19世紀後半の芸術運動). [*fr.*]

Im·pres·sio·nist[..níst] 男 -en/-en 印象主義〈印象派〉の芸術家. [*fr.*]

im·pres·sio·ni·stisch[..nístɪʃ] 形 印象主義〈印象派〉の.

Im·pres·sum[ɪmprɛ́sʊm] 中 -s/..ssen[..sən]〘印〙(書物の)奥付, 刊記(発行者名・印刷者名・発行年月日など. 洋書の場合にはふつう扉裏に印刷されている). [*lat.* impressum „Ein-gedrücktes"]

im·pri·ma·tur[ɪmprimá:tʊr] **I**《ラテ語》(略 imp., impr.) (es werde gedruckt)〘印〙印刷許可, 出版認可; 校了. **II Im·pri·ma·tur** 中 -s/〘印〙(校正終了後の)印刷〔出版〕許可;〘カトリック〙出版認可.

Im·pri·mé[ɛ̃primé:] 男 -〔s〕/-s《スイ》プリント布地, 捺染(なっせん)布. [*fr.*]

im·pri·mie·ren[ɪmprimí:rən] 他 (h)《*et.*[4]》(…の)印刷〔出版〕の許可を与える. [*lat.* im-primere „hineindrücken"; ◇pressen; *engl.* impress]

Im·promp·tu[ɛ̃prɔ̃tý:] 中 -s/-s 即興〈即席〉の産物;〘楽〙即興曲. [*lat.* in prōmptū „in Bereitschaft"–*fr.*; ◇prompt]

Im·pro·vi·sa·tion[ɪmprovizatsió:n] 女 -/-en **1** improvisieren すること. **2** 即興〈即席〉の産物(作品・演技・演説など).

Im·pro·vi·sa·tions·ta·lent 中 即興〈アドリブ〉の才.

Im·pro·vi·sa·tor[..zá:tɔr, ..to:r] 男 -s/-en[..zató:rən] improvisieren する〈できる〉人, (特に:) 即興歌手〈詩人〉.

im·pro·vi·sie·ren[..zí:rən] 他 (h) (準備なしに)即興〈即席〉で行う〈作る〉; 即興の演奏〈演技〉を行う. [*it.*; <*lat.* im-prō-vīsus „un-vorher-gesehen" (◇Provision)]

Im·puls[ɪmpʊ́ls][1] 男 -es/-e **1** (Anstoß) (推進力としての)衝撃, 刺激;〘電〙インパルス, 衝撃電流: *jm.* einen neuen ~ geben …に新しい刺激を与える. **2** (内心の)衝動, (とっさの)思いつき. **3**〘理〙運動量, 力積; パルス. [*lat.*; <*lat.* im-pellere „an-stoßen"]

im·pul·siv[ɪmpʊlzí:f][1] 形 衝動的な; 感情にはしる, とっさに行動する.

Im·pul·si·vi·tät[..zivitɛ́:t] 女 -/ impulsiv なこと.

Im·puls·satz[ɪmpʊ́ls..] 男〘理〙運動量の法則.

Im·pu·ta·tion[ɪmputatsió:n] 女 -/-en ▽**1** (不当な)非難. **2**〘キリスト教〙罪の転嫁. [*spätlat.*]

im·pu·ta·tiv[..tí:f][1] 形 誹謗(ひぼう)的な, 罪を転嫁する.

im·pu·tie·ren[..tí:rən] 他 (h)《*jn.*》(不当に)非難する;《*jm. et.*[4]》(…に…の)責任を帰する. [*lat.* im-putāre „an-rechnen"]

im·stan·de[ɪmʃtándə] (方: **im·stand**[..ʃtánt]) 副 (↔außerstande) (…が)できる〔立場にある〕, (…の)能力がある: Dazu bin ich durchaus ~. それなら私にも十分にできる | Er ist nicht ~, diese Aufgabe zu lösen. 彼にこの課題は解けない ‖ Sie ist ~ und plaudert alles aus. 彼女は(秘密などを)すっかりしゃべってしまいかねない. [<im Stande]

in[1][ɪn] 前《位置を示すときなどは 3 格支配, 方向を示すときなどは 4 格支配. 定冠詞 dem と融合して im, das と融合して ins となることがある》

1《空間的》**a)** (英: *in*) …〔の中〕に, …内に:〖3 格と〗~ Deutschland 〈Bonn〉 ドイツ〈ボン〉で | ~ der Schweiz スイスで | *im* Elsaß エルザス〔地方〕で(ただし: im Deutschen →2 c) | *im* Osten 〈~ der Mitte〉 der Stadt 町の東部〈中心部〉で ‖ *im* Auto übernachten 自動車の中で夜を明かす | ein Turm ~ der Burg 城内の塔 | *im* Garten 庭で | *im* Haus〔e〕 〈Zimmer〉 家〈部屋〉の中で | ~ der Kirche 〈der Schule〉 教会〈学校〉で | Ziffern ~ Klammern かっこ内の数字 | die Personen ~ einem Roman 小説の登場人物 | *im* Sessel sitzen ひじ掛けいすに座っている | ~ derselben Straße wohnen 同じ町内に住んでいる | *et.*[4] ~ der Zeitung lesen …を新聞で読む ‖ das Dorf, ~ dem ich geboren bin 私の生まれた村 ‖ *In* ihm stieg Haß auf. 彼の心に憎しみがわいた | *In* ihm habe ich einen Freund verloren. 彼の死で私は友人を一人失った | Ich habe mich ~ ihm getäuscht. 私は彼のことを思い違いして〈買いかぶって/見くびって〉いた ‖ Er hat's ~ sich.《話》彼はなかなかの人物〈やりて〉だ; 彼は手ごわい〈油断がならない〉 | Das hat's ~ sich.《話》それは重たい; それはむずかしい; (酒などについて)それは強い. ‖〖4 格と〗~ die Schweiz 〈das sonnige Italien〉 fahren 〈gehen〉 スイス〈陽光あふれるイタリア〉に行く(冠詞を伴わない中性の地名の場合は: →nach I 1 a ①) | *ins* Schlesische gehen シュレージエン〔地方〕へ行く ‖ *in* den Busch fliehen 茂みの中へ逃げ込む | *ins* Haus 〈Zimmer〉 treten 家の中〈室内〉に入る | ~ den Hafen einlaufen 港内へ進入する | Der Baum ist ~ die Höhe 〈die Breite〉 gewachsen. その木は丈が高くなった〈横に広がった〉 | *et.*[4] *ins* dritte Kapitel versetzen …を第 3 章に移す | *et.*[4] aus dem Wohnzimmer ~ den Keller bringen …を居間から地下室へ運び込む | *jn. ins* Krankenhaus einliefern …を入院させる | Wir nahmen ihn ~ die Mitte. 我々は彼を我々

I

のあいだに挟んだ | *et.*⁴ ～ den Mund stecken …を口の中につっこむ〈食べさせる〉| Kleider ～ den Schrank hängen 服を洋服だんすにつるす | ～ die Schule gehen 〈kommen〉 学校へ行く; 入学する | *sich*⁴ ～ den Sessel setzen ひじ掛けいすに腰をおろす | ～ einen Wagen laufen 車にひかれる | eine Anzeige ～ die Zeitung aufgeben 広告を新聞に出す ‖ ～ *jn.* Vertrauen setzen …に信頼を置く | *sich*⁴ ～ *jn.* verlieren …に夢中になる〈恋い焦がれる〉‖ ～ *sich*⁴ gehen《話》反省する, 悪かったと思う ‖〖in *et.*⁴ hinein の形で〗Das Kind fiel ～ ein Loch hinein. 子供は穴に落ちた | das Auto ～ die Garage hineinfahren 自動車をガレージに乗り入れる.

b)《服装について》…を着こんで〈はいて〉:〖3格と〗～ Hemdsärmeln シャツ1枚になって | ein Mann ～ Uniform 〈Stiefeln〉 制服を着た〈長靴をはいた〉男 ‖〖4格と〗*jm.* ～ den Mantel helfen …にコートを着せかける | *sich*⁴ ～ Schwarz kleiden 黒服を着こむ.

2《抽象的》**a**)《集団について》…の間〈内〉で:〖3格と〗Er ist der Beste ～ der Klasse. 彼はクラスでトップだ | Uneinigkeiten ～ der Regierung 政府内の不一致 ‖〖4格と〗～ eine Partei 〈einen Verein〉 eintreten 党〈協会〉に入る | ～ den Vorstand gewählt werden 幹部に選出される.

b)《範囲・分野について》…において, …の分野で:〖3格と〗eine Entdeckung ～ der Astronomie 天文学上の発見 | Er hat eine sehr gute Note ～ Deutsch. 彼はたいへんドイツ語の成績がいい | Fachmann 〈Unterricht〉 ～ Mathematik 数学の専門家〈授業〉| *im* Preise sinken 〈steigen〉 値段が下がる〈上がる〉| *In* diesem Punkt sind wir einig. この点では我々は合意している | ～ Wolle 〈Getreide〉 handeln〘商〙羊毛〈穀物〉を商う ‖〖4格と〗Einführung ～ die Soziologie 〈ins Altindische〉 社会学〈古代インド語〉入門.

c)《形状・方式・数量について》…の形状で; …の数で:〖3格と〗Goethes Werke ～ zehn Bänden 10巻本ゲーテ作品集 | ein Mann ～ den Dreißigern 30歳台の男 | *im* hohen Grade 高度に, はなはだしく | um *jn.* *im* Kreis stehen …のまわりに輪になって立っている | eine Figur ～ Lebensgröße 等身大の像 | *et.*⁴ ～ Öl 〈Wasserfarben〉 malen …を油絵〈水彩画〉で描く | *et.*⁴ ～ bar 〈Raten〉 zahlen …を現金〈分割払い〉で払う | ～ Reihen marschieren 列を組んで行進する | *et.*⁴ ～ einem guten Stil 〈einer fremden Sprache〉 schreiben …をよい文体〈外国語〉で書く | *im* Deutschen ドイツ語で | *et.*⁴ ～ der Übersetzung 〈*im* Original〉 lesen …を翻訳〈原文〉で読む ‖〖4格と〗Er kommt bald ～ die Achtziger. 彼はやがて80歳台になる | Wasser ～ Energie verwandeln 水をエネルギーに変える | *et.*⁴ ～ Falten legen …を折りたたむ | Die Verluste gehen ～ die Hunderte 〈die Tausende〉. 損失は数百〈数千〉にのぼる | Das Buch ist ～ fünf Kapitel gegliedert. その本は5章に分かれている | *et.*⁴ *ins* Russische übersetzen …をロシア語に訳す | *et.*⁴ *in* Stücke schlagen …をばらばら〈こなごな〉に打ち砕く.

d)《状況・様態・言動について》…の状態で:〖3格と〗～ Armut sterben 貧困のうちに死ぬ | ～ Brand stehen 燃えている | *im* Dunkeln 暗がりで | *im* Fall, daß … …の場合に | einen Vogel *im* Flug treffen 飛んでいる鳥に射当てる | *et.*⁴ ～ 〈*im*〉 Gebrauch haben …を使用中である | ～ der Hoffnung, daß … …を期待して | ～ aller Ruhe 〈Eile〉 落ち着き払って〈大急ぎで〉| ～ Schwierigkeiten sein 困難な状況にある | mit *jm.* ～ Verkehr 〈Briefwechsel〉 stehen …と交際〈文通〉している | Er ist noch *im* Wachsen. 彼はまだ成長の過程にある | *In* seiner Angst lief er zum Arzt. 彼は心配になって医者のところへ駆けつけた | Sie fühlt sich⁴ ～ ihrer Eitelkeit schwer gekränkt. 彼女はうぬぼれが強くてひどく気分を害している ‖〖4格と〗～ Gefahr kommen 危機に陥る | die Maschine ～ Gang setzen 機械を動かす | ～ Gelächter ausbrechen 爆笑する | mit *jm.* *ins* Gespräch kommen …と話し始める | *jn.* ～ Pflege nehmen …の世話を引き受ける | *jn.* ～ Verlegenheit 〈Wut〉 bringen …を困惑〈憤激〉させる.

3《時間的》**a**)《時点を表す語と》…〔のうち〕に:〖3格と〗*im* entscheidenden Augenblick 決定的瞬間に | *im* Jahre 1995 1995年に (in 1995とは言わない) | *im* nächsten Jahr 〈Monat〉 次の年〈月〉に | ～ diesem Jahrhundert 今世紀に | *im* Herbst 〈Frühling〉 秋〈春〉に | ～ der Nacht 〈der Frühe〉 夜〈早朝〉に (㊜ am Abend 〈Morgen〉 晩〈朝〉に) | ～ der Vergangenheit 〈der Zukunft〉 過去〈将来〉において | *In* der nächsten Woche werde ich Sie besuchen. 来週中にお訪ねします ‖〖4格と〗*ins* schulpflichtige Alter kommen 就学年齢に達する | bis ～ die früheste Kindheit zurückblicken ごく幼い少年時代まで回顧する | bis ～ die tiefe Nacht 〈die Mitte des Sommers〉 夜遅く〈夏の半ば〉まで | bis ～ den hellen Tag schlafen 真昼間まで寝過ごす.

b)《発話時点を基準にしてこれから経過すべき期間を表す語と》《3格と》(↔vor) …たって: ～ Kürze 〈kurzem〉 まもなく, 近いうちに | *In* drei Monaten kommt er zurück. 3か月たてば彼は帰って来る (㊜ Nach drei Monaten kam er zurück. それから3か月たって彼は帰って来た | heute ～ vierzehn Tagen 2週間後のきょう.

☆ nach と in の違い: →nach I 3 a ☆

c)《単位時間について》《3格と》…につき, …当たり: 20 Tage Urlaub *im* Jahre erhalten 年間20日の休暇をもらう | 90 km ～ der Stunde fahren 時速90キロで走る | dreimal ～ der Woche 週3回.

★ 3格支配と4格支配: 動詞によって表される行為が方向性をもっているかどうかによって決まるが, ほとんど意味に差のない場合もある: *ins* Zimmer gehen 部屋に入って行く | *im* Zimmer hin und her gehen 部屋の中を行ったり来たりする ‖ Wir müssen ～ diese Richtung gehen. 我々はこの方向に行かねばならない | Wir gehen lieber ～ dieser Richtung weiter. これまでどおりこの方向で行ったほうがよい ‖ Noch ein Punkt ist ～ die Zeichnung 〈der Zeichnung〉 einzutragen. この絵にはあと点を一つ描き加えねばならない. [*idg.*; ◇en..¹, ein²; *engl.* in]

in²《ラテン語》→*in* absentia, *in* abstracto, *in* aeternum, *in* brevi, *in* concreto, *in* contumaciam, *in* corpore, *in* dubio, *in* dubio pro reo, *in* duplo, *in* effigie, *in* extenso, *in* extremis, *in* flagranti, *in* folio, *in* genere, *in* globo, *in* hoc salus, *in* hoc signo, *in* honorem, *in* infinitum, *in* integrum, *in* maiorem Dei gloriam, *in* medias res, *in* memoriam, *in* natura, *in* nomine, *in* nuce, *in* optima forma, *in* perpetuum, *in* persona, *in* pleno, *in* pontificalibus, *in* praxi, *in* puncto, *in* puncto puncti, *in* salvo, *in* situ, *in* spe, *in* statu nascendi, *in* statu quo, *in* statu quo ante, *in* summa, *in* suspenso, *in* toto, *in* triplo, *in* usum Delphini, *in* vino veritas, *in* vitro, *in* vivo

in³《イタリア語》→*in* petto, *in* saldo

in⁴[ɪn] 副《述語的》《話》(↔out) **1** (芸能人などが)引っぱりだこで, 注目の的で. **2 a**) (事物が)流行して, 時代にマッチして: Jeans sind nach wie vor ～. ジーンズがあいもかわらずはやっている. **b**) (人が)流行の先端を切って, 最新の事物に通じて. [*engl.*]

in..《形容詞・名詞につけて「否定・欠如」などを, 動詞・名詞・形容詞につけて「中へ」を意味する. ただし l で始まる語の前では il..; m, b, p で始まる語の前では im..; r で始まる語の前では ir.. となる》: *in*adäquat 不適切な | *In*appetenz〘医〙食欲不振 | *il*legal 非合法の | *im*mobil 不動の | *im*possibel 不可能な | *ir*real 非現実的な ‖ *in*jizieren 注入する | *In*duktion〘論〙帰納 | *Il*lumination イルミネーション | *im*manent 内在的な | *im*portieren 輸入する | *Ir*rigation 灌注(かんちゅう). [*lat.*; ◇un.., a..¹]

..in¹[..ɪn]《「ある職業・身分の男」,「ある動物の雄」を意味する男性名詞につけて女性形 (-/-nen) をつくる. この際, ふつう幹母音がウムラウトを起こす》: Ärzt*in* 女医 | Lehrer*in* 女教師 | Französ*in* フランスの女性 ‖ Äff*in* 雌ザル | Köch*in* 女性コック | Hünd*in* 雌犬. [*germ.*; ◇*engl.* ..ine]

..in²[..iːn]〘化〙《化学的物質を意味する中性名詞 (-s/種類: -e) をつくる》: Album*in* アルブミン | Sar*in* サリン.

I

[< *lat.* in〔us〕]

..in[3] [..i:n]《スラヴ系の地名にみられ,「所有」を意味するともいわれる》: Berl*in* | Stett*in* | Schwer*in*

in. 略 =Inch

In[i:|ɛ́n, índiʊm] 記号 (Indium)〘化〙インジウム.

in ab·sen·tia[ɪn apzɛ́ntsia·]《ラテ語》(in Abwesenheit) 欠席中に, 不在のまま: *jn.* ~ verurteilen …を欠席裁判で有罪とする. [◇Absenz]

in ab·strac·to[ɪn apstrákto·]《ラテ語》(↔in concreto)(im allgemeinen) 一般的(抽象的)に. [◇abstrakt]

in·ad·äquat[ín|adɛkva:t, ín|at|ɛk.., ◡◡◡◡⊥] 形 (unangemessen) 不適当〈不適切〉な, 妥当でない; 不相応な.

in aeter·num [ɪn ɛtɛ́rnʊm]《ラテ語》(auf ewig) 永久〈永遠〉に. [◇eternisieren]

in·ak·ku·rat[ín|akura:t, ◡◡◡⊥] 形 (ungenau) 不正確な; (nachlässig) ずさんな, だらしのない.

in·ak·tiv[ín|akti:f, ◡◡⊥][1] 形 (↔aktiv) 不活発な, 活動的でない; 活動中でない, 退役の, 退職した;〘化〙不活性の;〘医〙非〔活〕動性の: ~*e* Substanzen〘化〙不活性物質 | politisch ~ sein 政治に無関心である.

in·ak·ti·vie·ren[ɪn|aktiví:rən] 他 (h) 不活発にする; 退職〈退役〉させる;〘化〙不活性化させる.

In·ak·ti·vie·rung[..rʊŋ] 女 -/-en inaktivieren すること.

In·ak·ti·vi·tät[..vitɛ́:t, ⌣◡◡◡◡–] 女 -/ inaktiv なこと.

in·ak·tuell[ín|aktuɛl, ◡◡◡⌣] 形 現下緊急〈喫緊〉のことではない.

in·ak·zep·ta·bel[ín|aktsɛpta:bəl, ◡◡◡⊥◡](..ta·bl..) 形 (unannehmbar) 受け入れがたい, 容認できない.

inan[iná:n] 形 (nichtig) 空虚な, むなしい, 無意味な. [*lat.*]

In·an·griff·nah·me[ɪn|ángrɪfna:mə] 女 -/-n (果敢な)着手, 開始. [<in Angriff nehmen]

Ina·ni·tät[inanitɛ́:t] 女 -/ 空虚, むなしさ, 無意味. [*lat.*]

In·an·spruch·nah·me[ɪn|ánʃprʊxna:mə] 女 -/-n (権利・時間・注意・厚意などの)要求; 多用, 繁忙; (器材などの過度の)使用, 利用: die ~ der kostbaren Zeit eines anderen 他人の貴重な時間をわずらわすこと | die starke ~ des Personals 従業員をこき使うこと ‖ Wegen starker ~ haben wir keine Zeit. 私どもはひどく忙しくて暇がありません | ohne ~ fremder Mittel 外部からの資金援助なしに | die erhöhte ~ von Krediten bei den Banken 銀行クレジットの利用の増大. [<in Anspruch nehmen]

in·ap·pel·la·bel[ín|apɛlá:bəl](..la·bl..) 形〘法〙控訴不可能な.

In·ap·pe·tenz[ɪn|apetɛ́nts] 女 -/〘医〙食欲不振.

in·ar·ti·ku·liert[ín|artikuli:rt, ◡◡◡◡⊥] 形 発音不明瞭な, 言葉になっていない.

In·au·gen·schein·nah·me[ɪn|áʊgənʃaɪnna:mə] 女 -/-n (詳細・批判的な)観察, 吟味. [<in Augenschein nehmen]

In·au·gu·ral≈dis·ser·ta·tion[ɪn|aʊgurá:l..] 女 (Doktorarbeit) ドクトル学位論文(論文題目に添える表現). **≈re·de** 女 就任演説.

In·au·gu·ra·tion[ɪn|aʊguratsió:n] 女 -/-en 就任式; (博士号などの)称号授与式. [*spätlat.*]

in·au·gu·rie·ren[ɪn|aʊgurí:rən] 他 (h) **1** 《*jn.*》(…の)就任〈称号授与〉式を行う. **2** 《*et.*[4]》 **a)** (新しいことを)始める, 開始する, 導入する: eine neue Methode ~ 新しい方法を採用する. **b)** 《オースト》(einweihen)(…の)竣工(しゅんこう)〈落成・除幕〉の式典を行う. [*lat.* in-augurāre „Augurien anstellen"; ◇Augur]

In·be·griff[ínbəgrɪf] 男 -s(-es)/-e **1** (Gesamtheit) 総体; 総括〔概念〕: mit ~ der Spesen 諸掛かりを含めて. **2** (Höchstes) 最高〔形態〕, 精華, 模範; 真骨頂; 権化, 化身: der ~ der Weisheit 最高の英知.

in·be·grif·fen[ínbəgrɪfən] 形《述語的》(einbegriffen) 含まれて〈加算されて〉いる: Die Verpackung ist im Preis ~. 包装代も価格のなかに含まれている | alles ~ すべてを合算して. [<einbegreifen]

In·be·sitz·nah·me[ɪnbəzítsna:mə] 女 -/-n わがものとすること, 占有; 占拠, 占領. [<in Besitz nehmen]

In·be·trieb·nah·me[ɪnbətrí:pna:mə] 女 -/-n 操業〈運転〉開始; (施設などの)使用開始: die ~ des neuen Schwimmbads 新しいプールの開設〈使い始め〉. [<in Betrieb nehmen]

In·be·trieb·set·zung[..zɛtsʊŋ] 女 -/-en **1** (機械などの)始動. **2** =Inbetriebnahme [<in Betrieb setzen]

In·bild[ínbɪlt][1] 中 -〔e〕s/-er《雅》=Inbegriff 2

▽**in bre·vi**[ɪn bré:vi·]《ラテ語》(in kurzem) 近いうちに. [◇Breve]

In·brunst[ínbrʊnst] 女 -/ 情熱, 熱情, 熱心: mit 〔großer〕 ~ 熱烈に. [<in[1]]

in·brün·stig[..brʏnstɪç][2] 形 情熱的な, 熱心〈熱烈〉な: eine ~*e* Leidenschaft はげしい情熱 | ~ beten 熱心に祈る.

inc. 略 =incidit

Inc. 略 =incorporated 会社〈法人〉組織の(略語の形で社名のあとに付記する). [*engl.*]

I. N. C. 略 =in nomine Christi[ɪn nó:mine· krísti·] キリストの御名において(=im Namen Christi). [*lat.*]

Inch[ɪntʃ] 男 (中) -/-es[−(ɪs), −ɪz] (略 in.) インチ(12分の1フィート; 記号 "): 4 ~〔*es*〕4インチ. [*lat.* unica (→Unze[1]) − *engl.*]

In·cheon[ɪntʃə́ən] 地名 =Inchon

in·choa·tiv[ɪnkoatí:f][1] 形〘言〙入始〈起動〉的な(→ingressiv). [*spätlat.*; < *lat.* in-cohāre „an-fangen" (◇Hag)]

In·choa·tiv[ínkoati:f, ◡◡◡⊥][1] 中 -s/-e (**In·choa·ti·vum**[ɪnkoatí:vʊm] 中 -s/..va[..va·]) = Ingressivum

In·chon[ɪntʃɔ́n] 地名 仁川, インチョン(韓国, 京畿道西部の港湾都市).

in·chro·mie·ren[ɪnkromí:rən] 他 (h) クロームめっきする. [<in[2]]

in·ci·dit[ɪntsí:dɪt]《ラテ語》(略 inc.)(銅版画で作者名の前に記して)(…の)作, 画. [„hat〔es〕geschnitten"; ◇inzidieren]

in·ci·pit[íntsipɪt]《ラテ語》(↔explicit)(本文の)始まり(手写本・古版本などの巻頭に記される). [„es beginnt"; ◇in[2], kapieren]

incl. =inkl.

in con·cre·to[ɪn kɔnkré:to·, − kɔŋk..]《ラテ語》(↔in abstracto) 具体的に; (in Wirklichkeit) 事実〈実際〉は. [◇konkret]

in con·tu·ma·ciam[ɪn kɔntumá:tsiam]《ラテ語》(wegen Unbotmäßigkeit)〘法〙(裁判所の出頭命令に反抗して)欠席中に, 当事者欠席のまま: *jn.* ~ verurteilen …に対して有罪の欠席判決を下す. [◇Kontumaz]

in cor·po·re[ɪn kɔ́rpore·]《ラテ語》(insgesamt) まとめて, 全体として. [◇Corpus]

In·croya·ble[ɛ̃kroajá:bəl] 男 -〔s〕/-s (1800年ごろのフランスの)だて者〔の帽子〕(→ 図). [*lat.*−*fr.* „unglaublich"; < *lat.* crēdere (→Kredo)]

Zweispitz
Halsbinde
Patte

Incroyable

Ind. 略 **1** =Indikativ **2** =Index **3** =Indossament **4** =Industrie

I. N. D. 略 = in nomine Dei 〈Domini〉 神〈主〉の御名において.

Ind·amin[ɪndamí:n] 中 -s/-e〘化〙インダミン(青色染料の一種). [<Indigo+Amin]

Ind·an·thren[ɪndantré:n] 中 -s/-e 商標 インダンスレン(青色染料). [<Indigo+Anthrazen]

in·de·fi·nit[ɪndefiní:t, ⌣◡◡–] 形 (unbestimmt) 不定の: ein ~*es* Pronomen〘言〙不定代名詞 | ~*es* Integral〘数〙不定積分. [*lat.*]

In·de·fi·nit·pro·no·men 中, **In·de·fi·ni·tum**[ɪndefiní:tʊm] 中 -s/..ta[..ta·](unbestimmtes Fürwort)〘言〙不定代名詞.

in·de·kli·na·bel[ɪndekliná:bəl, ◡◡◡−◡]（..na·bl..） 形《言》(名詞・代名詞・形容詞に関して)語形変化をしない, 無変化の. [*lat.*]

In·de·kli·na·bi·le[ɪndekliná:bilə] 中 -/..lia[..nabí:lia·]《言》無変化の語, 不変化詞. [*lat.*]

in·de·li·kat[índelika:t, ◡◡◡⌐] 形 思いやりのない, 無神経な.

in·dem[ɪndé:m] **I** 接《従属》**1**《手段・方法》(dadurch, daß ...) …することによって, …して, …という形〈やり方〉で: Man klebt Briefmarken, ~ man sie befeuchtet. 切手はぬらしてはるものだ | Es gelang ihnen endlich, ihn zu überwältigen, ~ sie ihn zu Boden warfen. 彼らは彼を投げ倒すことによってやっと取り押えることができた ‖〖理由・原因の意味が加わって〗*Indem* ich ihm widersprach, hatte er großen Ärger. 私が彼に反論して〈反論したので〉彼はひどく腹を立てた | Sie ist wohl seine Braut, ~ er immer mit ihr geht. 彼がいつも連れ立っているところをみると 彼女はどうやら彼の婚約者らしい ‖〖indem daß の形で〗Ich kann nicht kommen, ~ daß ich krank bin.《方》私は病気なので参れません.

2《同時》(während) …しながら, …している間に: Er trat zurück, ~ er erblaßte. 彼は青ざめながら後ずさりした | *Indem* er dies sagte, klingelte es. 彼がこう言っているとベルが鳴った.

ᵛ**II** 副 (indessen) その間に, そうこうするうちに: Zieht euch an, ich werde ~ das Frühstück vorbereiten. 服に着がえなさい. その間に私は朝食の支度をしておくから.

In·dem·ni·sa·tion[ɪndɛmnizatsió:n] 女 -/-en 補償, 弁償.

ᵛ**in·dem·ni·sie·ren**[..zí:rən] 他 (h) (entschädigen)《法》補償〈弁償〉する; (政府の措置に対して議会が)事後承認を与える. [<*lat.* in-demnis „schad-los"; ◇Damnum]

In·dem·ni·tät[..tɛ́:t] 女 -/ 補償, 弁償; 免責; (政府の措置に対する議会の)事後承認. [*spätlat.*]

in·de·mon·stra·bel[índemɔnstra:bəl, ◡◡◡⌐◡]（..stra·bl..） 形 論証〈証明〉不能の. [◇demonstrieren]

In·den-April-Schicken[ɪnden|aprílʃɪkən] 中 -s/ エープリルフールのいたずら(→Aprilnarr).

In·den-Tag-hin·ein-Le·ben[..tá:k..] 中 -s/ のんきな〈行きあたりばったりの〉生活.

In·dent·ge·schäft[ɪndɛ́nt..] 中《商》(海外貿易の)買付委託取引. [*engl.* indent; <*engl.* in-dented „ein-gezähnt" (◇dental); 正副 2 通の契約書に後日の確認のためにぎざぎざの切り取り線をつけたことから]

In·de·pen·dent[ɪndepɛndɛ́nt] 男 -en/-en《ふつう複数で》(英国の)独立教会派の人. [*engl.*]

ᵛ**In·de·pen·denz**[..dɛ́nts] 女 -/ (Unabhängigkeit) 独立, 自立, 自主.

In·der[índər] 男 -s/- (⊛ **In·de·rin**[..dərɪn]-/-nen) インド人. [<Indien; ◇*engl.* Indian]

in·des·sen[ɪndɛ́sən] (**in·des**[ɪndɛ́s]) **I** 副 **1** (jedoch) しかしながら; とにかく: Ich hatte mich darauf gefreut, ~ wurde ich 〈ich wurde ~ / ~, ich wurde〉 enttäuscht. 私はそれを楽しみにしていたが しかし期待外れだった.

2 (inzwischen) そのあいだに: Es hatte ~ angefangen zu regnen. そうこうしている間に雨が降りはじめていた.

II 接《従属》《雅》(während) **1**《時間的》…しているうちに, …している間ずっと. **2**《対照・対比》…であるのにひきかえ, …である一方では.

in·de·ter·mi·na·bel[ɪndetɛrminá:bəl, ◡◡◡◡−◡]（..na·bl..） 形 (unbestimmbar) 決定〈限定〉しがたい, 決定〈限定〉不可能な. [*spätlat.*; ◇determinieren, ..abel]

In·de·ter·mi·na·tion [ɪndetɛrminatsió:n, ◡◡◡◡◡◡−] 女 -/ (indeterminabel なこと. 例えば:)《哲》非決定性;《比》(Unentschlossenheit) 不決断. [*spätlat.*]

in·de·ter·mi·niert[ɪndetɛrminí:rt] 形 決定〈限定〉されていない, 不明確な; 不決断の.

In·de·ter·mi·nis·mus[..nísmʊs] 男 -/ (↔Determinismus)《哲》非決定論, 自由意志論.

In·dex[índɛks] 男 -(es)/-e, ..dizes[..ditse:s] (略 Ind.) **1** (書物などの)索引, 見出し, インデックス: im ~ nachschlagen 索引を引く. **2** (国家・教会などによる)禁書目録: auf dem ~ stehen (書物などが)禁止されている | *et.*[4] auf den ~ setzen …を禁書に指定する. **3** -(es)/..dizes **a**)《数・経》指数: der ~ der Preise / Preis*index* 物価指数 | Produktions*index* 生産指数. **b**) (辞書の見出し語などの)肩番号(例 Bank[1], Bank[2]). **4** (Zeigefinger)《医》人差し指. [*lat.*; ◇indizieren]

in·de·xie·ren[ɪndɛksí:rən] 他 (h)《*et.*[4]》**1** (…に)索引〈インデックス〉をつける. **2**《電算》(情報を)記述子によって類別する. **3**《経》(利率などを)指数方式化する.

In·dex≈lohn[índɛks..] 男《経》(物価指数の変動に応じた)指数賃金. ≈**wäh·rung** 女《経》指数本位〔制〕. ≈**zahl** 女, ≈**zif·fer** 女 =Index 3

in·de·zent[índetsɛnt, ◡◡⌐] 形 不穏当な, 不作法な; 下品な, みだらな. [*lat.*−*fr.*]

ᵛ**In·de·zenz**[..tsɛnts, ◡◡⌐] 女 -/-en **1**《単数で》indezent なこと. **2** indezent な言動. [*spätlat.*−*fr.*]

In·dian[índia:n] 男 -s/-e《オーストリア》(Truthahn) 七面鳥. [*engl.* Indian cook „indianischer Hahn"]

In·dia·ner[ɪndiá:nər] 男 -s/- **1** (⊛ **In·dia·ne·rin**[..nərɪn]-/-nen) アメリカ=インディアン(南・北アメリカ大陸の原住民. Kolumbus が発見した土地をインドと信じて, そこの住民をこのように誤り呼んだ). **2**《オーストリア》=Indianerkrapfen [<*mlat.* Indiānus „indisch" (◇Indien); ◇Indio]

In·dia·ner≈häupt·ling 男 アメリカ=インディアンの酋長(しゅうちょう). ≈**krap·fen** 男《オーストリア》=Mohrenkopf ≈**re·ser·vat** 中, ≈**re·ser·va·tion** 女 アメリカ=インディアン特別保留地. ≈**som·mer** 男 (9月から10月にかけての)小春日和. ≈**spiel** 中 インディアンごっこ. ≈**spra·che** 女 アメリカ=インディアンの言語.

in·dia·nisch[ɪndiá:nɪʃ] 形 アメリカ=インディアン〔語〕の: →deutsch

In·dia·nist[ɪndianíst] 男 -en/-en アメリカ=インディアン研究家.

In·dia·ni·stik[..nístɪk] 女 -/ アメリカ=インディアン研究.

In·di·en[índiən] 地名 インド〔亜大陸〕(狭義ではインド国をもいう. その首都は Neu-Delhi). [*lat.* India; <*gr.* Indós (→Indus); ◇Indigo, Inder, indisch]

In·dienne[ɪndiɛ́n, ɛdjɛ́n] 女 -/《織》インド更紗(さらさ). [*fr.* indien „indisch"]

In·dienst·stel·lung[ɪndí:nst..] 女 -/-en 任用, 雇用; 使用しはじめる〈就役・就航させる〉こと: die ~ des Tankers タンカーの就航. [<in Dienst stellen]

ᵛ**In·di·er**[índiər] 男 -s/- =Inder

in·dif·fe·rent[índɪfərɛnt, ..fer.., ◡◡◡⌐] 形 無差別の, 不定の; 無作用〈反応〉の; 中立の; (gleichgültig) 無関心の: politisch ~ sein 政治に無関心である | ~*es* Gleichgewicht《理》中立の平衡 | ~*e* Zelle《化》不定細胞. [*lat.*]

In·dif·fe·ren·tis·mus[ɪndɪfərɛntísmʊs, ..fer..] 男 -/ 無関心〔主義〕;《宗》信仰無差別論.

In·dif·fe·renz[índɪfərɛnts, ..fer.., ◡◡◡⌐] 女 -/-en **1**《単数で》無差別, 不定; 中立; 無関心. **2**《化・薬》無作用, 無反応. [*lat.*]

In·dif·fe·renz·vo·kal[ɪndɪfərɛ́nts.., ..fer..] 男 (Schwa)《言》(アクセントのない)あいまい〈つぶやき〉母音([ə]).

in·di·gen[ɪndigé:n] 形《法》(einheimisch) その土地〔生まれ〕の, 土着の. [*lat.* indi-gena „ein-geboren"; ◇Genus]

ᵛ**In·di·ge·nat**[..gená:t] 中 -(e)s/-e 国籍, 市民〈公民〉権.

In·di·ge·stion[ɪndigɛstió:n, ◡◡◡◡−] 女 -/-en (Verdauungsstörung)《医》消化障害, 消化不良. [*spätlat.*]

ᵛ**In·di·gna·tion**[ɪndɪgnatsió:n] 女 -/ (Unwille) 憤慨, 怒り, 不快. [*lat.*]

in·di·gnie·ren[..gní:rən] 他 (h)《*jn.*》怒らせる, 不快な気持にする: *indigniert* sein 憤慨して〈怒って〉いる. [*lat.*]

In·di·gni·tät[..gnitɛ́:t] 女 -/ ᵛ**1** (Unwürdigkeit) ふさわしくないこと, 無資格. **2** (Erbunwürdigkeit)《法》(相

I

続人の)欠格. [*lat.*; < *lat.* in-dīgnus „un-würdig"]

Ịn·di·go[índigo·] 男 中 -s/ (種類: -s) 〘染〙インジゴ, 藍(あい). [*gr.* Indikón „Indisches"−*lat.* indicum−*span.*; ◇Indien]

Ịn·di·go≠blau[índigo..] 中 -s/ インジゴ青, 藍色(あいいろ). **≠druck** 男 -[e]s/-e 〘染〙インジゴ捺染(なっせん).

In·di·go·lịth[ɪndigolí:t, ..lɪ́t] 男 -s/-e; -en/-en 〘鉱〙藍(あい)電気石.

Ịn·di·go≠pa·pier[índigo..] 中 〘化〙インジゴ試験紙. **≠pflan·ze** 女, **≠strauch** 男 〘植〙コマツナギ(駒繋)属(キアイ・ナンバンコマツナギなど. 藍(あい)の原料となる).

In·di·go·tịn[ɪndigotí:n] 中 -s/ 〘化〙インジゴチン.

der **Ịn·dik**[índɪk] 地名 男 -s/ (der Indische Ozean) インド洋. [*lat.* Indicus „indisch"; ◇Indien]

In·di·ka·tiọn[ɪndikatsió:n] 女 -/-en **1** 指示, 表示; 特徴, 徴候. **2** 〘医〙適応[症]; (治療法・薬などの)適用. **3** 〘法〙(妊娠中絶のための)要件, 事由: ethische ~ (暴行などによって妊娠させられた場合の)倫理的要件〈事由〉| medizinische ~ (母体保護を必要とする場合の)医学的要件〈事由〉| soziale ~ (経済的理由からの)社会的要件〈事由〉. [*lat.*; < *lat.* indicāre (→indizieren)]

ịn·di·ka·tiv[índikati:f, ◡◡◡⏊][1] **I** 形 指示〈表示〉する; 暗示する. **II** **Ịn·di·ka·tiv** 男 -s/-e (略 Ind.) (Wirklichkeitsform) 〘言〙直説法, 叙実法. [*spätlat.*]

ịn·di·ka·ti·visch[índikati:vɪʃ, ◡◡◡⏊◡] 形 〘言〙直説法〈叙実法〉の.

In·di·kạ·tor[ɪndiká:tɔr, ..to:r] 男 -s/-en[..kató:rən] **1** 指標: Die Zahl der Arbeitslosen ist ein ~ für die wirtschaftliche Lage eines Landes. 失業者の数は国の経済状態を知る指標である. **2** 指示計器, 表示器: der Wattsche ~ ワット蒸気圧力指示計. **3** 〘化〙指示薬. **4** 〘理〙トレーサー. [*spätlat.*]

In·di·kạ·tor·dia·gramm 中 〘工〙インジケータ線図.

In·di·kạ·trix[ɪndiká:trɪks] 女 -/ **1** 〘数〙指示曲線. **2** 〘光〙屈折率楕円(だえん)体. **3** (Verzerrungsellipse) (地図投影法での)ひずみ楕円.

In·dik·tiọn[ɪndɪktsió:n] 女 -/-en **1** 布告, 通告. **2** 〘史〙15年期(中世の年数単位. ローマ皇帝が15年ごとに課税評価を布告した). [*lat.*; < *lat.* in-dīcere „an-sagen"]

Ịn·dio[índio·] 男 -s/-s インディオ(南部および中部アメリカに住む Indianer). [*span.* „Inder"; ◇Indianer; *engl.* Indian]

ịn·di·rekt[índirɛkt, ◡◡⏊] 形 (mittelbar) 間接の, 間接的な: ~*e* Beleuchtung 間接照明 | ~*e* Steuern 間接税 | ~*e* Wahl 間接選挙 | die ~*e* Rede 〘言〙間接説話〈話法〉‖ *et.*[4] ~ ausdrücken …を遠まわしに〈婉曲に〉表現する. [*mlat.*]

Ịn·di·rekt·heit[−haɪt] 女 -/-en indirekt なこと.

ịn·disch[índɪʃ] 形 インド[人]の: der ~*e* Elefant インド象 | *Indischer* Hanf 〘植〙サンヘンプ(インド産マメ科の植物で, 麻に似た繊維の原料) | der *Indische* Ozean インド洋 (=der Indik). [*ahd.*; ◇Indien]

ịn·dis·kret[índɪskre:t, ◡◡⏊] 形 **1** (↔diskret) 無思慮な, 無遠慮な, 配慮〈心づかい〉のない: eine ~*e* Frage stellen 無遠慮な質問をする. **2** 口の軽い, 秘密を守れない: *et.*[4] ~ ausplaudern …を軽率にしゃべる.

Ịn·dis·kret·heit[−haɪt] 女 -/-en **1** 《単数で》indiskret なこと. **2** indiskret な言動.

In·dis·kre·tiọn[ɪndɪskretsió:n, ⏊◡◡◡−] 女 -/-en **1** 無思慮, 無遠慮, 配慮〈心づかい〉のなさ. **2** 口の軽い〈秘密を守れない〉こと.

ịn·dis·ku·tạ·bel[índɪskuta:bəl, ◡◡◡⏊◡] (..ta·bl..) 形 論じる価値のない, 論外の: Der Vorschlag ist ~. この提案は取り上げるに足らない.

ịn·dis·pen·sa·bel[índɪspɛnza:bəl, ◡◡◡⏊◡] (..sa·bl..) 形 (unerläßlich) 不可欠の, 絶対必要な.

ịn·dis·po·nị·bel[índɪsponi:bəl, ◡◡◡⏊◡] (..ni·bl..) 形 使えない, 自由にならない; (資本などが)固定された; ᵛ売却〈譲渡〉できない.

ịn·dis·po·niert[índɪsponi:rt, ◡◡◡⏊] 形 体の調子が悪い, 気分がすぐれない; 気乗りがしない.

Ịn·dis·po·niert·heit[−haɪt] 女 -/ indisponiert なこと.

In·dis·po·si·tiọn[índɪspozitsio:n, ◡◡◡◡◡⏊] 女 -/-en (体の)不調, 気分のすぐれないこと, 不快.

ịn·dis·pu·ta·bel[índɪsputa:bəl, ◡◡◡⏊◡] (..ta·bl..) 形 論議の余地のない, 確実な. [*spätlat.*]

Ịn·dis·zi·plin[índɪstsipli:n, ◡◡◡⏊] 女 -/ (Zuchtlosigkeit) 無規律, 無統制, 乱脈.

ịn·dis·zi·pli·niert[..plini:rt, ◡◡◡◡⏊] 形 (zuchtlos) 無規律〈無統制〉な, 乱脈な.

Ịn·dium[índiʊm] 中 -s/ 〘化〙インジウム(希金属元素名; 記号 In). [< *lat.* indicum (→Indigo)]

In·di·vị·dua Individuum の複数.

in·di·vi·dua·li·sie·ren[ɪndividualizí:rən] 他 (h) 個別化する, 個別性〈特殊性〉を明らかにする, 個々に扱う〈考慮する〉. [*fr.*]

In·di·vi·dua·lịs·mus[..lísmʊs] 男 -/ 個人主義: Sein ~ grenzt nahezu an Egoismus. 彼の個人主義はほとんど利己主義に近い. [*fr.*]

In·di·vi·dua·lịst[..líst] 男 -en/-en 個人主義者. [*fr.*]

in·di·vi·dua·lị·stisch[..lístɪʃ] 形 個人主義の: eine ~*e* Einstellung 個人主義的な考え方.

In·di·vi·dua·li·tät[..litɛ́:t] 女 -/-en **1** 《単数で》個性. **2** (個性の持ち主としての)個人. [*fr.*]

In·di·vi·dual≠psy·cho·lo·gie[ɪndividuá:l..] 女 〘心〙個人〈個性〉心理学. **≠recht** 中 個人の権利, 人権.

In·di·vi·dua·tiọn[ɪndividuatsió:n] 女 -/-en 個別〈個体〉化; (自我の)個性的覚醒(かくせい) (C. G. Jung の用語).

in·di·vi·duẹll[ɪndividuɛ́l] 形 個体〈個人〉の; 個々の, 特殊な: ein ~*er* Geschmack 独特な趣味 ‖ *jn.* ~ erziehen …を個人的に教育する | Das ist ~ verschieden. それは人によって異なる. [*mlat.* indīviduālis−*fr.*; < *lat.* in-dīviduus „un-teilbar" (◇dividieren); ◇*engl.* individual]

In·di·vị·du·um[ɪndiví:duʊm] 中 -s/..duen[..duən] (..dua[..dua·]) **1** 個体, 個人: die Rechte des ~*s* 個人の諸権利. **2** 《軽蔑的に》やつ: ein verdächtiges ~ 胡散(うさん)くさいやつ. [*lat.* in-dīviduum „Un-teilbares"]

In·dịz[ɪndí:ts] 中 -es/-ien[..tsiən] 《ふつう複数で》表示, 徴候, しるし; 〘法〙状況〈間接〉証拠. [*lat.* indicium „Anzeige"; ◇Index; *engl.* indicia]

Ịn·di·zes Index の複数.

In·dị·zi·en Indiz の複数.

In·dị·zi·en·be·weis[ɪndí:tsiən..] 男 〘法〙間接〈情況〉証拠[による証明].

in·di·zie·ren[ɪnditsí:rən] **I** 他 (h) **1** さし示す; (一般に)示す. **2** 〘医〙(病気の徴候などが特別の療法や処置の)必要であることを示す. **3** 禁書に指定する(→Index 2). **4** =indexieren **II** **in·di·ziert** 過分 形 (angezeigt) 適当な, しかるべき; 〘医〙(症状に)適応した. [*lat.* in-dicāre; ◇*engl.* indicate]

In·do·ạri·er[índo|á:riər, ɪndo..] 男 -s/- インド=アーリア人(→Arier). [< *gr.* Indós „indisch"; ◇Indus]

in·do·ạrisch[índo|á:rɪʃ, ɪndo..] 形 インド=アーリア人の.

Ịn·do·chị·na[índoçí:na·] 地名 インドシナ (Vietnam, Kambodscha, Laos 3国を含む旧フランス領地域の通称).

ịn·do·chi·nẹ·sisch[índoçiné:zɪʃ] 形 **1** インドシナ[人]の. **2** =sinotibetisch

Ịn·do·eu·ro·pä·er[índo|ɔʏropɛ́:ər, ɪndo..] 男 -s/- 《ふつう複数で》印欧〈インド=ヨーロッパ〉語族に属する人(インド=ヨーロッパ語族は Indogermanen ともいい, 欧米の大部分の言語のほかペルシア語・サンスクリット語をも含む大言語族).

ịn·do·eu·ro·pä·isch[índo|ɔʏropɛ́:ɪʃ, ɪndo..] 形 (略 ide., i.-e., ideu[r].) 〘言〙印欧〈インド=ヨーロッパ〉語族の: →deutsch | die ~*en* Sprachen 印欧諸語.

In·do·eu·ro·pä·ịst[ɪndo|ɔʏropɛíst] 男 -en/-en =Indogermanist

In·do·eu·ro·päi·stik[..ístɪk] 女 -/ =Indogermanistik

Ịn·do·ger·mạ·ne[índogɛrmá:nə, ɪndo..] 男 -n/-n《ふ

つう複数で》＝Indoeuropäer

ịn·do·ger·ma·nisch[ɪndogɛrmá:nɪʃ, ɪndo..] 形 (略 idg.)＝indoeuropäisch

In·do·ger·ma·nịst[ɪndogɛrmanɪ́st] 男 -en/-en 印欧〈インド=ゲルマン〉語学者.

In·do·ger·ma·nị·stik[..gɛrmanɪ́stɪk] 女 -/ 印欧〈インド=ゲルマン〉語学.

In·dok·tri·na·tiọn[ɪndɔktrinatsió:n] 女 -/-en indoktrinieren すること.

in·dok·tri·niẹ·ren[..ní:rən] 他 (h) 《*jn.*》教化する; 《*jn.* mit *et.*[3]》(…に思想などを)教えこむ, 注入する. [＜in[2] ＋*lat.* doctrīna (→Doktrin)]

In·dọl[ɪndó:l] 中 -s/-e 《化》インドール. [＜Indigo＋..ol]

ịn·do·lent[ɪ́ndolɛnt, ⌣⌣◡] 形 **1** 無関心〈無感動〉な; 怠惰〈無精〉な. **2** 《医》(疼痛(とう)に対して)無感覚な; 無痛〔性〕の. [*lat.*; ＜*lat.* dolēre „schmerzen" (◇doloros)]

Ịn·do·lenz[..lɛnts, ⌣⌣◡] 女 -/ **1** 無関心, 無感動; 怠惰, 無精. **2** 《医》無感覚; 無痛性. [*lat.*]

In·do·lọ·ge[ɪndoló:gə] 男 -n/-n (→..loge) インド学者.

In·do·lo·giẹ[..logí:] 女 -/ インド学.

In·do·nẹ·si·en[ɪndoné:ziən] 地名 インドネシア(1945年オランダから独立. 共和国で首都は Djakarta). [＜*gr.* Indós „indisch"＋nēsos „Insel"; ◇Insulinde]

In·do·nẹ·si·er[..né:ziər] 男 -s/- インドネシア人.

in·do·nẹ·sisch[..né:zɪʃ] 形 インドネシア〔人・語〕の: →deutsch

in·dos·sạ·bel[ɪndɔsá:bəl] (..sa·bl..) 形 《商》(手形などの)裏書きができる.

In·dos·sa·mẹnt[..samɛ́nt] 中 -〔e〕s/-e (略 Ind.) 《商》(手形などの)裏書き.

In·dos·sạnt[..sánt] 男 -en/-en 《商》(手形などの)裏書人.

In·dos·sạt[..sá:t] 男 -en/-en 《商》(手形などの)被裏書人, 譲り受け人.

In·dos·sa·tar[..satá:r] 男 -s/-e ＝Indossat

In·dos·sẹnt[..sɛ́nt] 男 -en/-en ＝Indossant

In·dọs·si Indosso の複数.

in·dos·siẹr·bar[ɪndɔsí:rba:r] ＝indossabel

in·dos·siẹ·ren[ɪndɔsí:rən] 他 (h) (…に)裏書きする: einen Wechsel ～ 手形に裏書きをする. [*mlat.* indorsāre−*it.*; ＜*lat.* dorsum (→dorsal); ◇*engl.* indorse, endorse]

In·dọs·so[ɪndɔ́so·] 中 -s/-s, ..ssi[..si·]＝Indossament [*it.* in dosso „auf dem Rücken"]

Ịn·dra[ɪ́ndra·] 人名 インドラ(古代インドの軍神, 神々の王). [*aind.*]

in dụ·bio[ɪn dú:bio·] 《ラテ語》(im Zweifelsfall) 疑わしい場合に. [◇dubios]

in dụ·bio pro rẹo[− − pro: ré:o·] 《ラテ語》(im Zweifelsfalle〔ist〕für den Angeklagten) 《法》疑わしきは罰せず. [◇Reat]

In·duk·tạnz[ɪndʊktánts] 女 -/ 《電》インダクタンス, 誘導リアクタンス.

In·duk·tiọn[ɪndʊktsió:n] 女 -/-en **1** (↔Deduktion) 《論》帰納〔法〕, 帰納的推理〈推論〉. **2 a)** 《電》誘導: elektromagnetische ～ 電磁誘導. **b)** 《生》誘導, 感応. **c)** 《心》誘導, 感応. [*lat.*; ＜*lat.* indūcere (→induzieren)]

In·duk·tiọns≠ap·pa·rat 男 高圧変圧器〈トランス〉. **≠be·weis** 男 《論》帰納的証明. **≠elek·tri·zi·tät** 女 《電》誘導電気. **≠ge·ne·ra·tor** 男 《電》誘導発電機. **≠krank·heit** 女 《医》感応性疾患. **≠mo·tor** 男 《電》誘導電動機. **≠ofen** 男 《工》誘導電気炉. **≠spu·le** 女 《電》誘導コイル. **≠strom** 男 《電》誘導電流.

in·duk·tịv[ɪndʊktí:f, ◡⌣−][1] 形 **1** (↔deduktiv) 《論》帰納的な: die ～*e* Methode 帰納法. **2** 《電》誘導性の: ～*e* Kapazität 誘導容量 | ein ～*er* Widerstand 誘導リアクタンス. [*spätlat.*]

In·duk·ti·vi·tät[ɪndʊktivitɛ́:t] 女 -/-en 《電》**1** 誘導性インダクタンス. **2** 自己誘導係数(単位: →Henry).

In·dụk·tor[ɪndʊ́ktɔr, ..to:r] 男 -s/-en[..dʊktó:rən] **1** 《電》誘導子. **2** ＝Induktionsapparat

in·dul·gẹnt[ɪndʊlgɛ́nt] 形 (nachsichtig) 寛容〈温厚〉な.

In·dul·gẹnz[..gɛ́nts] 女 -/-en **1** 寛容, 温厚. **2** (Straferlaß) 刑の免除, 赦免; (Ablaß) 《カトリック》贖宥(しょくゆう), 免罪. [*lat.*; ＜*lat.* in-dulgēre „Nachsicht üben"]

In·dụlt[ɪndʊ́lt] 男 中 -〔e〕s/-e (Nachsicht) 寛容; 支払猶予〈延期〉; (開戦の際に敵国商船の出港に与えられる)猶予期間; 《カトリック》ゆるし(教皇による一定期間の義務の免除の恩典). [*spätlat.*]

▽**in dụ·plo**[ɪn dú:plo·] 《ラテ語》(doppelt) 二重に, 重複して; (in doppelter Ausfertigung) (書類などを) 2 通〔作成して〕. [◇doppelt]

In·du·ra·tiọn[ɪnduratsió:n] 女 -/-en 《医》硬化, 硬結. [*spätlat.*; ＜*lat.* in-dūrāre „ver-härten"]

der **Ịn·dus**[ɪ́ndʊs] 地名 男 -/ インダス (Tibet に発し, パキスタンを貫流してアラビア海に注ぐ南アジア最大の川). [*sanskr.* sindh „Fluß"−*pers.*−*gr.* Indós; ◇Hindu, Indien]

In·dụ·si[ɪndú:zi·] 女 -/ (＜induktive Zugsicherung) 《鉄道》列車自動停止装置.

In·dụ·sium[ɪndú:ziʊm] 中 -s/..sien[..ziən] 《植》(シダ類の)包膜, 包被. [*lat.*; ＜*lat.* induere „bekleiden"]

in·du·stria·li·siẹ·ren[ɪndʊstrializí:rən] 他 (h) (国または産業部門を)工業化する, 工業的に発展させる: ein *industrialisiertes* Gebiet 工業地帯. [*fr.*]

In·du·stria·li·siẹ·rung[..rʊŋ] 女 -/ 工業〈産業〉化.

In·du·stria·lịs·mus[ɪndʊstrialɪ́smʊs] 男 -/ 産業〈工業〉〔重点〕主義.

In·du·striẹ[ɪndʊstrí:] 女 -/-n[..rí:ən] 《ふつう単数で》(略 Ind.) 工業, 産業: chemische 〈optische〉 ～ 化学〈光学〉工業 | die einheimische ～ 地場産業; 国内産業 | Schwer*industrie* 重工業 | Film*industrie* 映画産業 | Textil*industrie* 繊維産業 ‖ in der ～ arbeiten 産業界で働く | In diesem Gebiet gibt es viele ～*n.* この地域には数多くの産業がある. [*lat.* indūstria „Fleiß"−*fr.*; ＜*lat.* indu „drinnen"＋struere (→Struktur)]

In·du·striẹ≠ab·fall 男 産業廃棄物. **≠ab·gas** 中 -es/-e 《ふつう複数で》工業廃ガス. **≠ab·was·ser** 中 -s/..wässer 《ふつう複数で》工場廃水〈廃液〉. **≠ak·tie** [..tsiə] 女 《商》工業株. **≠an·la·ge** 女 工業〈産業〉施設. **≠ar·bei·ter** 男 工業〈産業〉労働者. **≠aus·stel·lung** 女 工業〈産業〉博覧会. **≠be·ra·ter** 男 産業コンサルタント. **≠be·trieb** 男 工業会社; 工場. **≠bran·che** 女 産業部門〈分野〉. **≠de·sign** 中 工業デザイン. **≠er·zeug·nis** 中 工業生産物. **≠form** 女 工業デザイン. **≠for·mer** 男 工業デザイナー. **≠ge·biet** 中 工業地帯〈地域〉. **≠ge·sell·schaft** 女 産業社会. **≠ge·werk·schaft** 女 (略 IG) 産業組合. **≠ka·pi·tal** 中 産業資本. **≠ka·pi·tän** 男 《話》産業界の大物〈ボス〉. **≠kom·bi·nat** 中 (旧東ドイツの)工業〈産業〉コンビナート. **≠la·den** 男 (旧東ドイツの)国営企業直営販売所. **≠land** 中 -〔e〕s/..länder 〔先進〕工業国.

in·du·striẹll[ɪndʊstriɛ́l] **I** 形 工業〈産業〉の: die ～*e* Produktion 工業生産 | die ～*e* Revolution 産業革命.
II In·du·striẹl·le 男 女 《形容詞変化》工場主, 工業企業家〈経営者〉. [*fr.*; ◇*engl.* industrial]

In·du·striẹ≠macht[ɪndʊstrí:..] 女 工業大国. **≠ma·gnat** 男 ＝Industriekapitän **≠müll** 男 産業廃棄物. **≠ofen** 男 工業用炉. **≠pa·pier** 中 -s/-e 《ふつう複数で》＝Industrieaktie **≠po·li·tik** 女 産業政策. **≠pro·dukt** 中 工業生産物. **≠pro·duk·tion** 女 工業生産. **≠ro·bo·ter**[..rɔbɔtər] 男 産業用ロボット. **≠spio·na·ge**[..ʃpiona:ʒə] 女 産業スパイ行為〈活動〉. **≠staat** 男 産業国,〔先進〕工業国. **≠stadt** 女 工業〈産業〉都市. **≠stand·ort** 男 産業所在地. **≠struk·tur** 女 産業構造.

In·du·striẹ- und Hạn·dels·kam·mer 女 −−−/−−−n (略 IHK) 商工会議所: die ～ Berlin ベルリン商工会議所.

In·du·striẹ≠un·ter·neh·men 中 工業会社〈企業体〉.

I

⸗**was·ser** 中 -s/..wässer《ふつう複数で》工場廃水〈廃液〉. ⸗**zweig** 男 工業〈産業〉部門.

in·du·zie·ren[ɪndutsí:rən] 他 (h) **1** (↔deduzieren)《*et.*[4] aus *et.*[3]》〘論〙帰納〔的に推論〕する. **2**〘電〙誘導する;〘心〙感応させる: *induzierter* Widerstand〘電〙誘導抵抗｜*induzierte* Psychose〘心〙感応性精神病. [*lat.* in-dūcere „hinein-führen"; ◇Induktion; *engl.* induce]

In·e·di·tum[ɪn|é:ditʊm] 中 -s/..ta[..ta·] 未発表文書, 未刊本. [*lat.*; < *lat.* ēdere (→edieren)]

in·ef·fek·tiv[ín|ɛfɛkti:f, ◡◡◡–́][1] 形 (unwirksam) 役に立たない, 効果のない.

In·ef·fek·ti·vi·tät[ín|ɛfɛktivitɛ:t, ◡◡◡◡◡–́] 女 -/ ineffektiv なこと.

in ef·fi·gie[ɪn ɛfí:giə, – ..gie·]《ﾗﾃﾝ語》(im Bilde) 肖像によって: *jn.* ～ hängen 〈verbrennen〉 …(逃亡した犯人など)の人形を絞首刑〈火刑〉に処する. [< *lat.* ef-fingere „nach-bilden"]

in·ef·fi·zient[ín|ɛfitsiɛnt, ◡◡◡◡◡́] 形 非能率的な, 効率の悪い.

In·ef·fi·zienz[..tsiɛnts, ◡◡◡◡◡́] 女 -/-en 非能率, 「効率の悪さ.」

in·egal[ín|ega:l, ◡◡–́] 形 (ungleich) 等しくない, 不平等な. [*fr.*]

in·ein·an·der[ɪn|aɪnándər] 副《in＋相互代名詞に相当: →sich 2 ★ ii》互いの中へ; 入りまじって: ～ aufgehen 一心同体である｜*sich*[4] ～ verlieben ほれ合う.

★ 動詞と用いる場合はふつう分離の前つづりとみなされる.

in·ein·an·der⸗|**flech·ten*** (43) 他 (h) 編み合わせる. ⸗|**flie·ßen*** (47) 自 (s) 合流する;《比》入りまじる, 溶け合う. ⸗|**fü·gen** 他 (h) 組み合わせる, 接合〈結合〉させる. ⸗|**grei·fen*** (63) 自 (h) (歯車などが)かみ合う;《比》相互に密接に連関し合う. ⸗|**pas·sen** (03) 自 (h) ぴったり適合する〈はまる〉. ⸗|**schie·ben*** (134) 他 (h) (組み合わさるように)押し入れる: 再帰 Die beiden Wagen haben sich[4] *ineinandergeschoben.* (衝突して)両方の車が互いに食い込んだ.

In·emp·fang·nah·me[ɪn|ɛmpfáŋna:mə] 女 -/ 受領, 受理; 出迎え, 接待, 接見. [< in Empfang nehmen]

in·ert[inέrt, ɪn|έrt] 形 (träge) 怠惰な, 不活発な, だらだらした;〘化〙不活性の: eine ～*e* Diskussion 気の抜けた論議｜～*es* Gas〘化〙不活性気体. [*lat.* in-ers „un-geschickt"; < *lat.* ars (→Art)]

In·er·tial⸗**len·kung**[inɛrtsiá:l..] 女 (ロケットなどの) 慣性誘導. ⸗**na·vi·ga·tion** 女〘空〙慣性航法. ⸗**sy·stem** 中〘理〙慣性系.

In·er·tie[inɛrtí:] 女 -/ (Trägheit) 怠惰, 不活発;〘医〙無力〔症〕;〘化〙不活性;〘理〙慣性. [*lat.*]

Ines[í:nɛs] 女名 イーネス. [*span.*; ◇Agnes]

in·es·sen·tiell (**in·es·sen·ziell**) [ín|ɛsɛntsiɛl, ◡◡◡◡◡́] 形 (unwesentlich) 非本質的な, 重要でない.

in·ex·akt[ín|ɛksakt, ◡◡◡́] 形 不正確な; ずさんな.

in·exi·stent[ín|ɛksɪstɛnt, ◡◡◡◡́] 形 存在〈現存〉しない.

In·exi·stenz[..tɛnts, ◡◡◡◡́] 女 -/〘哲〙**1** 内在. **2** 非存在, 非現存. [*spätlat.*]

in ex·ten·so[ɪn ɛksténzo·]《ﾗﾃﾝ語》(ausführlich) 詳細に; (vollständig) 完全に. [◇Extension]

in ex·tre·mis[ɪn ɛkstré:mi:s]《ﾗﾃﾝ語》(in den letzten Zügen) 死に臨んで. [◇extrem]

Inf. 略 ＝Infinitiv

in·fal·li·bel[ɪnfalí:bəl] (..li·bl..) 形 (unfehlbar) 過ちを犯さない;〘ｶﾄﾘｯｸ〙〔教皇〕不可謬(ふかびゅう)の. [*mlat.*]

In·fal·li·bi·lis·mus[ɪnfalibilísmʊs] 男 -/〘ｶﾄﾘｯｸ〙教皇不可謬(ふかびゅう)説〈論〉.

In·fal·li·bi·list[..líst] 男 -en/-en〘ｶﾄﾘｯｸ〙教皇不可謬論者.

In·fal·li·bi·li·tät[..litέ:t] 女 -/ (infallibel なこと. 特に:) (教皇の)不可謬(ふかびゅう)性.

In·fal·li·bi·li·täts·dog·ma 中 教皇不可謬性の教義.

in·fam[ɪnfá:m] 形 **1** (ehrlos) 不名誉の; 恥ずべき, 下劣な, いまわしい: eine ～*e* Lüge 〈Person〉 卑劣なうそ〈人物〉｜*jn.* ～ behandeln …にひどい仕打ちをする. **2**《話》(sehr stark) 手ひどい, たいへんな: Mein Fuß tut 〔mir〕 ～ weh.《話》私は足がひどく痛い｜Es ist ～ heiß. ひどく暑い. [*lat.*]

In·fa·mie[ɪnfamí:] 女 -/-n[..mí:ən] infam なこと. [*lat.*–*fr.*; ◇in.., Fama]

In·fant[ɪnfánt] 男 -en/-en (⊛ **In·fan·tin** → 別出) (スペイン・ポルトガルの)王子, 親王(称号として). [*lat.* īn-fāns „nicht sprechend"–*span.*; < *lat.* fārī (→Fabel)]

In·fan·te·rie[ɪnfant(ə)rí:, ínfant(ə)ri:] 女 -/-n [..rí:ən, ..ri:ən] (Fußtruppe) 歩兵隊;《集合的に》歩兵: bei der ～ sein 〈dienen〉 歩兵隊に勤務している｜zur ～ gehen 歩兵隊に入隊する. [*it.*; < *it.* infante „Knabe"; ◇*engl.* infantry]

In·fan·te·rie·re·gi·ment 中 (略 IR.) 歩兵連隊.

In·fan·te·rist[..ríst, ◡́◡◡◡] 男 -en/-en 歩兵.

in·fan·te·ri·stisch[..rístɪʃ, ◡́◡◡◡◡] 形 歩兵の.

in·fan·til[ɪnfantí:l] 形 **1** (kindlich) 幼児〈子供〉らしい. **2** (kindisch) 幼稚な, 子供じみた; 未発達〈未成熟〉の. [*lat.*]

In·fan·ti·lis·mus[..tilísmʊs] 男 -/〘医・心〙小児〈幼稚〉症, 発育不全.

In·fan·ti·list[..líst] 男 -en/-en〘医〙小児〈幼稚〉症「患者.」

In·fan·tin[ɪnfántɪn] 女 -/-nen (スペイン・ポルトガルの) 王女, 内親王(称号として).

In·fan·ti·zid[ɪnfantitsí:t][1] 男 -〔e〕s/-e (Kindesmord) 嬰児(えいじ)〈新生児〉殺し.

In·farkt[ɪnfárkt] 男 -〔e〕s/-e〘医〙梗塞(こうそく): Herz*infarkt* 心筋梗塞. [<in[2]＋*lat.* farcīre (→farcieren)]

In·fekt[ɪnfέkt] 男 -〔e〕s/-e **1**〘医〙感染症: ein grippaler ～ 流行性感冒症. **2** ＝Infektion 1

In·fek·tion[ɪnfɛktsió:n] 女 -/-en **1** (Ansteckung)〘医〙感染, 伝染: eine direkte 〈indirekte〉 ～ 直接〈間接〉感染｜eine latente 〈opportunistische〉 ～ 潜伏〈日和見(ひよりみ)〉感染. **2**《話》(Entzündung) 炎症. [*spätlat.*; < *lat.* īnficere (→infizieren)]

In·fek·tions⸗**er·re·ger** 男〘医〙病原体. ⸗**herd** 男〘医〙感染巣(そう). ⸗**krank·heit** 女 感染症. ⸗**quel·le** 女〘医〙感染源. ⸗**ra·te** 女 感染率. ⸗**trä·ger** 男〘医〙保菌者. ⸗**weg** 男〘医〙感染経路.

in·fek·tiös[ɪnfɛktsiø:s][1] 形 感染する, 伝染性の; 病原菌の付着した. [*fr.*; <..os]

In·fel[ínfəl] 女 -/-n ＝Inful [*lat.* īnfula–*mhd.*]

in·fe·rior[ɪnferió:r] 形 (untergeordnet) 下位の; (minderwertig) 劣った, 劣等の. [*lat.*; < *lat.* īnferus „untere"]

In·fe·rio·ri·tät[ɪnferioritέ:t] 女 -/ (↔Superiorität) 下位, 劣位; 劣等.

In·fe·rio·ri·täts⸗**ge·fühl** 中〘心〙劣等感. ⸗**kom·plex** 男〘心〙インフェリオリティー〈劣等〉コンプレックス.

in·fer·nal[ɪnfɛrná:l] 形, **in·fer·na·lisch**[..lɪʃ] 形 地獄の〔ような〕, 悪魔の〔ような〕;《比》ひどい, たえがたい: ～*er* Gestank たえがたい悪臭. [*spätlat.*; < *lat.* īnfernus „unten befindlich" (◇unter)]

In·fer·no[ɪnfέrno·] 中 -s/ (Hölle) 地獄; (Dante Alighieri の『神曲』の)地獄編;《比》阿鼻叫喚の巷(ちまた), 生き地獄. [*lat.* īnferna–*it.*]

in·fer·til[ɪnfɛrtí:l, ◡́◡–] 形 (unfruchtbar) 不毛の;〘医〙不妊の. [*spätlat.*]

In·fight[ínfaɪt] 男 (**In·figh·ting**[..tɪŋ] 中) -〔s〕/-s (Nahkampf)〘ﾎﾞｸｼﾝｸﾞ〙接近戦. [*engl.* infighting; < *engl.* fight (→fechten)]

In·fil·trat[ɪnfɪltrá:t] 中 -〔e〕s/-e〘医〙浸潤物〈病巣〉.

In·fil·tra·tion[ɪnfɪltratsió:n] 女 -/-en 侵入; 浸透; 注入;〘医〙浸潤.

In·fil·tra·tions·an·äs·the·sie 女〘医〙浸潤麻酔.

in·fil·trie·ren[ɪnfɪltrí:rən] **I** 他 (h) **1** (einflößen)《*jm. et.*[4]》流し込む, 注入する: einem Kranken flüssige Nahrung ～ 病人に流動食を流し入れ〔て摂取させ〕る. **2**《*et.*[4]》(…に)しみ込ませる, 浸透させる;〘医〙浸潤を起こさせる:

I

eine faschistisch *infiltrierte* Organisation ファッショ分子に浸透された組織. **II** 自 (h) 侵入する, しみ込む, 浸透する; 〘医〙浸潤が起こる. [*fr.*]

in·fi·nit[ínfini:t, ◡◡⏑́] 形 **1** 〘言〙(動詞が)不定形の: eine *～e* 〔Verb〕form 動詞の不定形(人称変化していない不定詞・分詞). **2** (unbegrenzt) 無限の. [*lat.* īn-fīnītus „un-begrenzt"]

In·fi·ni·ta Infinitum の複数.

in·fi·ni·te·si·mal[ınfinitezimá:l] 形〘数〙無限小の. [zentesimal にならった infinit からの造語]

In·fi·ni·te·si·mal·rech·nung 女〘数〙微分積分計算, 微積分学.

In·fi·ni·tiv[ínfiniti:f, ◡◡◡⏑́][1] 男 -s/-e (略 Inf.) 〘言〙(動詞の)不定詞: ein ～ mit 〈ohne〉 zu zu をもつ〈zu のない〉不定詞 | ein doppelter ～ 二重不定詞(例 Ich habe ihn *singen hören.* 私は彼が歌うのが聞こえた) | ein erweiterter ～ 拡張不定詞, 〔文相当〕不定詞句(例 Sein Ziel war, *Politiker zu werden.* 彼の目標は政治家になることだった) | ein präpositionaler ～ 前置詞つき不定詞 (zu, ohne zu, um zu などを伴うもの) | ein substantivierter ～ 中性名詞化された不定詞. [*spätlat.* modus īnfīnītīvus]

in·fi·ni·ti·visch[..ti:vıʃ, ◡◡◡⏑́◡] 形〘言〙不定詞の.

In·fi·ni·tiv≠kon·junk·tion[ínfiniti:f.., ◡◡◡⏑́◡◡◡‒] 女〘言〙不定詞接続詞 (zu, ohne zu, um zu など). **≠kon·struk·tion** 女〘言〙不定詞構文. **≠satz** 男〘言〙〔文相当〕不定詞句(例 Man erlaubt ihm, *Tennis zu spielen.* 彼はテニスをする許可を与えられる).

In·fi·ni·tum[ınfiní:tʊm] 中 -s/..ta[..ta·] 無限(なもの)(→ad infinitum). [*lat.*]

In·fix[ınfíks, ⏑́◡] 中 -es/-e〘言〙挿入辞, 接中辞(語幹中に挿入された接辞. 例えばラテン語で fūdī „ich goß" に対する fundō „ich gieße" の n など). [＜*lat.* īn-fīgere „hinein-heften"; ◇fix]

in·fi·zie·ren[ınfitsí:rən] 他 (h) 《*jn.*》(…に)感染〈伝染〉させる; 《*et.*[4]》(…を)病原菌で汚染する: 再帰 *sich*[4] bei *jm.* ～ …に病気をうつされる. [*lat.* īn-ficere „hinein-tun"; ◇*engl.* infect]

In·fi·zie·rung[..rʊŋ] 女 -/-en ＝Infektion 1

in fla·gran·ti[ın flagránti·] 《ラテ語》(auf frischer Tat) 犯行中に, 現行犯で: *jn.* ～ ertappen 〈erwischen〉 …の犯行現場を押える. [◇flagrant]

in·flam·ma·bel[ınflamá:bəl] (..ma·bl..) 形 (entzündbar) 燃えやすい, 可燃性の: ein *inflammabler* Stoff 可燃物. [*fr.*; ＜*lat.* īn-flammāre „in Flammen setzen"]

In·fla·tion[ınflatsió:n] 女 -/-en **1** (↔Deflation) 〘経〙インフレーション, インフレ, 通貨膨張; インフレ時代: eine galoppierende ～ ギャロッピング＝インフレーション, 暴走〈かけ足の〉インフレ | eine schleichende ～ クリーピング＝インフレーション, しのびよるインフレ ‖ in der ～ インフレ時代に. **2** 《比》過剰〔供給〕, 膨大な数量.
[*lat.*; ＜*lat.* īn-flāre „hinein-blasen"]

in·fla·tio·när[ınflatsionέ:r] 形 インフレ〈通貨膨張〉の; インフレをひき起こすような: *～e* Tendenzen インフレ傾向.

in·fla·tio·nie·ren[ınflatsioní:rən] **I** 自 (h) インフレ〈通貨膨張〉政策をとる, 通貨を膨張させる. **II** 他 (h) (貨幣価値を)インフレによって下落させる: stark *inflationierte* Währung 暴落した平価.

In·fla·tio·nis·mus[..nísmʊs] 男 -/ 通貨膨張論; インフレ政策.

in·fla·tio·ni·stisch[..nístıʃ] 形 **1** 通貨膨張論〈インフレ政策〉の. **2** ＝inflationär

In·fla·tions≠po·li·tik[ınflatsió:ns..] 女 -/ インフレ政策. **≠ra·te** 女 インフレ〈通貨膨張〉率. **≠zeit** 女 インフレ時代.

in·fla·to·risch[ınflató:rıʃ] ＝inflationär

in·fle·xi·bel[ínflεksi:bəl, ◡◡⏑́◡] (..xi·bl..) 形 **1** 曲がらない; 《比》変更できない; 仮借のない; 頑固な. **2** (unflektierbar) 〘言〙語形変化をしない. [*lat.*]

In·fle·xi·bi·le[ınflεksí:bilə] 中 -s/..bilia[..ksibí:lia·] 〘言〙語形変化をしない語, 不変化詞.

In·fle·xi·bi·li·tät[ınflεksibilitέ:t] 女 -/ inflexibel なこと.

In·flo·res·zenz[ınflorεstsέnts] 女 -/-en (Blütenstand) 〘植〙花序. [*nlat.*; ◇in[2]]

In·fluenz[ınfluέnts] 女 -/-en **1** (Einfluß) 影響, 作用. **2** 〘電〙誘導, 感応. [*mlat.*; ＜*lat.* īn-fluere „hineinfließen" (◇fluid); ◇*engl.* influence]

In·fluen·za[..έntsa·] 女 -/ (Grippe) 〘医〙インフルエンザ, 流行性感冒, 流感. [*mlat.*－*it.*]

In·fluenz·ma·schi·ne 女〘電〙誘導起電機.

In·fo[ínfo·] 中 -s/-s《話》＝Informationsblatt 1

in·fol·ge[ınfɔ́lgə] 前《2格支配》…の結果として, …のために: ～ eines Unfalls 事故のために ‖〖2格の代わりに von を伴って〗～ von Straßenglätte 道路が滑ったので. [◇Folge]

in·fol·ge·des·sen[ınfɔlgədέsən] 副 (daher, deswegen) その結果として, それゆえに, そのために: Ich bin krank, ～ kann ich nicht kommen. 私は病気でそのために行けない.

in fo·lio[ın fó:lio·] 《ラテ語》(im Folioformat) 二つ折り判で.

In·fo·mo·bil[ınfomobí:l] 中 -s/-e 情報サービスカー.

In·for·mand[ınfɔrmánt][1] 男 -en/-en 情報受容者.

In·for·mant[..mánt] 男 -en/-en 情報提供者; (Spitzel) 密偵, スパイ; 〘言〙インフォーマント, 資料提供者(研究者の質問に答えて自分の母語について情報を提供する人).

In·for·ma·tik[..má:tık] 女 -/ 情報科学.

In·for·ma·ti·ker[..tikər] 男 -s/- 情報科学者.

In·for·ma·tion[ınfɔrmatsió:n] 女 -/-en **1 a)** 情報, 知らせ, 通知; 《ふつう単数で》情報提供〈案内〉: eine vertrauliche ～ 内輪の情報, 内報 ‖ *～en* austauschen 情報を交換する | *～en* über *et.*[4] erhalten 〈weitergeben〉 …に関する情報を受け取る〈伝達する〉‖ nach neuesten *～en* 最新の情報によれば | Zu Ihrer ～ teilen wir Ihnen mit, daß ... 参考までに…をお知らせします. **b)** 〘電算〙情報; データ: *～en* speichern 情報〈データ〉を記憶装置に入れる. **2** (Auskunft) (駅などの)案内所: *sich*[4] bei der ～ erkundigen 案内所に問い合わせる. [*lat.*; ◇informieren]

In·for·ma·tions≠aus·tausch 男 情報交換. **≠bank** 女 -/-en データバンク. **≠blatt** 中 **1** 情報提供用パンフレット〈ちらし〉(略 Info). **2** 情報宣伝誌. **≠bü·ro** 中 案内所; 情報部. **≠de·fi·zit** 中 情報不足. **≠er·schlie·ßung** 女 情報検索. **≠flut** 女 情報の氾濫, 洪水のような情報. **≠fra·ge** 女 相手から情報を得るための質問. **≠ge·sell·schaft** 女 情報〔化〕社会. **≠ge·spräch** 中 情報を入手〈交換〉するための話し合い. **≠lücke** 女 情報の欠落部分. **≠me·dium** 中 情報媒体, 情報メディア. **≠netz** 中 情報網. **≠quel·le** 女 情報源. **≠stand** 男 情報宣伝用ちらし〈パンフレット〉の置かれている机, 情報スタンド. **≠sy·stem** 中 情報システム. **≠tech·nik** 女, **≠tech·no·lo·gie** 女 情報技術.

in·for·ma·tions·theo·re·tisch 形 情報理論〔上〕の.

In·for·ma·tions≠theo·rie 女 -/ 情報理論. **≠über·flu·tung** 女 情報の氾濫, 洪水のような情報. **≠ver·ar·bei·tung** 女 情報処理. **≠wert** 男 情報〔としての〕価値. **≠wis·sen·schaft** 女 情報科学. **≠zeit·al·ter** 中 情報〔化〕時代. **≠zen·trum** 中 情報センター.

in·for·ma·tiv[ınfɔrmatí:f][1] ＝informatorisch

In·for·ma·tor[..má:tɔr, ..to:r] 男 -s/-en[..mató:rən] **1** 通知者, 情報提供者. ▽**2** 家庭教師.

in·for·ma·to·risch[..mató:rıʃ] 形 情報を与える; 啓蒙(けいもう)的な.

in·for·mell[1][ínfɔrmεl, ◡◡⏑́] 形 **1** 非公式の, 略式の; 正式でない: *～e* Gruppe (正式でない)有志のグループ | ein *～es* Treffen 非公式の会合. **2** 〘美〙非具象主義の.
[*fr.*; ◇*engl.* informal]

in·for·mell[2][ınfɔrmέl] ＝informatorisch

in·for·mie·ren[ınfɔrmí:rən] 他 (h) 《*jn.*》(benachrichtigen) (…に)情報を提供する, 通知する; (belehren) (…

に)教える,(…を)啓蒙(けいもう)する: Ich möchte darüber *informiert* werden. それについて私にお知らせいただきたい(情報を提供してほしい) ‖ 再帰 *sich*[4] über *et.*[4] ～ …について照会〈調査〉する. [*lat.*; < in[2] + *lat.* fōrma (→Form)]

In·fo·stand[ínfo..] 男《話》= Informationsstand

In·fo·thek[ınfoté:k] 女 -/-en 情報センター.

infra..《名詞・形容詞などにつけて「下・下部」などを意味する》[*lat.*; ◇inferior]

In·fra·grill[ínfra..] 男〘料理〙赤外線ロースター.

In·frak·tion[ınfraktsió:n] 女 -/-en〘医〙骨屈折, 不全骨折. [*lat.*; < *lat.* īn-fringere „ein-brechen"]

in·fra·rot[ínfraro:t, ◡◡⏊; オース: トリア: ◡⏊◡—] **I** 形 (ultrarot)〘理〙(スペクトルの)赤外〔部〕の, 赤外線の: ～*e* Strahlen 赤外線. **II In·fra·rot** 中 -s/ 赤外線.

In·fra·rot≠auf·nah·me[また: ınfraró:t..] 女 赤外線撮影. **≠be·strah·lung** 女 赤外線照射. **≠film** 男 赤外線フィルム. **≠hei·zung** 女 赤外線暖房. **≠ka·me·ra** 女 赤外線カメラ. **≠lam·pe** 女 赤外線ランプ. **≠pho·to·gra·phie** 女 赤外線写真. **≠sen·sor** 男〘電子工学〙赤外線感知装置〈センサー〉. **≠strah·ler** 男 (暖房用の)赤外線ヒーター; 赤外線放射機.

In·fra·schall[ínfra..] 男 -〔e〕s/〘理〙超低周波音.

In·fra·struk·tur[ínfraʃtrʊktu:r, ..ast..] 女 (運輸・通信・道路・港湾・病院・学校など, 社会生活や経済活動を維持するための)社会的経済基盤, インフラストラクチャー. [*engl.*]

in·fra·struk·tu·rell[ínfraʃtrʊkturɛl, ..ast..] 形 Infrastruktur に関する.

In·ful[ínfʊl] 女 -/-n **1** (古代ローマの神官・総督などの)白鉢巻. **2** (Mitra)〘カトリック〙司教冠〔の垂れ飾り〕. [*lat.* īnfula]

in·fu·lie·ren[ınfulí:rən] 他 (h)《*jn.*》〘カトリック〙(…に)司教冠をかぶる資格を与える. [*mlat.*]

in·fun·die·ren[ınfʊndí:rən] 他 (h)〘医〙注入する. [*lat.*; ◇*engl.* infuse]

In·fus[ınfú:s][1] 中 -es/-e〘医〙浸剤. [*lat.*]

In·fu·sa Infusum の複数.

In·fu·sion[ınfuzió:n] 中 -/-en〘医〙注入: Tropf*infusion* 点滴〔注入〕. [*lat.*]

In·fu·sions·tier·chen 中 = Infusorium

In·fu·so·ri·en Infusorium の複数.

In·fu·so·ri·en·er·de[ınfuzó:riən..] 女 (Kieselgur)〘化〙珪藻(けいそう)土.

In·fu·so·rium[ınfuzó:riʊm] 中 -s/..rien[..riən]《ふつう複数で》(Aufgußtierchen)〘動〙滴虫, 繊毛虫.

In·fu·sum[ınfú:zʊm] 中 -s/..sa[..za·] = Infus

INF-Ver·trag[i:|ɛn|ɛ́ffɛrtra:k][1] 男 -〔e〕s/ (中距離核戦力全廃の) INF 条約(1987).

..ing[..ıŋ] →..ingen

Ing. 略 = Ingenieur

In·gang·hal·tung[ıngáŋ..] 女 -/ (機械などの)運転続行; (物事の)維持. [<in Gang halten]

In·gang·set·zung 女 -/ (機械などの)運転開始, 始動; (物事の)開始. [<in Gang setzen]

In·gä·vo·nen (**In·gä·wo·nen**)[ıngɛvó:nən] = Ingwäonen

Ing·bert[íŋbɛrt] 男名 (<Ingobert) イングベルト.

In·ge[íŋə] 女名 インゲ.

In·ge·borg[–bɔrk] 女名 インゲボルク. [*nord.*; <*nord.* Ingwio (◇Ingo)+borg „Burg"]

In·ge·burg[..bʊrk] 女名 インゲブルク. [*ahd.*]

..ingen[..ıŋən]《本来は「…に属する人々・土地」を意味し, 地名にみられる. ..ing という形もある. 中部ドイツでは ..ungen となることが多い》: Mein*ingen* | Gött*ingen* | Freis*ing* | Bad Salz*ungen* [*germ.*]

in ge·ne·re[ın gé:nere·, – gɛ́n..]《ラテン語》(im allgemeinen) 一般に, 総じて. [◇Genus]

in·ge·ne·riert[ıngenerí:rt] 形 (angeboren) 生まれつきの, 生来の. [< *lat.* in-generāre „ein-pflanzen"]

In·ge·ni·en Ingenium の複数.

In·ge·nieur[ınʒeniǿ:r] 男 -s/-e (⊛ **In·ge·nieu·rin**[..ǿ:rın]-/-nen) (略 Ing.) 技師, 技術者: ein ～ für Schiffbau 造船技師. [*fr.* ingénieur „Kriegsbaumeister"; < *mlat.* ingenium „Kriegsgerät"; ◇*engl.* engineer]

In·ge·nieur≠bau[ınʒeniǿ:r..] 男 -〔e〕s/-ten〘建〙(技師による高度の技術的計算を必要とする)技術建築〈構築〉物. **≠bü·ro** 中 土木〈建築〉技師事務所. **≠geo·lo·gie** 女 土木地質学.

In·ge·nieu·rin Ingenieur の女性形.

In·ge·nieur≠of·fi·zier[ınʒeniǿ:r..] 男 技術将校〈士官〉. **≠öko·no·mie** 女 (旧東ドイツで)技術経済学. **≠schu·le** 女 工業〈技術者養成〉学校.

in·ge·niös[ıngeniǿ:s][1] 形 工夫力に富んだ, 独創的な; 器用な, 気のきいた, 才気のある; 明敏な. [*lat.*–*fr.*]

In·ge·nio·si·tät[ıngeniozitɛ́:t] 女 -/ ingeniös なこと.

In·ge·nium[ıngé:niʊm] 中 -s/..nien[..niən] **1** 天分, (独創的・天才的な)素質. **2** 天分豊かな〈天才的な〉人. [*lat.*; < *lat.* gīgnere (→Genus); ◇*engl.* engine]

In·ge·nui·tät[ıngenuitɛ́:t] 女 -/ 率直さ, 公明正大さ; 誠実さ; (態度の)自然さ. [*lat.*; < *lat.* ingenuus „frei geboren"; ◇eingeboren[1]]

ᐁ**In·ge·sin·de**[íngəzındə] 中 -s/ = Gesinde [*mhd.*]

In·ge·stion[ıngɛstió:n] 女 -/ (Nahrungsaufnahme)〘医〙栄養〈食物〉の摂取, 摂食. [< *lat.* in-gerere „hinein-tragen"]

In·ge·stions·al·ler·gie 女〘医〙食餌性アレルギー.

in·ge·züch·tet[íngətsʏçtət] 形〘生〙同系交配による. [<Inzucht]

Ing. (**grad.**) 略 = **grad**uierter **Ing**enieur 大学卒技師.

In·gle·field-An·ker[íŋglfi:ld|aŋkər] 男 ストックレス＝アンカー(→ ⊛ Anker).

ᐁ**in·glei·chen**[ınglάiçən] 副 (ebenso) 同様に.

in glo·bo[ın gló:bo·]《ラテン語》(im ganzen) 全体で, 全体として. [◇Globus]

In·go[íŋgo·] 男名 インゴ. [<*ahd.* Ingwio (ゲルマンの一「種族の神)]

In·go·bert[íŋgobɛrt] 男名 インゴベルト.

In·go·mar[..mar] 男名 インゴマル. [<*ahd.* māren „verkünden"]

In·got[íŋgɔt] 男 -s/-s〘金属〙インゴット, 鋳塊; (金・銀などの)延べ棒. [*engl.*; ◇eingießen]

In·grain·fär·bung[ıngréın..] 女 -/〘染〙生染め, 地染め. [<*engl.* (dyed) in grain „in der Wolle (gefärbt)" (◇Gran)]

In·gre·diens[ıngré:diɛns] 中 -/..dienzien[..grediɛ́ntsiən], **In·gre·dienz**[..grediɛ́nts] 女 -/-en《ふつう複数で》**1** (Zutat)〘料理・薬〙添加物. **2** (Bestandteil) 成分, 要素. [< *lat.* ingredī (→Ingression)]

In·gre·mia·tion[ıngremiatsió:n] 女 -/-en (宗教団体への)入会許可. [< *spätlat.* gremium (→Gremium)]

ᐁ**In·greß**[ıngrɛ́s] 男 ..gresses/..gresse 入ること(立ち入り・進入・入場・入会など). [*lat.*]

In·gres·sion[ıngrɛsió:n] 女 -/-en〘地〙(沈下した陸地への)海の進出. [*lat.*; < *lat.* in-gredī „hinein-schreiten"]

in·gres·siv[íngrɛsi:f, ◡◡⏊][1] 形 (↔ egressiv)〘言〙(動詞の相・動作態様が)入始〈起動〉的な; (調音の際に気流が)内行する, 内行的な: ein ～*es* Verb 入始〈起動〉動詞 (= Ingressivum).

In·gres·si·vum[ıngrɛsí:vʊm] 中 -s/..va[..va·], ..ve[..və]〘言〙入始〈起動〉動詞(例 schlafen に対する einschlafen).

Ing·rid[íŋgrıt, ..ri:t] 女名 イングリト. [*nord.*; <*nord.* Ingwio (◇Ingo)+fridr „schön"]

In·grimm[íngrım] 男 -〔e〕s/ 憤懣(ふんまん), 怨恨(えんこん), 痛「憤.

in·grim·mig[..mıç][2] 形 憤懣〈怨恨〉を抱いた.

in·gui·nal[ıŋguiná:l] 形〘医〙鼠蹊(そけい)〔部〕の. [*lat.*; <*lat.* inguen „Leistengegend"]

ing·väo·nisch[ıŋvɛó:nıʃ] = ingwäonisch

Ing·wäo·nen[ıŋvɛó:nən] 複〘史〙イングヴェオーン族(北海沿岸地方に住んでいた古代ゲルマン人の一部族: →Istwäonen). [*lat.* Ingaevonēs; ◇Ingo]

I

ing·wä̤o·nisch[..nɪʃ] 形〘史〙イングヴェオーン族の.

I̤ng·wer[íŋvər] 男 -s/- **1**《単数で》〘植〙ショウガ(生姜)(→ 図 Gewürz). **2**(香辛料に用いる)ショウガの根; ショウガ油入りアルコール飲料. [„Hornförmiger"; *sanskr.*–*spätgr.* ziggíberis–*mlat.* gingiber–*mhd.*; ◇*engl.* ginger]

I̤ng·wer·bier 中 ジンジャービール(ショウガ入りの清涼飲料).

Inh. 略 =**Inh**aber

I̤n·ha̤·ber[ínha:bər] 男 -s/- (女**I̤n·ha̤·be·rin**[..bərɪn]-/-nen)(略 Inh.) 所有者, 持ち主, オーナー; 所持人〘法〙占有者: der ~ des Geschäftes ⟨des Ordens⟩ 店⟨勲章⟩の所有者 | der ~ des Rekordes 記録保持者 | der ~ des Wechsels 手形の持参人 | auf den ~ lautend〘商〙(小切手などで)持参人払いの. [*mhd.*; ◇innehaben]

I̤n·ha̤·ber≠ak·tie[..tsiə] 女 (↔Namensaktie)〘商〙無記名株券. **≠pa·pier** 中 (↔Namenspapier)〘商〙無記名証券.

in·haf·ti̤e·ren[ɪnhaftí:rən] 他 (h) (verhaften) 逮捕する; 拘留する.

In·haf·ti̤e·rung[..rʊŋ] 女 -/-en 逮捕; 拘留.

In·ha̤ft·na̤h·me[ɪnháftna:mə] 女 -/-n = Inhaftierung [<in Haft nehmen]

In·ha·la·tio̤n[ɪnhalatsió:n] 女 -/-en 〘医〙吸入. [*lat.*]

In·ha·la·tio̤ns≠ap·pa·ra̤t 男〘医〙吸入器. **≠nar·ko̤·se** 女〘医〙吸入麻酔.

In·ha·la·to̤·rium[ɪnhalató:riʊm] 中 -s/..rien[..riən]〘医〙吸入室.

in·ha·li̤e·ren[ɪnhalí:rən] 他 (h) (einatmen)〘医〙吸入する;《話》(タバコの煙などを)吸い込む;《戯》(飲食物を)とる, 飲む, 食べる. [*lat.* in-hālāre „an-hauchen"]

I̤n·halt[ínhalt] 男 -〔e〕s/-e **1** 中身, 内容: der ~ einer Flasche ⟨eines Pakets⟩ 瓶⟨小包⟩の中身 | der ~ eines Buches ⟨eines Vortrags⟩ 書物⟨講演⟩の内容 | ein Leben ohne ~ 空虚な人生 | Form und ~ 形式と内容 | Der Film hat die Darstellung einer Freundschaft zum ~. この映画はある友情の物語である. **2** 容量, 容積, 面積;〘論〙内包: der ~ eines Dreiecks ⟨eines Zylinders⟩ 三角形の面積⟨円筒の容積⟩.
[<in〔ne〕halten „enthalten"]

i̤n·halt≠arm =inhaltsarm **≠be·zo̤·gen** 形〘言〙意味内容に即した: die ~*e* Grammatik 意味内容文法. **≠leer** =inhaltsleer

i̤n·halt·lich[ínhaltlɪç] 形 中身⟨内容⟩に関する: *Inhaltlich* ist der Roman gut, aber ... 内容的にはこの小説はすぐれているがしかし….

i̤n·halt≠lo̤s =inhaltslos **≠reich** =inhaltsreich

i̤n·halts[ínhalts] **I** 副《官》(nach dem Inhalt) 内容によれば, 内容的に.
▽**II** 前《2格支配》…の内容によれば, …に基づいて.

I̤n·halts·an·ga̤·be 女 内容を述べること; 内容説明⟨申告⟩: eine kurze ~ geben ⟨machen⟩ 内容を簡単に述べる, 梗概(こうがい)を説明する.

i̤n·halts≠arm 形 内容の乏しい. **≠leer** 形, **≠lo̤s** 形 内容のない, 無内容の, 空疎な. **≠reich** 形 内容の豊かな. **≠schwe̤r** 形 (表現が)含蓄に富んだ, 意味深い(元来は Schiller による prägnant の独訳).

I̤n·halts≠ṳ̈ber·sicht 女, **≠ver·zeich·nis** 中 (書物などの)目次; 内容目録.

i̤n·halt〔s〕·voll 形 **1** =inhaltsreich **2** =inhaltsschwer

in·hä·re̤nt[ɪnhɛrɛ́nt] 形《*et.*³》(…に)内在⟨内属⟩する, 固有の, 必ず存在する: die der Lüge ~*e* Absicht 虚言に内在する⟨必ず存在する⟩意図. [*lat.*]

In·hä·re̤nz[..rɛ́nts] 女 -/ (性質などの)内在, 固有性, 先天性;〘哲〙内属. [*mlat.*; ◇*engl.* inherence]

in·hä·ri̤e·ren[ɪnhɛrí:rən] 自 (h) 内在⟨内属⟩する, 先天的に備わっている. [*lat.*; <in²+*lat.* haerēre (→häsitieren)]

in·hi·bi̤e·ren[ɪnhibí:rən] 他 (h) **1** (verhindern) 妨げる, 阻止する. **2** (verbieten) 禁じる, 禁止する. [*lat.*; <in²+*lat.* habēre „halten"; ◇*engl.* inhibit]

In·hi·bi·tio̤n[..hibitsió:n] 女 -/-en **1** 妨害, 阻止. **2** 禁止. [*lat.*]

in ho̤c sa̤·lus[ɪn hó:k zá:lʊs]《ラテン語》(略 I. H. S.) (in diesem 〔ist〕 Heil) この(この十字架の)中に救いあり. [◇Salut]

in ho̤c si̤·gno 〔vi̤n·ce̤s〕[– – zígno· (víntse:s)]《ラテン語》(略 I. H. S.) (in diesem Zeichen 〔wirst du siegen〕) この印(十字の印)によりてなんじは勝利を得ん. [◇Signum]

i̤n·ho·mo·ge̤n[ínhomoge:n, ◡◡◡⏊] 形 (heterogen) 同種⟨同質⟩でない, 不等質⟨不均質⟩の.

In·ho·mo·ge·ni·tä̤t[ɪnhomogenitɛ́:t, ◡◡◡◡◡–] 女 -/ 不等質⟨不均質⟩性.

in ho·no̤·rem[ɪn honó:rɛm]《ラテン語》(zu Ehren)《*jm.*》(…に)敬意を表して. [◇Honneur]

i̤n·hu·ma̤n[ínhuma:n, ◡◡⏊] 形 非人間的⟨非人道的⟩な, 不人情な; 仮借ない, 過酷な. [*lat.*]

In·hu·ma·ni·tä̤t[ɪnhumanitɛ́:t, ◡◡◡◡–] 女 -/-en inhuman なこと. [*lat.*]

in in·fi·ni̤·tum[ɪn ɪnfiní:tʊm] =ad infinitum

in i̤n·te·grum[– íntegrʊm]《ラテン語》~ restituieren〘法〙原状回復を行う. [◇integer]

In·itia̤l[initsiá:l] 中 -s/-e, **In·itia̤l·bṳch·sta̤·be** 男 =Initiale 1

In·itia̤·le[..lə] 女 -/-n **1 a)** 頭文字, イニシアル. **b)** (古写本の章の始めの)飾り大文字. **2** =Initialzelle [*lat.* initiālis „anfänglich"; <*lat.* initium „Eingang"]

In·itia̤l≠spreng·stoff 男 起爆剤. **≠wort** 中 -〔e〕s/..wörter =Akronym **≠zel·le** 女〘植〙始原細胞. **≠zün·dung** 女 起爆〔作用〕;《比》(そもそもの)アイディア, プラン.

In·itia̤nt[initsiánt] 男 -en/-en =Initiator

In·itia·tio̤n[initsiatsió:n] 女 -/-en **1** 手ほどき, 秘密⟨奥義⟩の伝授. **2 a)**〘社・民族〙(特に未開民族などに見られる若者の共同社会への正式な)受け入れ, 加入. **b)** (秘密組織などへの)入会⟨採用⟩〔許可〕. **3** =Initiationsritus [*lat.*]

In·itia·tio̤ns·ri̤·tus 男 -/..ten《ふつう複数で》**1**〘社・民族〙加入儀礼(抜歯・割礼などを伴うこともある). **2** 元服式(騎士の刀礼など).

in·itia·ti̤v[initsiatí:f][1] 形 自発性⟨創意工夫⟩のある, 積極的な; イニシアチブを持った, 主導的な: ~ werden イニシアチブを取る.

In·itia·ti̤v·an·tra̤g 男 (議会での)発議, 提案.

In·itia·ti̤·ve[initsiatí:və; オーストリア: ..fə] 女 -/-n **1**《単数で》**a)** イニシアチブ, 主導権; 発意, 創意, 自発性: die ~ ergreifen イニシアチブを取る, 率先して行う | auf ~ des Bürgermeisters 市長の発議⟨提案⟩で | aus eigener ~ handeln 自発的に行動する. **b)** (Bürgerinitiative) 市民⟨住民⟩運動. **2** =Initiativrecht **3**《スイス》(Volksbegehren) 国民投票の請願. [*fr.*]

In·itia·ti̤v·recht[..tí:f..] 中 (立法の)発議権, 法案提出権.

In·itia̤·tor[initsiá:tɔr, ..to:r] 男 -s/-en[..tsiató:rən] イニシアチブを取る人, 主導者; 発議⟨提案⟩者; 発起人.

in·itia·to̤·risch[..tsiató:rɪʃ] 形 イニシアチブ⟨主導権⟩を持った, 発議⟨提案⟩する.

In·i̤ti·en[iní:tsiən] 複 (Anfangsgründe) 初歩, 基礎段階. [*lat.*; <*lat.* in-īre „hinein-gehen"]

in·iti·i̤e·ren[initsií:rən] 他 (h) **1**《*et.*⁴》発議⟨提案⟩する, (…の)イニシアチブを取る; 準備する, 発足させる. **2**《*jn.*》(…に)手ほどきする; (…に)秘密を明かす, 奥義を伝授する; (…を団体へ)入会させる; (職に)つける. [*lat.*; ◇*engl.* initiate]

In·jek·tio̤n[ɪnjɛktsió:n] 女 -/-en **1** (Einspritzung) **a)**〘医〙注射, 注入: eine intramuskuläre ⟨intravenöse / subkutane⟩ ~ 筋肉⟨静脈・皮下⟩注射 | Tropfen*injektion* 点滴注射 ‖ eine ~ 〔von Kalzium〕 machen 〔カルシウム〕注射をする | *jm.* eine ~ geben ⟨verabreichen⟩ …に注射をする. **b)**〘建〙グラウチング(セメントなど膠泥物の注入). **2**〘医〙充血. **3**〘地〙貫入. **4**〘理〙(素粒子の)ドーピング. [*lat.*]

In·jek·tiọns⸗flüs·sig·keit 女 注射液. **⸗lọ̈·sung** 女 注射液. **⸗mit·tel** 中 注射剤. **⸗nạ·del** 女 注射針. **⸗sprit·ze** 女 注射器.

In·jẹk·tor[ɪnjɛ́ktɔr, ..to:r] 男 -s/-en[..jɛktó:rən] 〘工〙インゼクタ, 給水装置, 注入ポンプ; 圧搾空気注入装置.

in·ji·ziẹ·ren[ɪnjitsí:rən] 他 (h) (einspritzen) 〘医〙注射する; 注入する: *jm. et.*[4] in den Arm 〈unter die Haut〉 ～ …の腕〈皮下〉に…を注射する.
[*lat.*; ＜in[2]＋iacere „werfen"; ◇ *engl.* inject]

in·jun·giẹ·ren[ɪnjʊŋgí:rən] 他 (h) 《*jm. et.*[4]》 (…に…を義務として)課する; (…に…を)命令〈指令〉する.
[*lat.* in-iungere „hinein-fügen"; ◇ *engl.* injunct]

In·junk·tiọn[..jʊŋktsió:n] 女 -/-en 命令, 指令.
[*spätlat.*]

In·ju·riạnt[ɪnjuriánt] 男 -en/-en 誹謗(ひぼう)者, 名誉毀損(きそん)者.

In·ju·riạt[..riá:t] 男 -en/-en 被誹謗(ひぼう)者, 名誉を毀損(きそん)された人.

In·jụ·rie[ɪnjú:riə] 女 -/-n (Beleidigung) 侮辱, 誹謗(ひぼう), 名誉毀損(きそん): Verbal*injurie* 口頭侮辱. [*lat.*; ＜*lat.* in-iūrius „un-gerecht" (◇Jus[1])]

In·jụ·ri·en·klạ·ge 女 〘法〙名誉毀損(きそん)の訴え.

in·ju·ri·iẹ·ren[ɪnjurií:rən] 他 (h) (beleidigen) 《*jn.*》 侮辱〈誹謗(ひぼう)〉する, (…の)名誉を毀損(きそん)する.

in·ju·riọ̈s[..riǿ:s][1] 形 侮辱〈誹謗(ひぼう)〉的な, 名誉を毀損(きそん)する. [*lat.*; ◇..os]

Ịn·ka[íŋka·] 男 -〔s〕/-〔s〕 **1** インカ人(スペイン人に滅ぼされた南米のインカ帝国の支配階級). **2** インカ皇帝. [*indian.* „Herr"－*span.*]

Ịn·ka·bein[íŋka..] 中 〘解〙インカ骨, 頭頂間骨.

ịn·ka·isch[íŋka-ɪʃ] 形 インカ人〈帝国〉の.

Ịn·ka·kno·chen[íŋka..] 男 ＝Inkabein

In·kar·di·na·tiọn[ɪnkardinatsió:n] 女 -/-en (↔Exkardination) 〘カトリック〙(聖職者の)司教区入籍. [*mlat.*; ＜in[2]＋*lat.* cardinālis (→Kardinal)]

in·kar·nạt[ɪnkarná:t, ɪŋ..] **I** 形 (fleischfarben) 肉色の, (肉のように)紅色の. **II In·kar·nạt** 中 -〔e〕s/ (Fleischfarbe) 〘美〙肉色, (肉のような)紅色. [*fr.*]

In·kar·na·tiọn[ɪnkarnatsió:n, ɪŋ..] 女 -/-en **1** 肉体〈具体〉化, 具現, 顕現. **2** (Menschwerdung) 〘キリスト教〙(神の)託身(たくしん), 受肉. [*spätlat.*; ＜in[2]＋karne..]

In·kar·nạt⸗klee[ɪnkarná:t..] 男 -s/ 〘植〙ベニバナツメクサ(紅花詰草). **⸗rọt** 中 -s/ 肉色.

in·kar·niert[ɪnkarní:rt] 形 **1** 肉体〈具体〉化した, 具現した. **2** 〘キリスト教〙(神が)受肉した, 託身の.

In·kas·sạnt[ɪnkasánt] 男 -en/-en (⊛ **In·kas·sạn·tin**[..tɪn]-/-nen) 《オーストリア》 (Kassierer) 〔代金〕取り立て〈徴収〉係.

In·kạs·so[ɪnkáso·, ɪŋ..] 中 -s/-s (オーストリア: ..ssi[..si·]) 〘商〙(代金などの)取り立て, 徴収. [*it.*; ◇in[2], Cassa]

In·kạs·so⸗bü·ro[ɪnkáso..] 中 〔代金〕取り立て〈徴収〉引受業. **⸗pro·vi·siọn** 女 〘商〙〔代金〕取り立て〈徴収〉手数料. **⸗voll·macht** 女 〘商〙〔代金〕取り立て〈徴収〉〔代理〕権. **⸗wech·sel** 男 〘商〙取り立て手形.

In·kauf·nah·me[ɪnkáufna:mə] 女 -/ (大きな利益に伴う)小さな不利益の甘受, (承知の上の)損失の背負い込み.
[＜in Kauf nehmen]

inkl. 略 ＝**inklusive**

In·kli·na·tiọn[ɪnklinatsió:n, ɪŋ..] 女 -/-en **1** (Neigung) 気持の傾き, 愛着. **2 a)** 〘理〙伏角(ふっかく), ディップ. **b)** 〘天〙軌道傾斜. **c)** 〘地〙(地磁気の)傾角. **d)** 〘数〙傾角. [*lat.*]

▽**in·kli·niẹ·ren**[ɪnkliní:rən, ɪŋ..] 自 (h) 《zu *et.*[3]》 (…に)気持が傾く, 愛着をもつ, (…を)好む. [*lat.*; ◇in[1], lehnen[1]]

▽**in·klu·diẹ·ren**[ɪnkludí:rən] 他 (h) (↔exkludieren) (einschließen) (中に)含める, 包含する, 含む. [*lat.*; ＜in[2]＋*lat.* claudere (→Klause)]

in·klu·sị·ve[ɪnkluzí:və, ɪŋ.., ⏑⏑–⏑; オーストリア: ɪnkluzí:fə] (略 inkl.) (↔exklusive) (einschließlich) **I** 副 《後置して》(…をも)含めて: bis zur 20. Seite ～ (20ページめも含んで) 20ページまで. **II** 前 《2格支配; ただし名詞が冠詞や付加語を伴わないときは, 単数では無変化, 複数では3格支配》…を含めて: ～ des Portos 郵送料を含めて ‖ Das Zimmer kostet 50 Mark ～ Frühstück. この部屋の料金は朝食つきで50マルクだ | ein Menü ～ Getränken für 30 Mark 飲み物こみで30マルクの定食. [*mlat.*]

in·kọ·gni·to[ɪnkɔ́gnito·, ɪŋ..] **I** 副 人に知られずに, 匿名〈仮名〉で: ～ reisen お忍びで旅をする. **II In·kọ·gni·to** 中 -s/-s (オーストリア: -/-s) お忍び, 微行; 匿名: *sein* ～ lüften 〈fallenlassen〉 身分をあかす.
[*lat.* in-cōgnitus „un-erkannt"－*it.*; ◇Kognition]

in·ko·hä·rẹnt[ɪnkohɛrɛ́nt, ⏑⏑⏑⏑] 形 **1** 互いに連関のない, 首尾一貫しない, ばらばらの. **2** 〘理〙非干渉性の.

In·ko·hä·rẹnz[..rɛ́nts, ⏑⏑⏑⏑] 女 -/-en (inkohärent なこと. 例えば:) 〘理〙非干渉性.

in·ko·ha·tịv[ɪnkohatí:f][1] ＝inchoativ

Ịn·kọh·lung[ínko:lʊŋ] 女 -/ 〘考古〙(植物の)〔自然〕炭化. [＜Kohle]

in·kom·men·su·rạ·bel[ɪnkɔmɛnzurá:bəl, ⏑⏑⏑⏑–⏑] (..ra·bl..) 形 **1** 同一尺度では測れない; 比較が不可能な. **2** 〘数〙通約できない. [*spätlat.*]

in·kom·mo·diẹ·ren[ɪnkɔmodí:rən, ɪŋ..] 他 (h) (bemühen) 《*jn.*》 わずらわす, (…に)迷惑をかける: 再帰 *sich*[4] ～ 骨を折る, 迷惑を引き受ける. [*lat.*－*fr.*; ＜*lat.* in-commodus „un-bequem" (◇kommod)]

in·kom·pa·rạ·bel[ɪnkɔmpará:bəl, ⏑⏑⏑–⏑] (..ra·bl..) 形 **1** 比較できない; 《比》くらべるもののない, ユニークな. **2** 〘言〙比較変化が不可能な. [*lat.*]

In·kom·pa·rạ·bi·le[ɪnkɔmpará:bilə] 中 -s/..lia[..rabí:lia·], ..lien[..rabí:liən] 〘言〙比較変化が不可能な形容詞(例 tot, rund).

in·kom·pa·tị·bel[ɪnkɔmpatí:bəl] (..ti·bl..) 形 両立し得ない, 相いれない, 矛盾する.

In·kom·pa·ti·bi·li·tät[..tibilitɛ́:t] 女 -/-en (inkompatibel なこと. 例えば:) 非両立性; 〘医〙(輸血の)不適合〔性〕; (薬剤の)配合禁忌; 〘言〙共起不可能〔性〕.

ịn·kom·pe·tent[ínkɔmpetɛnt, ⏑⏑⏑⏑] 形 **1** 権限〈資格〉のない; 専門知識のない. **2** 〘言〙言語能力のない. **3** 〘地〙(岩層が)コンピーテントでない. [*spätlat.*]

Ịn·kom·pe·tenz[..tɛnts, ⏑⏑⏑⏑] 女 -/-en 権限〈資格〉のないこと, 無権限, 無資格; 専門知識がないこと.

ịn·kom·plett[ínkɔmplɛt, ⏑⏑⏑] 形 不完全な; 〘医〙不全の. [*spätlat.*－*fr.*]

in·kom·pres·sị·bel[ɪnkɔmprɛsí:bəl] (..si·bl..) 形 圧縮〈濃縮〉できない.

ịn·kon·gruent[ínkɔngruɛnt, ⏑⏑⏑⏑, ..kɔŋ..] 形 (disgruent) 一致〈適合〉しない; (↔kongruent) 〘数〙不合同の, 不等の. [*lat.*]

Ịn·kon·gruenz[..ɛnts, ⏑⏑⏑⏑, ..kɔŋ..] 女 -/-en 不一致, 不適合; 〘数〙不合同, 不等.

ịn·kon·se·quent[ínkɔnzekvɛnt, ⏑⏑⏑⏑] 形 (folgewidrig) 首尾一貫しない, 矛盾した, 筋の通らない: *sich*[4] ～ verhalten 首尾一貫しない態度をとる. [*spätlat.*]

Ịn·kon·se·quenz[..kvɛnts, ⏑⏑⏑⏑] 女 -/-en inkonsequent なこと. [*spätlat.*]

ịn·kon·si·stent[ínkɔnzɪstɛnt, ⏑⏑⏑⏑] 形 **1** 持続しない, 不安定な; (液体について)粘りけのない. **2** 矛盾した, 筋の通らない.

ịn·kon·stant[ínkɔnstant, ⏑⏑⏑] 形 変わりやすい, 一定しない, 不安定な. [*lat.*]

Ịn·kon·stanz[..stants, ⏑⏑⏑] 女 -/ 変わりやすい〈一定しない〉こと, 不安定. [*lat.*]

In·kon·ti·nenz[ínkɔntinɛnts, ⏑⏑⏑⏑] 女 -/-en 〘医〙失調〔症〕; 失禁. [*lat.* „Un-enthaltsamkeit"]

in·kon·ve·nạ·bel[ɪnkɔnvená:bəl, ⏑⏑⏑–⏑] (..na·bl..) 形 不適当な; 不都合な. [*fr.*]

ịn·kon·ve·nient[ínkɔnveniɛnt, ⏑⏑⏑⏑⏑] ＝inkonvenabel [*lat.*－*fr.*]

Ịn·kon·ve·nienz[..niɛnts, ⏑⏑⏑⏑⏑] 女 -/-en 不適

当; 不都合. [*spätlat.*]

in·kon·ver·ti·bel[ɪnkɔnvɛrtíːbəl, ◡◡◡–◡](..ti·bl..) 形 **1**〖宗〗改宗させ得ない. **2**〖経〗(一国の通貨が他国の通貨に)交換不可能な. [*spätlat.*]

in·kor·po·ral[ɪnkɔrporáːl] 形〖医〗体内の.

In·kor·po·ra·tion[..ratsióːn] 女 -/-en inkorporieren すること. [*spätlat.*]

in·kor·po·rie·ren[..ríːrən] 他 (h) **1**〖法〗併合〈編入〉する: einen Staat ～ 国家を併合する. **2**《*jn.* in *et.*[4]》(…を団体などへ)加入させる. **3**〖医〗体内に送入〈輸入〉する. **4** (einverleiben)〖言〗抱合する(動詞の語形変化の内部に目的語などを抱合して一つの単語にしてしまう): *inkorporierende* Sprachen (アメリカ=インディアン語などの)抱合言語. [*spätlat.*; ◇in[2]]

in·kor·rekt[ínkɔrɛkt, ◡◡◡] 形 正しくない, 不正確な, 間違った; 公正でない, 不正な; 不適切〈不穏当〉な: eine ～*e* Aussprache 不正確な〈間違った〉発音 | *sich*[4] ～ benehmen 不穏当に振舞う. [*lat.*]

In·kor·rekt·heit[..haɪt, ◡◡◡–] 女 -/-en (inkorrekt なこと. 例えば:) 不正確, 誤り; 不公正, 不正; 不適切, 不穏当, 落ち度.

In·kraft·set·zung[ɪnkráftzɛtsʊŋ] 女 -/-en (法律などの)施行(→Kraft 2 c). [<in Kraft setzen]

In·kraft·tre·ten[..treːtən] 中 -s/ (法律・契約などの)発効(→Kraft 2 c). [<in Kraft treten]

In·kreis[ínkraɪs][1] 男 -es/-e (↔Umkreis)〖数〗内「接円.」

In·kre·ment[ɪnkremɛ́nt, ɪŋ..] 中 -〔e〕s/-e (↔Dekrement) (Zuwachs) 増大, 増加;〖数〗増量, 増分. [*lat.*; <*lat.* in-crēscere „ein-wachsen" (◇crescendo)]

In·kret[ɪnkréːt, ɪŋ..] 中 -〔e〕s/-e (↔Exkret)〖生理〗内分泌物, ホルモン. [<in[1]+Sekret]

In·kre·tion[..kretsióːn] 女 -/ 内分泌.

in·kre·to·risch[..kretóːrɪʃ] 形 内分泌〔性〕の.

in·kri·mi·nie·ren[ɪnkriminíːrən, ɪŋ..] 他 (h)《*jn.*》(…に)罪を帰する〈負わせる〉, (…を)有罪にする. [*mlat.*; ◇in[2], kriminal; *engl.* incriminate]

In·kru·sta·tion[ɪnkrʊstatsióːn, ɪŋ..] 女 -/-en **1 a)**〖建·美〗(大理石などの)〔はめ込み〕化粧張り. **b)**〖服飾〗別布のはめ込み取り付け〔装飾〕(アプリケと違って装飾の布を象眼するように縫いつけること). **2** 被覆, 被膜〔形成〕, 外被, 皮殻; (洗濯物に付着した)水あか, 洗剤かす. [*spätlat.*]

in·kru·stie·ren[..krʊstíːrən] 他 (h) **1** 被膜で覆う. **2**〖建·美〗(…に)化粧張りを施す. **3**〖服飾〗(…に)はめ込み細工を施す. [*lat.*; <in[2]+*lat.* crūsta (→Kruste)]

In·ku·ba·tion[ɪnkubatsióːn, ɪŋ..] 女 -/-en **1**〖動〗抱卵(ほうらん), 孵化(ふか). **2**〖医〗(病原菌の)潜伏〔期〕. **3** (細菌·微生物などの)培養. **4**〖史〗(啓示·治癒を願う)お籠(こも)り. [*lat.*; <*lat.* in-cubāre „darin-liegen"]

In·ku·ba·tions·zeit 女 **1**〖医〗(病原菌の)潜伏期. **2**〖動〗抱卵期.

In·ku·ba·tor[..kubáːtɔr, ..toːr] 男 -s/-en [..batóːrən] **1** 孵卵(ふらん)〈人工孵化(ふか)〉器. **2** (早産児用の)保育器. **3** 細菌〈微生物〉培養器.

In·ku·bus[ínkubʊs, íŋ..] 男 -/..ben[ɪnkúːbən, ɪŋ..] **1 a)** (古代ローマの)夢魔. **b)** (魔女と情交する中世の)悪魔. **2**〖医〗夢魔, うなされ. [*spätlat.*; ◇Sukkubus]

in·ku·lant[ínkulant, ◡◡◡] 形 (商売などで客に対して)好意的でない.

In·ku·lanz[..lants, ◡◡◡] 女 -/-en inkulant なこと.

In·kul·pant[ɪnkʊlpánt, ɪŋ..] 男 -en/-en (Ankläger)〖法〗告訴人, 原告. [<*mlat.* in-culpāre „an-schuldigen"]

In·kul·pat[..páːt] 男 -en/-en (Angeklagter)〖法〗「被告.」

In·ku·na·bel[ɪnkunáːbəl, ɪŋ..] 女 -/-n《ふつう複数で》(Wiegendruck) インキュナブラ, 揺籃(ようらん)期本(ヨーロッパで1500年以前の活版印刷物). [*lat.* in-cūnābula „Windeln"; <*lat.* cūnae „Wiege"]

in·ku·ra·bel[ɪnkuráːbəl, ◡◡◡–◡](..ra·bl..) 形 (unheilbar) 治療不能の, 不治の. [*spätlat.*]

In·kur·va·tion[ɪnkʊrvatsióːn] 女 -/-en (内側への)湾曲. [<*lat.* in-curvāre „ein-biegen" (◇Kurve)]

In·laid[ínlaɪt][1] 男 -s/-e《スイ》(模様入りの)リノリウム. [*engl.*; ◇einlegen]

In·land[ínlant][1] 中 -〔e〕s/ **1**《ふつう定冠詞を伴って》(↔Ausland) **a)** 国内, 自国: im ～ 国内で | für das ～ bestimmt 国内向けの. **b)**《集合的に》国内の人々. **2** (Binnenland) (海岸から離れた)内地, 内陸.

In·land·eis 中〖地〗内陸氷.

In·län·der[ínlɛndər] 男 -s/- (⊛**In·län·de·rin**[..dərɪn]-/-nen) **1** (↔Ausländer) 自国民; 本邦人. **2** (その土地の)居住者.

in·län·disch[..lɛndɪʃ] 形 国内の, 自国の: der ～*e* Bedarf 〈Markt〉 国内需要〈市場〉.

In·land·netz[ínlant..] 中 (民間航空などの)国内〔航「路〕網.」

In·lands≈markt[ínlants..] 男 国内市場. **≈nach·fra·ge** 女 国内需要, 内需. **≈paß** 男 国内旅券. **≈por·to** 中 国内郵便料.

In·laut[ínlaʊt] 男 -〔e〕s/-e〖言〗語中音(例 Rad における a: →Anlaut, Auslaut).

in·lau·tend[..laʊtənt][1] 形〖言〗語中音〔として〕の.

In·lett[ínlɛt] 中 -〔e〕s/-e, -s (羽ぶとんなどの)ふとん皮〈袋〉. [*ndd.* īn-lāt; ◇einlassen]

in·lie·gend[ínliːgənt][1] **I** 形《オーストリア》(einliegend) (郵便物などに)封入〈同封〉されている: Rückporto ～ 返信料同封.
II In·lie·gen·de 中《形容詞変化》同封されたもの.

in maio·rem Dei glo·riam[ɪn majóːrɛm déːi gló:riam] = ad maiorem Dei gloriam

in me·dias res[ɪn méːdia(ː)s réːs]《ラテン語》(mitten in die Dinge hinein) 前置きは抜きで, 単刀直入に: **～ gehen 〈kommen〉** ずばり核心をつく, 単刀直入に切り出す. [◇medio]

in me·mo·riam[ɪn memóːriam]《ラテン語》(zum Gedächtnis)《ふつう人名を伴って》(…の)思い出に, (…を)記念して. [◇Memoire]

in·mit·ten[ɪnmítən] **I** 前《2格支配》…のまん中で, …の中央で; …に囲まれて; …の最中に: ～ dieser Ereignisse これらの出来事のさなかに | ～ der Kinder sitzen 子供たちに囲まれて座っている | ～ von Blumen 花に囲まれて | ～ von Neugierigen stehen 物見高い野次馬たちのただなかに立っている. **II** 副 まん中で.

in'n[ɪn] <in den

der **Inn**[ɪn] 地名 男 -〔s〕/ イン(Donau 川の支流). [*kelt.*; ◇*ir.* en „Wasser"]

in na·tu·ra[ɪn natúːra·]《ラテン語》自然のまま〔の姿〕で; 実物で; 現実に;《話》(お金でなく)現物で. [„in Natur"]

inne..《分離動詞の前つづり.「所有·保持·保留·獲得」などを意味する. つねにアクセントをもつ》: *inne*sein (…に)気がついている | *inne*werden (…を)知覚する | *inne*wohnen (…に)内在する. [*germ.*; ◇in〔nen〕]

in·ne|ha·ben*[ínəhaːbən][1]《64》**I** 他 (h) **1** (地位·官職などを)占めている: den Lehrstuhl für Philosophie ～ (大学で)哲学の講座を担当している. **2**《雅》所有する, 占有〈保持〉する. **II** 自 (h)〖狩〗(ウサギなどが)妊娠している, 孕(はら)んでいる.

in·ne|hal·ten*[ínəhaltən]《65》**I** 自 (h)《in 〈mit〉 *et.*[3]》(…を)中断する, (…の)手を休める: in *seiner* Arbeit ～ 仕事の手を休める | mit dem Sprechen ～ 話すのを一時やめる. **II** 他 (h)《雅》(約束·期限·規則などを)守る.

in·nen[ínən] **I** 副 **1** (↔außen) なかに〈で〉, 内側〈内部〉に〈で〉; 心のなかで: Die Kugel ist ～ hohl. この球は中空である | Das Fleisch ist ～ noch rot. この〔焼き〕肉は芯(しん)がまだ赤い | Der Becher ist nur ～ vergoldet. この杯は内側だけが金めっきである ‖ ～ laufen〖スポーツ〗内側のコースを走る ‖ *et.*[4] **nach** ～ biegen …を内側に曲げる | die Füße nach ～ setzen 内股(うちまた)に歩く | Die Tür geht nach ～ auf. 戸は内開きである | die Tür **von** ～ schließen 戸を内側から閉める | eine Stimme von ～ 内心の声 | ***sich***[4] **von ～ begucken**《話》眠る | eine Kirche von ～ besichtigen 教会の内部を見物する | *jn.* 〔von〕 ～ und außen kennen …の裏も表も知りぬいている. **2**《オーストリア》(↔draußen) 屋内で.

I

★ inner の副詞的用法にあたる.

II In·nen 田 -/ 内側, 内部. [*germ.*; ◇in¹]

In·nen≈an·ten·ne 女 室内〈内蔵〉アンテナ. **≈ar·bei·ten** 複 屋内作業(労働). **≈ar·chi·tekt** 男 室内装飾家, インテリアデザイナー. **≈ar·chi·tek·tur** 女 室内装飾〔術〕, インテリア〔デザイン〕. **≈auf·nah·me** 女 -/-n〘写〙屋内撮影; (ふつう複数で)〘映〙スタジオ撮影. **≈aus·stat·tung** 女 内装. **≈bahn** 女〘ﾕﾎﾟ〙内側のコース, インコース. **≈be·leuch·tung** 女 内部〈室内〉照明. **≈bord** 田〘紋〙(盾の)内側の縁どり(→ ⊛ Wappen e). **≈de·ko·ra·tion** 女 室内装飾. **≈de·sig·ner** 男 室内〔装飾〕デザイナー. **≈dienst** 男 内勤; 屋内勤務. **≈druck** 男 -〔e〕s/ 〘理〙内部の圧力, 内圧. **≈ein·rich·tung** 女 内部〈室内〉設備, インテリア. **≈flä·che** 女 内側の面: die ~ der Hand 手のひら. **≈hof** 男 中庭. **≈ko·lo·ni·sa·tion** 女 国内開発(開拓). **≈le·ben** 田 -s/ **1** 内面生活: auf ~ schalten《話》就寝する. **2**《話》**a**) (機械の)内部機構. **b**) (服の)裏地. **≈mi·ni·ster** 男 内務〈自治〉大臣, 内相. **≈mi·ni·ste·rium** 田 内務〈自治〉省. **≈ohr** 田〘解〙内耳. **≈po·li·tik** 女 -/ 国内政治, 内政; 国内政策.

in·nen·po·li·tisch 形 内政〈国内政策〉〔上〕の.

In·nen≈raum 男 内部〔空間〕. **≈reim** 男〘詩〙央末韻(同一行内の中央にある語と行末の語とが韻をふんだもの). **≈sei·te** 女 内側, 内面. **≈se·na·tor** 男 (Berlin, Bremen, Hamburg の州政府の)内務大臣, 内相. **≈ski** 男〘ｽｷｰ〙(ターンのさいの)内(ｳﾁ)スキー. **≈spie·gel** 男 (自動車の)室内バックミラー. **≈stadt** 女 町の中心部, 都心. **≈stür·mer** 男〘球技〙インナーフォワード. **≈ta·sche** 女〘服飾〙内ポケット; (ポケット内の)隠しポケット. **≈tem·pe·ra·tur** 女 内部温度; 室内気温: die ~ im Kühlschrank 冷蔵庫の庫内温度. **≈wand** 女 内壁. **≈welt** 女 -/ 内面の世界. **≈win·kel** 男〘数〙内角.

in·ner[ínər] **I** 形《比較級なし; 最上級: **in·nerst** → 別出》《付加語的》(↔äußer) **1 a**) 内部の, 内側の: ~*e* Blutungen 内出血 | ~*e* Krankheiten 内科疾患 | die ~*e* Medizin 内科 | die ~*en* Organe 内部器官 | die ~*e* Stadt 町の中心部 | die ~*e* Station 〈Abteilung〉内科病棟 | eine ~*e* Tasche 内ポケット. **b**) 国内の: Minister der ~*en* Angelegenheiten 内相, 内務大臣 | der ~*e* Markt 国内市場 | die *Innere* Mission (→Mission 3) | die ~*en* Probleme 国内問題. **c**) 内在的な, 本来備わっている: die ~*e* Gesetzmäßigkeit eines Ablaufes ある過程に内在する規則性 | ein ~*es* Objekt〘言〙内在的〈同族〉目的語(⊛ einen aussichtslosen Kampf kämpfen 勝ち目のない戦いを戦う) | die ~*e* Sprachform〘言〙内部言語形式.

2 精神的な, 心の, 内面的な: das ~*e* Auge 心の目, 心眼 | ~*e* Erregung 心の動揺, 興奮 | die ~*e* Freiheit 〈Schönheit〉内面の自由〈美しさ〉| die ~*e* Stimme 内心の声.

★ 副詞的には innen を用いる.

II In·ne·re 田《形容詞変化》内部, 内側; 国内; 内面, 心の内: das ~ Afrikas アフリカの奥地 | das ~ des Hauses 〈der Erde〉家〈地球〉の内部 | der Minister des ~*n* 内相, 内務大臣(=Innenminister) ‖ Man kann einem Menschen nicht ins ~ sehen.《諺》人の心は測りがたい. [*ahd.*; ◇innen]

inner..《ふつう後つづり (..isch, ..lich など)とともに名詞につけて「…内の」を意味する形容詞をつくる》: *inner*amerikanisch アメリカ国内の | *inner*städtisch 都市内部の | *inner*parteilich 党内の | *inner*sprachlich 言語内的な.

In·ner·asi·en[ínər..] 地名 アジアの奥地, 中央アジア.

in·ner≈be·trieb·lich 形 企業内部の, 社内の. **≈deutsch** 形 **1** ドイツ国内の. **2**〔旧〕東西両ドイツ間の. **≈dienst·lich** 形 内勤〈屋内勤務〉の; 勤務〈職務〉内の.

In·ne·re →inner II

In·ne·rei[ɪnəráɪ] 女 -/-en《ふつう複数で》(食用になる)臓物, もつ;《話》(車などの)内部機構〔部分〕.

in·ner·halb[ínərhalp] (↔außerhalb) **I** 前《2格, まれに3格支配; 前置詞 von を伴うこともある: →laut II ☆》**1** …の内〈内側・内部・範囲内〉に〈で〉: ~ der Arbeitszeit 就労時間中に | ~ des Hauses 屋内で | ~ der Mauern 壁〈塀〉の内側で | ~ meiner Kompetenzen 私の権限内で ‖ ~ Berlins / ~ von Berlin ベルリン市内で(→II) ‖ ~ Karls neuem Haus カールの新しい家の中で. **2**《数詞を伴う表現と》(binnen) …以内〔の時間〕に: ~ eines Jahres 1年以内に ‖ ~ zehn Jahren / ~ von zehn Jahren 10年以内に. **II** 副 (…の)内〔側〕に〈で〉; …以内に: ~ von Berlin ベルリン市内で(→I 1).

in·ner·kirch·lich[ínər..] 形 教会内部の.

in·ner·lich[ínərlɪç] 形 (↔äußerlich) **1** 内部〈内面〉の; 心の中の, 内心の;《雅》内面的な, 内面生活の豊かな: ein ~*er* Mensch 内面的な人間 ‖ ~ lachen 心の中で〔ひそかに〕笑う | *sich*³ ~ einen Ruck geben (→Ruck) | Er ist ~ betroffen. 彼は狼狽(ﾛｳﾊﾞｲ)している.

2〘薬〙内〔服〕用の: Diese Arznei ist ~ anzuwenden. この薬は内服用である.

In·ner·lich·keit[−kaɪt] 女 -/ 内的存在, 内面性;「豊かな内面.」

in·ner≈orts 副《ｽｲ・ｵｰｽﾄﾘｱ》地区〈市町村〉内で. **≈par·la·men·ta·risch** 形 議会内の, 院内の. **≈par·tei·lich** 形 党内の. **≈po·li·tisch** = innenpolitisch **≈se·kre·to·risch** =inkretorisch

in·nerst[ínərst]《inner の最上級》**I** 形《付加語的》〔いちばん〕奥底の: im ~*en* Herzen hoffen 心の底で期待(希望)する. **II In·ner·ste** 田《形容詞変化》〔いちばん〕奥底〈内部〉のもの: *jm.* *sein* ~*s* offenbaren …に心の奥底を打ち明ける | ins ~ der Sache eindringen 問題の核心をつく.

in·ner·staat·lich[ínər..] 形 国内の: eine rein ~*e* Angelegenheit 純然たる国内問題.

In·ner·stadt《ｽｲｽ》=Innenstadt

In·ner·ste →innerst II

in·nert[ínərt]《ｽｲ・ｵｰｽﾄﾘｱ》=innerhalb I

In·ner·va·tion[ɪnɛrvatsió:n] 女 -/ **1**〘解〙神経支配(末梢神経の分布). **2**〘生理〙(神経を通じての)刺激伝達.

in·ner·vie·ren[ɪnɛrví:rən] 他 (h) **1**《*et.*⁴》(神経が…に)刺激を行きわたらせる. **2** (anregen)《*jn.*》(…に)刺激を与える. [◇in², Nerv]

in·ne|sein*[ínəzaɪn]《165》自 (s)《雅》《*et.*²》(…を)知覚〈理解〉している, (…に)気がついている.

★ 不定詞・分詞以外は2語に書く.

in·ne|wer·den*[ínəve:rdən]¹《208》自 (s)《雅》《*et.*²》(…を)知覚する, (…に)気がつく: Er *wurde inne*, daß ... 彼は…ということに気がついた | Als er endlich dieses Schweigens *inne wurde*, ... 彼がこの沈黙にようやく気がついたときに….

★ 不定詞・分詞以外は2語に書く.

in·ne|woh·nen[ínəvo:nən] 自 (h)《雅》《*et.*³ / *jm.*》(…に)内在する, 本来備わっている, 固有である: die Fähigkeit, die dem Menschen *innewohnt* 人間に本来備わっている能力 ‖ die dieser politischen Richtung *innewohnenden* Gefahren この政治的傾向に内在する危険.

in·nig[ínɪç]² 形 **1** 心からの, 切なる; 親密な, 愛情のこもった: mein ~*es* Beileid 私の心からのお悔やみ | eine ~*e* Liebe ひたむきな愛 | mit ~*em* Vergnügen 心から喜んで ‖ ~*sten* Dank sagen 心からの感謝を述べる | *et.*⁴ aufs ~*ste* erhoffen …を衷心から望む ‖ ~ berührt 心から感動して | Sie lieben sich ~. 彼らは心から愛し合っている. **2** 密接した, 緊密な, 解きがたい: eine ~*e* Mischung〘化〙完全混和 | mit *et.*³ ~ verknüpft sein …と密接に結びついている. [*mhd.*; ◇in¹]

In·nig·keit[−kaɪt] 女 -/ innig なこと.

in·nig·lich[ínɪklɪç]《雅》=innig

in no·mi·ne[ɪn nó:mine·]《ﾗﾃﾝ語》(im Namen)《*js.*》(…の)名において, 名代として: ~ Christi (略 I. N. C.) キリストの御名において | ~ Dei 〈Domini〉(略 I. N. D.) 神〈主〉の御名において | ~ des Herrn X X 氏の名代として. [◇Nomen]

In·no·va·tion[ɪnovatsió:n] 女 -/-en 刷新, 革新(特に文化・技術などの領域での): technische ~ 技術革新. [*lat.*]

in·no·va·tiv[..vatí:f]¹ 形 刷新をもたらす, 革新の.

I

in·no·va·to·risch[..vató:rɪʃ] 形 革新的な, 刷新をめざす: ~*e* Bestrebungen 抜本的改革をめざす数々の努力.

in·no·vie·ren[..ví:rən] 他 (h) 刷新する, 根本的に改める. [*lat.*; ◇in²; *engl.* innovate]

In·no·zenz[ínotsɛnts] 男名 イノツェンツ. [*lat.*; <*lat.* in-nocēns „un-schädlich" (◇nekro..)]

Inns·bruck[ínsbrʊk] 地名 インスブルック(オーストリア Tirol 州の州都. 大学がある). [◇(der) Inn, Brücke (ウムラウトしないのはオーストリアを含む南部の形: →Osnabrück)]

in nu·ce[ɪn nú:tsə, – ..tse·] 《ラテ語》(im Kern) 核心において; 要約すれば. [„in der Nuß"]

In·nung[ínʊŋ] 女 -/-en 〘史〙イヌング(近世にいたるまでツンフト Zunft と同義に使われたが,1881年以降は手工業者の合法的団体をさす): in ~*en* organisierte Kaufleute 組合に加入している商人たち | zu keiner ~ gehören《話》いかなる派閥にも属さない ‖ **die ganze ~ blamieren**《話》仲間全部に恥をかかせる. [*mhd.*; <*ahd.* innōn „in das Innere aufnehmen"; ◇in¹; *engl.* inning]

In·nungs≠mei·ster 男 Innung の組合長. **≠ver·samm·lung** 女 Innung の集会.

das **Inn·vier·tel**[ínfɪrtəl] 地名 中 -s/ インフィルテル (Oberösterreich の一地方). [<(der) Inn]

in·of·fen·siv[ín|ɔfɛnzi:f, ◡◡◡⏑́][1] 形 攻撃的〈好戦的〉でない; 侮辱的でない; 無害な.

in·of·fi·ziell[ín|ɔfitsiɛl, ◡◡◡◡⏑́] 形 非公式の, 内々の; 私的な, 内輪の: ein ~*er* Besuch 非公式の訪問 | eine ganz ~*e* Mitteilung ごく内々の知らせ ‖ *jm. et.*[4] ~ sagen …に…を〔公式発表以前に〕内々に知らせる.

in·of·fi·ziös[ín|ɔfitsiø:s, ◡◡◡◡⏑́][1] 形 公式には未確認の: ~*e* Pressenachrichten 未確認の新聞報道.

In·oku·la Inokulum の複数.

In·oku·la·tion[ɪn|okulatsió:n] 女 -/-en **1** 〘医〙接種. **2** 〘園〙接ぎ木. [*lat.*]

in·oku·lie·ren[ɪn|okulí:rən] 他 (h) 《*et.*[4]》**1** (impfen) 〘医〙(病原菌などを)〔予防〕接種する. **2** (aufpfropfen) 〘園〙接ぎ木する. [*lat.*]

In·oku·lum[ɪn|ó:kulʊm] 中 -s/..la[..la·] 〘医〙接種材料, 接種物. [*lat.*]

in·ope·ra·bel[ín|opera:bəl, ◡◡◡⏑́◡] (..ra·bl..) 形 〘医〙手術不能の, 手術に不適な.

in·op·por·tun[ín|ɔpɔrtu:n, ◡◡◡⏑́] 形 時宜を得ない, 都合〈具合〉の悪い; 不適切な. [*spätlat.*]

In·op·por·tu·ni·tät[ɪn|ɔpɔrtunitɛ́:t, ⏑́◡◡◡◡◡–] 女 -/-en inopportun なこと. [*spätlat.*]

in op·ti·ma for·ma[ɪn ɔ́ptima· fɔ́rma·] 《ラテ語》(einwandfrei) 申し分なく. [◇Optimum, Form]

Ino·sit[inozí:t, ..zít] 男 -s/-e 〘医〙イノシット, 筋肉糖. [<*gr.* ís „Muskel"]

Inos·urie[..zurí:] (**Ino·sit·urie**[..ziturí:]) 女 -/-n [..rí:ən] 〘医〙イノシット尿(糖尿の一種). [<uro..]

in pec·to·re[ɪn pɛ́ktore] 《ラテ語》(in der Brust) 胸中に秘めて.

in per·pe·tu·um [ɪn pɛrpé:tuʊm] 《ラテ語》(auf immer) 永久に, いつまでも. [◇perpetuell]

in per·so·na[ɪn pɛrzó:na·] 《ラテ語》(persönlich) 〔当人〕みずから, 自身で. [„in Person"]

in pet·to[ɪn péto·] 《イタリア語》(im Sinne) 胸の中に〔もくろんで〕: ***et.***[4] **~ haben**《話》…をもくろんで〈する気で〉いる. [„in der Brust"; ◇pektoral]

in ple·no[ɪn plé:no·] 《ラテ語》(vollzählig) 全〔会〕員そろって, 総会〔の場〕で. [◇Plenum]

in pon·ti·fi·ca·li·bus[ɪn pɔntifiká:libʊs] 《ラテ語》祭服を着用して; 《戯》(〔höchst〕 feierlich) 威儀を正して; 一張羅を着こんで. [„in oberpriesterlichen (Gewändern)"; ◇Pontifex]

in pra·xi[ɪn práksi·] 《ラテ語》(in Praxis) 実地においては, 実際〈現実〉問題としては.

in punc·to[ɪn pʊ́ŋkto·] 《ラテ語》(hinsichtlich) (…の)点に関して〔は〕: ~ Kleidung 〈Fleiß〉 服装〈勤勉さ〉の点で〔は〕. [„in dem Punkt"]

in punc·to punc·ti[– – pʊ́ŋkti·] 《ラテ語》《話》性〈貞操〉の点に関しては, へその下のことでは (in puncto sexti の転化で, モーセの第 6 戒「姦淫(かん)するなかれ」を暗示する). [◇punctum puncti]

In·put[ínpʊt] 男 中 -s/-s (↔Output) **1** 〘電〙入力. **2** (Eingabe) (コンピューターなどの)入力, インプット. [*engl.*]

In·qui·lin[ɪnkvilí:n] 男 -en/-en 《ふつう複数で》〘動〙(タマバチなど他の生物の体内や巣穴をすみかなどに利用している)寄生動物. [*lat.* inquilīnus „Insasse"; <*lat.* in-colere „〔be〕wohnen" (◇Kolone)]

▽**In·qui·rent**[ɪnkvirɛ́nt] 男 -en/-en 取調官; 予審判事.

in·qui·rie·ren[ɪnkvirí:rən] 他 (h) **1** (untersuchen) 《*et.*[4]》調査〈審理〉する. **2** (verhören) 《*jn.*》尋問〈審問〉する. [*lat.*; <in²+*lat.* quaerere (→Quästor)]

In·qui·sit[ɪnkvizí:t] 男 -en/-en (女 **In·qui·si·tin** [..tɪn] -/-nen) (Angeklagter) 被告〔人〕.

In·qui·si·ten·spi·tal 中 《オーストリア》(Gefängniskrankenhaus) 監獄〈刑務所〉内病舎.

In·qui·si·tin Inquisit の女性形.

In·qui·si·tion[ɪnkvizitsió:n] 女 -/-en **1** (厳しい)調査, 審理; (厳しい)尋問. **2** 〘史〙**a**) (12-18世紀のカトリック教会の)宗教裁判, 異端審問. **b**) 宗教裁判所, 異端審問所. [*lat.*]

In·qui·si·tor[..zí:tɔr, ..to:r] 男 -s/-en[..zitó:rən] **1** (厳しい)審理者. **2** 〘史〙宗教裁判官, 異端審問官. [*lat.*]

in·qui·si·to·risch[..zitó:rɪʃ] 形 宗教裁判〔ふう〕の, 異端審問的な, 厳しく追及する.

I. N. R. I.[ínri·, i:|ɛn|ɛr|í:] 略 =**Jesus Nazarenus Rex Judaeorum**

ins[ɪns] <in das

in's[ɪns] <in des

▽**in sal·do**[ɪn záldo·] 《イタリア語》(im Rückstand) 未済で: ~ bleiben 借りになっている.

in sal·vo[ɪn zálvo·] 《ラテ語》(in Sicherheit) 安全に.

in·san[ɪnzá:n] 形 〘医〙正気でない, 狂気の, 精神異常の. [*lat.* insanus]

In·sas·se[ínzasə] 男 -n/-n (女 **In·sas·sin**[..zasɪn]-/-nen) (建物・施設・乗り物などの中にいる人. 例えば:) 住人, 居住者; 乗客: die ~*n* eines Gefängnisses 〈eines Flugzeugs〉 刑務所の囚人〈飛行機の乗客〉たち. [*mhd.*; ◇sitzen]

In·sas·sen·ver·si·che·rung 女 自動車同乗者保険.

ins·be·son·de·re[ɪnsbəzɔ́ndərə] (**ins·be·sond·re** [..drə]) 副 (besonders) 特に, とりわけ, なかんずく.

In·schrift[ínʃrɪft] 女 -/-en **1** (石・木・金属などに)刻み込まれた文字, 銘, 碑文, 金石文: die ~ auf dem Grabstein / Grab*inschrift* 墓碑銘 | eine ~ entziffern 碑文を解読する. **2** (Aufschrift) 標題: eine ~ auf dem Bild 絵の標題.

[*mhd.*; *lat.* īn-scrīptiō (◇Inskription) の翻訳借用]

In·schrif·ten·kun·de 女 -/ (Epigraphik) 金石学.

in·schrift·lich[..lɪç] 形 銘〈碑文〉の, 金石文の: ~ bezeugt sein 金石文として伝わっている.

In·sekt[ɪnzɛ́kt] 中 -〔e〕s/-en 昆虫. [*lat.* īn-sectum; *gr.* én-tomon (◇entomo..) の翻訳借用; ◇in², sezieren]

In·sek·ta·rium[ɪnzɛktá:riʊm] 中 -s/..rien[..riən] (動物園などの)昆虫飼育室〈館〉.

in·sek·ten·ar·tig[ɪnzɛ́ktən..] 形 昆虫のような.

In·sek·ten≠be·kämp·fungs·mit·tel 中 殺虫剤. **≠blü·tler** 男 -s/- 〘植〙虫媒花. **≠for·scher** 男 (Entomologe) 昆虫学者. **≠fraß** 男 (植物の)虫害.

in·sek·ten·fres·send 形 〘生〙食虫の.

In·sek·ten≠fres·ser 男 -s/- 〘生〙食虫生物. **≠ge·sell·schaft** 女 〘生〙(アリ・ハチなどの)昆虫社会. **≠haus** 中 =Insektarium **≠kun·de** 女 -/ (Entomologie) 昆虫学. **≠na·del** 女 (標本用)昆虫針, 虫ピン. **≠pla·ge** 女 虫害. **≠pul·ver** 中 (粉末状の)殺虫剤. **≠samm·lung** 女 昆虫収集; 昆虫のコレクション. **≠staat** 男 =Insektengesellschaft **≠stich** 男 昆虫による刺傷, 虫さされ.

I

≈**ver·til·gung** 女 害虫駆除, 除虫.
In·sek·ten·ver·til·gungs·mit·tel 中 殺虫剤.
in·sek·ti·vor[ɪnzɛktivóːr] **I** 形 (insektenfressend)〖生〗食虫の: ～*e* Blätter (食虫植物の)捕虫葉. **II**
In·sek·ti·vo·re[..rə]《形容詞変化》**1** 男 食虫動物. **2** 女 食虫植物. [＜*lat.* vorāre „verschlingen"]
in·sek·ti·zid[ɪnzɛktitsíːt][1] **I** 形 殺虫性の. **II** **In·sek·ti·zid** 中 -s/-e 殺虫剤.
In·sek·to·lo·ge[..tolóːgə] 男 -n/-n (→..loge)(Entomologe) 昆虫学者.
In·sel[ínzəl] 女 -/-n (⊙ **In·sel·chen**[–çən] 中 -s/-) **1** 島;《比》他から隔絶した場所: eine einsame ～ 孤島 | eine vulkanische ～ 火山島 | die ～ Helgoland ヘルゴラント島 | die Friesischen ～*n* フリースラント諸島 | Halb*insel* 半島 ‖ auf einer ～ leben ⟨landen⟩ 島で暮らす⟨島に上陸する⟩ | auf eine ～ verschlagen werden 島に打ち上げられる | **reif für die ～ sein**《話》(過労で・文明生活に疲れて)大自然の中での休暇を必要としている. **2** (Verkehrsinsel)(道路上の一段高くなった)安全地帯. **3** (Sprachinsel)〖言〗言語島, 孤立言語圏. **4**《複数で》〖解〗島(大脳皮質の一部). [*lat.* īnsula–*mhd.*; ◇insular; *engl.* isle]
In·sel≈bahn·hof 男 **1**〖鉄道〗(線路に囲まれた)島形駅. **2** 島〔の鉄道〕の駅. ≈**berg** 男〖地〗島山(平地にぽつんとそびえる孤丘), 島状丘(→ ⊛ Berg B). ≈**be·woh·ner** 男 島の住民, 島民.
In·sel·chen Insel の縮小形.
In·sel≈fau·na 女 (特定の)島の動物相⟨動物誌⟩. ≈**flo·ra** 女 (特定の)島の植物相⟨植物誌⟩. ≈**grup·pe** 女 島の群れ, 群島.
in·sel·haft 形 島のような.
In·sel≈ket·te 女 列島. ≈**land** 中 -[e]s/..länder 島国. ≈**meer** 中《雅》多数の島; 多島海. ≈**men·ta·li·tät** 女 島民特有の気質, 島国根性.
in·sel·reich 形 島の多い.
In·sel≈reich 中 島国〔国家〕. ≈**staat** 男 島国. ≈**volk** 中 島国民族, 島の住民〔たち〕. ≈**welt** 女 (地理的にまとまった)島々.
In·se·mi·na·tion[ɪnzeminatsióːn] 女 -/-en〖医〗精液注入, 媒精, 受精: künstliche ～ 人工受精. [＜*lat.* īnsēmināre „ein-säen" (◇Semen)]
in·sen·si·bel[ɪnzɛnzíːbəl, ⏑⏑–⏑](..si·bl..) 形 **1** 感受性のにぶい, 鈍感な. **2**〖医〗知覚のない, 無感覚の.
In·sen·si·bi·li·tät[ɪnzɛnzibilitɛ́ːt, ⏑⏑⏑⏑⏑–] 女 -/ insensibel なこと.
In·se·pa·rables[ɛ̃separábl] 複〖鳥〗ボタンインコ. [*fr.*; ＜*lat.* īn-sēparābilis „un-trennbar" (◇separieren)]
In·se·rat[ɪnzeráːt] 中 -[e]s/-e 新聞⟨雑誌⟩広告: ein ～ aufgeben 広告の掲載を発注する | ein ～ in die Zeitung setzen 広告を新聞に載せる.
In·se·ra·ten≈blatt 中 広告ページ. ≈**teil** 男 広告欄.
In·se·rent[ɪnzerɛ́nt] 男 -en/-en 広告主.
in·se·rie·ren[ɪnzeríːrən] **I** 自 (h)《in *et.*[3]》(新聞・雑誌などに)広告を出す: in der Zeitung ～ 新聞に広告を出す. **II** 他 (h)《*et.*[4]》(新聞・雑誌などに…の)広告を出す: ein Haus zum Verkauf ～ 売り家の広告を出す. [*lat.* īnserere „hinein-fügen"; ◇Serie; *engl.* insert]
In·sert[ínzɛrt] 中 -s/-s **1**〖映・テレビ〗字幕, スーパー. **2** (雑誌などの)とじ込み広告. [*engl.*]
In·ser·tion[ɪnzɛrtsióːn] 女 -/-en **1** 広告掲載. **2**〖解〗付着, 着生; 付着⟨着生⟩点. **3**〖生〗挿入, 組み込み. [*spätlat.*–*engl.*]
In·ser·tions≈ko·sten 複, ≈**preis** 男 広告掲載費.
ins·ge·heim[ɪnsgəháɪm; オーストリア: ⏑⏑–] 副 (im geheimen) こっそりと, ひそかに.
ins·ge·mein[ɪnsgəmáɪn; オーストリア: ⏑⏑–] 副《雅》**1** (im allgemeinen) 一般に, 概して. **2** (gemeinsam) いっしょに. **3** ＝insgesamt
ins·ge·samt[ɪnsgəzámt; オーストリア: ⏑⏑⏑] 副 全部で, ひっくるめて: ～ 5 Tage あわせて5日間.

In·si·der[ínsaɪdər] 男 -s/- 部内者; 内部事情にくわしい人, 消息通. [*engl.*; ＜*engl.* in-side „innere Seite"]
In·si·der≈ge·schäft[ínsaɪdə..] 中, ≈**han·del** 男〖商〗(株式などの)インサイダー取引.
In·side-Sto·ry[ínsaɪdstoːri·, ⏑–⏑⏑] 女 -/-s 内幕物.
in·si·di·ös[ɪnzidiǿːs][1] 形 **1** 人をだます, 油断のならない. **2**〖医〗潜行性の. [*lat.*–*fr.*; ＜*lat.* īn-sidiae „Darinsitzen, Hinterhalt" (◇sitzen)]
In·sie·gel[ínziːgəl] 中 -s/- **1**《雅》(押印された)しるし, 印〔章〕. **2**〖狩〗(シカなどの)足跡. [*germ.*]
In·si·gni·en[ɪnzígniən] 複 (権力・身分・地位などを象徴する)表章(王冠・王笏(しゃく)・宝剣など). [*lat.* īnsīgne „〔Kenn〕zeichen"; ＜*lat.* sīgnum (→Signum)]
in·si·gni·fi·kant[ínzɪgnifikant, ⏑⏑⏑⏑⏑] 形 重要でない.
In·si·mu·la·tion[ɪnzimulatsióːn] 女 -/-en insimulieren すること.
in·si·mu·lie·ren[ɪnzimulíːrən] 他 (h)《*jn.*》(…に根拠もないまま)罪をきせる, 嫌疑をかける. [*lat.*]
In·si·nuant[ɪnzinuánt] 男 -en/-en (insinuieren する人. 例えば:) 密告者; うまく取り入る⟨へつらう⟩人.
In·si·nua·tion[..atsióːn] 女 -/-en sich insinuieren すること. [*lat.*]
in·si·nu·ie·ren[..íːrən] 他 (h) **1**《*jm. et.*[4]》**a**) (…に…を)告げ口する; (…の心に…を)吹き込む. **b**) (…にありもしない事柄を)なすりつける. **2** 再帰 *sich*[4]〔bei *jm.*〕～〔…に〕うまく取り入る. [▽]**3** (書類などを)提出する. [*lat.*; ＜*lat.* sinus (→Sinus)]
in·si·pid[ɪnzipíːt][1] 形, **in·si·pi·de**[..də] 形 味気⟨おもしろ味⟩のない; つまらない; 愚かしい, ばかげた. [*spätlat.* „unschmackhaft"; ＜*lat.* sapere „schmecken"]
in·si·stent[ɪnzɪstɛ́nt] 形 執拗(しつよう)な, 頑固な.
In·si·stenz[ɪnzɪstɛ́nts] 女 -/ 固執; 強情, 頑固.
in·si·stie·ren[..tíːrən] 自 (h) (↔ desistieren)(bestehen)《auf *et.*[3]》(…を)言い張る, (…に)固執する: Er *insistierte* darauf, eine Begründung dafür zu erhalten. 彼はその理由をぜひ聞きたいとがんばった. [*lat.* īn-sistere „hin-treten"]
in si·tu[ɪn zíːtu·]《ラテン語》本来の場所⟨位置⟩に. [„in der Lage"]
..inski[..ɪnski]《形容詞につけて, 軽蔑的に「…の性質をもつ人」を意味する男性名詞をつくる》: Brutal*inski* 乱暴者, 残忍なやつ | Radikal*inski* 過激派の人.
in·skri·bie·ren[ɪnskribíːrən]《オーストリア》**I** 他 (h) **1**《*jn.*》学籍簿⟨聴講者名簿⟩に登録する: *sich*[4] an einer Hochschule ～ lassen 大学に入学の手続きを取る. **2**《*et.*[4]》(…について)聴講届を出す. **II** 自 (h) (大学の)入学手続きを取る; (科目の)聴講届けを出す. [*lat.*; ＜in[2]＋*lat.* scrībere (→schreiben)]
In·skrip·tion[..skrɪptsióːn] 女 -/-en **1**《オーストリア》(大学への)入学手続き, 学籍簿への登録; 聴講届. [▽]**2** (Inschrift)(石・木・金属などに)刻み込まれた文字, 銘; 碑文. [*lat.*]
In·skrip·tions·ge·büh·ren 複《オーストリア》(大学の)入学金; 聴講料.
ins·künf·tig[ínskʏnftɪç][2] 副《スイス》将来, 今後.
in·so·fern **I**[ɪnzóːfɛrn] 副 (insoweit) **1** この点では; それゆえに. **2** その点までは, そのかぎりでは: *Insofern* hat er recht. その点では⟨までは⟩彼は正しい | Das Auto verbraucht wenig Benzin und ist ～ billig. この自動車はガソリンの消費が少なくその意味では安くつく ‖〖後続する **als** ⟨俗: weil⟩ と呼応して〗Diese Fragen sollen ～ berührt werden, als sie im Zusammenhang mit dem Thema stehen. これらの問題にはテーマと関連のある範囲内でだけ触れることにする | Er ist ～ unentbehrlich, als er über Spezialkenntnisse verfügt. 彼は専門知識を持っているという意味で⟨持っているので⟩かけがえがない.
II[ɪnzofɛ́rn, inzóːfɛrn] 接《従属》(insoweit) **1** (falls) …の場合には: *Insofern* er bereit ist, will ich mit ihm verhandeln. 彼にその用意があれば 私は彼と話し合うつもりだ. **2** …のかぎりでは, …という点⟨意味⟩では: Der Abend war

interessant, ～〔als〕es die musikalischen Darbietungen betraf. 夜の催しは演奏に関するかぎりではおもしろかった(→I 2) | Wir sind nur gleich, ～ wir alle Menschen sind. 我々はみな人間であるという点〈意味〉においてのみ同じである.

In·so·la·tion[ɪnzolatsió:n] 女 -/-en **1** insolieren すること. **2** 〘医〙 **a)** (Sonnenbad) 日光浴. **b)** (Sonnenstich) 日射病. [*spätlat.*; ◇insolieren]

in·so·lent[ínzolɛnt, ◡◡◡́] 形 (anmaßend) 思い上がった, 尊大な, 横柄な; (unverschämt) 恥知らずな, 厚かましい. [*lat.*; <in..+*lat.* solēre „gewohnt sein"]

In·so·lenz[..lɛnts, ◡◡◡́] 女 -/-en **1** 《単数で》insolent なこと. **2** insolent な言動. [*lat.*]

in·so·lie·ren[ɪnzolí:rən] 他 (h) 日光にさらす. [*lat.*; <in²+*lat.* sōl (→solar); ◇*engl.* insolate]

in·sol·vent[ínzɔlvɛnt, ◡◡◡́] 形 (zahlungsunfähig) 〘経〙支払能力のない.「破産.」

In·sol·venz[..vɛnts, ◡◡◡́] 女 -/-en 〘経〙支払不能,

In·som·nie[ɪnzɔmní:] 女 -/ (Schlaflosigkeit) 〘医〙不眠症. [*lat.*; <*lat.* somnus „Schlaf"]

in·son·der·heit[ɪnzɔ́ndərhaɪt] (**in·son·ders** [..dərs]) 副 《雅》(besonders) 特に, とりわけ, なかんずく.

in·so·weit[ɪnzó:vaɪt, ɪnzováɪt] ＝insofern

in spe[ɪn spé:] 《ﾗﾃﾝ語》《名詞に後置して》将来〈未来〉の: Das ist meine Frau ～. これが私の妻になる人です. [„in der Hoffnung"; ◇Spatium]

In·spek·teur[ɪnspɛktǿ:r, ..ʃp..] 男 -s/-e **1** 監督局長; 監査部主任. **2** 〘軍〙(陸・海・空軍それぞれの)幕僚長. [*lat.* īnspector–*fr.*]

In·spek·tion[ɪnspɛktsió:n, ..ʃp..] 女 -/-en **1** 検査, 点検; 検閲, 査閲; 視察, 査察. **2** 監督局; 監査部; 総務局. [*lat.*; ◇inspizieren]

In·spek·tions·rei·se 女 視察旅行, 巡回査察.

In·spek·tor[ɪnspɛ́ktɔr, ..to:r, ..ʃp..] 男 -s/-en [..spɛktó:rən, ..ʃp..] (女 **In·spek·to·rin**[..tó:rɪn]-/-nen) 監督〈検査〉官(しばしば称号として用いる); 検閲官: Schul*inspektor* 視学官. [*lat.*]

In·spi·ra·ten[ɪnspirá:tən] 複 〘言〙吸気音.

In·spi·ra·tion[ɪnspiratsió:n] 女 -/-en **1 a)** 霊感, インスピレーション; 示唆, 暗示; 着想. **b)** 〘ｷﾘｽﾄ教〙神感, 霊感. **2** 《単数で》(↔Exspiration) (Einatmung) 〘医〙吸気. [*spätlat.*]「感の.」

in·spi·ra·tiv[..tí:f][1] 形 インスピレーションを与える, 霊

In·spi·ra·tor[..rá:tɔr, ..to:r] 男 -s/-en [..rató:rən] inspirieren する人. [*spätlat.*]

in·spi·ra·to·risch[..rató:rɪʃ] 形 **1** ＝inspirativ **2** (↔exspiratorisch) 〘医・言〙吸気〔性〕の.

in·spi·rie·ren[ɪnspirí:rən] 他 (h) **1** 《*jn.* zu *et.*³》(…に…への)刺激〈示唆〉を与える, 着想〈霊感〉を与える, 考えを吹き込む: Wer hat ihn zu dieser Tat *inspiriert*? だれの影響で彼はこのようなことをしたのか | *jn.* künstlerisch ～ …に芸術上のインスピレーションを与える. **2** (↔exspirieren) (einatmen) 〘医〙(息を)吸い込む, 吸入する. [*lat.*; ◇Spirans]

In·spi·zient[ɪnspitsiɛ́nt, ..ʃp..] 男 -en/-en **1** 監督〈検査・査察〉官. **2** 〘劇〙舞台監督; 〘映〙助監督.

in·spi·zie·ren[..tsí:rən] 他 (h) 検査〈点検〉する; 検閲〈査閲〉する; 視察〈査察〉する. [*lat.* īn-spicere „hineinsehen"; ◇spähen; *engl.* inspect]

Inst. 略 **1** ＝**Instanz** **2** ＝**Institut**

in·sta·bil[ínstabi:l, ◡◡◡́, ..ʃt..] 形 不安定な, 変わりやすい. [*lat.*]

In·sta·bi·li·tät[ínstabilitɛ:t, ◡◡◡◡́] 女 -/-en 《ふつう単数で》(instabil なこと. 例えば:) 不安定性, 変りやすさ.

In·sta·bi·li·täts·fak·tor 男 不安定要因〈要素〉.

In·stal·la·teur[ɪnstalatǿ:r, ..ʃt..] 男 -s/-e (電気・水道・ガスなどの設備の)取りつけ職人, 配線〈配管〉工.

In·stal·la·tion[..tsió:n] 女 -/-en **1 a)** (電気・水道・ガスなどの)配線〈配管〉〔作業〕. **b)** (建物に)取りつけられた配線〈配管〉. **2** 《ｽｲｽ》《雅》(聖職への)叙任. [*mlat.*]

in·stal·lie·ren[ɪnstalí:rən, ..ʃt..] 他 (h) **1** (電気・水道・ガスなどの設備を)取りつける, 配線〈配管〉する: eine Heizung ～ 暖房装置を取りつける. **2 a)** 《*et.*⁴》《場所を示す語句と》(…を…に)設置する; 納める, 収容する: das Labor im Keller 〈in den Kellerräumen〉 ～ 実験室を地下室に作る. **b)** 再帰 *sich*⁴ ～《場所を示す語句と》(…に)居を定める | *sich*⁴ in einer neuen Wohnung ～ 新しい住居に落ち着く. **3** 《雅》《*jn.*》(…を聖職などに)任じる, 叙任する. [*mlat.*; <in²+*mlat.* stallus „〔Chor〕stuhl" (◇Stall)]

In·stal·lie·rung[..rʊŋ] 女 -/-en ＝Installation

in·stand[ɪnʃtánt] 副 良好な状態に〈へ〉; (人について)(…が)できる状態に〈へ〉: ***et.***⁴ **～ halten** …を良好な状態に保つ〈維持する〉| Das Haus ist gut ～ gehalten. 建物は手入れが行き届いている ‖ *et.*⁴ ～ setzen 〈bringen〉…を修復する, …を修理する | Er hat die Maschine wieder ～ gesetzt 〈ｽｲｽ: gestellt〉. 彼は機械を元どおりに修復した | ***jn.* ～ setzen** 《zu 不定詞〔句〕と》…を…することができる状態にする | Mein hohes Einkommen setzte mich ～, mir ein Auto zu halten. 私は高額所得のおかげで自家用車を持てる身分になった. [<in Stand]

In·stand·hal·tung 女 -/-en 良好な状態に保つ〈維持する〉こと; (建物・機械などの)維持補修, 保守, 営繕, 保全.

In·stand·hal·tungs·ko·sten 複 (建物・機械などの)維持補修費, 保守〔保全〕費用.

in·stän·dig[ínʃtɛndɪç][2] 形 痛切〈真剣〉な, 心からの; 切実な, さし迫った: eine ～*e* Bitte 切なる願い | *jn.* ～ um *et.*⁴ bitten …に…を切願する. [*lat.* īn-stāns (→Instanz) の翻訳借用]

In·stän·dig·keit[–kaɪt] 女 -/ inständig なこと.

In·stand≈set·zung[ɪnʃtánt..] 女 (ｽｲｽ: **≈stel·lung** 女) -/-en 修復, 修理. [<in Stand setzen 〈stellen〉]

in·stant[ínstant, ínstənt] 形 《無変化. つねに名詞の直後に置かれて》(飲食物が)即席の, インスタントの: Kaffee ～ インスタントコーヒー | eine Tomatensuppe ～ 即席トマトスープ. [<*engl.* instant „sofort〔ig〕" (◇inständig)]

In·stant≈ge·tränk[ínstant.., ɪnstánt.., ínstənt..] 中 インスタント〈即席〉飲料. **≈kaf·fee** 男 インスタントコーヒー. **≈ka·me·ra** 女 (Sofortbildkamera) 〘写〙即時自動現像カメラ(ポラロイドカメラなど).

In·stanz[ɪnstánts] 女 -/-en (略 Inst.) **1** 主務官庁〈機関〉, 所轄〈担当〉部局: *sich*⁴ an eine höhere ～ wenden ひとつ上の機関に依頼する〈申し出る〉. **2** (審級の一つとしての)裁判所: Berufungs*instanz* 控訴審 | in der ersten 〈zweiten〉 ～ 第一〈二〉審で.

[*lat.* īnstantia „unmittelbare Nähe"–*mlat.*–*mhd.*; <*lat.* īn-stāns „nahe bevorstehend"]

in·stan·zen·mä·ßig ＝instanzmäßig

In·stan·zen≈weg 男 《ふつう単数で》, **≈zug** 男 -〔e〕s/ (官庁での)規定の手続き; 〘法〙審級順序: den ～ gehen 規定の手続きを踏む.

in·stanz·mä·ßig 形 規定の手続きを踏んだ; 〘法〙審級順序どおりの.

in sta·tu nas·cen·di[ɪn stá:tu· nastsɛ́ndi·] 《ﾗﾃﾝ語》(im Zustand des Entstehens) 誕生〈発生〉の状態で; 発生期に. [◇Status, naszierend]

in sta·tu quo[– – kvó:] 《ﾗﾃﾝ語》(im gegenwärtigen Zustand) 現状で, そのままの状態で.

in sta·tu quo an·te[– – – ántə, – – – ..te·] 《ﾗﾃﾝ語》(im früheren Zustand) 以前のままの状態で.

In·stau·ra·tion[ɪnstauratsió:n] 女 -/-en 修復, 改修, 修理. [*lat.*]

in·stau·rie·ren[..staurí:rən] 他 (h) 修復〈改修・修理〉する. [*lat.*; ◇Steuer]

In·ste[ínstə] 男 -n/-n 《北部》(季節労働ではなく常時の)住み込み農業労働者. [*mndd.* in-sēte „Ein-gesessener"; ◇Insasse]

ᵛ**in·ste·hend**[ínʃte:ənt][1] 形 在中の, 封入されている.

In·ster[ínstər] 男 中 -s/-《北部》(Gekröse) **1** 内臓. **2** 〘料理〙(子牛・子羊などの)臓物, はらわた. [*mndd.*]

In·stil·la·tion[ɪnstɪlatsió:n] 女 -/-en 〘医〙点滴注入

I

〔法〕. [*lat.*]

in·stil·lie·ren[..stılí:rən] 他 (h) (einträufeln)《医》点滴〔注入〕する. [*lat.*; <in²+*lat.* stīlla „Tropfen"]

In·stinkt[ınstíŋkt] 男 -〔e〕s/-e 本能, 本能の衝動; 直覚, 勘: ein niederer 〈tierischer〉 ~ 低劣な〈動物的な〉衝動 | ein feiner 〈untrüglicher〉 ~ 鋭敏な〈的確な〉勘 | der ~ der Fortpflanzung 〈der Selbsterhaltung〉 生殖〈自己保存の〉本能 | Mutter*instinkt* 母性本能 ‖ aus ~ 本能的に; 直観的に | den richtigen ~ für *et.*⁴ haben …に対していい勘をしている | *seinem* ~ folgen 〈gehorchen〉 本能に従う | von ~ geleitet 〈gesteuert〉 werden 本能に導かれる. [*lat.* īn-stīnctus „An-trieb"–*mlat.*; <*lat.* īnstinguere „an-reizen" (◇stechen)]

in·stinkt≈ge·lei·tet 形, **≈ge·steu·ert** 形 本能に導かれた. **≈haft** =instinktiv

In·stinkt·hand·lung 女 本能〔的〕行動.

in·stink·tiv[ınstıŋktí:f]¹ 形 本能的な; 直覚的な: eine ~*e* Abneigung 本能的な嫌悪〔感〕| ein ~*es* Bedürfnis 本能的欲求 ‖ *et.*⁴ ~ fühlen …を本能〈直観〉的に感じる. [*fr.*]

in·stinkt·los[ınstíŋktlo:s]¹ 形 鈍感な, 無神経な, 察しの悪い.

In·stinkt·lo·sig·keit[..zıçkaıt] 女 **1**《単数で》instinktlos なこと. **2** instinktlos な言動.

in·stinkt·mä·ßig =instinktiv

in·stinkt·si·cher 形 適確な本能をもった, 勘のいい.

in·stink·tuell[ınstıŋktuέl] =instinktgeleitet

in·sti·tu·ie·ren[ınstituí:rən] 他 (h) **1** (施設・機関などを)設立〈創立〉する. ᵛ**2** (unterweisen)《*jn.*》(…に)教える, 教授〈伝授〉する. [*lat.*; ◇in², statuieren]

In·sti·tut[ınstitú:t, ..ʃt..] 中 -〔e〕s/-e **1 a)** (略 Inst.) (教育・文化・研究などの)施設, 機関; 研究所, 学院, 会, 協会, 会館; (大学の)学科: ein kunsthistorisches ~ 美術史研究所〈学科〉| Max-Planck-~ für Physik マックス=プランク物理学研究所. **b)** Institut の建物. **2** 社会的な制度〈慣習〉. [*lat.*]

In·sti·tu·tion[ınstitutsió:n, ..ʃt..] 女 -/-en **1 a)** 公共的機関〈施設〉: kirchliche ~*en* 教会の諸施設 | Schule und Polizei sind staatliche ~*en*. 学校と警察は国の機関である ‖ der lange Marsch durch die ~*en* (→Marsch¹ 1). **b)** 社会的な制度〈慣習〉: die ~ der Familie 家族制度. **2** ᵛ**a)** (instituieren すること. 例えば:) 指示, 手引き; 概説. **b)**《複数で》ローマ法概説書. [*lat.*]

in·sti·tu·tio·na·li·sie·ren[ınstitutsionalizí:rən] 他 (h) **1** 制度化する. **2** 再帰 *sich*⁴ ~ 制度として定着する.

in·sti·tu·tio·nell[ınstitutsionέl] 形 **1** 制度的な, 制度上の, 制度に基づく, 制度化した. **2** Institution の.

In·sti·tuts≈bi·blio·thek[ınstitú:ts..] 女, **≈bü·che·rei** 女 研究所付属の図書館.

Inst·mann[ínstman] 男 -〔e〕s/..leute =Inste

in·stra·die·ren[ınstradí:rən] 他 (h) **1** (郵便物・貨物などの)輸送経路を指定する. **2**《ｽｲｽ》《*et.*⁴》(…の)行き先を指定する;《比》〔正しい〕軌道にのせる. **3** 〔兵隊を〕進軍させる. [*it.*; <*it.* strada „Straße" (◇Straße)]

in·stru·ie·ren[ınstruí:rən] 他 (h)《*jn.*》**1** (…に)知らせる, 通知する, 教える: Ich bin darüber längst *instruiert*. 私はそのことをとっくに知っている. **2** (…に)指示を与える, 指図〈指導〉する. [*lat.* īn-struere „hinein-bauen"; ◇Struktur; *engl.* instruct]

In·struk·teur[ınstruktø:r] 男 -s/-e 指導員, インストラクター. [*lat.* īnstrūctor–*fr.*]

In·struk·tion[..tsió:n] 女 -/-en **1 a)** 指導, 教授; 訓練. **b)** 指示, 通達, 訓令; 〔服務〕規定: über *et.*⁴ ~*en* geben 〈erhalten〉 …について指示を与える〈受ける〉. **2**〔電算〕命令, インストラクション. [*lat.*]

in·struk·tiv[..tí:f]¹ 形 教訓〈啓発〉的な, 有益な, 役にたつ: ~*e* Erläuterungen 役に立つ〈わかりやすい〉説明. [*fr.*]

In·struk·tor[ınstrúktɔr, ..to:r] 男 -s/-en [..ruktó:rən] **1** 教師, 教育係: Prinzen*instruktor* 王子教育係. **2**《ｵｰｽﾄﾘｱ》=Instrukteur [*lat.* īn-strūctor „Zu-bereiter"]

In·stru·ment[ınstrumέnt] 中 -〔e〕s/-e **1** (特に学問研究用の)器械, 器具; (一般に)道具: medizinische ~*e* 医療器具 | Meß*instrument* 測定〈計測〉器具 ‖ ein ~ der Macht《比》権力の道具〈手先〉. **2** (Musikinstrument) 楽器: Blas*instrument* / ᵛblasendes ~ 吹奏楽器, 管楽器 | Saiten*instrument* 弦楽器 ‖ ein ~ stimmen 楽器の調子を合わせる; 楽器を調律する. **3** (航空機などの)計器. [*lat.*; ◇instruieren]

in·stru·men·tal[ınstrumεntá:l] **I** 形 **1** 器具〈道具〉の;《比》人間味のない. **2**〔楽〕楽器の: die ~*e* Musik 器楽. **3** 道具を表す;〔言〕具格の, 助格の: ~*e* Verben=Instrumentativ **II In·stru·men·tal** 男 -s/-e =Instrumentalis [*mlat.*–*fr.*; ◇..al¹]

In·stru·men·tal≈be·ar·bei·tung 女 (声楽曲の)器楽編曲〔による曲〕. **≈be·glei·tung** 女 器楽伴奏.

In·stru·men·ta·lis[ınstrumεntá:lıs] 男 -/..les [..le:s]〔言〕具格, 助格(手段・方法・道具・材料などを表す格).

in·stru·men·ta·li·sie·ren[..mεntalizí:rən] 他 (h) **1**〔楽〕(声楽曲を)器楽曲に編曲する. **2**《*jn.*/*et.*⁴》(本来のあり方から外れて)道具として利用する: eine Freundschaft ~ 友情を手段として利用する.

In·stru·men·ta·lis·mus[..mεntalísmus] 男 -/〔哲〕道具主義, 概念道具論. [*amerik.*; J. Dewey (アメリカの教育学者・哲学者, †1952) の造語]

In·stru·men·ta·list[..líst] 男 -en/-en **1** 楽器奏者. **2**〔哲〕道具主義者, 概念道具論者.

In·stru·men·tal≈mu·sik[ınstrumεntá:l..] 女 器楽. **≈satz** 男 **1**〔言〕手段〈道具〉を表す副文. **2**〔楽〕器楽楽章. **≈stück** 中 器楽曲. **≈suf·fix** 中〔言〕道具〈手段〉を表す接尾辞.

In·stru·men·ta·rium[ınstrumεntá:rium] 中 -s/..rien[..riən]《集合的に》**1** 器械器具, 利用手段: das grammatische ~〔言〕文法的手段(語形変化・配語などの総体). **2**〔楽〕使用楽器群, 楽器編成. [*mlat.*]

In·stru·men·ta·tion[..tatsió:n] 女 -/-en (instrumentieren すること. 特に:)〔楽〕インストルメンテーション, オーケストレーション. [*fr.*]

In·stru·men·ta·tiv[..tatí:f]¹ 中 -s/-e〔言〕道具動詞 (例 hämmern, geigen).

in·stru·men·ta·to·risch[..tató:rıʃ] 形 Instrumentation に関する.

In·stru·men·ten≈bau[ınstruméntən..] 男 -〔e〕s/ 楽器製作. **≈bau·er** 男 -s/- 楽器製作者. **≈brett** 中 計器盤, ダッシュ=ボード. **≈flug** 男 計器飛行. **≈ka·sten** 男 器械〈器具・楽器〉ケース. **≈ma·cher** 男 楽器製作者. **≈ta·fel** 女 =Instrumentenbrett

in·stru·men·tie·ren[ınstrumεntí:rən] **I** 他 (h) **1**〔楽〕(オーケストラ用に)器楽編成〈編曲〉する. **2**《*et.*⁴》(…に)器具〈計器類〉を取りつける. **II** 自 (h)〔医〕(手術の際に)手術器具〔を手渡す〕係をつとめる. [*fr.*]

In·stru·men·tie·rung[...ruŋ] 女 -/-en instrumentieren すること.

In·sub·or·di·na·tion[ınzup|ɔrdinatsió:n, ◡◡◡◡◡◡–] 女 -/-en 不服従, 服従拒否, 反抗.

in·suf·fi·zient[ínzufitsiεnt, ◡◡◡◡◡] 形 **1** 不十分な, 不足な; (能力・技量・財力の)欠けた. **2**〔医〕機能不全の.

In·suf·fi·zienz[..tsiεnts, ◡◡◡◡◡] 女 -/-en **1** 不十分, 不足; 欠陥; 能力〈技量・財力〉不足. **2** (Versagen)〔医〕〔機能〕不全: Herz*insuffizienz* 心不全 | Nieren*insuffizienz* 腎(じん)〔機能〕不全. [*spätlat.*]

In·su·la·ner[ınzulá:nər] 男 -s/- (Inselbewohner) 島の住民, 島民. [*lat.* īnsulānus; <*lat.* īnsula (→Insel)]

in·su·lar[ınzulá:r] 形 島の〔ような〕; 島国的な. [*spätlat.*]

In·su·lin[ınzulí:n] 中 -s/ **1**〔生理〕インシュリン(膵臓(すいぞう)から分泌されるホルモン). **2** 商標 インシュリン(糖尿病治療薬). [<Langerhans-Inseln; ..in²]

〔die〕**In·su·lin·de**[ınzulíndə] 地名 女 -/ 旧オランダ領東インド(今日のインドネシア). [<*lat.* India (→Indien);

◇Indonesien]

In·su·lin≈man·gel[ɪnzulíːn..] 男 -s/ 〘医〙 インシュリン欠乏. **≈schock** 男 〘医〙 インシュリン衝撃〈ショック〉.

In·su·lin·schock·the·ra·pie 女 〘医〙 インシュリン衝撃〈ショック〉療法.

In·sult[ɪnzʊ́lt] 男 -〔e〕s/-e **1** 〔ひどい〕侮辱, 誹謗(ひぼう). **2** **a**) (Anfall) 〘医〙 発作: apoplektischer ~ 卒中発作. **b**) 〘心〙 精神障害. [*mlat.*]

In·sul·ta·tion[ɪnzʊltatsióːn] 女 -/-en =Insult 1

in·sul·tie·ren[ɪnzʊltíːrən] 他 (h) 《*jn.*》 侮辱〈誹謗(ひぼう)〉する, (…に) 無礼をはたらく. [*lat.*; <in²+*lat.* salīre (→Salto)]

In·sul·tie·rung[..rʊŋ] 女 -/-en 《オーストリア》 =Insult 1

in sum·ma[ɪn zʊ́maˑ] 《ラテ語》 **1** (im ganzen) 合計して, 全部で. **2** 要約すれば, 手短に言えば. [◇Summe]

In·sur·gent[ɪnzʊrgɛ́nt] 男 -en/-en (Aufrührer) 謀反人, 反乱者; 暴徒, 反徒.

in·sur·gie·ren[..gíːrən] **I** 自 (h) 反乱〈暴動〉を起こす. **II** 他 (h) (民衆を) そそのかして暴動を起こす. [*lat.*; <in²+*lat.* surgere „〔sich〕 erheben“; ◇sub.., regieren]

In·sur·rek·tion[ɪnzʊrɛktsióːn] 女 -/-en (Aufstand) 蜂起(ほうき), 反乱, 暴動, 謀反. [*spätlat.*]

in sus·pen·so[ɪn zʊspɛ́nzoˑ] 《ラテ語》 (in der Schwebe) 未決定〈懸案・宙ぶらりん〉のままで. [◇suspendieren]

In·sze·na·tor[ɪnstsenáːtɔr, ..toːr] 男 -s/-en [..natóːrən] 演出家.

in·sze·na·to·risch[..stsenatóːrɪʃ] 形 演出〔上〕の.

in·sze·nie·ren[..stseníːrən] 他 (h) (舞台作品などを) 演出する; 《比》 (事件などを) 〔企画〕演出する: Wer hat diesen Skandal *inszeniert*? このスキャンダルの黒幕はだれか. [<in²+Szene]

In·sze·nie·rung[..rʊŋ] 女 -/-en 演出.

▽**In·ta·bu·la·tion**[ɪntabulatsióːn] 女 -/-en **1** 記入; (土地台帳などへの) 登録, 登記. **2** 板張り〔化粧〕.

in·ta·bu·lie·ren[..líːrən] 他 (h) **1** (表などに) 記入する; (土地台帳などに) 登録〈登記〉する. **2** eine Wand ~ 壁を板張りにする. **3** =intavolieren [*mlat.*; <in²+*lat.* tabula (→Tafel)]

In·ta·glio[ɪntáljoˑ] 中 -s/..lien[..ljən] (↔Kamee) インタリヨ(沈み彫りを施した宝石). [*it.*; <*it.* in-tagliare „ein-schneiden“ (◇Talje)]

in·takt[ɪntákt] 形 (unbeschädigt) 損なわれていない, 無傷の; 完全な, 健全な, 障害〈問題〉のない: ein ~*es* Familienleben 健全な家庭生活 | ~ bleiben 無傷のままである. [*lat.*; <*lat.* tangere (→tangieren); ◇integer]

In·takt·heit[−haɪt] 女 -/ intakt なこと〈状態〉.

In·tar·sia[ɪntárziaˑ] 女 -/..sien[..ziən] (**In·tar·sie** [..ziə] 女 -/-n) 《ふつう複数で》 (木片・象牙(ぞうげ)・貝などの) 象眼細工. [*it.* intarsio; <*arab.* tarṣī „Einlegearbeit“]

In·tar·sia·tor[..ziáːtɔr, ..toːr] 男 -s/-en[..atóːrən] 象眼細工工芸家. [*it.*]

in·ta·vo·lie·ren[ɪntavolíːrən] 他 (h) 〘楽〙 (声楽曲を) タブラチュワで記譜する.

in·te·ger[ɪntéːgər, íntegɛr] (..te·gr..) 形 **1** 完璧(かんぺき)な, 完全無欠〈無傷〉の, 欠点〈申し分〉のない; 真新しい; 清らかな; 清廉潔白な, 誠実〈正直〉な: eine *integre* Persönlichkeit 非の打ちどころのない人物. **2** 〘電算〙 整数の. [*lat.* in-teger „unberührt“; ◇intakt]

in·te·gral[ɪntegráːl] **I** 形 (統一体を構成する部分として) 不可欠の; (統一体に) 統合された, 融合した: ein ~*er* Bestandteil 不可欠の要素. **II** **In·te·gral** 中 -s/-e (↔Differential) 〘数〙 積分. [*mlat.*]

In·te·gral≈do·sis 女 〘医〙 積算線量. **≈geo·me·trie** 女 積分幾何学. **≈glei·chung** 女 〘数〙 積分方程式. **≈kur·ve** 女 〘数〙 積分曲線, 解曲線. **≈rech·nung** 女 〘数〙 積分法〈計算〉.

In·te·grand[..gránt][1] 男 -en/-en 〘数〙 被積分関数.

In·te·gra·tion[ɪntegratsióːn] 女 -/-en (integrieren すること) **1** (↔Desintegration) 統合; (国際的な) 経済統合; (差別廃止による) 融和統合; 融合; 〘言〙 (諸方言の標準語への) 統一; 〘心〙 人格の統合; (思考・行動の) 環境との調和; 〘電〙 集積: europäische ~ ヨーロッパ統合 | die ~ Afrikas アフリカ諸国経済統合. **2** (↔Differentiation) 〘数〙 積分法. [*lat.*]

In·te·gra·tions·schal·tung 女 〘電〙 集積回路.

in·te·gra·tiv[integratíːf][1] 形 統合〈融和〉をもたらす.

In·te·grier·an·la·ge[ɪntegríːr..] 女 積分計算用電算機.

in·te·grier·bar[..baːr] 形 integrieren できる.

in·te·grie·ren[ɪntegríːrən] **I** 他 (h) **1** **a**) (部分・要素を) 統一体にまとめる, 全体にまとめて一本化する, 統合する, 集大成する; (由来・所属による区別を廃止して…を) 融合統一する: *integrierte* Gesamthochschule (大学の種類別による) 区別を廃止した統合大学 | ein *integrierter* Schaltkreis 〘電子工学〙 集積回路, IC | der *integrierte* Stab (〔NATO〕諸国の軍人からなる) 統合司令部. **b**) 《*et.*[4] in *et.*[4]》 (…を…に) 吸収統合する: ausländische Arbeiter in die Gesellschaft ~ (差別を廃止して) 外国人労働者を一般社会へ吸収する. **2** (欠を補って) 完全〔な統一体〕にする. **3** 〘数〙 積分する. **II** **in·te·grie·rend** 現分 形 (全体の一部として) 不可欠の: ein ~*er* Bestandteil 不可欠の要素 | ~*er* Faktor 〘数〙 積分因子. [*lat.*]

In·te·gri·tät[ɪntegritɛ́ːt] 女 -/ (integer なこと. 例えば:) 完璧(かんぺき), 完全無欠, 無傷; 不可侵性; 清廉潔白, 正直: die ~ der Grenzen respektieren 国境の不可侵性を尊重する. [*lat.*]

In·te·gu·ment[ɪntegumɛ́nt] 中 -s/-e **1** 〘植〙 珠皮. **2** 〘動〙 外皮, 外被. [*lat.*; <*lat.* in-tegere „bedecken“]

In·tel·lekt[ɪntɛlɛ́kt] 男 -〔e〕s/ 知性, 知能, 思考能力: einen scharfen ~ besitzen 〈haben〉 頭がきれる. [*lat.*; <inter..+*lat.* legere (→Lektion)]

in·tel·lek·tual[..lɛktuáːl] =intellektuell [*spätlat.*]

in·tel·lek·tua·li·sie·ren[..tualizíːrən] 他 (h) 《*et.*[4]》 〔状況・感情を無視して〕もっぱら知的に判断〈対応〉しようとする. [*fr.* intellectualiser]

In·tel·lek·tua·lis·mus[ɪntɛlɛktualísmʊs] 男 -/ **1** 〘哲〙 主知説, 主知主義. **2** 《軽蔑的に》 知性偏重.

In·tel·lek·tua·list[..líst] 男 -en/-en 主知論〈主義〉者.

in·tel·lek·tua·li·stisch[..lístɪʃ] 形 **1** 主知説〈主義〉の. **2** 《軽蔑的に》 知性偏重の.

In·tel·lek·tual·spra·che[ɪntɛlɛktuáːl..] 女 (↔Affektsprache) 〘言〙 理知的言語 (論理性を重んじる文章語など).

in·tel·lek·tuell[ɪntɛlɛktuɛ́l] **I** 形 **1** 知性〈知能〉に関する; 知的〈精神的〉な; 知性偏重の: ein ~*er* Mensch 知的な人間; インテリ | ~*e* Schaffenskraft 知的創造力 ‖ ~ anspruchslos sein 知的な欲求〈向上心〉をもたない. **2** 知識人〈インテリ〉の: ~*e* Schichten インテリ層〈族〉. **II** **In·tel·lek·tuel·le** 男 女 《形容詞変化》 知識人, インテリ; (かたよった) 合理主義者. [*spätlat.*−*fr.*; ◇*engl.* intellectual]

in·tel·li·gent[ɪntɛligɛ́nt] 形 知力〈知能〉のすぐれた, 頭のよい, 聡明(そうめい)な; 知識〈教養〉の豊かな: ein ~*er* Mensch 頭の回転の早い人間 | einen ~*en* Eindruck machen (人が) かしこそうな印象を与える ‖ Er ist nicht sehr ~. 彼はあまり頭がよくない. [*lat.*]

In·tel·li·gen·tsia[..gɛ́ntsiaˑ] 女 -/ =Intelligenzija

In·tel·li·genz[..gɛ́nts] 女 -/-en **1** 《単数で》 知力, 知能; 聡明さ: Künstliche ~ (略 KI) 人工頭脳 | ein Mensch von durchschnittlicher 〈überragender〉 ~ 平凡な〈すぐれた〉知能の持ち主. **2** 《単数で》 《集合的に》 知識階級, インテリ層. **3** 《ふつう複数で》 知識人たち; 知的生物. [*lat.*]

In·tel·li·genz≈al·ter 中 〘心〙 精神〈知能〉年齢. **≈bestie**[..bɛstiə] 女 《話》 ものすごく頭のいい人間; りこうぶるやつ (特に女). **≈blatt** 中 **1** (週刊の) 広告を主とする新聞. **2** (18世紀の) 官報. **≈grad** 中 知能程度.

In·tel·li·gen·zi·ja[ɪntɛligɛ́ntsijaˑ] 女 -/ 《集合的に》

I

(特にロシアの)インテリゲンチャ, 知識階級. [*lat.*−*russ.*]

In·tel·li·genz·ler[..tslər] 男 -s/- 《ふつう軽蔑的に》知識人, インテリ.

In·tel·li·genz≠ni·veau[..nivo:] 中 知能水準. **≠prü·fung** 女 知能検査〈テスト〉, メンタルテスト. **≠quo·tient**[..kvotsiɛnt] 男 (略IQ) 知能指数. **≠schicht** 女 知識階級, インテリ層. **≠test** 男 =Intelligenzprüfung

in·tel·li·gi·bel[ɪntɛligí:bəl] (..gi·bl..) 形 《哲》知性によってのみ認識可能な, 超感性的な. [*spätlat.*]

In·tel·sat[íntəlzat] 男 -[s]/-[s] **1** インテルサット, 国際商業衛星通信機構. **2** インテルサット通信衛星. [*engl.*; <*engl.* *In*ternational *Tel*ecommunications *Sat*ellite Consortium]

In·ten·dant[ɪntɛndánt] 男 -en/-en **1** (劇場・放送局などの) 監督,〔劇場〕支配人. **2** 《軍》経理部の長, 主計長. **3** 《史》(フランス絶対王政時代の) 地方総監. [*lat.* intendēns „achtend"−*fr.*]

In·ten·dan·tur[ɪntɛndantú:r] 女 -/-en **1** =Intendanz **2** 《軍》経理部, 総務局, 監理局.

In·ten·danz[..dánts] 女 -/-en **1** (劇場・放送局などの) Intendant の職. **2** Intendant の事務室.

in·ten·die·ren[ɪntɛndí:rən] 他 (h) 意図する, 企図する, もくろむ; 志向する; (…を) 求めて努力する. [*lat.* in-tendere „an-spannen"; ◇Intension, Intention]

In·ten·si·me·ter[ɪntɛnzimé:tər] 中 -s/- 《医》〔X 線〕強度計. [<Intensität+..meter]

In·ten·sion[ɪntɛnzió:n] 女 -/-en **1** (Anspannung) (神経・精神などの) 緊張, 集中. **2** (↔Extension) 《論》(概念の) 内包. [*lat.*; <*lat.* intendere (→intendieren)]

in·ten·sio·nal[..zioná:l] 形 (↔extensional) 《論》内包の, 内包に関する. [<..al[1]]

In·ten·si·tät[..zitɛ́:t] 女 -/-en 《ふつう単数で》強さ, 激しさ, 強度; 集中〈徹底〉性: *et.*[4] mit ~ tun …を強力〈集中的〉に行う. [<*lat.* in-tensus „an-gespannt"]

in·ten·siv[ɪntɛnzí:f][1] 形 **1** (↔extensiv) **a)** 集中的な, 徹底的な; 強度の, 全力を投入した; 内向性の: ~*e* Farben 鮮やかな〈強烈な〉色彩 | ein ~*er* Unterricht 集中的な授業 ‖ ~ arbeiten 集中的に仕事をする. **b)** 《農》集約的な: ~*e* Wirtschaft 集約農業. **2 a)** 《言》(動詞の相・動作態様が) 強意の: ein ~*es* Verb 強意動詞 (=Intensivum). **b)** 《論》内包的な. [*fr.*]

..intensiv[..|ɪntɛnzi:f][1] 《名詞につけて「…の割合が多い, …を強化した」を意味する形容詞をつくる》: arbeits*intensiv* 労働力を集中した | lohn*intensiv* 人件費の割合の高い | schaum*intensiv* 泡立ちをよくした.

In·ten·si·va Intensivum の複数.

In·ten·siv≠an·bau[ɪntɛnzí:f..] 男 -[e]s/ 《農》集約栽培. **≠arzt** 男 集中治療専門医. **≠be·hand·lung** 女 《医》集中治療. **≠hal·tung** 女 《畜》集約飼育.

in·ten·si·vie·ren[..zivi:rən] 他 (h) 強め〈高め〉る, 強化〈増大・徹底〉する: Bemühungen ~ さらに一段と努力する.

In·ten·si·vie·rung[..rʊŋ] 女 -/-en intensivieren すること.

In·ten·si·vi·tät[ɪntɛnzivitɛ́:t] 女 -/-en =Intensität

In·ten·siv≠kurs[ɪntɛnzí:f..] 男 (講習会などの) 集中コース. **≠land·schaft** 女 集約農業. **≠me·di·zin** 女 集中治療医学. **≠pfle·ge** 女 《医》集中治療. **≠[pfle·ge·]sta·tion** 女 《医》集中治療病棟, 集中強化治療室, ICU. **≠the·ra·pie** 女 《医》集中治療法.

In·ten·si·vum[..zí:vʊm] 中 -s/..va[..va·] 《言》**1** 強意相. **2** 強意動詞 (例 schneiden に対する schnitzen).

In·ten·tion[ɪntɛntsió:n] 女 -/-en **1** 意向, 意図, 企図, もくろみ; 志向. **2** 《医》(傷・骨折などの) 治癒経過, 癒合. [*lat.*; <*lat.* intendere (→intendieren)]

in·ten·tio·nal[ɪntɛntsioná:l] 形 意図的な, 故意の; 志向的な: ~*e* Inexistenz 《哲》志向的内在.

In·ten·tio·na·li·tät[..nalitɛ́:t] 女 -/ 《哲》志向性.

in·ten·tio·nell[ɪntɛntsionɛ́l] =intentional [*fr.*]

In·ten·tions≠krampf[ɪntɛntsió:ns..] 男 《医》企図〈意図〉痙攣(けいれん). **≠tre·mor** 男, **≠zit·tern** 中 《医・心》企図〈意図〉振戦(しんせん).

inter.. 《名詞・形容詞などにつけて「…のあいだ〈中間〉の, …相互の」を意味する》: *Inter*jektion 間投詞 | *inter*kontinental 大陸間の. [*lat.*; ◇in[1], durch, intern, intra..]

In·ter·ak·tion[ɪntər|aktsió:n] 女 -/-en 《心・社》相互〈交互〉作用, 相互〈交互〉影響.

in·ter·ak·tiv[ɪntər|aktí:f][1] 形 対話型の, 対話式の.

In·ter·ak·ti·vi·tät[ɪntər|aktivitɛ́:t] 女 -/ (テレビなどの) 双方向参加.

in·ter·al·li·iert[íntər|alii:rt, ◡◡◡◡⏊] 形 連合国間の.

in·ter·ato·mar[ɪntər|atomá:r, ⏊◡◡◡−] 形 原子間の.

In·ter·bri·ga·den[ɪntərbrigá:dən] 複 (<Internationale Brigaden) 《史》(スペイン内戦の) 国際義勇兵旅団.

In·ter·bri·ga·dist[ɪntərbrigadíst] 男 -en/-en 《史》(スペイン内戦の) 国際義勇兵.

In·ter·ci·ty≠-Ex·preß·zug[ɪntərsíti..] 男 (略ICE) (Intercity-Zug をさらに高速化した) 都市間連絡超特急列車. **≠-Zug** 男 (略IC) 《鉄道》都市間連絡特急列車 (1971年営業開始).

in·ter·den·tal[..dɛntá:l] **I** 形 《医》歯間の.

II In·ter·den·tal 男 -s/-e (Zwischenzahnlaut) 《言》歯間音 (例 [θ] [ð]).

in·ter·de·pen·dent[..depɛndɛ́nt] 形 相互依存の.

In·ter·de·pen·denz[..dɛ́nts] 女 -/-en 相互依存.

In·ter·dikt[..díkt] 中 -[e]s/-e (Verbot) 禁止〔令〕; 《カトリック》(ある地区に対する罰としての) 聖務停止. [*lat.*]

▽**In·ter·dik·tion**[..dɪktsió:n] 女 -/-en **1** (Verbot) 禁止. **2** (Entmündung) 禁治産の宣告. [*lat.*; ◇interdizieren]

in·ter·dis·zi·pli·när[..dɪstsipliné:r] 形 学際的な, 複数の専門領域にまたがる.

▽**in·ter·di·zie·ren**[..ditsí:rən] 他 (h) **1** 《*jm.* *et.*[4]》(…に…を) 禁止する. **2** 《*jn.*》(…に) 禁治産を宣告する. [*lat.*; <*lat.* dīcere (→Diktion)]

in·ter·es·sant[ɪntərɛsánt, ɪntrɛ.., ɪnterɛ..] 形 **1** 興味〈関心〉をそそる, 興味ある, 注目すべき, おもしろい; (merkwürdig) おかしな, 奇妙な: ein ~*er* Mensch 〈Fall〉 興味深い人間〈興味あるケース・症例〉| ein ~*es* Fernsehspiel おもしろい〈注目すべき〉テレビドラマ ‖ Das Problem ist hier nicht ~. その問題はこの場合重要ではない | Das ist aber ~. それはおもしろいね; それはおかしな〈奇妙な〉話だね | Sie will sich[4] nur ~ machen. 彼女は人々の関心をひこうとしているだけだ ‖ *et.*[4] ~ erzählen …をおもしろおかしく話す. **2** (vorteilhaft) 《商》有利な; 有望な: ein ~*er* Preis 有利な価格. [*fr.*; ◇*engl.* interesting]

In·ter·es·se[ɪntərɛ́sə, ɪntrɛ́.., ɪnterɛ́..] 中 -s/-n **1** 《単数で》**a)** 興味, 関心: großes 〈geringes〉 ~ 多大の〈わずかの〉関心 | lebhaftes 〈reges〉 ~ 旺盛(おうせい)な関心 ‖ ~ **für** *et.*[4] 〈**an** *et.*[3]〉 …に対する関心 | Ich habe kein ~ 〔daran〕, ihn kennenzulernen. 私は彼と知り合いになりたいとは思わない | für *et.*[4] 〔ein〕 starkes ~ zeigen 〈erregen / erwecken〉 …に対して多大の関心を示す〈ひき起こす〉‖ **mit** ~ 関心をもって, 興味深く | *et.*[4] **ohne** ~ tun …を興味なしに〈無関心のままに〉行う | nicht **von** ~ sein 興味をひかない ‖ Sein besonderes ~ gilt der modernen Musik. 彼が特に関心を持っているのは近代音楽である. **b)** (商品に対する買い手の) 関心, 買おうとする意欲, 買気(かいき), 購買欲: Für diese Waren 〈An diesen Waren〉 besteht großes ~. この商品は需要が多い. **2** 利益; 利害関係: die gegensätzlichen ~*n* 相反する利害 | Klassen*interesse* 階級の利害 | Privat*interesse* 私的〈個人的〉利害 ‖ die gegenseitigen ~*en* ausgleichen 相反する双方の利害を調整する | *js.* ~*n* vertreten 〈vernachlässigen〉 …の利益を擁護する〈無視する〉| Wir haben viele gemeinsame ~*n*. 私たちは多くの利害を共にしている ‖ im ~ des Friedens 〈des Lesers〉 平和〈読者〉のために | Das liegt in deinem eigenen ~. これは君自身のためになることだ. ▽**3** 《複数で》(Zinsen) 利子, 利息. [*mlat.*; ◇*engl.* interest]

in·ter·es·se≠hal·ber[ɪntərɛ́səhalbər, ɪntrɛ́.., ɪnterɛ́..] 副 興味〈関心〉をもつゆえに: nur ~ fragen たんなる興味か

I

ら質問する. ≈**los**[..lo:s] 形 興味〈関心〉のない, 無関心な.

In·ter·es·se·lo·sig·keit[..lo:zɪçkaɪt] 女 -/ 無関心.

In·ter·es·sen≈aus·gleich 男 利害の調整. ≈**be·reich** 男 (中), ≈**ge·biet** 中 関心の範囲, 関心領域. ≈**ge·gen·satz** 男 利害の対立. ≈**ge·mein·schaft** 女 (略 IG) 利益協同体. ≈**grup·pe** 女 利益〈圧力〉団体. ≈**kol·li·sion** 女 利害の衝突. ≈**sphä·re** 女 **1** (国家の利害に直接関係する)勢力範囲. **2** 関心領域.

In·ter·es·sent[ɪntərɛsɛ́nt, ɪntrɛ.., ɪnterɛ..] 男 -en/-en (ある具体的な件に対して)関心をもっている人,(入会・購入などの)希望者, 応募者; 用益者.「団).

In·ter·es·sen·ten·kreis[..sɛ́ntən..] 男 関心者層(集

In·ter·es·sen≈ver·band[ɪntərɛ́sən.., ɪntrɛ́.., ɪnterɛ́..] 男 =Interessengruppe ≈**ver·tre·ter** 男 利益代表者. ≈**ver·tre·tung** 女 **1** 利益の代表. **2** 《集合的に》利益代表者; 利益を代表する組織.

in·ter·es·sie·ren[ɪntərɛsí:rən, ɪntrɛ.., ɪnterɛ..] **I** 他 (h) **1** 《*jn.*》(…に)興味〈関心〉を起こさせる: Das *interessiert* mich nicht. 私はそのことには興味がない. **2** 《*jn.* für *et.*[4] 〈an *et.*[3]〉》(…に…に対する)興味〈関心〉を持たせる: Vielleicht kann ich ihn dafür 〈daran〉 ~. もしかすると彼にこの件について関心を持たせることができるかもしれない. **3** 再帰 *sich*[4] für *et.*[4] 〈*jn.*〉 ~ …に興味〈関心〉をもつ; (買い手として)…(商品)に関心をもつ | Er *interessiert* sich für die Musik. 彼は音楽に興味をもっている | Ich *interessiere* mich für dieses Haus. 私はこの建物に関心がある; 私は場合によってはこの家を買うつもりだ.

II in·ter·es·siert[..sí:rt] 過分 形 **1** 興味〈関心〉をもった: ein ~*er* Mensch (物事に)積極的な〈注意ぶかい〉人間 ‖ an *jm.* 〈*et.*[3]〉 ~ sein …に興味〈関心〉をいだいている | Er ist an dem Mädchen 〈dem Problem〉 ~. 彼はこの少女〈問題〉に関心をもっている | Ich bin daran ~, das Grundstück möglichst teuer zu verkaufen. 私はこの地所をできるだけ高く売りたいと思っている. ▽**2** 利己的〈打算的〉な; 党派的な. [*lat.* inter-esse „dazwischen-sein"–*fr.*]

In·ter·es·siert·heit[–haɪt] 女 -/ interessiert なこと: mit großer ~ 多大の関心をもって.

In·ter·face[íntəfeɪs] 中 -/-s[..sɪz] 〖電算〗インターフェイス. [*engl.*]

In·ter·fe·renz[ɪntərferɛ́nts] 女 -/-en (相互の)干渉, 交差; 〖理〗干渉; 〖言〗(外国語習得・使用の際の母国語による)言語干渉.

In·ter·fe·renz≈er·schei·nung 女 〖理・言〗干渉〔現象〕. ≈**far·be** 女 〖理〗干渉色; 〖生〗(動物の体表面の)干渉色. ≈**spek·tro·skop** 中 〖理〗干渉分光器.

in·ter·fe·rie·ren[..ferí:rən] 自 (h) **1** 〖理〗干渉し合う. **2** 交差する, 重なり合う. [< *lat.* ferīre „schlagen" (◇bohren)]

In·ter·fe·ro·me·ter[..feromé:tər] 中 (男) -s/- 〖理〗干渉計.

In·ter·fe·ron[..feró:n] 中 -s/-s, -e 〖生化学〗インターフェロン(ウイルスの増殖を抑制する体内物質).

INTERFLUG (**In·ter·flug**)[íntərflu:k] 女 -/ (< Gesellschaft für Internationalen Flugverkehr mbH) インターフルーク(旧東ドイツの国営航空会社; 記号 IF).

in·ter·frak·tio·nell[ɪntərfraktsionɛ́l] 形 (議会での)〔諸〕党派間の.

in·ter·gla·zial[..glatsiá:l] **I** 形 〖地〗間氷期の.

II In·ter·gla·zial 中 -s/-e =Interglazialzeit

In·ter·gla·zial·zeit 女 〖地〗間氷期.

In·ter·ho·tel[íntərhotɛl] 中 -s/-s (略 IH) インターホテル(旧東ドイツの外国人用国営ホテル). [< international + Hotel]

In·te·rieur[ɛ̃teriǿ:r] 中 -s/-s, -e **1 a)** 〔部屋の〕内部, 室内. **b)** 室内装備〈装飾〉, 室内調度品, インテリア; 舞台装飾. **2** 〖美〗(題材としての)室内; 室内画. [*lat.* interior „inner"–*fr.*; ◇inter.., *engl.* interior]

In·te·rim[íntərɪm] 中 -s/-s 中間〈暫定〉期間, 過渡期; 過渡的状態; 暫定措置. [*lat.* „inzwischen"; ◇inter..]

in·te·ri·mi·stisch[..místɪʃ] 形 (vorläufig) 暫定〈過渡〉的な, 一時的な, 仮〈当座〉の.

In·te·rims≈be·scheid[íntərɪms..] 男 仮の通知; 仮判決. ≈**lö·sung** 女 暫定〈一時〉的解決. ≈**re·gie·rung** 女 仮〈臨時〉政府. ≈**schein** 男 (株券発行前の)仮株券, 仮証券. ≈**zeug·nis** 中 仮証明書.

In·ter·jek·tion[ɪntərjɛktsió:n] 女 -/-en 〖言〗間投詞, 感嘆詞. [*lat.*; < *lat.* iacere „werfen"]

in·ter·ka·lar[..kalá:r] 形 (暦法上の)閏(うるう)の. [*lat.*; < *lat.* inter-calāre „ein-schalten" (◇Kalender)]

In·ter·ka·la·ri·en[..kalá:riən] 複 〖カトリック〗教会禄(ろく)空位期間の収入.

in·ter·kan·to·nal[..kantoná:l, ⌣⌣⌣⌣–] 形 (スイスの)各州にまたがる〈共通の〉; 全国的な.

In·ter·ko·lum·nie[..kolúmniə] 女 -/-n (古代ギリシア神殿の)柱間距離. [*lat.*; < *lat.* columna (→Kolumne)]

in·ter·kom·mu·nal[..kɔmuná:l, ⌣⌣⌣⌣–] 形 地方自治体〈市町村〉間の.

In·ter·kon·fes·sio·na·lis·mus[..kɔnfɛsionalísmʊs] 男 -/ 諸宗派融和政策〈運動〉.

in·ter·kon·fes·sio·nell[..nɛ́l, ⌣⌣⌣⌣⌣⌣⌣] 形 〔諸〕宗派間の.

in·ter·kon·ti·nen·tal[..kɔntinɛntá:l, ⌣⌣⌣⌣⌣–] 形 大陸間の: eine ~*e* ballistische Rakete 大陸間弾道ミサイル.「サイル.

In·ter·kon·ti·nen·tal·ra·ke·te 女 〖軍〗大陸間ミ

in·ter·ko·stal[..kɔstá:l] 形 〖医〗肋間(ろっかん)の.

In·ter·ko·stal≈nerv 男 〖解〗肋間(ろっかん)神経. ≈**neur·al·gie** 女 〖医〗肋間(ろっかん)神経痛.

in·ter·kul·tu·rell[..kʊlturɛ́l] 形 (相異なる)諸文化間の: eine ~*e* Begegnung 異文化相互間の出会い.

in·ter·kur·rent[..kʊrɛ́nt] 形 付加的な, あいだに入りこむ; 〖医〗併発的な. [*lat.*]

In·ter·la·ken[íntərlakən, ..la:kən] 地名 インターラーケン(スイスの観光保養地で, Jungfrau への登山口). [„zwischen Seen"; 元来は中世の修道院名; ◇Lakune]

in·ter·li·near[ɪntərlineá:r] 形 行間の; 行間に書きこまれた. [*mlat.*]

In·ter·li·near≈glos·se 女 (特に中世ラテン語文献の)行間に書きこまれた注釈. ≈**über·set·zung** 女, ≈**ver·sion** 女 (特に中世ラテン語文献の)行間逐語訳.

In·ter·lin·gua[ɪntərlíŋgua·] 女 -/ 〖言〗**1** 〔人工〕国際語, 世界語. **2** インターリングア(ロマンス語を主要素とする人工語). [*it.*; < *it.* internationale „international"]

In·ter·lin·gui·stik[..lɪŋguístɪk] 女 〖言〗**1** 国際語学. **2** 言語間言語学.

In·ter·lock≈ma·schi·ne[íntərlɔk..] 女 〖服飾〗インターロックミシン(メリヤス用二重環経二本針ミシン). ≈**wa·re** 女 メリヤス製品(下着類). [< *engl.* inter-lock „ineinander-greifen" (◇Loch)]

In·ter·lu·dium[ɪntərlú:diʊm] 中 -s/..dien[..diən] (Zwischenspiel) 〖楽〗間奏曲, インターリュード. [*mlat.*; < *lat.* lūdus (→Ludus)]

In·ter·lu·nium[..lú:niʊm] 中 -s/..nien[..niən] 新月の期間, 無月期間. [*lat.*; ◇Luna]

In·ter·ma·xil·lar·kno·chen[..maksɪlá:r..] 男 (Zwischenkieferknochen) 〖解〗顎(がく)間骨.

in·ter·me·diär[..mediɛ́:r] 形 中間の; 仲介〈媒介〉の. [*fr.* intermédiaire; ◇medio]

In·ter·me·din[..medí:n] 中 -s/ 〖生化学〗インテルメジン(メラニン細胞刺激ホルモン).

In·ter·me·dium[..mé:diʊm] 中 -s/..dien[..diən] 〖楽〗(幕間(まくあい)用の)間奏曲.

In·ter·mez·zo[ɪntərmɛ́tso·] 中 -s/-s (..mezzi[..tsi·]) 〖楽〗間奏曲; 〖劇〗幕間(まくあい)狂言, 寸劇; 《比》突発的な小事件, ちょっとした愉快な出来事. [*it.*]

in·ter·mi·ni·ste·riell[..mɪnɪsteriɛ́l] 形 省庁間の, いくつかの省に関係する. [< Ministerium + ..ell]

in·ter·mit·tie·rend[..mɪtí:rənt][1] 形 ときどき途切れる,

I

断続的な, 間欠的な: ～*es* Fieber〘医〙間欠熱 | ～*e* Quellen 間欠泉. [<*lat.* inter-mittere „dazwischen-legen" (◇Messe[1])]

in·ter·mo·le·ku·lar[..molekulá:r] 形〘理〙分子間の.

in·tern[ıntέrn] **I** 形 (↔extern) 内部の; 部内(国内)の; 寄宿の; 内密の;〘医〙内科の: eine ～*e* Besprechung 部内での話し合い | die ～*e* Station (病院などの)内科 | ein ～*er* Schüler (通学生に対する)寄宿生. **II In·ter·ne** 男 女《形容詞変化》寄宿生. [*lat.*; ◇inter..]

..intern[..|ıntɛrn]《名詞・特に「制度・組織」を意味する名詞につけて「…内の」を意味する形容詞をつくる》: betriebs*intern* 企業内部の | partei*intern* 党内の | sprach*intern* 言語内的な.

In·ter·na Internum の複数.

In·ter·na·li·sa·tion[ıntərnalizatsió:n] 女 -/-en〘社〙内面化, 吸収, 習得. [*engl.* internalization]

in·ter·na·li·sie·ren[..nalizí:rən] 他 (h) **1**〘社〙(他者の保持する文化の価値観や型などを自我の一部として)内面化する, 取り入れる, 吸収する, 習得する: Verhaltensnormen ～ (子供が親の)行動規範を習得する. **2** (↔externalisieren)〘心〙(外部のものを自己の心の中に)内在化する: Konflikte ～ 外的葛藤(かっとう)を自分の心に転位させる.

In·ter·nat[ıntərná:t, ıntɛr..] 中 -[e]s/-e (↔Externat) 寄宿舎つきの学校; 学生(生徒)寮.

in·ter·na·tio·nal[ıntərnatsioná:l, ◡◡◡◡◡–] **I** 形 国際間の, 諸国民間の; 国際的な, インターナショナルな, 世界的な: ein ～*es* Abkommen 国際協定 | ～*e* Beziehungen 国際関係 | *Internationale* Einheit (略 I. E., IE)〘薬〙(抗生物質・ホルモン・酵素などの)国際単位 | ein ～*er* Flughafen 国際空港 | ein ～*es* Hotel 国際的〔に有名〕なホテル ‖ ～ bekannt sein 世界的に有名である.

II In·ter·na·tio·na·le[1] 男 女《形容詞変化》(国際試合に出場する)ナショナルチームのメンバー. [*engl.*]

In·ter·na·tio·na·le[2][..natsioná:lə] 女 -/-n **1** (<Internationale Arbeiterassoziation) インター〔ナショナル〕, 国際労働者同盟: die Zweite ～ 第二インターナショナル | die Kommunistische ～ コミンテルン. **2**《単数で》インターナショナルの歌(労働革命歌): die ～ singen インターナショナルを歌う.

in·ter·na·tio·na·li·sie·ren[..natsionalizí:rən] 他 (h) 国際化する, 国際的にする; 国際管理の下に置く.

In·ter·na·tio·na·li·sie·rung[..rʊŋ] 女 -/-en 国際化.

In·ter·na·tio·na·lis·mus[..lísmʊs] 男 -/..men [..mən] **1**《単数で》国際主義, 国際協力. **2**〘言〙国際共通語(例 Atom, Demokratie, Perestroika, Telephon).

In·ter·na·tio·na·li·tät[..litέ:t] 女 -/ 国際性.

In·ter·ne →intern II

In·ter·net[íntərnɛt] 中 -/ インターネット(国際的コンピューターネットワーク). [*engl.*]

in·ter·nie·ren[ıntərní:rən, ..tɛr..] 他 (h) (捕虜・政治犯などを)収容(抑留)する; (病人を)隔離する. [*fr.*]

In·ter·nie·rung[..rʊŋ] 女 -/-en internieren する(される)こと.

In·ter·nie·rungs·la·ger 中 (捕虜・政治犯などの)収容所.

In·ter·nist[ıntərníst, ..tɛr..] 男 -en/-en **1** (↔Externist) 内科医. ∇**2** (《オーストリア》) =Interne [<..ist]

In·ter·no·dium[ıntərnó:diʊm] 中 -s/..dien[..diən]〘植〙節間(せっかん). [*lat.*; <*lat.* nōdus „Knoten" (◇Nestel)]

In·ter·num[ıntέrnʊm] 中 -s/..na[..na·] **1**《ふつう複数で》内輪のこと; 内部事情, 内情; 内務: *Interna* ausplaudern 内部事情を外部に漏らす. **2** (第三者に対する)立ち入り禁止区域. [◇intern]

In·ter·nun·tius[ıntərnʊ́ntsiʊs] 男 -/..tien[..tsiən]〘カトリック〙〔ローマ教皇〕公使. [*lat.* „Zwischen-bote"]

in·ter·ozea·nisch[..|otseá:nıʃ] 形 大洋間の.

in·ter·par·la·men·ta·risch[..parlamɛntá:rıʃ, ◡◡◡◡◡–◡] 形 (諸国の)議会間の.

In·ter·pel·lant[..pɛlánt] 男 -en/-en (議会での)質問者(議員).

In·ter·pel·la·tion[..pɛlatsió:n] 女 -/-en **1** (議会での政府当局に対する)質問. ∇**2**〘法〙抗告権.

in·ter·pel·lie·ren[..pɛlí:rən] 自 (h) **1** (議会で政府当局に)質問をする. **2** (質問などで)話を中断する, 口をはさむ. [*lat.*; ◇appellieren]

in·ter·pla·ne·tar[..planetá:r] 形, **in·ter·pla·ne·ta·risch**[..tá:rıʃ] 形 惑星間の: der ～*e* Raum〘天〙惑星間空間.

In·ter·pol[íntərpo:l] 女 -/ (<Internationale Kriminalpolizeiliche Organisation) 国際刑事警察機構, インターポール.

In·ter·po·la·tion[ıntərpolatsió:n] 女 -/-en **1** (↔Extrapolation)〘数〙補間(内挿)法. **2** (原典に)語句を書き加えること, 改竄(かいざん); (あとから)加筆された語句. [*lat.*]

in·ter·po·lie·ren[..polí:rən] 他 (h) **1** (↔extrapolieren)〘数〙(数値を)補間(内挿)法によって求める. **2** (原典を)改変(改竄(かいざん))する. [*lat.*; <*lat.* interpolis „neu hergerichtet"]

In·ter·pret[ıntərpré:t] 男 -en/-en (interpretieren する人) **1** 解釈者. **2** (音楽作品の)演奏者; (演劇作品の)演出家; 演技者. [*lat.* interpres „Vermittler"]

In·ter·pre·ta·ment[ıntərpretamέnt] 中 -[e]s/-e **1** 本文中に組み込まれた注釈. **2** (Deutungsmittel) 解釈手段.

In·ter·pre·ta·tion[..pretatsió:n] 女 -/-en **1** 解釈, 解明; 説明, 注釈. **2** 演奏, 演出, 演技. [*lat.*]

in·ter·pre·ta·tiv[..tatí:f][1] 形 解釈にのっとった.

In·ter·pre·ta·tor[..tá:tɔr, ..to:r] 男 -s/-en [..tató:rən] =Interpret [*spätlat.*]

in·ter·pre·ta·to·risch[..tató:rıʃ] 形 **1** 解釈〔上〕の; 解釈者の. **2** 演奏者(演出家・演技者)の.

in·ter·pre·tie·ren[..pretí:rən] 他 (h) **1** (テキスト・作品などを)解釈する, 解明(説明)する, (…に)注釈を加える: ein Gedicht ～ 詩の解釈をする | eine Tat als Feigheit ～ ある行為を卑怯(ひきょう)な行為と解釈する. **2** (作品に解釈を加えて)演奏(演出・演技)する: eine Sonate ～ ソナタを演奏する. [*lat.*–*mhd.*]

In·ter·psy·cho·lo·gie[ıntərpsyçologí:] 女 -/〘心〙相互心理学.

in·ter·punk·tie·ren[..pʊŋktí:rən] (∇**in·ter·pun·gie·ren**[..pʊŋgí:rən]) 他 (h)《*et.*[4]》〘言〙(…の)句読を切る, (…に)句読点を打つ;《比》中断する. [*lat.* inter-pungere; ◇Punkt]

In·ter·punk·tion[..pʊŋktsió:n] 女 -/-en〘言〙句読法. [*lat.*]

In·ter·punk·tions·zei·chen 中〘言〙句読点(点・コンマ・疑問符など).

In·ter·re·gio[..ré:gio·] 男 -s/-s =Interregio-zug

In·ter·re·gio-Zug[..ré:gio..] 男 (略 IR)〘鉄道〙地域間特急列車(ドイツ国内の主要都市を2時間おきに結ぶ特急).

In·ter·re·gnum[..régnʊm, ..ré:g..] 中 -s/..gnen [..gnən], ..gna[..gna·] 暫定政権(臨時政府)〔の期間〕; 君主不在期間: das ～〘史〙大空位時代(1254-73). [*lat.*; <*lat.* rēx (→Rex)]

in·ter·ro·ga·tiv[ıntərrogatí:f, ıntɛro.., ◡◡◡◡–][1] **I** 形 質問(疑問)の: ein ～*es* Pronomen〘言〙疑問代名詞. **II In·ter·ro·ga·tiv** 中 -s/-e〘言〙疑問詞. [*spätlat.*; <*lat.* 〔inter〕rogāre „〔be〕fragen" (◇Rogation)]

In·ter·ro·ga·ti·va Interrogativum の複数.

In·ter·ro·ga·tiv≠ad·verb 中〘言〙疑問副詞. **≠pro·no·men** 中 (Fragefürwort)〘言〙疑問代名詞. **≠satz** 男 (Fragesatz)〘言〙疑問文.

In·ter·ro·ga·ti·vum[..tí:vʊm] 中 -s/..va[..va·] =Interrogativ

In·ter·rup·tio[ıntɛrʊ́ptsio·, ıntər..] 女 -/-nen[..rʊptsió:nən]〘医〙人工妊娠中絶. [*lat.*; <*lat.* inter-rumpere „unter-brechen" (◇Ruptur)]

In·ter·rup·tion[..rʊptsió:n] 女 -/-en **1 a)** =Interruptio **b**）性交中断; 膣(ちつ)外射精. ▽**2**（Unterbrechung）中断, 中絶; 妨害.

▽**In·ter·sep·tum**[ɪntərzέptʊm] ＝Septum

In·ter·sex[ɪntərzέks, ⌣́⌣⌣] 中 -es/-e 〘生〙間性(性的中間形態), 半陰陽.

In·ter·se·xua·li·tät[ɪntərzεksualitέːt] 女 -/ 間性〈半陰陽〉〔現象〕.

in·ter·se·xuell[..zεksuέl] 形〘生〙間性の, 半陰陽の.

In·ter·shop[ɪ́ntərʃɔp] 男 -[e]/-s（旧東ドイツの）インターショップ(高級品や外国からの輸入商品を外貨でしか売らない国営商店）. [＜international＋Shop]

in·ter·stel·lar[ɪntərstεláːr, ..ʃt..] 形〘天〙恒星間の: der ～*e* Raum 星間空間.

in·ter·sti·tiell[..stitsiέl] 形 中間にある, 介在する;〘生·医〙間質〔性〕の, 介在性の: ～*e* Zellen 間細胞.

In·ter·sti·tium[..stíːtsiʊm] 中 -s/..tien[..tsiən] **1** 中間空間;〘生〙間質. **2**〘カトリック〙中間期間(聖職者が次の位階に進むのに必要な一定の期間). [*spätlat.*; ＜*lat.* inter-sistere „mitten innehalten"（◇sistieren）; ◇*engl.* interstice]

In·ter·tri·go[..tríːgoˑ] 女 -/..gines[..gineːs]〘医〙間擦疹(しん). [*lat.*; ＜*lat.* terere „reiben"（◇drehen）]

In·ter·type[ɪ́ntərtaɪp] 女 -/-s 商標 インタータイプ(自動活字鋳植機). [*engl.*]

in·ter·uni·ver·si·tär[ɪntər|univεrzitέːr] 形 大学間の. [＜Universität]

in·ter·ur·ban[..|ʊrbáːn] 形《オーストリア》都市間の: ein ～*es* Telefongespräch 長距離〈市外〉通話.

In·ter·usu·rium[..|uzúːriʊm] 中 -s/..rien[..riən] 中間利息. [*spätlat.*; ＜*lat.* ūsūra „Zinsen"（◇Usur）]

In·ter·vall[ɪntərvál] 中 -s/-e **1** 間隔, 合間: in ～*en* 間欠的に | in kurzen〈regelmäßigen〉～*en* 短い〈規則的な〉間隔をおいて. **2**〘数〙区間: ein abgeschlossenes〈offenes〉～ 閉〈開〉区間. **3**〘楽〙音程. **4**〘医〙(発作と発作の)中間期. [*lat.*; ＜*lat.* vāllus（→Wall[1]）]

in·ter·va·lu·ta·risch[..valutáːrɪʃ] 形 各国通貨間の: der ～*e* Kurs 外国為替〈外貨〉相場. [＜Valuta]

In·ter·ve·nient[ɪntərveniέnt] 男 -en/-en 調停者; 干渉〈介入〉する人.

in·ter·ve·nie·ren[..veníːrən] 自 (h) 仲に入る; 仲裁する; 干渉〈介入〉する: in einem Streit ～ 争いを調停〈仲裁〉する. [*lat.*; ＜*lat.* venīre（→kommen）]

In·ter·vent[..vέnt] 男 -en/-en（intervenieren する人. 特に:）武力介入者. [*lat.*－*russ.*]

In·ter·ven·tion[..vεntsióːn] 女 -/-en 調停; 干渉, 介入: eine militärische ～ 軍事介入. [*spätlat.*－*fr.*]

In·ter·ven·tio·nis·mus[..vεntsionísmʊs] 男 -/ 干渉〈介入〉主義.

In·ter·ven·tio·nist[..níst] 男 -en/-en 干渉〈介入〉主義者.

in·ter·ven·tio·ni·stisch[..nístɪʃ] 形 干渉〈介入〉主義の.

In·ter·ven·tions·krieg[..vεntsióːns..] 男〔武力〕介入戦争.

In·ter·view[ɪ́ntərvjuː, ⌣⌣́] 中 -s/-s インタビュー,(取材記者などとの)会見; 面接〔調査〕: mit *jm.* ein ～ machen …にインタビュー〈会見〉する | *jm.* ein ～ gewähren …に会見を許す. [*fr.* entre-vue（→Entrevue）－*engl.*]

in·ter·view·en[ɪntərvjúːən, ⌣́⌣⌣] 《過分 interviewt》**I** 他 (h)《*jn.*》(…に)インタビューする,(…と)会見する;《話》(…に)当たって見る, 探りを入れる. **II In·ter·view·te** 男 女《形容詞変化》インタビューを受ける人.

In·ter·view·er[..vjúːər, ⌣́⌣⌣] 男 -s/- インタビューアー, 会見〔取材〕記者.

In·ter·vi·sion[ɪntərvizióːn] 女 -/ インタービジョン(東欧圏の国際テレビ中継組織). [＜international＋Television]

in·ter·ze·die·ren[..tsedíːrən] 自 (h)《bei *et.*[3]》(…を)仲裁する, とりなす;《für *jn.*》(…を)保証する,(…の)債務を引き受ける. [*lat.* inter-cēdere „dazwischen-gehen"]

in·ter·zel·lu·lar[..tsεluláːr] 形, **in·ter·zel·lu·lär**[..lέːr] 形〘生〙細胞間の.

In·ter·zel·lu·lar≈raum 男〘生〙細胞間隙(かんげき). **≈sub·stanz** 女〘生〙細胞間質〈物質〉.

In·ter·zep·tor[..tsέptɔr, ..toːr] 男 -s/-en[..tsεptóːrən]〘空〙防空〈迎撃〉戦闘機. [*engl.*; ＜*lat.* inter-cipere „mitten wegfangen"（◇kapieren）]

In·ter·zes·sion[..tsεsióːn] 女 -/-en 仲裁; 保証, 債務の引き受け. [*lat.*; ◇interzedieren]

in·ter·zo·nal[..tsonáːl] 形 **1** 地域〈地区〉相互間の. **2 a**）(第二次大戦中のドイツの)占領地区相互間の. **b**）(統一前の)旧東西両ドイツ間の.

In·ter·zo·nen≈han·del[..tsóːnən..] 男 -s/ 旧東西両ドイツ間の貿易. **≈paß** 男(旧東西両ドイツ間の往来に必要な)境界通行許可証. **≈ver·kehr** 男 旧東西両ドイツ間の交通. **≈zug** 男 旧東西両ドイツ間を往来する列車.

in·te·sta·bel[ɪntεstáːbəl]（..sta·bl..）形〘法〙遺言を書く〈証人として出廷する〉資格のない. [*lat.*; ◇in.., testieren]

In·te·stat·er·be[ɪntεstáːt..] 男〘法〙法定相続人. [＜*lat.* in-tēstātus „ohne Testament"（◇Testat）]

in·te·sti·nal[ɪntεstináːl] 形〘医〙腸の. [*mlat.*]

In·te·sti·num[ɪntεstíːnʊm] 中 -s/..nen[..nən], ..na[..naˑ](Darm)〘医〙腸. [*lat.*; ◇intus]

In·thro·ni·sa·tion[ɪntronizatsióːn] 女 -/-en（王侯の)即位; 即位礼〈式〉;〘カトリック〙司教叙階〔式〕. [*mlat.*]

in·thro·ni·sie·ren[..zíːrən] 他 (h)《*jn.*》王位〈司教の座〉につかせる. [*gr.*－*mlat.*; ＜*gr.* thrónos（→Thron）]

in·tim[ɪntíːm] 形 **1 a**）親密な, 親しい, 心おきない: ein ～*er* Freund 親友 | im ～*en* Kreis 親しいサークルで, ごく内輪で. **b**）内密の, 秘密の, ごく個人的〈プライベート〉な: ～*e* Angelegenheiten プライベートな問題. **2** 性的な: mit *jm.* ～ sein〈werden〉…と親しい間柄である〈になる〉; …と肉体的な関係を持っている〈持つようになる〉‖ mit *jm.* ～*e* Beziehungen〈ein ～*es* Verhältnis〉unterhalten（男女関係などで)…と深い仲である. **3**《婉曲に》陰部〈生殖器〉に関する: 〔die〕～*e* Hygiene 生殖器の衛生. **4**（gemütlich）気のおけない, 居心地のよい: ein ～*es* Lokal 落ち着いた雰囲気の店(レストラン·バーなど). **5**（知識などに関して）詳しい, 隅々までよく心得た: *et.*[4] ～ kennen …の裏も表もよく知っている. [*lat.* intimus „innerst"; ◇intus; *engl.* intimate]

In·ti·ma[ɪ́ntimaˑ] 女 -/-s **1**《単数で》〘解〙(血管·リンパ管などの)脈管内膜. **2**《雅》(特に女性から見て)親しい〈心を許した〉女の人,(女性の)女の親友.

In·tim≈be·reich[ɪntíːm..] 男 (中) **1** ＝Intimsphäre **2**《婉曲に》陰部, 恥部(生殖器の部分). **≈feind** 男(互いによく知っていながらしかも相いれない)個人的な敵〈ライバル〉, 宿敵.

In·ti·mi Intimus の複数.

In·ti·mi·tät[ɪntimitέːt] 女 -/-en **1**《単数で》親密さ; 内密性; 気のおけない雰囲気, 居心地のよさ: die ～ des Raums 部屋のくつろいだ雰囲気. **2**《ふつう複数で》親密な〈性的な〉言動; ごく個人的〈プライベート〉な事柄: ～*es* besprechen プライベートな事柄を話し合う. [*fr.*]

In·tim≈ken·ner[ɪntíːm..] 男(ある領域についての)精通者, 通(つう). **≈le·ben** 中 -s/《婉曲に》性生活. **≈sphä·re** 女 ごく個人的〈プライベート〉な領域: *js.* ～ verletzen …のプライバシーを侵害する.

In·ti·mus[ɪ́ntimʊs] 男 -/..mi[..miˑ] 親しい〈心を許した〉人, 親友. [*lat.*]

In·tim≈ver·kehr[ɪntíːm..] 男《婉曲に》性交. **≈zo·ne** 女 ＝Intimbereich 2

in·to·le·rant[ɪ́ntolerant, ⌣⌣⌣́] 形 **1** 不寛容な, 寛大でない, 狭量〈偏狭〉な: ein ～*er* Chef うるさい上役 | *sich*[4] ～ verhalten 狭量な態度をとる. **2**〘医〙耐性のない: Er ist ～ gegen Alkohol. 彼はアルコールを全くうけつけない体質だ. [*lat.*－*fr.*]

In·to·le·ranz[..rants, ⌣⌣⌣́] 女 -/-en **1**《単数で》不寛容, 狭量, 偏狭さ. **2**〘医〙(薬品·毒物などに対する)不耐性. [*lat.*－*fr.*]

In·to·na·tion[ɪntonatsióːn] 女 -/-en **1**〘楽〙intonieren すること. **2**〘言〙イントネーション, 抑揚;（文の)音調. [*mlat.*]

in·to·na·tọ·risch[..tóːrɪʃ] 形 イントネーション〔上〕の; 抑揚による.

in·to·niẹ·ren[ɪntoníːrən] 他 (h) (anstimmen) 〘楽〙歌い〈演奏し〉始める; (聖歌・祭文などを)唱え始める; (冒頭部の)音を出す; (楽器の)音程を調整する. [*mlat.*; ◇Tonus]

in tọ·to[ɪn tóːtoˑ] 《ラテ語》 (im ganzen) 全体として; 全体で. [◇total]

Ịn·tou·rist[íntʊrɪst] 男 -s/ インツーリスト(旧ソ連の国営旅行社). [*russ.*]

In·to·xi·ka·tiọn[ɪntɔksikatsióːn] 女 -/-en (Vergiftung) 〘医〙中毒; (小児の)重症下痢. [*mlat.*; ◇in[2], toxiko..]

intra 《ラテ語》→ *intra* legem, *intra* muros, *intra* partum

intra.. 《形容詞などにつけて「内側に・内部に・あいだに」などを意味する》: *intra*muskulär 筋肉内の | *intra*kular 眼球内の. [*lat.*; ◇inter.., intro..]

in·tra·ar·te·riẹll[ɪntra|arteriɛ́l] 形 〘医〙動脈内の.

In·trạ·de[ɪntráːdə] 女 -/-n 〘楽〙イントラーダ(特にバロック期の幕あきの音楽); (祝祭または行進曲ふうの)序曲. [*span.* entrada; < *lat.* in-trāre (→entrieren)]

in·tra·kar·diạl[ɪntrakardiáːl] 形 〘医〙心臓内〔へ〕の.

in·tra·ku·tạn[..kutáːn] 形 〘医〙皮〔膚〕内の: eine ~*e* Injektion 皮内注射.

ịn·tra lẹ·gem[íntraˑ léːgɛm] 《ラテ語》法〔律〕の枠内で. [„innerhalb des Gesetzes"; ◇Lex]

in·tra·mo·le·ku·lạr[ɪntramolekuláːr] 形 〘理〙分子内の.

ịn·tra mụ·ros[íntraˑ múːroːs] 《ラテ語》非公開で, 私的に, 内密に. [„innerhalb der Mauern"; ◇Mauer]

in·tra·mus·ku·lạ̈r[ɪntramʊskulɛ́ːr] 形 (略 i. m.) 〘医〙筋〔肉〕内の: eine ~*e* Injektion 筋肉注射.

in·tran·si·gẹnt[ɪntranzigɛ́nt] **I** 形 非妥協的な. **II** **In·tran·si·gẹnt** 男 -en/-en (特に政治上で)非妥協的な人; 《複数で》強硬派. [*span.*–*fr.*–*engl.*; ◇transigieren]

In·tran·si·gẹnz[..gɛ́nts] 女 -/ 非妥協的なこと.

ịn·tran·si·tịv[íntranzitiːf, ◡◡◡⏑́][1] 形 **I** (↔transitiv) 〘言〙自動〔詞〕の: ein ~*es* Verb 自動詞. **II** **Ịn·tran·si·tịv** 中 -s/-e 〘言〙自動詞. [*spätlat.*]

In·tran·si·tị·va Intransitivum の複数.

in·tran·si·ti·viẹ·ren[ɪntranzitivíːrən] 他 (h) 〘言〙(他動詞を)自動詞化する; 自動詞的に用いる.

In·tran·si·ti·vi·tạ̈t[..vitɛ́ːt] 女 -/ 〘言〙自動詞的なこと, 自動詞性.

In·tran·si·tị·vum[..tíːvʊm] 中 -s/..va[..vaˑ] ＝Intransitiv

in·tra·oku·lạr[ɪntra|okuláːr] 形 〘医〙眼〔球〕内の: ~*er* Druck 眼〔内〕圧.

ịn·tra pạr·tum[íntraˑ pártʊm] 《ラテ語》分娩(ぶんべん)の際に. [„bei der Geburt"; ◇parieren[2]]

in·tra·ute·rịn[ɪntra|uteríːn] 形 〘医〙子宮内の: ein ~*es* Verhütungsmittel 子宮内避妊器具.

in·tra·va·gi·nạl[ɪntravagináːl] 形 〘医〙膣(ちつ)内の.

In·tra·va·gi·nạl·tam·pon 男 (月経時に使用する)膣(ちつ)内タンポン〈脱脂綿〉.

in·tra·ve·nọ̈s[..venǿːs][1] 形 (略 i. v.) 〘医〙静脈内の: eine ~*e* Injektion 静脈注射.

in·tra·zel·lu·lạr[..tsɛluláːr] 形, **in·tra·zel·lu·lạ̈r**[..lɛ́ːr] 形 〘生〙細胞内の.

in·tri·gạnt[ɪntrigánt] **I** 形 陰謀を好む, 策略的な. **II** **In·tri·gạnt** 男 -en/-en (女 **In·tri·gạn·tin**[..tɪn]-/-nen) 陰謀家, 策士; 〘劇〙(陰謀をたくらむ)敵役. [*it.*–*fr.*]

In·tri·gạnz[..gánts] 女 -/ intrigant な態度.

In·trị·ge[ɪntríːgə] 女 -/-n **1** 陰謀, 奸策(かんさく): eine politische ~ 政治的陰謀 | ~*n* schmieden 〈spinnen〉 陰謀をたくらむ. [v]**2** ひそかな情事, 密通. [*it.* intrigo–*fr.* intrigue]

In·trị·gen·spiel 中 ＝Intrige 1

in·tri·giẹ·ren[ɪntrigíːrən] 自 (h) 《gegen *jn.*》(…に対して)陰謀をたくらむ, 奸策(かんさく)をめぐらす. [*lat.*–*it.*–*fr.* intriguer; < in[2]+*lat.* trīcae „Widerwärtigkeiten"]

in·tri·kạt[ɪntrikáːt] 形 錯綜(さくそう)した, こみ入った; 煩雑な, めんどうな. [*lat.*]

in·trịn·sisch[ɪntrínzɪʃ] 形 (↔extrinsisch) 内部からの, 内在的な; 〘心〙本来的な; 〘医〙内因性の. [*lat.* intrīnsecus–*fr.*–*engl.* intrinsic; ◇inter.., sequens]

in trị·plo[ɪn trí(ː)ploˑ] 《ラテ語》 3倍の; 3部〈3通〉作って. [◇triple..]

intro.. 《動詞・名詞・形容詞などにつけて「中へ」を意味する》 [*lat.*; ◇inter.., intra..]

In·tro·duk·tiọn[ɪntrodʊktsióːn] 女 -/-en **1** 導入; 案内, 紹介; 入門. **2** 〘楽〙序奏, 導入部. **3** (ペニスのワギナへの)挿入. [*lat.*]

in·tro·du·ziẹ·ren[..dutsíːrən] 他 (h) 中へ入れる; 導入する; 案内〈紹介〉する. [*lat.*; < *lat.* dūcere (→Duc)]

In·trọ·itus[ɪntróːitʊs] 男 -/- 〘カトリック〙(ミサの)入祭の歌; 〘新教〙礼拝開会の賛美歌, 参入〈賛美〉唱. [*lat.*; < *lat.* intro-īre „hinein-gehen"; ◇ *engl.* introit]

In·tro·jek·tiọn[ɪntrojɛktsióːn] 女 -/-en 投入〔作用〕; 摂取, 取り込み; 〘心〙とり入れ.

in·tro·ji·ziẹ·ren[..jitsíːrən] 他 (h) 投入する; 摂取する, 取り込む; 〘心〙とり入れる. [< *lat.* iacere „werfen"]

in·tro·mit·tiẹ·ren[ɪntromɪtíːrən] **I** 他 (h) 《*et.*[4]》挿入する. **II** 自 (i) 入り込む, 侵入する. [*nlat.*]

In·tro·mis·siọn[ɪntromɪsióːn] 女 -/-en **1** 挿入. **2** 侵入.

in·trọrs[ɪntrɔ́rs][1] 形 内向きの. [*lat.*; < intro..+*lat.* vertere (→vertieren[2]); ◇introvertiert]

In·tro·spek·tiọn[ɪntrospɛktsióːn, ..rɔs..] 女 -/-en 内省, 内観, 自己分析.

in·tro·spek·tịv[..tíːf][1] 形 内省〈内観〉的な, 自己分析的な. [< *lat.* intrō-spicere „hinein-schauen" (◇spähen)]

In·tro·ver·siọn[ɪntrovɛrzióːn] 女 -/-en (↔Extraversion) 〘心〙内向, 内向性, 内向的性質.

in·tro·ver·tiẹrt[..vɛrtíːrt] 形 (↔extravertiert) 〘心〙内向性の, 内向的な. [◇intrors]

In·tro·ver·tiẹrt·heit[..haɪt] 女 -/ introvertiert なこと.

in·tru·diẹ·ren[ɪntrudíːrən] 自 (h) 〘地〙(マグマなどが岩体に)貫入する. [*spätlat.*; < in[2]+*lat.* trūdere „stoßen"]

In·tru·siọn[ɪntruzióːn] 女 -/-en 〘地〙貫入. [*mlat.*]

in·tru·sịv[ɪntruzíːf][1] 形 〘地〙貫入による.

In·tru·sịv·ge·stein 中 〘地〙貫入岩.

In·tu·ba·tiọn[ɪntubatsióːn] 女 -/-en 〘医〙挿管〔法〕.

in·tu·biẹ·ren[ɪntubíːrən] 他 (h) 〘医〙《*jn.*》(…に)挿管する, 挿管治療をする. [< in[2]+*lat.* tubus (→Tubus)]

In·tui·tiọn[ɪntuitsióːn] 女 -/-en 直観, 直覚: die dichterische ~ 詩的直観 ‖ eine geniale ~ besitzen 天才的な直観の持ち主である | einer ~ folgen 直観に従う. [*mlat.*; < *lat.* in-tuērī „hin-schauen"]

In·tui·tio·nịs·mus[..tsionísmʊs] 男 -/ 〘哲〙直覚説; 〘数〙直観主義.

in·tui·tio·nị·stisch[..tsionístɪʃ] 形 直覚説の.

in·tui·tịv[..tíːf][1] 形 直観〈直覚〉的な; (↔diskursiv) 〘哲〙直観的な: *et.*[4] ~ erkennen …を直観的に悟る. [*mlat.*]

In·tu·mes·zẹnz[ɪntumɛstsɛ́nts] 女 -/-en 〘医〙膨隆, 膨大. [< *lat.* in-tumēscere „an-schwellen" (◇Tumor)]

In·tur·ges·zẹnz[ɪntʊrgɛstsɛ́nts] 女 -/-en 〘医〙(血液・体液の充満による)緊満, 膨脹, 腫脹(しゅちょう). [◇turgeszieren]

ịn·tus[íntʊs] 副 《話》《もっぱら次の成句で》 *et.*[4] **~ haben** …を理解〈習得〉している; …を食べて〈飲んで〉しまっている | Hast du die Regel jetzt endlich ~? 君ももういいかげんにこの規

則は覚えただろうね | einen ～ **haben** 一杯機嫌である | *et.*[4] ～ kriegen …を習得する; …を食べる〈飲む〉. [*lat.*; ◇in[1]]

In·tus·sus·zep·tion[ɪntʊszʊstsɛptsió:n] 女 -/-en **1** 〘植〙(細胞壁の)挿入〈挿塡〉生長. **2** 〘医〙〘腸〙重積〔症〕.

Inu·it[ínuɪt] 複 イヌイット(エスキモー人は Eskimo という語に含まれる軽蔑的な響きをきらい, みずからの種族をイヌイットと呼称している). [*eskimo.*]

Inu·lin[inulí:n] 中 -s/ 〘化〙イヌリン(貯蔵多糖類の一つ). [＜*lat.* inula „Alant"＋..in[2]]

In·un·da·tion[ɪn|ʊndatsió:n] 女 -/-en 〘地〙氾濫(はんらん), 洪水, 浸水. [*lat.*]

In·un·da·tions·ge·biet 中 洪水危険区域.

[▽]**in·un·die·ren**[ɪn|ʊndí:rən] 自 (h) (河川が)氾濫(はんらん)する; 浸水する. [*lat.*＜in[2]＋*lat.* unda (→Undine)]

In·unk·tion[ɪn|ʊŋktsió:n] 女 -/-en(Einreibung) 〘医〙塗擦. [*lat.*; ＜*lat.* in-ung〔u〕ere „ein-salben" (◇Anken)]

in usum Del·phi·ni[ɪn ú:zʊm dɛlfí:ni·] →ad usum

in·va·die·ren[ɪnvadí:rən] 他 (h) 《*et.*[4]》(…に)侵入する, (…を)侵略する. [*lat.*; ◇in[1], waten, Invasion]

In·va·gi·na·tion[ɪnvaginatsió:n] 女 -/-en ＝Intussuszeption 2 [＜in[2]＋Vagina]

in·va·lid[ɪnvalí:t][1] ＝invalide

[▽]**In·va·li·da·tion**[..validatsió:n] 女 -/-en invalidieren すること. [*fr.*]

in·va·li·de[ɪnvalí:də] **I** 形 **1** (けがや病気のために)身体障害の: ein ～*r* Soldat 傷病兵, 傷痍(しょうい)軍人 | *jn.* ～ schlagen《話》…に重傷を負わせる. **2** 《戯》(うおのめなどのために)歩行不能の. **II In·va·li·de** 男 女《形容詞変化》身体障害〈病弱〉者; 傷病兵, 傷痍(しょうい)軍人. [*lat.*－*fr.*]

In·va·li·den≈heim 中 身体障害者用施設. **≈ren·te** 女 廃疾年金. **≈ver·si·che·rung** 女 廃疾保険.

[▽]**in·va·li·die·ren**[ɪnvalidí:rən] 他 (h) 無効にする, (…の)無効を宣言する.

in·va·li·di·sie·ren[..dizí:rən] 他 (h) 廃疾者と認定する; (…に)廃疾年金を支給する.

In·va·li·di·tät[..ditɛ́:t] 女 -/ (身体障害による長期の)勤務不能; 不具, 廃疾.

in·va·ria·bel[ɪnvariá:bəl, ⌣⌣⌣⌣－⌣] (..ria·bl..) 形 変えられない, 不変の.

in·va·riant[ɪnvariánt, ⌣⌣⌣⌣] 形 変化しない, 不変の.

In·va·rian·te[..riántə] 女 -/-n《まれに形容詞変化》〘数·理〙不変量.

In·va·sion[ɪnvazió:n] 女 -/-en **1** 侵入, 侵略: eine ～ planen (他国への)侵入を企てる | eine ～ von Touristen《戯》観光客の洪水. **2** 〘医〙(有害微生物の血管への)侵入, 侵襲. [*spätlat.*－*fr.*; ◇invadieren]

In·va·sions≈krank·heit 女〘医〙侵入〈侵襲〉病. **≈krieg** 男 侵略戦争. **≈weg** 男〘医〙侵入経路.

in·va·siv[ɪnvazí:f][1] 形〘医〙侵入〈侵襲〉性の. [*mlat.*]

In·va·sor[ɪnvá:zɔr, ..zo:r] 男 -s/-en[..vazó:rən] 《ふつう複数で》侵入〈侵略〉者. [*spätlat.*; ◇*engl.* invader]

In·vek·ti·ve[ɪnvɛktí:və] 女 -/-n 悪口, 侮辱, 誹謗(ひぼう)〔文書〕. [*mlat.*; ＜*lat.* in-vehere „los-fahren"]

In·ven·tar[ɪnvɛntá:r] 中 -s/-e **1** 在庫品〈財産〉目録, 棚卸(たなおろし)表: ein ～ aufstellen 在庫品〈財産〉目録を作成する. **2** 在庫品〈財産〉目録記載の物品; 動産; 〘法〙属具: lebendes ～ 生ける属具(家畜類) | totes ～ 死せる属具(家具什器(じゅうき)類) ‖ das ganze ～ versteigern すべての動産を競売に付する. [*spätlat.*; ◇*engl.* inventory]

In·ven·tar·auf·nah·me 女 在庫品調査, 在庫品〈財産〉目録の作成, 棚卸(たなおろし).

In·ven·ta·ri·en Inventarium の複数.

In·ven·ta·ri·sa·tion[ɪnvɛntarizatsió:n] 女 -/-en 在庫品調査; 在庫品〈財産〉目録の作成, 棚卸(たなおろし).

in·ven·ta·ri·sie·ren[..zí:rən] 自 (h) 在庫品を調査する; 在庫品〈財産〉目録を作成する.

In·ven·ta·rium[..tá:riʊm] 中 -s/..rien[..riən] ＝Inventar

[▽]**in·ven·tie·ren**[ɪnvɛntí:rən] 他 (h) **1** (erfinden) 発明する. **2** ＝inventarisieren [*fr.*]

In·ven·tion[..tsió:n] 女 -/-en [▽]**1** (Erfindung) 発明. **2** (芸術上の)創意; 〘楽〙インベンション, (主題の展開や変奏による)小即興曲. [*lat.*; ＜*lat.* in-venīre „darauf-kommen"]

In·ven·tur[..tú:r] 女 -/-en 在庫品調査, 棚卸(たなおろし); 《比》徹底的調査: ～ machen 在庫品調査をする. [*mlat.*]

In·ven·tur·aus·ver·kauf 男 棚ざらえ, 在庫一掃大売り出し.

in·vers[ɪnvɛ́rs][1] 形 逆の, 反対の: eine ～*e* Funktion 〘数〙逆関数. [*lat.*; ◇invertieren]

In·ver·sion[ɪnvɛrzió:n] 女 -/-en **1** 〘化〙転化; 〘数〙反転, 転位. **2** 〘医〙(心臓などの)逆位, 転位; (子宮などの)内反〔症〕. **3** (性的)倒錯. **4** (Reliefumkehr) 〘地〙逆転. **5** 〘遺伝〙(遺伝子の配列順序の)逆位. **6** 〘気象〙逆転. **7** 〘楽〙転回. **8** 〘言〙(語順の)転倒, 倒置(特に主語を定動詞のあとに置くこと. 例 Das weiß ich.). [*lat.*]

In·ver·ta·se[ɪnvɛrtá:zə] 女 -/ 〘化〙インベルターゼ, 転化酵素.

In·ver·te·brat[ɪnvɛrtebrá:t] 男 -en/-en《ふつう複数で》(Evertebrat) 〘動〙無脊椎(せきつい)動物.

in·ver·tie·ren[ɪnvɛrtí:rən] **I** 他 (h) 逆〈反対〉にする; 〘化〙転化する; 〘数〙反転〈転位〉する; 〘楽〙転回する; 〘言〙(語順を)転倒〈倒置〉する, (特に主語を)定動詞のあとに置く.

II in·ver·tiert 過分 形 逆〈反対〉にされた; (性的に)倒錯した: der *Invertierte* 性的倒錯者. [*lat.*]

In·vert≈sei·fe[ɪnvɛ́rt..] 女 逆性せっけん. **≈zucker** 男 転化糖. [＜*engl.* invert „invertiert"]

in·ve·stie·ren[ɪnvɛstí:rən] 他 (h) **1** 《*et.*[4] in *et.*[4]》(…を…に)投資する, (資材·労力·時間などを…に)投入する: enorme Summen in ein Unternehmen ～ 巨額の金を事業につぎ込む | in *et.*[4] *seine* ganze Kraft 〈Zeit〉 ～ …に全力〈時間のすべて〉を投入する | in *jn.* *seine* Liebe ～ …に愛を注ぐ. **2** 《*jn.*》(…を聖職などに)〔にぎにぎしく〕任命する, 叙任する. [*mlat.* in-vestīre „ein-kleiden"; ＜*lat.* vestis (→Weste)]

In·ve·stie·rung[..rʊŋ] 女 -/-en investieren すること.

In·ve·sti·ga·tion[ɪnvɛstigatsió:n] 女 -/-en 調査, 探査. [*lat.*]

in·ve·sti·gie·ren[ɪnvɛstigí:rən] 他 (h) 調査〈探査〉する. [*lat.*; ＜in[2]＋*lat.* vestīgium „Fußspur"]

In·ve·sti·tion[ɪnvɛstitsió:n] 女 -/-en 投資.

In·ve·sti·tions≈bank 女 -/-en 投資銀行. **≈gut** 中 -〔e〕s/..güter《ふつう複数で》(↔Konsumgut) 〘経〙投資〈生産〉財. **≈ka·pi·tal** 中 投下資本.

In·ve·sti·tur[ɪnvɛstitú:r] 女 -/-en (聖職などへの)叙任〔式〕. [*mlat.*; ◇investieren]

In·ve·sti·tur·streit 男〘史〙叙任権闘争(11世紀後半から12世紀にかけての, 高位聖職者の任命権を巡るローマ教皇とヨーロッパ諸君主, 特にドイツ皇帝との争い).

in·ve·stiv[ɪnvɛstí:f][1] 形 投資的な: Geld produktiv und ～ einsetzen 資金を生産的かつ投資的に投入する.

In·ve·stiv·lohn[ɪnvɛstí:f..] 男〘経〙給与から財形貯蓄用に天引きされる部分.

In·vest·ment[ɪnvɛ́stmənt] 中 -s/-s ＝Investition [*engl.*]

In·vest·ment≈bank 女 投資銀行. **≈ge·sell·schaft** 女 投資〔信託〕会社.

In·ve·stor[ɪnvɛ́stɔr, ..to:r] 男 -s/-en[..vɛstó:rən] 投資者, 投資家.

in vi·no ve·ri·tas[ɪn ví:no· vé:ritas] 《ラテ語》《諺》(im Wein 〔ist〕 Wahrheit) 酔っぱらいは本音を吐く(ワインの中に真実あり). [◇Wein, veritabel]

in·vi·si·bel[ɪnvizí:bəl] (..si·bl..) 形 (unsichtbar) 目に見えない, 不可視の. [*lat.*]

in·vi·tie·ren[ɪnvití:rən] 他 (h) **1** (einladen) 招待する. **2** (ersuchen) 頼む, 頼み込む. [*lat.*]

in vi·tro[ɪn ví:tro·] 《ラテ語》ガラス管内で, 試験管の中で. [＜*lat.* vitrum „Glas"]

In-vi·tro-Fer·ti·li·sa·tion[ɪnví:tro..] 女〘医〙試験

I

管内受精, 体外受精.

In·vi̤·tro-Ver·su̲ch[ɪnvíːtro..] 男〔試験〕管内実験.

in vi̤·vo[ɪn víːvoˑ]《ラテ語》生きた状態での; 生体内での. [◇vif]

In·vi̤·vo-Ver·su̲ch[ɪnvíːvo..] 男 生体実験.

In·vo·ca̤·bit[ɪnvokáːbɪt] 男 -/ 〘カトリック〙四旬節第1主日〈日曜〉. [*lat.* „(er) wird (mich) anrufen"]

In·vo·ka·tio̤n[ɪnvokatsióːn] 女 -/-en (特に文書や文学作品の冒頭での, 神・聖者・ミューズなどへの)呼びかけ, 祈願. [*lat.*]

In·vo·ka̤·vit[ɪnvokáːvɪt] 男 -/ =Invocabit [*lat.* „(er) rief (mich) an"]

In·vo·lu·tio̤n[ɪnvolutsióːn] 女 -/-en **1 a)**〘医〙(器官・腺(せん)などの正常な)退縮(例えば出産後の子宮の); (老年における)退化. **b)**〘社〙(民主主義政体などの)後退. **2**〘数〙対合(たいごう); 累乗, 冪法(べきほう). [*mlat.*]

in·vol·vie̤·ren[ɪnvɔlvíːrən] 他 (h) **1** (必然的な結果として)含む, 包含する, 伴う. **2** 《*jn.*》(事件などに)巻き込む. [*lat.*]

▽**i̤n·wärts**[ínvɛrts] 副 (einwärts) 内部〈内側〉へ.

i̤n·wen·dig[ínvɛndɪç][2] **I** 副 (↔auswendig) 内部〈内側〉で; 心のなかで: Der Mantel ist ~ mit Pelz gefüttert. このコートは内側に毛皮が張ってある | Er schwieg, aber ~ zürnte er. 彼は黙ってはいたものの内心では怒っていた ‖ *et.*[4] ***in-* und aus*wendig* kennen** …の裏も表も知り尽くしている | *Inwendig* weiß er, aber auswendig nicht. 《話》彼はそれをほんとうには知らない. **II** 形《オーストリア》(↔auswendig) 内部〈内側〉の: die ~*e* Seite 内側.

in·wie·fe̤rn[ɪnvifɛ́rn, ..viːf..] 副 どの程度まで; どの点において; どのようにして; どうして, なぜ: *Inwiefern* ist er der Schuldige? 彼にはどの程度責任があるのか ‖〘従属接続詞的に〙Es mußte ermittelt werden, ~ er daran schuld gewesen sei. どの程度まで彼の責任だったのか調査する必要があった.

in·wie·we̤it[..viváɪt, ..viːv..] 副 どの程度に, どの範囲まで: *Inwieweit* hat er die Wahrheit gesagt? 彼はどの程度まで真実を語ったのか.

I̤n·wo̤h·ner[ínvoːnər] 男 -s/- ▽**1**《北部》(Einwohner) 住民, 居住者. **2**《オーストリア》(Mieter) 間借り人. [*mhd.*; ◇wohnen]

In·za̤h·lung·na̤h·me[ɪntsáːlʊŋnaːmə] 女 -/-n〘商〙(新品代金の一部に充てる)下取り: ein neues Auto bei ~ des alten kaufen 古い車を下取りしてもらって新車を買う. [<in Zahlung nehmen]

In·ze̤st[ɪntsɛ́st] 男 -es(-s)/-e **1** (Blutschande) 近親相姦(そうかん): [einen] ~ begehen 近親相姦の罪を犯す. **2** (Inzucht) 近親〈同系〉交配. [*lat.*; <*lat.* in-cestus „un-rein" (◇Kaste); ◇*engl.* incest]

in·ze·stu·ö̤s[..tsɛstuǿːs][1] 形 **1** 近親相姦(そうかん)の. **2** 近親〈同系〉交配の. [*spätlat.*–*fr.*; ◇..os]

in·zi·de̤nt[ɪntsidɛ́nt] 形 付随的に起こる; 突発的な; 偶然の. [*fr.*; <*lat.* in-cidere „be-fallen" (◇Kadaver)]

In·zi·de̤nz[..dɛ́nts] 女 -/-en, ..zien[..tsiən] ▽**1** 付随現象; 突発事件; 偶発事. **2**〘理〙投射, 入射. [*fr.*]

In·zi·de̤nz≠fall = Zwischenfall **≠mu·si̤k** =Schauspielmusik **≠win·kel** =Einfall[s]winkel 1

in·zi·di̤e·ren[ɪntsidíːrən] 他 (h) (…に)切れ目を入れる; 〘医〙切開する. [*lat.*; ◇..zid; *engl.* incise]

In·zi·sio̤n[ɪntsizióːn] 女 -/-en **1**〘医〙切開; (Zirkumzision)〘宗〙(包皮切開による)割礼. **2**〘詩〙(特に Pentameter の)中間休止. [*lat.*]

In·zi·si̤v[..tsíːf][1] 男 -s/-en, **In·zi·si̤v·zahn** 男〘医・動〙門歯, 前歯. [*mlat.* in-cīsīvus „ein-schneidend"]

In·zi·sṳr[..tsúːr] 女 -/-en (Einschnitt) 切り口; 刻み目; 〘医〙截痕(せっこん). [*lat.*; ◇..ur]

I̤n·zucht[íntsʊxt] 女 -/-en《ふつう単数で》〘生〙近親〈同系〉交配; 近親結婚: die reinste ~《比》(外部に対して閉ざされた)不毛な雰囲気.

in·zwi̤·schen[ɪntsvíʃən] **I** 副 **1**《時間的》そのあいだに, そうこうするうちに, かれこれするうちに: *Inzwischen* war es dunkel geworden. その間に[いつのまにか]あたりは暗くなっていた. **2**《話》さしあたり, それまでのあいだ.

▽**II** 接《従属》(während) …のあいだに; …であるのに.

I̤o[1][íːoˑ] 人名〘ギ神〙イオ (Zeus に愛された美女. 牛に変えられ, アジアに渡ってエジプトで人間に戻り, 女王となった. さらにエジプトの女神 Isis になったともいわれる). [*gr.*–*lat.*]

Io[2][iː|óː, ióːniʊm] 記号 (Ionium)〘化〙イオニウム.

IOK[iː|oːkáː] 略 中 -/ =Internationales Olympisches Komitee 国際オリンピック委員会(英語では IOC).

..io̤n[..ioːn]《主に ..ieren に終わる動詞を女性名詞化 (-/-en) する. その際, 動詞の語幹末の子音の交替を起こすか, ..ation, ..ition の形になることが多い》: Funkt*ion* (<fungieren) 機能 | Kollis*ion* (<kollidieren) 衝突 | Abstrakt*ion* (<abstrahieren) 抽象 | Diskuss*ion* (<diskutieren) 議論 | Flex*ion* (<flektieren)〘言〙[語形]変化 ‖ Neg*ation* (<negieren) 否定 | Oper*ation* (<operieren)〘医〙手術 | Assozi*ation* (<assoziieren) 連想 ‖ Defin*ition* (<definieren) 定義 | Add*ition* (<addieren)〘数〙加法 ‖〘「人・物」などを意味して〙Deleg*ation* (<delegieren) 派遣団 | Konstrukt*ion* (<konstruieren) 構造物 | Inform*ation* (<informieren) 情報. [*lat.*[–*fr.*]]

I̤on[ióːn, íː(ː)ɔn] 中 -s/-en[ióːnən]〘理〙イオン: positive 〈negative〉 ~*en* 陽〈陰〉イオン. [*gr.* ión „wandernd"; <*gr.* iénai „gehen" (◇eilen)]

I̤o·nen≠an·trieb[ióːnən..] 男 (ロケットなどの)イオン推進. **≠aus·tausch** 男〘理〙イオン交換. **≠aus·tau·scher** 男〘理〙イオン交換体. **≠bin·dung** 女〘理〙イオン結合. **≠reak·tio̤n** 女〘理〙イオン反応. **≠trieb·werk** 中 (ロケットなどの)イオン推進機関. **≠wan·de·rung** 女〘理〙(電解の際の)イオン移動.

I̤o·ni·cus[ióːnikʊs] 男 -/..ci[..nitsiˑ] =Ioniker [*gr.* Iōnikós „ionisch"–*spätlat.*]

I̤o·ni·en[ióːniən] 地名 イオニア(古代ギリシア時代の小アジア海岸地方). [*gr.*–*lat.* Iōnia]

I̤o·ni·er[..niər] 男 -s/- イオニア人 (Ionien に住んだギリシア人の種族. アテナイ人がその代表).

I̤o·ni·ker[..nikər] 男 -s/-〘詩〙イオニア韻脚.

Io·ni·sa·tio̤n[ionizatsióːn] 女 -/-en〘理〙イオン化, 電離. [<ionisieren]

Io·ni·sa·tio̤ns·kam·mer 女〘理〙電離箱.

Io·ni·sa̤·tor[..záːtɔr, ..toːr] 男 -s/-en[..zatóːrən]〘理〙イオン化装置.

io̤·nisch[ióːnɪʃ] 形 イオニア[地方]の; 〘建〙イオニア式の: eine ~*e* Säule イオニア式円柱 | der ~*e* Stil イオニア[様]式 ‖ die ~*e* Tonart / das *Ionische*〘楽〙イオニア旋法(中世の教会旋法の一つ) | die *Ionischen* Inseln イオニア諸島. [*gr.*–*lat.*; ◇Ionicus]

io·ni·si̤e·ren[ionizíːrən] 他 (h)〘理〙イオン化する, 電離する: *ionisierende* Strahlen 電離放射線. [<Ion]

Io·ni·si̤e·rung[..rʊŋ] 女 -/-en =Ionisation

I̤o·nium[ióːniʊm] 中 -s/〘化〙イオニウム(記号 Io).

Io·no̤n[ionóːn] 中 -s/〘化〙イオノン. [<*gr.* íon „Veilchen"]

Io·no·sphä̤·re[ionosfɛ́ːrə, ..nɔs..] 女 -/〘理〙イオン圏, 電離圏〈層〉. [<Ion]

Io·no·sphä̤·ren·sturm 男〘理〙電離層嵐(あらし).

..iö̤s[..iǿːs][1] →..os

I̤o·ta[ióːtaˑ] 中 -[s]/-s =Jota[1]

IPA[iːpeː|áː] 略 男 -/ =Internationales Phonetisches Alphabet〘言〙国際音標文字.

Ipe·ka·kuan·ha[ipekakuánjaˑ] 女 -/ **1**〘植〙トコン(ブラジル産アカネ科の植物)[の根]. **2**〘薬〙トコン剤(下痢・吐剤). [*indian.*–*port.*; ◇*engl.* ipecac[uanha]]

Iphi·ge̤·nie[ifigéːniə] 人名〘ギ神〙イピゲネイア (Agamemnon の娘. Tauris で Artemis 女神の巫女(みこ)をしていたところ, そこへ捕らえられてきた弟 Orestes に会って, 彼を救出した):《~ auf Tauris》『タウリスのイフィゲーニエ』(Goethe

I

の戯曲). [*gr.*－*lat.*]

Ip·sa·tion[ɪpsatsió:n] 女 -/-en (Onanie) 自慰行為, オナニー. [＜*lat.* ipse „selbst"]

ip·se fe·cit[ípsə fé:tsɪt, ípse· ―]《ラテ語》(略 i. f.)〔自〕作(作品のサインの前または後にしるす). [„hat selbst gemacht"; ◇..fizieren]

Ip·sis·mus[ɪpsísmʊs] 男 -/..men[..mən] ＝Ipsation

ip·sis·si·ma ver·ba[ɪpsísima· vérba·]《ラテ語》〔言われたとおりの〕全く同じ言葉, まさしくその言葉.

Ip·sist[ɪpsíst] 男 -en/-en 自慰行為をする人.

ip·so fac·to[ípso· fákto·]《ラテ語》《法》事実そのものによって, 事実上. [◇Faktum]

ip·so ju·re[― jú:rə, ― jú:re·]《ラテ語》《法》法そのものにより, 法の力により, 法律上. [◇Jus[1]]

Ip·so·phon[ɪpsofó:n] 中 -s/-e 自動電話録音応答装置, 留守番電話.

I-Punkt[í:pʊŋkt] 男 ＝I-Tüpfelchen

IQ[i:kú:, áɪkjú:] 略 男 -〔s〕/-〔s〕 ＝Intelligenzquotient

ir.. →in..

Ir[i:|ɛ́r, irí:diʊm] 記号 (Iridium)《化》イリジウム.

IR[i:|ɛ́r] 略 ＝Interregio〔-Zug〕

IR.[―] 略 ＝Infanterieregiment 歩兵連隊.

i. R.[―] 略 ＝im Ruhestand 退職した, 退役の.

I. R. 略 ＝Imperator Rex 皇帝にして国王(ヴィルヘルム二世の称号).

IRA[í:ra·, áɪɑ:réɪ] 略 ＝ Irisch-Republikanische Armee アイルランド共和国軍(北アイルランドのカトリック系反英武力闘争組織).

〔der〕 **Irak**[irá:k, í:rak] 地名 男 -〔s〕/ イラク(西アジア, メソポタミア平野を中心とする共和国. 首都は Bagdad): → Iran | die Hauptstadt des ～〔*s*〕イラクの首都. [*arab.* „Niederungsland"; ◇ *engl.* Iraq]

Ira·ker[irá:kər] 男 -s/- イラク人.

ira·kisch[..kɪʃ] 形 イラク〔ふう〕の.

〔der〕 **Iran**[irá:n] 地名 男 -〔s〕/ イラン(ペルシア湾に臨む西アジアの回教共和国で, 旧名ペルシア. 首都は Teheran): die Sprache und Kultur des ～〔*s*〕イランの言語と文化 | ein Kenner des ～〔*s*〕イラン通(つう) | im ⟨in⟩ ～ イランで. [*pers.*; ◇Arier]

Ira·ner[..nər] (**Ira·ni·er**[..niər]) 男 -s/- イラン人.

ira·nisch[..nɪʃ] 形 イラン〔ふう・語〕の: →deutsch

Ira·nist[iraníst] 男 -en/-en イラン〔語・文学〕研究家.

Ira·ni·stik[..stɪk] 女 -/ イラン〔語・文学〕研究.

Ir·bis[írbɪs] 男 -ses/-se (Schneeleopard)《動》ユキヒョウ(雪豹). [*mongol.*－*russ.*]

ir·den[írdən] (..d〔e〕·n..) 形 **1** 陶製の; 〔粘〕土製の: eine ～*e* Schüssel 陶製の大皿. **2**《雅》＝irdisch [*ahd.*; ◇ *engl.* earthen]

Ir·den≈ge·schirr 中, **≈wa·re** 女 陶製品.

ir·disch[írdɪʃ] 形 **1** (↔überirdisch) この世の, 現世の, 世俗の, 浮世の; (zeitlich) 一時の, 仮の, 無常の: das ～*e* Leben この世の人生 | die ～*en* Dinge 俗事 | das ～*e* Haus (人間の霊魂の現世でのすみかとしての)肉体 | die ～*en* Reste (→Rest 1) | die ～*e* Hülle (→Hülle 1 b) ‖ den Weg alles *Irdischen* gehen (→Weg 1). **2** 地球上の. [*ahd.*; ◇Erde]

Ire[í:rə] 男 -n/-n (女 **Irin**[í:rɪn]-/-nen) (Irländer) アイルランド人. [*kelt.*－*aengl.*]

Ire·ne[iré:nə] 女名 (＜Eirene) イレーネ.

Ire·nik[iré:nɪk] 女 -/《神》諸宗派和解説.

ir·gend[írgənt] 副 **1**《不定代名詞などの前に置かれて》(不特定さを強調して)とにかく: ～ jemand 〔とにかく〕だれか | ～ etwas 〔とにかく〕なにか ‖ ～ so ein Leichtmetall なにかそうした軽金属の一種. **2**《副文で》(überhaupt) とにかく, なんとか: wo es nur ～ geht なんとかつごうのつく場合には〔必ず〕| Bitte, komm, wenn ～ möglich ⟨wenn es 〔dir〕 ～ möglich ist⟩! できるかぎり来てくれ | Ich komme, wenn ich ～ kann. できたらきっと来るよ | Ich werde tun, was ich ～ kann. できるだけのことはしよう | Wer ～ kann, der helfe! 手伝える者はだれでも手伝え. [*ahd.* io wergin „je irgendwo"; ◇je[1]]

irgend..《疑問副詞・疑問代名詞などにつけて不定の副詞・不定代名詞をつくる》: *irgend*wann いつかあるとき〔に〕| *irgend*was なにかあるもの | *irgend*wer だれかある人 | *irgend*wie なんとかして; なんとなく | *irgend*wo どこかある所で | *irgend*woher どこからか.

ir·gend≈ein[írgənt|áɪn]《不定代名詞》**1**《形容詞的に; ein の部分は不定冠詞と同じ変化》だれか⟨なにか⟩ある; 任意の: →ein[1] I 1 b ☆ **2**《名詞的に; ein の部分は ein[1] IIと同じ変化》〔だれか〕ある人,〔なにか〕あるもの⟨こと⟩: →ein[1] II 1 a **≈ein·mal**[..|aɪnmá:l] 副 いつか一度, いつかある時〔に〕. **≈wann**[..ván] 副 いつか〔あるときに〕: Ich habe ihn ～ schon einmal gesehen. 私は彼にいつか一度会ったことがある. **≈was**[..vás]《不定代名詞; 無変化で中性単数 1・4 格として用いる》《口語体で》(irgend etwas)〔なにか〕あるもの⟨こと⟩: →was III **≈wel·cher**[..vέlçər]《不定代名詞; welch.. の部分は welch I と同じ変化》なんらかの, 不定⟨不明⟩な: *irgendwelche* Verkehrsmittel 何らかの交通手段 ‖ Gibt es *irgendwelche* Fragen? 何か質問がありますか | → welch II **≈wer**[..vé:r]《不定代名詞; wer の部分は wer と同じ変化》だれか〔ある人〕: →wer III **≈wie**[..ví:] 副 **1** なんとかして, なんらかの方法で: Ich werde die Arbeit schon ～ schaffen. 私はその仕事をなんとしてでもやりとげてみせます. **2** なんとなく, どういうわけか, どことなく: Ich finde ihn ～ komisch. 私は彼をなんとなくおかしな人だと思う. **≈wo**[..vó:] 副 どこか〔ある所〕で: ～ anders どこかほかの所で | ～ in Deutschland ドイツのどこかで | Ich habe Sie ～ schon einmal gesehen. 私はあなたにどこかで一度お目にかかったことがあります. **≈wo·her**[..vo(:)hé:r] 副 どこからか; 何かのぐあいで. **≈wo·hin**[..vo(:)hín] 副 どこかへ: Ich muß mal ～.《話》(便所へ行くとき)ちょっと失礼.

Irid·ek·to·mie[iridɛktomí:] 女 -/-n[..mí:ən]《医》虹彩(こうさい)切除〔術〕. [＜Iris IV]

Iri·den, Iri·des Iris IVの複数.

Iri·dium[irí:diʊm] 中 -s/《化》イリジウム(白金族元素名; 記号 Ir). [*engl.*]

Irin Ire の女性形.

Iris[í:rɪs] **I** 女名 イーリス. **II** 人名《ギ神》イリス(虹(にじ)の女神で神々の使者). **III** 女 -/- **1**《ふつう単数で》(Regenbogen)《気象》虹. **2**《植》アイリス, イリス, アヤメ属. **IV** 女 -/-(Iriden[irí:dən], Irides[í:ride:s])《ふつう単数で》(Regenbogenhaut)《解》(目の)虹彩(こうさい). [*gr.* îris „Bahn, Regenbogen"; ◇Ion, via]

Iris·blen·de 女《写》虹彩(こうさい)絞り(→ 図 Kamera).

irisch[í:rɪʃ] 形 アイルランド〔語〕の: →deutsch [＜Ire]

Iris·dia·gno·stik[í:rɪs..] 女《医》虹彩(こうさい)診断〔法〕.

Irish-Stew[áɪərɪʃ stjú:] 中 -〔s〕/-s《料理》アイリッシュ＝シチュー(羊肉・ジャガイモ・タマネギなどのシチュー). [*engl.*]

iri·sie·ren[irizí:rən] **I** 自 (h) 虹色(にじいろ)に輝く: *irisierende* Wolken《気象》彩雲. **II** 他 (h) 虹色にする. [*fr.*]

Iris·öl[í:rɪs..] 中 イリス油 (Iris III 2の根から採れる香油).

Iri·tis[irí:tɪs] 女 -/..tiden[irití:dən] (Regenbogenhautentzündung)《医》虹彩(こうさい)炎. [＜Iris IV＋..itis]

IRK[i:|ɛrká:] 略 中 -/ ＝Internationales Rotes Kreuz 国際赤十字.

Ir·land[írlant] 地名 **1** アイルランド(アイルランド島の北東部を除く地域を占める共和国. 首都は Dublin). **2** アイルランド島(アイルランド共和国とイギリス領北アイルランドに分かれる). [＜*air.* Ēriu „grüne (Insel)"; ◇ *engl.* Ireland]

Ir·län·der[írlɛndər] 男 -s/- (女 **Ir·län·de·rin**[..dərɪn]-/-nen) (Ire) アイルランド人.

ir·län·disch[írlɛndɪʃ] 形 アイルランド〔語〕の: →deutsch

Ir·ma[írma·] 女名 イルマ. [＜Irmin (ゲルマンの祖神)]

Irm·gard[írmgart] 女名 イルムガルト.

Ir·mi·no·nen[ɪrminó:nən] ＝Herminonen

Irm·traud[írmtraʊt] 女名 イルムトラウト. [◇Trude]

IRO[í:ro·] 女 -/ 国際難民機構(＝ Internationale Flüchtlingsorganisation; 難民救済のための国連の専門機関. 1946-52). [*engl.*; ＜*engl.* *I*nternational *R*efugee

Organization]

Iro·ke·se[irokéːzə] 男 -n/-n イロコイ(北アメリカに住み, イロコイ語を用いるインディアンの一族). [*indian*.; ◇*engl*. Iroquois]

iro·ke·sisch[..kéːzɪʃ] 形 イロコイ族(語)の: →deutsch

Iro·nie[ironíː] 女 -/-n[..níːən] 《ふつう単数で》皮肉, 反語〔的表現〕, 風刺, アイロニー: eine leichte 〈beißende〉 ~ 軽い〈しんらつな〉皮肉 | Sokratische ~ 〘哲〙ソクラテス的アイロニー(無知を装って質問し逆に相手の無知を悟らせる) | die ~ des Schicksals 《比》運命の皮肉 | *jn*. mit ~ behandeln …を皮肉る〈愚弄(ぐろう)する〉 | *et*.[4] mit ~ 〈ohne 〔jede〕 ~〉 sagen …を皮肉な口調で〈少しの皮肉もこめないで〉言う. [*gr*. eirōneíā „Verstellung"–*lat*.; <*gr*. eírōn „Schalk"; ◇*engl*. irony]

Iro·ni·ker[iróːnikər] 男 -s/- 皮肉屋, 風刺家.

iro·nisch[iróːnɪʃ] 形 皮肉の, 反語の, 風刺的な: ~*e* Worte 皮肉な〈反語的な〉言葉 | Er ist immer ~. 彼は皮肉屋だ | Er lächelt ~. 彼は皮肉な微笑を浮かべている. [*gr*. eirōnikós „verstellt"–*lat*.; ◇*engl*. ironic〔al〕]

iro·ni·sie·ren[ironizíːrən] 他 (h) 皮肉る, (…に)いやみを言う: ein Problem 〈eine Schwäche〉 ~ ある問題〈弱点〉をあてこする. [*fr*.]

irr[ɪr] =irre

Ir·ra·dia·tion[ɪradiatsióːn] 女 -/-en **1 a)** 〘医〙(痛覚などの)放散. **b)** 〘心〙(光覚の)放散, (興奮の)拡延. **2** 〘光〙光滲(こうしん). [*spätlat*.]

ir·ra·tio·nal[íratsionaːl, ⏑⏑⏑⏑–] 形 **1** 不合理な, 道理に合わない, 非合理な, 非理性的な: ein ~*er* Glaube 道理に合わない信心 | ein ~*es* Argument 不合理な論拠. **2** 〘数〙無理の, 不尽根数の: ~*e* Zahlen 無理数. [*lat*.]

Ir·ra·tio·na·lis·mus[ɪratsionalísmʊs, ⏑⏑⏑⏑⏑⏑⏑] 男 -/..men[..mən] **1** 《単数で》〘哲〙非合理主義; 不合理, 非条理. **2** 不合理〈無分別〉な言動.

Ir·ra·tio·na·li·tät[..litɛ́ːt, ⏑⏑⏑⏑⏑⏑–] 女 -/ 非合理〔性〕.

Ir·ra·tio·nal·zahl[ɪratsionáːl..] 女 〘数〙無理数.

ir·ra·tio·nell[íratsionɛl, ⏑⏑⏑⏑⏑] 形 不合理な, 道理に合わない. [*lat*.–*fr*.]

ir·re[írə] **I** 形 **1** 気の狂った, 発狂した; 物狂おしい, たけり狂った: ein ~*r* Patient 精神病患者 | ein ~*r* Blick 焦点の定まらぬ〈もの狂おしい〉目つき | ~ Reden führen 支離滅裂な話をする, たわごとを言う | mit ~*r* Geschwindigkeit rasen 《話》めちゃくちゃなスピードで暴走する ‖ ~ 〔im Kopf〕 sein 気がふれている | *jn*. für ~ halten …を狂人扱いする | vor Angst 〈Schmerz〉 ~ sein 不安〈痛み〉のあまり気が狂ったようになっている | wie ~ schreien 気でも狂ったようにわめく | wie ~ arbeiten 《話》がむしゃらに働く. **2** (verwirrt) 迷った, うろたえた, 疑った: ~ Schafe 〘聖〙迷える羊 ‖ ~ werden 狼狽(ろうばい)する, 度を失う | **an** *et*.[3] 〈*jm*.〉 **~ werden** …に自信を失う〈…が信じられなくなる〉. **3** 《話》とてつもない: eine ~ Angst 非常な不安 | ~*s* Geld verdienen ばく大な金をもうける ‖ ~ heiß sein ひどく暑い.

★ 動詞と用いる場合はふつう分離の前つづりとみなされる.

II Ir·re[1] 男 女 《形容詞変化》狂人: wie ein ~*r* arbeiten 《話》がむしゃらに働く.

[*germ*.; ◇rasen, rinnen; *lat*. errāre „irren"]

Ir·re[2][írə] 女 -/ 《抽象的に》誤り; 間違い: **in die ~ gehen** 道を間違える; 《比》思い違いをする | *jn*. in die ~ führen 〈locken〉 …をだます | *sich*[4] in die ~ führen lassen だまされる.

ir·real[íreaːl, ⏑⏑–] **I** 形 非現実的な; 事実でない, 架空の: ~*e* Pläne 非現実的な〈実現性のない〉計画. **II Ir·real** 男 -s/-e =Irrealis

Ir·rea·lis[íreaːlɪs, ⏑⏑–⏑] 男 -/..les[..leːs] 〘言〙非現実話法, 非事実の接続法.

Ir·rea·li·tät[ɪrealitɛ́ːt, ⏑⏑⏑⏑–] 女 -/ 非現実性.

die **Ir·re·den·ta**[ɪredɛ́nta·] 女 -/..ten[..tən] イレデンタ(隣接国内にあって自国語を話す人々の居住地域を自国に統合しようとする民族統一運動; 特に19世紀イタリアの民族統一運動). [*it*.(Italia) ir-redenta „(das) un-erlöste (Italien)"; <*lat*. red-imere (→Ranzion)]

Ir·re·den·tis·mus[ɪredɛntísmʊs] 男 -/ イレデンティズモ, 民族統一主義.

Ir·re·den·tist[..tíst] 男 -en/-en イレデンタ主義者〈運動家〉, 民族統一主義者. [*it*.]

ir·re·den·ti·stisch[..tístɪʃ] 形 イレデンタ主義〔者〕の, 民族統一主義の.

ir·re·du·zi·bel[íredutsiːbəl, ⏑⏑⏑–⏑] (..zi·bl..) 形 再建〈復帰〉し得ない; 〘数〙既約の.

ir·re∠fah·ren*[írə..] 《37》 自 (s) (乗り物で)道に迷う; (手紙などが)あて先に届かない. ∠**füh·ren** 他 (h) 道に迷わせる; 《比》惑わす, だます: *irregeführt* werden / *sich*[4] ~ lassen まどわされる, だまされる | Der Titel des Buches ist *irreführend*. この本のタイトルは誤解を招きやすい.

Ir·re·füh·rung 女 -/-en irreführen すること.

ir·re|ge·hen* 《53》 自 (s) **1** (sich verirren) 道に迷う; (手紙などが)あて先に届かない. **2** (sich irren) 《比》思い違いする.

ir·re·gu·lär[íregulɛːr, ⏑⏑⏑–] **I** 形 **1** 不規則な, 変則の; 非合法の: eine ~*e* Erscheinung 変則的現象 | ~*e* Truppen 〘軍〙不正規部隊(義勇兵団・パルチザンなど) | auf ~*e* Weise 変則的〈非合法〉なやり方で. **2** 〘カトリック〙非正統の, 異端の; 叙階に適さない. **II Ir·re·gu·lä·re** 男 《形容詞変化》正規軍に所属しない兵士. [*mlat*.]

Ir·re·gu·la·ri·tät[ɪregularitɛ́ːt, ⏑⏑⏑⏑⏑–] 女 -/-en **1** (Unregelmäßigkeit) 不規則〈変則〉であること; 不適正. **2** 《ふつう複数で》〘言〙反慣用〈不規則〉現象. **3** 〘カトリック〙叙階の秘跡〔授与〕の障害. [*mlat*.]

ir·re|lei·ten[írə..] 《01》 他 (h) 道に迷わせる, 誤り導く; 《比》邪道〈悪行〉に導く, 誤った指導をする: Der Dieb wollte die Polizei ~. 泥棒は警察の目をくらまそうとした ‖ ein *irregeleitetes* Kind ぐれた子供 | ein *irregeleitetes* Nationalbewußtsein 誤った国家意識 | *irregeleitete* Post あて先に届かなかった郵便物.

ir·re·le·vant[írelevant, ⏑⏑⏑] 形 (当面の問題に)関連していない, (特定の視点や関連から見て)重要でない, とるに足らない.

Ir·re·le·vanz[..vants, ⏑⏑⏑] 女 -/-en irrelevant なこと.

ir·re·li·giös[íreligiøːs, ⏑⏑⏑⏑–][1] 形 宗教心のない, 不信心な. [*lat*.–*fr*.]

Ir·re·li·gio·si·tät[ɪreligiozitɛ́ːt, ⏑⏑⏑⏑⏑⏑–] 女 -/ irreligiös なこと. [*kirchenlat*.]

ir·re|ma·chen[írə..] 他 (h) (beirren) 迷わす, 惑わす: *sich*[4] durch *et*.[4] 〈von *jm*.〉 ~ lassen …によって迷わされる | Laß dich nicht ~! 迷わされるな, 惑うな.

ir·ren[írən] **I** 他 (h) **1** (beirren) 迷わす, 惑わす; 困らせる. **2** 再帰 *sich*[4] ~ 間違える, 思い違いをする: *sich*[4] **in** *jm*. ~ …についての判断を誤る, …を見そこなう | *sich*[4] in der Person ~ 人違いする | *sich*[4] in der Ziet 〈der Richtung〉 ~ 時間〈方角〉を間違える | *sich*[4] 〔in der Rechnung〕 um 20 Mark ~ 20マルクだけ計算違いをする ‖ wenn ich mich nicht *irre* 私の思い違いでなければ.

II 自 **1** (h) 思い違いをする; 判断を誤る: wenn ich nicht *irre* 私の思い違いでなければ | *Du irrst*. 君の思い違いだ ‖ ***Irren* ist menschlich.** 《諺》過ちは人の常 | **Es *irrt* der Mensch, so lang** (=solange) **er strebt.** 人間は努力する限り迷うものだ (Goethe: *Faust I*). **2** (s) (あてもなく)さまよう, さすらう: durch den Wald ~ 森をさまよう〈うろつき回る〉 | von einem Ort zum anderen ~ 転々とさすらう ‖ Seine Augen *irrten* zwischen den beiden hin und her. 《比》彼の目は両者の間をきょろきょろしていた. **3** (s) (abirren) 《von *et*.[3]》 (正道から)それる. [*ahd*.; ◇irre]

Ir·ren∠an·stalt[írən..] 女 精神病院: *jn*. in eine ~ bringen …を精神病院に入院させる. ∠**arzt** 男 精神科医. ∠**haus** 中 精神病院: Ich bin bald reif fürs ~. 《話》私はこんな状況にはとても堪えられそうにない | dem ~ entsprungen sein 《話》頭がどうかしている. ∠**häus·ler** 男 精神病院の入院患者〈住人〉. ∠**wär·ter** 男 精神病院の看護人.

ir·re·pa·ra·bel[íreparaːbəl, ⏑⏑⏑–⏑] (..ra·bl..) 形 修理〈修繕〉不能な; 回復できない; 代わりのきかない; 償うことのでき

ない; (unheilbar) 不治の: ein *irreparabler* Schaden 〈Verlust〉 修復できない損傷〈取り返しのつかない損失〉. [*lat.*]

ir·re|re·den[írə..] 《01》 自 (h) うわごとを言う, あらぬことを口走る.

Ir·re·sein[írəzaın] 中 -s/ 狂気, 精神錯乱.

ir·re·spi·ra·bel[írespira:bəl, ◡◡◡⊥◡] (..ra·bl..) 形 《医》呼吸できない, 吸いこむに適さない: *irrespirables* Gas 呼吸に適さないガス. [*spätlat.*–*fr.*]

ir·re·spon·sa·bel[írespɔnza:bəl, ◡◡◡⊥◡] (..sa·bl..) 形 責任〔能力〕のない. [*it.*–*fr.*]

ir·re·ver·si·bel[íreverzi:bəl, ◡◡◡⊥◡] (..si·bl..) 形 **1** 逆にできない, 裏返すことができない; (変化したものが) 原状に復しえない; 《比》取り返しのつかない. **2 a)** 《理》不可逆の: eine *irreversible* Änderung 〈Reaktion〉 不可逆変化〈反応〉. **b)** 《生》非可逆の.

Ir·re·ver·si·bi·li·tät[ıreverzibilité:t, ⊥◡◡◡◡◡◡–] 女 -/ (irreversibel なこと. 例えば:) 不〈非〉可逆性.

Ir·re·ver·si·bi·li·täts·ge·setz 中 -es/ 《生》進化非可逆の法則.

Ir·re·wer·den[írə..] 中 -s/ 発狂, 精神錯乱.

Irr≠fahrt[ír..] 女 道に迷うこと; むなしい彷徨(ほうこう)〈模索〉; 放浪の旅: Erst nach langer ~ fanden wir das Hotel. 迷いに迷ったあげくやっと我々はそのホテルを見つけた. **≠gang** 男 -〔e〕s/..gänge **1** 道を間違えること; 《比》道を踏みちがえること, 邪路に迷いこむこと, 逸脱. **2** 《ふつう複数で》迷路, 迷宮. **≠gar·ten** 男 (Labyrinth) 〔公園などにある〕迷路, 迷宮; 《心》迷路. **≠glau·be** 男, **≠glau·ben** 男 **1** 誤解, 誤謬(ごびゅう). **2** 誤った信仰, 邪教, 邪宗, 異端, 異教.

irr·gläu·big[írglɔybıç][2] 形 異教〈異端〉の, 邪教〈邪宗〉の: der *Irrgläubige* 邪宗徒, 背教者, 異端者.

Irr·gläu·big·keit[–kaıt] 女 -/ irrgläubig なこと.

ir·rig[írıç][2] 形 (falsch) 間違った, 思い違いの: eine ~*e* Ansicht 間違った見解, 謬見(びゅうけん) | Es ist ~ anzunehmen, daß ... …と思うのは誤りである. [*mhd.*; ◇irre]

Ir·ri·ga·tion[ırigatsió:n] 女 -/-en **1** 《医》灌注(かんちゅう)〔法〕, 洗浄〔法〕. **2** 《農》灌漑(かんがい). [*lat.*; <in[2]+*lat.* rigāre „bewässern"]

Ir·ri·ga·tor[..gá:tɔr, ..to:r] 男 -s/-en[..gató:rən] 《医》灌注(かんちゅう)器, イリガトール. [*spätlat.*]

ir·ri·ger·wei·se[írıgərváizə] 副 誤って; 思い違いで: *et.*[4] ~ behaupten 間違って…を主張する.

ir·ri·ta·bel[ıritá:bəl] (..ta·bl..) 形 (reizbar) 怒りっぽい, 興奮しやすい; (empfindlich) 刺激に敏感な; 《医》過敏な.

Ir·ri·ta·bi·li·tät[..tabilité:t] 女 -/ irritabel なこと; 《医》(生体・器官の) 被刺激性, 過敏性.

Ir·ri·ta·tion[..tatsió:n] 女 -/-en **1** 《生》刺激状態, 興奮. **2** いらだち, いらいらした状態, 立腹.

ir·ri·tie·ren[..tí:rən] 他 (h) 《*jn.*》 **1** (verwirren) 困惑させる, まごつかせる, 不安にする; (…の神経を) いらだたせる, いらいらさせる: Das Licht 〈Der Lärm〉 *irritierte* ihn. 光〈騒音〉が彼を悩ませた | Sie *irritierte* ihn mit ihren Fragen. 彼女はいろいろと質問して彼をいらいらさせた〈当惑させた〉 ‖ eine *irritierende* Freundlichkeit こちらの癇(かん)にさわるような親切さ | Sie starrte ihn *irritiert* an. 彼女はいらだった様子で彼を凝視した. **2** 刺激する, 興奮させる. [*lat.*; ◇*engl.* irritate]

Ir·ri·tie·rung[..ruŋ] 女 -/-en = Irritation

Irr≠läu·fer[ír..] 男 誤配文書〈郵便物〉; 《比》まぎれ込んできた人, 場違いな人. **≠leh·re** 女 誤った教義, 邪教; 謬説(びゅうせつ): ~*n* verbreiten 誤った説〈教え〉をひろめる. **≠licht** 中 -〔e〕s/-er (沼沢地などに現れる) 鬼火 (民間信仰では死者の霊あるいは陰険な Kobold とみなされる).

irr·lich·te·lie·ren[ırlıçtəlí:rən] = irrlichtern

irr·lich·tern[írlıçtərn] 《05》 自 (h) **1** 鬼火のように揺れ動く. **2** 《非人称》《es irrlichtert in *jm.*》 (…が) ひどく興奮〈動揺〉する. 「◇irre]

Irr·sal[írza:l] 中 -〔e〕s/-e 《雅》迷い, 迷誤. [*ahd.*;

Irr·sinn[írzın] 男 -〔e〕s/ **1** (Wahnsinn) 狂気, 精神錯乱. **2** (Unsinn) ばかげたこと〈行い〉: So ein ~, bei diesem Wetter ins Gebirge zu gehen! こんな天気に山へ行くなんて狂気のさただ.

irr·sin·nig[..nıç][2] 形 **1** 狂気の, 精神錯乱した: ~ werden 発狂する | Es ist zum *Irrsinnig*werden! もうがまんがならない. **2** 《話》猛烈な, 途方もない, たいへんな, すごい: eine ~*e* Hitze 猛烈な暑さ ‖ ~ teuer 目の玉がとび出るほど高価な | Er fuhr ~ schnell. 彼は猛烈なスピードで車を走らせた | Sie freute sich ~. 彼女はひどく喜んだ.

Irr·sinns≠geld[írzınsgɛlt][1] 中 《話》途方もない多額の金. **≠hit·ze** 女 《話》途方もない暑さ.

Irr·tum[írtu:m] 男 -s/..tümer[..ty:mər] 誤り, 間違い; (特に:) 思い〈考え〉違い, 謬見(びゅうけん); 《法》錯誤: ein großer 〈俗: falscher〉 ~ 大きな誤り ‖ einen ~ begehen 〈verbessern〉 誤りを犯す〈訂正する〉 ‖ auf einem ~ beruhen 間違いに基づいている | **im ~ sein** / ***sich***[4] **im ~ befinden** 間違って〈思い違いをして〉いる | in einem ~ befangen sein 誤り〈間違った考え〉にとらわれている | in einen ~ verfallen 誤りに陥る | *sich*[4] von einem ~ frei machen 思い違いを悟る | *sich*[4] als ~ erweisen 間違い〈思い違い〉であることが判明する | *Irrtümer* vorbehalten 《商》(勘定書などで) 誤りを含む場合の訂正権は留保します. [*ahd.*; ◇irre]

irr·tüm·lich[írty:mlıç] 形 誤った, 間違いの; 誤解に基づいた: eine ~*e* Ansicht 誤った見解 | Ich habe die Rechnung ~ zweimal bezahlt. 私は間違って勘定を2度払ってしまった.

irr·tüm·li·cher·wei·se 副 あやまって, 間違って.

[▽]**Ir·rung**[íruŋ] 女 -/-en = Irrtum

Irr≠wahn[ír..] 男 妄想; 迷信. **≠weg** 男 間違った道; 迷路; 《比》邪道: auf ~*e* geraten 道に迷う; 《比》邪道に陥る. **≠wer·den** = Irrewerden **≠wisch** 男 **1** (Irrlicht) 鬼火. **2** 《話》 **a)** すごく元気な子供; お転婆(てんば), おきゃん. **b)** 落ち着きのない〈移り気な〉人. **≠witz** 男 -es/ 狂気の沙汰(さた), 全くのナンセンス.

is.. →iso..

..is[..ıs] 《楽》《幹音名につけて「嬰(えい)派生音」を意味する》: C*is* 嬰ハ音 | g*is*-Moll 嬰ト短調.

Isaak[í:za(:)k, í:zaak] **I** 男名 イーザク. **II** 人名 《聖》イサク, イツハク (Abraham の息子で, Jakob と Esau の父). [*hebr.* „er wird lachen"–*gr.*]

Isa·bel·la[izabéla·] 女名 イザベラ. [*span.*–*it.*; ◇Elisabeth]

Isa·bel·le[1][izabélə] 女名 イザベレ. [*fr.*]

Isa·bel·le[2][–] 女 -/-n 灰黄色の馬 (→isabellfarben).

Isa·bel·len·spin·ner[izabélən..] 《虫》イザベラミズアオ (水青蛾).

isa·bell≠far·ben[izabél..] 形, **≠far·big** 形 灰黄色の; 麦わら色の, 淡黄色の, クリーム色の (淡黄色から黄褐色までを含む. スペインのフィリップ二世の王女 Isabella が夫のオーストリア大公アルブレヒトの Ostende 占領まで3年間も肌着を替えなかったという故事による). [*fr.* isabelle]

Is·ago·ge[izagó:gə] 女 -/- (Einführung) (学問への) 手引き, 入門, 序説. [*gr.*–*lat.*; <*gr.* eis-ágere „hineinführen" (◇Agon)]

Is·ago·gik[..gık] 女 -/ 序論的研究; 《宗》(聖書諸巻の成立を論じた) 聖書序説〈入門〉. [*gr.*–*lat.*]

Isai·as[izaí:as] = Jesaja

Is·ane·mo·ne[izanemó:nə] 女 -/-n 《気象》等平均風速線. [<iso..+anemo..]

Is·ano·ma·le[..nomá:lə] 女 -/-n 《気象》等偏差線. [<iso..+anomal]

die **Isar**[í:zar] 地名 女 -/ イーザル (Donau 川の支流). [*ligur.* „das schnell fließendes Wasser"]

Isar-Athen[..|ate:n] 地名 イーザル河畔のアテナイ (München の俗称).

Isa·tin[izatí:n] 中 -s/ 《化》イサチン (アイからとる染料).

Isa·tis[í(:)zatıs] 女 -/ 《植》タイセイ (大青) 属 (アブラナ科に属し青色染料がとれる). [*gr.*]

ISBN[i:|ɛsbe:|ɛ́n] 略 = **I**nternationale **S**tandard**b**uch**n**ummer 国際標準図書番号.

I

..isch[..ɪʃ]《名詞につけて「由来・所属・類似・関係」などを意味する形容詞をつくる》: himml*isch* 天国の〔ような〕| künstler*isch* 芸術〔家〕的な ‖〔幹母音がウムラウトすることがある〕närr*isch* ばかげた | städt*isch* 都会〔ふう〕の ‖〔固有名詞につけて〕japan*isch* 日本〔語〕の | französ*isch* フランス〔語〕の | schweizer*isch* スイスの | europä*isch* ヨーロッパの | asiat*isch* アジアの | köln*isch* ケルン〔ふう〕の | frankfurt*isch* フランクフルト〔ふう〕の | Goeth*isch* ゲーテの | goeth*isch* ゲーテ的な | Luther*isch* ルターの | luther*isch* ルター派の ‖〔外来語系の名詞につけて〕bibl*isch* 聖書の | chem*isch* 化学的〔な〕| egoist*isch* 利己的な | kom*isch* こっけいな | polit*isch* 政治上の | techn*isch* 技術的な.

★ i)..isch と ..lich の両形がある場合, ふつう前者は「非難」や「蔑視」のニュアンスを持つ: bäur*isch* 百姓ふうの, 泥くさい | bäuer*lich* 農民の ‖ kind*isch* 子供っぽい, 幼稚な | kind*lich* 子供らしい, 無邪気な ‖ weib*isch* めめしい | weib*lich* 女性的な(ただし heim*isch* 「郷土の」と heim*lich* 「ひそかな」のような例外もある).

ii)..isch と ..ig の両形がある場合は少ない: rass*isch*〔人〕種に関係のある | rass*ig* 純血〔種〕の.

iii)..e で終わる固有名詞につく場合, ..sch となることがある. また, 付加語的用法においては, 人名の場合には ..sch が, 地名の場合には ..isch が用いられることが多い: Goeth*isch* / Goethe*sch* ゲーテの ‖ hall*isch* / halle*sch* ハレ(地名)ふうの ‖ die Einstein*sche* Relativitätstheorie アインシュタインの相対性理論(ただし: die Kant*ische* Philosophie カント哲学) ‖ moskau*isch* モスクワふうの.

iv) 外来語系の形容詞につけて形容詞をつくることがある: musikal*isch* 音楽的な | oriental*isch* 東洋的な | planetar*isch* 惑星の | antik*isch* 古代ふうの.

[*germ.*; ◇..esk, ..ik; *engl.* ..ish]

Isch·ämie[ɪsçɛmíː] 女 -/-n[..míːən]〘医〙虚血, 乏血. [＜*gr.* íschein „halten"]

isch·ämisch[ɪsçɛ́ːmɪʃ] 形〘医〙虚血〈乏血〉性の.

Is·cha·riot[ɪʃáːriɔt] 人名〘聖〙イスカリオテ, イスカリオト: Judas ～ (→Judas I). [*hebr.* „der Mann aus Karioth (パレスチナの地名)"; ◇*engl.* Iscariot]

Ische[íʃə] 女 -/-n《話》(Mädchen) 女の子; ガールフレンド. [*hebr.*–*jidd.* „Frau"]

is·chia·disch[ɪsçiáːdɪʃ, ɪʃi..] 形〘解〙座骨の. [*gr.*–*lat.*]

Is·chi·al·gie[ɪsçialgíː, ɪʃi..] 女 -/ , **Is·chias**[íʃias, ísçi..] 男 (中 女) -/〘医〙座骨神経痛. [＜*gr.* ischíon „Hüfte"]

Is·chias-An·ger 男《話》(Campingplatz) キャンプ場.

Is·chias·nerv 男〘解〙座骨神経.

Isch·urie[ɪsçuríː] 女 -/-n[..ríːən]〘医〙尿閉. [＜*gr.* íschein „halten"+uro..]

ISDN[aɪesdiːén] 略 = Integrated Services Digital Network デジタル総合サービス網. [*engl.*]

Ise·grim〔**m**〕[íːzəgrɪm] 男 -s/-e **1**《単数で》イーゼグリム(動物寓話(ぐうわ)に登場する狼(おおかみ)の名). **2**《比》気むずかし屋. [*ahd.*; ＜*ahd.* īsan „Eisen"+*anord.* grīma „Helm" (◇Grimasse)]

Isi·dor[íːzidoːr] **I** 男名 イージドール.

II 人名 der heilige ～ von Sevilla セビーリャの聖イシドルス(560頃-636; セビーリャの大司教・大学者).

[*gr.* „Isis' Geschenk"; ◇Dorothea]

Isis[íːzɪs] 人名〘ｴｼﾞ神〙イシス (Osiris の妹で妻. エジプトの主女神で, あらゆる生命力の具現者). [*ägypt.*–*gr.*–*lat.*]

Is·ka·riot[ɪskáːriɔt] =Ischariot

Is·lam[íslam, ɪsláːm] 男 -〔s〕/ イスラム教(回教・マホメット教ともいう). [*arab.*; ＜*arab.* aslama „sich unterwerfen"; ◇Salam, Moslem]

Is·lam·abad[ɪslamabáːt, ɪsláːmabaːt] 地名 イスラマバード(パキスタン=イスラム共和国の首都). [＜*arab.* abad „Stadt"]

is·la·misch[ɪsláːmɪʃ] 形 イスラム〔教〕の, 回教の: die *Islamische* Republik イスラム共和国 | die ～*e* Welt イスラム世界.

is·la·mi·sie·ren[ɪslamizíːrən] 他 (h) イスラム教〈回教〉化する; イスラム教に改宗させる, 回教徒にする.

Is·la·mi·sie·rung[..rʊŋ] 女 -/-en islamisieren すること.

Is·la·mis·mus[ɪslamísmʊs] 男 -/ =Islam

Is·la·mit[..míːt] 男 -en/-en (女 **Is·la·mi·tin**[..míːtɪn]-/-nen) イスラム教徒, 回教徒. [＜..it³]

is·la·mi·tisch[..míːtɪʃ] =islamisch

Is·land[íːslant] 地名 アイスランド(北大西洋上に浮かぶ火山島で, 共和国. 首都は Reykjavik). [*isländ.* „Eisland"; ◇*engl.* Iceland]

Is·län·der[..lɛndər] 男 -s/- アイスランド人.

is·län·disch[íːslɛndɪʃ] 形 アイスランド〔語〕の: →deutsch

Is·mael[ísmaeːl, ..aɛl] 人名〘聖〙イシマエル (Abraham の息子. 創16,11). [*hebr.* „Jahwe erhört"]

Is·mae·lit[ɪsmaelíːt] 男 -en/-en Ismael の子孫.

Is·men Ismus の複数.

Is·me·ne[ɪsméːnə, ..neˑ] **I** 女名 イスメーネ. **II** 人名〘ギ神〙イスメーネ (Ödipus の娘). [*gr.*]

..ismus[..ɪsmʊs]《男性名詞 (-/..men) をつくる》**1**《学問・政治・芸術などの「主義・学説」などを意味する. ..isch でおわる形容詞につけたときは ..izismus となることが多い》: Rational*ismus*〘哲〙合理主義 | Marx*ismus* マルクス主義 | Athe*ismus* 無神輪 | Kathol*izismus* カトリシズム. **2**《「行為・傾向・作用」などを意味する》: Ego*ismus* エゴイズム | Masoch*ismus* マゾヒズム | Magnet*ismus* 磁気, 磁性. **3**《「病的状態」を意味する》: Alkohol*ismus* アルコール中毒 | Rheumat*ismus* リューマチ. **4**《「機構」を意味する》: Mechan*ismus* メカニズム | Organ*ismus* 有機体. **5**《「言語的特性」を意味する》: Angl*izismus* イギリス語法 | Neolog*ismus* 新語をつくる〈使う〉こと | Euphem*ismus*〘修辞〙婉曲(えんきょく)語法. [*gr.*–*lat.*; ◇*engl.* ..ism]

Is·mus[ísmʊs] 男 -/..men[..mən]《軽蔑的に》学説; イズム, 主義.

iso..《名詞・形容詞などにつけて「等・同」を意味する. 母音の前では is.. となることがある: →*Is*anemone》[*gr.* ísos „gleich"]

Iso·bar[izobáːr] 中 -s/-e〘理〙同重核.

Iso·ba·re[izobáːrə] 女 -/-n〘気象〙等圧線. [＜bary..]

Iso·ba·the[..báːtə] 女 -/-n〘海〙等深線. [＜bathy..]

iso·chrom[..króːm] =isochromatisch

Iso·chro·ma·sie[..kromazíː] 女 -/〘理〙等色〔性〕;〘写〙整色〔性〕. [＜chromato..]

iso·chro·ma·tisch[..kromáːtɪʃ] 形〘理〙等色〔性〕の;〘写〙整色〔性〕の.

iso·chron[..króːn] 形〘理〙等時〔性〕の. [＜chrono..]

Iso·chro·ne[..nə] 女 -/-n〘地〙アイソクロン, 等時線.

Iso·dy·ne[..dýːnə] 女 -/-n〘理〙等力線. [＜dynam..]

Iso·ga·met[..gaméːt] 男 -en/-en《ふつう複数で》〘生〙同形接合子〈配偶子〉.

Iso·ga·mie[..gamíː] 女 -/-n[..míːən] (↔ Anisogamie)〘生〙同形接合.

Iso·glos·se[izoglɔ́sə] 女 -/-n〘言〙(方言地図の)等語〔境界〕線.

Iso·gon[..góːn] 中 -s/-e〘数〙等角形〈体〉.

iso·go·nal[..gonáːl] 形 等角の.

Iso·hye·te[..hyéːtə] 女 -/-n〘気象〙等雨量線. [＜*gr.* hyetós „Regen"]

Iso·hyp·se[..hýpsə] 女 -/-n〘地〙等高線. [＜*gr.* hýpsos „Höhe"]

Iso·kli·ne[..klíːnə] 女 -/-n〘地〙(地磁気の)等伏角線;〘建〙等傾線. [＜*gr.* klīnein (→Klima)]

Iso·lat[izoláːt] 中 -s/-e〘生〙(器官・組織などの)分離片.

Iso·la·tion[izolatsióːn] 女 -/-en (Absonderung) **1** 隔離; 分離; (社会的な)孤立: die ～ des Kranken (伝染病・精神病などの)患者の隔離. **2** 絶縁; 絶縁〈断熱・防音〉材による防護; 絶縁〈断熱・防音〉材: die ～ der Wasserrohre 水道管の防寒パッキング. **3**〘生〙隔離. **4**〘化〙単離. [*fr.*; ◇isolieren]

Iso·la·tio·nis·mus[..tsionísmʊs] 男 -/〘政〙(国家の

政治的)不干渉主義; (特にアメリカの)孤立主義. 【*amerik.*】

Iso·la·tio·nịst[..níst] 男 -en/-en (政治的)孤立主義者, 不干渉主義者, 鎖国主義者. 【*amerik.*】

iso·la·tio·nị·stisch[..nístɪʃ] 形 (政治的)孤立〈鎖国〉主義の.

Iso·la·tions·haft[izolatsió:ns..] 女 隔離房監禁〔刑〕.

Iso·lạ·tor[izolá:tɔr, ..to:r] 男 -s/-en[..lató:rən] **1** 〘電〙絶縁体, 碍子(がいし) (→ 図 Leitung). **2** 〘建〙断熱〈防音〉材; 断熱〈防音〉装置.

Isọl·de[izɔ́ldə] **I** 女名 イゾルデ. **II** 人名 イゾルデ (Tristan 伝説の女主人公). 【*ahd.*; ◇ *engl.* Iseult】

Iso·lẹ·xe[izolɛ́ksə] 女 -/-n (**Iso·lẹx**[..lɛ́ks] 中 -es/-e) =Isoglosse 【< *gr.* léxis (→Lexem)】

Iso·lier≠band[izolí:r..] 中 -[e]s/..bänder 〘電〙絶縁テープ. **≠ba·racke** 女 =Isolierstation

iso·lie·ren[izolí:rən] 他 (h) (absondern) **1** 隔離する, 隔てる; (社会的に)孤立させる: den Kranken von der Familie ～ 病人を家族から隔離する ‖ 再帰 *sich*[4] ～ 孤立する; 世間との交際を絶つ, 隠棲(いんせい)する ‖ *isolierende* Sprachen 〘言〙孤立語(中国語など, 語形変化・接辞のない言語) | ein kulturell *isoliertes* Land 文化的に他から隔絶した国〈土地〉 | *isoliert* leben 世間とのつきあいを絶って〈孤独に〉暮らす | *et.*[4] *isoliert* betrachten …を他との関連なしに考察する. **2** 絶縁する; 絶縁〈断熱・防寒・防湿・防音〉材で防護する: Zimmerwände ～ 部屋の壁を防音〈断熱〉にする. **3** 〘化〙単離〈遊離〉する. 【*it.* isolare „zur Insel machen"－*fr.*; < *lat.* īnsula (→Insel); ◇Isolation】

Iso·lier≠haft[izolí:r..] =Isolationshaft **≠hül·le** 女 〘電〙絶縁被覆. **≠lack** 男 〘電〙絶縁エナメル. **≠ma·te·rial** 中 〘電〙絶縁物質; 〘工〙断熱材. **≠rohr** 中 〘電〙碍管(がいかん), 絶縁パイプ(→ 図 Elekrizität). **≠schicht** 女 〘電〙絶縁層(→ 図 Kabel). **≠sta·tion** 女 〘医〙(伝染病患者のための)隔離病棟.

Iso·lie·rung[izolí:rʊŋ] 女 -/-en (isolieren すること. 特に:) 〘電〙絶縁; 〘心〙孤立, 隔離.

Iso·lier≠zel·le[izolí:r..] 女 (刑務所などの)隔離房. **≠zim·mer** 中 〘医〙(伝染病患者のための)隔離病室.

Ịso·li·nie[í:zoli:niə] 女 -/-n 〘気象・地・言〙等値線(等圧線・等時線・等温線など同等の価値・特性をもつ地域を示す線).

iso·mẹr[izomé:r] **I** 形 **1** 〘化〙〔同質〕異性の. **2** (↔heteromer) 〘植〙(花の萼片(がくへん)・花弁・おしべなどが)同数の.

II Iso·mẹr 中 -s/-e, **Iso·mẹ·re** 中 《形容詞変化》《ふつう複数で》〘化〙異性体.

Iso·me·rie[..merí:] 女 -/ 〘化〙〔同質〕異性; 〘植〙(花葉の)同数性.

Iso·me·trie[..metrí:] 女 -/ 等尺, 等長; 等尺〈等長〉性; (地図の)等尺.

Iso·mẹ·trik[..mé:trɪk] 女 -/ アイソメトリック式筋肉強化法.

iso·mẹ·trisch[..mé:trɪʃ] 形 **1** 〘理〙等軸の, 等軸晶系の: ～*es* System 等軸晶系. **2** 同じ大きさ〈寸法〉の, 等測の; 等尺〔性〕の, 等長〔性〕の: ～*e* Kontraktion 〘生〙(筋肉の)等尺〈等長〉性収縮 | ～*e* Projektion 平行等尺図法.

iso·mọrph[..mɔ́rf] 形 (↔heteromorph) **1** 同形の; 〘数〙同型の(→homomorph). **2** 〘鉱〙類質同像の.

Iso·mor·phie[..mɔrfí:] 女 -/ **1** 同形. **2** 〘鉱〙類質同像.

iso·pe·ri·mẹ·trisch[..perimé:trɪʃ] 形 〘数〙等周の. 【<Perimeter】

Iso·phọ·ne[izofó:nə] 女 -/-n (**Iso·phọn**[..fó:n] 中 -s/-e) 〘言〙(方言地図の)等音〔境界〕線.

Iso·pọ·de[..pó:də] 男 -n/-n 《ふつう複数で》(Asselkrebs) 〘動〙等脚類.

Iso·sei·ste[..záɪstə] 女 -/-n 〘地〙等震度線. 【< *gr.* seíein „〔er〕schüttern" (◇seismisch); ◇ *engl.* isoseismal】

Ịso·spin[í:zospɪn] 男 -s/-s =Isotopenspin

Iso·sta·sie[izostazí:, ..zɔs..] 女 -/ 〘地〙アイソスタシー, 地殻均衡. 【< *gr.* iso-stásios „gleich wiegend" (◇Stase)】

Iso·thẹ·re[izoté:rə] 女 -/-n 〘気象〙等夏温線, 等暑線. 【< *gr.* théros „Wärme, Sommer〔zeit〕"】

iso·thẹrm[..tɛ́rm] 形 〘気象〙等温の: ～*er* Vorgang 等温変化. 【*fr.*; <thermo..】

Iso·thẹr·me[..tɛ́rmə] 女 -/-n 〘気象〙等温線.

Iso·tọn[..tó:n] 中 -s/-e 《ふつう複数で》〘理〙アイソトーン, 同中性子核.

iso·tọ·nisch[..tó:nɪʃ] 形 〘化・生〙等張の, 等滲圧(しんあつ)の: ～*e* Lösung 等張液. 【< *gr.* tónos (→Tonus)】

Iso·tọp[izotó:p] 中 -s/-e アイソトープ, 同位元素, 同位体: radioaktive ～*e* 放射性同位元素, ラジオアイソトープ. 【*engl.*; <topo..】

Iso·tọ·pen≠dia·gno·stik 女 〘医〙アイソトープ診断〔法〕. **≠ef·fekt** 男 〘理〙同位体効果. **≠spin** 男 (Ladungsspin) 〘理〙荷電スピン. **≠the·ra·pie** 女 〘医〙アイソトープ療法.

Iso·to·pie[izotopí:] 女 -/ 〘理〙同位体現象.

Iso·to·pie·ef·fekt 男 〘理〙同位体効果.

iso·trọp[..tró:p] 形 〘理〙等方性の. 【< *gr.* trópos (→Tropus)】

Iso·tro·pie[..tropí:] 女 -/ 〘理〙等方性.

iso·zỵ·klisch[..tsý(:)klɪʃ, ..tsýk..] 形 **1** 〘化〙同素環状の: ～*e* Verbindungen 同素環状化合物. **2** (isomer) 〘植〙同数の.

Ịs·rael[ísrae:l, ..raɛl] **I** 人名 〘聖〙イスラエル (Jakob の尊称. 創32,28): das Volk ～/ die Kinder ～〔*s*〕イスラエルの民, イスラエルの子ら (Jakob の子孫で, のちのユダヤ人) | der Auszug der Kinder ～〔*s*〕イスラエルの子らの〔エジプトからの〕退去; 《戯》〔示威的な〕一斉退場. **II** 地名 **1** 〘聖〙北王国イスラエル(前10世紀 Salomon 王の死後, 南王国から分かれ Samaria を中心に成長した: →Juda II). **2** イスラエル (1948年に独立したユダヤ人の共和国. 首都 Jerusalem). 【*hebr.* „Gott möge 〔über uns〕 herrschen *od.* 〔für uns〕 kämpfen" (?)－*gr.*－*spätlat.*】

Is·raẹ·li[ɪsraé:li·] 男 -〔s〕/-〔s〕 イスラエル人, イスラエル共和国民. 【*hebr.*】

is·raẹ·lisch[..lɪʃ] 形 イスラエルの.

Is·rae·lịt[ɪsraelí:t] 男 -en/-en (女 **Is·rae·lị·tin**[..tɪn] -/-nen) イスラエル人; ユダヤ人. 【*gr.*－*spätlat.*; ◇..it[3]】

is·rae·lị·tisch[..tɪʃ] 形 イスラエル民族の; ユダヤ人の.

iß[ɪs] essen の命令法単数.

ịs·sest[ísəst] ißt (essen の現在 2 人称単数)の別形.

..issimo[..ɪsimo·] 〘楽〙《「きわめて…」を意味する》: pian*issimo* ピアニッシモ, きわめて弱く | fort*issimo* フォルティッシモ, きわめて強く. 【*lat.*－*it.*】

..issin[..ɪsɪn] →..esse 【◇..esse, ..in[1]】

ißt[ɪst] essen の現在 2・3 人称単数.

ist[－] sein[1]の現在 3 人称単数.

ist.. 《名詞につけて「実際の・現存の」を意味する》

..ist[..ɪst] 《「人」を意味する男性名詞 (-en/-en) をつくる》: National*ist* 民族主義者 | Alpin*ist* 登山家 | Pessim*ist* 厭世(えんせい)家 | Violin*ist* ヴァイオリン奏者. 【*gr.*－*lat.*】

Ị-Stahl[í:ʃta:l] 男 〘金属〙I形鋼.

Ịstan·bul[ístambu:l, ístan..] 地名 イスタンブール(トルコの都市. 旧称 Konstantinopel, 古名 Byzanz). 【*türk.*】

Ịst-Auf·kom·men[íst..] 中 (↔Soll-Aufkommen) 実税収.

Istä·vọ·nen (**Istä·wọ·nen**)[ɪstɛvó:nən] =Istwäonen

Ịst-Be·stand[íst..] 男 (↔Soll-Bestand) 〘商〙現在実高; 在庫実数.

Ịst-Ein·nah·me 女 (↔Soll-Einnahme) 実収入.

Ịsth·mi·en[ístmiən] 複 イストモス祭典 (Korinth 地峡で催された古代ギリシアの音楽と体育の競技会).

ịsth·misch[ístmɪʃ] 形 地峡の: *Isthmische* Spiele =Isthmien

Ịsth·mus[ístmʊs] 男 -/..men[..mən] **1** (Landenge) 地峡: der ～ von Korinth 〈Panama〉 コリント〈パナマ〉地峡.

2〘医〙(脈管・腺(せん)などの)狭部. [*gr.*－*lat.*]

Ist·rä̱o·nen[ɪstrɛóːnən] 複〘史〙イストレオーン族(古代ゲルマンの一部族).

I̱st-Stär·ke[íst..] 女 (↔Soll-Stärke)〘軍〙実員, 現有〈実動〉兵力.

Ist·wä̱o·nen[ɪstvɛóːnən] 複〘史〙イストヴェオーン族(Rhein 川右岸に住んでいた古代ゲルマン人の一部族. Tacitus は西ゲルマン人を Ingwäonen, Herminonen, Istwäonen の3部族に分けた).

I̱st-Zu·stand 男 現在〈現実〉の状態, 現状.

it. 略 =item また同じく; さらにまた.

..i̱t[1][..iːt, ..ɪt]〘化〙《「標準酸より酸化程度の低い酸の塩」を意味する中性名詞 (-s/-e) をつくる: →..id[2]》: Chlor*it* 亜塩素酸塩 | Sulf*it* 亜硫酸塩. [*nlat.*; ◇*engl.* ..ite]

..i̱t[2][..iːt, ..ɪt]〘鉱〙《「岩石・鉱物」を意味する男性名詞 (-s/-e; -en/-en) をつくる》: Malach*it* 孔雀(くじゃく)石 | Gran*it* 花崗(かこう)岩 | Meteor*it* 隕石(いんせき) | Axin*it* 斧石(ふせき). [*gr.*－*lat.*; ◇*engl.* ..ite]

..i̱t[3][..iːt, ..ɪt]《「人」を意味する男性名詞 (-en/-en) をつくる》: Jesu*it* イエズス会士 | Kosmopol*it* コスモポリタン | Favor*it* 人気者; (競技の)優勝候補. [*gr.*－*lat.*; ◇*engl.* ..ite]

I̱ta·ker[íːtakər] 男 -s/-《軽蔑的に》(Italiener) イタリア人.

I̱ta·ler[íːtalər] 男 -s/- =Italiker

Ita̱·lia[itáːlia·] 地名 イタリア (Italien のラテン語およびイタリア語形).

ita·lia·ni·si̱e·ren[italianizíːrən] 他 (h) イタリアふうにする.

Ita·lia·ni̱st[italianíst] 男 -en/-en イタリア〔語学・文学〕研究家.

Ita̱·li·en[itáːliən] 地名 イタリア(ヨーロッパ南部の共和国. 首都は Rom). [*lat.* Italia; ◇*engl.* Italy]

Ita·li̱e·ner[italiéːnər] 男 -s/- (女 **Ita·li̱e·ne·rin**[..nərɪn]-/-nen) イタリア人.

ita·li̱e·nisch[..nɪʃ] 形 イタリア〔人・語〕の: →deutsch | eine ～*e* Nacht (→Nacht I).

ita·lie·ni·si̱e·ren[italienizíːrən] =italianisieren

Ita̱·li·ker[itáːlikər] 男 -s/- 古代イタリアの住民.

Ita·lique[italík] 女 -/ (Kursive)〘印〙(活字の)イタリック体, 斜字体. [*fr.* „italisch"]

ita̱·lisch[itáːlɪʃ] 形 古代イタリアの: die ～*en* Sprachen イタリック諸語(インド=ヨーロッパ語族の一派). [◇*engl.* Italic]

I̱ta·lo-We̱·stern[íːtalovéstərn] 男 -〔s〕/-〘映〙マカロニウェスタン(イタリア製西部劇).

..itä̱t[..itɛːt]《主に形容詞につけて「…な性質, …なこと」, まれに「…な事物」を意味する女性名詞 (-/-en) をつくる. ..är, ..el, ..ell, ..isch, ..ös に終わる形容詞は, それぞれ ..arität, ..ilität, ..alität, ..izität, ..osität となる》: Legal*ität* 合法性 | Human*ität* 人間性 | Naiv*ität* 素朴さ | Formal*ität* 正式の手続き | Rar*ität* 珍品 | Spezial*ität* 特殊性; (店の)自慢の料理 ‖ Popul*arität* (＜populär) 大衆性 | Sensib*ilität* (＜sensibel) 感受性 | Eventu*alität* (＜eventuell) 偶発事 | Elektr*izität* (＜elektrisch) 電気 | Religi*osität* (＜religiös) 信心深さ. [*lat.*〔－*fr.*〕; ◇*engl.* ..ity]

Ita·zi̱s·mus[itatsísmʊs] 男 -/ (↔Etazismus)〘言〙イオタ読み(ギリシア字母 H, η を母音 i で発音すること).

ITB 略 =Internationaler Turnerbund 国際体操連盟 (=FIG).

i̱tem[í(ː)tɛm] **I** 副 (略 it.) **1** (ebenso) 同じく; (ferner) さらにまた. **2**《話》(kurz) 要するに: *Item* möchte ich sagen, daß ... 要するに私の言いたいのは….

II I̱tem 中 -s/-s ▽**1** (検討すべき)問題点, 細目. **2** 〔また: áɪtəm〕 **a)** (話題になった個々の)点, 問題点, 要素. **b)** (心理テストなどの個々の)項目. [*lat.*]

Ite·ra·tio̱n[iteratsióːn] 女 -/-en (Wiederholung) 反復;〘数〙反復法;〘言〙(同一音節や語の)重複(例 soso);〘心〙動作〈言語〉反復. [*lat.*]

ite·ra·ti̱v[..tíːf][1] **I** 形〘言〙(動詞の相・動作態様が)反復的な;〘数〙反復法〈式〉の: ein ～*es* Verb =Iterativum

II Ite·ra·ti̱v 中 -s/-e =Iterativum

Ite·ra·ti̱·vum[..tíːvʊm] 中 -s/..va[..va·], ..ve[..və]〘言〙反復動詞(例 streichen に対する streicheln, tropfen に対する tröpfeln). [*spätlat.*]

ite·ri̱e·ren[iteríːrən] 他 (h) くり返す, 反復する. [*lat.*; ＜*lat.* iterum „wiederum"; ◇*engl.* iterate]

I̱tha·ka[íːtaka·] 地名 イタカ, イターキ(ギリシア西方の Ionien 諸島の一つで, Odysseus の故郷). [*gr.*－*lat.*]

..iti̱den →..itis

Iti·ne·ra̱r[itinerá:r] 中 -s/-e, **Iti·ne·ra̱·rium**[..ráːriʊm] 中 -s/..rien[..riən] **1** (ローマ帝国時代の)旅行案内書(道路・宿場を記載したもの). **2** (探検のための)ルートの素描. **3**〘カトリック〙旅行祝福祈禱文. [*spätlat.*; ＜*lat.* iter „Gehen" (◇eilen)]

..itio̱n[..itsioːn] →..ion

..i̱tis[..iːtɪs] **1**〘医〙《「炎症」を意味する女性名詞 (-/..itiden[..itiːdən]) をつくる》: Appendiz*itis* 虫垂炎 | Bronch*itis* 気管支カタル | Dermat*itis* 皮膚炎. **2**《話》《名詞・動詞などにつけて「…多用症, …濫用癖」などを意味する女性名詞をつくる》: Abkürzer*itis* 略語多用症 | Subvention*itis* 補助金ばらまき病 | Telefon*itis* 電話濫用癖. [*gr.*; ◇..it[3]]

..i̱tor[..i(ː)tɔr] →..or

i. Tr. 略 =in Trockenmasse 固形分で(→Trockenmasse).

I̱-Tüp·fel[íːtʏpfəl] 中《オーストリア》=I-Tüpfelchen

I̱-Tüp·fel·chen[-çən] 中 i の上の点;《比》最後の仕上げ, 最後に残った一仕事; 細かな箇所: ein ～ setzen 〈machen〉 i の上の点を打つ | Das ～ fehlt noch.《比》画竜(がりょう)点睛(てんせい)を欠いている ‖ **bis aufs** 〈**bis zum letzten**〉 **～** 〔**genau**〕 一点一画をもゆるがせにせず, この上なく厳密に; 微に入り細をうがって; 何から何まできちんと.

I̱-Tüp·fel-Rei·ter 男《オーストリア》《話》(Pedant) 些事(さじ)にこだわる人, こせこせした人.

I̱-Tüp·ferl[..tʏpfərl] 中 -s/-n《オーストリア》=I-Tüpfelchen

I̱t·zig[ítsɪç][2] 男 -es/-e《話》(Jude) ユダヤ人. [＜Isaak]

▽**i̱t·zo**[ítso·], ▽**itzt**[ɪtst], ▽**i̱tz·und**[ítsʊnt] =jetzt I

..i̱v[..iːf][1]《「…する機能・傾向・性質のある, …のある, …による, …に関する」などを意味する形容詞をつくる》: produkt*iv* 生産的な | akt*iv* 活動的な | explos*iv* 爆発性の | effekt*iv* 効果のある | intuit*iv* 直観による | subjekt*iv* 主観による | qualitat*iv* 質に関する | quantitat*iv* 量に関する. [*lat.*〔－*fr.*〕]

i. v.[iːfáʊ] 略 =intravenös 静脈内〔へ〕の.

i. V. (**I. V.**)[iːfáʊ] 略 **1** =in Vertretung 代理として. **2** =in Vollmacht 全権を委任されて.

IVF[iːfaʊ|ɛf] 略 =In-vitro-Fertilisation

IVG[iːfaʊgéː] 略 =Internationale Vereinigung für germanische Sprach- und Literaturwissenschaft ドイツ〈ゲルマン〉語学・文学国際学会.

I̱vo[íːvo·] 男名 イーヴォ. [*ahd.* īwa „Eibe"]

I̱wan[íːvaːn] **I** 男名 イーヴァーン. **II** 男 -s/-s《戯》ロシア人. [*russ.*; ◇Johannes]

IWF[iːveː|ɛf] 略 男 -/ = Internationaler Währungsfonds 国際通貨基金(=IMF).

i̱ wo̱ →i[3]

Iwri̱t〔**h**〕[ivríːt] 中 -〔s〕/ (Israel の公用語としての)新ヘブライ語. [*hebr.*]

i. w. S. 略 =im weiteren Sinne (↔i. e. S.) 広い意味で, 広義の.

..izismus[..itsɪsmʊs] →..ismus

..izitä̱t[..itsitɛːt] →..ität

Iz·mi̱r[ɪsmír, ⌣⌣] 地名 イズミール(トルコ西部, エーゲ海に面する港湾都市. 旧名を Smyrna といい, 古代には商業と貿易の中心地であった). [*gr.* Smýrna－*türk.*]

J

j [jɔt; オースト リア: je:], **J**[1] [−] 中 -/- (→a[1], A[1] ★) ドイツ語のアルファベットの第10字(子音字: →Jot): →a[1], A[1] 1 | *J* wie Julius (通話略語) Julius の J 〔の字〕(国際通話では *J* wie Jerusalem).

★ j, J は i, I の異形で, はじめは区別なく用いられたが, 15世紀ごろから前者は子音字, 後者は母音字として区別するようになった. Fraktur の大文字では I と J の区別はない.

j. 略 **1** =jährlich **2** =jemand **3** =jetzt

J[2] 記号 **1** [jɔt, jo:t] (Jod) 《化》ヨード. **2** [dʒaʊl, dʒu:l, ʒu:l] (Joule) 《理》ジュール. **3** (国名略号: →A[2] II 3) 日本 (Japan). **4** (硬貨表面で: →A[2] II 2) ハンブルク (Hamburg) 造幣局.

J. 略 **1** =Jahr **2** =Jahrgang

ja [ja:; 弱く: ja] **I** 副 **1** 《独立的に》 **a**) (英: *yes*) (↔nein) 《相手の質問・要求・提案・主張などに対する肯定・承諾・同意を示して》はい, ええ, そう〔です〕, うん; よろしい: Haben Sie Hunger?−*Ja*, ich habe großen Hunger. あなたはおなかがすいていますか−ええ とてもすいています | Bist du gegen den Vorschlag?−*Ja*〔, ich bin sehr dagegen〕. 君はその提案に反対なのか−ああ〔大反対だよ〕| Ist er krank?−Ich glaube, ~. 彼は病気なのか−そうだと思うよ | Ist sie verheiratet?−Jetzt ~, aber damals noch nicht. 彼女は結婚しているのか−今はそうだが あのころはまだだった | Willst du mir helfen?−Wenn es sein muß, ~. 君は手伝ってくれるかい−どうしてもというのであれば手伝うよ | Warst du dabei? *Ja* oder nein! 君はその場に居合わせていたのか. いたのか いなかったのか〔いったい〕どっちだ | Bist du dafür?−*Ja* und nein! 君は賛成か−そうでもあり〔また〕そうでもない | Schneit es? Wenn ~, 〔dann〕 bleibe ich hier. 雪が降ってるのかい もしそうなら私はここに残るよ | Es wird vielleicht nicht nötig sein, aber wenn ~, rufe mich! 必要はないかもしれないが もし必要だったら私を呼びたまえ ‖ **zu *et.*[3] ~ sagen** …に同意する | **zu allem ~ und amen sagen** 《話》どんなことに対しても無批判に〈もろ手をあげて〉賛成する | ~ und nein sagen どっちつかずの返事をする | weder ~ noch nein sagen 肯定も否定もしない ‖ O 〈Aber〉 ~! / *Ja* doch 〈gewiß〉! / *Ja* freilich 〈natürlich〉! (ja を強調して)うんそうだとも, それはそうさ, ええもちろん ‖ Nun 〈Na〉 ~! (ためらいがちの ja) まあ〔まあ〕ね.

☆ 否定を含む問いに対し, それを打ち消して肯定の返事をする場合には doch を用いる: Hast du keinen Hunger?−*Doch*! 君はおなかがすいていないかい−いやすいているよ.
ただし強い感情をこめて肯定したい場合には ja を用いることもある: Er weiß es doch nicht?−O *ja*, er weiß es. 彼はそれを知らないだろうね−いや知っているとも.

b) 《相手に問い返す語調で》え, へえ, ほう, そうですかね; ね, …でしょ: Hans!−*Ja?* Was ist? ハンス−え なんだい | Ich möchte Sie etwas fragen.−*Ja?* Bitte! ちょっとおたずねしたいんですが−はあ なんでしょう | Heute wird es regnen.−*Ja?* きょうは雨になるな−へえ(そうかな, そう思うかい) | Du kommst doch mit, ~? むろん君も一緒に来るんだろうね | Es ist kalt, ~? 寒いよね.

c) 《自分で相づちを入れて》そう, うん, ほんとに, さても: *Ja*, das waren glückliche Tage. そう あのころは楽しかったよ | *Ja*, das wird kaum möglich sein. うん それはまず不可能だろう | *Ja*, nun wollen wir anfangen! さあ それじゃ始めよう | *Ja*, hör mal! まあ聞いてくれ | *Ja*, was ich noch sagen wollte, … そうそう それからもうひとつ私が言いたかったのは….

d) (sogar) 《自分の前言を一段と強い表現に置きかえて》いや〔それどころか〕: Tausende, ~ Zehntausende 数千人 いや数万人 | Das ist schwer, ~ unmöglich. それは困難 いやむしろ不可能だ | Das kann ich versichern, ~ beeiden. 私はそれを断言 いや宣誓してもいい | Ich schätze ihn, ~ ich verehre ihn. 私は彼を評価 いや〔それどころか〕尊敬〔さえ〕している.

2 《話し手の主観的心情を反映して》 **a**) 《文中でのアクセントを ja において; 命令・要求などの気持を表して》 Sei ~ still! 静かにしろってば | Tu das ~ nicht! そんなことは絶対にするな | Erkälte dich nur ~ nicht! 決してかぜをひかないでね | Das soll er nur ~ lassen! とにかく彼にはそんなことやめさせろ | Er hielt die Hand so, daß ~ alle den Ring sehen konnten. 彼は指輪を見てくれと言わんばかりに手を出していた.

b) 《文中でのアクセントなしで; その場で確認された事実や聞き手との共通の認識などについての話し手のさまざまな感情を表して》 Du siehst ~ ganz bleich aus. 君の顔色ときたらまっ青じゃないか | Da bist du ~! やあ君はそこにいたのか | Es ist ~ gar nicht wahr. それは全くのうそっぱちだ | Das ist ~ großartig 〈eine Frechheit〉! そいつはすばらしい〈けしからん〉| Das wäre ~ noch schöner! 《反語》そいつはますますもって結構な話だ.

c) 《文中でのアクセントなしで; 平叙文の語順をもつ疑問文に用いられ, 肯定の返事を期待する気持を表して》 Du kommst ~ mit? 君は一緒に来るんだろうね.

d) 《文中でのアクセントなしで; しばしば後続する aber, doch, nur などと呼応して, 事実を一応認める譲歩の気持を表して》 Er ist ~ jung, aber tüchtig. 彼は若いには若いが有能だ | Ich will es dir ~ geben, aber gerne tue ich es nicht. それを君にやるにはやるが 気は進まないんだ | Er ist ~ sehr tüchtig, nur fehlt ihm die Erfahrung. 彼は確かにとても有能だよ. ただし経験が不足だ.

e) 《文中でのアクセントなしで; 先行する発言に対する理由づけの気持を表して》 Dränge nicht so! Ich komme ~ schon. せかすなよ 行くからさ | Du weißt es ~! 君はそれを知ってるじゃないか | Ich sagte nichts, die Kinder waren ~ dabei. 私は何も言わなかった. だってその場には子供たちが居たんだもの | Er wird sicher kommen, er hat es ~ versprochen. 彼はきっと来るよ. だって約束したんだものな | Ich werde ihn abholen, ich muß ~ sowieso dort hingehen. 私が彼を迎えに行こう. どっちみちそっちへ行かなきゃならないんだから ‖ Willst du ausgehen?−Nein, es regnet ~. 君は出かける気か−いや. だって雨が降ってるじゃないか | Kannst du mit ihm sprechen?−Nein, ich kenne ihn ~ gar nicht. 君は彼に会ってくれるかい−だめだよ. 僕は彼をぜんぜん知らないんだもの | Da er ~ krank ist, kann er nicht kommen. (君も知っているとおり)彼は病気だから来ることはできない.

f) 《文中でのアクセントなしで; 条件文で》ひょっとして, 万一: wenn er ~ noch kommen sollte 彼がもしかしてまだ来るようなことがあったら | Wenn er ~ kommt, 〔so kommt er doch〕 immer mit Verdruß. 彼は来ることは来ても いつも不平たらたらさ.

II Ja 中 -〔s〕/-〔s〕 (↔Nein) 肯定〈承諾・同意〉の返事〈態度〉, 賛成〔票〕: mit 〔einem〕 ~ antworten 肯定〈承諾〉の返事をする | mit ~ oder 〔mit〕 Nein stimmen 賛否の投票をする ‖ das ~ und 〔das〕 Nein abwägen 諾否を慎重に考える | *sein* ~ erteilen 〈geben〉 承諾の返事を与える.

[*germ.*; ◇ *engl.* yea]

Jab [dʒæb] 男 -s/-s 《ボク シング》ジャブ. [*engl.*]

Ja·bo [já:bo·] 男 -s/-s (<Jagdbomber) 《空》戦闘爆撃機.

Ja·bot[ʒabóː] 中 -s/-s 〘服飾〙ジャボ(19世紀なかばまで男子用ワイシャツの前開きについていた飾り: → 図; 現在は女性の胸飾り). [*fr.* „Kropf (des Vogels)"]

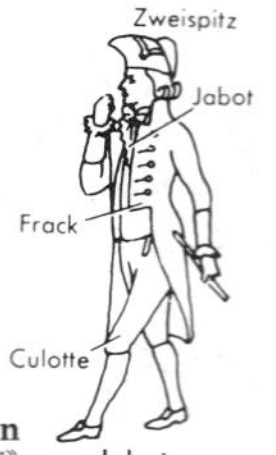

Jabot

jach[jax] 《南部》 =jäh

Jacht[jaxt] 女 -/-en 〘海〙ヨット(→ 図): Motor*jacht* エンジン付きヨット | Renn*jacht* 競走用ヨット. [<Jage-schiff; *engl.* yacht]

Jach·tau·fe[jáx..] 女 〘宗〙緊急洗礼(→Nottaufe).

jach·ten[jáxtən] 《01》 (**jach·tern**[jáxtərn] 《05》) 自 (s, h) 《北部》 (羽目をはずして)騒ぐ, 騒ぎまわる. [*mndd.*; ◇jagen]

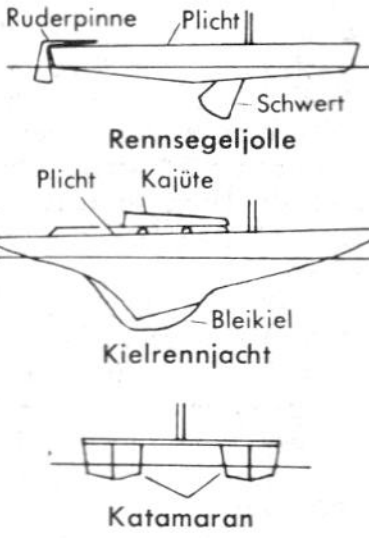

Jacht·klub[jáxt..] 男 ヨットクラブ.

Rennsegeljolle

Kielrennjacht

Katamaran

Jacht

jäck[jɛk] 形 《述語的》《北部》(verrückt) 気の狂った, 頭の変な: Du bist wohl ~? 君は頭がおかしいんじゃないか. [<geck]

Jack[dʒɛk, dʒæk] 男名 ジャック. [*engl.*; ◇Johannes]

Jacke[jákə] 女 -/-n (⑥ **Jäck·chen**[jɛ́kçən], **Jäck·lein**[..laɪn] 中 -s/-) **1** (男性用・女性用を問わず)上着, ジャケット(→ 図 Kostüm): Leder*jacke* 革の上着〈ジャンパー〉 | Wind*jacke* 防風ジャケット, ウインドブレーカー ‖ **eine alte ~** 《話》周知の〈陳腐な〉話 | **eine warme ~** 《話》コニャック ‖ eine ~ anziehen 〈ausziehen〉 上着を着る〈脱ぐ〉 | *seine* ~ über die Schultern hängen (袖を通さずに)上着をはおる; 上着を肩に掛ける | ***jm.* die ~ ausklopfen** / ***jm.* die ~ voll hauen** 《話》…をさんざん殴る | **die ~ voll kriegen** 《話》さんざん殴られる | ***jm.* die ~ voll lügen** 《話》…をさんざんだます | ***sich*[3] die ~ voll saufen** / ***sich*[3] die ~ begießen** 《話》酔っぱらう ‖ **aus der ~ gehen** 《話》(不意に)怒りだす ‖ **~ wie Hose sein** 《話》どうでもよい〈同じこと〉である. **2** (中世の)胴衣. [*fr.* jaque; ◇*engl.* jack[et]]

Jäckel[jɛ́kəl] 男 -s/- 《話》ばか, とんま. [<Jakob]

Jacken≠är·mel[jákən..] 男 上着の袖(そで). ≠**fett** 中 《話》《もっぱら次の成句で》**~ kriegen** さんざん殴られる. ≠**kleid** 中 〘服飾〙(女性用の)ツーピース, スーツ. ≠**kra·gen** 男 上着の襟. ≠**ta·sche** 女 上着のポケット.

Jacket·kro·ne[dʒɛ́kɪt..] 女 〘歯〙(陶製などの)義歯冠. [*engl.* jacket crown]

Jackett[ʒakɛ́t] 中 -s/-s (-e) (紳士服の)上着, ジャケット: **einen unter das ~ brausen** 《話》(ビールなどを)一杯やる. [*fr.* jaquette; <*fr.* jaque (→Jacke)]

Jackett·an·zug 男 上着の短い上下そろいの背広.

Jacketta·sche (**Jackett·ta·sche**) 女 〔短い〕上着のポケット.

Jäck·lein Jacke の縮小形.

Ja·cob[jáːkɔp] =Jakob

Jac·quard[ʒakáːr] 男 -[s]/-s 〘織〙ジャカード織りの生地.

Jac·quard≠kar·te[ʒakáːr..] 女 〘織〙(ジャカード紋織機用の)紋紙. ≠**ma·schi·ne** 女 〘織〙ジャカード〔紋織〕機. [<J. M. Jacquard (フランス人発明者, †1834)]

Jac·que·rie[ʒakəríː] 女 -/ 〘史〙ジャクリーの乱(1358年に北部フランスで起こった農民の大反乱); 《比》(一般に)農民の反乱. [*fr.*; <*fr.* Jacques [Bonhomme] (農民の蔑称)]

Jacques[ʒak, ʒɑːk] 男名 ジャック. [*fr.*; ◇Jakob]

ja·de[jáːdə] 《無変化》 =jadegrün

die **Ja·de**[1][−] 地名 女 -/ ヤーデ(北海に注ぐ北ドイツの川).

Ja·de[2][−] 男 -[s]/ ; 女 -/ 〘鉱〙翡翠(ひすい)(いわゆる硬玉と軟玉の総称). [*lat.* īlia „Weichen"−*span.* (piedra de la) ijada „(Stein für die) Lende"−*fr.*; ◇Ileum]

ja·de·grün[jáːdə..] 形 翡翠(ひすい)色の, 翠緑色の.

Ja·de·it[jadeíːt, ..ɪ́t] 男 -s/-e 〘鉱〙硬玉(翡翠の一種).

ja·den[jáːdən] 形 《付加語的》翡翠(ひすい)の, 翡翠で作られた.

Jaf·fa[jáfa·] 地名 ヤファ(地中海に面したイスラエルの都市. 1950年に Tel Aviv と合体). [*hebr.* jāphō „Schönheit"]

Jaf·fa·ap·fel·si·ne[jáfa..] 女 ヤファオレンジ(近東産オレンジの一種).

Jagd[jaːkt; スイス: −, jakt][1] 女 -/-en **1 a**) 狩り, 狩猟(→ 図); 狩りの催し: die hohe ~ 大物狩り(シカ・イノシシ・クマ・オオカミ・ワシなどを対象とする: →2) | die niedere ~ 小物狩り(キツネ・アナグマ・ウサギ・猟鳥などを対象とする) | die ~ auf Hirsche 〈auf Hasen〉 シカ〈ウサギ〉狩り | Falken*jagd* 鷹(たか)狩り | Löwen*jagd* ライオン狩り ‖ auf die ~ gehen 狩りに行く | auf [der] ~ sein 狩猟中である | Die ~ geht auf. (禁猟期間が過ぎて)狩猟が解禁になる. **b**) (一般に)追跡, 捜索; 追求: die ~ auf den Täter 犯人の追跡〈捜索〉 | die ~ nach Geld 〈Glück〉 金銭〈幸福〉の追求 ‖ ~ auf *et.*[4] 〈*jn.*〉 machen …をけんめいに追い求める; …を追跡する. **2** 《集合的に》猟獣, 猟鳥: die hohe ~ 大物猟獣〈猟鳥〉(シカ・イノシシ・クマ・オオカミ・ワシなど: →1). **3** (猟犬・馬などをも含めて)狩りの一行, 狩猟グループ: die Wilde ~ (→wild I 3). **4** 狩猟区; 狩猟権: eine ~ pachten 狩猟権を借り受ける. [*mhd.*; ◇jagen]

Jagd≠an·zug[jáːkt..] 男 狩猟服. ≠**auf·se·her** 男 狩猟区の監視人.

jagd·bar[jáːktbaːr] 形 狩猟可能な, 狩猟に適した: ~*e* Tiere 狩猟を許されている動物.

Jagd·bar·keit[−kaɪt] 女 -/ jagdbar なこと.

jagd·be·rech·tigt 形 狩猟権〈免許〉をもった.

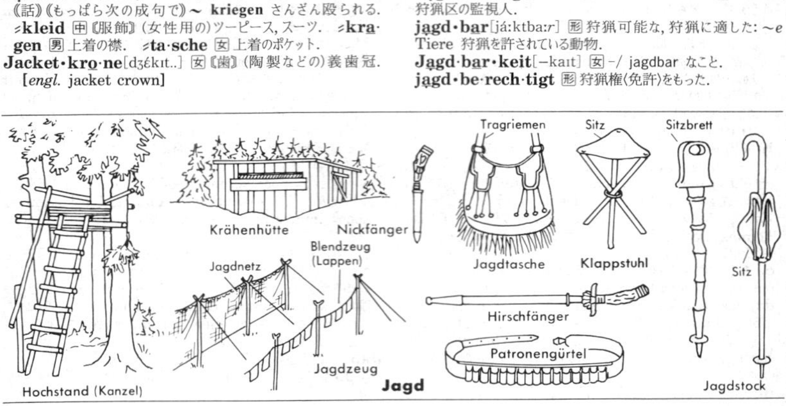

Jagd

J

Jagd∠be·rech·ti·gung 女 狩猟権, 狩猟免許. **∠beu·te** 女 狩猟の獲物. **∠be·zirk** 男 =Jagdrevier **∠bom·ber** 男〘空〙戦闘爆撃機(略 Jabo). **∠er·laub·nis** 女 狩猟の許可. **∠fal·ke** 男 鷹(たか)狩り用のタカ. **∠flie·ger** 男 **1** 戦闘機のパイロット, 戦闘機乗り. **2**《話》=Jagdflugzeug **∠flin·te** 女 =Jagdgewehr **∠flug·zeug** 中〘空〙戦闘機. **∠fol·ge** 女 (傷ついて逃げる猟獣に対する)〔狩〕猟区外追跡権. **∠fre·vel** 男 狩猟法違反, 密猟. **∠fre·v·ler** 男 狩猟法違反者, 密猟者. **∠ge·biet** 中 狩猟区, 猟場. **∠ge·he·ge** 中 (柵(さく)で囲んだ) 狩猟地区.

jagd·ge·recht 形 狩猟の作法にかなった, 狩猟の心得のある, 猟師〈狩猟家〉にふさわしい.

Jagd∠ge·rech·tig·keit 女, **∠ge·recht·sa·me** 女 狩猟権. **∠ge·schwa·der** 中〘空〙(数個中隊からなる)戦闘機〔編〕隊. **∠ge·sell·schaft** 女 狩猟家の一行; 狩りの催し. **∠ge·setz** 中 狩猟法〔規〕. **∠ge·wehr** 中 猟銃. **∠gren·ze** 女 狩猟区の境界. **∠grund** 男 -〔e〕s/..gründe《ふつう複数で》猟場, 狩り場: **in die ewigen *Jagdgründe* eingehen**《話》あの世へ行く, 死ぬ(アメリカ=インディアンの信仰に由来する表現) | ***jn.* in die ewigen *Jagdgründe* schicken 〈befördern〉**《ふつう冗談めいたおどし文句に用いられて》…をあの世へ送る, …を殺す. **∠haus** 中 狩猟小屋. **∠herr** 男 狩猟区〈狩猟権〉の所有者. **∠horn** 中 -〔e〕s/..hörner 狩猟用角笛, 猟笛. **∠hund** 男 猟犬: die ~*e*〘天〙猟犬座. **∠hüt·te** 女 狩猟小屋. **∠kar·te** 女 狩猟免許証. **∠klei·dung** 女 狩猟服. **∠kun·de** 女 -/ 狩猟学.

jagd∠kun·dig 形 狩猟に熟達した. **∠kund·lich** 形 狩猟学〔上〕の.

Jagd·leo·pard 男 (Gepard)〘動〙チーター.

jagd·lich[já:ktlɪç] 形 狩猟〔上〕の; 狩猟に関する: ein ~ geschütztes Tier 狩猟を禁じられている〔保護〕動物 | Der Hund ist ~ gut 〈schlecht〉. この犬は猟犬として適している〈適していない〉.

Jagd∠mes·ser 中 猟刀. **∠netz** 中〘狩〙張り網(→ 図 Jagd). **∠päch·ter** 男 狩猟権の借り受け人. **∠pan·zer** 男〘軍〙(対戦車砲をもつ)攻撃用戦車. **∠pa·tro·ne** 女 猟銃弾(→ 図 Geschoß). **∠prü·fung** =Jägerprüfung **∠recht** 中 **1** 狩猟法. **2** 狩猟権.

jagd·recht·lich 形 狩猟法〔上〕の.

Jagd∠ren·nen[já:kt..] 中〘馬術〙障害競走. **∠re·vier** 中〔狩〕猟区. **∠scha·den** 男 狩猟による損害(特に田畑などの). **∠schein** 男 狩猟免許証: **den ~ 〈einen ~〉 haben**《話》(法的に)責任能力なしと認定されている(狩猟免許証の所有者は猟場のなかで何をしてもよいところから). **∠schloß** 中 (王侯などが所有する)狩猟用別邸. **∠schutz** 男 **1** 猟獣の保護. **2**〘空〙戦闘機による護衛〈援護〉: unter ~ fliegen 戦闘機に援護されて飛行する. **∠si·gnal** 中 (角笛などによる)狩猟開始〈終了〉の合図. **∠sprin·gen** 中〘馬術〙障害飛越. **∠staf·fel** 女〘空〙戦闘機中隊. **∠stock** 男 -〔e〕s/..stöcke (地面に突き刺す一本足の)狩猟用腰掛け(→ 図 Jagd). **∠stück** 中〘美〙狩猟〈獲物〉の絵;〘楽〙狩猟用角笛などの音の入った楽曲. **∠ta·sche** 女 (猟師が肩にかける)獲物袋(→ 図 Jagd). **∠ver·band** 男 **1** 狩猟組合連合. **2**〘空〙(複数の隊からなる)戦闘機部隊. **∠ver·ge·hen** 中 狩猟法違反, 密猟. **∠wa·gen** 男 狩猟用の軽馬車(→ 図). **∠we·sen** 中 -s/ 狩猟〔に関するいっさいのこと〕. **∠wurst** 女 ハンティングソーセージ(カラシやニンニクで味つけされたソーセージの一種). **∠zeit** 女 (↔Schonzeit) 猟期. **∠zeug** 中 狩猟用具, 猟具(→ 図 Jagd).

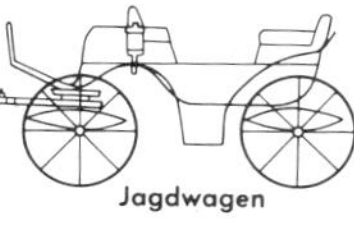
Jagdwagen

ja·gen[já:gən][1] **I** 他 (h) **1** (treiben) かり〈追い〉立てる, 追いやる, 追い出す〈込む〉;《比》(とがった物などを)打ち込む: das Pferd ~ 馬を駆る〈走らせる〉| Ein Ereignis *jagte* das andere.《比》事件が次々と起こった ‖ *jn.* **aus** dem Amt ~ …を解職する | *jn.* aus dem Dienst ~ …を解雇する | *jm.* eine Kugel **durch** den Kopf ~ …の頭に弾丸を撃ち込む | *sein* Vermögen durch die Gurgel 〈die Kehle〉 ~《話》身代を飲みつぶす | *jn.* **in** die Flucht ~ …を敗走させる | *jn.* ins Bockshorn ~ (→Bockshorn) | *jm.* eine Spritze in den Arm ~ …の腕に注射を打つ | ***jn.* mit *et.*[3] ~ können**《話》…は…が大嫌いである | Mit Kuchen kann man ihn ~.《話》彼はケーキが大嫌いだ | Damit kannst du mich ~!《話》(君の言う)そんなことはまっぴらだ | die Kinder **zu** Bett ~ 子供たちをベッドに追いやる(さっさと寝かせる) | *jn.* zum Teufel ~ …を放逐する ‖〘結果を示す語句と〙ein Pferd tot 〈zu Tode〉 ~ 馬を乗りつぶす.

2 (獲物を)狩る; (犯人などを)追い求める, 追跡する: Füchse ~ キツネ狩りをする | einen Verbrecher ~ 犯人を追跡する | Die Kinder *jagten* sich 〈einander〉. 子供たちは追いかけっこをした.

II 自 **1** (s) (eilen) 急ぐ, 走る, 疾走〈疾駆〉する: Die Wolken *jagen* am Himmel. 雲が空を走って行く | im Laufschritt zum Postamt ~ 走って郵便局へ行く ‖〘結果を示す語句と〙再帰 *sich*[4] müde ~ 走り疲れる | Ich habe mich müde *gejagt.*《話》私はかけずりまわってくたくただ ‖ mit *jagendem* Atem 〈Puls〉 息せき切って. **2** (h)《nach *et.*[3]》(…の)狩猟をする;《比》(…を)追い求める: nach Löwen ~ ライオン狩りをする | nach Ruhm 〈Glück〉 ~ 名声〈幸福〉を追い求める ‖ in den Bergen ~ gehen 山で狩りをする.

III Ja·gen 中 -s/- **1**《単数で》(jagen すること. 例えば:) かり立て, 駆逐, 追跡; 狩り, 狩猟; 疾走. **2** (林道で区画された)林区; 猟区. [*ahd.*]

Jä·ger[jɛ́:gər] 男 -s/- **1** 狩人, 猟師〔兼狩猟区の番人〕; 狩猟家, ハンター: Er ist ein passionierter ~. 彼は狩猟狂だ | der Wilde ~〘ゲルマン神〙(あらしの夜に死者の霊をひきいて狩りをするといわれる)魔王(=Wodan).

2〘軍〙(特殊な訓練を受けた)狙撃兵: Fallschirm*jäger* 落下傘部隊員 | Panzer*jäger* 対戦車兵.

3《話》**a)** (Jagdflugzeug)〘空〙戦闘機: Düsen*jäger* ジェット戦闘機. **b)** (Jagdflieger) 戦闘機のパイロット, 戦闘機乗り. [*ahd.*; ◇jagen]

Jä·ger∠ball 男 -〔e〕s/〘球技〙ドッジボール. **∠ba·tail·lon**[..bataljo:n] 中〘軍〙狙撃兵大隊.

Jä·ge·rei[jɛːgəráɪ] 女 -/-en **1**《単数で》狩猟〔術〕;《集合的に》狩猟をする人. **2** =Jagdhütte

jä·ger·haft[jɛ́:gərhaft] 形 猟師〈狩猟家〉らしい, ハンターにふさわしい.

Jä·ger∠haus 中 **1** =Jagdhaus **2** 山番小屋. **∠hut** 男 猟師用の帽子(ふつう暗緑色で鳥の羽根やカモシカのたてがみなどで飾られている).

jä·ge·risch[jɛ́:gərɪʃ] 形 猟師〈狩猟家〉の.

Jä·ger·la·tein[jɛ́:gər..] 中 狩猟についての大げさな自慢話(元来は「猟師の特殊な用語」の意): *jm.* ~ auftischen …に狩りについて大ぼらを吹く.

jä·ger·lich[jɛ́:gərlɪç] 形 猟師〈狩猟家〉の; 猟師〈狩猟家〉らしい.

Jä·ger∠lied 中 猟師の歌. **∠mei·ster** 男 猟師の親方; 狩猟区長. **∠prü·fung** 女 狩猟免許取得試験. **∠recht** 中 (猟師が受け取るべき)獲物の分け前.

Jä·ger·schaft[jɛ́:gərʃaft] 女 -/《集合的に》猟をする人, 猟師.

Jä·ger·schrei 男 猟師の掛け声(狩猟の際, 互いに意志を疎通させたり, 猟犬に命令したりするための独特の掛け声).

Jä·gers·mann 男 -〔e〕s/..leute《雅》=Jäger 1

Jä·ger·spra·che 女 猟師の用いる特殊語, 狩猟用語.

die **Jagst**[jakst] 地名 女 -/ ヤクスト (Neckar 川の支流).

Ja·guar[já:gua:r] 男 -s/-e〘動〙ジャガー(ヒョウの一種). [*indian.*-*port.*]

jäh[jɛ:] 形 **1** (plötzlich) 急な, 突然の, だしぬけの, 不意の, 予期せぬ: ein ~*er* Tod 急死 | ein ~*er* Windstoß 突風 ‖ *Jäh* überfiel mich die Furcht 〈die Müdigkeit〉. 突然私は恐怖〈疲労感〉に襲われた | Die Versammlung wurde ~ abgebrochen. 会議は突然中断された. **2** (steil) (ふつう下り傾斜が) 急な, (下方へ)急角度な; 絶壁の: ein ~*er* Abgrund 険しい絶壁 | Der Fels stürzt ~ ab. 岩は絶壁にな

J

っている. [*ahd.* gāhi]

ᵛ**Jä·he**[jɛ́:ə] 女 -/ =Jäheit

Jä·heit (**Jäh·heit**)[jɛ́:haɪt] 女 -/ jäh なこと.

jäh·lings[jɛ́:lɪŋs] 副 **1** 突然, だしぬけに, 急に: ～ erwachen 急に目がさめる. **2** 急傾斜をなして, 険しく: Die Felswand stürzt ～ nach dem See ab. 岩壁は急角度で湖に向かって落ちこんでいる.

Jahn[ja:n] 人名 **1** Friedrich Ludwig ～ フリードリヒ ルートヴィヒ ヤーン(1778-1852; ドイツの体育家. „Turnvater“「体操の父」と呼ばれる). **2** Hans Henny ～ ハンス ヘニー ヤーン(1894-1959; ドイツの作家).

Jahr[ja:r] 中 -es(-s)/-e (小 **Jähr·chen**[jɛ́:rçən], **Jähr·lein**[..laɪn] 中 -s/-)

1 (英: *year*) (1月1日から12月31日までの) 1年; (期間としての) 1年間, 1か年; 《複数で》年月, 歳月: das alte ⟨neue⟩ ～ 旧⟨新⟩年 | ein halbes ⟨ganzes⟩ ～ 半年⟨まる1年⟩〔間〕| ein nasses ⟨trockenes⟩ ～ 雨の多い⟨少ない⟩年 | ein ruhiges ⟨bewegtes⟩ ～ 平穏な⟨動乱の⟩年 | **die sieben fetten** ⟨**mageren**⟩ **～e** (不況の時代に続く)好況の時代⟨(好況の時代に続く)不況の時代⟩(聖書: 創41) ‖ das ～ 1995 1995年という年 | **das ～ Null** ゼロ年(無に等しい状態から全く新しいことの始まる年) | das Goethe*jahr* ゲーテ記念の年 ‖ das ～ des Heils ⟨des Herrn⟩ 西暦, キリスト紀元 | die ～e des Krieges ⟨der Entbehrungen⟩ 戦争⟨物資欠乏⟩の歳月.

‖〖2格で〗am Anfang ⟨Ende⟩ des ～*es* 年頭⟨年末⟩に | im Laufe der ～*e* 年月がたつうちに | der Sportler ⟨das Buch⟩ des ～*es* 年間最優秀選手⟨図書⟩ ‖〖2格で副詞的に〗dieses ～*es* (略 d. J.) 本年に⟨の⟩ | laufenden ～*es* (略 lfd. J.) 本年に⟨の⟩, その年に⟨の⟩ | jedes ⟨jeden⟩ ～*es* 毎年, 年々 | kommenden ⟨künftigen⟩ ～*es* (略 k. J.) 来年に, 来年の | vorigen ～*es* (略 v. J.) 昨年に⟨の⟩ | nächsten ～*es* (略 n. J.) 来年に⟨の⟩; 翌年に⟨の⟩, 次の年に⟨の⟩.

‖〖4格で〗〔Ich wünsche Ihnen〕ein glückliches neues ～! よいお年を | *sein* ～〔als Soldat〕abdienen〔兵役の〕年限を務め終える | *seine* fünf ～*e* ⟨*Jährchen*⟩ kriegen 《話》5年の刑をくらう ‖〖4格で副詞的に〗jedes ～ 毎年 | dieses ～ (略 d. J.) 本年に | nächstes ～ (略 n. J.) 来年に; 翌年⟨次の年⟩に | alle ～*e* 毎年〔ずっと〕| alle vier ～*e* 4年ごとに, 4年に1度 ‖ lange ～*e* 長年の間 | drei lange ～*e* 3年もの間 | drei ～*e* lang 3年間 | Es ist zwei ～*e* her, daß ... …してから2年になる | das ganze ～ hindurch まる1年間ずっと | zehn ～*e* vorher ⟨später⟩ 10年前⟨後⟩に | acht ～*e* nach ⟨vor⟩ seinem Tod 彼の死の8年後⟨前⟩に | ～ und Tag まる1年間(古くはゲルマン法で1年と6週3日の意); 何年も, ずいぶん長い間 | Die paar *Jährchen* kann ich noch warten. 二三年なら待ってもいいよ.

‖〖前置詞と〗**auf** ～*e* hinaus 向こう数年間にわたって | *et.*[4] **auf ～ und Tag** genau wissen …を年月日まで正確に知っている | **binnen ～ und Tag** 1年以内に, 1年経たないうちに | **für** ⟨auf⟩ drei ～*e* 向こう3年間 | ～ für ～ 来る年も来る年も, 毎年 | **in** diesem ～ 今年; その年に | 〔heute〕in einem ～ 1年後〔のきょう〕に | im ～〔*e*〕(略 i. J.) 1995 1995年に(しばしば im ～〔*e*〕を添えない形を用いる) | im ～ darauf その翌年に | im ～ zuvor ⟨vorher⟩ その前年に | im kommenden ⟨vergangenen⟩ ～〔*e*〕来年⟨昨年⟩ | im nächsten ～ 来年; その翌年に | im folgenden ～ その翌年に | in den sechziger ～*en* dieses Jahrhunderts 今世紀の60年代に | eine Million Mark im ～ umsetzen〖商〗年間100万マルクの売り上げがある | Er ist als Student im dritten ～. 彼は大学の3年生である | **mit** den ～*en* 年とともに(→2) | **nach** zehn ～*en* それから10年後に | **nach ～ und Tag** ずっと後になって | **ohne** ～ (略 o. J.) (図書について)発行⟨出版⟩年号記載なしの | **pro** ～ 1年当たり | **seit** vielen ～*en* 何年も前から | **seit ～ und Tag** ずっと以前から | 〔heute〕**über** ein ⟨übers⟩ ～ 1年後〔のきょう〕に | **über ～ und Tag** ずっと後になって; 1年たって | ein ～ **ums** andere 1年おきに; ᵛ年々 | ～ um ～ / **von** ～ zu ～ 年々, 年1年と | **vor** drei ～*en* 今から3年前に | **vor ～ und Tag** ずっと以前に, 何年も前に | 〔gestern〕vor einem ⟨vorm⟩ ～ 1年前〔のきのう〕に | **während** der *Jahre* 1995/96 1995年と96年の2年間に | *jm.* **zum** neuen ～〔*e*〕Glück wünschen …に新年の多幸を祈る | **zwischen den ～*en*** 《話》クリスマスと新年または御公現の祝日(1月6日)までの間に.

2 《ふつう複数で》(Lebensjahr) (生まれてからの)年, 年齢; 年配; 老齢: jüngere ⟨junge⟩ ～*e* 若い年ごろ, 若年〔期〕| reifere ⟨gesetzte⟩ ～*e* 分別ざかり | **die stehenden ～*e*** (女性の)更年期 ‖ in der Blüte *seiner* ～*e* (→Blüte 2) | dreißig ～*e*[4] alt sein / 《雅》dreißig ～*e* zählen / 《話》dreißig ～*e* ⟨*Jährchen*⟩ auf dem Buckel ⟨dem Rücken⟩ haben 30歳である | Er hat noch nicht die ～*e*, um es zu verstehen. 彼はまだそれが分かる年ごろではない | älter ⟨jünger⟩ als *seine* ～*e* sein 年よりふけている⟨若々しい⟩ | *seine* ～*e* fühlen ⟨spüren⟩ 寄る年波を感じる | *seine* ～*e* voll haben 《比》年金の年限に達している ‖ *js.* ～*e* sind gezählt (→zählen I 1) ‖〖前置詞と〗jung **an** ～*en* sein 年が若い | hoch an ～*en* sterben 高齢で死ぬ | **bei ～*en* sein** 年をとっている | Kindern **bis** zu vierzehn ～*en* ist der Zutritt verboten. 14歳以下の子供は入場禁止 | **für** *seine* ～*e* 年齢のわりに | 〔hoch〕**in den ～*en* sein** 年をとっている | **in den besten ～*en* stehen** 働きざかりである | im zwölften ～〔*e*〕sein 11歳(11歳の誕生日から12歳の誕生日前まで)である | ein Mann in seinen ～*en* 彼と同じ年格好の男 | **in die ～*e* kommen** 年をとる | ins zwanzigste ～ gehen 19歳になる | **mit** den ～*en* 年をとるにつれて(→1) | **über** die ～*e* alt sein / über *seine* ～*e* gealtert sein 年よりもふけている | über vierzig ～*e* ⟨**unter** vierzig ～*en*⟩ sein 40歳を越えている⟨に達していない⟩ | Kinder unter acht ～*en* ⟨über acht ～*e*⟩ 8歳以下⟨以上⟩の子供たち | Jugendliche **von** sechzehn〔bis zwanzig〕～*en* 16歳〔から20歳まで〕の若者たち | **vor** *seinen* ～*en* sterben 早死にする | **zu**〔hohen〕～*en* kommen 長生きする.

3 =Jahresring

[*germ.*; ◇*gr.* hṓrā „Jahreszeit“; *engl.* year]

jahr·aus[ja:r|áʊs] 副 《もっぱら次の成句で》**～, jahrein** 年々歳々, 年がら年じゅう.

Jahr·buch[já:r..] 中 年鑑, 年報: ein statistisches ～ 統計年鑑.

Jähr·chen Jahr の縮小形.

jahr·ein[ja:r|áɪn] 副 →jahraus

jah·re·lang[já:rəlaŋ] 形 《述語的用法なし》数年間の, 何年間もの: eine ～*e* Arbeit 数年にわたる仕事 ‖ an *et.*[3] ～ arbeiten 何年もの間…に取り組む.

jäh·ren[jɛ́:rən] 他 (h) 再帰 *sich*[4] ～ (特定の出来事が起こってから) 1年目を迎える, 1年になる: Sein Tod ⟨Sein Geburtstag⟩ *jährt* sich heute zum dritten Male. 彼が死んで⟨生まれて⟩からきょうで3年になる.

..jahreplan[..ja:rəpla:n] →..jahresplan

Jah·res·abon·ne·ment[já:rəs|abɔn(ə)mã:] 中 (新聞・雑誌・劇場座席などの)年間予約. ≈**ab·schluß** 男 **1** 年の終わり, 年末; 年度末. **2**〖商〗年度末の決算: den ～ machen 年度末の決算をする. ≈**an·fang** 男 年の初め, 年初, 年頭; 年度初め: *jm.* zum ～ alles Gute wünschen …に新年の祝詞を述べる. ≈**aus·gleich** 男 (税金の)年末調整. ≈**aus·klang** 男 《雅》=Jahresende ≈**aus·stoß** 男〖経〗年産高. ≈**be·ginn** 男 =Jahresanfang ≈**bei·trag** 男 (団体などの)年会費. ≈**be·richt** 男 年度報告, 年報. ≈**best·zeit** 女〖スポ〗1年間のベストタイム. ≈**bi·lanz** 女〖商〗年度決算⟨貸借対照表⟩; 《比》(一般的に)〔当該〕年度の成果. ≈**durch·schnitt** 男 年間平均. ≈**ein·kom·men** 中, ≈**ein·künf·te** 複, ≈**ein·nah·men** 複 年間収入⟨所得⟩, 年収. ≈**en·de** 中 年の終わり, 年末; 年度末. ≈**etat**[..leta:] 男 1年の予算. ≈**fei·er** 女 例年の記念祭. ≈**frei·kar·te** 女 1年間通用の無料入場⟨乗車⟩券, 年間通用フリーパス. ≈**frist** 女 -/ 1年の期間: binnen ～ 1年以内に. ≈**ge·bühr** 女 -/-en 《しばしば複数で》年間料金, 年間使用料. ≈**ge·dächt·nis** = Jahrgedächtnis ≈**ge·halt** 中 年俸, 年間給与. ≈**hälf·te** 女 1年の半分, 半期: die erste ⟨zweite⟩ ～ (年度の)上(かみ)⟨下(しも)⟩半期. ≈**lauf** 男 1年の経過: im ～ そ

の年〈年度〉のうちに. ≈**lohn** 男 年間賃金. ≈**mie·te** 女 年間賃貸〈賃借〉料. ≈**pen·sum** 中 **1**〘教〙通年カリキュラム. **2** 年間課題. ≈**plan** 男 年度〈年間〉計画.

..jahresplan[..ja:rəspla:n]《数詞につけて「…か年計画」を意味する男性名詞(-[e]s/..pläne)をつくる. ..jahrplan, ..jahreplan となることもある》: Fünf*jahresplan* / Fünf*jahrplan* / Fünf*jahreplan* 五か年計画.

Jah·res≈pro·duk·tion[já:rəs..] 女 年間の生産高, 年産. ≈**ra·te** 女〘経〙**1** 年賦〔金〕. **2** 年率: auf ～ umgerechnet 年率換算で. ≈**ren·te** 女 年金: eine ～ in Höhe von 10 000 Mark beziehen 1万マルクの年金をもらっている. ≈**ring** 男 -[e]s/-e《ふつう複数で》**1**〘植〙年輪. **2**〘動〙(魚のうろこ・獣の角などの)年輪. ≈**schluß** 男 年の終わり, 年末; 年度末.

Jah·res·schluß·bi·lanz 女〘商〙年度末決算.

Jah·res≈schrift 女 年1回刊行の雑誌. ≈**tag** 男(例年の)記念日. ≈**um·satz** 男 年間売上高. ≈**ur·laub** 男(有給の)年次休暇. ≈**ver·samm·lung** 女 年次大会〈総会〉. ≈**wech·sel** 男 年が改まること, 新年になること: *jm.* zum ～ gratulieren …に新年の祝詞を述べる. ≈**wei·ser** ＝Jahrweiser ≈**wen·de** 女 年の変わり目. ≈**wirt·schafts·be·richt** 男〘経〙年次経済報告. ≈**zahl** 女(歴史上の事件などの)紀元年数, 暦年数.

Jah·res·zeit[já:rəstsaɪt] 女(春夏秋冬の)季節: die vier ～*en* 四季 | die warme 〈kalte〉 ～ 暖かい〈寒い〉季節 ‖ der Wechsel der ～*en* 季節の移り変わり ‖ Es ist für diese ～ zu heiß. この季節にしては暑すぎる | zu 〈in〉 dieser ～ この季節に.

jah·res·zeit·lich[−lɪç] 形 季節にふさわしい; 季節による.

Jah·res·zins·er·trag 男《ｵｰｽﾄﾘｱ》年間家賃収入〔額〕.

Jahr·fei·er[já:r..] ＝Jahresfeier

Jahr·fünft[ja:rfýnft] 中 -[e]s/-e 5年〔間〕: ein Plan für ein ～ 五か年計画.

Jahr·gang[já:rgaŋ] 男 -[e]s/..gänge[..gɛŋə](略 Jg., まれ: J.; 複数: Jgg.) **1** 年次;《集合的に》…年次の者, 同一年次〔に生まれた人〕; (学校などの)同期〔生〕, …期生, 学年;〘軍〙同年〔次〕兵: die jungen 〈oberen〉 *Jahrgänge* der Schule 学校の低〈高〉学年 | die weißen *Jahrgänge* (第二次大戦と戦後の徴兵制制定の間に挟まれて)徴兵をまぬがれた年代 | Ich bin 36er ～. 私は36年生まれ〈36年〔度〕入学生〉だ | Er ist mein ～. / Er gehört demselben ～ an wie ich. 彼は私と同い年〈同期生〉だ | Jetzt wird der ～ 1975 einberufen. 今度は1975年生まれが召集される. **2** ある年次の収穫〈生産〉物, (特に:)ある年次の〈…年産の〉ワイン: ein guter 〈schlechter〉 ～ 出来のよい〈悪い〉年のワイン | ein Oppenheimer ～ 1959 1959年産オッペンハイム=ワイン. **3** (新聞・雑誌などの)1年分; 第…年度刊: ～ VI 〈1994〉, Nummer 2 第6巻〈1994年度刊〉第2号.

Jahr≈gän·ger[já:rgɛŋər] 男 -s/- (女 ≈**gän·ge·rin**[..gɛŋərɪn]-/-nen)《南部・ｵｰｽﾄﾘｱ・ｽｲｽ》同一年次に生まれた人, 同期生: die ～ 1945 1945年生まれの人たち. ≈**ge·dächt·nis** 中〘ｶﾄﾘｯｸ〙(例年の)死者追悼ミサ.

Jahr·hun·dert[ja:rhúndərt] 中 -[e]s/-e 百年〔間〕, 1世紀〔間〕(→ Jahrzehnt, Jahrtausend); (略 Jh., Jhdt.)(キリスト生誕の年を基点とする特定の)世紀: ein halbes ～ 半世紀 | das ～ der Aufklärung 〈der Entdeckungen〉 啓蒙(けいもう)〈諸発見〉の世紀 ‖ die Literatur des 19. ～*s* 19世紀文学 | zu Beginn 〈Ende〉 des ～*s* 世紀の初め〈終わり〉に | im Laufe der kommenden ～*e* 来るべき数世紀間〈今後数百年間〉の流れのなかで | Er ist der Mann des ～*s*. 彼はこの世紀を代表する男だ ‖ viele ～*e*[4] lang 幾世紀にもわたって ‖ in diesem ～ 今世紀に | in unserem ～ (我々の生きている)今世紀に | im ersten ～ nach 〈vor〉 Christi Geburt (西暦)紀元〈紀元前〉1世紀に | in den letzten ～*en* 過去数百年間に.

jahrhundert..《名詞につけて「その世紀最大の, その世紀で他に類を見ない, 並はずれた」などを意味する》: *Jahrhundert*projekt 世紀の大プロジェクト | *Jahrhundert*wein 世紀のワイン.

jahr·hun·der·te≈alt 形 数百年をへた, 数百年昔からの. ≈**lang** 形 数百年間の: ～ dauern 何百年も続く.

Jahr·hun·dert≈fei·er 女 百年ごとの祭り〈記念祭〉. ≈**mit·te** 女 世紀の中ごろ. ≈**wen·de** 女 世紀の変わり目. ≈**werk** 中 世紀の大事業.

▽**jäh·rig**[jɛ́:rɪç][2] 形 **1** (einjährig) 1年〔間〕の; 1歳の: ～*e* Pflanzen 一年生植物 | Es ist nun ～, daß ... …以来いまや1年になる. **2** 成年の. [*ahd.*; ◇Jahr]

..jährig[..jɛ:rɪç][2] **1**《数詞・形容詞などにつけて「…年間の, …年をへた」を意味する形容詞をつくる》: drei*jährig* 3年〔間〕の; 3歳の | mehr*jährig* 数年間の | halb*jährig* 半年間の | lang*jährig* 長年〈多年〉の. **2**《形容詞などにつけて「…年の, …歳の」などを意味する形容詞をつくる》: vor*jährig* / letzt*jährig* 去年の | nächst*jährig* 来年の | dies*jährig* 今年の | gleich*jährig* 同年齢の | voll*jährig* / groß*jährig* 成年に達した | minder*jährig* / klein*jährig* 未成年の.

Jähr·lein Jahr の縮小形.

jähr·lich[jɛ́:rlɪç] 形《述語的用法なし》毎年の, 例年の; 1年間の: ein ～*es* Einkommen 年収 | ein ～*er* Urlaub 年次休暇 ‖ einmal 〈zweimal〉 ～ 年に1〈2〉度 | Der Vertrag wird ～ erneuert. 契約は毎年更新される.

..jährlich[..jɛ:rlɪç]《数詞などにつけて「…年ごとの」を意味する形容詞をつくる》: drei*jährlich* 3年ごとの | viertel*jährlich* 3か月〔目〕ごとの; 季刊の | all*jährlich* 毎年の.

Jähr·ling[jɛ́:rlɪŋ] 男 -s/-e (家畜, 特に馬の)1歳の子.

Jahr·markt[já:r..] 男 年の市, 大市, (例年開かれる)縁日: auf dem ～ 年の市で | auf den ～ 〈zum ～〉 gehen 年の市に行く ‖ der ～ der Eitelkeit[en]《比》虚栄の市 | Das ist ja der reinste ～!《話》これは全くひどい混雑だ.

Jahr·markts≈bu·de 女 年の市の仮設小屋(屋台・舞台など). ≈**büh·ne** 女 年の市の仮設舞台. ≈**schrei·er** 男 年の市の大道商人. ≈**spiel** 中 年の市の〔謝肉祭〕劇.

Jahr·mil·lio·nen[ja:rmɪlió:nən] 複 数百万年〔間〕.

Jahr·pacht[já:r..] 女〘経〙年期用益賃貸借, 年期小作.

..jahrplan[..ja:rpla:n] →..jahresplan

Jahr·ring[já:r..] ＝Jahresring

Jahr·tau·send[ja:rtáuzənt][1] 中 -s/-e 千年〔間〕(→ Jahrhundert): ～*e*[4] lang 何千年ものあいだ, 数千年にわたって.

jahr·tau·sen·de≈alt[..táuzəndə..] 形 数千年をへた, 数千年昔からの. ≈**lang** 形 数千年間の.

Jahr≈wei·ser[já:r..] 男《雅》(Kalender) 暦, カレンダー. ≈**wuchs** 男 **1**〘林〙(幹の)年間生長度. **2**〘農〙年間収穫量. ≈**zahl**《ｽｲｽ》＝Jahreszahl

Jahr·zehnt[ja:rtsé:nt] 中 -[e]s/-e **1** 10年〔間〕(→ Jahrhundert): das vergangene ～ 最近の10年間 ‖ ～*e*[4] 〔lang〕 dauern 何十年も続く | in den letzten ～*en* 過去数十年間に | in den ersten ～*en* dieses Jahrhunderts 今世紀の最初の二三十年間に. **2** (年齢について)…歳台の10年間: Er steht in seinem sechsten ～. 彼は50歳台だ.

jahr·zehn·te·lang 形 数十年間の.

Jahr·zeit[já:r..] 女《ｽｲｽ》＝Jahrgedächtnis

Jah·we (**Jah·ve**)[já:və] 人名〘聖〙ヤハウェ(旧約聖書に記されるイスラエルの神. ユダヤ教ではそのまま口にするのをはばかり, 代わりに Adonai を用いた: →Jehova). [*hebr.* „der Seiende"?]

Jäh·zorn[jɛ́:..] 男 突然の怒り, 怒りの発作.

jäh·zor·nig 形 かんしゃくもちの, 短気な: ein ～*er* Charakter 怒りっぽい性格〔の人〕.

Jai·na[dʒáɪna·] 男 -[s]/-[s] ＝Dschaina

Jai·nis·mus[dʒaɪnísmus] 男 -/ ＝Dschainismus

Jak[jak] 男 -s/-s〘動〙ヤク. [*tibet.* gyak−*engl.* yak]

Ja·kar·ta[dʒakárta·] 地名 ＝Djakarta

Ja·ko[jáko·] 男 -s/-s (Graupapagei)〘鳥〙ヨウム(オウム科). [*fr.* jac[qu]ot „Jaköbchen"; ＜Jacques]

Ja·kob[já:kɔp] **I** 男名 ヤーコプ. **II** 人名 **1**〘聖〙ヤコブ, イヤコブ(Abraham の孫で, Isaak の息子. 別名 Israel. イスラエル民族の祖): **ein billiger ～**《話》格安の品を売る〔大道〕商人 | **der wahre ～**《話》(探し求めていた)まさしくそのもの〈人〉, 本物 | **Das ist der wahre ～.**《話》そいつは本物だ,

J

それこそどんぴしゃりだ(反語的にも用いられる) | Dieser Kuchen ist für mich der wahre ～.《話》このケーキは私の好みにぴったりだ | **den billigen ～ abgeben**《話》おざなりの理由をつける(もっともらしい言い訳をする). **2** ＝Jakobus II [*hebr.*－*gr.*; ◇*engl.* James]

Ja·ko·bi[jakó:bi·] 中 -/《ふつう無冠詞で》(Jakobstag) 聖ヤコブの祝日(7月25日): an 〈zu〉 ～ 聖ヤコブの日に. [*spätlat.*; ◇Jakobus]

Ja·ko·bi·ner[jakobí:nər] 男 -s/- **1**〖史〗ジャコバン党員(フランス革命当時の過激派の革命党員. 最初パリ市内の St. Jakob 教会近くの修道院に集合した). **2** (フランスでの)ドミニコ会修道士(修道院がパリの St. Jakob 教会の近くにあった). [*mlat.* (frāter) iacōbīnus－*fr.* jacobin; ◇Jakobus]

Ja·ko·bi·ner·müt·ze 女 **1** ジャコバン帽(ジャコバン党員の, 自由の象徴となった三角ずきん). **2** 男性用ナイトキャップ.

Ja·ko·bi·ner·tum[..tu:m] 中 -s/ ジャコバン主義; (政治上の)過激急進主義.

ja·ko·bi·nisch[..nɪʃ] 形 **1** ジャコバン党員の. **2** ジャコバン主義の; 過激急進主義の.

Ja·ko·bi·tag[jakó:bi..] 男 ＝Jakobi

Ja·kobs≈kraut[já:kɔps..] 中 (Kreuzkraut)〖植〗キオン(黄苑)属の一種. **≈kreuz** 中〖植〗スプレケリア, ツバメズイセン(燕水仙). **≈lei·ter** 女 **1**〖聖〗(天に達する)ヤコブのはしご(創28,12). **2**〖海〗(船腹などにおろされる)縄ばしご. **3**〖植〗ハナシノブ(花忍)属. **≈li·lie**[..liə] 女 ＝Jakobskreuz **≈mu·schel** 女〖貝〗ホタテガイ(帆立貝). **≈stab** 男 **1** ヤコブの杖(つえ)(i) Jakobus der Ältere の墓所巡礼に持参する杖; ii) 巡礼杖に刀剣を仕込んだもの; iii) 14世紀ごろヨーロッパで航海に用いられた 巡礼杖に似た天測器械). **2**〖天〗オリオン星座の帯(星座がかたどる勇士オリオンの帯に当たる三つの星). **3** ＝Jakobskraut **≈tag** 男 ＝Jakobi

Ja·ko·bus[jakó:bʊs] **I** 男名 ヤコーブス. **II** 人名〖聖〗ヤコブ, ヤコボス(イエスの十二使徒の一人): ～ der Ältere 大ヤコブ(エルサレム教会の指導者で, 殉教者) | ～ der Jüngere 小ヤコブ | der Brief des ～ (新約聖書の)ヤコブの手紙 ‖ → Jakob II 1 [*gr.* Iákōbos－*spätlat.*; ◇Jakob]

Jak·ta·tion[jaktatsió:n] 女 -/-en〖医〗展転反側. [*lat.*; ＜*lat.* iacere „werfen"]

Ja·ku·te[jakú:tə] 男 -n/-n ヤクート人(トルコ人種の一種族で, シベリア北東部に住む). [◇*engl.* Yakut]

ja·ku·tisch[..tɪʃ] 形 ヤクート〔人・語〕の: →deutsch

JAL[jal] 女 -/ 日本航空: mit 〔der〕 ～ nach Hamburg fliegen 日航機でハンブルクへ飛ぶ. [*engl.*; ＜*engl.* *J*apan *A*ir *L*ines]

Ja·la·pe[jalá:pə] 女 -/-n〖植〗ヤラッパ(ヒルガオ科): falsche ～ オシロイバナ(白粉花). [*span.*; ＜Jalapa (メキシコ東部の都市)]

Ja·la·pe·wur·zel 女 ヤラッパの塊根(粉末は下剤として用いられる).

Ja·lon[ʒalɔ̃:] 男 -s/-s (Fluchtstab)〖測量〗(測地用の)標柱, 測量竿(ざお). [*fr.*; ＜*afr.* giele „Absteckpfahl"]

Ja·lou·set·te[ʒaluzɛ́tə] 女 -/-n (軽金属製またはプラスチック製の軽便な)〔ベネシアン〕ブラインド. [＜..ette]

Ja·lou·sie[ʒaluzí:] 女 -/-n [..zí:ən] **1 a)** (日よけ・通風用の)巻き上げブラインド,〔ベネシアン〕ブラインド(→ 図): die ～ aufziehen 〈herunterziehen〉 ブラインドを巻き上げる〈おろす〉. **b)** (自動車のラジエーターの)よろい戸式通気窓. ᵛ**2** (Eifersucht) やきもち, 嫉妬(しっと). [*fr.*; ＜*gr.* zē̆los (→Zelot)]

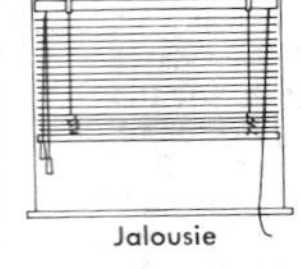
Jalousie

Ja·lou·sie·schwel·ler 男 -s/-〖楽〗(パイプオルガンの)スウェルボックス, 増音箱.

Jal·ta[jálta·] 地名 ヤルタ(ウクライナ, Krim 半島の港湾都市). [*gr.*; ◇*engl.*; Yalta]

Jal·ta-Ab·kom·men[jálta..] 中 -s/〖史〗ヤルタ協定(1945年2月, チャーチル・ルーズベルト・スターリンの3首脳がヤルタで締結した戦後処理に関する協定).

Jam[dʒɛm, dʒæm] 中 -s/-s; 女 -/-s (Marmelade) ジャム. [*engl.*]

Ja·mai·ka[jamáɪka·] 地名 ジャマイカ(カリブ海, キューバの南にある島. 1962年英連邦内で独立. 首都はキングストン Kingston). [*indian.* xaymaka „wohl bewässert"]

Ja·mai·ka·ner[jamaɪká:nər] 男 -s/- ジャマイカ人.

ja·mai·ka·nisch[..ká:nɪʃ] 形 ジャマイカの.

Ja·mai·ka≈pfef·fer[jamáɪka..] 男 -s/ ジャマイカ＝ペッパー(香辛料). **≈rum** 男 -s/ ジャマイカ＝ラム(ジャマイカで作られる特殊なラム酒).

Ja·mai·ker[..máɪkər] 男 -s/- ＝Jamaikaner

ja·mai·kisch[..máɪkɪʃ] ＝jamaikanisch

Jam·be[jámbə] 女 -/-n ＝Jambus

Jam·ben Jambe, Jambus の複数.

jam·bisch[..bɪʃ] 形〖詩〗イアンボスの, 短長〈抑揚〉格の; 弱強格の(→Jambus).

Jam·bo·ree[dʒæmbərí:] 男 -〔s〕/-s[-s, -z] **1**〔国際〕ボーイスカウト大会, ジャンボリー. **2** 陽気な催し, にぎやかな集会. [*engl.*]

Jam·bus[jámbʊs] 男 -/..ben[..bən]〖詩〗イアンボス, 短長〈抑揚〉格 (◡－), (ドイツ語の韻文では)弱強格(××́): ein Drama in *Jamben* イアンボスで書かれた戯曲. [*gr.*－*lat.*]

James[dʒe:ms, dʒeɪmz] 男名 ジェームズ. [*engl.*; ◇Jakob]

Jam·mer[jámər] 男 -s/ **1** 悲惨, 難儀, 困窮, 不幸; 同情に値する〈あわれな〉こと, 残念な〈惜しむべき〉こと, 痛恨事: ein tiefer 〈unbeschreiblicher〉 ～ 深い〈筆舌に尽くせぬ〉困苦 | ein Bild des ～*s* (→Bild 3 a) ‖ *jm.* *seinen* ～ klagen …に自分の不幸をうったえる | in Not und ～ leben 悲惨な生活をする ‖ Es herrschte großer ～. 大きな不幸〈困窮〉が支配していた | **ein ～ sein**《話》まことに残念〈心残り〉である | Es ist ein ～, zu sehen, wie … …という様子は見るもあわれだ | Es wäre ein ～ um den schönen Tag, wenn wir zu Hause blieben. こんなにいい天気なんだから家にじっとしていてはもったいないよ | Ein ～, daß ich nicht daran gedacht habe! 私がそのことに考え及ばなかったとはなあ. **2** 嘆き, 悲嘆〔の声〕, 悲鳴: ein herzzerreißender ～ 悲痛な嘆き声 | der ～ der Eltern um ihr verstorbenes Kind 死んだ子への両親の哀惜の念 ‖ in ～[4] und Tränen[4] ausbrechen 悲しみのあまりわっと泣きだす | vor ～ weinen 悲しみのあまり泣く ‖ Es erhob sich großer ～. 大きな嘆きの声が起こった | Das ist der alte ～.《比》それは陳腐な話だ. **3**《中部》(Sehnsucht) あこがれ; (Heimweh) 郷愁: ～ nach Hause 望郷の念. **4**《話》＝Katzenjammer [*westgerm.* „traurig"]

Jam·mer≈bild[jámər..] 中 悲惨な光景; あわれな〈惨めな〉姿: ein ～ bieten 悲惨な光景を呈する. **≈ge·schrei** 中 悲嘆の叫び, 嘆き悲しむ声. **≈ge·stalt** 女 **1** 痛ましい〈惨めな〉姿. **2**《話》＝Jammerlappen **≈ge·stell** 中《話》＝Jammerlappen **≈ka·sten** 男《話》ひどい音しか出ない楽器〈ラジオ〉. **≈lap·pen** 男《話》貧相な〈情けない〉やつ; 腰抜け, おくびょう者, 優柔不断な人間. **≈le·ben** 中 悲惨な〈惨めな〉生活.

jäm·mer·lich[jɛ́mərlɪç] 形 **1** 見るもあわれな, みすぼらしい, 同情すべき, 痛ましい, ひどい: eine ～*e* Behausung あわれな住まい | ein ～*er* Anblick 悲惨な光景 | ein ～*er* Tod 惨めな死 ‖ ～ gekleidet sein みすぼらしい服装をしている | Es ist ～ anzusehen. それは見るも無残だ. **2** 嘆きの, 悲しみの: ein ～*es* Geschrei 悲鳴. **3** 情けない, 軽蔑すべき; ぶざいくな, 無価値の: ein ～*es* Verhalten 見さげはてた〈ひきょうな〉態度 | eine ～*e* Arbeit つまらない仕事〈作品〉| Was für ein ～*er* Kerl! なんて情けないやつだ. **4**《程度の高さを強調して》《話》ひどい, ものすごい: ～*e* Angst 非常な不安 ‖ Es ist ～ kalt. ひどく寒い | *jn.* ～ verprügeln …をさんざんに殴る | Ich habe mich ～ gelangweilt. 私はひどく退屈した.

Jäm·mer·lich·keit[－kaɪt] 女 -/-en **1**《単数で》jämmerlich なこと. **2** jämmerlich な言動〈状態〉.

Jäm·mer·ling[jɛ́mərlɪŋ] 男 -s/-e《話》情けないやつ, 腰抜け, おくびょう者.

Jam·mer·mie·ne[jámər..] 女 あわれっぽい〈情けない〉顔つき.

J

jam·mern[jámərn] ((05)) **I** 自 (h) 嘆き悲しむ, 泣く, 慟哭(どうこく)する; 不平を言う, ぐちをこぼす: nach *et.*[3] ~ …を哀れっぽく求める, …を欲しがって泣く | über 〈um〉 *et.*[4] ~ (失った)…を悲しむ〈惜しむ〉| Sie *jammert* über ihr verlorenes Geld 〈um ihren toten Mann〉. 彼女は失った金〈死んだ夫〉のことを惜しみ嘆く | Sie muß immer ~. 彼女はいつもぼやいてばかりいる ‖〖結果を示す語句と〗*jm.* die Ohren voll ~ (→Ohr 1) | 再帰 *sich*[4] zu Tode ~ 死ぬほど嘆く.
II 他 (h) **1** 《雅》《*jn.*》(…に)あわれな気持〈同情心〉を起こさせる: Die alte Frau *jammert* mich. その老婆を私はあわれに思う | Das kann 〈muß〉〔ja / sogar〕einen Hund ~. (→Hund 1 a). ▽**2** 非人称 《es jammert *jn. js.* 〈*et.*[2]〉 / *jn.* jammert *js.* 〈*et.*[2]〉》(…が…を)あわれに思う: Es *jammert* mich des Volks. 私はこの群衆がかわいそうである(聖書: マタ15,32).
[*ahd.*; ◇Jammer]

jam·mer·scha·de[jámər∫á:də] 形《述語的》《話》ひどく残念な; 気の毒千万な; とても惜しい〈もったいない〉: Es ist ~, daß du nicht dabei warst. 君が居合わせなかったのはとても残念だ ‖〖**es ist jammerschade um *jn.* 〈*et.*[4]〉** の形で〗Es ist ~ um die aufgewandte Mühe. それに費やした労力がまったくもったいない.

Jam·mer·tal[jámər..] 中 -〔e〕s/ 《雅》嘆きの谷(現世の不幸な生活; 聖書: 詩84, 7 から): das irdische ~ 現世. [*mhd.*; *lat.* vallis lacrimārum (◇larmoyant) の翻訳借用]

jam·mer·voll 形 苦しみ〈嘆き〉にみちた; 惨めな, 悲惨な: ein ~*es* Stöhnen 痛ましいうめき声 | ein ~*es* Leben 悲惨な生活.

Jams·wur·zel[jáms..] 女《植》ヤマノイモ(山の芋)属. [*afrikan.* „eßbar"－*port.* inhame－*engl.* yam]

..jan[..ja:n] →..ian

Jan[jan] 男名 ヤン (Johannes のオランダ・ポーランド・チェコ語形).

Jan. 略 ＝Januar

Ja·ná·ček[jána:t∫ɛk] 人名 Leoš ~ レオシュ ヤナーチェク (1854–1928; チェコの作曲家).

Jane[dʒe:n, dʒeɪn] 女名 ジェーン. [*engl.*; ◇Johanna]

der **Jang·tse·kiang**[jáŋtsəkĭaŋ, ..tse..] 地名 男 -〔s〕/ 揚子江, ヤンツーチアン (Tibet 北東部に発し, 東流して東シナ海に注ぐ世界第 3 の大河. 長江 Chang Jiang ともいう).

Jan·ha·gel[janhá:gəl, ⏑–⏑] 男 -s/ 《北部》《話》賤民(せんみん), ならず者. [*ndl.*; ◇Jan, Hagel]

der **Ja·ni·ku·lus**[janí(:)kulʊs] 地名 男 -/ ヤニクルス(ローマの丘). [*lat.* (mōns) Iāniculus „dem Janus geweihter (Berg)"]

Ja·ni·tschar[janit∫á:r] 男 -en/-en《史》ヤニチャール(キリスト教徒の捕虜やその子孫によって形成された旧トルコのサルタン親衛兵). [*türk.* yeni-çeri „neue Truppe"; ◇*engl.* janissary, janizary]

Ja·ni·tscha·ren·mu·sik 女《楽》ヤニチャール音楽(打楽器・吹奏楽器からなるトルコ軍楽隊ふうの音楽).

jan·ken[jáŋkən] 自 (h) 《北部》**1** (犬が)悲しげにクンクン泣く; ギイギイときしむ. **2** 嘆き悲しむ, 愚痴をこぼす; 《nach *et.*[3]》(…を求めて)泣く. [*mndd.*]

Jan·ker[jáŋkər] 男 -s/- 《南部・オーストリア》ヤンケル(バイエルンふうの上着). [＜Jacke]

Jan Maat[ján má:t] 男 - -〔e〕s/- -e〔n〕(**Jan·maat**[jánma:t] 男 -〔e〕s/-e〔n〕)《戯》(Matrose) 船員. [*ndl.*]

Jän·ner[jɛ́nər] 男 -〔s〕/- 《南部・オーストリア》＝Januar [*vulgärlat.*－*mhd.* jenner]

Jan·sen[jánzən] 人名 Cornelius ~ コルネリウス ヤンセン (1585–1638; オランダのカトリック神学者で, Jansenismus の始祖. 著作『アウグスティヌス』など).

Jan·se·nis·mus[janzenísmʊs] 男 -/ ヤンセン主義, ジャンセニズム (Jansen を源泉とする宗教運動).

Jan·se·nist[..níst] 男 -en/-en ヤンセン主義者, ジャンセニズムの信奉者.

jan·se·ni·stisch[..nístı∫] 形 ヤンセン主義の, ジャンセニズムの.

Ja·nuar[jánua:r] 男 -〔s〕/-e《ふつう単数で》(略 Jan.) 1 月: →August[1]
★ 古名: Eismonat, Eismond, Hartung, Schneemond
[*lat.* (mēnsis) Iānuārius; ◇*engl.* January]

Ja·nus[já:nʊs] **I** 人名《ロ神》ヤヌス(門・出入口の守護神. 前後両面に顔がある). **II** der **Ja·nus** 男 -/ 《天》ヤヌス(土星の衛星の一つ). [*lat.*; ＜*lat.* iānua „Tür" (◇eilen)]

Ja·nus≠ge·sicht 中 ヤヌスの顔. ≠**kopf** 男 **1** ヤヌスの頭(→ 図). **2** 《比》矛盾をはらんだもの; あいまいなもの.

Januskopf

ja·nus·köp·fig 形 ヤヌスの頭のような, 双面の; 《比》二股(ふたまた)かけた, あいまいな.

Ja·pan[já:pan] 地名 日本: das moderne ~ 近代日本. [*malai.*－*ndl.*]

Ja·pa·ner[japá:nər] 男 -s/- (女 **Ja·pa·ne·rin**[..nərın]-/-nen) 日本人.

▽**Ja·pa·ne·se**[japané:zə] 男 -n/-n ＝Japaner

der **Ja·pan·gra·ben**[já:pan..] 地名 男 -s/ 日本海溝(かいこう).

ja·pa·nisch[japá:nı∫] 形 日本〔人・語〕の: →deutsch | die *Japanischen* Alpen 日本アルプス | *Japanisches* Flußfieber《医》つつが虫病 | das *Japanische* Meer 日本海 | *Japanischer* Schnurbaum《植》エンジュ(槐) | *Japanische* Sicheltanne / *Japanische* Zeder《植》スギ(杉).

ja·pa·nisch·stäm·mig ＝japanstämmig

ja·pa·ni·sie·ren[japanizí:rən] 他 (h) 日本化する, 日本ふうにする.

Ja·pan≠knol·le[já:pan..] 女 チョロギ(甘露子)の塊茎. ≠**lack** 男 漆(うるし). ≠**mat·te** 女 ござ.

Ja·pa·no·lo·ge[japanoló:gə] 男 -n/-n (→..loge) 日本学者, 日本語学〈文学〉研究者.

Ja·pa·no·lo·gie[..logí:] 女 -/ 日本学, 日本語学〈文学〉研究.

ja·pa·no·lo·gisch[..ló:gı∫] 形 日本学の, 日本語学〈文学〉研究の.

Ja·pan≠pa·pier[já:pan..] 中 和紙. ≠**sei·de** 女 日本産の絹〈生糸〉.

ja·pan·stäm·mig 形 日本人の血統を引いた, 日系の: ein ~*er* Brasilianer 日系ブラジル人.

ja·pen ＝jappen

Ja·phet[já:fɛt] 人名《聖》ヤペテ (Noah の息子で, ヤフェト族の祖). [*hebr.* „schön, hell"; ◇*engl.* Japheth]

Ja·pon[ʒapɔ̃:] 男 -〔s〕/-s ＝Japanseide [*fr.*; ◇Japan]

Ja·po·nis·mus[japonísmʊs] 男 -/ 《美》ジャポニスム(とくに19世紀後半から20世紀初頭にかけてのヨーロッパでの日本趣味). [＜*fr.* japonisme]

jap·pen[jápən] (**ja·pen**[já:pən]) 自 (h) 《北部》**1** (口をぱくぱくさせて)あえぐ, あえぎながら言う: nach Luft ~ (呼吸が苦しくて)あえぐ. **2** (ゆるい靴などが)ぱくぱくする. [＜*mndd.* gapen „den Mund aufsperren" (◇gaffen)]

Japs[japs] 男 -en/-e〔n〕《しばしば軽蔑的に》日本人, ジャップ. [*engl.*; ◇Japanese]

jap·sen[jápsən] ((02)) 《話》＝jappen

Jap·ser[jápsər] 男 -s/- 《話》あえぎ: mit einem ~ 息をはずませて, あえぎながら.

Jar·di·nie·re[ʒardinié:rə, ..niɛ́:rə] 女 -/-n 花器, 花かご. [*fr.* jardinière „Gärtnerin"; ◇Garten]

Jar·gon[ʒargɔ̃:] 男 -s/-s (階級・職業などによる)特殊用語, 隠語; わけのわからない〈荒っぽい〉言葉: der ~ der Studenten 学生用語 | im derben ~ sprechen 粗野な言葉で話す. [*fr.* „Kauderwelsch"]

Jarl[jarl] 男 -s/-s《史》(スカンジナビアの王によって置かれた)

J

太守, 代官. [*anord.* „Adliger“; ◇Earl]

Ja·ro·wi·sa·tion[jarovizatsió:n] 女 -/-en 〘農〙春化処理(植物の生長を速めるために球根や種子に施す低温処理).

ja·ro·wi·sie·ren[jarovizí:rən] 他 (h) 〘農〙《*et.*^{4}》(…に)春化処理を施す. [<*russ.* jarowoje „Sommergetreide“]

Ja·ro·wi·sie·rung[..ruŋ] 女 -/-en jarowisieren すること.

Ja·sa·ger[já:..] 男 -s/- 唯々諾々として相手に逆らわない人, イエスマン. [<ja sagen]

Ja·sa·ger·tum[..tu:m] 中 -s/ イエスマン的な態度.

Jas·min[jasmí:n] 男 -s/-e 〘植〙 **1** ジャスミン. **2** ソケイ属: falscher ~ バイカウツギ(梅花空木). [*pers.–arab.–span.* jazmín]

Jas·min≈öl 中 ジャスミン油. **≈tee** 男 ジャスミン茶. **≈was·ser** 中 -s/- マツリカ(ソケイ属)の花から採る香水.

Ja·son[já:zɔn] 人名 〘ギ神〙イアソン (Argonaut たちの指揮者). [*gr.* Iā́sōn „der Heilung Bringende“–*lat.*; ◇..iater]

Jas·pers[jáspərs] 人名 Karl ~ カール ヤスパース(1883–1969; ドイツの哲学者).

Jas·pis[jáspɪs] 男 -〔ses〕/-se 〘鉱〙碧玉(へきぎょく). [*semit.–gr.* íaspis–*lat.–mhd.*; ◇*engl.* jasper]

Jaß[jas] 男 ..sses/ **1** ヤス(特にスイスで愛好されるトランプ遊戯の一種で, 36枚のカードで行われる). **2** 《オーストリア》すてきな若者. [*ndl.*]

jas·sen[jásən] 《03》自 (h) ヤス遊戯をする.

Ja·stim·me[já:..] 女 (表決の際の)賛成票.

Jä·te≈hacke[jɛ́:tə..] 女 草取り鍬(くわ) (→ 図 Hacke). **≈kral·le** 女 草取りレーキ.

jä·ten[jɛ́:tən] 《01》他 (h) **1** (雑草などを)〔根こそぎに〕とる, むしる: Unkraut ~ 除草する. **2** 《*et.*^{4}》(…から)雑草をとる, (…を)除草する: den Garten 〈den Weizen〉 ~ 庭〈小麦畑〉を除草する. [*ahd.*]

Ja·tro·che·mie[jatroçemí:] =Iatrochemie

jät·ten[jɛ́tən] 《01》《スイス》=jäten

Jä·tung[jɛ́:tuŋ] 女 -/-en jäten すること.

Jau·che[jáuxə] 女 -/-n **1 a)** (肥料として蓄えられた)人畜の糞尿(ふんにょう), 水肥(すいひ), 下肥(しもごえ); 〘農〙液肥. **b)** 《話》(一般に)汚水, くさい液体. **2** 〘医〙腐敗膿(のう). [*westslaw.*; ◇Jus^2]

Jau·che≈faß 中 水肥(すいひ)おけ. **≈gru·be** 女 水肥だめ, 肥だめ.

jau·chen[jáuxən] **I** 他 (h) 《*et.*^{4}》(…に)水肥〈下肥〉を施す. **II** 自 (h) 〘医〙(傷口・潰瘍(かいよう)などが)腐敗膿(のう)を分泌する.

Jau·chen≈faß =Jauchefaß **≈gru·be** =Jauchegrube **≈wa·gen** =Jauchewagen

Jau·chert[jáuxərt] 男 -s/-e 《南部》=Juchart

Jau·che·wa·gen 男 水肥運搬車.

jau·chig[jáuxɪç]^2 形 **1** 水肥(すいひ)〈下肥(しもごえ)〉の〔においがする〕. **2** 〘医〙腐敗〔性〕の: ein ~*es* Geschwür 腐敗性潰瘍.

jauch·zen[jáuxtsən] 《02》 **I** 自 (h) (喜び・熱狂などで)歓声〈歓呼の声〉をあげる: Er *jauchzte* über diese Nachricht 〔vor Freude〕. 彼はこの知らせを聞いて〔うれしさのあまり〕歓声をあげた ‖ *jm.* ~ …に対して歓声〈歓呼の声〉をあげる. **II** 他 (h) *jm.* Beifall ~ …に対して拍手喝采(かっさい)する〈歓声をあげて賛意を表する〉. **III Jauch·zen** 中 -s/ jauchzen すること. [*mhd.*; ◇juch]

Jauch·zer[jáuxtsər] 男 -s/- 歓声, 歓呼の叫び声: einen ~ ausstoßen 歓声をあげる.

Jauk[jauk] 男 -s/ =Föhn [*slowen.* jùg „Süd〔wind〕“; ◇Jause]

Jau·kerl[jáukərl] 中 -s/-n 《オーストリア》《話》(Injektion) 注射. [<jaucken „jagen“]

jau·len[jáulən] 自 (h) (犬などが)悲しそうにクンクン〈キャンキャン〉鳴く; (人が)ひいひい悲鳴をあげる; (機械などが)キーキーという音をたてる. [*ndd.*; 擬音; ◇*engl.* yowl]

Jau·se[jáuzə] 女 -/-n 《オーストリア》 **1** 間食, おやつ, (特に午後4時ごろの)軽食(ふつうコーヒーにミルクやパン・ビスケット類をそえる): eine ~ nehmen 〈einnehmen〉 軽食をとる. **2** =Jausenbrot [*slowen.* júžina „Mittagessen“–*mhd.* jūs; ◇Jauk]

jau·sen[jáuzən]^1 《02》《オーストリア》=jausnen

Jau·sen≈brot 中 《オーストリア》おやつのパン. **≈kaf·fee** 男 -s/ 《オーストリア》おやつ時のコーヒー〔とケーキ〕. **≈sta·tion** 女 《オーストリア》軽食堂.

jaus·nen[jáusnən] 《01》自 (h) 《オーストリア》おやつを食べる, 軽食をとる. [*mhd.* jūsen]

Ja·va[já:va·] 地名 ジャワ(インドネシアの本島. 古くは Djawa とつづった). [*indones.*]

Ja·va·ner[javá:nər] 男 -s/- ジャワ島の住民.

ja·va·nisch[..nɪʃ] 形 ジャワ〔語〕の: →deutsch

ja·wohl[javó:l] 副 《ja の強調形》そうですとも, たしかに(そうです), そのとおり; 〔はい〕かしこまりました, 承知致しました: Haben Sie verstanden, Unteroffizier Beckmann?–*Jawohl*, Herr Leutnant! 分かったかベックマン下士官–はい少尉殿 | *Jawohl*, das wird sofort erledigt. かしこまりました すぐに致します.

ja·woll[javɔ́l] 《話》=jawohl

Ja·wort[já:..] 中 -〔e〕s/-e 《ふつう単数で》「はい」という返事, 応諾〈承諾・同意〉の言葉(特に結婚の申し込みに対する): *jm.* das ~ geben …に承諾の返事をする | *sich*^{3} *js.* ~ holen …の同意を取りつける.

Jazz[dʒɛs, jats, dʒæz] 男 -/ 〘楽〙ジャズ: der heiße ~ ホットジャズ. [*amerik.*]

Jazz·band[dʒɛ́sbɛnt, dʒǽzbænd] 女 -/-s ジャズバンド. [*amerik.*]

jaz·zen[dʒɛ́sən, játsən] 《02》自 (h) ジャズを演奏する; ジャズふうに演奏する.

Jaz·zer[dʒɛ́sər, játsər, dʒǽzə] 男 -s/- ジャズ奏者.

Jazz·fan[dʒɛ́sfɛn, dʒǽzfæn] 男 ジャズファン.

Jazz·gym·na·stik[dʒɛ́s.., játs.., dʒǽz..] 女 ジャズ体操.

jaz·zig[játsɪç]^2 形 《話》ジャズふうの, ジャズを思わせる.

Jazz≈kel·ler[dʒɛ́s.., játs.., dʒǽz..] 男 (ジャズバンドの生演奏を聞かせる)地下室にあるジャズスナック. **≈kon·zert** 中 ジャズコンサート. **≈mu·sik** 女 ジャズ音楽. **≈mu·si·ker** 男 ジャズ奏者. **≈pia·nist** 男 ジャズピアニスト. **≈sän·ger** 男 ジャズ歌手, ジャズシンガー. **≈trom·pe·te** 女 ジャズ用トランペット.

je^1[je:] **I** 副 **1** 《ふつう過去の, ときに未来の任意の時を漠然と示して》かつて, これまで; いつか, そのうち: Hast du ~ so was gehört? そんなこと今までに聞いたことがあるかい | Wie konnte der Fall ~ geschehen? そんな事件がそもそもどうして起こりえたのだろう | Sie ist die schönste Frau, die mir ~ begegnet ist. 彼女は私がこれまでに出会った中で一番の美人だ ‖ wenn ich ihn ~ treffen sollte いつか彼に会うことがあれば | Niemand wird das ~ begreifen. それはおよそだれにも分かるまい ‖〘接続詞と〙mehr **als** 〈denn〉 ~ 〔zuvor〕 これまで以上に | **~ und ~** いつも〔いつも〕, 常に; ときおり, ときたま | **wie** 〔**eh und**〕 **~** これまで同様〈どおり〉 ‖〘前置詞と〙**seit** 〔**eh und**〕 **~** / **von ~** 以前〈昔〉から. **2** 《数詞の前で》それぞれ, (…)ずつ: fünf Busse mit ~ sechzig Leuten 60人ずつ乗ったバス5台 | drei Schichten zu ~ acht Stunden 8時間ずつの3交代制 | *Je* vier Studenten wurden eingelassen. / Die Studenten wurden ~ vier 〔und vier〕 eingelassen. 学生は四人ずつ呼び入れられた | *Je* das dritte Kind bekam einen Preis. 三人に一人の子供が賞をもらった. **3** 《nach または nachdem を伴って》それぞれ: ~ **nach** 〔Lust und〕 Laune (その時々の)気分しだいで | ~ nach den Umständen 事情に応じて ‖ ~ **nachdem** 〔, ob〕 es regnet oder nicht 雨が降るかどうかによって | ~ nachdem, wie man es nimmt 解釈のしかたしだいで | Kommst du mit?–*Je* nachdem. 君も来るかい–情況しだいだな. **4** 《nun を伴って》うん(気の進まない肯定・承認の返事): *Je* **nun,** so einfach ist das nicht. うーん だけどそう簡単じゃないよ.

II 接 《比較級を伴って; 従属》(…で)あればあるほど: *Je* älter er wird, **desto** 〈**um so**〉 geiziger wird er. 彼は年をとれ

ばとるほどいっそうけちんぼになる | *Je* mehr, desto 〈um so〉 besser.《諺》多ければ多いほどよい, 多々ますます弁ず ‖ Komm, ~ eher, ~ lieber! 来てくれ 早ければ早いほどいいんだ | *Je* mehr man hat, ~ mehr man will.《諺》欲には限りがない.

III 前《4格支配》(pro) …あたり, …につき(…ずつ): Der Eintritt kostet 2 Mark ~ Person. 入場料はひとり2マルクです.

☆ 格支配の意識が失われて1格の名詞と用いられることもある: Wir zahlen 80 Pfennig ~ gefahrener 〈gefahrenen〉 Kilometer. 我々は走行1キロメートルあたり80ペニヒ払う.

[*germ.* „Zeit"; ◇Äon, ewig]

je[2][je:] 間《他の間投詞の後におかれ驚き・同情などの気持を表して》あれっ, おや, まあ: Ach 〈O〉 ~! おやまあ, あれあれ(→oje). [<Jesus]

Jean[ʒã] 男名 ジャン. [*fr.*; ◇Johannes]

Jeanne[ʒan, ʒa:n] 女名 ジャンヌ. [*fr.*; ◇Johanna]

Jeanne d'Arc[ʒandárk, ʒan..] 人名 ジャンヌ ダルク(1412頃-31; 祖国を救ったフランスの少女で殉教者).

Jean·nette[ʒanét] 女名 ジャネット.

Jean Paul[ʒãpáʊl] 人名 ジャン パウル(1763-1825; ドイツの作家; 本名 Johann Paul Friedrich Richter).

Jeans[dʒi:nz] **I** 複 (女 -/-) **1** 〔ブルー〕ジーンズ(青色を主とするじょうぶな木綿地). **2** 〔ブルー〕ジーンズのズボン(パンツ), ジーパン. **II** 中 -/ 《話》ジーンズ色(洗いざらしのジーパンのような色あせた青色).

[*amerik.*; <*mengl.* Gene „Genua" (◇Genua)]

Jeans·an·zug[dʒí:nz..] 男《服飾》ジーンズスーツ(ジーンズの上下).

jeans·far·ben[dʒí:nz..] 形 ジーンズ色(洗いざらしのジーパンのような色あせた青色)の.

Jeans≠ho·se[dʒí:nz..] 女 =Jeans I 2 **≠jacke** 女 ジーンズの上着. **≠stoff** 男 ジーンズの生地.

jeck[jɛk] 形《西部》(geck) 頭のおかしい, 気の狂った: Du bist wohl ~? 君は頭がおかしいんじゃないか. [*mndd.* geck -*mhd.*; ◇Geck]

Jeck[jɛk] 男 -en/-en《西部》**1** 頭のおかしな〈気の狂った〉人. **2** (謝肉祭などで)うかれた〈ばか騒ぎをする〉人.

je·de, je·dem, je·den →jeder

je·den·falls[jé:dənfáls] 副 **1** いずれにせよ, どのみち, とにかく: Wir treffen uns ~ vor dem Bahnhof. ともかく駅前で落ち合いましょう | Ob er nun kommt oder nicht, ich bleibe ~ zu Hause. 彼が来ようと来まいと どっちみち私はずっと家にいるよ. **2** 少なくとも(…とだけは言える): Sie ist nicht schön, ~ unscheinbar. 彼女は美人じゃない 少なくともぱっとしない. **3** どんな場合でも, 必ず: Kannst du mir helfen? —*Jedenfalls.* 手伝ってくれるかい—きっと手伝うよ.

▽**je·den·noch**[jedénɔx] =jedoch

je·der[jé:dər]《不定代名詞; 変化は dieser に準じ, 原則として単数形でだけ用いられるが, 口語では all にならって複数形を用いることもある》

1《付加語的; 2格で名詞自身が -[e]s に終わるときは jedes でなく jeden となることもある》**a)** (英: *every, each*)《任意のどの一つをとっても例外のないことを示して》おのおの〈それぞれ〉の, どの…も, あらゆる, すべての: *Jeder* Mensch hat seine 〔besonderen〕 Wünsche. だれにもそれぞれの願いがある | *Jeder* Junge und *jedes* Mädchen bekommt 〈まれ: bekommen〉 einen Luftballon. 男の子も女の子もめいめい風船を一つずつもらえる | Von ihm fehlt *jede* Spur. 彼のゆくえについては何の手がかりもない | Leute *jedes* 〈*jeden*〉 Alters あらゆる年齢層の人々 | *jede* Menge Zucker (多少にかかわらず)いかほどの分量の砂糖〔でも〕;《話》たくさんの〈おびただしい〉砂糖 | Vertreter *jedes* 〈*jeden*〉 Standes あらゆる階級の代表者たち ‖ auf *jeden* Fall どんな場合でも, 必ず | mit *jeder* Freundschaft この上なく親切に | ohne *jeden* Zweifel 疑いもなく, 明らかに; 少しの疑念ももたずに | um *jeden* Preis ぜがひでも | zu *jeder* Zeit / *jeder* Zeit[2] いつでも(=jederzeit) ‖〖形容詞の最上級と〗*Jedes* leiseste Geräusch war hörbar. どんな小さな物音も聞こえた.

b) 毎…, …ごと: *jedes* Jahr[4] 毎年 | *jedes* Mal[4] 毎回, そのつど(=jedesmal) | *jeden* Tag 〈Morgen〉 毎日〈毎朝〉 | Ich fahre *jeden* Sommer an die See. 私は毎年夏には海へ行く | Der Zug kann *jeden* Augenblick ankommen. 列車は今すぐにも到着するかもしれない ‖ am 10. *jedes* 〈*jeden*〉 Monats / am 10. eines *jeden* Monats 毎月10日に | mit *jedem* Tag 日ましに ‖〖序数と〗in *jedem* dritten Jahr 3年目ごとに | *jedes* zweite Mal[4] 1回おきに ‖〖複数形で〗*jede* (=alle) drei Minuten[4] fahren (電車などが) 3分ごとに発車する | *Jede* 10 Meter[4] steht ein Baum. 10メートルごとに木が立っている.

2《名詞的; 不定冠詞のあとでは形容詞と同じ変化をする. 2格 jedes は単独では用いられず, ふつう eines jeden となる. 男性形は男にかぎらず一般に人を表し, 中性形は方言では事物にかぎらず性別をこえて人を示すことがある》だれ〈どれ〉でも, みんな, すべて, どちらも, …はだれも〈どれも〉:〖一般に人や事物を示して〗*jeder* 人はだれでも, めいめいが | *jedes* あらゆること, なんでも | *jeder* beliebige / *jeder* einzelne だれもが, めいめいが | *jeder* Zehnte von uns 私たちのうちの10人に1人が | *jeder* von den beiden この2人のうちのどちらもが | *jeder* in 〈nach〉 seiner Art 各人各様に | *jeder*, der mitkommen will 一緒に来たい人はだれでも | Das weiß *jeder.* そんなことはだれでも知っている | Das kann nicht *jeder.* それはだれにでもできることではない(参考 Das kann keiner. それはだれにもできない) | Hier kennt *jeder jeden.* ここではだれもが知り合いだ | *Jeder* ist sich[3] selbst der Nächste. (→nächst IV) | *Jeder* kehre 〈fege〉 vor seiner 〔eigenen〕 Tür! (→Tür) | *Jedem* das Seine! 各人にその分を与えよ | Er erinnert sich noch eines *jeden* 〈*jedes* einzelnen〉 von uns. 彼は今でも私たちの一人一人のことをおぼえている | Er kümmert sich um alles und jedes. 彼はあらゆることに気をつかう | Sie fragt nach allem und *jedem.* 彼女は何でもかんでも知りたがって尋ねる ‖〖男女にまたがる場合〗Der Sohn und die Tochter von Herrn Müller studieren, *jeder* an einer anderen Universität. ミュラー氏の息子と娘はそれぞれ別の大学で勉強している | *Jedes* von der Familie hat ein Haus.《方》一族の一人一人がそれぞれ家を持っている ‖〖特定の名詞が意識されている場合〗*jeder* der fünf Finger 5本の指のそれぞれ | *jede* meiner drei Töchter 私の3人の娘のそれぞれ | Die Kinder kamen *jedes* mit seiner Mutter. 子供たちはそれぞれ自分の母親と一緒にやって来た | *Jedem* der Kinder schenkte sie eine Kleinigkeit. 彼女は子供たちの一人一人にちょっとした贈り物をした.

[*ahd.*; ◇je[1], weder; *engl.* either]

je·der·lei[jé:dərlái] 形《無変化》《付加語的》各種の, あらゆる, すべての: auf ~ Weise あらゆる方法で.

je·der·mann[jé:dərman]《不定代名詞; 男性単数1・3・4格: 2格 jedermanns》(jeder) (男女の区別なく)だれでも, みんな: Seinen Namen kennt ~. / Sein Name ist ~[3] bekannt. 彼の名前はだれもが知っている | nicht ~*s* Sache sein (→Sache 1 a ①).

Je·der·manns·freund 男《軽蔑的に》だれとでもつきあう人, 八方美人.

je·der·zeit[jé:dərtsáit] 副 いつでも, 常に: Du bist mir ~ willkommen. 君なら私はいつでも歓迎するよ | Der Vulkan konnte ~ ausbrechen. 火山はいつ爆発するかもしれなかった.

je·der·zei·tig[..tiç][2] 形《付加語的》時期を問わない, いつでもかまわない. [<jeder Zeit]

je·des →jeder

je·des·mal[jé:dəsmá:l] 副 毎度, その都度;《話》(immer) いつも, 常に: Er kommt ~ zu spät. 彼はかならず遅刻する | Ich war ~ verreist, wenn er kam. 彼が来るたびごとに 私は旅行中だった.

je·des·ma·lig[..má:liç, ⏑⏑–⏑][2] 形《付加語的》毎回の, その都度の.

jed·mög·lich[jé:tmø:kliç] 形《付加語的》可能なかぎりすべての〈あらゆる〉: *jm.* ~*e* Hilfe gewähren …にできるかぎりの援助を与える.

je·doch[jedóx] **I** 副 (先行する発言内容との矛盾・対立・

対照を示して)しかし, それなのに, それにしても: Ich habe ihm schon dreimal geschrieben, er hat ~ ⟨~ hat er⟩ nicht geantwortet. 彼にはもう3回も手紙を書いたのにまだ返事をくれない | Ich weiß, daß er unfreundlich ist, ~ ein gutes Herz hat. 彼はあいそは悪いが根はよい人であることを私は知っています.

☆ i) 文頭に置かれても定動詞の位置に影響を与えない用法があり, その場合には, aber と同じように文と文を結ぶ並列接続詞とみなされる(→II): Wir gehen fort, ~ (=aber) er bleibt zu Hause. 私たちは出かけるが彼は家に残ります.
ii) またどの文成分の間にも置くことができる: Er ~ bleibt zu Hause. / Er bleibt ~ zu Hause. = *Jedoch* er bleibt zu Hause.

II 接《並列: 矛盾・対立・対照を示す》(aber) しかし(→I ☆ i): Er hat die Schweiz mehrmals besucht. *Jedoch* in Bern ist er noch nicht gewesen. 彼はスイスを幾度も訪れているがベルンにはまだ行ったことがない.

★ i) doch と jedoch の用法の違い: 文頭に現れた場合, 副詞扱いにも並列接続詞扱いにもなる点は同じであるが, aber と同じ機能で文と文を結ぶ場合 jedoch がどの文成分間にも挿入できるのに対し, doch はつねに文頭に置かれる.
ii) aber, allein, jedoch, doch の用法の違い: →aber I 1 ☆

▽**jẹd·wẹ·der**[jé:tvé:dər, ⏊⏊◡]《不定代名詞; 変化は jeder に準じる》=jeder 1 a, 2

Jeep[dʒi:p] 男 -s/-s 商標 ジープ(四輪駆動の強力な小型自動車). [*amerik.*; <*engl.* general purpose „Mehrzweck"]

jẹg·li·cher[jé:klıçər]《不定代名詞; 変化は jeder に準じる》《雅》=jeder 1 a, 2: Bücher *jeglichen* Inhalts どんな内容の書物でも | Mir ist *jeglicher* Appetit vergangen. 私は全く食欲が失せた | In dem Lärm ging *jegliches* Gespräch unter. 騒音で会話は全然聞きとれなかった. [*ahd.*; ◇je[1], gleich]

jẹ·her[jé:he:r, ⏊⏊] 副《もっぱら次の成句で》**von** ⟨**seit**⟩ **~** 昔から, 前々から: Ich benutze von ~ diese Zahnpasta. 私は昔からこの歯みがきを使用している.

Je·họ·va[jehó:va·] 人名〘聖〙エホバ(本来 Jahwe と読むべきであった Israel の神の名の誤読形). [*hebr.*−*nlat.*]

jein[jaın] **I** 副《戯》(肯定でも否定でもない返事として)さあ, まあ: ~ sagen (イエスでもノーでもない)あいまいな返事をする.
II Jein 中 -s/-s 肯定でも否定でもない返事: mit 〔einem〕 ~ antworten あいまいな返事をする.
[<ja+nein]

Je·lạ̈n·ger·je·lie̤·ber[jeléŋərjelí:bər] 中 -s/- 〘植〙ツキヌキニンドウ(忍冬). [<je länger, je lieber]

jẹ·mals[jé:ma:ls] 副 **1**《未来に関して》いつか, いずれの日にか: Ob er ~ wieder gesund wird? 彼はいずれまた健康になるだろうか. **2**《過去に関して》いつか, かつて: Hast du ~ so etwas gesehen? 君はこれまでにそんなものを見たことがあるかい.

jẹ·mand[jé:mant][1]《不定代名詞; 男性単数1格: 2格 -〔e〕s, 3格 -〔em〕, 4格 -〔en〕》(英: *someone*)(男女の区別なく)〔だれか〕ある人: Ist schon 〔sonst〕 ~ da? もう〔ほかに〕どなたか来ていますか | Ich habe es von 〔irgend〕 ~〔*em*〕 gehört. 私はそれをだれかから聞いた | Haben Sie ~〔*en*〕 getroffen? だれかに出会いましたか ‖〘大文字で名詞的に〙ein gewisser *Jemand* ある人, 某氏;《戯》(うすうすあるいははっきり分かっていて言う)どこかのだれかさん.

★ jemand が形容詞を伴うときの語尾変化:
i) anders や形容詞を伴うときは jemand は無変化のことが多い: Er sprach mit ~ anders ⟨Fremdem⟩. 彼はだれかほかの(見知らぬ)人と話していた.
ii) 形容詞はふつう中性単数形の格変化をするが, -es に終わる形のままのこともあり, また南部では男性単数形の格変化をすることがある: von ~ Fremdem ⟨Fremdes⟩ sprechen ある見知らぬ人のことを話す ‖ Das war ~ Fremdes ⟨南部: Fremder⟩. それはだれか見知らぬ人だった.

[*ahd.* io-man; ◇je[1], Mann[2]]

Jẹ·man·din[..dın] 女 -/-nen《戯》〔だれか〕ある女の人.

〔der〕 **Jẹ·men**[jé:mən, ..mɛn] 地名 男 -〔s〕/ **1** イエメン(アラビア半島の旧南北イエメンが, 1990年に統一してできた共和国で首都は Sana. 正式国名は Republik ~ または Jemenitische Republik). **2** (Nordjemen) 旧北イエメン(アラビア半島南西端にあった共和国で, 首都は Sana. 正式国名は Arabische Republik ~ イエメン=アラブ共和国). **3** (Südjemen) 旧南イエメン(アラビア半島最南端にあった社会主義国で, 首都は Aden. 正式国名は Demokratische Volksrepublik ~ イエメン民主人民共和国).
[*arab.* Al Yaman „die Rechte" (「Mekka 以南の地」の意); ◇*engl.* Yemen]

Je·me·nịt[jemení:t] 男 -en/-en イエメン人. [<..it[3]]
je·me·nị·tisch[..tıʃ] 形 イエメンの.

jẹ·mi·ne[jé:mine·] 間《ふつう ach jemine の形で》(驚き・同情などの気持を表して)おやおや, あれあれ, まあ神様. [*lat.* Iēsū Domine „Herr Jesus!" (◇Dominus)]

Jen[jɛn] 男 -〔s〕/-〔s〕 =Yen

Jẹ·na[jé:na·] 地名 イェーナ(ドイツ Thüringen 州, Saale 川に臨む都市. 光学器械の中心地で, 大学の所在地). [<*mhd.* jān „Reihe des gemähten Grases ⟨Getreides⟩" (ぶどう栽培用語; かつて Jena の周辺はぶどう山が多かった)]

Jẹ·na·er[..naər] **I** 男 -s/- イェーナの人. **II** 形《無変化》イェーナの: ~ Glas イェーナ=ガラス(学術的・光学的な特殊目的のために製造され, 今日では耐熱ガラス器にも用いられる).
jẹ·na·isch[..na·ıʃ] 形 イェーナ〔ふう〕の.

Jẹn·an[jé:nan] 地名 延安, イェンアン(中国, 陝西 Schensi 省北部の都市で, かつて中国共産党の活動の中心地であった).

jẹ·ne, jẹ·nem, jẹ·nen →jener

Je·nẹn·ser[jenɛ́nzər] 男 -s/- =Jenaer I

jẹ·ner[jé:nər]《指示代名詞; 変化は dieser に準じる》**1**《付加語的》**a)**《dieser と対照的に空間的・時間的に遠くにあるものを指して》あの, あちらの, 向こうの, 遠いほうの; かつての, 以前の, 昔の: *jenes* Haus dort drüben あちらのほうにある あの建物 | *jener* Mann in der letzten Reihe 最後列のあの男 | Ich möchte gern *jene* Bücher dort oben ansehen. あそこの上のほうに並んでいる あの本を見たいのですが | Mit *jenem* Wagen fährt man schnell. あの車でなら早く走れる | in *jene* Welt abberufen werden《雅》あの世に召される ‖ in *jenen* Tagen / zu *jener* Zeit あの当時〔は〕 | *jene* herrlichen Zeiten かつてのあのすばらしい時代 | In *jener* alten Zeit galten bei uns andere Sitten und Gebräuche. かつて昔はわが国でも今とは違った風習であった ‖〘**dieser** と対照的に用いて〙*Jener* Tisch dort ist größer als dieser hier. あちらのテーブルのほうがこちらのよりも大きい | Er gab mir diesen und *jenen* Rat. 彼は私にあれやこれやの助言をしてくれた.
b) かの, かの有名な, (先刻)ご承知の, 例の: Sie hat *jene* Zurückhaltung der Norddeutschen. 彼女には北ドイツ人特有の例の遠慮深さがある | nach *jenem* griechischen Philosophen かのギリシアの哲人〔の言〕によれば ‖〘関係代名詞の先行詞にそえられて〙*jene* Frau, die uns damals half あのころ私たちを援助してくれた例の女性 | *jene* eigenartige Stimmung, die man oft vor Gewittern empfindet 雷雨を前にした時によく感じる例のなんとも言えないあの気分 ‖〘dieser と特に変わらぬ用い方で〙Ich kenne seine Familie seit langem und schätze die Denkungsart *jener* Menschen. 私は彼の一家とは前々から知り合いで あの人たちの物の考えかたを高く買っています.

2《名詞的》**a)**《ふつう dieser と対照的に用いられて》あれ, あのこと⟨人⟩, あちら〔の人〕; 前者: Hier sind zwei Wege. Dieser führt zum Park, *jener* zur Kirche. ここには道が二つあってこちらのは公園へあちらのは教会へ通じている ‖ bald dieser, bald *jener* この人かと思うと今度はあの人が, あれこれとめまぐるしくいろんな人が | dieses hier und *jenes* dort これとあれと ‖ dieser oder *jener* (→dieser 2 a) | dieser und jener (→dieser 2 a) | dies und *jenes* (→dieser 2 a) ‖〘前述の2個のものの中の前者を指して〙Man spielte Liszt und Brahms, dieser gefiel mir, aber *jener* nicht. リストとブラームスの曲が演奏され 後者は私の気にいったが前者は気にいらなかった.

b) かの人物, 例の人〈もの〉: Das ist *jener*, von dem ich gestern gesprochen habe. あれが私がきのううわさした例の人物だ ‖〘dieser と特に変わらぬ用い方で〙Sie wollte die Frau fragen, aber *jene* blickte sie nur finster an. 彼女はその女性にものをたずねようとしたが その女性は彼女を陰鬱(いんうつ)な目で見つめるだけだった | in einem Roman Thomas Manns, in dem *jener* das schildert トーマス マンはある小説でそのことを描いているのであるが その小説の中で ‖〘不定代名詞的に〙Der Mensch ist, wie *jener* sagt, sterblich. 世に言われるように人間はいずれは死ぬものなのだ | Er kam zu Ehren wie *jener* zur Ohrfeige.《話》彼はべつに何もしないのに名声をえた.
[*germ.*; ◇ *engl.* yon]

je·nisch[jéːnɪʃ] 形 流浪〈漂泊〉民の; 頭のいい, 利口な, 抜け目のない: die ～*e* Sprache 流浪民・山師たちの使う隠語. [*Zigeunerspr.*]

der **Je·nis·sei**[jenɪséːi·, ..sáɪ] 地名 男 -〔s〕/ エニセイ(西シベリアを北流して北極海に注ぐ川). [◇ *engl.* Yenisei]

Jen·ni[jéni·; ᵒᵗʳ ʒé..] **I** 男名 (＜Eugen, Johannes) イェニー. **II** 女名 (＜Johanna) イェニー.

Jen·ny[−] 女名 イェニー. [*engl.*; ◇Johanna]

Jens[jɛns] 男名 (＜Johannes) イェンス.

jen·sei·tig[jéːnzaɪtɪç, jén..]² 形 (↔diesseitig) **1**《付加語的》向こう側の: das ～*e* Ufer 向こう岸. **2**《比》あの世の, 来世の: die ～*e* Welt 来世.

Jen·sei·tig·keit[−kaɪt] 女 -/ 来世志向的な態度〈人生観〉.

jen·seits[jéːnzaɪts, jén..] (↔diesseits) **I** 前《2 格支配》…の向こう側で: ～ des Flusses 川の向こう側で | ～ des Grabes《比》来世で | Er ist ～ der Fünfzig. 彼は50歳過ぎだ. **II** 副 向こう側で;《比》来世で: ～ von Gut und Böse 善悪を超えて. **III Jen·seits** 中 -/《雅》あの世, 来世: ins ～ abgehen この世におさらばする | ***jn.* ins ～ befördern**《話》…を亡きものにする, …を殺害する | Er ist ins ～ abberufen worden. 彼は死んだ.

Je·re·mia[jeremíːa·] 人名《2 格 -s, ..miä[..míːɛ·]》〘聖〙エレミヤ, イルメヤ(前7–6世紀のイスラエルの預言者): der Prophet ～ 預言者エレミヤ; (旧約聖書の)エレミヤ書 | die Klagelieder ～*s* (旧約聖書の)エレミヤ哀歌.
[*hebr.* „Jahwe erhöht"]

Je·re·mia·de[..miáːdə] 女 -/-n《雅》悲嘆, 嘆き; 泣き言. [＜..ade]

Je·re·mias[..míːas] **I** 男名 イェレミーアス. **II** ＝Jeremia

Je·re·wan[jɪrɪván] 地名 エレバン(アルメニア共和国の首都).

Je·rez[çéːrɛs] 男 -/ , **Je·rez·wein** [çéːrɛs..] 男 -〔e〕s/ (Sherry) シェリー酒. [＜Jerez de la Frontera (スペイン南西部の都市)]

Je·ri·cho[jéːrɪço·] 地名 エリコ (Palästina の古代都市). [*hebr.* „(Balsam) duftend"]

Je·ri·cho≈beu·le[jéːrɪço..] 女 (Orientbeule)〘医〙東方腫(しゅ). **≈ro·se** 女〘植〙オドントスペルムム(キク科).

Jé·rôme[ʒeróːm] 男名 ジェローム. [*fr.*; ◇Hieronymus]

Jer·sey[dʒǿːrzi·, dʒœ́rzi·, dʒə́ːzi·] **I** 男 -〔s〕/-s〘織〙ジャージー(メリヤス編みの生地). **II** 中 -s/-s〘服飾〙ジャージー(スポーツ用シャツ). [*engl.*; 生産地の島の名]

je·rum[jéːrʊm] 間《ふつう o jerum の形で》(驚き・嘆きなどの気持を表して)おやおや, あれあれ, やれやれ, まあ. [◇jemine]

Je·ru·sa·lem[jerúːzalɛm] 地名 エルサレム(ヨルダンとイスラエルの国境にあり, ユダヤ教・キリスト教・イスラム教の聖地). [*hebr.* „Gründung 〈Stadt〉 des Friedens"]

Je·ru·sa·lem〔s〕·blu·me 女 (Feuernelke)〘植〙アメリカセンノウ(仙翁).

Je·sa·ja[jezáːja·] 人名〘聖〙イザヤ, イシャヤ(ユダヤの預言者): der Prophet ～ 預言者イザヤ; (旧約聖書の)イザヤ書. [*hebr.* „Jahwe ist Heil"; ◇ *engl.* Isaiah]

Jes·sas[jésas] 間《ᵒᵗʳ》(驚き・不機嫌などの気持を表して)おやおや, へえっ, あれまあ: *Jessas* 〔na〕, das ist ja entsetzlich! あれ〔まあ〕こいつはひどい.

Jes·ses[jésəs] 間 ＝Jessas: *Jesses* 〔Maria〕, verstehen Sie mich recht! いやはや〔全く〕私の言うことをちゃんと分かってくださいよ | *Jesses* Maria! (→Maria² II).
[＜Jesus]

Je·su[jéːzu·] Jesus の 2・3 格および呼格.

Je·suit[jezuíːt; ᵒᵗʳ ..zuít] 男 -en/-en **1**〘カトリック〙イエズス会士, 耶蘇(やそ)会士(イエズス会の会員). **2**《比》陰険な〈ずるがしこい〉人, 策謀家. [*mlat.*; ◇Jesus, ..it³]

Je·sui·ten≈ge·ne·ral 男〘カトリック〙イエズス会総会長. **≈or·den** 男 -s/〘カトリック〙イエズス会, 耶蘇(やそ)会(1540年に Ignatius de Loyola が創始した修道会: →SJ). **≈schu·le** 女 イエズス会系統の学校. **≈tee** 男〘植〙アリタソウ(有田草)(駆虫剤に用いる).

Je·sui·ten·tum[jezuíːtəntuːm] 中 -s/ イエズス会の精神〈本義・教義〉.

je·sui·tisch[..íːtɪʃ] 形 **1** イエズス会〔士〕の: die ～*e* Lehre イエズス会の教え. **2**《比》陰険な, ずるがしこい, 狡猾(こうかつ)な.

Je·sui·tis·mus[..itísmʊs] 男 -/ **1** ＝Jesuitentum **2** (イエズス会士によく見られると言われる)目的のためには手段を選ばぬという考え方〈ずるがしこさ〉.

Je·sum[jéːzʊm] Jesus の 4 格.

Je·sus[jéːzʊs] 人名《全格無変化, またはラテン語式変化: 2・3 格および呼格 Jesu[..zu·], 4 格 Jesum[..zʊm]》〘聖〙イエス, イエズス: ～ Christus (2 格 Jesu Christi[krísti·], 3 格 Jesu Christo[..to·], 4 格 Jesum Christum [..tʊm], 呼格 Jesus Christus, Jesu Christe[..tə]) イエ〔ズ〕ス キリスト(→Christus I) | der Herr ～ 主イエス | im Namen *Jesu* イエスの御名(みな)において | die Gesellschaft *Jesu* イエズス会(→Jesuitenorden) | *Jesus!* / *Jesus,* Maria 〔und Josef〕! ああ神様(驚愕・恐怖・不快などの叫び). [*hebr.*－*gr.*－*lat.* Iēsūs; ◇Josua]

Je·sus≈kind 中 -〔e〕s/, **≈kna·be** 男 -n/ 幼児イエス.

Je·sus Na·za·re·nus Rex Ju·daeo·rum[jéːzʊs natsaréːnʊs réks judeóːrʊm]《ラテン語》(Jesus von Nazareth, König der Juden) (略 I.N.R.I.)〘聖〙ユダヤびとの王ナザレのイエス(十字架に付された罪状書き; ヨハ19,19).

Jet¹[dʒɛt] 男 中 -〔e〕s/ ＝Jett

Jet²[−] 男 -〔s〕/-s **1** (Strahlantrieb) ジェット推進. **2** (Düsenflugzeug)〘空〙ジェット機. [*engl.*; ＜*lat.* iactāre „schleudern" (◇Jaktation)]

Jet·lag[dʒétlɛk] 男 -s/-s 時差ボケ.

Jet·li·ner[dʒétlaɪnər] 男 -s/- ジェット旅客機. [*engl.*; ◇Linie]

Je·ton[ʒətõː] 男 -s/-s **1** (トランプ・ルーレットなどの)点札, 賭(か)け札, ジュトン. **2** (公衆電話・自動販売機などに投入する)代用コイン, トークン. [*fr.*; ＜*fr.* jeter „werfen"]

Jet-set[dʒét-sɛt] 男 -s/-s《ふつう単数で》《集合的に》ジェット族(〔自家用〕ジェット機で世界をまたにかけて遊びまわる有閑富裕階級). [*amerik.*]

Jet·stream[dʒét-striːm] 男 -〔s〕/-s〘気象〙ジェット気流. [*engl.*; ◇Strom]

Jett[dʒɛt] 男 中 -〔e〕s/ (Gagat)〘鉱〙黒玉(くろたま), 貝褐炭. [*gr.* gagátēs (→Gagat)－*lat.*－*afr.*－*engl.* jet]

jet·ten[dʒétən]《01》**I** 自 (s) **1** ジェット機に乗って飛ぶ. **2** (ジェット機が)飛ぶ. **II** 他 (h) ジェット機で運ぶ. [*amerik.* jet; ＜Jet²]

jet·zig[jétsɪç]² 形《付加語的》今の, 現在の, 目下の, 現代の: seine ～*e* Frau 彼の現在の妻 | die ～*e* Lage 現状 | in der ～*en* Zeit 現時点において〔は〕| die Literatur der Klassik in ihrer ～*en* Bedeutung 古典〔主義〕文学の現代的意義.

ᵛ**jet·zo**[jétso·] ＝jetzt

jetzt[jɛtst] **I** 副 **1 a**) 今, 現在, 目下; 今日, 現今: Ich habe ～ keine Zeit. 私はいま暇がない | Ich muß ～ in die Stadt. 私は今から町へ行かねばならない | Ich arbeite ～ in Hamburg. 私は目下ハンブルクで働いている | Eben sprach er noch, ～ schweigt er. 彼はついさっきまでしゃべっていたが今は黙っている | Er wird ～ ein alter Mann sein. 今では彼も年をとっていることだろう | Man denkt über diese Dinge ～ anders als früher. これらの事柄についての考え方は今日では以前と違ってきている | *Jetzt,* wo ich älter bin, denke ich anders darüber. 年をとった今 私のそれについての考

J

えは違ってきている | *Jetzt* oder nie! 今をおいてその時機はない, やるなら今だ | Bist du ~ zufrieden? 君はこれで満足かい | *Jetzt* ist es aber genug! もうたくさんだ(よしてくれ) | *Jetzt* hat es aber 〔bei mir〕 geklingelt. (→klingeln 1) | Was ~? / Was soll ich ~ tun? さてどうしたものか | Du hast A gesagt, ~ mußt du auch B sagen.《比》君が始めたんだから自分でけりもつけるべきだ ‖ ~ eben 〈gerade〉 たった今, 今ちょうど | ~ endlich 今〔ごろになって〕やっと | ~ erst 今はじめて〈ようやく〉 | ~ gleich 今すぐに | ~ noch 今でもまだ ‖ bis ~ 今まで | für ~ 今のところ, さしあたって | von ~ an 〈ab〉 今から, 今後 | von ~ auf gleich《話》いまからすぐ.

b) 《過去時称の叙述の中で》そのとき, いまや: *Jetzt* fing er an zu reden. そのとき〈いまや〉彼は語り始めた.

2 《相関的に》あるときは…(またあるときは…): *Jetzt* wurde er rot, ~ blaß. 彼は赤くなったかと思えばまた青くなった | *Jetzt* stimmt er zu, dann ist er wieder dagegen. 彼はいま賛成したかと思うと次の瞬間にはまた反対する. **3** 《疑問文で》(wohl) いったい: Von wem mag ~ der Brief sein? この手紙はいったいだれからなんだろう | Wo habe ich denn ~ meine Brille gelassen 〈hingetan〉? 私はめがねをほんとにどこへやってしまったのかな.

II Jetzt 中 -/ 現今, 現在, 今日: das ~ mit dem Einst vergleichen 現在を当時と比べる.
[*mhd.*; ◇je[1], zu]

▽**jetzt·mals**[jɛ́tstma:ls] =jetzt

Jetzt≈mensch[jɛ́tst..] 男 〖人類〗現代人. **≈zeit** 女 -/ 現代, 現今, 現時.

▽**jetz·und**[jɛ́tsʊnt, ◡◡́] =jetzt

▽**Jeu**[ʒø:] 中 -s/-s (Glücksspiel) 賭事(かけごと), 賭博(とばく); (Kartenspiel) トランプ遊び. [*lat.* iocus (→Jokus)–*fr.*]

Jeu·nesse do·rée[ʒœnɛsdɔré] 女 --/ 《集合的に》金色(こんじき)の若者(金持ちでぜいたくな生活を楽しむ享楽的な若者たち; 元来はフランス革命当時のパリの反革命的な青年たちの呼称). [*fr.* „vergoldete Jugend"; ◇jung, Dorade]

je·wei·len[jé:váılən, ⏊–◡] 副 ▽**1** (dann und wann) ときどき, ときおり. **2** 《スイス》=jeweils

je·wei·lig[jé:váılıç, ⏊–◡][2] **I** 形《付加語的》そのつどの, その時その時の: die ~*e* Mode そのときどきの流行. **II** 副 =jeweils

je·weils[jé:váıls, ⏊–] 副 そのつど, そのたびごとに: Ich habe meine Rechnung ~ pünktlich bezahlt. 私は勘定をそのつど きちんと支払ってきた | Du sollst die ~ geltenden Bestimmungen beachten. 君はいつもその時その時に通用している規定を守らなければならない.

je·zu·wei·len[jé:tsuváılən] =jeweilen

Jg. 略 =Jahrgang

Jgg. 略 =Jahrgänge (→Jahrgang)

JH 略 =Jugendherberge

Jh. 略 =Jahrhundert

Jhdt. 略 =Jahrhundert

Jiang Jie·shi[dʑĭăŋdʑĭɛ̀ʃí] =Chiang Chieh-shih

Jiang·su[dʑĭāŋsū] =Kiangsu

Jiang·xi[dʑĭāŋɕī] =Kiangsi

jid·deln[jídəln] 《06》=jüdeln

jid·disch[jídıʃ] **I** 形 イディッシュ語の: →deutsch

II Jid·disch 中 -〔s〕/ (Judendeutsch) イディッシュ語(中世ドイツ語とヘブライ語との混成語で, ドイツおよび東ヨーロッパのユダヤ人によって用いられている).
[*jidd.* „jüdisch"; ◇jüdisch; *engl.* Yiddish]

Jid·dist[jıdíst] 男 -en/-en イディッシュ語〈文学〉研究者.

Jid·di·stik[jıdístık] 女 -/ イディッシュ語〈文学〉研究.

Jif·fy[dʒífi·] 中 -s/-s (書籍などを入れる) 郵送用封筒. [*amerik.* jiffy bag]

Jig·ger[dʒígər] 男 -s/-〔s〕 **1** 商標 ジガー(染色機械). **2** 〖海〗ジガー(4本マストの帆船の船尾につけた補助帆, およびそれを備えた小型漁船). **3** 〖ゴルフ〗ジガー(アイアン=クラブの一種). [*engl.*]

Ji-Jit·su[dʒidʒítsu·] 中 -〔s〕/ =Jiu-Jitsu

Ji·lin[dʑílín] =Kirin

Jim[dʒım] 男名 ジム. [*engl.*; <James]

Jim·my[dʒími·] 男名 ジミー. [*engl.*]

Ji·nan[dʑìnán] =Tsinan

Jin·gle[dʒíŋgəl] 男 -〔s〕/-〔s〕 ジングル(ラジオ・テレビのコマーシャルなどの効果的な短いメロディー・コマーシャルソング). [*engl.*]

Jin·go[dʒíŋgo·] 男 -s/-s 好戦的愛国主義者, 対外強硬論者. [*engl.*]

Jin·go·is·mus[dʒıŋgoísmʊs] 男 -/ 好戦的愛国主義, ジンゴイズム. [*engl.* jingoism]

Jiu-Jit·su[dʒí:udʒítsu·, dʒu:dʒítsu·] 中 -〔s〕/ 柔道, 柔術. [*japan.*; ◇Judo[2]]

J.-Nr. 略 =Journalnummer

jo[jo:] 《話》=ja

Joa·chim[jó:axım, joáxım] 男名 ヨーアヒム. [*hebr.* „Jahwe richtet auf"]

Job[1][jo:p] =Hiob

Job[2][dʒɔp, dʒɔb] 男 -s/-s **1** 《話》**a**) (一時的な) 職, 仕事, アルバイト: einen guten ~ finden いいアルバイトの口を見つける. **b**) 定職, 職業; 地位; 職場. **2** 〖電算〗ジョブ(コンピューターの作業単位). [*engl.*]

job·ben[dʒɔ́bən][1] 自 (h) 《話》(一時的な) 職に従事する, アルバイトをする; (広義で) 働く.

Job·ber[dʒɔ́bər] 男 -s/- **1** (証券取引所の) 仲買人; 株屋, 相場師. **2** jobben する人.

job·bern[dʒɔ́bərn] 《05》自 (h) 《話》株屋〈相場師〉の仕事をする.

Jo·bel·jahr[jobé:l..] 中 〖ユダヤ教〗ヨベルの年, 五十年節(ユダヤ民族が Kanaan の地に入った年から数えて50年ごとの安息の年. 聖書: レビ25,8–17). [<*hebr.* yōvel „Widderhorn"]

Jobst[jɔpst, jo:pst] 男名 ヨプスト. [a: <Job[1]+Jost; b: <Jodokus]

Job·su·che[dʒɔ́p.., dʒɔ́b..] 女 《話》アルバイト探し.

Joch[jɔx] 中 **1** -〔e〕s/-e **a**) (車を引く牛馬の首にかける) くびき(→ 図); 《比》束縛, 重圧: das ~ der Ehe 結婚生活のかせ | **ein kaudinisches ~** (→kaudinisch) ‖ einem Ochsen das ~ auferlegen 〈abnehmen〉 牛のくびきをはめる〈はずす〉 | das ~ abschütteln 〈abwerfen〉 《比》束縛を払いのける | *jm.* ein schweres ~ auferlegen …に重い不幸を負わせる; …に屈従〈隷属〉を強いる | ein schweres ~ tragen 重い不幸を負っている; 屈従〈隷属〉に甘んじる | ein ~ auf *sich*[4] nehmen 重荷〈重い責任〉を負う ‖ **im ~ gehen** 骨の折れる仕事をする; 屈従する | *jn.* ins ~ spannen …を大いに働かせる; …を屈従〈隷属〉させる | *sich*[4] **unter dem ~ beugen** 屈従する. **b**) (くびき状のもの. 例えば:) (Schulterjoch) (首に掛ける) てんびん棒(→ 図); 〖建〗張間(はりま) (→ 図 Gewölbe A); 〖土木〗杭〔式〕〈パイルベント〉橋脚; 〖坑〗立坑枠; 〖地〗(山の) 鞍部(あんぶ), ヨッホ, コル; 〖史〗(捕虜をくぐらせる) 屈従の門; 〖海〗横舵柄(よこだへい); 〖解〗=Jochbein; 〖貝〗ナツメガイ(棗貝)〔の一種〕. **2 a**) -〔e〕s/- (同じくびきにつないだ) 一組〈1連〉の動物(特に牛): zwei ~ Ochsen 2連の雄牛. **b**) -/- ヨッホ(昔の地積単位. 1連の牛が1日で耕す広さで30–65アール). [*idg.*; ◇Joga, Junktim; *gr.* zygón „Joch"; *engl.* yoke]

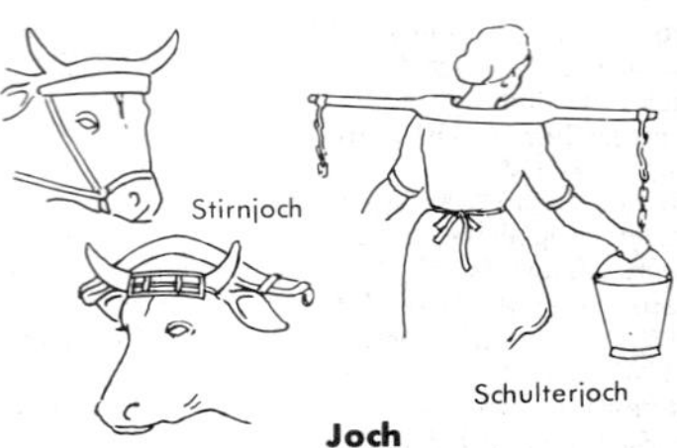

Joch

Joch≈al·ge[jɔ́x..] 女 (Konjugate)〘植〙接合藻類. **≈bein** 中〘解〙頬骨(きょうこつ)(→ 図 Schädel). **≈bo·gen** 男 **1**〘解〙頬骨(きょうこつ)弓. **2**〘建〙張間(はりま)の上のアーチ. **≈brücke** 女〘土木〙トレッスル橋, 構脚橋.

jo·chen[jɔ́xən] 他 (h)(牛馬を)くびきにつなぐ.

Jo·chen[‒] 男名 (<Joachim) ヨッヘン.

Joch≈pfei·ler[jɔ́x..] 男〘土木〙杭橋脚. **≈pilz** 男〘植〙接合菌類. **≈span·nung** 女〘土木〙(橋などの)支柱から支柱までの距離, 張間(はりま), 径間(けいかん). **≈trä·ger** 男〘土木〙横梁(おうりょう), 横桁. **≈wei·te** 女 =Jochspannung

Jockei (**Jockey**)[dʒɔ́ke·, ..ki·, ..kaɪ, jɔ́kaɪ] 男 -s/-s (競馬の)騎手, ジョッキー. [*engl.*; ◇Jack]

Jockel[jɔ́kəl] 男 -s/-《方》(善良な)愚直者: *jm.* den ~ machen …にうまく利用される | aus *jm.* den ~ machen …の愚直さ〈善良さ〉を利用する, …を笑い者にする. [<Jakob]

Jockette[dʒɔkɛ́tə] 女 -/-n (競馬の)女性騎手. [<..ette]

Jockey =Jockei

Jod[jo:t][1] 中 -[e]s/〘化〙ヨード, ヨウ素(非金属元素名; 記号 J). [*gr.* iṓdēs „veilchenfarbig"–*fr.* iode; ◇Ionon; *engl.* iodin[e]]

Jo·dat[jodá:t] 中 -[e]s/-e〘化〙ヨウ素酸塩.

Jod·bad[jó:t..] 中 含(がん)ヨウ素泉(ヨウ素を含む鉱泉).

Jo·del[jó:dəl] 男 -s/-, Jödel[jǿ:..] ヨーデル(アルプス地方の民謡に用いられる裏声による特殊な唱法, およびその唱法で歌う歌). [◇johlen]

Jo·del·lied 中 ヨーデルの歌.

jo·deln[..dəln]《06》自 (h) ヨーデルの唱法で歌う.

jod·hal·tig[jó:t..] 形 ヨードを含んだ.

Jodh·pur[dʒɔ́dpʊə] 女 -/-s, **Jodh·pur·ho·se**[dʒɔ́dpʊə..] 女 ジョドプアーズ(腰が太くひざから下が細い乗馬ズボン). [*engl.* jodhpur; インド北西部の町の名から]

Jo·did[jodí:t][1] 中 -[e]s/-e〘化〙ヨウ化物. [<..id[2]]

jo·die·ren[..dí:rən] 他 (h) ヨウ素〈ヨウ化物〉で処理する.

Jo·dis·mus[..dɪ́smʊs] 男 -/〘医〙ヨード中毒[症].

Jod·ka·li[**um**][jó:t..] 中 -s/〘化〙ヨードカリ, ヨウ化カリウム.

Jod·ler[jó:dlər] 男 -s/- **1** ヨーデルの声〈歌〉. **2** ヨーデルを歌う人. [<jodeln]

Jo·do·form[jodofɔ́rm] 中 -s/ 〘化〙ヨードホルム. [◇Jod, Formaldehyd; *engl.* iodoform]

Jo·dok[jodó:k] 男名 ヨドーク. [*kelt.* „Krieger"]

Jo·do·kus[..kʊs] 男名 ヨドークス.

Jo·do·me·trie[jodometrí:] 女 -/〘化〙ヨードメトリー, ヨウ素滴定.

Jod≈prä·pa·rat[jó:t..] 中〘薬〙ヨード製剤. **≈quel·le** 女 ヨード[鉱]泉, 含(がん)ヨウ素泉. **≈säu·re** 女〘化〙ヨウ素酸. **≈sil·ber** 中〘化〙ヨウ化銀. **≈tink·tur** 女 -/〘薬〙ヨードチンキ. **≈ver·bin·dung** 女〘化〙ヨウ素化合物. **≈ver·gif·tung** 女 = Jodismus **≈was·ser·stoff·säu·re** 女〘化〙ヨウ化水素酸. **≈zahl** 女〘化〙ヨウ素価.

Joel[jó:e:l, jó:ɛl] 人名〘聖〙ヨエル(小預言者の一人): der Prophet ~ 預言者ヨエル; (旧約聖書の)ヨエル書. [*hebr.* „Jahwe ist El (=Gott)"; ◇Elias]

Jo·ga[jó:ga·] 男 中 -[s]/ ヨガ, 瑜伽(ゆが)の行(インドの修行法): ~ lernen ヨガを習う. [*sanskr.* yoga „Verbindung"; ◇Joch]

Jo·ga·übung[jó:ga..] 女 ヨガの練習〈修業〉.

jog·gen[dʒɔ́gən][1] 自 (h) ジョギングする. [*engl.* jog]

Jog·ger[dʒɔ́gər] 男 -s/- ジョギングする人.

Jog·ging[dʒɔ́gɪŋ] 中 -[s]/ ジョギング(ゆっくり走るランニング). [*engl.*]

Jo·g[**h**]**urt**[jó:gʊrt] 男 (オーストリア: 中) -[s]/ (話: 女 -/) ヨーグルト. [*türk.*; ◇*engl.* yog[h]urt]

Jo·gi[jó:gi·] (**Jo·gin**[..gɪn]) 男 -s/-s ヨガの行者〈修業者〉. [*sanskr.* yogin; ◇Joga]

Jo·hann[johán, jó:han; オーストリア: ⏑⏑] 男名 ヨハン.

Jo·han·na[johána·] 女名 ヨハナ.

Jo·han·ne·isch[johanéːɪʃ] 形〘聖〙ヨハネの: die ~*en* Briefe (新約聖書の)ヨハネ書簡.

Jo·han·nes[johánəs, ..nɛs] **I** 男名 ヨハネス. **II** 人名〘聖〙ヨハネ, ヨハンネス(十二使徒の一人): ~ der Täufer 洗礼者ヨハネ (Jordan 川でイエスに洗礼をほどこした) ‖ das Evangelium nach ~ (新約聖書の)ヨハネによる福音書 | der erste 〈zweite / dritte〉 Brief des ~ (新約聖書の)ヨハネの第一〈第二・第三〉の手紙 | die Offenbarung des ~ (新約聖書の)ヨハネの黙示録. **III** 男 -/-《ふつう単数で》《卑》(Penis) 陰茎, 男根, ペニス(→Jonny).
[*hebr.* „Jahwe ist gnädig"–*gr.*–*mlat.*]

Jo·han·nes·burg[..bʊrk] 地名 ヨハネスバーグ(南アフリカ共和国最大の都市).

Jo·han·nes≈evan·ge·lium 中 -s/ (新約聖書の)ヨハネによる福音書. **≈pas·sion** 女〘楽〙ヨハネ受難曲.

Jo·han·ni[johánı·] 中 -/, **Jo·han·nis**[..nɪs] 中 -/《ふつう無冠詞で》=Johannistag 1: zu 〈an〉 ~ 聖ヨハネの祝日に.

Jo·han·nis·bee·re[johánɪs..] 女〘植〙スグリ(須具利)属[の実](Johannistag のころ熟する: → 図): rote 〈schwarze〉 ~ アカ〈クロ〉スグリ.

Johannisbeere

Jo·han·nis·beer≈saft 男 スグリの果汁〈ジュース〉. **≈strauch** 男 スグリの木〈茂み〉. **≈wein** 男 スグリの果実酒.

Jo·han·nis≈brot 中〘植〙イナゴマメ(稲子豆)(洗礼者ヨハネが食べたと伝えられる). **≈fest** 中 Johannistag の祭り, 夏至祭(→Johannisfeuer, Johannisnacht). **≈feu·er** 中 Johannisnacht〈夏至祭〉にともされる火. **≈fünk·chen** 中, **≈kä·fer** 男 (Leuchtkäfer)〘虫〙**1** ホタル(蛍)(Johannistag のころ飛ぶ). **2** ホタル科の昆虫. **≈kä·fer·chen** 中 =Johanniskäfer **≈kraut** 中〘植〙オトギリソウ属. **≈nacht** 女 Johannistag の前夜(民間信仰によればこの夜さまざまな霊験があり, 例えばすべての川や泉の水が治癒力をもつという: →Johannisfeuer). **≈tag** 男 **1**〘カトリック〙洗礼者聖ヨハネの祝日(6月24日). **2** 夏至[祭]. **≈trieb** 男 **1**〘植〙土用芽 (Johannistag のころ急速にのびる若枝). **2**《話》(老年期の男性に見られる)性欲亢進(こうしん). **≈würm·chen** 中〘虫〙ホタル(蛍)の幼虫.

Jo·han·ni·ter[johaní:tər; オーストリア: ..nítər] 男 -s/-〘史〙ヨハネ騎士団員. [*mlat.*]

Jo·han·ni·ter≈kreuz 中 ヨハネ騎士団十字架(元来はヨハネ騎士団の紋章: → 図 Kreuz). **≈or·den** 男 -s/〘史〙ヨハネ騎士団(1000年ごろ, 第一次十字軍を機として Jerusalem で設立された最古のキリスト教騎士修道会. 1530年 Malta 島に本拠を移したので, 以後マルタ騎士団とも呼ばれた).

joh·len[jó:lən] 自 (h)「よう」と叫ぶ, わめく; (酔っぱらいなどが)放歌高吟する: *johlende* Kinder 泣きわめく子供. [*mhd.*]

John[1][dʒɔn] 男名 ジョン: ~ Bull ジョン=ブル(イギリス人の戯称). [*engl.*; ◇Johannes]

John[2][jo:n] 男名 ヨーン. [*ndd.*; ◇Johannes]

Joint[dʒɔɪnt] 男 -s/-s **1** マリファナ入りの手製紙巻きタバコ. **2**《話》(Zigarette) 紙巻きタバコ. [*lat.* iūnctum–*afr.*–*engl.*–*amerik.*; <*lat.* iungere (→Junktim)]

Joint-ven·ture[dʒɔ́ɪntvɛ́ntʃə] 中 -[s]/-s (Gemeinschaftsunternehmen) 合弁企業, ジョイントベンチャー. [*engl.*]

Jo-Jo[jojó:, jó:jó:] 中 -s/-s ヨーヨー(木の円板をひもで上下させる玩具). [*amerik.* yo-yo]

Jo·kel[jó:kəl]《南部》**I** 男名 (<Jakob) ヨーケル. **II** 男 -s/-《話》(気のきかない)いなか者.

Jo·ker[jó:kər, dʒó:kər] 男 -s/- (トランプの)ジョーカー. [*engl.*; <*engl.* joke (→Jokus)]

[∇]**jo·kos**[jokó:s][1] 形 おどけた, ふざけた. [*lat.* iocōsus]

Jo·kus[jó:kʊs] 男 -/-se《ふつう単数で》《話》ふざけ, 冗談, ジョーク; 気晴らし, 娯楽: ~ machen ふざける, ジョークを飛ばす. [*lat.* iocus; ◇Jux; *engl.* joke]

Jol·le[jɔ́lə] 女 -/-n **1**〘海〙(船に積載される小型の)雑用ボ

J

ート(→ 図 Boot A). **2** 小型ヨット. [*mndd.*; ◇ *engl.* yawl, jolly 〔boat〕]

Jol·len·kreu·zer 男 (内海巡航用の)中型クルージングヨット.

Jol·ly[ʒɔ́li·] 人名 Philipp von ～ フィーリップ フォン ジョリー(1809-84; ドイツの物理学者).

Jom Kip·pur[jó:m kɪpú:r] 男 - -/ (Versöhnungstag) ヨム=キプル, 贖罪(しょくざい)の日(ユダヤ教の大祭日). [*hebr.*]

Jo·na[jó:na·] (**Jo·nas**[..nas]) 人名 《聖》 ヨナ(小預言者の一人): der Prophet ～ 預言者ヨナ; (旧約聖書の)ヨナ書. [*hebr.* „Taube"; ◇ *engl.* Jonah]

Jo·na·than[jó:natan] **I** 人名 《聖》 ヨナタン (Saul の長男で David の親友). **II** 男 -s/- ジョナサン, 紅玉(リンゴの一種). [*hebr.* „Jahwe hat (ihn) gegeben"〔-*amerik.*〕]

Jon·gleur[ʒɔ̃glǿ:r] 男 -s/-e 軽業師, 曲芸師. [*lat.*-*fr.*; < *lat.* ioc〔ul〕ārī „scherzen" (◇Jokus)]

Jon·gleur·akt[ʒɔ̃glǿ:r..] 男 軽業〈曲芸〉師の芸.

jon·glie·ren[ʒɔ̃glí:rən] 自 (h) 《mit *et.*³》 (…で)軽業〈曲芸〉をする; 《比》 (まるで曲芸のように…を)たくみに操る: mit Tellern ～ 皿まわしをする | mit Worten 〈Fachausdrücken〉 ～ 言葉〈専門用語〉をうまく操る.

Jo·ni·kus[jó:nikʊs] 男 -/..ki[..niki·] =Ionicus

Jon·ny[dʒɔ́ni·] 男 -s/-s 《ふつう単数で》 《卑》 (Penis) 陰茎, 男根, ペニス(→Johannes III). [< John¹]

Jo·non[jonó:n] 中 -s/ =Ionon

Jop·pe[jɔ́pə] 女 -/-n (⊕ **Jöpp·chen**[jœ́pçən], **Jöpp·lein**[..laɪn] 中 -s/-) 《服飾》 男性用短上衣, ジャンパー(仕事着・家庭着). [*arab.* ǧubba-*it.* giuppa-*mhd.*; ◇Jupe, Schaube]

der **Jor·dan**[jɔ́rdan] 地名 男 -〔s〕/ ヨルダン (Syrien に発して死海に注ぐ川): **über den ～ gehen** 《婉曲に》 死ぬ. [*hebr.* „Herabfließender"]

Jor·da·ni·en[jɔrdá:niən] 地名 ヨルダン(アラビア半島北西部にあるアラブ人の王国. 正式名称はヨルダン=ハシミテ王国. 首都 Amman).

Jor·da·ni·er[..niər] 男 -s/- ヨルダン人.

jor·da·nisch[..nɪʃ] 形 ヨルダン〔人〕の.

Jörg[jœrk] 男名 (< Georg) イェルク.

Jo·sef[jó:zɛf] =Joseph

Jo·se·fa[jozéfa·, ..zé:fa·] =Josepha

Jo·se·fi·ne[jozefí:nə] =Josephine

Jo·seph[jó:zɛf] **I** 男名 ヨーゼフ. **II** 人名 《聖》 ヨセフ(旧約では Jakob の第11子. 兄たちにより奴隷に売られ, のちエジプトの宰相となった. 新約では聖母 Maria の夫): ein keuscher ～ 《話》 道徳堅固な男. [*hebr.* „Er (=Gott) vermehre!"]

Jo·se·pha[jozéfa·, ..zé:fa·] 女名 ヨゼーファ.

Jo·se·phi·ne[jozefí:nə] 女名 ヨゼフィーネ.

Jo·se·phi·nis·mus[jozefinísmʊs] 男 -/ 《史》 ヨーゼフ主義(ヨーゼフ二世に始まる18-19世紀のオーストリアのカトリック的啓蒙(けいもう)改革政策).

Jo·sephs·ehe[jó:zɛfs..] 女 《カトリック》 (聖マリアと聖ヨゼフのような, 肉体関係を結ばないことを前提とした)浄配関係の結婚.

Jo·sia[jozí:a·] 人名 《聖》 ヨシヤ (Juda 族の王). [*hebr.* „Jahwe heilt"]

Jost[jo:st] 男名 ヨースト. [◇Jodokus]

Jo·sua[jó:zua·] **I** 男名 ヨーズア. **II** 人名 《聖》 ヨシュア (Moses を継いだ Israel 人の指導者): das Buch ～ (旧約聖書の)ヨシュア記. [*hebr.* „Jahwe ist Hilfe"; ◇Jesus; *engl.* Joshua]

Jot[jɔt] 中 -/- ヨット(ドイツ字母の第10字 J, j の呼称).

Jo·ta¹[jó:ta·] 中 -〔s〕/-s イオータ, イオタ(ギリシア字母の第9字: Ι, ι); 《比》 僅少(きんしょう): **kein 〈nicht ein〉 ～** 少しも…ない | Das ist um kein ～ anders. それはちっとも違わない. [*semit.*-*gr.*-*lat.*]

Jo·ta²[xɔ́ta·] 女 -/-s ホタ(スペイン舞踏の一種). [*span.*]

Jo·ta·zis·mus[jotatsísmʊs] 男 -/ =Itazismus

Joule[dʒaʊl, dʒu:l, ʒu:l] 中 -〔s〕/- 《理》 ジュール(エネルギーおよび仕事の絶対単位; 記号 J). [< J. P. Joule (イギリスの物理学者, †1889)]

Jour[ʒu:r] 男 -s/-s **1** (客を家に迎えたり他人とどこかで会ったりする定期的な)日: ～ fixe (定期的な集会やデートのための)特定の日. ▽**2** 当直勤務日. [*lat.* diurnum-*fr.*; ◇Diurnum]

Jour·nail·le[ʒʊrnáljə] 女 -/ 《軽蔑的に》 **1** 無責任な新聞, いんちき新聞. **2** 《集合的に》 新聞記者連中. [< Journal+Kanaille]

Jour·nal[ʒʊrná:l] 中 -s/-e **1 a)** 《商》 仕訳(しわけ)帳. **b)** 《海》 航海日誌. **c)** グラフ雑誌: Mode*journal* 服飾〈モード〉雑誌. ▽**2 a)** (Tagebuch) 日記. **b)** (Zeitung) 新聞. [1: *spätlat.* diurnālis (→Diurnal)-*it.*; 2: *fr.*]

Jour·nal≠be·am·te[ʒʊrná:l..] 男 《オーストリア》 当直の官吏. **≠dienst** 男 《オーストリア》 当直勤務. **≠fräu·lein** 中, **≠füh·re·rin** 女 《オーストリア》 (商社・ホテルなどの)帳簿係の女性.

Jour·na·lis·mus[ʒʊrnalísmʊs] 男 -/ **1** 新聞雑誌業, 報道機関の仕事, ジャーナリズム: im ～ tätig sein ジャーナリズムの世界で仕事をしている. **2** ジャーナリスティックな文体. [*fr.*]

Jour·na·list[..líst] 男 -en/-en (⊛ **Jour·na·li·stin**[..tɪn]-/-nen) 新聞雑誌業〈ジャーナリズム〉の仕事にたずさわる人, ジャーナリスト, 新聞〈雑誌〉記者. [*fr.*]

Jour·na·li·stik[..lístɪk] 女 -/ **1** =Journalismus **2** (Zeitungswissenschaft) 新聞学.

jour·na·li·stisch[..lístɪʃ] 形 ジャーナリズムの; ジャーナリズム〈ジャーナリスト〉に特有の: ein ～*er* Stil ジャーナリスティックな文体 | Er hat eine ～*e* Begabung. 彼にはジャーナリストとしての才能がある.

Jour·nal·num·mer[ʒʊrná:l..] 女 (略 J.-Nr.) (帳簿の)記録〈事項〉番号.

jo·vi·al[joviá:l; オーストリア: ʒo..] 形 (男性が)陽気な, 磊落(らいらく)な, (目下の者に対して)もったいぶらない. [*spätlat.*]

Jo·via·li·tät[..vialité:t] 女 -/ jovial なこと.

jo·via·nisch[joviá:nɪʃ] 形 《天》 木星の(→Jupiter II).

Jo·vis[jó:vɪs] Jupiter のラテン語式 2 格.

JP 略 複 =Junge Pioniere (旧東ドイツの)少年団.

jr. 略 =junior

Juan¹[xuán] **I** 男名 フアン. **II** →Don Juan [*span.*; ◇Johannes]

Juan²[jú:an] 男 -〔s〕/-〔s〕 =Yuan II

Ju·bel[jú:bəl] 男 -s/ 大喜び, 歓喜: **～, Trubel, Heiterkeit** 楽しいどんちゃん騒ぎ, 上を下への大騒ぎ | Das war ein ～! それはたいへんな喜びだった ‖ in ～ ausbrechen 歓声をあげる. [*kirchenlat.* iūbilus; ◇jubilieren]

Ju·bel≠braut 女 《戯》 結婚記念日を迎えた妻. **≠bräu·ti·gam** 男 《戯》 結婚記念日を迎えた夫. **≠braut·paar** 中 《戯》 結婚記念日を迎えた夫婦〈夫妻〉. **≠fei·er** 女, **≠fest** 中 記念祝典, 祝賀祭, お祝いのパーティー. **≠ge·sang** 男 喜び〈歓喜〉の歌; 祝典の歌. **≠ge·schrei** 中 =Jubelruf **≠greis** 男 (⊛ **≠grei·sin**) 《戯》 陽気で元気のいい老人. **≠hoch·zeit** 女 結婚記念式(金婚式・銀婚式など).

Ju·bel·jahr 中 **1** =Jobeljahr **2** 《カトリック》 聖年, 大赦の年(元来は50年ごと, 1450年以降は25年ごとに 1 度あり, 痛悔と一定の宗教上の行為によって全贖宥(しょくゆう)が与えられる): Das kommt **alle ～*e* 〔einmal〕** vor. 《話》 それはごくまれにしか起こらない. **3** Jubiläum の催される年. [*mhd.*; *spätlat.* iūbilaeus annus (◇Jubiläum) の翻訳借用]

ju·beln[jú:bəln] 《06》 **I** 自 (h) 歓声をあげる, 歓呼する: vor Freude 〈über das Geschenk〉 ～ うれしくて〈贈り物に〉歓声をあげる | *Juble* nicht zu früh! 早まって喜ぶな. **II** 他 (h) (歓声などを)あげる, (喜び・称賛などを)表す: *jm.* Applaus ～ …に喝采(かっさい)を送る | *jm. et.*⁴ unter die Weste ～ (→Weste 1).

Ju·bel≠paar =Jubelbrautpaar **≠per·ser** 男 -s/- 《ふつう複数で》 《話》 (あらかじめ頼まれたり金でやとわれたりして)歓声をあげる〈喝采(かっさい)を送る〉人, さくら. **≠rohr** 中 《戯》 (Klarinette) クラリネット. **≠ruf** 男, **≠schrei** 男 歓呼の声, 歓声.

Ju·bi·lä·en Jubiläum の複数.

J

Ju·bi·lar[jubilá:r] 男 -s/-e (女 **Ju·bi·la·rin**[..rɪn]-/-nen) (誕生・結婚・永年勤続などの) 記念日を祝ってもらう人. [*mlat.*; ◇Jubiläum]

Ju·bi·la·te[jubilá:tə] 《無冠詞・無変化》《カトリック》喜び呼ばわれの主日(復活祭後の第3日曜. 聖書: 詩66, 1 による). [*lat.* „frohlocket!"; ◇jubilieren]

Ju·bi·lä·um[jubilɛ́:ʊm] 中 -s/..läen[..lɛ́:ən] (特に10年・25年・50年・100年などの) 記念祭, 記念祝典, 記念日: das fünfzigjährige ~ der Firma 会社創立50周年〔の祝典〕| ein ~ feiern 〈begehen〉 記念祭を祝う〈催す〉. [*spätlat.*; ◇*engl.* jubilee]

Ju·bi·lä·ums⸗aus·ga·be 女 (著者の生年・没年から10年・25年・50年・100年などに当たっての) 記念出版. ⸗**fei·er** 女 =Jubiläum ⸗**feu·er·zeug** 中《話》(25回に1度,50回に1度ようやくつくような) 安物のライター. ⸗**höl·zer** 複《話》(25本目, 50本目にようやく火のつくような) 粗悪なマッチ.

ju·bi·lie·ren[jubilí:rən] 自 (h) **1**《雅》歓声をあげる, 歓呼する; 《比》(鳥が) 楽しそうにさえずる. **2**《話》記念祭〈記念日〉を祝う. [*lat.*; 擬音; ◇juch; *engl.* jubilate]

juch[jʊx] 間 (喝采(かっさい)・歓喜の叫び声) わあい, ヤッホー, ばんざい. [*mhd.*; ◇jauchzen]

Ju·chart[jʊ́xart] 男 -s/-e (スイス: 女 -/-en) (単位: -/-) 《方》ユハルト(昔の地積単位. 34-47アール): 20 ~ Ackerland 20ユハルトの耕地. [*ahd.* jūhh-art „Joch-land"; ◇Joch]

Ju·char·te[..tə] 女 -/-n《スイス》, **Ju·chert**[..xərt] 男 -s/-e《方》=Juchart

juch·he[jʊxhé:] **I** 間 (喝采(かっさい)・歓喜の叫び声) ヤッホー, いいぞ, ばんざい, ブラボー: *Juchhe*, das gibt einen Spaß! わあい こいつはおもしろいぞ | *Juchhe*, wir haben gewonnen! ばんざあい 勝ったぞ | unterm Dach ~ (→Dach 1).

II Juch·he 中 -s/-s **1** 喝采, 歓声: ein lautes ~ 高らかな歓声〈ばんざい〉. **2**《オーストリア》《戯》**a)** (歓声のよくあがる場所として劇場などの) 天井桟敷: auf dem ~ sitzen 天井桟敷で観劇する. **b)** (まれに: 女 -/-s) 屋根裏部屋; (家の) はなれ, 隠れ場; (仕事場で監督の目の届きにくい) 死角: im 〈in der〉 ~ wohnen 屋根裏部屋に住んでいる.

juch·hei[jʊxhái], **juch·hei·ras·sa**[-rasa·], **juch·hei·ras·sas·sa**[-rasasa·], **juch·hei·sa**[-za·, -sa·], **juch·hei·ßa**[-sa·], **juch·hu**[jʊxhú:] =juchhe

juch·ten[jʊ́xtən] 形《付加語的》ロシア革製の.

Juch·ten[-] 男 中 -s/ **1** ロシア革, ロシアレザー(上質のきめの細かい皮革で, 独特の香りがある): aus ~ ロシア革製の | nach ~ riechen ロシア革の香りがする. **2** (ロシア革の香りのする) ロシア革香水. [*pers.* ǧuft „Paar"–*russ.*–*mndd.* juften]

Juch·ten·le·der 中 =Juchten 1

juch·zen[jʊ́xtsən] 《02》《話》=jauchzen

Juch·zer[jʊ́xtsər] 男 -s/-《話》=Jauchzer

Juck⸗aus·schlag[jʊ́k..] 男 =Juckflechte ⸗**boh·ne** 女〖植〗トビカズラ(飛蔓) 属の莢果(きょうか).

jucken[jʊ́kən] **I** 自 (h) (英: *itch*) むずがゆい, ちくちくする: Mein Rücken *juckt*. 私は背中がむずむずする(→II) | Der Schweiß 〈Der Pullover〉 *juckt* auf meiner Haut. 汗で皮膚がかゆい〈セーターが肌にちくちくする〉. **II** 自 他 (h) 《*jm.*/*jn.*》(…にとって…が) かゆい, むずがゆい; 《比》(何かしたくて…が) むずむずする, (…の) 興味〈関心〉をひく: ***jm.*** 〈***jn.***〉 ***juckt* der Buckel 〈das Fell / der Rücken〉**《話》…は殴りたくなるほど態度がでかい | Dir 〈Dich〉 *juckt* 〔wohl〕 der Buckel 〈das Fell / der Rücken〉?《話》(そんな生意気なことを言って) おまえ殴られたいのか | Mir *juckt* die Hand 〈das linke Ohr〉. 私にはお金がはいりそうだ〈いい知らせがありそうだ〉| Die Zunge *juckt* ihr im Mund. 彼女はしゃべりたくてうずうずしている | *jm.* 〈*jn.*〉 *jucken* die Finger nach *et.*[3] (→Finger 1) | Das Geld *juckt* ihn überhaupt nicht. 彼は金には全く興味を示さない ‖ 非人称 Es *juckt* mich 〈mir〉 auf dem Rücken. 私は背中がむずむずする | Mich 〈Mir〉 *juckt* es in den Beinen. 私は踊りたくてしようがない | Es *juckt* mich, einen neuen Wagen zu kaufen. 私は新しい車が欲しくてたまらない | Es *juckt* mich 〈mir〉 in den Fingern, ihn niederzuhauen. 私は彼を殴り倒したくて うずうずしている | **Wen's *juckt*, der kratze sich.**《諺》かゆい者はかけ, 身に覚えがなかったら反論せよ, いやなことは我慢するな | **Laß ~!**《話》さあやれ, さあ始めろ.

☆ 目的語の人称代名詞は3格・4格ともに許されるが, どちらかと言えば, 体の一部が主語であるときは3格, その他の場合には4格のことが多い. ただし用法によってはどちらかの格に限られることがある.

III 他 (h) 《話》(kratzen) 掻(か)く, 引っかく: 再帰 *sich*[4] am ganzen Körper ~ 体じゅうを掻く.

IV Jucken 中 -s/ かゆさ, かゆみ, 掻痒(そうよう).

[*westgerm.*; ◇*engl.* itch]

Jucker[jʊ́kər] 男 -s/- ユッカー(小型で軽快な純血種の馬車うま). [<*alemann.* jucken „springen"]

Juck⸗flech·te[jʊ́k..] 女 (Prurigo) 〖医〗痒疹(ようしん). ⸗**ge·fühl** 中 かゆい感じ, 掻痒(そうよう)感, 痒感. ⸗**pul·ver** 中 掻痒散(かゆみを起こさせる粉末). ⸗**reiz** 男 かゆみを起こす刺激; 〖医〗掻痒〈かゆみ〉刺激.

Ju·da[jú:da·] **I** 人名〖聖〗ユダ (Jakob と Lea の息子で, ユダ族の祖. またユダ族をもいう). **II** 地名〖聖〗南王国ユダ(前10世紀 Salomon 王の死後に分裂して Jerusalem を中心に成立したユダ族の国: →Israel II 1). [*hebr.* „Gepriesener"–*gr.*; ◇*engl.* Judah]

Ju·däa[judɛ́:a·] 地名 ユダヤ (Babylon 捕囚から帰された Israel 人が住んだ南部 Palästina 地方. のちに Palästina 全体をも指す). [*gr.*–*lat.*]

Ju·dai·ka[judá:ika·] 複 **1** ユダヤ語文献. **2** ユダヤ民族〈文化〉に関する文献. [*gr.*–*lat.* Iūdaicus „jüdisch"]

ju·dä·isch[judɛ́:ɪʃ] 形 ユダヤの.

ju·dai·sie·ren[judaizí:rən] 他 (h) ユダヤ化する.

Ju·da·is·mus[judaísmʊs] 男 -/ ユダヤ教; ユダヤ精神; ユダヤ主義. [*gr.*–*spätlat.*]

Ju·da·ist[judaíst] 男 -en/-en ユダヤ研究者, ユダヤ学者.

Ju·dai·stik[..ístɪk] 女 -/ ユダヤ研究, ユダヤ学.

ju·dai·stisch[..ístɪʃ] 形 ユダヤ研究〔上〕の.

Ju·das[jú:das] **I** 人名〖聖〗ユダ: ~ Ischariot イスカリオテのユダ(イエスを裏切った使徒) | ~ Thaddäus ユダ タデオ(十二使徒の一人. 小 Jakob の兄弟で「ユダの手紙」の著者) ‖ der Brief des ~ (新約聖書の) ユダの手紙. **II** 男 -/-se《比》裏切り者, 陰険な卑劣漢. [*hebr.*–*gr.*–*ahd.*; ◇Juda I]

Ju·das⸗baum 男〖植〗セイヨウハナズオウ(西洋花蘇芳) (伝説によればイスカリオテのユダはこの木で首をつって自殺したという). ⸗**geld** 中, ⸗**gro·schen** 男 =Judaslohn ⸗**kuß** 男 ユダの接吻(せっぷん) (裏切りの意図をもちながら好意を装う偽りのキス; 聖書: マタ26,49他から). ⸗**lohn** 男 裏切りの報酬(聖書: マタ26,15他から). ⸗**ohr** 中〖植〗キクラゲ(木耳) (特にニワトコの老木の幹などに生える). ⸗**pfen·nig** 男 ハマナツメ(浜棗) 属の果実.

Ju·de[jú:də] 男 -n/-n (女 **Jü·din**[jý:dɪn]-/-nen) **1** ユダヤ人: **der Ewige ~** 永遠のユダヤ人(→Ahasver I 1) | die Verfolgung der *~n* ユダヤ人迫害. **2** ユダヤ教徒. [*hebr.*–*gr.*–*lat.*–*ahd.* jud〔e〕o; ◇Juda; *engl.* Jew]

jü·deln[jý:dəln] 《06》自 (h) **1** ユダヤ〈イディッシュ〉なまりで話す; ユダヤ人ふうに振舞う. **2**《話》(feilschen) 値切る.

Ju·den⸗bart[jú:dən..] 男〖植〗ユキノシタ(雪下). ⸗**ben·gel** 男《軽蔑的に》=Jude ⸗**christ** 男 (↔Heidenchrist) ユダヤ人キリスト教徒(初代教会では Heidenchrist と区別してキリスト教に改宗後もなお Moses の戒律を守るユダヤ人, 今日ではキリスト教に改宗したユダヤ人). ⸗**chri·sten·tum** 中 (キリスト教に改宗した) ユダヤ人のキリスト教. ⸗**deutsch** 中 -〔s〕/ =Jiddisch ⸗**dorn** 男〖植〗ナツメ. ⸗**fra·ge** 女 ユダヤ人問題. ⸗**gas·se** 女 ユダヤ人街. ⸗**geg·ner** 男 ユダヤ人排斥論者.

Ju·den·heit[jú:dənhaɪt] 女 -/《集合的に》ユダヤ人.

Ju·den⸗het·ze 女 (組織的な) ユダヤ人狩り〈排斥〉. ⸗**kir·sche** 女 (Blasenkirsche) 〖植〗ホオズキ(酸漿) 〔属〕. ⸗**po·grom** 男 中 (組織的な) ユダヤ人迫害. ⸗**schu·le** 女 (Synagoge) ユダヤ教教会堂; (教会堂付属

J

の)ユダヤ人学校: **ein Lärm 〈Krach〉 wie in einer ～** 《話》たいへんな騒々しさ. **≠staat** 男 ユダヤ人国家(特に Israel). **≠stern** 男 (ナチ政権下でユダヤ人が衣服につけることを義務づけられた)ユダヤ人識別用の星のマーク(→David〔s〕-stern).

Ju·den·tum[júːdəntuːm] 中 -s/ **1 a)** ユダヤ教. **b)** ユダヤ人気質. **c)** ユダヤ人〈ユダヤ教徒〉であること: *sein* ～ verleugnen 自分がユダヤ人であることを否認する. **2** 《集合的に》ユダヤ人, ユダヤ民族.

Ju·den≠ver·fol·gung 女 ユダヤ人迫害. **≠vier·tel**[..fɪrtəl] 中 ユダヤ人居住地区, ユダヤ人街; (Getto) ゲットー.

Ju·di·ka[júːdika·] 男 -/ 《新教》御受難の主日(大斎節の第5日曜日). [*lat.*]

▽**Ju·di·ka·tion**[judikatsi̯óːn] 女 -/-en 《法》(裁判官による)判断, 審査. [*lat.*; ◇judizieren]

Ju·di·ka·ti·ve[..tíːvə] 女 -/-n (richterliche Gewalt) 《法》司法権(→Exekutive, Legislative).

▽**ju·di·ka·to·risch**[..tóːrɪʃ] 形 (richterlich) 裁判官の〈による〉; 裁判の, 司法の. [*spätlat.*]

Ju·di·ka·tur[..túːr] 女 -/-en (Rechtsprechung) 《法》裁判; 司法.

Jü·din Jude の女性形.

jü·disch[jýːdɪʃ] 形 **1** ユダヤ〔人〕の: die ～*e* Religion ユダヤ教 | das ～*e* Volk ユダヤ民族. **2** ユダヤ〔人〕的な, ユダヤふうの: Nur keine ～*e* Hast! (→Hast). [*gr.*－*lat.* Iūdaicus (→Judaika)－*ahd.*]

Ju·dith[júːdɪt] **I** 女名 ユーディト. **II** 人名 《聖》ユデト(旧約外典ユデト書の女主人公. 策略をもって敵将ホロフェルネス Holofernes の首を切ったという). [*hebr.* „Frau aus Jehud (Palästina の地名)“; ◇Juda I]

Ju·diz[judíːts] 中 -es/-ien[..tsi̯ən] ＝Judizium

ju·di·ziell[juditsi̯ɛ́l] 形 裁判の, 司法の; 判決に関する. [*lat.*－*fr.*]

ju·di·zie·ren[juditsíːrən] 自 (h) 《法》判決を下す. [*lat.*; ◇*engl.* judge]

Ju·di·zium[judíːtsi̯ʊm] 中 -s/..zien[..tsi̯ən] 《法》**1** (長年の裁判実務によって養われる法律の知識を超えた)判断力, 判決力. ▽**2 a)** (Rechtsspruch) (裁判所の)判決. **b)** 司法; 司法官職; 裁判官による審査. [*lat.*; ＜*lat.* iūdex „Richter“ (◇Jus[1])]

Ju·do[1][júːdo·] 男 -s/-s (＜Jungdemokrat) (FDP の)青年民主党員.

Ju·do[2][júːdo·; ｵｰｽﾄﾘｱ: dʒúːdo·] 中 -〔s〕/ 柔道. [*japan.*]

Ju·do·ka[judóːka·] 男 -〔s〕/-〔s〕 柔道家, 柔道をする人. [*japan.*]

Ju·gend[júːgənt] 女 -/ **1** (↔Alter) **a)** 青少年期〈時代〉, 青春期: Ich habe meine ～ auf dem Lande verlebt. 私は若い時期をいなかで過ごした ‖ Schön ist die ～. うるわしきかな青春 | Ihn entschuldigt seine ～. 彼は若いのだから無理もない ‖ in früher ～ 幼少のころに | Er starb in blühender ～. 彼は若い盛りに死んだ | seit frühester ～ ごく小さいころから | von ～ an 〈auf〉 若いころから. **b)** 《雅》(Frühzeit) 初期: die ～ der Menschheit 人類の初期. **2** 若さ, 若々しさ: *sich*[3] *seine* ～ erhalten 〈bewahren〉 若さを保つ. **3 a)** (↔Alter) 《集合的に》青少年, 若い人たち, 若人: die ～ von heute 今日の若者たち | die rebellierende ～ (既成の社会体制に)反逆する若者たち | die studentische ～ 若い大学生たち | die reifere ～ 子供とおとなの中間の世代; 《戯》もうそんなに若くはない世代 ‖ jung mit der ～ sein 若い人々に理解がある | ***Jugend* hat 〈kennt〉 keine Tugend.** 《諺》若気の無分別. **b)** 青年団: die Freie Deutsche ～ (略 FDJ) (旧東ドイツの)ドイツ自由青年団 | die Hitler-～ (略 HJ) 《史》ヒトラー＝ユーゲント. ▽**4** (Kleinkind) 幼児, 新生児.
[*westgerm.*; ◇jung; *engl.* youth]

Ju·gend≠al·ter[júːgənt..] 中 -s/ 青少年期, 青春期. **≠amt** 中 青少年局(青少年の福祉事務をつかさどる). **≠ar·beit** 女 **1** (14-18歳の)年少者労働. **2** 少年保護〈補導〉事業. **3** (芸術家・学者などの)若い時代の作品. **≠ar·beits·schutz** 男 年少者に対する労働保護〔対策〕. **≠ar·rest** 男 少年拘禁(少年裁判所法による少年犯罪者の拘置). **≠be·kannt·schaft** 女 青少年時代からの交友関係, 幼なじみ. **≠be·we·gung** 女 -/ (20世紀初頭のドイツでの)青少年運動. **≠bild** 中, **≠bild·nis** 中 青少年時代の肖像. **≠blü·te** 女 《雅》若い盛り. **≠buch** 中 青少年向きの図書. **≠bü·che·rei** 女 青少年図書館, 児童文庫. **≠büh·ne** 女 ＝Jugendtheater **≠de·lin·quenz**[..delɪŋkvɛnts] 女 -/ ＝Jugendkriminalität **≠dorf** 中 (孤児などを収容する)少年の村. **≠er·in·ne·rung** 女 若き日の思い出. **≠er·zie·hung** 女 青少年教育. **≠ese·lei** 女 《話》若さゆえの愚行. **≠feu·er** 中 《雅》若人の情熱, 若き血潮.

ju·gend·frei[júːgənt..] 形 (映画・図書などが)青少年にも自由な鑑賞が許されている.

Ju·gend·freund 男 **1** 若いころの友人, 竹馬の友. **2** 青少年に理解のある人, 若者の友〈味方〉. **3** (旧東ドイツで)自由ドイツ青年団 (FDJ) の団員.

ju·gend·frisch 形 《雅》青年のように元気な, 若々しい.

Ju·gend·für·sor·ge 女 青少年保護; (問題児・非行少年などに対する)教護, 保護観察.

ju·gend·ge·fähr·dend 形 (映画・図書などが)青少年「に害のある.」

Ju·gend≠ge·fäng·nis 中 少年刑務所. **≠ge·richt** 中 《法》少年裁判所. **≠ge·richts·bar·keit** 女 -/ 少年裁判権. **≠ge·richts·ge·setz** 中 少年法. **≠ge·walt** 女 若者〈青少年〉の暴力. **≠heim** 中 青少年ホーム. **≠her·ber·ge** 女 (略 JH) ユースホステル, 青少年宿泊所. **≠hil·fe** 女 少年保護補導 (Jugendfürsorge と Jugendpflege の総称). **≠hof** 男 少年院, 青少年更生施設. **≠ir·re·sein** 中 -s/ 《医》青年精神病. **≠jah·re** 複 青少年期, 青春時代. **≠kri·mi·na·li·tät** 女 -/ 《集合的に》青少年犯罪, 少年非行. **≠kul·tur** 女 若者文化.

ju·gend·lich[júːgəntlɪç] **I** 形 **1** 《述語的用法なし》青少年の, 未成年の, 年少の, 若い: die ～*en* Zuschauer 若い観客〈観衆〉 | Sie ist noch im ～*en* Alter von 17 Jahren gestorben. 彼女は17歳の若さで死んだ. **2** 青少年特有の, 若者らしい: ～*er* Übermut 若者特有のはしゃぎすぎ. **3** (青少年期を過ぎた成人について)若々しい: eine ～*e* Erscheinung いかにも若々しい容姿 ‖ In diesem Kleid wirkt sie ～. この服を着ると彼女は若く見える.

II Ju·gend·li·che 男 女 《形容詞変化》(14歳ごろから20歳まで, 刑法的には14歳から18歳までの)青少年, 未成年者, 年少者, ティーンエージャー; 《法》少年(→heranwachsend): *Jugendliche* unter 18 Jahren haben keinen Zutritt. 18歳未満の方の入場おことわり.

Ju·gend·lich·keit[－kaɪt] 女 -/ (jugendlich なこと) **1** 青少年〈未成年〉であること. **2** 若々しさ.

Ju·gend≠lie·be[júːgənt..] 女 **1** 少年少女時代の恋; (erste Liebe) 初恋. **2** 少年時代の恋人. **≠li·te·ra·tur** 女 青少年向けの文学. **≠mu·sik** 女 青少年向けの音楽.

Ju·gend·mu·sik·be·we·gung 女 (20世紀初頭のドイツでの)「若者のための音楽」運動.

Ju·gend≠or·ga·ni·sa·tion 女 青少年組織〈団体〉. **≠pfle·ge** 女 青少年補導. **≠pfle·ger** 男 青少年補導員. **≠psy·cho·lo·gie** 女 青年心理学. **≠recht** 中 《法》少年法. **≠re·vol·te** 女 (既存の体制に対する)若者の反乱〈暴動〉. **≠rich·ter** 男 少年裁判官, 少年審判部判事. **≠ring** 男 青少年団連合 (Jugendverband の連合). **≠schrift** 女 -/-en 《ふつう複数で》青少年向きの図書, 児童図書. **≠schutz** 男 (特に少年法による)少年保護. **≠schutz·ge·setz** 中 少年保護法. **≠spra·che** 女 若者ことば. **≠stil** 男 -〔e〕s/ 青年派様式, ユーゲントシュティール(1900年前後のドイツの工芸・絵画における一様式. 雑誌 „Jugend“ の名にちなむ: → 図 Stilmöbel). **≠straf·an·stalt** 女 少年刑務所. **≠stra·fe** 女 《法》少年刑. **≠straf·recht** 中 少年刑法. **≠straf·voll·zug** 男 《法》少年行刑(ｷﾞｮｳｹｲ). **≠stun·den** 複 成人式準備教育(特に旧東ドイツで). **≠sün·de** 女 若いころの罪悪, 若気の過ち. **≠thea·ter** 中 **1** 青少年〔による〕演劇. **2** 青少年向けの演劇. **≠tor·heit** 女 若いころの愚行. **≠traum** 男 若いころの夢. **≠treff** 男 《話》若者の集まる場所. **≠ver·**

J

band 男 青少年団. ≈ver·bot 中 青少年に対する禁止(入場・参加などの). ≈ver·bre·chen 中 青少年犯罪, 少年非行. ≈wei·he 女 **1** 成人式 (Konfirmation または Kommunion に代わり, 宗教と関係のない団体が主催する). **2** (旧東ドイツの) 成年式(14歳に達した少年少女に社会主義への忠誠を誓わせ大人の社会に組み入れる式典). ≈werk 中 =Jugendarbeit 3 ≈werk·hof 男 (旧東ドイツの) 少年院, 青少年更生施設. ≈wohl·fahrt 女 =Jugendhilfe ≈wohl·fahrts·pfle·ge 女 青少年福祉事業. ≈wohn·heim 中 青少年用の寮. ≈woh·nung 女 (保護観察中の非行少年のための) 青少年用住居. ≈zeit 女 青少年期, 青春時代. ≈zeit·schrift 女 青少年向けの雑誌. ≈zen·trum 中 青少年センター.

Ju·go·sla·we[jugoslá:və, jugɔslá:və] 男 -n/-n (⊛ **Ju·go·sla·win**[..vɪn]-/-nen) ユーゴスラヴィア人. [*serbokroat.*]

Ju·go·sla·wi·en[..viən] 地名 **1** 〔新〕ユーゴスラヴィア(バルカン半島西部, Adria 海に臨む Serbien, Montenegro, Kosovo から成った連邦共和国. のちのセルビア・モンテネグロ). **2** 〔旧〕ユーゴスラヴィア(新ユーゴスラヴィアから Bosnien-Herzegowina, Kroatien, Mazedonien, Slowanien が1991年～1992年に脱退する以前の社会主義連邦共和国. 1946年成立. 首都は Belgrad). [*serbokroat.*; „Süd-slawien"; ◇Jauk]

ju·go·sla·wisch[..vɪʃ] 形 ユーゴスラヴィアの: →deutsch

Ju·gu·la Jugulum の複数.

ju·gu·lar[jugulá:r] 形 〚解〛 **1** 頸(ㇰ)の, 頸部(ㇰ)に関する. **2** 頸(ㇰ)静脈の.

Ju·gu·lar≈ader 女, **≈ve·ne** 女 〚解〛 頸(ㇰ)静脈.

Ju·gu·lum[jú:gulʊm] 中 -s/..la[..la·] 〚解〛 頸部(ㇰ). [*lat.*; < *lat.* iugum „Joch" (◇Junktim)]

ju·he[juhé:] 《ㇲ》=juchhe

ju·hu 間 **1** [juhú:] =juchhe **2** [júhú:] (やや離れたところにいる人の注意をうながすための叫び) おおい.

Juice[dʒu:s] 男 中 -/-s[dʒú:sɪs, ..sɪz] ジュース, 果汁. [*lat.* iūs (→Jus²) – *afr.* – *engl.*]

Juist[jy:st] 地名 ユースト(北海にあるドイツ領の島). [< *mndd.* güst „trocken, dürr"]

Ju·ju·be[jujú:bə] 女 -/-n **1** 〚植〛 ナツメ. **2** (Brustbeere) ナツメの実. [*gr.* zízyphon – *lat.* – *fr.*]

Juke·box[dʒú:kbɔks] 女 -/-es[..sɪs, ..sɪz] ジュークボックス. [*amerik.*]

Jul[ju:l] 中 -[s]/ **1** (古代ゲルマン民族の) 冬至祭. **2** (北欧・北ドイツの) クリスマス, キリスト降誕祭. [*anord.* jol – *skand.* – *mndd.*; ◇*engl.* yule]

Jul·chen[jú:lçən] 女名 (<Julia) ユールヒェン.

Ju·lei[julái, jú:lai] 男 -[s]/-s《ふつう単数で》7月(→Juli ★ i).

Jul≈fei·er[jú:l..] 女, **≈fest** 中 =Jul

Ju·li[jú:li·] 男 -[s]/-s《ふつう単数で》7月: →August¹
★ i) Juni と区別してはっきり聞き取れるように Julei [julái, jú:lai] の形を用いることもある.
ii) 古名: Heumonat, Heumond, Heuert
[*lat.* (mēnsis) Iūlius; Julius Caesar (→Cäsar) にちなむ; ◇julianisch; *engl.* July]

Ju·lia[jú:lia·] 女名 ユーリア. [*lat.*; ◇Julius]

Ju·lia·na[juliá:na·] 女名 ユリアーナ. [*lat.*]

Ju·lia·ne[..nə] 女名 ユリアーネ.

ju·lia·nisch[..nɪʃ] 形 ユリウス〔カエサル〕の: der *Julianische* Kalender (→Kalender 1 b).

Ju·lia·nus[..nʊs] **I** 男名 ユリアーヌス. **II** 人名 ユリアヌス(332-363; 古代ローマの皇帝. キリスト教側から「背教者」と呼ばれた). [<Julius]

Ju·lie[jú:liə] 女名 (<Julia) ユーリエ.

Ju·lienne[ʒyljέn] **I** 女名 ジュリエンヌ. **II** 女 -/ (スープに入れる) 千切りの(細長く刻んだ)野菜. [*fr.*; ◇Juliana]

Ju·lienne·sup·pe[ʒyljέn..] 女 千切り野菜入り〔コンソメ〕スープ.

Ju·li·er¹[jú:liər] 男 -s/- ユリウス家の人(ユリウス家は古代ローマの名門で, Cäsar もその一人であった). [<Julius]

der **Ju·li·er**²[−] 地名 男 -s/ ユーリアー (Julierpaß とも言い, アルプス山中にある峠. 標高2284 m).

Ju·li≈kä·fer[jú:li..] 男 〚虫〛 コガネムシ(黄金虫)〔の一種〕. **≈re·vo·lu·tion** 女 -/ 〚史〛 (1830年フランスのパリで起こった) 七月革命.

Ju·lius[jú:liʊs] 男名 ユーリウス. [*lat.*]

Ju·lius·turm 男 -[e]s/《話》国庫積立金(1871年フランスからドイツに支払われた戦争賠償金が1914年までベルリンのシュパンダウ要塞(ㇲㇲ)の塔に国家の準備金として保管されていたことから).

Jul·klapp[jú:lklap] 男 -s/ (北欧や北ドイツで Julklapp という叫び声とともに屋内に投げこまれる贈り主不明の) クリスマス=プレゼント. [*schwed.*; < *schwed.* klappa „klopfen"]

▽**Jul≈mo·nat** (≈**mond**) 男《ふつう単数で》(Dezember) 12月.

Jum·bo[jʊ́mbo·, dʒámbo·] 男 -s/-s, **Jum·bo-Jet**[jʊ́mbodʒɛt] 男 -[s]/-s 〚空〛 ジャンボ=ジェット機. [*amerik.*]

Jume·lage[ʒymlá:ʒ] 女 -/-n[..ʒən] (外国の都市と) 姉妹都市になること; 姉妹都市の関係: die ～ zwischen Kioto und Köln 京都とケルンの姉妹都市関係. [*fr.*; < *lat.* gemellus „zwillingsgeboren" (◇geminieren) + ..age]

Jum·per[jʊ́mpər, dʒám.., ｵｰｽﾄﾘｱ: dʒέm..; dʒám..] 男 -s/- 〚服飾〛 ジャンパー. [*engl.*; < *fr.* jupe (→Jupe)]

jun. 略 =junior

jung[jʊŋ] **jün·ger**[jʏ́ŋər]/**jüngst** → 別出 **I** 形 **1** (英: *young*) (↔alt) 若い, 年少の; 幼い: ein ～*er* Arbeiter 若い労働者 | ein ～*er* Baum 若木 | ein ～*es* Blut (→Blut 2) | ein ～*er* Dachs《話》若造, 青二才 | eine ～*e* Dame ヤングレディー, お嬢さん | ～*es* Gemüse (→Gemüse 2) | in *seinen* ～*en* Jahren 若い(幼い)ころに | die ～*en* Leute / das ～*e* Volk (25歳ぐらいまでの) 若者たち | der ～*e* Wagner 若い〔ころの〕ワーグナー; ワーグナー氏のむすこ, 小ワーグナー ‖ das *Junge* Deutschland 〚文芸〛 青年ドイツ派(19世紀の文芸流派) | die *Jungen* Pioniere (⊛ JP) (旧東ドイツの) 少年団 | *Junge* Union (CDU の) 青年部 | der *Jüngste* Tag (→Tag 4) ‖ mein *jüngerer* Bruder 私の弟(特に「兄」と対比しないときは, ふつう単に mein Bruder) | meine *jüngste* Tochter 私の末娘 ‖ Er bleibt ⟨ist noch⟩ ～. 彼はいつまでも(彼はまだ)若い | ～ sterben 若死にする | ～ mit der Jugend sein 若い人々に理解がある | So ～ kommen wir nicht mehr zusammen.《話》(別れを惜しんで) もうしばらく一緒にいましょうよ(飲もうじゃないか) | ***Jung* gefreit, 〔hat〕 nie gereut.**《諺》結婚は早いにかぎる(早婚で後悔した例はない) | ***Jung* gewohnt, alt getan.**《諺》習い性となる(若い時に習慣になったとおりに年をとってからも行う) ‖ Er sieht *jünger* aus als sein Alter ⟨, als er ist⟩. 彼は実際より若く見える ‖〚4格と〛Sie ist achtzehn Jahre ～.《話》彼女は〔まだ〕18歳だ(→alt I 1 b) | Er ist 〔um〕 fünf Monate *jünger* als ich. 彼は私より5か月だけ若い(年下だ) ‖〚名詞的に〛**～ und alt / alt und ～** 老いも若きも | Da war〔en〕 alt und ～ ⟨～ und alt⟩ begeistert. そこでは老いも若きもみな熱狂していた | *sich*⁴ auf ～ zurechtmachen (化粧・服装などで) 若作りにする | **von ～ auf** 若い(小さい)ころから〔ずっと〕‖ Sie ist die *jüngste* ⟨am *jüngsten*⟩ von uns. 彼女は私たちのうちで最年少だ ‖ →II, III, IV

2 (frisch) 若々しい, はつらつとした; まだ新しい: ～*e* Beine haben 健脚である | das ～*e* Ehepaar 新婚の夫婦; 若い夫婦 | das ～*e* Gemüse 初物の野菜;《比》若造, 青二才 | das ～*e* Grün (若葉の) 新緑 | das ～*e* Jahr 新しい年, 今年 | ～*e* Milch (搾乳期にはいりたての) 若い家畜の乳 | die ～*e* Nation 新興国民 | die Frische des ～*en* Tages 早朝のさわやかさ | eine ～*e* Universität ⟨Wissenschaft⟩ 新しい大学(科学) | der ～*e* Wein 今年産のワイン, 新酒 ‖ Diese Ausgabe ist *jüngeren* Datums. この版は発行の日付が〔まだ比較的〕新しい | sein *jüngster* Roman 彼の最新作の小説 ‖ Er ist ～ verheiratet. 彼は結婚したばかりだ ‖ Er war *jüngst* in Paris. 彼は最近パリに行っていた(→jüngst II).

II Jun·ge¹《形容詞変化》**1** 男 女《ふつう Alte と対をな

して》若い人: Alte und ～ 〈Die Alten und die ～*n*〉 klatschten Beifall. 老いも若きもみな拍手かっさいした | Wie die Alten sungen, so zwitschern auch die ～*n* (→alt II 1 a).

2 中 **a)** (動物の)子,(鳥の)ひな: ～ werfen 子を産む | Manche Tiere werfen nur ein ～*s.* 動物のなかには(1回に) 1匹しか子を産まないものがある. **b)** 《南部》(鳥・ウサギなどの)もつ料理.

Ⅲ Jün·ge·re 男 女 《形容詞変化》年下の人, 年少者, 後輩: Holbein der ～ (略 d. J.) むすこのホルバイン, 小ホルバイン.

Ⅳ Jüng·ste 男 女 《形容詞変化》最年少者: mein ～*r* 私の末弟〈末むすこ〉| Sie ist zu Hause die ～. 彼女はこの家の末娘だ(→I 1).

[*idg.*; ◇Jugend; *lat.* iuvenis „jung"; ◇*engl.* young]

Jung[jʊŋ] 人名 Carl Gustav ～ カール グスタフ ユング(1875-1961; スイスの心理学者).

Jung≠aka·de·mi·ker[jʊ́ŋ..] 男 大学を出たての人. **≠ak·tie**[..|aktsiə] 女 〘商〙新株. **≠bau·er** 男 -n(-s)/-n (↔Altbauer) 若い農夫. **≠brun·nen** 男 〘伝説〙若返りの泉, 青春の泉; 《比》活力の源泉. **≠bür·ger** 男 -s/- 《オーストリア》選挙権年齢に達したばかりの人, 新有権者.

Jung·bür·ger·fei·er 女 《オーストリア》(祝日に催される)選挙権年齢に達した人たちのための祝い.

Jung·chen[jʊ́ŋçən] 中 -s/- 《方》(Junge²の縮小形)小さな〈かわいい〉男の子: Mein ～! 坊や(呼びかけ).

Jung·de·mo·krat 男 (FDP の)青年民主党員(略 Judo).

Jun·ge¹ →jung II

Jun·ge²[jʊ́ŋə] 男 -n/-n(-ns, Jungs) **1** (小 **Jung·chen** → 別出) (↔Mädchen) **a)** 男の子, 少年(南部では Bub を多く用いる); 若者: Als kleiner ～ streifte ich gern durch die Wälder. 小さいころ私は好んで森を歩きまわった ‖ ***jn.* wie einen dummen ～*n* behandeln** …を子供〈ばか者〉扱いする ‖ **ein grüner ～** 《話》(生意気な)青二才 | **ein schwerer ～** 《話》重罪犯人; 何度も前科のある犯罪人; したたか者 | **blaue *Jungs*** 《比》海員〈水夫〉たち ‖ 〘呼びかけ〙 Mein alter 〈lieber〉 ～! ねえ君 | ***Junge*, ～,** das ist ja allerhand! 《話》おやおやこれはひどい. **b)** (Sohn) 息子: Mayers haben einen ～*n* bekommen. マイヤー一家では男の子が生まれた | Wir haben zwei ～*n*. うちは息子が二人です. ᵛ**2** (Lehrjunge) 徒弟, 見習; 生徒. **3** (Bube) (トランプの)ジャック. [*ahd.*; ◇jung]

Jün·gel·chen[jʏ́ŋəlçən] 中 -s/- 《軽蔑的に》若造, 青二才.

jun·gen[jʊ́ŋən] 自 (h) (動物が)子を産む. [<jung II 2]

Jun·gen·ge·sicht 中 少年〈男の子〉の顔; 少年〈男の子〉らしい顔.

jun·gen·haft[jʊ́ŋənhaft] 形 少年のような, 少年らしい; (女の子が)男の子みたいな, ボーイッシュな: *sich*⁴ ～ benehmen 〈anziehen〉(女の子が)男の子のような態度をとる〈服装をする〉| Er lachte ～. 彼は子供みたいに笑った.

Jun·gen·haf·tig·keit[..tɪçkaɪt] 女 -/ jungenhaft なこと.

Jun·gen≠klas·se 女 男の子だけのクラス, 男子学級. **≠schu·le** 女 男子校. **≠streich** 男 男の子〈腕白坊主〉のいたずら.

jün·ger jung の比較級.

Jün·ger¹[jʏ́ŋər] 男 -s/- (女 **Jün·ge·rin**[..ŋərɪn]-/-nen) 《雅》(Schüler) 弟子, 門弟, 門下生; 《雅》(Anhänger) 信奉者: die zwölf ～ Jesu イエスの十二使徒 | ein ～ der Wissenschaft 学問に献身する人, 学徒 | ein ～ der Musen 詩神ムーサ〈ミューズ〉に仕える人(詩人・作家など) ‖ Er ist auch ein ～ dieser Clique. 《軽蔑的に》彼もまたこの一派だ. [*ahd.*; ◇jung]

Jün·ger²[–] 人名 Ernst ～ エルンスト ユンガー(1895-1998; ドイツの作家).

Jün·ge·re →jung III

Jung·fer[jʊ́ŋfər] 女 -/-n **1 a)** (17-18世紀には貴族の令嬢に対して平民の)若い娘, 未婚の若い女: 〘今日ではふつう次の成句で〙 eine 〔zimperliche〕 alte ～ 〔気取り屋の〕オールドミス ‖ ～ im Grün〔en〕 〈Busch〉 〘植〙クロタネソウ(黒種子草) | nackte ～ 〘植〙イヌサフラン | Wasser*jungfer* 〘虫〙トンボ(蜻蛉目の昆虫); トンボの幼虫ヤゴ. **b)** (Jungfrau) 処女, 生娘(きむすめ): keine ～ mehr sein もう生娘ではない. ᵛ**c)** (未婚婦人の名に冠する敬称) (Fräulein) …嬢: ～ Klara クラーラ嬢 | Ihre ～ Tochter あなたのお嬢さま ‖ ～ Eigensinn 《戯》わがまま娘 | ～ Naseweis 《戯》おしゃまさん, 生意気娘. ᵛ**2** (Kammerjungfer) 侍女, 腰元, 女中. **3** (Handramme) 〘工〙タンパ; 小だこ. ᵛ**4** 〘海〙三つ目滑車.

[<Jungfrau]

jüng·fer·lich[jʏ́ŋfərlɪç] 形 オールドミスのような; 《比》ひどく取りすました, おつに気取った.

Jung·fern≠ad·ler[jʊ́ŋfərn..] 男 〘紋〙ハルピュイア(→Harpyie 1). **≠bra·ten** 男 〘料理〙豚の腰肉のロースト. **≠fahrt** 女 (船・車などの)最初の走行; (特に:) 処女航海: zur ～ auslaufen 〈austreten〉(船が)処女航海に出る. **≠flug** 男 処女飛行. **≠früch·tig·keit** 女 〘植〙単為結実.

jung·fern·haft[..haft] =jüngferlich

Jung·fern≠häut·chen 中 (Hymen) 〘解〙処女膜. **≠he·ring** 男 (産卵期前の)若ニシン. **≠ho·nig** 男 (とりたての)不熟蜜(みつ).

die Jung·fern·in·seln 地名 複 バージン諸島(西インド諸島北東部, Puerto Rico 東方の諸島. 英語名 the Virgin Islands).

Jung·fern≠kranz 男 (Brautkranz) 花嫁の花冠. **≠re·be** 女 〘植〙ツタ(蔦)属.

Jung·fern·re·de 女 (代議士の議会における)処女演説. [*engl.* maiden-speech の翻訳借用]

Jung·fern·rei·se 女 **1** (特に青年が見聞を広めるための)最初の〔大〕旅行. **2** 処女航海.

Jung·fern·schaft[jʊ́ŋfərnʃaft] 女 -/ 処女であること: die ～ verlieren 処女を失う | *jm.* die ～ rauben …の処女を奪う.

ᵛ**Jung·fern·stand** 男 -〔e〕s/ (女性について)未婚〈独身〉でいること.

Jung·fern·zeu·gung 女 〘生〙処女〈単為〉生殖, 無配生殖.

Jung·fisch[jʊ́ŋ..] 男 幼魚.

Jung·frau[jʊ́ŋfraʊ] **I** 女 -/-en **1** 処女, 生娘; 《比》(純潔の象徴としての)処女: die ～ Maria 処女マリア ‖ eiserne ～ 〘史〙鉄のおとめ(内側に鉄針を植えた人形型の拷問具) | die Heilige ～ (→heilig I 1) ‖ Sie ist noch ～. 彼女はまだ生娘〈純潔〉だ | Diese Festung ist noch eine ～. 《戯》この要塞(ようさい)はまだ敵の手に落ちたことがない | **zu *et.*³ kommen wie die ～ zum Kind** 《話》全く思いがけなく〈偶然にも〉…を手に入れる. ᵛ**2** 未婚の女性.

II die Jung·frau 女 -/ **1** 地名 ユングフラウ(アルプスの高峰. 標高4158 m). **2** 〘天〙乙女座(首星は Spika); 〘占星〙処女宮(黄道十二宮の一つ): →Fisch 1 b

Jung·frau·en·ge·burt 女 **1** 〘ギ神〙(神や英雄の)処女からの誕生. **2** =Jungfernzeugung

Jung·frau·en·schaft[..ʃaft] 女 -/ =Jungfräulichkeit

jung·fräu·lich[..frɔʏlɪç] 形 **1** 処女の, 生娘〈おとめ〉らしい: ～*e* Scham 処女の恥じらい | ～ erröten おとめのように顔を赤らめる. **2** 《比》いまだ汚されない, 純潔な: der ～*e* Boden 処女地 | ein noch ～*er* Wald 人跡未踏の森林.

Jung·fräu·lich·keit[..kaɪt] 女 -/ 《雅》(jungfräulich なこと. 例えば:) 処女であること, 純潔; 処女〈おとめ〉らしさ.

Jung·frau·schaft[..fraʊʃaft] 女 -/ 《雅》処女性.

Jung·ge·sel·le[jʊ́ŋgəzɛlə] 男 -n/-n **1** 独身の男性: ein eingefleischter ～ がんこな独身主義者. ᵛ**2** 〔一番〕若い職人.

Jung·ge·sel·len≠bu·de 女 《話》(乱雑な)独身男の部屋. **≠da·sein** 中 =Junggesellenleben **≠heim** 中 独身寮. **≠le·ben** 中 (男性の)独身生活. **≠stand** 男 (男性の)独身〔の身分〕. **≠steu·er** 女 (Ledigensteuer)

J

独身税. ≈**wirt·schaft** 女 -/ 《話》独身男のルーズな家計. ≈**woh·nung** 女 (男性の)独身者用住居. ≈**zeit** 女 (男性の)独身時代.

Jung≈ge·sel·lin[jʊ́ŋgəzɛlɪn] 女 -/-nen 独身女性. ≈**gram·ma·ti·ker** 男 -s/- 《ふつう複数で》青年文法学派(19世紀末 Leipzig 大学を中心に, 特に音韻法則の発見に努めた新進の史的比較言語学者たち). ≈**he·ge·lia·ner** 男 -s/- 〘哲〙青年ヘーゲル派〈ヘーゲル左派〉の学者. ▽≈**herr** 男 貴公子, 御曹司. ≈**holz** 中 -es/ 〘林〙若木の木立. ≈**leh·rer** 男 (第一次国家試験に通っただけの)見習教員.

Jüng·ling[jʏ́ŋlɪŋ] 男 -s/-e **1** 《雅》若い男, 若者, 青年: Er ist kein ~ mehr. 彼はもう若くはない. **2** 《ふつう軽蔑的に》若造, 青二才. [*ahd.*; ◇jung]

Jüng·lings·al·ter 中 -s/ 青年期, 青春期: im ~ stehen 青年期にある.

jüng·ling(s)·haft[..haft] 形 若者〈青年〉らしい.

Jüng·lings·zeu·gung 女 〘生〙童貞生殖.

Jung≈mä·del[jʊ́ŋ..] 中 **1** 《スイ》少女. **2** 〘史〙少女団(ナチの Hitler-Jugend の下部組織で,10–14歳の少女からなる). ≈**maiß** 男 《オーストリア》= Jungwald ≈**mann** 男 -(e)s/..männer ▽**1** =Jüngling **2** (団体の)青年部メンバー, 若手団員; 〘スポ〙ジュニア選手; 〘海〙三等船員. ≈**pflan·ze** 女 〘園〙苗. ≈**so·zia·list** 男 (SPD の)青年社民党員(略 Juso).

jüngst[jʏŋst] **I** 形 《jung の最上級》 **1** →jung **2 a)** ごく最近の: seit ~*em* つい最近から. ▽**b)** (letzt) 最終の, 最後の: der *Jüngste* Tag (→Tag 4) | das *Jüngste* Gericht (→Gericht[2] 1) | an meinem ~*en* Tag 私の臨終の日に. **II** 副 (vor kurzem) 最近, 先日(→jung I 2): Ich war ~ in Berlin. 私は先日ベルリンに行ってきた | das ~ erschienene Buch 最近出版された本. **III Jüng·ste** →jung IV

Jung·stein·zeit[jʊ́ŋ..] 女 (Neolithikum) 〘人類〙新石器時代.

jung·stein·zeit·lich 形 新石器時代の.

Jüng·sten·recht[jʏ́ŋstən..] 中 -(e)s/ (↔Ältestenrecht) (Juniorat) 〘法〙末子相続権.

▽**jüng·stens**[..təns], ▽**jüngst·hin**[jʏ́ŋsthín] =jüngst II

jüngst·ver·gan·gen 形 《付加語的》過ぎ去ったばかりの, つい先ほどの.

Jung≈tier[jʊ́ŋ..] 中 (まだ成熟していない)若い動物. ≈**tür·ke** 男 -n/-n **1** 青年トルコ党員(青年トルコ党はオスマン帝国の改革を目ざして19世紀末に結成された革新党で, 第一次大戦後に消滅した). **2** 《戯》(一般に改革の意欲に燃えた)活動的な党員. ≈**ver·hei·ra·te·te** 男 女, ≈**ver·mähl·te** 男 女 結婚したばかりの人, 新婚の人. ≈**vieh** 中 若い家畜. ≈**vo·gel** 男 若鳥, ひな. ≈**volk** 中 -(e)s/ **1** 〘史〙少年団(ナチの Hitler-Jugend の下部組織で,10–14歳の少年からなる). ▽**2** 若者たち. ≈**wäh·ler** 男 選挙権年齢に達したばかりの人, 新有権者. ≈**wald** 男 植林したての山林. ≈**wild** 中 (まだ成熟していない)若い野獣. ≈**wuchs** 男 (森の)若木.

Ju·ni[jú:ni·] 男 -(s)/-s 《ふつう単数で》6 月: →August[1]
★ i) Juli と区別してはっきり聞き取れるように Juno [junó:, jú:no·] の形を用いることもある.
ii) 古名: Brachmonat, Brachmond, Brachet [*lat.* (mēnsis) Iūnius; ◇Juno[2]; *engl.* June]

Ju·ni·kä·fer[jú:ni..] 男 〘虫〙(ヨーロッパ産の)コガネムシ(黄金虫)〔の一種〕.

ju·nior[jú:niɔr, ..nio:r] **I** 形 (略 jr., jun.) (↔senior) (jünger) 年少の, 息子の, 小…: 〚人名のあとにそえて〛Herr Meier ~ マイヤー二世 | Firma Schmidt ~ 小シュミット商会.

☆書くときは略語の形を用いることが多い.

II Ju·nior 男 -s/-en[junió:rən] **1** (↔Senior) (父親に対して)息子; 〔最〕年少者. **2** (女 **Ju·nio·rin**[junió:rɪn] -/-nen) **a)** (ファッション関係の用語で)ジュニア, 若者. **b)** 〘スポ〙年少組, ジュニアメンバー. **3** 《話》= Juniorchef [*lat.*; < *lat.* iuvenis (→jung)]

Ju·nio·rat[juniorá:t] 中 -(e)s/-e (↔ Seniorat) (Jüngstenrecht) 〘法〙末子相続権.

Ju·nior·chef[jú:niɔrʃɛf] 男 〘商〙(商店・会社などで)店主〈社主〉の息子, 若主人, 若社長.

Ju·nio·ren≈klas·se[junió:rən..] 女 〘スポ〙ジュニアクラス. ≈**mann·schaft** 女 〘スポ〙ジュニアチーム. ≈**mei·ster·schaft** 女 〘スポ〙ジュニア選手権〔試合〕.

Ju·nio·rin Junior 2 の女性形.

Ju·nior·part·ner[jú:niɔr..] 男 〘商〙(若い)共同経営者; 《比》追随者, わき役.

Jun·ker[jʊ́ŋkər] 男 -s/- **1 a)** 〘史〙(19世紀初頭まで Elbe 川以東の)土地貴族, 地主貴族, ユンカー; (19世紀半ば以降の)大農場経営者, ユンカー. **b)** 《軽蔑的に》(保守反動的なプロイセンの)いなか貴族. **2** 領主の若い子息, 青年貴族, 貴公子: ein ~ Leichtfuß 《戯》そそっかしい若者. ▽**3** (Fahnenjunker) 〘軍〙士官候補生. [*mhd.*; ◇Jungherr; *engl.* younker]

jun·ker·haft[–haft] 形, **jun·ker·lich**[–lɪç] 形 Junker 的な, Junker らしい; Junker のような.

Jun·ker·li·lie[..liə] 女 〘植〙アスフォデリーネ(ユリ科の草花).

Jun·ker·tum[..tu:m] 中 -s/ **1 a)** Junker であること. **b)** (Junker 的なこと. 例えば:) 貴公子ふう, 豪族ぶり. **2** 《集合的に》(プロイセンの)土地〈地主〉貴族.

Jun·kie[dʒʌ́ŋki·] 男 -s/-s 《話》麻薬常習者, ジャンキー. [*amerik.*; < *amerik.* junk „Droge"]

Junk·tim[jʊ́ŋktɪm] 中 -s/-s 〘法〙抱き合わせ, 一括請求; (法案などの)付帯. [*lat.* iūnctim „vereint"; < *lat.* iungere „jochen" (◇Joch); ◇Junta, Juxta]

junk·ti·mie·ren[jʊŋktimí:rən] 他 (h) 《*et.*[4] mit *et.*[3]》(…を…と)抱き合わせる, 一括請求する; (…を…に)付帯する.

Junk·tim·klau·sel[jʊ́ŋktɪm..] 女 〘法〙付帯条項.

Junk·tims·vor·la·ge[jʊ́ŋktɪms..] 女 付帯法案.

Junk·tor[jʊ́ŋktɔr, ..to:r] 男 -s/-en[jʊŋktó:rən] 〘論〙(論理記号の一つである)〔命題〕結合詞(例 ∨, →など).

Jün·nan[jʏ́nan] 地名 雲南, ユンナン(中国, 西南地区南部の省で, 省都は昆明 Kunming).

Ju·no[1][junó:, jú:no·] 男 -(s)/-s 《ふつう単数で》6 月(→Juni ★ i).

Ju·no[2][jú:no·] **I** 人名 〘ロ神〙ユノ(ローマ最高の女神で, ギリシア神話の Hera と同一視される. Jupiter の妻).
II die Ju·no 女 -/ 〘天〙ジュノー(小惑星の一つ).
[*lat.*; ◇Juni]

ju·no·nisch[junó:nɪʃ] 形 ユノの〔ような〕: eine ~*e* Gestalt (女性について)気品のある容姿.

Jun·ta[xʊ́nta·, jʊ́nta·] 女 -/..ten[..tən] (特にスペイン・ラテンアメリカ諸国などの革命後の)臨時政府; 評議会: Militär*junta* 軍事評議会. [*lat.* iūncta–*span.* junta „Versammlung"; < *lat.* iungere (→Junktim)]

Jüp·chen[jý:pçən] 中 -s/- 《中部》乳幼児用の上着.

Jupe[ʒy:p, jy:p] 女 -/-s; 男 -s/-s 《スイ》(Damenrock) スカート. [*arab.* ǧubba (→Joppe)–*fr.* jupe; ◇Jupon, Jumper]

Ju·pi·ter[jú:pitər, ..tɛr] **I** 人名 -s, Jovis[jó:vɪs]/ 〘ロ神〙ユピテル(最高神で, ギリシア神話の Zeus と同一視される. Juno の夫). **II der Ju·pi·ter** 男 -s/ 〘天〙木星. [*lat.*; ◇Zeus, Pater]

Ju·pi·ter·lam·pe 女 商標 ユピター灯(映画撮影・舞台照明・手術などに用いる強力電灯).

Ju·pon[ʒypɔ̃:] 男 -(s)/-s 〘服飾〙▽**1** (19世紀に流行した絹・タフタ製のくるぶしまでとどく優雅な)女性用ペチコート. **2** 《スイ》(Unterrock) ペチコート. [*fr.*; < *fr.* jupe (→Jupe)]

Ju·ra[1][jú:ra·] 複 法学, 法律学(→Jus[1]): ~ studieren (大学で)法学を学ぶ. [*lat.*]

Ju·ra[2][–] **I** 男 -s/ 〘地〙(中生代の)ジュラ紀; ジュラ系. **II der Ju·ra** 地名 男 -(s)/ ジュラ (Rhone 川から Rhein 川に及ぶ褶曲(しゅうきょく)山脈): der Fränkische ~ フランケン=ジュラ山脈(フランケン=アルプスともいい, シュヴァーベン=ジュラ山脈

J

とともにドイツ=ジュラ山脈を形成する) | der Schwäbische ~ シュヴァーベン=ジュラ山脈 (Schwäbische Alb の旧称) | der Schweizer ~ スイス=ジュラ山脈(フランス=スイス=ジュラ山脈ともいう). [*ligur*. „Wald"]

Jụ·ra·for·ma·tiọn 女 -/ 〘地〙ジュラ層.

ju·rạ·re in vẹr·ba ma·gị·stri[jurá:rə ɪn vέrba· magístri·] 《ラテ語》(auf des Meisters Worte schwören) 師の説を受け売りする (Horatius による). [◇Juror]

Ju·rạs·si·er[jurásiər] 男 -s/- ジュラ山脈地方の住民.

ju·rạs·sisch[..sɪʃ] 形 **1** ジュラ山脈の. **2** 〘地〙ジュラ紀の; ジュラ系の. [<Jura[2]]

Jụ·ra·stu·dent[júːra..] 男 法学専攻の大学生.

Jụ̈r·gen[jʏ́rgən] 男名 ユルゲン. [*ndd*.; ◇Georg]

Jụ̈r·gens[jʏ́rgəns] 人名 Curd ~ クルト ユルゲンス(1915–82; ドイツの俳優).

ju·rị·disch[jurí:dɪʃ] 《オース・トリア》=juristisch

Ju·ris·dik·tiọn[jurɪsdɪktsió:n] 女 -/-en(Gerichtsbarkeit) 裁判〔管轄〕権. [*lat*.; ◇Jus[1]]

Ju·ris·pru·dẹnz[..prudɛ́nts] 女 -/ (Rechtswissenschaft) 法学, 法律学. [*lat*. iūris prūdentia „Rechtswissen"; ◇Providenz]

Ju·rịst[juríst] 男 -en/-en **1** 法学者, 法律学者; 法律家. **2** 法学部学生. [*mlat.–mhd.*]

Ju·rị·sten·deutsch 中《しばしば軽蔑的に》法律家〔ふう〕のドイツ語(法律家の文章がとかく難解であることによる).

Ju·ri·ste·rei[jurɪstəráɪ] 女 -/ **1** 法学, 法律学. **2** 法律家の仕事〈業務〉.

ju·rị·stisch[jurístɪʃ] 形 法〔律〕学の, 法〔律〕学に関する; 法〔律〕学による; 法律上の; 法律家としての: die ~*e* Fakultät 法学部 | eine ~*e* Handlung 法的行為 | eine ~*e* Laufbahn einschlagen 法律家になる | eine ~*e* Person 法人 ‖ ~ denken 法律学的見地から〔厳密に〕考える | ~ argumentieren《比》あまりにもこと細かく論証する.

Jụ·ror[jú:rɔr, ..ro:r] 男 -s/-en[juró:rən] (女 **Ju·rọ·rin**[juró:rɪn]-/-nen) **1** 審査員. **2** 〘法〙陪審員. [*afr.–engl.*; <*lat*. iūrāre „schwören" (◇Jus[1]); ◇Jury]

Ju·rọ·ren·ko·mi·tee[juró:rən..] 中《オース・トリア》=Jury

Jụr·te[jʊ́rtə] 女 -/-n (特に中央アジアの遊牧民の)ユルト(円筒形の側壁と笠(かさ)状のフェルト屋根からなる幕舎). [*türk.–russ.*; ◇*engl*. yurt]

Ju·ry[ʒyrí:, ʒý:ri·, dʒú:.., jú:..] 女 -/-s **1** (展覧会・競技会などの)審査委員会. **2** 《集合的に》〘法〙陪審員. [*afr.–engl.*; <*lat*. iūrāre (→Juror)]

ju·ry·frei[ʒyrí:fraɪ, ʒý:ri..] 形 (審査能力のある)専門家の手が加わらない, 無審査の.

Jụs[1][ju:s; オース・トリア: jʊs] 中 -/Jura[jú:ra·] 《無冠詞で》(Recht) 権利; 法, 法律; 《オース・トリア・スイス》法〔律〕学(→Jura[1]): ~ ad rem [at rέm]〘法〙対物権 | ~ divinum [diví:nʊm]〘法〙神法 | ~ gentium[gέntsiʊm]〘法〙(古代ローマの)万民法 | ~ naturale[naturá:lə]〘法〙自然法 | ~ primae noctis [prí:mɛ· nɔ́ktɪs]〘史〙(封建君主が臣下の花嫁と初夜の性的関係を持つことを要求できた)初夜権. [*lat*. iūs]

Jus[2][ʒy:] 女 (南部: 中; スイ: 中男) -[-(s)]/ **1**〘料理〙(煮つめた)肉汁. **2** 《スイ》果汁. [*lat*. iūs–*fr*.; ◇Juice]

Jụ·so[jú:zo·] 男 -s/-s (<Jungsozialist) (SPD の)青年社民党員.

Jụs·siv[jʊ́si:f][1] 男 -s/-e〘言〙(接続法による)要求法, 命令的可能法. [<*lat*. iubēre „befehlen"]

Jụs·stu·dent[jʊ́s..] 《オース・トリア・スイス》=Jurastudent

just[jʊst] **I** 副 **1** 《時間的に》(soeben) ちょうど今, 今まさに, まさにその時: ~ vor fünf Tagen ちょうど５日前に | Als er das Haus verlassen wollte, fing es ~ an zu regnen. 彼が家を出ようとしたちょうどその時雨が降り出した. **2** (gerade) まさに, ちょうど: *Just* das wollte er sagen. それこそ彼の言いたかったところだ. [▽]**II** 形《ふつう否定詞を伴って述語的に》nicht ~ sein まともでない, 物騒である, あやしい. [*lat*. iūstē „gerecht"; ◇Justus]

[▽]**ju·sta·mẹnt**[jʊstamέnt] =just I [*fr*. justement]

Ju·sta·mẹnt·stand·punkt 男《オース・トリア》(まともな理由もなくただ我意をはったり自分の顔を立てたりするためだけに主張する)自分勝手な見解.

Juste-mi·lieu[ʒystmiljǿ] 中 -s/ **1** 中道主義〈政策〉, 中道的態度〈思想〉. **2** どっちつかずの(はっきりしない)態度. [*fr*.]

ju·stiẹ·ren[jʊstí:rən] 他 (h) **1** (計器・機械装置などを)調節〈調整〉する: eine Waage ~ 秤(はかり)を調整する. **2** 《*et*.[4]》〘印〙(…の)行をそろえる, 行ぞろえする(活字組み版の各行の字面(づら)の終わりを一直線にそろえる). **3** (鋳貨を)秤量(ひょうりょう)する, 検量する. [*mlat*. iūstāre „berichtigen"; <*lat*. iūstus (→Justus)]

Ju·stiẹ·rer[..rər] 男 -s/- **1** justieren する人. **2** (鋳貨の)秤量(ひょうりょう)器.

Ju·stiẹr·schrau·be[jʊstí:r..] 女 調整ねじ.

Ju·stiẹ·rung[..rʊŋ] 女 -/-en justieren すること.

Ju·stiẹr·waa·ge[..tí:r..] 女 (鋳貨の)秤量(ひょうりょう)器.

Ju·sti·fi·ka·tiọn[jʊstifikatsió:n] 女 -/-en justifizieren すること. [*spätlat*.]

Ju·sti·fi·ka·tụr[..tú:r] 女 -/-en〘経〙(計算書の)承認.

ju·sti·fi·ziẹ·ren[..tsí:rən] 他 (h) **1** (rechtfertigen)《*et*.[4]》(…の)正当性を理由づける〈証明する〉; 正当化する, 弁明する. **2** (計算などを)検査のうえ承認する. [*spätlat*.; <*lat*. iūstus (→Justus)]

Ju·stị·na[jʊstí:na·] 女名 ユスティーナ. [*lat*.]

Ju·stị·ne[..nə] 女名 ユスティーネ.

Ju·sti·niạn[jʊstinia:n] (**Ju·sti·niạ·nus**[..nʊs]) 人名 ユスティニアヌス(東ローマ皇帝. 一世〔在位527–565〕は Hagia Sophia の建設者, 二世〔在位685–695,705–711〕は「鼻そがれ皇帝」として知られる).

Ju·stị·nus[jʊstí:nʊs] 男名 ユスティーヌス. [*lat*.]

Ju·stị·tia[..tsia·] **I** 人名〘ロ神〙ユスティティア(正義の女神. ギリシア神話の Dike と同一視される). **II** 女 -/ 正義の女神像. [*lat*. iūstitia „Gerechtigkeit"; <*lat*. iūstus (→Justus); ◇Justiz]

ju·sti·ti·ạ·bel[jʊstitsiá:bəl] (..a·bl..) 形 裁判の対象となりうる, (法によって)裁くことのできる. [*mlat.–fr.*]

Ju·sti·ti·ạr[..tsiá:r] 男 -s/-e (官庁・会社などの)法律顧問. [*mlat*.]

ju·sti·ti·ẹll[jʊstitsiέl] 形 司法〔上〕の; 司法権に関する.

Ju·stị·tium[jʊstí:tsiʊm] 中 -s/..tien[..tsiən]〘法〙(非常事態の発生による)司法の休止. [*lat*.; <*lat*. iūs „Recht"+sistere (→sistieren)]

Ju·stịz[jʊstí:ts] 女 -/ **1** 司法; (Judikative) 司法権: die Unabhängigkeit der ~ (行政・立法に対する)司法の独立. **2** 司法当局: *jn*. der ~ ausliefern …を司直の手に引き渡す. [*lat*. iūstitia (→Justitia); ◇*engl*. justice]

Ju·stịz⸗ap·pa·rat 男 司法機構. ⸗**be·am·te** 男 司法官. ⸗**be·hör·de** 女 司法官庁. ⸗**ge·walt** 女 司法権.

ju·sti·zi·ạ·bel[jʊstitsiá:bəl] (..a·bl..) =justitiabel

Ju·sti·zi·ạr[..tsiá:r] =Justitiar

ju·sti·zi·ẹll[..tsiέl] =justitiell

Ju·stịz⸗irr·tum 男〘法〙司法のあやまり, (特に)誤審, 誤判.

Ju·stị·zium[jʊstí:tsiʊm] =Justitium

Ju·stịz⸗mi·ni·ster 男 法務〈司法〉大臣, 法相. ⸗**mi·ni·stẹ·rium** 中 法務〈司法〉省. ⸗**mord** 男〘法〙司法殺人(無実の者に対する死刑の判決・執行). ⸗**rat** 男 -〔e〕s/..räte 法律顧問官. ⸗**ver·wal·tung** 女 司法行政〔機関〕. ⸗**ver·wal·tungs·akt** 男 司法行政行為. ⸗**voll·zugs·an·stalt** 女 刑務所. ⸗**wa·che·be·am·te** 男《オース・トリア》看守. ⸗**wẹ·sen** 中 -s/ 司法制度.

Jụ·stus[jʊ́stʊs] 男名 ユストゥス. [*lat*. iūstus „gerecht"; <*lat*. iūs (→Jus[1])]

Jụ·te[jú:tə] 女 -/ **1**〘植〙ジュート, ツナソ, カナビキオ, 黄麻. **2**〘織〙ジュート繊維, 黄麻の繊維. [*bengal.–engl.*]

Jụ̈·te[jý:tə] 男 -n/-n ユトラント人 (Jütland に住んでいるゲルマンの一種族).

Jụ·te⸗garn[jú:tə..] 中 ジュート糸. ⸗**sack** 男 ジュート繊維製の袋.

jü·tisch[jý:tɪʃ] 形 ユトラントの: die *Jütische* Halbinsel ユトラント半島.

Jüt·land[jý:tlant] 地名 ユトラント(北海とバルト海のあいだに突出した半島. 南部のみドイツ領で, 大部分はデンマーク領. デンマーク語形ユラン Jylland). [<Jüte]

Jut·ta[jʊ́ta·] 女名 (<Judith) ユッタ.

Ju·ve·nal[juvená:l] 人名 ユウェナリス(60頃-140頃; 古代ローマの風刺詩人).

ju·ve·na·lisch[..lɪʃ] 形 ユウェナリスふうの;《比》風刺的な, あてこすりの, 嘲笑(ちょうしょう)的な.

ju·ve·na·li·sie·ren[juvenalizí:rən] 他 (h) 若者の趣味に合わせる, 若者ふうにする. [<*lat.* iuvenālis „jugendlich"]

ju·ve·nil[juvení:l] 形 **1** (↔senil) **a**) 年少の, 青少年の; 年少者に特有の. **b**)《付加語的》〘医〙若年〈少年〉性の. **2** 〘地〙初生の: ~*es* Wasser 初生〈マグマ〉水. [*lat.*–*fr.*; <*lat.* iuvenis (→jung)]

Ju·ve·ni·li·tät[..nilitɛ́:t] 女 -/ juvenil なこと.

Ju·ve·nil·was·ser[..ní:l..] 中 -s/ 〘地〙初生〈マグマ〉水.

ju·vi·val·le·ra[juviválərа·, juvifá..] 間 (歓喜の叫び声, 特に歌の中で)めでたやめでたや, やんややんや, ラララランランラン.

Ju·wel[juvé:l] **I** 中 (男) -s/-en《ふつう複数で》**1** (特に磨いた)宝石, 宝玉: viele ~*en* tragen たくさんの宝石を身につけている. **2** 《比》貴重なもの, 逸品, 宝, 至宝; 絶景: ein ~ mittelalterlicher Baukunst 中世建築の珠玉. **II** 中 -s/-e《話》貴重な人物,(万能の)すばらしい人: Unser Mädchen ist ein ~. うちのお手伝いさんは何でもできて かけがえがない. [*afr.* jo〔u〕el–*mndl.* juweel; <*lat.* iocus (→Jokus); ◇*engl.* jewel]

Ju·we·len≠dieb·stahl 男 宝石どろぼう(行為). **≠händ·ler** 男 宝石商人. **≠käst·chen** 中 宝石箱.

Ju·we·lier[juvelí:r] 男 -s/-e **1** 宝石細工師. **2** 宝石商人.

Ju·we·lier≠ge·schäft 中, **≠la·den** 男 宝石店.

Jux[jʊks] 男 -es/-e《話》(Scherz) 冗談, ふざけ, ジョーク: 〔*sich*[3]〕 einen ~ machen ふざける, 茶化す, 冗談を言う | *sich*[3] mit *jm.* einen ~ machen …をからかう ‖ **aus**〔**lauter**〕**~ und Tollerei** わるふざけの気持から, 冗談に, はしゃいで | *et.*[4] aus ~ tun 〈machen〉 冗談から…をする. [<Jokus]

Jux·bu·de[jʊ́ks..] 女《話》(年の市などの)露店, 小屋がけ.

ju·xen[jʊ́ksən] (02) 自 (h)《話》冗談を言う, ふざける, いたずらをする.

ju·xig[jʊ́ksɪç][2] 形《話》おもしろい, おかしい, こっけいな.

Jux·ta[jʊ́ksta·] 女 -/..ten[..tən] (抽選券・小形の証券などの〔左側につけた〕)照合用割り符. [*lat.* iūxtā „dicht daneben"; <*lat.* iungere (→Junktim)]

Jux·ta≠kom·po·si·tum[jʊkstakɔmpó:zitʊm] =Juxtapositum **≠po·si·tion**[..pozitsió:n] 女 **1** (Zusammenrückung) 〘言〙(統語体をそのまま一語につづる)合接(⑱ jahrelang<〔viele〕 Jahre lang 何年間も). **2** 〘地〙(結晶過程の)接合. **≠po·si·tum**[..pó:zitʊm] 中 -s/..ta[..ta·] (Zusammenrückung) 〘言〙合接語.

Jux·te[jʊ́kstə] 女 -/-n《オーストリア》=Juxta

Jux·ten Juxta, Juxte の複数.

jwd (**j.w.d.**) 略 =janz (=ganz) weit **draußen** ([jɔtve:dé:] とも読む)《戯》ずっと遠く離れて, はるか町はずれに, いやに不便ないなかに: Er wohnt ~. 彼はずっとへんぴな所に住んでいる. [*berlin.*]

J

K

k[1][ka:], **K**[1][−] 中 -/- (→a[1], A[1] ★)ドイツ語のアルファベットの第11字(子音字): →a[1], A[1] 1 | *K* wie Kaufmann (通話略語) Kaufmann の K〔の字〕(国際通話では *K* wie Kilogramm).

k[2] 記号 **1** [kará:t] (Karat) カラット(宝石類の重量単位). **2** (kilo..) キロ. **3** [bóltsmanʃə kɔnstántə] (Boltzmannsche Konstante) 〘理〙ボルツマン定数.

k. 略 **1** =**kaiserlich** 帝室の(→k. k.). **2** =**königlich** 王室の(→k. k.).

K[2] **I** 記号 **1** [ka:, ká:liʊm] (Kalium) 〘化〙カリウム. **2** [kɛ́lvɪn] (Kelvin) 〘理〙ケルビン(また °K も用いられる). **3** (König) 〘チェス〙キング. **II** 略 =**Krone** クローネ(旧オーストリア=ハンガリーなどの貨幣単位).

Ka̤aba[ká:aba·] 女 -/ カーバ (Mekka のイスラム教本部にある方形の聖殿で Abraham が天使から授かったという「黒石」がある). [*arab.*; < *arab.* ka'b „Würfel"]

Kaag[ka:k][1] 女 -/-en 〘海〙カーク(オランダの沿岸・河川用の1本マスト帆船). [*ndl.*]

ka̲a̲·ken[ká:kən] 他 (h) 《方》(ニシンなどの)はらわたを抜き取る. [*mndd.*]

Ka·ba̤·che[kabáxə] 女 -/-n, **Ka·ba̤·cke**[..bákə] 女 -/-n **1** (粗末な)小屋. **2** (いかがわしい)居酒屋, 飲み屋.

▽**Ka·ba̲·le**[kabá:lə] 女 -/-n (Intrige) たくらみ, 陰謀, 奸策(かんさく). [*hebr.* qabbālāh (→Kabbala)−*fr.*; ◇ *engl.* cabal]

▽**ka·ba·li̲e̲·ren**[kabalí:rən] (▽**ka·ba·li·si̲e̲·ren**[..lizí:rən]) 自 (h) (intrigieren) 陰謀をたくらむ.

▽**Ka·ba·li̤st**[..líst] 男 -en/-en 陰謀家; 刺客.

Ka·ba·no̤s·si[kabanɔ́si·] 女 -/- カバノッシ(香辛料をきかせた細いソーセージ).

Ka·ba·re̤tt[kabarɛ́t, ◡◡◡́] 中 -s/-e, -s (オーストリア: [..ré:] -s[..ré:s]/-s[..ré:s]) **1 a**) (シャンソンを聞かせたり, 風刺寸劇を見せたりする)カバレット, キャバレー,〔文学〕寄席(よせ): ins ~ gehen カバレットに行く. **b**) (カバレットでの)演芸, ショー. **c**) カバレットの一座. **2** 〘料理〙(仕切りつきの, 多くは回転式の)盛り合わせ盆. [*fr.* cabaret „Schenke"; ◇ *engl.* cabaret]

Ka·ba·ret·tier[kabarɛtié:] 男 -s/-s Kabarett 1の経営者. [*fr.*]

Ka·ba·ret·ti̤st[..tíst] 男 -en/-en (女 **Ka·ba·ret·ti̤·stin**[..tístɪn]-/-nen) Kabarett 1の芸人.

ka·ba·ret·ti̤·stisch[..tístɪʃ] 形 演芸〔ふう〕の: ein ~*es* Programm 演芸〈ショー〉番組 | ein ~*er* Vortrag 演芸.

Ka·bä̲u̲s·chen[kabɔ́ʏsçən] 中 -s/- 《中部》(快適な)小住宅, 小部屋. [< Kabuse]

Ka̤b·ba·la[kábala·, ◡◡◡́] 女 -/ **1** カバラ(中世ユダヤ教の神秘説). **2** (カバラに基づく)密教的神知論(ドイツでは13世紀に盛んであった). [*hebr.* quabbālāh „Überlieferung"; ◇ Kabale]

Kab·ba·li̤st[kabalíst] 男 -en/-en カバラ学者.

Kab·ba·li̤·stik[..lístɪk] 女 -/ カバラ主義; カバラの教理〔に基づく解釈〕.

kab·ba·li̤·stisch[..lístɪʃ] 形 カバラの; 《比》神秘的な; 素人には通じない, 難解な.

ka̤b·bel[kábəl] 副 《ふつう次の形で》~ gehen 〘海〙(海面が)波立っている.

Kab·be·le̲i̲[kabəlái] 女 -/-en (Streit) (罪のない)けんか; 口論: ~*en* zwischen den Kindern 子供同士のけんか.

ka̤b·be·lig[kábəlɪç][2] 形 **1** 〘海〙(潮流がぶつかったりして海面が)波立っている. ▽**2** 《北部》けんか〈口論〉好きな.

ka̤b·beln[kábəln] 《06》 **I** 他 (h) 《北部》 再帰 *sich*[4] mit *jm.* ~ …とけんか〈口論〉する. **II** 自 (h) 〘海〙(海面が)波立つ, さかまく. [*mndd.*; ◇ Käfer]

Ka̤b·bel·see 女 波立っている海, 荒海.

Ka̤b·be·lung[kábəlʊŋ] 女 -/-en 〘海〙 **1** (海面が)波立つこと. **2** 波の荒い場所, 難所.

▽**Ka̤·bel**[1][ká:bəl] 女 -/-n 《北部》分け前; 当たりくじ. [*mndd.* kavele „Stab 〔zum Losen〕"; ◇ Kegel]

Ka̤·bel[2][−] 中 -s/- **1 a**) 〘工〙ケーブル, 鋼索; 〘電〙ケーブル, 被覆電線(→ 図): Unterseekabel 海底ケーブル ‖ ein ~ verlegen ケーブルを敷設する | *et.*[4] an ~*n* aufziehen …を鋼索でつり上げる. **b**) 〘海〙太綱, いかり綱. ▽**2** (Telegramm) (特に海外への)電報: ein ~ schicken 電報を打つ. [*afr.* chable „Ankertau" − *mndd.* − *mhd.*; ◇ *engl.* cable]

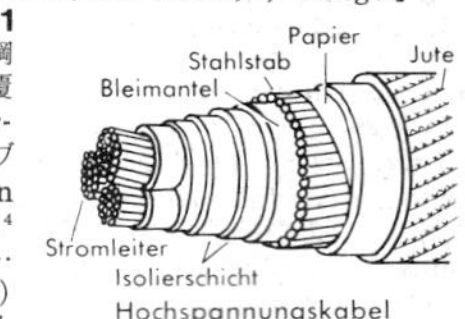

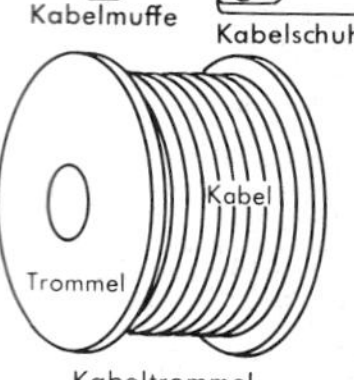

Kabel[2]

Ka̤·bel≈ader 女 〘電〙〔ケーブル〕心線. **≈brun·nen** 男 〘電〙(地下ケーブルの)マンホール. **≈damp·fer** 男 海底ケーブル敷設船. **≈dienst** 男 海底電信業務. **≈ein·füh·rung** 女 〘電〙ケーブル引き込み〔口〕(→ 図 Elektrizität). **≈fern·se·hen** 中 有線〈ケーブル〉テレビ. **≈gat** (**≈gatt**) 中 〘海〙索具室, 錨鎖(びょうさ)庫(→ 図 Schiff B).

Ka̤·bel·jau[ká:bəljaʊ] 男 -s/-e, -s 〘魚〙タラ(鱈)(→ 図). [*mndl.* cabbeliau − *mndd.* kabbelouw]

Kabeljau

Ka̤·bel≈kra̲n[ká:bəl..] 男 〘工〙ケーブルクレーン〈起重機〉. **≈län·ge** 女 〘海〙鏈(れん)(距離の単位; ふつう1/10海里で, 元来はいかり綱1本の長さ). **≈le̲·ger** 男 海底ケーブル敷設船. **≈lei·tung** 女 ケーブル電線. **≈man·tel** 男 〘電〙ケーブル被覆. **≈muf·fe** 女 〘電〙ケーブル=スリーブ(→ 図 Kabel).

ka̤·beln[1][ká:bəln] 《06》 他 (h) 《北部》(verlosen) くじで決める. [< Kabel[1]]

ka̤·beln[2][−] 《06》 **I** 他 (h) 《*et.*[4] an *jn.*》海底電信〈国際電信〉で知らせる. **II** 自 (h) 《an *jn.*》海底電信〈国際電報〉を打つ. [< Kabel[2]; ◇ *engl.* cable]

▽**Ka̤·bel·nach·richt** 女 =Kabel[2] 2

Ka·bel⸗netz 中 ケーブル網. **⸗schiff** 中 =Kabelleger **⸗schlag** 男〘海〙(ロープの)ケーブル撚(ょ)り(→ 図 Seil). **⸗schuh** 男〘電〙ケーブルシュー, ケーブルつかみ(留め金具: → 図 Kabel). **⸗tau** 中 -[e]s/-e〘海〙太綱, いかり綱. ▽**⸗te·le·gramm** 中 =Kabel[2] 2 **⸗trom·mel** 女〘電〙ケーブルドラム〈リール〉(→ 図 Kabel). **⸗werk** 中 **1**〘海〙索具一式. **2**〘電〙ケーブル製造工場. ▽**⸗wort** 中 -[e]s/..wörter 海底電信で送られた単語. **⸗zug** 男〘スキ〙(ビンディングの)スプリング.

Ka·be·stan[kábəsta:n, ◡◡⌐] 男 -s/-e〘海〙(いかり巻き上げ用の)キャプスタン. [*span.* cabestrante—*fr.* cabestan; < *lat.* capistrum „Halfter"; ◇ *engl.* capstan]

Ka·bi·ne[kabí:nə] 女 -/-n **1** (仕切られた)小室, ボックス: Telefon*kabine* 電話ボックス | Umkleide*kabine* 更衣室. **2 a)**〘海〙(船客用の)キャビン, 船室. **b)**〘空〙(旅客機の)キャビン(客席のある空間). **3 a)** (ロープウェーなどの)ゴンドラ, つりかご. **b)** (エレベーターなどの)ケージ, かご, 箱. [*spätlat.* capanna „Hütte"—*afr.* cabane—*engl.* cabin]

Ka·bi·nen⸗bahn 女 (ゴンドラ式)ロープウェー. **⸗kof·fer** 男 (中仕切りのある)大型トランク. **⸗rol·ler** 男 (3輪・4輪の)キャビン=スクーター. **⸗ta·xi** 中 (レール上をコンピューター制御システムで運行する)小型デマンドバス.

Ka·bi·nett[kabinɛ́t] 中 -s/-e **1**〘政〙内閣: Schatten*kabinett* 影の内閣, シャドーキャビネット ‖ ein ~ bilden 組閣する | das ~ umbilden 内閣を改造する ‖ ins ~ berufen werden 入閣する. **2** 指導本部; (特に旧東ドイツの)教育指導センター. **3 a)**《オースト》(窓が一つの)小部屋, 次の間. **b)** (博物館などの)小〈特別〉陳列室; (美術品などの)収納戸棚〈たんす〉. ▽**c)** (王侯・大臣などの)官房. **4** =Kabinettwein [*fr.* cabinet]

Ka·bi·nett⸗aus·le·se 女 (粒を選んでつくった)特上ワイン. **⸗bild** 中 キャビネ版の写真. **⸗for·mat** 中〘写〙キャビネ版(10×14cm). **⸗kä·fer** 男 (Museumskäfer)〘虫〙シモフリマルカツオブシムシ(霜降円鰹節虫).

▽**Ka·bi·netts·be·fehl** 男 =Kabinettsorder

Ka·bi·netts⸗be·schluß 男 閣議決定. **⸗bil·dung** 女 組閣. **⸗ent·schei·dung** 女 閣議決定. **⸗fra·ge** 女 内閣〈閣僚〉の信任問題.

Ka·bi·nett·sit·zung 女 閣議.

Ka·bi·netts⸗ju·stiz 女〘史〙(領邦君主の)専断裁判権;〘政〙政府の司法介入〈干渉〉. **⸗kanz·lei** 女《オースト》内閣官房. **⸗krieg** 男 (民意を無視した)政府〈君主〉独走の戦争. **⸗kri·se** 女 内閣危機. **⸗li·ste** 女 閣僚名簿. **⸗mi·ni·ster** 男, **⸗mit·glied** 中 閣僚. ▽**⸗or·der** 女 (君主の専断事項に関する)政令. **⸗sit·zung** =Kabinettsitzung

Ka·bi·nett·stück 中 ▽**1** (古美術などの)貴重品, 絶品. **2**《比》傑作, 名演: ein ~ der Diplomatie 外交の妙技 | Ich habe mir ein ~ geleistet.《話》とんだ失策をやらかしたわい.

Ka·bi·netts⸗um·bil·dung 女 内閣改造. **⸗vor·la·ge** 女 閣議案. **⸗wech·sel** 男 内閣更迭.

Ka·bi·nett·wein 男 カビネット(平常の摘み取り時期に摘み取ったぶどうから作る上質ワイン).

Ka·bis[ká:bɪs] 男 -/《南部・スイス》(Kohl)〘植〙キャベツ. [< Kappes]

Ka·bo·ta·ge[kabotá:ʒə] 女 -/ **1** 国内沿岸〈河川〉水運[事業]. **2** 国内航空業[認可権]. [*fr.*]

ka·bo·tie·ren[..tí:rən] 自 (h) 国内水運〈航空〉業を営む. [*fr.*; < *span.* capo „Kap"; ◇ Kap]

Ka·brio·lett[kabriolɛ́t; オースト・トリア:..lé:] 中 -s/-s (**Ka·brio**[ká(:)brio·] 中 -[s]/-s) **1** キャブリオレー(折りたたみ式ほろ屋根つきの乗用車: → 図). ▽**2** (1頭立て2輪の)折りたたみ式ほろ馬車. [*fr.* cabriolet; < *fr.* cabriole „Sprung" (◇ Kapriole)]

Kabriolett

Ka·brio·li·mou·si·ne[kabriolimuzí:nə] 女 -/-n キャブリオリムジン(ルーフ取りはずし・巻き上げ式の自動車).

Ka·buff[kabʊ́f] 中 -s/-e, -s《しばしば軽蔑的に》窓のない〈薄暗い〉小部屋; 納戸(なんど). [< Kabuse]

Ka·bu·ki[kabú:ki·] 中 -/-s 歌舞伎. [*japan.*]

Ka·bul[kabʊ́l, ká:bʊl] 地名 カブール(アフガニスタンイスラム国の首都).

Ka·bu·se[kabú:zə] (**Ka·bü·se**[kabý:..]) 女 -/-n《北部》**1** (薄暗い)小部屋. **2** (Kombüse)〘海〙(船の)調理室. [*mndd.* kabūse „Bretterverschlag (auf dem Schiff)"; ◇ Kombüse; *engl.* caboose]

Kach·ek·ti·ker[kaxɛ́ktikər] 男 -s/-〘医〙Kachexie にかかっている人.

kach·ek·tisch[..tɪʃ] 形〘医〙悪液質[性]の.

Ka·chel[káxəl] 女 -/-n **1** [化粧]タイル: *et.*[4] mit ~*n* auslegen …にタイルを張る. **2**《南部》(陶製・土製の)皿, 鉢. [*vulgärlat.*—*ahd.* chachala „irdener Topf"; < *gr.* kákkabos „dreibeiniger Kessel"]

ka·che·lig[káxəlɪç][2] 形《スイス》(zerbrechlich) 壊れやすい, もろい.

ka·cheln[káxəln] 《06》 **I** 他 (h) **1** 《*et.*[4]》(…に)タイルを張る. **2**《卑》(koitieren)《*jn.*》(…と)性交する. **II** 自 (h)《話》(zechen) 大いに飲む, 酒盛りをする.

Ka·chel⸗ofen 男 タイル張りの暖炉(→ 図). **⸗wand** 女 タイル壁.

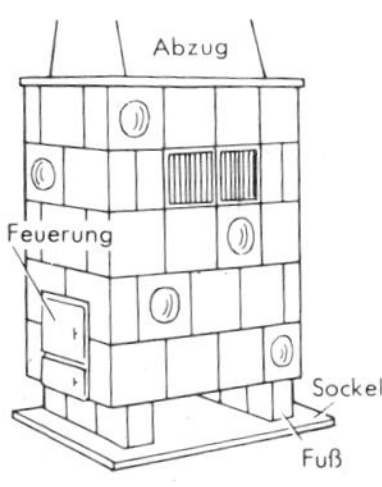

Kachelofen

Kach·exie[kaxɛksí:] 女 -/-n[..sí:ən]〘医〙悪液質(全身的衰弱・貧血を伴う). [*gr.*; < kako..+*gr.* héxis „Haltung, Zustand" (◇ hektisch)]

kack·braun[kák..] 形《卑》汚らしい茶色の, 泥色の.

Kacke[kákə] 女 -/《卑》(Kot) 糞(ふん), 大便;《比》くだらぬもの; いやなこと: **Die ~ ist am Dampfen.** いやな〈ろくでもない〉ことが起こっている.

kacken[kákən] 自 (h)《卑》糞(ふん)をする.

Kacker[..kər] 男 -s/-《卑》いやなやつ, はなつまみ, ろくでなし. [◇ *lat.* cacāre „kacken"]

kack·fi·del[kákfidé:l] 形《卑》ひどく陽気な.

kack·gelb[kákgɛlp][1] 形《卑》汚らしい黄色の.

kack·naiv[káknaí:f][1] 形《卑》ひどく素朴な.

Kack·stel·ze 女 -/-n《ふつう複数で》《卑》(Bein) 脚.

Ka·da·ver[kadá:vər] 男 -s/- **1** (動物の)死体, 死肉, 腐肉;《卑》(人間の)死体, 遺骸(いがい). **2**《軽蔑的に》生けるしかばね, ぽんこつ同然の人〈からだ〉: Nimm deinen ~ da weg!《戯》そこをのいてくれ, 邪魔だよ(私にも座らせてくれ). [*lat.*; < *lat.* cadere „fallen"; ◇ kaduk, Kadenz]

Ka·da·ver·ge·hor·sam 男 盲目的〈絶対〉服従.

Ka·da·ve·rin[kadaverí:n] 中 -s/〘生化学〙カダベリン(プトマインの一種).

Ka·da·ver⸗mehl[kadá:vər..] 中 (飼料として用いる)死畜粉. **⸗ver·wer·tung** 女 死畜処理利用.

Kad·dig[kádɪk] 男 -s/《方》=Wacholder

Ka·denz[kadɛ́nts] 女 -/-en **1**〘楽〙**a)** カデンツ, 終止法(終止を導く旋律型あるいは和音の列). **b)** カデンツァ(終曲部の技巧的独奏部). **2**〘詩〙(詩句の)終止形. **3**〘言〙(文末などで)声の調子を下げること. **4** (火器の)発砲性能度. [*vulgärlat.*—*it.* cadenza „Fallen"; ◇ Kadaver, Chance]

ka·den·zie·ren[kadɛntsí:rən] 自 (h) **1**〘楽〙**a)** カデンツによって終止へ導く. **b)** カデンツァを奏する. **2**〘言〙(文末などで)声の調子を下げる.

Ka·der[ká:dər] 男 (スイス: 中) -s/- **1**《集合的に》幹部, 中核;〘軍〙幹部(将校・下士官);〘スポ〙有力〈中心〉選手: Partei*kader* (共産党などの)党幹部. **2** 1の個々の成員: mittlere ~ eines Betriebes erziehen 企業の中堅幹部要員を

養成する. ［*lat.* quadrum (→Quader)－*it.*－*fr.* cadre „Rahmen"〔－*russ.*〕］

Ka·der≈ab·tei·lung 女 (旧東ドイツの)人事課. **≈ar·mee** 女〘軍〙幹部軍(平時には幹部要員だけからなり, 戦時に召集兵を加える編制方式). **≈po·li·tik** 女 (旧東ドイツの)幹部養成〈配置〉政策.

Ka·dett[1][kadέt] 男 -en/-en《ふつう複数で》(帝政ロシア末期の)立憲民主党員. ［*russ.* Ka-dety; ◇konstitutionell, Demokrat; *engl.* Cadet］

Ka·dett[2][－] 男 **1** -en/-en ▽**a)** Kadettenanstalt の生徒. **b)**《ｽｲｽ》(中等学校の)軍事教練団員. **c)**《戯》(Bursche) 若者. **2** -s/-s (作業服用の)青〈黒〉と白の縞(しま)柄の綿布. ［*spätlat.* capitellum (→Kapitell)－*gaskogn.* capdet „kleiner Hauptmann"－*fr.* cadet; ◇Caddie］

Ka·dett·aspi·rant 男《ｵｰｽﾄﾘｱ》士官候補生.

▽**Ka·det·ten≈an·stalt** 女 (≈**haus** 中)(陸海軍の将校を養成する)幼年学校. **≈korps**[..ko:r] 中 Kadettenanstalt の生徒隊〈団〉. **≈schu·le** 女 ＝Kadettenanstalt

Ka·di[ká:di·] 男 -s/-s **1** カーディ(イスラム教国の裁判官). **2**《話》裁判官; 裁判所, 法廷: *jn.* vor den ～ bringen 〈schleppen〉…を裁判にかける, …を告発する | zum ～ laufen 裁判に訴える. ［*arab.* qādī; ◇Alkalde］

kad·mie·ren[katmí:rən] 他 (h) (verkadmen)《*et.*[4]》(…に)カドミウムめっきをする.

Kad·mium[kátmiʊm] 中 -s/〘化〙カドミウム(金属元素名; 記号 Cd). ［*nlat.*; ＜*gr.* kadmía, kadmeía „Zinkerz"］

Kad·mium≈gelb 中〘化〙カドミウム＝イエロー(硫化カドミウム, 黄色顔料). **≈le·gie·rung** 女 カドミウム合金. **≈oxyd** 中 酸化カドミウム.

Kad·mos[kátmɔs] (**Kad·mus**[..mʊs]) 人名〘ギ神〙カドモス (Europa の兄で, Zeus にさらわれた妹をさがしに旅に出, Thebe の祖となる). ［*gr.*－*lat.*; ◇Kastor］

▽**ka·duk**[kadú:k] 形 **1** (hinfällig) 虚弱な, 病弱な; 衰弱した. **2** (ungültig)〘法〙失効〈失権〉した, 期限の過ぎた. ［*lat.*; ＜*lat.* cadere (→Kadaver); ◇*engl.* caducous］

ka·du·zie·ren[kadutsí:rən] 他 (h)〘法〙(株式などの)失効〈失権〉を宣言する.

Ka·du·zie·rung[..rʊŋ] 女 -/-en〘法〙失効, 失権.

Kä·fer[kέ:fər] 男 -s/- **1**〘虫〙甲虫, 鞘翅(しょうし)目の昆虫(体が固い羽に覆われた昆虫. コガネムシ・テントウムシなど): Leucht*käfer* ホタル | Schwimm*käfer* ゲンゴロウ ‖ Ein ～ krabbelt 〈läuft〉. 甲虫がうごめく | Ein ～ surrt 〈brummt〉. 甲虫がブンブン飛ぶ ‖ ～ sammeln 甲虫を採集する. **2**《戯》(カブトムシ型の)フォルクスワーゲン車(→Volkswagen). **3**《話》**a)** (きれいな)女の子, 小娘: ein hübscher 〈reizender〉 ～ きれいな女の子. **b)** (Schrulle) 気まぐれ; 思いこみ: einen ～ haben 思いこみをする. ［*westgerm.* „Nager"; ◇Kiefer[2]; *engl.* chafer］

kä·fe·rig[kέ:fərıç][2] 形《方》(munter) 元気のよい.

kä·fern[kέ:fərn] (05) 自 (s)《話》(umherlaufen) (あちこち)走り回る.

Kä·fer·schnecke 女〘貝〙ヒザラガイ(石鼈貝).

Kaff[1][kaf] 中 -〔e〕s/《北部》**1** (Spreu) (打穀したあとの)もみがら, わらくず. **2**《比》がらくた, 不要品; むだ話, おしゃべり. ［*mndd.*; ◇*engl.* chaff］

Kaff[2][－] 中 -s/-s, -e《話》寒村, ぱっとしない村落: ein elendes 〈ödes〉 ～ うらぶれた寒村. ［*Zigeunerspr.* gāw］

Kaf·fee[káfe·, kafé:; ｵｰｽﾄﾘｱ: ⌣́] **I** 男 -s/ (種類: -s) **1** **a)** (Kaffeestrauch)〘植〙コーヒーノキ: ～ anbauen コーヒーを栽培する. **b)** (Kaffeebohne) コーヒー豆: ein halbes Pfund ～ mahlen 〈rösten〉 コーヒー半ポンドをひく〈煎(い)る〉. **c)** コーヒーの粉末; (飲み物としての)コーヒー: ～ Hag → 別出 | ～ mit Milch und Zucker ミルクと砂糖をいれたコーヒー | eine Tasse 〈zwei Tassen〉 ～ コーヒー1杯〈2杯〉| ein Kännchen ～ 小ポット1杯のコーヒー ‖ dünner 〈koffeinfreier〉 ～ 薄い〈カフェイン抜きの〉コーヒー | starker 〈話: dicker〉 ～ 濃いコーヒー | heißer ～ 熱いコーヒー | kalter ～ i) 冷たい〈アイス〉コーヒー; さめたコーヒー; ii)《話》レモネード入りコーラ ‖ ～ verkehrt (ミルクの多い, 本来はコーヒーよりもミルクが多い)ミルクコーヒー(＝Milchkaffee) ‖ einen 〈zwei〉 ～ bestellen コーヒーを1杯〈2杯〉注文する | ～ durch das Sieb gießen コーヒーをフィルターでこす〈こしていれる〉| ～ kochen 〈bereiten〉 コーヒーをいれる ‖ Ich möchte einen ～ schwarz. (ミルク・クリームを入れない)ブラックコーヒーを1杯いただけますか | Das ist ja 〔alles〕 **kalter ～.**《話》それは〔すべて〕月並みだ | ***jm.*** **kommt der ～ hoch**《話》…は胸がむかつく(不快感で) | Wenn ich es höre, kommt mir gleich der 〔kalte〕 ～ hoch.《話》それを聞くと私は吐き気を催す | **Dir hat wohl jemand 〈Dir haben sie wohl〉 was in den ～ getan?**《話》君は頭がおかしいんじゃないか. **2** (「家族でコーヒーを飲むとき」の意味で)朝食; (午後の)コーヒーの会〈時間〉, おやつ(4時ごろコーヒーといっしょにケーキなどを食べる): Guten Morgen, hast du schon ～ getrunken? おはよう君は朝食は済んだかね | *jn.* zum ～ einladen …を午後のコーヒー〈お茶の時間〉に(自宅に)招待する(参考 *jn.* zu einem ～ einladen …に(喫茶店で)コーヒーをおごる).

II 中 -s/-s (Café) コーヒー店, 喫茶店.

［*arab.* qahwa „Wein (aus Beeren)"－*türk.*－*it.* caffè－*fr.* café; ◇Café, Kaffein; *engl.* coffee］

Kaf·fee≈an·bau[káfe..] 男 コーヒーの栽培. **≈au·to·mat** 男 ＝Kaffeemaschine **≈bar** 女 コーヒーバー(軽食もとれるコーヒー店). **≈baum** 男 ＝Kaffeestrauch

Kaf·fee·boh·ne[káfe..] 女 **1** コーヒー豆. **2**《戯》(子供の)おしり. ［＜*arab.* bunn „Beere"］

Kaf·fee·boh·nen·kä·fer[káfe..] 男〘虫〙ワタミヒゲナガゾウムシ(綿実鬚長象虫)(綿の実やコーヒー豆の害虫).

kaf·fee·braun[káfe..] 形 コーヒー色の.

Kaf·fee≈decke[káfe..] 女 おやつどきのテーブルクロス. **≈dick** 中 -s/ ＝Kaffeesatz **≈durst** 男 コーヒーを飲みたい気持.

Kaf·fee≈-Ern·te[káfe..] 女 コーヒーの収穫. **≈-Er·satz** 男 (麦などを原料とする)代用コーヒー. **≈-Ex·trakt** 男, **≈-Ex·trakt·pul·ver** 中 インスタント＝コーヒー〔の粉末〕. **≈fahrt** 女 **1** お茶飲みドライブ(午後お茶を飲みに近郊へドライブに行くこと). **2** (企業が商品宣伝のために催す)招待ドライブの会. **≈fil·ter** 男 コーヒーこし器. **≈gar·ten** 男 **1** 庭園ふうコーヒーショップ〈喫茶店〉. **2** コーヒー園. **≈ge·deck** 中 **1** コーヒー茶わんセット(ケーキ皿なども含む). **2** (1人前の)ケーキとコーヒー. **≈ge·schirr** 中 コーヒー茶わんセット. **≈ge·sell·schaft** 女 (午後の)コーヒーパーティー. **≈grund** 男 ＝Kaffeesatz

Kaf·fee·hä·ferl[kafé:..] 中《ｵｰｽﾄﾘｱ》＝Kaffeetasse

Kaf·fee Hag[káfe· há:k] 男 --/ 商標 (＜Kaffee-Handels-AG) カフェ＝ハーク(カフェインを除いたコーヒー).

Kaf·fee·hau·be[káfe..] 女 ＝Kaffeewärmer

Kaf·fee·haus[kafé:..] 中《ｵｰｽﾄﾘｱ》(Café) コーヒー店, 喫茶店. ［*engl.* coffee-house の翻訳借用］

Kaf·fee≈kan·ne[káfe..] 女 コーヒーポット(→ 図 Kaffeetisch). **≈klatsch** 男《話》コーヒーを飲みながらのおしゃべり, 茶飲み話. **≈kränz·chen** 中 **1** (女性たちの定期的な)コーヒーの会. **2** コーヒーの会の女性たち. **≈löf·fel** 男 コーヒースプーン(→ 図 Löffel). **≈ma·schi·ne** 女 電気コーヒー沸かし器, コーヒーメーカー(→ 図 Küche). **≈mehl** 中 コーヒーの粉末. **≈müh·le** 女 **1** コーヒー碾(ひ)き器, コーヒーミル(→ 図). **2**《戯》(古ぼけた)自動車; ヘリコプター. **≈müt·ze** 女 ＝ Kaffeewärmer **≈pau·se** 女 コーヒーなどを飲むための休憩〔時間〕, コーヒーブレーク. **≈pflan·ze** 女 ＝Kaffeestrauch **≈pflan·zung** 女, **≈plan·ta·ge** [..ta:ʒə] 女 コーヒー園. **≈rö·ster** 男 コーヒー＝ロースター. **≈satz** 男 (茶わんの底に残った)コーヒーのおり: aus dem ～

Kaffeemühle

Tortenplatte
Torte
Tortenheber
Kaffeekanne
Brot
Sahnegießer
Untersatz
Butterdose
Brötchen
Gebäck
Ei
Eierbecher
Zuckerdose
Salzstreuer
Eierlöffel
Tasse
Brotkorb
Marmeladendose
Käse
Gebäckzange
Frühstücksbrett
Untertasse
Käseglocke
Kuchengabel
Messer
Teller

Kaffeetisch

wahrsagen コーヒーのおりの形で占う.

Kaf·fee·scha·le[kafé:..] 女《オーストリア》＝Kaffeetasse

Kaf·fee≠schlacht[káfe..] 女《話》＝Kaffeeklatsch **≠schwe·ster** 女《戯》コーヒー好きの女; (茶飲み話に熱中する)おしゃべり女. **≠ser·vice**[..zɛrvi:s] 中 コーヒーセット. **≠sieb** 中 コーヒーこし器.

Kaf·fee·sie·der[kafé:..] 男《オーストリア》《しばしば軽蔑的に》コーヒーショップの店主.

Kaf·fee≠sor·te[káfe..] 女 コーヒーの銘柄. **≠strauch** 男〖植〗コーヒーノキ(コーヒー豆のなる木). **≠stünd·chen** 中《話》(午後の)コーヒータイム. **≠tan·te** 女 ＝Kaffeeschwester **≠tas·se** 女 コーヒー茶わん(→ 図 Tasse). **≠tisch** 男 (午後の)コーヒータイムの準備をととのえたテーブル(→ 図): am ～ sitzen (午後の)コーヒーを飲んでいる. **≠topf** 男《方》(大型の)コーヒー茶わん. **≠trich·ter** 男 ＝ Kaffeefilter **≠trom·mel** 女 ＝ Kaffeeröster **≠wär·mer** 男 (ポットにかぶせる)コーヒー保温カバー(→ 図 Wärmer): Der Kaffee steht unter dem ～. コーヒーには保温カバーが掛けてある. **≠was·ser** 中 -s/ コーヒーをいれるための湯: das ～ aufsetzen コーヒー用の湯を沸かす.

Kaf·fein[kafeí:n] 中 -s/ 〖化〗カフェイン. [*fr.* caféine −*engl.* caffeine; ◇Kaffee]

Kaf·fer[1][káfər] 男 -s/-《話》田舎者; (Dummkopf) ばか, うすのろ. [*hebr.* kafrī „Dörfler“−*jidd.* kapher „Bauer“]

Kaf·fer[2][−] 男 -n/-n カフィル人(南アフリカに住む Bantu の一種族). [*arab.* kāfir (→Kafir)−*span.* cafre]

Kaf·fern≠büf·fel 男〖動〗アフリカスイギュウ(水牛). **≠hir·se** 女, **≠korn** 中 -[e]s/ 〖植〗(アフリカ原産の)穀物用モロコシ属. **≠spra·che** 女 -/ カフィル語.

Kä·fig[kɛ́:fɪç][2] 男 -s/-e **1** (動物を入れる)おり(檻); (Vogelkäfig) 鳥かご: ein Tier in den ～ sperren 動物をおりに入れる | **im 〈in einem〉 goldenen ～ sitzen**《比》富にしばられている, 金はあっても自由がない ‖ Die Ehe war für sie ein goldener ～.《比》彼女の結婚生活は金には恵まれていた. **2**〖工〗(ころ軸受けの)保持器(→ 図 Kugellager).
[*lat.* cavea „Höhlung“−*ahd.* chevia; <*lat.* cavus (→Kaverne); ◇Koje; *engl.* cage]

kä·fi·gen[kɛ́:fɪgən][2] 他 (h) (動物を)おり〈かご〉に入れて飼う: *gekäfigte* Vögel かごに入れられた鳥.

Kä·fig≠läu·fer[kɛ́:fɪç..] 男〖電〗(モーターの)かご型回転子. **≠vo·gel** 男 (かごに入れて飼う)愛玩(あいがん)用の鳥.

Ka·fil·ler[kafílər] 男 -s/-《方》(Abdecker) 皮はぎ人, 獣皮加工業者.

Ka·fil·le·rei[kafɪləráɪ] 女 -/-en《方》皮はぎ業〈場〉. [*rotw.*]

Ka·fir[ká:fɪr] 男 -s/-n《軽蔑的に》(イスラム圏で)非イスラム教徒, 異教徒. [*arab.* kāfir „Ungläubiger“; ◇Kaffer[2]]

Kaf·ka[káfka·] 人名 Franz ～ フランツ カフカ(1883-1924; チェコスロバキアのユダヤ系のドイツ語作家で, 実存主義文学の先駆者. 作品『審判』『城』『アメリカ』など).

kaf·ka·esk[kafkaɛ́sk] 形 カフカ的な, 不条理な.

Kaf·tan[káftan] 男 -s/-e (-s) **1** カフタン(中近東の丈と袖(そで)の長いゆったりした帯で結ぶ衣服. ユダヤ人のカフタンはきっちりしていてボタンで留める). **2**《軽蔑的に》長くてだぶだぶの衣服〈上衣〉. [*pers.* qaftān „Unterpanzer“−*arab.*−*türk.*〔−*slaw.*〕]

Käf·ter[kɛ́ftər] 中 -s/-《中部》(小 **Käf·ter·chen**[−çən] 中 -s/-) (Kämmerchen) 小部屋, 納戸(なんど). [*ahd.* „Bienenkorb“]

kahl[ka:l] 形 **1** 髪〈毛〉のない, はげた: ein ～*er* Kopf はげ頭, 禿頭(とくとう) | ～*e* Stellen〔im Kopf〕haben〔頭に〕はげがある ‖ *jm.* den Kopf ～ scheren …の頭をそる(→kahlscheren) | einen Vogel ～ rupfen 鳥の羽毛をむしってまる裸にする. **2** (枝が)葉をつけていない; (土地に)草木がない; (部屋に)家具〈飾り〉が〔ほとんど〕ない, 殺風景な: ein ～*er* Berg はげ山 | ～*e* Wände (飾りがなくて露出した)裸の壁 ‖ Die Bäume sind ～ geworden. 木々は葉を落とした | Der Saal wirkt ～. 広間はがらんとした感じだ. ▽**3** (nackt) 裸の.
★ 動詞と用いる場合は分離の前つづりともみなされる.
[*westgerm.*; ◇Halunke; *engl.* callow]

der **Kah·len·berg**[ká:lənbɛrk][1] 地名 男 -[e]s/ カーレンベルク(ウィーンの北西にある丘陵, またそのふもとの村).

Kahl·fraß[ká:l..] 男 -es/ 〖林・農〗(葉などを食い尽くされた)壊滅的な虫害.

kahl|fres·sen* 《49》他 (h) (害虫が)食って丸裸にする: Bäume 〈Äcker〉 ～ 木の葉〈畑の作物〉を食い尽くす.

Kahl·frost 男〖林・農〗(温暖地での寒波による)壊滅的な冷害.

kahl·ge·scho·ren kahlscheren の過去分詞.

Kahl·heit[ká:lhaɪt] 女 -/ kahl なこと.

Kahl≠hieb 男 ＝Kahlschlag **≠hirsch** 男 (Mönch)〖狩〗角のないシカ. **≠kopf** 男 はげ頭〈坊主頭〉〔の人〕.

kahl·köp·fig[ká:lkœpfɪç][2] 形 はげ頭の, 禿頭(とくとう)の.

Kahl·köp·fig·keit[−kaɪt] 女 -/ kahlköpfig なこと.

Kahl≠pfän·dung 女 -/ 〖法〗(所有物全部を対象とする)丸裸にする差し押え. **≠schä·del** 男《話》＝Kahlkopf

kahl|sche·ren* 《133》他 (h) 丸坊主にする: Schafe ～ 羊の毛を刈る | ein *kahlgeschorener* Kopf 坊主頭.

Kahl·schlag 男〖林〗**1** 皆伐(かいばつ);《比》徹底的な打撃. **2 a)** 皆伐地域〈区画〉(→ 図 Forst). **b)**《戯》(Glatze) はげ, 禿頭(とくとう).

kahl|schla·gen* 《138》 他 (h) 〘林〙 皆伐する.

Kahl·wild 中 〘狩〙 角のない野獣(雌・幼獣など).

Kahm[ka:m] 男 -〔e〕s/ (ワインなどの表面に浮かぶ)かび. [*vulgärlat.*–*mhd.*; < *lat.* cānus (→Hase)]

kah·men[ká:mən] 自 (h) (ワインなどの表面に)かびが浮く.

Kahm·haut 女 =Kahm

kah·mig[ká:mɪç][2] 形 かびの浮いた.

Kahn[ka:n] 男 -〔e〕s/Kähne[kɛ́:nə] (小 **Kähn·chen**[kɛ́:nçən], **Kähn·lein**[..laɪn] 中 -s/-) **1 a)** (さお・オールなどで操る)小舟, ボート: ～ fahren 舟遊び(ボートこぎ)をする. **b)** (平底で幅の広い)荷役船, はしけ, 川舟. **c)** 《軽蔑的に》(Schiff) 船. **2** 《戯》 **a)** (大きな, はき古した)どた靴. **b)** (Bett) ベッド: in den ～ gehen 〈steigen〉 ベッドに入る, 寝る. **3** 《話》(Gefängnis) 監獄, 刑務所: drei Tage ～ bekommen 3日間留置される. [„Gefäß“; *mndd.* kane]

Kahn·bein[ká:n..] 中 〘解〙 舟状骨.

Kähn·chen Kahn の縮小形.

Käh·ne Kahn の複数.

Kahn≈fah·ren[ká:n..] 中 -s/ , **≈fahrt** 女 舟遊び, ボートこぎ.

Kahn·fü·ßer[ká:nfy:sər] 男 -s/- (Zahnschnecke) 〘貝〙 ゾウゲツノガイ(象牙角貝).

Kahn·kä·fer[ká:n..] 男 〘虫〙 デオキノコムシ(出尾茸虫).

Kähn·lein Kahn の縮小形.

Kahn·schna·bel[ká:n..] 男 〘鳥〙 (南米の)ヒロハシサギ(広嘴鷺).

Kai[1][kaɪ] **I** 女名 カイ. **II** 男名 カイ(ふつう Kai-Uwe のように複合名として用いる). [I: *skand.* Kaj; ◇Katharina; II: *kelt.*–*fries.*]

Kai[2][kaɪ; オーストリア: ke:] 男 -s/-e, -s 埠頭(ふとう), 波止場, 岸壁: Schiffe liegen am ～. 船が埠頭に横付けになっている. [*kelt.*–*afr.* kai–*ndl.* kaai; ◇Hag, Quai, Kaje; *engl.* quay]

Kai≈an·la·ge[káɪ..; オーストリア: ké:..] 女 埠頭(ふとう)〈港湾〉施設. **≈ar·bei·ter** 男 港湾労働者, 荷役労働者, 沖仲仕.

Kai·feng[káɪfɛŋ, kāīfə̄ŋ] 地名 開封, カイフォン(中国, 河南 Honan 省中部の都市).

Kai≈ge·bühr[káɪ..; オーストリア: ké:..] 女 , **≈geld** 中 埠頭(ふとう)使用料, 港湾税.

Kai·man[káɪman] 男 -s/-e 〘動〙 〔メガネ〕カイマン(南米産アリゲーター亜科のワニ: → 図 Echse). [*karib.*–*span.*]

Kai≈mau·er[káɪ..; オーストリア: ké:..] 女 (港の)岸壁. **≈meister** 男 埠頭(ふとう)管理者(監督官).

Kain[kaɪn, ká:ɪn] 人名 〘聖〙 カイン (Adam の長男で, 弟 Abel を殺した. 創 4, 1: →Kainszeichen). [*hebr.*]

Kai·nit[kaɪní:t, ..nít] 男 -s/-e 〘鉱〙 カイナイト(カリ肥料の原料). [< *gr.* kainós „neu“+..it[2]]

Kains≈mal[káɪns.., ká:ɪns..] 中 -〔e〕s/-e, **≈zei·chen** 中 カインのしるし(聖書: 創 4, 15); 《比》犯罪者〔に現れる罪〕の目印: das ～ tragen 罪のあかしをあらわにしている.

Kai·ro[káɪro·, ká:iro·] 地名 カイロ(エジプト=アラブ共和国の首都). [*arab.*; ◇ *engl.* Cairo]

Kai·ro·er[..roər] **I** 男 -s/- カイロの人. **II** 形 《無変化》カイロの.

Kai·ro·pho·bie[kaɪrofobí:] 女 -/-n[..bí:ən] 〘医・心〙 事故危惧(きぐ)症. [< *gr.* kairós „Krisis“]

Kai·ser[káɪzər] 男 -s/- **1** (女 **Kai·se·rin** → 別出) 皇帝: der römische ～ ローマ皇帝 | ～ Karl der Große カール大帝 | der ～ von Japan 日本国天皇 ‖ zum ～ gekrönt werden 皇帝に即位する | Der ～ hat abgedankt. 皇帝は退位した ‖ ein Streit um des ～*s* Bart (→Streit 1) | des ～*s* Rock tragen (→Rock[1] 3 b) | **dem ～ geben, was des ～*s* ist** 俗世の義務は俗世の支配者に対してきちんとはたす(皇帝のものは皇帝に返す. 聖書: マタ22,21から) | **dorthin gehen, wo** 〔**auch** / **selbst**〕 **der ～ zu Fuß hingeht** 《戯》便所(皇帝も歩いてしか行けぬ場所)へ行く | Wo nichts ist, hat 〔auch / selbst〕 der ～ sein Recht verloren. 《諺》無い袖(そで)は振れぬ(何もないところでは皇帝といえども権利の持ちようがない) | Ich bin ～. 《戯》(子供が)僕が一番に食事をすませたよ. **2** =Kaisermantel 2

★ 複合語の規定語として特殊性・特大・極上などを意味することがある: *Kaiser*auszug | *Kaiser*pinguin

[*lat.* Caesar–*germ.*; ◇Cäsar]

Kai·ser≈ad·ler 男 〘鳥〙 カタジロワシ(肩白鷲). **≈aus·zug** 男 特上小麦粉. **≈chro·nik** 女 -/ 〘史・文芸〙 (ドイツ中世の韻文の)皇帝年代記. **≈fleisch** 中 《南部・オーストリア》ベーコン. **≈gra·nat** 男 =Kaiserhummer **≈haus** 中 皇帝の一家〈家系〉, 皇室. **≈hum·mer** 男 〘動〙 ウミザリガニ科のエビ.

Kai·se·rin[káɪzərɪn] 女 -/-nen (Kaiser の女性形) 女帝; 皇后, 皇妃.

Kai·se·rin·mut·ter 女 -/..mütter 皇太后.

Kai·se·rin·wit·we 女 (夫と死別した)皇太后.

Kai·ser≈kro·ne[káɪzər..] 女 **1** 帝冠(→ 図 Krone A). **2** 〘植〙 ヨウラクユリ(瓔珞百合), クラウン=インペリアル(赤い王冠形の花をつけるユリ科バイモ属の一種). **≈krö·nung** 女 皇帝の戴冠(たいかん)式. **≈kult** 男 〘史〙 (古代ローマで皇帝と神を同一化する)皇帝礼拝.

kai·ser·lich[káɪzərlɪç] 形 皇帝の, 帝室の, 帝国の; 皇帝派の; 皇帝のような, 威厳のある: das ～*e* Schloß 皇帝の居城, 皇居 | ～ gesinnt sein 皇帝派である | Die Stadt war damals noch ～. その町は当時まだ皇帝方であった ‖ die *Kaiserlichen* 皇帝派; 〘史〙 (三十年戦争での)皇帝軍.

kai·ser·lich-kö·nig·lich 形 (略 k. k.) 〘史〙 (旧オーストリア=ハンガリー帝国で)〔オーストリア〕帝国の (k. u. k. とは違い, ハンガリーを除いたオーストリアだけの事項を扱う官庁・機関などに冠する): die ～*e* Monarchie オーストリア帝国.

Kai·ser·ling[káɪzərlɪŋ] 男 -s/-e 〘植〙 タマゴタケ(卵茸).

kai·ser·los[káɪzərlo:s][1] 形 皇帝の〔い〕ない: die ～*e* Zeit 〘史〙 大空位時代(1254-73).

Kai·ser≈man·tel 男 **1** 皇帝のマント. **2** (Silberstrich) 〘虫〙 ミドリヒョウモン(緑豹紋蝶). **≈pfalz** 女 〘史〙 (中世ドイツの)皇帝の城(館(やかた)). **≈pin·guin** 男 〘鳥〙 コウテイ(皇帝)ペンギン. **≈reich** 中 帝国. **≈schmar·ren** 男 《南部・オーストリア》〘料理〙 カイザーシュマレン(卵入りパンケーキの一種).

Kai·ser·schnitt 男 〘医〙 帝王切開〔術〕. [*mlat.* sectiō caesarea (◇..zid) を Caesar (→Cäsar) と混同しての翻訳借用]

Kai·ser≈schwamm 男 =Kaiserling **≈sem·mel** 女 《南部・オーストリア》カイザーゼンメル(縦に数本の筋のはいった小さいめの丸いパン).

Kai·sers·lau·tern[kaɪzərsláʊtərn] 地名 カイザースラウテルン(ドイツ Rheinland-Pfalz 州の工業都市).

Kai·ser≈stadt 女 帝都. **≈thron** 男 皇帝の玉座; 帝位.

Kai·ser·tum[káɪzərtu:m] 中 -s/..tümer[..ty:mər] **1** 帝国. **2** 《単数で》 **a)** 帝制. **b)** 皇帝の権威.

Kai·ser≈wahl 女 〘史〙 (選帝侯による)皇帝選挙(→Kurfürst). **≈wet·ter** 中 皇帝日和(快晴の好天気).

der **Kai·ser-Wil·helm-Ka·nal**[kaɪzərvílhɛlm..] 地名 男 -s/ カイザー=ヴィルヘルム運河 (Nord-Ostsee-Kanal の旧称).

Kai·ser·wür·de[káɪzər..] 女 帝位; 皇帝の権威.

Ka·jak[ká:jak] 男 (中) -s/-s **1** カヤック(アザラシの皮を張った Eskimo 人の一人乗りの船). **2** 〘スポーツ〙 カヤック(カヌーの一種: → 図 Boot B). [*eskimo.*; ◇ *engl.* kaiak, k〔a〕yak]

Ka·jak≈ei·ner 男 〘スポーツ〙 シングルカヤック. **≈zwei·er** 男 〘スポーツ〙 ダブルカヤック.

Ka·je[ká:jə] 女 -/-n 《北部》護岸堤防. [*mndd.*; ◇Kai[2]]

Ka·je·put≈baum[kajəpút..] 男 〘植〙 カユプテ(東南アジア産フトモモ科). **≈öl** 中 -〔e〕s/ カユプテ油(鎮痛剤). [< *malai.* kaju „Holz“+putih „weiß“]

▽**ka·jo·lie·ren**[kaʒolí:rən] 他 (h) (schmeicheln) 《*jn.*》(…に)お世辞を言う, へつらう; (liebkosen) 愛撫(あいぶ)する. [*fr.*; ◇Kaverne; *engl.* cajole]

Ka·jüt≈boot[kajý:t..] 中 (スポーツ用の)キャビンつきボート. **≈deck** 中 〘海〙 客室甲板.

Ka·jü·te[kajý:tə] 女 -/-n 〘海〙 船室, キャビン: die erste 〈zweite〉 ～ 一等〈二等〉船室. [*mndd.*]

Ka·jü·ten≈pas·sa·gier[..ʒi:r] 男 〘海〙 キャビンの船客.

≠**trep·pe** 女 (船室とデッキを結ぶ) 昇降階段.
kak.. →kako..
Kak[ka:k] 男 -〔e〕s/-e《北部》(Pranger)(刑罰用の)さらし柱. [*mndd.* kak „Stock"; ◇Kegel]
Ka·ka·du[kákadu·; オーストリア: kakadú:] 男 -s/-s〘鳥〙オウム(鸚鵡). [*malai.* kaka〔k〕tua－*ndl.* kaketoe; ◇*engl.* cockatoo]
Ka·kao[kakáu, ..ká:o·] 男 -s/ (種類: -s) **1** (Kakaobaum)〘植〙カカオノキ: ～ anbauen カカオを栽培する. **2** (Kakaobohne) カカオの実, カカオ豆: ～ mahlen カカオ豆をひく. **3** ココアの粉末; (飲み物としての)ココア: ～ kochen ココアをいれる | Zwei〔Tassen〕～, bitte! ココア2杯ください | ***jn.* durch den ～ ziehen**《話》…をからかう(笑いものにする)(Kakao を Kacke の代わりに用いた婉曲な言い回し) | Da kommt mir der ～ hoch.《比》これでは私は吐き気がする. [*aztek.* caca-huatl „Kakao-baum"－*span.*; ◇*engl.* cocoa]
Ka·kao≠baum[kakáu.., ..ká:o..] 男 カカオの木. ≠**boh·ne** 女 カカオの実, カカオ豆. ≠**but·ter** 女 カカオバター, カカオ脂. ≠**pflan·ze** 女 =Kakaobaum ≠**pul·ver** 中 ココアの粉末.
ka·keln[ká:kəln]《06》自 (h)《北部》**1** (gackern)(鶏・ガチョウなどが)コッコッ(ガアガア)鳴く. **2**《話》(ばかげた・つまらぬ)おしゃべりをする. [*mndd.*; 擬音; ◇gackern; *engl.* cackle]
Ka·ke·mo·no[kakemó:no·] 中 -s/-s 掛け物, 掛け軸. [*japan.*]
Ka·ker·lak[ká:kərlak] 男 -s, -en/-en **1** (Küchenschabe) ゴキブリ, アブラムシ(油虫)(俗称). **2** (Albino)〘動〙白子(しらこ). [*span.* cucaracha－*ndl.*; ◇*engl.* cockroach]
Ka·ki[ká:ki·] 男 中 -〔s〕/ =Khaki
Ka·ki·baum[ká:ki..] 男〘植〙カキ(柿)〔の木〕. [＜*japan.* 柿]
Kak·idro·sis[kakidró:zɪs] 女 -/〘医〙(特に足の)悪臭汗. [＜kako..＋*gr.* hidrṓs (→hidrotisch)]
Ka·ki·pflau·me[ká:ki..] 女 カキ(柿)の実. [＜*japan.* 柿]
kako..《名詞などにつけて「悪い・病的な」などを意味する. 母音の前では kak.. となる: →*Kak*idrosis》[*gr.* kakós „schlecht"; ◇*engl.* caco..]
Ka·ko·dyl[kakodý:l] 中 -s/〘化〙カコジル. [＜*gr.* kakṓdēs „übelriechend"＋..yl; ◇Odeur]
Ka·ko·kra·tie[..kratí:] 女 -/ 悪政.
Ka·ko·pho·nie[kakofoní:] 女 -/-n[..ní:ən] **1** (↔Euphonie)〘言〙カコフォニー, 不快な音調(同音の衝突・反復などによる不快な音の連続). **2**〘楽〙不協和音.
ka·ko·pho·nisch[..fó:nɪʃ] 形 **1** 耳ざわりな, 不快音の. **2**〘言〙カコフォニーの. **3**〘楽〙不協和音の. **4**〘医〙音声異常の.
Kak·osmie[kakɔsmí:] 女 -/〘医〙異常嗅覚(きゅうかく). [＜*gr.* osmḗ „Geruch" (◇Odeur)]
Ka·ko·sto·mie[kakostomí:, ..kɔs..] 女 -/〘医〙不快な口臭. [＜Stoma]
Kak·tee[kakté:(ə)] 女 -/-n[..té:ən], **Kak·tus**[káktus] 男 -/..teen[..te:(ə)n](-ses/-se) **1**〘植〙サボテン(仙人掌). **2**《戯》(Kacke) くそ〔の塊〕: **einen *Kaktus* pflanzen** 〈setzen〉 野ぐそをたれる. [*gr.* káktos „stachlige Pflanze"－*lat.*]
Kak·tus·fei·ge 女〘植〙ウチワサボテン(団扇仙人掌)類の実.
▽**Ka·ku·mi·nal**[kakuminá:l] 男 -s/-e (Retroflex)〘言〙反転音, そり舌音. [＜*lat.* cacūmen „Spitze"＋..al[1]]
▽**kal** =cal
▽**Kal** =kcal
Ka·la-Azar[kála|atsár] 女 -/〘医〙黒熱病, カラ=アザール. [*Hindi*; ＜*Hindi* kālā „schwarz"＋āzār „Krankheit"]
Ka·la·bas·se [kalabásə] 女 -/-n =Kalebasse [*span.*]
Ka·la·bre·se[kalabré:zə] 男 -n/-n =Kalabrier
Ka·la·bre·ser[..zər] 男 -s/- つば広のフェルト帽. [＜*it.* calabrese „aus Kalabrien"]
Ka·la·bri·en[kalá:briən] 地名 カラブリア(イタリア半島南端の西側地方. イタリア語形 Calabria). [*lat.*]
Ka·la·bri·er[..briər] 男 -s/- カラブリア人.
ka·la·brisch[..brɪʃ] 形 カラブリアの.
die **Ka·la·ha·ri**[kalahá:ri·] 地名 女 -/, die **Ka·la·ha·ri·step·pe**[kalahá:ri..] 地名 女 -/ カラハリ(アフリカ南部の砂漠).
Ka·la·mai·ka[kalamáɪka·] 女 -/..ken[..kən] カラマイカ(4分の3拍子のハンガリー民族舞踊). [*russ.* kolomyka; ＜Kolomyia (ソ連邦の都市名)]
Ka·la·ma·rie[kalamá:riə] 女 -/-n《ふつう複数で》〘古生物〙カラマリア (Kalamit の一種). [*lat.* calamārius „Federkasten"; ◇Kalmar[1]]
Ka·la·mi Kalamus の複数.
Ka·la·mit[kalamí:t, ..mít] 男 -en/-en〘古生物〙カラミテス, カラマイト(化石時代の巨大なトクサ類の一種). [＜*gr.* kálamos (→Kalamus)＋..it[2]]
Ka·la·mi·tät[kalamitɛ́:t] 女 -/-en **1** (Notlage) 苦境, 難局; ▽(Unglück) 災厄. **2**〘林〙(樹木の)大量枯死. [*lat.*]
Ka·la·mus[kálamus] 男 -/..mi[..mi·]〘植〙トウ(籐)(ヤシ科のつる植物で, 籐細工の原料). [*gr.* kálamos „Halm"－*lat.*; ◇Halm, Kalmus, Kalmäuser]
Ka·lan·der[kalándər] 男 -s/- (Glättpresse)(紙・織物などの)つや出し機, カレンダー. [*fr.* calandre; ◇*engl.* calender]
ka·lan·dern[kalándərn]《05》他 (h)《*et.*[4]》(つや出し機で…の)つや出しをする.
Ka·lands·bru·der[ká:lants..] 男〘宗〙カレンダエ兄弟会員(聖職者と信徒からなる相互援助共同体, 特に13-14世紀に栄え, 毎月1日一堂に会し, ミサをささげた);《話》道楽者, 大酒飲み. [＜Kalenden]
Ka·lasch·ni·kow[kaláʃnikɔf] 女 -/-s〘軍〙カラシニコフ(旧ソ連製の自動小銃). [*russ.*]
Ka·lau·er[ká:lauər] 男 -s/- 語呂合わせ, (あまりうまくない)地口, だじゃれ: einen ～ erzählen だじゃれを言う. [＜Calembour＋Calau (ドイツの都市名)]
ka·lau·ern[ká:lauərn]《05》自 (h) だじゃれを飛ばす.
Kalb[kalp][1] 中 -〔e〕s/Kälber[kɛ́lbər](小 **Kälb·chen**[kɛ́lpçən], **Kälb·lein**[..laɪn] 中 -s/-) **1** (英: *calf*) 子牛 (→Rind 1): ein ～ aufziehen 〈schlachten〉 子牛を飼育〈畜殺〉する ‖ **wie ein 〔ab〕gestochenes ～ glotzen 〈Augen machen〉** あっけにとられる, ぼうぜんとする | *sich*[4] wie ein dummes ～ benehmen 子供っぽい〈ばかげた〉振舞いをする | **ein ～ machen 〈anbinden〉**《話》嘔吐(おうと)する | **das Goldene ～ anbeten / um das goldene 〈Goldene〉 ～ tanzen**《雅》金銭欲のとりこになる(聖書: 出32から) | mit fremdem ～〔e〕 pflügen《雅》(自分のために)他人を働かせる. **2** (哺乳(ほにゅう)類, 特にシカ・キリン・ゾウなどの)幼獣: Elefanten*kalb* 象の子. **3** =Kalbfleisch **4** ばか者; 子供っぽい人; ばか娘: **ein ～ Moses**《話》あほう, お人好し | Du ～! おばかさん ‖ Sie ist ein richtiges 〈rechtes〉 ～. 彼女はほんとうにばかな娘だ. **5**〘海〙(索具の摩擦をやわらげる)まくら. [*germ.*; ◇Delphin; *engl.* cow]

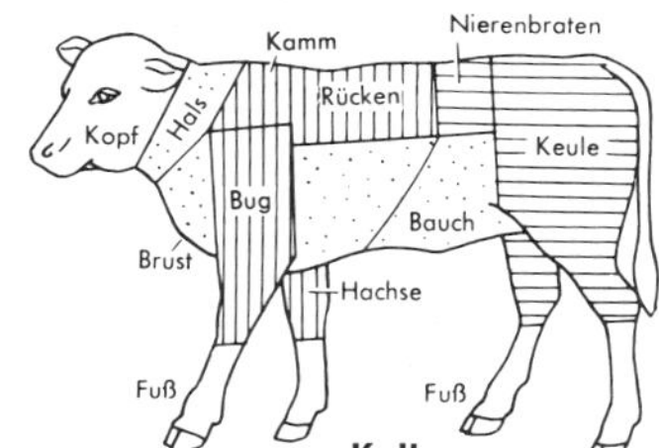

Kalb

Kal·be[kálbə] 女 -/-n (Färse) 〖畜〗 未経産牛.

Kal·be·fie·ber 中 子牛のカルシウム欠乏症.

kal·ben[kálbən][1] 自 (h) **1** (牛・シカ・キリン・象などが)子を産む. **2** Der Gletscher *kalbt.* 〖地〗 氷河が海岸で崩れて氷山になる. ▽**3** ＝kalbern 1

Käl·ber Kalb の複数.

Kal·be·rei[kalbəráɪ] (**Käl·be·rei**[kɛl..]) 女 -/-en 子供っぽい〈ばかげた〉振舞い, 悪ふざけ.

kal·be·rig[kálbərıç][2] (**käl·be·rig**[kɛ́l..]) 形 子供っぽい, ばかげた.

Käl·ber≈kropf[kɛ́lbər..] 男 -〔e〕s/ 〖植〗 ケロフィルム(セリ科の一属). **≈lab** 中 子牛の胃の凝乳酵素. **≈ma·gen** 男 (Labmagen) 子牛の第 4 胃.

kal·bern[kálbərn] 《05》 自 (h) **1** 子供っぽい〈ばかげた〉振舞いをする, ふざける. **2** 《スイス》 ＝kalben 1

käl·bern[1][kɛ́lbərn] 《05》 自 (h) **1 a)** ＝kalbern 1 **b)** 《南部・オーストリア》 ＝kalben 1 **2** 嘔吐(おうと)する.

käl·bern[2][−] 《南部・オーストリア》 **I** 形 子牛肉で作った. **II** **Käl·ber·ne** 中 《形容詞変化》 子牛肉.

Käl·ber≈rohr[kɛ́lbər..] 中 ＝Kälberkropf **≈zäh·ne** 複 《話》 粗びきの麦〔粒〕.

Kalb≈fell[kálp..] 中 **1** 子牛の皮. ▽**2** ＝Kalbsfell 2 **≈fleisch** 中 子牛の肉.

Kal·bin[kálbın] 女 -/-nen 《南部・オーストリア》 ＝Kalbe

Kalb·le·der[kálp..] 中 子牛革.

Kälb·lein Kalb の縮小形.

Kalbs≈bra·ten[kálps..] 男 子牛の焼き肉. **≈bre·gen** 男 ＝Kalbshirn **≈bries** 中 〖料理〗 子牛の膵(すい)〈胸腺(きょうせん)〉(だんごやシチューなどに使う). **≈bries·chen** 中, **≈brös·chen** 中 ＝Kalbsmilch **≈brust** 女 〖料理〗 子牛の胸肉. **≈fell** 中 **1** ＝Kalbfell 1 ▽**2** (子牛革を張った)太鼓: zum ～ schwören / dem ～ folgen 《比》 兵隊になる. **≈fuß** 男 -es/..füße 《ふつう複数で》 〖料理〗 子牛の足. **≈ge·schlin·ge** 中 子牛の臓物. **≈hach·se** (南部: **≈ha·xe**) 女 〖料理〗 子牛のひざ肉. **≈hirn** 中 〖料理〗 子牛の脳髄. **≈keu·le** 女 〖料理〗 子牛のもも肉. **≈kopf** 男 **1** 〖料理〗 子牛の頭. **2** 《話》 ばか者. **≈le·ber** 女 〖料理〗 子牛の肝(きも)〈レバー〉.

Kalbs·le·ber·wurst 女 〖料理〗 子牛のレバーソーセージ.

Kalbs≈le·der ＝Kalbleder **≈milch** 女 〖料理〗 子牛の膵(すい)〈胸腺〉〔の料理〕. **≈nuß** 女, **≈schle·gel** 男 〖料理〗 子牛のももの内側の肉(焼き肉に適する). **≈schnit·te** 女, **≈schnit·zel** 中 〖料理〗 子牛の〔あばら肉の〕ソテー. **≈stel·ze** 女 《オーストリア》 ＝Kalbshachse

Kal·da·rium[kaldá:riʊm] 中 -s/..rien[..riən] **1** 古代ローマの〔温〕浴場. ▽**2** (Gewächshaus) 〖園〗 温室. [*lat.*; ＜*lat.* calidus „warm" (◇Kalorie)]

Kal·dau·ne[kaldáʊnə] 女 -/-n 《ふつう複数で》 **1** 《中部・北部》 〖料理〗 (特に牛の)臓物(ぞうもつ). **2** 《話》 (人間の)内臓, 臓器. [*mlat.* caldūna „dampfendes Eingeweide"−*mhd.*]

Ka·le·bas·se[kalebásə] 女 -/-n **1** 〖植〗 ヒョウタン(瓢箪). **2** (器としての)ひょうたん. [*arab.*−*span.* calabaza−*fr.*; ◇*engl.* calabash]

Ka·le·bas·sen·baum 男 〖植〗 フクベノキ(ノウゼンカズラ科).

Ka·le·do·ni·en[kaledó:niən] 地名 カレドニア(北部スコットランドの古名). [*kelt.*−*lat.* Calēdonia]

Ka·le·do·ni·er[..niər] 男 -s/- カレドニア人.

ka·le·do·nisch[..nıʃ] 形 カレドニアの: der *Kaledonische* Kanal カレドニア運河(イギリス北部の大西洋と北海を結ぶ).

Ka·lei·do·skop[kalaɪdoskó:p, ..dɔs..] 中 -s/-e カレイドスコープ, 万華鏡(まんげきょう); 《比》 千変万化するもの: ein ～ von Meinungen 《比》 種々さまざまな意見. [*engl.*; ＜*gr.* kalós „schön"+eĩdos „Bild" (◇..id[1])]

ka·lei·do·sko·pisch[..pıʃ] 形 万華鏡(まんげきょう)の; 千変万化の, さまざまの.

Ka·lei·ka[kaláıka·] 中 -s/ 《話》 空騒ぎ, むだ話: 〔ein〕 ～ machen (つまらぬことで)大騒ぎする. [*poln.* kolejka „Reihenfolge"]

ka·len·da·risch[kalɛndá:rıʃ] 形 カレンダーに基づく: der ～*e* Beginn des Frühlings 暦の上での春の始まり.

Ka·len·da·rium[..riʊm] 中 -s/..rien[..riən] ▽**1** ＝Kalender 1 **2** 〖カトリック〗 教会暦, 祝祭日表. **3** 〖史〗 (古代ローマの)利子台帳(→Kalenden 1). [*spätlat.* calendārium „Schuldbuch"−*mlat.*; ◇*engl.* calendar]

Ka·len·den[kalɛ́ndən] 複 **1** 〖史〗 (古代ローマ暦の毎月の) 1 日(1 日に利子支払期日が満期になる): *et.*[4] bis zu den griechischen ～ aufschieben 《比》 …にいつまでも着手しない. **2** 〖宗〗 (教会への)物納税. [*lat.* Calendae; ＜*lat.* calāre (→klar); ◇*engl.* calends]

Ka·len·der[kalɛ́ndər] 男 -s/- **1 a)** 暦, 暦書, カレンダー; 年間行事表; 年鑑: alte ～ 《比》 古物 | ein literarischer ～ 文芸年鑑 | ein ～ aus dem Jahre 1922 1922年製〈用〉のカレンダー | ein ～ für 〔das Jahr〕 1995 1995年用のカレンダー | ein ～ für den Gartenfreund (年間作業時期などを示す)園芸手帳 ‖ den ～ abreißen 暦をめくり取る | ～ machen 《話》 考えごとをする; くよくよする ‖ ***sich***[3] ***et.***[4] **im ～ 〔rot〕 anstreichen** 《比》 …をとくに記憶にとどめておく | *et.*[4] im ～ nachsehen …を暦で調べる. **b)** 暦法: **der Gregorianische ～** グレゴリオ暦(1582年に教皇グレゴリウス十三世が制定した現行の太陽暦) | **der Julianische ～** ユリウス暦(前46年にカエサルによって制定された). **2** ＝Blättermagen [＜Kalendarium]

Ka·len·der≈block 男 -〔e〕s/-s, ..blöcke 日めくり, めくり暦(→ 図 Block). **≈ge·schich·te** 女 暦物語. **≈jahr** 中 暦年(1 月から12月まで). **≈mo·nat** 男 暦月(月の 1 日から末日まで). **≈spruch** 男 カレンダーに記してある格言. **≈uhr** 女 カレンダー付き時計.

Ka·le·sche[kalɛ́ʃə] 女 -/-n カレッシュ(軽快な四輪馬車: → 図). [*poln.* kolaska; ＜*poln.* kolo „Rad"; ◇*engl.* calash]

Kalesche

Ka·le·va·la[kálɛvala] (**Ka·le·wa·la**[kálevala·]) 女 中 -/ die 〈das〉 ～ 〖文芸〗 カレワラ(フィンランドの民族的叙事詩で,7-10世紀に作られ, 伝えられたもの). [*finn.* kaleva-la „Helden-land"]

Kal·fak·ter[kalfáktər] 男 -s/- **1 a)** 雑役夫. **b)** 《軽蔑的に》 (監獄の)雑役受刑者. **2** 《方》 おべっか使い; スパイ, 密告者.

Kal·fak·tor[..fáktɔr, ..to:r] 男 -s/-en[..faktó:rən] ＝Kalfakter [*mlat.* cal〔e〕factor „Heizer"; ＜*lat.* cal〔e〕facere „heiß machen" (◇Kalorie)]

kal·fa·tern[kalfá:tərn] 《05》 (《過分》 kalfatert) 他 (h) 〖海〗 (木造船などの)すきまを詰める, コーキングする. [*mgr.*−*roman.*−*ndl.*; ＜*arab.* qafr „Asphalt"]

Kal·fat·ham·mer[kalfá:t..] 男 〖工〗 かしめ槌(つち).

Ka·li[ká:li·] 中 -s/-s 〖化〗 **1** (Kalisalz) カリ塩. **2 a)** (Kalium) カリウム. **b)** カリウム化合物. [＜Alkali]

Ka·lian[kaliá:n] 男 中 -s/-e (ペルシアの)水タバコ用キセル. [*pers.*; ◇*engl.* calean]

Ka·li·ban[káliban] **I** 人名 カリバン (Shakespeare の『テンペスト』に登場する怪物). **II** 男 -s/-e 醜怪で残忍〈粗暴〉な人.

Ka·li·ber[kalí:bər] 中 -s/- **1 a)** (銃砲の)口径, 内径: ein Geschoß leichten 〈schweren〉 ～*s* 小〈大〉口径弾. **b)** (圧延機の)ロール間隔. **c)** (時計の)型, 寸法. ▽**d)** (Lehre) 内径〈外径〉計測器, ゲージ. **2** 《話》 (Art) 種類, 性状, 型, 級: ein Musiker größten ～*s* 〈vom ～ Mozarts〉 第一級〈モーツァルト級〉の音楽家 | Er ist ein besonderes ～. 彼はたいした人物だ. [*gr.* kālo-pódion „Holz-füßchen, Schusterleisten"−*arab.* qālib „Modell"−*it.*−*fr.* calibre; ＜*gr.* kãlon „Holz"+..pode]

Ka·li·berg·werk[ká:li..] 中 カリ坑〈鉱山〉.

Ka·li·ber≈maß[kalí:bər..] 中 〖工〗 内径ゲージ. **≈ring** 男 〖工〗 リングゲージ.

ka·li·brie·ren[kalibrí:rən] 他 (h) **1** 内径〈口径〉を測

る; (圧延ローラーの)すきまを補正する. **2** (度量衡器を)検定する. [*fr.*]

..kalibrig[..kali:brıç][2] 《形容詞につけて「…の口径・内径をもつ」を意味する形容詞をつくる》: klein*kalibrig* 小口径の.

Ka·li≈dün·ge·mit·tel[ká:li..] 中, **≈dün·ger** 男 カリ肥料.

Ka·lif[kalí:f] 男 -en/-en カリフ(マホメットの後継者とされるイスラム教徒の支配者〔の称号〕). [*arab.* khalīfa „Nachfolger"–*mhd.*; ◇ *engl.* caliph]

Ka·li·fat[kalifá:t] 中 -〔e〕s/-e **1** Kalif の位〈支配権〉. **2** Kalif の支配する国〈領土〉. [<..at]

Ka·li·for·ni·en[kalifɔ́rniən] 地名 カリフォルニア(アメリカ合衆国, 太平洋岸の州. 英語形 California). [*span.*]

Ka·li·for·ni·er[..niər] 男 -s/- カリフォルニアの人.

ka·li·for·nisch[..nıʃ] 形 カリフォルニア〔ふう〕の.

Ka·li·for·nium[..niʊm] 中 -s/ 《化》カリフォルニウム(人工放射性金属元素名; 記号 Cf).

Ka·li≈hy·drat[ká:li..] 中 《化》水酸化カリウム, 苛性(かせい)カリ. **≈in·du·strie** 女 カリ工業.

Ka·li·ko[káliko·] 男 -s/-s 《織》キャラコ. [*engl.* calico; <Calicut (インドの都市名)]

Ka·li·lau·ge[ká:li..] 女 《化》苛性(かせい)カリ溶液.

Ka·li·nin·grad[kalınıngrá:t, kalí:nıngra:t] 地名 カリーニングラード(バルト海に臨む旧ソ連邦, 現在ロシアの港湾都市. 1945年までドイツ領で Königsberg といった. 哲学者 Kant の出生地). [<Kalinin (政治家の名)+*russ.* gorod „Burg" (◇Garten)]

Ka·li≈pflan·ze[ká:li..] 女 《植》カリウム植物(カリウムを多く含むジャガイモ・テンサイなど). **≈sal·pe·ter** 男 硝石. **≈salz** 中 《化》カリ岩塩.

Ka·lium[ká:liʊm] 中 -s/ 《化》カリウム(金属元素名; 記号 K).

Ka·lium≈bro·mid 中 《化》臭化カリウム. **≈chlo·rid** 中 《化》塩化カリウム. **≈hy·dro·xyd** 中 《化》水酸化カリウム. **≈jo·did** 中 《化》ヨウ化カリウム, ヨードカリ. **≈ni·trat** 中 《化》硝酸カリウム. **≈per·man·ga·nat** 中 《化》過マンガン酸カリウム.

Ka·liun[kaliú:n] 男 中 -s/-e =Kalian

Ka·li·werk[ká:li..] 中 カリ〔肥料〕工場.

Ka·lix·ti·ner[kalıkstí:nər] 男 -s/- 《キリスト教》カリクスト派の教徒(カリクスト派は15世紀のフス派の穏健派に属する一教団で, 両形色(けいしき)論を唱えた: →Hussit, Utraquismus). [<*lat.* calix (→Kelch); 聖餐(せいさん)式に聖杯の聖血も平信徒が受けるべきであると主張したことから]

Kalk[kalk] 男 -〔e〕s/ (種類: -e) **1 a)** 石灰: gebrannter 〈gelöschter〉 ~ 生〈消〉石灰 ‖ ~ brennen 石灰を煆焼(かしょう)する | ~ enthalten (水などが)石灰分を含む | weiß 〈blaß〉 wie ~ sein (顔などが)まっ青である ‖ **bei *jm.* rieselt schon der ~** 〔aus der Hose〕《話》…はもう老いぼれて〈もうろくして〉いる. **b)** (Kalkmörtel) しっくい: die Wand mit ~ bewerfen 壁にしっくいを塗る. **c)** (Kalkdünger) 石灰肥料: *et.*[4] mit ~ düngen …に石灰を施肥する. **d)** (Kalkmilch) 石灰乳, しっくい塗料: *et.*[4] mit ~ streichen …にしっくい塗料を塗る. **2** =Kalkgebirge **3** (骨・歯などの成分としての)カルシウム. [*lat.* calx–*ahd.*; ◇kalzi.., Calx; *gr.* chálix „Kies"; *engl.* chalk]

Kal·kant[kalkánt] 男 -en/-en 《楽》パイプオルガンの踏み手, ふいご係. [<*lat.* calcāre „treten" (◇Kelter)]

kalk·ar·tig[kálk..] 形 石灰質の.

Kalk≈be·hand·lung 女 《医》カルシウム療法. **≈bo·den** 男 石灰質土. **≈bren·nen** 中 -s/ 《化》石灰焼成. **≈bren·ne·rei** 女 **1** =Kalkbrennen **2** 石灰かまど〈工場〉. **≈bruch** 男 石灰石採掘場. **≈dün·ger** 男 石灰肥料. **≈ei** 中 石灰液に浸して保存した卵.

kal·ken[kálkən] (方: **käl·ken**[kέl..]) 他 (h) **1** (壁に)しっくいを塗る. **2** (畑などに)石灰を施す.

Kalk≈er·de[kálk..] 女 石灰質土. **≈far·be** 女 しっくい塗料. **≈fels** 男, **≈fel·sen** 男 石灰岩. **≈ge·bir·ge** 中 石灰岩山地. **≈gru·be** 女 《坑》石灰坑.

kalk·hal·tig 形 石灰〈カルキ〉を含む, 石灰質の.

Kalk·hüt·te 女 石灰工場.

kal·kig[kálkıç][2] 形 **1** =kalkhaltig **2** (顔などが)まっ青な.

Kalk≈licht[kálk..] 中 -〔e〕s/ (酸化カルシウムを熱して得る)石灰光. **≈lun·ge** 女 《医》石灰肺. **≈man·gel** 男 -s/ 《医》カルシウム欠乏症. **≈milch** 女 石灰乳, しっくい塗料. **≈mör·tel** 男 石灰モルタル, しっくい. **≈ofen** 男 (石灰岩・貝殻などを焼く)石灰がま. **≈pflan·ze** 女 《植》石灰質の土壌を好む植物. **≈prä·pa·rat** 中 《薬》カルシウム錠剤. **≈rot·al·ge** 女 《植》石灰藻(特にサンゴモの類). **≈schwamm** 男 《動》石灰海綿類. **≈sin·ter** 男 《地》石灰華. **≈spat** 男 《鉱》方解石. **≈stein** 男 《地》石灰岩, 石灰石. **≈stick·stoff** 男 《化》石灰窒素. **≈tuff** 男 《地》テュファ(多孔質の石灰華). **≈tün·che** 女 (水で溶いた)しっくい.

Kal·kül[kalký:l] **I** 中 (男) -s/-e (Berechnung) (あらかじめの)計算, 打算, 考慮, 考量: ein politisches ~ 政治的打算 | *et.*[4] ins ~ ziehen 〈einbeziehen〉 …を〔あらかじめ〕考慮に入れる. **II** 男 -s/-e 《数》演算. [*fr.* calcul]

Kal·ku·la·tion[kalkulatsió:n] 女 -/-en **1** (費用などの)計算, 算出, 算定, 見積もり, 評価: eine genaue ~ 綿密な計算 | die ~ der Lohnkosten 賃金コストの算定. **2** 打算, 考慮, 考量; 予測, 推定: *et.*[4] in *seine* ~〔en〕 mit einbeziehen …を考慮に入れる | Nach meiner ~ müßten wir in einer Stunde am Ziel sein. 私の考えでは私たちは１時間したらきっと目的地に着いていると思います. [*spätlat.*]

Kal·ku·la·tor[..lá:tɔr, ..to:r] 男 -s/-en[..lató:rən] **1** (費用などの)計算〈算定〉係, 会計部員. **2** 打算的な人.

kal·ku·la·to·risch[..lató:rıʃ] 形 計算〈算定〉上の.

kal·ku·lie·ren[..lí:rən] 他 (h) **1** (費用などを)計算する, 算出〈算定〉する, 見積もる, 評価する: Kosten 〈Preise〉 ~ 費用〈価格〉を算定する | die Produktion knapp 〈großzügig〉 ~ 生産量をぎりぎりに〈多めに〉見積もる. **2** 考慮に入れる, 考量する; 想定〈推量〉する: ein Risiko ~ リスクを考慮に入れておく | Ich *kalkuliere*, er ist nicht zu Hause. 私の想像では彼は留守らしい | 〔Ich〕 *kalkuliere*, daß es bald regnen wird. まもなく雨になるだろうと思います. [*lat.*; <*lat.* calculus „〔Rechen〕steinchen" (◇Kalk); ◇*engl.* calculate]

Kal·kut·ta[kalkúta·] 地名 カルカッタ(インドの経済的中心をなす大都市). [*sanskr.*; ◇*engl.* Calcutta]

kal·kut·tisch[..tıʃ] 形 カルカッタ〔ふう〕の.

Kalk≈wand[kálk..] 女 しっくい壁, 白壁. **≈was·ser** 中 -s/ 石灰水.

kalk·weiß 形 しっくいで白く塗った; まっ白な; (顔などの)まっ青な.

Kal·la[kála·] 女 -/-s (Schlangenwurz) 《植》カラ, ヒメカイウ(姫海芋)属. [*nlat.*; ◇*engl.* calla]

Kal·le[kálə] 女 -/-n 《話》**1 a)** (Braut) 婚約中の女, いいなずけの女. **b)** (Geliebte) 愛人, 情婦, いろ. **2** (Prostituierte) 売春婦. [*hebr.*–*jidd.*]

Kal·li·graph (**Kal·li·graf**)[kaligrá:f] 男 -en/-en 能書家, 能筆家; 書家.

Kal·li·gra·phie (**Kal·li·gra·fie**)[..grafí:] 女 -/ (Schönschreibkunst) 能書法, 習字, 書道. [<*gr.* kállos „Schönheit"]

kal·li·gra·phisch (**kal·li·gra·fisch**)[..grá:fıʃ] 形 能筆の; 能書法の: ~ schreiben 美しい〔飾り〕文字で書く.

Kal·lio·pe[kalí:ope·] 人名 《ギ神》カリオペ(叙事詩をつかさどる女神: →Muse 1). [*gr.*–*lat.*; <*gr.* óps „Stimme"]

kal·li·py·gisch[kalipý:gıʃ] 形 《話》(女性について)腰つきの美しい.

Kal·li·py·gos[..gɔs, kalí:pygɔs] 人名 《ギ神》カリピュゴス (Aphrodite の別名). [*gr.*; <*gr.* pȳgḗ „Hinterer"]

kal·lös[kalǿ:s][1] 形 **1** 《植》カルスにおおわれた. **2** 《医》皮膚の硬化した, たこの生じた, 胼胝(べんち)性〈状〉の. [*lat.*; ◇*engl.* callous]

Kal·lus[kálʊs] 男 -/-se **1** 《植》カルス, 癒傷組織, 肉状体. **2 a)** 《医》仮骨. **b)** (Schwiele) 胼胝(べんち). [*lat.*]

Kal·mar[1][kálmar] 男 -s/-e[kalmá:rə] 《動》ヤリイカ(槍

烏賊), ケンサキイカ(剣先烏賊). [*mlat.*−*fr.*; <*lat.* calamārius (→Kalamarie); ◇*engl.* calamar]

Kal·mar[2][−] 地名 カルマル(スウェーデンの港町. 1397年ここでスウェーデン・ノルウェー・デンマークを統合するカルマル同盟が結ばれた).

▽**Kal·mäu·ser**[kálmɔʏzər, ⌣⌣́⌣] 男 -s/- 《方》(Stubenhocker)(部屋にばかり閉じこもっている)出無精者; 細事に小うるさい人〈教師〉; 小心者; けちんぼ. [<*lat.* calamus „〔Schreib〕rohr“ (◇Kalamus); ◇klamüsern]

Kal·me[kálmə] 女 -/-n (Windstille) 無風〔状態〕, 凪(なぎ). [*it.*−*fr.*; <*gr.* kaũma „Hitze“+*lat.* calēre „warm sein“]

Kal·men≠gür·tel 男, **≠zo·ne** 女 (赤道付近の)無風「帯.」

▽**kal·mie·ren**[kalmí:rən] 他 (h) (beruhigen) 鎮静させる, なだめる. [*it.*−*fr.*; ◇*engl.* calm]

Kal·muck[kalmʊ́k] 男 -〔e〕s/-e 〘織〙 カルマック(クマの毛皮に似た粗いけばのある毛織物).

Kal·mück[..mʏ́k] 男 -en/-en, **Kal·mücke**[..mʏ́kə] 男 -n/-n カルムック人(西モンゴルの一部族オイラート Oirat に対するヨーロッパ人側からの呼称). [*türk.* kalmuk „Zurückgebliebene“−*tatar.*−*russ.*]

Kal·mus[kálmʊs] 男 -/-se 〘植〙 ショウブ(菖蒲)(根は胃病の薬とされ, また花は聖霊降臨祭のシンボル). [*gr.* kálamos (→Kalamus)−*lat.*]

▽**Ka·lo**[ká:lo·] 男 -s/-s 〘商〙 目減り, (輸送中などの)重量〈分量〉減少. [*it.*; <*gr.* chalãn „nachlassen“]

Ka·lo·ka·ga·thie[kalokagatí:] 女 -/ 〘哲〙 善美(完全円満な生活を目ざした古代ギリシアの理想). [*gr.*; <*gr.* kalòs kaì agathós „schön und gut“ (◇Agathon)]

Ka·lo·mel[ká:lomɛl] 中 -s/ 甘汞(かんこう)(下剤). [*fr.*; <*gr.* kalós „schön“+melan..]

Ka·lo·rie[kalorí:] 女 -/-n[..rí:ən] 〘理・生理〙 カロリー(熱量単位; 記号 cal): ▽große ~ 大カロリー(=Kilokalorie) | ▽kleine ~ 小カロリー(=Kalorie) ‖ arm 〈reich〉 an ~*n* sein カロリーが少ない〈多い〉 | viele ~*n* enthalten カロリーが豊富である. [*fr.*; <*lat.* calor „Wärme“ (◇lau)]

ka·lo·ri·en·arm 形 カロリーの少ない, 低カロリーの.

Ka·lo·ri·en·ge·halt 男 カロリー含有量.

ka·lo·ri·en·reich 形 カロリーの多い, 高カロリーの: ~ essen カロリーの多いものを食べる.

▽**Ka·lo·ri·fer**[kalorifé:r] 男 -s/-s, -en 蓄熱暖房器; (Thermophor) 〘工〙 放熱器. [<*lat.* ferre „tragen“]

Ka·lo·rik[kaló:rɪk] 女 -/ (Wärmelehre) 熱学.

Ka·lo·ri·me·ter[kalorimé:tər] 中 (男) -s/- 熱量計.

Ka·lo·ri·me·trie[..metrí:] 女 -/ 熱量測定, 測熱.

ka·lo·ri·me·trisch[..mé:trɪʃ] 形 熱量測定による〈関する〉.

ka·lo·risch[kaló:rɪʃ] 形 カロリーに関する: der ~*e* Wert von Käse チーズのカロリー価 | ▽eine ~*e* Maschine 熱機関.

ka·lo·ri·sie·ren[kalorizí:rən] 他 (h) 〘金属〙 カロライズする(高温で鉄・銅などにアルミ被覆して耐熱・耐食性を与える).

Ka·lot·te[kalɔ́tə] 女 -/-n **1** (半球形の)頭巾(ずきん), スカルキャップ(聖職者の半球帽・騎士のかぶと下など: → 図 Haube). **2** (Schädeldecke) 〘医〙 頭蓋(ずがい)冠〈円蓋〉. **3** 〘数〙 球冠. [*it.*−*fr.*; <*lat.* calautica „Haube“]

Kal·pak[kalpák, ⌣́⌣] 男 -s/-s カルパック(タタール族の子羊皮の帽子, のちハンガリー人・驃騎兵(ひょうきへい)の毛皮帽〔の垂れ飾り布〕). [*türk.*]

kalt[kalt] **käl·ter**[kɛ́ltər]/ **käl·test** 形 **1** (英: *cold*) (↔warm, heiß) **a**) 〔肌〕寒い, 冷たい, 寒冷の; (感触が)冷たい: eine ~*e* Gegend 寒冷地 | in der ~*en* Jahreszeit 寒い季節に, 冬に(=im Winter) | ~*es* Wetter 寒い天候 | ein ~*er* Wind 〈Regen〉 冷たい風〈雨〉 | die ~*e* Zone 寒帯 | ein ~*es* Bad 冷水浴 | eine ~*e* Dusche 冷水シャワー | der ~*e* Fußboden 冷たい床 | ~*e* Hände haben 冷たい手をしている | *Kalte* Hände, warmes Herz 〈heiße Liebe〉. 《諺》 手の冷たい人は心があたたかだ〈情が深い〉 | ~*er* Schweiß ひや汗(=Angstschweiß) | auf die ~*e* Tour (→Tour 4) | ~*e* Umschläge 冷湿布, 冷罨法(れいあんぽう) | ~*es* Wasser 〔冷たい〕水 | auf ~*em* Wege (→Weg 2) ‖ ~ baden 冷水浴をする | *sich*[4] ~ duschen 冷水シャワーを浴びる ‖ Es ist heute bitter 〈grimmig / eisig〉 ~. きょうはひどく寒い | Es wird langsam *kälter*. (気温などに関して)だんだん寒くなる | Das Wetter bleibt ~. 寒い天気が続く | Mir ist ~./《スイス》Ich habe ~. (生理的に)私は寒い | Der Marmor fühlt sich[4] ~ an. 大理石はさわると冷たい | Der Motor ist noch ~. エンジンはまだ暖まっていない | Er ist schon ~. 《話》 彼はもう冷たくなっている(死んでいる: →kaltmachen) | nicht heiß und nicht ~ sein / weder heiß noch ~ sein (→heiß 1).

b) (飲み物などについて)冷たくした, 冷やした; (料理などが)冷たくなった, 冷えた, さめた; 熱くなっていない: ein ~*er* Braten 冷たい焼き肉, コールドミート | ein ~*es* Büfett (パーティーなどであらかじめ食卓に準備された)冷肉料理 | ~*e* Ente (→Ente 1 a) | ~*e* Getränke 冷やした〈冷たい〉飲み物 | ~*er* Kaffee (→Kaffee I 1 c) | Das ist ja 〔alles〕 ~*er* Kaffee. (→Kaffee I 1 c) | ~*e* Küche / ~*e* Speisen (ソーセージ・ハム・チーズ・パンなど, 火を使わない)冷たい料理〈食事〉 | ein ~*er* Kuß 《比》 チョコレートアイススティック | eine ~*e* Mamsell =Kaltmamsell | eine ~*e* Platte (→Platte 3) | ~*e* Suppe さめて冷たくなったスープ ‖ Der Wein soll ~ bleiben. ワインは冷やしたままにしておかなければいけない(なお: →kaltbleiben) | Abends essen wir meistens ~. 私たちは夕食にたいてい冷たい食事をとる | *et.*[4] ~ lassen …を冷たくする〈冷やす〉(なお: →kaltlassen) | *et.*[4] ~ machen …を冷たくする〈冷やす〉(なお: →kaltmachen) | Wein ~ stellen ワインを冷やす(なお: →kaltstellen) | Die Suppe ist schon ~. スープはもうさめてしまっている.

c) 暖房のない, 寒い; 火の消えた, 冷たい; 発火しない: der ~*e* Krieg (→Krieg) | ein ~*er* Krieger (→Krieger) | ~*e* Miete (→Miete 2) | ein ~*er* Ofen 〔火の〕消えている〈燃えていない〉ストーブ | ein ~*er* Schlag 〈Blitz〉 火事を起こさない落雷 | ein ~*er* Staatsstreich 《比》 無血クーデター ‖ Die Miete beträgt ~ 250 Mark. 間代は暖房費ぬきで250マルクである | Der Ofen ist schon wieder ~. ストーブ〔の火〕がまた消えてしまっている | Er raucht die Pfeife 〈die Zigarre〉 ~. 彼は火のついていないパイプ〈葉巻〉をくわえている | Das Zimmer ist ~. この部屋は暖房してない〈暖房がきかない〉ので寒い(参考 Es ist ~ im Zimmer. 〔気温が低くて〕室内が寒い) | ~ schlafen 暖房してない部屋で眠る | Er sitzt ~ 〈im *Kalten*〉. 彼は暖房してない場所にいる.

2 a) (↔warm) 冷淡な, 冷ややかな; 冷酷な, 無情な; 熱のない, 熱の入らない: ein ~*er* Abschied 〈Empfang〉 冷ややかな別れ〈よそよそしい応接〉 | ~*en* Blutes 冷酷〈非情〉に | mit ~*em* Blick 〈Lächeln〉 冷たいまなざしで〈冷笑を浮かべて〉 | Er hat ein ~*es* Herz. 彼は心が冷たい | *jm.* die ~*e* Schulter zeigen (→Schulter 1) ‖ ~ wie 〔eine〕 Hundeschnauze sein (→Hundeschnauze) | weder warm noch ~ sein / nicht warm und nicht ~ sein (→warm 3 b) ‖ *jn.* ~ ablaufen lassen …をすげなく拒む(→ablaufen I 5) | ***jn.* ~ erwischen** 《話》〘スポ〙(相手が本調子でないのにつけ込んで)…を急襲する, …に打撃を与える.

b) (frigid) (女性について)性的に冷感性〈不感症〉の: eine ~*e* Frau 不感症の女.

c) (nüchtern) 冷静な: ~*e* Vernunft 冷静な理性 | mit ~*er* Berechnung 冷静な打算から | ~*es* Blut bewahren 冷静さを失わない ‖〘特定の動詞と〙~ bleiben =kaltbleiben

3 ぞっとする〔ような〕: ~*es* Grausen / ~*er* Schrecken 身の毛のよだつ恐怖 | ~*e* Wut / ~*er* Zorn 激しい怒り ‖ es überläuft *jn.* heiß und ~ / es läuft *jn.* heiß und ~ über den Rücken (→heiß 1).

4 (↔warm) (色・光などについて)感じの冷たい: ~*e* Farben 寒色(青・緑・灰色など) | ~*es* Licht 青白く冷たい光; 〘理〙 冷光(螢光・燐光(りんこう)など) | eine ~*e* Pracht ひややかな感じのする壮麗さ(→Pracht 1) ‖ Die Farbe wirkt ~. この色は冷たい感じである.

5 (↔warm) 〘工〙 冷間〔加工〕の, 加熱しない: *et.*[4] ~ bie-

gen …を常温で曲げる | *et.*[4] auf dem ～*en* Weg schmieden …を冷間鍛造する.
6 (↔warm)〔狩〕(動物の遺臭の)消えかかった; (犯行の痕跡などが)うすれた: eine ～*e* Fährte 〈Spur〉 かすかな臭跡.
7 a) ～*er* Brand〔医〕壊死(えし);〔畜〕(牛馬の)壊疽(えそ). **b)** ～*es* Fieber〔医〕マラリア.
[*germ.* „gefroren"; ◇gelieren, kühl; *engl.* cold]
Kalt·as·phalt[kált..] 男 (舗装用の)アスファルト乳剤.
kalt|bie·gen* ((16)) 他 (h)〔工〕加熱しないで曲げる.
kalt|blei·ben* ((21)) 自 (s) 冷静さを失わない, 泰然〈平然〉としている(なお: kalt bleiben →kalt 1 b): Selbst in Lebensgefahr *blieb* er *kalt.* 生命の危険のなかにあってさえ彼は冷静そのものであった.
Kalt≠blut 中 -[e]s/ (↔Warmblut) 重種(強壮な労役用の馬の総称). **≠blü·ter**[..bly:tər] 男 -s/- (↔Warmblüter)〔動〕冷血〈変温〉動物.
kalt·blü·tig[..bly:tɪç][2] 形 **1**〔動〕冷血の: ～*e* Tiere 冷血動物. **2 a)** 冷静な, 泰然とした: in einer schwierigen Situation ～ bleiben 困難な状況にあっても冷静さを失わない | der Gefahr[3] ～ ins Auge sehen 平然として危険に立ち向かう. **b)** 冷酷な, 無情な: *jn.* ～ ermorden …を情け容赦なく殺害する. **3** Kaltblut に属する(馬).
Kalt·blü·tig·keit[..kaɪt] 女 -/ kaltblütig なこと.
Kalt≠blüt·ler[..bly:tlər] 男 -s/- **1** =Kaltblüter **2** =Kaltblut **≠bruch** 男 -[e]s/〔金属〕(鉄などの)低温脆性(ぜいせい).
kalt·brü·chig 形〔金属〕低温脆性(ぜいせい)の.
Käl·te[kɛ́ltə] 女 -/ **1** (↔Hitze, Wärme) 寒いこと; 寒さ, 冷たさ; 氷点下の温度; 寒気: eine beißende 〈schneidende〉 ～ 肌を刺すような寒さ | die starke 〈bittere〉 ～ des Winters 冬のきびしい寒さ ‖ Wir haben zehn Grad ～. 温度は氷点下10度である | vor ～ zittern 寒さに震える | Der Steinboden strömt ～ aus. 石の床から冷気が広がる. **2** ((比)) (↔Wärme) (感じ・態度・雰囲気などの)冷ややかさ, 冷淡さ: die ～ eines Zimmers 部屋の冷ややかな雰囲気〈居心地の悪さ〉‖ *jn.* mit eisiger ～ empfangen …をひどく冷たく迎える | In seiner Stimme 〈seinem Blick〉 lag [eine] eisige ～. 彼の声〈まなざし〉にはぞっとするような冷たさがあった.
[*ahd.*; ◇kalt]
Käl·te≠all·er·gie[kɛ́ltə..] 女〔医〕寒冷アレルギー. **≠an·äs·the·sie** 女〔医〕寒冷麻酔[法]. **≠be·hand·lung** 女〔医〕寒冷療法, 低温治療.
käl·te·be·stän·dig 形 不凍性の; 寒さに強い.
Käl·te·ein·bruch 男 突然の寒さ, 寒波の襲来.
käl·te·emp·find·lich 形 寒さに敏感な〈弱い〉.
Käl·te≠emp·fin·dung 女〔生〕冷覚, 冷感. **≠fe·ri·en** 複 (臨時の)酷寒休暇. **≠front** = Kaltfront **≠grad** 男 ((話)) (↔Wärmegrad) 氷点下の温度: bei ～*en* 氷点下のときに. **≠hoch** 中〔気象〕寒冷高気圧. **≠in·du·strie** 女 冷蔵〈冷凍〉産業. **≠man·tel** 男〔坑〕低温帯(通気で冷却された坑道周辺の岩盤). **≠ma·schi·ne** 女 冷凍機. **≠mi·schung** 女〔理〕寒剤. **≠mit·tel** 中〔工〕冷却剤.
▽**kal·ten**[káltən] ((01)) 自 (s) 寒く〈冷たく〉なる, 冷える.
▽**käl·ten**[kɛ́ltən] ((01)) 他 (h) 冷やす.
Käl·te≠pe·ri·ode 女〔気象〕寒冷期. **≠pol** 男〔気象〕寒極. **≠punkt** 男 (↔Wärmepunkt)〔生理〕(皮膚の)冷[覚]点.
Kal·ter[káltər] 男 -s/- ((南部・オーストリア・スイス)) (魚釣りなどに持参する)冷蔵箱, アイスボックス. [<Gehalter „Behälter"]
käl·ter kalt の比較級.
käl·te·re·si·stent[kɛ́ltə..] 形 耐寒性の.
Käl·te≠rück·fall 男 寒気のもどり〈ぶりかえし〉. **≠schutz** 男 防寒〈不凍〉処置.
Käl·te·schutz·mit·tel 中 不凍剤.
Käl·te·sinn[kɛ́ltə..] 男 -[e]s/〔生理〕冷[感]覚.
käl·test kalt の最上級.
Käl·te≠star·re[kɛ́ltə..] 女〔動〕(変温動物に見られる)寒冷硬直. **≠sturz** 男〔気象〕冷え込み. **≠tech·nik** 女 -/ 冷凍工学. **≠tod** 男 凍死: den ～ sterben 〈erleiden〉 凍死する. **≠wel·le** 女 (↔Hitzewelle)〔気象〕寒波.
Kalt≠for·mung[kált..] 女 (加熱によらない)常温加工. **≠front** 女 (↔Warmfront)〔気象〕寒冷前線.
kalt·ge·zo·gen 形 (金属が)常温で延ばされた; (油が)常温で抽出された.
kalt|häm·mern ((05)) 他 (h) 熱しないで鍛造する.
Kalt≠här·tung[kált..] 女 (プラスチックなどの)常温硬化. **≠haus** 中〔園〕冷室.
kalt·her·zig[..hɛrtsɪç][2] 形 冷ややかな, 冷淡な; 無情な.
Kalt·her·zig·keit[..kaɪt] 女 -/ 冷淡; 無情.
kalt·lä·chelnd 形 冷笑を浮かべた, 同情心のない.
kalt|las·sen* ((88)) 他 (h) ((*jn.*)) (…の)気持〈感情〉を乱さない(なお: kalt lassen →kalt 1 b): Seine Tränen *ließen* mich *kalt.* 彼の涙を見ても私の心は動かなかった.
Kalt≠leim 男〔工〕常温用にかわ. **≠lei·ter** 男〔理〕冷導体. **≠luft** 女 -/〔気象〕寒気団: Polare ～ beherrscht Mitteleuropa. 極寒気団が中部ヨーロッパをおおっている.
Kalt·luft·front =Kaltfront
kalt|ma·chen 他 (h) ((話)) (umbringen) ((*jn.*)) 殺す(なお: kalt machen →kalt 1 b).
Kalt≠mam·sell 女 (冷肉料理専門の)簡易食堂のウェートレス. **≠mei·ßel** 男〔工〕冷鉄用たがね. **≠mie·te** 女 ((話)) 暖房費ぬきの家賃〈間代〉(→kalt 1 c). **≠na·del** 女 ドライポイント(腐食剤なしの銅版描刻に用いる鋭い彫刻針).
Kalt·na·del≠ar·beit 女, **≠ra·die·rung** 女, **≠stich** 男〔印〕ドライポイント銅版技法(腐食剤を用いず直接銅板に彫刻針で描刻する方式).
Kalt≠scha·le[また: ⏑ˊ⏑] 女〔料理〕冷製果実スープ. **≠schläch·ter** 男 ((方)) 皮はぎ職人. **≠schmied** 男 (火を用いない)しんちゅう〈銅〉細工師, いかけ屋.
kalt·schnäu·zig[..ʃnɔʏtsɪç][2] 形 無愛想な, そっけない, とりつくしまもない; あつかましい: ein ～*er* Patron いけしゃあしゃあとしたやつ | *jn.* ～ abfertigen …をそっけなくあしらう.
Kalt·schnäu·zig·keit[..kaɪt] 女 -/ kaltschnäuzig なこと: mit einer Portion ～ ひどくそっけなく.
Kalt·sinn 男 -[e]s/ 冷淡, 薄情.
kalt·sin·nig 形 冷淡〈薄情〉な;〔狩〕(猟犬が)興奮しない.
Kalt·start 男 (エンジンの)寒冷時始動.
kalt|stel·len 他 (h) ((話)) ((*jn.*)) (…の)勢力をくじく, 影響力を奪う(なお: *et.*[4] kalt stellen →kalt 1 b).
Kalt·stel·lung 女 -/ kaltstellen すること.
Kalt≠ver·fe·sti·gung 女〔工〕常温加工による硬化. **≠ver·pfle·gung** 女 (サンドイッチなど火を用いないで食べられる, いわゆる kalte Speisen の)弁当.
kalt|wal·zen ((02)) 他 (h) ((不定詞・過去分詞で))〔金属〕常温で圧延する.
Kalt·walz·werk 中〔金属〕常温圧延機.
Kalt·was·ser≠be·hand·lung[kaltvásər.., ⏑ˊ⏑⏑⏑⏑⏑] 女 =Kaltwasserkur **≠heil·an·stalt** 女 水治療養所. **≠kur** 女〔医〕水治療法.
Kalt≠wel·le[kált..] 女〔美容〕コールドパーマ. **≠zeit** 女 (↔Warmzeit)〔地〕氷期.
Ka·lu·met[kalumét, kalymɛ́] 中 -s/-s ピースパイプ, 平和のパイプ(北米インディアンが和平成立の際に吸う長大な飾りパイプ). [*fr.*; ◇Kalamus]
Ka·lup·pe[kalʊ́pə] 女 -/-n ((オーストリア)) あばら家. [*slaw.*]
der **Kal·va·ri·en·berg** [kalvá:riən..] **I** 地名 男 -[e]s/ カルヴァリの丘(キリストが処刑された丘で, Golgatha の別名). **II Kal·va·ri·en·berg** 男 -[e]s/-e ((カトリック)) 巡礼山(山腹にキリスト受難を語る彫刻カルヴァリオの並ぶ巡礼路があり, 山頂に巡礼教会がある);〔美〕キリスト受難図 (Golgatha の丘に向かうキリスト). [<*lat.* calvāria „Schädel"; ◇*engl.* Calvary]
Kal·va·ri·en·kreuz 中〔紋〕段上十字(→ 図 Wappen e).
Kal·vill[kalvíl] 男 -s/-[en], **Kal·vil·le**[..lə] 女 -/-n カルビレ(良質リンゴの品種名). [*fr.*; <Calleville (産地名)]
Kal·vin[kalví:n] =Calvin

kal·vi̱·nisch[..nɪʃ] 形 カルヴァン派の;《大文字で》カルヴァンの.

Kal·vi·ni̱s·mus[kalvinísmʊs] 男 -/ カルヴィニズム, カルヴァン主義.

Kal·vi·ni̱st[..níst] 男 -en/-en カルヴァン派の人.

kal·vi·ni̱·stisch[..nístɪʃ] 形 カルヴァン派の.

Ka·lyk·a̱n·thus[kalykántʊs] 男 -/..then[..tən]〘植〙ロウバイ(蠟梅)属(北米産の観賞用低木). [< *gr.* kályx „Knospe"+antho..]

Ka·ly̱p·so[kalýpsoˑ] 人名〘ギ神〙カリュプソ (Atlas または Helios の娘. 難破した Odysseus を愛した). [*gr.–lat.*]

Ka·ly̱p·tra[kalýptraˑ] 女 -/..tren[..trən]〘植〙**1** カリプトラ(コケ類の造卵器を保護する). **2** 蘚帽(せんぼう)(蘚類の蒴(さく)のふた). **3** (Wurzelhaube) 根冠(こんかん). [*gr.*; < *gr.* kalýptein „verhüllen"]

Kal·zeo·la̱·rie[kaltseoláːriə] 女 -/-n (Pantoffelblume)〘植〙カルセオラリア, キンチャクソウ(巾着草)属. [< *lat.* calceolus „kleiner Schuh" (◇Kalkant)]

kalzi..《名詞・形容詞などにつけて「石灰」を意味する》: *Kalzi*nose〘医〙石灰症 | *kalzi*phil〘植〙石灰分を含む土壌を好む. [*lat.* calx (→Kalk); ◇*engl.* calci..]

Kal·zi·na·tio̱n[kaltsinatsióːn] 女 -/-en〘化〙(石灰の)煆焼(かしょう).

kal·zi·nie̱·ren[kaltsiníːrən] 他 (h) 煆焼(かしょう)する.

Kal·zi·nie̱r·o̱fen[..níːr..] 男 煆焼(かしょう)炉.

Kal·zi̱t[kaltsíːt, ..tsít] 男 -s/-e (Kalkspat)〘鉱〙方解石. [< ..it[2]]

Ka̱l·zium[káltsiʊm] 中 -s/〘化〙カルシウム(金属元素名; 記号 Ca). [*engl.* Calcium]

Ka̱l·zium≠chlo·ri̱d 中 -[e]s/〘化〙塩化カルシウム(乾燥剤). **≠kar·bi̱d** 中 -[e]s/ 炭化カルシウム.

ka̱m[kaːm] kommen の過去.

Ka̱·ma[1][káːmaˑ] 男 -s/-s (Hartebeest)〘動〙カーマハーテビースト(南アフリカ産のオオカモシカ). [*afrikaans*]

Ka̱·ma[2][–] 男〘インド神〙カーマ, 迦摩天(かまてん)(愛欲神). [*sanskr.* kāma „Verlangen"]

Ka·ma·ri̱l·la[kamaríl(j)aˑ] 女 -/..llen[..l(j)ən]《集合的に》(君主・首脳部に接近してひそかに利益をむさぼる)奸臣(かんしん), 君側の奸, 宮廷〈政界〉ボス, 黒幕. [*span.* „Kämmerchen"; < *lat.* camera (→Kammer)]

Ka·ma·su̱·tra[kamazúːtraˑ] 中 -/ カーマスートラ(古代インドの性愛経典). [*sanskr.* kāma-sūtra „Liebes-leitfaden"; ◇Kama[2]]

Ka̱m·bi Kambio の複数.

[▽]**kam·bia̱l**[kambiáːl] 形 **1**〘商〙手形による〈関する〉. **2**〘植〙形成層の. [< ..al[1]]

Ka̱m·bi·en Kambium の複数.

[▽]**kam·bie̱·ren**[..bíːrən] 自 (h) 為替業を営む.

[▽]**Ka̱m·bio**[kámbioˑ] 男 -s/..bi[..biˑ] (Wechsel)〘商〙手形, 為替. [*it.*; < *lat.* cambīre (→changieren)]

Ka̱m·bium[kámbiʊm] 中 -s/..bien[..biən]〘植〙形成層. [*mlat.*]

Kam·bo̱·dscha[kambɔ́dʒaˑ] 地名 カンボジア(インドシナ半島南部の独立国で,1953年までフランス領, 別形 Kampuchea. 首都はプノンペン Phnom Penh).

Kam·bo·dscha̱·ner[..bodʒáːnər] 男 -s/- カンボジア人.

kam·bo·dscha̱·nisch[..nɪʃ] 形 カンボジアの.

Ka̱m·brik[kámbrɪk, kéɪmbrɪk] 男 -s/〘織〙キャンブリック(上質の平織り麻布・綿布). [*engl.* cambric; < Cambrai (北フランスの原産地名)]

ka̱m·brisch[kámbrɪʃ] 形〘地〙カンブリア紀の.

Ka̱m·brium[..briʊm] 中 -s/〘地〙(古生代の)カンブリア紀. [< *mlat.* Cambria (Wales 地方の古称); ◇Kymre]

Kam·bü̱·se[kambýːzə] 女 -/-n =Kombüse

kä̱·me[kɛ́ːmə] kommen の接続法II.

Ka·me̱e[kaméː(ə)] 女 -/-n[..méːən] (↔Intaglio) カメオ(浮き彫りを施した宝石). [*it.* ca[m]meo–*fr.* camée]

Ka·me̱l[kaméːl] 中 -[e]s/-e **1**〘動〙ラクダ(駱駝): ein einhöckriges ～ ヒトコブ(単峰)ラクダ(=Dromedar) | ein zweihöckriges ～ フタコブ(双峰)ラクダ(=Trampeltier) ‖ ein ～ beladen ラクダの背に荷を積む | auf einem ～ reiten ラクダに乗って行く | Es ist leichter, daß ein ～ durch ein Nadelöhr gehe, als daß ein Reicher ins Reich Gottes komme. 富んでいる者が神の国に入るよりはラクダが針の穴を通るほうがもっとやさしい(聖書: マタ19,24) | Eher geht ein ～ durchs Nadelöhr, als daß ...《比》…なんて絶対に起こるはずがない. **2**《話》**a)** のろま, とんま: Du ～! このばか〈あほう〉め. [▽]**b)** (学生組合に属さない)くそまじめな学生. **3**〘海〙(浅瀬を乗り切るときに船を浮かせる)浮き箱. [*semit.–gr.* kámēlos[–*lat.–mhd.*]]

Ka·me̱l·fo̱h·len 中 ラクダの子.

Kä̱·mel·garn[kɛ́ːməl..] 中〘織〙モヘア(アンゴラヤギの毛糸). [< *mhd.* kemel „Kamel"]

Ka·me̱l·haar[kaméːl..] 中 -[e]s/〘織〙キャメル=ヘア(コート・毛布に用いるラクダの毛[の織物]).

Ka·me̱l·hals·flie·ge 女〘虫〙駱駝虫(らくだむし)目の昆虫.

Ka·me̱l·hengst 男 ラクダの雄.

Ka·me̱·lie[kaméːliə] 女 -/-n **1**〘植〙ツバキ(椿). **2** ツバキの花. [< J. Camel (ツバキを日本からヨーロッパに紹介したチェコスロヴァキア生まれの神父, †1706)]

Ka·me̱l·ku̱h[kaméːl..] 女 =Kamelstute

Ka·me̱l·len[kamɛ́lən] 複《話》《もっぱら次の形で》**olle 〈alte〉 ～** (だれもが知っているような)陳腐な話(19世紀北ドイツの作家 Fritz Reuter の《Olle Kamellen》に由来) | olle ～ auftischen 〈aufwärmen〉 古くさい話を持ち出す〈むし返す〉. [< Kamille; 古くなると香りや薬効を失うことから]

Ka·me·lo·pa̱rd[kamelopárt][1] 男 -[e]s/-e; -en/-en (Giraffe) **1**〘動〙キリン(麒麟). **2** der ～〘天〙麒麟(きりん)座. [*gr.* kamēlo-párdalis „Kamel-Pard[er]"–*lat.–mlat.* camēlo-pardus]

Ka·me·lo̱tt[kaməlɔ́t] 男 **1** -s/-e〘織〙キャムレット, カムロ, 呉絽(ごろ)(薄手の毛織物の一種). **2** -s/-s(-e) (駅・街頭の)売店の売り子; (特にパリの)新聞売り. [1: *fr.*; < *afr.* chameau „Kamel"; ◇*engl.* camlet; 2: *fr.*]

Ka·me̱l≠stu·te[kaméːl..] 女 ラクダの雌. **≠trei·ber** 男 **1** ラクダを飼う人; ラクダの御者. **2** アラブ人. **≠zie·ge** 女 (Angoraziege)〘動〙アンゴラヤギ(山羊).

Ka̱·me·ra[káməraˑ, káːm..] 女 -/-s **1** (Fotoapparat) カメラ, 写真機(→ 図): eine automatische 〈versteckte〉 ～ オートマチック〈隠し〉カメラ | eine elektronische ～ 電子カメラ, EE カメラ ‖ einen Film in die ～ einlegen フィルムをカメラに入れる | *et.*[4] mit der ～ einfangen …をカメラにおさめる, …を撮影する. **2** (Filmkamera) 映画撮影機; (Fernsehkamera) テレビカメラ: vor der ～ stehen《比》映画〈テレビ〉俳優である | Die ～ läuft 〈schwenkt zu mir〉. (映画などの)カメラが回っている〈私の方へ向く〉. [< Camera obscura]

Ka·me·ra̱d[kaməráːt][1] 男 -en/-en (女 **Ka·me·ra̱·din**[..dɪn]-/-nen) 仲間, 僚友, 同志; (Schulkamerad) 学校友だち, 学友, 同級〈同窓〉生; (Kriegskamerad) 戦友: ein alter 〈treuer〉 ～ 昔からの〈誠実な〉友 | ein ～ beim Fußballspiel サッカーのチームメート | Spiel*kamerad* 遊び仲間 ‖ Seine Frau war ihm ein guter ～. 彼の妻は彼のよき伴侶(はんりょ)であった ‖ ～ Schnürschuh《話》i) オーストリアの兵士; オーストリア人; ii) (親しみをこめた呼びかけとして)戦友. [*it.* camerata „Stubengenossenschaft"–*fr.* camarade; < *lat.* camera (→Kammer); ◇*engl.* comrade]

Ka·me·ra̱·den≠dieb·sta̱hl 男〘軍〙戦友からの窃盗. **≠hil·fe** 女 戦友〈学友〉同士の助け合い.

Ka·me·ra·de·ri̱e[kamərадəríː] 女 -/《軽蔑的に》仲間〈僚友〉関係; 仲間意識, (狭い)党派心. [*fr.* camaraderie]

Ka·me·ra̱·din Kamerad の女性形.

Ka·me·ra̱d·schaft[kaməráːt-ʃaft] 女 -/-en 仲間〈僚友〉関係, 友情; 親交: aus ～ 級友〈戦友〉のよしみで | ～ mit *jm.* schließen 〈halten〉 …と同志の交わりを結ぶ〈保つ〉.

ka·me·ra̱d·schaft·lich[–lɪç] 形 仲間〈僚友〉らしい, 友情のある, 親密な: *jm.* ～ helfen 同志のよしみで…に力を貸す | *jm.* ～ auf die Schultern klopfen 親しげに…の肩をたたく.

K

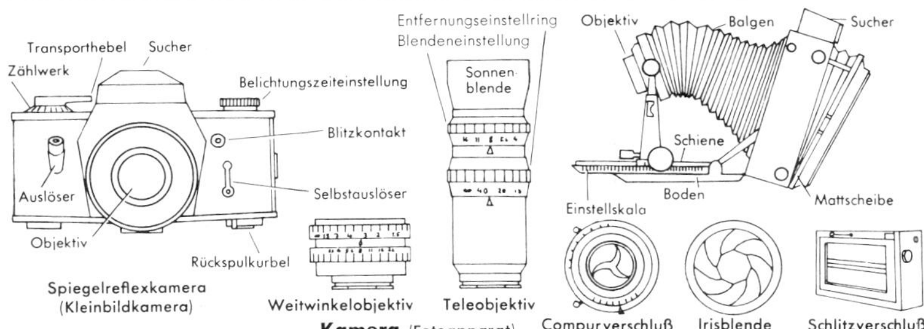

Kamera (Fotoapparat)

Ka·me·rad·schaft·lich·keit[..kaıt] 女 -/ 仲間(僚友)同士という気持, 友情.

Ka·me·rad·schafts≠ehe 女 (愛情よりも相互理解から発した)友情結婚. **≠geist** 男 -[e]s/ 僚友(友愛)精神.

Ka·me·ra≠ein·stel·lung 女 (焦点距離・絞り・シャッター速度などの)カメラ調整. **≠frau** 女 Kameramann の女性形. **≠leu·te** Kameramann の複数.

ᵛ**Ka·me·ra·li·en**[kamerá:liən] 複 =Kameralwissenschaften

Ka·me·ra·lis·mus[kameralísmus] 男 -/ 〘政〙官房学説, 内帑(ど)学説(16-18世紀ドイツの重商主義の一形態). [< *mlat.* camerālis „von der Kammer" (◇Kammer)]

Ka·me·ra·list[..líst] 男 -en/-en 官房学者.

Ka·me·ra·li·stik[..lístık] 女 -/ 国庫会計大綱; ᵛ財政学.

ka·me·ra·li·stisch[..lístıʃ] 形 Kameralistik の.

ᵛ**Ka·me·ral·wis·sen·schaf·ten**[kamerá:l..] 複 官房学, 内帑(ど)学(財政学・経済学などを含むドイツの重商主義的行政学: →Kameralismus).

Ka·me·ra·mann[ká(:)məra..] 男 -[e]s/..männer, ..leute (女 **Ka·me·ra·frau**[..frau]) (映画・テレビの)カメラマン, 撮影技師(→Fotograf).

ka·me·ra·scheu 形 カメラぎらいの, 写真を撮られることのきらいな.

Ka·me·ra≠schwenk·kopf 男 〘写〙(三脚の)雲台(うんだい). **≠team** 中 カメラマンのチーム, 写真撮影班. **≠wa·gen** 男 〘映〙移動式カメラ台.

Ka·me·run[ká(:)məru:n, ⏑⏑⏊] 地名 カメルーン(西アフリカ, Guinea 湾に臨む共和国. イギリス・フランス領から1960年に独立. 首都はヤウンデ Jaunde. カメルーンは戯語としてヌーディストのための〔海〕水浴場の代名詞として使われることがある). [*port.* Camarões „Krabben"; ◇*engl.* Cameroon]

Ka·me·ru·ner[..nər, ⏑⏑⏊⏑] **I** **1** 男 -s/- カメルーン人. **2** 女 -/-《方》(Erdnuß) ラッカセイ(落花生), ピーナッツ. **3** 男 -s/-《ベルリン》(砂糖をふりかけた8の字形の)菓子パン. **II** 形《無変化》カメルーンの.

ka·me·ru·nisch[..nıʃ, ⏑⏑⏊⏑] 形 カメルーンの.

Ka·me·run·nuß[ká(:)məru:n.., ⏑⏑⏊⏑] 女 = Kameruner I 2

ka·mie·ren[kamí:rən] 自 (h) 〘フェンシング〙(自分の剣で)敵の剣を避ける, コントルアタックを行う. [*it.* camminare „gehen"]

Ka·mi·ka·ze[kamiká:tsə] 男 -/- **1** (第二次大戦末期に日本軍が出撃させた)神風特攻機. **2** 神風特攻隊員. [*japan.*]

Ka·mi·ka·ze≠fah·rer 男 (無謀な運転をする)神風ドライバー. **≠flie·ger** 男 = Kamikaze **≠un·ter·neh·men** 中 (神風特攻隊のように)ひどく冒険的な企業(企て).

Ka·mil·la[kamíla·] =Camilla

Ka·mil·le[kamílə] 女 -/-n 〘植〙カミルレ, カミツレ(シカギク属). [*gr.* chamaí-mēlon „Erd-apfel"–*lat.*–*mlat.* ca[mo]milla–*mhd.*; ◇*engl.* c[h]amomile]

Ka·mil·len·tee 男 カミツレ茶(鎮炎・鎮痙(けい)剤).

Ka·mil·lia·ner[kamıliá:nər] 男 -s/- 〘カトリック〙カミロ会士.

Ka·mil·lia·ner·or·den 男 〘カトリック〙カミロ会(16世紀に創立され医療活動で知られる).

Ka·min[kamí:n] 男 (スイ: 中) -s/-e **1** (壁にたき口が取りつけられた)暖炉(→ 図): am ⟨vor dem⟩ ~ sitzen 暖炉にあたっている. **2** 《特に: 南部》(Schornstein) 煙突: den ~ kehren 煙突掃除をする | *et.*[4] **in den ~ schreiben**《話》…を(なくなったものとして)あきらめる(帳消しにする). **3** 〘登山〙チムニー(岩壁の垂直な割れ目). [*gr.* káminos „Ofen"–*lat.*[–*ahd.*]; ◇Kammer, Kemenate, Cheminée]

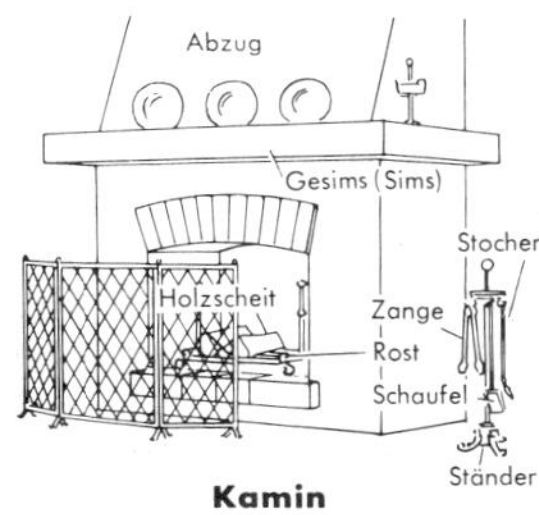

Kamin

Ka·min≠fe·ger 男《方》煙突掃除夫. **≠feu·er** 中《南部》暖炉の火. **≠git·ter** 中《南部》暖炉のガード.

ka·mi·nie·ren[kaminí:rən] 自 (h) **1** 〘登山〙チムニーをよじ登る. **2** =kamieren

Ka·min≠keh·rer[kamí:n..] 男 = Kaminfeger **≠kleid** 中 (室内用の)くつろぎ着. **≠klet·tern** 中 -s/ 〘登山〙チムニー=クライミング. **≠sims** 男 中 マントルピース(暖炉上面の飾り棚).

ᵛ**Ka·mi·sol**[kamizó:l] 中 -s/-e (小 **Ka·mi·söl·chen**[..zǿ:lçən] 中 -s/-) 〘服飾〙カミソール(短い胴着). [*provenzal.*–*fr.*; < *spätlat.* camīsia „Hemd" (◇Hemd); ◇Chemise]

Kamm[kam] 男 -[e]s/Kämme[kɛ́mə] (小 **Kämm·chen**[kɛ́mçən], **Kämm·lein**[..laın] 中 -s/-) **1** くし(櫛)(→ 図); (羊毛などの)すきぐし: ein feiner ⟨grober⟩ ~ 目の細かい⟨粗い⟩くし | Taschen*kamm* ポケットサイズのくし ‖ *sich*[3] mit dem ~ durchs Haar fahren 髪をとか

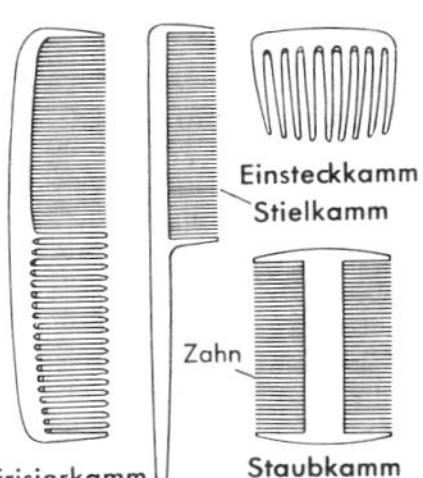

Kamm (Haarkamm)

す〈くしけずる〉｜**alles** 〈**alle**〉 **über einen ～ scheren**《話》何もかも〈だれもかれも〉一律に扱う｜**bei *jm.* liegt der ～ auf** 〈**bei**〉 **der Butter**《戯》…の家は散らかり放題だ, …のところは乱雑をきわめている. **2** (鳥の)とさか; (かぶとの)とさか状飾り(→ ⊠ Helm); 〘解〙(骨の)とさか状突起: *jn.* über den ～ hauen 〈putzen〉《比》…をやっつける｜***jm.* schwillt der ～** 《話》 i) …は得意になっている〈うぬぼれている〉; ii) …はぷりぷり怒っている〈けんか腰だ〉. **3 a)** (牛馬などのたてがみのある)首筋(→ ⊠ Pferd A). **b)** (肉獣の)首肉(→ ⊠ Kalb). **4 a)** (山の)尾根, 稜線(りょうせん)(→ ⊠ Berg A). **b)** (Wellenkamm) 波がしら, 波頭. **c)** (棟などの)鋸歯(きょし)状部分; 〘工〙(歯車の)歯, ぎざぎざ, カム; (織機の)おさ; 〘木工〙はめ継ぎ部分. **5** 《スイ》(ブドウの実を摘み取った)残り茎.

[*idg.* „Beißer"; ◇*gr.* gómphos „Zahn"; *engl.* cam, comb]

Kạmma·cher[kámmaxər] 男 -s/- くし製造人〈職人〉.

Kämma·schi·ne[kέmmaʃi:nə] 女〘織〙梳篠(そじょう)機, コーマー. [＜kämmen]

Kämm·chen Kamm の縮小形.

Kạ̈m·me Kamm の複数.

Kạmm·ei·dech·se[kám..] 女 ＝Leguan

Kạ̈m·mel·garn[kέməl..] ＝Kämelgarn

kạ̈m·meln[kέməln]《06》他 (h) (羊毛などを)細かくすく, すき整える.

kạ̈m·men[kέmən] **I** 他 (h) **1** (髪などを)くしけずる, くしで梳(す)く: *jn.* 〈*jm.* die Haare〉 ～ …の髪をとかす｜*sich*³ die Haare ～ (自分の)髪をとかす｜Wolle ～ (梳篠(そじょう)機で)羊毛をすく〈さばく〉‖ 再帰 *sich*⁴ ～ (自分の)髪をとかす｜*sich*⁴ mit dem Schwamm ～ können (→Schwamm 2). **2** (よごれなどを)すき取る: *sich*³ *et.*⁴ aus dem Haar ～ 髪についた…をくしですき取る. **3** 〘木工〙(板を直角に)はめ継ぎする. ᵛ**II** 自 (h) **1** (海が)白波を立てる. **2** 〘工〙(歯車が)かみ合う. [*ahd.*; ◇Kamm]

Kạm·mer[kámər] 女 -/-n (小 **Kạ̈m·mer·chen** → 別出, **Kạ̈m·mer·lein**[kέmərlaın] 中 -s/-) **1 a)** (暖房設備などのない比較的小さな)部屋: die ～ des Dienstmädchens 女中部屋. **b)** (Abstellkammer) 納戸(なんど), 物置部屋; 貯蔵室: Die Wohnung hat vier Zimmer, Küche, Bad und eine ～. この住居には四つの部屋と台所と浴室それに納戸がある｜Der Staubsauger steht in der ～. 電気掃除機は物置部屋に置いてある. **c)** 《方》(Schlafkammer) 寝室. **d)** 〘海〙(船の)客室; 船員室. **e)** 〘軍〙装具被服庫(被服・兵器保管所): auf der ～ 装具庫で. **2** (陶器かまどの)火室; (エンジンの)シリンダー; (銃砲の)薬室; 〘狩〙(穴居動物の)ねぐら; 獲物を追い込む場所. **3** 〘政〙議院, 国会; (専門・職業別の)部会, 団体; 〘法〙(裁判所の)部; ᵛ(宮廷の)官署: die Erste 〈Zweite〉 ～ 上〈下〉院｜die ～ für Strafsachen 〈Zivilsachen〉(裁判所の)刑事〈民事〉部｜～ der Technik (旧東ドイツの)技術委員会｜Ärzte*kammer* 医師会｜Handels*kammer* 商業会議所. **4** (Ventrikel)〘解〙室(しつ): Herz*kammer* 心室. [*gr.* kamárā „Gewölbe"－*lat.* camera－*ahd.*; ◇Himmel; *engl.* chamber]

Kạm·mer·bul·le[kámər..] 男《話》＝Kammerunteroffizier

Kạ̈m·mer·chen[kέmərçən] 中 -s/- Kammer の縮小形: ～ vermieten (子供の遊びで)席取り遊びをする｜**im stillen ～**《話》ひとりひそかに, 人目を忍んで.

Kạm·mer≈chor[kámərko:r] 男〘楽〙室内合唱団〈曲〉. **≈die·ner** 男 (王侯・貴人の)近侍.

Käm·me·rei¹[kεmərái] 女 -/-en (羊毛工場などの)すきさばき部門. [＜kämmen]

Käm·me·rei²[－] 女 -/-en **1** 国庫, 大蔵省. **2** (Stadtkämmerei) 市金庫, 市役所会計課.

Käm·me·rei·gut[kεməráı..] 中 市有地.

Kạ̈m·me·rer[kέmərər] 男 -s/- ᵛ**1 a)** 財務局長. **b)** (市の)出納長. **2** 《カトリック》修道会顧問. **3** 〘史〙 **a)** 宮内長官, 侍従長(→Hofamt); (のち Kammerherrenschlüssel を与えられた貴族の名誉称号として)侍従; 廷臣. **b)** (宮廷の)御物〈財宝〉管理官. [*ahd.*; ◇Kammer]

ᵛ**Kạm·mer≈frau**[kámər..] 女 (王侯の)侍女; 女官. **≈ge·richt** 中 **1** 〘史〙(中世の)最高〈王室〉裁判所. **2** (ベルリンの)上級地方裁判所. **≈gut** 中 (王侯の)領地, 王領. **≈herr** 男〘史〙侍従.

Kạm·mer·her·ren·schlüs·sel 男 (黄金の鍵(かぎ)形の)侍従章(領主の部屋への出入許可を表すシンボル).

..kammerig[..kamərıç]² 《数詞・形容詞などにつけて「…室の」を意味する形容詞をつくる》: viel*kammerig* 室数の多い.

Kạm·mer≈jä·ger[kámər..] 男 **1** 〘史〙宮廷狩猟官. **2** 屋内消毒員〈業者〉, 害獣〈害虫〉駆除者. ᵛ**≈jung·fer** 女 (若い未婚の)侍女, 女官. **≈jun·ker** 男〘史〙(若い)侍従, 廷臣. ᵛ**≈kätz·chen** 中《戯》かわいい侍女〈女官〉. **≈knecht** 男〘史〙献金により王侯の保護を受けるユダヤ人. **≈kon·zert** 中 室内楽演奏会. **≈la·kai** 男 ＝Kammerdiener **≈le·hen** 中 ＝Kammergut

Kạ̈m·mer·lein Kammer の縮小形(→Kämmerchen).

Kạm·mer·ling[kámərlıŋ] 男 -s/-e (Foraminifere) 〘動〙有孔虫.

ᵛ**Kạ̈m·mer·ling**[kέmər..] 男 -s/-e ＝Kammerdiener

Kạm·mer≈mäd·chen[kámər..] 中 ＝ Kammerjungfer **≈mei·ster** 男〘史〙国庫監督官, 宮廷〈帝室〉財政長官. **≈mu·sik** 女 -/ 室内楽. **≈mu·si·ker** 男 **1** (称号としての)宮廷音楽家. **2** 室内楽演奏家. **≈ofen** 男 (陶磁器製造用の)複室式かまど. **≈or·che·ster** 中〘楽〙室内管弦楽団〈オーケストラ〉. **≈pa·ge**[..pa:ʒə] 男 小姓. **≈sän·ger** 男 (女 **≈sän·ge·rin**) (名歌手の称号として)宮廷〈帝室〉歌手. **≈säu·re** 女〘化〙鉛室硫酸, 室酸. **≈schau·spie·ler** 男 (女 **≈schau·spie·le·rin**) (名優の称号として)宮廷〈帝室〉俳優. **≈spiel** 中 -[e]s/-e **1** カンマーシュピール, 室内劇. **2** 《複数で》小〈室内〉劇場. ᵛ**≈ste·no·graph** 男 議会の速記者. **≈ton** 男 -[e]s/ 〘楽〙標準音高〈調子〉(楽器をあわせる調子で今日では440ヘルツのイ音).

Kạm·mer·tuch[kámər..] 中 -[e]s/-e ＝Kambrik

[*ndl.* kamer[ijks]-doek „Tuch aus Cambrai"]

Kạm·mer≈un·ter·of·fi·zier[kámər..] 男 (兵営の)倉庫〈装具室〉担当下士官. **≈wa·gen** 男 (花嫁の荷物を積んだ)嫁入り馬車; 嫁入り道具. ᵛ**≈zo·fe** 女 ＝Kammerjungfer

Kạmm·fett[kám..] 中 -[e]s/ (馬の首肉から採った)頸筋(けいきん)グリース(皮革用脂).

kạmm·för·mig 形 くし形の.

Kạmm·garn 中〘織〙ウーステッドヤーン, 梳毛(そもう)糸. [＜kämmen]

Kạmm≈ge·schmack 男〘醸〙(ワインの)渋味. **≈gras** 中 -es/ 〘植〙クシガヤ〔属〕(→ ⊠). **≈griff** 男 -[e]s/ (↔ Ristgriff)〘体操〙(鉄棒などの)逆手(さかて)〔握り〕(→ ⊠ Turngriff). **≈grind** 男 -[e]s/ (ニワトリの)とさか疥癬(かいせん). **≈haar** 中 **1** (馬などの)たてがみ. **2** 梳毛(そもう), すき毛.

Kammgras

Kạmmin·ze[kámmıntsə] (分綴 Kạmm·min·ze) 女〘植〙ナギナタコウジュ(薙刀香薷)属(香辛料として栽培される).

Kạmm·la·ge[kám..] 女 (山の)稜線(りょうせん)地帯.

Kạ̈mm·lein Kamm の縮小形.

Kạmm·ler·che[kám..] ＝Haubenlerche

Kạ̈mm·ling[kέmlıŋ] 男 -s/-e (羊毛・絹などの)すきくず, くず毛(糸). [＜kämmen]

Kạmm≈li·nie[kámli:niə] 女 (山の)稜線(りょうせん). **≈ma·cher** ＝Kammacher

Kạ̈mm·ma·schi·ne ＝Kämmaschine

Kạmm·min·ze ＝Kamminze

Kạmm≈molch ＝ Kammolch **≈mu·schel** ＝ Kammuschel

Kạmmolch[kámmɔlç] 男 -[e]s/-e〘動〙クシイモリ(櫛井守).

Kạmm≈rad[kám..] 中〘工〙(木製の歯をはめ込んだ)歯車. **≈stück** 中 (豚の)肩肉.

Kạ̈mm·stuhl[kέm..] 男 ＝Kämmaschine

K

Kammu·schel[kámmuʃəl] 女〘貝〙イタヤガイ(板屋貝).
Kamm·weg[kám..] 男 (山の)尾根伝いの道.
Kamm≠wol·le 女〘織〙ウーステッド用の羊毛. **≠zug** 男〘織〙(すきくずを除いた羊毛などの)梳毛(そもう)繊維. [＜kämmen]
Ka·mö·ne[kamǿːnə] 女 -/-n〘ロ神〙カメーナ(泉の女神. のちギリシア神話の Muse と同一視された). [*lat.* Camēna]
Kamp[kamp] 男 -[e]s/Kämpe[kέmpə] **1**《北部》(垣などで)区画した畑地〈草原〉; ᵛ川中島. **2**〘林〙種苗場, 養樹園. [[*m*] *lat.* campus (→Campus)−*mndd.*]
Kam·pa·gne[kampánjə] 女 -/-n **1 a**) キャンペーン,(選挙などの)運動, 遊説: eine ～ gegen 〈für〉 *et.*[4] einleiten …に反対〈賛成〉するキャンペーンを始める. ᵛ**b**)〘軍〙出征, 出陣. **2 a**) (季節的変動のある企業などの)繁忙〈稼動〉期. **b**)〘考古〙発掘作業期〈段階〉. [*spätlat.*−*it.* campagna−*fr.*; ◇*engl.* campaign]
Kam·pa·ni·en[kampáːniən] 地名 カンパニア(ナポリを中心とするイタリア南西部の地方. イタリア語形 Campania).
Kam·pa·ni·le[kampaníːlə] 男 -/- (特にイタリアで, 教会と別棟の)鐘楼. [*it.*; ＜*spätlat.* campāna „Glocke"]
Kam·pan·je[kampánjə] 女 -/-n〘海〙船尾楼. [*ndl.*; ＜*spätlat.* capanna (→Kabine)]
Kam·pa·nu·la[kampáːnula·] 女 -/-s (Glockenblume)〘植〙ホタルブクロ(蛍袋)属. [＜*spätlat.* campāna (→Kampanile)]
Käm·pe[1] Kamp の複数.
Käm·pe[2][kέmpə] 男 -n/-n **1**《雅》(Kämpfer) 戦士, 勇士, 豪傑. **2**《北部》(Eber) 雄豚. [*asächs.* kempio−*mndd.*; ◇Kampf, Champion]
kam·peln[kámpəln]《06》他 (h)《方》再帰 *sich*[4] mit *jm.* ～ …とけんかする |〘相互的〙*sich*[4] ～ けんか〈口論〉する, ののしり合う. [＜kabbeln]
Kam·pe·sche·holz[kampέʃə..] 中 -es/ (Blauholz)〘植〙ロッグウッド. [＜Campeche (メキシコ南東部の州名)]
Käm·pe·vi·se[kέmpəviːzə] 女 -/-r[..zər]《ふつう複数で》(北欧, 特にデンマークの)武勲詩. [*dän.*; ◇Kämpe[2], Weise[2] 2]
Kampf[kampf] 男 -[e]s/Kämpfe[kέmpfə] 戦い, 戦闘, 闘争, 格闘;〘スポ〙試合, 競技: ein heftiger 〈schwerer〉 ～ 激しい戦い | innere *Kämpfe* 内面的〈心の〉戦い | ein ～ auf Leben und Tod 〈auf Biegen und Brechen〉 生死をかけた〈のるかそるかの〉戦い | der ～ für die bessere Zukunft より良き未来への戦い | der ～ gegen den Krieg 反戦闘争 | ein ～ in der Luft 空中戦 | ein ～ mit dem Sturm 〈dem Schlaf〉 あらし〈睡魔〉との戦い | ein ～ mit den [bloßen] Fäusten i) 素手でのけんか; ii) 白兵戦 | der ～ um die Macht 権力闘争 | ein ～ um die Meisterschaft 選手権試合 | ein ～ zwischen den beiden 両者の間の戦い | Luft*kampf* 空中戦 | Macht*kampf* 権力闘争 | Wahl*kampf* 選挙戦 ‖ Um die Stadt tobten blutige 〈erbitterte〉 *Kämpfe.* 町の周りで血なまぐさい〈激しい〉戦いのあらしが荒れ狂っていた ‖ ***jm.* 〈*et.*[3]〉 den ～ ansagen** …に対する戦いを宣言する | der Inflation den ～ ansagen インフレ対策のための強硬な措置をとることを明言する | den ～ aufnehmen 挑戦を受けて立つ | einen ～ führen 戦う ‖ **im** ～ fallen 戦死する | in den ～ ziehen 出陣する | ***jn.* zum** ～ [heraus]fordern …に挑戦する. [*lat.*[−*mlat.* campus „Zweikampf"]−*ahd.*; ◇Campus]
Kampf≠ab·stim·mung[kámpf..] 女 -/-en **1** (どちらが勝つか予測しがたい)きわどい票決; 決選投票. **2** (ストライキなどの)闘争開始投票. **≠ak·tion** 女 戦闘〈闘争〉行動. **≠an·sa·ge** 女 挑戦, 挑発: eine offene ～ an die Radikalen 〈gegen den Radikalismus〉 過激派〈過激主義〉に対する公然たる挑戦. **≠an·zug** 男〘軍〙戦闘〈野戦〉服. **≠art** 女〘軍〙戦闘形態(攻撃・防御・追撃・退避など). **≠bahn** 女 陸上競技場, スタジアム. **≠be·gier**[**·de**] 女 -/ 戦闘〈闘争〉欲, 好戦性.
kampf≠be·gie·rig 形 好戦的な. **≠be·reit** 形 戦闘〈開戦〉準備のできた; 好戦的な: *sich*[4] ～ machen 戦闘準備をととのえる. **≠be·tont** 形〘スポ〙ファイトのある.
Kampf·bom·ber 男〘軍〙戦闘爆撃機.
Kämp·fe Kampf の複数.
Kampf≠ein·heit 女〘軍〙戦闘単位, 部隊. **≠ein·satz** 男 戦闘への軍隊の投入, 出撃. **≠ein·stel·lung** 女 休戦, 戦闘行為停止.
kämp·fen[kέmpfən] 自 (h) 戦う, 格闘〈闘争〉する; 奮闘する;〘スポ〙試合する: **für** *sein* Vaterland ～ 祖国のために戦う | **gegen** den Feind ～ 敵と戦う | gegen Windmühlen ～ (→Windmühle) | **mit** *jm.* ～ i) …を敵として戦う; ii) …とともに〈を味方にして〉戦う | mit Schwierigkeiten 〈dem Schlaf〉 ～ 困難〈睡魔〉と戦う | mit den Tränen ～ 涙を必死にこらえる | mit *sich*[3] [selbst] ～ (決心すべく)苦心する; (…すべきか否か)思い迷う | **um** den Sieg ～ 勝利を求めて戦う, 勝とうと努力する | um *sein* Leben ～ 生きるために戦う ‖ bis zum letzten Mann ～ (→Mann 1) | wie ein Verzweifelter ～ 必死に奮戦する | mit offenem Visier ～ (→Visier[1] 1) | Seite an Seite 〈Schulter an Schulter〉 ～ 肩を並べて[一緒に]戦う ‖〘同族目的語としての 4 格と〙einen aussichtslosen Kampf ～ 勝算のない戦いをする ‖〘結果を示す語句と〙再帰 *sich*[4] müde ～ 戦い疲れる | *jn.* zu Boden ～ (戦って)…をねじ伏せる.
Kamp·fer[kámpfər] 男 -s/〘化・薬〙樟脳(しょうのう), カンフル. [*aind.*−*arab.* kāfūr−*mlat.* camphora−*mhd.*]
Kämp·fer[1][kέmpfər] 男 -s/- **1** (⊛ **Kämp·fe·rin**[..pfərɪn]-/-nen) **a**) 戦士, 闘士: ein ～ gegen den Faschismus 反ファシズムの闘士. **b**)〘スポ〙選手: Olympia*kämpfer* オリンピック選手. **c**) (旧東ドイツで)武装民兵隊員(→Kampfgruppe 2). **2**〘建〙**a**) 迫元(せりもと)(アーチ内輪の一点〈一線〉)(→ 図 Bogen A). **b**) 無目(むめ)(→ 図 Fenster A). [1: *mhd.* kempfe; ◇Kämpe[2]; 2: *mhd.* kepfer; ◇Kapriole]
Kämp·fer[2][−] 人名 Engelbert ～ エンゲルベルト ケンペル(1651-1716; ドイツの博物学者. 1690年来日し,『日本誌』を著した).
Kamp·fer·baum[kámpfər..] 男〘植〙クスノキ(樟).
kampf·er·fah·ren[kámpf..] 形 百戦練磨の, 歴戦の.
Kamp·fer·geist[kámpfər..] 男 =Kampferspiritus
Kämp·fe·rin Kämpfer[1] 1の女性形.
kämp·fe·risch[kέmpfərɪʃ] 形 (戦い・スポーツで)戦士にふさわしい, 勇敢な; 戦闘的な, ファイトのある.
Kamp·fer·lor·beer[kámpfər..] 男〘植〙クスノキ(樟).
Kämp·fer·na·tur[kέmpfər..] 女 (生まれながらの)闘士.
Kamp·fer·öl[kámpfər..] 中 -[e]s/ 樟脳(しょうのう)〈カンフル〉油.
kampf·er·probt[kámpf..] 形 歴戦の.
Kamp·fer≠säu·re[kámpfər..] 女〘化〙樟脳(しょうのう)〈カンフル〉酸. **≠spi·ri·tus** 男〘薬〙カンフルチンキ.
kampf·fä·hig[kámpf..] 形 戦闘能力のある.
Kampf≠fä·hig·keit 女 -/ 戦闘[能]力. **≠fisch** 男〘魚〙ベタ(東インド産の観賞用闘魚). **≠flie·ger** 男〘空〙戦闘爆撃〈攻撃〉機の乗員. **≠flug·zeug** 中〘空〙戦闘爆撃〈攻撃〉機. **≠front** 女〘軍〙火線(攻撃の最前線). **≠gas** 中〘軍〙毒ガス. **≠ge·biet** 中 戦闘〈交戦〉地域. **≠ge·fähr·te** 男 =Kampfgenosse **≠geist** 男 -[e]s/ 闘志, 戦闘意欲: den ～ der Soldaten stärken 〈schwächen〉 兵の士気を高める〈低下させる〉. **≠ge·nos·se** 男 戦友; 闘争仲間. **≠ge·richt** 中〘スポ〙審判団. **≠ge·sche·hen** 中 進行〈継続〉中の闘争. **≠ge·wicht** 中〘スポ〙(ボクシングなどの)規程体重[範囲]. **≠ge·wühl** 中 乱闘, 混戦. **≠grup·pe** 女 **1**〘軍〙戦闘部隊. **2** (Betriebskampfgruppe) (旧東ドイツで)武装民兵隊. **≠hahn** 男 闘鶏用ニワトリ;《比》けんか早い人. **≠hand·lung** 女 -/-en《ふつう複数で》戦闘行為: ～*en* einstellen 戦闘行為を停止する. **≠hub·schrau·ber** 男 戦闘用ヘリコプター. **≠hund** 男 闘犬用の犬. **≠in·stinkt** 男 闘争本能. **≠klei·dung** 女〘軍〙戦闘服. **≠kraft** 女 -/ 戦闘力. **≠lärm** 男 戦闘のどよめき〈騒音〉. **≠läu·fer** 男〘鳥〙エリマキシギ(襟巻鷸). **≠lied** 中 (ストライキ・政治闘争などで歌われる)闘争歌. **≠li·nie**[..niə] 女 (Front)〘軍〙戦線.

K

kạmpf·lo̱s[kámpflo:s][1] 形 戦い〈戦闘・闘争・試合〉なしの: eine Insel ~ einnehmen 島を無血占領する | ~ in die zweite Runde kommen 不戦勝で2回戦に進む.

Kạmpf·lust 女 -/ 闘争心, けんか好き; 戦意.

kạmpf·lu·stig 形 戦闘的な, けんか好きの; 戦意のある.

Kạmpf≠mit·tel 中 戦闘〈闘争〉手段. **≠müt·ze** 女〔軍〕戦闘帽. **≠pan·zer** 男〔軍〕戦車. **≠pa·ro̱·le** 女 闘争スローガン. **≠platz** 男 **1** 戦場: auf dem ~ bleiben《比》戦場に倒れる, 戦死する. **2**〔スポ〕競技場, スタジアム. **≠preis** 男 **1**（勝者への）賞: einen ~ bekommen 入賞する. **2**〔商〕競争価格. **≠rich·ter** 男〔スポ〕審判員. **≠ring** ＝Boxring **≠schrift** 女 闘争〔を呼びかける〕文書. **≠schwim·mer** 男〔軍〕潜水工作(攻撃)兵. **≠spiel** 中〔スポ〕**1** 格闘的な団体競技（サッカー・ラグビー・ホッケーなど）. **2** 熱戦, 激戦. **≠sport** 男 格闘的なスポーツ, 格闘技, 闘技（ボクシング・レスリング・空手など）. **≠staf·fel** 女〔空〕戦闘〈攻撃〉編隊. **≠stier** 男 闘牛用の雄牛. **≠stoff** 男 -〔e〕s/-e《ふつう複数で》〔軍〕大量殺傷物質（毒ガス・細菌・放射性物質など）.

kạmpf·un·fä̱·hig 形 戦闘能力のない: *jn.* ~ machen …の戦力を失わせる.

Kạmpf≠un·fä̱·hig·keit 女 -/ kampfunfähig なこと. **≠wach·tel** 女〔鳥〕ミフウズラ(三斑鶉). **≠wa̱·gen** 男 **1**（古代ギリシア・ローマの）戦闘用馬車. ▽**2**（Panzer）〔軍〕戦車. **≠wil·le** 男 戦う意志, 戦闘〈闘争〉意欲.

Kam·phẹn[kamfé:n] 中 -s/〔化〕カンフェン（テルペンの一種）. [*engl.* camphene; ◇Kampfer]

kam·pi̱e·ren[kampí:rən] 自 (h) **1** キャンプ〈野宿〉する;（間に合わせの場所で）泊まる: in einer Hütte 〈auf einem Sofa〉 ~ 小屋〈ソファー〉で夜を明かす. **2**《北部》(toben) 暴れる. [*fr.* camper; ◇Campus, campen]

Kam·pu̱·chea[kampútʃɛa·, ..putʃé:a·] ＝Kambodscha

Kam·pu·chea̱·ner[kamputʃeá:nər] 男 -s/- ＝Kambodschaner

kam·pu·chea̱·nisch[..nɪʃ] ＝kambodschanisch

Kam·tscha·da̱·le[kamtʃadá:lə] 男 -n/-n カムチャツカの人.

Kam·tschạt·ka[kamtʃátka·] 地名 カムチャツカ（ロシア連邦の東端から南へ突き出ている半島）.

Ka·mụf·fel[kamúfəl] 中 -s/-《話》ばか者: Du ~! このばかやろう. [*it.* camuffo „Betrüger"; ＜*it.* camuffare „vermummen"; ◇Camouflage]

Ka̱·na[ká:na·] 地名〔聖〕カナ（キリストが最初の奇跡を行った Galiläa の町）: die Hochzeit zu ~ カナの結婚（ヨハ2,1-11）. [*hebr.* „Schilfrohr"]

Ka̱·na·an[ká:naan] 地名〔聖〕カナン（Palästina の西部地方の古称. 神がユダヤ人の祖 Abraham とその子孫に約束した土地; 創 12, 1-10）. [*hebr.* „Niederung"－*gr.* Chanaán]

ka·naa·nä̱·isch[kanaanɛ́:ɪʃ] 形 カナンの.

Ka·naa·ni̱·ter[..ní:tər] 男 -s/- カナンの人.

ka·naa·ni̱·tisch[..ní:tɪʃ] 形 カナンの.

Ka̱·na·da[kánada·] 地名 カナダ(北アメリカ大陸の北部, イギリス国王を元首とする連邦国で1931年以来完全独立. 首都は Ottawa). [*indian.* „Dorf"－*fr.* Canada]

Ka̱·na·da·bal·sa̱m[kánada..] 男 -s/ カナダ=バルサム(カナダ産バルサムモミの樹脂で, レンズの接着などに用いる).

Ka·na̱·di·er[kaná:diər] 男 -s/ **1** カナダ人. **2**〔スポ〕カナディアンカヌー(→ 図 Boot B).

ka·na̱·disch[..dɪʃ] 形 カナダ〔人〕の.

Ka·nail·le[kanáljə; オース: kanáɪjə] 女 -/-n《軽蔑的に》**1** (Schuft) 悪党, ごろつき, よた者, ならず者. ▽**2**《単数で》(Pöbel)《集合的に》賤民(せんみん), 無頼の徒. [*it.* canaglia－*fr.*; ◇Kaniden]

Ka·na̱·ke[kaná:kə] 男 -n/-n **1** カナカ人(ハワイの原住民. 広義には, 南太平洋の島々の原住民一般をもいう). **2**《軽蔑的に》無教養な人(特に外国人労働者などに対する悪口として用いられる). [*polynes.* „Mensch"]

Ka·na̱·ker[kaná:kər] 男 -s/-《軽蔑的に》外国人野郎.

Ka·na̱l[kaná:l] 男 -s/ Kanäle[..nɛ́:lə] (小 **Ka·nä̱l·chen** [..nɛ́:lçən] 中 -s/-) **1 a)** 運河: einen ~ bauen 運河を建設する | zwei Flüsse mit einem ~ verbinden 二つの川を運河で結ぶ. **b)**（給排水用の）〔用〕水路, 掘割, みぞ, 暗渠(あんきょ): Abwasser*kanal* 下水道. **c)** der ~（＝der Ärmelkanal）ドーバー〈英仏〉海峡. **2**〔解〕導管; 消化管（胃・腸など）: **den ~ voll haben**《話》i) あきあき〈うんざり〉している; ii) 酔っぱらっている | ***sich***[3] **den ~ vollaufen lassen**《話》たらふく飲む, 酔っぱらう. **3**〔放送〕(ラジオ・テレビの) 周波数帯, チャンネル: *et.*[4] auf 〈im〉 ~ sechs empfangen …を第6チャンネルで受信する. **4**（思想・情報などの不分明な）経路;〔工・言〕媒路, 媒質: durch geheime 〈diplomatische〉 *Kanäle* 秘密の〈外交的な〉ルートによって | Das Geld fließt in dunkle *Kanäle*. その金は不明な用途に流れる. [*lat.* canālis „Röhre"－*it.* canale; ＜*lat.* canna (→Kanne); ◇Kännel; *engl.* canal, channel]

Ka·na̱l·ar·bei·ter 男 **1** 下水工事労働者; 下水清掃員. **2**《話》(政党, 特に SPD の) 表面に出ずに陰で働く人, 縁の下の力持ち的な役割を演じる代議士.

Ka·na̱l·bau 男 -〔e〕s/-ten **1**《単数で》運河建設〔工事〕. **2** Kanal 用の建造物.

Ka·nä̱l·chen Kanal の縮小形.

Ka·na̱l≠damp·fer 男 ドーバー海峡連絡船(→Kanal 1 c). **≠deckel** 男 下水口のふた.

Ka·nä̱·le Kanal の複数.

Ka·na̱l≠gas 中 下水ガス(アンモニア・メタン・硫化水素など). **≠ge·bü̱hr** 女 運河通行料. **≠git·ter** 中 格子状の下水ぶた.

Ka·na·li·sa·tio̱n[kanalizatsió:n] 女 -/-en **1** 下水網〈施設〉; 下水工事. **2** 運河の掘削; (水運のための) 河川改修.

ka·na·li·si̱e·ren[..zí:rən] 他 (h) **1** (河川を改修して) 航行可能にする. **2** (街路・地域などに) 下水〈排水〉施設を造る: eine Stadt ~ ある都市に下水施設を造る. **3** (政治運動などをある方向に) 誘導する.

Ka·na·li·si̱e·rung[..zí:rʊŋ] 女 -/-en **1** ＝Kanalisation **2** (政治運動などの) 誘導.

Ka·na̱l≠rat·te 女 (Wanderratte)〔動〕ドブネズミ(溝鼠). **≠räu·mer** 男 下水清掃員. **≠schal·ter** 男〔放送〕チャンネルスイッチ〈ダイヤル〉. **≠schwim·men** 中 -s/ 海峡横断水泳(特にドーバー〈英仏〉海峡の: →Kanal 1 c). **≠stra̱h·len** 複〔理〕カナル線. **≠sy·ste̱m** 中 運河網; 下水〈排水〉網. **≠tun·nel** 男 -s/ ドーバー〈英仏〉海峡海底トンネル. **≠waa·ge** 女〔工〕水準器. **≠wä̱h·ler** 男〔放送〕チャンネル〔切り替え〕ダイヤル.

Ka̱·na·pee[kánape·; オース: ‒, kanapé:] 中 -s/-s **1**《しばしば皮肉》(Sofa) ソファー. **2**《ふつう複数で》〔料理〕カナッペ. [*gr.* kōnōpeĩon „〔Lager mit〕 Mückennetz"－*lat.*－*mlat.* canōpēum „Himmelbett"－*fr.* canapé; ＜*gr.* kṓnōps „Mücke"]

die **Ka·na̱·ren**[kaná:rən] 地名 複 カナリア諸島(＝die Kanarischen Inseln: →Kanarisch).

Ka·na̱·ri[kaná:ri·] 男 -s/-《南部・オーストリア》《話》＝Kanarienvogel

ka·na̱·ri·en·gelb[..riən..] 形 カナリア色〈淡黄色〉の.

Ka·na̱·ri·en≠gra̱s 中〔植〕カナリークサヨシ(草葦). **≠ha̱hn** 男 カナリアの雄. **≠vo̱·gel** 男〔鳥〕カナリア. [*fr.* canari; ◇*engl.* canary]

Ka·na̱·ri·er[kaná:riər] 男 -s/- カナリア諸島の人.

Ka·na̱·risch[..rɪʃ] 形 die ~*en* Inseln カナリア諸島(アフリカ北西方の大西洋上にある. スペイン領.「犬の島」の意: →Kanaren). [*span.* canario; ＜*lat.* canis (→Kaniden)]

Ka·na̱·ster[kanástər] 男 -s/- ＝Knaster[1]

Kan·da̱·re[kandá:rə] 女 -/-n (↔Trense)〔馬術〕はみ, くつわ鎖(→ 図 Kopfgestell): ein Pferd auf ~[4] reiten 馬にはみをつけて乗る | ***jn.* auf ~[4] reiten**《比》…を制御する | ***jn.* an die ~ nehmen 〈bekommen / bringen〉 / *jm.* die ~ anlegen / 〔bei〕 *jm.* die ~ anziehen**《比》…の手綱を締める, …を制御する, …の自由を抑える | ***jn.* an der ~ haben 〈halten〉**《比》…を制御している. [*ungar.* kantár „Zaum"]

Kạn·del[kándəl] 男 -s/-n; 女 -/-n《方》**1** (Dachrinne) 軒どい, 雨どい. **2** ＝Kanne 1 a [*mhd.*; ◇Kännel]

Kan·de·la̢·ber[kandelá:bər] 男 -s/- **1** 枝つき燭台(しょくだい). **2** すずらん街灯〔柱〕(→図). [*lat.*−*fr.* candélabre; ＜*lat.* candēla (→Candela); ◇*engl.* candelabrum]

Kandelaber

kạn·deln[kándəln]《06》**I** 他 (h)《方》《*et.*⁴》(…に)溝を彫る〈つける〉. **II** 自 (s) とうとうと流れる. [＜Kandel]

Kạn·del·zucker[kándəl..] 男 -s/《方》＝Kandis

Kan·di·da̢t[kandidá:t] 男 -en/-en (⊛ **Kan·di·da̢·tin**[..tın]-/-nen) **1 a)** 〔立〕候補者: ～*en* für einen Posten あるポストの候補者たち | Ersatz*kandidat* 補欠候補者 | Gegen*kandidat* 対立候補者 ‖ *jn.* als ～*en* aufstellen …を候補に立てる, …を立候補させる. **b)** (旧東ドイツでドイツ社会主義統一党の)党員候補. **2 a)** (国家試験などの)受験者; (略 cand.) (特に大学の)最終試験受験資格者: ～ der Medizin (略 cand. med.) 医学ドクトル受験資格者. **b)** 《単数で》(社会主義諸国で)カンディダート (Doktor に相当する学位). [*lat.* candidātus „weißgekleidet"; ＜*lat.* candidus „glänzend〔weiß〕" (◇Candela)]

Kan·di·da̢·ten≈kar·te 女 (旧東ドイツで社会主義統一党の)党員候補証. **≈ka·rus·sell** 中《話》候補者選びをめぐるごたごた. **≈li·ste** 女 候補者〈受験者〉名簿.

Kan·di·da̢·tin Kandidat の女性形.

Kan·di·da·tu̢r[kandidatú:r] 女 -/-en 立候補: eine ～ annehmen 立候補することを承諾する | *js.* ～ unterstützen …の立候補を支持する | *seine* ～ zurückziehen 立候補を撤回する. [*fr.*]

kan·di̢·del[kandí:dəl] 形《北部》(lustig) 快活な, 朗らかな. [＜*lat.* candidus „heiter"; *engl.* candid]

kan·di̢·deln[..dəln]《06》他 (h) 再帰 *sich*⁴ ～ 酔っぱらう.

kan·di·di̢e·ren[kandidí:rən] 自 (h) 立候補する: für das Amt des Präsidenten ～ 大統領選に出馬する.

kan·di̢e·ren[kandí:rən] 他 (h) (果実などを)砂糖漬けにする: *kandierte* Äpfel リンゴの砂糖漬け〈コンポート〉. [*it.*−*fr.*; ＜*arab.* qand „Rohrzucker"; ◇Kandis; *engl.* candy]

Kan·di̢n·sky[kandínski·] 人名 Wassily ～ ヴァシーリー カンディンスキー(1866-1944; ロシア生まれの画家).

Kạn·dis[kándıs] 男 -/ 氷砂糖. [*it.* (zucchero) candi〔to〕; ◇kandieren, Zuckerkand〔is〕]

Kạn·dis≈frucht 女 砂糖漬けの果実. **≈zucker** 男 ＝Kandis

Kan·di̢·ten[kandí:tən] 複《オーストリア》**1** ＝Kandisfrucht **2** (甘い)菓子類. [*it.* candito; ◇*engl.* candy]

Ka·ne̢el[kané:l] 男 -s/ (種類: -e)〔白〕肉桂(にっけい), 桂皮(香辛料として用いる). [*mlat.*−*fr.* cannelle; ＜*lat.* canna (→Kanne); ◇*engl.* canella]

Kan·epho̢·re[kanefó:rə] 女 -/-n〘建〙カネフォーレ(古代ギリシア神殿の支柱に見られる, 供物を入れたかごを頭にのせた女性像). [*gr.* kanēphóros−*lat.*; ＜*gr.* káneon „〔Rohr〕korb" (◇Kanna)＋..phor]

Ka̢·ne·vas[kánəvas] 男 -〔ses〕/-〔se〕〘織〙カンバス(裏地・ししゅう地などに用いる). [*provenzal.*−*fr.*; ◇Cannabis, Hanf; *engl.* canvas]

ka̢·ne·vas·sen[..sən] 形《付加語的》カンバス〔製〕の.

Kang-hi̢[kaŋhí:] (**Kang-hsi**[kaŋsí:]) 人名 康熙(1654-1722; 中国, 清(しん)の第4代皇帝. 『康熙字典』『佩文韻府』を編集させた).

Kä̢n·gu·ru〔h〕[kɛ́ŋguru·] 中 -s/-s 〘動〙カンガルー. [*austr.*−*engl.* kangaroo]

Kä̢n·gu·ru〔h〕·baum[kɛ́ŋguru..] 男〘植〙モクマオウ(木麻黄).

Kang·xi[kāŋçī] ＝Kang-hi

Ka·ni̢·den[kaní:dən] 複《集合的に》〘動〙犬類(キツネ・オオカミ・ジャッカルなど): vor die ～ gehen《比》惨めな死に方をする. [＜*lat.* canis „Hund"＋..iden]

Ka·ni̢n[kaní:n] 中 -s/-e 〔カイ〕ウサギの毛皮. [*iber.*−*lat.* cunīculus−*afr.* co〔n〕nin−*mndd.*; ◇*engl.* con〔e〕y]

Ka·ni̢n·chen[-çən] 中 -s/- (英: *rabbit*)〘動〙カイウサギ(飼兎), 家兎(かと) (→Hase 1 a): ～ halten 〈züchten〉 ウサギを飼う〈飼育する〉| *sich*⁴ **wie die ～ vermehren**《話》どんどん〈ネズミ算的に〉ふえる.

Ka·ni̢n·chen≈bau 男 -〔e〕s/-e 〔カイ〕ウサギの巣. **≈fleisch** 中 兎肉.

ka·ni̢n·chen·haft[..haft] 形〔カイ〕ウサギのような;《比》多産の.

Ka·ni̢n·chen≈maus 女〘動〙アメリカ＝カヤネズミ(萱鼠). **≈stall** 男 ウサギ小屋.

Ka·ni̢n·chen·stall·me·tho̢·de 女《戯》(無計画な)増築のくり返し.

Ka·ni̢n·chen·zucht 女 養兎(ようと).

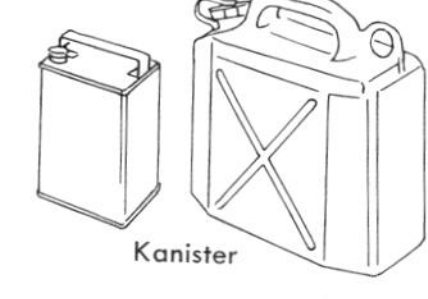
Kanister

Ka·ni̢·ster[kanístər] 男 -s/- (液体・粉末などを密閉して携帯・運搬するためのブリキ・プラスチック製の)缶, 小型タンク(→図): drei ～ Benzin ガソリン3缶. [*gr.* kánastron (→Knaster¹)−*lat.* canistrum „〔Rohr〕korb"−*it.* canestro]

Kạn·ker[káŋkər] 男 -s/- (Weberknecht)〘動〙メクラグモ(盲蜘蛛). [„Webender"]

ᵛ**Kan·kro·i̢d**[kaŋkroí:t]¹ 中 -〔e〕s/-e〘医〙カンクロイド, 類癌(るいがん), 上皮癌.

kan·krö̢s[kaŋkrø:s]¹ 形〘医〙癌(がん)状の. [＜*lat.* cancer „Krebs"; ◇kanzerös]

kann[kan] können の現在1・3人称単数.

Kạn·na[kána·] 女 -/-s (Blumenrohr)〘植〙カンナ〔属〕. [*semit.*−*gr.* kánna „Rohr"−*lat.* canna; ◇Kanne, Kanon, Knaster¹]

Kạn·nä[kánɛ·] 中 -/- 全滅, 破局的敗北(→Cannae).

Kạnn-Be·stim·mung[kán..] (↔Muß-Bestimmung) 女〘法〙任意規定. [＜kann]

Kä̢nn·chen[kɛ́nçən] 中 -s/- Kanne の縮小形: ein ～ Kaffee (喫茶店などで)コーヒーの小ポット(ふつうカップ2杯分あまり).

Kạn·ne[kánə] 女 -/-n (⊚ **Kä̢nn·chen** → 別出, **Kä̢nn·lein**[kɛ́nlaın] 中 -s/-) **1 a)** (湯茶などの)ポット(→図 Gefäß); (ビールの)〔ふた付き〕ジョッキ: eine ～ Kaffee コーヒー1ポット | eine ～ füllen 〈leeren〉 ポットの中身をみたす〈あける〉‖ **zu tief in die ～ gucken 〈schauen〉**《話》飲みすぎる; 大酒を飲む | **in die ～ steigen**《話》(罰として)ビールを一気に飲み干す〔はめになる〕| In die ～!《話》(合図として)さあ飲み始めよう | Es gießt wie aus 〈mit〉 ～*n*. (→gießen II 1). **b)** (Milchkanne) (輸送用の)牛乳缶: Milch in der ～ holen 牛乳を缶に入れてとって来る. **c)** 《話》(Saxophon) サキソホン: **eine heiße 〈stolze〉 ～ blasen**《若者語》(ジャズバンドで)たくみに〈調子よく〉サキソホンを吹く. **2** カンネ(昔の液量単位: 約1-2*l*).
[*semit.*−*gr.*−*lat.* canna „Rohr"−*ahd.* channa; ◇Kanna, Kanal, Kanüle, Kanone; *engl.* can]

Kạn·ne·gie·ßer[kánə..] 男《皮肉》酒場政談家, くだらない〈しろうと〉政治評論家. [デンマークの作家 L. v. Holberg の喜劇《Der politische Kannegießer》(ドイツ語訳1869)の主人公が政談好きの Zinngießer であるところから]

Kan·ne·gie·ße·re̢i[kanəgi:sərái] 女《皮肉》酒場〈しろうと〉政治談義.

kạn·ne·gie·ßern[kánəgi:sərn]《05》(過分 gekannegießert) 自 (h)《皮肉》酒場〈しろうと〉政談をする.

Kä̢n·nel[kɛ́nəl] 男 -s/-《スイス》(Dachrinne) 軒(のき)どい, 雨どい. [*lat.* canālis (→Kanal)−*ahd.*]

Kan·ne̢·le[kané:lə] 女 -/-n (Hohlkehle) くぼみ溝; えぐ

K

り〔くり形〕. [*mlat.*－*fr.*; ◇Kannelur]

kan·ne·li̱e·ren[kanəlí:rən] 他 (h) 〘建〙(柱などに)縦みぞを彫る. [*fr.*]

Kan·ne·li̱e·rung[..rʊŋ] 女 -/-en **1** (柱などへの)縦みぞの彫り込み. **2** (柱などの)縦みぞ〔模様〕, フルーティング. **3** 〘地〙(砂岩などの)筋状くぼみ.

Kä̱n·nel·ko̱h·le[kɛ́nəl..] 女 -/ 〘鉱・坑〙燭炭(しょくたん)(腐泥炭の一種). [*engl.* cannel (coal); <*engl.* candle (→Candela)]

Kan·ne·lu̱r[kanəlú:r] 女 -/-en, **Kan·ne·lü̱·re**[..lý:rə] 女 -/-n 〘建〙(柱などの)縦みぞ〔装飾〕, フルーティング(→ ⊛ Säule). [*it.*－*fr.*; <*mlat.* canella „Röhrchen" (◇Kanne); ◇kannelieren]

Ka̱n·nen≠bäcker[kánən..] 男 (水差し・ジョッキなどを作る)陶工. ≠**blatt** 中 〘植〙嚢(のう)状葉(食虫植物の捕虫葉など). ≠**gie·ßer** 男 (ポットなどを作る)鋳物師. ≠**pflan·ze** 女 〘植〙ウツボカズラ属.

kan·ne̱n·sisch[kanɛ́nzɪʃ] 形 殲滅(せんめつ)的な(→Kannä): ~*e* Niederlage (→Niederlage). [<Cannae]

ka̱n·nen·wei·se[kánən..] 副 (→..weise ★)ポット〈ジョッキ〉で; カンネ(約1-2*l*)ずつ, カンネ単位で; 《比》多量に: die Milch ~ abliefern 牛乳を缶〔単位〕で配達する.

Kan·ni·ba̱·le[kanibá:lə] 男 -n/-n (Menschenfresser) 人食い〔人種〕, 食人種; 《比》残忍〈野蛮〉な人. [*span.* caribal, canibal; ◇Karibe]

kan·ni·ba̱·lisch[..lɪʃ] 形 **1 a)** 人肉を食う, 食人種の; 《比》残忍〈野蛮〉な. **b)** 〘動〙共食いの. **2** 《話》たいへんな: *sich*[4] ~ freuen ひどく喜ぶ.

Kan·ni·ba·li̱s·mus[..balísmʊs] 男 -/ **1** 人食い, 人肉嗜食(ししょく), カニバリズム(特に未開民族での宗教的儀式としての); 《比》残忍, 野蛮. **2** 〘動〙共食い.

Ka̱nn·kauf·mann[kán..] 男 (↔ Mußkaufmann) 〘法〙任意的商人(→Sollkaufmann). [<kann]

Kä̱nn·lein Kanne の縮小形(→Kännchen).

kannst[kanst] können の現在 2 人称単数.

ka̱nn·ste[kánstə] 《俗》<kannst du

ka̱nn·te[kántə] kennen の過去.

Ka̱nn-Vo̱r·schrift[kán..] 女 =Kann-Bestimmung

Ka·noe[kanú:] 中 -s/-s =Kanu

Ka̱·non[ká:nɔn] **I** 男 -s/-s **1** 〘楽〙カノン. **2** (Norm) 規準, 規範, 準則. **3 a)** 模範文集. **b)** -s/-es [..nonε:s] 〘カトリック〙教理典範, 教会法令集. **c)** 《単数で》〘カトリック〙聖人名列表; ミサ奉献文. **d)** 《単数で》(聖書の)正典. **4** 〘数〙一般解法. **5** 〘天〙天体〈星辰(せいしん)〉運行表. **6** 〘美〙(人体などの)美的比例(→ ⊛). [▽]**7** (封建領主への家臣の)年貢. **II** 女 -/ 〘印〙キャノン(36ポイント活字). [*gr.* kanṓn „gerader Stab" －*lat.*; <*gr.* kánna (→Kanna)]

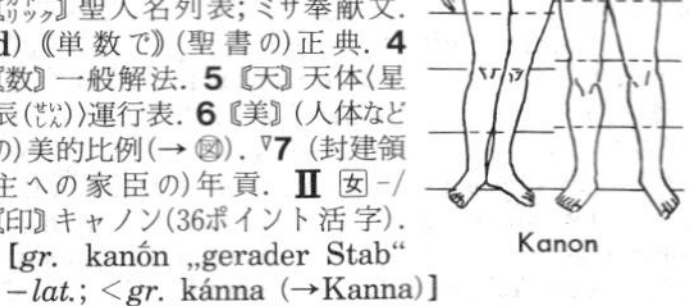

Kanon

Ka·no·na̱·de[kanoná:də] 女 -/-n (大砲の)連射: eine ~ von Schimpfwörtern über *jn.* loslassen 《比》…に悪口雑言の雨を降らせる. [*fr.* canonnade; <..ade]

Ka·no̱·ne[kanó:nə] 女 -/-n **1 a)** 大砲, (特に:) カノン砲: ~*n* gießen 大砲を鋳造する | eine ~ laden 大砲に弾丸をこめる | die ~ sprechen lassen 《比》武力〈戦争の手段〉に訴える ‖ *et.*[4] mit ~*n* beschießen …を砲撃する | **mit ~*n* auf Spatzen[4] 〈nach Spatzen〉 schießen** 《比》鶏を裂くに牛刀をもってする, ちっぽけなことを大げさに処理する | **unter aller ~** 《話》最低の状態で, 劣悪なやり方で(元来は Kanon をもじって Kanone にしたもの: →Kanon I 2) | unter aller ~ spielen ひどいプレーをする ‖ Die ~*n* donnern. 砲声がとどろく | Die ~*n* feuern. 大砲が火を噴く. **b)** 《話》ピストル. **2** 《話》(専門分野の)大家, 名人, (特にスポーツの)エース: Im Schwimmen 〈Als Schwimmer〉 ist er eine ~. 彼は水泳の第一人者だ | Er ist auf seinem Gebiet 〈in seinem Fach〉 eine ~. 彼は彼の専門領域では大家だ. **3** 《話》(ビールの)大ジョッキ: voll wie eine ~ 泥酔して. [*it.* cannone; <*lat.* canna (→Kanne); ◇kanonieren; *engl.* cannon]

Ka·no̱·nen·boot 中 〘軍〙砲艦.

Ka·no̱·nen·boot≠di·plo·ma·tie 女 (軍事力に訴える)砲艦外交. ≠**po·li·ti̱k** 女 砲艦政策.

Ka·no̱·nen≠don·ner 男 砲声. ≠**feu·er** 中 砲火. ≠**fie·ber** 中 砲声による(新米の兵士などの)極度の緊張〈不安〉. ≠**fut·ter** 中 砲火のえじき, 犬死にさせられる兵士. ≠**kö·nig** 男 《軽蔑的に》軍需成金, 死の商人. ≠**ku̱·gel** 女 砲弾. ≠**lauf** 男 砲身. ≠**o̱fen** 男 (⑭ ≠**ö̱f·chen** 中) 円筒形ストーブ(→ ⊛). ≠**rausch** 男 《話》泥酔(→Kanone 3). ≠**ro̱hr** 中 砲身: **Heiliges ~!** 《話》ああ驚いた〈恐ろしい〉. ≠**schlag** 男 **1** 爆竹. **2** 砲弾の炸裂(さくれつ)音. ≠**schuß** 男 砲撃. ≠**stie·fel** 男 **1** (ひざ下までの)長靴. **2** (16世紀に流行した)ろうと形の長靴(→ ⊛ Alamode-Tracht).

Kanonenofen

ka·no̱·nen·voll 形 《話》泥酔した(→Kanone 3).

Ka̱·no·ne̱s Kanon I 3 b の複数.

Ka·no·ni̱er[kanoní:r] 男 -s/-e 〔カノン〕砲手; 〔二等〕砲兵. [*fr.*; ◇*engl.* cannoneer]

ka·no·ni̱e·ren[..ní:rən] [▽]**I** 他 (h) 砲撃する. **II** 自 (h) **1** 大砲を撃つ. **2** 〘球技〙(ゴールに)シュートする: auf das Tor ~ ゴールにシュートする. [*fr.* canonner; ◇Kanone]

Ka·no̱·nik[kanó:nɪk] 女 -/ **1** 〘哲〙規準学(エピクロス派論理学). **2** 〘楽〙(数学的な)音響学. [<Kanon]

Ka·no·ni·ka̱t[kanoniká:t] 中 -〔e〕s/-e 〘カトリック〙Kanoniker の職〈位〉. [<..at]

Ka·no̱·ni·ker[kanó:nikər] 男 -s/-, **Ka·no̱·ni·kus**[..kʊs] 男 -/..ker[..kər] 〘カトリック〙司教座教会参事会員. [*kirchenlat.* canōnicus; ◇*engl.* canon]

Ka·no·ni·sa·tio̱n[kanonizatsió:n] 女 -/-en 〘カトリック〙聖人の列に加えること, 列聖〔式〕.

ka·no̱·nisch[kanó:nɪʃ] 形 **1** 規準となる, 規範的な. **2 a)** 〘カトリック〙教会法〔上〕の: das ~*e* Alter 教会法上の適齢 | das ~*e* Recht 教会法 | ~*e* Stunden (聖務日課の)定時課. **b)** 〘神〙聖書正典の: die ~*en* Bücher (聖書の)正典. **3** 〘楽〙カノン形式の. [*lat.* canōnicus „regelmäßig"; <*gr.* kanṓn (→Kanon)]

ka·no·ni·si̱e·ren[kanonizí:rən] 他 (h) **1** (heiligsprechen) 《*jn.*》〘カトリック〙(死者を)聖人の列に加える, 列聖する. **2** 〘聖〙《*et.*[4]》(…を聖書の)正典と認める, 正典化する. [*gr.*－*kirchenlat.*; ◇kanon]

Ka·no·ni·si̱e·rung[..rʊŋ] 女 -/-en =Kanonisation

Ka·no·ni̱s·se[kanonísə] 女 -/-n, **Ka·no·ni̱s·sin**[..sɪn] 女 -/-nen 〘カトリック〙立誓共唱共住会修道女.

Ka·no·ni̱st[..níst] 男 -en/-en 教会法学者. [*mlat.*]

Ka·no·ni̱·stik[..nístɪk] 女 -/ 教会法学.

Ka·no̱·pe[kanó:pə] 女 -/-n カノーペ(古代エジプトで人頭または獣頭のふたをもちミイラの内臓を納めたつぼ; また Etrurien の人像形の骨つぼ). [<*gr.* Kánōbos (古代エジプトの海港)]

Kä·no·phy̱·ti·kum[kɛnofý:tikʊm] 中 -s/ 〘地〙新植代(白亜紀後半から現代までの約 1 億年間). [<*gr.* kainós „neu"+..phyt]

der **Ka·no̱·pus**[kanó:pʊs] 男 -/ 〘天〙カノープス(竜骨座の首星). [*lat.*; <*gr.* Kánōbos (→Kanope)]

Ka·no̱s·sa[kanɔ́sa·] **I** =Canossa: **nach ~ gehen** カノッサ詣(もう)でをする(→Canossa) | **ein Gang nach ~** (=Kanossagang). **II** 中 -s/-s =Kanossagang

Ka·no̱s·sa·gang[kanɔ́sa..] 男 《ふつう単数で》カノッサ詣(もう)で, 屈服〈自己卑下〉〔の旅〕(→Canossa): einen ~ antreten 心ならずも恭順の意を表しに行く.

Kä·no·zo̱i·kum[kɛnotsó:ikʊm] 中 -s/ (Neozoikum) 〘地〙新生代. [<*gr.* kainós „neu"+zoo..; ◇*engl.*

K

Cenozoic]

kä·no·zọ·isch[..tsóːɪʃ] 形〘地〙新生代の.

Kạn·su[kánzuˑ] 地名 甘粛, カンスー(中国, 西北地区中部の省で, 省都は蘭州 Lantschou, また Lanzhou).

Kant[kant] 人名 Immanuel ～ イマーヌエル カント(1724-1804; ドイツの哲学者).

kan·tạ·bel[kantáːbəl] (..ta·bl..) 形 **1** (sangbar) 歌える. **2**〘楽〙歌うような〔表現の〕. [*spätlat.*－*it.* cantabile]

Kan·tạ·bi·le[kantáːbilə, ..le·] 中 -/-〘楽〙カンタービレ〔の楽曲・楽章〕. [*it.*; ◇Kantate[1]]

Kan·tạ·bri·en[kantáːbriən] 地名 カンタブリア(スペイン北部の旧地方名). [*lat.*]

kan·tạ·brisch[..brɪʃ] 形 カンタブリアの: das *Kantabrische* Gebirge カンタブリア山脈(スペイン北部に連なる山脈).

Kạn·ta·la[kántala·] 女 -/〘植〙マゲイ, カンタラ(インド・ジャワなどに産するリュウゼツラン属の木で, 葉の繊維からひもやロープを作る).

Kạn·ta·la·fa·ser 女〘織〙カンタラ繊維.

Kan·tạr[kantáːr] 男 中 -s/-e (単位: -/-) カンタール(東地中海沿岸諸国の商用重量単位: 45-100kg). [*lat.* centēnārius (→Zentenar)－*arab.* qintār－*it.* cantaro]

Kan·tạ·te[1][kantáːtə] 女 -/-n〘楽〙カンタータ. [*it.*; ＜*lat.* cantāre „singen" (◇Kantor)]

Kan·tạ·te[2][－] **I**《無冠詞・無変化》カンターテの主日(復活祭後の第4日曜日). **II** 中 -/-n (かつて Leipzig で行われた)カンターテの主日の書籍市〈書店主集会〉. [*lat.* cantāte „singt!"]

Kạnt·bei·tel[kánt..] 男〘木工〙平〈しのぎ〉のみ.

Kạn·te[kántə] 女 -/-n **1 a)** (二つの面が交わる)稜(りょう), 辺(→ 図); かど, きわ, ふち, へり: eine scharfe 〈stumpfe〉 ～ 鋭角〈鈍角〉の稜 | die Tisch*kante* テーブルの縁〈へり〉 | *sich*[3] die Ecken und ～*n* abstoßen (→Ecke 3 a) ‖ *sich*[4] **an** der ～ eines Tisches stoßen テーブルの縁にぶつかる | an allen Ecken und ～*n* (→Ecke 3 a) | **auf der ～**《話》不安定に, 危なっかしく | **auf der ～ stehen**《話》倒れかかっている; 不安定である; 危うい, 落ちそうである | Es steht auf der ～, ob... …かどうかは疑わしい | *et.*[4] **auf der hohen ～ haben**《話》…(ある金額)をたくわえている | *et.*[4] **auf die hohe ～ legen**《話》…(ある金額)をたくわえる. **b)**〘スキ・スケ〙エッジ(→ 図 Ski): ～*n* aus Stahl 鋼鉄製のエッジ. **c)**〘スキ〙(シャンツェの)カンテ. **d)**〘登山〙(両側が切り立った岩壁となった岩山の)稜線. **2** 縁どり; (織物の)耳; 縁どりレース. **3**《方》(Gegend) 地域, 地区: in dieser ～ Deutschlands ドイツのこのあたりで. [*spätlat.* canthus－*afr.* cant „Ecke"－*mndd.*; ◇dekantieren; *engl.* cant]

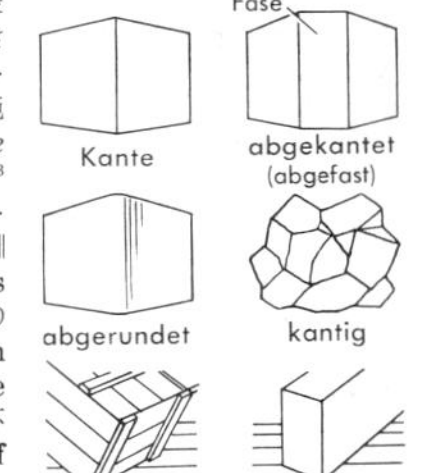

Kante

Kạn·tel[kántəl] **I** 女 -/-n (いすの脚などに用いる)角材. ▽**II** 男 中 -s/- 方形定規.

kạn·teln[kántəln] 《06》 他 (h) **1** (縫い目・縁などを)かがる. ▽**2** 方形定規で線をひく(→Kantel II). **3** ＝kanten I 1

kạn·ten[kántən] 《01》 **I** 他 (h) **1** (箱などを底面の縁だけが下の物に接するように)傾ける, かしげる(→ 図 Kante): eine Kiste beim Transport ～ 箱を運搬の際に傾ける. **2** (材木などを)かどばらせる. **II** 自 (h)〘スキ・スケ〙エッジを使う.

Kạn·ten[－] 男 -s/-《北部》(パンの両端の)切れ端(→ 図 Brot); パンの皮. [*ndl.*]

Kạn·ten≠ball 男〘卓球〙エッジボール. **≠füh·rung** 女〘スケ〙(フィギュアスケートでの)エッジ操作. **≠rein·heit** 女〘スケ〙エッジ操作の正確さ. **≠spar·ren** 男〘紋〙折れ山形(→Sparren 2). **≠wind** 男〘スポ〙(斜め前からの)向かい風.

Kạn·ter[1][kántər] 男 -s/- **1 a)** (Verschlag) 仕切り部屋, 物置. ▽**b)** 地下室, 穴倉. **2** たるなどを傾ける台〈枠〉. [*gr.* kanthḗlios „Lastesel"－*lat.* cant〔h〕ērius „Gaul"－*roman.*; ◇*engl.* ga〔u〕ntry]

Kạn·ter[2][kántər, kέn..] 男 -s/-〘馬術〙キャンター(並駆歩(かけあし)・ゆるい駆歩). [*engl.* canter; ＜Canterbury]

kạn·tern[kántərn, kέn..] 《05》 自 (h)〘馬術〙並駆歩(かけあし)で走る. [*engl.* canter]

Kạn·ter·sieg 男〘スポ〙楽勝, 大勝.

Kạnt·ha·ken[kánt..] 男 (重いものを動かすための)かぎざお, とび口: *et.*[4] **am ～ packen**《話》…をうまく処理する | *jn.* **am 〈beim〉 ～ nehmen 〈kriegen / packen〉**《話》…を難詰する; …の良心に訴えてさとす. [＜kanten; ◇*engl.* cant-hook]

Kan·tha·rị·de[kantaríːdə] 女 -/-n《ふつう複数で》(spanische Fliege)〘虫〙ゲンセイ〔ハンミョウ〕(芫青〔斑蝥〕). [*gr.* kantharís－*lat.*]

Kan·tha·ri·dịn[..ridíːn] 中 -s/〘薬〙カンタリジン(乾かした Kantharide から作られる薬で, 皮膚刺激剤・利尿剤・催淫(さいいん)剤などに用いる). [＜..in[2]]

Kạn·tha·ros[kántarɔs] 男 -/..roi[..rɔʏ] カンタロス(古代ギリシアの両側に取っ手のついた杯: → 図 Becher). [*gr.*]

Kạnt·holz[kánt..] 中 角材. [＜Kante]

Kan·tia·ner[kantiáːnər] 男 -s/- カント学派の人(→Kant).

kạn·tig[kántɪç][2] 形 **1** かど〈へり〉のある, ごつごつした(→ 図 Kante); 四角な; (顔などの)角ばった: ein ～*es* Kinn 角ばったあご. **2** (動作などの)ぎこちない, 不器用な. [＜Kante]

..kantig[..kantɪç][2]《数詞・形容詞などにつけて「かど・稜(りょう)・ふちが…の」を意味する形容詞をつくる》: drei*kantig* かど〈稜〉が三つある | scharf*kantig* かどの角ばった.

Kan·ti·lẹ·ne[kantiléːnə] 女 -/-n〘楽〙カンティレーナ. [*lat.*－*it.*; ◇Kantus]

Kan·tịl·le[kantíl(j)ə] 女 -/-n (金・銀でめっきした針金で編んだ)モール, 飾りひも. [*span.*－*fr.* cannetille; ＜*lat.* canna (→Kanne)]

Kan·tị·ne[kantíːnə] 女 -/-n (会社・工場などの)社員〈従業員〉食堂;〘軍〙酒保: in der ～ essen 社内食堂で食事をする. [*it.* cantina „〔Flaschen〕keller"－*fr.*; ＜*spätlat.* canthus (→Kante); ◇*engl.* canteen]

Kan·tị·nen·wirt 男 (オーストリア: **Kan·ti·neur**[kantinǿːr] 男 -s/-e, 話: **Kan·ti·nier**[..niéː] 男 -s/-s) Kantine の支配人〈責任者〉.

kạn·tisch[kántɪʃ] 形 カント的な〈流の〉; 《大文字で》カントの(→Kant).

Kạn·ton[1][kántɔn] 地名 広州, コワンチョウ(中国, 広東 Kwangtung 省の省都).

Kan·tọn[2][kantóːn] 男 -s/-e **1** (小 **Kan·tọ̈n·chen**[..tǿːnçən], **Kan·tọ̈n·lein**[..laɪn] 中 -s/-) (略 Kt.) (スイスの)州: der ～ Basel バーゼル州. **2 a)** (フランス・ベルギーの, 数か村からなる)小郡. **b)** (旧プロイセンの)徴兵区. [*it.*－*fr.*; ＜*it.* canto „Ecke" (◇Kante)]

kan·to·nạl[kantonáːl] 形 Kanton[2]の. [*fr.*]

Kan·tọ̈n·chen Kanton[2]の縮小形.

Kan·to·nẹ·se[1][..néːzə] 男 -n/-n 《スイス》(Partikularist) 地方分権〈連邦分立〉主義者.

Kan·to·nẹ·se[2][－] 男 -n/-n 広州人, コワンチョウ人.

Kan·to·niẹ·re[..niéːrə, ..niέːrə] 女 -/-n (アルプス地方の)道路番小屋. [*it.* „Straßenwärter"]

▽**kan·to·niẹ·ren**[..níːrən] 他 (h)〘軍〙(部隊を)駐留させる. [*fr.* cantonner]

▽**Kan·to·niẹ·rung**[..rʊŋ] 女 -/-en〘軍〙駐留.

▽**Kan·to·nịst**[kantoníst] 男 -en/-en 新兵, 応召兵: **ein unsicherer ～**《話》信用の置けない人, 不決断の〈当てにならない〉人.

Kan·tọ̈n·lein Kanton[2]の縮小形.

Kan·tọ̈n·li·geist[kantǿːnli..] 男 -〔e〕s/《軽蔑的に》(偏狭な)地域主義.

Kan·ton·ne·ment[kantɔn(ə)mãː] 中 -s/-s (スイス: [..n(ə)mέnt] -s/-e)〘軍〙(部隊の)駐留地, 舎営地. [*fr.*;

K

◇*engl*. cantonment]

Kan·tons≈ge·richt[kantó:ns..] 中 (スイスの)州裁判所. **≈rat** 男 -[e]s/ ..räte (スイスの)州議会; 州議会議員. **≈re·gie·rung** 女 (スイスの)州政府. **≈schu·le** 女 (スイスの)州立学校. **≈ver·fas·sung** 女 (スイスの)州憲法.

Kan·ton≈sy·stem 中, **≈ver·fas·sung** 女 (旧プロイセンの)徴兵区制度.

Kan·tor[kántɔr, ..to:r] 男 -s/-en[kantó:rən] (教会の)聖歌隊長; 聖歌前唱者. [*lat.*−*mlat.*; < *lat.* canere „singen" (◇Hahn[1]); ◇Kantate, Kantus]

Kan·to·rat[kantorá:t] 中 -[e]s/-e **1** =Kantorenamt **2** Kantor の任期. [<..at]

Kan·to·rei[kantorái] 女 -/-en **1** Kantor の住宅. **2** (プロテスタントの)教会合唱団. [<..ei]

Kan·to·ren·amt 中 Kantor の職.

Kan·tschu[kántʃu·] 男 -s/-s (革ひもで編んだ)むち. [*türk.*−*slaw.*]

Kant·stein[kánt..] 男《北部》(Bordstein) (歩道の)縁石, へり石. [<Kante]

Kan·tus[kántʊs] 男 -/-se《学生語》(Gesang) 歌: einen ~ steigen lassen 歌を歌い出す. [*lat.* cantus; ◇Kantor, Canto]

Ka·nu[ká:nu·, kanú:; ｵｰｽﾄﾘｱ: kanú:] 中 -s/-s **1** カヌー, 丸木舟. **2**《ｽﾎﾟｰﾂ》カヌー(カヤックとカナディアンカヌーの総称). [*karib.* can[a]oa „Einbaum"−*span.*−*engl.* canoe]

Ka·nü·le[kaný:lə] 女 -/-n《医》カニューレ, 套管(とうかん)(→ 図); 注射針. [*spätlat.* cannula „Röhrchen"−*fr.*; ◇Kanne]

Ka·nu≈po·lo[ká:nu.., kanú:..; ｵｰｽﾄﾘｱ: kanú:..] 中《ｽﾎﾟｰﾂ》カヌーポロ. **≈sla·lom** 男《ｽﾎﾟｰﾂ》カヌースラローム.

Ka·nu·te[kanú:tə] 男 -n/-n《ｽﾎﾟｰﾂ》カヌー競技の選手.

Kan·zel[kántsəl] 女 -/-n **1** (教会の)説教壇(→ 図): auf die ~ steigen ⟨treten⟩ / die ~ besteigen 説教壇に上がる. **2** (Cockpit)《空》操縦士席. **3**《狩》(待ち受け猟の)樹上の足場(→ 図 Jagd). ▽**4** 演壇; 教壇. [*mlat.* cancellī (altāris)−*ahd.* kancella; ◇Kanzelle; *engl.* chancel]

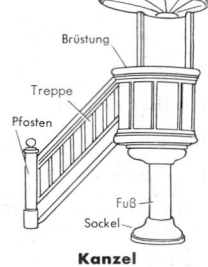

Kanzel

Kan·zel≈al·tar 中 説教壇付き祭壇(→ 図 Altar B). **≈be·red·sam·keit** 女 (聖職者などの)説得力ある雄弁[術]. **≈deckel** 男 説教壇の天蓋(てんがい)(→ 図 Kanzel).

▽**Kan·zel·la·riat**[kantsɛlariá:t] 中 -[e]s/-e **1**《単数で》大臣⟨官房長⟩の職. **2** 官房. [◇Kanzler]

Kan·zel·le[kantsɛ́lə] 女 -/-n **1** (教会の)内陣格子. **2**《楽》(オルガンなどの)風路. [*lat.* cancellī „Gitter"; < *lat.* carcer (→Karzer); ◇Kerker, Kanzel]

▽**kan·zel·lie·ren**[kantsɛlí:rən] 他 (h) (文字に)×印を付けて消す. [*mlat.*; ◇*engl.* cancel]

Kan·zel≈miß·brauch[kántsəl..] 男 (公安秩序を乱すような)聖職者の越権的な発言. **≈re·de** 女 説教. **≈red·ner** 男 説教者. **≈schwal·be** 女《戯》熱心に教会に通う婦人. **≈wort** 中 -[e]s/-e《ｵｰｽﾄﾘｱ》(Predigt) 説教.

kan·ze·ro·gen[kantserogé:n] (krebserzeugend)《医》発癌(はつがん)性の, 癌原の. [< *lat.* cancer „Krebs"+..gen; ◇karzinogen]

Kan·ze·ro·lo·ge[..ló:gə] 男 -n/-n (→..loge) 癌(がん)専門医.

Kan·ze·ro·lo·gie[..logí:] 女 -/《医》癌(がん)研究.

Kan·ze·ro·pho·bie[..fobí:] 女 -/-n[..bí:ən] 癌(がん)恐怖症. ⌈*lat.*⌉

kan·ze·rös[kantserø:s][1] 形《医》癌(がん)性の. [*spät-*⌋

Kanz·lei[kantsláɪ] 女 -/-en **1**《南部・ｵｰｽﾄﾘｱ・ｽｲｽ》(Büro) (役所・弁護士の)事務所⟨室⟩. **2**《史》(王侯・都市の)官房. [*mhd.* kanzelīe; ◇Kanzelle; *engl.* chancellery]

Kanz·lei≈aus·druck 男 (誇張した・仰々しい)官用文体の表現. **≈deutsch** 中《軽蔑的に》(Amtsdeutsch) 官庁ドイツ語. **≈die·ner** 男《史》官房の下級職員. ▽**≈for·mat** 中 官庁用紙規格(33×42cm). **≈kraft** 女 事務⌈〔職〕員.⌋

kanz·lei·mä·ßig 形 官庁ふうの.

Kanz·lei≈pa·pier 中 (上質で純白な昔の)官庁用紙. **≈schrift** 女 公文書字体(中世・近世の官房で用いられた飾りの多い筆記体). **≈spra·che** 女 -/ (中世・近世の官房で用いられた)官用⟨官庁⟩語;《比》古めかしい誇張した⟨仰々しい⟩言葉づかい. **≈stil** 男 -[e]s/ 官用文体, 公文書体.

Kanz·ler[kántslər] 男 -s/- **1 a)** (Reichskanzler) ドイツ帝国宰相: **der Eiserne ~** 鉄血宰相 (Bismarck の異名). **b)** (Bundeskanzler) (ドイツ・オーストリアの)連邦首相. **2** (大学の)事務局長. **3** (在外公館の)事務長. **4**《史》(中世の)尚書; (15世紀以後の)最高法院長; (旧プロイセンの)法務長官.
[*spätlat.* cancellārius−*ahd.*; *engl.* chancellor]

Kanz·ler·amt =Bundeskanzleramt

▽**Kanz·list**[kantslíst] 男 -en/-en 官房書記. [*mlat.*]

Kan·zo·ne[kantsó:nə] 女 -/-n《楽・詩》カンツォーネ. [*lat.* cantiō−*it.*; < *lat.* canere (→ Kantor); ◇Chanson]

Kan·zo·net·te[kantsonɛ́tə] 女 -/-n《楽》小曲(短く単純な歌曲; 旋律的な器楽曲). [*it.*; ◇..ette]

Kao·hsiung (**Kau·hsiung**)[kaʊsǐúŋ] 地名 高雄, カオシュン(台湾南西岸の港湾都市).

Kao·lin[kaolí:n] 中 (男) -s/ (種類: -e)《鉱》カオリン(陶土の一種). [*fr.*; < *chines.* 高陵(山)]

Kao·li·nit[kaoliní:t, ..nít] 男 -s/-e《鉱》カオリナイト, 高陵石.

Kao-tsu[kaʊtsú:] 人名 高祖(前247-195; 前漢初代の皇帝. 姓名は劉邦).

Kao-tsung[kaʊtsúŋ] 人名 高宗(1107-87: 南宋初代の皇帝. 姓名は趙構).

Kap[kap] 中 -s/-s (Vorgebirge) 岬: das ~ der Guten Hoffnung 喜望峰(アフリカ南端の岬) | das ~ Hoorn ホーン岬(南アメリカ南端の岬) | ~ Verde → 別出 [*it.* capo−*fr.*−*ndl.* kaap−*ndd.*; < *lat.* caput (→Haupt); ◇*engl.* cape]

Kap. 略 =Kapitel 章.

▽**ka·pa·bel**[kapá:bəl] (..pa·bl..) 形 (fähig) 能力のある, 有能な. [*spätlat.*−*fr.*; ◇kapieren]

Ka·paun[kapáʊn] 男 -s/-e (去勢した)肉用雄鶏(おんどり);《比》柔弱な男. [*spätlat.* cāpō−*fr.*−*mhd.* kappūn; ◇Komma; *engl.* capon]

ka·pau·nen[kapáʊnən] (《過分》kapaunt) 他 (h) (雄鶏を)去勢する.

Ka·pau·ner[kapáʊnər] 男 -s/-《ｵｰｽﾄﾘｱ》=Kapaun

ka·pau·ni·sie·ren[kapaʊnizí:rən] =kapaunen

Ka·pa·zi·tät[kapatsitɛ́:t] 女 -/-en **1**《ふつう単数で》**a)**《理》容量: elektrische ~ 電気容量 | Wärme*kapazität* 熱容量. **b)** (一般に)容量, 受容力, 収容能力: Vital*kapazität*《医》肺活量 | die ~ eines Hotels erweitern ホテルの収容力を高める. **2 a)**《ふつう単数で》(企業・工場などの)生産能力: Die Fabrik hat eine ~ von zweihundert Motorrädern im Monat. この工場はオートバイ月産200台の生産能力をもっている. **b)**《複数で》生産施設⟨手段⟩. **3**《ふつう単数で》知的能力, 理解力: Die Frage übersteigt die ~ der Schüler. その問いは生徒たちの能力を越えている. **4** (学術・芸能の)大家, 権威者: Er ist eine ~ als Chirurg ⟨in der Chirurgie⟩. 彼は外科のエキスパートだ.
[*lat.*; < *lat.* capāx „vielfassend"; ◇kapieren; *engl.* capacity]

K

ka·pa·zi·ta·tiv[kapatsitatíːf][1] ＝kapazitiv
Ka·pa·zi·täts≈ko·ef·fi·zient[kapatsitɛ́ːts..] 男 〘電〙容量係数. **≈re·ser·ve** 女〘経〙(工場などの)余剰能力, 生産力の余裕.
ka·pa·zi·tiv[..tíːf][1] 形〘電〙(コンデンサーの)容量に関する〈よる〉: ～*er* Widerstand 容量性抵抗〈リアクタンス〉. [*engl.*]
Ka·pee[kapéː] 中 -s/ 《話》理解〔力〕: **schwer von ～ sein** 物わかりが悪い | ～ haben 物わかりが良い. [kapieren からのフランス語めかした造語]
Ka·pe·lan[kapəláːn] 男 -s/-e〘魚〙カプラン(北大西洋の小型のタラ). [*mlat.* capellānus (→Kaplan)－*provenzal.*－*fr.*]
die **Ka·pel·la**[kapɛ́la·] 女 -/ 〘天〙カペラ(御者座の首星). [*lat.*; ＜*lat.* capra „Ziege"; ◇Kapriole, Chevreau]
Ka·pel·le[1][kapɛ́lə] 女 -/-n **1** 礼拝堂, チャペル(→ 図 Burg); (城館・大教会などの)祈禱(きとう)室(→ 図 Kirche A). **2** (Musikkapelle)(小編成の)楽団, 楽隊, バンド. [*mlat.* ca〔p〕pella „Mäntelchen"－*ahd.*; ＜*spätlat.* cappa (→Kappe); 聖マルティンのマントの保管所の意味から; ◇Kaplan; *engl.* chapel]
Ka·pel·le[2][—] 女 -/-n〘金属〙(灰吹き法により銀と鉛を分離する)るつぼ. [*mlat.* cūpella „Probiertiegel"－*fr.* coupelle; ◇Küpe; *engl.* cupel]
Ka·pel·len·ofen 男〘金属〙試金〈灰吹き〉炉.
ka·pel·lie·ren[kapɛlíːrən] 他 (h)〘金属〙灰吹き法にかける. [*fr.*]
Ka·pell·mei·ster[kapɛ́l..] 男 **1** (楽団の)指揮者, 楽長, バンドマスター(→Kapelle[1] 2). **2** (音楽監督の次に位するオーケストラの)常任指揮者. [＜Kapelle[1]]
Ka·per[1][káːpər; ｵｰｽﾄﾘｱ: kápər] 女 -/-n《ふつう複数で》〘料理〙ケーパー(フウチョウボクのつぼみの酢漬け・塩漬け: → 図 Gewürz). [*gr.* kápparis－*lat.*－*roman.*]
Ka·per[2][—] 男 -s/- **1**〘史〙(国家から敵船拿捕(だほ)免許状を与えられた)海賊船, 私掠(しりゃく)船. **2** 海賊; 略奪者. [*ndl.*; ＜*afries.* kāp „Kauf"]
Ka·per·brief 男〘史〙敵国商船拿捕(だほ)特許状.
Ka·pe·rei[kaːpəráɪ] 女 -/-en〘史〙(公認の)敵船拿捕(だほ), 私掠(しりゃく)「獲」戦.
Ka·per·krieg[káːpər..] 男〘史〙敵国商船拿捕(だほ)〈捕
ka·pern[káːpərn] 《05》他 (h) **1**〘史〙(敵国の〔商〕船を)〔公然と〕拿捕(だほ)〈私掠(しりゃく)〉する. **2**《話》《*jn.*》つかまえる,(むりやり)味方につける; 《*et.*[4]》わがものとする: *sich*[3] einen Mann ～ (結婚相手として)男をつかまえる.
Ka·pern≈gur·ke[káːpərn..] 女〘料理〙ケーパーピクルス(フウチョウボクの果実の酢漬け・塩漬け). **≈so·ße** 女〘料理〙ケーパーソース. **≈strauch** 男〘植〙〔セイヨウ〕フウチョウボク. **≈tun·ke** 女 ＝Kapernsoße [＜Kaper[1]]
Ka·per·schiff[káːpər..] 中 ＝Kaper[2] 1
Ka·pe·rung[káːpərʊŋ] 女 -/-en kapern すること.
Ka·pe·tin·ger[ká(ː)petɪŋər] 男 -s/-〘史〙(フランスの)カペー王家(987-1328)の人. [◇*engl.* Capetian]
kap·fen[kápfən]《南部》＝gaffen [*ahd.*]
Kap·fen·ster[káp-fɛn..] 中《中部》(屋根から突出している)天窓. [＜*mndd.* kapen „spähen, gaffen"]
Kap·hol·län·der[káp..] 男 -s/- ケープ州(Kapprovinz)のオランダ人(→Bure).
kap·hol·län·disch 形 ケープ州のオランダ人〔ふう〕の: die ～*e* Sprache アフリカーンス語(＝Afrikaans).
ka·pie·ren[kapíːrən] 他 (h)《話》(verstehen) 理解する, 分かる: *Kapierst* du das denn nicht? 君はそれが分からないのか. [*lat.* capere „fassen"; ◇heben]
ka·pil·lar[kapɪláːr] 形 **1** 毛のように細い. **2 a)**〘生・医〙毛〔細〕管の. **b)**〘理〙毛管現象による. [*spätlat.*; ＜*lat.* capillus „Haar"]
Ka·pil·lar≈ana·ly·se 女〘理〙毛〔細〕管分析. **≈blu·tung** 女〘医〙毛細〔血〕管出血. **≈che·mie** 女 界面化学.
Ka·pil·la·re[kapɪláːrə] 女 -/-n **1** (Haarröhrchen)〘理〙毛管, 毛細管. **2**〘生・医〙毛細〔血〕管.
Ka·pil·lar≈elek·tro·me·ter[..láːr..] 中 (男) 毛管電気計. **≈ge·fäß** 中〘生・医〙毛細〔血〕管.
Ka·pil·la·ri·tät[kapɪlaritɛ́ːt] 女 -/〘理〙毛管現象.
Ka·pil·lar≈mi·kro·sko·pie[..láːr..] 女 -/〘医〙毛〔細〕管顕微鏡検査. **≈wir·kung** 女 ＝Kapillarität
ka·pi·tal[kapitáːl] 形《付加語的》**1** 主要な; 特別の, 重大な, たいへんな, 非常な; すぐれた, すばらしい: ein ～*er* Fehler たいへんな間違い | eine ～*e* Leistung すばらしい仕事 | ein ～*es* Weib いかす女. **2**〘狩〙(野獣などが)大物の; りっぱな〔角の生えた〕: ein ～*er* Hirsch 見事な雄ジカ(→Kapitalhirsch) | einen ～*en* Bock schießen《話》ひどいへまをやらかす. [*lat.* capitālis; ＜*lat.* caput (→Haupt)]
kapital..《名詞につけて「重大な・強大な」などを意味する》: *Kapital*verbrechen 重大犯罪 | *Kapital*hirsch〘狩〙大シカ.
Ka·pi·tal[kapitáːl] 中 -s/-e, -ien[..liən] **1**〘経〙資本; 資本金, 基本財産, 基金, 元本: arbeitendes ～ 運転資本 | fixes 〈zirkulierendes〉 ～ 固定〈流動〉資本 | konstantes 〈variables〉 ～ 不変〈可変〉資本 | industrielles ～ 産業資本 | Handels*kapital* 商業資本 ‖ geistiges ～《比》精神的資本(精神的能力や知識) | totes ～《比》寝かせ資本(習得したが利用しない知識・技能) ‖ *sein* ～ anlegen 投資する | **aus *et.*[3] ～ schlagen** …から利益を収める, …を利用する | *sein* ～ in *et.*[4] stecken …に投資する ‖ Gesundheit ist das beste ～. 健康は最高の元手だ | Ist das dein ganzes ～?《戯》これが君の有り金全部か. **2**《単数で》《集合的に》資本家. **3** ＝Kapitalband [*mlat.* capitāle „Hauptgut"－*it.*]
[▽]**Ka·pi·täl**[kapitɛ́ːl] 中 -s/-e ＝Kapitell
Ka·pi·tal≈ab·wan·de·rung[kapitáːl..] 女 ＝Kapitalflucht **≈an·la·ge** 女 投資. **≈an·le·ger** 男 投資家. **≈an·teil** 男 出資持ち分. **≈auf·stockung** 女 増資. **≈aus·fuhr** 女 資本輸出. **≈band** 中 -〔e〕s/..bänder〘製本〙ヘッドバンド, ヘドバン, 花布(はなぎれ), 頂帯(→ 図 Buch). **≈be·darf** 男 資本需要. **≈be·tei·li·gung** 女 資本参加. **≈bil·dung** 女 資本形成. **≈buch·sta·be** 男 ＝Kapitalschrift
Ka·pi·täl·chen[kapitɛ́ːlçən] 中 -s/-〘印〙スモールキャピタル, スモールキャップ, 小型大文字, 小頭(こがしら)文字(小文字の大きさの大文字体. 例KAPITÄLCHEN).
Ka·pi·ta·le[kapitáːlə] 女 -/-n [▽]**1** (Hauptstadt) 首都. **2** ＝Kapitalis [*fr.*]
Ka·pi·tal≈er·hö·hung 女 増資. **≈er·trag** 男 資本収益. **≈er·trag〔s〕·steu·er** 女 資本収益〈利子〉税. **≈ex·port** 男 資本輸出. **≈feh·ler** 男 重大な過失, 大失策. **≈flucht** 女 -/ 資本の流出, 資本逃避. **≈ge·ber** 男 出資者. **≈ge·sell·schaft** 女 (↔ Personengesellschaft)〘経〙物的〈資本〉会社. **≈ge·winn** 男 資本利得. **≈her·ab·set·zung** 女 減資. **≈hirsch** 男〘狩〙(12以上の枝づのをもつ)大シカ.
Ka·pi·ta·li·en Kapital の複数.
Ka·pi·ta·lis[kapitáːlɪs] 女 -/ (古代ローマの)大文字体. [*lat.* capitālis (→kapital)]
Ka·pi·ta·li·sa·tion[kapitalizatsióːn] 女 -/-en 資本化, 資本還元. [*fr.*]
ka·pi·ta·li·sie·ren[..zíːrən] 他 (h) 資本化する, 資本に還元する; 換金する: Sachwerte ～ 有価物を換金する. [*fr.*]
Ka·pi·ta·lis·mus[kapitalísmʊs] 男 -/ 資本制, 資本主義体制.
Ka·pi·ta·list[..líst] 男 -en/-en **1** 資本家;《軽蔑的に》金持ち. **2** 資本主義信奉者.
ka·pi·ta·li·stisch[..lístɪʃ] 形 **1** 資本制の, 資本主義体制の; 資本主義的な: die ～*e* Gesellschaftsordnung 資本主義〔社会〕体制 | ein ～*er* Staat 資本主義国家. **2**《話》資本家的な, ぜいたくな.
Ka·pi·tal≈kon·to[kapitáːl..] 中〘商〙資本〈元帳〉勘定. **≈kraft** 女 資本力; 金力, 財力.
ka·pi·tal·kräf·tig 形 資本力のある; 金持ちの.
Ka·pi·tal≈kre·dit 男 資本信用. **≈man·gel** 男 -s/

資本不足〈欠乏〉. ≈**markt** 男 資本市場. ≈**schrift** 女 大文字, 頭(かしら)文字.

ka·pi·tal·stark =kapitalkräftig

Ka·pi·tal≈steu·er 女 資本税. ≈**trans·fer** 男 (外国などへの)資本移転. ≈**ver·bre·chen** 中 重大犯罪. ≈**ver·mö·gen** 中 元資, 基本財産. ≈**zins** 男 -es/-en 資本利子.

Ka·pi·tän[kapitɛ́:n] 男 -s/-e **1 a)** 〘海〙 船長, 艦長: **~ der Landstraße**《戯》長距離トラック運転手 | ~ der Wirtschaft《比》経済界の指導者. **b)** (Flugkapitän) 〘空〙 機長. **2** 〘軍〙 **a)** 海軍大佐(正式には: Kapitän zur See). **b)** (イギリス・フランスなどの陸軍の)大尉. **3** 〘スポーツ〙 主将, キャプテン. [*mlat.* capitāneus „Anführer"–*afr.*–*mhd.*; < *lat.* caput (→Chef); ◇ *engl.* captain]

Ka·pi·tän·leut·nant 男 海軍大尉.

Ka·pi·täns≈ka·jü·te 女 〘海〙 船長〈艦長〉室. ≈**pa·tent** 中 〘海〙 船長免許証.

Ka·pi·tel[kapítəl] 中 -s/- **1** (略 Kap.) (著作物の)章: das erste 〈zweite〉 ~ 第1〈2〉章 ‖ ein dunkles ~ seines Lebens 彼の人生の(公表されていない)暗い〈いかがわしい〉時期 | ein trauriges ~ meines Lebens 〈der deutschen Geschichte〉 わが生涯〈ドイツ史〉の暗鬱(あんうつ)な時期〈時代〉 | Das ist ein 〔ganz〕 anderes ~. それは〔全く〕別問題〈無関係なこと〉だ | **ein ~ für sich sein** (それ自体として処理されるべき)やっかいな〈微妙な〉問題である | Das ist ein ~ für sich. それは一言では言えぬ問題だ〈簡単に説明できない〉 | um auf ein anderes ~ zu kommen《挿入句的に》話は変わるが, それはそれとして. **2** 〘カトリック〙 参事会; (修道会などの)集会, 総会. [*lat.* capitulum „Köpfchen"〔–*mhd.*〕; ◇ Kapitell, kapitulieren; *engl.* chapter]

ka·pi·tel·fest 形 **1** 博識な; (特に:) (bibelfest) 聖書に精通した. **2** 《方》(gesund) 丈夫〈健康〉な.

Ka·pi·tell[kapitɛ́l] 中 -s/-e 〘建〙 柱頭, キャピタル(柱の最上部にあって上部の荷重と柱身の支える力とが出会う部分: → 図): das ionische 〈korinthische〉 ~ イオニア〈コリント〉式柱頭. [*spätlat.* capitellum „Köpfchen"–*mhd.*; < *lat.* caput (→Haupt); ◇ kapital, Kapitel; *engl.* capital]

Kapitell

ka·pi·teln[kapítəln] 《06》《過分 kapitelt》他 (h) 《方》(schelten) 《*jn.*》しかりつける. [*mhd.*; ◇ Kapitel]

das **Ka·pi·tol**[kapitó:l] 中 -s/ **1** 地名 カピトル丘(ローマ七丘の一つで, 古代ローマの聖地. 元老院があった). **2** (米国の)国会議事堂. [*lat.*; < *lat.* caput (→Haupt)]

ka·pi·to·li·nisch[..tolí:nɪʃ] 形 カピトル〔丘〕の.

Ka·pi·tu·lant[kapitulánt] 男 -en/-en **1** 敗北主義者, 降伏者. ᵛ**2** 〘軍〙 勤務年限延長〔志願〕者, 再役兵. [< kapitulieren]

Ka·pi·tu·lar[..lá:r] 男 -s/-e 〘カトリック〙 参事会員. [*mlat.*]

Ka·pi·tu·la·re[..lá:rə] 中 -s/..rien[..riən] 《ふつう複数で》(古代フランク王国の)勅令〔集〕. [*mlat.*; ◇ Kapitel]

Ka·pi·tu·la·tion[..latsió:n] 女 -/-en **1 a)** 降伏: eine bedingungslose ~ 無条件降伏. **b)** 降伏条約〈協定〉: die ~ unterzeichnen 降伏文書に調印する. ᵛ**2** 〘軍〙 勤務年限延長契約. [*fr.*]

ka·pi·tu·lie·ren[..lí:rən] 自 (h) **1** 降伏する: vor den Schwierigkeiten ~ 困難にぶつかってお手上げになる. ᵛ**2** 〘軍〙 勤務年限延長を志願する. [*mlat.* capitulāre „(über einen Vertrag) verhandeln"–*fr.*; ◇ Kapitel; *engl.* capitulate]

Kap·la·ken[kápla(:)kən] 中 -s/- 〘海〙 (荷主から船長への)割増謝礼. [*mndl.* kap〔pe〕-laken „Tuch für eine (neue) Mütze"–*ndd.*; ◇ Kappe]

Ka·plan[kaplá:n] 男 -s/..pläne[..plɛ́:nə] **1** 〘カトリック〙 助任司祭. **2 a)** (貴族の邸・城などの)礼拝堂つき司祭. **b)** (病院・学校など)施設付き司祭; 従軍司祭. [*mlat.* capellānus–*mhd.*; ◇ Kapelle[1]; *engl.* chaplain]

Kap·land[káplant][1] 中 -〔e〕s/ =Kapprovinz

Ka·po[kápo·] 男 -s/-s 《話》**1** (Unteroffizier) 下士官. **2** (ナチの強制収容所で看守を助ける)監督囚人. [*it.* caporale–*fr.* caporal; < *it.* capo „Kopf"; ◇ Kap; *engl.* corporal]

Ka·po·da·ster[kapodástər] 男 -s/- 〘楽〙 (ギターなどの)カポタスト(指板の頭). [*it.* capo-tasto; ◇ Haupt, Taste]

Ka·pok[ká(:)pɔk] 男 -s/ カポック, パンヤ(カポックノキの種子をつつむ繊維で, ふとん・まくらなどの詰め物に用いる). [*malai.*–*engl.*]

Ka·pok≈baum 男 〘植〙 パンヤノキ, カポックノキ. ≈**öl** 中 -〔e〕s/ カポック油.

ka·po·res[kapó:rəs] 形《述語的》《話》(kaputt) 壊れた, だめになった: ~ gehen 壊れる | ~ sein 壊れている ‖ Er hat das Fenster ~ geschlagen. 彼は窓ガラスを打ち壊した. [*hebr.* kappārōth „Sühneopfer"–*jidd.*]

Ka·po·si-Sar·kom[kapó:zizarko:m] 中 〘医〙 カポジ肉腫(とりわけエイズ患者にみられる悪性腫瘍).

Ka·pot·te[kapɔ́tə] 女 -/-n, **Ka·pott·hut** 男 〘服飾〙 カポート(19世紀に流行したあごひもつきの婦人帽: → 図 Mantille). [*fr.* capote; ◇ Kaput]

Kap·pa[kápa·] 中 -〔s〕/-s カッパ(ギリシア字母の第10字: Κ, κ). [*semit.*–*gr.*]

Kap·pa·do·zi·en[kapadó:tsiən] (**Kap·pa·do·ki·en** [..kiən]) 地名 カッパドキア(小アジア東部の山岳地方に対する古代の名称). [*gr.*–*lat.*]

Kapp·beil[káp..] 中 〘海〙 (索具・マストを切る)手おの, まさかり. [< kappen]

Kap·pe[kápə] 女 -/-n (小 **Käpp·chen**[kɛ́pçən], **Käpp·lein**[..laɪn] 中 -s/-) **1 a)** (Mütze) (ふちなしの)帽子, ずきん: eine ~ aufsetzen 〈tragen〉 ずきんをかぶる〈かぶっている〉 ‖ ***jm.* etwas 〈eins〉 auf die ~ geben** / ***jm.* auf die ~ kommen** 《方》…をさんざんに殴る | **auf *js.* ~⁴ gehen 〈kommen〉** 《話》…の責任が問われる, …が責任を負うことになる | ***et.*⁴ auf *seine* 〔eigene〕 ~ nehmen** 《話》…の責任を〔自分で〕負う ‖ **Jedem Narren gefällt seine ~.** 《諺》だれにでもうぬぼれはある | Gleiche Brüder, gleiche ~*n.* (→ Bruder 2) | Der Berg trägt eine weiße ~ aus Schnee. 《比》山の頂上は白い雪をいただいている. **b)** (中世の)フードつきマント.

2 a) (器具の)キャップ; (靴の)つま先〈かかと〉革, (靴下の)かかと布. **b)** 〘建〙 (丸屋根・丸天井の)頂部, せりがしら(→ 図 Gewölbe A, B). **c)** (Kugelkappe) 〘数〙 球冠. [*spätlat.* cappa–*ahd.* kappa „Kapuzenmantel"; < *lat.* caput (→Haupt); ◇ Cappa; *engl.* cap]

kap·pen[kápən] 他 (h) **1** 切る, 切断する; (切って)短くする, 切りつめる: einen Baum ~ 木のこずえ〈新芽〉を止める | die Leinen ~ 綱をつめる. **2** 《話》《*jn.*》捕まえる, 捕らえる: Der Dieb wurde *gekappt*. どろぼうが捕まった. **3** (靴に)かかと革をつける, (靴下〔のかかと〕に)継ぎを当てる. **4 a)** (鶏などを)去勢する. **b)** (雄が雌と)交尾する, つがう. [*mndl.*–*mndd.*]

Kap·pen≈fest 中 (カーニバルに道化師の帽子をかぶって集まる)道化祭り〈舞踏会〉. ≈**ge·wöl·be** 中 〘建〙 せりがしらヴォールト, 子持ち穹窿(きゅうりゅう) (→ 図 Gewölbe B). ≈**mohn** 男

〘植〙ハナビシソウ属. [＜Kappe]

Kap·pes[kápəs] 男 -/ 《西部》 **1** (Kohl) キャベツ. **2** 《話》(Unsinn) ばかげた〈くだらない〉こと, たわごと. [*mlat.* caputia „Kohlkopf"－*ahd.* cabuz; ＜*lat.* caput (→Haupt); ◇*engl.* cabbage]

Kapp≈hahn[káp..] 男 (Kapaun) 去勢した〔肉用〕雄鶏(おんどり). **≈hengst** 男 去勢した雄馬. [＜kappen]

Käp·pi[kɛ́pi·] 中 -s/-s 〘軍〙略帽, オーバーシーズ=キャップ.

Käpp·lein Kappe の縮小形.

Kapp·naht[káp..] 女 〘服飾〙折り伏せ縫い. [＜kappen]

die **Kap·pro·vinz**[káp..] 地名 女 -/ (Kapland) ケープ州(南アフリカ共和国南部の州で, 州都は Kapstadt).

Kap·pus[kápʊs] 男 -/ ＝Kappes

Kapp·zaum[káp..] 男 〘馬術〙(馬の)鼻勒(びろく)(→ 図). [*it.* cavezzone; ＜*lat.* capitium „Haube" (◇Haupt); ◇*engl.* cavesson]

Halfter
Longe
Kappzaum

Kapp·zie·gel[káp..] 男 〘建〙通気性屋根がわら. [＜Kappe]

Ka·pri[ká:pri·] ＝Capri

Ka·pric·cio[kaprítʃo·] 中 -s/-s ＝Capriccio 1

Ka·pri·ce[kaprí:sə] 女 -/-n (Laune) 気まぐれ, 移り気, むら気: Sie steckt voller ～*n*. 彼女はたいへん気まぐれだ. [*fr.*]

Ka·pri·fi·ka·tion[kaprifikatsió:n] 女 -/ 〘園〙カプリフィケーション(野生イチジクを利用した食用イチジクの虫媒受粉). [*lat.*; ＜*lat.* capri-fīcus „Ziegen-feige"]

Ka·prio·le[kaprió:lə] 女 -/-n **1 a)** 跳躍, とび上がる〈はねる〉こと: ～*n* schlagen (道化師などが)とびはねる. **b)** 〘馬術〙カプリオール(跳躍運動の一種: → 図 Schule). **2** (気まぐれな)いたずら, 乱暴, どたばた. [*it.* capriola „Bocksprung"; ＜*lat.* caper „〔Ziegen〕bock" (◇Haber[1])]

ka·prio·len[kaprió:lən] 《過分 kapriolt》 自 (h) **1** 跳躍する, とびはねる. **2** (気まぐれな)いたずら〈乱暴〉をする.

ka·pri·sti[kaprísti·] 間 (verstehst du) わかったか. [＜kapierst du ?]

Ka·pri·ze[kaprí:tsə] 女 -/-n 《オーストリア》＝Kaprice

Ka·pri·zen·schä·del 男 《オーストリア》(Dickkopf) 強情〈がんこ〉〔な人〕.

ka·pri·zie·ren[kapritsí:rən] 他 (h) 再帰 *sich*[4] auf *et.*[4] ～ …をがんこに言い張る, …に固執する.

ka·pri·ziös[..tsiǿ:s][1] 形 (launenhaft) 気まぐれな, 移り気な. [*fr.*; ◇capricioso; *engl.* capricious]

Ka·priz·pol·ster[kaprí:ts..] 男 《オーストリア》小型クッション.

Ka·pron·säu·re[kapró:n..] 女 〘化〙カプロン酸(脂肪酸の一種). [＜*lat.* caper „〔Ziegen〕bock"]

Kap·sel[kápsəl] 女 -/-n (小 **Käp·sel·chen**[kɛ́psəlçən] 中 -s/-) **1** (丸い小さな)ケース, サック; 小箱. **2 a)** 〘薬〙カプセル. **b)** (Raumkapsel) 宇宙カプセル. **c)** (Sprengkapsel) 〘工〙雷管. **3** 〘化〙蒸発皿, 小皿. **4** (瓶の)王冠, 口金(→ 図 Flasche). **5 a)** 〘植〙蒴(さく)(蘚(せん)類の胞子嚢(のう)); (Kapselfrucht) 蒴果. **b)** 〘生〙(細菌細胞の)莢膜(きょうまく). **c)** 〘解〙包(ほう), 嚢(のう); 被膜: Gelenk*kapsel* 関節包. [*lat.* capsula; ＜*lat.* capsa (→Cassa); ◇*engl.* capsule]

Kap·sel·frucht 女 〘植〙蒴果(さくか)(→ 図).

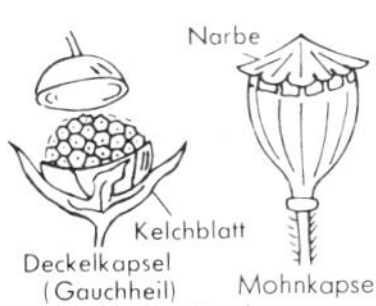

Kapselfrucht

kap·se·lig[kápsəlɪç][2] (**kaps·lig**[..slɪç][2]) 形 カプセル状の.

kap·seln[kápsəln] 《06》 他 (h) Kapsel に入れる.

Kap·si·kum[kápsikʊm] 中 -s/ **1** (Paprika) 〘植〙トウガラシ(唐辛子)〔の実〕. **2** 〘料理〙カプシカム(トウガラシを干して粉末にした香辛料).

kaps·lig ＝kapselig

Kap·stadt[kápʃtat] 地名 ケープタウン(南アフリカ共和国, ケープ州の州都. 英語形 Cape Town).

▽**Kap·stein** 男 (南アフリカ産の)ダイヤモンド.

Kap·tal[kaptá:l] 中 -s/-e, **Kap·tal·band**[kaptá:l..] ＝Kapitalband

▽**Kap·ta·tion**[kaptatsió:n] 女 -/-en (Erschleichung) 横領, 詐取. [*lat.*; ＜*lat.* captāre „haschen"]

▽**kap·ta·to·risch**[kaptató:rɪʃ] 形 横領〈詐取〉的な.

▽**Kap·tion**[kaptsió:n] 女 -/-en (Fangfrage) 誘導尋問. [*lat.* captiō „Fangen"; ＜*lat.* capere (→kapieren)]

▽**kap·tiös**[..tsiǿ:s][1] 形 (verfänglich) 油断のできない, 命取りになりかねない. [*lat.*－*fr.*]

▽**kap·ti·vie·ren**[kaptiví:rən] 他 (h) **1** 捕虜にする. **2** (たらし込んで)味方にする, 手なずける. [*spätlat.*－*fr.*; ＜*lat.* captīvus „gefangen"; ◇*engl.* captivate]

▽**Kap·tur**[..tú:r] 女 -/-en (Beschlagnahme) 差し押え, 押収; (敵船の)捕獲. [*lat.*; ◇..ur]

Ka·pu·sta[kapʊ́sta·] (**Ka·pu·ster**[..tər]) 男 -s/ 《東部》(Kohl) キャベツ. [*slaw.*]

Ka·put[kapʊ́t] 男 -s/-e 《スイス》フード付き長コート, (特に:) 軍用コート. [*mlat.* caputium „Mönchskappe"－*roman.*; ＜*spätlat.* cappa (→Kappe); ◇Kapuze]

ka·putt[kapʊ́t] 形 **1** (entzwei) 壊れた, だめになった: ～*e* Schuhe ぼろ〈破れ〉靴 ‖ Die Uhr 〈Die Tasse〉 ist ～. 時計〈茶わん〉が壊れた | Seine Firma ist ～. 彼の会社は倒産した | **Was ist denn jetzt ～?** 《話》何があったのか, どうしたのか | **bei *jm.* ist was ～** 《話》…は少々頭がおかしい. **2** 《ふつう述語的》疲れきった, へとへとの: Ich bin total 〈völlig〉 ～. 私は全くへばっている ‖ ～*e* Nerven haben 《話》ひどく気がたっている, 神経質である.

★ 動詞と用いる場合は分離の前つづりともみなされる. [*fr.* (être) capot „ohne Stich sein"]

ka·putt≈ar·bei·ten[kapʊ́t..] 《01》 他 (h) 《話》 再帰 *sich*[4] ～ へとへとになるまで働く. **≈drücken** 他 (h) **1** 《話》押しつぶす. **2** 《戯》《*jn.*》かたくだきしめる. **≈fah·ren*** 《37》 他 (h) 《話》 **1** (車で)ひく, はねる: eine Katze ～ 猫をひき殺す. **2** (車を)乗りつぶす, 壊す: Er hat meinen Wagen *kaputtgefahren*. 彼は私の車を使って壊した. **≈freu·en** 他 (h) 《話》 再帰 *sich*[4] ～ 大喜びする. **≈ge·hen*** 《53》 自 (s) 《話》壊れる, だめになる; 破滅する, 崩壊〈没落〉する; (動植物が)死ぬ, 枯れる: Der Fotoapparat 〈Die Ehe〉 ist *kaputtgegangen*. カメラが壊れた〈結婚生活が破れた〉.

Ka·putt·heit 女 -/ kaputt なこと.

ka·putt≈krie·gen 他 (h) **1** 《話》(壊れにくいものを)壊す, めちゃめちゃにする. **2** 《戯》《*jn.*》へとへとにする, ぐったり〈うんざり〉させる: Er ist nicht *kaputtzukriegen*. 彼はどうしてもくたばらない. **≈la·chen** 他 (h) 《話》 再帰 *sich*[4] ～ 笑いこける. **≈ma·chen** 他 (h) 《話》壊す, だめにする; (経済的に)破壊〈破綻〉させる: Geschirr ～ 食器を壊す | Supermärkte *machen* die kleinen Geschäfte *kaputt*. スーパーマーケットは小さな商店を立ち行かなくする ‖ 再帰 *sich*[4] mit der Arbeit 〈den Sorgen〉 ～ 仕事〈心労〉で体をこわす. **≈rei·ßen*** 《115》 **I** 他 (h) 《話》引きちぎって〈引き裂いて〉だめにする. **II** 自 (s) 《話》ちぎれてだめになる. **≈schla·gen*** 《138》 他 (h) 《話》打ち壊す: eine Fensterscheibe ～ 窓ガラスをたたき破る.

Ka·pu·ze[kapú:tsə] 女 -/-n **1 a)** 〘服飾〙(コート・マント・アノラックなどに付属する)フード(→ 図 Skianzug). **b)** (修道服に付属した)頭巾(→ 図 Mönch). ▽**2** フード付きレインコート. [*mlat.* caputium (→Kaput)－*it.* ca〔p〕puccio; ◇Kapuziner; *engl.* capuche]

Ka·pu·zen≈ano·rak 男 フードつきアノラック. **≈kleid** 中 フード付きドレス. **≈mann** 男 -〔e〕s/..männer フードをかぶった修道服の男(奇怪・危険なものの象徴的表現). **≈man·tel** 男 フード付きコート〈マント〉. **≈mus·kel** 男 (Trapezmuskel) 〘解〙僧帽筋.

▽**Ka·pu·zi·na·de**[kaputsiná:də] 女 -/-n ＝Kapuzi-

nerpredigt [*fr.*]

Ka·pu·zi·ner[..tsí:nər] 男 -s/- **1** 《カトリック》カプチン会(1525年フランシスコ会から分かれて創立された修道会)修道士(長いとがった頭巾の付いた修道服を用いた: → 図). **2** 《オーストリア》= Cappuccino [*it.* cappuccino; ◇Kapuze; *engl.* capuchin]

Mantel (braun)
Strickgürtel (weiß)
Kutte (braun)
Sandale
Kapuziner

Ka·pu·zi·ner≠af·fe 男〖動〗オマキザル(尾巻猿). **≠klo·ster** 中《カトリック》カプチン会の修道院. **≠kres·se** 女〖植〗ノウゼンハレン(凌霄葉蓮)属. **≠mönch** 男 =Kapuziner 1 **≠or·den** 男 -s/ 《カトリック》カプチン会(→Kapuziner 1). **≠pilz** 男〖植〗イグチ(猪口)属のキノコ. **≠pre·digt** 女《カトリック》カプチン会修道士の説教; 《比》きびしい説教〈訓戒〉, はげしい叱責(しっせき).

Kap Ver·de[kap vérdə, káp vérde·] 地名 **I** 中 --/ ケープベルデ, カーボベルデ (Kapverden からなる共和国. 1975年ポルトガルから独立. 首都プライア Praia. 正式国名 die Republik *Kap Verde* カーボベルデ共和国).
II das **Kap Ver·de** 中 --/ ベルデ岬(アフリカ西端の岬). [*port.* „grünes Vorgebirge"]
die **Kap·ver·den**[kapvérdən] 地名 複 ,die **Kap·ver·di·schen In·seln**[..dıʃən ínzəln] 地名 複 ケープベルデ〈カーボベルデ〉諸島(アフリカ西方の大西洋上にある).

Kap·wein[káp..] 男 Kapprovinz 産のワイン.

Kar[ka:r] 中 -[e]s/-e 〖地〗カール(谷の頭部の氷食によるくぼみ). [*germ.* „Gefäß"; ◇Kasten]

Ka·ra·bi·ner[karabí:nər] 男 -s/- **1** カービン銃, 騎兵銃(→ 図). **2** 《オーストリア》=Karabinerhaken [*fr.*; <*fr.* carabin „Reiter mit Gewehr"; ◇ *engl.* carbine]

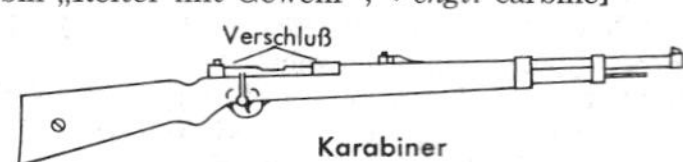

Karabiner

Ka·ra·bi·ner·ha·ken 男 (リュックサックの負いひもなどに付いている)ばねリング, さる〈なす〉環(→ 図).

Ka·ra·bi·nier[karabinié:] 男 -s/-s カービン銃を持った騎兵; 狙撃(そげき)兵. [*fr.*; ◇ *engl.* car[a]bineer]

Karabinerhaken

Ka·ra·bi·nie·re[..nié:rə] 男 -[s]/..ri[..ri·] (イタリアの)憲兵. [*fr.*–*it.*]

Ka·ra·cho[karáxo·] 中 -[s]/ 《話》**im** ～ / **mit** [vollem] ～ 全速力で, 大急ぎで. [*span.* carajo „Penis"]

Ka·raf·fe[karáfə] 女 -/-n カラフ, デカンター(胴の膨らんだガラス瓶で, ワインの卓上容器として用いる: → 図 Flasche). [*arab.*–*span.* garrafa–*fr.* carafe; <*arab.* gharafa „schöpfen"]

ᵛ**Ka·raf·fi·ne**[karafí:nə] 女 -/-n (小型の)カラフ, デカンター. [*it.*]

Ka·ra·gös[karagǿ:s] 男 -/ (トルコの影絵芝居の)道化役. [*türk.* kara-göz „Schwarz-äugiger"]

Ka·rai·be[karaí:bə] 男 -n/-n =Karibe

Ka·ra·jan[ká(:)rajan] 人名 Herbert von ～ ヘルベルト フォン カラヤン(1908–89; オーストリアの指揮者).

Ka·ra·kal[kárakal] 男 -s/-s (Wüstenluchs) 〖動〗(砂漠にすむ)オオヤマネコ(大山猫). [*türk.* kara-kulak „Schwarz-Ohr"]

der **Ka·ra·ko·rum**[karakorúm, ..kó:rum] 地名 男 -[s]/ カラコラム(中央アジアの大山脈, 最高峰は K^2). [*türk.* „schwarzes Gestein"; ◇ *engl.* Karakoram]

Ka·ra·kul·schaf[karakúl..] 中 〖動〗カラクルヒツジ(中央アジア産の尾の太い羊で, 生後3–8日の子から高価な毛皮がとれる). [*türk.* kara-kul „schwarzer See"–*russ.* karakul]

Ka·ram·bo·la·ge[karambolá:ʒə] 女 -/-n **1** 《ビリヤード》キャノン, キャロム(手玉で 2 個の的球に当てること). **2 a)** 《話》(自動車などの)〔玉突き〕衝突. **b)** 不和, 軋轢(あつれき): mit *jm.* eine ～ haben …と仲たがいする. [*fr.*; ◇..age]

Ka·ram·bo·la·ge·par·tie 女 《ビリヤード》キャロムゲーム.

Ka·ram·bo·le[..bó:lə] 女 -/-n 《ビリヤード》赤玉. [*fr.*]

ka·ram·bo·lie·ren[..bolí:rən] 自 **1** (h) 《ビリヤード》キャノン〈キャロム〉を突く. **2** (h, s) 《mit *et.*[3]》(…と)衝突する; 《mit *jm.*》(…と)不和になる. [*fr.*]

ka·ra·mel[karamél] 形 《述語的》カラメル色の.

Ka·ra·mel[–] 男 -s/ (砂糖を熱してあめ状にした)カラメル. [*span.* caramelo „Zuckerrohr"–*fr.*; <*mlat.* canna mellis „Honigs-Rohr"+*spätlat.* calamellus (→Schalmei)]

Ka·ra·mel·bon·bon[..bɔŋbɔŋ] 男 中 キャラメル(砂糖菓子の一種).

ka·ra·mel·far·ben 形 カラメル色の.

ka·ra·me·lie·ren[karamelí:rən] 自 (h) (砂糖が)カラメル状になる.

ka·ra·me·li·sie·ren[karamelizí:rən] 他 (h) **1** (砂糖を)カラメル状にする. **2** 《*et.*[4]》(…に)カラメルをかける, (…を)カラメルで包む. [*fr.* caraméliser]

ka·ra·mell[karamél] =karamel

Ka·ra·mell[–] =Karamel

Ka·ra·mel·le[karamélə] 女 -/-n 《ふつう複数で》=Karamelbonbon

Ka·ra·mel≠pud·ding 男〖料理〗カスタード=プディング, プリン. **≠so·ße** 女〖料理〗カラメルソース.

Ka·ra·o·ke[kara|ó:kə] 中 -s/ カラオケ. [*japan.*]

Ka·ra·o·ke·bar 女 カラオケバー.

Ka·rat[kará:t] 中 -[e]s/-e **1** (単位: -/-) カラット(合金中の金の純度または宝石類の重量単位; 記号 k, c). **2** (むかし金・宝石の計量に用いた)イナゴマメの乾燥種子. [*gr.* kerátion „Hörnchen"–*arab.* qīrāt–*mlat.*–*fr.*; ◇kerato..]

Ka·ra·te[kará:tə] 中 -[s]/ 空手(からて). [*japan.*]

Ka·ra·te·ka[karaté:ka·] 男 -[s]/-[s] 空手(からて)家, 空手をする人. [*japan.*]

..karätig[..karɛ:tıç][2] 《数詞などにつけて「…カラットの」を意味する形容詞をつくる》: zwanzig*karätiges* Gold 20金.

Ka·ra·tschi[kará:tʃi·] 地名 カラチ(パキスタンイスラム共和国の都市).

Ka·rau·sche[karáuʃə] 女 -/-n (Giebel) 〖魚〗フナ(鮒). [*litau.* karõsas]

Ka·ra·vel·le[karavélə] 女 -/-n カラベル(14–16世紀の 3 本マスト快速帆船). [*port.* caravela–*fr.*; <*gr.* kárabos „Nachen"; ◇ *engl.* car[a]vel]

Ka·ra·wa·ne[karavá:nə] 女 -/-n **1** (砂漠・荒地などを旅する旅人・商人・巡礼などの)キャラバン, 隊商: Die Hunde bellen, und die ～ zieht weiter. (→Hund 1 a). **2** 《比》(ぞろぞろ歩く)群衆, 長い列: ～*n* von Autos 自動車の長蛇の列. [*pers.* kārwān „Kamelzug"–*mlat.*–*it.*; ◇Caravan]

Ka·ra·wa·nen≠han·del 男 -s/ 隊商交易. **≠stra·ße** 女, **≠weg** 男 隊商路. **≠zug** 男 隊商の列.

Ka·ra·wan·se·rei[karavanzəráı] 女 -/-en 隊商宿. [*pers.* kārwān-sārāī; ◇Serail; *engl.* caravansary]

karb.. →karbo..

Karb·amid[karp|amí:t, karbamí:t][1] 中 -[e]s/ (Harnstoff) 〖化〗尿素, カルブアミド.

Kar·bat·sche[karbá:tʃə] 女 -/-n (革ひもで編んだ)むち. [*türk.* kirbaç „Ochsenziemer"–*ungar.*; ◇ *engl.* k[o]urbash]

kar·bat·schen[..tʃən] 《04》《過分 karbatscht》他 (h) 《*jn.*》むち打つ; 《比》きびしくしかる〈励ます〉.

Kar·ba·zol[karbatsó:l] 中 -s/ 〖化〗カルバゾール(コールタールの成分で種々の合成物質の素材). [<karbo..+a..[1]+zoo..+..ol]

Kar·bid[karbí:t][1] 中 -[e]s/-e 〖化〗**1** 炭化物. **2** 《単数で》炭化カルシウム, カーバイド. [<karbo..+..id[2]]

Kar·bid·lam·pe 女 アセチレン灯.

Kar·bi·nol[karbinó:l] 中 -s/-e 〖化〗カルビノール(メチルアルコールの別称). [<..ol]

karbo.. 《名詞などにつけて「炭・炭素」を意味する. 母音の前では karb.. となる: →*Karb*amid》 [*lat.* carbō „Kohle“; ◇Herd]

Kar·bo·dy·na·mịt [karbodynamí:t, ..mít] 中 -s/ コルク炭ダイナマイト.

Kar·bo·hy·drạ·se [..hydrá:zə] 女 -/-n 〘生化学〙カルボヒドラーゼ(炭水化物加水分解酵素).

Kar·bọl [karbó:l] 中 -s/ (Phenol) 〘化〙石炭酸, フェノール(水溶液を防腐・消毒剤に用いた): Du hast wohl lange nicht mehr ~ gerochen? 《話》きさまをさんざんにぶん殴ってやるぞ(お前は久しいこと病院の消毒薬のにおいをかいでいないな). [＜*lat.* oleum (→Öl)]

Kar·bọl≠fähn·rich 男《話》衛生下士官; 見習軍医. **≠feld·we·bel** 男《話》(病院の)口うるさい婦長.

Kar·bo·li·nẹ·um [karboliné:ʊm] 中 -s/ 〘化〙アントラセン油(木材の防腐剤).

Kar·bọl≠ka·ser·ne [karbó:l..] 女《話》(Lazarett) 野戦病院. **≠maus** 女《戯》(若くて美人の)看護婦. **≠säu·re** 女 -/ =Karbol

Kar·bọn [karbó:n] 中 -s/ 〘地〙(古生代の)石炭紀; 石炭系. [*lat.* carbō–*fr.*]

Kar·bo·nạ·de [karboná:də] 女 -/-n《オーストリア》〘料理〙**1** (子牛・豚・羊の)背肉. ᵛ**2** (Frikadelle) フリカデル. [*it.* carbonata–*fr.*; ◇*engl.* carbonado]

Kar·bo·nạ·do [..do·] 男 -s/-s = Karbonat II [*span.*]

Kar·bo·nạ·ro [..ro·] 男 -s/..ri[..ri·] 〘史〙カルボナリ党員;《複数で》カルボナリ党(19世紀前半にイタリアに起こった独立運動の秘密結社). [*it.* „Köhler“]

Kar·bo·nạt [karboná:t] **I** 中 -(e)s/-e 〘化〙炭酸塩, カルボナート. **II** 男 -(e)s/-e 〘鉱〙黒金剛石, 黒ダイヤモンド. [I: ＜..at; II: *span.* carbonado]

Kar·bo·ni·sa·tiọn [..nizatsió:n] 女 -/ **1** 〘化〙炭化〔作用〕. **2** 〘医〙炭化(4度火傷). [*fr.*]

kar·bọ·nisch [karbó:nɪʃ] 形 〘地〙石炭紀の.

kar·bo·ni·sie·ren [karbonizí:rən] 他 (h) **1** (verkohlen) 〘化〙炭化させる. **2** 〘織〙(硫酸で羊毛の)植物質を除く. [*fr.*]

Kar·bọn≠pa·pier [karbó:n..] 中《オーストリア》(Kohlepapier) カーボン紙. **≠säu·re** 女 〘化〙カルボン酸.

Kar·bo·rụnd [..borʊ́nt][1] 中 -(e)s/ 商標 カーボランダム(炭化珪素(けいそ)からなる研磨剤). [＜karbo..+Korund]

Kar·bụn·kel [karbʊ́ŋkəl] 男 -s/- **1** 〘医〙カルブンケル, 癰(よう). **2** =Karfunkel 1 [*lat.* carbunculus „kleine Kohle“(–*mhd.*); ◇karbo..; *engl.* carbuncle]

kar·bu·rie·ren [karburí:rən] 他 (h) 〘工〙炭素と化合させる; (ガスに炭素分を添加して)増熱する. [*fr.*; ◇karbo..]

Kar·da·mọm [kardamó:m] 男 中 -s/-e(n) **1** 〘植〙カルダモン, ショウズク(熱帯アジア産のショウガ科の植物). **2** カルダモン〈ショウズク〉の種子(薬用・香料用). [*gr.*–*lat.*–*mhd.*; ＜*gr.* kárdamon „Kresse“+ámōmon (→Amom)]

Kar·dạn [kardá:n, ⌣–] 男 -s/-e = Kardanwelle [＜G. Cardano (イタリア人発明者, †1576)]

Kar·dạn≠an·trieb 男 〘工〙カルダン伝動〔装置〕. **≠ge·lenk** 中 〘工〙自在〈カルダン〉継ぎ手, ユニバーサルジョイント(→ 図 Gelenk).

kar·dạ·nisch [kardá:nɪʃ] 形 カルダン方式の: ~*e* Aufhängung 〘工〙カルダン式懸架装置 | ~*e* Formel 〘数〙(3次方程式を解く)カルダンの公式.

Kar·dạn·wel·le [kardá:n.., ⌣–⌣⌣] 女 〘工〙カルダン軸.

Kar·dät·sche [kardɛ́:tʃə] 女 -/-n **1** (馬などの)手入れブラシ; けば立てブラシ. **2** (Wollkamm) 羊毛すき櫛(くし).

kar·dät·schen [kardɛ́:tʃən] (04) (過分 kardätscht) 他 (h) (馬などに)ブラシをかける; けば立てる. [*it.* cardeggiare „hecheln“]

Kạr·de [kárdə] 女 -/-n **1** 〘植〙ナベナ(鍋菜)属. **2** 〘織〙梳綿(そめん)機. [*lat.* carduus „Distel“–*mlat.*–*it.*–*mhd.*; ◇*engl.* card]

Kar·deel [kardé:l] 中 -s/-e; 女 -/-e 〘海〙ストランド(ロープをなうより糸: → 図 Seil). [*afr.* cordel–*ndl.*; ◇Chorda]

kạr·den [kárdən][1] (01) 他 (h) (布を)けば立てる.

Kạr·den·di·stel 女 =Karde 1

kardi.. →kardio..

Kar·dia [kardí:a·, kárdia·] 女 -/ 〘解〙**1** (Herz) 心臓. **2** (Magenmund) 噴門. [*gr.* kardíā „Herz“; ◇Herz]

Kar·dia·grạmm [kardiagrám] 中 -s/-e = Kardiogramm

Kar·dị·a·kum [kardí:akʊm] 中 -s/..ka[..ka·] 〘薬〙強心剤.

kar·diạl [kardiá:l] 形 〘医〙心臓の; 噴門の. [*mlat.*]

Kar·di·al·gie [kardialgí:] 女 -/-n[..gí:ən] 〘医〙心臓痛; 胃痛.

Kar·di·ek·tạ·se [kardiɛktá:zə] 女 -/ (Herzerweiterung) 〘医〙心〔臓〕拡張.

kar·die·ren [kardí:rən] =karden

Kar·di·fiọl [kardifió:l] 男 -s/《スイス》=Karfiol

kar·di·nạl [kardiná:l] 形 きわめて重要な, 枢要な; 主要な, おもな; 基本的な; すぐれた: ein ~*es* Problem 重要問題. [*spätlat.* cardinālis „im Angelpunkt stehend“; ＜*lat.* cardō „Türangel“]

Kar·di·nạl [−] 男 -s/..näle[..nɛ́:lə] **1** 《カトリック》枢機卿(けい)(教皇の最高顧問). **2 a)** 〘鳥〙ショウジョウコウカンチョウ(猩々紅冠鳥). **b)** 〘虫〙アカハネムシ(赤翅虫)科の昆虫. **3** 〘料理〙カルジナル(白ワインとレモン・砂糖で作った飲料). [*kirchenlat.*–*mhd.*; 3: *engl.*]

Kar·di·na·lạt [..nalá:t] 中 -(e)s/-e 《カトリック》枢機卿(けい)の職〈地位〉. [*mlat.*; ◇..at]

Kar·di·nạl·bi·schof [..ná:l..] 男 《カトリック》司教枢機卿.

Kar·di·nạ·le [..lə] 中 -s/..lia[..lia·] 《ふつう複数で》=Kardinalzahl

Kar·di·nä·le Kardinal の複数.

Kar·di·nạl≠far·be 女 (Grundfarbe) 原色. **≠feh·ler** 男 根本的過失〈誤り〉. **≠fra·ge** 女 重要〈基本〉問題.

Kar·di·nạ·lia Kardinale の複数.

Kar·di·nạl≠pro·blem 中 重要問題, 基本〔的〕問題. **≠punkt** 男 **1** 主要〈中心〉点, 眼目; 原点. **2** 基本方位(東・西・南・北).

Kar·di·nạls≠hut 男 《カトリック》枢機卿(けい)の帽子(→ 図 Hut). **≠kol·le·gium** 中 《カトリック》枢機卿会. **≠kon·gre·ga·tion** 女 《カトリック》枢機卿所管の聖省.

Kar·di·nạl·staats·se·kre·tär [kardina:lʃtá:ts.., ⌣⌣–⌣⌣–] 男 《カトリック》国務聖省長官枢機卿(けい).

Kar·di·nạls·vo·gel [kardiná:ls..] 男 =Kardinal 2

Kar·di·nạl≠tu·gend [kardiná:l..] 女 〘哲・神〙首徳, 枢要徳, 節制(賢明・正義・思慮・勇気). **≠vo·ka·le** 複 〘言〙基本母音([i][e][ɛ][a][ɑ][ɔ][o][u] を第1次基本母音という). **≠zahl** 女 基数(→Ordinalzahl).

kardio.. 《名詞などにつけて「心臓・噴門」を意味する. 母音の前では kardi.. となることもある: →*Kardi*algie》[*gr.*; ◇Kardia]

Kar·dio·grạmm [kardiográm] 中 -s/-e 〘医〙心拍〔動〕曲線.

Kar·dio·grạph [..grá:f] 男 -en/-en 〘医〙心拍〔動〕記録器.

Kar·dio·ịde [..í:də] 女 -/-n (Herzkurve) 〘数〙カーディオイド, ハート形曲線. [＜..id[1]]

Kar·dio·lọ·ge [..ló:gə] 男 -n/-n (→..loge) 心臓〔病〕学者.

Kar·dio·lo·gie [..logí:] 女 -/ 〘医〙心臓〔病〕学.

Kar·dio·lỵ·se [..lý:zə] 女 -/-n 〘医〙心膜剝離〔術〕.

Kar·dio·me·ga·lie [..megalí:] 女 -/-n[..lí:ən] 〘医〙心〔臓〕肥大. [＜megalo..]

Kar·dio·pa·thie [..patí:] 女 -/-n[..tí:ən] 〘医〙心臓病.

Kar·dio·ple·gie [..plegí:] 女 -/-n[..gí:ən] 〘医〙心臓麻痺(まひ). [＜*gr.* plēgḗ „Schlag“ (◇Plektron)]

Kar·dio·skọp [..skó:p] 中 -s/-e 〘医〙心臓鏡.

Kar·dio·spas·mus [kardiospásmʊs, ..iɔs..] 男 -/..men[..mən] 〘医〙噴門けいれん〔症〕.

K

kar·dio·vas·ku·lär[kardiovaskulɛ́:r] 形〘医〙心〔臓〕血管の. [＜vaskular]

Kar·di·tis [kardí:tɪs] 女 -/..tiden [..dití:dən] (Herzentzündung)〘医〙心〔臓〕炎. [＜..itis]

Kar·do·ne[kardó:nə] 女 -/-n〘植〙カルドーネ(地中海地方産のアーティチョークの一種で, 食用となる). [*it.*; ＜*lat.* carduus (→Karde)]

Ka·re·li·en[karé:liən] 地名 カレリア(スカンディナヴィア半島南東部にあるロシアの自治共和国).

Ka·re·li·er[..liər] 男 -s/- カレリア人(フィン族に属し, カレリアに住む).

ka·re·lisch[..lɪʃ] 形 カレリア〔人〕の.

Ka·renz[karɛ́nts] 女 -/-en **1** ＝Karenzzeit 1 **2**〘医〙節制. [*spätlat.*; ＜*lat.* carēre „entbehren" (◇scheren[1])]

Ka·renz≂tag 男 保険金の支払われない日. **≂zeit** 女 **1** 待機期間(特に保険金の請求後, 現金が支給されるまでの待ち期間). **2**〘宗〙(聖職者の家族への)死亡年金保証期間.

▽**ka·res·sie·ren**[karɛsí:rən] **I** 他 (h) **1** (liebkosen) 愛撫(あい)する. **2** (*jn.*) ちやほやする, (…に)こびる, へつらう. **II** 自 (h)《南部》mit *jm.* ～ …と情事をもつ, …と肉体関係にある. [*it.*－*fr.*; ◇Karezza]

Ka·ret·te[karɛ́tə] 女 -/-n, **Ka·rett·schild·krö·te** 女〘動〙タイマイ(玳瑁)(ウミガメの一種). [*span.* carey－*fr.* caret]

Ka·rez·za[karɛ́tsa·] 女 -/ 保留性交, カレッツァ(オルガズムや射精を意識的に避ける交接). [*it.*; ＜*lat.* cārus (→Caritas); ◇karessieren; *engl.* caress]

Kar·fiol[karfió:l] 男 -s/《南部・オーストリア》(Blumenkohl)〘植〙カリフラワー, 花野菜. [*it.* cavol-fiore; ＜*lat.* caulis „Kohl"＋flōs (→Flor[2]); ◇*engl.* cauliflower]

Kar·frei·tag[ka:r..] 男〘カトリック〙聖金曜日;〘新教〙受難日(キリスト受難の記念日で復活祭直前の金曜日). [*mhd.*; ＜*ahd.* chara „Wehklage" (◇karg)]

Kar·fun·kel[karfʊ́ŋkəl] 男 -s/- **1**〘鉱〙柘榴(ざくろ)石, 紅玉. **2** ＝Karbunkel 1 [*mhd.*; ＜*mhd.* vunke „Funke"＋*lat.* carbunculus (→Karbunkel)]

karg[kark][1] **kar·ger**(kärger[kɛ́rgər]) / **kargst** (kärgst) 形 **1** わずかの, とぼしい: ein ～*er* Lohn 薄給 | eine ～*e* Erde やせた土地 | Sein Vorschlag fand nur ～*en* Beifall. 彼の提案はわずかの賛成しか得られなかった ‖ ～ an *et.*[3] sein …が乏しい ‖ eine ～ bemessene Zeit ぎりぎりに見積もられた〈余裕の少ない〉時間. **2** (sparsam) 倹約な, つましい:〘ふつう次の形で〙mit *et.*[3] ～ sein …をけちけちする, …を惜しむ | ～ mit Worten sein 口数が少ない, 無口である. [*westgerm.* „besorgt"; ◇*got.* kara „Sorge"; *engl.* chary, care]

Kar·ga·deur[kargadǿ:r] (**Kar·ga·dor**[..dó:r]) 男 -s/-e〘商〙(船荷の)上乗り人, 積荷監視人, 船舶仲買人. [*span.*〔－*fr.*〕; ＜*span.* cargar „beladen" (◇Kargo)]

kar·gen[kárgən][1] 自 (h)《mit *et.*[3]》(…を)節約する, けちけちする, 惜しむ:〘ふつう否定詞と〙nicht mit Geld 〈Lob〉 ～ 金〈賛辞〉を惜しまない | mit weisen Lehren nicht ～ よい教えを惜しまず与える.

kär·ger karger (karg の比較級)の別形.

Karg·heit[kárkhaɪt] 女 -/《雅》karg なこと.

kärg·lich[kɛ́rklɪç] 形 わずかの, 乏しい; つましい: ein ～*es* Mahl つましい食事 | ～ leben 貧しい生活を送る.

Kärg·lich·keit[－kaɪt] 女 -/ kärglich なこと.

Kar·go[kárgo·] 男 -s/-s (Schiffsladung)〘商・海〙船荷, (船の)積み荷. [*span.*; ＜*lat.* carrus (→Karren[1])]

Kar·go·ver·si·che·rung[kárgo..] 女 船荷保険.

kärgst kargst (karg の最上級)の別形.

Ka·ri·be[karí:bə] 男 -n/-n カリブ人(中米および南米北部に住むインディオ). [*indian.*－*span.*]

die **Ka·ri·bik**[..bɪk] 地名 女 -/ カリブ海(中南米・西インド諸島に囲まれた海).

ka·ri·bisch[..bɪʃ] 形 カリブ〔人・海〕の: das *Karibische* Meer カリブ海(＝die Karibik).

Ka·ri·bu[ká(:)ribu·] 男 中 -s/-s〘動〙カリブー(トナカイに似た北米産の大型のシカ). [*indian.*－*fr.* caribou]

ka·rie·ren[karí:rən] **I** 他 (h)《*et.*[4]》(…に)格子〈碁盤〉じま模様をつける. **II ka·riert** 過分 形 **1** 格子〈碁盤〉じまの (→ 図 Muster); 方眼の: ein ～*es* Kleid チェックの服 | ～*es* Papier 方眼紙. **2**《話》(wirr) 混乱した: ～ gucken 〈schauen〉 ぼうっとした目つきをしている | ～ quatschen 〈reden〉 支離滅裂なことをしゃべる. [*lat.* quadrāre (→quadrieren)－*fr.* carrer]

Ka·ries[ká:riɛs] 女 -/〘医〙**1** カリエス. **2** (Zahnkaries) 齲食(うしょく), 虫歯. [*lat.* cariēs „Fäulnis"]

ka·ri·ka·tiv[karikatí:f][1] 形 カリカチュア〈漫画〉ふうの.

Ka·ri·ka·tur[karikatú:r] 女 -/-en 漫画, 戯画, 風刺画, カリカチュア;〘劇〙戯画的誇張: eine politische ～ 政治漫画 | eine ～ des Ministers zeichnen 大臣の漫画をかく. [*it.* caricatura „Überladung"]

Ka·ri·ka·tu·ren≂ma·ler[..tú:rən..] 男, **≂zeich·ner** 男 ＝Karikaturist

Ka·ri·ka·tu·rist[karikaturíst] 男 -en/-en 漫画家, 風刺画家. [*it.*]

ka·ri·ka·tu·ri·stisch[..tɪʃ] 形 漫画的な, 戯画〈カリカチュア〉ふうの.

ka·ri·kie·ren[karikí:rən] 他 (h) 戯画化する, カリカチュアで風刺する. [*vulgärlat.*－*it.* caricare „überladen"; ＜*lat.* carrus (→Karren[1]); ◇*engl.* caricature]

Ka·rin[ká:ri:n, ká:rɪn, karí:n] 女名 カーリン. [*schwed.*; ◇Katharina]

Ka·rinth[karínt] 中 -s/ ＝Karn[2]

ka·rio·gen[kariogé:n] 形〘医〙カリエス〈虫歯〉の原因となる.

ka·ri·ös[kariǿ:s][1] 形〘医〙カリエス〔性〕の; 齲食(うしょく)の: ein ～*er* Zahn 虫歯. [*lat.* cariōsus „morsch"; ◇Karies]

Ka·ri·tas[ká:ritas] 女 -/〘宗〙カリタス, 隣人愛, 慈善: ～ üben 慈善をほどこす. [＜Caritas]

ka·ri·ta·tiv[karitatí:f][1] 形 隣人愛にもとづく, 慈善の: *sich*[4] ～ betätigen 慈善事業を行う.

Kar·kas·se[karkásə] 女 -/-n **1**〘料理〙(鳥の)あばら骨, がら. **2** (タイヤの)骨格層, カーカス(→ 図 Reifen);《話》すり減ったタイヤ. **3**〘軍〙(昔の)鉄枠入り焼夷(しょうい)弾. ▽**4** (婦人帽の)型枠. [*fr.*]

Karl[karl] 男名 カルル, カール: ～ der Große 〈der Erste〉〘史〙カール大帝〈一世〉(742-814; フランク王,800年ローマ教皇から帝冠を授けられた. 英語名チャールズ大帝, フランス語名シャルルマーニュ). [*germ.*; ◇Kerl; *engl.* carl, Charles]

Kar·la[kárla·] 女名 カルラ.

Kar·li·ne[karlí:nə] **I** 女名 カルリーネ. **II** 女 -/-n《話》ばかな女.

kar·lin·gisch[..líŋɪʃ] ＝karolingisch

Kar·list[..líst] 男 -en/-en〘史〙カルリスタ派の人(19世紀スペインで Bourbone 家の Carlos を王位につけようとした党派). [*span.*]

Karl-Marx-Or·den[karlmárks..] 男 (旧東ドイツの)カール=マルクス勲章(社会主義国の社会・文化に対する功労者に与えられた最高の勲章: →Marx).

Karl-Marx-Stadt 地名 カール=マルクス=シュタット(ドイツ Sachsen 州の工業都市. Chemnitz の東ドイツ時代の旧名).

Karls·bad[kárlsba:t] 地名 カールスバート(チェコ北西端の温泉地. チェコ語形カルロヴィ=ヴァリ Karlovy Vary).

Karls·preis 男 カール賞 (Karl 大帝にちなんで1950年以来 Aachen 市が欧州の政治に功労のある人に毎年与える賞).

Karls·ru·he[..ru:ə] 地名 カールスルーエ(ドイツ南西部, Rhein 川に臨む Baden-Württemberg 州の工業都市). [＜Markgraf Karl Wilhelm von Baden-Durlach (建設者)]

Karls·sa·ge 女 カール大帝をめぐる伝説.

Kar·ma[kárma·] 中 -s/ , **Kar·man**[kárman] 中 -s/〘宗〙(仏教・ヒンズー教の)業(ごう), カルマ; 運命, 宿命: Mein ～ war, Schauspieler zu werden. 俳優になるのは私の宿命だった. [*sanskr.* „Werk"]

Kar·me·lit[karmelí:t] 男 -en/-en, **Kar·me·li·ter**

K

[..lí:tər; ｵｰｽﾄﾘｱ:..lítər] 男《ｶﾄﾘｯｸ》カルメル会修道士(→ 図).
[＜Karmel (Palästina の山の名)]

Karmeliter

Kar·me·li̤·ter·geist[karmelí:tər..] 男 -[e]s/ カルメリト〈メリッサ〉精(セイヨウヤマハッカの葉から採る精油で, 鎮痛塗布剤その他の薬用となる).

Kar·me·li̤·te·rin[..tərın] 女 -/-nen ＝Karmelitin

Kar·me·li̤·ter·or·den[karmelí:tər..] 男 -s/ 《ｶﾄﾘｯｸ》カルメル会(12世紀に Palästina のカルメル山で創立された. カトリック教会の托鉢(たく)修道会の一つ. 16世紀から履足(りそく)・跣足(せんそく)の２派に分かれた).

Kar·me·li̤·tin[..tın] 女 -/-nen 《ｶﾄﾘｯｸ》カルメル会修道「女.」

Ka̤r·men[kárman, ..mɛn] 中 -s/..mina[..mina·] 詩歌, (特に:) 奉祝〈記念〉の詩. [＜Carmen[2]]

Kar·me·si̤n[karmezí:n] 中 -s/ ＝Karmin [*arab.*－*it.* carmesino; ＜*arab.* qirmiz (→Karmin); ◇*engl.* crimson]

kar·me·si̤n·ro̤t ＝karminrot

Kar·mi̤n[karmí:n] 中 -s/ カーマイン(サボテンに寄生するコチニール虫から採る赤色色素); 深紅色, えんじ色. [*mlat.*－*fr.*; ＜*arab.* qirmiz „Scharlachlaus" (◇Kermes[2])＋*lat.* minium (→Minium); ◇*engl.* carmine]

Ka̤r·mi·na Karmen の複数.

kar·mi·na·ti̤v[karminatí:f][1] 形《医》(腸内の)ガスを排出する, 駆風作用の. [＜*spätlat.* carmināre „reinigen"]

Kar·mi·na·ti̤·vum[..tí:vʊm] 中 -s/..va[..va·] 《医》駆風薬, 駆風剤.

kar·mi̤n·ro̤t[karmí:n..] 形 深紅色〈えんじ色〉の.

Kar·mi̤n·säu·re 女 -/ 《化》カルミン酸.

kar·mo·si̤e·ren[karmozí:rən] 他 (h) (宝石に)細かい宝石で縁飾りをつける. [＜*arab.* karīm „Edelstein"]

Karn[1][karn] 女 -/-en《北部》(Butterfaß) (バター製造用の) 攪乳(かくにゅう)おけ. [*mndd.*; ◇Kern, kirnen; *engl.* churn]

Karn[2][－] 中 -s/ 《地》カルニア階(アルプス相の上部三畳系下部). [＜*nlat.* Carinthia „Kärnten"]

Kar·nal·li̤t[karnalí:t, ..lít] 男 -s/ 《鉱》光鹵(ろ)石. [＜R. v. Carnall (ドイツの鉱山監督官, †1874)＋..it[2]]

Kar·na̤t[karná:t] 中 -[e]s/ , **Kar·na·tio̤n**[karnatsió:n] 女 -/ (Inkarnat) 《美》肉色, (肉のような) 紅色. [＜*spätlat.* carnātus „fleischig" (◇karne..)]

Kar·naṳ·ba≈pal·me[karnáuba..] 女《植》ブラジルロウヤシ(臘椰子). **≈wachs** 中 -es/ カルナウバ臘(ろう)〈ワックス〉(ブラジルロウヤシの若葉から採取する臘). [*indian.*－*port.* carnauba]

karne.. 《名詞などにつけて「肉」を意味する. karni.. となることもある》: *Karne*val カーニバル, 謝肉祭 | *Karni*vore 肉食動物; 食虫植物. [*lat.* carō „Fleisch"; ◇Karenz]

Ka̤r·ne[kárnə] 女 -/-n ＝Karn[1]

Kar·ne·o̤l[karneó:l] 男 -s/-e 《鉱》紅玉髄. [*it.* corniola; ＜*lat.* corneolus „hornartig" (◇Horn)]

Ka̤r·ner[1][kárnər] 男 -s/- カルニ人(古代ローマ時代に Kärnten から Triest の間に住んでいたケルト系種族). [*lat.* Carnī; ◇Karn[2], Kärnten]

Ka̤r·ner[2][－] 男 -s/- **1** (特に南ドイツやオーストリアの) 納骨堂, (墓地の) 礼拝堂. **2**《方》燻製(くんせい)室. [*mlat.* carnārium „Fleischkammer"－*mhd.*; ◇karne.., Kerner]

Ka̤r·ne·val[kárnəval] 男 -s/-e, -s カーニバル, 謝肉祭(四旬節の前の３日間または１週間の祭り. Fastnacht ともいい, 地方によっては Fasnacht, 南ドイツやオーストリアでは Fasching という). [*mlat.*－*it.*; ＜*lat.* carnem levāre „Fleisch wegnehmen"; ◇*engl.* carnival]

kar·ne·va·le̤sk[karnəvalɛ́sk] 形 カーニバルに由来する; カーニバルふうの. [＜..esk]

Kar·ne·va·li̤st[..líst] 男 -en/-en カーニバルの参加者(特に演説家・歌手など).

kar·ne·va·li̤·stisch[..lístıʃ] 形 カーニバルの: *sich*[4] ～ verkleiden カーニバルの仮装をする.

Ka̤r·ne·vals≈ko·stṳ̈m[kárnəvals..] 中 カーニバル〈謝肉祭〉の[仮装]衣装. **≈prinz** 男 カーニバル＝プリンス, ミスター＝カーニバル(住民の中から選ばれ, 王子の仮装をしてカーニバルの催しの中心になる若い男). **≈prin·zes·sin** 女 カーニバル＝プリンセス, ミス＝カーニバル (Karnevalsprinz の相手役として選ばれる若い女性). **≈um·zug** 男, **≈zug** 男 カーニバル〈謝肉祭〉の[仮装]行列.

karni.. →karne..

Kar·ni̤ckel[karníkəl] 中 -s/- **1**《方》(Kaninchen) カイウサギ(飼兎), 家兎(かと): ***sich***[4] **wie die ～ vermehren** 《話》どんどん〈ネズミ算的に〉ふえる. **2**《話》(勝ち目のない戦いを犬にいどんで死んだウサギの逸話から) へまなやつ: Immer muß ich das ～ sein. いつも私はばかをみる | Wer war denn das ～? ばかなことをしたのはだれだ | Das ～ hat angefangen. あいつは自分で手出しして ひどい目にあったのだ. [*mndd.* kanineken; ◇Kaninchen]

Kar·ni̤es[karní:s][1] 中 -es/-e 《建》コルニス, [軒]蛇腹(じゃばら)(→ 図 Gesims). [*gr.* korōnís „krummer Schnörkel"－*it.*－*span.* cornisa; ◇Koronis; *engl.* cornice]

Kar·ni̤e·se[..zə] 女 -/-n《ｵｰｽﾄﾘｱ》カーテンボックス.

Kar·ni·fi·ka·tio̤n[karnifikatsió:n] 女 -/-en 《医》(結締組織の)肉様変化, 肉質化. [＜karne..＋..fizieren]

kar·nisch[kárnıʃ] 形 **1**《地》カルニア[階]の: die ～*e* Stufe カルニア階(＝Karn). **2** カルニ[人・方言]の: →deutsch | die *Karnischen* Alpen カーニック〈カルニケ〉アルプス(オーストリア・イタリア国境の山脈). [＜Karn[2]]

Kar·ni̤·sche[karní:ʃə] 女 -/-n ＝Karniese

kar·ni·vo̤r[karnivó:r] **I** 形《動》肉食の; 《植》食虫の. **II Kar·ni·vo̤·re** 《形容詞変化》**1** 男《動》肉食動物. **2** 女《植》食虫植物. [*lat.* carni-vorus „fleisch-fressend"; ＜*lat.* vorāre „verschlingen"]

Kä̤rn·ten[kɛ́rntən] 地名 ケルンテン(オーストリア南部の州で, 州都は Klagenfurt). [◇Karn[2]]

Kä̤rnt·ner[kɛ́rntnər] **I** 男 -s/- ケルンテンの人. **II** 形 《無変化》ケルンテンの.

kä̤rnt·ne·risch[..nərıʃ] 形 ケルンテンの.

Ka̤·ro[ká:ro·] 中 -s/-s **1 a)** (Raute) 菱形(ひしがた). **b)** 格子〈碁盤目〉じま: eine blaue Krawatte mit weißen ～*s* 白い格子じまの入ったブルーのネクタイ | ein Anzug in braunem ～ 茶色の格子じまの背広. **c)** 格子じまの布〈衣服〉: Er trägt gern ～. 彼は格子じまの服を好んで着る. **2**《無冠詞で》(Eckstein)《ﾄﾗﾝﾌﾟ》ダイヤ(→Pik[2] ★). **3**《話》(四角な)パン: **～ trocken** / **～ einfach** 何もつけないパン. [*fr.* carreau; ＜*lat.* quadrum (→Quader)]

Ka̤·ro·as[s] (**Ka̤·ro-As[s]**)[ká:ro|as, －◡⏑́] 中《ﾄﾗﾝﾌﾟ》ダイヤのエース.

Ka̤·ro≈bṳ·be[また: －◡⏑́◡] 男《ﾄﾗﾝﾌﾟ》ダイヤのジャック. **≈da̤·me**[また: －◡⏑́◡] 女《ﾄﾗﾝﾌﾟ》ダイヤのクイーン. **≈kö̤·nig**[また: －◡⏑́◡] 男《ﾄﾗﾝﾌﾟ》ダイヤのキング.

Ka·ro̤·la[karó:la·, ká:rola·] 女名 (＜Karla) カローラ.

Ka·ro·li̤·ne[karolí:nə] 女名 カロリーネ.

die **Ka·ro·li̤·nen**[..nən] 地名 複 カロリン諸島(西太平洋にあり, 1991年アメリカから独立. 正式名ミクロネシア連邦 die Föderierten Staaten von Mikronesien. 17世紀にスペイン国王 Carlos 二世にちなんで命名され, 1899年ドイツが買収. 1919-45年日本の委任統治領. 1947-90年アメリカの信託統治領).

Ka̤·ro·lin·ger[ká:rolıŋər] 男 -s/- カロリング王家の人(カロリング家は751年 Merowinger を倒して王朝を築き, Karl 大帝時代に最盛期を迎えた). [*mlat.*; ＜Karl der Große]

Ka̤·ro·lin·ger·zeit 女 -/ 《史》カロリング王朝時代.

ka̤·ro·lin·gisch[..ŋıʃ] 形 カロリング王朝の.

Ka̤·ro·mu·ster[ká:ro..] 中 ＝Karo 1 b

Ka·ro̤s·se[karɔ́sə] 女 -/-n 儀装馬車, 公式馬車. [*it.*－*fr.* carrosse; ＜*lat.* carrus (→Karren[1]); ◇*engl.* caroche]

Ka·ros·se·rie[karɔsəríː] 女 -/-n[..ríːən] **1** (自動車などの)車体, ボディー. **2** 《話》体格. [*fr.*]

Ka·ros·sier[..siéː] 男 -s/-s **1** 車体デザイナー. ▽**2** (Kutschpferd) 馬車うま. [*fr.*]

ka·ros·sie·ren[..síːrən] 他 (h) (車台に)車体を取り付ける.

Ka·ros·sie·rer[..síːrər] 男 -s/- ＝Karossier 1

Ka·ro·stoff[káːro..] 男 格子じまの生地.

Ka·ro·ti·de[karotíːdə] 女 -/-n ＝Karotis

Ka·ro·tin[karotíːn] 中 -s/ 〖化〗カロチン. [＜*lat.* carōta (→Karotte)＋..in²]

Ka·ro·ti·noi·de[..tinoíːdə] 複 〖生化学〗カロチノイド. [＜..oid]

Ka·ro·tis[karóːtɪs] 女 -/..tiden[..rotíːdən] (Halsschlagader) 〖解〗頸(けい)動脈. [*gr.*; ＜*gr.* káros „Betäubung"]

Ka·rot·te[karɔ́tə] 女 -/-n **1** 〖植〗(サンズン)ニンジン(〔三寸〕人参) (→ 図 Rübe). **2** 《方》(rote Rübe) 赤かぶ. [*gr.* karōtón „Möhre"－*lat.* carōta－*fr.*〔－*ndl.* karote〕; ＜*gr.* kárā „Kopf"; ◇*engl.* carrot]

die **Kar·pa·ten**[karpáːtən] 地名 複 カルパート〈カルパチア〉山脈(ポーランド・チェコ・スロヴァキア国境からルーマニアへのびる山脈).

kar·pa·tisch[..tɪʃ] 形 カルパート〈カルパチア〉山脈の.

Kar·pell[karpɛ́l] 中 -s/-e, **Kar·pel·lum**[..lʊm] 中 -s/..lla[..la·] (Fruchtblatt) 〖植〗心皮(しんぴ). [＜*gr.* karpós „Frucht"; ◇*engl.* carpel]

Kar·pen·ter·brem·se[kárpəntər..] 女 〖鉄道〗エアブレーキ. [＜J. F. Carpenter (アメリカ人発明者, †1901)]

Karpf[karpf] 男 -es/-en 《オーストリア》《話》(Dummkopf) ばか者, 愚か者.

Karp·fen[kárpfən] 男 -s/- 〖魚〗コイ(鯉). [*ahd.*; ◇*engl.* carp]

Karp·fen≠fisch 男 (Weißfisch) 〖魚〗コイ科の魚. **≠laus** 女 〖動〗チョウ(金魚蝨)(コイ・フナなどに寄生する鰓尾(さいび)類). **≠teich** 男 養鯉(ようり)池: der Hecht im ～ (→Hecht 1). **≠zucht** 女 コイの養殖, 養鯉.

Kärpf·ling[kɛ́rpflɪŋ] 男 -s/-e 〖魚〗メダカ科の淡水魚(多くの鑑賞用熱帯魚を含む).

Kar·po·lith[karpolíːt, ..lít] 男 -s/-e; -en/-en 果実〈種子〉の化石. [＜*gr.* karpós „Frucht"]

Kar·po·lo·gie[..logíː] 女 -/ 果実〔分類〕学.

kar·po·lo·gisch[..lóːgɪʃ] 形 果実〔分類〕学〔上〕の.

Kar·ra·g〔h〕een[karagéːn] 中 -〔s〕/ 〖植〗トチャカ(ツノマタ属の紅藻); イカノアシ(スギノリ属の紅藻). [＜Carragheen (産地名)]

Kar·ra·ra[karáːra·] ＝Carrara

kar·ra·risch[karáːrɪʃ] ＝carrarisch

Kärr·chen Karre, Karren¹の縮小形.

Kar·re[kárə] 女 -/-n ＝Karren¹

Kar·ree[karéː] 中 -s/-s **1 a)** 四角形,〔正〕方形: ein ～ vor dem Palast 宮殿前の方形の広場. **b)** 《話》(Häuserblock) (街路で四角に囲まれた)家屋群, 街区. **c)** 〖軍〗方陣: im ～ stehen 方陣を作っている. **2** 《オーストリア》〖料理〗あばら肉. [*fr.* carré „viereckig"; ＜*lat.* quadrāre (→quadrieren)]

kar·ren[kárən] **I** 他 (h) (荷車・手押し車などで)運ぶ. **II** 自 (s) 《話》車〈乗り物〉に乗って行く.

Kar·ren¹[－] 男 -s/- (小 **Kärr·chen**[kɛ́rçən], **Kärr·lein**[..laɪn] 中 -s/-) (Karre) **1** (土砂・収穫物・荷物などを運ぶ比較的小型の)車, 荷車; 荷馬車: den ～ 〔mit *et.*³〕 beladen 車に〔…を〕積む | den ～ schieben 〈ziehen〉 車を押す〈引く〉‖ **den ～** 〈**die** ***Karre***〉 〔**einfach**〕 **laufen lassen** 《話》事態を推移するにまかせる, そのままほっておく | **die** ***Karre*** 〈**den ～**〉 **aus dem Dreck ziehen** 《話》事態を収拾する, 失敗を取り返す | **die** ***Karre*** 〈**den ～**〉 **in den Dreck fahren** 〈**führen** / **schieben**〉 《話》動きがとれなくなる, 事態を混乱させる | ***seinen*** **～ ins trockene schieben** 《話》混乱の中で漁夫の利を得る | **den ～ im Dreck steckenlassen** 《比》難局を放置する ‖ **Die** ***Karre*** 〈**Der ～**〉 **ist total verfahren.** 《話》もうにっちもさっちもいかない | Der ～ läuft schief. 《話》まずいことになる ‖〖前置詞と〗***jm.*** **an den ～ fahren** 〈**pinkeln** / **pissen**〉 《話》…にけちをつける, …を非難〈攻撃〉する | **mit *jm.* an einem ～ ziehen** 《比》…と苦楽を共にする | **aus dem ～ in den Wagen gespannt werden** 《比》小難をのがれて大難に巻き込まれる | vom Wagen auf die *Karre* 〈auf den ～〉 kommen (→Wagen 1 a) | **unter den ～ kommen** 《話》車にひかれる | **vom ～ gefallen sein** 《話》私生児である | ***jn.*** **vor** ***seinen*** **～ spannen** 《比》…を自分の目的のために利用する | ***sich***⁴ **nicht vor** ***js.*** **～ spannen lassen** 《比》…のために犬馬の労はとらない. **2** 《軽蔑的に》(人の乗る)〔ぼろ〕車, ぼろ自動車〈自転車〉.

★ Karren は特に南部で「引く車」の, Karre は特に北部で「押す車」の意味に用いる傾向がある.

[*kelt.*－*lat.* carrus－*ahd.*; ◇Korral, Karrette; *engl.* car]

Kar·ren²[kárən] 複 〖地〗(浸食された石灰岩の塊が墓石のように林立する)カレン, 墓石地形. [＜Kar]

Kar·ren·gaul 男 《軽蔑的に》荷馬車用のおいぼれ馬, 駄馬.

Kar·rer[kárər] 男 -s/- 《スイス》＝Kärrner

Kar·re·te[karéːtə] 女 -/-n 《東部》おんぼろ馬車. [*mhd.*]

Kar·ret·te[karɛ́tə] 女 -/-n 《スイス》 **1 a)** (2 輪の)手押し車. **b)** (2 輪の)ショッピングカー. **2** (山岳部隊の)小型輸送車. [*it.* carretta; ＜*mlat.* carra (◇Karren)]

Kar·rie·re[kariéːrə, ..riɛ́ːrə] 女 -/-n **1** (職業上の)輝かしい経歴〈道程〉; (職業上の)成功, 出世, 栄達: eine steile ～ 急速な出世 ‖ **～ machen** 〔スピード〕出世する | eine glänzende ～ vor *sich*³ haben 輝かしい将来が約束されている, 前途洋々としている | *js.* ～³ schaden …の出世の邪魔になる. **2** (馬の)全速疾走: in voller ～ 《比》全速力で. [*spätlat.*－*fr.* carrière „Rennbahn"; ＜*lat.* carrus (→Karren¹); ◇*engl.* career]

Kar·rie·re≠di·plo·mat 男 本職〈生え抜き〉の外交官, キャリアの外交官. **≠frau** 女 キャリアのある〈重要な職についている〉女性, キャリアウーマン; 《軽蔑的に》出世第一主義の女性.

kar·rie·re·geil 《話》＝karrieresüchtig

Kar·rie·re≠lei·ter 女 出世の階段, 出世コース. **≠ma·cher** 男 《軽蔑的に》出世第一主義者. **≠sprung** 男 飛躍的な出世〈栄達〉. **≠sucht** 女 出世〈栄達〉への渇望.

kar·rie·re·süch·tig 形 出世〈栄達〉を渇望している.

Kar·rie·ris·mus[karierísmʊs] 男 -/ 出世〔至上〕主義.

Kar·rie·rist[..rierɪ́st] 男 -en/-en ＝Karrieremacher

kar·rie·ri·stisch[..rierɪ́stɪʃ] 形 出世〔至上〕主義の.

Kar·riol[karióːl] 中 -s/-s, **Kar·rio·le**[..lə] 女 -/-n **1** キャリオル(軽快な 2 輪馬車). ▽**2** (Postwagen) 郵便馬車. [*aprovenzal.*－*fr.*; ◇Karren¹]

kar·rio·len[..lən] (過分 karriolt) 自 (s) キャリオル〈郵便馬車〉で旅行する; 《話》(乗り物で)あちこち走りまわる, ドライブを楽しむ.

Kärr·lein Karre, Karren¹の縮小形.

▽**Kärr·ner**[kɛ́rnər] 男 -s/- (車を引く)行商人; 荷馬車引き, 車力; (肉体的な重労働をする)労務者, 人夫.

Kärr·ner≠ar·beit 女 (単調で)つらい仕事. **≠fleiß** 男 献身的な勤勉〈精励〉.

Kar·sams·tag[kaːr..] 男 〖キリスト教〗聖土曜日(復活祭直前の土曜日). [＜*ahd.* chara „Wehklage" (◇karg)]

Karst¹[karst] 男 -es(-s)/-e 唐鍬(とうぐわ) (→ 図 Hacke). [*ahd.*]

Karst²[－] **I** 男 -es(-s)/-e 〖地〗カルスト(石灰岩地域の溶食地形). **II** der **Karst** 地名 男 -es(-s)/ カルスト(ユーゴスラヴィア北西部にある石灰岩の台地).

Kar·sten[kárstən] 男名 カルステン. [*ndd.*; ◇Christian]

Karst·ge·biet 中 〖地〗カルスト地域.

kar·stig[kárstɪç]² 形 〖地〗カルスト状の.

Karst·land·schaft 女 〖地〗カルスト地形〈景観〉.

kart. 略 ＝**kart**oniert 厚紙表紙の(→kartonieren).

Kar·tät·sche[kartɛ́ːtʃə; スイス: －, ..tɛ́tʃə] 女 -/-n **1** 〖軍〗

(昔の)散弾入り砲弾. **2**〖建〗壁ごて. [*it.* cartaccia „grobes Papier“; ◇Karte, Kartusche]

kar·tät·schen[kartɛ́:tʃən]《04》《過分 kartätscht》自(h) **1** 散弾入り砲弾で砲撃する. **2**〖建〗壁ごてでなでつける.

Kar·tät·schen≠feu·er 中 -s/ 散弾砲撃. **≠ku·gel** 女〖軍〗散弾.

Kar·tau·ne[kartáʊnə] 女 -/-n〖軍〗ボンバード砲(15-17世紀の重砲). [<*it.* cortana „kurze Kanone“+*mlat.* quārtāna „Viertelkanone“]

Kar·tau·se[kartáʊzə] 女 -/-n〖カトリック〗カルトゥジオ会の修道院(→Chartreuse).

Kar·täu·ser[kartɔ́ʏzər] 男 -s/-〖カトリック〗カルトゥジオ会修道士(→図). [<*mlat.* Cartūsia (創設地 Chartreuse の古名); ◇*engl.* Carthusian]

Kartäuser

Kar·täu·ser≠ge·richt 中 = Chartreuse II **≠li·kör** 男 =Chartreuse I **≠nel·ke** 女〖植〗カルトジオナデシコ. **≠or·den** 男 -s/〖カトリック〗カルトゥジオ会(1084年フランスのシャルトルーズに創立).

Kar·te[kártə] 女 -/-n (⑩ **Kärt·chen**[kɛ́rtçən], **Kärt·lein**[..laɪn] 中 -s/-) **1** (英: *card*) カード: ～*n* 〔im Format〕DIN A6 A6判のカード | **die gelbe ～**〖サッカー〗(反則を示す)イエローカード | **die grüne ～** グリーンカード(自動車保険の加入済証明書) | **die rote ～**〖サッカー〗(退場を示す)レッドカード.

2 (Spielkarte) トランプのカード, カルタの札: ein Spiel 〈ein Satz〉 ～*n* 一組の〔トランプ〕カード | eine hohe 〈niedere〉 ～ 点数の高い〈低い〉カード ‖ **die** 〈*seine*〉 **～*n* aufdecken** 〈**offen auf den Tisch legen**〉《比》手の内を見せる; 計画を明かす | *seine* ～*n* zu früh aufdecken《比》勝ちを急いで失敗する | **die letzte ～ ausspielen** 最後の切り札を出す;《比》手を打ち尽くす | ～*n* geben 〈verteilen〉 カードを出す〈配る〉| **alle ～*n* in der Hand haben** 〈**behalten**〉《比》主導権を握っている | *jm.* die ～*n* legen 〈方: schlagen〉 …の運勢をカードで占う | die ～*n* mischen 〈abheben〉 カードを切る | ～〔*n*〕 spielen カードゲームをする ‖ **alles auf eine ～ setzen**《比》いちかばちかの勝負をする | **auf die falsche ～ setzen**《比》情勢判断を誤る | ***jm.* in die ～*n* sehen** 〈**schauen / gucken**〉 …の手の内をのぞく | ***sich*[3] nicht in die ～*n* sehen** 〈**schauen / gucken**〉 **lassen** 手の内を見せない | **mit gezinkten ～*n* spielen**《比》いかさまをする(目印をつけたカードで勝負する) | **mit offenen** 〈**verdeckten**〉 **～*n* spielen**《比》公明正大に〈底意をもって〉事を運ぶ ‖ Diese ～ sticht nicht mehr.《比》そんなことを言っても始まらない | **wissen, wie die ～*n* fallen** 事の進展を予知する.

3 a) (Postkarte) はがき; (はがきによる婚約・結婚などの)あいさつ状; (はがきによる)招待状: *jm.* eine ～ schreiben 〈schicken〉 …にはがきを書く〈出す〉| zu *et.*[3] ～*n* verschicken …のあいさつ状を(方々に)出す ‖ auf offener ～ (封書でなく)はがきで;《比》おおっぴらに. **b)** (Visitenkarte) 名刺: *seine* ～ abgeben 〈dalassen〉 名刺を出す〈置いて来る〉. ᵛ**c)** (決闘の)果たし状: die ～*n* wechseln 果たし状を取りかわす.

4 a) (Fahrkarte) 乗車〈乗船〉券; (Flugkarte) 航空券; (Eintrittskarte) 入場券: eine ～ lösen 切符を買う | die ～*n* kontrollieren 検札する | die ～*n* lochen 〈knipsen〉 切符にはさみを入れる. **b)** (食料の)購入〈配給〉切符: Brot gab es nur auf ～*n*. パンは配給券がないと買えなかった.

5 (Speisekarte) 献立表, メニュー: nach der ～ essen (メニューから)好みの品々を注文して食事をする(→à la carte).

6 (Landkarte) 地図; 海図; 掛け図: eine historische ～ 歴史地図 | eine ～ im Maßstab 1: 100 000 縮尺10万分の1の地図 | die ～ von Europa ヨーロッパの地図 | See*karte* 海図 | Stern*karte* 星図 ‖ *et.*[4] auf der ～ suchen …を地図で探す | nach der ～ wandern 地図を頼りに徒歩旅行〈ハイキング〉する.

[*gr.* chártēs–*lat.* charta–*fr.*; ◇Charta; *engl.* card]

Kar·tei[kartáɪ] 女 -/-en カードファイル〈ボックス・ケース〉; カード目録〈索引〉: eine ～ anlegen カード目録を作る | eine ～ führen カードファイルで情報を記録する.

Kar·tei≠kar·te 女 索引カード. **≠ka·sten** 男 カードボックス. **≠lei·che** 女《戯》《集合的に》用済みの〈役に立たない〉カード. **≠zet·tel** 男 =Karteikarte

Kar·tell[kartɛ́l] 中 -s/-e **1 a)**〖経〗カルテル, 企業結合: Rationalisierungs*kartell* 合理化カルテル | ein ～ bilden カルテルを結成する. **b)**〖政〗党派連合, ブロック. **c)** (諸大学間の)学生組合連合. ᵛ**2** 挑戦〔状〕. [*it.* cartello „Zettel“–*fr.* cartel „Fehdebrief“; <*lat.* charta (→Karte)]

Kar·tell≠amt 中 カルテル庁. **≠bil·dung** 女 カルテル結成. **≠bru·der** 男 学生組合連合所属の学生. **≠ge·setz** 中〖法〗カルテル法.

kar·tel·lie·ren[kartɛlí:rən] 他 (h) **1**〖経〗**a)** カルテルに入れる, カルテル化する. **b)** (価格などを)カルテルによって協定する. ᵛ**2** 挑戦する, 決闘を申し込む.

Kar·tel·lie·rung[..rʊŋ] 女 -/-en kartellieren すること.

Kar·tell≠trä·ger[kartɛ́l..] 男《話》決闘の挑戦状伝達者〈仲介者〉. **≠ver·band** 男 =Kartell 1 c **≠ver·bot** 中 カルテル〔結成〕禁止. **≠ver·trag** 男〖経〗カルテル協約. **≠we·sen** 中 -s/〖経〗カルテル制度; カルテル化の傾向, カルテリズム.

kar·ten[kártən]《01》 **I** 自 (h)《話》トランプ〈カルタ〉遊びをする. ᵛ**II** 他 (h) (ひそかに)画策する.

Kar·ten≠ab·rei·ßer 男 入場券もぎり(人). **≠blatt** 中 (1枚1枚の)カード; トランプ札. **≠block** 男 -〔e〕s/-s カード1冊〈一とじ〉(1枚ずつはがして使っていく入場券など). **≠brief** 男 (カードと封筒からなる)書簡セット. **≠ent·wurf** =Kartennetzentwurf **≠haus** 中 **1** トランプで組み立てた家;《比》砂上の楼閣: **wie ein ～ einstürzen** 〈〔**in *sich*[4]**〕 **zusammenfallen**〉《比》(計画・期待などが)砂上の楼閣のようにあえなく崩れ去る | Seine Hoffnungen 〈Seine Lügen〉 sind wie ein ～ eingestürzt. 彼の期待〈うそ〉はあえなく崩れた. **2**〖海〗海図室(→図 Schiff B). **≠kö·nig** 男 トランプのキング;《比》有名無実の王. **≠kun·de** 女 -/ =Kartographie **≠künst·ler** 男 トランプ手品師. **≠kunst·stück** 中 トランプ手品. **≠le·gen** 中 -s/ トランプ占い. **≠le·ger** 男 -s/- (⊛ **≠le·ge·rin** -/-nen) トランプ占い師. **≠le·sen** 中 地図の読み取り. **≠lo·cher** 男 (パンチカードの)パンチャー, カード穿孔(せん)機. **≠ma·cher** 男 トランプを作る人; 地図作製者. **≠mi·scher** 男 パンチカード分類機. **≠netz** 中 (地図の)経緯度線.

Kar·ten·netz·ent·wurf 男 地図投影法.

Kar·ten≠pro·jek·tion 女 = Kartennetzentwurf **≠raum** 男 **1** (学校などの)地図〔保管〕室. **2** =Kartenhaus 2 **≠schla·gen** 中 -s/ = Kartenlegen **≠schlä·ger** 男 (⊛ **≠schlä·ge·rin** -/-nen) =Kartenleger **≠skiz·ze** 女 略地図. **≠spiel** 中 **1** トランプ〈カルタ〉遊び. **2** トランプ〈カルタ〉一組. **≠spie·ler** 男 トランプ〈カルタ〉遊びをする人. **≠ta·sche** 女 地図入れ, マップケース. **≠te·le·fon** 中 カード式電話〔機〕. **≠ver·kauf** 男 (劇場などの)切符販売〈窓口〉. **≠vor·ver·kauf** 男 (劇場などの)切符の前売り. **≠werk** 中 (Atlas) 地図書. **≠zei·chen** 中 **1** 地図の記号. **2** トランプのマーク(スペード・ハート・ダイヤ・クラブ). **≠zeich·ner** 男 地図作製者. **≠zim·mer** 中 =Kartenraum

kar·te·sia·nisch[karteziá:nɪʃ] 形 デカルトふうの; デカルト学派の;《大文字で》デカルトの: ～*e* Koordinaten〖数〗デカルト座標, 平行座標. [<Cartesius (Descartes のラテン語形)]

Kar·te·sia·nis·mus[..zianísmʊs] 男 -/ デカルト〔学派〕哲学.

kar·te·sisch[karté:zɪʃ] =kartesianisch

Kar·tha·ger[kartá:gər] 男 -s/- カルタゴの人.

kar·tha·gisch[..gɪʃ] 形 カルタゴの.

Kar·tha·go[..go·] 地名 カルタゴ(北アフリカに栄えた Phönizien 人の植民都市. 前3世紀にその最盛期を迎えたが, ポエ

K

二戦争でローマに敗れた). [*phöniz.* „Neustadt"−*lat.*; ◇ *engl.* Carthage]

kar·tie·ren[kartí:rən] 他 (h) **1** 《*et.*[4]》(…を測量して)地図を作製する. **2** カードに記入〈記録〉する. [<Karte〔i〕]

Kar·ting[ká̄rtɪŋ] 中 -s/ ゴーカート競技. [*amerik.*; <Go-Kart]

Kärt·lein Karte の縮小形.

Kar·tof·fel[kartɔ́fəl] 女 -/-n (小 **Kar·töf·fel·chen**[..tœ́fəlçən] 中 -s/-) **1 a)** 〔植〕ジャガイモ, 馬鈴薯(ばれいしょ). **b)** (食用となる)ジャガイモ〈馬鈴薯〉の塊茎: rohe 〈neue〉 ~*n* なまの〈新しい〉ジャガイモ | süße ~*n* サツマイモ(薩摩芋) ‖ ~*n* braten 〈kochen〉 ジャガイモをいためる〈煮る〉 | ~*n* schälen 〈pellen〉 ジャガイモの皮をむく | 〔**die**〕 **~*n* abgießen** ジャガイモをゆでこぼす; 《話》小便をする, 放尿する | **die ~*n* von unten ansehen 〈betrachten / wachsen sehen〉** 《話》死んでいる, 地下に眠っている | Die dümmsten Bauern haben die dicksten 〈die größten〉 ~*n*. (→Bauer[1] 1) ‖ **Rin 〈Rein〉 in die ~*n*, raus aus den ~*n*.** 《話》朝令暮改. **2** 《戯》 **a)** (大型の)懐中時計. **b)** 団子鼻. **c)** (靴下や衣服の)大きな穴; (靴下の穴から顔を出している)かかと. **d)** (サッカーなどの品質のよくない)ボール.

[*spätlat.* terrae tūber „Erd-Knolle"−*it.* tartufo〔lo〕 „Trüffel-pilz"; ◇Terra, Tuberkel]

Kar·tof·fel≈acker[kartɔ́fəl..] 男 ジャガイモ畑. **≈an·bau** 男, **≈bau** 男 -〔e〕s/ ジャガイモ栽培. **≈bo·vist** 男 〔植〕タマネギモドキ属(菌類). **≈brannt·wein** 男 ジャガイモ火酒. **≈brei** 男 -〔e〕s/ 〔料理〕(ミルクで薄めた)かゆ状のマッシュポテト.

Kar·töf·fel·chen Kartoffel の縮小形.

Kar·tof·fel≈chips[..tʃɪps] 複 〔料理〕ポテトチップ. **≈ern·te** 女 ジャガイモの収穫. **≈fäu·le** 女 ジャガイモ腐食病. **≈feld** 中 ジャガイモ畑. **≈fe·ri·en** 複 《話》(ジャガイモ収穫期の)農繁期休暇. **≈feu·er** 中 (収穫後に)ジャガイモの葉〈茎〉を焼く火. **≈kä·fer** 男 (Koloradokäfer) 〔虫〕コロラド〈馬鈴薯(ばれいしょ)〉甲虫(ジャガイモの害虫). **≈kloß** 男, **≈knö·del** 男 〔料理〕ジャガイモだんご. **≈kom·bine**[..kɔmbaɪn, ..kɔmbi:nə] 女 ジャガイモ収穫用コンバイン. **≈krank·heit** 女 (馬鈴薯菌による)馬鈴薯病. **≈le·ge·ma·schi·ne** 女 ジャガイモ移植機. **≈mehl** 中 -〔e〕s/ ジャガイモでんぷん粉. **≈mus** 中 (方: 男) =Kartoffelbrei **≈na·se** 女 《話》(大きな)団子鼻. **≈pfann·ku·chen** 男 〔料理〕ジャガイモのパンケーキ. **≈pocken** 複 〔農〕ジャガイモ痂皮(かひ)病. **≈pres·se** 女 ジャガイモつぶし器, ポテトマッシャー. **≈puf·fer** 男 《方》 = Kartoffelpfannkuchen **≈pü·ree** 中 〔料理〕ジャガイモのピューレ, マッシュポテト. **≈ro·de·ma·schi·ne** 女 ジャガイモ掘り上げ機. **≈ro·se** 女 〔植〕ハマナス(浜茄子), ハマナシ(浜梨). **≈sa·lat** 男 〔料理〕ポテトサラダ. **≈schä·ler** 男 -s/-, **≈schäl·ma·schi·ne** 女 ジャガイモ皮むき器. **≈schnaps** 男 =Kartoffelbranntwein **≈stär·ke** 女 ジャガイモでんぷん. **≈stock** 男 -〔e〕s/ 《スイ》=Kartoffelbrei **≈sup·pe** 女 ポテトスープ. **≈walz·mehl** 中 -〔e〕s/ 粉末ポテト. **≈was·ser** 中 -s/ ジャガイモのゆで汁: **das** 〈*sein*〉 **~ abgießen 〈abschütten〉** 《話》小便をする, 放尿する.

Kar·to·gramm[kartográm] 中 -s/-e 統計地図.

Kar·to·graph (**Kar·to·graf**) [..grá:f] 男 -en/-en 地図学者; 地図〈海図〉製作者.

Kar·to·gra·phie (**Kar·to·gra·fie**) [..grafí:] 女 -/ 地図学; 地図〈海図〉作製〔法〕.

kar·to·gra·phie·ren (**kar·to·gra·fie·ren**) [..grafí:rən] 他 (h) 《*et.*[4]》(…を測量して)地図を作製する.

kar·to·gra·phisch (**kar·to·gra·fisch**) [..grá:fɪʃ] 形 地図学〔上〕の, 地図〈海図〉作製法〔上〕の.

Kar·to·man·tie[..mantí:] 女 -/ トランプ占い. [<*gr.* manteíā „Weissagung"]

Kar·to·me·ter[..mé:tər] 中 -s/- (地図上の曲線距離を測る)測図器, キルビメーター.

Kar·to·me·trie[..metrí:] 女 -/ 地図測定法〈術〉.

Kar·ton[kartɔ́ŋ, ..tɔ̃:] 男 -s/-s (オース・トリア・スイ: [..tó:n]-s/-e(-s)) **1** 厚紙, ボール紙: ein Foto auf ~ aufkleben 〈aufziehen〉 写真を台紙にはる. **2** 厚紙製の容器〈ケース〉, ボール箱; (本の)外箱: ein zusammenlegbarer ~ 折りたたみ可能なボール箱 | 2 ~〔s〕 Seife せっけん二箱 ‖ *et.*[4] in einen ~ verpacken …をボール箱に詰める ‖ etwas im ~ haben 《話》頭がいい, 利口である | **nicht alle im ~ haben** 《話》頭がちょっとおかしい | **Bei dir rappelt es wohl im ~?** 《話》君はちょっと頭がおかしいんじゃないのか | Ruhe im ~! (→Ruhe 3) | ***jm.* einen vor den ~ hauen** 《卑》…の顔面に一発くらわす. **3** (壁画・モザイク・じゅうたんなどの)実物大の下絵〈型紙〉. **4** 〔印〕(あとから印刷して本にはさみ込んである)正誤表. [*it.*−*fr.*; < *lat.* charta (→Karte)]

Kar·to·na·ge[kartoná:ʒə] 女 -/-n **1** (包装用の)ボール箱. **2** (本の)厚紙表紙装丁. [*fr.* cartonnage]

Kar·to·na·gen·fa·brik[..ná:ʒən..] 女 ボール箱工場.

kar·to·nie·ren[kartoní:rən] 他 (h) 厚紙表紙で装丁する: Das Buch kostet *kartoniert* (略 kart.) dreißig Mark. その本は厚紙表紙の装丁の場合には30マルクする. [*fr.*]

Kar·to·thek[kartoté:k] 女 -/-en カードボックス〈ファイル〉; カード保存〈整理〉室: eine umfangreiche ~ 膨大なカード | in der ~ nachsehen カードを調べる.

Kar·tu·sche[kartʊ́ʃə] 女 -/-n **1** 〔軍〕(砲弾の)薬筒. **2** 〔建〕カルトゥーシュ(バロック様式の巻き軸装飾: → 図). [*it.* cartoccio−*fr.* cartouche „Papprolle"; ◇Kartätsche; *engl.* cartridge]

Kartusche

Ka·run·kel[karʊ́ŋkəl] 女 -/-n **1** 〔医〕いぼ. **2** 〔解〕小丘. [*lat.* caruncula „Stückchen Fleisch"; ◇karne..]

Ka·rus·sell[karʊsɛ́l] 中 -s/-s, -e 回転木馬, メリーゴーラウンド(→ 図 Rummelplatz): ~ fahren / mit dem ~ fahren 回転木馬に乗る; 《比》めまぐるしく走り回る | *sich*[4] im ~ drehen 回転木馬で回る | **mit *jm.* ~ fahren** 《話》…を追い回す; …を激しくしかる〈こきおろす〉. [*it.* carosello−*fr.* carrousel]

Ka·rut·sche[karʊ́tʃə] (**Ka·rut·ze**[karʊ́tsə]) 女 -/-n 《北部》=Karausche

Kar·wo·che[ká:r..] 女 〔キリスト教〕受難週, 聖週間(復活祭前の1週間). [< *ahd.* chara „Wehklage" (◇karg)]

Ka·rya·ti·de[karyatí:də] 女 -/-n 〔建〕カリアティード(古代ギリシア建築の梁(はり)を支える女像柱: → 図) (→Atlant). [*gr.*−*lat.*; < *gr.* Karýai (Artemis 神殿のある Peloponnes の地名)]

Ka·ryo·ga·mie[karyogamí:] 女 -/-n [..mí:ən] 〔生〕細胞核融合, カリオガミー. [< *gr.* káryon „Nuß" (◇karzino..)]

Ka·ryo·ki·ne·se[..kiné:zə] 女 -/-n (Mitose) 〔生〕(細胞核の)有糸分裂. [< *gr.* kī́nēsis (→Kinesik)]

Ka·ryo·lo·gie[..logí:] 女 -/ 核学(細胞核の構造と機能を対象とする細胞学の一分科).

Ka·ryo·lym·phe[..lýmfə] 女 -/-n (Kernsaft) 〔生〕(細胞の)核液.

Karyatide

Ka·ryo·ly·se[..lý:zə] 女 -/ 〔生〕核融解.

Ka·ryo·plas·ma[..plásma·] 中 -s/ 〔生〕核質.

Ka·ry·op·se[karyɔ́psə] 女 -/-n (Kornfrucht) 〔植〕(イネ科の)穎果(えいか), 穀果. [< *gr.* ópsis „Aussehen"]

Ka·ryo·typ[karyotý:p] 男 -s/-en 〔生〕核型(染色体の数と形態).

▽**Kar·zer**[kártsər] 男 (中) -s/- **1** 《単数で》(大学などでの)禁足〈監禁〉処分: 3 Tage ~ bekommen 3日間の禁足処分をくらう. **2** (大学などの)監禁室. [*lat.* carcer „Umfriedung"; ◇Kerker]

karzino.. 《名詞などにつけて「癌(がん)」を意味する》 [*gr.* karkínos „Krebs"; ◇ *engl.* carcino..]

kar·zi·no·gen[kartsinogé:n] **I** 形 (krebserzeugend) 〔医〕発癌(はつがん)性の, 癌原の.

II Kar·zi·no·gen 中 -s/-e 〔医〕発癌〔性〕物質.

Kar·zi·no·id[..i:t][1] 中 -〔e〕s/-e 〔医〕**1** カルチノイド, 類

癌腫(がんしゅ). **2** (胃腸の)良性腫瘍(しゅよう). [<Karzinom+..oid]

Kar·zi·no·lo̱·ge[..ló:gə] 男 -n/-n (→..loge) 癌(がん)専門医.

Kar·zi·no·lo·gi̱e[..logí:] 女 -/ 〖医〗癌(がん)医学.

Kar·zi·no̱m[kartsinó:m] 中 -s/-e (略 Ca) (Krebs) 〖医〗癌(がん), 癌腫(がんしゅ): Prostata*karzinom* 前立腺(せん)癌. [*gr.*−*lat.*; ◇..om; *engl.* carcinoma]

kar·zi·no·ma·tö̱s[kartsinomatø̱:s][1] 形 〖医〗癌(がん)様の; 癌〔性〕の. [<..ös]

Kar·zi·no·pho·bi̱e[..fobí:] 女 -/-n[..bí:ən] 〖医〗癌(がん)恐怖症.

Kar·zi·no̱·se[kartsinó:zə] 女 -/-n 〖医〗癌(がん)〔腫(しゅ)〕症(癌が全身に転移した状態). [<Karzinom+..ose; ◇ *engl.* carcinomatosis]

kar·zi·no·sta̱·tisch[kartsinostá:tɪʃ] 形 〖医〗制癌(せいがん)性の, 抗癌性の.

Ka·sa̱·che[kazáxə] 男 -n/-n カザフ人 (Kasachstan に居住する民族).
[*türk.*−*russ.*; ◇Kosak; *engl.* Kazak〔h〕]

ka·sa̱·chisch[kazáxɪʃ] 形 カザフ〔人・語〕の: →deutsch

Ka̱·sach·sta̱n[kázaxsta:n, kɐzaxstán] 地名 カザフ〔スタン〕(中央アジアの共和国. 1991年ソ連邦解体に伴って独立. 首都は Alma-Ata). [*türk.* „Kasachenland"]

Ka̱·sack[ká:zak] 男 -s/-s (**Ka·sa̱·cke**[kazákə] 女 -/-n) 〖服飾〗カザック(やや長い女性用上衣). [*fr.* casaque]

Ka·sa̱n[kazá:n] 地名 カザン(ロシア, タタールスタン共和国の首都: →tatarisch). [◇ *engl.* Kazan]

Ka̱s·ba〔h〕[kásba·] 女 -/-s (Ksabi[ksá:bi·]) カスバ(アラブ諸国の城塞(じょうさい)的宮殿, のちに北アフリカの都市のアラブ人居住地区). [*arab.*]

Kasch[kaʃ] 男 -s/ =Kascha

Käsch[kɛʃ] 中 -〔s〕/-〔s〕, -e (単位: -/-) 厘(中国の重量単位); 穴あき銭; 《比》(Bargeld) 現金. [*sanskr.*−*tamil.* cāsu „Münze"−*port.*; ◇ *engl.* cash]

Ka̱·scha[káʃa·] 女 -/ そばがゆ. [*russ.*]

Ka̱·schan[káʃan] 男 -〔s〕/-s =Keschan

ka̱·scheln[ká(:)ʃəln] 《06》 自 (h) 《東部》 氷滑り〈スケート〉をする.

Ka·sche·lo̱tt[kaʃəlɔ́t] 男 -s/-e (Pottwal) 〖動〗マッコウクジラ. [*span.* cachalote−*fr.* cachalot]

Ka·sche̱m·me[kaʃɛ́mə] 女 -/-n (犯罪者などの入りびたる)低級な酒場. [*Zigeunerspr.* katšīma „Wirtshaus"]

ka̱·schen[káʃən] 《04》 他 (h) 《話》 **1** 捕らえる, 逮捕する. **2** 盗む, 横領する. [<kassieren[2]]

Kä̱s·chen Käse の縮小形.

Kä̱·scher[kɛ́ʃər] 男 -s/- =Kescher

Ka·scheur[kaʃǿ:r] 男 -s/-e 〖劇〗小道具方.

ka·schi̱e·ren[kaʃí:rən] 他 (h) **1** (欠陥・窮状などを)おおい隠す, 見せないようにする: körperliche Mängel ～ 肉体的欠陥をかくす | *seine* Verlegenheit ～ 当惑をかくす. **2** (厚紙・ボール箱などに)紙〈布〉をはる; 〖織〗(布を)はり合わせる. **3** 〖劇〗(舞台装置の作り物に)肉付けする, 整形彩色する. [*fr.* cacher; <*lat.* cōgere „zusammentreiben"; ◇ *engl.* cache]

Ka·schi̱er·ma·schi̱·ne[kaʃí:r..] 女 (本の表紙・外箱にクロスなどをはる)装丁機.

Kasch·mir I[káʃmi:r, ..mɪr, kaʃmí:r] 地名 カシミール(インド北部の山岳地方). **II**[⌣–, ⌣⌣] 男 -s/-e 〖織〗カシミア(もと Kaschmirziege の軟毛で織った高級服地): ein Kleid aus ～ カシミアの服. [I: *Hindi*; II: *fr.*]

Ka̱sch·mir≠garn 中 カシミア糸. **≠hirsch** 男 〖動〗(カシミール産の)アカシカ(赤鹿). **≠scha̱l** 男 カシミアのマフラー〈ショール〉. **≠wol·le** 女 **1** Kaschmirziege の軟毛. **2** カシミア毛糸〈毛織物〉. **≠zie·ge** 女 〖動〗カシミアヤギ(山羊).

Ka·schu̱·baum[kaʃú:..] 男 (Cashewbaum) 〖植〗カシュー.

Ka·schu̱·be[kaʃú:bə] 男 -n/-n **1** カシュブ人(西スラブ族の一種族). **2** 《ベルリン》《軽蔑的に》粗野な〈やぼったい〉人, 田舎っぺ. [*poln.*]

ka·schu̱·bisch[kaʃú:bɪʃ] 形 《ベルリン》《軽蔑的に》粗野な, やぼったい, 田舎っぺの. [◇Kaschube]

Ka·schu̱·nuß[kaʃú:..] 女 (Cashewnuß) カシューナッツ.

Kä̱·se[kɛ́:zə] 男 -s/- (小 **Kä̱s·chen**[kɛ́:sçən], **Kä̱s·lein**[..laɪn] 中 -s/-) **1** チーズ, 乾酪: Holländer 〈Schweizer〉 ～ オランダ〈スイス〉チーズ | weißer ～ 《方》凝乳(=Quark) ‖ *Käse* schließt den Magen. チーズはデザートに最適だ | Der ～ ist gut durchgezogen. / 《話》Der ～ ist durch. そのチーズは熟成している ‖ den Kümmel aus dem ～ suchen 〈bohren〉(→Kümmel 1) | Er ist kaum drei ～ hoch. 《話》彼はちびだ(→Dreikäsehoch). **2** 《話》(Unsinn) ばかげた〈くだらない〉話; 役にたたぬもの: So ein ～! そんなばかな | ～ machen ばか話をする; 使いものにならぬものを作る | Das ist ja 〈doch〉 ～. つまらない話だ, ばかげている; 役立たずだ | Das geht dich einen ～ an. 君には関係ないよ. **3** 《話》auf jeden ～ どんな場合でも (Käse が英語の case (=Fall) に似ていることから).
[*lat.* cāseus−*westgerm.*; ◇Kwaß; *engl.* cheese]

Kä̱·se≠blatt[kɛ́:zə..] 中, **≠blätt·chen** 中 《軽蔑的に》つまらない〈俗悪な〉新聞; 《話》(学校の)成績票.

kä̱·se·blei̱ch 形 (顔が)蒼白(そうはく)な.

Kä̱·se≠bro̱t 中 チーズをのせた〈塗った〉パン. **≠flie·ge** 女 〖虫〗チーズバエ. **≠fon·due**[..fɔ̃dy:] 中 =Fondue 1 **≠fu̱ß** 男 -es/..füße 《ふつう複数で》《話》においの強い足, 脂足(あぶらあし). **≠ge·bäck** 中 チーズクラッカー. **≠glocke** 女 (つり鐘形の)チーズケース(→ 図 Glocke); 《比》丸屋根のある教会; 《話》山高帽.

Ka·se·i̱n[kazeí:n] 中 -s/ 〖生化学〗カゼイン(牛乳中の燐(りん)タンパク質). [<..in[2]]

Kä̱·se·ku̱·chen[kɛ́:zə..] 男 チーズケーキ.

Ka̱·sel[ká:zəl] 女 -/-n 《カトリック》カズラ, ミサ祭服の上衣, 幄衣(あくい)(→ 図 Geistliche). [*spätlat.* casula; ◇Chasuble]

Kä̱·se≠ma̱·de[kɛ́:zə..] 女 〖虫〗チーズバエ(→Käsefliege)の幼虫. **≠ma̱·gen** =Labmagen

Ka·se·ma̱t·te[kazəmátə] 女 -/-n 〖軍〗**1** (要塞(ようさい)の)装甲〈防爆〉室(しばしば監獄にも用いた). **2** (軍艦の大砲を防護するための)砲郭. [*it.* casamatta−*fr.* casemate; <*gr.* chásma „Spalt"]

Kä̱·se·mat·te 女 (Quark) 凝乳, カード.

ka·se·mat·ti̱e·ren[kazəmatí:rən] 他 (h) (要塞(ようさい)・軍艦などを)装甲する. [<Kasematte]

Kä̱·se≠mes·ser[kɛ́:zə..] 中 **1** チーズナイフ(→ 図 Messer); 《話》切れ味のわるいナイフ. **2** 《戯》(Seitengewehr) 銃剣. **≠mil·be** 女 〖虫〗ニクダニ(肉蜱).

kä̱·sen[kɛ́:zən][1] 《02》 **I** 自 **1** (h) チーズを製造する; 《話》ばか話をする. **2** (h, s) チーズになる. **II** 他 (h) チーズにする, 凝結させる: 再帰 *sich*[4] ～ チーズになる.

Kä̱·se·plat·te 女 〖料理〗チーズの盛りあわせ.

Ka̱·ser[ká:zər] 男 -s/- 《オーストリア》 **1** =Käser **2** (アルプス山中の)酪農小屋.

Kä̱·ser[kɛ́:zər] 男 -s/- **1** チーズ製造者. **2** 《方》チーズ販売商人. **3** =Käsefuß

Kä·se·re̱i[kɛ:zərái] 女 -/-en **1** 《単数で》チーズ製造. **2** チーズ工場.

Ka·se̱r·ne[kazɛ́rnə] 女 -/-n 〖軍〗営舎, 兵営. [*provenzal.* cazerna „Wachthaus für vier Soldaten"−*fr.*; <*lat.* quaternī (→Quaterne)]

Ka·se̱r·nen≠ar·rest 男 〖軍〗(罰としての)外出禁止. **≠ho̱f** 男 〖軍〗営庭.

Ka·se̱r·nen·hof≠blü̱·te 女 《戯》(下士官などの乱暴でこっけいな)軍隊言葉. **≠to̱n** 男 -〔e〕s/ 命令〈軍隊〉口調: im ～ reden 威圧的に〈号令をかけるように〉話す.

ka·ser·ni̱e·ren[kazɛrní:rən] 他 (h) 〖軍〗営舎〈兵舎〉に入れる; 〖スポーツ〗(選手を)合宿させる: Truppen in einer Stadt ～ 部隊をある町に駐屯させる ‖ *kasernierte* Volkspolizei (旧東ドイツの)警察予備隊(のちの陸軍). [*fr.*]

Kä̱·se≠schmie·re[kɛ́:zə..] 女 〖医〗(新生児の皮膚に見られる)胎脂. **≠stan·ge** 女 チーズストロー(棒状のチーズクラッカー). **≠stoff** 男 =Kasein

K

Kä·se·te[kɛ́ːzətə] 中 -/-《ｽｲｽ》**1** チーズ製造. **2** (Gedränge) 混雑; 人ごみ.

Kä·se≠tor·te[kɛ́ːzə..] 女 チーズケーキ. **≠was·ser** 中 -s/ (Molke) 乳清.

kä·se·weiß =käsebleich

kä·sig[kɛ́ːzɪç]² 形 **1** チーズ質の, チーズのような;《医》乾酪(かんらく)性の. **2**《話》(皮膚の色が) 青白い, 血の気のない. **3**《方》(frech) あつかましい, 無遠慮な.

Ka·si·mir[káːzimiːr] 男名 カージミール. [*poln.* „Friedensstifter"]

Ka·si·no[kazíːno·] 中 -s/-s **1** クラブ, 会館;〔上級〕社員食堂;《軍》士官食堂. **2** (Spielkasino) (公認の) 賭博(とばく)場, カジノ. [*it.* „Häuschen"; < *lat.* casa „Hütte" (◇Kastell)]

Kas·ka·de[kaskáːdə] 女 -/-n **1 a)** (人工の階段状の) 滝(→ ⊛ Wasserkunst): Es regnet in ~*n.* 雨が滝のように降る | eine ~ von Schimpfwörtern loslassen《比》悪口雑言を雨あられと浴びせる. **b)** (滝にみせかける) 仕掛け花火. **2** (サーカスでの墜落を装った) スカイダイビング. **3**《化》カスケード (段階的に並べた容器). **4**《園》懸崖(けんがい). **5** =Kaskadenschaltung [*it.*-*fr.*; < *it.* cascare „fallen" (◇Kasus)]

Kas·ka·den≠ge·ne·ra·tor[..dən..] 男《電》カスケード起電機. **≠schal·tung** 女《電》縦続接続.

Kas·ka·deur[kaskadǿːr] 男 -s/-e (サーカスの) アクロバット芸人 (→Kaskade 2);《映》スタントマン. [*fr.*]

Kas·kett[kaskɛ́t] 中 -s/-e **1** 革帽; (警官などの) 筒形帽. ▽**2** (革製の) 面甲. [*fr.*]

Kas·ko[kásko·] 男 -s/-s **1 a)** (積み荷に対する) 船体, 車体, 機体. **b)**《ふつう無冠詞で》=Kaskoversicherung **2** カスコ (トランプ遊びの一種). [*span.* casco „Scherbe, Helm"; < *lat.* quassāre „schütteln"; ◇ *engl.* cask, casque]

Kas·ko·scha·den[kásko..] 男 船体〈車体・機体〉の損害.

kas·ko·ver·si·chert 形 船体〈車体・機体〉保険のついた.

Kas·ko·ver·si·che·rung 女 船体〈車体・機体〉保険.

Käs·lein Käse の縮小形.

Kas·par[káspar] **I** 男名 カスパル. **II** 人名《聖》カスパル (星を頼りに Bethlehem にイエスを訪ねた三王の一人). [*pers.* „Schatzmeister"-*mlat.*]

Kas·per[káspər] 男 -s/- カスパー, カスペルレ (〔指〕人形芝居の道化役);《比》ばかげたことをする〈言う〉男.

Kas·per·le[káspərlə] 中 男 -s/- (ｵｰｽﾄﾘｱ: **Kas·perl** 男 -s/-〔n〕, ｽｲｽ: **Kas·per·li**[..li·] 男 -s/-) =Kasper

Kas·per·le·thea·ter (ｵｰｽﾄﾘｱ: **Kas·perl·thea·ter**, ｽｲｽ: **Kas·per·li·thea·ter**) 中〔指〕人形劇〔場〕(→ ⊛ Rummelplatz).

kas·pern[káspərn]《05》自 (h) ばかげたことをする〈言う〉, おどける.

Kas·per≠pup·pe[káspər..] 女 Kasper〈Kasperletheater〉の〔指〕人形. **≠thea·ter** 中 =Kasperletheater

Kas·pisch[káspɪʃ] 形 カスピ海の: das ~*e* Meer カスピ海 (ヨーロッパ南西部とアジアの間にある世界最大の湖). [*lat.* Caspius]

der **Kas·pi·see**[káspizeː] 地名 男 -s/ カスピ海.

Kas·sa[kása·] 女 -/..sen[..sən]《ｵｰｽﾄﾘｱ》=Kasse

Kas·sa≠be·richt[kása..]《ｵｰｽﾄﾘｱ》= Kassenbericht **≠block**《ｵｰｽﾄﾘｱ》=Kassenblock **≠buch**《ｵｰｽﾄﾘｱ》=Kassenbuch **≠ge·schäft** 中《商》現金取引; (有価証券の) 現物取引. **≠markt** 男 (↔Terminmarkt)《商》(有価証券の) 現物取引市場.

K

Kas·san·dra[kasándra·] 人名《ギ神》カッサンドラ (Troja 王 Priamos の娘で預言者. Troja 戦争のとき Troja の敗滅を予言したが, だれも信じなかった). [*gr.*-*lat.*]

Kas·san·dra·ruf[kasándra..] 男《比》凶事を警告する叫び〈言葉〉, 不吉な予言.

Kas·sa·tion[kasatsió:n] 女 -/-en **1 a)** (文書などの) 廃棄, 取り消し, 無効化. **b)**《法》(原判決の) 破棄. ▽**c)** (公務員・軍人の)〔懲戒〕免職. **2**《楽》カッサツィオーネ (嬉遊(きゆう)曲やセレナードに似た18世紀後半の器楽曲). [1: *spätlat.*; ◇kassieren¹; 2: *it.* cassazione]

Kas·sa·tions·〔**ge·richts·**〕**hof** 男 上告〈最高〉裁判所.

kas·sa·to·risch[kasatóːrɪʃ] 形 廃棄〈取り消し〉に関する: ~*e* Klausel《法》失権約款.

Kas·sa·wa[kasáːva·] 女 -/-s《植》カッサバ (ブラジル原産トウダイグサ科の植物で, 根茎は食用またはタピオカ澱粉(でんぷん)の原料となる).

Kas·sa≠zah·lung[kása..] 女 (Barzahlung) 現金支払い. **≠zet·tel**《ｵｰｽﾄﾘｱ》=Kassenzettel

Kas·se[kásə] 女 -/-n **1 a)** (箱型の) 金庫: die ~ öffnen〈verschließen〉金庫をあける〈閉める〉| volle〈leere〉~*n* bringen《比》大当たり〈大損〉をする ‖ **in die ~ greifen / einen Griff in die ~ tun**《話》(会社・役所などで) 公金を盗む〈横領する〉| In meiner ~ herrscht〈ist〉Ebbe.《話》私は手元不如意だ | ein großes〈gewaltiges〉Loch in die ~ reißen (→Loch 1). **b)** 現金出納所〈室〉; (商店の) レジ, 帳場; (銀行などの) 受払窓口; (劇場・遊園地などの) 切符売り場: **~ machen** (その日の) 現金の収支を勘定する, レジを締める;《話》大金をかせぐ | getrennte ~ machen《話》各自別々に〈割り勘で〉払う ‖〔Waren〕bitte an der ~ zahlen! お支払いはレジでどうぞ (商店の掲示) | auf getrennte ~ 割り勘で | *jn.* **zur ~ bitten**《話》…に金を要求する. **2** 有り金, 現金: **gut bei ~ sein**《話》ふところが豊かである | **knapp〈schlecht〉bei ~ sein**《話》ふところが寂しい, 手元不如意である | Er ist nicht recht bei ~.《話》彼はどうかしている | gegen ~ 現金で ‖ netto ~ 現金正価〔で〕. **3** (Sparkasse) 貯蓄銀行; (Krankenkasse)〔健康〕保険組合: *sein* Geld auf der ~ haben 銀行に貯金がある | Die Kur geht auf ~.《話》その治療は保険がきく | Er ist nicht in der ~. 彼は保険組合にはいっていない. [*lat.* capsa (→Cassa)-*it.*]

Kas·sel[kásəl] 地名 カッセル (ドイツ中部 Hessen 州の工業都市): **Ab nach ~!**《話》とっととうせろ; (子供にむかって) 早く寝なさい (アメリカ独立戦争の際, Hessen の領主たちは領民を傭兵(ようへい)としてイギリスに売り飛ばし, Kassel は傭兵たちの集合地であった). [< *lat.* castellum (→Kastell)]

Kas·se·ler[kásələr] **I** 男 -s/- カッセルの人. **II** 形《無変化》カッセルの: ~ Rippe〔n〕speer =Kaßler I 2

Kas·sen Kassa, Kasse の複数.

Kas·sen≠an·wei·sung[kásən..] 女 現金為替. **≠arzt** 男 健康保険医. **≠be·am·te** 男 出納〈会計〉官. **≠be·richt** 男《商》会計報告. **≠be·stand** 男 現金現在高. **≠block** 男 -〔e〕s/-s, ..blöcke (はぎ取り式) 計算〈請求〉帳. **≠bon**[..bɔŋ] 男 (現金買いに対するレジの) レシート. **≠bo·te** 男 (銀行などの) 集金係. **≠buch** 中 現金出納簿. **≠er·folg** 男《映・劇》大当たり作品, 当たり狂言. **≠füh·rer** 男 出納係, 出納管理者. **≠knül·ler** 男 =Kassenreißer **≠pa·tient**[..tsiɛnt] 男 健康保険による患者. **≠rei·ßer** 男《話》=Kassenerfolg **≠schal·ter** 男 現金出納窓口; (駅・劇場などの) 切符売り場; (商店の) 代金支払所, レジ, 帳場. **≠schein** 男 **1** =Kassenanweisung **2**《ｵｰｽﾄﾘｱ》利付証券. **≠schla·ger** 男《話》**1** =Kassenerfolg **2** 売れ行きのいい商品. **≠schlüs·sel** 男 金庫の鍵(かぎ). **≠schrank** 男 大型金庫. **≠schrän·ker** 男《話》金庫破り (人). **≠stand** =Kassenbestand **≠stück** 中 =Kassenerfolg **≠sturz** 男 現金残高検査〈照合〉: **~ machen** 現金の残高を調べる;《話》自分の財布の中身を確かめる. **≠wart** 男 (公的・私的機関などの) 金庫番, 財務担当者. **≠zet·tel** 男《商》売上伝票 (支払請求書, 支払い後は領収書となる), レシート.

Kas·se·rol·le[kasərɔ́lə] 女 -/-n (方: **Kas·se·rol**[..róːl] 中 -s/-e) キャセロール, シチューなべ, ソースパン. [*fr.*; < *gr.* kýathos „Schöpfgefäß"; ◇ *engl.* casserole]

Kas·set·te[kasɛ́tə] 女 -/-n **1** (現金・貴重品などを入れる) 手箱, 手提げ金庫, 手文庫. **2** (セット売りの書籍やレコードなどのはいった) 外箱, ケース, カセット. **3** (録音テープの) カセット. **4**《写》(フィルムの) カセット; カートリッジ, パトローネ. **5**《建》(天井の) 格間(ごうま).
[*fr.*; < *lat.* capsa (→Kasse)+..ette]

Kas·set·ten≠deck 中 カセットデッキ. **≠decke** 女 〘建〙格(ごう)天井(→ 図 Baukunst). **≠fern·se·hen** 中 カセットビデオ. **≠film** 男 カセット〈カートリッジ〉フィルム. **≠ge·rät** 中 =Kassettenrecorder **≠ka·me·ra** 女 〘写〙カセットカメラ. **≠re·cor·der**[..rekɔrdər] 男 カセットテープレコーダー. **≠spie·ler** 男 カセットプレーヤー. **≠ton·band** 中 -[e]s/..bänder カセットテープ.

kas·set·tie·ren[kasɛtíːrən] 他 (h) 〘建〙格(ごう)天井にする.

Kas·sia[kásia·] 女 -/..sien[..siən] =Kassie

Kas·sia≠baum 男 =Kassienbaum **≠rin·de** 女 カシアの樹皮; カシア桂皮, シナ肉桂(にっけい). **≠zimt** 男 カシア桂皮, シナ肉桂.

Kas·si·ber[kasíːbər] 男 -s/- 《話》(囚人と外界との, または囚人同士の)秘密通信[文]. [*hebr.–jidd.*]

kas·si·bern[..bərn] 《05》自 (h) 《話》(囚人が)秘密通信文を書いて送る.

Kas·si·de[kasíːdə] 女 -/-n カッシード(アラビア・トルコ・ペルシアの頌歌(しょうか)・挽歌(ばんか)). [*arab.*]

Kas·sie[kásiə] 女 -/-n 〘植〙カシア(マメ科カワラケツメイ属の植物. 葉や樹皮から香辛料をとる). [*semit.–gr.* kasía–*lat.* cāsia]

Kas·si·en Kassia, Kassie の複数.

Kas·si·en·baum[kásiən..] 男 カシアの木.

Kas·sier[kasíːr] 男 -s/-e (女 **Kas·sie·rin**[..rɪn]-/-nen) 《南部・オーストリア・スイス》=Kassierer [*it.* cassiere]

kas·sie·ren[1][kasíːrən] 他 (h) **1** 《*et.*[4]》取り消す, 無効にする; 〘法〙(原判決を)破棄する: Münzen ~ 貨幣を通用禁止にする. [v]**2** 《*jn.*》[懲戒]免職にする. [*spätlat.*; < *lat.* cassus „leer"]

kas·sie·ren[2][–] 他 (h) **1 a)** (金を)徴集する, 集金する; (謝金などを)受け取る: die Miete ~ 賃貸料を徴集する | ein ansehnliches Honorar ~ 相当な金額の謝礼を受け取る. **b)** 《話》《*jn.*》(…から)金を徴集する. **2** 没収する: Die Polizei hat meinen Führerschein *kassiert.* 警察は私の運転免許証を没収した. **3** 《話》**a)** 横領〈奪取〉する. **b)** 《*jn.*》逮捕する. **4** (行動などの報いとして…を)あびせられる, (…の)目にあう: Kritik ~ 批判を受ける | eine Niederlage ~ 敗北を喫する. [<ein-kassieren (*it.* in-cassare の翻訳借用; ◇Inkasso)]

Kas·sie·rer[..rər] 男 -s/- (女 **Kas·sie·re·rin**[..rərɪn] -/-nen) **1** 出納係, 出納管理者. **2** 現金出納係; (店などの自動金銭登録器を取り扱う)レジ係. **3** [代金]取立〈徴収〉係.

Kas·sie·rin Kassier の女性形.

Kas·sie·rung[1][..rʊŋ] 女 -/-en =Kassation 1

Kas·sie·rung[2][–] 女 -/-en kassieren[2]すること.

Kas·sio·peia[kasiopáɪa·, ..péːja·] **I** 人名 〘ギ神〙カシオペイア (Andromeda の母). **II die Kas·sio·peia** 女 -/ 〘天〙カシオペア座. [*gr.–lat.*]

[v]**Kas·sio·pei·um**[..páɪʊm] 中 -s/ 〘化〙カシオペイウム (Lutetium の旧称).

Kas·si·te·rit[kasiteríːt, ..rít] 男 -s/-e (Zinnerz) 〘鉱〙錫石(すずいし). [<*gr.* kassíteros „Zinn"+..it[2]]

Kaß·ler[káslər] **I 1** 男 -s/- =Kasseler I **2** 中 男 -s/ 〘料理〙塩漬けにした豚の[骨付き]あばら肉.
II 形 =Kasseler II

Ka·sta·gnet·te[kastanjɛ́tə] 女 -/-n 〘楽〙カスタネット. [*span.* castañeta; < *lat.* castanea (→Kastanie)]

Ka·sta·lia[kastáːlia·] 人名 〘ギ神〙カスタリア (Delphi の近く Parnaß 山の岩壁の割れ目からわき出る聖なる泉). [*gr.–lat.*]

Ka·sta·lisch[..lɪʃ] 形 die ~*e* Quelle カスタリアの泉.

Ka·sta·nie[kastáːniə] 女 -/-n **1 a)** (Edelkastanie) 〘植〙クリ(栗)属. **b)** (Eßkastanie) クリの実: **für *jn.* die ~*n* aus dem Feuer holen** 《話》…のために火中の栗を拾う. **2 a)** (Roßkastanie) マロニエ, セイヨウトチノキ(西洋橡). **b)** マロニエ〈セイヨウトチノキ〉の実. **3** 〘動〙(馬の足の内側の)角質のたこ(→ 図 Pferd A). [*gr.–lat.* castanea; ◇*engl.* chestnut]

Ka·sta·ni·en≠al·lee 女 クリ〈マロニエ〉の並木道. **≠baum** 男 クリ〈マロニエ〉の木.

ka·sta·ni·en·braun 形 くり色の.

Ka·sta·ni·en≠holz 中 クリ材. **≠pilz** 男 (Maronenpilz) 〘植〙ニセイロガワリ(キノコの一種). **≠scha·le** 女 クリ〈マロニエ〉のいが.

Käst·chen[kɛ́stçən] 中 -s/- **1** Kasten の縮小形. **2** 《ふつう複数で》方眼: ein Heft mit großen 〈kleinen〉 ~ 方眼の粗い〈細かい〉帳面.

Käst·chen·pa·pier 中 方眼(ほうがん)紙.

Ka·ste[kástə] 女 -/-n カースト(インドなどの世襲的階級); 《比》(一般的に)排他的社会階級. [*port.* casta „[unvermischte] Rasse"–*fr.*; < *lat.* castus „[sitten]rein"]

ka·stei·en[kastáɪən] 《過分 kasteit》他 (h) (身を)苦しめる, 責め懲らす: 再帰 *sich*[4] ~ (ざんげの目的などで身を苦しめて)難行苦行する; (一般に)禁欲する. [*lat.* castigāre (→kastigieren)–*ahd.* chestigōn; ◇*engl.* castigate, chasten]

Ka·stei·ung[..táɪʊŋ] 女 -/-en 難行[苦行]; 禁欲.

Ka·stell[kastɛ́l] 中 -s/-e 〘史〙**1 a)** (ローマ帝国の)城砦(じょうさい), とりで. **b)** (特に南ヨーロッパの)城. **2** (軍船の)船やぐら. [*lat.* castellum; < *lat.* cassis (→Hut[1]); ◇*engl.* castle]

Ka·stel·lan[kastɛláːn] 男 -s/-e **1** 城代. **2** (城やその他の公共建造物の)管理人, 番人. [*lat.–mlat.–mhd.*]

Ka·stel·la·nei[..lanáɪ] 女 -/-en **1** 城代の地位. **2** 城の管理部; 管理人の住居. [<..ei]

kä·steln[kɛ́stəln] (南部: **ka·steln**[kástəln]) 《06》=karieren

Ka·sten[kástən] 男 -s/Kästen[kɛ́stən] (-s/-) **1** (小 **Käst·chen** → 別出, **Käst·lein**[kɛ́stlaɪn] 中 -s/-) **a)** (四角な)箱, ボックス, ケース: ein hölzerner ~ / ein ~ aus Holz 木箱 | Spielzeug*kasten* おもちゃ箱 | drei ~ Bier ビール 3 箱〈ケース〉‖ die Geige aus dem ~ holen 〈nehmen〉 ヴァイオリンをケースから取り出す | alte Münzen in *Kästen* aufbewahren 古銭を箱に入れて保存する. **b)** 《話》(Briefkasten) 郵便ポスト: einen Brief in den ~ werfen 手紙をポストに入れる. **c)** 《北部》(Schubkasten) 引き出し: den ~ aufziehen 〈zuschieben〉 引き出しをあける〈閉める〉. **d)** (箱型の)提示板, 告知板; (Schaukasten) 展示ケース, 陳列箱: im ~ hängen (婚姻予告などが)張り出されている; 《話》結婚が世間に知れ渡っている. **e)** (新聞・雑誌などの記事の)かこみ.

2 《軽蔑的に》(箱状の物. 例えば:) 大きくて粗末な建物(学校・兵舎・安アパートなど); 箱型の乗り物(自動車・船など); 箱入りの器械(ラジオ・テレビ・カメラ・旧式の電話機・ピアノなど): den ~ abdrehen 〈anstellen〉(ラジオ・テレビなどの)スイッチを切る〈入れる〉.

3 《南部・オーストリア・スイス》(Schrank) 戸棚, たんす.

4 (Sprungkasten) 〘体操〙跳び箱: am ~ turnen 跳び箱運動をする.

5 (Tor) 〘球技〙ゴール: im ~ stehen ゴールキーパーをする.

6 《戯》(Gehirnkasten) 頭: **etwas auf dem ~ haben** 頭がよい | **nicht alle auf dem ~ haben** 頭がどうかしている | *jm.* auf den ~ fallen …をいらだたせる.

7 《話》(Arrest) (軍隊での)拘禁, 営倉刑: drei Tage ~ bekommen 3 日間の営倉刑をくらう. [*ahd.*; ◇Kar]

Ka·sten≠bett[kástən..] 中 箱型ベッド. **≠brot** 中 (直方体の)食パン(→ 図 Brot). **≠deckel** 男 箱のふた. **≠dra·chen** 男 箱型凧(たこ)(→ 図 Drachen).

Ka·sten·dün·kel[kástən..] 男 階級的うぬぼれ, 気位. [<Kaste]

Ka·sten≠fas·sung 女 (指輪の宝石の)枠どめ(→ 図 Fassung). **≠form** 女 (ケーキなどの)焼き型; 〘工〙鋳型枠.

ka·sten·för·mig 形 箱の形をした, 箱型の.

Ka·sten·geist[1] 男 -[e]s/ 階級的偏見〈排他心〉. [<Kaste]

Ka·sten·geist[2] 男 《戯》〘劇〙プロンプター.

Ka·sten≠guß 男 〘工〙(鋳型枠を用いる)鋳造[品]. **≠ka·me·ra** 女 〘写〙箱型〈ボックス〉カメラ. **≠laut·spre·**

cher 男 箱型スピーカー. **≈mö·bel** 中 箱型家具. **≈quer·schnitt** 男 〘土木・建〙 箱形断面. **≈schloß** 中 箱錠(→ 図 Schloß B). **≈sprin·gen** 中 -s/ 〘体操〙 跳び箱とび.

Kạ·sten·tum 中 -s/ 階級〈身分〉制度. [<Kaste]

Kạ·sten·wa·gen 男 バン, ワゴン車, ワンボックスカー.

Kạ·sten·we·sen 中 -s/ =Kastentum

ᵛ**Ka·sti·ga·tion**[kastigatsió:n] 女 -/-en 懲戒. [*lat.*]

ᵛ**Ka·sti·gạ·tor**[..gá:tɔr, ..to:r] 男 -s/-en[..gató:rən] 〘印〙 校正係. [*lat.*]

ᵛ**ka·sti·gie·ren**[..gí:rən] 他 (h) (züchtigen) 懲らしめる. [*lat.* castīgāre; ◇kasteien]

Ka·stị·li·en[kastí:liən] 地名 カスティーリャ(スペイン北部の地方. かつては独立の王国であったが,15世紀末にアラゴン王国と合体してスペインとなる). [*span.*; ◇Kastell]

ka·stị·lisch[..lɪʃ] 形 カスティーリャの.

Käst·lein Kasten の縮小形(→Kästchen).

Käst·ner[kɛ́stnər] 人名 Erich ～ エーリヒ ケストナー(1899-1974; ドイツの詩人・〔児童文学〕作家. 作品『ファビアン』『エーミールと探偵たち』など).

Kạ·stor[1][kástɔr, ..to:r] **I** 人名 〘ギ神〙 カストール (Zeus と Leda の息子で Pollux と双生児の兄弟): **wie ～ und Pollux sein** (男同士が)カストールとポルクスのように親密である. **II der Kạ·stor** 男 -s/ 〘天〙 カストル(双子座の首星: →Pollux II). [*gr.*–*lat.*; ◇Kadmos]

Kạ·stor[2][–] 男 -s/ 〘織〙 カスター(毛足の長いやわらかな毛織り地). [*gr.* kástōr „Biber"–*lat.*]

Kạ·stor·hut 男 ビーバーの毛皮の帽子(→ 図 Cul).

Kạ·stor·öl 中 -[e]s/ (Rizinusöl) ひまし油. [*engl.* castor oil の翻訳借用]

Ka·strạt[kastrá:t] 男 -en/-en ᵛ**1** 去勢された男. **2** 〘楽〙 カストラート(ソプラノやアルトの声域を保つために青春期以前に去勢された男性歌手). [*it.*]

Ka·strạ·te[..tə] 女 -/-n 《話》フィルター付き紙巻きタバコ.

Ka·stra·tion[kastratsió:n] 女 -/-en 去勢〔術〕(雄・男性の睾丸(こうがん)の, まれに雌・女性の卵巣の除去). [*lat.*]

Ka·stra·tions≈angst 女 〘心〙 去勢恐怖感. **≈kom·plex** 男 〘心〙 去勢コンプレックス.

ka·strie·ren[kastrí:rən] 他 (h) **1** (verschneiden) 去勢する: einen Hengst ～ 雄馬を去勢する. **2** 《話》《*et.*[4]》(…から)危険な〈望ましくない〉要素を取り除く,(本などの)不都合な部分を削除する: *kastrierter* Kaffee カフェイン抜きのコーヒー | eine *kastrierte* Zigarette / eine *Kastrierte* フィルター付きシガレット〈紙巻きタバコ〉. [*lat.*; ◇*gr.* kreázein „spalten"]

Ka·strie·rung[..rʊŋ] 女 -/-en kastrieren すること.

ᵛ**ka·sual**[kazuá:l] 形 折にふれての; 偶然の; 不意の. [*spätlat.*; <*lat.* cāsus (→Kasus)]

Ka·suạ·li·en[..liən] 複 **1** 不慮の出来事, 偶発事. **2** 〘宗〙 臨時の儀式〈職務〉(洗礼・婚礼など); (洗礼・婚礼などによる教会禄(ろく)以外の)臨時の収入.

Ka·sua·lịs·mus[kazualísmʊs] 男 -/ 〘哲〙 偶然論.

Ka·suar[kazuá:r] 男 -s/-e 〘鳥〙 ヒクイドリ(火食鳥). [*malai.*–*ndl.*; ◇*engl.* cassowary]

Ka·sua·rị·ne[kazuarí:nə] 女 -/-n (Känguruhbaum) 〘植〙 モクマオウ(木麻黄).

Ka·su·ịst[kazuíst] 男 -en/-en 決疑論者; 《比》あらさがし〈あげ足取り〉をする人, 穿鑿(せんさく)家.

Ka·suị·stik[..ístɪk] 女 -/ **1** 〘哲〙 (中世スコラ学の)決疑論〔法〕; 《比》あらさがし, あげ足取り, 穿鑿(せんさく). **2** 〘医〙 症例報告〔集〕.

ka·suị·stisch[..ístɪʃ] 形 〘哲〙 決疑論的な; 《比》あらさがし〈あげ足取り〉的な.

Kạ·sus[ká:zʊs] 男 -/-[..zu:s, ..zʊs] **1** (Fall) 〘言〙 (名詞などの)格: ein direkter 〈reiner〉 ～ (前置詞の支配によらない)直接〈純粋な屈折〉格 | ein indirekter ～ (前置詞の支配による)間接格, 前置詞格. ᵛ**2** 場合, 事態; 出来事. [*lat.* cāsus „Fallen"; <*lat.* cadere (→ Kadaver); ◇Chance, Kadenz; *engl.* case]

Kạ·sus·en·dung 女 〘言〙 格語尾.

Kạ·sus ob·lị·quus[ká:zʊs oblí:kvʊs] =Casus obliquus

Kạ·sus rẹc·tus[– rɛ́ktʊs] =Casus rectus

Kạ·sus≈rek·tion 女 〘言〙 (動詞・前置詞などの)格支配. **≈syn·kre·tis·mus** 男 -/ 〘言〙 格融合(インド=ヨーロッパ語の与格・具格・所格・奪格などがゲルマン語で与格に融合してしまう現象など).

kata.. 《名詞・形容詞などにつけて「下へ・反対に」などを意味する. 母音や h の前では kat.. となる》: *Kata*rakt 滝 | *Kata*strophe (突然の)大災害 ‖ *Kat*heter 導尿管. [*gr.*]

ka·ta·bạ·tisch[katabá:tɪʃ] 形 (↔anabatisch) 〘気象〙 (風・気流などが)下降の, 下降気流の; 滑降風の. [<*gr.* katabaínein „hinab-gehen" (◇Basis)]

ka·ta·bọl[katabó:l] 形 〘生〙 異化〔作用〕の.

Ka·ta·bo·lie[..bolí:] 女 -/ , **Ka·ta·bo·lịs·mus**[..bolísmʊs] 男 -/ (↔Anabolismus) (Dissimilation) 〘生〙 異化〔作用〕. [<*gr.* kata-bállein „hinab-werfen" (◇Balliste)]

Ka·ta·chrẹ·se[..çré:zə] 女 -/-n, **Ka·tạ·chre·sis**[katá(:)çrezɪs] 女 -/..sen[..taçré:zən] 〘修辞〙 (比喩などの)誤用, 濫喩. [*gr.*; <*gr.* kata-chrēsthai „mißbrauchen" (◇Chrie)]

ka·ta·chrẹ·stisch[kataçrɛ́stɪʃ] 形 (比喩などを)誤用した.

Ka·ta·fạlk[katafálk] 男 -s/-e (葬儀用の)棺台. [*it.*–*fr.* catafalque; <*lat.* catasta „Sklavenbühne"+fala „hohes Gerüst"; ◇Katastase, Schafott]

Ka·ta·kạ·na[kataká:na] 中 -[s]/ (女 -/) 片仮名. [*japan.*]

Ka·ta·kau·stik[katakáʊstɪk] 女 -/ 〘理〙 反射焦線〈火線〉. [<*gr.* kata-kaíein „nieder-brennen"]

ka·ta·kau·stisch[..káʊstɪʃ] 形 〘理〙 反射焦線〈火線〉の: eine ～*e* Fläche 火面.

Ka·ta·klạ·se[katakla:zə] 女 -/-n 〘地〙 カタクラシス(低温低圧での岩石の破砕). [*gr.*; <*gr.* kata-klān „zerbrechen" (◇klastisch)]

Ka·ta·klys·men·theo·rie[kataklýsmən..] 女 (Katastrophentheorie) 〘地〙 天変地異〈地殻激変〉説, カタストロフ理論.

Ka·ta·klys·mus[..klýsmʊs] 男 -/..men[..mən] 〘地〙 (地殻の)大変動, 激変, カタストロフ. [*gr.*–*spätlat.*; <*gr.* kata-klýzein „über-spülen" (◇Klysma)]

Ka·ta·kọm·be[katakɔ́mbə] 女 -/-n 《ふつう複数で》(初期キリスト教時代にローマなどで作られた)地下墓所, カタコンベ. [*spätlat.*–*it.*; <*gr.* kýmbē (→Zimbel)]

Ka·ta·lạ·ne[katalá:nə] 男 -n/-n カタロニアの人(→Katalonien).

ka·ta·lạ·nisch[..nɪʃ] 形 カタロニア〔語〕の(→katalonisch): →deutsch

Ka·ta·lạ·se[katalá:zə] 女 -/-n 〘生〙 カタラーゼ(酵素の一種). [<Katalyse+..ase]

Ka·ta·lau·nisch[kataláʊnɪʃ] 形 die ～*en* Felder 〘史〙 カタラウヌムの野 (Champagne 北部の古戦場. 451年, フン族の王 Attila がここで西ゴート軍とローマ軍に敗れた). [<*lat.* Catalaunī (部族名)]

ᵛ**Ka·ta·lẹk·ten**[katalɛ́ktən] 複 (古文書の)断片〔集〕.

ka·ta·lẹk·tisch[..lɛ́ktɪʃ, ..lé:k..] 形 〘詩〙 韻脚の不完全な. [*gr.*–*spätlat.*; ◇Katalexis]

Ka·ta·lep·sie[katalɛpsí:] 女 -/-n[..sí:ən] 〘医〙 カタレプシー, 強硬症. [*gr.*–*spätlat.*; <*gr.* kata-lambánein „ergreifen" (◇Lemma)]

ka·ta·lẹp·tisch[..lɛ́ptɪʃ] 形 強硬症の〈にかかった〉.

Ka·ta·lẹ·xe[katalɛ́ksə] 女 -/-n, **Ka·tạ·le·xis**[katá(:)lɛksɪs] 女 -/..xen[..talɛ́ksən] 〘詩〙 韻脚不完全. [*gr.*; <*gr.* kata-légein „auf-hören"; ◇katalektisch]

Ka·ta·log[kataló:k][1] 男 -[e]s/-e **1** (書籍・商品・展示物などの)目録, 一覧表, カタログ: Bücher*katalog* 書籍目録 ‖ einen ～ aufstellen 目録を作成する | *et.*[4] in den ～ aufnehmen …をカタログに載せる. **2** (特定の事項・問題などの)

列挙されたもの, 一覧表. [*gr.*－*spätlat.*; ＜*gr.* katalégein „auf-zählen"]

ka·ta·lo·gi·sie·ren[..logizí:rən] 他 (h) 《*et.*[4]》(…の)カタログを作る; (…を)カタログに載せる.

Ka·ta·lo·ni·en[kataló:niən] 地名 カタロニア(スペイン北東部, 地中海沿岸地方で, 中心都市は Barcelona. スペイン語形 Cataluña).

ᵛ**Ka·ta·lo·ni·er**[..niər] 男 -s/- ＝Katalane

ka·ta·lo·nisch[..nɪʃ] 形 カタロニアの(→katalanisch): das *Katalonische* Gebirge カタロニア山脈.

Ka·tal·pa[katálpa·] 女 -/..pen[..pən], **Ka·tal·pe**[..pə] 女 -/-n (Trompetenbaum)〘植〙キササゲ(木豇豆). [*indian.*; ◇*engl.* catalpa]

Ka·ta·ly·sa·tor[katalyzá:tɔr, ..to:r] 男 -s/-en[..zató:rən] **1**〘化〙触媒, 触媒体〈剤〉. **2** ＝Abgaskatalysator

Ka·ta·ly·sa·tor≠au·to 中 排気ガス浄化装置つきの自動車. **≠gift** 中〘化〙触媒毒.

Ka·ta·ly·se[..lý:zə] 女 -/-n〘化〙触媒作用. [*gr.*; ＜*gr.* kata-lýein „auf-lösen"]

ka·ta·ly·sie·ren[..lyzí:rən] 他 (h)〘化〙触媒反応を起こさせる.

ka·ta·ly·tisch[..lý:tɪʃ] 形 触媒作用〈反応〉による.

Ka·ta·ma·ran[katamará:n] 男 -s/-e カタマラン(双胴の帆船: → 図 Jacht). [*tamil.* katta-maram „gebundene Stämme"－*engl.* catamaran]

ᵛ**Ka·ta·me·ni·en**[..mé:niən] 複 (Menstruation)〘生理〙月経. [*gr.*; ＜*gr.* mēn (→Monat)]

Ka·ta·mne·se[katamné:zə] 女 -/-n〘医〙病後歴. [＜kata..＋Anamnese]

Ka·tan·ga[katáŋga·] 地名 カタンガ(ザイール共和国南部の州. 1960年に分離独立を宣言したが,1963年復帰した).

Ka·ta·pha·sie[katafazí:] 女 -/ 〘医·心〙応答反復症. (言語障害の一つ. 同じ単語や文を絶えず繰り返す). [＜*gr.* phásis „Sprechen"]

Ka·ta·pher[katá(:)fər] 女 -/-n (↔Anapher)〘言〙後方代応詞, 後方照応詞. [＜*gr.* kata-phérein „hinabtragen" (◇..phor)]

Ka·ta·pho·rik[katafó:rɪk] 女 -/ (↔Anaphorik)〘言〙(代名詞等による)後方代応, 後方照応.

ka·ta·pho·risch[..fó:rɪʃ] 形 (↔anaphorisch)〘言〙後方代応〈照応〉的な, 後指的な: ein ～*es* Pronomen 後方代応的代名詞(例 Ich rate dir nur *dies*: Hüte dich vor ihm! これだけは一つ君に忠告しておこう あの男には気をつけろよ).

Ka·ta·plas·ma[kataplásma·] 中 -s/..men[..mən]〘医〙パップ〔剤〕(湿あんぽうの一種). [*gr.*; ＜*gr.* kataplássein „bestreichen"]

ka·ta·plek·tisch[katapléktɪʃ] 形〘医〙脱力発作の: ～*e* Hemmung 脱力発作(＝Kataplexie).

Ka·ta·ple·xie[..plɛksí:] 女 -/-n[..sí:ən]〘医〙脱力発作(驚愕(きょうがく)・恐怖による筋硬直). [*gr.*; ＜*gr.* kataplḗssein „nieder-schlagen"]

Ka·ta·pult[katapúlt] 中 男 -〔e〕s/-e **1**〘空〙**a)** カタパルト, 飛行機射出機(→ 図). **b)** ＝Katapultsitz **2 a)** (投石用の)パチンコ(→ 図). **b)**〘史〙投石機, 弩(いしゆみ). [*gr.* katapéltēs－*lat.*; ＜*gr.* pállein „schwingen"]

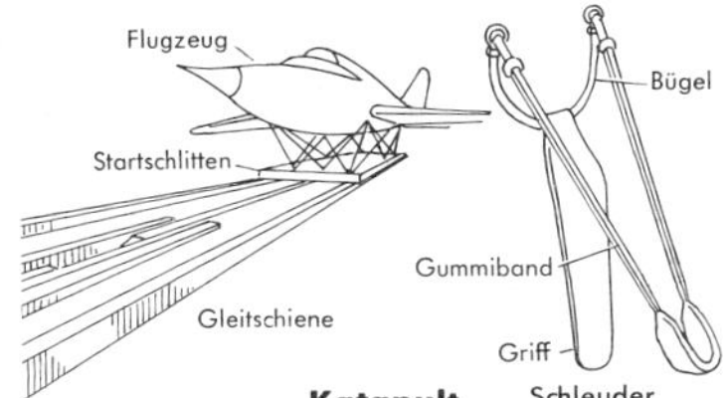

Katapult Schleuder

Ka·ta·pult·flug·zeug 中 カタパルト発進〈射出〉の飛行機.

ka·ta·pul·tie·ren[..pʊltí:rən] 他 (h) **1**〘空〙《*et.*[4]》(飛行機を)カタパルトで発射する; 《*jn.*》(飛行機から)射出装置で脱出させる: 再帰 *sich*[4] aus dem brennenden Flugzeug ～ 燃えつつある飛行機から射出装置で脱出する. **2**《比》《*jn.*》一挙に〈飛躍的に〉昇進させる: *jn.* in den Weltruhm ～ …を一挙に世界的に有名にする.

Ka·ta·pult·sitz[..púlt..] 男 (Schleudersitz)〘空〙射出座席(緊急時のための射出脱出装置つき座席).

Ka·tar[ká:tar, kátar] 地名 カタール(アラビア半島, ペルシア湾に突出するカタール半島の首長国. 1971年イギリスから独立. 首都はドーハ Doha. 英語形 Qatar).

Ka·ta·rakt[katarákt] **I** 男 -〔e〕s/-e **1** 早瀬, 急流. **2** (低い)滝. **II** 女 -/-e(grauer Star)〘医〙白内障, 白そこひ. [*gr.* kata〔r〕rháktēs „herab-stürzend"－*lat.* cataracta]

Ka·ta·rak·ta[..ta·] 女 -/..ten[..tən]＝Katarakt II

ka·ta·rak·tisch[..tɪʃ] 形〘医〙白内障の.

Ka·tarr〔h〕[katár] 男 -s/-e **1**〘医〙カタル: epidemischer ～ 流行性感冒, インフルエンザ｜Magen*katarrh* 胃カタル‖an einem ～ der Luftwege leiden 気管支カタルにかかっている. **2**《話》〘鼻〙かぜ: einen ～ haben 〔鼻〕かぜをひいている. [*gr.*－*spätlat.*; ＜*gr.* kata〔r〕rheĩn „herabfließen"; 脳から降りてくる粘液が原因と考えられたことから]

ka·tar·r〔h〕a·lisch[katará:lɪʃ] 形〘医〙カタル性の: ～*e* Pneumonie カタル性肺炎.

Ka·tarr〔h〕·brem·se[katár..] 女《話》(Schnurrbart) 口ひげ.

Ka·ta·sta·se[katastá:zə] 女 -/-n〘劇〙(大詰め直前の)盛り上がり. [*gr.* katá-stasis „Hin-stellen"]

Ka·ta·ster[katástər] 男 中 (《オーストリア》: 男) -s/- 土地台帳, 地籍簿(固定資産税台帳を兼ねる). [*it.* catast〔r〕o „Steuerregister"]

Ka·ta·ster≠amt 中〔土地〕登記所. **≠kar·te** 女 登記地籍図.

Ka·ta·stral≠ge·mein·de[katastrá:l..] 女《オーストリア》(町村内部の)区. **≠joch**《オーストリア》＝Joch 2 b

ka·ta·strie·ren[katastrí:rən] 他 (h) 土地台帳に記入〈登録〉する, 登記する.

ka·ta·stro·phal[katastrofá:l] 形 破滅的な, 恐ろしい, すさまじい. [＜..al[1]]

Ka·ta·stro·phe[katastró:fə] 女 -/-n **1 a)** (突然の)大災害; (悲劇的な)結末, 破局: Flugzeug*katastrophe* 航空機の大事故｜Natur*katastrophe* 自然災害, 天災‖*jn.* in eine ～ stürzen …を破滅させる. **b)**〘劇〙カタストロフィー,〔悲劇的〕終末. **c)**《話》話にならぬほどひどい人〈もの〉: Sein Benehmen ist eine ～. 彼の行状は最低だ. **2** (Kataklysmus)〘地〙(地殻の)大変動, 激変, カタストロフ. [*gr.*; ＜*gr.* katastréphein „um-kehren"]

Ka·ta·stro·phen≠alarm 男 災害警報. **≠dienst** 男 災害救助隊〈組織〉. **≠ein·satz** 男 災害出動〈配備〉. **≠fall** 男 災害事件, 大事故. **≠ge·biet** 中 災害地〔域〕. **≠hil·fe** 女 災害援助. **≠po·li·tik** 女 破局をも計算に入れた〈辞さない〉政策. **≠schutz** 男 災害防止〔対策〕; 大惨事救援隊. **≠theo·rie** 女〘地〙天変地異〈地殻激変〉説, カタストロフ理論.

ka·ta·thym[katatý:m] 形〘医〙激情性の. [*gr.* katathýmios „am Herzen liegend"; ◇Thymus]

Ka·ta·to·nie[katatoní:] 女 -/-n[..ní:ən]〘医〙カタトニー, 緊張病: depressive 〈manische〉 ～ 抑鬱(よくうつ)性〈躁病(そうびょう)性〉カタトニー. [＜*gr.* kata-teínein „nieder-spannen"]

Ka·ta·to·ni·ker[..tó:nikər] 男 -s/- 緊張病〈カタトニー〉患者.

ka·ta·to·nisch[..tó:nɪʃ] 形〘医〙カタトニーの, 緊張病性の.

Ka·te [ká:tə] 女 -/-n《北部》小さな農家. [*mndd.* kot〔e〕 „Höhle"; ◇Kugel]

Ka·te·che·se[katɛçé:zə] 女 -/-n〘キリスト教〙教理問答, 信仰教育;《比》問答形式による教示. [*gr.*－*kirchenlat.*;

<*gr.* kat-ēcheīn „mündlich unterrichten" (◇Echo)]

Ka·te·chet[..çéːt] 男 -en/-en (女 **Ka·te·che·tin**[..tın] -/-nen) 教理教師, 伝教士.

Ka·te·che·tik[..çéːtık] 女 -/ 教理問答学〈論〉.

Ka·te·che·tin Katechet の女性形.

ka·te·che·tisch[..çéːtıʃ] 形 教理問答の; 問答形式の.

Ka·te·chi·sa·tion[katεçizatsióːn] 女 -/-en ＝Katechese

ka·te·chi·sie·ren[katεçizíːrən] 他 (h) 《*jn.*》 (…に)(問答形式による)宗教教育を施す. [*gr.－kirchenlat.*]

Ka·te·chis·mus[katεçísmʊs] 男 -/..men[..mən] 〘キリスト教〙 教理問答〔書〕; カトリック〈公教〉要理. [*gr.－kirchenlat.*]

Ka·te·chis·mus≠leh·re 女 カトリック〈公教〉要理についての学問〈授業〉. **≠schü·ler** 男 カトリック〈公教〉要理を学ぶ〈教理問答を受ける〉生徒; 堅信志願者.

Ka·te·chist[katεçíst] 男 -en/-en 〘カトリック〙 伝道士(聖職者でなくて伝道またはカトリック〈公教〉要理の教授をする人). [*gr.－kirchenlat.*]

Ka·te·chu[kátεçuˑ] 中 -s/-s 〘薬・染〙 カテキュー, 阿仙薬(染料). [<*malai.* kāchu (→Cachou)]

Ka·te·chu·me·nat[katεçumenáːt] 中 (男) -〔e〕s/ 〘宗〙 受洗準備教育.

Ka·te·chu·me·ne[..çuméːnə, ..çúːmenə] 男 -n/-n 〘カトリック〙 (成人してからの)洗礼志願者; 教理研究者; 〘新教〙 堅信志願者. [*gr.－kirchenlat.*; ◇Katechese]

ka·te·go·rial[kategoriáːl] 形 〘哲〙 範疇(はんちゅう)的な, 範疇に属する. [<..al[1]]

Ka·te·go·rie[kategoríː] 女 -/-n[..ríːən] カテゴリー, 範疇(はんちゅう): die zehn ～*n* des Aristoteles アリストテレスの十個の範疇(最高類概念) ‖ *et.*[4] in 〈unter〉 eine ～ einordnen …をある範疇に入れる | in eine 〈zu einer〉 ～ gehören ある範疇に属する. [*gr.* katēgoriā „Anklage〔punkt〕"－*spätlat.*; <kata..+*gr.* agoreúein „öffentlich reden" (◇Agora[2])]

ka·te·go·riell[..goriέl] ＝kategorial

ka·te·go·risch[..góːrıʃ] 形 **1** 絶対的な, 無条件の; 断固とした, 有無を言わさぬ: eine ～*e* Behauptung 断固とした主張 | *et.*[4] ～ ablehnen …を断然拒否する. **2** 〘哲・論〙 定言的な: der ～*e* Imperativ (Kant の)定言的命令 | ein ～*es* Urteil 定言的判断. [*spätlat.*]

ka·te·go·ri·sie·ren[..gorizíːrən] 他 (h) **1** 範疇(はんちゅう)に入れる〈分類する〉. **2** 絶対化する.

Ka·te·ne[katéːnə] 女 -/-n 《ふつう複数で》 〘宗〙 (古代教父の)聖書解釈集. [*lat.* catēna „Kette"; ◇Kette[1]]

Ka·ter[káːtər] 男 -s/- **1 a)** 雄猫(→Katze): der Gestiefelte ～ 長靴を履いた雄猫(ペローの童話の主人公. ドイツでは Tieck の童話劇がある) | verliebt wie ein ～ sein 《比》(男が)恋に夢中である. **b)** 〘狩〙 雄のヤマネコ(山猫). **2** 《話》 (Katzenjammer) 二日酔い, 宿酔(しゅくすい): *seinen* ～ ausschlafen ぐっすり眠って二日酔いをさます | einen ～ haben 二日酔いである | einen moralischen ～ haben 良心の呵責(かしゃく)を感じ〔てい〕る. [1: *ahd.*; ◇Katze; 2: <Katarrh]

Ka·ter≠bum·mel 男 《話》 飲み明かしたあとの朝の散歩. **≠früh·stück** 中 《話》 二日酔いの人のための朝食(酢漬けのニシン・キュウリなど). **≠idee** 女 《話》 途方もない〈ばかげた〉考え.

kat·exo·chen[kat|εksɔxéːn] 副 (vorzugsweise) 特に; 本来は. [*gr.*; <kata..+*gr.* exochḗ „Hervorragen"]

Kat·gut[kátgʊt] 中 -s/ 〘医〙 カットグート, 腸線(羊などの腸から作る外科用縫合糸). [*engl.* cat-gut „Katzendarm"]

kath. 略 ＝katholisch

Ka·tha·rer[káːtarər, kát..] 男 -s/- 〘宗〙 カタリ派(10-14世紀南西ヨーロッパのマニ教的異端)の信徒. [*mlat.*; <*gr.* katharós „rein"; ◇Ketzer; *engl.* Cathar]

Ka·tha·ri·na[kataríːnaˑ] 女名 カタリーナ.

Ka·tha·ri·ne[..nə] 女名 カタリーネ.

Ka·thar·sis[káː(ː)tarzıs, katárzıs] 女 -/ **1** 〘文芸〙 カタルシス(悲劇などによる観客の心の浄化効果). **2** 〘心〙 カタルシス, 精神浄化法(抑圧されて鬱積(うっせき)した感情を意識化させることによって取り除こうとする精神療法). [*gr.*; <*gr.* kathaírein „reinigen" (◇Katharer)]

ka·thar·tisch[katártıʃ] 形 カタルシスの, 浄化作用のある.

Käth·chen[kέːtçən] 女名 ケートヒェン.

Ka·the[káːtə] 女名 カーテ.

Kä·the[kέːtə] 女名 (<Katharina) ケーテ.

Ka·the·der[katéːdər] 中 (男) -s/- **1** (大学の)教壇上の教卓(→ 図 Pult): am ～ stehen 教壇に立つ. **2** (大学の)教壇, 講壇: die Klasse von dem ～ überblicken 講壇からクラス全体を見渡す. [<Cathedra]

Ka·the·der≠blü·te 女 《戯》 (授業中の)教師の失言. **≠held** 男 実行の伴わない弁舌家. **≠so·zia·lis·mus** 男 〘史〙 講壇社会主義. **≠so·zia·list** 男 〘史〙 講壇社会主義者. **≠weis·heit** 女 (書物だけによる)机上の知識〈空論〉.

Ka·the·dra·le[katedráːlə] 女 -/-n **1** 〘キリスト教〙 (特にフランス・スペイン・イギリスなどの)司教座教会(司教座のある教会. ドイツでは: →Dom[1], Münster[1]). **2** 古くて由緒ある大教会〔堂〕. [*mlat.* (ecclēsia) cathedrālis „zum Bischofssitz gehörige (Kirche)"]

Ka·the·dral≠ent·schei·dung 女 〘カトリック〙 (ローマ教皇の)不可謬(ふかびゅう)な決定; 《比》 絶対的裁決. **≠glas** 中 -es/ (教会建築に用いる)粗面硬質ガラス.

Ka·the·te[katéːtə] 女 -/-n 〘数〙 (直角三角形の)直角をはさむ辺(→Hypotenuse). [*gr.－spätlat.*; <*gr.* kathiénai „nieder-lassen" (◇kata.., Ion)]

Ka·the·ter[katéːtər] 男 -s/- 〘医〙 カテーテル(導尿管など). [*gr.－spätlat.*]

ka·the·te·ri·sie·ren[kateterizíːrən] 他 (h) **1** 《*et.*[4]》 (…に)カテーテルを挿入する; カテーテルで(…の)液を抜く. **2** 《*jn.*》 (…の体内に)カテーテルを挿入する.

Ka·the·te·ris·mus[..rísmʊs] 男 -/..men[..mən] 〘医〙 カテーテル挿入法.

ka·the·tern[katéːtərn] 《05》 ＝katheterisieren

Ka·the·to·me·ter[katetoméːtər] 中 (男) -s/- 〘測量〙 カセトメーター, 水準差測定器. [<Kathete+..meter]

Ka·tho·de[katóːdə] 女 -/-n (↔Anode) 〘電〙 陰極: Glüh*kathode* (真空管の)熱陰極. [*gr.* kát-〔h〕odos „Hinab-Weg"－*engl.*; ◇..ode[1]]

Ka·tho·den≠fall 男 〘電〙 (放電の際の)陰極降下. **≠strahl** 男 -〔e〕s/-en 《ふつう複数で》 〘電〙 陰極線.

Ka·tho·den·strahl≠os·zil·lo·graph 男 〘電〙 陰極線オシログラフ. **≠röh·re** 女 〘電〙 陰極線管, ブラウン管.

ka·tho·disch[katóːdıʃ] 形 〘電〙 陰極の, 陰極に関する: ～*e* Reduktion 陰極還元.

Ka·tho·lik[katolíːk, ..lík; オーストリア:..lík] 男 -en/-en (女 **Ka·tho·li·kin**[..kın]-/-nen) 〔ローマ〕カトリック教徒.

Ka·tho·li·ken·tag 男 カトリック教徒全国大会.

Ka·tho·li·kin Katholik の女性形.

Ka·tho·li·kos[katolikɔ́s, katóːlikɔs] 男 -/ (アルメニア教会の)総大主教. [*gr.* „allgemein"; <kata..+holo..]

ka·tho·lisch[katóːlıʃ] 形 **1** (略 kath.) 〔ローマ〕カトリック〔教〕の: die ～*e* Kirche 〔ローマ〕カトリック教会 | die *Katholische* Aktion (平信徒の布教活動を促進する)カトリックアクション ‖ Er ist ～*er* als der Papst. 彼はこちこちのカトリック信者だ ‖ die *Katholischen* 《話》 カトリック教徒〈信者〉たち | Es ist zum *Katholisch*werden. 絶望的だ. ▽**2** 全般〈普遍〉的な, 全世界に通じる: ～*e* Briefe (新約聖書中の)公同書簡. [*gr.－kirchenlat.*]

ka·tho·li·sie·ren[katolizíːrən] **I** 他 (h) 《*jn.*》 カトリック教徒にする〈改宗させる〉. **II** 自 (h) カトリック的な考え方をする.

Ka·tho·li·zis·mus[..tsísmʊs] 男 -/ 〔ローマ〕カトリック教義〈信仰〉; カトリック主義.

Ka·tho·li·zi·tät[..tsitέːt] 女 -/ **1** カトリック〔主義〕的であること; カトリック的見方〈見解〉. ▽**2** 普遍性.

Ka·threin[katráın] 女名 (<Katharina) カトライン.

Ka·thrin[katríːn] 女名 カトリーン: **die schnelle ～ haben**《俗》下痢している.

Ka·thri·ne[katríːnə] 女名 カトリーネ.

Ka·ti·li·na·ri·er[katilináːriər] 男 -s/- (政治的な)不満〈不平〉分子, (反社会的な)過激〈破壊〉分子, アウトロー.

ka·ti·li·na·risch[..rɪʃ] 形 ～*e* Existenz＝Katilinarier [＜L. S. Catilina (古代ローマの反乱指導者, †前62)]

Kat·ion[kátioːn, ..iɔn] 中 -s/-en[katióːnən] (↔Anion)〘化〙陽イオン, 正イオン. [＜kata..+Ion]

Kat·ion≈ba·se[また: katióːn..] 女〘化〙陽イオン塩基. **≈säu·re** 女 陽イオン酸.

Kat·man·du[katmándu˙, katmandúː] 地名 カトマンズ(ネパール王国の首都). [*sanskr.*; ＜Kata-mandap (寺院名)]

Kät·ner[kέːtnər] 男 -s/-《北部》小農. [＜Kate]

Ka·to·de[katóːdə] 女 -/-n ＝Kathode

ka·to·nisch[katóːnɪʃ] 形 大カトーのような, 道徳的に厳格な (→Cato): ～*e* Strenge カトー的峻厳(しゅんげん).

▽**Kat·op·trik**[katɔ́ptrɪk] 女 -/〘理〙反射光学.

▽**kat·op·trisch**[..trɪʃ] 形 反射光学〔上〕の. [＜*gr.* kát-optron „Spiegel"]

Ka·trin[katríːn] 女名 カトリーン: →Kathrin

kat·schen[kátʃən] (**kät·schen**[kέ..])《04》自 (h)《方》音を立てながら食べる. [擬音]

Kät·scher[kέtʃər] 男 -s/- ＝Kescher

Katt≈an·ker[kát..] 男〘海〙補助錨(いかり), 小アンカー. **≈block** 男 -〔e〕s/..blöcke〘海〙キャットブロック(錨を巻き上げる大滑車). [＜*ndd.* katte „Katze" (◇Katze)]

Kat·te[kátə] 男 -n/-n ＝Chatte

das **Kat·te·gat**[kátəgat] 地名 中 -s/ カッテガト(スウェーデンとユトランド半島の間の海峡). [*dän.* „Katzen-loch"]

Katt·ei·ker[kát|aɪkər] 男 -s/-《北部》(Eichhörnchen)〘動〙リス(栗鼠). [◇Katze, Eiche[1]]

kat·ten[kátən]《01》他 (h)〘海〙(錨(いかり)を)巻き上げる. [*ndd.*; ◇Kattanker]

Kat·tun[katúːn] 男 -s/-e **1**〘織〙コットン(〔プリント模様の〕平織り綿布): ein Sommerkleid aus ～〔プリント〕コットン製のサマードレス. **2**《話》(Prügel) 殴打: *jm.* ～ geben …をさんざん殴る | ～ kriegen 〈beziehen〉さんざん殴られる; はげしい砲火を浴びる. [*arab.* qut〔u〕n „Baumwolle"– *ndl.* kattoen; ◇Cotton, Kittel]

kat·tu·nen[katúːnən] 形《付加語的》コットン〈平織り綿布〉の.

Kat·tun·kleid 中〔プリント模様の〕コットンドレス.

Katz[kats] →Katze 1 a

katz·bal·gen[kátsbalgən][1]《過分 gekatzbalgt》他 (h)《話》再帰《相互的》*sich*[4] ～ (子供・動物どうしが)ふざけ〈じゃれ〉合う, 取っ組み合いをする.

Katz·bal·ge·rei[katsbalgəráɪ] 女 -/-en《話》ふざけ〈じゃれ〉合うこと; 取っ組み合い; (政党間などの)泥試合.

Katz·bucke·lei[..bʊkəláɪ] 女 -/《話》へつらい, 追従.

katz·buckeln[kátsbʊkəln]《06》《過分 gekatzbuckelt》自 (h)《話》へつらう, 追従する: vor *jm.* ～ …におべっかを使う. [◇Katzenbuckel]

Kätz·chen[kέtsçən] 中 -s/- (Katze の縮小形) **1** 小猫;《比》甘えん坊な小娘. **2**《ふつう複数で》〘植〙(ヤナギ科・カバノキ科などの)尾状花序(→図 Blütenstand).

Kätz·chen·blü·tler 男 -s/-〘植〙尾状花序類(ブナ科・クルミ科など).

Kat·ze[kátsə] 女 -/-n **1** (小 **Kätz·chen** → 別出, **Kätz·lein**[kέtslaɪn] 中 -s/-) **a)** 猫; 雌猫(→Kater): eine dreifarbige 〈streunende〉 ～ 三毛〈野良〉猫 | ▽eine neunschwänzige ～〘海〙(懲罰用の)革ひもを 9 本つけた鞭(むち) ‖〘主語として〙Die ～ miaut 〈schnurrt〉. 猫が鳴く〈のどを鳴らす〉| Die ～ faucht 〈macht einen Buckel〉. (怒って)猫がうなる〈背を丸める〉| **Eine ～ fällt immer auf die Pfoten 〈die Füße〉.** 猫は落下の際にいつでも足で着地する;《比》(あの人は)いつでも困難を乗り切ってうまくやってのける | **Die ～ springt immer auf die alten Füße.**《比》事態はちっとも変わらない | Das[4] hat die ～ gefressen.《比》それは忽然(こつぜん)と消えうせた | **Da beißt sich die ～ in den Schwanz.**《話》それでは堂々めぐりだ | Es ist keine ～ da.《比》人っ子ひとりいない | Das[4] trägt die ～ auf dem Schwanz fort 〈weg〉. (→Schwanz 1) | Bei Nacht sind alle ～*n* grau.《諺》やみ夜にカラス(夜には猫は皆灰色に見える) | **Die ～ läßt das Mausen nicht.**《諺》すずめ百まで踊り忘れず(猫はねずみを捕ることをやめない) | Wenn die ～ fort 〈aus dem Haus〉 ist, tanzen die Mäuse 〔auf dem Tisch〕.《諺》鬼のいぬ間に洗濯 ‖ und wenn es ～*n* hagelt 雨が降ろうと槍(やり)が降ろうと | **mit** *jm.* ***Katz*** **und Maus spielen / mit** *jm.* **wie die ～ mit der Maus spielen**《話》…をさんざんじらす | ein Gesicht machen wie eine ～ (驚いて)目を丸くする | **wie die ～ um den heißen Brei herumgehen**《話》(猫が熱いかゆのまわりを回るように)びくびくして容易に手を出さない, 肝心なことをなかなか言い出さない | wie Hund und ～〔miteinander〕leben (→Hund 1 a) | falsch 〈zäh〉 wie eine ～ sein 猫のように信用がおけない〈しぶとい〉‖〘3 格で〙**der ～ die Schelle umhängen**《比》猫の首に鈴をつける(分(ぶ)のわるい危険な仕事をする) ‖〘4 格で〙*Katz* aushalten 窮屈な姿勢をがまんする | 〔*sich*[3]〕eine ～ halten 猫を飼う | *jm.* die ～ den Buckel hinaufjagen《スイ》《比》…を不安がらせる, …の心胆を寒からしめる | **die ～ aus dem Sack lassen**《話》〔つい〕本当のこと〈計画〉をしゃべってしまう | **die ～ im Sack kaufen**《話》吟味せずに物を買う;《戯》婚前交渉を経ないで女性と結婚する ‖〘前置詞と〙**für die *Katz* sein**《話》むだ〈徒労〉である, 何の役にも立たない | Das ist alles für die *Katz*〔*e*〕.《話》それはすべて何の役にもたたぬ | *jn.* **zur ～ machen**《話》…をぼろくそにやっつける | *et.*[4] **zur ～ machen**《話》…をだめにする. **b)**《複数で》〘動〙ネコ属. **c)**《話》〔猫のような性質の〕女(べたべたする・がみがみ言う): eine alte ～ くそばばあ | eine falsche 〈fesche〉 ～ あてにならぬ〈すてきな〉女 | eine wilde ～ おてんば.

2 a) ＝Laufkatze **b)**《南部》(Ramme) (地固め用の)たこ. **c)**《方》(革製の)胴巻き.

3《卑》(Vulva) (女性の)外陰〔部〕, 陰門.

[*germ.*; ◇*engl.* cat]

Kat·zel·ma·cher[kátsəl..] 男 -s/-《オーストリア》《軽蔑的に》イタリア人. [＜*tirol.* ggätze „Schöpfkelle"]

kat·zen·ar·tig[kátsən..] 形 猫の〔ような〕; ずるい, 不実な.

Kat·zen≈au·ge 中 **1 a)** 猫の目. **b)** 猫のような目. **2**〘鉱〙猫目石, キャッツアイ. **3**《話》キャッツアイ(自動車・自転車などの後部反射鏡; 横断歩道などに打ち込まれる反射鋲(びょう)). **≈bal·ken** 男〘建〙(合掌中間の)締梁(しめばり). **≈bank** 女 -/..bänke《話》劣等生用の特別座席. **≈bär** 男 (Panda)〘動〙パンダ. **≈buckel** 男 猫背: einen ～ machen 背中を丸くする. **≈dreck** 中 **1** 猫の糞(ふん). **2**《話》くだらぬもの. **≈fell** 中 猫の毛皮. **≈floh** 男〘虫〙ネコノミ(猫蚤). **≈frett** 中〘動〙カコミスル(アライグマ科の一種).

kat·zen·freund·lich 形〔うわべだけ〕いやに愛想のよい, ご機嫌とりの.

Kat·zen≈ga·man·der 男〘植〙ニガクサ(苦草)属の一種. **≈ge·dächt·nis** 中 健忘症, 物忘れのひどいこと. **≈ge·schrei** 中 猫の鳴き声;〘料理〙残り肉のパイ. **≈glim·mer** 男〘鉱〙金雲母(きんうんも). **≈gold** 中 **1** ＝Katzenglimmer **2**〘植〙サクラの樹脂. **≈gras** 中〘植〙カモガヤ(鴨茅)属.

kat·zen·haft[kátsənhaft] 形 猫のような: mit einer ～*en* Gewandtheit 猫のようにすばやく.

Kat·zen≈hai 男〘魚〙トラザメ(虎鮫). **≈jam·mer** 男《話》(Kater) 二日酔い, 宿酔(しゅくすい);《比》(失敗・不首尾などのあとの)むなしさ, 虚脱感: mit einem ～ liegen 二日酔いで横になっている | einen moralischen ～ haben 良心の呵責(かしゃく)を覚える. **≈kon·zert** 中 ＝ Katzenmusik **≈kopf** 男 **1**《話》舗装用玉石. **2**《方》頭をこづくこと: *jm.* einen ～ geben …の頭をこづく.

Kat·zen·kopf·pfla·ster 中《話》玉石舗装.

Kat·zen≈kraut 中 猫の好む植物(マタタビなど). **≈ma·chen** 中《話》《次の形で》*et.*[1] geht wie's ～ …はごく簡単なこと〈朝飯前〉である. **≈ma·ki** 男〘動〙コビトキツネザル(小

人狐猿). ≈**min·ze** 女〘植〙イヌハッカ(犬薄荷)属(猫の好物). ≈**mu·sik** 女 やかましい〈耳ざわりな〉音楽. ≈**pföt·chen** 中 **1** 猫の足. **2**〘植〙エゾノチチコグサ(蝦夷父子草). ≈**schwanz** 男 **1** 猫の尾. **2**〘植〙**a)** メハジキ(目弾)属の一種. **b)** エノキグサ(榎草)属の一種. ≈**sil·ber** 中〘鉱〙白雲母(はくうんも). ≈**sprung** 男 **1** 猫の跳躍;《話》わずかの距離: Bis zum Wald ist es nur ein ~. 森まではほんの少しの距離だ. **2**〘体操〙(跳馬の)開脚跳びの一種. ≈**tisch** 男《戯》(メーンテーブルから離れた子供・下僕・身分の低い客などのための)小さい食卓. ≈**wä·sche** 女《戯》カラスの行水: ~ machen そそくさと入浴する. ≈**zun·ge** 女 **1** 猫の舌. **2** 薄くて細長い板チョコ.

kat·zig[kátsɪç][2] 形《話》つっけんどんな; 怒りっぽい; 協調性のない.

Kätz·lein Katze の縮小形(→Kätzchen).

Kau≈akt[káu..] 男〘医〙咀嚼(そしゃく)行為. ≈**be·we·gung** 女〘医〙咀嚼運動. [<kauen]

kau·dal[kaudá:l] 形 **1**〘動〙尾の, 尾部の. **2**〘医〙脚部の. [< *lat.* cauda „Schwanz"+..al[1]]

Kau·der[káudər] 男 -s/-《南部》麻くず, 粗麻.

Kau·de·rer[káudərər] 男 -s/-《南部》(Hausierer) 行商人.

kau·dern[káudərn]《05》自 (h) **1**《南部》(hausieren)(家々を回って)売り歩く, 行商する. **2**《方》=kauderwelschen ▽**3**(七面鳥などが)コロコロ鳴く.

kau·der·welsch[..vɛlʃ] **I** 形 Kauderwelsch の;(話し方が)めちゃくちゃな, わかりにくい: ~ sprechen=kauderwelschen ‖ das *Kauderwelsche* めちゃくちゃな〈わかりにくい〉話し方. **II Kau·der·welsch** 中 -[s]/ **1**(各種の言葉がごちゃまぜになった)わからない言葉. **2**(外来語や専門語が多く使われて)むずかしい話. [„welsch (=unverständlich) wie in Chur gesprochen wird"; < *tirol.* Kauer „Chur"]

kau·der·wel·schen[..ʃən]《04》自 (h) めちゃくちゃな〈わかりにくい〉話し方をする.

kau·di·nisch[kaudí:nɪʃ] 形 **ein ~es Joch** 屈辱; 屈辱的な打開の道. [< Caudium (北イタリアの地名; 前321年 Samniter に敗れたローマ軍が 3 本のやりで形づくられた「くびき」を丸腰で通らされた)]

Kaue[káuə] 女 -/-n (Wäschkaue)〘坑〙坑口浴場. [*lat.* cavea (→Käfig) – *mhd.* kouwe; ◇Koje]

kau·en[káuən] **I** 他 (h)(食物・かみタバコなどを)かむ, かみ砕く, 咀嚼(そしゃく)する: *et.*[4] gut 〈langsam〉 ~ …をよく〈ゆっくり〉かむ | [die] Nägel ~ (くせで)つめをかむ | den Wein ~ ワインを味わう, きき酒する | die Worte ~ よどみがちに〈ぼつぼつ〉話す ‖〘目的語なしで〙[*et.*[4]] mit vollen Backen ~《話》[…を]ほおばる | **hoch ~**《話》いやいや〈まずそうに〉食べる | **Gut *gekaut* ist halb verdaut.**《諺》よくかめば半ば消化したようなもの. **II** 自 (h)《an *et.*[3]》(…を)かじる,(端から)かみ続ける;《比》(…に)苦労〈腐心〉する: am Brot ~ パンをかじる | an den Nägeln ~ (緊張・退屈などで)つめをかむ | An diesem Verlust 〈diesem Problem〉 wird er noch lange zu ~ haben. この損失〈問題〉で彼はまだ長いこと苦労せねばなるまい. [*germ.*; ◇*engl.* chew]

kau·ern[káuərn]《05》**I** 自 (h, 南部: s) しゃがんでいる, うずくまっている: auf dem Boden ~ 地面にしゃがみこんでいる. **II** 他 (h) 再帰 *sich*[4] ~ しゃがむ, うずくまる: *sich*[4] auf den Boden ~ 地面にしゃがみこむ. [*mndd.* kūren; ◇Koben; *gr.* gȳrós (→Giro); *engl.* cower]

Kauf[kauf] 男 -[e]s/Käufe[kɔ́yfə] **1** (↔Verkauf) 買うこと, 買い, 買い入れ, 購入: der ~ eines Autos 自動車の買い入れ | ein ~ auf Raten 〈auf Probe〉 分割払い〈試用〉購入 | Hamster*kauf* 買いだめ ‖ **leichten ~s** davonkommen《雅》大過なく〈どうやら〉切り抜ける ‖ einen ~ abschließen 売買契約を結ぶ | einen guten 〈schlechten〉 ~ machen じょうず〈へた〉な買い物をする | einen ~ tätigen〘商〙購入する ‖ ***et.***[4] [**mit**] **in ~ nehmen**(他の利点を考慮して)…をがまん〈甘受〉する | *et.*[4] in den ~ nehmen …(事情など)を斟酌(しんしゃく)〈酌量〉する | *et.*[4] zum ~ anbieten …を売りに出す | zum ~ stehen 売られている. **2** 買った物: *seinen* ~ umtauschen 買った品を取り換えてもらう | Die Vase ist ein vorteilhafter 〈guter〉 ~. この花瓶はお買い得品だ. [*germ.*; ◇kaufen; *engl.* cheap]

Kauf≈ab·schluß[káuf..] 男 売買契約の締結〈成立〉. ≈**auf·trag** 男〘経〙買い注文. ≈**be·reit·schaft** 女〘経〙買い気. ≈**brief** 男 (不動産などの)売買契約書.

Käu·fe Kauf の複数.

kau·fen[káufən] **I** 他 (h) **1** (↔verkaufen) 買う, 購入する: *sich*[3] *et.*[4] ~ (自分用に)…を買う | Ich habe mir eine Krawatte *gekauft.* 私はネクタイを 1 本買った | **Dafür kann ich mir nichts ~!** / Was ich mir dafür *kaufe!*《話》そんなもの私には役にたたない, 私はそんなものはいらない | *jm. et.*[4] ~ …に…を買ってやる | Soll ich dir diese Handtasche ~? 君にこのハンドバッグを買ってあげようか | ***sich***[3] ***jn.*** **~**《話》…をとっちめる | ***sich***[3] **einen ~**《話》酔っぱらう ‖ *et.*[4] billig 〈teuer〉 ~ …を安く〈高く〉買う | *et.*[4] alt 〈neu〉 ~ …を中古で〈新品で〉買う | *et.*[4] auf Raten 〈auf Kredit〉 ~ …を分割払いで〈掛けで〉買う ‖ eine Karte ~〘トランプ〙(置き札を) 1 枚取る | die Katze im Sack ~ (→Katze 1 a) | Das hast du wohl *gekauft,* als keiner im Laden war?《話》それを君は盗んできたんじゃないのかね | Diese Uhr wird viel 〈gern〉 *gekauft.* この時計は売れ行きがいい. **2**《話》**a)** (bestechen)《*jn.*》買収する: ein *gekaufter* Zeuge 買収された証人. **b)**《*et.*[4]》金で不正に入手する: die Stimmen ~ 票を買う. **II** 自 (h) 買い物をする: Ich *kaufe* nur bei ihm. 私はもっぱら彼の店で買い物をする | Ich *kaufe* immer im Fachgeschäft. 私はいつも専門店で買い物をする.
[*germ.*; < *lat.* caupō „Krämer"]

Käu·fer[kɔ́yfər] 男 -s/- (⊛ **Käu·fe·rin**[kɔ́yfərɪn]-/-nen) 買い手, 買い主, 購入者;(商店などの)客: einen ~ für *et.*[4] suchen …の買い手をさがす.

Käu·fer≈markt 男〘経〙買い手市場. ≈**schicht** 女 購買者層. ≈**schlan·ge** 女 買い物客の行列. ≈**streik** 男 不買運動.

▽**Kauf·fah·rer**[káuffa:rər] 男 -s/- (Handelsschiff)「商船.」

▽**Kauf·fahr·tei**[kauffa:rtái] 女 -/-en 海上貿易.

▽**Kauf·fahr·tei·schiff** 中 =Kauffahrer [*ndd.*]

Kauf≈fie·ber[káuf..] 中《話》購買熱. ≈**frau** 女 Kaufmann の女性形. ≈**geld** 中 購入代金〈金額〉. ≈**hal·le** 女 (1 階建ての)百貨店, 大型小売店. ≈**hand·lung** 女 (旧東ドイツの)商品〔見本〕展示会. ≈**haus** 中 **1** (Warenhaus) 百貨店, デパート. ▽**2** 大型専門店. ▽≈**herr** 男 大商人, 豪商. ≈**kraft** 女 購買力: die ~ des Dollars 〈der Bevölkerung〉 ドル〈住民〉の購買力.

kauf·kräf·tig 形 購買力のある.

Kauf≈la·den 男 **1** (小さな)商店. **2** (おもちゃの)お店ごっこセット. ≈**leu·te** Kaufmann の複数.

käuf·lich[kɔ́yflɪç] **I** 形 **1** 金で買える, 売り物の: ~*e* Waren 商品 | Ist das Gemälde ~? この絵は売り物ですか. **2** 金で意のままになる, 買収できる: ~*e* Liebe 売春 | ein ~*es* Mädchen 売春婦.
II 副 **1** →I **2** 売買によって: *et.*[4] ~ erwerben …を購入する | *et.*[4] ~ überlassen …を譲渡する(売買契約によって).

Käuf·lich·keit[–kaɪt] 女 -/ käuflich なこと.

Kauf·lust[káuf..] 女 -/ 買う気, 購買意欲;〘商〙買い気: die ~ der Kunden anregen 〈wecken〉 客の購買意欲をそそる.

kauf·lu·stig 形 購買意欲のある.

Kauf·mann[káufman] 男 -[e]s/..leute (⊛ **Kauf·frau**[..frau]) 自営販売業者, 商業経営者, 商人, 商売人, あきんど: gelernter ~《話》専門教育を受けた商人 | ein guter 〈schlechter〉 ~ 商売のうまい〈へたな〉人 ‖ ~ lernen 商人の徒弟〈丁稚(でっち)〉奉公をする, 商売を覚える. **2**《中部》食料品店主: zum ~ gehen 食品店に行く.

Kauf·män·nin[..mɛnɪn] 女 -/-nen Kaufmann の妻.

kauf·män·nisch[..mɛnɪʃ] 形 商業〔上〕の; 商業に通じた; 商人らしい: ein ~*er* Lehrling 商業見習 | ~*es* Rechnen 商業算術 ‖ ~ gesehen 商業的に見ると.

Kauf·mann·schaft[..manʃaft] 女 -/ **1**《集合的に》商

人. **2** 商人気質.

Kauf·manns≈deutsch 中 -〔s〕/ 商業ドイツ語;《比》もったいぶった無味乾燥なドイツ語. **≈ge·hil·fe** =Handlungsgehilfe **≈la·den** =Kaufladen **≈spra·che** 女 商業〔用〕語, 商人言葉. **≈stand** 男 商人階級〈社会〉;《集合的に》商人.

Kauf≈preis 男 購入価格. **≈schil·ling** 男 (わずかな)購入金額〈代金〉; 手付金. **≈sum·me** 女 購入金額.

der **Kau·fun·ger Wald**[káʊfʊŋər vált][1] 地名 男 -〔e〕s/ カウフンゲンの森(ドイツ Hessen 州にある山地).

Kauf·un·lust[káʊf..] 女 買う気のなさ, 購買意欲の低さ.

kauf·un·lu·stig 形 買う気のない, 購買意欲の低い.

Kauf≈ver·trag 男 売買契約〔書〕. **≈wert** 男 (販売価格に対する)購入価値. **≈zu·rück·hal·tung** 女《経》買い控え. **≈zwang** 男 購入の強制: Kein 〈Ohne〉 ~! (店頭の掲示で)お気軽にお入りください.

Kau·gum·mi[káʊ..] 男 中 -s/-s チューインガム. [<kauen]

Kau·kamm[káʊkam] 男 手斧(ちょうな);《坑》小つるはし. [„Kuhnacken"]

Kau·ka·si·en[kaʊká:ziən] 地名 カフカズ, コーカサス(黒海とカスピ海にはさまれた地方).

Kau·ka·si·er[..ziər] 男 -s/- カフカズ〈コーカサス〉の人.

kau·ka·sisch[..zɪʃ] 形 カフカズ〈コーカサス〉の: ~*e* Sprachen 〈Völker〉 コーカサス諸語〈諸民族〉.

der **Kau·ka·sus**[káʊkazʊs] 地名 男 -/ カフカズ山脈(黒海とカスピ海の間に連なる山脈). [*gr.*−*lat.*]

Kaul·barsch[káʊl..] 男《魚》ペルカ(ヨーロッパ産の淡水食用魚).

Käul·chen[kɔ́ʏlçən] 中 -s/- =Keulchen

Kau·le[1][káʊlə] 女 -/-n《中部》(Kugel) 球. [*mhd.* kugele (→Kugel)]

Kau·le[2][–] 女 -/-n《中部》(Kuhle) 穴; くぼみ, へこみ; 窪地(くぼち).

kau·li·flor[kaʊliflóːr] 形《植》幹生花をつける.

Kau·li·flo·rie[..florí:] 女 -/《植》幹生花をつける(幹に直接に花をつける)こと. [<*lat.* caulis „Stengel"+flōs (→Flor[2])]

Kaul·kopf[káʊl..] 男《魚》カジカの一種. [<Kaule[1]]

Kau·lom[kaʊló:m] 中 -s/-e《植》軸性器官. [<*lat.* caulis „Stengel"+..om]

Kaul·quap·pe[káʊl..] 女 オタマジャクシ. [<Kaule[1]]

kaum[kaʊm] **I** 副 **1**《準否定詞として》(fast nicht) ほとんど…しない, たいてい…でない, …でないも同然: ~ hörbar ほとんど聞きとれない | Das ist ~ möglich. そんなことはほとんどありえない | Sie ist ~ älter als zwanzig. 彼女は20歳そこそこだ ‖ Da war ~ jemand. ほとんどだれもいないも同然だった ‖ Ich habe ~ geschlafen. 私はほとんど眠っていない | Ich kenne ihn ~. 私は彼を知らないも同じだ | Er ist ~ zu Hause. 彼はめったに家にいない ‖ Das ist ~ zu glauben. そんなことはほとんど信じられない | Er konnte sich vor Müdigkeit **~ mehr** 〈**~ noch**〉 auf den Beinen halten. 彼は疲労のため もうほとんど立っていられなかった | Sie wird 〔wohl〕 ~ zustimmen. 彼女は十中八九同意すまい(→4) ‖《kaum daß の形で: →2》Es war dunkel im Zimmer, ~ daß man die Umrisse wahrnehmen konnte. 室内は暗くて物の形が見分けられぬくらいだった | Ich habe alle Namen vergessen, ~ daß ich mich noch an die Landschaft erinnere. 私は名前はみな忘れてしまった. かろうじて景色を覚えているかいないかだ.

2《時間的; しばしば完了形とともに》(gerade erst) やっと…し終わったばかり, …の状態になったかならないかで; かろうじて…し終わったところ: Es ist ~ fünf. 時刻はやっと5時になったばかりだ | Sie ist ~ achtzehn. 彼女はやっと18歳になったばかりだ(→3) ‖ Sie war ~ im Zimmer, **als** das Telefon klingelte. 彼女が部屋に入るか入らないうちに電話が鳴った | Sie war ~ gekommen, **da** wollte sie schon wieder gehen. 彼女は来たと思ったら もう立ち去ろうとした | Er hatte ~ 〈*Kaum* hatte er〉 das Haus erreicht, fing es an zu regnen. / *Kaum* daß er das Haus erreicht hatte, fing es an zu regnen. 彼が家に着くか着かないかのうちに雨が降り出した.

3《数詞とともに》…そこそこで, かろうじて…に達するかどうかの数で: Für ~ 20 Mark bekommt man schon einen guten Wecker. 20マルクそこそこで上等な目ざまし時計が買える | Sie ist ~ 〔noch〕 achtzehn. 彼女は18歳そこそこだ(→2).

4《陳述内容の現実度に対する話し手の判断・評価を示して》(vermutlich nicht) まず…でないであろう: Kann man das sagen?—〔Ich glaube〕 ~. そんなことが言えるだろうか — まず言えないだろう | Ob er heute kommt?—Wohl ~! 彼はきょう来るかな — まあ来ないだろう.

II 接《従属》《南部・オーストリア》(kaum daß) …するやいなや(→ I 2): *Kaum* er aber seinen Namen nannte, erinnerte ich mich sofort. 彼が名を名のったとたんに 私の記憶はよみがえった.

[*ahd.*; <*ahd.* kūma „Wehklage" (◇Kauz)]

Kau·ma·gen[káʊ..] 男《動》咀嚼(そしゃく)胃(虫などの前胃・鳥の砂袋). [<kauen]

Kau·ma·zit[kaʊmatsí:t, ..tsít] 男 -s/ (種類: -e) 褐炭コークス. [<*gr.* kaũma „Hitze"+Anthrazit]

Kau·mus·kel[káʊ..] 男《解》咬筋(こうきん), 咀嚼(そしゃく)筋. [<kauen]

Kau·mus·kel·krampf 男《医》咬筋痙攣(こうきんけいれん), 「咬痙.」

Kau·pe·lei[kaʊpəláɪ] 女 -/-en《中部》(秘密の)売買, やみ取引, 物々交換.

kau·peln[káʊpəln]《06》自 (h)《中部》(ひそかに)物々交換する. [<kaufen]

Kau·ri[káʊri·] 男 -s/-s; 女 -/-s《動》タカラガイ(宝貝). [*Hindi*−*engl.* cowrie]

Kau·ri·fich·te[káʊri..] 女《植》アガチス, カウリコパールノキ(ニュージーランド・ニューギニアなどに産するナンヨウスギ科の植物). [*polynes.* kauri]

Kau·ri≈mu·schel 女 タカラガイの殻. **≈schnecke** 女 =Kauri

Kau·rit·leim[kaʊrít..] 男 -〔e〕s/ (種類: -e) カウリットにかわ(尿素樹脂の一種で接着剤などに用いる). [<Kaurifichte]

kau·sal[kaʊzá:l] 形 **1** 原因の, 原因となる; 因果関係の;《論・言》因由の: ein ~*er* Zusammenhang 因果関係 | eine ~*e* Konjunktion《言》因由の接続詞 ‖ ~ für *et.*[4] sein …の原因になっている. **2** (↔abstrakt)《法》有因の: ein ~*es* Geschäft 有因行為. [*spätlat.*; ◇Causa, ..al[1]]

Kau·sal≈ad·verb 中《言》因由の副詞(例 deshalb それゆえ). **≈ad·ver·bi·a·le** 中《言》因由の状況語〈副詞的規定〉. **≈be·zie·hung** 女 因果関係.

Kau·sa·les Kausalis の複数.

Kau·sal·ge·setz 中 -es/《論・哲》因果律.

Kaus·al·gie[kaʊzalgí:] 女 -/-n[..gí:ən]《医》カウザルギー, 灼熱(しゃくねつ)痛. [<*gr.* kaũsis „Brennen" (◇kaustisch)]

Kau·sa·lis[kaʊzá:lɪs] 男 -/..les[..le:s]《言》因由格.

Kau·sa·li·tät[kaʊzalitɛ́:t] 女 -/-en 因果関係;《論・哲》因果性, 原因性. [*mlat.*; ◇kausal]

Kau·sa·li·täts≈ge·setz =Kausalgesetz **≈prin·zip** =Kausalprinzip

Kau·sal≈ket·te[kaʊzá:l..] 女 因果の連鎖. **≈kon·junk·tion** 女《言》因由の接続詞(例 weil, denn). **≈ne·xus** 男 因果関係. **≈prin·zip** 中 -s/《論・哲》因果の原理. **≈satz** 男《言》(weil, da などに導かれる)因由文, 因由〈原因〉の文節. **≈the·ra·pie** 女《医》原因療法. **≈zu·sam·men·hang** 男 =Kausalnexus

kau·sa·tiv[káʊzati:f, −⏑⏊][1] **I** 形 原因となる, 因由の;《言》作為〈使役〉の. **II Kau·sa·tiv** 中 -s/-e《言》作為〈使役〉動詞(例 fallen に対する fällen). [*lat.*; ◇Causa]

Kau·sa·ti·vum[kaʊzatí:vʊm] 中 -s/..va[..va·] =Kausativ

Kausch[kaʊʃ] 女 -/-en, **Kau·sche**[káʊʃə] 女 -/-n《海》(綱の端や帆にはめる)はめ輪, 心環. [*mndl.* couse „Hose"−*ndd.*]

▽**kau·si̱e·ren**[kaʊzí:rən] 他 (h) (verursachen)《*et.*[4]》(…の)原因となる,(…を)ひき起こす. [*mlat.*; ◇Causa]

kau·sti·fi·zi̱e·ren[kaʊstifitsí:rən] 他 (h)〘化〙苛性(ｶｾｲ)化する.

Ka̱u·stik[káʊstɪk] 女 -/ **1** 腐食法, 腐刻術;〘医〙焼灼(ｼｮｳｼｬｸ)〔法〕. **2**〘光〙火面, 焦面.

Ka̱u·sti·kum[..stikʊm] 中 -s/..ka[..ka·] 腐食剤;〘医〙焼灼(ｼｮｳｼｬｸ)剤. [*lat.*]

ka̱u·stisch[..stɪʃ] 形 **1** 腐食性の;〘化〙苛性(ｶｾｲ)の;〘医〙焼灼(ｼｮｳｼｬｸ)性の: ～*e* Alkalien〘化〙苛性アルカリ. **2**〘光〙火面の, 焦面の: ～*e* Kurve 火線. **3**《比》(ätzend) 刺すような, しんらつな. [*gr.*–*lat.*; <*gr.* kaíein „brennen"; ◇Kauterium]

Kau·sto·bio·li̱th[kaʊstobiolí:t, ..lít] 男 -s/-e; -en/-en《ふつう複数で》〘地〙〔可燃性〕残留炭. [<*gr.* kaustós „angebrannt"+bio..]

Ka̱u·ta·bak[káʊ..] 男 かみタバコ. [<kauen]

Kau·te̱l[kaʊté:l] 女 -/-en〘法〙(契約上の)留保〔条項〕. [*spätlat.*; <*lat.* cautus „vorsichtig" (◇Kaution)]

Ka̱u·ter[káʊtər] 男 -s/- =Kauterium

Kau·te̱·ri·en Kauterium の複数.

Kau·te·ri·sa·tio̱n[kaʊterizatsió:n] 女 -/-en〘医〙焼灼(ｼｮｳｼｬｸ)術〈法〉.

kau·te·ri·si̱e·ren[..zí:rən] 他 (h) **1**〘化〙腐食する;〘医〙焼灼(ｼｮｳｼｬｸ)する. **2**《*jn.*》〘民俗〙(未開人種が入れ墨のように…を)焼き傷で飾る.

Kau·te̱·rium[kaʊté:riʊm] 中 -s/..rien[..riən] **1**〘化〙腐食剤. **2**〘医〙焼灼(ｼｮｳｼｬｸ)器. [*gr.*–*lat.*; ◇kaustisch]

Kau·tio̱n[kaʊtsió:n] 女 -/-en〘法〙**1** 保証; 担保. **2 a)** 保釈金: *jn.* gegen ～ freilassen 保釈金を取って…を釈放する | eine ～ stellen 保釈金を積む. **b)** (Mietkaution) 賃貸借の際の保証金, 敷金. [*lat.* cautiō „Vorsicht"; <*lat.* cavēre (→Kavent)]

kau·tio̱ns·fä̱·hig 形 担保〈保証〉能力のある.

Kau·tio̱ns·sum·me 女 保釈金〈敷金〉の金額.

Kautsch[kaʊtʃ] 女 -/-s(-en) =Couch

kau·tschi̱e·ren[kaʊtʃí:rən] =kautschutieren

Ka̱u·tschuk[káʊtʃʊk] 男 -s/ (種類: -e) 生ゴム,(特に:) 弾性ゴム. [*indian.*–*span.* chaucho–*fr.* caoutchouc]

Ka̱u·tschuk≈baum 男〘植〙〔パラ〕ゴムノキ. **≈lö̱·wen·zahn** 男〘植〙ゴムタンポポ(中央アジア原産でゴムの原料). **≈milch** 女 (ゴムノキなどの)ゴム乳液. **≈pa·ra·graph** 男《話》(いろいろな解釈・適用が可能な)ゴム状法規, ゴム条項(1875年のプロイセンの刑法改正案に対する評語に由来). ▽**≈pfla·ster** 中 ゴム絆創膏(ﾊﾞﾝｿｳｺｳ). **≈plan·ta̱·ge** [..ta:ʒə] 女 ゴム園. **≈wa̱·re** 女 ゴム製品.

kau·tschu·ti̱e·ren[kaʊtʃutí:rən] 他 (h) **1** ゴムで包む. **2** ゴムから作る. [*fr.* caoutchouter]

Ka̱uts·ky[káʊtski·] 人名 Karl ～ カルル カウツキー(1854–1938; ドイツの社会主義者・経済学者. ドイツ社会民主党の理論家で, エルフルト綱領の主要起草者).

Ka̱u·werk·zeu·ge[káʊ..] 複〘動〙咀嚼(ｿｼｬｸ)器官(あご・歯など). [<kauen]

Kauz[kaʊts] 男 -es/Käuze[kɔ́ʏtsə] (小 **Kä̱uz·chen**[kɔ́ʏtsçən], **Kä̱uz·lein**[..laɪn] 中 -s/-) **1** (Eule)〘鳥〙フクロウ(しばしば凶鳥とされる): Der ～ schreit. フクロウが鳴く. **2**《軽蔑的に》変わり者, 変人. **3**《方》(髪の)結び玉, まげ: einen ～ tragen まげを結っている. [擬音; ◇kaum, Köter[1]; *engl.* kite]

ka̱u·zig[káʊtsɪç][2] 形 変わり者の, おかしな.

Ka·va̱l[kavál] 男 -s/-s〘ﾄﾗﾝﾌﾟ〙(タロックの)騎士. [*lat.* caballus „Pferd"–*it.* cavallo]

Ka·va·le̱tt[kavalέt] 中 -s/-e〔n〕《ｵｰｽﾄﾘｱ》(ごく簡単な)〔組み立て〕ベッド. [*it.* cavalletto]

Ka·va·li̱er[kavalí:r] 男 -s/-e **1** 騎士道精神の持ち主,(特に女性に親切な)紳士: ein perfekter 〈vollkommener〉 ～ 申し分のない紳士 | **ein ～ der alten Schule** 昔ふうの立派な紳士. **2**《戯》(女性の)護衛者, お伴, 男友だち, 情人: Sie hat einen ～. 彼女にはボーイフレンドがいる. ▽**3** 騎士; 宮廷人, 貴族. [*spätlat.* caballārius–*it.* cavaliere „Reiter"–*fr.*; ◇Chevalier]

ka·va·li̱er·mä̱·ßig =kavaliersmäßig

Ka·va·li̱ers≈de·likt[kavalí:rs..] 中 (不名誉にならない程度の)微罪: *et.*[4] als ～ bagatellisieren …をたいして悪いことと思わない. ▽**≈haus** 中 (城館付属の)廷臣宿舎〈住宅〉. ▽**≈krank·heit** 女《戯》性病.

ka·va·li̱ers·mä̱·ßig 形 (特に女性に対して)紳士的な, いんぎんな.

Ka·va·li̱er·spitz 男《ｵｰｽﾄﾘｱ》(牛の)下あご肉.

Ka·va·li̱er〔s〕≈start 男《話》(自動車の爆音をとどろかせての)急発進. **≈〔ta·schen·〕tuch** 中 -〔e〕s/..tücher (端だけをのぞかせている)胸ポケットのハンカチ.

Ka·val·ka̱·de[kavalká:də] 女 -/-n 騎馬行進〈行列〉: eine ～ von Autos《戯》自動車の列. [*it.*–*fr.*; <*spätlat.* caballicāre „reiten"]

Ka·val·le·ri̱e[kavalərí:, ◡◡◡–] 女 -/-n[..rí:ən]〘軍〙騎兵隊. [*it.*–*fr.* cavalerie; ◇*engl.* cavalry]

Ka·val·le·ri̱e≈di·vi·sio̱n 女〘軍〙騎兵師団. **≈re·gi·ment** 中〘軍〙騎兵連隊. **≈sol·da̱t** 男〘軍〙騎兵.

Ka·val·le·ri̱st[..ríst, ◡◡◡◡] 男 -en/-en〘軍〙騎兵.

Ka·va·ti̱·ne[kavatí:nə] 女 -/-n〘楽〙カヴァティーナ(オペラのリートふうの独唱曲; リートふうの器楽曲). [*it.*; <*lat.* cavāre „hohl machen" (◇Kaverne)]

Ka̱·ve·ling[ká:vəlɪŋ] 女 -/-en (競売の際の)最小単位量(ダース・包みなど). [*ndl.*; <*ndl.* kavelen „losen" (◇Kabel[1])]

▽**Ka·ve̱nt**[kavέnt] 男 -en/-en(Bürge) 保証人. [<*lat.* cavēre „sich hüten"; ◇Kaution, Kautel]

Ka·ve̱nts·mann 男 -〔e〕s/..männer **1** ▽**a)** =Kavent **b)**《話》福々しい男,(太った)お大尽. **2**〘海〙(山のような)大波.

Ka·ve̱r·ne[kavέrnə] 女 -/-n **1** (山腹などの)横穴; 横穴式地下施設. **2**〘医〙(肺などの)洞, 空洞. [*lat.*; <*lat.* caverna „Höhle"; ◇Käfig, Kavität; *engl.* cave〔rn〕]

Ka·ve̱r·nen·kraft·werk 中 横穴式発電所.

Ka·ver·no̱m[kavɛrnó:m] 中 -s/-e〘医〙海綿腫(ｼｭ). [<..om]

ka·ver·nö̱s[..nø:s][1] 形 **1**〘医〙空洞性の. **2**〘地〙海綿状の. [*lat.*; ◇..ös]

Ka̱·viar[ká:viar] 男 -s/ (種類: -e)〘料理〙キャビア(塩漬けにしたチョウザメの卵): roter ～ イクラ | Das ist ～ fürs Volk.《比》それは猫に小判だ. [*türk.*]

Ka̱·viar≈brot 中 細長い白パン. **≈brö̱t·chen** 中 キャビアをのせた小さなパン〔片〕.

Ka·vi·tä̱t[kavitέ:t] 女 -/-en〘解〙窩洞(ｶﾄﾞｳ), 窩. [*spätlat.* cavitās „Höhle"; <*lat.* cavus (→Kaverne)]

Ka·vi·ta·tio̱n[kavitatsió:n] 女 -/-en (流水などの)空洞形成. [*fr.*]

Ka̱·wa〔·ka̱·wa〕[ká:va(ká:va)·] 女 -/ カワ酒(ポリネシア産のコショウの根から造る強い酒). [*polynes.* kava „bitter"]

Ka·wa̱ß[kavás] 男..ssen/..ssen, **Ka·wa̱s·se**[..sə] 男 -n/-n (オスマントルコなどの)武装警官〈警備員〉. [*arab.*–*türk.*; <*arab.* qaws „Bogen"; ◇*engl.* kavass]

Ka̱·wi[ká:vi·] 中 -〔s〕/ **, Ka̱·wi·spra̱·che**[ká:vi..] 女 -/〘言〙カヴィ語(900–1400年代のジャワの文語). [*indones.*]

Ka·yenne·pfef·fer[kajέn..] =Cayennepfeffer

Ka·zi̱·ke[katsí:kə] 男 -n/-n ▽**1** (中南米の)インディアンの酋長(ｼｭｳﾁｮｳ). **2** (中南米のインディアンの村の)村長〔の称号〕. [*indian.*–*span.*; ◇*engl.* cacique]

K-Bei·ne[ká:baɪnə] 複〘医〙K 脚(一側性の外反膝(ｶﾞｲﾊﾝｼﾂ): →Knickbein).

kcal[kilokalorí:] 記号 (Kilokalorie) キロカロリー.

Kč =tschechische Krone チェコクローネ(→Koruna, →Krone 7 a).

Kčs 略 =tschechoslowakische Krone チェコスロヴァキア=

K

コルナ(→Koruna).

KdF[ka:de:|ɛ́f] 略 女 =**Kraft durch Freude**〔史〕歓喜力行団(ナチ政権下の労働者の余暇利用・生活向上のための組織).

Keats[ki:ts] 人名 John ～ ジョン キーツ(1795-1821; イギリスのロマン派詩人).

Keb·se[ké:psə] 女 -/-n =Kebsweib

Kebs≠frau[ké:ps..] 女, **≠weib** 中《軽蔑的に》(Nebenfrau) めかけ, そばめ. [*ahd.* kebis(a) „Sklavin"]

keck[kɛk] 形 **1** 向こう見ずな, 無鉄砲な, 威勢のよい; ずうずうしい, 小生意気な; 粋(いき)な: ein ～*er* Bursche 威勢のいい〈生意気な〉若者 | ein ～*es* Hütchen 粋な帽子 ‖ *sich*[4] ～ benehmen ずうずうしく振舞う. **2**《スイス》(munter) 陽気な, 楽しげな. [*ahd.*; ◇quick]

keckern[kɛ́kərn]《05》自 (h)〔狩〕(キツネ・イタチ・テンなどが怒ってケーケーとかすれた)うなり声を発する, うなる.

Keck·heit[kɛ́khaɪt] 女 -/ keck なこと.

Ke·der[ké:dər] 男 -s/- **1** (細工物の縁を強化する)革ひも. **2** (靴のへりにとりつける)細革. [*ndd.*; ◇Köder]

Kee·per[kí:pər] 男 -s/-《オーストリア》(Tormann)〔球技〕ゴールキーパー. [*engl.*; <*engl.* keep „bewahren"]

Keep-smi·ling[kí:psmáɪlɪŋ] 中 -/ 陽気で楽天的な生活態度. [*engl.*]

Kees[ke:s][1] 中 -es/-e《南部・オーストリア》(Gletscher) 氷河. [*ahd.* chēs „Eis"]

Kees·was·ser[ké:s..] 中 -s/-《南部・オーストリア》氷河から発する渓流.

Ke·fir[ké:fɪr] 男 -s/ (元来は馬乳, ふつうは牛乳から作られる)ケフィル酒, 乳漿(にゅうしょう)酒. [*kaukas.–russ.*]

Ke·gel[ké:gəl] 男 -s/- **1**〔数〕円錐(えんすい)(→図): ein gerader 〈schiefer〉 ～ 直〈斜〉円錐. **2** (九柱戯・ボウリングの)木柱, ピン: ～ spielen 九柱戯〈ボウリング〉をする | die ～ aufstellen 〈umwerfen〉 ピンを立てる〈倒す〉‖ Petrus schiebt ～.《話》雷がとどろく(ペトロが九柱戯の球を転がす). ▽**3** 私生児, 庶子:〔ふつう次の形で〕mit Kind und ～ (→Kind) | weder Kind noch ～ haben (→Kind). **4** (円錐形のもの) **a**) 円錐形の山(→図 Berg B). **b**) 円錐形に刈りこんだ木. **c**) (Lichtkegel) 円錐形の光. **d**)〔畜〕(馬の)橈骨(とうこつ)(前膊(ぜんはく)にある長い骨). **e**)《南部》関節の骨. **f**)《スイス》糞(ふん). **5** (Schriftkegel)〔印〕**a**) (活字の)ボデー〔の寸法〕(活字の肩から足までの部分). **b**) =Kegelstärke **6**〔狩〕(ウサギなどが)後足で直立してきき耳を立てる姿勢: einen ～ machen 後足で立つ. [*ahd.* „Ästchen"; ◇Kufe[1], Kabel[1]]

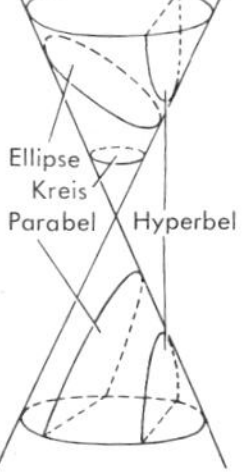

Kegel

Ke·gel≠bahn 女 **1** 九柱戯の球の走路; ボウリングのレーン. **2** 九柱戯〈ボウリング〉場. **≠bru·der** 男《戯》九柱戯〈ボウリング〉狂い; 同じ九柱戯〈ボウリング〉クラブの会員; 九柱戯のプレーヤー; ボウラー. **≠dach** 中 円錐(えんすい)屋根(→図 Dach B). **≠fe·der** 女〔工〕円錐コイルばね(→図 Feder). **≠flä·che** 女 =Kegelmantel

ke·gel·för·mig 形, **ke·ge·lig**[ké:gəlɪç][2] (**keg·lig**[..glɪç][2]) 形 円錐(えんすい)形の.

Ke·gel≠jun·ge[ké:gəl..] 男 (九柱戯・ボウリングの)ピンボーイ. **≠ku·gel** 女 九柱戯の球; ボウリングのボール. **≠man·tel** 男〔数〕錐面(すいめん).

ke·geln[ké:gəln]《06》**I** 自 **1** (h) 九柱戯〈ボウリング〉をする: ～ gehen 九柱戯〈ボウリング〉をしに行く ‖ Sie *kegeln* im Himmel.《話》雷が鳴る(天国で九柱戯が行われている). **2** (s)《話》(umfallen) 転がり落ちる: aus dem Bett 〈der Leiter〉 ～ ベッド〈はしご〉から転がり落ちる. **3** (h)〔狩〕(ウサギなどが)後足で立つ. **II** 他 (h)《結果を示す語句と》再帰 *sich*[4] müde ～ 九柱戯〈ボウリング〉をやって疲れる.

Ke·gel≠pen·del[ké:gəl..] 中〔理〕円錐(えんすい)振り子. **≠pro·jek·tion** 女〔地〕円錐〔投影〕図法. **≠rad** 中〔工〕傘歯車, ベベルギア(→図 Zahnrad). **≠rob·be** 女〔動〕ハイイロアザラシ(灰色海豹).

ke·gel≠|schie·ben*《134》(南部・オーストリア: **≠|schei·ben***《128》) **I** 自 (h)《不定詞で》九柱戯〈ボウリング〉をする.

☆ ふつう Kegel schieben 〈scheiben〉 と 2 語に書く

II Ke·gel≠schie·ben (南部・オーストリア: **≠schei·ben**) 中 -s/ =Kegelspiel

Ke·gel≠schnecke 女〔貝〕イモガイ. **≠schnitt** 男〔数〕円錐(えんすい)〔切断〕曲線. **≠spiel** 中 九柱戯(ボウリングの前身で標的柱は 9 本); ボウリング(ピンが10本). **≠spie·ler** 男 九柱戯のプレーヤー; ボウラー. **≠sport·hal·le** 女 九柱戯〈ボウリング〉場. **≠stär·ke** 女〔印〕(活字の)天地(→図 Letter). **≠statt** 女《オーストリア》=Kegelbahn **≠stumpf** 男〔数〕円錐台, 切頭円錐. **≠ven·til** 中〔工〕円錐弁.

Keg·ler[ké:glər] 男 -s/- 九柱戯〈ボウリング〉をする人.

keg·lig =kegelig

Kehl≠ader[ké:l..] 女〔解〕頸(けい)静脈. **≠bal·ken** 男〔建〕二重梁(ばり); つなぎ小梁(→図 Dach A, C).

Kehl·bal·ken·dach 中〔建〕二重梁(ばり)屋根, つなぎ小梁屋根(→図 Dach C).

Kehl·deckel 男〔解〕会厭(ええん)軟骨, 喉頭蓋(こうとうがい).

Keh·le[ké:lə] 女 -/-n (小 **Kehl·chen**[..çən] 中 -s/-) **1** のど, 咽喉(いんこう)(→図 Mensch A): eine durstige ～《話》飲んべえ | die falsche 〈unrechte〉 ～《話》気管 | eine rauhe ～ haben しゃがれ声をしている | 〔immer〕 **eine trockene 〈ausgepichte〉 ～ haben**《戯》大酒飲みである ‖ ***sich***[3] **die ～ anfeuchten 〈ölen / schmieren〉**《戯》酒でのどをうるおす, 軽く一杯やる | ***jm.* die ～ zuschnüren 〈zusammenschnüren〉** …に胸を締めつけられるような思いをさせる | Die Angst schnürte ihm die ～ zu 〈zusammen〉. 不安のため彼は胸を締めつけられる思いだった ‖ ***sich***[3] **die ～ ausschreien** / ***sich***[3] **die ～ aus dem Hals schreien** のどが張り裂けんばかりにわめき続ける ‖〔前置詞と〕*jm.* das Messer **an** die ～ setzen (→Messer 1) | *jm.* sitzt das Messer an der ～ (→Messer 1) | *jm.* an die ～ springen 〈fahren〉 …ののどくびに飛びかかる | **es geht *jm.* an die ～** …の命が危ない | **aus voller ～** singen 〈schreien〉 声をふりしぼって歌う〈叫ぶ〉| *jn.* **bei** der ～ packen …ののど〈胸ぐら〉をつかむ | Das Wasser steht ihm **bis** an die ～.《比》彼は破滅寸前だ | *sein* Geld **durch** die ～ jagen (→Geld 1) | ***et.***[4] **in die falsche ～ bekommen**《話》…を曲解して憤慨する | *jm.* in die falsche ～ geraten 〈kommen〉《話》(食物などが)…の気管に入る;《比》…に誤解〈曲解〉される | einen Frosch in der ～ haben (→Frosch 1) | Gold in der ～ haben (→Gold 2 a) | *jm.* in der ～ steckenbleiben (骨などが)…ののどにつかえて〈ひっかかって〉いる; (言葉が)つかえて…の口に出ない. **2 a**)〔建〕(屋根面の雨水の集まる)谷(→図 Dach A); (Hohlkehle) 雨(あま)押え, 水切り. **b**) (建具などの)〔彫り〕溝. **3**〔軍〕(城塞(じょうさい)の)背面入口. [*westgerm.*; ◇Kiel[3], Gurgel; *lat.* gula „Schlund"]

keh·len[ké:lən] 他 (h) **1** (auskehlen)《*et.*[4]》〔建〕(柱などに)溝を彫る, 条溝をつける. **2**〔料理〕(えらやはらわたを出すために魚の)のどを割く: Heringe ～ ニシンのはらわたを出す.

Kehl·ho·bel[ké:l..] 男〔工〕溝かんな.

keh·lig[ké:lɪç][2] 形 **1** のどの; (声が)のどの奥で発せられる, 喉音(こうおん)の: ein ～*er* Laut 喉音 | eine ～*e* Stimme 裏声 ‖ ～ singen 裏声で歌う. **2**〔建〕溝の彫られた, 谷のついた.

Kehl·kopf[ké:l..] 男〔解〕喉頭(こうとう)(→図 Mensch D): ***sich***[3] **einen hinter den ～ brausen**《ベルリン》《話》酒を一杯やる.

Kehl·kopf≠ent·zün·dung 女〔医〕喉頭(こうとう)炎. **≠ge·ne·ra·tor** 男〔医〕(人工の声を作る)喉頭発声器. **≠ka·tarr[h]** 男〔医〕喉頭カタル. **≠krebs** 男〔医〕喉頭癌(がん). **≠laut** 男〔言〕喉頭音(→Glottal). **≠mi·kro·phon** (**≠mi·kro·fon**) 中 (周囲の騒音を入れぬための)喉頭マイクロホン. **≠schnitt** 男〔医〕喉頭切開. **≠spie·gel** 男〔医〕喉頭鏡. **≠ver·schluß·laut** 男 (Knacklaut)〔言〕声門閉鎖音(音標文字: [ʔ]; 本書では

［|］で示す）.
Kehl≈lap·pen[ké:l..] 男 (鶏などの)肉垂れ. **≈laut** ＝Kehlkopflaut **≈lei·ste** 女〘建〙反曲線, 鳩胸刳形(くりかた). **≈rie·men** 男 (頭部馬具の)のど革(→ 図 Kopfgestell). **≈stück** 中 (よろいの)のど当て(→ 図 Harnisch).
Keh·lung[ké:lʊŋ] 女 -/-en〘建〙溝〔彫り〕, 刳形(くりかた); (屋根の)谷.
Kehr·aus[ké:r|aʊs] 男 -/ (祝祭などの)最後の舞踏〔曲〕; (祭典などの)後片付け;《比》(Abschluß) 終わり: den ～ spielen 〈tanzen〉 最後〈フィナーレ〉の曲を演奏する〈踊る〉| ～ machen《比》おしまいにする, おひらきにする. [＜auskehren[2]]
Kehr≈be·sen 男《方》ほうき. **≈blech** 中《方》ちりとり. [＜kehren[2]]
Keh·re[ké:rə] 女 -/-n **1 a)** (道の)曲がり角; 急な曲折,〘土木〙ヘアピンカーブ(山地道路の曲線半径の小さい個所): Der Weg führt in steilen ～*n* zum Paß hinauf. 道は険しく幾重にも折れ曲がりながら峠に通じている. **b)**〘鉄道〙ループ線, 環線. **2 a)** 方向転換, 転回, 転向: in die ～ gehen (スキーで)方向転換する. **b)**〘空〙ターン, 旋回. **c)**〘体操〙(鞍馬(あんば)・平行棒などの)上向き横飛び越し(→ 図). **3**《南部》(Runde) (ダンス・競技などの)〔ワン〕ラウンド, 一回戦: Ich bin an der ～. / Ich habe die ～. 今度は私の番だ.

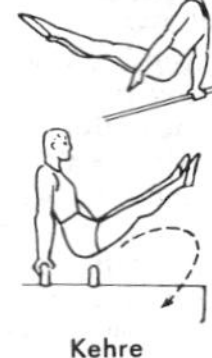
Kehre

keh·ren[1][ké:rən] **I** 他 (h) (wenden) **1** 向ける; 転じる: *jm.* 〈*et.*[3]〉 den Rücken ～ (→Rücken 1) ‖ die rauhe Seite nach außen ～《比》無愛想〈つっけんどん〉な態度をとる | den Blick 〈die Augen〉 zum Himmel ～ 天を仰ぐ | **das Oberste zuunterst ～ / das Unterste zuoberst ～**《比》めちゃめちゃにひっくり返す, すっかりごちゃごちゃにする | **alles zum Besten 〈Guten〉 ～** 万事首尾よく終わらせる | die Waffe gegen *sich*[4] selbst ～《雅》武器をわが身に向け〔て自殺しようとす〕る ‖ 再帰 *sich*[4] ～ 向く, 向かう | ***sich*[4] an *et.*[4] nicht ～**《比》…を気にとめない〈無視する〉| *sich*[4] gegen *jn.* 〈*et.*[4]〉 ～《雅》…にさからう, …にそむく | ***sich*[4] zum Besten 〈Guten〉 ～**《比》上首尾に終わる ‖ **in *sich*[4] *gekehrt***《雅》物思いにふけって, 深く考えこんで, 黙然として | nach innen *gekehrt*《比》内省的に, うちとけずに. **2** ひっくり返す;〘服飾〙(服を)裏返す.
II 自 **1** (h) (くるりと)向きを変える, 折り返す: an der Endstation ～ 終着駅で折り返す | 〔Rechtsum〕 *kehrt*!〘軍〙回れ右. **2** (h)《スイ》(風の)向きが変わる: 非人称 Es *kehrt*. 天気が変わる. **3** (s)《雅》(zurückkehren) 戻る: nach Hause ～ 帰宅する. **4** (s, h)〘体操〙上向き横飛び越しをする. [*ahd.*]
keh·ren[2][—] 他 (h)《特に南部》(fegen) (ほうきで)掃く, 掃除する: das Zimmer 〈die Straße〉 ～ 部屋〈通り〉を掃く | den Schnee vom Dach ～ 屋根の雪を掃き下ろす ‖〘目的語なしで〙Sie wollte gerade vor der Tür ～. 彼女はちょうど戸口の前を掃こうとしていた ‖ *et.*[4] mit eisernem Besen ～ (→Besen 1 a) | Neue Besen *kehren* gut. (→Besen 1 a) | Jeder *kehre* vor seiner 〔eigenen〕 Tür. (→ Tür). [*westgerm.*]
Keh·richt[ké:rɪçt] 男 (中) -s/ **1**《雅》(ほうきなどで掃き集められた)塵芥(じんかい), ちり, くず: den ～ in den Mülleimer 〔aus〕schütten 塵芥をごみバケツにぶちまける ‖ *jm.* **einen feuchten ～** wert sein …には何の値うちもない | *sich*[4] einen feuchten ～ um *et.*[4] kümmern …のことを全然気にかけない | *jn.* einen feuchten ～ angehen (→angehen II 3). **2**《スイ》(Müll) ごみ. [＜..icht]
Keh·richt≈ei·mer 男 ごみバケツ. **≈hau·fen** 男 ごみの山. **≈schau·fel** 女 ちり取り, ごみ取り.
Kehr≈lei·ne[ké:r..] 女 (煙突掃除用の)ブラシワイヤー. **≈ma·schi·ne** 女 **1** 回転式ブラシ付きの掃除機. **2** 回転式ブラシを備えた道路清掃車.
Kehr≈reim[ké:r..] 男 (Refrain)〘詩〙(詩節末の)折り返し句〈音〉, リフレイン. **≈schlei·fe** 女 (道路の)ヘアピンカーブ; (バスなどの)折り返し〈方向転換〉道.
Kehr·sei·te 女 **1** (Rückseite) 裏面, 裏側;《比》裏面, 不利〈不都合〉な面: **die ～ der Medaille** i) メダルの裏面; ii)《比》(長所と表裏一体をなす)欠点, 事物の裏面〈弱点〉. **2**《戯》(Rücken) 背中; (Gesäß) しり: *jm.* die ～ zuwenden …に背を向ける. [*ndl.* keer-zijde „Rück-seite (einer Münze)" の翻訳借用; ◇kehren[1]]
kehrt|ma·chen[ké:rt..] 自 (h) 180度回転する, 回れ右をする; (来た道を)引き返す, 取って返す: auf dem Absatz ～ (→Absatz 4) | Er *machte* auf halbem Wege *kehrt*. 彼は道の途中で引き返した. [＜kehrt!]
Kehrt·wen·dung 女 回れ右;《比》(180度の)方向転換.
Kehr≈um[ké:r|ʊm] 男 -s/ ▽**1** 袋小路, 行き止まり. ▽**2** ＝Kehrreim **3**《スイ》**im ～** あっというまに(＝im Handumdrehen). **≈wert** 男 (reziproker Wert)〘数〙逆数.
▽**Kehr·wie·der**[ke:rví:dər] 男 中 -s/ ＝Kehrum 1
Kehr·wisch[ké:r..] 男《南部》(Flederwisch) 羽ぼうき.
kei·fen[(*)][káɪfən] 《72》 **keif·te** (▽kiff[kɪf]) / **ge·keift** (▽gekiffen[gəkífən]); 接II keifte (▽kiffe) 自 (h) かん高い声でののしる, 口やかましくしかる, がみがみ言う, 悪態をつく. [*mndd.* kīven]
Kei·fe·rei[kaɪfəráɪ] 女 -/-en しきりに keifen すること.
Keil[kaɪl] 男 -〔e〕s/-e **1** くさび: einen ～ in *et.*[4] treiben …にくさびを打ちこむ | einen ～ zwischen zwei Menschen treiben《比》二人の仲に水をさす ‖ Ein ～ treibt den andern.《諺》i) 両雄並び立たず; ii) 毒をもって毒を制す | **Auf einen groben Klotz gehört ein grober ～.**《諺》非礼には非礼をもって報いよ, 売り言葉に買い言葉(太い丸太には大きいくさびがふさわしい).
2〘服飾〙ゴアー, 襠(まち), 三角布: einen ～ im Rücken des Mantels einsetzen コートの背にゴアー〈三角布〉を入れる.
3 a)〘工〙くさび形の輪留め: einen ～ unter 〈hinter〉 das Rad legen 車輪の下〈後ろ〉に輪留めを入れる. **b)**〘建・土木〙くさび. **c)** 割り〈かい〉くさび, 鼻栓(はなせん). **d)** (かんなの)裏金, くさび. **e)** (採石用の)矢. **f)**〘地〙(結晶形の)楔(せつ)面. **g)**〘軍〙V 字隊形〈編隊〉. **h)**〘紋〙(下がとがった)くさび形図形: steigender ～ 逆くさび形図形.
[*germ.* „Gerät zum Spalten"; ◇Kien[2], Keim]
Keil≈ab·satz[káɪl..] 男 (靴底に食いこませた)くさび形のかかと革. **≈bein** 中〘解〙蝶(ちょう)形骨(→ 図 Schädel). **≈blatt** 中〘植〙楔葉(せつよう)類(古生代のトクサ類化石植物).
Kei·le[káɪlə] 女 -/《話》(Prügel) 殴ること: 〔tüchtige〕 ～ kriegen 〈beziehen〉 〔したたか〕ぶん殴られる.
kei·len[káɪlən] **I** 他 (h) **1 a)** 《*et.*[4]》(…に)くさびを打ち込む, くさびで割る; (…を)くさびとして打ち込む. **b)** 再帰 *sich*[4] ～ 割り込む: *sich*[4] zwischen die Zuschauer ～ 見物人の中に割り込む. **2**《話》**a)** 再帰《相互的》*sich*[4] ～ 殴り合いをする. **b)** 押しのける. **3**《話》入会を勧誘する: *jn.* für die studentische Verbindung ～ …に学生組合への加入を勧める. **II** 自 (h) (馬が)後足で蹴(け)る; (クマなどが)前足をあげてとびかかる.
Kei·ler[káɪlər] 男 -s/-〘狩〙(3歳以上の)雄のイノシシ.
Kei·le·rei[kaɪləráɪ] 女 -/-en《話》(Prügelei) 殴り合い.
keil·för·mig[káɪlfœrmɪç][2] 形 くさび形の.
Keil≈hacke 女, **≈haue** 女〘坑〙つるはし(→ 図 Hacke). **≈ho·se** 女 (足底に留めひものついた)すそつぼまりのズボン, テーパード=スラックス(→ 図 Skianzug). **≈kis·sen** 中 (ベッドの頭部を高くするために敷く)くさび形マット(→ 図 Himmelbett). **≈nut** 女〘工〙キー溝, くさび形溝. **≈pol·ster** 男《オーストリア》＝Keilkissen **≈rad** 中〘工〙植え込み歯車(キー溝で連動する歯車). **≈rah·men** 男 (カンバス用の)くさびつき画枠. **≈rie·men** 男〘工〙V ベルト. **≈schrift** 女 楔形(くさびがた)文字(→ 図 Schrift).
Keim[kaɪm] 男 -〔e〕s/-e **1 a)** (植物の)胚(はい), 胚芽(→ 図 Kornfrucht); 胎児: die ～*e* der Kartoffeln ジャガイモの芽 | der ～ werdenden Lebens 胎内に芽ばえつつある生命, 胎児 ‖ ～*e* treiben 発芽する. **b)**《比》芽ばえ, きざし, 萌芽(ほうが), はじまり, 発端; (発生の)根源, そもそもの原因: der ～ der Liebe 恋の芽ばえ | den ～ des Unterganges in

Hosentasche) ‖ *jn.* als Gelehrten ~ …を学者として知っている | *jn.* als einen zuverlässigen Menschen ~ / *jn.* als zuverlässig ~ …が信頼できる人であることを知っている | *jn.* mit ⟨beim⟩ Namen ~ …の名前を知っている | *jn.* 〔nur〕 dem Namen nach ~ …を名前だけ知っている | *jn.* vom Fernsehen ~ …をテレビで見て知っている | *jn.* von der Schule ~ …とは学校のときからの知り合いである | *jn.* 〔nur〕 vom Hörensagen ~ …のうわさは聞いて知っている ‖ *Kennen* Sie Herrn Meyer? マイヤー氏をご存じですか | *Kennen* Sie den Verfasser dieses Buches? この本の著者〔のこと〕をご存じですか | das Buch ⟨das Wort⟩ ~ この本⟨単語⟩を見たことがある | die Gegend ⟨Rom⟩ ~ その土地⟨ローマの町⟩を知っている | Goethes Gedichte 〔gut〕 ~ ゲーテの詩を〔よく〕知っている | *seinen* Goethe ~ ゲーテをよく読んで〔研究して〕いる | *sein* Handwerk ~《比》職人である, 商売をよく心得ている | das Leben ~ 人生を知っている | *seine* Pflichten ~ 義務を心得ている | viele Spiele ~ ゲームをたくさん知っている ‖ eine Katastrophe von nie *gekanntem* Ausmaß 空前の規模の大災害 ‖ 再帰 Wir *kennen* uns schon lange. 私たちは前々からの知り合いだ | Woher *kennen* wir uns? どこでお会いし(お知り合いになっ)たでしょうか. **b)** (…について)心得ている: ① (…が)どんなであるかわかっている: *js.* Adresse ⟨Namen⟩ ~ (=wissen) …の住所⟨名前⟩を〔聞き〕知っている | Wir *kennen* Ihre Not. 苦衷お察しいたします | *js.* Schwächen ⟨Vorzüge⟩ ~ …の弱点⟨長所⟩を知っている ‖ Wie ich ihn *kenne*, tut er das Gegenteil. 私の知っている彼はそんなことをするはずがない | Da *kennst* du mich aber schlecht! 人を見そこなうのもいいかげんにしろ | Das *kennt* man. それはよくある話だ, それはわれわれもよく知っていることだ | Das *kennen* wir 〔schon〕! それはもうわかってるんだ; 言いのがれはよせ ‖ 再帰 ***sich***[4] **vor** ***et.***[3] **nicht** 〔**mehr**〕 **~** …のあまり我を忘れる. ② (…の)心当たりがある: ein gutes Restaurant ~ (=wissen) よいレストランを知っている.

2 《*et.*[4]》 (…が…を)関知している, (…には…が)ある: Alaska *kennt* harte, lange Winter. アラスカの冬は厳しく長い ‖ nur *et.*[4] ⟨*jn.*⟩ ~ …にしか関心がない | Er *kennt* nur seine Arbeit ⟨nichts als seine Arbeit⟩. 彼は仕事一筋に打ち込んでいる ‖ 再帰 Er *kennt* nur sich. 彼はエゴイストだ ‖ 〖否定文で〗 keine Unterschiede ~ 差異を認めない, 区別しない | keine Grenzen ~ とどまる所を知らない | keine Rücksicht ~ 遠慮会釈をしない ‖ Diesen Fehler *kennt* man nicht an ihm. この欠点は彼にはない | Die japanische Sprache *kennt* keinen Artikel. 日本語には冠詞がない | Da *kenne* ich nichts. どうなろうと知ったことか.

3 (erkennen) 識別する〔ことができる〕, 見分けられる: viele Pilze ~ たくさんのキノコを見分けることができる ‖ *jn.* **an** der Stimme ~ …であることが声でわかる | *jn.* nicht mehr ~ wollen …とかかわりたがらない | Er hat sie in ihrer Maske nicht *gekannt*. 仮装している彼女を彼は見分けられなかった | Ich glaube, ich würde ihn nicht wieder ~. 彼に会っても私にはわからないんじゃないかしら | *Kennst* du mich 〔überhaupt〕 noch? 〔いったい〕君は私に見覚えがあるかい.

4 《中部》 再帰 *sich*[4] ~ 勝手を知っている: Ich *kenne* mich hier. 私はこの土地には詳しい.

★ kennen と wissen の違い: i) kennen がつねに語を目的語とするのに対し, wissen はしばしば副文を目的語とする: Ich *kenne* die Stadt, *weiß* aber nicht mehr, wie man dorthin kommt. 私はその町に行ったことはあるが どうやってそこへ行くかはもうわからない.

ii) kennen が直接見聞した体験に基づいて知っているというのに対し, wissen は〔間接的に〕知識・情報として心得ているという意味で用いるのが中心的用法である: den Weg *kennen* その道を以前通ったことがある | den Weg *wissen* 道順を心得ている.

[*germ.* „wissen lassen"; ◇können; *engl.* ken]

kẹn·nen|ler·nen[kɛ́nənlɛrnən] 他 (h) 《*jn./et.*[4]》 (…と)知り合いになる, 知〔りはじめ〕る, 知るに至る, 経験するようになる, 思い知る: ein fremdes Land ~ よその国を知る | *js.* Absicht ⟨Gemeinheit⟩ ~ …の意図を知るに至る⟨下劣さを思い知らされる⟩ ‖ Die Bewohner dieser Stadt *lernten* erst vor 20 Jahren die moderne Kanalisation *kennen*. この町の住民たちは20年前に初めて近代的下水設備というものに接した ‖ *jn.* näher ~ …とのつきあいを深める | *jn.* von einer ganz neuen Seite ~ …の全く新しい一面を知る | Ich habe ihn auf der Schule *kennengelernt*. 私は学校で彼と知り合いになった | Es freut mich, Sie *kennenzulernen*. お近づきになれてうれしく存じます | Du wirst mich noch 〔gründlich〕 ~! 私を見そこなうなよ | Der soll mich 〔noch〕 ~! やつに私という人間を思い知らせてやるぞ ‖ 再帰 *sich*[4] ~ (互いに)知り合いになる. | Wir haben uns bei einem gemeinsamen Freund *kennengelernt*. 私たちは共通の友人のところで知り合った.

Kẹn·ner[kɛ́nər] 男 -s/- 精通者, くろうと, 専門家; (料理・飲み物などの)通.

Kẹn·ner≈au·ge 中, **≈blick** 男 専門家⟨くろうと⟩の目, 鑑識眼.

kẹn·ner·haft[..haft] =kennerisch 1

kẹn·ne·risch[kɛ́nərɪʃ] 形 **1** 専門家⟨くろうと⟩らしい. **2** 《スイ》知ったかぶりの.

Kẹn·ner·mie·ne[kɛ́nər..] 女 くろうとらしい⟨専門家ぶった⟩顔つき.

Kẹn·ner·schaft[..ʃaft] 女 -/ 専門的知識; 熟知, 精通; 《集合的に》くろうと筋, 専門家.

Kẹnn≈fa·den[kɛ́n..] 男 〖商〗 標糸(商品に付けられた商社の追跡調査用色糸). **≈for·men** 複 〖言〗 (強変化動詞などの)基本形, 3⟨4⟩要形(不定詞・〔3人称単数現在・〕3人称単数過去・過去分詞).

Kẹ·ning[kɛ́nɪŋ] 女 -/-ar[..ŋgar], -e 〖文芸〗 ケニング(2語以上の隠喩による一つの名詞の言い換え. 古い北欧詩に多い. 例 Trank Odins < Dichtkunst). [*anord.*; ◇kennen]

Kẹnn≈kar·te[kɛ́n..] 女 ▽**1** (Personalausweis) 身分証明書. **2** (繊維製品の)品質表示票. **≈leuch·te** 女 (航空機の夜間)標識灯. **≈licht** 中 -〔e〕s/-er **1 a)** (救急車などの)警告灯. **b)** =Kennleuchte **2** (電気器具の)パイロットランプ. **≈li·nie**[..niə] 女 〖数〗 特性曲線. **≈mar·ke** 女 (兵士・囚人などの)認識票; (商品の)品質表示票. **≈me·lo·die** 女 (放送番組などの)テーマ音楽. **≈num·mer** =Kennummer

kẹnn·te[kɛ́ntə] kennen の接続法 II.

kẹnnt·lich[kɛ́ntlɪç] 形 識別⟨判別⟩できる, 見分けやすい; 顕著な, 明白な: von weitem gut ~ sein 遠くからでもよく見分けがつく | *jn.* ⟨***et.***[4]⟩ **~ machen** …を識別しやすくする⟨目立たせる⟩.

[*mhd.* ken〔ne〕lich; ◇kennen]

Kẹnnt·lich·ma·chung[−maxʊŋ] 女 -/-en 目印を付けること; 検証刻印, 記号表記.

Kẹnnt·nis[kɛ́ntnɪs] 女 -/-se **1** 《ふつう複数で》 (個々の事柄に関する)〔専門的〕知識: Besondere *~se* nicht erforderlich. 特別の知識不要(求人広告の文句) | umfassende *~se* haben 広い知識をもつ | gute ⟨reiche⟩ *~se* in der Mathematik besitzen 数学に関して知識が豊富である ‖ 〔*sich*[3]〕 *~se* erwerben 知識を獲得する | *~se* anhäufen ⟨sammeln⟩ 知識をたくわえる | *seine ~se* erweitern ⟨vertiefen⟩ 知識を広げる⟨深める⟩ ‖ aus eigener ~ 自分の知識に基づいて | nach meiner ~ der Gesetze 私の法律の知識によれば.

2 《単数で》 知っていること, 承知: bei voller ~ der Tatsachen 事実を十分に知った上で | ***jn.*** **von** ***et.***[3] **in ~ setzen** 《官》…に…について知らせる | *jm.* *et.*[4] zur ~ bringen ⟨geben⟩ 《官》…に…を知らせる | ***et.***[4] **zur ~ nehmen** …を心に留める, …に気づく; (確かに)…を承知〔した旨を明らかに〕する; …を聞きおく | ***jn.*** **zur ~ nehmen** …の存在〔来訪〕に気づく(それ以上の応接をしない) ‖ ~ von *et.*[3] bekommen ⟨erhalten⟩ …を知らされる | ~ von *et.*[3] haben …を知っている | **von** ***et.***[3] **~ nehmen** …を心に留める, …に気づく | *sich*[3] ~ von *et.*[3] verschaffen …の情報を集める ‖ ***sich***[4] ***js.*** **~**[3] **entziehen** …の知らないことである | Das entzieht sich meiner ~[3]. 《雅》そのことを私は知らない.

[*mhd.*; ◇kennen]

K

Kẹnnt·nis·nah·me[−na:mə] 女 -/ 《官》(文書の)閲覧, 閲読: nach ~ der Akten 書類閲覧後に | zu Ihrer ~ 乞う御閲覧.

kẹnnt·nis·reich 形 博識の; 老練な.

Kẹnnum·mer[kɛ́nnʊmər] 女 -/-n 索引(参照)番号; (自動車などの)登録番号.

Kẹn·nung[kɛ́nʊŋ] 女 -/-en **1** (Merkmal) 目印, 特徴; (馬などの)年齢識別標識(歯の磨滅状態など). **2** 《海・空・軍》(灯火などによる陸上の)標識, 識別信号; 《通信》コールサイン.

Kẹnn≈wert[kɛ́n..] 男 《数》固有値. **≈wort** 中 -〔e〕s/ ..wörter **1 a)** 合言葉, 符丁. **b)** (預金通帳などの)暗証; (商社などの)電信略号, 暗号名. ▽**2** スローガン, 標語. **≈zahl** 女 **1** 索引番号; (電話の)局番. **2** 指数. **≈zei·chen** 中 **1** 目印, 記号, 符号; (自動車などの)登録標識(国籍略号・種別符号・番号の総称). **2** 《医》徴候.

Kẹnn·zei·chen·schild 中 (自動車の)ナンバープレート.

kẹnn·zeich·nen[kɛ́ntsaɪçnən] 《01》《過分 gekennzeichnet》 **I** 他 (h) **1** 《*et.*⁴》(…に)しるし(記号)をつける: eine Flasche durch ein Etikett ~ 瓶にラベルをはる | einen Weg 〔durch Steine〕 ~ 道に〔石で〕道しるべをつける. **2** 《*jn.* / *et.*⁴》特徴づける, (…の)特徴を述べる, (…であることを)明らかにする: *jn.* 〈*et.*⁴〉 als *et.*⁴ ~ …を…であると称する | Sein Verhalten *kennzeichnet* ihn als ehrlichen Mann. 彼の行為を見ると 彼が正直な男であることがわかる | Diese Wendung ist als gehoben zu ~. この言い回しは雅語であると言ってよい. **3** 再帰 *sich*⁴ ~ 目立つ: *sich*⁴ durch *et.*⁴ ~ …の点が際立っている | Diese abscheuliche Tat *kennzeichnet* sich selbst. この残虐行為は歴然としている.

II kẹnn·zeich·nend 現分 形 (charakteristisch) 特徴的な, 典型的な, 本領を遺憾なく示す: Diese Bemerkung ist ~ für ihn. この発言はいかにも彼らしい.

kẹnn·zeich·nen·der·wei·se 副 (charakteristischerweise) いかにも典型的に(それらしく).

Kẹnn·zeich·nung[..nʊŋ] 女 -/-en (kennzeichnen すること. 例えば:) 特徴づけ, 性格描写, 証明.

Kẹnn·zif·fer[kɛ́n..] 女 (符号としての)数字, 番号; (電話の)局番; 《数》(対数の)指標, 標数; 《経》〔統計〕指数.

Kẹ·no·sis[ké(:)nozɪs] 女 《宗》(キリストの)神性放棄. [*gr.* kénōsis „Ausleerung"; < *gr.* kenós „leer"]

Ke·no·tạph[kenotá:f] 中 -s/-e (遺骸(ぶ)・遺骨の埋められている場所とは別の所に死者を記念して建てられた)記念碑. [*gr.*−*lat.*; < *gr.* táphos „Grab"]

Ken·tạur[kɛntáʊər] 男 -en/-en ＝Zentaur

kẹn·ter·an·fäl·lig[kɛ́ntər..] 形 (船舶が構造上)転覆しやすい.

Kẹn·ter·ha·ken[kɛ́ntər..] 男 ひっかけ鉤(ぎ).

kẹn·tern[kɛ́ntərn] 《05》 自 **1** (s) (船が)転覆する, (人が)ボートで転覆する; 《比》(傘が)おちょこ(きのこ)になる: mit einem Segelboot ~ 乗っているヨットがひっくり返る | ein *gekentertes* Schiff 転覆した船. **2** (h) 《海》(風や海流が)向きを逆方向に変える: mit dem *kenternden* Wasser 引き(上げ)潮の流れにのって. [*ndd.*; ◇Kante]

Kẹn·tum·spra·chen[kɛ́ntʊm..] 複 (↔ Satemsprachen) 《言》ケントゥム諸語(インド=ヨーロッパ語圏西部の諸言語で共通基語の閉鎖音[k] が歯擦音[s][ʃ] に変化しなかったもの). [< *lat.* centum „hundert" (◇zenti..)]

kephal.. →kephalo..

Ke·phal·al·gie[kefalalgí:] 女 -/-n[..gí:ən] (Kopfschmerz) 《医》頭痛.

Ke·phal·hä·ma·tọm[kefalhɛmató:m] 中 -s/-e 《医》(新生児の)頭血腫(けっしゅ).

kephalo.. 《名詞などにつけて「頭〔部〕の」を意味する. 母音または h の前では kephal.. となる: →*Kephal*algie. また zephal〔o〕.. の形もある》 [*gr.* kephalḗ „Kopf"; ◇Giebel²]

Ke·pha·lo·grạmm[kefalográm] 中 -s/-e 《医》頭蓋(ぶ)〔形測〕図; 頭不随意運動曲線.

Ke·pha·lo·me·trie[..metrí:] 女 -/ 《医》頭蓋(ぶ)測定〔法〕.

Ke·pha·lo·pọ·de[..pó:də] 男 -n/-n (Kopffüßer) 《動》頭足類(オウムガイ・イカ・タコの類).

Kẹ·pheus[ké:fɔʏs] **I** 人名 《ギ神》ケペウス (Andromeda の父). **II** der **Kẹ·pheus** 男 -/ 《天》ケフェウス座. [*gr.*−*lat.*]

Kẹp·ler[kɛ́plər] 人名 Johannes ~ ヨハネス ケプラー(1571–1630; ドイツの天文学者): die ~*schen* Gesetze 《天》(惑星運動に関する)ケプラーの〔三〕法則.

kẹp·peln[kɛ́pəln] 《06》 自 (h) 《オーストリア》(keifen) がみがみ言う, 口ぎたなくののしる. [< kibbeln]

Kẹp·pel·weib 中, **Kẹpp·le·rin**[kɛ́plərɪn] 女 -/-nen 《オーストリア》がみがみ言う女.

Ke·rạ·mik[kerá:mɪk] 女 -/-en **1** 陶磁器. **2** 《単数で》 **a)** 《集合的に》陶磁器〔類〕, セラミックス. **b)** 製陶術, 窯業. [*fr.* céramique; < *gr.* kéramos „Töpfererde"]

Ke·rạ·mi·ker[..mikər] 男 -s/- 窯業(陶芸)家, 陶工.

ke·rạ·misch[..mɪʃ] 形 Keramik の.

kerat.. →kerato..

Ke·ra·tịn[keratí:n] 中 -s/-e 《化》ケラチン, 角質.

Ke·ra·tị·tis[keratí:tɪs] 女 -/..titiden[..tití:dən] (Hornhautentzündung) 《医》角膜炎. [<..itis]

kerato.. 《名詞などにつけて「角〔質〕の」を意味する. 母音の前では kerat.. となる: →*Kerat*itis》 [*gr.* kéras „Horn"; ◇Horn]

Ke·ra·tọm[kerató:m] 中 -s/-e (Horngeschwulst) 《医》角化腫(しゅ). [<..om]

Ke·ra·to·ma·la·zie[keratomalatsí:] 女 -/-n [..tsí:ən] 《医》角膜軟化〔症〕.

Ke·ra·to·pla·stik[..plástɪk] 女 (Hornhautübertragung) 《医》角膜移植〔術〕, 角膜形成〔術〕.

Ke·ra·tọ·se[kerató:zə] 女 -/-n 《医》(皮膚の)角化〔症〕. [<..ose]

Ke·ra·to·skọp[keratoskó:p, ..tɔs..] 中 -s/-e 《医》角膜鏡, 検影器.

Kerb¹[kɛrp]¹ 女 -/-en 《中部》＝Kirchweih

Kerb²[−] 男 -〔e〕s/-e 《工》(切り欠き靱性(じんせい)テスト用の)刻み目.

Kẹr·be[kɛ́rbə] 女 -/-n **1** (木に刃物でつけた)刻み目; (一般に)刻み目; (額などに深く刻まれた)しわ; (印としての)ぎざぎざ; (銃の)照尺の穴(刻み): *et.*⁴ in die ~ pfropfen 《園》…を接ぎ木する | **in dieselbe 〈die gleiche〉 ~ schlagen 〈hauen〉** 《話》(言動において…と)同一歩調をとる, (…に)同調する, (…と)同じ目的を追う. **2** 《卑》 **a)** (Gesäßfurche) しりの割れ目: ***jm.* die ~ aus dem Arsch bügeln** …をさんざんぶん殴る | die ~ spalten 肛門(こうもん)性交する ‖ *jn.* auf die ~ einladen …にひどい悪態をつく. **b)** (Vulva) (女性の)外陰部, 陰門. **3** 《ラグビー》(ペナルティキックおよびフリーキックの際ボールを置くために作られる)芝生面のくぼみ. [*mhd.*; ◇kerben]

Kẹrb·ei·sen[kɛ́rp..] 中 **1** 《工》仕上げハンマーの一種. **2** ワイヤーゲージ.

Kẹr·bel[kɛ́rbəl] 男 -s/ **1** 《植》シャク属. **2** 《料理》チャーヴィル, セルフィーユ, オランダゼリ(葉を薬味に使う). [*gr.* chairé-phyllon−*lat.*−*ahd.* kervo〔l〕la; < *gr.* chaírein „sich freuen"＋phýllon „Blatt"; ◇*engl.* chervil]

Kẹr·bel·kraut 中 -〔e〕s/ ＝Kerbel 2

kẹr·ben[kɛ́rbən]¹ **I** 他 (h) **1** (…に)刻み目(ぎざぎざ)をつける. **2** 刻みこむ: eine Zahl in den Balken ~ 角材に数字を彫りこむ. **3** 《方》かじる; ののしる. **II ge·kẹrbt** → 別出 [*westgerm.*; ◇..graph; *engl.* carve]

Kẹr·be·ros[kɛ́rberɔs] 男 -/- ＝Zerberus [*gr.*]

Kẹrb·holz[kɛ́rp..] 中 借金割り符(むかし棒に金額を示す刻み目をつけ 縦に二分して貸し手と借り手が共に保存した): ***et.*⁴ auf dem ~ haben** 《話》…の罪を犯している | Er hat viel auf dem ~. 彼にはたくさん前科がある, 彼にはいろいろ良心にやましいところがある.

Kẹrb·ling[..lɪŋ] 男 -s/-e ＝Kerbtier

Kẹrb·schlag·zä·hig·keit 女 《工》切り欠き靱性(じんせい).

Kẹrb≈schnitt 男 -〔e〕s/ , **≈schnit·ze·rei**[また: ◡◡◡⏊] 女 -/ (家具などの)そぎ彫り〔模様〕. **≈tal** 中 《地》欠谷(→ 図 Tal).

Kẹrb·tier 中〘虫〙**1** 昆虫(→ 図). **2**《複数で》昆虫綱. [*lat.* īnsectum (→Insekt) の翻訳借用]

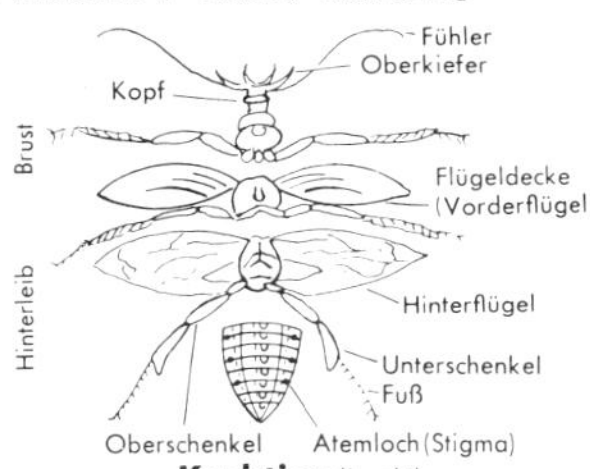

Kerbtier (Insekt)

Kerf[kɛrf] 男 -[e]s/-e =Kerbtier [*mndd.*; ◇Kerbe[2]]

Kẹr·ker[kɛ́rkər] 男 -s/- (特に城内の地下の)牢獄(ろうごく); 《単数で》《オーストリア》禁固, 入獄. [*lat.* carcer (→Karzer) – *ahd.* karkāri; ◇Kanzelle]

Kẹr·ker≠haft 女 禁固, 拘禁. **≠loch** 中 土牢(つちろう), 地下牢. **≠mei·ster** 男 牢番, 看守.

kẹr·kern[kɛ́rkərn]《05》他 (h) 投獄する.

Kẹr·ker·stra·fe 女 禁固刑, 投獄.

Kerl[kɛrl] 男 -s(-es)/-e(-s) (小 **Kẹrl·chen**[kɛ́rlçən] 中 -s/-) **1** 男; 《しばしば愛称的または軽蔑的に》やつ; たのもしい男: Pracht*kerl* 好漢, いいやつ | ein ganzer ~ 頼もしい〈男の中の〉男 | ein guter 〈netter〉 ~ いいやつ | ein hergelaufener ~ ろくでもないやつ | ein junger ~ 若造 | ein schlechter ~ ひどい野郎 ‖〚まれに女性にも用い, その場合はふつうよい意味〛Sie ist ein lieber ~. 彼女はかわいらしい人だ. ▽**2** (Diener) 下僕, 召使い; 《北部》夫, 情夫: **die langen ~s** (プロイセン王 Friedrich Wilhelm I. の)巨人近衛兵. **3**《話》(物について)大きくてりっぱなやつ: Wir haben Äpfel gepflückt, solche ~*e*! 私たちはリンゴをとったんだが こんなに大きいのだったよ. [*germ.* „alter Mann"; ◇Karl, Kern; *gr.* gérōn „Greis"; *engl.* churl]

Kẹr·mes[1][kɛ́rməs, ..mɛs] 女 -/-sen[..mɛsən]《中部・北部》=Kirchweih

Kẹr·mes[2][−] 男 -/- (エンジムシの)えんじの色素〔を含んだ部分〕; ケルメスえんじ, 洋紅(紅色染料). [*sanskr.* „Wurm" – *pers.* – *arab.* qirmiz; ◇Karmesin]

Kẹr·mes≠bee·re 女 **1**〘植〙ヤマゴボウ(山牛蒡)属. **2**〘虫〙エンジムシの卵塊. **3** =Kermes[2] **≠ei·che** 女〘植〙(エンジムシが寄生する)ケルメスカシ(樫). **≠schild·laus** 女 (Koschenille)〘虫〙エンジムシ(臙脂虫), カーミンカイガラムシ.

kern.. **I**《名詞につけて》**1 a)**《「中心的な・根本をなす」などを意味する》: *Kern*punkt 核心, 要点. **b)**《「上質の」を意味する》: *Kern*leder 上質の皮革. **2**《「芯(しん)の・細胞核の・原子核の」などを意味する》: *Kern*obst〘植〙核果 | *Kern*schleife〘生〙染色体 | *Kern*energie 核エネルギー. **II**《形容詞につけて「完全な・生粋の」などを意味する》: *kern*gesund きわめて健康な.

Kern[kɛrn] 男 -[e]s/-e **1 a)** (果実の)中心部分, 核(→ 図 Scheinfrucht, Beere); (堅果の)肉, 仁(じん)(→ 図 Nuß); (一般に)中心部分, 中核: die ~*e* des Apfels リンゴの種 | der ~ der Nuß クルミの中身 | der ~ des Kometen 彗星(すいせい)の核 | der ~ des Holzes 材木の芯(しん)(→ 図 Holz A) | **des Pudels ~** むく犬の正体 (Goethe: *Faust* I); 《比》事の真相 ‖ Wer den ~ essen will, muß die Nuß knacken. 《諺》虎穴(こけつ)に入らずんば虎児を得ず. **b)** (Atomkern)〘理〙原子核: ~*e* verschmelzen 核を融合する. **c)** (Zellkern)〘生〙細胞核. **d)**〘原子力〙炉心. **e)** (Nervenkern)〘解〙神経核. **f)**〘金属〙心部, 中子(なかご); 〘土木〙心壁; 〘軍〙(銃弾の)弾体(→ 図 Geschoß); 〘狩〙(小獣の)皮をはいだ中身; 〘畜〙乳脂; 〘製革〙バット(獣皮の肩部と腹部を除いた部分). **2** (事柄の)核心, 真髄, 本質; 中心部: den ~ der Frage 〈der Sache〉 treffen 問題〈事柄〉の核心をつく | In einer rauhen Schale steckt oft ein guter ~. 《諺》見かけの荒っぽい人はしばしば心がやさしい | **der harte ~** (特に犯罪者集団の)首謀者〔たち〕; 《戯》(ある集団の中で)いちばん熱心な連中 ‖ **im ~** 本当は, 根本は. **3**《南部》(殻を除いたあとの)穀粒.
[*germ.*; ◇Kerl, Korn]

Kẹrn≠bat·te·rie[kɛ́rn..] 女〔理〕核電池. **≠bei·ßer** 男〘鳥〙シメ(アトリ科の鳥). **≠bọh·rer** 男〘工〙コア〈心残し〉ドリル(→ 図 Bohrer). **≠brenn·stạb** 男〘原子力〙核燃料棒. **≠brenn·stoff** 男〘原子力〙核燃料.

Kẹrn·brenn·stoff·kreis·lauf 男〘原子力〙核燃料サイクル.

Kẹrn·che·mie 女 -/〔原子〕核化学.

kẹrn·deụtsch 形 生粋のドイツ〔語〕の; 心からドイツ的な.

Kẹrn≠durch·mes·ser 男 **1** (ねじの)内径, 谷径(→ 図 Gewinde). **2**〘理〙原子核の直径. **≠ei·sen** 中〘金属〙心金(しんがね).

kẹr·nen[1][kɛ́rnən] 他 (h) **1**《*et.*[4]》(…の)芯(しん)を取る. **2**〔elektrisch〕~〘地〙(試掘孔の地層の)電気抵抗を測る.

kẹr·nen[2][−]《北部》=kirnen I

Kẹrn·ener·gie[kɛ́rn..] 女〔原子〕核エネルギー, 原子力.

Kẹr·ner[kɛ́rnər] 男 -s/- (Karner) 納骨堂. [*mhd.*]

Kẹrn≠ex·plo·sion[kɛ́rn..] 女 核爆発. **≠fach** 中 (学校の)主要授業科目. **≠fa·mi·lie**[..liə] 女 (夫婦と子供だけからなる)核家族.

kẹrn·faul 形 芯(しん)の腐った.

Kẹrn·fäu·le 女〘林〙(樹木の)芯(しん)腐れ病.

kẹrn·fẹst[kɛ́rnfɛ́st] 形 **1** 極めて堅い; 《比》信頼できる. **2** 芯(しん)のしっかりした.

Kẹrn≠fleisch 中 最上肉. **≠for·schung** 女 核〈原子力〉研究. **≠frạ·ge** 女 中心〈根本〉問題. **≠frucht** 女〘植〙核果. **≠fu·sion** 女〘理〙核融合. **≠ge·biet** 中 中心〈中核〉地域. **≠ge·dan·ke** 男 中心思想. **≠ge·häu·se** 中 =Kernhaus

kẹrn·ge·sụnd 形 **1** きわめて健康な. **2** 芯(しん)の腐っていない.

Kẹrn·guß[kɛ́rn..] 男〘金属〙中空〈中子式〉鋳造.

▽**kẹrn·haft**[kɛ́rnhaft] =kernig

Kẹrn≠haus 中〘植〙(リンゴ・ナシなどの)果芯(かしん)(→ 図 Scheinfrucht). **≠holz** 中 (↔Splintholz)〘林〙心材, 赤味(木材の中心に近い部分: → 図 Holz A): aus ~ geschnitzt sein《比》きわめて頑健である.

Kẹrn·holz·kä·fer 男〘虫〙ナガキクイムシ(長木食虫)科の昆虫.

kẹr·nig[kɛ́rnɪç][2] 形 **1** (ブドウなどについて)種子の多い. **2** (言葉などが)簡潔な, 率直な; ぶっきらぼうな, 粗野な: derbe und ~*e* Ausdrücke 乱暴な言葉づかい | ~ sprechen 率直〈ぶっきらぼう〉な物の言い方をする. **3** がんじょうな, がっしりした, 力強い: ein ~*er* Mann がんじょうな男, 野人 | eine ~*e* Gesundheit haben 頑健である. **4**《話》みごとな, 抜群の.

Kẹr·nig·keit[−kaɪt] 女 -/ kernig なこと.

Kẹrn≠in·du·strie[kɛ́rn..] =Kernkraftindustrie **≠kä·fer** =Kernholzkäfer **≠ket·ten·reak·tion** 女〘理〙核連鎖反応. **≠kör·per·chen** 中〘生〙仁, 核小体. **≠kraft** 女 -/..kräfte **1**〔原子〕核エネルギー. **2**《複数で》〘理〙核力.

Kẹrn·kraft·in·du·strie 女 原子力産業.

Kẹrn≠kraft·werk 中 (略 KKW) 原子力発電所. **≠la·dung** 女〘理〙核電荷.

Kẹrn·la·dungs·zahl 女〘理〙原子番号.

Kẹrn·le·der 中〘製革〙バット(→Kern 1 f).

Kẹrn·ling[kɛ́rnlɪŋ] 男 -s/-e〘園〙(接ぎ木の台木としての)実生(みしょう).

kẹrn·los[..lo:s][1] 形 **1** (果実が)種なしの: ~*e* Weintrauben 種なしぶどう. **2** 核のない.

Kẹrn≠mehl[kɛ́rn..] 中 上質の麦粉; でんぷん. **≠mem·bran** 女〘生〙核膜. **≠obst** 中《集合的に》〘植〙梨果(りか)(リンゴ・ナシ・マルメロなど). **≠phy·sik** 女〔原子〕核物理学. **≠pro·blem** 中 =Kernfrage **≠punkt** 男 核心, 要点, 中心〔地〕点. **≠reak·tion** 女〘理〙核反応. **≠reak·tor** 男〘原子力〙原子炉. **≠saft** 男 (Karyolymphe)〘生〙(細胞の)核液. **≠satz** 男 **1** 要点〔をまとめ

た文章〕, 要点の個条書き. **2**〔言〕核文(主語と述語動詞のみからなる文); 中核文, 正置文(定動詞が 2 番目に位置する: → Stirnsatz, Spannsatz). ⸗**schat·ten** 男 (↔ Halbschatten)〔理〕本影(→ 図 Schatten). ⸗**schlei·fe** 女 (Chromosom)〔遺伝〕染色体. ⸗**schmel·ze** 女〔原子力〕(原子炉事故による)炉心溶融. ⸗**schuß** 男〔軍〕直射 (→Bogenschuß). ⸗**sei·fe** 女 含核せっけん. ⸗**spal·tung** 女〔理〕核分裂. ⸗**spei·cher** 男〔電算〕コアメモリー装置. ⸗**spin** 男〔理〕核スピン. ⸗**spruch** 男 核心をついた言葉, 名言. ⸗**stück** 中 中心部分, 中核. ⸗**tech·nik** 女〔原子〕核技術. ⸗**tei·lung** 女〔生〕〔細胞〕核分裂. ⸗**trup·pe** 女 -/-n (軍の)精鋭部隊. ⸗**um·wand·lung** 女〔理〕核変換. ⸗**ver·schmel·zung** 女 **1** (Kernfusion)〔理〕核融合. **2**〔生〕細胞核の合体(融合). ⸗**waf·fe** 女 -/-n《ふつう複数で》核兵器.

kern·waf·fen·frei 形 核兵器のない, 核非武装の.

Kern·waf·fen⸗geg·ner 男 核兵器反対運動家. ⸗**sperr·ver·trag** 男 核〔兵器〕拡散防止条約. ⸗**ver·such** 男 核〔兵器〕実験. ⸗**ver·suchs·stopp** 男 核〔兵器〕実験停止(禁止).

Kern⸗wol·le 女 上質の羊毛. ⸗**wuchs** 男〔林〕実生(みしょう). ⸗**zer·trüm·me·rung** 女 = Kernexplosion

Ke·ro·pla·stik[keroplástɪk] 女 -/-en〔美〕蠟(ろう)成型(彫刻)術; 蠟細工.

Ke·ro·sin[kerozíːn] 中 -s/ ケロシン(航空機・ロケット用燃料); 灯油. [<*gr.* kērós „Wachs"+..in²]

Ker·rie[kɛ́riə] 女 -/-n〔植〕ヤマブキ(山吹).

Ker·we[kɛ́rvə] 女 -/-n《中部》= Kirchweih

Ke·ryg·ma[kéːrʏgmaˑ, ..ry..] 中 -s/ (イエス=キリストの福音の)宣教, ケリュグマ宣布. [*gr.*; <*gr.* kēryx „Herold" (◇rufen)]

ke·ryg·ma·tisch[kerʏgmáːtɪʃ] 形 宣教の, ケリュグマの.

Ker·ze[kɛ́rtsə] 女 -/-n **1** ろうそく(蠟燭): eine elektrische ~ 電気ろうそく(ろうそく型電球) ‖ eine ~ anzünden ⟨auslöschen⟩ ろうそくの火をともす⟨消す⟩ | ~*n* gießen (鋳型に入れて)ろうそくを作る | Die ~ brennt ⟨flackert⟩. ろうそくがともって⟨ゆらめいて⟩いる. **2** (Zündkerze)〔工〕(エンジンの)点火栓, 点火プラグ. **3 a)**《話》(Nackenstand)〔体操〕背倒立(→ 図). **b)**《話》〔サッカー〕急角度で上にけられたボール. ᵛ**4**〔理〕燭(しょく), 燭光 (Candela が採用される以前の古い光度単位). [*ahd.*]

Kerze (Nackenstand)

ker·zen·ge·ra·de 形 棒立ちの, 体をまっすぐにした, 直立不動の, 垂直の: ~ im Sessel sitzen 背筋を伸ばして腰掛けている.

Ker·zen⸗gie·ßer 男 ろうそく製造者. ⸗**hal·ter** 男, ⸗**leuch·ter** 男 燭台(しょくだい), ろうそく立て. ⸗**licht** 中 -[e]s/-er = Kerzenschein ⸗**nuß·baum** 男〔植〕アブラギリ属の一種(マレー産の樹木で, 種子から油脂を採り, ろうそく・せっけんの原料になる). ⸗**schein** 男 ろうそくの光(あかり). ᵛ⸗**stär·ke** 女 = Kerze 4 ⸗**stum·mel** 男 ろうそくの燃えさし. ⸗**zie·her** 男 = Kerzengießer

ᵛ**..kerzig**[..kɛrtsɪç]²〔理〕《数詞につけて「…燭光(しょっこう)の」を意味する形容詞をつくる》: hundert*kerzig* 100燭光の.

ᵛ**Kerz·ler**[kɛ́rtslər] 男 -s/- ろうそく屋.

Ke·schan[kɛ́ʃan] 男 -[s]/-s〔織〕カシャンじゅうたん(ペルシアじゅうたんの一種). [<Kaschan (イランの都市名)]

Ke·scher[kɛ́ʃər] 男 -s/- 捕虫網; (魚の)すくい網. [*mndd.* kesser]

ke·schern[kɛ́ʃərn] (05) 他 (h) 網で捕る(すくう).

keß[kɛs] 形 **1** (frech) あつかましい, 生意気な: eine *kesse* Antwort 人をくった返答. **2** (服装について)いきで大胆な, シックな. **3** (若者や少女が)いかす, かっこいい. [*jidd.*–*rotw.* „diebeserfahren"; ◇*jidd.* chōchem „klug"]

Kes·sel[kɛ́səl] 男 -s/- **1 a)** (Wasserkessel) 湯沸かし, やかん: Der ~ kocht ⟨singt⟩. やかんが沸騰して⟨チンチン鳴って⟩いる | einen ~ mit Wasser aufsetzen 水の入ったやかんを火にかける. **b)** (Kochkessel) (大型の)料理なべ, かま. **c)** (Dampfkessel) 蒸気ボイラー, 汽缶. **d)** (Heizkessel) 暖房用ボイラー. **e)** (運送用の)タンク: Benzin in ~*n* befördern ガソリンをタンク輸送する. **2**〔地〕**a)** 盆地. **b)** 海釜(かいふ)(海底の小さな凹地). **3 a)**〔軍〕(敵に囲まれた)孤立地域. **b)**〔狩〕追い込み場. **4**〔狩〕(キツネなどの)巣穴の奥の広がり, (イノシシの)ねぐら. [*lat.* catīllus–*germ.*; <*lat.* catīnus „Napf"; ◇*engl.* kettle]

Kes·sel⸗asche 女〔化〕〔粗製〕炭酸カリ. ⸗**blech** 中〔工〕ボイラー胴板. ⸗**bruch** 男〔地〕釜(かま)状陥没. ⸗**ex·plo·sion** 女 ボイラーの爆発. ⸗**flicker** 男 鋳掛け屋;《比》おしゃべりの人. ⸗**ha·ken** 男 かま⟨なべ⟩をつるす鉤(かぎ), 自在鉤. ⸗**hau·be** 女 (中世末の)面つきかぶと(→ 図 Helm). ⸗**haus** 中 ボイラー室. ⸗**jagd** 女 = Kesseltreiben ⸗**kör·per** 男〔工〕ボイラーの胴.

kes·seln[kɛ́səln] (06) **I** 自 (h) **1**《スイス》ガチャガチャ鳴る. **2**〔狩〕(イノシシなどが)ねぐらをつくる. **3** (風が)回る, 方向を変える. **II** 他 (h)〔坑〕(ボーリングした穴を)爆破する.

Kesselpauke

Kes·sel⸗pau·ke 女〔楽〕ティンパニー, ケトルドラム(→ 図). ⸗**rost** 男〔工〕ボイラーの火格子, 缶格子. ⸗**schlacht** 女〔軍〕包囲殲滅(せんめつ)戦. ⸗**schmied** 男 なべ⟨かま⟩製造者, 缶工; 製缶工場. ⸗**stein** 男 (ボイラーなどの)湯あか. ⸗**trei·ben** 中 -s/ 追い込み猟;《比》包囲戦⟨攻撃⟩,〔一斉〕狩り込み: ein ~ gegen einen Minister veranstalten ある大臣の失脚をねらって大衆動員⟨集中攻撃⟩をする. ⸗**wa·gen** 男 タンク車; 給水車. ⸗**wär·ter** 男 ボイラーマン.

Keß·heit[kɛ́shaɪt] 女 -/ keß なこと.

Keß·ler[kɛ́slər] 男 -s/- なべ⟨かま⟩製造者; 鋳掛け屋. [*mhd.*; ◇Kessel]

Ketch·up[kɛ́tʃap, ..tʃəp] 男 中 -[s]/-s ケチャップ: Tomaten*ketchup* トマトケチャップ. [*chines.* 茄汁 –*malai.*–*engl.*]

Ke·ten[ketéːn] 中 -s/-e〔化〕ケテン. [<..in²]

Ke·ton[ketóːn] 中 -s/-e〔化〕ケトン. [<Aceton]

Ke·ton·säu·re 女〔化〕ケトン酸.

Ketsch[kɛtʃ] 女 -/-en ケッチ(2 本マストの帆船). [*engl.* ketch; ◇catchen]

ket·schen[kɛ́tʃən] (04) = kätschen

Ke·tscher[kɛ́tʃər] 男 -s/- = Kescher

Ket·schup[kɛ́tʃap, ..tʃʊp] 男 中 -[s]/-s = Ketchup

Kett·baum[kɛ́t..] 男 (織機の)ワープビーム, 男巻き(→ 図 Webstuhl).

Ket·te¹[kɛ́tə] 女 -/-n **1** (小 **Kett·chen**[kɛ́tçən], **Kett·lein**[..laɪn] 中 -s/-) **a)** 鎖, チェーン(→ 図);《比》束縛, 圧制; ᵛ〔土木〕測鎖: Fahrrad*kette* 自転車のチェーン(→ 図 Fahrrad) | Schnee*kette* (自動車の)スノーチェーン | Sicherheits*kette* ドアチェーン | Uhr*kette* 時計の鎖 ‖ *seine* ~*n* abwerfen ⟨zerreißen⟩《比》束縛を断ち切る | die ~ an der Tür vorlegen ドアチェーンを掛ける ‖ einen Hund an die ~ legen 犬を鎖につなぐ | ***jn.* an die ~** ⟨ᵛin ~*n*⟩ **legen** …を鎖につなぐ;《比》…の自由を束縛する, …の動きを制する | **an der ~ liegen** ⟨hängen⟩《比》自由を束縛されている | an *seinen* ~*n* rütteln《比》束縛を断ち切ろうとあがく. **b)** (装身具としての)鎖; (特に)首飾り, ネックレス: Perlen*kette* 真珠のネックレス | eine ~ aus Diamanten ダイヤの首飾り | eine goldene ~ [um den Hals] tragen 金のネックレスをしている. **2** 連鎖, つらなり, 列; (事故現場などの)非常⟨警戒⟩線, ピケライン, 歩哨(ほしょう)線: Berg*kette* 連山 | eine ~ von Autos 自動車の列, つらなった自動車 | eine ~ von Unfällen ⟨Ursachen und Wirkungen⟩ 事故(原因と結果)の連鎖 ‖ eine ~ bilden / in eine ~ treten 一列に並ぶ, 列を作る. **3**〔商〕連鎖制, チェーン組織(同系列の商店・劇場など): Hotel*kette* ホテルチェーン. **4** (↔Schuß)〔織〕(織物の)経糸.
[*lat.* catēna (→Katene)–*ahd.*; ◇*engl.* chain]

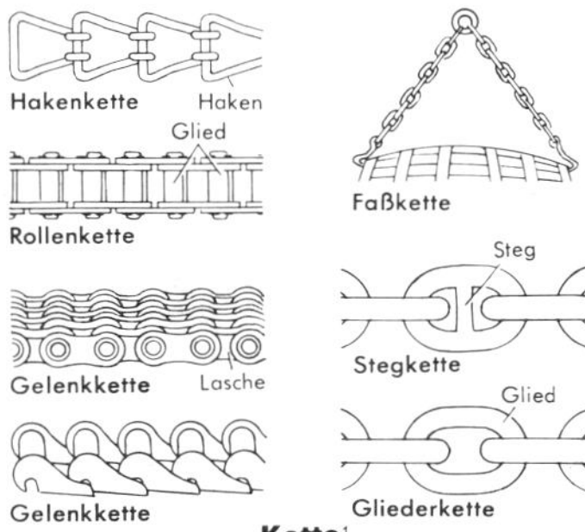

Kette[1]

Kẹt·te²[kɛ́tə] 女 -/-n 〘狩〙(カモなどの)群れ, 一群; 〘空〙(3-5機の)小編隊. [<Kütte²]

Kẹt·tel[kɛ́təl] 男 -s/- (女 -/-n) 《方》=Krampe

kẹt·teln[kɛ́təln] 《06》 他 (h) **1** 《*et.*⁴》鎖で結ぶ; (…に)掛けがねをかける. **2** 〘服飾〙(刺しゅう枠を用いて)刺しゅうする, 縫い取りをする.

kẹt·ten[kɛ́tən] 《01》 他 (h) 《*et.*⁴ 〈*jn.*〉 an *et.*⁴》(…を…に)鎖でつなぐ, 結びつける; 《比》束縛する: 再帰 *sich*⁴ an *et.*⁴ 〈*jn.*〉 ~ …に鎖でつながれる〈拘束される〉| *jn.* an *sich*⁴ ~ …をしっかりつかまえておく. [*mhd.*; ◇Kette¹]

Kẹt·ten⸗an·trieb[kɛ́tən..] 男 〘工〙(自転車などの)伝動チェーン装置, 鎖伝動. **⸗arm·band** 中 -[e]s/..bänder 〘服飾〙チェーン=ブレスレット(→ 図 Armband). **⸗baum** =Kettbaum **⸗blu·me** 女 〘植〙タンポポ(蒲公英)属. **⸗brief** 男 **1** (受信人が次々と一定数の写しをを発信するよう指定された)ネズミ講方式の手紙, 幸運〈不幸〉の手紙. **2** 定期的ダイレクトメール. **⸗bruch** 男 〘数〙連分数; 繁分数. **⸗brücke** 女 鎖つり橋. **⸗damp·fer** 男 川底のチェーン装置による蒸気引き船(→Kettenschiffahrt). **⸗fa·den** =Kettfaden **⸗fahr·zeug** 中 無限軌道〈キャタピラ〉車. **⸗garn** =Kettgarn **⸗ge·bir·ge** 中 山脈, 連山. **⸗ge·lenk** 中 鎖の継ぎ目. **⸗ge·schäft** 中 =Kettenladen **⸗ge·trie·be** 中 =Kettenantrieb **⸗glied** 中 鎖の(個々の)輪. **⸗han·del** 男 -s/ (流通段階での)価格つり上げ商法. **⸗hemd** 中 =Kettenpanzer **⸗hund** 男 **1** 鎖につながれている犬, (特に:) 番犬. **2** 〘空〙編隊護衛戦闘機(→Kette²). **3** 《話》憲兵. **⸗ka·rus·sell** 中 (遊園地の)飛行いす(→ 図 Rummelplatz). **⸗la·den** 男 チェーン店. **⸗last** 女 〘海〙錨鎖(びょうさ)庫, 鎖座. **⸗li·nie** [..niə] 女 〘数〙カテナリー, 懸垂線, 垂曲線. **⸗pan·zer** 男 (中世の)鎖かたびら. **⸗pflicht** 女 (降雪のさいなどの)タイヤチェーン装着義務. **⸗rad** 中 〘工〙鎖歯車, チェーンホイール(→ 図 Fahrrad). **⸗rau·chen** 中 -s/ たて続けにタバコを吸うこと. **⸗rau·cher** 男 たて続けにタバコを吸う人, チェーンスモーカー. **⸗reak·tion** 女 連鎖反応: eine ~ auslösen 連鎖反応を引き起こす. **⸗re·gel** 女 〘数〙連比計算法. **⸗reim** 男 〘詩〙連鎖韻(行末の語と次行の行内にある語とが互いに韻をふんで次々につながったもの). **⸗ring** 男 =Kettenglied **⸗sä·ge** 女 チェーンソー(→ 図 Säge). **⸗schiff** 中 (川底に設備された)チェーン装置によって航行する船. **⸗schiffahrt** 女 (川底に設置された)チェーン装置による航行. **⸗schluß** 男 〘論〙連鎖推理. **⸗schutz** 男 (自転車などの)チェーンカバー. **⸗stich** 男 **1** 〘服飾〙鎖縫い, 鎖編み(→ 図 Handarbeit). **2** 〘海〙鎖結び. **⸗vi·per** 女 〘動〙クサリヘビ(鎖蛇). **⸗wa·re** 女 (↔Kulierware) 〘織〙縦メリヤス編み製品(→ 図 Gewirke).

Kẹtt⸗fa·den[kɛ́t..] 男 (↔ Schußfaden) (Längsfaden) 〘織〙経糸(→ 図 Webstuhl). **⸗garn** 中 〘織〙経糸用の紡績糸.

Kẹtt·lein Kette¹の縮小形.

Kẹtt·wa·re =Kettenware

Kẹt·zer[kɛ́tsər] 男 -s/- (女 **Kẹt·ze·rin**[kɛ́tsərɪn]-/-nen) (Häretiker) 〘宗〙異端者, 邪宗徒; 《比》非正統派の人. [*mlat.* catharus–*mhd.*; ◇Katharer]

Ket·ze·rei[kɛtsəráɪ] 女 -/-en 〘宗〙異端〔信仰〕; 《比》異端者〈異分子〉的な考え方.

Kẹt·zer·ge·richt[kɛ́tsər..] 中 〘史〙異端審問〔所〕.

Kẹt·ze·rin Ketzer の女性形.

kẹt·ze·risch[kɛ́tsərɪʃ] 形 〘宗〙異端の; 《比》正統的でない, 異端者〈異分子〉的な.

kẹt·zern[kɛ́tsərn] 《05》 自 (h) 異端者〈異分子〉的なことを言う.

Kẹt·zer⸗tau·fe[kɛ́tsər..] 女 〘宗〙(特に3-4世紀の)異端者洗礼. **⸗ver·bren·nung** 女 〘史〙異端者の火刑. **⸗ver·fol·gung** 女 〘史〙異端者迫害.

Keu·chel[kɔ́ʏçəl] 中 -s/- 《北東部》ひよこ. [◇Küchlein³]

keu·chen[kɔ́ʏçən] **I** 自 **1** (h) ハアハアいう, あえぐ, 息を切らす: unter einer schweren Last 〈vom schnellen Lauf〉 ~ 重荷を負って〈速く走って〉あえぐ ‖ mit *keuchendem* Atem laufen ハアハアいいながら走る. **2** (s) あえぎながら進む〈走る〉. **II** 他 (h) あえぎながら話す. [<*mhd.* kīchen „schwer atmen"+kūchen „hauchen"; ◇*engl.* cough]

Keuch·hu·sten[kɔ́ʏç..] 男 〘医〙百日ぜき.

Keul·chen[kɔ́ʏlçən] 中 -s/- 《中部》(ジャガイモやチーズ入りの)平たい焼き団子. [<Kaule¹]

Keu·le[kɔ́ʏlə] 女 -/-n **1** 先の太い棒; 〘体操〙こん棒, インディアンクラブ(→ 図); 〘史〙戦棍(せんこん)(先端がふくらんだ棒状の打撃ないし投擲(とうてき)用武器): chemische ~ (警官の)催涙ガス噴霧筒. **2** 〘畜・狩〙(馬などの)太もも(→ 図 Pferd A); 〘料理〙もも肉, とっくり(→ 図 Kalb). **3** 〘電〙(アンテナの)ローブ. [*mhd.*; ◇Koben, Kugel]

Keule

Keu·len⸗är·mel[kɔ́ʏlən..] 男 = Gigot 2 **⸗bär·lapp** 男 〘植〙ヒカゲノカズラ(日陰蔓). **⸗baum** 男 〘植〙トキワギョリュウ(常磐御柳).

keu·len·för·mig[..fœrmɪç]² 形 こん棒状の.

Keu·len⸗gym·na·stik 女 こん棒〈インディアンクラブ〉を用いる体操. **⸗kä·fer** 男 〘虫〙ヒゲブトアリヅカムシ(鬚太蟻塚虫)科の昆虫. **⸗pilz** 男 〘植〙ホウキタケ科のキノコ. **⸗schlag** 男 こん棒で打つこと; 《比》決定的打撃. **⸗schwin·gen** 中 -s/ =Keulengymnastik

Keu·per[kɔ́ʏpər] 男 -s/ **1** 〘地〙上畳統. **2** 《方》赤土. [<*bayr.* Kiefer „Sand, Kies"]

keusch[kɔʏʃ] 形 (unberührt) けがれのない, 純潔〈貞潔〉な; 童貞〈処女〉の; (schüchtern) はにかみやの: ein ~*er* Joseph 《戯》とても内気な〈まだ女を知らない〉男 | ein ~*es* Mädchen 純潔な〈けがれを知らぬ〉おとめ | der ~*e* Schnee 《雅》新雪 | ein ~*es* Leben führen / ~ 〔und züchtig〕 leben (性的に)清らかな生活を送る. [*lat.* cōn-scius „mit-wissend"–*got.*–*ahd.* kūski „sittsam"; ◇*engl.* conscious]

Keusch·baum[kɔ́ʏʃ..] 男 〘植〙セイヨウニンジンボク(西洋人参木).

Keu·sche[kɔ́ʏʃə] 女 -/-n 《オーストリア》(Kate) 小さな農家. [*slaw.*]

Keusch·heit[kɔ́ʏʃhaɪt] 女 -/ 処女〈童貞〉性; 純潔; 貞操.

Keusch·heits⸗ge·lüb·de 中 《カトリック》貞潔の誓い. **⸗gür·tel** 男 (中世に妻が夫の留守中につけた)貞操帯.

Keusch·lamm 中 =Keuschbaum [*mlat.* āgnus castus (ギリシア語の植物名 ágnos を, 音形の連想から āgnus „Lamm" とするとともに, *gr.* hagnós „rein" との混同から castus (→Kaste) で翻訳したもの)の翻訳借用]

Keusch·ler[kɔ́ʏʃlər] 男 -s/- 《オーストリア》小農民. [<Keusche]

Ke·vin[kévɪn] 男名 ケヴィン.

Key·board[kíːbɔːd] 中 -s/-s 〘楽〙キーボード(ジャズ音楽などに使われるエレキ鍵盤楽器). [*engl.*]

Kfz[kaː|ɛftsɛ́t] 略 =**Kraftfahrzeug**

Kfz⸗-Me·cha·ni·ker, ⸗-Schlos·ser[kaː|ɛftsɛ́t..] 男 自動車整備工〈修理工〉. **⸗-Werk·statt** 女 自動車修理〔工〕場.

kg[kilográm] 記号 (Kilogramm) キログラム.

KG[ka:gé:] 略 女 -/ =**Kommanditgesellschaft** 合資会社.

KGaA[ka:ge:|a:|á:] 略 女 -/ = **Kommanditgesellschaft auf Aktien** 株式合資会社.

KGB[ka:ge:bé:] 中 (俗: 男) -〔s〕/ (旧ソ連邦の)国家保安委員会. [*russ.*; <*russ.* *K*omitet *g*ossudarstwennoi *b*esopasnosti]

kgl. 略 =königlich 1

kgV[ka:ge:fáu] 略, **k. g. V.**[−] 略 = **kleinstes gemeinsames Vielfaches** 〘数〙最小公倍数(→ggT).

kh. 略, **k. H.** 略 =**kurzerhand**

Kha·ki[ká:ki·] **I** 中 -〔s〕/ カーキ染料; カーキ色, 黄土色. **II** 男 -〔s〕/ カーキ色の服地. [*Hindi* „staubfarben"−*engl.*; <*pers.* khāk „Staub"]

kha·ki≈far·ben[ká:ki..] 形, **≈far·big** 形 カーキ色の.

Kha·ki·uni·form 女 カーキ色の制服, 軍服.

Khan[ka:n] 男 -s/-e **1** カーン, 汗(昔の Tatar 族の統治者の称号). **2** (16世紀ペルシアの)代官. [*mongol.*−*türk.*]

Kha·nat[kaná:t] 中 -〔e〕s/-e カーンが統治する国, 汗国; 汗の職〈地位〉.

Khar·tum[kártum, kartú:m, xartú:m] 地名 ハルツーム(スーダン共和国の首都). [*arab.* „Elefantenrüssel"]

Khe·di·ve[kedí:və] 男 -s, −n/−n 〘史〙エジプト総督, エジプト太守(1867年に Ismail Pascha に与えられた称号). [*pers.*−*türk.*]

Khing·an〔**·ling**〕[kíŋ|an(lıŋ)] 地名 =Chinganling

Khmer[kme:r] **I** 男 -/- クメール人(カンボジアの主要な民族): die ~-Republik (→Kambodscha) | Rote ~ (共産主義の)赤色クメール | die ~-Sprache クメール〈カンボジア〉語(オーストロアジア語族に属する). **II** 中 -/ クメール〈カンボジア〉語.

Kho·mei·ni[xɔméːni·, kɔméını] 人名 Ruhollah ロホラ ホメイニ(1900−89; イランの最高指導者で, イスラム教シーア派の法学者・最高聖職者).

kHz[kilohέrts] 記号 (Kilohertz) キロヘルツ.

KI[ka:|í:] 略 =**Künstliche Intelligenz** 人工頭脳.

Kiang·si[kĭáŋzi·] 地名 江西, チアンシー(中国, 華中地区南東部の省で, 省都は南昌 Nantschang).

Kiang·su[kĭáŋzu·] 地名 江蘇, チアンスー(中国, 華東地区北部の省で, 省都は南京 Nanking).

Kiau·tschou[kiautʃáu, ◡∠−] 地名 膠州, チャオチョウ(中国, 山東半島の南岸にあり, かつてドイツの租借地であった): die Bucht von ~ 膠州湾.

Kib[kıp][1] 男 -s/-e《南部》(Zorn) 怒り. [*mhd.*; ◇keifen]

kib·beln[kíbəln] 《06》自 (h)《南部》けんか〈口論〉する.

Kib·buz[kıbú:ts] 男 -/..zim[..butsí:m], −e キブツ(イスラエルの集団農場の一形態). [*hebr.* qibbūs „Versammlung"]

Kib·buz·nik[−nık] 男 -s/-s キブツに属する人. [*hebr.*]

Ki·be·rer[kí:bərər] 男 -s/- 《ｵｰｽﾄﾘｱ》《軽蔑的に》(Kriminalpolizist) 刑事.

Ki·bit·ka[kibítka·] 女 -/-s, **Ki·bit·ke**[..kə] 女 -/-n キビトカ(アジア遊牧民の毛皮製テント; ばねのないロシアの馬車; ほろ付きそり). [*russ.*; <*arab.* kubbat „Gewölbe"]

Ki·cher[kíçər] 女 -/-n =Kichererbse

Ki·che·rei[kıçərái] 女 -/-en kichern すること.

Ki·cher·erb·se[kíçər..] 女, **Ki·cher·ling**[..lıŋ] 男 -s/-e 〘植〙ヒヨコマメ(鶏児豆). [*lat.* cicer−*ahd.* chihhra]

ki·chern[kíçərn] 《05》自 (h) くすくす笑う, 忍び笑いをする; (小声で)キャッキャッと笑う: **Daß ich nicht *kichere*!** 笑わせるなよ, そんなばかな. [擬音; ◇*gr.* kacházein „lachen"]

Kick[kık] 男 -〔s〕/-s **1** 〘ｻｯｶｰ〙キック. **2** 《話》(麻薬による)恍惚(こう)感, 興奮状態. [*engl.* kick]

Kick≈bo·xen[kík..] 中 〘ｽﾎﾟｰﾂ〙キックボクシング. **≈bo·xer** 男 キックボクサー.

der **Kickel·hahn**[kíkəlha:n] 地名 男 -〔e〕s/ キッケルハーン (Thüringer Wald の一峰. ここの山小屋に Goethe が有名な詩『さすらい人の夜の歌』を書きしるした).

kicken[kíkən] 《話》 **I** 他 (h) (ボールを)ける: den Ball ins Tor ~ ボールをゴールにシュートする. **II** 自 (h) サッカーをする.

Kicker[kíkər] 男 -s/-〔s〕《話》サッカー選手.

Kick-off[kık|ɔ́f] 男 -s/-s 《ｽｲｽ》(Anstoß) 〘ｻｯｶｰ〙キックオフ. [*engl.*]

Kicks[kıks] 男 -es/-e 〘ｻｯｶｰ〙ミスキック; 〘ﾋﾞﾘﾔｰﾄﾞ〙ミス, 突き損じ; 《比》失策.

kick·sen[kíksən] 《02》=gicksen

Kick·star·ter[kík..] 男 (オートバイの)始動ペダル, キック=スターター(→ 図 Kraftrad). [<kicken]

Kid[kıd] 中 -s/-s **1** 子ヤギ. **2** 《単数で》キッド(子ヤギ・子羊・子牛の皮). **3** 《複数で》キッド製の手袋. **4** 《話》子供, 未成年者. [*anord.*−*engl.* „Zicklein"; ◇Kitz]

kid·nap·pen[kítnεpən] 《過分 gekidnappt》他 (h) (特に子供を)〔営利〕誘拐する. [*engl.* kidnap; <*engl.* nab „haschen"]

Kid≈nap·per[..pər] 男 -s/- (特に子供の)〔営利〕誘拐犯人. **≈nap·ping**[..pıŋ] 中 -s/-s (特に子供の)〔営利〕誘拐. [*engl.*]

kie·big[kí:bıç][2] 形《方》(zänkisch) 不機嫌な; (frech) 生意気な, いばった. [*mhd.*; ◇Kib]

Kie·bitz[1][kí:bıts] 男 -es/-e 〘鳥〙タゲリ(田 鳧). [*mndd.* kīwīt]

Kie·bitz[2][−] 男 -es/-e《戯》(トランプ・チェスなどで)おせっかいな見物人.

kie·bit·zen[kí:bıtsən] 《02》自 (h)《戯》**1** (トランプ・チェスなどを)見物しながら余計な口出しをする. **2** じろじろ観察する. [*rotw.* kiebitschen „durchsuchen"]

kie·feln[kí:fəln] 《06》他 (h)《ｵｰｽﾄﾘｱ》(kauen) かじる, かむ. [*mhd.* kifen; ◇Käfer]

Kie·fen·fuß[kí:fən..] 男 〘動〙カブトエビ(兜蝦)〔科〕(初夏に水田などに出現する). [<Kiefe „Kieme" (◇Kiefer[2])]

Kie·fer[1][kí:fər] 女 -/-n **1** 〘植〙マツ(松)〔属〕. **2** 《単数で》=Kiefernholz [*ahd.* kienforha; ◇Kien[2], Föhre]

Kie·fer[2][−] 男 -s/- あご(顎): Ober*kiefer* 上あご | Unter*kiefer* 下あご ‖ die ~ zusammenbeißen 歯を食いしばる, 口をぎゅっと閉じる. [*mhd.* kiver; ◇kiefeln; *engl.* jowl]

Kie·fer≈an·oma·lie 女 〘医〙あごの奇形. **≈bruch** 男 あごの骨折. **≈ge·lenk** 中 〘解〙顎(がく)関節(→ 図 Mensch C). **≈höh·le** 女 〘解〙上顎洞. **≈klem·me** 女 〘医〙開口障害. **≈kno·chen** 男 あごの骨, 顎骨(がっこつ). **≈laus** 女 〘虫〙食毛目の昆虫(動物に寄生するケジラミ類).

kie·fern[kí:fərn] 形《付加語的》松材〔製〕の.

Kie·fern≈eu·le 女 (Forleule) 〘虫〙マツキリガ(松切蛾). **≈harz** 中 (Terpentin) 松やに. **≈holz** 中 松材. **≈na·del** 女 松葉. **≈pracht·kä·fer** 男 〘虫〙ウバタマムシ(姥吉丁虫)(マツの害虫). **≈schwär·mer** 男 〘虫〙マツクロスズメ(松黒雀蛾). **≈span·ner** 男 〘虫〙マツエダシャク(松枝尺蛾)(松の害虫). **≈spin·ne** 女 〘動〙アシナガグモ(足長蜘蛛). **≈spin·ner** 男 〘虫〙マツカレハ(松枯葉蛾)(松の害虫). **≈zap·fen** 男 マツの毬果(きゅうか), 松かさ, 松ぼっくり.

Kie·fer≈spal·te[kí:fər..] 女 〘医〙顎裂(がくれつ). **≈sper·re** 女 =Kieferklemme

Kiek[ki:k] 女 -/-en, **Kie·ke**[kí:kə] 女 -/-n《北部》(ブリキ製の)火桶(ひおけ), 足あぶり. [*mndd.* kīke]

kie·ken[kí:kən] 自 (h)《北部》(sehen) 見る; (gucken) のぞく, かいま見る: *Kiek* mal! ちょっと見てごらん | Nun *kiekste* aber! ほらごらん(驚いたろう) | *sich*[3] die Augen aus dem Kopf ~ 目の玉がとび出るほどじっと見つめる | in den Mond 〈die Röhre〉 ~《比》指をくわえて見ている, なすすべを知らない. [*mndd.*]

Kie·ker[kí:kər] 男 -s/- 《北部》(Fernglas) 望遠鏡: ***jn.* 〈*et.*[4]〉 auf dem ~ haben**《話》…を(あら探し的に)監視する; …に目をつける; …を目のかたきにする; …に大きな関心を寄せる.

Kiek·in·die·welt[kí:k|ındi(:)vεlt] 男 -s/-s《北部》

《話》青二才, 小僧っ子.

kiek·sen[kí:ksən]《02》=gicksen

Kiel[1][ki:l] 地名 キール(ドイツ北部の港湾都市で, Schleswig-Holstein 州の州都. 大学の所在地). [*mndd.* kīl „Keil"]

Kiel[2][−] 男 -[e]s/-e **1** 羽幹, 羽茎(鳥の羽の中央の軸: → 図 Feder); 鵞(が)ペン. **2**〖楽〗(鍵盤(けんばん)楽器の)鵞弁(がべん). [*mhd.* kil; ◇ *engl.* quill]

Kiel[3][−] 男 -[e]s/-e **1 a)**〖海〗キール, 竜骨; 船底: ***et.***[4] **auf ∼ legen** …(船舶)の建造を始める | einen Riesentanker auf ∼ legen 巨大タンカーを起工する. **b)** der ∼〖天〗竜骨座. **2**《雅》船, ボート. [*mndd.*; ◇ Kehle; *engl.* keel]

Kiel≈bo·gen[kí:l..] 男〖建〗(後期ゴシックの)葱花(そうか)アーチ, オジーアーチ(→ 図 Bogen). **≈boot** 中 (ヨットの)キール艇.

Kie·ler[kí:lər] **I** 男 -s/- キールの人. **II** 形《無変化》キールの: die ∼ Bucht キール湾 | ∼ Woche キール週間(19世紀末以来の国際ヨットレースを中心とする毎年6月末の催し).

Kiel≈fe·der[kí:l..] 女 (↔Flaumfeder)〖鳥〗大羽(おおばね)(Kiel[2]をもつ羽毛). **≈flü·gel** 男 =Kielinstrument

Kiel·gang 男 (船の)竜骨翼板, ガーボード.

kiel·ho·len《過分 gekielholt》他 (h) **1** (修理のために船を)傾ける, 倒す. **2** (犯人を)索で縛って船底をくぐらせる(昔の刑罰). [*ndd.* kilhalen; ◇ *engl.* keelhaul]

Kiel·in·stru·ment[kí:l..] 中〖楽〗有鍵(ゆうけん)撥弦(はつげん)楽器(鍵を打つと羽茎が弦をかきならす楽器. チェンバロ・クラヴィコード・スピネットなど). [<Kiel[2]]

Kiel·kropf 男 (民間信仰で)悪魔にすりかえられた子(醜い子・手に負えぬわんぱく小僧など). [<Quelle]

Kiel·li·nie[kí:lli:niə] 女〖海〗縦陣列: [in] ∼ fahren (船が)縦に一列になって進む.

kiel·oben[ki:l|ó:bən] 副 (船が)転覆してキールを上にして: ∼ liegen 転覆している.

Kiel≈raum[kí:l..] 男 船底倉. **≈renn·jacht** 女 ヘビーキール=レーシングヨット(→ 図 Jacht).

Kiel·schwein 中〖海〗キールソン(キールを補強するための縦通材). [*schwed.* köl-svill „Kiel-Schwelle"−*ndd.*]

Kiel≈schwert 中〖海〗垂下竜骨, センターボード. **≈sta·pel** 男〖海〗(ドックの)キール盤木(→ 図 Dock). **≈was·ser** 中 -s/ 船の通った跡, 航跡: **in *js.* ∼ schwimmen 〈segeln〉 / *sich*[4] in *js.* ∼ halten**《比》…に追随する, …の言うなりになる.

Kie·me[kí:mə] 女 -/-n〖魚〗鰓(えら): **die ∼*n* nicht auseinanderkriegen**《話》一言も発しない, 無口である. [<Kimme]

Kie·men≈at·mer[..|a:tmər] 男 -s/- 鰓(えら)呼吸をする動物. **≈at·mung** 女 鰓呼吸. **≈bo·gen** 男〖動〗鰓弓(さいきゅう). **≈darm** 男〖動〗鰓腸(さいちょう). **≈deckel** 男〖動〗鰓蓋(さいがい). **≈fuß** 男〖動〗鰓脚(さいきゃく)類[のエビ]. **≈höh·le** 女〖動〗鰓室(さいしつ). **≈spal·te** 女〖動〗鰓裂(さいれつ).

..kiemer[..ki:mər]《名詞・形容詞などにつけて「鰓(えら)が…の動物」を意味する男性名詞 (-s/-) をつくる》: Kamm*kiemer* 櫛鰓(しつさい)類[の動物](イカ・タコ・貝など) | Zwei*kiemer* 二鰓(にさい)類[の動物](イカ・タコなど) | Vorder*kiemer* 前鰓(ぜんさい)類[の動物] | Nackt*kiemer* 裸鰓(らさい)類[の動物].

Kien[1][ki:n] 男《話》《もっぱら次の形で》**auf dem ∼ sein** 油断なく注意している.

Kien[2][−] 男 -[e]s/ 樹脂の多い木材, (特に:) 松材. [*westgerm.* „Kienspan (als Fackel)"; ◇ Keil]

Kien≈ap·fel[kí:n..] 男 松かさ, 松ぼっくり. **≈baum** 男 =Kiefer[1] 1

kie·nen[kí:nən] 形《付加語的》松材[製]の.

Kien≈fackel[kí:n..] 女 たいまつ. **≈föh·re** 女 =Kiefer[1] 1 **≈holz** 中 -es/ (樹脂の多い)松材.

kie·nig[kí:nıç][2] 形 樹脂の多い.

Kien≈öl[kí:n..] 中 松樹油. **≈ruß** 男 (松材を燃やして生じる)油煙, すす. **≈span** 男 松材の薄片(古くは付け木として用いた).

Kien·topp[kí:ntɔp] 男 中 -s/-s, ..töppe[..tœpə] =Kintopp

Kie·pe[kí:pə] 女 -/-n **1**《北部・中部》背負いかご. **2** =Kiepenhut [*mndd.*]

Kie·pen·hut 男〖服飾〗ポーク=ボンネット(→ 図 Merveilleuse);《俗》流行おくれの帽子.

Kier·ke·gaard[kírkəgart, kírgəgɔ:r] 人名 Sören ∼ ゼーレン キルケゴール(1813-55; デンマークの思想家で, 20世紀実存主義の先駆者).

Kies[ki:s][1] 男 -es/ (種類: -e) **1** 砂利, [砂]礫(れき);〖鉱〗硫化鉱. **2**《話》(Geld) かね; 大金. [*mhd.*; ◇ Kiesel]

kie·sä·tig[kí:zɛ:tıç][2] 形《北部》(wählerisch) (特に食物について)好き嫌いの激しい. [<kiesen[2]+*ndd.* eten „essen"]

Kies≈bo·den[kí:s..] 男 砂礫(されき)地. **≈bren·ner** 男 焼鉱炉, 硫化鉱焙焼(ばいしょう)炉.

Kie·sel[kí:zəl] 男 -s/- **1** 小石, 砂利;〖鉱〗燧石(すいせき), フリント;〖化学〗珪石. **2**《方》あられ, ひょう. [*ahd.* kisil; ◇ Kies]

Kie·sel≈al·ge 女〖植〗珪藻(けいそう). **≈er·de** 女 -/〖化〗珪土, シリカ. **≈fluß·säu·re** 女 -/〖化〗弗化(ふっか)珪酸. **≈glas** 中 -es/ フリント〈石英〉ガラス. **≈gur** 女〖化〗珪藻土.

kie·seln[kí:zəln]《06》**I** 他 (h)《*et.*[4]》(…に)砂利を敷く. **II** 自 (h) **1**《南部》(hageln) 非人称《es kieselt》あられが降る; (風が)渦を巻く. **2**《北部》独楽(こま)で遊ぶ.

Kie·sel·pflan·ze 女〖植〗珪酸(けいさん)植物.

kie·sel·sau·er 形〖化〗珪酸(けいさん)の.

Kie·sel≈säu·re 女 -/〖化〗珪酸(けいさん). **≈stein** 男 Kiesel 1

kie·sen[1][kí:zən][1]《02》他 (h)《*et.*[4]》(…に)砂利を敷く.

kie·sen[2]*[−]《74》**kor**[ko:r]/ **ge·ko·ren**; 接II köre [kø:rə] 他 (h)《雅》(wählen) 選ぶ. [*idg.*; ◇ Kür, kosten[1]; *lat.* gūstāre „schmecken"; *engl.* choose]

Kie·se·rit[kizərí:t, ..rít, kize..] 男 -s/ (種類: -e)〖鉱〗キーゼル石, 硫酸苦土石. [<D. G. Kieser (ドイツの科学者, †1862)+..it[2]]

Kies·gru·be[kí:s..] 女 砂利採取場〈坑〉.

kie·sig[kí:zıç][2] 形 砂利の多い, 砂利をまいた(道など); 砂利状の, 細かく砕いた(石など).

Kies≈ofen[kí:s..] 男〖工〗焙焼(ばいしょう)炉. **≈sand** 男 砂礫(されき). **≈weg** 男 砂利道.

Kiew[kí:ɛf] 地名 キエフ(ウクライナ共和国の首都).

Kiez[ki:ts] 男 -es/-e《東部》(町の)一地区;《話》いかがわしい地域, 売春地帯. [*slaw.*]

Kif[kıf] 男 -[s]/ 麻薬(大麻・マリファナなど). [*arab.* kayf „Wohlsein"−*engl.* k[e]ef, ki[e]f]

kiff[kıf] keifte (keifen の過去)の古形.

kif·fe[kífə] keifte (keifen の接続法 II)の古形.

kif·fen[kífən] 自 (h)《話》大麻〈マリファナ〉を吸う. [<Kif]

Kif·fer[..fər] 男 -s/-《話》大麻〈マリファナ〉の常用者.

ki·ke·ri·ki[kikərikí:] **I** 間 (おんどりの鳴き声)コケコッコー: Die Hähne rufen ∼. おんどりがコケコッコーと鳴く.

II Ki·ke·ri·ki 1 中 -s/-s おんどりの鳴き声: beim ersten ∼ 一番鶏が鳴いたときに. **2** 男 -s/-s《幼児語》こけこっこ(おんどりのこと).

Ki·ki[kíki·] 男 -s/《話》**1** (Unsinn) ばかげた話. **2** くだらぬ〈余計な〉もの.

Kil·be[kílbə] 女 -/-n《南部》, **Kil·bi**[..bi·] 女 -/..benen[..bənən]《スイス》=Kirchweih

Ki·lian[kí:lia:n] 男名 キーリアーン. [*kelt.*]

der **Ki·li·ma·ndscha·ro**[kilimandʒá:ro·], der **Ki·li·ma·nja·ro** 地名 男 -[s]/ キリマンジャロ (Tansania 北東部にあるアフリカの最高峰. 標高5895m). [*Swahili*; <*Swahili* kilima „Berg"]

kil·le·kil·le[kíləkílə] 間 (赤ん坊のあごの下をくすぐりながら言う)こちょこちょ: ∼ machen (あごの下をくすぐって)こちょこちょ〈かわいかわい〉をする.

kil·len[1][kílən] 自 (h)〖海〗(風に)はためく, ひらひらする.

[*mndd.* kīlen] 「◇quälen」

kil·len[2][–] 他 (h)《話》(töten)(冷酷に)殺す. [*engl.*;

Kil·ler[kílər] 男 -s/- 殺人者; 殺し屋. [*engl.*]

Kil·ler≈kom·man·do[kílər..] 中 殺人奇襲隊, 人殺しコマンド. **≈sa·tel·lit** 男〘軍〙キラー〈迎撃〉衛星. **≈vi·rus** 中 男《話》(それに対する治療法のない)殺人ウイルス. **≈zel·le** 女〘免疫〙キラー細胞, キラーTリンパ球.

Kiln[kıln] 男 -〔e〕s/-e〘工〙(石灰・れんがなどを焼く)窯(かま); 〔木材〕炭化炉. [*lat.* culīna „Küche"–*engl.*; ◇kochen]

kilo..《単位名につけて「1000」を意味する. 記号 k》: *Kilo*gramm キログラム | *Kilo*meter キロメートル. [*fr.*; <*gr.* chílioi „tausend"]

Ki·lo[kí:lo·] 中 -s/-〔s〕(単位: -/-) (<Kilogramm) キログラム: Kartoffeln werden heute für 0,70 DM das ~ gehandelt. ジャガイモのきょうの相場は キロ当たり70ペニヒである.

Ki·lo≈byte[kilobáıt] 中〘電算〙キロバイト. **≈gramm** 中 (Kilo) キログラム(記号 kg): →Gramm | zwei ~ Äpfel りんご 2 キログラム. **≈hertz**[..hérts] 中〘理〙キロヘルツ(記号 kHz). **≈ka·lo·rie**[..kalorí:] 女 キロ〔グラム〕カロリー(記号 kcal). **≈li·ter**[..lí:tər] 男 (中) キロリットル(記号 kl): →Liter **≈me·ter**[..mé:tər] 男 (中) キロメートル(記号 km): →Meter | mit 150 ~〔*n*〕je 〈pro〉 Stunde fahren 時速150キロで走る ‖ **~ fressen**《戯》(景色など見ずに車で)何キロもがむしゃらに走る.

Ki·lo·me·ter≈fres·ser 男《戯》(特に自動車で短時間に)長距離を走破する旅行者,(絶えずあちこちを歩き回る)〔商用〕旅行者; (自動車の)スピード狂; 歩兵. **≈geld** 中 -〔e〕s/ (自家用車での出張者の)距離を基に計算した旅費. **≈ko·sten** 複 (自動車の)走行キロ当たり経費(購入・維持・燃料費を含む).

ki·lo·me·ter·lang 形 何キロメートルも長い: eine ~*e* Autoschlange 数キロに及ぶ自動車の〔渋滞の〕列.

Ki·lo·me·ter≈lei·stung 女 (タイヤなどの)走行距離に対する耐久度. **≈pau·scha·le** 女 (自家用車通勤者に対する)通勤距離による所得控除額. **≈stand** 男 (距離計が示す)現在の総走行距離〔表示〕. **≈stein** 男 (石の)里程標.

ki·lo·me·ter·weit 形《述語的用法なし》何キロメートルも遠くの: ~ laufen 何キロも走る.

Ki·lo·me·ter·zäh·ler 男 (自動車などの)走行距離計.

ki·lo·me·trie·ren[kilometrí:rən] 他 (h) (道路・川などに)里程標をつける. 「離に関する.」

ki·lo·me·trisch[..mé:trıʃ] 形 キロメートルで測った; 距

Ki·lo·pond[..pónt][1] 中 キロポンド(記号 kp).

Ki·lo·pond·me·ter[kilopɔntmé:tər, ⌣⌣⌣–⌣] 男 (中) キロポンド=メートル(機械作業の単位; 1 キロポンドの重量を 1 メートルあげるのに要する作業量; 記号 kpm).

Ki·lo·volt[..vɔ́lt] 中〘電〙キロボルト(記号 kV).

Ki·lo·volt·am·pere[..vɔlt|ampé:r, ..pɛ́:r] 中〘電〙キロボルトアンペア(記号 kVA).

Ki·lo·watt[..vát] 中〘電〙キロワット(記号 kW).

Ki·lo·watt·stun·de 女 キロワット時(記号 kWh).

Kilt[1][kılt] 男 -〔e〕s/-s〘服飾〙**1** キルト(イギリス, スコットランド高地人の男性用スカート: → 図 Schotte). **2** キルトスカート(キルトふうの巻きスカート). [*engl.*]

Kilt[2][–] 男 -〔e〕s/ (**Kilt·gang**[kíltgaŋ] 男)《南部・スイス》夜ばい. [*germ.* „Ende des Tages"; ◇Qual]

Kim·ber[kímbər] 男 -s/-n =Zimber

kim·brisch[..brıʃ] =zimbrisch

Kim Il-Sung[kım|ılzóŋ] 人名 金日成, キム イルソン(1912–94; 朝鮮民主主義人民共和国初代首相).

Kimm[kım] 女 -/-en〘海〙**1**《単数で》(Horizont) 水平線; 視界. **2** 船底の湾曲部, ビルジ.

Kim·me[kímə] 女 -/-n **1** (銃などの)谷形照門(→ 図 Korn): *et.*[4] über ~ und Korn zielen 〈schießen〉 …を照門と照星をぴたりと合わせて〔正確に〕ねらう〈射撃する〉| *jn.* **auf der ~ haben**《比》…をつけねらう. **2 a)** 刻み目; たる〈おけ〉の底板をはめる溝. **b)**《話》しりの割れ目: *jm.* **geht die ~** …は不安を抱く〈恐怖心に襲われる〉. [◇Kamm, Kieme; *engl.* chime, chimb]

Kim·me·ri·er[kımé:riər] 男 -s/- キンメリオス人 (Homer が「西の果て永遠のやみの中に住む」とうたった伝説的種族). [*gr.*–*lat.*; ◇*engl.* Cimmerian]

kim·me·risch[..rıʃ] 形 **1 a)** キンメリオス〔人〕の. **b)** 暗黒の: ~*e* Finsternis《比》漆黒のやみ. **2** ~*e* Faltung〘地〙キンメリアン褶曲(しゅうきょく)(アルプス造山運動の一つ). [*gr.*–*lat.*]

Kimm≈ho·bel[kím..] 男 溝彫りかんな. **≈kiel** 男〘海〙ビルジキール, ローリングチョック. **≈schlit·ten** 男, **≈sta·pel** 男〘海〙(ドックの)腹盤木(→ 図 Dock). **≈tie·fe** 女 (Depression)〘天〙水平俯角(ふかく).

Kim·mung[kímʊŋ] 女 -/ 蜃気楼(しんきろう); 水平線;《北部》刻み目, 切れ目. [<Kimm]

Ki·mo·no[kimó:no·, kí:mono·, kím..; オース・トリア: ⌣⌣⌣] 男 -s/-s **1** (日本の)着物. **2**〘服飾〙キモノ(化粧着). [*japan.*]

Ki·mo·no·är·mel[..no..] 男〘服飾〙キモノスリーブ.

Ki·nä·de[kinɛ́:də] 男 -n/-n =Päderast [*gr.* kínaidos „Wüstling"; ◇Nut]

Kin·äs·the·sie[kinɛstezí:] 女 -/〘医〙筋感覚, 運動〔感〕覚. [<*gr.* kīneīn (→kinetisch)]

kin·äs·the·tisch[..té:tıʃ] 形 筋〈運動〉感覚の.

Kind[kınt][1] 中 -es(-s)/-er (小 **Kind·chen** → 別出, **Kind·lein** → 別出) (英: *child*) 子供, 小児, 児童; (年齢にかかわらず親に対しての)子;《雅》所産: ~〔*er*〕und Kindeskinder 子孫 | Weib und ~ (→Weib 2) ‖ ein angenommenes ~ 養子 | ein eheliches 〈uneheliches〉 ~ 嫡出子〈庶子〉| ein eigenes 〈leibliches〉 ~ 実の子 |〔Ein〕gebranntes ~ scheut das Feuer. (→brennen II 1 b) | *js.* geistiges ~ …の精神的所産 | noch ein großes 〈rechtes〉 ~ sein (年はとっていても)まだ子供っぽい | noch ein halbes ~ sein まだ一人前のおとなになっていない | Kleine ~*er*, kleine Sorgen–große ~*er*, große Sorgen. (→Sorge 1) | **bei *jm.* lieb ~ sein**《話》…に気に入られている | ***sich***[4] **bei *jm.* lieb ~ machen**《話》…に気に入られようとする〈取り入る〉| ***js.* liebstes ~ sein**《比》…の大好物〈最も好むこと〉である | unschuldig wie ein neugeborenes ~ sein (→unschuldig 1) | ein spätes ~ (親が年をとってから)遅く生まれた子 | ein totgeborenes ~ 死産児 | **ein totgeborenes ~ sein**《話》(企てなどが)成功する見込みがない | ein ungeratenes 〈verwöhntes / verzogenes〉 ~ 甘やかされた子 | ein verwaistes ~ 孤児 | Viel ~*er*, viel Segen.《諺》子供は多いほどいいものだ ‖ ein〔echtes〕Berliner ~〔生粋の〕ベルリン子 ‖〘2格と〙~*er* der Berge《雅》山人(やまびと)たち | Da sieht man, wes Geistes ~ er ist. これで彼の人柄〈考え方〉がわかる | ein ~ des Glücks 幸運児 | die ~*er* Gottes《雅》神の子ら(人間) | *Kind* Gottes〔in der Hutschachtel〕!《話》なんと頭の単純なやつだろう | ordentlicher 〈braver〉 Leute ~ sein ちゃんとした家庭の出である | **ein ~ der Liebe**《雅》私生児 | ein ~ der Muse 〈der Phantasie〉《雅》芸術的〈空想の〉所産 | **ein ~ des Todes sein**《比》もはや死を免れることはできない | ein ~ *seiner* Zeit《比》時代の子 ‖〘前置詞句と〙ein ~ von fünf Jahren 5 歳の子供 | ~*er* unter zwölf Jahren 12歳以下の子供 | **das ~ im Manne** 童心(無邪気に遊びたい気持) | **kein ~ von Traurigkeit sein**《話》楽天家である.

‖〘1 格で〙**Das ~ muß doch einen Namen haben.**《比》なんとか理屈〈名前〉をつけねばならない; なんとでも理屈はつくものだ | ***Kinder* und Narren reden 〈sagen〉 die Wahrheit.**《諺》子供とばかは本当のことを言う, 子供とばかは正直だ | **〔Ein〕gebranntes ~ scheut das Feuer.**《諺》あつものに懲りてなますを吹く(やけどをした子供は火を恐れる) | Wenn das ~ in den Brunnen gefallen ist, deckt man ihn zu.《諺》どろぼうを見て縄をなう(子供が井戸に落ちると人々はあわてて井戸にふたをする) | Ein ~〔ist〕kein ~.《諺》一人っ子では子供があることにならない | Das weiß 〈kennt〉 doch jedes ~.《比》そんなことは子供でも知っている | Du **bist als ~〔wohl〕zu heiß gebadet worden.**《比》君 ちょっとおかしい〈異常だ〉ぞ | Sie waren vier ~*er* zu Hause. 彼らは 4 人きょうだいだった | *Kinder* sind ein Geschenk Gottes 〈eine Gabe des Himmels〉.《諺》子は天からの授かりもの | *Kinder* sind armer Leute Reichtum.《諺》子宝は貧しい人の富 ‖ bei *jm.*〔das〕～ im Hause sein …の家にすっかりなじんでいる | Er ist kein ～ mehr. 彼はもう子供ではない〈いい年をしている〉| Sei doch kein ～! そんな子供じみたことはよせ | Mein〔liebes〕～!(ふつう女性に対して)ねえきみ | *Kinder*, ～*er!* これこれ(あきれた人たちだ).

‖〖2格で〗***jn.* an ～*es* Statt**〔**an**〕**nehmen** …を養子にする | ᐯeines ～*es* genesen (無事に)子供を産む.

‖〖3格で〗**dem ～ einen Namen geben**(企画などに)もっともらしい名前〈名称〉をつける, 適当な動機づけをする | **Wie sag' ich's meinem ～*e*?**《比》どう話したらいいかなあ, 言いにくいことだなあ(本来は子供の性教育に関して).

‖〖4格目的語として〗ein ～ abtreiben 子供をおろす, 堕胎する | ein ～ aufziehen〈großziehen / erziehen〉子供を育てる | **das ～ mit dem Bade ausschütten**《諺》角をためて牛を殺す(ふろの水と一緒に子供まで流す) | ein ～ aussetzen 子供を捨てる | ein ～ bekommen〈kriegen〉(夫婦・家庭に)子供ができる; (女性が)妊娠する | **ein ～ von Lumpen bekommen**〈**kriegen**〉《方》仰天する; ろくでもない目にあう | ein ～ zur Welt bringen《雅》(妊婦が)子供を産む; (助産婦などが)赤ん坊をとり上げる | ein ～ empfangen《雅》受胎する | ein ～ entwöhnen 子供を離乳させる | ein ～ erwarten 妊娠している | ein ～ gebären 子供を産む | ～*er* wie die Orgelpfeifen haben《話》(少しずつ年の違った)子供がたくさんある | **weder ～ noch Kegel haben** 子供〈身寄り〉が一人もいない | ***jm.* ein ～ machen**〈**andrehen**〉《話》…に子をはらませる | ein ～ an der Brust nähren 子供を母乳で育てる | **das ～ beim**〔**rechten**〕**Namen nennen**《比》歯にきぬを着せずにものを言う | ***jm.* ein ～ in den Bauch reden**《話》(ねばって)…をまんまと説き伏せる | **Wir werden das ～ schon schaukeln.**《話》我々がきっとうまく片をつける〈やってのける〉さ | *jm.* ein ～ schenken《雅》…の子供を産む | ein ～ in die Welt setzen《話》子供を産む | ein ～ stillen 子供に授乳する | ein ～ unter dem Herzen tragen《雅》妊娠している | das ～ verleugnen〈nicht anerkennen〉子供を認知しない | ein ～ mit *jm.* zeugen (男が)…に子供を産ませる.

‖〖前置詞と〗Aus ～*ern* werden Leute. (→Leute 1) | ein Spiel für ～*er* und Erwachsene 子供にも大人にも楽しめるゲーム | **Das ist nichts für kleine ～*er.*** 《話》それはきみには関係のないことだ, それはお前の知ったことではない | **mit ～ und Kegel** 家族ともども, 一家そろって | mit einem ～〔*e*〕gehen《比》妊娠している | mit einem ～ nach Hause kommen《比》よそで子供をつくってくる | mit ～*ern* gesegnet sein 子宝に恵まれている | **von ～ auf**〈**an**〉子供のころから | von einem ～ entbunden werden 子供を産む.

[*ahd.*; ◇Genus; *gr.* génos „Geschlecht"; *engl.* kin]

Kịnd≠bett[kínt..] 中 -〔e〕s/ (Wochenbett) 産褥(さんじょく): ins ～ kommen 分娩(ぶんべん)する | im ～ sterben 産褥で死ぬ. **≠bet·te·rin**[..bɛtərɪn] 女 -/-nen《スイス》産婦.

Kịnd·bett·fie·ber 中《医》産褥(さんじょく)熱.

Kịnd·chen[kíntçən] 中 -s/-, Kinderchen[..dərçən] (Kind の縮小形. 例えば:) 幼児, 赤ん坊;《比》かわいい子ちゃん.

Kịnd·chen·sche̱·ma 中 -s/《心》(大人の保護者本能をそそる)子供らしい外見〈行動〉, 子供っぽさ. 「◇Kind」

Kịn·del[kíndəl] 中 -s/-《植》ひこばえ. [*ahd.*;

Kịn·del≠bier 中 -〔e〕s/《北部》洗礼; 洗礼の祝宴. **≠mut·ter** 女 -/..mütter《南部》助産婦, 産婆.

Kịn·der≠ar·beit[kíndər..] 女 **1**《単数で》児童労働: *Kinderarbeit* ist verboten. 児童労働は禁止されている. **2** (図画・工作など)子供の作品. **≠ar·mut** 女 子供の少ないこと. **≠arzt** 男 小児科医. **≠bei·hil·fe** 女《オーストリア》児童〈育児〉手当. **≠be·klei·dung** 女 子供用衣料品. **≠be·steck** 中 子供用食器(フォーク・スプーンなど). **≠bett** 中 小児用ベッド. **≠bild** 中 子供の肖像画〈写真〉; 子供のころの肖像画〈写真〉. **≠bu̱ch** 中 子供用の〔絵〕本, 児童図書.

Kịn·der·chen Kindchen の複数.

Kịn·der≠chir·ur·gie 女 小児外科〔学〕. **≠dorf** 中 子供の村(孤児などを収容している集落的施設). **≠e̱he** 女 (未開民族などの)小児結婚.

Kịn·de·re̱i[kındəráı] 女 -/-en 子供っぽい言行〈愚行〉, 子供のいたずら; ばかげた事: Das sind ja alles ～*en* gewesen. あんなことはみんなくだらぬ〈たわいもない〉ことだったんだ.

Kịn·der≠er·mä̱·ßi·gung[kíndər..] 女 児童控除(子供の数による税金の優遇措置); (運賃の)子供割引. **≠er·zie·hung** 女 幼児教育.

kịn·der·feind·lich 形 子供ぎらいの; 子供に対して無理解の: eine ～*e* Gesellschaft 子供たちの住みにくい社会.

Kịn·der≠fern·se̱·hen 中 子供向けテレビ番組〈局〉. **≠fest** 中 子供のお祝い〈お祭り〉. **≠film** 男 子供向き映画. **≠frau** 女 (雇われて)子供を養育する女性, ベビーシッター. **≠fräu·lein** 中 (家庭に雇われている)子守女; 女性家庭教師. **≠frei·be·tra̱g** 男 児童扶養控除〔額〕. **≠freund** 男 子供好きな人: Ich bin〔ja〕～.《比》おれは優しいおじさんだからな(人に何かちょっとした好意を示すときのせりふ).

kịn·der·freund·lich 形 子供好きの; 子供に対して理解のある.

Kịn·der≠funk 男 (ラジオ・テレビの)子供番組〔製作部〕. **≠fü̱r·sor·ge** 女 (特に公的機関による)児童保護〈福祉〉. **≠gar·ten** 男 幼稚園: den ～ besuchen / in den ～ gehen 幼稚園に通う | *jn.* in den ～ geben …を幼稚園に入れる. **≠gärt·ne·rin** 女 (男 ≠gärt·ner) 幼稚園の(女の)先生, 幼稚園女教諭; 保母. **≠geld** 中 子女手当, 子女養育補助金. **≠ge·schich·te** 女 子供向きの話(おとぎ話など); 子供時代の思い出〔話〕. **≠ge·schrei** 中 子供のかん高い叫び声. **≠ge·sicht** 中 子供の顔; 童顔. **≠glau·be** 男 (子供らしい)無垢(むく)な信仰; (無批判な)軽信. **≠got·tes·dienst** 男 子供のためのミサ; (教会の)日曜学校. **≠heil·kun·de** 女《医》小児科学, 小児治療学. **≠heim** 中 **1** (両親の不在中に一時的に子供を預かる)児童ホーム, 児童保育所; 児童用保養所. **2** 孤児院; (心身障害児の)養護施設. **≠hort** 男 (放課後の教育監督を引き受ける)学童保育所; 託児所. **≠hu̱·sten** 男《医》百日ぜき. **≠ja̱h·re** 複 幼年時代. **≠klap·per** 女 がらがら(幼児の玩具(がんぐ)): → 図 Klapper). **≠klei·dung** 女 子供用衣料品.

Kịn·der-Kom·mu̱·ne 女 =Kinderladen 2

kịn·der·kopf·groß 形 子供の頭ぐらいの大きさの.

Kịn·der≠kran·ken·haus 中 小児科〔専門〕病院. **≠krank·heit** 女 **1**《医》小児〔伝染〕病. **2**《比》(新しい機械・計画などに含まれる)初期故障; (不慣れによる)失敗. **≠kreuz·zu̱g** 男《史》少年十字軍. **≠krie·gen** 中 -s/《話》子供を産むこと, 出産: Zum ～ ist sie schon zu alt. 子供を産むには 彼女はもう年を取りすぎている | Das ist〔ja〕zum ～.《話》こいつは全くやりきれない話だ. **≠kri·mi·na·li·tä̱t** 女 児童犯罪. **≠krip·pe** 女 (働く女性などのための)託児所〈室〉. **≠la̱·den** 男 **1** 子供用品を売る店. **2** 私設共同保育所(あき店舗を借りて始めたことから). **≠lä̱h·mung** 女《医》小児麻痺(まひ). **≠land·ver·schickung** 女 (とくに第二次世界大戦中の)児童疎開. **≠lätz·chen** 中 よだれ掛け. ᐯ**≠le̱h·re** 女 日曜学校.

kịn·der·le̱icht 形《話》非常にやさしい, 子供だましの.

Kịn·der·lein Kindlein の複数.

kịn·der·lieb 形 子供好きの.

Kịn·der≠lie·be 女 子供に対する愛情, 子供好き. **≠lied** 中 童謡.

kịn·der·lo̱s[kíndərlo:s][1] 形 子供のない(結婚生活・夫婦など).

Kịn·der·lo̱·sig·keit[..lo:zıçkaıt] 女 -/ (結婚生活・夫婦などに)子供のないこと〈状態〉.

Kịn·der≠mäd·chen[kíndər..] 中 子守女, 保母. **≠mär·chen** 中 童話, おとぎ話. **≠me̱hl** 中 小児粉(母乳の代用品), 乳児用穀粉. **≠miß·brauch** 男 児童への暴行〈凌辱(りょうじょく)〉. **≠miß·hand·lung** 女 小児〈児童〉虐待. **≠mord** 男 幼児殺し. **≠mör·der** 男 幼児殺人犯. **≠mund** 男 子供の口;《比》(かわいい・ませた・正直な)子供らしい口調〈表現〉: *Kindermund* tut Wahrheit kund./ *Kindermund* kennt keine Scheu vor der Wahrheit.《諺》子供は真実を語る. **≠narr** 男 子煩悩〈親ばか〉な人. **≠pfle̱·ge·rin** 女 幼児保育婦(保母・育児婦・乳幼児専門の

看護婦の総称). ≈**pro·sti·tu·tion** 女 児童売春. ≈**psy·cho·lo·gie** 女 児童心理学. ≈**pu·der** 男 ベビーパウダー. ▽≈**raub** 男 小児誘拐.
kin·der·reich[kíndər..] 形 子だくさんの, 子供の多い(夫婦・家庭など).
Kin·der≈reich·tum 男 -s/ 子だくさん. ≈**reim** 男 童歌,(伝承の)童謡. ≈**sa·chen** 複 = Kinderkleidung ≈**schreck** 男 -s/ (子供がこわがる)妖怪(ようかい), お化け; (子供をこわがらすため)わざと意地悪する大人. ≈**schuh** 男 子供靴: **die ～*e* ausziehen / den ～*en* entwachsen** 大人になる | **die ～*e* ausgetreten** 〈**abgestreift** / **vertreten**〉 **haben**《比》もう子供ではない, 大人である | **noch in den ～*en* stecken**《比》まだ大人になっていない; 緒についたばかりである; 発展途上にある. ≈**schu·le** 女《方》=Kindergarten ≈**schutz** 男 (公的機関による)児童〈未成年者〉保護.
Kin·der·schutz·ge·setz 中 児童保護法.
Kin·der≈schwe·ster 女 乳幼児専門の看護婦. ≈**se·gen** 男 -s/ 子供をもつ〈もっている〉こと; 子だくさん: eine Familie mit reichem ～ 子だくさんの一家. ≈**sei·te** 女 (新聞・雑誌などの)子供のページ, 子供欄. ≈**spiel** 中 **1** 子供の遊び〈遊戯〉. **2**《比》児戯に類する〈容易な〉こと: [**für *jn.***] **ein ～ sein** 〔…にとって〕朝飯前である. ≈**spiel·platz** 男 児童遊園. ≈**spiel·zeug** 中 子供の玩具(がんぐ), 遊び道具: Das ist kein ～!《比》それは慎重に扱うべきだ. ≈**spra·che** 女 -/ 幼児の片言; (大人が子供に話す時に用いる)幼児〔言〕語(例 Aa, eieien). ≈**sta·tion** 女 (病院の)小児〔科〕病棟. ≈**sterb·lich·keit** 女 (生後1年間の)幼児死亡率. ≈**streich** 男 子供のわるさ〈いたずら〉.
Kin·der·stu·be[kíndər..] 女 子供部屋, 育児室;《単数で》(子供の)しつけ: eine gute ～ haben しつけがよい, 礼儀作法を身につけている | *seine* gute ～ verleugnen (いい教育を受けたのに)行儀が悪い | keine ～ haben しつけが悪い ‖ **im Galopp durch die ～ geritten sein** / im D-Zug durch die ～ gefahren 〈**gebraust**〉 sein / **mit dem Düsenjäger die ～ gebraust sein**《話》子供のときのしつけが悪い.
Kin·der≈stuhl 男 子供いす. ≈**ta·ges·stät·te** 女 全日制託児所〈保育園〉(略 Kita). ≈**tau·fe** 女《宗》幼児洗礼. ≈**tel·ler** 男 (レストランなどの)子供用の料理(お子様ランチなど). ≈**thea·ter** 中 児童劇, 子供向きの芝居; 児童劇の劇場.
kin·der·tüm·lich[kíndərty:mlɪç] 形 子供らしい; 子供向きの. [<..tum]
Kin·der≈wa·gen 男 乳母車, ベビーカー. ≈**wär·te·rin** 女 乳母, 子守女. ≈**wä·sche** 女 子供用肌着〈下着〉〔類〕. ≈**welt** 女 -/ **1** 子供の世界. **2**《集合的に》子供たち, 児童. ≈**zahl** 女 (各家庭の)子供の数. ≈**zeich·nung** 女 児童画. ≈**zeit** 女 幼年時代. ≈**zeit·schrift** 女 児童〈少年・少女〉雑誌. ≈**zim·mer** 中 子供部屋; 子供部屋用の調度. ≈**zu·la·ge** 女 (年金生活者に対する)子女手当, 子女養育補助金. ≈**zu·schlag** 男 (公務員に対する)子女手当, 子女養育補助金.
Kin·des≈al·ter[kíndəs..] 中 -s/ 幼年期, 小児期. ≈**an·nah·me** 女 養子縁組み. ≈**aus·set·zung** 女 乳児遺棄, 捨て子(行為). ≈**bei·ne** 複《もっぱら次の形で》**von ～*n* an** ごく幼い時から. ≈**ent·füh·rung** 女 幼児誘拐. ≈**kind** 中 -〔e〕s/-er 孫;《複数で》《比》後継者たち: **Kind**〔**er**〕 **und ～*er*** 子々孫々, すべての後に続く者たち. ≈**lie·be** 女《雅》(親に対する)子の愛, 孝心. ≈**miß·brauch** =Kindermißbrauch ≈**miß·hand·lung** =Kindermißhandlung ≈**mord** 男 (特に母親の手による)嬰児(えいじ)殺し, 新生児殺し. ≈**mör·de·rin** 女 新生児殺しをした母親. ≈**mut·ter** 女《官》(特定の)子供の母親. ≈**nö·te** 複 陣痛, お産の苦しみ: in ～*n* liegen 〈sein〉(産婦が)陣痛を起こしている. ≈**pflicht** 女 (親に対する)子の義務〈愛〉. ≈**raub** = Kinderraub ≈**teil** 男 -〔e〕s/-e **1**〔法〕子の遺産相続分. **2**《ふつう複数で》〔医〕胎児部分. ≈**tö·tung** 女 =Kindermord ≈**un·ter·schie·bung** 女 (意図的な)新生児のすり替え; 私生児の嫡出子としての届け出. ≈**va·ter** 男《官》(特定の)子供の父親.
Kind·frau[kínt..] 女 **1** すでに成熟した肉体をもつあどけない女の子. **2** 幼い妻.
kind·haft[kínthaft] 形 子供らしい, 無邪気な.
Kind·heit[..haɪt] 女 -/ (ふつう誕生から思春期が始まるまでの)幼年時代, 幼いころ: von ～ an 〈auf〉 幼い時から.
kin·disch[kíndɪʃ] 形《軽蔑的に》子供じみた; 愚かな, ばかげた: ein ～*es* Benehmen 子供じみた振舞い, 愚行 | Die Alten werden oft ～. 老人はしばしば(ぼけて)幼児化する.
Kindl[kíndəl] 中 -s/-〔n〕《南部・オーストリア》(Kindlein) 小さな子供: das Münchner ～ (→Münchner II).
Kind·lein[kíntlaɪn] 中 -s/-, Kinderlein (Kind の縮小形. 例えば:) 幼児, 赤ん坊;〔宗〕幼児キリスト〈イエズス〉.
kind·lich[kíntlɪç] 形 (年齢的に)幼い, 子供らしい; (親に対して)子としての; 無邪気な, 素朴な, 天真らんまんな: ein ～*es* Gesicht 子供らしい顔つき | ～*er* Gehorsam (親に対する)子の服従 | in ～*em* Alter 幼いころに ‖ *sich*[4] ～ über *et.*[4] freuen …を無邪気に喜ぶ.
Kind·lich·keit[–kaɪt] 女 -/ (kindlich なこと. 例えば:) 子供らしさ, 幼さ, 無邪気.
Kinds·be·we·gung[kínts..] 女〔医〕胎動.
Kind·schaft[kínt-ʃaft] 女 -/ (親に対して)子であること, 親子の関係.
kind·schen[kíntʃən]《04》自 (h)《話》ばかげた〈子供じみた〉ことをする. [<kindisch]
Kinds·kopf[kínts..] 男《軽蔑的に》子供じみた〔ことをする〕人, ばか.
kinds·kopf·groß =kinderkopfgroß
kinds·köp·fig 形 (kindisch) 子供じみた.
Kinds≈la·ge 女〔医〕児位(子宮内での胎児の体位). ≈**pech** 中〔医〕胎便. ≈**tau·fe**《南部》= Kindtaufe ≈**teil** 男 **1**〔医〕胎児部分. **2**〔法〕子の相続分. ≈**was·ser** =Fruchtwasser
Kind·tau·fe[kínt..] 女 幼児洗礼〔式〕; 幼児の洗礼に際しての家庭でのお祝い.
Ki·ne·ma·thek[kinematé:k] 女 -/-en (Filmarchiv) シネマテーク, フィルム=ライブラリー, 映画保存施設. [<Kinematographie]
Ki·ne·ma·tik[kinemá:tɪk] 女 -/ 〔理・医〕運動学.
ki·ne·ma·tisch[..tɪʃ] 形〔理・医〕運動の, 動的な.
Ki·ne·ma·to·graph[kinematográ:f] 男 -en/-en (初期の)映画撮影〈映写〉機. [*fr.* cinématographe; <*gr.* kī́nēma „Bewegung" (◇kinetisch)]
Ki·ne·ma·to·gra·phie[..grafí:] 女 -/ 映画; 映画技術.
ki·ne·ma·to·gra·phisch[..grá:fɪʃ] 形 映画の; 映画技術に関する.
Ki·ne·ser[kiné:zər] 男 -s/-《オーストリア》《話》=Chinese
Ki·ne·sik[kiné:zɪk] 女 -/ 〔心・言〕キネシクス, 動作学(身振り言語の研究). [<*gr.* kī́nēsis „Bewegung"]
Ki·ne·sio·the·ra·pie[kinezioterapí:] 女 -/-n [..pí:ən]〔医〕運動療法.
Ki·ne·tik[kiné:tɪk] 女 -/ **1**〔理〕運動力学. **2**〔美〕キネティックアート(照明・動力などによる変化を活用する).
ki·ne·tisch[..tɪʃ] 形 **1** 運動の, 運動力学〔上〕の; 動きを特徴とする, 動的な: ～*e* Energie〔理〕運動エネルギー | ～*e* Gastheorie〔理〕気体分子運動論 | ～*es* Potential〔理〕運動ポテンシャル. **2**〔美〕キネティックアートの: ～*e* Kunst =Kinetik 2 [*gr.*; <*gr.* kīneīn „bewegen"]
Ki·ne·to·se[kinetó:zə] 女 -/-n〔医〕(船酔いなどの)加速度病, 運動機能性疾患. [<*gr.* kīnētós „beweglich" +..ose]
King[kɪŋ] 男 -s/-s《話》(König) 国王, 特別な存在: Er hält sich wohl für den ～. 彼は自分を特別な人間とでも思っているのだろう. [*engl.*]
Kink[kɪŋk] 女 -/-en〔海〕キンク(部分的よじれによる索の変形). [*mndd.*; ◇*engl.* kink]
Kin·ker·litz·chen[kíŋkərlɪtsçən, ⏑⏑⏑⏑] 複《話》くだらないもの, がらくた; たわごと: Das sind ja ～! そいつは全くくだらない | Mach keine ～! ばかなまね〈言いぐさ〉はやめろ. [<*fr.* quincaille „Flitterkram"; 擬音]
Kinn[kɪn] 中 -〔e〕s/-e あご(顎), 下あご, おとがい(→ 図 Mensch A): ein rundes 〈vorstehendes〉 ～ 丸い〈しゃくれた〉あご ‖ das ～ auf 〈in〉 die Hand stützen あごを手で支

K

える, ほおづえをつく | *sich*³ das ～ reiben ⟨streichen⟩ (疑惑などを示して)あごをさする | *jm.* das ～ ⟨*jn.* unter dem ～⟩ kraulen …のあご⟨ほお⟩を愛撫(ぶ)する | *jn.* am ～ treffen / *jn.* gegen das ～ schlagen …のあごに打撃を加える | einen Bart ums ～ haben あごのまわりにひげをたくわえている | *jn.* unters ～ fassen (伏せている顔を上に向けようと)…のあごに手をかける.
[*idg.*; ◇*gr.* génys „Kinn[backe]"; *engl.* chin]

Kinn≈backe[kín..] 女 -/-n (南部: **≈backen** 男 -s/-) **1**《ふつう複数で》(Kiefer) あご. **2** あごの骨, 顎骨(がっこつ).

Kinn·backen≈drü·se 女 〘解〙 顎下腺(がっかせん). **≈krampf** 男 =Kieferklemme

Kinn≈bart 男 あごひげ, やぎひげ. **≈ha·ken** 男 〘ボクシング〙 アッパーカット. **≈hal·ter** 男 (ヴァイオリンの)あご当て(→ ⊠ Geige). **≈ket·te** 女 はみ鎖(馬具の一部: → ⊠ Kopfgestell).

Kinn·la·de 女 下あご. [„Behälter der Zähne"]

Kinn≈reff 中 (よろいの)あご当て(→ ⊠ Harnisch). **≈rie·men** 男 (ヘルメットなどの)あごひも. **≈spit·ze** 女 あごの先.

Ki·no[kí:no·] 中 -s/-s **1** (Filmtheater) 映画館: ins ～ gehen 映画を見に行く | in die ～*s* kommen (フィルムが)上映されるようになる | Was wird heute im ～ gespielt ⟨gegeben⟩? きょうは映画館は何をやっているんだ. **2** (映画の)映写, 上映: nach dem ～ 映画が終わってから ‖ ～ im Schlaf《戯》夢. [<Kinematograph]

Ki·no≈be·su·cher[kí:no..] 男 映画を見に行く人, 映画の観客. **≈gän·ger** 男 〔しばしば〕映画を見に行く人, 映画好き: ein eifriger ～ 熱心な映画ファン. **≈kar·te** 女 映画〔館〕の入場券. **≈re·kla·me** 女 映画〔のための〕広告⟨宣伝⟩; 広告映画, 映写広告. **≈stück** 中 (作品としての)映画. **≈tech·ni·ker** 男 映写技師.

Kin·topp[kí:ntɔp] 男 中 -s/-s, ..töppe[..tœpə]《話》映画館. [<Kinematograph]

die **Kin·zig**[kíntsɪç] 地名 女 -/ **1** キンツィヒ (Rhein 川の支流). **2** キンツィヒ (Main 川の支流). [*kelt.*]

Kin·zi·git[kɪntsigí:t, ..gít] 男 -s/ 〘鉱〙 キンチヒ岩. [<..it²]

Kio·ni·tis[kioní:tɪs] 女 -/..tiden[..nití:dən] 〘医〙 口蓋垂(こうがいすい)炎(→Gaumenzäpfchen).

Ki·osk[kiɔ́sk, kí:ɔsk] 男 -[e]s/-e **1** (駅・街頭・公園などの)売店, スタンド, キオスク. **2** あずまや, 亭(ちん). [*pers.* kūšk „Palast"–*türk.*–*fr.* kiosque „Pavillon"]

Kio·to[kió:to·] 地名 京都(ドイツでは Kyoto より Kioto とつづることが多い).

Kipf[kɪpf] 男 -[e]s/-e《南部》**1** 細長いパン. **2** =Runge² [*lat.* cīppus (→Zippus)–*ahd.*]

Kip·fel[kípfəl] 中 -s/-, **Kip·ferl**[kípfərl] 中 -s/-n《南部・オーストリア》=Kipf 1

Kipf·ler[kípflər] 複《オーストリア》キップラー(角(つの)の形をした「サラダ用ジャガイモ).

kipp·bar[kípba:r] 形 傾けられる. [<kippen]

Kip·pe¹[kípə] 女 -/-n **1**《単数で》かど, とんがり: 〘ふつう次の形で〙**auf der ～ stehen**《話》倒れかかっている; 不安定である; 危うい, 落ちそうである | Es steht auf der ～, ob wir mitmachen können oder nicht. 我々が参加できるかどうか危ないところだ. **2** 〘体操〙(鉄棒の)蹴(け)上がり(→ ⊠); (床運動の)倒立回転. **3** 〘坑〙ずり, 廃石捨て場;《話》ごみ捨て場. **4** シーソー. **5**《話》タバコ〔の吸いがら〕. [*ndd.*; ◇Chip, Kipf]

Kippe¹

Kip·pe²[–] 女《話》《もっぱら次の形で》～ machen i) 山分けする; ii) ぐるになる, 手を組む. [*jidd.* „Kammer"–*rotw.* „Kameradschaft"]

kip·pe·lig[kípəlɪç]² 形《話》(wackelig) ぐらぐらする, 不安定な: Der Stuhl ist ～. このいすはぐらぐらする.

kip·peln[kípəln]《06》自 (h, s) **1**《話》(wackeln) **a**) (机・いすなどが)ぐらぐらする, 不安定である. **b**)《mit *et.*³》(…を)ぐらぐら揺する: mit dem Stuhl ～ いすを揺する. **2** シーソーをする. **3**《北部》争う, けんかする.

kip·pen[kípən] **I** 自 **1** (s) 傾いて倒れる, 転倒する, 横転⟨転覆⟩する: auf die Seite ⟨zur Seite⟩ ～ (車などが)横転する | aus dem Anzug ～ (→Anzug 1) | aus den Latschen ～ (→Latschen) | aus den Pantinen ～ (→Pantine) | vom Stuhl ～ いすから転げ落ちる ‖ Der Tisch ist *gekippt.* テーブルがひっくり返った. **2** (h) 平衡を失って傾く.
II 他 (h) **1**《*et.*⁴》(中身がこぼれ出るように…を)傾ける, 覆す: ein Glas ～ グラスを傾けて酒を一気に飲む | ein Boot ～ (修理などのために)ボートをひっくり返す | eine Lore ～ トロッコを傾けて積み荷をあける. **2 a**) (中身を)こぼす, まく: den Sand vom Wagen auf die Straße ～ 車の荷台を傾けて砂を道路にぶちまける | Wasser aus dem Eimer ～ バケツの水をあける. **b**) (酒を)一気に飲む: einen Kirsch ～ キルシュヴァッサーをぐいとあおる | **einen ～**《話》一杯やる. **3**《話》(予定していたことを)中止する. **4**《話》(タバコを)途中まで吸ってもみ消す: eine *gekippte* Zigarette 吸いさしのタバコ.
[<Kippe¹]

Kip·pen≈quä·ler[kípən..] 男《話》タバコを根元まで吸う人. **≈samm·ler** 男 タバコの吸いがらを拾い集める人.

Kip·per[kípər] 男 -s/- **1** ダンプカー; 〘鉄道〙傾倒槽つき貨車; 〘坑〙チップラ(トロッコなどの車体を傾けて積み荷を降ろす装置). **2** 〘料理〙冷燻(れいくん)ニシン.

Kipp≈fen·ster[kíp..] 中 引き倒し窓(→ ⊠ Fenster A). **≈he·bel** 男 〘工〙揺りてこ. **≈kar·ren** 男 〘土木〙カート, ねこ車. **≈lo·re** 女 〘鉄道〙傾倒槽つきトロッコ, ティッパー. **≈pflug** 男 〘農〙互用プラウ, 両用犁(すき). **≈re·gel** 女 〘測量〙望遠鏡つきアリダード, 測角器. **≈schal·ter** 男 〘電〙タンブラ⟨トグル⟩スイッチ(→ ⊠ Schalter). **≈vor·rich·tung** 女 〘工〙傾斜⟨ダンプ⟩装置. **≈wa·gen** 男 **1** ダンプカー. **2** =Kipplore

Kips[kɪps] 中 -es/-e《ふつう複数で》キップ(幼獣の皮革). [*engl.* kip]

Kir·be[kírbə] 女 -/-n《南部》=Kirchweih

Kirch·dorf[kírç..] 中 教会〔堂〕のある村.

Kir·che[kírçə] 女 -/-n **1** (⊘ **Kirch·lein**[..laɪn] 中 -s/-) (建物としての)教会〔堂〕, 聖堂(→ ⊠): eine gotische ⟨romanische⟩ ～ ゴシック⟨ロマネスク⟩様式の教会 ‖ eine ～ bauen ⟨stiften⟩ 教会を建てる | eine ～ 〔ein〕weihen 教会の奉献⟨落成⟩式を行う | **die ～ im Dorf lassen**《話》節度を保つ, 大げさなことはしない | **die ～ ums Dorf tragen** / **mit der ～ ums Dorf laufen** ⟨[**herum**]**fahren**⟩《話》むだな回り道をする, 回りくどいことをする ‖ **Die ～ hat einen guten Magen.** 教会は丈夫な胃をもっている(教会は貪欲かつ無節操に金品を捲き上げる. ゲーテの戯曲『ファウスト』に由来する). **2 a**) (信者集団としての)教会, 宗派: die evangelische ⟨katholische⟩ ～ 福音⟨カトリック⟩教会 | die orthodoxe ～ 東方正教会; ギリシア正教会 | die sichtbare ⟨unsichtbare⟩ ～ 見ゆる⟨見えざる⟩教会, 地上⟨地上および天国⟩の全キリスト教徒 ‖ aus der ～ austreten 教会から脱会する;《比》信仰を捨てる | wieder in den Schoß der ～ zurückkehren《雅》再入信する. **b**) (宗教界の代表・権威としての)教会: die Trennung von ～ und Staat 政教の分離. **3** (Gottesdienst) 礼拝: ～ halten 礼拝を行う | in die ⟨zur⟩ ～ gehen 〔教会へ〕礼拝に行く | Es läutet zur ～. 礼拝開始の鐘が鳴る ‖ Morgen ist keine ～. あすは礼拝は休みだ | Die ～ ist aus. 礼拝は終わった. [*spätgr.*–*westgerm.*; <*gr.* kȳriakós „dem Herrn gehörig" (◇Kyrie); ◇*engl.* church]

Kir·chen≈äl·te·ste [kírçən..] 男 教会⟨教区⟩の長老. **≈amt** 中 **1** 教会職; 聖職禄(ろく). **2** 長老職. **3** 宗務局. **≈aus·tritt** 男 教会⟨教派⟩からの離脱. **≈bank** 女 -/..bänke 教会のいす〔席〕(→ ⊠).

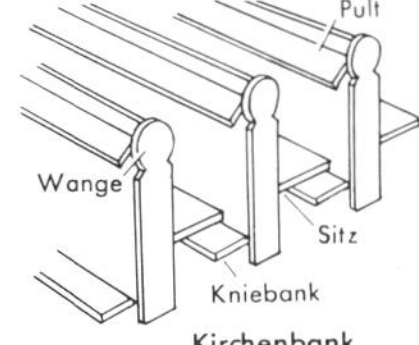

Kirchenbank

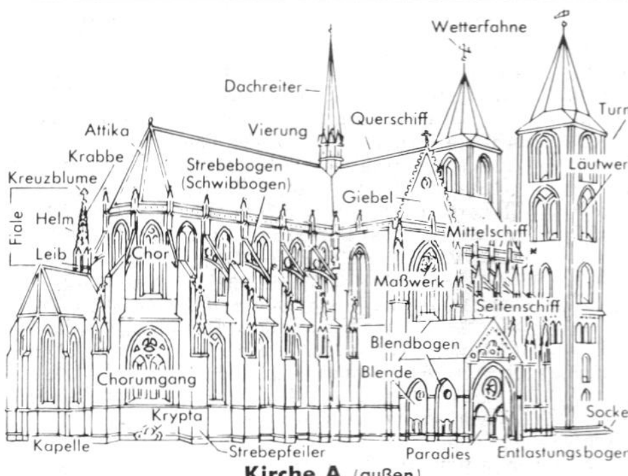

Kirche A (außen)

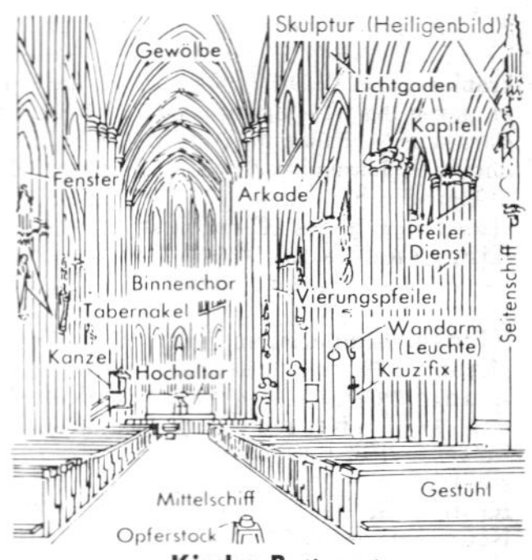

Kirche B (innen)

Kirche C (Westwerk)

⸗bann 男 (Exkommunikation) 〖カトリック〗 破門. **⸗bau** 男 -〔e〕s/-ten **1** 《単数で》 教会堂建立. **2** 教会堂. **⸗be·such** 男 礼拝への出席. **⸗be·su·cher** 男 礼拝参加者. **⸗buch** 中 教会記録簿. **⸗bu·ße** 女 〖カトリック〗 告解の秘跡. **⸗chor**[..ko:r] 男 教会の合唱団, 聖歌隊. **⸗die·ner** 男 教会の用務員. **⸗fa·brik** 女 〖カトリック〗 教会財産. **⸗fah·ne** 女 (行列などの先頭に掲げる)教会旗; (白と黄色の)教会旗の旗印. **⸗fest** 中 教会の祝祭〔日〕. **⸗fürst** 男 〖カトリック〗 (司教・大司教・枢機卿(すうきけい)など)高位聖職者. **⸗gän·ger** =Kirchgänger **⸗ge·bet** 中 礼拝式の祈禱(きとう). **⸗ge·mein·de** 女 教区, 牧師管区. **⸗ge·mein·schaft** 女 信者組合. **⸗ge·rät** 中 礼拝用の器物, 祭具. **⸗ge·sang** 男 賛美歌, 聖歌. **⸗ge·schich·te** 女 教会史. **⸗ge·setz** 中 教会法〔規〕; 宗派規約. **⸗ge·walt** 女 教〔会〕権, 聖権. **⸗gut** 中 教会所有財産〈領地〉. **⸗jahr** 中 (第1 Advent に始まる)教会暦年. **⸗kampf** 男 教会と国家間の闘争. **⸗kon·zert** 中 (教会で開かれる)宗教音楽会. **⸗la·tein** 中 (公用語としての)教会ラテン語. **⸗leh·re** 女 教義. **⸗leh·rer** 男 〖カトリック〗 教会博士; (初期キリスト教の)教父. **⸗leu·te** 複 Kirchenmann の複数. **⸗licht** 中 -〔e〕s/-er ▽**1** 名僧知識: 〖ふつう次の形で〗 **kein 〈nicht gerade ein〉〔großes〕 ~ sein** 《戯》 あまり利口ではない. **2** 教会のあかり, 灯明: Ihm ging ein ~ auf. 《比》 彼はやっと事態がわかってきた. **⸗lied** 中 聖歌, 賛美歌. **⸗mann** 男 -〔e〕s/..leute (高位の)教会関係者. **⸗maus** 女 教会に住みついているネズミ: **arm wie eine ~ sein** 《話》 ひどく貧しい. **⸗mu·sik** 女 教会音楽. **⸗ord·nung** 女 〖新教〗 教会法令〔集〕. **⸗pa·tron** 男 **1** 〖カトリック〗 教会の保護聖人. **2** 教会の後援者. **⸗po·li·tik** 女 〔対〕教会政策. **⸗prä·si·dent** 男 教会長 (Hessen-Nassau と Pfalz の福音教会で). **⸗rat** 男 -〔e〕s/..räte 〖新教〗 **1** 州教区会議〔議員〕, 州教会役員会〔員〕. **2** (州教会牧師の称号として)教会顧問. **⸗raub** 男 聖物窃盗. **⸗räu·ber** 男 聖物盗人. **⸗recht** 中 -s/ 教会法.

kir·chen·recht·lich[kírçən..] 形 教会法〔上〕の.

Kir·chen⸗re·gi·ster 中 = Kirchenbuch **⸗schiff** 中 〖建〗 (教会堂の)身廊, 中廊, ネーブ(入口と内陣の間の細長い部分). **⸗schrift·stel·ler** 男 (古代キリスト教の)聖典学者, 教会著述家. **⸗so·na·te** 女 〖楽〗 教会ソナタ. **⸗spal·tung** 女 =Schisma 1 **⸗spra·che** 女 (教会の公用語としての)典礼用ラテン語; (典礼用ラテン語などを翻訳した)教会用語. **⸗spren·gel** 男 教区. **⸗staat** 男 **1** 〖史〗 (主としてローマ市内の)教皇領. **2** = Vatikanstadt **⸗steu·er** 女 教会税. **⸗stif·tung** 女 教会財産. **⸗stra·fe** 女 〖カトリック〗 教会の刑罰. **⸗tag** 男 〖宗〗 教会大会: Deutscher Evangelischer ~ ドイツ福音教会会議〔総会〕. **⸗ton** 男 -〔e〕s/..töne, **⸗ton·art** 女 〖楽〗 (中世の)教会旋法.

Kir·chen·va·ter 男 〖キリスト教〗 教父. [*kirchenlat.* patrēs ecclēsiae の翻訳借用]

Kir·chen⸗ver·samm·lung[kírçən..] 女 宗務会議. **⸗vogt** 男 (昔の)教会の保護者〈パトロン〉. **⸗vor·stand** 男 〖新教〗 (教区信者代表者と1名の牧師からなる)教会役員会. **⸗zucht** 女 教会法規, 戒律.

Kirch⸗gang[kírç..] 男 **1** 教会〈礼拝〉に行くこと. **2** 産婦祝別〔式〕. **3** 〖建〗 教会側廊の通路. **⸗gän·ger**[..gɛŋər] 男 -s/- (定期的に)教会の礼拝に出席する人. **⸗hof** 男 (教会堂隣接の)墓地.

Kirch·hoff[kírçhɔf] 人名 Gustav Robert ~ グスタフ ローベルト キルヒホフ(1824-87; ドイツの物理学者で,「キルヒホフの法則」の発見者).

Kirch·hofs⸗jod·ler[kírço:fs..] 男 《話》 うつろな咳(せき). **⸗mau·er** 女 墓地の囲壁. **⸗stil·le** 女 墓地の静けさ.

Kirch·lein Kirche 1の縮小形.

kirch·lich[..lɪç] 形 教会の, 教会の規則に従った; 礼拝の; 信仰の; 聖職者の: eine ~*e* Trauung 教会での結婚〔式〕| ~*e* Ländereien 教会所有地, 教会領 | ein ~*er* Mann 厳格な信者 ‖ ~ gesinnt sein 信心深い; 宗規を厳守している.

Kirch·lich·keit[..kaɪt] 女 -/ 教会主義, 教会法遵守,

教会の慣行・伝統に対する形式的固執.
Kirch·mes·se[kírç..] 女 =Kirchweih
Kirch·ner[1][kírçnər] 男 -s/- =Kirchendiener
Kirch·ner[2][kírçnər] 人名 Ernst Ludwig ~ エルンスト ルートヴィヒ キルヒナー(1880-1936; ドイツの画家).
Kirch≠spiel[kírç..] 中, **≠spren·gel** 男 (Pfarrbezirk) 牧師〈主任司祭〉管区(→Pfarrer). [*mhd.* kir(ch)-spil „(Bezirk der) Kirchen-predigt"; < *ahd.* spel „Rede"]
Kirch≠tag 男 =Kirchweih **≠turm** 男 教会の塔.
Kirch·turm·po·li·tik 女 偏狭な政治理念 (Bismarck の造語);《比》視野の狭い考え方, 地方根性.
Kirch≠va·ter 男 =Kirchenälteste **≠weih**[..vaı] 女 -/-en 教会堂開基祭(普通10月か11月の日曜日で, 中部・北部では Kirmes, 南部では Kirtag などともいう); (屋台店や見世物小屋の立つ)教会のお祭り, 縁日: *jn.* auf die ~ (ein)laden《話》…に暴言を吐く, …をひどく侮辱する. **≠wei·he** 女 (教会堂の)奉献〈落成〉式.
Kirch·weih·fest 中 =Kirchweih
Kir·gi·se[kırgí:zə] 男 -n/-n キルギス人(中央アジアに住むトルコ系の種族). [*kirg.*; ◇ *engl.* Kirghiz]
kir·gi·sisch[..zıʃ] 形 キルギス〔人・語〕の: →deutsch
Kir·gi·stan[kırgístan] 地名 キルギスタン(中国西部と国境を接する共和国. 1991年ソ連邦解体に伴い独立. 首都はビシケク Bischkek).
Ki·ri·ba·ti[kiribá:ti·] 地名 キリバス(南西太平洋上の共和国. 1979年英連邦内で独立. 首都バイリキ Bairiki).
Ki·rin[kí:rın] 地名 吉林, チーリン(中国, 東北地区中部の省で, 省都は長春 Tschangtschun, または Changchun).
Kir·ke[kírkə, ..ke·] 女 -/-n =Circe
kir·meln[kírməln]《06》(**kir·men**[kírmən]) 自 (h)《ｽｲｽ》(lallen) 回らない舌で話す; 口ごもる. [< kürmen]
Kir·mes[kírmεs, ..məs] 女 -/-sen, **Kirm·se**[kírmzə] 女 -/-n《中部・北部》=Kirchweih [*mhd.* kir-messe; ◇ Kirche, Messe[1]]
Kir·ne[kírnə] 女 -/-n《中部》(Butterfaß) バターおけ.
kir·nen[kírnən] **I** 他 (h) マーガリンをつくる: frisch *gekirnte* Margarine できたてのマーガリン. **II** 自 (h)《中部》バターをつくる. [< Karn[1]; ◇ *engl.* churn]
kir·re[kírə] (**kirr**[kır]) 形《述語的》《話》馴(な)れた, 従順な: *jn.* ~ machen 〈kriegen〉 …を手なずける | Der Esel wurde endlich ~. ロバはやっと言うことを聞くようになった. [*germ.*; ◇ *got.* qaírrus „sanftmütig"]
kir·ren[kírən] 他 (h) **1**《話》馴(な)らす, 手なずける, 従順にさせる: *jn.* mit Geld zu ~ suchen …を金で手なずけようとする. **2**〖狩〗えさでおびき寄せる.
Kir·rung[..ruŋ] 女 -/-en〖狩〗(動物をおびき寄せるために置かれた)えさ; えさ場.
Kirsch[kırʃ] 男 -es(-s)/- =Kirschwasser
Kirsch≠ap·fel[kírʃ..] 男〖植〗エゾノコリンゴ. **≠baum** 男 桜の木. **≠blatt·wes·pe** 女〖虫〗ハバチ(葉蜂)の一種(幼虫がサクラの葉を食べる). **≠blü·te** 女 桜の花; 桜の花盛り. **≠brannt·wein** 男 =Kirschwasser
Kir·sche[kírʃə] 女 -/-n **1**〖植〗サクラ(桜)〔属〕: Die ~*n* blühen 〈tragen gut〉. 桜が咲いている〈よく実がなっている〉. **2** さくらんぼ, 桜桃: ~*n* in Nachbars Garten (自分の庭のものよりよく見える)隣の庭のさくらんぼ | Ihre Lippen sind rot wie ~*n*. 彼女の唇はさくらんぼのように赤い | **mit *jm.* ist nicht gut ~*n* essen**《比》…とはうまくやっていけない | Mit großen 〈hohen〉 Herren ist nicht gut ~*n* essen.《諺》おえら方とは付き合いにくい. [*vulgärlat.*–*westgerm.*; < *gr.* kérasos „Süßkirschbaum"; ◇ *engl.* cherry]
kir·schen[kírʃən] 形《付加語的》桜材〔製〕の.
Kirsch≠flie·ge 女〖虫〗ミバエ(実蠅)の一種(幼虫がサクラの果実にすむ). **≠geist** 男 -〔e〕s/ =Kirschwasser **≠ge·lee**[..ʒele:] 中 (男) さくらんぼのゼリー. **≠kern** 男 さくらんぼの種. **≠ku·chen** 男 さくらんぼ〔入りの〕ケーキ. **≠lor·beer** 男〖植〗ローレルザクラ, セイヨウバクチノキ(西洋博打木).
kirsch·rot[kírʃ.., ∠⌣] 形 (さくらんぼのように)つややかに赤い, 明るい赤色の.
Kirsch≠saft 男 さくらんぼジュース. **≠stein** 男 = Kirschkern **≠to·ma·te** 女〖植〗チェリートマト. **≠was·ser** 中 -s/- キルシュ〔ヴァッサー〕(蒸留酒の一種).
Kir·ste[kírstə] 女 -/-n《北部》殻, (パンなどの)外皮. [◇ Kruste]
Kir·sten[kírstən] 男名 女名 キルステン.
Kir·tag[kír..] 男, **Kir·we**[kírvə] 女 -/-n 《南部》=Kirchweih
Kis·met[kísmεt] 中 -s/ 〖ｲｽﾗﾑ教〗免れられない運命, 宿命: *Kismet!*《比》しかたがないさ. [*arab.* qisma(t) „Anteil" –*türk.*; < *arab.* qasama „teilen"]
Kis·sen[kísən] 中 -s/- (⊘ **Kiß·chen**[kísçən] 中 -s/-) **1 a)** (Kopfkissen) まくら: *jm.* ein ~ unter den Kopf legen …の頭の下にまくらを入れてやる. **b)** (Sitzkissen) クッション, 座ぶとん. **2**《複数で》(寝具としての)ふとん: die ~ aufschütteln ふとんを振り動かして膨らませる | in die ~ zurücksinken ふとんにまたひっくりかえる. **3** (Nadelkissen) 針刺し. [*galloroman.*–*afr.* co(i)ssin–*ahd.*; ◇ *engl.* cushion]
Kis·sen≠be·zug 男 まくらカバー, ピローケース; クッションカバー. **≠schlacht** 女 (寄宿生などが寝室でまくらを投げ合う)まくら合戦.
Kis·sin·gen[kísıŋən] 地名 キッシンゲン(ドイツ Bayern 州の都市. バート キッシンゲン Bad ~ が正式名): nach ~ gehen《戯》床につく (Bettkissen への連想から).
Ki·ste[kístə] 女 -/-n (⊘ **Kist·chen**[..çən] 中 -s/-) **1** (木)箱, 商品箱, 荷箱; (Truhe) 長持, トランク: eine ~ Wein ワイン1箱 | eine ~ voll Äpfel リンゴ1箱 ‖ *et.*[4] in eine ~ packen …を箱詰めにする ‖ die ~ öffnen 〈zunageln〉 木箱を開く〈くぎづけにする〉 | ~*n* und Kasten voll haben《比》たいへん金持ちである. **2**《話》**a)** 事柄, 事件: eine schwierige 〈faule〉 ~ むずかしい〈うさんくさい〉こと. **b)** 古い〔大きい〕自動車〈船・飛行機〉. **c)**〖ｻｯｶｰ〗(ボールがそこに入ると得点になる)ゴール. **d)** 牢屋(ろうや), 刑務所. **e)** ベッド. **f)** 棺桶: in die ~ springen 死ぬ. **g)** 〔女のがっしりした〕しり. **h)** ゆたかなバスト. [*lat.* cista (→Zista)–*germ.*; ◇ *engl.* chest]
Ki·sten≠ma·cher 男 箱製造業者. **≠öff·ner** 男 (箱あけ用)くぎ抜き.
ki·sten·wei·se 副 (→..weise ★)箱に入れて〈入れた形で〉; 箱単位で: *et.*[4] ~ kaufen …を箱で買う.
Ki·sua·he·li[kizuahé:li·] (**Ki·swa·hi·li**[kisvahí:li·]) 中 -〔s〕/ =Suaheli II
Ki·ta[kí:ta·] 女 -/-s (< Kindertagesstätte) 全日制託児所〈保育所〉.
Ki·tai[kí:taı] **I** 地名 キタイ (China に対するロシア・モンゴル・ペルシア・ギリシア語名). **II** 複 キタイ(→ Kitan). [◇ *engl.* Cathay]
Ki·tan[kí:tan] 複 契丹(きったん)(5-12世紀にモンゴリア東部にいたモンゴル系の遊牧民族. 北アジアや中央アジアの諸民族からは Kitai と呼ばれた).
Ki·tha·ra[kí:tara·; ｵｰｽﾄﾘｱ: kít..] 女 -/-s, ..ren[kitá:rən] 〖楽〗キタラ(古代ギリシアの撥弦(はつげん)楽器). [*gr.* kithárā–*lat.*; ◇ Zither, Gitarre]
Ki·thar·öde[kitarǿ:də] 男 -n/-n キタラに合わせて歌う歌手.
Ki·thar·odie[..rodí:] 女 -/-n[..dí:ən] キタラ伴奏の歌. [*gr.*–*lat.*; < *gr.* aeídein (→Ode)]
Kitsch[kıtʃ] 男 -es (-s)/ (芸術的価値のない, 大衆迎合的な)まがいもの, キッチュ; (低俗な嗜好(しこう)におもねった)日用品, げてもの: Der Film ist reiner ~. この映画は全くの低俗作品だ. [< kitschen „streichen"]
kit·schig[kítʃıç][2] 形 低俗〈俗悪〉な, まがい〈いんちき〉の; ミーハー的な: ~*e* Farben けばけばしい色彩, 極彩色.
Kitt[kıt] 男 -〔e〕s/(種類: -e) **1** パテ, 接合〈充塡(じゅうてん)〉剤; (歯科用の)セメント: Fensterscheiben mit ~ befestigen 窓ガラスをパテで留める | wie ~ halten しっかり付いている | Geld ist kein ~ für eine Ehe. 金(かね)が夫婦の結合を保証するとは限らない ‖ ~ ziehen《方》立ち去る. **2**《軽蔑的に》**a)** (無用な・くだらぬ)もの, がらくた: der ganze ~ いっさいがっさい, 何もかも. **b)** ばかげたこと; いたずら, 冗談; 欺瞞(ぎまん):

K

~ reden たわごとを言う | Rede nicht solchen ~! そんなばかなことを言うな. **3** 《話》(Geld) 金(かね).
[„Harz"; *westgerm.*; ◇Beton; *engl.* quid, cud]

Kịtt·chen[kítçən] 中 -s/-《話》(Gefängnis) 監獄, 刑務所: ins ~ kommen 〈wandern〉 刑務所に入る | im ~ sitzen 刑務所に入っている. [<Kaute „Grube" (◇Kate)]

Kị·tel[kítəl] 男 -s/- **1** (上に羽織る) 仕事着, 上っぱり, スモック; (医者などの) 白衣: Arbeits*kittel* 仕事着 | einen weißen ~ tragen 白衣を着る. **2** 《南部》(Jackett) (男子用の)〔短い〕上着, ジャケット: ***jm.* brennt der ~**《話》…はあまり利口ではない. **3** 《ｵｰｽﾄﾘｱ》(Damenrock) スカート: Er läuft hinter jedem ~ her. あいつは女と見ればすぐ尻を追いかける.
[*mhd.*; ◇Kattun]

Kị·tel≈fal·te 女 《ｵｰｽﾄﾘｱ》スカートのひだ: *jm.* an der ~ hängen《比》…に頼っている. **≈kleid** 中 スモックドレス. **≈schür·ze** 女 エプロンドレス; かっぽう着.

kịt·ten[kítən] 《01》 他 (h) (パテなどで)接合〈固定〉する; 《比》(関係を) 修復する: eine Fensterscheibe in den Rahmen ~ 窓ガラスをパテで窓枠に留める | einen Krug ~ (壊れた)つぼをつぎ合わせる | Unsere Freundschaft läßt sich nicht wieder ~. 我々の友情はもう元には戻らない.

Kịtt·fuchs[kít..] 男 《動》シベリアギンギツネ(銀狐).
[*engl.* kit fox; <*engl.* kit〔ten〕„Kätzchen" (◇Katze)]

Kịtt·mes·ser[kít..] 中 パテナイフ.

Kitz[kɪts] 中 -es/-e, **Kịt·ze**[kítsə] 女 -/-n ヤギ〈シカ・カモシカ〉の子. [*germ.*; ◇Kid]

Kịt·zel[kítsəl] 男 -s/ **1** 《ふつう単数で》むずがゆいこと, くすぐったいこと: einen ~ im Hals verspüren 首がかゆい. **2** (本来してはならないことなどをしたいという) 気持, 欲望: einen ~ nach *et.*³ verspüren …をしたくてむずむずする.

kịt·ze·lig[kítsəlıç]² =kitzlig

kịt·zeln[kítsəln] 《06》 他 (h) **1** 《*jn.*/*et.*⁴》くすぐる; (…に) むずがゆい気持を起こさせる: *jn.* an den Fußsohlen ~ / *js.* Fußsohlen ~ …の足の裏をくすぐる | *jn.* unter den Armen ~ …のわきの下をくすぐる | das Auto ~《話》しきりに自動車のスターターのスイッチを回す ‖ Die Wolle des Pullovers *kitzelt* 〔mich〕. セーターの毛がちくちくする ‖ 《非人称》 Es *kitzelt* mich. 私はくすぐったい | Mich *kitzelt* 〔es〕 am Fuß. 私は足がくすぐったい〈むずむずする〉. **2** 《*jn.*/*et.*⁴》(…の) 心をくすぐる, (…の) 気持をそそる: *js.* Eitelkeit ~ …の虚栄心をくすぐる | den Gaumen ~ (→Gaumen 2) | Das *kitzelte* ihn. それを聞くと彼の心はくすぐられた | Der Gedanke, nach Deutschland zu fahren, *kitzelte* uns sehr. ドイツに行くという考えは大いに私たちの心をそそった | Es *kitzelt* mich, ihn zu ärgern. 私は彼を怒らせたくてたまらない.
[*westgerm.*; ◇*engl.* kittle]

Kịtz·ler[kítslər] 男 -s/- (Klitoris) 《解》陰核, クリトリス.

Kịtz·ler·ei·chel 女 《解》陰核亀頭(きとう).

kịtz·lig[kítslıç]² 形《副詞的用法なし》**1 a)** くすぐったい: eine ~*e* Stelle くすぐったい個所. **b)** くすぐったがる, くすぐったがり屋の: Sie ist sehr ~. 彼女はくすぐったがり屋だ | Er ist sehr ~ unter den Armen. 彼はわきの下をさわられるととてもくすぐったがる. **2** 気むずかしい; 微妙な, 扱いにくい: ein ~*er* Fall むずかしいケース | in eine sehr ~*e* Lage kommen 微妙な苦しい立場に立つ ‖ In diesem Punkt ist er sehr ~. この点では彼はとても気むずかしい.

Kị·wi¹[kí:vi·] 男 -s/-s 《鳥》キーウィ(翼が退化したニュージーランド産の鳥). [*polynes.*; 擬音]

Kị·wi²[−] 女 -/-s **1** 《植》キーウィ(中国南部原産マタタビ科). **2** キーウィの実. [*engl.*]

k. J. 略 **1** =**kommenden** 〈**künftigen**〉 **Jahres** 来年に, 来年の. **2** =**kommendes** 〈**künftiges**〉 **Jahr**⁴ 来年に.

k. k.[ka:ká:] 略 =**kaiserlich-königlich**

KKW 略 =**Kernkraftwerk**

kl[kilolí:tər] 記号 (Kiloliter) キロリットル.

KL[ka:|ɛ́l] 略 =**Konzentrationslager**

Kl. 略 **1** =Klasse 3 a **2** =Kläger **3** =Klappe 5

kla·bạ·stern[klabástərn] 《05》《北部》 **I** 自 **1** (s) どたばたと〔不器用に・音を立てて〕歩く. **2** (h) 《an *et.*³》(…を) ひねくり回す. **II** 他 (h) 殴る, ぶちのめす.

Kla·bau·ter·mann[klabáutər..] 男 -〔e〕s/..männer 《民俗》(損傷個所を教えたり沈没を予示したりする) 船の精.
[*ndd.*; ◇kalfatern]

Kla·bụ·ster≈bee·re[klabú:stər..] 女《方》(動物のしっぽに付いた) 糞(ふん)の塊: *jm.* die ~*n* aus dem Arsch fliegen lassen《話》…をさんざんしごく. **≈marsch** 男《話》《もっぱら次の形で》***jm.* den ~ orgeln** …をいじめる.

kla·bụ·stern[..tərn] 《05》 他 (h) 《方》(beschmutzen) よごす, 汚くする. [<klabastern]

klack[klak] **I** 間 (堅い小さなもの・ねばっこい少量のものが落ちる音を表す. 落下する物がひとりでにはすんなりと離れないという感じを伴って) カチャン, コトリ; ボタリ, ベタリ, ベチャン: *Klack*, fiel der Groschen im Automaten. カチャンとその硬貨は自動販売機の中へ落ちた | *Klack*! schnappte die Tür ins Schloß. カタンと扉の錠がかかった ‖ *Klack*! fiel die Marmelade vom Löffel. ボタリとジャムがスプーンから落ちた.
II Klack 男 -s/Kläcke[klɛ́kə] **1** 《南部》裂け〈割れ〉目; (皮膚の) ひび. **2** 《話》=Klecks

klạcken[klákən] 自 **1** (s) カチャン〈コトリ〉と落ちる. **2** (h) カチャン〈コトリ〉と鳴る.

Klạcken[−] 男 -s/-《北部》**1** (Haufen) ひと山, ひとかたまり. **2** (Fleck) しみ. **3** 少量, ひとかけら.

klạckern[klákərn] 《05》《方》 **I** 自 **1** (s) ポトン〈カチャン〉と落ちる. **2** (h) (たて続けに) カチャカチャ〈カタンコトン〉と音がする. **II** 他 (h) ポトンと落とす: Soße auf die Tischdecke ~ ソースをポトリとテーブルクロスにこぼす.

klacks[klaks] **I** 間 =klack **II Klacks** 男 -es/-e **1** klacks という音: mit einem ~ コトリ〈ポトリ〉と. **2** 《話》**a)** (どろりとした物の) 少量: ein ~ 〔von〕 Butter ひと塗りのバター. **b)** 《比》(Kleinigkeit) わずかばかりの〈些細な〉こと: 〔**für *jn.***〕 **nur ein ~ sein** 〔…にとって〕朝めし前である.

klạck·sen[kláksən] 《02》 =klacken

Klạd·de[kládə] 女 -/-n **1 a)** 下書き帳. **b)** 《商》当座帳, 付け込み帳. **2** 下書き, 草案, 腹案. [*mndd.* „Schmutz〔fleck〕"; ◇Klater]

klad·de·ra·dạtsch[kladəradá(:)tʃ] **I** 間 (物の落ちる・壊れる大きな音を表して) ガタガタガタン, ドシャドシャドシャン, ガチャガチャガチャン. **II Klad·de·ra·dạtsch** 男 -es/-e **1** 《話》物の落ちる〈壊れる〉大きな音; 粉みじん, 崩壊; 《比》混乱, 無秩序; 倒産: Das gab einen großen ~. その結果は大騒ぎ〈大混乱〉だった. **2** 《単数で》《話》**a)** 口げんか, 論争: Es kam zu einem großen ~ zwischen ihnen. 彼らの間には激しい言い争いが起こった. **b)** おしゃべり, うわさ話, スキャンダル: Darüber gab es einen großen ~. それについて人々は大いに取りざたした. **3** クラッデラダーチュ(1848年から1944年まで刊行された風刺雑誌の名).

Kla·do·zẹ·re[kladotsé:rə] 女 -/-n《ふつう複数で》《動》ミジンコ(微塵子). [<*gr.* kládos „Zweig"+kērós „Wachs"]

klaff[klaf] 間 (犬のほえ声) キャン, ワン: kliff, ~ キャンキャン, ワンワン.

klạf·fen[kláfən] 自 (h) **1** (傷・裂け目が) ぱっくり口をあけ〔てい〕る: Ein Abgrund *klaffte* vor ihnen. 深淵(しんえん)が彼らの前に口を開いていた | in zwei Teile ~ 二つ〔の部分〕にぱっくり割れる ‖ eine *klaffende* Wunde ぱっくり口をあけている傷口. **2** 《北部》(大声で) べちゃべちゃしゃべる. [*germ.*; ◇klappen]

kläf·fen[klɛ́fən] 自 (h) **1** (犬が) キャンキャンほえる. **2** キーキー〈ギャーギャー〉ののしる, 文句を言う.

Kläf·fer[..fər] 男 -s/- **1** やたらにキャンキャンほえたてる犬. **2** がみがみ屋, 不平家.

Klaff·mu·schel[kláf..] 女 《貝》オオノガイ(大野貝).

Klaf·ter[kláftər] 男 中 -s/- (女 -/-n) **1** 横に広げた両腕の長さ, ひろ(尋) (→ 図 Maß). **2** 棚(たきぎの量の単位: 約 3 m³): 5 ~ Holz 5 棚のたきぎ. [*ahd.*; ◇Kolben]

klaf·ter·hoch 形〔最低〕1 ひろの高さがある.

Klaf·ter·holz 中 -es/ 1 棚のたきぎ.

klaf·ter·lang 形 1ひろ〔ほど〕の長さの.
klaf·tern[kláftərn]《05》 **I** 他 (h) (たきぎを) 1棚の量ごとに積み上げる. **II** 自 (h)《量を示す語句と》〔狩〕(鳥が) 両翼をひろげると…の幅がある: Der Vogel *klaftert* 2 Meter. その鳥は翼をひろげると2メートルある.
klaf·ter·tief 形〔最低〕1ひろの深さがある.
Klag·ab·wei·sung[klá:k..] =Klageabweisung
klag·bar[..ba:r] 形〔法〕訴えの対象となり得る; 訴える資格のある: eine ～*e* Sache 裁判に持ち出せる〈告訴できる〉事件 ‖ gegen *jn.* 〔wegen *et.*[2]〕 ～ werden …を〔…のかどで〕告訴する. [*mhd.*; ◇klagen]
Klag·bar·keit[..kaɪt] 女 -/ klagbar なこと.
Kla·ge[klá:gə] 女 -/-n **1** 嘆き, 悲嘆, 悔やみ: die ～ über den Verlust 損害についての嘆き | unsere ～ um den Toten 死者を悼む我々の気持 ‖ in laute ～*n* ausbrechen 大声で嘆き悲しむ, わっと泣き出す. **2** (Beschwerde) 苦情, 不平: gegen *jn.* 〈über *et.*[4]〉 ～ führen …に対して〈…について〉苦情を言う | Über ihn hörte man viele ～*n*. 彼についてはいろいろ苦情が耳に入った | Daß mir keine ～*n* kommen!《戯》(子供などを送り出すとき, 戒めとして) 行儀よくしなさいね ‖ Er gibt keinen Grund zur ～. 彼には不平の言いようがない. **3**〔法〕**a**) 訴え, 訴訟: eine öffentliche ～ 公訴 | Privat*klage* 私訴 ‖ gegen *jn.* eine ～ 〔bei Gericht〕 einreichen …を相手に訴訟を起こす | über eine ～ entscheiden 訴訟に判決を下す. **b**) (Klageschrift) 訴状. **4**〔医〕病訴, 愁訴: unbestimmte ～ 不定愁訴.
[*ahd.* klaga „Wehgeschrei"]
Kla·ge≈ab·wei·sung 女〔法〕訴えの却下〈棄却〉. **≈än·de·rung** 女〔法〕訴えの変更. **≈er·he·bung** 女〔法〕訴えの提起, 提訴. **≈frau** 女 =Klageweib **≈ge·schrei** 中 悲しみの叫び, 号泣. **≈grund** 男 嘆き〈不平〉の原因;〔法〕訴えによる申し立ての理由. **≈laut** 男 悲嘆の声, うめき声. **≈lied** 中 悲歌, 哀歌;《比》嘆き〈苦情〉の言葉: die ～*er* Jeremias 〈Jeremiä〉(旧約聖書の) エレミア哀歌 | **ein ～ über *jn.* 〈*et.*[4]〉 anstimmen 〈singen〉** …についてぐちをこぼす, …に対する苦情をめんめんと述べる. **≈mau·er** 女 -/ (Jerusalem の) 嘆きの壁.
kla·gen[klá:gən][1] **I** 自 (h) **1** (jammern) **a**) 嘆く, 悲しむ, 泣く: den ganzen Tag ～ 一日じゅう嘆き悲しむ | Ich kann nicht ～.《話》私〔の健康〕はまあまあです ‖《結果を示す語句と》再帰 *sich*[4] heiser ～ 嘆き悲しんで声をからす. **b**)《雅》《um *jn.* 〈*et.*[4]〉》(…を) 嘆く, 悼む: um den Tod *seines* Freundes ～ 友の死を悼む. **2**《über *et.*[4] / wegen *et.*[2]》(…について) 苦情を言う, こぼす, 訴える: über Schmerzen im Arm ～ 腕の痛みを訴える | über *seinen* Chef 〈wegen *seines* Chefs〉 ～ 上役のことをこぼす | Sie hatte nie darüber *geklagt*, daß ... 彼女は一度として…ということについてこぼしたりはしなかった. **3**《gegen *jn.*》(…を) 告訴する: gegen *jn.* auf Schadenersatz ～ 損害賠償を求めて…を告訴する ‖ der *klagende* Teil 原告〔側〕. **II** 他 (h)《*jm. et.*[4]》(…に…を) 訴える, 嘆く, [▽]悼む: Er *klagte* ihr sein Leid 〈seine Not〉. 彼は彼女に自分の苦しみ〈困窮〉を訴えた | Sie *klagte*, daß sie mich ja dann gar nicht mehr sehen werde. それではもう私には会えないだろうと彼女は嘆いた | Gott[3] sei's *geklagt* 遺憾なことに (挿入文として) | [▽]die Toten ～ 死者を悼む. [*ahd.*; ◇Klage]
Kla·gen·furt[klá:gənfʊrt] 地名 クラーゲンフルト(オーストリア Kärnten 州の州都). [„Furt der Klagen" (民間信仰: 夜な夜な女の嘆き声の聞こえる浅瀬)]
Kla·gen·häu·fung 女〔法〕訴えの併合.
kla·gens·wert 形 嘆く〈悔やむ〉べき, 痛ましい.
Kla·gen·ver·bin·dung 女 =Klagenhäufung
Kla·ge·punkt 男 **1** 苦情の種. **2**〔法〕係争点.
Klä·ger[klɛ́:gər] 男 -s/- (女 **Klä·ge·rin**[..gərɪn]-/-nen) (略 Kl.) (↔Beklagte)〔法〕提訴人, 原告: **Wo kein ～ ist, da ist auch kein Richter.**《諺》まかぬ種は生えぬ; さわらぬ神にたたりなし(告訴人のいないところには裁判官もいない). [*ahd.*; ◇klagen]
Kla·ge·recht[klá:gə..] 中〔法〕訴権.
Klag·er·he·bung[klá:k..] =Klageerhebung
Klä·ge·rin Kläger の女性形.
klä·ge·risch[klɛ́:gərɪʃ] 形〔法〕原告〔側〕の.
klä·ge·ri·scher·seits 副〔法〕原告側で〔は〕.
Kla·ge≈rück·nah·me[klá:gə..] 女〔法〕訴えの取り下げ. **≈ruf** 男 悲嘆の声. **≈sa·che** 女〔法〕訴訟〔事件〕. **≈schrift** 女〔法〕訴状. **≈ton** 男 -〔e〕s/..töne 哀調;《比》めんめんたる苦情の言葉. **≈ver·zicht** 男〔法〕訴えの放棄. **≈weg** 男〔法〕訴訟という手段: im 〈auf dem〉 ～ 訴訟によって. **≈weib** 中 (葬式に雇われる) 泣き女.
kläg·lich[klɛ́:klɪç] 形 **1** (jammernd) 嘆いている, 悲しげな: ein ～*es* Geschrei 悲鳴 | ～ weinen 悲痛な声で泣く. **2 a**) かわいそうな, 哀れな; みすぼらしい: ein ～*er* Blick 悲惨な光景 | eine ～*e* Rolle spielen 哀れな役〔割〕を演じる | ～ bekleidet みすぼらしい身なりで. **b**) 貧弱な, わずかばかりの, つまらぬ: eine ～*e* Leistung 貧弱な業績 | ein ～*er* Rest わずかばかりの残りかす. **c**) 全くひどい, みっともない: Er hat ～ versagt. 彼は全く役に立たなかった. [*ahd.*; ◇klagen]
Kläg·lich·keit[-kaɪt] 女 -/-en《ふつう単数で》kläglich なこと.
klag·los[klá:klo:s][1] 形《述語的用法なし》**1** 苦情〈不平〉を言わない: Schmerzen ～ ertragen 苦しみをだまってこらえる | *jn.* ～ stellen〔法〕…を〔賠償によって〕満足させる. **2**《オーストリア》(einwandfrei) 申し分のない. [<Klage]
Kla·mauk[klamáʊk] 男 -s/《話》大騒ぎ, ばか騒ぎ: einen furchtbaren ～ machen 大騒ぎをやらかす. [擬音]
klamm[klam] 形《副詞的用法なし》**1** (寒さで) 凍えた, かじかんだ: Ich habe ～*e* Finger./ Meine Finger sind ～. 私の指はかじかんでいる. **2** 湿っぽい: Die Betten waren ～. ベッドは湿っぽかった. **3**《述語的》《話》(knapp) 乏しい: Wir sind ～ 〔am Geld〕./ Das Geld ist ～. 手元に金がなくて困っている. [*mhd.* klam „eng, Beklemmung"; ◇klemmen]
Klamm[−] 女 -/-en (渓流のある) 峡谷, 渓谷.
klam·men[klámən] **I** 他 (h) 挟みつける. **II** 自 (h) (寒さで) かじかむ.
Klam·mer[klámər] 女 -/-n **1** (挟んで留めるもの. 例えば:) (Büroklammer) クリップ; (Wäscheklammer) 洗濯ばさみ; (Bauklammer) かすがい (→ 図);《比》かすがいとなるもの: die Wäsche mit ～*n* auf der Leine verbinden 洗濯物を洗濯ばさみでひもに留める. **2 a**)〔印・数〕括弧: eckige ～*n* 角形括弧, 大括弧 ([ ]) | geschweifte ～*n* 中括弧 ({ }) | runde ～*n* 丸括弧, 小括弧, パーレン (( )) | spitze 〈gebrochene〉 ～*n* 山形括弧 (〈 〉) ‖ die ～*n* auflösen 括弧を解く〈はずす〉 | in einer ～ 〈in ～*n*〉 stehen 括弧に入っている, 括弧でくくられている | einen Satz in ～〔*n*〕[4] setzen 文を括弧に入れる〈括弧でくくる〉. **b**)〔楽〕ブレース (2段以上の五線譜をつなぐ連結括弧: → 図 Note). **c**) eine verbale ～〔言〕(ドイツ語で, 定動詞と文末の不定詞・過去分詞とでつくられる) 動詞による枠構造. **3**〔ボクシング〕クリンチ. **4**《戯》=Klammeraffe 2 b [*mhd.*; ◇klemmen]

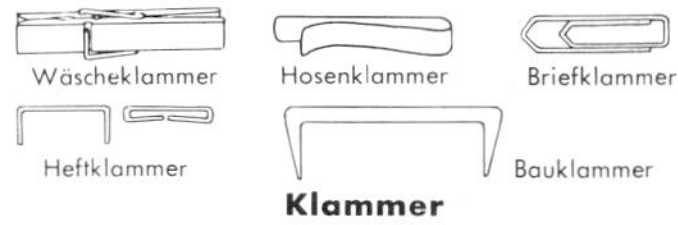

Klammer

Klam·mer≈af·fe 男 **1**〔動〕クモザル(蜘蛛猿). **2**《戯》**a**) 両手両脚でしがみつく人. **b**) (運転者に後ろからしがみつく) オートバイ同乗者. **3**〔電算〕《話》アットマーク (@). **≈bau** 男 (Rahmenbau)〔言〕枠構造. **≈beu·tel** 男 洗濯ばさみ入れの袋: **mit dem ～ gepudert sein**《話》頭がどうかしている. **≈form** 女 **1**〔言〕枠式合成〈複合〉語 (中間成分が省略されたもの. 例 Bierdeckel<Bier*glas*deckel). **2** =Satzrahmen **≈fuß** 男〔動〕(鳥の) 鉤爪(かぎ) のある足. **≈griff** 男〔重量挙〕フックグリップ(親指の上を他の指で押え込むバーの握り方).
klam·mern[klámərn]《05》 **I** 他 (h) **1**《*et.*[4] an *et.*[4]》(クリップ・留め金などで…を…に) 留める: einen Zettel an

das Buch ～ 紙片をクリップで本に留める | eine Wunde ～ 傷口を挟んで留める. **2** 再帰 *sich*^{4} an *jn.* 〈*et.*^{4}〉 ～ …にしがみつく | *sich*^{4} an das Boot ～ ボートにしがみつく | *sich*^{4} an die letzte Hoffnung ～ 最後の希望をつなぐ | *sich*^{4} an einen Strohhalm ～ (→Strohhalm 1). **II** 自 (h) 〘ボクシング〙 クリンチする.

Klạm·mer·ta·sche 女 (肩に掛ける)洗濯ばさみ入れ.

klạmm·hẹim·lich[klámhaímlıç] 形《述語的用法なし》《話》ひそかな, そっと〈人目につかないように〉行われる: ～*es* Verschwinden そっと姿を消すこと | *et.*^{4} ～ stehlen …をこっそり盗む. [< *lat.* clam „heimlich"]

Kla·mọt·te[klamɔ́tə] 女 -/-n **1**《複数で》《話》**a)** 〔みすぼらしい〕衣類, 衣服: Zwei Tage bin ich nicht aus den ～*n* 〔heraus〕gekommen. 私は二日間ぶっ続けに仕事をしていた. **b)** (身のまわりの)品物, 家具; がらくた, ぼろ: Pack deine ～*n* und verschwinde! がらくたをまとめて出て行け. **2**《話》(映画・演劇などの)陳腐な娯楽作品. **3**《話》(Geld) 金(かね). **4**《話》〔不細工な〕足, 手. **5**《方》瓦礫(がれき).

Kla·mọt·ten⸗berg 男, ⸗**hü·gel** 男《話》(戦争・地震などによる)瓦礫(がれき)の山. ⸗**ki·ste** 女《話》古着〈ぼろ服〉をしまっておく箱.

kla·mọt·tig[klamɔ́tıç]^2 形《話》(映画・演劇について)陳腐な, 低俗な.

Seil
Klampe
Klampe

Klạm·pe[klámpə] 女 -/-n **1**〘海〙(船の)索留め, クリート, 係留鉤(かぎ)(→ 図). **2**〘建〙かすがい, 掛けがね. [*mndd.*]

Klạmp·fe[klámpfə] 女 -/-n **1**《話》(Gitarre) ギター. **2**《オーストリア》(Bauklammer) かすがい. [< *mhd.* klimpfen „zusammendrücken" (◇klamm)]

kla·mụ̈·sern[klamý:zərn]《05》 **I** 自 (h)《北部》部屋にくすぶっている; くよくよ考える. **II** 他 (h)《北部》じっくり考える, 研究する. [< Kalmäuser]

Klạn[kla:n] 男 -s/-e = Clan

▽**klan·de·stịn**[klandɛstí:n] 形 (heimlich) ひそかな, 内密の: eine ～*e* Ehe 内縁関係. [*lat.*–*fr.*; ◇klammheimlich]

klang[klaŋ] **I** klingen の過去. **II** 間 →kling

Klang[–] 男 -〔e〕s/Klänge[klɛ́ŋə] **1** (ふつう耳に快く鳴り響く)音, 音響; 《比》評判: ein heller 〈tiefer〉 ～ 明るい〈低い〉音 | der ～ der Geigen ヴァイオリンの響き | der ～ der Gläser グラスの音 | Glocken*klang* 鐘〈鈴〉の音 ‖ Das Klavier 〈Das Radio〉 hat einen guten ～. このピアノ〈ラジオ〉は音がよい | Sein Name hat einen guten ～. 彼は評判がよい ‖ mit 〈ohne〉 Sang und ～ (→Sang 1) | von Rang und ～ (→Rang 1 a). **2**《複数で》音楽, 楽の音(ね): unter den *Klängen* des Hochzeitsmarsches 結婚行進曲の鳴り響くうちに. [*mhd.*; ◇klingen]

Klạng⸗blen·de[kláŋ..] 女 (Tonblende)(ラジオなどの)音響調整ダイヤル. ⸗**bo·den** 男 (Resonanzboden)〘楽〙共鳴板.

klạ̈n·ge[klɛ́ŋə] klingen の接続法 II.

Klạ̈n·ge Klang の複数.

Klạng⸗ef·fekt[kláŋ..] 男 音響効果. ⸗**far·be** 女〘理・楽〙音色, 音質. ⸗**fi·gur** 女 -/-en **1**《複数で》〘理・楽〙音響〈振動〉図形, 砂図(さず). **2**〘楽〙響型. ⸗**fül·le** 女 音のよく響きわたること, 豊かな音量. ⸗**ge·schlecht** 中〘楽〙調性(長・短の別). ⸗**kör·per** 男 **1**〘理〙共鳴体〈箱〉. **2**《雅》(Orchester) オーケストラ. ⸗**laut** 男 =Sonant ⸗**leh·re** 女 -/ 音響学.

klạng·lich[kláŋlıç] 形《比較変化なし; 述語的用法なし》音の, 音響〔上〕の.

klạng·los[..lo:s]^1 形 **1** 音〔響〕のない; 響きの悪い, 音の抑揚のない; (音節について)アクセントのない: ～ lachen 声をたてずに笑う. **2**《比》儀式ばらない, ひそやかな. **3** sang- und *klanglos* (→sanglos 2).

Klạng·ma·le·rẹi[klaŋma:lərái, ◡–◡–] 女 -/ (Lautmalerei)〘言〙擬音〔語〕, 擬声〔語〕.

klạng·reich[kláŋ..] 形 よく響く, 朗々とした.

Klạng·schọ̈n·heit 女 音の美しさ.

klạng·voll 形 **1** (声の)朗々とした, 響きのよい: eine ～*e* Stimme 朗々とした声. **2** 著名な, 有名な: als Kritiker einen ～*en* Namen haben 評論家として名声がある.

Klạng·wir·kung 女 音響効果.

Klapf[klapf] 男 -s/Kläpfe[klɛ́pfə]《南部・スイス》**1** パチッという音, 破裂音, 爆音, 銃声. **2** (Ohrfeige)(横つらへの)平手打ち, びんた.

kläp·fen[klɛ́pfən]《南部》**I** 自 (h) (knallen) パチッ〈ポン〉という音を発する, 破裂〈爆発〉する. **II** 他 (h) 平手打ちをくわす.

klapp[klap] 間 (堅い物体や水が軽くぶつかり合う音・靴のかかとの音) カタン, コツン, パタン, ピシャン, パシャン: *Klapp*! war die Tür 〈das Buch〉 zu. パタンとドアが閉まった〈本が閉じられた〉| klipp, ～ / klipp und ～ カタカタ, パタパタ, パチャパチャ.

Klạpp⸗be·cher[kláp..] 男 折りたたみ式コップ. ⸗**bett** 中 折りたたみ式ベッド. ⸗**brü·cke** 女 はね橋, 跳開橋(はね上げ昇開橋); (鉄道車両の連結部にある)折りたたみ渡し板. ⸗**deckel** 男〔ちょうつがい付き〕はね開きのふた〔板〕, ばね付きふた. ⸗**decker** 男 (幌(ほろ)つきの)キャブリオレ型自動車.

Klạp·pe[klápə] 女 -/-n **1** (〔パタンと〕折り返すもの) **a)** (郵便箱・ポケット・封筒などの)垂れ〈折り〉ぶた; (ストーブの)通気調節ぶた; はね〈折り〉いす; はね上げ戸, はねぶた. **b)**〘解〙弁: Herz*klappe* 心臓弁. **c)**〘工〙バルブ, 弁: Lüftungs*klappe* 換気弁. **d)**〘楽〙(管楽器の)鍵(けん)(指穴を開閉する変音装置). **e)** (Achselklappe) 肩章. **f)** (馬の)目隠し革. **g)**〘映〙かちんこ. **2** (Fliegenklappe) ハエたたき: zwei Fliegen mit einer ～ schlagen (→Fliege 1 a). **3**《話》(Mund) 口: **die** 〈*seine*〉 **～ aufreißen**《話》大口をたたく | **eine große ～ haben** / die große ～ **schwingen** 大口をきく, 偉そうなことを言う | **die** 〈*seine*〉 **～ halten** 口を閉じる, 黙る | *jm.* eins auf die ～ geben …に平手打ちをくわす. **4**《話》(Bett) ベッド, 寝台, 寝床: *sich*^{4} in die ～ hauen / in die ～ gehen 〈fallen / kriechen〉 ベッドにもぐり込む | Marsch, in die ～! さあもう床につく時間だよ. **5**《話》(ホモの男たちが集まる)公衆便所. **6**《オーストリア》(略 Kl.) 内線電話機: ～ 23 内線23番. [*mndd.*]

klạp·pen[klápən] **I** 自 (h) **1** パタン〈ピシャン・パチン〉という音をたてる; パタンと開く〈閉まる〉; バタンとぶつかる: Der Briefkastendeckel *klappt*. 郵便箱〈ポスト〉のふたがパタンと鳴る | mit der Tür ～ 戸をパタンといわせる | mit den Augenlidern ～ 目をぱちぱちさせる | Seine Schritte *klappten* auf dem Steinboden. 彼の靴音が石畳の上に響いた | Die Fensterläden *klappen* an die Wand. よろい戸がバタンと壁にぶつかる. **2**《話》(gelingen) うまくいく, 成功する: Das Zusammenspiel *klappt* noch nicht. 合奏がまだうまくいかない | Es hat alles gut *geklappt*. すべてがうまくいった ‖ die Sache zum *Klappen* bringen 事をうまく落着させる | zum *Klappen* kommen 決着がつく ‖ 非人称 Hat es *geklappt*? うまくいったかい | Es *klappte* mit der Wohnung. 住居の件はうまくいった. **II** 他 (h) **1** パタンと開く〈折る〉, パチンとたたく: den Deckel nach oben ～ ふたをパタンと上に開く | den Kragen in die Höhe ～ (コートなどの)えりを立てる. **2**《話》(erwischen)《*jn.*》(犯人などを)捕らえる. [*mndd.*; 擬音; ◇klaffen; *engl.* clap]

Klạp·pen⸗as·sel[klápən..] 女〘動〙ヘラムシ(篦虫)(甲殻類). ⸗**feh·ler** 男〘医〙弁膜障害. ⸗**horn** 中 -〔e〕s/..hörner〘楽〙有鍵(ゆうけん)ビューグル. ⸗**schrank** 男 手動電話交換機. ⸗**text** 男 (新刊書の)カバーに印刷された宣伝文. ⸗**ven·til** 中〘工〙クラック〈ちょうつがい〉弁. ⸗**ver·schluß** 男 ちょうつがい式のふた.

Klạp·per[klápər] 女 -/-n **1** (狩猟の際に鳥獣を追い立てるための)鳴子. **2** (玩具の)がらがら.

Klạp·per·bein 中 骸骨(がいこつ): Freund ～ 死神.

klạp·per·dụ̈rr 形《話》やせこけた, 骨と皮の.

Klap·pe·rẹi[klapərái] 女 -/-en **1** カタカタ〈ガラガラ〉鳴ること. **2**《話》くだらないおしゃべり.

Klạp·per⸗ge·stell[klápər..] 中《戯》**1** やせこけた人. **2** おんぼろ自動車. ⸗**heu·schrecke** 女〘虫〙ショウリョウバッタ(精霊蝗虫), キチキチバッタ.

klap·pe·rig[kláparıç]² (**klapp·rig**[..prıç]²) 形 よぼよぼの; がたがたの; ぞんざいな仕上げの: ein ～*es* Auto おんぼろ車 | Er ist schon etwas ～. 彼はすでに少しよぼよぼしている.

Klap·per≠ka·sten[klápər..] 男《話》 **1** 安〈古〉ピアノ. **2** おんぼろ自動車〈馬車〉. **3** ぼろラジオ〈テレビ〉. **≠ki·ste** 女《話》=Klapperkasten 2, 3 **≠mohn** 男〔植〕ヒナゲシ. **≠müh·le** 女 鳴子つき水車; 《話》おしゃべりな人.

klap·pern[klápərn] 《05》 自 **1** (h) (堅い物が触れあって) バタバタ・ガタガタ・カタカタ・ガラガラと鳴る; (人が…を)ガタガタと鳴らす; 《比》べらべらおしゃべりする: Die Tür 〈Die Mühle〉 *klappert.* ドアがバタンバタン〈水車がコトコト〉いう | Die Hufe der Pferde *klapperten* auf der Straße. 馬のひづめが通りでパカパカと鳴った | Die Sekretärin *klappert* auf der Schreibmaschine. 女秘書がタイプをパタパタ打っている ‖ mit dem Löffel auf den Teller ～ さじで皿をガチャガチャいわせる | Ich *klapperte* vor Kälte 〈vor Angst〉 mit den Zähnen. 私は寒さ〈不安〉のあまり歯をガチガチ鳴らした | mit den Augen ～《話》目をパチパチさせる; 《戯》色っぽい目つきをする ‖ ***Klappern* gehört zum Handwerk.** 《諺》宣伝も商売のうち. **2** (s) ガタガタいわせながら通りすぎる: Der Wagen *klapperte* durch die Straßen. 馬車はガラガラ音をたてながら通りを走っていった. [*mhd.*; ◇klappen]

Klap·per·nuß[klápər..] 女〔植〕ミツバウツギ(三葉空木)〔属〕.

Klap·per·schlan·ge 女 **1**〔動〕ガラガラヘビ. **2 a)** 《話》性悪女. **b)** 《戯》女性タイピスト. [*engl.* rattle-snake の翻訳借用]

Klap·per≠schwamm 男〔植〕マイタケ(舞茸). **≠storch** 男〔民俗〕(赤ん坊を運んでくるとされる)コウノトリ: Zu Meyers ist der ～ gekommen. マイヤー一家に赤ん坊が生まれた | **Der ～ hat sie ins Bein gebissen.** 《戯》彼女は妊娠した; 彼女は子供を産んだ. **≠topf** 男〔植〕ゴマノハグサ(胡麻葉草)科の一属.

Klapp≠fen·ster[kláp..] 中 突き出し窓, 回転窓; 換気窓. **≠horn** =Klappenhorn

Klapp·horn·vers 男〔文芸〕(zwei Knaben ... ではじまる)こっけい4行詩.

Klapp·hut 男〔服飾〕(折り畳み可能の)オペラハット(→ 図). [*fr.* chapeau claque の翻訳借用]

Klapphut

..klappig[..klapıç]² 《数詞などにつけて「…の弁をもつ」を意味する形容詞をつくる》: ein*klappig* 単弁の. [＜Klappe]

Klapp≠ka·me·ra 女 スプリング〈蛇腹(じゃばら)式〉カメラ. **≠kra·gen** 男〔服飾〕折り襟, ターンダウンカラー. **≠la·den** 男 (ちょうつがい付き)よろい戸, 雨戸. **≠lei·ter** 女 折り畳み式はしご. **≠mes·ser** 中 折り畳み式ナイフ, ジャックナイフ. **≠müt·ze** 女 **1** イヤフラップ〈耳おおい〉つき帽子. **2**〔動〕ズキンアザラシ(頭巾海豹).

klapp·rig =klapperig

Klapp≠schu·te[kláp..] 女 (船底にはねぶたを備えた)平底浚渫(しゅんせつ)船. **≠ses·sel** 男, **≠sitz** 男 **1** (劇場などの)上げ起こしいす. **2** (乗用車・バスなどの)折り畳みシート〈補助いす〉. **≠stie·fel** 男 (外側へ)折り返しのある長靴〈深靴〉. **≠stuhl** 男 折り畳み式いす. **≠tisch** 男 (壁に取り付けた脚のない)折り畳み式テーブル. **≠tür** 女 はね上げ戸, 落とし戸, はねぶた. **≠ver·deck** 中 (車の)折り畳みのできる幌(ほろ).

klaps[klaps] **I** 間 (軽くぶつかる・打つ音)ピシャン, パチッ. **II Klaps** 男 -es/-e **1** (軽く)ピシャンと打つこと: ein wohlgemeinter 〈ermunternder〉 ～ (肩などを)好意〈励ましの気持〉でポンとたたくこと | einen ～ bekommen ピシャリとたたかれる(→2) | einem Kind einen ～ geben 〈versetzen〉 子供をピシャリとたたく. **2** 《話》(少しばかり)気が変なこと: **einen ～ bekommen** 頭にくる(→1) | **einen ～ haben** 頭がおかしい | Du hast wohl einen ～? 君は気がふれたんじゃないかね. [＜klapp]

klap·sen[klápsən] 《02》 他 (h) ピシャリと平手打ちする.

klap·sig[..sıç]² 形《話》(少々)頭が変な, 気のふれた.

Klaps≠mann 男 -[e]s/..männer 《話》(いささか)気のふれた人; 精神病院の患者. **≠müh·le** 女《話》精神病院.

klar[kla:r] **I** 形 **1** (↔trübe) (水・色・声が)澄んだ, 透明な; 曇りのない, (空・日が)晴れた: ～ wie Kristall 水晶のように澄みきった ‖ ～*e* Augen 澄んだ目 | ～*e* Luft 澄んだ空気 | eine ～*e* Stimme 澄んだ〔聞き取りやすい〕声 | *jm.* ～*en* Wein einschenken (→Wein 1 a) | ～*es* Wetter 晴天 | *et.*⁴ mit ～*em* Blick betrachten …を(偏見や他人の意見などに迷わされず)虚心坦懐(たんかい)に考察する ‖ Das Wetter wird ～. 晴天になる(なお: →klarwerden) ‖ sehr ～ sprechen たいへん聞き取りやすい声でしゃべる.

2 (↔dunkel) **a)** 明晰(めいせき)な: bei ～*em* Bewußtsein sein 意識がはっきりしている | einen ～*en* Kopf haben / ein ～*er* Kopf sein 頭が切れる | 〔*seinen*〕 ～*en* Kopf bewahren 〈behalten〉 冷静な思考力を失わない ‖ nicht ganz ～ 〔im Kopf〕 sein (病気で・酔って)意識がもうろうとしている ‖ ～ denken 考えが論理的である. **b)** (deutlich) はっきりした, 明確な; 鮮明な; わかりいい, 明瞭(めいりょう)な, 明白な; きちんとした; 《話》あたりまえの: eine ～*e* Antwort はっきりした返答 | ein ～*er* Ausdruck 〈Begriff〉 明確な表現〈概念〉 | ein ～*es* Bild 鮮明な像 | Das ist ein ～*er* Fall von Betrug. これは紛れもない詐欺〔事件〕だ | *Klar!* 《話》あったりまえさ | *klarer* Fall! (→Fall 2 a) | eine ～*e* Schrift haben 読みやすい字を書く | einen ～*en* Stil schreiben 文体が平明である | ～*e* Verhältnisse schaffen (身辺の)ごたごたを整理する | eine ～*e* Vorstellung von *et.*³ haben …をはっきり理解している ‖ den Gegner ～ abfertigen 〔スポ〕相手を一蹴〈相手に圧勝〉する | *sich*⁴ ～ ausdrücken (言いたいことを)はっきり言う | *et.*⁴ ～ und deutlich sagen …をはっきり言う | *et.*⁴ ～ sehen …がはっきり見える(なお: →klarsehen) | klipp und ～ (→klipp 2) ‖ mit *et.*³ ～ 〈ins ～*e*〉 kommen《話》…(困難な課題など)をなしとげる(→klarkommen 1) | mit *jm.* ～ kommen《話》…(扱いにくい人など)を意のままにする(→klarkommen 2) | ***sich*³ über *et.*⁴ ～ 〈im ～*en*〉 sein** …をはっきり認識している ‖ Es ist ～ 〈liegt ～ auf der Hand〉, daß ... …ということは明白である | Mir ist nicht ganz ～ 〈Ich bin mir nicht ～〉, was ich tun soll. 私は何をしたらいいかよく分からない | **Das ist ～ 〔doch〕 wie Klärchen 〈wie dicke Tinte〉.** 《話》それは明々白々だ.

3 (bereit) 〔海・空〕準備のできた: ～ Schiff machen (→Schiff 1) | ～ zum Einsatz 〈Start〉 sein (船・飛行機が)出動〈発進〉準備ができている ‖ Schiff ～ zum Gefecht! 〔軍〕戦闘準備完了 ‖ *Klar* bei Anker! 抜錨(ばつびょう)準備よし.

4 《方》(fein) (砂・砂糖などが)粒の細かい.

II Klar 中 -s/- 《オーストリア》(Eiklar) 〔料理〕卵白.

III Kla·re 男《形容詞変化》(透明な)蒸留酒; (Kornbranntwein) 穀物酒.

[*lat.* clārus „schallend"–*mndl.* claer–*mhd.*; ＜*lat.* calāre „rufen"; ◇hell, Claim; *engl.* clear]

Kla·ra[klá:ra·] 女名 クラーラ. [*lat.* „die Berühmte"]

Klär·an·la·ge[klɛ́:r..] 女 浄化装置〈設備〉; 汚水処理場〈施設〉. [＜klären]

Klar·ap·fel[klá:r..] 男〔園〕(早熟種の)青リンゴ.

Klär≠ap·pa·rat[klɛ́:r..] 男〔汚水〕浄化機械〈装置〉. **≠becken** 中 汚水浄化槽. [＜klären]

Klar·blick[klá:r..] 男 (物事を的確に判断・洞察する)炯眼(けいがん).

klar·blickend 形 炯眼(けいがん)の.

Klär·chen[klɛ́:rçən] 女名 (＜Klara) クレールヒェン: Das ist 〔doch〕 klar wie ～. (→klar 2)

klar·den·kend 形 (人が)筋道を立てて物を考える, 頭脳明晰(めいせき)の.

Kla·re →klar III

Klä·re[klɛ́:rə] 女 -/-n **1** 《単数で》《雅》=Klarheit **2** 《スイ》(Stärkemehl) 澱粉(でんぷん)〔粉末〕.

klä·ren[klɛ́:rən] 他 (h) **1** 澄ます, きれいにする; 浄化〈精製〉する: Abwässer ～ 汚水を浄化する ‖ 再帰 *sich*⁴ ～ 澄む; (空が)晴れる | Das Wasser 〈Das Wetter〉 *klärt* sich. 水が澄む〈天候がよくなる〉. **2** 明らかにする, (疑問・誤解などを)

解明(解決)する: die Ursache des Unfalls ~ 事故の原因を究明する ‖ 再帰 sich⁴ ~ 明らかになる, 解明される, 解決する. **3** 《目的語なしで》〘球技〙クリアする. [*mhd.*; ◇klar]

Kla·rett[klarέt] 男 -s/-s, -e クラレット(淡紅色のボルドー産赤ワイン; 砂糖・薬味入りの赤ワイン). [*afr.* (vin) claret—*engl.*; ◇klarieren]

klar|ge·hen*[klá:r..] 《53》自 (s) 《話》うまくいく, 解決する.

Klar·heit[klá:rhaıt] 女 -/-en 《ふつう単数で》klar なこと: die ~ der Farbe ⟨der Stimme⟩ 色⟨声⟩の澄んでいること | die ~ des Verstandes ⟨des Geistes⟩ 思考の明晰(めいせき)さ ‖ mit aller ~ 実にはっきりと ‖ sich³ ~ über *et.*⁴ verschaffen …を究明する | in *et.*⁴ ~ bringen …を(整理して)明らかにする | Jetzt sind alle ~*en* beseitigt. 《話》(さんざん話し合った結果)これですっかりわけが分からなくなった.

kla·rie·ren[klarí:rən] 他 (h) **1** ein Schiff ~〘海〙(船荷の関税を払って)船の出⟨入⟩港手続きをすませる. **2** =klarmachen [*lat.* clārāre „hell machen"; <*lat.* clārus (→klar)]

Kla·rie·rung[..ruŋ] 女 -/-en klarieren すること.

Kla·ri·nett·blä·ser[klarinέt..] 男 《ｵｰｽﾄﾘｱ》=Klarinettist

Kla·ri·net·te[..tə] 女 -/-n 〘楽〙クラリネット(→ 図 Blasinstrument): ~ blasen クラリネットを吹く. [*it.*—*fr.*; <*it.* clarino „hohe Trompete"; ◇klar; *engl.* clarinet]

Kla·ri·net·ten≠blä·ser 男 =Klarinettist **≠kon·zert** 中 〘楽〙クラリネット協奏曲. **≠quin·tett** 中 〘楽〙クラリネット五重奏曲. **≠spie·ler** 男 =Klarinettist

Kla·ri·net·tist[..nεtíst] 男 -en/-en クラリネット奏者.

Kla·ris·sa[klarísa·] 女名 (<Klara) クラリッサ.

Kla·ris·se[klarísə] 女 -/-n, **Kla·ris·sin**[..sın] 女 -/-nen 〘ｶﾄﾘｯｸ〙聖クララ会修道女.

klar≠|kom·men*[klá:r..] 《80》自 (s) 《話》(zurechtkommen) **1** 《mit *jm.*》(…と)うまく折り合ってやってゆく: Mit ihm bin ich immer *klargekommen*. 彼とはこれまでいつもうまくやってきた. **2** 《mit *et.*³》(…を)うまく扱う, 上手に処理する; (…の)見当がつく. **≠|krie·gen** 他 (h) 《話》(やっかいなことを)片づける, すませる; 明らかにする. **≠|le·gen** 他 (h) (erklären) 《*jm. et.*⁴》(…に…を)明らかにする, 説明する.

klär·lich[klέ:rlıç] 副 明らかに, 明白に.

klar|ma·chen[klá:r..] 他 (h) **1** 《*jm. et.*⁴》(…に…を説明して)はっきり分からせる: Ich habe ihm meinen Standpunkt gehörig *klargemacht*. 私は彼に私の考えをずけずけ言ってやった ‖ sich³ *et.*⁴ ~ …をはっきり理解する. **2** 《*et.*⁴》〘海・空〙(…の)出動⟨出帆・離陸⟩の準備をととのえる; 〘軍〙(…の)戦闘態勢をととのえる.

Klär≠ma·schi·ne[klέ:r..] 女 〔汚水〕浄化機械⟨装置⟩. **≠mit·tel** 中 浄化剤. [<klären]

Klar·schiff[kla:rʃíf, ∸⏑] 中 -[e]s/ 〘海〙戦闘準備完了の状態(→klar I 3).

Klär·schlamm[klέ:r..] 男 (汚水浄化の際に沈殿する)汚泥. [<klären]

Klar·schrift[klá:r..] 女 =Klartext

Klar·schrift·le·ser 男 (コンピューターの)文字読み取り装置.

klar|se·hen*[klá:r..] 《164》自 (h) (状況・本質などを)はっきり見通す(なお: →klar I 2).

Klar·sicht≠do·se 女 (食品などの)透明容器(ガラス瓶など). **≠fo·lie**[..liə] 女 透明包装紙, ラップ.

klar·sich·tig =klarblickend

Klar·sicht≠packung 女 透明包装. **≠schei·be** 女 (自動車などの)曇り止めガラス.

klar|stel·len 他 (h) (誤解などを正して事態を)はっきりさせる.

Klar·text 男 (暗号・記号化されていない)平(ひら)の原文: die Lochstreifen in ~ übersetzen 鑽孔(さんこう)テープを文字に翻訳する | im ~ 《話》平たく言って, はっきり言えば ‖ **~ reden ⟨sprechen⟩** 《話》率直に⟨歯に衣(きぬ)を着せずに⟩話す.

Klä·rung[klέ:ruŋ] 女 -/-en klären すること: die ~ der Abwässer 汚水浄化 | die ~ der Begriffe 諸概念の明確化.

klar|wer·den*[klá:r..] 《208》自 (s) 明らかになる, はっきりする(ただし: klar werden →klar I 1): Ich bin mir über meinen Fehler *klargeworden*. 私は自分の間違いがよく分かった(なお: →klar I 2).

★ ふつう 2 語に書く.

Klas[kla:s] 男名 クラース. [*ndd.*; ◇Klaus]

klas·se[klásə] (ｵｰｽﾄﾘｱ: **klaß**[klas]) 形 《無変化》《話》すばらしい, すてきな: ein ~ Buch すばらしい本 | ein ~ Typ すてきなやつ ‖ Der Film war einfach ~. この映画はとにかくすごくよかったよ | Sie spielt ~ Tennis. 彼女はテニスがすばらしくうまい. [<erster Klasse; ◇klassisch 5]

klasse.. 《話》《名詞などにつけて「第一級の, すばらしい, すてきな」などを意味する》: *Klasse*frau すてきな女性 | *Klasse*mannschaft すばらしいチーム | *Klasse*torhüter 名ゴールキーパー.

Klas·se[klásə] 女 -/-n **1 a)** 学級, クラス; 学年: eine gemischte ~ (男女の)混成学級 ‖ Er ist zwei ~*n* über ⟨unter⟩ mir. 彼は私より 2 級上⟨下⟩だ | Sie besucht die erste ~. 彼女は第 1 学年の生徒だ. **b)** (Klassenzimmer) (学級の)教室.

2 (社会的身分としての)階級: die herrschende ⟨unterdrückte⟩ ~ 支配⟨被支配⟩階級 | Arbeiter*klasse* 労働者階級 ‖ Er gehört der besitzlosen ~ an. 彼は無産階級の一員である.

3 a) (略 Kl.) 等級: eine Fahrkarte zweiter ~ 2 等乗車券 | der Verdienstorden erster ~ 1 級功労章 ‖ erster ~² fahren ⟨liegen⟩ 1 等に乗ってゆく⟨病院の 1 等病室に入っている⟩. **b)** (優劣と関係なく, 類別としての)級, クラス: die ~ der Junioren ⟨der Senioren⟩ (スポーツ競技の)ジュニア⟨シニア⟩級 | der Führerschein ~ III 第 3 種運転免許証. **c)** 《話》(優れた)品質, 資質: ein Hotel ⟨ein Künstler⟩ erster ~ 一流のホテル⟨芸術家⟩ ‖ Der Schauspieler ist ~ ⟨eine ~ für sich⟩. この俳優は第一級だ | Der Film ⟨Das Auto⟩ ist einfach ~. この映画⟨自動車⟩はとにかくすばらしい.

4 a) 部類, 部門: die ~ für Medizin (学士院の)医学部門. **b)** 〘動・植〙綱(こう) (Ordnung の上, Stamm の下の分類区分): die ~ der Säuger ⟨der Reptilien⟩ 〘動〙哺乳⟨爬虫(はちゅう)⟩綱.

5 (Klassenlotterie の)組.

[*lat.* clāssis „Herbeirufung"; <*lat.* calāre (→klar); ◇*engl.* class]

Klas·se≠frau[klásə..] 女 《話》すてきな⟨魅惑的な⟩女. **≠mann·schaft** 女 《話》すばらしいチーム.

Klas·se·ment[klas(ə)mã:] 中 -s/-s (ｽｲｽ: [..səmέnt] -s/-e) **1** 分類; 等級. **2** 〘ｽﾎﾟｰﾂ〙順位〔表〕, ランキング〔リスト〕. [*fr.*]

Klas·sen≠äl·te·ste[klásən..] 男 女 =Klassensprecher **≠ar·beit** 女 (↔Hausarbeit) (教室内での)課題, 試験. **≠auf·satz** 男 教室内で仕上げる作文. **≠be·ste** 男 女 《形容詞変化》学級⟨クラス⟩の最優秀生徒.

klas·sen·be·wußt 形 階級意識を持った⟨に目ざめた⟩.

Klas·sen≠be·wußt·sein 中 階級意識. **≠buch** 中 クラスの出席簿, 学級日誌. **≠ein·tei·lung** 女 **1** 分類. **2** 学級編成. **≠er·ste** 男 女 《形容詞変化》クラスの最優等生. **≠feind** 男 〔労働者〕階級の敵. **≠fre·quenz** 女 = Klassenstärke **≠ge·sell·schaft** 女 階級社会. **≠haß** 男 階級的な⟨階級間の⟩憎悪. **≠in·ter·es·se** 中 階級の利害. **≠ju·stiz** 女 階級差別的判決⟨裁判⟩. **≠ka·me·rad** 男 級友, クラスメート. **≠kampf** 男 階級闘争. **≠leh·rer** 男, **≠lei·ter** 男 学級担任の教師.

klas·sen·los[klásənlo:s][1] 形 階級〔差別〕のない.

Klas·sen≠lot·te·rie 女 (各組ごとに逐次発売され, 逐次抽選の行われる)富くじ. **≠raum** 男 =Klassenzimmer **≠sie·ger** 男 〘ｽﾎﾟｰﾂ〙階級別優勝者. **≠spie·gel** 男 クラスの座席表. **≠spra·che** 女 〘言〙**1** (特定の社会階層に特有な)階級語. **2** (部類辞の特に発達した)部類語 (Bantu 語など). **≠spre·cher** 男 学級委員; 級長. **≠staat** 男 階級国家. **≠stär·ke** 女 学級の生徒数. **≠steu·er** 女 階級税; 累進税. **≠tref·fen** 中 (卒業生の)クラス会. **≠un·**

K

ter·schied 男 1 階級の相違〈差別〉. 2 〘スポ〙ランクの違うチームの能力差. ≈ver·tre·ter 男 =Klassensprecher ≈vor·stand 男《オーストリア》= Klassenlehrer ≈wahl·recht 中〘史〙階級別選挙法.

klas·sen·wei·se 副 (→..weise ★) クラス〈階級〉別に.

Klas·sen≈ziel 中 (学年別の)学習到達目標. ≈zim·mer 中 教室.

..klässer[..klɛsər] →..kläßler

Klas·se≈spie·ler[klásə..] 男《話》〘スポ〙第一級選手. ≈weib 中 =Klassefrau

klas·sie·ren[klasí:rən] 他 (h) 1 =klassifizieren 2 〘坑〙(鉱石を大小・比重などによって)選別する, 分級(分粒)する.

Klas·si·fi·ka·tion[klasifikatsió:n] 女 -/-en=Klassifizierung [*fr.*; <*lat.* clāssis (→Klasse)]

klas·si·fi·zie·ren[..tsí:rən] 他 (h) 分類〈類別〉する, 等級に分ける.

Klas·si·fi·zie·rung[..rʊŋ] 女 -/-en 分類, 類別, 等級分け.

..klassig[..klasɪç][2] 1《基数につけて「…個のクラスの」を意味する形容詞をつくる》: drei*klassig* 3クラスの. 2《序数につけて「…等級の」を意味する形容詞をつくる》: erst*klassig* 第一級の, 一流の. [<Klasse]

Klas·sik[klásɪk] 女 -/ 1 (文学・芸術上の)古典期; 古典〔作品〕; 古典主義: die ~ der deutschen Literatur ドイツ文学の古典期(18世紀末から19世紀初頭まで). 2 第一級〈最高水準〉の作品.

Klas·si·ka·ner[klasiká:nər] 男 -s/-《オーストリア》《話》(Mordskerl) どえらいやつ.

Klas·si·ker[klásikər] 男 -s/- (文学・芸術上の)古典作家; 古典期の代表的人物: die Wiener ~ ウィーン古典派の作曲家たち (Haydn, Mozart, Beethoven など). [<*lat.* (scrīptor) clāssicus „(Schriftsteller) ersten Ranges"]

klas·sisch[klásɪʃ] 形 1 古典時代の(特にギリシア・ローマの): das ~*e* Altertum 古典古代(古代ギリシア・ローマ時代) | die ~*en* Sprachen 古典語. 2 (文学・芸術上の)古典期の; 古典主義〈様式〉の: ~*es* Ballett 古典バレエ | ~*e* Musik 古典音楽. 3 a) 古典的な, 古風な: die ~*e* Physik 古典物理学 | mit ~*en* Waffen kämpfen 古典的な〈昔ながらの〉武器で戦う. b) 模範的な, 第一級の: ein ~*es* Beispiel 模範例 | ein ~*es* Französisch sprechen 模範的なフランス語を話す | ein ~*er* Fall 典型的なケース | ein ~*er* Zeuge 有力な証人. 4 (griechisch-römisch) 〘レスリング〙グレコ=ローマンの: ein Ringen im ~*en* Stil グレコ=ローマン型のレスリング. 5《話》(klasse) すばらしい, すてきな: Das ist ja ~! そりゃ大したもんだ. [*lat.*; ◇Klasse]

Klas·si·zis·mus[klasitsísmʊs] 男 -s/ (特に16世紀から17世紀にかけての, および18世紀後半から19世紀前半にかけての)擬古典主義.

klas·si·zi·stisch[..tsístɪʃ] 形 擬古典主義の(→ 図 Baukunst).

Klas·si·zi·tät[..tsitɛ́:t] 女 -/ 古典的な円熟〈完成美〉.

Klaß≈leh·rer[klás..]《南部・オーストリア》= Klassenlehrer ≈lei·ter《南部・オーストリア》=Klassenleiter

..kläßler[..klɛslər] (..klaßler[..klaslər])《序数につけて「(学校の)…年生」を意味する男性名詞 (-s/-) をつくる. ..klässer となることもある》: Erst*kläßler* 1年生, 最下級生.

Klaß≈raum[klás..] 男《南部・オーストリア》, ≈zim·mer《南部・オーストリア》中 =Klassenzimmer

kla·stisch[klástɪʃ] 形〘地〙砕屑(さいせつ)状の: ~*e* Sedimente 砕屑物. [<*gr.* klān „(zer)brechen"; ◇*engl.* clastic]

Kla·ter[klá:tər] 男 -s/-n《北部》1《単数で》(Schmutz) よごれ; 汚物. 2《複数で》ぼろ, ぼろぼろの衣服. 3 不潔な〈だらしない〉女. [◇Kladde]

kla·te·rig[klá:tərɪç][2] (klat·rig[..trɪç][2]) 形《北部》1 きたない, 不潔な. 2 ぼろぼろの. 3 ひどい, 惨めな. 4 悪い, いかがわしい.

kla·ter·naß[..tər..] 形《北部》ずぶぬれの.

klat·rig =klaterig

klatsch[klatʃ] I 間 (平手でたたくような音, また水をはねる音)ピシャリ, パチッ; ピシャン, パチャン: *Klatsch*, da lag er im Wasser. バシャンと彼は水に落ちた | klitsch, ~ ピシャリパシャリ. II Klatsch 男 -es(-s)/-e 1 klatsch という音: Es gab einen großen ~, als er ins Wasser fiel. 彼が水中に落ちたとき バシャッという大きな音がした. 2《単数で》《話》(Geschwätz) a) うわさ話, 陰口. b) おしゃべり.

Klatsch≈ba·se[klátʃ..] 女《話》(他人の陰口・うわさ話などを好む)おしゃべり女. ≈blatt 中《軽蔑的に》ゴシップ新聞.

Klat·sche[klátʃə] 女 -/-n 1 (Fliegenklatsche) ハエたたき. 2《話》a) =Klatschbase b) 密告者, 告げ口をする人. c) (外国語のテキストを翻訳する際などの)とらの巻.

klat·schen[klátʃən] (04) I 自 (h) 1 a) ピシャッ〈パチン〉と音をたてる: mit der Peitsche ~ むちをピシャリと鳴らす ‖ *sich*[3] vor Freude auf die Schenkel ~ ひざをたたいて喜ぶ ‖ Der Regen *klatschte* gegen die Scheiben. 雨が窓ガラスにパラパラと当たった | Sie gab ihm eine Ohrfeige, daß es nur so *klatschte*. 彼女は彼にピシャリと大きな音がするほどの平手打ちをくわせた. b) 手をパチパチたたく, 拍手する(→ II 2): mit den Händen 〈in die Hände〉 ~ パチパチと手をたたく | *jm.* ~ …に対して拍手する. 2《話》陰口をたたく, うわさ話をする.

II 他 (h) 1 a)《*et.*[4]》(…を)ピシャッ〈パチン〉と投げつける: Die Kinder *klatschten* die faulen Äpfel an die Hauswand. 子供たちは腐ったりんごをパシャッと家の壁にぶつけた | *jm.* eine 〈ein paar〉 ~《話》…に(平手打ちを)一発〈数発〉くらわせる | Schweig, oder ich *klatsche* dir eine! だまれさもないと一発ぶちかますぞ. b)《話》《*jn.*》(…に) ピシャッと平手打ちをくわせる, (…の)横つらを張る, ひっぱたく. 2 *jm.* Beifall ~ …に対して拍手かっさいする | den Takt 〈den Rhythmus〉 ~ 手をたたいて拍手〈リズム〉をとる. 3《*jm. et.*[4]》(…に…を)密告〈告げ口〉する.

Klat·scher[klátʃər] 男 -s/- 〔さくらとして〕拍手かっさいする人.

Klat·sche·rei[klatʃəráɪ] 女 -/-en《話》陰口をきく〈うわさ話をする〉こと.

Klatsch·ge·schich·te[klátʃ..] 女 陰口, うわさ話, ゴシップ.

klatsch·haft =klatschsüchtig

Klatsch≈maul 中《話》陰口〈うわさ話〉を好む人. ≈mohn 男〘植〙ヒナゲシ.

klatsch·naß 形《話》ずぶぬれの, びしょびしょの.

Klatsch≈nest 中《話》陰口〈うわさ話〉のさかんな〈すぐに広まる〉小さな町. ≈pres·se 女《軽蔑的に》ゴシップ新聞. ≈ro·se 女 =Klatschmohn ≈spal·te 女《軽蔑的に》(新聞の)ゴシップ欄. ≈sucht 女 -/ 陰口〈おしゃべり〉好き.

klatsch·süch·tig 形 陰口〈おしゃべり〉の好きな.

Klatsch≈tan·te 女, ≈weib 中 =Klatschbase

Klau[1][klaʊ] 女 -/-en 〘ヨット〙スロート(→ 図 Segel B). [*ndd.*; ◇Klaue]

Klau[2][−] 男 -s/《話》1 (Diebstahl) 盗み, 窃盗. 2 (Dieb) どろぼう, 盗人(ぬすと).

Klaub·ar·beit[kláʊp..] 女〘鉱〙選鉱, 手選.

klau·ben[kláʊbən][1] 他 (h) 1《南部・オーストリア》a) (苦労して)拾い集める: Holz 〈Erdbeeren〉 ~ たきぎを集める〈いちごを摘む〉. b)《比》(字句を)穿鑿(せんさく)する: die Worte ~ 言葉の意味をあれこれ解釈する. 2 a) 〘坑〙選鉱する. b)《方》(苦労して)選び出す; 選別する. [*ahd.* klūbōn; ◇klieben]

Klau·ber[kláʊbər] 男 -s/- 1《軽蔑的に》(Wortklauber) 字句にこだわる〈字義にやかましい〉人. 2 〘坑〙手選夫.

Klau·be·rei[klaʊbəráɪ] 女 -/-en klauben すること.

Klaub·holz[kláʊp..] 中 -es/《南部・オーストリア》(森で拾い集める)たきぎ.

Kläu·chen Klaue の縮小形.

Klau·dia[kláʊdia·] 女名 (<Claudius) クラウディア (Claudia ともつづる).

Klau·di·ne[klaʊdí:nə] 女名 クラウディーネ (Claudine ともつづる).

Klaue[kláʊə] 女 -/-n (小 Kläu·chen[klɔ́ʏçən] 中 -s/-) 1 a) (Kralle) (猛獣・猛禽(もうきん)類の)つめ, かぎづめ; (牛・豚などの)ひづめ: An der ~ erkennt man den Löwen.《諺》つめを見てライオンを知る | *et.*[4] mit Zähnen und ~*n*

verteidigen (→Zahn 1) | *sich*⁴ mit Hörnern und ~*en* wehren 〈zur Wehr setzen〉 (→Horn 1 a). **b**) 《ふつう複数で》《軽蔑的に》手: Nimm deine ~*n* da weg! きみのその手をひっこめろ. **c**) 《ふつう複数で》《比》(おそろしいものの)手, 魔手: *jn.* den ~*n* des Todes entreißen …を死神の手から救い出す | *jm.* in die ~*n* fallen 〈geraten〉 …の手中に陥る | *jn.* in *seine* ~*n* bekommen …を手中に捕らえる. **2** 《話》筆跡, 書体,(特に:) 悪筆: eine schreckliche ~ schreiben 金くぎ流の文字を書く. **3** 〔工〕つめ, ハーケン; くぎ抜き, つかみ道具. **4** 《話》盗み(→klauen I): **auf ~ gehen** 盗みに出かける. [*germ.*; ◇Globus, Knäuel; *engl.* claw]

klau·en[kláuən] **I** 他 (h) 《話》(stehlen) 《*jm. et.*⁴》(…から…を)盗む, くすねる, 万引きする: **wie eine Elster 〈wie ein Rabe〉 ~** ひどく手癖が悪い | Bei dir hat man wohl den Verstand *geklaut!* (→Verstand 1). **II** 自 (h) 《北部》ひっかく; ひっかき回す; よじ登る.

Klau·en≈fett 中 =Klauenöl **≈fuß** 男〔医〕わし〔爪〕足. **≈hand** 女〔医〕わし〔爪〕手. **≈öl** 中〔工〕蹄(牛脚)油(牛・羊などのひづめから採る上質の機械油). **≈seu·che** 女 -/ (<Maul- und Klauenseuche)〔畜〕口蹄(こうてい)炎.

..klauig[..klauɪç]² 《形容詞などにつけて「(猛獣・猛禽(もうきん)類の)つめが…の」を意味する形容詞をつくる》: scharf*klauig* 鋭いつめの.

Klaus[klaus] 男名 (<Nikolaus) クラウス (Claus ともつづる).

Klau·se[kláuzə] 女 -/-n **1** (修道院内の)修道士の独居房; (隠者の住む)庵(いおり); 《比》(外界から隔絶された)小室; 静かな小さな部屋〈住まい〉. **2** 峡谷, 峡道, 隘路(あいろ). **3** 《南部》(Schleuse) 水門. **4** 〔植〕(シソ科・ムラサキ科などの)分果. [*mlat.* clūsa–*ahd.*; <*lat.* claudere „schließen“; ◇Klavikel, Klus, Kloster, Klosett; *engl.* close]

Klau·sel[kláuzəl] 女 -/-n **1** (法令・契約などの)条項, 約款; ただし書: eine geheime ~ 秘密条項 | Handels*klausel* 商取引約款. **2 a**) (古代詩の)定型的韻律による終句. **b**) 〔楽〕(中世の)定型的終止〈カデンツ〉, クラウズラ. [*lat.* clausula „Schluß〔satz〕“–*mhd.*; ◇*engl.* clause]

Klaus·ner[kláusnər] 男 -s/- (Einsiedler) 隠者, 隠修士.

Klau·stro·pho·bie[klaustrofobí:] 女 -/-n[..bí:ən] 〔心〕閉所恐怖〔症〕. [<*lat.* claustrum „Verschluß“]

klau·su·lie·ren[klauzulí:rən] 他 (h) 約款〈条項〉にまとめる; 約款〈条項〉によって制限する.

Klau·sur[klauzú:r] 女 -/-en **1 a**) 〔カトリック〕(修道院内の, 外来者から隔絶された)禁域. **b**) 《単数で》〔カトリック〕(修道院の)禁域制; 《比》(外界からの)隔絶〔の生活〕: in ~ leben (外界から)隔絶した生活を送る. **2** =Klausurarbeit [*spätlat.* clausūra „Verschluß“; ◇*engl.* closure]

Klau·sur≈ar·beit 女 (特定の部屋に一定時間拘束して監督つきで書かせる)筆記試験〔の答案〕. **≈sit·zung** 女 密室での〈非公開の〉会議.

Kla·via·tur[klaviatú:r] 女 -/-en〔楽〕(ピアノ・チェンバロ・オルガンなど, 鍵盤(けんばん)楽器の)鍵盤 (→図 Harmonium). [Klavier „Tastatur“ をラテン語めかした形]

Kla·vi·chord[klavikɔ́rt]¹ 中 -〔e〕s/-e〔楽〕クラヴィコード(鍵盤(けんばん)楽器の一種: →図). [*mlat.* clāvic〔h〕ordium; <*mlat.* clāvis „Taste“+*gr.* chordḗ (→Chorda)]

Klavichord

Kla·vier[klaví:r; スイス:..fí:r] 中 -s/-e **1** 〔楽〕ピアノ: ~ spielen 〈üben〉 ピアノを弾く〈練習する〉 | **kein ~ spielen** 《戯》重要でない, 問題にならない | das ~ stimmen ピアノを調律する ‖ am ~ sitzen ピアノの前に座る | *jn.* auf dem 〈am〉 ~ begleiten ピアノで…の伴奏をする | **auf zwei ~*en* spielen** 《話》全然別の二つのこと同時に行う | **mit ~ und Geige** 《話》にぎやかに, はでに. **2** 《話》(特に女性の)大きな尻(しり). [*fr.* „Tastenbrett“]

Kla·vier≈abend 男 ピアノ演奏の夕べ: einen ~ geben ピアノ演奏の夕べを催す. **≈aus·zug** 男〔楽〕(管弦楽曲・オペラなどの)ピアノ用スコア. **≈bau·er** 男 -s/- ピアノ製作者. **≈be·glei·tung** 女 ピアノ伴奏. **≈kon·zert** 中 ピアノコンチェルト〈協奏曲〉; ピアノ演奏会. **≈quar·tett** 中 ピアノ四重奏曲; ピアノ四重奏団. **≈schu·le** 女 ピアノ教則本. **≈so·na·te** 女 ピアノソナタ〈奏鳴曲〉. **≈spiel** 中 ピアノ演奏. **≈spie·ler** 男 ピアノ演奏者; ピアニスト. **≈stim·mer** 男 ピアノ調律師. **≈stockerl** 中 《オーストリア》=Klavierstuhl **≈stück** 中 ピアノ曲. **≈stuhl** 男 ピアノ用のいす. **≈stun·de** 女 ピアノの授業〔時間〕〈レッスン〉. **≈trio** 中 ピアノ三重奏曲; ピアノ三重奏団. **≈un·ter·richt** 男 ピアノの授業: ~ geben 〈nehmen〉 ピアノを教える〈のレッスンを受ける〉. **≈vor·trag** 男 ピアノ演奏〔法〕.

Kla·vi·kel[klaví:kəl] 中 -s/-, **Kla·vi·ku·la** [..kula·] 女 -/..lä[..lɛ·] (Schlüsselbein) 〔解〕鎖骨. [*mlat.*; <*lat.* clāvis „Schlüssel“; ◇Klause; *engl.* clavicle]

kla·vi·ku·lar[klavikulá:r] 形 鎖骨の.

Kla·vi·zim·bel[klavitsímbəl] 中 -s/- (Clavicembalo) クラヴィチェンバロ(鍵盤(けんばん)楽器の一種); 《戯》ピアノ.

Kle·be≈band[klé:bə..] 中 -〔e〕s/..bänder 接着テープ. **≈bin·dung** 女 のりづけ製本. **≈fo·lie**[..liə] 女 接着フィルム〈ラップ〉. **≈mit·tel** 中 接着剤.

kle·ben[klé:bən]¹ **I** 他 (h) 粘着させる, はり付ける: ein Plakat an die Mauer ~ 壁にポスターをはる | eine Marke auf den Brief ~ 手紙に切手を1枚はる | Fotos in ein Album ~ 写真をアルバムにはる ‖ ***jm.* eine 〈ein paar〉 ~** 《話》…に(平手打ちを)一発〈数発〉くらわせる.

II 自 (h) 粘着〈付着〉する, くっつく; 粘着して〈くっついて〉いる; 《俗》執着する: Schneeflocken *kleben* am Fenster. 雪片が窓に付着する〈している〉 | Das Hemd *klebt* ihm am Körper. (汗で)シャツが彼の体にはりつく | Der Kleister *klebt* gut 〈schlecht〉. このりはよくつく〈つきが悪い〉 | Mir *klebt* die Zunge am Gaumen. 《話》私はのどがからからだ | an *js.* Händen *klebt* Blut (→Blut 2) ‖ an *seinem* Posten ~ 自分の地位にしがみつく | am Geld ~ けちである | an materiellen Dingen ~ 物質的な事柄にかかずらう | An dieser Arbeit *klebt* viel Schweiß. この仕事は汗の結晶である | in einem Dorf ~ 村から離れないでいる | Er *klebt* wieder im Wirtshaus. 彼はまた飲み屋でねばっている. [*germ.*; ◇Gluten, Klee², Klei, Klette; *engl.* cleave]

kle·ben|blei·ben*[klé:bən..] 《21》自 (s) **1** 粘着した〈くっついた〉ままである. **2** 《話》**a**) 長居をする. **b**) 落第する.

Kle·be·pfla·ster 中 **1** 絆創膏(ばんそうこう). **2** 《話》長っちりの人.

Kle·ber[klé:bər] 男 -s/- **1** 《話》=Klebstoff **2** (Gluten) 〔化〕グルテン. **3** 《話》落第生. **4** 《話》先行馬にくっついて離れない競走馬.

kle·be·rig[..bərɪç]² =klebrig

Kle·be·rol·le 女 粘着性〈接着剤付き〉テープ=ロール.

Kle·ber·pro·tein[klé:bər..] 中〔化〕グルテンたんぱく質.

Kle·be·strei·fen[klé:bə..] 男 粘着〈接着剤付き〉テープ.

Kleb≈kraut[klé:p..] 中〔植〕ヤエムグラ(八重葎)属の一種. **≈reis** 男〔植〕モチゴメ.

kleb·rig[klé:brɪç]² 形 **1** 粘着性の, ねばねば〈べとべと〉する: ~*e* Finger 〈Hände〉 haben (→Finger 1, →Hand 1). **2** 《比》(態度などが)べとつくような, いやらしい.

Kleb·rig·keit[–kaɪt] 女 -/ (klebrig なこと. 例えば:) 粘着性, 粘度.

Kleb≈sa·me[klé:p..] 男〔植〕トベラ(扉木)属. **≈stift** 男 スティック〈口紅〉型のり. **≈stoff** 男 接着剤; 粘着物〔質〕. **≈strei·fen** =Klebestreifen

klecken[klɛ́kən] 自 **1** (h) =klecksen I **2** (h) 《方》はかどる, 順調に進行する; 役にたつ, 間に合う. **3** (s) 《方》(液体が)音もなく落ちる. [*ahd.*; ◇klack]

Klecker≈frit·ze[klɛ́kər..] 男 《話》食べこぼしをする男の子. **≈lie·se** 女 《話》食べこぼしをする女の子.

kleckern[klɛ́kərn] 《05》《話》 **I** 自 **1** (h) (液体をこぼして)しみをつける: auf den Boden ~ 床にしみをつける. **2** (s) したたり落ちる. **3** (h) (↔klotzen) 《話》(わずかばかりの金・手

K

段などを投入して)けちけち仕事をする. **II** 他 (h) 《*et.*⁴ auf *et.*⁴》(…を…の上に落として)しみをつける.

klecker·wei·se[..vaɪzə] 副 (→..weise ★)《話》〔とぎれとぎれに〕少量ずつ.

Klecks[klɛks] 男 -es/-e **1** (インク・絵の具などの)しみ;《比》斑点(はんてん). **2** 《話》少量: ein ~ Butter 少量のバター.

kleck·sen[klɛ́ksən] 《02》 **I** 自 (h) **1** しみをつける: auf die Tischdecke ⟨ins Heft⟩ ~ テーブルクロス⟨ノート⟩にしみをつける. **2** 《話》まずい絵を描く, 下手な字で書く.

II 他 (h) 《*et.*⁴ auf *et.*⁴》(…を…の上に落として)しみをつける: die Butter aufs Brot ~《話》バターをパンに厚く塗る.

Kleck·ser[..sər] 男 -s/-《話》へっぽこ画家; 悪筆家.

Kleck·se·rei[klɛksəráɪ] 女 -/-en **1** klecksen すること. **2** 《話》下手くそな絵⟨字⟩.

kleck·sig[klɛ́ksɪç]² 形 しみだらけの.

Kleck·so·gra·phie[klɛksografíː] 女 -/-n[..fíːən] 〘心〙(投影法検査に用いられる)インクブロット図形.

Klecks·test[klɛ́ks..] 男 〘心〙 投影法検査 (Rorschach-Test など).

Kle·da·ge[kledáːʒə] 女 -/-n, **Kle·da·sche**[..ʃə] 女 -/-n《ふつう単数で》《北部》《話》(Kleidung) 衣服, 衣類. [< Kleid + ..age]

Klee¹[kleː] 人名 Paul ~ パウル クレー(1879-1940; スイスの画家).

Klee²[―] 男 -s/ 〘植〙クローバ, シロツメクサ(白詰草)〔属〕: Glücks*klee* (四つ葉の)幸運のクローバ ‖ ***jn.* ⟨*et.*⁴⟩ über den grünen ~ loben**《俗》…をほめちぎる, …をべたぼめする. [*ahd.* chlēo; ◇kleben; *engl.* clover]

Klee·blatt[kléː..] 中 **1** クローバの葉: ein vierblättriges ~ 四つ葉のクローバ(幸運のシンボル). **2** 《話》三つ組, 三人組: ein unzertrennliches ~ bilden (3人の仲間が)いつでも一緒に行動する.

Klee·blatt≠bo·gen 男 〘建〙三つ葉形アーチ(→ ⊠ Bogen). ≠**kreuz** 中 三つ葉先端十字架(→ ⊠ Kreuz).

Klee≠farn 男 〘植〙デンジソウ(田字草)〔属〕. ≠**feld** 中 クローバの畑. ≠**salz** 中 -es/ 〘化〙酸性蓚酸(しゅうさん)カリ〔ウム〕. ≠**säu·re** 女 -/ (Oxalsäure)〘化〙蓚酸. ≠**sei·de** 女 〘植〙 **1** クコ(枸杞)属. **2** ネナシカズラ(根無葛)属の一種.

Klei[klaɪ] 男 -[e]s/《北部》(粘土質の)肥土; 粘土層⟨地帯⟩. [*mndd.*; ◇kleben, Kleie, Kleister, Kleid; *engl.* clay]

klei·ben[kláɪbən]¹ 他 (h)《方》**1** = kleben I **2** 漆喰(しっくい)を塗る. [*ahd.*]

Klei·ber¹[..bər] 男 -s/- **1** (Spechtmeise)〘鳥〙ゴジュウカラ(五十雀). **2** 《南部》(Maurer) 左官〔屋〕.

Klei·ber²[kláɪbər] 人名 Erich ~ エーリヒ クライバー(1890-1956; オーストリアの指揮者).

Klei·bo·den[kláɪ..] 中 = Klei

Kleid[klaɪt]¹ 中 -es (-s)/-er **1** (⊘ **Kleid·chen**[..çən] 中 -s/-, Kleiderchen[kláɪdərçən]) **a)** (ふつう上下の分かれていない)服; (特に女性の)ドレス, ワンピース: Abend*kleid* イブニングドレス, 夜会服 | Hochzeits*kleid* ウェディングドレス, 花嫁衣装 | ein ärmelloses ⟨sportliches⟩ ~ そでなしの⟨スポーティーな⟩ドレス | **erstes ~** 〘服飾〙ファウンデーション(ブラジャー・コルセットなど) | **zweites ~** 〘服飾〙女性用下着, ランジェリー ‖ das ~ anziehen ⟨ausziehen⟩ 服を着る⟨脱ぐ⟩ | *sich*³ ein neues ~ machen ⟨anfertigen⟩ lassen 服を新調する | ein modisches ~ tragen ⟨anhaben⟩ 流行のドレスを着ている | Die Erde trägt ein weißes ~.《比》大地は白い衣装をまとって⟨雪におおわれて⟩いる. **b)** 《特に複合語で:》(個々の)衣類: Bein*kleid*《雅》ズボン | Unter*kleid* (女性の)下着. **2** 《複数で》(Kleidung)《集合的に》衣服, 衣類: *seine* ~*er* ablegen 着衣を脱ぐ ‖ ***Kleider* machen Leute.**《諺》馬子にも衣装 ‖ **nicht aus den ~*ern* kommen** 寝ないでいる, 寝る暇もない | **aus den ~*ern* fallen**《話》(服がだぶつくほど)やせこけている | **in den ~*ern* schlafen** (寝巻に着替えずに)服を着たまま眠る | rasch in die ~*er* fahren 急いで服を着る | ***jm.* nicht in den ~*ern* hängenbleiben**《話》…をひどく悩ませる | ***sich*³ tüchtig in die ~*er* tun müssen**《方》太るために大いに食べなければならない. **3 a)** 《南部》(Rock)(男子の)上着. **b)** 《ｽｲｽ》(Anzug)(男子の上下そろいの)スーツ, 背広. **c)** 《雅》(Uniform) 制服. **4** 〘狩〙(鳥の)羽毛; (ウサギなどの)毛皮. **5** 〘海〙カンバス, 帆布. [„mit Klei Gewalktes"; *mhd.*; ◇Klei; *engl.* cloth]

klei·den[kláɪdən]¹ 《01》 他 (h) **1** 《*jn.*》《しばしば様態を示す語句と》(…に〔…な〕)衣類を着せる: *jn.* nähren und ~ …に食物や衣類を与える | Sie *kleidet* ihre Kinder immer sauber und ordentlich. 彼女は子供たちにいつも清潔できちんとした身なりをさせている ‖ 再帰 *sich*⁴ einfach ⟨nach der neuesten Mode⟩ ~ 簡素な⟨最新流行の⟩身なりをする | *sich*⁴ in Schwarz ⟨in Trauer⟩ ~ 喪服を着る | Die Wiese *kleidet* sich in neues Grün.《比》野原は新緑の衣装をまとう ‖ leicht ⟨sportlich⟩ *gekleidet* sein 軽装⟨スポーティーな服装⟩をしている. **2** 《*et.*⁴ in *et.*⁴》(…を…の中に)包む, (…を…で)おおう: Er versuchte, seine Gedanken in Worte zu ~. 彼は自分の考えを言葉で言い表そうと試みた. **3** 《*jn.*》(衣服などが…に)似合う;《比》(…に)ふさわしい: Diese Farbe ⟨Dieser Mantel⟩ *kleidet* mich gut. この色⟨コート⟩は私によく似合う | Dieses Benehmen *kleidet* dich nicht. この振舞いは君らしくない.

Klei·der≠ab·la·ge[kláɪdər..] 女 (Garderobe) クローク(コートなどを預かる部屋・場所). ≠**ab·teil** 中 (洋服だんすの)洋服入れ〔の部分〕(→Wäscheabteil). ≠**bad** 中 服のドライクリーニング. ≠**bü·gel** 男 (洋服の)ハンガー, えもん掛け. ≠**bür·ste** 女 洋服⟨衣装⟩ブラシ.

Klei·der·chen Kleidchen (Kleid の縮小形)の複数.

Klei·der≠ha·ken 男 コート掛けのくぎ⟨フック⟩. ≠**kar·te** 女 (戦時中の)衣料切符⟨配給券⟩. ≠**ka·sten** 男 《南部・ｵｰｽﾄﾘｱ・ｽｲｽ》= Kleiderschrank ≠**laus** 女 〘虫〙キモノジラミ(着物虱), コロモジラミ(衣虱). ≠**ma·cher** 男 -s/- 《ｵｰｽﾄﾘｱ》(Schneider) 仕立屋. ≠**mot·te** 女 〘虫〙イガ(衣蛾). ≠**netz** 中 = Kleiderschutz ≠**ord·nung** 女 服装に関する規則⟨規定⟩. ≠**pup·pe** 女 マネキン人形. ≠**re·chen** 男 Kleiderhaken が数個並んでついている板(→ ⊠ Rechen). ≠**schaft** 男 《ｽｲｽ》= Kleiderschrank ≠**schrank** 男 洋服だんす, 衣装戸棚. ≠**schür·ze** 女 エプロンドレス. ≠**schutz** 男 (女性用自転車の)ドレス保護網(→ ⊠ Damenrad); (ミシンの)衣よけ. ≠**stän·der** 男 **1** (スタンド式)コート掛け. **2** 《話》やせた人間; やせこけた動物. ≠**stan·ge** 女 ハンガー掛け. ≠**stoff** 男 服地.

kleid·sam[kláɪtzaːm] 形 (衣服・髪型などが)よく似合う: eine ~*e* Frisur よく似合う髪型.

Klei·dung[kláɪdʊŋ] 女 -/-en《ふつう単数で》《集合的に》衣服, 衣類, 衣料; 着衣, 服装: warme ⟨geschmackvolle⟩ ~ tragen 暖かい⟨趣味のよい⟩服装をする | für ~ viel Geld ausgeben 着るものに金をかける.

Klei·dungs·stück 中 (個々の)衣類(上衣・ズボン・シャツ・靴下など).

Kleie[kláɪə] 女 -/-n 麩(ふすま); ぬか: das Vieh mit ~ füttern 家畜に麩を食べさせる. [*ahd.*; ◇kleiben]

Klei·en≠flech·te 女 = Kleiengrind ≠**fut·ter** 中 麩(ふすま)飼料. ≠**grind** 男 〘医〙粃糠疹(ひこうしん).

klei·ig¹[kláɪɪç]² 形 麩(ふすま)状の; 麩の入った.

klei·ig²[―] 形《北部》粘土質の. [< Klei]

klein[klaɪn] **I** 形 **1** (英: *little, small*)(↔groß) 小さい, 小型の; 小規模な, 狭小な; 短い時間⟨期間⟩の; 数値の低い; まだ小さい, 幼少の: sehr ⟨winzig⟩ ~ たいへん⟨ごく⟩小さい | ziemlich ~ かなり小さい ‖ ~*e* Augen machen 眠そうにしている | ein ~*es* Büchlein 小冊子 | ein ~*es* Dorf ⟨Haus⟩ 小さな村⟨家⟩ | der ~*e* Finger (手の)小指 | ~*e* Füße ⟨Hände⟩ haben 足⟨手⟩が小さい | ~*es* Geld 小銭 | ein ~*es* Kind 小さな子供; 幼児 | eine ~*e* Klasse ⟨Familie⟩ (人数の少ない)小クラス⟨家族⟩ | in ~*en* Mengen 少量⟨少し⟩だけ | eine ~*e* Pause ⟨Reise⟩ 小休止⟨旅行⟩ | meine ~*e* Schwester 私の〔幼い〕妹 | eine ~*e* Terz 〘楽〙短3度 | in einer ~*en* Stunde 小一時間して | einen ~*en* Umweg machen ちょっと回り道をする | nach einer ~*en* Weile 短時間ののち,〔ほんの〕しばらくして | der ~*e* Wilhelm ちびの⟨幼い⟩ヴィルヘルム, ヴィルヘルム坊や⟨坊ちゃん⟩ | Das sind ~*e* Fische für mich.《話》それは私には取るに足らぬことだ ‖ 〘述語的・副詞的に〙 **~, aber oho ⟨fein⟩!**《話》なりは小さいが

質はよい | **~, aber mein**《話》小さくとも自分のもの | ~ von Gestalt sein 小柄である | Für sein Alter ist er ~. 彼は年の割には体が小さい | die Gasflamme ~ zudrehen 〈stellen〉(コックを回して)ガスの火を弱める | Ich habe nichts ~. 私は小銭がない ‖ **~ anfangen** (商店などが)小規模〈ささやか〉に始める(→3 a) | ein Wort ~ schreiben ある語を小文字で書き起こす(なお: →kleinschreiben) | kurz und ~ (→kurz I 1) | ~ und dick ずんぐりした | ~ und zierlich きゃしゃな ‖〖名詞的に〗*Klein* (ルーレットの)マンク, 小(1-18の点数) | **~ machen**《話》おしっこをする(なお: →kleinmachen) | *sich*[4] ~ machen 身をこごめる(なお: →kleinmachen) | ein ~〔*es*〕bißchen / ein ~ wenig ほんの少量〈わずか〉だけ | groß und ~ (→groß I 1 a) | **bei ~*em***《北部》少しずつ, しだいに | **im ~*en*** 小規模に〈の〉| eine Welt im ~*en* 小宇宙, 世の中の縮図 | *et.*[4] im ~*en* verkaufen〖商〗…を小売りする | ᵛüber ein ~*es* しばらくしてから | **um ein ~*es***《雅》危うく, すんでのことに; 少しだけ | **von ~ auf** 幼いときから ‖ →III

II〖比較変化して〗Diese Stadt ist ~*er* als München. この町はミュンヒェンより小さい | ein zwei Nummern ~*erer* Hut 2サイズ小さい帽子 ‖ die ~*ste* Schule in der Stadt 町で最小の学校 ‖ bis ins ~*ste* 〈*Kleinste*〉〔genau〕(→IV 2).

2 ちょっとした, 軽度の, わずかの; ささいな, 取るに足らぬ: ein ~*er* Unterschied わずかの相違 | eine ~*e* Zahl der Zuhörer 少数の聴衆 | *jm.* einen ~*en* Dienst erweisen …のために微力を尽くす | eine ~*e* Dummheit 軽い愚行 | ein ~*er* Fehler ちょっとした間違い | *jm.* eine ~*e* Freude machen …をちょっと喜ばせる | ein ~*es* Geschenk ささやかな贈り物 | einen ~*en* Moment ほんのちょっとの間〔だけ〕| *jm.* keinen ~*en* Schrecken einjagen …を少なからず驚かす ‖ Das ist noch das ~*ere* Übel. (同じ悪でも)このほうがまだましである ‖〖名詞的に〗→III 1 b, III 2

3 a) 無名の, 有力でない; 下層階級の: ein ~*er* Beamter 小役人 | ~*er* Leute Kind sein / aus ~*en* Verhältnissen stammen 庶民の出である | in ~*en* Verhältnissen leben つましく暮らす ‖ **~ anfangen** 下っぱから身を起こす(→1) | von *jm.* ~ denken …を軽んじる. **b)** 卑小な, (心情が)けちくさい: eine ~*e* Seele 卑しい根性〔の人〕‖ ~〔und niedrig〕denken けちくさい考え方をする. **c)** (gefügig) (気持の)くじけた: ~ beigeben (→beigeben II) | *jn.* ~ kriegen 〈machen〉…をへこませる, …を屈服させる | *sich*[4] ~ machen / ~〔und häßlich〕werden くじけておとなしく〈小さく〉なる.

II Klein[1] 中 -s/ **1**〖料理〗(鳥・うさぎなどの)臓物, 頸(くび), 前足: Hühner*klein* 鶏のもつ. **2**〖坑〗(石炭などの)〔極〕細片.

III Klei̯·ne《形容詞変化》**1 a)** 男 女 小さい〈幼い〉人; かわいい人: meine ~ 私の〔末〕娘; 私の恋人. **b)** 男《単数で》einen ~*n*〔in der Krone〕haben / einen ~*n* sitzen haben《話》ほろ酔いかげんである.

2 中 **a)** 子供: etwas ~*s* bekommen / ***sich*[3] etwas ~*s* bestellen**《戯》子供ができる, 妊娠する. **b)** 小さい事物; ささいな事物; こまごました〈細かな〉事物: Es ist mir ein ~*s* 〈ein *kleines*〉, das zu ändern. それを変更するのは私には容易だ | Das zu machen ist nichts ~*s*. それをするのは決してたやすくない ‖ eine Welt im ~*n* 小宇宙(→I 1) | im ~*n*〔wie im Großen〕treu sein 事の大小を問わず誠実である | vom ~*n* auf das Große schließen 局部から全般を推論する.

IV Klei̯n·ste《形容詞変化》**1** 男 女 いちばん小さい〈幼い〉子, 末っ子. **2** 中 最も小さい〈ささいな〉事物: bis ins ~〔genau〕微細の点に至るまで〔精密に〕.

[*westgerm.* „glänzend"; ◇ *engl.* clean]

Klein[2][klaın] 人名 Felix ~ フェーリクス クライン(1849-1925; ドイツの数学者).

Klei̯n≠ak·tio·när[kláın..] 男 小株主. **≠ar·beit** 女 (骨の折れる)細かい仕事: in mühsamer ~ 苦心惨憺(さんたん)して.

klein·asi̯a·tisch[klaın|aziá:tıʃ] 形 小アジアの.

Klein·a̯si·en[..|á:ziən] 地名 小アジア(アジア西部に突出した半島部で, 別名 Anatolien といい, 大部分がトルコ領).

Klei̯n≠au·to[kláın..] 中 小型自動車. **≠bahn** 女 ローカル〈軽便〉鉄道. **≠bau·er** 男 -n(-s)/-n 小農.

klei̯n|be·kom·men* 《80》=kleinkriegen 1, 3

Klei̯n·be·trieb 男 小規模経営, 小企業.

Klei̯n·bild≠film 男 (35ミリ版の)小型フィルム. **≠ka·me·ra** 女 (35ミリ版の)小型カメラ(→ 図 Kamera).

klei̯n≠blät·te·rig 形, **≠blätt·rig** 形 葉の小さな, 小葉の.

Klei̯n·bu̯ch·sta·be 男 小文字.

Klei̯n·bür·ger 男 (↔Großbürger) 小市民, プチブル; 《比》俗物.

klei̯n·bür·ger·lich[..lıç] 形 小市民〈プチブル〉的な; 俗物根性の.

Klei̯n·bür·ger·tum[..tu:m] 中 -s/ **1** 小市民階級. **2** 小市民〈プチブル〉の生活; 俗物根性.

Klei̯n·bus 男 小型〈マイクロ〉バス.

Klei̯n·chen[kláınçən] 中 -s/-《ふつう単数で》《話》(幼児を指して)おちびちゃん.

Klei̯n·com·pu·ter[..kɔmpju:tər] 男 小型電算機, ミニコン〔ピューター〕.

klei̯n·den·kend 形 狭量な.

klei̯n·deutsch I 形〖史〗(オーストリアを除きプロイセンの指導によるドイツの統一をとなえる)小ドイツの, 小ドイツ主義の.

II Klei̯n·deut·sche 男 女《形容詞変化》小ドイツ主義〔信奉〕者.

Klei̯·ne →klein III

Klei·ne·leu̯·te·mi·lieu[klaınəlɔ́ʏtəmiliø:] 中 庶民の生活環境.

Klei̯n·emp·fän·ger[kláın..] 男 小型受信機.

klei̯·ne·ren·tei̯ls 副, **klei̯·nern·tei̯ls** 副 小部分では, 部分的には.

Klei̯n≠fa·mi̯·lie[..liə] 女 (↔Großfamilie)〖社〗小家族, 核家族. **≠flug·zeug** 中 小型飛行機. **≠gar·ten** 男 クラインガルテン, (町の郊外などの)小菜園. **≠gärt·ner** 男 Kleingarten の所有主, 日曜園芸を楽しむ人: ein geistiger ~《話》(視野・関心の狭い)俗物. **≠ge·bäck** 中 ビスケット, クッキー.

klei̯n·ge·druckt 形 細字で印刷された: Achte auf das *Kleingedruckte*! (契約書などで)細字印刷の個所に注意せよ.

Klei̯n≠geist 男 視野〈関心〉の狭い人. **≠geld** 中 -〔e〕s/ 小銭;《戯》金(かね): das nötige ~ haben《戯》金を十分に持っている | Das kann er machen, wie er ~ hat.《話》彼は自分のしたいようにしてよい | Das ~ ist mir ausgegangen.《戯》(かなりの出費で)私は懐中がからっぽだ | Bitte ~ bereithalten! (釣り銭のいらぬよう)小銭をご用意ください.

klei̯n≠ge·mu·stert 形 細かい模様の. **≠ge·wach·sen** 形 背の低い.

klei̯n·gläu·big[kláınglɔʏbıç][2] 形 信仰の薄い; 疑い深い, 気持のぐらついた. [*kirchenlat.* modicae fideī (*gr.* oligó-pistos の翻訳借用)の翻訳借用]

Klei̯n·gläu·big·keit[–kaıt] 女 -/ kleingläubig なこと.

klei̯n|hacken 他 (h) 細かに切り刻む.

Klei̯n≠han·del 男 -s/ 小売り〔業〕: im ~ 小売りで. **≠händ·ler** 男 小売商人. **≠häus·ler** 男《オーストリア》=Kleinbauer

Klei̯n·heit[kláınhaıt] 女 -/ klein なこと: Trotz seiner körperlichen ~ ist er schon 18 Jahre alt. 体は小さいが 彼はもう18歳だ | die ~ der Gesinnung 志向の卑小さ.

klei̯n·her·zig =kleinmütig

Klei̯n≠hirn 中〖解〗小脳(→ 図 Gehirn). **≠holz** 中 -es/ 細かく割った〈刻んだ〉木材; (細かな)まき, たきぎ: **~ machen** まき割りをする;《話》(暴れて)家具をめちゃめちゃにする | **~ aus *jm.* machen / *jn.* zu ~ machen**《話》…をさんざん殴る | **~ aus *et.*[3] machen / *et.*[4] in ~ verwandeln / *et.*[4] zu ~ machen** 〈**verarbeiten**〉《話》…をこなごなに打ち砕く | zu ~ gehen《話》こなごなにされる | Es gab ~.《話》ひどい乱暴狼藉(ろうぜき)が起こった.

Klei̯·nig·keit[kláınıçkaıt] 女 -/-en わずかばかりの〈ちょっとした〉もの; ささい〈わずか〉なこと, ちょっとした〈つまらぬ〉こと; やさし

K

い〈ぞうさのない〉こと: *jm.* eine ～ schenken …にちょっとした贈り物をする | eine ～ zu *sich*³ nehmen 何かちょっと食べる ‖ den Schrank um eine ～ zur Seite schieben 戸棚をちょっぴりわきにずらす | *sich*⁴ nicht mit ～*en* abgeben ささいな事にかかずらわない ‖ Das ist für mich eine 〈keine〉 ～. それは私にとってわけもないことだ〈並たいていのことではない〉.

Klei·nig·keits≈krä·mer 男 些事(さ)にこだわる人, つまらぬことを重大視する人. **≈krä·me·rei** 女 些事にこだわる〈つまらぬことを重大視する〉こと.

Klein·in·du·strie[kláın..] 女 小工業.

klein·jäh·rig 形 (↔großjährig) (minderjährig) 未成年の.

Klein·ka·li·ber 中 (銃砲の)小口径.

Klein·ka·li·ber·ge·wehr 中 小口径銃.

klein·ka·li·b[e·]rig[..kali:b(ə)rıç]² 形 (銃砲が)小口径の.

klein·ka·riert 形 **1** 細かいチェック〈碁盤じま〉の. **2** 《話》了見の狭い, 狭量な, けちくさい.

Klein·ka·riert·heit 女 -/-en **1** 《単数で》kleinkariert なこと. **2** kleinkariert 2 な言動.

Klein·kind 中 (6歳ぐらいまでの)幼児.

Klein·kin·der·be·wahr·an·stalt [klaınkındərbəvá:r.., ⌣⌣⌣⌣⌣⌣⌣] 女 託児所.

Klein·kla·vier[kláın..] 中 小型ピアノ.

Klein·kleckers·dorf[klaınklɛ́kərsdɔrf] 中《無冠詞単数で》《話》(どこにでもあるような)つまらぬ町(村).

Klein≈kli·ma 中 (↔Großklima) 局地気候. **≈kraft·rad** 中 軽オートバイ. **≈kraft·wa·gen** 男 =Kleinauto **≈kram** 男 -[e]s/ **1** こまごました〈つまらぬ〉もの. **2** ささいな事柄: der tägliche ～ / der ～ des Alltags 日常の些事(さ). **≈krä·mer** =Kleinigkeitskrämer **≈krebs** 男 -es/-e 《ふつう複数で》〚魚〛オキアミ. **≈krieg** 男 **1** (敵の後方での)ゲリラ戦. **2** (ささいなことをめぐっての)絶えざるいさかい〈摩擦〉.

klein|krie·gen 他 (h) 《話》 **1** 《*et.*⁴》小さく砕く, ばらばらに分解する〈壊す〉. **2** 《*jn.*》屈服させる: *sich*⁴ nicht ～ lassen 屈服しない. **3** 消費〈消耗〉する. **4** 《方》(verstehen) 理解する; 納得する.

Klein·kunst 女 -/ **1** 小工芸. **2** (寄席などの)演芸.

Klein·kunst·büh·ne 女 寄席, キャバレー; 小劇場.

Klein≈la·ster 男《話》, **≈last·wa·gen** 男 小型トラック.

klein·laut 形 (はじめの意気込みが消えて)元気をなくした, 気おくれした, しょんぼりした.

Klein·le·be·we·sen 中 微生物.

klein·lich[kláınlıç] 形 (↔großzügig) 了見の狭い, こせこせした, けちくさい: eine ～*e* Auslegung von Vorschriften 規定の堅苦しい解釈.

Klein·lich·keit[–kaıt] 女 -/ kleinlich なこと.

Klein·lie·fer·wa·gen 男 小型荷物配達車, ライトバン.

klein|ma·chen 他 (h) **1** 小さくする, 細かくする: Holz ～ まきを細かく割る | die Augen ～ 目を細める. **2** 《話》(wechseln) (金を小銭に)替える, くずす: Kannst du mir den 50-Mark-Schein ～? この50マルク紙幣をくずしてくれないか. **3** 《話》遣い切る, 消費する: eine Erbschaft ～ 遺産を遣い果たす. **4** 《話》《*jn.*》辱める, さげすむ: Laß dich von ihm nicht ～! 彼なんかにばかにされるなよ. **5** →klein I 1

Klein·ma·le·rei 女 細密画; 細密描写.

klein≈maß·stäb·lich (**≈maß·stä·big**) 形 小規模な.

Klein·mei·ster 男〚美〛クライン=マイスター(16世紀ドイツの小型銅版画作者). [*fr.* petit-maître の翻訳借用]

Klein≈mö·bel 中 小型家具. **≈mo·tor** 男 小型エンジン.

Klein·mut 男 -[e]s/ 小心, おく病, 無気力, 弱気.

klein·mü·tig[..my:tıç]² 形 小心の, おく病な, 無気力な, 弱気な.

Klein-Na·tio·na·le 中《オース・トリア》略式身上調書.

Klein·od[kláıno:t]¹ 中 **1** -[e]s/-ien[klaınó:diən, ⌣⌣⌣⌣] (高価な)装身具, 宝石. **2** -[e]s/-e[kláıno:də, ⌣⌣⌣] 《比》貴重な〈大切な〉宝: *et.*⁴ wie ein ～ hüten 〈bewahren〉 …を宝物のように大切にする. [*mhd.*; ◇klein]

Klein·par·kett[kláın..] 中〚建〛寄せ木〔張りの床〕(→ 図 Fußboden).

Klein·preis·ge·schäft 中 安売り〈特価品〉店.

Klein·rent·ner 男 小額年金生活者: ein geistiger ～ 《話》気概の乏しい人; 単純な人.

Klein·rus·se 男 小ロシア人(今日のウクライナ人).

klein·rus·sisch 形 小ロシアの.

Klein·ruß·land 地名 小ロシア(今日のウクライナ地方).

Klein·schmet·ter·ling 男《ふつう複数で》(↔Großschmetterling) 〚虫〛小型鱗翅(りんし)類(メイガ以下の小型ガ類).

Klein·schmied 男 (Schlosser) 錠前〈金具〉師.

klein≈|schnei·den* 《148》他 (h) 小さく切る, 細かく刻む. **≈|schrei·ben*** 《152》他 (h) 《ふつう受動態で》(↔ großschreiben) ことさらに軽んじる, 軽視する(ただし: klein schreiben →klein I 1).

Klein·schrei·bung 女 (↔ Großschreibung) 〚言〛(特に名詞の)小文字書き.

Klein·staat 男 -[e]s/-en 小国; 弱小国家.

Klein·staa·te·rei[klaınʃta:tərái] 女 -/ 小国分立.

Klein≈stadt[kláın..] 女 (人口2万以下の)小都市; 田舎町. **≈städ·ter** 男 小都市の住民; 《比》田舎者.

klein·städ·tisch 形 小都市〔風〕の; 《比》田舎じみた; 視野の狭い.

Kleinst·be·trag[kláınst..] 男 最低金額.

Klein·ste →klein IV

Klein·stel·ler 男 (ストーブなどの)弱火調整器.

Kleinst≈ka·me·ra[kláınst..] 女 超小型カメラ. **≈kind** 中 (2歳ぐらいまでの)乳幼児. **≈maß** 中 最小限の大きさ〈分量〉. **≈woh·nung** 女 (独身者用の)最小住宅.

Klein≈tier 中 (ペットとして飼育される犬・猫・小鳥などの)小動物. **≈un·ter·neh·men** 中 小〈零細〉企業. **≈ver·die·ner** 男 低額所得者. **≈ver·kauf** 男 小売り. **≈vieh** 中 (↔Großvieh) 《集合的に》小型家畜(羊・うさぎ・家禽(きん)類など): *Kleinvieh* macht auch Mist. 《諺》ちりも積もれば山となる. **≈wa·gen** 男 小型〔自動〕車.

klein·weis[kláınvaıs] 副《南部・オース・トリア》(im kleinen) 少しずつ, だんだんに.

Klein·wild 中 (↔Großwild) 《集合的に》〚狩〛小型狩猟鳥獣.

klein·win·zig 形 ごく小さい; 僅少(きんしょう)の.

Klein·woh·nung 女 小住宅.

Kleist[klaıst] 人名 Heinrich von ～ ハインリヒ フォン クライスト(1777–1811; ドイツの作家. 作品『ペンテジレーア』『こわれがめ』など).

Klei·ster[kláıstər] 男 -s/ (種類: -) **1 a)** (接着剤としての)糊(のり): ～ kochen 糊を煮る | *et.*⁴ mit ～ kleben …を糊ではる. **b)** (糊のようなまずい)かゆ. **2** 《話》つまらない〈無価値な〉もの, がらくた. [*mhd.*; ◇Klei]

klei·ste·rig[..stərıç]² (**kleist·rig**[..strıç]²) 形 糊(のり)のような; 糊のついた.

klei·stern[kláıstərn] 《05》他 (h) 糊(のり)ではる; (糊のように)塗りつける: *jm.* eine Ohrfeige ～ 《話》…に平手打ちをくわせる. [*mndd.*]

Klei·ster≈pa·pier 中 糊(のり)の塗ってある紙. **≈pin·sel** 男 糊ばけ.

klei·sto·gam[klaıstogá:m] 形〚植〛閉鎖花受精〈自家受精〉の: ～*e* Blüte 閉鎖花.

Klei·sto·ga·mie[..gamí:] 女 -/ 〚植〛閉鎖花受精, 自家受精. [＜*gr.* kleistós „verschlossen" (◇Klause)]

kleist·rig =kleisterig

Kle·ma·tis[klé:matıs, klemá:tıs; オース・トリア: kle:mátıs] 女 -/- 〚植〛センニンソウ(仙人草)属(クレマチス・テッセンなど). [*gr.* klēmatís „Setzling"; ＜*gr.* klã̄n (→klastisch)]

Kle·mens[klé:məns, ..mɛns] 男名 クレーメンス (Clemens ともつづる). [*lat.* clēmēns „geneigt, mild"; ◇Klima]

Kle·men·tia[kleméntsia·] 女名 クレメンチア. [*lat.*]

Kle·men·ti·ne[klementí:nə] 女名 クレメンティーネ.

Klemmap·pe[klɛ́mmapə] 女 クリップファイル.

Klẹm·me[klɛ́mə] 女 -/-n **1** (はさむ・締めつけるもの. 例えば:) やっとこ, ペンチ; クリップ; 留め金; 固定ねじ; 〘医〙鉗子(かんし); 〘電〙端子. **2** 《比》窮地, 苦境: *jm.* aus der ~ helfen …を窮地から救い出す | *sich*⁴ aus der ~ ziehen 窮地を脱する | **in der ~ sitzen** 《話》窮地(板ばさみの状態)にある | in die ~ kommen 〈geraten〉 窮地に陥る, 板ばさみになる.

klẹm·men[klɛ́mən] **I** 他 (h) **1 a)** はさむ, (はさんで)締めつける: die Klips an die Ohren ~ イヤリングを耳にはさんでとめる | *sich*³ den Daumen in der Tür ~ 親指をドアにはさまれる | 〔*sich*³〕 *et.*⁴ unter den Arm ~ …をわきにはさむ | Das kannst du dir unter die Vorhaut ~ (→Vorhaut) ‖ 再帰 *sich*⁴ ~ はさまる; (はさまって)動かない | *sich*⁴ an der Tür ~ ドアにはさまれる ‖ ***sich*⁴ hinter *jn.* ~** 《話》…に強引に頼みこむ | ***sich*⁴ hinter *et.*⁴ ~** 《話》…に精を出す | *sich*⁴ hinter die Bücher ~ 《話》猛勉する. **b)** むりに押し込む, 強引にこじ入れる: den Fuß zwischen die Tür ~ ドアのすきまに足を押し入れる ‖ 再帰 *sich*⁴ in den überfüllten Bus ~ 満員のバスにむりやり体を押し込む. **2** 《話》(stehlen) 盗む, くすねる.

II 自 (h) はさまる; (はさまって)動かない: Die Schublade *klemmt*. 引き出しが開かない〈閉まらない〉(途中で引っかかって).
[*mhd.*; ◇klimmen, klamm]

Klẹm·men·span·nung 女 〘電〙端子電圧.

Klẹm·mer[klɛ́mər] 男 -s/- **1** 《方》(Kneifer) 鼻めがね. **2** 《話》どろぼう.

Klẹmm≈fut·ter[klɛ́m..] 中 (旋盤などの)ばね〈スプリング〉ジャック. **≈map·pe** =Klemmappe **≈schrau·be** 女 固定〈締めつけ〉ねじ; 〘電〙端子ねじ(→ 図). **≈vor·rich·tung** 女 固定〈締めつけ〉装置.

Klemm-schraube

klẹm·pern[klɛ́mpərn] 《05》 自 (h) 《北部》 **1** =klempnern **2** やかましい音をたてる. [*ndd.*; ◇Klampe]

Klẹmp·ner[klɛ́mpnər] 男 -s/- 板金細工職人, 板金工.

Klemp·ne·rẹi[klɛmpnəráɪ] 女 -/-en **1** 《単数で》板金細工職〔の仕事〕. **2** 板金細工職人の仕事場.

Klẹmp·ner·la·den[klɛ́mpnər..] 男 板金細工職人の店; 《戯》(胸に飾り立てた)勲章.

klẹmp·nern[klɛ́mpnərn] 《05》 自 (h) 板金細工職人の仕事をする; 板金細工をする.

Klẹmp·ner·wa·ren 複 板金製品.

Klẹng·an·stalt[klɛ́ŋ..] 女 (**Klẹn·ge**[klɛ́ŋə] 女 -/-n) 〘林〙(針葉樹の)採種場.

klẹn·gen[klɛ́ŋən] 他 (h) 〘林〙(針葉樹の毬果(きゅうか)を)あぶって種子を取り出す. [*mhd.* „klingen machen“; ◇klingen]

Kleo·bu̦·los[kleobú:lɔs] 人名 クレオブロス(前6世紀ごろのギリシアの僭主(せんしゅ)で七賢人の一人).

Kleo̦·pa·tra[kleó:patra·] 人名 クレオパトラ(前69-前30; エジプトの女王で, Ptolemäer 朝最後の王). [*gr.*–*lat.*]

Klẹ·per[klɛ́pər] 男 -s/- 〔老衰した〕駄馬. [<*mhd.* klepfern „klappern“ (◇klappern)]

Klẹ·per≈boot[klɛ́pər..] 中 商標 クレッパーボート(折りたたみ式ボート). **≈man·tel** 男 商標 クレッパーコート(ゴム製の防水コート). [<J. Klepper (製造会社の創設者, †1949)]

Klep·to·ma̦·ne[klɛptomá:nə] 男 -n/-n (女 **Klep·to·ma̦·nin**[..nɪn]-/-nen) (病的な)盗癖のある人, 窃盗狂.

Klep·to·ma·nie̦[..maní:] 女 -/ 〘心・医〙(病的な)盗癖, 窃盗症. [<*gr.* kléptein „stehlen“]

klep·to·ma̦·nisch[..má:nɪʃ] 形 (病的な)盗癖のある, 窃盗症の.

kle·ri·ka̦l[kleriká:l] **I** 形 (↔laikal) (カトリックの)聖職者〈僧侶(そうりょ)階級〉の; 教会の. **II Kle·ri·ka̦·le** 男 女 《形容詞変化》教権〈聖職権〉支持者. [*kirchenlat.*]

Kle·ri·ka·lịs·mus[..kalísmʊs] 男 -/ 教権〈聖職権〉主義.

kle·ri·ka·lị·stisch[..lístɪʃ] 形 教権〈聖職権〉主義の.

Klẹ·ri·ker[klé:rikər] 男 -s/- (カトリックの)聖職者, 僧侶(そうりょ). [*kirchenlat.* clēricus–*mhd.*; ◇Clerk; *engl.* cleric]

Kle·ri·sẹi[klerizáɪ] 女 -/ 《しばしば軽蔑的に》=Klerus [*mlat.* clēricia „Geistlichkeit“; ◇*engl.* clerisy]

Klẹ·rus[klé:rʊs] 男 -/ 《集合的に》聖職者, 僧侶(そうりょ)階級. [*gr.* klē̃ros „Bruchstück (als Los)“–*kirchenlat.* clērus „auserwählter Stand“; <*gr.* klā̃n (→klastisch)]

Klẹt·te[klɛ́tə] 女 -/-n **1** 〘植〙ゴボウ(牛蒡)属: große ~ ゴボウ. **2** (Klettfrucht) (ゴボウなどのいが状の)付着果, いが(衣服などに付着しやすい); 《話》しつこく付きまとう人: **wie eine ~ an *jm.* hängen** …によくなついて(しつこく付きまとって)離れない | **wie 〔die〕 ~*n* zusammenhängen 〈zusammenkleben〉** 《話》(友達同士などが)いつも連れ立っている, 常に行動をともにする | für *jn.* zur ~ werden 《話》…にうるさく付きまとう. [*ahd.*; ◇kleben, klettern]

Klẹt·ten·wur·zel 女 ゴボウの根.

Klẹt·ten·wur·zel·ö̦l 中 -〔e〕s/ ゴボウの根の油(発毛剤).

Klet·te·rẹi[klɛtəráɪ] 女 -/-en (klettern すること. 特に:) 難儀な登攀(とうはん).

Klẹt·ter·ei·sen[klɛ́tər..] 中 〘登山〙アイゼン, クランポン.

Klẹt·te·rer[..tərər] 男 -s/- 登攀者, ロッククライマー.

Klẹt·ter≈fisch[klɛ́tər..] 男 〘魚〙キノボリウオ(木登魚), アナバス. **≈gar·ten** 男 〘登山〙登攀(とうはん)トレーニングコース〈訓練用ゲレンデ〉. **≈ge·rüst** 中 ジャングルジム. **≈ham·mer** 男 〘登山〙ピトンハンマー. **≈mast** 男 攀登(はんとう)用マスト. **≈max**[..maks] 男 -es/-e, **≈ma·xe** 男 -n/-n 《戯》 **1** =Fassadenkletterer **2** すぐに何かによじ登りたがる活発な子供.

klẹt·tern[klɛ́tərn] 《05》 自 (s) (両手足を使って・骨折って)登る, 降りる; よじ登る, はい降りる; 登攀(とうはん)する; 《比》上昇する: am Seil ~ ロープを〔伝わって〕よじ登る | auf das Dach ~ 屋根によじ登る | in den Ring ~ (ボクサーなどが)リングに上がる | über den Zaun ~ 垣根を乗り越える ‖ auf einen Berg ~ 山に登る ‖ aus dem Bett 〈dem Zug〉 ~ (骨折って)ベッド〈列車〉から降りる | vom Baum ~ 樹上から地面に降りる ‖ Das Barometer ist 〈Die Preise sind〉 *geklettert*. 気圧計が〈物価が〉上昇した ‖ **Das ist 〔ja〕, um auf die Bäume 〈auf die Akazien〉 zu ~!** 《話》全くお話にならない, 言語道断だ.

Klẹt·ter≈pflan·ze[klɛ́tər..] 女 攀援(はんえん)〈つる性〉植物. **≈ro·se** 女 〘植〙ツルバラ(蔓薔薇). **≈schuh** 男 (登攀用の)登山靴. **≈seil** 中 **1** 〘登山〙(登攀用の)ザイル, ロープ. **2** = Klettertau **≈stan·ge** 女 〘体操〙登り棒. **≈strauch** 男 〘植〙つる性低木, 攀援(はんえん)性低木. **≈tau** 中 〘体操〙(よじ登る訓練のための)吊(つ)り綱. **≈vo̦·gel** 男 〘鳥〙攀禽(はんきん)類. **≈wand** 女 (Eskaladierwand) 〘軍〙攀登(はんとう)壁.

Klẹtt·frucht[klɛ́t..] 女 〘植〙(ゴボウなどのいが状の)付着果, いが.

Klẹt·ze[klɛ́tsə] 女 -/-n 《オーストリア》乾燥ヨウナシ(洋梨). [<*bayr.* kleuzen „spalten“; 乾燥させるため割ったことから]

Klẹ·ve[klé:və] 地名 クレーヴェ(ドイツ Nordrhein-Westfalen 州の都市). [*lat.* clīvus „Hügel“–*ahd.*; ◇Klemens]

klick[klɪk] **I** 間 (明るく短い金属音)カチリ, カチン, カチッ. **II Klick** 男 -s/-s **1** 《ふつう複数で》カチリ〈カチン・カチッ〉という音. **2** (Schnalzlaut) 〘言〙吸破音. **3** (Mausklick) 〘電算〙マウスクリック(マウスのボタンを押す操作).

klịcken[klɪ́kən] 自 (h) **1** カチリと音を立てる: Das Feuerzeug 〈Der Verschluß der Kamera〉 hat *geklickt*. ライター〈カメラのシャッター〉がカチッと鳴った. **2** 〘電算〙(マウスで)クリックする.

Klịcker[..kər] 男 -s/- 《南部》(Murmel) ビー玉: mit ~*n* spielen ビー玉をして遊ぶ.

klịckern[..kərn] 《05》 自 (h) **1** カチン〈チャリン・バシャン〉と音を立てる. **2** おはじきをする.

klie̦·ben⁽*⁾[klí:bən]¹ 《75》 **klo̦b**[klo:p]¹, **klie̦b·te / ge·klo̦·ben, ge·klie̦bt**; 接II klöbe[klø:bə], kliebte 他 (h) 《南部》(spalten) 割る, 裂く. [*germ.*; ◇Glyphe,

K

Kluft[2], Kloben, Kluppe, Kliff; *engl.* cleave]
Klient[kliέnt] 男 -en/-en (女 **Klien·tin**[..tın]-/-nen) **1** (弁護士・税理士・コンサルタント・医師などの)依頼人, 顧客, クライアント. **2** 〘史〙(古代ローマの)被護民, クリエンテス. [*lat.* cliēns „Höriger"; ◇Klio]
Klien·tel[kliεnté:l] 女 -/-en (スイ: **Klien·te·le**[..lə] 女 -/-n) 《集合的に》(弁護士・税理士・コンサルタント・医師などの)顧客, 得意先, クライアント. [*lat.* clientēla „Schutzgenossenschaft"]
Klien·tin Klient の女性形.
klie·ren[klí:rən] 自 他 (h) 《北部》ぞんざいに〈下手くそに〉書きなぐる.
Klietsch[kli:tʃ] 男 -[e]s/ 《北部》 = Klitsch
kliet·schig[..tʃıç][2] 《北部》 = klitschig
kliff[klıf] 間 《ふつう kliff, klaff の形で》(犬のほえ声)キャンキャン, ワンワン.
Kliff[klıf] 中 -[e]s/-e 《北部》(海岸の)断崖(だんがい), 絶壁 (→ 図 Küste). [*mndd.*; ◇klieben, Klippe; *engl.* cliff]
Kli·ma[klí:ma·] 中 -s/-s, -te[klimá:tə] 気候, 風土; 《比》環境, 雰囲気: ein feuchtes 〈mildes〉 ～ 湿気の多い〈温和な〉気候 | ein tropisches ～ 熱帯性の気候 | das geistige ～ 精神的風土 | Arbeits*klima* 労働環境, 職場の雰囲気. [*gr.* klíma „Neigung (der Erde vom Äquator gegen die Pole)"; < *gr.* klī́nein „neigen" (◇lehnen[1]); ◇Klimax; *engl.* clim[at]e]
Kli·ma⸗än·de·rung[klí:ma..] 女 気候変動, 風土の変化. ⸗**an·la·ge** 女 エアコンディショナー, 空気調節〈冷暖房〉装置. ⸗**be·hand·lung** 女 気候〈転地〉治療. ⸗**ele·ment** 中 -[e]s/-e 《ふつう複数で》〘地〙気候要素(気候を構成するさまざまの要素). ⸗**fak·tor** 男 〘地〙気候因子. ⸗**geo·gra·phie** 女 気候地理学. ⸗**ge·rät** 中 空気調節用〈冷暖房用〉器具. ⸗**gür·tel** 男 = Klimazone ⸗**kam·mer** 女 (実験・治療などのための)人工気候室. ⸗**kar·te** 女 〘地〙気候図.
kli·mak·te·risch[klimakté:rıʃ] 形 更年期の: ～*e* Beschwerden 〈Störungen〉 更年期障害. [*gr.*–*lat.*; < *gr.* klīmax (→Klimax)]
Kli·mak·te·rium[..riʊm] 中 -s/ (Wechseljahre) 〘生理〙(ふつう女性の)更年期.
Kli·ma⸗kun·de[klí:ma..] 女 -/ = Klimatologie ⸗**kur** 女 気候〈転地〉療法. ⸗**kur·ort** 男 -[e]s/-e 気候〈転地〉療養地. ⸗**schwan·kung** 女 気候の変動.
Kli·ma·te Klima の複数.
Kli·ma·the·ra·pie[klí:ma..] 女 気候療法.
kli·ma·tisch[klimá:tıʃ] 形 気候[上]の: ein ～*er* Kurort 気候〈転地〉療養地.
kli·ma·ti·sie·ren[klimatizí:rən] 他 (h) (…の)空気〈温度〉を調節する.
Kli·ma·ti·sie·rung[..ruŋ] 女 -/-en klimatisieren すること.
Kli·ma·to·gra·phie[klimatografí:] 女 -/ 気候誌.
Kli·ma·to·lo·ge[..ló:gə] 男 -n/-n (→..loge) 気候〈風土〉学者.
Kli·ma·to·lo·gie[..logí:] 女 -/ 気候〈風土〉学.
kli·ma·to·lo·gisch[..ló:gıʃ] 形 気候〈風土〉学[上]の.
Kli·ma·to·the·ra·pie[..terapí:] = Klimatherapie
Kli·ma·wech·sel[klí:ma..] 男 (旅行・移住などによる)気候の変化: einem Kranken einen ～ vorschlagen 病人に転地を勧める.
Kli·max[klí:maks] 女 -/-e 《ふつう単数で》 **1** (Höhepunkt) クライマックス, 頂点, 最高潮, 極致. **2** (↔Antiklimax) 〘修辞〙漸層法. **3** = Klimakterium [*gr.* klī́max „Leiter"–*spätlat.*; < *gr.* klī́nein (→Klima)]
Kli·ma·zo·ne[klí:ma..] 女 〘地〙気候帯.
Klim·bim[klımbím] 男 -s/ 《話》くだらぬ〈つまらぬ〉もの; にぎやかな〈ばかばかしい〉大騒ぎ. [擬音]
klim·men(*)[klímən] 《76》 **klomm**[klɔm] (klimmte) / **ge·klom·men** (geklimmt); 接II klömme[klœ́mə] (klimmte) 自 (s) 《雅》(klettern) よじ登る. [*westgerm.*; ◇klemmen; *engl.* climb, clamber]
Klimm·zug[klím..] 男 〘体操〙懸垂屈腕: *Klimmzüge* machen (何回も)懸垂をする; 《比》大いに苦労する, 奮励努力する | mit mächtigen *Klimmzügen* 《比》大いに苦労して.
Klim·pe·rei[klımpəráı] 女 -/-en 《軽蔑的に》klimpern すること.
Klim·per·ka·sten[klímpər..] 男 《軽蔑的に》〔使い古した〕ピアノ.
klim·per·klein 形 《西部》《話》ごくちっぽけな.
klim·pern[klímpərn] 《05》 **I** 自 (h) カチャカチャ〈チャラチャラ〉音を立てる; (楽器をつたない手つきで)ポツンポツンと奏でる: mit den Schlüsseln ～ かぎ束をがちゃつかせる | auf der Gitarre ～ ギターをボロンボロンとかき鳴らす ‖ nicht an den Wimpern ～ lassen (→Wimper 1). **II** 他 (h) (曲などを)下手に弾く. [擬音]
Klimt[klımt] 人名 Gustav ～ グスターフ クリムト(1862–1918; オーストリアの画家).
kling[klıŋ] 間 《ふつう kling, klang または Kling und Klang の形で》(乾杯のグラスの触れ合いや鈴・鐘の明るい音)チリンチリン, コロンコロン, カランコロン: mit *Kling* und Klang und Gloria 晴れやかな音楽や歌声とともに.
Klin·ge[klíŋə] 女 -/-n **1 a)** (刀などの)刃; 刀身(→ 図 Messer): die ～ des Messers ナイフの刃 | Rasier*klinge* 〔安全〕かみそりの刃 ‖ die ～ schleifen 〈schärfen〉 刃を研ぐ | die ～ wechseln (安全かみそりの)刃を取り替える. **b)** 《雅》刀, 剣: **mit *jm.* die ～*n* 〈die ～〉 kreuzen** …と刃(やいば)をまじえる; 《比》…と論争する | **eine scharfe ～ führen** 〈schlagen〉《雅》(論争の際に)鋭い論陣を張る, 舌鋒(ぜっぽう)鋭く主張する | **eine gute ～ schlagen** 剣を巧みに使う; 《比》断乎として戦う; 《話》健啖(けんたん)家〈酒豪〉である | *et.*[4] mit der ～ ausfechten 〈austragen〉 …に刀で決着をつける | ***jn.* über die ～ springen lassen** 《話》…を殺す; …を破滅させる | *jn.* vor die ～ fordern …に決闘を申し込む | *jm.* vor die ～ kommen …に敵対する. **2** 《南部》峡谷; 渓流. [*mhd.*; ◇klingen]
Klin·gel[klíŋəl] 女 -/-n **1** 呼びりん, ベル: eine elektrische ～ 電鈴 | eine schrille ～ けたたましいベル〔の音〕‖ auf die ～ (=den Klingelknopf) drücken ベルを押す | Die ～ ging dreimal. 呼びりんが3回鳴った. **2** 小さい鐘.
Klin·gel⸗beu·tel 男 (教会で信者から金を集めるための)鈴つき献金袋(→ 図). ⸗**draht** 男 呼びりんの導線. ⸗**fah·rer** 男 《話》(呼びりんを鳴らして留守を確かめる)空き巣泥棒. ⸗**knopf** 男 ベル〈呼びりん〉の押しボタン: auf den ～ drücken ベル〈呼びりん〉を押す.

Klingelbeutel

klin·geln[klíŋəln] 《06》 **I** 自 (h) **1** ベル〈呼びりん〉を鳴らす: an der Haustür ～ 玄関のベルを鳴らす | *jm.* 〈nach *jm.*〉 ～ ベルを鳴らして…を呼ぶ. **2** ベル〈呼びりん〉が鳴る: Das Telefon *klingelt*. 電話のベルが鳴る ‖ 非人称 Es *klingelt*. i) ベルが鳴る; ii) 《話》〘サッカー〙(ゴールへの)シュートが決まる | Es hat zum Unterricht 〈zur Pause〉 *geklingelt*. 授業開始〈休み時間〉のベルが鳴った | **Jetzt hat es aber 〔bei mir〕 *geklingelt*.** 《話》私はもうこれ以上我慢できない | **bei *jm.* hat es *geklingelt*** i) 《話》…はやっと理解した; ii) 《戯》…は妊娠した. **3** 《話》(車のエンジンが)ノッキングする. **II** 他 (h) *jn.* aus dem Bett 〈dem Schlaf〉 ～ ベルを鳴らして…を起こす.
Klin·gel⸗schnur[klíŋəl..] 女 -/..schnüre 呼びりんのひも. ⸗**zei·chen** 中 呼びりんの合図, ベルの音. ⸗**zug** 男 = Klingelschnur
klin·gen*[klíŋən] 《77》 **klang**[klaŋ] / **ge·klun·gen** [gəklúŋən]; 接II klänge[klέŋə] 自 (h) **1** (リンリン・チャリンと)鳴る, 鳴り響く: Die Glocken *klingen*. 鐘が鳴る | Das Klavier *klingt* gut 〈verstimmt〉. このピアノは音がよい〈音程が狂っている〉| Seine Stimme *klang* heiser. 彼の声はしわがれていた | *jm. klingen* die Ohren (→Ohr 1) | die Gläser ～ lassen (乾杯のために)グラスを打ち合わせる ‖ *klingende* Münze (→Münze 1 a) | *et.*[4] in *klingende* Münze umsetzen 〈umwandeln〉 (→Münze 1 a) | ein *klin-*

gender Reim〘詩〙女性韻(→Reim 1) | mit *klingendem* Spiel (→Spiel 5 b) | *klingender* Vorteil《比》金銭上の利得. **2**《mit *et.*[3]》(…を)鳴らす: mit den Gläsern ～ (乾杯のために)グラスを打ち合わせる. **3**《様態を示す語句と》(…のように)響く, 聞こえる, (…の)感じを与える: Das *klingt* rätselhaft 〈wie ein Vorwurf〉. それはなぞめいて〈非難めいて〉聞こえる | nach Prahlerei ～ ひけらかしのように聞こえる. [*westgerm.*; 擬音; ◇Klinge, Klinke; *engl.* clink]

Klin·ger[klíŋər] 男 -s/- **1** =Sonant **2**〘詩〙2 音節詩脚: der fallende ～ トロカイオス(=Trochäus) | der steigende ～ イアンボス(=Jambus).

Kling·klang[klíŋklaŋ] 男 -s/ (鈴・鐘などの)チリンチリン〈カランコロン〉鳴る音; (乾杯のグラスの)カチャカチャいう音.

kling·ling[klıŋlíŋ] 間 (鈴などの音)チリンチリン, リンリン.

Kling·stein[klíŋ..] 男 (Phonolith)〘鉱〙響岩(きょうがん).

Kli·nik[klí:nık] 女 -/-en **1** (大学付属の)病院, 診療所: Universitäts*klinik* 大学付属病院. **2**《単数で》臨床講義. [*gr.* klīnikḗ (téchnē) „(Kunst) für Bettlägerige"; < *gr.* klī́nē „Bett" (◇Klima); ◇*engl.* clinic]

Kli·ni·ka Klinikum の複数.

Kli·ni·ken Klinik, Klinikum の複数.

Kli·ni·ker[klí:nikər] 男 -s/- (病院の)臨床医; 臨床講義担当講師; 臨床実習中の医学生.

Kli·ni·kum[klí:nikʊm] 中 -s/..ka[..ka·], ..ken [..kən] **1** 臨床実習〔課程〕. **2** =Klinik 1

kli·nisch[klí:nıʃ] 形〔大学付属〕病院〔で〕の; 臨床の: die ～*e* Ausbildung 〈Medizin〉 臨床実習〈医学〉| ein ～*er* Unterricht 臨床講義 | ein ～*er* Fall 入院治療を要する症例.

Klin·ke[klíŋkə] 女 -/-n **1** (ドアの)取っ手, ノブ(→ 図 Drücker): die ～ niederdrücken 〈herunterdrücken〉 取っ手を下に押す ‖〔die〕**～*n* putzen**《話》(家から家へ)行商〈物ごい〉をして回る | ***jm.* die ～ in die Hand drücken**《話》…を外へ放り出す | ***sich*[3] die ～ in die Hand geben**《話》(大勢の人たちが)次々にやってくる | Die Bewerber gaben sich die ～ in die Hand. 志願者〈申込者〉が続々とつめかけた. **2 a)** (Sperrklinke)〘工〙(歯止めの)つめ(→ 図 Bohrer). **b)**〘電〙ジャック. [*mhd.*; ◇klingen]

klin·ken[klíŋkən] 自 (h) (ドアの)取っ手を押す.

Klin·ken≠fe·der 女 (錠前の)ラッチスプリング(→ 図 Schloß B). **≠put·zer** 男《話》行商人; (家から家へ物ごいをして回る)こじき.

Klin·ker[klíŋkər] 男 -s/- (オランダ焼きの)硬質れんが, クリンカー. [*ndl.*–*ndd.*; ◇klingen; *engl.* clinker]

Klin·ker≠bau 男 -〔e〕s/-ten **1** 硬質れんが張りの建築物. **2**《単数で》(船体を薄板で鎧(よろい)張りにする)クリンカー式造船法. **≠boot** 中 (船体を薄板で鎧張りにした)クリンカー式ボート. **≠haus** 中 =Klinkerbau 1 **≠stein** 男 =Klinker

Kli·no·chlor[klinokló:r] 中 -s/-e〘鉱〙斜緑泥岩, クライノクロア. [< *gr.* klī́nein „neigen" (◇Klima)]

Kli·no·me·ter[..mé:tər] 中 (男) -s/- クリノメーター, 傾斜計〈儀〉.

Kli·no·mo·bil[klinomobí:l] 中 -s/-e 診療車, クリニック=カー. [< Klinik+Automobil]

Kli·no·stat[klinostá:t, ..nɔs..] 男 -〔e〕s/-e (-en/-en)〘植〙(屈地性を調べる)植物回転器. [< *gr.* klī́nein „neigen"+statós „gestellt"]

Klin·se[klínzə] (**Klin·ze**[..tsə]) 女 -/-n《方》(Ritze)(狭い)裂け〈割れ〉目. [*mhd.* klimse; ◇klamm]

Klio[klí:o·] 人名〘ギ神〙クレイオ(歴史をつかさどる女神: → Muse 1). [*gr.* Kleiṓ–*lat.*; < *gr.* kleĩn „rühmen" (◇Klient)]

klipp[klıp] 間 **1** (堅い物体や水が軽くぶつかり合う音. また靴のかかとの音)コツン, カタン, パタン, ピシャン, パシャン: ～, klapp / ～ und klapp カタカタ, パタパタ, パチャパチャ. **2**《話》**～ und klar** はっきりと, 一目瞭然(りょうぜん)に, 誤解の余地なく | *seine* Meinung ～ und klar sagen 自分の意見をはっきりと言う. [*ndd.*]

Klipp[klıp] 男 -s/-s **1** クリップ; (万年筆のキャップの)留め金具. **2** 挟んで留める装身具(特にイヤリング・ネクタイ留めなど). [*engl.* clip]

Klipp·dachs[klípdaks] 男 =Klippschliefer

Klip·pe[klípə] 女 -/-n 海中に突出した岩礁, 顕礁(→ 図 Küste);《比》障害, 困難: eine blinde ～ 暗礁 | an einer ～ stranden 座礁する ‖ eine ～ überwinden 障害を克服する. [*mndl.*; ◇Kliff]

klip·pen·los 形 岩礁のない.

Klip·pen·rand 男 岩礁の縁.

klip·pen·reich 形 岩礁の多い.

Klip·pen·vo·gel 男〘鳥〙イワドリ.

Klip·per[klípər] 男 -s/-〘空〙クリッパー機;〘海〙クリッパー船(東アジア・英国間の航路に用いられた快速大型帆船). [*engl.* clipper; < *engl.* clip „schneiden"]

Klipp·fisch[klíp..] 男 干鱈(ひだら), 棒鱈. [< Klippe]

klip·pig[klípıç][2] =klippenreich

Klipp≠kram[klíp..] 男 (Trödel) がらくた. **≠schen·ke** 女 安酒場. [< klipp]

Klipp·schlie·fer 男〘動〙ハイラックス: eigentlicher ～ ケープハイラックス(アフリカ・西アジア産). [< Klippe]

Klipp≠schu·le 女《軽蔑的に》小学校. **≠schü·ler** 男《軽蔑的に》小学生. [< klipp]

Klipp·sprin·ger 男〘動〙クリップスプリンガー(カモシカの一種). [< Klippe]

Klips[klıps] 男 -es/-e =Klipp 2

klirr[klır] 間 (ガラス・食器などの壊れる音)ガチャン, ガラガラ: *Klirr!* da brach die Fensterscheibe in Stücke. ガチャンと音がして窓ガラスが粉みじんに割れた.

klir·ren[klírən] 自 (h) (金属・ガラスなどが)カチャカチャと音を立てる: Die Ketten *klirrten*. 鎖がガチャガチャ鳴った | Sie *klirrten* mit den Ketten. 彼らは鎖をガチャガチャいわせた | Die Fensterscheiben *klirrten* von der Detonation. 爆発で窓ガラスがガタガタ鳴った ‖ *klirrende* Kälte (歩くと足元がきしむような)いてつく寒さ.

Klirr·fak·tor 男〘電〙ひずみ率.

Kli·schee[kliʃé:, klıʃé:] 中 -s/-s **1**〘印〙鉛版, ステロ版. **2**《比》きまり文句: in ～*s* denken 〈sprechen〉 型にはまった考え方〈話し方〉をする. [*fr.* cliché]

kli·schee·haft[–haft] 形 きまり文句的な, 型どおりの, 自主性のない.

Kli·schee·vor·stel·lung 女 **1** 型にはまった考え. **2**〘劇〙パターン化した〈因習的な〉上演〔法〕.

kli·schie·ren[kliʃí:rən, klıʃ..] 他 (h) **1**〘印〙鉛版〈ステロ版〉にする, 製版する. **2**《比》(型どおりに)まねる. [*fr.* clicher; ◇Klitsch]

Kli·scho·graph[kliʃográ:f, klıʃo..] 男 -en/-en〘印〙写真製版機.

Kli·ster[klístər] 男 -s/〘スキ〙ソフトワックス.

Kli·stier[klıstí:r] 中 -s/-e〘医〙浣腸(かんちょう); 浣腸剤: *jm.* ein ～ geben …に浣腸を施す. [*gr.*–*spätlat.*–*mhd.*; < *gr.* klýzein (→Klysma); ◇*engl.* clyster]

kli·stie·ren[..tí:rən] 他 (h)《*jn.*》(…に)浣腸を施す.

Kli·stier≠schlauch[..tí:r..] 男 浣腸(かんちょう)用ゴム管. **≠sprit·ze** 女 浣腸器.

kli·tisch[klí:tıʃ] 形〘言〙接語的な(→enklitisch, proklitisch).

kli·to·ral[klitorá:l] 形 陰核〈クリトリス〉の. [< ..al[1]]

Kli·to·ris[klí:torıs, klíto..] 女 -/-, ..rides[klitó:ride:s] (Kitzler)〘解〙陰核, クリトリス. [*gr.* kleitorís „Hügelchen"; ◇Klima]

Kli·to·ris·mus[klitorísmʊs] 男 -/〘医〙陰核肥大.

klitsch[klıtʃ] **I** 間 (平手でたたくような音. また水をはねる音)ピシャリ, ピシャン: ～, klatsch ピシャリパシャリ.

II Klitsch 男 -es(-s)/-e《方》**1** ピシャリと打つこと, (軽い)平手打ち: einen ～ kriegen ピシャリと打たれる. **2** 粥(かゆ)〔状のもの〕, (生焼けパンのように)どろどろ〈べたべた〉したもの: Der Kuchen ist ～ geworden. ケーキは(生焼けで)ねばねばになった.

Klit·sche[klítʃə] 女 -/-n《話》**1** 貧弱な農場. **2** むさくるしい店. **3** (いなかの)芝居小屋, 三文劇場. **4** (Klatsche)(外

国語のテキストの)あんちょこ, とらの巻. [*poln.* klič „Lehmhütte"]

klit·schen[klítʃən]《04》《方》 **I** 自 (h) **1** ピチャッ〈パチン〉と音がする (klatschen よりも軽い). **2** (土・雪などが)粘る. **II** 他 (h) ピチャッと平手で打つ: das ungezogene Kind ～ 行儀の悪い子をピシャリと打つ | *jm.* eine ～ …に軽く平手打ちをする.

klit·sche·naß[klítʃənás] 形《話》ずぶぬれの.

klit·schig[klítʃıç][2] 形《方》べとべとした, 粘った; (パンなどが)生焼けの. [<Klitsch]

klitsch·naß =klitschenaß

klit·tern[klítərn]《05》他 (h) **1** (断片から)組み立てる, でっち上げる. **2**《方》**a)** 小さく分割する. **b)** (schmieren) なぐり書きする, ぬたくる. [<Klater]

Klit·te·rung[..tərʊŋ] 女 -/-en 寄せ集め, でっちあげ.

klit·ze·klein[klítsəkláın] 形《話》ちっぽけな.

Kli·vie[klí:viə] 女 -/-n =Clivia

KLM[ka:|ɛl|ɛ́m] 女 -/ KLM オランダ航空. [*ndl.*; <*ndl.* Koninklijke Luchtvaart Maatschappij]

Klo[klo:] 中 -s/-s (<Klosett)《話》**1** 便所, トイレ: aufs ～ gehen トイレに行く | Er ist im ～ 〈auf dem ～〉. 彼はトイレに行っている. **2** (便所の)便器: Keine Abfälle ins ～ werfen! ごみを便器のなかに捨てないこと(注意書き) | ein Griff ins ～ (→Griff 1).

Kloa·ke[kloá:kə] 女 -/-n **1** 下水溝, 下水道, 暗渠(きょ). **2** 〘動〙〔総〕排出腔(こう). [*lat.* clōaca; ◇Klysma, lauter[1]]

Kloa·ken·tier 中 -[e]s/-e《ふつう複数で》〘動〙単孔類(カモノハシなど).

klob[klo:p][1] klieben の過去.

klö·be[klǿ:bə] klieben の接続法 II.

Klo·becken[kló:..] =Klosettbecken

klo·ben[kló:bən][1] 他 (h) **1** (spalten) 割る; 丸太で打つ. [▽]**2** =kleiben

Klo·ben[kló:bən] 男 -s/- **1** 丸太(→ 図 Holz A); (太い)割り木;《比》粗野な男. **2** 締め〈はさみ〉用具: Feil*kloben* 手万力. **3** (回転するものを支える)軸: Tür*kloben* ドアの蝶番(ちょうつがい)〔の軸〕. **4**《北部》(Koben) 豚小屋. [*ahd.* klobo „gespaltenes Holz"; ◇klieben]

Klö·ben[klǿ:bən] 男 -s/- (**Klö·ben·brot** 中)《北部》クレーベン(干しぶどうなどが入った, 縦に裂け目のある細長いケーキパン). [<*ndd.* klöben „spalten"]

Klo·ben·holz[kló:bən..] 中 丸太(材).

klo·big[kló:bıç][2] 形 丸太のような; 太い, かさばった, 不格好な; 粗野な, 無骨な.

Klo≈bril·le[kló:..] = Klosettbrille **≈bür·ste** =Klosettbürste **≈deckel** =Klosettdeckel **≈frau** =Klosettfrau

klöh·nen[klǿ:nən]《北部》=klönen

klomm[klɔm] klimmen の過去.

klöm·me[klœ́mə] klimmen の接続法 II.

Klon[klo:n] 男 -s/-e 〘遺伝〙クローン(無性増殖によって〔人工的に〕作られる遺伝的に同一の個体群). [*gr.* klṓn „Zweig"–*engl.* clon[e]; <*gr.* klān (→klastisch); ◇Holz]

klo·nen[kló:nən] **I** 他 (h)《*et.*[4]》(…と)遺伝的に同一の個体群を〔人工的に〕作る, (…を)クローニングする.

II Klo·nen 中 -s/ 〘遺伝〙クローニング.

klö·nen[klǿ:nən] 自 (h)《北部》雑談する, おしゃべりする. 【擬音】

Klo·ni Klonus の複数.

klo·nie·ren[kloní:rən] =klonen

klo·nisch[kló:nıʃ] 形〘医〙間代(かんたい)〈クローヌス〉性の: ein ～*er* Krampf 間代〔性〕けいれん.

Klon·mensch[kló:nmɛnʃ] 男 -en/-en 〘遺伝〙クローン人間.

Klo·nus[kló:nʊs] 男 -/..ni[..ni·] 〘医〙クローヌス, 間代(かんたい)(筋けいれんの一種): Muskel*klonus* 筋クローヌス. [*gr.* klónos „Gewühl"]

Kloot[klo:t] 男 -[e]s/-en **1**《北部》**a)** =Kloß **b)** 木球. **2** (層をなした)泥炭. **3**《複数で》《卑》(Hoden) きんたま, 睾丸(こうがん). [*mndd.* klōt; ◇Klut, Klöte]

Kloot·schie·ßen[kló:t..] 中 -s/ 木球を氷上でできるかぎり遠くへ滑らせるゲーム.

Klo·pa·pier[kló:..]《話》= Klosettpapier

Klöp·fel[klœ́pfəl] 男 -s/- (石細工用の)丸槌(まるづち)(→ 図).

Klöpfel

klop·fen[klɔ́pfən] **I** 自 (h) **1** トントン打つ, ノックする: **an** die 〈der〉 Wand ～ 壁をたたく | **auf** den Tisch ～ テーブルをコツコツたたく | *jm.* auf die Finger ～ (→Finger 1) | *jm.* auf die Schulter ～ …の肩をたたく(友人などを見つけて: →II) | **bei** *jm.* ～ …のドアをノックする; 《比》…を訪問する | bei *jm.* auf den Busch ～ (→Busch 1) ‖ 非人称 Es *klopft* an der 〈die〉 Tür. ドアをノックする音がする. **2** トントン音を立てる: Das Herz 〈Der Puls〉 *klopft* vor Erwartung. 期待に心臓が高鳴る | Der Motor *klopft*. エンジンがノッキングする ‖ mit *klopfendem* Herzen / *klopfenden* Herzens 胸をどきどきさせながら.

II 他 (h) トントン打つ: Fleisch ～ 肉をたたいて軟らかくする | Steine ～ (道路の基礎として)石を砕く; 石を突き固める | den Teppich ～ / den Staub aus dem Teppich ～ じゅうたんをたたいてほこりを出す ‖ *jn.* **auf** die Schulter ～ …の肩をたたく(友人などを見つけて: →I 1) | *jn.* **aus** dem Schlaf 〈dem Bett〉 ～ ドアをノックして…を起こす | einen Nagel **in** die Wand ～ くぎを壁に打ち込む | **mit** dem Fuß den Takt ～ 足でトントンと拍子をとる ‖ Beifall ～ (学生などが)机をノックして賛意を表す〈喝采(かっさい)を送る〉 | 〔große〕 Sprüche ～ (→Spruch 4).

III Klop·fen 中 -s/ (klopfen すること. 例えば:) ノック; (心臓の)鼓動, 脈拍; (エンジンの)ノッキング. [*ahd.*; 擬音; ◇klappen]

Klop·fer[klɔ́pfər] 男 -s/- **1** (klopfen する道具. 例えば:) **a)** (Teppichklopfer) じゅうたんたたき棒. **b)** (Türklopfer) (玄関のドアの)ノッカー. **c)** (電信機の)タッパー, 音響器. **2**《南部・オーストリア》einen ～ haben 頭がおかしい.

Klopf·fech·ter[klɔ́pf..] 男 (見世物に出る)剣術使い; 《比》論争好きの著作家〈新聞記者〉.

klopf·fest 形 (内燃機関用の燃料が)耐爆〈制爆〉性の, アンチノック性の: ～*er* Brennstoff アンチノック性燃料.

Klopf≈fe·stig·keit[klɔ́pf..] 女 -/ 耐爆〈制爆〉性, アンチノック性. **≈geist** 男 (家の中でゴトゴト音を立てる)幽霊, 家の精. **≈holz** 中 (Holzhammer) 木槌(きづち). **≈kä·fer** 男 (Pochkäfer) 〘虫〙シバンムシ(死番虫)科の昆虫. **≈peit·sche** 女 じゅうたんたたき. **≈zei·chen** 中 ノックによる合図.

Klop·pe[klɔ́pə] 女 -/《中部・北部》(Prügel) 殴ること.

Klöp·pel[klœ́pəl] 男 -s/- **1** (からざおの)打ち棒(→ 図 Dreschflegel); (太鼓・木琴などの)ばち. **2** (鐘の)舌(→ 図 Glocke). **3** (レース編み用の)ボビン, 糸巻き棒.

Klöp·pel≈ar·beit 女 ボビンレース編み〔細工〕. **≈brief** 男 ボビンレース編み用型紙.

Klöp·pe·lei[klœpəláı] 女 -/-en =Klöppelarbeit

Klöp·pel≈kis·sen[klœ́pəl..] 中 レースピロー(ボビンレース編みをするとき ひざの上に置くクッション). **≈ma·schi·ne** 女 ボビンレース編み機.

klöp·peln[klœ́pəln]《06》他 (h)《*et.*[4]》ボビンレース編みで(…を)作る.

Klöp·pel·spit·ze 女 〘服飾〙ボビンレース, ピローレース.

klop·pen[klɔ́pən] 他 (h)《中部・北部》(klopfen) たたく; なぐる: Griffe ～ (→Griff 1) | Schellen ～ (→Schelle[2] 2) | Skat ～《話》(トランプの)スカート遊びに夢中になる | 〔große〕 Sprüche ～ (→Spruch 4) ‖ 再帰 *sich*[4] ～ 殴り合う. [*mndd.*; ◇klopfen]

Klöpp·le·rin[klœ́plərın] 女 -/-nen レースを編む女.

Klops[klɔps] 男 -es/-e 〘料理〙肉団子: Königsberger ～[e] ケーニヒスベルク団子(ゆでた肉団子の白ソースかけ).

Klop·stock[klɔ́pʃtɔk] 人名 Friedrich Gottlieb ～ フリードリヒ ゴットリープ クロプシュトック(1724-1803; ドイツの詩人. ドイツ近代詩の先駆者. 作品『メシアス』など).

Klo·sett[klozɛ́t] 中 -s/-s, -e (略 Klo) **1** 〔水洗〕便所(→ 図). **2** =Klosettbecken [*afr.* closet〔–*engl.* (water) closet〕; ＜*afr.* clos „Gehege“ (◇Klause)〕

Klo·sett≈becken 中 (便所の)便器. **≈bril·le** 女 = Klosettsitz **≈bür·ste** 女 便器清掃用ブラシ. **≈deckel** 男 便器のふた. **≈frau** 女《話》公衆用便所の掃除女兼番人. **≈pa·pier** 中 トイレットペーパー. **≈rol·le** 女 (ロール状の)トイレットペーパー. **≈sitz** 男 便器の腰かけ, 便座.

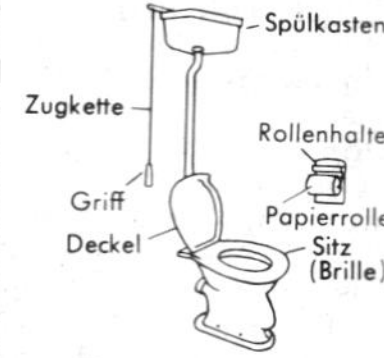

Klosett (Wasserklosett)

Kloß[klo:s] 男 -es/Klöße[klø:sə] (小 **Klöß·chen**[klø:sçən], **Klöß·lein**[..laın] 中 -s/-) **1**〘料理〙だんご(スープに入れたり, 煮込み肉に添えたりして供する: →Knödel 1): *Klöße* aus Kartoffeln / Kartoffel*klöße* ジャガイモのだんご ‖ **einen ～ im Hals haben**《話》i) 声が出にくい, 歌がへただ; ii) (特に悲しみなどで)のどの詰まる感じがする | **einen ～ im Mund〔e〕 haben**《話》不明瞭(ふめいりょう)な話し方をする ‖ Mir sitzt ein ～ im Hals.《話》(興奮のあまり)私はのどがつまってことばが出ない | Er ist ein〔richtiger〕～.《話》彼は太っていて動きが鈍い. **2** (Klumpen) 塊(かたまり): ein ～ Erde 一塊の土, 土くれ. 〔*westgerm.*; ◇Knäuel, Klotz; *engl.* cleat〕

Kloß·brü·he[kló:s..] 女 肉だんご入りスープ: **Das ist 〔doch〕 klar wie ～.**《皮肉》それは(だんご汁みたいに)明々白々だ (Kloßbrühe は不透明であることから).

Klöß·chen Kloß の縮小形.

Klö·ße Kloß の複数.

Klöß·lein Kloß の縮小形.

Klo·ster[kló:stər] 中 -s/Klöster[klø:stər] **1** 修道院, 僧院: ins ～ gehen 〈eintreten〉 修道院に入る | *jn.* ins ～ sperren 〈stecken〉 …を修道院に閉じ込める. **2**《話》(Klosett) 便所: aufs ～ gehen 便所に行く. **3** (Kabinett)〘史〙(王侯の)官房. **4**《話》女学校. 〔*lat.* claustrum „Verschluß“－*westgerm.*; ◇Klause; *engl.* cloister〕

Klo·ster≈bru·der 男〔平〕修道士. **≈frau** 女 **1** (Nonne) 修道女, 尼僧. **2**〘虫〙カラフトゴマケンモン(樺太胡麻剣紋蛾). **≈fräu·lein** 中 **1** 修道院で教育された貴族の娘. **2** =Stiftsdame 1 **≈ge·lüb·de** 中〘カトリック〙修道誓願(清貧・貞潔・従順の3か条). **≈ge·wöl·be** 中〘建〙僧院式ヴォールト(→ 図 Gewölbe B). **≈gut** 中 修道院の所領〈財産〉; 修道院付属農場. **≈kir·che** 女 (↔Pfarrkirche) 修道院所属の教会.

klö·ster·lich[klø:stərlıç] 形 修道院の; 修道院のような;《比》隠遁(いんとん)的な: ～*e* Abgeschiedenheit 隠棲(いんせい) | ～*e* Stille 修道院のような静けさ.

Klo·ster≈schu·le[kló:stər..] 女 修道院付属学校(本来は聖職者の教育養成機関, のちに世俗の者をも収容・教育した). **≈schwe·ster** 女〔平〕修道女, シスター. **≈vogt** 男 修道院在俗管理人. **≈zel·le** 女 (修道院内の)小室, 小房.

Klö·te[klø:tə] 女 -/-n (ふつう複数で)《卑》(Hoden) きんたま, 睾丸(こうがん). 〔*mndd.* klōt (→Kloot); ◇Klut〕

klö·te·rig[klø:tərıç][2] 形《北部》ガタガタ鳴る; 壊れかかった: *sich*[4] ～ fühlen (疲れて)がたがたである.

klö·tern[klø:tərn] 《05》自 (h)《北部》**1** ガタガタ鳴る: mit *et.*[3] ～ …をガチャガチャ鳴らす. **2** 小便をする.

Kloth[klɔt, klo:t] 男 -〔e〕s/-e《オーストリア》=Cloth

Kloth·ho·se[klɔ́t.., kló:t..] 女《オーストリア》(黒い綿布の)トレーニングパンツ.

Klot·hil·de[klotíldə] 女名 クロティルデ. 〔*afränk.*; ＜*ahd.* hlūt „laut“+hiltja „Kampf“〕

Klo·tho[kló:to·] 人名〘ギ神〙クロト(運命の糸をつむぐ女神: →Moira). 〔*gr.*－*lat.*〕

Klo·tho·ide[klotoí:də] 女 -/-n〘数・土木〙クロソイド(らせん曲線の一種). 〔＜*gr.* klṓthein „spinnen“+..oid〕

Klotz[klɔts] 男 -es/Klötze[klœtsə] (話: Klötzer [..tsər]) (小 **Klötz·chen**[klœtsçən], **Klötz·lein**[..laın] 中 -s/-) **1** 丸太; 割り木, (太い)角材; (Bauklotz) (おもちゃの)積み木;《比》やっかいな重荷, 障害〔物〕: Brems*klotz* ブレーキシュー; 車輪止めくさび | Hack*klotz* まき割り台 ‖ wie ein ～ schlafen ぐっすり眠っている | wie ein ～ stehen 丸太ん棒のようにしゃちこばって突っ立っている ‖ **einen ～ am Bein haben**《話》やっかいごとをしょいこんでいる | ***jm.* ein ～ am Bein sein**《話》…の重荷になっている, …を悩ませている | ***sich*[3] mit *jm.* 〈*et.*[3]〉 einen ～ ans Bein binden 〈hängen〉**《話》…のことでやっかいごとをしょいこむ | Auf einen groben ～ gehört ein grober Keil. (→Keil 1). **2** -es/Klötze 無骨者. **3**《単数で》《スイス》《話》(Geld) 金(かね). 〔*westgerm.* „Klumpen“; ◇Kloß; *engl.* clot〕

Klotz·beu·te[klɔ́ts..] 女 (ミツバチの)丸太製巣箱.

Klötz·chen Klotz の縮小形.

Klöt·ze Klotz の複数.

klot·zen[klɔ́tsən] 《02》 **I** 自 (h) **1**《話》歩き回る, のそのそ動く; 騒がしく立ち現れる. **2** 骨の折れる仕事をする: Jetzt muß kräftig *geklotzt* werden. さあがんばって仕事しなくてはならぬ. **3** (↔kleckern)《話》(多額の金・大量の手段などを投入して)でかい仕事をする. **4**〘サッカー〙(相手の)すねをける. **II** 他 (h) 捺染(なっせん)する.

Klöt·zer Klotz の複数.

klot·zig[klɔ́tsıç][2] 形 **1** 丸太のような, でっかい, ごつい;《話》無骨な, 鈍重な. **2**《話》ばく大な, おびただしい; すごい, ひどい: 〈～ viel〉 verdienen ばく大な収益を得る, がっぽりもうける | Er ist ～ reich. 彼は大金持ちだ.

Klotz·kopf 男《話》ばかもの.

klotz·köp·fig 形《話》(dumm) ばかな.

Klötz·lein Klotz の縮小形.

Klotz·ma·schi·ne 女〘織〙パジング機, パッド機械, 捺染(なっせん)機.

Klub[klʊp] 男 -s/-s **1** クラブ; 同好会: Fußball*klub* サッカークラブ | Sport*klub* スポーツクラブ ‖ einem ～ beitreten クラブに入会する | aus einem ～ austreten クラブを脱会する. **2** クラブ集会所, クラブハウス: im ～ essen クラブハウスで食事する. 〔*anord.* klubba „Keule“－*engl.* club; ◇Klumpen; 会合に招く印として棒を回したことから〕

Klub≈gar·ni·tur[klʊ́p..] 女 (ソファーと安楽いすからなる)応接セット. **≈haus** 中 クラブハウス. **≈ka·me·rad** 男 クラブの友人. **≈mit·glied** 中 クラブのメンバー, クラブ員. **≈ses·sel** 男 クラブチェア(→ 図): ein wildgewordener ～《話》小型自動車. **≈we·ste** 女 ブレザーコート.

Klubsessel

kluck[klʊk] =gluck

klucken[klʊ́kən] =glucken

Klucker[klʊ́kər] 男 -s/- =Klicker

kluckern[klʊ́kərn] 《05》 **I** 自 (h) **1** =gluckern I **2**《スイス》おはじき遊びをする. **II** 他 (h) なでる. 〔I 2: ＜*ahd.* cluclī „Kügelchen“〕

Kluft[1][klʊft] 女 -/-en《話》(Uniform) 制服; (Kleidung) 衣服(特に仕事着・スポーツ着・式服など): *seine* beste ～ anziehen いちばんいい服(晴れ着)を着る | ***sich*[4] in ～ werfen 〈schmeißen〉**《話》とっておきの服を着る, めかし込む. 〔*hebr.* qillūph „Schälen“〕

Kluft[2][－] 女 -/Klüfte[klýftə] **1** 岩の割れ目; 山峡; 深淵(しんえん): über eine ～ springen 割れ目を飛び越える. **2** (Zwiespalt) 不和, 隔たり, (感情の)溝: eine ～ überbrücken 溝をうずめる | Es besteht eine tiefe ～ zwischen ihnen. 彼らの間には深い溝がある. **3**〘林〙割り木. **4** (Zange) やっとこ. 〔*westgerm.* „Spaltung“; ◇klieben; *engl.* cleft〕

klüf·ten[klýftən] 《01》他 (h)《北部》(spalten) 割る, 裂く.

[▽]**klüf·tig**[..tıç][2] 形 割れ目のある, 割れ(裂け)やすい.

klug[klu:k][1] **klü·ger**[klý:gər]/**klügst**[kly:kst] 形 **1** (↔dumm) (人・動物が)利口な, 賢い, 利発な; (言動が)思慮深い, 賢明な; 巧妙な, 抜けめのない: ein ～*er* Kopf sein 頭がいい | ～*e* Augen 〈ein ～*es* Gesicht〉 haben 利口そうな目〈顔〉をしている | ～*e* Reden halten 利口そうな口をきく | mit ～*er* Überlegung 慎重に熟慮して | in ～*er* Voraussicht 抜けめなく先を読んで | in ～*er* Weise 賢明に(→kluger-

weise) ‖ wie nicht ～《比》がむしゃらに | ～ reden 〈sprechen〉 もっともなことを言う, うまく話す(ただし: →klugreden) | **aus *jm.* 〈*et.*[3]〉 nicht ～ werden** …が理解できない | Daraus mag der Teufel ～ werden! そんなことだれひとり理解〈納得〉できるもんか | Durch Schaden wird man ～.《諺》艱難(かんなん)なんじを玉にす(損をすることによって賢くなる) | Er hätte ～ daran getan, zu schweigen. 彼は黙っていればよかったのに | Jetzt bin ich so ～ wie zuvor. 結局私にはさっぱりのみこめない | Der ist 〔wohl〕 nicht recht ～ 〔im Kopf〕! やつは少々頭がおかしい ‖ Das Ei 〈Das Küken〉 will *klüger* sein als die Henne. (→Ei 1, →Küken 1 a) | **Der *Klügere* gibt nach.**《諺》負けるが勝ち(賢いほうが譲歩する) | *et.*[4] für das *klügste* halten …を最も賢明なことと思う. **2**《スイス》(gefällig) 好ましい. **3**《南部》(spärlich) 乏しい.
[*mndd.* klōk－*mhd.*]

Klü·ge·lei[kly:gəláı] 女 -/-en klügeln すること.

klü·geln[klý:gəln]《06》自 (h) (小ざかしく)思案する,(細かく穿鑿(せんさく)して)あれこれ考える.

klü·ger klug の比較級.

klu·ger·wei·se[klú:gərváızə] 副《陳述内容に対する話し手の判断・評価を示して》賢明なことに, 賢明にも.

Klug·heit[klú:khaıt] 女 -/-en **1**《単数で》klug なこと: aus ～ 思慮深く | mit großer ～ たいそう賢明〈巧妙〉に ‖ große ～ in *et.*[3] zeigen …にかけては非常に抜けめのない〈巧みな〉ところを見せる. **2** klug な言動: Die ～*en* kannst du dir sparen. あまり利口ぶった口はきかないほうがいいよ.

Klüg·ler[klý:glər] 男 -s/- (klügeln する人. 例えば:) 小利口者, 浅知恵を働かす人.

klüg·lich[klý:klıç] 副《雅》賢明なことに, 思慮深くも, 抜けめなく: Das würde ich ～ bleiben lassen. それはそのままにしておいたほうが賢明だと私は思う.

klug|re·den[klú:k..]《01》自 (h) 利口ぶる, 知ったかぶりをする(ただし: klug reden →klug 1).

Klug·red·ner 男 小利口者, 浅知恵をひけらかす人, へりくつ屋, うるさ型.

klug|schei·ßen*《131》《軽蔑的に》＝klugreden

Klug·schei·ßer[..ʃaısər] 男 -s/-《軽蔑的に》＝Klugredner

klug|schnacken《北部》＝klugreden

Klug⸗schnacker[klú:kʃnakər] 男 -s/-《北部》, **⸗schwät·zer** 男《話》＝Klugredner

klügst klug の最上級.

Klump[klʊmp] 男 -〔e〕s/-e, Klümpe[klʏ́mpə]《北部》＝Klumpen

Klum·patsch[klʊ́mpatʃ] 男 -〔e〕s/《話》(くずなどの)山; がらくた: Der ganze ～ gehört in den Mülleimer! こんなものみんな捨ててしまえ.

Klümp·chen Klumpen の縮小形.

Klüm·pe Klump の複数.

klum·pen[klʊ́mpən] 自 (h) **1** 塊〈だんご〉になる,(くっつき合って)丸くなる. **2** べとつく.

Klum·pen[klʊ́mpən] 男 -s/- (小 **Klümp·chen**[klʏ́mpçən], **Klümp·lein**[..laın] 中 -s/-) **1** 塊; 団子状のもの; (人・物の)集団: ein ～ Erde 〈Butter〉 一塊の土〈バター〉 ‖ Die Leute standen auf einem ～. 人々はひとかたまりになって立っていた | ***et.*[4] in ～ 〈zu ～〉 hauen 〈schlagen〉**《話》…(とくに車など)をめちゃめちゃにこわす | ***jn.* in ～ hauen**《話》…を散々にたたきのめす. **2**《中部》木靴, 木のサンダル.
[*mndd.*; ◇Kolben; *engl.* clump]

Klum·pen·gold 中 金塊.

klüm·pe·rig[klʏ́mpərıç][2] (**klümp·rig**[..prıç][2]) 形 **1** 塊のある〈入った〉; 団子状の. **2** ねばっこい.

Klum·pert[klʊ́mpərt] 中 -s/《オーストリア》がらくた. [<Gelumpe]

Klump·fuß[klʊ́mp..] 男 えび足;〘医〙内反足(ないはんそく).

klump·fü·ßig[..fy:sıç][2] 形 えび足の;〘医〙内反足の.

Klump·hand 女〘医〙内反手(ないはんしゅ).

klum·pig[klʊ́mpıç][2] 形 **1** 塊のある〈入った〉; 団子状の. **2** 塊状の, 不格好な. **3** ねばっこい, ねばねばの.

Klümp·lein Klumpen の縮小形.

klümp·rig ＝klümperig

Klün·gel[klʏ́ŋəl] 男 -s/- **1** (Clique) 一味, 徒党. **2** がらくた, くず. **3** (Rispe)〘植〙円錐(えんすい)花序. [*ahd.*; <*ahd.* clunga „Knäuel“ (◇Knäuel); ◇Klunker]

Klün·ge·lei[klʏŋəláı] 女 -/-en **1** 徒党政治, なれあい協定. **2**《単数で》《方》ぐずぐずした仕事.

klün·geln[klʏ́ŋəln]《06》自 (h) **1** 徒党〈なれあい〉政治をする. **2**《方》のらくらする.

Klu·nia·zen·ser[kluniatsέnzər] 男 -s/- **1** クリュニー修道士. **2**《複数で》クリュニー修道会. [<Cluny (フランス東部の都市名)]

Klun·ker[klʊ́ŋkər] 女 -/-n; 男 -s/-《北部》**1** 塊, ぶつぶつ; (布地の中の)糸の塊; (羊毛中の)小さな汚物. **2** 房, 垂れ下がったもの, つるした飾り;《話》(大きな)装身具, 宝石.
[*mndd.*; ◇Klüngel]

klun·ke·rig[klʊ́ŋkərıç][2] 形 **1** 塊になった. **2** 房状の, 垂れ下がった.

klun·kern[klʊ́ŋkərn]《05》自 (h) 房のように垂れ下がる.

klunk·rig[..krıç][2] ＝klunkerig

Klun·se[klʊ́nzə] 女 -/-n《南部》＝Klinse

Klup·pe[klʊ́pə] 女 -/-n 挟む道具, やっとこ;《南部・オーストリア》洗濯ばさみ;〘工〙ノギス, カリパス, ダイス回し(→ 図);《比》圧迫: *jn.* in 〈unter〉 die ～ bekommen …を追いつめる.
[*ahd.*; ◇klieben]

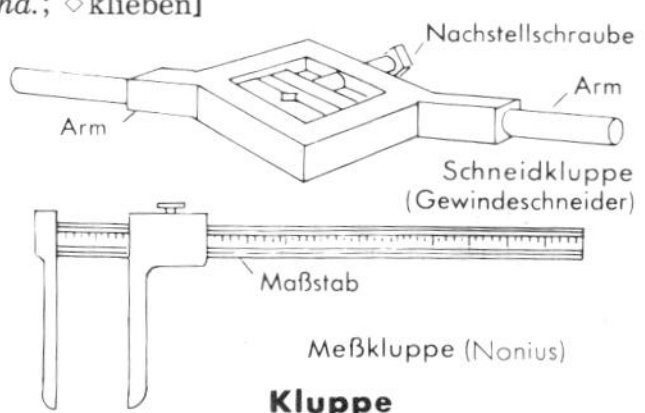

Kluppe

Klus[klu:s][1] 女 -/-en《スイス》峡谷, 隘路(あいろ). [*mlat.* clūsa (→Klause)－*mhd.*]

Klü·se[klý:zə] 女 -/-n (Ankerklüse)〘海〙ホースパイプ, 錨鎖(びょうさ)孔. [*mlat.* clūsa－*mndl.* clūse]

Klu·sil[kluzí:l] 男 -s/-e (Verschlußlaut)〘言〙閉鎖音 (例 [p][d][k]). [<*lat.* clausum „Verschluß“ (◇Klause)]

Klut[klu:t] 男 -s/Klüten[klý:tən] (-en), **Klü·ten**[klý:tən] 男 -s/-《ふつう複数で》《北部》(Kloß) 団子; (小さな)塊, ぶつぶつ. [*mndd.*; ◇Kloß]

klü·te·rig[klý:tərıç][2] 形《北部》団子状の; ぶつぶつの.

klü·tern[klý:tərn]《05》自 (h)《北部》(basteln) (趣味で)細工〈組み立て〉をする, 工作をする. [*mndd.*]

Klü·ver[klý:vər] 男 -s/- **1**〘海〙ジブ(船首の三角帆: → 図 Kutter). **2** 風車の翼の先に張られた三角形の布. [*ndl.*; <*ndl.* kluif „Klaue“ (◇Klaue)]

Klü·ver·baum 男〘海〙ジブ=ブーム, 第 2 斜檣(しゃしょう)(→ 図 Kutter).

Klys·ma[klýsma·] 中 -s/..men[..mən] (Klistier)〘医〙浣腸(かんちょう); 浣腸剤. [*gr.*; <*gr.* klýzein „spülen“ (◇lauter[1]); ◇Klistier, Kloake]

Kly·tä·m〔n〕e·stra[klytεm(n)έstra·] 人名〘ギ神〙クリュタイムネーストラー, クリュタイメーストラー (Agamemnon の妻で, Troja 遠征から帰国した夫を殺した). [*gr.*－*lat.*]

km[kilomé:tər] 記号 (Kilometer) キロメートル.

km²[kvadrá:tkilome:tər, kilomé:tər hó:x tsváı] 記号 (Quadratkilometer) 平方キロメートル.

km³[kubí:kkilome:tər, kilomé:tər hó:x dráı] 記号 (Kubikkilometer) 立方キロメートル.

k. M. 略 **1** ＝**kommenden Monats** 来月に〈の〉. **2** ＝**kommenden Monat**[4] 来月に.

km/h[kilomé:tər pro: ʃtʊ́ndə, － ın der ʃtʊ́ndə], **km/**

st[–] 記号 (Kilometer pro 〈in der〉 Stunde) 時速…キロメートル.
KMK[ka:|ɛmká:] 略 =Kultusministerkonferenz
kn[knó:tən] 記号 (Knoten) ノット.
knaat·schen[kná:tʃən] 《04》 自 (h) 《話》 涙声で話す, めそめそする. 【擬音】
knab·bern[knábərn] 《05》 **I** 他 (h) (ビスケット・木の実などをカリカリ・ポリポリと)かじって食べる: **nichts mehr zu ~ haben** 《話》 もう何も食べる物がない〈暮らしてゆけない〉.
II 自 (h) 《an *et.*³》 (…の一部を)かじる: an den Fingernägeln ~ つめをかむ | **an *et.*³ 〔noch lange〕 zu ~ haben** 《話》 …のことで〔まだまだ〕苦労しなければならない. 【*ndd.*】
Kna·be[kná:bə] 男 -n/-n (⑥ **Knäb·chen**[knɛ́:pçən], **Knäb·lein**[..laɪn] 中 -s/-) **1** 《雅》 (Junge) **a)** 男の子, 少年: ein hübscher ~ かわいい男の子, 美少年 | Anzüge für ~*n* 男児用の服. **b)** (Sohn) 息子: die Geburt eines gesunden ~*n* 男子安産. **2 a)** 《話》 (Bursche) 若者; (Kerl) 男, 野郎: ein lustiger ~ 愉快なやつ | Wie geht's, alter ~? (親しい男同士で)元気かいきみ. **b)** 《スイ》 (Junggeselle) 独身者. ▽**3** =Knappe 2 【*westgerm.* „Pflock"; ◇Knebel, Knappe; *engl.* knave】
Kna·ben≠alt 男 〘楽〙 (声変わり以前の男の子の)少年アルト. **≠al·ter** 中 少年の年齢. **≠chor**[..ko:r] 男 〘楽〙 少年合唱〔団〕.
kna·ben·haft[..haft] 形 少年〈男の子〉のような; 少年〈男の子〉らしい: ein ~*es* Mädchen 男の子みたいな少女.
Kna·ben·haf·tig·keit 女 -/ knabenhaft なこと.
Kna·ben≠in·ter·nat 中 寄宿制男子校; 男子学生〈生徒〉寮. **≠jah·re** 複 少年時代. **≠kraut** 中 〘植〙 ハクサンチドリ(白山千鳥)属. **≠lie·be** 女 (Päderastie) 少年愛, 男色. **≠schu·le** 女 男子校. **≠so·pran** 男 〘楽〙 ボーイソプラノ. **≠streich** 男 少年のいたずら. **≠zeit** 女 -/ 少年時代.
knä·bisch[knɛ́:bɪʃ] =knabenhaft
Knäb·lein Knabe の縮小形.
knack[knak] **I** =knacks **II Knack** 男 -〔e〕s/-e パリッ〈ポキッ〉という音.
Knäcke·brot[knɛ́kə..] 中 -〔e〕s/ クネッケパン(クラッカー状に焼いたライ麦パン). 【*schwed.* knäckebröd „Knack-Brot"】
knacken[knákən] **I** 自 **1** (h) パリッ〈ポキッ〉と音をたてる: Das Bett *knackt.* ベッドがきしむ | Holzscheite *knacken* im Feuer. たきぎが火の中でパチパチいう ‖ *Knack* nicht so mit deinem Bier! 《話》 そんなふうにビールをちびちび飲むな | ungeduldig mit den Fingern ~ いらいらして指先をパチンと鳴らす | mit den Knochen ~ 骨をポキポキ鳴らす ‖ 非人称 Es *knackt* im Telefon. 電話にガリガリ雑音が入る. **2** (s) ポキッと折れる; パリッと割れる. **II** 他 (h) **1** (中身を出すために殻などを)パチッと割る〈つぶす〉; 《話》 むりにこじ開ける: Nüsse ~ クルミを割る | eine harte Nuß 〈manche Nuß〉 zu ~ bekommen 〈haben〉 (→Nuß 1) | Läuse ~ シラミをひねりつぶす ‖ einen Geldschrank ~ 金庫破りをする | den Kode ~ 暗号〔のキー〕を解読する | ein Rätsel ~ なぞを解く ‖ **an *et.*³ 〔noch lange〕 zu ~ haben** 《話》 …のことで〔まだまだ〕苦労しなければならない. **2** 《話》 こっそり買い食いする. **III knackend** 現分 副 《話》 (sehr) 非常に, たいへん: Es ist ~ heiß hier. ここはひどく暑い. 【*mhd.*; 擬音】
Knacker[knákər] 男 -s/- **1** 《話》 《ふつう次の形で》 ein alter ~ (気むずかしい・欲の深い)老人. **2** (金庫・自動車などのかぎを破る)泥棒. **3** (Nußknacker) クルミ割り〔器〕. **4** 《ふつう複数で》 =Knackwurst
Knack·erd·bee·re 女 〘植〙 イチゴ属の一種.
knacke·voll 形 《話》 ぎっしり詰まった, はち切れんばかりの.
Knacki[knáki·] 男 -s/-s 《話》 囚人; 刑務所帰りの人. 【<*rotw.* knacken „verhaften"】
knackig[knákɪç]² 形 《話》 **1** (つぶしたり割ったりするとき)カチン〈ピチン〉と鳴る, カリカリ〈パリパリ〉する. **2** ぴちぴちした, はつらつとした; 卓越した, すばらしい: ein ~*er* Po (筋肉が引き締まって)ぴちぴちした尻. **3** 《副詞的》 《話》 (sehr) 非常に, たいへん: Es ist ~ kalt. ひどく寒い.
Knack≠laut[knák..] 男 **1** パリッ〈ポキッ〉という音. **2** (Kehlkopfverschlußlaut) 〘言〙 声門閉鎖音(音標文字: [ʔ]; 本書では[|] で示す). **≠man·del** 女 殻付きアーモンド. **≠punkt** 男 (特定の問題に関して, その成否を左右する)決定的な点.
knacks[knaks] **I** 間 (かたい物の折れる・壊れる音)パチッ, パリッ, カチッ, メキッ, メリッ, ポキッ: knicks, ~ ポキポキッ, パリパリッ | Das Weinglas machte ~. ワイングラスにピチッとひびが入った. **II Knacks** 男 -es/-e **1** knacks という音: Es gab einen 〔leisen〕 ~, als das Weinglas sprang. ワイングラスにひびが入ったとき〔かすかに〕ピチッという音がした | Der Uhrzeiger springt mit einem ~ von Minute zu Minute. 時計の針が 1 分ごとにカチッと動く. **2** (Riß) ひび, 割れ目; 《話》 (Schaden) 損害; (精神的・肉体的な)障害: Das Ei 〈Der Teller〉 hat einen ~ bekommen. 卵〈皿〉にひびが入った | einen ~ weghaben 《話》 損害を受けている; 健康を害している; 頭がおかしくなっている | *sich*³ einen ~ holen 《話》 病気になる. **3** (Gestrüpp) 〘林〙 下ばえ, やぶ.
knack·sen[knáksən] 《02》 =knacken I
Knack·wurst[knák..] 女 《話》 (脂身入りの)プチプチソーセージ(かむと薄皮がパリッと音をたてて破れることから).
Knag·ge[knágə] 女 -/-n, **Knag·gen**[..gən] 男 -s/- **1** (竹馬の)足台, ステップ; コート〈帽子〉掛け. **2** 〘工〙 (旋盤の)カム, 送り板どめ, タペット, 凸子(とつし). **3** 〘建〙 持ち送り(→ 図 Balken A). **4** (パンの)塊. 【*mndd.* knagge „Knorren"; ◇Knecht; *engl.* knag】
Knall[knal] 男 -〔e〕s/-e (パチッ・ポン・ドンなどという)衝突〈破裂〉音(銃声・砲声・雷鳴など); 〘化〙 爆燃; 《比》 騒ぎ, 騒動, けんか: der dumpfe 〈scharfe〉 ~ der Explosion 爆発の鈍い〈鋭い〉音 | der ~ des Donners 雷鳴のとどろき ‖ die Tür mit einem ~ zuwerfen ドアをバタンと閉める | **〔auf〕 ~ und Fall** 《話》 だしぬけに, 即座に(狩猟や戦争で銃声と同時に相手が倒れることから) | *jn.* ~ und Fall entlassen …を即刻くびにする ‖ **einen ~ haben** 《話》 頭がおかしい. 【<*mhd.* knellen „schallen"; ◇*engl.* knell】
knall·blau[knálbláu] 形 《話》 **1** (けばけばしく)真っ青な. **2** (betrunken) 泥酔した.
Knall≠bon·bon[knálbɔŋbɔŋ] 男 中 クラッカーボンボン(包み紙の両端を強く引くと大きな音をたてる仕掛けのキャンデー). **≠büch·se** 女 《話》 (Gewehr) 銃, 鉄砲. **≠ef·fekt** 男 《話》 不意打ち的な効果; 大ヒット, 場あたり, 大うけ.
knal·len[knálən] **I** 自 **1** (h) (パチッ・ポン・ドンなどという)衝突〈破裂〉音をたてる; 《話》 ドーンと銃を発射する: mit der Peitsche ~ むちをパチッと鳴らす | den Sektpfropfen ~ lassen シャンペンの栓をポンといわせて抜く | Ein Schuß *knallt.* 銃声が一発鳴る | auf Spatzen ~ スズメに〔空気〕銃をぶっ放す | Das ist zum *Knallen.* 《話》 それはこっけいだ ‖ 非人称 Es *knallt.* ピシャッ〈ドン〉と音がする; パンと銃が発射される; 《比》 争い〈戦争〉が起こる. **2** (s) パチッと割れる〈はじける〉, 爆発する: Der Luftballon ist *geknallt.* 風船はパチンと割れた. **3** (s) 《俗》 大きな音をたててぶつかる. **4** (h) 《話》 ぎらぎら光り輝く; けばけばしく目を射る: Die Farbe *knallt.* 色がけばけばしい ‖ *knallende* Leuchtreklamen どぎついネオンサインの広告.
II 他 (h) 《話》 パチッと音をさせてぶつける; ドーンと発射する: *jm.* die Faust ins Gesicht ~ …の顔にげんこつをおみまいする | ***jm.* eine 〈ein paar〉 ~** …のほほに一発〈数発〉くらわせる | *jm.* eins auf den Pelz ~ …を銃で撃つ | den Hörer auf die Gabel ~ 電話の受話器をガチャンと置く | den Ball ins Tor ~ 〘サッカー〙 ボールをゴールにバーンとけり込む | *sich*³ eine Kugel in den Kopf ~ 自分の頭に弾丸をうち込む ‖ 再帰 *sich*⁴ in den Sessel ~ 安楽いすにドシンと腰を下ろす.
knall·eng[knál|ɛŋ] 形 《話》 ひどく幅の狭い〈きゅうくつな〉: ~*e* Hosen 肌にぴったり張りついたズボン.
Knal·ler[knálər] 男 -s/- **1 a)** 《話》 ピストル, 鉄砲. **b)** =Knallerbse **2** 《話》 ショッキングな出来事, 大事件.
Knall·erb·se[knál..] 女 -/-n 《ふつう複数で》 (玩具(がんぐ)の)かんしゃく玉, クラッカー.
Knal·le·rei[knalərái] 女 -/-en **1** (持続的な・うるさい)ドンドン〈パンパン〉いう音. **2** (銃の)撃ち合い.

Knall≠frosch[knál..] 男 (火をつけると跳び回る)ねずみ花火. **≠gas** 中〘化〙爆鳴気, 爆鳴ガス(酸素または空気と水素の混合気体).

Knall·gas·licht 中 -[e]s/ 〘化〙酸水素光.

knall≠gelb 形《話》(けばけばしく)真っ黄色の. **≠hart** 形《話》**1** ひどく荒っぽい(きびしい), 過酷な, 猛烈な. **2** (人が)冷酷な, 無情な. **≠heiß** 形《話》ひどく暑い.

knal·lig[knálıç]² 形《話》**1** けばけばしい, はでな; 刺激的な. **2**《副詞的》大いに, ひどく: ~ heiß ひどく暑い. **3** =knalleng

Knall≠kap·sel[knál..] 女〘鉄道〙信号雷管; 発雷信号. **≠kopf** 男, **≠kopp**[..kɔp] 男 -s/..köppe[..kœpə]《話》ばか, まぬけ; 頭のおかしなやつ. **≠kör·per** 男 (玩具の)かんしゃく玉, クラッカー; ねずみ花火. **≠queck·sil·ber** 中〘化〙雷酸水銀, 雷汞(らいこう).

knall·rot 形《話》(けばけばしく)真っ赤な: vor Scham ~ werden 恥ずかしくて真っ赤になる.

knall·sau·er 形〘化〙雷酸〔塩〕の.

Knall≠säu·re 女〘化〙雷酸. **≠sil·ber** 中〘化〙雷銀. **≠strei·fen** 男〘坑〙鳴りすじ(落盤の前兆として炭層中に縦に現れるすじ). **≠tep·pich** 男《話》〘空〙(超音速飛行の際の)ソニックブーム(衝撃波音)の跡. **≠tü·te** 女《話》ばか, まぬけ.

knall·voll 形《話》**1** はちきれそうにいっぱいの. **2** 泥酔した, へべれけに酔った.

knapp[knap] 形 **1 a)** 乏しい, 余裕のない: ein ~*es* Einkommen わずかの収入 | Die Kohlen sind ~ geworden. 石炭が乏しくなった | ~ bei Kasse sein (→Kasse 2) | Ich bin ~ mit der Zeit. 私は時間がない | Es geht ~ bei uns her ⟨zu⟩. 我々は乏しい生活をしている | Wir wollen spazierengehen, und das nicht zu ~. 散歩に行こう それも時間をかけてたっぷりと. **b)** かろうじて足りる, すれすれの, かつかつの: ein ~*er* Sieg 辛勝 | die ~*e* Stimmenmehrheit bekommen かろうじて投票過半数を得る | mit ~*er* Müh[e] und Not (→Mühe 1) | mit ~*er* Not (→Not 3) ‖ Sie ist ~ zwanzig [Jahre alt]. 彼女は20歳になるかならぬかだ | Die Verhandlung dauerte ~ zehn Minuten. 交渉は10分そこそこで終わった | Das Auto fuhr ganz ~ an mir vorbei. 自動車は私の体にすれすれのところを通り過ぎた | ~ vor Mittag 正午の直前に | *Knapp* vorbei ist auch daneben. (→vorbei 1). **2** 簡潔な, 余計なもののない: in ~*en* Worten 簡潔な言葉で | kurz und ~ 簡にして要を得て. **3** (衣類などが)ぴったり身についた, 窮屈な: eine ~*e* Badehose 窮屈な(肌にぴったり張りついた)水泳パンツ | Die Schuhe sind etwas ~. 靴がいささか窮屈だ. [*ndd.*]

Knap·pe[knápə] 男 -n/-n **1**〘坑〙鉱員, 炭坑(鉱山)労働者. **2** (中世の)騎士に仕える若者, 小姓, 近習(きんじゅう). [*ahd.*; ◇Knabe]

knap·pen[knápən] 自 (h) **1** カタカタ(ガチャガチャ)音をたてる; パチッ(ピシャッ)と鳴る. **2** =knapsen [*ndd.* „beißen"; 擬音; ◇knabbern]

knap·pern[knápərn] (05) =knabbern

Knap·perts·busch[knápərtsbuʃ] 人名 Hans ~ ハンス クナッパーツブッシュ(1888–1965; ドイツの指揮者).

knapp|hal·ten*[knáp..] (65) 他 (h)《*jn.*》(…に)かつかつの生活をさせる, わずかしか物を与えない: *jn.* im Essen ⟨mit Geld⟩ ~ …に質素な食生活をさせる(金をろくに与えない).

Knapp·heit[knáphaıt] 女 -/ **1** (knapp なこと. 例えば:) 不足, 欠乏, 窮乏: ~ an Lebensmitteln 食料不足. **2** (言語・文体などの)簡潔さ: ~ des Ausdrucks 表現の簡潔さ.

ᵛ**Knapp·sack**[knáp..] 男 (旅行用の)食料袋; ナップザック. [< *ndd.* knap „Kost" (◇knappen)]

Knapp·schaft[knápʃaft] 女 -/-en **1**《集合的に》鉱員, 炭坑(鉱山)労働者. **2** 鉱員〔共済〕組合. [<Knappe]

Knapp·schafts·kas·se 女 鉱員共済金庫.

knaps[knaps] 間 (かたい物を折る・切る音)パチッ, ピチン, ポキッ: knips, ~ パチパチッ, ポキポキッ.

knap·sen[knápsən] (02) 自 (h)《話》《mit *et.*³》(…を)けちけちする, 惜しむ. [<knappen]

Knar·re[knárə] 女 -/-n **1** (knarren する道具. 例えば:) (玩具(がんぐ)の)がらがら; 鳴子(なるこ). **2**《話》(Gewehr) 銃, 鉄砲.

knar·ren[knárən] 自 (h) ギイギイ(パチパチ)鳴る, きしむ: Dielen ⟨Treppen⟩ *knarren.* 床板(階段)がきしむ | Er *knarrte* mit der Tür. 彼はドアをギイギイいわせた ‖ eine *knarrende* Stimme がらがら声.

ᵛ**knar·rig**[knárıç]² 形 ギイギイ鳴る; がたぴしした: eine ~*e* Diele ⟨Stimme⟩ ギシギシきしむ床板(がらがら声) ‖ ein ~ alter Mann よぼよぼの男.

knar·zen[knártsən] (02) 自 (h)《南部》**1** =knarren **2** (quengeln) だだをこねる, ぐずる; 不平を鳴らす.

ᵛ**knar·zig**[..tsıç]² 形 (口調などが)乱暴(粗野)な, 荒々しい.

Knast¹[knast] 男 -[e]s/Knäste[knέstə]《北部》**1 a)** (Knorren) 木の節(ふし)(こぶ). **b)**《話》(Buckel) (背中の)こぶ. **2**《話》老いぼれ, じじい. **3**《話》(オートバイなどの)猛スピード. [<Knust]

Knast²[−] 男 -[e]s/Knäste[knέstə] (-e)《話》**1**《単数で》(懲役・禁固・拘留などの)自由刑: *seinen* ~ abreißen 刑期をつとめあげる(すませる) | *jm.* ein Jahr ~ aufbrummen …を1年の刑に処する | drei Jahre ~ kriegen 3年の刑を食らう | **~ schieben** 刑務所ぐらしをする. **2** (Gefängnis) 監獄, 刑務所: im ~ sitzen ⟨sein⟩ 監獄に入っている | *jn.* in den ~ schicken …を監獄に送る. [*jidd.* knas „Geldstrafe"]

Knast≠aus·bruch 男《話》脱獄. **≠bru·der** 男《話》**1** 囚人; (たびたび刑務所に送られる)常習犯. **2** むしょ仲間.

Knä·ste Knast の複数.

Kna·ster¹[knástər] 男 -s/- **1**《軽蔑的に》〔安〕タバコ. ᵛ**2** (上等な)タバコ. [*gr.* kánastron „Körbchen"–*span.* canastro „Rohrkorb (für Tabak)"–*ndl.*; ◇Kanna]

Kna·ster²[−] 男 -s/-, **Kna·ster·bart** 男, **Kna·ste·rer**[..tərər] 男 -s/-《話》気むずかしい老人.

kna·stern¹[knástərn] (05) 自 (h) ぶつぶつ言う(不機嫌に). [擬音; ◇knistern]

kna·stern²[−] (05) 自 (h) **1** ゆったりとタバコをくゆらす. **2** タバコの煙がたちのぼる. [◇Knaster¹]

Kna·sti[knásti·] 男 -s/-s《話》(Sträfling) 囚人.

Knast·jar·gon[knástʒargɔ̃:] 男 刑務所の隠語.

Kna·sto·lo·ge[knastoló:gə] 男 -n/-n (→..loge)《戯》(しばしば入獄して)刑務所の事情に明るい男.

Kna·sto·lo·gie[..logí:] 女 -/《戯》刑務所学(刑務所の事情についての体験的知識).

Knast·rer[knástrər] 男 -s/- =Knaster²

Knatsch[kna(:)tʃ] 男 -es/《話》いざこざ, トラブル, 不快なこと.

knat·schen[kná(:)tʃən] (04) 自 (h) **1**《話》(子供などが)だだをこねる, ぐずる, めそめそする. **2** (カリカリと)音をたててかむ: an einem Apfel ~ リンゴを音をたててかじる. [<knutschen]

knat·schig[kná(:)tʃıç]² 形, **knät·schig**[knέ:tʃıç]² 形《話》だだをこねる, ぐずる.

knat·tern[knátərn] (05) 自 (h, s) (機関銃・エンジンなどが)ダッダッダッ(パチパチ)と音をたてる (h, s について: →rattern ★): Das Segel *knatterte* im Wind. 帆が風にパタパタと鳴った | Er *knatterte* mit seinem Motorrad durch die Stadt. 彼はオートバイでダッダッダッと町の中を走った. [擬音; ◇knittern]

Knäu·el[knɔ́yəl] 男 中 -s/- (小 **Knäul·chen**[knɔ́ylçən] 中 -s/-) **1 a)** 糸(毛糸・ひも)の玉; もつれた糸(毛糸・ひも)の塊: Garn*knäuel* 糸玉 | ein ~ Wolle 一玉の毛糸 ‖ die Wollen zu einem ~ ⟨auf ein[en] ~⟩ wickeln 毛糸を巻いて玉にする | einen ⟨ein⟩ ~ entwirren (塊になった)糸のもつれを解く. **b)**《比》(人間・動物の)雑然とした集団, 群れ; (幾つもの問題・考え・話などの)もつれ合い, こんがらがり, 紛糾, 混乱: ein ~ von schreienden Kindern わめいている一群の子供たち | ein ~ sich beißender Hunde もつれ合いかみ合っている犬 | in ~*n* 幾つもの群れをつくって. **2** = Knäuelkraut [*ahd.* kliuwilīn „Kügelchen"; ◇Klaue, Kloß, Klüngel; *engl.* clew]

Knäu·el≠gras[knɔ́yəl..] 中〘植〙カモガヤ(鴨茅)属, オー

K

チャードグラス. ≠**kraut** 中〘植〙シバツメクサ属.

knäu·eln[knɔ́ʏəln]《06》他（h）巻いて玉にする, 球状に集める: 再帰 *sich*⁴ ～ 球状に集まる; 集団〈群れ〉ができる.

Knauf[knaʊf] 男 -[e]s/Knäufe[knɔ́ʏfə]（小 **Knäuf·chen**[knɔ́ʏfçən], **Knäuf·lein**[..laɪn] 中 -s/-）**1**（ステッキ・ドアなどの球状の）にぎり;（剣の）柄頭(つかがしら)（→図 Schwert）;（ふたの）つまみ;（欄干の）擬宝珠(ぎぼ). **2**（Kapitell）〘建〙柱頭, キャピタル. [*mhd.*; ◇Knopf]

Knaul[knaʊl] 男 中 -s/-e, Knäule[knɔ́ʏlə]《方》=Knäuel 1

Knäul·chen Knäuel の縮小形.

knäu·len[knɔ́ʏlən] =knäueln

Knaul·gras[knáʊl..] =Knäuelgras

Knau·pe·lei[knaʊpəláɪ] 女 -/《中部》（めんどうな仕事での）骨折り, 苦心さんたん.

knau·pe·lig[knáʊpəlɪç]² =knauplig

knau·peln[knáʊpəln]《06》自（h）《中部》《an *et.*³》**1 a**）指で苦心して開けよう〈解こう〉とする. **b**)（めんどうな仕事で）苦心さんたんする; 苦悩する. **2**〔指のつめを〕かむ;（骨などを）かじる: an einem Stück Brot ～ パン切れをかじる | *Knauple* nicht〔an deinen Fingernägeln〕! つめをかむな.

knaup·lig[knáʊplɪç]² 形《中部》（仕事が）めんどうな, 骨の折れる.

Knau·ser[knáʊzər] 男 -s/-《軽蔑的に》(Geizhals) けちんぼう, しみったれ, 吝嗇(りんしょく)家. [<*mhd.* knūz „keck" (◇Knies)]

Knau·se·rei[knaʊzəráɪ] 女 -/-en《軽蔑的に》ひどくけちけちすること, しみったれること.

knau·se·rig[knáʊzərɪç]² (**knaus·rig**[..zrɪç]²) 形《軽蔑的に》ひどくけちな, しみったれた.

Knau·se·rig·keit[..kaɪt] 女 -/ knauserig なこと.

knau·sern[knáʊzərn]《05》自（h）《しばしば軽蔑的に》《mit *et.*³》（…に）ひどくつましい,（…を）けちけちする: mit dem Geld ～ 金を出し惜しみする | Er *knauserte* nicht mit Lob und Anerkennung. 彼は賞賛を惜しまなかった.

knaus·rig =knauserig

Knau·tie[knáʊtsiə, ..tiə] 女 -/-n (Witwenblume)〘植〙クナウチア(マツムシソウ科の一属). [<Ch. Knaut (ドイツの植物学者, †1716)]

knaut·schen[knáʊtʃən]《04》**I** 他（h）《話》**1** (zerknittern)（布・紙などを）くしゃくしゃ〈しわくちゃ〉にする: die Zeitung ～ 新聞紙をくしゃくしゃに丸める. **2**《*jn.*》（スポーツ選手を）訓練する, 鍛える. **II** 自（h）**1**《話》しわくちゃになる: Das Kleid *knautscht* leicht. この服はしわになりやすい. **2**《方》ギイギイ鳴る, きしむ; ぶつくさ言う, 泣きごとを言う;（子供が）むずかる, めそめそする;（犬が）クンクン泣く. [<knutschen; II 2: <knatschen]

knaut·schig[..tʃɪç]² 形《話》**1 a**) しわくちゃの, くしゃくしゃの. **b**)（布地などが）しわになりやすい. **2** =knatschig

Knautsch≠kom·mo·de[knáʊtʃ..] 女《戯》アコーデオン. ≠**lack** 男, ≠[**lack·**]**le·der** 中 しわ地の合成皮革. ≠**zo·ne** 女（自動車の前後部の）衝撃吸収部(バンパーなど).

Kne·bel[kné:bəl] 男 -s/- **1**（ひもなどを締める際に用いる）締め棒（→図 A）;（Spannknebel）（つる掛けのこぎりの）レバー, てこ;（止血の際の）固定用ステッキ;（ダッフルコートなどの）トッグル（止め木ボタン: →図 B）. **2** さるぐつわ: einen ～ im Mund haben さるぐつわをはめられている | *jm.* einen ～ in den Mund stecken …にさるぐつわをはめる〈かませる〉. [*germ.* „Knüppel"; ◇Knabe]

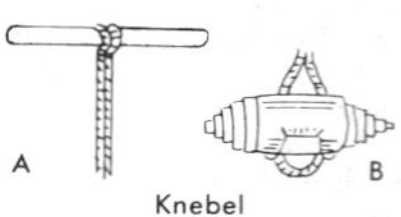

Knebel

Kne·bel·bart 男（先をひねってとがらせた）八字ひげ（→図 Bart).

kne·beln[kné:bəln]《06》他（h）**1**《*jn.*》**a**)（…に）さるぐつわをはめる〈かませる〉. **b**) (fesseln) 縛りあげる. **2**《比》（…の）口を封じる; 拘束〈束縛〉する, 抑圧する: die oppositionellen Gruppen ～ 反対派の口を封じる | die Presse ～ ジャーナリズムを抑圧する | ein Volk ～ 民衆を弾圧する.

Kne·be·lung[kné:bəlʊŋ] (**Kneb·lung**[..blʊŋ]) 女 -/ knebeln すること: die ～ der Presse ジャーナリズムに対する抑圧.

Knecht[knɛçt] 男 -[e]s/-e **1 a**)（↔Magd）（農家などの男の）雇い人, 使用人, 作男, 下男(今日ではふつう Gehilfe を用いる). **b**) (Geselle) 職人: Bäcker*knecht* パン焼き職人. **c**)（一般に）雇い人, 使用人, 人夫: Fuhr*knecht* 車夫 | Holz*knecht* 森林労働者 | Stall*knecht* 馬丁. **2 a**)《雅》(Diener) しもべ, 召使い, 下僕: ein ～ Gottes 神のしもべ | ein treuer ～ 忠僕 | Henkers*knecht* 獄丁, 刑吏の助手 | ～ Ruprecht (→Ruprecht) ‖ Lieber ein kleiner Herr als ein großer ～.《諺》鶏口となるも牛後となるなかれ. **b**)《雅》言うなりになる人, 奴隷, 奴(やっこ): ein ～ der Sünde 罪の奴隷 | ein ～ der Triebe 情欲のとりこ | ～*e* der Tyrannei 暴虐〈圧制〉に手をかす者たち ‖ die Gesinnung eines ～*es* 奴隷根性. ᵛ**c**) 兵士, 傭兵(ようへい): Lands*knecht* (15-16世紀の)歩兵. **3**（さまざまな補助具. 例えば:）台架; 万力(まんりき): Stiefel*knecht*（長靴用の）靴脱ぎ台 | Schraub*knecht*（ベニヤプレスなどの）大型クランプ.
[*westgerm.* „Knüppel"; ◇Knagge; *engl.* knight]

knech·ten[knɛ́çtən]《01》他（h）《雅》（民衆などを）隷属させる, 制圧〈圧迫〉する: das Volk 〈das Land〉 ～ 民衆〈国土〉を制圧する ‖ das *geknechtete* Volk しいたげられた民衆.

knech·tisch[..tɪʃ] 形 奴隷のような, 卑屈な: ein ～*es* Benehmen 卑屈な態度 | eine ～*e* Gesinnung 奴隷根性 | Seine Gesinnung ist ～. 彼の根性は卑屈だ ‖ ～ handeln 卑屈に振舞う.

Knecht·schaft[knɛ́çt-ʃaft] 女 -/ 奴隷的状態, 隷属, 隷従: *jn.* aus der ～ befreien …を奴隷的状態から解放する | Eher den Tod, als in der ～ leben.〔自由もなく〕圧制の中に生きるよりは死んだほうがましだ (Schiller).

Knechts≠ge·stalt 女〘宗〙（神の）僕(しもべ)の姿: ～ annehmen《雅》（みずから進んで）召使いの態度をとる. ≠**sinn** 男 -[e]s/ 卑屈な心.

Knech·tung[knɛ́çtʊŋ] 女 -/-en knechten すること.

Knef[kne:f] 人名 Hildegard ～ ヒルデガルト クネーフ(1925-2002; ドイツの女優・シャンソン歌手).

Kneif[knaɪf] 男 -[e]s/-e（園芸用・製本用・皮切り用などの）ナイフ, メス, 小刀. [*mndd.* knīp; ◇*engl.* knife]

knei·fen*[knáɪfən]《78》**kniff**[knɪf]/**ge·knif·fen**; 接II kniffe

I 他（h）**1**《*jn.*〔in *et.*⁴〕》つねる, つまむ: *jn.* in den Arm ～ …の腕をつねる ‖ 再帰 *sich*⁴ ins Bein ～（夢ではないかと）わが身をつねってみる. **2** (klemmen) はさむ: das Monokel in das linke Auge ～ 片めがねを左目にはめる | Der Hund *kniff* den Schwanz zwischen die Beine. 犬はしっぽを足の間に巻き込んだ. **3** (zusammenpressen)（一緒に）押し付ける: die Lippen ～ くちびるをぎゅっと結ぶ ‖ mit *gekniffenen* Augen 目を細めて. **4** den Wind ～〘海〙（風に向かって）詰め開きで帆走する.

II 自（h）**1 a**) つねる, つまむ: *jm.* in den Arm ～ …の腕をつねる. **b**) しめつける: Das Gummiband *kneift.* このゴムバンドがきつい | Die Jacke *kneift* unter dem Arm. この上着はわき下が窮屈だ | Das Wasser ist so kalt, daß es *kneift.* 水が冷たくて痛いほどだ. **2**《話》しりごみしてずらかる, おそれをなして逃げる,（責任などを）回避する;〘ﾌｪﾝｼﾝｸﾞ〙逃げる: vor *jm.* 〈*et.*³〉 ～ …を敬遠する〈避ける〉| Er *kniff* und erschien nicht zu der Aussprache. 彼は恐れをなして話し合いに現われなかった. **3**〘海〙（風に向かって）詰め開きで帆走する.
[*mndd.* knīpen „klemmen"; 擬音]

Knei·fer[knáɪfər] 男 -s/- **1** (Klemmer) 鼻めがね（→図 Brille): *sich*³ einen ～ setzen 〈klemmen〉 鼻めがねをかける. **2**《話》おくびょう者, ひきょう者.

Kneif·zan·ge 女 ペンチ, やっとこ, 鉗子(かんし)（→図 Zange): *jn.* 〈*et.*⁴〉 **nicht**〔**einmal**〕**mit der ～ anfassen mögen**《話》（けがらわしくて）…とはかかわり合いになりたくない, …は遠く避けて通りたい.

Kneip[knaɪp] 男 -[e]s/-e《方》=Kneif

Kneip≠abend[knáɪp..] 男《話》酒盛りの夕;（特に学生などの）痛飲コンパ. ≠**bru·der** 男 飲み友達〈仲間〉.

Knei·pe[knáɪpə] 女 -/-n《話》**1** 飲み屋, 酒場, 居酒屋; 飲食店, 小料理屋: eine anrüchige ～ いかがわしい飲み屋 | in die ～ gehen 飲み屋に行く | von ～ zu ～ ziehen 飲み屋から飲み屋へとはしごをする. **2** (飲んだり歌ったりする)コンパ, 酒宴. [＜Kneipschenke „enger Raum"]

knei·pen[1][knáɪpən] 自 (h)《話》**1** (飲み屋などで)酒を飲む: die ganze Nacht hindurch ～ 飲み明かす, 夜通し飲む. **2** (学生が)コンパをする.

knei·pen[2(*)][–]《79》 **kneip·te**(knipp[knɪp])/**ge·kneipt**(geknippen); 接II kneipte (knippe)《方》＝kneifen

Knei·pen·wirt 男 飲み屋のおやじ〈亭主〉.

Knei·pe·rei[knaɪpəráɪ] 女 -/-en《話》飲めや騒げの酒宴, 痛飲.

Kneip·ge·nie[knáɪpʒeniː] 中《話》飲み助, 飲んべえ.

Knei·pier[knaɪpiéː] 男 -s/-s《話》＝Kneipenwirt

Kneip·lied[knáɪp..] 中《話》酒宴の歌.

Kneipp[knaɪp] 人名 Sebastian ～ ゼバスティアーン クナイプ (1821-97; ドイツのカトリック聖職者で水浴療法の創始者).

kneip·pen[knáɪpən] 自 (h)《話》クナイプ式療法を行う.

Kneipp·kur[knáɪp..] 女 クナイプ式療法.

Kneip≠tour[knáɪptuːr] 女 はしご酒. ≠**zan·ge**《方》＝Kneifzange

knei·sten[knáɪstən]《01》他 (h)《方》(目を)細める,(ひとみを)こらす.

Knel·ler[knɛ́lər] 男 -s/ 安タバコ. [＜Knall]

Knes·set〔**h**〕[knɛ́sɛt] 女 -/ (イスラエル国の)国会. [*hebr.* „Versammlung"]

knet·bar[knéːtbaːr] 形 練る〈こねる〉ことのできる.

Kne·te[knéːtə] 女 -/《話》**1** こねるのに適したやわらかな素材: in der ～ sein 苦境〈窮地〉にある; 忙しくてどうにもならない | nicht aus der ～ kommen (一日じゅう)頭がぼんやりしたままである. **2** (Geld) 金(かね).

kne·ten[knéːtən]《01》他 (h) **1** (粉・土などを)練る, こねる; こねてつくる: den Teig ～ 練り粉をこねる | ein Tier aus Ton ～ 粘土をこねて動物をつくる | Man kann nicht jeden Menschen beliebig formen und ～.《比》すべての人を思いどおり〔の人格〕につくりあげられるわけではない ‖〘目的語なしで〙Die Kinder *kneten.* 子供たちは粘土細工をしている. **2** (筋肉などを)もむ, マッサージする. [*germ.*; ◇Knochen, Knoten; *engl.* knead]

Knet≠kur 女〘医〙もみ治療, マッサージ療法. ≠**ma·schi·ne** 女 (粉などの)こねまぜ機, 捏和(ねつわ)機, ニーダー. ≠**mas·se** 女 (こねるのに適したやわらかな素材. 例えば:) 彫塑用〔ゴム〕粘土;〘印〙活字クリーナー. ≠**mes·ser** 中 彫塑用小刀.

Knick[knɪk] 男 **1** -〔e〕s/-e **a)** (急角度の)屈曲, カーブ; (電線などの)キンク: Die Straße macht hier einen ～ nach rechts. 通りはここで急角度に右折している | **einen ～ im Auge 〈in der Linse / in der Optik〉 haben**《話》目がよく見えない; 斜視である. **b)** (紙・布地などの)折り目; (壁・陶器・卵などの)ひび〔割れ〕, 亀裂(きれつ). **2** -〔e〕s/-s《北部》生け垣に囲まれた土手.

Knick·bein[kník..] 中 -s/〘医〙外反膝(がいはんしつ)(両側性は X-Beine, 一側性は K-Beine. 内反膝は O-Beine).

knick·bei·nig 形 外反膝(がいはんしつ)の.

Knicke·bein[kníkə..] 男 -s/ クニッケバイン酒(卵の黄身入りのリキュール. X 脚であった考案者にちなむとする説, 飲みすぎると足がふらつくのによるとの説などがある).

Knick·ei 中《話》ひびの入った卵.

knicken[kníkən] **I** 他 (h) **1 a)** 折り曲げる, 折り目をつくる; 折る: den Kragen ～ (シャツの)襟を折る | die Seite ～ ページを折る | Der Sturm *knickte* dicke Bäume wie Streichhölzer. あらしが太い木をまるでマッチ棒のようにへし折った ‖〘目的語なしで〙Bitte nicht ～! 折り曲げないでください, 折り曲げ禁止 ‖ mit *geknickten* Flügeln 翼を折られて. **b)**《話》(ノミなどを)ピチッとつぶす. **2** 落胆〈意気消沈〉させる: *jm.* das Herz ～ …を意気沮喪(そそう)させる | *jm.* den Stolz ～ …のプライドを傷つける〈てんぐの鼻をへし折る〉| Alle seine Hoffnungen wurden *geknickt.* 彼のすべての希望は打ち砕かれた. **II** 自 (s) (ポキッと)折れ〔曲が〕る; (パチッと)割れる, ひびが入る: Die Balken sind wie Strohhalme *geknickt.* 梁(はり)が麦わらのように折れた | Er *knickte* ins Knie 〈in die Knie〉. 彼はひざをがくんと曲げた. **III ge·knickt** → 別出 [*mndd.*; 擬音]

Knicker[1][kníkər] 男 -s/- **1** 折りたたみナイフ; (Genickfänger)〘狩〙(獣にとどめを刺すための)猟刀. **2**《北部》(Klicker) おはじきの石.

Knicker[2][–] 男 -s/-《話》(Knauser) けちんぼう, しみったれ. [◇knickern]

Knicker·bocker[kníkərbɔkər, níkəbɔkə] 複 ニッカーボッカー(ひざ下でくくるゆるい半ズボン). [*engl.*; アメリカの作家アービング W. Irving の筆名; その『ニューヨーク史』のさし絵の服装から]

Knicke·rei[knɪkəráɪ] 女 -/《話》けちけちすること, しみったれ〔ること〕.

knicke·rig[kníkərɪç][2] (**knick·rig**[..krɪç][2]) 形《話》けちな, しみったれた.

Knicke·rig·keit[..kaɪt] 女 -/ knickerig なこと.

knickern[kníkərn]《05》自 (h)《話》《mit *et.*[3]》(…を)けちけちする, 出し惜しみする. [＜knicken]

knick·fest[kník..] 形 折れ曲がるおそれのない, 折れない; 割れない. [＜knicken]

Knick≠fe·stig·keit 女 -/ knickfest なこと;〘工〙座屈(ざくつ)強さ(最高座屈荷重に対する抵抗力). ≠**flü·gel** 男〘空〙かもめ型主翼. ≠**fuß** 男〘医〙外反足(がいはんそく).

knick·rig ＝knickerig

knicks[knɪks] **I** 間 (かたい物の折れる・壊れる音)ポキッ, メキッ: ～, knacks ポキポキッ, メキメキッ.

II Knicks 男 -es/-e 片ひざまたは両ひざをかがめてする女性(特に少女)の恭しいおじぎ:〔vor *jm.*〕einen ～ machen 〔…に〕ひざをかがめておじぎをする.

knick·sen[kníksən]《02》自 (h)《vor *jm.*》(…に)ひざをかがめておじぎをする.

Knick·stie·bel[kníkʃtiːbəl] 男 -s/-《方》＝Knicker[2] [＜knicken＋Stiebel „Stiefel" (◇Stiefel)]

Knickung[kníkʊŋ] 女 -/-en 屈曲;〘工〙座屈;〘電〙曲がり;〘鉄道〙(酷暑などによるレールの)張り出し.

Knie[kniː] 中 -s/-[kníːə, kniː] **1 a)** ひざ, 膝(しつ)関節; ひざがしら(→ 図 Mensch A): Ihm zitterten die ～ 〔vor Angst〕. 彼は〔不安で〕ひざが震えた | ***jm.* werden die ～ weich**《話》(恐ろしくて)ひざががくがくする(→knieweich 2) | **weiche ～ bekommen**《話》(恐ろしくて)まっすぐ立っていられない | ehrfürchtig die ～ beugen 恭しくひざをかがめる | *sich*[3] das ～ aufschlagen 転んでひざを傷つける ‖〘前置詞と〙*jn.* **auf** ～*n* um *et.*[4] bitten《比》…に…を哀願する | *jm.* auf ～*n* danken《比》…に心から感謝する | auf das ～ 〈auf die ～〉 fallen ひざまずく | *sich*[4] 〔vor *jm.*〕 auf die ～ werfen 〔…の前に〕ひざまずく〈平身低頭する〉| vor *jm.* 〈*et.*[3]〉 auf den ～*n* liegen …の前にひざまずいている | **vor *jm.* auf den ～*n* rutschen**《話》…に平身低頭する, …にこびへつらう | *sich*[3] vor Vergnügen auf die ～ schlagen ひざをたたいておもしろがる | ***jn.* auf die ～ zwingen**《雅》…を屈服させる | **bis** ans ～ / bis zum ～ ひざまで | Er stand bis an die ～ im Wasser. 彼はひざまで水につかって立っていた | Der Rock reicht bis zum ～. スカートはひざまで届いている | **in die ～ brechen 〈fallen / sacken〉** がくっとひざをついて倒れる | **in die ～ gehen**《話》ダウンする, 降参する; (経済的に)ピンチに陥る | in die ～ sinken 〈〔zusammen〕brechen〉(疲れ果てて)がくりとひざを折る, へたへたと座りこむ, くずおれる | **in den ～*n* weich werden**《話》(恐ろしくて)ひざががくがくする(→knieweich 2) | ***jn.* in die ～ zwingen**《雅》…を屈服させる | **mit** schlotternden 〈wankenden〉 ～*n* ひざをがくがく震わせて | mit den ～*n* Feuer schlagen können《話》ひざをすり合わせて〈内またで〉歩く | ***et.*[4] übers ～ brechen**《話》…をあたふたとやってのける〈決定する〉| ***jn.* übers ～ legen**《話》(こらしめのためひざにのせて)…のおしりをひっぱたく | *sich*[3] eine Decke über die ～ legen 毛布を自分のひざに掛ける | Verletzung **unterhalb** des ～*s* ひざ下の負傷. **b)** (衣服の)ひざの部分: Flicken auf die ～ setzen (ズボンの)ひざの部分につぎをあてる.

2 (道・廊下・川などの)曲がり角, 屈曲部: Der Fluß macht hier ein ~. 川はここで曲がっている.
3 〘工〙エルボ(配管屈曲部の継ぎ手: → 図 Gas): ein ~ einsetzen エルボを取りつける.
[*idg.*; ◇Gon; *lat.* genū „Knie"; *engl.* knee]

Knieaufschwung

Knie≠auf·schwung[kníː..] 男〘体操〙足掛け上がり(→ 図). **≠bank** 女 -/..bänke (祈禱(きとう)台などの)ひざつき板(→ 図 Kirchenbank). **≠beu·ge** 女 **1** 〘体操〙屈膝(くっしつ)(上半身をまっすぐ伸ばしたままひざを曲げる運動); 〘バレエ〙プリエ: in die ~ gehen ひざを曲げる. **2** 〘カトリック〙跪拝(きはい)(十字架像や教皇・司教に片ひざをかがめてするおじぎ). **3** =Kniekehle **≠bild** 中〘美〙ひざから上の肖像〔画〕(→ 図 Bildnis). **≠buckel** 男 (よろいの)ひざ当て(→ 図 Harnisch). **≠bund·ho·se** 女 (ひざのすぐ下でくくった)半ズボン, ニッカーボッカー.
knie·en[kníːən] =knien
knie·eng =bodenweit
Knie·fall[kníː..] 男 ひざまずくこと;《比》屈服: vor dem Altar einen ~ machen 祭壇の前にひざまずく | vor *jm.* einen ~ tun …に平身低頭する. [<*mhd.* knie-vallen „auf die Knie stürzen"]
knie≠fäl·lig 形 ひざまずいた;《比》平身低頭の: eine ~*e* Bitte 平身低頭しての懇願, 哀願 ‖ ~ werden ひざまずく | *jn.* ~ um *et.*⁴ bitten …に平身低頭して…を頼む. **≠frei** 形 ひざが覆われていない: ein ~*er* Rock ひざの見える短いスカート.
Knie≠gei·ge 女 (Gambe) 〘楽〙ヴィオラ=ダ=ガンバ. **≠ge·lenk** 中 **1** 〘解〙膝(しつ)関節. **2** 〘工〙ひじ継ぎ手.
Knie·ge·lenk·ent·zün·dung 女〘医〙膝関節炎.
Knie≠gicht 女 (Gonagra) 〘医〙膝(しつ)痛風. **≠hang** 男〘体操〙ひざ掛け懸垂. **≠he·bel** 男 **1** 〘工〙トグル=リンク, 曲がりてこ. **2** (ソーセージ製造機の)ひざ当てレバー. **3** 〘楽〙(オルガンの)増音器(→ 図 Harmonium). **≠he·ben** 中 -s/ 〘体操〙ひざ上げ.
knie·hoch 形 ひざまでの高さの: *kniehoher* Schnee ひざまで積もった雪.
Knie≠holz 中 -es/ 〘植〙ヨーロッパハイマツ(這松). **≠ho·se** 女 (ひざ下までの)半ズボン. **≠ka·chel** 女 (よろいの)ひざ当て(→ 図 Harnisch). **≠keh·le** 女〘解〙膝窩(しっか), ひかがみ(→ 図 Mensch B): *jm.* hängt der Magen in den ~*n* ⟨in die ~*n*⟩ (→Magen)
knie≠kurz 形 (衣服などが)ひざまでしか届かない. **≠lang** 形 (衣服などが)ひざまで届く;〘服飾〙ひざ丈の, ニーレングスの.
Knie·le·der 中 (ホッケーなどの)革製のひざ⟨すね⟩当て.
knien[kniːn, kníːən] ⟨*ich* knie[kníːə, kniː]; 現在分詞: kniend[kníːənt]¹⟩ **I** 自 **1** (h) (両ひざまたは片ひざで)ひざまずいている, ひざをついている(→ 図 sitzen): auf dem Boden ~ 床にひざをついている | *jm.* auf dem Leder ~ (→ Leder 1) | vor dem Altar ~ 祭壇の前にひざまずいている ‖ *et.*⁴ *kniend* ⟨im *Knien*⟩ tun ひざをついて…をする. **2** (s) 《雅》ひざまずく, ひざをつく. **II** 他 (h) **1** 再帰 *sich*⁴ ~ ひざまずく, ひざをつく: *sich*⁴ auf den Boden ⟨vor den König⟩ ~ 床に⟨国王の前に⟩ひざまずく. **2** 《話》再帰 *sich*⁴ in *et.*⁴ ~ …に熱心に取り組む⟨専心する・没頭する⟩ | *sich*⁴ in eine Arbeit ~ 仕事に没頭する | *sich*⁴ in die Akten ~ 書類と懸命に取り組む.

knie·pig[kníːpɪç]² 形《話》(geizig) けちな, 物惜しみする. [<*ndd.* kniepen „geizen"]
Knie≠pol·ster[kníː..] 男 (ひざを保護するための)ひざ当て. **≠rie·men** 男 (靴工がひざの上で靴を固定するための)ふんばり革. **≠rohr** 中 =Knie 3
Knies[kniːs]¹ 男 -es/ 《北部》**1** (Schmutz) 汚れ, 汚物. **2** いさかい, 争い. [◇Knauser]
Knie≠schei·be[kníː..] 女〘解〙膝蓋(しつがい)骨, ひざ皿(→ 図 Mensch C). **≠schie·ne** 女 (よろいの)ひざ⟨すね⟩当て. **≠scho·ner** 男, **≠schüt·zer** 男 ひざ当て(→ 図 Bergmann). **≠strumpf** 男 ハイソックス(→ 図 Strumpf). **≠stück** 中 **1** 〘美〙ひざから上の半身像. **2** =Knie 3
knie·tief 形 (深さが)ひざまで達する, ひざまで没するほどの.
kniet·schen[kníːtʃən] ⟨04⟩《方》**I** 他 (h) 圧する, 押しつぶす. **II** 自 (h) めそめそする; ぐずぐず言う. [<knutschen]
kniet·schig[..tʃɪç]² 形《方》めそめそした; ぐずぐず言う.
Knie·wär·mer[kníː..] 男 **1** (保温用の毛糸の)ひざ覆い. **2** 《話》つの形のマカロニ.
knie≠weich 形 **1** ひざのばねのしなやかな. **2** (疲れや恐怖のために)ひざががくがくした, へたへた⟨へなへな⟩になった;《比》軟弱な, 弱腰の. **≠weit** =bodeneng
kniff[knɪf] kneifen の過去.
Kniff[−] 男 -〔e〕s/-e **1** (Falte) 折り目; ひだ; しわ; (中折れ帽の)くぼみ(→ 図 Hut): ~*e* in die Hosen bügeln ズボンにアイロンで折り目をつける | die ~*e* ausbügeln アイロンでしわをのばす. **2** つまむ⟨つねる⟩こと: ein ~ in den Po おしりをつねること. **3 a)** (仕事などの)こつ: den ~ heraushaben こつを会得する. **b)** 策略, 小細工, トリック: die ~*e* des Zauberns 手品のトリック | unerlaubte ~*e* anwenden 不法な策略を用いる | hinter einen ~ kommen トリック⟨策略⟩を見破る | mit Griffen und ~*en* (→Griff 1) | mit allen ~*en* und Pfiffen あらゆる策略⟨手練手管⟩を用いて.
knif·fe[knífə] kneifen の接続法 II.
Knif·fe·lei[knɪfəláɪ] 女 -/-en めんどう⟨やっかい⟩なこと; 熟練⟨忍耐⟩の必要な仕事.
knif·fe·lig =knifflig
Knif·fe·lig·keit =Kniffligkeit
knif·fen[knífən] 他 (h) ⟨*et.*⁴⟩ (紙・布地などに)折り目をつける. [<Kniff]
kniff·lig[knɪflɪç]² (**knif·fe·lig**[..fəlɪç]²) 形《話》熟練⟨忍耐⟩を必要とする, むずかしい, 複雑な, めんどう⟨やっかい⟩な. [<kniffeln „mühselige Arbeit verrichten"]
Kniff·lig·keit[..kaɪt] 女 -/-en knifflig なこと.
Knig·ge[knígə] **I** 人名 Adolf Freiherr von ~ アードルフ フォン クニッゲ男爵(1752-96; ドイツの著述家. 作法指南書《Über den Umgang mit Menschen》を著した).
II 男 -〔s〕/- 《比》行儀作法の書物⟨ガイドブック⟩: Er hat ~ nie gelesen. 彼は礼儀を知らないやつだ.
Knilch[knɪlç] 男 -s/-e《話》いやなやつ. [<Knolle]
knill[knɪl], **knil·le**[knílə] =knüll〔e〕
Knil·ler[..lər] 男 -s/- =Knüller
knipp[knɪp] kneipte (kneipen²の過去)の別形.
knip·pe[knípə] kneipte (kneipen²の接続法 II)の別形.
knips[knɪps] **I** 間 (厚紙など かたい物に穴をあけたり折ったりする音・写真のシャッターを押す音・指先を鳴らす音など)カチン, パチン, ピチン: ~, knaps パチパチッ, ポキポキッ. **II Knips** 男 -es/-e **1** knips という音. **2** (厚紙などにあけた)小さな穴.
knip·sen[knípsən] ⟨02⟩《話》**I** 自 (h) パチン⟨ピチン⟩と音をたてる: mit den Fingern ~ 指をパチッと鳴らす. **II** 他 (h) **1** (切符に)パチンとはさみを入れる. **2** (カメラで被写体を)パチリと写す(特に素人が). **3** (指で)パチンとはじき飛ばす. **4** (スイッチなどを)パチッと入れる⟨切る⟩.
Knip·ser[knípsər] 男 -s/- 《話》**1** =Knipsschalter **2** =Knipszange **3** むやみに写真を撮る人. **4** (鉄道などの)改札係; 検札係.
Knips≠schal·ter 男《話》(パチッと音をたてる)スイッチ; 押しボタン. **≠zan·ge** 女 (切符切り用の)パンチ, 改札ばさみ.
Knirps[knɪrps] 男 -es/-e **1** 《話》ちび(男の子); こびと, 一寸法師. **2** 商標 クニルプス(折りたたみ傘).
knirp·sig[..sɪç]² 形《話》ちびの.
knir·schen[knírʃən] ⟨04⟩ 自 (h) ギシギシ音をたてる, きしむ: Schnee ⟨Sand⟩ *knirschte* unter den Schuhen. 雪⟨砂⟩が靴の下でギシギシ音をたてた | mit den Zähnen ~ 歯ぎしりする. [*mndd.* knirsen; 擬音; ◇knurren]
Knis·pel[knɪ́spəl] 男 -s/- 《方》うるさい男, やっかい者.
knis·peln[knɪ́spəln] ⟨06⟩ 自 (h) 《方》(指で触れると)パリパリ音をたてる. [擬音]
Kni·ster≠ge·räusch[knɪ́stər..] 中〘医〙(肺部聴診の際の)捻髪(ねんぱつ)音. **≠gold** 中 (Rauschgold) 模造金箔, 黄銅.
kni·ste·rig[knɪ́stərɪç]² (**knist·rig**[..trɪç]²) 形 パチパ

チ〈パリパリ〉いう, ギシギシ〈キュッキュッ〉と鳴る.

kni·stern[knístərn]《05》**I** 自 (h) パチパチ〈パリパリ〉音をたてる; ギシギシ〈キュッキュッ〉と音をたてる: Das Feuer *knisterte* im Ofen. ストーブの中で火がパチパチと燃えていた | Der Schnee *knisterte* unter seinen Tritten. 彼の足の下で雪がギシギシ音をたてた ‖ 非人称 Es *knistert* im Gebälk. (→Gebälk). **II Kni·stern** 中 -s/ **1** knistern すること. **2** =Knistergeräusch [*mndd.* gnistern; 擬音; ◇knastern[1]]

knist·rig =knisterig

knit·schen[kníːtʃən]《04》=knietschen

Knit·tel[knítəl] 男 -s/- =Knüttel

Knit·tel·vers 男〘詩〙クニッテル詩形(1行4揚音を有し, 2行ずつ韻をふむ). [<Knüttel „Reim"]

Knit·ter[knítər] 男 -s/-《ふつう複数で》(布地などの)しわ.

knit·ter≈arm 形 (布地などが)しわの少ない; しわの寄りにくい. **≈fest** 形, **≈frei** 形 (布地などが)しわのない; しわの寄らない.

knit·te·rig[knítərɪç][2] (**knitt·rig**[..trɪç][2]) 形 (布地などが)しわだらけの.

knit·tern[knítərn]《05》**I** 自 (h) **1** (布地などが)しわが寄る; しわが寄りやすい. **2** =knistern **II** 他 (h)《*et.*[4]》(…に)しわをつける, しわくちゃにする. [*mndd.* kneteren; 擬音; ◇knattern]

knitt·rig =knitterig

knitz[knɪts] 形《南部》(gewitzt) 抜けめのない, 利口な. [<kleinnützig „nichtsnützig"]

Kno·bel[knóːbəl] 男 -s/-《中部・南部》**1** =Knöchel 1 **2** (Würfel) さいころ, ダイス. [*mhd.*; ◇Knöchel]

Kno·bel·be·cher 男 **1** (ダイス=ゲームの)ダイス=カップ, 賽筒(さいづつ). **2** (兵隊俗語で)半長靴.

kno·beln[knóːbəln]《06》自 (h) **1**《um *et.*[4]》(…を)さいころ〈ダイス〉を振って決める; じゃんけん〈くじ〉で決める. **2**《話》思案〈熟考〉する: lange ~ 長考する.

Knob·lauch[knóːplaʊx, knóːb.., knɔ́p.., knɔ́b..] 男 -[e]s/ **1**〘植〙ニンニク(大蒜). **2** (調味料としての)ニンニク, ガーリック: ~ an den Salat geben サラダにニンニクを入れる. [„gespaltener Lauch"; *ahd.*; ◇Kloben]

Knob·lauch≈but·ter 女〘料理〙ニンニクで味付けしたバター. **≈ge·ruch** 男 ニンニクのにおい. **≈he·de·rich** 男〘植〙アブラナの一種(ニンニクのにおいがする). **≈pul·ver** 中 粉末状のニンニク〈ガーリック〉. **≈rau·ke** 女 =Knoblauchhederich **≈so·ße** 女〘料理〙ニンニクで味付けしたソース. **≈wurst** 女 ニンニク入り腸詰め, ガーリックソーセージ. **≈ze·he** 女 ニンニクの小鱗茎(りんけい).

Knö·chel[knœ́çəl] 男 -s/- (小 **Knö·chel·chen**[-çən], **Knöch·lein**[knœ́çlaɪn] 中 -s/-) **1 a)** (Fußknöchel) くるぶし(→ 図 Mensch A): *sich*[3] den ~ verstauchen くるぶしをくじく. **b)** (Fingerknöchel) 指の中間関節: mit dem ~ an die Tür klopfen 指でドアをノックする. ▽**2** (Würfel) さいころ.

Knö·chel·chen Knöchel, Knochen の縮小形.

Knö·chel·ge·lenk 中 くるぶしの関節.

knö·chel·lang 形 (衣服などが)くるぶしにまで届く.

knö·cheln[knœ́çəln]《06》自 (h) **1** 指の中間関節でノックする. ▽**2** (würfeln) さいころを振る.

knö·chel·tief 形 (深さが)くるぶしにまで達する, くるぶしが没するほどの.

Kno·chen[knɔ́xən] 男 -s/- **1** (英: *bone*) **a)** (小 **Knö·chel·chen**[knœ́çəlçən], **Knöch·lein**[knœ́çlaɪn] 中 -s/-) (脊椎(せきつい)動物の)骨: Brust*knochen* 胸骨 | Oberschenkel*knochen* 大腿(だいたい)骨 | ~ zur Suppe スープ用の骨 | ein harter ~ 硬い骨;《比》困難な問題 ‖ *sich*[3] einen ~ brechen 骨折する | nur 〈bloß〉 noch Haut 〈Fell〉 und ~ sein (→Haut 1, →Fell 1 a) ‖〘前置詞と〙**an** einem ~ nagen (犬などが)骨をかじる | Es geht an die eigenen ~. 自分にとって切実な問題である | **bis auf 〈in〉 die ~**《話》骨の髄まで, 徹底的に | Die Wunde geht bis auf den ~. 傷は骨まで達している | bis auf die ~ abgemagert sein 骨と皮ばかりにやせこけている | *jn.* bis auf die ~ durchschauen …の腹の底まで見抜く | bis auf die ~ naß sein ずぶぬれである | *sich*[4] bis auf 'die ~ blamieren さんざん赤恥をかく | *jm.* das Mark aus den ~ saugen (→Mark[3] 1 b) | Er ist konservativ **bis in** die ~. 彼は骨の髄まで保守的だ | keine Disziplin **in** den ~ haben (→Disziplin 1) | kein Mark 〈keinen Mumm〉 in den ~ haben (→Mark[3] 1 b, →Mumm) | **nichts in den ~ haben**《話》力〈耐久力〉がない, 根気がない | Fleisch **mit** ~ 骨つきの肉(食用の). **b)**《単数で》骨質部. **c)**《複数で》骨格; 四肢, 手足: feste 〈schwere / starke〉 ~ haben がっしりした骨格をしている | zarte ~ haben きゃしゃな骨格をしている | *seine* müden ~ ausruhen 五体を休める | **für *jn.* 〈*et.*[4]〉 die 〈*seine*〉 ~ hinhalten**《話》…のために我が身を犠牲にする | Ich haue dir die ~ kaputt. / **Du kannst dir die ~ numerieren lassen.**《卑》お前なんかたたきのめしてやるぞ | Reißen Sie die ~ zusammen! しゃんと立っていなさい ‖ Mir tun alle ~ weh. 私は体の節々が痛い ‖〘前置詞と〙**auf die ~ gehen**《話》(力仕事などが)からだにこたえる | ***jm.* in die ~ fahren**《話》(歓喜・恐怖などが)…のからだを突き抜ける | Ein Schreck fuhr ihm in die ~. 恐怖が彼の五体に走った | ***jm.* in den ~ stecken 〈sitzen / liegen〉** (不安・恐怖・疲労などが)体内に残っている | Ihm steckt die Gewohnheit 〈die Grippe〉 noch in den ~. 彼はまだその習慣〈流感〉が抜けきっていない | **mit** heilen ~ davonkommen (けがをせずに)無事にのがれる | **über die ~ gehen**《話》(力仕事などが)からだにこたえる.

2《話》(Mensch) やつ: ein alter ~ おいぼれ ‖ Du fauler ~! この怠け者め | Da war kein ~. そこには人っ子ひとりいなかった.

3《話》(両端のふくれた)スパナ; 玄関のかぎ.

[*germ.* „Schläger"; ◇Knolle, kneten, knacken; *engl.* knock]

Kno·chen≈ab·szeß[knɔ́xən..] 男〘医〙骨膿瘍(のうよう). **≈ar·beit** 女 (骨の折れる)肉体労働. **≈asche** 女〘化〙骨灰. **≈atro·phie** 女〘医〙骨萎縮(いしゅく). **≈bank** 女 -/-en〘医〙骨銀行〈貯蔵所〉. **≈bau** 男 -[e]s/ 骨格: ein Mann mit kräftigem 〈zartem〉 ~ 骨格のがっしりした〈きゃしゃな〉男.

kno·chen·bil·dend[knɔ́xənbɪldənt][1] 形 骨形成性の.

Kno·chen≈bil·dung 女 骨形成. **≈brand** 男 -[e]s/ =Knochenabszeß **≈bre·cher** 男《話》乱暴な男.

kno·chen·bre·che·risch 形 けが〈骨折〉の危険のある(体操・スキー滑降など).

Kno·chen≈bruch 男 **1** (Fraktur)〘医〙骨折: ein einfacher 〈komplizierter〉 ~ 単純〈複雑〉骨折 | *sich*[3] einen ~ zuziehen 骨折する. **2** (結晶鉱物の)割れ口, 断口. **≈brü·chig·keit** 女〘医〙骨脆弱(ぜいじゃく)症.

kno·chen·dürr[knɔ́xəndʏ́r] 形《話》(骨と皮ばかりに)やせこけた.

Kno·chen≈ent·zün·dung 女〘医〙骨炎. **≈er·wei·chung** 女〘医〙骨軟化[症]. **≈fäu·le** 女 =Knochenabszeß **≈fett** 中 骨脂. **≈fisch** 男〘魚〙硬骨魚類. **≈fraß** 男 -es/ (Karies)〘医〙カリエス, 骨疽(こつそ). **≈fu·ge** 女 骨接合〈縫合〉. **≈ge·rät** 中〘史〙骨器, 骨製の道具. **≈ge·rüst** 中 **1** (Skelett) 骨格; (死人の)骸骨(がいこつ). **2**《話》骸骨のようにやせた人. **≈ge·schwulst** 女〘医〙骨腫(こつしゅ). **≈ge·we·be** 中〘解〙骨組織.

kno·chen·hart 形 骨のようにかたい; 非常にかたい.

Kno·chen≈hau·er[knɔ́xən..] 男《北部》(Schlächter) 畜殺業者; 肉屋. **≈haut** 女〘解〙骨膜.

Kno·chen·haut·ent·zün·dung 女〘医〙骨膜炎.

Kno·chen≈hecht 男〘魚〙鱗骨(りんこつ)〈レピソステアス〉類(爬虫(はちゅう)類のように頭が動き, ワニのような口をもつ獰猛(どうもう)な硬骨魚). **≈koh·le** 女 骨炭, 獣炭.

Kno·chen·kot·zen 中《卑》《もっぱら次の成句で》**Es ist zum ~.** 全く絶望的〈しゃくなこと〉だ. [<kotzen]

Kno·chen≈krebs 男〘医〙骨癌(こつがん). **≈leim** 男 骨膠(こつこう).

kno·chen·los 形 骨のない;《比》気骨のない.

Kno·chen≈mann 男 -[e]s/..männer **1** (骸骨(がいこつ)の姿をした)死神. **2** 人間の骨格[標本]. **≈mark** 中 骨髄.

Kno·chen·mark≠ent·zün·dung 女 (Osteomyelitis) 〘医〙 骨髄炎. **≠trans·plan·ta·tion** 女 〘医〙 骨髄移植〔術〕.

Kno·chen≠mehl 中 骨粉. **≠müh·le** 女 骨粉製造所; 《話》労働条件の過酷な職場. **≠na·ge·lung** 女 〘医〙 (接骨術としての)骨内釘法(こつないていほう). **≠öl** 中 骨油. **≠pla·stik** 女 〘医〙 骨形成〔術〕. **≠sä·ge** 女 骨切りのこぎり. **≠schmerz** 男 〘医〙 骨痛. **≠schwund** 男 **1** 〘医〙 骨消失. **2** ＝Knochenatrophie **≠spiel** 中 《話》ひどく荒っぽい〈アンフェアな〉プレー. **≠split·ter** 男 骨片. **≠trans·plan·ta·tion** 女 〘医〙 骨移植〔術〕.

kno·chen·tro·cken[knɔ́xəntrɔ́kən] 形 《話》 干からびた.

Kno·chen≠tu·ber·ku·lo·se[knɔ́xən..] 女 〘医〙 骨結核. **≠tu·mor** 男 〘医〙 骨腫(こつしゅ). **≠zel·le** 女 〘解〙 骨細胞.

knö·che·rig ＝knöchrig

knö·chern[knœ́çərn] 形 **1** 《付加語的》 骨の; 骨製の. **2** ＝knochig

kno·chig[knɔ́xıç][2] 形 骨ばった; 骨太の: ein ～*es* Gesicht 骨ばった顔 ‖ ～ gebaut sein 骨太のがっしりした体格である.

Knöch·lein Knöchel, Knochen の縮小形.

knöch·rig[knœ́çrıç][2] (**knö·che·rig**[..çərıç][2]) 形 **1** 骨製の. **2** 骨に似た.

knock·down[nɔkdáʊn, ⌣́⌣] **I** 形 《述語的》 〘ボクシング〙 ノックダウンされた. **II Knock·down** 男 -[s]/-s 〘ボクシング〙 ノックダウン. [*engl.* knock down „nieder-schlagen"]

knock·out[nɔk|áʊt, nɔ́kaʊt] **I** 形 《述語的》 (略 k. o.) 〘ボクシング〙 ノックアウトされた: *jn.* ～ schlagen …をノックアウトする. **II Knock·out** 男 -[s]/-s (略 K. o.) 〘ボクシング〙 ノックアウト; 《比》 完敗. [*engl.* knock out „nieder-schlagen"]

Knock·out·sieg[nɔk|áʊt..] 男 〘ボクシング〙 ノックアウト勝ち.

Knö·del[knǿːdəl] 男 -s/- **1** 《南部・オーストリア》 (Kloß) 〘料理〙 クネーデル(小麦粉・つぶしたジャガイモをだんごに丸めてゆでたもの. スープに入れたり, 煮込み肉に添えたりして供する): Fleisch*knödel* 肉だんご ‖ einen ～ im Hals haben 《比》 (悲しみなどで)のどの詰まる感じがする, 声がくぐもる. **2 a)** 《北部》 乾燥ナシ. **b)** 《東部》 (Kartoffel) ジャガイモ. [< *ahd.* knodo „Knoten" (◇Knoten)]

Kno·fel[knóːfəl] 男 -s/ 《方》 ＝Knoblauch

Knöll·chen Knolle, Knollen の縮小形.

Knöll·chen·bak·te·rie[knœ́lçənbakteːriə] 女 -/-n 《ふつう複数で》 〘植〙 根瘤(こんりゅう)バクテリア.

Knol·le[knɔ́lə] 女 -/-n, **Knol·len**[..lən] 男 -s/- (小 **Knöll·chen**[knœ́lçən] 中 -s/-) **1** 〘植〙 (ダリア・ジャガイモなどの)塊茎; 《話》 ジャガイモ. **2** (塊茎状のもの. 例えば:) (土などの)塊; こぶ; だんご; だんご鼻. **3** 《卑》 (Penis) 陰茎, 男根. [*germ.* „Klumpen"; ◇Knochen, Knoten; *engl.* knoll]

Knol·len≠be·go·nie[..niə] 女 〘植〙 球根ベゴニア. **≠blät·ter·pilz** 男, **≠blät·ter·schwamm** 男 〘植〙 タマゴテングタケ(卵天狗茸) (有毒菌).

knol·len·för·mig 形 塊茎状の.

Knol·len≠frucht 女 〘植〙 塊根. **≠ge·wächs** 中 塊茎植物(ジャガイモ・キクイモなど). **≠ka·pi·tell** ＝Knospenkapitell **≠na·se** 女 だんご鼻. **≠sel·le·rie** [..zɛləri·] 男 〘植〙 根用セロリ. **≠win·de** 女 (Batate) 〘植〙 サツマイモ(薩摩芋), 甘藷(かんしょ). **≠ziest** 男 〘植〙 チョロギ(甘露子).

knol·lig[knɔ́lıç][2] 形 塊茎状の; (土などが)塊をなした: eine ～*e* Nase だんご鼻.

Knopf[knɔpf] 男 -[e]s/Knöpfe[knœ́pfə] (小 **Knöpf·chen**[knœ́pfçən], **Knöpf·lein**[..laın] 中 -s/-) **1** (衣服などの)ボタン: ein ～ aus Perlmutter 貝ボタン | Hosen*knopf* ズボンのボタン ‖ einen ～ annähen 〈verlieren〉 ボタンを縫いつける〈なくす〉 | den ～ öffnen 〈aufmachen〉 ボタンを外す | den ～ schließen 〈zumachen〉 ボタンを留める | Mir ist ein ～ abgegangen. ボタンが一つとれてしまった ‖ ***Knöpfe* auf den Augen 〈in den Ohren〉 haben** 《話》 目〈耳〉がよくない; よく見よう〈聞こう〉としない ‖ 〔*sich*[3]〕 *et.*[4] **an den *Knöpfen* abzählen** 《話》 …の可否をボタンを数えて占う〈決める〉. **2** (スイッチ用の)ボタン, つまみ: der ～ der Klingel 呼び鈴のボタン | Druck*knopf* 押しボタン ‖ den ～ drehen スイッチ用のつまみをひねる〈回す〉 | den ～ 〈auf den ～〉 drücken ボタンを押す. **3** (先端が球状のもの. 例えば:) (ステッキの)握り; (刀の)柄頭(つかがしら); (留め針の)頭; (ひもの先の)つまみ; (塔の)擬宝珠: auf Spitz 〈Spitze〉 und ～ stehen (→Spitz 4, →Spitze 1 a). **4** 《話》 小男; ちび, 小僧, ちびっこ: ein komischer ～ おかしなやつ. **5** 《南部・オーストリア・スイス》 (Knoten) 結び目. **6** 《南部・オーストリア・スイス》 (Knospe) 芽; つぼみ: ***jm.* geht der ～ auf** …は(あることを)突然理解する. **7** 《南部・オーストリア・スイス》 ＝Knödel 1 **8** 《複数で》 《話》 (わずかばかりの)金(かね). [*germ.* „Klumpen"; ◇Knochen, knüpfen, Knauf, Knospe; *engl.* knop]

Knopf≠au·ge[knɔ́pf..] 中 -s/-n 《ふつう複数で》 《戯》 まん丸な目. **≠bat·te·rie** 女 ボタン型電池〈バッテリー〉.

Knöpf·chen Knopf の縮小形.

Knopf·druck 男 -[e]s/..drücke スイッチのボタンを押すこと.

Knöp·fe Knopf の複数.

knöp·fen[knœ́pfən] **I** 他 (h) **1 a)** (衣服などに)ボタンを掛ける(→zuknöpfen); (衣服などの)ボタンを外す(→aufknöpfen): Das Kleid wird an der Seite *geknöpft.* この服はわきをボタンで留めるようになっている | Die Bluse ist falsch *geknöpft.* ブラウスのボタンの掛け方が間違っている. **b)** ボタンを留めて取りつける: den Bezug auf die Bettdecke ～ 掛けぶとんにカバーをかけてボタンで留める. **2** 《南部》 ＝knoten **II** 自 (h) (衣服などが)ボタンで開閉される: Das Kleid *knöpft* vorn 〈hinten〉. この服は前〈後ろ〉でボタンをはめるようになっている.

Knopf·gie·ßer[knɔ́pf..] 男 ボタン鋳造者.

Knopf·horn·blatt·we·spe 女 〘虫〙 コンボウハバチ(棍棒葉蜂)科の昆虫.

Knopf·kraut 中 〘植〙 コゴメギク(小米菊)属(ハキダメギクなど).

Knöpf·lein Knopf の縮小形.

Knopf·loch[knɔ́pf..] 中 ボタン穴, ボタンホール: *Knopflöcher* 〔aus〕nähen 〈umstechen〉 ボタンホールをかがる | Wer das erste ～ verfehlt, kommt mit dem Zuknöpfen nicht zurande. (Goethe) 最初のボタンをかけ違うとボタンかけは最後までうまくゆかぬ ‖ **aus allen 〈sämtlichen〉 *Knopflöchern* platzen** 《話》 服がはちきれそうなほど太っている | **aus allen 〈sämtlichen〉 *Knopflöchern* schwitzen** 《話》 大汗をかく | ***jm.* aus allen 〈sämtlichen〉 Knopflöchern gucken 〈scheinen〉** 《話》 …の様子から明らかに見てとれる | Ihm scheint die Neugier aus allen 〈sämtlichen〉 *Knopflöchern.* 彼は好奇心まる出しだ | eine Nelke 〈ein Trauerband〉 im ～ tragen (えりの)ボタン穴にカーネーション〈喪章のリボン〉をつけている | mit einer Träne im ～ (→Träne 1).

Knopf·loch≠au·to·ma·tik 女 (ミシンの)自動ボタン穴かがり器(→ 図 Nähmaschine). **≠mi·kro·phon** 中 ラペル〈ボタンホール〉マイクロホン. **≠sei·de** 女 (ボタン穴かがり用の)絹の穴糸. **≠stich** 男 〘服飾〙 ボタンホール=ステッチ(→ 図 Handarbeit). **≠zan·ge** 女 〘服飾〙 ボタンホール=シザース(→ 図).

Knopflochzange

Knopf≠ma·cher[knɔ́pf..] 男 ボタン製造者. **≠rei·he** 女 ボタンの列: ein Mantel mit einer doppelten ～ ダブルボタンのコート.

Knöpf≠schuh[knœ́pf..] 男 ボタン留めの靴. **≠stie·fel** 男 ボタン留めの〔半〕長靴, ボタンブーツ.

Knopp[knɔp] 男 -[e]s/Knöppe[knœ́pə] 《北部》 ＝Knopf

Knop·per[knɔ́pər] 女 -/-n (Galle) 〘植〙 (Knopperneiche の)虫癭(ちゅうえい) (タンニンの原料となる).

Knop·pern·ei·che[knɔ́pərn|aıçə] 女 〘植〙 ナラ(楢)属の一種.

knor·ke[knɔ́rkə] 形 《無変化》 《話》 すばらしい, すてきな.

Knor·pel[knɔ́rpəl] 男 -s/- 〘解〙 軟骨: Kehlkopf*knor-*

K

pel 喉頭(こう)軟骨. [◇Knorren]

Knor·pel≈fisch 男〘魚〙軟骨魚類. **≈ge·we·be** 中〘解〙軟骨組織. **≈haut** 女〘解〙軟骨膜.

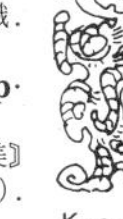
Knorpelwerk

knor·pe·lig[knɔ́rpəlıç]² (**knorp·lig**[..plıç]²) 形〘解〙軟骨質(状)の.

Knor·pel≈werk[knɔ́rpəl..] 中〘美〙(バロック様式の)軟骨模様(→ 図). **≈zel·le** 女〘解〙軟骨細胞.

knorp·lig =knorpelig

Knor·ren[knɔ́rən] 男 -s/- **1** 木の節(ふし)〈こぶ〉. **2** 切り株; 丸太. [*mhd.*; ◇Knust, Knorpel; *engl.* knar, knur]

knor·rig[knɔ́rıç]² 形 こぶのある, 節くれだった; 《比》頑固〈強情〉な: ~*e* Hände 節くれだった手. [[*ahd.*]]

Knorz[knɔrts] 男 -es/-e 《南部・スイ》= Knorren

knor·zen[knɔ́rtsən] 《02》自 (h) 《スイ》《話》 **1** 営々と努力する, 苦労する. **2** (knausern) けちけちする, 出し惜しみする.

Knor·zer[..tsər] 男 -s/- 《スイ》《話》けちんぼ, しみったれ.

knor·zig[..tsıç]² 形 **1** 《南部・スイ》=knorrig **2** 《スイ》《話》(knauserig) ひどくけちな, しみったれた.

Knos·pe[knɔ́spə] 女 -/-n **1** (小 **Knösp·chen** [knœ́spçən], **Knösp·lein**[..laın] 中 -s/-) 芽(め); つぼみ; 《比》未発達〈未成熟〉のもの: Blüten*knospe* 花芽(かが), つぼみ | Blatt*knospe* 葉芽(ようが) ‖ ~*n* ansetzen 〈treiben〉 (草木が)芽を吹く | Die ~*n* blühen auf. つぼみが開く〈開花する〉‖ Sie ist noch eine ~. 彼女はまだ若いつぼみだ(女性として成熟していない). **2** 〘建〙(柱頭の)つぼみ状装飾(→ 図 Kapitell). [*mhd.*; ◇Knopf]

knos·pen[knɔ́spən] 自 (h) 芽を出す, 発芽する; つぼみをつける: *knospende* Bäume 芽を吹き始めた木々.

knos·pen≈ar·tig 形, **≈haft** 形 芽〈つぼみ〉状の.

Knos·pen≈ka·pi·tell 中〘建〙(ゴシック建築などの)つぼみ状柱頭(→ 図 Kapitell). **≈strah·ler** 男 -s/- 〘動〙ウミツボミ類(化石で知られる棘皮(きょくひ)動物). **≈sucht** 女 -/ 異状発芽.

knos·pig[knɔ́spıç]² 形 芽〈つぼみ〉のついた; 芽〈つぼみ〉状の.

Knösp·lein Knospe の縮小形.

Knos·pung[knɔ́spʊŋ] 女 -/-en 発芽; 〘動〙出芽〔生殖〕.

Knos·sos[knɔ́sɔs] 地名 クノッソス(古代 Kreta の中心都市で, 伝説の王 Minos の宮殿があった). [*gr.*]

Knöt·chen[knǿ:tçən] 中 -s/- (Knoten の縮小形. 例えば:) 小さい結び目; 〘医〙小結節.

Knöt·chen≈aus·schlag 男, **≈flech·te** 女 (Lichen) 〘医〙苔癬(たいせん).

ᵛ**Kno·te**[knó:tə] 男 -n/-n 《北部》粗野〈不作法〉なやつ. [*mndd.* genōt „Genosse"; ◇Genosse]

knö·teln[knǿ:təln] 《06》自 (h) 〘手芸〙(小さい)結び目をつくる.

kno·ten[knó:tən] 《01》他 (h) 結ぶ; 結び目をつくる; 結びつける: den gerissenen Faden ~ 切れた糸を結び合わせる | *sich*³ ein Tuch um den Hals ~ くびにネッカチーフを結ぶ.

Kno·ten[−] 男 -s/- (小 **Knöt·chen** → 別出, **Knöt·lein** [knǿ:tlaın] 中 -s/-) **1** 結び目, ゆわえ目: der ~ der Krawatte ネクタイの結び目 ‖ einen ~ machen 〈lösen〉 結び目をつくる〈解く〉 | einen ~ aufbekommen (解けにくい)結び目をやっとのことで解く | ***sich***³ **einen ~ ins Taschentuch machen** 《話》ハンカチに結び目をつくる(大切なことを忘れずに思い出すためのしるしとして) | Der ~ lockert sich 〈geht auf〉. 結び目がゆるむ〈解ける〉‖ **den 〔gordischen〕 ~ durchhauen** 《比》難問題を一気に解決する | den ~ des Dramas schürzen 《比》ドラマの筋を盛り上げる | Die Sache hat einen ~. 《話》この件はどこかつじつまが合わない | **bei *jm.* ist der ~ gerissen 〈geplatzt〉** 《話》 i) 彼は不利な条件を克服した; ii) …はようやく合点がいった. **2** (Haarknoten) 束ねて結った髪, まげ: das Haar 〈die Haare〉 in einem ~ tragen 髪をまげに結っている. **3 a)** (木材の)ふし; (枝・幹などの)こぶ. **b)** (Nodus) 〘医〙結節; 〘植〙節(せつ)(葉の付着している茎の部分). **c)** 〘理〙節(ふし); 〘天〙交点: ein absteigender 〈aufsteigender〉 ~ 降〈昇〉交点. **4** (単位: -/-) ノット(1時間に1海里進む船の速さの単位; 記号 kn): mit einer Geschwindigkeit von 30 ~ 30ノットの速力で. [*ahd.*; ◇Knolle, Knute; *engl.* knot]

Kno·ten·amt[knó:tən..] 中 (電話の)交換局.

kno·ten·ar·tig 形 結び目状の; 〘医〙結節状の.

Kno·ten≈bahn·hof 男〘鉄道〙連絡駅. **≈ebe·ne** 女〘理〙節平面.

kno·ten·för·mig =knotenartig

Kno·ten≈punkt 男 **1** (いくつかの鉄道・道路などが交差する交通の)分岐点; 結節点. **2** 〘理〙節点. **≈schrift** 女 (Quipu) (インカ族の)結節縄文字, キープ(→ 図 Schrift). **≈stich** 男〘手芸〙ノット=ステッチ. **≈stock** 男 -〔e〕s/..stöcke 節だらけのつえ.

Knö·te·rich[knǿ:tərıç] 男 -s/-e 〘植〙タデ(蓼)属.

knö·tern[knǿ:tərn] (**kno·tern**[knó:..]) 《05》自 (h) 《方》(nörgeln) 文句ばかりつける, 絶えず不平を鳴らす. [*germ.*; 擬音]

kno·tig[knó:tıç]² 形 結び目のある; 節〈こぶ〉のある; 節〈こぶ〉のような; 〘医〙結節性の: ~*e* Hände 節くれだった手.

Knöt·lein Knoten の縮小形(→Knötchen).

Knot·ten·erz[knɔ́tən..] 中〘地〙点紋砂岩.

knot·tern[knɔ́tərn] 《05》=knotern

Know-how[noʊháʊ, ⌐−] 中 -〔s〕/ (物事の扱い方に関する)実用的〈専門的〉知識; 秘訣(ひけつ), こつ: das technische ~ 技術上のノウハウ | das ~ kaufen ノウハウを買う. [*engl.*]

Knub·be[knʊ́bə] 女 -/-n 《北部》=Knubben

Knub·bel[knʊ́bəl] 男 -s/- 《北部》こぶ, 結節; ずんぐりした小男.

knub·be·lig[..bəlıç]² (**knubb·lig**[..blıç]²) 形 《北部》こぶのある; ずんぐりした.

knub·beln[knʊ́bəln] 《06》《北部》 **I** 他 (h) 再帰 *sich*⁴ ~ 押し寄せる, 詰まる: 再帰・非人称 Auf der Autobahn *knubbelt* es sich. アウトバーンは車が渋滞している. **II** 自 (h) 《an *et.*³》(…を)指でいじり回す.

Knub·bel·na·se 女 《北部》団子鼻.

Knub·ben[knʊ́bən] 男 -s/- 《北部》 **1** =Knorren **2** ずんぐりした人. [*mndd.* knubbe; ◇Knopf; *engl.* knob]

knubb·lig =knubbelig

Knud·del[knʊ́dəl] 男 -s/- 《北部》 **1** =Knäuel 1 **2** 吹き出物, おでき.

knud·deln[knʊ́dəln] 《06》他 (h) 《方》 **1** 手で丸める, しわくちゃにする. **2** 《*jn.*》(子供などを)抱きしめてキスする.

Knuff[knʊf] 男 -〔e〕s/Knüffe[knʏ́fə] 《話》こぶし〈ひじ〉で突くこと: *jm.* einen ~ in den Rücken 〈in die Seite〉 geben …の背中〈わき腹〉をつつく.

knuf·fen[knʊ́fən] 他 (h) 《話》《*jn.*》こぶし〈ひじ〉で突く. [*ndd.*; 擬音]

Knülch[knʏlç] 男 -s/-e=Knilch

knüll[knʏl] 形, **knül·le**[knʏ́lə] 形 《話》 **1** (betrunken) 酔っぱらった. **2** 意気消沈〈疲労困憊(こんぱい)〉した.

knül·len[knʏ́lən] **I** 他 (h) **1** 手で丸める, しわくちゃにする. **2** 《スイ》=schlagen I **II** 自 (h) (knittern) (布地などが)しわになる. [*mhd.*; ◇Knolle]

Knül·ler[knʏ́lər] 男 -s/- 《話》大好評〈大当たり〉のもの(商品・書物・映画・芝居・流行歌など); センセーショナルなもの. [<*jidd.* knellen „knallen" (◇Knall)]

Knüpf·ar·beit[knʏ́pf..] 女 編み細工; 〘手芸〙マクラメ=レース.

knüp·fen[knʏ́pfən] 他 (h) **1 a)** 結ぶ, 結び合わせる: die Krawatte 〈das Schuhband〉 ~ ネクタイ〈靴ひも〉を結ぶ | zerrissene Fäden ~ 切れた糸をつなぎ合わせる | die Freundschaftsbande ~ 友情のきずなを結ぶ | zarte Bande ~ (→Band²). **b)** 結んで〈編んで〉作る: einen Knoten ~ 結び目をつくる | Netze 〈Teppiche〉 ~ 網〈じゅうたん〉を編む. **2** 結びつける: an *et.*⁴ Hoffnungen ~ …に希望をつなぐ | an *et.*⁴ eine Bedingung ~ …に条件を一つつける | ein Tuch um den Kopf ~ 頭に布を巻く ‖ 再帰 *sich*⁴ an *et.*⁴ ~ …に結びつく | An diese Stadt *knüpfen* sich für mich schöne Erinnerungen. この町には私にとってすばらしい思い出が結びついている. [*ahd.*; ◇Knopf]

K

Knüp·fung[knÝpfʊŋ] 女 -/-en《ふつう単数で》**1** knüpfen すること. **2** 結び〈編み〉方.

Knüp·pel[knÝpəl] 男 -s/- **1 a**) こん棒; 丸太: Polizei*knüppel* 警棒 ‖ *jn.* mit einem ~ niederschlagen …をこん棒で殴り倒す | den ~ nehmen《話》力ずくで解決をはかる | ***sich***³ **einen ~ ans Bein binden 〈hängen〉**《話》やっかいなことをしょいこむ | **einen ~ am Bein haben**《話》やっかいなことをしょいこんでいる | ***jm.* einen ~ zwischen die Beine werfen**《話》…に対して邪魔だて〈妨害工作〉をする ‖ **Da liegt der ~ beim Hund.**《話》いやな〈まずい〉結果は当然避けられない; それは当然の〈思ったとおりの〉まずい結果だ | ***jm.* ein ~ am Bein sein**《話》…の重荷になっている, …を悩ませている. **b**)〖金属〗延べ棒. **2** (Steuerknüppel) 操縦桿(かん); (Schaltknüppel) 変速レバー. **3** コッペパン(→ 図 Brot). **4**《卑》(Penis) 陰茎, 男根. [<*mndd.* knōp „Knopf"+*mhd.* klüppel „Klopfer" (◇klopfen)]

Knüp·pel·aus·dem·sack[knÝpəl-ausdəmzák] 男《話》〖もっぱら次の成句で〗**~ spielen** さんざんに殴る.

Knüp·pel≈brücke 女 丸木橋. **≈damm** 男 (沼沢地などに設けられた) 丸太道.

knüp·pel≈dick 形 **1** 丸太ん棒のように太い. **2**《話》いやな, ひどい: ~〔*e*〕 voll ぎっしり詰まった | es ~ haben あきあきしている | Das Unglück kam ~. 不幸がどかんと一度にやってきた | Er hat es ~ hinter den Ohren. 彼は抜けめがない(海千山千だ). **≈hart** 形《話》(パンなどが) 非常に硬い.

Knüp·pel≈hieb 男 こん棒の打撃. **≈holz** 中 丸太.

knüp·peln[knÝpəln]《06》**I** 他 (h) **1** こん棒で殴る: *jn.* zu Boden ~ …をこん棒で殴り倒す. **2**《卑》《*jn.*》(…と) 性交する. **II** 自 (h) **1**《話》非人称 (es knüppelt) 同じことがひんぱんに〈しょっちゅう〉起こる. **2**〖スポ〗汚い試合をする.

Knüp·pel≈schal·tung 女 (↔ Lenkradschaltung) (自動車の) フロア=シフト. **≈vers** =Knittelvers **≈weg** 男 =Knüppeldamm

knup·pern[knÚpərn]《05》《方》=knabbern

knur·ren[knÚrən] 自 (h) **1** (犬などが) うなる; (胃腸が) ゴロゴロいう: *jm. knurrt* der Magen (→Magen) **2**《über *et.*⁴》(…について) ぶつぶつ〔不平を〕言う. [擬音; ◇knarren]

Knurr·hahn 男〖魚〗ホウボウ(魴鮄);《比》ぶつぶつ不平ばかり言う人; 気むずかし屋.

knur·rig[knÚrɪç]² 形 ぶつぶつ言う, 不平たらたらの; 気むずかしい, 不機嫌な.

Knur·rig·keit[–kaɪt] 女 -/ knurrig なこと.

knü·se·lig[knÝːzəlɪç]² 形《南部》不潔な, きたない; しわくちゃの.

knü·seln[knÝːzəln]《06》他 (h)《南部》よごす; しわくちゃにする. [<*ahd.* chnussan „stoßen"]

Knus·per·chen[knÚspərçən] 中 -s/-《ふつう複数で》(カリカリ音のする) ビスケット類.

Knus·per≈flocken 複 コーンフレーク. **≈häus·chen** 中 (童話に出てくる) お菓子の家.

knus·pe·rig =knusprig

knus·pern[knÚspərn]《05》**I** 他 (h) (knabbern) カリカリ〈ポリポリ〉かじる. **II** 自 (h)《an *et.*³》(…を) カリカリ〈ポリポリ〉かじる. [擬音]

knusp·rig[..prɪç]² (**knus·pe·rig**[..pərɪç]²) 形 (パン・ビスケット・焼き肉の衣などが) かりかりによく焼き上がった;《比》(女の子などが) ぴちぴちした.

Knust[knuːst] 男 -〔e〕s/-e, Knüste[knÝːstə] (⑳ **Knüst·chen**[knÝːstçən] 中 -s/-)《北部》**1** (Kanten) (パンの両端の) 切れ端 (→ 図 Brot). **2** (Kernhaus) (果実の) 芯(しん). [*mndd.* knūst „Knorren"; ◇Knoten, Knorren]

Knut[knuːt] 男名 クヌート. [*nord.*; ◇Knauser]

Knu·te[knúːtə] 女 -/-n 革のむち;《比》(仮借のない) 圧制, 暴力支配: unter *js.* ~ seufzen …の圧制下に苦しむ. [*anord.* knūtr „Knoten" (◇Knoten)–*russ.*]

knu·ten[knúːtən]《01》他 (h) **1** (革のむちで) 殴る, むち打つ;《方向を示す語句と》(むち打って…へ) かり立てる, 強制する: *jn.* zur Fron aufs Feld ~ …を夫役(ぶやく)のために畑にかり出す. **2** 弾圧〈抑圧〉する.

knut·schen[knúːtʃən]《04》他 (h)《話》《*jn.*》抱きしめて愛撫(あいぶ)〈キス〉する. [*mhd.* knutzen „quetschen"; ◇Knoten]

Knut·sche·rei[knuːtʃəráɪ] 女 -/-en knutschen すること.

Knutsch·fleck[knúːtʃ..] 男《話》キスマーク.

Knüt·tel[knÝtəl] 男 -s/- =Knüppel [*ahd.* chnutil „Knotenstock"; ◇Knoten]

knüt·teln[knÝtəln]《06》=knüppeln

Knüt·tel·vers =Knittelvers

ko..¹ →kon..

ko..²《名詞などにつけて「共同の・一緒の」などを意味する》: *Ko*autor 共同執筆者 | *Ko*pilot〖空〗副操縦士. [*lat.*–*engl.* co..]

k. o.[kaːǀóː] 略 **I** 形《述語的》〖ボクシング〗ノックアウトされた: *jn.* ~ schlagen …をノックアウトする | Ich bin völlig ~.《比》私は完全に参っている. **II K. o.** 男 -〔s〕/-〔s〕〖ボクシング〗ノックアウト: technischer ~ テクニカル=ノックアウト | durch ~ gewinnen 〈verlieren〉 ノックアウト勝ち〈負け〉する. [<knockout]

Ko·ad·ap·ta·tion[kóːǀadaptatsioːn, ko(ː)ǀadaptatsióːn] 女 -/-en **1**〖心〗共順応. **2**〖医〗(環境に対する遺伝形質の) 順応. [*engl.*]

Ko·ad·ju·tor[ko(ǀ)atjúːtɔr, koː..] 男 -s/-en [..jutóːrən]〖カトリック〗(高齢・病気などで職務執行の困難な聖職者, 特に司教の) 補佐, 代行者. [*spätlat.*; ◇Adjutant]

Ko·agu·lans[koǀáːgulans] 中 -/..lantia[..ǀa(ː)gulántsia·]《ふつう複数で》〖医〗血液凝固剤, 凝血薬.

Ko·agu·la·se[ko(ǀ)aguláːzə] 女 -/-n〖医〗コアグラーゼ, 凝固酵素. [<..ase]

Ko·agu·lat[..láːt] 中 -〔e〕s/-e〖化・医〗凝固物, 凝塊.

Ko·agu·la·tion[..latsióːn] 女 -/-en〖化・医〗凝固, 凝結. [*lat.*]

ko·agu·lie·ren[..líːrən] **I** 自 (s) (gerinnen) 凝固〈凝結〉する. **II** 他 (h) 凝固〈凝結〉させる. [*lat.*; <*lat.* cōgere „zusammentreiben"]

Koa·la[koáːla·] 男 -s/-s (Beutelbär)〖動〗コアラ, フクログマ(袋熊). [*austr.*]

Koa·la·bär[koáːla..] 男 =Koala

ko·alie·ren[ko(ǀ)alíːrən] (**ko·ali·sie·ren**[..(ǀ)alizíːrən]) 自 (h)《mit *jm.*》(政治的理由から…と) 提携する, 連立政府を作る. [*fr.* coaliser; <*lat.* co-alēscere „zusammen-wachsen" (◇Alumne); ◇*engl.* coalesce]

Ko·ali·tion[ko(ǀ)alitsióːn] 女 -/-en (政党・国家の) 提携, 連合: die sozialliberale ~ SPD と FDP の連立〔政権〕 | die große ~ zwischen CDU und SPD (ドイツの二大政党である) CDU と SPD との大連立〔政権〕 ‖ eine ~ mit den Freidemokraten bilden 〈eingehen〉 自由民主党とともに連立政権を作る. [*fr.*]

Ko·ali·tio·när[..tsionέːr] 男 -s/-e Koalition の構成パートナー. [<..är]

Ko·ali·tions≈frei·heit 女 -/〖法〗(特に労働者の) 団結の自由. **≈ka·bi·nett** 中〖政〗連立内閣. **≈krieg** 男 (数か国が共同戦線をはる) 連合〈同盟〉戦争. **≈par·tei** 女〖政〗連立与党. **≈recht** 中 -〔e〕s/〖法〗(労働者・企業家などの) 団結権; (労働組合間の) 共同〈提携〉権. **≈re·gie·rung** 女 連立政府.

Ko·ar·ti·ku·la·tion[koǀartikulatsióːn] 女 -/-en〖言〗同時〈二重〉調音.

Ko·au·tor[kóːǀaʊtɔr] 男 -s/-en[..toːrən] 共同執筆者, 共著〈共編〉者.

koa·xen[koáksən]《02》=quaken [擬音; ◇*lat.* coaxāre „quaken"]

ko·axial[ko(ǀ)aksiáːl] 形〖工〗同軸の.

Ko·axial≈ka·bel 中〖電〗同軸ケーブル. **≈lei·tung** 女〖電〗同軸線.

Ko·azer·vat[ko(ǀ)atsɛrváːt] 中 -〔e〕s/-e〖生化学〗コアセルベート, 液滴. [*engl.* coacervate; <*lat.* acervus „Haufen"]

Kob[kɔp] 男 -s/-s《話》=Kontakt〔bereichs〕beamte

Ko·balt[kó:balt] 中 -s/ 〘化〙コバルト(金属元素名; 記号 Co). [<Kobold; コバルトは Kobold が銀とすり替えた役に立たないものと信じられていたことから]

Ko·balt·be·strah·lung 女 〘医〙コバルト照射.

ko·balt·blau I 形 コバルトブルー(明るい青色)の. II **Ko·balt·blau** 中 コバルトブルー〔の顔料〕.

Ko·balt≈blü·te 女 -/ (Erythrin) 〘鉱〙コバルト華. **≈bom·be** 女 〘軍〙コバルト爆弾(水爆の一種). **≈glanz** 男 〘鉱〙輝コバルト鉱. **≈ka·no·ne** 女 〘医〙コバルト60照射装置. **≈kies** 男 〘鉱〙硫コバルト鉱. **≈spei·se** 女 〘鉱〙砒(ひ)コバルト鉱.

KoBe[kobé:] 男 -〔s〕/-〔s〕《話》= Kontakt〔bereichs〕-beamte

Ko·bel[kó:bəl] 男 -s/- **1** 《南部・オーストリア》= Koben **2** 〘狩〙リス〈テン〉の巣.

Ko·ben[kó:bən] 男 -s/- 家畜小屋,(特に:)豚小屋: Schweine*koben* 豚小屋. [*germ.*; ◇Keule, Kobold; *engl.* cove]

Kø·ben·havn[købənháu̯n] →Kopenhagen [*dän.*]

Ko·ber[kó:bər] 男 -s/-《中部・北部》**1** (食品などを運ぶ,ふた付きの)背負いかご. **2** (⊛ **Ko·be·rin**[..bərın]-/-nen) (Wirt) (旅館・飲食店の)主人. [<Koben]

Ko·blenz[kó:blɛnts] 地名 コーブレンツ(ドイツ西部, Rhein 川と Mosel 川の合流点に位置する商工業都市). [*spätlat.*; ◇konfluieren]

Ko·blen·zer[..tsər] I 男 -s/- コーブレンツの人. II 形《無変化》コーブレンツの.

Ko·bold[kó:bɔlt][1] 男 -〔e〕s/-e 〘民間信仰〙コボルト(ドイツの俗信で, いたずら好きな小妖精(ようせい). 人の仕事を助けることもあるが, 怒ると意地悪なこともする); 《比》いたずらっ子. [*mhd.* „Hausgeist"; ◇Koben]

Ko·bold≈äff·chen 中, **≈ma·ki** 男 (Gespenstermaki) 〘動〙メガネザル(眼鏡猿).

Ko·bolz[kobɔ́lts] 男《北部》(Purzelbaum) とんぼ返り: 〔**einen**〕 **~ schießen** 〈**schlagen**〉 とんぼ返りをする, とんぼを切る.

ko·bol·zen[kobɔ́ltsən] 《02》 自 (h) 《北部》とんぼ返りをする.

Ko·bra[kó:bra·] 女 -/-s 〘動〙コブラ(毒ヘビ). [*lat.* colubra „Schlangenweibchen"–*port.* cobra (de capello) „(Kappen)schlange"]

Ko·bra·gift[kó:bra..] 中 -〔e〕s/ コブラの毒.

Ko·če·vje[kɔtʃé:vjɛ] 地名 コチェヴィエ(→Gottschee).

Koch[1][kɔx] 人名 Robert ~ ローベルト コッホ(1843-1910; ドイツの医学者. 細菌学の創始者).

Koch[2][–] I 男 -〔e〕s/Köche[kœ́çə] (⊛ **Kö·chin**[kœ́çın]-/-nen) 調理士, 料理人, コック: Chef*koch* 料理長, コック長 | Schiffs*koch* 船のコック〈司厨(しちゅう)員〉‖ Er lernt ~ 〈arbeitet als ~〉 in einem Hotel. 彼はホテルでコックの見習いをしている〈コックをしている〉‖ **Viele *Köche* verderben den Brei.** 《諺》船頭多くして船山に登る(料理人が多すぎてかゆが台なしになる) | Hunger ist der beste ~. (→ Hunger 1).

II 中 -s/ 《南部・オーストリア》(Brei) (どろどろに煮〔てすりつぶし〕たもの. 例えば:) かゆ, ムース, ジャム.

[*lat.* coquus, cocus–*germ.*; ◇kochen; *engl.* cook]

Koch≈abi·tur[kɔ́x..] 中《戯》女子高校の卒業資格〔試験〕. **≈an·lei·tung** 女, **≈an·wei·sung** 女 (缶詰・即席食品などに表示されている)調理法. **≈ap·fel** 男 (↔Tafelapfel) (ジャムなどにする)くずリンゴ. **≈ap·pa·rat** 男 = Kocher[1] 1

koch·be·stän·dig = kochfest

Koch≈bir·ne 女 (ジャムなどにする)くずナシ. **≈buch** 中 料理法の本, クッキングブック.

Kö·che Koch[2] I の複数.

koch·echt[kɔ́x..] = kochfest

Koch·ecke 女 (部屋の隅などの)クッキングコーナー.

kö·cheln[kœ́çəln] 《06》 自 (h) **1** (飲食物が)とろ火でぐつぐつ煮える: Diese Soße darf nur ~. このソースは煮立たせてはいけない. **2** 《戯》(料理好きな人が)炊事をする.

Kö·chel·ver·zeich·nis[kœ́çəl..] 中 -ses/ (略 KV) 〘楽〙(モーツァルトの作品の)ケッヘル作品目録〔番号〕: Sinfonie Nr. 41, C-Dur, ~ 〔Nr.〕 551 交響曲41番ハ長調ケッヘル551番. [<L. v. Köchel (オーストリアの植物学者でモーツァルト愛好家, †1877)]

ko·chem[kɔ́xəm] 形《話》(klug) 利口な, 抜け目のない.

Ko·che·mer[..xəmər] 男 -s/-《話》抜け目のない詐欺師〈悪党〉. [*jidd.*]

ko·chen[kɔ́xən] I 他 (h) **1** 煮る, ゆでる; 沸かす: Fleisch 〈Kartoffeln〉 〔gar〕 ~ 肉〈ジャガイモ〉を〔中まで火が通るほど十分に〕煮る | Teer ~ タールを溶かす | Wäsche ~ 下着を煮沸〔消毒〕する | Wasser ~ 湯を沸かす ‖ Es wird nichts so heiß gegessen, wie es *gekocht* wird. (→heiß[2] 1) ‖ Die Sonne *kocht* die Trauben. 《雅》太陽がブドウを成熟させる. **2** 《しばしば目的語なしで》料理〈調理〉する: 〔eine〕 Suppe ~ スープを作る | Tee 〈Kaffee〉 ~ 茶〈コーヒー〉をいれる ‖ Sie *kocht* gut 〈gern〉. 彼女は料理がうまい〈好きだ〉| Du *kochst* zu fett. 君の料理は油っこすぎる | ~ lernen 料理を習う | Hier wird auch nur mit Wasser *gekocht.* (→ Wasser 1).

II 自 (h) 煮える; 沸騰する, 沸く; 《比》沸き立つ: Die Milch *kocht* noch nicht. ミルクはまだ沸いていない | Der Reis muß 20 Minuten ~. 米は20分炊かなければならない ‖ Die Erdbeeren *kochen* in der Sonne. 《雅》イチゴが太陽の光を浴びて成熟する | Er *kocht* vor Wut. 彼は怒りで煮えくり返っている ‖ *et.*[4] 〈*jn.*〉 zum *Kochen* bringen …を沸騰させる〈激昂(げっこう)させる〉‖ Das Wasser ist *kochend* heiß. その湯は煮えたぎっている.

[*lat.* coquere–*westgerm.*; ◇Koch[2]; *engl.* cook]

ko·chend·heiß[kɔ́xənt.., ⌣⌣́⌣] 形《付加語的》煮えたぎる熱さの: ~*es* Wasser 熱湯.

Ko·chend·was·ser≈au·to·mat[また: ⌣⌣⌣́⌣–⌣–] 男, **≈ge·rät** 中 瞬間湯沸かし器.

Ko·cher[1][kɔ́xər] 男 -s/- **1** (小型で簡単な)煮沸器, 湯沸かし; (キャンプなどで用いる)コッヘル: Spiritus*kocher* アルコールランプ. **2** 《話》(Tabakspfeife) (タバコの)パイプ.

der **Ko·cher**[2][–] 男 -s/ コッヘル (Neckar 川の支流). [<*kelt.* kuk „krumm sein"]

Kö·cher[kœ́çər] 男 -s/- **1** 箙(えびら), 靫(うつぼ), 矢筒. **2** (矢筒形のもの. 例えば:) 双眼鏡のケース; ゴルフバッグ. [*westgerm.*; ◇*engl.* quiver]

Ko·che·rei[kɔxəráı] 女 -/ 《軽蔑的に》(めんどうな・退屈な)炊事, 食事の用意.

Kö·cher≈flie·ge[kœ́çər..] 女 〘虫〙毛翅(もうし)目の昆虫(トビゲラ類). **≈jung·fer** 女 = Köcherfliege

koch≈fer·tig[kɔ́x..] 形 (皮をむいたり洗ったりして)煮るばかりになった; (熱するだけで食べられる)即席〈インスタント〉の: ~*e* Suppe インスタントスープ. **≈fest** 形 (布地などが)煮沸してもいたまない.

Koch≈frau 女《方》(パーティーなどを手伝う)料理じょうずな女. **≈ge·fäß** 中 炊事用具(特になべ・かま類). **≈ge·le·gen·heit** 女 (貸間などの)炊事の設備. **≈ge·rät** 中 = Kocher[1] 1 **≈ge·schirr** 中 **1** 飯盒(はんごう). **2** 《集合的に》調理〈炊事〉器具. **≈herd** 男 レンジ; こんろ.

Kö·chin Koch[2] I の女性形.

Koch≈kä·se[kɔ́x..] 男 **1** 凝乳を加熱して作ったチーズ. **2** 調理用チーズ. **≈kel·le** 女 = Kochlöffel **≈kes·sel** 男 (大型の)調理なべ, かま. **≈ki·ste** 女 〘料理〙保温器〈箱〉. **≈kul·tur** 女 料理文化, 食文化. **≈kunst** 女 -/ 料理法, 調理術. **≈kurs** 男, **≈kur·sus** 男 料理講習会. **≈loch** 中 **1** (炉・レンジの)なべ〈やかん〉をのせる穴. **2** (キャンプなどで)なべ〈やかん〉をのせるために地面に掘った穴. **≈löf·fel** 男 (柄の長い, ふつう木製の)料理用スプーン(→ 図 Löffel): **den ~ schwingen** 《戯》料理をする.

Koch·löf·fel-Aka·de·mie 女《戯》女子高校.

Koch≈ma·schi·ne 女《方》= Kochherd **≈mes·ser** 男 包丁(→ 図 Messer). **≈müt·ze** 女 コック帽(→ 図 Mütze). **≈ni·sche** 女 炊事用壁龕(へきがん). **≈ofen** 男 (石炭などを用いる)かまど. **≈plat·te** 女 **1** (電気レンジの)クッキング〈ホット〉プレート(→ 図 Herd). **2** こんろ. **≈pro·be** 女 煮沸試験. **≈punkt** 男 -〔e〕s/ 沸点. **≈re·zept** 中

調理法, 調理説明書, レシピ. ⸗**salz** 中 食塩.

koch·salz⸗arm 形 食塩分の少ない. ⸗**frei** 形 食塩の入っていない.

Koch·salz⸗ge·halt 男 食塩含有量. ⸗**in·fu·sion** 女《医》食塩水皮下注入〔法〕. ⸗**lö·sung** 女《医》食塩水. ⸗**quel·le** 女《地》食塩泉.

Koch⸗schrank 男 (レンジ・流し・冷蔵庫などをコンパクトに組み込んだ)調理〈炊事〉セット, キッチンユニット. ⸗**schu·le** 女 料理学校. ⸗**stel·le** 女 **1** (キャンプ地などの)野外炊事炉. **2** =Kochplatte ⸗**topf** 男 (深い)料理用なべ, 調理なべ(→ 図 Topf): *jm.* in den ~ gucken …の調理なべの中をのぞく;《比》…のプライバシーに興味をもつ | **in den ~ wandern**《戯》(家畜などが殺されて)料理される. ⸗**wä·sche** 女 -/ 煮沸洗濯できる〈した〉下着類. ⸗**was·ser** 中 -s/ 煮汁. ⸗**zeit** 女 煮沸時間. ⸗**zucker** 男 調理用砂糖.

$^{\triangledown}$**Kocke**[kɔ́kə] 男 -s/-n =Kogge

$^{\triangledown}$**Kockel**[kɔ́kəl] 男 -s/- =Gockel

Kockels·kör·ner =Kokkelskörner

Ko·da[kó:da·] 女 -/-s《楽》コーダ, 終止部;《言》音節末尾音. [*lat.* cauda „Schwanz"–*it.*]

Ko·dak[kó:dak] 男 -s/-s 商標 コダック(アメリカのイーストマン社製のカメラ・フィルム).

Ko·dály[kóda:j] 人名 Zoltán ~ ゾルターン コダーイ(1882–1967; ハンガリーの作曲家).

Kod·der[kɔ́dər] 男 -s/-n《北部》**1** (Lumpen) ぼろ, ぼろ切れ; ぞうきん. **2** (Schleim) 粘液; 痰(たん). [1: <Kotze^{2}; 2: *mndd.*]

kod·de·rig[kɔ́dərɪç]^{2} (**kodd·rig**[..drɪç]^{2}) 形《北部》**1** むかつく, 吐き気がする: Mir ist ~ 〔zumute〕. 私は胸がむかむかする. **2**《付加語的》(frech) 生意気な, あつかましい. **3** (abgerissen) ぼろぼろの;《比》よごれきった, 使い物にならない.

kod·dern[..dərn]《05》自 (h)《北部》**1** (こまごましたものを)洗濯する. **2**《話》嘔吐(おうと)する; つばを吐く.

kodd·rig =kodderig

Kode[ko:t, kó:də] 男 -s/-s **1 a)** (暗号の翻訳・解読用の)鍵(かぎ), キー〔ワード〕; 暗号. **b)** 電信略号〔簿〕. **2**《情報・言》信号体系(情報―信号・記号―記号間の対応規則からなる情報伝達の基盤). **3** genetischer ~《生》遺伝情報. [*lat.* cōdex (→Kodex)–*fr.*]

Ko·dein[kodeí:n] 中 -s/《薬》コデイン(鎮咳(ちんがい)剤). [<*gr.* kṓdeia „Mohnkopf"+..in^{2}; ◇ *engl.* codeine]

Kö·der[kǿ:dər] 男 -s/- **1** (Lockspeise) (獣・鳥・魚などをおびきよせるための)えさ; (Angelköder) 釣り針用の擬似餌(ぎじえ) (→ 図 Angel);《比》(おびき寄せるための)おとり〔となるもの〕: ein lebender ~ 生き餌 ‖ einen ~ auslegen 〈auswerfen〉 えさを投げる;《比》誘惑する | am 〈auf den〉 ~ anbeißen えさに食いつく;《比》誘惑にのる. **2**《スイス》(Speichel) 唾液(だえき), つば; よだれ. [*ahd.* querdar; ◇ Gurgel]

Kö·der·fisch·ei·mer 男《漁》生き餌(え)用のバケツ.

Kö·der·fleisch 中 Köder として使用する肉.

kö·dern[kǿ:dərn]《05》他 (h) (魚・鳥・獣などを)餌(え)〈えさ〉で引き寄せる;《比》《*jn.*》(…をだまして)おびき寄せる: Fische mit Würmern ~ ゴカイを餌にして魚を釣る | *jn.* mit Geld ~ …を金銭で釣る〈ひっかける〉.

Kö·der·wurm 男《動》タマシキゴカイ(玉敷沙蚕).

Ko·dex[kó:dɛks] 男 -〔es〕/-e, Kodizes[..ditse:s] **1 a)** (古代の)木簡. **b)** (中世の)手写本. **2** 法令集,(特にローマ法の)法典; (一般に特定の専門領域での)規範集. **3** (振舞いや行動の)規範, 基準. [*lat.* cōdex „Schreibtafel"; ◇ Kode]

Ko·diak·bär[kó:diakbɛ:r] 男《動》コディアクグマ, アラスカアカグマ. [<Kodiak (太平洋の Alaska 半島基部の島)]

ko·die·ren[kodí:rən] 他 (h) (英: *encode*) (↔dekodieren) (伝達情報を)組号(そごう)する, 符号〈コード・暗号〉化する. [*fr.*; ◇ Kode]

Ko·die·rung[..rʊŋ] 女 -/-en 組号(そごう), 符号化(伝達情報を信号体系に従って信号化する過程. 言語伝達では話し手による音声信号への置き換え過程).

Ko·di·fi·ka·tion[kodifikatsió:n] 女 -/-en **1** 法典編纂(へんさん)〈編集〉; (体系的な)集大成. **2** 法令〈法規〉集.

ko·di·fi·zie·ren[kodifitsí:rən] 他 (h) (法典を)編纂(へんさん)〈編集〉する; (一般に)体系的にまとめる, 集大成する; 確定する: die *kodifizierte* Norm 確定基準.

Ko·di·fi·zie·rung[..rʊŋ] 女 -/-en =Kodifikation

Ko·di·zes Kodex の複数.

Ko·di·zill[koditsíl] 中 -s/-e《法》遺言補足書. [*lat.* cōdicillus]

Ko·edi·tion[kó:(|)editsio:n, ko(|)editsió:n] 女 -/-en **1** (ある著作の)共同編集, 共編. **2** (複数出版社からの)同時〈並行〉刊行.

Ko·edu·ka·tion[ko(|)edukatsió:n, kó:(|)edukatsio:n] 女 -/ (Gemeinschaftserziehung) 男女共学. [*engl.*]

ko·edu·ka·tiv[ko(|)edukatí:f]^{1} 形 男女共学の: ein ~*es* Gymnasium 男女共学のギムナジウム.

Ko·ef·fi·zient[ko(|)ɛfitsiɛ́nt] 男 -en/-en《数・理》係数.

Ko·en·zym[ko(|)ɛntsý:m, kó:(|)ɛntsy:m] 中 -s/-e《生化学》補酵素.

ko·er·zi·bel[ko(|)ɛrtsí:bəl] (..zi·bl..) 形 強制し得る;《化》(ガスなどが)液化し得る. [<*lat.* co-ercēre „zusammenpferchen" (◇ Arkanum)]

Ko·er·zi·tiv⸗feld·stär·ke[ko(|)ɛrtsití:ffɛltʃtɛrkə] 女, ⸗**kraft** 女《理》抗磁力.

ko·exi·stent[ko(|)ɛksɪstɛ́nt, kó:|ɛksɪstɛnt] 形 共存する, 共在する.

Ko·exi·stenz[ko(|)ɛksɪstɛ́nts, kó:(|)ɛksɪstɛnts] 女 -/-en (同時的な)共存, 共在: friedliche ~ 平和共存. [*mlat.*]

ko·exi·stie·ren[ko(|)ɛksɪstí:rən, kó:(|)ɛksɪsti:rən] 自 (h) 共存する, 共在する: friedlich ~ 平和に共存する. [*kirchenlat.*]

Ko·fel[kó:fəl] 男 -s/-《南部》=Kogel I [*mhd.*]

$^{\triangledown}$**Ko·fen**[kó:fən] 男 -s/-《北部》=Koben [*mndd.*]

Ko·fer·ment[kofɛrmɛ́nt, kó:fɛrmɛnt] 中 -〔e〕s/-e =Koenzym

Kof·fein[kɔfeí:n] 中 -s/《化》カフェイン. [<*engl.* coffee (→Kaffee)+..in^{2}; ◇ Kaffein]

kof·fein⸗frei 形 カフェインを含まない. ⸗**hal·tig** 形 カフェインを含む.

Kof·fei·nis·mus[kɔfeinísmʊs] 男 -/《医》カフェイン〔中毒.〕

Kof·fer [kɔ́fər] 男 -s/- **1 a)** (小 **Köf·fer·chen** [kœ́fərçən], **Köf·fer·lein**[..laɪn] 中 -s/-) (箱形の)旅行かばん, トランク, スーツケース: Hand*koffer* 小型トランク, スーツケース | Reise*koffer* 旅行用トランク ‖ den ~ aufgeben トランクを託送する | **die ~ packen** (旅行の)荷造りをする;《比》旅に出る;《話》(愛想をつかして)立ち去る | **die ~ packen müssen 〈können〉**《話》くびになる | Du kannst deine ~ packen! きみはくびだ(きみは荷物をまとめて出て行ってもかまわない) | einen ~ stehenlassen《戯》おならをする ‖ **aus dem ~ leben** (職業がら)旅暮らしをする | *et.*^{4} **in** den ~ packen 〈tun〉 …をトランクに詰める | *jn.* **vor** dem ~ scheißen《話》…をどなりつける. **b)**《話》重たい〈ごつい〉物. **c)**《話》(監獄で金銭代わりに用いる)タバコ. **2**《土木》(道路の)路床用掘削部分. **3**《複数で》《話》〔schwere〕 ~ 砲弾. [*gr.* kóphinos „Korb"–*spätlat.*–*afr.* coffre–*mndl.*; ◇ *engl.* coffin]

Kof·fer⸗an·hän·ger[kɔ́fər..] 男 トランクの名札〈荷札〉. ⸗**bock** 男 (ホテルの客室などにある)トランク台.

Köf·fer·chen Koffer の縮小形.

Kof·fer·damm[kɔ́fər..] 男《海》コファーダム(船の二重隔壁の間のスペース). [*engl.* coffer-dam]

Kof·fer⸗emp·fän·ger 男《電》ポータブル受信機〈ラジオ〉. ⸗**fern·se·her** 男 ポータブルテレビ受像機. ⸗**fisch** 男《魚》ハコフグ(函河豚). ⸗**ge·rät** 中 =Kofferempfänger ⸗**ge·schäft** 中《話》(現金をトランクに入れての)国外持ち出し. ⸗**gram·mo·phon** 中 ポータブル〔レコード〕プレーヤー. ⸗**kleid** 中 (軽くてしわになりにくい)旅行用着替え服. ⸗**ku·li** 男《話》(駅や空港などで乗客が無料で使える)

Blumenkohl　Grünkohl　Rosenkohl　Rotkohl　Weißkohl　Wirsingkohl

Kohl[1]

手荷物運搬用カート(→ 図 Bahnhof A).

Kọ̈f·fer·lein Koffer の縮小形.

Kọf·fer≈mu·schel[kɔ́fər..] 女〘貝〙ナミノコガイ(波の子貝). **≈ra̲·dio** 中 携帯〈ポータブル〉ラジオ. **≈raum** 男 (自動車の)トランクルーム(→ 図 Kraftwagen). **≈schließ·fach** 中 コインロッカー. **≈schreib·ma·schi̲·ne** 女 ポータブルタイプライター. **≈trä·ger** 男〘鉄道〙赤帽, ポーター.

Kọg[1][ko:k][1] 男 -[e]s/Köge[kǿ:gə] = Koog

Kọg[2][−] 男 -/-er, -en《スイス》**1** (Luder)(野獣をおびき寄せるための)腐肉, 死肉. **2** (Dummkopf) ばか者, 愚か者.

kọ·ge[kó:gə] 副《スイス》(sehr) 非常に, きわめて, たいへん.

Kọ̈·ge Koog, Kog[1]の複数.

Kọ·gel[kó:gəl] **I** 男 -s/-《南部・オーストリア》〘地〙円頂丘(→ 図 Berg B). **II** 女 -/-n (Kapuze)(修道服に付属した)頭巾. [*mhd.*; ◇Gugel]

kọ̈·geln[kǿ:gəln]《06》他 (h)(がんこなことを言って)怒らせる. [<Kog[2]]

Kọg·ge[kɔ́gə] 女 -/-n コグ(13-15世紀にハンザ同盟が用いた舷側(げん)の高い帆船). [*mndd.*; ◇Kugel; *engl.* cog]

Kọ·gnak[kɔ́njak] 男 -s/-s (Weinbrand) コニャック, ブランデー(ぶどう酒からの蒸留酒: →Cognac).

Kọ·gnak≈bọh·ne 女 コニャック入りキャンデー. **≈glas** 中 -es/..gläser =Kognakschwenker **≈pum·pe** 女《話》(Herz) 心臓. **≈schwen·ker** 男 コニャック〈ブランデー〉グラス. [<Cognac]

Ko·gnạt[kɔgná:t] 男 -en/-en 親族(→Agnat). [*lat.* cō-gnātus „mit-geboren"; ◇Genus]

Ko·gna·tio̲n[kɔgnatsió:n] -/ 女系親族関係. [*lat.*]

Ko·gni·tio̲n[kɔgnitsió:n] 女 -/-en (Erkenntnis) 認識, 認知. [*lat.*; <*lat.* cō-gnōscere „erkennen"]

ko·gni·ti̲v[kɔgnití:f][1] 形〘心・教〙認識〈認知〉に関する.

Ko·gno̲·men[kɔgnó:mən, ..mɛn] 中 -s/-, ..mina [..mina·](古代ローマ人の)第三名(例 カエサル Gajus Julius *Caesar* の第三名はカエサル: →Agnomen, Nomen gentile, Pränomen). [*lat.*; <kon..+*lat.* nōmen (→Nomen)]

Kọ·gu·ryo[kó:gurĭo·] 地名 女 -/ 高句麗(こうくり)(朝鮮古代三王国の一つ; 前37頃-後668).

Ko·ha·bi·ta·tio̲n[kohabitatsió:n] 女 -/-en **1** (Geschlechtsverkehr)〘医〙性交. **2**〘政〙(とくにフランスでの, 大統領と野党出身の首相との)政治的共存. [1: *spätlat.*; 2: *fr.*]

ko·ha·bi·tie̲·ren[..tí:rən] 自 (h)〘医〙性交する.

ko·hä·rẹnt[kohɛrɛ́nt] 形 (↔inkohärent) **1** 互いに連関のある, 統一性のある, 首尾一貫した. **2**〘理〙〔可〕干渉性の, コヒーレントな: ~*es* Licht コヒーレント光(干渉性をもつ光).

Ko·hä·rẹnz[..rɛ́nts] 女 -/ (↔Inkohärenz) **1** 連関性, 統一性. **2**〘理〙〔可〕干渉性. **3**〘言〙(テクストの)結束構造. [*lat.*]

Ko·hä̲·rer[kohɛ́:rər] 男 -s/- 〘電〙コヒーラー(検波器の一種). [*engl.* coherer]

ko·hä·rie̲·ren[kohɛrí:rən] 自 (h) **1** 互いに連関する, 統一性をもつ, 首尾一貫する. **2**〘理〙凝集する. [*lat.*; <*lat.* haerēre (→häsitieren); ◇*engl.* cohere]

Ko·hä·sio̲n[..hɛzió:n] 女 -/ **1** 緊密な結びつき, 団結. **2**〘理〙(原子間・分子間などの)凝集力. **3**〘言〙結束性.

Ko·hä·sio̲ns·kraft 女〘理〙凝集力.

ko·hä·si̲v[..hɛzí:f][1] 形〘理〙凝集力のある.

Ko·he̲·leth[kohé:lɛt] 男 -/ (旧約聖書の)伝道の書(ギリシア語名は Ekklesiastes). [*hebr.*]

[▽]**ko·hi·bie̲·ren**[kohibí:rən] 他 (h)(mäßigen) 適度にする; 抑制する. [*lat.*; <*lat.* habēre „halten"]

Ko·hi·noor (**Ko·hi·nu̲r**)[kohinú:r] 男 -s/ コイヌール(イギリス王室所有のインド産超大ダイヤモンド). [*pers.* kōh-i-nūr „Berg des Lichts"]

Kọhl[1][ko:l] 男 -[e]s/ (種類: -e)〘植〙キャベツ類, 甘藍(かんらん)(→ 図);《方》(Weißkohl) 白キャベツ: Blatt*kohl* ハボタン | Blumen*kohl* カリフラワー | Rosen*kohl* メキャベツ | **aufgewärmter** ~《話》もうすんだこと, 古い話 ‖ ~ anbauen キャベツを栽培する ‖ ~ kochen キャベツを煮る | 〔*seinen*〕 ~ 〔**an**〕**bauen**《比》引きこもって〈ひっそりと〉暮らす | **den** 〔**alten**〕 ~ 〔**wieder**〕 **aufwärmen**《話》もうすんだこと〈古い話〉をむし返す | **Das macht den** ~ **nicht fett.**《比》それは何の役にもたたない. [*lat.* caulis „Stengel"−*ahd.*; ◇hohl, Kaverne; *engl.* cole]

Kọhl[2][−] 男 -[e]s/《話》(Unsinn) ばか話,(くだらぬ)おしゃべり: ~ reden 愚にもつかぬことを言う | Mach keinen ~! ばかなことを言うな. [*hebr.* qōl−*jidd.* kol „Stimme"]

Kọhl[3][−] 人名 Helmut ~ ヘルムート コール(1930- ; ドイツの政治家, CDU の党首. 旧西ドイツ最後の首相〔1982-90〕で, 再統一後の初代首相〔1990-98〕).

Kọhl·dampf[kó:ldampf] 男 -[e]s/《話》(Hunger) 飢え, 空腹: ~ **schieben** 空腹である. [<*rotw.* koll〔er〕 „wütender Hunger"+dampf „Hunger"]

Kọh·le[kó:lə] 女 -/-n **1 a)** (英: *coal*) 炭,(特に:) 石炭: Braun*kohle* 褐炭 | Holz*kohle* 木炭 | Stein*kohle* 石炭 | weiße ~《話》水力, 電力 ‖ ~ abbauen 〈fördern〉 石炭を採掘する | schwarz wie ~ sein 炭のようにまっ黒である | *et.*[4] zu ~ verbrennen …を焼いて炭にする ‖ 〔**wie**〕 **auf** 〔**glühenden**〕 ~*n* **sitzen** (不安・あせりなどで)いても立ってもいられない | **feurige** ~*n* **auf** *js.* **Haupt sammeln**《雅》(自分に迷惑をかけた)…に恩恵を施して〈寛大な態度を示して〉恥じ入らせる(聖書: ロマ12, 20から) | die ~*n* unter der Asche anblasen《比》(一度さめた)むかしの興奮〈情熱〉をよみがえらせる. **b)** (Zeichenkohle) デッサン用木炭: mit ~ zeichnen 木炭画を描く. **c)** (Aktivkohle)〘化〙活性炭. **d)** =Kohlebürste

2《複数で》《話》(Geld) 金(かね), 金銭: ~*n* schaufeln 金をかせぐ | Hauptsache, die ~*n* stimmen! 金さえちゃんと払ってくれれば〈十分あれば〉いいのだ. [*germ.*]

Kọh·le≈bür·ste[kó:lə..] 女〘電〙炭素ブラシ, カーボンブラシ. **≈che·mie** 女 石炭化学. **≈druck** 男 -[e]s/ (Pigmentdruck)〘写〙カーボン印画法. **≈fa̲·den** =Kohlenfaden **≈för·de·rung** =Kohlenförderung

kọh·le·fü̲h·rend =kohlenführend

Kọh·le≈hy·dra̲t = Kohlenhydrat **≈hy·drie·rung** 女〘化〙石炭水素添加. **≈kraft·werk** 中 (石炭による)火力発電所. **≈mi·kro·pho̲n** 中 炭素マイクロホン, カーボンマイク(音圧により炭素粒の接触抵抗が変化する原理を応用したマイク).

kọh·len[1][kó:lən] **I** 自 (h) **1** 炭になる, 炭化する; (炭化の過程で)くすぶる: Ein Docht *kohlt.* (ろうそくなどの)芯(しん)がくすぶる. **2**〘海〙(船が)石炭を積み込む.

II 他 (h) **1** 炭にする, 炭化させる. **2** 木炭で描く.

kọh·len[2][−] 自 (h)《話》(罪のない)ほらを吹く, 作り話をする, ばか話をする. [<Kohl[2]]

Kọh·len≈ban·se[kó:lən..] 女〘鉄道〙石炭置き場. **≈ba·ro̲n** 男《軽蔑的に》炭坑主. **≈becken** 中 **1** 炭田.

ᵛ2 火鉢. ≈**berg·werk** 中 炭坑. ≈**blen·de** 女 (Anthrazit) 無煙炭. ≈**bren·ner** 男 (Köhler) 炭焼き人. ≈**bun·ker** 男 石炭庫, 貯炭場.

Koh·len≈di·oxyd[ko:ləndí:|ɔksy:t, kó:ləndi|ɔk..][1] (≈**di·oxid**[..si:t][1]) 中《化》二酸化炭素, 炭酸ガス.

Koh·len≈ei·mer[kó:lən..] 男 石炭バケツ. ≈**fa·den** 男 (白熱電球の)炭素フィラメント. ≈**feue·rung** 女 **1**《単数で》石炭をたくこと. **2** 石炭燃料(の炉・暖房). ≈**flöz** 中《坑》炭層(→ ◎ Tagebau). ≈**för·de·rung** 中 石炭採掘; 石炭運搬, 出炭. ≈**for·ma·tion** 女《坑》含炭層.

koh·len·füh·rend 形《地》石炭を含む(埋蔵している).

Koh·len≈gas[kó:lən..] 中 石炭ガス; (石炭からとる)都市ガス. ≈**ge·biet** 中 炭坑地帯. ≈**gru·be** 女 炭坑. ≈**grus** 男 粉炭, 炭塵(たんじん). ≈**hei·zung** 女 石炭暖房. ≈**hy·drat** 中《化》炭水化物, 含水炭素. ≈**in·du·strie** 女 石炭産業. ≈**ka·sten** 男 (室内用の)石炭箱: in ～ schlafen《話》ひどい貧乏暮らしである. ≈**kel·ler** 男 石炭貯蔵用地下室. ≈**la·ger** 中 石炭庫, 貯炭場. ≈**mei·ler** 男 炭焼きがま.

Koh·len≈mon·oxyd [ko:lənmó:nɔksy:t, kó:lənmonɔksy:t][1] (≈**mon·oxid**[..si:t][1]) 中《化》一酸化炭素.

Koh·len≈ofen[kó:lən] = Kohleofen ≈**oxyd** (≈**oxid**) 中 **1**《化》酸化炭素(一酸化炭素・二酸化炭素・二酸化三炭素など, 炭素と酸素の化合物の総称). **2** = Kohlenmonoxyd ≈**pa·pier** = Kohlepapier ≈**pott** 男 -s/ **1** 炭坑地帯(特に Ruhr 地方の). **2** 石炭運搬船.

koh·len·sau·er 形 炭酸塩の: *kohlensaurer* Kalk 炭酸石灰 | *kohlensaures* Wasser 炭酸水.

Koh·len·säu·re[kó:lən..] 女 -/《化》炭酸.

Koh·len·säu·re≈eis 中 ドライアイス. ≈**gas** 中《化》炭酸ガス.

Koh·len≈schau·fel 女 石炭用スコップ. ≈**schicht** 女 (地中の)(石)炭層. ≈**schiff** 中 石炭運搬船. ≈**schüt·ter** 男 (ストーブなどの)石炭投入器. ᵛ≈**sta·tion** 女《海》給炭港. ≈**staub** 男 **1**《坑》炭塵(たんじん). **2** 粉炭.

Koh·len·staub≈ex·plo·sion 女《坑》炭塵(たんじん)爆発. ≈**lun·ge** 女《医》炭肺(症).

Koh·len≈stift 男《電》炭素棒. ≈**stoff** 男 -[e]s/《化》炭素(記号 C).

Koh·len·stoff≈ket·te 女《化》炭素鎖. ≈**stahl** 男《金属》炭素鋼. ≈**ver·bin·dung** 女《化》炭素化合物.

Koh·len≈teer 男 コールタール(石炭を高温乾留した際に生じる油状物質). ≈**trim·mer** 男《海》石炭運搬作業員. ≈**wa·gen** 男《鉄道》**1** (Tender) (蒸気機関車用の)炭水車. **2** = Kohlenwaggon ≈**wag·gon**[..vagɔ̃:] 男《鉄道》石炭車(石炭輸送用の貨車). ≈**was·ser·stoff** 男《化》炭化水素. ≈**zan·ge** 女 石炭ばさみ: ***jn.*** 〈***et.***[4]〉 **nicht** 〔**einmal**〕 **mit der ～ anfassen mögen**《話》(けがらわしくて)…とはかかわり合いになりたくない, …を遠く避けて通りたい. ≈**ze·che** 女 炭坑. ≈**zie·gel** 男《方》(Brikett) ブリケット(練炭の一種).

Koh·le≈ofen[kó:lə..] 男 石炭ストーブ. ≈**pa·pier** 中 カーボン〔複写〕紙. ≈**pfei·ler** 男《坑》炭柱.

Köh·ler[kø:lər] 男 -s/- **1** 炭焼き人. **2**《魚》タラ(鱈)科の食用魚(燻製(くんせい)などにした肉は Seelachs として扱われる).

Köh·le·rei[kø:lərái] 女 -/-en 炭焼き; 炭焼き場.

Köh·ler·glau·be[kø:lər..] 男《単数で》盲目的信仰. [16世紀のある炭焼き人の逸話に基づく]

Koh·le≈stift[kó:lə..] 男《美》(デッサン用の)木炭. ≈**ver·flüs·si·gung** 女《化》石炭液化. ≈**zeich·nung** 女 木炭画.

Kohl·kopf[kó:l..] 男 キャベツ(の結球);《比》ばか, でくのぼう. [< Kohl[1]]

Kohl·mei·se 女《鳥》シジュウカラ(四十雀). [*mhd.*; ◇ Kohle; *engl.* coalmouse]

Kohl·ra·be[1][ko:lrá:bə] 女 -/-n = Kohlrabi

Kohl·ra·be[2][kó:lra:bə] 男 = Kolkrabe

kohl·ra·ben·schwarz 形 まっ黒な, まっ暗な.

Kohl·ra·bi[ko:lrá:bi·] 男 -[s]/-[s] **1**《植》カブハボタン, クキ〈キュウケイ〉カンラン, コールラビ. **2**《話》(人の)顔. [*it.* cavoli rape, cauli-ravi; ◇ Kohl[1], Rübe]

Kohl≈rou·la·de[kó:lrula:də] 女《料理》ロールキャベツ. ≈**rü·be** 女 **1**《植》**a)** カブカンラン(飼料用根菜: → ◎ Rübe). **b)**《オーストリア》= Kohlrabi 1 **2**《話》(人の)頭. ≈**saat** 女《植》セイヨウアブラナ(西洋油菜).

kohl·schwarz[また: ⌐◡] 形 まっ黒な, 漆黒の. [< Kohle]

Kohl·spros·se[kó:l..] 女《オーストリア》(Rosenkohl)《植》メキャベツ, コモチカンラン.

Kohl·statt 女《オーストリア》炭焼き場. [< Kohle]

Kohl≈sup·pe 女 キャベツスープ. ≈**weiß·ling** 男《虫》モンシロチョウ(紋白蝶): Großer ～ オオモンシロチョウ(大紋白蝶) | Kleiner ～ モンシロチョウ. [< Kohl[1]]

Ko·hor·ta·tiv[kohɔrtatí:f][1] 男 -s/-e《言》(動詞の)勧誘形(法)(例 *Gehen* wir!). [< *lat.* (co)hortārī „ermuntern" (◇ Charis)]

Ko·hor·te[kohɔ́rtə] 女 -/-n **1 a)**《史》(古代ローマの)部隊 (Legion の10分の1). **b)**《比》軍勢; (不良少年などの)隊, 団, グループ. **2**《社・統計》コーホート, 群: die ～ der 12-18 jährigen 12歳から18歳までのコーホート. [*lat.* co-hors „Gehege"; ◇ Garten, Cour, Kurtine; *engl.* cohort]

Koi·ne[kɔyné:] 女 -/Koinai[..náı] **1**《単数で》コイネー(Attika 方言に基づくヘレニズム期のギリシア共通語で新約聖書などに用いられた). **2**《言》コイネー(諸方言の平均化によって成立した共通語). [*gr.* koinḗ (diálektos) „gemeinsame (Sprache)"; ◇ kon..]

ko·in·zi·dent[ko(|)ıntsidɛ́nt] 形 時を同じくした, 一致〈符号〉した. [*mlat.*]

Ko·in·zi·denz[..dɛ́nts] 女 -/ **1** (二つの事象の)同時発生, 一致, 符号. **2 a)**《医》併発. **b)**《理》コインシデンス.

Ko·in·zi·denz≈kreis 男《理》同時計数回路. ≈**zäh·ler** 男《理》同時計数管.

ko·in·zi·die·ren[ko(|)ıntsidí:rən] 自 (h) 同時に起こる, 一致〈符号〉する. [*mlat.*; ◇ *engl.* coincide]

ko·itie·ren[koití:rən] **I** 自 (h)《mit *jm.*》(…と)性交〈交接〉する. **II** 他 (h)《*jn.*》(…と)性交〈交接〉する.

Ko·itus [kó:itus] 男 -/-[..tu:s], -se[..tusə] (Geschlechtsverkehr) 性交, 交接. [*lat.*; < *lat.* co-īre „zusammen-kommen" (◇ eilen)]

Ko·itus≈po·si·tion 女, ≈**stel·lung** 女 性交体位, ラーゲ.

Ko·je[kó:jə] 女 -/-n **1 a)** (船室の)作りつけベッド. **b)**《戯》ベッド: Ab in die ～! さあ寝ろ. **2** (店・展示会場などの)間仕切り, ボックス, ブース. [*lat.* cavea (→Käfig)－*mndd.*; ◇ Kaue]

Ko·jo·te[kojó:tə] 男 -n/-n (Präriewolf)《動》コヨーテ. [*aztek.* coyotl]

Ko·ka[kó:ka·] 女 -/-《植》コカノキ(南米原産の低木. 葉からコカインを採る). [*indian.*－*span.* coca]

Ko·kain[kokaí:n] 中 -s/《化》コカイン(コカの葉から得られる結晶性アルカロイドで, 局所麻酔剤に用いられる). [< ..in[2]]

Ko·kai·nis·mus[kokainísmus] 男 -/ (慢性)コカイン中毒.

Ko·kai·nist[..níst] 男 -en/-en コカイン中毒の人.

Ko·kain·sucht[kokaí:n..] 女 -/ コカイン中毒.

ko·kain·süch·tig 形 -/ コカイン中毒の.

Ko·kain·ver·gif·tung 女 コカイン中毒.

Ko·kar·de[kokárdə] 女 -/-n《軍》**1** 帽章(→ ◎ Mütze). **2** (軍用機の)国籍記号. [*afr.* coquard „eitel"－*fr.* (bonnet à la) cocarde „(Mütze mit) Bandschleife"; ◇ kokett]

Ko·kar·den·blu·me 女《植》テンニンギク(天人菊)属.

Ko·ka·strauch[kó:ka..] 男 = Koka

ko·keln[kó:kəln]《06》《中部・北部》= gokeln

ko·ken[kó:kən] 自 (h) コークスをつくる. [< Koks[2]]

Ko·ker[1][kó:kər] 男 -s/-《海》舵軸(だじく)孔. [*mndd.*; ◇ Köcher]

Ko·ker[2][—] 男 -s/- コークス製造工.

K

Ko·ke·rei[ko:kəráı] 女 -/-en **1**《単数で》コークス製造. **2** コークス製造場. [<koken]

ko·kett[kokét, ko..] 形 色っぽい, なまめかしい, あだっぽい: ein ~*er* Blick 色っぽい目つき | ein ~*es* Mädchen 色っぽい女の子 ‖ *jm.* ~ zulächeln …に艶然(えんぜん)とほほえみかける. [*fr.* coquet „hahnenhaft"; <*fr.* coq „Hahn"; ◇*engl.* coquet〔tish〕]

Ko·ket·te[kokétə] 女 -/-n しなをつくる〈あだっぽい〉女, 浮気女. [*fr.* coquette]

Ko·ket·te·rie[kokεtəríː, ko..] 女 -/-n[..ríːən] **1**《単数で》kokett なこと. **2** kokett な言動. **3** kokettieren すること. [*fr.*]

ko·ket·tie·ren[..tíːrən] 自 (h) **1** (女が)しなをつくる, 思わせぶりをする. **2**《mit *jm.*》(…に)媚(こ)を売る,(…の)気をひく. **3**《mit *et.*[3]》(…を)見せびらかす, ちらつかせる, 鼻にかける; もてあそぶ,(たわむれに)やって〈考えて〉みる: Er *kokettiert* ständig mit seinem Alter 〈seiner Armut〉. 彼はいつも自分は年寄りだ〈金がない〉と ことさら言ってみたがる. [*fr.* coqueter]

Ko·kil·le[kokílə] 女 -/-n 〔工〕(金属製の)鋳型. [<Coquille]

Kok·ke[kókə] 女 -/-n =Kokkus

Kok·kels·kör·ner[kókəls..] 複〔漁〕(南アジア産の木の実から作り, 魚をまひさせる)毒餌(どくえ). [<*mlat.* coccula „Körnchen"]

Kok·ken Kokke, Kokkus の複数.

Kök·ken·möd·din·ger[kœkənmœdıŋər] 複 (バルト海沿岸の)貝塚. [*dän.* „Küchen-abfälle"; ◇*engl.* kitchen midden]

Kok·kus[kókus] 男 -/Kokken[..kən]《ふつう複数で》(Kugelbakterie)〔細菌〕球菌: Trauben*kokkus* ぶどう〔状〕球菌. [*gr.* kókkos „Kern"]

Ko·ko·lo·res[kokolóːrεs, ..rəs] 男 -/《話》**1** ばかげた話, ナンセンス. **2** (無用の)騒ぎ: Mach nicht so viel ~! そんなに大騒ぎするな. [◇Gaukler]

Ko·kon[kokɔ̃ː, ..kóŋ; オーストリア:..kóːn] 男 -s/-s (昆虫などの)まゆ(繭). [*provenzal.* coucoun „Eierschale"–*fr.*; <*mlat.* coco „Schale" (◇Kokkus); ◇*engl.* cocoon]

Ko·kos[kóːkɔs] 女 -/- 〔植〕ココヤシ(椰子). [*span.* coco „Butzemann"]

Ko·kos·but·ter 女 ヤシ油バター.

Ko·kosch·ka[kokɔ́ʃkaˑ, kókɔʃkaˑ] 人名 Oskar ~ オスカル ココシュカ(1886-1980; オーストリアの画家・版画家・劇作家).

Ko·kos≈fa·ser[kóːkɔs..] 女 ヤシ皮の繊維. **≈fett** 中 ヤシ油. **≈flocken** 複 ココナッツのフレーク. **≈läu·fer** 男 ヤシ皮繊維の廊下敷き. **≈mat·te** 女 ヤシ皮繊維のマット. **≈milch** 女 ココナッツミルク(ココヤシの果汁液). **≈nuß** 女 ココナッツ. **≈nuß·räu·ber** 男 (Palmendieb)〔動〕ヤシガニ(椰子蟹), マッカン〔ガニ〕. **≈öl** 中 -〔e〕s/ ヤシ油. **≈pal·me** 女 =Kokos

Ko·kot·te[kokɔ́tə, ko..] 女 -/-n 高級娼婦(しょうふ). [*fr.* cocotte „Hühnchen"; <*fr.* coq (→kokett)]

Koks[1][koːks] 男 -〔es〕/-e《話》山高帽. [*jidd.*]

Koks[2][−] 男 -es/ (種類: -e) **1** コークス. **2**《単数で》《話》(Geld) 金(かね). [*engl.* cokes; ◇Kolben]

Koks[3][−] 男 -es/《話》(Unsinn) 無意味な〈ばかげた〉こと, ナンセンス; たわごと. [<Kohl[2]]

Koks[4][−] 男 -es/《話》(Kokain) (麻薬としての)コカイン.

Kok·se[kóːksə] 女 -/-n《話》コカイン中毒の女.

kok·sen[kóːksən] 《02》自 (h)《話》**1** (麻薬として)コカインを使用する〈かぐ〉. **2** ぐうぐう〈ぐっすり〉眠る.

Kok·ser[kóːksər] 男 -s/-《話》コカイン中毒の人.

Koks≈koh·le 女 コークス用炭. **≈ofen** 男 **1** コークス炉. **2** コークスを燃料とするストーブ. **≈staub** 男 粉末コークス.

Ko·ky·tos[kokýːtɔs] 男 -/ =Kozytus

Kok·zi·die[kɔktsíːdiə] 女 -/-n《ふつう複数で》〔動〕コクシジウム(家畜の消化器官に寄生する胞子虫類の一種).

Kok·zi·dio·se[kɔktsidióːzə] 女 -/-n 〔畜〕コクシジウム病(寄生虫による) [<Kokkus+..id[1]〔+..ose〕]

kol.. →kon..

Ko·la Kolon の複数.

Ko·la≈baum[kóːla..] 男〔植〕コーラ〔ナッツ〕ノキ. **≈nuß** 女 コーラナッツ(熱帯樹コーラノキの堅果で清涼飲料の添加物などに用いられる). [*westafrik.* kola, kolo]

Ko·lat·sche[koláːtʃə] 女 -/-n《オーストリア》〔料理〕コラッチェ(アンズジャム入りのサンドイッチを揚げたもの). [*tschech.*]

Kol·be[kɔ́lbə] 人名 Georg ~ ゲオルク コルベ(1877-1947; ドイツの彫刻家).

kol·ben[kɔ́lbən][1] 自 (h) **1**〔植〕肉穂(にくすい)花序〈穂軸〉を形成する. **2**〔狩〕(シカが) 幼角を出す.

Kol·ben[−] 男 -s/- **1 a)** 端が太くなっている棒, こん棒;〔史〕戦棍(せんこん). **b)**〔軍〕(銃の)床尾(→ ⊠ Maschinengewehr). **2**〔植〕(サトイモ科などの)肉穂(にくすい)花序(→ ⊠ Blütenstand). **3 a)**〔工〕ピストン,(ポンプの)吸子(きゅうし), プランジャー(→ ⊠ Pumpe); (はんだごての)先. **b)**〔化〕フラスコ; 電球; (寒暖計の)球管. **4**〔狩〕(シカなどの)幼角(→ ⊠ Geweih). **5 a)**《話》だんご鼻. **b)**《卑》(Penis) 陰茎, 男根. [*ahd.* kolbo „Knüppel"; ◇Kloß, Klafter]

Kol·ben·bol·zen 男〔工〕ピストンピン.

Kol·ben·flüg·ler 男 -s/-〔虫〕撚翅(ねじればね)目の昆虫(ネジレバネ類).

Kol·ben≈gras 中〔植〕オオスズメノテッポウ(大雀鉄砲). **≈hals** 男〔軍〕銃把(じゅうは);〔化〕フラスコの首. **≈hieb** 男 =Kolbenschlag 1 **≈hir·se** 女〔植〕アワ(粟). **≈hub** 男〔工〕ピストンの行程〔運動〕. **≈kä·fer** 男〔虫〕ホシカムシ(干鰯虫)科の昆虫. **≈kreuz** 中〔紋〕円形先端十字. **≈ma·schi·ne** 女, **≈mo·tor** 男〔工〕ピストンエンジン. **≈qual·len** 複〔動〕硬水母(こうくらげ)類. **≈ring** 男〔工〕ピストンリング. **≈schie·ber** 男〔工〕ピストンバルブ. **≈schlag** 男〔軍〕**1** 銃床で殴ること. **2** =Kolbenstoß **≈spiel** 中 ピストンの運動〔範囲〕. **≈stan·ge** 女〔工〕ピストン桿(かん)〈棒〉. **≈stoß** 男〔軍〕銃床の反動. **≈was·ser·kä·fer** 男〔虫〕**1** ガムシ(牙虫). **2** ガムシ科の昆虫. **≈wei·zen** 男〔植〕無芒(むぼう)種のコムギ(→ ⊠ Weizen).

kol·big[kɔ́lbıç][2] 形 **1** こん棒状の. **2**〔植〕肉穂(にくすい)花序の〈を有する〉.

Kol·chis[kɔ́lçıs] 地名 コルキス(黒海東岸の一地方の古称).

Kol·chi·zin[kɔlçitsíːn] 中 -s/〔化〕コルヒチン(イヌサフランの種子中のアルカロイド. 痛風などの鎮痛作用がある). [<*gr.* kolchikón „Herbstzeitlose"+..in[2]]

Kol·chos[kɔ́lçɔs, kɔlxɔ́s; オーストリア: kɔlçóːs][1] 男 (中) -/-e [kɔlçóːzə] =Kolchose

Kol·chos·bau·er 男 -n(-s)/-n コルホーズの農民.

Kol·cho·se[kɔlçóːzə] 女 -/-n コルホーズ(旧ソ連邦の集団農場). [*russ.*; <*russ.* *kol*lektiwnoje *chos*jaistwo „Kollektiv-wirtschaft"]

Kol·der[kɔ́ldər] 男 -s/《南部・スイス》(Koller) (病的な)怒りの発作.

Kol·de·rer[kɔ́ldərər] 男 -s/-《南部・スイス》(病的に)怒りっぽい人.

kol·dern[kɔ́ldərn] 《05》自 (h)《南部・スイス》けんかする; がみがみ言う. [<Koller[2]]

Ko·leo·pte·ren[koleɔptéːrən, ..leop..] 複 (Käfer)〔虫〕鞘翅(しょうし)類(カブトムシなど). [<*gr.* koleós „Scheide"+pterón (→Feder)]

Ko·leo·pti·le[..tíːlə] 女 -/-n 〔植〕 子葉鞘(しょう). [<*gr.* ptílon „〔Flaum〕feder"]

Ko·li·bak·te·rien[kóːlibakteːriən, kolibaktéːriən] 複〔細菌〕大腸菌. [<Kolon[2]]

Ko·li·bri[kóːlibriˑ] 男 -s/-s (Schwirrvogel)〔鳥〕ハチドリ(蜂鳥). [*karib.*–*fr.*]

ko·lie·ren[kolíːrən] 他 (h) (seihen)〔薬・化〕(布で)こす, 濾過(ろか)する. [*lat.* cōlāre; <*lat.* cōlum „Sieb"]

Ko·lier·tuch[kolíːr..] 中 -〔e〕s/..tücher こし布.

Ko·lik[kóːlık, kolíːk; オーストリア: kolík] 女 -/-en〔医〕疝痛(せんつう): Gallen*kolik* 胆石疝痛 | Stein*kolik* 結石疝痛 ‖ an ~*en* leiden 疝痛に悩まされる. [*gr.*–*lat.*; ◇Kolon[2]; *engl.* colic]

Ko·lik·an·fall 男〔医〕疝痛(せんつう)発作.

Ko·li·tis[kolíːtıs] 女 -/..tiden[..litíːdən]〔医〕大腸〈結

腸)炎. [<..itis]

Kolk[kɔlk] 男 -[e]s/-e 〘地〙 甌穴(おうけつ), ポットホール(河床・滝つぼの底などにできる円形の深い穴: → 図 Deich). [*mndd.*; ◇Kehle]

kol·ken[kɔ́lkən] 自 (h) 《北部》 **1** (rülpsen) げっぷする, おくびを出す. **2** (sich erbrechen) 嘔吐(おうと)する, もどす. [擬音]

Kol·ko·thar[kɔlkotá:r] 男 -s/-e 〘化〙 ベンガラ, 鉄丹. [*arab.–mlat.*; <chalko..+antho..]

Kolk·ra·be[kɔ́lk..] 男 (Kohlrabe) 〘鳥〙 ワタリガラス(渡鴉). [<kolken]

Kol·la[kɔ́la·] 女 -/ (Leim) 〘化〙 膠(にかわ). [*gr.* kólla]

kol·la·bie·ren[kɔlabí:rən] 自 (s) **1** 〘医〙 (急激に)衰弱〈萎縮(いしゅく)〉する, 虚脱する. **2** 〘天〙 崩壊する. **3** (建物などが)崩壊する. [*lat.* col-lābī „zusammen-sinken" (◇labil); ◇Kollaps; *engl.* collapse]

Kol·la·bo·ra·teur[kɔlaboratø:r] 男 -s/-e (敵・占領軍などへの)協力者. [*fr.*; ◇..eur]

Kol·la·bo·ra·tion[..ratsió:n] 女 -/-en (kollaborieren すること. 特に:) (敵・占領軍などへの)協力. [*fr.*]

▽**Kol·la·bo·ra·tor**[..rá:tɔr, ..to:r] 男 -s/-en [..rató:rən] **1 a)** (Hilfslehrer) 補助〈代理〉教員. **b)** (Hilfsgeistlicher) 〘宗〙 副牧師. **2** =Kollaborateur

▽**Kol·la·bo·ra·tur**[..ratú:r] 女 -/-en Kollaborator 1 の地位. [◇..ur]

kol·la·bo·rie·ren[kɔlaborí:rən] 自 (h) 《mit *jm.*》 **1** (敵・占領軍などに)協力する. **2** (…と)協力〔して仕事を〕する, 提携する. [*spätlat.–fr.*]

Kol·la·gen[kɔlagé:n] 中 -s/-e 〘生化学〙 膠原(こうげん)質, コラーゲン. [<Kolla]

Kol·la·ge·no·se[..genó:zə] 女 -/-n 〘医〙 膠原(こうげん)病. [<..ose]

Kol·laps[kɔláps, ∽] 男 -es/-e (Zusammenbruch) **1** 〘医〙 虚脱: Kreislauf*kollaps* 循環虚脱 | einen ~ erleiden 虚脱する. **2** 〘経〙 崩壊. **3** 〘天〙 崩壊. [*mlat.*; <*lat.* collābī (→kollabieren)]

Koll·ar·gol[kɔlargó:l] 中 -s/ 〘化〙 コラルゴル, コロイド〈膠状(こうじょう)〉銀(消毒薬). [<kolloid+Argentum+..ol]

kol·la·te·ral[kɔlaterá:l] 形 《比較変化なし》 **1** 同じ側の, 副の. **2** 〘医〙 副行〈側副〉の. **3** 〘法〙 傍系の. **4** 〘植〙 (維管束の木部と篩部(しぶ)が)並立の. [*mlat.*]

Kol·la·te·ral∠ge·fäß 中 〘医〙 副行血管. ∠**ver·wand·te** 男 女 傍系親族.

Kol·la·tion[kɔlatsió:n] 女 -/-en **1 a)** (原本との)対照, 照合. **b)** (製本の際の)丁合(ちょうあい)調べ. ▽**2** 〘法〙 持戻し. **3 a)** (Imbiß) 軽い食事, おやつ. **b)** 〘カトリック〙 (断食日の)軽食. **4** 〘カトリック〙 聖職任命, 教会禄(ろく)授与. [*lat.*; <*lat.* cōnferre (→konferieren)]

kol·la·tio·nie·ren[..tsioní:rən] 他 (h) **1 a)** 対照〈照合〉する; 調整〈平均化〉する: Druckfahnen [mit dem Manuskript] ~ ゲラ刷りを〔原稿と〕照合する. **b)** (製本の際に)丁合(ちょうあい)調べをする. **2** 軽い食事〈おやつ〉を食べる.

Kol·la·tions·pflicht[..tsió:ns..] 女 〘法〙 持戻し義務, 補償義務.

Kol·la·tur[kɔlatú:r] 女 -/-en 〘カトリック〙 聖職任命〈教会禄(ろく)授与〉権. [◇..ur]

Kol·lau·da·tion[kɔlaudatsió:n] 女 -/-en=Kollaudierung [*lat.*]

kol·lau·die·ren[kɔlaudí:rən] 他 (h) 《オーストリア・スイス》 (監督官庁が新築家屋などを)実地検分する. [*lat.* col-laudāre „belobigen"]

Kol·lau·die·rung[..rʊŋ] 女 -/-en 《オーストリア・スイス》 (Bauabnahme) (監督官庁による新築家屋の)実地検分.

Kol·leg[kɔlé:k][1] 中 -s/-s (..gien[..giən]) **1** (Vorlesung) (大学の)講義: ein ~ über *et.*[4] halten 〈lesen〉 …の講義をする | ein ~ belegen 聴講手続きをする | ein ~ besuchen 聴講する | ~*s* schinden 《話》 (聴講料を払わずに)もぐりで聴講する. **2 a)** (ドイツの)補習高等専門学校(実業学校のコースを経て専門職の技術を習得した者に最低2年半の一般教育を行い大学入学資格を与える全日制の学校). **b)** =Abendgymnasium **3** 〘カトリック〙 (神学士のための)学生寮; (イエズス会の)神学院. ▽**4** =Kollegium

Kol·le·ga[kɔlé:ga·] 男 -[s]/-s 《ふつう無冠詞で呼び掛けとして》 =Kollege

Kol·le·ge[kɔlé:gə] 男 -n/-n (⊛ **Kol·le·gin**[..gɪn]-/-nen) **1 a)** (役所・会社・組合など職場の)同僚; 同業者; 同学の人: Arbeits*kollege* 仕事仲間 | Studien*kollege* 学生仲間 ‖ Er ist ein früherer ~ von mir. 彼は私の以前の同僚だ | ein ~ von der anderen Fakultät sein 他学部の同僚である; 《話》 (→Fakultät 1 a) | *Kollege* kommt gleich. 係の者がすぐ参ります ‖ 〘呼び掛けとして〙 Liebe ~*n*! 同僚諸君. **b)** 《話》 友人, 仲間: Komm mal her, ~! ちょっと来なさい きみ. **2** (Genosse) (旧東ドイツで)同志. [*lat.* col-lēga „Mit-abgeordneter"; <*lat.* lēgāre (→legieren[1]); ◇*engl.* colleague]

Kol·le·gen·schaft[..ʃaft] 女 -/ 《集合的に》 同僚; 同業者.

Kol·leg∠geld[kɔlé:k..] 中 (大学の)聴講料. ∠**heft** 中 講義〈大学〉ノート.

kol·le·gial[kɔlegiá:l] 形 **1** 同僚としての; 有誼(ゆうぎ)的な, 親切な; 親密な: ~*er* Geist 仲間意識 ‖ *jm.* in ~*er* Weise helfen …を同僚として〈友好的に〉援助する | *jm.* ~ auf die Schulter klopfen 親しげに…の肩をたたく. **2** Kollegium の. [*mlat.*]

Kol·le·gial·ge·richt 中 〘法〙 合議制裁判所.

kol·le·gia·lisch[..giá:lɪʃ] =kollegial

Kol·le·gia·li·tät[..gialitɛ́:t] 女 -/ 同僚〈同業〉のよしみ, 仲間意識; 友好関係.

Kol·le·giat[..giá:t] 男 -en/-en **1** (同じラジオ, テレビ講座の)聴講〈受講〉者〔仲間〕. **2** 〘カトリック〙 (同じ修道院・神学校の)同僚, 仲間.

Kol·le·gi·en Kolleg, Kollegium の複数.

Kol·le·gin Kollege の女性形.

Kol·le·gium[kɔlé:giʊm] 中 -s/..gien[..giən] **1** (同僚・同業者の一団. 特に:) 教授団, 教師陣; 合議体. **2** 〘法〙 (旧東ドイツで)弁護団. **3** 〘カトリック〙 司教団; 司教区評議会. [*lat.*; ◇*engl.* college]

▽**Kol·lek·ta·ne·en**[kɔlɛktá:neən, ..tané:ən] 複 (文学作品・論文などからの)書き抜き集〈帳〉. [*spätlat.*; ◇*engl.* collectanea]

Kol·lek·te[kɔlɛ́ktə] 女 -/-n **1** (礼拝中または礼拝後の)献金〔募集〕: Die ~ von heute ist für ein Kinderheim bestimmt. きょうの献金は児童養護院に贈られます. **2** 集禱(しゅうとう)〔文〕, 特禱(礼拝の際に用いられる短い祈禱〔文〕). [*lat.* collēcta „Beisteuer"]

▽**Kol·lek·teur**[kɔlɛktø:r] 男 -s/-e **1** 義援金募集者. **2** 富くじ販売人. [*fr.*; ◇..eur]

Kol·lek·tion[kɔlɛktsió:n] 女 -/-en (Sammlung) **1** 収集〔品〕, コレクション: eine ~ von Briefmarken 郵便切手のコレクション. **2** 《集合的に》 〘服飾〙 (ファッション界などでの)新しい作品; 新作発表会. [*lat.–fr.*; <*lat.* col-ligere „zusammen-lesen"]

kol·lek·tiv[kɔlɛktí:f][1] **I** 形 集団の, 団体の, 共同の: eine ~*e* Führung 集団指導 | die ~*e* Sicherheit Europas ヨーロッパの集団安全〔保障〕 ‖ die Kinder ~ erziehen 子供たちを集団として教育する. **II Kol·lek·tiv** 中 -s/-e, -s **1** 集団, 共同作業団〈チーム〉; 共同経営体(集団農場など). **2** =Kollektivum 1 [*lat.*〔–*russ.*〕]

Kol·lek·ti·va Kollektivum の複数.

Kol·lek·tiv∠ar·beit 女 集団〈共同〉作業; 共同作品. ∠**be·griff** 男 集合概念; 〘言〙 集合名詞. ∠**be·wußt·sein** 中 集団〈仲間〉意識. ∠**de·likt** 中 〘法〙 集団犯罪. ∠**ei·gen·tum** 中 〘経〙 共有財産.

Kol·lek·ti·ven Kollektivum の複数.

Kol·lek·tiv∠er·leb·nis 中 集団〈共同〉体験. ∠**ge·sell·schaft** 女 〘経〙 合名会社.

kol·lek·ti·vie·ren[kɔlɛktiví:rən] 他 (h) 〘経〙 (農業経営などを)集団化する.

Kol·lek·ti·vie·rung[..rʊŋ] 女 -/-en 〘経〙 集団化.

Kol·lek·ti·vis·mus[kɔlɛktivísmʊs] 男 -/ **1** 〘社〙 (バクーニン, サン シモンらの唱えた)集産主義. **2** 〘経〙 (コルホーズ運

動などの)集団主義.

Kol·lek·ti·vist[..víst] 男 -en/-en 集産主義者.

kol·lek·ti·vi·stisch[..vístɪʃ] 形 **1**〖社〗集産主義的な. **2**〖経〗集団主義的な.

Kol·lek·ti·vi·tät[..vitɛ́:t] 女 -/ 共同.

Kol·lek·tiv≈no·te[kɔlɛktí:f..] 女〖政〗共同覚書. **≈pro·ku·ra** 女〖商〗共同業務代理権. **≈schritt** 男 (政治活動などの)共同歩調. **≈schuld** 女 -/ 集団として負うべき罪〈責任〉, 連帯〈共同〉責任.

Kol·lek·ti·vum[kɔlɛktí:vʊm] 中 -s/..va[..va·], ..ven[..vən] **1**〖言〗集合名詞(例 Obst 果物, Vieh 家畜). ᵛ**2** 連帯. [*lat.*]

Kol·lek·tiv≈ver·trag[kɔlɛktí:f..] 男 (数か国間の)共同条約;〖経〗団体〔労働〕協約. **≈wirt·schaft** 女 (社会主義的な)集団経営〈体〉; 共同農場.

Kol·lek·tor[kɔlɛ́ktɔr, ..to:r] 男 -s/-en [..lɛktó:rən] **1 a)**〖電〗集電子; コレクター(トランジスターなどの半導体素子). **b)**〖気象〗集電器. **2** (Sonnenkollektor) 太陽熱集熱器. ᵛ**3** (資料などを)集める人, 収集者. [*mlat.*]

Kol·lek·tur[kɔlɛktú:r] 女 -/-en《オーストリア》**1** (Sammelstelle) 集合〈集結〉場所. **2** (Lottokollektur) 富くじ販売〈引き換え〉所. [◇..ur]

Koll·en·chym[kɔlɛnçý:m] 中 -s/-e〖植〗厚角(こうかく)組織. [<*gr.* kólla (→Kolla)+ég-chyma „Ein-guß"]

Kol·ler[1][kɔ́lər] 中 -s/- **1** (南ドイツ・スイスの女性用民俗衣装などの)広襟. **2 a)**〖史〗(中世の鎧(よろい)の革製の)胸当て. **b)** (昔のそでなしの)上着. [*fr.* collier; ◇Kollier; *engl.* collar]

Kol·ler[2][−] 男 -s/- **1**《話》(病的な)怒りの発作; 激怒: einen ~ bekommen 〈kriegen〉(急に)怒りだす. **2** (Dummkoller)〖畜〗脳圧亢進(こうしん)症. [*gr.*−*lat.*−*ahd.* kolero; ◇Cholera]

Kol·ler·gang 男〖工〗エッジランナー, フレット. [<Koller „Kugel" (◇kullern)]

kol·le·rig[kɔ́lərɪç][2] (**koll·rig**[kɔ́lrɪç][2]) 形《話》怒りっぽい.

kol·lern[1][kɔ́lərn]《05》自 (h) **1**《話》激怒する. **2**〖畜〗(馬が)脳圧亢進(こうしん)症になる. [<Koller[2]]

kol·lern[2][−]《05》自 (h) **1** (ハト・ライチョウなどが)クークー鳴く: 非人称 Es *kollert* mir im Bauch. 私は腹がグーグー鳴っている. **2**《北部》(がらがら声で)どなりちらす. **3** =kullern I [1: 擬音]

Kol·lett[kɔlɛ́t] 中 -s/-e **1** (Reitjacke) 乗馬用上着. **2** =Koller[1] 1 [*fr.*; <*lat.* collum (→Kollo)]

Kol·li[kɔ́li·] **I** 中 -s/-〔s〕《オーストリア》=Kollo **II** Kollo の複数.

kol·li·die·ren[kɔlidí:rən] 自 **1** (s) (zusammenstoßen)《mit *jm.* 〈*et.*[3]〉》(…と)衝突する, ぶつかる: Zwei Flugzeuge sind in der Luft 〔miteinander〕 *kollidiert.* 2機の飛行機が空中衝突した. **2** (h)《mit *jm.* 〈*et.*[3]〉》(…と意見が)衝突する, (利害などが…と)ぶつかる; (時間が…と)かち合う: mit den Gesetzen ~ 法に触れる | Unsere Meinungen *kollidieren* miteinander. 我々の意見はくい違っている〈相反している〉‖ *kollidierende* Interessen 対立する利害関係. [*lat.*; <*lat.* laedere (→lädieren); ◇Kollision; *engl.* collide]

Kol·lier[kɔlié:] 中 -s/-s **1** (上等な)首飾り, ネックレス: Brillant*kollier* ダイヤの首飾り. **2** (細い)毛皮の襟巻き. [*mlat.* collārium „Halsrüstung"−*fr.*; <*lat.* collum (→Kollo)]

Kol·li·ma·tion[kɔlimatsió:n] 女 -/-en〖光〗視準.

Kol·li·ma·tor[..má:tɔr, ..to:r] 男 -s/-en[..mató:rən]〖光〗(天体望遠鏡などの)視準儀, コリメーター.

kol·li·near[kɔlineá:r] 形〖数〗共線的な.

Kol·li·nea·tion[..lineatsió:n] 女 -/-en〖数〗共線写像, 相称. [<*lat.* collīneāre „geradeaus richten"]

Kol·li·qua·tion[kɔlikvatsió:n] 女 -/-en〖生〗(バクテリアなどによる)組織融解. [<*lat.* col-liquēscere „zerfließen" (◇liquid)]

Kol·li·sion[kɔlizió:n] 女 -/-en (Zusammenstoß) **1** (乗り物などの)衝突: eine ~ mit einem Eisberg 氷山との衝突 | eine ~ zwischen einem Auto und einer Elektrischen 自動車と電車との衝突. **2** (意見の)衝突, 対立, 矛盾: die ~ der Ansichten 意見の対立 | Interessen*kollision* 利害の対立 ‖ mit dem Gesetz in ~〔en〕 kommen 法律に触れる. [*lat.*; ◇kollidieren]

Kol·lo[kɔ́lo·] 中 -s/-s, Kolli[kɔ́li·] (Frachtstück)〖商〗貨物, 積み荷. [*it.*; <*lat.* collum „Hals" (◇Hals); ◇Kollier]

Kol·lo·dium[kɔló:diʊm] 中 -s/〖化〗コロジオン(フィルム・傷口被覆などに用いる). [<*gr.* kollṓdēs „leimartig"]

Kol·lo·dium·〔baum·〕wol·le 女〖化〗弱綿薬(火薬用ニトロセルロースの一種).

kol·lo·id[kɔloí:t][1] **I** =kolloidal **II Kol·lo·id** 中 -〔e〕s/-e〖化〗コロイド, 膠質(こうしつ). [*engl.*; <*gr.* kólla (→Kolla)+..oid]

kol·loi·dal[kɔloidá:l] 形〖化〗膠質(こうしつ)の, 膠状(こうじょう)の, コロイド〔状〕の: eine ~*e* Lösung コロイド溶液. [*engl.*; <..al[1]]

Kol·lo·id≈che·mie[kɔloí:t..] 女 -/ コロイド化学, 膠質(こうしつ)化学. **≈krebs** 男〖医〗膠様癌(がん). **≈reak·tion** 女〖医〗コロイド反応, 膠質反応.

Kol·lo·ka·tion[kɔlokatsió:n] 女 -/-en **1**〖言〗(語の)連結, 連語〔関係〕, コロケーション(意味的に適合する語の連結). **2**〖言〗コロケーション(種々の意味が一つの語に内在すること). ᵛ**3** (順番による)配列, 席次〈順位〉の配置. [*lat.*]

kol·lo·kie·ren[kɔlokí:rən] **I** 他 (h)〖言〗(意味的に無理のない語を)連結する. **II** 自 (h)〖言〗**1** 連語関係にある, 連語する. **2** (一つの語に種々の意味が)内在〈共存〉する.

kol·lo·quial[kɔlokviá:l] 形〖言〗口語的な, 口語〈談話〉体の; くだけた話し方の.

Kol·lo·quia·lis·mus[kɔlokvialísmʊs] 男 -/ ..men [..mən]〖言〗口語的表現; 口語的用法.

Kol·lo·quium[kɔló:kviʊm, kɔlɔ́k..] 中 -s/ ..quien [..kviən] **1** コロキウム(大学での教授・学生の学術的対話, 専門家の討論集会など): ein internationales ~ 国際コロキウム | ein ~ abhalten コロキウムを行う〈開く〉. **2**《オーストリア》(小規模な)〔口頭〕試験, テスト. [*lat.*; <*lat.* loquī (→Lokution)]

koll·rig =kollerig

kol·lu·die·ren[kɔludí:rən] 自 (h)《mit *jm.*》(…と)共謀〈結託〉する. [*lat.*; <*lat.* lūdere „spielen" (◇Ludus)]

Kol·lu·sion[..zió:n] 女 -/-en〖法〗**1** 通謀, 共謀, 結託. **2** (証拠の)隠滅. [*lat.*]

Koll·witz[kɔ́lvɪts] 人名 Käthe ~ ケーテ コルヴィッツ(1867-1945; ドイツの女流画家・版画家で, プロレタリア絵画の先駆者の一人).

Kol·ma·ta·ge[kɔlmatá:ʒə] 女 -/-n =Kolmation

kol·ma·tie·ren [..tí:rən] 他 (h) Kolmation を施す. [*fr.*; <*it.* colmata „aufgeworfener Damm"]

Kol·ma·tion[..tsió:n] 女 -/-en〖農〗沈泥(ちんでい)法(洪水による泥を客土する土地改良法).

Köln[kœln] 地名 ケルン(ドイツ西部, Rhein 川に臨む大商工業都市. ローマ時代からの古都で, ゴシックの代表的建築である大聖堂は特に名高い). [*lat.* Colōnia (Agrippīnēnsis) „Siedlung (der Kaiserin Agrippina)"−*ahd.*; ◇Kolonie; *engl.* Cologne]

Köl·ner[kœ́lnər] **I** 男 -s/- ケルンの人. **II** 形《無変化》ケルンの: der ~ Dom ケルン大聖堂.

köl·nisch[kœ́lnɪʃ] 形 ケルンの: *Kölnisch*〔*es*〕 Wasser オーデコロン(香水の一種).

Köl·nisch·was·ser[また: ◡◡◡◡] 中 -s/ オーデコロン. [◇Eau de Cologne]

Ko·lo·fo·nium[kolofó:niʊm] 中 -S/- =Kolophonium

Ko·lom·bi·ne[kolɔmbí:nə] 女 -/-n〖劇〗コロンビーナ(Harlekin の恋人役). [*it.*; <*lat.* columba „Taube"]

Ko·lom·bo·wur·zel[kolɔ́mbo..] 女 コロンボ根(南アジア産のつる草の根から作る下痢止め剤). [*Bantuspr.* kalumb]

Ko·lon[1][kó:lɔn] 中 -s/-s, ..la[..la·] ᵛ**1** (Doppelpunkt)〖言〗コロン(:). **2**〖詩・修辞〗コロン(古典古代の文・詩行のリ

K

ズムの単位). [*gr.* kōlon „Glied"—*lat.*]

Ko·lon^{2}[—] 中 -s/-s, ..la[..la·] (Grimmdarm) 〘解〙結腸. [*gr.* kólon „Darm"]

Ko·lo·nat[koloná:t] 中 (男) -[e]s/-e 〘史〙(古代ローマの)コロナトゥス(農民を土地に緊縛する小作制度). [*spätlat.*]

Ko·lo·ne[koló:nə] 男 -n/-n (古代ローマの, 自由人ではあるが土地に緊縛された)コロヌス, 小作農民. [*lat.* colōnus „Bauer"; < *lat.* colere „bebauen" (◇Kult[ur])]

Ko·lo·nel[kolonɛ́l] 女 -/ 〘印〙ミニオン(7ポイント活字). [*it.* colo[n]nello „Säulchen"; ◇Kolumne]

Ko·lo·nia·kü·bel[koló:nia..] =Coloniakübel

ko·lo·nial[koloniá:l] 形 **1** 植民地の. **2** 〘生〙コロニーの, 集団(集落・群衆)の. [*fr.*; <..al^{1}]

Ko·lo·nial≠amt 中 移民(植民)庁. ≠**ge·biet** 中 植民地. ≠**ge·sell·schaft** 女 植民(移民)会社. ≠**han·del** 男 -s/ (本国と)植民地との貿易. ≠**herr·schaft** 女 -/ 植民地支配.

ko·lo·nia·li·sie·ren[kolonializí:rən] =kolonisieren

Ko·lo·nia·lis·mus[kolonialísmus] 男 -/ 植民[地化]政策.

Ko·lo·nia·list[..líst] 男 -en/-en 植民地主義者.

Ko·lo·nial≠krieg[koloniá:l..] 男 植民地[獲得]戦争. ≠**macht** 女 植民地保有国. ≠**po·li·tik** 女 -/ 植民地政策. ≠**stil** 男 -[e]s/ 〘建〙植民地様式(旧イギリス領またはアメリカの官庁や邸宅に多い). ≠**trup·pen** 複 植民地駐留(防衛)部隊. ≠**volk** 中 植民地の原住民族. ≠**wa·ren** 複 (特に[亜]熱帯産の)輸入食料品(コーヒー・紅茶・香辛料・米・バナナなど); (広義で)食品雑貨(本来は植民地産品).

Ko·lo·nial·wa·ren≠ge·schäft 中 [輸入]食料品店; 食品雑貨店. ≠**händ·ler** 男 [輸入]食料品店主; 食品雑貨店主.

Ko·lo·nial·zeit 女 -/ 植民地時代.

Ko·lo·nie[koloní:] 女 -/-n[..ní:ən] **1 a)** 〘史〙コロニア(古代ローマの植民市). **b)** 植民地, 海外領土, 属領: eine ~ erwerben 植民地を獲得する. **2** (ある土地に住む特定外国人の)集団: die deutsche ~ in Tokio 東京在住のドイツ人たち. **3** (特定の)集落, 居住地: Künstler*kolonie* 芸術家村 | Straf*kolonie* 流刑地. **4** 〘生〙コロニー, 集団, 群落; 群体. [*lat.* colōnia „Bauerngut"; ◇Kolone]

Ko·lo·ni·sa·tion[kolonizatsió:n] 女 -/-en **1** 植民地化: die ~ Afrikas durch europäische Staaten ヨーロッパ諸国によるアフリカの植民地化. **2** 植民, 開拓. [*fr.*]

Ko·lo·ni·sa·tor[kolonizá:tər, ..to:r] 男 -s/-en [..zató:rən] 植民[地入植]者, (植民地の)開拓者.

ko·lo·ni·sa·to·risch[..zató:rɪʃ] 形 入植(開拓)者の.

ko·lo·ni·sie·ren[kolonizí:rən] 他 (h) **1** (↔dekolonisieren) 植民地化する. **2** 開拓(植民)する. [*fr.*]

Ko·lo·ni·sie·rung[..ruŋ] 女 -/-en =Kolonisation

Ko·lo·nist[koloníst] 男 -en/-en **1 a)** 植民[地入植]者; 集落(居住地)住民. **b)** 〘史〙開拓者. **2** (土着植物に対する)外来植物. [*engl.*]

Ko·lo·ni·sten·dorf 中 入植者の村, 開拓[者]集落.

Ko·lon·na·de[kolɔná:də] 女 -/-n 〘建〙コロネード, 列柱[廊](→ 図). [*it.*—*fr.*]

Ko·lon·ne[kolɔ́nə] 女 -/-n **1** 隊列, 縦隊; 集団, 大群: eine ~ der Demonstranten デモ隊 | eine motorisierte ~ 〘軍〙機械化部隊 | **die fünfte ~** 第五列(敵中にまぎれこんで内部攪乱(かくらん)をはかるスパイ組織) ‖ eine ~ bilden 〈auflösen〉 列を組む〈解く〉 ‖ in ~[*n*] marschieren 隊列を組んで行進する | Die Autos fahren in ~[*n*]. 自動車が長蛇の列をなして走る. **2** (表・帳簿・新聞などの縦の)欄, 段: die ~ von Ausgaben addieren 支出欄の数字を縦に合計する | in der dritten ~ der ersten Seite stehen 第1面の3段目にのっている. **3** 〘工〙(化学工場の)精留(反応)塔. [*lat.* columna (→Kolumne)—*fr.*]

Kolonnade

Ko·lon·nen≠ap·pa·rat[kolɔ́nən..] 男 =Kolonne 3 ≠**fah·ren** 中 -s/ , ≠**fahrt** 女 (車が)前後に連なって(縦列を作って)走行すること. ≠**schrift** 女 (本来)縦書きの文字(漢字・かな文字など). ≠**sprin·ger** 男 《話》蛇行しながら先行車を次々と追い越して行くドライバー. ≠**stel·ler**[..ʃtɛlər] 男 -s/- (タイプライターの)タブレター(作表)キー.

ko·lon·nen·wei·se 副 (→..weise ★)隊列を組んで; 隊列ごとに; 群れをなして; 〘印〙欄を分けて.

Ko·lo·phon[kolofó:n] 男 -s/-e **1** 〘印〙(中世写本・近世刊本の)奥付(製作者名などを記す). **2** (Schlußstein) 《比》最後の仕上げ; 頂点, 極. [*gr.*]

Ko·lo·pho·nium[kolofó:nium] 中 -s/ 〘化〙コロホニウム, ロジン(弦楽器の弓などに塗る). [< *gr.* Kolophṓn (小アジアの古代ギリシア植民市)]

Ko·lo·quin·te[kolokvíntə] 女 -/-n 〘植〙コロシントウリ(下剤などに用いる). [*gr.* kolokýnt[h]ē—*lat.*—*it.*; ◇*engl.* colocynth]

Ko·lo·ra·do·kä·fer[kolorá:do..] 男 (Kartoffelkäfer) 〘虫〙コロラド(馬鈴薯(ばれいしょ))甲虫. [<Colorado (アメリカ西部の州); ◇*engl.* Colorado [potato] beetle]

Ko·lo·ra·tur[koloratú:r] 女 -/-en 〘楽〙コロラトゥーラ(声楽の華麗で技巧的な装飾的旋律). [*it.* coloratura „Färbung"]

Ko·lo·ra·tur≠arie[..|a:riə] 女 〘楽〙コロラトゥーラ=アリア. ≠**sän·ge·rin** 女 = Koloratursopran 2 ≠**so·pran** 男 **1** 《ふつう単数で》〘楽〙コロラトゥーラ=ソプラノ(コロラトゥーラに適したソプラノ). **2** コロラトゥーラ=ソプラノ歌手.

ko·lo·rie·ren[kolorí:rən] 他 (h) 《*et.*^{4}》 **1** 〘美・写〙(…に)着色(彩色)する. **2** 〘楽〙(…に)装飾音をつける. [*lat.*—*it.*; ◇Couleur]

Ko·lo·rie·rung[..ruŋ] 女 -/-en kolorieren すること.

Ko·lo·ri·me·ter[kolorimé:tər] 女 (男) -s/- 〘理〙比色計.

Ko·lo·ri·me·trie[..metrí:] 女 -/ **1** 〘化〙比色定量[法]. **2** 〘天〙比色温度測定[法].

Ko·lo·ris·mus[kolorísmus] 男 -/ 〘美〙色彩強調, 色彩重点主義.

Ko·lo·rist[..ríst] 男 -en/-en **1 a)** 〘美〙色彩派の画家, カラリスト. **b)** 〘楽〙(16世紀ドイツの)装飾音(を多用した)オルガン編曲作曲家. **2** 彩色職人.

ko·lo·ri·stisch[..tɪʃ] 形 色彩に関する; 色のきれいな.

Ko·lo·rit[kolorí:t, ..rít; オーストリア:..rít] 中 -[e]s/-e(-s) 彩色, 着色; 色彩効果; 肌の色; 《比》特徴, 雰囲気: das düstere ~ seines Gemäldes 彼の絵のくすんだ色合い | das slawische ~ dieses Quartetts この四重奏曲のスラヴ的な響き | das bäuerliche ~ einer Weinstube 酒場のひなびたたたずまい. [*it.*]

Ko·loß[kolɔ́s, kɔ..] 男 ..losses/..losse **1** 巨像, 巨大な立像: der ~ von Rhodos ロドスの巨像(ロドス港口に立っていたHelios の巨大な青銅像で, 古代の世界七不思議の一つ) | **ein ~ mit tönernen Füßen** 《雅》見かけだおしの(実際は脆弱な)巨人. **2** 《話》巨大なもの(巨漢・巨船・巨大国家など): Fels*koloß* 巨大な岩 | Er ist ein richtiger ~. 彼はまさに巨人のような大男だ. [*gr.*—*lat.* colossus]

ko·los·sal[kolɔsá:l, kɔ..] 形 **1** 巨大な: ~*e* Bauten 巨大な建造物 | ein Mann von ~*er* Größe 巨人のような大男. **2** 《話》非常な: ~*en* Hunger haben ひどく空腹である ‖ ~ viel Schnee たいへんな大雪 | Er war ~ freundlich. 彼はとても親切だった. [*fr.*; <..al^{1}]

Ko·los·sal≠fi·gur 女 巨像. ≠**film** 男 〘映〙(歴史物などの)スペクタル巨編, 豪華作品.

ko·los·sa·lisch[kolɔsá:lɪʃ] 《雅》=kolossal

Ko·los·sa·li·tät[..salité:t] 女 -/ 巨大さ.

Ko·los·sal·sta·tue 女 巨像.

Ko·los·ser[kolɔ́sər] 男 -s/- コロサイ人(古代小アジアにあった Phrygien の町コロサイ Kolossä の住民): der Brief des Paulus an die ~ (新約聖書の)コロサイ人への手紙.

Ko·los·se̱·um[kolɔsé:ʊm] 中 -s/ コロセウム(古代ローマの円形劇場). [*mlat*.; <*lat*. colossus (→Koloß)]

ko·los·si̱v[kolɔsí:f][1] 形《話》非常な. [<kolossal+massiv]

Ko·lo·sto·mi̱e[kolostomí:, ..lɔs..] 女 -/-n[..mí:ən] 《医》人工肛門(こうもん)形成〔術〕, 結腸フィステル形成〔術〕. [<*gr*. kólon „Darm"+*gr*. stoma „Mund"]

Ko·lo·stra̱l·milch[kolɔstrá:l..] 女 -/ =Kolostrum

Ko·lo̱·strum[kolɔ́strʊm] 中 -s/ 《医》(分娩(ぶんべん)後の)初乳. [*lat*. colostrum „Biestmilch"]

Ko·lo·to·mi̱e[kolotomí:] 女 -/-n[..mí:ən] 《医》結腸切開〔術〕. [<Kolon[2]]

Ko̱l·pak[kɔ́lpak] 男 -s/-s =Kalpak

Ko̱l·ping≠fa·mi̱·lie[kɔ́lpɪŋfami:liə] 女 コルピング職人組合(カトリック系研修団体). ≠**haus** 中 コルピング寮(Kolpingfamilie が多くの都市に設けている青年寮). [<A. Kolping (創立者, †1865)]

Kol·pi̱·tis[kɔlpí:tɪs] 女 -/..tiden[..pití:dən] (Scheidenentzündung) 《医》膣炎. [<*gr*. kólpos (→Golf[2])+..itis]

Kol·por·rhe̱·xis[kɔlpɔrέksɪs] 女 -/ 《医》膣(ちつ)断裂. [<*gr*. kólpos (→Golf[2])+*gr*. rhēxis (→Rhexis)]

Kol·por·ta̱·ge[kɔlpɔrtá:ʒə; ｵｰｽﾄﾘｱ:..tá:ʒ] 女 -/-n[..ʒən] **1** kolportieren すること. **2 a)** 通俗本, 三文〈大衆〉小説. ▽**b)** 通俗本の行商. [*fr*.; <..age]

Kol·por·ta̱·ge·ro·ma̱n 男 〔連載物の〕三文〈大衆〉小説.

Kol·por·teur[..tø:r] 男 -s/-e kolportieren する人.

kol·por·ti̱e·ren[kɔlpɔrtí:rən] 他 (h) **1** (うわさを)無責任に広める, ふれ歩く: falsche Nachrichten ～ デマをとばす | Die Namen der Kandidaten wurden überall *kolportiert*. 候補者の名前がいたる所で取りざたされていた. ▽**2** (通俗本・雑誌などを)行商する. [*fr*.; <*lat*. com-portāre „zusammentragen"]

Kol·po·sko̱p[kɔlposkó:p, ..pɔs..] 中 -s/-e (Scheidenspiegel) 《医》膣(ちつ)鏡, コルポスコープ. [<*gr*. kólpos (→Golf[2])]

Kol·po·sko·pi̱e[..skopí:] 女 -/ 《医》膣(ちつ)拡大鏡診.

Kölsch[1][kœlʃ] 中 -[s]/ **1** ケルシュ=ビール (Köln 産のホップのきいたビール). **2** ケルン方言: ～ sprechen ケルン方言を話す.

Kölsch[2][ー] 男 -[e]s/ 《ｽｲｽ》 ケルシュ織(チェックの綿布でふとん・民俗衣装などに用いる). [<kölnisch]

kö̱l·schen[kœ́lʃən] 形《付加語的》Kölsch[2]〔製〕の.

Ko̱l·ter[1][kɔ́ltər] 男 -s/- (女 -/-n) 《南部》(Wolldecke) 羊毛〈ウール〉の毛布; (Steppdecke) キルティングの掛けぶとん. [*lat*. culcit〔r〕a „Matratze"—*afr*. co〔u〕ltre—*mhd*.]

Ko̱l·ter[2][ー] 中 -s/- 《農》鋤(すき)の刃. [*lat*. culter „Messer"—*afr*. coltre]

Ko·lum·ba̱·rium[kolʊmbá:riʊm] 中 -s/..rien[..riən] (Urnenhalle) (骨壺(こつつぼ)安置用の)納骨堂. [*lat*. „Taubenhaus"; <*lat*. columba „Taube"]

Ko·lum·bia̱·ner[kolʊmbiá:nər] 男 -s/- コロンビア人.

ko·lum·bia̱·nisch[..nɪʃ] 形 コロンビアの.

Ko·lu̱m·bi·en[kolʊ́mbiən] 地名 コロンビア(南アメリカ北西部にある共和国で, 首都は Bogotá). [<Kolumbus; ◇*engl*. Colombia]

Ko·lu̱m·bi·er[..biər] 男 -s/- =Kolumbianer

Ko·lum·bi̱·ne[kolʊmbí:nə] 女 -/-n =Kolombine

ko·lu̱m·bisch[kolʊ́mbɪʃ] =kolumbianisch

Ko·lu̱m·bus[kolʊ́mbʊs] 人名 Christoph ～ クリストフコロンブス(1451-1506; イタリア生まれの航海者で, いわゆるアメリカ大陸の発見者. イタリア語形 Cristoforo Colombo, スペイン語形 Cristóbal Colón): das Ei des ～ (→Ei 1).

Ko·lu̱m·ne[kolʊ́mnə] 女 -/-n **1** (Druckspalte) 《印》(新聞・雑誌などの縦の)欄, 段. **2** (新聞などの)コラム. **3** 〔円〕柱. [*lat*. columna „Säule"; ◇Kolonne, Halde, Kulm[2]]

Ko·lu̱m·nen≠maß 中 《印》版面〔寸法〕. ≠**schnu̱r** 女 -/..schnüre 《印》柱, くくり糸, 解版糸, ページ糸, まとめ糸. ≠**ti̱·tel** 男 《印》欄外標題, ヘッドライン.

Ko·lum·ni̱st[kolʊmníst] 男 -en/-en (新聞などの)コラムニスト.

kom.. →kon..

Köm[kø:m] 男 -s/ (種類: -s) 《北部》=Kümmel 2

Ko̱·ma[1][kó:ma·] 女 -/-s(..men[..mən]) **1** 《天》(彗星(すいせい)の核を取り巻く)髪, コマ. **2** 《理》コマ(レンズの収差の一種). [*gr*. kómē „Haar"]

Ko̱·ma[2][ー] 中 -s/-s, -ta[..ta·] 《医》昏睡(こんすい), 意識不明: Leber*koma* 肝不全に起因する意識不明 | im ～ liegen 昏睡状態にある. [*gr*. kõma „tiefer Schlaf"]

ko·ma·tö̱s[komatø:s][1] 形 昏睡(こんすい)状態の. [<..ös]

Kom·bat·ta̱nt[kɔmbatánt] 男 -en/-en **1** (↔Nichtkombattant) (国際法上の)戦闘員. ▽**2** (Mitkämpfer) 戦友, 同志; 参戦者. [*fr*.; <*lat*. ba〔t〕tuere (→Batterie); ◇*engl*. combatant]

Ko̱m·bi[kɔ́mbi·] 男 -[s]/-s **1** (<Kombiwagen) ステーションワゴン, ライトバン. **2** (<Kombischrank) (食器戸棚と洋服だんすの)兼用戸棚. **3** =Kombination 2 a

Kom·bi·na̱t[kɔmbiná:t] 中 -[e]s/-e 《経》コンビナート: Eisenhütten*kombinat* 製鉄コンビナート. [*spätlat*. combīnātus „verbunden"—*russ*.]

Kom·bi·na·tio̱n[kɔmbinatsió:n] 女 **1** -/-en **a)** 連想, 推測, 総合判断: eine falsche 〈kühne〉 ～ 誤った〈大胆な〉推理 | Alles, was ich sage, sind bloße ～*en*. 私の申すことはみな単なる憶測です. **b)** 連結, 結合, 組み合わせ: die ～ von Rot mit Blau 赤と青との取り合わせ. **c)** 《服飾》(上下が別の布地の)組み合わせ紳士服. **d)** 《ｽﾎﾟｰﾂ》コンビネーション〈連係〉プレー. **e)** 《ｽｷｰ》複合競技: die alpine 〈nordische〉 ～ アルペン〈ノルディック〉複合. **f)** (チェスなどの)手筋. **g)** 《数》組み合わせ. **2** [また: kɔmbɪnéɪʃən]-/-s **a)** (上下続きの作業服. 例えば:) つなぎ〔作業服〕, カバーロール, オーバーオール; 《軍》戦闘服(略 Kombi): Flieger*kombination* 飛行服. ▽**b)** 《服飾》コンビネーション. [*spätlat*.〔—*engl*.〕]

Kom·bi·na·tio̱ns≠fä̱·hig·keit[kɔmbinatsió:ns..] 女, ≠**ga̱·be** 女 -/ 組み合わせの能力, 総合〔判断〕の才能. ≠**ge·schwulst** 女 《医》複合腫瘍(しゅよう). ≠**le̱h·re** 女 -/ 《数》組み合わせ論. ≠**schloß** 中 組み合わせダイヤル錠, 文字合わせ錠. ≠**spiel** 中 《ｽﾎﾟｰﾂ》 **1** チームワークを必要とする競技〔種目〕. **2** 《単数で》(パスなどの)連係プレー. ≠**tu̱·mor** 男 =Kombinationsgeschwulst ≠**zan·ge** 女 《工》万能ペンチ(→ 図 Zange).

Kom·bi·na·to̱·rik[kɔmbinató:rɪk] 女 -/ **1** (個々のものを総合的な全体へ)組み合わせるやり方〈方法〉. **2** =Kombinationslehre

kom·bi·na·to̱·risch[..rɪʃ] 形 組み合わせ〔上〕の, 結合に関する: ～*e* Begabung 組み合わせの能力, 総合〔判断〕の才能.

Kom·bine[kɔmbáɪn] 女 -/-s[−s, −z]; [..bí:nə] 女 -/-n 《農・工》コンバイン(合成式収穫機・鉱石採掘機など). [*engl*.]

kom·bi·ni̱e·ren[kɔmbiní:rən] **I** 他 (h) 《*et*.[4] mit *et*.[3]》結びつける, 組み合わせる: die Dienstreise mit einem kurzen Urlaub ～ 仕事で出張したついでに短い休暇をとる | Einen schwarzen Rock kann man mit jedem Pullover ～. 黒のスカートはどんなセーターにも合う ‖ 再帰 *sich*[4] miteinander ～ 相互に組み合わされる ‖ eine *kombinierte* Bahn-Schiffs-Reise 鉄道と船のセット旅行.

II 自 (h) **1** (さまざまな要素を組み合わせて)総合判断を下す, 結論を導き出す. **2** 《球技》連係プレーをする.

III Kom·bi·ni̱er·te 男 女 《形容詞変化》《ｽｷｰ》複合競技選手. [*spätlat*.; <*lat*. bīnī (→binär)]

Ko̱m·bi≠schiff[kɔ́mbi..] 中 《海》多目的〔貨客〕船. ≠**schrank** 男 (食器戸棚と洋服だんすの)兼用戸棚(略 Kombi). ≠**wa̱·gen** 男 ステーションワゴン, ライトバン(略 Kombi). ≠**zan·ge** =Kombinationszange

Kom·bü̱·se[kɔmbý:zə] 女 -/-n (Schiffsküche) 《海》(船の)調理室, 厨房(ちゅうぼう). [*ndd*.; ◇Kabuse]

▽**kom·bu·sti̱·bel**[kɔmbʊstí:bəl] (..sti·bl..) 形 燃えやす

K

い, 引火性の. [*fr.*; < *lat.* comb-ūrere „verbrennen"]

ᐁ**Kọm·edo**[kó(:)medo·, kɔ́m..] 男 -s/-nen[komedó:nən] **1** (Schlemmer) 美食家, 食道楽. **2** 《ふつう複数で》(Mitesser) 〘医〙にきび. [*lat.*; < *lat.* edere (→essen)]

Kọ·men Koma¹の複数.

ᐁ**kom·estị·bel**[kɔmɛstí:bəl] (..sti·bl..) 形 (eßbar) 食べられる, 食用の. [*spätlat.*–*fr.*; ◇Komedo]

ᐁ**Kom·esti·bị·li·en**[..stibí:liən] 複 (Eßwaren) 食品, 食料品.

Ko·mẹt[komé:t] 男 -en/-en (Schweifstern) 〘天〙彗星(すいせい), ほうき星: der Halleyscher ~ ハレー彗星(→Halleysch) | wie ein ~ verschwinden さっと消える, たちまち見えなくなる. [*gr.* komḗtēs „behaart"–*lat.*–*mhd.*; < *gr.* kómē (→Koma¹)]

ko·me·tạr[kometá:r] 形 彗星(すいせい)の; 彗星に起因する.

ko·mẹ·ten·ạr·tig[komé:tən..] =kometenhaft

Ko·mẹ·ten·bạhn 女 彗星(すいせい)の軌道; 《比》(人生の)有為転変.

ko·mẹ·ten·haft 形 彗星(すいせい)のような: einen *~en* Aufstieg nehmen (思いがけぬ)急上昇をとげる, あっというまに成功〈出世〉する.

Ko·mẹ·ten≈kern 男 彗星(すいせい)の核. ≈**schweif** 男 **1** 彗星の尾. **2** (尾が大きく美しい)金魚(リュウキンなど).

Kom·fort[kɔmfó:r, ..fɔ́rt] 男 -s/ 快適, 便利: Dieses Hotel ist mit allem ~ ausgestattet. このホテルはあらゆる快適な〔近代的〕設備を備えている | **mit allem ~ und zurück** 《戯》ぜいたくをきわめた. [*afr.*–*engl.*]

kom·for·tạ·bel[kɔmfɔrtá:bəl] (..ta·bl..) 形 (設備がととのっていて)快適〈便利〉な. [*afr.*–*engl.*; < *spätlat.* cōnfortāre „stärken" (◇Fortis)]

Kọ·mik[kó:mɪk] 女 -/ こっけい, おかしさ; こっけいな演技: eine unfreiwillige ~ 本人の意図しないこっけいさ | Sein Verhalten entbehrte nicht einer gewissen ~. 彼の態度にはある種のこっけいさがあった. [*fr.* comique (◇komisch)]

Kọ·mi·ker[kó:mikər] 男 -s/- 喜劇俳優, コメディアン.

Kom·in·fọrm[komɪnfɔ́rm] 中 -s/ (<Kommunistisches Informationsbüro) コミンフォルム(1947年, 旧ソ連邦ほか 9 か国の共産党により, Marshallplan に対抗して設立された共産主義運動の国際的指導機関. 1956年に解散).

Kom·in·tẹrn[komɪntɛ́rn] 女 -/ (<Kommunistische Internationale) コミンテルン(1919年, モスクワで結成された共産主義に基づく労働者階級の国際組織で, 第 3 インターナショナルと称される. 1943年に解散).

kọ·misch[kó:mɪʃ] 形 **1** こっけいな, おかしい, 喜劇的な: eine *~e* Geschichte こっけいな物語, 笑い話 | die *~e* Alte spielen 〘劇〙(こっけいな)おばあさん役を演じる | Was ist so ~ daran? どこがそんなにおかしいのか(→2). **2** (merkwürdig) おかしな, 奇妙な, 変な, 解(げ)せない: Er ist ein *~er* Mensch 〈Kauz〉. 彼は変人だ | Sie hat einen *~en* Geschmack. 彼女は変な趣味がある ‖ Mir ist so ~ zumute. 私は妙な気分だ | Was ist so ~ daran? どこがそんなに変なのか(→1) | *Komisch*, daß mich niemand bemerkt hat. 不思議なことにだれも私に気づかなかった ‖ *jm.* ~ kommen …に変な態度で接する. [*gr.*–*lat.*–*fr.*; < *gr.* kõmos „Gelage"; ◇*engl.* comic]

kọ·mi·scher·wei·se[kó:mɪʃərváɪzə] 副 《陳述内容に対する話し手の判断・評価を示して》奇妙なことに, おかしなことに.

Ko·mi·tạ·dschi[komitádʒi·] 男 -s/-〔s〕コミタジ(1860年代のトルコに対するブルガリア解放運動参加者). [*türk.*; ◇Komitee]

Ko·mi·tạt[komitá:t, kɔm..] 中 (男) -〔e〕s/-e ᐁ**1** (儀式の)参列者, (卒業生を送り出す行列などの)随行〔者〕. **2** 〘史〙 **a**) 伯爵領. **b**) (1949年までのハンガリーの)郡, 県. [*lat.* comitātus „Begleitung"; < *lat.* comes „Begleiter" (◇Komitien)]

Ko·mi·ta·tịv[komitatí:f, kó:mitati:f]¹ 男 -s/-e 〘言〙随伴格.

Ko·mi·tẹe[komité:, kɔm..] 中 -s/-s (Ausschuß) 委員会: ein ~ für *et.*⁴ …のための委員会 | Streik*komitee* ストライキ〔実行・計画〕委員会 | Zentral*komitee* (党などの)中央委員会 ‖ *jn.* in ein ~ wählen …を委員〔会〕に選出する | Das ~ tagt 〈faßt einen Beschluß〉. 委員会が開かれる〈決議する〉. [*engl.* committee–*fr.*; < *lat.* committere (→kommittieren)]

Ko·mi·tẹe·mit·glied 中 委員.

Ko·mị·ti·en[komí:tsiən] 複 〘史〙コミティア(古代ローマの平民会). [*lat.*; <kon..+*lat.* īre (→eilen)]

Kọm·ma[kɔ́ma·] 中 -s/-s(-ta[..ta·]) **1** (Beistrich) 〘言〙コンマ(,): ein ~ setzen コンマを打つ | Hier muß ein ~ stehen. ここにコンマを打たなければいけない | auf Punkt und ~ (→Punkt 1 b) | ohne Punkt und ~ reden (→Punkt 1 b). **2** 〘数〙小数点: zwei ~ sechs Gramm (=2,6g) 2. 6グラム | Null ~ nichts (→Null 1 a) | in 〔der Zeit von〕 Null ~ nichts (→Null 1 a) ‖ die zweite Stelle nach 〈hinter〉 dem ~ 小数点以下第 2 位. **3** 〘詩・修辞〙コロン(→Kolon¹ 2)の小節. **4** 〘楽〙コンマ(音程の微小な差). [*gr.* kómma „Abschnitt"; < *gr.* kóptein „〔ab〕hauen"]

Kọm·ma·ba·zil·lus[kɔ́ma..] 男 〘細菌〙コレラ菌.

Kom·man·dạnt[kɔmandánt] 男 -en/-en 〘軍〙指揮官, 司令官, 隊長: der ~ eines Flugplatzes 飛行場司令 | der ~ eines Flugzeugträgers 航空母艦の艦長 | der ~ eines Geschwaders / Geschwader*kommandant* (空軍の)編隊長; (海軍の)戦隊司令官. [*fr.*]

Kom·man·dan·tụr[kɔmandantú:r] 女 -/-en 司令部.

Kom·mạn·den Kommando の複数.

Kom·man·deur[..dǿ:r] 男 -s/-e 〘軍〙(大隊ないし師団を指揮する)指揮官, 司令官. [*fr.*; <..eur]

Kom·man·deu·se[kɔmandǿ:zə] 女 -/-n (Kommandeur の女性形) **1** Kommandeur の夫人. **2** 《話》居丈高(いたけだか)な女.

kom·man·dịe·ren[kɔmandí:rən] **I** 他 (h) **1** 《*jn.*》(…の)指揮をとる, (…に)命令を下す: eine Kompanie ~ 中隊の指揮をとる | *jn.* an die Front 〈zu einer anderen Einheit〉 ~ …を前線〈他の部隊〉に転属させる ‖ Ich lasse mich von dir nicht ~. 《話》おれは君の言いなりにはならないぞ. **2** 《*et.*⁴》(…を)命令する, 命じる: Feuer ~ 射撃命令を下す | den Rückzug ~ 退却〈撤退〉を命じる.

II 自 (h) 命令口調で〈きっぱりと〉言う: Er *kommandiert* den ganzen Tag. 彼は一日じゅう がみがみ指図している. [*lat.* com-mendāre „anvertrauen"–*fr.*; ◇Mandant; *engl.* command, commend]

Kom·man·dịe·rung[..dí:rʊŋ] 女 -/ kommandieren すること; (特に:) 転属〈派遣〉命令.

Kom·man·di·tặr[kɔmanditɛ́:r] 男 -s/-e 《スイス》 =Kommanditist [*fr.*]

Kom·man·dị·te[..dí:tə] 女 -/-n ᐁ**1** =Kommanditgesellschaft **2** (Zweiggeschäft) 支店, 支社. [*fr.*]

Kom·man·dịt·ge·sell·schaft[kɔmandí:t..; オーストリア: kɔmandít..] 女 (略 KG) 〘経〙合資会社: ~ auf Aktien (略 KGaA) 株式合資会社.

Kom·man·di·tịst[kɔmanditíst] 男 -en/-en (合資会社の)有限責任社員.

Kom·mạn·do[kɔmándo·] 中 -s/-s(..den[..dən]) **1 a**) 号令, 命令: auf ~ 号令に応じて | *~s* rufen 〈brüllen〉 号令をかける. **b**) (与えられた)命令, 任務: ein ~ ausführen 命令を遂行する. **c**) 〘電算〙コマンド: *~s* eintippen コマンドを入力する. **2** 《単数で》指揮権: das ~ über *jn.* führen …を指揮する | das ~ übernehmen 指揮を引き受ける, 指揮をとる ‖ unter dem ~ von *jm.* stehen …の指揮下にある. **3** (特別な任務のために編成された)分遣隊; 特別奇襲隊, コマンド: Arbeits*kommando* 作業班 | Überfall*kommando* (警察などの)特別出動隊 ‖ ein ~ von Helfern zur Unglücksstelle schicken 災害地に救助隊を送る | ein ~ zusammenstellen コマンドを編成する. **4** 〘軍〙司令部. [*it.*]

Kom·mạn·do≈brücke[kɔmándo..] 女 船橋, 艦橋, ブ

リッジ(→ 図 Schiff A). ≈**ge·rät** 中 (高射砲などの)照準算定機; 指令発信装置; (原動機などの)制御〈操縦〉装置〔パネル〕. ≈**ge·walt** 女〘軍〙指揮権. ≈**kap·sel** 女 (宇宙船の)司令船. ≈**sa·che** 女 geheime ~〘軍〙極秘指令. ≈**stab 1**〘軍〙司令部の幕僚. **2** (Marschall〔s〕stab) 元帥杖(じょう). ≈**stand** 男 =Kommandoturm 1 ≈**stim·me** 女 号令〈命令〉〔口調〕の声. ≈**turm** 男 **1**〘軍〙(軍艦の)司令塔. **2**〘空〙管制塔.

Kom·mas·sa·tion[kɔmasatsió:n] 女 -/-en 耕地整理.
kom·mas·sie·ren[kɔmasí:rən] 他 (h) (分散している耕地を)整理統合する. [< *lat.* māssa (→Masse)]

Kom·ma·ta Komma の複数.

Kom·me·mo·ra·tion[kɔmemoratsió:n] 女 -/-en **1**〘カトリック〙(ミサ・聖務日課の)記念. ▽**2** (Andenken) 思い出, 記念. [*lat.*]

▽**kom·me·mo·rie·ren**[..rí:rən] 他 (h) 記念する, (…に)言及して思い起こさせる. [*lat.*]

kom·men*[kɔ́mən] ((80)) **kam**[ka:m] / **ge·kom·men**; 現 *du* kommst (▽kömmst[kœmst]), *er* kommt (▽kömmt); 接II käme[kɛ́:mə]

I 自 (s) (英: *come*)
1 (話し手に向かって)近づいて来る
 a) ((空間的)) 来る, こちらへ移動する, こちらへ方向をとっている
 b) ((時間的)) 近づいて来る, 迫って来る, 始まる
 c) ((抽象的))
  ① (ある状態に)なる
  ② (ある行為を)始める, (あることを)するに至る
  ③ ((auf *jn.* 〈*et.*[4]〉)) (…に)割り当てられる
2 (↔gehen)
 a) (ankommen) 到来する, 姿を見せる
 b) 参加する, 出席する; 訪ねる
 c) ((lassen と)) *jn.* ~ lassen …を呼び寄せる
3 a) (人が)運び込まれる, 収容される
 b) (物が)届く, 届けられる; 運ばれる
 c) ((*jm.*)) (…の頭に)浮かぶ, 思いつく, (考え・怒りなどが)生じる, わく
 d) ((über *jn.*)) (感情などが…を)襲う, とらえ始める
4 発生する
 a) (事が)起こる, 生じる, (…の)事態となる
 b) (生物が)生まれ出る, 生え出てくる
5 a) 順番に現れる, (こちらから進んで行くにつれて)順番に見えてくる
 b) 価値をもつ, 位置を占める
6 a) ((von *et.*[3] / daher, daß ...)) (…に)由来する, 原因がある
 b) ((zu *et.*[3])) (…を)手に入れる, (…に)ありつく
 c) ((auf *et.*[4] / hinter *et.*[4])) (…に)思い至る, 気づく
7 ((um *et.*[4])) (…を)失う, なくす, 喪失する; 逸する
8 ((話)) ((方向を示す語句と)) (…に)おさまる〔べきものである〕
9 ((話)) オルガズムに達する, 行く
10 (kosten) (…だけの)費用がかかる, (…の)数量になる
11 a) ((*jm.*)) ((様態を示す語句と))
  ① (事柄が…にとって…と)なる, (…で)ある
  ② (…に…の)態度をとる, 振舞いをする
 b) ((*jm.* mit *et.*[3])) (…のところに願い事などを)持ち込む
12 ((機能動詞として能動または受動の意味の動詞句を構成する)) …し始める, …の状態になる; …される
13 ((不定詞〔句〕と))
 a) ((zu 不定詞〔句〕と)) (…するに)至る, (…することと)なる
 b) ((〔um+〕 zu 不定詞〔句〕と)) (…しに)来る
 c) ((話)) ((zu のない不定詞〔句〕と)) (…しに)来る
14 非人称
 a) ((es kommt; 様態を示す語句と)) (…のような)状態になる
 b) ((es kommt zu *et.*[3])) (…という)事態になる
 c) ((話)) ((es kommt *jm.*)) (…が)オルガズムに達する

II Kommen 中 -s/
III kommend 現分 形

I 自 (s) (英: *come*) **1** (話し手〔の視点〕に向かって)近づいて来る: **a**) ((空間的)) 来る, こちらへ移動する, こちらへ方向をとっている: *Komm* 〔her〕! こっちへ来い | Woher *kommst* du? / Wo *kommst* du her? どこからやって来たのか(→herkommen I 2) ‖ 〘到達点への方向を示す語句と〙 nach Berlin ~ ベルリンへやって来る | nach Hause ~ 帰宅する | zu *jm.* ~ …のところへやって来る | Wie *komme* ich zum Bahnhof? 駅へはどう行けばよいのでしょうか | *jn.* zum Wort ~ lassen …に発言させる | 〔**wieder**〕 **zu** *sich*[3] **~** 正気を取り戻す, 我に返る ‖ an den Fluß ~ 河岸へやって来る | an die falsche Adresse ~ 誤ったあて先に届く; 見当違いの人を訪ねる | Die Uhrkette ist von seinem Großvater auf ihn *gekommen*. この時計鎖は祖父から彼に伝わったものだ | *jm.* ins Auge ~ …の目にとまる | *jm.* in die Quere ~ …の邪魔をする | Er soll mir nicht wieder unter die Augen ~. 彼には二度と私の前に顔を出させないぞ ‖ 〘出発点を示す語句と〙 **aus** allen Richtungen ~ 四方八方からやって来る | Viele Gäste *kommen* aus dem Ausland. 国外からたくさんの人が来訪する | Er ist mir ganz aus den Augen *gekommen*. 彼は全く見かけなくなった, 彼のことはすっかり忘れてしまった | aus der Schule ~ i) 学校から帰って来る; ii) 学校を卒業する | aus dem Haus ~ 外出する | aus den Kleidern ~ 服をぬぐ | Ich *komme* gerade **von** ihm 〈von der Arbeit〉. 私はいま彼に会ってきたところだ〈仕事を終えてきたところだ〉 | Der Sturm *kommt* von der Seite. あらしが横なぐりに吹いて来る | Von rechts *kommt* ein schmaler Weg. 右手からは細い道が通じている | nicht von der Stelle ~ 動こうとしない ‖ 〘経由する場所を示す語句と〙 Der Zug *kommt* über 〈durch〉 Frankfurt. 列車はフランクフルトを経由して来る | Auf unserer Reise *kamen* wir durch das ganze Deutschland. 私たちはこの旅でドイツ全土を通った ‖ 〘場所を示す語句と〙 des Weges ~ どんどん道を歩き続けてやって来る | Sie sind denselben Weg *gekommen* wie wir. 彼らは私たちと同じ道を通ってやって来た ‖ 〘様態・方法を示す語句と〙 *Komm* schnell! 早く来い | zu kurz ~ ((比)) (分配で)他人より少なくもらう, よい扱いを受けない | mit der Eisenbahn 〈dem Wagen〉 ~ 鉄道〈自動車〉でやって来る | zu Fuß ~ 徒歩でやって来る.

b) ((時間的)) 近づいて来る, 迫って来る, 始まる; (…の)時が到来する: Der Abend *kam* allmählich. しだいに日が暮れて来た | Sein letztes Stündlein ist *gekommen*. ((雅)) 彼の最期の時が訪れた | Die Zeit wird ~, wo... …する時〔代〕が今に来るであろう ‖ Jetzt *kommt* die Entscheidung. いよいよ決定が下される ‖ Dieser Schauspieler ist groß im *Kommen*. この俳優は売り出し中〈有望株〉だ(→kommend 2).

c) ((抽象的)) ① (ある状態に)なる: **auf** die Universität ~ 大学生になる | **aus** der Mode ~ 流行おくれになる | **in** Mode ~ 流行しはじめる | in Gefahr ~ 危険に陥る | in Not ~ 窮地に陥る | in die Schule ~ 学校に入学する.
② (ある行為を)始める, (あることを)するに至る: mit *jm.* ins Geschäft ~ …と取引を始める ‖ Ich *komme* noch nicht dazu. 私はそこまで手が回らない(→6 b) | Wie *kommen* Sie dazu, das zu sagen? どうしてそんなことを言い出すのですか | Wie *komme* ich dazu, ihm Geld zu geben? なぜ彼に金をやる羽目になったのだろう | Endlich *komme* ich dazu, Ihnen zu schreiben. ようやくお手紙〈お返事〉を差し上げる運びとなりました, すっかりごぶさたをしてしまい 失礼いたしました ‖ zu nichts ~ ((比)) 仕事が手につかない; 何もできない.
③ ((auf *jn.* 〈*et.*[4]〉)) (…に)割り当てられる, つく: Auf jeden dritten Einwohner *kommt* ein Fernseher. 住民の 3 人に 1 人の割合でテレビを持っている | Wieviel *kommt* auf deinen Teil? 君の分け前はどれほどになるのか.

2 (↔gehen) **a**) (ankommen) 到来する, 姿を見せる: Warum *kommt* er nicht? 彼はなぜ姿を見せないのか | Da *kommen* sie. あそこに彼らがやって来た | Die einen *kamen*, die anderen gingen. 到着する人たちもあれば立ち去る人たち

K

もあった, 来る人去る人さまざまであった | Die Jahre *kommen* und gehen. 次々と年が移りかわる | ein ständiges *Kommen* und Gehen 次々と人が入れかわること〈物事が移りかわること〉‖〖様態を示す語句と〗plötzlich 〈pünktlich〉 ～ 突然〈時間どおりに〉やって来る | überraschend 〈unerwartet〉 ～ 不意に姿を見せる | mit leeren Händen ～ 手ぶらで訪ねて来る | auf Urlaub ～ 休暇でやって来る | zu Besuch 〈Gast〉 ～ 訪問する ‖〖様態を示す語句(動詞の過去分詞)と〗geflogen ～ 飛んで来る | gelaufen 〈angekrochen〉 ～ かけ足で〈はって〉来る ‖〖時を示す語句と〗Wann *kommt* er? 彼はいつ来ますか | Wann soll ich zu dir ～? いつ君の所へ行けばいいのか | Ich *komme* gleich. 私はすぐにまいります | Er kann jeden Augenblick ～. 彼は今すぐにも姿を見せるかもしれない | zur rechten Zeit ～ 時間どおりにやって来る | kurz vor Torschluß ～ 門限ぎりぎりに到着する | *Komm'* ich heute nicht, *komm'* ich morgen. 《皮肉》(のろまな人に向かって)これではあしたになってしまう ‖ der gestern *gekommene* Brief 昨日届いた手紙.

b) 参加する, 出席する; 訪ねる: Ich kann leider nicht ～. 残念ながら出席できません | Ich *komme* nur schnell für eine halbe Stunde. ちょっと30分ほどおじゃまするだけです | Um sein *Kommen* zu sichern, habe ich direkt an ihn geschrieben. 彼の出席を確実にするために私は直接彼に手紙を書いた.

c) 《lassen と》*jn.* ～ lassen …を呼び寄せる, …に来てもらう | den Arzt ～ lassen 医者の来診を仰ぐ | Wir lassen die Blumen direkt aus der Gärtnerei ～. うちでは花は直接農園から届けさせる | ein Taxi ～ lassen タクシーを呼ぶ ‖ **auf *jn.* nichts ～ lassen** 《比》…に対する悪口〈陰口〉を言わせない.

3 a) (人が)運び込まれる, 収容される: ins Gefängnis ～ 刑務所に収容される | ins Krankenhaus ～ 病院に運び込まれる | vor den Richter ～ 裁判官の前に引き出される.

b) (物が)届く, 届けられる; 運ばれる: Der Brief *kommt* und *kommt* nicht. 待てど暮らせど手紙は届かない | Das Essen *kommt* gleich auf den Tisch. 食事はすぐに食卓に出されます | Es ist ein Paket für dich *gekommen*. 君あての小包が届いている | Eine Nachricht *kommt*. 知らせが届く.

c) 《*jm.*》(…の頭に)浮かぶ, 思いつく, (考え・怒りなどが)生じる, わく: Plötzlich *kam* mir ein Gedanke 〈eine Idee〉. 私は急にある考え〈アイディア〉が頭に浮かんだ | Ihm *kam* die Lust zu singen. 彼は歌を歌ってみたくなった | Mir *kamen* vor Schmerz die Tränen. 私は苦痛のため涙がこぼれてきた | Ihm *kam* der Zorn. 彼は怒りがわいてきた ‖ So etwas *käme* mir nicht in den Sinn. 私はそんなことは夢にも思わない.

d) 《über *jn.*》(感情などが…を)襲う, とらえ始める: Ein tiefes Gefühl des Friedens *kam* über sie. 深い安らぎの気持を彼女はおぼえた ‖ (非人称) Manchmal *kommt* es so über ihn. 時おり彼はそういう〔鬱屈(うっくつ)した〕気持になる.

4 発生する: **a**) (事が)起こる, 生じる, (…の)事態となる: Wie *kommt* denn das? どうしてこんなことになったのだ | Wie *kommt* es, daß … ? どうして…という事態になったのだ | So *kommt* es, daß … かくして…という事態となる | Daher *kam* es, daß er dagegen eine Abneigung hat. それが原因で彼はそれを嫌うようになった | Es kann durchaus ～, daß … …ということは十分起こり得ることだ | Das durfte nicht ～. 《話》それはまずかった〈いけなかった〉 | Wie ist das *gekommen*? どうしてこんなことになったのか | Ich sehe es ～, daß … …となるのは目に見えている | Das habe ich schon lange ～ sehen. こうなることは私には前々から分かっていた ‖ Eins *kam* zum anderen. i) 次々といろんなことが重なった; ii) 次々とふえて〈たまって・かさんで〉いった | Zur Inflation *kam* noch die Dürre. インフレにかてて加えて干ばつに見舞われた.

b) (生物が)生まれ出る, 生え出てくる: Bei ihnen *kommt* jährlich ein Kind. 彼らの家では毎年出産がある | Die ersten Knospen *kommen*. 木が新芽をつける | Die ersten Zähne *kommen*. (乳児の)最初の歯が生える ‖ Die Bohnen *kommen* gut. 豆のできがよい.

K

5 a) 順番に現れる, (こちらから進んで行くにつれて)順番に見えてくる, (時間の進行につれて)順番に行われる: Wenn Sie geradeaus gehen, *kommt* erst die Kirche, dann der Bahnhof. この道をまっすぐ行くとまず教会が 次いで駅が見えてきます | Hinter der Wiese *kommt* gleich der Wald. 牧草地の向こう側はすぐ森になっている ‖ Passen Sie auf, jetzt *kommen* Sie. さあ〔いよいよ〕あなたの番ですよ | Die Kinder *kommen* zuerst. 子供が先だ | Erst *kommen* die Nachrichten, dann der Kommentar des Tages. まずその日のニュース続いてニュース解説が放送されます | Die Hauptsache *kommt* noch. 肝心なことはまだこれからだ.

b) 価値をもつ, 位置を占める: Für viele Leute *kommt* Ehre nach Geld 〈Geld vor Ehre〉. 多くの人にとっては名誉よりも金が大事だ.

6 a) 《von *et.*[3]/daher, daß …》(…に)由来する, 原因がある: „Gunst“ *kommt* von „gönnen“. Gunst という語は gönnen に由来する ‖ Das *kommt* von der Unaufmerksamkeit 〈vom vielen Trinken〉. それは不注意〈大酒〉が原因である | Woher *kommt* das? それは何が原因か | Das *kommt* davon 〈daher〉, daß … それは…ということに原因がある | Das *kommt* davon! それは当然の報いだ, そら見たことか | Das *kommt* davon, wenn man unvorsichtig ist. それは不注意が原因だ, それは不注意の当然の報いだ.

b) 《zu *et.*[3]》(…を)手に入れる, (…に)ありつく(→1 c) (参考 *et.*[4] bekommen): Er ist zu Geld *gekommen*. 彼は金を手に入れた(＝Er hat Geld bekommen.) | Ich bin noch nicht zum Essen *gekommen*. 私はまだ食事にありついていない | Wie *kommt* man zu einem Zimmer? 部屋探しはどうすればよいのか | zu Ruhm ～ 名声を得る | Ich bin zu der Überzeugung *gekommen*, daß … 私は…という確信を持つに至った ‖ zu etwas ～ ひとかどのものになる, 偉くなる, 成功する.

c) 《auf *et.*[4] / hinter *et.*[4]》(…に)思い至る, 気づく: auf eine Idee ～ ある考えを思いつく | Ich *komme* einfach nicht auf seinen Namen. 私は彼の名前がどうしても思い出せない | Wie *kommst* du auf diese Vermutung? 君はどうしてこのような推測を持つようになったのか | Ich wäre nie auf so etwas *gekommen*. そんなこととは夢にも思わなかった | Wir werden in der Sitzung noch auf dieses Thema zu sprechen ～. 私たちは会議で後ほどまたこの問題に触れる機会があると思います | hinter das Geheimnis ～ 秘密をかぎつける.

7 《um *et.*[4]》(…を)失う, なくす, 喪失する; 逸する, (…)しそこなう, (…の機会を)逃す(参考 *jn.* um *et.*[4] bringen): Er ist um sein Gehör *gekommen*. 彼は耳が聞こえなくなった | ums Leben ～ (事故などで)命を落とす, 死ぬ | Heute bin ich um meinen Schlaf *gekommen*. きょうは眠りそこねた ‖ Wir sind leider um die Reise 〈um das Theater〉 *gekommen*. 私たちは残念ながら旅行をしそこなった〈芝居を見そこなった〉.

8 《話》《方向を示す語句と》(…に)おさまる〔べきものである〕: Die Hemden *kommen* in die oberste Schublade. シャツはいちばん上の引き出しにしまうことになっている | Was für Gewürze *kommen* in 〈an〉 die Soße? このソースにはどんな香辛料を入れるのですか | Zwischen getrocknete Pflanzen *kommt* Löschpapier. 押し花の間には吸取紙を挟むようにする.

9 《話》オルガズムに達する(→14 c).

10 (kosten) (…だけの)費用がかかる, (…の)数量になる, (…に)つく: Wie teuer *kommt* das? これでいくらになりますか | Das Buch *kommt* 〔auf〕 fünt Euro. この本は５ユーロです | Mit der Eisenbahn *kommt* der Transport billiger. 鉄道便の方が輸送費が安くつく | Eine große Dose *kommt* billiger als zwei kleine. 大缶１個の方が小缶２個より安くつく.

11 a) 《*jm.*》《様態を示す語句と》① (事柄が…にとって…と)なる, (…で)ある: Das *kam* uns sehr gelegen 〈überraschend〉. それは私たちにとってたいへん都合がよかった〈全く意外であった〉. ② (…に…の)態度をとる, 振舞いをする: Er *kommt* mir frech 〈unverschämt〉. 彼は私に対してずうずうしい態度

をとる | *Kommst* du mir so? 君は私に対してそういう態度をとる気か | So lasse ich mir nicht ~. 私に対してそんな態度は許さない.
b) ⟪*jm.* mit *et.*[3]⟫ (…のところに願い事などを) 持ち込む, たのみこむ: *jm.* mit einer Bitte ~ …に願い⟨たのみ⟩事をする | Sie *kommt* ihm immer wieder mit derselben alten Geschichte. 彼女は同じことを何度でも彼のところに持ち込んで来る | Damit dürfen sie mir nicht ~. ⟪話⟫ そんなことは私には通用しないよ, 私はやつらのその手には乗らないよ.
12 ⟪kommen 自体の意味が希薄化し, in または zu を伴う〔動作〕名詞とともに機能動詞として能動または受動の意味の動詞句を構成する⟫ …し始める, …の状態になる; …される: 〖能動的〗 in Gang ~ (機械などが) 動き始める; (事が) 始まる, 軌道に乗る | ins Rutschen ~ 滑る | ins Verhandeln ~ 交渉に入る | in Wegfall ~ 廃止される | in Zorn ~ 怒りだす ‖ zur Besinnung ~ 我に返る | zum Durchbruch ~ 出現⟨台頭⟩する | zur Einsicht ~ 悟る | zu Fall ~ 倒れる; 破滅する | zur Geltung ~ 効果⟨真価⟩を発揮する | zum Kochen ~ 煮立つ | zum Stillstand ~ 止まる, 停止⟨停滞⟩する ‖ 〖受動的〗 in Betracht ~ 問題になる, 考慮に値する | in Frage ~ 問題⟨考慮の対象⟩になる | in Gebrauch ~ 用いられる | mit *et.*[3] in Verbindung ~ …に結びつけられる | in Verdacht ~ 嫌疑をこうむる ‖ zum Abschluß ~ (仕事・交渉などが) 終わる, 締結される, 落着する (＝abgeschlossen werden) | zur Anwendung ⟨in Anwendung⟩ ~ 適用される, 用いられる | zur Aufführung ~ 上演される | zum Ausdruck ~ 表現される, 明らかになる | zur Auslieferung ~ 引き渡される | zur Durchführung ~ 実行される | zum Einsatz ~ (部隊などが) 投入される | zur Entscheidung ~ 決定される | zur Erörterung ~ 論議される | zur Übergabe ~ 引き渡される | zur Verhandlung ~ 審議される | zum Verkauf ~ 売られる, 売却される.
☆ 機能動詞の bringen と kommen の関係: →bringen 2 d ☆
13 ⟪不定詞〔句〕と⟫ **a**) ⟪zu 不定詞〔句〕と⟫ (…するに) 至る, (…することと) なる: Ich *kam* neben ihm zu sitzen. 私は〔たまたま〕彼と隣席することとなった | Die Katze *kommt* immer auf die Füße zu stehen. 猫は落下の際 つねに両足で着地する. **b**) ⟪〔um+〕zu 不定詞〔句〕と⟫ (…しに) 来る: Wir *kommen*, 〔um〕 dir zu helfen. 私たちは君の手助けをするために来た. **c**) ⟪話⟫ ⟪zu のない不定詞〔句〕と⟫ (…しに) 来る: Ich *komme* Sie begrüßen. 私はあなたにごあいさつに来ました | Er *kam* gratulieren. 彼は祝いを言いに来た | Niemand *kam* öffnen. だれも戸を開けに来なかった.
14 非人称 **a**) ⟪es kommt; 様態を示す語句と⟫ (…のような) 状態になる: Es *kam*, wie es ~ muß. なるよう⟨当然の事態⟩になった | Wie es auch ~ mag, … たとえどういう事態になろうとも… | Es *kam* anderes, als ich gedacht hatte. 私が予想していたのとは違った事態になった | So weit *kommt* es noch! それはひどすぎる | Wenn es hoch *kommt*, sind es zwanzig Leute. 多い時には20人になる ‖ **Wie's *kommt*, so *kommt*'s** (＝so wird's genommen). なるようにしかならない. **b**) ⟪es kommt zu *et.*[3]⟫ (…という) 事態になる: Es *kommt* zu einem Streit. 争いになる | Es wird wahrscheinlich zum Krieg ~. どうやら戦争になりそうだ | Es *kam* dazu, daß er abgesetzt wurde. 彼が解任されるという事態になった | Es wird noch dazu ⟨dahin / soweit⟩ ~, daß … 事態はさらに進んでついには…ということになるだろう | Daß es dazu ~ mußte! こんな事態になるとは何ということだろう | Man darf es[4] nicht bis zum Äußersten ~ lassen. 最悪の事態を招くようなことをしてはならない. **c**) ⟪話⟫ ⟪es kommt *jm.*⟫ (…が) オルガズムに達する (→9).
II Kom·men 中 -s/ kommen すること: ein ständiges ~ und Gehen (→I 2 a) ‖ Ich freue mich sehr auf dein ~. 君の来訪を楽しみにしています | **im ~ sein** 人気が出始めている, はやり出している | Bärte sind im ~. i) ひげが生えかかっている; ii) ひげが流行しだしている | mit dem ~ des Winters 冬の到来とともに.
III kom·mend 現分 形 **1** ⟪時間的⟫ この次の, 今後の, きたる; ⟪空間的⟫ こちらへやって来る: ~*e* Generationen これから後の数世代 | ~*en* Jahres (略 k. J.) 来年に, 来年の | ~*es* Jahr[4] (略 k. J.) 来年に | in ~*en* Jahren 今後数年のうちに | am ~*en* Sonntag 今度の日曜日に | in der ~*en* Woche 来週中に ‖ der von rechts *Kommende* 右手からやって来る男. **2** 未来の, 将来有望の; これからの: Der Spieler gilt als ~*er* Mann ⟨als ~*e* Größe⟩. この選手は将来の大物と見なされている. (→I 1 b).
[*idg*; ◇Basis; *engl.* come; *lat.* venīre „kommen"]
Kom·men·de [kɔméndə] 女 -/-n **1** 〖カトリック〗 空位聖職禄(ろく)の一時保有⟨管理⟩. **2** (Komturei) 〖史〗 騎士修道会管区. [*mlat.* commenda; ◇kommandieren; *engl.* commendam]
Kom·men·sa·le [kɔmɛnzáːlə] 男 -n/-n ⟪ふつう複数で⟫ 〖生〗 片利(へんり) 共生動物⟨植物⟩. [< *lat.* mēnsa (→Mensa)+..al[1]]
Kom·men·sa·lis·mus [..zalísmus] 男 -/ 〖生〗 片利(へんり) 作用, 片利共生.
kom·men·su·ra·bel [kɔmɛnzuráːbəl] (..ra·bl..) 形 (↔inkommensurabel) **1** 同一尺度で測れる; 比較できる. **2** 〖数〗 通約できる. [*spätlat.*]
Kom·ment [kɔmɑ̃ː] 男 -s/-s **1** 〔大学生生活の〕作法, 慣例. **2** 〖動〗 (動物の) 習性. [*lat.* quō-modo „auf welche Weise?"–*fr.* comment „wie?"]
Kom·men·tar [kɔmɛntáːr] 男 -s/-e **1** 評釈, 注釈, 注解〔書〕: den ~ zu *et.*[3] verfassen ⟨schreiben⟩ …の評釈〔書〕を著す. **2** 論評, 批評; コメント; (新聞・テレビ・ラジオなどの) ニュース解説, 時評: ~ zu der Woche 週間展望⟨回顧⟩ ‖ einen ~ zu *et.*[3] geben …を論評する | *sich*[4] jedes ~*s* enthalten 論評⟨コメント⟩をさし控える | *Kommentar* überflüssig! 〔それについては〕注釈を加えるまでもなかろう | Kein ~! ノーコメント. [*lat.* commentārius 〔liber〕 „Notizbuch"; ◇ *engl.* commentary]
kom·men·ta·risch [..táːrɪʃ] 形 論評⟨注釈⟩的な, 論評形式の.
kom·men·tar·los [..táːrloːs][1] 形 注釈⟨批評⟩ぬきの.
▽**Kom·men·ta·tion** [..tatsióːn] 女 -/-en 学術論文集; 評釈集. [*lat.*]
Kom·men·ta·tor [..táːtɔr, ..toːr] 男 -s/-en [..tatóːrən] **1** 評釈⟨注釈⟩者. **2** (時事問題の) 解説者, 評論家. [*lat.*]
kom·men·tie·ren [kɔmɛntíːrən] 他 (h) **1** 評釈する, (…に) 注釈をつける: eine *kommentierte* Ausgabe des ⟪Faust⟫ 注釈つきの『ファウスト』. **2** 論評⟨解説⟩する, 説明する: Der Wahlausgang wurde unterschiedlich *kommentiert*. 選挙結果の論評⟨評価⟩はまちまちだった. [*lat.* commentārī; < *lat.* com-minīscī „aus-denken" (◇mental)]
Kom·ment·kampf [kɔmɑ̃ː..] 男 〖動〗 (習性としての) 儀式的闘争.
kom·ment≈mä·ßig [kɔmɑ̃ː..] 形 作法⟨慣例⟩どおりの; 〖動〗 習性に従った. **≈wid·rig** 形 作法⟨慣例⟩に反する; 〖動〗 習性に反する.
Kom·mers [kɔmɛ́rs][1] 男 -es/-e (大学生の) 酒宴, コンパ.
Kom·mers·buch 中 学生歌集.
kom·mer·sie·ren [kɔmɛrzíːrən] 自 (h) (学生が) 酒宴に出席する.
Kom·mers·lied [kɔmɛ́rs..] 中 学生歌.
Kom·merz [kɔmɛ́rts] 男 -es/ ⟪しばしば軽蔑的に⟫ **1** (Handel) 商業, 交易. **2** (Profit) 利潤, もうけ. [*lat.* commercium–*fr.*; < *lat.* com-mercārī „zusammenkaufen" (◇Markt); ◇ *engl.* commerce]
kom·mer·zia·li·sie·ren [kɔmɛrtsializíːrən] 他 (h) **1** 商業化⟨営利化⟩する, 金もうけの手段に用いる, 営利優先に扱う: den Sport ~ スポーツを営利の対象にする. **2** (国の債務などを) 私企業に転嫁する. [*fr.* commercialiser]
Kom·mer·zia·li·sie·rung [..ruŋ] 女 -/-en kommerzialisieren すること.
Kom·mer·zial·rat [kɔmɛrtsiáːl..] ⟪オーストリア⟫ ＝ Kommerzienrat
kom·mer·ziell [kɔmɛrtsiɛ́l] 形 商業〔上〕の; 商業的な,

営利〔本位〕の: ～*es* Fernsehen 商業〈民間〉テレビ | eine Erfindung ～ auswerten ある発明を商業ベースにのせる.

Kom·mer·zi·en·rat[kɔmɛ́rtsiən..] 男 -〔e〕s/..räte 商業顧問官(1919年まで商工業功労者に与えられた称号. 1945年以後もドイツのいくつかの州で授けられている).

Kom·mi·li·to·ne[kɔmilitó:nə] 男 -n/-n (女 **Kom·mi·li·to·nin**[..nɪn]-/-nen) (大学の)学友. [*lat.* commīlitō „Mit-Kämpfer"; < *lat.* milēs (→militärisch)]

ᵛ**Kom·mis**[kɔmí:] 男 -[-(s)]/-[-s] (Handlungsgehilfe) 店員, 番頭. [*fr.*; < *lat.* committere (→kommitieren)]

Kom·miß[kɔmís] 男 ..misses/ 《話》(Militärdienst) 兵役, 軍務; (Militär) 軍隊: beim ～ sein 兵役に服している. [„Heeresvorräte"; < *lat.* commissum „Anvertrautes"]

Kom·mis·sar[kɔmɪsá:r] (南部・オーストリア・スイス: **Kom·mis·sär**[..sɛ́:r]) 男 -s/-e **1** (各部門の長官・大臣にあたる)〔国家〕委員; (旧ソ連邦で1946年までの)人民委員. **2** (官職の)臨時代行者, 代理人. **3** (Polizeikommissar) 警部. [*mlat.*〔-*fr.*〕; ◇..ar]

Kom·mis·sa·riat[kɔmɪsariá:t] 中 -〔e〕s/-e **1** 委員の職〈地位〉; 委員の管轄範囲; 委員の事務所〈室〉. **2** 《オーストリア》(Polizeikommissariat) 警察署, 警部駐在所.

kom·mis·sa·risch[kɔmɪsá:rɪʃ] 形 一時的に委託を受けた: der ～*e* Schuldirektor 校長代理.

Kom·miß≠brot[kɔmís..] 中 (兵士用の四角形の)軍用黒パン. **≠hengst** 男 《話》口やかましい将校〈下士官〉.

kom·mis·sig[kɔmísɪç][2] 形 《話》軍務〈兵役〉に関する, 訓練上の.

Kom·mis·sion[kɔmɪsió:n] 女 -/-en **1** (特定の任務をもった公的な)委員会: eine ständige ～ 常任委員会 | Fach*kommission* 専門委員会 ‖ eine ～ einsetzen 委員会を設置する | eine ～ ernennen 委員会の委員を任命〈指名〉する ‖ *jn.* in eine ～ wählen …を委員として選任する. **2** 《単数で》〔商〕委任, 委託; 取次: **in** ～ 委託を受けて | eine Ware in ～ geben 〈nehmen〉 商品の販売を委託する〈引き受ける〉 | eine Gaststätte in ～ bewirtschaften 飲食店を委託されて経営する. ᵛ**3** 用足し, 買い物: **～*en* machen** 用足し〈買い物〉をする. [*lat.*-*mlat.*; < *lat.* committere (→kommittieren)]

Kom·mis·sio·när[kɔmɪsionɛ́:r] 男 -s/-e **1** 〔商〕委託売買人, 口銭問屋, 取次業者. ᵛ**2** (ホテルなどの)使い走り役. [*fr.* commissionnaire; ◇..ar]

kom·mis·sio·nie·ren[kɔmɪsioní:rən] 他 (h) 《オーストリア》(abnehmen) (新築家屋などを認可前に)検査〈検分〉する.

Kom·mis·sions≠buch[kɔmɪsió:ns..] 中 〔商〕注文〔控え〕帳. **≠buch·han·del** 男 -s/ 書籍取次業. **≠ge·bühr** 女 手数料, 口銭, コミッション. **≠ge·schäft** 中 取次〈問屋〉業; 問屋, 委託販売店. **≠gut** 中 (Bedingtgut) 〔商〕(返品可能の)委託販売品. **≠han·del** 男 -s/ (旧東ドイツの)委託販売〔業〕(個人小売業にあたる). **≠mit·glied** 中 委員. **≠sen·dung** 女 〔商〕委託送付〔商品〕. **≠wa·re** 女 〔商〕委託〈取次〉商品.

Kom·mis·siv·de·likt[kɔmɪsí:f..] 中 〔法〕作為犯.

Kom·miß≠knopf[kɔmís..] 男 《話》=Kommißhengst **≠ton** 男 -〔e〕s/..töne (いばった)命令口調.

Kom·mis·so·rium[kɔmɪsó:riʊm] 中 -s/..rien [..riən] **1** 委任, 委託. **2** 全権委任〔状〕.

Kom·miß·stie·fel[kɔmís..] 男 (兵士用の)軍靴.

Kom·mis·sur[kɔmɪsú:r] 女 -/-en 〔解〕**1** (神経の)交連. **2** (器官の)接合. [*lat.* commissūra „Verbindung"]

Kom·mit·tent[kɔmɪtɛ́nt] 男 -en/-en 〔商〕〔販売〕委託者.

kom·mit·tie·ren[..tí:rən] 他 (h) 《*jn.* zu *et.*[3]》(…に…を)委任〈委託〉する. [*lat.* com-mittere „zusammenfügen"; ◇Mission]

ᵛ**Kom·mit·tiv**[..tí:f][1] 中 -s/-e (Vollmachtsschein) 委任状.

komm·lich[kɔ́mlɪç] (**kömm·lich**[kœ́m..]) 形 《南西部・スイス》**1** (passend) 好都合な. **2** (bequem) 快適な, くつろいだ. [<kommen]

kom·mod[kɔmó:t][1] 形 《オーストリア》(bequem) 快適な, くつろいだ: ein ～*er* Sessel 座り心地のよい安楽いす. [*lat.* commodus „rechtes Maß habend"-*fr.*; ◇Modus]

Kom·mo·de[kɔmó:də] 女 -/-n **1** (引き出し付きの)収納家具, たんす, 戸棚: Wäsche*kommode* 肌着〈下着〉類用のたんす. **2** 《俗》(Klavier) ピアノ. [*fr.*]

Kom·mo·di·tät[kɔmoditɛ́:t] 女 -/-en 《方》**1** 快適, 安楽; 便利. **2** (Abort) 便所. [*lat.*-*fr.*]

Kom·mo·do·re[kɔmodó:rə] 男 -s/-n, -s (海軍の)艦隊司令官; (空軍の)編隊長; (海運・航空会社の)大船長, 大機長(古参船長・機長の称号). [*fr.*-*engl.*; ◇Kommandeur]

Kom·mos[kɔ́mɔs] 男 -/..moi[..mɔʏ] 〔劇〕コモス(古代ギリシア悲劇で俳優・合唱隊が交互に歌う長歌). [*gr.*; < *gr.* kóptesthai „wehklagen" (◇Komma)]

Kom·mo·tio[kɔmó:tsio·] 女 -/-nen[..motsió:nən], **Kom·mo·tion**[..motsió:n] 女 -/-en 〔医〕震盪(しんとう)〔症〕. [*lat.* commōtiō „Erregung"; < *lat.* 〔com〕movēre „bewegen"]

kömmst[kœmst] kommst (kommen の現在2人称単数)の古形.

kömmt[kœmt] kommt (kommen の現在3人称単数)の古形.

kom·mun[kɔmú:n] 形 **1** (gemeinsam) 共通〈共有〉の. **2** (gewöhnlich) 普通の, ありきたりの. [*lat.* com-mūnis „mit-leistend"; < *lat.* mūnus „Leistung"; ◇gemein; *engl.* common]

kom·mu·nal[kɔmuná:l] 形 市町村〈地方自治体〉の: ～*e* Selbstverwaltung 地方自治 | *et.*[4] auf ～*er* Ebene regeln …を市町村のレベルで公的に処理〈規制〉する. [*mlat.*-*fr.*; ◇..al[1]]

Kom·mu·nal≠ab·ga·be 女 -/-n 《ふつう複数で》地方〈市町村〉税. **≠be·am·te** 男 地方公務員.

kom·mu·na·li·sie·ren[kɔmunalizí:rən] 他 (h) (市町村レベルで)公有〈公営〉化する.

Kom·mu·na·li·sie·rung[..rʊŋ] 女 -/-en (市町村レベルでの)公有〈公営〉化.

Kom·mu·nal≠po·li·tik[kɔmuná:l..] 女 -/ 地方自治体政治. **≠po·li·ti·ker** 男 地方政治家. **≠recht** 中 〔法〕自治体法. **≠steu·er** 女 地方〈市町村〉税. **≠ver·band** 男 地方自治体連合体. **≠ver·wal·tung** 女 地方行政. **≠wahl** 女 地方選挙.

Kom·mu·nar·de[kɔmunárdə] 男 -n/-n **1** (1871年の)パリ=コミューン参加〈支持〉者. **2** Kommune 2 のメンバー. [*fr.*; ◇hart]

Kom·mu·ne[kɔmú:nə] 女 -/-n **1** 地方自治体, 市町村; (中世イタリアの)自治都市: Pariser ～ パリ=コミューン(1871年のパリの革命政府). **2** (反体制的な若者たちなどの)生活共同体, コミューン. **3** 《単数で》《軽蔑的に》《集合的に》共産党員, 共産主義者. [*mlat.*-*afr.*-*mhd.*]

Kom·mun·gut 中 (Gemeingut) 共有財産.

Kom·mu·ni·kant[kɔmunikánt] 男 -en/-en (女 **Kom·mu·ni·kan·tin**[..tɪn]-/-nen) **1** 〔カトリック〕聖体拝領者; (成年に達して)はじめて聖体を拝領する人. **2** 〔言〕〔情報〕伝達関与者(話し手と聞き手). [*kirchenlat.*]

Kom·mu·ni·ka·tion[..katsió:n] 女 -/-en **1** (言語・身ぶり・合図・信号・その他さまざまの記号による情報・思想などの)伝達, 通達, 通信, コミュニケーション: ～ durch Sprache 言語による情報伝達. **2** 関係, 関連. [*lat.*; < *lat.* commūnicāre (→kommunizieren)]

Kom·mu·ni·ka·tions≠fä·hig·keit 女 -/ 伝達能力. **≠me·di·en** 複 (情報などの)伝達媒体. **≠mit·tel** 中 伝達手段. **≠netz** 中 通信網. **≠sa·tel·lit** 男 通信衛星. **≠theo·rie** 女 伝達〈コミュニケーション〉理論. **≠weg** 男 連絡〈交通〉路,〔情報〕伝達経路.

kom·mu·ni·ka·tiv[kɔmunikatí:f][1] 形 **1** 〔情報〕伝達に関する. **2** 話好きな, おしゃべりの.

Kom·mu·nion[kɔmunió:n] 女 -/-en 〔カトリック〕聖体拝領; (Erstkommunion) 初(はつ)聖体拝領(ふつう 8 - 9 歳児が祝

う): die〔heilige〕~ empfangen〈austeilen〉聖体を拝領する〈授ける〉| zur ~ gehen〔初〕聖体拝領に出席する. [*lat.* commūniō „Gemeinschaft"–*kirchenlat.*; ◇kommun]

Kom·mu·ni·kee =Kommuniqué

Kom·mu·nion≠bank 女 -/..bänke〘カトリック〙聖体拝領台. **≠kind** 中〘カトリック〙初(う)聖体拝領者〈児〉. **≠unter·richt** 男〘カトリック〙初聖体拝領のための授業.

Kom·mu·ni·qué[kɔmyniké:, kɔmu..] 中 -s/-s〘政〙公式発表, コミュニケ: ein gemeinsames ~ herausgeben 共同コミュニケを発表する. [<Communiqué]

Kom·mu·nis·mus[kɔmunísmʊs] 男 -/ 共産主義(理論・政治運動); 共産主義社会〔体制〕: der internationale ~ 国際共産主義 | unter dem ~ leben 共産主義体制下で暮らす. [*engl.–fr.*; < *lat.* commūnis (→kommun)]

Kom·mu·nist[..níst] 男 -en/-en (⊛ **Kom·mu·ni·stin**[..tɪn]-/-nen) **1** 共産主義者. **2** 共産党員.

kom·mu·ni·stisch[..nístɪʃ] 形 共産主義の; 共産主義的な: ein ~*er* Staat 共産主義国家 | eine ~*e* Weltanschauung 共産主義的世界観 ‖《Manifest der *Kommunistischen* Partei》(Marx と Engels の手になる)『共産党宣言』(1848年) ‖ *Kommunistische* Partei Deutschlands (略 KPD) ドイツ共産党(1956年非合法化) | Deutsche *Kommunistische* Partei (略 DKP) (1968年に創立された合法的な)ドイツ共産党 ‖ ~ denken 共産主義的な考え方をする | ~ regierte Länder 共産主義政権下の国々.

Kom·mu·ni·tät[kɔmunité:t] 女 -/-en ▽**1 a)** (地域の)共同体, 共同社会. **b)** (地方自治体の)共同財産. **c)** (学生などの)食堂. **2 a)**〘カトリック〙修道生活共同体. **b)**〘新教〙修道団体, 伝道会. [*lat.*]

kom·mu·ni·zie·ren[kɔmunitsí:rən] **I** 自 (h) **1**〘カトリック〙聖体を拝領する. **2**《mit *et.*[3]》(…と)連絡がある, 関連する: *kommunizierende* Röhren〘理〙連通管. **3**《mit *jm.*》(…と)話し合う, 意思を疎通させる. ▽**II** 他 (h) (考えを)述べる. [*lat.* commūnicāre „gemeinsam machen"(–*kirchenlat.*); ◇*engl.* commun〔icat〕e]

kom·mu·ta·bel[kɔmutá:bəl] (..ta·bl..) 形 **1** 交換〈代替〉できる. **2** 変化し得る. [*lat.*]

Kom·mu·ta·tion[..tatsió:n] 女 -/-en **1 a)** 交換, 代替. **b)**〘言〙(文成分など言語単位確定のための)換入〔テスト〕. **2**〘電〙整流. [*lat.*]

Kom·mu·ta·tions≠pro·be 女, **≠test** 男〘言〙換入テスト(→Kommutation 1 b).

kom·mu·ta·tiv[..tatí:f][1] 形 交換〈代替〉の; 交換〈代替〉可能な, 可換性の: das ~*e* Gesetz〘数・論〙交換法則 | ~*e* Gruppe〘数〙可換〈アーベル〉群. [*mlat.*]

Kom·mu·ta·tor[..tá:tɔr, ..to:r] 男 -s/-en[..tató:rən] **1** (Stromwender)〘電〙整流子. **2**〘数・理〙交換子.

kom·mu·tie·ren[..tí:rən] **I** 他 (h) **1** (vertauschen)《*et.*[4] mit *et.*[3]》**a)** (…を…と)取り替える, 交換〈代替〉する. **b)**〘言〙(…を…の代わりに)換入する. **2**〘電〙(電流の)方向を変える, 整流する. **II** 自 (h)《mit *et.*[3]》(…との)交換が可能である. [*lat.*]

Ko·mö·diant[komødiánt] 男 -en/-en (⊛ **Ko·mö·dian·tin**[..tɪn]-/-nen) **1**《ふつう軽蔑的に》(Schauspieler) 俳優, 役者. **2**《比》(Heuchler) くわせ者, 猫かぶり. [*it.*]

Ko·mö·dian·ten·tum[..tu:m] 中 -s/ **1 a)** 役者かたぎ. **b)**《集合的に》俳優, 役者. **2** (Heuchelei) かたり, ペテン.

ko·mö·dian·tisch[..tɪʃ] 形 役者的な; 芝居がかった, 大げさな.

Ko·mö·die[komø:diə] 女 -/-n **1 a)** (↔Tragödie) (Lustspiel) 喜劇; 喜劇作品: eine ~ von Molière モリエールの喜劇 |《die Göttliche ~》(Dante の)『神曲』‖ eine ~ aufführen〈inszenieren〉喜劇を上演〈演出〉する | Das war eine richtige ~! それは全くの喜劇だったよ. **b)**《話》(偽りの)狂言, そぶり: **~ spielen** 狂言を演じる | *jm.* **~ vorspielen** …に対して狂言を演じてみせる | Das ist alles nur ~. それはすべて狂言だ(見せかけにすぎない).
2 (喜劇などの上演を主とする)小劇場. [*gr.–lat.*; <*gr.* kō̃mos (→komisch)+aoidós „Sänger" (◇Ode)]

Ko·mö·di·en≠dich·ter[komø:diən..] 男 喜劇作家. **≠film** 男 喜劇映画. **≠schrei·ber** 男 喜劇作家. **≠stoff** 男 喜劇の素材.

die **Ko·mo·ren**[komó:rən] 地名 コモロ(インド洋上のイスラム連邦共和国. 1975年フランス共同体内で独立. 首都モロニ Moroni).

Komp. 略 =Kompanie

Kom·pa·gnie[kɔmpaní:] 女 -/-n[..ní:ən]《スイス》=Kompanie

Kom·pa·gnon[kɔmpanjɔ̃:, kɔ́mpanjɔ̃·] 男 -s/-s〘商〙共同経営者. [*spätlat.* compāniō (→Kumpan)–*fr.*; ◇*engl.* companion]

kom·pakt[kɔmpákt] 形 **1** きっちり詰まった〈まとまった〉, コンパクトな;〘数〙(位相空間などが)コンパクトな;〘言〙集約性の: ~*e* Substanz 緻密(ちみつ)質 ‖ eine ~*e* Lüge《比》まっかなうそ | ~*e* Mehrheit (議会などにおける)安定多数. **2** こぢんまりして経済的な, コンパクトな: ein ~*er* Wagen コンパクトカー. **3**《話》(体格などが)引きしまった, がっしりした, ずんぐりした: Er ist ~ gebaut. 彼は体格ががっしりしている. [*lat.* compāctus „gedrungen"–*fr.*; <*lat.* com-pingere „zusammenfügen"]

▽**Kom·pak·tat**[kɔmpaktá:t] 男 中 -〔e〕s/-e〔n〕(Vertrag) 契約, 協定. [<*lat.* com-pacīscī „einen Vertrag schließen"; ◇Pakt; *engl.* compact]

Kom·pakt·au·to[kɔmpákt..] 中 コンパクトカー(こぢんまりしてしかも高性能な小型・中型車).

Kom·pakt·heit[..haɪt] 女 -/ kompakt なこと.

Kom·pakt≠plat·te 女, **≠schall·plat·te** 女 (Compact Disc) コンパクトディスク, CD. **≠wa·gen** 男 =Kompaktauto

Kom·pa·nie[kɔmpaní:] 女 -/-n[..ní:ən] **1** (略 Komp.)〘軍〙中隊: die Mutter der ~ (→Mutter 1 a). **2** (略 Co., Co, Comp., Komp.) (Handelsgesellschaft)〔商事〕会社: die Firma Müller und ~ ミュラー商会(今日では会社名にはふつう略語を用いる: Müller & Co.). ▽**3** 劇団(現在はバレエ団に限る). [1: *fr.* compagnie; 2: *mlat.*–*it.*(–*mhd.*); ◇Kumpan]

Kom·pa·nie≠chef[..ʃɛf] 男〘軍〙中隊長. **≠feld·we·bel** 男〘軍〙中隊付き上席下士官. **≠füh·rer** 男〘軍〙中隊長. **≠ge·schäft** 中〘商〙会社経営; 組合事業. **≠stär·ke** 女〘軍〙中隊〔相当〕の兵力.

kom·pa·ra·bel[kɔmpará:bəl] (..ra·bl..) 形 (↔ inkomparabel) **1** (vergleichbar) 比較し得る. **2**〘言〙比較変化が可能な. [*lat.*; ◇..abel]

Kom·pa·ra·tion[kɔmparatsió:n] 女 -/-en **1** (Vergleich) 比較. **2** (Steigerung)〘言〙比較変化. [*lat.*; <*lat.* comparāre (→komparieren)]

Kom·pa·ra·tions·form 女〘言〙比較変化形(原級・比較級・最上級の形).

Kom·pa·ra·tist[..tíst] 男 -en/-en 比較文学研究家.

Kom·pa·ra·ti·stik[..tístɪk] 女 -/ **1** 比較文学〔研究〕. **2** =Komparativistik [<..ik]

kom·pa·ra·tiv[kɔ́mparati:f, ◡◡◡⏊][1] **I** 形 比較の, 比較に基づく. **II Kom·pa·ra·tiv** 男 -s/-e (Mehrstufe, Höherstufe)〘言〙(形容詞・副詞の)比較級(→Positiv[1], Superlativ): ein absoluter ~ 絶対〔的〕比較級(例 ein *älterer* Mann 年配の男). [*lat.*]

Kom·pa·ra·ti·vi·stik[kɔmparativístɪk] 女 -/ 比較言語学. [<..ik]

Kom·pa·ra·tiv·satz[kɔ́mparati:f.., ◡◡◡⏊◡] 男 (Vergleichssatz)〘言〙比較文〔節〕.

Kom·pa·ra·tor[kɔmpará:tɔr, ..to:r] 男 -s/-en[..rató:rən] **1**〘理・天〙コンパレーター, 比較測定器. **2** (Kompensator)〘電〙電位差計. [*spätlat.*]

▽**Kom·pa·rent**[kɔmparɛ́nt] 男 -en/-en〘法〙出廷者. [<*lat.* comparēre „erscheinen" (◇parieren[1])]

▽**Kom·pa·renz**[..rɛ́nts] 女 -/〘法〙出廷.

K

kom·pa·rie·ren[kɔmparí:rən] 他 (h) **1** (vergleichen) 比較する. **2** (steigern)〘言〙比較変化をさせる. [*lat.* comparāre „paaren"; < *lat.* 〔com〕pār „gleich" (◇Paar)]

Kom·par·se[kɔmpárzə] 男 -n/-n (女 **Kom·par·sin** [..zɪn]-/-nen)〘劇・映〙端役〈エキストラ〉の役者. [*it.*; < *lat.* compārēre (→Komparent)]

Kom·par·sen·rol·le 女〘劇・映〙端役, エキストラ.

Kom·par·se·rie[..parzəríː] 女 -/-n[..rí:ən]《集合的に》〘劇・映〙端役, エキストラ, 仕出し. [*it.*]

ᐁ**Kom·par·ti·ment**[kɔmpartimέnt] 中 -〔e〕s/-e (区分された)田畑; 部屋;〘鉄道〙区分室, 仕切った車室, コンパートメント. [*it.*–*fr.*; < *lat.* pars (→Part); ◇*engl.* compartment]

Kom·paß[kɔ́mpas] 男 ..passes/..passe **1** 羅針盤, 羅針儀, コンパス: Kreisel*kompaß* ジャイロコンパス | Magnet*kompaß* 磁気コンパス ‖ nach dem ~ marschieren 羅針盤に従って前進する | *et.*[4] zum ~ *seines* Handelns machen《比》…を行動の指針とする. **2** der ~〘天〙コンパス座. [*it.* compasso „Zirkel"; < *it.* compassare „ringsum abschreiten" (◇Passus)]

Kom·paß≠häus·chen 中〘海〙羅針儀箱, ビナクル. **≠kar·te** 女〘海〙(中世の)海図. **≠kes·sel** 男〘海〙コンパスボウル. **≠na·del** 女 羅針, 磁針. **≠pflan·ze** 女 コンパス植物(葉が南北方向に出る). **≠ro·se** 女 (羅針盤の)羅牌(ぱい), コンパスカード(→Windrose).

kom·pa·ti·bel[kɔmpatí:bəl] (..ti·bl..) 形 (↔inkompatibel) (vereinbar) 両立し得る, 矛盾のない;〘医〙(血液型・薬剤配合について)適合する;〘電〙(カラーテレビ・ステレオ放送が)両立式の;〘言〙共起可能な. [*mlat.*–*fr.*–*engl.* compatible; < *spätlat.* com-patī „mit-leiden" (◇Patient)]

Kom·pa·ti·bi·li·tät[..tibilitέ:t] 女 -/-en (kompatibel なこと. 例えば:) 両立性;〘医〙(輸血・薬剤配合の)適合性;〘言〙共起可能〔性〕.

ᐁ**Kom·pa·triot**[kɔmpatrió:t] 男 -en/-en (Landsmann) 同国人. [*spätlat.*–*fr.*]

ᐁ**kom·pen·dia·risch**[kɔmpɛndiá:rɪʃ] 形, ᐁ**kom·pen·diös**[..diø̍:s][1] 形 簡潔にまとめられた, 概説的な, 要約した. [*lat.*]

Kom·pen·dium[kɔmpέndiʊm] 中 -s/..dien[..diən] 概説, 要約; ハンドブック. [*lat.*; < *lat.* com-pendere „zusammen-wägen" (◇Pensum)]

Kom·pen·sa·tion[kɔmpɛnzatsió:n] 女 -/-en (Ausgleich) **1** 補償, 代償, 埋め合わせ, 相殺; 補整, 補正. **2**〘植〙補償(光合成と呼吸の量がつり合うこと). [*lat.*]

Kom·pen·sa·tions≠ge·schäft 中〘商〙バーター取引. **≠me·tho·de** 女〘電〙補償法. **≠pen·del** 中 (時計の)補整振り子. **≠punkt** 男〘植〙(緑色植物の)補償点.

Kom·pen·sa·tor[kɔmpɛnzá:tɔr, ..to:r] 男 -s/-en [..zató:rən] **1**〘電〙補償器;〘工〙補整器〈板〉, 較正装置;〘光〙補償板〈子〉. **2**〘電〙電位差計.

kom·pen·sa·to·risch[kɔmpɛnzató:rɪʃ] 形 補償〈相殺〉的な; 補整の, 埋め合わせの: ~*e* Erziehung (言語能力などの遅れた学齢前の幼児に対する)補整教育.

kom·pen·sie·ren[..zí:rən] 他 (h) (ausgleichen) 《*et.*[4] durch *et.*[4] 〈mit *et.*[3]〉》(…を…によって)補う, 補償する;〘商〙相殺〈清算〉する;〘理・工〙補整する. [*lat.* compēnsāre „gegeneinander abwägen" (◇Pensum); ◇*engl.* compensate]

kom·pe·tent[kɔmpetέnt] 形 **1**《比較変化なし》(↔inkompetent) (zuständig)《für *et.*[4]》(…の)権限〈資格〉のある: an ~*er* Stelle fragen その筋に問い合わせる. **2 a)** 専門知識〈学識経験〉のある: ein ~*es* Urteil 専門家の判断. **b)**〘言〙言語能力のある(→Kompetenz 2 b). **3**〘地〙(岩層が)コンピーテントな, 流動しにくい. [*lat.*〔–*engl.*〕]

ᐁ**Kom·pe·tent**[–] 男 -en/-en (Mitbewerber) 競争者, 競争相手.

Kom·pe·tenz[..tέnts] 女 -/-en **1** (↔Inkompetenz) (Zuständigkeit) 権限, 資格, 管轄; 管轄領域, 所轄事項: Das übersteigt meine ~. それは私の権限を越える問題だ. **2 a)** 専門知識〈学識経験〉に裏づけられた能力. **b)**〘言〙(母語使用者に備わっている)言語能力(→Performanz). **3**〘生〙反応能. [*lat.*〔–*engl.*〕]

Kom·pe·tenz≠be·reich 男 管轄〈権限〉領域. **≠kom·pe·tenz** 女 -/〘法・政〙(連邦政府などが自己の)権限を拡張〈決定〉する権限. **≠kon·flikt** 男 -〔e〕s/-e (**≠streit** 男 -〔e〕s/-e, **≠strei·tig·keit** 女 -/-en)《ふつう複数で》(官庁などの)権限〈縄張り〉争い.

ᐁ**kom·pe·tie·ren**[kɔmpetí:rən] 自 (h) **1**《*jm.*》(…の)権限に属する. **2**《um *et.*[4]》(…に)応募する. [*lat.* competere „gemeinsam erstreben" (◇Petition)]

kom·pe·ti·tiv[kɔmpetití:f][1] 形 **1**〘化〙拮抗(きっこう)的な. ᐁ**2** 競争の.

Kom·pi·la·tion[kɔmpilatsió:n] 女 -/-en **1** kompilieren すること. **2** 資料寄せ集め編集でできた本. [*lat.*]

Kom·pi·la·tor[..lá:tɔr, ..to:r] 男 -s/-en[..lató:rən] kompilieren する人. [*spätlat.*]

kom·pi·lie·ren[..lí:rən] 他 (h) (資料をいろいろな本から寄せ集める形で)著作する, 編集して本にまとめる. [*lat.* compīlāre „berauben"; ◇*engl.* compile]

kom·pla·nar[kɔmplaná:r] 形〘数〙同一平面上の. [< *lat.* complānāre „ebenmachen" (◇plan)]

Kom·ple·ment[kɔmplemέnt] 中 -〔e〕s/-e **1** (Ergänzung) 補足〔物〕. **2** (Alexin)〘医〙補体, アレキシン(血清中に存在する溶菌物質). **3**〘数〙補〈余〉集合. [*lat.*; < *lat.* complēre (→komplett)]

kom·ple·men·tär[kɔmplemɛntέ:r] **I** 形 (ergänzend) 補足的な; 相補的な, 補完的な, 補足し合う: ~*e* Farben〘理〙補色, 余色 | ~*e* Güter〘経〙補完財 | ~*e* Distribution〘言〙相補分布. **II Kom·ple·men·tär** 男 -s/-e **1** (合資会社の)無限責任社員. **2** (旧東ドイツの)半国有企業の経営者. [*fr.*]

Kom·ple·men·tär≠far·be 女〘理〙補色, 余色. **≠win·kel** 男〘数〙余角.

kom·ple·men·tie·ren[kɔmplemɛntí:rən] 他 (h) (ergänzen)《*et.*[4] 〔mit *et.*[3]〕》(〔…で〕…の)欠けた部分を補う, 補足する.

Kom·plet[1][kõplé:, kɔm..] 中 -〔s〕/-s〘服飾〙スーツ, スリーピース, アンサンブル. [*fr.*]

Kom·plet[2][kɔmplé:t] 女 -/-e〘宗〙一日の終わりの祈り, 終課. [*kirchenlat.*; ◇*engl.* complin〔e〕]

kom·plett[kɔmplέt] 形 **1 a)** (↔inkomplett) (vollständig) 完全な, すべて整った; 全部そろった: eine ~*e* Sammlung 完全なコレクション ‖ Ich bin jetzt ~. これで支度は整った | Jetzt sind wir ~. これで全員がそろった | Der Handel ist ~. 取引は成立した ‖ Der Wagen kostet ~ 10 000 Mark. この自動車は付属品とも〈いっさい〉で1万マルクだ | Das Werk kann nur ~ abgegeben werden. この著作集はセットでしか売りません(分売しません). **b)**《述語的用法なし》《話》全くの: Das ist ~*er* Unsinn. それは全くナンセンスだ. **2**《副詞的用法なし》《ｵｰｽﾄﾘｱ》満員〈満席〉の: Der Bus ist ~. バスは満員だ.
[*lat.*–*fr.*; < *lat.* com-plēre „voll machen" (◇Plenum); ◇*engl.* complete]

kom·plet·tie·ren[kɔmplɛtí:rən] 他 (h) (vervollständigen) (補足して)完全なものにする, (…の)欠を補う. [*fr.*]

kom·plex[kɔmplέks] **I** 形 **1** 総合〈包括〉的な: eine ~*e* Planung 総合計画 | *et.*[4] ~ untersuchen …を総合〈多角〉的に研究する. **2** 複雑な, からみ合った; 複合〈化合〉している;〘化〙錯体としての: eine ~*e* Zahl〘数〙複素数.

II Kom·plex 男 -es/-e **1** 複合〈集合〉体: ein ~ von Fragen 相互にからみ合った一連の問題 | ein ~ vierstöckiger Wohnhäuser 5階建ての住宅群 ‖ im ~ 総合〈多角〉的に. **2**〘心〙コンプレックス, 観念複合: Minderwertigkeits*komplex* 劣等コンプレックス ‖ ~*e* haben コンプレックスを抱いている | unter ~*en* leiden コンプレックスに悩まされている. **3 a)** (↔ Simplex)〘数〙複体. **b)**〘化〙錯体. [*lat.*; < *lat.* com-plectī „umschlingen" (◇Plexus);

◇komplizieren]
Kom·plex·au·ge =Facettenauge
kom·plex·be·la·den 形《心》コンプレックスに悩む, コンプレックスのかたまりのような.
Kom·plex·che·mie 女 -/ 錯体化学.
Kom·ple·xion[kɔmplɛksió:n] 女 -/-en **1** 総括. **2**《人類》(肌・眼・髪の毛などの)色. [*lat.*]
Kom·ple·xi·tät[..ksitɛ́:t] 女 -/ komplex なこと: die ~ des Problems 問題の複雑性.
kom·plex·los[kɔmplɛ́ks..] 形 (心理的な)コンプレックスのない.
Kom·plex·ver·bin·dung 女《化》錯化合物.
Kom·pli·ce[kɔmplí:tsə, ..lí:sə] 男 -n/-n =Komplize
Kom·pli·ka·tion[kɔmplikatsió:n] 女 -/-en **1** 紛糾, もめごと. **2**《医》**a**)(余病の)併発,(合併症による)悪化. **b**)合併症, 併発症. [*spätlat.*; <*lat.* complicāre (→komplizieren)]
Kom·pli·ment[kɔmplimɛ́nt] 中 -[e]s/-e **1** ほめ言葉, 賛辞; おせじ, お愛想: ein faules ⟨leeres⟩ ~ 心にもない⟨空虚な⟩おせじ ‖ *jm.* ein ~ machen / *jm.* ~*e* machen …に賛辞を述べる, …を賞賛する; …におせじを言う(→2) | **nach ~*en* fischen**《話》(故意に謙遜して)他人にほめられようとする | Mein ~! 敬意を表します, すばらしいですね, おめでとう. **2** (Gruß) あいさつ: *jm.* ein ~ machen / *jm.* ~*e* machen …にあいさつする(→1) | Bitte, richten Sie meine ~*e* Ihrer Gattin aus! どうか奥さまによろしくお伝えください. ▽**3** (Verbeugung) 身をかがめての会釈, おじぎ: ein tiefes ~ machen 深々とおじぎをする. [*lat.* complēmentum–*span.*–*it.*–*fr.*; ◇Komplement]
kom·pli·men·tie·ren[kɔmplimɛntí:rən] 他 (h) **1**《雅》《*jn.*》《方向を示す語句と》(…を…の方へと)丁重に案内⟨誘導⟩する: *jn.* in den Sessel ⟨aus dem Zimmer⟩ ~ …に丁重に安楽いすをすすめる⟨部屋からお引きとり願う⟩. ▽**2**《*jn.* zu *et.*[3]》(…に…のことで)お世辞を言う, ほめる.
Kom·pli·ze[kɔmplí:tsə] 男 -n/-n (◎ **Kom·pli·zin** [..tsɪn]-/-nen) (Mittäter) 共犯者. [*spätlat.* complex–*fr.*]
Kom·pli·zen·schaft[..ʃaft] 女 -/ **1** 共犯. **2**《集合的に》共犯者.
kom·pli·zie·ren[kɔmplitsí:rən] **I** 他 (h) 複雑にする; (事態を)ややこしく⟨解決困難に⟩する: Das *kompliziert* die Sache. そんなことをすれば事が複雑になる ‖ 再帰 Meine Lage hat sich noch mehr *kompliziert.* 私の立場はさらに困難になった. **II kom·pli·ziert** 過分 形 複雑な; めんどうな: ein ~*er* Knochenbruch《医》複雑骨折 | Er ist ein ~*er* Mensch. 彼は扱いにくい人物だ ‖ Das Problem ist äußerst ~. 問題はひどく複雑(やっかい)だ. [<*lat.* complicāre „zusammen-falten" (◇komplex); ◇*engl.* complicate[d]]
Kom·pli·ziert·heit[..tsí:rthaɪt] 女 -/ kompliziert なこと.
Kom·pli·zin Komplize の女性形.
Kom·pli·zi·tät[..tsitɛ́:t] 女 -/ =Kompliziertheit
Kom·plott[kɔmplɔ́t] 中 (男) -[e]s/-e (Verschwörung) 陰謀, 謀議: ein ~ gegen *jn.* aufdecken …に対する陰謀をあばく | **ein ~ schmieden** 陰謀を企てる ‖ [mit] im ~ stehen ⟨sein⟩ 陰謀に加わっている. [*fr.* complot]
▽**kom·plot·tie·ren**[..plɔtí:rən] 自 (h)《gegen *jn.* ⟨*et.*[4]⟩》(…に対して)陰謀を企てる. [*fr.* comploter]
Kom·po·nen·te[kɔmponɛ́ntə] 女 -/-n **1** (Bestandteil) 構成要素, 成分. **2**《理》(ベクトルの)成分. **3**《言》(生成文法で, 文法を構成する)部門: die syntaktische ⟨semantische / phonologische⟩ ~《言》統語⟨意味・音形⟩部門.
kom·po·nie·ren[kɔmponí:rən] 他 (h) **1** 構成する, 組み立てる: einen Faserstoff ~ 繊維を合成する ‖ Der Roman ⟨Das Gemälde⟩ ist meisterhaft *komponiert.* この小説⟨絵⟩の構成は実に巧みだ. **2**《楽》作曲する: eine Sinfonie ~ 交響曲を作曲する. [*lat.*; ◇Komposition; *engl.* compose]
Kom·po·nist[kɔmponíst] 男 -en/-en 作曲家.
Kom·po·si·ta Kompositum の複数.
Kom·po·si·te[kɔmpozí:tə] 女 -/-n《ふつう複数で》(Korbblüter) キク科植物.
Kom·po·si·ten Komposite, Kompositum の複数.
▽**Kom·po·si·teur**[kɔmpozitø:r] 男 -s/-e =Komponist [*lat.* compositor–*fr.*]
Kom·po·si·tion[kɔmpozitsió:n] 女 -/-en **1**《楽》**a**)《ふつう単数で》作曲; 作曲学. **b**) (作曲された)作品: *seine eigene* ~ spielen 自作の曲目を演奏する. **2** (芸術作品の)構成, コンポジション. **3** (Zusammensetzung) **a**) 合成[された物]: Das Parfüm ist eine ~ erlesener Duftstoffe. この香水は精選された香料をブレンドしたものだ. **b**)《言》(語構成上の)複合, 合成. [*lat.*; ◇komponieren]
kom·po·si·tio·nell[kɔmpozitsionɛ́l] =kompositorisch
Kom·po·si·tions≠fu·ge[kɔmpozitsió:ns..] 女《言》複合⟨合成⟩接合. ≠**leh·re** 女 -/ 作曲法.
kom·po·si·to·risch[..tó:rɪʃ] 形 作曲⟨構成⟩に関する. [<*lat.* compositor „Anordner"]
Kom·po·si·tum[kɔmpó:zitʊm] 中 -s/..ta[..ta·], ..ten[..pozí:tən] (↔ Simplex) (Zusammensetzung)《言》(単一語に対して)複合語, 合成語(例 Hausfrau, schneeweiß). [*lat.* com-positum „zusammen-gesetzt"]
Kom·post[kɔmpɔ́st] 男 -[e]s/-e (動植物性の)有機肥料, 堆肥(たいひ). [*lat.* compositum–*mlat.* compostum –*fr.*]
Kom·post≠er·de 女《農》培養土(堆肥(たいひ)を混ぜこんだ土壌). ≠**hau·fen** 男 堆肥の山.
kom·po·stie·ren[kɔmpɔstí:rən] 他 (h) **1** (わらなどを)肥料化する. **2** (土に)肥料を施す. [*fr.*]
Kom·pott[kɔmpɔ́t] 中 -[e]s/-e《料理》コンポート(デザート用の砂糖煮果実). [*lat.* compositum–*fr.* compote]
Kompottel·ler[kɔmpɔ́ttɛlər] (**Kom·pott·tel·ler**) 男 -s/- コンポート用の皿.
Kom·pott·scha·le 女 =Kompotteller
kom·preß[kɔmprɛ́s] 形 **1** ぎっしり詰まった. **2**《印》べた組みの, 字間をあけない: *et.*[4] ~ setzen …をべたで組む. [*lat.* com-pressus „zusammen-gedrückt"]
Kom·pres·se[..prɛ́sə] 女 -/-n《医》**1** 湿布: heiße ⟨kalte⟩ ~*n* 温⟨冷⟩湿布 | *jm.* eine ~ um die Brust machen …の胸部に湿布をする. **2** (止血用)圧迫包帯. [*fr.*]
kom·pres·si·bel[..prɛsí:bəl] (..si·bl..) 形 (↔ inkompressibel) 圧縮⟨濃縮⟩できる. [*mlat.*]
Kom·pres·si·bi·li·tät[..prɛsibilitɛ́:t] 女 -/ 圧縮性; 圧縮率.
Kom·pres·sion[..prɛsió:n] 女 -/-en 圧搾, 圧縮: Der Motor hat ~ verloren. エンジン圧が落ちた. [*lat.*]
Kom·pres·sions≠pum·pe 女 圧縮ポンプ. ≠**ver·band** 男《医》(止血用)圧迫包帯.
Kom·pres·sor[kɔmprɛ́sɔr, ..so:r] 男 -s/-en [..prɛsó:rən] 圧縮機, コンプレッサー.
Kom·pres·so·rium[..prɛsó:riʊm] 中 -s/..rien [..riən]《医》(止血用)圧迫器.
kom·pri·mier·bar[kɔmprimí:rba:r] 形 圧縮できる.
kom·pri·mie·ren[..mí:rən] 他 (h) 圧縮⟨圧搾⟩する;《比》要約する. [*lat.*; <*lat.* premere (→pressen); ◇*engl.* compress]
Kom·pro·miß[kɔmpromís] 男 (中) ..misses/..misse **1** 妥協, 歩み寄り; 示談; (Zugeständnis) 譲歩: mit *jm.* ein[en] ~ schließen ⟨eingehen⟩ …と妥協する | einen faulen ⟨ein faules⟩ ~ machen いいかげんな妥協をする. **2**《比》中間[のもの], あいのこ. [*lat.*; ◇*engl.* compromise]
kom·pro·miß·be·reit 形 妥協の気持のある, 妥協的な.
Kom·pro·miß·ler[kɔmpromíslər] 男 -s/-《軽蔑的に》妥協的⟨弱腰⟩な人, 妥協主義者.
kom·pro·miß·le·risch[..lərɪʃ] 形 妥協[主義]的な.
kom·pro·miß·los[..lo:s][1] 形 妥協のない, 妥協をしない:

ein ～*es* Verhalten 非妥協的な態度.

Kom·pro·miß·lo·sig·keit[..lo:zıçkaıt] 女 -/ kompromißlos なこと.

Kom·pro·miß≈lö·sung 女 妥協(歩み寄り)による解決, 妥結. **≈ver·such** 男 妥協の試み. **≈vor·schlag** 男 妥協提案.

kom·pro·mit·tie·ren[kɔmpromıtí:rən] 他 (h) **1** ⦅*jn.*⦆ (…の)信用(評判)を落とす: 再帰 *sich*⁴ ～ 信用(評判)を落とす. ▽**2** 再帰 *sich*⁴ mit *jm.* ～ …と妥協する, …と折り合う. [*lat.*–*fr.*; ◇Promittent; *engl.* compromise]

Kom·pro·mit·tie·rung[..rʊŋ] 女 -/ (sich) kompromittieren すること.

Komp·ta·bi·li·tät[kɔmptabilitɛ́:t] 女 -/ (公共機関の)会計報告義務. [*fr.*; < *fr.* compter „zählen" (◇Konto)]

▽**Kom·pul·sion**[kɔmpʊlzió:n] 女 -/-en (Zwang) ⦅法⦆ 強制. [*spätlat.*; < *lat.* com-pellere „zusammentreiben"]

▽**kom·pul·siv**[..zí:f][1] 形 ⦅法⦆ 強制的な.

Kom·pu·ter[kɔmpjú:tər] 男 -s/- ＝Computer

Kom·so·mol[kɔmzomɔ́l] 男 -/ コムソモール(旧ソ連邦の共産青年同盟). [*russ.*; < *russ.* *Kom*munistitscheski *So*jus *Mol*odjoshi „kommunistischer Jugendbund"]

Kom·so·mol·ze[–tsə] 男 -n/-n (⊛ **Kom·so·mol·zin**[..tsın]-/-nen) コムソモール会員. [*russ.*]

Kom·teß[kɔ̃tɛ́s, kɔm..] 女 -/..tessen, **Kom·tes·se**[..tɛ́sə] 女 -/-n 伯爵令嬢. [*fr.*; ◇Contessa]

Kom·tur[kɔmtú:r] 男 -s/-e ⦅史⦆ **1** 騎士修道会管区長. **2** 上級騎士修道会員. [*mlat.* commendātor–*afr.* commendeor–*mhd.*; < *mlat.* commenda (→Kommende)]

Kom·tu·rei[kɔmturáı] 女 -/-en ⦅史⦆ 騎士修道会管区.

kon.. ⦅名詞・形容詞・動詞につけて「共に・集合して・一致して」などを意味する; b, p, m の前では kom.., l, r の前ではそれぞれ kol.., kor.., また母音や h の前では ko.. となる⦆: *kon*gruent 一致する | *Kom*patriot 同国人 | *Kol*lege 同僚 | *kor*relativ 相関関係の | *Ko*alition 連合 | *ko*habitieren ⦅医⦆ 性交する. [*lat.*; < *lat.* cum „mit"; ◇ge..]

Ko·nak[konák] 男 -s/-e **1** (トルコの高官の)官邸. **2** (豪壮な)邸宅, 宮殿. [*türk.*]

Kon·au·tor[kɔ́n|aʊtɔr] ＝Koautor

Kon·cha[kɔ́nça·] 女 -/-s, ..chen[..çən] **1** ⦅建⦆ (教会の)半円形後陣(の屋根), コンチャ. **2** ⦅解⦆ 甲介(ぶ)(骨). [*gr.* kógchē–*lat.* concha „Muschel(schale)"]

Kon·che[..çə] 女 -/-n ＝Koncha 1

Kon·chi·fe·re[kɔnçifé:rə] 女 -/-n ⦅ふつう複数で⦆ ⦅動⦆ 貝類. [< *lat.* ferre „tragen" (◇fertil)]

kon·chi·form[..fɔ́rm] 形 貝殻状の.

Kon·cho·ide[kɔnçoí:də] 女 -/-n ⦅数⦆ (ニコメデスの)コンコイド, 螺獅(ら)線(平面 4 次曲線). [< ..oid]

Kon·cho·lo·gie[..logí:] 女 -/ ＝Konchyliologie

Kon·chy·lie[..çý:liə] 女 -/-n ⦅ふつう複数で⦆ (Schale) 貝殻. [< *gr.* kogchýlion „Muschel"; ◇Coquille]

Kon·chy·lio·lo·ge[..çylioló:gə] 男 -n/-n (→..loge) ⦅動⦆ 貝類学者.

Kon·chy·lio·lo·gie[..logí:] 女 -/ ⦅動⦆ 貝類学.

Kon·dem·na·tion[kɔndɛmnatsió:n] 女 -/-en **1** ⦅海⦆ 廃船宣言. ▽**2** (Verurteilung) ⦅法⦆ 有罪の判決. [*lat.*]

kon·dem·nie·ren[..ní:rən] 他 (h) **1** ⦅海⦆ (船に)廃棄宣言(判定)をする. ▽**2** ⦅*jn.*⦆ (…に)有罪判決を下す. [*lat.*; < *lat.* damnāre (→damnatur)]

Kon·den·sat[kɔndɛnzá:t] 中 -(e)s/-e ⦅理⦆ (ガスなどの)凝縮物, 凝縮液.

Kon·den·sa·tion[kɔndɛnzatsió:n] 女 -/-en **1** ⦅理⦆ (ガスなどの)凝縮. **2** ⦅化⦆ 縮合. [*lat.*]

Kon·den·sa·tions≈dampf·ma·schi·ne 女 ⦅工⦆ 復水蒸気機関. **≈kern** 男 (雨などの)凝縮核. **≈ma·schi·ne** 女 ＝ Kondensationsdampfmaschine **≈mit·tel** 中 ⦅化⦆ 縮合剤. **≈punkt** 男 ⦅理⦆ 凝縮点. **≈wär·me** 女 ⦅理⦆ 凝縮熱.

Kon·den·sa·tor[kɔndɛnzá:tɔr, ..to:r] 男 -s/-en [..zató:rən] **1** (ガスなどの)〔冷却〕凝縮器, (蒸気の)復水装置. **2** ⦅電⦆ コンデンサー, 蓄電器.

kon·den·sie·ren[..zí:rən] **I** 他 (h) **1 a)** (気体を)凝縮(液化)する. **b)** (液体, 特に牛乳・果汁などを)濃縮する: *kondensierte* Milch コンデンスミルク. **2** ⦅化⦆ 縮合させる. **II** 自 (h, s) (気体が)凝結(結露)する. [*lat.*; < *lat.* dēnsus (→Densität)]

Kon·dens·milch[kɔndɛ́ns..] 女 コンデンスミルク.

Kon·den·sor[kɔndɛ́nzɔr, ..zo:r] 男 -s/-en [..dɛnzó:rən] **1** 濃縮装置. **2** ⦅光⦆ 集光器(装置).

Kon·dens≈strei·fen[kɔndɛ́ns..] 男 飛行機雲. **≈was·ser** 中 -s/ 凝縮(結露)水.

Kon·dik·tion[kɔndıktsió:n] 女 -/-en ⦅法⦆ 返還請求〔権〕. [*lat.*; ◇kondizieren, Kondition]

kon·di·tern[kɔndí:tərn, ..dítərn] ⦅05⦆ ⦅過分 konditert⦆ 自 (h) **1** ⦅話⦆ ケーキ類を作る. **2** ⦅方⦆ 菓子屋(喫茶店)を訪れる: ～ gehen 菓子屋(喫茶店)に行く. [< Konditor]

Kon·di·tion[kɔnditsió:n] 女 -/-en **1** ⦅ふつう複数で⦆ (Bedingung) 条件; ⦅商⦆ 引き渡し(支払い)条件: zu günstigen ～*en* いい条件で. **2** ⦅単数で⦆ ⦅スポ⦆ コンディション; ⦅医⦆〔健康〕状態: eine gute ～ haben / in guter ～ sein コンディションがよい. ▽**3** (Dienst) 奉公, 勤め: bei *jm.* in ～ stehen …の家に勤め(雇われ)ている. [*lat.* condiciō „Verabredung"–*mlat.*; < *lat.* condīcere (→kondizieren)]

kon·di·tio·nal[kɔnditsioná:l] 形 条件つきの(による): ein ～*er* Reflex ⦅心⦆ 条件反射 | ein ～*er* Satz ⦅言⦆ 条件文. [*spätlat.*; ◇..al[1]]

Kon·di·tio·nal[–] 男 -s/-e (**Kon·di·tio·na·lis**[..lıs] 男 -/..les[..le:s]) ⦅言⦆ (動詞の)条件(約束)法: ～ I (読み方: eins) 第一条件法(例 Er würde kommen.) | ～ II (読み方: zwei) 第二条件法(例 Er würde gekommen sein.).

Kon·di·tio·na·lis·mus[..nalísmʊs] 男 -/ ⦅哲⦆ (ドイツの生理学者フェアヴォルン Verworn の唱えた)複合制約説.

Kon·di·tio·nal·satz[..ná:l..] 男 (Bedingungssatz) ⦅言⦆ (wenn などに導かれる)条件文, 条件の文節.

kon·di·tio·nell[..nɛ́l] 形 健康状態(肉体的条件)に関する. [*fr.*]

Kon·di·tio·nier·an·stalt[..ní:r..] 女 織物〔湿度〕検査所.

kon·di·tio·nie·ren[..ní:rən] **I** 他 (h) **1** (織物の)湿度検査をする. **2** (原材料を)加工の条件に合わせる. **3** ⦅心⦆ (特定の)反応を呼びさます. ▽**II** 自 (h) ⦅bei *jm.*⦆ 奉公する. **III kon·di·tio·niert** 過分 形 **1** 条件づけられた: ein ～*er* Reflex ⦅心⦆ 条件反射. **2** ⦅様態を示す語句と⦆ ⦅商⦆ (…な)状態(品質)の: wohl ～*e* Waren 質のよい商品. [*fr.*]

Kon·di·tio·nis·mus[..nísmʊs] 男 -/ ＝Konditionalismus

kon·di·tions≈schwach[kɔnditsió:ns..] 形 ⦅スポ⦆ コンディションの悪い. **≈stark** 形 ⦅スポ⦆ コンディションのよい.

Kon·di·tions·trai·ning[..trɛ:nıŋ] 中 ⦅スポ⦆ コンディション=トレーニング.

Kon·di·tor[kɔndí:tɔr, ..dítɔr, ..to:r] 男 -s/-en [..ditó:rən] ケーキ製造〔販売〕業者; 菓子(喫茶)店主. [*lat.*; < *lat.* condīre „würzen"]

Kon·di·to·rei[..ditoráı] 女 -/-en **1** ケーキ製造〔販売〕店; 菓子屋, 喫茶店. **2** ⦅単数で⦆ ケーキ製造.

Kon·di·tor·wa·ren[kɔndí:tɔr..] 複 ケーキ類.

kon·di·zie·ren[kɔnditsí:rən] 他 (h) ⦅法⦆ (横領金などを)返還請求する. [*lat.* con-dīcere „verabreden"; ◇Kondiktion, Kondition]

Kon·do·lenz[kɔndolɛ́nts] 女 -/-en (Beileid) 悔やみ, 弔慰, 哀悼; 哀悼の意(言葉), 弔詞.

Kon·do·lenz≈be·such 男 弔問: bitten, von ～*en* abzusehen 弔問を謝絶する. **≈brief** 男 悔やみ状(の手紙). **≈buch** 中 (著名人の葬送に際しての)弔問者記帳簿. **≈kar·te** 女 (グリーティングカードによる)悔やみ状. **≈li·ste** 女 ＝Kondolenzbuch **≈schrei·ben** 中 悔やみ状.

kon·do·lie·ren[kɔndolí:rən] 自 (h) 《*jm.*》(…に)弔意〈哀悼の意〉を表する, 悔やみを述べる: Ich habe ihm zum Tode seiner Frau *kondoliert.* 私は彼に彼の妻の死に対してお悔やみの言葉を述べた. [*lat.*; < *lat.* dolēre „schmerzen" (◇dolorös)]

Kon·dom[kɔndó:m] 中 男 -s/-e(-s) (Präservativ) コンドーム(男性用の避妊・性病予防用サック). [*engl.* condom]

Kon·do·mi·nat[kɔndominá:t] 中 男 -〔e〕s/-e, **Kon·do·mi·nium**[..mí:niʊm] 中 -s/..nien[..niən] 共同統治〈管理〉; 共同統治〈管理〉地域.

Kon·dor[kɔ́ndɔr, ..do:r] 男 -s/-e 〘鳥〙 コンドル. [*peruan.* cuntur—*span.*]

Kon·dot·tie·re[kɔndɔtiéːrə] 男 -s/..ri[..ri·] (14-15世紀イタリアの)傭兵(ようへい)隊長. [*it.*]

ᐁ**Kon·dui·te**[kɔnduí:tə, kɔ̃dyí:tə] 女 -/ 〔よい〕品行, 行状: keine ~ haben 素行がよくない. [*fr.*]

ᐁ**Kon·dui·ten·li·ste** 女 《オーストリア》(官吏・軍人などの)素行調査表.

Kon·dukt[kɔndʊ́kt] 男 -〔e〕s/-e (荘重な)随行の行列, (特に:) 葬列. [*mlat.*; < *lat.* con-dūcere „zusammenführen" (◇Duc)]

Kon·duk·tanz[kɔndʊktánts] 女 -/ 〘電〙 コンダクタンス

Kon·duk·teur[kɔndʊktø̀:r] 男 -s/-e 《スイス》(Schaffner) 〘鉄道〙 車掌. [*lat.* conductor—*fr.*]

Kon·duk·to·me·trie[kɔndʊktometrí:] 女 -/ 〘化〙 伝導率滴定.

Kon·duk·tor[kɔndʊ́ktɔr, ..to:r] 男 -s/-en [..dʊktó:rən] **1** 〘理〙 (起電機の)集電極. **2** 〘医〙 遺伝媒介者. [*mlat.* conductor „Führer"]

Kon·du·ran·go[kɔnduráŋgo·] 女 -/-s 〘植〙 コンズランゴ (南米産の蔓(つる)草で皮を胃薬とする). [*indian.*]

Kon·dy·lom[kɔndyló:m] 中 -s/-e 〘医〙 コンジローム, 胼胝(たこ)腫(しゅ). [< *gr.* kóndylos „geballte Faust"+..om]

Ko·nen Konus の複数.

Kon·fa·bu·la·tion[kɔnfabulatsió:n] 女 -/-en 〘医〙 作話〔症〕, 病的作話〈虚構〉. [*spätlat.*; ◇fabulieren]

Kon·fekt[kɔnfɛ́kt] 中 -〔e〕s/ (種類: -e) **1** (あめ類以外の)糖菓 (Praline, Fondant など). **2** 《南部・オーストリア・スイス》 クッキー, ビスケット. [*mlat.* cōnfectum „Zubereitetes"; < *lat.* cōn-ficere „zusammen-machen" (◇..fizieren); ◇Konfitüre]

Kon·fek·tion[kɔnfɛktsió:n] 女 -/-en 《ふつう単数で》 **1** 〔服の〕既製品製造; 既製服製造業. **2** 既製服: Damen*konfektion* 婦人既製服 | Ich trage nur ~. 私は既製服しか着ない. [*lat.*—*fr.*]

Kon·fek·tio·när[kɔnfɛktsionɛ́:r] 男 -s/-e (女 **Kon·fek·tio·neu·se**[..nø̀:zə] -/-n) **1** 既製服製造業者. **2** 既製服デザイナー; 既製服工場〔主任〕工員. [<..är]

kon·fek·tio·nie·ren[..ní:rən] 他 (h) **1** 大量〈工場〉生産する: *konfektionierte* Möbel 規格化された家具類. **2** (布地を)既製服に仕立てる. [*fr.*]

Kon·fek·tions≈ab·tei·lung[kɔnfɛktsió:ns..] 女 (デパートなどの)既製服売り場. **≈an·zug** 男 (男子用の)既製服. **≈ar·ti·kel** 男 = Konfektionsware **≈ge·schäft** 中 既製服店. **≈klei·dung** 女 既製服. **≈wa·re** 女 既製〈規格〉品.

Kon·fe·renz[kɔnferɛ́nts, ..fə..] 女 -/-en **1** 会議, 会談; (Unterredung) 協議: eine internationale 〈wirtschaftliche〉 ~ 国際〈経済〉会議 | eine ~ der Außenminister 外相会議 | Gipfel*konferenz* 頂上〈首脳〉会談 ‖ eine ~ abhalten 〈einberufen〉 会議を開催〈召集〉する | ~*en* mit *jm.* haben …と協議を重ねる | an einer ~ teilnehmen 会議に参加する | Er ist 〈befindet sich〉 zur Zeit in einer ~. 彼は目下会議中である. **2** 外洋船舶会社連合. [*mlat.*]

Kon·fe·renz≈be·schluß 男 会議での決定〔事項〕. **≈pau·se** 女 会議の休憩時間. **≈raum** 男, **≈saal** 男 会議場; 〔大〕会議室. **≈schal·tung** 女 〘通信〙 (電話の)多元通話; 〘放送〙 多元中継. **≈sen·dung** 女 多元放送. **≈tisch** 男 会議室のテーブル: am ~ Platz nehmen 会議の席に座る〈に出席する〉 | einen Vorschlag auf den ~ legen 議案を上程する. **≈zim·mer** 中 会議室.

kon·fe·rie·ren[kɔnferí:rən, ..fə..] 自 (h) **1** 《mit *jm.* über *et.*[4]》 (…と…について)話し合う, 相談〈協議〉する. **2** (ショー番組などを)司会する. [*lat.* cōn-ferre „zusammentragen"—*fr.*; ◇ *engl.* confer]

Kon·fes·sion[kɔnfɛsió:n] 女 -/-en **1** (Bekenntnis) 信仰告白, 告解: die evangelische ~ 新教 | die katholische ~ カトリック教. **2** 〘宗〙 **a)** 宗派: Ich gehöre keiner ~ an. 私は無宗派である. **b)** 《集合的に》宗徒. **3** 〘宗〙 信条書: die Augsburgische ~ (→augsburgisch). **4** 《雅》 (Geständnis) 告白. [*lat.*; < *lat.* cōnfitērī (→ Konfitent)]

Kon·fes·sio·na·lis·mus[kɔnfɛsionalísmʊs] 男 -/ 特定宗派への執着, 宗派心.

kon·fes·sio·nell[..nɛ́l] 形 宗派的な, 特定宗派の.

kon·fes·sions·los[kɔnfɛsió:nslo:s][1] 形 無宗派の, 特定宗派に属さない.

Kon·fes·sions≈schu·le 女 (Bekenntnisschule) 宗派学校. **≈wech·sel** 男 宗派変更, 改宗.

Kon·fet·ti[kɔnfɛ́ti·] 中 -〔s〕/ **1** コンフェッティ(カーニバルなどでまき散らす細かい色紙. 古くはボンボンを投げ合ったが, のちに色紙に変わったという), 紙ふぶき. **2** 《オーストリア》 =Konfekt 1 [*it.*; < *mlat.* cōnfectum (→Konfekt)]

Kon·fet·ti≈pa·ra·de[kɔnfɛ́ti..] 女 (とくに米国で)紙ふぶき〈コンフェッティの花ふぶき〉のもとで行われるパレード. **≈re·gen** 男 コンフェッティの雨, 紙ふぶき. **≈schlacht** 女 コンフェッティの投げ合い.

Kon·fi·dent[kɔnfidɛ́nt] 男 -en/-en ᐁ**1** (Vertrauter) 腹心; 親友. **2** 《オーストリア》 (〔Polizei〕spitzel) 〔警察の〕スパイ. [*fr.*; < *lat.* cōnfīdere „vertrauen" (◇fidel); ◇ *engl.* confidant]

ᐁ**kon·fi·den·tiell**[..dɛntsiɛ́l] 形 (vertraulich) 内密〈秘密〉の(手紙・情報など). [*fr.*; ◇..ell]

ᐁ**Kon·fi·denz**[..dɛ́nts] 女 -/-en **1** 信頼. **2** 内密〔の知らせ〕: in strikter ~ 極秘に. [*lat.*—*fr.*; ◇..enz]

Kon·fi·gu·ra·tion[kɔnfiguratsió:n] 女 -/-en (芸術上の)構成; 〘化〙 (素粒子などの)配置; 〘天〙 星位; 〘医〙 変形.

kon·fi·gu·rie·ren[..rí:rən] 他 (h) (gestalten) 形成〈構成〉する. [*lat.*; ◇Figur]

ᐁ**Kon·fi·na·tion**[kɔnfinatsió:n] 女 -/-en **1** 〘法〙 居住地〈移動〉制限, 外出禁止. **2** (行政地域などの)区分, 分割.

Kon·fi·ni·en Konfinium の複数.

ᐁ**kon·fi·nie·ren**[..finí:rən] 他 (h) **1** 《*jn.*》 〘法〙 (…の)居住地を限定する, (…を)禁足にする. **2** (地域を)区分〈分割〉する.

ᐁ**Kon·fi·ni·tät**[..nitɛ́:t] 女 -/-en 隣接〔地〕.

ᐁ**Kon·fi·nium**[kɔnfí:niʊm] 中 -s/..nien[..niən] (Grenze) 境界; 境界石; 境界地域(古くは特にオーストリア領南 Tirol 地方). [*lat.*; < *lat.* cōn-fīnis „angrenzend" (◇Finis); ◇ *engl.* confine]

Kon·fir·mand[kɔnfɪrmánt][1] 男 -en/-en (女 **Kon·fir·man·din**[..dɪn] -/-nen) 堅信〔のための教義学習〕を受ける少年, 受堅者.

Kon·fir·man·den≈stun·de 女, **≈un·ter·richt** 男 〘新教〙 堅信のための〔教義学習〕授業.

Kon·fir·man·din Konfirmand の女性形.

Kon·fir·ma·tion[kɔnfɪrmatsió:n] 女 -/-en 〘カトリック〙 堅信〔の秘跡〕; 〘新教〙 堅信 (→Firmung): 〔die〕 ~ feiern 堅信を祝う | zur ~ gehen / die ~ empfangen 堅信を受ける. [*lat.* cōnfīrmātiō „Befestigung"—*kirchenlat.*]

kon·fir·mie·ren[..mí:rən] 他 (h) (…に)堅信の秘跡を授ける, 堅信を施す. [*lat.* cōn-fīrmāre „festmachen"; ◇firm]

Kon·fi·se·rie[kɔ̃fizərí:, kɔn..] 女 -/-n[..rí:ən] 《スイス》 =Konditorei [*fr.*; < *lat.* cōnficere (→Konfekt)]

Kon·fi·seur[..zø̀:r] 男 -s/-e 《スイス》 = Konditor [*fr.*]

Kon·fis·ka·tio̱n[kɔnfɪskatsió:n] 女 -/-en (Beschlagnahme)〘法〙差し押え, 押収. [*lat.*]

kon·fis·zie̱·ren[..tsí:rən] 他 (h) 差し押える, 押収する. [*lat.*; ◇Fiskus]

Kon·fis·zie̱·rung[..rʊŋ] 女 -/-en =Konfiskation

▽**Kon·fi·te̱nt**[kɔnfitɛ́nt] 男 -en/-en (Beichtkind)〘宗〙告解者. [*lat.* cōn-fitērī „bekennen"; ◇fatieren]

Kon·fi·tü̱·re[kɔnfitý:rə] 女 -/-n **1**〘料理〙粒入りジャム. ▽**2** =Konfekt 1 [*mlat.* cōnfectūra „Zubereitung"– *fr.*; ◇Konfekt]

Kon·fli̱kt[kɔnflíkt] 男 -[e]s/-e 紛争, 摩擦; 心的葛藤(かっとう): ein ideologischer ~ イデオロギー論争 | innere ~*e* durchmachen 内心の葛藤を経験〈克服〉する | einen ~ heraufbeschwören 〈schlichten〉 紛争をひき起こす〈収拾する〉‖ mit *jm.* in ~ geraten …と衝突する | **mit** *et.*[3] **in ~ geraten** 〈**kommen**〉 …に違反する | mit den Gesetzen in ~ geraten 法律に触れる〈違反する〉| in den ~ zwischen Pflicht und Liebe gebracht werden 義理と人情の板ばさみになる. [*lat.*; < *lat.* cōn-flīgere „zusammen-stoßen"]

Kon·fli̱kt≠for·schung 女 (Polemologie) 紛争研究, 紛争学.

kon·fli̱kt·freu·dig 形 いざこざを恐れない, 争いを好む.

Kon·fli̱kt≠he̱rd 男 紛争の火元. **≠kom·mis·sio̱n** 女 (旧東ドイツで, 企業・官庁などに設置される)紛争処理委員会. **≠lö̱·sung** 女 紛争〈いざこざ〉の解決.

kon·fli̱kt·scheu 形 いざこざを恐れる, 争いを好まない.

Kon·fli̱kt≠scheu 女 konfliktscheu なこと. **≠si·tua·tio̱n** 女 紛争状態; 心的葛藤(かっとう)の状態. **≠stoff** 男 紛争の火種〈原因〉.

Kon·flue̱nz[kɔnfluɛ́nts] 女 -/-en (↔Diffluenz) (Zusammenfluß)〘地〙(氷河の)合流. [*spätlat.*]

kon·flu·i̱e·ren[..í:rən] 自 (s) (zusammenfließen) (血管などが)合流する. [*lat.*; < *lat.* fluere „fließen" (◇fluid)]

Kon·flu̱x[kɔnflʊ́ks] 男 -es/-e =Konfluenz

Kon·fö·de·ra·tio̱n[kɔnfødəratsió:n] 女 -/-en (Staatenbund) 国家連合. [*spätlat.*]

kon·fö·de·rie̱·ren[..rí:rən] 他 (h) 再帰 *sich*[4] ~ 同盟する: die *Konföderierten* Staaten von Amerika〘史〙アメリカ盟邦(南北戦争当時の南部11州) ‖ die *Konföderierten*〘史〙(アメリカ南北戦争当時の)盟邦支持者〔側〕. [*spätlat.*]

kon·fo·ka̱l[kɔnfoká:l] 形〘理〙共焦点の.

kon·fo̱rm[kɔnfɔ́rm] 形 (übereinstimmend) (…と)一致〈合致〉した, 同様な: ~*e* Abbildung〘数〙共形〈等角〉投影図 | ~*e* Ansichten haben 同意見である ‖ **mit** *jm.* **~ gehen** 〈**sein**〉 …に一致している, …と見解を同じくする. [*spätlat.* cōn-fōrmis „gleich-förmig"]

Kon·for·ma·tio̱n[kɔnfɔrmatsió:n] 女 -/-en〘化〙(分子の)立体配座. [*lat.*–*engl.*]

kon·for·mie̱·ren[..mí:rən] 他 (h) (anpassen) 順応させる. [*lat.*]

Kon·for·mi̱s·mus[kɔnfɔrmísmʊs] 男 -/ **1** 大勢順応, (流行・体制などへの)追従主義. **2**〘宗〙(イギリスの)国教主義, 国教会信仰. [*engl.*]

Kon·for·mi̱st[..míst] 男 -en/-en (↔Nonkonformist) **1** 大勢順応主義者. **2** (イギリスの)国教徒. [*engl.*]

kon·for·mi̱·stisch[..místɪʃ] 形 **1** 追従〈大勢順応〉主義の. **2** (イギリスの)国教主義の.

Kon·for·mi·tä̱t[..mitɛ́:t] 女 -/ (意見などの)一致; 同形.

Kon·fra̱·ter[kɔnfrá:tər] 男 -s/..tres[..tre:s] (Mitbruder)〘宗〙〔修道〕兄弟. [*mlat.*]

Kon·fra·ter·ni·tä̱t[..fratɛrnitɛ́:t] 女 -/-en **1** =Erbverbrüderung ▽**2**〘カトリック〙信心〔兄弟〕会. [*mlat.*]

Kon·fra̱·tres Konfrater の複数.

Kon·fron·ta·tio̱n[kɔnfrɔntatsió:n] 女 -/-en (法廷などでの)対決; 直面;〘言〙対照: eine ~ der Regierung mit den Gewerkschaften 政府と労働組合の対立. [*mlat.*]

Kon·fron·ta·tio̱ns·kurs[..tsió:ns..] 男 対決路線: auf ~ gehen 対決路線を進む.

kon·fron·ta·ti̱v[..tí:f][1] 形 **1** 対決的な. **2** (kontrastiv)〘言〙対照的な: die ~*e* Grammatik 〈Linguistik〉 対照文法〈言語学〉.

kon·fron·tie̱·ren[..tí:rən] 他 (h) 対決〈直面〉させる;〘言〙対照する: den Dieb 〔mit〕 dem Zeugen ~ 窃盗犯を証人と対決させる | Er sah sich mit Schwierigkeiten *konfrontiert.* 彼は自分がさまざまな困難に直面しているのを悟った. [*mlat.*; < *lat.* frōns (→Front)]

Kon·fron·tie̱·rung[..rʊŋ] 女 -/-en =Konfrontation

▽**kon·fun·die̱·ren**[kɔnfʊndí:rən] 他 (h) まぜ合わせる; 混乱させる; とり違える. [*lat.* cōn-fundere „zusammengießen"; ◇*engl.* confound]

kon·fu̱s[kɔnfú:s][1] 形 **1** 不明確な, あいまいな; 混乱した: ~*e* Sätze 支離滅裂な文章 | ein ~*es* Zeug reden わけの分からぬことを言う. **2** 頭が混乱した, 何が何だかわけの分からなくなった, まごついた: Ich bin ganz ~. 私は頭がすっかり混乱してしまった | *jn.* ~ machen …の頭を混乱させる; …の気持を動転させる ‖ ~ antworten しどろもどろの返答をする. [*lat.*; ◇*engl.* confuse〔d〕]

Kon·fu·sio̱n[kɔnfuzió:n] 女 -/-en **1** (頭の)混乱状態, 動転;〘医〙錯乱: *jn.* in ~ stürzen …の頭を混乱させる. **2** 不明確さ, あいまいさ, 混乱;〘法〙混同. [*lat.*]

Kon·fu·sio̱ns·ra̱t 男 -〔e〕s/..räte《戯》頭の混乱した人, 放心した人.

Kon·fu·si·tä̱t[..fuzitɛ́:t] 女 -/ konfus なこと.

▽**Kon·fu·ta·tio̱n**[kɔnfutatsió:n] 女 -/-en 反論, 論破. [*lat.*; < *lat.* cōn-fūtāre „nieder-schlagen" (◇Beutel[1])]

Kon·fu̱·tse[kɔnfú:tsə] 人名 孔子, 孔夫子(前551–479; 中国, 儒教の祖. ラテン語化して Konfuzius ともいう: →Lunyü).

Kon·fu·zia̱·ner[kɔnfutsiá:nər] 男 -s/- 儒者.

kon·fu·zia̱·nisch[..nɪʃ] 形 孔子〔流〕の: die ~*e* Philosophie 儒教〔哲学〕.

Kon·fu·zia·ni̱s·mus[..tsianísmʊs] 男 -/ 儒教.

kon·fu·zia·ni̱·stisch[..nístɪʃ] 形 儒教の.

Kon·fu̱·zius[kɔnfú:tsiʊs] =Konfutse

kon·ge·nia̱l[kɔngeniá:l, kɔŋg.., ⏑⏑⏑–] 形 精神的に同等の; (互いに)気心の合った: eine ~*e* Übersetzung eines Gedichtes 原作の詩を辱めない翻訳 | Musik und Text sind ~. 曲と歌詞がぴったり合っている.

Kon·ge·nia·li·tä̱t[kɔngenialitɛ́:t, kɔŋg..] 女 -/ kongenial なこと.

kon·ge·ni·ta̱l[kɔngenitá:l, kɔŋg..] 形 (angeboren)〘医〙先天性の.

Kon·ge·stio̱n[kɔngɛstió:n, kɔŋg..] 女 -/-en (Blutandrang)〘医〙充血, 鬱血(うっけつ). [< *lat.* con-gerere „zusammen-tragen" (◇gerieren)]

kon·ge·sti̱v[..tí:f][1] 形〘医〙充血〈鬱血(うっけつ)〉〔性〕の.

Kon·glo·me·ra̱t[kɔnglomerá:t, kɔŋg..] 中 -〔e〕s/-e **1** (雑多なものが集まった)集合体, 集塊, 群塊;〘経〙複合〈集塊〉企業, コングロマリット: ein ~ von Ansichten さまざまな見解の寄せ集め. **2**〘鉱〙礫岩(れきがん). [*fr.*; < *lat.* glomus „Knäuel" (◇Globus)]

kon·glo·me·ra̱·tisch[..rá:tɪʃ] 形 礫岩(れきがん)〔状〕の.

Kon·glu·ti·na·tio̱n[kɔnglutinatsió:n, kɔŋg..] 女 -/-en〘医〙(赤血球などの)膠着(こうちゃく). [*lat.*]

kon·glu·ti·nie̱·ren[..ní:rən] 自 (h)〘医〙膠着(こうちゃく)する. [*lat.*; < *lat.* glūten (→Gluten)]

〔der〕 **Ko̱n·go**[1][kɔ́ŋgo·] 地名 男 -s/ コンゴ(中部アフリカ大西洋岸にある共和国. 1960年フランスから独立し, 1969年コンゴ共和国からコンゴ人民共和国と改称. 92年に再び旧称に復帰. 首都ブラザビル Brazzaville). [*Bantuspr.* „Berg"]

der **Ko̱n·go**[2][–] 地名 男 -〔s〕/ コンゴ(アフリカ中央部に発して大西洋に注ぐ川).

Kon·go·le̱·se[kɔŋgolé:zə] 男 -n/-n コンゴ人. [*fr.*]

kon·go·le̱·sisch[..zɪʃ] 形 コンゴの.

Kon·gre·ga·tio̱n[kɔngregatsió:n, kɔŋg..] 女 -/-en

〘カトリック〙 **1** (教皇庁の)聖省. **2** (同一修道規則の)修道院会; (近代の)修道会. **3** 信心会, 講: Marianische ～ マリア信心会. [*lat.*; < *lat.* con-gregāre „zu einer Herde vereinigen" (◇Gremium)]

Kon·gre·ga·tio·na·list[..tsionalíst] 男 -en/-en 〘宗〙 (英米の)組合教会信徒. [*engl.*]

Kon·gre·ga·tio·nist[..tsioníst] 男 -en/-en Kongregation 3 のメンバー.

Kon·greß[kɔngrɛ́s, kɔŋg..] 男..gresses/..gresse **1** (大規模な)専門家会議, 国際会議: der Wiener ～ 〘史〙 ウィーン会議(1814-15). **2** 《単数で》(特に米国の)議会, 国会. **3** 《話》(Party)(特に若者たちの)パーティー. [*lat.*; < *lat.* congredī „zusammen-kommen" (◇Grad)]

Kon·greß·hal·le 女 **1** 〔大〕会議場. **2** (アメリカなどの)国会議事堂.

Kon·gres·si·tis[kɔngrɛsí:tɪs] 女 -/ 《話》やたらにパーティーを開きたがること, パーティー病. [< ..itis]

Kon·greß≈mit·glied[kɔngrɛ́s.., kɔŋg..] 中 会議出席者〈構成員〉; (アメリカなどの)国会議員. **≈par·tei** 女 -/ (Nationalkongreß)(インドの)国民会議派. **≈po·len** 〘史〙 (ウィーン会議によってつくられロシア皇帝の統治下に置かれた立憲制の)ポーランド王国(1815-31). **≈saal** 男 〔大〕会議場. **≈spra·che** 女 (国際会議などの)会議〔使用〕言語. **≈stadt** 女 会議開催都市. **≈teil·neh·mer** 男 会議出席者〈参加者〉.

kon·gruent[kɔngruɛ́nt, kɔŋg..] 形 (↔disgruent) 一致〈適合〉する, 完全に等しい; (↔inkongruent) 〘数〙 合同の; (2数が)等しい: die ～*e* Deckung 〘法〙 正当弁済. [*lat.*]

Kon·gruenz[..ɛ́nts] 女 -/-en (↔Inkongruenz) 合致, 適合; 〘言〙 (性・数・格・人称の)一致, 呼応; 〘数〙 合同: eine semantische ～ 意味上の一致〈呼応〉(㊀ Der Hund *bellt.* 犬がほえる). [*lat.*]

Kon·gruenz·satz 男 〘数〙 合同の定理.

kon·gru·ie·ren[kɔngruí:rən, kɔŋg..] 自 (h) 一致する; 〘数〙 合同である. [*lat.* con-gruere „zusammen-treffen"]

Kong·zi[kǒŋdzɨ] =Konfutse

Ko·ni·die[koní:diə] 女 -/-n (**Ko·ni·dium**[..diʊm] 中 -s/..dien[..diən]) 《ふつう複数で》〘植〙 分生子. [< *gr.* kónis „Staub"; ◇ *engl.* conidium]

K.-o.-Nie·der·la·ge[ka:|ó:..] 女 〘ボクシング〙 ノックアウト負け.

Ko·ni·fe·re[konifé:rə] 女 -/-n 《ふつう複数で》〘植〙 球果植物; (Nadelgehölz) 針葉樹. [< *lat.* cōni-fer „zapfentragend"; ◇Konus]

Kö·nig[kǿ:nɪç][2] 男 -s/-e (⊛ **Kö·ni·gin** → 別出) **1** (英: *king*) 王, 国王: Friedrich II. (読み方: der Zweite), ～ von Preußen プロイセン王フリードリヒ二世 | die Heiligen Drei ～*e* 〔aus dem Morgenland〕 〘聖〙 東方の三博士〈賢者〉 | Heilige Drei ～*e* 〘宗〙 三博士の顕現日(1月6日) ‖ ᵛdes ～*s* Rock 軍服 | die Anbetung der ～*e* マギ〈三博士〉の礼拝(→Magier 2 a) | die Bücher der ～*e* (旧約聖書の)列王紀. **2** 《比》王者, 第一人者: ein ungekrönter ～ (→ungekrönt) | ～ Fußball スポーツの花たるサッカー | der ～ der Lüfte 〈der Vögel〉 《雅》 大空〈百鳥〉の王(ワシ) | der ～ der Tiere 〈der Wüste〉 《雅》 百獣〈砂漠〉の王(ライオン) | der ～ des Walzers ワルツ王(→Strauß[4] 1) ‖ Bei uns ist der Kunde ～. 当店ではお客様が王様です | Unter 〔den〕 Blinden ist der Einäugige ～. (→einäugig). **3 a)** 〘トランプ〙 キング; 〘チェス〙 キング(→ 図 Schach B): Pik*könig* スペードのキング ‖ Schach dem ～! 王手 | den ～ matt setzen 王を詰める, チェックメートする | eine Karte mit dem ～ stechen ある札をキングで切る. **b)** (九柱戯の)キングピン: den ～ umwerfen キングピンを倒す. **4** (造幣局の保証刻印のある)純金〈純銀〉地金.

[*germ.* „aus vornehmem Geschlecht Stammender"; ◇Kind, ..ingen]

Kö·ni·gin[kǿ:nɪgɪn] 女 -/-nen **1** (英: *queen*) **a)** 女王 (König の地位にある女性): Elisabeth I. (読み方: die Erste), ～ von England イングランド女王エリザベス一世. **b)** 王妃. **2** 《比》(女性の)王者, 第一人者(→König 2): die ～ der Blumen 《雅》 花の女王(バラ) | die ～ der Instrumente 《雅》 楽器の女王(パイプオルガン) | die ～ der Nacht 〘植〙 夜の女王(セレニセレウスの俗名. つる性のサボテンで, 夜間にゲッカビジン〔月下美人〕に似た大型の花を咲かせる) | Sie war die ～ des Festes 〈seines Herzens〉. 《雅》 彼女はその催しのヒロイン〈彼の心からの愛人〉だった. **3** (Dame) 〘トランプ〙 クイーン; 〘チェス〙 女王. **4** (Weisel) 〘虫〙 女王バチ(蜂).

Kö·ni·gin≈mut·ter[また: ⌐◡◡◡◡] 女 -/..mütter 皇太后, 母后(国王または女王の母). **≈wit·we**[また: ⌐◡◡◡◡] 女 (寡婦となった)皇太后.

kö·nig·lich[kǿ:nɪklɪç] 形 **1** (略 kgl.) 《付加語的》 〔国〕王の, 国王に属する, 王室の: die ～*e* Familie 王室 | das ～*e* Schloß 王城, 王宮 | *Königliche* Hoheit 皇太子殿下(呼びかけ; 以前は王子や大公に対しても用いられた). **2** 〔王者のように〕威厳のある, りっぱな, 気品のある: das ～*e* Spiel 《雅》 王者の遊戯(チェス). **3** 寛容〈寛大〉な, 太っ腹の: *jn.* ～ beschenken …に気前よく贈り物をする | ein ～*es* Geschenk 豪華なプレゼント. **4** 《話》 すばらしい, すてきな: ein ～*es* Vergnügen すばらしい楽しみ | Wir haben uns ～ amüsiert. 私たちはすごく楽しかった.

Kö·nig·reich[kǿ:nɪk.., ..nɪç..] 中 王国, 王の領土.

Kö·nigs≈ad·ler[kǿ:nɪçs..] 男 〘鳥〙 イヌワシ(犬鷲)の一種. **≈ap·fel** 男 **1** (赤いしまのある)冬リンゴ. **2** (Ananas) パイナップル.

Kö·nigs·berg[kǿ:nɪçsbɛrk] 地名 ケーニヒスベルク(かつての Ostpreußen 州の州都. 1945年以後旧ソ連邦領となり, Kaliningrad と改称. 現在はロシア領). [< König Ottokar II. von Böhmen (この町の建設者, †1278)]

Kö·nigs≈blau 中 ロイヤルブルー, 藤紫. **≈burg** 女 王城. **≈farn** 男 〘植〙 ゼンマイ(薇)属. **≈fa·san** 男 〘鳥〙 オナガキジ(尾長雉). **≈fi·scher** 男 (Eisvogel) 〘鳥〙 カワセミ(翡翠). **≈flie·gen·pilz** = Pantherpilz **≈for·mat** 中 キングサイズ, 特大型: ein Hemd von 〈in〉 ～ 特大のシャツ. **≈freund** 男 王党〈勤王〉派の人. **≈gei·er** 男 〘鳥〙 トキイロコンドル. **≈gelb** 中 〘鉱〙 一酸化鉛; 〘美〙 クロームイエロー. **≈haus** 中 王家, 王室. **≈hörn·chen** 中 〘動〙 インドオオリス(大栗鼠). **≈ker·ze** 女 〘植〙 モウズイカ属. **≈kind** 中 (特に昔話などで)王の子, 王子, 王女. **≈ko·bra** 女 〘動〙 キングコブラ. **≈kro·ne** 女 王冠(→ 図 Krone A). **≈ku·chen** 男 箱形カステラ (Dreikönigsfest の祝い菓子としても用いる: → 図 Kuchen). **≈leut·nant** 男 〘史〙 (フランスのブルボン王朝で)国王代理; (のちに)高級軍人官僚. **≈li·lie**[..liə] 女 〘植〙 ホソバハカタユリ(細葉博多百合), オウカンユリ, リーガルリリー. **≈ma·cher** 男 -s/- 《話》(政界などの)ボス, 実力者. **≈mord** 男 国王の暗殺. **≈mör·der** 男 国王暗殺者. **≈paar** 中 国王夫妻. **≈pal·me** 女 〘植〙 ダイオウヤシ(大王椰子). **≈par·tei** 女 王党. **≈pfalz** 女 〘史〙 (中世ドイツの)王の城〈館(やかた)〉. **≈py·thon·schlan·ge** 女 〘動〙 インドニシキヘビ(錦蛇). **≈säu·re** 女 -/ = Königswasser **≈schlan·ge** 女 (Abgottschlange) 〘動〙 オウヘビ(王蛇), コモンボア(中南米産の大蛇). **≈schloß** 中 王城, 王宮.

der **Kö·nigs·see**[kǿ:nɪçsze:] 地名 男 -s/ ケーニヒスゼー(ドイツ Bayern 州の東南端にあり, 風光明媚(めいび)で知られる湖).

Kö·nigs≈sitz 男 **1** 王座. **2** 王宮, 王の所在地. **≈sohn** 男 王子. **≈stab** 男 王笏(しゃく). **≈ti·ger** 男 〘動〙 ベンガルトラ(虎). **≈toch·ter** 女 王女.

kö·nigs·treu 形 王に忠実な, 王党派の: der *Königstreue* 勤王〈王党〉派の人.

Kö·nigs≈was·ser 中 -s/ 〘化〙 王水. **≈weg** 男 (崇高な目標を達成するための)理想的な道, 王道. **≈wel·le** 女 〘工〙 主軸. **≈wür·de** 女 **1** 王位. **2** 王の威厳. **≈zeit** 女 王政時代.

Kö·nig·tum[kǿ:nɪçtu:m] 中 -s/..tümer[..ty:mər] **1** 《単数で》 王位, 王権. ᵛ**2** =Königreich

Ko·niin[koni͜í:n] 中 -s/ 〘化〙 コニイン(ドクニンジンに含まれる猛毒のアルカロイド). [< *gr.* kṓneion „Schierling"+ ..in[2]]

Ko·ni·mẹ·ter[konimé:tər] 中 -s/- (大気中のちりの量を測定する)検塵(けんじん)器, 塵埃(じんあい)計. [<*gr.* kónis „Staub"]

Ko·niọ·se[konió:zə] 女 -/-n 《医》塵肺(じんぱい)症. [<..ose]

kọ·nisch[kó:nɪʃ] 形 円錐(えんすい)形の. [<Konus]

Konj. 略 =Konjunktiv

ᐁ**Kon·jek·tạ·ne·en**[kɔnjɛktá:neən, ..tané:ən] 複 メモ〈心覚え〉集. [*lat.*]

Kon·jek·tụr[..tú:r] 女 -/-en **1** (古文書などの)判読, 校訂. ᐁ**2** (Vermutung) 推定, 推測. [*lat.*]

kon·jek·tu·rạl[..turá:l] 形 **1** 判読による, 校訂上の. ᐁ**2** 推定的な, 推測による. [*lat.*]

Kon·jek·tu·rạl·kri·tịk 女 -/ (古文書などの)判読による本文批判.

kon·ji·ziẹ·ren[kɔnjitsí:rən] 他 (h) **1** 判読〈校訂〉する. ᐁ**2** 推定〈推測〉する. [*lat.*; <*lat.* iacere „werfen"]

ᐁ**kon·ju·gạl**[kɔnjugá:l] 形 (ehelich) 夫婦〔間〕の, 婚姻上の. [*lat.*; <*lat.* con-iugium „Ehe" (◇Joch)]

Kon·ju·gạ·te[..gá:tə] 女 -/-n《ふつう複数で》(Jochalge)《植》接合藻類.

Kon·ju·ga·tiọn[..gatsió:n] 女 -/-en **1**《言》(動詞の)変化, 活用(人称・数・時称・法・態などによる語形変化: →Flexion 1). **2**《生》(繊毛虫類などの有性生殖に見られる)接合. [*lat.*]

kon·ju·giẹr·bar[..gí:rba:r] 形《言》Konjugation 1 の可能な.

kon·ju·giẹ·ren[kɔnjugí:rən] **I** 他 (h) **1**《言》(動詞を人称・数・時称・法・態などに応じて)変化させる, 活用する(→flektieren). ᐁ**2** (verbinden) 結合する. **II kon·ju·giẹrt** 過分 形《付加語的》《数・化・動》共役の: ~*e* Punkte 共役点 | die ~*e* Bewegung (両眼の)共役運動. [*lat.* con-iugāre „zusammen-jochen"; ◇*engl.* conjugate]

ᐁ**kon·jun·giẹ·ren**[kɔnjʊŋgí:rən] 他 (h) (verbinden) 結合する. [*lat.*; <*lat.* iungere (→Junktim); ◇*engl.* conjoin]

Kon·junk·tiọn[..jʊŋktsió:n] 女 -/-en **1** (Bindewort)《言》接続詞: eine koordinierende 〈subordinierende〉 ~ 並列〈従属〉の接続詞. **2**《天》(2個の天体の)合(ごう). [*lat.*]

kon·junk·tio·nạl[..tsioná:l] 形《言》接続詞的な〈による〉. [<..al¹]

Kon·junk·tio·nạl≈ad·verb 中《言》接続詞的副詞(例 außerdem, deshalb). ≈**satz** 男《言》接続詞の導文節〈副文〉.

kọn·junk·tiv[kɔ́njʊŋkti:f, ◡◡⏊]¹ **I** 形 **1** 接合する, 接合〈連接〉的な. **2** (↔disjunktiv)《論・言》連言〈連接〉的な: ein ~*es* Urteil 連言〈連接〉的判断. **II Kọn·junk·tiv** 男 -s/-e (略 Konj.)《言》接続法, 叙想法: ~ I(読み方: eins)〈II(読み方: zwei)〉接続法第一〈第二〉式 | der anführende 〈heischende〉 ~ 引用〈要求〉の接続法. [*spätlat.*]

Kon·junk·tị·va[kɔnjʊŋktí:va·] 女 -/..vä[..vɛ·]《ふつう単数で》(Bindehaut)《解》(目の)結膜.

kọn·junk·tị·visch[kɔ́njʊŋkti:vɪʃ, ◡◡⏊◡] 形《言》接続法〈叙想法〉の.

Kon·junk·ti·vị·tis[kɔnjʊŋktiví:tɪs] 女 -/..tiden [..vití:dən](Bindehautentzündung)《医》(目の)結膜炎. [<..itis]

Kon·junk·tụr[kɔnjʊŋktú:r] 女 -/-en **1**《経》景気〔の動向〕, 商況: eine günstige 〈ungünstige〉 ~ 好〈不〉況 | *eine steigende* 〈*fallende*〉 ~ 上昇〈下降〉景気 ‖ die ~ beleben 〈fördern〉 景気を刺激する | die ~ dämpfen 〈bremsen〉 景気を引き締める. **2** (Hochkonjunktur) 好景気: die augenblickliche ~ ausnutzen 現下の好況をうまく利用する;《比》時流〈時勢〉に便乗する | ~ haben 景気がいい;《比》(職人などが)仕事が忙しい; (ある種の製品が)よく売れる; 大いに流行している, もてはやされている. [*mlat.* coniūnctūra „Verbindung"]

kon·junk·tụr·ab·hän·gig 形 景気に左右される〈依存する〉.

Kon·junk·tụr≈ab·schlag 男 景気刺激のための〔期限付き〕減税. ≈**ba·ro·mẹ·ter** 中 景気指標. ≈**be·richt** 男 商況〈景気動向〉報告.

kon·junk·tu·rẹll[..turɛ́l] 形 景気〔上〕の: das ~*e* Klima 景気の動向, 市況.

Kon·junk·tụr≈flau·te[..tú:r..] 女 景気の沈滞, 不況. ≈**for·schung** 女 景気動向〈市況〉調査. ≈**po·li·tịk** 女 景気政策. ≈**po·li·ti·ker** 男 **1** 景気政策を実施する政治家. **2** 日和見主義の政治家. ≈**rit·ter** 男 日和見主義者. ≈**rück·gang** 男 景気後退. ≈**schwan·kung** 女 景気の変動. ≈**über·hit·zung** 女 景気の過熱. ≈**zu·schlag** 男 景気抑制のための〔期限付き〕増税.

ᐁ**Kon·ju·rạnt**[kɔnjuránt] 男 -en/-en 陰謀参加〈計画〉者.

ᐁ**Kon·ju·ra·tiọn**[..ratsió:n] 女 -/-en (Verschwörung) 陰謀. [*lat.*; <*lat.* iūrāre (→Juror)]

kon·kạv[kɔnká:f, kɔŋk..]¹ 形 (↔konvex) 凹面の, 中くぼみの. [*lat.*; <*lat.* cavus (→Kaverne)]

Kon·ka·vi·tạ̈t[..kavitɛ́:t] 女 -/ 凹面〔性〕, 凹面状. [*spätlat.*]

Kon·kạv≈lin·se[..ká:f..] 女 (↔Konvexlinse) (Hohllinse)《光》凹レンズ. ≈**spie·gel** 男 (↔Konvexspiegel) (Hohlspiegel)《光》凹面鏡.

Kon·klạ·ve[kɔnklá:və, kɔŋk..] 中 -s/-n《カトリック》**1** 教皇選挙会議. **2** 教皇選挙秘密会議場. [*lat.*; <*lat.* cumclāve „(Raum) mit Schlüssel"; ◇Klavikel]

kon·klu·dẹnt[kɔnkludɛ́nt, kɔŋk..] 形《論・法》結論の定まった, 決まった推論を可能にする. [*lat.*]

kon·klu·diẹ·ren[..dí:rən] 他 (h) (folgern) 結論〈推断〉する. [*lat.*; <*lat.* claudere (→Klause)]

Kon·klu·siọn[..zió:n] 女 -/-en《論》(三段論法の)結論, 帰結, 断案. [*lat.*]

kon·klu·sịv[..zí:f]¹ 形《論》結論〈演繹(えんえき)〉的な; 断定的な, 明白な.

ᐁ**Kon·knei·pạnt**[kɔnknaɪpánt, kɔŋk..] 男 -en/-en (学生組合の)準会員. [<kneipen¹+..ant]

kon·ko·mi·tạnt[kɔnkomitánt, kɔŋk..] 形 付随〈随伴〉する; 共存〈併存〉する. [*spätlat.*; ◇Komitat]

Kon·ko·mi·tạnz[..tánts] 女 -/ 付随, 随伴; 共存, 併存. [*mlat.*]

kon·kor·dạnt[kɔnkɔrdánt, kɔŋk..] 形 調和〈一致〉した. [*lat.* concordāre „übereinstimmen"]

Kon·kor·dạnz[..dánts] 女 -/-en **1** (アルファベット順の)語句索引, コンコーダンス; (特に:) 聖書語句索引. **2** (版の異なる刊本の)ページ対照表. **3**《遺伝》(遺伝の)素因一致, (双生児の肉体的特徴などの)一致点. **4**《地》(地層の)整合. **5**《印》48ポイント活字.

Kon·kor·dạt[..dá:t] 中 -〔e〕s/-e **1** (国家と教皇庁との)政教条約, 宗教協約, 教皇和約. **2** (スイス各州間の)協約. [*mlat.*]

Kon·kọr·dia[kɔnkɔ́rdia·, kɔŋk..] **I** 人名《ロ神》コンコルディア(和合の女神). **II** 女 -/ 協和(協会・クラブなどの名として). [*lat.*; <*lat.* con-cors „einträchtig" (◇kordial)]

Kon·kọr·di·en≈buch[..kɔ́rdiən..] 中《宗》和協信仰書. ≈**for·mel** 女 -/《宗》ルター派和協信条(1577年制定).

Kon·kre·mẹnt[kɔnkremɛ́nt, kɔŋk..] 中 -〔e〕s/-e (Stein)《医》石, 結石. [*lat.* concrēmentum „Anhäufung"]

ᐁ**Kon·kres·zẹnz**[kɔnkrɛstsɛ́nts, kɔŋk..] 女 -/-en (Zusammenwachsen)《医》癒着. [*lat.*]

kon·krẹt[kɔnkré:t, kɔŋk..] 形 (↔abstrakt) 具体〈具象〉的な, 知覚できる, 有形の; 現実に即した, 実際的な; はっきりした: ein ~*es* Beispiel anführen 具体例をあげる | ~*e* Angaben machen 具体的な陳述をする | ~*e* Vorschläge machen 具体的な提案をする ‖ die ~*e* Arbeit《経》具体的労働(使用価値を生みだす労働) | die ~*e* Malerei 具象絵画 | die ~*e* Musik《楽》具体音楽, ミュージック=コンクレート | die ~*e* Poesie 視覚詩 | ein ~*es* Substantiv《言》具象名詞 ‖ Seine Vorschläge sind nicht ~ genug. 彼

の提案は具体性に乏しい | Er wurde sofort ～. 彼は始めから具体的な話を持ち出した ‖ Du solltest dich ～*er* ausdrücken. 君はもっと具体的に話してくれないか.
[*lat.*; < *lat.* con-crēscere „zusammen-wachsen" (◇crescendo); ◇ *engl.* concrete]

Kon·kre̱·ta Konkretum の複数.

Kon·kre̱t·heit[..haɪt] 女 -/-en konkret なこと.

Kon·kre·tio̱n[kɔnkretsió:n, kɔŋk..] 女 -/-en **1** 〖医〗 **a**) 結石形成. **b**) 癒着. **2** 〖地〗 結核〔体〕. ∇**3** 具体化, 実体化. [*lat.*]

kon·kre·ti·si̱e·ren[..kretizí:rən] 他 (h) 具体化する; 具体的に述べる: 再帰 *sich*[4] ～ 具体的になる, 具体化する.

Kon·kre·ti̱s·mus[kɔnkretísmʊs, kɔŋ..] 男 -/ 具体主義.

kon·kre·ti̱·stisch[..tístɪʃ] 形 具体主義の, 具体主義的な.

Kon·kre̱·tum[..kré:tʊm] 中 -s/..ta[..ta·] (↔ Abstraktum) **1** 具象概念. **2** 〖言〗 具体〈具象〉名詞.

Kon·ku·bi·na̱t[kɔnkubiná:t, kɔŋk..] 中 -[e]s/-e 内縁〈同棲(どうせい)〉〔関係〕: mit *jm.* im ～ leben …と内縁関係にある.

Kon·ku·bi̱·ne[..bí:nə] 女 -/-n ∇**1** 内縁の妻. **2** 《軽蔑的に》 情婦, 妾(めかけ), 愛人. [*lat.*; < *lat.* cubāre „lagern"]

Kon·ku·pis·ze̱nz[kɔnkupɪstsɛ́nts, kɔŋk..] 女 -/ 〖哲・神〗 欲情, 肉欲. [*spätlat.*; < *lat.* con-cupīscere „eifrig begehren" (◇Cupido)]

Kon·kur·re̱nt[kɔnkʊrɛ́nt, kɔŋk..] 男 -en/-en (女 **Kon·kur·re̱n·tin**[..tɪn]-/-nen) (Mitbewerber) (スポーツ・経済活動などでの) 競争相手, ライバル: ein großer 〈scharfer〉 ～ im Schwimmen 水泳競技での好敵手.

Kon·kur·re̱nz[..kʊrɛ́nts] 女 -/-en **1 a**) 《ふつう単数で》 競争, 競合: *jm.* ～ machen …と競い合う | Die beiden Firmen machen sich 〈einander〉 ～. その両会社はライバル同士だ | mit *jm.* in ～ stehen …とライバル〈商売がたき〉である. **b**) (Wettkampf) 〖スポ〗 競技〔会〕, 試合; 《比》 コンクール, コンテスト: außer ～ 非公認〈無資格〉で〔の〕 | außer ～ laufen (着順は度外視して)競走に特別参加する. **2** 競争相手: Die ～ verkauft billiger. 商売がたきの店のほうが安く売っている | ohne ～ sein 天下無敵である | zur ～ 〔über〕gehen 敵方に寝返る〈内通する〉. [*mlat.*]

kon·kur·re̱nz·fä·hig 形 競争能力のある.

Kon·kur·re̱nz≠fä·hig·keit 女 競争能力. **≠ge·schäft** 中 競争相手〈商売がたき〉の店. **≠ge·sell·schaft** 女 競争社会.

kon·kur·ren·zi̱e·ren[..kʊrɛntsí:rən] 他 (h) 《南部・オーストリア・スイス》《*jn.*》 (…と) 競争〈競合〉する (→konkurrieren).

Kon·kur·re̱nz·kampf[..kʊrɛ́nts..] 男 〖経〗 競争.

kon·kur·re̱nz·lo̱s 形 **1** 無競争の: ～*e* Produkte 独占商品. **2** 無敵の.

Kon·kur·re̱nz≠neid 男 競争相手〔の成功〕に対するねたみ. **≠preis** 男 〖経〗 競争価格. **≠un·ter·ne̱h·men** 中 競争相手〈商売がたき〉の企業.

kon·kur·ri̱e·ren[kɔnkʊrí:rən, kɔŋk..] 自 (h) 《mit *jm.*》 (…と) 競争〈競合〉する: mit *jm.* um den Posten ～ …と地位を争う | mit *jm.* nicht ～ können …と太刀打ちできない | Wir *konkurrieren* miteinander. 我々はライバル同士である. [*lat.* con-currere „zusammen-laufen"; ◇kurrent; *engl.* concur]

Kon·ku̱rs[..kʊ́rs][1] 男 -es/-e 〖商・法〗 破産, 倒産; 破産手続き: den ～ abweisen 破産の申し立てを却下する | 〔den〕 ～ anmelden 破産を申し立てる | den ～ eröffnen 破産手続きを開始する | Er hat ～ gemacht. 彼は破産〈倒産〉した ‖ in ～[4] gehen 〈geraten〉 破産する, 倒産する. [*lat.* concursus (crēditōrium) „Zusammenlauf (der Gläubiger)"; ◇ *engl.* concourse]

Kon·ku̱rs≠er·klä·rung 女 〖商〗 破産宣言. **≠er·öff·nung** 女 〖法〗 破産手続きの開始. **≠gläu·bi·ger** 男 破産債権者. **≠mas·se** 女 〖法〗 破産財団(破産の際に強制執行の対象となる債務者の全財産). **≠ord·nung** 女 破産法.

kon·ku̱rs·reif 形 破産寸前の.

Kon·ku̱rs≠ver·fa̱h·ren 中 破産手続き. **≠ver·wal·ter** 男 破産管財人.

kon·na·ta̱l[kɔnatá:l] 形 〖医〗 (疾病・障害が)先天性〈先天的〉の. [< *spätlat.* con-nāscī „zusammen entstehen" (◇naszierend)]

Kon·nek·ti̱v[kɔnɛktí:f][1] 中 -s/-e **1** 〖植〗 葯隔(やくかく). **2** 〖動〗 縦(じゅう)連合, 縦連神経. [◇Konnexion]

kö̱n·nen*[kœ́nən] 《81》 **ko̱nn·te**[kɔ́ntə]/ **ge·ko̱nnt**[gəkɔ́nt]; 現 *ich* kann[kan], *du* kannst, *er* kann; 接II könnte[kœ́ntə]

I (英: *can*) 《話法の助動詞として, 他の動詞の不定詞とともに用いられ, その場合過去分詞には不定詞の形が用いられる. 文意が明らかな場合には本動詞を省略することがあり, その結果4格の目的語だけが残って, 他動詞的用法に近くなることもある》(h) **1 a**) 《各種の能力・可能性を示して》 …することができる; …する能力がある, …のしかたを知っている; …し得る, …られる; …が〔実現〕可能である: 〖能力・技能を示して〗 Er *kann* schwimmen 〈Auto fahren〉. 彼は泳げる〈車の運転ができる〉 | Der Raum *kann* 50 Personen fassen. この部屋の収容能力は50名である | *Kannst* du Klavier spielen 〈ein Motorboot steuern〉? 君はピアノの演奏〈モーターボートの操縦〉ができますか | Ich *konnte* früher gut tanzen. 私は昔はダンスが上手だった ‖ 〖不定詞で他の助動詞と〗 Der Kranke wird noch eine Woche nicht aufstehen ～. この患者はあと1週間は起きられないだろう | Man muß viel ertragen ～. がまん強くなければならない | Er soll gut Deutsch sprechen ～. 彼はドイツ語を話すのがうまいそうだ.

‖ 〖周囲の状況などによる実現の可能性を, 2人称の疑問文では特に依頼・要請などを示して〗 *Kannst* du morgen kommen? 君はあす来られるかい(あす来てください) | *Könnten* Sie mir Geld leihen? お金を貸していただけますか ‖ Ich *konnte* heute nacht nicht schlafen. / Ich habe heute nacht nicht schlafen ～. 私は昨夜眠れなかった | weil er uns nicht besuchen *konnte* 彼が私たちを訪ねて来られなかったために | Ich *könnte* jetzt schlafen. どうやら眠れそうな気がする | Hier *konnte* kein Wasser eindringen. ここは浸水のおそれがなかった | Man *kann* es nie wissen! そんなことわかるはずがない〈知るもんか〉 | Das war ein Tag, ich *kann* dir sagen! それは君もうたいへんな一日だったよ(→b) | Er schrie, was er schreien *konnte.* 彼は声をかぎりに叫んだ | Man *konnte* noch so laut schreien. どれほどの大声で叫んでもむだだった ‖ 〖受動形と〗 Der Dieb *konnte* schnell gefaßt werden. 泥棒はすぐつかまえることができた | Diese Frechheit *kann* nicht geduldet werden. この厚かましさは我慢できない ‖ 〖不定詞で〗 Ich freue mich sehr, Sie hier begrüßen zu ～. ここにあなたをお迎えできてたいへんうれしく存じます | Ich meine sagen zu ～, es ist fast so wie früher. 昔とほとんど何も変わっていないと申し上げられると存じます | Morgen werde ich nicht kommen ～. あすは来られないと思います | Sie werden dort kaum Arbeit finden ～. 彼ら〈あなた〔がた〕〉はあそこではほとんど仕事を見つけられないでしょう.

‖ 〖非難の意味をこめた疑問文などに用いられて〗 *Kannst* du nicht anklopfen? きみノックぐらいし〔てはいって来〕たらどうかね | *Können* Sie sich nicht etwas ruhiger verhalten? もう少しお手やわらかに願えませんか | Wie *konntest* du so etwas tun? 君はどうしてそんなばかなことをしでかしたんだ | Er hätte zu uns kommen ～. 彼は私たちのところへ来られただろうに.

‖ 〖前後関係から明らかな本動詞を省略したり, 本動詞に代わるes, das を用いて〗 Er aß, bis er nicht mehr *konnte.* 彼はそれ以上食べられないほど食べた | Jeder bezahlt, soviel er *kann.* めいめいが払えるだけの額を払うのだ | Er lief, was 〈so schnell〉 er *konnte.* 彼は懸命に〈全速力で〉走った ‖ Ich gehe nicht mit. Ich *kann* **es** nicht. 私は一緒に行かないよ. 行けないのだ | Hat er den Zug erreichen ～?―Nein, **das** hat er nicht *gekonnt.* 彼は列車に間にあったのですか―いや間にあいませんでした.

‖ 〖意味上自明な本動詞を省略した形で〗 Er *kann* alles 〈gar nichts〉. 彼はなんでもできる〈何ひとつとしてできない〉 | Ich

K

kann nichts mehr. 私はもう(力が尽きて)だめだ | 〔Erst mal〕 ~ vor Lachen!《話》私にはいまはとてもできないよ(断りの言葉) | *et.*[4] im Schlaf ~《比》…なら目をつぶったままでもやってのけられる | Ich *konnte* nicht anders. 私にはこうするよりほかなかったのだ | Er *kann* viel. 彼はたいへん博識〈有能〉だ | Er weiß und *kann* sehr viel. 彼は知識も能力もたいへんなものだ | Sie *kann* gut Englisch. 彼女は英語がよくできる | Wir *konnten* unsere Aufgaben schlecht. 私たちは与えられた課題をよく処理できなかった | Ich habe diese Technik einmal *gekonnt.* 私はかつてはこの技術をこなすことができた | Das Gedicht *kann* ich 〔auswendig〕. この詩を私は暗唱できる | *Kannst* du die Wörter? 君はこの単語を知っているかい | Mir *kann* keiner.《話》私はだれが来たって負けやしないさ | Du *kannst* mir 〈mich〉〔mal am Arsch lecken〕!《話》貴様なんかくそくらえだ ‖ **für *et.*[4] nichts 〈etwas〉 ~**《話》…には責任がない〈ある〉(→dafürkönnen) | Ich *kann* nichts dafür. それは私にはどうにもならない〈私の責任ではない〉 | Ich *kann* nichts für seine schlechten Manieren. 彼の不作法な振舞いは私の責任ではない | *Kannst* du etwas dafür, daß sie nicht kommt? 彼女が来ないのは君のせいかね | Was *können* wir dafür, daß dir das passierte? 君がそんな目にあったのは 私たちにはどうしようもないことだろう | Wer *kann* denn 〔etwas〕 dafür? いったいだれにその責任をとれと言うのだ(そんなこと だれの責任でもないはずだ) ‖ **es mit *jm.* ~** / 〔**es**〕 **mit *jm.* gut ~**《話》…と仲よくする, …とうまくつき合う | Ich habe immer gut mit ihm *gekonnt.*《話》私は彼とはいつもうまくやってきた.

b)《許可を示して》…してもよい, …してかまわない: Du *kannst* ruhig mitkommen. 君も一緒に来てすこしもかまわない | Sie *können* ohne Sorge sein. ご心配はいりませんよ | *Kann* ich jetzt gehen?—Nein, du *kannst* noch nicht gehen. もう行ってもいいですか—いや まだ行ってはいけない | *Kann* ich mal Ihren Paß sehen? ちょっとあなたの身分証明書を見せていただきましょう | *Könnte* ich Sie heute abend anrufen? 今晩お電話してもよろしいですか | Das *kann* gern sofort geschehen. それは今すぐでもかまわないよ | Du *kannst* mich gern haben.《反語》私のことはほうっておいてくれ ‖〖本来の意味が薄れて慣用的に〗Das *kann* mir gleichgültig sein. それは私にはどうでもよいことだ ‖〖本動詞を省略して〗Wo *kann* man hier mal?《話》トイレはどこでしょうか.

2《話し手の推定を示して; ふつう定形としてのみ用い, 分詞や不定詞の形では用いられない》 **a**) …かもしれない, …であり得る: Morgen *kann* es Regen geben. あすは雨になるかもしれない | Er *kann* krank sein. 彼は病気かもしれない | Sie *kann* unglücklich 〈nicht glücklich〉 sein. 彼女は幸福ではないのかもしれない(→b) | Es *kann* sein, daß er noch zu Hause ist./ Er *kann* noch zu Hause sein. 彼はまだ家にいるかもしれない | Ist sie krank?—*Kann* sein. 彼女は病気かい—かもね | Ich *kann* mich auch täuschen. 私が思い違いをしているのかもしれない | Der Krieg *kann* jederzeit ausbrechen. いつ戦争が始まるか分からない | Wenn du mir nicht gehorchst, *kannst* du was erleben!《話》私の言うことを聞かないとただではすまないぞ ‖ Es *können* 20 gewesen sein. その数は20〔名〕であったかもしれない | Das *könnte* er gewesen sein. ひょっとすると彼だったかもしれない | Ich *kann* mich geirrt haben. 私の間違いだったかもしれない | Er *konnte* noch nicht zurückgekommen sein. 彼はまだ帰ってきていないのかもしれなかった.

b)《**nicht** などを伴いアクセントを können において》…ではあるまい, …のはずがない: Sie *kann* nicht glücklich sein. 彼女は幸福であるはずがない(→a) | Das *kann* doch nicht 〔wahr〕 sein. まさかそんなはずはあるまい | Sie *können* nicht den Brief gelesen haben. 彼ら〈あなた〔がた〕〉は手紙を読んではいまい.

II Kön·nen 中 -s/ 能力, 力量; 技量, 腕前, 手腕: ein Mann von großem ~ たいへんな能力の男 | *sein* ganzes ~ aufbieten 自分の能力を完全に出しきる, 全力を傾注する | Sein ~ als Pianist ist bewundernswert. 彼のピアニストとしての腕前には感嘆すべきものがある.

III ge·konnt → 別出

[*germ.* „verstehen"; ◇Gnosis, kennen, kund, kühn; *engl.* can]

Kön·ner[kœ́nər] 男 -s/-《話》能力のある人, 練達の士: Er ist ein ~. 彼はできる.

Kön·ner·schaft[–ʃaft] 女 -/ =Können

Kon·ne·ta·bel[kɔnetá:bəl] 男 -s/-s 騎兵隊長; (16世紀フランスの)陸軍総司令官. [*spätlat.* comes stabulī „Stall-Graf"–*mlat.*–*fr.*; ◇Komitat, Stafel, Konstabler]

Kon·nex[kɔnɛ́ks] 男 -es/-e つながり, 関係, 関連; 交友〈交際〉関係: der ~ zwischen Beschäftigung und wirtschaftlichem Wachstum 雇用と経済成長の関係 ‖ ~ mit 〈zu〉 *jm.* haben …と関係がある, …とつき合っている | mit *jm.* in engen 〈näheren〉 ~ kommen …と親しくなる. [*lat.*]

Kon·ne·xion[kɔnɛksió:n] 女 -/-en **1**《ふつう複数で》《雅》(有利な)人間〈縁故〉関係, コネクション. **2**〖言〗結合関係(特に文を構成する成分間の). [*lat.*; < *lat.* cō-nectere „zusammen-knüpfen" (◇Nexus)]

Kon·ne·xi·tät[..ksitɛ́:t] 女 -/ 牽連(けんれん)性. [*mlat.*]

kon·ni·vent[kɔnivɛ́nt] 形 大目に見る, 黙認の. [*lat.*]

Kon·ni·venz[..vɛ́nts] 女 -/-en (Nachsicht) 見て見ぬふり, 黙認. [*spätlat.*]

ᵛ**kon·ni·vie·ren**[..ví:rən] 他 (h) 見て見ぬふりをする, 黙認する. [*lat.* cō-nīvēre „ein Auge zudrücken"]

Kon·nos·se·ment[kɔnɔsəmɛ́nt] 中 -〔e〕s/-e〖商〗船荷証券〈送り状〉. [< *it.* conoscimento „Erkenntnis"+*fr.* connaissement „Frachtbrief"; ◇Kognition]

Kon·no·tat[kɔnotá:t] 中 -s/-e (↔Denotat)〖言〗**1** (言語記号の表示する外的対象に対して, その)概念内容, 意義. **2** =Konnotation 1

Kon·no·ta·tion[..tatsió:n] 女 -/-en **1** (↔Denotation)〖言〗(言語記号の本来の概念的意味に付随する暗示的な, または文脈・状況に依存する情感的な)意味, 含意, 共示義. **2** (Intension)〖論〗(概念の)内包. [*mlat.*〔–*engl.*〕]

kon·no·ta·tiv[..tatí:f, ◡◡◡–][1] 形 (↔denotativ)〖言〗含意的な, 共示的な;〖論〗内包的な: eine ~*e* Bedeutung 含意(→Konnotation 1). [*mlat.*–*engl.*; ◇notieren]

konn·te[kɔ́ntə] können の過去.

könn·te[kœ́ntə] können の接続法 II.

ᵛ**kon·nu·bial**[kɔnubiá:l] 形 (ehelich) 婚姻による, 夫婦間の. [*lat.*; < *lat.* nūbere „heiraten"]

Kon·nu·bium[kɔnú:biʊm] 中 -s/..bien[..biən] (Ehe) 結婚生活; 夫婦関係. [*lat.*]

Ko·no·id[konoí:t][1] 中 -〔e〕s/-e〖数〗円錐(えんすい)曲線体. [< *gr.* kōnos (→Konus)+..oid]

Kon·qui·sta·dor[kɔŋk(v)ɪstadó:r] 男 -en/-en (-s/-e) (Eroberer) 征服者(特に16世紀スペインの南米征服者とその子孫). [*span.*; < *lat.* quaerere (→Quästor)]

Kon·rad[kɔ́nra:t] 男名 コンラート(短縮形: Kuno). [< *ahd.* kuoni „kühn"+rāt „Rat〔geber〕"]

Kon·rad von Würz·burg[kɔ́nra:t fɔn vʏ́rtsbʊrk] 人名 コンラート フォン ヴュルツブルク(1230頃-1287; 中世ドイツの叙事詩人・叙情詩人. 作品『ハインリヒ フォン ケンプテン』『パルトノピエルとメリウール』など).

Kon·rek·tor[kɔ́nrɛktɔr, ..to:r] 男 -s/-en [kɔnrɛktó:rən, ◡◡–◡] (小中学校の)副校長, 校長代理.

ᵛ**Kon·san·gui·ni·tät**[kɔnzaŋguinitɛ́:t] 女 -/ (Blutsverwandtschaft) 血族〔関係〕, 血縁. [*lat.*; ◇sanguinisch]

Kon·seil[kɔ̃sɛ́j, ..sɛ́:i·] 男 -s/-s 国家〈閣僚〉評議会, 顧問官会議; 会議. [< Conseil]

Kon·se·kra·tion[kɔnzekratsió:n] 女 -/-en **1 a**)〖カトリック〗聖別〔式〕, (人や物などの)神への奉献〔式〕, (聖職者の)叙階〔式〕. **b**)〖新教〗按手(あんしゅ)式, 牧師就任式. **2**〖史〗(古代ローマで)皇帝の神格化(死後, 神として崇める). [*lat.*]

kon·se·krie·ren[..krí:rən] 他 (h) **1**〖カトリック〗聖別する, (人や物などを)神に奉献する, (聖職者に)叙階する. **2**〖新教〗=ordinieren 1 [*lat.*; < *lat.* sacrāre (→sakrieren)]

kon·se·ku·tịv[kɔnzekutí:f, ⌣⌣⌣–][1] 形 **1** (時間的に)連続する, 連続的な: das ～*e* Dolmetschen 逐次通訳(参考 das simultane Dolmetschen 同時通訳). **2** 〚言〛結果を表す: eine ～*e* Konjunktion 結果を表す接続詞(例 so daß). [< *lat.* cōnsecūtiō „Folge" (◇konsequent)]

Kon·se·ku·tịv≈dol·met·schen 中 -s/ 逐次通訳. **≈dol·met·scher** 男 逐次通訳者.

Kon·se·ku·tịv·satz[kɔnzekutí:f..] 男 (Folgesatz) 〚言〛(so daß などに導かれる)結果文, 結果〔の文〕節.

Kon·sẹns[kɔnzέns][1] 男 -es/-e **1** (↔Dissens) (意見などの)一致, 合意, コンセンサス. **2** (Einwilligung) 同意, 承認: mit 〔dem〕 ～ des Vorgesetzten 上役の同意を得て. [*lat.*]

Kon·sẹns·bil·dung[kɔnzέns..] 女 (意見などの)一致を得ること, 合意を作り上げること.

kon·sẹns·fä̱·hig 形 (意見などの)一致が可能な, 合意可能の.

Kon·sen·sua̱l≈kon·trakt [kɔnzεnzuá:l..] 男, **≈ver·tra̱g** 男 〚法〛諾成(だくせい)契約(当事者の合意のみで成立する契約).

kon·sen·suẹll[kɔnzεnzuέl] 形 合意〈意見の一致〉にもとづく.

Kon·sẹn·sus[kɔnzέnzʊs] 男 -/-[..zu:s] ＝Konsens

[▽]**kon·sen·ti̱e̱·ren**[..zεntí:rən] 他 (h) 同意〈承認〉する. [*lat.*; < *lat.* sentīre (→Sensus)]

kon·se·quẹnt[kɔnzekvέnt] 形 **1** (↔inkonsequent) (folgerichtig) (論理的に)筋の通った, 首尾一貫した, 矛盾のない: ein ～*es* Handeln 首尾一貫した(言行一致の)行動 | ein ～*er* Fluß 〚地〛必従川. **2** 徹底した, 断固とした: *sein* Ziel ～ verfolgen 自分の目的をあくまでも追求する | einen Stürmer ～ decken 〚スポ〛フォワードを徹底的に〈厳しく〉マークする. [*lat.*; < *lat.* cōn-sequī „nachfolgen"]

kon·se·quẹn·ter≈mạ·ßen[..tər..] 副, **≈wẹi·se** 副 当然の帰結として.

Kon·se·quẹnz[kɔnzekvέnts] 女 -/-en **1** (ある行為の)結果, (論理的な)帰結, 結論: die ～〔*en*〕 *seiner* Tat tragen 〈auf *sich*[4] nehmen〉 自分の行為の責任をとる | **aus *et.***[3] **die ～*en* ziehen** …から結論を導き出す ‖ **die ～*en* ziehen** (自分の行動に対して)責任をとる | Der Minister hat die ～*en* gezogen. 大臣は責任をとった(辞任した). **2** 《単数で》(↔Inkonsequenz) 首尾一貫, 徹底: einen Plan mit ～ verfolgen 〈durchführen〉 わき目もふらずに計画を遂行する | an einem Grundsatz mit eiserner ～ festhalten 不退転の決意で原則を守り通す. [*lat.*]

[▽]**Kon·ser·va·tio̱n**[kɔnzεrvatsió:n] 女 -/-en konservieren すること. [*lat.*]

Kon·ser·va·tịs·mus[..tísmʊs] 男 -/ ＝Konservativismus [*engl.* conservatism]

kon·ser·va·tịv[..tí:f, ⌣⌣⌣–][1] **I** 形 **1 a)** 保守的な; 保守主義の: eine ～*e* Erziehung 保守的な教育 | eine ～*e* Partei 保守党 ‖ ～ eingestellt sein 保守的な考えをもっている | *sich*[4] ～ kleiden じみな服装をする. **b)** 伝統的な, 旧来の, 在来の; 旧式な: eine ～*e* Methode 在来の方法. **2** 〚医〛(外科的な手段を用いない)保存的な: eine ～*e* Behandlung 保存療法. **II Kon·ser·va·tị·ve** 男 女 《形容詞変化》保守主義者; 保守党員. [*mlat.*－*engl.*]

Kon·ser·va·ti·vịs·mus[..tivísmʊs] 男 -/ 保守主義; 保守的な傾向〈考え方〉.

Kon·ser·va·ti·vi·tä̱t[..tivitέ:t] 女 -/ 保守的であること, 保守性.

Kon·ser·vạ·tor[kɔnzεrvá:tɔr, ..to:r] 男 -s/-en [..vató:rən] (美術品・文化財などの)保存委員; (博物館・美術館などの)管理〔責任〕者. [*lat.* cōnservātor „Erhalter"]

Kon·ser·va·tọ·ri·en Konservatorium の複数.

kon·ser·va·tọ·risch[..vató:rɪʃ] 形 **1** 保存〈保護〉に関する. **2** 音楽学校〈大学〉の(→Konservatorium).

Kon·ser·va·to·rịst[..toríst] 男 -en/-en (女 **Kon·ser·va·to·rị·stin**[..tɪn]-/-nen) 音楽学校の生徒〈学生〉.

kon·ser·va·to·rị·stisch[..torístɪʃ] ＝konservatorisch 2

Kon·ser·va·tọ·rium[..tó:riʊm] 中 -s/..rien[..riən] (Musikhochschule) 音楽学校〈大学〉. [*it.* conservatorio „Pflegeanstalt"]

Kon·sẹr·ve[kɔnzέrvə] 女 -/-n **1** 保存食品(ふつう缶詰・瓶詰のものを指すが, 広義では冷凍・乾燥食品をも含む): eine ～ aufmachen 缶詰〈瓶詰〉を開ける. **2** 《話》録音〈録画〉したもの(テープなど): Musik aus der ～ テープ〈レコード〉音楽. **3** (Blutkonserve) 〚医〛血液保存容器: Blut aus der ～ 保存血液. [*mlat.*]

Kon·sẹr·ven≈büch·se 女 (缶詰用の)缶; 缶詰. **≈christ** 男 《話》(都合のよいときだけの)えせクリスチャン. **≈do̱·se** 女 ＝Konservenbüchse **≈fa·bri̱k** 女 缶詰〈瓶詰〉工場, 保存食品工場. **≈gla̱s** 中 -es/..gläser 瓶詰用の瓶, 貯蔵瓶. **≈mu·si̱k** 女 《話》(テープ・レコードなどによる)再生音楽. **≈öff·ner** 男 缶切り.

kon·ser·vi̱e̱·ren[kɔnzεrví:rən] 他 (h) **1** (腐敗・変質を防ぐために滅菌・冷凍などによって)保存する; (食品を加工して)缶詰〈瓶詰〉にする; 《話》録音〈録画〉〔して保存〕する: Fleisch 〈Gemüse〉 ～ 食肉〈野菜〉を保存する | Blutplasma 〈einen Leichnam〉 ～ 血漿(けっしょう)〈死体〉を保存する | *et.*[4] auf Tonband 〈Schallplatten〉 ～ 《話》…をテープ〈レコード〉に録音する ‖ *Konserviertes* essen 保存食品を食べる. **2** (適切な処置・管理によって原状のままに保つべく)保存〈保護〉する, (…の状態を)維持する: ein Gebäude ～ 建物を保存する | *seine* Jugend 〈*seine* Gesundheit〉 ～ 《話》若さ〈健康〉を保つ ‖ 再帰 Sie hat sich[4] gut *konserviert.* 《話》彼女は年の割に若い ‖ die *konservierende* Behandlung der Zähne 〚医〛歯の保存治療. **3** (性癖・見解などを)もちつづける: falsche Vorstellungen ～ 間違った考えをもちつづける. [*lat.* cōn-servāre „bewahren"]

Kon·ser·vi̱e̱·rung[..rʊŋ] 女 -/-en konservieren すること.

Kon·ser·vi̱e̱·rungs≈mit·tel 中, **≈stoff** 男 (食品の)〔合成〕保存料.

Kọn·si[kɔ́nzi·] 男 -s/-s 《スイ》＝Konsum 3

Kon·si·gnạnt[kɔnzɪgnánt] 男 -en/-en (↔Konsignatar) 〚商〛(特に外国貿易で委託販売の)委託者; (荷物の)発送人.

Kon·si·gna·tạr[..zɪgnatá:r] (**Kon·si·gna·tä̱r** [..tέ:r]) 男 -s/-e (↔Konsignant) 〚商〛(特に外国貿易で委託販売の)受託者, 委託販売人; (荷物の)受取人. [*fr.* consignataire]

Kon·si·gna·tio̱n[..tsió:n] 女 -/-en 〚商〛(特に外国貿易の)委託〈取次〉販売〔店〕. [*lat.*－*fr.*]

kon·si·gni̱e̱·ren[..ní:rən] 他 (h) 〚商〛(特に外国貿易で商品を)委託販売に出す, 取次店に送る; (船・軍隊を)特派する, 出動させる. [*lat.* cōn-sīgnāre „versiegeln"]

Kon·si·lia̱·rius[kɔnziliá:riʊs] 男 -/..rii[..rii·] 〚医〛共同診察参加医. [*lat.* cōnsiliārius „ratgebend"]

Kon·si̱·lium[kɔnzí:liʊm] 中 -s/..lien[..liən] **1** 審議〈協議〉会. **2** 〚医〛共同診察, 対診; 対診参加医師団. [*lat.*; < *lat.* cōnsulere (→Konsul); ◇*engl.* counsel]

kon·si·stẹnt[kɔnzɪstέnt] 形 (↔inkonsistent) **1** (形態・構成などが)持続する; 安定した; 堅固な; (物質が)強靭(きょうじん)な, 堅牢(けんろう)な; (液体が)粘り気のある, 濃厚な. **2** 一貫した, 筋の通った. [*lat.*; < *lat.* cōn-sistere „be-stehen" (◇stabil)]

Kon·si·stẹnz[..tέnts] 女 -/ konsistent なこと.

kon·si·sto·ria̱l[kɔnzɪstoriá:l] 形 **1** 〚カトリック〛枢機卿(けい)会議の. **2** 〚新教〛(教会の)役員会の.

Kon·si·sto·ria̱l·rat[kɔnzɪstoriá:l..] 男 -〔e〕s/..räte 〚新教〛Konsistorium 2 のメンバー〔の称号〕.

Kon·si·stọ·rium[..zɪstó:riʊm] 中 -s/..rien[..riən] **1** 〚カトリック〛枢機卿(けい)会議. **2** 〚新教〛(教会の)役員会. [*spätlat.* cōnsistōrium „Versammlungsort"]

[▽]**kon·skri·bi̱e̱·ren**[kɔnskribí:rən] **I** 他 (h) 〚軍〛徴集〈徴募〉する. **II Kon·skri·bi̱e̱r·te** 男 《形容詞変化》徴募兵, 新兵. [*lat.*; < *lat.* scrībere (→schreiben); ◇*engl.* conscript]

Kon·skrip·tiọn[..skrıptsió:n] 女 -/-en 〘軍〙徴集, 徴募. [*lat.*]

Kon·sọl[kɔnzó:l, kɔ́nzɔl] 男 -s/-s《ふつう複数で》(英国政府発行の償還期限のない)国債, 公債. [*engl.* consols; < *engl.* consolidated annuities „konsolidierte Anleihen"]

Kon·sọ·le[kɔnzó:lə] 女 -/-n **1** (壁・柱などに取りつけた)置き物台, 張り出し棚. **2** 〘建〙コンソール(アーチ・軒などを支える〔渦巻き模様の〕持ち送り・腕木: → 図 Pergola). **3** 〘電算〙操作〈制御〉卓, コンソール. [*fr.*; < *lat.* 〔cōn〕sōlārī „trösten" (◇selig)]

Kon·so·li·da·tiọn[kɔnzolidatsió:n] 女 -/-en **1** 強化, 確立. **2** 〘経〙(公債・鉱区などの)整理〔統合〕; (企業などの)合併; 〘法〙(不動産の制限物権と所有権との)混同. **3** 〘医〙(骨折個所の)癒合, 硬化, 固化, 強化; (結核などの)根治. **4** 〘地〙圧密. [*lat.–fr.*]

kon·so·li·dịe·ren[..dí:rən] 他 (h) **1** (festigen) 強化する, 固める: 再帰 *sich*^{4} ~ 固まる, 強くなる. **2** 〘経〙(公債・鉱区などを)整理〔統合〕する: *konsolidierte* Staatsanleihen 整理公債. [*lat.–fr.*; ◇solid]

Kon·so·li·dịe·rung[..ruŋ] 女 -/-en konsolidieren すること.

Kon·sọl·tisch·chen[kɔnzó:l..] 中 =Konsole 1

Kon·som·mẹe[kɔ̃sɔmé:] 女 -/-s; 中 -s/-s 〘料理〙澄ましスープ, コンソメ. [*fr.*; < *lat.* cōn-summāre „vervollkommnen" (◇summieren)]

kon·so·nạnt[kɔnzonánt] **I** 形 (↔ dissonant) 〘楽〙〔協〕和音の; (mitklingend) 共鳴する; ▽(einstimmig) 一致〈調和〉した. **II Kon·so·nạnt** 男 -en/-en (↔Vokal) (Mitlaut) 〘言〙 **1** 子音. **2** 子音字(子音を表す字). [*lat.* 〔lĭttera〕 cōn-sonāns „mit-tönend〔er Buchstabe〕"]

Kon·so·nạn·ten≠ge·mi·na·tiọn 女 〘言〙子音重複. ≠**sy·stẹm** 中 〘言〙(特定の言語の)子音組織〈体系〉. ≠**ver·dop·pe·lung** 女 =Konsonantengemination

kon·so·nạn·tisch[..tıʃ] 形 〘言〙子音の; 子音性の: eine ~*e* Deklination (名詞の)弱変化.

Kon·so·nan·tịs·mus[..zonantísmus] 男 -/ 〘言〙(特定の言語の)子音組織〈体系〉〔の全体〕.

Kon·so·nạnz[..zonánts] 女 -/-en **1** (↔Dissonanz) 〘楽〙協和音. **2** 〘言〙子音の連続. **3** (↔Assonanz) (Vollreim) 〘詩〙完全韻. [*lat.*]

Kon·sọr·te[kɔnzɔ́rtə] 男 -n/-n **1** 〘経〙Konsortium の構成員. **2** 《複数で》〘法〙共犯者たち; 《軽蔑的に》一味, 同類: Müller und ~*n* ミュラーやその同類 | Mit solchen ~*n* habe ich nichts zu tun. そんなやつらとは私はかかわり合いがない. [*lat.* cōn-sors „gleichen Anteil habend"; ◇Sorte]

Kon·sor·tiạl·ge·schäft[kɔnzɔrtsiá:l..] 中 〘商〙共同取引.

Kon·sọr·tium[..zɔ́rtsium] 中 -s/..tien[..tsiən] 〘経〙コンソーシアム, 〔国際〕借款団. [*lat.* „Teilhaberschaft"]

Kon·spẹkt[kɔnspɛ́kt] 男 -〔e〕s/-e (旧東ドイツで)個条書き的な概観〈あらすじ〉; 一覧〔表〕, 摘要; 目次: von einem Aufsatz einen ~ anfertigen 論文の内容項目一覧をつくる. [*lat.*; < *lat.* cōn-spicere „anblicken" (◇spähen)]

kon·spek·tịe·ren[..spɛktí:rən] 他 (h) 《*et.*^{4}》(旧東ドイツで) (…の) Konspekt を作る.

▽**Kon·spi·kui·tạ̈t**[..spikuitɛ́:t] 女 -/ 具体性; 明白さ. [< *lat.* cōnspicuus „sichtbar"]

Kon·spi·rạnt[kɔnspiránt] 男 -en/-en 共謀者.

Kon·spi·ra·tiọn[..ratsió:n] 女 -/-en (特に政治的な)謀反, 陰謀, 共同謀議. [*lat.*]

kon·spi·ra·tị̄v[..tí:f][1] 形 陰謀的な, 共謀の.

kon·spi·rịe·ren[..rí:rən] 自 (h) 《gegen *jn.*》(…に対し)陰謀を企てる. [*lat.*; < *lat.* spīrāre (→Spirans)]

▽**Kon·stạ·bel**[kɔnstá:bəl] 男 -s/- =Konstabler 2

▽**Kon·stạ·bler**[..blər] 男 -s/- **1** 〘軍〙砲術下士官. **2** (英米の)警官. [*spätlat.* comes stabulī (→Konnetabel)–*afr.*–*engl.* constable]

kon·stạnt[kɔnstánt] 形 (↔inkonstant) 不変の, 一定の, 恒常的な: ~ bleiben 常に不変〈一定〉である ‖ eine ~*e* Größe 〘数〙定数(→variabel) | ~*es* Kapital 〘経〙不変資本 | mit ~*er* Bosheit (→Bosheit 1). [*lat.*; < *lat.* cōn-stāre „fest-stehen"; ◇stabil]

Kon·stạn·te[..tə] 女 《形容詞変化》(また: -/-n) (↔ Variable) 〘数〙定数, 常数, 恒数: eine universelle ~ 普遍定数.

Kọn·stan·tin[kɔ́nstanti:n, ◡◡⊥; ｵｰｽﾄﾘｱ: ◡⊥◡] 男名 コンスタンティーン: ~ der Große コンスタンティヌス大帝(ローマ皇帝コンスタンティヌス一世〔在位324-337〕のこと). [*lat.*]

kon·stan·tị·nisch[kɔnstantí:nıʃ] 形 コンスタンティヌス大帝の: die *Konstantinische* Schenkung コンスタンティヌス大帝の贈り物(コンスタンティヌス大帝がローマ教皇にローマおよびヨーロッパ諸州の支配権を認めたとする偽造文書).

Kon·stan·ti·nọ·pel[..tinó:pəl] 地名 コンスタンティノープル(Istanbul の旧称. コンスタンティヌス大帝が Byzanz を改名してここに首都を移した). [*spätlat.* Constantino-polis „Stadt des Konstantin"]

Kon·stan·ti·nọ·pe·ler[..tinó:pələr] (**Kon·stan·ti·nọp·ler**[..tinó:plər], **Kon·stan·ti·no·po·li·tạ·ner**[..tinopolitá:nər]) 男 -s/- コンスタンティノープルの人.

Kọn·stanz[1][kɔ́nstants] 地名 コンスタンツ(ドイツ南部, ボーデンゼー湖畔の都市). [*lat.* Cōnstantia; < ローマ皇帝 Konstantin I.]

Kon·stạnz[2][kɔnstánts] 女 -/ 不変〔性〕, 恒常〔性〕. [*lat.*; ◇*engl.* constancy]

Kon·stạnz·an·nạh·me 女 〘心〙(知覚の)恒常仮定.

Kon·stạn·ze[kɔnstántsə] 女名 コンスタンツェ.

Kọn·stan·zer[kɔ́nstantsər, ◡⊥◡] **I** 男 -s/- コンスタンツの人. **II** 形《無変化》コンスタンツの: das ~ Konzil 〘宗〙コンスタンツ公会議(1414-18).

Kon·stạnz·me·thọ·de[kɔnstánts..] 女 〘心〙(精神物理学的測定の)恒常法.

kon·sta·tịe·ren[kɔnstatí:rən] 他 (h) (feststellen) **1** つきとめる, 確かめる, 確認する. **2** 確言〈断言〉する. [*fr.*]

Kon·stel·la·tiọn[kɔnstɛlatsió:n] 女 -/-en 〘天〙(星辰(せいしん)の)位置関係, 星位; 《比》(要素・条件・状況などの)組み合わせ, (複合した)情勢: die politische 〈wirtschaftliche〉 ~ 政治〈経済〉状況. [*spätlat.*; < *lat.* stēlla (→Stern[2])]

Kon·stel·la·tiọns·ge·fụ̈hl 中 〘心〙布置感情.

▽**Kon·ster·na·tiọn**[kɔnstɛrnatsió:n] 女 -/-en 仰天, 呆然(ぼうぜん)自失. [*lat.*]

kon·ster·nịe·ren[..ní:rən] 他 (h) (bestürzen) 《*jn.*》びっくり〔仰天〕させる: Als er das hörte, war er völlig *konsterniert.* 彼はそれを聞いて愕然(がくぜん)とした. [*lat.–fr.*]

Kon·sti·pa·tiọn[kɔnstipatsió:n] 女 -/-en (Verstopfung) 〘医〙便秘〔症〕. [*spätlat.*; < *lat.* cōn-stīpāre „zusammen-stopfen" (◇Stoppel)]

Kon·sti·tuạn·te[kɔnstituántə] 女 -/-n (特にフランス革命時, 1789年の)制憲議会. [*fr.*]

Kon·sti·tu·ẹn·te[..ɛ́ntə] 女 -/-n **1** 構成要素, 成分. **2** 〘言〙構成〔要〕素: unmittelbare ~ 直接構成素.

Kon·sti·tu·ẹn·ten≠ana·lỵ·se 女 〘言〙構成素〈成分〉分析. ≠**satz** 男 (↔Matrixsatz) 〘言〙構成素文. ≠**struk·tụr·gram·ma·tik** 女 〘言〙構成素構造文法.

kon·sti·tu·ịeren[kɔnstituí:rən] 他 (h) (団体を)設立〈構成〉する: eine Republik ~ 共和国を樹立する | einen Rat ~ 協議会を設置する ‖ 再帰 *sich*^{4} ~ 構成される, 成立する | Die neue Regierung *konstituierte* sich am Montag. 新政府は月曜日に発足した ‖ 《現在分詞で》eine *konstituierende* Generalversammlung 創立〈設立〉総会. [*lat.–fr.*; < *lat.* statuere (→statuieren)]

▽**Kon·sti·tụt**[kɔnstitú:t] 中 -〔e〕s/-e 〘法〙再契約. [*lat.*]

Kon·sti·tu·tiọn[kɔnstitutsió:n] 女 -/-en **1** (生得の)体質, 素質: von schwacher 〈starker〉 ~ sein 体質が弱い〈強い〉. **2** 〘化〙分子構造〔式〕. **3** (基本的な)法規, 規約; (Verfassung) 憲法. **4** 〘ｶﾄﾘｯｸ〙教会憲章. [*lat.*]

Kon·sti·tu·tio·na·lịs·mus[kɔnstitutsionalísmus]

男 -/ 立憲政体; 立憲主義.

kon·sti·tu·tio·nell[..nɛ́l] 形 **1** 体質的な. **2** 憲法の, 立憲政体の: eine ~*e* Monarchie 立憲君主制〈国〉. [*fr.*]

Kon·sti·tu·tions≠for·mel[..tsió:ns..] 女 (Strukturformel) 〖化〗構造式. **≠krank·heit** 女 〖医〗体質病. **≠typ** 男 〖医〗体質型.

kon·sti·tu·tiv[..tí:f][1] 形 確定〈根本〉的な; 〖哲〗構成的な; 〖法〗設権的な: ~*e* Kategorien 〖哲〗構成的範疇(はんちゅう).

Kon·strik·tion[kɔnstrɪktsió:n] 女 -/-en 〖医〗収縮; (止血のための)括約. [*spätlat.*]

kon·strin·gie·ren[..strɪŋgí:rən] **I** 他 (h) 〖医〗(血管を)括約する. **II** 自 (s) 〖医〗(筋肉が)収縮する. [*lat.*]

kon·stru·ie·ren[kɔnstruí:rən] 他 (h) **1** (機械などを)設計〈構成〉する: ein neues Auto ~ 新しい自動車を設計する | ein Dreieck ~ 〖数〗三角形を作図する | lateinische Sätze ~ ラテン語の文章を作る. **2** 《比》(作為的に)こしらえる, でっちあげる: einen Beweis ~ 証拠をでっちあげる ‖ Das Beispiel ist 〈wirkt〉 allzu *konstruiert*. その例はあまりにも作りものめいている. [*lat.*; ◇Struktur]

Kon·struk·teur[..strʊktǿ:r] 男 -s/-e 〖工〗設計者. [*fr.*; ◇..eur]

Kon·struk·tion[kɔnstrʊktsió:n] 女 -/-en **1** 設計; 製作, 構築; 開発; 〖数〗作図; 〖言〗(文・句の)構成, 構文; 〖論〗構成: ein Fehler in der ~ 設計〈構造〉上の欠陥 | ein Auto modernster ~ 最新型の自動車 | die ~ einer neuen Rakete 新しいロケットの開発. **2** 構造物: eine ungeheure ~ aus Stahl und Beton 鋼鉄とコンクリートの巨大な建造物 | Seine Weltanschauung ist nur eine phantastische ~. 彼の世界観は空想の産物にすぎない. [*lat.*]

Kon·struk·tions≠bü·ro 中 (新型機械などの)開発〈設計〉事務所, 開発〈設計〉部. **≠feh·ler** 男 設計上のミス〈欠陥〉. **≠plan** 男 設計計画; 設計図. **≠zeich·nung** 女 **1** 設計図の製図. **2** 設計図.

kon·struk·tiv[kɔnstrʊktí:f][1] 形 **1** 設計上の, 構造上の; 〖論〗構成的な: ~*e* Schwierigkeiten 設計上の障害, 構造上の難点. **2** (↔destruktiv) 建設的な: eine ~*e* Kritik 建設的な〈有益な〉批判 | *et.*[4] in ~*em* Geist prüfen …を前向きの姿勢で検討する ‖ ~*es* Mißtrauensvotum 〖政〗(ドイツ連邦議会において後継連邦首相の選出を待ってはじめて有効となる)建設的不信任投票. [*mlat.*]

Kon·struk·ti·vis·mus[..strʊktivɪ́smʊs] 男 -/ 〖美・論〗構成主義〈派〉.

Kon·struk·ti·vist[..vɪ́st] 男 -en/-en 〖美・論〗構成主義者.

kon·struk·ti·vi·stisch[..tɪʃ] 形 〖美・論〗構成主義の.

Kon·sul[kɔ́nzʊl] 男 -s/-n **1** 領事: der deutsche ~ in Tokio 東京駐在ドイツ領事. **2** 〖史〗(古代共和制ローマの)コンスル, 執政官(定員2名); (フランスの執政政府〔1799-1804〕の)執政官. [*lat.*; < *lat.* cōnsulere „beraten"; ◇Konsilium]

kon·su·lar[kɔnzulá:r] =konsularisch

Kon·su·lar≠agent 男 領事代理. **≠ge·richts·bar·keit** 女 領事裁判権.

kon·su·la·risch[kɔnzulá:rɪʃ] 形 **1** 領事〔館〕の. **2** 〖史〗執政官〈政府〉の.

Kon·su·lat[..lá:t] 中 -〔e〕s/-e **1 a)** 領事館. **b)** 領事の職. **2** 〖史〗(古代ローマの)執政官の職; (フランスの)執政政府(1799-1804). [< ..at]

▽**Kon·su·lent**[..lɛ́nt] 男 -en/-en (Berater)〔法律〕顧問; 〔顧問〕弁護士. [*lat.*]

▽**Kon·sult**[kɔnzʊ́lt] 中 -〔e〕s/-e (Beschluß) 決議.

Kon·sul·ta·tion[kɔnzʊltatsió:n] 女 -/-en **1** (専門家, 特に医師・弁護士などによる)診断, 相談, 面接指導〈助言〉. **2** (政府間などの)協議, 交渉; 審議, 諮問. [*lat.*]

kon·sul·ta·tiv[..tatí:f][1] 形 《比較変化なし》診断上の; 助言者としての; 協議上の.

Kon·sul·ta·tiv·pakt 男 〖政〗協議協定.

kon·sul·tie·ren[kɔnzʊltí:rən] 他 (h) 《*jn.*》(…と)相談〈協議〉する; 《*et.*[4]》(…を)参照する: einen Arzt ~ 医者に診察してもらう | ein Lexikon 〈einen Fahrplan〉 ~ 事典〈列車時刻表〉を調べる. [*lat.*]

Kon·sum 男 -s/-s **1** [kɔnzú:m] 《単数で》(Verbrauch) (日常生活物資の)消費〔量〕; (飲食物の)摂取: der steigende ~ an 〈von〉 Milch 増大するミルク消費量 | Der übermäßige ~ von Alkohol ist schädlich. 過度の飲酒は体に悪い | Der ~ an Lustspielfilmen ist noch groß. 喜劇映画の需要は依然として大きい. **2** [kɔ́nzu:m, ..zʊm, kɔnzú:m; オーストリア: ◡–] 《単数で》(Konsumgenossenschaft) 消費〈生活協同〉組合: in den ~ eintreten 消費組合に加入する. **3** [∠–, ∠◡, ◡∠]=Konsumkaufhaus [*it.*]

Kon·sum·ar·ti·kel[kɔnzú:m..] 男 〖経〗消費商品, 消費財.

Kon·su·ma·tion[kɔnzumatsió:n] 女 -/-en 《オーストリア・スイス》(レストランで)食べた〈飲んだ〉物; 飲食代金.

Kon·su·ma·tions·zwang 男 -〔e〕s/ (飲食店などで会合を開いたときの)飲食の義務; 《オーストリア》(キャバレーのショーなどでの)セット料金.

Kon·su·ment[..mɛ́nt] 男 -en/-en (女 **Kon·su·men·tin**[..tɪn]-/-nen) (↔Produzent) **1** (Verbraucher) 消費者: an den ~*en* direkt liefern 消費者に直売する | „*Konsument*"〔-Warenhäuser〕(旧東ドイツの)消費者協同組合デパート. **2** 〖生〗(食物連鎖における)消費者.

Kon·su·men·ten·preis 男 消費者価格, 小売値段.

Kon·su·me·ris·mus[kɔnzumərɪ́smʊs] 男 -/ **1** 消費者保護運動. **2** 消費主義. [*amerik.* consumerism]

Kon·su·men·tin[kɔnzumɛ́ntɪn] 女 -/-nen Konsument の女性形.

Kon·sum≠fi·nan·zie·rung[kɔnzú:m..] 女 〖経〗消費者金融. **≠ge·nos·sen·schaft** 女 消費〈生活協同〉組合. **≠ge·sell·schaft** 女 消費社会. **≠gut** 中 -〔e〕s/..güter《ふつう複数で》(↔Investitionsgut) 〖経〗消費財〈物資〉.

Kon·sum·gü·ter·in·du·strie 女 消費財産業(旧東ドイツでは Leichtindustrie といった).

Kon·sum·idiot 男 《話》(宣伝に乗せられて)やたらに買い物をする人.

kon·su·mie·ren[kɔnzumí:rən] 他 (h) (verbrauchen) **1** (消費財を)消費する, 使い果たす; (飲食物を)食べる, 飲む: Bier in Mengen ~ ビールを大量に消費する | Der Motor *konsumiert* wenig Benzin. このエンジンはガソリンの消費量が少ない. **2** (体力を)消耗する. [*lat.*; < kon..+sub..+*lat.* emere „nehmen"]

Kon·su·mie·rung[..rʊŋ] 女 -/ =Konsumtion 1, 2

Kon·sum≠kauf·haus[kɔ́nzu:m.., ..zʊm.., kɔnzú:m..] 中 =konsumladen **≠kul·tur** 女 消費文化. **≠la·den** 男 消費〈生活協同〉組合の売店. **≠mar·ke** 女 (消費組合・生活協同組合の)利用者割戻し切符.

kon·sum·orien·tiert[kɔnzú:m..] 形 消費指向〔型〕の.

Kon·sum·pa·ra·dies[kɔnzú:m..] 中 《話》消費〔者〕天国.

Kon·sump·ti·bi·li·en[kɔnzʊmptibí:liən] 複 =Konsumtibilien

Kon·sump·tion[..tsió:n] 女 -/-en =Konsumtion

kon·sump·tiv[..tí:f][1] =konsumtiv 2

Kon·sum·ter·ror[kɔnzú:m..] 男 消費テロ(マスメディアなどによる消費への心理的強制).

Kon·sum·ti·bi·li·en[kɔnzʊmtibí:liən] 複 〖経〗消費財〈物資〉. [< *fr.* consumptible „verzehrbar"]

Kon·sum·tion[kɔnzʊmtsió:n] 女 -/-en **1** 〖経〗消費〔量〕. **2** 〖医〗(体力の)消耗. **3** 〖法〗(軽い犯行の重い犯行への)吸収. [*lat.* cōnsūmptiō; ◇*engl.* consumption]

kon·sum·tiv[kɔnzʊmtí:f][1] 形 **1** 消費に関する: ~ verwendetes Einkommen 消費生活に向けられた所得〔金額〕. **2** 消費する, 消費的な. [*mlat.*; ◇*engl.* consumptive]

Kon·sum·ver·ein[kɔnzú:m..] 男 消費〈生活協同〉組合.

Kon·ta·gi·en Kontagium の複数.

Kon·ta·gion[kɔntagió:n] 女 -/-en (Ansteckung) 〖医〗〔接触〕感染. [*lat.*; ◇Kontakt, kontaminieren]

kon·ta·giös[..giǿ:s][1] 形 (ansteckend) 〖医〗感染性の,

K

伝染性の. [*spätlat.*; ◇..os]　「染性.」

Kon·ta·gio·si·tät[..giozitɛ́:t] 女 -/ 〘医〙〔接触〕感

ᵛ**Kon·ta·gium**[kɔntá:giʊm] 中 -s/..gien[..giən] 〘医〙伝染素, 伝染病原体. [*lat.*]

Kon·takt[kɔntákt] 男 -〔e〕s/-e **1** 接触, 連絡; 連係; (個人的な)つながり, コネ: mit *jm.* ~ aufnehmen …と接触する〈連絡をとる〉| mit *jm.* persönlichen ~ haben 〈in persönlichem ~ stehen〉 …と親しい関係にある | zu *jm.* ~ herstellen …とコネ〈個人的つながり〉をつくる ‖ mit *jm.* in ~ kommen 〈treten〉 …と接触する〈連絡をとる〉. **2** 〘電・工〙接触; 接触部, 接点(→ ⊠ Glühlampe); 〘化〙固体触媒. [*lat.*; < *lat.* con-tingere „berühren" (◇tangieren, kontingent)]

Kon·takt≈ab·zug 男 〘写〙密着焼きつけ〔印画〕, べた焼き. ≈**an·zei·ge** 女 (新聞・雑誌の)交際相手〈同好の士〉を求める広告.

kon·takt·arm 形 (↔kontaktfreudig) 人づきあいの悪い〈できない〉; 接触〈つき合い〉の機会の少ない.

Kon·takt≈ar·mut 女 kontaktarm なこと. ≈**as·si·mi·la·tion** = Nahassimilation ≈**auf·nah·me** 女 -/-n (他人・他国などと)接触する〈連絡をとる〉こと. ≈〔**be·reichs·**〕**be·am·te** 男 (ある地域の)巡回〈受け持ち〉警官(⊠ Kob, KoBe).

kon·tak·ten[kɔntáktən] 《01》 **I** 他 (h) 《*jn.*》 (…と)接触〈連絡〉する; (…と)接触〈連絡〉を保つ. **II** 自 (h) (広く)接触〈交際〉する; 渉外係として活動する. [*engl.* contact]

Kon·tak·ter[kɔntáktər] 男 -s/- (広告代理店・会社の宣伝部などの)渉外係. [*amerik.*]　「のよい.」

kon·takt·fä·hig 形 人と付き合う能力のある, 人づきあい

Kon·takt≈fä·hig·keit 女 人づきあいの能力. ≈**flä·che** 女 接触面.

kon·takt·freu·dig 形 (↔kontaktarm) 人づきあいのよい, 人なつっこい.

Kon·takt≈ge·stein 中 〘地〙接触変成岩, 熱変成岩. ≈**gift** 中 **1** 接触毒 (DDT など). **2** (Katalysatorgift) 〘化〙抗接触剤, 触媒毒. ≈**glas** 中 -es/..gläser = Kontaktlinse

kon·tak·tie·ren[kɔntaktí:rən] **I** 自 (h) 《mit *jm.*》 (…と)接触する, コンタクトをとる. **II** 他 (h) 《*jn.*》 (…と)接触する, コンタクトをとる.

Kon·takt≈in·fek·tion[kɔntákt..] 女 〘医〙接触感染. ≈**in·sek·ti·zid** 中 接触性殺虫剤. ≈**ko·pie** 女 = Kontaktabzug ≈**la·ger·stät·te** 女 〘地〙接触鉱床. ≈**lin·se** 女 (Haftglas) コンタクトレンズ.

kon·takt·los[..lo:s][1] 形 **1** (人間的な)接触〈コンタクト〉のない. **2** 〘電〙(電源との)接触のない, コードレスの.

Kon·takt≈mann 男 -〔e〕s/..männer, ..leute **1** 連絡員, レポ; スパイ. **2** (会社などの)エージェント; 渉外係. ≈**mi·ne** 女 〘軍〙触発地雷. ≈**mi·ne·ral** 中 〘鉱〙接触鉱物. ≈**nah·me** 女 -/-n = Kontaktaufnahme ≈**per·son** 女 **1** 〘医〙伝染病患者と接触した人. **2** = Kontaktmann 1 ≈**scha·le** 女 = Kontaktlinse ≈**sper·re** 女 〘法〙(部外者との)接触〈連絡〉禁止. ≈**stecker** 男, ≈**stöp·sel**[..ʃtœpsəl] 男 〘電〙差し込みプラグ. ≈**strei·fen** 男 = Kontaktabzug ≈**ver·fah·ren** 中 **1** 〘化〙接触〈触媒〉法. **2** 〘写〙密着焼きつけ法. ≈**wir·kung** 女 (Katalyse) 〘化〙触媒〈接触〉作用.

Kon·ta·mi·na·tion[kɔntaminatsió:n] 女 -/-en **1 a)** 〘言〙(二つの語句・構文の誤った)混成, 混交(⊛ zumindestens < zumindest + mindestens). **b)** 〘文芸〙(二つの原典からの)混交. **2** (放射能などによる)汚染: die ~ der Luft 大気の〔放射能〕汚染.

kon·ta·mi·nie·ren[..ní:rən] 他 (h) **1** 〘言・文芸〙混成〈混交〉する. **2** (↔dekontaminieren) (放射能などで)汚染する. [*lat.* contāmināre „beflecken"; ◇Kontagion]

kon·tant[kɔntánt] 形 (bar) 〘商〙現金の; 現金払いの.

Kon·tan·ten[..tən] 複 **1** 現金. **2** (通貨としてでなく, 商品として売買される)外国の貨幣. [*it.*; < *lat.* com-putāre (→Konto)]

Kon·tant·ge·schäft 中 現金〈現物〉取引.

Kon·tem·pla·tion[kɔntɛmplatsió:n] 女 -/-en 瞑想(めいそう), 黙想. [*lat.*; < *lat.* con-templārī „betrachten"]

kon·tem·pla·tiv[..tí:f][1] 形 瞑想(めいそう)〈黙想〉的な: ein ~*er* Orden 〘カトリック〙観想修道会. [*lat.*; ◇Tempel]

kon·tem·po·rär[kɔntɛmporɛ́:r] 形 (gleichzeitig) (歴史的に…と)同時代の; (zeitgenössisch) 同時代の, 当代の. [< *spätlat.* con-temporāre „zu gleicher Zeit stattfinden" (◇Tempus)]

Kon·ten Konto の複数.

Kon·te·nance[kõtənɑ́:s(ə)] 女 -/ 落ち着き, 平静な〈従容とした〉態度: die ~ bewahren 平静さを保つ. [*lat.* continentia (→Kontinenz) − *fr.*; ◇ *engl.* countenance]

Kon·ten·plan[kɔ́ntən..] 男 〘商〙貸借勘定表.

Kon·ten·ten[kɔntɛ́ntən] 複 (船舶の)積荷目録. [*it.*; < *lat.* contentum „zusammengehalten" (◇Kontinent)]

Kon·ten·tiv·ver·band[kɔntɛntí:f..] 男 〘医〙支持包帯. [< *lat.* contentus „gespannt" (◇tendieren)]

konter.. 《名詞などにつけて「反対の・対置した」を意味する》 [*lat.* contrā (→kontra) − *fr.* contre; ◇ *engl.* counter..]

Kon·ter[kɔ́ntər] 男 -s/- = Konterschlag

Kon·ter·ad·mi·ral 男 海軍少将. [*fr.* contreadmiral]

Kon·ter·at·tacke 女 《オーストリア》(特にサッカーでの)反撃.

Kon·ter·ban·de 女 -/ 密輸入〈輸出〉品; 〔戦時〕禁制品. [*mlat.* contrā bannum „gegen Verbot" − *it.* contrabbando − *fr.* contrebande; ◇Bann]

Kon·ter·fei[kɔ́ntərfaɪ, ◡◡⏊] 中 -s/-s(-e) 《戯》(Bildnis) 肖像; 模写物, 模造品. [〔*a*〕*fr.* contre-fait „nach-gemacht"〔− *mhd.*〕; < *mlat.* contrā-facere „nach-machen" (◇..fizieren); ◇Kontrafaktur; *engl.* counterfeit]

kon·ter·fei·en[kɔntərfáɪən, ◡◡−◡] 《過分 konterfeit》他 (h) 《戯》《*jn.*》 (…の)肖像を描く; 模写〈模造〉する.

Kon·ter·ge·wicht[kɔ́ntər..] = Gegengewicht

kon·ter·ka·rie·ren[kɔntərkarí:rən] 他 (h) 《*jn.*/*et.*[4]》 (…に)逆らう, (…を)妨害する. [*fr.* contre-carrer „entgegen-wirken"]

Kon·ter·mar·ke[kɔ́ntər..] 女 〘貨幣〙(額面・発行国の変更などの際に押す)付加刻印. [*fr.* contre-marque; ◇ *engl.* countermark]

Kon·ter·mi·ne 女 **1** (Gegenmine) 〘軍〙(敵の地雷を爆破するための)対敵坑道; 《比》対抗策. **2** 〘商〙(株価の下落を予想して)売りに回ること, 弱気. [1: *fr.* contremine]

kon·ter·mi·nie·ren[kɔntərminí:rən] 自 (h) **1** 〘軍〙対敵坑道を掘る; 《比》対抗策を講じる. **2** 〘商〙(株式市場で)売りに回る. [1: *fr.*; ◇ *engl.* countermine]

kon·tern[kɔ́ntərn] 《05》他 (h) **1** 《*jn.*》〘ボクシング〙(…に)カウンターブローを放つ, 打ち返す; 《比》(…に)反撃〈逆襲〉する. **2** 〘印〙(平版印刷のために)裏返し版を作る; 〘工〙止めナットで止める〈ロックする〉. [*engl.* counter „entgegen-wirken"; < *lat.* contrā (→kontra)]

Kon·ter·re·vo·lu·tion[kɔ́ntər..] 女 (Gegenrevolution) 反革命, 革命反対運動. [*fr.* contre-révolution]

kon·ter·re·vo·lu·tio·när 形 反革命的な.

Kon·ter·re·vo·lu·tio·när 男 反革命主義者.

Kon·ter·schlag 男 〘ボクシング〙カウンター〔パンチ〕.

Kon·ter·tanz 男 (互いに向かい合って踊る)コントルダンス. [*engl.* country-dance „ländlicher Tanz" − *fr.* contredanse „Gegen-tanz"; < *lat.* contrā (→kontra)]

ᵛ**kon·te·sta·bel**[kɔntɛstá:bəl] (..sta·bl..) 形 (anfechtbar) 異議を唱える余地のある, 問題の多い.

ᵛ**Kon·te·sta·tion**[..tatsió:n] 女 -/-en **1** (証人による)証明. **2** 異議申し立て, 抗争; (体制に対する)反抗, 抗議. [*lat.*]

ᵛ**kon·te·stie·ren**[..tí:rən] 他 (h) **1** (証人を立てて)証明する. **2** 《*et.*[4]》 (…に)異議を唱える. [*lat.* contēstārī „als Zeugen anrufen"〔− *fr.*〕]

K

Kon·tẹxt[kɔntɛ́kst, ◡́◡] 男 -es(s)/-e **1**〘言〙(文章の前後の)脈絡, 文脈, コンテクスト: situativer ～ 発話場面のコンテクスト. **2** (事実や事柄の)前後関係, 関連, 背景: geschichtlicher ～ 歴史的背景. [*lat.*; < *lat.* con-texere „zusammen-weben"]

Kon·tẹxt·glos·se[kɔntɛ́kst.., ◡́◡◡◡] 女 本文中に挿入した注, 割り注.

kon·tex·tu̜al[kɔntɛkstuá:l] 形 **1**〘言〙文脈〈コンテクスト〉上の. **2** (事実や事柄の)関連上の.

Kon·tex·tua·lịs·mus[..tualísmʊs] 男 -/ (事物を社会的・文化的脈絡の中でとらえる)コンテクスチュアリズム, 脈絡〈関連〉主義.

kon·tex·tuẹll[kɔntɛkstuɛ́l] 形 ＝kontextual

ᵛ**Kon·tex·tu̜r**[..tú:r] 女 -/-en 結合; 関連. [*fr.*]

Kọn·ti Konto の複数.

kon·ti̜e·ren[kɔntí:rən] 他 (h) 《*et.*⁴》〘簿〙(…を)〔貸方に〕記帳する. [< Konto]

Kon·ti·gui·tä̜t[kɔntiguitɛ́:t] 女 -/ 隣接, 接触; 〘心〙接近. [*fr.*; < *lat.* contiguus „berührend" (◇Kontingent)]

Kon·ti·nẹnt[kɔntinɛ́nt, ◡́◡◡] 男 -[e]s/-e **1** a) (Festland) 大陸. b) (イギリスに対する)ヨーロッパ大陸. **2** (Erdteil) (地球上の六つの)州: der europäische 〈amerikanische〉 ～ ヨーロッパ〈アメリカ〉大陸 | der schwarze ～ 黒い大陸(アフリカ). [*lat.* 〔terra〕 continēns; < *lat.* con-tinēre „zusammen-halten" (◇Tenor¹); ◇Kontinuum]

kon·ti·nen·ta̜l[kɔntinɛntá:l] 形 大陸〔性〕の: die ～*en* Länder (ヨーロッパの)大陸諸国(イギリスなどに対して) | ～*es* Klima 大陸性気候. [*fr.*; ◇..al¹]

Kon·ti·nen·ta̜l·eu·ro̜·pa 中 (イギリスに対して)ヨーロッパの大陸部.

kon·ti·nen·ta̜l·eu·ro·pä·isch 形 (イギリスに対して)ヨーロッパ大陸部の, コンチネンタルの.

Kon·ti·nen·ta̜l≠kli̜·ma 中 -s/ (↔Seeklima) 大陸〔性〕気候. **≠macht** 女 -/..mächte《ふつう複数で》ヨーロッパ大陸部の大国〈強国〉. **≠schelf** 男 中, **≠sockel** 男〘地〙大陸棚. **≠sper·re** 女 -/〘史〙(ナポレオンが1806年に英国に対して行った)大陸封鎖. **≠ver·schie·bung** 女〘地〙大陸移動.

Kon·ti·nẹnz[kɔntinɛ́nts] 女 -/ 節制, 禁欲; 〘医〙排泄(はいせつ)自制能力. [*lat.* continentia „Selbstbeherrschung"]

kon·tin·gẹnt[kɔntɪŋgɛ́nt] **I** 形《比較変化なし》〘哲・論〙偶然的な. **II Kon·tin·gẹnt** 中 -[e]s/-e 割り当ての数〈量〉, 分担〈負担〉額; 限られた数〈量〉. [*fr.*; < *lat.* contingere „berühren, zuteil werden" (◇Kontakt)]

kon·tin·gen·ti̜e·ren[..gɛntí:rən] 他 (h) 割り当て〈分担額〉を決め〔て制限す〕る.

Kon·tin·gen·ti̜e·rung[..rʊŋ] 女 -/-en kontingentieren すること.

Kon·tin·gẹnz[..gɛ́nts] 女 -/-en 〘哲・論〙偶然性. [*spätlat.*]

Kon·tị·nua Kontinuum の複数.

Kon·ti·nua·tio̜n[kɔntinuatsió:n] 女 -/-en 継続, 持続; 存続. [*lat.*]

Kon·tị·nu·en Kontinuum の複数.

kon·ti·nu·i̜e·ren[kɔntinuí:rən] **I** 他 (h) 継続〈持続〉させる; 存続させる. **II** 自 (h) 継続〈持続〉する; 存続する. [*lat.*]

kon·ti·nu·i̜er·lich[..nuí:rlɪç] 形《述語的用法なし》連続的な, 継続〈持続〉的な, 不断の: eine ～*e* Entwicklung 絶えざる発展 | ein ～*es* Spektrum〘理〙連続スペクトル ‖ *sich*⁴ ～ entwickeln 絶えず発展する.

Kon·ti·nui·tä̜t[..nuitɛ́:t] 女 -/ 連続〔性〕, 持続〔性〕: die ～ einer Politik wahren 政策の一貫性を保つ. [*lat.*]

Kon·ti·nui·tä̜ts·glei·chung 女〘理・数〙連続の方程式.

Kon·tị·nu·um[kɔntí:nuʊm] 中 -s/..nua[..nua·], ..nuen[..nuən] 連続; 連続体. [*lat.* con-tinuus „zusammen-hängend"; ◇Kontinent]

Kọn·to[kɔ́nto·] 中 -s/..ten[..tən] (-s, ..ti[..ti·]) 〘商〙**1** 口座: Bank*konto* 銀行口座 | ein laufendes ～ 当座口座 ‖ das ～ aufheben 〈löschen〉 口座を閉じる | bei einer Bank ein ～ eröffnen 〈haben〉 銀行に口座を開く〈持っている〉 ‖ einen Betrag 〔von einem ～〕 auf *js.* ～⁴ überweisen ある金額を〔ある口座から〕…の口座へ振り込む〈払い込む〉 | Geld von einem ～ abheben 口座から金を引き出す. **2** (貸借の)勘定, 収支計算〔書〕: **auf** *js.* ～⁴ …の勘定負担で, …のつけで | Die Runde geht auf mein ～. 今の〔1杯〕は私のおごりだ | Schreiben Sie es auf mein ～! それは私の勘定につけておいてください | **auf** *js.* **～⁴ gehen 〈kommen〉**《話》…に責任がある, …のおかげである | Der Unfall geht 〈kommt〉 auf dein ～. この事故は君のせいなんだ | Der Sieg ging 〈kam〉 auf das ～ des Befehlshabers. 勝利は指揮官のおかげだった | *jn.* auf dem ～ haben《話》…に対してやましいところがある | ***et.*⁴ auf dem ～ haben**《話》…の罪を犯している | Er hat viel auf dem ～.《話》彼はいろいろ良心に恥じるところがある. [*spätlat.*－*it.* conto „Rechnung"; < *lat.* com-putāre „zusammen-rechnen" (◇putativ); ◇Computer; *engl.* count]

Kọn·to≠aus·zu̜g[kɔ́nto..] 男 (銀行口座の)抜粋計算書, 口座残高通知〔書〕. **≠bu̜ch** 中〘商〙会計帳簿, 元帳. **≠in·ha̜·ber** 男 (銀行の)口座所有者〈取引先〉.

Kon·to·kor·rẹnt[kɔntokɔrɛ́nt] 中 -s/-e〘商〙交互計算; 〘簿〙当座勘定, 〔補助〕元帳. [*it.* conto corrente „laufende Rechnung"; < *lat.* currere (→kurrent)]

Kọn·to·num·mer[kɔ́nto..] 女 口座番号.

Kon·to̜r[kɔntó:r] 中 -s/-e **1** (企業・商社などの)在外支店〈支社〉. **2** (旧東ドイツの)商業〈通商〉センター. ᵛ**3** 帳場, 事務所, オフィス: ein Schlag ins ～ (→Schlag I 1 a). [*fr.* comptoire „Zahltisch"－*mndl.* contoor－*ndd.*; ◇*engl.* counter]

Kon·to·rịst[kɔntorɪ́st] 男 -en/-en (⊛ **Kon·to·rị·stin**[..tɪn]-/-nen) 帳簿係, 事務員.

Kon·tor·sio̜n[kɔntɔrzió:n] 女 -/-en〘医〙捻転(ねんてん), 捻挫(ねんざ).

Kon·tor·sio·nịst[..zionɪ́st] 男 -en/-en ＝Schlangenmensch

kon·to̜rt[kɔntɔ́rt] 形 (verdreht)〘植〙(花弁が)ねじれた, 片巻きの. [*lat.*; < *lat.* con-torquēre „herum-drehen" (◇Torsion); ◇*engl.* contorted]

Kọn·to·stand[kɔ́nto..] 男 預金残高.

kọn·tra[kɔ́ntra·] **I** 前《4格支配》(↔pro) (gegen, wider) …に反対の, …に対抗して; …対…: der Prozeß Schulze ～ Müller シュルツェ対ミュラーの訴訟 | Entwicklung ～ Umweltschutz 開発対環境保護. **II** 副 (↔pro) 反対して: Er ist immer ～ 〔eingestellt〕. 彼はいつも反対する ‖ *jm.* ～ 〈*Kontra*〉 geben (→III 2). **III Kọn·tra** 中 -s/-s **1**《単数で》(Wider) a) 反対. b) 短所, 欠点: das Pro und ～ (→pro IV 2). **2** 〘トランプ〙(スカートで)コントラ(子が親に勝てると予想したときに「コントラ」と言い, それでも親が勝った場合は得点は2倍になり, 予想どおり子が勝った場合は親の失点が2倍になる); (ブリッジで)ダブル: ***jm.* ～ geben** …に向かってコントラと言う;《話》…に反対〈反駁(はんばく)〉する. [*lat.* contrā; ◇kon..]

kontra..《名詞・形容詞・動詞につけて「反対の・対置した」などを意味する》: *Kontra*punkt〘楽〙対位法 | *kontra*diktorisch〘論〙矛盾した | *kontra*venieren 違反する. [*lat.*]

Kọn·tra≠baß[kɔ́ntra..] 男〘楽〙コントラバス, ダブルベース. **≠bas·sist** 男〘楽〙コントラバス〈ダブルベース〉奏者. **≠bu̜ch** 中 (Gegenbuch)〔貸借〕対照簿.

Kon·tra·dik·tio̜n[kɔntradɪktsió:n] 女 -/-en (Widerspruch) 反駁(はんばく); 〘論〙矛盾. [*lat.*; < *lat.* contrā-dīcere „wider-sprechen"]

kon·tra·dik·to̜·risch[..tó:rɪʃ] 形〘論〙矛盾した; 〘法〙対審的な: ～*e* Begriffe (中間概念の入る余地のない)矛盾概念.

Kọn·tra·fa·gott[kɔ́ntra..] 中〘楽〙コントラファゴット.

Kon·tra·fak·tu̜r[kɔntrafaktú:r] 女 -/-en〘文芸〙(中世における聖職者による俗謡の)本歌取り. [*mlat.* contrāfactūra „Nachahmung"; ◇Konterfei]

Kon·tra·ha·ge[kɔntrahá:ʒə] 女 -/-n (学生間の)決闘の申し込み〈約束〉. [<..age]

Kon·tra·hent[..hέnt] 男 -en/-en (けんか・決闘・競技などの)相手; (契約の)相手方.

kon·tra·hie·ren[..hí:rən] **I** 他 (h) **1** (筋肉などを)収縮させる: den Herzmuskel ~ 心筋を収縮させる ‖ 再帰 *sich*[4] ~ 収縮する. **2** 〘言〙(音・文字などを省略して語を)縮約〈省約〉する. **3** (abschließen) 取り決める, (契約などを)結ぶ: ein Abkommen ~ 協定を結ぶ. **4** 《*jn.*》(…に)決闘を申し込む. **II** 自 (h) **1** (筋肉が)収縮する. **2** 《mit *jm.*》(…に)決闘を申し込む. [*lat.*; <*lat.* trahere (→Trakt); ◇kontrakt; *engl.* contract]

Kon·tra·in·di·ka·tion [kɔntra|ındikatsió:n, ⌣⌣⌣⌣⌣⌣⌣–] 女 〘医〙禁忌.

kon·trakt[kɔntrákt] 形 〘医〙(筋肉が)収縮した; (手足が)麻痺(ひ)した; 湾曲〈屈曲〉した. [*lat.*; ◇kontrahieren]

Kon·trakt[–] 男 -(e)s/-e (Vertrag) 契約〔書〕: einen ~ schließen 〈brechen〉 契約を結ぶ〈破る〉. [*lat.*]

Kon·trakt·bruch 男 契約違反.

kon·trakt·brü·chig 形 契約違反の: ~ werden 契約に違反する.

kon·trak·til[kɔntraktí:l] 形 〘医〙収縮性の: ~*e* Vakuole 収縮胞.

Kon·trak·ti·li·tät[..tilitέ:t] 女 -/ 〘医〙収縮性.

Kon·trak·tion[..tsió:n] 女 -/-en **1** 収縮: Muskel*kontraktion* 〘医〙筋収縮. **2** 〘言〙縮約, 省約. **3** 〘経〙金融引き締め. [*lat.*]

kon·trakt·lich[kɔntráktlıç] 形 契約上の, 契約に基づく.

Kon·trak·tur[..traktú:*r*] 女 -/-en 〘医〙拘縮. [*lat.*]

kon·trakt·wid·rig[kɔntrákt..] 形 契約違反の.

Kon·tra·post[kɔntrapɔ́st] 男 -(e)s/-e 〘美〙コントラポスト(身体左右の調和的均衡). [*lat.* contrā-positus „entgegen-gesetzt"–*it.* contraposto; ◇ponieren]

kon·tra·pro·duk·tiv[kɔ́ntraprodukti:f][1] 形 反生産的な, 非建設的な.

Kon·tra·punkt[kɔ́ntrapuŋkt] 男 -(e)s/ 〘楽〙対位法, 対位旋律; 《比》対極, 対照. [*mlat.* (punctus) contrā punctum „(Note) gegen Note"; ◇*engl.* counterpoint]

Kon·tra·punk·tik[kɔntrapúŋktık] 女 -/ 〘楽〙対位法の手法〈理論〉.

kon·tra·punk·tisch[..tıʃ] 形 〘楽〙対位法の; 《比》対極〈対照〉的な.

kon·trär[kɔntrέ:*r*] 形 反対の, 逆の; 〘論〙反対の; いやな, 不快な: ~*e* Ansichten 〈Meinungen〉 相反する意見 | ~*e* Begriffe (中間概念の入る余地のある)反対概念. [*lat.*–*fr.*; ◇kontra; *engl.* contrary]

Kon·tra·si·gna·tur [kɔ́ntrazıgnatu:*r*] 女 -/-en (Gegenzeichnung) 連署, 副署.

kon·tra·si·gnie·ren[kɔntrazıgní:rən] 他 (h) (gegenzeichnen) 連署〈副署〉する.

Kon·trast[kɔntrást] 男 -es(-s)/-e (Gegensatz) (特に写真・テレビの)対照, 対比, コントラスト: ein starker 〈deutlicher〉 ~ 著しい〈はっきりとした〉対照 | der ~ zwischen Hell und Dunkel 明暗のコントラスト | zu *et.*[3] einen ~ bilden / zu *et.*[3] im ~ stehen …と対照〈コントラスト〉をなしている. [*it.*]

Kon·trast≈brei 男 〘医〙(X 線検査用の)造影〔剤〕液. **≈fil·ter** 男 〘写〙コントラスト=フィルター.

kon·tra·stie·ren[kɔntrastí:rən] 自 (h) 《mit *et.*[3]/zu *et.*[3]》(…と)対照をなす, コントラストを示す. [*mlat.* contrāstāre „entgegen-stehen"–*it.*–*fr.*; ◇stabil]

kon·tra·stiv[..tí:f][1] 形 **1** 対照的な, 対比的な: ein ~*er* Vergleich 対照的比較. **2** 〘言〙対照的な: die ~*e* Grammatik (ふつう起源の異なる2言語を対照的に研究する)対照文法.

Kon·trast·mit·tel[kɔntrást..] 中 〘医〙(X 線検査用の)造影剤.

kon·trast·reich 形 対照〈色彩のコントラスト〉に富む.

Kon·trast·stel·lung =Ausdrucksstellung

Kon·tra·sub·jekt[kɔ́ntrazupjεkt] 中 (Gegensatz) 〘楽〙(フーガの)対主題.

▽**Kon·tra·ve·nient**[kɔntraveniέnt] 男 -en/-en 〘法〙違反者.

▽**kon·tra·ve·nie·ren**[..vení:rən] 自 (h) (zuwiderhandeln) 〘法〙違反する. [*spätlat.*; <*lat.* venīre (→kommen)]

▽**Kon·tra·ven·tion**[..vεntsió:n] 女 -/-en 〘法〙違反.

Kon·tra·zep·tion[..tsεptsió:n] 女 -/ (Empfängnisverhütung) 〘医〙避妊. [<kontra..+Konzeption]

kon·tra·zep·tiv[..tsεptí:f][1] **I** 形 〘医〙避妊効果のある: ~*es* Mittel 避妊薬; 避妊具. **II Kon·tra·zep·tiv** [–] 中 -s/-e 〘医〙避妊薬; 避妊具.

Kon·tra·zep·ti·vum[kɔntratsεptí:vum] 中 -s/..va [..va·] =Kontrazeptiv

Kon·tre[kɔ̃́(:)tə*r*] 男 -/-s =Kontertanz

Kon·trek·ta·tions·trieb [kɔntrεktatsió:ns..] 男 -(e)s/ 〘医〙(性的)接触衝動. [<*lat.* con-trectātiō „Betastung" (◇traktieren)]

▽**Kon·tri·buent**[kɔntribuέnt] 男 -en/-en 納税義務者.

▽**kon·tri·bu·ie·ren**[..í:rən] 他 (h) 寄付〈納税〉する.

▽**Kon·tri·bu·tion**[..tsió:n] 女 -/-en (被占領国〔の住民〕に課される)軍税, 分担金; 役務徴発: einem Land ~*en* auflegen ある国に軍税〈占領費分担金〉を課す. [*lat.*; <*lat.* tribuere (→Tribut)]

Kon·tri·tion[kɔntritsió:n] 女 -/-en (↔ Attrition) 〘カトリック〙(純粋な対神愛から発する)〔完全な〕痛悔(つうかい). [*spätlat.*; <*lat.* con-terere „zer-reiben" (◇drehen)]

Kon·troll·ab·schnitt[kɔntrɔ́l..] 男 (入場券などの)半券.

Kontrollampe[kɔntrɔ́llampə] 女 (機械・装置の作動中を表示する)パイロットランプ; (機械・装置の故障を告げる)制御ランプ.

Kon·troll≈ap·pa·rat 男 **1** 制御装置. **2** 監督官庁. **≈be·fug·nis** 女 監督〈監査・査察〉の権限. **≈be·hör·de** 女 監督官庁. **≈be·richt** 男 監査報告. **≈bü·ro** 中 《スイス》(市役所・町役場などの)住民登録課.

Kon·trol·le[kɔntrɔ́lə] 女 -/-n **1** 検査, 監査, チェック; 点検; 管理, 監督; 支配, 管制, 制御, コントロール: Paß*kontrolle* 旅券の検査〔所〕| Polizei*kontrolle* 警察の検問 | Selbst*kontrolle* 自己規制 ‖ *jn.* 〈*et.*[4]〉 einer genauen ~[3] unterziehen …を厳密な監視〈管理〉下におく ‖ die ~ über *et.*[4] verlieren …をコントロールできなくなる | die ~*n* verschärfen 検査〈監督〉をより厳重にする ‖ einen Brand 〈einen Aufstand〉 unter ~ halten 火事を消し止める〈暴動を鎮圧する〉‖ Vertrauen ist gut, ~ ist besser. (→vertrauen III). **2** =Kontrollpunkt 2 [*fr.*; <*fr.* contre-rôle „Zweit-register" (◇kontra, Rolle)]

Kon·trol·ler[kɔntrɔ́lə*r*] 男 -s/- 制御装置, 制動器, (電動機の)整流器. [*engl.*]

Kon·trol·leur[kɔntrɔlǿ:*r*] 男 -s/-e 検査〈監査〉官, 監督員; 〘鉄道〙検札係, 車掌 [*fr.* contrôleur]

Kon·troll·ge·rät[kɔntrɔ́l..] 中 =Kontrollapparat 1

kon·trol·lier·bar[..trɔlí:*r*ba:*r*] 形 kontrollieren できる.

kon·trol·lie·ren[kɔntrɔlí:rən] 他 (h) 検査〈監査〉する; 点検する, チェックする; 管理〈監督〉する; 制御〈支配〉する, コントロールする: das Gepäck ~ 〔手〕荷物を検査する ‖ den ganzen Markt ~ (特定の会社などが)全市場を支配する. [*fr.* contrôler〔–*engl.* control〕]

Kontrolliste[kɔntrɔ́llıstə] 女 チェックリスト, 照合表.

Kon·troll≈kar·te 女 (タイムレコーダーの)タイムカード. **≈kom·mis·sion** 女 監査〈管理〉委員会. **≈lam·pe** =Kontrollampe **≈li·ste** =Kontrolliste

Kon·trol·lor[kɔntrɔló:*r*] 男 -s/-e 《オーストリア》=Kontrolleur

Kon·troll≈or·gan[kɔntrɔ́l..] 中 **1** 〘政〙管理機関, 監督官庁. **2** 〘理・工〙制御装置〈機構〉. **≈punkt** 男 **1** 検問所: Grenz*kontrollpunkt* 国境検問所. **2** (自動車ラリーな

どの)チェックポイント. ≈**rat** 男 -[e]s/..räte 管理委員会: der Alliierte ~ (ドイツに対する連合国の)共同管理委員会(1945-48). ≈**raum** 男 管制室; (放送・録音などの)調整室, コントロールルーム; (原子炉の)制御〈管制〉室. ≈**schild** 男《スイス》(Kennzeichenschild)(自動車の)ナンバープレート. ≈**spie·gel** 男 監視〈防犯〉ミラー. ≈**stel·le** 女 = Kontrollpunkt ≈**turm** 男 (空港の)管制塔, コントロールタワー. ≈**uhr** 女 (Stechuhr) タイムレコーダー. ≈**zen·trum** 中 管制センター. ≈**zif·fer** 女 (旧東ドイツで)国民経済計画指数.

kon·tro·vers[kɔntrovɛ́rs][1] 形 (streitig)(意見の)対立した; 議論の余地のある, 問題の: ~*e* Meinungen 相対立する意見. [*lat.* contrō-versus „entgegen-gewandt"; ◇kontra, vertieren[2]]

Kon·tro·ver·se[..zə] 女 -/-n (激しい)いさかい, 激論; (学問上の)論争: mit *jm.* eine ~ haben …といさかい〈論争〉をする. [*lat.*; ◇*engl.* controversy]

Kon·tu·maz[kɔntumá:ts] 女 -/ **1**《オーストリア》(Quarantäne) 検疫, (防疫のための)隔離. ▽**2**〘法〙出廷拒否. [*lat.*; < *lat.* contumāx „trotzig" (◇Tumor); ◇*engl.* contumacy]

Kon·tu·maz·an·stalt 女《オーストリア》家畜検疫所.

▽**kon·tu·maz·frei** 形《オーストリア》禁足〈隔離〉されていない.

▽**Kon·tu·ma·zi·al≈be·scheid**[kɔntumatsiá:l..] 男〘法〙欠席裁判での判決. ≈**ver·fah·ren** 中〘法〙不在者に対する訴訟手続き.

▽**kon·tu·ma·zie·ren**[kɔntumatsí:rən] 自 (h)〘法〙欠席裁判をする.

Kon·tur[kɔntú:r] 女 -/-en (男 -s/-en)《ふつう複数で》輪郭〔線〕: ~[*en*] gewinnen 輪郭がはっきりしてくる | an ~ verlieren 輪郭がぼやけてくる. [*it.* contorno−*fr.*; < *lat.* tornāre (→turnen); ◇*engl.* contour]

kon·tu·ren·los[kɔntú:rənlo:s][1] 形 輪郭のはっきりしない; 《比》性格のぼやけた.

kon·tur·los[kɔntú:rlo:s][1] = konturenlos

Kon·tu·ren·stift[kɔntú:rən..] 男 (唇の輪郭を描く)棒紅, リップスティック=ペンシル.

kon·tu·rie·ren[kɔnturí:rən] 他 (h)《*et.*[4]》(…に)輪郭を与える, (…の)輪郭を描く; (…を)暗示する, ほのめかす.

Kon·tu·sion[kɔntuzió:n] 女 -/-en (Quetschung)〘医〙挫傷(ざしょう). [*lat.*; < *lat.* con-tundere „zer-schlagen"]

Ko·nus[kó:nʊs] 男 -/-se, ..nen[..nən] **1** (Kegel) 円錐(えんすい)〔体〕. **2**〘工〙円錐, テーパー. [*gr.* kōnos „Zapfen" −*lat.*; ◇honen; *engl.* cone]

Ko·nus·kupp·lung 女〘工〙円錐クラッチ〈連結装置〉.

Kon·va·les·zenz[kɔnvalɛstsɛ́nts] 女 -/-en《ふつう単数で》**1**〘法〙追完. **2** (Rekonvaleszenz)〘医〙(病気からの)回復〔期〕. [*spätlat.*; < *lat.* con-valēscere „erstarken" (◇valieren)]

Kon·vek·tion[kɔnvɛktsió:n] 女 -/-en **1**〘理〙(熱の)対流. **2** (↔Advektion)〘気象〙対流(大気の垂直移動). [*spätlat.*; < *lat.* con-vehere „zusammen-bringen" (◇Vehikel)]

kon·vek·tiv[..tí:f][1] 形 対流性の.

Kon·vek·tor[kɔnvɛ́ktɔr, ..to:r] 男 -s/-en [..vɛktó:rən] (↔Radiator) 対流暖房器〈装置〉.

kon·ve·na·bel[kɔnvená:bəl] (..na·bl..) 形 (↔inkonvenabel) 適当〈妥当〉な; 便利〈好都合〉な. [*fr.*]

Kon·ve·nienz[..veniɛ́nts] 女 -/-en **1** 適当, 妥当; 便宜, 好都合. **2** (世間の)ならわし. [*lat.*]

kon·ve·nie·ren[..vení:rən] 自 (h)《*jm.*》(…にとって)都合がよい〈好ましい〉. [*lat.*; < *lat.* venīre (→kommen)]

kon·ve·nie·ren·den·falls 副《オーストリア》好都合なときに.

Kon·vent[kɔnvɛ́nt] 男 -[e]s/-e **1**《カトリック》**a**) (修道院内の投票決のある)修道士の集会. **b**) 修道院内居住者〔全体〕. **2**〘新教〙(牧師の研修のための)集会. **3**《カトリック》修道院. **4**《単数で》〘史〙(フランス革命時代の)国民公会. **5** 大学教授団, 教授会メンバー. [*lat.*〔−*mhd.*〕; ◇Kofent]

Kon·ven·ti·kel[kɔnvɛntí:kəl; オーストリア:..tíkəl] 中 -s/- 秘密の会合, 秘密集会. [*lat.*; ◇*engl.* conventicle]

Kon·ven·tion[kɔnvɛntsió:n] 女 -/-en **1** 慣習, 慣例: die gesellschaftliche ~ 社会的慣習 | die ~ verletzen / gegen die ~ verstoßen 慣習にそむく. **2** 取り決め, 協定: die Genfer ~*en* ジュネーブ条約. [*lat.*−*fr.*]

kon·ven·tio·nal[..tsioná:l] 形 協定〈契約〉による, 協定〈契約〉に関する. [< ..al[1]]

Kon·ven·tio·na·lis·mus[..nalísmʊs] 男 -/〘哲〙約束説〈主義〉.

Kon·ven·tio·nal·stra·fe 女 (Vertragsstrafe) 協定違反〈契約不履行〉に対する罰, 違約金.

kon·ven·tio·nell[..nɛ́l] 形 (herkömmlich) **1** 慣例の, 慣習的な; 旧来の, 在来の; 月並みな, 陳腐な; 型にはまった, 通り一遍の: ~*es* Denken ありきたりの考え方 | ~*e* Redensarten 陳腐な言いまわし ‖ ~*e* Höflichkeiten austauschen 紋切り型のあいさつをかわす. **2** (兵器に関して, 核兵器ではなく) 在来型の, 通常の: ~*e* Waffen 在来型兵器, 通常兵器. [*fr.*]

Kon·ven·tua·le[kɔnvɛntuá:lə] 男 -n/-n《カトリック》**1** (選挙権のある)修道士; (修道会の)会士. **2** (女 **Kon·ven·tua·lin**[..lɪn]-/-nen) (フランシスコ会の一分会であるコンベンツェル会の)修道士. [*mlat.*; ◇Konvent, ..al[1]]

kon·ver·gent[kɔnvɛrgɛ́nt] 形 (↔ divergent) 収斂(しゅうれん)〈輻輳(ふくそう)〉する; 収束〈収斂〉性の: ~*e* Reihe〘数〙収束級数.

Kon·ver·genz[..gɛ́nts] 女 -/-en (↔Divergenz) 収斂(しゅうれん), 輻輳(ふくそう);〘数・理〙収束;〘生〙収斂;〘動〙集中.

kon·ver·gie·ren[..gí:rən] 自 (h) (↔divergieren) 収斂〈輻輳(ふくそう)〉する. [*spätlat.*; < *lat.* vergere „sich neigen"]

kon·vers[kɔnvɛ́rs][1] 形《比較変化なし》〘論・言〙換位の, 逆〔関係〕の. [*lat.*〔−*engl.* converse〕]

Kon·ver·sa·tion[kɔnvɛrzatsió:n] 女 -/-en (Gespräch) 会話, 談話, 歓談, おしゃべり: eine geistreiche ~ 才気あふれた会話 ‖ mit *jm.* ~ machen …と会話を楽しむ | ~ in Englisch führen 〈treiben〉(語学習得のため)英語で会話する. [*lat.* conversātiō „Umgang"−*fr.*]

Kon·ver·sa·tions≈le·xi·kon 中 (Enzyklopädie) 百科事典(歓談に役だつ知識を提供することから): ein wandelndes ~《話》生き字引. ≈**stück** 中〘劇〙(機知に富んだ対話を土台にした)対話劇, サロン劇. ≈**zim·mer** 中《雅》談話室.

Kon·ver·se[kɔnvɛ́rzə] 女 -/-n〘論・言〙換位命題, 「逆〔関係〕.」

kon·ver·sie·ren[kɔnvɛrzí:rən] 他 (h)《mit *jm.*》(…と)会話をする. [*lat.* con-versārī „verkehren"]

Kon·ver·sion[..zió:n] 女 -/-en **1 a**) (宗教上の)改宗, 回心. **b**) (政治・思想上の)転向. **2** 転換, 変換;〘経〙転換; 兌換(だかん); (通貨の)交換;〘法〙〔無効の〕転換;〘言〙(品詞の)転換, 転成;〘論〙換位;〘原子力〙(核燃料物質の)転換;〘精神分析〙転換, 転化. [*lat.*]

Kon·ver·ter[kɔnvɛ́rtər] 男 -s/-〘電〙コンバーター, 転換〈変換〉器;〘金属〙転炉; (原子炉の)転換炉. [*engl.*]

kon·ver·ti·bel[kɔnvɛrtí:bəl] (..ti·bl..) = konvertierbar [*fr.*]

Kon·ver·ti·bi·li·tät[..tibilitɛ́:t] 女 -/ = Konvertierbarkeit

kon·ver·tier·bar[..tí:rba:r] 形 (konvertieren できる. 例えば:) (一国の通貨が他国の通貨に)交換可能な.

Kon·ver·tier·bar·keit[..kaɪt] 女 -/ konvertierbar なこと.

kon·ver·tie·ren[kɔnvɛrtí:rən] **I** 他 (h) **1** 転換〈変換〉する;〘経〙(紙幣を正貨に)兌換(だかん)する; (一国の通貨を他国の通貨に)交換する;〘電算〙(データを)変換する. **2**《*jn.*》(…を)改宗させる; 転向させる. **II** 自 (s, h) 改宗〈回心〉する; 転向する: 〔vom Judentum〕 zum Christentum ~ 〔ユダヤ教から〕キリスト教に改宗する. [*lat.*−*fr.* convertir]

Kon·ver·tie·rung[..rʊŋ] 女 -/-en konvertieren すること. 「[*engl.*; ◇..it[3]]」

Kon·ver·tit[kɔnvɛrtí:t] 男 -en/-en 改宗者.

kon·vex[kɔnvɛ́ks] 形《比較変化なし》(↔konkav) 凸面の, 中高(なかだか)の. [*lat.*]
Kon·ve·xi·tät[..vɛksitɛ́:t] 女 -/ 凸面〔性〕, 凸状.
Kon·vex≠lin·se[kɔnvɛ́ks..] 女 (↔ Konkavlinse)〘光〙凸レンズ. **≠spie·gel** 男 (↔Konkavspiegel) 凸面鏡.
Kon·vikt[kɔnvíkt; スイ:..fíkt] 中 -〔e〕s/-e **1** 神学生寄宿学校. **2**《オーストリア》(カトリック系の)寄宿舎. [*lat.* convīctus „Zusammen-leben"]
ᵛ**Kon·vi·vium**[kɔnví:viʊm] 中 -s/..vien[..viən] (Gastmahl) 供宴. [*lat.*; < *lat.* vīvere (→vivat)]
Kon·voi[kɔ́nvɔʏ, ⌣⌐] 男 -s/-s〔被〕護送船団; 護送部隊〈艦隊〉; (Kolonne)(自動車などの)隊列. [*fr.*〔−*engl.* convoy〕; ◇kon.., via]
Kon·vo·ka·tion[kɔnvokatsió:n] 女 -/-en 召集; 集会. [*lat.*; < *lat.* con-vocāre „zusammen-rufen"]
Kon·vo·lut[kɔnvolú:t] 中 -〔e〕s/-e (書類・印刷物などの)束; (Sammelband) 集録本, 合本. [< *lat.* con-volvere „zusammen-rollen"]
Kon·vo·lu·te[..tə] 女 -/-n =Volute
Kon·vul·sion[kɔnvʊlzió:n] 女 -/-en〘医〙痙攣(けいれん). [*lat.*; < *lat.* con-vellere „zer-rupfen" (◇Wal[2])]
kon·vul·si·visch[..zí:vɪʃ] (**kon·vul·siv**[..zí:f][1]) 形 痙攣(けいれん)性の.
kon·ze·die·ren[kɔntsedí:rən] 他 (h) (zugestehen)《*jm. et.*[4]》(…に譲歩して…を)容認〈承認〉する. [*lat.* concēdere „beiseite treten"; ◇ *engl.* concede]
Kon·zen·trat[kɔntsɛntrá:t] 中 -〔e〕s/-e (濃縮されたもの. 特に:) 濃縮液;《比》エッセンス, 要約.
Kon·zen·tra·tion[kɔntsɛntratsió:n] 女 -/-en **1** (↔ Dekonzentration)《ふつう単数で》(精神などの)集中〔力〕; (権力などの)集中, 集積, 集結: mit äußerster ~ 極度に精神を集中して | die ~ des Kapitals 資本の集積. **2**〘化〙濃縮; (液体の)濃度. [*fr.*]
Kon·zen·tra·tions·fä·hig·keit 女 -/ (精神などの)集中〔能〕力.
Kon·zen·tra·tions·la·ger 中 (略 KZ, ナチの公式の略語は KL) (特にナチの)強制収容所. [*engl.* concentration camp の翻訳借用]
Kon·zen·tra·tions·schwä·che 女 集中力薄弱, 注意力散漫.
kon·zen·trie·ren[kɔntsɛntrí:rən] 他 (h) **1**《*et.*[4] auf *et.*[4]》(…を…に)集中する; 集積〈集結〉する: *seine* ganze Kraft auf *et.*[4] ~ …に全力を傾注する | Truppen an der Grenze ~ 軍隊を国境に集結する ‖ 再帰 *sich*[4] auf *et.*[4] ~ …に集中する; …に精神〈注意力〉を集中する | Er *konzentriert* sich zu wenig. 彼は注意力が散漫すぎる ‖ *konzentriert* arbeiten 注意力を集中して〈一心不乱に〉仕事をする. **2**〘化〙濃縮する: *konzentrierte* Schwefelsäure 濃硫酸 | eine *konzentrierte* Darstellung《比》密度の高い描写. [*fr.*; ◇ *engl.* concentrate]
kon·zen·trisch[kɔntsɛ́ntrɪʃ] 形 (↔exzentrisch) 中心を同じくする; 集中的な: ~*e* Kreise〘数〙同心円 | ~*es* Feuer〘軍〙集中砲火. [*mlat.*]
Kon·zen·tri·zi·tät[..tsɛntritsitɛ́:t] 女 -/〘数〙同心.
Kon·zept[kɔntsɛ́pt] 中 -〔e〕s/-e **1** 案文, 草案, 下書き, メモ: 〔*sich*[3]〕 ein ~ eines Briefs machen 手紙の下書きをする | eine Rede ohne ~ halten 草稿なしで講演する ‖ ***jn.* aus dem ~ bringen**《比》…を混乱〈ろうばい〉させる | ***sich*[4] aus dem ~ bringen lassen / aus dem ~ kommen 〈geraten〉**《比》(自分の)話の筋道を失う, 混乱する. **2** 腹案, 構想; 企図, 計画: ein klares ~ はっきりした企画 | ***jm.* das 〈*sein*〉 ~ verderben** …の計画をだいなしにする | ***jm.* nicht ins 〈in *sein*〉 ~ passen** …にとって都合がよくない, …の計画に合わない. [*lat.*; < *lat.* concipere (→konzipieren); ◇Konzetti]
kon·zep·ti·bel[kɔntsɛptí:bəl] (..ti·bl..) 形 (faßlich) 理解し得る, 分かりやすい.
Kon·zep·tion[..tsɛptsió:n] 女 -/-en **1** 構想; (創造的な)着想; 考え方. **2** (Empfängnis)〘医〙受胎. [*lat.*]
kon·zep·tio·nell[..tsionɛ́l] 形 Konzeption に関する.

Kon·zept·pa·pier[kɔntsɛ́pt..] 中 草案〈下書き〉用紙.
Kon·zep·tua·lis·mus[kɔntsɛptualísmʊs] 男 -/〘哲〙(中世の)概念論.
Kon·zern[kɔntsɛ́rn] 男 -s/-e〘経〙コンツェルン. [*engl.* concern; <kon..+ *lat.* cernere (→scheren[1])]
Kon·zer·nie·rung[kɔntsɛrní:rʊŋ] 女 -/-en〘経〙コンツェルン形成.
Kon·zert[kɔntsɛ́rt] 中 -〔e〕s/-e **1** 音楽会, 演奏会, コンサート: Abonnement*konzert* 定期演奏会 | Jazz*konzert* ジャズコンサート ‖ ein ~ besuchen / ins ~ gehen 音楽会に行く | ein ~ geben 演奏会を催す | Das ~ ist ausverkauft. コンサートの切符は売り切れた. **2** 協奏曲, コンチェルト: ein ~ für Klavier und Orchester / Klavier*konzert* ピアノ協奏曲 ‖ ~ machen《話》大声でわめく. **3**《単数で》協調, 協力; 調和: das ~ der Großmächte 大国同士の共同政策〈歩調〉| ein ~ von Düften いろいろな香りの調和. [*it.* concerto „Wettstreit"]
Kon·zert·agen·tur 女 (演奏会などを手配する)音楽事務所.
kon·zer·tant[kɔntsɛrtánt] 形《比較変化なし》〘楽〙演奏会形式の; 協奏曲ふうの: eine ~*e* Sinfonie 協奏交響曲, サンフォニー=コンセルタント | eine Oper ~ aufführen オペラを演奏会形式で上演する. [*it.*]
Kon·zer·tan·te[..tə] 女 -/-n =Concertante
Kon·zert≠arie[kɔntsɛ́rt..] 女〘楽〙演奏会用アリア〈詠唱〉. **≠flü·gel** 男 演奏会用グランドピアノ(→ 図 Flügel). **≠füh·rer** 男 (作品解説などを収めた)音楽会ガイドブック.
kon·zer·tie·ren[kɔntsɛrtí:rən] 自 (h) **1** 演奏会〈コンサート〉を催す; 独奏者として演奏活動をする; (合奏曲・協奏曲などの)ソロのパートを演奏する. ᵛ**2** 協定する, 申し合わせる: eine *konzertierte* Aktion (各パートの申し合わせによる)共同歩調の行動;〘劇〙全体の演技のアンサンブル. [*lat.* 〔con〕-certāre „wetteifern"−*it.*〔−*fr.*〕; ◇ *engl.* concert]
Kon·zer·ti·na[kɔntsɛrtí:na·] 女 -/-s〘楽〙コンサーティーナ, 小型手風琴(→図). [*it.*]

Balgen
Konzertina

Kon·zert≠la·ger[kɔntsɛ́rt..]《話》= Konzentrationslager **≠mei·ster** 男〘楽〙コンサートマスター. **≠pia·nist** 男 ピアノ独奏家, ソロピアニスト. **≠rei·se** 女 演奏旅行. **≠saal** 男 演奏会場, コンサートホール. **≠sän·ger** 男 演奏会歌手(→Bühnensänger). **≠stück** 中〘楽〙**1** 演奏会用の〔独奏〕曲. **2** (1楽章形式の)小協奏曲.
Kon·zes·sion[kɔntsɛsió:n] 女 -/-en **1** (Zugeständnis) 譲歩, 容認: *jm.* ~*en* machen …に譲歩する. **2** (営業の)免許, 認可; 営業権, 使用権, 鉱山〈採掘〉権: eine ~ erwerben 営業権〈認可〉を取得する | *jm.* die ~ entziehen …から〔営業〕免許を取り上げる. [*lat.*; < *lat.* concēdere (→konzedieren); ◇ *engl.* concession]
Kon·zes·sio·när[kɔntsɛsionɛ́:r] 男 -s/-e Konzession 2 の所有者. [<..är]
kon·zes·sio·nie·ren[kɔntsɛsioní:rən] 他 (h)《*et.*[4]》(…を)許可〈認可〉する.
Kon·zes·sions·in·ha·ber[kɔntsɛsió:ns..] 男 =Konzessionär
kon·zes·siv[..sí:f][1] 形〘言〙譲歩〈認容〉的な: eine ~*e* Konjunktion 認容〈譲歩〉の接続詞(例 obgleich). [*lat.*]
Kon·zes·siv·satz 男 (Einräumungssatz)〘言〙(obwohl などに導かれる)譲歩〈認容〉文, 譲歩の文節.
Kon·zet·ti[kɔntsɛ́ti·] 複〘文芸〙コンシート(特にバロック時代の奇抜で凝った比喩・表現・語呂合わせ). [*it.* concetti; ◇Konzept; *engl.* conceit]
Kon·zil[kɔntsí:l] 中 -s/-e, -ien[..liən] **1**《カトリック》司教会議; 教会会議; 公会議. **2** (大学の)全学協議会. [*lat.* concilium; < *lat.* calāre (→klar); ◇ *engl.* council]
kon·zi·liant[kɔntsiliánt] 形 融和的な, 愛想のいい. [*fr.*; < *lat.* conciliāre „zusammenbringen"]
Kon·zi·lianz[..ts] 女 -/ 融和的な態度, 愛想のよさ.
Kon·zi·lia·ris·mus[kɔntsiliarísmʊs] 男 -/《カトリック》

公会議首位説.

Kon·zi·lia·tion[..tsió:n] 女 -/-en (Versöhnung) 宥和(ゆうわ), 慰撫(いぶ); 和解. [*lat.*]

Kon·zi·li·en Konzil の複数.

Kon·zils·va·ter[kɔntsí:ls..] 男 -s/..väter 《カトリック》 公会議教父.

kon·zinn[kɔntsín] 形 調和〈釣り合い〉のとれた; (文章などが)よく練り上げられた, 優美な, 均整のとれた; 快い, 快適な. [*lat.* con-cinnus „kunstgerecht zusammengefügt"]

Kon·zin·ni·tät[kɔntsınité:t] 女 -/ **1** 《修辞》(文体の)優美, 均整(特に同じ構文を平行させること). ▽**2** (Gefälligkeit) 好ましさ, 快適. [*lat.*]

Kon·zi·pient[kɔntsipiέnt] 男 -en/-en ▽**1** 起草者. **2** 《オーストリア》法律事務所員.

kon·zi·pie·ren[..pí:rən] **I** 他 (h) 構想する, 考案〈案出〉する; 起草する, 草案を作る. **II** 自 (h) 受胎する. [*lat.* concipere „zusammen-fassen"; <*lat.* capere (→kapieren)]

Kon·zi·pist[..píst] 男 -en/-en =Konzipient

kon·zis[kɔntsí:s][1] 形 簡明な, 簡潔な. [*lat.*; <*lat.* concīdere „zusammen-hauen" (◇..zid); ◇*engl.* concise]

Koof·mich[kó:fmıç] 男 -s/-e(-s) 《話》(Kaufmann) 商人. [<*berlin.* koofen „kaufen"]

Koog[ko:k][1] 男 -[e]s/Köge[kǿ:gə] 《北部》干拓地(→ 図 Küste). [*mndd.* cooch]

Ko·ok·ku·renz[ko|ɔkurέnts] 女 -/-en 《言》(言語要素の)共起.

Ko·ope·ra·tion[ko|operatsió:n] 女 -/-en 協力, 協同, 提携.

ko·ope·ra·tions·be·reit 形 協力する用意のある, 協力を惜しまない.

Ko·ope·ra·tions·be·reit·schaft 女 kooperationsbereit なこと.

ko·ope·ra·tiv[..tí:f][1] **I** 形 協力〈協同〉する; 共同の. **II** **Ko·ope·ra·tiv** 中 -s/-e(-s) =Kooperative [*spätlat.*]

Ko·ope·ra·ti·ve[..tí:və] 女 -/-n (旧東ドイツの) 協同組合, 共同経営体, 共同作業集団. [*fr.*–*russ.*]

Ko·ope·ra·tor[ko|operá:tɔr, ..to:r] 男 -s/-en [..rató:rən] ▽**1** (Mitarbeiter) 協力者. **2** 《オーストリア》=Kaplan

ko·ope·rie·ren[..rí:rən] 自 (h) 《mit *jm.*》(…と) 協力〈協同・提携〉する. [*spätlat.*]

Ko·op·ta·tion[ko|ɔptatsió:n] 女 -/-en (Zuwahl) (会員・委員による) 新会員〈委員〉の補欠選挙. [*lat.*]

ko·op·tie·ren[..tí:rən] 他 (h) 《*jn.*》(補欠選挙で…を) 選出する; (…の欠員を) 補充する. [*lat.*]

Ko·or·di·na·te[ko|ɔrdiná:tə] 女 -/-n 《ふつう複数で》《数》座標: sphärische ～*n* 球座標.

Ko·or·di·na·ten⸗ach·se 女 《数》座標軸. ⸗**sy·stem** 中 《数》座標系. ⸗**trans·for·ma·tion** 女 《数》座標変換.

Ko·or·di·na·tion[ko|ɔrdinatsió:n] 女 -/-en **1** 調和をはかること, 調整; 協調; 整合. **2** (↔Subordination) (Nebenordnung) 《言》並列〔関係〕, 等位. **3** 《化》配位.

Ko·or·di·na·tor[ko|ɔrdiná:tɔr, ..to:r] 男 -s/-en [..nató:rən] (各部門間の) 調整をはかる人, コーディネーター; (特に:) 《放送》番組調整担当者.

ko·or·di·nie·ren[..ní:rən] 他 (h) **1** 《*et.*[4]》(…の) 調和をはかる, 調整する: *koordinierte* Bewegungen 《生・理》協調〈整合〉運動. **2** 対等の位に置く; (nebenordnen) 《言》並列させる: eine *koordinierende* Konjunktion 並列〈等位〉接続詞. [*mlat.*]

Ko·or·di·nie·rung[..ruŋ] 女 -/-en koordinieren すること.

Kop. 略 =Kopeke

Ko·pai·va⸗bal·sam[kopaí:va..] 男 -s/ コパイバ=バルサム(薬用樹脂). ⸗**baum** 男 《植》コパイバ樹(南米産のマメ科植物). [*indian.*–*port.* copaiba]

Ko·pal[kopá:l] 男 -s/-e コーパル(熱帯産の樹木から採る天然樹脂). [*aztek.*–*span.* copal]

Ko·pe·ke[kopé:kə] 女 -/-n (略 Kop.) コペイカ(旧ソ連・現ロシアの貨幣〔単位〕: $^1/_{100}$ Rubel). [*russ.* kopeika; <*russ.* kopjo „Lanze"; 槍(やり)を持った皇帝の像が刻んであった]

Ko·pen·ha·gen[kopənhá:gən, ko:p..] 地名 コペンハーゲン(デンマーク王国の首都. デンマーク語形 København). [<*adän.* Köpmands-havn „Kaufmanns-hafen"]

Ko·pen·ha·ge·ner[..gənər] **I** 男 -s/- コペンハーゲンの人. **II** 形 《無変化》コペンハーゲンの.

Kö·pe·nick[kǿ:pənık] 地名 ケーペニック (Berlin の一市区. 1906年に靴屋が大尉の制服を着ておこなった詐欺事件の舞台として有名).

Kö·pe·nickia·de[kø:pənıkiá:də] 女 -/-n (Köpenick 事件のような) 大胆な詐欺行為. [<..iade]

Ko·pe·po·de[kopepó:də] 男 -n/-n 《ふつう複数で》(Ruderfußkrebs) 《動》橈脚(とうきゃく)類(水生の微小甲殻類). [<*gr.* kṓpē „Ruder"]

Kö·per[kǿ:pər] 男 -s/- あや織りの布. [*mndd.* keper „Dachsparren"; あや目が似ていることから; ◇Kämpfer[1] 2]

Kö·per·bin·dung 女 あや織り.

kö·pern[kǿ:pərn] 《05》他 (h) あや織りにする: *geköperte* Leinwand あや織りカンバス.

ko·per·ni·ka·nisch[kopεrniká:nıʃ] 形 コペルニクス的な: das ～*e* Weltsystem コペルニクス的宇宙体系 | eine ～*e* Umwälzung 《比》コペルニクス的転換, 180度の転換.

Ko·per·ni·kus[kopέrnikus] 人名 Nikolaus ～ ニコラウス コペルニクス(1473–1543; ポーランドの天文学者で地動説の主唱者).

Kopf[kɔpf] 男 -es(-s)/Köpfe[kœpfə] (小 **Köpf·chen** → 別出, **Köpf·lein**[kœpflaın] 中 -s/-) **1** (人間・動物の)頭(あたま), 頭部(顔を含めた首から上の部分: → 図 Mensch B), 頭蓋(ずがい); 頭脳(知力・思考力・理解力など)〔の持ち主〕; 意志〔の持ち主〕; 《料理》(子牛・豚などの)頭肉: ein runder 〈eckiger〉 ～ 丸い〈角ばった〉頭 | ein kahler ～ はげ頭 | Toten*kopf* どくろ ‖ ein kluger 〈klarer〉 ～ 聡明(そうめい)な〈明晰(めいせき)な〉頭脳〔の持ち主〕| ein eigensinniger 〈fähiger〉 ～ わがままな〈有能な〉人 | ein langsamer ～ のろま | die besten 〈führenden〉 *Köpfe* des Landes 国の最高頭脳の持ち主たち〈指導者たち〉| Dumm*kopf* ばか者, 愚か者 ‖ Er ist ein heller ～ 〈der ～ der Firma〉. 彼は頭がいい〈会社の頭脳ともいうべき存在だ〉| **Viele *Köpfe*, viele Sinne.** 《諺》十人十色.

‖《主語として》Mein ～ ist schwer 〈benommen〉. 私は頭が重い〈ぼんやりしている〉| Mir tut der ～ weh. 私は頭痛がする | Mir brennt 〈dröhnt〉 der ～. 私は頭が燃えるようだ〈がんがんする〉| ***jm.* brummt der ～** 《話》…はひどい頭痛で頭ががんがんする | ***jm.* schwirrt der ～** …は頭が混乱して〈ぼうっとして〉いる | Mir schwirrt der ～ vor lauter Lernen. 私は勉強のしすぎで頭がぼうっとしている | **Er weiß nicht, wo ihm der ～ steht.** 《比》彼は頭が混乱している(多忙・心配などで) | ***jm.* steht der ～ nicht nach *et.*[3]** …は…に気が向かない | Er arbeitet, bis ihm der ～ raucht. 《話》彼は頭から湯気をたてて〈頭がぼうっとなってしまうぐらい〉〔夢中になって〕仕事をする | ***jm.* wächst der ～ durch die Haare** 《戯》…は頭がはげてくる | ***Köpfe* rollen.** 《比》大勢の人々が責任を取らされる〈解雇される〉.

‖《4格の目的語として》*Kopf* hoch! 気を落とすな | ***jm.* nicht gleich den ～ abreißen** 《比》…の首をすぐにはねるようなことはしない, …をそう手ひどくは扱わない | *jm.* den ～ abschlagen …の首を打ち落とす | ***seinen* ～ aufsetzen** 《話》強情をはる, がんこ〈つむじ曲がり〉である | **den ～ oben behalten** 《比》勇気を失わない, 毅然(きぜん)としている | einen roten ～ bekommen (羞恥(しゅうち)・怒りなどで) 顔を紅潮させる, 赤面する | den ～ 〔über das Buch〕 beugen 頭を〔書物の上に〕かがめる | einen klaren 〈kühlen〉 ～ bewahren 冷静さを失わない | den ～ 〔nach links〕 drehen 頭を〔左に〕回す〈向ける〉| *seinen* ～ durchsetzen 自分の意志を押し通す | ***sich*[3] den ～ einrennen** 《話》(いくら頑張っても) 目的を果たせない, 失敗する | *sich*[4] 〈einander〉 die *Köpfe* einschlagen 大げんかをする | den ～ einziehen 首をすくめる | *js.* ～ for-

dern …の罷免を要求する | **einen dicken 〈schweren〉 ~ haben**《比》頭が痛い, 頭が重い; 二日酔いで頭がふらふらする | einen kühlen ~ haben 冷静な頭脳を持っている | Er hat ~ 〈seinen ~〉. 彼は頭がいい; 彼はわがままだ | **den ~ voll haben** (考えごとで)頭がいっぱいである | **den ~ über Wasser halten**《比》かろうじて破滅を免れている | **den ~ hängen lassen**《話》意気消沈(しょんぼり)している | **für *et.*[4] den 〈*seinen*〉 ~ hinhalten**《話》…の責任を取る | ***sich*[3] blutige *Köpfe* holen**《話》戦いに敗れる | ***jn.* 〈*jm.*〉 den ~ kosten** …の命取りになる | *sich*[3] den ~ kratzen (当惑して)頭をかく | ***jm.* den ~ vor die Füße legen**《話》…の首をはねる | *jm.* den ~ heiß 〈warm〉 machen …にしつこく迫る, …に食いさがる | den ~ neigen 頭を下げる(会釈など) | den ~ in die Höhe recken 首を伸ばす | **~ und Kragen riskieren 〈wagen / aufs Spiel setzen〉** 自分の生命をかける | den ~ schütteln 首を(左右に)振る(反対・否定・懸念・怪訝(けげん)・不満などの気持を示して) | Darüber kann man nur den ~ schütteln. これはどうにも困った〈あきれた〉ことだ | den ~ aus dem Fenster 〈durch die Tür〉 stecken 窓から〈戸口から〉顔を出す | **den ~ in den Sand stecken**《比》現実に対して目をつぶる(直視することを避ける) | **den ~ hoch tragen** 高慢ちきである, うぬぼれている | **den ~ unter dem Arm tragen**《話》(頭が上がらないほど)病気が重い | ***jm.* den ~ verdrehen**《話》…を夢中にさせる〈のぼせ上がらせる〉(恋愛の相手などが) | ***sich*[3] den ~ verkeilen**《話》頑固に思い込む〈執着する〉| **den ~ verlieren** 気が動転する, すっかり取り乱す | **~ und Kragen verlieren** 生命を失う | den ~ vorstrecken 首を前へ突き出す | *jm.* 〈*sich*[3]〉 den ~ waschen …の〈自分の〉頭を洗う | ***jm.* 〔gehörig / tüchtig〕 den ~ waschen**《話》…を〔こっぴどく〕叱責(しっせき)する | ***sich*[3] 〔über *et.*[4]〕 den ~ zerbrechen** 〔…について〕さんざん頭を悩ます | den ~ aus der Schlinge ziehen (→Schlinge 2) | ***jm.* den ~ zurechtsetzen 〈zurechtrücken〉**《話》(強くたしなめて)…ののぼせた頭を冷やす | den ~ zurückwerfen 頭を後ろにそらす | **die *Köpfe* zusammenstecken** 鳩首(きゅうしゅ)協議する, ひたいを集め〔てこそこそ相談す〕る.

II 〚前置詞と〛eine Platzwunde **am** ~ 頭部裂傷 | ***jm.* *et.*[4] an den ~ werfen** …の頭に…を投げつける;《比》…に…を面と向かって言う | *sich*[4] am ~ kratzen (当惑して)頭をかく | ***sich*[3] an den ~ fassen 〈greifen〉**(わけが分からずに・唖然(あぜん)として)頭に手をやる | **Es geht mir an ~ und Kragen.** それは私の命にかかわる | ~ an ~ (人々が)ひしめき合って ‖ *et.*[4] **auf** den ~ setzen …(帽子など)を頭にのせる〈かぶる〉| *et.*[4] auf dem ~ tragen …を頭にかぶっている | **auf dem ~ stehen** 倒立〈逆立ち〉している;《比》あべこべである | Das Buch steht auf dem ~ im Regal. 本が本棚にさかさまに立っている | *sich*[4] auf den ~ stellen 倒立〈逆立ち〉する | ***et.*[4] auf den ~ stellen** …を倒立〈逆立ち〉させる;《比》…を(事実認識や価値観などの点で)逆転させる〈あべこべにする〉| eine Tatsache auf den ~ stellen 事実をねじまげる〈歪曲(わいきょく)する〉| das Haus 〈die Bude / die Wohnung〉 auf den ~ stellen (家具を片寄せて)大掃除する; 家じゅうをめちゃくちゃに散らかす, (探し物などで)家じゅうひっかき回す | Ich tue es nicht, und wenn er sich auf den ~ stellt. 彼がどんなことをしたって私はそれをしないよ | Mir fällt die Decke 〈die Bude〉 auf den ~.《話》私は窮屈な感じがする | ***jm.* auf dem ~ herumtanzen 〈herumtrampeln〉**《話》…をいいようにあしらう(ばかにして) | ***jm.* auf den ~ kommen**《話》…をしかりつける | ***sich*[3] nicht auf den ~ spucken lassen**《話》他人のいいなりにならない, 泣き寝入りしない | ***jm.* auf den ~ spucken können**《話》…よりも背が高い; …より優れている | **nicht auf den ~ gefallen sein**《話》ばかではない | ***jm.* *et.*[4] auf den ~ zusagen** …に…を面と向かって言う | Butter auf dem ~ haben (→Butter) | Auf seinen ~ ist eine hohe Belohnung ausgesetzt. 彼の首にはばく大な賞金が懸かっている ‖ *et.*[4] **aus** dem ~ wissen 〈spielen〉 …をそらんじている〈暗譜で演奏する〉| ***jm.* nicht aus dem ~ gehen 〈wollen〉** …の念頭を離れない, …にとってどうしても忘れられない | *sich*[3] die Augen nach *jm.* 〈*et.*[3]〉 aus dem ~ gucken 〈schauen / sehen〉 (→Auge 1) | *sich*[3] die Augen aus dem ~ weinen 〈schämen〉《話》大いに泣く〈恥じ入る〉| ***sich*[3] *et.*[4] aus dem ~ schlagen** …を念頭から追い払う, …(企図など)を断念する ‖ *jn.* **beim** ~ nehmen …の首をつかむ ‖ bis über den ~ in Schulden stecken (→Schuld 2) ‖ *jm.* 〈*sich*[3]〉 die Kugel **durch** den ~ jagen …の〈自分の〉頭に弾丸を撃ち込む | Der Gedanke schoß ihm durch den ~, daß … …という考えが突然彼の念頭に浮かんだ〈頭にひらめいた〉| ***sich*[3] *et.*[4] durch den ~ gehen lassen** …を考えてみる〈熟考する〉‖ ***et.*[4] 〔noch frisch〕 im ~ behalten 〈haben〉**《話》…を〔まだよく〕覚えている | ***jm.* im ~ herumgehen**《話》(考えなどが)…の念頭を離れない | im ~ rechnen 暗算する | nicht ganz richtig im ~ sein (→richtig 2) ‖ Augen im ~ haben (→Auge 1) | keinen Grips 〈keine Grütze〉 im ~ haben (→Grips, →Grütze[2]) | Raupen im ~ haben (→Raupe 2) | 〔große〕 Rosinen im ~ haben (→Rosine) | Er hat nichts 〔anders〕 als Sport im ~. 彼はスポーツのことしか念頭にない | Er hat es im ~. 彼はここ(頭)がおかしい ‖ Was man nicht im ~ hat, das muß man in den Beinen haben. 物忘れすると二度手間がかかる ‖ Das Blut steigt 〈schießt〉 ihm in den ~. 彼は頭に血がのぼる | Der Ruhm ist ihm in den ~ gestiegen. 有名になって彼はすっかり天狗(てんぐ)になった | Es will ihm nicht in den ~ 〔hinein〕, daß …《話》…ということが彼にはどうしてものみこめない | ***sich*[3] *et.*[4] in den ~ setzen** …を実行しようと固く決心する ‖ **mit** dem ~ nicken 〈schütteln〉 うなずく〈かぶりを振る〉| mit bloßem 〈unbedecktem〉 ~ 無帽で | mit dem ~ für *et.*[4] bürgen 〈haften〉 自分の首をかけて…を保証する〈…の責任を持つ〉| **mit dem ~ durch die Wand 〔laufen / rennen〕 wollen**《話》(困難を無視して)強引に意図を達成しようとする ‖ **nach** *js.* ~ gehen …の意志〈思い〉どおりに事が運ぶ ‖ Hals **über** ~ (→Hals 1 a) | die Hände über dem ~ zusammenschlagen (→Hand 1) | *sich*[3] ein Hemd über den ~ ziehen 〈streifen〉 シャツを頭からかぶる | ***jm.* über den ~ wachsen**《話》…の手に負えぬ〈手にあまる〉ようになる | ***et.*[4] über *js.* ~ hin〔weg〕** entscheiden 〈verhandeln〉《話》…を…の頭越しに決定〈取引〉する ‖ einen Verband **um** den ~ tragen 頭に包帯を巻いている | Er überragt sie um einen ~. / Er ist 〔um〕 einen ~ größer als sie. 彼は彼女よりも頭一つ分だけ背が高い | ***jn.* 〔um〕 einen ~ kürzer machen**《話》…の首をはねる | **Es geht um *js.* ~ 〔und Kragen〕.** …の生命にかかわる事である ‖ *jm.* ein Kissen **unter** den ~ legen …の頭の下にまくらをあてがう ‖ **von ~ bis Fuß** 頭のてっぺんから足の先まで | Der starke Wind riß ihm den Hut vom ~. 強風が彼の帽子を吹きとばした | *jm.* die Haare vom ~ fressen (→Haar 1) ‖ ein Brett vor dem ~ haben (→Brett 1) | ***jn.* vor den ~ stoßen**《比》…の気持を傷つける, …を侮辱する | **wie vor den ~ geschlagen sein**《話》(驚きのあまり)ぼうぜんとしている ‖ Der Wein ist ihm **zu** ~〔*e*〕 gestiegen. 彼は酒に酔った.

2 頭数, 人数: eine Familie von 〈mit〉 fünf *Köpfen* 5人家族 | pro ~ 一人あたり | der Verbrauch pro ~ der Bevölkerung 国民一人あたりの消費〔高〕| Auf den ~ jedes Mitglieds entfällt ein Gewinn von 50 Mark. 各会員にはそれぞれ50マルクの利益金が分配されることになる.

3 かしら, 頭目, 首脳: der ~ der Rebellen 反徒の首領.

4 (形状・位置その他が頭を連想させるもの. 例えば:)(くぎ・針・ねじ・ハンマー・活字などの)頭; (木の)こずえ; 山頂; (パイプの)がんくび; 〚楽〛(音符の)符頭(→ 図 Note); 見出し, 題目; 花冠, 花頭, 頭〔状〕花; (帽子の)山(→ 図 Mütze); (キノコの)かさ; (キャベツ・サラダ菜などの)結球; (一般に)頭部, 最上部, 突出部: der ~ der Schraube ねじの頭 | den Nagel auf den ~ treffen (→Nagel 1) | drei *Köpfe* Salat サラダ菜 3 個 | Die Blumen lassen schon die *Köpfe* hängen. 花はすでに頭を垂れて〈しぼみかけて〉いる | Brücken*kopf* 橋頭〔堡(ほ)〕| der ~ 〈der Titel*kopf*〉 einer Zeitung 新聞の題字 | der ~ eines Briefbogens レターヘッド | am ~ des Tisches Platz nehmen テーブルの上端〈上席〉に腰をおろす.

5 (↔Schrift, Zahl) (硬貨の)表(頭像の刻印のある面): *Kopf* oder Schrift ⟨Zahl⟩? 表か裏か(貨幣を投げて表裏でことを決めるとき) | Heute habe ich 200 Mark auf den ~ gehauen. きょうは200マルクも散財した. ᵛ**6** 酒杯.
[*mlat.* cuppa (→Kuppe) – *ahd.*; ◇ *engl.* cup]

kopf·ab[**·wärts**][kɔpf|áp(vɛrts)] 副 頭を下に向けて, まっさかさまに.

Kopf·ader[kɔ́pf..] =Kopfschlagader

Kopf-an-Kopf-Ren·nen 男 (競走での)激しい競り合い, デッドヒート.

Kopf⸗ar·beit 女 (↔Handarbeit) 頭脳労働. **⸗ar·bei·ter** 男 頭脳〈精神〉労働者. **⸗bahn·hof** 男 (↔Durchgangsbahnhof) 〚鉄道〛頭端〔式〕駅(線路が行き止まりで, 到着列車は逆向きに発車する). **⸗ball** 男 〚サッカー〛ヘディング. **⸗be·deckung** 女 (頭部をおおう物. 例えば:) かぶり物, 帽子, 頭巾(ずきん), スカーフ.

Köpf·chen[kœ́pfçən] 中 -s/- (Kopf の縮小形) **1** 小さい〈かわいい〉あたま. **2** 〔賢い〕頭脳: ein 〔helles / kluges〕 ~ sein / ~ haben 頭がいい | *sein* ~ haben がんこ〈偏屈〉である | *sein* ~ aufsetzen 反抗的になる, 盾つく | ***Köpfchen, ~!*** 《話》あたまあたま, あたまの問題だよきみ(自慢やほめ言葉として). **3** 〚植〛(キク科などの)頭状花序(→ 図 Blütenstand). **4** 〚解〛(骨の)小頭.

Kopf·dün·ger[kɔ́pf..] 男 生長中に施す肥料.

Köp·fe Kopf の複数.

köp·feln[kœ́pfəln] 《06》《南部・オーストリア・スイス》 **I** 自 (h) **1** ins Wasser ~ 頭から水中にとび込む. **2** =köpfen II 1 **II** 他 (h) =köpfen I 2

kop·fen[kɔ́pfən] 《方》=köpfen II 2

köp·fen[kœ́pfən] **I** 他 (h) **1** (enthaupten) 《*jn.*》(…の)首をはねる, 斬首(ざんしゅ)する: Blumen ~ 《比》花を切り〈摘み〉取る | eine Flasche Sekt ~ 《話》シャンパンの栓をぬく. **2** 〚サッカー〛ヘディングする: den Ball ~ ボールをヘディングする | ein Tor ~ ヘディングで1ゴールを決める. **3** 《*et.*[4]》(…に)見出し〈標題〉をつける. **II** 自 (h) **1** 〚サッカー〛ヘディングする. **2** (キャベツ・レタスなどの葉が)結球する. [<Kopf]

Kopf⸗en·de[kɔ́pf..] 中 (寝台などの)頭部; (食卓などの)上端; (行列などの)先頭. **⸗fü·ßer**[..fy:sər] (**⸗füß·ler**[..fy:slər]) 男 -s/- (Kephalopode) 〚動〛頭足類. **⸗geld** 中 **1** (逃走中の犯人・脱走者などに懸けられる)賞金. **2** 一人当ての割当金〔額〕. **⸗ge·schwulst** 女 〚医〛頭部腫瘍(しゅよう). **⸗ge·stell** 中 (馬の)おもがい(→ 図). **⸗gold·schnitt** 男 〚製本〛天金.

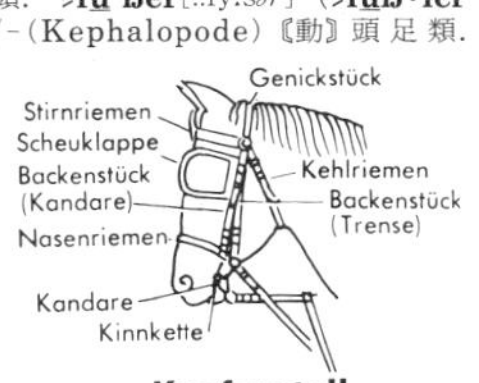

Kopfgestell

⸗grind 男 〚医〛頭部膿痂疹(のうかしん). **⸗grip·pe** 女 《話》**1** (Enzephalitis) 脳炎. **2** 激しい頭痛を伴うかぜ〈感冒〉. **⸗haar** 中 頭髪. **⸗hän·ger** 男 《話》元気のない〈意気消沈した〉人, 無気力な人.

Kopf·hän·ge·rei[kɔpfhɛŋəráɪ] 女 -/ 《話》意気消沈, 無気力.

kopf·hän·ge·risch[kɔ́pfhɛŋərɪʃ] 形 《話》元気のない, 意気消沈した, 無気力な.

Kopf⸗hau·be[kɔ́pf..] 女 **1** 頭巾(ずきん), (頭部全体を包む)帽子(飛行帽など). **2** 〚解〛頭蓋(とうがい), 腱膜(けんまく), 骨頭帽. **⸗haus** 中 (家並みの)いちばん外れの家. **⸗haut** 女 頭皮. **⸗hieb** 男 〚フェンシング〛面打ち(→ 図 Fechten). **⸗holz** 中 頭状樹(→ 図 Baum B). **⸗hö·rer** 男 ヘッド〈イヤ〉ホン.

köp·fig[kœ́pfɪç][2] 形 《スイス》(dickköpfig) がんこ〈強情〉な.

..köpfig[..kœpfɪç][2] **1** 《数詞などにつけて「頭が…の, 頭数・人数が…の」を意味する形容詞をつくる》: ein zwei*köpfig*er Adler 双頭の鷲(わし) | eine drei*köpfig*e Familie 3人家族. **2** 《形容詞などにつけて「頭の形・頭髪などが…の, 頭脳・性格などが…の」を意味する形容詞をつくる》: lang*köpfig* 長頭の | kahl*köpfig* はげ頭の | schwarz*köpfig* (鳥などの)頭が黒い ‖ dick*köpfig* がんこな | schwach*köpfig* 低能の. [<Kopf]

Kopf⸗jagd[kɔ́pf..] 女 首狩り. **⸗jä·ger** 男 首狩り族の人. **⸗jucken** 中 -s/ 頭皮のかゆみ〈掻痒(そうよう)感〉. **⸗kip·pe** 女 〚体操〛ヘッドスプリング, 頭はね起き. **⸗kis·sen** 中 まくら, ヘッドクッション(→ 図 Bett); まくらカバー. **⸗kohl** 男 キャベツ. **⸗la·ge** 女 〚医〛(胎児の)頭位.

kopf·la·stig[kɔ́pflastɪç][2] 形 **1** (船・飛行機などが)頭部〈前部〉に重心のかかった, 頭部〈前部〉の重すぎる; 《比》頭でっかちの. **2** 《話》へべれけの, (二日酔いで)頭の重い.

Kopf⸗laus 女 〚虫〛アタマジラミ(頭虱). **⸗leh·ne** 女 ヘッドレスト(→ 図 Abteil).

Köpf·lein Kopf の縮小形(→Köpfchen).

Kopf·lei·ste[kɔ́pf..] 女 〚印〛(書物の章・ページや新聞の)上部飾りカット, 天飾り.

Köpf·ler[kœ́pflər] 男 -s/- 《オーストリア》**1** =Kopfsprung **2** =Kopfstoß 1

köpf·lings[kœ́pflɪŋs] (**kopf·lings**[kɔ́pf..]) =kopfüber

kopf·los[kɔ́pflo:s][1] 形 **1** 頭部のない. **2** 無思慮〈無分別〉な; 分別を失った, 慌てふためいた: ~ werden 分別を失う, 慌てふためく | ~ aus dem Zimmer rennen 慌てて部屋から飛び出す.

Kopf·lo·sig·keit[..lo:zɪçkaɪt] 女 -/ kopflos なこと.

Kopf⸗mensch[kɔ́pf..] 男 《話》(物事をハートでなく)頭で判断する人, 理性の人. **⸗nicken** 中 -s/ うなずき(同意・賛同などの表現; 軽いあいさつ): mit einem freundlichen ~ 親しげにうなずきながら. **⸗nicker** 男 〚解〛胸鎖乳突筋, 点頭筋.

Kopf·nuß 女 -/..nüsse 《話》**1** (こぶしを握って)頭を軽くたたくこと: zur Strafe eine ~ bekommen 罰として頭をたたかれる. **2** 難題. [<Nuß 3]

Kopf⸗pein 女 《方》=Kopfschmerz **⸗pol·ster** 男 《オーストリア》=Kopfkissen **⸗prä·mie** 女 =Kopfgeld **⸗putz** 男 頭〈髪〉飾り.

kopf·rech·nen[kɔ́pf..] **I** 自 《もっぱら不定詞で》暗算をする. **II** **Kopf·rech·nen** 中 -s/ 暗算.

Kopf⸗re·li·quiar 中 〚宗〛頭状聖遺物箱(→ 図 Reliquiar). **⸗sa·lat** 男 〚植〛タマヂシャ(玉萵苣), レタス.

kopf·scheu 形 《話》おどおどした, 自信なげな, 畏縮(いしゅく)した: *jn.* ~ machen …をおどしつける | ~ werden 臆病(おくびょう)風に見舞われる.

Kopf⸗schlag·ader[kɔ́pf..] 女 (Halsschlagader) 〚解〛頸(けい)動脈. **⸗schmerz** 男 -es/-en 《ふつう複数で》頭痛; 《比》心配, 悩み: ein leichter ⟨bohrender⟩ ~ 軽い〈ずきずきする〉頭痛 | heftige ⟨unerträgliche⟩ ~*en* haben ひどい〈耐えがたい〉頭痛がする ‖ Er leidet an ~*en*. 彼は頭痛に苦しんでいる | ein Mittel gegen ~*en* einnehmen 頭痛薬を服用する ‖ *sich*[3] über *et.*[4] ⟨wegen *et.*[2]⟩ ~*en* machen …のことで心配する, …を悩む | ***jm.* ~en machen ⟨bereiten⟩** …にとって頭痛の種である. **⸗schmuck** 男 頭〈髪〉飾り. **⸗schrau·be** 女 〚工〛頭つきボルト(→ 図 Schraube A). **⸗schup·pe** 女 -/-n 《ふつう複数で》(頭の)ふけ. **⸗schuß** 男 頭部への銃撃; 頭部銃創. **⸗schüt·teln** 中 -s/ 頭を(左右に)振ること(拒否・否定・驚きなどの表現): ein entschiedenes ⟨energisches⟩ ~ 断固たる拒絶 | allgemeines ~ erregen ⟨verursachen⟩ 世間の人々をあきれさせる.

kopf·schüt·telnd 副 頭を(左右に)振りながら.

Kopf⸗schüt·zer 男 (頭を保護する)かぶりもの(ヘルメットなど). **⸗spiel** 中 =Kopfstoß 1 **⸗sprung** 男 〚泳〛(頭から水中に入る)前飛び. **⸗stand** 男 〚体操〛頭倒立(→ 図). **⸗sta·tion** 女 =Kopfbahnhof

Kopfstand

kopf|ste·hen*[kɔ́pf..] 《182》自 (h) 逆立ち〈倒立〉する; 《比》(本来の姿と)正反対である; 《話》(驚いて・熱狂して)我を忘れる; びっくり仰天する, 慌てふためく, 混乱に陥る.

Kopf·stein 男 (特に中世都市の道路舗装に用いられた, 荒

K

削りの)円頭石.
Kopf·stein·pfla·ster 中 円頭石舗装(→図).

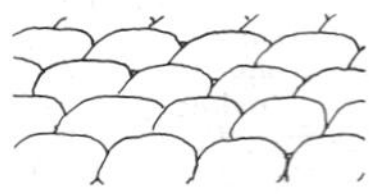
Kopfsteinpflaster

Kopf≈steu·er 女 人頭税. **≈stim·me** 女 -/-n 〖楽〗(↔ Bruststimme) 頭声(同一の人間の高音域の声); 裏声, ファルセット. **≈stoß** 男 **1** 〖サッカー〗ヘディング. **2** 〖ボクシング〗バッティング. **≈stück** 中 **1** 頭部, 前部; 〖料理〗(魚肉の)頭の部分. **2** 肖像の刻印のある硬貨. **3** =Kopfnuß 1 **4** =Kopfleiste **≈stüt·ze** 女 ヘッドレスト, いすのまくら. **≈teil** 中 男 (ベッドの)ヘッドボード(→ 図 Bett); (いすの)ヘッドレスト. **≈tuch** 中 -[e]s/..tücher 頭にかぶる布, スカーフ.
kopf≈über[kɔpf|ý:bər] 副 頭から先に, まっさかさまに(→kopfunter): ～ vom Pferd fallen まっさかさまに落馬する | *sich*^{4} ～ in die Arbeit stürzen《比》猛烈な勢いで仕事に取りかかる. **≈un·ter**[..|ʊ́ntər] 副《kopfüber と対になって》まっさかさまに: Kopfüber, ～ rollte er die Treppe hinab. 彼はまっさかさまに階段を転がり落ちた.
Kopf≈vor·stoß[kɔ́pf..] 男 〖フェンシング〗面〈テット〉突き(→ 図 Fechten). **≈wä·sche** 女 **1** 洗髪. **2**《話》叱責(しっせき): *sich*^{3} eine ordentliche ～ gefallen lassen さんざんどやされる. **≈was·ser** 中 -s/..wässer (Haarwasser) ヘアローション〈トニック〉. **≈was·ser·sucht** 女 -/ 〖医〗脳水腫(すいしゅ). **≈weh** 中 -s/ =Kopfschmerz **≈zahl** 女 (人・家畜などの)頭数(あたまかず). **≈zer·bre·chen** 中 -s/ 〔あれこれ〕思いわずらうこと: *sich*^{3} über *et.*^{4} ～ machen …について思い悩む | ***jm.* ～ machen 〈bereiten〉** …にとって悩みの種である.
Ko·pho·sis[kofó:zɪs] 女 -/ (Taubheit) 〖医〗聾(ろう), 聴覚喪失. [< *gr.* kōphós „stumpf, taub"]
Koph·ta[kɔ́fta·] 男 -s/-s コフタ(魔術の能力のあるエジプトの祭司). [< Kopte]
koph·tisch[..tɪʃ] 形 コフタの.
Ko·pial·buch[kopiá:l..] 中 (筆写・分類された)公文書集.
▽**Ko·pia·li·en**[kopiá:liən] 複 筆写(浄書)料.
▽**Ko·pia·tur**[kopiatú:r] 女 -/-en 筆写, 浄書.
Ko·pie[kopí:; オーストリア: kó:piə] 女 -/-n [kopí:ən; オーストリア: kó:piən] **1 a)** (Abschrift) 写し, コピー; (Fotokopie) 写真複写: eine scharfe ～ 鮮明なコピー ‖ eine ～ anfertigen コピーを作製する | von *et.*^{3} 2 Kopien machen …のコピーを2通作る. **b)** (Abzug) 〖写・映〗プリント, 陽画. **2** (芸術作品の)模写, 模作; 複製, 模造品; 《比》模倣: eine ～ von 〈nach〉 einem alten Gemälde ある古い絵画の模写. [*lat.* cōpia „Fülle"–*mlat.*; < *lat.* ops (→opulent); ◇ *engl.* copy]
Ko·pier≈an·stalt[kopí:r..] 女 〖映〗プリント製作所. **≈ap·pa·rat** 男 **1** 〔自動式〕複写器, コピー装置. **2** 〖写〗焼き付け器. **≈buch** 中 〖経〗控え帳.
ko·pie·ren[kopí:rən] 他 (h) **1** 《*et.*^{4}》 **a)** (…の)写し〈コピー〉を作る, コピーする. **b)** 〖写・映〗プリントする, (…の)プリント〈陽画〉を作る. **2** (芸術作品を)模写〈模造〉する; 複製する; 《比》模倣する: die Redeweise des Lehrers ～ 教師の話し方をまねる. [*mlat.*; ◇ *engl.* copy]
Ko·pie·rer[kopí:rər] 男 -s/- 《話》=Kopierapparat 1
Ko·pier≈ge·rät[kopí:r..] 中 = Kopierapparat **≈pa·pier** 中 **1** 複写紙, コピー用紙. **2** 〖写〗印画紙. **≈rad** 中 〖服飾〗ルレット. **≈rah·men** 男 〖写〗焼き付け枠. **≈stift** 男 (Tintenstift) (芯(しん)に水溶性色素を含ませた)複写〈コピー〉用鉛筆.

Ko·pi·lot[kó:pilo:t] 男 -en/-en (⊛ **Ko·pi·lo·tin**[..tɪn] -/-nen) 〖空〗副操縦士. [*engl.*]
ko·piös[kopiǿ:s][1] 形 (reichlich) 多量の, 豊富な, たっぷりの. [*lat.*–*fr.*; < *lat.* cōpia (→Kopie); ◇ *engl.* copious]
Ko·pist[kopíst] 男 -en/-en **1** (芸術作品の)模作家; 複製技術者. **2** (Abschreiber) 浄書する人, 筆耕者. [*mlat.*]
Kop·pe[kɔ́pə] 女 -/-n 《方》=Kuppe

Kop·pel[kɔ́pəl] **I** 女 -/-n **1** (柵(さく)で囲まれた)牧草地, 放牧場. **2 a)** 《集合的に》(革ひも・手綱などでつながれた)一組の馬〈猟犬〉. **b)** (馬・猟犬などをつなぐ)革ひも, 手綱. **3 a)** 〖楽〗(パイプオルガンの)カプラー. **b)** 〖工〗カプラー, 連結器. **II** 中 -s/- (オーストリア: 女 -/-n) (制服の)帯革(おびかわ), ベルト; 剣帯: das ～ umschnallen 〈abschnallen〉 ベルトを着ける〈はずす〉. [*lat.* cōpula (→Kopula)–*afr.* co[u]ple „Band"–*mhd.*; ◇ kuppeln^2; I 1: *mndd.*]
kop·pel·gän·gig 形 〖狩〗(猟犬が)一組につなぎ合わされた; 一組につなぎ合わすのに適した.
Kop·pel·ma·nö·ver 中 (2個の宇宙船の)ドッキング操作〈作業〉.
kop·peln[kɔ́pəln] 《06》 他 (h) **1** (馬・猟犬などを一組に)つなぎ合わせる. **2** 結び合わせる, 連結する, 接続する: einen Wagen an den Zug ～ 車両を列車に連結する | Das Telefon ist an ein Tonbandgerät *gekoppelt*. 電話はテープレコーダーとつながっている | Raumschiffe ～ 宇宙船をドッキングさせる | die einzelnen Wörter durch Bindestriche ～ 個々の単語をハイフンでつなぐ ‖ mit *et.*^{3} *gekoppelt* sein …と連関している | *et.*^{4} *gekoppelt* verkaufen …を抱き合わせで売る. **3** (海図によって)船の位置を算出する. [*lat.*–*afr.* copler–*mhd.*; ◇ kopulieren; *engl.* couple]
Kop·pel·schloß 中 帯革〈ベルト〉の留め金.
Kop·pe·lung[kɔ́pəlʊŋ] 女 -/-en =Kopplung
Kop·pel≈wei·de[kɔ́pəl..] 女 共同牧草地〈放牧場〉. **≈wirt·schaft** 女 (穀物と飼料植物の)輪作農業. **≈wort** 中 -[e]s/..wörter 〖言〗 **1** (Konjunktion) 接続詞. **2** ハイフン付き複合〈合成〉語.
kopp·hei·ster[kɔpháɪstər] 副 《北部》(kopfüber) 頭から先に, まっさかさまに: ～ schießen とんぼ返りする. [< *ndd.* kopp (◇Kopf) + *mhd.* heisteren „eilen" (hasten)]
Kopp·lung[kɔ́plʊŋ] 女 -/-en **1** (koppeln すること. 例えば:) 連結, 接続; (宇宙船の)ドッキング; 〖理〗結合; 〖生〗連関, リンケージ. **2** 〖工〗カップリング, 軸継ぎ手. **3** 〖海〗推測航法.
kopr.. →kopro..
Ko·pra[kó:pra·] 女 -/ コプラ(乾燥させたココヤシの胚乳, マーガリン・せっけんなどの原料となる). [*Hindi* khoprā–*tamil.* koppara–*port.*; < *Hindi* khapnā „trocknen"]
kopro.. 《名詞などにつけて「糞便(ふんべん)・汚穢(おわい)」などを意味する. 母音の前では kopr.. となることもある》: *Kopro*phagie 〖医〗食糞(しょくふん)症 | *Kopr*ämie 〖医〗便秘性中毒症. [*gr.*]
Ko·pro·duk·tion[kó:produktsio:n] 女 -/-en 〖映〗 **1** 共同製作. **2** 共同製作映画: eine deutsch-fanzösische ～ 独仏合作映画. [*engl.* co-production]
Ko·pro·du·zent[..tsɛnt] 男 -en/-en 〖映〗共同製作者.
Ko·pro·la·lie[koprolalí:] 女 -/ 〖医〗醜語症, 猥語(わいご)症. [< *gr.* laliá „Geschwätz" (◇lallen)]
Ko·pro·lith[..lí:t, ..lɪ́t] 男 -s/-e (-en/-en) 〖地〗 **1** 糞石(ふんせき) (動物の排泄(はいせつ)物の化石). **2** (Kotstein) 〖医〗腸〔結〕石, 糞石.
Ko·pro·lo·gie[..logí:] 女 -/ 糞便(ふんべん)学.
ko·pro·phag[..fá:k][1] 形 **I** 〖医〗食糞(しょくふん)症の. **II Ko·pro·pha·ge** 男 女 《形容詞変化》 **1** 〖動〗食糞(しょくふん)動物. **2** 〖医〗食糞症患者.
Ko·pro·pha·gie[..fagí:] 女 -/ 〖医〗食糞(しょくふん)症.
Ko·pro·phi·lie[..filí:] 女 -/ 〖医〗嗜糞(しふん)症.
Ko·pro·pho·bie[..fobí:] 女 -/ 〖医〗恐糞(きょうふん)症.
Kops[kɔps] 男 -es/-e 〖織〗紡錘(ぼうすい)状の巻き糸. [*mlat.* cuppa (→Kuppe)–*engl.* cop „Spitze"; ◇ Kopf]
Kop·te[kɔ́ptə] 男 -n/-n コプト人(古代エジプト人の子孫で, キリスト教の一派であるコプト教会に属するエジプト人). [*arab.*; < *gr.* Aigýptios „Ägypter"; ◇ *engl.* Copt]
kop·tisch[kɔ́ptɪʃ] 形 コプト人〈コプト教会〉の.
Ko·pu·la[kó:pula·] 女 -/-s, ..lae[..lɛ·] **1** 〖言〗コプラ, 繋辞(けいじ), 連辞 (sein, bleiben, werden など). **2** (Begattung) 〖動〗交尾; (原生動物の)接合. [*lat.* cōpula „Band"–*mlat.*; ◇ kon.., Attitüde]
Ko·pu·la·tion[kopulatsió:n] 女 -/-en **1** 結合, 連結;

〘言〙並列結合. **2 a)** 〘動〙交尾. **b)** 交接, 交合, 性交. **3** 〘園〙接ぎ木. ▽**4** 結婚. [*lat.*]

ko·pu·la·ti̲v[kopulatí:f, kó:pulati:f][1] 形 連結〈並列〉的な: eine ～*e* Konjunktion 〘言〙並列接続詞. [*spätlat.*]

Ko·pu·la·ti̲·vum[..vʊm] 中 -s/..va[..va·] 〘言〙連結複合語(例 taubstumm).

ko·pu·li̲e̲·ren[kopulí:rən] **I** 他 (h) **1** 結合する, 連結する; 並列する; 〘言〙(並列的に)結合する. **2** 〘園〙接ぎ木する. ▽**3** 《*jn.*》(…と)結婚させる. **II** 自 (h) **1** 《mit *et.*[3]》(…と)結合〈連結〉する. **2 a)** 〘動〙交尾する. **b)** 性交〈交接〉する. [*lat.*]

ko̲r[ko:r] **I** kiesen[2]の過去. **II** kürte (küren の過去)の別形.

kor.. →kon..

Ko̲·rah[kó:ra·] 人名 〘聖〙コラ (Levi の孫. Moses と Aaron に対する反乱を指導した): **die Rotte ～** コラの一党; 《比》無規律な集団, 暴民(聖書: 民16から). [*hebr.*]

Ko·ra̲l·le[korálə] 女 -/-n 《ふつう複数で》 **1** サンゴ(珊瑚): eine Halskette aus roten ～*n* 赤サンゴの首飾り. **2** (Blumentiere) サンゴ虫類, 花虫類: *Korallen* bilden Riffe. サンゴ虫はサンゴ礁をつくる | **Da lacht die ～!** 《話》ばかばかしくて話にならない. [*gr.* koráĺlion－*lat.*－*afr.*－*mhd.*; ＜*gr.* kórē „Mädchen, Puppe“ (◇Kore)＋háls „Meer“; ◇*engl.* coral]

ko·ra̲l·len[korálən] 形 **1** 《付加語的》サンゴ〔製〕の. **2** サンゴのような赤い〈淡紅〉色の.

Ko·ra̲l·len≠bank 女 -/..bänke サンゴ礁. **≠baum** 男 〘植〙タマサンゴ(玉珊瑚)(ナス科の低木). **≠erb·se** 女 〘植〙カイコウズ(海紅豆). **≠fi·scher** 男 サンゴ採取者. **≠fi·sche·rei** 女 -/ サンゴ採取. **≠in·sel** 女 サンゴ島(島状をなしたサンゴ礁). **≠ket·te** 女 サンゴの首飾り〈ネックレス〉. **≠kir·sche** 女 ＝Korallenbaum

das **Ko·ra̲l·len·meer** 地名 中 -〔e〕s/ 珊瑚(さんご)海(南太平洋の一部で, オーストラリア北東にある).

Ko·ra̲l·len≠mund 男 《雅》(サンゴのように)赤い唇. **≠pilz** 男 〘植〙サンゴハリタケ(珊瑚針茸)(食用キノコ: → 図 Pilz). **≠riff** 中 ＝Korallenbank

ko·ra̲l·len·ro̲t 形 サンゴのような赤い〈淡紅〉色の.

Ko·ra̲l·len≠see 女 -/ ＝Korallenmeer **≠strauch** 男 〘植〙デイコ(梯姑)属. **≠tier** 中 〘動〙花虫類(サンゴ・イソギンチャクなど). **≠wurz** 女 〘植〙サンゴネラン.

Ko·ral·li̲n[koralí:n] 中 -s/ コラリン(赤色色素. 塗料の原料として用いる). [＜..in[2]]

▽**ko̲·ram**[kó:ram] 副 面と向かって: 〘もっぱら次の成句で〙 ***jn.* ～ nehmen** …を面詰する〈とっちめる〉. [*lat.*; ＜kon..＋*lat.* ōs „Mund“]

▽**ko·ra·mi̲e̲·ren**[koramí:rən] (ｵｰｽﾄﾘｱ: **ko·ra·mi·si̲e̲·ren**[..mizí:rən]) 他 (h) 《*jn.*》面詰する, とっちめる.

Ko·ra̲n[korá:n, kó:ra(:)n] 男 -s/-e コーラン(イスラム教の経典). [*arab.* qur'ān „Lesung“]

▽**ko·ra̲n·zen**[korántsən] 《02》(過分 koranzt)) ＝kuranzen

Korb[kɔrp][1] 男 -es(-s)/Körbe[kœrbə] (小 **Körb·chen** → 別出, **Körb·lein**[kœrplaɪn] 中 -s/-) **1** 《単位としてはふつう無変化》かご, ざる: ein ～ *aus Bambus* 〈*Plastik*〉 竹〈プラスチック製〉のかご | Blumen*korb* 花かご | Papier*korb* 紙くずかご ‖ aus *et.*[3] *Körbe* machen 〈flechten〉 …でかごを編む | Dieser ～ hat einen Henkel 〈einen Deckel〉. このかごには取っ手〈ふた〉がある ‖ ein ～ 〔voll〕 Äpfel リンゴの〔いっぱい〕入ったかご | ein ～ mit Eiern 卵の入ったかご | Das Schiff löschte 900 ～ 〈*Körbe*〉 Fisch. その船は900かごの魚を陸揚げした ‖ Hahn im ～ sein (→Hahn[1] 1 a). **2 a)** (気球・飛行船の)ゴンドラ(→ 図 Ballon). **b)** (サーベルの)かごづか(→ 図 Degen). **c)** 〘球技〙(バスケットボールなどの)バスケット: Die Mannschaft erzielte 10 *Körbe*. そのチームは10回シュートをきめた. **d)** 〘植〙(キク科などの)頭状花序. **3** 《話》(Ablehnung) (特に求愛に対する)拒絶, ひじ鉄: ***jm.* einen ～ geben** …にひじ鉄をくらわす | 〔**von *jm.***〕 **einen ～ bekommen** 〈**erhalten**〉 /***sich***[3] 〔**bei *jm.***〕 **einen ～ holen** …にひじ鉄をくらう. **4** 《単数で》(Korbgeflecht) かご細工, 編み細工: ein Stuhl aus ～ 籐(とう)いす. **5** 〘外交〙(討議すべき個々のテーマ領域をさして)バスケット. [*lat.* corbis－*ahd.*; ◇Krippe]

Ko̲rb≠ball[kɔ́rp..] 男 **1** 《単数で》〘球技〙コルプボール(バスケットボールに似た女子の球技). **2** コルプボール用のボール. **≠blü̲t·ler** 男 -s/- 〘植〙キク科植物.

Kö̲rb·chen[kœ́rpçən] 中 -s/- (Korb の縮小形) **1 a)** 小さいかご〈ざる〉. **b)** 寝かご: Das Baby liegt im ～. 赤ん坊がかごに寝ている | Husch, husch ins ～! 《話》早くおやすみ(子供を寝かせるとき). **2** 〘服飾〙(ブラジャーの)カップ, ブラカップ. **3** 〘虫〙(ミツバチの後脚にある)花粉槽. **4** 〘植〙(キク科などの)頭状花序(→ 図 Blütenstand). **5** 〘建〙持ち出し.

Kö̲r·be Korb の複数.

Ko̲r·ber[kɔ́rbər] 男 -s/- 《ｽｲｽ》＝Korbflechter

Ballon

Korbflasche

Ko̲rb≠fla·sche[kɔ́rp..] 女 (ワインなどを入れる)かご入り瓶(→ 図). **≠flech·ter** 男 かご細工師. **≠ge·flecht** 中 編み細工, かご細工.

Kö̲rb·lein Korb の縮小形(→ Körbchen).

Ko̲rb≠ma·cher[kɔ́rp..] 男 ＝Korbflechter **≠mö·bel** 中 -s/- 《ふつう複数で》籐(とう)製家具. **≠ses·sel** 男 籐製の安楽いす(→ 図). **≠stu̲hl** 男 籐いす. **≠wa̲·gen** 男 籐製の乳母車. **≠wa̲·re** 女 -/-n 《ふつう複数で》籐(とう)細工品, かご細工. **≠wei·de** 女 〘植〙ヨーロッパ産ヤナギ属の一種(枝がかご細工に適する). **≠werk** 中 (石などを詰めて護岸に用いる)蛇籠(じゃかご).

Korbsessel

Kord[kɔrt][1] 男 -〔e〕s/ (種類: -e) 〘織〙コーデュロイ, コールテン; ウィップコード. [*gr.* chordḗ (→Chorda)－*lat.*－*afr.* corde „Seil“－*engl.* cord]

Ko̲rd·an·zu̲g[kɔ́rt..] 男 コールテンのスーツ〈背広〉.

Ko̲r·del[kɔ́rdəl] 女 -/-n **1** 編みひも, よりひも. **2** 《南西部》(Bindfaden) 結び〈からげ〉ひも. [*fr.* cordelle]

Kor·de̲·lia[kɔrdé:lia·] 女名 (＜Kordula) コルデーリア.

Ko̲rd·ho̲·se[kɔ́rt..] 女 コールテンのズボン.

▽**kor·dia̲l**[kɔrdiá:l] 形 (herzlich) 心からの, まごころのこもった; (vertraulich) 親しい, 親密な, 打ち解けた. [*mlat.*－*fr.*; ＜*lat.* cor „Herz“ (◇Kardia)]

▽**Kor·dia·li·tä̲t**[kɔrdialitɛ́:t] 女 -/ 真心, 親切.

kor·di̲e̲·ren[kɔrdí:rən] 他 (h) 《*et.*[4]》(工具の握りなどが滑らないように…に)編みひも状の溝をつける.

die **Kor·dil·le·ren**[kɔrdɪljé:rən] 地名 複 **1** コルディリエーラ山系(北米・中米・南米の太平洋岸を南北に連なる大山脈群の総称). **2** ＝Anden [*span.*]

Ko̲rd·jacke[kɔ́rt..] 女 コールテンの上着.

Kor·don[kɔrdɔ̃ː; ｵｰｽﾄﾘｱ: kɔrdó:n] 男 -s/-s (ｵｰｽﾄﾘｱ: -e [..dó:nə]) **1** (軍隊・警官などによる)遮断〈包囲〉線: einen ～ bilden 〈ziehen〉 包囲線をしく | einen ～ sprengen 〈durchbrechen〉 包囲線を突破する. **2** (Ordensband) (勲章の)大綬(たいじゅ). **3** (Schnurbaum) 〘園〙コルドン(水平型に仕立てた果樹). [*fr.*; ＜*afr.* corde (→Kord)]

Kor·do·ne̲tt≠sei·de[kɔrdonɛ́t..] 女 -/ コルドンネ(太いより糸の一種)に使う絹糸. **≠stich** 男 太いより糸を使った刺しゅう, コーチング. [＜*fr.* cordonnet „dünne Schnur“]

Ko̲r·duan[kɔ́rdua(:)n, kɔrduá:n] 中 -s/ , **Ko̲r·duan·le̲·der** 中 -s/ コルドバ革. [*afr.* cordouan－*mhd.* kurdewān; ◇Córdoba]

Ko̲r·du·la[kɔ́rdula·] 女名 コルドゥラ (Cordula ともつづる). [*lat.* „Herzchen“; ◇kordial]

Ko̲·re[kó:rə] 女 -/-n **1** (古代ギリシア建築の)女像柱(→ Karyatide). **2** (古代ギリシア建築の)少女像. [*gr.*]

kö̲·re[kø:rə] **I** kiesen[2]の接続法II. **II** kürte (küren の接続法II)の別形.

Ko·re̲a[koré:a·] 地名 朝鮮(大韓民国と朝鮮民主主義人民

共和国を含む地域の総称): Republik ～ 大韓民国 | Demokratische Volksrepublik ～ 朝鮮民主主義人民共和国 (→koreanisch) | Nord*korea* / Nord- ～ 北朝鮮 | Süd*korea* / Süd- ～ 南朝鮮. [<Koryo]

Ko·rea·krieg[koré:a..] 男 -[e]s/ 〘史〙朝鮮戦争 (1950-53).

Ko·rea·ner[koreá:nər] 男 -s/- 朝鮮の人.

ko·rea·nisch[..nɪʃ] 形 朝鮮[の人・語]の: →deutsch | *Koreanische* Volksdemokratische Republik 朝鮮民主主義人民共和国(→Korea).

Ko·rea·peit·sche[koré:a..] 女《話》GI 〈ジーアイ〉刈り(朝鮮戦争中のアメリカ兵の髪型にちなむ).

die **Ko·rea-Stra·ße** (**Ko·rea·stra·ße**) 地名 女 -/ 朝鮮海峡.

Ko·re·fe·rat[kó:refera:t] 中 -[e]s/-e 《オーストリア》=Korreferat

kö·ren[kø:rən] 他 (h) 〘畜〙(種畜を)選ぶ, 検査する. [*ndd.*; ◇küren]

Kor·fiot[kɔrfió:t] 男 -en/-en コルフ島の人.

Kor·fu[kɔ́rfu·, kɔrfú:] 地名 コルフ(ギリシア西部の島ケルキラ Kerkyra のイタリア語名).

Kör≠ge·setz[kø:r..] 中 =Körordnung **≠hengst** 男 (検査・認可済みの)種馬. [<kören]

Ko·rian·der[koriándər] 男 -s/- 《ふつう単数で》〘植〙コエンドロ, コリアンダー(香辛料として料理に用いられる). [*gr.* koríannon−*lat.*; <*gr.* kóris „Wanze"]

Ko·rian·do·li[koriándoli·, kɔr..] 中 -[s]/- 《オーストリア》=Konfetti 1 [*it.* „Koriander-Körner"]

Ko·rinth[korínt] 地名 コリント(ペロポネソス半島の一部を含むギリシアの都市. 古代ギリシアの都市国家として栄えた). [*gr.*−*lat.*]

Ko·rin·the[..tə] 女 -/-n 種なしの小粒干しぶどう(かつて Korinth から積み出された). [*fr.* [raisin de] Corinthe; ◇*engl.* currant]

Ko·rin·then·kacker 男《卑》些事(さじ)に拘泥(こうでい)する〈つまらぬことにこだわる〉人.

Ko·rin·ther[..tər] 男 -s/- コリントの人: der erste 〈zweite〉 Brief des Paulus an die ～ (新約聖書の)コリント人への第一〈第二〉の手紙.

ko·rin·thisch[..tɪʃ] 形 コリントの; 〘建〙コリント[様]式の: eine ～*e* Säule コリント式円柱.

Kork[kɔrk] 男 -[e]s/-e **1** 《ふつう単数で》コルク. **2** 《東部・南部》(Korken) コルク栓. **3** 〘漁〙(コルク製の)浮き. [*span.* corcho−*ndl.* kurk; <*lat.* quercus „Eiche"+cortex (→Kortex)]

Kork≠ball[kɔ́rk..] 男 〘海〙(防舷(ぼうげん)材の)コルク球(→図 Fender). **≠baum** 男 〘植〙キハダ(黄膚)属(ミカン科. 樹皮を薬用にする). **≠brand** 男 (ワインの瓶の)コルク栓の焼き印(醸造所の商標). **≠ei·che** 女 〘植〙コルクガシ(樫).

kor·ken[1][kɔ́rkən] 形《付加語的》コルク[製]の.

kor·ken[2][−] 他 (h) **1** (瓶に)コルク栓をする. **2** (瓶の)コルク栓を抜く.

Kor·ken[−] 男 -s/- **1** コルク栓: den ～ [heraus]ziehen コルク栓を抜く | eine Flasche mit einem ～ verschließen 瓶にコルク栓をする. **2** 《話》間違い, ミス: [**einen**] **～ abschießen** 〈**steigen lassen**〉 場違いなことをしゃべる.

Kor·ken≠geld 中 コケージ(レストランなどで客の持ち込み飲料に対する料金). **≠zie·her** 男 (瓶の)コルク栓抜き.

Kork≠gür·tel[kɔ́rk..] 男 〘海〙コルク製救命ベルト. **≠holz** 中 (南洋産の)コルクに似た木材. **≠mehl** 中 (栓を抜いたときなどに出る)コルクの粉. **≠soh·le** 女 コルク製靴底. **≠we·ste** 女 〘海〙コルク製救命チョッキ. **≠zie·her** =Korkenzieher

Kork·zie·her·ho·se 女《話》(コルク栓抜きの螺旋(らせん)のような)丈が長すぎて横じわの寄ったズボン.

Kor·mo·phyt[kɔrmofý:t] 男 -en/-en 《ふつう複数で》(↔Thallophyt) (Sproßpflanze) 〘植〙茎葉植物(コケ類・シダ類・種子植物など). [<Kormus+..phyt]

Kor·mo·ran[kɔrmorá:n; オーストリア: ◡◡−] 男 -s/-e 〘鳥〙ウ(鵜). [*spätlat.* corvus marīnus „Meer-Rabe"−*afr.* cormare[n]g−*fr.*; ◇Rabe, Marine; *engl.* cormorant]

Kor·mus[kɔ́rmʊs] 男 -/ 〘植〙茎葉体(高等植物の体). [*gr.* kormós „Stumpf"; <*gr.* keírein „abschneiden" (◇scheren[1]); ◇*engl.* corm]

Korn[kɔrn] **I** 中 -[e]s/Körner[kœ́rnər], -e (小 **Körn·chen** → 別出, **Körn·lein**[kœ́rnlaɪn] 中 -s/-) **1 a)** -[e]s/ (種類: -e) (その国の主要な)穀物; 穀物畑: ～ anbauen 〈säen〉 穀物の栽培をする〈種をまく〉| ～ mähen 〈einfahren〉 穀物を刈り入れる〈納屋に運び込む〉| ～ dreschen 〈mahlen〉 穀物を脱穀する〈粉にひく〉‖ Das ～ steht [in diesem Jahr] gut. [今年は]穀物の作柄がよい ‖ die Flinte ins ～ werfen (→Flinte). **b)** (パンの原料となる穀物. 特に:) (Roggen) ライムギ. **2** -[e]s/Körner **a)** (穀物の)粒; (砂糖・塩・砂などの)粒: die *Körner* des Weizens 〈vom Mais〉 小麦〈トウモロコシ〉の粒 ‖ Ein blindes Huhn findet auch einmal ein ～. (→Huhn 1 a). **b)** 〘写〙(フィルムの)粒子. **3** -[e]s/ 〘地〙微細構造; 〘写〙(フィルムの)粒子状態〈構造〉; (物質の表面の)きめ, 粒状の突起: Sandstein von grobem ～ 粗い肌の砂岩 | das ～ des Materials feststellen 〈bestimmen〉 物質の[微細]構造を決定する. ▽**4** -[e]s/-e (貨幣の)金位, 銀位: von altem 〈echtem〉 Schrot und ～ (→Schrot 3). **5** -[e]s/-e (銃などの)照星(→図): Kimme und ～ 照門と照星 ‖ *jn.* 〈*et.*[4]〉 **aufs ～ nehmen** 《話》…に狙いをつける, …をターゲットにする; 《比》…を鋭く観察〈批判〉する. **II** 男 -[e]s/ (話: -) = Kornbranntwein [*germ.*; ◇Kern; *engl.* corn; *lat.* grānum „Korn"]

Vollkorn

Feinkorn

Kimme

Korn

Korn

Korn≠äh·re[kɔ́rn..] 女 穀物の穂. **≠blu·me** 女 〘植〙ヤグルマギク(矢車菊).

korn·blu·men·blau 形 **1** ヤグルマギクのように青い. **2** 《話》へべれけの, ひどく酔った.

Korn≠bo·den[kɔ́rn..] 男 穀物置場. **≠brand** 男 **1** 〘農〙(麦の)黒粒病, 黒穂病. **2** = Kornbranntwein **≠brannt·wein** 男 穀物酒(小麦・大麦・ライ麦・オート麦などを原料とする蒸留酒). **≠brot** 《南部》=Roggenbrot

Körn·chen[kœ́rnçən] 中 -s/- (Korn の縮小形. 例えば:) 小粒, 顆粒(かりゅう): ein ～ Salz 〈Sand〉 一粒の塩〈砂〉| In dieser Äußerung steckt ein ～ Wahrheit. この言葉の中にはいささかの真実〈真理〉がある.

Körndl·bau·er[kœ́rndəl..] 男 -n(-s)/-n 《オーストリア》穀物栽培に重点をおく農夫(→Hörndlbauer).

Kor·nea[kɔ́rnea·] 女 -/-e[..neɛ·] (Hornhaut) 〘解〙角膜. [*mlat.* cornea (tēla); ◇Horn]

Kor·nel[kɔrné:l] 男名 コルネール.

Kor·ne·lia[..lia·] 女名 コルネーリア (Cornelia ともつづる).

Kor·ne·lie[..liə] 女名 コルネーリエ.

Kor·ne·lius[..liʊs] 男名 コルネーリウス (Cornelius ともつづる). [*lat.*]

Kor·nel·kir·sche[kɔrné:l..; オーストリア: kɔ́rnel..] 女 -/-n, **Kor·nel·le**[kɔrnɛ́lə] 女 -/-n 〘植〙セイヨウサンシュユ(西洋山茱萸). [<*lat.* cornus „Kornelkirschbaum"; ◇*engl.* cornel]

kör·nen[kœ́rnən] **I** 他 (h) **1** 粒にする. **2** (金属・皮革などの表面を)粒状に粗く加工する. **3** (金属などの面に)円錐(えんすい)形の目じるし穴をうがつ. **4** 〘狩・漁〙穀粒で獲物をおびき寄せる. **II ge·körnt** → 別出 [*mhd.*; ◇Korn]

Kor·ner[kɔ́rnər] 男 -s/- =Corner 1

Kör·ner[1][kœ́rnər] 人名 Theodor ～ テーオドール ケルナー

K

(1791-1813; ドイツの愛国詩人, 対ナポレオン解放戦争に出征して戦死, 作品は詩集『竪琴(たてごと)と剣』など).

Kọ̈r·ner[2][−] 男 -s/- 〖工〗センターポンチ(ボーリング穴の中心をしるす工具). [<körnen]

Kọ̈r·ner[3] Korn I 2 の複数.

Kọ̈r·ner⸗fres·ser 男 穀食鳥(スズメなど). **⸗frucht** 女 穀物の実. **⸗krank·heit** 女 (Trachom)〖医〗トラホーム.

Kor·nẹtt[kɔrnɛ́t] **I** 中 -[e]s/-e, -s 〖楽〗コルネット(→ ⊛ Blasinstrument). ᵛ**II** 男 -[e]s/-e, -s 騎兵隊の旗手. [*fr.* cornet[te]; < *lat.* cornū (→Horn)]

Kor·net·tịst[..nɛtíst] 男 -en/-en 〖楽〗コルネット奏者.

Kọrn⸗fäu·le[kɔ́rn..] 女 〖農〗(小麦の)なまぐさ黒穂病. **⸗feld** 中 穀物畑. **⸗frucht** 女 〖植〗穎果(えいか), 穀果(イネ科の果実: → ⊛). **⸗han·del** 男 -s/ 穀物取引. **⸗haus** 中 穀倉, 穀物倉庫.

Keim

Kornfrucht

kọ̈r·nig[kœ́rnɪç][2] 形 **1** 粒状の, つぶつぶの: Reis ~ kochen 飯を固く(粥(かゆ)にならぬように)炊く. **2** (表面が)ざらざらした.

Kọrn⸗kä̱·fer[kɔ́rn..] 男 〖虫〗コクゾウムシ(穀象虫). **⸗kam·mer** 女 **1** 穀物倉, 穀倉. **2** 《比》穀倉地帯. **⸗kre̱bs** 男 =Kornkäfer

Kö̱rn·lein Korn の縮小形(→Körnchen).

Kọrn⸗mot·te[kɔ́rn..] 女 〖虫〗コクガ(穀蛾). **⸗nel·ke** 女 〖植〗ムギセンノウ(麦仙翁). **⸗ra̱·de** 女 〖植〗ムギセンノウ(麦仙翁), ムギナデシコ(麦撫子)(穀物畑の雑草). **⸗ro̱·se** 女 =Klatschmohn **⸗rou·lett**[..rulɛt] 中 (銅版彫刻用の)ルレット, 回転やすり(→ ⊛ gravieren). **⸗spei·cher** 男 穀倉.

Kọ̈r·nung[kœ́rnʊŋ] 女 -/-en **1** (körnen すること. 例えば:) 粒化,(表皮などの)粒状加工. **2** 〖狩〗**a)** (イノシシ捕獲用の)穀粒のえさ. **b)** a の仕掛け場. **3** 〖工〗粒度,(砥石(といし)などの)粒子の大きさ. **4** (銅版画の)砂目つけ.

Kọrn·wurm[kɔ́rn..] 男 (貯蔵中の)穀物につく虫: Schwarzer ~ コクゾウムシ(穀象虫)(=Kornkäfer) | Weißer ~ コクガ(穀蛾)(=Kornmotte).

Ko·rọl·la[korɔ́la·] 女 -/..len[..lən] (Blumenkrone) 〖植〗花冠. [*lat.* corōlla „Kränzchen"; < *lat.* corōna (→Korona)]

Ko·rol·la̱r[korɔlá:r] 中 -s/-e, **Ko·rol·la̱·rium**[..lá:riʊm] 中 -s/..rien[..riən] **1** (Zugabe) おまけ. **2** 〖数〗系. **3** 容易に引きだせる結論; 必然的帰結. [*lat.* corōllārium „Kränzchen (als Geschenk)"]

Ko·rọl·le[korɔ́lə] 女 -/-n =Korolla

Ko·ro·mạn·del[koromándəl] 地名 コロマンデル(インド南東部, ベンガル湾に沿う海岸地方).

Ko·ro·mạn·del·holz 中 コロマンデル産の木材(黒檀の一種).

die **Ko·ro·mạn·del·kü·ste** 地名 女 -/ =Koromandel

Ko·ro̱·na[koró:na·] 女 -/..nen[..nən] **1 a)** 〖天〗(皆既日食の際の太陽の)コロナ. **b)** 〖電〗コロナ放電. **2** 〖美〗(聖像のまわりに描かれる)後光, 光輪. **3** (陽気な人たちの)一群, 仲間,(料理店の)常連; (悪党の)一団, 一味. [*gr.* korṓnē „Gekrümmtes"−*lat.* corōna „Kranz"; ◇Zirkus, Krone]

Ko·ro·na̱l[koroná:l] 男 -s/-e 〖言〗舌頂音(舌先および舌端による音). [<..al[1]]

ko·ro·na̱r[koroná:r] 形 **1** 冠状の, 環状〈輪状〉の. **2** 〖医〗(心臓の)冠状血管の, 冠動脈〈静脈〉の. [*lat.*]

Ko·ro·na̱r⸗ar·te̱·rie 女 〖解〗冠動脈. **⸗ge·fä̱ß** 中 〖解〗(心臓の)冠状血管(冠動脈と冠静脈). **⸗in·farkt** 男 〖医〗冠動脈梗塞(こうそく). **⸗in·suf·fi·zienz**[..tsiɛnts] 女 〖医〗冠動脈不全. **⸗skle·ro̱·se** 女 〖医〗冠動脈硬化(症).

Ko·ro̱·nen Korona の複数.

Ko·ro̱·nis[koró:nɪs] 女 -/..nides[..nide:s] 〖言〗母音縮合記号 ('). [*gr.* korōnís „gekrümmt"; ◇Karnies]

Kö̱r·ord·nung[kǿ:r..] 女 〖畜〗種畜法(規則). [<kören]

Kọ̈r·per[kœ́rpər] 男 -s/- (小 **Kọ̈r·per·chen** → 別出) **1 a)** (↔Geist) からだ, 身体: ein gesunder 〈durchtrainierter〉 ~ 健康な〈鍛えぬかれた〉体 | Ober*körper* 上半身 ‖ *seinen* ~ pflegen 体の手入れをする | *seinen* ~ stählen 〈abhärten〉 体を鍛える ‖ am ganzen ~ zittern 全身を震わせる | Er hatte nichts auf dem ~. 彼は身に何もつけていなかった(素裸だった) | mit nacktem 〈entblößtem〉 ~ 裸で ‖ [ach] du armer ~! 《話》これはこれは, なんたることか(驚きの表現). **b)** (Rumpf) 胴体: Durch die Explosion wurden ihm beide Beine vom ~ gerissen. 爆発で彼は両脚が胴からもぎ取られた. **2** 主要部分, 本体: der ~ des Beils 〈des Besens〉 おの〈ほうき〉の身(柄でない部分) | Der ~ des Schiffs glitt ins Wasser.(進水式で)船体はするすると水に入った. **3 a)** 〖理〗物体: ein fester 〈gasförmiger / flüssiger〉 ~ 固〈気・液〉体 | Flug*körper* 飛行物体. **b)** 〖数〗立体: den Rauminhalt 〈die Oberfläche〉 eines ~*s* berechnen 立体の体積〈表面積〉を計算する. **4** (物質の)密度, 濃度: Der Wein hat ~. このワインは濃い. ᵛ**5** (Körperschaft) 団体, 部局: der gesetzgebende ~ 立法部. [*lat.* corpus−*mhd.*; ◇Corpus]

Kọ̈r·per·bau[kœ́rpər..] 男 -[e]s/ 体格: ein Mann von kräftigem 〈schwachem〉 ~ がっしりした〈きゃしゃな〉体つきの男.

Kọ̈r·per·bau·ty̱p 男 体型: ein athletischer 〈pyknischer〉 ~ 筋骨型〈肥満型〉の体型.

Kọ̈r·per⸗be·haa·rung 女 《集合的に》(頭髪以外の)体毛. **⸗be·herr·schung** 女 〖スポーツ〗ボディーコントロール.

kọ̈r·per·be·hin·dert I 形 身体に障害のある, 身障の. **II Kọ̈r·per·be·hin·der·te** 男 女 《形容詞変化》身体障害者, 身障者.

Kọ̈r·per⸗be·hin·de·rung 女 身体障害. **⸗be·schaf·fen·heit** 女 体質; 体格. **⸗be·we̱·gung** 女 体を動かすこと, 体の運動. **⸗bil·dung** 女 **1 a)** からだ作り, ボディービル[ディング]. **b)** 体格. **2** 体育. **⸗check**[..tʃɛk] 男 〖アイスホッケー〗ボディーチェック.

Kọ̈r·per·chen[..çən] 中 -s/- (Körper の縮小形) **1** 小さい体. **2 a)** 〖理〗小物体, 分子,[微]粒子. **b)** 〖解〗小体.

kọ̈r·per·ei·gen[kœ́rpər..] 形 〖生〗生体固有の.

Kọ̈r·per⸗e̱r·tüch·ti·gung 女 肉体の鍛練. **⸗er·zie·hung** 女 (Leibeserziehung)(特に旧東ドイツで)体育. **⸗far·be** 女 **1** からだの色, 体色. **2** (Deckfarbe)(下の着色を見えなくする)不透明色[の絵の具]. **⸗flüs·sig·keit** 女 (Humor)〖医〗体液(体内の液状成分の総称).

kọ̈r·per·fremd 形 〖生〗生体にとって異質の.

Kọ̈r·per⸗fül·le 女 肥満. **⸗ge·ruch** 男 体臭. **⸗ge·wicht** 中 体重. **⸗grö̱·ße** 女 (人間の)身長; (動物の)体長: ein Mensch von geringer ~ 背の低い人. **⸗haar** 中 -[e]s/-e 《ふつう複数で》(頭髪以外の)体毛.

kọ̈r·per·haft[kœ́rpərhaft] 形 形を持った, 有形の, 具象的な.

Kọ̈r·per⸗hal·tung 女 姿勢. **⸗hy·gie̱·ne** 女 (清潔・健康のための)身体衛生, 体の手入れ. **⸗kon·takt** 男 体と体の接触. **⸗kraft** 女 体力. **⸗kreis·lauf** 男 体循環. **⸗kult** 男 肉体礼賛(賛美). **⸗kul·tu̱r** 女 -/ **1** (特に旧東ドイツで, 体育・スポーツの上位概念としての)身体文化. ᵛ**2** = Körperpflege **⸗kul·tu·ri·stik** = Kulturistik **⸗län·ge** 女 =Körpergröße **⸗laus** 女 〖虫〗コロモジラミ(衣虱). **⸗le̱h·re** 女 -/ **1** 人体学. **2** 〖数〗立体幾何学.

kọ̈r·per·lich[kœ́rpərlɪç] 形 **1 a)** (↔geistig) からだの, 肉体〈身体〉の: ~*e* Arbeit 肉体労働 | ~*er* Eid 〖法〗口頭の宣誓(参考 schriftlicher Eid) | ~*e* Entwicklung 身体の成長 | ~*e* Schmerzen 肉体的苦痛; 〖医〗体痛 | eine ~*e* Strafe 体刑 | ~*e* Vereinigung 性交 | in guter ~*er* Verfassung sein 上々の体調にある. **b)** 肉体をもった; 有形の, 物質的な, 実体的な. **2** 〖数〗立体に関する: ~*er* Inhalt 容積, 体積.

Kọ̈r·per·lich·keit[−kaɪt] 女 -/ (körperlich なこと. 例えば:) 肉体性; 具体性, 有形.

kọ̈r·per·lo̱s[kœ́rpərlo:s][1] 形 からだ〈形体〉のない.

Kọ̈r·per⸗maß 中 -es/-e 《ふつう複数で》体の寸法: Der

K

Schneider nimmt die ～*e* ab. 仕立屋が体の寸法をとる. ≈**mas·se** 女 体の大きさ, かさ. ≈**pfle·ge** 女 -/ (清潔・健康のための)体の手入れ, 身体衛生.

kör·per·reich 形 (ワインが)こくのある.

Kör·per·saft 男 -[e]s/..säfte《ふつう複数で》＝Körperflüssigkeit

Kör·per·schaft[kœrpərʃaft] 女 -/-en (公認の)団体; 法人, 社団: eine öffentliche 〈politische〉 ～ 公共〈政治〉団体: die ～ des öffentlichen Rechts 公法上の団体, 公法人.

kör·per·schaft·lich[-lıç] 形 団体の, 法人の: ～*e* Konvention 団体協約.

Kör·per·schaft[s]·steu·er 女 法人〔所得〕税.

Kör·per≈sche·ma 中《心》身体像. ≈**schwä·che** 女 -/ (身体の)虚弱, 衰弱. ≈**spra·che** 女 身振り言語, ボディーランゲージ. ≈**spray**[..ʃpreː] 男 中 スプレー式体臭除去剤. ≈**stel·lung** 女《スポ》姿勢, 体勢. ≈**stra·fe** 女 体に加えられる刑罰, 体刑. ≈**teil** 男 体の部分, 肢体. ≈**tem·pe·ra·tur** 女 体温. ≈**tref·fer** 男《ボクシング》ボディーブロウ. ≈**ver·let·zung** 女 体を傷つけること;《法》傷害: fahrlässige ～ 過失傷害 | ～ mit Todesfolge 傷害致死. ≈**wär·me** 女 体の暖かみ; 体温. ≈**zel·le** 女《生》体細胞.

Kor·po·ra Korpus II の複数.

Kor·po·ral[kɔrporáːl] 男 -s/-e (..räle[..rέːlə])《オーストリア・スイス》(陸軍・空軍の)伍長(ごちょう). [*mfr.*; ＜Corps＋*it.* caporale (→Kapo)]

Kor·po·ra·le[kɔrporáːlə] 中 -s/-, -s《カトリック》コルポラレ, 聖体布. [*mlat.* corporāle (pallium) „Leibes(tuch)“; ◇Corpus]

▽**Kor·po·ral·schaft**[..ʃaft] 女 -/-en《軍》分隊, 内務班.

Kor·po·ra·tion[kɔrporatsióːn] 女 -/-en 組合, 団体, 社団〔法人〕: eine gewerbliche 〈kommunale〉 ～ 営業〈地方〉団体 | eine studentische ～ 学生組合(→Studentenverbindung). [*spätlat.*－*engl.*; ＜*lat.* corpus (→Körper)]

kor·po·ra·tiv[..tiːf][1] 形 社団〔法人〕の, 団体の; 部外者を入れない, 結束した: eine ～*e* Organisation 団体組織.

kor·po·riert[..ríːrt] 形《話》学生組合に属している.

Korps[koːr] 中 -[-(s)]/-[-s] **1**《軍》兵団, 軍団. **2** 団〔体〕: das diplomatische ～ 外交団 | ～ der Rache やくざ衆, 無法者集団(1813年に結成されたリュツォウ男爵の猟人団がのちにこう呼ばれたところから). ▽**3** (Studentenverbindung) 学生組合. **4**《劇》(バレエの)群舞グループ. [*lat.* corpus (→Körper)－*fr.*]

Korps≈bru·der[kóːr..] 男 (同じ〔学生〕組合に所属する)組合仲間. ≈**geist** 男 -[e]s/ 階級意識,(ある階級の中での)連帯意識; (上層階級の)思い上がり. ≈**stu·dent** 男 (学生組合に所属する)組合学生, 学生組合員.

kor·pu·lent[kɔrpulέnt] 形 (beleibt) 肥満した, 太った. [*lat.*]

Kor·pu·lenz[..lέnts] 女 -/ 肥満: zur ～ neigen 太り気味である. [*lat.*]

Kor·pus[kɔ́rpus] **I** 男 -/-se **1**《話》(Körper) からだ, 肉体. **2**《ふつう単数で》(家具などの)外身, ケース. **3**《美》十字架に掛けられたキリストの像. **4**《スイス》カウンター, 売り台. **II** 中 -/..pora[..poraˑ] **1**《言》(研究・調査の材料としての)資料体, 集録資料. **2**《楽》(特に弦楽器の)共鳴体. **III** 女 -/ 《印》**1** (Kegel) ボディー, 活字軸(活字の肩から足までの角柱部分). **2** 深さ(活字ボディーの天地の長さ). **3** (Garmond) 10ポイント活字. [＜Corpus]

Kor·pus·kel[kɔrpúskəl] 中 -s/-n (女 -/-n)《理》(物質を形成する最小の)粒子(中性子・陽子など). [*lat.* corpusculum „Körperchen“; ◇*engl.* corpusc[u]le]

kor·pus·ku·lar[kɔrpuskuláːr] 形《理》粒子の.

Kor·pus·ku·lar≈strah·len[kɔrpuskuláːr..] 複 ≈**strah·lung** 女《理》粒子線. ≈**theo·rie** 女 -/《理》(光の)粒子説.

Kor·ral[kɔráːl] 男 -s/-e (動物を入れる)囲い柵(さく); 囲い地, 中庭. [*mlat.* currāle－*span.*; ＜*lat.* currus „Wagen“; ◇kurrent, Karren[1], Kral, kurulisch]

Kor·ra·sion[kɔrazióːn] 女 -/-en《地》磨食, 削磨. [＜kon..＋*lat.* rādere (→radieren)]

kor·real[kɔreáːl] 形《法》連帯債務のある. [＜*spätlat.* cor-reus „Mit-schuldiger“ (◇real)]

Kor·real≈gläu·bi·ger 男《法》連帯債権者. ≈**hy·po·thek** 女《法》共同担保〈抵当〉.

Kor·re·fe·rat[kɔreferáːt, kɔrre.., ⌣⌣⌣⌣] 中 -[e]s/-e (研究〈調査〉報告・レポートに対する補足・反論などからなる)副報告〈レポート〉.

Kor·re·fe·rent[kɔreferέnt, kɔrre.., ⌣⌣⌣⌣] 男 -en/-en (ある報告者の意見に補足・反論を加える)副報告者〈レポーター〉; (試験の)副審査員.

kor·re·fe·rie·ren[kɔreferíːrən, kɔrre..] 自 (h) **1** Korreferat をする. **2** Korreferent をつとめる.

kor·rekt[kɔrέkt] 形 (↔inkorrekt) **1** 正しい, 正確な: eine ～*e* Übersetzung 正しい翻訳 | ein Wort ～ aussprechen 言葉を正しく発音する. **2** 公正な, 適切な, 穏当な, 非の打ちどころのない; きちょうめんな: ein ～*er* Beamter かたい〈きちょうめんな〉役人 | ein ～*es* Benehmen きちんとした〈折り目正しい〉態度 ‖ *sich*[4] ～ verhalten 間違いなく身を処す〈振舞う〉| *sich*[4] ～ kleiden 正式の〈その場に適した〉服装をする. [*lat.* corrēctus „geradegemacht“; ◇korrigieren]

kor·rek·ter·wei·se[kɔrέktərváizə] 副 適切に.

Kor·rekt·heit[kɔrέkthait] 女 -/ korrekt なこと.

▽**Kor·rek·tion**[kɔrεktsióːn] 女 -/-en 訂正, 修正; 補正, 調整; 矯正. [*lat.*; ＜*lat.* corrigere (→korrigieren)]

Kor·rek·tions·an·stalt 女《スイス》(Besserungsanstalt) 矯正施設(感化院・少年院など).

▽**kor·rek·tiv**[kɔrεktíːf][1] **I** 形 訂正〈改良〉の; 教化的な, 矯正の; 調整の, 補正的な. **II Kor·rek·tiv** 中 -s/-e 改良方法; 矯正策; 調整方法. [*mlat.*]

Kor·rek·tor[kɔrέktɔr, ..toːr] 男 -s/-en[..rεktóːrən] 《印》校正係. [*lat.* corrēctor „Berichtiger“]

Kor·rek·to·rat[kɔrεktoráːt] 中 -[e]s/-e《印》校正〈校閲〉部.

Kor·rek·tur[kɔrεktúːr] 女 -/-en **1** 訂正, 修正; 矯正. **2**《印》(誤植の)訂正, 校正: ～ 〈～*en*〉 lesen 校正をする. [*mlat.*]

Kor·rek·tur≈ab·zug 男, ≈**bo·gen** 男, ≈**fah·ne** 女《印》校正用ゲラ刷り. ≈**le·sen** 中 -s/《印》校正. ≈**vor·schrif·ten** 複《印》校正準則. ≈**zei·chen** 中《印》校正記号.

kor·re·lat[kɔreláːt] **I** 形 相関関係の, 互いに関連し合った. **II Kor·re·lat** 中 -[e]s/-e **1** (相互に)関連し合うもの, 相関概念. **2 a)**《言》関連語, 対語(例 Mann－Frau). **b)**《言》相関詞, 相関指示語(例 so ..., wie ...; darauf ..., daß ...). **3**《数》相関係数. [[*mlat.*]]

Kor·re·la·tion[kɔrelatsióːn] 女 -/-en 相関関係.

kor·re·la·tiv[kɔrelatíːf][1] ＝korrelat

Kor·re·la·ti·vum[..tíːvum] 中 -s/..va[..vaˑ]《言》関連語, 対語(→Korrelat 2 a).

kor·re·lie·ren[kɔrelíːrən] **I** 自 (h)《mit *et.*[3]》(…と)相関関係にある, 関連している. **II** 他 (h) 相関させる.

kor·re·pe·tie·ren[kɔrepetíːrən] 他 (h)《楽》(オペラの独唱曲などをピアノ伴奏だけで)くり返しけいこする.

Kor·re·pe·ti·tion[..petitsióːn] 女 -/-en korrepetieren すること.

Kor·re·pe·ti·tor[..tíːtɔr, ..toːr] 男 -s/-en[..titóːrən] 《楽》コレペティートル(オペラやオラトリオの独唱者にピアノを弾いて下げいこをつける人): ～ an der Oper オペラのコレペティートル.

kor·re·spek·tiv[kɔrεspεktíːf][1] 形《法》相互制約の, 相関関係の; 共同〈連帯〉の: ein ～*es* Testament (夫婦の)連帯遺書.

▽**Kor·re·spek·ti·vi·tät**[..tivitέːt] 女 -/ 相互制約性, 相関性, 連帯性.

Kor·re·spon·dent[kɔrεspɔndέnt] 男 -en/-en (女 **Kor·re·spon·den·tin**[..tın]-/-nen) **1** (新聞・雑誌・ラジオ

などの)通信員. **2** 手紙を書く人, 文通者. **3**〘商〙(商社などの)地方駐在員; 通信係; 取引先.

Kor·re·spon·dent·ree·der (**Kor·re·spon·den·ten·ree·der**) 男〘海〙(船主の多数の委任を受けた)船舶代表者.

Kor·re·spon·denz[..dɛ́nts] 女 -/-en **1** 文通, 通信, 新聞通信; 手紙, 通信文: eine lebhafte ~ mit *jm.* führen 〈unterhalten〉 …と盛んに文通する. **2** 一致, 符合, 相応;〘数〙対応: die ~ von Inhalt und Form 内容と形式の符合 | mit *et.*³ in ~³ stehen …と対応している. [*mlat.*]

Kor·re·spon·denz≈bü·ro 中 (新聞の)通信社. **≈kar·te** 女《ｵｰｽﾄﾘｱ》(Postkarte)(官製の)郵便はがき.

kor·re·spon·die·ren[kɔrɛspɔndíːrən] 自 (h) **1** 手紙を書く, 文通する, 通信する,(通信社が)記事〈情報〉を送る: mit *jm.* ~ …と文通する | ein *korrespondierendes* Mitglied (学会などの)通信会員. **2** 一致する, 符合する, 対応する: mit *et.*³ ~ …と一致〈対応〉する | *korrespondierender* Winkel〘数〙対位角, 同位角, 錯角. [*mlat.–fr.* correspondre]

Kor·ri·dor[kɔ́ridoːr] 男 -s/-e **1** 廊下, 回廊, 通路(→ 図 Haus B): Im 〈Auf dem〉 ~ liegt ein Läufer. 廊下にはじゅうたんが敷きつめてある. **2**〘政〙回廊地帯: der Polnische ~ ポーランド回廊. **3** (Luftkorridor)(特に旧東ドイツ領空を貫くベルリンへの)空中回廊. [*it.* corridore „Läufer"; < *lat.* currere (→kurrent)]

ᵛ**Kor·ri·gend**[kɔrigɛ́nt]¹ 男 -en/-en (Sträfling) 受刑者, 徒刑囚, 囚人.

Kor·ri·gen·da[..gɛ́ndaˑ] 複〘印〙**1** (Druckfehler) 誤植. **2** 正誤表, 誤植訂正表. [*lat.*]

Kor·ri·gens[kɔ́rigɛns] 中 -/..gentia[kɔrigɛ́ntsiaˑ], ..genzien[..gɛ́ntsiən]《ふつう複数で》〘薬〙(におい・味を消すための)矯正剤.

kor·ri·gier·bar[kɔrigíːrbaːr] 形 (korrigieren できる. 例えば:) 訂正〈修正〉可能な.

kor·ri·gie·ren[kɔrigíːrən] 他 (h) (berichtigen) **1**《*et.*⁴》(誤りなどを)正す, 訂正〈修正〉する;〘印〙(誤植を)訂正〈校正〉する: einen Fehler ~ 誤りを正す | einen Druckfehler ~ 誤植を訂正する. **2**《*jn.*/*et.*⁴》(…の)誤りを正す, 訂正〈修正〉する,(…の)間違いを指摘する: einen Aufsatz ~ (教師が)作文の間違いを直す〈添削する〉| den Kurs ~ 針路を修正する | *seine* Aussage ~ 発言を訂正する | Bitte *korrigieren* Sie mich, wenn ich etwas Falsches sage! 私が何か間違ったことを言ったらどうか訂正してください.
[*lat.* corrigere „gerade richten"; ◇regieren; *engl.* correct]

kor·ro·die·ren[kɔrodíːrən] **I** 他 (h) 腐食させる. **II** 自 (s) 腐食する. [*lat.* cor-rōderer „zernagen"; ◇Rostra]

Kor·ro·sion[kɔrozióːn] 女 -/-en **1**〘化・医〙腐食. **2**〘地〙溶食, 融食. [*mlat.*]

kor·ro·sions≈be·stän·dig 形, **≈fest** 形〘化〙耐食性の.

Kor·ro·sions≈mit·tel 中〘化・工〙金属腐食剤. **≈schutz** 男 腐食防止加工.

kor·ro·sion〔**s**〕**·ver·hü·tend** 形 防食性の.

kor·ro·siv[kɔroziːf]¹ 形〘化〙**1** 腐食する: eine ~*e* Wirkung 腐食作用. **2** 腐食による. [*fr.*]

kor·rum·pie·ren[kɔrumpíːrən] **I** 他 (h)《*jn.*》(…を道徳的に)腐敗〈堕落〉させる; (bestechen) 買収する,(…に)贈賄する. **II kor·rum·piert** 過分 形 **1** =korrupt ᵛ**2** (古文書などの)破損した. [*lat.*; < *lat.* rumpere (→Ruptur); ◇*engl.* corrupt]

kor·rupt[kɔrúpt] 形 (道徳的に)腐敗した, 堕落した; (bestechlich) 買収できる, わいろのきく: ein ~*er* Beamter 腐敗した官吏 | eine ~*e* Gesinnung 腐敗した考え方. [*lat.*]

Kor·rup·tion[kɔruptsióːn] 女 -/-en (道徳的)腐敗, 退廃, 堕落. [*lat.*]

Kor·rup·tions≈af·fä·re 女 汚職〈贈収賄〉事件. **≈skan·dal** 男 汚職〈贈収賄〉スキャンダル.

Kor·sa·ge[kɔrzáːʒə] 女 -/-n〘服飾〙コルサージュ,(婦人服の)胴衣, ボディス. [*fr.*; ◇Korps, ..age]

Kor·sak[kɔ́rzak] 男 -s/-s (Steppenfuchs)〘動〙ダッタンギツネ(韃靼狐)(中央アジア産). [*kirg.–russ.*]

Kor·sar[kɔrzáːr] 男 -en/-en **1** 海賊船; コルセール(2人乗り競技用ヨット). **2** 海賊;《比》略奪者. [*mlat.* cursārius–*it.*; ◇Korso, Husar; *engl.* corsair]

Kor·se[kɔ́rzə] 男 -n/-n コルシカの人(→Korsika).

Kor·se·lett[kɔrzəlɛ́t] 中 -s/-s(-e)〘服飾〙オールインワン(ブラジャーとコルセットがひと続きになった女性用ファウンデーション). [*fr.*]

Kor·sett[kɔrzɛ́t] 中 -s/-s(-e) **1** (Mieder)〘服飾〙コルセット;《比》束縛, 桎梏(しっこく): ein ~ schnüren コルセットを締める | ein ~ tragen コルセットを着用している | ***seinen Gefühlen kein ~ anlegen***《話》自分の感情を押さえない〈隠さない〉‖ *sich*⁴ in ein ~ zwängen (むりをして)コルセットをつける. **2**〘医〙コルセット. [*fr.*; ◇Korps]

Kor·si·ka[kɔ́rzikaˑ] 地名 コルシカ(イタリア西方にあるフランス領の島で, Napoleon の出身地). [*phöniz.*]

ᵛ**Kor·si·ka·ner**[kɔrzikáːnər] 男 -s/- =Korse

kor·sisch[kɔ́rzɪʃ] 形 コルシカの: der ~*e* Eroberer コルシカ生まれの征服者 (Napoleon のこと).

Kor·so[kɔ́rzoˑ] 男 -s/-s **1** 花馬車行列; 車両を連ねた行列〈デモ隊〉. ᵛ**2** (イタリアの)騎手なしの競馬. ᵛ**3** (都市の)大通り, メーンストリート. [*lat.* cursus (→Kursus)–*it.* corso „〔Um〕lauf"]

ᵛ**Kor·te·ge**[kɔrtéːʒə, ..tɛ́ːʒə] 中 -s/-s お供, 供奉(ぐぶ), 儀杖(ぎじょう). [*it.* corteggio–*fr.*; ◇Cour]

Kor·tex[kɔ́rtɛks] 男 -〔es〕/-e, ..tizes[..titseːs]〘植〙皮層, 樹皮;〘医〙(脳・臓器の)皮質. [*lat.* cortex „Rinde"]

kor·ti·kal[kɔrtikáːl] 形 **1**〘植〙皮層の. **2**〘医〙(脳・臓器などの)皮質の.

Kor·ti·son[kɔrtizóːn] 中 -s/〘生理〙コーチゾン(副腎(ふくじん)皮質ホルモンの一種);〘薬〙コーチゾン剤.

Kor·ti·zes Kortex の複数.

Ko·ru·na[kɔ́runa:, kɔ́runaˑ] 女 -/- (略 Kčs) コルナ(チェコ・スロヴァキアの貨幣〔単位〕: 100 Haléř). [*lat.* corōna (→Korona)–*tschech.*]

Ko·rund[korúnt]¹ 男 -〔e〕s/-e〘鉱〙コランダム, 鋼玉(こうぎょく): blauer ~ サファイア | roter ~ ルビー. [*sanskr.* kuruvinda „Rubin"–*tamil.*–*engl.* corundum]

Kö·rung[kǿːrʊŋ] 女 -/-en〘畜〙(種畜の)選別.

Kor·vet·te[kɔrvɛ́tə] 女 -/-n **1**〘軍〙コルベット艦(帆船時代の3本マストの木造軍艦; 現代の対空・対潜用の小型高速護衛艦). **2**〘体操〙(倒立のための)跳躍. [*fr.*; < *lat.* corbis (→Korb)]

Kor·vet·ten·ka·pi·tän 男 海軍少佐.

Ko·ry·bant[korybánt] 男 -en/-en コリュバント(Phrygien における女神 Kybele の従者・祭司. 激しい踊りや音曲で奉仕したという). [*gr.* Korýbās–*lat.*]

ko·ry·ban·tisch[..tɪʃ] 形 コリュバントふうの, 狂乱の, 狂暴な, 暴れ狂う.

Ko·ryo[kóːrĭo·]《王朝名》高麗(こうらい)(朝鮮の王朝; 918–1392).

Ko·ry·phäe[koryfɛ́ːə] **I** 女 -/-n (男 -n/-n)(学界・芸能界などの)第一人者, 大家, 権威: eine ~ auf *seinem* Gebiet sein 斯界(しかい)の第一人者である. **II** 男 -n/-n **1** (古代ギリシア劇の)合唱隊指揮者. **2**〘劇〙(特にバレエの)指導者. [*gr.*–*lat.*–*fr.*; < *gr.* koryphḗ „Scheitel"; ◇*engl.* coryphaeus]

Ko·sak[kozák] 男 -en/-en コサック人(もとはロシアの辺境に住む自治的自作農の集団であったが, 帝政時代には騎兵として活躍). [*türk.*–*russ.* kazak–*ukrain.*–*poln.*; ◇Kasache; *engl.* Cossack]

ko·sa·kisch[..kɪʃ] 形 コサック〔人〕の.

Ko·sche·nil·le[kɔʃəníljə] 女 -/-n **1**〘虫〙エンジムシ(臙脂虫), カーミンカイガラムシ(貝殻虫). **2** コチニール(エンジムシの赤色色素). [*span.* cochinilla–*fr.* cochenille; < *lat.* coccineus „scharlachfarben" (◇Kokkus); ◇*engl.* cochineal]

ko·scher[kóːʃər] 形 **1** (↔treife)(ユダヤ教の食事習慣の)

おきてにかなった, 清浄な: ein ～*es* Essen おきてにそむかぬ食事. **2**《話》文句のつけられない, りっぱな: Der Kerl ist mir nicht ganz ～. あいつにはどことなくいかがわしいところがある | Mit der Perle ist was 〈etwas〉 nicht ～. この真珠はどこかくさい(本物らしくない). [*hebr.* kāšēr „gesetzesgerecht"–*jidd.*]

K.-o.-Schlag[ka:|ó:..] 男《ボクシング》ノックアウト;《比》大打撃.

Ko·se·form[kó:zə..] 女《言》愛称形(例 Herzlein いとしい子, Hänschen ハンスちゃん). [＜kosen]

Ko·se·kans[kó:zekans] 男 -/- (**Ko·se·kan·te**[..tə] 女 -/-n)《数》余割, コセカント(記号 cosec). [*nlat.* complēmentī secāns „Sekans des Ergänzungswinkels"]

ko·sen[kó:zən][1]《02》**I** 自 (h)《mit *jm.*》(抱擁・接吻(せっぷん)などして)愛撫(あいぶ)する, 愛の語らいをする; いちゃつく, ちちくりあう. **II** 他 (h)《*jn.*》愛撫する. [＜liebkosen]

Ko·se≈na·me[kó:zə..] 男 愛称. **≈wort** 中 -[e]s/..wörter, -e 愛撫(あいぶ)の[気持をこめた]言葉.

ko·sig[kó:zıç][2] 形 愛撫(あいぶ)の[気持のこもった].

Ko·si·ma[kó:zima·] 女名 コージマ (Cosima ともつづる).

Ko·si·nus[kó:zinus] 男 -/-(-se)《数》余弦, コサイン (記号 cos). [*nlat.* complēmentī sinus „Sinus des Ergänzungswinkels"; ◇ *engl.* cosine]

Kos·me·tik[kɔsmé:tık] 女 -/ **1** 美容[法], 化粧[法]: chirurgische ～ 整形美容. **2**《比》ごまかし, とりつくろい, 粉飾. [*gr.* kosmētikḗ [téchnē] „Schmuckkunst"–*fr.* cosmétique]

Kos·me·ti·ka Kosmetikum の複数.

Kos·me·tik·ar·ti·kel 男 化粧品.

Kos·me·ti·ker[..tikər] 男 -s/- (化粧品製造工場などの)実験〈製造〉技師.

Kos·me·ti·ke·rin[..tikərın] 女 -/-nen 女性美容師.

Kos·me·tik≈in·du·strie 女 美容〈化粧品〉産業. **≈kof·fer** 男 携帯用化粧品箱, バニティケース. **≈sa·lon**[..zalɔ̃:] 男 美容院, ビューティーサロン. **≈sei·fe** 女 美容〈化粧〉せっけん. **≈ta·sche** 女 化粧ポーチ, バニティバッグ.

Kos·me·ti·kum[..tikum] 中 -s/..ka[..ka·] 化粧品.

kos·me·tisch[..tıʃ] 形 **1** 美容[法]の, 化粧[法]の: ein ～*es* Mittel 化粧品 | eine ～*e* Operation 美容整形手術. **2**《比》うわべを飾る, ごまかしの, とりつくろった. [*gr.* kosmētikós–*fr.* cosmétique; ＜*gr.* kosmeĩn „[an]ordnen" (◇Kosmos)]

Kos·me·to·lo·gie[kɔsmetologí:] 女 -/ 美容学, 化粧品学.

kos·misch[kɔ́smıʃ] 形 **1** 宇宙の, 宇宙的な;《比》壮大な, 広大な: erste ～*e* Geschwindigkeit 円軌道〈第一宇宙〉速度(＝Kreisbahngeschwindigkeit) | zweite ～*e* Geschwindigkeit 脱出〈第二宇宙〉速度(＝Fluchtgeschwindigkeit) | ～*er* Staub《天》宇宙塵(じん) | ～*e* Strahlen《天》宇宙線. **2** (↔chaotisch) 調和〈秩序〉のある. [*gr.*]

kosmo..《名詞などにつけて「宇宙の・世界の」を意味する》: *Kosmo*polit コスモポリタン | *Kosmo*logie 宇宙論. [*gr.*]

Kos·mo·bio·lo·gie[kɔsmobiologí:] 女 -/ 宇宙生物学.

Kos·mo·drom[..dró:m] 中 -s/-e 宇宙船発射基地. [*russ.*; ＜*gr.* drómos „Rennbahn"]

Kos·mo·go·nie[..goní:] 女 -/-n[..ní:ən]《天》宇宙進化論. [*gr.*]

kos·mo·go·nisch[..gó:nıʃ] 形《天》宇宙進化論の.

Kos·mo·graph[..grá:f] 男 -en/-en 宇宙誌家; (中世の)地理学者.

[V]**Kos·mo·gra·phie**[..grafí:] 女 -/-n[..fí:ən] 記述的宇宙論, 宇宙誌; (中世の)地理学.

kos·mo·gra·phisch[..grá:fıʃ] 形 Kosmographie の〈に関する〉.

Kos·mo·lo·ge[..ló:gə] 男 -n/-n (→..loge) 宇宙学者.

Kos·mo·lo·gie[..logí:] 女 -/-n[..gí:ən] 宇宙論.

kos·mo·lo·gisch[..ló:gıʃ] 形 宇宙論の.

Kos·mo·naut[..náut] 男 -en/-en (女 **Kos·mo·nau·tin**[..tın]-/-nen) (Astronaut, Raumfahrer) (特に旧ソ連の)宇宙飛行士. [*russ.*]

Kos·mo·nau·tik[..náutık] 女 -/ 宇宙飛行. [*russ.*]

kos·mo·nau·tisch[..náutıʃ] 形 宇宙飛行の.

Kos·mo·po·lit[..polí:t] 男 -en/-en **1** (Weltbürger) コスモポリタン, 世界市民, 世界主義者. **2**《生》(全世界に分布する)汎存(はんそん)種, 汎存動物〈植物〉. [*gr.*; ＜*gr.* pólis (→Politik)]

kos·mo·po·li·tisch[..polí:tıʃ] 形 **1** コスモポリタンの, 世界主義〈四海同胞主義〉の. **2**《生》(動植物が)全世界に分布している, 汎存(はんそん)の.

Kos·mo·po·li·tis·mus[..politísmus] 男 -/ 世界[市民]主義, 四海同胞主義, コスモポリタン的な考え方.

Kos·mos[kɔ́smɔs] 男 -/ **1** (Weltall) 宇宙, 万有, 宇宙空間: den ～ erschließen 〈entdecken〉 宇宙を解明する | in den ～ vorstoßen 宇宙空間へ飛ぶ. **2** (↔Chaos) (秩序と調和のある体系としての)世界, 宇宙. [*gr.* kósmos „Ordnung"]

Kos·mo·the·is·mus[kosmoteísmus] 男 -/ (Pantheismus)《哲》汎(はん)神論, 万有神論.

kos·mo·thei·stisch[..teístıʃ] 形 汎神論の.

Kos·mo·tron[kɔ́smotro:n, ◡◡⏊] 中 -s/-e [kɔsmotró:nə](-s)《理》コスモトロン(粒子加速装置の一種).

das **Ko·so·vo**[kɔ́sɔvɔ] 地名 中 コソヴォ, コソボ(ユーゴスラヴィア南部の自治州).

Kos·sat[kɔsá:t] 男 -en/-en, **Kos·sa·te**[..sá:tə] (**Kos·sä·te**[..sɛ́:tə]) 男 -n/-n《北部》(Kleinbauer) 小農, 小百姓, 小作人. [*mndd.* kot-sēte; ◇Kate, Sasse[2]]

Kost[kɔst] 女 -/ **1** 食べ物, [飲]食物; 糧(かて): [eine] feste 〈flüssige〉 ～ 固形〈流動〉食 | geistige ～ 精神の糧 | gesunde 〈kräftige〉 ～ 健康によい〈栄養のある〉飲食物 | Kranken*kost* 病人食, 患者食 | Milch*kost* 牛乳食 ‖ *sich*[3] eine gute ～ wünschen 上等な食事を希望する | *jn.* auf [eine] schmale ～ setzen …に乏しい食事しか与えない | Sein Vortrag war schwere 〈leichte〉 ～ für uns. 彼の講演は私たちには難しかった〈気軽に楽しめた〉. **2** (Verpflegung) 賄い, 食事の世話: ～ und Logis 賄いつき下宿 | Ich habe ～ frei. 私は食費は払わずに済む ‖ ***jn.* in ～[4] geben** …を(他家に)寄食させる | ***jn.* in ～[4] nehmen** …を(自宅に)寄食させる | bei *jm.* in ～ sein …の家に寄食している. [*mhd.* kost[e] „Aufwand"; ◇Kosten]

ko·stal[kɔstá:l] 形《解》肋骨(ろっこつ)の. [＜*lat.* costa „Rippe"＋..al[1]; ◇Küste, Kotelett[e]]

Ko·sta·ri·ka[kɔstarí:ka·] ＝Costa Rica

Ko·sta·ri·ka·ner[..riká:nər] 男 -s/- コスタリカ人.

ko·sta·ri·ka·nisch[..riká:nıʃ] 形 コスタリカの.

kost·bar[kɔ́stba:r] 形 **1** 高価な, ぜいたくな, 華麗な, みごとな(高価であるのみならず, 外見も豪華なものに用いる. 単に値段の高いものには teuer): ein ～*er* Ring 〈Schmuck〉 高価な指輪〈アクセサリー〉 ‖ ein ～ ausgestatteter Raum ぜいたくにしつらえられた部屋 | Sie war ～ gekleidet. 彼女は豪華〈ぜいたく〉な装いをしていた. **2** 貴重な, 大切な, めったにない: ～*e* Zeit 貴重な時間 | eine ～*e* Gelegenheit めったにないチャンス ‖ *sich*[4] ～ machen《話》貴重な〈かけがえのない〉存在になる; めったに姿を見せない. [*mhd.*; ◇kosten[2]]

Kost·bar·keit[–kaıt] 女 -/-en **1**《単数で》高価〈貴重〉なこと: *et.*[4] wegen *seiner* ～ gut aufbewahren …をその貴重な価値のゆえに大切に保存する. **2** 高価〈貴重〉な物: die ～*en* im Museum 博物館の貴重な品々 | Dieser Ring ist eine seltene ～. この指輪は実に珍しい貴重な品だ.

Kost·bee·re[kɔ́st..] ＝Johannisbeere

ko·sten[1][kɔ́stən]《01》他 (h) **1**《*et.*[4]》(…の)味をみる, 試食〈試飲〉をする: den neuen Wein ～/[etwas] von dem neuen Wein ～ ワインの新酒をちょっと試し飲みする | [etwas] von der Suppe ～ スープの味をみる | *jm. et.*[4] zu ～ 〈zum *Kosten*〉 geben …に…を味わわせる | *Koste* einmal, ob die Soße scharf genug ist! ソースの辛味は足りているかちょっと味をみてちょうだい ‖ *jn. et.*[4] ～ lassen / *jm. et.*[4] zu ～ geben《比》…に…の味(痛い目など)をなめさせる. **2**《雅》味わう, 享受する: das Glück 〈alle Freuden〉 des Lebens [bis zur Neige] ～ 人生の幸福〈あらゆる喜び〉を[心ゆくまで]

味わう. [*westgerm.*; ◇kiesen^2]

ko̩·sten^2[kɔ́stən]《01》 **I** 自 (h)《数量を示す 4 格と》(…の)金額〈費用・代価〉を要する, 値段〈価格〉である; (時間・労働などを)要する: Ein Kilo *kostet* zehn Mark. 1キロが10マルクです | Was 〈Wieviel〉 hat der Meter *gekostet*? 1メートル当たりいかほど〔の値段〕でしたか ‖ Das *kostet* noch viel Arbeit 〈einen harten Kampf〉. それにはまだたくさんの仕事〈つらい戦い〉が必要である | Das *kostet* nicht die Welt.《話》驚くほどの値段ではない | Es wird nicht gleich den Kopf ~.《話》すぐさま首が飛ぶこともあるまい, おどおどすることもあるまい | Der Krieg hat viele Menschenleben *gekostet.* この戦争で多くの人命が失われた | ***koste* es 〈es *koste*〉, was es wolle** どんな犠牲を払っても, どうしても | *Koste* es, was es wolle, wir müssen zu einem Abschluß kommen. なんとしてでも決着をつけねばならない.

☆ 客観的な時間の意味で「…かかる」という場合には kosten は用いられない: Wie lange dauert (⊜ *kostet*) diese Arbeit? なお kosten が時間を表す語と用いられるのは, 意味の重点が「犠牲・負担」におかれる場合のみである.

II 他 (h)《ふつう受動態なし》《*jn.* 〈*jm.*〉 *et.*^{4}》(…にとって…の)金額〈費用・代価〉が必要である; (…に…の)負担がかかる, 犠牲が要求される; (…に…を)失わせる: Der Mantel hat mich 50 Mark 〈viel Geld〉 *gekostet.* 私はそのコートを買うのに50マルク〈お金がたくさん〉要った | Die Arbeit *kostete* mich zwei ganze Tage. 私はその仕事にまるまる 2 日を費やした | Das hat mich 〈mir〉 viel Mühe *gekostet.* 私はそのためにたいへん骨を折った | Es *kostet* dich nur ein Wort, und ich darf dableiben. 君がひとこと言ってくれさえすれば私はここに居てもいいんだ | Sein Zögern hat ihn 〈ihm〉 den Sieg *gekostet.* 彼のためらいが彼の敗北の原因となった | Dieser Fehler kann dich 〈dir〉 die Stellung ~. この失敗で君は地位を失うことになるかもしれない ‖ 再帰 ***sich***^{4} 〈***sich***^{3}〉 ***et.***^{4} **etwas ~ lassen**《話》…のために気前よく金を出す.

☆ 現代語では原則として *jn. et.*^{4} ~ となるが, 特に「喪失・犠牲」に意味の重点がおかれる場合には *jm. et.*^{4} ~ も用いられる.

[*lat.* cōnstāre (→konstant)－*afr.* co〔u〕ster－*mhd.*]

Ko̩·sten[kɔ́stən] 複 **1** 費用, 出費, 経費; 原価, コスト; 値段, 料金: die ~ einer Reise 〈für eine Reise〉 旅行の〔ための〕費用 ‖ geringe 〈wenig〉 ~ わずかの費用 | große 〈hohe〉 ~ 巨額の費用 | laufende ~ 経常費 | Gerichts*kosten* 訴訟費用 | Zustellungs*kosten* 配達料 ‖ die 〔entstehenden〕 ~ aufbringen 〈berechnen〉〔予想される〕費用を調達〈計算〉する | die ~ für *et.*^{4} bestreiten 〈tragen〉 …の費用を負担する | ~ sparen 〈einsparen〉 費用を節約する | keine ~ scheuen 費用〈負担〉をいとわない | Die Einnahmen decken nicht einmal die ~. その収入では経費を賄うことすらできない | Die ~ des Verfahrens trägt die Staatskasse. 訴訟費用は国庫の負担とする.

‖〖前置詞と〗**auf *js.* ~** …の負担で | Er lebt auf ~ seiner Eltern. 彼は親がかりで暮らしている | auf eigene 〈öffentliche〉 ~ 自費〈公費〉で | Die Veranstaltung geht auf ~ des Staates 〈der Stadt〉. この催しの費用は国〈市〉が負担する | **auf *seine* ~ kommen** i)(商売で)元をとる; ii)《比》満足する | **für** alle ~ aufkommen すべての費用を負担する | **mit** großen ~ verbunden sein 多額の出費を伴う. **2** 犠牲, 損失: auf ~ der Genauigkeit 正確さを犠牲にして | Das geht auf ~ deiner Gesundheit. それでは君は自分の健康を犠牲にしてしまうぞ | Man lachte auf seine ~. 彼はさんざん笑いものになった.

[*mlat.*－*ahd.*; ◇*engl.* cost]

Ko̩·sten≈an·schla̲g[kɔ́stən..] 男 費用の見積もり〈概算〉. **≈an·teil** 男 費用〈経費〉の負担分. **≈auf·bau** 男 -〔e〕s/ 費用構成. **≈auf·wand** 男 経費, 支出: ein zu hoher 〈großer〉 ~ あまりに高額の支出 | mit einem ~ von 10 000 DM 1万マルクの経費で. **≈be·rech·nung** 女 費用算出〈計算〉. **≈er·stat·tung** 女 費用の補償〈弁済〉. **≈ex·plo·sio̲n** 女 費用の爆発的な高騰. **≈fra̲·ge** 女 費用の問題.

ko̩·sten≈frei =kostenlos **≈gün·stig** 形 原価〈コスト〉の安い(生産). **≈lo̲s** 形 無料の, 費用の要らない: Der Eintritt ist ~. 入場は無料だ.

Ko̩·sten·mie·te 女〖法〗(Sozialwohnung の)使用賃貸料(本来の家賃に損料が加わる).

ko̩·sten·pflich·tig 形 費用負担の義務のある.

Ko̩·sten≈preis 男〖経〗費用価格. **≈punkt** 男 費用〔の問題〕. **≈rech·nung** 女 費用〈原価・コスト〉計算〔書〕. **≈sen·kung** 女 費用の引き下げ.

ko·sten·spa̲·rend 形 経費節減の.

Ko̩·sten·stei·ge·rung 女 費用の増加.

ko̩·sten·träch·tig 形 費用〈経費〉のかさむ.

Ko̩·sten·vo̲r·an·schla̲g =Kostenanschlag

Ko̩st·fracht[kɔ́st..] 女〖商〗運賃込み値段. [<kosten^2]

ko̩st·frei 形 食費無料の.

Ko̩st≈gän·ger 男 -s/- 食事つき下宿人, (食費を払って)ある期間食事の世話を受ける人. **≈geld** 中 食費, 賄い料.

Ko̩st·ge·schäft 中〖商〗延期取引, 繰越取引.

köst·lich[kœ́stlɪç] 形 **1** おいしい, 味のよい, 舌〈五官〉に快い: eine ~*e* Speise とてもおいしい食べ物 ‖ ~ frische Sahne すばらしく新鮮なクリーム | ~ schmecken すてきな味がする. **2** すてきな, 愉快な, おかしい: eine ~*e* Geschichte 傑作な話 | ein ~*er* Einfall 愉快(こっけい)な思いつき ‖ *sich*^{4} ~ amüsieren 大いに楽しむ. **3**《雅》(kostbar) 貴重な, めったにない. **4**《スイ》(kostspielig) 金〈費用〉のかかる, 高価な.

[*mhd.* kost〔e〕līch „Kosten machend"]

Köst·lich·keit[–kaɪt] 女 -/-en **1**《単数で》köstlich なこと. **2** (köstlich なもの. 例えば:) おいしい食べ物.

Ko̩st·preis[kɔ́st..] 男〖商〗原価, コスト. [<Kosten]

Ko̩st·pro̲·be 女 試食品. [<kosten^1]

ko̩st·spie·lig[kɔ́stʃpiːlɪç]^2 形 (teuer) 金のかかる, 費用のかさむ, 出費の多い, 高価な: eine ~*e* Reise 金のかかる旅行.

[<kosten^2+*mhd.* spildec „verschwenderisch"]

Ko̩st·spie·lig·keit[–kaɪt] 女 -/ kostspielig なこと.

Ko·stü̲m[kɔstýːm] 中 -s/-e **1**〖服飾〗スーツ(上下そろいの婦人服: →図). **2** 舞台衣装, 仮装服: Theaterprobe in ~ und Maske〖劇〗衣装をつけメークをしてのけいこ | im ~ eines Harlekins 道化師の衣装を着て. **3** (Tracht)(ある時代・地方・民族・階級・職業などに特有の)衣装, 服装: das ~ der Rokokozeit ロココ時代の衣装.

Kostüm

[*lat.* cōnsuētūdō „Gewohnheit"－*it.*－*fr.*; <*lat.* 〔cōn〕suēscere „sich gewöhnen"; ◇*engl.* costume, custom]

Ko·stü̲m≈ball 男 仮装舞踏会〈ダンスパーティー〉. **≈bild·ner** 男〖劇・映〗衣装デザイナー. **≈fest** 中 仮装〔ダンス〕パーティー. **≈ge·schich·te** 女 服装史.

ko·stü·mie̲·ren[kɔstymíːrən] 他 (h) **1**《*jn.*》(…に)仮装をさせる; 衣装を着せる: *jn.* als Ägypter ~ …にエジプト人の仮装をさせる ‖ 再帰 *sich*^{4} ~ 仮装〈扮装(ふんそう)〉する | *sich*^{4} als Clown ~ 道化師に扮する. **2**《話》再帰 *sich*^{4} ~ (妙な・流行遅れの・似合わない)服装をする: Wie hast du dich denn heute *kostümiert*? 君のきょうのその身なりはいったいなんだ. [*fr.* costumer]

Ko·stü̲m≈jacke[kɔstýːm..] 女 スーツの上着. **≈kun·de** 女 -/ 服装〔史〕学. **≈pro̲·be** 女〖劇〗ドレス=リハーサル. **≈rock** 男 スーツのスカート. **≈ver·leih** 男 (特に演劇や仮装パーティーのための)貸し衣装業〔屋〕.

Ko̩st·ver·äch·ter[kɔ́st..] 男 美食〈享楽〉を嫌う人: **kein ~ sein**《戯》美食〈享楽〉家である.

K.-o.-Sy·ste̲m[kaːǀóː..] 中 -s/〖スポ〗トーナメント〈勝ち「抜き」戦〉.

Ko̲t[koːt] 男 -〔e〕s/-e, -s《ふつう単数で》**1** 糞便(ふんべん), くそ: ~ ausscheiden 糞を排泄(はいせつ)する. **2** 泥土(でいど), どろ, ぬかるみ: Der Wagen war mit ~ bespritzt. 車には泥がはねていた ‖ ***jn.* 〈*et.*^{4}〉 durch den ~ ziehen** / ***jn.* 〈*et.*^{4}〉 in den ~ treten 〈ziehen〉**《雅》(中傷・誹謗によって)…の顔に泥を塗る, …の面目を失わせる | **〔bis zu den Knien〕 im ~**

waten《雅》卑劣な所業を重ねる | *jn.* ⟨*et.*⁴⟩ **mit ～ bewerfen** ⟨**besudeln**⟩《雅》…を中傷する. [*germ.* „Böses"; ◇quatschen¹]

Ko·tan·gens[kóːtaŋɡɛns] 男 -/- (ᵛ**Ko·tan·gen·te** [..tə] 女 -/-n)《数》余接, コタンジェント(記号 cot). [*nlat.* complēmentī tangēns „Tangens des Ergänzungswinkels"; ◇*engl.* cotangent]

Ko·tau[kotáʊ] 男 -s/-s (頭を地面まで下げる昔の中国流の)叩頭(こうとう)礼;《比》追従, 卑屈: [**vor** *jm.*] **einen** ⟨*seinen*⟩ **～ machen** …に叩頭の礼をする; …に平身低頭する. [*chines.*; ◇*engl.* ko[w]tow]

Kot·blech[kóːt..] 中 =Kotflügel

Ko·te¹[kóːtə] 女 -/-n《測量》測高地点; (地図上の)高度指示. [*mlat.* quota (→Quote)−*afr.*−*fr.* cote „Kennziffer"]

Ko·te²[−] 女 -/-n =Kate

Kö·te[kǿːtə] 女 -/-n (牛・馬などの)けづめ突起. [*mndd.*; ◇Kugel]

Ko·te·lett[kotəlét, kɔtlét, ⌣⌣⌣] 中 -s/-s (-e) (子牛・豚・羊の)あばら肉; (骨つきの)カツレツ: ein paniertes ～ (パン粉をまぶして調理した)カツレツ. [*fr.* côtelette „Rippchen"; ◇kostal; *engl.* cutlet]

Ko·te·let·te[..tə] 女 -/-n =Kotelett

Ko·te·let·ten[..létən] **I** 複 (もみあげの)ほおひげ(→ 図 Bart). **II** Kotelette の複数.

Kö·ten·ge·lenk[kǿːtən..] 中 球節(牛・馬などのけづめ部分の関節: → 図 Pferd A). [<Kote¹]

Ko·ten·ta·fel[kóːtən..] 女《地》測定高度表.

Kö·ter¹[kǿːtər] 男 -s/-《軽蔑的に》犬, 野良犬. [*westgerm.* „Kläffer"−*ndd.*; ◇kaum, Kauz]

Kö·ter²[−] 男 -s/-《北部》小百姓, 小農. [<Kate]

Kot·er·bre·chen[kóːt..] 中《医》(腸不通症の晩期に見られる)吐糞(とふん)[症].

Kö·te·rei[kǿːtəráɪ] 女 -/-en《北部》小農園⟨農場⟩. [<Kate]

ᵛ**Ko·te·rie**[kotəríː] 女 -/-n[..ríːən] (Sippschaft) 派閥, 徒党, 一味. [*fr.*]

Ko·text[kóːtɛkst] 男 -[e]s/-e =Kontext 1

Kot≈flie·ge[kóːt..] 女《虫》フンバエ(糞蝿)科の昆虫. **≈flü·gel** 男 (自動車・自転車などの)フェンダー, 泥よけ(→ 図 Kraftwagen). **≈fres·ser** 男 (Koprophage)《動》食糞(しょくふん)動物. **≈gra·ben** 男《畜》汚物溝.

Kö·then[kǿːtən] 地名 ケーテン(ドイツ東部, Sachsen-Anhalt 州にある都市). [<*mndd.* kote (→Kate)]

Ko·thurn[kotʊ́rn] 男 -s/-e《劇》コトゥルン(古代ギリシアの悲劇俳優が背を高く見せるためにはいた舞台靴): **auf hohem ～** [**einher**]**gehen** ⟨[**einher**]**schreiten**⟩《比》悲壮ぶった口調で話す. [*gr.* kóthornos „Jagdstiefel"−*lat.*; ◇*engl.* cothurnus]

ko·tie·ren[kotíːrən] 他 (h) **1**《商》(証券などを)上場する. ᵛ**2**《地》(ある地点の)高度を測定する. [*fr.*; <*fr.* cote (→Kote¹)]

ko·tig[kóːtɪç]² 形 **1** 糞(ふん)のついた, 糞だらけの. **2** 泥で汚れた, 泥だらけの.

Ko·til·lon[kɔ́tɪljɔ̃, kotɪljɔ̃ː; オーストリア: kɔtijɔ̃ː] 男 -s/-s コチリヨン(19世紀にフランスを中心に流行したダンスの一種. 2人, 4人または8人が一組になって踊り, 景品が出される). [*fr.* cotillon „Unterrock"; <*afr.* cote „Rock"; ◇Kotze²]

Ko·til·lon·or·den[kɔ́tɪljɔ̃..] 男 コチリヨンで与えられる勲章.

Ko·tin·ga[kotíŋɡa·] 女 -/-s《鳥》カザリドリ(飾鳥). [[*indian.*−*span.*]]

Kot·kä·fer[kóːt..] 男《虫》スカラベ, タマオシコガネ(球押金亀子), フンコロガシ(糞転).

Köt·ner[kǿːtnər] 男 -s/- =Köter²

Ko·to[kóːto·] 中 -s/-s; 女 -/-s《楽》琴(こと). [*japan.*]

Ko·ton[kotɔ̃ː] 男 -s/-s (Baumwolle) もめん(木綿); 綿布. [<Cotton]

ko·to·ni·sie·ren[kotonizíːrən] 他 (h) (麻などを)木綿状に加工する.

Kot·sack·blatt·wes·pe 女《虫》ヒラタハバチ(扁葉蜂).

Kot≈saß[kóːt..] 男, **≈sas·se** 男 =Köter²

Ko·tschin·chi·na[kɔtʃɪnçíːna·] 地名 コーチシナ(ヴェトナムの南部地方). [◇*engl.* Cochin China]

Ko·tschin·chi·na·huhn[..çíːna..] 中 コーチン(中国原産で, イギリスなどで改良された肉用ニワトリの品種).

Kot·stein[kóːt..] 男 -[e]s/-e (Koprolith) **1**《ふつう複数で》《医》腸[結]石, 糞石(ふんせき). **2**《地》糞石(動物の排泄(はいせつ)物の化石).

Kot·ten[kɔ́tən] 男 -s/- =Kate

Kot·ter[kɔ́tər] 男 -s/- **1**《北部》あばら家. **2**《オーストリア》(Arrest) 拘禁. [<Kate]

Kot·un·ter·su·chung[kóːt..] 女《医》検便.

Ko·ty·le·do[kotyléːdo·] 男 -s/-nen[..ledóːnən], **Ko·ty·le·don**[..léːdɔn] 女 -/-en[..ledóːnən], **Ko·ty·le·do·ne**[..ledóːnə] 女 -/-n **1**《ふつう複数で》(Keimblatt)《植》子葉. **2**《医》胎盤葉. [*gr.* kotylēdṓn „Saugnapf"; <*gr.* kotýlē „Höhlung"]

kotz[kɔts] 間《話》(ののしり・のろいの表現にかぶせて語調を強める)いやはや, まったく: *Kotz* Donnerwetter ⟨Bombenelement⟩! こんちくしょうめ, これは驚いた. [<Gott+..s¹]

Kotz≈bal·ken[kɔ́ts..] 男《話》(安物の)むかつくような葉巻. **≈brocken** 男《話》むかつくようないやなやつ.

Kot·ze¹[kɔ́tsə] 女 -/《話》へど, 吐いた物: **die ～ kriegen** (嫌悪の情で)吐き気がする, むかつく. [<kotzen]

Kot·ze²[−] 女 -/-n **1**《南部・オーストリア》粗毛布. **2**《南部》(Umhang) 肩かけ; (穴から首を出して肩をおおう)アルプス地方の雨着. [*ahd.*; ◇Kutte; *engl.* coat]

Köt·ze[kœ́tsə] 女 -/-n《中部》(Rückentragkorb) 背負いかご. [„Gekrümmtes"; ◇Kate]

Kot·ze·bue[kɔ́tsəbu·] 人名 August von ～ アウグスト フォン コッツェブー(1761–1819; ドイツの劇作家): **～s Werke herausgeben**《話》へどを吐く(=kotzen).

kot·zen[kɔ́tsən]《02》**I** 自 (h)《話》へどを吐く: wie ein Reiher ～ (→Reiher) | Das ist *gekotzt* wie geschissen.《卑》そんなことはどうでもよい. **II Kot·zen** 中 -s/《話》へどを吐くこと: **das große** ⟨**kalte**⟩ **～ bekommen** ⟨**kriegen**⟩ しゃくにさわる | **zum ～ sein** 実に不愉快である, 胸くそが悪い. [<koppen „speien"]

Kot·zen[−] 男 -s/- =Kotze²

kot·zen·grob 形《南部・オーストリア》ひどく粗野な.

Köt·zer[kœ́tsər] 男 -s/-《織》紡錘(つむ)に巻いた糸.

kot·ze·rig[kɔ́tsərɪç]² (**kot·zig**[kɔ́tsɪç]²) 形《話》むかつくような, 吐き気のする.

kotz≈jäm·mer·lich[kɔ́tsjɛ́mərlɪç] 形《話》ひどくみじめな. **≈lang·wei·lig** 形《話》ひどく退屈な. **≈übel** (..üb·l..) 形《話》ひどく気分の悪い⟨むかむかする⟩. [<kotzen]

Ko·va·lenz[kovalɛ́nts, kóːvalɛnts] 女 -/-en《化》共有⟨相跨(そうこ)⟩原子価.

Kox·al·gie[kɔksalɡíː] 女 -/-n[..ɡíːən]《医》股(こ)関節痛. [<*lat.* coxa „Hüfte"]

Ko·xi·tis[kɔksíːtɪs] 女 -/..tiden[..sitíːdən] (Hüftgelenkentzündung)《医》股関節炎. [<..itis]

Ko·zy·tus[kotsýːtʊs] 男 -/《ギ神》コキュトス(冥界(めいかい)を流れる川で, Acheron の支流.「嘆きの川」の意). [*gr.* Kōkȳtos „Heulstrom"−*lat.*; <*gr.* kōkýein „heulen"]

kp[kilopɔ́nt] 記号 (Kilopond) キロポンド.

KP[kaːpéː] 略 女 -/ =**Kommunistische Partei** 共産党.

KPD[kaːpeːdéː] 略 女 -/ =**Kommunistische Partei Deutschlands** ドイツ共産党(1918年独立社会党から分離独立し,1933年ヒトラー政権のもとで解体. 1946年旧東ドイツでSPD と合同して SED となり, 旧西ドイツでは1956年非合法化).

KPdSU[kaːpeːdeː|ɛs|úː] 略 女 -/ =**Kommunistische Partei der Sowjetunion** ソ連共産党.

kpm[kilopɔntméːtər] 記号 (Kilopondmeter) キロポンドメートル.

Kr¹ 略 =**Krone** クローネ(→**Krone 7 a**).

Kr²[kaː|ɛ́r, krýptɔn] 記号 (Krypton)《化》クリプトン.

Kr. 略 =**Kreis 2 b**

Kraal[kraːl] 男 -s/-e =Kral

K

Krab·be[krábə] 女 -/-n **1 a)** 〘動〙カニ(蟹)(小ガニから毛ガニ・松葉ガニ・タラバガニ・タカアシガニなども含む). **b)** 《話》(Nordseekrabbe) コエビ. **2** 《話》**a)** ぴちぴちした(元気のいい)子供: Muntere ~*n* lärmten im Kindergarten. 元気のいいちびっ子たちが幼稚園でにぎやかに遊んでいた. **b)** 若い娘: eine hübsche ~ いかす女の子. **3** (Kriechblume) 〘建〙(ゴシック様式の建築物の)拳葉(けんよう)飾り, 唐草浮彫(うきぼり)飾り, こぶし花(→ 図). [*mndd.*; ◇Krebs, kerben; *engl.* crab]

Krab·bel·al·ter[krábəl..] 中 (幼児の)はいはいする時期.

Krab·be·lei[krabəláı] 女 -/ 《話》ガサガサ動き(はい)回ること.

krab·be·lig[krábəlıç][2] =krabblig

Krab·bel·kind[krábəl..] 中 はいはいする幼児.

Krabbe

krab·beln[krábəln] 《06》 **I** 自 (s) **1** (虫などが)ガサガサ動き(はい)回る: Ein Käfer *krabbelt* im Gras. 甲虫が1匹草の間をはっている | kribbeln und ~ (→kribbeln II 1). **2** (幼児などが)腹ばいになって移動する: ins Bett ⟨aus dem Bett⟩ ~ ベッドにはい込む(からはい出る). **II** 他 (h) 《話》《*jn.*》(…を)くすぐる; むずがゆくする, (…に)掻痒(そうよう)感を起こさせる: *jn.* an Fußsohlen ~ …の足の裏をくすぐる ‖ 〘しばしば目的語なしで〙Der neue Pullover *krabbelt* 〔mich〕. 新しいセーターは〔私の肌に〕ちくちくする ‖ 非人称 Am ganzen Körper *krabbelte* es ihn. 彼は全身がむずがゆかった. [*mndd.*; ◇kraulen[1]]

Krab·bel≈stu·be 女 (はいはいする時期の幼児を収容する)乳児院. **≈was·ser** 中 -s/ 《話》(Sprudel) ミネラルウォーター, 炭酸水; 炭酸レモネード.

krab·ben[krábən][1] 他 (h) 〘織〙クラビングする(毛織物をローラーにかけて熱湯につける防縮加工). [<kreppen]

Krab·ben·spin·ne[krábən..] 女 〘動〙カニグモ(蟹蜘蛛).

Krabb·ler[kráblər] 男 -s/- =Krabbelkind

krabb·lig[kráblıç][2] 形 《話》むずがゆい, くすぐったい; くすぐったがり屋の. [<krabbeln]

krach[krax] **I** 間 (かたい物が激しくぶつかる・落ちる・砕ける音)ガチャン, バタン, ドシャン, メリッ: *Krach*! lag die Vase auf dem Boden. ガシャンという音がして花瓶は床に落ちていた. **II Krach** 男 -[e]s/-e, -s (Kräche[krέçə]) **1** 《ふつう単数で》krach という大きな音, 騒音, 騒々しさ: ein unerträglicher ~ 耐えがたい騒音 | ein ~ wie in einer Judenschule (→Judenschule) | ein ~, um Tote aufzuwecken (→tot II 1) ‖ 〔einen〕 entsetzlichen ~ machen ものすごい音をたてる | Die Tür fiel mit einem ~ ins Schloß. ドアがバタンと閉まった | Die Schüler machen die ganze Stunde ~. 生徒たちは授業時間中ずっと騒ぎっぱなしである. **2** 《話》けんか, 争い, 騒動: Ehe*krach* 夫婦げんか ‖ **~ machen ⟨schlagen⟩** 《話》(自説を)わめきちらす; けんかを売る; 苦情を言う | mit *jm.* ~ bekommen …とけんかになる | mit *jm.* ~ haben …とけんか(仲たがい)している | zum ~ kommen けんかになる ‖ Wenn deine Eltern das erfahren, gibt's ~. 君の両親がそれを知ったらひと騒ぎだ | **bei *jm.* ist ~ im Hinterhaus** …のところでは家庭争議が起こっている. **3** 《話》〔経済〕恐慌, 破産; (株の)大暴落; 急な軍事的衝突. **4** mit Ach und ~ (→ach II).

krä·che·lig[krέçəlıç][2] 形 《スイ》(人が)老衰した, 衰弱した; (ぶどうの木などが)もろくなった, 折れやすい.

kra·chen[kráxən] **I** 自 **1** (h) **a)** (ガタン・メリメリ・ミシミシなどと)音をたてる; (大砲・雷などが)轟音(ごうおん)を響かせる: Schüsse *krachten.* 銃声がとどろいた | Der Donner *kracht.* 雷がゴロゴロ鳴る | Das Bett *kracht.* ベッドがギシギシ音をたてる | aus allen Fugen ~ (→Fuge[2]) ‖ 非人称 Er arbeitet, daß es ⟨[ihm] die Schwarte⟩ *kracht.* 《話》彼は猛烈に働く | Es hat bei ihm *gekracht.* 彼はびんたをくらった | Es *kracht* im Gebälk. (→Gebälk) ‖ Es kam zum *Krachen.* けんかになった; 騒動になった | *krachende* Kälte 強烈な寒さ. **b)** (大きな音をたてて)割れる, 裂ける. **2** (s) (ガチャンと)音をたててぶつかる: Die Tür *kracht* ins Schloß. ドアがバタンと閉まる | Der Wagen *krachte* an die Mauer. 自動車が壁に衝突した. **3** (h) 《話》破産する.

II 他 (h) **1** 《話》《*et.*[4]》《方向を示す語句と》(…を…へ)ガチャンと(乱暴に)投げつける, ぶっつける: den Koffer in die Ecke ~ トランクを隅へほうり出す | ***jm.* eine ~** …に平手打ちをくらわす; …をなぐりつける. **2** 再帰 *sich*[4] mit *jm.* ~ …とけんかをする.

[*westgerm.*; 擬音; ◇krähen; *engl.* crack]

Kra·chen[−] 男 -s/- 《スイ》谷間, 峡谷; (山間の)僻地(へきち), 辺地.

Kra·cher[kráxər] 男 -s/- **1** 《軽蔑的に》よたよた(よぼよぼ)した男; 老いぼれじじい. **2** 《話》(玩具(がんぐ)の)かんしゃく玉, クラッカー.

Kra·cherl[kráxərl] 中 -s/-n 《南部・オーストリア》(Brauselimonade) 炭酸レモネード, ラムネ.

kra·chig[kráxıç][2] 形 (パン・野菜などが新鮮で)パリパリの.

krach·le·dern[kráx..] **I** 形 《南部》(heftig) 激しい, すさまじい. **II Krach·le·der·ne** 女 《形容詞変化》《南部》(短い)革ズボン.

Krach≈ma·cher 男 《話》騒ぎたてることの好きな(けんかっぱやい)人. **≈man·del** 女 《南部》殻のついたアーモンド.

kräch·zen[krέçtsən] 《02》 自 (h) **1** (カラス・カエルなどが)カアカア(ガアガア)鳴く. **2** はあはあ(ぜいぜい)息をする; しわがれ声で話す. **3** 《話》せきをする. [<krachen]

Kräch·zer[..tsər] 男 -s/- 《話》**1** しわがれ声. **2** しわがれ声で話す人.

Kracke[krákə] 女 -/-n 《北部・中部》老いぼれ馬. [<*ndl.* kraak (◇krachen)]

kracken[krákən, krέ..] 他 (h) 〘化〙(石油を)クラッキングする, 分解蒸留(分留)する. [*engl.* crack]

Kräcker[krέkər] 男 -s/- =Cracker

Krack·ver·fah·ren[krák.., krέk..] 中 〘化〙(重質石油を軽質化する)クラッキング, 分解蒸留法, 分留.

Krad[kra:t, krat][1] 中 -[e]s/Kräder[krέ:dər] (<Kraftrad) (特に軍隊・警察などで)オートバイ.

Krad≈fah·rer[krá(:)t..] 男 オートバイに乗っている人. **≈mel·der** 男 〘軍〙オートバイに乗った伝令兵. **≈schüt·ze** 男 〘軍〙オートバイに乗った狙撃(そげき)兵.

Kraft[kraft] **I** 女 -/Kräfte[krέftə] **1** (肉体的・精神的な)力, 能力, 精力: die ~ der Muskeln ⟨des Willens⟩ 筋肉(意志)の力 | die schöpferische ~ 創造力 | schlummernde *Kräfte* 《比》(利用されずに)眠っている〔能〕力 | **die treibende ~** (物事を)推進する力 | am Ende *seiner Kräfte* sein 力が尽き果てている ‖ all[e] *seine Kräfte* aufbieten ⟨zusammennehmen⟩ 全力を振り絞る | keine ~ in den Knochen haben 《話》体力が弱っている, 虚弱である | *seine Kräfte* erproben 自分の力を試す | mit *jm.* *seine Kräfte* messen 《雅》…と力比べをする, …と競い合う | *Kräfte* sammeln 力をたくわえる; 元気を回復する | *seine* ~ ⟨*Kräfte*⟩ überschätzen 自分の力を過信する ‖ 〘前置詞と〙**aus** eigener ~ 自力で | **bei** *Kräften* sein 元気である | **in** *seiner* ~ ⟨*seinen Kräften*⟩ stehen 自分の能力の範囲内である | Ich tue alles, was in meinen *Kräften* steht. 私はできる限りのことをする | **mit** aller ⟨ganzer⟩ ~ 全力で | mit frischen *Kräften* 元気を新たにして | mit letzter ~ 最後の力を振り絞って | mit vereinten *Kräften* 力を合わせて | mit *seinen Kräften* haushalten 自分の力をセーブする | **nach** 〔besten〕 *Kräften* 力のかぎり | **ohne** Saft und ~ (→Saft 1) | **über** *seine* ~ ⟨*Kräfte*⟩ gehen 自分の力には負えない | Das geht leider über meine ~. それは残念ながら私の手には負えない | über große ~ ⟨*Kräfte*⟩ verfügen 大力である | **von den *Kräften* fallen / von *Kräften* kommen** 体力(気力)が衰える | **vor** ~ 〔und Gesundheit〕 strotzen はち切れんばかりに元気である | 〔wieder〕 **zu *Kräften* kommen** 元気を取り戻す.

2 a) (自然界の)力, 働き; エネルギー: elektrische ~ 電気エネルギー | magnetische ~ 磁力 | die heilende ⟨zerstörende⟩ ~ 治癒(破壊)力 | die *Kräfte* der Natur 自然界の諸力 | die ~ des Wassers / Wasser*kraft* 水力 ‖ das Parallelogramm der *Kräfte* 〘理〙力の平行四辺形. **b)** 《単数で》〘工・海〙(原動機の)動力: mit voller ⟨halber⟩

K

～ 全速〈半速〉で | Volle ～ voraus 〈zurück〉! 全速前進〈後進〉. **c)** 《無冠詞単数で》(法規・契約などの)効力: rückwirkende ～ 遡及(そきゅう)効力 ‖ ***et.***[4] **außer ～ setzen** …を失効させる | **in 〈außer〉 ～ sein** 効力を有する〈失っている〉| ***et.***[4] **in ～ setzen** …を発効させる, …を施行する | **in 〈außer〉 ～ treten** 効力を発する〈失う〉, 発効〈失効〉する.

3 a) 働き手, メンバー, スタッフ, 従業員: eine erste 〈tüchtige〉 ～ 一流の〈有能な〉メンバー | männliche *Kräfte* unserer Firma 当社の男子社員たち〈男性労働力〉| Arbeits*kraft* 労働力. **b)** (社会的な)勢力: die dritte 〈führende〉 ～ im Parlament 議会での第三〈指導的〉勢力 | die fortschrittlichen *Kräfte* 進歩派 | die Politik des Gleichgewichts der *Kräfte* 力の均衡政策. **c)** 《ふつう複数で》(権力・武力の)行使体: Polizei*kräfte* 警察力 | Streit*kräfte* 兵力 ‖ frische *Kräfte* in die Schlacht werfen 新たな兵力を戦場に投入する.

II kraft 前 《2格支配》…〔の力〕によって, …に基づいて: ～ 〔seines〕 Amtes 職務権限に基づいて | ～ des Gesetzes 法律により, 法に基づいて | ～ dieses これにより | *Kraft* seiner Beziehungen bekam ich eine Eintrittskarte. 彼のコネで私は入場券を手に入れた.

[*germ.*; ◇ *engl.* craft]

Kraft≠akt[kráft..] 男 力わざ; 《比》強引な行動. **≠an·stren·gung** 女 懸命の努力. **≠an·trieb** 男 〖工〗動力駆動. **≠arm** 男 (↔Lastarm) 〖理〗(てこの)力桿(かん)(力点と支点との間). **≠auf·wand** 男 懸命の努力: mit großem ～ 大いに〈精いっぱい〉骨折って. **≠aus·druck** 男 どぎつい〈口ぎたない〉言葉. **≠äu·ße·rung** 女 **1** 力の表示〈表現〉. **2** ＝Kraftausdruck **≠be·darf** 男 〖工〗所要動力〈電力〉. **≠brü·he** 女 〖料理〗(牛肉を用いた滋養分の多い)ブイヨン, 肉汁. [▽]**≠drosch·ke** 女 (Taxi) タクシー.

Kräf·te Kraft の複数.

Kräf·te·be·darf[kréftə..] 男 〖経〗労働力需要.

Kraft·eck[kráft..] 中 〖数〗力の多角形.

Kräf·te·gleich·ge·wicht[kréftə..] 中 力〈勢力〉の均衡.

Kraft·ein·heit[kráft..] 女 〖理〗力の単位.

Kräf·te≠paar[kréftə..] 中 〖理〗偶力. **≠par·al·le·lo·gramm** 中 〖理〗力の平行四辺形. **≠po·ly·gon** 中 ＝Krafteck

kraft·er·füllt[kráft..] 形 力のこもった, 元気いっぱいの.

Kräf·te≠spiel[kréftə..] 中 いろいろな力の働き, 作用反作用: ein politisches ～ 政治上の力と力のぶつかり合い〈かけひき〉. **≠va·ku·um** 中 〖政〗(国際的な)力の真空地帯. **≠ver·fall** 男 〖医〗(肉体的な)衰弱; (精神的な)消耗. **≠ver·geu·dung** 女 力〈エネルギー〉の浪費. **≠ver·hält·nis** 中 力関係: die Veränderung des politischen ～*ses* in Europa ヨーロッパにおける政治的力関係の変化.

Kraft·fah·rer[kráft..] 男 自動車運転者; (特に職業としての)自動車運転手.

Kraft·fah·rer·gruß ＝Autofahrergruß

Kraft·fahr≠sport 男 モーター＝スポーツ. **≠trup·pe** 女 〖軍〗自動車〔部〕隊, 機械化部隊. **≠ver·si·che·rung** 女 自動車保険.

Kraft·fahr·zeug 中 (略 Kfz) 〖交通〗(道路上を走る)原動機つき車両(自動車・オートバイ・オート三輪など).

Kraft·fahr·zeug≠brief 男 自動車検査証, 車検証. **≠füh·rer** 男 《官》(Kraftfahrer) 自動車運転者. **≠hal·ter** 男 〖法〗自動車保有者. **≠kenn·zei·chen** 中 自動車登録番号〈ナンバー〉. **≠me·cha·ni·ker** 男 自動車機械工〈整備工〉. **≠pa·pie·re** 複 自動車の検査証と登録証. **≠re·pa·ra·tur·werk·statt** 女 自動車修理〈整備〉工場. **≠schein** 男 自動車登録証. **≠steu·er** 女 自動車〔両〕税. **≠ver·si·che·rung** 女 自動車保険. **≠zu·las·sung** 女 **1** 自動車の使用認可〈運行許可〉, 自動車登録. **2** 《話》自動車登録証.

Kraft≠feld[kráft..] 中 〖理〗力の場(例えば電磁場). **≠fut·ter** 中 〖畜〗(栄養価の高い)濃厚飼料. **≠gas** 中 (ガスタービンなどの)動力用ガス. **≠ge·rät** 中 筋肉トレーニング器具.

kräf·tig[kréftɪç][2] 形 **1** 元気のよい; 力強い, たくましい, 発育のよい: ein ～*er* Arm がっしりした腕 | eine ～*e* Handschrift haben 〈schreiben〉 (→Handschrift 1 a) | ein ～*er* Junge 元気な少年 | ein ～*er* Schlag 強烈な一撃 | eine ～*e* Stimme 張りのある声, 大声 | ～*e* Zweige haben 枝がよく張っている ‖ *sich*[4] wieder ～ fühlen 元気を取り戻す. **2** はなはだしい; 大量の; 激しい: ein ～*er* Regen 豪雨 | ～*en* Hunger 〈Durst〉 haben ひどく空腹である〈のどが渇いている〉| einen ～*en* Schluck aus der Flasche nehmen 瓶からぐいとひと飲みする ‖ *jn.* ～ verhauen …をしたたか殴る | Die Preise sind ～ gestiegen 〈gesunken〉. 物価がひどく上がった〈下がった〉| ～ ins Horn 〈in die Trompete〉 stoßen (→Horn 2 a, →Trompete 1). **3** (derb) (表現などが)どぎつい, 露骨な: mit *jm.* ein ～*es* Wörtchen reden / *jm.* ～ *seine* Meinung sagen …にずけずけ物を言う ‖ ～ fluchen ひどい言葉でののしる. **4** (gehaltvoll) (食物などが)こってりした, (色・においなどが)きつい: ～*es* Blau 濃厚〈鮮烈〉な青 | eine ～*e* Suppe 〈Mahlzeit〉 こってりしたスープ〈食事〉‖ die Farben ～ auftragen 絵の具〈塗料〉をごてごて塗る | den Boden ～ düngen 土にたっぷり肥料をやる.

[*ahd.*; ◇Kraft]

..kräftig[..krɛftɪç][2] 《名詞につけて「…の強力な, …の豊富な」などを意味する形容詞をつくる》: aussage*kräftig* 人に訴える力の大きい | beweis*kräftig* 証拠として有力な | finanz*kräftig* 財政の豊かな.

kräf·ti·gen[kréftɪgən][2] 他 (h) (stärken) 《*jn.*》強くする, (…に)力をつける: ein *kräftigendes* Mittel 強壮剤 ‖ 再帰 *sich*[4] ～ 強く〈元気に〉なる, (病人などが)体力を回復する | *sich*[4] durch ausgiebigen Schlaf ～ たっぷり眠って鋭気を養う.

Kräf·tig·keit[kréftɪçkaɪt] 女 -/ kräftig なこと.

Kräf·ti·gung[kréftɪgʊŋ] 女 -/-en 《ふつう単数で》(kräftigen すること. 例えば:) 強化: Diese Übung dient der ～ der Fußmuskulatur. この訓練は足の筋肉の強化に役立つ.

Kräf·ti·gungs·mit·tel 中 〖薬〗強壮剤.

Kraft≠lackel[kráft..] 男 《オーストリア》＝Kraftmeier **≠li·ni·en** 複 〖理〗力線.

kraft·los[kráftlo:s][1] 形 力のない, 弱い, 無力の; 力を失った, 効力のない: eine ～*e* Stimme 弱々しい声 | ～*e* Gesetze 失効した法律 ‖ saft- und *kraftlos* (→saftlos).

Kraft·los·er·klä·rung 女 〖法〗失効〈無効〉宣言.

Kraft·lo·sig·keit[..lo:zɪçkaɪt] 女 -/ kraftlos なこと.

Kraft≠ma·schi·ne[kráft..] 女 **1** 〖工〗原動機(モーター・タービンなど). **2** 筋肉トレーニング器械. **≠mehl** ＝Stärkemehl **≠mei·er** 男 -s/- 《話》体力自慢の人. **≠mensch** 男 力の強い〈筋骨たくましい〉人, 体力のある人; エネルギッシュな人. **≠mes·ser** 男 **1 a)** (Dynamometer) 力量計, 力(ちから)計; 動力計. **b)** 〖医〗筋力〈握力〉計. **2** (遊技場などの)力くらべ器(→ 図 Rummelplatz). **≠pa·pier** 中 -s/-e **1** 《単数で》クラフト紙. **2** 《複数で》自動車登録証. **≠post** 女 **1** 郵便物の自動車〈バス〉輸送. **2** 郵政省直営のバス〔輸送〕. **≠pro·be** 女 力試し, 力くらべ: es[4] auf eine ～ ankommen lassen 力くらべ〈持久戦〉で決着をつけようとする. **≠protz** 男 ＝Kraftmeier **≠quel·le** 女 力の源泉; 体力のもと; エネルギー源. **≠rad** 中 (Motorrad) オートバイ(→ 図) (略 Krad). **≠raum** 男 筋肉トレーニング室. **≠samm·ler** 男 蓄電池. **≠schlep·per** 男 トラクター, 牽引(けんいん)自動車. **≠spra·che** 女 **1** 力強い言葉. **2** ＝Kraftausdruck **≠sprit·ze** 女 (Motorspritze) 消防自動車. **≠sta·tion** 女 発電所. **≠stoff** 男 動力〈原動機〉用燃料: fester 〈flüssiger〉 ～ 固体〈液体〉燃料.

Kraft·stoff≠an·zei·ger 男 燃料計. **≠be·häl·ter** 男 (自動車などの)燃料タンク. **≠lei·tung** 女 (タンクからエンジンへの)燃料パイプ. **≠mes·ser** 男 燃料計. **≠pum·pe** 女 (エンジンの)燃料ポンプ. **≠ver·brauch** 男 (エンジンの)燃料消費〔量〕.

Kraft·strom 男 **1** 動力用電気. **2** ほとばしり出る気迫.

kraft·strot·zend 形 力のみなぎった, 力強い.

Kraft≠stück 中 **1** 妙技, 離れ技. **2** 人をあっと言わせるよ

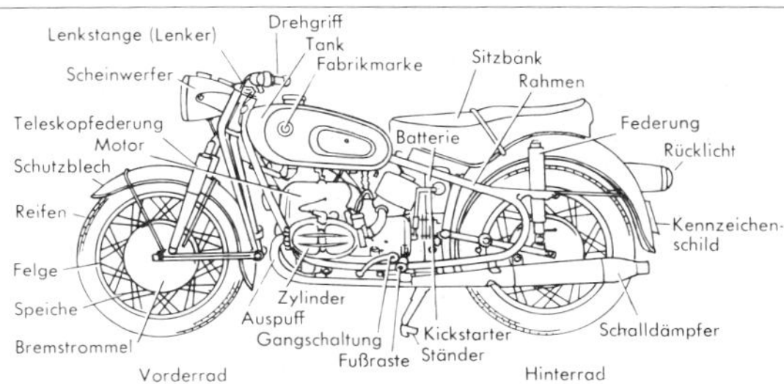

Kraftrad
(Motorrad)

うな〈人目を引く〉〔文芸〕作品. **≈trai·ning**[..trɛ:nɪŋ] 中 《スポ》筋力トレーニング. **≈ver·kehr** 男 自動車の往来; 自動車輸送. **≈ver·schwen·dung** 女 力〈エネルギー〉の浪費.

kraft·voll[kráft..] 形 強力な; 元気いっぱいの, 威勢のいい.

Kraft≈wa·gen 男 (Auto) 自動車(→ 図): Last*kraftwagen* (略 Lkw) 貨物自動車, トラック | Personen*kraftwagen* (略 Pkw) 乗用〔自動〕車. **≈werk** 中 発電所: Kern*kraftwerk* 原子力発電所 | Wasser*kraftwerk* 水力発電所. **≈wort** 中 -[e]s/-e, ..wörter =Kraftausdruck

Krag·dach[krá:k..] 中 《建》(腕木でささえた)片持ち屋根, 軒(のき).

Kra·ge[krá:gə] 女 -/-n =Konsole 2

Kra·gen[krá:gən] 男 -s/- (方: Krägen[krɛ́:gən]) (小 **Krä·gel·chen**[krɛ́:gəlçən], **Krä·ge·lein**[..gəlaɪn], **Kräg·lein**[krɛ́:klaɪn] 中 -s/-) **1** (衣服の)襟, カラー: ein enger 〈weiter〉 ~ きつい〈ゆるい〉襟 | **Spanischer ~** 《医》嵌頓(かんとん)包茎(=Paraphimose) | Hemd*kragen* 〔ワイ〕シャツの襟 ‖ den ~ offen tragen 襟をはだけている | ***jm.* platzte der ~** 《話》…がかっとなる〈かんかんに怒る〉.
2 《話》(Hals) 首; 命: ***jm.* 〈*jn.*〉 den ~ kosten** …にとって命取りになる | Kopf und ~ riskieren 〈wagen / aufs Spiel setzen〉 (→Kopf 1) | ***jm.* den ~ umdrehen** …の首をひねって殺す | Kopf und ~ verlieren (→Kopf 1) ‖ *jm.* an den ~ fahren …の胸ぐらにつかみかかる | **es geht *jm.* an den ~** …の命にかかわる問題である | Diese Affäre könnte ihm an den ~ gehen. この事件は彼の命取りになるかもしれない | ***jm.* an den ~ wollen** …を破滅させようとする | ***jn.* am ~ kriegen 〈packen〉 / *jn.* beim ~ nehmen 〈packen〉** …の首根っこを捕らえる; …を詰問する.
3 《話》**a)** (動物の)首回りのしま模様. **b)** (ビールグラスについた)泡. [*mhd.*; ◇Köder, Krug[2]; *engl.* craw]

Kra·gen≈bär[krá:gən..] 男 《動》ヒマラヤグマ(熊)(胸にV字形またはY字形の大きな白斑(はくはん)がある. ツキノワグマもこれに属する). **≈ech·se** 女 《動》(オーストラリア産の)エリマキトカゲ(襟巻蜥蜴). **≈hai** 男 《魚》ラブカ. **≈knopf** 男 (ワイシャツの)カラーボタン. **≈num·mer** 女 (ワイシャツの)カラーサイズの番号〈数値〉(→Kragenweite): Das ist nicht meine ~. 《話》それは私の趣味に合わない. **≈spie·gel** 男 (軍人・警官などの)襟章. **≈wei·te** 女 (ワイシャツの)カラーサイズ: ein Hemd mit ~ 39 カラーサイズ39センチのシャツ ‖ bei der alten ~ bleiben 《話》相手〈友人〉を変えない | in der üblichen ~ 《話》普通のやり方で | Er hat eine größere ~ als ich. 彼は私より首回りが太い | *jm.* die ~ auf Null stellen 《話》…を絞め殺す ‖ ***js.* ~ sein** 《話》…の好みにぴったり合っている | Das ist nicht meine ~. それは私の趣味に合わない.

Kräg·lein Kragen の縮小形.

Krag≈stein[krá:k..] 男 =Konsole 2 **≈trä·ger** 男 《建》片持ち梁(はり).

Kräh[krɛ:] 男 -[e]s/-e (ニワトリ・カラスなどの)鳴き声.

Krä·he[krɛ́:ə] 女 -/-n 《鳥》(中型の)カラス(鴉)(→Rabe): Die ~ krächzt 〈schreit〉. カラスが鳴く | **Eine ~ hackt der anderen kein Auge 〈die Augen nicht〉 aus.** 《諺》同業者は仲間同士でかばい合う(カラスは仲間の目をつつくようなことはしない).

krä·hen[krɛ́:ən] 自 (h) **1** (おんどりなどが)鳴く: →Hahn[1] 1 a **2** (幼児が)かん高い声で叫ぶ: Der Säugling *kräht* vor Vergnügen. 赤ん坊がうれしがってキャッキャッと歓声を上げる | eine *krähende* Stimme haben かん高い声をしている. [*westgerm.*; 擬音; ◇Kran, Rabe, schreien, kreischen; *engl.* crow]

krä·hen·ar·tig 形 カラスのような.

Krä·hen≈au·ge 中 **1** カラスの目. **2** 《方》**a)** (Warze) いぼ. **b)** (Hühnerauge) 〔医〕魚(うお)の目. **3** 《植》マチンの種子, 馬銭子(まちんし). **≈bee·re** 女 《植》ガンコウラン(岩高蘭)属. **≈fü·ße** 複 《話》**1** 目じりのしわ. **2** 読みづらい〈金くぎ流

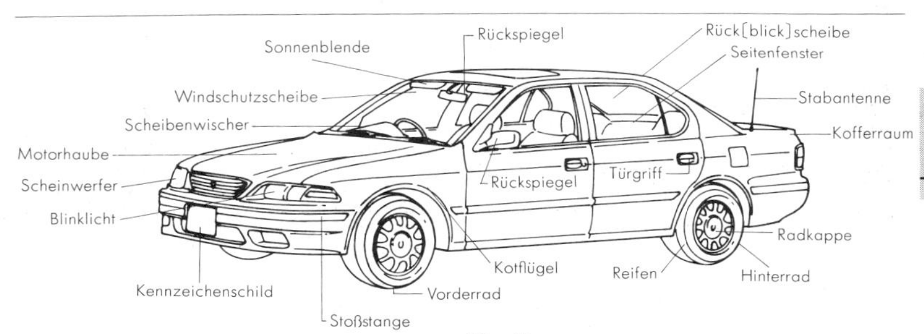

Kraftwagen

の〉文字. **3** (追跡するパトカーなどをパンクさせるために路上にまく)とがった鉄片, 鉄菱(ﾃﾂﾋﾞｼ). ≈**hüt·te** 女 (カラスや猛禽(ﾓｳｷﾝ)などを待ち伏せるための)隠れ小屋(→ 図 Jagd). ≈**nest** 中 **1** カラスの巣. **2** 〚海〛(捕鯨船などの)マスト上の見張り台.

Kräh·win·kel[krέː..] 中 -s/ 《地名に準じて無冠詞で》偏狭固陋(ｺﾛｳ)な田舎町(ドイツの劇作家 Kotzebue が喜劇『ドイツの小都市市民たち』の舞台として用いた). [< *ahd.* chrawinchil „abgelegene Einzelsiedlung"]

Kräh·win·ke·lei[krɛːvɪŋkəláɪ] 女 -/-en 偏狭固陋(ｺﾛｳ)な田舎者根性.

Kräh·wink·ler[krέː..] 男 -s/- こちこちの田舎者, 偏狭固陋(ｺﾛｳ)な人.

Kra·kau[kráːkaʊ] 地名 クラカウ, クラクフ(ポーランド南部 Weichsel 川に臨む都市. もと首都で, この国最古の大学がある. 1945年までドイツ領. ポーランド語形 Kraków).

Kra·ke[kráːkə] 男 -n/-n **1** 〚動〛ダイオウイカ(大王烏賊). **2** クラーケ(ノルウェーの沖に現れて竜巻を起こすという怪物). [*norw.*; ◇ *engl.* kraken]

Kra·keel[krakéːl] 男 -s/ 《話》(大声でののしり合う)けんか, 口論; 騒動; 騒がしさ: ～ machen 〈haben〉 けんかを始める | Der Hut sitzt auf ～. (けんかに備えて)帽子を後ろにずらしている.

kra·kee·len[krakéːlən] 《過分 krakeelt》自 (h) 《話》大声でののしる, けんか〈口論〉をする; 騒ぐ.

Kra·kee·ler[..lər] 男 -s/- 《話》けんか〈口論〉好きな人.

Kra·kee·le·rei[krakeːləráɪ] 女 -/-en ＝Krakeel

Kra·kel[kráːkəl] 男 -s/- ＝Krakelei 1

Kra·ke·lee[krakəléː] 女 -/-s; 中 -s/-s ＝Craquelé I

Kra·ke·lei[kraːkəláɪ] 女 -/-en 《話》**1** (震える手などで書いた)読みづらい〈へたくそな〉文字. **2** (震える手などで)読みづらい〈へたくそな〉字を書くこと.

Kra·kel·fuß[kráːkəl..] 男 -es/..füße 《ふつう複数で》＝Krakelei 1

kra·ke·lig[kráːkəlɪç][2] ＝kraklig

kra·keln[..kəln] 《06》自 (h) 《話》(震える手などで)へたくそな〈読みづらい〉字を書く, なぐり書きする. [< Krake]

krä·keln[krέːkəln] 《06》自 (h) **1** 《南部》(卵の殻などを)くしゃくしゃに壊す〈つぶす〉. **2** 《北部》自説を固執して反対する〈言い争う〉. [*ndd.*]

Kra·ke·lü·re[krakəlýːrə] 女 -/-n 《ふつう複数で》(ニス・絵の具などの)ひび, 割れ目. [*fr.*; < *fr.* craquel „krachen" (◇ krachen); ◇ Craquelé]

krak·lig[kráːklɪç][2] 形 《話》(文字などが)読みづらく書かれた. [< krakeln]

Kra·ków[krákuf] 地名 クラクフ(→Krakau).

Kra·ko·wiak[krakóviak] 男 -s/-s クラクフダンス(4分の2拍子のポーランドの民族舞踊). [*poln.*]

Kral[kraːl] 男 -s/-e (アフリカのホッテントット族・バンツー族などの)円形部落〔の中央にある家畜用囲い〕. [*port.* curral „Viehpferch"－*afrikaans* kraal; ◇ Korral; *engl.* kraal]

krall[kral] 形 **1** ＝grell **2** 《北部》(目つきが)鋭い, いきいきした; (魚などが)ぴちぴちした. [*ndd.*]

Kral·le[králə] 女 -/-n (小 **Kräll·chen**[krέlçən] 中 -s/-) **1** (鳥獣の)〔鋭い曲がった〕つめ, かぎづめ(→ 図 Vogel A): spitze 〈scharfe〉 ～*n* とがった〈鋭い〉つめ ‖ **die ～*n* einziehen** 《話》(攻撃的な態度を変えて)穏やかになる | ***jm.* die ～*n* zeigen** 《話》…に反抗の構えを見せる; …に対して本性を現す ‖ 〔bar〕 **auf die ～** 《話》すぐに現金で, 即金で | ***et.*[4] aus den** 〈*seinen*〉 **～*n* nicht lassen** (獲物などを)捕らえて離さない; 《比》…(一度手に入れたもの)をもはや手離さない | *jn.* aus den ～*n* des Feindes befreien …を敵の手から救い出す | ***et.*[4] in die ～*n* bekommen 〈kriegen〉** 《話》…を支配下におさめる. **2** 《ふつう複数で》**a)** 《話》(人間の)指〔先〕. **b)** 《戯》長く伸ばした〈マニキュアした〉つめ. [„Gekrümmtes"; ◇ Krampf]

kral·len[králən] **I** 他 (h) **1** (鳥獣が)つめで傷つける〈引き裂く〉. **2** (つめのように)突き立てる: Vor Schmerz *krallte* er seine Finger in die Erde. 苦痛のあまり彼は指で地面をかきむしった ‖ 再帰 Haß *krallte* sich[4] fest in ihrem Busen. 憎しみがしっかり彼女の胸に根を張った. **3** かぎづめのように曲げる: *seine* Hand um *et.*[4] ～ …をしっかり握りしめる. **4** 再帰 *sich*[4] an *et.*[4] ～ …にしがみつく. **5** 《話》**a)** 《*sich*[3] *et.*[4]》(ちょっとしたものをつい)盗む, くすねる, 着服する. **b)** 《*sich*[3] *jn.*》(…を)ひっとらえる.

II 自 (h) 《nach *et.*[3]》(鳥獣が…に)つめで襲いかかる; つめを現して脅す.

Kral·len·af·fe 男 〚動〛キヌザル(絹猿)(南米産).

kral·len≈ar·tig 形, ≈**för·mig** 形 (鳥獣の)かぎづめのような, (先が)曲がって鋭い.

Kral·len·frosch 男 〚動〛アフリカツメガエル(爪蛙)(南アフリカ産で実験用となる).

kral·lig[králɪç][2] 形 **1** ＝krallenartig **2** (鳥獣などが)かぎづめを持った. **3** かぎづめでひっかかれてできた(傷あとなど).

Kram[kraːm] 男 -〔e〕s/ (小 **Kräm·chen**[krέːmçən], **Kräm·lein**[..laɪn] 中 -s/) **1** 《俗》**a)** (あまり価値のない)品物, がらくた; 身の回りの物: Räume den 〔unnützen〕 ～ endlich weg! そんながらくたはいいかげんに片づけてしまえ | Das ist doch **nur halber ～.** それは中途半端な〈できそこないの〉しろものだ | Er packte seinen ～ zusammen. 彼は自分の持ち物をまとめた. **b)** (片づけるべき)仕事, 用件, 企て; 事柄: *seinen* ～ vor allen Leuten ausbreiten 私事を相手かまわずぶちまける | Mach 〔doch〕 deinen ～ allein〔e〕! 自分のことは自分でしろ | mit *jm.* keinen ～ machen …の面倒をみない | **keinen 〈nicht viel〉 ～ machen** 《話》あまり仰々しく手間をかけない | Mach doch meinetwegen nicht so viel ～! 私のことでそんな大騒ぎ〈面倒なこと〉はしないでください | **den ganzen ～ hinschmeißen** 《話》仕事を途中でほうり出してしまう | *jm.* den ganzen ～ vor die Füße werfen …から言いつかった仕事を中途で投げ出す ‖ Er redet mir oft in meinen ～ hinein. 彼は私のすることによく口を出す | ***jm.* ganz gut 〈nicht〉 in den ～ passen** …にとってたいへん都合がよい〈悪い〉 | Ich will von diesem ～ nichts mehr hören. 私はそんなくだらぬ話はもう聞きたくない. **c)** 《南部》年の市(ｲﾁ)の商品; 年の市で買った贈り物〈みやげ〉. **2** (殺した家畜の)臓物. [*ahd.* „Zeltdecke"]

Kram·bam·bu·li[krambámbuli·] 男 -〔s〕/-〔s〕《話》酒, アルコール飲料(元来はネズの実またはサクランボから造る Danzig 産のブランデー). [< Kranewit]

Kram·bu·de[kráːm..] 女 ＝Kramladen

Kräm·chen Kram の縮小形.

kra·men[kráːmən] **I** 自 (h) **1** 《話》《場所を示す語句と》(…を)ひっかき回す, あちこち探す: in einer Schublade 〈einer Tasche〉 ～ ひきだし〈ポケット〉をかき回して探しものをする | Er *kramte* 〔in seinem Schreibtisch〕 nach einer alten Photographie. 彼は1枚の古い写真を探して〔机の中を〕ひっかき回した. **2** 《ｽｲｽ》**a)** ちょっとした買い物をする(特に年の市で). **b)** 小売業を営む. **3** 《方》《mit *jm.*》(…と)恋愛している. **II** 他 (h) 《話》《*et.*[4] aus *et.*[3]》ようやく探し出す〈取り出す〉: Endlich *kramte* er den Schlüssel aus der Tasche. ようやく彼はポケットの中から鍵(ｶｷﾞ)を探し出した. [*mhd.* krāmen „Kramhandel treiben"]

Krä·mer[krέːmər] 男 -s/- (女 **Krä·me·rin**[..mərɪn] -/-nen) [▽]**1** 小売商人(特に小さな食料品店の主人): **Jeder ～ lobt seine Ware.** 《諺》だれでも手前味噌(ﾐｿ)をならべたがる(店の主人はだれでも自分の店の品物をほめる). **2** 《軽蔑的に》気の小さな〈視野の狭い〉人間. [*ahd.*; ◇ Kram]

Krä·mer·bu·de 女 ＝Kramladen

Kra·me·rei[kraːməráɪ] 女 -/-en **1** 《軽蔑的に》あちこち探す〈ひっかき回す〉こと. **2** 《方》＝Kramladen

Krä·me·rei[krɛː..] 女 -/-en 《方》＝Kramladen

Krä·mer·geist[krέːmər..] 男 -〔e〕s/ 《軽蔑的に》小商人根性: aus ～ handeln こせこせした振舞いをする.

krä·mer·haft[..haft] 形 《軽蔑的に》小商人根性の; こせこせした, 視野の狭い.

Krä·me·rin Krämer の女性形.

Krä·mer≈la·den[krέːmər..] 男 ＝Kramladen ≈**la·tein** 中 **1** (一般人にはわからない隠語などの多い)商人ことば. **2** 《方》(その業種の秘密として身分証明にも使われる)商売上の符丁. ≈**see·le** 女 《軽蔑的に》小商人根性の人. ≈**volk**

中《軽蔑的に》小商人根性の国民, 実利しか考えない国民.
≈waa·ge 女 小商人用のはかり. ≈wa·ren 複《軽蔑的に》小商人が扱う商品, 雑貨.

Kram≈han·del[krá:m..] 男 -s/ 小商い, 小規模の雑貨商. ≈**la·den** 男《話》小商いの店, 露店; 雑貨店.

Kräm·lein Kram の縮小形.

Kram·markt[krá:m..] 男 (家畜市(いち)に対する)雑貨〈荒物〉市.

Kram·me[krámə] 女 -/-n =Krampe

kram·men[krámən] I 自 (h) (鋭いつめで)つかみかかる, ひっかく. II 他 (h) 再帰 *sich*⁴ ~ 体を縮める.

Kram·met[krámət] 男 -s/-s 《方》= Wacholder [<Kranewit]

Kram·mets≈bee·re 女《方》= Wacholderbeere ≈**vo·gel** 男《方》=Wacholderdrossel

Kram·pe[krámpə] 女 -/-n (U 字形の)留め〈また〉くぎ, ステープル; かすがい, 掛けがね. [*mndd.*; ◇Krampf, Krempe]

kram·pen[krámpən] 他 (h) Krampe で留める〈固定する〉.

Kram·pen[−] 男 -s/- **1** =Krampe **2**《南部》(Spitzhacke) つるはし.

Krampf[krampf] 男 -〔e〕s/Krämpfe[krέmpfə] **1** (Spasmus)〖医〗(筋肉の)痙攣(けいれん), ひきつけ: epileptische *Krämpfe* 癲癇(てんかん)性痙攣 | Gesichts*krampf* 顔面痙攣 ‖〔einen〕~ bekommen 〈話: kriegen〉 痙攣を起こす | einen ~ in der Wade haben こむらがえりを起こしている | in *Krämpfen* zu Boden fallen 痙攣を起こして地面に倒れる. **2**《比》危機, 断末魔: Die Menschheit liegt in *Krämpfen.* 人類は危機に直面している. **3**《単数で》《話》むだな努力, 悪あがき; からいばり: Das ist ~. そんなことをしても無意味だ | Mach keinen ~! 悪あがきは〈虚勢を張るのは〉よせ. **4**《スイス》骨の折れる仕事, 大骨折り. **5**《話》盗み, かっぱらい: auf ~⁴ gehen 盗みをしに出かける | einen ~ drehen 悪事〈不法〉を働く. [*westgerm.*; ◇krumm, krank, Krippe, Krapfen, Krampe, Kralle; *engl.* cramp]

Krampf·ader[krámpf..] 女〖医〗静脈瘤(りゅう).

krampf·ar·tig 形 痙攣(けいれん)性〈状〉の.

Krämp·fe Krampf の複数.

kramp·fen[krámpfən] I 他 (h) **1** 再帰 *sich*⁴ ~ 痙攣(けいれん)〈ひきつけ〉を起こす. **2** die Hände in 〈um〉 *et.*⁴ ~ (発作的に・急に)…にしがみつく, …をしっかりつかむ ‖ 再帰 *sich*⁴ in 〈um〉 *et.*⁴ ~ (発作的に・急に)…にしがみつく. **3**《話》《*sich*³ *et.*⁴》つかむ, 捕まえる. **4**《話》(指を曲げる意味から)かっぱらう, 盗む. II 自 (h) **1** 痙攣(けいれん)〈ひきつけ〉を起こす. **2**《スイス》がむしゃらに働く.

Kramp·fer[krámpfər] 男 -s/-《スイス》がむしゃらに働く人, がんばり屋.

krampf·haft[krámpfhaft] 形 **1** 痙攣(けいれん)のような; ひきつった, 不自然な: in ~*e* Zuckungen verfallen 痙攣性の発作を起こす | in〔ein〕~*es* Lachen 〈Weinen〉 ausbrechen 突然ひきつったように笑い〈泣き〉はじめる ‖ eine ~*e* Heiterkeit 不自然な〈取ってつけたような〉快活さ | eine ~*e* Bewegung ぎごちない動作. **2** 一生懸命の: ~*e* Anstrengungen 懸命の努力 ‖ Er versuchte ~, sich an den Namen zu erinnern. 彼は一生懸命その名前を思い出そうとした.

Krampf≈hen·ne 女《軽蔑的に》ヒステリー女. ≈**hu·sten** 男 -s/〖医〗(百日咳などに見られる)痙攣(けいれん)性咳嗽(がいそう).

kramp·fig[krámpfıç]² 形 痙攣(けいれん)を起こした〔ような〕, ひきつった; 不自然な: ein ~*es* Lächeln ひきつったような〈わざとらしい〉微笑.

Krampf·ko·lik 女〖医〗疝痛(せんつう).

krampf≈lin·dernd 形, ≈**lö·send** 形〖医〗鎮痙(ちんけい)性の: ~*es* Mittel 鎮痙剤.

Krampf·mit·tel 中〖医〗抗痙攣(けいれん)剤.

krampf·stil·lend 形 痙攣(けいれん)を鎮める作用のある.

Kram·pus¹[krámpʊs] 男 -/..pi[..pi·]〖医〗クランピ(こむらがえりなど, 激痛を伴う局所的痙攣(けいれん)). [Krampf をラテン語めかした形]

Kram·pus²[−] 男 -, -ses/-se《オーストリア》クランプス(悪魔の姿をしたサンタクロースの従者で, 悪い子をむちで罰して歩くという). [<Krampen 2; 持っている鉄鉤(かぎ)から]

Kra·mu·ri[kramú:ri·] 女 -/《オーストリア》(Kram)(あまり価値のない)品物, がらくた. [Kram をルーマニア語めかした形]

Kram·wa·ren[krá:m..] =Krämerwaren

Kran[kra:n] 男 -〔e〕s/Kräne[krέ:nə](-e)(小 **Kräñ·chen**[krέ:nçən] 中 -s/-) **1** クレーン, 起重機: ein mächtiger 〈fahrbarer〉 ~ 巨大な〈移動式の〉クレーン | Bau*kran* 建設工事用クレーン | Lauf*kran* 走行クレーン ‖ den ~ einsetzen 〈bedienen〉 クレーンを据えつける〈操作する〉. **2**《方》(Hahn)(ガス・水道の)コック; (Zapfen)(樽(たる)などの)栓. [*germ.* „Kranich"; ◇Geranie, krähen, Kranich; *engl.* crane]

Kran≈arm[krá:n..] 男, ≈**aus·le·ger** 男〖工〗クレーン=ジブ〈アーム〉. ≈**bal·ken** 男 **1** =Kranausleger **2**〖海〗キャットヘッド, 吊錨(ちょうびょう)架.

kran·bar[krá:nba:r] 形〖工〗クレーンでつり上げ〈移動〉可能な.

ᵛ**Kran·bee·re**[krá:n..] 女, ᵛ**Krän·bee·re**[krέ:n..] 女 (Preiselbeere)〖植〗コケモモ(苔桃).

Krän·chen Kran の縮小形.

Krä·ne Kran の複数.

Kra·ne·ber·ger[krá:nəbεrgər] =Kranenberger

kra·nen[krá:nən] 他 (h) クレーンでつる〈移動させる〉.

Kra·nen≈ber·ger[..bεrgər] 男 -s/ , ≈**hei·mer** [..haımər] 男 -s/《話》飲料水 (Kran 2から出る水, つまり水道の水をぶどう酒の名前らしく仕立てたもの).

Kra·ne·wit[krá:nəvıt] 男 -s/《オーストリア》=Wacholder 1 [*ahd.* krana-witu „Kranich-holz"; ツルが好んでその果実を食べることから]

Kra·ne·wit·ter[..tər] 男 -s/ 《オーストリア》(Wacholderbranntwein) ジン, 杜松(としょう)酒.

Kran·füh·rer[krá:n..] 男 起重機〈クレーン〉運転手.

Kran·füh·rer·haus 中 起重機〈クレーン〉運転室.

Kran·gel[kráŋəl] 男 -s/-n《スイス》〖登山〗(ザイルの)よじれ. [<Kringel]

krän·gen[krέŋən] 自 (h)〖海〗(船が)傾く, かしぐ. [*ndl.* krengen „sich abwenden"−*ndd.*]

Krän·gung[..ŋʊŋ] 女 -/-en《ふつう単数で》〖海〗船の横傾斜.

krani.. →kranio..

Kra·nia Kranium の複数.

kra·nial[kraniá:l] 形〖解〗頭蓋(とうがい)の, 頭部の: das *kranial*autonome Nervensystem 頭部自律神経系.

Kra·nich[krá:nıç] 男 -s/-e **1**〖鳥〗ツル(鶴). **2** der ~〖天〗鶴座(秋の南天に現れる). **3**《方》=Kran 2 [*westgerm.*; ◇Kran]

Kra·ni·ek·to·mie[kraniεktomí:] 女 -/ 〖医〗頭蓋(とうがい)骨切除術.

Kra·ni·en Kranium の複数.

kranio..《名詞などにつけて「頭蓋(とうがい)の」を意味する. 母音の前では krani.. となる》[*gr.* krāníon „Schädel"; ◇Karotte, Hirn, Zerebrum]

Kra·nio·kla·sie[kranioklazí:] 女 -/〖医〗砕頭術.

Kra·nio·klast[..klást] 男 -en/-en〖医〗砕頭器. [<*gr.* klān (→klastisch)]

Kra·nio·lo·gie[..logí:] 女 -/ (Schädellehre)〖医・人類〗頭蓋(とうがい)学.

kra·nio·lo·gisch[..ló:gıʃ] 形〖医〗頭蓋(とうがい)学の.

Kra·nio·me·trie[..metrí:] 女 -/-n[..rí:ən]〖医〗頭蓋(とうがい)計測.

kra·nio·me·trisch[..mé:trıʃ] 形〖医〗頭蓋計測の〈に関する〉.

Kra·nio·ta·bes[..tá:bεs] 女 -/〖医〗頭蓋癆(ろう).

Kra·nio·to·mie[..tomí:] 女 -/-n[..mí:ən]〖医〗開頭術.

Kra·nium[krá:niʊm] 中 -〔s〕/..nia[..nia·], ..nien [..niən]〖解〗頭蓋(とうがい).

krank[kraŋk] **krän·ker**[krέŋkər]/ **kränkst** I 形《副詞的用法なし》**1** (↔gesund) 病気の, 健康を損なっている, 疾患のある, かげん〈具合〉の悪い: herz*krank* 心臓病の | magen*krank* 胃病の ‖ ein ~*er* Baum 病気にかかった木 | ein ~*er* Fuß 傷ついた足 | ein ~*er* Mann 病気の男 | eine ~*e* Währung 病める〈弱い〉通貨 | einen ~*en* Zahn haben 虫歯が1本ある ‖ Er ist ⟨wird⟩ ~. 彼は病気である⟨病気になる⟩ | an *et.*[3] ~ sein …を病んでいる | von *et.*[3] ~ sein ⟨werden⟩ …のせいで病気になっている⟨病気になる⟩ | auf den Tod ~ sein 〔生命にかかわるほどの〕重病である | Bist du wohl ~?《話》君は少し頭がおかしいんじゃないか ‖ Er war *kränker*, als ich glaubte. 彼は私が思っていたよりも病気が重かった ‖ ~ aussehen 病人のように見える | ~ zu ⟨im⟩ Bett liegen 病気で寝ている, 病床にある | ~ schreiben 病気欠勤⟨欠席⟩の届けを出す | ~ spielen 仮病をつかう ‖ *sich*[4] ~ fühlen 体調が悪いように感じる | Ich fühle mich ~. 私はからだの具合が思わしくない | *sich*[4] durch *et.*[4] ~ machen …のせいで病気になる(ただし: →krankmachen) | *sich*[4] ~ melden 病気〔欠席〕のむねを届け出る | *sich*[4] ~ schreiben lassen (病欠のため)診断書を書いてもらう | *sich*[4] ~ stellen 仮病をつかう ‖〖行為の結果を示して〗*sich*[4] ~ ärgern《話》ひどく憤慨⟨気を悪く⟩する. **2** 心に悩みのある,(精神的に)憔悴(しょうすい)している: nach *jm.* ~ sein …に恋いこがれている | vor Liebe[3] ~ sein 恋わずらいしている | Mit deinen Nörgeleien machst du mich ~. 君のぐちには全くうんざりだよ. **3** (↔ gesund)〖狩〗(野獣が)手負いの: eine ~*e* Fährte (血痕(けっこん)が点々とついた)手負い獣の足跡.

II Kran·ke 男 女《形容詞変化》病人, 患者: einen ~*n* ⟨eine ~⟩ pflegen 患者を看護する.

[*westgerm.* „hinfällig"; ◇Krampf, Kringel; *engl.* crank]

Krän·ke[krέŋkə] 女 -/《南部》痙攣(けいれん)⟨癲癇(てんかん)⟩の発作: Daß dich die ~! / Daß du die ~ kriegst!《話》くたばりやがれ | **Es ist, um die ~ zu kriegen!**《話》もう絶望的だ, もうだめだ. [*mhd.* krenke „Schwäche"]

Krän·ke·lei[krɛŋkəlái] 女 -/-en《ふつう単数で》病身⟨病気がち⟩であること, 病弱, 虚弱.

krän·keln[krέŋkəln]《06》自 (h) 病気がちである, 病弱である: ein *kränkelndes* Kind しじゅう病気をする子供, 虚弱児.

kran·ken[kráŋkən] 自 (h) **1**《an *et.*[3]》(…という)病気にかかっている;《比》(…に)苦しんでいる: an einem Magenleiden ~ 胃が悪い | an chronischem Geldmangel ~ 慢性的な金不足に悩む | an Vorurteilen ~ 偏見にとりつかれている. **2**《nach *jm.* ⟨*et.*[3]⟩》(病気になるほど…を)慕う,(…に)恋いこがれる.

krän·ken[krέŋkən] **I** 他 (h) **1**《*jn.* / *et.*[4]》(…の)感情⟨自尊心⟩を傷つける,(…を)侮辱する: *jn.* in *seiner* Ehre ~ / *js.* Ehre ~ …の名誉を傷つける ‖ ein *gekränktes* Gesicht machen 不快感を顔に出す | die *gekränkte* Leberwurst spielen (→Leberwurst) | die *gekränkte* Unschuld spielen (→Unschuld 1). **2** 再帰 *sich*[4] über *et.*[4] ~ …で悲しむ⟨気分を害する⟩, …のことでくよくよする | Du sollst dich über seine Bosheit nicht ~. 彼の意地悪など気にするな. **II krän·kend** → 別出

[*mhd.* krenken „schwach machen"; ◇krank]

Kran·ken≈ab·tei·lung[kráŋkən..] 女 病棟, 病室. ᵛ**≈an·stalt** 女 =Krankenhaus **≈au·to** 中 患者輸送車; 救急車. **≈bah·re** 女 担架. **≈be·richt** 男 (医者が書く患者の)病状報告. **≈be·such** 男 病気見舞い;〖医〗往診,(病院での)回診. **≈bett** 男 病の床, 病床; 病人用ベッド: ans ~ gefesselt sein 病床を離れられないでいる | an *js.* ~ sitzen ⟨wachen⟩ …の病床に付き添っている | Erfahrungen am ~ sammeln〖医〗臨床例を集める | vom ~ aufstehen (快癒して)病床を離れる. **≈blatt** 中 (患者の)病歴カルテ.

krän·kend[krέŋkənt][1] **I** kränken の現在分詞. **II** 形 他人の感情を傷つけるような, 侮辱的な: eine ~*e* Äußerung 侮辱的な言辞 | Das ist für mich sehr ~. それは私にとって実に侮辱的だ.

Kran·ken≈fahr·stuhl[kráŋkən..] 男 (Rollstuhl) 病人用の車いす. **≈geld** 中 (医療・疾病保険から支払われる)病気休業補償金. **≈ge·schich·te** 女〖医〗病歴; 病歴簿: die ~ aufnehmen 病歴を記録する | in *js.* ~[3] lesen …の病歴を調べる. **≈gut** 中 -〔e〕s/ (一定の区域・状況・見地における)患者総数. **≈gym·nast** 男 (女 **≈gym·na·stin**) 治療体操指導員. **≈gym·na·stik** 女〖医〗治療体操. **≈haus** 中 病院: *jn.* aus dem ~ entlassen …を退院させる | *jn.* ins ~ bringen ⟨einliefern⟩ …を入院させる | ins ~ gehen (検査・見舞いなどで)病院へ行く; 入院する | im ~ liegen 入院している.

Kran·ken·haus≈fen·ster 中 病院の窓: Du hast wohl lange nicht mehr 〔mit verbundenem Kopf〕 aus dem ~ geguckt?《話》月の明るい晩だけだとは思うなよ(脅しの文句). **≈in·fek·tion** 女 病院での感染, 院内感染.

kran·ken·haus·reif 形 入院〔加療〕の必要のある.

Kran·ken≈kas·se (オーストリア: **≈kas·sa**) 女 健康保険〔組合〕, 疾病保険金庫: Mitglied der ~ sein 健康保険に加入している. **≈kost** 女 病人食, 患者食. **≈la·ger** 中《雅》**1** (Krankenbett) 病の床, 病床: *jn.* aufs ~ werfen (心労などが)…を病の床につかせる. **2** 病床にあること: nach langem ~ sterben 長い療養生活のあげくに死ぬ. **≈pfle·ge** 女 看病, 看護. **≈pfle·ger** 男 看護人; 看護夫. **≈pfle·ge·rin** 女 **1** 女性看護人. **2** = Krankenschwester **≈saal** 男 (病院の)大病室. **≈sal·bung** 女〖カトリック〗(病気の信者に対して行われる)病油. **≈schein** 男 **1** (組合が発給する)健康保険診療券. **2** (欠勤届などに添える医師の)診断書. **≈schiff** 中 病院船. **≈schwe·ster** 女 (専門教育を受けた)看護婦. **≈stand** 男 (一定の地域・団体などの)患者数. **≈stuhl** =Krankenfahrstuhl **≈tas·se** 女 (病人用の)吸い飲み(→ 図 Tasse). **≈tra·ge** 女 (病院の内部で用いる)患者運搬車. **≈trä·ger** 男 (救急車などの)患者運搬人. **≈trans·port** 男 患者輸送⟨運搬⟩; 患者輸送施設.

kran·ken·ver·si·chert 形 疾病保険に加入している.

Kran·ken≈ver·si·che·rung 女 疾病保険〔会社〕. **≈wa·gen** 男 =Krankenauto **≈wär·ter** 男 (精神病院などの)看護人. **≈zim·mer** 中 病室.

krän·ker krank の比較級.

krank|fei·ern[kráŋk..]《05》自 (h) **1**《話》〔軽い〕病気を口実にして⟨仮病で⟩仕事を休む. **2**《方》病気で仕事ができない状態である.

krank·haft[kráŋkhaft] 形 **1** 病気〔が原因〕の: ein ~*er* Zustand 病気の⟨にかかった⟩状態 | eine ~*e* Veränderung eines Organs ⟨an einem Organ⟩ ある器官にみとめられる病変. **2**《比》病的な, 度を越した: ~*er* Ehrgeiz 病的な名誉欲 | Er ist ~ eitel. 彼は度外れてうぬぼれが強い.

Krank·haf·tig·keit[..tɪçkaɪt] 女 -/ krankhaft なこと.

Krank·heit[kráŋkhaɪt] 女 -/-en **1** 病気, やまい, 疾患, 疾病: eine akute ⟨chronische⟩ ~ 急性⟨慢性⟩疾患 | eine ansteckende ~ 伝染病, 感染症 | eine leichte ⟨schwere⟩ ~ 軽い⟨重い⟩病気 | eine tödliche ~ 助からない病気 | eine unheilbare ~ 不治の病 | Geistes*krankheit* 精神病 | Höhen*krankheit* 高山病 | See*krankheit* 船酔い ‖ eine ~ unserer Zeit《比》現代の病弊 | diese ~ von Kuchen《話》こんなまずいケーキ ‖ eine ~ bekommen / *sich*[3] eine ~ zuziehen 病気にかかる | eine ~ simulieren 仮病を使う | eine ~ überwinden 病気にうち勝つ | einer ~[3] vorbeugen 病気を予防する ‖ an einer ~ leiden 病気にかかっている | an einer ~ sterben 病気で死ぬ | *jn.* von einer ~ heilen …の病気を治す | von einer ~ genesen / *sich*[4] von einer ~ erholen 病気から回復する, 病気が治る | während der ~ 病気中に. **2**《単数で》病気の期間.

Krank·heits≈angst[kráŋkhaɪts..] 女〖医〗疾病恐怖〔症〕. **≈an·zei·chen** 中 症候. **≈aus·bruch** 男 病気の突発, 突然の発病. **≈bild** 中〖医〗病像, 病状: das typische ~ für Herzinfarkt 心筋梗塞(こうそく)の典型的病像. **≈ein·sicht** 女〖医・心〗病識(精神病者が病気のある段階で持つ, 自分は病気であるという認識). **≈er·re·ger** 男〖医〗病原体. **≈er·schei·nung** 女 症状, 症候. **≈fall** 男 **1** 症例. **2** 病気の場合: im ~ 病気の場合には. **≈ge·fühl** 中〖医・心〗病感(精神病者が病気のある段階で持つ, 自分が病気であるという漠然とした感じ). **≈ge·schich·te** 女〖医〗病歴. **≈ge·winn** 男〖心〗疾病利得, 罹病(りびょう)利益

(ヒステリー患者が病気に逃避することによって得る利益).

krank·heits·hal·ber 副 病気のために: ~ zurücktreten 病気により退職〈辞任〉する.

Krank·heits≠herd 男〘医〙病巣. **≠keim** 男〘医〙 **1** 病芽. **2** 病原体. **≠sym·ptom** 中 症候. **≠über·trä·ger** 男 病気の媒体. **≠ur·sa·che** 女 病気の原因, 病因. **≠ver·lauf** 男 病気の推移, 病状経過. **≠zei·chen** 中 症候. **≠zu·stand** 男 病状, 容体.

krank|la·chen[kráŋk..] 他 (h)《話》再帰 *sich*[4] ~ さんざんに〈苦しくなるほど〉笑う.

kränk·lich[krɛ́ŋklɪç] 形 病気がちの, 病身の, 虚弱な: ein ~*es* Aussehen haben 病身〈ひ弱そう〉に見える | Er war von Kind auf schwächlich und ~. 彼は子供のときから体が弱く病気がちだった.

Kränk·lich·keit[−kaɪt] 女 −/ kränklich なこと.

krank|ma·chen[kráŋk..]《話》=krankfeiern (ただし: krank machen →krank I 1).

Krank·mel·dung 女 (雇い主や上司などに出す)病気〈病欠〉届.

krank|schie·ßen* 《135》他 (h)〘狩〙撃って傷つける.

kränkst krank の最上級.

Krän·kung[krɛ́ŋkʊŋ] 女 −/−en (kränken すること. 例えば:) 侮辱, 無礼〔な言動〕: *et.*[4] als ~[4] empfinden …を侮辱と感じる | *jm.* eine ~ zufügen …に無礼をはたらく.

Kran·wa·gen[krá:n..] 男 クレーン車, レッカー.

Kranz[krants] 男 −es/Kränze[krɛ́ntsə] (⑪ **Kränz·chen** → 別出, **Kränz·lein**[krɛ́ntslaɪn] 中 −s/−) **1** (花・葉・枝などで作られた)輪, 冠: ein ~ aus 〈von〉 Rosen ばらの花冠, バラの花輪 | ein ~ mit Schleife リボンのついた花輪 | Blumen*kranz* 花輪 | Lorbeer*kranz* 月桂冠 ‖ die Braut in ~ und Schleier 花冠とベールをつけた花嫁 ‖ einen ~ winden 〈binden / flechten〉 花輪を編む | einen ~ am Ehrenmal niederlegen 記念〈慰霊〉碑に花輪をささげる | zur Trauerfeier einen ~ spenden 葬儀に花輪を贈る ‖ *jm.* den ~ nehmen《比》…の処女を奪う | den ~ verlieren《比》処女を失う.

2 勝利者に与えられる花冠; 勝利の栄冠: dem Sieger den ~ umhängen 〈überreichen〉〔優〕勝者に冠をかける〈授ける〉 | den ~ erringen 〈davontragen〉〔勝利の〕栄冠を得る | in die *Kränze* kommen《ス イ》勝者の一人になる; 成功する ‖ Das kommt nicht in die *Kränze.*《ス イ》そんなことは問題にならない, 成功の見込みが全くない.

3 (花輪に似た形態のもの) **a)** (頭に巻きつけた)編み髪: Sie trägt einen ~ 〈ihre Haare in einem ~〉. 彼女は髪を編んで頭に巻いている. **b)** =Kranzkuchen **c)** (車輪の)外輪. **d)** (人間・建物・山などの)冠状の集まり: ein ~ von Feigen 糸に通した干しイチジクの丸い束 | Ein ~ von Bergen umgibt den See. 山々がぐるりとその湖を囲んでいる. **e)**〘狩〙(アカシカが乾いた地面の上に残した)足跡. **f)**《南部》サークル, 仲間同士の集い.

[*mhd.*; ◇Kringel]

Kranz≠ader[kránts..] 女 = Kranzgefäß **≠ar·te·rie**[..riə] 女〘解〙(心臓の)冠〔状〕動脈. **≠bin·der** 男 花輪編みの職人.

Kränz·chen[krɛ́ntsçən] 中 −s/− **1** Kranz の縮小形. **2** (Kaffeekränzchen)(定期的に会合する婦人たちの)小さなグループ〔の会合〕: zum ~ gehen グループの集まりに出かける.

Krän·ze Kranz の複数.

Kran·zel·jung·fer[krántsəl..]《南部》= Kranzjungfer

krän·zen[krɛ́ntsən]《02》他 (h) **1**《雅》花輪〈花冠〉で飾る; 花冠〈月桂冠〉を頂かせる. **2**〘林〙(木の)皮を輪状にはぐ.

kranz·för·mig[kránts..] 形 花輪〈花冠〉状の.

Kranz≠ge·fäß 中〘解〙(心臓の)冠状血管(冠動脈と冠静脈). **≠geld** 中〘法〙婚約解消補償金. **≠ge·sims** 中〘建〙コーニス, コルニス, 軒(のき)蛇腹(じゃばら)(→ 図 Giebel). **≠jung·fer** 女《南部・オーストリア》(Brautjungfer) 花嫁の介添えをつとめる未婚の女性. **≠ku·chen** 男 クランツクーヘン(ドーナツ形の大型ケーキ: → 図 Kuchen).

Kränz·lein Kranz の縮小形(→Kränzchen).

Kranz≠lei·ste[kránts..] 女 =Kranzgesims **≠naht** 女〘解〙(頭蓋(ずがい)骨の)冠状縫合(→ 図 Schädel). **≠nie·der·le·gung** 女 (慰霊碑などに)花輪をささげること, 献花. **≠spen·de** 女 葬儀のさい贈られる花輪. **≠spie·re** 女〘植〙コゴメウツギ(小米空木)属. **≠ve·ne** 女〘解〙(心臓の)冠〔状〕静脈.

Krap·fen[krápfən] (南部: **Kräp·fel**[krɛ́pfəl]) 男 −s/− (⑪ **Kräpf·chen**[krɛ́pfçən], **Kräpf·lein**[..laɪn] 中 −s/−) クラッペン(揚げパンの一種: → 図 Kuchen). [*ahd.* krāpho „Haken“; ◇Krampf, Grappa]

Krapp[krap] 男 −[e]s/ **1** (Färberröte)〘植〙セイヨウアカネ(西洋茜). **2** =Krappfarbstoff [*mndl.* crappe „Haken“; とげが Haken の形をしているところから]

Kräp·pel[krɛ́pəl] 男 −s/−《中部》=Krapfen

Krapp·farb·stoff[kráp..] 男 あかね染料(主成分はアリザリン).

Kra·sis[krá:zɪs] (**Kra·se**[..zə]) 女 −/Krasen[..zən] **1**〘言〙母音縮合(元来古ギリシア語などで先行する語の末尾の母音と次の語の冒頭の母音が長母音または二重母音に縮合されて一語になる現象). **2**〘医〙体液混和. [*gr.* krāsis „Mischung“; <*gr.* kerannýnai „mischen“ (◇rühren)]

kraß[kras] **kras·ser** / **kras·sest** 形 はなはだしい, 極端な; 際立った; どぎつい: ein *krasser* Egoist 極端なエゴイスト | ein *krasser* Fall von Korruption 前代未聞の汚職〈腐敗〉事件 | ein *krasser* Gegensatz 〈Unterschied〉 著しい対立〈相違〉‖ *sich*[4] ~ ausdrücken 自分の考えを歯に衣(きぬ)着せず述べる | Er hat das Elend sehr ~ geschildert. 彼はその悲惨な状態を非常にどぎつく描写した. [*lat.* crassus „dick“; ◇*engl.* crass]

Kraß·heit[kráshaɪt] 女 −/−en kraß なこと〈結果〉.

..krat[..kra:t]《「…政治家, …主義者, …社会の一員」などを意味する男性名詞 (−en/−en) をつくる》: Theo*krat* 神政〈神権〉政治家 | Auto*krat* 専制君主 | Pluto*krat* 金権政治家 | Demo*krat* 民主主義者; 民主党員 | Physio*krat*〘経〙重農主義者 | Büro*krat* 官僚〔主義者〕| Aristo*krat* 貴族階級の一員. [<..kratie]

Kra·ter[1][kraté:r] 男 −s/−e (古代ギリシアでぶどう酒に水をまぜるのに用いた)台つきの両手つぼ. [*gr.* krātḗr „Mischkrug“ − *lat.*; ◇Krasis]

Kra·ter[2][krá:tər] 男 −s/− **1**〘地〙(火山の)火口, 噴火口 (→ 図 Berg B). **2** (火口状の)穴(月面のクレーター・爆弾による地面の穴など).

Kra·ter·see 男〘地〙火口湖.

..kratie[..krati:]《「…政治, …主義, …階級」などを意味する女性名詞 (−/−n) をつくる》: Theo*kratie* 神政〈神権〉政治 | Auto*kratie* 独裁〈専制〉政治 | Pluto*kratie* 金権政治 | Aristo*kratie* 貴族政体; 貴族階級 | Demo*kratie* 民主主義 | Büro*kratie* 官僚政治. [*gr.*; <*gr.* krátos „Macht“ (◇hart)]

kra·to·gen[kratogé:n] **I** 形〘地〙(地殻が)〔比較的〕安定した. **II** **Kra·to·gen** 中 −s/ =Kraton

Kra·ton[krá:tɔn] 中 −s/〘地〙クラトン(安定した地殻).

Krat·te[krátə] 男 −n/−n, **Krat·ten**[..tən] (**Krät·ten**[krɛ́tən]) 男 −s/−《南部》(細くて深い)〔背負い〕かご. [*germ.* „Korb“; ◇Krippe, Krätze[1]; *engl.* cradle]

Kratt·ler[krátlər] 男 −s/−《南部》(Tagedieb) 怠け者.

Kratz[krats] 男 −es/−e (⑪ **Krätz·chen** → 別出)《方》引っかくこと; 引っかき傷. [*mhd.*; ◇kratzen]

Kratz≠band[kráts..] 中 −[e]s/..bänder〘坑〙スクレーパー〈かき板〉コンベヤー. **≠bee·re**《方》=Brombeere **≠bür·ste** 女 **1** 研磨ブラシ. **2**《話》偏屈者, あまのじゃく, 強情っぱり; 反抗的な少女.

kratz·bür·stig[..bʏrstɪç][2] 形《話》反抗的な; けんか腰の; つんけんした; 偏屈な, あまのじゃくの.

Krätz·chen[krɛ́tsçən] 中 −s/− **1**〘軍〙略帽, 戦闘帽. **2** Kratz の縮小形: *jm.* ein ~ geben …をちょっと引っかく;《比》…にちょっと意地悪なことを言う.

Kratz·di·stel[kráts..] 女〘植〙アザミ(薊)属.

Krat·ze[krátsə] 女 −/−n (kratzen する道具) **1**〘織〙梳綿(そめん)機. **2** =Kratzeisen 2 **3**〘坑〙スクレーパー.

Krät·ze[1][krɛ́tsə] 女 −/−n《南部》(Korb) かご. [*mhd.*;

K

◇Kratte, Kraxe]

Krät·ze²[−] 女 -/ **1** (Skabies)《医》疥癬(かいせん): ***sich***³ **die ~ an den Hals ärgern**《話》かんかんに怒る | **Es ist, um die ~ zu kriegen!** まったく腹が立つ〈頭にくる〉. **2**《金属》渣滓(さい), ドロス. [*mhd.*; ◇kratzen]

Kratz·ei·sen[kráts..] 中 (kratzen する鉄製の道具) **1** (玄関の横などに取りつけられた, 靴の)泥落とし(→ 図 Haus A). **2**《スポーツ》(そり競技用の靴の)制動用スパイク.

krat·zeln[krátsəln]《06》《スイス》=kritzeln

krat·zen[krátsən]《02》**I** 他 (h) **1** 掻(か)く, 引っかく, かきむしる; かき跡をつける: *jn.* ~ …を引っかく ‖ Das Lob hat ihn mächtig *gekratzt.* ほめられて彼はとてもくすぐったい気持だった(大いに気をよくした) | *sich*³ den Bart ~《話》ひげをそる | *sich*³ den Rücken ~ / 再帰 *sich*⁴ auf dem 〈am〉 Rücken ~ (自分の)背中をかく | *sich*⁴ wund ~ (かいて)かき傷をこしらえる | *sich*⁴ hinter dem Ohr ~ (当惑して・ばつが悪くて)頭をかく | Wen's juckt, der *kratze* sich. (→ jucken II) ‖〖方向を示す語句と〗*seinen* Namen an 〈in〉 die Wand ~ 壁を引っかいて自分の名前を彫り込む | die Butter aufs Brot ~ ガリガリ音をたててバターをパンに〔薄く〕塗る | den Schmutz von den Schuhen ~ 靴の汚れをかき落とす. **2**《*jn.*》**a)** かゆがらせる, いらいらさせる: Die Wolle *kratzt* 〔mich〕. この毛織物はちくちくする〈かゆい〉 | Wen *kratzt* das schon? そのことを不快に思う人がいるのかい. **b)** 非人称 Es *kratzt* mich im Hals. 私はのどがひりひり〈むずむず〉する(→II 2). **3** (羊毛を)梳(す)く. **4**《話》困らせる, 不安にさせる: Das kann mich absolut nicht ~. そんなこと全然平気だよ. **5**《話》盗む, 失敬する: Er hat die Sachen im Umkleideraum *gekratzt.* 彼は更衣室から品物をかっぱらって来た. **6**〖次の成句で〗die Kurve ~ (→Kurve).

II 自 (h) **1** 引っかく, 引っかいて音をたてる: mit den Krallen ~ (猫などが)つめで引っかく ‖ Der Hund *kratzte* an der Tür und wollte herein. 犬はドアを引っかいて中へ入りたがった | Die Feder *kratzt* sehr. このペンはやたらと引っかかる〈ガリガリする〉 | auf der Geige ~《戯》ヴァイオリンをかき鳴らす | vorn lecken und hinten ~ (→lecken I). **2** ちくちくする, かゆがらせる, むずむずする: Der Pullover *kratzt.* このセーターはちくちくする | Der Wein 〈Der Tabak〉 ist so schlecht, daß er in der Kehle *kratzt.* このワイン〈タバコ〉はたいへん質が悪いのでのどがひりひりする | Sein Kinn *kratzt* schon ein wenig. 彼のあごにはぼつぼつひげが生えはじめてきている ‖ 非人称 Es *kratzt* mir im Hals. のどがひりひり〈むずむず〉する(→I 2). **3**《話》~ gehen 逃げる, ずらかる.

[*germ.*; ◇*engl.* grate]

Krat·zen·ber·ger[krátsənbɛrgər] 男 -s/ 《話》(のどがひりひりするような)酸味の強い安物のワイン.

Krat·zer[krátsər] 男 -s/- **1** (よごれなどを)かき落とすための道具, スクレーパー. **2**《話》〔引っ〕かき傷, こすった傷〔跡〕: einen ~ im Gesicht haben 顔に引っかき傷をこしらえている | Das Auto war noch ohne jeden ~. その自動車にはまだかすり傷一つなかった. **3** =Kratzwurm

Krät·zer[krɛ́tsər] 男 -s/-《方》**1 a)** =Kratzenberger **b)** (Federweiße) (発酵中の白くにごった)新ぶどう酒. **2** =Kratzer 1

Kratz·fuß[kráts..] 男 片方の足を擦りながら後ろに引いてする昔ふうのおじぎ; ていねいなおじぎ: **einen** 〈***seinen***〉 **~ machen**《戯》礼儀正しく挨拶する.

kratz·fü·ßeln[..fy:səln]《06》自 (h) 昔ふうに片方の足を擦りながら後ろに引いておじぎをする; 卑屈な態度をとる.

Kratz≠füß·ler[krátsfy:slər] (≠**fü·ßer**[..fy:sər]) 男 -s/- ていねいなおじぎをする人; 卑屈な態度をとる人, おべっか使い.

krat·zig[krátsɪç]² 形《話》**1** (布などが)粗い手ざわりの, ごわごわした; (声などが)耳ざわりな; (ワインなどが)のどにひりひりする;《比》(人が)反抗的な, 強情な; (振舞いが)粗暴な. **2** 手もと不如意な: Es geht mir ein wenig ~. 私は懐が少々さびしい.

krät·zig[krɛ́tsɪç]² 形 疥癬(かいせん)にかかっている; (見た目に)いやらしい; みじめな, 悲惨な.

Kratz·ma·schi·ne[kráts..] 女 (金銀細工師が使う)研磨機.

Krätz·mil·be[krɛ́ts..] 女《虫》皮癬(ひぜん)ダニ(人や家畜に疥癬(かいせん)をおこす).

Kratz≠putz[kráts..] 男 =Sgraffito ≠**spur** 女 擦りむいた跡. ≠**wun·de** 女〔引っ〕かき傷. ≠**wurm** 男 (Kratzer)《動》鉤頭(こうとう)虫〔類〕.

krau·chen[kráuxən] 自 (s)《中部》身をかがめる, はう;《話》はうようにして〈やっとの思いで〉進む: in das Kleid ~ 服を着る. [<kriechen]

Kräu·el[krɔ́yəl] 男 -s/-; 女 -/-《方》(鉱山・農場などで用いられる)かき寄せるための道具.

krau·eln[kráuəln]《06》=kraulen²

krau·en[kráuən] 他 (h) **1** (kratzen) 引っかく; 軽くかく: 再帰 *sich*⁴ im Kopf 〈hinter den Ohren〉 ~ (困惑して)頭〈耳の後ろ〉をかく. **2** (kitzeln) くすぐる; こびる: *jm.* die Ohren ~ …の耳をくすぐる;《比》…の気に入りそうなことを言う | Ein Esel *kraut* den andern.《諺》ばかは(わけも分からず)互いにほめ合う. [*ahd.*; ◇Krume, kraulen²]

Kraul[kraul] 中 -〔s〕/《ふつう無冠詞で》(Kraulschwimmen)《泳》クロール泳法: 100 m ~ für Frauen 女子100メートル自由形競泳. [*amerik.*]

krau·len¹[kráulən] 自 (h, s) クロールで泳ぐ (h, s について: →schwimmen I 1 ☆). [*anord.* krafla „kratzen"−*engl.* crawl „kriechen"−*amerik.*; ◇krabbeln]

krau·len²[−] 他 (h) (つま先などで)軽く引っかく; そっとなでる, 愛撫(あいぶ)する: einen Hund hinter den Ohren ~ 犬の頭(耳の後ろのところ)をなでる | *jm.* das Kinn ~ …のあご(ほお)を愛撫してやる. [<krauen]

Krau·ler[kráulər] 男 -s/-《泳》クロール泳者.

Kraul≠schwim·men[krául..] 中 -s/ = Kraul ≠**staf·fel** 女《泳》クロールリレー. ≠**stil** 男 =Kraul

kraus[kraus]¹ 形 **1** (髪などが)縮れた, 巻き毛になった, くしゃくしゃになった; (ひたいなどが)しわの寄った: ~*es* Haar 縮れた髪〔の毛〕| ein ~*er* See さざ波の立っている湖 ‖ die Stirn ~ 〈in ~*e* Falten〉 ziehen ひたいにしわを寄せる, まゆをひそめる (=die Stirn krausen). **2** (verworren) 乱れた, 不明瞭な: eine ~*e* Schrift 判読しがたい筆跡 ‖ ~*e* Reden führen (内容の)不明瞭な話をする | ~*en* Unsinn 〈~*es* Zeug〉 reden《話》わけの分からぬことを言う ‖ *Krauses* Haar, ~*er* Sinn. (→Haar 1). [*mhd.* krūs „gedreht"; ◇Krolle, Kröse; *engl.* crouse]

Kraus[kraus] 人名 Karl ~ カルル クラウス(1874-1936; オーストリアの批評家・詩人・劇作家. 雑誌『炬火』を創刊して, ナチ=ドイツによるオーストリア併合まで社会批評活動を続けた. 主著『人類最後の日々』).

Krau·se[kráuzə] 女 -/-n **1** ひだ襟; ひだ飾り, ひだべり: eine weiße 〈hohe〉 ~ 白い〈高い〉ひだ襟 ‖ eine ~ ums Kinn haben《比》あごのまわりに無精ひげを生やしている. **2**《単数で》《話》(Dauerwelle) パーマ〔ネント〕; 髪の縮れ〈ウェーブ〉: Ihr Haar hat keine ~ mehr. 彼女の髪のパーマ〔ネント〕はもうとれてしまっている.

Kräu·sel·krank·heit[krɔ́yzəl..] 女《農》(ジャガイモ・ビート・ブドウなどの)萎縮(いしゅく)病.

kräu·seln[krɔ́yzəln]《06》**I** 他 (h) **1** 縮れさせる; 軽く波打たせる: *jm.* das Haar ~ …の髪にこてを当てて縮らせる | den Saum ~ (服などの)縁にひだをとる ‖ 再帰 *sich*⁴ ~ (髪が)縮れ〔てい〕る(→ 図 Haar B); (水面に)さざ波が立つ; (煙が)弧を描いてのぼる | ***sich***⁴ 〔**vor Lachen**〕 **~**《話》身をよじって大笑いする | Der Zigarettenrauch *kräuselt* sich im Zimmer. タバコの煙が部屋の中にうずまいている | Mein Haar *kräuselt* sich von Natur aus. 私の髪は生まれつき縮れている | Das Wasser des Sees *kräuselt* sich leicht. 湖面はさざ波が立ちやすい ‖ eine *gekräuselte* See さざ波の立っている海. **2**《*et.*⁴》(…に)しわ〈ひだ〉をつける, しわを寄せる: 〔den〕 Stoff ~ 布地にひだをつける | hochmütig die Lippen ~ 尊大に唇をひん曲げる | die Nase ~ (軽蔑などを表して)顔をしかめる(鼻にしわを寄せる) ‖ 再帰 *sich*⁴ ~ = II **II** 自 (h) ひだがつく, しわになる.

Kräu·se·lung[..zəlʊŋ] 女 -/-en (〔sich〕 kräuseln する

K

こと. 例えば:) しわ; 縮れ; さざ波.

Kraụ·se·min·ze[kráuzə..] 女《植》ミドリハッカ.

kraụ·sen[kráuzən][1]《02》他 (h) (kräuseln)《et.[4]》(…に)しわ〈ひだ〉をつける; (衣服に)ひだをとる: die Nase ～ 鼻〈顔〉をしかめる(＝die Nase kraus ziehen) ‖ 再帰 *sich*[4] ～ しわが寄る ‖ ein *gekrauster* Rock ひだ〈プリーツ〉スカート | mit *gekrauster* Stirn ひたいにしわを寄せて, まゆをひそめて.

Kraụs·haar[kráus..] 中 縮れ毛, 巻き毛.

kraụs·haa·rig[..ha:rɪç][2] 形 縮れ毛〈巻き毛〉の.

Kraụs≈kohl[kráus..] 男 (Grünkohl)《植》チリメンキャベツ. ≈**kopf** 男 **1** 縮れ毛の頭; 頭の毛が縮れている人. **2**《工》菊座ぎり, 菊形バイト(→ 図 Bohrer).

kraụs·köp·fig[..kœpfɪç][2] ＝kraushaarig

Kraut[1][kraut] 中 -[e]s/Kräuter[krɔ́ʏtər] (小 **Kräut·chen**[krɔ́ʏtçən] 中 -s/-, Kräuterchen[..tərçən], **Kräut·lein** → 別出) **1**《単数で》(野菜などの食用にならない)葉や茎の部分: das ～ der Kartoffeln 〈der Rüben〉 ジャガイモ〈カブラ〉の葉 | **wie ～ und Rüben** [**durcheinander**]《話》ひどく混乱して, ごちゃごちゃに, 無秩序に | das ～ abschneiden 葉の部分を切り取って捨てる | **ins ～ schießen** (作物などの)葉だけがむやみに伸びる;《比》(うわさ・悪習などが)急速にはびこる. **2**《ふつう複数で》《植》(木本に対する)草本(そうほん)(イネ科・カヤツリグサ科などを除く); 薬草; 薬味用の植物: heilsame 〈giftige〉 *Kräuter* 薬草〈毒草〉| Un*kraut* 雑草 ‖ eine Suppe 〈eine Speise〉 mit *Kräutern* würzen スープ〈料理〉に薬味をきかせる | *Kräuter* fein wiegen 薬草〈薬味〉を細かく刻む ‖ **gegen** *jn.* 〈*et.*[4]〉 **ist kein ～ gewachsen**《話》…に効く薬はない, …には手の施しようがない | **Für den Tod** 〈**Gegen den Tod**〉 **ist kein ～ gewachsen.**《諺》死を防ぐ薬草はない, 死神に対しては医者もお手上げだ. **3**《単数で》《特に: 南部・オーストリア》**a**) (Kohl) キャベツ, 甘藍(かんらん). **b**) (Sauerkraut)《料理》ザウアークラウト(発酵させた塩漬けキャベツ): Würstchen mit ～ essen ザウアークラウトを添えて小型ソーセージを食べる | Das macht das ～ [auch] nicht fett.《話》そんなことしたってあまり変わりばえがしない〈役に立たない〉. **4**《単数で》《北西部》(ビート・リンゴ・ナシなどからつくった)シロップ. **5**《話》(Tabak) タバコ. **6**《狩》火薬: **～ und Lot** 弾薬(＝Pulver und Blei). [*ahd.*]

Kraut[2][−] 男 -s/-s《話》＝Krautfresser [＜Sauerkraut]

Kraut[3][−] 男 -s/ 《方》小エビ. [*mndl.* crevet− *mndd.*; ◇Krebs]

kraụt·ar·tig[kráut..] 形 草のような, 草状の.

Kräut·chen Kraut の縮小形(→Kräutlein).

kraụ·ten[kráutən]《01》自 (h)《南部》除草する.

Kraụ·ter[..tər] 男 -s/- **1**《話》小物親方, 三流ビジネスマン, へぼ職人. **2**《戯》(年をとった)変人. ▽**3** 野菜栽培者.

Kräụ·ter Kraut の複数.

Kräụ·ter≈bad[krɔ́ʏtər..] 中 薬草浴. ≈**buch** 中 草本図鑑, 薬用植物誌. ≈**but·ter** 女 薬味〈香辛料〉入りバター.

Kräụ·ter·chen Kräutchen (Kraut の縮小形)の複数.

Kräụ·ter·dieb 男《虫》ヒョウホンムシ(標本虫).

Kraụ·te·rer[kráutərər] 男 -s/- ＝Krauter

Kräụ·ter·es·sig[krɔ́ʏtər..] 男 植物香辛料で味つけした酢.

kräụ·ter·fres·send 形《付加語的》草食の: ～*e* Tiere 草食動物.

▽**Kräụ·ter≈ge·wöl·be** 中, ≈**hand·lung** 女 (薬や薬草を扱う昔の)薬種商, 薬屋.

Kräụ·ter≈he·xe 女《話》薬草に精通している[老]女. ≈**kä·se** 男 薬味〈香辛料〉入りチーズ. ≈**ken·ner** 男 [薬]草のことに詳しい人; 本草(ほんぞう)学者. ≈**kis·sen** 中 **1** (Duftkissen)(衣装だんすなどに入れる)におい袋. **2**《料理》(スープなどに用いる)薬味袋. ≈**kun·de** 女 -/ 本草学. ≈**kur** 女 薬草による治療. ≈**leh·re** 女 -/ ＝Kräuterkunde ≈**li·kör** 男 植物香辛料入りリキュール.

kraụ·tern[kráutərn]《05》自 (h)《方》へまな仕事をする.

Kräụ·ter≈saft[krɔ́ʏtər..] 男 薬草の汁: Wider des Todes Kraft hilft kein ～.《諺》死病に効く薬はない. ≈**samm·ler** 男 薬草採取者. ≈**sup·pe** ＝Gemüsesuppe ≈**tee** 男 薬草湯, 薬草のせんじ汁, ハーブ茶. ≈**weib** 中 ＝Kräuterhexe ≈**werk** 中 -[e]s/《集合的に》薬味用野菜.

Kraụt≈fäu·le[kráut..] 女《農》(ジャガイモ・トマトなどの)葉の腐る病害. ≈**fres·ser** 男 ドイツ野郎, キャベツ野郎(外国人が用いるドイツの人の蔑称). ≈**gar·ten** 男《方》(Gemüsegarten) 菜園. ≈**haupt** 男 (オーストリア: ≈**häup·tel** 中) ＝Krautkopf ≈**ho·bel** 男《南部・オーストリア》キャベツ用の包丁, 野菜削り.

Kräụ·ticht[krɔ́ʏtɪçt] 中 -s/-e (**Kräụ·tig**[..tɪç] 中 -s/)野菜の不用部分(捨てられた大根の葉など).

kraụ·tig[kráutɪç][2] ＝krautartig

Kraụt≈jun·ker[kráut..] 男《話》豪農; 田舎紳士. ≈**kopf** 男《南部・オーストリア》**1** (Kohlkopf) キャベツ[の結球]. **2**《話》人間の頭; まぬけ, でくのぼう.

Kräụt·lein[krɔ́ʏtlaɪn] 中 -s/- Kraut の縮小形: ein ～ (＝Fräulein) Rührmichnichtan《比》内気で気の弱い女の子.

Kräụt·ler[krɔ́ʏtlər] 男 -s/- 《オーストリア》(Gemüsehändler) 青物商人, 八百屋.

Kraụt≈rou·la·de[kráutrula:də] 女 (≈**wickel** 男)《南部・オーストリア》＝Kohlroulade

Kra·wạll[kravál] 男 -s/-e《話》**1**《複数で》暴動, 騒乱: blutige ～*e* 流血の騒動 ‖ Bei der Demonstration kam es zu ～*en*. デモ行進をしているうちに暴動になった. **2**《ふつう単数で》騒ぎ; 騒音: der ～ der Flugzeuge 飛行機の騒音 ‖ mächtigen 〈großen〉 ～ schlagen 大声で文句を言う. **3** 争い, いさかい, けんか: auf ～ gestimmt sein 争いをも辞さぬ気持である, 闘争心に燃えている.
[*mlat.* charavallium „Straßenlärm"; ◇Charivari]

kra·wạl·len[kravalən] 自 (h)《話》**1** (街頭で)デモをする, 騒乱〈騒ぎ〉を起こす: デモ〈騒乱〉に参加する. **2** 争う, けんかをする.

kra·wal·lie·ren[kravalí:rən] 自 (h) ＝krawallen 1

Kra·wạll·ma·cher 男 -s/- 《話》暴徒; 大騒ぎする人間; 騒音をまきちらす物.

Kra·wạl·lo[kravalo·] 男 -s/-s《話》＝ Krawallmacher

Kra·wạt·te[kravátə] 女 -/-n **1** (Schlips) ネクタイ: eine seidene 〈gestreifte〉 ～ 絹〈縞(しま)柄〉のネクタイ | **eine eiserne ～**《戯》(フックで留めるだけの)初めから結んであるネクタイ ‖ *sich*[3] die ～ binden ネクタイを結ぶ | die ～ ablegen ネクタイをはずす | die ～ tragen 〈zurechtrücken〉 ネクタイをしめている〈きちんとしめ直す〉| *jm.* **die ～ zuziehen**《話》…の首を絞める ‖ *jn.* **an** 〈**bei**〉 **der ～ nehmen** 〈**packen**〉 …ののど元につかみかかる | **einen hinter die ～ gießen** 〈stoßen〉《話》一杯ひっかける. **2**《レスリング》かぶり(首を上から押えつけること). **3**《医》(頸部(けいぶ)安定用の)ギプス. [*dt.* Krawat „Kroate"−*fr.*; ◇Kroate; *engl.* cravat]

Kra·wạt·ten≈clip 男 (クリップ形の)ネクタイ留め. ≈**hal·ter** 男 ネクタイ留め,(クリップ形の)ネクタイピン. ≈**kno·ten** 男 ネクタイの結び目. ≈**ma·cher** 男《話》(Wucherer) 高利貸し. ≈**muf·fel** 男《話》ネクタイ無関心派[のやぼ男]. ≈**na·del** 女 ネクタイ〈スカーフ〉ピン. ≈**zwang** 男 -[e]s/ (正装としての)ネクタイ着用の義務.

Kra·weel·bau[kravé:l..] 男 -[e]s/《海》(船体の)平接ぎ張り. [*port.* caravela (→Karavelle)]

Krạ·xe[kráksə] 女 -/-n《南部・オーストリア》**1** 背負いかご; おけ; ズボンつり. **2**《話》醜い女. **3** 判読しにくい文字. [*mhd.* krechse; ◇Krätze[1]]

Kra·xe·lei[kraksəlái] 女 -/-en《南部・オーストリア》《話》(苦労して)よじ登ること, 登攀(とうはん).

krạ·xeln[kráksəln]《06》自 (s)《南部・オーストリア》《話》(苦労して)よじ登る, 登る: auf einen Berg ～ 山を登攀(とうはん)する.

Krạx·ler[krákslər] 男 -s/- 《南部・オーストリア》《しばしば軽蔑的に》(Bergsteiger) 登山家, 山男.

▽**Kray·on**[krɛjɔ̃:] 男 -s/-s **1** (Bleistift) 鉛筆. **2** (Kreidestift) 白墨. [*fr.* crayon; ＜*lat.* crēta (→Kreide)]

Kreas[kré:as] 中 -/ (無漂白の)厚地の麻布. [*bret.* krés–*afr.* crée–*span.* crea „Hemd"]

Kre·a·tin[kreatí:n] 中 -s/〖生科学〗クレアチン.

Kre·a·ti·nin[..tiní:n] 中 -s/〖化〗クレアチニン. [<*gr.* kréas „Fleisch" (◇roh); ◇Kreosot]

Kre·a·tion[kreatsió:n] 女 -/-en **1**〖服飾〗創作モード,(一流デザイナーによる)最新作: die neuesten ~*en* aus Paris パリの最新モード. ▽**2** (一般に)創作〔品〕. [*lat.*〔–*fr.*〕]

kre·a·tiv[kreatí:f][1] 形 (schöpferisch) 創造的な, 創造力のある. [*engl.* creative]

Kre·a·ti·vi·tät[..tivitέ:t] 女 -/ 創造力; 創造性.

Kre·a·tur[kreatú:r] 女 -/-en **1 a)** (神の)創造物, 被造物. **b)**《単数で》《集合的に》生物,(特に:) 動物. **2**《軽蔑的に》くだらない人間, やつ; 子分, 手下: eine arme ~ 哀れなやつ | eine gemeine 〈nichtswürdige〉 ~ 下劣な〈くだらぬ〉やつ | Er hatte ihn völlig zu seiner ~ gemacht. 彼はあの男を完全に自分の手先にしてしまっていた. [*kirchenlat.* –*mhd.*; ◇kreieren]

kre·a·tür·lich[kreatý:rlıç] 形 被造物に特有の, 生き物に自然に備わっている; 哀れむべき.

Krebs[kre:ps; ｵｰｽﾄﾘｱ: krεps] 男 -es/-e **1**〖動〗**a)** ザリガニ(蝲蛄); (一般に鋏(はさみ)のある)エビ(シャコ・ロブスターなど): rot wie ein 〔gesottener〕~ sein ゆでたザリガニのように赤い | rückwärts gehen wie ein ~ エビのように後ずさりする | **ei·nen ~ fangen**《話》〖ﾎﾞｰﾄ〗オールで水をとらえそこねる. **b)**《ふつう複数で》甲殻類. **2 a)**《ふつう単数で》〖医〗癌(がん), 癌腫(がんしゅ): Lungen*krebs* 肺癌 | Magen*krebs* 胃癌 ‖ ~ behandeln 癌の治療をする | ~ haben / an ~ leiden 癌にかかっている | an ~ sterben 癌で死ぬ. **b)**〖農〗(ジャガイモなどの)いぼ病. **3** der ~〖天〗蟹(かに)座;〖占星〗巨蟹(きょかい)宮(黄道十二宮の一つ): →Fisch 1 b **4** (よろいの)草ずり(→ ⊠ Harnisch). **5**〖楽〗(テーマなどの)逆行〔形式〕. **6**《複数で》《話》(Remittenden)(小売店から版元への)返本. **7**《話》すり. [1: *westgerm.*; ◇Krabbe, Kraut[3]; 2, 3: *lat.* cancer (→kankrös) の翻訳借用]

Krebs≈al·ter[kré:ps..] 中〖医〗癌(がん)年齢. **≈angst** 女 癌恐怖〔症〕.

krebs≈ar·tig 形 **1** ザリガニ〈エビ〉のような. **2** 癌(がん)のような;〖医〗癌性の: eine ~*e* Geschwulst 癌性腫瘍(しゅよう) | *sich*[4] in der Gesellschaft ~ ausbreiten (弊害などが)社会に癌のようにひろがる. **≈aus·lö·send** =krebserzeugend

kreb·sen[kré:psən]《02》自 **1** (h) ザリガニ〈エビ〉を捕らえる: ~ gehen カニを捕りに行く | **mit *et.*[3] ~ gehen**《比》…を引きあいに出して自己の利益を得ようとする. **2** (s)《話》はいつくばって〈四苦八苦して〉進む,(苦労して)よじ登る. **3** (h)《話》あくせくする; (苦労しても)一向にうだつ〈成果〉が上がらない: Er hatte schwer zu ~. 彼はあくせく働かねばならなかった. **4** (s)《ｽｲｽ》**a)** 後ずさりする; 後退〈譲歩〉する. **b)**《話》(事業などが)落ち目になる, 衰退する.

krebs≈er·re·gend[kré:ps..] 形, **≈er·zeu·gend** 形〖医〗発癌(はつがん)性の, 癌原の eine ~*e* Substanz 発癌〈造癌〉物質 | ~ wirken 発癌の働きをする, 癌を誘発する.

Krebs≈gang 男 -〔e〕s/ 後ずさり, 退歩;《比》(事業などの)衰退: **den ~ gehen 〈nehmen〉** 後ずさりする;《比》(事業などが)衰退する. **≈ge·schwulst** 女〖医〗癌(がん)性腫瘍(しゅよう). **≈ge·schwür** 中〖医〗癌性潰瘍(かいよう).

krebs·hem·mend 形〖医〗制癌(せいがん)性の.

kreb·sig[kré:psıç][2] 形 (krebsartig)〖医〗癌(がん)性の: ~*e* Geschwulst 癌性腫瘍(しゅよう) | eine ~*e* Entartung der Zellen 細胞の癌性変質.

krebs·krank[kré:ps..] **I** 形〖医〗癌にかかっている. **II** **Krebs·kran·ke** 男 女《形容詞変化》癌患者.

Krebs≈me·ta·sta·se 女〖医〗癌(がん)転移. **≈mit·tel** 中 制癌(せいがん)剤. **≈na·se** 女〖料理〗Krebs の殻: gefüllte ~*n* Krebs の殻を使った詰め物料理. **≈ot·ter** 男 (Nerz)〖動〗ヨーロッパミンク. **≈pro·phy·la·xe** 女〖医〗癌予防〔法〕.

krebs·rot[kré:psro:t, ⌐⌐] 形 (ゆでたザリガニのように)まっ赤な: ~ vor Wut werden 怒りのあまり顔をまっ赤にする.

Krebs≈scha·den 男《比》根の深い病弊, 諸悪の根源. **≈sche·re** 女 **1** Krebs のはさみ. **2**〖植〗ストラチオテス(トチカガミ科の水草). **≈schwanz** 男〖料理〗Krebs のしっぽの部分. **≈the·ra·pie** 女 癌(がん)治療法. **≈tier** 中 -〔e〕s/-e《ふつう複数で》〖動〗甲殻類. **≈tod** 男 癌による死.

krebs·tot 形〖医〗癌(がん)で死んだ: die Zahl der *Krebstoten* 癌による死亡者数.

Krebs≈übel 中 =Krebsschaden **≈ver·dacht** 男 癌(がん)の疑い.

krebs·ver·däch·tig 形〖医〗癌(がん)の疑いのある: ~*e* Symptome 癌かと疑われる各種の症候.

Krebs≈vor·sor·ge 女 癌(がん)予防〔対策〕. **≈zel·le** 女〖医〗癌細胞. **≈zucht** 女 ザリガニの養殖.

Kre·denz[kredέnts] 女 -/-en 食器〈配膳(はいぜん)〉棚, サイドボード. [*mlat.* crēdentia „Vertrauen"–*it.*; <*lat.* crēdere (→Kredo); 配膳台で毒味したことから; ◇*engl.* credenza]

kre·den·zen[kredέntsən]《02》《(過分) kredenzt》他 (h)(飲食物, 特に酒などを)うやうやしくすすめる, 供する;《比》提供する, 贈る: *jm.* ein Glas Wein ~ …にワインを1杯すすめる.

Kre·denz·tisch 男 配膳(はいぜん)台.

Kre·dit[1][kredí:t, ..dít; ｵｰｽﾄﾘｱ: ..dít] 男 -〔e〕s/-e **1**〖商〗信用〔貸し〕, 掛け〔売り〕, クレジット; 借款: faule ~*e* 不良債権 | ein kurzfristiger 〈zinsloser〉 ~ 短期〈無利子〉の信用貸し | ein laufender 〈öffentlicher〉 ~ 当座貸し付け〈公債〉‖ einen ~ aufnehmen 〈einräumen〉 起債する, クレジットを設定する | einen ~ eröffnen 信用取引を開始する, 信用状を開設する | *jm.* einen ~ gewähren 〈sperren〉 信用貸しをする〈中止する〉‖ auf ~ 掛けで. **2**《比》信用, 名望: moralischer ~ 道義的信用 ‖ ~ genießen (人々の)信用がある | einen ~ verlieren 〈verspielen〉 信用を失墜する | *jn.* um seinen ~ bringen …の信用を失わせる. [*lat.* crēditum „Anvertrautes"–*it.*–*fr.*]

Kre·dit[2][kré:dıt] 中 -s/-s (↔Debet)〖商〗(帳簿の)貸方〔欄〕(右ページ), 債権: *et.*[4] ins ~ eines Kontos eintragen 〈schreiben〉 貸方に記帳する. [*lat.* crēdit „(er) leiht"]

Kre·dit≈an·stalt[kredí:t..] 女 信用銀行. **≈auf·nah·me** 女〖商〗起債, クレジット設定. **≈bank** 女 -/-en 信用銀行.

Kre·dit·brief 男〖商〗信用状, 委託信用証券. [*fr.* lettre de crédit の翻訳借用]

Kre·dit·er·öff·nung 女〖商〗信用〔取引〕開始.

kre·dit·fä·hig[kredí:tfε:ıç][2] 形 信用〈クレジット〉を受ける経済力を備えた, 債務支払能力を有する.

Kre·dit≈fä·hig·keit 女 -/ 経済的信用性, 債務支払能力. **≈ge·ber** 男 債権者, 授信者. **≈ge·nos·sen·schaft** 女 信用組合. **≈hai** 男《話》悪徳金融業者, 高利貸し. **≈hil·fe** 女 信用供与.

kre·di·tie·ren[kreditί:rən] **I** 自 (h)《*jm.*》(…に)信用貸し〈掛け売り〉する, クレジットを与える. **II** 他 (h)《*jm. et.*[4]》(…に…を)信用貸し〈掛け売り〉する;《*jm. et.*[4] / *jn.* mit *et.*[3] 〈für *et.*[4]〉》(…の)貸方に(…を)記入する. [*fr.* créditer]

Kre·dit·in·sti·tut[kredí:t..] 中 金融機関.

Kre·di·tiv[kreditί:f][1] 中 -s/-e (外交官の)信任状; 委任式信用証券, 信用状.

Kre·dit≈kar·te[kredí:t..] 女〖商〗クレジットカード. **≈neh·mer** 男 信用〈クレジット〉受供者.

Kre·di·tor[kré:ditɔr, ..to:r; ｵｰｽﾄﾘｱ: kredí:tɔr] 男 -s/-en [kreditó:rən] (↔Debitor) 債権者. [*lat.*–*it.* creditore]

Kre·dit·sei·te[kré:dıt..] 女〖商〗(帳簿の)貸方.

kre·dit·wür·dig[kredí:t..] 形 (経済的に)信用のある, クレジットを受ける経済力を備えた.

Kre·dit·zins 男〖商〗(信用貸しの)金利.

Kre·do[kré:do·] 中 -s/-s **1** (Glaubensbekenntnis) 信仰告白; (一般に)信念の表明. **2**《ｶﾄﾘｯｸ》**a)** クレド(ミサの一部). **b)** (Apostolische Glaubensbekenntnis) 使徒信経. [*lat.* „ich glaube"–*mhd.*; <*lat.* crēdere

„anvertrauen“ (◇Cœur)]
Kre·feld[kré:fɛlt] 地名 クレーフェルト(ドイツ Nordrhein-Westfalen 州の工業都市). [＜*mndd.* kra, krage „Krähe“ (◇Krähe)]
kre·gel[kré:gəl](kreg·l..) 形《北部》(munter)(肉体的・精神的に)元気のよい, 活発な. [*mndd.* „streitsüchtig“; ◇Krieg]
Krei·de[kráɪdə] 女 -/-n **1 a)** 白墨, チョーク: ein Stück roter ～ 赤いチョーク1本 | Er ist bleich ⟨weiß⟩ wie ～. 彼はまっ青だ ‖ **～ fressen**《話》本性を隠す, 猫をかぶる (Grimm の童話『オオカミと7匹の小ヤギ』より) | *et.*[4] mit ～〔*n*〕an die Wandtafel zeichnen …をチョークで黒板に描く. **b)**《単数で》《地》(中生代の)白亜紀; 白亜系. **2**《話》借金(むかし商店で売掛金を白墨で記した): **auf ～ leben** 月賦生活をする |〔bei *jm.*〕**in die ～ kommen ⟨geraten⟩**〔…から〕借金をしょいこむ | **bei *jm.* tief** ⟨mit 1 000 Mark⟩ **in der ～ stehen ⟨sitzen / sein⟩** …にたくさん⟨1000マルク⟩借金している | **mit doppelter ～〔an〕schreiben** 代金を実際より多く請求する. **3**《北部》どろりとしたもの(かゆ・ジャム・鉱滓(こうさい)など): ～ essen かゆを食べる. [*lat.*〔terra〕crēta „gesiebte Erde“－*ahd.*; ＜*lat.* cernere (→scheren[1])]
krei·de·ar·tig[kráɪdə..] 形《地》白亜質の.
krei·de·bleich[kráɪdəbláɪç] 形 (顔面が)蒼白(そうはく)の.
Krei·de≠fel·sen[kráɪdə..] 男《地》白亜岩. **≠for·ma·tion** 女《地》白亜層.
krei·de·hal·tig 形《地》白亜を含む.
krei·den[kráɪdən][1]《01》他 (h) **1** (パルプなどに)白亜を加える⟨まぜる⟩. **2** チョークで書く;《ビリヤード》(キューに)チョークを塗る.
Krei·de≠pa·pier 中《紙》アート紙; 塗被紙; バライタ紙. **≠stift** 男 白墨, チョーク; コンテ. **≠strich** 男 白墨の線.
krei·de·weiß[kráɪdəváɪs] 形 白亜のように白い; (顔面が)蒼白(そうはく)な: ～*e* Zähne 真っ白な歯.
Krei·de≠zeich·nung[kráɪdə..] 女 クレヨン⟨パステル⟩画. **≠zeit** 女 -/《地》白亜紀.
krei·dig[kráɪdɪç][2] 形 **1** 白墨⟨チョーク⟩まみれの. **2** =kreideweiß **3** =kreidehaltig
kre·ieren[kreí:rən] 他 (h) **1** (流行などを)創始⟨創案⟩する;《劇》(役柄を)初演者として演じる, (ある役の)〔新しい〕型をつくり出す. **2** *jn.* zum Kardinal ～《カトリック》…を枢機卿(けい)に任命する. [*lat.* creāre〔－*fr.* créer〕; ◇Ceres, Herde; *engl.* create]
Kreis[kraɪs][1] 男 -es/-e **1 a)** 円, 円形(→ 図); 輪, 環; 円周: Halb*kreis* 半円 | In*kreis* 内接円 | Um*kreis* 外接円 ‖ der Durchmesser ⟨der Radius⟩ eines ～*es* 円の直径⟨半径⟩ | die Quadratur des ～*es* (→Quadratur 1) ‖ mit dem Zirkel einen ～ beschreiben ⟨schlagen⟩ コンパスで円を描く | um *et.*[4] einen ～ bilden ⟨schließen⟩ …の回りに円陣を作る, …を円形に取り巻く | ***js.* ～*e* stören**《雅》…の個人の領域を犯す, …の〔仕事の〕邪魔をする(アルキメデスの逸話から) | Störe meine ～*e* nicht! 私の〔仕事の〕邪魔をするな | **～*e* ziehen** 弧を描く;《比》(事件などが)波紋をひろげる, 広範囲に及ぶ | Ein Adler zieht seine ～*e* in der Luft. ワシが空中に弧を描いている | Das Gerücht zog immer größere ⟨weitere⟩ ～*e*. うわさはどんどん広まった ‖ Der ～ ist geschlossen.《比》(一連の出来事などが)これで完結した ‖ **im ～〔*e*〕**〔herum〕輪になって, 円形に; ぐるぐると | ***sich***[4] **im ～〔*e*〕 drehen ⟨bewegen⟩** 回転する; (周囲を)ぐるぐる回る;《比》(考えなどが)堂々めぐりする | Mir dreht sich alles im ～. 私はめまいがする⟨目が回ってしまう⟩ | Wir sind im ～ gegangen. 私たちはぐるっと回ってまた同じところへ戻った.
b) (Stromkreis)《電》回路, 回線: den ～ schließen 回路を閉じる. [V]**c)** (天体の)軌道.
2 a) 範囲, 領域, 圏: ein breiter ～ von Fragen 広範囲にわたる諸問題 | *seine* ～*e* weiter ziehen 視野⟨関心⟩を広げる. **b)** (略 Kr.) 地方行政区画; (Landkreis) 郡 (Regierungsbezirk と Gemeinde の中間);《史》(ナチの)管区 (Gau の下); (16-18世紀の)郡(下級地方自治体): Wahl*kreis* 選挙区.
3 (人々の)集団, グループ, サークル, 仲間, 一派: Bekannten*kreis* 知人仲間 | Lese*kreis* 読書サークル | die besten ～*e* der Stadt 町の上流階級 | eine Feier im engsten ⟨kleinsten⟩ ～ ごく内輪の祝い | politische ～*e* 政界 | Aus gut unterrichteten ～*en* wurde bekannt, daß ... 消息筋から知らされたところでは…である | weite ⟨breite⟩ ～*e* der Bevölkerung 住民の大多数 ‖ im ～ der Familie ⟨der Freunde⟩ 家族うち⟨友人仲間⟩で.
[*germ.* „Einritzung“; ◇kritzeln]

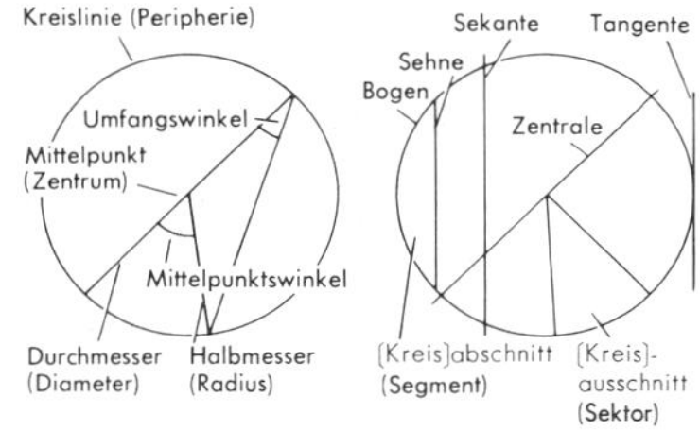

Kreis

Kreis≠ab·schnitt[kráɪs..] 男 (Segment)《数》(円の)切片(→ 図 Kreis). **≠amt** 中 郡役場, 郡庁(→Kreis 2 b). **≠arzt** 男 郡医官(1934年まで主として衛生行政を担当: →Kreis 2 b). **≠aus·schnitt** 男 (Sektor)《数》扇形(→ 図 Kreis). **≠aus·schuß** 男 (スポーツ協会などの)郡委員会; 郡行政顧問団(→Kreis 2 b). **≠bahn** 女 **1** 環状道路⟨鉄道⟩. **2**《天・理》円軌道. **3**《スポ》円形トラック.
Kreis·bahn·ge·schwin·dig·keit 女 (ロケットが人工衛星の軌道に乗る)円軌道⟨第一宇宙⟩速度(秒速7.91km).
Kreis≠be·am·te 男 郡公務員(→Kreis 2 b). **≠be·we·gung** 女 円⟨旋回⟩運動. **≠bo·gen** 男《数》〔円〕弧;《測量》円曲線, 弧度.
krei·schen[(*)][kráɪʃən]《82》**kreisch·te** (方: krisch [krɪʃ])/**ge·kreischt** (方: gekrischen); 接II kreischte ([V]krische) 自 (h) **1** (恐怖・怒りのあまり)金切り声⟨悲鳴⟩をあげる, (はしゃいで)キャッキャと叫ぶ; (オウム・カモメなどが)鋭く鳴く: vor Schreck ～ 恐怖の叫び声をあげる. **2** (ブレーキ・ドアの蝶番(ちょうつがい)・やすり・のこぎりなどが)〔鋭く高い〕摩擦音をたてる, キーキーいう, きしむ: mit *kreischenden* Bremsen ブレーキをきしませながら. [*mhd.*; ◇kreißen]
Kreis·ein·tei·lung[kráɪs..] 女 **1**《数》円の分割. **2** 郡の区分(→Kreis 2 b).
Krei·sel[kráɪzəl] 男 -s/- **1 a)** こま(独楽): ～ spielen / mit einem ～ spielen こまを回して遊ぶ | einen ～ peitschen ⟨schlagen⟩ むちで打ってこまを回す. **b)**《理》ジャイロスコープ. **c)**《海・空》ジャイロスタビライザー. **2** 環状交差路, ロータリー. [＜*mhd.* krūse „Krug“]
Krei·sel≠ho·ri·zont 男《空・海》人工⟨ジャイロ⟩水平儀(機体・船体の絶対傾斜を表示する). **≠kä·fer** 男《虫》ミズスマシ(水澄)科の昆虫. **≠kom·paß** 男《空・海》ジャイロコンパス.
krei·seln[kráɪzəln]《06》自 **1** (h) こまを回す, こま遊びをする. **2** (h, s) ぐるぐる回る, 旋回⟨回転⟩する (h, s について: →schwimmen I 1 ☆).
Krei·sel≠pum·pe[kráɪzəl..] 女《工》渦巻き⟨タービン⟩ポンプ, 回転⟨遠心⟩ポンプ. **≠rad** 中《工》タービン, 羽根車. **≠schnecke** 女《貝》ニシキウズガイ〔科の貝〕. **≠ver·dich·ter** 男《工》ターボコンプレッサー.
krei·sen[kráɪzən][1]《02》**I** 自 **1** (h, s) **a)** 回る, 旋回⟨回転⟩する: Der Adler *kreist* in der Luft ⟨über dem Wald⟩. ワシが空中⟨森の上⟩を旋回している | Meine Gedanken *kreisten* immer um denselben Punkt. 私の考えは絶えず同じ所を堂々めぐりした ‖ die Flasche ～ lassen (宴席などで)瓶を回し飲みする | den Blick ～ lassen あたりを見回す. **b)** 循環する: Mein Blut begann schneller zu ～.

私は胸がどきどきしてきた. **c**) (天体が)運行する. **2** (h) mit den Armen 〈den Beinen〉 ~〘体操〙腕〈脚〉を振り回す.
II 他 (h) **1** die Arme 〈die Beine〉 ~〘体操〙腕〈脚〉を振り回す. **2**〘狩〙追い込む.

Kreis·flä·che[kráɪs..] 女 円形平面; 円の面積.

kreis≈för·mig 形 円形の, まるい. **≈frei** 形 郡に属さない(→Kreis 2 b): eine ~*e* Stadt (郡と同等の)独立市.

Kreis≈fre·quenz 女〘理〙角速度, 角周波数〈振動数〉. **≈gang** 男〘医〙(包帯の)環行巻き(→図 Verband). **≈ge·richt** 中 (旧東ドイツ・スイスの)区裁判所,(オーストリアの)地方裁判所. **≈hand·wer·ker·schaft** 女 郡手工業組合(→Kreis 2 b). **≈haupt·mann** 男 Kreishauptmannschaft の長官. **≈haupt·mann·schaft** 女 -/-en〘史〙(Sachsen 王国の)管区.

Kreis·kol·ben·mo·tor 男 (Wankelmotor)〘工〙ロータリー=エンジン.

Kreis≈lauf 男 **1** 循環, 回転: der ~ des Geldes 貨幣の流通. **2** (Blutkreislauf)〘生理〙血液循環, 血行: den ~ anregen 血液の循環を促進する. **3 a**)〘化〙輪行. **b**)〘土木〙リサーキュレーション. **≈läu·fer** 男〘ハンドボール〙フォワード.

Kreis·lauf≈funk·tion 女〘医〙循環機能. **≈kol·laps** 男〘医〙循環虚脱. **≈schwä·che** 女〘医〙循環衰弱. **≈stö·rung** 女〘医〙循環障害. **≈ver·sa·gen** 中〘医〙循環不全.

Kreis·ler[kráɪslər] 人名 Fritz ~ フリッツ クライスラー(1875–1962; オーストリア生まれのヴァイオリン奏者・作曲家).

Kreis≈li·nie[kráɪsli:niə] 女〘数〙円周(→図 Kreis); 環状の線. **ᵛ≈phy·si·kus** 男 = Kreisarzt **≈pro·zeß** 男〘理〙循環過程; サイクル; 繰り返し数;〘医〙輪行.

Kreis·reg·ner[..re:gnər] 男 -s/- 〘園〙スプリンクラー. [< regnen]

Kreis·ring 男〘数〙(同心円で区切られた)環.

kreis·rund 形 円形の, まんまるの.

Kreis≈sä·ge 女〘工〙丸鋸(まるのこ)〔盤〕;《話》カンカン帽(→図 Hut). **≈sche·re** 女 (ブリキ・ボール紙などを切る)回転ばさみ: 丸刃シャー. **≈seg·ment** 中〘数〙(円の)切片.

krei·ßen[kráɪsən] 《02》自 (h) 分娩(ぶんべん)中である, 陣痛に襲われている;《比》(作品などの)産みの苦しみを味わう: die *Kreißende* 陣痛の始まった産婦(=die Gebärende) | Der Berg *kreißt* und gebiert eine Maus. (→Berg[3] 1 a). [*mhd.* krīzen „schreien"; 擬音; ◇krähen, kreischen]

Kreiß·saal[kráɪs..] 男 (病院の)産室, 分娩(ぶんべん)室.

Kreis≈stadt[kráɪs..] 女 郡庁所在都市(→Kreis 2 b). **≈strom** 男〘電〙循環電流. **≈tag** 男 郡議会(→Kreis 2 b). **≈um·fang** 男 円周, 周囲. **≈ver·kehr** 男 (ロータリーでの)循環交通〔規則〕. **≈zahl** 女 (Pi)〘数〙円周率.

krel·len[krélən] 他 (h)〘狩〙(野獣を)かすり弾で気絶させる. [*mhd.* krellen „kratzen"; ◇krallen]

Krem [kre:m, krɛ:m] 女 -/-s (話: 男 -s/-e, -s) = Creme

Kre·ma·ster[kremástər] 男 -s/-〘解〙挙睾(きょこう)筋, 精巣(せいそう)挙筋. [*gr.* kremastḗr „Hänger"–*lat.*]

Kre·ma·ster≈kon·trak·tion 女〘医〙挙睾(きょこう)筋収縮. **≈re·flex** 男〘医〙挙睾(きょこう)筋〈精巣(せいそう)挙筋〉反射.

Kre·ma·tion[krematsió:n] 女 -/-en (Einäscherung) 火葬. [*lat.*]

Kre·ma·to·rium[..tó:riʊm] 中 -s/..rien[..riən] 火葬場.

ᵛkre·mie·ren[kremí:rən] 他 (h)《スイ》(einäschern) 火葬にする. [*lat.*; ◇Herd]

kre·mig[kré:mɪç][2] 形 クリーム状の.

der Kreml[kré:məl, krɛ́məl] 男 -[s]/ **1**《宮殿名》クレムリン〔宮殿〕(14世紀にモスクワに建設された皇帝の居城). **2**《比》旧ソ連政府; ロシア共和国大統領府. [*tatar.*–*russ.* „Festung"; ◇*engl.* Kremlin]

Krem·pe[krɛ́mpə] 女 -/-n (帽子の)つば, 縁: die ~ aufschlagen 〈nach oben biegen〉 帽子のつばを上に折り返す | die ~ herunterbiegen 帽子のつばを下げる. [*ndd.* „Gekrümmte"; ◇Krampe]

Krem·pel[1][krɛ́mpəl] 男 -s/《話》(Kram) がらくた, くず〔みたいな物〕: den alten ~ wegwerfen 古いがらくたを〔投げ〕捨てる | **den ganzen ~ hinschmeißen 〈hinwerfen〉**《話》仕事を途中でほうり出す ‖ Was kostet der 〔ganze〕 ~? 全部ひっくるめていくらかね. [*mhd.* grempeln „Kleinhandel treiben"; < *it.* comprare „kaufen" (◇komparieren)]

Krem·pel[2][–] 女 -/-n〘織〙梳綿(そめん)〈梳毛(そもう)〉機. [< Krampe]

Krem·pel·markt 男 (Trödelmarkt) 古物市場, がらくた市.

krem·peln[1][krɛ́mpəln] 《06》他 (h) (繊維を)すく.

krem·peln[2][–] 《06》 (ᵛ**krem·pen**[krɛ́mpən]) 他 (h) **1** (帽子の縁・シャツのそで・ズボンの折り返しなどを)〔上へ〕折り返す. **2**《スイ》(aufkrempeln) (そで・すそなどを)まくり〈たくし〉上げる. [< Krempe]

Kremp·ler[krɛ́mplər] 男 -s/-《南部》古物〈古着〉小売商人, がらくた市の商人. [◇Krempel[1]]

Kremp·zie·gel[krɛ́mp..] 男〘建〙(半円筒形の)つば付き平がわら. [< Krampe]

Krem·ser[krɛ́mzər] 男 -s/- クレムザー(遊覧用大型乗合馬車). [最初に使った19世紀ベルリンの運送業主の姓から]

Krem·ser Weiß[krɛ́mzər váɪs] 中 --[es]/ (**Krem·ser·weiß**[krɛ́mzərvaɪs] 男 -[es]/) (Bleiweiß)〘化〙鉛白. [< Krems (オーストリア北東部の都市)]

Kren[kre:n] 男 -[e]s/《南部・オーストリア》(Meerrettich)〘植〙ワサビダイコン(山葵大根), セイヨウワサビ(西洋山葵), ホースラディッシュ: Mandel mit ~《比》偉そうな〈大物ぶる〉男 ‖ **zu *et.*[3] *seinen* ~ geben**《話》…について〔大して重要でもない〕意見を述べ〔たて〕る | **in alles *seinen* ~ reiben**《話》(頼まれもしないのに)何にでも口出しをする ‖ Er ist der ~.《話》彼は〔陰謀・策略の〕犠牲者だ. [*slaw.*–*mhd.*]

Kren·gel[krɛ́ŋəl] 男 -s/- = Kringel

kren·geln[krɛ́ŋəln] 《06》他 (h) 再帰 *sich*[4] ~ 巻きつく, からむ; うねって進む,(あちこち)ぶらつく, 忍び歩く.

kren·gen[krɛ́ŋən] = krängen

Kre·ol[kreó:l] 中 -s/〘言〙クレオール〔語〕(旧フランス領カリブ海諸島で使われている土着語とフランス語の混成語, または一般に土着語と他国語, とくに西欧語との混成語).

Kreo·le[kreó:lə] 男 -n/-n (女 **Kreo·lin**[..lɪn]-/-nen) クレオール人(中南米に移住したヨーロッパ人の子孫): ein weißer ~ 白クレオール人(純血のクレオール人) | ein schwarzer ~ 黒クレオール人(南米生まれの黒人). [*port.* crioulo–*span.* criollo–*fr.* créole; < *port.* criar „großziehen" (◇kreieren)]

kreo·lisch[..lɪʃ] 形 クレオール〔人・語〕の (: →deutsch) | das *Kreolische* von Jamaika ジャマイカのクレオール(英語語彙(ごい)系) | die ~*en* Sprachen クレオール諸語.

Kreo·li·stik[kreolístɪk] 女 -/〘言〙クレオール研究.

Kreol·spra·che[kreó:l..] 女〘言〙クレオール言語(接触言語の1タイプで, ピジンが独自の文法体系を発展させて母語となったもの→Pidgin)

Kreo·pha·ge[kreofá:gə] 男 -n/-n (Fleischfresser)〘動〙肉食動物. [< *gr.* kreo-phágos „fleisch-fressend"]

Kreo·sol[..zó:l] 中 -s/〘化〙クレオゾール. [< Kreosot + *lat.* oleum (→Öl)]

Kreo·sot[..zó:t] 中 -[e]s/〘化〙クレオソート. [< *gr.* kréas „Fleisch" (◇Kreatin) + sōtḗr „Retter"]

kre·pie·ren[krepí:rən] 自 (s) **1** (爆弾などが)爆発する. **2**《話》(家畜が)死ぬ; (人間が)くたばる, 野たれ死にする. [*lat.* crepāre „krachen"–*it.*; 擬音; ◇*engl.* crepitate]

Kre·pis[krepís] 女 -/ (古代ギリシア建築の)柱の三層基礎(→図 Säule). [*gr.* krēpís „Schuh, Grundlage"]

Kre·pi·ta·tion[krepitatsió:n] 女 -/-en〘医〙(肺炎時の)捻髪(ねんぱつ)水泡音; (骨折時の)軋轢(あつれき)音. [*spätlat.*; < *lat.* crepitāre „laut schallen" (◇krepieren)]

Kre·pon[krepɔ̃:] 男 -s/-s〘織〙クレポン(縮み織り). [*fr.*]

Krepp[krɛp] 男 -s/-s, -e〘織〙クレープ, 縮み, ちりめん. [*fr.* crêpe; < *lat.* crīspus „kraus" (◇Reis[2]);

◇ *engl.* crape]

Kręppa·pier[kréppapi:r] 中 クレープペーパー, ちりめん紙.

kręp·pen[krépən] 他 (h) (布・紙などを)縮らす, 縮みにする. [*fr.* crêper]

Krępp·gum·mi[krép..] 男 クレープゴム(靴底などに用いる波状の刻みをつけたゴム板).

kręp·pig[krépɪç][2] 形 縮れた, 縮みの.

Krępp≈pa·pier =Kreppapier **≈schuh** 男 クレープゴム底の靴. **≈sọh·le** 女 (靴の)クレープゴム底.

Kre·scen·do[krɛʃéndo·] 中 -s/-s, ..di[..di·] 〖楽〗クレッシェンド〔すること〕, しだいに音を強めること. [＜crescendo]

Kre·sọl[krezó:l] 中 -s/ 〖化〗クレゾール. [＜Kreosot＋Phenol]

Kre·sọl·sei·fe 女 クレゾールせっけん.

kreß[krɛs] **I** 形《格語尾なし》(orange) オレンジ色の. **II Kreß** 中 -/ オレンジ色. [＜Kapuzinerkresse]

Kręs·se[krésə] 女 -/-n 〖植〗マメグンバイナズナ(豆軍配薺)属(コショウソウ・マメグンバイナズナなど). [*westgerm.*; ◇ *engl.* cress]

Kreß·ling[kréslɪŋ] 男 s/-e =Gründling 1 [*ahd.* chresso; ＜*ahd.* chresan „kriechen" ◇ (kriechen)]

Kres·zẹn·tia[krɛstsɛ́ntsia·] 女名 クレスツェンツィア.

Kres·zẹnz[..tsɛ́nts] **I** 女 -/-en **1** 〖醸〗(ワインの)原産地; (ブドウの)品種; ▽産出高; ▽純正ワイン. ▽**2** 成長, 生育. **II** 女名 クレスツェンツ. [*lat.*; ＜*lat.* crēscere (→crescendo)]

Krẹ·ta[kré:ta·] 地名 クレタ(エーゲ海南端にある島. 古代エーゲ文明の中心地であった). [*gr.*－*lat.*; ◇ *engl.* Crete]

kre·ta·zẹ·isch[kretatsé:ɪʃ] 形, **kre·tạ·zisch**[..tá:tsɪʃ] 形〖地〗白亜紀の. [*lat.*; ＜*lat.* crēta (→Kreide)]

Krẹ·ter[kré:tər] 男 -s/- クレタ島の住人(→Kreta).

Krẹ·thi und Plẹ·thi[kré:ti· ʊnt plé:ti·] 複《ふつう無冠詞で; 単数扱いにもする》《話》(手当たり次第の)有象無象, 熊公八公, (素性もよくわからぬ)輩(やから): *sich*[4] mit ～ duzen だれかれなしになれなれしくする | *Krethi und Plethi* waren ⟨war⟩ da. えたいのしれない連中が集まっていた. [„Kreter und Philister" (聖書: II サム, 8,18)]

Kre·tin[kretɛ̃́:] 男 -s/-s, **Kre·tị·ne**[..tí:nə] 男 -n/-n **1** 〖医〗クレチン病患者. **2** 《軽蔑的に》ばか, 白痴. [*lat.* Chrīstiānus (→Christ)－*fr.*]

Kre·ti·nịs·mus[kretinísmʊs] 男 -/ 〖医〗クレチン病.

kre·ti·no·ịd[..noí:t][1] 形 クレチン病的な. [＜..oid]

krẹ·tisch[kré:tɪʃ] 形 クレタ島の(→Kreta).

Kre·tonne[kretɔ́n] 女 男 -/-s (ｵｰｽﾄﾘｱ: **Kre·tọn**[kretó:n] 男 -s/-e) 〖織〗クレトン. [*fr.* cretonne; ＜Creton (ノルマンディーの原産地)]

Krẹt·scham[krétʃam] (**Krẹt·schem**[..tʃəm]) 男 -s/-e《東部》(Schenke) 飲み屋, 酒場, 居酒屋. [*slaw.*]

Krẹtsch·mer[1][krétʃmər] (**Krẹtsch·mar**[..mar]) 男 -s/-《東部》酒場〈飲み屋〉の亭主.

Krẹtsch·mer[2][..mər] 人名 Ernst ～ エルンスト クレッチュマー(1888-1964; ドイツの精神医学者).

kreuch[krɔʏç] kriech〔e〕(kriechen の命令法単数)の古形.

kreuchst[–st] kriechst (kriechen の現在 2 人称単数)の古形.

kreucht[..t] kriecht (kriechen の現在 3 人称単数)の古形.

kreuz.. 《名詞・形容詞などにつけて「十字〔架〕」を意味するが, 口語ではまた「非常に」を意味し, ふつうアクセントは同時に基礎語の方にもおかれる》: *kreuz*gefährlich たいへん危険な | *kreuz*fidel ひどく陽気な.

Kreuz[krɔʏts] **I** 中 -es/-e **1** 十字架(→図); (キリストの)十字架像; (キリスト教の信仰を象徴する)十字; 《比》苦難, 試練: das ～ ⟨ein ～⟩ machen ⟨schlagen⟩ / das Zeichen des ～*es* machen 〖宗〗十字を切る | ein ～ ⟨**drei** ～*e*⟩ **hinter** *jm.* ⟨*et.*[3]⟩ **machen** 《話》…をやっかい払いしてほっとする | das ～ nehmen 〖史〗十字軍に参加する | das ～ predigen 〖史〗十字軍への参加を説き勧める | *sein* ～ auf *sich*[4] nehmen 《比》苦難を背負う, 辛いことを引き受ける | sein ～ tragen 《比》苦難を耐え忍ぶ ‖ *jn.* **ans** ～ schla-

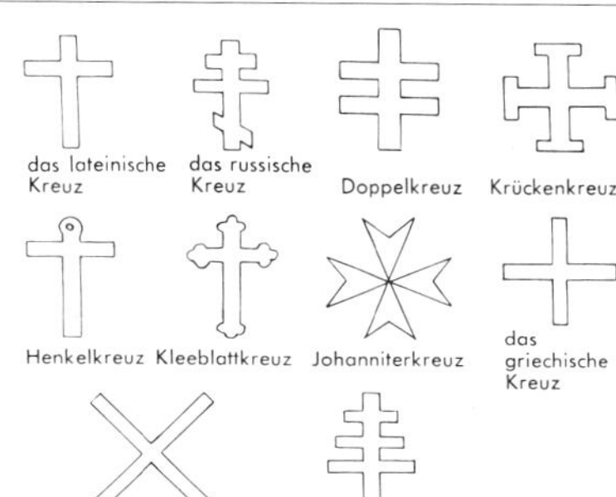

Kreuz

gen ⟨nageln⟩ …を十字架にかける, …をはりつけにする | am ～ sterben ⟨hängen⟩ はりつけになる | **mit** ⟨**bei**⟩ *jm.* **über**〔**s**〕 **～ stehen** ⟨**liegen**⟩《話》…と仲が悪い | **zu ～ kriechen** 《話》神妙にする, 降参する ‖ Man hat sein ～ mit ihm. / Es ist ein 〔wahres〕 ～ mit ihm.《話》彼は全く苦労の種だ.

2 (十字形のもの) **a**) 十字; ばつじるし, ばっ点; 〖数〗プラス符号; 〖印〗(死亡年などを示す)ダガー, オベリスク, 短剣符(†); 〖楽〗シャープ, 嬰(えい)記号; (Fadenkreuz) (光学機械の接眼レンズにつけられた)十字線: das griechische ⟨lateinische / russische⟩ ～ ギリシア⟨ラテン・ロシア⟩十字(→図) | das päpstliche ～ 教皇用⟨三重⟩十字(→図) | das Eiserne ～ (軍人に授けられる)鉄十字勲章 | **das Rote ～** (略 RK) 赤十字〔社〕 | das Deutsche Rote ～ (略 DRK) ドイツ赤十字社 | **das ～ des Nordens / das Nördliches ～** 〖天〗北十字星 ‖ **das ～ des Südens / das Südliche ～** 〖天〗南十字星 ‖ ein ～ über *et.*[4] machen …の上にばっ点をつける; 《話》…(金など)をないものとあきらめる | drei ～*e* unter ein Schriftstück setzen ⟨machen⟩ (文字の書けない人が)文書に十字(×, ＋)でサインする. **b**) (剣の)つば部; 〖建〗(れんがなどの)十字積み(→図 Baustoff); 〖工〗十字継ぎ手; 〖海〗錨頂(びょうちょう)(→図 Anker); 〖植〗十字花(→図 Blütenform). **c**) 《無冠詞で》(Treff) 〖トランプ〗クラブ〔の札〕.

3 a) 腰, 背中の下部; 〖解〗仙骨部(→図 Mensch B): *jm.* **das ～ aushängen** 《話》…をさんざん痛めつける | *jm.* **das ～ stärken** …を勇気づける, …を精神的に支援する ‖ **aufs ～ fallen** しりもちをつく, 落ちて腰を打つ | **fast** ⟨**beinahe**⟩ **aufs ～ fallen** 《話》腰を抜かすほど驚く | *jn.* **aufs ～ legen**(あお向けに)…を押え込む; 《話》…をぎゅうぎゅうの目にあわせる, …を打ち負かす; …(女)と寝る | *sich*[4] aufs ～ legen lassen 押え込まれる; 《話》降参する | *jm.* *et.*[4] **aus dem ～ leiern** 《話》…に…(金銭など)をせびる, …から…を強引に巻き上げる | Schmerzen im ～ haben 腰が痛む | Ich habe es tüchtig im ～. 私は腰がきりきり痛む | Er hat einen im ～. 《話》彼は酔っている. **b**) (牛・馬の)尻(しり)(仙骨部: →図 Pferd A).

II 女 -/ 《次の成句で》die ～ und 〔die〕 Quer〔e〕 / **in die ～ und** 〔**in die**〕 **Quer**〔**e**〕 =kreuz und quer (→III).

III kreuz 副《次の成句で》**～ und quer** (目的もなく)あちこちへ, 縦横無尽に, (ただやみくもに)あちこちと | ～ und quer durch das Land reisen 国じゅうをあちこち旅行して回る | Die Hühner rannten ～ und quer über den Hof. 鶏は中庭を勝手気ままにあちこち走り回っていた | Die Möbel standen alle ～ und quer im Zimmer. 家具類は部屋じゅうのいたるところに無秩序に並んでいた.

[*lat.* crux－*ahd.*; ◇Crux; *engl.* cross]

Kreụz·ab·nạh·me[krɔ́ʏts..] 女 〖美〗キリストの降架〔を題材とした美術品〕.

K

Kreuz·as〔s〕 (**Kreuz-As〔s〕**) [また: ⌣⌣] 中 〘トランプ〙 クラブのエース.

Kreuz≠auf·fin·dung[krɔ́yts..] 女 -/ 〘カトリック〙 聖十字架発見の祝日(5月3日). ≠**band** 中 -〔e〕s/..bänder **1** (Streifband) 〘郵〙 帯封〔郵便〕: ein Magazin unter ~ schicken 雑誌を帯封〈印刷物扱い〉で送る. **2** T形蝶番(ちょうつがい); 〘解〙 十字靱帯(じんたい). **3** 〘工〙 十字はめ継ぎ(→ 図 Holz B). ≠**bein** 中 〘解〙 仙骨, 仙椎(せんつい) (→ 図 Mensch C). ≠**blu·me** 女 **1** 〘植〙 ヒメハギ(姫萩)〔属〕. **2** 〘工〙 (ピクナルや破風の頂点につける)十字花飾り, ファイニアル, 頂華(ちょうか) (→ 図 Kirche A). ≠**blüt·ler**[..bly:tlər] 男 -s/- 〘植〙 十字花科植物, アブラナ科植物. ≠**bram·se·gel** 男 〘海〙 ミズン=トガーンスル(後上マスト帆: → 図 Segel B).

kreuz·brav[kvɔ́ytsbrá:f] 形 《話》 (子供が)非常に従順な, おとなしい; ま正直な; (兵士が)極めて勇敢な.

Kreuz≠bu·be 男 〘トランプ〙 クラブのジャック. ≠**da·me** 女 〘トランプ〙 クラブのクイーン.

kreuz·däm·lich 形 《話》 極めて愚かな, 大ばかの.

Kreuz·don·ner·wet·ter 中 《間投詞的に》 (驚き・怒り・ののしり・のろいなどの気持を表して)あれまあ; ええいちくしょう: *Kreuzdonnerwetter*! jetzt habe ich aber genug. ええいもうたくさんだ.

Kreuz·dorn[krɔ́yts..] 男 〘植〙 クロウメモドキ(黒梅擬)〔属〕.

kreuz≠dumm 形 《話》 極めて愚かな, 大ばかの. ≠**ehr·lich** 形 《話》 極めて誠実〈正直〉な.

kreu·zen[krɔ́ytsən] 《02》 **I** 他 (h) **1 a**) 交差させる, 組み合わせる: die Arme 〈die Beine〉 ~ 腕〈脚〉を組む | mit *jm.* die Klingen 〈die Klinge〉 ~ (→Klinge 1 b) ‖ ein Etikett mit Totenkopf und zwei *gekreuzten* Knochen どくろと交差した骨とを描いたラベル(毒薬などの表示) | ein *gekreuzter* Reim 〘詩〙 交〔差〕韻(=Kreuzreim: → Reim 1). **b**) 〘生〙 交配する: zwei Weizensorten ~ 2種類のコムギを交配する | Löwen mit Leoparden ~ ライオンをヒョウと交配する.

2 a) 《*jn./et.*[4]》 (…と)交差する, (…の)行く手を横切る, (…に)出会う; 《比》 (計画などを)妨げる: *js.* Weg ~ …の前を横切る, …とすれ違う〈出会う〉; 《比》 …とかかわりをもつ | Die Straße *kreuzt* eine Bahnlinie. その道路は線路と交差している. **b**) 再帰 *sich*[4] ~ 交差する; すれ違う; 《比》 (利害・意見などが)食い違う, ぶつかる: Unsere Briefe haben sich *gekreuzt*. 我々の手紙は行き違いになった | Seine Ansicht *kreuzte* sich mit denen seiner Freunde. 彼の意見は友人たちの意見と食い違った.

3 〘商〙 (小切手に)横線を入れる: ein *gekreuzter* Scheck 横線小切手.

II 自 (h, s) **1** 〘海〙 (風上に向かって)ジグザグに帆走する, 間切る. **2** (船・海鳥・飛行機などが)縦横に走り〈飛び〉回る.

[I: *ahd.* krūzōn „kreuzigen"; II: *ndl.*; ◇Kreuz; *engl.* cruise]

Kreu·zer[krɔ́ytsər] 男 -s/- **1 a**) 〘軍〙 巡洋艦: ein leichter 〈schwerer〉 ~ 軽〈重〉巡洋艦 | Raketen*kreuzer* ミサイル巡洋艦. **b**) 〘海〙 クルーザー, クルージングヨット. **2** 〘史〙 クロイツェル(13-19世紀の南ドイツ・オーストリア・スイスの小額貨幣〔単位〕); 《話》 なけなしの金. [1: *ndl.*; ◇kreuzen II; 2: *mhd.*; 刻印の Kreuz から]

Kreuz≠er·fin·dung[krɔ́yts..] 女 -/ =Kreuzauffindung ≠**er·hö·hung** 女 -/ 〘カトリック〙 聖十字架称賛〔の祝日〕(9月14日).

Kreu·zes≠tod[krɔ́ytsəs..] 男 十字架上の死: den ~ erleiden 〈sterben〉 磔刑(たっけい)に処せられる. ≠**weg** 男 -〔e〕s/ キリストが十字架を負って歩いた道. ≠**zei·chen** 中 (祝福などのときに手で行う)十字の印: das ~ über *jn.* 〈*jm.*〉 machen 十字を切って…を祝福する.

Kreuz≠fah·ne[krɔ́yts..] 女 〘カトリック〙 十字旗; 〘史〙 十字軍参加者の旗. ≠**fah·rer** 男 〘史〙 十字軍の参加者. ≠**fahrt** 女 **1** 〘史〙 十字軍〔の遠征〕. **2** 〘海〙 巡航, クルージング. ≠**feu·er** 中 《ふつう単数で》 **1** 〘軍〙 十字砲火: eine Stellung unter ~ nehmen (敵の)陣地に十字砲火を浴びせる. **2** 《比》 集中攻撃: **ins ~ geraten** 集中攻撃される | **im ~ stehen** (四方八方からの)集中攻撃を受けている.

kreuz·fi·del 形 《話》 ひどく陽気な.

Kreuz·form 女 十字形: in ~ 十字形に.

kreuz·för·mig 形 十字形の.

Kreuz≠gang 男 (修道院などの中庭を囲む)回廊(→ 図); 〘カトリック〙 (祝祭・巡礼などの)行列.

Kreuzgang

≠**ge·lenk** = Kardangelenk ≠**ge·wöl·be** 中 〘建〙 交差〈リブ〉ヴォールト, 四区アーチ造り(→ 図 Gewölbe B). ≠**gras** 中 =Fingerhirse ≠**hacke** 女 つるはし(→ 図 Hacke). ≠**heer** 中 〘史〙 十字軍. ≠**her·ren** 複 〘カトリック〙 聖十字架修道会士. ≠**holz** 中 **1** 〘建〙 四方柾挽(しほうまさびき)角材. **2** (キリストがはりつけにされた)十字架. **3** =Kreuzdorn

kreu·zi·gen[krɔ́ytsɪgən][2] 他 (h) 十字架にかける, はりつけにする; 《比》 厳罰に処する: der *Gekreuzigte* 〘宗〙 十字架にかけられた人(キリスト). [*ahd.*; ◇Kreuz]

Kreu·zi·gung[..gʊŋ] 女 -/-en 磔刑(たっけい); 〘美〙 キリストの磔刑〔を題材とした美術品〕(→ 図).

Kreuzigung

Kreuz≠kno·ten [krɔ́yts..] 男 **1** 〘海〙 リーフノット, 本結び(縮帆索を結ぶのに用いられるこま結び). **2** こま結び. ≠**kö·nig** 男 〘トランプ〙 クラブのキング. ≠**kopf** 男 〘工〙 クロスヘッド, 丁頭.

Kreuz·kraut 中 〘植〙 キオン(黄苑)属(ノボロギクなど). [＜Greiskraut; 実の白っぽい房毛から]

kreuz·lahm 形 **1 a**) 腰部の痛みで動けない, 疲労で動けなくなった; 腰のふらついた. **b**) (馬について)後脚部筋肉が麻痺(まひ)した. **2** 《話》 はっきりした意見〈性格〉をもたない.

Kreuz≠läh·mung 女 〘畜〙 (馬などの一時的な)後脚部筋肉麻痺(まひ). ≠**mars·se·gel** 中 〘海〙 ミズン=トップスル(→ 図 Segel B). ≠**mast** 男 〘海〙 ミズン=マスト. ≠**mei·ßel** 男 〘工〙 えぼし〈横切り〉たがね. ≠**nim·bus** 男 〘宗〙 十字形光背(→ 図 Heiligenschein). ≠**ober·bram·se·gel** 中 〘海〙 ミズン=ロイヤル(→ 図 Segel B). ≠**ot·ter** 女 〘動〙 マムシ. ≠**pei·lung** 女 〘海〙 クロス方位法. ≠**reim** 男 〘詩〙 交〔差〕韻(→Reim 1). ≠**rit·ter** 男 〘史〙 **1** 十字軍従軍騎士. **2** ドイツ騎士団所属の騎士. ≠**rohr** 中 (管の)十字継ぎ手.

kreuz·sai·tig 形 〘楽〙 低音弦と高音弦が交差して張られている.

Kreuz·schiff 中 〘建〙 袖廊(しゅうろう), 翼堂(十字形教会堂の翼部).

Kreuz·schlitz·schrau·be 女 プラス木ねじ(→ 図 Schraube A).

Kreuz≠schmerz 男 -es/-en 《ふつう複数で》 〘医〙 腰痛, 仙骨痛. ≠**schna·bel** 男 〘鳥〙 イスカ(交喙)〔属〕.

▽**Kreuz·schock·schwe·re·not** 女 《間投詞的に》 (怒り・ののしり・のろいの気持を表して)なんてこった, ええいちくしょう(いまいましい).

Kreuz≠schrit·te[krɔ́yts..] 複 〘ダンス〙 クロスステップ. ≠**spal·te** 女 〘地〙 (氷河の)交差クレバス(→ 図 Gletscher). ≠**spin·ne** 女 〘動〙 オニグモ(鬼蜘蛛). ≠**stab** 男 =Ferula 1

kreu̱z·stän·dig 形 (dekussiert)〘植〙(葉が)十字対生の.

Kreu̱z≠sten·ge·stag·se̱·gel 中〘海〙ミズン=トガーン=ステースル(→ 図 Segel B). **≠stich** 男〘手芸〙クロスステッチ(→ 図 Handarbeit).

Kreu̱·zung[krɔ́ʏtsʊŋ] 女 -/-en **1** (道路などの)交差点: an der ~〔rechts〕abbiegen 交差点で〔右へ〕曲がる | an der ~ halten 交差点で止まる | die ~ überfahren 交差点を横断する. **2**〘生〙遺伝的組成の異なる2個体間の交配, 交雑, 他殖, 混血.

kreu̱z·ụn·glück·lich[krɔ́ʏts|ʊ́n..] 形《話》全く不幸〈不運〉な, 絶望的状況の.

kreu̱·zungs·frei[krɔ́ʏtsʊŋs..] 形 (道路などが)交差点のない, 立体交差の.

Kreu̱·zungs·punkt 男〘鉄道〙(道路と鉄道, または二つの鉄道の)平面交差〔点〕.

Kreu̱z≠ver·band[krɔ́ʏts..] 男〘建〙(れんがなどの)十字積み. **≠ver·hör** 中 **1**〘法〙(検事や弁護人による証人・専門家などに対する)交互尋問. **2** (一般に複数の人間が特定の個人に対して浴びせる)集中的な尋問: *jn.* ins ~ nehmen / *jn.* einem ~ unterziehen …に集中的に〈矢つぎばやに〉質問を浴びせる. **≠we̱g** 男 **1** 十字路, 岐路: **am ~ stehen** / **an einen ~ gekommen sein** 岐路に立っている, 重大な決定を迫られている. **2**〘カトリック〙十字架の道〈道行(みちゆき)〉(キリスト受難の14の場面を表す絵画・彫刻): den〈einen〉~ beten 十字架の道の14か所をめぐりながら祈りを唱える.

Kreu̱z·we̱g·sta·tio̱n 女 キリスト受難の14場面めぐりのそれぞれの場面.

Kreu̱z·we̱h 中 =Kreuzschmerz

kreu̱z·wei·se 副 (→..weise ★)十字〔形〕に, 交差して, 縦横〈十文字〉に: **Du kannst mich mal ~!** / Leck mich ~!《話》まっぴらごめんだ, とんでもない.

Kreu̱z·wo·che 女〘キリスト教〙(聖霊降臨祭の前の)祈願節週間.

Kreu̱z·wort·rät·sel 中 クロスワードパズル.

Kreu̱z≠wurz 男 =Kreuzkraut **≠zei·chen** =Kreuzeszeichen **≠zu̱g** 男〘史〙十字軍〔遠征〕;《比》(特定の主義に基づく)改革〔撲滅〕運動.

Kre·vẹt·te[krevɛ́tə] 女 -/-n〘動〙コエビ. [*fr.*]

Krịb·be[kríbə] 女 -/-n《北部》(Buhne)(護岸用の)突堤, 水制(すいせい). [<Krippe]

krịb·be·lig[kríbəlɪç][2] (**krịbb·lig**[..blɪç][2]) 形《話》いらいらした, 神経質な.

Krịb·bel≠kopf[kríbəl..] 男 興奮しやすい人, 神経質な人. **≠krank·heit** =Kriebelkrankheit **≠mücke** =Kriebelmücke

krịb·beln[kríbəln]《06》**I** 自 他 (h) 非人称《es kribbelt *jm.*〈*jn.*〉》(…は体が)かゆい, むずむずする, ちくちくする: Es *kribbelt* mir〈mich〉in den Beinen. 足がむずがゆい | Es *kribbelt* ihm〈ihn〉in den Finger〔spitze〕n, die Sache selbst zu versuchen.《話》彼は自分でその事を試してみたくてむずむずしている. **II** 自 (h) **1**《ふつう **kribbeln und krabbeln** / es kribbelt und krabbelt の形で》Überall *kribbelten* und krabbelten Ameisen. あたり一面にアリがうようよしていた ‖ 非人称 Es *kribbelt* und krabbelt wie in einem Ameisenhaufen. まるで蟻塚(ありづか)の中みたいに人々が群がり動いている. **2** ちくちくする, むずむずする: Mein Rücken juckt und *kribbelt*. 私は背中がむずがゆい | Die Wolle *kribbelt* auf der Haut. 毛織物が肌にちくちくする. **III** 他 (h)《話》《*jn.*》くすぐる.
[*mhd.* kribeln „kitzeln"; ◇krabbeln]

Krịb·bel·was·ser[kríbəl..] 中 -s/《話》(Sprudel) ミネラルウォーター, 炭酸水; 炭酸レモネード.

krịbb·lig =kribbelig

Kribs·krabs[krípskraps] 男 中 -/《話》めちゃくちゃな〈分かりにくい〉話〔し方〕;〔呪文(じゅもん)めいた〕たわごと; 大混乱, 大乱雑 [<kribbeln+krabbeln]

Krịckel[kríkəl] 中 -s/-〔n〕《ふつう複数で》カモシカの角. [<Krucke]

Kricke·le̱i[krɪkəlái] 女 -/-en =Krickelkrakel

krịcke·lig[kríkəlɪç][2] (**krịck·lig**[..klɪç][2]) 形《東部》(unzufrieden) 不満な, 不機嫌な.

Krịckel·kra·kel[kríkəlkrakəl] 中 -s/-《話》へたな字, 読めない筆跡. [<krickeln+krakeln]

krịckeln[kríkəln]《06》自 (h) **1**《話》へたな〈読めない〉字を書く. **2**《方》けんかする, がみがみ言う. [◇krakeln]

Krịckel·wild[kríkəl..] 中 (Gemse)〘動〙アルプスカモシカ(羚羊).

Krịck·en·te[krík..] 女〘鳥〙コガモ(小鴨). [擬音]

Krịcket[kríkət] 中 -s/〘スポーツ〙クリケット. [*afr.* criquet „〔Tor〕latte"－*engl.* cricket]

Krịcket≠spiel[kríkət..] 中 クリケット〔の試合〕. **≠spie·ler** 男 クリケットの選手〈競技者〉.

krịck·lig =krickelig

Kri̱·da[krí:da·] 女 -/《オーストリア》計画倒産, 偽装倒産. [*mlat.* crida „öffentlicher Ausruf"－*it.*]

Kri·da̱r[kridá:r] (**Kri·da·ta̱r**[..datá:r]) 男 -s/-e《オーストリア》破産〔債務〕者.

Krie̱·bel≠krank·heit[krí:bəl..] 女〘医〙麦角(ばっかく)中毒〔症〕. **≠mücke** 女〘虫〙ブユ(蚋)科の昆虫. [<kribbeln]

Kriech≠blu̱·me[krí:ç..] 女 =Krabbe 3 [<kriechen]

Krie̱·che[krí:çə] 女 -/-n〘植〙スモモの一種. [*mhd.*]

krie̱·chen*[krí:çən]《83》**kroch**[krɔx] / **ge·krọ·chen**; 現 *du* kriechst (▽kreuchst[krɔʏçst]), *er* kriecht (▽kreucht); 命 kriech〔e〕(▽kreuch); 接II krö·che[krœ́çə] 自 **1** (s) (いも虫・カタツムリ・ヘビなどが)はう, はって進む; (人・動物が)はうようにして進む: **auf** allen vieren ~ 四つんばいになって進む | auf dem Bauch ~ 腹ばいで進む, 匍匐(ほふく)前進する | *jm.* auf den Leim ~ (→Leim 2) | **aus** dem Ei ~ 卵の殻を割って出て来る | **in** die Hütte ~ 小屋にもぐり込む | ins Bett ~《話》ベッドにもぐりこむ, 就寝する | Ich wäre am liebsten in ein Mauseloch *gekrochen*. (恥ずかしくて)私は穴があったら入りたい気持ちだった | zu Kreuze ~ (→Kreuz I 1) ‖ wenn du einmal nicht mehr ~ kannst《話》もし君がいつか〔年をとって〕足腰がたたなくなったら | **alles, was da *kreucht* und fleucht** そこで動くものすべて(地をはい空を飛ぶすべての動物) ‖ *kriechende* Pflanze 蔓(つる)植物. **2** (s) ゆっくり〈のろのろ〉動く; 忍び寄る: Der Zug *kroch* mühsam bergwärts. 列車はのろのろと坂を登った | Der Verkehr kommt nur *kriechend* voran. 交通が渋滞している | Die Kälte *kroch* über die Haut. 忍び寄る冷気が肌に感じられた. **3** (s, h)《話》へつらう, はいつくばる: vor *seinem* Vorgesetzten ~ / *seinem* Vorgesetzten in den Arsch ~ 上役にへつらう ‖ *kriechende* Höflinge 卑屈にへつらう廷臣, 佞臣(ねいしん).
[*germ.*; ◇Krücke, Kreßling; *engl.* creep]

Krie̱·cher[krí:çər] 男 -s/-《軽蔑的に》へつらう人, 追従者; はって動く動物.

Krie·che·re̱i[kri:çərái] 女 -/-en《軽蔑的に》追従, へつらい, おべっか.

krie̱·che·risch[krí:çərɪʃ] 形《軽蔑的に》追従的な, 卑屈な, へつらいの.

Krie̱·cherl[krí:çərl] 中 -s/-n《オーストリア》=Krieche

Krie̱ch≠pflan·ze[krí:ç..] 女〘植〙匍匐(ほふく)植物. **≠spu̱r** 女 (高速道路で, トラックなど登る速度の遅い車のための)登坂(とうはん)車線. **≠stro̱m** 男〘電〙(絶縁物の)表面漏れ〔電流〕. **≠tem·po** 中《軽蔑的に》(車などの)のろのろとした遅い速度: im ~ のろのろと. **≠tier** 中 (Reptil)〘動〙爬虫(はちゅう)類.

Krieg[kri:k][1] 男 -es(-s)/-e (↔Frieden) 戦争, 戦役; 戦時;《比》不和, 敵対関係: ein atomarer〈aufgezwungener〉~ 核兵器による〈自衛のための〉戦争 | der Dreißigjährige ~〘史〙三十年戦争(1618-48) | ein häuslicher ~ 家庭内〈家族間〉のいざこざ | **der kalte ~** 冷戦(フランス語 guerre froide の翻訳借用) | ein schmutziger ~ (宣戦布告を伴わない・残虐な)きたない戦争 | Atom*krieg* / Nuklear*krieg* 核戦争 | Bürger*krieg* 内戦, 内乱 | Nerven*krieg* 神経戦 | Welt*krieg* 世界大戦 ‖ ein ~ zu Lande〈Wasser〉陸上〈海上〉での戦争, 陸〈海〉戦 | ein ~ in der Luft

(空軍による)空の戦争 ‖ Der ~ ist aus 〈zu Ende〉. 戦争は終わった | Der ~ ist ausgebrochen. 戦争が勃発(ぼっ)した ‖ *jm.* 〈*et.*[3]〉 **den ~ ansagen** …に対する戦いを宣言する | einen ~ auslösen 〈beginnen〉 戦争を誘発する〈始める〉 | den ~ beenden / dem ~ ein Ende machen 戦争を終結させる | 〔einem Staat〕 den ~ erklären 〔ある国に〕宣戦布告する | 〔mit einem Staat〕 ~ führen 〔ある国と〕戦争をする | den ~ gewinnen 〈verlieren〉 戦争に勝つ〈負ける〉 | ~ spielen (子供が)戦争ごっこをする | einen ~ vermeiden 〈verhindern〉 戦争を回避〈防止〉する | den ~ überleben 戦争を生き延びる ‖ **am** ~ teilnehmen 参戦する | am ~ verdienen 戦争でもうける | *sich*[4] **aus** dem ~ heraushalten 戦争の局外に立つ, 戦争から中立を保つ | **gegen** den ~ kämpfen 〈protestieren〉 反戦運動をする〈戦争に抗議する〉 | Schaden **im** ~ 戦時被害 | im ~ bleiben 戦場から戻らない, 戦死する | im ~ fallen 〈umkommen〉 戦死する | mit *jm.* im 〔ständigen〕 ~ leben 〈stehen〉 …と〔絶えず〕争っている | in den ~ ziehen 出征する, 戦場に赴く | **nach** 〈**vor**〉 dem ~ 戦後〈戦前〉 | **zum** ~ hetzen 戦争を挑発する | zum ~ 〈für den ~〉 rüsten (戦争に備えて)軍備をととのえる.
[*ahd.* chrēg „Hartnäckigkeit"]

krie·gen[1][kríːgən][1] 他 (h) 《ふつう受動態なし》 **1** (bekommen) (願わしいものを)もらう, 受け取る; (罰など願わしくないものを)くらう: eine Belohnung ~ 報酬をもらう | einen Preis ~ 賞をもらう | Besuch 〈Gäste〉 ~ 訪問を受ける | einen Brief 〈drei Wochen Urlaub〉 ~ 手紙〈3週間の休暇〉をもらう | zum Geburtstag ein Spielzeug ~ 誕生日の祝いにおもちゃをプレゼントされる ‖ zwei Jahre 〔Gefängnis〕 ~ 2年間の懲役をくらう | eine Ohrfeige 〈eine Rüge〉 ~ びんた〈こごと〉をくらう | ein paar ~ 《話》二三発殴られる | Du *kriegst* was! 《話》ぶん殴られるぞ | zuviel ~ (→zuviel I) | Er kann nie genug ~. 彼はいくらもらっても満足しない(底なしの欲深だ) ‖ 〖過去分詞とともに一種の受動形をつくって〗 Geld ausgezahlt ~ 金を全額払ってもらう | *et.*[4] geschenkt ~ …を贈られる | Er *kriegte* ein gutes Essen vorgesetzt. 彼は上等な食事を出してもらった ‖ 〖結果を示す語句と〗 *et.*[4] satt ~ …にあきあきする.

2 (bekommen) (努力して)得る, ありつく, 獲得する, 手に入れる: eine Arbeit 〈eine Stellung〉 ~ 仕事〈職〉にありつく | festen Boden unter den Füßen ~ 足場を確保する, 立場が安定する | eine Frau 〈einen Mann〉 ~ 妻〈夫〉を得る, 結婚する | Kenntnis von *et.*[3] 〈Einblick in *et.*[3]〉 ~ …を認識する | Macht 〈Gewalt〉 über *jn.* ~ …を支配下に置く | *seinen* Willen ~ 自分の意志を貫く ‖ Sie hat ihn 〈Sie haben sich[4]〉 *gekriegt*. 彼女は彼と〈彼らは〉結婚した | Das Buch ist nicht mehr zu ~. その本はもう手に入らない | Das werden wir schon ~! 《話》それはうまくゆくさ ‖ 〖前置詞と〗 den Fleck **aus** dem Anzug ~ 服のしみを抜く | *et.*[4] **in** den Griff ~ …を意のままにする〈駆使する〉 | *jn.* in *seine* Macht 〈Gewalt〉 ~ …を支配下に置く | **es über** *sich*[4] ~ 《zu 不定詞句と》…(気の進まぬこと)を心ならずもあえてする | Er *kriegte* es nicht **über** sich[4], so schamlos zu handeln. 彼にはとてもそんな恥知らずな振舞いはできなかった | *jn.* 〈*et.*[4]〉 **zu** Gesicht ~ …を見つける, …に出会う | Ich kann ihn nicht dazu ~, mir alles zu erzählen. 私はどうしても彼に一切を話させることはできない ‖ 〖結果を示す語句と〗 *jn.* mürbe ~ …を懐柔する | *jn.* satt 〈still〉 ~ …を満足〈静か〉にさせる.

3 (bekommen) **a)** (感情・状態を)生じる; (あるものをもつ状態に)なる, 陥る; (つぼみ・花などを)つける: Angst 〈einen Anfall〉 ~ 不安〈発作〉に襲われる | Fieber 〈Husten〉 ~ 熱〈せき〉が出る | Junge ~ (犬などが)子を産む | ein Kind ~ (おなかに)赤ん坊ができる, 妊娠する | eine Krankheit ~ 病気にかかる | Wir *kriegten* Regen 〈schlechtes Wetter〉. 雨〈悪天候〉になった | Streit ~ けんかになる | Zähne 〈graue Haare〉 ~ 歯〈白髪〉が生える. **b)** 《zu 不定詞〔句〕と》(…)させてもらう, (…することが)できる; (…)しなければならなくなる: *et.*[4] zu essen 〈trinken〉 ~ …を食べ物〈飲み物〉としてもらう, …を食べさせて〈飲ませて〉もらう | *jn.* zu fassen 〈packen〉 ~ …を捕らえることができる | *et.*[4] zu sehen ~ …を(いやでも)目撃する羽目になる ‖ es mit der Angst zu tun ~ 不安にかられる | es mit *jm.* zu tun ~ …とかかわり合い〈けんか〉になる | Da *kriegst* du's mit mir zu tun! そうなったら私が君の相手だ(ただではおかないぞ).

4 捕まえる, 捕らえる: den Verbrecher ~ 犯人を逮捕する | *jn.* beim Schlafittchen 〈Wickel〉 ~ 《話》…の首根っこを捕まえる, …をとっちめる ‖ 再帰 *sich*[4] in die Haare ~ つかみ合いのけんかをする.

★ bekommen と kriegen の違い: 1, 2, 3の用例はほとんどすべて bekommen で言い換えが可能であるが, kriegen はよりくだけた口語的な表現とされる.

[*mhd.* 〔er〕krīgen „erringen"]

[▽]**krie·gen**[2][—] 自 (h) 《mit *jm.*》 (…と)戦争をする.

Krie·ger[kríːgər] 男 (特に古代・中世の)戦士, 武者, つわもの: ein müder ~ 《話》(意気沮喪(そう)して)無気力になった人 | **ein kalter ~** 〘政〙冷戦主義者.

Krie·ger≈denk·mal 中 -〔e〕s/..mäler 戦没者記念碑. **≈grab** 中 戦没者の墓.

krie·ge·risch[kríːgərɪʃ] 形 戦闘的な, 好戦〈挑戦〉的な, 戦争の, 軍事上の; 戦士のような, 軍人にふさわしい.

Krie·ger≈ka·ste[kríːgər..] 女 (閉鎖的な)軍人〈武士〉階級, 軍閥. **≈ver·ein** 男 在郷軍人会. **≈wai·se** 女 戦争孤児. **≈wit·we** 女 戦争未亡人.

krieg·füh·rend[kríːk..] 形 《付加語的》交戦中の: die ~*en* Staaten 〈Mächte〉 交戦国.

Krieg·füh·rung 女 《ふつう単数で》戦争遂行; 作戦〔指導〕; 用兵〔術〕.

Kriegs≈aka·de·mie[kríːks..] 女 (1945年まで高級士官養成を目的とした)軍事大学校. **≈akt** 男 戦争行為. **≈an·den·ken** 中 戦争で受けた傷跡, 戦傷痕(こん). **≈an·lei·he** 女 戦時国債. **≈ar·ti·kel** 男 -s/- 《ふつう複数で》軍人服務規定. **≈aus·bruch** 男 -〔e〕s/ 戦争の勃発(ぼっ). **≈beil** 中 いくさ斧(おの)(戦争のシンボル); 《比》戦闘状態: **das ~ ausgraben** 《話》けんか〈争い〉を始める | **das ~ begraben** 《話》ほこを収める, 仲直りする.

kriegs·be·malt 形 《話》飾りたてて, 満艦飾で.

Kriegs≈be·ma·lung 女 戦いの化粧(未開人が出陣の前にするボディー=ペインティング): **in** 〔**voller**〕 **~** 《戯》(軍人が)勲章などを〔ありったけ〕つけて; (女性が)ごてごてと厚化粧して. **≈be·richt** 男 戦況報告; 従軍記事. **≈be·rich·ter** 男, **≈be·richt·er·stat·ter** 男 従軍記者.

kriegs·be·schä·digt[kríːks..] **I** 形 戦傷による身体障害の. **II Kriegs·be·schä·dig·te** 男 女 《形容詞変化》(戦傷による)身体障害者, 戦傷者, 傷痍(しょうい)軍人.

Kriegs≈beu·te[kríːks..] 女 戦利品(特に軍需物資). **≈blin·de** 男 女 戦傷による失明者. **≈braut** 女 (戦争中に結婚してそのために影響をこうむった)戦争花嫁. **≈dich·tung** 女 戦争文学. **≈dienst** 男 戦時の兵役〈軍務〉.

Kriegs·dienst≈ver·wei·ge·rer 男 -s/- 戦時の兵役拒否者. **≈ver·wei·ge·rung** 女 戦時の兵役拒否.

Kriegs≈dro·hung 女 戦いを仕掛けると脅迫すること; 戦争勃発(ぼっ)の気配. **≈ein·tritt** 男 (特定の国が)戦争に加わること, 参戦. **≈en·de** 中 戦争の終結, 終戦: nach dem ~ 戦争が終わったあとで. **≈ent·schä·di·gung** 女 戦時賠償〔金〕.

Kriegs·er·klä·rung[kríːks..] 女 宣戦〔布告〕. [*fr.* déclaration de guerre の翻訳借用]

Kriegs≈er·leb·nis 中 戦争体験. **≈fackel** 女 《雅》戦いの火の手. **≈fall** 男 開戦の事態: im ~〔*e*〕 もし戦いが始まったら | *sich*[4] auf den ~ vorbereiten 戦争〈開戦〉に備える. **≈film** 男 戦争映画. **≈flag·ge** 女 軍艦旗. **≈flot·te** 女 (↔Handelsflotte) 《集合的に》(一国の)艦隊. **≈flug·zeug** 中 〘空〙軍用機. **≈frei·wil·li·ge** 男 女 (戦時動員の際の)志願兵.

Kriegs·fuß[kríːks..] 男 《ふつう次の形で》 **mit** *jm.* **auf** 〔**dem**〕 **~ stehen** 〈**leben**〉 …と仲が悪い, …と小ぜりあいが絶えない | mit der deutschen Sprache auf 〔dem〕 ~ stehen 《戯》ドイツ語と格闘中である(まだものにできない). [*fr.* (sur) le pied de guerre の翻訳借用]

Kriegs≈ge·biet 中 戦闘〈交戦〉区域, 戦場. **≈ge·**

K

fahr 女 -/ 戦争の起こる危険〔度〕. ≈**ge·fan·ge·ne** 男 女 戦時捕虜. ≈**ge·fan·gen·schaft** 女 戦時捕虜になること: in ～ geraten 戦時捕虜になる | aus der ～ heimkehren 戦時捕虜として帰郷〈帰国〉する. ≈**geg·ner** 男 **1** 戦争相手国. **2** 反戦主義者〈運動家〉. ≈**ge·ne·ra·tion** 女 **1** 戦時に生まれた〈育った〉世代, 戦中派. **2** 戦争に参加した世代. ▽≈**ge·rät** 中 -〔e〕s/ ＝Kriegsmaterial ≈**ge·richt** 中 軍法会議, 軍事法廷. ≈**ge·richts·rat** 男 -〔e〕s/..räte 軍法会議〈軍事法廷〉の法務官. ≈**ge·schich·te** 女 戦史; 戦争物語. ≈**ge·schrei** 中 **1** 鬨(とき)の声. ▽**2** 戦争近しといううわさ. ≈**ge·winn** 男 軍需〔品供給による〕利得, 戦時利得. ≈**ge·winn·ler** 男 -s/- 戦争成金. ≈**gott** 男 戦いの神(ギリシア神話では Ares, ローマ神話では Mars); 軍神.

Kriegs·grä·ber·für·sor·ge 女 戦没者埋葬地管理〔援護事業〕.

Kriegs≈ha·fen 男 軍港. ≈**hand·werk** 中 -〔e〕s/ 作戦, 用兵〔術〕, 戦いの技術. ≈**held** 男 戦争で武勲を立てた英雄. ≈**herr** 男 最高司令官; 交戦国の君主, 大元帥. ≈**het·ze** 女 戦争挑発, 主戦論. ≈**het·zer** 男 戦争挑発者, 主戦論者. ≈**hin·ter·blie·be·ne** 男 女 戦死者の遺族(戦争未亡人・戦争孤児など). ≈**in·du·strie** 女 軍需工業〈産業〉. ≈**in·va·li·de** 男 ＝Kriegsbeschädigte ≈**jahr** 中 戦争の年: die ersten zwei ～*e* 戦争が始まって最初の2年間. ≈**ka·me·rad** 男 戦友. ≈**kind** 中 戦時に生まれた子. ≈**knecht** 男 (昔の)傭兵(ようへい); ▽(Soldat) 兵卒. ≈**kon·ter·ban·de** 女〘法〙戦時禁制品. ≈**ko·sten** 複 戦争経費, 戦費. ≈**kunst** 女 戦法, 戦術. ≈**la·ge** 女 戦況. ≈**la·za·rett** 中 野戦病院. ≈**list** 女 軍〔事上用いる策〕略, 奇襲作戦; (一般に)奇計. ≈**lust** 女 -/ 好戦的心情.

krie̱gs·lu·stig[krí:ks..] 形 好戦的な, 戦闘的な.

Krie̱gs≈macht 女 **1** 軍事力, 戦力, 兵力. **2** 交戦国. ≈**ma·ri·ne** 女 (↔Handelsmarine)《集合的に》(一国の)海軍. ≈**ma·te·rial** 中 戦争物資, 軍需資材, 軍需品. ≈**mi·ni·ster** 男 国防〈陸軍〉大臣(今日では Verteidigungsminister). ≈**mi·ni·ste·rium** 中 国防〈陸軍〉省(今日では Verteidigungsministerium). ≈**mü·dig·keit** 女 厭戦(えんせん)気分. ≈**op·fer** 中 戦争犠牲者(遺族・傷病者など). ≈**pfad** 男 (アメリカ＝インディアンの)戦争〈出陣〉のとき通る道: auf dem ～ sein 出撃しようとしている;《話》かっかしている. ≈**plan** 男 -〔e〕s/..pläne《ふつう複数で》作戦〈戦闘〉計画. ≈**rat** 男 **1**《単数で》作戦〈軍事〉会議: ～〔ab〕halten 作戦会議を開く;《話》(重要な用件について)皆で集まって相談する. **2** 軍事顧問官. ≈**recht** 中 -〔e〕s/ **1** 戦時国際法(交戦法規・中立法規に区別される). **2** 戒厳令: das ～ verhängen 戒厳令を布告する. ≈**ro·man** 男 (長編の)戦争小説. ≈**rü·stung** 女 戦闘のための装備, 軍備. ≈**scha·den** 男 戦争による被害〈損害〉.

Krie̱gs·schau·platz[krí:ks..] 男 戦場, 戦争の舞台. [*fr.* théâtre de la guerre の翻訳借用]

Krie̱gs≈schiff 中 軍艦. ≈**schluß** 男 戦争の終結, 終戦. ≈**schuld** 女 -/-en **1** 戦争責任. **2**《複数で》戦争による負債; 戦時国債. ≈**schu·le** 女 士官学校. ≈**spiel** 中 **1**〘軍〙机上〔作戦〕演習. **2** 戦争ごっこ;〘遊戯〙陣取り遊び. ≈**spiel·zeug** 中 (子供用の)戦争玩具(がんぐ). ≈**stand** 男, ≈**stär·ke** 女 -/ 戦時〔動員〕兵力, 軍事力. ≈**steu·er** 女 戦時特別税. ≈**tanz** 男 (特に未開人の)出陣〈祝勝〉踊り. ≈**teil·neh·mer** 男 (特に積極的な)参戦者; 兵士, 軍人. ≈**trau·ung** 女 戦時結婚, 従軍中の軍人との結婚.

krie̱gs·tüch·tig[krí:ks..] 形 (部隊・軍艦などが)装備〈戦闘準備〉の調った.

Krie̱gs≈ver·bre·chen 中 戦争犯罪. ≈**ver·bre·cher** 男 戦争犯罪人. ≈**ver·let·zung** 女 戦傷〔を負うこと〕. ≈**ver·sehr·te** 男 女 ＝Kriegsbeschädigte

krie̱gs·ver·wen·dungs·fä·hig[krí:ks..] 形 (略 kv., k. v.)〘軍〙戦時の兵役〈軍務〉に服する能力のある.

▽**Krie̱gs·volk** 女《雅》軍隊;《集合的に》兵隊, 軍人.

Krie̱gs≈wai·se 女 戦争孤児. ≈**werk·zeug** 中 戦争の道具(各種兵器など). ≈**we·sen** 中 -s/ 軍事(軍事行動に関するすべての事柄, 人員・装備などの総称).

krie̱gs·wich·tig[krí:ks..] 形 戦争に役だつ, 戦争に重要な: ～*es* Material 軍需物資.

Krie̱gs≈wir·ren 複 戦争による混乱状態. ≈**wirt·schaft** 女 戦時〈戦争〉経済. ≈**wit·we** 女 戦争未亡人. ≈**zeit** 女 戦争の時代, 戦時: in 〈zu〉 ～*en* 戦時に | während der ～ 戦争中に. ≈**ziel** 中 戦争目的. ≈**zucht** 女 軍紀. ▽≈**zug** 男 出征, 出兵, 作戦行動. ≈**zu·stand** 男《ふつう単数で》**1** 戦争状態・戦時(開戦から終戦まで): den ～ beenden 戦争状態を終結させる. **2** 戒厳令状態. ≈**zweck** 男 -〔e〕s/-e《ふつう複数で》戦争目的.

Kriek[kri:k] 男 -〔e〕s/-e 水路, クリーク; 入江, 小湾. [*anord.*－*engl.* creek]

Krie̱k·en·te[krí:k..] ＝Krickente

Krie̱m·hild[krí:mhɪlt] **I** 女名 クリームヒルト. **II** 人名 クリームヒルト(叙事詩《Nibelungenlied》の女主人公. Siegfried の妻で, 夫を殺されたのち Etzel と再婚し, 復讐(ふくしゅう)をとげた). [＜*ahd.* grīma „Helm“＋hiltja „Kampf“]

Kriem·hi̱l·de[kri:mhíldə] 女名 クリームヒルデ.

Kries[kri:s][1] 中 -es/《スイス》針葉樹のしば〈そだ〉.

Krie̱·sel·wind[krí:zəl..] 男 (バルト海の)竜巻. [＜krüseln]

Kri·ko·to·mie̱[krikotomí:] 女 -/-n [..mí:ən]〘医〙(気管の)輪状軟骨切開術. [＜*gr.* kríkos „Ring“ (◇Ring)]

Krill[krɪl] 男 -〔e〕s/〘動〙(北極海・南極海などの)オキアミ(沖醤蝦)(動物性プランクトン).

die **Krim**[krɪm] 地名 女 -/ クリム, クリミア(黒海に突き出したウクライナ南端の半島. 英語形 Crimea).

Kri̱·mi[krí:mi·, krími·] 男 -s/-s(-/-)《話》**1** (＜Kriminalroman) 推理〈探偵・ミステリー〉小説. **2** (＜Kriminalfilm) 犯罪映画, 推理〈探偵・ミステリー〉映画. **3** (＜Kriminalstück) 犯罪劇, 推理〈探偵・ミステリー〉ドラマ.

kri·mi·na̱l[kriminá:l] ▽**I** 形 (strafrechtlich) 刑法〈刑事〉上の, 犯罪の. **II** 副 **1** →I **2**《話》(sehr) ひどく, 法外に. **III Kri·mi·na̱l** 中 -s/-e《オーストリア》(Zuchthaus) 監獄, 刑務所. **IV Kri·mi·na̱·le** 男《形容詞変化》《話》＝Kriminalbeamte [*lat.*; ＜*lat.* crīmen „Beschuldigung“ (◇schreien)]

Kri·mi·na̱l≈ab·tei·lung 女〘法〙刑事部. ≈**be·am·te** 男 刑事, 刑事係警官.

Kri·mi·na̱·le[kriminá:lə] →kriminal III

Kri·mi·na̱·ler[kriminá:lər] 男 -s/-《話》＝Kriminalbeamte

Kri·mi·na̱l≈fall[kriminá:l..] 男 刑事事件. ≈**film** 男 犯罪映画(略 Krimi). ≈**ge·richt** 中 (Strafgericht) 刑事裁判所. ≈**ge·schich·te** 女 **1** 犯罪物語(盗賊物・探偵物など). **2**《単数で》犯罪史.

kri·mi·na·li·sie̱·ren[kriminalizí:rən] 他 (h) **1**《*jn.*》犯罪行為に走らせる. **2**《*et.*[4]/*jn.*》犯罪〈犯罪者〉と見なす.

Kri·mi·na·li̱st[kriminalíst] 男 -en/-en **1** ＝Kriminalbeamte **2 a)** 刑法学者. **b)** 犯罪捜査学の専門家.

Kri·mi·na·li̱·stik[..lístɪk] 女 -/ 犯罪捜査学.

kri·mi·na·li̱·stisch[..lístɪʃ] 形 犯罪捜査学上の〈による〉: *et.*[4] ～ untersuchen …を犯罪捜査学的に調査する.

Kri·mi·na·li·tä̱t[..litɛ́:t] 女 -/ **1** 犯罪性. **2**《集合的に》犯罪〔行為〕: Organisierte ～ (略 OK) 組織犯罪 | Jugend*kriminalität* 青少年犯罪 | Wirtschafts*kriminalität* 経済犯罪 ‖ die ～ bekämpfen 犯罪の撲滅に努める.

Kri·mi·na·li·tä̱ts≈quo·te 女, ≈**ra·te** 女 犯罪〔発生〕率. ≈**sta·ti·stik** 女 犯罪統計.

Kri·mi·na̱l≈kom·mis·sar[kriminá:l..] 男 刑事係警部. ≈**po·li·zei** 女 刑事警察(略 Kripo). ≈**po·li·zist** 男 刑事(略 Kripo). ▽≈**pro·zeß** 男 (Strafprozeß)〘法〙刑事訴訟. ≈**psy·cho·lo·gie** 女 -/ 犯罪心理学. ▽≈**recht** ＝Strafrecht ≈**ro·man** 男 推理〈探偵・ミステリー〉小説(略 Krimi). ≈**sa·che** 女 刑事事件. ≈**so·zio·lo·gie** 女 -/ 犯罪社会学. ≈**sta·ti·stik** 女 犯罪統計. ≈**stück** 中 犯罪劇, 推理〈探偵・ミステリー〉ドラマ(略

Krimi).

kri·mi·nẹll[kriminɛ́l] **I** 形 (verbrecherisch) 犯罪の, 犯罪的な; 刑事上の, 刑法に触れた, 有罪の; 罰すべき; 《話》ひどい, 悪い, 恥知らずな: eine ～*e* Person 犯罪者 | eine ～*e* Handlung 犯罪行動 | ein ～*er* Abort 堕胎 | Er ist ～ veranlagt. 彼には犯罪者の素質がある.

II Kri·mi·nẹl·le 1 男 女 《形容詞変化》 (Verbrecher〔in〕) 犯罪者, 犯人, 罪人. **2** 男 《形容詞変化》 刑事. [*lat.–fr.*]

kri·mi·no·gẹn[kriminogéːn] 形 犯罪を誘発する.

Kri·mi·no·lo·gịe[kriminologíː] 女 -/ 刑事犯罪学.

kri·mi·no·lọ·gisch[..lóːgıʃ] 形 刑事犯罪学〔上〕の.

Krịm·krieg[krím..] 男 -〔e〕s/ クリミア戦争(トルコに侵入したロシア軍がトルコ・英・仏連合軍に敗れた. 1853–56).

krịm·meln[kríməln] 《06》 自 (h) 《北部》 (kribbeln) 《ふつう krimmeln und wimmeln / 非人称 **es krimmelt und wimmelt** の形で》 Hier *krimmelt* und wimmelt es von Läusen. ここにはシラミがうようよしている.

Krịm·mer[krímər] 男 -s/- **1** クリマー (Krim 産の小羊の毛皮). **2** クリマーを模した毛織物.

Krịm·pe[krímpə] 女 -/ 《北部》 (Schrumpfung) (布地が) 縮むこと.

krịm·pen[(*)][krímpən] 《84》 **krịmp·te** / **ge·krịmpt, ge·krụm·pen**[gəkrúmpən] **I** 自 **1** (h, まれに s) 《北部》 (einschrumpfen) (布が) 縮む. **2** (h) (風向きが) 西から東へ変わる. **II** 他 (h) (布を) 縮ませる. [*mndd.*; ◇Krampf; *engl.* crimp]

Krịms·krams[krímskrams][1] 男 -〔es〕/ 《話》 (Plunder) 〔小さい〕がらくた. [<Kribskrabs+Kram]

Kring[krıŋ] 男 -〔e〕s/-e, **Krịn·ge**[kríŋə] 女 -/-n 《中部》 (Ring) 輪, 環; (かごを頭に載せるための輪形の) 頭当て.

Krịn·gel[kríŋəl] 男 -s/- **1** 小さな円, 丸, 輪; (頭髪・煙などの) 渦巻き: Er malte ein paar ～ in sein Heft. 彼はノートに丸を二つ三つ描いた. **2 a)** ドーナツ形ビスケット. **b)** (Brezel) ブレーツェル, 8の字形ビスケット. [*mhd.* kringel „Kreis“; ◇krank, Kranz; *engl.* cringle]

krịn·gel·ig[kríŋəlıç][2] (**krịng·lig**[..ŋlıç][2]) 形 輪形〈環状〉の, 巻いた: ***sich***[4] **～ lachen** 《話》 腹をかかえて大笑いする(→kringeln I 2).

krịn·geln[kríŋəln] 《06》 **I** 他 (h) **1** 《*et.*[4]》 丸める, 丸くする, 輪を作る, 巻く: Das Ferkel *kringelte* seinen Schwanz. 子豚はしっぽをくるっと丸めた. **2** 再帰 *sich*[4] ～ 丸くなる; (髪などが) 縮れる: Die Hobelspäne *kringelten* sich auf dem Boden. かんなくずが地面に丸まって〔散らばって〕いた | ***sich***[4] 〔**vor Lachen**〕 **～** 《話》 腹をかかえて大笑いする. **II Krịn·geln** 中 -s/ 〔sich〕 kringeln すること: **zum ～ sein** 《話》 とてもこっけいである.

krịng·lig =kringelig

Kri·no·ịde[krinoíːdə] 男 -n/-n 《ふつう複数で》 (Seelilie) 〖動〗 ウミユリ(海百合)〔類の動物〕. [<*gr.* krínon „Lilie“+..id[1]]

Kri·no·lị·ne[krinolíːnə] 女 -/-n (Reifrock) クリノリン=スカート(下着の枠で張り広げた19世紀中ごろ流行のスカート: → 図 Mantille). [*it.–fr.*; <*lat.* crīnis „Haar“ (◇Reis[2]) + līnum (→Lein)]

Krị·po[kríːpoˑ, krípoˑ] **I** 女 -/ (<Kriminalpolizei) 刑事警察. **II** 男 -〔s〕/-s (<Kriminalpolizist) 刑事.

Krịp·pe[krípə] 女 -/-n **1 a)** まぐさおけ〈棚〉, かいばおけ: Hafer in die ～ tun 〈schütten〉 燕麦(えんばく)をかいばおけに入れる〈あける〉. **b)** 《話》 食事, めし: an die ～ gehen めしを食いに行く. **c)** 《比》 実入りのよいポスト, 有利な地位: **an der ～ sitzen** (甘い汁を吸える) 恵まれたポストについている | **an die ～ kommen** 恵まれたポストにつく. **2** (Weihnachtskrippe) クリスマスのクリッペ(キリスト降誕のうまやの情景を木彫や粘土などで模したもので, クリスマスに教会や家庭などに飾る: → 図). **3** (Kinderkrippe) (働く女性のための) 託児所〈室〉: den Säugling in die ～ geben 乳児を託児所に預ける. **4** die ～ 〖天〗 蟹(かに)座のプレセペ星団. ▽**5** 〖土木〗 (護岸・水制用の) 蛇篭(じゃかご), 編柵工(へんさくこう). [*westgerm.* „Flechtwerk“; ◇Krampf; *engl.* crib]

Krippe

▽**krịp·pen**[krípən] 他 (h) (堤防を) 蛇篭(じゃかご)で補強する.

Krịp·pen≠bei·ßer 男 =Krippensetzer **≠rei·ter** 男 (Schmarotzer) 食客, 居候. **≠set·zer** 男 **1** かいばおけをかむ癖のある馬. **2** 《話》 口やかましくがみがみいう人. **≠spiel** 中 (Weihnachtsspiel) キリスト降誕劇.

Krips[krıps] 男 -es/-e 《南部・中部》 (Hals) 首〔すじ〕, うなじ, 首ねっこ: 〖ふつう次の形で〗 *jn.* beim ～ nehmen 〈packen / kriegen〉 …の首ねっこをつかまえる. [<Griebs]

Krịs[kriːs][1] 男 -es/-e (刀身が波形の) マレー人の短剣(→ 図 Dolch). [*malai.*]

krisch[krıʃ] kreischte (kreischen の過去) の方言形.

krị·sche[kríʃə] kreischte (kreischen の接続法 II) の方言形.

Krịsch·na[kríʃnaˑ] 人名 クリシュナ(古代インドの最高神). [*sanskr.* „schwarz“–*Hindi*]

Krị·se[kríːzə] 女 -/-n **1** 危機, 急場, 岐路; 〔経済〕恐慌: eine politische 〈wirtschaftliche〉 ～ 政治危機〈経済恐慌〉 | Ehe*krise* 結婚生活の危機 | Finanz*krise* 財政危機 ‖ eine ～ überwinden 〈durchmachen〉 危機を克服する〈切り抜ける〉 ‖ aus der ～ herauskommen 危機を脱する | in die ～ geraten 危機に陥る | *sich*[4] in einer ～ befinden 危機にある. **2** 〖医〗 **a)** (Krisis) (病気の) 危機, 峠, 分利(病気がよくなるか悪くなるかの境目): Der Kranke hat die ～ gut überstanden. 病人は無事峠を越した. **b)** 発症, クリーゼ. [*gr.* krísis „〔Ent〕scheidung“–*lat.–fr.*; <*gr.* krínein „scheiden“; ◇rein[1]]

krị·seln[kríːzəln] 《06》 自 (h) 非人称 《es kriselt》 〔政治的・経済的〕危機が迫っている, 不隠な形勢である, 雲行きがあやしくなっている: In ihrer Ehe 〈Bei der Firma〉 scheint es zu ～. 彼らの結婚生活〈その会社〉には危機が訪れているようだ.

Krị·sen Krise, Krisis の複数.

krị·sen≠an·fäl·lig[kríːzən..] 形 危機〈恐慌〉に弱い. **≠fest** 形 危機に耐え得る, 危機に対して安全な.

Krị·sen≠ge·biet 中 (政治的・社会的な) 危機をはらむ地域〈地帯〉. **≠hẹrd** 男 (政治的・社会的な) 危機の根源〔地帯〕. **≠ma·na·ge·ment**[..mænıdʒmənt] 中 危機管理 (緊急事態に対する対応処理).

krị·sen·si·cher =krisenfest

Krị·sen≠stab 男 (非常事態などの際の) 危機対策本部. **≠stra·te·gie** 女 危機〔打開〕戦略.

Krị·sis[kríːzıs] 女 -/..sen[..zən] ▽**1** = Krise 1 **2** =Krise 2 a [*gr.*]

krịs·peln[kríspəln] 《06》 他 (h) (皮革を柔らかくなめして) 表面に粒々が出るように加工する. [擬音]

Kri·stạll[krıstál] **I** 男 -s/-e (小 **Kri·stạ̈ll·chen** [..tɛ́lçən] 中 -s/-) **1 a)** 〖理・鉱〗 結晶: flüssiger ～ 〖理〗 液晶 | Schnee*kristall* 雪の結晶 ‖ ～*e* bilden 結晶を作る, 結晶する. **b)** (Bergkristall) 〖鉱〗 水晶: klar 〈rein〉 wie ～ 水晶のように明澄〈純粋〉な. **2** =Kristallgleichrichter

II 中 -s/ (Kristallglas) クリスタルガラス; カットグラス: Blei*kristall* 鉛ガラス | Weingläser aus ～ クリスタルガラス

〈カットグラス〉製のワイングラス.
[*gr.* krýstallos „Bergkristall"－*lat.*－*mlat.*－*ahd.*; ＜*gr.* krýos „Frost" (◇Kruste); ◇*engl.* crystal]
Kri·stall≠ach·se 女〖鉱〗結晶軸. **≠bil·dung** 女《ふつう単数で》結晶生成. **≠che·mie** 女 結晶化学.
Kri·ställ·chen Kristall の縮小形.
kri·stall≠de·tek·tor[krɪstál..] 男〖電〗鉱石検波器. **≠eis** 中 透明な人造氷.
kri·stal·len[krɪstálən] 形 **1**《付加語的》水晶製の. **2** 水晶のような;《比》(水晶のように)透明な, 澄みきった. [*gr.*－*lat.*－*mhd.* kristallīn; ◇kristallin]
Kri·stalleuch·ter[krɪstállɔʏçtər] 男 クリスタルガラス〈カットグラス〉製のシャンデリア.
Kri·stall≠fisch 男〖動〗ミズワムシ(水輪虫). **≠git·ter** 中〖理〗結晶格子. **≠glas** 中 -es/..gläser **1**《単数で》＝Kristall II **2** クリスタルガラス〈カットグラス〉の製品. **≠gleich·rich·ter** 男〖電〗水晶整流器.
kri·stall·hell[また: ⌣⌣́⌣] 形 水晶のように透明な〈澄んだ〉.
kri·stal·lin[krɪstalíːn] (**kri·stal·li·nisch**[..nɪʃ]) 形〖鉱〗結晶質の; 結晶性の, 結晶状の: der ～*e* Zustand 結晶〔状〕態 | ～*er* Schiefer 結晶片岩. [*gr.*－*lat.*; ◇*engl.* crystalline]
Kri·stallin·se[krɪstállɪnzə] 女〖医〗(眼球の)水晶体.
Kri·stal·li·sa·tion[krɪstalizatsióːn] 女 -/-en〖化〗晶出, 結晶化. [*fr.*]
kri·stal·lisch[krɪstálɪʃ] 形 **1**《雅》＝kristallklar **2** ＝kristallin
kri·stal·li·sie·ren[krɪstalizíːrən] **I** 自 (h, まれに s) 結晶する: Diamant *kristallisiert* kubisch. ダイヤモンドは立方体の結晶を作る. **II** 他 (h) 再帰 *sich*⁴ ～ 結晶する;《比》(しだいに)明確な形をとる. [*fr.* cristalliser]
Kri·stal·li·sie·rung[..rʊŋ] 女 -/-en〖化〗結晶化.
Kri·stal·lit[krɪstalíːt, ..lít] 男 -s/-e 〖鉱〗晶子. [＜..it²; ◇*engl.* crystallite]
kri·stall·klar[krɪstálkláːr, ⌣⌣́⌣] 形 水晶のように透明な〈澄んだ〉: die ～*e* Stimme 澄みきった声.
Kri·stall≠kraut 中〖植〗マツバギク(松葉菊)属. **≠leuch·ter** ＝Kristalleuchter **≠lin·se** ＝Kristallinse **≠lu·ster** ＝Kristalluster **≠lü·ster** ＝Kristallüster **≠nacht** 女 -/〖史〗水晶〈ガラス〉の夜(ナチがユダヤ人の商店・住宅・教会堂を破壊し, 大虐殺を行った1938年11月9日から10日にかけての夜. 多くの商店のショーウインドーが破壊されて, ガラスの破片が散乱したことによるシニカルな命名).
Kri·stal·lo·gra·phie[krɪstalografíː] 女 -/ 結晶学.
kri·stal·lo·gra·phisch[..gráːfɪʃ] 形 結晶学〔上〕の.
Kri·stal·lo·id[..íːt]¹ 中 -〔e〕s/-e 〖化〗晶質. [＜..oid]
Kri·stall≠pa·last[krɪstál..] 男 -〔e〕s/ 水晶宮(1851年の大博覧会の際にロンドン郊外に建てられ,1936年に焼失したガラス張りの建物). **≠scha·le** 中 クリスタルガラス〈カットグラス〉製の深皿. **≠sy·stem** 中〖結晶〗結晶系: kubisches ～ 立方〈等軸〉晶系 | trigonales 〈hexagonales〉 ～ 三方〈六方〉晶系.
Kri·stallü·ster[krɪstállʏstər] (ｵｰｽﾄﾘｱ: **Kri·stallu·ster**) 男 ＝Kristalleuchter
Kri·stall≠va·se 女 クリスタルガラス〈カットグラス〉製の花瓶. **≠wa·ren** 複 クリスタルガラス〈カットグラス〉の製品. **≠was·ser** 中 -s/〖化〗結晶水. **≠zäh·ler** 男〖理〗結晶〈固体〉計数体. **≠zucker** 男 ざらめ糖.
Kri·stia·nia[krɪstiáːnia·] **I** 地名 クリスチャーニア(ノルウェーの首都 Oslo の1624-1924の間の呼称. 1925年に旧名オスロに復した). **II** 男 -s/-s〖ｽｷｰ〗クリスチャニア. [＜Christian IV.(デンマーク王. 1624年大火に見舞われた Oslo の再建者)]
Kri·te·rium[kritéːriʊm] 中 -s/..rien[..riən] **1** (判断の)標準, 基準; (真偽の)標識, 試金石: objektive *kriterien* für *et.*⁴ …に対する〈…を識別する〉客観的標識. **2 a)**〖ｽﾎﾟｰﾂ〗選抜競技〈競争〉. **b)**〖競輪〗サーキットレース, クリテリウム. [*gr.* kritḗrion; ＜*gr.* krī́nein (→Krise); *engl.* criterion]
Kri·tik[kritíːk; ｵｰｽﾄﾘｱ・ｽｲｽ: ..tík] 女 -/-en **1**《ふつう単数で》**a)** 評判, 判断: eine objektive 〈konstruktive〉 ～ 客観的〈建設的〉な批判 | Text*kritik* (原典の)本文批判 ‖ *et.*⁴ der ～³ unterziehen …を鑑定〈判定〉する. **b)** (Tadel) 非難, 批判; (旧東ドイツで, 政治的・社会的発展のための)批判〔的意見の表明〕: Selbst*kritik* 自己批判 | an *et.*³ 〈*jm.*〉 ～ üben …を非難する, …に異議を唱える.
2 (学問・芸術に関する)批評, 論評, 評論: Film*kritik* 映画批評 ‖ eine ～ über einen Roman 〈ein Stück〉 schreiben 小説〈劇〉評を書く | eine gute 〈schlechte〉 ～ erhalten 好評を博する〈悪評をこうむる〉 | gute 〈schlechte〉 ～*en* haben 好評を得ている〈評判が悪い〉 ‖ **unter aller 〈jeder〉 ～ sein**《話》論評する価値もない, 話にならない | Die Mannschaft spielte heute unter aller ～. そのチームのきょうの試合ぶりは拙劣そのものだった.
3《単数で》**a)** 評論界, 批評〈評論〉家たち: von der ～ gelobt 〈beachtet〉 werden 批評家たちに賞賛〈注目〉される. **b)** 防判力.
[*gr.* kritikḗ (téchnē)－*fr.* critique]
Kri·ti·ka·li·tät[kritikalitɛ́ːt] 女 -/〖理〗(核分裂の連鎖反応における)臨界.
Kri·ti·ka·ster[kritikástər] 男 -s/-《軽蔑的に》へぼ批評家, 妄評家, あげあし取り.
Kri·ti·ker[kríːtikər, krít..] 男 -s/- (⊛ **Kri·ti·ke·rin**[..kərɪn]-/-nen) **1** (職業的な)批評家, 評論家. **2** 〔きびしい〕批評をする人; (Tadler) 酷評家, 毒舌家. [*gr.* kritikós (→kritisch)－*lat.* criticus; ◇*engl.* critic]
kri·tik·los[kritíːkloːs]¹ 形 無批判の, 批判力のない: *et.*⁴ ～ hinnehmen …を無批判に受け取る.
Kri·tik·lo·sig·keit[..loːzɪçkaɪt] 女 -/ 無批判, 批判力欠如.
kri·tisch[kríːtɪʃ, krít..] 形 **1 a)** 批判〈批評〉の; 批判的な, 批判眼のある: der ～*e* Apparat 原典研究資料(異文・考証・注解など) | eine ～*e* Ausgabe (厳密な本文批判を経た)校訂版 | Er ist sehr ～. 彼はなかなかの批評家だ ‖ *et.*⁴ ～ betrachten …を批判的に見る | *et.*³ ～ gegenüberstehen …に対して批判的な態度をとる. **b)** (個人的に)批判的な, 酷評する: *sich*⁴ über *jn.* 〈*et.*⁴〉 ～ äußern …について批判的な意見を述べる, …に難くせをつける. **2**《副詞的用法なし》**a)** (gefährlich) 危機の, 危険な; 危篤の; (entscheidend) 決定的な, 分かれ目の: der ～*e* Augenblick 決定的瞬間 | das ～*e* Alter / die ～*en* Jahre i) (女性の)更年期; ii) 思春期 | der ～*e* Punkt einer Sprungschanze〖ｽｷｰ〗ジャンプ台の K 点 | in ein ～*es* Stadium eintreten (病気が)危篤の段階に入る. **b)**〖理・原子力〗臨界の: die ～*e* Geschwindigkeit 臨界速度 | die ～*e* Temperatur 臨界温度 ‖ ～ werden 臨界点に達する. **3**《話》(zornig) 怒りっぽい. [*gr.* kritikós－*lat.*－*fr.*; ＜*gr.* kritḗs „Beurteiler"; ◇*engl.* critical]
kri·ti·sie·ren[kritizíːrən] 他 (h) **1** 批判〈批評〉する: ein Buch 〈einen Film〉 ～ 書物〈映画〉を批評する. **2** (tadeln) 非難〈酷評〉する, けなす: *jn.* 〈*et.*⁴〉 scharf ～ …をきびしく批判する, …をこきおろす | Er hat immer an allem etwas zu ～. 彼はなんであれいつも何かとけちをつける.
Kri·ti·zis·mus[..tsísmʊs] 男 -/ **1**〖哲〗(Kant の)批判主義〈哲学〉. **2** 批判的傾向.
Krit·te·lei[krɪtəlái] 女 -/-en たえず難くせをつけること, 「あら探し.
Krit·te·ler[krítələr] (**Kritt·ler**[..tlər]) 男 -s/- 酷評家, けちをつけたがる人, あら探しの好きな人.
krit·te·lig[krítəlɪç]² (**kritt·lig**[..tlɪç]²) 形 あら探しの好きな, 文句をつけたがる.
krit·teln[krítəln]《06》自 (h)《an *et.*³ / über *et.*⁴》(…を)酷評する,(…の)あら探しをする,(…に)けちをつける: an allem 〈über alles〉 ～ なんでもかんでもけちをつける. [＜grittelen „zanken"＋Kritik]
Kritt·ler ＝Kritteler
kritt·lig ＝krittelig
Krit·ze·lei[krɪtsəlái] 女 -/-en **1**《単数で》kritzeln すること. **2** (Gekritzel) 小さく読みにくい筆跡; なぐり〈いたずら〉書き, 落書き: die ～*en* entziffern 小さな文字で書いた読みにくいものを判読する.

krịt·ze·lig[krítsəlɪç]^{2} (**krịtz·lig**[..tslɪç]^{2}) 形 (字の)小さく読みにくい: ～ schreiben 小さく読みにくい字で書く.

krịt·zeln[krítsəln]《06》 **I** 自 (h) **1** 小さく読みにくい字で書く. **2** (意味のない)いたずら書きをする, なぐり書きする, 落書きする: auf dem ⟨das⟩ Papier ～ 紙にいたずら書きをする. **3** (kratzen) (ペンが)ガリガリと音をたてる.
II 他 (h) **1** 小さく読みにくい字で走り書きする: eine Telefonnummer auf den Zettel ～ 紙きれに電話番号をちょこちょこっと書く. **2** なぐり書きする, 落書きする: ein Bild auf die Tapete ～ 壁紙に絵を落書きする ‖ das *Kritzeln*〘心〙(幼児の)乱画, 錯画. [< *ahd.* krizzōn „einritzen" (◇Kreis)]

krịtz·lig =kritzelig

Kroạ·te[kroá:tə] 男 -n/-n (⊛ **Kroạ·tin** -/-nen) クロアチア人(南スラヴ系の民族).

Kroạ·ti·en[kroá:tsiən] 地名 クロアチア(旧 Jugoslawien 社会主義連邦共和国を構成していた共和国. 1991年独立を宣言した. 首都は Zagreb).

kroạ·tisch[kroá:tɪʃ] 形 クロアチア〔人〕の.

kroa·to·sẹr·bisch[kroatozɛ́rbɪʃ] 形 =serbokroatisch

kroch[krɔx] kriechen の過去.

krö̤·che[krœ́çə] kriechen の接続法 II.

Krọ·cket[krɔ́kət, krɔkɛ́t] 中 -s/ 〘スポーツ〙 クロッケー. [*engl.* croquet; < *afr.* croc „Haken"]

krockiẹ·ren[krɔkí:rən] 他 (h) (クロッケーで自分の球で相手の球を)妨害する, はね返す.

Kro·kạnt[krokánt] 男 -s/ クロカン(アーモンドまたはクルミ入りカラメル糖菓子). [*fr.* croquante; < *fr.* croquer „krachen"; 擬音]

Kro·kẹt·te[krokɛ́tə] 女 -/-n 《ふつう複数で》〘料理〙 コロッケ. [*fr.* croquette]

Kro·kị[krokí:] 中 -s/-s **1** (軍事目的のための)略地図. **2** 〘美〙 クロッキー(素描の一種). [*fr.* croquis; < *fr.* croquer „skizzieren" (◇Krokant)]

kro·kiẹ·ren[krokí:rən] 他 (h) 《*et.*^{4}》 **1** (…の)略地図を描く. **2** 〘美〙 クロッキー手法で素描する.

Krọ·ko[kró:ko·] 中 -〔s〕/-s 《話》 =Krokodilleder

Kro·ko·dịl[krokodí:l] 中 -s/-e 〘動〙 (クロコディル亜科の)ワニ(鰐)(ナイルワニ・アメリカワニなど. ワニは Krokodil, Alligator, Gavial の 3 亜科に分類される: → 図 Echse). [*gr.* krokódīlos–*lat.*; < *gr.* krokálē „Kiesel"+drī̆los „Wurm"]

Kro·ko·dịl·lẹ·der 中 ワニ革: eine Handtasche aus ～ ワニ革のハンドバッグ.

kro·ko·dịl·lẹ·dern 形 ワニ革の.

Kro·ko·dịls·trä·ne 女 -/-n 《ふつう複数で》《話》 そら涙(ワニは獲物をおびき寄せるために子供のように泣くという伝説から): ～*n*^{4} vergießen ⟨weinen⟩ そら涙を流す.

Kro·ko·dịl·wäch·ter 男 〘鳥〙 ナイルチドリ, ワニチドリ(鰐千鳥).

Krọ·ko⸗gür·tel[kró:ko..] 男 《話》 ワニ革のベルト⟨バンド⟩. ⸗**hand·ta·sche** 女 《話》 ワニ革のハンドバッグ.

Krọ·kus[kró:kʊs; オーストリア: krɔ́kʊs] 男 -/-〔se〕 〘植〙 クロッカス, クローカス(サフラン属). [*gr.* krókos „Safran"–*lat.* crocus]

kroll[krɔl] 形 《方》 (毛髪が)縮れた; 巻き毛の.

Krọl·le[krɔ́lə] 女 -/-n 《方》 (Locke) 巻き毛, カール. [*mhd.*; ◇Kropf, Krulle, kraus; *engl.* curl]

krọl·len[krɔ́lən] 他 (h) 《方》 (毛髪を)縮らせる; 巻き毛にする, カールする.

Krọm·lech[krɔ́mlɛk, kró:m.., ..lɛç] 男 -s/-e, -s 〘考古〙 クロムレック, 環状列石(塚を環状に取り巻く巨石群). [*engl.*; < *kymr.* crom „Kreis"+llech „flacher Stein"]

Krọn⸗an·walt[kró:n..] 男 (ドイツ帝国時代の)会計検査院長; (イギリスの)検事総長. ⸗**blatt** 中 〘植〙 花弁.

Krọ·ne[kró:nə] 女 -/-n (小 **Krö̤n·chen**[krǿ:nçən], **Krö̤n·lein**[..laɪn] 中 -s/-) **1 a)** 冠(かんむり), 帝冠, 王冠, 宝冠(→ 図 A); 《比》 (帝王の)主権, 帝位, 王位; 栄冠, 栄誉:

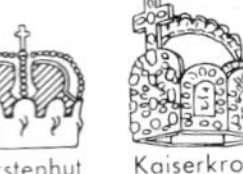

Krone A

die dreifache ～ 〘カトリック〙 (ローマ教皇の)三重宝冠(=Tiara) | die ～ des Lebens 生命の冠(聖書: 黙 2, 10) | Kaiser*krone* 帝冠 | Königs*krone* 王冠 ‖ *jm.* die ～ aufsetzen …を帝位⟨王位⟩につける | *sich*^{3} die ～ aufsetzen 冠をいただく; 《比》 帝位⟨王位⟩につく | die ～ niederlegen 《比》 帝位⟨王位⟩を退く, 退位する | die ～ tragen 冠をかぶっている; 《比》 帝位⟨王位⟩についている | Dem Verdienste seine ～! 功〔績ある者〕には栄誉を与えよ (Schiller) ‖ *sich*^{3} einen ⟨keinen⟩ Zacken aus der ～ brechen (→Zacken 2) | *jm.* fällt deswegen keine Perle ⟨kein Stein⟩ aus der ～ / *jm.* bricht ⟨fällt⟩ deswegen kein Zacken aus der ～ (→Perle 1, →Stein 4, →Zacken 2). **b)** 君主, 帝王, 統治者; 帝室, 王室; (Regierung) (君主国の)政府: die englische ～ vertreten イギリスの王室を代表する | im Besitz der ～ sein 帝室⟨王室⟩のものである.

2 《単数で》 最高のもの, 絶頂, 極致: die ～ der Dummheit 愚の骨頂 | die ～ der Sammlung コレクション中の至宝 | die ～ der Schöpfung 万物の霊長, 人間; 《戯》 女性 ‖ ***et.***^{3} **die ～ aufsetzen** …〔の程度〕を最高にする | Das setzt doch allem ⟨der Frechheit⟩ die ～ auf. 《話》 ひどいのなんのって⟨ずうずうしさも⟩ここまで来れば最高だ.

3 《話》 (Kopf) 頭, 脳天: einen 〔Zacken〕 in der ～ haben (→Zacken 3) | ***jm.* in die ～ fahren** …を怒らせる | ***jm.* in die ～ steigen** …の頭に血がのぼる, …を増長させる | Dieser Erfolg ist ihm in die ～ gestiegen. この成功で彼は有頂天になっている.

4 (冠状のもの) **a)** (Kronleuchter) シャンデリア(→ 図 B). **b)** (Richtkrone) 〘建〙 (上棟式の)飾り花輪. **c)** 〘楽〙 コローナ, クローネ(フェルマータ記号: →Fermate). **d)** 〘天〙 冠座: die Südliche ～ 南の冠座.

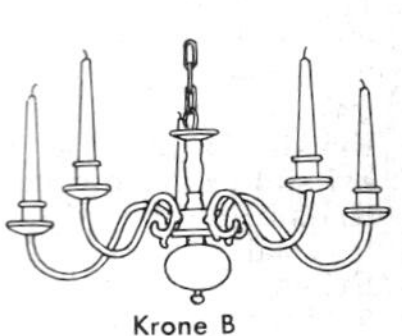

Krone B

5 (冠状の上端部) **a)** (Baumkrone) 樹冠(→ 図 Baum A); (Blumenkrone) 〘植〙 花冠. **b)** 〘動〙 (馬などの)蹄冠(ていかん)(→ 図 Huf). **c)** 〘狩〙 (シカなどの枝づのの)上枝(→ 図 Geweih). **d)** (時計・釣り鐘の)竜頭(りゅうず)(→ 図 Glocke). **e)** 〘海〙 (白く泡立つ)波頭. **f)** 〘土木〙 (ダムなどの)クラウン, 堤頂(→ 図 Deich).

6 (上からかぶせたもの) **a)** (Zahnkrone) 〘医〙 〔人工〕歯冠(→ 図 Zahn). **b)** (きり・ナイフなどの)座金(ざがね).

7 (王冠を刻んだ貨幣; 貨幣単位) **a)** (略 Kr) (デンマーク・ノルウェーの)クローネ; (スウェーデン・アイスランドの)クローナ; (チェコ・スロヴァキアの)コルナ: fünf ～*n* 5 クローネ⟨クローナ・コルナ⟩ | Was macht der Betrag in schwedischen ～*n*? 金額はスウェーデン=クローナでいくらになるか. **b)** 〘史〙 クローネ(1871–1924のドイツの10 Mark 金貨; 1892–1924のオーストリア=ハンガリー帝国の100 Heller 銀貨).

[*lat.* corōna (→Korona)–*westgerm.*; ◇*engl.* crown]

Krö̤·nel[krǿ:nəl] 中 男 -s/- (英: *bush-hammer*) ビシャン(石の表面仕上げ用のハンマー).

Krö̤·nel⸗ei·sen 中, ⸗**ham·mer** 男 =Krönel

krö·neln[krø:nəln] 《06》 他 (h) 《*et.*[4]》 (石工が…の)表面仕上げをする.

krö·nen[krø:nən] 他 (h) **1** 《*jn.*》 (…に)冠をかぶらせる: den Sieger mit dem Lorbeerkranz ～ 勝者に月桂冠を授ける | *jn.* zum Kaiser 〈zum König〉 ～ …を帝位〈王位〉につける ‖ ein *gekröntes* Haupt (→Haupt 1 b) | ein *gekrönter* Dichter 桂冠詩人. **2** 《*et.*[4]》 (…の)頂部を飾る; 《比》 (…の)最後を飾る, (…をみごとに)仕上げる, 完成する: Der Turm wird von einer Kuppel *gekrönt.* / Den Turm *krönt* eine Kuppel. 塔はドームをいただいている ‖ Mit diesem Werk *krönte* er seine Lebensarbeit. この作品で彼のライフワークは完結した | Der Kampf wurde von Sieg *gekrönt.* 戦いは勝利に終わった | von Erfolg *gekrönt* sein (→Erfolg).

kro·nen·ar·tig[kró:nən..] 形 冠のような, 冠状の.

Kro·nen≈blatt = Kronblatt **≈boh·rer** 男 (Diamantbohrer) 〘工〙 ダイヤモンドドリル. [▽]**≈gold** 中 **1** 18金. **2** (Goldkrone) (歯の)金冠. **≈kor·ken** 男 (瓶の)王冠. **≈mut·ter** 女 -/-n 〘工〙 菊〈溝つき〉ナット. **≈or·den** 男 (プロイセン・バイエルン・ヴュルテンベルクの)宝冠章(1919年廃止).

Kron≈er·be[kró:n..] 男 帝位〈王位〉継承者, 世継ぎ. **≈glas** 中 -es/ (光学器械用の)クラウンガラス. **≈gut** 中 帝室〈王室〉領地, 御料地. **≈ko·lo·nie** 女 (イギリスの)直轄植民地. **≈kor·ken** = Kronenkorken **≈land** 中 -[e]s/..länder = Krongut

Krön·lein Krone の縮小形.

Kron·leuch·ter[kró:n..] 男 シャンデリア: ***jm.* geht ein ～ auf** 《戯》 …に〔突然〕合点がいく.

Kro·nos[kró:nɔs, krɔ́n..] 人名 〘ギ神〙 クロノス (Titan 神族の末弟で, Zeus の父. ローマ神話の Saturnus と同一視された). [*gr.*]

Kron≈prä·ten·dent[kró:n..] 男 帝位〈王位〉要求者. **≈prinz** 男 皇太子, 帝位〈王位〉を継承すべき王子〈王孫〉; 王位〈帝位〉継承者; 《比》 (権力者の)後継者. **≈prin·zes·sin** 女 **1** 帝位〈王位〉を継承すべき王女〈王孫〉, 第一王女. **2** 皇太子妃. **≈rad** 中 〘工〙 クラウンギア, 冠歯車. **≈rat** 男 -[e]s/ **1** (君主主宰の)重臣枢密院. **2** 重臣〈御前〉会議: ～ halten 重臣〈御前〉会議を開く. **≈röh·re** 女 〘植〙 (花冠の)筒状部.

Krons·bee·re[kró:ns..] 女 《北部》 (Preiselbeere) 〘植〙 コケモモ(苔桃). [＜*mndd.* krōn „Kranich" (◇Kran[ich]); ◇*engl.* cranberry]

Kron·schatz[kró:n..] 男 王室財宝, 御物.

Krö·nung[krø:nʊŋ] 女 -/-en **1** 戴冠(たいかん)〔式〕. **2** 頂部〈最後〉を飾るもの; 最高のもの, 圧巻, クライマックス: die ～ des Abends bilden 当夜の圧巻をなす | Die Ernennung zum Ehrenbürger ist die ～ seiner Laufbahn. 名誉市民に推挙されたことは彼の経歴の掉尾(ちょうび)を飾る〈輝かしい頂点をなす〉ものである.

Krö·nungs≈fei·er 女 戴冠(たいかん)式. **≈in·si·gni·en** 複 戴冠式に用いられる帝位〈王位〉の表章(王冠・王笏(しゃく)・宝剣など). **≈man·tel** 男, **≈or·nat** 男 (戴冠式用の)帝王の盛装.

Kron·zeu·ge[kró:n..] 男 **1** (Hauptzeuge) 重要〈主要〉な証人. **2** 〘法〙 (英米の裁判で)〔免罪の条件で相棒に不利な証言をする〕共犯証人. [*engl.* king's evidence の翻訳借用]

Kropf[krɔpf] 男 -[e]s/Kröpfe[krœpfə] (⊕ **Kröpf·chen**[krœpfçən], **Kröpf·lein**[..laɪn] 中 -s/-) **1 a)** (Struma) 〘医〙 甲状腺腫(せんしゅ): **überflüssig** 〈**unnötig**〉 **sein wie ein ～** 《戯》 全く余計なものである | ***seinen* ～ lee·ren** 《話》 胸〈腹〉にたまったことをしゃべって気を晴らす. **b)** 〘植〙 こぶ病. **2** 〘鳥〙 嗉嚢(そのう), 餌袋(えぶくろ). **3** (オルガンの送風装置の)曲管部. [*germ.* „hervorstechende Rundung"; ◇Krolle, Kruppe; *engl.* crop]

kröp·fen[krœpfən] **I** 他 (h) **1** 〘建〙 (軒蛇腹(のきじゃばら)・飾り縁などを)めぐらす. **2** 〘工〙 (金属棒などを)直角に曲げる. **3** (鶏・アヒルなどを)肥育する. **II** 自 (h) 〘狩〙 (ワシなどが)むさぼり食う. **III ge·kröpft** → 別出

Kröp·fer[krœpfər] 男 -s/- = Kropftaube

krop·fig[krɔ́pfɪç][2] (**kröp·fig**[krœ..]) 形 **1** 〘医〙 甲状腺腫(せんしゅ)にかかった. **2** 〘植〙 こぶ病にかかった.

Kröpf·lein Kropf の縮小形.

Kropf≈stein[krɔ́pf..] 男 〘建〙 (隅石などに用いられる)かぎ形に切られた石. **≈tau·be** 女 〘鳥〙 パウター, ムナタカバト(胸をふくらますハトの一品種).

Kröp·fung[krœpfʊŋ] 女 -/-en **1** (工作物の)屈曲部; 〘土木〙 クリンプ. **2** 《単数で》 〘狩〙 (ワシなどが)むさぼり食うこと.

Kropp·zeug[krɔ́p..] 中 -[e]s/ 《話》 《集合的に》 **1 a)** 賤民(せんみん)ども; くだらぬやつら. **b)** くだらない〈つまらない〉もの. **2 a)** がきども, じゃりども. **b)** (家畜の)子ら. [*ndd.*; ＜*mndd.* krōp „Kleinvieh" (◇Kropf)]

Krö·se[krø:zə] 女 -/-n **1** (Halskrause) 〘服飾〙 (16世紀に流行した)ラフ, ひだ襟(→ ⊛ spanisch). **2** 《北部》 (底板をはめる)たる板の溝; たる板の縁の突き出た部分. [＜kraus]

Krö·se·ei·sen (**Krö·sel·ei·sen**[krø:zəl..]) 中 (たる板用の)溝かんな〈のみ〉.

krö·sen[krø:zən][1] 《02》 他 (h) (たる板に)溝を彫る.

kroß[krɔs] 形 《北部》 (knusprig) (パン・ビスケット・焼き肉の衣などが)かりかりによく焼き上がった: *krosse* 〈～ gebackene〉 Brötchen かりかりに焼けた小型パン. [擬音]

Krö·sus[krø:zʊs] **I** 人名 クロイソス (Lydien の最後の王で伝説的な富の所有者. 在位: 前560-546). **II** 男 -[ses]/-se 《比》 大富豪: wie ein ～ leben 大尽暮らしをする. [*gr.*－*lat.*]

Kro·ta·lin[krotalí:n] 中 -s/ 〘化〙 クロタリン(ガラガラヘビの毒). [＜*gr.* krótalon „Klapper"]

Krö·te[krø:tə] 女 -/-n **1** 〘動〙 ヒキガエル(蟇蛙), ガマ(蝦蟇): **eine** 〈**die**〉 **～ schlucken** 《方》 不快なことを甘受する, いやなことを我慢する. **2** 《話》 **a)** 《戯》 ずうずうしい小娘, おてんば; 横着なちびっ子〈がき〉. **b)** 《軽蔑的に》 意地悪い〈いやな〉人〈女〉: Du blöde ～! このうすのろ〔あま〕め. **3** 《複数で》 《話》 はした金(がね), 銭(ぜに): ein paar ～*n* わずかばかりの金, はした金 | die letzten ～*n* ausgeben なけなしの金をはたく | eine Menge ～*n* verdienen 銭をしこたまかせぐ. [*ahd.*]

Krö·ten·test 男 = Froschtest

krö·tig[krø:tɪç][2] 形 ヒキガエルのような; 《話》 ずうずうしい, 厚かましい; 意地悪い, 悪意のある; 怒った.

Kro·ton[kró:tɔn] 男 -s/-e 〘植〙 **1** ハズ(巴豆)属(熱帯産トウダイグサ科の木で, 種子から下剤用のハズ油を採る). **2** クロトン, ヘンヨウボク(トウダイグサ科の観葉植物). [＜*gr.* krotṓn „Hundelaus"; 実の形がダニに似ていることから]

Kro·ton·öl 中 -[e]s/ クロトン油, ハズ油(下剤).

Krucke[krúkə] 女 -/-n 《ふつう複数で》 〘狩〙 カモシカの角.

Krücke[krýkə] 女 -/-n **1 a)** 松葉づえ, 撞木(しゅもく)づえ: an 〈auf〉 ～*n* gehen / *sich*[4] auf 〈mit〉 ～*n* fortbewegen 松葉づえにすがって歩く | Ich gehe nur noch an ～*n*. 私は松葉づえがなければ歩けない; 《話》 私はもうへとへとだ. **b)** 《話》 (Bein) (人間の)脚: Tu deine ～*n* da weg! / Schwinge die ～*n*! とっとと消えうせろ. **c)** 《比》 援助, 支え: *jm.* die ～ reichen 〈bieten〉 …に援助の手をさしのべる | auf fremden ～*n* gehen 他人の助けにすがる. **2 a)** (ステッキ・傘などの曲がった)柄, にぎり. **b)** (T 字形・柄の曲がったステッキ形のもの・道具) (賭博(とばく)場の賭金(かけきん)をかき集める)ラトー, レーカー; (醸造・パン製造などに用いる)攪拌(かくはん)棒; 〘狩〙 (鳥の)止まり木. **3** 《話》 **a)** (やせ衰えた)老いぼれ; 能なし, でくの坊. **b)** おんぼろ, ぽんこつ. [*germ.* „Krummstab"; ◇Krume, kriechen; *engl.* crook, crutch]

Krücken≈feh 中 〘紋〙 撞木(しゅもく)形毛皮模様(→Feh 3). **≈kreuz** 中 〘紋〙 撞木形先端十字, エルサレム十字, かせクルス(→ ⊛ Kreuz). **≈schnitt** 男 〘紋〙 撞木形分割〔線〕. **≈stock** = Krückstock

Krück·stock 男 -[e]s/..stöcke 松葉づえ, 撞木(しゅもく)づえ: mit einem ～ gehen 松葉づえをついて歩く | *sich*[4] auf den ～ stützen 松葉づえで体を支える ‖ am ～ gehen 《比》 力尽きている.

krud[kru:t][1] 形, **kru·de**[krú:də] 形 [▽]**1 a)** (roh) (食品が)生の: *krudes* Fleisch 生肉. **b)** (unverdaulich) 消

化しにくい. **2** (grob) 粗野〈粗暴〉な: *krude* Worte 乱暴な言葉. [*lat.* crūdus „blutend, roh"; < *lat.* cruor „Blut"; ◇roh]

ᵛ**Krud·heit**[krú:thaɪt] 女 -/-en =Kruditat

Kru·di·tät[kruditɛ́:t] 女 -/-en **1** 《単数で》krud〔e〕なこと. **2** 粗暴な言動. [*lat.*]

Krug¹[kru:k]¹ 男 -〔e〕s / Krüge[krý:gə] **1** (⑪ **Krü·gel·chen**[krý:gəlçən], **Krüg·lein**[krý:klaɪn] 中 -s/-) (取っ手のある)つぼ, かめ(→ ⑳ Gefäß); (ビールなどの)ジョッキ: ein ~ Bier ジョッキ1杯のビール | Blumen in einen ~ stecken 〈stellen〉 花をつぼに挿す ‖ Der ~ geht so lange zum Brunnen 〈Wasser〉, bis er bricht. 《諺》 i) 悪事はいつかは破綻(たん)する; ii) 辛抱にも限度がある, 堪忍袋の緒もいつかは切れる. **2** 〘植〙つぼ状花(→ ⑳ Blütenform). [*westgerm.*; ◇Kruke]

Krug²[–] 男 -〔e〕s/Krüge[krý:gə] 《北部》(Schenke) (田舎の)飲み屋, 酒場, 居酒屋: in den ~ gehen 飲み〔屋〕に行く. [*mndd.* krōch; ◇Kragen]

Krü·ge Krug の複数.

Krü·gel[krý:gəl] 中 -s/- 《オーストリア》(半リットル入りの)ジョッキ.

Krü·gel·chen Krug¹の縮小形.

Krü·ger[krý:gər] 男 -s/- 《北部》Krug²の主人.

Krüg·lein Krug¹の縮小形.

Kru·ke[krú:kə] 女 -/-n 《北部》 **1** (陶製のくびの短い)大型のつぼ〈かめ〉(→ ⑳). **2** 《話》風変わりな〈こっけいな〉人: eine komische 〈ulkige〉 ~ 変わり者, 変人, 偏物(へんぶつ). [*mndd.*; ◇Krug¹]

Kruke

Krul·le[krúlə] 女 -/-n 〘服飾〙(17世紀の北ドイツやオランダに流行した婦人服の)レース付きひだ襟, ラフ. [< Krolle]

Krüll≠farn[krʏl..] 男 〘植〙コケシノブ(苔忍)科のシダ. **≠schnitt** 男 《ふつう単数で》(パイプ用タバコの)中粗(ちゅうあら)刻み: ~ rauchen 中粗刻みをふかす. [< *ndl.* krul „Locke" (◇Krolle)]

Krüm·chen[krý:mçən] 中 -s/- (Krume の縮小形. 特に:) パン〈ケーキ〉くず; (砂糖・塩などの)ほんの少量.

Kru·me[krú:mə] 女 -/-n (⑪ **Krüm·chen** → 別出, **Krü·mel·chen**[krý:məlçən], **Krüm·lein**[krý:mlaɪn] 中 -s/-) **1 a)** (↔Kruste) パンの中身(柔らかい部分: → ⑳ Brot). **b)** パン〈ケーキ〉くず: einen großen Kuchen bis auf die letzte ~ aufessen 大きなケーキをきれいに平らげる. **2** 《複数で》=Ackerkrume [*germ.* „Herausgekratztes"; ◇Krücke, Kropf, krumm, krauen; *lat.* grūmus „Erdhaufe"; *engl.* crumb]

Krü·mel[krý:məl] 男 -s/- **1** (⑪ **Krü·mel·chen** [–çən] 中 -s/-) 《ふつう複数で》パン〈ケーキ〉くず; 《比》少量: in den ~ wühlen 《比》重箱の隅をほじくる | Es ist kein ~ mehr da. もう何もない. **2** 《戯》ちび(子供).

Krü·mel·chen **1** Krume の縮小形(→Krümchen). **2** Krümel の縮小形.

krü·me·lig[krý:məlɪç]² (**krüm·lig**[..mlɪç]²) 形 《副詞的用法なし》 **1** (ぼろぼろに)砕けやすい, もろい: ~*e* Erde ぼろぼろ砕けやすい土 | ***sich***⁴ **~ lachen** 《話》身をよじって大笑いする. **2** パン〈ケーキ〉くずだらけの.

krü·meln[krý:məln] 《06》 **I** 自 (h) **1** (パンなどが)すぐぼろぼろに砕ける, 粉々になる: Altes Brot *krümelt.* 古いパンは崩れやすい. **2** パン〈ケーキ〉くずを出す: Kind, *krümele* nicht so! 坊やそんなにパン〈ケーキ〉のくずをこぼさないでね. **II** 他 (h) (パンなどを)細かく砕く; (パンの)くずを出す: Brot in die Suppe ~ パンを砕いてスープに入れる.

Krüm·lein Krume の縮小形(→Krümchen).

krüm·lig =krümelig

krumm[krʊm] **krum·mer** (方: krümmer[krʏ́mər]) / **krummst** (方: krümmst) **I** 形 **1** (↔gerade) 曲がった, 湾曲した; 曲がりくねった: ~*e* Beine haben / 《戯》~*e* Strümpfe 〈eine ~*e* Hose〉 anhaben 脚が曲がっている(O脚・X脚である) | einen ~*en* Buckel 〈Rücken〉 machen 背をこごめる; 《比》ぺこぺこする, 卑屈に振舞う | ~*e* Finger machen (→Finger 1) | eine ~*e* Fläche 曲面 | eine ~*e* Haltung 《話》(直立不動でなく)軍人らしからぬ〈たるんだ〉姿勢 | eine ~*e* Linie 曲線, カーブ; 波線 | ein ~*er* Nagel 折れくぎ | eine ~*e* Nase 曲がり鼻(かぎ鼻・わし鼻など) ‖ ~ und schief sein 《話》ゆがんでいる | Er ist vor Alter 〈vom Tragen〉 ~ 〔und schief〕. 彼は年をとって〈重荷を背負い続けて〉腰が曲がっている ‖ ***sich***⁴ ~ ärgern 《話》かんかんに怒る | einen Draht ~ biegen 針金を曲げる | ~ gehen 背をかがめて歩く; 《比》(物事が)順調に運ばない | ***sich***⁴ ~ halten 背〈腰〉をかがめている | ***sich***⁴ **~ und schief lachen** / ***sich***⁴ ~ und bucklig lachen 《話》身をよじって大笑いする, 笑い転げる(→krummlachen) | ~ liegen 体を丸めて横たわっている; 《話》(経済的に)困っている, 切り詰めて暮らす(→krummliegen) | keinen Finger ~ machen (→Finger 1) | *jn.* ~ und lahm schlagen …をさんざんに〈足腰の立たぬほど〉打ちのめす | ~ sitzen 背を丸めて〈前かがみに〉腰かけている | *seinen* Mund ~ ziehen 口をゆがめる〈への字に曲げる〉.

☆ 動詞と用いる場合は分離の前つづりともみなされる.

2 《話》 **a)** まっとうでない, いかがわしい; 不正直な, 不正な, 詐欺的な: ~*e* Dinger machen (→Ding 2 b) | ~*e* Geschäfte machen / eine ~*e* Sache 〈ein ~*es* Ding〉 drehen 悪事を働く | eine ~*e* Tour (→Tour 4) | *et.*⁴ auf die ~*e* Tour machen (→Tour 4) | ~*e* Wege gehen 邪道を歩む | *jn.* auf ~*en* Wegen ertappen …の不正〈悪事〉の現場を押える. **b)** (unfreundlich) 憎たらしい, いやな: Du ~*er* Hund! (たるんだ兵士などに対して)この腰抜けめ ‖ *jn.* ~ ansehen …を敵視〈白眼視〉する.

II Krum·me 《形容詞変化》 **1** 男 女 〔ひどく〕猫背の人. **2** 男 (Feldhase) 〘狩〙野ウサギ. **3** 中 曲がったもの; まっとうでない事柄: das ~ gerade machen 《比》黒を白と言いくるめる.

[*westgerm.*; ◇Krume, Krampf, Greif; *gr.* grȳpós „gekrümmt"; *engl.* crumple]

krumm·bei·nig[krʊ́m..] 形 がにまたの, O 脚の; X 脚の.

Krumm·darm 男 (Ileum) 〘解〙回腸.

Krum·me →krumm II

ᵛ**Krüm·me**[krʏ́mə] 女 -/-n =Krümmung 2 a, b

krüm·men[krʏ́mən] 他 (h) 曲げる, たわめる: *seinen* Rücken ~ 背をかがめる | keinen Finger ~ 《比》指一本動かさない, (自分からは)何ひとつしない | *jm.* kein Haar 〈Härchen〉 ~ (→Haar 1) | niemandem ein Haar ~ (→Haar 1) ‖ 再帰 ***sich***⁴ ~ i) 曲がる, たわむ; (道などが)曲がりくねる; ii) 背をかがめる, 身を縮める〈よじる〉 | ***sich***⁴ wie ein Aal ~ (→Aal) | ***sich***⁴ **~ und winden** のたうつ; 《話》言い抜ける | ***sich***⁴ vor Lachen 〈Schmerzen〉 ~ (身をよじって)笑い転げる〈苦痛に身もだえする〉 | Sein Rücken *krümmte* sich mit den Jahren. 彼は年をとるにつれて腰が曲がった | Was ein Häkchen werden will, *krümmt* sich früh 〈beizeiten〉. (→Häkchen) | Das getretene Wurm *krümmt* sich. (→Wurm I 1) ‖ eine *gekrümmte* Linie 〈Fläche〉 〘数〙曲線〈曲面〉 | *gekrümmter* Raum 〘数・理〙曲空間.

krüm·mer 《方》krumm の比較級.

Krüm·mer[krʏ́mər] 男 -s/- **1** (石炭ストーブから出ている)室内煙突の蛇腹部分. **2** 〘農〙耕耘(こううん)機(→ ⑳).

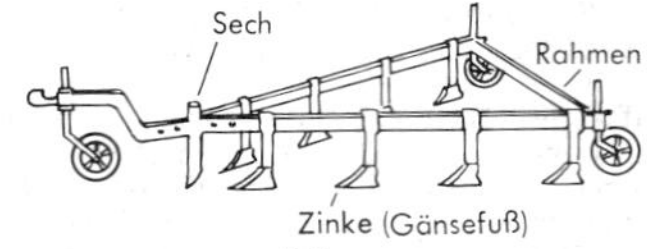

Krümmer

Krumm≠hals[krʊ́m..] 男 〘医〙斜頸(しゃけい). **≠haue** 女 (Dechsel) 手斧(ちょうな). **≠holz** 中 **1** 《単数で》(Knieholz) 〘植〙ヨーロッパハイマツ(這松). **2** 曲がった〈反った〉材木; (造船用の)曲げ材. **≠horn** 中 **1** 〘楽〙 **a)** クルムホルン(古い木管楽器の一種). **b)** (オルガンの)クロモルヌ音栓. **2** (動物の)曲がった角.

krumm≈|la·chen 他 (h)《話》再帰 *sich*⁴ ～ (身をよじって)大笑いする, 笑い転げる(→krumm I 1): Er hat sich *krummgelacht.* 彼は笑い転げた. ≈|**le·gen** 他 (h) **1** 再帰 *sich*⁴ ～ 体を曲げて横になる. **2** 再帰 *sich*⁴〔für *jn.* ⟨*et.*⁴⟩〕～《話》〔…のために〕切り詰めて暮らす. ≈|**lie·gen*** ⟪93⟫ 自 (h)《話》(経済的に)困っている, 切り詰めて暮らす(→krumm I 1).

Krümm·ling[krʏ́mlɪŋ] 男 -s/-e (手すり・車輪などの)曲がり木.

krumm≈li·nig[krʊ́mli:nɪç]² 形 曲線の. ≈**na·sig** 形 (縦に)鼻の曲がった; かぎ⟨わし⟩鼻の.

krumm|neh·men* ⟪104⟫ 他 (h) (übelnehmen)⟪*jm. et.*⁴⟫ (…に対して…を)悪くとる; (…に対して…のことで)気を悪くする.

Krumm≈sä·bel[krʊ́m..] 男 刀身の反った剣, 湾曲刀. ≈**schna·bel** 男 (Kreuzschnabel)〘鳥〙イスカ(交喙)〔属〕.

krümmst《方》krumm の最上級.

Krumm·stab[krʊ́m..] 男 (Bischofsstab)〘カトリック〙司教杖(じょう), 牧杖(→ 図 Bischof).

Krüm·mung[krʏ́mʊŋ] 女 -/-en **1**《単数で》krümmen すること. **2 a)** 湾曲, 屈曲, 曲がり, 反り; 曲線; 曲面; (道・川などの)カーブ, 曲折: eine Straße mit vielen ～*en* カーブの多い⟨つづら折りの⟩道路. **b)** 湾曲⟨屈曲⟩部; (道の)曲がり角: die große ⟨kleine⟩ ～〘医〙(胃の)大⟨小⟩湾(→ 図 Magen A). **c)**〘数〙曲率.

Krüm·mungs≈halb·mes·ser 男, ≈**ra·dius** 男〘数〙曲率半径.

Krum·pel[krʊ́mpəl] (**Krüm·pel**[krʏ́m..]) 女 -/-n《方》(布地などの)しわ.

krum·pe·lig[..pəlɪç]² (**krüm·pe·lig, krump·lig**[..plɪç]², **krümp·lig**) 形《方》(布地などが)しわの寄った, しわくちゃになった: ～ werden しわくちゃになる.

krum·peln[krʊ́mpəln] (**krüm·peln**[krʏ́m..]) ⟪06⟫《方》**I** 自 (h) (knittern) (布地などが)しわが寄る, しわくちゃになる. **II** 他 (h) しわくちゃにする. [＜krimpen]

Krüm·per[krʏ́mpər] 男 -s/- **1** (Krüppel) 身体障害者. **2**〘史〙(1808年 Tilsit の和約後, 兵力を制限されたプロイセンの予備軍として養成された)短期訓練兵. [＜*mhd.* krump „krumm" (◇krumm)]

Krüm·per≈pferd 中 (昔のドイツの)員数外の予備軍馬. ≈**sy·stem** 中 -s/〘史〙短期訓練兵制度(1808-12).

krumpf·echt[krʊ́mpf..] 形〘織〙(布地が)縮まない, 防縮加工した.

krump·fen[krʊ́mpfən] **I** 他 (h)〘織〙(収縮を防ぐためにあらかじめ布地を)湯通しする. **II** 自 (s) (布地が)縮む, つまる. [＜krimpen]

krumpf·frei ＝krumpfecht

krump·lig (**krümp·lig**) ＝krumpelig

Krün·kel[krʏ́ŋkəl] 男 -s/-《話》(Falte) しわ. [*ndd.*; ◇Krümpel]

Krupp¹[krʊp] 男 -s/〘医〙クループ(せきと呼吸困難を伴う咽頭(いんとう)・気管の疾患). [*engl.* croup „heiser schreien"]

Krupp²[−]《企業名》クルップ(1811年 Friedrich ～ によって Essen²に創設され, その子 Alfred によって基礎を固められたドイツの製鋼・兵器生産を中心とする大企業. 第二次大戦後, 一時連合国の管理下におかれた): der ～-Konzern クルップ＝コンツェルン.

Krup·pa·de[krʊpá:də] 女 -/-n〘馬術〙クルーパード(後脚を腹部に引きよせてする跳躍: → 図 Schule). [*fr.* croupade]

Krup·pe[krʊ́pə] 女 -/-n (Kreuz) (馬などの)尻(しり)(仙骨部: → 図 Pferd A). [*afränk.*－*fr.* croupe; ◇Kropf; *engl.* croup]

Krüp·pel[krʏ́pəl] 男 -s/- 身体障害者, 身障者;〘医〙肢体不自由者⟨児⟩: zum ～ werden 手足が不自由になる | *jn.* zum ～ schlagen …を殴って不具にする; …をぶちのめす | Der Autounfall hat ihn zum ～ gemacht. 自動車事故で彼は身障者になった ‖ ein geistiger ～《比》精神的障害者, 精神薄弱者 | Dieser alberne ～! この間抜け⟨とんま⟩め. [„Gekrümmter"; *mhd.*; ◇Kropf; *engl.* cripple]

Krüp·pel·für·sor·ge 女 肢体不自由者援護〔事業〕.

krüp·pel·haft ＝krüppelig

Krüp·pel·heim 中 肢体不自由者療養所⟨収容施設⟩.

krüp·pe·lig[krʏ́pəlɪç]² (**krüpp·lig**[..plɪç]²) 形 身体障害のある, 手足が不自由な, 五体満足でない; (木などが)いびつな, 奇形の: ein ～*er* Mensch 肢体不自由者 | ein ～*er* Baum ぶかっこうな木.

krüp·peln[krʏ́pəln] ⟪06⟫ 自 (h, s) ▽**1** (肢体不自由者のように)体を引きずって歩く, いざる. **2**《スイス》《戯》骨を折って働く.

Krüp·pel·walm 男〘建〙半切妻(きりづま)(→ 図 Dach B).

Krüp·pel·walm·dach 中〘建〙半切妻屋根(→ 図 Dach B).

Krupp·hu·sten[krʊ́p..] 男〘医〙犬吠(けんばい)⟨クループ性⟩〔せき〕.

krüpp·lig ＝krüppelig

krup·pös[krʊpø:s]¹ 形〘医〙クループ性の: ～*e* Pneumonie クループ性肺炎. [*fr.*; ◇Krupp¹, ..ös; *engl.* croupous]

kru·ral[krurá:l] 形〘解〙大腿(だいたい)部の. [*lat.*; ＜*lat.* crūs „〔Unter〕schenkel"]

krüsch[kry:ʃ] 形《北部》(wählerisch) (食物などに)より好みをする, 好みのうるさい. [＜küren]

Kru·sel·haar[krú:zəl..] 中《スイス》(Kraushaar) 縮れ毛.

kru·se·lig¹[krú:zəlɪç]² 形 (kraus)《スイス》(髪が)縮れた. [＜kräuseln]

kru·se·lig²[−] (**krü·se·lig**[krý:..]) 形《方》(würzig) 香辛料で味つけされた, 薬味のきいた. [*ndd.*]

krü·seln[krý:zəln] ⟪06⟫ 自 (h)《北部》(kreiseln) ぐるぐる回る, 旋回⟨回転⟩する. [＜*ndd.* krüsel „Kreisel" (◇Kreisel)]

Krü·sel·wind 男《北部》旋風, 竜巻.

Kru·sta·zee[krʊstatsé:ə] 女 -/-n 《ふつう複数で》(Krebstier)〘動〙甲殻類(エビ・カニなど).

Kru·ste[krʊ́stə] 女 -/-n (⊕ **Krüst·chen**[krʏ́stçən], **Krüst·lein**[..laɪn] 中 -s/-) **1 a)** (Rinde) 外皮, 殻(から), 皮殻, 甲殻: die ～ der Erde / Erd*kruste*〘地〙地殻 | *sich*⁴ mit einer ～ überziehen 殻をかぶる. **b)** (↔Krume) パンの〔堅い〕皮: die ～ des Brotes abschneiden パンの耳を切り落とす. **c)** (菓子の)ころも, 糖衣. **2 a)** 酒⟨水・湯⟩あかの層. **b)** (表面をおおった)あか, よごれ. **3**〘医〙痂皮(かひ), かさぶた.
[*lat.* crūsta－*ahd.*; ◇Kristall; *engl.* crust]

Kru·sten≈ane·mo·ne[krʊ́stən..] 女〘動〙スナギンチャク(砂巾着). ≈**be·we·gung** 女〘地〙地殻運動⟨変動⟩. ≈**tier** 中 甲殻類(の動物).

kru·stig[krʊ́stɪç]² 形 殻⟨皮⟩のある, 甲殻のある.

Krüst·lein Kruste の縮小形.

Krux[krʊks] 女 -/ ＝Crux

Kru·zi·fe·re[krutsifé:rə] 女 -/-n (Kreuzblütler)〘植〙十字花科植物, アブラナ科植物. [＜*lat.* crux „Kreuz"＋ferre „tragen"; ◇*engl.* crucifer]

Kru·zi·fix[krutsifíks, krú:tsifɪks] 中 -es/-e **1** キリスト十字架像. **2**《間投詞的に》《話》*Kruzifix!* くたばれ, いまいましい(のろいの叫び).

Kru·zi·fi·xus[krutsifíksʊs] 男 -/〘美〙十字架上のキリスト像. [*kirchenlat.* cruci·fīxus „ans Kreuz Gehefteter"; ＜*lat.* fīgere (→Fibula)]

Kru·zi·tür·ken[krutsitʏ́rkən]《間投詞的に》《南部》《話》(のろい・怒り・驚きの叫び)こんちくしょう, いまいましい, くたばってしまえ; とんでもない; これはこれは. [＜Türke]

Kryo·bio·lo·gie[kryobiologí:] 女 -/ 低温生物学.

Kryo·lith[kryolí:t, ..lít] 男 -s/-e; -en/-en〘鉱〙氷晶石.

Kryo·sko·pie[kryoskopí:, kryɔs..] 女 -/〘理〙凝固点⟨氷点⟩降下度測定, 氷点法. [＜*gr.* krýos (→Kristall)]

krypt.. →krypto..

Kryp·ta[krýpta·] 女 -/..ten[..tən] **1 a)**〘建〙地下聖堂, クリプタ(ロマネスク・ゴシック教会堂の東部内陣下に設けられた半地下の墓所・聖遺物安置所: → 図 Kirche A). **b)** (初期キリスト教時代の)殉教者の地下墓室. **2**《複数で》〘解〙陰窩(いんか), 腺窩(せんか), 凹窩(おうか). [*gr.* kryptē—*lat.*; <*gr.* krýptein „verbergen"; ◇*engl.* crypt]

kryp·tisch[krýptɪʃ] 形 謎めいた, あいまいな: *sich*⁴ ~ ausdrücken あいまいな表現をする.

krypto..《名詞・形容詞などにつけて「隠れた・秘密の」などを意味する. 母音の前では krypt.. となる: →*Krypt*orchismus》[*gr.* kryptós „verborgen"]

Kryp·to·ga·me[krʏptogá:mə] 女 -/-n (↔Phanerogame)(blütenlose Pflanze)〘植〙隠花植物.

kryp·to·gen[..gé:n] 形, **kryp·to·ge·ne·tisch** [..gené:tɪʃ] 形〘医〙潜在原〔性〕の, 起源不明の: ~*e* Infektion 潜在原性感染.

Kryp·to·gramm[..grám] 中 -s/-e **1**(詩文中のいくつかの文字にある文句を秘めた)判じ文(⑩ Akrostichon). ▽**2** 暗号文.

Kryp·to·graph[..grá:f] 男 -en/-en **1** 暗号手. **2** (Chiffriermaschine) 暗号機.

kryp·to·kri·stal·lin[..krɪstalí:n] 形〘鉱〙隠微晶質の.

Kryp·ton[krýptɔn, krʏptó:n] 中 -s/〘化〙クリプトン(希ガス元素名; 記号 Kr).

krypt·orch[krʏptɔ́rç] 形〘医〙潜在睾丸(こうがん)〔症〕の.

Krypt·or·chis·mus[..tɔrçísmus] 男 -/..men [..mən]〘医〙潜在睾丸(こうがん)〔症〕, 潜睾. [<Orchis]

Ksa·bi Kasba〔h〕の複数.

KSZE[ka:|ɛstsɛt|é:] 略 =**Konferenz über Sicherheit und Zusammenarbeit in Europa** 欧州安全保障協力会議, 全欧州安保協力会議(1975年 8 月にヘルシンキで開催され, 一般にヘルシンキ宣言と呼ばれる最終文書を合意. 英語の略称は CSCE).

Kt. 略 =**Kanton**(スイスの)州.

kte·no·id[ktenoí:t]¹ 形 櫛(くし)状の. [*gr.*; <*gr.* kteís „Kamm"]

Kte·no·pho·re[..fó:rə] 女 -/-n《ふつう複数で》(Rippenqualle)〘動〙有櫛(ゆうしつ)動物(クシクラゲ類). [<..phor]

Ku[ka:|ú:, kurtʃató:viʊm] 記号 (Kurtschatovium)〘化〙クルチャトビウム(超ウラン元素).

Kua·la Lum·pur[kuá(:)la· lúmpur] 地名 クアラ ルンプル(Malaysia の首都).

Kuang·si-Tschuang[kŭáŋzitʃŭaŋ] 地名 広西チュワン族自治区(中国, 華南地区西部の自治区で, 区都は南寧 Nanning).

Ku·ba[kú:ba·] 地名 キューバ(カリブ海にある共和国. 首都は Havanna). [*indian.*; ◇*engl.* Cuba]

Ku·ba·kri·se[kú:ba..] 女 -/〘史〙キューバ危機(1962–63; キューバでのミサイル基地建設をめぐるアメリカと旧ソ連の対立).

Ku·ba·ner[kubá:nər] 男 -s/- キューバ人.

ku·ba·nisch[..nɪʃ] 形 キューバ〔人〕の: die *Kubanische* Revolution〘史〙キューバ革命(1959).

Ku·ba·tur[kubatú:r] 女 -/-en〘数〙**1** kubieren 1 すること; 立体求積法. **2** 容積, 体積. [<Kubus]

Kub·ba[kúba·] 女 -/-s, Kubben[..bən] **1**〘建〙(イスラム教の寺院などの)丸屋根. **2** 丸屋根のイスラム霊廟(れいびょう). [*arab.*; ◇Alkoven]

Ku·be·be[kubé:bə] 女 -/-n〘植〙クベバ, ジャワ長胡椒(こしょう)(ヒッチョウカの実で薬用および調味料となる). [*arab.*—*mlat.* cubēba—*mhd.*; ◇*engl.* cubeb]

Kü·bel[ký:bəl] 男 -s/- **1**(バケツ型のかなり大きい容器) **a**) おけ, たらい, バケツ: Wasch*kübel* 洗濯だらい | ein ~ Wasser おけ 1 杯の水 | ein ~ für Abfälle ごみ用のバケツ ‖ den ~ leeren バケツをあける ‖ *jn.* mit ~*n* von Schmutz ⟨Bosheit⟩ übergießen / ~ von Schmutz ⟨Bosheit⟩ über *jn.* ⟨*jm.*⟩ ausgießen《比》…にさんざん悪口雑言を浴びせる | Es gießt wie aus ⟨mit⟩ ~*n*. (→gießen II 1). **b**)(大型の)植木鉢. **c**)(水車などの)バケット. **d**)(トロッコの)スキップ(→ 図 Lore). **e**)(ブルドーザーなどの)ボウル. **f**)〘劇〙(大型のバケツに似た)照明器具. **2**(監獄の)便器〔がわりのおけ〕. [*mlat.* cūpellus „Becher"—*ahd.*; ◇Küpe]

Kü·bel≠helm[ký:bəl..] = Topfhelm **≠mann** 男 -〔e〕s/-en《スイス》塵芥(じんかい)清掃員(塵芥運搬の際ごみバケツをあける作業員).

kü·beln[ký:bəln]《06》自 (h)《話》**1** バケツ〈おけ〉をあける. **2**(監獄で)便器に座る, 排便する. **3** 嘔吐(おうと)する. **4** 酒を浴びるように飲む.

Kü·bel·wa·gen 男 **1**(不整地走行性をもった無蓋(むがい)の)軍用自動車; (Jeep) ジープ. **2**〘鉄道〙(取りはずしのできる数個の)運搬箱つき貨車, バケットカー.

Ku·ben Kubus の複数.

ku·bie·ren[kubí:rən] 他 (h) **1**〘数〙3 乗する. **2 a**)《*et.*⁴》〘数〙(…の)体積〈容積〉を求める. **b**)〘林〙(樹木の)実積(立方メートル)を測定する.

kubik..《名詞などにつけて「3 乗の・立方の・体積の・容積の」などを意味する》[*gr.* kybikós (→kubisch)—*lat.*]

Ku·bik≠arsch·loch[kubí:k..; オーストリア: ..bík..] 中《卑》でかいけつの穴: Du ~! くそたれめが. **≠de·zi·me·ter** 男 (中) 立方デシメートル(記号 dm³). **≠fres·se** 女《話》だだっぴろい口; 滔々(とうとう)ととどまるところを知らない弁舌. **≠fuß** 男 -es/ 立方フィート. **≠in·halt** 男 (Rauminhalt) 容積, 体積. **≠ki·lo·me·ter** 男 (中) 立方キロメートル(記号 km³). **≠maß** 中 (Raummaß) 容積〔単位〕, 容量. **≠me·ter** 男 (中) 立方メートル(記号 m³). **≠mil·li·me·ter** 男 (中) 立方ミリメートル(記号 mm³). **≠schnau·ze** 女 =Kubikfresse **≠wur·zel** 女〘数〙立方根: die ~ aus 27 ziehen 27の立方根を求める | Die ~ von 27 ist 3. (数式: $\sqrt[3]{27}=3$) 27の立方根は 3. **≠zahl** 女〘数〙立方数, 3 乗数. **≠zen·ti·me·ter** 男 (中) 立方センチメートル(記号 cm³).

Ku·bi·lai[kú:bilaɪ] =Chubilai

Ku·bin[kú:bi:n, kubí:n] 人名 Alfred ~ アルフレート クービン(1877–1959; オーストリアの画家・作家).

ku·bisch[kú:bɪʃ] 形《副詞的用法なし》**1** 立方〔体〕の: eine ~*e* Form 立方体. **2**〘数〙3 次の; 3 乗の: eine ~ Gleichung 3 次方程式 | Diese Gleichung ist ~. この方程式は 3 次方程式である. **3**〘結晶〙立方〈等軸〉晶系の: ~*es* System 立方晶系. [*gr.* kybikós—*lat.*; <*gr.* kýbos (→Kubus); ◇*engl.* cubic]

Ku·bis·mus[kubísmus] 男 -/〘美〙立体派, キュービズム(20世紀初頭の絵画・彫刻の様式).

Ku·bist[kubíst] 男 -en/-en〘美〙立体派の画家〈彫刻家〉, キュービスト.

ku·bi·stisch[..tɪʃ] 形〘美〙立体派〔ふう〕の.

ku·bi·tal[kubitá:l] 形 **1**〘解〙ひじの. **2**〘動〙肘(ちゅう)脈の. [*lat.*; <*lat.* cubitum „Ellbogen" (◇Kubus, Cubitus)]

Ku·blai[kú:blaɪ] =Chubilai

Ku·bus[kú:bus] 男 -/-, ..ben[..bən] **1** 立方体. **2**〘数〙3 乗, 立方. [*gr.* kýbos „Würfel"—*spätlat.*; ◇Hüfte, kubisch, kubital; *engl.* cube]

Kü·che[kʏ́çə] 女 -/-n (⑩ **Kü·chel·chen**[kʏ́çəlçən], **Küch·lein**[kʏ́çlaɪn] 中 -s/-) **1** 台所, 炊事場, 調理場, 厨房(ちゅうぼう): Wohn*küche* リビングキッチン ‖ in der ~ arbeiten 台所で働く | den ganzen Tag in der ~ stehen 一

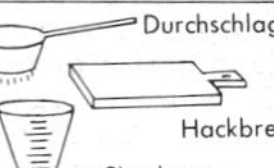

Küche

Kuchen

日じゅう台所で立ち働く | **Es qualmt ⟨raucht⟩ in der ~.** / **Es ist Qualm ⟨Rauch⟩ in der ~.** i）台所に煙が立ちこめている; ii）《話》家のなかにごたごたがある, 家庭内が不和である | *jn.* in Teufels ~ bringen (→Teufel 1) | in Teufels ~ kommen (→Teufel 1) ‖ die ~ machen《話》台所を掃除する(→3) | **alles, was ~ und Keller zu bieten haben** ありったけの〈最上の〉料理と酒. **2** 台所〔調理〕設備, キッチンセット一式: Anbau*küche* システムキッチン | eine ~ kaufen キッチンセットを買う. **3**《単数で》料理〔法〕, 食物: chinesische ⟨französische⟩ ~ 中国〈フランス〉料理 | kalte ~ 冷肉料理 ‖ die ~ machen 料理をする(→1) | Sie versteht sich[4] auf feine ~. 彼女は料理の心得がある. **4**《集合的に》調理係, 料理番: Die ~ hat heute ihren freien Tag. 料理番はきょうは休みだ. [*spätlat.* coquīna–*westgerm.*; < *lat.* coquere (→kochen); ◇ *engl.* kitchen]

Kü̲·chel[ký:çəl] 中 -s/-(-n)《南部》**1** 小さな揚げ菓子(→Kuchen 1). **2** (Küken) ひな鳥, ひよこ.

Kü̲·chel·chen[1] Kuchen の縮小形.

Kü̲·chel·chen[2] Küche の縮小形.

Kụ·chel≈deutsch[kúxəl..] 中 (ウィーンの)〔チェコ人〕召使いたちのドイツ語. **≈gra·zie**[..tsiə] 女《オーストリア》《戯》(Köchin) 料理女. **≈mensch** 中 -es/-er《南部・オーストリア》=Küchenmädchen

kü̲·cheln[ký:çəln]《06》自 (h)《南部・スイス》小さな菓子を揚げる. [< Küchel 1]

Ku̲·chen[kú:xən] 男 -s/- (小 **Kü̲·chel·chen** [ký:çəlçən], **Kü̲ch·lein**[ký:çlaın] 中 -s/-) **1**〔スポンジ〕ケーキ, 焼き菓子(→図): Käse*kuchen* チーズケーキ | Pfann*kuchen* パンケーキ | Pflaumen*kuchen* ハタンキョウ入りケーキ | Sand*kuchen* パウンドケーキ ‖ ein Stück ~ ひときれのケーキ | kleine ~《方》クッキー(=Plätzchen) ‖ ~ backen ⟨anschneiden⟩ ケーキを焼く〈ケーキにナイフを入れる〉| *jn.* zu Kaffee und ~ einladen …をお茶に招く | 〔Ja,〕~!《話》そんなことがあるものか, そんなのだめだよ | *sich*[3] die Rosinen aus dem ~ picken ⟨klauben⟩ (→Rosine). **2** (スポンジケーキ状のもの. 例えば:) 油〈酒〉の搾りかす;〖蜂〗ミツバチの巣. **3** (Blutkuchen)〖医〗血餅(けっぺい), 凝血塊. **4** (Mutterkuchen)〖解〗胎盤. [*germ.*; ◇ *engl.* cake]

Kü̩·chen·ab·fall[kýçən..] 男 -〔e〕s/..fälle《ふつう複数で》台所のごみ, 残飯.

Ku̲·chen≈bäcker[kú:xən..] 男 菓子製造人, ケーキ職人. **≈blech** 中 ケーキ焼き用鉄板. **≈bo̲·den** 男 ケーキの台〈下地〉. **≈brett** 中 パンこね台〈板〉.

Kü̩·chen≈bü·fett[kýçənbyfɛt] 中 食器棚. **≈bul·le** 男《話》(軍隊・職場などの大食堂の)コック, 料理人, 炊事係. **≈chef**[..ʃɛf] 男 コック長, 料理人頭(がしら), シェフ. **≈dienst** 男 炊事〔当番〕勤務. **≈dra·go̲·ner** 男《戯》がっしりした料理女. **≈ein·rich·tung** 女 台所の設備. **≈fa̲hr·pla̲n** 男《戯》=Küchenzettel **≈fee** 女《戯》料理女.

Ku̲·chen≈form[kú:xən..] 女 ケーキ型. **≈ga̲·bel** 女 ケーキ用フォーク(→図 Kaffeetisch).

Kü̩·chen≈gar·ten[kýçən..] 男〔家庭〕菜園: Das wirkt wie eine Orchidee im ~.《比》せっかくの美しさも場違いだ. **≈ge·rä̲t** 中〔台所〕調理用器具. **≈ge·schirr** 中 台所道具. **≈ge·wächs** 中 野菜. **≈hand·tu̲ch** 中 -〔e〕s/..tücher キッチンタオル. **≈he̲rd** 男 炊事用こんろ, キッチンレンジ. **≈hil·fe** 女 (特に女性の)調理場手伝い(人). ▽**≈jun·ge** 男 料理人見習い, 台所ボーイ.

Kü̩·chen·ka·bi·nett 中 (米国大統領の)私設顧問団; (一般に政治家などの)私的顧問グループ. [*engl.* kitchen cabinet の翻訳借用]

Kü̩·chen≈ka·sten 男《南部・オーストリア》食器戸棚. **≈kraut** 中 -〔e〕s/..kräuter《ふつう複数で》香辛料野菜(パセリ・セージなど). **≈la·tein** 中《戯》(中世末の修道院の炊事場で話されたような)下手くそなラテン語. **≈mä̲d·chen** 中 台所〈料理〉手伝いの女の子. **≈ma·schi̲·ne** 女 **1** 調理用電気器具. ▽**2**《方》(複雑な煙抜きを持った)かまど. **≈mei·ster** 男 マイスターの資格をもつ料理人〔頭(がしら)〕: bei *jm.* ist Schmalhans ~ (→Schmalhans). **≈mes·ser** 中〔小型の〕調理包丁(→図 Messer). **≈per·so·na̲l** 中 炊事要員, 調理人.

Ku̲·chen≈ra̲d[kú:xən..] 中, **≈rä̲d·chen** 中 (ケーキを作るのに用いる)穴あけルレット.

Kü̩·chen·scha̲·be[kýçən..] 女 (Kakerlak)〖虫〗ゴキブリ.

Kü̩·chen·schel·le =Kuhschelle

Kü̩·chen≈schrank 男 台所戸棚. **≈schür·ze** 女 キッチン〈台所用〉エプロン. **≈stockerl** 中《南部》台所用の腰掛け, キッチンストゥール.

Ku̲·chen·tel·ler[kú:xən..] 男 ケーキ皿.

Kü̩·chen≈tisch[kýçən..] 男 調理台 **≈tu̲ch** 中 -〔e〕s/..tücher ふきん. **≈u̲hr** 女 台所用時計; キッチンタイマー. **≈waa·ge** 女 調理用はかり, キッチンスケール. **≈wa̲·gen** 男〖軍〗野戦炊事車;〖鉄道〗厨房(ちゅうぼう)車. **≈zet·tel** 男 献立〔計画〕表: der wöchentliche ~ 週間献立計画表. **≈zwie·bel** 女〖植〗タマネギ(玉葱).

Kü̲ch·lein[1] Küche の縮小形.

Kü̲ch·lein[2] Kuchen の縮小形.

Kü̲ch·lein[3][ký:çlaın; オーストリア・スイス: kýçlaın] 中 -s/- =Küken 1

kụ·cken[kúkən]《北部》=gucken

Kụ̈·cken[kýkən] 中 -s/-《オーストリア》=Küken 1

kụ·ckuck[kúkuk] **I** 間 **1** (カッコウの鳴き声)カッコー. **2** (隠れんぼのときの)ヤッホー(もういいよ, こちらだよ). **II** **Kụ·ckuck** 男 -s/-e **1**〖鳥〗カッコウ(郭公): Der ~ ruft. カッコウが鳴いている | Der hört den ~ nicht mehr rufen ⟨schreien⟩.《話》あいつは春までは生きていないだろう(彼はカッコウが鳴くのをもう聞くことができない) ‖ **ein ~ unter Nachtigallen**《戯》専門家の中にまじった素人. **2**《話》(Teufel) 悪魔: In ~s Namen! こんちくしょうめ ‖ **zum ~** 〔**noch mal**〕! こんちくしょうめ, うせやがれ | Zum ~ damit ⟨mit ihm⟩! そんなこと〈あいつ〉なんかくそくらえだ | **zum ~ gehen** / ***sich***[4] **zum ~ scheren** 行って〈なくなって〉しまう | Mein Buch ist zum ~ 〔gegangen〕. 私の本がなくなった | ***jn.* zum ~ schicken**《話》…を追っ払う, …をおっぽり出す | ***jn.* zum ~ wünschen** …がどこかへ行ってしまえばいいと願う ‖

K

Hol's der ~! / Hol mich der ~! まっぴらごめんだ | **Hol dich der ~! / Der ~ soll dich holen!** おまえなんかくたばってしまえ | Der ~ hat's gesehen.(不運・失策などを悪魔のせいにして)全くしゃくにさわるよ | **Dort ⟨Bei ihm⟩ ist der ~ los.** あそこは(彼のところでは)上を下への大騒ぎだ ‖〖文や句を否定する語として〗〔**das**〕**weiß der ~** そんなこと知るもんか; (うそだと思うだろうが)本当なんだよ | den ~ nach *et.*[3] fragen / *sich*[4] den ~ um *et.*[4] scheren …を全く気にかけない, …を全然問題にしない. **3**《戯》(執達吏の)封印: Bei ihm klebt der ~ an ⟨auf⟩ allen Möbeln. 彼は家具をみんな差し押えられている.
[擬音; ◇ *lat.* cucūlus „Kuckuck"; *engl.* cuckoo]

Kuckucks≈blu·me[kʊ́kʊks..] 女 (Knabenkraut)〖植〗ハクサンチドリ(白山千鳥)属. **≈ei** 中 **1** カッコウの卵;《比》迷惑な贈り物: ***jm.* ein ~ ins Nest legen** …に迷惑をかける | *sich*[3] ein ~ ins Nest legen 迷惑な目にあう. **2**《俗》里子に出されて来た子供. **≈klee** 男〖植〗コミヤマカタバミ(小深山酢漿草). **≈uhr** 女 かっこう時計(日本のはと時計にあたる).

der **Ku̦'·damm**[kú:dam] 男 -〔e〕s/ 地名《話》クーダム (→Kurfürstendamm).

Kud·del·mud·del[kʊ́dəlmʊdəl] 男 中 -s/ 《話》(Wirrwarr) 混乱, ごたごた; 大騒ぎ. [< *ndd.* koddeln „unsorgfältig waschen"+Modder]

Ku̦·del·kraut[kú:dəl..] 中 -〔e〕s/《オーストリア》(Thymian)〖植〗ジャコウソウ(麝香草)属. [< Kuttelkraut]

Ku̦·der[1][kú:dər] 男 -s/-〖狩〗(雄の)ヤマネコ(山猫). [< Kater]

Ku̦·der[2][–] 男 -s/《スイス》=Kauder

Kuei̦·tschou[kŭáıtʃaʊ] 地名 貴州, コイチョウ(中国, 西南地区東部の省で, 省都は Kueiyang, または Guiyang).

Kuei̦·yang[kŭáıjaŋ] 地名 貴陽, コイヤン(中国, Kueitschou 省の省都).

Ku̦·fe[1][kú:fə] 女 -/-n **1 a)** (そりの)滑り木(→ 図 Schlitten). **b)** (スケートの)ブレード(→ 図 Schlittschuh). **2** (水上飛行機の)フロート. **3** (ヘリコプターの)スキッド. [*ahd.*; ◇ Kegel]

Ku̦·fe[2][–] 女 -/-n《方》**1** (Bottich) おけ, たる. ▽**2** クーフェ(ビールの量を示す昔の単位: 450–700リットル). [*lat.* cūpa (→Küpe) – *mlat.* cōna – *ahd.*]

Kü̦·fer[ký:fər] 男 -s/-《南西部・スイス》**1** (Weinküfer) ワインの酒蔵管理職人. **2** (Böttcher) おけ屋, おけ(たる)作り職人.

Kuff[kʊf] 女 -/-e (扁平な)沿岸用貨物帆船. [*ndd.*]

Kuf·stein[kʊ́fʃtaın, kú:f..] 地名 クフシュタイン (Inn 川に臨むオーストリア Tirol 州の都市). [„Fels mit muldenförmig gehöhlten Wänden"]

Ku̦·gel[kú:gəl] 女 -/-n (小 **Kü̦·gel·chen**[ký:gəlçən], **Kü̦·ge·lein**[..gəlaın] 中 -s/-) **1 a)** 球, 球形〔のもの〕; (クリスマスツリーなどに飾る)飾り玉: Erd*kugel* 地球 | Himmels*kugel* 天空 | Wahl*kugel* 投票用小球 ‖ eine ~ mit einem Durchmesser von 10 cm 直径10センチの球 | **Die ~ kommt ins Rollen.**《比》ことはいよいよ始まった | Er hat die schwarze ~ gezogen.《比》彼は不幸〈不運〉だった. **b)**〖スポ〗砲丸; (ホッケーなどの硬い)ボール; (九柱戯の)球, (ボウリングの)ボール: **eine ruhige ~ schieben** (九柱戯で)球をゆっくり転がす;《話》(仕事などを)のんびりやる. **c)**〖工〗(ベアリングの)ボール(→ 図 Kugellager). **d)**〖紋〗金色の円形. **2** 弾丸: Kanonen*kugel* 砲弾 | Pistolen*kugel* ピストルの弾 ‖ eine verirrte ~ 流れ弾 | eine tödliche ~ 致命傷を与えた弾丸 ‖ die ~ geben 射殺する | ~*n* gießen 弾丸を鋳造する | *sich*[3] eine ~ in ⟨durch⟩ den Kopf schießen 自分の頭に弾を撃ち込む | Er wurde von einer ~ getroffen. 彼は弾に当たった. **3**〖解〗(関節の)骨頭. **4** (牛・豚の)厚く切ったもも肉, しんたま(→ 図 Rind).
[*mhd.* kugele; ◇ Keule, Kaule[1], Kuhle, Kuller; *engl.* cudgel]

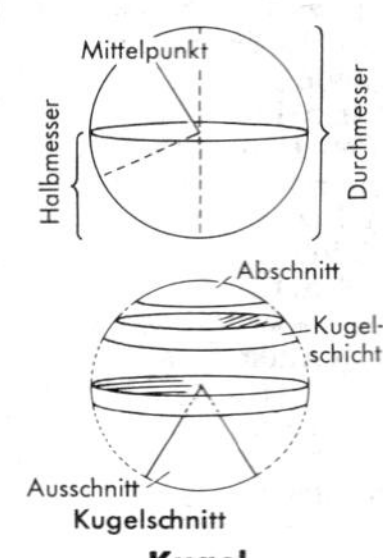

Kugel

Ku̦·gel≈ab·schnitt[kú:gəl..] 男 = Kugelsegment **≈ama·rant** 男〖植〗センニチソウ(千日草), センニチコウ(千日紅). **≈as·sel** 女 (Rollassel)〖動〗ダンゴムシ(団子虫). **≈aus·schnitt** 男 =Kugelsektor **≈bak·te·rie** 女 -/-n《ふつう複数で》〖細菌〗球菌. **≈baum** 男 球冠樹(→ 図 Baum B). **≈blitz** 男〖気象〗球電. **≈blu̦·me** 女〖植〗グロブラリア. **≈büch·se** 女 ライフル銃.

Kü̦·gel·chen Kugel の縮小形.

Ku̦·gel≈di·stel[kú:gəl..] 女〖植〗ヒゴタイ属(キク科). **≈drei·eck** 中〖数〗球面三角形.

Kü̦·ge·lein Kugel の縮小形.

Ku̦·gel·fang[kú:gəl..] 男 **1** (射撃場の的の背後の)あずち, 射垜(しゃだ); 《比》(弾丸よけの)盾代わりにされる人. **2**〖遊戯〗けんだま.

ku̦·gel·fest =kugelsicher 1

Ku̦·gel≈fisch 男〖魚〗フグ(河豚). **≈flä·che** 女〖数〗球面. **≈flie·ge** 女〖虫〗コガシラアブ(小頭虻)科の昆虫. **≈form** 女 **1** 球形. **2** 銃弾の鋳型.

ku̦·gel·för·mig 形 球形の, 球状の.

Ku̦·gel≈funk·tio̦n[kú:gəl..] 女〖数〗球〔面〕関数. **≈ge·lenk** 中 **1**〖解〗球関節. **2**〖工〗球継ぎ手(→ 図 Gelenk). **≈ge·wöl·be** 中〖建〗丸天井. **≈hau·be** 女 =Kugelkappe

ku̦·ge·lig[kú:gəlıç][2] (**ku̦g·lig**[..glıç][2]) 形 球形の;《俗》丸々と太った: eine ~*e* kleine Person 丸々と太った小柄な人 | *sich*[4] ~ lachen《話》笑い転げる.

Ku̦·gel≈kä·fer[kú:gəl..] 男〖虫〗テントウムシ(天道虫)科の昆虫. **≈ka·lot·te** 女, **≈kap·pe** 女〖数〗球冠. **≈kä·se** 男 球状のチーズ(オランダのエーダムチーズなど). **≈kopf** 男 (電動タイプライターの)タイプ〈活字〉ボール.

Ku̦·gel·kopf·flie·ge 女〖虫〗アタマアブ(頭虻)科の昆虫.

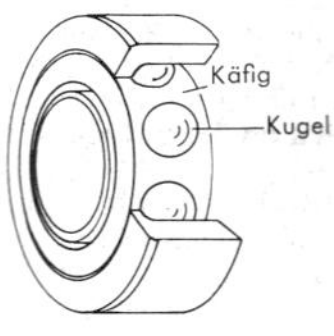

Kugellager

Ku̦·gel≈la̦·ger 中 -s/-〖工〗ボールベアリング, 球軸受け(→ 図). **≈müh·le** 女 ボール=ミル(鋼球入り回転粉砕機).

ku̦·geln[kú:gəln]《06》**I** 他 (h) ごろごろと転がす: den Stein zur Seite ~ 石を転がしてわきにのける ‖ 再帰 *sich*[4] ~ ごろごろと体を転がす; 体を丸くする | Die Katze *kugelt* sich auf dem Sofa. 猫がソファーで体を丸める | *sich*[4] vor Lachen ~ (→lachen II) ‖ Das ist zum *Kugeln.* それはおなかの皮がよじれるほどこっけいだ.

II 自 **1** (s) 転がる: aus dem Bett ~ ベッドから転げ落ちる | Der Ball *kugelte* unter den Schrank. ボールは戸棚の下に転がり込んだ. **2** (h) 球ころがしをする.

Ku̦·gel≈re·gen[kú:gəl..] 男 弾雨. **≈rück·lauf** 男 (九柱戯・ボウリングなどの)ボールリターン.

ku̦·gel·ru̦nd 形 球形の, 球のように丸い;《戯》丸々と太った: ein ~*es* Baby 丸々と太った赤ん坊.

ku̦·gel|schei·ben* 《128》自 (h)《オーストリア》(murmeln) ビー玉で遊ぶ.
★ ふつう Kugel scheiben と 2 語に書く.

Ku̦·gel≈schicht[kú:gəl..] 女〖数〗球台(→ 図 Kugel). **≈schnitt** 男〖数〗球の切断〔面〕(→ 図 Kugel). **≈schrei·ber** 男 ボールペン(略 Kuli). **≈seg·ment** 中〖数〗球欠. **≈sek·tor** 男〖数〗球扇形, 球底円錐(すい).

ku̦·gel·si·cher 形 **1** 銃弾に対して安全な, 防弾の: ~*es* Glas 防弾ガラス | eine ~*e* Weste 防弾チョッキ. **2** (人が) 銃弾に当たっても不死身の.

K

Ku̱·gel≠spiel[kú:gəl..] 中 **1**〔木〕球を転がすゲーム. **2** (Murmelspiel) ビー玉遊び. **≠spin·ne** 女《動》ヒメグモ(姫蜘蛛). **≠sprin·ger** 男《虫》マルトビムシ(円跳虫)科の昆虫. **≠sto̱·ßen** 中 -s/ 《陸上》砲丸投げ. **≠sto̱·ßer** 男 -s/- (女 **≠sto̱·ße·rin**-/-nen) 砲丸投げ選手. **≠ton·ne** 女《海》球形浮標(→ 図 Seezeichen). **≠ven·ti̱l** 中《工》ボール〈球形〉弁. **≠wa̱hl** 女 小球の投票による選挙. **≠wech·sel** 男 -s/ (Schußwechsel)〔決闘の際の〕撃ち合い. **≠wer·fer** 男《植》タマハジキタケ(玉挨茸).

ku̱g·lig =kugelig

Ku̱h[ku:] 女 -/Kühe[ký:ə] **1 a**) (成熟した) 雌牛(→Rind 1); 《畜》経産牛: **eine heilige ～** (インドの) 聖牛; 《話》神聖なもの,(タブー視される) 聖域 | **eine melkende ～** 乳牛; 《話》金(かね)のなる木 | die ～ des kleinen Mannes ヤギ (=Ziege) ‖ die ～ melken 牛の乳を搾る | **die ～ vom Eis bringen 〈holen / kriegen〉**《話》困難な問題を解決する ‖ Die ～ gibt viel Milch. この雌牛はたくさん乳を出す | Die ～ hat gekalbt. 雌牛は子牛を産んだ | **dastehen wie die ～, wenn's donnert**《話》(雷にあった雌牛のように驚いて) ぼう然と立ちすくむ, ぽかんとしている | **dastehen wie die ～ vorm neuen Tor 〈vorm Scheunentor / vorm Berg〉**《話》途方に暮れている | **von** *et.*[3] **soviel verstehen wie die ～ vom Sonntag 〈Brezelbacken〉**《話》…について何一つ知らない. **b**) (↔Bulle) (シカ・ゾウ・サイ・カバなど, 一般に大きな動物の) 雌: Kamel*kuh* 雌のラクダ. **2**《話》ばかな女. **3** blinde ～ 目隠し鬼ごっこ(→Blindekuh). [*idg.*; ◇*engl.* cow; *gr.* boũs „Rind"]

Ku̱h≠an·ti·lo̱·pe[kú:..] 女 (Kama)《動》カーマハーテビースト. **≠au·ge** 中 **1** 雌牛の目. **2**《比》(表情の乏しい) 出目, どんぐり目. **≠baum** 男 (Milchbaum)《植》ブロシムム (南米産クワ科の木で, 樹液はチューインガムの原料になる). **≠blu̱·me** 女《植》タンポポ(蒲公英)属. **≠bo̱h·ne** 女《植》ササゲ(豇豆). **≠dorf** 中《話》貧しい辺地の村. **≠dung** 男 (肥料としての) 牛糞(ぎゅうふん).

Kü̱·he Kuh の複数.

Kü̱·her[ký:ər] 男 -s/- 《スイ》=Kuhhirt

Ku̱h≠eu·ter[kú:..] 中 牛の乳房. **≠fla̱·den** 男 (平べったい) 牛の糞(ふん), 牛糞. **≠fu̱ß** 男 **1** 雌牛の足. **2**《工》(先が曲がって二またになっている) かなてこ(→ 図). ᵛ**3**《軍》(旧式の) 歩兵銃.

Kuhfuß

≠glocke 女 牛の鈴, カウベル. **≠han·del** 男 -s/ 雌牛の売買; 《軽蔑的に》政治的取引, ボス交渉.

ku̱h·han·deln (06) (過分 gekuhhandelt) 自 (h) 《軽蔑的に》政治的取引〈ボス交渉〉をする.

Ku̱h·haut 女 雌牛の皮: **Das geht auf keine ～.**《話》それはとんでもないことだ, とても我慢できないほどだ(何もかもは記憶しきれないの意. 牛皮を加工して羊皮紙代わりに用いたことから).

ku̱h·hes·sig[kú:hɛsɪç][2] 形 (家畜について) 後脚が X 脚の, がにまたの(→ 図 Pferd B). [<Hesse[2]]

Ku̱h≠hirt[kú:..] 男 牛飼い. **≠kaff** 中《軽蔑的に》田舎〈辺地〉の村. **≠kalb** 中 雌の子牛. **≠kraut** 中《植》ドウカンソウ(道灌草)属(ナデシコ科).

kü̱hl[ky:l] 形 **1 a**) 涼しい, 冷えびえとする: ein ～*er* Abend 涼しい晩 | ～*es* Wetter うすら寒い天気 ‖ Im Mai sind die Nächte noch ～. 5月には夜はまだ冷えびえする | Es ist mir ～. / Mir ist〔es〕～. 私は少し寒い ‖ im *Kühlen* 涼しいところで. **b**) (飲食物などが) 冷たい, 冷えた: ～*es* Bier 冷えたビール ‖ Speisen ～ aufbewahren 食物を冷たい所に保存する | Wein ～ stellen ワインを冷やす. **2** 冷静な; 冷淡な, 冷ややかな: eine ～*e* Antwort 冷淡な返事 | einen ～*en* Kopf bewahren 冷静さを失わない | aus diesem ～*en* Grunde (→Grund 3) ‖ ～ bis ans Herz hinan きわめて冷ややかな, 冷静そのものの (Goethe の物語詩《Der Fischer》から) ‖ *jn.* ～ empfangen …を冷たく迎える. **3**《話》eine ～*e* Blonde 1杯の淡色ビール(特に Berliner Weiße). [*westgerm.*; ◇kalt; *engl.* cool]

Kü̱hl≠an·la̱·ge[ký:l..] 女 冷凍〈冷却〉装置. **≠box** 女 アイスボックス.

Ku̱h·le[kú:lə] 女 -/-n《話》穴; くぼみ, へこみ; 窪地(くぼち). [*mndd.*; ◇Kugel]

Kü̱h·le[ký:lə] 女 -/ **1** 涼しさ, 冷えびえすること: Morgen*kühle* 朝の冷気 | Der Abend brachte etwas ～. 晩になって少し涼しくなった. **2** 冷静; 冷淡: ein Blick voll ～ きわめて冷淡〈冷静〉なまなざし | *jn.* mit großer ～ empfangen …をきわめて冷ややかに迎える. **3** =Kühlte **4** -/-n《醸》冷却槽.

Kü̱hl·ei·mer[ký:l..] 男 冷やしおけ, 冷却槽.

kü̱h·len[ký:lən] 他 (h) 冷やす, 冷たくする, 冷却する; 涼しくする; 爽快(そうかい)にする: Bier mit Eis 〈im Kühlschrank〉 ～ ビールを氷で〈冷蔵庫の中で〉冷やす | den Motor mit Luft ～ エンジンを空冷式で冷やす | die Wunde ～ 傷口を冷やす (湿布などで) | *sein* Mütchen〔an *jm.*〕～ (→Mütchen 2) | *seinen* Zorn an *jm.* ～《比》…に当たり散らす, …に対してうっぷんを晴らす ‖〘目的語なしで〙Der Umschlag *kühlt* angenehm. 湿布をすると冷たくて気持がよい ‖ 再帰 *sich*[4] ～ 冷たくなる, 涼しくなる ‖ *kühlende* Getränke 清涼飲料 | gut *gekühlte* Getränke よく冷えた飲み物. [*ahd.*; ◇kühl]

Kü̱h·ler[ký:lər] 男 -s/- **1** (シャンパンなどを冷やす) アイスペール, 卓上氷おけ. **2 a**) (エンジンなどの) 冷却装置, ラジエーター. **b**)《化》液化装置(→ 図 Chemie). **3**《話》(自動車の) ラジエーターグリル, ボンネット(→ 図 Kraftwagen): *jn.* auf den ～ nehmen …を車の前部ではねる.

Kü̱h·ler≠fi·gu̱r 女 (自動車のボンネットの先端の) マスコット. **≠grill** 男 (自動車の) ラジエーターグリル. **≠hau·be** 女 (自動車の) ボンネット. **≠ver·klei·dung** 女 (自動車の) ラジエーター=シェル〈グリル〉.

Kü̱hl≠faß[ký:l..] 中 冷やしおけ. **≠flüs·sig·keit** 女 冷却液. **≠hal·le** 女 冷凍〈冷蔵〉室, 冷凍倉庫. **≠haus** 中 冷凍倉庫. **≠ket·te** 女《商》低温流通機構網, コールドチェーン. **≠mit·tel** 中 冷却剤. **≠o̱fen** 男 (ガラス製造に用いられる) 徐冷炉. **≠raum** 男 冷凍〈冷蔵〉室. **≠rip·pe** 女 (冷却器・放熱器の) ひれ, フィン. **≠ro̱hr** 中 冷却管. **≠schiff** 中 **1** 冷凍船. **2**《醸》冷却器. **≠schlan·ge** 女 (蛇のようにうねうねした) 冷却管. **≠schrank** 男 冷蔵庫.

Kü̱hl·te[ký:ltə] 女 -/-n《海》微風, 涼風.

Kü̱hl≠tru̱·he[ký:l..] 女〔食品〕冷凍庫. **≠turm** 男 (発電所などの) 冷却塔.

Kü̱h·lung[ký:lʊŋ] 女 -/-en **1**《ふつう単数で》kühlen すること. **2** 冷却装置. **3**《単数で》涼しさ, さわやかさ: Der Abend bringt ～. 夕方になって涼しくなる.

Kü̱hl≠wa̱·gen[ký:l..] 男《鉄道》冷蔵車. **≠was·ser** 中 -s/..wässer 冷却水.

Ku̱h≠magd[kú:..] 女 牛飼い女, 乳搾り女. **≠maul** 中 (よろいの) 鉄靴(→ 図 Harnisch). **≠milch** 女 牛乳. **≠mist** 男 牛糞(ぎゅうふん)〔の堆肥(たいひ)〕.

kü̱hn[ky:n] 形 思いきった, 大胆な, 勇敢な; あつかましい; 極端な: ein ～*er* Bergsteiger 勇敢な登山家 | eine ～*e* Tat 思いきった行為 | eine ～*e* Behauptung 大胆な〈あつかましい〉主張 ‖ ein ～ gebogene Nase 極端なわし鼻〈かぎ鼻〉| ein ～ geschnittenes Kleid 思い切った〈大胆な〉カットのドレス. [*germ.* „(im Kampf) erfahren"; ◇können; *engl.* keen]

Kü̱hn·heit[ký:nhaɪt] 女 -/-en **1**《単数で》kühn なこと: die ～ einer Tat 〈eines Gedankens〉 行為〈思考〉の大胆さ. **2** kühn な言動.

ᵛ**kü̱hn·lich**[..lɪç] 副 思いきって, 大胆〈勇敢〉に.

Ku̱h≠pilz[kú:..] 男《植》アミタケ(網茸)(食用キノコの一種). **≠pocken** 複《畜》牛痘.

Ku̱h·pocken·imp·fung 女《医》種痘.

Ku̱h≠rei·gen 男, **≠rei·hen** 男 (アルプスの) 牧人の歌. **≠rei·her** 男《鳥》ショウジョウサギ(猩々鷺), アマサギ(黄毛鷺)(水牛などとの共生で知られる). **≠röhr·ling** 男《植》アミタケ(網茸). **≠saft** 男《話》牛乳. **≠schei·ße** 女《卑》牛糞(ぎゅうふん).

Ku̱h·schel·le 女 (Pulsatilla)《植》オキナグサ(翁草)属. [<Kucke „halbe Eierschale"]

Ku̱h·stall[kú:..] 男 牛小屋, 牛舎: Ruhe im ～! (→ Ruhe 3).

K

kuh·warm 形 (牛乳について)搾りたてで温かい.
Kuh·wei·de 女 牛の放牧場.
▽**Ku·jon**[kujó:n] 男 -s/-e《話》(Schuft) 悪いやつ, 悪党. [„Entmannter"; *it.* coglione–*fr.* couillon; < *lat.* cōleus „Hode〔nsack〕"]
ku·jo·nie·ren[kujoní:rən] 他 (h)《話》《*jn.*》いじめる, いびる. [*it.–fr.*]
k. u. k.[ká:ʊntká:] 略 =**kaiserlich und königlich** 〘史〙(旧オーストリア=ハンガリー帝国において)〔オーストリア〕帝国および〔ハンガリー〕王国の: die ～ Monarchie〔オーストリア〕帝国および〔ハンガリー〕王国君主政体.
Kü·ken[ký:kən] 中 -s/- **1 a)** (鳥類, 特に鶏の)ひな, ひよこ(→Huhn 1 a): **Das ～ will klüger sein als die Henne.**《諺》子供は親よりも利口ぶりたがるものだ. **b)**《話》小さい子供, おちびちゃん; 小娘, 少女. **2** 〘工〙コック, プラグ. [*mndd.*; 擬音; ◇ *engl.* chicken]
Ku-Klux-Klan[kuklʊksklá:n, kjú:klʌksklæ̀n] 男 -〔s〕/ クー=クラックス=クラン, KKK 団(黒人などの排斥運動を行う米国の秘密結社). [*amerik.*; ◇Zyklus, Clan]
Ku·ku·mer[kukúmər] (**Ku·kum·ber**[kukúmbər]) 女 -/-n《南西部》(Gurke) キュウリ(胡瓜). [*lat.* cucumis; ◇ *engl.* cucumber]
Ku·ku·ruz[kú:kurʊts, kúk..; ｵｰｽﾄﾘｱ: kúkuruts] 男 -〔es〕/《特に: ｵｰｽﾄﾘｱ》(Mais) トウモロコシ(玉蜀黍). [*türk.–slaw.*]
Kül[ky:l] 中 -s/-s《北部》〘漁〙袋状のトロール網(→ 図 Fischerei). [*ndl.*]
Ku·lak[kulák] 男 -en/-en (帝政ロシアの)富農, 大農. [*russ.* kulak „Faust"]
Ku·lan[kulá(:)n] 男 -s/-e 〘動〙クーラン(モンゴル産のロバ). [*russ.*]
ku·lant[kulánt] 形 (↔inkulant) (entgegenkommend)(商売などで客に対して)好意的な; 如才ない: ～*e* Preise まあまあの値段 | *jm.* ～ entgegenkommen 好意的に…の意向にそう〈…を迎える〉. [*fr.* coulant „fließend"; < *lat.* cōlāre (→kolieren)]
Ku·lanz[..lánts] 女 -/ kulant なこと.
Ku·le[kú:lə] 女 -/-n = Kuhle
Ku·len·kampff[kú:lənkampf] 人名 Georg ～ ゲオルク クーレンカンプフ(1898-1948; ドイツのヴァイオリン奏者).
Ku·li[1][kú:li·] 男 -s/-s **1** クーリー, 苦力(東南アジアの下層労務者);《比》低賃金の労務者: **wie ein ～ arbeiten** 苦力のように重労働をする. **2** =Kofferkuli [*Hindi–engl.* coolie]
Ku·li[2][–] 男 -s/-s (<Kugelschreiber)《話》ボールペン.
Ku·lier·wa·re[kulí:r..] 女 (↔Kettenware)〘織〙横メリヤス編み製品(→ 図 Gewirke). [<*fr.* cueillir „(Masche) aufnehmen"]
ku·li·na·risch[kuliná:rɪʃ] 形 **1** 料理〔法〕の, 美食的な, 食通の: ～*e* Genüsse 美食 | der ～*e* Ruf eines Hotels あるホテルの食事がうまいという評判. **2**《比》(精神の緊張を伴わずに)のんびりと楽しめる. [*lat.*; < *lat.* culīna (→Kiln)]
Ku·lis·se[kulísə] 女 -/-n **1** 〘劇〙書き割り, 舞台装置, パネル, セット(→ 図 Bühne): ～*n* aufbauen 〈abbauen〉 セットを組む〈はずす〉| ～*n* malen 書き割りを描く | Das ist alles nur ～.《話》それはみな見せかけ〈まやかし〉にすぎない ‖ **hinter den ～*n*** 舞台の裏で, 楽屋裏で;《比》かげで, ひそかに | **hinter die ～*n* schauen 〈sehen〉 / einen Blick hinter die ～*n* werfen**《比》舞台裏〈事態の裏面〉をのぞく. **2** 〘工〙連結リンク. **3** 〘商〙 **a)** 場外取引. **b)**《集合的に》場外仲買人.
[*fr.* coulisse „Rinne, Schiebewand"; ◇Couloir]
Ku·lis·sen≈fie·ber 中 (Lampenfieber) 舞台であがること, 舞台負け. **≈ma·ler** 男 書き割り画家. **≈rei·ßer** 男 誇張した演技をする俳優. **≈schie·ber** 男《戯》(Bühnenarbeiter)(劇場の)道具方, 裏方. **≈steue·rung** 女 〘工〙リンク装置, 連動装置.
Kul·ler[kúlər] 女 -/-n《中部・北部》(Murmel) ビー玉. [<*mhd.* kugele (→Kugel)]
Kul·ler·au·gen 複《話》くりくり目玉, まん丸な目, どんぐり眼(ﾏﾅｺ): ～ machen 目を丸くして驚く.
kul·lern[kúlərn]《05》 **I** 自 **1** (s) (rollen) ころころ〈ごろごろ〉転がる: unter den Stuhl ～ いすの下へ転がり込む. **2** (h)《mit *et.*[3]》(目玉などを)くるくるまわす. **3** (h) (七面鳥などが)コロコロ〈クークー〉鳴く. **II** 他 (h) (wälzen) 転がす: 再帰 *sich*[4] vor Lachen ～《話》笑い転げる. [I 3: <kollern[2] 1]
Kulm[1][kʊlm] 中 -s/ 〘地〙クルム層(下部石炭系砂岩層). [*engl.* culm; ◇Kohle]
Kulm[2][–] 男 中 -〔e〕s/-e (なだらかな)山頂. [*slaw.*]
Kul·mi·na·tion[kʊlminatsió:n] 女 -/-en **1** 〘天〙(星の)子午線通過, 南中. **2**《比》(生涯の)頂点, 絶頂, 最高潮, 全盛: die ～ einer Karriere 職歴の最頂点. [*fr.*]
Kul·mi·na·tions·punkt 男 **1** 〘天〙(星の)子午線通過点, 南中点. **2**《比》(経歴などの)頂点, 最高潮.
kul·mi·nie·ren[kʊlminí:rən] 自 (h) **1** 〘天〙(星が)子午線を通過する, 南中する. **2**《比》頂点〈最高潮〉に達する: Die Diskussion *kulminierte* in dieser Frage. この問題で議論は頂点に達した. **3** 〘政〙累積〈集積〉投票する(連記制で特定の候補者に複数票かさねて投票すること). [*mlat.–fr.*; < *lat.* culmen „Gipfel" (◇Holm[2])]
Kult[kʊlt] 男 -〔e〕s/-e **1** 祭式, 礼拝: der ～ der orthodoxen Kirche ギリシア正教会の祭式. **2 a)** (特定の宗教集団による神への)崇拝, 礼賛: ein heidnischer ～ 異教の神への崇拝 | der ～ des Dionysos ディオニュソス崇拝. **b)**《軽蔑的に》(過度の)崇拝, 礼賛, 傾倒: Ahnen*kult* 祖先崇拝 | Personen*kult* 個人崇拝 ‖ mit einem Star einen ～ treiben スターを熱狂的に礼賛する. **3** カルト(とくに新興宗教の集団). [*lat.* cultus (→Kultus)]
Kul·te Kult, Kultus の複数.
Kult·fi·gur 女 崇拝の対象となる人物.
kul·tisch[kúltɪʃ] 形 祭式の, 礼拝の.
Kul·ti·va·tor[kʊltivá:tɔr, ..to:r] 男 -s/-en[..vató:rən] (Grubber)〘農〙耕耘(ｺｳｳﾝ)機, カルチベーター.
kul·ti·vie·ren[kʊltiví:rən] **I** 他 (h) **1** (土地を)開墾する: die Heide ～ 荒野を開墾する. **2** (作物を)栽培する. **3 a)** (知性・技能などを)養う, 洗練させる; (関係を)促進する: die Freundschaft ～ 友情をはぐくむ. **b)** (人間・民族に)教養を与える, 教育する: 再帰 *sich*[4] schnell ～ たちまち教養を身につける. **II kul·ti·viert** 過分 形 教養のある, 洗練された: ein ～*er* Mensch 教養のある人 | eine ～*e* Stimme 磨きのかかった声 ‖ Sie spricht ～. 彼女の話し方は洗練されている. [*mlat.* cultivāre „bebauen"–*fr.*; ◇ *engl.* cultivate]
Kul·ti·vie·rung[..rʊŋ] 女 -/-en《ふつう単数で》**1** 開墾; 耕作; 栽培. **2** 教養, 教育, 修練.
Kult·stät·te[kúlt..] 女 礼拝の場所.
Kul·tur[kʊltú:r] 女 -/-en **1** 文化: die abendländische ～ ヨーロッパ文化 | Eß*kultur* 食文化 | Wohn*kultur* 住まいの文化 ‖ Ministerium für ～ (旧東ドイツの)文化省(→Kultusministerium) | ein Volk von hoher ～ 高度な文化を持った民族. **2**《単数で》教養; 修養, 訓練: geistige ～ 精神的修練 | ein Mensch mit ～ 教養人 ‖ ～ haben 教養がある | Seine Stimme hat viel ～. 彼はよく訓練された声をしている | **von 〔der〕 ～ beleckt sein**《話》文明の味を知っている, 文化的素養がある. **3 a)** 開墾; 耕作: ein Stück Wald in ～[4] nehmen 森の一部を開墾する. **b)** (農作物などの)栽培: Dieser Boden ist nicht zur ～ von Erdbeeren geeignet. この土壌はイチゴの栽培には適さない. **c)** 〘生・医〙培養: Blut*kultur* 血液培養 | Gewebe*kultur* 組織培養 ‖ eine ～ von Bakterien anlegen バクテリアを培養する. **4** 〘林〙苗木. [*lat.* cultūra „Anbau"; < *lat.* colere (→Kolone); ◇ *engl.* culture]
Kul·tur≈ab·ga·be[kʊltú:r..] 女 (旧東ドイツで, 劇場などの)入場税. **≈ab·kom·men** 中 (国家間の)文化〔交流〕協定. **≈an·thro·po·lo·gie** 女 文化人類学. **≈ar·beit** 女 -/ 文化事業〈活動〉. **≈at·ta·ché**[..ataʃe:] 男 (大公使館付きの)文化担当官. **≈aus·tausch** 男 (国家間の)文化交流. **≈ba·nau·se** 男《軽蔑的に》文化を解さない俗物. **≈bar·bar** 男《軽蔑的に》文化を解さない野蛮

K

人. ≈**beu·tel** 男《話》(Toilettenbeutel)(旅行用の)洗面用具〈化粧品〉入れ, 化粧ポーチ. ≈**bo·den** 男 **1** 耕作地. **2** 文化地域. **3**〘生・医〙培地. ≈**cham·pi·gnon**[..ʃampɪnjɔŋ] 男〘植〙ツクリタケ(作茸), マッシュルーム, シャンピニオン. ≈**denk·mal** 中〔歴史的〕文化財(記念碑・建造物など).

kul·tu·rell[kʊlturέl] 形 文化に関する, 文化的な: das ~*e* Leben 文化〔的な〕生活 | der ~*e* Aufstieg 〈Verfall〉 文化の進展〈衰退〉‖ ein ~ hochstehendes Land 文化的レベルの高い国.

Kul·tur≈en·sem·ble[kʊltú:r|ãsã:bəl] 中 (旧東ドイツで, 民族芸能を上演する)文化サークル. ≈**er·be** 中 文化遺産.

kul·tur·fä·hig 形 **1** (土地について)耕作可能な; (作物について)栽培可能な. **2** (人について)啓蒙(けいもう)可能な.

Kul·tur≈film 男 文化映画. ≈**flüch·ter** 男 (↔Kulturfolger)〘生〙文化忌避性動植物(土地開発・自然破壊などによって生育できなくなる動植物). ≈**fol·ger** 男 -s/- (↔Kulturflüchter)〘生〙(スズメ・ネズミなど)文化親近性動植物(人為的環境でも増殖する動植物). ≈**funk·tio·när** 男 (旧東ドイツで)文化担当役員. ≈**geo·gra·phie** 女 文化地理学. ≈**ge·rät** 中《話》〔電気〕安全かみそり; ラジオ〈テレビ〉セット. ≈**ge·schich·te** 女 -/ 文化史.

kul·tur·ge·schicht·lich 形 文化史的な.

Kul·tur≈gut[kʊltú:r..] 中 文化財. ≈**haus** 中 (旧東ドイツで, 政治的・文化的な催しのための)文化会館. ≈**hi·sto·ri·ker** 男 文化史家.

kul·tur·hi·sto·risch 形 文化史〔上〕の, 文化史的な.

Kul·tur·in·sti·tut 中 (外国に設置された)文化事業センター.

Kul·tu·ri·stik[kulturístɪk] 女 -/ (旧東ドイツで)〘スポ〙筋肉強化トレーニング, ボディービル.

Kul·tur≈kampf[kʊltú:r..] 男 -〔e〕s/〘史〙文化闘争(Bismarck が行ったカトリック抑圧政策). ≈**kreis** 男 文化圏. ≈**land** 中 -〔e〕s/..länder **1**《単数で》(Kulturboden) 耕作地. **2** 文明国, 文化地域. ≈**land·schaft** 女 (↔Naturlandschaft)(海浜公園・大規模保養地など)人工の自然地域; (工業団地など一定の目的のために)開発された地域〔の景観〕.

kul·tur·los[..lo:s][1] 形 文化的でない, 無教養な.

Kul·tur≈mensch 男 文明人. ≈**mi·ni·ster** 男 (特に旧東ドイツで)文化相〈大臣〉(→Kultusminister). ≈**mi·ni·ste·rium** 中 (特に旧東ドイツで)文化省(→Kultusministerium). ≈**mor·pho·lo·gie** 女 文化形態学. ≈**ob·mann** 男 -〔e〕s/..männer (..leute)(旧東ドイツで, 労働組合の)文化担当者, 文化係. ≈**pa·last** 男 (特に旧東ドイツで)〔市民〕文化ホール. ≈**pflan·ze** 女 栽培植物. ≈**phi·lo·so·phie** 女 -/ 文化哲学. ≈**po·li·tik** 女 -/ 文化政策.

kul·tur·po·li·tisch 形 文化政策〔上〕の.

Kul·tur≈pra·xis[kʊltú:r..] 女 栽培方法. ≈**ras·se** 女 (家畜の)飼育品種; (植物の)栽培〈育成〉品種. ≈**raum** 男 **1** 文化圏: der islamische ~ イスラム文化圏. **2** (旧東ドイツで, 企業内の)文化ホール. ≈**re·vo·lu·tion** 女 (特に中国の)文化〔大〕革命. ≈**schaf·fen·de** 男 女《形容詞変化》《ふつう複数で》(旧東ドイツで)文化人, 芸術家, 知識人. ≈**schock** 男 (異質の文化などに初めて接した際に経験する)文化ショック, カルチャーショック.

kul·tur·spe·zi·fisch 形 (それぞれの)文化に特有の.

Kul·tur≈spra·che 女 文化言語(現在の欧米語や日本語などのように高度に発達した文化を背景とした言語). ≈**staat** 男 文明〈文化〉国. ≈**strick** 男《戯》(Krawatte) ネクタイ. ≈**stu·fe** 女 文化段階. ≈**trä·ger** 男 文化の担い手. ≈**volk** 中 文明〈文化〉国民, 文明〈文化〉民族. ≈**wis·sen·schaft** 女 -/-en《ふつう複数で》精神〈文化〉科学. ≈**zen·trum** 中 **1** 文化的中心〔地〕. **2** (施設としての)文化センター.

Kul·tus[kʊ́ltʊs] 男 -/..te[..tə] **1** =Kult **2** 文化事業, 文化部門: Ministerium für Unterricht und ~ (ドイツの)文部省(= Kultusministerium). [*lat.* cultus „Pflege“; ◇Kultur]

Kul·tus≈frei·heit 女 -/ 信教の自由. ≈**ge·mein·de** 女 宗教的〔地域〕共同体, 信徒仲間. ≈**mi·ni·ster** 男 (ドイツ各州の)文部大臣(→Kultussenator). ≈**mi·ni·ste·rium** 中 文部省(ドイツでは各州にある).

Kul·tus·mi·ni·ster·kon·fe·renz 女 (略 KMK)(ドイツの)文部大臣会議(各州の文部大臣からなる常設の機関で, 州独自の問題以外の共通の事項を審議調整する).

Kul·tus·se·na·tor 男 (Berlin, Bremen, Hamburg 各州の)文部大臣(→Kultusminister).

Ku·ma·ne[kumá:nə] 男 -n/-n クマーン人(トルコ系東南ヨーロッパ人).

Ku·ma·rin[kumarí:n] 中 -s/〘化〙クマリン. [*fr.* coumarine; < *karib.* cumaru „Tonkabohne“]

Ku·ma·ron[..ró:n] 中 -s/〘化〙クマロン.

der **Kum·gang·san**[kʊmgaŋzán, ⌣⌣⌣] 地名 男 -〔s〕/ 金剛山, クムガンサン(北朝鮮, 太白山脈中の最高峰. 標高 1638m).

Kumm[kʊm] 男 -〔e〕s/-e, **Kum·me**[kʊ́mə] 女 -/-n《北部》**1** (木製の)椀(わん), 木鉢, ボウル. **2** (Trog) おけ; まぐさおけ. [*mndd.*; ◇Kump; *engl.* coomb]

Küm·mel[kýməl] 男 -s/- **1**〘植〙キャラウェー(セリ科)〔の実〕(→ 図 Gewürz): die Wurst mit ~ würzen (薬味として)キャラウェーの実をまぜてソーセージを作る | Kartoffeln mit ~ bestreuen ジャガイモにキャラウェーの実をふりかける | **den ~ aus dem Käse suchen 〈bohren〉**《比》つまらないことをやたらにやかましく言う(→Kümmelkäse). **2** キュンメル酒(キャラウェーの実のリキュール). [*semit.*–*gr.* kýmīnon–*lat.* cumīnum–*ahd.*; ◇ *engl.* cumin]

Küm·mel≈brannt·wein 男 -〔e〕s/ キュンメル酒(キャラウェーの実のリキュール). ≈**brot** 中 キャラウェーの実の入ったパン. ≈**kä·se** 男 キャラウェーの実をまぜこんだチーズ. ≈**korn** 中 -〔e〕s/..körner キャラウェーの実.

küm·meln[kýməln]《06》**I** 自 (h)《話》酒を飲む, 一杯やる. **II** 他 (h) **1**《話》**einen ~** 一杯やる. **2**《*et.*[4]》(…に)キャラウェーの実〈油〉を加える: *gekümmeltes* Brot キャラウェーの実を入れたパン.

Küm·mel·öl 中 キャラウェーの油.

Küm·mel·spal·ter 男 -s/-《話》小事にこだわる人, やかましい人. [< spalten]

Küm·mel·tür·ke 男 **1**《話》**a)** (Türke)〔出稼ぎの〕トルコ人. **b)** 愚か者: Du bist vielleicht ein ~! 君もばかだなあ. **c)** wie ein ~ arbeiten 重労働をする. ▽**2** (Spießbürger) 偏狭固陋(ころう)な俗物.

Kum·mer[kʊ́mər] 男 -s/ **1** 心の苦しみ, 苦悩, 心労, 悲しみ; (失敗などによる)悔やみ, 悔恨, 落胆: nagender ~ 心をさいなむ苦悩 | Liebes*kummer* 恋の悩み ‖ großen ~ um 〈über〉 *et.*[4] haben …について大いに悲しむ, …を深く心配する | *jm.* ~ machen 〈bereiten〉 …を悲しませる, …に心配させる | *sich*[3] um *jn.* ~ machen …のことを心配する | Sie hat mit ihrem Sohn viel ~. 彼女は息子のことで気苦労が多い | Das ist mein geringster ~. それは私には全くたやすいことだ ‖ Ich bin ~[4] 〈an ~[4]〉 gewöhnt. 私は(そんなことは)苦にしません, なんとかやってみましょう | aus 〈vor〉 ~ sterben 苦悩のあまり死ぬ | Zu meinem großen ~ konnte ich keine Eintrittskarte bekommen. まことに残念なことに私は入場券を入手できなかった. **2**《中部》(建築工事場にたまった材木や石の)くず.

[„Zusammengetragenes“; *mlat.* com-brus „Verhau“–*mhd.* kumber „Schutt“; ◇kon.., Bürde; *engl.* cumber]

Kum·mer·bund[kʊ́mərbʊnt][1] 男 -〔e〕s/-e〘服飾〙カマーバンド(タキシードの下の腰に巻く幅広の帯). [*pers.*–*Hindi* kamarband–*engl.* cummerbund]

Küm·me·rer[kýmərər] 男 -s/- **1**〘狩〙角の発育が悪い野獣. **2**〘農〙発育不良な家畜〈作物〉. **3**《軽蔑的に》虚弱な人.

Kum·mer≈fal·te[kʊ́mər..] 女 -/-n《ふつう複数で》心労〈心痛〉のためにできた顔のしわ. ≈**ka·sten** 男《話》(苦情などを訴える)投書箱; (新聞の)身の上相談欄.

kụ̈m·mer·lich[kʏ́mərlɪç] 形 **1** 乏しい, わずかの; 貧しい, みすぼらしい: ein ～*es* Leben führen みじめな生活を送る | Er hat einen ～*en* Lohn. 彼はわずかな賃金しか得ていない ‖ *sein* Leben ～ fristen なんとか露命をつなぐ | *sich*⁴ ～ ernähren かろうじて食いつないでいる. **2** (期待を下回って)不十分な, 貧弱な: ein ～*es* Ergebnis 不十分な成果 | Seine Leistungen sind ～. 彼の成績はお粗末だ. **3** (動植物について)発育不全の; (人間について)虚弱な, ひ弱な: ein ～*er* Baumwuchs いじけた樹木 | eine ～*e* Gestalt 弱々しい姿.

Kụ̈m·mer·lich·keit[–kaɪt] 女 –/ kümmerlich なこと.

Kụ̈m·mer·ling[..lɪŋ] 男 -s/-e 《方》 **1** 発育不全の動物〈植物〉. **2** 《軽蔑的に》虚弱な人〈子供〉, ひ弱なやつ.

Kụm·mer·mie·ne[kʊ́mər..] 女 心配そうな顔つき, 苦悩〈悲しみ〉の表情.

kụm·mern[kʊ́mərn] 《05》 自 (h) 《南部》深く悲しむ, 苦しむ.

kụ̈m·mern[kʏ́mərn] 《05》 **I** 他 (h) **1** 再帰 *sich*⁴ um *jn.* 〈*et.*⁴〉 ～ …を気にかける; …の面倒を見る; …を手に入れようとする | *sich*⁴ um die Kinder ～ 子供の面倒を見る | *sich*⁴ darum ～, daß ... …となるように心を配る | *Kümmere* dich nur um deine eigenen Angelegenheiten! 他人のことに口〈手〉を出すな. **2** (*jn.*) (事柄が…の)心をわずらわせる, (…に)かかわりがある: Das *kümmert* mich nicht. それは私には何のかかわりもない | Was *kümmert* dich das? それが君に何の関係があるというのか. **II** 自 (h) (動植物が)発育不全である; 《比》(人が)食うや食わずの生活を続ける; 活力を失う, いじける: Der Vogel *kümmert* bei der einseitigen Ernährung. その鳥は栄養がかたよって発育が悪い.
[*mhd.*; ◇Kummer]

Kụ̈m·mer·nis[kʏ́mərnɪs] 女 –/–se 《雅》悲哀, 憂愁, 心痛.

Kụm·mer·pul·le[kʊ́mər..] 女 火酒の瓶.

kụm·mer·voll 形 悲しみ〈苦悩〉に満ちた, 憂いに沈んだ.

Kụ̈m·mer·wụchs[kʏ́mər..] 男 -es/ (植物成長の)矮性(わいせい).

Kụm·met[kʊ́mət] 中 (スイス: 男) -s/-e ＝Kumt

Kụ̈·mo[kýːmoˑ] 中 -s/-s (＜Küstenmotorschiff) 沿岸用動力船.

Kump[kʊmp] 中 -s/-e 《北部》小鉢; 金属板の曲げ型.

kum·pạ·bel[kʊmpáːbəl] (..pa·bl..) 形 《話》有能な, 如才のない, 大胆な, あつかましい. [＜Kumpel+kapabel]

Kum·pạn[kʊmpáːn] 男 -s/-e 《話》 **1** 仲間, 朋輩(ほうばい): Zech*kumpan* 飲み仲間. **2** (悪事の)共犯者, 加担者, 相棒. **3** 《軽蔑的に》やつ, 野郎. **4** 〘動〙(集団生活における)仲間.
[*spätlat.* com-pāniō „Brot-genosse"－*afr.* compain －*mhd.*; ＜*lat.* pānis „Brot"; ◇Kompanie]

Kum·pa·nei[..panáɪ] 女 –/–en 《しばしば軽蔑的に》 **1** 仲間同士, 友人グループ. **2** 仲間意識; 友情: mit *jm.* ～ machen …と仲間になる〈友情を結ぶ〉.

Kụm·pel[kʊ́mpəl] 男 -s/–(-s) **1** 〘坑〙鉱員〔仲間〕. **2** 《話》仕事仲間, 同輩.

kụm·pel·haft[–haft] 形 仲間らしい, 友情のある.

kụm·peln[kʊ́mpəln] 《06》 自 (h) 《話》《mit *jm.*》(…と)仲間として親しく話をする.

kụ̈m·peln[kʏ́mpəln] 《06》 他 (h) (金属板を)プレスする, 折り曲げる. [＜Kump]

Kumpf[kʊmpf] 男 -[e]s/-e, Kümpfe[kʏ́mpfə] 《南部・オーストリア》 **1** 砥石(といし)入れ. **2** 深皿, 鉢. [*mhd.*; ◇Kump]

Kumst[kʊmst] 男 -[e]s/ 《方》キャベツの丸ごと酢漬け.
[*lat.* compositum (→Kompositum)－*mhd.* kumpost]

Kumt[kʊmt] 中 -[e]s/-e 首輪, 胸がい(馬具の一部: → 図 Geschirr). [*poln.*－*mhd.* komat]

Ku·mu·la·tiọn[kumulatsióːn] 女 –/–en (Anhäufung) **1** 積み重ね, 集積, 累積. **2** 〘医〙(薬物などの)蓄積〔作用〕.
[*spätlat.*]

Ku·mu·la·tiọns∤ef·fekt 男 累積効果; 〘医〙(薬物などの)蓄積効果. ∤**wir·kung** 女 累積作用; 〘医〙(薬物などの)蓄積作用.

ku·mu·la·tịv[..tíːf][1] 形 累積〈蓄積〉的な: ～*e* Schuldübernahme 〘法〙重畳(ちょうじょう)的債務引き受け.

Kụ·mu·li Kumulus の複数.

ku·mu·lịe·ren[kumulíːrən] **I** 自 (h) 積み重なる, 累積〈蓄積〉する: *kumulierende* Bibliographie 累積書目, 累積図書目録. **II** 他 (h) 積み重ねる: die meisten Stimmen auf *jn.* ～ 大多数の票を…に集中する ‖ 再帰 *sich*⁴ ～ 累積する. [*lat.*]

Ku·mu·lịe·rung[..rʊŋ] 女 –/–en kumulieren すること.

Ku·mu·lo·nịm·bus[kumulonímbʊs] 男 –/–se 〘気象〙積乱雲.

Kụ·mu·lus[kúːmulʊs] 男 –/..li[..liˑ] (Haufenwolke) 〘気象〙積雲. [*lat.* cumulus „Haufe"]

Kụ·mys〔s〕 (**Kụ·myß**)[kúːmʏs, kumýs] 男 –/ 馬乳酒. [*tatar.*－*russ.*]

kund[kʊnt] 形 《述語的》知られた, 周知の: ***jm. et.***⁴ **～ und zu wissen tun** 《雅》…に…を知らせる | Es ist mir ～. それは私は知っている.
[*germ.* „bekannt"; ◇können, Kunst; *engl.* couth]

ᐁ**kụnd·bar**[kʊ́ntbaːr] 形 (bekannt) 周知の, 知られた: 〘もっぱら次の形で〙 *et.*⁴ ～ machen …を一般に知らせる, …を公表する | ～ werden 公示される, 知れ渡る. [*ndd.*]

kụ̈nd·bar[kʏ́nt..] 形 (契約などが)解約可能な, 取り消す〈破棄する〉ことができる(→kündigen).

Kụn·de[1][kʊ́ndə] 男 -n/-n **1** (女 **Kụn·din**[..dɪn]–/–nen) (商人・医師・弁護士などの)客; (特に:) 顧客, 得意〔先〕, 取引先: Lauf*kunde* 浮動客 | Stamm*kunde* 固定客 | ein fauler ～ i) 払いの悪い客; ii) 信用できないやつ(→2) ‖ Er ist ein alter ～ bei 〈von〉 uns. 彼はうちの古くからの客だ ‖ 〔die〕 ～*n* bedienen 顧客の応対をする | 〔neue〕 ～*n* werben 客寄せの宣伝をする ‖ Dienst am ～*n* 客に対する〔無料〕サービス | ein fester Kreis von ～*n* 固定客層 ‖ Der ～ ist König. お客様は神様だ. **2** 《戯》(相手にせざるをえない〔いやな〕)やつ, 野郎: ein fauler ～ 《話》うさんくさいやつ | ein übler ～ いやな男. **3** 《話》(Landstreicher) 浮浪者; 遍歴職人. [*ahd.* kundo „Bekannter"; ◇kund]

Kụn·de[2][–] 女 –/–n **1** 《ふつう単数で》《雅》(Nachricht) 知らせ, 通知: ～ von *et.*³ bekommen …についての知らせを受ける. **2** 《ふつう単数で》学, 学問(→..kunde). **3** 《オーストリア》 ＝Kundschaft 1 a **4** (Bohne) (馬の)門歯のくぼみ(年齢を示す). [*ahd.* kundī; ◇kund]

..kunde[..kʊndə] 《名詞につけて「…に関する学問・研究」を意味する女性名詞 (–/)をつくる》: Volks*kunde* 民俗学 | Heimat*kunde* 郷土誌〈研究〉.

kụ̈n·den[kʏ́ndən][1] 《01》 **I** 他 (h) **1** 《雅》(kundtun) (*jm. et.*⁴) 知らせる, 告げる, 教える: Die Ruinen *künden* die Größe des vergessenen Reiches. 廃墟(はいきょ)はこの忘れられた帝国の偉大さを物語っている. **2** 《スイス》 ＝kündigen I **II** 自 (h) 《雅》《von *et.*³》(…の)存在を物語る〈証拠立てる〉.

Kụn·den∤be·ra·tung[kʊ́ndən..] 女 買い物相談〈案内〉〔所〕. ∤**be·sụch** 男 得意先まわり. ∤**dienst** 男 -[e]s/ 顧客に対するサービス〈応対〉, 客あしらい; (会社などの)サービスステーション. ∤**fang** 男 -[e]s/ 顧客獲得〔運動〕. ∤**kredit** 男 得意先〔への〕クレジット〈掛け売り〉. ∤**kreis** 男 顧客層〈圏〉. ∤**pro·duk·tiọn** 女 注文生産. ∤**spra·che** ＝Gaunersprache ∤**stock** 男 《オーストリア》 ＝Kundenkreis ∤**wer·ber** 男 顧客勧誘員. ∤**wer·bung** 女 〘商〙顧客獲得運動(広告・注文取りなど).

Kụ̈n·der[kʏ́ndər] 男 -s/– 《雅》報告〈告知〉者.

Kụnd∤fa̱hrt[kʊ́nt..] 女 《オーストリア》探検〈調査〉旅行. ∤**ga·be** 女 –/–n 《ふつう単数で》《雅》(法令などの)公布, 布告.

kụnd|ge·ben*[kʊ́ntgeːbən][1] 《52》 他 (h) 《雅》知らせる, 表明する: 〔*jm.*〕 *seine* Meinung ～ 〔…に〕自分の考えを表明する ‖ 再帰 In diesem Verhalten *gibt* sich⁴ seine Bescheidenheit *kund.* この態度には彼の謙虚さが表れている.

Kụnd·ge·bung[..bʊŋ] 女 –/–en (kundgeben すること) **1** 政治集会; 示威運動, デモ: eine ～ gegen den Krieg 戦争反対の示威運動 | die ～ des 1. Mai メーデーのデモ ‖ eine ～ veranstalten (抗議などの)集会を開催する. **2** 告知, 発

表, 声明: eine ～ der Liebe 愛の表明.

kun·dig[kóndıç][2] 形 十分な知識をもった, 練達の, 熟知〈精通〉した: ein ～*er* Führer ベテランの案内人 ‖〖2 格と〗der deutschen Sprache ～ sein ドイツ語に精通している | Er ist des Weges nicht ～. 彼はその道をよくは知らない. [*ahd.*; ◇Kunde[2]]

kün·di·gen[kýndıgən][2] **I** 他 (h) ⦅(*jm.*) *et.*[4]⦆ ((…に)…の)解約を予告する; ((…に)…の)破棄を通告する: einen Mietvertrag ～ (貸し手または借り手が)賃貸契約の解約を申し入れる | *jm.* eine Wohnung ～ …に(一定期日に)借家を出る〈出て欲しい〉と予告する | *jm.* die Freundschaft ～ …と絶交する. **II** 自 (h) **1** ⦅*jm.*⦆ (…に)解雇通知をする: *jm.* zum Ende des Monats ～ …にその月かぎりで解雇する旨通告する. **2** 退職を申し出る: Der Diener hat zum Ersten 〈für den Ersten〉 *gekündigt.* 召使いは一日(ついたち)かぎりで暇を取りたいと申し出た.

Kün·di·gung[..gʊŋ] 女 -/-en 〖法〗解約告知.

Kün·di·gungs≠frist 女 〖法〗解約告知期間: ein Zimmer mit sechswöchiger ～ mieten 解約する場合は6週間前に通告するという条件で部屋を借りる. **≠schrei·ben** 中 〖法〗〔予告〕解約状〈通知〉. **≠schutz** 男 〖法〗(被傭者・賃借人に対する)解雇〈解約〉からの保護. **≠ter·min** 男 ＝Kündigungsfrist

Kun·din Kunde[1] 1 の女性形.

kund|ma·chen[kóntmaxən] 他 (h) ⦅オーストリア⦆⦅官⦆ (bekanntmachen) 一般に知らせる, 公表する: ein Gesetz ～ 法律を公布する.

Kund·ma·chung[..xʊŋ] 女 -/-en ⦅南部・オーストリア・スイス⦆ (Bekanntmachung) 公表, 公示; 布告, 告示.

Kund·sa·me[kóntza:mə] 女 -/-n ⦅スイス⦆ = Kundschaft 1 a, 2 a

Kund·schaft[kónt-ʃaft] 女 -/-en **1 a)** ⦅単数で⦆⦅集合的に⦆ 顧客(→Kunde[1] 1): eine große ～ haben 得意先が多い. **b)** ⦅オーストリア⦆ (特に女性の)顧客(→Kunde[1] 1). **c)** ⦅単数で⦆ 顧客であること. ▽**2 a)** 情報活動〈収集〉: auf ～ ausgehen 偵察に出かける | *jn.* auf ～ ausschicken …を偵察に出す. **b)** 情報, 報告.

kund·schaf·ten[kónt-ʃaftən] ⦅01⦆ 自 (h) 情報収集をする, 偵察する.

Kund·schaf·ter[..tər] 男 -s/- 情報収集者, 偵察員, スパイ: ～ nach *jm.* aussenden …のもとへ人を出して探りを入れる.

kund≠|tun*[kónt..] ⦅198⦆ 他 (h) ⦅雅⦆ (kundgeben) 知らせる, 表明する. **≠|wer·den*** ⦅208⦆ 自 (s) ⦅雅⦆ 知れ渡る; 知らされる; 気づく.

ku·nei·form[kuneifórm] 形 (keilförmig) 〖医〗くさび形の. [＜*lat.* cuneus „Keil"＋fōrma (→Form)]

Kü·net·te[kynétə] 女 -/-n (特に城の堀などの)排水溝. [*it.* (la)cunetta „Pfütze"–*fr.*; ＜*lat.* lacūna (→Lakune)]

künf·tig[kýnftıç][2] **I** 形 ⦅付加語的⦆ きたるべき, 未来の, 将来の(→nächst I 2 a): die ～*e* Generation 次の世代の人々 | ～*es* Jahr[4] (略 k. J.) 来年に | ～*en* Jahres (略 k. J.) 来年に, 来年の | im ～*en* Leben 来世に | in ～*er* Zeit 将来, 未来に | Die ～*en* Jahre werden zeigen, daß … 近年中に…ということが明らかになるでしょう. **II** 副 今後〔は〕, 将来〔は〕: Ich werde mich ～ mehr in acht nehmen. これからはもっと注意します. [*ahd.*; ＜*ahd.* kumft „Kommen" (◇kommen)]

künf·tig·hin[kýnftıçhın, ∪∪⌣] 副 将来〔は〕, 今後.

Kun·ge·lei[kʊŋəlái] 女 -/-en kungeln すること.

kun·geln[kóŋəln] ⦅06⦆ 自 (h) ⦅軽蔑的に⦆ やみ取引をする, 裏取引する: um Ministerämter ～ 大臣のポストをめぐってひそかに取引する. [＜Kunkel]

Kung-Fu[kʊŋfú:] 中 -〔s〕/ カンフー(功夫)(中国の拳法の一種で, 護身術に用いる). [*chines.*]

Kung·fu·tse[kʊŋfú:tsə] ＝Konfutse

Ku·ni·bert[kú:nibɛrt] 男名 クーニベルト. [＜*ahd.* kunni „Geschlecht"]

Ku·ni·gund[..gʊnt] 女名 クーニグント. [＜*ahd.* gund „Kampf"]

Ku·ni·gun·de[kunigóndə] 女名 クニグンデ.

Kun·kel[kóŋkəl] 女 -/-n ⦅南部・西部⦆ **1** (Spinnrocken) 糸巻きざお: *et.*[4] **an der ～ haben** ⦅比⦆ …を計画している. ▽**2** (象徴的表現として)女性. [*mlat.* conucula–*ahd.*; ＜*lat.* colus „Spinnrocken"]

Kun·kel≠le·hen 中 〖史〗女性も相続可能な采邑(さいゆう). ▽**≠ma·ge** 男 妻(母方)の親族. **≠stu·be** 女 ⦅南部・西部⦆ 糸つむぎ室.

▽**Kunk·ta·tor**[kʊŋktá:tɔr, ..to:r] 男 -s/-en[..tató:rən] (意図的に)優柔不断な人. [*lat.*; ＜*lat.* cūnctārī „zaudern"]

Kun·ming[kónmıŋ, kŭənmíŋ] 地名 昆明, クンミン(中国, 雲南 Jünnan 省の省都).

Ku·no[kú:no·] 男名 (＜Kunibert, Konrad) クーノ.

Kunst[kʊnst] 女 -/Künste[kýnstə] **1 a)** (英: *art*) 芸術, (特に:) 美術: die bildenden *Künste* 造形美術(絵画・彫刻・建築・工芸など) | die schönen *Künste* 芸術(造形美術のほか文学・音楽を含む) ‖ die ～ fördern 芸術を振興する | Die ～ geht nach Brot. ⦅諺⦆ 芸術も金しだい(芸術家とて食っていかねばならない). **b)** ⦅単数で⦆⦅集合的に⦆ 芸術作品: die ～ des Mittelalters ausstellen 中世の芸術品を展示する.

2 a) 術, わざ, 芸, 技能, 技法; (↔Natur) 人工: die ärztliche ～ 医術 | **eine brotlose ～** 金にならない技能〈能力〉| die ～ des Reitens 〔乗〕馬術 | die ～ zu lesen 読書術 | **die 〔Sieben〕 Freien *Künste*** リベラルアーツ(中世の大学で自由民の教養科目として掲げられた文法・論理・修辞・算術・幾何・天文・音楽の7科目: →Quadrivium, Trivium) | **die Schwarze ～** 魔術, 魔法; ⦅戯⦆ 印刷術 | ⦅Die ～ der Fuge⦆ (J.S.Bach の)『フーガの技法』‖ Die Selbstbeherrschung ist eine schwere ～. 自制はむずかしいものだ | **Das ist keine ～!** ⦅話⦆ それは大したことではない ‖ **alle *seine Künste* spielen lassen** ⦅話⦆ 手練手管の限りを尽くす, 腕によりをかける | *seine Künste* zeigen 芸を見せる ‖ *Kunst* bringt Gunst. ⦅諺⦆ 芸は身を助く | **Was macht die ～?** ⦅話⦆ (仕事の)調子はどうだい, うまく行ってるかい ‖ nach allen Regeln der ～ (→Regel 1 a) ‖ mit *seiner* ～ am Ende sein (→Ende 1 a). **b)** 人工のもの: **～ sein** ⦅話⦆ 人工のもの〈合成品〉である | Das ist nur ～. それは作りものでしかない. [*ahd.* kunst „Wissen〔schaft〕"; ◇können, kund]

kunst.. ⦅名詞につけて「人工の…, 人造の…, 合成…」などを意味する⦆: *Kunst*dünger 人造〈化学〉肥料 | *Kunst*harz 合成樹脂 | *Kunst*rasen 人工芝.

Kunst≠af·ter[kónst..] 男 〖医〗人工肛門(こうもん). **≠aka·de·mie** 女 美術大学. **≠an·la·ge** 女 -/-n **1** 芸術的素質. **2** ⦅複数で⦆ 遊園地. **≠an·schau·ung** 女 芸術観. **≠arm** 男 〖医〗義腕. **≠au·ge** 中 〖医〗義眼. **≠aus·druck** 男 -〔e〕s/..drücke 術語, 専門語〔的表現〕. **≠aus·stel·lung** 女 美術展覧会. **≠band** 男 画集, 複製美術書. **≠bau** 男 -〔e〕s/..ten ⦅ふつう複数で⦆〖土木〗道路付随構築物(橋・トンネル・築堤など).

kunst·be·flis·sen I 形 芸術〈美術〉に関心の深い; 芸術〈美術〉専攻の. **II Kunst·be·flis·se·ne** 男 女 ⦅形容詞変化⦆ 芸術〈美術〉研究者; 芸術〈美術〉専攻生.

kunst·be·gei·stert 形 芸術〈美術〉を熱愛する.

Kunst≠bei·la·ge[kónst..] 女 (新聞などの)付録芸術〔特集〕欄; (新聞・雑誌などに付録としてつけられた)複製名画. **≠bein** 中 〖医〗義足. **≠be·trach·tung** 女 美術の鑑賞. **≠blatt** 中 **1** (アート紙に印刷された)美術作品の複製写真〔ページ〕. **2** = Kunstzeitschrift **≠blu·me** 女 造花. **≠buch** 中 美術書. **≠but·ter** 女 人造バター, マーガリン. **≠darm** 男 (ソーセージの)人工ケーシング〈皮〉. **≠denk·mal** 中 芸術的文化遺産. **≠dia·mant** 男 人造ダイヤモンド. **≠dich·tung** 女 純文学. **≠dieb** 男 美術品泥棒. **≠druck** 男 -〔e〕s/-e **1** (アート紙を用いた)写真印刷. **2** ＝Kunstblatt 1

Kunst·druck·pa·pier 中 〖印〗アート紙.

Kunst≠dün·ger 男 (↔Naturdünger) 〖農〗人造〈化学〉肥料. **≠dün·gung** 女 〖農〗化学肥料による施肥.

K

Kün·ste Kunst の複数.
Kunst≠eis[kúnst..] 中 人造氷. **≠eis·bahn** 女 人工スケートリンク.
Kün·ste·lei[kʏnstəlái] 女 -/-en **1** 人工, 作為; 技巧的なこと, わざとらしさ, 凝りすぎ, 虚飾, 気取り. **2** 作為(技巧)的作品.
kün·steln[kʏ́nstəln] 《06》 ᵛ**I** 自 (h) 技巧(工夫)をこらす; 意識的な(気取った)態度をとる: an *et.*[3] ~ …にいろいろ細工をする, …をいじくりまわす. ᵛ**II** 他 (h) (erkünsteln) 装う, 見せかける, (…の)ふりをする. **III ge·kün·stelt** → 別出
[<Kunst]
Kunst≠en·zym[kúnst..] 中 《生物技術》 人工(合成)酵素. **≠er·zeug·nis** 中 芸術作品, 美術品. **≠er·zie·hung** 女 -/ 芸術(美術)教育; (授業科目としての)美術. **≠fäl·schung** 女 美術品の模造(偽造); 偽造美術品. **≠fa·ser** 女 人造(化学)繊維, ファイバー. **≠feh·ler** 男 (医師などの)人為ミス, 技術ミス, 処置の誤り.
kunst·fer·tig 形 (技術的に)巧みな, 腕のいい, 芸達者な.
Kunst≠fer·tig·keit 女 (技術上の)熟練, 練達, 手腕, 芸達者. **≠fleisch** 中 人造肉. **≠flie·ger** 男 《空》 曲芸(曲乗り)飛行家, 高等技術を備えた操縦士. **≠flug** 男 《空》 曲芸(曲乗り)飛行, 高等飛行. **≠form** 女 技術形態; 芸術形式. **≠freund** 男 美術(芸術)愛好家; 芸術家のパトロン. **≠füh·rer** 男 美術ガイドブック. **≠gärt·ner** 男 園芸家, 庭師. **≠gärt·ne·rei** 女 園芸, 造園(作庭)術. **≠ge·gen·stand** 男 芸術作品, 美術品. **≠ge·lehr·te** 男 女 芸術(美術)研究家.
kunst·ge·mäß[kúnst..] =kunstgerecht
Kunst·ge·nuß 男 芸術(美術)鑑賞.
kunst·ge·recht 形 技術上の規則(規範)にかなった, 専門家的な(正規の)やり方の: eine Wunde ~ verbinden 傷に正式に(きちんと)包帯する.
Kunst·ge·schich·te[kúnst..] 女 -/ 芸術(美術)史.
kunst·ge·schicht·lich 形 芸術(美術)史(上)の.
Kunst≠ge·wer·be 中 -s/ 工芸(美術). **≠ge·werb·ler**[..gəvɛrplər] 男 -s/- (女 **≠ge·werb·le·rin**[..lərɪn]-/-nen) 工芸家.
kunst·ge·werb·lich 形 工芸(上)の; 《劇》 アルチザン(職人)的な.
Kunst≠glas 中 -es/..gläser ガラス工芸品. **≠glied** 中 《医》 義肢. **≠griff** 男 手, こつ, 芸当, 技巧; 手管, 術策, トリック: ein raffinierter ~ 巧みな技(策略) | mit wenigen ~*en* 簡単(容易)に, 苦もなく. ᵛ**≠hal·le** 女 (Museum) 美術館. **≠han·del** 男 -s/ 美術商(取引). **≠händ·ler** 男 美術商(人). **≠hand·lung** 女 美術品店. **≠hand·werk** 中 (美術)工芸(品). **≠hand·wer·ker** 男 工芸家. **≠harz** 中 合成樹脂. **≠herz** 中 《医》 人工心肺. **≠hi·sto·ri·ker** 男 芸術(美術)史家. **≠hoch·schu·le** 女 美術大学. **≠holz** 中 **1** 合板, ベニヤ板. **2** 成形木材. **3** プラスチック=ウッド(木工品補修用の合成剤). **≠ho·nig** 男 人造蜜(みつ), シロップ. **≠horn** 中 -(e)s/-e (ガラライト・セルロイドなどの)人造角質. **≠in·sel** 女 人工島. **≠ken·ner** 男 芸術(美術)通(つう). **≠kniff** 男 技巧; 策略; ごまかし. **≠kopf** 男 ダミーヘッド(人間の頭部模型にマイクを埋め込んだステレオ録音装置). **≠kraft·sport** 男 《スポ》 (特に筋力を要する)曲技体操. **≠kri·tik** 女 美術批評; 芸術批評. **≠kri·ti·ker** 男 美術(芸術)批評家. **≠lauf** 男 フィギュアスケーティング. **≠le·der** 中 人造(合成)皮革.

Künst·ler[kʏ́nstlər] 男 -s/- (女 **Künst·le·rin**[..lərɪn] -/-nen) **1** 芸術家(画家・作家・俳優・音楽家など); 芸人: ein großer (begabter) ~ 偉大な(才能のある)芸術家. **2** 名人: ein ~ im Sparen 節約の名人. [<künsteln]
künst·le·risch[..lərɪʃ] 形 **1** 芸術(上)の, 芸術に関する. **2** 芸術(家)的な, 美的な; 芸人的な: Er hat eine ~*e* Ader. 彼には芸術家の素質がある | Das Gemälde ist ~ sehr wertvoll. この絵は芸術的に非常に貴重なものだ.
Künst·ler≠knei·pe[kʏ́nstlər..] 女 芸術家のたむろする酒場. **≠ko·lo·nie** 女 芸術家の(多く)住む地域; 芸術家村. **≠le·ben** 中 芸術家の生活(一生). **≠na·me** 男 芸名, 雅号, 筆名. **≠pech** 中 《戯》 (ちょっとした)災難.
Künst·ler·schaft[kʏ́nstlərʃaft] 女 -/ **1** 《集合的に》 芸術家. **2** =Künstlertum
Künst·ler·tum[..tu:m] 中 -s/ 芸術家であること, 芸術家性, 芸術家としての才能(特性).
künst·lich[kʏ́nstlɪç] 形 **1** (↔natürlich) 人工の, 人造の: ~*e* Atmung 人工呼吸 | ~*e* Besamung (動物の)人工受精 | ~*e* Blumen 造花 | *Künstliche* Intelligenz (略 IK) 人工頭脳 | ~*e* Niere 人工腎臓(じんぞう) | ~*er* Schnee 人工雪 | ein ~*er* See 人造湖 | ~*e* Sprache 《言》 人工言語(=Kunstsprache) | ein ~*er* Zahn 義歯 ‖ einen Säugling ~ ernähren 乳児を人工栄養で育てる. **2** 不自然な, 作為的(意図的)な, 見せかけの: ~*es* Lachen つくり笑い ‖ *sich*[4] **~ aufregen** 《話》 (理由もないのに)わざとらしく(大げさに)憤慨する, 必要以上にいきり立つ | ~ gehaltener Preis 協定価格 ‖ einen Prozeß ~ in die Länge ziehen 訴訟をわざと長びかせる. ᵛ**3** =künstlerisch
[*mhd.* „geschickt"; ◇Kunst]
Künst·lich·keit[-kaɪt] 女 -/-en 《ふつう単数で》 künstlich なこと.
Kunst·licht[kúnst..] 中 -(e)s/ (↔Tageslicht) 人工光(照明).
Kunst·licht·auf·nah·me 女 《写》 人工照明撮影.
Kunst≠lieb·ha·ber 男 美術(芸術)愛好家. **≠lied** 中 (↔Volkslied) (文学者・音楽家の手になる)創作歌謡(歌曲), 芸術歌謡(歌曲).
kunst·los[kúnstlo:s][1] 形 (↔kunstvoll) 非芸術的な, 単純な: ein ~*er*, nüchterner Bau 実用一点ばりの建築(物).
Kunst·lo·sig·keit[..lo:zɪçkaɪt] 女 -/ kunstlos なこと.
Kunst≠ma·ler 男 (デザイナー・ペンキ屋などではない本来の)画家, 画伯. **≠mär·chen** 中 (↔Volksmärchen) 創作童話. **≠markt** 男 美術品市場. **≠mar·mor** 男 人造大理石.
kunst·mä·ßig[kúnst..] 形 **1** 芸術(美術)的な; 技術的な. **2** =kunstgerecht
Kunst≠mit·tel 中 芸術的手法(方法); 人工材料. **≠mu·se·um** 中 美術館. **≠ob·jekt** 中 芸術作品, 美術(工芸)品. **≠pau·se** 女 (演説やせりふの)技巧的(意図的)な間(ま): eine ~ machen (einlegen) 間を置く, 言葉を切る. **≠post·kar·te** 女 (絵画など)美術作品の色刷り絵はがき. **≠pro·sa** 女 文学的散文. **≠ra·sen** 男 人工芝. **≠raub** 男 芸術品略奪(横領).
kunst·reich 形 **1** =kunstvoll **2** (geschickt) 器用な.
Kunst≠rei·ter[kúnst..] 男 曲馬師. **≠rich·ter** 男 芸術(美術)批評家. **≠rich·tung** 女 芸術の流派(傾向). **≠samm·ler** 男 美術品収集家. **≠samm·lung** 女 **1** 美術品の収集. **2 a)** 《集合的に》 収集された美術品. **b)** 美術館. **≠schaf·fen·de** 男 女 《形容詞変化》 芸術家. **≠schmied** 男 金属細工師(彫金家など). **≠schnee** 男 人工雪. **≠schrei·ner** 男 《方》 = Kunsttischler **≠schu·le** 女 **1** 美術(工芸)学校. **2** 美術(芸術)の流派(エコール). **≠schwamm** 男 合成スポンジ. **≠schwim·men** 中 -s/ 《泳》 シンクロナイズド=スイミング. **≠sei·de** 女 《織》 人造絹糸(けんし), 人絹, レーヨンフィラメント. **≠sinn** 男 -(e)s/ 芸術的感覚(センス).
kunst·sin·nig 形 芸術的感覚(センス)のある.
Kunst≠spra·che[kúnst..] 女 **1** (↔Natursprache) 人工言語(エスペラント・コンピューター言語など). **2** 専門用語. **3** 《史》 文学語, 雅語. **≠sprin·gen** 中 -s/ 《泳》 飛び板飛び込み. **≠stein** 男 **1** 人造石(材), 擬石(材). ᵛ**2** コンクリートブロック. **≠sticke·rei** 女 美術ししゅう. **≠stoff** 男 (化学)合成物質(プラスチックなど).
Kunst·stoffo·lie[kúnst-ʃtɔffo:liə] (**Kunst·stoff·fo·lie**) 女 -/-n プラスチックフィルム(ラップ・箔(はく)).
Kunst·stoff·ra·sen 男 人工芝.
kunst|stop·fen[kúnst..] 他 (h) 《ふつう不定詞・過去分詞で》 《服飾》 (衣服または破れ目を)かけはぎ(で補修)する, かがる: das Loch in der Hose ~ lassen ズボンの穴をかけはぎしてもらう | einen Anzug durch *Kunststopfen* ausbessern 背広をかけはぎで補修する.

Kunst·stop·fe·rei[kʊnst-ʃtɔpfəráɪ, ◡◡◡◡−] 女〘服飾〙 **1**《単数で》かけはぎ, かがり. **2** かけはぎ専門店.

Kunst≠stück[kʊ́nst..] 中 芸当, 曲芸, 手品: ein ~ vormachen 曲芸〈手品〉を見せる | **Das ist kein ~!**《話》それは大したことではない | *Kunststück!*《皮肉》当たり前さ, 朝飯前だよ, 大したことないや. **≠stu·dent** 男 美術大学の学生; 芸術学〈芸術史〉専攻の大学生. **≠tisch·ler** 男 工芸家具職人. **≠tur·nen** 中 (競技種目としての)体操. **≠ver·ein** 男 芸術〈美術〉協会. **≠ver·lag** 男 美術〔書〕出版社. **≠ver·stand** 男 美術〈芸術〉の知識; 芸術的理解力.

kunst≠ver·stän·dig 形 美術〈芸術〉通の; 芸術的感覚のある: die *Kunstverständigen* 美術〈芸術〉のわかる人々. **≠voll** 形 (↔kunstlos) 芸術的に作られた, みごとな; (機械などが)精巧な.

Kunst≠werk[kʊ́nst..] 中 芸術作品; 精巧な作品〈製品〉. **≠wert** 男 -〔e〕s/-e **1** (↔Geldwert) 美術〈骨董(こっとう)〉的価値. **2**《ふつう複数で》芸術〈美術〉品. **≠wis·sen·schaft** 女 美学, 芸術学. **≠wol·le** 女 人造羊毛. **≠wort** 中 -〔e〕s/..wörter〘言〙(ギリシア語・ラテン語などから新しく合成された)人工〈混成〉単語(㊞ Automobil, Vitamin). **≠zeit·schrift** 女 美術〔雑〕誌. **≠zweig** 男 芸術〈美術〉の部門〈ジャンル〉.

kun·ter·bunt[kʊ́ntɐrbʊnt] **I** 形 色とりどりの; ひどく乱雑な: ein *~es* Programm 多彩なプログラム | Hier herrscht ein *~es* Durcheinander. ここはひどく乱雑だ ‖ *et.*[4] ~ 〔herum〕werfen …を散らかす. **II Kun·ter·bunt** 中 -s/ 多彩; 乱雑, 混乱. [<contrabund „vielstimmig"+bunt; ◇Kontrapunkt]

Kunz[kʊnts] 男名 (<Konrad) クンツ: Hinz und ~ (→Hinz).

Kuo·min·tang[kŭomɪntáŋ] 女 -/ 〔中国〕国民党(1912年孫文を中心に結成され,1925年以後蔣介石の指導下にあった. 1949年蔣介石が中国本土を追われて以来台湾に移った).

Kuo Mo-juo[kŭo moʒŭó:] 人名 郭沫若, クオ モールオ (1892-1978; 中国の文学者・歴史家・政治家).

Kü·pe[ký:pə] 女 -/-n 染料液; 染料がま〈おけ〉. [*lat.* cūpa „Kufe"−*mndd.*; ◇Kuppe, Kufe[2]]

Ku·pee[kupé:] 中 -s/-s =Coupé

Ku·pee·kof·fer《オーストリア》=Handkoffer

Ku·pel·le[kupɛ́lə] 女 -/-n =Kapelle[2]

ku·pel·lie·ren[kupɛlí:rən] =kapellieren

Kü·pen·farb·stoff[ký:pən..] 男 (水溶性・耐光性の)タール染料. [<Küpe]

Kü·per[ký:pɐr] 男 -s/- **1**《北部》おけ〈たる〉職人; 酒蔵管理人. **2**〘商〙(貿易港の)貨物〈倉庫〉管理業者. [*mndd.*]

Kup·fer[kʊ́pfɐr] **I** 中 -s/ 銅(記号 Cu); 銅器; 銅貨: Draht aus ~ 銅線 | ein Bild in ~ stechen 絵を銅版に彫る | in ~ bezahlen 銅貨で支払う | Ich habe nur noch ~ im Geldbeutel.《話》私は財布の中にはもう銅貨しかない(もうほとんど金がない) ‖ das ~ putzen 〈polieren〉 銅器を磨く. **II** 中 男 -s/- 銅版画: ein Buch mit vielen *~n* 銅版画のたくさん入った本. [*lat.* (aes) Cyprium „zyprisches (Erz)"−*spätlat.* cuprum−*germ.*; ◇Zypern; *engl.* copper]

Kup·fer≠aus·schlag[kʊ́pfɐr..] 男 にきび. **≠berg·werk** 中〘坑〙銅山. **≠blatt** 中 銅版; 銅版画. **≠blau** =Bergblau **≠blech** 中 銅板. **≠blü·te** 女 -/ 〘鉱〙毛赤銅鉱. **≠draht** 男 銅線. **≠druck** 男 -〔e〕s/-e **1**《単数で》銅版印刷〔術〕. **2** 銅版画. **≠erz** 中〘鉱〙銅鉱.

kup·fer≠far·ben 形, **≠far·big** 形 銅色の, 赤褐色の.

Kup·fer≠fin·ne 女 =Kupferrose **≠geld** 中 -〔e〕s/ 銅貨. **≠glanz** 男〘鉱〙輝銅鉱. **≠glucke** 女 (Wollraupenspinner)〘虫〙ヒロバカレハ(広羽枯葉蛾). **≠gold** 中 =Tombak **≠grün** 中 (Grünspan)〘化〙緑青.

kup·fer·hal·tig[kʊ́pfɐrhaltɪç][2] 形 銅を含んだ.

Kup·fer≠ham·mer 男 [▽]**1** 銅工場. **2** 銅圧延用ハンマー. **≠haut** 女〘建〙銅板被覆. **≠hüt·te** 女 銅精錬所.

kup·fe·rig[kʊ́pfərɪç][2] (**kupf·rig**[..pfrɪç][2]) 形 銅のような; 銅を含んだ; 銅色の.

Kup·fer≠kalk[kʊ́pfɐr..] 男 酸化銅. **≠kes·sel** 男 銅製のやかん〈ボイラー〉. **≠kies** 男〘鉱〙黄銅鉱. **≠le·gie·rung** 女 銅合金. **≠lei·ter** 男 (電線の)銅芯(しん). **≠mün·ze** 女 銅貨.

kup·fern[kʊ́pfɐrn] 形 **1**《付加語的》銅の; 銅製の: eine *~e* Kanne 銅製のポット ‖ die *~e* Hochzeit (→Hochzeit 1) | der *Kupferne* Sonntag (→Sonntag). **2** 銅色の, 赤褐色の: ~ leuchten 赤褐色に輝く.

Kup·fer≠na·se[kʊ́pfɐr..] 女《戯》赤鼻. **≠oxyd** 中〘化〙酸化銅;〘鉱〙赤銅鉱. **≠plat·te** 女 銅板. **≠rohr** 中 銅管. **≠ro·se** 女〘医〙酒皶(しゅさ)(顔面にできる赤い炎症).

kup·fer·rot 形 赤銅色の.

Kup·fer≠schie·fer 男 含銅粘板岩. **≠schmied** 男 銅細工師. **≠sei·de** 女〘織〙キュプラフィラメント, 銅アンモニア糸. **≠ste·cher** 男 **1** 銅版彫刻家: Mein lieber Freund und ~! (→Freund I 4). **2**〘虫〙キクイムシ(木食虫)〔科の昆虫〕. **≠stich** 男 **1**《単数で》銅版彫刻術. **2** 銅版画.

Kup·fer·stich·ka·bi·nett 中 (美術館などの)銅版画収蔵室, 版画〔研究〕部.

Kup·fer≠stück 中 (加工する前の素材としての)銅; 銅貨;〘工〙(はんだごての)銅製の頭部(→ 図 löten). **≠sul·fat** 中 -〔e〕s/ 硫酸銅. **≠ver·gif·tung** 女 銅中毒. **≠vi·tri·ol** 中〘化〙硫酸銅, 胆礬(たんばん). **≠werk** 中 銅版画〔集〕.

kupf·rig =kupferig

[▽]**Ku·pi·di·tät**[kupiditɛ́:t] 女 -/ 肉欲, 情欲.

Ku·pi·do[kupí:do·] **I** 人名 =Cupido [▽]**II** 女 -/ 肉欲, 欲情; 欲求, 渇望. [<Cupido]

ku·pie·ren[kupí:rən] 他 (h) **1** 切って〈刈って〉短くする: einen Hund am Schwanz 〈einem Hund den Schwanz〉 ~ 犬の尾を切る | eine Hecke ~ 生け垣を刈り込む | [▽]eine Fahrkarte ~ 切符を切る ‖ ein *kupiertes* Gelände (掘割・生け垣などで)仕切られた地域. **2** eine Krankheit ~ 病気の発生〈進行〉を阻む. **3** den Wein ~ ワインにまぜものをする | die Karten ~ トランプをきる. [*fr.* couper; ◇Kuppe, Coupé]

Ku·pol·ofen[kupó:l..] 男〘金属〙溶銑炉, キューポラ. [*spätlat.* cūpula (→Kuppel)−*it.* cupola]

Ku·pon[kupɔ̃:, ..pɔ́ŋ; オーストリア: ..pó:n] 男 -s/-s =Coupon

Ku·pon·〔ab·〕schnei·der[kupɔ̃:..] 男《軽蔑的に》(働かずに)利息で食っている人.

Kup·pe[kʊ́pə] 女 -/-n **1** 丸い山頂(→ 図 Berg B);〘地〙平頂海山. **2** (指などの)丸い先端. **3** (くぎ・ピン・マッチ棒などの)丸い頭部. [*lat.* cūpa (→Küpe)−*mlat.* cuppa „Becher"; ◇Kopf; *engl.* cup]

Kup·pel[kʊ́pəl] 女 -/-n〘建〙丸屋根, 丸天井, ドーム(→ 図). [*spätlat.* cūpula „Tönnchen"−*it.* cupola]

Laterne
Auge (Oberlicht)
Dachfenster
Dom
Trommel

Kuppel

Kup·pel≠bau 男 -〔e〕s/-ten〘建〙丸屋根〈ドーム〉建築物. **≠dach** 中 =Kuppel

Kup·pe·lei[kʊpəláɪ] 女 -/-en 売春仲介; (いかがわしい)恋の取り持ち. [<kuppeln[2]]

Kup·pel·ge·wöl·be[kʊ́pəl..] 中 =Kuppel

kup·peln[1][kʊpəln]《06》他 (h)〘建〙丸屋根〈ドーム〉をつける.

kup·peln[2][−]《06》**I** 他 (h) **1** (二つのものを)つなぎ合わせる;《*et.*[4] an *et.*[3]》(…を…に)連結する;《*et.*[4] mit *et.*[3]》(…を…と)連動させる;〘言〙ハイフンで結ぶ: einen Anhänger an den LKW ~ トレーラーをトラックに連結する. **2** (男女間の)取り持ちをする; (売春の)仲介をする. **II** 自 (h) **1** (自動車の)クラッチを入れる. **2** 男女の取り持ちをする. [*mhd.*; ◇koppeln]

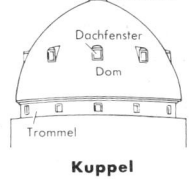

Kup·pel·ofen[kúpəl..] =Kupolofen
Kup·pel≠pelz 男《話》《次の成句で》*sich*³ **einen 〈den〉 ～ verdienen** 男女の仲を取り持つ. **≠stan·ge** 女〘工〙連結棒. [<kuppeln²]
Kup·pe·lung[kúpəluŋ] 女 -/-en =Kupplung
kup·pen[kúpən] 他 (h) (木を)刈り込む. [<Kuppe]
kup·pig[kúpɪç]² 形 (先端が)丸みを帯びた; 丸い山頂の連なる.
Kupp·ler[kúplər] 男 -s/- (⊛ **Kupp·le·rin**[..lərɪn]-/-nen) 男女間の取り持ち人; 売春仲介者.
kupp·le·risch[..lərɪʃ] 形 男女の仲を取り持つ; 売春を仲介する.
Kupp·lung[kúpluŋ] 女 -/-en **1**《単数で》(kuppeln すること. 特に:) 連結. **2 a)**〘鉄道〙連結器. **b)**〘工〙継ぎ手. **3 a)** クラッチ(原動軸と従動軸を接続または切断する装置). **b)** =Kupplungspedal [<kuppeln²]
Kupp·lungs≠au·to·mat 男〘工〙オートクラッチ装置. **≠he·bel** 男〘工〙クラッチレバー. **≠pe·dal** 中〘工〙クラッチペダル: das ～ treten クラッチペダルを踏む. **≠schei·be** 女〘工〙クラッチ板. **≠spiel** 中〘工〙クラッチの遊び.
Ku·pris·mus[kuprísmʊs] 男 -/ 〘医〙銅中毒. [<*spätlat.* cuprum (→Kupfer)]
Kur¹[ku:r] 女 -/ =Cour
Kur²[—] 女 -/-en 治療, 療養; 保養のための滞在: eine ～ machen 治療を受ける | Die ～ schlägt an. 治療がきく | ***jn.* in 〔die〕 ～ nehmen** …を治療する;《話》…をたしなめる, …に説教する | zur ～ fahren 保養〈湯治〉に行く. [*lat.* cūra „〔Für〕sorge"; ◇*engl.* cure]
ᵛ**Kur**³[—] 女 -/-en (Wahl) (特にドイツ皇帝選挙制時代の)選挙〔権〕. [*ahd.* kuri; ◇kiesen², küren]
Kür[ky:r] 女 -/-en (↔Pflicht)〘スポ〙(体操・フィギュアスケートなどの)自由演技.
ku·ra·bel[kurá:bəl] (..ra·bl..) 形 (↔inkurabel) (heilbar) 治療可能な, 治る. [*lat.*; <*lat.* cūrāre (→kurieren)]
ᵛ**Ku·rand**[kuránt]¹ 男 -en/-en〘医〙患者, 療養者.
Kur·an·stalt[kú:r..] 女 療養所, サナトリウム.
ku·rant[kuránt] **I** 形 (略 crt.) (gängig) (貨幣などが)通用〈流通〉している. ᵛ**II Ku·rant**¹ 中 -〔e〕s/-e 本位貨幣, 通貨. [*fr.*; <*lat.* currere (→kurrent)]
Ku·rant²[—] 男 -en/-en《スイ》(Kurgast) 保養客. [<kurieren]
Ku·rant·geld 中 =Kurant¹
ᵛ**ku·ran·zen**[kurántsən]《02》《過分 kuranzt》他 (h)《話》(plagen) 苦しめる, いじめる. [<*mlat.* carentia „Bußübung"]
Ku·ra·re[kurá:rə] 中 -〔s〕/ クラーレ(南アメリカのインディアンが矢に塗る毒物). [*karib.*–*span.*]
Ku·rasch[kurá:ʃ] 女 -/《オーストリア》=Courage
Kü·raß[ký:ras] 男 ..rasses/..rasse (Brustharnisch) 胸甲(→ 図 Panzer). [*fr.* cuirasse; <*lat.* corium „Fell"]
Kü·ras·sier[kyrasí:r] 男 -s/-e (15-19世紀の)甲騎兵(重騎兵の一種). [*fr.* cuirassier]
Ku·rat[kurá:t] 男 -en/-en〘カトリック〙支聖堂つき司祭. [*mlat.* cūrātus; <*lat.* cūra (→Kur²); ◇Curé; *engl.* curate]
ᵛ**Ku·ra·tel**[kuraté:l] 女 -/-en (Vormundschaft)〘法〙後見: unter *js.* ～³ stehen …の後見を受けている;《比》…の束縛〈支配〉を受けている | ***jn.* unter ～ stellen** …の後見をする;《比》…を保護監督下に置く. [*mlat.*; <*lat.* cūrātiō „Besorgung"+tūtēla „Aufsicht"]
Ku·ra·tie[kuratí:] 女 -/-n[..tí:ən]〘カトリック〙Kurat の職〈担当地区〉.
Ku·ra·tor[kurá:tɔr, ..to:r] 男 -s/-en[..rató:rən] **1** (Vormund) 財産管理人, 後見人;《オーストリア》(Treuhänder) 遺言執行人. **2** (大学の)事務〈管財〉局長; (財団などの)理事. [*lat.*; <*lat.* cūrāre (→kurieren)]
Ku·ra·to·rium[kurató:riʊm] 中 -s/..rien[..riən] 管理〈監督〉機関; (大学の)事務〈管財〉局: ～ Deutsche Altershilfe (ドイツの)高齢者援護機構 | ～ Unteilbares Deutschland ドイツ統合促進機関(旧西ドイツで1954年設置).
Kur≠auf·ent·halt[kú:r..] 男 保養〈療養〉のための滞在〈転地〉, 湯治. **≠bad** 中 **1** 温泉地, (温泉つきの)保養〈療養〉地. **2** (保養・療養のための)温泉浴, 湯治.
Kur·bel[kúrbəl] 女 -/-n〘工〙(柄の曲がった)ハンドル, クランク(→ 図). [*vulgärlat.*–*ahd.* churba „Winde"; <*lat.* curvus (→Kurve)]

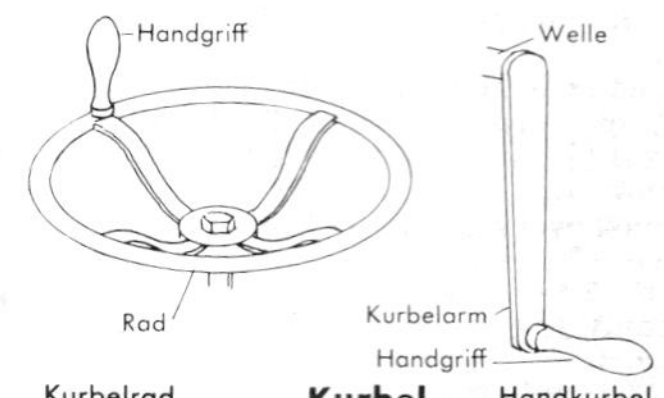

Kurbel

Kur·bel≠arm 男〘工〙クランクアーム(→ 図 Kurbel). **≠ge·häu·se** 中〘工〙クランク室. **≠ge·trie·be** 中〘工〙クランク装置. **≠ka·sten** 男 **1**〘工〙クランク室. **2**《話》映画カメラ.
kur·beln[kúrbəln]《06》**I** 自 **1** (h) (クランク式の)ハンドルを回す. **2** (s, h) 円運動をする, 旋回する;《比》運転する: mit dem Fahrrad ～ 自転車で走る.
II 他 (h) (クランク式の)ハンドルを回して動かす〈作る〉; 回して〈巻いて〉作る: den Eimer aus dem Brunnen ～ 井戸から手おけを巻き上げる | Zigaretten ～ 吸い殻を集めて巻きタバコを作る | eine Szene ～〘映〙撮影する, 映画に撮る.
Kur·bel≠rad 中〘工〙ハンドル車, 車輪型ハンドル(→ 図 Kurbel). **≠stan·ge** 女〘工〙(クランク軸の)連接棒. **≠wel·le** 女〘工〙クランク軸(→ 図 Welle). **≠zap·fen** 男〘工〙クランク=ピン(→ 図 Welle).
Kur·bet·te[kʊrbétə] 女 -/-n〘馬術〙クルベット(前脚を軽く折り曲げた跳躍: → 図 Schule). [*fr.*; ◇*engl.* curvet]
kur·bet·tie·ren[kʊrbɛtí:rən] 自 (h)〘馬術〙クルベットを行う.
Kür·bis[kýrbɪs] 男 -ses/-se **1**〘植〙カボチャ(南瓜)属. **2 a)** カボチャの実. **b)**《話》(Kopf)〔かぼちゃ〕頭. [*lat.* cucurbita–*vulgärlat.*–*westgerm.*; ◇Gurde]
Kür·bis≠baum 男〘植〙フクベノキ(中南米産のノウゼンカズラ科の高木). **≠fla·sche** 女 (容器としての)ひょうたん, ふくべ; (首の長い)ひょうたん形の瓶. **≠kern** 男 カボチャなどの種. **≠sup·pe** 女〘料理〙カボチャ〈パンプキン〉スープ.
Kur·de[kúrdə] 男 -n/-n クルド人(西アジアの山岳地方に住む Iran 系民族). [*türk.*]
Kur·di·rek·tor[kú:r..] 男 Kurort の管理事務所長.
Kur·di·stan[kúrdɪsta(:)n, ◡◡⌐] 地名 クルディスタン(クルド人の居住するトルコ・イラクにまたがる山岳地帯). [*türk.* „Kurden-land"]
Ku·re[kú:rə] 男 -n/-n クール人 (Kurland に住んでいたバルト族の一種族).
ku·ren[kú:rən] 自 (h)《話》保養〈療養〉する, 湯治する. [<Kur²]
kü·ren⁽*⁾[ký:rən]《85》**kür·te** (まれ: kor[ko:r]) / **ge·kürt** (まれ: gekoren); 接II kürte (まれ: köre[kø:rə]) 他 (h)《雅》(wählen) 選ぶ, 決める; 顕彰する: die Faschingsprinzessin ～ 謝肉祭の女王を選ぶ. [<Kür]
Kü·ret·ta·ge[kyrɛtá:ʒə] 女 -/-n〘医〙(子宮の)掻爬(そうは).
Kü·ret·te[kyrétə] 女 -/-n〘医〙(掻爬用の)キューレット, 有窓鋭匙(えいひ). [*fr.*; <*fr.* curer „säubern" (◇kurieren)]
kü·ret·tie·ren[kyrɛtí:rən] 他 (h)〘医〙(子宮を)掻爬(そうは)する.

K

Kur·fürst[kúːr..] 男〘史〙(神聖ローマ帝国皇帝を選定する資格を持っていた)選帝〈選挙〉侯.

der **Kur·für·sten·damm**[kúːrfʏrstəndám] 地名 男 -[e]s/ クーアフュルステンダム(ベルリンの繁華街. 俗に Ku'damm と呼ばれる).

Kur·für·sten·hut 男 選帝侯冠(→ 図 Krone A).

Kur·für·sten·tum 中 -s/..tümer〘史〙選帝〈選挙〉侯国.

kur·fürst·lich 形〘史〙選帝〈選挙〉侯[国]の.

Kur≈gast[kúːr..] 男 -[e]s/..gäste (Kurort の)保養〈療養〉客. **≈haus** 中 (Kurort にある)保養〈療養〉客用クラブ=ハウス(レストラン・談話室・娯楽施設などがある).

Kur·hut[kúːr..] =Kurfürstenhut

ku·rial[kuriáːl] 形 (諸侯の)官房〈宮廷〉の;〘カトリック〙[ローマ]教皇庁の, 聖庁の;〘史〙クリアの(→Kurie 1): die *Kurialen* ローマ聖庁職員. [*mlat.*]

$^{\triangledown}$**Ku·rial·stil** 男 -[e]s/ (Kanzleistil) 官庁〈官房〉文体.

Ku·riat·stim·me[kuriáːt..] 女 (↔Virilstimme) 共同〈合併〉票(複数の選挙権者が集まって1票分と認められる; 旧ドイツ帝国参議院での都市代表など). [< *lat.* cūriātus „aus Kurien bestehend"]

Ku·rie[kúːriə] 女 -/-n **1**〘史〙クリア(古代ローマの3段階の氏族制的社会組織の一単位); 元老院議場. **2**〘カトリック〙ローマ教皇庁〈聖庁〉; 司教区庁; $^{\triangledown}$(Behörde) 官庁. [*lat.* cūria; <kon..+*lat.* vir (→viril)]

Ku·rier[kuríːr..] 男 -s/-e (外交文書などを運ぶ)急使; 伝令; 配達人, メッセンジャー; (麻薬などの)運び屋. [*it.*−*fr.*; <*lat.* currere (→kurrent); ◇ *engl.* courier]

ku·rie·ren[kuríːrən] 他 (h) 治療する, 治癒させる: *jn.* von einer Krankheit ~ / *js.* Krankheit ~ …の病気を治す | *jn.* von *seinen* Vorurteilen ~ …の偏見を正す. [*lat.* cūrāre „besorgen"; <*lat.* cūra (→Kur^{2}); ◇ *engl.* cure]

Ku·rier≈ge·päck[kuríːr..] 中 外交官荷物. $^{\triangledown}$**≈zug** 男 急使のための特別列車; (Schnellzug) 急行列車.

die **Ku·ri·len**[kuríːlən] 地名 複 千島列島, クリル列島(北海道東北沖にある火山列島). [<*russ.* kurit „rauchen"]

ku·rios[kurióːs]^{1} 形 (seltsam) 奇妙な, 珍奇な, [一風]変わった, 変てこな, おかしい: ein ~*er* Gedanke 〈Mensch〉 変な考え〈人〉 | eine ~*e* Situation 奇妙なシチュエーション. [*lat.* cūriōsus „sorgfältig"; <*lat.* cūrāre (→kurieren); ◇ *engl.* curious]

Ku·rio·sa Kuriosum の複数.

ku·rio·ser·wei·se[kurióːzər..] 副 奇妙なことに.

Ku·rio·si·tät[kuriozitɛ́ːt] 女 -/-en 奇妙なもの〈こと〉, 珍品, 骨董(こっとう). [*lat.* cūriōsitās „Wißbegierde"−*fr.*]

Ku·rio·si·tä·ten·händ·ler 男 骨董(こっとう)商人.

Ku·rio·sum[kurióːzʊm] 中 -s/..sa[..zaˑ] **1** 珍しい出来事, 珍事. **2** =Kuriosität

Kur·kon·zert[kúːr..] 中 Kurort での音楽会.

Kur·ku·ma[kʊ́rkumaˑ] 女 -/..men[kʊrkúːmən] (Gelbwurz)〘植〙ウコン(鬱金)(ショウガ科に属し, 黄色色素・香辛料を採る. カレーの主原料の一つ). [*arab.* kurkum „Safran"−*roman.*]

Kur·ku·ma≈gelb[kʊ́rkuma..] 中 =Kurkumin **≈pa·pier** 中〘化〙黄色試験紙.

Kur·ku·min[kʊrkumíːn] 中 -s/〘化・料理〙クルクミン(黄色色素). [<..in^{2}]

Kur·land[kúːrlant] 地名 クールラント(バルト海沿岸の地域). [<Kure]

Kur·laub[kúːrlaʊp]^{1} 男 -[e]s/-e 保養〈療養〉休暇: ~ machen 保養〈療養〉休暇をとる. [<Kur^{2}+Urlaub]

Kür≈lauf[kýːr..] 男, **≈lau·fen** 中 -s/ (↔Pflichtlaufen)〘スケート〙自由演技.

die **Kur·mark**[kúːrmark] 女 -/ クールマルク(旧 Mark Brandenburg の主要部. 領主が1806年まで Kurfürst の一人であった: →Brandenburg). [<Kur^{3}]

Kur·mär·ker[..mɛrkər] 男 -s/- クールマルクの人.

Kur·mel[kʊ́rməl] 男 -s/-《スイス》(群衆の)ざわめき.

kür·men[kʏ́rmən] 自 (h)《スイス》つぶやく, ささやく: 非人称 Es *kürmt*. ざわめいている. [◇kirmen]

Kur≈ort[kúːr..] 男 -[e]s/-e 保養〈療養〉地, 湯治場. **≈park** 男 (Kurort の)遊歩公園.

kur·pfu·schen[kúːrpfʊʃən] 《04》《過分 gekurpfuscht》自 (h) もぐり〈無免許〉で医者をする.

Kur·pfu·scher[..ʃər] 男 -s/- もぐり〈無免許〉の医者, にせ〈いかさま〉医者;《話》やぶ医者.

Kur·pfu·sche·rei[kuːrpfʊʃəráɪ] 女 -/-en kurpfuschen すること;《話》へたな医術〈治療〉.

Kur·prinz[kúːr..] 男 選帝〈選挙〉侯の公子〈継承者〉.

Kur·re^{1}[kʊ́rə] 女 -/-n《北部》(Truthenne) 七面鳥の雌. [<kurren^{2}]

Kur·re^{2}[−] 女 -/-n (Grundschleppnetz)〘漁〙底引き網. [*afries.* koer „Korb"−*ndd.*]

kur·ren^{1}[kʊ́rən] **I** 自 (h)〘漁〙底引き〈トロール〉漁をする. **II** 他 (h)〘漁〙(魚を)底引き〈トロール〉漁で捕らえる.

kur·ren^{2}[−] 自 (h) (gurren) (ハトなどが)クークー鳴く; (knurren) ぶつぶつ言う. [*mhd.*; 擬音]

Kur·ren·da·ner[kʊrɛndáːnər] 男 -s/- Kurrende 1の団員.

Kur·ren·de[kʊrɛ́ndə] 女 -/-n **1** (プロテスタント教会の)少年〈学生〉合唱隊; $^{\triangledown}$(聖歌を歌って喜捨を請う)少年合唱団. $^{\triangledown}$**2** (Umlauf) 回状, 回章. [<*lat.* cor-rādere „zusammen-kratzen"+currere (→kurrent)]

kur·rent[kʊrɛ́nt] 形 **1** (laufend) 現行の. **2**《オーストリア》ドイツ文字の筆記体の. [*lat.*; <*lat.* currere „laufen"; ◇Korral, Kurs[us], kursieren]

Kur·rent·schrift 女 $^{\triangledown}$**1** (Schreibschrift) 筆記体. **2**《オーストリア》ドイツ文字の筆記体(→付録: 字母一覧).

Kurr·hahn[kʊ́r..] 男《北部》(Truthahn) 七面鳥の雄.

kur·rig[kʊ́rɪç]^{2} 形《方》(mürrisch) 怒りっぽい, けんか好きな; 不機嫌な, 気むずかしい. [<kurren^{2}]

Kur·ri·ku·lum[kʊríːkulʊm] 中 -s/..la[..laˑ] **1** (Lehrplan) 授業計画, カリキュラム. $^{\triangledown}$**2** (Lebenslauf) 履歴[書]. [<Curriculum]

Kurs[kʊrs]^{1} 男 -es/-e **1** (船舶・航空機などの)針路, 航路, コース; (一般に)進路, コース, 路線: ein gerader 〈gefährlicher〉 ~ まっすぐ〈危険〉なコース | der außenpolitische ~ der Regierung 政府の外交路線 ‖ den ~ ändern 〈wechseln〉 進路を変える | den ~ halten コースを保つ | einen ~ steuern 〈einschlagen〉 針路をとる | ~ auf Hamburg 〈den Hafen〉 nehmen (船・飛行機などが)ハンブルク〈港〉へのコースをとる | **einen ~ auf *et.*^{4} nehmen**《比》…にねらいをつける ‖ **auf** einem ~ 〈einen ~〉 gehen あるコースを進む | ***jn.* aus dem ~ bringen**《比》…の頭〈思考〉を混乱させる | **vom** ~ abkommen 〈abweichen〉 コースからそれる ‖ Dieser ~ ist für Marathonlauf gut geeignet. このコースはマラソンに好適だ.

2〘商〙**a)** 相場: der ~ des Dollar[s] 〈der Mark〉 ドル〈マルク〉相場 | **hoch im ~ stehen** 相場が高い;《比》人気が高い, 高く評価されている | Die ~*e* steigen 〈fallen〉. 相場が上がる〈下がる〉. **b)** (通貨・証券などの)流通, 通用: Münzen **außer** ~ setzen 貨幣の通用を廃する | ***jn.* außer ~ setzen**《比》…をお払い箱にする〈失脚させる〉 | **außer ~ kommen 〈sein〉** 通用しなくなる〈していない〉;《比》人気がなくなる〈ない〉 | Ein Gerücht kommt **in** ~^{4}. うわさが広まる | in ~ sein 通用〈流通〉している. **3** =Kursus

[*lat.* cursus (→Kursus)[−*fr.* cours, course]]

Kur·saal[kúːr..] 男 保養所のホール〈大広間〉.

Kurs≈ab·schlag[kʊ́rs..] 男, **≈ab·zug** 男 =Deport **≈än·de·rung** 女 **1** 針路変更;《比》政策〈方針〉変更. **2**〘経〙為替レート変更.

Kur·sant[kʊrzánt] 男 -en/-en (旧東ドイツで)講習会参加者. [*russ.*; ◇Kursist]

Kurs≈auf·schlag[kʊ́rs..] 男 = Report 2 **≈be·richt** 男 市況報告, 相場表. **≈blatt** 中 (新聞の)相場欄, 相場新聞. **≈buch** 中〘鉄道〙列車時刻表.

Kürsch[kʏrʃ] 中 -es(-s)/〘紋〙毛皮模様(→ 図 Wap-

pen b). ［*aslaw.* kurzno „Pelz"－*ahd.* chursi〔n〕na „Pelzrock"］

Kur·schat·ten[kú:*r*..] 男 -s/- 《戯》 Kurort で知り合った異性.

Kürsch·ner[1][kʏ́rʃnər] 人名 Joseph ～ ヨーゼフ キュルシュナー(1853-1902; ドイツの編集者.『ドイツ文学大系』『ドイツ文芸年鑑』などを編んだ).

Kürsch·ner[2][一] 男 -s/- 毛皮加工職人, 毛皮服裁縫師. ［*mhd.*; ◇Kürsch］

Kürsch·ne·rei[kʏrʃnəráɪ] 女 -/-en **1** 《単数で》毛皮加工業, 毛皮服縫製業. **2** 毛皮加工工場.

Kürsch·ner·wa·re[kʏ́rʃnər..] 女 毛皮製品.

Kur·schritt[kú:*r*..] 男 -〔e〕s/ 保養地での散歩〈遊歩〉.

Kur·se Kurs, Kursus の複数.

Kurs≈ein·bruch[kʊ́rs..] 男 〘商〙 相場の暴落. **≈ein·bu·ße** 女 ＝Kursverlust **≈ge·winn** 男 〘商〙 相場差益金.

kur·sie·ren[kʊrzí:rən] 自 (h, まれに s) (回章などが)回る; (貨幣などが)流通〈通用〉する; (うわさが)広まる. ［*lat.* cursāre „umherlaufen"; ＜*lat.* currere (→kurrent)］

Kur·sist[kʊrzíst] 男 -en/-en (旧東ドイツで)講習会参加者, 聴講生. ［＜Kursus＋..ist; ◇Kurant］

kur·siv[kʊrzí:f][1] 形 **1** 〘印〙 イタリック体の: ein Wort ～ setzen ある語をイタリック体に組む. **2** ＝durativ ［*mlat.*］

Kur·siv·druck 男 -〔e〕s/ イタリック体での印刷.

Kur·si·ve[kʊrzí:və] 女 -/-n, **Kur·siv·schrift**[kʊrzí:f..] 女 筆記体; 〘印〙 イタリック体, 斜字体.

Kurs≈kor·rek·tur[kʊ́rs..] 女 針路〈路線〉修正; (人工衛星・宇宙船などの)軌道修正. **≈mak·ler** 男 (Börsenmakler) 相場仲買人. **≈no·tie·rung** 女 〘商〙 相場付け, 呼び値.

kur·so·risch[kʊrzó:rɪʃ] 形 **1** (fortlaufend) 連続した, とぎれのない: *sich*[4] über *et.*[4] ～ beraten …について引き続き協議する. **2** あわただしい, そそくさとした, 大ざっぱな: bei der ～*en* Lektüre dieses Buches この本をざっと通読したところでは. ［*spätlat.*; ＜*lat.* cursor „Läufer"; ◇kurrent; *engl.* cursory］

Kurs≈schwan·kung[kʊ́rs..] 女 〘商〙 相場変動. **≈sturz** 男 〘商〙 相場の暴落.

Kur·sus[kʊ́rzʊs] 男 -/Kurse[..zə] **1** 講習〔会〕, 講座; 課程, コース: einen ～ besuchen 講習に通う | an einem ～ teilnehmen 講習に参加する | *sich*[4] zu einem ～ melden 講習会に申し込む ‖ ein ～ in Englisch[3] 〈für Erste Hilfe〉 英語〈救急法〉の講習. **2** 《集合的に》講習会参加者. ［*lat.* cursus „Lauf"〔－*mlat.*〕; ＜*lat.* currere (→kurrent); ◇Kurs, kursiv; *engl.* course］

Kurs≈ver·lust[kʊ́rs..] 男 〘商〙 相場差損金. **≈wa·gen** 男 〘鉄道〙 併結直行車両. **≈wech·sel** 男 ＝Kursänderung **≈wert** 男 (↔Nennwert) 〘商〙 相場〈市場〉価格, 流通価値. **≈zet·tel** 男 〘商〙 相場表.

Kurt[kʊrt] 男名 (＜Konrad) クルト.

Kur·ta·ge[kʊrtá:ʒə] 女 -/-n ＝Courtage

Kur·ta·xe[kú:*r*..] 女 (Kurort での)保養〈療養〉滞在税, 入湯税.

ᵛ**Kur·ti·ne**[kʊrtí:nə] 女 -/-n 〘軍〙 (稜堡(りょうほ)を連絡する)幕壁; 〘劇〙 (外舞台と内舞台の間にある)中幕. ［*spätlat.* cortīna－*fr.* courtine; ＜*lat.* cohors (→Kohorte); ◇Gardine］

ᵛ**Kur·ti·san**[kʊrtizá:n] 男 -s/-e **1** (Höfling) 侍臣; (Schmarotzer) 追従者. **2** (Liebhaber) (男の)情人, 情夫. ［*it.* cortigiano－*fr.* courtisan; ◇Cour］

ᵛ**Kur·ti·sa·ne**[..nə] 女 -/-n **1** (王侯の)情婦. **2** 高級売春婦. ［*it.*－*fr.*; ◇*engl.* courtesan］

Kur·tscha·to·vium[kʊrtʃató:viʊm] 中 -s/ 〘化〙 クルチャトビウム(超ウラン元素; 記号 Ku). ［＜I. W. Kurtschatow (ソ連の物理学者, †1960); ◇*engl.* kurchatovium］

Kür≈tur·nen[ký:*r*..] 中 (↔Pflichtturnen) 〘体操〙 自由演技. **≈übung** 女 (↔Pflichtübung) (体操・フィギュアスケートなどの)自由演技.

ku·ru·lisch[kurú:lɪʃ] 形 《次の形で》 ein ～*er* Beamter (古代ローマの)高官 | ein ～*er* Stuhl (古代ローマで執政官などの座る)高官用いす; 《比》 高位. ［*lat.* (sella) cu〔r〕rūlis „Wagen(stuhl)"; ◇Korral; *engl.* curule］

Kur·va·tur[kʊrvatú:r] 女 -/-en (Krümmung) 屈曲, 湾曲; 〘解〙 (胃などの)湾曲部. ［*lat.*; ＜*lat.* curvāre „krümmen"］

Kur·ve[kʊ́rvə, ..fə] 女 -/-n 曲線, カーブ: eine ballistische 〈algebraische〉 ～ 弾道〈代数〉曲線 | aufregende ～*n* haben (女性が)煽情(せんじょう)的な曲線美を備えている ‖ eine ～ beschreiben 〈drehen〉 カーブをえがく | eine ～ fahren 〈fliegen〉 カーブを切って走る〈カーブをえがいて飛ぶ〉 | eine ～ nehmen 〔うまく〕カーブを切る, カーブにかかる | **die ～ nehmen** 《話》 試験にパスする | eine ～ 〔an〕schneiden 〈voll ausfahren〉 (車が道路の)カーブの内側〈外側〉ぎりぎりに曲がる ‖ **die ～ heraushaben** 〈**weghaben**〉 《話》 ことをうまく解決する, 要領がわかる | **die ～ kratzen** 《話》 i) 激しくカーブを切る; ii) さっさと逃げ出す; iii) どうにか切り抜ける, やっと成功する | **die ～ kriegen** 《話》 どうにか切り抜ける, やっと成功する; (思案の末に)腹をきめる ‖ in der ～ nicht bremsen カーブでブレーキをかけない | das Flugzeug in die ～ legen 〘空〙 飛行機をバンクさせる | Das Auto geht 〈fährt〉 in die ～. 自動車がカーブにさしかかる | aus der ～ geschleudert 〈getragen〉 werden (車が)カーブを切りそこねてスリップする ‖ Die ～ klettert nach oben 〈in die Höhe〉. (グラフなどの)カーブが上がる. ［*lat.* curva (līnea); ＜*lat.* curvus „gekrümmt" (◇Zirkus); ◇Harfe, schreiten］

kur·ven[kʊ́rvən[1], ..fən] 自 (h, s) **1** 曲がる, カーブする; 〘空〙 旋回する. **2** 《話》 (目的を持たずに)あちこち歩き〈走り〉まわる. **3** 《話》 思いをめぐらす, 熟慮する.

Kur·ven≈ge·trie·be 中 〘工〙 カム(ギア)伝動装置. **≈li·neal** 中 雲形定規(→図). **≈mes·ser** 男 ＝Kartometer

kur·ven·reich 形 カーブの多い, 曲がりくねった; 《話》 (女性について)曲線美の; 《戯》 グラマーの.

Kur·ven·tech·nik 女 **1** 〘スポ〙 カーブ〈曲線コース〉通過技術; (飛行機などの)旋回技術. **2** 《話》 (女性の)肉体曲線美強調法.

Kurvenlineal

Kur·ver·wal·tung[kú:*r*..] 女 保養地の管理事務所.

kur·vig[kʊ́rvɪç, ..fɪç][2] ＝kurvenreich

Kur·vi·me·ter[kʊrvimé:tər] ＝Kartometer

kur·visch[kʊ́rvɪʃ] 形 曲がった, 曲線の; カーブ〈曲線〉の多い.

Kur·wür·de[kú:*r*..] 女 -/ 選帝〈選挙〉侯の位, 選帝権.

kurz[kʊrts] **kür·zer**[kʏ́rtsər] / **kür·zest** **I** 形 **1** 《空間的》 (英: *short*) (↔lang) (長さの)短い; 短距離の, 近い; 背の低い, 丈の短い: ein ～*er* Mantel 丈の短いコート | ᵛein ～*es* Gesicht haben 近眼である | eine ～*e* Hose 半ズボン | ～*e* Welle 短波 | ein *kürzerer* Weg 近道 ‖ das Haar ～ tragen 髪を短く刈っている | das Pferd ～ am Zügel halten 馬の手綱をしぼっている(なお: →kurzhalten) | **zu ～ kommen** 《比》 (分配で)他人より少なくもらう, 貧乏くじを引く | Sie ist geistig 〈mit der Schönheit〉 zu ～ gekommen. 彼女はあまり頭がよくない〈美人とは言えない〉 | Er sprang zu ～. (溝などを)彼はとび越せなかった | ***et.***[4] **～ und klein** 〈klar〉 **schlagen** …を粉々に打ち砕く | *jn.* ～ und klein schlagen …をさんざん殴る ‖ ～ hinter 〈vor〉 dem Ziel hinfallen ゴールのすぐあと〈寸前〉で転倒する | 〔bei *et.*[3]〕 **den *kürzeren* ziehen** 《話》 貧乏くじを引く, ばかをみる; 負ける, 敗北する ‖ 〘4格と〙 das Kleid 〔um〕 2 cm *kürzer* machen ドレスの丈を2センチつめる | *jn.* 〔um〕 einen Kopf *kürzer* machen (→Kopf 1).

2 《時間的》 (↔lang) 短時間〈期間〉の, ちょっとの間の, しばしの: ein ～*er* Aufenthalt 短期滞在 | ～*e* Ferien 短期間の休暇 | eine ～*e* Freude つかの間の喜び | ein ～*es* Gedächtnis haben 健忘症である | eine ～*e* Pause 短時間の休憩 | nach ～*em* Überlegen 〈Zögern〉 ちょっと考えた〈ためらった〉のちに | eine ～*e* Weile 〈Zeit〉 短時間 | vor ～*er*

Zeit（今より）少し前に, 最近｜für ～*e* Zeit しばらくのあいだ｜*et.*^{4} in *kürzester* Frist leisten …を最短〈ごく短い〉期限でしとげる‖～ arbeiten 短時間だけ働く（なお: →kurzarbeiten）｜Kannst du mal ～ herüberkommen? 一度ちょっとこちらへお出かけになりませんか‖～ nach〈vor〉drei Uhr 3時ちょっと過ぎ〈前〉に｜～ vor Ladenschluß 店のしまる寸前に｜～ vor Torschluß ▽i）町の門限寸前に; ii）《比》ぎりぎりの時間に〔間に合って〕｜～ darauf〈nachher〉そのすぐあとで｜～ vorher〈zuvor〉その少し前に｜～ bevor〈nachdem〉… …した少し前〈あと〉に‖〖名詞的に: →II〗**über ～ oder lang** / über lang oder ～ 遅かれ早かれ, いずれそのうち｜**binnen**〈**in**〉**～*em*** やがてまもなく, 近いうちに｜**seit ～*em*** 少し前から｜**vor ～*em*** 少し前に, 最近｜auf das *kürzeste* すぐにも, 早速にも.

3（英: *quick*）すばやい; そっけない, ぞんざいな, ぶっきらぼうな, 無愛想な: eine ～*e* Antwort geben 手短〈つっけんどん〉な返事をする｜einen ～*en* Blick auf *et.*^{4} werfen …をちらりと見る‖*jn.* ～ abfertigen …をあっさり追い返す〈はねつける〉｜*et.*^{4} ～ abtun〈erledigen〉…をさっさと片づける｜〔zu *jm.*〕～ angebunden（→angebunden II）｜*sich*^{4} ～ entschließen 即決する｜Mach die Sache ～! すぐやってくれ‖Sie ist ～ zu mir. 彼女は私に冷たい.

4（英: *brief*）(knapp) 要約した, 簡潔な: ein ～*er* Brief 簡単な手紙｜einen ～*en* Überblick geben 概略を示す｜mit ～*en* Worten 簡潔な言葉で‖***sich***^{4} **～ fassen** 自分の考えを手短に〈簡潔に〉述べる‖*et.*^{4} ～ skizzieren〈beschreiben〉…の概略を述べる｜**～ gesagt / um es ～ zu sagen**〈**machen**〉簡単に言えば‖**～ und bündig** 要領よく, 簡潔に｜*et.*^{4} ～ und bündig erklären …を手短に〈要領よく〉説明する｜**～ / ～ und gut / ～ und klein** 要するに, せんじつめれば｜**～ und schmerzlos** 単刀直入に, ざっくばらんに, 率直に‖des *kürzeren* darlegen 簡潔に述べる, 要約する.

5（↔lang）〖料理〗濃縮した: Suppe ～〔ein〕kochen スープを煮つめる.

II Kur·ze《形容詞変化》**1** 男 女 背の低い人, ちび. **2** 男《話》**a**）(Kurzschluß)〖電〗ショート, 短絡. **b**）(ブランデーなどの）小カップ1杯分. **3** 女《南部》(革製の）半ズボン.
［*lat.* curtus „abgeschnitten"－*ahd.*; ◇Schurz; *engl.* curt, short］

Kurz·ar·beit[kʊ́rts..] 女（操業短縮などによる賃金カットを伴う）労働時間短縮: ～ machen 操業を短縮する.

kurz|ar·bei·ten《01》自 (h)（操業短縮などによって）短縮労働をする（なお: kurz arbeiten →kurz I 2).

kurz≈är·me·lig[..|ɛrməlɪç]^2 ＝kurzärmlig **≈ar·mig**[..|armɪç]^2 形 腕の短い. **≈ärm·lig**[..|ɛrmlɪç]^2 形 そでの短い.

kurz·at·mig[..|a:tmɪç]^2 形 息切れしやすい; 息を切らした, 呼吸のせわしい;〖医〗呼吸促進の, ぜんそく性の.［＜Atem］

Kurz·at·mig·keit[..kaɪt] 女 -/ kurzatmig なこと.

kurz·bei·nig 形 脚の短い.

Kur·ze →kurz II

Kür·ze[kʏ́rtsə] 女 -/-n **1**《単数で》(距離・時間が）短いこと;（表現の）簡潔: die ～ des Kleides 服の丈の短さ｜**in ～** 近いうちに, まもなく｜*et.*^{4} in aller ～ erzählen …をごく手短に話す｜Die ～ der Zeit erlaubt keine langen Debatten. 時間が短いので長い議論はできない｜In der ～ liegt die Würze.（→Würze 1). **2**〖詩〗短綴(たん), 短音節.

Kür·zel[kʏ́rtsəl] 中 -s/- **1**（速記用の）略字. **2** 略語; 略記号.

kür·zen[kʏ́rtsən]《02》他 (h) **1** 短くする, 縮める;（語句・テキストなどを）短縮する, 要約する: die Ärmel um 3 cm ～ そでを3センチつめる｜*jm.* die Nägel〈die Haare〉～ …のつめを切る〈髪を刈る〉｜*jm.* den Weg ～（おもしろい話などをしながら）…に道の長さを忘れさせる｜*sich*^{3} die Zeit mit *et.*^{3} ～ …で退屈をまぎらす〈気晴らしをする〉‖eine *gekürzte* Ausgabe 縮約〈簡約〉版｜eine *gekürzte* Übersetzung 抄訳. **2**（金額などを）少なくする, 減らす: den Haushalt ～ 家計を切りつめる｜*jm.* den Lohn ～ …の給料を削る‖*jn.* ～ …の収入を減らす. **3**〖数〗約分する.［*ahd.*; ◇kurz］

kür·zer kurz の比較級.

kur·zer·hand[kʊ́rtsərhánt, ◡◡◡, ◡◡◡] 副 あっさり, さっさと, 即座に: eine Bitte ～ ablehnen 懇願をあっさり拒否する｜*sich*^{4} ～ zu *et.*^{3} entschließen 即座に…を決意する.［＜kurzer Hand（*lat.* brevī manū の翻訳借用)］

kür·zest kurz の最上級.

Kurz≈fas·sung[kʊ́rts..] 女 要約, 要綱. **≈film** 男 短編映画.

kurz·flü·ge·lig[..fly:gəlɪç]^2 形 翼〈羽〉の短い.

Kurz·flü·gel·kä·fer 男 ＝Kurzflügler

Kurz·flüg·ler[..fly:glər] 男 -s/-〖虫〗ハネカクシムシ（隠翅虫）科の昆虫.

Kurz·form 女〖言〗短縮形（例 Willi ＜ Wilhelm; Laster ＜ Lastwagen).

kurz·fri·stig[..frɪstɪç]^2 形 短期間の; 間もない, そのうち〔の〕;《ふつう副詞的に》突然, いきなり, やにわに: eine ～*e* Ausbildung 短期間の養成, 短期訓練‖einen Besuch ～ absagen 訪問を直前に取りやめる.［＜Frist］

kurz·ge·faßt 形 簡潔な, 要約した.

Kurz·ge·schich·te 女 短い物語, 短編小説.［*engl.* short story の翻訳借用］

kurz·ge·scho·ren[kʊ́rtsgəʃo:rən] 形（髪・毛などが）短く刈られた;（布などの）けばの短い.

Kurz·haar 中 **1**（動物, 特に犬猫の）短毛. **2** 短く刈った髪, 短髪.

Kurz·haar·fri·sur 女 短髪の髪型〈ヘアスタイル〉.

kurz·haa·rig 形 **1** 毛の短い, 短毛の: ein ～*er* Dackel 短毛のダックスフント. **2** 髪を短く刈った, 短髪の.

kurz·hal·sig[..halzɪç]^2 形 首の短い.［＜Hals］

kurz|hal·ten*《65》他 (h)《*jn.*》きびしくする, 甘やかさない; 節約〈節食〉させる（なお: kurz halten →kurz I 1).

kurz·köp·fig[..kœpfɪç]^2 ＝kurzschädelig

kurz·le·big[..le:bɪç]^2 形 短命の, 生命の短い;（食品などが）長くもたない, いたみやすい;（機器・器具などが）すぐだめになる;（流行などが）すぐにすたれる.［＜Leben］

kürz·lich[kʏ́rtslɪç] 副 **1** (vor kurzem) 最近, 先ごろ, 先日. ▽**2** (in kurzem) 近いうちに.［*ahd.*; ◇kurz］

Kurz≈paß[kʊ́rts..] 男〖球技〗ショートパス. **≈pro·gramm** 中〖スケ〗ショートプログラム. **≈pro·sa** 女 短かい散文〔作品〕(短篇小説など).

kurz≈schä·de·lig[..ʃɛ:dəlɪç]^2 形, **≈schäd·lig**[..dlɪç]^2 形 短頭の.［＜Schädel］

kurz|schlie·ßen*《143》他 (h) **1**〖電〗短絡〈ショート〉させる. **2** 再帰 *sich*^{4} mit *jm.* ～ …と直接連絡をとる.

Kurz·schluß 男〖電〗短絡, ショート;《比》思考の短絡, 早まった推論, 短気: ～ haben《話》かんしゃくを起こす; 頭が混乱する｜Du hast wohl ～ im Gehirn!《話》おまえ気でも狂ったのか｜einen ～ verursachen ショートさせる.

Kurz·schluß≈hand·lung 女 短絡〈発作〉的行動. **≈läu·fer** ＝Käfigläufer

Kurz·schna·bel·del·phin 男〖動〗カマイルカ.

Kurz≈schrift[kʊ́rts..] 女（↔ Langschrift）(Stenographie) 速記文字（→ 図Schrift); 速記〔術〕. **≈schrift·ler**[..ʃrɪftlər] 男 -s/- (Stenograph) 速記者.

kurz·schrift·lich 形 速記〔術〕の, 速記による.

kurz·sich·tig 形（↔weitsichtig）〖医〗近視〈近眼〉の;《比》近視眼的な, 先見の明のない, 目先のことしか考えない;〖商〗短期〔支払い〕の: eine ～*e* Politik 近視眼的な〈先の見通しのない〉政策.［*engl.* short-sighted の翻訳借用］

Kurz·sich·tig·keit 女 -/ 近視, 近眼;《比》短見, 浅慮, 偏狭.

kurz·sil·big[kʊ́rtszɪlbɪç]^2 形〖言〗短音節の; ▽《比》無口な, 寡黙の.

Kurz·sprin·ger 男〖虫〗ムラサキトビムシ（紫跳虫）科の昆虫.

kurz·stäm·mig[..ʃtɛmɪç]^2 形 幹の短い.［＜Stamm］

Kurz·star·ter 男〖空〗短距離離着陸機.

kurz·stie·lig[..ʃti:lɪç]^2 形 茎の短い,（グラスなどの）足〈柄〉の短い.［＜Stiel］

Kurz·strecke 女 短距離.

Kurz·strecken≈lauf 男〖陸上〗短距離競争. **≈läu·**

fer 男〘陸上〙短距離走者〈ランナー〉, スプリンター. ≈ra·ke·te 女〘軍〙短距離ミサイル. ≈waf·fe 女〘軍〙短距離〔核〕兵器.

Kurz·streck·ler[..ʃtrɛklər] 男 -s/- 短距離走者〈泳者〉, スプリンター.

Kurz·stun·de 女 短い授業時間(40-45分程度).

Kurz·tag·pflan·ze 女〘植〙短日植物.

Kurz·tags·be·hand·lung 女〘農・園〙短日処理.

kurz|tre·ten*[kʊ́rts..]《194》自 (h) **1** (活動を)控え目にする: bei 〈mit〉 der Arbeit 〈den Ausgaben〉 ～ 仕事〈支出〉をセーブする. **2** ちょこちょこ歩く.

kurz·um[kʊrts|ʊ́m, ⌣⌣] 副 要するに, 手短に言えば.

Kür·zung[kʏ́rtsʊŋ] 女 -/-en 短縮, 縮小; 要約; 削減;〘数〙約分.

Kurz≈vers[kʊ́rts..] 男 (↔Langvers)〘詩〙(4 タクト以下の)短詩行. ≈**wa·ren** 複 裁縫用品(針・糸・ボタン・リボンなどの総称).

kurz·weg[kʊrtsvɛ́k, ⌣⌣] 副 即座に, いきなり, 単刀直入に, ストレートに; そっけなく, にべもなく.

Kurz·weil[kʊ́rtsvaɪl] 女 -/ 気晴らし, 退屈しのぎ: ～ treiben 気晴らしをする | *et.*[4] aus 〈zur〉 ～ tun 退屈しのぎに…する. [*mhd.*; ◇Weile]

kurz·wei·lig[..vaɪlɪç][2] 形 (↔langweilig) 気晴らしになる, 楽しい, おもしろい: ein ～*es* Theaterspiel おもしろい芝居 | Das Buch ist ～ zu lesen. その本は読んで楽しい.

Kurz·wel·le 女 **1**〘電〙短波: auf ～[3] / über ～[4] 短波で(放送する). **2** =Kurzwellentherapie

Kurz·wel·len≈emp·fän·ger 男 短波受信機. ≈**sen·der** 男 短波送信機; 短波放送局. ≈**the·ra·pie** 女〘医〙短波療法.

kurz·wel·lig[..vɛlɪç][2] 形〘電〙短波の.

Kurz≈wo·che 女 週間就業日が 5 日以内の勤務制度. ≈**wort** 中 -〔e〕s/..wörter〘言〙短縮語 (例Krad <Kraftrad; Dia<Diapositiv).

Kurz·zeit·ge·dächt·nis 中〘心〙短期記憶.

kurz·zei·tig[..tsaɪtɪç][2] 形 短時間〈期間〉の, 一時的な.

Kurz·zeit≈mes·ser 男〘理〙マイクロ=クロノメーター;〘料理〙クッキングタイマー. ≈**wecker** 男 短時間用アラーム〔付きの〕タイマー(炊事用など).

kusch[kʊʃ] 間 **1** (犬に対して)伏せ, 静かに. **2**《ｵｰｽﾄﾘｱ》《話》黙れ, 静粛に. [*fr.* couche!; <*lat.* col-locāre „〔hin〕stellen" (◇lokal)]

Ku·schee[kuʃé:] 女 -/-s《話》(Bett) ベッド, 寝台. [*fr.* couchée „Nachtquartier"]

Ku·schel[kʊ́ʃəl] 女 -/-n《北部》=Kussel

ku·sche·lig[kʊ́ʃəlɪç][2] 形《話》(mollig) (いす・衣類などが)柔らかい, 座り〈着〉心地がよい.

ku·scheln[kʊ́ʃəln]《06》**I** 自 (h) ぬくぬくと暖まる. **II** 他 (h) 再帰 *sich*[4] an *jn.* 〈*et.*[4]〉 ～ …にまつわりつく | *sich*[4] in *et.*[4] ～ …にもぐりこむ ‖ das Gesicht ins Kopfkissen ～ 顔をまくらに埋める.

Ku·schel·tier 中 動物の縫いぐるみ.

ku·schen[kʊ́ʃən]《04》自 (h)《しばしば再帰的に》〔*sich*[4]〕～ (犬がほえないで)身を伏せる; (人が)かしこまる, ちぢこまる, 黙って言うことをきく. [<kusch]

Ku·si·ne[kuzí:nə] 女 -/-n (小 **Ku·sin·chen**[..çən] 中 -s/-) =Cousine

Kus·kus[1][kʊ́skʊs] 男 -/- 〘動〙クスクス, ユビムスビ(オーストラリアの有袋類. コアラに似ている). [*indones.*]

Kus·kus[2][—] 男 -/- クスクス(北アフリカ料理の一つ). [*pers.* khaskhas; ◇*engl.* khuskhus]

Kuß[kʊs] 男 Kusses / Küsse[kʏ́sə] (小 **Küß·chen**[kʏ́sçən], **Küß·lein**[..laɪn] 中 -s/-) キス, 接吻(せっぷん), 口づけ: *jm.* einen ～ 〔auf den Mund〕 geben …〔の口〕にキスする | *jm.* einen ～ zuwerfen …に投げキスをする | *Küsse* mit *jm.* tauschen 〈wechseln〉 …とキスを交わす ‖ *jn.* mit *Küssen* bedecken …にキスを浴びせる. [*ahd.*; ◇küssen]

Kuß·brem·se[kʊ́s..] 女《戯》(Oberlippenbart) 口ひげ.

Küß·chen Kuß の縮小形.

Küs·se Kuß の複数.

kuß·echt[kʊ́s..] 形 (口紅などが)キスしても色の落ちない.

Kus·sel[kʊ́səl] 女 -/-n 背の低い松; やぶ;《南部》松の実. [*slaw.*]

küs·sen[kʏ́sən]《03》他 (h)《*jn.* / *et.*[4]》(…に)口づけ〈接吻(せっぷん)〉する, キスする;《比》(風・波・日光などが)そっと〈軽く〉触れる: *jn.* herzen und ～ …を抱きしめてキスする | *jn.* auf die Hand ～ / *jm.* die Hand ～ …の手にキスする | *jn.* aus dem Schlaf ～ …にキスして目を覚まさせる | *jn.* zum Abschied ～ …に別れの口づけをする | Es grüßt und *küßt* Dich Dein Hans 〈Deine Inge〉(手紙の結びに)あいさつと口づけとを 君のハンス〈あなたのインゲ〉より | *Küß* 〈*Küss'*〉 die Hand!《ｵｰｽﾄﾘｱ》(特に女性に対して)こんにちは, さようなら; ありがとうございます | Er ist von der Muse *geküßt* worden.《戯》彼に歌心が浮かんだ, 彼は一句をものした | Er hat die Erde *geküßt*.《比》彼は地面に倒れた | Und wer *küßt* mich?《話》さて私のことはどうしてくれるか ‖ ***geküßt* aussehen**《話》滑稽な〈とんでもない〉格好である ‖ 再帰《相互的》Wir *küßten* uns[4] heiß. 私たちは熱烈な接吻を交わした. [*germ.*; 擬音; ◇Kuß; *engl.* kiss]

Küs·se·rei[kʏsəráɪ] 女 -/-en《話》キス〔のくり返し〕, 長いキス.

küs·se·rig[kʏ́sərɪç][2] (**küß·rig**[kʏ́srɪç][2]) 形 キスをしたいような: Mir ist ～. 私はキスをしたい.

kuß·fest[kʊ́s..] =kußecht

Kuß·hand 女 (小 **Kuß·händ·chen** 中) 投げキス: *jm.* eine ～ zuwerfen …に投げキスをする | ***jn.* 〈*et.*[4]〉 mit ～ nehmen**《話》…を非常に喜んで〈喜び勇んで〉迎え入れる〈取り入れる〉.

Küß·lein Kuß の縮小形.

▽**küß·lich**[kʏ́slɪç] 形 キスしたくなるような.

Kuß·mund 男《ふつう単数で》キスを挑発する〈思わずキスをしたくなるような〉口.

Küß·nacht[kʏ́snaxt] 地名 キュスナハト(スイス Schwyz 州の都市で, Tell の伝説で知られる). [<Kusso (人名)+ *ahd.* aha (→Ache)]

küß·rig[kʏ́srɪç][2] =küsserig

Kü·ste[kʏ́stə] 女 -/-n 海岸〔地方〕, 浜(→ 図): eine felsige ～ 岩浜 | an der ～ entlangfahren 沿岸を航行する.

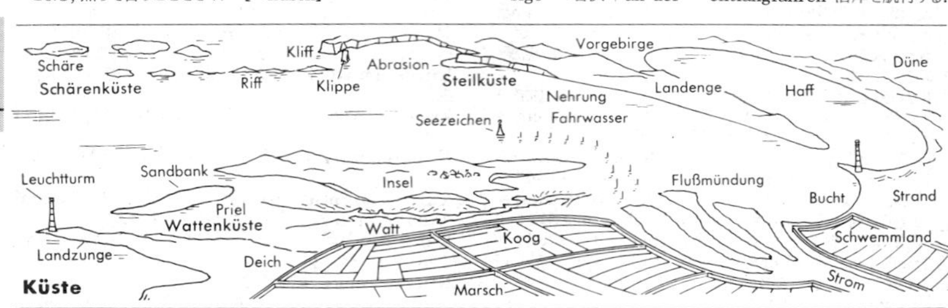

Küste

K

[*lat*. costa (→kostal)－*afr*.－*mndl*.; ◇*engl*. coast]

Kü·sten≈ar·til·le·rie[kʏ́stən..] 女 海岸〔防衛〕砲兵隊. ≈**bat·te·rie** 女 海岸〔防衛〕砲台. ≈**be·fe·sti·gung** 女〘土木〙(海岸の)護岸施設;〘軍〙海岸防衛施設. ≈**be·feue·rung** 女 海岸照明設備(灯台など). ≈**be·woh·ner** 男 海岸住民. ≈**blocka·de** 女〘軍〙沿岸封鎖. ≈**damp·fer** 男 沿岸航行汽船. ≈**fah·rer** 男 **1** 沿岸航行船. **2** 沿岸航行船の船員(特に:船長). ≈**fahrt** 女 沿岸航行. ≈**fi·sche·rei** 女 (↔Hochseefischerei) 沿岸〈近海〉漁業. ≈**ge·biet** 中 海岸地域. ≈**ge·wäs·ser** 中〘政〙沿岸海(内海・湾・海峡など以外の領海の主要部分). ≈**han·del** 男 -s/ 沿岸貿易. ≈**hüp·fer** 男〘動〙ハマトビムシ. ≈**land** 中 -[e]s/..länder 沿海地方. ≈**li·nie** [..niə] 女 海岸線. ≈**mo·tor·schiff** 中 沿岸用動力船(略 Kümo). ≈**ra·dar** 中〘電〙海岸レーダー. ≈**schiffahrt** (≈**schiff·fahrt**) 女 (↔Hochseeschifffahrt)沿岸航行. ≈**schutz** 男 (海浜の)護岸〔施設〕. ≈**schutz·boot** 中 沿岸警備艇. ≈**see·schwal·be** 女〘鳥〙キョクアジサシ. ≈**sprin·ger** 男〘虫〙イシノミ(石蚤)科の昆虫. ≈**strei·fen** 男, ≈**strich** 男 (帯状の)沿海地域. ≈**ver·set·zung** 女〘地〙沿岸漂移; 海岸移動. ≈**ver·tei·di·gung** 女 海岸防衛, 沿岸防備. ≈**wa·che** 女 海岸警備; 沿岸警備隊〈兵〉.

Kü·ster[kʏ́stər] 男 -s/- 〘宗〙聖具室係; (鐘つき・清掃などをする)教会の用務員. [*mlat*. cūstor „Hüter"－*ahd*.]

Kü·ste·rei[kʏstəráɪ] 女 -/-en Küster の事務室〈住居〉.

Ku·sto·de[kʊstó:də] **I** 男 -n/-n ＝Kustos 1 ▽**II** 女 -/-n **1** (楽譜の)次ページ調号予告記号. **2** ＝Kustos 3

Ku·stos[kʊ́stɔs] 男 -/..toden[kʊstó:dən] **1** (図書館・博物館などの)専門職員, (収集品などの)管理責任者. ▽**2** ＝Küster ▽**3**〘印〙要語(ようご), 指示語, キャッチワード(各ページの下部欄外右端に印刷された次ページの最初の語). [*lat*. cūstōs „Wächter"; ◇Hort]

ku·tan[kutá:n] 形〘医〙皮膚の, 表皮の. [*mlat*.; ＜*lat*. cutis „Haut" (◇Haut); ◇*engl*. cutaneous]

Ku·te[kú:tə] 女 -/-n《北部》(Kuhle)(大きくない)穴.

Ku·ti·ku·la[kutí:kula·] 女 -/-s, ..lä[..lɛ·], ..len [..tikú:lən]〘生〙クチクラ, 角皮. [*lat*.; ＜*lat*. cutis (→kutan)]

Kutsch·bock[kʊ́tʃ..] 男 (馬車の)御者台.

Kut·sche[kʊ́tʃə] 女 -/-n (乗用の)〔箱型〕馬車;《戯》(大きな)古自動車: in 〈mit〉 einer ～ fahren 馬車に乗って行く | Sein Auto ist eine alte ～.《戯》彼の自動車はもうおんぼろだ. [*ungar*. kocsi; ＜Kocs (製造地名); ◇*engl*. coach]

kut·schen[kʊ́tʃən]《04》＝kutschieren I, II 2

Kut·schen·schlag 男 馬車の扉.

Kut·scher[kʊ́tʃər] 男 -s/- (馬車の)御者: Das kann mein 〈Lehmanns〉 ～ auch.《比》そんなことはだれでもできる.

Kut·scher≈bal·ken 男《話》安物の葉巻. ≈**bock** ＝Kutschbock ≈**glas** 中 -es/..gläser《話》(御者などに酒類をおごるときの)大きなグラス. ≈**knei·pe** 女《話》(御者などの出入りする)居酒屋. ≈**ma·nie·ren** 複 (御者などの)粗野な振舞い〈態度〉. ≈**sitz** 男 ＝Kutschbock ≈**tas·se** 女《話》(御者などに酒類をおごるときの)大きなカップ. ≈**zi·gar·re** 女 ＝Kutscherbalken

kut·schie·ren[kʊtʃí:rən] **I** 自 (s) 馬車に乗って行く; (馬車に限らず)車に乗って行く: mit dem Auto ～ 自動車に乗って行く | Mit ihm läßt sich gut 〈schlecht〉 ～.《スイス》彼とは気が合う〈合わない〉, 彼とは一緒にやっていける〈いけない〉. **II** 他 (h) **1** (馬車などを)御する: einen Lastwagen ～ トラックを運転する. **2** 馬車で連れて行く; (馬車に限らず)車で連れて行く: *jn*. mit dem Auto ～ …を自動車で送る.

Kutsch≈ka·sten[kʊ́tʃ..] 男 **1** 馬車の車体. **2** (御者台の下の)道具〈荷物〉箱. ≈**pferd** 中 馬車うま. ≈**wa·gen** 男 ＝Kutsche

Kut·te[kʊ́tə] 女 -/-n **1**〘宗〙修道服(→ 図 Mönch) : die ～ anlegen / zur ～ kommen 修道士〈修道女〉になる(修道服を身につける) | *jn*. in die ～ stecken …を修道院に入れる | **aus der ～ springen**《話》聖職をすてる. **2**《話》オーバー; 仕事着, 上っぱり. [*mlat*. cotta－*mhd*.; ◇Kotze[2]; *engl*. cotta]

Küt·te[1][kʏ́tə] 女 -/-n《南部》(Quitte)〘植〙マルメロ. [*lat*. cotōnea－*ahd*. ku[t]tina; ＜*gr*. Kydṓnion mē̆lon (→Quitte)]

Küt·te[2][－] 女 -/-n《南部》(Kette) 野鳥の群れ. [*ahd*. kutti „Herde"]

Kut·tel[kʊ́təl] 女 -/-n《ふつう複数で》《南部・オーストリア・スイス》(特に牛の)内臓, 臓物, もつ;《話》(人の)内臓; 臓器. [*mhd*. kutel]

Kut·tel≈fisch[kʊ́təl..] 男 ＝ Sepia 1 ≈**fleck** 男 -[e]s/-e《ふつう複数で》《南部》臓物料理〈スープ〉. ≈**hof** 男 (Schlachthof) 畜殺場. ≈**kraut** 中 -[e]s/ 《オーストリア》 ＝Thymian

kut·ten[kʊ́tən]《01》他 (h) (auslesen)〘坑〙選別する.

▽**Kut·ten·trä·ger** 男 (Mönch) 修道僧. [＜Kutte]

Kut·ter[kʊ́tər] 男 -s/-〘海〙**1** カッター(1本マストの帆船: → 図); (Fischkutter)(エンジン付きの)漁業用帆船(→ 図 Gezeiten). **2** カッター(船舶に搭載する救命用などの小艇: → 図 Boot A). [＜Cutter]

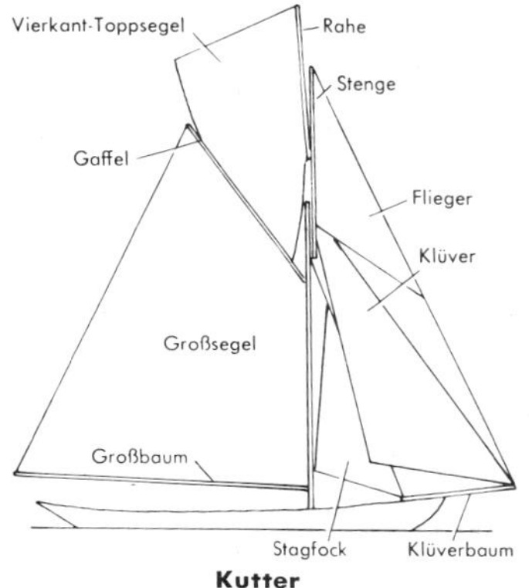

Kutter

Kü·ve·la·ge[kyvəlá:ʒə] 女 -/-n (坑道の)防水構築.

kü·ve·lie·ren[kyvəlí:rən] 他 (h)〘坑〙(坑道を)防水鉄枠で固める. [*fr*.; ＜*fr*. cuve „Faß" (◇Küvette)]

Kü·ve·lie·rung[..rʊŋ] 女 -/-en küvelieren すること.

Ku·ver·deich[kú:vər..] 男〘土木〙(堤防の漏水を処理する)月の輪, 釜段(かまだん)(→ 図 Deich).

Ku·vert[kuvé:r, ..vɛ́:r, ..vɛ́rt] 中 -[e]s/-e (オーストリア: [..vɛ́:r]-s/-s) **1** (Briefumschlag) 封筒. **2** (Gedeck)《集合的に》食器1人前(皿・ナイフ・フォーク・スプーンなど一式). [*fr*. couvert; ＜*lat*. cooperīre (→kuvrieren); ◇*engl*. covert]

ku·ver·tie·ren[kuvɛrtí:rən] 他 (h) **1** 封筒に入れる. ▽**2** (テーブルに)食器を並べる.

Ku·ver·tü·re[..tý:rə] 女 -/-n (ケーキ・あめ類の)チョコレートの衣. [*fr*. couverture „Decke"]

▽**Kü·vet·te**[kyvɛ́tə] 女 -/-n **1** (ガラス製の)小鉢; (懐中時計の)内ぶた. **2** ＝Künette [*fr*.; ＜*lat*. cūpa (→Küpe)]

▽**ku·vrie·ren**[kuvrí:rən] 他 (h) (bedecken) 覆う; (verbergen) 隠す. [*lat*. co-operīre－*fr*. couvrir; ◇*engl*. cover]

Ku·wait[kuváɪt, kú:vaɪt] 地名 **1** クウェート(ペルシア湾北西岸の首長国, 中近東有数の石油産出で知られる. 1961年英連邦内で独立). **2** クウェート(1の首都). [*arab*.]

Ku·wai·ter[..tər, kú:vaɪ..] 男 -s/- (**Ku·wai·ti**

K

[..ti·] 男 -(s)/-(s)) クウェート人.

ku·wai̱·tisch[..tɪʃ, kú:vaɪ..] 形 クウェートの.

Kux[kʊks] 男 -es/-e 〘経〙 鉱山株(券), 鉱区持ち分. [*tschech*. kusek „Anteilchen"–*mlat*. cuccus]

kv., k.v.[ka:fáʊ] 略 =**kriegsverwendungsfähig**

kV[kilovɔ́lt] 記号 (Kilovolt) 〘電〙 キロボルト.

KV 略 =**Köchelverzeichnis**

kVA[kilovɔlt|ampé:r, ..pɛ́:r] 記号 (Kilovoltampere) 〘電〙 キロボルトアンペア.

kW[kilovát] 記号 (Kilowatt) 〘電〙 キロワット.

k. W. 略 **1** =**kommender Woche** 来週に(の). **2** =**kommende Woche**[4] 来週に.

Kwạng·dschu (**Kwạng·ju**)[kwáŋdʒu] 地名 光州, クワンジュ(韓国, 全羅南道の道都).

Kwạng·tung[kváŋtʊŋ] 地名 広東, コワントン(中国, 華南地区中部の省で, 省都は広州 Kanton または Guangzhou).

Kwạng·tung-Ar·mee 女 -/ 〘史〙 (旧大日本帝国の)関東軍.

Kwaß[kvas] 男 –, Kwasses/ クワス(ビールに似たロシアの飲料). [*russ*. kvas „Säure"; ◇Käse, Quas; *engl*. kvas(s)]

kWh (ᵛ**kWst**)[kilovát-ʃtʊndə] 記号 (Kilowattstunde) 〘電〙 キロワット時.

Kya·ni·sa·tio̱n[kyanizatsió:n] 女 -/-en (塩化第二水銀による)木材防腐加工.

kya·ni·sie̱·ren[..zí:rən] 他 (h) (木材を)塩化第二水銀で防腐加工する. [*engl*. kyanize; <J. H. Kyan (アイルランド人発明者, †1850)]

Ky̱·be·le[ký:bele·, kybé:lə, ..le·] 人名 〘ギ神〙 キュベレ(大地の女神). [*gr*.–*lat*.]

Ky·ber·ne̱·tik[kybɛrné:tɪk] 女 -/ **1** サイバネティクス(1948年アメリカの学者ウィーナーの提唱した総合的情報科学). **2** 〘新教〙 教会および教区指導の原理(方法). [1: *amerik*. cybernetics; <*gr*. kybernḗtēs „Steuermann" (◇Gouverneur)]

Ky·ber·ne̱·ti·ker[..tikər] 男 -s/- サイバネティクス研究者.

ky·ber·ne̱·tisch[..tɪʃ] 形 サイバネティクスに関する.

der **Kyff·häu·ser**[kífhɔyzər] 地名 男 -(s)/ キフホイザー(ドイツ Thüringen 州と Sachsen-Anhalt 州の境界にある山地で, Kyffhäusergebirge ともいう). [<..hausen]

die **Ky·kla̱·den**[kyklá:dən] 地名 複 キュクラデス諸島(エーゲ海南部にあり, ギリシア領). [*gr*. „Inseln im Kreis um Delos"–*lat*.; <*gr*. kyklás „rund" (◇Zyklus); ◇*engl*. Cyclades]

Ky̱·kli·ker[ký:klikər, kýk..] 男 -s/- =**Zykliker**

Ky·klo·i̱·de[kykloí:də] 女 -/-n=**Zykloide**

Ky·klo̱n[..ló:n] 男 -s/-e =**Zyklon**

Ky·klo̱p[..ló:p] 男 -en/-en =**Zyklop**

Ky̱·ma[ký:ma·] 中 -s/-s, **Ky·ma̱·tion**[kymá(:)tiən] 中 -s/-s, ..tien[..tiən] 〘建〙 (ギリシア神殿の)柱頭装飾帯(→ 図). [*gr*. kỹma „Woge"; ◇hohl; *engl*. cyma]

Ky·mo·gra̱mm[kymográm] 中 -s/-e 〘医〙 キモグラム, 動態記録(描写)図.

Ky·mo·gra̱ph[..grá:f] 男 -en/-en =**Kymographion**

Ky·mo·gra·phi̱e[..grafí:] 女 -/ 〘医〙 キモグラフィー, (X 線による)動態撮影法.

Ky·mo·gra̱·phion[..grá(:)fiən] 中 -s/..phien[..fiən] 〘医〙 キモグラフ, 運動記録(描写)器.

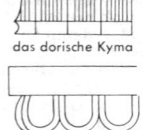

Ky̱m·re[kýmrə] 男 -n/-n ウェールズ人(イギリス, Wales に住むケルト族の分派). [*kymr*.; ◇Kambrium; *engl*. Cymry]

ky̱m·risch[..rɪʃ] 形 ウェールズ人(語)の: →deutsch

Kyn·ege̱·tik[kynegé:tɪk] 女 -/ 犬の調教. [*gr*. kynēgetikḗ (téchnē) „Jägerei"; <*gr*. kýōn „Hund"+ágein „führen"]

Ky̱·ni·ker[ký:nikər] 男 -s/- **1** キニク派の哲学者(極端に無欲な自然生活を標榜(ひょうぼう)した). **2** =**Zyniker 2**

ky̱·nisch[..nɪʃ] 形 **1** 〘哲〙 キニク派の, 犬儒学派の. **2** =**zynisch 2** [*gr*. kynikós „hündisch"; <*gr*. kýōn „Hund" (◇Hund); ◇*engl*. Cynic(al)]

das dorische Kyma

das ionische Kyma

das lesbische Kyma

Kyma

Ky·ni̱s·mus[kynísmʊs] 男 -/..men[..mən] **1** 《単数で》キニク派の哲学. **2** =**Zynismus 2**

Ky·no·lo̱·ge[kynoló:gə] 男 -n/-n (→..loge) 犬に詳しい人; 犬の飼育家.

Ky·no·lo·gi̱e[..logí:] 女 -/ 犬についての知識(学問).

Kyong·ju[kǐɔŋdʒú:] 地名 慶州, キョンジュ(韓国, 慶尚北道の都市で, かつては新羅(しらぎ)の首都であった).

Ky·pho̱·se[kyfó:zə] 女 -/-n 〘医〙 脊柱(せきちゅう)後湾, 亀背(きはい). [<*gr*. kȳphós „gebückt" (◇Kubus)+..ose]

die **Ky·re·na̱i·ka**[kyrená:ika·, ..náɪka·] 地名 女 -/ キレナイカ(リビアの北東部を占める地方. Cyrenaika とも書く). [*gr*.–*lat*. Cȳrēnē]

Ky̱·rie[ký:riə, ..e·] 中 -/-s =**Kyrieeleison**

Ky̱·rie·ele̱i·son[ky:rie|eláɪzɔn, ..léizɔn] 中 -s/-s 〘カトリック〙 キリエ, あわれみの賛歌.

Ky̱·rie ele̱i·son[ký:riə eláɪzɔn, ..rie· –, ..rie· ..léizɔn] 間 (Herr, erbarme dich) 〘カトリック〙 主よ あわれみたまえ(ミサの冒頭などに唱える祈りの言葉). [*gr*.; ◇Almosen]

Ky·ri·ele̱is[kyrieláɪs] =**Kyrie eleison**

Ky·ri̱ll[kyríl] 人名 キリロス(826-869; スラヴ人たちに布教したギリシアの伝道者. 865年ごろ Glagoliza を考案した. キリル文字の考案者と誤り伝えられた).

ky·ri̱l·lisch[kyrílɪʃ] 形 キリロスによる; キリル文字の: ~*e* Schrift キリル文字(ギリシア文字からつくられた教会スラヴ文字: → 図 Schrift).

Ky·ri̱l·li·za[..litsa·] 女 -/ 〘言〙 キリル文字. [*russ*.; ◇*engl*. Cyrillic]

KZ[ka:tsɛ́t] 略 中 -(s)/-(s) =**Konzentrationslager** (ナチの)強制収容所.

KZ-Häft·ling[ka:tsɛ́t..] 男 (ナチの)強制収容所囚人.

KZ·ler[ka:tsɛ́tlər] 男 -s/- 《話》 (ナチの)強制収容所体験者.

K

L

l[1][ɛl], **L**[1][–] 中 -/- (→a[1], A[1] ★)ドイツ語のアルファベットの第12字(子音字): →a[1], A[1] 1 | *L* wie Ludwig (通話略語) Ludwig の L〔の字〕(国際通話では *L* wie Liverpool).

l[2] 記号 **1** [líːtər] (Liter) リットル. **2** [lɛvogýːr] (↔d) (lävogyr) 〘理〙左旋〔性〕の. **3** [leŭ] (Leu) レウ.

l. 略 **1** =lies (…と)読むこと(略号などの読み方の指示). **2** =links (↔ r.) 左に.

L[2] **I** 記号 **1** (国名略号: →A[2] II 3)ルクセンブルク (Luxemburg); (オーストリアで)リンツ (Linz). **2** [fýnftsıç] (ローマ数字の) 50(→付録). **II** 略 =Luxuszug

L. 略 **1** =Linné **2 a)** =Lira **b)** =Lire(Lira の複数).

la[1][laː] 間 (歌詞なしで歌うときの言葉)ラ: ein Lied auf ～ ～ singen ラララとメロディーだけで歌を口ずさむ.

la[2][–] 《ｲﾀﾘｱ語》〘楽〙ラ(階名唱法で, 長音階の第 6 音).

l. a. 略 =lege artis

La[ɛl|áː, lantáːn] 記号 (Lanthan) 〘化〙ランタン.

LA[ɛl|áː] 略 =Lastenausgleich

der **Laa·cher See**[láːxər zéː] 地名 男 --s/ ラーヘル=ゼー (Rhein 川の西岸 Eifel 火山地帯にある最大の Maar 湖. 西南岸に Maria Laach の修道院がある: →Maar). [< *lat.* lacus (→Lakune)]

Lab[laːp][1] 中 -〔e〕s/-e **1** =Labferment **2** 《ｽｲｽ》(Lauge) 灰汁(ｱｸ); アルカリ液. [„Gerinnmittel“; *ahd.*]

La·ban[láːban] **I** 人名〘聖〙ラバン (Jakob の義父). **II** 男 -s/-e《話》《ふつう次の形で》**ein langer ～** 背の高いやせた男, のっぽ. [*hebr.*]

Lab·be[lábə] 女 -/-n《方》(Mund) 口; (垂れ下がった)「唇.」

lab·be·rig[lábərıç][2] (**labb·rig**[..brıç][2]) 形《話》**1** (飲食物が)水っぽい, 気の抜けた. **2** (材質が)ふにゃふにゃした, しまりのない. **3** (気分が)情けない, 味気ない.

lab·bern[lábərn] ((05)) **I** 他 (h) 《方》(食物を)すする, ぴちゃぴちゃ食べる〈飲む〉. **II** 自 (h) **1** 〘海〙(帆が)だらりと垂れている. **2** 《話》(くだらないことを)ぺちゃくちゃしゃべる. [*ndl.* –*ndd.*; ◇Lappen]

labb·rig =labberig

Lab·da·num[lápdanum] 中 -s/ =Ladanum

La·be[láːbə] 女 -/ 《雅》=Labsal [*ahd.*; ◇laben]

La·be·fla·sche 女 (長距離自転車競技用の)水筒.

La·bel[léːbəl, leıbl] 中 -s/-s **1** (商品などにはる)ラベル, レッテル. **2 a)** (レコード会社の)商標; (レコードの)レーベル. **b)** (特定の商標をもつ)レコード会社: ein eigenes ～ gründen 独自のレコード会社を設立する | das ～ wechseln (演奏家が)別のレコード会社の専属になる. **3** 〘電算〙ラベル. [*mfr.*–*engl.*; ◇Lappen]

la·ben[láːbən][1] 他 (h) 《雅》《*jn.*》(…の気分を) さわやかにする, 元気づける: 再帰 *sich*[4] an 〈mit〉 Kaffee ～ コーヒーを飲んで元気をつける | eine *labende* Kühle さわやかな冷気. [*lat.* lavāre (→lavieren[2]) – *westgerm.* „waschen“]

La·ber·dan[labərdáːn] 男 -s/-e 塩鱈(ﾀﾗ)〔の干物〕. [*afr.*–*ndl.*]

la·bern[láːbərn] ((05)) 自 (h) 《話》(くだらないことを)ぺちゃくちゃしゃべる. [< Labbe]

▽**la·bet**[labéːt] 形《述語的》**1** (verloren) 〘ﾄﾗﾝﾌﾟ〙負けた. **2** (müde) 疲れ果てた. [*fr.* la bête „das Tier“; ◇Betise]

La·be≈trank[láːbə..] 男, **≈trunk** 男《雅》さわやかにして〈元気づけて〉くれる飲み物. [< laben]

Lab·fer·ment[láːp..] 中〘生化学〙キモシン (Labmagen の胃液中にあって乳中の蛋白(ﾀﾝﾊﾟｸ)質カゼインを分解し, 不溶性のパラカゼインにする凝乳酵素).

La·bia Labium の複数.

la·bi·al[labiáːl] 形 唇の; 〘言〙唇音の. [*mlat.*; ◇..al[1]]

La·bi·al[–] 男 -s/-e (▽**La·bi·a·lis**[..lıs] 女 -/..les [..leːs]) (Lippenlaut) 〘言〙唇音(例 [p][b][m]).

la·bia·li·sie·ren[labializíːrən] 他 (h) 〘言〙唇音化する.

La·bia·li·sie·rung[..ruŋ] 女 -/-en 〘言〙唇音化.

La·bi·al≈laut[labiáːl..] 男 = Labial **≈pfei·fe** =Lippenpfeife

La·bia·te[labiáːtə] 女 -/-n《ふつう複数で》(Lippenblütler) 〘植〙唇形(ｼﾝｹｲ)花植物, シソ科植物.

La·bi·en Labium の複数.

la·bil[labíːl] 形 (↔stabil) 不安定な, 変動しやすい, バランスを失いやすい: ein ～*er* Charakter 情緒不安定な性格〔の人〕| eine ～*e* Gesundheit 不安定な〈病気にかかりやすい〉健康状態 | ein ～*es* Gleichgewicht 〘理〙不安定な釣り合い. [*spätlat.*; < *lat.* lābī „schlüpfen“]

la·bi·li·sie·ren[labilizíːrən] 他 (h) 不安定にする.

La·bi·li·sie·rung[..ruŋ] 女 -/-en labilisieren すること.

La·bi·li·tät[labilitɛ́ːt] 女 -/-en《ふつう単数で》labil「なこと. [*mlat.*]」

labio.. 《名詞・形容詞などにつけて「唇」を意味する》[*lat.*; ◇Labium]

la·bio·den·tal[labiodɛntáːl] 形 〘言〙唇歯音の.

La·bio·den·tal[–] 男 -s/-e (▽**La·bio·den·ta·lis** [..lıs] 女 -/..les[..leːs]), **La·bio·den·tal·laut** 男 (Lippenzahnlaut) 〘言〙唇歯音(例 [f][v]).

la·bio·ve·lar[..veláːr] **I** 形〘言〙唇軟口蓋(ｺｳｶﾞｲ)音の. **II La·bio·ve·lar** 男 -s/-e (Lippengaumenlaut) 〘言〙唇軟口蓋(ｺｳｶﾞｲ)音(例 [w]).

La·bium[láːbium] 中 -s/..bien[..biən], ..bia[..biaˑ] **1 a)** (Lippe) 唇. **b)** (Schamlippe) 〘解〙陰唇. **2** 〘楽〙 **a)** (オルガンの唇管・無簧(ﾑｺｳ)管の)へり. **b)** (フルートの)歌口. [*lat.*; < *lat.* lambere „lecken“ (◇Lefze); ◇labial]

Lab≈kraut[láːp..] 中 -〔e〕s/ 〘植〙ヤエムグラ(八重葎)属. **≈ma·gen** 男〘動〙皺胃(ｼｭｳｲ)(反芻(ﾊﾝｽｳ)動物の第 4 胃. ここで Labferment が作られる: → 図 Magen B).

La·bor[labóːr; ｵｰｽﾄﾘｱ: –, láːbɔr; ｽｲｽ: –, láboːr] 中 -s/-s (-e [labóːrə]) (< Laboratorium) 実験室: Raum*labor* 宇宙実験室, スカイラブ | Sprach*labor* ランゲージラボ〔ラトリー〕, LL.

La·bo·rant[laboránt] 男 -en/-en (女 **La·bo·ran·tin** [..tın]-/-nen) 実験助手; (薬局の)調剤助手.

La·bo·ra·to·rium[laboratóːrium] 中 -s/..rien [..riən] (理化学・医学などの)実験〈研究〉室(略 Labor). [*mlat.*]

la·bo·rie·ren[laboríːrən] 自 (h) 《話》《an *et.*[3]》**1** (…のことで)苦心する, 骨身をけずる. **2** (leiden) (…に)苦しむ, 悩む; (病気などに)かかっている: an einer Grippe ～ 流感にかかっている. [*lat.*; < *lat.* labor „Bemühung“; ◇*engl.* labo〔u〕r]

La·bor≈kit·tel[labóːr..] 男 実験室用の仕事着〈白衣〉. **≈ver·such** 男 実験室での実験.

La·bour Par·ty[léıbə páːtiˑ] 女 --/ (英国の)労働党. [*engl.*]

La·bra·dor[labradóːr] **I** 地名 ラブラドル(カナダ東部, 大西洋と Hudsonbai に挟まれた半島部). **II** 男 -s/-e 〘鉱〙曹灰長石. [< *port.* (terra dos) lavradores „Sklaven(land)“]

La·bra·do·rit[..doríːt, ..rít] 男 -s/-e =Labrador II

Lạb·sal[lá:pza:l] 中 -[e]s/-e (南部・ｵｰｽﾄﾘｱ: 女 -/-e) さわやかにして〈元気づけて〉くれるもの;《比》なぐさめ, 慰謝. [*mhd.*; ◇laben]

lạb·sal·ben[lá:pzalbən][1]《過分 gelabsalbt》他 (h)〖海〗(索具に)タールを塗る. [*ndl.*–*ndd.*; ◇Lappen, salben]

Lạbs·kaus[lápskaʊs] 中 -/ 〖料理〗(肉・ジャガイモ・タマネギなどを用いた)船員用シチュー. [*engl.* lob-scouse–*ndd.*]

Lạ·bung[lá:bʊŋ] 女 -/-en **1** laben すること. **2** =Labsal

La·by·rịnth[labyrínt] 中 -[e]s/-e **1 a)**〖ギ神〗ラビュリントス (Dädalus が Minos の命令で造った迷路の多い建物). **b)** (Irrgarten)(公園などにある)迷路(→ 図 Park). **c)**《比》迷宮; 錯綜(さくそう)〈混乱〉した物. **2 a)**〖解〗(内耳の)迷路. **b)**〖動〗迷路器官, 褶鰓(しゅうさい)(キノボリウオがもつ補助的な空気呼吸器官). [*gr.*–*lat.*]

La·by·rịnth·fisch 男〖魚〗キノボリウオ(木登り魚)〔科〕「の魚類〕.

la·by·rịn·thisch[labyríntıʃ] 形 迷宮〈迷路〉のような; 錯綜(さくそう)した, 入り組んだ.

Lạch≠an·fall[láx..] 男 笑いの発作: einen ~ bekommen 急に笑いだす. **≠bom·be** 女《話》爆笑をひきおこすもの(喜劇映画など). [<lachen[2]]

Lạ·che[1][láxə] 女 -/-n《ふつう単数で》《話》**1** 笑い〔声〕: in eine laute ~ ausbrechen 爆笑する. **2** (特定の)笑い方: eine hämische 〈schrille〉 ~ 陰険な〈けたたましい〉笑い. [*mhd.*]

Lạ·che[2][–] 女 -/-n〖林〗(樹木に刻みつけた)目印; (樹脂採取用の)切り傷. [*ahd.* lāh „Grenzzeichen"]

Lạ·che[3][–, lá:xə] 女 -/-n (Pfütze) 水たまり; こぼれてたまった液体: Er lag in einer ~ von Blut 〈in einer Blut*lache*〉. 彼は血の海のなかに横たわっていた. [*westgerm.*; ◇leck, Lake]

lạ̈·cheln[lɛ́çəln] **I** 《06》自 (h) 微笑する, ほほえむ: freundlich 〈geheimnisvoll〉 ~ 愛想よく〈いわくありげに〉ほほえむ | höhnisch 〈verächtlich〉 ~ 冷笑する ‖ *jm.* ~ …にほほえみかける | Ihm *lächelt* das Glück.《雅》彼は幸運児だ ‖ über *et.*[4] ~《比》…をまじめに取り合わない. **II Lạ̈·cheln** 中 -s/ 微笑, ほほえみ: mit einem ~ 顔にほほえみを浮かべて. [*mhd.*; ◇lachen[2]]

lạ·chen[1][láxən] 他 (h)〖林〗(樹木に)刻み目を入れる(目印用・樹脂採取用などに). [*mhd.*; ◇Lache[2]]

lạ·chen[2][láxən] **I** 自 (h) **1** (英: *laugh*) 笑う: herzlich 〈laut〉 ~ 心から〈大声で〉笑う | spöttisch ~ 嘲笑(ちょうしょう)〈冷笑〉する | gezwungen ~ むりに〈仕方なく〉笑う, 作り笑いする ‖ aus vollem Hals[e] 〈voller Kehle〉 ~ (腹の底から)大笑いする | **in** *sich*[4] **hinein ~** くすくす笑う, ほくそ笑む | *sich*[3] ins Fäustchen ~ (→Fäustchen) | *jm.* ins Gesicht ~ …をあざけり笑う | **über** das ganze Gesicht ~ 満面に笑みをたたえる | über *jn.* 〈*et.*[4]〉 ~ …のことを笑う, …をあざける | über *et.*[4] ~ …を見て〈聞いて〉笑う | Darüber kann man nur noch ~. こいつはとんだお笑い草だ | **von** einem Ohr bis zum andern ~ 大口を開けて笑う | leise **vor** *sich*[4] hin ~ ひそかに笑う, ほくそ笑む ‖ *jn.* ~ machen …を笑わせる | **nichts zu ~ haben**《話》苦労する; 虐待される; こき使われる ‖ **Wer zuletzt *lacht*, *lacht* am besten.**《諺》最後に笑う者が最もよく笑う, 真の勝敗は最後になってみなければわからない | Du hast 〈kannst〉 gut ~. 君は笑っていられるさ(立場が違うから) | Daß ich nicht *lache*!《話》笑わせるなよ, ちゃんちゃらおかしいや | Du wirst ~, aber … 君はまさかと思うだろうが…, おあいにくさまだが… | Da *lachen* [ja] die Hühner! (→Huhn 1 a) | **es 〈das〉 wäre *gelacht*, wenn …**《話》…だとしたらとんだお笑い草だ, …でないに決まっている | Das 〈Es〉 wäre doch *gelacht*, wenn ich das nicht könnte!《話》私にこれができないとしたら とんだお笑い草だよ | Da gibt es nichts zu ~. これは笑いごとではない ‖ Die Sonne *lacht*.《比》太陽が明るく輝いている | *jm. lacht* das Herz im Leibe (→Herz 1 a) | Ihm *lacht* das Glück 〈die Zukunft〉.《雅》彼は幸運にめぐまれている〈彼の前途は輝かしい〉‖〖結果を示す語句と〗再帰 *sich*[4] krumm und schief 〈scheckig〉 ~《話》(身をよじって)笑いころげる | *sich*[4] krank 〈tot〉 ~《話》抱腹絶倒する, 笑いこける ‖〖内容・結果などを示す4格と〗Tränen ~ 涙の出るほど笑う | ein kurzes gurrendes Lachen ~ くっくっと笑う ‖ *sich*[3] einen Ast 〈einen Bruch〉 ~ (→Ast 3,→Bruch 1 b) | *sich*[3] die Schultern schief ~ 体をよじって笑う | ***sich*[3]** 〔**über** *et.*[4]〕 **eins ~**《話》〔…について〕ひそかに笑う〈おもしろがる〉| *sich*[4] scheckig ~ (→scheckig).

2《雅》《*js.* / *et.*[2]》(…のことを)笑いとばす, 無視する: der Gefahren ~ 危険をものともしない.

II Lạ·chen 中 -s/ 笑い〔声〕: ein lautes ~ 高笑い | ein hysterisches ~ ヒステリックな笑い | **sardonisches ~** 冷笑, せせら笑い;〖医〗(顔面痙攣による)痙笑(けいしょう), ひきつり笑い ‖ das ~ unterdrücken 笑いを押し殺す | *sich*[3] das ~ nicht verbeißen können 笑いをこらえきれない ‖ **aus** dem ~ nicht 〔mehr〕 herauskommen 笑いがとまらない | **in** ~ ausbrechen げらげら笑い出す | ***sich*[4] vor** ~ nicht mehr halten können 笑いがとまらない | *sich*[4] vor ~ den Bauch 〈die Seiten〉 halten 腹を抱えて笑う | ***sich*[4] vor ~ biegen** 〈**ausschütten** / **kugeln** / **schütteln** / **wälzen**〉 身をよじって〈腹をかかえて〉笑う, 笑い転げる | Sie starben 〈platzten〉 beinahe vor ~. 彼らは爆笑また爆笑した | *jn.* **zum** ~ bringen …を笑わせる | **zum ~ sein** 笑うべきこと〈お笑い草〉である | Mir ist nicht zum ~ 〔zumute〕. 私は笑うどころではない ‖ Am vielen ~ erkennt man den Narren.《諺》やたらに笑うのは ばかのしるし | Bei Kindern steckt ~ und Weinen in einem Sack.《諺》子供はいま泣いたかと思えばもう笑う | Das Weinen ist 〈steht〉 ihm näher als das ~. 彼は笑うどころかむしろ泣きたい気分だ | ***jm.* vergeht** 〔**noch**〕 **das ~** …はそのうち笑ってなどいられなくなる〈泣き面をかくことになる〉| Dir wird das ~ 〔schon〕 noch vergehen.《話》君はいまにほえづらをかくぞ.

III lạ·chend 現分 形《述語的用法なし》笑っている; 楽しげな, 晴れやかな: ein ~*es* Gesicht 笑顔 | mit einem ~*en* und einem weinenden Auge (→Auge 1) | der ~*e* Dritte (→dritt) | die ~*en* Erben (→Erbe I). [*germ.*; 擬音; ◇*engl.* laugh]

Lạ·cher[láxər] 男 -s/- **1** 笑う人: **die ~ auf *seiner* Seite haben** (論争などの際に気のきいた発言によって)周囲の人たちを自分の側にひきこむ. **2 a)** (突然わき起こる)笑い声. **b)**〖劇〗(観客が笑うことを計算して挿入した)こっけいな場面.

Lạch·er·folg[láx..] 男〖劇〗(観客に対する)笑いの効果.

lạ̈·cher·lich[lɛ́çərlıç] **I** 形 **1** 笑うべき, こっけいな; ばかげた, 愚かしい: Er gibt eine ~*e* Figur ab. 彼の振舞い〈行動〉はこっけいだ ‖ *jn.* 〈*et.*[4]〉 ~ machen …を物笑いの種にする, …を茶化す | *sich*[4] ~ machen 物笑いの種になる, 恥をかく ‖ *et.*[4] ins *Lächerliche* ziehen …を茶化す. **2** ささいな, 取るに足らない, つまらない: ein ~*er* Anlaß ほんのつまらぬきっかけ | eine ~*e* Summe 微々たる額. **II** 副 **1** →I **2** こっけいなほど, ひどく, 非常に: ~ billig (価格が)べらぼうに安い.

lạ̈·cher·li·cher·wei·se[..lıçər..] 副 こっけいなほど, ばかげたことに.

Lạ̈·cher·lich·keit[..lıçkaıt] 女 -/-en **1**《単数で》lächerlich なこと: *jn.* der ~[3] preisgeben …を笑い者にする | ***Lächerlichkeit* tötet.**《諺》ばかげたことをすると権威が失墜する. **2**《ふつう複数で》ささいな〈取るに足らない〉事柄.

lạ̈·chern[lɛ́çərn]《05》他 (h)《方》《*jn.*》笑わせる, おかしがらせる.

Lạ·che·sis[láxezıs] 人名〖ギ神〗ラケシス(運命を割り当てる女神: →Moira). [*gr.*–*lat.*; <*gr.* lagchánein „losen"]

Lạch≠fält·chen[láx..] 中《ふつう複数で》笑うさいに〔目元に〕できる小じわ. **≠gas** 中〖化〗笑気(しょうき)(一酸化二窒素の俗称. 麻酔剤として用いられることがある).

Lạch·gas·nar·ko·se 女〖医〗笑気麻酔〔法〕.

lạch·haft[láxhaft] 形《軽蔑的に》(lächerlich) 笑うべき, こっけいな; ばかげた, 愚かしい. [<lachen[2]]

Lạch·haf·tig·keit[..tıçkaıt] 女 -/ lachhaft なこと.

Lạch≠ka·bi·nett[láx..] 中 (遊園地の)ミラールーム, ゆがみ鏡小屋(→ 図 Rummelplatz). **≠krampf** 男 (しばしば病的な)けいれん性の笑い: Da kriege ich 'nen ~.《話》そい

つはちゃんちゃらおかしいや. ≠**lust** 女 -/ 笑いたい気持, 笑いの衝動: *seine* ~ nicht mehr beherrschen können 笑いをこらえきれない.

lach·lu·stig 形 すぐ笑いたがる, 笑い上戸の.

Lach≠mö·we 女〘鳥〙**1** ユリカモメ(百合鷗), ミヤコドリ(都鳥). **2** (北アメリカの)ワライカモメ(笑鷗). ≠**mus·kel** 男〘解〙(口元の)笑筋: auf die ~*n* wirken《話》笑わせる, 抱腹絶倒させる. ≠**num·mer** 女 笑いの出し物, 滑稽な演目.

Lachs[laks] 男 -es/-e〘魚〙サケ(鮭): ein geräucherter ~ サケの燻製(くんせい). [*idg.*; ◇ *engl.* lax]

Lach·sal·ve[láx..] 女 (数人以上の)爆笑.

Lachs≠brot[láks..] 中 サケの燻製(くんせい)を載せたオープンサンドイッチ. ≠**fang** 男 サケ漁.

lachs≠far·ben 形, ≠**far·big** 形 サケ色の, サーモンピンクの.

Lachs·he·ring 男〘料理〙燻製の塩漬けニシン(鰊).

lachs≠ro·sa 形《無変化》, ≠**rot** 形 =lachsfarben

Lachs·schin·ken 男〘料理〙ラックスシンケン(豚の背肉のハムの一種で, 外見はサケの燻製(くんせい)を思わせる).

Lach·tau·be[láx..] 女 **1**〘鳥〙ワライバト(笑鳩). **2**《比》ころころとよく笑う少女. [<lachen[2]]

Lach·te[láxtə] 女 -/-n =Lache[2]

Lach·ter[láxtər] 女 -/-n (中 -s/-)〘坑〙ラハター(長さの単位: 約 2 m). [*mhd.*; ◇ *gr.* lázesthai „ergreifen"; *engl.* latch]

Lack[lak] 男 -[e]s/ (種類: -e) **1** ラックニス, ワニス; ラッカー; (Japanlack) 漆; 《話》うわべの飾り, めっき: *et.*[4] mit ~ überziehen …にワニス〈ラッカー〉を塗る ‖ Das ist ~. 《話》それはうそ〈いんちき〉だ | **Der** [**erste**] **~ ist ab.**《話》若さ〈魅力〉が失われた | **und fertig ist der ~**《話》これで[すべて]オーケーだ. **2 a**) (Nagellack) [ネール]エナメル. **b**) (Lippenlack) リップシャイナー. **3** (Siegellack) 封蠟(ふうろう). **4** (Goldlack)〘植〙ニオイアラセイトウ. [*sanskr.*–*pers.*–*arab.*–*mlat.*–*it.* lacca; ◇ *engl.* lac[quer], lake]

Lack≠af·fe[lák..] 男《軽蔑的に》おしゃれな〈めかし屋の〉男. ≠**ar·beit** 女 塗り物, 漆器; 漆工芸. ≠**baum** 男〘植〙ウルシ(漆).

Lacke[lákə] 女 -/-n《オーストリア》=Lache[3]

Lackel[lákəl] 男 -s/-《南部・オーストリア》《軽蔑的に》不作法者, 粗野〈無骨〉な男.

[▽]**lacken**[lákən] =lackieren I 1

Lackerl[lákərl] 中 -s/-n《オーストリア》**1** =Lache[3] **2** (液体の)ごく少量.

Lack·far·be[lák..] 女 =Lack 1

lack·glän·zend 形 ぴかぴかにラッカー〈漆〉を塗った.

lackie·ren[lakí:rən] **I** 他 (h) **1** (*et.*[4]) (…に)ラックニス〈ワニス・ラッカー・漆〉を塗る: einen Wagen ~ 車にラッカーを塗る | *sich*[3] die Fingernägel [rot] ~ 指のつめに[赤い]マニキュアをする ‖ ***jm.* eine ~**《話》…に一発食らわす | *jm.* die Fresse 〈die Schnauze〉 ~ (→Fresse 2, →Schnauze 2 b). **2**《話》(*jn.*) (…に)いっぱい食わす, (…を)だます: Er ist *lackiert* 〈der Lackierte〉. 彼はだまされた. **II lackiert** 過分 形《俗》おしゃれの, めかし込んだ; うぬぼれた: ein ~*er* Affe おしゃれな〈めかし屋の〉男(=Lackaffe). [*it.* laccare]

Lackie·rer[lakí:rər] 男 -s/- 塗装工; 塗物師.

Lackie·rung[lakí:ruŋ] 女 **1** lackieren すること. **2** ラッカー塗装.

Lack≠kunst[lák..] 女 -/ 漆(うるし)工芸. ≠**le·der** 中 エナメル革.

lack·mei·ern[lákmaıərn] (05) 他 (h) 《ふつう過去分詞で》《話》(*jn.*) (…を)だます, (…を)だまして得をする: Er ist *gelackmeiert* 〈der *Gelackmeierte*〉. 彼はいっぱい食わされた.

Lack·mus[lákmus] 男 中 -/〘化〙リトマス. [*mndl.* leecmos–*ndl.* lack-moes; ◇ leck, Mus]

Lack·mus≠flech·te 女〘植〙リトマスゴケ(地衣類). ≠**pa·pier** 中〘化〙リトマス試験紙.

Lack≠schild·laus[lák..] 女〘虫〙ラックカイガラムシ(貝殻虫). ≠**schuh** 男 エナメル靴. ≠**wa·ren** 複 漆器類.

La·crosse[lakrɔ́s] 中 -/ ラクロッス(カナダ・アメリカ・イギリスなどで行われるホッケーに似た球技). [*fr.* la crosse „der Kolben"–*engl.*; ◇ Krücke]

Lac·tam[laktá:m] 中 -s/-e =Laktam

Lac·ta·se[..tá:zə] 女 -/-n =Laktase

Lac·tat[..tá:t] 中 -[e]s/-e =Laktat

Lac·to·fla·vin[laktoflaví:n] 中 -s/ =Laktoflavin

Lac·to·se[laktó:zə] 女 -/ =Laktose

La·da·num[lá:danum] 中 -s/ ラダナム(ハンニチバナ科の植物の樹脂). [*semit.*–*gr.* lḗdanon–*lat.*; ◇ Laudanum]

Läd·chen Lade, Laden[2]の縮小形.

La·de[lá:də] 女 -/-n (小 **Läd·chen**[lɛ́:tçən], **Läd·lein**[..laın] 中 -s/-) **1**《方》(Schublade) (家具類の)引き出し: die ~ aufziehen 〈zuschieben〉 引き出しを開ける〈閉める〉. [▽]**2**《方》(ふつう木製の)櫃(ひつ), 長持, ケース, 箱. **3** =Bundeslade **4** (Weblade)〘織〙(織機の)筬框(おさがまち). **5**《東部》(窓の)よろい戸. [*mhd.* „Behälter"; ◇ laden[1]]

La·de≠ag·gre·gat[lá:də..] 中 (蓄電池の)充電装置. ≠**baum** 男〘海〙(貨物積みおろし用)回旋腕木, デリック(→ 図 Schiff A). ≠**büh·ne** 女 =Laderampe ≠**ein·rich·tung** 女 (貨物船の)貨物積みおろし装置. ≠**fä·hig·keit** 女 積載能力. ≠**flä·che** 女 **1** (貨車・トラックなどの)積載床面積. **2** (貨車・トラックなどの)積載面, 荷台. ≠**ge·rät** 中 **1** (貨物の)積みおろし機. **2** (蓄電池の)充電器. ≠**ge·schirr** 中 =Ladeeinrichtung ≠**ge·wicht** 中 (貨物の)積載[許容]重量. ≠**gut** 中 積み荷. ≠**hem·mung** 女 (火器の)装塡部の故障: [**eine**] **~ haben**《戯》一時的に頭の中が空っぽになる, (したいこと・するべきことが急に)できなくなる, (人が)立ち往生する; (機械などが)故障する, ばかになる. ≠**ka·pa·zi·tät** 女 =Ladefähigkeit ≠**kon·trol·le** 女《話》, ≠**kon·trolleuch·te** (≠**kon·troll·leuch·te**) 女 (自動車の)チャージ〈バッテリー〉警告灯. ≠**kran** 男 (船舶の)貨物積みおろし用クレーン〈起重機〉. ≠**li·nie**[..niə] 女 (船舶の)満載喫水線. ≠**lu·ke** 女 (船舶の)貨物艙口(そうこう)(→ 図 Schiff A). ≠**mast** 男 (船舶の)クレーン用マスト.

la·den[1]*[lá:dən][1] (86) **lud**[lu:t][1] / **ge·la·den**; 現 *du* lädst[lɛ:tst], *er* lädt[lɛ:t]; 接II lüde[lý:də]

I 他 (h) **1** (*et.*[4] / *jn.*) **a**) (↔entladen) (荷物などを)積む, 積み込む, (人を)乗せる: Kisten 〈Kohlen〉 ~ 荷箱〈石炭〉を積み込む | Kohlen auf den Lastwagen 〈in den Schubkarren〉 ~ 石炭をトラック〈手押し車〉に積む | den Verletzten auf eine Bahre ~ けが人を担架に乗せる ‖〘目的語なしで〙Wir haben noch nicht *geladen*. まだ積み終わっていません ‖ Wir sind gerade beim *Laden* [des Gepäcks]. 我々は今[荷物を]積み込んでいるところだ.

b) (荷などを)背負わせる; 《比》(罪などを)負わせる: *jm.* eine schwere Last auf die Schultern ~ …に重い荷物をかつがせる ‖ eine große Verantwortung auf *sich*[4] ~ 大きな責任をしょいこむ | *sich*[3] *jn.* 〈*et.*[4]〉 auf den Hals ~ …(やっかい者・重荷など)を引き受ける.

c) (自動車・船などが荷・人員を)積む, のせる: Die Schiffe *laden* Getreide. これらの船は穀物を積んでいる ‖〘目的語なしで〙Der Lastwagen hat schwer *geladen*. このトラックは制限いっぱいに荷を積み込んだ | **schwer** 〈**ganz schön**〉 ***geladen* haben**《話》泥酔している.

2 (beladen) (*et.*[4]) (自動車・船などに)荷を積む〈積み込む〉: die Schiffe ~ 船に荷を積み込む | den Lastwagen mit Kohlen ~ トラックに石炭を積む.

3 (*et.*[4] aus 〈von〉 *et.*[3]) (…を…から)おろす: *et.*[4] aus 〈von〉 einem Wagen ~ …を車の中から〈車から〉おろす.

4 (*et.*[4]) **a**) (↔entladen) (銃砲に)弾丸〈装薬〉をこめる, 装塡(そうてん)する: Die Pistole ist *geladen*. このピストルは弾丸が入っている. **b**)〘理〙(…に)充電〈荷電〉する: positiv 〈negativ〉 *geladen* sein プラス〈マイナス〉の電気を帯びている | Die Atmosphäre war mit Feindschaft *geladen*. 《比》その場の雰囲気には敵意がこもっていた | Er ist mit Energie 〈mit Haß gegen dich〉 *geladen*. 彼はエネルギー〈君への憎しみ〉に満ち満ちている.

II ge·la·den → 別出 [*germ.*; ◇ Last; *engl.* lade]

la·den[2(*)][lá:dən][1] (87) **lud**[lu:t][1] (方: ladete) / **ge·la·den**; 現 *du* lädst[lɛ:tst] (方: ladest), *er* lädt[lɛ:t] (方:

L

ladet); 接II lüde[lý:də] (方: ladete) 他 (h) **1** (einladen) 《*jn.*》 招く, 招待する: *jn.* zum Tee ~ …をお茶に招く. **2** (vorladen) 《*jn.*》 〘法〙 召喚する: *jn.* vor Gericht ~ …を法廷に召喚する. [*germ.*; ◇Latte, Laden[2]]

La̲·den[1] Lade の複数.

La̲·den[2][lá:dən] 男 -s/Läden[lɛ́:dən] (Laden) (小 **Lä̲d·chen**[lɛ́:tçən], **Lä̲d·lein**[..laın] 中 -s/-) **1** (小売りの) 商店, 店; (商売用の空間としての) 店舗: der ~ an der Ecke (日用品・食料品を扱う) 近所の店 | ein ~ für Gemüse / Gemüse*laden* 八百屋 | ein ~ mit Selbstbedienung セルフサービスの店 ‖ ein eleganter ⟨teurer⟩ ~ しゃれた⟨値の高い⟩店 | ein müder ~ 《話》 戦意を欠いた軍隊; いやいや仕事をしている人々; のんべんだらりと仕事をする役所; つまらない集まり ‖ Der ~ öffnet um 8 Uhr. / Der ~ wird um 8 Uhr geöffnet. この店は 8 時に開く | Der ~ schließt um 18 Uhr. / Der ~ wird um 18 Uhr geschlossen. この店は18時に閉まる ‖ einen ~ eröffnen ⟨話: aufmachen⟩ (新規に) 開店する | **einen ~ aufmachen** 《話》 もったいぶった態度をとる, 気取る; えらそうに振舞う | Mach doch keinen ⟨nicht so einen⟩ ~ auf! 《話》 そんなにもったいぶるな, えらそうなまねはよせ | den ~ zumachen 店を閉める; 店をたたむ, 商売をやめる | Er kann den ~ zumachen ⟨dichtmachen⟩. 《話》 彼は (経済的に) 行きづまっている ‖ **im ~** arbeiten ⟨話: stehen⟩ 店で働いている | kaufen, wenn niemand im ~ ist 《戯》 万引きする.

2 《単数で》 《話》 (漠然と) 例の件, 一件, 仕事: den ~ in Ordnung bringen 事態を解決する | den ~ hinwerfen ⟨hinschmeißen⟩ (中途で) 仕事をほうり出す | den ~ kennen 事情に通じている | **den ~ schmeißen** 店を切り盛りする; 仕事⟨任務⟩をりっぱにやってのける ‖ Der ~ läuft ⟨klappt⟩ nicht. 商売がうまくいかない, 仕事の進行がはかばかしくない.

3 (Fensterladen) よろい戸, シャッター: den ~ hochziehen ⟨herunterlassen⟩ よろい戸を上げる⟨おろす⟩.

4 《話》 (Tor) 〘球技〙 ゴール: den ~ dicht machen ゴールの守りを固める.

5 《南部》 **a**) (Brett) 厚板. **b**) =Latz

[*mhd.* lade „Brett"; ◇Latte, laden[2]]

La̲·den≈be·sit·zer[lá:dən..] 男 =Ladeninhaber ≈**dieb** 男 万引き (人). ≈**dieb·sta̲hl** 男 万引き (行為). ≈**fen·ster** 中 (Schaufenster) 陳列窓, ショーウインドー. ≈**fräu·lein** 中 =Ladenmädchen ≈**hü̲·ter** 男 《話》 店(たな)ざらしの商品. ≈**in·ha̲·ber** 男 店の所有者, 店主. ≈**kas·se** 女 店⟨帳場⟩の金庫, レジ: *et.*[4] an der ~ bezahlen …の代金をレジで支払う. ≈**ket·te** 女 連鎖店〔組織〕, チェーンストア〔網〕. ≈**klau** 男 《話》 =Ladendiebstahl ≈**mä̲d·chen** 中 女店員, 女の売り子. ≈**mie·te** 女 店舗の家賃〔賃貸料〕. ≈**preis** 男 店頭⟨小売⟩価格. ≈**schild** 中 -〔e〕s/-er 店の看板. ≈**schluß** 男 閉店〔時間〕: **kurz vor ~** 閉店直前〔に〕; 《比》 期限の直前に, 時間ぎりぎりに.

La̲·den·schluß≈ge·setz 中 閉店〔時間〕法 (ドイツでは, 1996年の改正以前は, 特定業種を除いて夜間・土曜の午後および日曜・祝祭日の営業が法的に規制されていた). ≈**zeit** 女 閉店時間.

La̲·den≈schwen·gel 男 《軽蔑的に》 見習い中の若い店員. ≈**stra̲·ße** 女 (歩行者専用の) 商店街. ≈**tisch** 男 (店の) 売り台, カウンター: *et.*[4] **unterm ~** verkaufen ⟨bekommen⟩ …(禁制品など) をこっそり売る⟨手に入れる⟩. ≈**toch·ter** 女 《スイ》 =Ladenmädchen ≈**ver·kauf** 男 (商品の) 店売り. ≈**wo̲h·nung** 女 店舗つき住宅.

La̲·de·platz[lá:də..] 男 (貨物の) 積みおろし場.

La̲·der[lá:dər] 男 -s/- **1** =Ladegerät **2** (内燃機関の) 圧縮装置, 過給器. [＜*laden*[1]]

La̲·de≈ram·pe[lá:də..] 女 積み荷置き場; 〘鉄道〙 貨物積みおろし場⟨ホーム⟩ (→ 図 Bahnhof B). ≈**raum** 男 (船舶の) 船倉 (→ 図 Schiff B); (航空機の) 貨物室. ≈**schein** 男 〘商〙 積み荷⟨貨物引き換え⟩証 (船荷証券など). ≈**stock** 男 -〔e〕s/ ..stöcke **1** (旧式の先込め銃の) 装塡(そうてん)棒: **wohl einen ~ verschluckt haben** 《話》 しゃちこばっている⟨不器用である⟩; うぬぼれている. **2** 〘坑〙 込め棒. ≈**strei·fen** 男 〘軍〙 (機関銃の) 弾丸ベルト, 弾倉.

lä·di̲e·ren[lɛdí:rən] 他 (h) **1** (beschädigen) そこなう, 傷める, 破損する, 傷つける: *sich*[3] das Knie ~ / 再帰 *sich*[4] am Knie ~ ひざを傷める. **2** 《*jn.*》 (肉体的・心理的に) 痛めつける: ganz *lädiert* sein すっかり疲れて⟨消耗して⟩いる. [*lat.* laedere „heftig schlagen"]

Lä·di̲e·rung[..rʊŋ] 女 -/-en **1** lädieren すること. **2** 破損⟨損傷⟩個所; けが.

La·dies Lady の複数.

La·di̲n[ladí:n] 中 -s/ ラディン語 (主として南 Tirol で用いられる, Rätoromanisch の一方言). [*lat.* Latīnus (→ latinisch) − *rätoroman.*]

La·di̲·ner[..nər] 男 -s/- ラディン人 (ラディン語を母語とする人. 1910年に約 3 万6000人を数えたが, イタリア語系住民に同化して減少の傾向にある).

la·di̲·nisch[..nɪʃ] 形 ラディン人⟨語⟩の: →deutsch

La̲·dis·laus[lá:dɪslaʊs] 男名 ラーディスラウス. [*lat.*; ◇Wladislaus]

Lä̲d·lein Lade, Laden[2]の縮小形.

La̲d·ne·rin[lá:dnərɪn] 女 -/-nen 《南部・オーストリア》 = Ladenmädchen

lädst[lɛ:tst] laden の現在 2 人称単数.

lädt[lɛ:t] laden の現在 3 人称単数.

La̲·dung[1][lá:dʊŋ] 女 -/-en **1** (laden[1]すること) **a**) (荷物などの) 積み込み. **b**) (弾丸の) 装塡(そうてん). **c**) 〘理〙 充電, 荷電. **2** (laden[1]されたもの) **a**) 積み荷, 貨物: die ~ löschen (船の) 積み荷をおろす | ein Schiff mit einer ~ Kohle ⟨Touristen⟩ 石炭⟨観光客⟩を載せた船. **b**) 装薬. **c**) 〘理〙 電荷: eine spezifische ~ 比電荷. **d**) 《話》 かなりの量: eine geballte ~ Arbeit ⟨Vorwürfe⟩ 非常にたくさんの仕事⟨非難⟩.

La̲·dung[2][−] 女 -/-en (Vorladung) 〘法〙 召喚.

La̲·dungs·brief 男 〘法〙 召喚状.

La̲·dungs≈raum 男 =Patronenlager ≈**spin** 男 〘理〙 荷電スピン. ≈**trä̲·ger** 男 〘理〙 荷電体, 帯電粒子.

La·dy[lé:di·, léıdi·] 女 -/-s (..dies[..di:s]) **1** レディー (貴族の女性に対する敬称). **2** (Dame) 〔貴〕婦人, (身分のある) 女性, 淑女. [*aengl.* „Brotkneterin" − *engl.*; ◇Laib, Teig]

La·dy·kil·ler[léıdıkılə] 男 -s/- レディーキラー, 女たらし.

la·dy·like[léıdılaık] 形 《付加語的用法なし》 淑女⟨貴婦人⟩らしい, 上品な. [*engl.*; ◇gleich]

la̲·fern[lá:fərn] (05) 自 (h) 《スイ》 (labern) (くだらぬことを) ぺちゃくちゃしゃべる.

La·fe̲t·te[lafɛ́tə] 女 -/-n 〘軍〙 砲架 (→ 図 Geschütz). [*fr.* l'affût; ＜à＋*lat.* fūstis (→Fusti)]

ᵛ**la·fet·ti̲e·ren**[lafɛtí:rən] 他 (h) 〘軍〙 (砲を) 砲架にのせる.

La̲f·fe[1][láfə] 男 -n/-n 《軽蔑的に》 おしゃれな⟨めかし屋の⟩男. [„Hängelippe"; ＜*mhd.* laffe „Lippe"]

La̲f·fe[2][−] 女 -/-n **1** さじ (スプーン) の下部 (すくいとる部分: → 図 Löffel). **2** 《スイ》 肩甲骨; 肩の肉. **3** 《南部》 =Ausguß [*ahd.*; ◇Lefze]

la̲g[la:k][1] liegen の過去.

LAG[ɛl|a:gé:] 略 =Lastenausgleichsgesetz

La̲·ge[lá:gə] 女 -/-n **1** 《ふつう単数で》 **a**) 位置, 場所〔がら〕, 立地条件⟨環境⟩: die geographische ~ Japans 日本の地理的位置 | eine verkehrsgünstige ~ haben (家・町などが) 交通に便利な場所にある ‖ ein Zimmer mit ~ nach der See 海に面した部屋. **b**) eine gute ~ 〘醸〙 よい立地条件のぶどう山; よい立地条件のぶどう山でとれたワイン.

2 《単数で》 (Stellung) 姿勢, (体などの) 位置, 体位: eine bequeme ~ 楽な姿勢 | Rücken*lage* 背位, あおむけの姿勢 | eine horizontale ⟨waagerechte⟩ ~ haben 水平に寝ている | *et.*[4] in die richtige ~ bringen …を正しい位置におく.

3 《ふつう単数で》 立場, (置かれた) 状況, 状態, 事態, 情勢: eine günstige ⟨unangenehme⟩ ~ 有利な⟨困った⟩立場 | eine bedenkliche ~ 容易ならざる事態 | die politische ⟨wirtschaftliche⟩ ~ 政治⟨経済⟩情勢 | Kriegs*lage* 戦況, 戦争の局面 | Wetter*lage* 気象状況 ‖ die ~ beurteilen 状況を判断する | **die ~ peilen** 《話》 状況⟨情勢⟩を探る | die

～ überblicken ⟨überschauen⟩ 全般の状況を見渡す | Herr der ～ sein ⟨bleiben⟩ (→Herr 2 a) ‖ **in** eine schiefe ⟨schwierige⟩ ～ geraten 苦境に陥る | *sich*[4] 〔selbst〕 in eine peinliche ～ bringen (自分の責任で)具合の悪い羽目に追い込まれる | Versetze dich 〔einmal〕 in meine ～! / Stell dir 〔einmal〕 meine ～ vor! 私の身にもなってみてくれ | Ich bin in der glücklichen ～, dir zu helfen. 私はさいわい君を助けることができる〔立場にある〕 | **in der ～ sein** ⟪zu 不定詞〔句〕と⟫ …が可能な状況にある, …をすることができる | Ich bin nicht in der ～, die Rechnung sofort zu bezahlen. 私はこの勘定をすぐには払えない | Dazu bin ich nicht in der ～. それは私にはできない | **nach ～ der Dinge** 諸般の状況から判断して.

4 (Schicht) 層, 重ね: eine ～ Papier 一帖(じょう)⟨一折⟩の紙 | eine ～ Stroh ひと重ねのわら.

5 〘楽〙 **a)** (Tonlage) 音域; (Stimmlage) 声域: die hohe ⟨mittlere / tiefe⟩ ～ 高⟨中・低⟩音域. **b)** (和音の構成音の)位置: enge ⟨weite⟩ ～ (和音の)密集⟨開離⟩位置. **c)** (弦楽器演奏の際の左手の)位置, ポジション: die erste ⟨zweite⟩ ～ 第1⟨2⟩ポジション.

6 ⟪ふつう複数で⟫ 〘泳〙 メドレーリレー: 400 m ～*n* 400メートルメドレーリレー.

7 ⟪話⟫ (Runde) (酒などの)一座の人々に行きわたる量: eine ～ Bier spendieren ⟨schmeißen⟩ 全員に1杯ずつビールをおごる.

8 ⟪話⟫ = Lagebesprechung

9 〘軍〙 一斉射撃, 斉射; (軍艦の)片舷(げん)砲斉射.

10 ⟪中部⟫ (Decke) 天井.

[*ahd.*; ◇ liegen]

lä·ge[lɛ́ːɡə] liegen の接続法 II.

La·ge⸗ana·ly·se[láːɡə..] 女 状況⟨情勢⟩分析. **⸗be·richt** 男 状況⟨情勢⟩報告; 〘軍〙 戦況報告. **⸗be·spre·chung** 女 状況⟨情勢⟩についての討議; 〘軍〙 戦況についての討議⟨打ち合わせ⟩, 作戦会議.

Lä·gel[lɛ́ːɡəl] 中 (男) -s/- **1** (底部が楕円(だえん)形の)樽(たる)(主として運搬用). **2** レーゲル(昔のスイスのワインの計量単位: 約50 *l*; 昔のオーストリアの鉄・穀物などの重量単位: 約70 kg). **3** (収穫労働者の使う)酒杯.

[*gr.* lágȳnos－*lat.* lagoena－*ahd.*; ◇ *engl.* lagena]

La·gen⸗schwim·men[láːɡən..] 中 〘泳〙 〔個人〕メドレー. **⸗staf·fel** 女 〘泳〙 メドレーリレー〔チーム〕.

la·gen·wei·se 副 (→..weise ★)層を成して, ひと重ねずつ.

La·ge·plan 男 (建物などの)見取り図, 配置図.

La·ger[láːɡər] 中 -s/- **1** (Schlafstätte) 寝床, 寝る場所, ねぐら: ein weiches ⟨hartes⟩ ～ 柔らかい⟨かたい⟩寝床 | ein ～ aus Stroh わらの寝床(=Strohlager) | Liebes*lager* 愛のしとね ‖ Die Krankheit warf ihn wochenlang aufs ～. 病気のために彼は数週間床につかざるを得なかった. **2** (一時的な)宿泊所; (軍隊などの)宿営⟨野営⟩地; キャンプ場; 〔強制〕収容所: Ferien*lager* 休暇村 | Flüchtlings*lager* 難民収容所 | Gefangenen*lager* 捕虜収容所 | Konzentrations*lager* 強制収容所 ‖ ins ～ gehen ⟨fahren⟩ (学童などが)キャンプ村にゆく. **3** ⟪比⟫ (政治・思想上の)陣営: das sozialistische ～ 社会主義陣営 | ins feindliche ⟨gegnerische⟩ ～ übergehen 敵側に寝返る. **4** -s/- (Läger [lɛ́ːɡər]) 〘商〙 倉庫: Vorrats*lager* 貯蔵庫 | Zwischen*lager* 中継倉庫 ‖ am ⟨auf⟩ ～ sein (商品が)在庫している | *et.*[4] am ⟨auf⟩ ～ haben …のストックを持ち合わせている | ***et.*[4] auf ～ haben** ⟪話⟫ …を持ち合わせている | Er hat immer ein paar Witze auf ～. 彼はいつもジョークの種をいくつか持ち合わせている | *et.*[4] auf ～ nehmen ⟨legen⟩ …を仕入れる. **5** 〘工〙 軸受け, ベアリング. **6** 〘地〙 (石炭・鉱物などの)層, 鉱床. [*germ.*; ◇ liegen; *engl.* lair]

Lä·ger[1][lɛ́ːɡər] 中 -s/- ⟪スイス⟫ (家畜用の)藁床(わらどこ).

Lä·ger[2] Lager 4の複数.

La·ger⸗auf·nah·me[láːɡər..] 女 在庫〔品〕調べ, 棚卸し. **⸗be·stand** 男 在庫品⟨ストック⟩〔の量〕: den ～ aufnehmen 在庫を調べる. **⸗bier** 中 貯蔵⟨ラーガー⟩ビール. **⸗buch** 中 在庫品台帳. **⸗buch·se** 女 〘工〙 軸箱.

la·ger⸗fä·hig 形, **⸗fest** 形 (穀物・果実などが)貯蔵のきく.

La·ger⸗feu·er 中 キャンプファイヤー. **⸗gang** 男 〘地〙 層状鉱脈; シル. **⸗ge·bühr** 女, **⸗geld** 中 〘商〙 倉庫〔保管〕料, 倉敷料. **⸗ge·schäft** 中 〘商〙 倉庫業. **⸗hal·le** 女 (大きな)倉庫. **⸗hal·ter** 男 〘商〙 倉庫業者. **⸗haus** 中 倉庫.

La·ge·rist[laːɡəríst] 男 -en/-en = Lagerverwalter

La·ger⸗kar·tei[láːɡər..] 女 カード式在庫品台帳. **⸗kom·man·dant** 男 収容所長. **⸗le·ben** 中 野営⟨キャンプ⟩生活. **⸗lei·ter** 男 **1** 〔青少年〕キャンプのリーダー. **2** 難民収容所長.

La·ger·löf[láːɡərlœf, láːɡərløːv] 人名 Selma ～ セルマ ラーゲルレーヴ(1858–1940; スウェーデンの女流作家で, 1909年女性で最初のノーベル文学賞を受賞. 作品『イエスタ ベルリング物語』など).

La·ger⸗mei·ster[láːɡər..] 男 = Lagerverwalter **⸗me·tall** 中 〘工〙 (軸受けの材料となる)軸受け合金. **⸗mie·te** 女 = Lagergebühr

la·gern[láːɡərn] ⟨05⟩ **I** 他 (h) **1** 寝かせる, 横たえる; 休ませる: den Verletzten flach ～ けが人を平らに寝かせる ‖ 再帰 *sich*[4] ～ 横になる; 休息する; たむろする; 宿営する. **2** ⟪*et.*[4]⟫ (作物・商品などを)寝かせる, 貯蔵⟨ストック⟩する: die Kartoffeln im Keller ～ ジャガイモを地下室に貯蔵する. **II** 自 (h) **1** 宿泊する, 宿営する. **2** 横たわっている; しまってある; (作物・商品などが)寝かされている, 貯蔵⟨ストック⟩されている; 〘地〙 (石炭・鉱物などの資源が)層をなして存在する: Schwarze Wolken *lagern* über der Stadt. 暗雲が町の上に垂れこめている | Das Fleisch *lagert* in Kühlhäusern. 肉類は冷凍倉庫に貯蔵されている ‖ post*lagernd* (郵便物が)局留めの. **III ge·la·gert** → 別出

La·ger⸗obst[láːɡər..] 中 貯蔵のきく果実. **⸗pflan·ze** 女 (↔Sproßpflanze) (Thallophyt) 〘植〙 葉状植物. **⸗platz** 男 宿営⟨野営⟩地. **⸗raum** 男 倉庫〔室〕; 倉庫用地. **⸗scha·le** 女 〘工〙 (軸受けをはめ込む)軸受け金, ブッシュ. **⸗schein** 男 〘商〙 倉荷証券. **⸗schild** 男 -〔e〕s/-e 〘工〙 軸受け台. **⸗schup·pen** 男 倉庫. **⸗spe·sen** 複 = Lagergebühr **⸗statt** 女 -/..stätte ⟪雅⟫ = Lager 1 **⸗stät·te** 女 **1** = Lager 1 **2** = Lagerplatz **3** 〘地〙 鉱床.

La·ge·rung[láːɡəruŋ] 女 -/-en **1** ⟪ふつう単数で⟫ (lagern すること. 例えば:) 貯蔵. **2** 〘地〙 成層, 層理. **3** 〘工〙 軸受け〔構造〕. **4** 〘医〙 体位.

La·ger⸗ver·wal·ter[láːɡər..] 男 倉庫管理人, 倉庫係. **⸗zeit** 女 (商品の)貯蔵⟨在庫⟩期間.

La·ge⸗sinn[láːɡə..] 男 〘心〙 位置感覚, 体位覚. **⸗skiz·ze** 女 = Lageplan **⸗tisch** 男 〘軍〙 (地図を広げる)作戦用テーブル. **⸗zim·mer** 中 Lagebesprechung 用の部屋⟨会議室⟩.

der **La·go Mag·gio·re**[láːɡoˑ madʒóːrə, – maddʒóːreˑ] 地名 男 --/ マジョーレ湖(イタリアとスイスにまたがる湖. ドイツ語形 Langensee). [*it.*; ◇ Lakune, Major]

Lag·ting[láːktɪŋ, láːɡtɪŋ] 中 -s/ (ノルウェーの)上院.

[*norw.*; < *norw.* lag „Gesetz"; ◇ Thing]

La·gu·ne[laɡúːnə] 女 -/-n 〘地〙 潟(かた), 海岸湖, ラグーン.

[*lat.* lacūna (→Lakune)－*it.*; ◇ *engl.* lagoon, lake]

La·gu·nen·stadt 女 潟に囲まれた町(例えばヴェネツィア).

La·har[láːhar, laháːr] 男 -s/-s 〘地〙 ラハー, 火山泥流.

[*malai.*]

lahm[laːm] 形 **1** (手・足腰など, 体の一部が)麻痺(まひ)した, 不随の, 萎(な)えた; しびれた: ein ～*er* Arm 麻痺した⟨しびれた⟩腕 | eine ～*e* Ente (→Ente 1 a) | ～ gehen 不自由な足をひきずって歩く | vom langen Sitzen ～ werden (足などが)長時間座っていたためにしびれる ‖ der ⟨die⟩ *Lahme* 手足の麻痺した人. **2** ⟪比⟫ (口実などが)説得性に乏しい, へたな; 活気のない, 無気力な; 面白くない, 退屈な: eine ～*e* Entschuldigung へたな言いわけ | ein ～*es* Fernsehspiel 退屈な⟨つまらない⟩テレビドラマ. [*germ.* „gebrechlich"; ◇ lümmeln; *engl.* lame]

Lahm·arsch[láːm..] 男 ⟪卑⟫ 無気力な⟨いくじのない・怠惰な⟩人間.

L

lahm·ar·schig[..larʃɪç]² 形《卑》**1** 無気力な, いくじのない, 怠惰な, 優柔不断の. **2** 活気のない, だらだらした.

Läh·me[lɛ́:mə] 女 -/ 〘畜〙(子馬などの)跛行(はこう)症.

lah·men[lá:mən] 自 (h) 麻痺(まひ)している, 不随である; (hinken) 足が不自由である: auf einem Bein ～ 片足が不自由である.

läh·men[lɛ́:mən] 他 (h) 麻痺(まひ)させる, 不随にする, 萎(な)えさせる; (…から)活気〈気力〉を奪う: einseitig 〈an beiden Beinen〉 *gelähmt* sein 半身不随である〈両足が麻痺している〉| *lähmende* Angst 全身の力がぬけるような不安感.

Lahm·heit[lá:mhaɪt] 女 -/ lahm なこと.

lahm|le·gen[lá:m..] 他 (h) **1** 《*et.*⁴》(活動・交通・生産などを)麻痺(まひ)〈停滞〉させる: Durch den Unfall wurde der Verkehr *lahmgelegt*. その事故のため交通は麻痺状態になった. **2** 《*jn.*》(…の)活動を封じる.

Läh·mung[lɛ́:mʊŋ] 女 -/-en (lähmen すること. 例えば:) 麻痺(まひ), 不随: eine einseitige ～ 半身不随 | Kinder*lähmung* 〘医〙小児麻痺.

die **Lahn**¹[la:n] 地名 女 -/ ラーン (Rhein 川の支流). [*kelt.*; ◇ *ahd.* locko „Locke"]

Lahn²[–] 男 -[e]s/-e (金・銀などでできた)装飾用金属リボン. [*lat.* lām[i]na (→Lamina)–*fr.* lame; ◇Lamé]

Lahn³[–] 女 -/-en《南部・オーストリア》, **Lah·ne**[lá:nə] 女 -/-n《南部・オーストリア》, **Läh·ne**[lɛ́:nə] 女 -/-n《スイス》=Lawine

lah·nen[lá:nən] 自 (h)《南部・オーストリア》(tauen) 非人称 《es lahnt》雪どけになる; 雪崩が起きる.

lah·nig[lá:nɪç]² 形《南部》雪崩のおそれのある.

Lah·nung[lá:nʊŋ] 女 -/-en (埋め立て地の)海岸堤防. [*ndd.*; <*mndd.* lāne „schmaler Weg"]

Lahn·wind[lá:n..] 男《南部・オーストリア》(雪どけ・雪崩を起こす)南風.

Lai[lɛ:, lɛ·] 中 -[s]/-s レー(中世フランスの物語詩, また Leich に似た叙情詩). [*afr.*]

Laib[laɪp]¹ 男 -[e]s/-e (単位: -/-) (一定の形に作り上げたパン・チーズなどの)かたまり, ローフ(→ 図 Brot): ein 〈zwei〉 ～ Brot パン1〈2〉個. [*germ.* „Brot"; ◇ *engl.* loaf]

Lai·bach[láɪbax] 地名 ライバハ(スロヴェニア共和国の首都 Ljubljana のドイツ名).

Laib·chen[láɪpçən] 中 -s/-《オーストリア》**1** ライプヒェン(丸い小型パン). **2** [faschiertes] ～ フリカデル(=Frikadelle).

Lai·bung[láɪbʊŋ] 女 -/-en =Leibung

Laich[laɪç] 男 -[e]s/-e (魚類・両生類などの水中に産み落とされた)卵塊: Fisch*laich* 魚の卵. [„Liebesspiel"; ◇Leich]

Lai·che[láɪçə] 女 -/-n =Laichzeit

lai·chen[láɪçən] 自 (h) (魚類・両生類などが)産卵する.

Laich≈kraut 中 -[e]s/ 〘植〙ヒルムシロ属(魚が好んで産卵する水草). **≈platz** 男 (魚類・両生類の)産卵場所. **≈wan·de·rung** 女 (魚類の)産卵のための回遊. **≈zeit** 女 (魚類・両生類の)産卵期.

Laie[láɪə] 男 -n/-n **1** (↔Fachmann) 素人(しろうと), 門外漢, ディレッタント, アマチュア: ein völliger 〈話: blutiger〉 ～ ずぶの素人 ‖ Ich bin in der Musik 〈auf dem Gebiet der Musik〉 ～. 私は音楽については素人です | **Da staunt der ～**[**, und der Fachmann wundert sich**].《話》これにはまったくびっくりした. **2** (↔Geistliche) 平信徒, 俗人. [*gr.*–*kirchenlat.* lāicus „Nichtgeistlicher"–*ahd.* leigo; <*gr.* lāós „Volk"; ◇ *engl.* laic, lay]

Lai·en≈apo·sto·lat[láɪən..] 中 〘カトリック〙信徒使徒職. **≈bre·vier** 中 〘カトリック〙信徒聖務日課[書]. **≈bru·der** 男 〘カトリック〙信徒修道士, 助修士. **≈büh·ne** 女 素人芝居の舞台.

lai·en·haft[láɪənhaft] 形 素人の; 素人じみた: ein ～*es* Urteil 素人判断.

Lai·en≈prie·ster 男 (Weltpriester) 〘カトリック〙教区つき司祭. **≈rich·ter** 男 素人裁判官(名誉の裁判官俗称). **≈schwe·ster** 女 〘カトリック〙信徒修道女, 助修女. **≈spiel** 中 素人〈アマチュア〉芝居; 素人芝居用の作品. **≈spie·ler** 男 素人役者, アマチュア俳優. **≈stand** 男 -[e]s/《集合的に》〘宗〙平信徒, 俗人.

Lai·en·tum[..tu:m] 中 -s/ 素人〈アマチュア〉らしさ.

Lai·en·ver·stand 男 素人の正常な分別.

laikal[laɪká:l] 形 (↔klerikal) (聖職者に対して)俗人の, 平信徒の(→Laie 2).

lai·sie·ren[laizí:rən] 他 (h) 《*jn.*》〘カトリック〙(聖職者を)還俗(げんぞく)させる: *sich*⁴ ～ lassen 還俗する.

Lai·sie·rung[..rʊŋ] 女 -/-en (聖職者の)還俗(げんぞく).

Lais·ser-al·ler[lɛsealé] 中 -/ =Laisser-faire [*fr.* „gehen lassen"]

Lais·ser-faire[..fɛ́:r] 中 -/ **1** 自由放任〈無干渉〉主義. ▽**2** (何にもわずらわされない)気楽さ, 気まま, 無拘束, 自由. [*fr.* „machen lassen"]

▽**Lais·ser-pas·ser**[lɛsepɑsé] 男 -/-(Passierschein) 通過〈通行〉証明書. [*fr.* „passieren lassen"]

lais·sez faire, lais·sez al·ler[lɛsé fɛ́:r lɛsé alé] (**lais·sez faire, lais·sez pas·ser**[lɛsé fɛ́:r lɛsé pɑsé]) 《フランス語》レッセ フェール レッセ アレ, レッセ フェール レッセ パセ(自由放任主義, 特に19世紀の自由経済主義のスローガン).

Lai·zis·mus[laitsísmʊs] 男 -/ (国家と教会の分離をめざす)世俗〈反教権〉主義.

Lai·zist[..tsíst] 男 -en/-en 世俗〈反教権〉主義者.

lai·zi·stisch[..stɪʃ] 形 世俗〈反教権〉主義の. [<Laie]

La·kai[lakáɪ] 男 -en/-en **1** (昔の王侯・貴族などの)[お仕着せの制服を着た]従僕, 召使い. **2** 《軽蔑的に》従僕根性の〈卑屈な〉人, 取り巻き. [*fr.* laquais „Diener"; ◇ *engl.* lackey, lacquey]

la·kai·en·haft[lakáɪənhaft] 形《軽蔑的に》従僕〈取り巻き〉根性の, 卑屈な.

La·ke[lá:kə] 女 -/-n (食料品を塩漬けにする)食塩水. [*mndd.* lake „Pfütze"; ◇Lache³]

La·ke·dä·mon[lakedɛ́:mɔn] 地名 ラケダイモン (Sparta の別名).

La·ke·dä·mo·ni·er[..dɛmó:niər] 男 -s/- ラケダイモンの人 (Spartaner の別称). [◇lakonisch]

la·ke·dä·mo·nisch[..nɪʃ] 形 ラケダイモン[人]の, 古代スパルタ[人]の.

La·ken¹[lá:kən] 中 -s/-《北部・中部》**1** (Bettuch) 敷布, シーツ(→ 図 Bett). **2** (Badetuch) バスタオル. [*mndd.*; ◇lax]

La·ken² Lake の複数.

Lak·ko·lith[lakolí:t, ..lɪ́t] 男 -s/-e(-en/-en) 〘地〙ラコリス, 餅盤(へいばん). [<*gr.* lákkos „Grube" (◇Lakune)]

La·ko·ni·en[lakó:niən] 地名 ラコニア(ギリシア, Peloponnes 半島南東部の地方で, 古代 Sparta もここにあった).

La·ko·nik[lakó:nɪk] 女 -/ (表現の)簡潔さ.

la·ko·nisch[..nɪʃ] 形 ラコニアの, スパルタの;《比》口数の少ない, 寡黙な; (表現が)簡潔な: eine ～*e* Antwort 簡潔な返答. [<*gr.* Lákōn „Spartaner"]

La·ko·nis·mus[lakonísmʊs] 男 -/..men[..mən] **1** 《単数で》=Lakonik **2** 簡潔な表現.

La·krit·ze[lakrítsə] 女 -/-n (方: **La·kritz**[lakríts] 男 中 -es/-e) **1** 甘草(かんぞう)のエキス(薬用・甘味用: →Süßholz). **2** =Lakritzensaft [*gr.* glykýrrhiza–*spätlat.* liquirītia–*ahd.*; <glyko..+rhizo..; ◇ *engl.* licorice, liquorice]

La·krit·zen≈saft 男 甘草(かんぞう)の絞り汁(甘味エキス). **≈stan·ge** 女 (棒状の)甘草飴(あめ), 甘草〈リコリス〉キャンデー.

La·kritz·stan·ge =Lakritzenstange

lakt.. →lakto..

Lakt·al·bu·min[laktalbumí:n] 中 -s/-e 〘生化学〙乳アルブミン, ラクトアルブミン.

Lak·tam[laktá:m] 中 -s/-e 〘化〙ラクタム. [<Amid]

Lak·ta·se[..tá:zə] 女 -/-n 〘化〙ラクターゼ. [<..ase]

Lak·tat[..tá:t] 中 -[e]s/-e 〘化〙乳酸塩. [<..at]

Lak·ta·tion[..tatsió:n] 女 -/-en 〘医・生〙**1** 乳汁分泌; 授乳, 哺乳(ほにゅう). **2** 乳汁分泌期; 授乳〈哺乳〉期[間]. [*spätlat.*]

lak·tie·ren[laktí:rən] 〘医・生〙 **I** 自 (h) 乳を分泌する.

II 他 (h) 《*jn.*》(…に)授乳〈哺乳〉する. [*lat.*]

lakto.. 《名詞などにつけて「乳」を意味する. 母音の前では lakt.. となる: →*Lakt*albumin》[< *lat.* lāc „Milch"; ◇galakto..]

Lak·to·den·si·me·ter[laktodɛnzimé:tər] 中 -s/- =Galaktometer

Lak·to·fla·vin[..flaví:n] 中 -s/ 〖化〗ラクトフラビン(ビタミンB_2 の別名). [< *lat.* flāvus „gelb"+..in²]

Lak·to·me·ter[..mé:tər] 中 -s/- =Galaktometer

Lak·to·se[laktó:zə] 女 -/ (Milchzucker) 〖化〗乳糖, ラクトース.

Lak·to·skop[laktoskó:p, ..tɔs..] 中 -s/-e 検乳器.

Lak·tos·urie[laktozurí:] 女 -/-n[..rí:ən] 〖医〗乳糖尿. [< Laktose+uro..]

la·ku·när[lakunɛ́:r] 形 〖生〗(組織に)間隙(かんげき)のある.

La·ku·ne[lakú:nə] 女 -/-n **1** 〖言〗(テキスト中の)脱落個所, 欠文. **2** くぼみ, 裂け目; 水たまり. **3** 〖生〗空洞. [*lat.* lacūna; < *lat.* lacus „Vertiefung" (◇Lache³)]

la·ku·strisch[lakústrɪʃ] =limnisch

la·la[lalá] 形《付加語的用法なし》《話》《〔nur〕 **so lala** の形で》どうやらこうやら, まあまあ: Das Wetter war so ~. 天気はまあまあだった | Ich habe das so ~ verstanden. 私はそれをまあどうにか理解した | Wie geht's dir?—So ~. ご機嫌いかが — まあまあね. [*fr.*; < *lat.* illāc „da"]

La·le〔n〕·buch[lá:lə(n)..] 中 -〔e〕s/ ラーレンブーフ(16世紀末に出版された笑話集). [< Lale „Narr"]

lal·len[lálən] 自 他 (h) (幼児が)まわらぬ舌で話す; (酔っぱらいなどが)ろれつのまわらぬ口で話す. [*mhd.*; 擬音; ◇lullen]

Lall≈pha·se[lál..] 女 〖心〗(言語発達の)喃語(なんご)期, 片言の段階. **≈wort** 中 -〔e〕s/..wörter 〖言〗幼児語, 赤ちゃんことば.

La·lo·pa·thie[lalopatí:] 女 -/ 〖医〗発語障害. [< *gr.* laleīn „schwatzen"]

La·lo·pho·bie[..fobí:] 女 -/ (Sprechangst) 〖医〗発語〈会話〉恐怖症.

L. A. M.[ɛl|a:|ɛ́m] 略 =Liberalium Artium Magister

La·ma¹[lá:ma·] 中 -s/-s **1** 〖動〗ラマ. **2** 《単数で》〖織〗ラマの毛〔で作った織物〕. [*peruan.*—*span.* llama]

La·ma²[−] 男 -〔s〕/-s ラマ僧. [*tibet.* blama „Oberer"]

La·ma·is·mus[lamaísmʊs] 男 -/ ラマ教.

La·ma·ist[..ɪ́st] 男 -en/-en ラマ教徒.

la·mai·stisch[..ɪ́stɪʃ] 形 ラマ教の.

La·mäng[lamɛ́ŋ] 女 -/ 《戯》(Hand) 手: 〖ふつう次の成句で〗 **aus der 〔kalten〕 ~** 即席〈即興〉に | **aus der freien ~** 即席〈即興〉に; (食事のとき)手づかみで | Nicht **in** die 〔kalte〕 ~! とんでもない. [*fr.* la main „die Hand"; ◇Manual]

La·man·tin[lamantí:n] 男 -s/-e (Seekuh) 〖動〗カイギュウ(海牛). [*karib.*—*span.* manatí—*fr.*; ◇ *engl.* manatee]

La·marck[lamárk] 人名 Jean Baptiste de ~ ジャン バティスト ド ラマルク(1744-1829; フランスの博物学者で, Darwin の先駆者).

La·mar·ckis·mus[lamarkísmʊs] 男 -/ ラマルキズム (Lamarck の唱えた進化論).

Lam·ba·re·ne[lambaré:nə, ..ne·] 地名 ランバレネ(ガボン共和国の町. Schweitzer の建てた病院がある).

Lamb·da[lámpda·, lámb..] 中 -〔s〕/-s ラムダ(ギリシア字母の第11字: Λ, λ). [*gr.*]

Lamb·da·naht[..da..] 女 〖解〗ラムダ縫合(→ 図 Schädel).

Lamb·da·zis·mus[lampdatsísmʊs, lamb..] 男 -/ 〖言〗ラムダ音の不完全な〈間違った〉発音; ラムダ音の濫用([r]を[l] として発音するなど).

Lam·bert[lámbɛrt] 男名 ランベルト. [< *ahd.* lant „Land"; ◇Lamprecht]

Lam·berts·nuß[lámbɛrts..] 女 〖植〗セイヨウハシバミ. [< *mhd.* Lamparte „Lombarde"]

Lam·bre·quin[lãbərkɛ̃:, lãbrə..] 男 -s/-s ᵛ**1** (窓の上部・寝台の天蓋(てんがい)などの)ひだ付き垂れ布. **2** 〖建〗ランブルカン(1に似せたバロック建築の石飾り). [*ndl.*—*fr.*; < *ndl.* lamper „Schleier" (◇Lappen)]

Lam·brie[lambrí:] 女 -/-n[..rí:ən] 《方》=Lambris

Lam·bris[lãbrí:] 男 -[−(s)]/-[−s] (オーストリア: [lambrí:s] 女 -/-, ..brien[..rí:ən]) 〖建〗(壁面下部の)羽目板, 腰板; 羽目張り大理石, 腰石. [*lat.* lābrūsca 〔ūva〕 „wilde Rebe"—*galloroman.*—*fr.*]

Lamb·skin[lǽmskɪn] 中 -〔s〕/-s 〖織〗模造羊皮. [*engl.* „Lamm-fell"; ◇Lamm]

la·mé (**la·mee**) [lamé:] **I** 形《無変化》Lamé 製の; 金糸〈銀糸〉を織り込んだ. **II La·mé** (**La·mee**) 男 -〔s〕/-s 〖服飾〗ラメ(金・銀めっきの銅箔(どうはく)をより合わせた糸, またそれを用いた織物). [*fr.*; < *fr.* lame „Metallblättchen" (◇Lahn²); ◇Lametta]

la·mel·lar[lamɛlá:r] 形 薄片〈薄板〉状の; 薄層をなした. [*engl.*]

La·mel·le[lamɛ́lə] 女 -/-n **1** 薄板, 薄片. **2** 〖工〗円板; ディスク=プレート. **3** 〖植〗 **a)** 菌褶(きんしゅう)(キノコのかさの裏側のひだ: → 図 Pilz). **b)** (こけ類の)薄板(はくばん). **4** 〖生〗ラメラ, 層板, チラコイド(電子顕微鏡で見える細胞内の薄膜状構造). [*lat.*—*fr.*; < *lat.* lām〔i〕na (→Lamina)]

La·mel·len≈brem·se 女 〖工〗ディスクブレーキ. **≈küh·ler** 男 〖工〗ひれ付き冷却器. **≈kupp·lung** 女 〖工〗ディスク=カップリング.

la·mel·lie·ren[lamɛlí:rən] 他 (h) 〖工〗薄層に切る, 薄板〈薄層〉状にする.

la·men·ta·bel[lamɛntá:bəl] (..ta·bl..) 形 (beweinenswert) 悲しむべき, 嘆かわしい; (jämmerlich) 情けない, みじめな.

La·men·ta·tion[..tatsió:n] 女 -/-en **1** 悲嘆, 嘆き; 愚痴; 哀歌. **2** 《複数で》 **a)** (旧約聖書の)エレミヤ哀歌. **b)** 〖カトリック〗ラメンタチオ (Karwoche の聖務日課で朗唱されるエレミア哀歌の章節). [*lat.*]

la·men·tie·ren[..tí:rən] 自 (h) **1** 《話》(大声で)嘆き悲しむ, (大げさに)愚痴をこぼす. **2** 《方》《nach *et.*³/um *et.*⁴》悲嘆しながら(…を)ねだる〈物ごいする〉. [*lat.*]

La·men·to[lamɛ́nto·] 中 -s/-s, ..ti[..ti·] 悲嘆, 嘆き; 〖楽〗哀歌, 悲歌. [*lat.* lāmentum—*it.*]

la·men·to·so[lamɛntó:zo·] 副 (klagend) 〖楽〗悲しげに, 悲しみ悼んで, ラメントーソ. [*it.*]

La·met·ta[lamɛ́ta·] 中 -s/ (女 -/) **1** ラメッタ(クリスマスツリーを飾る銀色の細長い金属片). **2** 《話》(胸に飾り立てた)勲章. [*it.*; < *it.* lama „Metallblatt"; ◇Lamé]

La·mia[lá:mia·] 女 -/..mien[..miən] 〖ギ神〗ラミア(子供をおびき寄せて血を吸うという女怪). [*gr.*—*lat.*; ◇Lemur]

La·mi·na[lá:mina·] 女 -/..nae(..nä)[..nɛ·] **1** 薄片. **2** 〖植〗(葉柄に対して)葉身. **3** 〖解〗板(ばん), 層, 葉(よう): ~ externa (頭蓋(とうがい)の)外板. [*lat.* lām〔i〕na „dünne Platte"; ◇Lahn²]

la·mi·nar[laminá:r] 形 薄片〈薄層〉状の: ~*e* Strömung 〖理〗層流.

La·mi·na·ria[..ria·] 女 -/..rien[..riən] 〖植〗コンブ(昆布)属.

La·min·ek·to·mie[laminɛktomí:] 女 -/-n[..mí:ən] 〖医〗椎弓(ついきゅう)切除.

la·mi·nie·ren[..ní:rən] 他 (h) **1** 〖織〗(繊維原料を)ひき伸ばす. **2** (本の表紙などに)光滑剤を塗る〈かける〉: *laminiertes* Blech 表層処理をほどこしたブリキ. [*fr.*; ◇Lamé]

Lamm[lam] 中 -〔e〕s/Lämmer[lɛ́mər] **1** (⑪ **Lämm·chen**[lɛ́mçən], **Lämm·lein**[..laɪn] 中 -s/-) **a)** 子羊(しばしば清純・柔和・忍耐などの象徴): das ~ Gottes《比》神の子羊(キリスト) | Er ist geduldig 〈sanft〉 wie ein ~. 彼は子羊のように忍耐強い〈柔和だ〉| wie ein ~ zur Schlachtbank führen lassen (→Schlachtbank) | unschuldig wie ein neugeborenes ~ sein (→unschuldig 1). **b)** (ヤギ・シカなどの)子: Ziegen*lamm* 子ヤギ. **2** 《単数で》=Lammfell [*germ.*; ◇ *engl.* lamb]

Lamm·bra·ten[lám..] 男 子羊の焼き肉〈あぶり肉〉, ローストラム.

Lämm·chen Lamm 1 の縮小形.

lam·men[lámən] 自 (h) (羊・ヤギなどが)子を産む.

L

Läm·mer Lamm の複数.

Läm·mer·gei·er[lɛ́mər..] 男 (Bartgeier)〘鳥〙ヒゲワシ.

Läm·mer·ne[lɛ́mərnə] 中《形容詞変化》《ｵｰｽﾄﾘｱ》=Lammfleisch

Läm·mer·wol·ke 女 -/-n《ふつう複数で》(Schäfchenwolke) ひつじ雲, 絹積雲.

Lam·mes·ge·duld[láməs..] =Lammsgeduld

Lamm≠fell 中 子羊の皮. **≠fleisch** 中 子羊の肉.

lamm·fromm[lámfrɔ́m] 形 子羊のようにおとなしい〈従順な〉.

Lämm·lein Lamm 1 の縮小形.

Lamms·ge·duld[láms..] 女 子羊のような忍耐強さ.

Lam·pas[lampás] 男 -/- (家具装飾用のなどの)ダマスク緞子(どんす). [*fr.*]

Lam·pas·sen[lampásən; ｵｰｽﾄﾘｱ: ◡◡◡] 複 (制服のズボンの両側の)太い縞(しま)すじ.

Lam·pe[1][lámpə] 男名 (<Lamprecht) ランペ: Meister ~ (→Meister 5).

Lam·pe[2][lámpə] 女 -/-n **1** (小 **Lämp·chen**[lɛ́mpçən], **Lämp·lein**[..laɪn] 中 -s/-) **a**) ランプ, 洋灯; 電灯: Bogen*lampe* アーク灯 | Tisch*lampe* 卓上ランプ | **die Ewige ~**〘ｶﾄﾘｯｸ〙常明灯(→ 図 Ampel) ‖ die ~ einschalten 〈ausschalten〉(スイッチで)電灯をつける〈消す〉‖ **einen auf die ~ gießen**《話》(強い酒を)一杯ひっかける | Öl auf die ~ gießen (→Öl) | **einen auf der ~ haben**《話》一杯機嫌である. **b**) (Glühlampe)〔白熱〕電球: die ~ auswechseln 電球を取りかえる. **2** (Brenner) バーナー. **3**《複数で》〘劇〙フットライト, 脚光: vor die ~*n* treten (俳優が)舞台に上る | *et.*[4] vor die ~*n* bringen …を上演する. [*gr.*–*lat.* lampas „Fackel"–*afr.*–*mhd.*; <*gr.* lámpein „leuchten"; ◇Laterne; *engl.* lamp]

Lam·pen≠docht[lámpən..] 男 ランプの芯(しん), 灯心. **≠fie·ber** 中 (初舞台・試験などを前にした)極度の緊張〈不安〉, あがること. **≠glocke** 女 ランプのほや. **≠haus** 中〘映〙(映写機の)光源室. **≠licht** 中 -〔e〕s/ ランプの光, 灯光. **≠put·zer** 男 (ガス灯や石油ランプなどの)ランプ掃除人. **≠schirm** 男 ランプのかさ〈シェード〉. **≠stu·be** 女〘坑〙安全灯室. **≠zy·lin·der**[..tsi.., ..tsy..] 男 (円筒状の)ランプのほや.

Lam·perl[lámpərl] 中 -s/-〔n〕《ｵｰｽﾄﾘｱ》**1** =Lämmchen **2**《軽蔑的に》お人よし.

Lam·pion[lampiɔ̃́:, lampióŋ, lãpiɔ̃́:, lámpioŋ; ｵｰｽﾄﾘｱ: lampió:n] 男 (中) -s/-s (Papierlaterne) 提灯(ちょうちん). [*it.*–*fr.*; <*lat.* lampas (→Lampe[2])]

Lam·pion≠fest[lampiɔ̃́:..] 中 提灯(ちょうちん)パーティー(提灯をともしての野外パーティー). **≠pflan·ze** 女〘植〙ホオズキ(酸漿). **≠um·zug** 男 提灯(ちょうちん)行列.

Lämp·lein Lampe[2]の縮小形.

Lam·precht[lámprɛçt] 男名 (<Lambert) ランプレヒト.

Lam·pre·te[lampré:tə] 女 -/-n (Neunauge)〘魚〙ヤツメウナギ. [*mlat.* lamprēda–*ahd.*; ◇*engl.* lamprey]

Lan·ça·de[lãsá:də] 女 -/-n〘馬術〙ランサード(前脚を高く上げての跳躍: → 図 Schule). [<*fr.* lancer (→lancieren)]

Lan·ca·ster[lǽŋkəstə] 地名 ランカスター(イギリス, ランカシャー州の州都で, 工業都市). [◇Kastell]

Lan·cier[lãsié:] 男 -s/-s **1** (Lanzenreiter) 槍(そう)騎兵. **2** ランシエ(カドリーユ舞曲の一種). [*fr.*; ◇*engl.* lancer]

lan·cie·ren[lãsí:rən] 他 (h) **1** (意図的に)世間に知らせる, 発表する: eine Nachricht in die Presse ~ ニュースを報道関係者に流す. **2**《*jn.*》(地位・コネなどを利用して…を)世の中に送り出す, 売り出す; 出世〈昇格〉させる: einen Star ~ スターを売り出す | *jn.* in den Vorstand ~ …を役員〈幹部〉に昇進させる. **3**〘狩〙(猟犬を使って獲物を)追い出す. ▽**4**〘軍〙(船を)魚雷攻撃する. [*spätlat.*–*fr.* lancer; <*lat.* lancea (→Lanze)]

Land[lant][1] 中 -es(-s)/ Länder[lɛ́ndər](雅: -e) (小 **Länd·chen**[lɛ́ntçən] 中 -s/-, Länderchen, **Länd·lein** [..laɪn] 中 -s/-, Länderlein) **1**《単数で》(英: *land*)(海・湖・河川・空などに対して)陸〔地〕, おか, 大地: der See 〈dem Meer〉 ~ abgewinnen 海を埋め立てて新たな土地を獲得する | wieder 〔festes〕 ~ unter den Füßen haben (海や空から戻って)再び大地を踏む |〔**wieder**〕**~ sehen**《話》(難関突破の)目鼻がつく ‖ **an ~** gehen 上陸する | den Fuß an ~ setzen おかに足をかける, 大地を踏む | ans ~ schwimmen 岸に泳ぎつく | ans ~ stoßen (船が)岸につきあたる | ***et.***[4] **an ~ ziehen**《比》…を自分のものにする〈手に入れる〉| im Wasser und **auf** dem ~ leben (動物が)両生類である | **unter** ~ gehen〘海〙(船が)岸に近寄る | **von** ~ ablegen (船が)岸から離れる |〔zu Wasser oder〕**zu ~*e*** 〔水路または〕陸路で(ただし: →zulande) | die Truppen zu ~*e*, zu Wasser und in der Luft 陸海空の諸部隊 ‖ *Land* 〔ist〕 in Sicht! 陸地が見えるぞ;《比》(目標まで)もう一息だ | *Land* unter 〔Wasser〕! 当地冠水せり.

2《単数で》(地質の観点から見た)土地; 耕地; 地所: fruchtbares 〈unfruchtbares〉 ~ 肥沃(ひよく)な〈不毛の〉土地 | sandiges ~ 砂地 | sumpfiges ~ 沼地, 沼沢地 | Acker*land* 耕地 ‖ das ~ bebauen 〈bewässern〉 土地を耕す〈灌漑(かんがい)する〉| fünf Hektar ~ kaufen 5ヘクタールの土地を買う.

3 -es/-e《雅》(地形の観点から見た)土地; 地方, 地帯: ein flaches 〈hügeliges〉 ~ 平地〈丘陵地帯〉| ein dünn besiedeltes ~ 人口の希薄な地方 ‖ **durch** die ~*e* ziehen 方々の土地を旅して回る | **in** fernen ~*en* 遠い国々で(→5) | **ins ~ gehen** 〈**ziehen**〉《比》(時が)経過する, 過ぎ去る | Inzwischen waren drei Jahre ins ~ gegangen. その間に3年が過ぎ去っていた.

4《単数で》(↔Stadt) 田舎, 田園, 地方: Stadt und ~ 都会と田舎 ‖ **auf** dem ~〔*e*〕 wohnen 田舎に住む | aufs ~ ziehen 田舎に引っ越す | **in** Stadt und ~《雅》至る所〈津々浦々〉で | **über** ~ fahren 田舎をドライブする | **vom** ~ in die Stadt ziehen 田舎から都会へ移る | eine Unschuld vom ~*e* (→Unschuld 2).

5 -es(-s)/Länder 国, 国家: ein neutrales ~ 中立国 | ein kapitalistisches 〈sozialistisches〉 ~ 資本主義〈社会主義〉国家 | Entwicklungs*land* 開発途上国 | **das Gelobte ~** / das ~ der Verheißung〘聖〙約束の地(神がユダヤ人の祖 Abraham とその子孫に約束した土地: →Kanaan) | das Heilige ~ 聖地(パレスチナ) ‖ **das ~ der aufgehenden Sonne** 日出ずる国(日本) | **das ~ der unbegrenzten Möglichkeiten** 無限の可能性をはらむ国(アメリカ) | **das ~ der tausend Seen** 千の湖の国(フィンランド) | das ~ meiner Väter《雅》わが祖国 ‖ **~ und Leute kennenlernen** (実地に)土地柄と人情に触れる | des ~*es* flüchtig sein《雅》国外に亡命〈逃亡〉している | des ~*es* verwiesen werden 国外に追放される ‖ **aus aller Herren *Länder*〔*n*〕** 世界中のあらゆる国々から | **außer ~*es*** gehen 〈leben〉《雅》国外へ行く〈国外で暮らす〉| **im ~〔*e*〕** 国内で | **wieder im ~〔*e*〕 sein**(旅などから)再び帰国している | Sind Sie wieder im ~*e*? (しばらく土地を離れていた人に向かって)お帰りになったのですか | in fernen *Ländern* 遠い国々で(→3) ‖ **Andere *Länder*, andere Sitten.**《諺》所変われば品変わる.

6 -es(-s)/Länder **a**) (ドイツ・オーストリアでの行政区画としての)ラント, 州: das ~ Bayern バイエルン州. **b**) (Territorium)〘史〙領邦.

[*germ.*; ◇*engl.* land]

land·ab[lant|áp] 副 →landauf

Land≠adel[lánt..] 男 (自分の領地に居住する)地方貴族. **≠am·bu·la·to·rium** 中 (旧東ドイツの)農村診療所. **≠am·mann** 男《ｽｲｽ》郡長. **≠ar·beit** 女 農業労働. **≠ar·bei·ter** 男 農業労働者. **≠arzt** 男 地方医, 田舎医者.

Lan·d·au·er [lándaʊər] 男 -s/- ランダウ式馬車(折り畳み式ほろのついた4人乗り馬車: → 図). [<Landau (Pfalz の都市); ◇*engl.* landau]

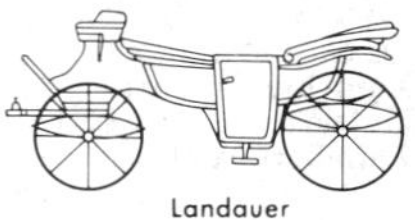

land·auf[lant|áʊf] 副《もっぱら次の成句で》**~, landab** 国

中をあちこち, 国じゅう至るところ.
Lan·dau·lẹtt[landolɛ́t] 中 -s/-e (ᵛ**Lan·dau·lẹt**[−] 中 -s/-s) Landauer の一種. [*fr.* landaulet]
land·aus[lant|áʊs] 副《もっぱら次の成句で》**~, landein** 国から国へ, 国々を通って.
Land≈bär[lánt..] 男 (Braunbär)〘動〙ヒグマ(羆). **≈bau** 男 -〔e〕s/ 耕作; 農業.
Land·bau·schu·le 女 農業学校.
Land≈be·sitz 男 土地所有. **≈be·sit·zer** 男 土地所有者, 地主. **≈be·stel·lung** 女 農耕, 耕作. **≈be·völ·ke·rung** 女《集合的に》地方〈農村〉の住民; 農村人口. **≈be·woh·ner** 男 地方〈農村〉の住民. **≈brot** 中 (農家の)自家製のパン; (ライ麦の)黒パン. **≈brücke** 女〘地〙陸橋.
Länd·chen Land の縮小形.
ᵛ**Land·drost**[lánt..] 男 =Landvogt
Län·de[lɛ́ndə] 女 -/-n《南部・ｵｰｽﾄﾘｱ》(船・ボートの)発着場, 船着き場. [*ahd.* lenti; ◇landen]
Lan·de≈an·flug[lándə..] 男〘空〙着陸. **≈bahn** 女 (↔Startbahn)〘空〙着陸用滑走路. **≈bein** 中 (宇宙船などの)着陸脚. **≈er·laub·nis** 女〘空〙着陸許可. **≈fäh·re** 女 (月面などへの)着陸船(→Mondfähre).
Land·ei·gen·tü·mer[lánt..] 男 =Landbesitzer
land·ein[lant|áɪn] 副 **1** →landaus **2** =landeinwärts
Land·ein·sied·ler[lánt..] 男〘動〙オカヤドカリ(陸宿借).
land·ein·wärts[lant|áɪnvɛrts] 副 (海岸から)陸の内部へ; (国境から)国の内部へ.
Lan·de≈klap·pe[lándə..] 女〘空〙着陸用補助翼〈フラップ〉(→ 図 Flugzeug). **≈kopf** 男〘軍〙上陸拠点, 橋頭堡(ほ). **≈ma·nö·ver** 中〘空〙着陸操作.
lan·den[lándən][1]《01》**I** 自 (s) **1** (船が)接岸する; (乗組員・船客などが)上陸する; (航空機などが)着地〈着陸〉する;〘ｽﾎﾟｰﾂ〙着地する: auf einer Insel ~ 島に上陸する | auf dem Mond〔weich〕~ 月に〔軟〕着陸する | auf dem Wasser ~ 着水する ‖ im Hafen der Ehe ~《戯》結婚する. **2**《話》(思いもかけなかった場所に結局)行き着く: in der Gosse〈im Rinnstein〉~ (→Gosse, →Rinnstein) | Schließlich *landete* er im Zuchthaus. 結局彼は刑務所のごやっかいになることになった | Der Wagen ist auf einem Acker *gelandet*. 車は畑に突っ込んでしまった | im Papierkorb ~ (手紙・書類などが)紙くずかごに捨てられる. **3**《話》**bei *jm.* nicht ~**〔**können**〕…の心を動かすことに失敗する | Mit deinen Schmeicheleien kannst du bei ihm nicht ~. 君がいくらおべっかを使っても彼には通用しないよ. **II** 他 (h) **1** 上陸〈着陸・着地〉させる; (貨物・資材などを)陸揚げする;〘漁〙(魚を)陸に揚げる: Truppen ~ 部隊を上陸させる | Fallschirmjäger ~ 落下傘部隊を降下させる. **2**〘ﾎﾞｸｼﾝｸﾞ〙(パンチを)くらわせる: einen linken Haken am Kinn des Gegners ~ 相手のあごに左フックをぶちこむ. **3**《話》(思いがけない勝利・成功などを)おさめる, 手中にする: einen〔großen〕Coup ~ (→Coup) | einen Sieg ~ 勝利をおさめる.
[*ahd.* lenten; ◇Land]
län·den[lɛ́ndən][1]《01》他 (h)《方》(水死体などを)陸に揚げる.
Land·en·ge[lánt..] 女〘地〙地峡(→ 図 Küste): die ~ von Panama パナマ地峡.
Lan·de≈ope·ra·tion[lándə..] 女〘軍〙上陸作戦. **≈pi·ste** 女 =Landebahn **≈platz** 男 **1** 小さな飛行場. **2** 着陸に適した地点. **3** 船着き場, 上陸場所. **4**《俗》はげ頭.
Län·der Land 5, 6 の複数.
Län·der·chen Ländchen (Land の縮小形)の複数.
Län·de·rei[lɛndəráɪ] 女 -/-en《ふつう複数で》(広大な)所有地, 領地.
Län·der≈kampf[lɛ́ndər..] 男〘ｽﾎﾟｰﾂ〙国際試合〈競技〉. **≈kun·de** 女 -/ 地誌学(一般地理学 Geographie の一部門).
län·der≈kun·dig 形 諸国〔の事情〕を知っている. **≈kund·lich** 形 地誌学の.
Län·der·lein Ländlein (Land の縮小形)の複数.
Land·er·schlie·ßung[lánt..] 女 土地開発.
Län·der·spiel[lɛ́ndər..] 中 =Länderkampf
Land·er·zie·hungs·heim[lánt..] 中 田園教育舎(生徒の共同生活を重視する教育施設).
Lan·des≈auf·nah·me[lándəs..] 女 = Landesvermessung **≈aus·bau** 男 -〔e〕s/ 地域開発. **≈bank** 女 -/-en (ドイツの)州立銀行. **≈be·hör·de** 女 (ドイツ・オーストリアの)州官庁. **≈bi·schof** 男〘新教〙地区監督(→Landeskirche 1). **≈brauch** 男 国〈地方〉の風習. **≈ebe·ne** 女 auf ~ (ドイツで)州〔政治〕のレベルで(→Bundesebene). **≈er·zeug·nis** 中 = Landesprodukt **≈far·ben** 複 国〈州〉の象徴とされる色(→Nationalfarben).
lan·des·flüch·tig[lándəs..] =landflüchtig
Lan·des≈fürst 男 = Landesherr **≈ge·richt** 中《ｵｰｽﾄﾘｱ》州裁判所. **≈ge·schich·te** 女 -/ 地方〈郷土〉史. **≈gren·ze** 女 国境; 州境. **≈haupt·mann** 男 -〔e〕s/ ..leute, ..männer **1**《ｵｰｽﾄﾘｱ》州政府首相. **2** (1933年までのPreußen における)地方長官. **≈haupt·stadt** 女 **1** 首都(中央政府の所在地). **2** 州都(州政府の所在地). **≈herr** 男〘史〙領邦君主.
lan·des·herr·lich[..lɪç] 形 君主〈領主〉の.
Lan·des·herr·lich·keit[..kaɪt] 女 -/ =Landeshoheit
Lan·des≈ho·heit[lándəs..] 女 -/〘史〙領邦君主権(領邦君主の統治権). **≈hym·ne** 女《ｵｰｽﾄﾘｱ》州歌. **≈in·ne·re** 中 内陸部; 国の内部. **≈kind** 中《雅》(君主の支配下にある)国民; 領民. **≈kir·che** 女 **1**〘新教〙(ドイツの福音派の)ラント〈州〉教会(起源は宗教改革時代の領邦教会にさかのぼり, 教会員は同じ地区に住む). **2** (英国の)国教会. **≈kon·ser·va·tor** 男 (ドイツの)州文化財保護官. **≈kri·mi·nal·amt** 中 (略 LKA)(ドイツの)州刑事局. **≈kul·tur** 女 土地改良, 治山治水. **≈kun·de** 女 -/ (国・地方などの)地域研究.
lan·des≈kun·dig[lándəs..] 形 その国〈土地〉の事情に通じている. **≈kund·lich** 形 地域研究に関する〈属する〉: ein ~*es* Museum 郷土博物館.
Lan·des≈li·ga 女〘ｻｯｶｰ〙(アマチュアの)州〈地方〉リーグ. **≈li·ste** 女 (ドイツの政党が示す比例代表制選挙用の)州別国会議員候補者名簿, 州リスト. **≈mut·ter** 女 -/..mütter《雅》国母, 女君主; 君主〈領主〉夫人. **≈pla·nung** 女 国土計画. **≈pro·dukt** 中 国〈地方〉の産物. **≈rat** 男 -〔e〕s/..räte《ｵｰｽﾄﾘｱ》州大臣. **≈rech·nungs·hof** 男 (ドイツ各州の)州会計検査院. **≈recht** 中〘法〙州法. **≈re·gie·rung** 女 (ドイツ各州の)州政府. **≈schul·rat** 男 -〔e〕s/..räte《ｵｰｽﾄﾘｱ》州教育庁. **≈sit·te** 女 =Landesbrauch **≈spra·che** 女 (特定の)国の言語, 国語. **≈tracht** 女 (国・地方などの)民族衣装. **≈trau·er** =Staatstrauer
lan·des·üb·lich 形 国〈地方〉の習慣となっている.
Lan·des≈va·ter[lándəs..] 男《雅》国父, 君主; 領主. **≈ver·mes·sung** 女 土地測量. **≈ver·rat** 男 (国家機密の漏洩(ろうえい)・外国との通牒(つうちょう)など)国家反逆罪, 売国. **≈ver·rä·ter** 男 国賊, 売国奴, スパイ. **≈ver·tei·di·gung** 女 国土防衛, 国防. **≈ver·wei·sung** 女 国外追放. **≈zen·tral·bank** 女 -/-en (略 LZB)(ドイツの)州中央銀行 (Deutsche Bundesbank の各州における最高管理機関).
Lan·de·ver·bot[lándə..] 男〘空〙着陸禁止, (空港側からの)着陸拒否. [<landen]
land·fah·rend[lánt..] 形 (定住の地をもたずに)あちこち移動する〈渡り歩く〉.
Land≈fah·rer 男 landfahren する人(→landfahrend). **≈flucht** 女 農村離脱(農村労働力の都市への流出).
ᵛ**land·flüch·tig** 形 国外に逃亡した〈逃亡中の〉.
Land·frau 女 農婦, 百姓女.
Land·frau·en·schu·le 女 女子農業家政学校.
land·fremd 形 その国〈土地〉では知られていない; その国〈土地〉の事情を知らない.
Land·frie·de〔n〕 男〘史〙ラントフリーデ(中世に国王・皇

L

帝などが国内の騎士たちに出した平和保持の命令): der Ewige ~ (1495年の)永久平和令 | Ich traue dem *Landfrieden* nicht 〔recht〕. 《比》(話がうますぎて)どうも信じられないね, 裏に何かありそうだな.

Land·frie·dens·bruch 男 **1** 〔史〕ラントフリーデ違反. **2** 〔法〕騒乱〔罪〕.

Land⸗gang 男〔海〕**1** (船員の)上陸〔休暇〕. **2** (船から陸地・他の船に渡す)渡り板. **⸗geist·li·che** 男 地方司祭, 田舎牧師. **⸗ge·mein·de** 女 ラントゲマインデ(ドイツの人口2000人以下の地方自治体). **⸗ge·richt** 中 (略 LG) (ドイツの)地方裁判所.

land·ge·stützt 形 (ミサイル兵器などが)地上に配備された.

Land⸗ge·win·nung 女 (干拓・埋め立てなどによる)陸地の拡張〈造成〉. **⸗graf** 男〔史〕方伯. **⸗grä·fin** 女〔史〕方伯夫人. **⸗graf·schaft** 女〔史〕方伯領. **⸗gut** 中 =Landsitz **⸗haus** 中 (地方・田舎の)別荘. **⸗heim** 中 (学童用の)林間学校施設. **⸗jä·ger** 男 **1** ラントイェーガー(平たくて堅いソーセージの一種). ▽**2** 田舎の巡査. **⸗kärt·chen** 中 (Gitterfalter) 〔虫〕アカマダラ(赤斑蝶). **⸗kar·te** 女 地図: *et.*[4] auf der ~ suchen …を地図でさがす | ein weißer Fleck auf der ~ (→Fleck 1 b).

Land·kar·ten·flech·te 女〔植〕チズゴケ(地衣類).

Land⸗kind[lánt..] 中 田舎で育った子供. **⸗kli·ma** =Kontinentalklima **⸗kreis** 男〔地方〕郡.

Land·kreis·tag 男 Deutscher ~ (ドイツの)全国郡連絡協議会.

Land·krieg 男 陸戦, 地上戦(陸上での戦争: →Seekrieg, Luftkrieg).

land·läu·fig[lántlɔʏfɪç][2] 形 世間一般の, 慣用の; だれもがよく知っている: ~*e* Ansichten 世間一般の考え方.

Land·le·ben 中 -s/ 田舎暮らし, 田園生活.

land·le·bend 形〔動〕陸生の.

Länd·lein Land の縮小形.

Länd·ler[lɛ́ntlər] 男 -s/- レントラー(南ドイツ・オーストリアなどの民族舞踊・舞曲, ワルツの前身). [<Landle „Vorarlberg"]

Land·leu·te Landmann の複数.

länd·lich[lɛ́ntlɪç] 形 (↔städtisch) 田舎〈地方〉の; 田舎ふうの, ひなびた; 素朴な: die ~*e* Bevölkerung 地方の住民; 農村人口 | das ~*e* Leben 田園生活. [*mhd.*; ◇Land]

länd·lich-sitt·lich[lɛ́ntlɪçzítlɪç] 形《戯》簡素〈質素〉な; (よい意味で)田舎ふうの: ~ zugehen (祭りなどが)素朴な雰囲気のうちに進行する.

Land⸗luft[lánt..] 女 田園の空気. **⸗macht** 女 (↔Seemacht) 陸軍力; 陸軍国. **⸗mann** 男 -〔e〕s/..leute (..männer) 農夫, 百姓(ただし: →Landsmann). **⸗mar·ke** 女〔海〕(山・尖塔(せんとう)・高層建築物など航海の目標となる)陸標. **⸗ma·schi·ne** 女 農業機械. **⸗mes·ser** 男〔土地〕測量技師. **⸗mi·ne** 女〔軍〕地雷.

Land·nah·me[lántna:mə] 女 -/ (植民・侵略などによる)領土獲得, 国盗(と)り; 〔神〕(イスラエル人によるカナンの)土地取得. [<nehmen]

Land⸗par·tie 女 郊外〈田舎〉への遠足, ピクニック. **⸗pfar·re** 女 地方司祭〈田舎牧師〉の教区. **⸗pfar·rer** 男 地方司祭, 田舎牧師. **⸗pfle·ger** 男〔聖〕総督, 太守. **⸗pla·ge** 女 国〈国民〉を苦しめるもの: *sich*[4] zu einer ~ entwickeln《話》悩みの種となる, 大問題に発展する. **⸗po·me·ran·ze** 女《俗》田舎娘. **⸗rat** 男 -〔e〕s/..räte **1** 郡長. **2** 《スイ》州評議会.

Land·rats·amt 中 (Kreisamt) 郡役場, 郡庁.

Land·rat·te 女《軽蔑的に》(船員から見て)陸(おか)に住むやつ. [*engl.* land-rat の翻訳借用]

Land⸗recht 中〔法〕(中世の都市法・宮廷法などに対する)ラント法. **⸗re·gen** 男 長雨. **⸗rücken** 男 (長く伸びた)山の背〈尾根〉. **⸗sas·se** 男 (中世ドイツの)地方領民, 小作農.

Land·schaft[lánt-ʃaft] 女 -/-en **1** (独特の風土を有する)地方, 地域, 地帯; 風景, 景観: eine bergige 〈hügelige〉 ~ 山岳〈丘陵〉地帯 | eine malerische ~ 絵のように美しい風景 | die politische ~ 《比》政治的情況. **2** 〔美〕風景画: nur noch ein Strich in der ~ sein (→Strich 2 a). [*ahd.*; ◇Land; *engl.* landscape]

Land·schaf·ter[..tər] 男 -s/- =Landschaftsmaler

land·schaft·lich[..lɪç] 形 **1** 地方〈地域・地帯〉の; 風景〈景観〉上の: ~ verschieden sein 地方によって異なっている | Die Stadt liegt ~ sehr schön. その町は風光明媚(めいび)の地にある. **2** 地方住民に特有な: eine ~*e* Ausdrucksweise 地方独特な表現法.

Land·schafts⸗bild[lánt-ʃafts..] 中 **1** 風景. **2** 〔美〕風景画. **⸗gärt·ner** 男 (大規模な庭園・公園の)造園家. **⸗ge·stal·tung** 女〔園〕造園設計. **⸗ma·ler** 男 風景画家. **⸗ma·le·rei** 女 風景〈山水〉画. **⸗schutz·ge·biet** 中 自然景観保護区域.

Land⸗schild·krö·te[lánt..] 女〔動〕陸生のカメ類. **⸗schrei·ber** 男《スイ》役場の書記; 公証人. **⸗schu·le** 女 地方〈田舎〉の小学校. **⸗schul·heim** =Landheim **⸗sei·te** 女 (↔Seeseite) (堤防・ダムなどの)陸〔に面した〕側.

Land·ser[lántsər] 男 -s/-《話》(特に歩兵の)兵卒, 兵士. [<Landsknecht]

Lands·ge·mein·de[lánts..] 女《スイ》州民集会.

Land·sitz[lánt..] 男 (貴族・金持ちなどの)田舎の領地〈別荘〉.

Lands⸗knecht[lánts..] 男〔史〕(15-17世紀ドイツで主として農民から徴募された)徒歩傭兵(ようへい): wie ein ~ fluchen《話》口汚くののしる. **⸗leute** Landsmann の複数.

Lands·mål[lántsmo:l] 中 -〔s〕/ ランツモール (Nynorsk の古称). [*norw.*; <*norw.* mål „Sprache"]

Lands·mann[lánts..] 男 -〔e〕s/..leute (..männer) (女 Lands·män·nin -/-nen) 同郷〈同国〉の人; (特定の)国〈地方〉の人(ただし: →Landmann): Er ist mein ~ 〈ein ~ von mir〉. 彼は私と同郷〈同国〉だ | Was ist er für ein ~? 彼はどこの国〈地方〉の人か.

Lands·mann·schaft[..ʃaft] 女 -/-en (大学生などの)同郷〈同国〉人会; (第二次大戦後旧ドイツ領東部地区から追放された人々の結成する)同郷会.

Land⸗spit·ze[lánt..] 女 岬. **⸗stadt** 女 (地方の)小都市, 田舎町. **⸗stän·de** 複〔史〕ラントシュテンデ(領邦議会への出席資格を持つ諸身分), 領邦等族.

▽**Land·stör·zer**[..ʃtœrtsər] 男 -s/- =Landstreicher [<*mhd.* sterzen „umherziehen" (◇Sterz)]

Land⸗stra·ße 女 (町と町とを結ぶ)幹線道路, 街道, 国道, 州道, 県道(→図). **⸗strei·cher** 男 浮浪者; 放浪者,

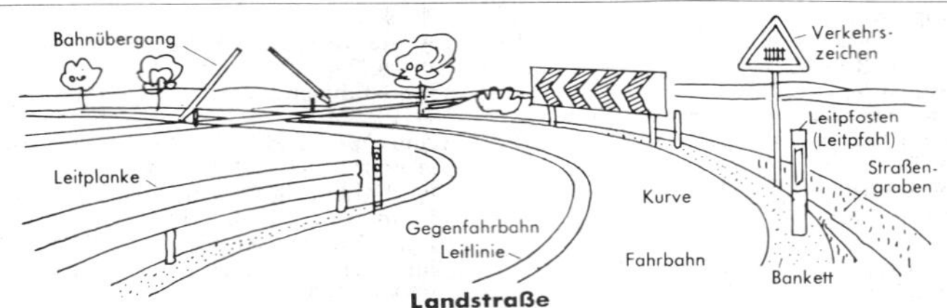

Landstraße

L

無宿者. ≈**streit·kräf·te** 複 陸軍〔兵力〕, 地上軍. ≈**strich** 男 地帯, 地域. ≈**stu·fe** 女 (Schichtstufe)〘地〙ケスタ, 段丘. ≈**sturm** 男 (戦時における)旧兵役経験者の総動員; 旧兵役経験者. ≈**tag** 男 **1** (ドイツの)州議会. **2**〘史〙領邦議会(領邦国家の身分制議会). ≈**tier** 中 (↔Wassertier)〘動〙陸生動物. ≈**trans·port** 男 陸上輸送.

Lan·dung[lándʊŋ] 女 -/-en (landen すること. 例えば:) 上陸; 着陸, 着地; 着水; 陸揚げ: eine weiche ~ (宇宙船などの)軟着陸 | Not*landung* 緊急着陸.

Lan·dungs≈boot 中〘軍〙上陸用舟艇. ≈**brücke** 女 上陸用桟橋. ≈**fahr·zeug** 中 =Landungsboot ≈**ope·ra·tion** 女〘軍〙上陸作戦. ≈**platz** 男 上陸所, 波止場; (飛行機の)着陸場. ≈**steg** 男 =Landungsbrücke ≈**stel·le** 女 =Landungsplatz ≈**trup·pe** 女〘軍〙上陸部隊.

Land≈ur·laub[lánt..] 男 (船員の)上陸休暇. ≈**ver·mes·sung** = Landesvermessung ≈**vogt** 男〘史〙(中世ドイツの帝国直轄地の)知事, 代官. ≈**vog·tei** 女 Landvogt の管轄地域. ≈**volk** 中 -〔e〕s/《集合的に》田舎の人, 農民.

land·wärts[lántvɛrts] 副 (↔seewärts) (海から)陸の方向に, 陸へ向かって.

Land·was·ser·flug·zeug[lántvásər..] 中〘空〙水陸両用機.

Land≈weg 男 **1** 田舎道. **2**《単数で》(↔Seeweg) 陸路: auf dem ~ nach Paris fahren 陸路パリにおもむく. ≈**wehr** 女〘軍〙後備軍; 国土防衛軍; (中世の)国境防塞(ぼうさい). ≈**wehr·mann** 男 -〔e〕s/..männer〘軍〙後備兵; 国土防衛隊員. ≈**wein** 男 その土地のワイン, 地酒. ≈**wind** 男 (↔Seewind) 陸風. ≈**wirt** 男 (女 ≈**wir·tin** -/-nen) 農民; 農業経営者, 農場主; 農業技術者: Diplom*landwirt* 農学士. ≈**wirt·schaft** 女 **1**《単数で》(土地を耕して作物や家畜を生産する)農業〔経営〕. **2** 農場.

land·wirt·schaft·lich[..lɪç] 形《述語的用法なし》農業の, 農作(酪農)の: ~*e* Erzeugnisse 農産物 | ~*e* Maschinen 農業機械.

Land·wirt·schafts≈kam·mer 女 農業会議所. ≈**mi·ni·ster** 男 農業大臣. ≈**mi·ni·ste·rium** 中 農業省. ≈**schu·le** 女 農業専門学校. ≈**wis·sen·schaft** 女 農学.

Land·zun·ge[lánt..] 女 (舌状に海中に突き出た)岬(→ 図 Küste).

lang[laŋ] **län·ger**[lɛ́ŋər] / **längst** **I** 形 (↔kurz) **1** (英: *long*)《空間的》**a)** 長い; 長距離の, 遠い; 縦長の, 細長い, ひょろ長い; 丈の長い; 長文の;《話》(人が)長身の: ~*e* Arme 〈Beine〉長い腕〈脚〉| ein ~*es*, schmales Brett 細長い板 | ein ~*er* Mann 背の高い〈のっぽな〉男 | ein ~*er* Mantel 〈Rock〉丈の長いコート〈スカート〉| eine ~*e* Nase 高い鼻 | *jm.* eine ~*e* Nase machen (→Nase 1 a) | ~*e* Ohren machen (→Ohr 1) | ein ~*er* Weg 長い道のり ‖ Er ist ~ (=groß). 彼は長身だ ‖ ~ ausgestreckt liegen 長々と(手足を伸ばして)横たわっている | Er trägt das Haar jetzt wieder ~. 彼はまた長髪にしている |〔der Länge〕~ hinfallen (棒のように)ばったり倒れる(→längelang) ‖ *et.*[4] *länger* machen …をもっと長くする | Je *länger*, je 〈desto〉 besser. 長ければ長いほどよい. **b)**《量を示す語句と》(…の)長さの, 縦が(…の)長さの: Das Plakat ist doppelt so ~ wie breit. このポスターは縦が横の 2 倍ある | so breit wie ~/so ~ wie breit (→breit 1 b) ‖〘数量を示す 4 格と〙Die neue Straße ist 30 km ~ 〈〔um〕 2 km *länger* als die alte〉. 新道は30キロある〈旧道より 2 キロ長い〉| Der Brief ist vier Seiten ~. この手紙は便箋(びんせん) 4 枚分ある.

2《時間的》**a)**《副詞としてはふつう lange の形を使う: →lange I 1》長い, 長時間の; (心理的に)長たらしい; 冗長な: ein ~*er* Aufenthalt 長期滞在 | ein ~*er* Blick じっと見つめるまなざし | eine ~*e* Rede machen 長話をする | eine ~*e* Reise 長途の旅 | nach ~*em* Überlegen 〈Zögern〉しばらく考えて〈ためらって〉から | ~*e* Zeit krank sein 長期間病床にある | nach ~*er* Zeit 〈~*en* Zeiten〉それからずっと〈長い年月の〉後で | vor nicht ~*er* Zeit まだそれほど前のことではないが | zwei ~*e* Jahre auf *jn.* warten 2 年もの間…を待つ | Das wird eine ~*e* Nacht 〈ein ~*er* Abend〉. これでは今夜はおそくまで起きていなければならない | den lieben ~*en* Tag arbeiten 一日じゅう仕事を続ける ‖ Ich habe ihn *längere* Zeit nicht gesehen. 私はここしばらく彼に会っていない | Er ist die *längste* Zeit hier gewesen.《話》彼はそろそろ立ち去る時期だ ‖ Die Sitzung war sehr ~. 会議はとても長かった | Die Zeit wurde mir ~. 私は退屈してきた | der ~ erwartete Regen 待ちかねていた雨 ‖ *et.*[4] **lang und breit** 〈雅: **des ~*en* und breiten**〉 erzählen …について長々と物語る ‖〘名詞的に: →IV〙**über lang oder kurz**/über kurz oder ~ 遅かれ早かれ, いずれそのうち ‖ **seit ~*em*** ずっと以前から | ein ~*es* und breites reden とりとめなく〈だらだらと〉話す. **b)**《時間の量を示す 4 格と》(…の)長さの: einen Tag ~ 一日じゅう; 一日だけ | nach dem drei Jahre ~*en* Studium 3 年間の学生生活ののちに.

3《話》(スープなどが)薄い, 水でのばした: eine ~*e* Suppe 薄いスープ.

II 副 **1** →I **2** (entlang) 並行して; そのままずうっと: am Weg ~ 道路沿いに | Wohin geht man ~?—Hier ~. (道を尋ねて)どう行けばいいのかね — ここをずうっと行けばいいんだ | **wissen, wo's ~ geht**《話》(特定の状況で)どうすればよいかを心得ている | Wir wissen 〈erkennen〉, wo es ~ geht.《話》我々は(事態の)先が読める(成り行きがわかって上手に対処できる).

III 前《4 格支配》(entlang) …に沿って; …なりに: die Straße ~ gehen 通りをずうっと歩いて行く.

IV **Lan·ge** 男 女《形容詞変化》《話》のっぽ.

[*germ.*; ◇ *engl.* long; *lat.* longus „lang"]

..lang[..laŋ]《名詞などにつけて「…の長さの」を意味する形容詞をつくる》: meter*lang* 1〈数〉メートル〔も〕の長さの | tage*lang* 数日間も続く.

Lan·gage[lãgáːʒ(ə)] 女 -/〘言〙ランガージュ, 言語活動, 言葉 (Saussure の用語で Langue, Parole の上位概念). [*fr.*; ◇Langue]

lang≈är·me·lig[láŋ..] 形 そでの長い. ≈**ar·mig** 形 腕の長い.

lang·at·mig[..|aːtmɪç][2] 形 息の長い;《比》長たらしい, 冗長(冗漫)な. [<Atem]

Lang≈aus[láŋ|aʊs] 男 -/-《オーストリア》ラングアウス(ワルツに似た民俗舞踊). ≈**band** 中 -〔e〕s/..bänder〘建〙帯蝶番(おびちょうつがい)(→ 図 Band).

lang·bär·tig 形 ひげの長い.

Lang≈baum 男 (2 輪の荷車をつないで 4 輪車にするときの)連結棒. ≈**bein** 中《話》脚の長い人.

Lang·bein·flie·ge 女〘虫〙アシナガバエ(脚長蝿)科の昆虫.

lang·bei·nig 形 脚の長い: eine ~*e* Spinne《話》脚の長い女.

Lang·bein·mücke 女〘虫〙ガガンボ(大蚊)科の昆虫.

Lang·brot 中 (細長い)大型パン(→ 図 Brot).

lang|dre·hen 他 (h) ひねって長く伸ばす.

lan·ge[láŋə] **län·ger**[lɛ́ŋər] / **am läng·sten** **I** 副 **1**《時間的》長い間(→lang I 2 a): zu ~ schlafen 寝すぎる | Wie ~ bleiben Sie hier? いつまでここにおいでですか |〔Es dauerte〕 nicht ~, und er kam 〈so kam er〉. まもなく彼はやって来た | Du kannst ~ warten, bis ich es gestehe. 君がいつまで待っても私は白状しない, 私は君に白状する気は全くない | Er wird noch ~ nicht kommen. 彼はまだなかなか来ないだろう | Es ist schon ~ 〈*länger*〉 her, daß ich ihn gesehen habe. 私が彼に会ってからすでに長いこと〈かなり長い時間が〉たっている | Ich habe das schon ~ bemerkt. 私はそれにずっと前から気づいていた ‖ **es nicht mehr ~ machen** 〈**tun**〉/nicht mehr ~ mitmachen《話》やがて死ぬ ‖ nicht mehr länger これ以上長くは もはや…ない | Ich kann nicht〔mehr〕*länger* warten. 私はもうこれ以上は待てない | Die Verhandlung dauerte gestern am *längsten*. 交渉はきのうがいちばん時間がかかった | Ehrlich währt am *längsten*. (→ehrlich 1).

2 a)《度合いを示して》《次の形で》〔**noch**〕 **lange nicht ...** …には程遠い | Das ist noch ~ nicht genug. それではまだ

L

まだ不十分だ｜Er ist noch ～ kein Fachmann. 彼はまだまだ専門家とはいえない｜Sie spielt ～ nicht so gut wie du. 彼女の演技〈演奏〉は君よりはるかに劣っている. **b)**《話》十分に: Das ist ～ gut (＝gut genug) für mich. 私にはそれで十分だ.

II 形 lang I の格変化した形.

Lạn·ge →lang IV

Län·ge[lɛ́ŋə] 女 -/-n **1 a)**《ふつう単数で》長さ; 縦, 奥行き; 長い時間: ein Brett von 2 m ～ 長さ〈縦〉が 2 メートルの板｜ein Film von drei Stunden ～ 上映時間 3 時間の映画｜**auf die ～** 〔der Zeit〕 長時間〈長期〉にわたって; 長時間〈長期〉にわたると｜*et.*⁴ **in die ～ ziehen** …を長びかせる〈ひきのばす〉｜*sich*⁴ **in die ～ ziehen** 長びく｜in *seiner* ganzen ～ 身を伸ばして, すっくと｜**der ～ nach**〈lang〉縦方向に; 棒のように(→längelang). **b)**〖ス゛ポ〗(…)馬身; (…)艇身: mit zwei ～*n*〔Vorsprung〕gewinnen 2 馬身〈艇身〉の差で勝つ｜**um ～*n* gewinnen**〈**verlieren / geschlagen werden**〉《話》快勝〈惨敗〉する. **c)**〖詩〗長音綴(ﾃﾂ). **d)**《ふつう複数で》冗漫〈冗長〉な個所. **2**《単数で》〖地〗経度: auf〈unter〉13 Grad östlicher ～ liegen 東経13度にある｜astronomische ～〖天〗黄経. **3** ＝Leng 〔*ahd.*; ◇lang〕

län·ge·lang[lɛ́ŋəlaŋ] 副《話》長さいっぱいに: ～ liegen 長々と寝そべっている｜～ hinfallen (棒のように)ばったり倒れる.

Lạn·ge·marck[láŋəmark] 地名 ランゲマルク(ベルギー, 西フランドルにある第一次大戦の激戦地).

lạn·gen[láŋən] **I** 自 (h) **1 a)** 手をのばす〈やる〉; 《in *et.*⁴》(…に)手を入れる〈突っこむ〉: in die Kasse ～《比》かねを盗む｜Er *langte* nach dem Buch〈an die Uhr〉. 彼は手をのばして本を取ろうとした〈時計に触れた〉. **b)**《bis zu *et.*³》(…にまで)手が届く; 達する: Der Rock *langt* ihr bis zum Knie. スカートは彼女のひざまである. **2** 足りる, 十分である: Das Tuch *langt* für ein Kleid. 布地はドレス 1 着分ある｜Wir *langen* mit unseren Kohlen. 私たちは手持ちの石炭で間に合う｜nicht hin und nicht her ～ (→hin 1 d) ‖ 非人称 ***jm.* langt es** …の忍耐が限度に達する, …が辛抱しきれなくなる｜Mir *langt* es aber! もうたくさん〈うんざり〉だ. **II** 他 (h) (手をのばして)取る, つかむ; 《*jm. et.*⁴》(…に…を)取ってやる, 手渡す: *sich*³ *et.*⁴ ～ …を手にとる｜Den werde ich mir schon noch ～!《話》きっとあいつをとっちめてやるぞ｜***jm.* eine ～**《話》…に一発くらわせる｜**eine *gelangt* kriegen**《話》一発殴られる. 〔*ahd.*; ◇lang〕

län·gen[lɛ́ŋən] **I** 他 (h) **1** 長くする, 伸ばす. **2** (スープなどを)薄める, 水で割る. **II** 自 (s) 長くなる, 伸びる.

Län·gen≠aus·deh·nung[lɛ́ŋən..] 女 (↔Breitenausdehnung) 縦方向への膨張. ≠**bruch** 男〖工〗縦折損; 〖医〗縦走骨折. ≠**ein·heit** 女 長さの単位. ≠**grad** 男〖地〗経度. ≠**kreis** 男 (↔Breitenkreis) (Meridian)〖地〗子午線, 経線. ≠**maß** 中 尺度. ≠**schnitt** 男 縦断面; 〖医〗縦切開.

der **Lạn·gen·see**[láŋənze:] 地名 男 -s/ マジョーレ湖 (Lago Maggiore のドイツ語形).

Lạn·gen·wei·le →Langeweile

län·ger lang I, lange I の比較級.

Lạn·ger·hans-Ịn·seln[láŋərhans|ínzəln] 複〖解〗ランゲルハンス島(膵臓(ｽｲｿﾞｳ)内の内分泌組織). 〔＜P. Langerhans (ドイツの病理学者, 1847-88)〕

Lạn·ger·wei·le →Langeweile

Lan·gẹt·te[laŋgɛ́tə] 女 -/-n〖服飾〗(ボタンホールステッチによる)波形〈スカラップ〉縁飾り. 〔*fr.* languette „Zünglein"; ◇Langue〕

Lan·gẹt·ten·stich 男〖服飾〗ボタンホールステッチ(→ 図 Handarbeit).

lan·get·tie·ren[laŋgɛtí:rən] 他 (h)〖服飾〗(布に) Langette をつける.

Lạn·ge·wei·le[láŋəvailə, ◡◡´◡] 女 -/《2・3 格は冠詞を伴うとき Langenweile, 無冠詞のとき Langerweile となることもある》退屈: ～ haben 退屈している｜*sich*³ die ～ vertreiben 退屈をまぎらす, 気ばらしをする ‖ an ～ leiden 退屈している｜*et.*⁴ aus ～ tun 退屈しのぎに…をする｜vor ～〈*Langerweile*〉fast sterben 退屈で退屈でたまらない.

Lan·ge·zeit[laŋətsáit, ◡◡´] 女 -/《ｽｲｽ》(Heimweh) 郷愁, ホームシック.

lang·fä·dig[láŋ..] 形《ｽｲｽ》(langweilig) 退屈〈冗長〉な.

Lạng·fin·ger 男《話》(Dieb) どろぼう; すり (Taschendieb).

lạng·fin·ge·rig 形 **1** 指の長い. **2**《話》盗癖のある, 手癖の悪い.

Lạng·fisch[láŋ..] 男 ＝Leng

Lạng·flü·gel·fle·der·maus 女〖動〗ユビナガコウモリ(指長蝙蝠).

lạng·fri·stig[láŋfrɪstɪç]² 形 長期間の: ein ～*es* Darlehen 長期貸付〔金〕. 〔＜Frist〕

lạng·ge·streckt 形 長くのびた: ein ～*es* Dorf 細長い村.

Lạng·haar 中 **1** (動物の)長毛. **2** 長く伸ばした髪, 長髪.

lạng≠haa·rig 形 **1** 毛の長い, 長毛の: ein ～*er* Dackel 長毛のダックスフント. **2** 髪を長く伸ばした, 長髪の: die *Langhaarigen* 長髪族. ≠**hal·sig** 形 首の長い.

Lạng·haus[láŋ..] 中〖建〗(教会堂の)長堂(入口と内陣の中間部分で, Mittelschiff と Seitenschiff からなる).

lạng·hịn[láŋhín] 副 (weiterhin) さらに先へ〈遠くまで〉: ～ ostwärts fahren 東に向かってずうっと車で走る.

Lạng≠ho·bel 男 (Rauhbank) (指物師が使う) 長鉋(ながかんな). ≠**holz** 中 (6 メートル以上の)長い木材, 長尺物.

Lạng·horn·mot·te[láŋhɔrn..] 女〖虫〗ヒゲナガガ(髭長蛾)科のガ.

lạng·jäh·rig[láŋjɛ:rɪç]² 形 長年〈多年〉の: ein ～*er* Aufenthalt 長年にわたる滞在.

Lạng·kä·fer 男〖虫〗ミツギリゾウムシ(三錐象虫)科の昆虫.

lạng·köp·fig[..kœpfɪç]² ＝dolichozephal

Lạng·kopf·zir·pe[láŋkɔpf..] 女〖虫〗ベニシタハゴロモ(紅下羽衣)科の昆虫.

Lạng≠kreis[láŋ..] 男 (Ellipse) 楕円(だえん), 長円. ≠**lauf** 男 **1** ＝Langstreckenlauf **2**〖ス゛キ〗クロスカントリー, 距離競技.

lạng·le·big[láŋle:bɪç]² 形 長命の, 生命の長い; (食品などが)いたみにくい, 保存のきく. 〔＜Leben〕

Lạng·le·big·keit[−kaɪt] 女 -/ (langlebig なこと. 例えば:) 長寿.

lạng|le·gen 他 (h)《話》再帰 *sich*⁴ ～ 横になる, 寝る; 就寝する, 眠る.

Lạng·lei·ne 女〖漁〗はえなわ(→ 図 Fischerei).

läng·lich[lɛ́ŋlɪç] 形 長めの; 縦長の: ein ～*es* Gesicht 面長の顔｜ein ～*er* Tisch 縦長のテーブル.

läng·lich·rụnd[−rónt]¹ 形 楕円(だえん)〈長円〉形の.

lạng|lie·gen*[láŋ..]《93》自 (h)《話》体をのばして横になって〈休んで・眠って〉いる.

Lạng·loch·zie·gel[láŋ..] 男〖建〗(縦の)穴あきれんが.

lạng|ma·chen ＝langlegen

Lạng·mut 女 -/ 寛容, がまん強い心: Seine ～ ist zu Ende. 彼は堪忍袋の緒が切れた.

lạng·mü·tig[..my:tɪç]² 形 寛容な, がまん強い.

Lạng·mü·tig·keit[..kaɪt] 女 -/ ＝Langmut

Lan·go·bar·de[laŋgobárdə] 男 -n/-n ランゴバルド人(ゲルマン民族の一部族で, イタリアに侵入し,568年王国を建設,774年に滅亡). 〔*germ.*−*lat.*; ◇Lombarde〕

lan·go·bar·disch[..dɪʃ] 形 ランゴバルド人の.

Lạng·ohr[láŋ..] 中 (男) -〔e〕s/-en **1**《戯》(Hase) ウサギ; (Esel) ロバ. **2** (Ohrenfledermaus)〖動〗ウサギコウモリ(兎蝙蝠).

lạng·oh·rig[..|o:rɪç]² 形 耳の長い.

Lạng·pferd 中〖体操〗**1** ＝Sprungpferd **2** (↔Seitpferd) (男子跳馬用に)縦に置かれた跳馬.

längs[lɛŋs] **I** 前《2 格, まれに 3 格支配: →laut II ☆》(entlang) …に沿って: ～ des Ufers〈dem Ufer〉岸辺沿いに｜die Häuser ～ der Straße 街路沿いの家々 ‖ ～ Mannheims〔schönem〕Rheinufer. マンハイムの〔美しい〕ライン河畔沿いに. **II** 副 **1** (↔quer) 縦に: ein Brett ～ durchsägen (のこぎりで)板を縦にひく. **2**《北部》(vorbei)

(わきを)通り抜けて: Komm' doch gelegentlich bei uns ~! いつかぜひ僕たちの所に立ち寄ってくれたまえ.
[*mhd.* langes „der Länge nach"; ◇lang]

Längs·ach·se[lɛ́ŋs..] 女 (↔Querachse) 縦軸, 長軸.

lang·sam[láŋza:m] **I** 形 **1** (↔schnell) 遅い, ゆっくりした: mit ~*en* Schritten gehen ゆっくり歩く ‖ Der Wagen fuhr ~*er.* 車はスピードを落とした | **~, aber sicher** 《話》ゆっくりとしかし着実〈確実〉に | Mit ihm geht es ~, aber sicher bergab. 彼は徐々にではあるが 確実にだめになっていく | Immer schön ~! そう急ぐもんじゃない. **2** (schwerfällig) のろまな, 遅鈍な: ein ~*er* Schüler もの覚えの遅い生徒 ‖ Er ist bei 〈in〉 der Arbeit ~. 彼は仕事が遅い | ~ von Begriff sein (→Begriff 2 b). **3** 《スポ》(グラウンドなどが)走りづらい.
II 副 **1** →I **2** (allmählich) だんだん, しだいに: Es wurde mir ~ klar, daß ... 私はしだいに…ということが分かってきた | Es wird ~ Zeit, daß ... そろそろ…する時機だ | Ich denke, wir gehen ~. そろそろ出かけたほうがよさそうだ.
[*ahd.* „lange dauernd"; ◇lang]

Lang·sam·keit[–kaɪt] 女 -/ langsam なこと.

lang≀schä·de·lig[láŋʃɛ:dəlɪç][2] 形, **≀schäd·lig** [..dlɪç][2] 形 長頭の. [<Schädel]

Lang·schäf·ter[láŋʃɛftər] 男 -s/- (ひざまで届く)長靴. [<Schaft[1]]

Lang≀schlä·fer 男 (女 **≀schlä·fe·rin**-/-nen) 朝寝坊な人. **≀schrift** 女 (↔Kurzschrift) (速記文字に対して)普通の文字.

lang·schwän·zig[láŋʃvɛntsɪç][2] 形 尾の長い, 長いしっぽを持った. [<Schwanz]

Längs≀fa·den[lɛ́ŋs..] 男 (↔ Querfaden) 《織》経糸. **≀fal·te** 女 縦じわ.

längs·ge·streift[lɛ́ŋs..] 形 縦じまの(→ 図 Muster).

lang≀sich·tig[láŋ..] 形 遠視の. **≀sil·big** 形 《言》長音節の.

Lang·spiel·plat·te 女 (略 LP) LP レコード, 長時間盤.

Längs·rich·tung[lɛ́ŋs..] 女 縦の方向.

längs·schiffs[..ʃɪfs] 副 (↔querschiffs) 《海》船の縦方向に沿って.

Längs≀schnitt 男 (↔ Querschnitt) 縦断面〔図〕. **≀sei·te** 女 (建物などの)長い方の側面; (船の)舷側(げんそく).

längs·seits[..zaɪts] **I** 副 《海》舷側(げんそく)に沿って: ~ am Kai liegen 岸壁に横づけしている.
II 前 《2格支配》…の舷側に.

längst[lɛŋst] **I** lang I, lange I の最上級. **II** 副 **1** とうに, とっくの昔に: Das ist ja ~ vorbei. それはもうはるか以前の〈とっくに済んでしまった〉ことだ | Das ist mir ~ bekannt. それは私は先刻承知のことだ. **2** 《否定詞を伴って》とうてい(…ではない): Ich bin ~ nicht so klug wie er. 私はとうてい彼ほど頭がよくない | Das ist noch ~ nicht genug. これではとても十分ではない | Das ist noch ~ kein Beweis. これではまだとても証拠などとは言えぬ.

Längs·tal[lɛ́ŋs..] 中 (↔Quertal) 《地》縦谷.

läng·stens[lɛ́ŋstəns] 副 《話》**1** (いくら)長くとも; (いくら)遅くなっても: *in* ~ *zwei* Stunden / ~ in zwei Stunden 遅くとも2時間のうちには. **2** (längst) とっくに.

lang·stie·lig[láŋʃti:lɪç][2] 形 **1** 茎〈柄〉の長い. **2** 《話》冗長〈冗漫〉な, 退屈な. [<Stiel]

Lang·strecke 女 長距離.

Lang·strecken≀bom·ber 男 長距離爆撃機. **≀flug** 男 長距離飛行. **≀flug·zeug** 中 長距離航空機. **≀lauf** 男 《陸上》長距離競走. **≀läu·fer** 男 《陸上》長距離走者〈ランナー〉. **≀ra·ke·te** 女 《軍》長距離ミサイル. **≀waf·fe** 女 《軍》長距離〔核〕兵器.

Lang·streck·ler[láŋʃtrɛklər] 男 -s/- 《話》長距離走者〈ランナー〉.

Lang·tag·pflan·ze[láŋta:k..] 女 《植》長日植物.

Lang·tags·be·hand·lung[láŋta:ks..] 女 《農・園》長日処理.

Langue[lã́:gə, lã:g] 女 -/ (↔Parole) 《言》ラング (Saussure の用語で言語運用を可能ならしめる信号体系としての言語). [*lat.* lingua–*fr.*; ◇lingual]

Lan·gu·ste[laŋgústə] 女 -/-n (Panzerkrebs) 《動》イセエビ(伊勢蝦)の類. [*lat.* locusta „Heuschrecke"–*aprovenzal.* langosta–*fr.*]

Lang≀vers[láŋ..] 男 (↔Kurzvers) 《詩》(5タクト以上の)長詩行. **≀wan·ze** 女 《虫》ナガカメムシ(長亀虫)科の昆虫.

Lang·wei·le[láŋvaɪlə] 女 -/ =Langeweile

lang·wei·len[láŋvaɪlən] 《過分 gelangweilt》 他 (h) **1** 《*jn.*》退屈させる: Diese Arbeit *langweilte* ihn. この仕事は彼には退屈だった. **2** 再帰 *sich*[4] ~ 退屈する: *sich*[4] schrecklich 〈zu Tode〉 ~ ひどく〈死ぬほど〉退屈する.

Lang·wei·ler[..lər] 男 -s/- 《話》**1** (人をうんざりさせる)退屈な人. **2** (人をいらいらさせる)のろま, ぐず.

lang·wei·lig[..lɪç][2] 形 **1** (↔kurzweilig) 退屈な; つまらない, 単調な: ein ~*er* Roman つまらない小説 ‖ Hier ist es zum Sterben ~. ここは死ぬほど退屈だ | Es war ihr sehr ~. 彼女はとても退屈だった. **2** 《話》時間のかかる; (人が)のろまの, ぐずの.

Lang·wei·lig·keit[..kaɪt] 女 -/ langweilig なこと.

Lang·wel·le[láŋ..] 女 《電》長波.

Lang·wel·len·sen·der 男 長波送信機; 長波放送局.

lang·wel·lig[..vɛlɪç][2] 形 《電》長波の.

Lang≀wie·de[láŋvi:də] 女 -/-n (**≀wied**[..t][1] 女 -/-en) 《方》=Langbaum [*ahd.*; <*ahd.* witu „Holz"]

lang·wie·rig[láŋvi:rɪç][2] 形 長時間〈期間〉かかる; 手間のかかる: eine ~*e* Krankheit なかなか治らない病気. [<*ahd.* werīg „dauernd" (◇währen)]

Lang·wie·rig·keit[–kaɪt] 女 -/ langwierig なこと.

Lang·zei·le 女 《詩》(中間に弱い休止を持つ)長詩行 (Nibelungenlied 詩節などに見られる).

Lang·zeit≀ar·beits·lo·se 男 女 長期失業者. **≀au·to** 中 長持ちする自動車. **≀ge·dächt·nis** 中 《心》長期記憶. **≀pro·gno·se** 女 長期予測〈予報〉. **≀pro·gramm** 中 長期計画. **≀stra·te·gie** 女 長期的戦略. **≀the·ra·pie** 女 長期療法. **≀wir·kung** 女 長期的作用〈効果・影響〉. **≀zün·der** 男 (爆弾などの)時限〈遅発〉信管.

lang|zie·hen*《219》他 (h) *jm.* die Hammelbeine 〈die Ohren〉 ~ (→Hammelbein, →Ohr 1).

Lang·zun·gen≀flug·hund 男 《動》シタナガオオコウモリ(舌長大蝙蝠). **≀vam·pir** 男 《動》シタナガコウモリ(舌長蝙蝠).

La·ni·tal[lanitá:l] 中 -s/ , **La·ni·tal·fa·ser** 女 -/ ラニタール(カゼイン系合成繊維). [<*it.* lana italiana „italienische Wolle" (◇Lanugo)]

Lan·ner[lánər] 人名 Josef ~ ヨーゼフ ラナー(1801–43; オーストリアの作曲家. シュトラウス(→Strauß[4]) と並んで多数のワルツを作曲した).

La·no·lin[lanolí:n] 中 -s/ 《化》ラノリン, 羊毛脂. [<*lat.* lāna „Wolle"+oleum (→Öl)+..in[2]]

Lan·ta·na[lantá:na·] 女 -/ 《植》コウオウカ(紅黄花)属, ランタナ, シチヘンゲ(七変化)(熱帯アメリカ原産クマツヅラ科の低木). [*nlat.*]

Lan·than[lantá:n] 中 -s/ 《化》ランタン(金属元素名; 記号 La). [<*gr.* lanthánein „verborgen sein" (◇latent)]

Lan·tha·nid[..taní:t, ..ní:t][1] 中 -[e]s/-e 《化》ランタニド(周期表上ランタンからルテチウムまでの希土類元素).
[<..id[2]]

Lan·tschou[lántʃaʊ] 地名 蘭州, ランチョウ(中国, 甘粛 Kansu 省の省都).

La·nu·go[lanú:go·] 女 -/..gines [..gine:s] (Flaum) 《医》(特に胎児の)うぶ毛. [*lat.* lānūgō „Wolliges"; ◇Wolle]

Lan·ze[lántsə] 女 -/-n (騎士・騎兵が用いた柄の長い)槍(やり) (→ 図): mit eingelegten ~*n* 槍を構えて | **für *jn.* 〈*et.*[4]〉**

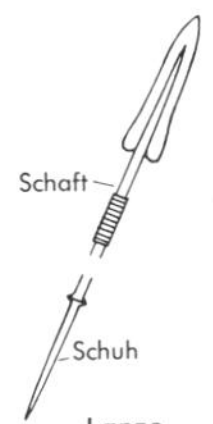

Lanze

eine ～ brechen ⟨**einlegen**⟩《比》…のために尽力する, …に肩入れする. [*lat.* lancea－*afr.*－*mhd.*; ◇ *engl.* lance]

Lan·zen≈blatt 中 槍(やり)の穂先. ≈**bre·chen** 中 -s/ (中世騎士の)馬上槍試合. ≈**ot·ter** 女 ＝Lanzenschlange ≈**rei·ter** 男 槍(そう)騎兵. ≈**schild·farn** 男〘植〙ヒイラギシダ. ≈**schlan·ge** 女〘動〙フェル=ド=ランス(中南米にすむマムシの一種). ≈**schuh** 男 槍の石突き. ≈**spit·ze** 女 ＝ Lanzenblatt ≈**ste·chen** 中 ＝ Lanzenbrechen ≈**stich** 男, ≈**stoß** 男 槍での刺突.

Lan·zett≈bo·gen[lantsέt..] 男〘建〙(イギリスゴシック様式の)ランセット形アーチ.

Lan·zet·te[lantsέtə] 女 -/-n〘医〙(手術・種痘用の)ランセット(→ 図). [*fr.*; ◇Lanze; *engl.* lancet]

Lan·zett·fisch 男〘動〙ナメクジウオ(蛞蝓魚).

lan·zett·för·mig 形 ランセット形の.

die umsteckbare Lanzette
die feste Lanzette

Lanzette

Lan·zhou[lándʒɔ̄ŭ] ＝Lantschou

lan·zi·nie·ren[lantsiní:rən] 自 (h) (痛みが)電撃的に現れる⟨走る⟩: *lanzinierende* Schmerzen〘医〙電撃痛. [*lat.* lancināre „zerfleischen"; ＜*lat.* lacer (→lazerieren); ◇ *engl.* lancinate]

Lao[lá:o·] 男 -〔s〕/-〔s〕ラオ族. [*sinotibet.*]

Lao·ko·on[laó:koɔn] 人名〘ギ神〙ラオコオン (Troja の神官. ギリシア軍の残した木馬を市内に入れることに反対し, 大蛇にしめ殺された. しばしば美術・文芸の題材となった). [*gr.*－*lat.*]

Lao·ko·on·grup·pe 女 -/〘美〙ラオコオン群像.

Laos[lá:ɔs] 地名 ラオス(インドシナ半島北東部にある国で,1975年12月王制を廃止し, ラオス人民民主共和国と改称. 首都は Vientiane).

Lao·te[laó:tə] 男 -n/-n ラオス人.

lao·tisch[..tɪʃ] 形 ラオス〔人・語〕の: →deutsch

Lao-tse[laó:tsə, láυtsə, ..tse·] (**Lao·zi**[lăŭdzɪ̌]) 人名 老子(前 4 世紀ごろの中国の思想家: →Tao-te-king).

La·pa·ro·skop[laparoskó:p, ..rɔs..] 中 -s/-e〘医〙腹腔(ふくこう)鏡.

La·pa·ro·sko·pie[..skopí:] 女 -/-n[..pí:ən]〘医〙腹腔(ふくこう)内視法.

La·pa·ro·to·mie[laparotomí:] 女 -/-n[..mí:ən]〘医〙開腹術. [＜*gr.* lapárē „Weichen"]

La Paz[lapás, lapá:s] 地名 ラパス(ボリヴィア共和国の政府所在地. 首都は Sucre). [*span.* „der Frieden"; ◇Pax]

la·pi·dar[lapidá:r] 形 (表現などが)力強い; 簡潔な: in ～*er* Kürze 簡潔に, 手短に. [*lat.*]

La·pi·där[lapidέ:r] 男 -s/-e (時計工の)〔宝石〕研磨器. [*fr.* lapidaire; ◇ *engl.* lapidary]

La·pi·da·rium[..dá:riυm] 中 -s/..rien[..riən] 石碑コレクション.

La·pi·dar≈schrift[lapidá:r..] 女 (石碑などに刻んだ)無装飾大文字. ≈**stil** 男 -〔e〕s/ 碑銘文体, 簡潔で力強い文体.

La·pi·des Lapis の複数.

La·pil·li[lapíli·] 複〘地〙火山礫(れき). [*lat.*〔－*it.*〕]

La·pis[lá:pɪs] 男 -/..pides[..pide:s] **1** (Stein) 石. **2** (Höllenstein)〘化〙硝酸銀棒. [*lat.*]

la·pis·blau 形 瑠璃(るり)色の.

La·pis·la·zu·li[lapɪslá:tsuli·] 男 -/-〘鉱〙ラピスラズリ(装飾用の青い石. 瑠璃(るり)・青金石ともいう). [*mlat.*; ◇Lasur]

La·place[laplá:s, laplás] 人名 Pierre Simon, Marquis de ～ ピエール シモン マルキ ド ラプラス(1749-1827; フランスの数学者・天文学者).

La Pla·ta[laplá:ta·] **I** →Rio de la Plata **II** 地名 ラプラタ(アルゼンチン東部の港湾都市). [(Rio de) la Plata „(Fluß von) dem Silber"; Platin]

La-Pla·ta-Staa·ten[laplá:ta..] 複 ラプラタ川流域諸国(アルゼンチン・パラグアイ・ウルグアイ).

Lapp[lap] 男 -en/-en《南部・オーストリア》《話》愚か者.

Lap·pa·lie[lapá:liə] 女 -/-n《戯》小事, くだらぬこと. [Lappen をラテン語めかした形]

Lapp·arsch[láp|arʃ] 男《話》ぐうたら, 怠け者.

Läpp·chen Lappen の縮小形.

Lap·pe[lápə] 男 -n/-n (⊛ **Lap·pin**[..pɪn]-/-nen) ラップ人 (Lappland に住む種族). [*schwed.*]

Lap·pen[lápən] 男 -s/- (⊕ **Läpp·chen**[lέpçən], **Läpp·lein**[..laɪn] 中 -s/-) **1 a)** (掃除などに使う)布切れ, ぼろ切れ, ぞうきん;《軽蔑的に》布製のもの(ハンカチ・カーテン・服など): den Fußboden mit einem ～ abwischen 床にぞうきんをかける ‖ *jm.* **durch die ～ gehen**《話》(人が)…の手を〔うまく〕のがれる; …が(機会などを)のがす; …に(商売などが)うまくゆかない. **b)** (Fußlappen)(靴下の代わりに足に巻く)足布: *sich*[4] **auf die ～ machen**《話》出かける, 出発する. **c)**〘狩〙おどし布(→ 図 Jagd). **2**《話》(高額の)紙幣, おさつ. **3**《話》(Schwächling) 弱虫, 腰抜け. **4 a)** (肉の)垂れ下がった部分(耳たぶ・犬の垂れ耳・鶏の肉垂(にくすい)など). **b)**〘解〙(内臓の)葉弁, 皮弁. **5**〘工〙(蝶番(ちょうつがい)の)板(→ 図 Band). **6**〘狩〙(水鳥の)みずかき. [*germ.* „Herabhängendes"; ◇labil, Lippe[1], schlaff]

läp·pen[lέpən] 他 (h) (金属製品を)研磨する. [*engl.* lap]

Lap·pen≈bal·ken[lápən..] 男〘紋〙雲形横帯(→ 図 Wappen e). ≈**qual·len** 複 (Nesselquallen)〘動〙ハチクラゲ(鉢水母)類. ≈**tau·cher** 男〘鳥〙カイツブリ〔科〕.

Lap·pen·zelt 中 ラップ人のテント. [＜Lappe]

Läp·pe·rei[lεpəráɪ] (**Lap·pe·rei**[la..]) 女 -/-en ＝Lappalie

läp·pern[lέpərn]《05》他 (h) **1**《方》(水などを)すする, ちびちび飲む. **2**《方》非人称 Es *läppert* mich nach Fleisch ⟨Schokolade⟩. 私は肉⟨チョコレート⟩が食べたくてたまらない. **3** 再帰 **Das** ⟨**Es**⟩ *läppert* **sich**[4].《話》(少しずつ)しだいに量がふえてくる. [＜*mndd.* lapen „schlürfen" (◇Löffel); ◇ *engl.* lap]

l'ap·pé·tit vi·ent en man·geant[lapetivjε̃tɑ̃mɑ̃ʒɑ̃]《フランス語》(der Appetit kommt beim Essen) 食べるほどに食欲は出る (Rabelais の『ガルガンチュア物語』の文句).

lap·pig[lápɪç][2] 形《話》**1** (服などが)ぴんと⟨ぱりっと⟩していない, 形のくずれた; (皮膚が)たるんでいる. **2** とるにたらぬ, わずかばかりの: wegen der ～*en* 10 Mark たった10マルクぽっちのために. **3**〘医〙分葉の, 小葉の. [＜Lappen]

Lap·pin Lappe の女性形.

lap·pisch[lápɪʃ] 形 **1** ラップランドの. **2** ラップ人の.

läp·pisch[lέpɪʃ] 形 **1** 愚かしい, 子供じみた, 無思慮な. **2** くだらない, ささいな. **3**〘医〙児戯性の: ～*e* Verblödung 児戯性痴呆(ちほう). [＜*mhd.* lappe „einfältiger Mensch" (◇Laffe[1])]

Lapp·land[láplant] 地名 ラップランド(スカンジナビア半島北部とロシア連邦領コラ半島を含む地方).

Lapp·län·der[..lεndər] 男 -s/- ＝Lappe

lapp·län·disch[..lεndɪʃ] 形 ラップランドの.

Läpp·lein Lappen の縮小形.

Läpp·ma·schi·ne[lέp..] 女〘工〙ラップ盤(金属研磨機).

Lap·sus[lápsυs] 男 -/-[..su:s] (Versehen)(ちょっとした)間違い, 失策: Mir ist ein ～ passiert ⟨unterlaufen⟩. 私はミスをした. [*lat.* lāpsus „Gleiten"; ＜*lat.* lābī (→labil)]

Lap·sus ca·la·mi[－ ká:lami·] 男 －－/－－[..su:s －] (Schreibfehler) 書き誤り. [*lat.*; ◇Kalamus]

Lap·sus lin·guae[－ lɪ́ŋguε·] 男 －－/－－[..su:s －] (Sprechfehler) 言い間違い, 失言. [*lat.*; ◇lingual]

Lap·sus me·mo·riae[－ memó:riε·] 男 －－/－－[..su:s －] (Gedächtnisfehler) 記憶違い. [*lat.*; ◇Memoire]

Lap·top[lέptɔp] 男 -s/-s〘電算〙ラップトップ(ひざ載せ型の軽量小型コンピューター). [*engl.*]

..lar[..lar]《本来は「牧草地」を意味し, 北部・中部ドイツの地名に多く見られる》: Gos*lar* | Wetz*lar* [*ahd.*]

Lar[la:r] 男 -s/-en〘動〙シロテナガザル. [*malai.*]

L

Lär·che[lɛ́rçə] 女 -/-n 〘植〙カラマツ(落葉松)属. [*lat.* larix–*mhd.*; ◇ *engl.* larch]

La·ren[lá:rən] 複 〘ロ神〙ラレス(家庭・集落の守護神: → Penaten). [*lat.* Larēs; ◇ Larve]

large[larʒ] 形 《ｽｲｽ》(großzügig) 太っ腹の, 雅量のある, おおらかな. [*lat.* largus–*fr.*]

lar·ghet·to[largέto·] **I** 副 〘楽〙ラルゲット (largo よりやや速く). **II Lar·ghet·to** 中 -s/-s, ..tti[..ti·] 〘楽〙larghetto の〔テンポの〕楽曲〈楽章〉. [*it.*]

lar·go[lárgo·] **I** 副 (breit und langsam) 〘楽〙ラルゴ, ゆっくり〈ゆったり〉と. **II Lar·go** 中 -s/-s, ..ghi[..gi·] 〘楽〙largo の〔テンポの〕楽曲〈楽章〉. [*lat.* largus–*it.*]

la·ri·fa·ri[larifá:ri·] **I** 間 《話》(拒絶・軽蔑の気持を表して)ばかばかしい, くだらない: *Larifari*, ihr seid alle töricht! くだらない 君たちはみんなばか者だ. **II** 形 表面的な; だらしない. **III La·ri·fa·ri** 中 -s/ むだ口; ばかばかしいこと, ナンセンス. [< la[2]+re+fa+re]

La·ri·fa·ri-Ein·stel·lung 女 無関心な姿勢〈態度〉.

Lärm[lɛrm] 男 -s(-es)/ (騒がしい)物音, 騒音, 喧噪(けんそう); (Geschrei) 叫び〈わめき〉声; (Alarm) 警報: der ~ eines Kraftrades 〈der Großstadt〉 オートバイ〈大都市〉の騒音 | Straßen*lärm* 道路〈街頭〉の騒音 | ohrenbetäubender ~ 耳を聾(ろう)するばかりの騒音 | blinder ~ から騒ぎ; 間違い〈うそ〉の警報 | ein ~ wie in einer Judenschule (→ Judenschule) | ein ~, um Tote aufzuwecken (→tot II 1) ‖ ~ machen 大騒ぎする; さかんに弁じ〈論じ〉立てる | **~ schlagen** 《比》警鐘を打つ, 急を告げる; 《比》言い〈弁じ〉立てる, 文句をつける | Der ~ schwillt an 〈ab〉. 騒ぎが大きく〈小さく〉なる | **viel ~ um nichts** 空騒ぎ. [< Alarm]

Lärm≠ap·pa·rat[lɛ́rm..] 男 警報機, 警報装置. **≠be·kämp·fung** 女 -/ 騒音防止, 騒音制御. **≠be·lä·sti·gung** 女 迷惑な騒音, 騒音公害.

lär·men[lɛ́rmən] 自 (h) 騒ぐ, 騒音を発する; ᵛどなる, がなる: Die Kinder *lärmen* auf der Straße. 子供たちが通りで騒いでいる | Der Motor *lärmt* 〈läuft *lärmend*〉. エンジンがうなっている〈騒々しく回っている〉.

Lär·mer[lɛ́rmər] 男 -s/- 騒々しい人.

lär·mig[lɛ́rmɪç][2] 形 《ｽｲｽ》騒々しい.

Lärm·ma·cher 男 =Lärmer

lar·moy·ant[larmoajánt] 形 (weinerlich) 涙もろい; 涙を誘う, あわれっぽい, ほろりとさせる. [*fr.*; < *lat.* lacrima „Träne" (◇ Zähre)]

Lar·moy·anz[..jánts] 女 -/ larmoyant なこと.

Lärm≠quel·le[lɛ́rm..] 女 騒音〔発生〕源. **≠schutz** 男 防音〔設備〕, 騒音防止〔施策〕.

Lärm·schutz≠wall 男 防音用堤防〈土手〉; (高速道路などの)防音壁. **≠wand** 女 防音壁.

Lärm≠stär·ke 女 騒音の大きさ〈程度〉. **≠wall** =Lärmschutzwall **≠wand** =Lärmschutzwand

Lars[lars] 男名 ラルス.

L'art pour l'art[larpurlá:r] 中 ---/ (die Kunst für die Kunst) 芸術のための芸術(芸術至上主義の標語). [*fr.*]

lar·val[larvá:l] 形 〘動〙幼虫〔期〕の. [*lat.*]

Lärv·chen[lɛ́rfçən] 中 -s/- (Larve の縮小形. 特に:) 《軽蔑的に》人形みたいな顔〈女の子〉.

Lar·ve[lárfə] 女 -/-n (⊘ **Lärv·chen** → 別出, **Lärv·lein**[lɛ́rflaɪn] 中 -s/-) **1** 〘動〙幼生, 幼虫; (不完全変態昆虫の)若虫: Die ~ verpuppt sich. 幼虫がさなぎになる(→ Imago 1). **2 a)** (Gesichtsmaske) 仮面(→ ⊠ Maske): eine ~ aufsetzen 〈tragen〉 仮面をつける〈つけている〉; 《比》仮面をかぶる〈かぶっている〉 | ***jm.* die ~ vom Gesicht reißen** 《比》…の仮面をはぐ〈正体を暴露する〉. **b)** 《軽蔑的に》(表情のない)お面のような顔: eine schöne ~ (知性のない白痴的な)美貌(びぼう). [*lat.* lārva „Gespenst"; ◇ Laren]

Lar·ven·rol·ler[lárfən..] 男 〘動〙ハクビシン(白鼻心)(ジャコウネコ科).

lar·viert[larví:rt] 形 〘医〙(疾患が)仮面性の, 潜在性の.

Lärv·lein Larve の縮小形(→Lärvchen).

laryng.. →laryngo..

La·ryn·gal[larʏŋgá:l] 男 -s/-e (ᵛ**La·ryn·ga·lis**[..lɪs] 男 (女) -/..les[..le:s], **La·ryn·gal·laut** 男) (Kehlkopflaut) 〘言〙喉頭(こうとう)音(→Glottal). [◇ ..al[1]]

La·ryn·gen Larynx の複数.

La·ryn·gi·tis[larʏŋgí:tɪs] 女 -/..tiden[..gití:dən] (Kehlkopfentzündung) 〘医〙喉頭(こうとう)炎. [< ..itis]

laryngo.. 《名詞などにつけて「喉頭(こうとう)」を意味する. 母音の前では laryng.. となる》

La·ryn·go·lo·ge[larʏŋgoló:gə] 男 -n/-n (→..loge) 喉頭(こうとう)科医師.

La·ryn·go·lo·gie[..logí:] 女 -/ 喉頭(こうとう)医学.

La·ryn·go·skop[..goskó:p, ..gɔs..] 中 -s/-e (Kehlkopfspiegel) 〘医〙喉頭(こうとう)鏡.

La·ryn·go·sko·pie[..skopí:] 女 -/-n[..pí:ən] 〘医〙喉頭(こうとう)鏡検査法.

La·ryn·go·to·mie[..tomí:] 女 -/-n[..mí:ən] 〘医〙喉頭(こうとう)切開〔術〕.

La·rynx[lá:rʏŋks] 男 -/..ryngen[larʏ́ŋən] (Kehlkopf) 〘解〙喉頭(こうとう). [*gr.*]

las[la:s][1] lesen の過去.

La·sa[lāsà] =Lhasa

lasch[laʃ] 形 **1** (肉体的に)生気〈元気〉のない, 〔け〕だるそうな, ぐったりした, 大儀そうな; 《比》無気力な, だらけた, たるんだ, いいかげんな, 退嬰(たいえい)的な: ein ~*er* Händedruck 力のこもらない〈いいかげんな〉握手. **2** (味が)気の抜けた, 調味料〈薬味〉の足りない. [*mndd.*; ◇ laß[1]; *engl.* lazy]

La·sche[láʃə] 女 -/-n **1 a)** 〘工〙連結金具, 接合板. **b)** (自転車用チェーンなどの)側板(→ ⊠ Kette). **c)** (レールなどの)継ぎ目板(→ ⊠ Gleis). **d)** (板壁などの)〔横〕桟. **2 a)** (靴の)べろ, 舌革(→ ⊠ Schlittschuh). **b)** (ポケットなどの)垂れぶた, (封筒の)ふた. **c)** (ベルトの)留め輪, バックル(→ ⊠ Gürtel). [*mhd.* „Lappen"]

la·schen[láʃən] 《04》 他 (h) 《*et.*[4] an *et.*[4]》(接合板・索具などで…を…に)つなぐ, 接合〈連結〉する.

Lasch·heit[láʃhaɪt] 女 -/-en **1** 《単数で》lasch なこと. **2** lasch な言動.

La·schung[láʃʊŋ] 女 -/-en laschen すること.

la·scia·te ogni spe·ran·za, voi ch'en·tra·te [laʃá:tə ɔ́nji· sperántsa· vɔ́ʏ kɛntrá:tə] 《ｲﾀﾘｱ語》(laßt jede Hoffnung fahren, ihr, die ihr hier eintretet!) ここに入る者はすべての望みを捨てよ (Dante の『神曲』の地獄編で, 地獄の門に記されている結びの句).

La·se[lá:zə] 女 -/-n 《中部》**1** (取っ手つきの)水さし. **2** (大きくて胴のふくらんだ)ビア樽(だる); ジョッキ. [*mndd.* lāte; ◇ lassen]

lä·se[lɛ́:zə] lesen の接続法 II.

La·ser[lé:zər, lá:.., léɪzə] 男 -s/- 〘理〙レーザー. [*engl.*; < *engl.* *l*ight *a*mplification by *s*timulated *e*mission of *r*adiation; ◇ Maser[1], Raser[1]]

La·ser≠an·la·ge[lé:zər..] 女 レーザー〔発生〕装置. **≠be·hand·lung** 女 レーザー光線による治療. **≠chir·ur·gie** 女 レーザー〔光線応用〕外科. **≠drucker** 男 =Laserprinter **≠fu·sion** 女 〘原子力〙レーザー核融合. **≠ge·wehr** 中 (レーザー照準器つきの)レーザー銃. **≠im·puls** 男 〘電〙レーザーインパルス. **≠ka·no·ne** 女 〘軍〙レーザー砲. **≠me·di·zin** 女 レーザー〔光線応用〕医学. **≠mi·kro·skop** 中 レーザー顕微鏡. **≠prin·ter** 男 〘電算〙レーザープリンター. **≠strahl** 男 レーザー光線. **≠tech·nik** 女 レーザー技術. **≠the·ra·pie** 女 レーザー療法. **≠waf·fe** 女 レーザー兵器. **≠ziel·ge·rät** 中 レーザー照準器.

la·sie·ren[lazí:rən] 他 (h) 透明塗料〈クリアラッカー〉を塗る. [< Lasur]

La·sie·rung[..rʊŋ] 女 -/-en lasieren すること.

Lä·sion[lɛzió:n] 女 -/-en **1** 〘医〙 **a)** (Verletzung) 損傷, 外傷. **b)** (Störung) 障害. **2** 〘法〙侵害, 傷害. [*lat.*; < *lat.* laedere (→lädieren); ◇ *engl.* lesion]

ᵛ**Las·kar**[láskar] 男 -s/-en[laská:rən] インド人の水夫〈兵士〉. [*pers.*–*Hindi*–*engl.* lascar]

laß[1][las] 形 《雅》元気のない, だらけた; (schlaff) ゆるんだ, た

るんだ; だらりと垂れた. [*germ.*; ◇ *lat.* lassus „matt“; *engl.* late]

laß²[–] lassen の命令法単数.

Las·sa·fie·ber[lása..] 中《医》ラッサ熱(ウイルス性の急性熱病). [<Lassa (この病気がはじめて観察されたナイジェリアの村)]

Las·salle[lasál] 人名 Ferdinand ～ フェルディナント ラサール(1825‐64; ドイツの社会主義者).

Las·sal·lea·ner[lasaleá:nər] 男 -s/- ラサール派の人.

las·sen*[lásən]《88》**ließ**[li:s]/**ge·las·sen**; 現 *du* läßt [lɛst] (▽lässest), *er* läßt; 接II ließe

I 他 (h)
1 a)《断念・放棄》
①(unterlassen)《*et.*⁴》(…を)思いとどまる, やめる; (aufgeben)(習癖などを)絶つ(→II 1 a)
②《雅》(verlassen)《*jn.* / *et.*⁴》(…と)別れる,(…を)離れる,(…を)あとにする(→II 1 b)
b)《放置・放任》
①《*et.*⁴ / *jn.*》《場所を示す語句と》(…を…に)置いておく, あずける; 置き忘れる; (金などを)落としていく, 散財する
② i)(überlassen)《*jm. et.*⁴》(…に…を)ある目的のために置いていく, ゆだねる; (ある価格で)譲る
ii)(hinterlassen)(…のために…を)あとに残す, 遺産としてのこす
iii)(享受・活用できるように…に…を)与えておく; まかせる
③(belassen)《*et.*⁴ / *jn.*》《様態を示す語句などと》(…を…の状態)そのままにしておく
c)《方向を示す語句と》
①《黙許・許容》《*jn.*》(…に)行かせて〈はいらせて〉やる〈おく〉,(…から)出してやる
②《*et.*⁴》(…に)入れる, 流入させる; (…から)外へ出す
d)《放出》《*et.*⁴》出す, 放つ; 失う
2《助動詞として》(英: *let*)
a)《黙許・容認・放置》(…に)…させてやる,(好きなように)…させておく, …するのを邪魔しないで放置しておく
b)《使役》(…に)命じて…させる,(…をして)…せしめる
c)《再帰的に》《一種の受動的な表現として》
①《*sich*⁴+不定詞+lassen の形で》
i)《黙許・容認・放置》
ⓐ《甘受》…されることを容認〈甘受〉する; …されるままになっている
ⓑ《事物を主語として》《可能》…され得る, …できる
ii)《使役》(自分のために)人に…させる, …してもらう
②《*sich*³〔von *jm.*〕*et.*⁴+不定詞+lassen の形で》
i)《使役》〔…に〕…を…してもらう
ii)《黙許・容認》甘んじて〔…に〕…される
③《mit *sich*³+不定詞+lassen などの形で》甘んじて〈すすんで〉…される; たやすく…される
II 自 (h)
1《断念・放棄》
a)《von *et.*³》(習癖などを)やめる, 断つ, 捨てる
b)《von *jm.* 〈*et.*³〉》(…と)別れる,(…から)離れる
▽**2**《北部》(aussehen)《様態を示す語句と》(…に)見える
III Lassen 中 -s/
IV gelassen → 別出

I 他 (h) **1 a)**《断念・放棄》① (unterlassen)《*et.*⁴》(…を)思いとどまる, やめておく, やめる, 中止する; (aufgeben)(習癖などを)断つ, 捨てる(→II 1 a): die Hoffnung nicht ～ 希望を捨てない | die Leidenschaft ～ 情熱を失う.
‖〖名詞化した不定詞と〗*Laß* doch endlich das Heulen! 泣きわめくのもいいかげんにしろ | Er kann das Rauchen 〈das Spielen〉 nicht ～. 彼はタバコ〈ギャンブル〉がどうしてもやめられない | Die Katze *läßt* das Mausen nicht.《諺》すずめ百まで踊りを忘れず(猫はネズミをとることをやめない) ‖〖事柄をさすes, das などと〗*Laß* das!〔もう〕やめろよ | Es ist besser, wenn du das *läßt.* それはよしたほうがいい | Zuerst wollte ich ihn anzeigen, aber das habe ich doch *gelassen.* 最初私は彼を告発しようと思ったが 結局やめてしまった | Ich konnte es nicht ～, über den Zaun zu sehen. 私は垣根越しにのぞきたい気持をどうしても抑えることができなかった | Tu, was du nicht ～ kann. どうなりと好きなように〈勝手に〉するがいい(私は知らんよ) | Zuletzt wußte er nicht mehr, was er tun und ～ sollte. しまいには彼は もうどうしていいのかわけが分からなくなってしまった.
‖〖目的語なしで〗*Laß* nur, ich mache das schon. おいといて〈ほっといて〉いいよ ぼくがやるから | *Laß* nur, ich weiß schon, was du sagen willst. もういいよ 君の言いたいことは分かっているんだから ‖ Ich kann tun und ～. やるやらないは私の自由だ | All sein Tun und *Lassen* war auf das eine Ziel gerichtet. 彼のやることなすこと ねらいはみな一つであった.
②《雅》(verlassen)《*jn.* / *et.*⁴》(…と)別れる,(…を)離れる,(…を)あとにする(→II 1 b): Wie soll ich dich ～! どうして君と別れられようか | Er *ließ* Frau und Kind und zog in den Krieg. 彼は妻子を残して戦場に赴いた | Er mußte die Heimat ～. 彼は故郷をあとにしなければならなかった.
b)《放置・放任》①《*et.*⁴ / *jn.*》《場所を示す語句と》(…を…に)置いておく, あずける, 置いて〈あずけて〉いく〈くる〉; 置き忘れる;《比》(金などを)落としていく, 散財する: das Geld zu Hause ～ 金を家に置いてくる | viel Geld auf der Rennbahn 〈im Geschäft〉 ～《比》たくさんの金を競馬でする〈店で散財してしまう〉 | Wenn wir verreisen, *lassen* wir die Kinder bei meinen Eltern. 旅行に出る時は 我々は子供を私の両親のところにあずける | den Koffer auf dem Bahnhof 〈in der Garderobe〉 ～ トランクを駅〈クローク〉にあずける | Ich habe meinen Schirm bei dir *gelassen.* 傘を君のところに置いてきてしまった | Sie *ließ* ihre Verfolger weit hinter sich³. 彼女は追っ手をはるか後方に引き離して逃げた ‖ Wo soll ich nur all diese Bücher ～? こんなにたくさんの本をどこに置けばいいのだろうか | Wo habe ich nur meine Brille *gelassen*? 私はめがねをどこにしまった〈置き忘れた〉のだろうか | Er ißt unmäßig viel, wo *läßt* er das bloß alles? 彼はものすごくたくさん食べるけど いったいどこにあんなにたくさん入るのだろうか ‖ 再帰 *sich*⁴ vor *et.*³ **nicht zu lassen wissen** …のあまりわれを忘れる〈どうしてよいか分からない・冷静さを失う〉; われを忘れて…する | Die Kinder wußten sich vor Aufregung kaum zu ～. 子供たちは興奮して手のつけられない状態であった | Sie weiß sich vor lauter Eingebildetheit nicht zu ～. 彼女はもうすっかり天狗(てんぐ)になってどうしようもない | Niemand wußte sich vor Lachen zu ～. だれもがわれを忘れて笑っていた.
② i)(überlassen)《*jm. et.*⁴》(…に…を)ある目的のために置いて〈残して〉いく, あずける, ゆだねる; (ある価格で)置いていく, 譲る: *jm. seinen* Ausweis **als** 〈zum〉 Pfand ～ …に形(かた)として自分の身分証明書を渡していく | Ich *lasse* dir den Hund als Schutz gegen Einbrecher. 君に泥棒よけに この犬を置いていってやるよ | Der Vater hat dem Sohn den Wagen **für** den Urlaub *gelassen.* 父は息子に休暇中に使うように車を置いていった | Ich kann Ihnen die Ware **zu** 20 Mark 〈zum halben Preis〉 ～. 品物は20マルク〈半値〉でお譲りします ‖ Billiger kann ich Ihnen das Gerät nicht ～. この器具はこれ以上安くお譲りするわけにはいきません.
ii)(hinterlassen)(…のために…を)あとに残す; 遺産としてのこす: *seinem* Sohn die Fabrik ～ 息子に工場をのこす | Sie *ließen* uns nur das Nötigste zum Leben. 彼らは我々に生活に最低限必要なものしか残していかなかった | *jm.* 〈für *jn.*〉 noch etwas Tee in der Kanne ～ …のためにポットのお茶を少し残しておく.
iii)(享受・活用できるように…に…を)与えておく, 取り上げないでおく, 認める; まかせる: *jm.* die Freiheit 〈das Leben〉 ～ …の自由を認める〈命を助ける〉 | Sie *ließ* ihm ihre Hand. 彼女は彼に手をあずけた | *jm.* freie Hand ～ …に自由裁量権を与える〈自由にやってもらう〉 | Sie *ließen* ihm keine Ruhe. 彼らは彼にひとときも心の平和を与えなかった | *Laß*

ihm doch den Spaß! せっかく楽しんでいるんだから彼をそっとしておいてやれよ | *jm. seinen* Willen ～ …にやりたいようにさせる | *Laß* dir Zeit! (あわてることはない)じっくり時間をかけてやれ ‖ Er ist tüchtig, das muß man ihm 〈das muß ihm der Neid〉 ～. 彼は有能だ. それは認めてやらなければならない.

③ (belassen) ⟪*et.*^{4} / *jn.*⟫ ⟪様態を示す語句などと⟫ (…を…の状態)そのままにしておく: den Satz 〔so〕 ～, wie er ist (手を入れないで)文章をそのままにしておく | Den *lassen* wir so. ⟪話⟫ あの男はあのままでいいよ ‖〘形容詞と〙 *jn.* allein ～ …をひとりにしておく | eine Zeile frei ～ 1行あけておく | Die Kündigung *ließ* ihn gleichgültig. 解雇通知を受けても彼は平然としていた | eine Frage unbeantwortet ～ 質問に答えないでほうっておく | Diese Arbeit *läßt* mich unbefriedigt. この仕事には私はどうも満足できない | *et.*^{4} unverändert ～ …をそのままにしておく | nichts unversucht ～ 八方手を尽くす, 打つ手は全部打つ ‖〘前置詞句と〙 *jn.* **am** Leben ～ …を生かしておく | *et.*^{4} an *seinem* Platz ～ …をもとの場所に置いたままにしておく, …に手をふれない | *jn.* 〈*et.*^{4}〉 **aus** dem Spiel ～ ⟪比⟫ …を局外に置く, …を巻き込まない, …には手を出さない | *jn.* **bei** *seinem* Glauben ～ …に(真実を教えずに)そのまま信じさせておく | alles beim alten ～ 何もかも元のままにしておく | *Lassen* wir es dabei! その〈この〉ままにしておきましょう | *jn.* über *et.*^{4} **in** dem Glauben ～, daß ... …について…に…と思い込ませておく | *jn.* im dunkeln ～ …をつんぼさじきに置く | *Laß* mich 〔in Ruhe〕! 私をほっといてくれ ‖〘過去分詞で〙 ^{V}*sich*^{3} selbst *gelassen* sein ひとりだけにされている.

c) ⟪方向を示す語句と⟫ ① ⟪黙許・許容⟫ ⟪*jn.*⟫ (…に)行かせて〈はいらせて〉やる〈おく〉, (…から)出してやる, (…から)出させてやる〈おく〉: *Laß* das Kind nicht **an** die Treppe! 子供を階段に近づけるな | den Vogel **aus** dem Käfig ～ 鳥をかごから出してやる | das Kind **in** den Garten ～ 子供を庭に出してやる | *jn.* nicht **über** die Grenze ～ …に国境を越えさせない | Ich *lasse* dich nicht **von** mir, ehe du mir das versprichst. それを私に約束しないうちは放してやらないぞ | Er *ließ* niemanden **zu** sich. 彼はだれも近づけなかった.

② ⟪*et.*^{4}⟫ (…に)入れる, 流入させる; (…から)外へ出す: die Luft **aus** dem Reifen ～ タイヤから空気を抜く | das Wasser **in** die Wanne ～ 水をたらい〈浴槽〉の中に入れる | Wein **vom** Faß ～ 樽(たる)からワインを出す.

d) ⟪放出⟫ ⟪*et.*^{4}⟫ 出す, 放つ; 失う: **alles unter** *sich*^{4} **～** ⟪婉曲に⟫ おねしょする; 失禁する, 垂れ流す | **einen ～** ⟪卑⟫ 放屁(ほうひ)する ‖ Haare 〈Federn〉 ～ (鳥獣が)毛〈羽毛〉を失う; ⟪比⟫ 痛手をこうむる | *sein* Leben ～ 命を落とす | ^{V}einen Seufzer ～ ため息をつく | Wasser ～ 放尿する.

2 ⟪助動詞として不定詞とともに; lassen の目的語は意味上不定詞の主語にあたるが, 不定詞が他動詞の場合はしばしば明示されない. 完了形では過去分詞として不定詞の形が用いられることが多い: →★ ii⟫ (英: *let*)

a) ⟪黙許・容認・放置: →I 1 c⟫ (…に)…させてやる, (好きなように)…させておく, …するのを邪魔しないで放置しておく: 〘不定詞が自動詞の場合〙 *Lassen* Sie ihn doch ausreden! 彼に言いたいことを全部言わせなさい | das Licht brennen ～ あかりをつけっぱなしにしておく | *jn.* entkommen ～ …が逃げるのを見のがしてやる | *et.*^{4} fallen ～ …を〔手から〕落とす | *Laß* mich gehen! 私が行くのを邪魔しないでくれ | Das dürfen wir nicht geschehen ～. そんな事態になるのを私たちは座視してはならない | *Laß* ihn nur kommen! 彼に好きなように来させろ | *Laß* nur die Zeit kommen! 時節の到来を待て | die Dinge laufen ～ (手を下さないで)事の自然のなりゆきにまかせる | Er *läßt* den Fall liegen. 彼は事件をそっとしておく (→liegenlassen) | die Sache ruhen 〈auf sich^{3} beruhen〉 ～ 手を下さないでなりゆきにまかせる | *jn.* schalten und walten ～ …に好きなようにさせて口出ししない | Wir haben ihn stehen ～. 私たちは彼を立たせたままにし〔て席をすすめなかっ〕た(参考 Wir haben ihn stehenlassen. 私たちは彼を無視した) | Wir *ließen* alles stehen und liegen. 我々は何もかもほうり出した(→stehenlassen) ‖ Sie *läßt* ihre Kinder ins Kino gehen. 彼女は彼女の子供たちが映画館に行くのを許している | Sie *ließ* mich nicht zu Worte kommen. 彼女は私に口を開かせなかった | Auf ihn *lasse* ich nichts kommen! 彼のことは人にとやかく言わせないぞ ‖ *Lassen* Sie mich Ihnen helfen! 私にお手伝いをさせてください ‖〘述語形容詞〈名詞〉＋sein などの形と〙 *Laß* deinen Geburtstag ein schöner Tag 〈^{V}einen schönen Tag〉 sein! 君の誕生日がよい日でありますように | *Laß* den Direktor Direktor sein, und sag mir deine eigene Meinung. 所長はさておき君の意見が聞きたいのだ | Würdest du deinen Sohn Schauspieler werden ～? 君は息子が役者になると言ったら許すかね | *Laß* ihn erst 〔mal〕 so alt sein wie du! 彼が君ぐらいの年齢になるまで待ちたまえ(そんなことは彼にはまだ無理だ) | *Laß* 〔es〕 gut sein! まあいいじゃないか | Ich *lasse* es mit dieser Feststellung gut 〈genug〉 sein. 私はこのことを確認するにとどめておく ‖〘状態受動の不定詞句と〙 *et.*^{4} dahingestellt sein ～ …をさし当たりそのまま〈未決定のまま〉にしておく | *Laß* das Kind wenigstens erst geboren sein, ehe ihr einen Beruf für es wählt. 子供の職業選びはせめて生まれてからにしろ(あまりの早手回しはえてしてむだ骨になる) | Das werde ich mir gesagt sein ～. そのことは肝に銘じておきましょう.

‖〘不定詞が自動詞であるが lassen の目的語が明示されずに〙 Das *läßt* auf große Dummheit schließen. それを見るとひどく愚かであることが分かる.

‖〘不定詞が他動詞の場合〙 Sie *läßt* ihn den Brief lesen. 彼女は彼にその手紙を読ませてやる | Sie hat ihn den Brief lesen ～. 彼女は彼にその手紙を読ませてやった | weil sie ihn den Brief nicht hat lesen ～ 彼女が彼に手紙を読ませてやらなかったので | Ich erinnere mich, ihn den Brief früher lesen *gelassen* zu haben. 私は前に彼にその手紙を読ませてやったような記憶がある ‖ Ihr Blick *ließ* mich nichts Gutes ahnen ～. 彼女の目つきで これはろくなことではないと思った | Ihr Benehmen *läßt* mich annehmen, daß ... 彼女の態度から考えると…らしい | Das *läßt* mich erraten, was passiert ist. 私にはそのことから何が起こったかが推定できる | Ich *ließ* ihn nichts merken. 私は彼には何も悟らせなかった ‖〘**Laß uns** の形で丁重な要求を示して〙 *Laß* uns spazierengehen! 散歩に行きましょう | *Laßt* uns noch ein Glas Bier trinken! もう一杯ビールを飲みましょう | *Lassen* Sie uns noch einmal versuchen! もう一度やらせてください.

‖〘lassen の目的語が明示されない形で〙 *Laß* doch hören, was du gesehen hast. 何を見たのか聞かせろ | Sie *ließ* ihr neues Kleid sehen. 彼女は新しいドレスを見せびらかした ‖〘*sich*^{3}＋不定詞＋lassen などの形で〙 *sich*^{3} nichts merken ～ (→c ② ii) | mit *sich*^{3} alles geschehen ～ (→c ③).

☆ sehen lassen, wissen lassen と3格の目的語: 4格の目的語を重ねる代わりに3格と4格の目的語をとる やや古い表現がある: Er *ließ* ihr 〈sie〉 seinen Plan sehen. 彼は彼女に自分の計画を見せた | Wollen Sie mir 〈mich〉 darüber Ihren Entschluß wissen ～? それについてあなたの決定を私に教えてくれませんか.

b) ⟪使役⟫ (…に)命じて…させる, (…をして)…せしめる: 〘不定詞が自動詞の場合〙 *jn.* warten ～ …を待たせる | Er *läßt* seine Kinder arbeiten. 彼は子供たちを働かせる | Er *läßt* uns nach Bonn fahren. 彼は私たちをボンに行かせる(→a) | Er *läßt* mich Ihnen darüber berichten. 彼の命令であなたにこの件についてご報告します | Der Lehrer *läßt* die Schüler singen. 教師は生徒たちに歌を歌わせる | *et.*^{4} mitgehen ～ (→mitgehen) ‖ Der Dramatiker *läßt* das Stück glücklich ausgehen. 劇作家はその作品をハッピーエンドに終わらせる ‖ Gott *läßt* es regnen. 神が雨を降らせたもう.

‖〘不定詞が他動詞の場合; lassen の目的語がしばしば von *jm.* などの形で表されて〙 Er *läßt* seine Tochter einen Brief 〔an seine Frau〕 schreiben. / Er *läßt* 〔seiner Frau〕 einen Brief **von** seiner Tochter schreiben. 彼は娘に命じて〔妻あてに〕手紙を1通書かせる | Er hat seine Kumpane eine große Kampagne starten ～. / Er hat **durch** seine Kumpane eine große Kampagne

L

starten ～. 彼は仲間をけしかけて大々的なキャンペーンをはらせた ‖〖lassen の目的語の 4 格が明示されずに〗Er *läßt*〔ihr〕einen Brief schreiben. 彼は〔彼女あてに〕手紙を 1 通書かせる｜Ich *ließ* ihn bitten, zu mir zu kommen. 私は彼に来てくれるよう伝言した｜Der Chef *läßt*〔Sie〕bitten. 所長が〔あなた様を〕お通しするようにと申しております｜Ich *lasse*〔ihn〕bitten! どうぞ〔その方を〕お通ししてください｜Er *ließ* den Mann erschießen. 彼はその男を射殺させた｜Meine Mutter *läßt* fragen, ob Sie Zeit haben. 母があなたがお暇かどうかお伺いするようにと申しております｜Meine Frau *läßt* Sie grüßen. 妻からあなたによろしくとのことです｜Ich habe den Arzt holen〈rufen〉～. 私は医者を呼びにやった, 私は医者を呼ばせた｜Der Lehrer *läßt* das Lied singen. 教師は(生徒たちに)その歌を歌わせる｜Wir *ließen* ihn verhaften. 私たちは彼を逮捕させた ‖〖不定詞が 3 格と 4 格の目的語をとる場合〗den Kindern noch ein Stück Kuchen bringen ～ 子供たちのためにもう一切れケーキを持って来させる｜Ich *ließ* ihm das sagen. 人を介して彼にそれを伝えた.

c)《再帰的に》《一種の受動的な表現として; lassen の本来の目的語はふつう表現されないが, 必要のある場合は von *jm.* の形で表現される》

①《*sich*⁴＋不定詞＋lassen の形で》 i)《黙許・容認・放置》ⓐ《甘受》…されることを容認〈甘受〉する; …されることを許す, …されるままになっている: *Läßt* du dich so von ihm beleidigen? 君は彼からそんな侮辱を受けて黙っているのか｜*Laß* dich nicht stören! 私のことは構わないで〔仕事を続けて〕くれたまえ｜Das Kind schrie und *ließ* sich nicht waschen. 子供は泣いて体を洗われることをいやがった｜Wir müssen uns an die Gefahr erinnern ～. 私たちはこの危険に対する警告を素直に受け入れる必要がある｜Auch er *ließ* sich sehen. 彼の姿も見かけられた, 彼も参加した.

ⓑ《事物を主語として》《可能》…され得る, …できる: Diese Frage *läßt* sich leicht beantworten. この問題は簡単に答えることができる(＝Diese Frage kann leicht beantwortet werden. / Diese Frage ist leicht zu beantworten.)｜Das *läßt* sich nicht beschreiben. それは筆舌に尽くしがたい｜Das *läßt* sich denken. それは考えられることだ〈無理からぬことだ〉｜Das *läßt* sich hören. それなら話はわかる｜Das Rätsel *läßt* sich nicht lösen. このなぞは解けない｜Das *läßt* sich schon machen. そのことはきっと何とかなる｜Zu diesem Urteil *läßt* sich viel sagen. この判決に対してはいろいろ批判の余地がある｜Der Wein *läßt* sich trinken. このワインはいける｜Dieses Gedicht *läßt* sich nicht übersetzen. この詩は翻訳できない｜Das *ließ* sich nicht vermeiden〈umgehen〉. それは避けることができなかった ‖〖自動詞の受動形に対応する非人称の表現で: → werden II 2〗Darüber *läßt*〔es〕sich streiten. それについては意見が分かれる(＝Darüber kann gestritten werden.)｜Es *läßt* sich mit ihr nicht leben. / Mit ihr *läßt*〔es〕sich nicht leben. 彼女とはとても一緒に生活できない｜Hier *läßt* es sich gut sitzen. ここは座り心地がよい(＝Hier sitzt es sich gut.).

ii)《使役; しばしば再帰的表現に lassen が加わった形で》(自分のために)人に…させる, …してもらう(→b): *sich*⁴ abholen ～ 迎えにきてもらう｜*sich*⁴ anmelden ～ (訪問して)名刺を通じる｜*sich*⁴ bedienen ～ 給仕をしてもらう｜*sich*⁴ entschuldigen ～ (人づてに)あらかじめ欠席を侘びる｜*sich*⁴ verleugnen ～ 留守だと言ってもらう, 居留守を使う.

②《*sich*³〔von *jm.*〕*et.*⁴＋不定詞＋lassen の形で: →bekommen I 1 a ②》 i)《使役》〔…に〕…を…してもらう: *sich*³ ein Buch schenken ～ 本を 1 冊プレゼントしてもらう(＝ein Buch geschenkt bekommen)｜*sich*³ die Arbeit gut bezahlen ～ 仕事の報酬を十分にもらう｜Wir *ließen* uns³ die Zeche von ihm bezahlen. 私たちは飲み食いの費用を彼に払ってもらった｜Ich habe mir sagen ～, daß ... …ということを聞かせてもらった｜Ich *ließ* mir den Vorfall〔von ihm〕schildern. 事の次第を〔彼に〕聞かせてもらった｜*sich*³ die Haare schneiden ～ 散髪してもらう｜*sich*³ im Hotel ein Zimmer zeigen ～ ホテルで部屋を見せてもらう.

ii)《黙許・容認》甘んじて〔…に〕…される, おとなしく…されるままになっている: *sich*³ nichts〔an〕merken ～ そ知らぬ顔をする, 人に何も気づかれない｜Er *ließ* sich schließlich doch den Schmerz anmerken. 彼はこらえきれずに苦痛を表情に出してしまった｜*sich*³〔von *jm.*〕nichts sagen ～〔…の〕いうことを聞かない(がんこである)｜Das *ließ* er sich nicht zweimal sagen. 彼は(二度言われるまでもなく)待ってましたとばかりそれにとびついた ‖ Das *lasse* ich mir gefallen. それでよいとしよう｜*Laß* dir raten! 素直に助言に従え.

③《mit *sich*³＋不定詞＋lassen などの形で》甘んじて〈すすんで〉…される; たやすく…される: mit *sich*³ alles geschehen ～ いいようにされる｜mit *sich*³ handeln〈reden〉～ 交渉〈話し合い〉に応じる｜Sie *läßt* nicht mit sich scherzen. 彼女にはうっかり冗談も言えない｜So was *lasse* ich mit mir nicht machen. 私に対してそんなまねはさせない ‖ von *sich*³ hören ～ 便りをする.

★ i) mich mich などのように人称代名詞と再帰代名詞とが同形で重なるような構文は避けることが望ましいが, 並んだ場合は一方を省略することがある: *Laß* **mich** an diese herrliche Zeit **mich** erinnern! あのすばらしい時代のことを思い起こさせてください ‖ *Laß* **mich**〔**mich**〕erst anziehen! まず着替えをさせてくれ.

ii) 2 種類の形の過去分詞の用いかた: 通常の完了形では不定詞形 lassen のほうが多く用いられるが完了の不定詞および受動形では gelassen が用いられる: Wir haben das Licht brennen ～. 私たちは明かりをつけっぱなしにしておいた｜Er hat das Buch liegen*lassen*. 彼は本を置き忘れた ‖ Er will sie das Innere der Kirche nicht betreten *gelassen* haben. 彼は彼らを教会の内部へ立ち入らせなかったと主張している｜Das Buch wurde von ihm liegen*gelassen*. その本を彼は置き忘れた.

II 自 (h) **1**《断念・放棄》**a**)《von *et.*³》(習癖などを)やめる, 断つ, 捨てる(→ I 1 a ①): nicht vom Alkohol〈vom Spielen〉～ können 酒〈ギャンブル〉がやめられない｜nicht von *seiner* Meinung ～ 自分の意見を変えない.

b)《von *jm.*〈*et.*³〉》(…と)別れる, 手を切る, (…から)離れる(→ I 1 a ②): Sie kann von ihm nicht ～. 彼女は彼と別れられない｜Sie *ließen* nicht voneinander. 二人は別れなかった ‖ Sie haben von der Heimat ～ müssen. 彼らは故郷をあとにしなければならなかった｜Die Eltern wollen, daß ihr Sohn endlich von dem Mädchen *läßt*. 両親は息子がいいかげんにその娘と手を切ってくれることを望んでいる.

ᵛ**2**《北部》(aussehen)《様態を示す語句と》(…に)見える: schön〈lächerlich〉～ きれい〈こっけい〉に見える｜Du *läßt* jünger denn je. 君がこんなに若々しく見えたことはない｜Das *läßt* nicht gut. それはどうもまずい(処置・状勢など) ‖ Es *läßt*, als ob ... …であるかのように見える ‖ Die Tracht *läßt* ihr sehr gut〈nicht übel〉. この民族衣装は彼女にとても〈なかなか〉よく似合う.

III Las·sen 中 -s/ lassen すること: *js.* Tun und ～ (→ Tun III).

IV ge·las·sen → 別出

[*germ.*; ◇ *engl.* let; *gr.* lēdeīn „müde sein"]

läs·sest[lέsəst] läßt (lassen の現在 2 人称単数)の古形.

Laß·heit[láshaıt] 女 -/《雅》laß¹なこと.

läs·sig[lέsıç]² 形 **1** (自信にあふれていてしかも)さりげない, わざとらしくない, 無頓着(むとんちゃく)な, 無造作な, 巧まない: ～*e* Eleganz さりげない優雅さ｜～ angezogen sein 服を無造作に着こなしている. **2** なげやりな, いいかげんな: *et.*⁴ ～ behandeln …をいいかげんに扱う. **3**《方》(leicht) 容易な, たやすい. **4**《話》すばらしい, すてきな. [*mhd.*; ◇ laß¹]

Läs·sig·keit[–kaıt] 女 -/ lässig なこと.

läß·lich[lέslıç] 形《雅》**1** (特に宗教的に)許されうる; (罪・過失などが)些細(ささい)な, 取るに足らぬ: ～*e* Sünden 些細な〈許される〉罪｜～*es* Versehen ちょっとしたミス. **2** 寛大な, 寛容な: ein Gesetz ～ anwenden 法をゆるやかに適用する. [*mhd.*; ◇ lassen]

Läß·lich·keit[–kaıt] 女 -/ läßlich なこと.

Las·so[láso·] 中 (男) -s/-s **1** (家畜などを捕らえるための)投げなわ, 輪わな(→ 図): ein ～ werfen〈schwingen〉投げ

L

なわを投げる〈頭上でふりまわす〉. **2** 〖ｽｹｰﾄ〗(フィギュアスケートで)女性パートナーを頭上で回転させる演技.
[*lat.* laqueus (→Latz)−*span.* lazo−*engl.*]

laßt[last] lassen の現在 2 人称複数; 命令法複数.
läßt[lɛst] lassen の現在 2・3 人称単数.
last《英語》→*last* but not least
Last[last] 女 -/-en **1** (背負う・肩にかつぐ・もち運ぶ)〔重い〕荷物; 積み荷; 荷重, 重み, 重量;《比》負担, 重荷, 負荷, 責任, 心労: eine schwere ～ 重荷 | die schwere ～ des Amtes 〈der Pflicht〉 職務〈義務〉の重圧 | Du bist mir eine süße ～.《戯》君となら苦労もうれしいよ | **Erst ～, dann Rast.**《諺》まず働いてから休め ‖ ～*en* mit dem Kran befördern 荷物をクレーンで運ぶ | mit *jm.* 〈*et.*[3]〉 *seine* 〔liebe〕 ～ haben …のことで苦労する | eine ～ auf *sich*[4] nehmen 苦労を引き受ける | schwere ～*en* schleppen 重い荷物を引きずる | ～*en* tragen 荷物をかつぐ | eine enorme ～ tragen たいへんな重さ〈苦労〉に耐える | Die Brücke trägt eine ～ von 10 000 Tonnen. この橋は 1 万トンの荷重に耐えうる ‖ **unter** der ～ zusammenbrechen 重荷の下に〈重荷に耐えかねて〉倒壊する | ***jm.* zur ～ fallen** 〈**werden**〉 …に苦労をかける | ***jm. et.*[4] zur ～ legen** …に…の責任を負わせる, …を…のせいにする.
2《複数で》(経済的)負担(費用・負債・税金など): militärische 〈steuerliche〉 ～*en* 軍備〈租税〉負担 ‖ *jm.* neue ～*en* auferlegen …に新しい負担を課する ‖ nach Abzug der ～*en* 諸経費〈諸掛かり〉を差し引いて ‖ Das Grundstück ist frei **von** ～*en*. この地所は抵当には入っていない〈免税になっている〉 | **zu** ***js.* ～*en* gehen** …の負担になる | Die Reparatur geht zu deinen ～*en*. 修理費は君が払うんだよ | zu ～*en* der Minderheit 少数派の犠牲において.
3〖海〗**a)** 底荷, バラスト. **b)** 船倉; (船内の食糧・索具などの)貯蔵庫: Ketten*last* 錨鎖(びょうさ)庫 | Proviant*last* 食糧庫. **c)** ラスト(船の積み荷の重量単位; ドイツでは 2 トンに相当). **ᵛd)**《無変化》ラスト(穀物・石炭などの容積単位).
4 (Fracht)〖空〗〔積載〕貨物.
[*westgerm.* „Ladung"; ◇laden[1]]
ᵛLa·sta·die[lastá:diə] 女 -/-n ([lastadí:] 女 -/-n [..dí:ən])〖海〗(荷の)積みおろし場, 波止場. [*ahd.* ladastat „Lade-platz"−*mlat.* lastadium−*mndd.*]
Last≈an·hän·ger[lást..] 男 貨物用トレーラー〈付随車〉. **≈arm** 男 (↔Kraftarm)〖理〗(てこの)作用桿(かん)(作用点と支点との間). **≈au·to** 中 トラック, 貨物自動車.
last·bar[lástba:r] 形 **1** 荷を担うことのできる, 荷をのせうる: ein ～*es* Tier 運搬用役畜(＝Lasttier). **2** 重荷になる, やっかいな. [＜lasten]
last but not least[lá:st bʌt nɔt lí:st]《英語》(nicht zuletzt) 最後になったが重要なこととして, もう一つ忘れてならぬことだが: Meine Mutter, mein Bruder und, ～ mein Vater sind dagegen. 母も兄〈弟〉もそれにだれよりも父がそれに反対しているんだ.
Last·damp·fer[lást..] 男 貨物船.
la·sten[lástən]《01》自 (h)《auf *jm.* 〈*et.*[3]〉》(重いもの・煩わしいもの・いやなものなどが…の上に)のしかかっている, かけられている: Der Schnee *lastet* auf dem Dach. 雪が屋根を重く押しつける | Auf ihm *lastet* ein Verdacht. 彼には嫌疑がかかっている | Hohe Schulden *lasten* auf dem Grundstück. この土地はばく大な借財の抵当に入っている | Die Stille *lastete* über dem Feld. 野はしんと静まり返っていた ‖ eine *lastende* Hitze むっとするような暑さ | eine *lastende* Sorge 気の重い心配ごと.
La·sten≈ab·wurf[lástən..] 男 (空中からの)貨物投下(救援物資など). **≈auf·zug** 男 (↔Personenaufzug) 貨物用〈カーゴ〉リフト. **≈aus·gleich** 男 (略 LA)〖法〗負担調整(第二次大戦による被害者に対する旧西ドイツ以来の補償施策. 東西ドイツ再統一のあと, 旧東ドイツ国民に対しても同様の補償を行うことが提案された).
La·sten·aus·gleichs≈ab·ga·be 女 (第二次大戦に伴う損害補償のための旧西ドイツ以来の)負担調整税. **≈ge·setz** 中 (略 LAG)〖法〗負担調整法.
La·sten≈fahr·stuhl 男 = Lastenaufzug **≈fall·schirm** 男 貨物投下用落下傘〈パラシュート〉.
la·sten·frei[lástən..] 形 (特に経済的に)負担のない; 抵当に入っていない: Dieses Grundstück ist ～. この地所は抵当に入っていない.
La·sten·seg·ler 男〖空〗輸送用グライダー.
La·ster[1][lástər] 男 -s/-《話》＝Lastkraftwagen
La·ster[2][−] 中 -s/- **1** 悪徳, 悪習, (悪い)習癖: das ～ des Rauchens 喫煙癖 ‖ Müßiggang ist aller ～ Anfang. (→Müßiggang) | *sich*[4] einem ～ hingeben / einem ～ frönen 悪習にふける. **2**《話》〔**ein**〕 **langes ～** (やせた)のっぽ. [*ahd.* „Schmähung"; ＜*ahd.* lahan „tadeln"]
Lä·ste·rei[lɛstəráı] 女 -/-en＝Lästerung
Lä·ste·rer[lɛ́stərər] 男 -s/- (⊛ **Lä·ste·rin**[..rın]-/-nen) 中傷者, 悪口〈陰口〉を言う人; (Gotteslästerer) 瀆神(とくしん)者.
la·ster·haft[lástərhaft] 形 悪習〈悪癖〉のある; 不品行な, 自堕落な: ein ～*es* Leben 自堕落〈不品行〉な生活.
La·ster·haf·tig·keit[..tıçkaıt] 女 -/ lasterhaft なこと.
La·ster·höh·le 女 悪の巣窟(そうくつ)(アヘン窟など).
Lä·ste·rin Lästerer の女性形.
La·ster·le·ben 中 -s/ 自堕落〈不品行〉な生活.
lä·ster·lich[lɛ́stərlıç] 形 **1** 中傷的な, 口の悪い; (gotteslästerlich) 瀆神(とくしん)的な: ～*e* Reden führen 冒瀆的な言辞を弄(ろう)する. **2** 不品行〈不道徳〉な, 破廉恥な: ein ～*es* Geld《俗》すごい大金.
Lä·ster·maul 中《俗》毒舌〔家〕, 中傷〔者〕, 金棒引き: So ein ～! なんて口の悪いやつだ | ein ～ haben 口が悪い.
lä·stern[lɛ́stərn]《05》**I** 自 (h)《über *jn.* 〈*et.*[4]〉》(…について)陰口をきく, (…の)悪口を言う: Er wußte, daß man über ihn *lästerte*. 彼は自分が悪口を言われていることを知っていた. **II** 他 (h)《*jn.* / *et.*[4]》誹謗(ひぼう)する, 冒瀆(ぼうとく)する. [*ahd.*; ◇Laster[2]]
Lä·ster·re·de 女 悪口, 陰口〔の言葉〕: ～*n* gegen *jn.* führen …の悪口を言う.
Lä·ste·rung[lɛ́stərʊŋ] 女 -/-en 中傷, 悪口; (Gotteslästerung) (神への)冒瀆(ぼうとく), 瀆神, 汚聖(おせい): ～*en* gegen Gott ausstoßen 瀆神の言葉を吐く.
Lä·ster·zun·ge[lɛ́stər..] 女 ＝Lästermaul
Last·esel[lást..] 男 荷を運ぶ〈運搬用の〉ロバ;《比》あくせく働く人.
La·stex[lástɛks] 中 -/ 商標 ラステックス(靴下・コルセットなどに用いるゴム芯(しん)糸〔を用いた布〕). [*engl.*]
Last≈fah·rer[lást..] 男 トラック運転手. **≈ha·ken** 男 (物をつり下げる)フック.
Last·he·be·ma·gnet 男 (鉄材つり上げ用の)リフティングマグネット. [＜heben]
..lastig[..lastıç][2] **1**《名詞・形容詞・副詞などにつけて「…に過大の重荷のかかった, …に比重のかかり過ぎた」を意味する形容詞をつくる》: achter*lastig* 船尾に荷を積みすぎた | kopf*lastig* 頭部〈前部〉に重心のかかった | theorie*lastig* 理論に片寄りすぎた ‖ vorder*lastig* 船首に荷を積みすぎた ‖ rechts*lastig* 右傾した. **2**《数詞につけて「…ラスト(→Last 3 c, d)の」を意味する形容詞をつくる》: zwei*lastig* 2 ラストの. [＜Last]
lä·stig[lɛ́stıç][2] 形 負担〈重荷〉になる, 厄介な, 煩わしい: eine ～*e* Aufgabe 面倒な課題 | ein ～*er* Vertreter うるさい〈しつこい〉セールスマン ‖ *jm.* ～ fallen 〈werden〉 …にとって荷厄介に〈煩わしく〉なる | Bei der Hitze war mir der Mantel ～. 暑くてコートが邪魔だった.
La·stig·keit[lástıçkaıt] 女 -/ (英: *trim*)〖海・空〗トリム(船の水中における・飛行機の空中におけるバランス).
Lä·stig·keit[lɛ́stıç..] 女 -/ lästig なこと.
La·sting[lástıŋ] 男 -s/-s ラスティング(いす・婦人靴などに用いる丈夫な毛織物). [*engl.* „dauerhaft"; ◇leisten]

L

Last⸗kahn[lást..] 男 はしけ, 伝馬船. **⸗kraft·wa·gen** 男 (略 Lkw, LKW) (↔Personenkraftwagen) トラック, 貨物自動車.

Last·kraft·wa·gen⸗fah·rer 男, **⸗füh·rer** 男 トラック運転手.

last〔,〕 not least[lá:st nɔt lí:st] =last but not least

Last⸗pferd[lást..] 中 荷を運ぶ〈運搬用の〉馬, 荷馬(にうま). **⸗schiff** 中 貨物船. **⸗schrift** 女 (↔Gutschrift) 〘商〙 借り〔方〕, 借方記入〔の通知書〕. **⸗spit·ze** 女 〘工〙 負荷頂点. **⸗tier** 中 運搬用役畜. **⸗trä·ger** 男 荷物運搬人, ポーター. **⸗wa·gen** 男 **1** =Lastkraftwagen ▽**2** 荷馬車.

Last·wa·gen·fah·rer 男 トラック運転手.

Last·zug 男 トレーラートラック(牽引(けんいん)車つきのトラック).

La·sur[lazú:r] 女 -/-en **1** 透明塗料〈ラッカー〉. **2** 《単数で》 透明塗料〈ラッカー〉仕上げ. [*pers.*－*arab.* lāzaward－*mlat.* lāzūr〔i〕um－*mhd.*; ◇Azur]

la·sur·blau 形 (lapisblau) 瑠璃(るり)色の.

La·sur·far·be 女 (↔Deckfarbe) 透明塗料〈絵の具〉.

La·sur·stein 男 (Lapislazuli) 〘鉱〙 ラピスラズリ, 瑠璃(るり).

las·ziv[lastsí:f][1] 形 みだらな, 好色な, わいせつな; 劣情をそそる, 煽情(せんじょう)的な: ～*e* Bemerkungen 卑猥(ひわい)な言葉 | ein ～*er* Blick みだらな視線 | in ～*er* Pose みだらなポーズをして. [*lat.*; ◇Lust; *engl.* lascivious]

Las·zi·vi·tät[lastsivitɛ́:t] 女 -/-en **1** 《単数で》 lasziv なこと. **2** lasziv な言動. [*spätlat.*]

lat. 略 =lateinisch

Lä·ta·re[lɛtá:rə] 《無冠詞》 〘キリスト教〙 喜びの主日(四旬節の第4日曜日, バラの日曜日): zu ～ / am ～-Tag 喜びの主日に. [*lat.* laetāre „freue dich!"; ◇Lätitia]

La·tein[latáin] 中 -s/ ラテン語; 《話》 むつかしい言語〈ことがら〉: klassisches ～ 古典ラテン語 | Mittel*latein* 中世ラテン語 | Vulgär*latein* 平俗ラテン語 ‖ mit *seinem* ～ am Ende sein (→Ende 1 a). [*lat.* (lingua) Latīna－*mhd.* latīn]

La·tein⸗ame·ri·ka 地名 ラテンアメリカ(ラテン語系の言語を用いる中南米諸国の総称). **⸗ame·ri·ka·ner** 男 ラテンアメリカ人.

la·tein·ame·ri·ka·nisch 形 ラテンアメリカの, 中南米の.

La·tei·ner[latáinər] 男 -s/- **1** ラテン語学習〈習得〉者. **2** (Latinist) ラテン語学者.

La·tei·ner·se·gel =Lateinsegel

la·tei·nisch[..nɪʃ] 形 ラテン〔語〕の; ラテン文字による: → deutsch | die ～*e* Schrift / die ～*en* Buchstaben ラテン文字, ローマ字体 | die ～*e* Kirche ローマカトリック教会 | das ～*e* Kreuz ラテン十字架(→ 図 Kreuz) | die ～*e* Sprache ラテン語 ‖ ～ sprechen 〈lesen〉 ラテン語を話す〈読む〉. [*lat.* Latīnus (→latinisch)－*ahd.*; ◇*engl.* Latin〔ic〕]

La·tein⸗schrift [latáin..] 女 ラテン文字〈字体〉. **⸗schu·le** 女 ラテン語学校 (Gymnasium の前身で古典語教育を重視した). **⸗se·gel** 中 (地中海諸島の小型帆船などに見られる)三角帆(→ 図 Segel B). **⸗stun·de** 女 ラテン語の〔授業〕時間. **⸗un·ter·richt** 男 ラテン語の授業.

La-Tène-Kul·tur[latɛ́:n..] 女 -/ 〘人類〙 (主としてケルト族による)ラテーヌ期文化. [＜La Tène (スイスの出土地名)]

La-Tène-Zeit[latɛ́:n..] 女 -/ 〘人類〙 ラテーヌ期(ヨーロッパの後期鉄器時代).

la·tène·zeit·lich[latɛ́:ntsaitlɪç] 形 ラテーヌ期の.

la·tent[latɛ́nt] 形 **1** 潜在する, 潜在性の, (表面に出ずに)隠れている: ein ～*es* Bild 〘写〙 潜像 | eine ～*e* Gefahr 潜在する危険 | ～*e* Phase 〘精神分析〙 潜在期 | ～*e* Wärme 〘理〙 潜熱. **2** (↔manifest) 〘医〙 潜伏性の: eine ～*e* Infektion 潜伏感染 | eine ～*e* Periode (病気の)潜伏期〔間〕. [*lat.*; ＜*lat.* latēre „verborgen sein" (◇Lethe)]

La·tenz[latɛ́nts] 女 -/ **1** 潜在, 潜伏; 潜在〈潜伏〉状態. **2** =Latenzzeit 1

La·tenz⸗pe·ri·ode 女 〘生・医〙 潜伏期〔間〕. **⸗pha·se** 女 〘精神分析〙 潜在期. **⸗zeit** 女 **1** 〘生理〙 潜時, 反応時間(刺激が与えられてから反応が現れるまでの時間). **2** =Latenzperiode

la·te·ral[laterá:l] **I** 形 (seitlich) 横〔から〕の, 側面〈側部〉〔から〕の. **II La·te·ral** 男 -s/-e (Seitenlaut) 〘言〙 側〔面〕音(例 [l]). [*lat.*; ◇Latus, ..al[1]]

La·te·ral⸗in·farkt 男 〘医〙 側壁梗塞(こうそく). **⸗laut** 男 =Lateral

der **La·te·ran**[laterá:n] 地名 男 -s/ ラテラノ(ローマにある, かつての教皇の宮殿): St. Johannes im ～ =Lateranbasilika [*lat.*; 地主の家名から]

La·te·ran⸗ba·si·li·ka 女 ラテラノ大聖堂(聖ヨハネ大聖堂). **⸗pa·last** 男 ラテラノ宮殿. **⸗ver·trä·ge** 複 ラテラノ条約(1929年, ラテラノ宮殿で Mussolini のイタリア政府と教皇庁のあいだに結ばれた政教条約).

▽**la·te·rie·ren**[laterí:rən] 他 (h) 〘商〙 〔帳簿を〕ページごとに計算する. [*spätlat.*; ◇Latus]

La·te·rit[laterí:t, ..rít] 男 -s/-e 〘地〙 ラテライト, 紅土(熱帯の風化した土). [*engl.*; ＜*lat.* later „Ziegel〔stein〕" (◇Plinthe)]

La·ter·na ma·gi·ca[latérna· má:gika·] 女 - -/-e -e [..nɛ· ..tsɛ·] 幻灯, スライド. [*lat.* „Zauber-laterne"; ◇Magie]

La·ter·ne[latérnə] 女 -/-n **1 a)** ランタン, カンテラ, 角灯(→ 図): **die rote ～** 《俗》 (リーグ戦などの)最下位(列車の最後尾車両の赤い尾灯から) ‖ eine ～ anzünden 〈〔aus〕löschen〉 ランタンをともす〈消す〉 ‖ ***jm.* geht eine ～ auf** 《話》 …に〔突然〕合点がいく | Mir geht eine ～ auf. ああそうだったのか ‖ *jn.* **an** die ～ hängen 《俗》 …を縛り首にする | Geh mir **aus** der ～! 《俗》 見えないからどいてくれ | ***jn.* 〈*et.*[4]〉 mit der ～ suchen können 〈müssen〉** 《話》 …はめったにない存在である | Solchen Menschen kannst du mit der ～ suchen. こういう人は探すのに苦労するよ〈めったにいないぞ〉. **b)** (Straßenlaterne): Gas*laterne* ガス灯, 街灯. **c)** (Papierlaterne) 提灯(ちょうちん). **2** 〘建〙 (丸屋根の頂上の)明かり取り塔(→ 図 Kuppel). **3** 〘畜〙 (馬などの)白面(→ 図 Abzeichen). [*gr.* lamptḗr „Leuchter"－*lat.* lanterna－*mhd.* la〔n〕tern〔e〕; ＜*gr.* lámpein (→Lampe[2]); ◇*engl.* lantern]

Laterne

La·ter·nen⸗an·zün·der[latérnən..] 男 (街路のガス灯の)点灯夫; (長い柄のついた)点灯器. **⸗fisch** 男 〘魚〙 ハダカイワシ(裸鰯)(発光器官をもつ). **⸗ga·ra·ge**[..gara:ʒə] 女 《戯》 (街灯の下の)〔不法〕路上駐車場. **⸗par·ker** 男 《戯》 路上駐車常習犯. **⸗pfahl** 男 街灯の柱: ***sich***[4] **hinter einem ～ ausziehen 〈verstecken〉 können** 《話》 やせっぽっちである, ひょろひょろしている | **ein Wink mit dem ～** (→Wink 1) | **mit dem ～ winken** 《話》 露骨に暗示する, あけすけにほのめかす. **⸗trä·ger** 男 (Leuchtzirpe) 〘虫〙 ベニシタハゴロモ(紅下羽衣)科の昆虫. **⸗um·zug** 男 提灯(ちょうちん)行列.

La·tex[lá:tɛks] 男 -/..tizes[..titse:s] ラテックス(ゴムの原料となる樹液). [*lat.* latex „Flüssigkeit"; ◇Letten]

La·tex·far·be[lá:tɛks..] 女 ラテックス塗料.

la·te·xie·ren[latɛksí:rən] 他 (h) 《*et.*[4]》 (…に)ラテックス製品を塗る〈上塗りする〉.

La·tier·baum[latí:r..] 男 (馬小屋内の馬と馬とを隔てる)横木. [＜*lat.* latus (→Latus)]

La·ti·fun·dium[latifúndiʊm] 中 -s/..dien[..diən] ラティフンディウム(古代ローマ貴族の大所有地); 私有大農地〈山林〉. [*lat.*; ＜*lat.* lātus „breit"＋fundus (→Fundus)]

La·ti·me·ria[latimé:ria·] 女 -/ 〘魚〙 ラティメリア, シーラカンス(総鰭類で現存する魚で, いわゆる「生きている化石」の一種).

La·ti·ner[latí:nər] 男 -s/- ラテン人(古代に Latium に住んだイタリア人の一派で, その言語がラテン語の祖語). [*lat.* Latīnus; ◇Latium]

la·ti·nisch[..nɪʃ] 形 Latiner の〈に関する〉: die ～*e* Sprache ラテン人の言語. [*lat.* Latīnus; ◇lateinisch]

la·ti·ni·sie·ren[latinizí:rən] 他 (h) ラテン〔語〕化する,

L

ラテン〈ローマ〉ふうにする. [*spätlat.*]

La·ti·nis·mus[..nísmʊs] 男 -/..men[..mən] (他国語の)ラテン語ふうな表現. [*mlat.*]

La·ti·nist[..níst] 男 -en/-en ラテン語学〈文学〉者. [*mlat.*]

La·ti·ni·tät[..nitɛ́:t] 女 -/ **1** (古典期の標準的な)ラテン語語法〈文体〉. **2** (古典期の)ラテン言語文化: goldene ~ (Cicero など)黄金期のラテン言語文化. [*lat.*]

La·ti·no[latí:no·] 男 -s/-s (アメリカ大陸などの)ラテン系移民.

La·ti·num[latí:nʊm] 中 -s/ **1** ラテン語学力認定試験; 認定されたラテン語学力: das große 〈kleine〉 ~ (Gymnasium での)ラテン語 9〈3〉年間履修の学力〔認定試験〕| das ~ haben 〈machen〉 ラテン語認定試験に合格している〈を受ける〉. **2** ラテン語〔認定レベル〕の教材.

★ 古典ギリシア語の場合は Graecum という.

[*lat.* „das Lateinische"]

Lä·ti·tia[lɛtí:tsia·] 女名 レティーツィア. [*lat.*; < *lat.* laetus „froh"]

La·ti·tü·de[latitý:də] 女 -/-n **1** (Breite) **a)** 《地》緯度. **b)** 《天》黄緯. ▽**2** 広がり; 幅, 余地. [*lat.*–*fr.*; < *lat.* lātus „breit" (◇Latus)]

la·ti·tu·di·nal[latitudiná:l] 形 《地》緯度の; 《天》黄緯の. [<..al[1]]

La·ti·tu·di·na·ri·er[..ná:riər] 男 -s/- 自由思想家, 寛容な人; 《宗》(英国教会の)寛容派〈広教会派〉の人. [*engl.* latitudinarian]

La·tium[lá:tsiʊm] 地名 ラツィウム(イタリア中部, 西海岸地方で, 古代ローマ発祥の地とされる. イタリア語形 Lazio). [*lat.*; ◇Latiner]

La·ti·zes Latex の複数.

La·tri·ne[latrí:nə] 女 -/-n **1 a)** (兵舎・宿営地などの)仮設〔共同〕便所: auf die ~ gehen 仮設便所へ行く. **b)** 汚水だめ. **2** 《話》(あてにならぬ)うわさ話, デマ: eine ~ verbreiten うわさ話を広める. [*lat.*; < *lat.* lavāre (→lavieren[2])]

La·tri·nen·ge·rücht 中, **≈pa·ro·le** 女 =Latrine 2

Latsch[la:tʃ] 男 -es(-s)/-e **1** =Latschen **2** 《軽蔑的に》のろのろ足をひきずるように歩く人: ein langer ~ だらしない人, のらくら者. **3** 《方》薄いコーヒー.

Lat·sche[1][lá:tʃə] 女 -/-n **1** =Latschen **2** 水鳥の足. **3** 《軽蔑的に》だらしない女.

Lat·sche[2][látʃə] 女 -/-n 《植》ヨーロッパハイマツ(這松).

lat·schen[lá:tʃən] 《04》 **I** 自 (s, h) 《話》足をひきずって(のろのろ)歩く: über den〔großen / dicken〕Onkel ~ (→Onkel[1]). **II** 他 (h) 《話》*jm.* eine ~ …にびんたを一発くらわす.

Lat·schen[–] 男 -s/- 《ふつう複数で》《話》(はき古した)室内ばき, スリッパ; (はき古した)サンダル: **wie zwei 〈ein Paar〉 alte ~ zusammenpassen** 仲のいいコンビである, 互いにしっくりいっている | **aus den ~ kippen** 気を失う; びっくり仰天する.

Lat·schen·kie·fer[látʃən..] 女 =Latsche[2]

lat·schig[lá:tʃɪç][2] 形 (態度・動作が)だらしない, なげやりの; のろのろした. [<latschen]

Lat·te[látə] 女 -/-n **1** 《建》小舞(こまい), 木摺(きずり)(柵(さく)や下地木舞(こまい)などに用いる細い板: → 図 Pergola); 貫(ぬき), ラス: **eine lange ~** 《話》(やせた)のっぽ ‖ eine ~ am Zaun ersetzen 柵の板を取り替える | Er ist eine lange ~. 《話》彼はのっぽだ ‖ ***et.***[4] **auf der ~ haben** 《話》…がうまくできる, …に巧みである | etwas auf der ~ haben 《話》 i) 借金がある; ii) すねに傷を持っている | **einen auf der ~ haben** 《話》ひどく酔っぱらっている | 〔**sie**[4]〕 **nicht alle auf der ~ haben** 《話》頭がおかしい | ***jn.* auf der ~ haben** …を嫌っている, …に意趣を含む. **2 a)** (Sprunglatte) 《陸上》(走り高跳び・棒高跳びなどの)バー, 横木: die ~ 〔ab〕reißen バーをひっかけて落とす. **b)** (Querlatte) 《球技》(サッカー・ハンドボールなどのゴールの)クロスバー. **c)** (Ski) スキー. **3** 《林》まっすぐな若木〈苗木〉. **4** 《話》(Menge) 多量, 多数: **eine große 〈lange / schöne〉 ~** かなりの分量 | eine〔große / lange〕~ Schulden haben しこたま借金している | eine ~ von Vorstrafen 〈Wünschen〉 haben いろんな前科〈希望〉がある | Das kostet eine schöne ~. それはずいぶん金がかかる. **5** 《卑》(Penis) (勃起(ぼっき)した)陰茎, 男根. [*westgerm.*; ◇laden[2], Laden[2]; *engl.* lath]

Lat·ten≈ge·stell[látən..] 中 《建》(壁下地の)木摺(きずり), 木舞(こまい). **≈holz** 中 《建》木摺〈ラス〉用材. **≈ki·ste** 女 (運送用の)木枠箱. **≈kreuz** 中 《サッカー》ゴールのクロスバーの左〈右〉隅. **≈rost** 男 すのこ. **≈schuß** 男 《サッカー》ゴールのクロスバーへのシュート. **≈tür** 女 《建》桟戸, 格子戸. **≈werk** 中 **1** =Lattengestell **2** =Lattenzaun **≈zaun** 男 木柵(もくさく).

Lat·tich[látɪç] 男 -s/-e 《植》アキノノゲシ(秋野芥子)属(チサ・レタスなど): Garten*lattich* レタス. [*lat.* lactūca–*ahd.*; < *lat.* lāc (→lakto..)]

La·tüch·te[latʏ́çtə] 女 -/-n 《戯》=Laterne [*ndd.*; <Laterne+*ndd.* lüchte „Leuchte"]

La·tus[lá:tʊs] 中 -/- 《商》(ページごとの)小計, (次ページへの)繰越高. [*lat.* latus „Seite"; < *lat.* lātus „breit"]

Lat·wer·ge[latvɛ́rgə] 女 -/-n **1** 《医》舐剤(しざい), なめ薬(シロップ・ジャムなどを入れて飲みやすくした薬). **2** 《中部》(特にスモモの)ジャム. [*spätlat.* ēlectuārium–*afr.*–*mhd.*; <ex..[1]+*gr.* leíchein (→lecken[1]); ◇*engl.* electuary]

Latz[lats] 男 -es/Lätze[lɛ́tsə] (-e) (小 **Lätz·chen** [lɛ́tsçən], **Lätz·lein**[..laɪn] 中 -s/-) **1** 《ふつう縮小形で》(幼児の)よだれかけ, 前かけ. **2** (Brustlatz) 《服飾》(スカート・ズボン・エプロンなどの)胸当て; (婦人服の)飾り布, アプリケ: ***jm.* eins 〈eine / einen〉 vor den ~ knallen 〈ballern / donnern〉** 《話》まっこうから…に一発くらわす, …をどやしつける. **3** (Hosenlatz) (ズボンの)前立て: den ~ aufknöpfen 〈zuknöpfen〉 ズボンの前ボタンをはずす〈かける〉.

[*lat.* laqueus „Strick (als Schlinge)"–*roman.*–*mhd.* laz „Band"; < *lat.* lacere „bestricken"; ◇Lasso; *engl.* lace]

Latz≈ho·se[láts..] 女 胸当て付きズボン, サロペット. **≈schür·ze** 女 胸当て付きエプロン.

Lätz·lein Latz の縮小形.

lau[laʊ] 形 **1 a)** (飲食物・ふろの水などが)ぬるい: Das Bier 〈Der Kaffee〉 ist ~ geworden. ビール〈コーヒー〉がぬるくなった. **b)** (陽気が)〔なま〕あたたかい, 温暖な: ein ~*er* Frühlingstag 暖かい春の日. **2** 微温的な, 不決断な; 《商》不景気な, さえない: eine ~*e* Kritik なまぬるい批評 ‖ Der Eifer ist ~ geworden. 熱意がさめた | Die Nachfrage ist ~. 需要がぱっとしない ‖ *sich*[4] ~ verhalten ぐずぐずした〈煮えきらない〉態度をとる. **3** 《方》**für ~** 無償〈無料〉で | *et.*[4] für ~ kriegen …をただで手に入れる. [*germ.*; ◇Kalorie, Lee, flau]

Laub[laʊp][1] 中 -〔e〕s/ **1** 《集合的に》 **a)** 木の葉: frisches ~ 若葉 | herbstliches ~ 秋の木の葉(紅葉) ‖ das ~ zusammenkehren 落ち葉を掃き集める | Der Baum steht im achten ~. その木は樹齢 8 年である. **b)** 《建・美》(柱頭・壁面などの)木の葉模様〈装飾〉. **2** (Grün) (ドイツ式トランプの)スペード, 緑札. [*germ.* „Abgerissenes"; ◇lepto.., Lohe[1]; *engl.* leaf]

laub·ab·wer·fend[láʊp..] 形 落葉の(樹木).

Laub≈baum[láʊp..] 男 (↔Nadelbaum) 広葉樹, 濶葉(かつよう)樹. **≈be·sen** 男 (落ち葉などをかき集める)熊手(くまで). **≈blatt** 中 《植》普通葉(子葉・包葉など特殊な葉以外の普通の葉). **≈dach** 中 屋根のように広がった木の葉; 緑園: unter einem ~ 木陰で.

Lau·be[1][láʊbə] 女 -/-n **1** (Gartenhaus) 園亭, 亭(ちん), あずまや: 〔**und**〕 **fertig ist die ~!** 《話》これでよし, けりがついた, 万事完了だ. **2** 《複数で》=Laubengang 2 **3** (Loge) 《劇》(劇場などの)桟敷席. [*ahd.*; ◇Lobby]

Lau·be[2][–] 男 -n/-n (Ukelei) 《魚》ブリーク(コイ科の淡水魚).

Lau·ben≈gang[láʊbən..] 男 **1** 木陰の道(→ 図 Park). **2** 《建》 **a)** (Bogengang) アーケード. **b)** (アパートなどの)廊下. **≈haus** 中 **1** =Laube[1] 1 **2** 1 階がアーケードになっている建物. **≈ko·lo·nie** =Gartenkolonie **≈vo·gel** 男 《鳥》

L

アオアズマヤドリ(青東屋鳥)(オーストラリア産のゴクラクチョウの一種).

Laub≠er·de[láup..] 女〘農〙腐葉土. **≠fall** 男 -[e]s/ 落葉(らくよう). **≠fär·bung** 女 (秋に)木の葉が色づくこと, 紅葉. **≠frosch** 男〘動〙アマガエル(雨蛙). **≠ge·höl·ze** 複 = Laubholz 2 **≠ge·win·de** 中 葉の飾りづな. **≠grün** 中〘美〙クロームグリーン. **≠heu·schrecke** 女〘虫〙バッタ(飛蝗)・キリギリス(螽蟖)類の昆虫. **≠holz** 中 -es/..hölzer (↔Nadelholz) **1** 広葉樹材, 濶葉(かつよう)樹材. **2**《ふつう複数で》《集合的に》広葉樹, 濶葉樹. **≠hüt·te** 女 **1** (葉のついた小枝で葺(ふ)いた)仮小屋. **2**〘ユダ教〙仮庵(かりいお), 幕屋, かりほずまい.

Laub·hüt·ten·fest 中〘ユダ教〙仮庵(かりいお)の祭り, 幕屋祭(収穫感謝祭): ᐁEs ist mir ein ~.《話》私はたいへん楽しい〈うれしい〉.

ᐁ**lau·big**[láubiç][2] 形 葉の; 葉の茂った.

Laub·kä·fer[láup..] 男〘虫〙キンコガネムシ(金黄金虫)亜科の昆虫.

laub·los[..lo:s][1] 形 葉のない〈落ちた〉.

Laub·moos 中〘植〙蘚(せん)類, スギゴケ類.

Laub·por·ling[..po:rlıŋ] 男 -s/-e〘植〙マイタケ(舞茸). [<Pore]

laub·reich 形 葉の多い〈茂った〉.

Laub·sä·ge 女〘工〙糸のこ[ぎり], 回しびきのこ, 引き回しのこ(→ 図).

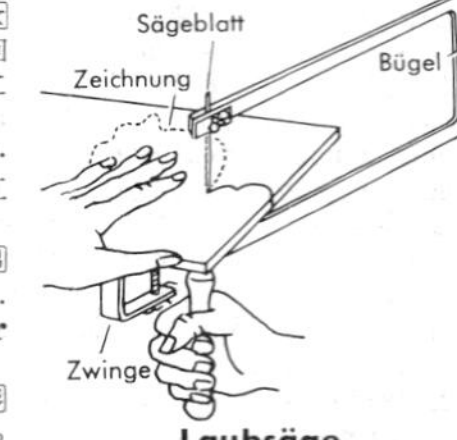

Laubsäge

Laub·sä·ge·ar·beit 女 糸のこ細工〔品〕.

Laub≠sän·ger 男〘鳥〙ムシクイ(虫喰).

≠sprin·ger =Laufspringer

laub·tra·gend 形《付加語的》葉の茂った.

Laub·wald 男〘林〙広葉樹林(→ 図 Forst).

laub≠wech·selnd 形, **≠wer·fend** 形 落葉する, 落葉性の.

Laub·werk 中《集合的に》茂った木の葉;〘建〙葉形飾り, 唐草模様(→ 図 Altar B).

Lauch[laux] 男 -[e]s/-e〘植〙ネギ(葱)属. [*germ.*; ◇Locke[1]; *engl.* leek; *gr.* lýgos „Gerte"]

Lauch·schwamm[láux..] (Schwindling)〘植〙ホウライタケ(蓬萊茸)属.

ᐁ**lau·da·bel**[laudá:bəl] (..da·bl..) 形 (lobenswert) 賞賛に値する, 推賞すべき. [*lat.*; ◇laudieren, ..abel]

Lau·da·num[láudanum] 中 -s/ アヘンチンキ(鎮痛・催眠剤). [*mlat.*; ◇Ladanum]

Lau·da·tio[laudá:tsio·] 女 -/-nes[..datsió:ne:s] (**Lau·da·tion**[laudatsió:n] 女 -/-en) (Lobrede) (受賞者などに対する)ほめたたえる言葉, 賛辞: die ~ halten 祝辞をのべる. [*lat.*]

Lau·da·tor[laudá:tɔr, ..to:r] 男 -s/-en[..dató:rən] 賛辞を述べる人, ほぎびと.

Lau·de·mium[laudé:mium] 中 -s/..mien[..miən]〘史〙(土地の保有者交代のさい領主に払う)貢租(こうそ). [*mlat.*]

Lau·des[láude:s] 複 頌歌(しょうか), 賛歌;〘カトリック〙(聖務日課の)賛課. [*lat.* laus „Lob"; ◇Lied]

ᐁ**lau·die·ren**[laudí:rən] 他 (h) **1** (loben)《*jn.*》ほめる, 賞賛する. **2**〘法〙(証人を)推薦する. [*lat.*]

Laue[1][láuə] 人名 Max von ~ マックス フォン ラウエ(1879–1960; ドイツの物理学者. 1914年ノーベル物理学賞を受賞).

Laue[2][−] 女 -/-nen, -n, **Laue·ne**[láuənə] 女 -/-n《南部・スイス》=Lawine

Lau·er[1][láuər] 男 -s/- 二番しぼりの〈下等な〉ワイン. [*lat.* lōra–*ahd.* lūra; <*lat.* lavāre (→lavieren[2])]

Lau·er[2][−] 女 -/ 潜伏, 待ち伏せ: [nach *jm.* 〈*et.*[3]〉] auf der ~ liegen 〈sitzen / stehen〉[…を]待ち伏せている, […を]待ちかまえている, […を]見張っている, […を]ねらっている | *sich*[4] **auf die ~ legen**《話》待ち伏せる, 待ちかまえる, 見張る, ねらう. [*mhd.* lūre]

Laue·rer[láuərər] (**Lau·rer**[láurər]) 男 -s/- 待ち伏せする人; スパイ, 探偵.

lau·ern[láuərn]《05》自 (h) **1**《auf *jn.* 〈*et.*[4]〉》(…を)隠れて待つ, 待ち伏せる, (…をこっそり)ねらう; (今か今かと…を)待ちかまえる: auf die Gelegenheit ~ 機会を待つ〈うかがう〉| In diesem Wald *lauern* überall Gefahren. この森には至るところ危険がひそんでいる ‖ ein *lauernder* Blick うかがうような〈下心ある・虎視(こし)眈々(たんたん)とした〉目つき | ein *lauernder* Unfall 迫りつつある災難. **2** (他人のノート・トランプなどを)こっそりのぞく. **3**《中部》怠けている, のろのろしている. [„die Augen zusammenkneifen"; *mhd.*; ◇*engl.* lower, lurk]

Lauf[lauf] 男 -es(-s)/Läufe[lɔ́yfə] **1 a)**《単数で》走ること, 走行; (機械の)運動, 作動, 回転; (Verlauf) (事態の)進行, 進展, 経過: Das ist der ~ der Dinge 〈der Welt〉. それが事の成りゆき〈世のならい〉というものだ ‖ den ~ einer Maschine überprüfen 機械の作動状況をチェックする | ***et.***[3] *seinen* 〈**freien**〉 **~ lassen** …を成りゆきにまかせる | *seinem* Zorn freien ~ lassen 怒りを爆発させる | ***seinen* ~ nehmen** (事がそのまま)進んで〈行われて〉いく ‖ **in vollem ~** 全速力で | mitten im ~ 走っている最中に; 進行のさなかに | im ~ des Gesprächs 話し合っているうちに | **im ~ der Zeit** 時のたつうちに, しだい[しだい]に, いずれは | *sich*[4] in ~ setzen 走りだす. **b)** (Wettlauf)〘スポーツ〙競走, レース: 100-m-~ 100メートル競走 | Kurzstrecken*lauf* 短距離競走 | Marathon*lauf* マラソン競走 ‖ den ~ gewinnen レースに勝つ. **c)** (サッカーなどで)ハーフバック=ライン: Ich spiele morgen im ~. 僕はあしたはハーフバックだ. **d)**〘楽〙パッセージ: perlende *Läufe* 玉を転がすような走句.

2 進路, 行路, 走路, コース; (天体などの)軌道; (川などの)流れ, 水路: der obere 〈untere〉 ~ des Rheins ライン川の上流〈下流〉| dem ~ des Baches folgen 小川の流れにそって行く.

3 a) (小銃の)銃身(→ 図 Maschinengewehr): *et.*[4] vor den ~ bekommen〘狩〙…にねらいをつける, …をしとめる. **b)**《卑》(Penis) 陰茎, 男根: ***jm.* ist der ~ eingerostet** …はインポテンツである | ***sich***[3] **den ~ verbiegen** (男性が)性病にかかる.

4 (⑪ **Läuf·chen**[lɔ́yfçən] 中 -s/-)〘狩〙**a)** (犬・ウサギ・シカなどの)脚(→ 図 Reh). **b)** (鳥の)足首.

5〘狩〙(追い込み猟の)撃ち場;〘坑〙主要水平坑道.

ᐁ**6** (Brunst) 交尾[期]; (ふるいの)底枠; (ひきうすの)木枠. [*ahd.*; ◇laufen]

Lauf≠ach·se[láuf..] 女 (↔Treibachse) (機関車などの)従輪車軸, 支持軸. **≠bahn** 女 **1** (職業上の)経歴, 閲歴, キャリア: eine glänzende ~ 輝かしい経歴 | eine diplomatische 〈künstlerische〉 ~ einschlagen 外交官〈芸術家〉の道を歩み始める. **2** (陸上競技などの)走路, コース, トラック, レーン. **3** (天体などの)軌道. **4** (魚雷などの)進路, 航跡. **≠band** 中 -[e]s/..bänder **1** (幼児の歩行練習用の)歩行バンド. **2**〘工〙コンベヤーベルト. **3** (体力づくりのための)ベルト式ランニングマシーン. **≠brett** 中 **1** (工事現場などの)足場板(→ 図 Haus A). **2** (舟と舟・舟と岸との間の)あゆみ板, 渡り板. **≠brun·nen** 男 流下式噴泉(→ 図 Brunnen). **≠buch·se** 女 -/-n〘工〙軸受けブッシュ. **≠bur·sche** 男 使い走りの少年〈若者〉, メッセンジャーボーイ: Ich bin doch nicht dein ~. 君の使い走りはごめんだ.

Läuf·chen Lauf の縮小形.

Läu·fe Lauf の複数.

Läu·fel[lɔ́yfəl] 女 -/-《南西部》(クルミなどの)殻. [*mhd.*]

lau·fen*[láufən]《89》**lief**[li:f]/ **ge·lau·fen**; 現 *du* läufst[lɔyfst], *er* läuft; 接II liefe

I 自 (s) **1 a)** 走る, かける, 疾走する;〘スポーツ〙(レースに)出走する: [schnell] wie der Wind 〈wie ein Wiesel〉 ~ 目にもとまらぬ速さで走る | Nicht ~, sondern ruhig gehen! 走らずにゆっくり歩け | Er *lief*, was er nur konnte. 彼は懸

L

命に走った | *gelaufen* kommen 走って来る | sehen, wie der Hase *läuft*《比》事態の推移を見守る, 様子を見る ‖ **ferner *liefen* ...**〖競馬〗(勝ち馬を別として)その他の出走馬は…だった | unter „ferner *liefen*"〔an〕kommen 〈rangieren〉《比》「その他大勢」のひとりである, たいしたものではない, とるにたらない ‖ *jn.* 〔unbestraft〕 ~ lassen (犯人などを)逃がしてしまう(ただし: →laufenlassen) ‖〖方向を示す前置詞句と〗gegen den Zaun ~ 走って垣根にぶつかる | *jm.* in die Arme 〈in den Weg〉 ~ …とばったり出会う | *jm.* ins 〔offene〕 Messer ~ (→Messer 1) | ins Verderben ~ 破滅に向かう | **lange nach *et.*[3] ~**《比》…をさんざん探し回る | um die Wette ~ 競走する ‖〖様態・結果などを示す 4 格と; まれに haben 支配〗elf Sekunden ~ (100メートルを) 11秒で走る | 〔die〕 100 m in 〈mit〉 elf Sekunden ~ 100メートルを11秒で走る | einen neuen Rekord ~ (走って)新記録をつくる | Ski 〈Schlittschuh〉 ~ スキー〈スケート〉をする | Gefahr 〈Risiko〉 ~《比》危険をおかす | gegen *et.*[4] Sturm ~ …に向かって突撃する | Spießruten ~ (→Spießrute).

b) (gehen) (徒歩で)行く, 歩く; (用事などで)出向く: ~ lernen (幼児などが)歩くことを覚える | Der Verletzte konnte noch nicht ~. 負傷者はまだ歩行ができなかった ‖ am Stock ~ 杖(つえ)をついて歩く | dauernd ins Kino 〈ins Café〉 ~ しょっちゅう映画館〈喫茶店〉にかよっている | zum Bäcker ~ und Kuchen kaufen パン屋へ行ってケーキを買う ‖ Gänge ~ お使いに行く | den ganzen Tag ~ 一日じゅう歩く | Vom Bahnhof *läuft* man hierher 10 Minuten. 駅からここまでは徒歩で10分かかる ‖ **eine 〔Frau / Puppe〕 ~ lassen / eine 〔Frau / Puppe〕 zu ~ haben**《話》女を売春婦として働かせる, (女の)ひもになっている.

c) (h)《結果を示す語句と》〔*sich*[3]〕 die Füße wund ~ 走り〈歩き〉すぎて足をいためる | *sich*[3] Blasen 〔an den Füßen〕 ~ 走り〈歩き〉すぎて足にまめを作る ‖ 再帰 *sich*[4] müde ~ 走り〈歩き〉疲れる | Er hat sich warm *gelaufen*. 彼は体が温まるほど走った〈歩いた〉.

d) 再帰・非人称 Auf diesem Sportplatz *läuft* es sich gut 〈schlecht〉. この競技場は走りよい〈にくい〉.

2 (早く)動く, 歩行〈進行〉する; (乗り物が)運行〈航行〉する; (機械などが)働く, 回転〈作動〉する; 伝わる: den Motor 〈das Tonband〔gerät〕〉 ~ lassen エンジン〈テープレコーダー〉を回す(ただし: →laufenlassen) | Die Uhr *läuft* nicht. 時計は止まっている | Der Film *läuft* schon. 映画はもう上映中である | Der Zug *läuft* zwischen Frankfurt und München. この列車はフランクフルト・ミュンヒェン間を走っている ‖ auf Grund ~〖海〗座礁する | aus dem Hafen 〈in den Hafen〉 ~ (船が)出港〈入港〉する | in den Adern ~ (血などが)血管を流れる | Die Feder *läuft* über das Papier. ペンが紙の上を走る | um *et.*[4] ~ …の周りを回る | vom Band ~ i)〖工〗流れ作業で生産される; ii) (音楽などが)テープで再生される, テープから流れる | vom Stapel ~〖海〗進水する ‖ 非人称 Mir *lief* es kalt über den Rücken. 私は背筋がぞっとした.

3 a) 流れ〔落ち〕る, したたる: Das Bier *läuft*. ビールがじゃんじゃん注がれる〈飲まれる〉| Der Käse 〈Die Kerze〉 *läuft*. チーズ〈ろうそく〉が溶ける ‖ Wein durch die Kehle 〈ins Glas〉 ~ lassen ワインをのどに流しこむ〈グラスに注ぐ〉| Mir *lief* der Schweiß über die Stirn. 私の額を汗が流れ〔落ち〕た.

b) (容器が)漏る; (器官が)分泌する: Der Wasserhahn *läuft*. 水道の蛇口が漏っている | Sein Auge *läuft*. 彼は目やにが出ている | Ihm *lief* die Nase. 彼は鼻水をたらしていた.

4 (線・道などが)のびている: parallel ~ 平行している ‖ An der Wand *liefen* hohe Regale. 壁に高い本棚が並んでいた | Der Faden *läuft* durch die Perlen. 真珠に糸が通してある | Die Bahn *läuft* den Fluß entlang 〈durch den Wald〉. 鉄道は川にそって〈森を貫いて〉走っている.

5 (事態が)進展する; 進行中である: Der Antrag *läuft* schon lange. 申請は出てからすでに長くたっている | die Dinge ~ lassen 事のなりゆきにまかせる(ただし: →laufenlassen) ‖ wie am Schnürchen ~ (→Schnürchen) | wie geschmiert ~ (→schmieren 3 a) | ins Geld ~ 出費がかさむ | Der Prozeß *lief* ins dritte Jahr. 審理は3年目に入った ‖ **gelaufen sein**《話》もう済んでしまっている〈変えられない〉| Um 10 Uhr ist alles *gelaufen*. 10時にはすべて終わってしまった.

6 (gelten) 流通している, 有効である: Der Wechsel *läuft* auf meinen Namen. 手形は私の名義で振り出されている | Wie lange *läuft* der Vertrag? 契約はいつまで有効か.

7《話》〔よく〕売れる, 市場性がある: Das Buch *läuft* ausgezeichnet. この本はとてもよく売れ〔てい〕る.

8 (h) (雌犬が)さかりがついている.

II Lau·fen 中 -s/- **1**《単数で》(laufen すること. 特に:) 走る〈歩く〉こと;〖スポ〗競走: das ~ lernen (幼児などが)歩くことを覚える. **2**《スイ》(川の)早瀬.

III lau·fend 現分 形 **1 a**) 走って〈流れて〉いる, 流通している; 続いている, 絶えない, 継続性の; いつもの, 日常の, 当座の: das ~*e* Band〖工〗ベルトコンベヤー | am ~*en* Band arbeiten 流れ作業に従事する;《比》ひっきりなしに〈休む暇なく〉働く ‖ die ~*en* Ausgaben 経常費 | die ~*en* Geschäfte 日常業務 | ~*e* Masche (靴下の糸のほつれの)伝線 | ~*e* Nummern 通し番号; バックナンバー | zum ~*en* Preis〔e〕時価で | ~*e* Rechnung (定期的に清算する)当座勘定 | ~*er* Wechsel 流通手形 ‖ ~ zu tun haben たえず仕事がある | die ~ numerierten Manuskripte 通し番号のついた原稿.
b) (beweglich) das ~*e* Gut〖海〗(帆船の)動索〔全体〕.

2 a) (略 lfd.) 現にある, 現在進行中の; 最新の: 〔des〕 ~*en* Jahres (略 lfd. J.) 本年に〈の〉, その年に〈の〉| ~*er* Kurs 現在の相場 | 〔die〕 ~*e* Nummer (略 lfd. Nr.) (雑誌・シリーズの)最新号 ‖ ***jn.* auf dem ~*en* halten** (たえず)…に最新の情報を提供する | **auf dem ~*en* bleiben** 〈**sein**〉 最近の事情に通じている, 現状をよく知っている | Die Eintragungen sind auf dem ~*en*.〖商〗(今までの分は)全部記帳〈記入〉ずみだ.
b) **das ~*e* Meter**〖商〗切り売りの 1 メートル〔単位〕(布地など).

[*germ.* „tanzen"; ◇ *engl.* leap, lope]

lau·fen|las·sen*[láufən..] (88)《過分 laufen〔ge〕lassen: →lassen I ★ ii》他 (h)《話》(*jn.*) 無罪放免する, 釈放する(ただし: laufen lassen →laufen I 1 a, 2, 5).

Läu·fer[lɔ́ʏfər] 男 -s/- **1** (女 **Läu·fe·rin**[..fərɪn]-/-nen) **a**) (laufen する人. 例えば:) 走る人, 走者, ランナー; 歩行者, 徒歩の人: Er ist ein guter ~. 彼は足が速い. **b**) (競走・スキー・スケートなどの)選手;〖サッカー・ホッケー〗ハーフバック;〖ラグビー〗スリークォーターバック;〖野球〗走者, ランナー. ᵛ**c**) 使い走りする人, 伝令兵, (徒歩の)従者. **2 a**) 走行動物;〖鳥〗走禽(そうきん)類. **b**)〖畜〗(生後4-6月の)子豚. **c**)〖虫〗オサムシ(歩行虫). **3 a**) (モーターの)回転子, (タービン)の羽根車; (石臼(いしうす)の)回転石. **b**) (綱などの)巻き枠. **c**) (計算尺の)カーソル, 遊標(→ 図 Rechenschieber). **d**)〖工〗滑り金. **e**)〖スポ〗(そり・スケートの)滑走部. **f**)《南部》上げ下げ窓. **4 a**) (廊下などの)長じゅうたん. **b**) テーブルランナー(細長い卓布). **5** 砂時計;〖海〗航速測定用砂時計. **6**〖海〗(結んでない)索端. **7** (↔Binder) (れんがなどの)長手積み(→ 図 Baustoff). **8**〖チェス〗ビショップ(→ 図 Schach B). **9**〖楽〗パッセージ. **10** (すぐ売り切れる)ベストセラーの本. **11**《話》着古した服.

Lau·fe·rei[laufəráɪ] 女 -/-en《話》走り回ること, (無益な)奔走: die ~ zu den Behörden あちこちの役所をめぐり歩くこと | mit *et.*[3] 〈wegen *et.*[2]〉 viele ~*en* haben …のことで東奔西走する, …でさんざん苦労する | *jm.* unnötige ~*en* machen …によけいな面倒をかける.

Läu·fe·rin Läufer の女性形.

läu·fe·risch[lɔ́ʏfərɪʃ] 形 走ることに関する: ~*es* Können 走る力.

Läu·fer≈rei·he[lɔ́ʏfər..] 女 (サッカーなどの)ハーフバック(のポジション): Er spielt in der ~. 彼はハーフバックだ. **≈stan·ge** 女 階段用じゅうたん押え棒. **≈waa·ge** 女 (分銅を移動して量る)棹秤(さおばかり).

Lauf≈feu·er[láuf..] 中 野火: **wie ein ~** 燎原(りょうげん)の火のごとく | *sich*[4] wie ein ~ ausbreiten 〈verbreiten〉 (うわさなどが)たちまちにして広がる. **≈flä·che** 女 **1 a**) (タイヤなどの)接地面, トレッド(→ 図 Reifen). **b**) (車輪の)踏み面. **c**) (スキーの)滑走面(→ 図 Ski). **2**〖工〗軸受け面, 軸首.

L

⸗frist 女〘商〙(手形の)支払期限. **⸗gang** 男 **1** 通路, 抜け道; タラップ, 渡り板. **2**〘建〙回廊. **⸗ge·wicht** 中 (棹秤(さおばかり)などの)移動分銅.

Lauf·ge·wichts·waa·ge = Läuferwaage

Lauf⸗git·ter 中 (Laufstall) ベビーサークル(赤ん坊用の組み立て囲い). **⸗gra·ben** 男〘軍〙塹壕(ざんごう).

läu·fig [lɔ́yfɪç]^2 形 **1** (雌犬などが)交尾期の, さかりのついた. ▽**2** = geläufig [*mhd.*; ◇laufen]

..läufig [..lɔyfɪç]^2《形容詞をつくる》**1**《副詞などにつけて「進行」を意味する》: gerad*läufig* 直進する | gegen*läufig* 逆方向の | rück*läufig* 逆もどりの. **2**《名詞・副詞などにつけて抽象的に「(事態の)進展・広まり」などを意味する》: zwangs*läufig* 強制による | bei*läufig* ついでの | vor*läufig* ここ当分の | weit*läufig* 広大な | land*läufig* 世間一般の. **3**《数詞などにつけて「銃身」を意味する》: zwei*läufig* / doppel*läufig* 2 銃身の, 2 連発の. [< Lauf]

Läu·fig·keit [lɔ́yfɪçkaɪt] 女 -/ (雌犬などの)さかり, 交尾欲.

▽**läu·fisch** [lɔ́yfɪʃ] = läufig 1

Lauf⸗jun·ge [láʊf..] 男 = Laufbursche **⸗kä·fer** 男〘虫〙**1** オサムシ(歩行虫). **2** オサムシ科の昆虫. **⸗kat·ze** 女〘工〙(天井クレーンなどの)〔走行〕ウインチ台車(→ 図). **⸗ket·te** 女〘工〙無限軌道, キャタピラ. **⸗kraft·werk** 中 (ダムを備えていない)水路式水力発電所. **⸗kran** 男〘工〙走行クレーン. **⸗kranz** 男 **1**〘鉄道〙(車輪の)凸縁, フランジ. **2**〘天〙(観測ドームの)回転レール. **⸗ku·gel** 女 (曲芸用の)玉乗りの玉(→ 図 Zirkus). **⸗kun·de** 男 (↔Dauerkunde) 浮動客, ふりの客. **⸗kund·schaft** 女 (↔Stammkundschaft)《集合的に》浮動客〔層〕. **⸗mäd·chen** 女 使い走りの女の子(→ Laufbursche). **⸗ma·sche** 女 (ストッキングなどの)線状のほころび, 伝線, ラン.

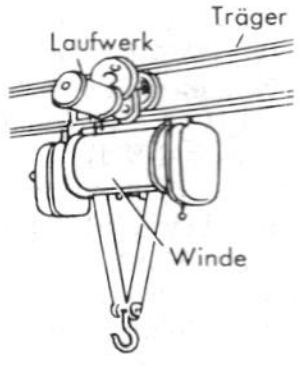

Laufkatze

lauf·ma·schen·si·cher 形 伝線しない(靴下).

Lauf⸗paß 男 **1** 解雇〈絶交〉宣言: ***jm.* den ～ geben**《話》…をくびにする; …と絶交する | **den ～ bekommen 〈erhalten〉**《話》くびになる; 絶交される. ▽**2** (兵士の)除隊証明書. **⸗plan·ke** 女 = Laufbrett 2 **⸗rad** 中 **1**〘工〙(タービンの)羽根車. **2** (↔Treibrad)(駆動力のない)車輪,(機関車などの)従輪,(家具などの)キャスター. **3** = Tretrad **4** = Draisine **⸗rie·men** 男〘工〙しらべ革, ベルト. **⸗rin·ne** 女 (スキーの)滑り溝(→ 図 Ski). **⸗rol·le** 女〘工〙ころ, 転輪; (家具などの)脚輪, キャスター; 戸車. **⸗ru·he** 女 (機械などの)スムーズな動き〈回転〉. **⸗schie·ne** 女 **1**〘工〙(重量物などの)移動用レール(→ 図 Schiene); 戸車レール, ガイドレール. **2** (スケートの)滑り金(→ 図 Schlittschuh). **⸗schrei·ben** 中〘鉄道・郵〙紛失物追跡調査票. **⸗schrift** 女 (電光ニュースなどの)動く文字. **⸗schritt** 男 かけ足;〘ダンス〙ランニングステップ: im ～ herankommen かけ足でやって来る | *sich*^{4} in ～^{4} setzen かけ出す. **⸗schuh** 男 **1** ランニングシューズ, 運動靴; スパイク. **2** ふだんばきの靴, 散歩靴. **⸗soh·le** 女 (靴の)〔半張り〕底革. **⸗spiel** 中 かけっこ〔遊び〕;〘バスケットボール〙(ディフェンスを攪乱(かくらん)するために)前後左右に走り回ること. **⸗sprin·ger** 男〘虫〙ツノトビムシ(角跳虫)科の昆虫.

läufst [lɔyfst] laufen の現在 2 人称単数.

Lauf⸗stall [láʊf..] 男 (⊘ **Lauf·ställ·chen** 中) **1** (子犬・子牛などが走り回れる大きさの)運動畜舎(→ 図 A). **2**《しばしば縮小形で》ベビーサークル(→ 図 B). **⸗steg** 男 **1** = Laufbrett 2 **2** (ファッションショーの)ステージ: eine Modenschau über den ～ schicken ファッションショーを催す. **⸗stuhl** 男 **1** (幼児の)歩行器. **2** (歩行障害者の)車いす.

Laufstall

läuft [lɔyft] laufen の現在 3 人称単数.

Läuf·te [lɔ́yftə] 複 (Zeitläufte) 時の経過, 時代の流れ; 時勢, 時局. [*ahd.*]

Lauf⸗trep·pe [láʊf..] = Gangway **⸗vo·gel** 男〘鳥〙走禽(そうきん)類(ダチョウなど). **⸗werk** 中 **1** (機械・おもちゃなどの)運転〈駆動〉機構, からくり, 仕掛け;〘映〙フィルム回転装置: das ～ eines Spielzeugs aufdrehen おもちゃのねじを巻く. **2** (Diskettenlaufwerk)〘電算〙ディスクドライブ. **3 a)** 走行装置(→ 図 Laufkatze). **b)** (車両の)台車. **c)**《戯》(人の)脚. **⸗zeit** 女 **1** 所要〈経過〉時間;〘スポ〙(選手の)所要タイム;〘映〙上映時間〈期間〉;〘劇〙上演時間〈期間〉. **2**〘理〙(電子などの)走行〈通過〉時間;〘地〙(地震波の)走時. **3** (機械の)運転時間, 作動〔延べ〕時間, 耐用年数. **4**〘商〙(負債の)償還期間; (手形の)支払期限;〘法〙(契約の)有効期間. **5** (雌犬などの)交尾期.

Lauf·zeit·röh·re 女〘電〙速度変調管, クライストロン.

Lauf·zet·tel 男 **1** 回章, 回覧状. **2** = Laufschreiben **3** 荷札. **4**〘工〙(部品の)使用〈組立〉説明書.

Lau·ge [láʊgə] 女 -/-n (刺激性の)溶液, 灰汁(あく); アルカリ液; (洗濯用)せっけん水: die scharfe ～ *seines* Spottes über *jn.* ausgießen《比》…をしんらつにこきおろす | ***jn.* mit scharfer ～ waschen** / ***jn.* mit ～ taufen**《比》…をこっぴどくしかりつける. [*germ.* „Waschwasser"; ◇lavieren^2; *engl.* lye]

lau·gen [láʊgən]^1 他 (h) 灰汁(あく)〈アルカリ液〉で洗う, 洗い落とす; こし出す, 浸出する: *jm.* mit Seife den Staub von der Haut ～ せっけんで…の肌から汚れを洗い落としてやる | das Salz aus *et.*^{3} ～ …から塩を浸出する.

lau·gen·ar·tig 形 灰汁(あく)のような; アルカリ性の.

Lau·gen⸗bad 中 アルカリ処理〔液〕. **⸗salz** 中〘化〙アルカリ塩. **⸗was·ser** 中 = Lauge

Lau·heit [láʊhaɪt] 女 -/ lau なこと.

▽**Lau·ig·keit** [láʊɪçkaɪt] 女 -/ = Lauheit

▽**lau·lich** [láʊlɪç] = lau

Laum [laʊm] 男 -〔e〕s/《南部》(Wasserdampf) 水蒸気.

Lau·mann [láʊman] 男 -〔e〕s/..männer [..mɛnər]《軽蔑的に》はっきりしない〈煮え切らない〉男, ぐず.

Lau·ne [láʊnə] 女 -/-n **1**《ふつう単数で》**a)** (一時的な)気分, 機嫌: gute 〈schlechte〉 ～ haben / guter 〈schlechter〉 ～^{2} sein / in guter 〈schlechter〉 ～ sein 機嫌がよい〈悪い〉| Die Nachricht hat ihn in heitere ～ versetzt. その知らせは彼を楽しい気分にした | nach Lust und ～ (→Lust 1 a). **b)** よい気分, 上機嫌: *jm.* die ～ verderben …の機嫌を損じる | Er ist bei 〈in〉 ～^{3}. 彼は機嫌がよい | Das macht ～!《話》こいつはおもしろい | Du machst mir ～!《皮肉》いやなやつだな. **2**《複数で》気まぐれ, 移り気, むら気: Er hat ～*n*. 彼は気分屋だ | die ～*n* des Schicksals 〈des Wetters〉 運命〈天候〉の気まぐれ, あてにならぬ運命〈天気〉. **3** 思いつき: aus einer ～ 出来心から | Das ist nur eine ～ von mir. これは私がただ偶然思いついただけのことだ. [*lat.* lūna－*mhd.* lūne „Mondphase"; ◇Luna; 気分は月の満ち欠けに影響されると考えられた]

lau·nen·haft [láʊnənhaft] 形 気まぐれな, 移り気な: ein ～*er* Mensch お天気屋.

Lau·nen·haf·tig·keit [..tɪçkaɪt] 女 -/ 移り気, むら気, 気まぐれ.

lau·nig [láʊnɪç]^2 形 陽気な, 快活な; ユーモラスな, 軽妙な, 機知にとんだ.

Lau·nig·keit [–kaɪt] 女 -/ launig なこと.

lau·nisch [láʊnɪʃ] 形 **1** 気まぐれな, むら気な. **2** 不機嫌な, 気むずかしい.

Lau·ra [láʊra·] 女名 (<Laurentia) ラウラ.

Lau·re·at [laʊreá:t] 男 -en/-en 桂冠(けいかん)詩人;《比》表彰された人, 受賞者. [*lat.* laureātus „lorbeerbekränzt"; ◇Laurus]

Lau·ren·tia [laʊréntsia·] 女名 ラウレンツィア.

Lau·ren·tius [..tsiʊs] 男名 ラウレンツィウス. [*lat.*;

<Laurentum (Latium の古都); ◇Lorenz; *engl.* Lawrence]

Lau·rer =Lauerer

Lau·rin[láuri:n] 人名 ラウリン(ドイツ中世伝説の小人の王).

Lau·rus[láurus] 男 -/-(-ses/-se) 〘植〙ゲッケイジュ(月桂樹)属. [*lat.*; ◇Lorbeer; *engl.* laurel]

Laus[laus][1] 女 -/Läuse[lɔ́yzə] (④ **Läus·chen**[lɔ́ysçən], **Läus·lein**[..laɪn] 中 -s/-) 〘虫〙シラミ(虱); 蝨(しらみ)目: Filz*laus* ケジラミ(毛虱) | Kopf*laus* アタマジラミ(頭虱) ‖ *Läuse* haben シラミがたかっている | *Läuse* knacken ⟨zerdrücken⟩ シラミをつぶす | ***jm.* eine ～ in den Pelz ⟨ins Fell⟩ setzen**《比》…に厄介⟨迷惑⟩をかける, …をひどい⟨いやな⟩目にあわせる | ***sich*[3] eine ～ in den Pelz ⟨ins Fell⟩ setzen** 厄介⟨迷惑⟩なことを背負いこむ, ひどい⟨いやな⟩目にあう ‖ frech wie die ～ im Grind (→frech I 1) | ***jm.* ist eine ～ über die Leber gelaufen ⟨gekrochen⟩**《話》…は機嫌⟨虫の居所⟩が悪い | Besser eine ～ im Kohl als 〔gar〕 kein Fleisch.《諺》ちょっぴりでもゼロよりましだ(キャベツ料理に肉が全然ないよりは虫でも入っているほうがよい). [*germ.*; ◇*engl.* louse]

Laus·al·lee[láus..] =Lauseallee

Lau·sanne[lozán; ｽｲ: lɔ́zan, ló:zan] 地名 ローザンヌ(Genfer See の北岸にあるスイスの都市). [*kelt.*]

Laus·bub[láus..] 男《南部》悪童, いたずら⟨わんぱく⟩小僧, きかん坊.

laus·bu·ben·haft =lausbübisch

Laus·bu·ben·streich 男, **Laus·bü·be·rei**[lausby:bərái] 女 -/-en (子供の)いたずら, 悪ふざけ.

laus·bü·bisch[láusby:bɪʃ] 形 いたずらっ子⟨きかん坊⟩の, わんぱくな.

Lausch≠ak·tion[láuʃ..] 女 盗聴行為⟨活動⟩. **≠an·griff** 男 (秘密情報機関などによる)盗聴工作.

Lau·sche[láuʃə] 女 -/-n **1** 人目につかない⟨待ち伏せするのによい⟩場所, 潜伏所. ▽**2**《単数で》待ち伏せ, 潜伏.

lau·schen[láuʃən]《04》自 (h) **1** 隠れて⟨ひそかに⟩聞く; 《*jm.* / *et.*[3]》(…に)耳を傾ける; 《auf *et.*[4]》(…に)聞き耳をたてる, (…を)聞き取ろうとする: den Geschichten ～ 物語に耳を傾ける | an der Wand ～ 壁に耳を当てて〔盗み〕聞く | auf die Schritte ～ 足音に耳をすます ‖ eine *lauschende* Stille 深沈たる静けさ. **2**《南部》うつらうつらする. ▽**3** ひそかに見張る: Aus dem Grün *lauscht* ein weißes Haus.《比》木の間ごしに白い家がちらちら見える. [◇losen[2]]

Läus·chen Laus の縮小形.

Lau·scher[láuʃər] 男 -s/- (④ **Läu·sche·rin**[lɔ́yʃərɪn] -/-nen) **1** 立ち聞きする⟨聞き耳をたてる⟩人; スパイ: **Der ～ an der Wand hört seine eigene Schand'.**《諺》立ち聞きをする者は自分の恥を聞くことになる. **2** (シカなどの)耳(→ 図 Hirsch).

lau·schig[láuʃɪç][2] 形 **1** 人目につかない, 心の静まる⟨安らぐ⟩ような, 居心地のよい: ein ～*es* Plätzchen im Garten ひっそりした庭の片隅. ▽**2** 立ち⟨盗み⟩聞きの好きな.

Lausch·ope·ra·tion 女 =Lauschaktion

Läu·se Laus の複数.

Lau·se≠al·lee[láuzə..] 女《戯》(きちんと分けた)髪の分け目(シラミの散歩道). **≠ban·de** 女《話》暴力団, 街のダニ. **≠ben·gel** 男《話》あつかましく粗野な若者⟨少年⟩.

Läu·se·blu·me[lɔ́yzə..] 女 〘植〙フウキギク(富貴菊), シネラリア(アブラムシがよくつくことから).

Lau·se·har·ke[láuzə..] 女, **Läu·se·har·ke**[lɔ́yzə..] 女《戯》櫛(くし)(シラミ用熊手(くまで)).

Lau·se·jun·ge[láuzə..] 男 =Lausebengel

Läu·se·kamm[lɔ́yzə..] 男《戯》(歯の細かい)櫛(くし).

Lau·se·kerl[láuzə..] 男 =Lausbub

Läu·se·kraut[lɔ́yzə..] 中 -〔e〕s/ 〘植〙シオガマギク(塩竈菊)属.

Lau·se·lüm·mel[láuzə..] 男《話》ならず者.

lau·sen[láuzən][1]《02》他 (h) **1**《*jn.*》(…の)シラミを取る: Ich denke ⟨dachte⟩, mich *laust* der Affe! (→Affe 1) ‖ 再帰 *sich*[4] ～ (自分の)シラミ取りをする. **2**《*jn.*》**a)** (賭(か)けで…の)金を巻きあげる⟨だまし取る⟩. **b)** (警官などが…の)身体⟨所持品⟩検査をする.

Lau·se≠nest[láuzə..] 中 シラミの巣;《話》汚い家⟨部屋⟩; 村, いなか町. **≠pack** 中《話》ならず者.

Läu·se·pul·ver[lɔ́yzə..] 中 シラミ取り粉.

Lau·ser[láuzər] 男 -s/-《俗》=Lausbub

Lau·se·re·chen[láuzə..] 男 =Lauseharke

Lau·se·rei[lauzərái] 女 -/-en《話》(やっかいな)雑事; 愚かな争い.

Läu·se≠sal·be[lɔ́yzə..] 女 シラミ取り軟膏(なんこう)⟨塗布剤⟩. **≠sucht** 女〘医〙シラミ症.

Laus·flie·ge[láus..] 女 シラミバエ(虱蠅)科の昆虫.

lau·sig[láuzɪç][2] 形 **1** シラミのいる, シラミだらけの. **2**《話》いやな, いやらしい; みじめな, みすぼらしい, 情けない; つまらぬ, くだらぬ: eine ～*e* Arbeit いやな仕事 | ～*e* Zeiten いやな⟨ひどい⟩時世 | ein paar ～*e* Groschen 取るに足らないはした金. **3**《話》(程度を強めて)大変な, ものすごい: eine ～*e* Anstrengung 大変な労力 | eine ～*e* Hitze ものすごい暑さ, 猛暑 ‖ ～ viel Geld haben とてつもない大金を持っている | Es ist ～ kalt. すごく寒い. **4**《南部》のろまの, 怠惰な.

die **Lau·sitz**[láuzɪts] 地名 女 -/ ラウズィッツ(ドイツ東部 Neiße 川と Spree 川にはさまれる地方の歴史的名称). [*sorb.* „Sumpfland"]

Lau·sit·zer[..tsər] **I** 男 -s/- ラウズィッツ地方の人. **II** 形《無変化》ラウズィッツの.

Laus·kraut[láus..] =Läusekraut

Läus·lein Laus の縮小形.

laut[laut] **I** 形 **1** (↔leise) (音・声が)大きい; 騒々しい, やかましい: ein ～*er* Klang ⟨Schrei⟩ 大きな音響⟨叫び声⟩ | eine ～*e* Straße 騒がしい⟨雑踏している⟩通り | eine ～*e* Wohnung (あたりの物音で)うるさい住居 | ein ～*es* Wesen haben (あたりかまわず大声で話すなど)がさつな性格である | eine ～*e* Reklame ぎょうぎょうしい⟨うるさい⟩広告 | ～*e* Farbe どぎつい⟨けばけばしい⟩色 ‖ Er ist immer gleich ～. 彼はいつもすぐ大声を出す(興奮などして) | Die Kinder sind mir zu ～. 私は子供たちがうるさくてたまらない | Der Hund ist ～. 犬がほえている | Der Schnee ist ～. (踏みしめる靴の下で)雪がザクザク音を立てる ‖ ～ lachen 声を立てて⟨声高らかに⟩笑う | ～ reden ⟨singen⟩ 大声で話す⟨歌う⟩ | Der Motor läuft ～. エンジンが音をたてて⟨やかましく⟩回っている | Bitte ～*er*! もっと大きな声でお願いします. **2** (hörbar) (他人に)聞こえる; 《比》あからさまの, 公然の: ～ denken ひとりごとを言う | ～ lesen (黙読ではなく)音読する, 声に出して読む ‖ **～ werden** 知〔ら〕れる, 漏れる; 表明される | Seine Absicht ist ～ geworden. 彼の意図は明るみに出た | *et.*[4] ～ sagen ⟨werden lassen⟩ …(秘密など)をおおっぴらにする | Laß das ja nicht ～ werden! そのことは黙っていて⟨だれにも言わないで⟩くれ. **3** Im Wald ist es ～. 〘狩〙(いくら気をつけても音を立てずには猟ができないほど)森の中はひっそりしている.

II 前《2格, まれに3格支配》(略 lt.)《官》…の文面によると⟨よって⟩, …に書かれ⟨述べられ⟩ているところでは: ～ ärztlichen Gutachtens ⟨ärztlichem Gutachten⟩ 医師の所見によれば ‖〘単独の単数名詞と; 2格語尾 -〔e〕s は省略される〙～ Gesetz ⟨Vertrag⟩ 法律⟨契約書⟩〔の文面〕に従って | ～ Vorschrift 規定では ‖〘3格支配で〙～ Berichten aus Bonn ボンからの報告〔書〕によると.

☆ 2格支配と3格支配: laut, längs, 〔an〕statt, trotz, während, wegen, mittels〔t〕, innerhalb などはふつう2格支配とされるが, 上記のように単独の単数名詞とともに用いられた場合には, 2格の語尾 -〔e〕s は省略されるのがふつうであり, また次のような名詞を支配するときは3格支配が多い.

i) 2格では格の表示が欠ける〔単独で用いられた〕複数名詞: *laut* Briefen 手紙の文面によると | *statt* Worten 言葉で言うかわりに | *innerhalb* zehn Jahren 10年以内に.

ii) -〔e〕s の語尾をもつ2格の付加語が先行する名詞(2格の付加語が後続する場合でも laut, längs, 〔an〕statt などは3格支配も見られる): *laut* Meyers grundlegendem Werk マイヤーの基本的著書によると | *wegen* meines Onkels plötzlichem Tod おじの突然の死去のため ‖ *laut* dem Bericht des Bürgermeisters 市長の報告によると | *längs* dem Ufer des Stroms 川の岸に沿って.

L

[*westgerm.* „gehört"; ◇Klio, Leumund, losen²; *engl.* loud; II: *mhd.* (nāch) lūt „(nach dem) Wortlaut"]

Laut[laʊt] 男 -es(-s)/-e **1** 音(ね), 物音; 声: ein dumpfer ⟨schriller⟩ ~ にぶい⟨けたたましい⟩音 | ~*e* des Schmerzes 苦しみの声 ‖ einen ~ der Überraschung ausstoßen 驚きの声をあげる | **~ geben** 〘狩〙(猟犬が)ほえて知らせる;《話》便りをする, 情報を知らせる; (秘密などを)もらす, 自白する | keinen ~ von *sich*³ geben ⟨hören lassen⟩ 物音を立てない, 声を出さない. **2**〘言〙音声, 音(ね); 音韻; 音形: ein dentaler ⟨labialer⟩ ~ 歯⟨唇⟩音 | ein harter ~ 硬音 | Mit*laut* 子音 | Selbst*laut* 母音.

Laut≠an·glei·chung[láʊt..] 女 (Assimilation)〘言〙(音声上の)同化. **≠ar·chiv** 中〘言〙音声ライブラリー, 音声資料室⟨館⟩.

ᐁ**laut·bar**[láʊtba:r] 形《述語的》~ werden (事件などが)知れ渡る.

Laut≠be·zeich·nung[láʊt..] 女〘言〙音声表記〔法〕. **≠bild** 中〘言〙(「概念」とともに言語記号を構成する)聴覚〔映〕像. **≠bil·dung** 女 (Artikulation)〘言〙音の形成, 調音. **≠den·ken** 中 -s/〘心〙発語思考.

Lau·te[láʊtə] 女 -/-n〘楽〙リュート(弦楽器の一種: → 図): ~ spielen ⟨ᐁschlagen⟩ リュートをひく | Lieder zur ~ singen リュートの伴奏で歌を歌う. [*arab.* al-ʻūd „das Holz"–*afr.* leut; ◇*engl.* lute]

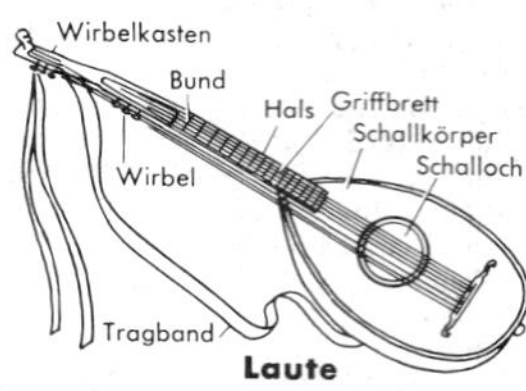

Laute

lau·ten[láʊtən]《01》自 (h) **1 a)** (文章などが…のように)述べている,(…という)言葉⟨文面⟩になっている: Der Brief ⟨Der Befehl⟩ *lautet* wie folgt. 手紙⟨命令⟩の内容は次のとおりである. **b)**《auf *et.*⁴》(…の)内容である; (文書が…の)名義になっている: Das Urteil *lautete* auf drei Jahre Gefängnis. 判決は懲役3年〔ということ〕だった | Die Papiere *lauten* auf meinen Namen. 証券は私の名義になっている. **2**《雅》《様態を示す語句と》(…のように)聞こえる, 響く: Diese Geige *lautet* schön. このヴァイオリンは音がよい | Seine Stimme *lautet* etwas rauh. 彼の声はいささかしわがれている | Seine Antwort *lautete* günstig ⟨ungünstig⟩ für mich. 彼の答えは私に都合がよかった⟨悪かった⟩ | Die Nachricht *lautet* wenig tröstlich. この知らせはあまりかんばしくない. **3**〘言〙発音する: falsch *gelautet* werden 誤って発音される.

läu·ten[lɔ́ʏtən]《01》**I** 自 (h) **1** (〔教会の〕鐘が)鳴る: Die Glocken *läuten* 〔zu〕 Mittag ⟨zur Feier⟩. 正午⟨祭り⟩の鐘が鳴っている ‖ **von *et.*³ ~ hören**《話》…のことを小耳にはさむ ‖ 非人称 Es *läutet*. (教会の)鐘が鳴る | Es *läutet* im Ohr. 耳鳴りがする. **2**《南部》(klingeln) **a)** (ベルが)鳴る: Das Telefon ⟨Der Wecker⟩ *läutet*. 電話⟨目覚まし⟩が鳴っている ‖ 非人称 Es *läutet*. (戸口の)ベルが鳴る. **b)** (ベルを)鳴らす: *jm.* ⟨nach *jm.*⟩ ~ ベルを鳴らして…を呼ぶ.

II 他 (h) **1** (鐘を)鳴らす:〖しばしば目的語なしで〗Man *läutet* 〔die Glocken〕 zur Kirche. 人々を教会へ集める鐘が鳴る. **2** (鐘を鳴らして…を)告げる: 12 Uhr ~ 12時を打つ | Feuer ~ 火事の半鐘を鳴らす | Sturm ~ (→Sturm 2). **3** *jn.* zu Grabe ~ …の弔鐘を鳴らす.

[*ahd.*; ◇laut]

Lau·te·nist[laʊtəníst] 男 -en/-en =Lautenspieler

Lau·ten≠schlä·ger[láʊtən..] 男 = Lautenspieler **≠spiel** 中 リュートの演奏. **≠spie·ler** 男 リュート奏者.

lau·ter¹[láʊtər] **I** 形《雅》(rein) まじりけ⟨濁り⟩のない, 純粋な;《比》偽りのない, 誠実な: ~*es* Gold 純金 | ein ~*er* Charakter 誠実な人柄 ‖ Er kam mit ~*sten* Absichten. 彼はきわめて純粋な意図をもってやってきた | Seine Absichten sind ~. 彼の意図には私心がない ‖ ~ handeln 私心なく行動する. **II** 副 **1** →I **2**《名詞に付加されて; 前置詞は lauter の前におかれる》(nur) …ばかり, …だけ: ~ Unsinn reden ばかげた話ばかりする | Da waren ~ junge Leute. そこにいたのは若い人たちだけだった ‖ Er hat es aus ~ Liebe getan. 彼はただただ愛ゆえにそうしたのだ | Ich ging durch ~ enge Gassen. 私は狭い小路ばかりを通って行った | den Wald vor ~ Bäumen nicht sehen (→Wald 1).

[*germ.* „gespült"; ◇Klysma, Kloake]

lau·ter² laut I の比較級.

ᐁ**Lau·ter**[láʊtər] 男 -s/- =Sprachlaut

Läu·ter·bot·tich[lɔ́ʏtər..] 男〘醸〙濾過(ろか)槽. [<läutern]

Lau·ter·keit[láʊtərkaɪt] 女 -/ 純粋さ; 誠実さ.

Läu·ter·mit·tel[lɔ́ʏtər..] 複〘工〙(ガラス原料に添加する)気泡除去剤.

läu·tern[lɔ́ʏtərn]《05》他 (h) **1**《*et.*⁴》(…の)まじりけ⟨濁り⟩を除く, 浄化⟨精製⟩する;《比》清める, (苦しみなどが人〔の心〕を)純化する: 再帰 *sich*⁴ ~ 心が清まる, 気高くなる. **2 a)**〘金属〙精錬する. **b)**〘醸〙濾過(ろか)する. [*ahd.*; ◇lauter¹]

Laut·er·satz[láʊt..] 男 =Lautsubstitution

Läu·te·rung[lɔ́ʏtərʊŋ] 女 -/-en **1** läutern すること. **2** (森の)若木の枝おろし.

Läu·te·werk[lɔ́ʏtə..] 中〘鉄道〙(踏切などの)警報機, 鳴鐘装置; (目覚まし時計などの)ベル, りん. [<läuten]

laut·ge·mäß[láʊt..] 形〘言〙発音に基づく⟨即した⟩, 表音主義的な.

Laut≠ge·setz 中〘言〙音韻〔変化〕法則. **≠ge·stalt** 女〘言〙音声形態, 音成態(意義単位を構成する一つのまとまった音声連続).

laut·ge·treu 形〘言〙発音どおりの, 原音そのままの; ハイファイの; 原文⟨元の話⟩に忠実な.

laut·hals 副 声をふりしぼって, 声を限りに. [*ndd.* lūdhals „laut (von) Hals"]

Laut·heit[láʊthaɪt] 女 -/ 音⟨声⟩の大きいこと, 喧噪(けんそう).

lau·tie·ren[laʊtí:rən] 他 自 (h)〘言〙音⟨音節⟩ごとに正確に発音する.

Lau·tier·me·tho·de[laʊtí:r..] 女 **1** (国語教育の)音読法. **2**〘言〙表音式正字法⟨表記法⟩.

Laut·leh·re[láʊt..] 女 -/〘言〙(音声学・音韻論を含めた)語音論.

laut·lich[..lɪç] 形〘言〙音声⟨音韻⟩に関する; 発音上の.

laut·los[..lo:s]¹ 形 音のしない, 静まりかえった; 一言も発しない: ein ~*es* Schweigen 静かな沈黙 ‖ *sich*⁴ ~ nähern 足音を立てずにそっと近づく | ~ schleichen しのび歩で歩く.

Laut·lo·sig·keit[..lo:zɪçkaɪt] 女 -/ lautlos なこと.

laut·ma·lend 形 擬音⟨擬声⟩の.

Laut·ma·le·rei[laʊtma:lərái] 女 -/ (Onomatopöie) **1**〘言〙擬音〔語〕, 擬声〔語〕. **2**〘修辞〙声喩(せいゆ)法.

laut·nach·ah·mend[láʊt..] =lautmalend

Laut≠phy·sio·lo·gie 女 音声生理学. **≠schrift** 女〘言〙音標文字. **≠schwund** 男 (↔Lautzuwachs)〘言〙音消失: ein dissimilatorischer ~ 異化による音消失(例 ラテン語 castorum <castrorum 陣営(複数属格)). **≠spra·che** 女 (↔Gebärdensprache, Zeichensprache)〘言〙音声言語.

Laut·spre·cher 男 **1** 拡声器, ラウドスピーカー: *et.*⁴ durch ~ ⟨mit ~*n*⟩ ansagen …を拡声器を使ってアナウンスする. **2**《話》声の大きな人; 泣きわめく赤ん坊. [*engl.* loudspeaker の翻訳借用]

Laut·spre·cher≠box 女 スピーカーボックス, 箱型スピーカー. **≠wa·gen** 男 スピーカーつき広報車, 宣伝カー.

Laut·stand 男〘言〙音声組織⟨構造⟩.

laut·stark 形 大声の, 声高の; やかましい, 騒々しい: das Radio ~ einstellen ラジオの音量をあげる | ~ protestieren 大声で抗議する.

Laut·stär·ke 女 音量, 音⟨声⟩の強さ: die ~ des Radios zurückdrehen ラジオの音を低くする.

Laut·stär·ke≠re·ge·lung 女〘電〙音量調整. **≠reg·ler** 男〘電〙音量調整器, ボリュームコントローラー.

Laut≈sub·sti·tu·tion 女〘言〙音〔声〕代替(自国語にない外国語音を自国語の類似音で代用すること). **≈sym·bo·lik** 女〘言〙(擬声語・擬態語などの)音象徴. **≈sy·stem** 中〘言〙音韻組織.

laut·treu =lautgetreu

Lau·tung[láʊtʊŋ] 女 -/-en〘言〙発音〔法〕: Hoch*lautung* 標準発音.

Laut≈ver·än·de·rung[láʊt..] 女 =Lautwandel **≈ver·schie·bung** 女〘言〙音韻推移: die erste ⟨zweite⟩ ~ 第一⟨第二⟩子音推移(第一はゲルマン語が印欧語から, 第二は高地ドイツ語がゲルマン語から区別される子音の並行的な変化. いわゆるグリムの法則). **≈ver·stär·ker** 男〘電〙増幅器, アンプ. **≈wan·del** 男〘言〙音韻変化. **≈wech·sel** 男〘言〙音韻交替⟨転換⟩.

Läut·werk[lɔ́ʏt..] 中 **1** =Läutewerk **2** (教会の)鐘楼 (→ 図 Kirche A).

Laut≈zei·chen[láʊt..] 中〘言〙音声⟨表音⟩記号; 音標文字. **≈zu·wachs** 男 (↔Lautschwund)〘言〙音添加: ein assimilatorischer ~ 同化による音添加(例 ラテン語 Octrobres <Octobres 10月の).

lau·warm[láʊ..] 形 **1** ぬるい,〔なま〕あたたかい, 微温の: ~*e* Milch なまぬるいミルク. **2**《話》熱〔意〕のない, 気乗り薄の: ~*e* Zustimmung 熱のない⟨消極的な⟩賛成.

La·va[lá:va·] 女 -/..ven[..vən]〘地〙溶岩. [*it.*; < *lat.* lābēs „Sturz" (◇labil); ◇Lawine]

La·va·bel[lavá:bəl] 男 -s/〘織〙クレープ, ちぢみ. [*fr.* lavable „waschbar"; < *lat.* lavāre (→lavieren²)]

La·va·bo[lavá:bo·; スイス: lá:vabo·] 中 -〔s〕/-s **1**《カトリック》**a**) 洗手〔式〕. **b**) 洗手用の鉢. **2**《スイス》洗面台; 洗面器. [*lat.* „ich werde waschen"]

La·va≈er·guß[lá:va..] 男 溶岩の噴出. **≈glas** 中 -es/〘鉱〙黒曜岩. **≈see** 男〘地〙溶岩湖. **≈strom** 男〘地〙溶岩流.

La·va·ter[lá:va:tər] 人名 Johann Kaspar ~ ヨハン カスパル ラーヴァーター(1741-1801; スイスの牧師で人相学者. Goethe の友人).

La·ven Lava の複数.

La·ven·del[lavέndəl] **I** 男 -s/-〘植〙ラベンダー(薬草). **II** 中 -s/- (Lavendelwasser) ラベンダー香水: **uralt ~ sein**《話》まことに旧式である, 実に古くさい. [*mlat.* lavandula „Badekraut"–*it.*–*mhd.*; < *lat.* līvidus „bleifarbig"+lavāre (→lavieren²); ◇*engl.* lavender]

La·ven·del≈öl 中 -〔e〕s/ ラベンダー油. **≈was·ser** 中 -s/ ラベンダー香水.

la·vie·ren¹[laví:rən] **I** 自 (h, s) **1** 巧みに困難を乗り切る⟨切り抜ける⟩. ᵛ**2**〘海〙(船が)風に向かってジグザグに進む. **II** 他 (h) **1**〘海〙(船を)巧みに操る: das Schiff durch die Untiefe ~ 船を巧みに操って浅瀬を乗り切る. **2** 再帰 *sich*⁴ ~ 巧みに困難を切り抜ける;《比》うまく立ちまわる. [*mndl.* loveren–*mndd.*; < *mndl.* lōf „Luv" (◇Luv)]

la·vie·ren²[–] 他 (h)〘美〙色をぼかす, ぼかして色を塗る. [*lat.* lavāre „waschen"–*it.*; ◇laben, Lauge]

lä·vo·gyr[lεvogý:r] 形 (↔dextrogyr)〘理〙左旋性の (記号 l). [*lat.* laevus „links"+*gr.* gȳros (→Giro)]

La·voir[lavó:r, ..voá:r] 中 -s/-s《オーストリア》, **La·vor** [lafó:r] 中 -s/-e《南部》(Waschbecken) 洗面器; 洗面台. [*fr.* lavoir; < *lat.* lavāre (→lavieren²)]

Lä·vu·lin·säu·re[lεvulí:n..] 女〘化〙レブリン酸.

Lä·vu·lo·se[..ló:zə] 女 -/〘化〙左旋糖, 果糖. [< *lat.* laevus „links"; ◇lävogyr]

La·wi·ne[laví:nə] 女 -/-n **1** 雪崩(なだれ) (→ 図 Gletscher): Eine ~ ging nieder ⟨zu Tal⟩. 雪崩が起こった | **eine ~ lostreten**《比》(不注意に足を踏み出して雪崩を引き起こすイメージから)予測しない大きな結果を招く. **2**《話》多量, 大群; 次々に起こるできごと: eine ~ von Zeitschriften 多量の雑誌, 雑誌の洪水 | Eine ~ von Gästen ist bei uns eingegangen. 来客が次から次へと私たちのところに押しかけて来た. [*mlat.* lābīna „Erdrutsch"–*ladin.*; < *lat.* lābī (→labil); ◇Lava]

..lawine[..lavi:nə]《名詞などにつけて「…の雪崩(なだれ)現象, 大量の…」などを意味する女性名詞をつくる》: Erd*lawine* 土砂くずれ | Gäste*lawine* 次々に押しかける客たち | Schulden*lawine* (ますますふくれあがる)借金の山.

la·wi·nen·ar·tig 形 雪崩のような.

La·wi·nen≈ga·le·rie 女 雪崩よけのトンネル. **≈ge·fahr** 女 雪崩の危険. **≈hund** =Lawinensuchhund **≈ka·ta·stro·phe** 女 雪崩による災害. **≈schnur** 女 -/..schnüre〘スキー〙雪崩の危険があるときスキーヤーが身につけて滑る赤ひも. **≈schutz** 男 雪崩防止〔設備〕.

la·wi·nen·si·cher 形 雪崩に対して安全な.

La·wi·nen≈such·hund 男 雪崩遭難者捜索犬. **≈un·glück** 中 雪崩事故.

Lawn-Ten·nis[lɔ́:ntέnɪs] 中〘スポ〙ローンテニス. [*engl.*]

Law·ren·cium[lorέntsiʊm] 中 -s/〘化〙ローレンシウム (放射性金属元素名; 記号 Lr). [< E. O. Lawrence (アメリカの物理学者, †1958)]

lax[laks] 形 (schlaff) きびしくない, ゆるい, 手ぬるい; たるんだ, しまりのない, なげやりな; (道徳的に)厳格でない, だらしない, だらけた: eine ~*e* Auffassung von Pflicht いいかげんな⟨安易な⟩義務観 ‖ Die Disziplin ist ~. 規律⟨軍紀⟩がゆるんでいる | Die Überprüfung der Pässe war ~. 旅券の審査はきびしくなかった⟨ゆるやかだった⟩. [*lat.* laxus; < *lat.* languēre „schlaff sein"; ◇schlack]

La·xans[láksans] 中 -/..xantia[laksántsia·], ..xantien[laksántsiən], **La·xa·tiv**[laksatí:f]¹ 中 -s/-e, **La·xa·ti·vum**[..tí:vʊm] 中 -s/..va[..va·]〘医〙緩下剤.

Lax·heit[lákshaɪt] 女 -/-en lax なこと.

la·xie·ren[laksí:rən] 自 (h) (abführen)〘医〙(下剤が)便通⟨下痢⟩を催させる, 通じをつける. [*lat.* laxāre „lockern"]

La·xier·mit·tel[laksí:r..] 中〘医〙緩下剤.

Lay·out[lé:|aʊt, léɪaʊt, –⌐] 中 -s/-s〘印〙割り付け, レイアウト. [*engl.*; ◇auslegen]

lay·ou·ten [lé:|aʊtən, –⌐⌣]《01》自 (h)〘印〙割り付け⟨レイアウト⟩する.

Lay·ou·ter[lé:|aʊtər, –⌐⌣] 男 -s/-〘印〙レイアウト技術者, 割り付け係.

La·za·rett[latsarέt] 中 -〔e〕s/-e〘軍〙(傷病兵のための)〔野戦〕病院: im ~ liegen 入院している | aus dem ~ entlassen werden 退院する. [*it.*–*fr.*; ヴェネツィアの Santa Maria di Nazaret 教会近くに癩(らい)病院があったこととイタリア語でハンセン病を lazzaro ということから; ◇Nazareth, Lazzarone]

La·za·rett≈fie·ber 中〘医〙発疹(ほっしん)チフス. **≈flug·zeug** 中〘軍〙傷病兵輸送機. **≈schiff** 中〘軍〙病院船. **≈wa·gen** 男〘軍〙傷病兵輸送車. **≈zug** 男〘軍〙病院列車.

La·za·rist[latsarίst] 男 -en/-en〘カトリック〙ラザロ会(布教のために17世紀パリに設立)会員.

La·za·rus[lá:tsarʊs] **I** 人名〘聖〙**1** ラザロ, ラザロス(イエスの友で, 死後 4 日めにイエスにより復活. ヨハ11). **2** ラザロ(イエスのたとえに金持ちの対照として出てくる貧しい人物. ルカ16). **II** 男 -〔ses〕/-se《話》(苦悩する)病人; かわいそうな人: ein armer ~ 気の毒な人. [*hebr.* „Gott ist Helfer"–*gr.*–*spätlat.*; ◇Esra]

La·ze·dä·mo·ni·er[latsedεmó:niər] 男 -s/- =Lakedämonier

La·ze·ra·tion[latseratsió:n] 女 -/-en〘医〙裂傷. } [*lat.*]

la·ze·rie·ren[..rí:rən] 自 (h)〘医〙(傷口などが)裂ける. [*lat.*; < *lat.* lacer „zerfetzt"; ◇*engl.* lacerate]

La·zer·te[latsέrtə] 女 -/-n (Eidechse)〘動〙トカゲ. [*lat.* lacerta; ◇*engl.* lizard]

La·zu·lith[latsulí:t, ..lít] 男 -s/-e〘鉱〙天藍(てんらん)石. [< *mlat.* lāzūrum (→Lasur)]

Laz·za·ro·ne[latsaró:nə] 男 -〔n〕(-s)/-n (..ni[..ni·]) (特にナポリの)その日暮らしの貧民, 宿なし, こじき. [*it.*; ◇Lazarus]

l. B. 略 =laut Bericht 報道によれば.

L

l. c. 略 =loco citato
Ld. 略 =limited
Ldbd. 略 =Leder〔ein〕band
LDPD[ɛlde:pe:dé:] (**LDP**[..pé:]) 略 女 -/ =**Liberal-Demokratische Partei Deutschlands** ドイツ自由民主党(旧東ドイツの政党: →**Volkskammer**).
Lea[lé:a·] 人名〘聖〙レア (Jakob の妻の一人). [*hebr.*]
Lead[li:d] 中 -〔s〕/ **1**〘楽〙(ジャズの)主旋律〔を受け持つ楽器・声部〕. **2** (新聞などの)リード, 前文. [*amerik.*]
　Lea·der[lí:dər, ..də] 男 -s/- **1** (Bandleader) (ジャズの)バンドリーダー. **2**《(オース・スイ)トリア・ス》〘スポ〙(選手権試合の)首位チーム. [*engl.*; ◇leiten]
　Lea·der·po·si·tion[lí:dər..] 女《(オース)トリア》〘スポ〙(選手権試合での)首位の座.
Lean·der[leándər] **I** 男名 レアンダー. **II** 人名 **1**〘ギ神〙レアンドロス(女神官ヘロの恋人): Hero und ～ ヘロとレアンドロス(相思相愛の恋人同士). **2** Zarah ～ ツァーラ レアンダー(1907-81; スウェーデンの映画女優・歌手).
　[*gr.*－*lat.*; ◇andro..]
Lear[li:r, lɪə] 人名 リア (Britannien の伝説上の王で, Shakespeare の『リア王』の主人公).
lea·sen[lí:zən][1] 《02》他 (h) (mieten) 賃借りする, リースする. [*engl.*]
　Lea·sing[lí:zɪŋ, ..sɪŋ] 中 -s/-s〘経〙(機械・器具などの)賃貸借, リース. [*engl.*; ＜*lat.* laxāre (→laxieren)]
　Lea·sing≠fir·ma[lí:zɪŋ.., lí:sɪŋ..] 女, **≠ge·sell·schaft** 女 賃貸〈リース〉業会社.
leb·bar[lé:pba:r] 形《(スイ)ス》生きがいのある.
　Le·be·da·me[lé:bə..] 女《軽蔑的に》享楽を追う女性, 有閑マダム(→Lebemann).
　Le·be·hoch[le:bəhó:x] 中 -s/-s (Hochruf) 万歳(祝福の意を表す呼び声): ein ～ rufen 万歳を唱える | ein ～ auf *jn.* ausbringen …のために万歳を唱える. [＜lebe hoch!]
　le·be·lang[lé:bəlaŋ] 副《所有代名詞と》*sein* ～ …の生きている間, 終生(＝*sein* Leben lang).
　Le·be·mann[lé:bə..] 男 -〔e〕s/..männer《軽蔑的に》(上流社会の)遊蕩(ゆうとう)児, 道楽者, プレーボーイ(→Lebedame).
　le·be·män·nisch[..mɛnɪʃ] 形 遊蕩(ゆうとう)児〈道楽者〉の〔ような〕.
　le·ben[lé:bən][1] **I** 自 (h) **1** 生きている, 生存する, 生命がある: lange ～ 長生きする, 長命である | nicht mehr lange zu ～ haben もう長くは生きられない, 余命いくばくもない | **nicht ～ und nicht sterben 〈weder ～ noch sterben〉 können** (重病で)気息奄々(えんえん)である生かしもせず殺しもしない状態に置かれている | *jn.* ～ lassen …を(殺さずに)生かしておく ‖ Er *lebt* noch. 彼はまだ生きている | Er *lebte* im 19. Jahrhundert. 彼は19世紀に生きた ‖〘完了形で〙Er hat nicht lange *gelebt*. 彼は早死にした | Das Kind hat bei der Geburt *gelebt*. その子供は誕生の際に死んだ ‖ Wie geht es dir?—Man *lebt*. 調子はどうだね — まあまあなんとかやっているよ | so wahr ich *lebe* 〈Gott *lebt*〉 誓って, 本当に, たしかに, まちがいなく | Darauf 〈Dafür〉 *lebe* 〔und sterbe〕 ich. それに私は命をかける | wie er 〈sie〉 leibt und *lebt* (→leiben) ‖〘接続法I式で〙Lang *lebe* der König! 国王陛下万歳 | Es *lebe* die Freiheit! 自由万歳 ‖〘事物を主語として〙Der Käse *lebt*.《話》このチーズは蛆(うじ)がわいている | Die Statue *lebt* 〔förmlich〕. この彫像は〔まるで〕生きているようだ | Sein Name 〈Sein Ruhm〉 wird ewig ～. 彼の名〈名声〉は永遠に生きつづけるだろう | In ihm *lebt* der Glaube 〈die Hoffnung〉. 彼の心には信仰〈希望〉が生きている | So etwas *lebt* nicht noch einmal.《話》そんなことは二度と起こらない.
2 a)《場所を示す語句と》(…に) 住む: auf dem Lande 〈in der Stadt〉 ～ 田舎〈都会〉に住む | bei *jm.* ～ …方に同居〈寄宿〉する | in Hamburg ～ ハンブルクに住んでいる | im Wasser 〈auf Bäumen〉 ～ 水中〈樹上〉に生息する | Er *lebt* in einer anderen Welt.《比》彼はひどくぼんやりしている, 彼はいつも夢見がちだ.
b)《様態を示す語句と》(…のように) 暮らす, 生活する: allein 〈zurückgezogen〉 ～ ひとりで〈引きこもって〉暮らす | gesund 〈üppig〉 ～ 健康な〈ぜいたくな〉生活を送る | in den Tag hinein ～ (→Tag 3) | über *seine* Verhältnisse ～ 身分不相応な暮らしをする | von der Hand in den Mund ～ (→Hand 1) ‖ aus dem Koffer ～ (職業がら)旅から旅への生活をする, 旅暮らしをする | **für** *et.*[4] 〈*jn.*〉 ～ …のために生きる | Er *lebte* für die Wissenschaft. 彼は学問に生涯をささげた | **von** *et.*[3] ～ i) …を食べて生きる; ii) …に依存して生活する | von Gemüse ～ 菜食生活を送る | von *seinem* Einkommen 〈*seinen* Eltern〉 ～ 自分の収入で〈親がかりで〉生活する | von Wasser und Brot ～ かつかつの生活をする | Du *lebst* wohl von der Luft.《戯》君はずいぶん小食だね〈もう食べないのかい〉‖〘3格と〙nur *seinem* Beruf ～ 職業にのみ生きる | ganz *seiner* Gesundheit ～ 健康第一に生活する ‖ mit *jm.* auf gespanntem Fuße ～ …と仲が悪い ‖ **～ und ～ lassen** 他人に干渉せず 他人からも干渉されずに暮らす, 共存共栄する | Er weiß zu ～. 彼は暮らし方がうまい〈生きるすべを心得ている〉; 彼は世故に通じている〈礼儀作法を心得ている〉; 彼は生活を楽しむことを知っている | *Leb*〔*e*〕 wohl! (別れのあいさつとして)達者でね, さようなら | Sie *lebte* damals in dem Glauben, daß er tot sei. 彼女は当時彼が死んだものと思っていた ‖〘結果を示す語句と〙再帰 *sich*[4] satt ～ 生に倦(う)む ‖ 再帰・非人称 Hier *lebt* es sich gut./ Hier läßt es sich 〔gut〕 ～. ここは住み心地がよい.
3 活気がある, 生き生きしている: Es *lebt* alles an ihm. 彼は活気にあふれている.
II 他 (h) **1**《雅》《同族目的語としての 4 格と》(生活・生涯を)送る, 過ごす: ein eintöniges Leben 〈ein Leben der Entsagung〉 ～ 単調な〈禁欲の〉生活を送る | Er *lebt* sein eigenes Leben. 彼は他人の〔言う〕ことなんか気にかけない. **2**《*et.*[4]》(…を生活の規範として)生きる: Toleranz ～ 寛容の生活を送る.
III Le·ben 中 -s/- **1** (↔Tod) 生命, 生, 命; 生き物; 生きていること, 生存: **das ewige ～**〘宗〙永遠の生〈命〉| das keimende ～ 生命の萌芽(ほうが), 胎児 | die unzähligen ～ im Wasser 水中の無数の生命〈生き物〉‖ die Entstehung 〈die Erhaltung〉 des ～*s* 生命の発生〈維持〉| des ～*s* müde 〈überdrüssig〉 sein 生に倦(う)んだ | ***seines*** **～*s* nicht mehr froh werden** (辛いことばかり多くて)もはや生きていて楽しいことがない ‖ ***seinem*** **～ ein Ende machen 〈setzen〉**《雅》自殺する ‖〘4 格で〙**das 〈*sein*〉 ～ aushauchen**《雅》息を引きとる, 死ぬ | *sein* ～ einsetzen 〈wagen〉 生命を賭(と)する | *jn.* das ～ kosten (行為が)…の死を招く | *sein* ～ lassen (事故・戦争などで) 命を落とす | *sich*[3] das ～ nehmen 自殺する | *sein* ～ opfern 〈hingeben〉 命をささげる | *jm.* das ～ retten …の命を救う | *jm.* das ～ schenken (殺さずに)…の命を助ける | **einem Kinde das ～ schenken**《雅》子供を生む | ***sein*** **～ 〔für *jn.* 〈*et.*[4]〉〕 in die Schanze schlagen** 〔…のために〕命をかける | ***sein*** **～ teuer verkaufen** 必死になって身を守る | *sein* ～ verlieren 〈wegwerfen〉 命を失う〈投げうつ〉‖ **das nackte ～ retten** 命からがら逃げる, かろうじて命だけ助かる(他のものはすべて失って) | das nackte ～ fristen (飢え死にしない程度に)かつかつに暮らす ‖〘1 格で〙Das ～ erlischt. 命の火が消える | Sein ～ hängt an einem dünnen 〈seidenen〉 Faden. 彼の命は風前のともし火である(→Faden 1 a) | Sport ist mein ～. スポーツは私の命だ | Du mein ～! いとしい人よ | **wie das blühende ～ aussehen**《話》いかにも元気そうに見える, 元気そのものである ‖〘前置詞と〙**am** ～ bleiben 〈sein〉 生きながらえる〈生きている〉| am ～ hängen 生に執着する | *jn.* am ～ lassen …を生かしておく(殺さずに) | *jm.* ans ～ wollen …の命をねらう | Es geht ans ～. 命にかかわることだ | ein Kampf **auf ～ und Tod** 生死を賭(と)しての戦い | Es geht auf 〈um〉 ～ und Tod. 生きるか死ぬかの瀬戸際だ | **freiwillig aus dem ～ scheiden**《雅》みずからこの世を去る, 自殺する | **für *sein* ～ gern** ぜひとも(…したい) (gern の強調) | Das tue ich für mein ～ gern. それは大いに喜んでいたします | für *js.* ～ fürchten …の生命を気づかう | ***et.***[4] **ins ～ rufen** …(組織など)を作る〈設立する〉| *jn.* 〔wieder〕 ins ～ zurückrufen …を生き返らせる | **ins ～ treten** (組

織などが)作られる, 設立される | **ins ewige ~ eingehen**《雅》他界する | **mit dem ~ davonkommen**(危地を脱して) 命が助かる, 命からがら逃げのびる | *et.*[4] mit dem ~ bezahlen …のために命を失う | **mit dem 〈*seinem*〉 ~ spielen** 命をかける, 死地に赴く, あぶない橋を渡る | ***jn.* nach dem ~ trachten** …の命をねらう | der Herr **über** ~ und Tod 生死をつかさどる神; 生殺与奪の権を握る人 | **um** *sein* ~ kämpfen 生きるために闘う | ***jn.* ums ~ bringen** …を殺す | **ums ~ kommen** (事故などで)命を落とす | Das ist **zum** ~ zuwenig und zum Sterben zuviel. これでは(あまり小額で)露命をつなぐのがやっとだ〈まるで すずめの涙だ〉 | **zwischen** ~ und Tod schweben 生死の境をさまよう.

2 生涯, 一生, 人生: ein kurzes 〈langes〉 ~ 短い〈長い〉生涯 | ein ~ von 70 Jahren 70年の生涯 ‖ *sein* ~ lang / **zeit** ***seines ~s*** 一生の間ずっと | Ich werde dir zeit meines ~*s* dankbar sein. 私は君のことは一生恩に着るよ | im Frühling 〈im Herbst〉 des ~*s*《雅》人生の春〈秋〉に | Die Tage seines ~*s* sind gezählt. 彼はすでに余命いくばくもない ‖ *sein* ~ beschließen 生涯を終える | *jm.* das ~ sauer machen …の人生をみじめなものにする(→3 a) ‖ den Bund **fürs** ~ schließen《雅》生涯の契りを結ぶ(結婚する) | *jm.* die Hand fürs ~ reichen《雅》…と結婚する | **nie im ~ / im ~ nicht** 絶対に…しない | So etwas habe ich zum erstenmal in meinem ~ erlebt. こんな体験は生まれてはじめてだ | Er hat **mit** dem ~ abgeschlossen. 彼は泰然として死を覚悟した.

3 a) 生活〔形式〕, 暮らし〔ぶり〕: ein einfaches 〈liederliches〉 ~ 簡素〈自堕落〉な生活 | **das süße ~** (享楽的な)甘い生活(イタリア語《La dolche vita》の訳語として定着) | das ~ in der Großstadt 大都会での生活 | Doppel*leben* 二重生活 | Hunde*leben* みじめな生活 ‖ *sein* ~ ändern 生活を改める | ein neues ~ anfangen 新しい生活を始める | ein geselliges 〈solides〉 ~ führen 社交的〈堅実〉な生活を送る | ein großes ~ führen 豪勢に暮らす | ein leichtes 〈schweres〉 ~ haben 生活が楽である〈苦しい〉 | *jm.* das ~ sauer machen …の生活をつらいものにする(→2) | Was kann das schlechte ~ nützen? つましく暮らしたってしようがないよね, 人生は楽しまなくちゃ.

b) (それぞれの分野での)生活: das gesellschaftliche 〈künstlerische〉 ~ 社会〈芸術〉生活 | das politische 〈wirtschaftliche〉 ~ 政治〈経済〉生活 | das geistige 〈kulturelle〉 ~ Berlins ベルリンの精神〈文化〉生活 | Sexual*leben* 性生活 | Studenten*leben* 学生生活 ‖ im öffentlichen ~ stehen 公的生活を送っている.

4 人生, 世の中, 実社会, 現実の生活: das tägliche ~ 日々の生活 | Alltags*leben* 日常生活 ‖ den Ernst des ~*s* kennenlernen 人世の厳しさを知る | Man muß das ~ eben nehmen, wie es eben ist.《諺》人生はありのままに受け取らねばならぬ ‖ Das Thema des Romans ist **aus** dem ~ gegriffen. この小説のテーマは実生活から得られたものだ | ***sich***[4] **durchs ~ schlagen** 人生を生き抜く, 生活のために悪戦苦闘する | gut durchs ~ kommen うまく世の中〈人生〉を乗り切る | **im** ~ *seinen* Mann stehen 人生を闘い抜く | So geht es im ~. 人生とはそうしたものだ | Der Roman ist **nach** dem ~ geschrieben. この小説は実生活を書いたものだ.

5 活気, 生気: das bunte ~ auf den Straßen 街頭のにぎわい | voll〔er〕 ~ sein 活気に満ちあふれている ‖ ~ in das Haus bringen 家の中を活気づける | **~ in die Bude bringen**《話》その場の雰囲気を盛り上げる, 座をにぎわす | Die Aufführung hatte kein ~. あの上演はさっぱり活気がなかった.

6《中部》(Fontanelle)〖解〗泉門, ひよめき.

IV le̤·bend 現分 形 生きている, 生命のある; 住んで〈暮らして〉いる; 現存している; 現在の: ~*e* Bilder 活人画 | ~*e* Blumen 生花 | die ~*e* Generation 今の世代 | eine ~*e* Hecke 生け垣 | ~*es* Inventar (家具什器(じゅうき)類に対して)家畜類 | ein ~*er* Leichnam (→Leichnam 1) | ~*e* Sprachen 現在使われている言語 | Kein ~*es* Wesen 〈Keine ~*e* Seele〉 war zu sehen. 人っ子ひとり見当たらなかった | ein ~*es* Wörterbuch 生き字引, 物知り ‖ *jn.* ~ begraben 〈sezieren〉 …を生き埋めにする〈生体解剖する〉 ‖ die *Lebenden* und die Toten 生者と死者 | es von den *Lebenden* nehmen (→lebendig 1).

[*germ.*; ◇Leim, Leib, bleiben; *engl.* live]

..le̲ben[..le:bən]《本来は「遺産・世襲領地」を意味し, 人名・家名と結合して地名に見られる》: Haldens*leben*

le̤·bend≈frisch[lé:bənt..] 形 (移植用臓器などが)生命を保って新鮮な. **≈ge·bä̲·rend** 形 (↔eierlegend)〖動〗胎生の. **≈ge·bo̲·ren** 形 (↔totgeboren)〖医〗生産の, 生きた状態で生まれた.

Le̤·bend≈ge·bu̲rt 女 (↔Totgeburt)〖医〗生産(死産に対するもの); 生産児. **≈ge·wicht** 中 (↔Schlachtgewicht) (屠畜(とく)の)生体重量.

le·be̤n·dig[lebέndɪç][2] 形 **1** (↔tot) 生きている, 生命のある: ein ~*es* Geschöpf 生物, 生きもの | ein ~*er* Käse《話》蛆(うじ)のわいているチーズ | ein ~*es* Konversationslexikon 生き字引(何でも知っている物知り) | ~*e* Kraft〖理〗運動エネルギー ‖ ~ sein 生きている | mehr tot als ~ sein (→tot 1) | wieder ~ werden 生き返る;《比》(しびれた手足などが)回復する | *jn.* ~ 〈bei ~*em* Leibe〉 begraben …を生き埋めにする | Hier ist keine ~*e* Seele zu finden. ここには人っ子ひとり見あたらない ‖ **es von den *Lebendigen*** (=**Lebenden**) **nehmen**《話》強欲非道である, 法外な値段をふっかける, 暴利をむさぼる(遺産から受け取る分を本人の生きているうちに奪い取る). **2** (思い出などが)生き続けている; なまなましい, 生き生きした: ~*e* Wirklichkeit なまなましい現実 | Die Erinnerung wurde wieder ~ in mir. 思い出が再び私の心の中によみがえった | *et.*[4] ~ erzählen …を生き生きと物語る. **3** (lebhaft) 生き生きした, 元気〈活気〉のある, 活発な: ein ~*es* Kind 元気のよい子供 | eine ~*e* Phantasie besitzen 〈haben〉 豊かな想像力をもつ.

le·be̤n·dig·ge·bä̲·rend =lebendgebärend

Le·be̤n·dig·keit[..kaɪt] 女 -/ lebendig なこと.

Le̤·bend≈mas·ke[lé:bənt..] 女 (↔Totenmaske) ライフマスク. **≈vieh** 中 食肉用の家畜.

Le̤·bens≈abend[lé:bəns..] 男 晩年, 人生のたそがれ. **≈ab·riß** 男 略歴. **≈ab·schnitt** 男 人生〈生涯〉の一時期. **≈a̲der** 女 (都市などの)生活物資の供給路, 生命線. **≈ak·ti·vi·tä̲t** 女 生命活動. **≈al·ter** 中 年齢; 年齢期(幼年・青年・老年など): ein hohes ~ erreichen 高齢に達する. **≈angst** 女 生の不安. **≈an·schau·ung** 女 人生観. **≈ar·beit** 女 =Lebenswerk **≈a̲rt** 女 **1** 生活の仕方, 生活方法〈様式〉, 暮らし方〈ぶり〉. **2** 礼儀作法: keine ~ haben 礼儀作法をわきまえない. **≈auf·fas·sung** 女 =Lebensanschauung **≈auf·ga̲·be** 女 人生〈生涯〉の課題. **≈ba̲hn** 女《雅》人生コース〈行路〉. **≈baum** 男 **1** 生命の樹(生命力の象徴. 聖書: 創 2, 9; 3, 22). **2**〖植〗クロベ(黒檜)属: abendländischer ~ ニオイヒバ(匂檜葉) | morgenländischer ~ コノテガシワ(児手柏). **3**〖解〗小脳活樹.

Le̤·bens·baum·zy·pres·se 女〖植〗ヒノキ(檜)属.

Le̤·bens≈be·din·gung 女 -/-en《ふつう複数で》生活〈生存〉条件. **≈be·dürf·nis·se** 複 生活必需品.

le̤·bens·be·ja̲·hend[lé:bəns..] 形 (↔lebensverneinend) 〔人〕生を肯定する, 楽観的な.

Le̤·bens≈be·ja·hung 女 -/ 〔人〕生の肯定. **≈be·reich** 男 生活領域; なわばり. **≈be·schrei·bung** 女 伝記. **≈bild** 中 **1** (ある時代の)生活像. **2** 経歴, 伝記. **≈bund** 男《雅》(Ehe) 二世(にせ)〈夫婦〉の契り. **≈dau·er** 女 生存期間, 寿命; (機械などの)寿命, 耐用年数〈期間〉: die ~ einer Maschine 機械の寿命〈耐用期間〉 | die ~ verkürzen 〈verlängern〉 寿命を縮める〈伸ばす〉.

le̤·bens·echt[lé:bəns..] =lebenswahr

Le̤·bens≈eli·xier 中 =Lebenswasser **≈en·de** 中 -s/ 人生の末期(まつご), 臨終: bis ans ~ 死ぬまで. **≈er·fah·rung** 女 人生経験, 生活体験. **≈er·in·ne·run·gen** 複 (Memoiren) 回想〈回顧〉録. **≈er·schei·nung** 女〖生〗生命〈生活〉現象. **≈er·war·tung** 女 -/ 期待しうる生命の長さ, (ゼロ歳児の)平均余命, 平均寿命: Die Ein-

wohner dieser Insel haben in der Regel keine hohe ～. この島の住民は 概してあまり長くは生きられない | Er hat nur noch eine begrenzte ～. 彼にはもう 限られた命しかない. ≈**fa·den** 男《雅》生命の糸, 玉の緒, 命脈: ***jm.* den ～ abschneiden** …の生命を絶つ; …の〔人生にとって〕最も大切なものをうばう.

le̥·bens·fä·hig[lé:bəns..] 形 生存〈生活〉能力のある; 生育可能な(新生児).

Le̥·bens·fä·hig·keit 女 -/ 生存〈生活〉能力.

le̥·bens≈feind·lich 形 生存〈生命〉をおびやかす. ≈**fern** 形 (↔lebensnah) 現実に即さない, 生活と無縁な.

Le̥·bens≈form[lé:bəns..] 女 生活様式. ≈**fra·ge** 女 死活〈重大〉問題.

le̥·bens·fremd 形 世事にうとい, 浮世ばなれした.

Le̥·bens·freu·de 女 生きる喜び, 生の歓喜.

le̥·bens·froh 形 生きる喜びに満ちた, 明るい, 快活な.

Le̥·bens≈füh·rung 女 生活態度, 生き方. ≈**ge·fahr** 女 -/ 生命の危険(シンボルは: → ⊛ Symbol): *jn.* mit 〈unter〉 ～ retten …を生命を賭(と)して救う.

le̥·bens·ge·fähr·lich 形 生命にかかわるような, 致命的な: ～ verletzt werden 致命傷を負う.

Le̥·bens≈ge·fähr·te[lé:bəns..] 男 (女 ≈**ge·fähr·tin**) **1**《雅》人生の伴侶(はんりょ), (特に:) 配偶者. **2** (正式には結婚していない) 愛人. ≈**ge·fühl** 中 (充実した) 生命感, 生の喜び. ≈**geist** 男 -[e]s/-er **1**《単数で》=Lebenswille **2**《複数で》生命力, 活力; 精気, 活気, 元気: Eine Tasse Kaffee erweckte 〈hob〉 seine ～*er*. 1杯のコーヒーで彼は元気になった. ≈**ge·mein·schaft** 女 生活共同体(特に家族); (男女の) 同棲(どうせい)〔関係〕; (Biozönose)〘生〙〔生物〕群集. ≈**ge·nuß** 男 生活の享受〈楽しみ〉. ≈**ge·schich·te** 女 生涯の歴史; 伝記.

le̥·bens·ge·wandt 形 世なれた.

Le̥·bens≈ge·wohn·heit 女 生活上の習慣. ≈**gier** 女 (強烈な, しばしば病的な) 人生〈生活〉を楽しむ意欲, 生への執念〈執着〉. ≈**glück** 中 人生〈一生〉の幸福.

le̥·bens·groß[lé:bəns..] 形 実物〈等身〉大の.

Le̥·bens≈grö·ße 女 **1** 実物〈等身〉大: *et.*[4] in ～ malen …を等身大に描く. **2**《戯》生身, 現実の姿: in voller ～ vor *jm.* stehen …の前にぬっと姿を現す. ≈**grund·la·ge** 女 生活の基盤. ≈**hal·tung** 女 生活の維持, 生計.

Le̥·bens·hal·tungs≈in·dex 男〘経〙〔標準〕生計費指数. ≈**ko·sten** 複 生活〈生計〉費.

Le̥·bens≈hö·he 女《雅》人生での幸福の頂点. ≈**hun·ger** 男 生への渇望.

le̥·bens·hung·rig 形 生を渇望する, 生に固執する.

Le̥·bens≈in·halt 男 人生を充実させるもの, 生きがい. ≈**in·ter·es·se** 中 -s/-n《ふつう複数で》生活上の利害〔関係〕; 重大〔関心〕事. ≈**jahr** 中 年齢: die letzten ～*e* 晩年 | im 10. ～ stehen 9歳である(10歳ではない). ≈**ka·me·rad** 男 (女 ≈**ka·me·ra·din**) =Lebensgefährte ≈**kampf** 男 生存競争, 生きるための闘い.

le̥·bens·klug[lé:bəns..] 形 人生経験の豊かな, 世間をよく知っている, 世故にたけた.

Le̥·bens≈klug·heit 女 lebensklug なこと. ≈**kno·ten** 男〘解〙呼吸中枢;〘医〙生命点. ≈**ko·sten** 複 生活費. ≈**kraft** 女 生命力, 活力; 精気, 元気, バイタリティー.

le̥·bens·kräf·tig 形 生命力〈活力〉のある; 精気にあふれた, 元気な.

Le̥·bens≈kreis 男 =Lebensbereich ≈**kri·se** 女 人生の危機. ≈**kun·de** 女 -/ **1** (Biologie) (教科としての) 生物学; ▽(教科としての) 社会科. **2** (特に自然食摂取による) 食生活の改善法. ≈***kunst*** 女 処世〈世渡りの〉術. ≈**künst·ler** 男 処世術の巧みな人, 世渡り〈やりくり〉上手. ≈**la·ge** 女 人生の(さまざまな) 状況〈場面〉; 生活状態, 境遇.

le̥·bens≈lang[lé:bəns..] 形 生涯にわたる, 終身の: ein ～*es* Ziel 一生の目標 | *jm.* ～ danken …に生涯感謝の念を抱きつづける. ≈**läng·lich** 形 **1** (特に処罰について) 生涯にわたる, 終身の: eine ～*e* Freiheitsstrafe 終身刑 | ▽ein ～*es* Mitglied 終身会員 | ▽eine ～*e* Rente 終身年金 ‖ *jn.* zu ～*em* Zuchthaus verurteilen …に無期懲役の刑を言い渡す | „～" bekommen 無期懲役になる ‖ der 〈die〉 *Lebenslängliche* 終身刑の囚人. ▽**2** =lebenslang

Le̥·bens·lauf 男 経歴, 履歴; 履歴書: ein handgeschriebener ～ 自筆の履歴書. [*lat.* curriculum vītae (◇Curriculum, Vita) の翻訳借用]

Le̥·bens≈licht 中 **1**《単数で》《雅》生命のともし火: ***jm.* das ～ ausblasen 〈auspusten〉**《話》…の生命を奪う, …を殺す | Sein ～ brennt hell. 彼は活力にあふれている | Sein ～ ist erloschen. 彼は死んだ. **2** バースデー=ケーキのろうそく. ≈**li·nie**[..niə] 女 (手のひらの) 生命線. ≈**lü·ge** 女 人生についての思い違い〈錯覚〉. ≈**lust** 女 -/ 生きる喜び; 人生の楽しみ.

le̥·bens·lu·stig 形 生きる喜びに満ちた; 人生を楽しむ,「陽気な.」

Le̥·bens≈mark 中 生命力〔の源泉〕, 活力〔の源〕: am ～ zehren (悩みなどが) 生命力をむしばむ | bis ins ～ erschrecken びっくり仰天する. ≈**mit·tel** 中 -s/-《ふつう複数で》食品, 食料品, 飲食物; 食糧.

Le̥·bens·mit·tel≈che·mie 女 食品化学. ≈**ge·schäft** 中 食料品店. ≈**ge·setz** 中 食品〔衛生〕法. ≈**hy·gie·ne** 女 食品衛生. ≈**in·du·strie** 女 食品工業. ≈**kar·te** 女 (戦時・緊急時などの) 食糧配給切符〈カード〉. ≈**mar·ke** 女 Lebensmittelkarte の券〈クーポン〉. ≈**ver·gif·tung** 女 食品中毒.

Le̥·bens≈mög·lich·keit[lé:bəns..] 女 生存の可能性. ≈**mot·to** 中 人生の座右銘〈モットー〉, 処生訓.

le̥·bens·mü·de 形 生きることに飽きた, 生活に疲れた: Du bist wohl ～?《戯》(命知らずの無謀な行為をしようとする者に対して) きみはおおかた生きるのがいやになったんだろう.

Le̥·bens≈mü·dig·keit 女 -/ lebensmüde なこと. ≈**mut** 男 生きる勇気〈気力〉; 元気, 活気.

le̥·bens·nah 形 (↔lebensfern) 真実に近い, 現実に迫った, リアルな; 生活に密着した, 実際に即した.

Le̥·bens≈nä·he 女 lebensnah なこと. ≈**nerv** 男〘解〙自律神経;《比》生命の中枢〔部〕, 生命線: den ～ der Wirtschaft zerstören 経済の中枢を破壊する.

Le̥·bens·ner·ven·sy·stem 中〘解〙自律〈植物性〉神経系.

Le̥·bens·ni·veau[lé:bənsnivo:] 中 生活水準.

le̥·bens·not·wen·dig 形 生命に不可欠な, 生きるために必要な.

Le̥·bens≈not·wen·dig·keit 女 **1**《単数で》lebensnotwendig なこと. **2** lebensnotwendig なもの: ～*en* 生活必需品. ≈**pfad** 男 =Lebensweg ≈**phi·lo·so·phie** 女 人生〈処世〉哲学;〘哲〙生の哲学.

le̥·ben·sprü·hend[lé:bən..] 形 生気〈元気〉はつらつとした, 活気に満ち〔満ち〕た.

Le̥·bens≈qua·li·tät[lé:bəns..] 女 (内容的な) 生活の質. ≈**quel·le** 女《雅》生命の泉〈源〉. ≈**raum** 男 生活圏;〘生〙生活〈生物〉圏, 行動圏. ≈**recht** 中 生きる権利, 生活権. ≈**re·form** 女 (特に自然食摂取による) 食生活の改善. ≈**re·gel** 女 生活の規準〈規範〉, 処世訓. ≈**rei·se** 女《雅》人生の旅路, 生涯, 経歴. ≈**ret·ter** 男 人命救助者; 生命の恩人. ≈**ret·tung** 女 人命救助.

Le̥·bens·ret·tungs·me·dail·le[..medaljə] 女 人命救助功労章.

Le̥·bens≈rhyth·mus 男 生活のリズム. ≈**saft** 男《雅》生命の液(血液のこと). ≈**stan·dard** 男 生活水準. ≈**stel·lung** 女 **1** 終身職. **2** 実生活での立場〈地位〉. ≈**stil** 男 生活様式; 生活の仕方, 生き方, ライフスタイル. ≈**stra·fe** 女 死刑.

le̥·bens·tüch·tig 形 生活能力のある; 世才にたけた.

Le̥·bens·über·druß 男 =Lebensmüdigkeit

le̥·bens·über·drüs·sig =lebensmüde

Le̥·bens·un·ter·halt 男 生活の維持, 生計, 暮らし; 生活〈生計〉費: *seinen* ～ bestreiten 暮らしを立てる | für *js.* ～ sorgen …の生活の面倒を見る | *sich*[3] *seinen* ～ selbst verdienen 自活する.

le̥·bens≈un·tüch·tig 形 生活能力のない; 世才にとぼしい. ≈**un·wert** 形 (病弱などで) 生きているかい〈値うち〉のない, 生きていてもしようのない. ≈**ver·nei·nend** 形 (↔le-

L

bensbejahend) 生を否定する, 厭世(えんせい)的な.
Lẹ·bens≠ver·nei·nung 女 生の否定. **≠ver·si·che·rung** 女 生命保険.
Lẹ·bens·ver·si·che·rungs≠ge·sell·schaft 女 生命保険会社. **≠po·li·ce**[..poli:sə] 女 生命保険証書.
lẹ·bens≠voll 形 生き生きした, 活気に満ちた, はつらつとした. **≠wahr** 形 真実どおりの, 真に迫った, リアルな.
Lẹ·bens≠wahr·heit 女 **1** lebenswahr なこと. **2** 人生の真理. **≠wan·del** 男 行状, 品行, 素行: einen einwandfreien ⟨vorbildlichen⟩ ~ führen 品行方正である. **≠was·ser** 中 -s/ **1** (神話で, 若返りの泉からくみとられ, あらゆる病気を治し永遠の若さを保つとされる)生命の水. **2** 《戯》(Branntwein) 火酒, 蒸留酒. **≠weg** 男 人生の道, 人生行路: einen gemeinsamen ~ antreten《比》結婚する. **≠wei·se** 女 生活の仕方, 生き方, 暮らしぶり, なりわい: eine solide ~ 堅実な暮らし方 | die sitzende ~ 座業, 座職(座って・腰かけてする職業). **≠weis·heit** 女 人生知, 処世哲学. **≠werk** 中 一生涯の仕事⟨作品⟩, ライフワーク.
lẹ·bens·wich·tig[lé:bəns..] 形 生命に必要⟨不可欠⟩な; 死活にかかわる; きわめて重要な.
Lẹ·bens≠wil·le 男 生への意志, 生きる意欲. **≠zei·chen** 中 生の徴候, 生きているしるし; 消息: Wir haben noch kein ~ von ihm. 彼からはまだなんの便りもない. **≠zeit** 女 生存期間, 生涯: auf ~ 一生涯, 死ぬまで | eine Rente auf ~ 終身年金. **≠ziel** 中, **≠zweck** 男 人生の目標⟨目的⟩.
Lẹ·ber[lé:bər] 女 -/-n **1** 〖解〗肝臓(→ ⊠ Mensch D): **eine durstige ⟨trockene⟩ ~ haben**《話》しょっちゅうのどが渇く; 酒が好きである ‖ ***jm.* an der ~ fressen**《話》…をひどくいらいらさせる | ***jm.* auf die ~ reden**《話》…の良心に訴える | Er hat es mit der ~ 〔zu tun〕.《話》彼は肝臓が悪い | *jm.* ist eine Laus über die ~ gelaufen ⟨gekrochen⟩ (→Laus) | **frisch ⟨frei⟩ von der ~ weg reden ⟨sprechen⟩**《話》(胸にあることを)率直に⟨腹蔵なく/あけすけに⟩話す | ***sich*[3] *et.*[4] von der ~ reden**《話》…を口に出してうっぷんを晴らす | *sich*[3] den Ärger von der ~ reden 癇癪(かんしゃく)玉を破裂させてうっぷんを晴らす | Das muß herunter von der ~.《話》それはこれ以上腹にしまっておいてはいけない. **2** 〖料理〗肝(きも), レバー. [*germ.*; ◇leben; *gr.* lípos „Fett"; *engl.* liver]
Lẹ·ber≠ab·szeß[lé:bər..] 男 〖医〗肝膿瘍(のうよう). **≠blüm·chen** 中 〖植〗スハマソウ(洲浜草)属.
Lẹ·be·recht[lé:bərɛçt] 男名 レーベレヒト. [Pietismus 期の造語; <lebe recht (=richtig)!]
Lẹ·ber≠egel[lé:bər..] 男 〖動〗カンテツ(肝蛭)(肝臓の寄生虫). **≠ent·zün·dung** 女 (Hepatitis) 〖医〗肝炎.
Lẹ·ber·fleck 男 〖医〗肝斑(かんはん), 褐色斑. [*mlat.* macula hēpatica (◇Makel, hepato..) の翻訳借用]
Lẹ·ber·funk·tion 女 肝臓の機能, 肝機能.
Lẹber·funk·tions·prü·fung 女 肝機能の検査.
Lẹ·ber≠in·farkt 男 〖医〗肝梗塞(こうそく). **≠in·suf·fi·zienz**[..tsiɛnts] 女 〖医〗肝〔機能〕不全. **≠kar·zi·nom** 中 〖医〗肝〔臓〕癌(がん). **≠kä·se** 男 -s/ **1** 〖料理〗レーバーケーゼ(ひき肉〔とレバー〕を材料にしたミートローフに似た料理). **2** 《北部・中部》=Leberpastete **≠knö·del** 男 《南部・オーストリア》〖料理〗レーバークネーデル(レバー入りだんご).
Lẹ·ber·knö·del·sup·pe 女 《南部》Leberknödel 入りのスープ.
lẹ·ber·krank 形 肝臓を病んだ, 肝臓病の.
Lẹ·ber≠krank·heit 女 肝臓病. **≠krebs** 男 〖医〗肝〔臓〕癌(がん). **≠lei·den** 中 =Leberkrankheit **≠moos** 中 〖植〗苔(たい)類, ゼニゴケ類. **≠pa·ste·te** 女 〖料理〗レバーペースト. **≠pilz** 男 〖植〗カンゾウタケ(肝臓茸). **≠schrump·fung** 女 〖医〗肝萎縮(いしゅく). **≠stein** 男 〖医〗肝結石. **≠test** 男 肝臓〔機能〕検査. **≠tran** 男 肝油. **≠trans·plan·ta·tion** 女, **≠ver·pflan·zung** 女 〖医〗肝臓移植. **≠wert** 男 《ふつう複数で》〖医〗肝機能の数値. **≠wurst** 女 〖料理〗(腸詰めの)レバーペースト: **die gekränkte ⟨beleidigte⟩ ~ spielen**《話》(理由なしに)むくれる. **≠zir·rho·se** 女 〖医〗肝硬変.

Lẹ·be≠welt[lé:bə..] 女 -/ **1** 生物⟨動植物⟩の世界. **2** (社交・享楽を追い求める)上流社会. **≠we·sen** 中 生きもの, 生物, 動植物.
Le·be·wọhl[le:bəvó:l] 中 -〔e〕s/-s, -e さよなら(別れのあいさつ): ***jm.* ~ sagen**《雅》…にさよならを言う, …に別れをつげる. [<lebe wohl! (→leben I 2 b)]
lẹb·haft[lé:phaft] 形 **1** 生き生きした, 活気のある; 活発な, にぎやかな; (色彩・模様などが)鮮やかな, けばけばしい: ein ~*es* Kind 元気のよい子供 | eine ~*e* Diskussion 活発な討論 | ein ~*er* Beifall さかんな拍手 | eine ~*e* Straße にぎやかな通り | *et.*[4] in ~*er* Erinnerung haben …をはっきり覚えている. **2** 《副詞的》(sehr) 非常に, きわめて: *sich*[4] ~ ärgern 大いに気を悪くする | *et.*[4] ~ bedauern …を非常に⟨心から⟩残念に思う.
Lẹb·haf·tig·keit[..tıçkaıt] 女 -/ lebhaft なこと.
[▽]**lẹ·big**[lé:bıç][2] =lebendig
Lẹb·ku·chen[lé:p..] 男 (Pfefferkuchen) レープクーヘン(蜂蜜(はちみつ)・香料入りケーキ: → ⊠ Kuchen). [„Brotkuchen"; *mhd.*; ◇Laib]
Lẹb≠küch·ler[..ky:çlər] (**≠küch·ner**[..nər]) 男 -s/-《南部》Lebkuchen を作る菓子職人.
lẹb·los[lé:plo:s][1] 形 **1** 生命のない, 生きていない, 死んだ. **2** 活気のない, 生気に乏しい; 不景気な. [*mhd.*; ◇leben]
Lẹb·lo·sig·keit[..lo:zıçkaıt] 女 -/ leblos なこと.
Lẹb·recht[lé:brɛçt, lé:p..] 男名 (<Leberecht) レーブレヒト, レープレヒト.
Lẹb·tag[lé:p..] 男《話》《所有代名詞と》(…の)生涯: 〔**all**〕 ***sein* ~** 一生のあいだ | Daran werde ich mein ~ denken. それを私は生涯忘れないだろう | ***sein* ~ nicht** 決して…しない | Das lerne ich mein ~ nicht. それは私には(一生涯かかっても)決して習得できないだろう ‖ **einen ~ machen ⟨anstellen⟩**《シュヴァーベン》大騒ぎをする. [*mhd.*; ◇leben]
Lẹb·zei·ten 複 **bei ⟨zu⟩ 〔*js.*〕 ~** 〔…の〕存命中に | **auf ~** (その後)生涯にわたって.
[▽]**Lẹb≠zel·ten**[lé:ptsɛltən] 男 -s/-《オーストリア》=Lebkuchen **≠zel·ter**[..tər] 男 -s/-《オーストリア》=Lebküchler
der Lech[1][lɛç] 地名 男 -s/ レヒ (Donau 川の支流). [*kelt.*]
Lech[2][‒] 男 中 -〔e〕s/ 〖金属〗鈹(かわ)(硫化鉱から銅などを精錬する過程で生じる中間生成物. ふつう硫化物の形をとる).
lẹch·zen[lɛ́çtsən] 《02》 自 (h) 《雅》(乾燥して)乾ききる; (のどが)渇く; 《nach *et.*[3]》(…を)渇望する: nach Blut ~ 血に飢えている | nach Rache ~ 復讐(ふくしゅう)の念に燃えている | Die Erde *lechzt* nach Regen. 大地は雨を待ちこがれている. [*mhd.*; < *ahd.* lecchen „austrocknen" (◇leck); ◇ *engl.* leach, leak]
leck[lɛk] 形 (水などの)漏る: Der Eimer ist ~. このバケツは水が漏る ‖ Das Boot schlägt ~. / Das Boot wird ~ geschlagen. ボートが破損して浸水する. [*ndd.*; ◇Lache[3]]
Leck[‒] 中 -〔e〕s/-s (水などの)漏り口, 漏る個所; (船の)浸水個所: ein ~ bekommen ひびが入る, 穴があく.
Leckạ·ge[lɛká:ʒə; オーストリア: ..ká:ʒ] 女 -/-n[..ʒən] **1** 漏損(液体の漏れによる目減り). **2** =Leck [<..age]
Lẹcke[lɛ́kə] 女 -/-n 〖狩〗(家畜・野獣などの)塩なめ場.
lẹcken[1][lɛ́kən] **I** 他 (h) なめる; なめて食べる; なめ取る: Die Katze *leckt* Milch. 猫がミルクをなめる | Der Hund *leckt* mir die Hand. 犬が私の手をなめる ‖ *jm.* den Hintern ⟨die Stiefel⟩ ~ (→Hintern, →Stiefel 1) | *js.* Speichel ~ (→Speichel) | **vorn ~ und hinten kratzen**《比》面従腹背する | ***Leck* mich 〔doch〕!** / *Leck* mich am Arsch!《卑》くそくらえ, ほっといてくれ(→Götz) ‖ Blut geleckt haben (→Blut 2) | *sich*[3] die Finger ⟨die Pfoten⟩ nach *et.*[3] ~ (→Finger 1, →Pfote 1).
II 自 (h) 《an *et.*[3]》(…を)なめる: am Eis ~ アイスクリームをなめる | Die Flammen *leckten* am Dach. 炎が屋根に燃え広がった.
III ge·lẹckt → 別出
[*westgerm.*; ◇ *engl.* lick; *gr.* leíchein „lecken"]
lẹcken[2][lɛ́kən] 自 (h) (…から水などが)漏る: Der Tank ⟨Das Boot⟩ *leckt.* このタンク⟨ボート⟩は水が漏る. [<leck]

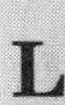

lẹcken³[−] =löcken

lẹcker[lέkər] 形 **1** 美味の, おいしい; (appetitlich) 食欲をそそる, おいしそうな: ein ～*es* Gericht おいしい料理 | Der Kuchen schmeckt ～. このケーキはおいしい ‖ ein ～*es* Mädchen《比》魅力的な女の子. **2**《話》より好みをする; 好奇心のある. [*mhd.*; ◇lecken¹]

Lẹcker[−] 男 -s/- **1**〖狩〗(野獣の)舌. ᵛ**2** 美食家, 食道楽の人. **3**《方》おしゃぶり. **4**《スイス》=Lausbub

Lẹcker·bis·sen 男 美味な〈おいしい〉食物, 珍味.

Lecke·rei[lεkəráɪ] 女 -/-en **1** 美味な〈おいしい〉食物, 珍味; 甘い菓子類(あめ・チョコレートなど). **2**《話》オーラル=セックス.

lẹcker·haft[lέkərhaft] =lecker 1

lẹcke·rig[lέkərɪç]² 形 美味な〈甘い〉ものに目のない; 意地きたない, 食いしん坊の.

Lẹcker·li[lέkərli·] 中 -s/-《スイス》レッカーリ(蜂蜜(はちみつ)・コショウ入りの小型ケーキ).

Lẹcker≈maul[lέkər..] 中, **≈mäul·chen** 中《話》**1** (Feinschmecker) 美食家, 食道楽の人. **2** 美味な〈甘い〉ものに目のない人; つまみ食いをする〈意地きたない〉人, 食いしん坊.

lẹckern[lέkərn]《05》自 (h) **1**《話》好んで美食〈つまみ食い〉をする. **2** 非人称《es leckert *jn.* nach *et.*³ / *jn.* leckert nach *et.*³》(…は…が)食べたい, ほしい.

lẹck·si·cher[lέk..] 形 (水などの)漏れない, 気密の.

Lẹck·su·cher 男 漏洩(ろうえい)検出器.

Le Cor·bu·sier[ləkɔrbyzjé] 人名 ル コルビュジエ(1887–1965; フランスの建築家).

led. 略 =ledig 独身〈未婚〉の.

Lẹ·da[lé:da·] 人名〖ギ神〗レダ(Sparta の王妃で, 白鳥に変身した Zeus と交わって 2 個の卵を産み, 一方から Dioskuren, 他方から Helena と Klythämnestra が生まれた). [*gr.*–*lat.*]

Lẹ·der[lé:dər] 中 -s/ (種類: -) **1** (動物の)なめし革, 革, 皮革;《話》(Haut) (人間の)皮膚, 肌: Kunst*leder* 人造皮革 | Schwein*leder* 豚革 ‖ zäh wie ～ (調理した肉などが)革のように硬い ‖ ～ färben 〈verarbeiten〉 革を染める〈加工する〉| ***jm.* das ～ gerben 〈versohlen〉**《話》…をさんざん殴る ‖ **was das ～ hält**《話》はげしく, ひどく, 力いっぱい(→was II 1 b) | **zuschlagen, was das ～ hält**《話》思いきり殴りつける ‖ ***jm.* ans ～ gehen 〈wollen〉**《話》…をやっつけようと思う | ***jm.* auf dem ～ knien**《話》…に圧力を加えて強要する | ***jm.* aufs ～ rücken**《話》…にしつこくせがむ | eine Handtasche **aus** ～ 革のハンドバッグ | ein **in** ～ gebundenes Buch 革装の本 | **vom ～ ziehen** 武力に訴える, 抜刀する; 断固たる態度に出る; 奮闘する. **2** (皮革製品. 特に:) 革製の衣類, (職人・工員などの)革製前垂れ; 革布, (窓ふき用の)セーム革; 革張り座席〈シート〉. **3**《話》(Fußball) (サッカーの)ボール: das ～ ins Tor schießen ボールをゴールにシュートする. [*germ.*; ◇*engl.* leather]

lẹ·der·ar·tig[lé:dər..] 形 革のような.

Lẹ·der≈band 男 -[e]s/..bände (略 Ldbd.)〖製本〗革とじ〈装丁〉の本. **≈ein·band** 男 -[e]s/..bände (略 Ld., Ldbd.)〖製本〗革とじ〈装丁〉.

Lẹ·de·rer[lé:dərər] 男 -s/-《南部》=Gerber

lẹ·der≈far·ben[lé:dər..] 形, **≈far·big** 形 皮革色の.

Lẹ·der≈fa·ser·werk·stoff[lé:dər..] 男 (革くずを集めて圧縮した)皮革繊維原料. **≈fe·ti·schis·mus** 男 皮革〔製品〕に対するフェチシズム〈淫物(いんぶつ)愛〉. **≈fett** 中 皮革用油脂. **≈ga·ma·sche** 女 革ゲートル. **≈gür·tel** 男 革のベルト. **≈han·del** 男 皮革商〈販売〉. **≈hand·schuh** 男 革手袋. **≈haut** 女〖解〗**1** 真皮(しんぴ). **2** (Sklera) (目の)強膜(きょうまく).

Le·der·haut·ent·zün·dung 女 (Skleritis)〖医〗強膜炎.

Lẹ·der·ho·se 女 革ズボン(特に南ドイツやアルプス地方の革製半ズボン).

lẹ·de·rig[lé:dərɪç]² =ledrig

Lẹ·der≈imi·ta·tion[lé:dər..] 女 模造革, レザーレット. **≈in·du·strie** 女 皮革産業. **≈jacke** 女 革の上着〈ジャンパー〉. **≈kof·fer** 男 革製のトランク. **≈kom·bi** 男 革製のつなぎ〔作業服〕. **≈kup·pe** 女〖ビリヤード〗(キューの)タップ(→ 図 Billard). **≈man·tel** 男 革製のコート. **≈map·pe** 女 =Ledertasche

lẹ·dern¹[lé:dərn]《05》他 (h) **1** 革布(かわぬの)で磨く. **2**《話》《*jn.*》ぶん殴る. **3**《方》(gerben) (皮を)なめす.

lẹ·dern²[−] 形 **1 a)**《付加語的》革〔製〕の; 革のような: eine ～*e* Handtasche 革のハンドバッグ. **b)** 革のように硬い(肉): Der Braten ist ～. この焼き肉は革のように硬い. **2**《比》退屈な, 無味乾燥な: ein ～*er* Mensch 面白味のない人間 | Der Roman war ～. その小説はつまらなかった.

Lẹ·der·nacken[lé:dər..] 男《話》アメリカの海兵隊員. [*amerik.* leather-neck の翻訳借用]

Lẹ·der≈öl 中 皮革用油. **≈pol·ster** 中 革張りのクッション. **≈rie·men** 男 革ひも; 革ベルト. **≈schild·krö·te** 女〖動〗オサガメ. **≈schnitt** 男 彫革細工(本の表紙の装飾など). **≈schuh** 男 革靴. **≈ses·sel** 男 革張りの安楽いす. **≈soh·le** 女 (靴の)底革. **≈stie·fel** 男 革製の長靴. **≈ta·pe·te** 女 革製の壁布. **≈ta·sche** 女 革製のかばん〈書類入れ〉. **≈wan·ze** 女〖虫〗ヘリカメムシ(縁亀虫)科の昆虫. **≈wa·ren** 複 革製品. **≈zeug** 中 -[e]s/《集合的に》(服装・武装などの一部をなす)革具(剣帯・馬具など).

Lẹ·di[lé:di·] 女 -/-nen[..dinən]《スイス》積み荷, 貨物. [<laden¹]

lẹ·dig[lé:dɪç]² 形 **1 a)** (略 led.) (↔verheiratet) 独身〈未婚〉の(記号 ∞): Er ist noch ～. 彼はまだ独身だ | eine ～*e* Mutter 未婚の母親. **b)**《方》(unehelich) 正式の結婚によらない: ein ～*es* Kind 私生児. **2**《雅》《*et.*²》(…に)拘束されない, (…を)免れている, (…から)自由な: los und ～ (→los 2 a) ‖ aller Sorge ～ sein 心配事が全くない | frei und ～ (→frei I 1 a) | ***jn. et.*² ～ sprechen** …を…から放免する. **3**《方》からの, 空席の; 使われていない; 暇な: ein ～*es* Pferd (乗り手なしの)から馬 | eine ～*e* Stelle 欠員, 空席 | eine ～*e* Schicht〖坑〗時間外勤務 | ～*es* Gestein〖鉱〗鉱物を含まない岩石 | *jn.* ～ lassen …を釈放する ‖ Der Acker liegt ～. この畑は休耕中である. **4**〖紋〗単色〈単彩〉の. [„beweglich"; *mhd.*; ◇Glied]

Lẹ·di·gen≈heim[lé:dɪgən..] 中 独身寮. **≈steu·er** 女 (Junggesellensteuer) 独身税(1930年に導入され, その後所得税に包括されている特別税).

lẹ·dig·ge·hend[lé:dɪç..] 形 (勤務地などの関係で)別居している, 単身赴任の.

lẹ·dig·lich[lé:dɪklɪç] 副 (nur) ただ, 単に: Man darf nicht ～ nach dem Äußeren urteilen. 外見だけで物事を判断してはならない.

Lẹ·di·schiff[lé:di..]《スイス》=Lastschiff

lẹd·rig[lé:drɪç]² 形 革のような. [<Leder]

Lee[le:] **I** 女 -/ (↔Luv)〖海〗風下(かざしも)〔の側〕: nach ～ drehen 風下に向きを変える. **II** 中 -s/〖地〗(山などの)風の当たらない側. [*mndd.*; ◇lau]

leeg[le:k]¹ 形《北部》**1** (schlecht) 悪い, 粗悪な; (falsch) 偽りの, 誤りの; (krank) 病んだ; (elend) みじめな. **2** (水位の)低い, (水深の)浅い. **3** (leer) からの; 積み荷のない. [*ndl.* laag; ◇liegen; *engl.* low]

lee·gie·rig[lé:..] 形〖海〗(船首が)風下(かざしも)に向きやすい.

leer[le:r] **I** 形 **1** からの, 中身のない; あいて〈すいて〉いる; 空白の; 空虚な, うつろな; 内容のない, 無意味な; むなしい: ein ～*es* Glas からのコップ〈グラス〉| mit ～*en* Händen 手ぶらで, 手みやげを持たずに; なんの成果も得ずに | ein ～*er* Kopf からっぽの頭, あほう | ein ～*er* Magen からの胃袋, すきっぱら | ein ～*er* Platz 空席 | eine ～*e* Straße 人気(ひとけ)のない道路 ‖ ein ～*es* Blatt 白紙 | ein ～*er* Blick うつろなまなざし | ～*es* Gerede くだらないおしゃべり | ～*es* Stroh dreschen (→Stroh) | ～*e* Taschen haben 無一文である | ～*e* Versprechungen から約束 | ein ～*er* Wahn 実体のない妄想 ‖ ～ ausgehen (→ausgehen 5) | den Teller ～ essen 皿〔の料理〕をきれいにたいらげる | einen Laden ～ mieten 店をからのまま(家具・設備のない状態で)借りる | ～ ausgehen むなしく〈なんの成果も得ずに〉引き揚げる | **～ laufen** (機械・エンジンなどが)空転〈アイドリング〉する(ただし: →leerlaufen) ‖ vor ～*en* Bänken (→Bank¹ 1) | vor ～*em* Haus spielen (→Haus 1 b). **2**《雅》an *et.*³ ～ sein …がない, …に乏しい | Sein Leben war ～ an Freuden. 彼の生活には喜び

〈楽しみ〉がなかった. **II Leere**[1][lé:rə] 中《形容詞変化》空(くう): ins ～ greifen 〈starren〉 空をつかむ〈宙を見つめる〉| Der wohlgemeinte Rat ging ins ～. その好意的な忠告は聞き入れられなかった | Die Kampagnen liefen ins ～. キャンペーンは空振りに終わった.
[*westgerm.* „auflesbar"; ◇lesen]

..leer[..le:r]《名詞につけて「…のない」を意味する形容詞をつくる》: menschen*leer* 人気(ひとけ)のない | luft*leer* 空気のない | blut*leer* 血の気のない | inhalt〔s〕*leer* 内容のない | freude〔n〕*leer* 喜びのない.

Leer·darm[lé:r..] 男《解》空腸.

Lee·re[1] →leer II

Lee·re[2][lé:rə] 女 -/ (leer なこと. 例えば:) からっぽ, 空虚, むなしさ: die ～ des Blicks まなざしのうつろさ | Es blieb eine ～ in ihm zurück. 彼の心にはむなしさが残った ‖ **gähnende ～** がら空きの〈ほとんど人気(ひとけ)のない〉状態 | Im Saal herrschte gähnende ～. 広間には〔ほとんど〕だれもいなかった.

lee·ren[lé:rən] 他 (h) **1** (容器を)からにする: eine Flasche Wein ～ ワインを1本からにする〈飲み干す〉| das Glas auf *js.* Wohl ～ …の健康を祈って乾杯する | das Glas mit einem Zug ～ グラスを一気に飲み干す | den Becher der Freude 〈des Leides〉 bis zur Neige ～《比》喜び〈悲しみ〉を味わいつくす | den 〔bitteren〕 Kelch bis auf den Grund 〈bis zur Neige〉 ～ (→Kelch 1 a) | *jm.* die Taschen ～ (→Tasche 1) ‖ 再帰 *sich*[4] ～ からになる | Der Saal hat sich *geleert.* 広間はからに〈人がいなく〉なった.
2 (中身を)あける: das Geld auf den Tisch ～ (財布などの)金をテーブルにぶちまける.

Leer≈for·mel[lé:r..] 女 (実体を伴わない)空虚な決まり文句. **≈gang** 男 **1** (エンジン変速装置の)ニュートラル. **2** =Leerlauf **≈ge·wicht** 中 (車両などの)自重. **≈gut** 中 (からの)梱包(こんぽう)容器, 風袋(ふうたい)(袋・箱・たるなど: → 図 Bahnhof B).

Leer·heit[lé:rhaɪt] 女 -/-en《ふつう単数で》leer なこと.

Leer≈kas·set·te 女 (録音前の)なまカセット〔テープ〕. **≈ki·lo·me·ter** 男 (↔Nutzkilometer) 空車キロ数(トラックなどが貨物を積まずに走行した距離). **≈lauf** 男 (機械・エンジンなどの)空転, アイドリング;《比》労力の浪費, むだな仕事: im ～ laufen (エンジンが)空転〈アイドリング〉する.

leer|lau·fen*[lé:r..]《89》自 (s) (auslaufen) (容器が)漏って空になる(ただし: leer laufen →leer I 1).

Leer·schei·be 女 (Losscheibe)《工》遊び車.

leer·ste·hend 形《付加語的》人の住んでいない, 空き家の; (貸室などに)家具の入っていない.

Leer≈stel·le 女 **1** 空席. **2**《言》空位(動詞補足語によってみたされるべき部分). **≈ta·ste** 女 (タイプライターの)スペース=バー(→ 図 Schreibmaschine).

Lee·rung[lé:rʊŋ] 女 -/-en leeren すること: Briefkasten*leerung* 郵便ポストの開函(かいかん).

Leer≈ver·kauf[lé:r..] 男《商》(証券などの)空(から)売り. **≈zim·mer** 中 家具の入っていない部屋〈貸室〉. **≈zug** 男 からの〔貨物〕列車.

Lee·sei·te[lé:..] 女《海》風下(かざしも)の側, 風下舷(げん).

lee·wärts[..vɛrts] 副 風下に〈へ〉.

Lef·ze[lέftsə] 女 -/-n (動物の)くちびる(→ 図 Hund).
[*germ.*; ◇Labium, Lappen, Lippe[1]]

leg. 略 =legato

le·gal[legá:l] 形 (↔illegal) 法律にかなった, 適法の, 合法的な, 正当な: auf ～*em* Wege / mit ～*en* Mitteln 合法的に, 正当な手段で. [*lat.*; < *lat.* lēx (→Lex); ◇legitim]

Le·ga·li·sa·tion[legalizatsió:n] 女 -/-en legalisieren すること. [*fr.*]

le·ga·li·sie·ren[legalizí:rən] 他 (h) 適法〈合法〉と認める, 公認〈法的に確認〉する; 合法化する. [*fr.*]

Le·ga·li·sie·rung[..rʊŋ] 女 -/-en =Legalisation

le·ga·li·stisch[legalístɪʃ] 形 (形の上だけ)合法的な.

Le·ga·li·tät[..litέ:t] 女 -/ 適法〈合法〉性: **etwas außerhalb der ～**《婉曲に》違法の, 非合法の. [*mlat.*]

Le·ga·li·täts·prin·zip 中 -s/ (↔Opportunitätsprinzip)《法》起訴法定主義.

Leg·asthe·nie[legastení:] 女 -/-n[..ní:ən]《医・心》(単語・文の)読み取り能力の〔先天的〕障害. [< *lat.* legere „lesen" (◇Legende)]

Le·gat[legá:t] **I** 男 -en/-en **1**《カトリック》教皇使節〈特使〉. **2**《史》(古代ローマの)使節,(前2世紀から)司令官,(ローマ帝国期の)副司令官. **II** 中 -〔e〕s/-e《法》遺贈. [*lat.*; ◇legieren[1]]

Le·ga·tar[legatá:r] 男 -s/-e (Vermächtnisnehmer) 遺産受取人;《法》受遺者. [*spätlat.*]

Le·ga·ti Legato の複数.

Le·ga·tion[legatsió:n] 女 -/-en **1** (Gesandtschaft) **a)** 公使館. **b)**《カトリック》教皇使節団. **2** (旧教皇領の)枢機卿(すうきけい)管区. [*lat.*; ◇legieren[1], Legat]

Le·ga·tions≈rat 男 -〔e〕s/..räte 公使館参事官(外交官の職階上の称号). **≈se·kre·tär** 男 公使館書記官.

le·ga·to[legá:to·] **I** 副 (略 leg.) (↔staccato)《楽》レガート,(音を)なめらかに続けて. **II Le·ga·to** 中 -s/-s, ..ti [..ti·]《楽》レガート〔で演奏すること〕. [*it.*; < *lat.* ligāre (→ligieren)]

le·ge ar·tis[lé:gə ártɪs, ..ge· –]《ラテン語》(略 l. a.) 範例〈規則〉どおりに. [◇Lex, Ars]

Le·ge≈boh·rer[lé:gə..] 男《動》(昆虫などの)産卵管. **▽≈geld** 中 (Eintrittsgeld) 入場料. **≈hen·ne** 女 産卵〈採卵〉鶏. [<legen]

Le·gel[lé:gəl] 男 -s/-《海》(帆の)鳩目(はとめ)環. [*mndd.*; ◇Lägel; 形の類似から]

le·gen[lé:gən][1] 他 (h) **1 a)** (英: *lay*) (立っているものを)横にする, 横たえる, 寝かせる; 倒す;《スポーツ》(相手側の選手を)転倒させる: Die Weinflaschen soll man ～, nicht stellen. ワインの瓶は立てるのではなく寝かせなければならない | den Bauern ～《史》(土地を買収または略奪して)農民を土地から追い出す ‖《方向を示す語句と》*jn.* auf den Rücken ～ …をあおむけに寝かせる;《比》…を完全に参らせる | *jn.* 〔auf die Schultern〕 ～《レスリング》フォールする | das Kind ins Bett 〈zu Bett〉 ～ 子供を寝かしつける | *jn.* ins Grab ～ …を埋葬する.
b) 再帰 *sich*[4] ～ 横になる, 身を伏せる; (病気で)床につく | Er mußte sich ～. 彼は〔病気で〕床につかねばならなかった | *Leg* dich! (犬に対して)伏せ | *sich*[4] krumm ～ 体を曲げて(ちぢこまって)横になる ‖《方向を示す語句と》*sich*[4] aufs Bett ～ ベッドの上に横になる | *sich*[4] auf den Bauch ～ 腹ばいになる | *sich*[4] auf die Lauer ～ (→Lauer[2]) | Das Boot *legte* sich auf die Seite. ボートが横倒しに傾いた | *sich*[4] ins Bett ～ ベッドに入る, 床につく | *sich*[4] in die Sonne ～ 寝そべって日光浴をする ‖《不定詞などと》*jn.* schlafen ～ (→schlafen I 1 c) ‖ 再帰 *sich*[4] schlafen ～ 眠るために横になる, 床につく.
b) (髪などを)ねかしつけて整える: Bitte waschen und ～! (美容院で)シャンプーとセットをお願いします | die Frisur ～ 髪をセットする | das Haar in Wellen ～ 髪にウェーブをつける | die Wäsche ～ (アイロンの前に)洗濯物を霧吹きをして畳む.
c) 再帰 *sich*[4] ～ (あらし・怒り・驚きなどが)おさまる, 静まる, やむ,(…の)勢いが衰える: Der Wind 〈Der Lärm〉 *legt* sich. 風〈騒ぎ〉がおさまる | Der Schmerz wird sich schon ～. 痛みは〔そのうちに・ほどなく〕きっとおさまるだろう.
d) 《*jm. et.*[4]》やめさせる, 妨害する: *jm.* das Handwerk ～ …の仕事ができないようにする.
2 a) 《*et.*[4]》《方向を示す語句と》(…を…に〔横たえて〕)置く, 移す: *jm. et.*[4] **ans** Herz ～ …に…のことを心にかけるよう求める | *et.*[4] an die Luft ～ …を空気にさらす | Er *legte* seine niedrige Gesinnung an den Tag. 彼はいやしい根性をさらけ出した | *et.*[4] **auf** den Tisch ～ …をテーブルの上に置く〈のせる〉| Man *legt* die Füße nicht auf den Tisch. 足をテーブルにのせるものではない | *sich*[3] Geld auf die Seite 〈die hohe Kante〉 ～ 貯金する | die Betonung auf eine Silbe ～ ある音節にアクセントをおく | Gewicht auf *et.*[4] ～ …を重視する | großen Wert auf *et.*[4] ～ …を重く見る | Zoll auf Waren ～ 商品に関税をかける | ein Fabrikat auf Serienproduktion ～ ある製品の量産態勢に入る | die

L

Unterrichtsstunde auf den Nachmittag ~ 授業時間を午後に移す | die Feder **aus** der Hand ~ ペンを置く, 擱筆(かくひつ)する | die Wäsche **in** den Schrank ~ シャツ類をたんすにしまう | für *et.*⁴ die Hand ins Feuer ~ (→Hand 1 ④) | die Hände in den Schoß ~ (→Hand 1 ④) | *jm.* Steine in den Weg ~ (→Stein 1 b) | Ich *lege* die Entscheidung in Ihre Hände. 決定はあなたの手にゆだねます | *jm.* Worte 〈eine Äußerung〉 in den Mund ~ …にある言葉を言わせる,(事実をまげて)…がある言葉を言ったと主張する | das Flugzeug in die Kurve ~〘空〙飛行機を旋回させる | Er *legt* großen Ehrgeiz in das Schwimmen. 彼は水泳で名声をあげることをねらっている | die Gabel **neben** den Teller ~ フォークを皿に並べて置く | eine Decke **über** den Tisch ~ テーブルにクロスをかける(→3 a) | ein Bein über das andere ~ 足を組む | *et.*⁴ unter Schloß und Riegel ~ (→Schloß 2 a) | *jm.* den Kopf vor die Füße ~ (→Fuß 1 a) | *jm. et.*⁴ zu Füßen ~ (→Fuß 1 a) | Er *legt* seine Hand **zwischen** zwei Parteien. 彼は両派を仲裁する.

b) 産卵する: Eier 〔ins Nest〕 ~ 卵を産む ‖〘目的語なしで〙Die Vögel 〈Die Fische〉 *legen* gut. これらの鳥〈魚〉はよく産卵する.

c) Rechnung über *et.*⁴ ~ …について釈明する〈使途明細書を出す〉.

3 (ある場所に)静止させる, 固定させる, すえる: **a**) 敷く, ひろげて置く, 並べる: ein Tuch auf den Tisch ~ テーブルの上に布を敷く | *et.*⁴ nach der Reihe ~ …を順序よく並べる ‖ *jm.* die Karten ~ トランプで…の運勢を占ってやる | die 〈*seine*〉 Karten offen auf den Tisch ~ (→Karte 2).

b) 再帰 *sich*⁴ ~ (霧などが)かかる, おりる: Der Nebel *legt* sich auf die Wiese 〈über die Stadt〉. 霧が草原にかかる〈町を覆う〉| Dunkelheit *legte* sich aufs Land. やみが大地を包んだ.

c) 植えこむ, 敷設する: Kartoffeln ~ 種ジャガイモを植えこむ | Knollen ~ 球根を植えつける | Geld auf Zinsen ~ 金をねかせて利子を稼ぐ | Fliesen ~ (床に)タイルを張る | das Fundament eines Hauses 〈zu einem Haus〉 ~ 建物の基礎を置く | den Grundstein für die neue Kirche ~ 新しい教会を起工する | den Keim für *et.*⁴ 〈zu *et.*³〉 ~《比》…の基礎を置く ‖ Gas 〈Wasserleitung〉 ~ ガス〈水道〉管を敷設する | Gleise 〈Schienen〉 ~ 線路を敷設する | Eine neue Bahnlinie wurde nach Bonn *gelegt.* ボンまでの新しい鉄道路線が敷かれた | Kabel 〈Minen〉 ~ ケーブル〈地雷・機雷〉を敷設する | eine Schlinge 〈eine Falle〉 ~ わなを仕掛ける ‖ Er hat seinem Unterricht das neue Lehrbuch zugrunde *gelegt.* 彼は新しい教科書に基づいて授業を行った.

d) (軍隊などを)駐留させる: Truppen in eine Stadt ~ 部隊をある都市に駐屯させる.

e) 縛りつける, つなぐ: einen Hund an die Kette ~ 犬を鎖につなぐ | *jn.* in Ketten 〈Fesseln〉 ~ …を鎖につなぐ | ein Schiff vor Anker ~ 船を係留する.

4《方向を示す語句と》**a**) あてがう, 当てる; 寄せかける: eine Leiter **an** die Mauer ~ 壁にはしごを立てかける | *jm.* den Kopf an die Schulter ~ …の肩に頭をもたせかける | die Axt an den Baum ~ 木におのを入れる | Hand an *et.*⁴ ~ …をつかむ; …に着手する | Hand an *jn.* ~ …に危害を加える | Hand an *sich*⁴ ~ 自害する | Hand ans Werk ~ 作業に取りかかる | Feuer 〔an ein Haus〕 ~ 〔建物に〕放火する | ein Pflaster **auf** die Wunde ~ 傷にばんそうこうをはる | die Hand aufs Herz ~ (誓いのしぐさで)胸に手を当てる | die Hand auf den Mund ~ 口に手を当て〔て沈黙するよう合図す〕る | *jm. die Hand auf die Stirn* ~ …の額に手を当てる | *jm.* den Arm **um** die Schultern ~ 腕で…の肩を抱く | *jm.* ein Kissen **unter** den Kopf ~ …の頭にまくらを当てがってやる | ein Schloß **vor** 〈an〉 die Tür ~ 戸に錠をかける | *jm.* die Hand vor den Mund ~ (黙らせようと)…の口を手でふさぐ.

b) 再帰 *sich*⁴ **auf** 〈in〉 *et.*⁴ ~ …にのり出す, …に力を注ぐ, …に精を出す | *sich*⁴ aufs Bitten ~ 熱心に頼む, 拝み倒す | Ich will mich weitergehend auf Studium ~. 私は今後もいっそう学業に専念するつもりです | *sich*⁴ ins Mittel ~ 中に立つ, 仲立ちをする | *sich*⁴ ins Zeug 〈in die Ruder〉 ~《比》全力をふりしぼる | *sich*⁴ in die Riemen ~《比》力漕(りきそう)する; 作業に精を出す.

5 a) *jm. et.*⁴ zur Last ~ (→Last 1). **b**) 再帰 *sich*⁴ 〔*jm.*〕 **auf** *et.*⁴ ~ 〔…の〕…にのしかかる, 〔…の〕…を苦しめる〈悪くする〉| *sich*⁴ *jm.* schwer auf die Seele ~ (不安などが)…の心に重くのしかかる | Der Qualm *legt* sich auf die Brust. 私は煙で息が詰まりそうだ | Das fette Essen *legte* sich mir schwer auf den Magen. 油っこい食事がひどく私の胃にもたれた | Die Erkältung hat sich auf die Nieren *gelegt.* 風邪で腎臓(じんぞう)が悪くなった.

6《*et.*⁴ in *et.*⁴》(…を…の)状態にする: die Stadt **in** 〔Schutt und〕 Asche ~ 町を焼き払う | *et.*⁴ in Falten ~ …を折り畳む; …にひだ〈折り目〉をつける | das Gesicht in freundliche Falten ~ 相好をくずす | das Gesicht in grämliche Falten ~ 顔をしかめる | das Gesicht in würdige Falten ~ むずかしい顔をする.

[*germ.* „liegen machen"; ◇liegen; *engl.* lay]

le·gen·da̱r[legɛndá:r] ᵛ**I** ＝legendär **II Le·gen·da̱r** 中 -s/-e 聖人伝〈物語〉集. [*mlat.*]

le·gen·dä̱r[..dɛ́:r] 形 聖人伝の; 伝説上の;《比》あり得ないような, 信じがたい.

Le·gen·da̱·rium[..dá:riʊm] 中 -s/..rien[..riən] 「＝Legendar」

Le·gẹn·de[legɛ́ndə] 女 -/-n **1** 聖人伝, 聖人物語: die ~ des heiligen Sebastian 聖セバスティアンの物語. **2 a**) 伝説(特に空想によって脚色された歴史上の事実の);《比》(荒唐無稽(むけい)な)作り話: Das ist eine ~. それは作り話だ. **b**)〘聖〙聖伝説(信仰の強化に資する伝説). **3**〘楽〙聖譚(せいたん)〈譚詩〉曲. **4** (地図の)凡例(記号の説明); (貨幣の)銘(→ 図 Münze); (画集などの)説明文. **5** (活字の)筆記体. [*mlat.* legenda „zu lesende Stücke"－*mhd.*; ＜*lat.* legere (→Lektion)]

le·gẹn·den·haft[legɛ́ndənhaft] ＝legendär

le·ger[leʒɛ́:r, ..ʒé:r] 形 格式張らない, 気楽〈気軽〉な; 無頓着(むとんちゃく)な; (服装が)軽い; (仕上げなどが)いいかげんな. [*lat.* levis－*afr.* legier－*fr.*; ◇leicht]

Le̱·ger[lé:gər] 男 -s/- **1** 床(ゆか)張り職人, タイル工. **2** ＝Legehenne

Le̱·ge·röh·re[lé:gə..] 女 ＝Legebohrer

Le̱·ges Lex の複数.

Le̱·ge⸗schei·de[lé:gə..] 女, ⸗**sta·chel** 男 ＝Legebohrer ⸗**zeit** 女 (特に鶏の)産卵期〔間〕.

Le̱g·föh·re[lé:k..] 女《方》(Latsche)〘植〙ヨーロッパハイマツ(這松).

leg·gie·ro[lɛdʒé:ro·, ..dʒɛ́:..] 副 (leicht)〘楽〙レッジエーロ, かろやかに, 軽快に. [*afr.* legier (→leger)－*it.*]

Le̱g·hen·ne[lé:k..] ＝Legehenne

Le̱g·horn[lé:khɔrn] 中 -s/-〔s〕(..hörner) レグホン(鶏の一品種). [*engl.*; ＜Livorno (イタリアの輸出港)]

ᵛ**le·gie̱·ren**¹[legí:rən] 他 (h) 遺贈する. [*lat.* lēgāre „eine gesetzliche Verfügung treffen"; ◇Lex, Legat]

le·gie̱·ren²[－] 他 (h) **1**《*et.*⁴》〘金属〙(…に)他の金属をまぜて合金をつくる. **2**〘料理〙(スープなどに卵・粉・クリームなどをまぜて)濃くする: *legierte* Suppe 濃いスープ. [*lat.* ligāre (→ligieren)－*it.*]

Le·gie̱·rung[..rʊŋ] 女 -/-en 合金.

le·gi·fe·rie̱·ren[legifərí:rən, ..ferí:rən] 自 (h)《スイス・オーストリア》立法に参加する. [＜*lat.* lēgi-fer „gesetz-gebend" (◇Lex)]

Le·gi·fe·rie̱·rung[..rʊŋ] 女 -/《スイス・オーストリア》(Gesetzgebung) 立法〔行為〕.

Le·gio̱n[legió:n] 女 -/-en **1**〘史〙(古代ローマの)軍団(4000人ないし6000人の歩兵と300人の騎兵からなる). **2** 義勇軍; 傭兵(ようへい)団: Fremden*legion* 外人部隊. **3** 大勢, 無数: eine ~ von Besuchern 大勢の訪問者の群れ | Die Zahl der Besucher ist ~. 訪れる人の数はかぞえきれない | Ihr Name ist ~.《比》彼らは大勢だ(聖書: マコ 5, 9, およびルカ 8, 30から). **4**〘動〙属(綱と目または目と科の間におかれる

分類). [*lat.* legiō „ausgelesene Mannschaft"; ◇Lektion]

Le·gio·nar[legioná:r] 男 -s/-e **1**〘史〙(古代ローマの)軍団の兵. **2** =Legionär 1 [*lat.*]

le·gio·när[..né:r] 形 軍団〈義勇軍〉に関する. [*lat.*]

Le·gio·när[−] 男 -s/-e **1**〔傭〕兵団〈義勇軍〉の兵; 外人部隊の隊員. **2** =Legionar 1 **3** レジオン=ドヌール勲章の所持者. [*fr.* légionnaire]

Le·gis·la·tion[legɪslatsió:n] 女 -/ =Legislatur

le·gis·la·tiv[legɪslatí:f][1] 形 (gesetzgebend) 立法の, 立法権を持った. [*fr.*]

Le·gis·la·ti·ve[..tí:və] 女 -/-n **1** (gesetzgebende Gewalt)〘法〙立法権(→Exekutive, Judikative). **2** 立法機関, 立法府;〘史〙(フランス革命期の)立法議会. [*fr.*]

le·gis·la·to·risch[..tó:rɪʃ] 形 立法〔者〕の; 立法権のある. [< *lat.* lēgis lātor „Gesetzes-Einbringer"]

Le·gis·la·tur[..tú:r] 女 -/-en **1**《単数で》(Gesetzgebung) 立法. ▽**2** 立法機関, 立法議会〔の任期〕. [*engl.* legislature−*fr.*; ◇legiferieren]

Le·gis·la·tur·pe·ri·ode 女 議会〈立法府〉の任期.

Le·gis·mus[legísmʊs] 男 -/ 法律万能主義; 法の融通の効かなさ. [< *lat.* lēx (→Lex)]

le·gi·tim[legití:m] 形 (↔illegitim) **1** 合法的な, 正当な, 適法の: ein ~*er* Anspruch 正当な要求. **2** (ehelich) 嫡出の, 正統の. [*lat.*; ◇legal]

Le·gi·ti·ma·tion[legitimatsió:n] 女 -/-en **1** 正当と認めること,(役所による)認定, 公認, 是認. **2**〘法〙**a)** (私生児の)認知. **b)** 資格. ▽**3** 身分証明〔書〕, 資格認定〔書〕. [*mlat.*−*fr.*]

Le·gi·ti·ma·tions≠kar·te 女 身分証明書; 営業鑑札, 行商免許状. **≠pa·pier** 中 **1**〘法〙免責証券, 資格証券;(預金・保険などの)〔指定〕受領人であることを証明する書類;(相手側の入れた)借用証書. **2** 身分証明書, 営業鑑札.

le·gi·ti·mie·ren[legitimí:rən] 他 (h) (↔ delegitimieren) **1**《*jn.* / *et.*[4]》(…を)合法〈適法〉と認める,(…が)正当であると宣告する; 公認する,(…の)資格を証明する: zu *et.*[3] *legitimiert* sein …の資格を認められている ‖ 再帰 *sich*[4] als Vertreter[4] ~ (文書によって)自分が代表者〈代理人〉であることを証明する. **2** (私生児を)認知する. [*mlat.*] 「ること.」

Le·gi·ti·mie·rung[..rʊŋ] 女 -/-en legitimieren す」

Le·gi·ti·mis·mus[legitimísmʊs] 男 -/〘史〙正統主義, 復古主義.

Le·gi·ti·mist[..míst] 男 -en/-en 正統主義者.

le·gi·ti·mi·stisch[..místɪʃ] 形 正統〈復古〉主義の.

Le·gi·ti·mi·tät[..mité:t] 女 -/ **1** 合法〔性〕, 正当〔性〕. **2** 嫡出;(君主の)正統. [*fr.* légitimité]

Le·guan[leguá:n, lé:gua:n; オーストリア: ⌣⌣−] 男 -s/-e〘動〙イグアナ(熱帯アメリカの大トカゲ). [*karib.*−*span.* la iguana −*ndl.* leguaan; ◇Iguanodon; *engl.* iguana]

Le·gu·men[legú:mən] 中 -s/- **1** (Hülsenfrucht)〘植〙豆果, 莢果(きょうか). **2** 豆食品. [*lat.*; < *lat.* legere (→Lektion)]

Le·gu·min[legumí:n] 中 -s/-e〘化〙レグミン(豆科植物の中のたんぱく質). [<..in[2]]

Le·gu·mi·no·se[..minó:zə] 女 -/-n **1**《ふつう複数で》(Hülsenfrüchtler) マメ科植物. **2** 豆粉. [<..os]

Le·hár[lé:har, lehá:r; オーストリア: ⌣⌣] 人名 Franz ~ フランツ レハール(1870-1948; ハンガリーの作曲家で, 作品は喜歌劇『メリー=ウィドー』など. ハンガリー語形 Ferenc ~).

Le Havre[ləá:vr] 地名 ル アーヴル(フランス北部, Seine 川の河口に近い港湾都市). [*fr.* „der Hafen"; ◇Hafen[2]]

Leh·de[lé:də] 女 -/-n《北部》(Brache) 休耕地, 荒廃した耕地; 荒野, 荒蕪地(こうぶち). [*ndl.* leeghede „Niederung" −*mndd.* lēgede; < *ndl.* laag (→leeg)]

Le·hen[lé:ən] 中 -s/- (↔Allod)〘史〙(中世の封建社会で封主が封臣に与える)封土(ほうど), 知行(ちぎょう): an *jn.* ein ~ geben 〈verleihen〉 …に封土を授ける | *jm.* *et.*[4] zu ~ geben …に…を封土〈知行〉として与える. [*germ.* „Geliehenes"; ◇leihen; *engl.* loan]

Le·hens≠brief =Lehnsbrief **≠dienst** =Lehnsdienst **≠eid** =Lehnseid **≠fol·ge** =Lehnsfolge **≠gut** =Lehnsgut **≠herr** =Lehnsherr **≠herr·schaft** =Lehnsherrschaft **≠mann** =Lehnsmann **≠pflicht** =Lehnspflicht **≠recht** =Lehnsrecht **≠ver·fas·sung** =Lehnsverfassung **≠we·sen** =Lehnswesen

Lehm[le:m] 男 -〔e〕s/-e 粘土質の土;〘地〙ローム: Stroh und ~《南部》《話》塩漬けキャベツ添えエンドウ粥(かゆ)| *jn.* einen feuchten ~ angehen (→angehen II 3). [*westgerm.*; ◇Leim; *engl.* loam]

lehm·ar·tig[lé:m..] 形 粘土質の, ローム状の.

Lehm≠bau 男 -〔e〕s/-ten 土蔵造りの建物;《単数で》土蔵造り. **≠bo·den** 男 **1** ローム〈粘土〉質土壌. **2** 土間.

Lehm·bruck[lé:mbrʊk] 人名 Wilhelm ~ ヴィルヘルム レームブルック(1881-1919; ドイツの彫刻家).

lehm≠far·ben 形, **≠far·big** 形, **≠gelb** 形 粘土色〈黄褐色〉の.

Lehm≠gru·be 女 粘土採取場. **≠guß** 男 粘土の鋳型での鋳造. **≠hüt·te** 女 土小屋, 土室(つちむろ).

leh·mig[lé:mɪç][2] 形 ローム〈粘土〉〔質〕の.

Lehm≠stein[lé:m..] 男 (焼いてない)粘土れんが, 粘土瓦(がわら). **≠the·ra·pie** 女〘医〙粘土療法. **≠wand** 女 粘土壁, 土壁.

Lehn[le:n] 中 -〔e〕s/-e =Lehen

Lehn≠be·deu·tung[lé:n..] 女〘言〙借義〔語〕(→Bedeutungsentlehnung). **≠bil·dung** 女〘言〙借用形成語 (Lehnübersetzung, Lehnübertragung, Lehnschöpfung の総称). [<lehnen[2]]

Leh·ne[lé:nə] 女 -/-n **1** (いすなどの)背もたれ; ひじ掛け. **2**《南部》(Abhang) 緩傾斜, スロープ: in der ~ 傾斜して.

leh·nen[1][lé:nən] **I** 自 (h) **1**《場所を示す語句と》(…に)寄りかかる, もたれる; 立てかけてある: Die Leiter *lehnt* an der Wand. はしごが壁に立てかけてある. **2**《南部》傾斜している. **II** 他 (h) **1**《方向を示す語句と》(…に)もたせかける, 立てかける: *et.*[4] an 〈gegen〉 die Wand ~ …を壁にもたせ〈立て〉かける | den Rücken in die Polster ~ 背中をクッションに〔埋めるように〕もたせかける | Sie *lehnte* den Kopf an seine Schulter. 彼女は頭を彼の肩にもたせかけた ‖ 再帰 *sich*[4] an *jn.* 〈*et.*[4]〉 ~ …にもたれる〈寄りかかる〉| *sich*[4] 〔mit dem Rücken〕 an die Wand ~ 壁に〔背を〕もたれる | *sich*[4] 〔weit〕 aus dem Fenster 〈über das Geländer〉 ~ 窓〈手すり〉から〔うんと〕身を乗り出す. **2** 再帰 *sich*[4] ~〘坑〙(坑道が)交わる. [*westgerm.*; ◇Klima; *engl.* lean]

leh·nen[2][lé:nən] 他 (h) ▽**1**〘史〙封土(ほうど)〈知行(ちぎょう)〉として与える. **2**《南部》(leihen)《*jm.* *et.*[4]》**a)** (…から…を)借りる. **b)** (…に…を)貸す. [*ahd.*; ◇Lehen; *engl.* lend]

Lehns·brief[lé:ns..] 男〘史〙封土(ほうど)認許状.

Lehn·schöp·fung 女〘言〙借用新造〔語〕(形態的には外国語と全く無関係につくられた語. 例 Automobil−Kraftwagen).

Lehns≠dienst 男〘史〙封主に対する奉仕, 封臣のつとめ. **≠eid** 男〘史〙(封土受領の際の)忠誠の誓い.

Lehn·ses·sel[lé:n..] 男 ひじ掛け〈安楽〉いす. [<lehnen[1]]

Lehns≠fol·ge[lé:ns..] 女〘史〙**1** 封土相続. **2** 封臣の従軍義務. **3** (封主が死亡した場合)新しい封主に奉仕すべき封臣の義務. **≠gut** 中〘史〙世襲封土, 知行(ちぎょう). **≠herr** 男〘史〙封建領主, 封主. **≠herr·schaft** 女〘史〙領主〈封主〉権. **≠mann** 男 -〔e〕s/..männer, ..leute (▽..mannen) (Vasall)〘史〙封建家臣, 封臣, 封土保有者. **≠pflicht** 女〘史〙(封臣の)忠誠義務; (封主の)保護義務. **≠recht** 中 -〔e〕s/〘史〙封建法, レーン法. [<Lehen]

Lehn·stuhl[lé:n..] 男 ひじ掛け〈安楽〉いす. [<lehnen[1]]

Lehns≠ver·fas·sung[lé:ns..] 女 -/, **≠we·sen** 中 -s/〘史〙封建制度, 藩制. [<Lehen]

Lehn≠über·set·zung[lé:n..] 女〘言〙直訳借用〔語〕, 借訳語(例 Freidenker< 英語 freethinker). **≠über·tra·gung** 女〘言〙意訳借用〔語〕(例 Vaterland< ラテン語 patria). **≠wen·dung** 女〘言〙借用語法. **≠wort** 中 -〔e〕s/..wörter (略 Lw.)〘言〙借用語(外来語が自国

L

語化したもの. ㊇ Fenster＜ ラテン語 fenestra). [＜lehnen[2]]

Lehr[le:r] 中 -(e)s/-e ＝Lehre 4

Lehr·amt[lé:r..] 中 教職: ein ～ antreten 教職につく | *sein* ～ aufgeben ⟨niederlegen⟩ 教職をやめる.

Lehr·amts≠an·wär·ter 男《官》小学校教員試補. **≠kan·di·dat** 男《官》中⟨高等⟩学校教員試補.

Lehr≠an·stalt 女 教育施設, 学校. **≠auf·trag** 男 (大学からの)講義委嘱: einen ～ bekommen ⟨haben⟩(大学の)非常勤講師になる⟨である⟩. **≠aus·bil·der** 男 見習工教育係, 実地指導員.

lehr·bar[lé:rba:r] 形 (物について)教えることが可能な.

Lehr≠be·auf·trag·te[lé:r..] 男 女 (大学の)非常勤講師. **≠be·fä·hi·gung** 女 (小中学校の)教員資格. **≠be·helf** 男《オーストリア》＝Lehrmittel **≠be·rech·ti·gung** 女 (高校・大学の)教員資格. **≠be·ruf** 男 **1** 教職: im ～ tätig sein 教職についている. **2** 徒弟修業を必要とする職業. **≠bo·gen** 男〘建〙(アーチ型の)仮枠, せり枠. **≠brett** 中 型板; 型, ひな型. **≠brief** 男 **1** 徒弟修業証書. **2** 徒弟奉公契約書, 年季証文. **≠bub** 男《南部・オーストリア・スイス》徒弟, 見習い. **≠buch** 中 教科書, 手引き〘書〙. **≠bursch** 男, **≠bur·sche** 男 徒弟, 見習い. **≠de·pu·tat** 中 (教師の)基準授業時間数. **≠dich·tung** 女 教訓詩.

Leh·re[lé:rə] 女 -/-n **1** 教え, 教義,〔学〕説, 学, 体系: die christliche ～ キリスト教の教え | die ～ Kants カントの説 | die ～ vom Schall 音響学 ‖ eine ～ aufstellen 学説をたてる. **2** 教訓; 訓戒; 規範: eine ～ aus der Geschichte 歴史の教訓 ‖ *jm.* eine ～ geben …に訓戒を与える | aus *et.*[3] eine ～ ziehen …を教訓とする ‖ Dieser Vorfall soll mir eine ～ sein. この出来事を私のよい教訓としたい | Die ～ hieraus ist, daß ... これから得られる教訓は…ということである | Laß es dir zur ～ dienen! 君はそれをよい戒めにしたまえ. **3** 教えること, 教育: Forschung und ～ (大学での)研究と教育. **4** (手工業などでの)見習修業, 年季奉公; (一般に)研修, 実習: eine dreijährige ～ 3年の見習修業 ‖ die ～ bei einem Tischler ⟨in einem Büro⟩ machen 指物師のもとで⟨事務所で⟩見習修業をする ‖ bei *jm.* in der ～ sein ⟨stehen⟩ …のところで見習修業をしている | *jn.* in die ～ nehmen …を見習い⟨徒弟⟩として受け入れる, …を弟子入りさせる | zu *jm.* in die ～ kommen ⟨treten⟩ …のところに徒弟として入る, …のもとに弟子入りする | **bei *jm.* noch in die ～ gehen können**《話》…からまだまだ学ぶことがある. **5**〘工〙キャリパス, ノギス; ゲージ(→ 図); 型板; ひな型; 口径, 直径, サイズ;〘建〙仮〈せり〉枠;〘金属〙鋳型; 準尺, ものさし;〘坑〙目地(めじ)定規;〘印〙ゲージ(組版の寸法などを定めるもの);〘工〙ジグ(きりなどを穴あけ位置に正確に導く工具);〘彫〙原型. [*westgerm.*; ◇lehren; *engl.* lore]

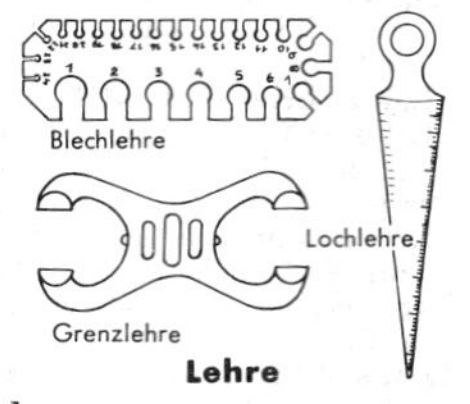

Lehre

leh·ren[lé:rən] **I** 他 (h) (英: *teach*)《*jn.*》教育する;《*et.*[4]》教授する; わからせる;《*jn.* ⟨*jm.*⟩ *et.*[4]》(…に…を)教える: die Jugend ⟨die Arbeiter⟩ ～ 青少年⟨労働者⟩を教育する | Deutsch ⟨Geographie⟩ ～ ドイツ語⟨地理⟩を教える | einen Eid ～〘法〙宣誓の言葉を(一区切りずつ)唱えてみせる | Das muß die Zeit ～. それは時がたてばわかるさ | Die Geschichte *lehrt*, daß sich jede Untat rächt. 歴史は悪業がすべて報いを受けることを教えている ‖ *jn.* ⟨*jm.*⟩ das Reiten ～ …に乗馬を教える | die Kinder ⟨den Kindern⟩ Musik ～ 子供たちに音楽を教える | Mir ist das ⟨Ich bin das⟩ in der Schule nicht *gelehrt* worden. 私はそれは学校で習わなかった | Warte, ich werde dich ⟨dir⟩ noch Gehorsam ～! 今に君の高慢の鼻をへし折ってやるぞ ‖〘zu のない不定詞〔句〕と〙die Schüler ⟨den Schülern⟩ rechnen ～ 生徒たちに算数を教える | *jn.* ⟨*jm.*⟩ Klavier spielen ～ …にピアノを教える | Das Leben *lehrt* uns verzichten. 人生は私たちにあきらめることを教える | Not *lehrt* beten.《諺》苦しいときの神頼み | *Lehre* du mich Tiere ⟨Weiber⟩ kennen!《話》動物⟨女⟩のことは君より詳しいんだよ ‖〘zu 不定詞〔句〕と〙Er *lehrte* mich ⟨mir⟩, anständig zu essen. 彼は私に食事の作法を教えた | Er hat mich ⟨mir⟩ *gelehrt*, gegen Ältere höflich zu sein. 彼は私に目上の人々に敬意を払うことを教えた | Ich werde dich ⟨den⟩ ～, frech zu sein.《話》君⟨あいつ⟩がなまいきなことをしたらただではすまないぞ ‖〘目的語なしで〙an einer Universität ⟨in Berlin⟩ ～ 大学で⟨ベルリンの学校で⟩教えている ‖ Durch *Lehren* lernt man.《諺》教えることは学ぶこと, 人を教えてみてはじめてよく分かるようになる. **II ge·lehrt** → 別出

[*germ.* „wissen machen"; ◇leisten, lernen, List]

Leh·rer[lé:rər] 男 -s/- (女 **Leh·re·rin**[..rərɪn]-/-nen) **1** (学校の)教師, 教員: ～ für Mathematik an einem Gymnasium 高校の数学の教師. **2** 師, 先生, 師匠.

Leh·rer≠aus·bil·dung 女, **≠bil·dung** 女 教員養成.

Leh·rer·bil·dungs·an·stalt 女 教員養成所, 師範〔学校.〕

Leh·rer≠fort·bil·dung 女 教員再教育. **≠ge·werk·schaft** 女 教員組合.

leh·rer·haft[lé:rərhaft] 形 教師然とした, 教師ぶった.

Leh·re·rin Lehrer の女性形.

Leh·rer≠kol·le·gium[lé:rər..] 中 教師陣. **≠kon·fe·renz** 女 教員会議. **≠man·gel** 男 -s/ 教員不足. **≠pult** 中 教卓.

Leh·rer·schaft[lé:rərʃaft] 女 -/ (学校またはある地区の)教員全体; 教師団, 教師陣.

Leh·rer≠se·mi·nar 中, **≠se·mi·na·rium** 中 ＝Lehrerbildungsanstalt **≠stand** 男 教職; 教師陣. **≠stel·le** 女 教師の職⟨地位⟩. **≠zim·mer** 中 (学校の)職員室, 教員室.

Lehr≠fach[lé:r..] 中 授業科目, 学科目. **≠film** 男 教育映画. **≠frei·heit** 女 -/〘法〙学説⟨教授⟩の自由. **≠gang** 男〔教科〕課程. **≠ge·bäu·de** 中〔学問〕体系, 体系的学説. **≠ge·dicht** 中 教訓詩. **≠ge·gen·stand** 男《オーストリア》＝Lehrfach **≠geld** 中 (昔徒弟が親方に支払った)授業料, 謝礼金:〘ふつう次の形で〙〔teures〕 **～ geben ⟨zahlen⟩** (痛い失敗などをして)高い代償を払う; つらい経験を通して学び知る | **Laß dir dein ～ zurückgeben!**《話》君は授業料を払って何も習わなかったのか, 君はそんなことも知らないのか. **≠ge·rüst** 中〘建〙仮枠, せり枠.

lehr·haft[lé:rhaft] 形 教育的⟨教訓的⟩な; 教師のような, 教師ぶった.

Lehr≠hau·er 男 見習鉱員. **≠herr** 男 親方, 師匠. **≠jahr** 中 -(e)s/-e **1** (徒弟などの)見習期間中の1年間;《複数で》見習期間: *seine* ～*e* beenden 見習期間を終える. **2**《ふつう複数で》(昔の職人の)修業⟨徒弟⟩時代(→Wanderjahr): ***Lehrjahre* sind keine Herrenjahre.**《諺》見習い中はぜいたくはできない(修業時代はだんな時代ではない). **≠jun·ge** 男 ＝Lehrling **≠kan·zel** 女《オーストリア》＝Lehrstuhl **≠kna·be** 男 ＝Lehrling **≠kom·bi·nat** 中 (旧東ドイツの)実習工場, 養成工場. **≠kör·per** 男 教師陣; (大学の)教授団. **≠kraft** 女 (教師陣の一員としての)教師: eine tüchtige ～ 有能な教師 | Es fehlen *Lehrkräfte.* 教師が足りない.

Lehr·ling[lé:rlɪŋ] 男 -s/-e (中世以来の手工業の)徒弟(職人の資格を得るまえの見習い: →Geselle 1 a, Meister 1 a); (一般に)研修生, 見習い生, 訓練⟨実習⟩生, 弟子;《比》初心者, 新米, 未熟者: Er ist ～ beim Bäcker. 彼はパン屋に見習奉公中である.

Lehr·lings·(wohn·)heim 中 徒弟の寄宿舎.

Lehr≠mäd·chen[lé:r..] 中 徒弟修業中の少女; 見習女店員, 女弟子. **≠ma·schi·ne** 女〘教〙教授⟨教育⟩機器, ティーチングマシン. **≠ma·te·rial** 中 教材. **≠mei·nung** 女《雅》学説, 定説. **≠mei·ster** 男 師, 師匠, 先生; (徒弟の)親方: Der Mißerfolg war mir ein guter ～.《比》失敗は私にとってよい教訓だった. **≠me·tho·de** 女 教授⟨教

L

育〉法. ≈**mit·tel** 中 教授用〔器〕具, 教材. ≈**plan** 男 教案, 教科課程, カリキュラム. ≈**pro·be** 女 教育実習〔授業〕.

lehr·reich[lé:rraiç] 形 教育〈教訓〉的な, ためになる, 啓発的な: eine ~*e* Erfahrung ためになる経験 | Das Experiment war sehr ~. 実験は非常に有益だった.

Lehr≈saal 男 大教室, 講堂. ≈**satz** 男〔根本〕命題, 学説, 定理;〘宗〙教義: einen ~ beweisen 定理を証明する. ≈**spruch** 男 金言, 格言, 箴言(しんげん). ▽≈**stand** 男 -〔e〕s/ **1** 教育階級 (Nährstand, Wehrstand と並ぶ昔の社会階層区分の一つで教師・宗教人の総称). **2** 教師の身分. ≈**stel·le** 女 徒弟〈見習〉勤務のポスト; 徒弟の身分. ≈**stoff** 男 教材. ≈**stuhl** 男 講座(大学の〔正〕教授の職): den ~ für neuere Geschichte innehaben 〈besetzen〉 近代史の講座を担当している | einen ~ errichten 〈gründen〉 講座を開設する | *jn.* auf einen ~ berufen …を講座担当の教授として招く | ein Professor mit ~ 講座担当教授.

Lehr·stuhl·in·ha·ber 男 講座担当教授.

Lehr≈stun·de[lé:r..] 女 授業〔時間〕. ≈**tä·tig·keit** 女 教師の仕事〈勤務〉, 教職活動. ≈**toch·ter** 女《スイス》=Lehrmädchen ≈**ver·an·stal·tung** 女 (大学での)教育のための催し(講義・ゼミなど). ≈**ver·hält·nis** 中 師弟関係: in einem ~ stehen 教えを受けている, 修業中である. ≈**ver·trag** 男 徒弟修業契約〔書〕. ≈**wei·se** 女 教え方, 教授法. ≈**werk·statt** 女, ≈**werk·stät·te** 女 見習実習工場. ≈**zeit** 女 見習〈徒弟修業〉期間: die ~ durchmachen 年季を勤め上げる. ≈**zwang** 男 徒弟の見習いおよび見習期間についての強制; 強制授業, 受講の強制.

..lei[..laɪ] →..erlei

Lei[1][leĭ, lé:i] Leu[1]の複数.

Lei[2][laɪ] 女 -/-en《北部》岩石,(特に:) 板岩; 石盤, スレート. [*mhd.*]

leib..《名詞などにつけて》**1**《「おそば付きの」を意味する》: *Leib*arzt 侍医 | *Leib*garde 親衛隊. **2**《話》《「お気に入りの」を意味する》: *Leib*gericht 好物 | *Leib-* und Magenlied 愛唱歌. **3**《「胴体の・腹の」を意味する》: *Leib*schmerz 腹痛 | *Leib*binde 腹巻き: **4**《「終身の」を意味する》: *Leib*rente 終身年金.

Leib[laɪp][1] 男 -es(-s)/-er (小 **Leib·chen** → 別出) **1** (↔Seele) (Körper) 肉体, 身体: ~ und Gut 生命財産 | ~ und Leben 生命 | **~ und Leben wagen** 身命を投げうつ | eine Gefahr für ~ und Leben 生命にかかわる危険 | ~ und Seele 肉と霊 | ~ und Seele zusammenhalten 心身を健康に保つ ‖ der ~ Christi 〈des Herrn〉〘カトリック〙聖体 | Der ~ ist einem näher als das Hemd.《諺》背に腹はかえられぬ ‖ *seinen* ~ pflegen《話》体をいとう, 怠ける ‖〘前置詞と〙*sich*[3] *et.*[4] **am eigenen ~*e* absparen** 食をつめて…をためる | *et.*[4] **am eigenen ~*e* erfahren** 〈**spüren**〉 …を我が身で体験する, …を身にしみて感じる〈思い知らされる〉 | *sich*[3] alles an den ~ hängen《話》有り金いっさいを衣服に注ぎこむ | am ganzen ~ zittern 全身が震える | *jm.* 〔**wie**〕 **auf den ~ geschneidert** 〈**geschnitten** / **zugeschnitten**〉 **sein** …の好み〈要求〉にぴったり合う | *jm.* 〔**wie**〕 **auf den ~ geschrieben sein** …にうってつけである | Das Amt ist ihm auf den ~ geschrieben.《話》その役職は彼にうってつけだ | *jm.* **auf den ~** 〈**zu ~*e***〉 **rücken**《話》…にしつこく迫る | *sich*[3] die Lunge aus dem ~ schreien (→Lunge) | die Seele aus dem ~ (→Seele 1 a) | **bei lebendigem ~*e*** /《雅》**lebendigen ~*es*** 生きたまま, 生きながらにして | *jn.* lebendigen ~*es* verbrennen …を生きたまま焼き殺す | Bei ~*e* nicht! 断じていけない; 断じてそんなことはない(ふつう beileibe を用いる) | gut bei ~*e* sein よく太っている | nichts **im** ~*e* haben 何も食べていない | keine Ehre im ~〔*e*〕 haben (→Ehre) | Quecksilber im ~ haben (→Quecksilber) | den Teufel im ~〔*e*〕 haben (→Teufel 1) | **mit ~ und Seele** 全身全霊をこめて, けんめいに | *sich*[4] *et.*[3] mit ~ und Seele verschreiben …に献身する | Er ist mit ~ und Seele Lehrer. 彼は骨の髄から教師だ | *jm.* **vom ~*e* bleiben** …に近寄らない, …の世話をやかない | *jm.* **mit** *et.*[3] **vom ~*e* bleiben** …に…で迷惑をかけない | *sich*[3] *jn.* 〈*et.*[4]〉 drei Schritte vom ~*e* halten (→Schritte 1) | *jm.* nicht vom ~*e* gehen …につきまとう | *et.*[3] **zu ~*e* gehen** 〈**rücken**〉 …(悪弊の除去など)に取り組む, …(やっかいな仕事など)に着手する.

2 a) (Bauch) 腹, 下腹部(→ 図 Mensch A): **gesegneten** 〈**schweren**〉 **~*es* sein**《雅》妊娠している | *sich*[3] den ~ vollschlagen《話》腹いっぱい食べる ‖ Mir geht's im ~*e* herum.《話》私は腹が痛い. **b)** (牛馬などの)胴体. **c)** 母胎, 子宮.

3〘建〙(ゴシック式塔の)基部(→ 図 Kirche A).

4 (Mieder) 胴着; コルセット.

[*germ.* „Leben"; ◇leben; *engl.* life]

Leib≈arzt[láip..] 男 侍医. ≈**bin·de** 女 **1** 腹巻き; 腹帯. **2** (Schärpe) 肩帯(軍人などが肩からかける飾り帯). ≈**blatt** →Magenblatt ≈**bursch** 男, ≈**bur·sche** 男《話》(学生組合で)特定の下級生を担当して指導する先輩.

Leib·chen[láipçən] 中 -s/- (Leib の縮小形) **1** 小さい体. **2 a)** (女性用の)胴着, ボディス(→ 図 Alamode-Tracht); コルセット; チョッキ. **b)**〔靴下留めのついている〕子供用の胴着.

Leib·die·ner 男 (身のまわりの世話をする)従者, 従卒, 近習(きんじゅう), 付け人.

leib·ei·gen[láip|aɪgən, ─∸⏑] **I** 形 (↔frei) 隷属している, 世襲隷の, 農奴〈隷農〉の. **II Leib·ei·ge·ne** 男 女《形容詞変化》(↔Freie)〘史〙農奴, 隷農, 世襲隷〔属〕民. [*mhd.* (mit dem) lībe eigen „(mit dem) Leben zugehörig"]

Leib·ei·gen·schaft[..ʃaft, ─∸⏑⏑] 女 -/ 農奴〈奴隷〉の状態〈身分〉.

lei·ben[láibən][1] 自 (h) 生きている:〘ふつう次の成句で〙**wie er** 〈**sie**〉 ***leibt* und lebt** あるがままの姿で | Das ist Hans, wie er *leibt* und lebt. これこそハンスそのものだ, これはいかにもハンスらしいやりかただ.

Lei·bes≈be·schaf·fen·heit[láibəs..] 女 体格, 体質. ≈**er·be** 男 (相続権を持った)子, 嗣子: ohne ~*n* sterben 実子相続人なしで死ぬ. ≈**er·zie·her** 男〘官〙体育教師. ≈**er·zie·hung** 女〘官〙体育. ≈**feh·ler** 男 身体上の欠陥, 奇形. ≈**frucht** 女 胎児. ≈**fül·le** 女 -/ 肥満〔体〕. ≈**höh·le** 女〘解〙腹腔(ふくこう), 内臓腔. ≈**kräf·te** 複 全身の力, 全力:〘ふつう次の形で〙**aus** 〈**nach**〉 **~*n*** 力いっぱい | aus 〈nach〉 ~*n* schreien 力の限り叫ぶ. ≈**not** 女《雅》生活必需品の欠乏. ≈**pfle·ge** 女 養生, 摂生. ≈**saft** 男 体液.

Leib·es·sen[láip..] 中 好きな食物, 好物: Das ist mein *Leib-* und Magen*essen*. それは私の大好物です.

Lei·bes≈stra·fe[láibəs..] 女 体刑: Es ist bei ~ verboten. これを犯すと体刑に処せられる. ≈**übun·gen** 複 身体の運動, 体操, 体育. ≈**um·fang** 男 体の大きさ, 肥満の度合い: von beträchtlichem ~ かなり太った. ≈**vi·si·ta·tion** 女 (所持品などを調べる)身体検査: eine ~ vornehmen 身体検査をする.

Leib≈fuchs[láip..] 男《話》(学生組合で)特定の上級生に仕込まれる新入生. ≈**gar·de** 女 親衛隊,(イギリスの)近衛(このえ)騎兵〔連〕隊. ≈**gar·dist** 男 親衛隊員, 近衛兵; (イギリスの)近衛騎兵. ≈**ge·din·ge** 中 (Altenteil)〘法〙隠居分; 養老年金, 老後生活用資産. ≈**ge·richt** 中 好きな食物, 好物: *js.* *Leib-* und Magen*gericht* …の大好物. ▽≈**gurt** 男, ▽≈**gür·tel** =Gürtel 1 ≈**gut** 中 =Leibgedinge

leib·haf·tig[laiphá́ftiç, ∸⏑⏑][2] (**leib·haft** [láiphaft]) 形 **1** 肉体を持った, 肉体化した, 顕現した, 人間の姿をした: der *Leibhaftige* / der ~*e* Teufel 悪魔〔の化身〕 | der ~*e* Geiz けちの権化. **2** まぎれもない, 本当の, 当人その人の; 自分自身の: *jm.* ~ gegenübertreten …の前にみずから姿を現す | Er stand ~ vor mir. まぎれもなく彼その人が私の前に立っていた | Ich sehe ihn ~ vor mir. 彼の姿がありありと目に浮かぶ. **3**《副詞的》《話》実際に; 思いも及ばず.

lei·big[láibiç][2] 形《南部》肥満した, 太った.

..leibig[..laɪbɪç][2]《形容詞などにつけて「…な肉体の」を意味する》: dick*leibig* 肥満した | dünn*leibig* ほっそりした.

L

Leib≠jä·ger[láip..] 男 おかかえ猟師, 猟区の主人の従者. **≠koch** 男 (王侯貴族の)おかかえ料理人. **≠kut·scher** 男 (王侯貴族の)おかかえ御者.

leib·lich[láiplıç] 形 **1** 身体の, 肉体上の: die ~*e* Hülle des Toten《雅》死者のなきがら | für *js.* ~*es* Wohl sorgen …の健康〈食事〉に気を配る | mit *seinen* ~*en* Augen sehen 自分自身の目で見る. **2** 肉親の, 血縁の: *sein* ~*er* Sohn 〈Bruder〉 実の息子〈兄弟〉. **3** (irdisch) 現世の, 俗世の: ~*e* Genüsse 浮世の快楽. **4** =leibhaftig 1 **5** (dinglich) 物質的な.

Leib·lich·keit[−kaıt] 女 −/ leiblich なこと.

Leib·lied →Magenlied

Leib·niz[láibnıts] 人名 Gottfried Wilhelm ~ ゴットフリート ヴィルヘルム ライプニッツ, ライプニッツ(1646–1716; ドイツの哲学者・数学者).

Leib≠pacht[láip..] 女 終身借地. **≠pferd** 中 愛馬. **≠re·gi·ment** 中 親衛連隊. ▽**≠ren·te** 女 終身年金, 恩給. ▽**≠rie·men** 男 (Gürtel) 帯革, ベルト; 〚軍〛剣帯; 十字肩帯. ▽**≠rock** 男 **1** フロックコート, 燕尾(えんび)服. **2** (僧侶(そうりょ)の) 長法服; 〚軍〛大外套(がいとう). **≠schmerz** 男 -es/-en《ふつう複数で》腹痛. **≠schnei·den** 中 -s/《方》腹痛. **≠schnei·der** 男 (王侯貴族の)御用裁縫師. **≠spei·se** 女 =Leibgericht **≠spruch** 男 好きな格言, 座右の銘. **≠stück** 中 好きな作品(絵画や歌曲など).

Lei·bung[láibʊŋ] 女 -/-en 〚建〛(窓や入口の)抱き, 抱き石(→ 図 Fenster A); (アーチの)内側面, 内輪(うちわ), ソフィット(→ 図 Bogen). [<Laib]

Leib≠wa·che[láip..] 女 =Leibgarde **≠wäch·ter** 男 (要人などの)護衛[の人]. **≠wä·sche** 女 -/ 肌着, 下着. **≠weh** 中 =Leibschmerz **≠wickel** 男 〚医〛腹部の湿布.

▽**Leib≠zucht** 女 =Leibgedinge **≠zücht·ner** 男 恩給生活者. [*mhd.* līp·zuht „Einkommen auf Lebenszeit“]

Lei·ca[láika·] 女 -/-s 商標 ライカ(小型カメラ). [<Ernst Leitz (工場主, †1920)+Camera (=Kamera)]

Leich[laıç] 男 -[e]s/-e ライヒ(中世ドイツの歌謡形式; Lied と違って不規則な節からなる). [*germ.*; ◇löcken; *got.* laiks „Tanz“]

Leich·dorn[láıç..] 男 -[e]s/-e, ..dörner《中部》(Hühnerauge) (足指の)魚(うお)の目. [„Hartes im Körper“; *ahd.*]

Lei·che[láıçə] 女 -/-n **1 a)** 死体, 死骸(しがい), しかばね, なきがら: eine ~ begraben 〈verbrennen〉 死体を埋葬する〈火葬にする〉| eine ~ verstümmeln 〈öffnen〉 死体を損壊〈解剖〉する | **eine ~ im Keller**《話》地下室に隠された死体(過去に犯した悪行の意) | eine gemeinsame ~ im Keller haben《話》共犯者同士である ‖ **wie eine lebende** 〈**wandelnde**〉 **~ aussehen** 生ける屍(しかばね)のようである, まるで血の気がうせている | Er sieht aus wie **eine ~ auf Urlaub.**《話》彼はまるで死人みたいだ ‖ **über ~*n* gehen**《比》容赦なく事を行う, 目的のためには手段を選ばない | **Nur über meine ~!**《話》(私の目の黒いうちは)断じてそうはさせない. **b)**《戯》(正体のない)酔っ払い. **2**《方》(Begräbnis) 埋葬式: mit 〈zu〉 *js.* ~[3] gehen …の葬儀に参列する. **3** 〚印〛脱落部分. [*germ.* „Körper“; ◇..lich]

Lei·chen≠acker 男《南部》(Gottesacker) 墓地. **≠be·gäng·nis** 中, **≠be·gräb·nis** 中《雅》埋葬式. **≠be·schau·er** 男 検死官. **≠be·sor·ger** 男, **≠be·stat·ter** 男 葬儀屋. **≠be·stat·tung** 女 葬儀. **≠bit·ter** 男 -s/- (田舎で)葬式を触れまわる人.

Lei·chen·bit·ter·mie·ne 女《皮肉》(見せかけの)悲しそうな顔つき: eine ~ aufsetzen いかにも悲しそうな顔つきをする.

lei·chen≠blaß[láıçənblás] 形 (死人のように)まっさおな. **≠fahl**[..fá:l] 形 土気色の.

Lei·chen≠fei·er[láıçən..] 女 葬式, 葬儀. **≠fin·ger** 男 **1**《戯》棒状チーズ. **2**《話》(Stinkmorchel) 〚植〛スッポンタケ. **3** 〚医〛(血行障害による)死指. **≠fleck** 男 -[e]s/-en《ふつう複数で》死斑(しはん). **≠fled·de·rer** 男《軽蔑的に》死者〈意識不明の人〉の持ち物をかすめ取る人, 死体剝(は)ぎ. **≠frau** 女 湯灌(ゆかん)をする女. **≠ge·ruch** 男 屍臭(ししゅう). **≠ge·rüst** 中 (Katafalk) 霊柩(れいきゅう)台. **≠gift** 中 屍毒(しどく), プトマイン(腐敗たんぱく質から発生する有毒物質).

lei·chen·haft[láıçənhaft] 形 死人〈死体〉のような; 死人のように青白い, 死相の.

Lei·chen≠hal·le 女, **≠haus** 中 (墓地 病院の)霊安室, (警察の)死体仮置場. **≠hemd** 中 (死者に着せて埋葬する長く白い)屍衣(しい), 経帷子(きょうかたびら). **≠kam·mer** 女 死体を一時安置する小部屋. **≠mahl**《雅》=Totenmahl **≠öff·nung** 女 死体解剖. **≠paß** 男 埋葬許可証. **≠pre·digt** 女 追悼説教; 弔辞. **≠raub** 男 死体盗み; 墓荒らし, 死体剝(は)ぎ. **≠räu·ber** 男 死体盗人; 墓荒らし, 死人の衣類・持ち物を奪う盗人. **≠re·de** 女 **1**《雅》(埋葬式の際の)弔辞: Halte keine ~!《話》(いまさらどうにもならぬこと・言ってもかいのないことを)くどくど言うな. **2** (トランプの Skat で)終了後の反省会での発言. **≠schän·dung** 女 死体凌辱(りょうじょく), 屍姦(しかん). **≠schau** 女 検死. **≠schau·haus** 中 (身元不明者の)死体公示所. **≠schmaus** 男 葬儀の後の会食. **≠star·re** 女 (Totenstarre) 死後硬直. **≠stein** 男 (Grabstein) 墓石, 墓碑. ▽**≠trä·ger** =Sargträger **≠tuch** 中 -[e]s/..tücher **1**《雅》経帷子(きょうかたびら): Die Erde hat sich in ihr ~ gehüllt. 大地は雪におおわれた. **2** =Bahrtuch **≠ver·bren·nung** 女 火葬. **≠wachs** 中 屍蠟(しろう). **≠wa·gen** 男 霊柩(れいきゅう)車. **≠zug** 男 葬列.

Leich·nam[láıçna:m] 男 -[e]s/-e《雅》(人間の)死体, 屍(しかばね): der ~ des großen Dichters 文豪のなきがら | **ein lebender ~** 生ける屍(しかばね) | **wie ein wandelnder ~ aussehen** 生ける屍(しかばね)のようである, まるで血の気がうせている. [*ahd.* līhnamo „Leibes-hülle“; ◇Leiche, Hemd]

leicht[laıçt] 形 (↔schwer) **1 a)** (目方の)軽い, 軽量の: ein ~*es* Gewicht 軽い重量 | ein ~*er* Koffer 軽いトランク | ~*es* Metall 軽金属 | ~*er* Stoff (目の粗い)軽い布地 ‖ ~ wie eine Feder sein 羽毛のように軽い | Ich hatte nur ~ zu tragen. 荷物は軽かった | Möge ihm die Erde ~ sein! 彼の魂が安らかに眠らんことを ‖ ***jn.* um *et.*[4] ~*er* machen**《話》…から…をまきあげる. **b)** 軽装の; 〚軍〛軽装備の: ~*e* Kleidung 軽装, 薄着 | ein ~*er* Panzer 軽戦車 ‖ ~ wiegen 目方が軽い | ~ bekleidet 薄着をした | ~ bewaffnet 〚軍〛軽装備の.

2 軽やかな, 重苦しくない: **a)** (動きなどが)軽快な, 敏捷(びんしょう)な: ~*en* Fußes 足どり軽く, 足早に | einen ~*en* Gang haben / ~ zu Fuße sein 軽快に歩く | eine ~*e* Hand haben 手ぎわがいい ‖ ~ tanzen 軽快に踊る. **b)** (心などが)気楽な, のんきな: ~*en* Herzens 心も軽く, 気楽に | ~*es* Blut haben 軽はずみである | *et.*[4] auf die ~*e* Schulter nehmen (→Schulter 1) | alles von der ~*en* Seite nehmen 万事をのんきに考える | mit ~*er* Zunge ついうっかりと[口をすべらせて] ‖ *et.*[4] zu ~ nehmen …を手軽に考えすぎる(→leichtnehmen) | *sich*[3] *et.*[4] zu ~ machen …を軽く扱いすぎる(→leichtmachen) | Mir ist ~ [zumute / ums Herz]. 私は気分が軽い. **c)** 手軽な, ものものしくない, 本格的でない: [eine] ~*e* Lektüre 軽い読み物 | ~*e* Musik 軽音楽 | ~*e* Speisen 軽い料理 | ~*er* Wein 弱いワイン ‖ Er ißt gern etwas *Leichtes*. 彼は軽い食物を好む. **d)**《話》(人物・生活などが)軽薄な, 自堕落な: ein ~*er* Bruder 軽薄な男 | ein ~*es* Mädchen はすっぱ娘 | ein ~*es* Leben führen ふしだらな生活を送る.

3 軽度の, 軽微な: **a)** (病気・被害などが)重大でない, ちょっとした: eine ~*e* Enttäuschung 軽い失望 | ~*e* Fehler ちょっとした間違い〈失敗〉 | ein ~*es* Fieber 微熱 | eine ~*e* Krankheit 軽い病気 | ein ~*er* Schaden 軽い損害 | eine ~*e* Strafe 〈Wunde〉 軽い罰〈傷〉 | einen [~*en*] sitzen haben《話》ほろ酔い気分である ‖ ~ beschädigt 軽い被害を受けた | ~ erkältet ちょっと風邪をひいた | ~ gewürzt 軽く香辛料をきかせた. **b)** (風雨・地震・接触などが)弱い, わずかな: ein ~*es* Erdbeben 軽い〈弱い〉地震 | ein ~*er* Regen 〈Wind〉 弱い雨〈風〉 | ~*e* Wellen 小さい波 | ein ~*es* Lächeln かすかな笑い | ein ~*er* Schlaf 浅い眠り | ein ~*er*

Schlag 軽打 | einen ～*en* Hieb ⟨Stich⟩ haben (→Hieb 3 a,→Stich 5 b) | ein ～*er* Zweifel 軽い疑惑 ‖ ～ regnen 少々雨が降る | ～ grüßen 軽くあいさつする | *et.*[4] ～ berühren …に軽く触れる ‖ ～ geöffnete Lippen 軽く開かれた唇 | eine ～ überarbeitete Neuauflage ちょっとだけ手を加えた新版.

4 a) (仕事・問題などが)容易な, たやすい, 楽な: eine ～*e* Arbeit 楽な仕事 | ein ～*er* Sieg 楽勝 | ～*en* Kaufes davonkommen《雅》たいした損害もなく切り抜ける | ein ～*es* Leben haben 気楽な生活をする | mit *et.*[3] ～*es* Spiel haben …を苦もなく処理する | keinen ～*en* Stand haben (→Stand 1 a) | einen ～*en* Tod haben 苦しまずに死ぬ | Das war mir ein ～*es*. それは私には楽なことだった ‖ Die Frage ⟨Die Antwort⟩ ist ～. この問題⟨答え⟩はやさしい | Sie hat es nicht ～. 彼女の立場は楽ではない | Ich habe es nicht ～ mit ihm. 彼には手を焼く | Er ist nicht ～. 彼は難しいんだ ‖ ～ verständlich sein わかりやすい | Das Problem läßt sich ～ lösen. この問題は楽に解ける | Er hat ～ reden. 彼は(ひと事なんだから)なんとでも言える | Das ist ～ gesagt. / Das ist ～*er* gesagt als getan! 口で言うのはやさしい | Das kannst du ～ sagen. (君はやさしそうに言うが)こっちは楽じゃないんだ. **b**)《副詞的》すぐに, 簡単に; 容易に…する, ともすれば…しかねない: ～ beleidigt sein すぐに気をわるくする | ～ böse werden すぐに腹を立てる | Er vergißt ～. 彼は忘れっぽい | So etwas passiert ～. そういうことはよくある ‖ Es ist ～ möglich, daß er kommt.《話》彼が来ることだって十分ありうる. **c**)《副詞的》《南部》(vielleicht) ひょっとすると, もしかすると.

★ 形容詞・分詞と複合して複合形容詞をつくる場合, 比較変化には次の二つの型がある: ⓐ leichtfertig / leichtfertiger / leichtfertigst の型. ⓑ leichtbekleidet / leichter bekleidet / am leichsten bekleidet の型.

[*germ.*; ◇Lunge; *lat.* levis „leicht“; *engl.* light]

Leicht≠ath·let[láiçt..] 男 (女 ≠**ath·le·tin**-/-nen) 陸上競技の選手. ≠**ath·le·tik** 女《スポ》陸上競技.

leicht·ath·le·tisch 形 陸上競技の.

Leicht≠bau 男 -[e]s/-ten **1** 軽量建造物. **2**《単数で》=Leichtbauweise ≠**bau·plat·te** 女 軽量建築⟨建造⟩用板材. ≠**bau·wei·se** 女 (建築・航空機などの)軽量建造⟨構造⟩方式.

leicht·be·klei·det 形 (→leicht ★ ⓑ) (服装が)あっさりした, 軽装の.

Leicht·ben·zin 中 (沸点が110°C以下の)軽ベンジン.

leicht·be·schwingt 形 **1** 翼の軽い. **2**《比》軽快な, かろやかな.

Leicht·be·ton[..betɔŋ] 男 軽量コンクリート.

leicht≠be·waff·net 形 (→leicht ★ ⓑ)《軍》軽装備の. ≠**be·weg·lich** 形 動き⟨変わり⟩やすい. ≠**blü·tig** 形 (↔schwerblütig) (生来)快活⟨陽気⟩な, 楽天的な.

Leich·te[1][láiçtə] 女 -/-n《話》尻軽(しりがる)娘.

Leich·te[2][−] 女 -/《雅》=Leichtheit

leich·ten[láiçtən]《01》**I** 他 (h) **1** 軽くする. **2** =leichtern I **3**《南部》去勢する. **II** 自 (h)《スイ》(非人称)《es leichtet *jm.* / *jm.* leichtet》(…は)軽快な気分である.

Leich·ter[láiçtər] 男 -s/-《海》**1** はしけ. **2** (水密構造でそのまま曳航(えいこう)可能な)水上コンテナ.

leich·tern[láiçtərn]《05》**I** 他 (h)《*et.*[4]》《海》(…の)積み荷をはしけを使っておろす, (…の)積み荷の一部をおろして着岸しやすいようにする. **II** 自 (h)《海》荷をおろす, 荷揚げをする: Das Schiff *leichtert.* 船が荷揚げをする. [<leicht]

leicht|fal·len*[láiçt..]《38》自 (s)《*jm.*》(…にとって)容易である, 楽である(→fallen I 1 a ③): Mathematik ist mir in der Schule *leichtgefallen.* 学校で数学は私には苦にならなかった | Es *fällt* mir nicht *leicht*, ihm die Wahrheit zu sagen. 彼に真実を告げるのは私にとって容易なことではない.

leicht·faß·lich 形 わかりやすい, 明解な.

leicht·fer·tig[láiçtfɛrtıç][2] 形 軽率な, 軽薄な, 軽はずみな, 無思慮な, 浮薄な, うわついた; 放埒(ほうらつ)な, 勝手気ままな; 無責任な: ～*e* Worte 軽率な言葉 | ～ handeln 軽はずみな行動をする. [*mhd.* līht-vertec „leicht beweglich“]

Leicht·fer·tig·keit[−kait] 女 -/ leichtfertig なこと.

Leicht·flug·zeug[láiçt..] 中 軽飛行機.

leicht·flüs·sig 形 (→leicht ★ ⓑ) **1** (液体が)流れやすい, 薄い. **2** (固体が)融解しやすい.

Leicht·fuß 男《話》[若い]無分別な男:〘もっぱら次の形で〙**Bruder ～** おっちょこちょい, 向こう見ず.

leicht·fü·ßig 形 **1** 敏捷(びんしょう)な, 足の速い: ～ die Treppe hinaufrennen さっと階段をかけあがる. **2**《比》=leichtfertig

leicht·ge·schürzt[..gəʃʏrtst] 形 布⟨ゆるやかな衣⟩をまとっただけの: eine ～*e* Muse 寛衣をまとったミューズの女神. [<Schürze]

Leicht·ge·wicht 中 **1**《単数で》(ボクシング・レスリング・重量挙げなどの)ライト級. **2** =Leichtgewichtler [*engl.* lightweight の翻訳借用]

Leicht·ge·wicht·ler[..gəvıçtlər] 男 -s/- ライト級選手.

leicht·gläu·big 形 信じやすい, すぐ人を信用する, だまされやすい: *jm.* ～ Geld borgen …の言いなりになって金を貸す.

Leicht·gläu·big·keit 女 -/-en 軽信, だまされやすいこと.

Leicht·gut 中《海》(場所ばかりとる)軽荷.

Leicht·heit[láiçthait] 女 -/ 軽いこと, 軽さ.

leicht·her·zig 形 陽気な, 屈託のない, 気楽な: Sie ist eine ～*e* Person. 彼女は明るい屈託のない女だ.

leicht·hin 副 軽率に, 軽はずみに, 軽々しく, うっかり; むぞうさに, あっさり: *et.*[4] ～ versprechen …を軽々しく約束する.

Leich·tig·keit[láiçtıçkait] 女 -/ **1** 軽いこと, 軽さ; 軽快さ, すばやさ, 敏捷(びんしょう)さ. **2** たやすさ, 容易さ;《話》たやすい⟨楽な⟩仕事; (スポーツで)楽勝: Das ist keine ～.《話》それはなまやさしいことではない ‖ **mit ～** なんの苦もなく | mit ～ gewinnen 楽勝する. **3** 軽率さ, 気軽さ.

Leicht·in·du·strie[láiçt..] 女 軽工業(旧東ドイツでは Konsumgüterindustrie を指していた).

leicht·le·big[..le:bıç][2] 形 のんきな, 楽天的な, 行き当たりばったりの. [<leben]

leicht·lich[láiçtlıç] 副 **1** たやすく, 容易に, 楽に, 難なく. ▽**2** (vielleicht) ひょっとすると, もしかすると.

leicht|ma·chen 他 (h)《*jm. et.*[4]》(…のために…を)楽にする, 容易にする(なお: →leicht 2 b): *jm.* das Leben ～ …の生活を楽にしてやる ‖ (再帰) es *sich*[3] bei ⟨mit⟩ *et.*[3] ～ …を手軽に片づける.

Leicht≠ma·tro·se 男 見習船員(ボーイと一人前の船員との中間). ≠**me·tall** 中 (比重が3.5以下の)軽金属.

Leicht·me·tall·bau 男 -[e]s/-ten **1** 軽金属建造物. **2**《単数で》軽金属建築⟨構造⟩.

Leicht·mo·tor·rad 中 軽自動二輪車, 軽オートバイ.

leicht|neh·men*《104》他 (h) あまり真剣に考えない, 重大視しない, 軽く考える(→leicht 2): das Leben ～ 人生というものをあまり深刻に考えない.

Leicht·öl 中 軽油.

Leicht·schwer·ge·wicht 中 **1**《単数で》(レスリング・重量挙げなどの)ライト=ヘビー級. **2** =Leichtschwergewichtler [*engl.* light heavyweight の翻訳借用]

Leicht·schwer·ge·wicht·ler[..gəvıçtlər] 男 -s/- ライト=ヘビー級選手.

Leicht·sinn[láiçt..] 男 -[e]s/ 軽率, 軽薄, 無思慮, 無分別, 無頓着(むとんじゃく): jugendlicher ～ 若気(わかげ) | *et.*[4] aus ～ tun うっかり…をしてしまう.

leicht·sin·nig 形 軽率な, 軽はずみな, 軽薄な, 無思慮な; うわついた, 放埒(ほうらつ)な, 放蕩(ほうとう)な: ein ～*er* Autofahrer 軽はずみな運転者 | *sein* Leben ～ aufs Spiel setzen 軽々しく身を危険にさらす.

leicht·sin·ni·ger·wei·se 副 軽率⟨無思慮⟩に[も].

leicht|tun*《198》自 他 (h)《話》(再帰) *sich*[3] ⟨*sich*[4]⟩ bei *et.*[3] ～ …を気楽にやってのける | Ich habe mir ⟨mich⟩ nicht *leichtgetan* dabei. その仕事は楽ではなかった.

leicht≠ver·dau·lich[láiçt..] 形 消化しやすい. ≠**ver·derb·lich** 形 こわれやすい; 腐りやすい. ≠**ver·letzt** 形 (→leicht ★ ⓑ)軽傷の. ≠**ver·ständ·lich** 形 (→leicht ★ ⓑ)わかりやすい, 平明な. ≠**ver·wun·det** 形

(→leicht ★ ⓑ)軽傷の: ~e Soldaten 軽傷を負った兵士たち.

Leicht·was·ser·reak·tor 男 〘原子力〙 軽水炉.

leid[laɪt][1] 形 **1** 《述語的》 **a)** 気の毒な, 残念な: ***jm.* ~ tun** 〈▽sein〉 …を残念がらせる | Er tut mir ~./ Es tut mir ~ um ihn. 私は彼が気の毒だ | Du kannst einem ja ~ tun. 君はかわいそうなやつだよ | Du kannst mir ~ tun, wenn du so töricht bist! 君みたいなおばかさんにはいやになっちゃうな ‖ Das tut mir 〔wirklich / aufrichtig〕 ~! 私はそれが〔ほんとうに〕残念だ | Es tut mir ~, ihm nicht helfen zu können 〈daß ich ihm nicht helfen kann〉. 私は彼を助けてやれなくて残念だ | Es tut mir ~, wenn ich Sie gekränkt habe. もしお気を悪くしたとしたら申しわけありません | Tut mir ~, aber ich kann nicht! あいにくだが私にはできません. **b)** 後悔した, 悔やまれる: ***jm.* ~ sein 〈werden〉** …にとって後悔の種である〈になる〉(→c) | Mein Versprechen ist mir ~ 〔geworden〕. 私は約束したのが悔やまれる | Es ist ihm ~ 〔geworden〕, hierher gekommen zu sein. 彼はここに来たことを悔やんだ | Ich lasse es mir nicht ~ sein. 《雅》 私はそれを悔やみはしない | Es ist mir ~ um die Zeit. 私は(失った)時間が悔やまれる. **c)** うんざりした: ***jn.* 〈*et.*[4]〉 ~ sein 〈haben〉** …にうんざりしている | Er ist seinen Freund 〈den ständigen Streit〉 ~. 彼は友だち〈絶え間ない紛争〉にうんざりしている | ***jn.* 〈*et.*[4]〉 ~ werden** …にあきあきする | Ich werde es nicht ~, sein Gesicht anzusehen. 私は彼の顔をいくら見ても見あきることはない ‖ 〘2格と〙 des Lebens ~ sein 《雅》 生きているのがいやになっている ‖ 〘事柄を主語として〙 ***jm.* ~ sein 〈werden〉** …はうんざりしている〈あきあきする〉(→b) | Das Geschwätz war ihm schon ~. そのおしゃべりに彼はもううんざりだった.

2 a) 《(ス)(イ)(ス)》 わるい, ぶざまな: ~*es* Wetter 悪天候 | ein ~*er* Mensch 弱虫. ▽**b)** (leidig) いやな, 不快な: eine ~*e* Geschichte いやな話〈事件〉 | Armut ist ein ~*er* Gast. 《諺》 貧乏神はいやな客 | Ich sagte ihm kein ~*es* Wort. 私は彼にひどいことはなにも言っていない.

[*germ.*; ◇ *engl.* loath]

Leid[laɪt][1] 中 -〔e〕s/ **1** (↔Freude) 苦悩, 悲嘆: 〔ein〕 bitteres 〈schweres〉 ~ 激しい〈大きな〉悩み | das ~ des Krieges 〈des Todes〉 戦争〈死〉の苦しみ | Freud und ~ (→Freud[2]) | Lust und ~ (→Lust 2 a) ‖ ***jm. sein* ~ klagen** …に悩みを訴える | 〔um *jn.*〕 ~ tragen 《雅》 〔…の〕喪に服する(→leidtragend) ‖ Dir soll kein ~ geschehen. 君をつらい目にはあわせないよ | Geteiltes ~ ist halbes ~. 《諺》 相手がいれば悩みも軽くなる(分け合った悩みは半分になる). **2** 危害: *jm.* ein ~ 〔an〕tun 〈zufügen〉 …に危害を加える | ***sich*[3] ein ~** 〈▽**ein ~*s***〉 **antun** 《雅》 自殺する. **3** 《(ス)(イ)(ス)》 (Beerdigung) 埋葬, 葬儀; 喪服: das halbe ~ 半喪服 (→Halbtrauer) | *jn.* ins ~ laden …を葬儀〈供養〉に招く.

Lei·de·form[láɪdə..] 女 (↔Tatform) (Passiv) 〘言〙 受動態, 受動形.

lei·den*[láɪdən][1] 《90》 **litt**[lɪt]/ **ge·lit·ten**; 接II litte

I 自 (h) **1** 苦しむ, 悩む: körperlich ~ 肉体的に苦しむ | seelisch ~ 精神的に悩む | schwer 〈sehr〉 ~ ひどく悩む ‖ **an** einer Krankheit ~ 病気にかかっている | am Magen 〈an Schlaflosigkeit〉 ~ 胃病〈不眠〉に悩まされている | **unter** 〈an〉 Zwangsvorstellungen ~ 強迫観念に悩まされる | unter Gewissensbissen 〈der Einsamkeit〉 ~ 良心の呵責(かしゃく)〈孤独〉に悩む | unter *js.* Verständnislosigkeit[3] 〈*js.* Bosheit[3]〉 ~ …の無理解〈いじわる〉に苦しめられる ‖ viel zu ~ haben / viel ~ müssen いろいろつらい目にあう, さんざん苦しめられる.

2 《物を主語として》 そこなわれる, いたむ: Die Maschine *leidet* **an** einem Fehler. この機械には欠陥がある | Seine Theorie *leidet* an einem Irrtum. 彼の理論には誤りがある | Sein Gedächtnis hat **durch** die Krankheit *gelitten.* 彼は病気で記憶力が衰えた | Das Haus hat durch die Bomben stark *gelitten.* この建物は爆弾でひどくやられた | Die Bäume haben durch den Frost *gelitten.* 木々は凍(い)てつく寒さにいためつけられた | Die Möbel haben durch die 〈**unter** der〉 Feuchtigkeit sehr *gelitten.* この家具は湿気でひどくいたんでいる.

II 他 (h) **1** (…に)悩む; (被害を)こうむる: Hunger 〈Durst〉 ~ 空腹〈のどの渇き〉に苦しめられる | Not 〈Mangel〉 ~ 窮乏〈欠乏〉に悩む | Schaden ~ そこなわれる, いたむ | Schiffbruch ~ 《比》 おじゃんになる | Schmerzen ~ 痛い〈悲しい〉思いをする | Unrecht ~ 不当な扱いを受ける.

2 a) 《*et.*[4]》 (…に)耐える; 我慢する, 許す: Ich *leide* nicht, daß ... …〔すること〕を私は許さない ‖ 〘können, mögen と〙 ***jn.* 〈*et.*[4]〉 〔gut〕 ~ können 〈mögen〉** …が好きである | ***jn.* 〈*et.*[4]〉 nicht ~ können 〈mögen〉** …が我慢ならない | Ich kann sein Benehmen nicht ~. 私には彼の態度が我慢ならない ‖ Er ist zu ~. 彼は(ひとに)好かれる ‖ Er ist bei den Damen wohl 〈gut〉 *gelitten.* 彼はご婦人方に好かれている. **b)** 非人称 Es *litt* mich nicht länger am Tisch 〈bei ihm〉. 私はもはや机に向かってはいられなかった〈彼のもとにはいたたまれなかった〉. **c)** 《雅》 《物を主語として》 許す, 認める: Die Arbeit *leidet* keinen Aufschub 〈keine Unterbrechung〉. その仕事はさきへ延ばす〈中断する〉わけにはいかない | Die Regel *leidet* keine Ausnahme. この規則は例外を認めない | Das *leidet* keinen Zweifel. これは疑う余地がない.

III Lei·den[1] 中 -s/- **1** (長びく)病気: ein chronisches ~ 慢性の病気 | ein schweres 〈unheilbares〉 ~ 重い〈不治の〉病 | **ein langes ~** i) 長わずらい; ii) 《話》 ひょろ長のっぽ | das alte ~ 《比》 相も変わらぬ不快事 | Herz*leiden* 心臓病 | Nerven*leiden* 神経症 ‖ an einem alten ~ sterben 持病で死ぬ.

2 《ふつう複数で》 苦しみ, 悩み, 苦悩: seelische ~ 心の悩み | die ~ des Krieges 戦争の苦しみ | die Freuden und ~ des menschlichen Lebens 人生の哀歓 | 《Die ~ des jungen Werthers》『若きウェルテルの悩み』(Goethe).

3 苦しむこと, 悩むこと; 受難: nach langem ~ 長く苦しんだあげく | das ~ Christi キリストの受難 | Er sieht aus wie das ~ Christi. 《話》 彼は見るも哀れな〈悲惨な〉ありさまだ ‖ Das ist ja 〔eben〕 das ~! 《話》 そこがつらいところさ.

IV lei·dend 現分 形 **1** 病気〔がち〕の, 患っている: der *Leidende* 病人(→2) ‖ schon lange ~ sein もう長いこと患っている. **2** 悩んでいる; 苦しげな, 苦悩をあらわした: mit ~*er* Stimme 〈Miene〉 苦しげな声〈表情〉で | der *Leidende* 悩んでいる男(→1). ▽**3** 〘言〙 受動態の: die ~*e* Form 受動形〈態〉.

[*germ.* „〔durch〕gehen“; ◇ leiten]

Lei·den[2][láɪdən] 地名 ライデン(オランダ西部の都市で, オランダ最古の大学がある). [＜*mndl.* lede „Wasserlauf“]

Lei·de·ner[..dənər] **I** 男 -s/- ライデンの人.

II 形 《無変化》 ライデンの: die ~ Flasche ライデンびん(蓄電器の一種. 1746年ライデン大学で実験に使われたためにこの名がある. die Kleistsche Flasche ともいう).

Lei·dens·be·cher[láɪdəns..] 男 《比》 苦杯, 苦い経験.

Lei·den·schaft[láɪdənʃaft] 女 -/-en **1** (抑えがたい)激情, 情熱, 熱情; 熱中〔の対象〕: aus ~ 激情に駆られて | mit ~ 情熱〈熱狂〉的に | *seine* ~ beherrschen 〈bekämpfen〉 情熱〈激情〉を抑える | ~*en* aufrühren 〈schüren〉 情熱をかきたてる | *seiner* ~[3] freien Lauf lassen 激情の赴くままにまかせる | einer ~[3] frönen 《雅》 情欲の奴隷となる | *sich*[4] *seiner* ~[3] hingeben 情熱に身をまかせる, 情欲にふける ‖ die ~ fürs Skilaufen 〈für die Musik〉 スキー〈音楽〉熱 | Angeln ist seine ~. 彼は釣りに凝っている ‖ die ~ des Spiels 〈des Trunkes〉 ばくち〈飲酒〉癖. **2** 《単数で》 恋の情熱, 熱烈な恋慕: eine glühende ~ für *jn.* …に寄せる燃える思い | von einer stürmischen ~ erfaßt werden 激しい恋のとりこになる | in ~[3] für *jn.* entbrennen …に対する激しい恋に燃える | *jm. seine* ~ gestehen …に燃える胸の思いを打ちあける. ▽**3** (Erregung) 興奮.

lei·den·schaft·lich[láɪdənʃaftlɪç] 形 **1** 情熱的な, 熱烈な, 激しい; 熱狂的な: eine ~*e* Frau 情熱的な〈気性の激しい〉女 | ein ~*er* Haß 激しい憎悪 | eine ~*e* Liebe 熱烈な恋 | ein ~*er* Patriot 熱狂的な愛国者 ‖ *jn.* ~ lieben …を熱愛する | *jn.* ~ küssen …に熱烈なキスをする. **2** 《話》 熱中した, 夢中になった; 非常な: ein ~*er* Jäger 狩猟狂〈マニア〉 ‖ ~ 〔gern〕 Fußball spielen サッカーにうつつをぬかして

L

いる ‖ *et.*^{4} ~ gern essen …が大好物である.

Lei·den·schaft·lich·keit[−kaɪt] 女 -/ leidenschaftlich なこと.

lei·den·schafts·los[..lo:s]^1 形 激情に左右されない, 冷静な; 情のない, 冷淡な; 無味乾燥な.

Lei·den·schafts·lo·sig·keit[..lo:zɪçkaɪt] 女 -/ leidenschaftslos なこと.

Lei·dens≠ge·fähr·te[láɪdəns..] 男, **≠ge·nos·se** 男 苦難を共にする人, 苦しみを分かつ友, 苦労仲間; 同病者. **≠ge·schich·te** 女 苦難の歴史, 受難史〈記〉: die ~ Christi キリストの受難物語(聖書: マタ26-27, マコ14-15など). **≠kelch** 男 =Leidensbecher **≠sta·tion** 女 **1** 〚キリスト教〛十字架の道〔行き〕の留(りゅう)(キリストの苦難の事跡を表した14留があり, それぞれの留ごとに受難の場面の黙想と祈りがある). **2** 《比》苦難の場. **≠weg** 男 苦難の道: der ~ Christi (狭い意味では Gethsemane から Golgatha までの, 広い意味では全生涯の)キリストの苦難の道 | *seinen* ~ gehen 苦難の道を歩む | Sein Leben war ein einziger ~. 彼の生涯は打ち続くいばらの道であった. **≠wo·che** =Karwoche

lei·der[láɪdər] 副《陳述内容に対する話し手の遺憾の念を示して》残念〈遺憾〉ながら, 悲しい〈惜しい〉ことに, 気の毒〈かわいそう〉に: Ist das Paket gekommen?—*Leider* nicht 〈nein〉! 小包は来ましたか — それがまだなんですよ | Ist sie ~ noch krank?—Ja, ~ 〈*Leider* ja〉! 彼女はまだ病気ですか — ええ〔気の毒なことに〕そうなんです | *Leider* können wir Ihnen nichts berichten. 遺憾ながらなにひとつお知らせすることができません | Wir haben dich ~ nicht angetroffen. 君に会えなくて残念だった ‖〚間投詞的に〛*Leider!* 残念だなあ ‖ *Leider* Gottes! 残念至極, ほんとに残念だ(〔Beim〕Leiden Gottes! の変形) | Das ist ~ Gottes wahr! 残念ながらそれはほんとうなんだ. [*ahd.*; ◇leid]

lei·dig[láɪdɪç]^2 形 **1** 《付加語的》厄介な, 煩わしい; 不快な, いやな, いとわしい: das ~*e* Geld いまわしい金 | eine ~*e* Sache いやなこと | ein ~*er* Trost (かえって煩わしい)へたな慰め(聖書: ヨブ16, 2から) | ein ~*er* Zufall 不快な出来事. **2** 《北部》(merkwürdig) 風変わりな, 奇妙な. **3** (traurig) 悲しい. [*ahd.*; ◇Leid]

Leid·kar·te[láɪt..] 女《スイス》(Beileidsschreiben) 悔やみ状; (Todesanzeige) 死亡通知.

leid·lich[láɪtlɪç] **I** 形 (まあまあ)我慢できる, 可もなく不可もない, まずまずの: ein ganz ~*es* Wetter (そんなに悪くない)まずまずの天気 | eine ~*e* Stimme 〈Figur〉 haben まあまあの声〈人並みの容姿〉をしている | ~*e* Kenntnisse in Deutsch haben まあまあドイツ語の知識がある ‖ Sein Zustand ist ~. 彼の状態はまずまずのところだ. **II** 副 どうにか, まあまあ, まずまず: Mir geht es 〔so〕 ~. 私はまあまあといったところだ〈なんとか無事に暮らしている〉| Sie spielt ~ Klavier. 彼女はまあまあピアノが弾ける | Er ist noch so ~ davongekommen. 彼はどうにかこうにか切り抜けた. [<leiden]

leid·sam[láɪtza:m] 形《南部》**1** (geduldig) 忍耐強い. **2** (leidlich) (まあまあ)我慢できる, まずまずの.

leid·tra·gend[láɪt..] **I** 形《付加語的》**1** 喪に服している, 喪中の. **2** 苦しみを味わっている, とばっちりを受ける, 受難〈受苦〉の: Bei einer Scheidung sind die Kinder fast immer der ~*e* Teil. 離婚の際に犠牲になるのはほとんど常に子供たちだ. **II Leid·tra·gen·de** 男 女《形容詞変化》**1** 喪中の人, 服喪者, 遺族. **2** 苦しみを味わっている人, 不幸な事件のあと始末をしなければならない人, 受難者: Er ist der ~ dabei. 彼はその事件の〔あと始末をしなければならない〕犠牲者だ.

leid·voll 形《雅》苦悩に満ちた, 苦しい, 痛ましい.

Leid·we·sen 中 -s/ (Bedauern) 遺憾, 残念; 困ったこと:〚ふつう次の成句で〛**zu** *js.* **~** …にとって残念なことに | zu meinem großen ~ はなはだ遺憾ながら | Das ist eben das ~. それがまさに難物だ.

Lei·er[láɪər] 女 -/-n **1** (古代ギリシアの)リラ, 7弦の竪琴(たてごと): Apollo mit der ~ 竪琴をもったアポロ〔ン〕| die ~ schlagen リラをかなでる. **2 a)** (Drehleier) ヴィエール(ローラーを回して共鳴胴に張った数本の弦を同時に鳴らす中世の擦弦楽器); 《比》単調で退屈な調べ; 同じことの繰り返し; 旧態依然たる状態: immer dieselbe ~ anstimmen 《話》同じことを繰り返す | **die alte 〈die gleiche / dieselbe〉 ~** 《話》あいも変わらず同じことの繰り返し; もう何度も聞いて聞きあきた話. **b)** (Drehorgel) 手回しオルガン. **3** die ~ 〚天〛琴座(夏の北天に見える星座で, 首星は七夕伝説で知られる織女星 Wega). **4 a)** (Kurbel) クランク. **b)** (クランクのついた器具. 例えば:) 焼きぐし回転器. **5** 〚狩〛イノシシのしっぽ. [*gr.* lýrā–*lat.*–*ahd.* līra; ◇Lyra; *engl.* lyre]

Leierkastenmann

Leierkasten (Drehorgel)

lei·er·för·mig[láɪər..] 形 リラ〈七弦琴〉状の.

Lei·er·ka·sten 男 (辻(つじ)音楽師などが街頭で奏する)手回しオルガン(→図).

Lei·er〔·ka·sten〕·mann 男 -〔e〕s/..männer 手回しオルガン弾き(→ 図 Leierkasten).

lei·ern[láɪərn] 《05》 **I** 他 (h) **1** クランクで巻き上げる: Wasser 〈den Eimer〉 aus dem Brunnen ~ 井戸から水をくみ〈つるべを巻き〉上げる | *jm. et.*^{4} aus dem Kreuz 〈den Rippen〉 ~ (→Kreuz 3 a, →Rippe 1). **2 a)** (歌・メロディーを)手回しオルガンで奏する; (歌を)手回しオルガンに合わせて歌う. **b)** 《比》一本調子で〈単調に〉語る, 棒読みする: ein Gebet ~ 祈禱(きとう)を単調に唱える | ein Gedicht ~ 詩を棒読みする | *jm.* die Ohren voll ~ …にくどくどと言い聞かせる.

II 自 (h) **1 a)** クランクを回す. **b)** 《an *et.*^{3}》(…を)回す: an der Kurbel ~ クランクを回す. **2** 単調に〈一本調子に〉しゃべる. **3** 《比》のろのろ〈だらだら〉仕事をする; ぐずぐずする: *Geleiert* ist besser als gefeiert. 《諺》のろい仕事でもしないよりはましだ.

Lei·er·schwanz 男〚鳥〛コトドリ(琴鳥)(オーストラリア産).

Leig[laɪk] 男 -s/-s, **Leig·zug**[láɪk..] 男 (<leichter Güterzug)〚鉄道〛(近距離用小編成)の軽貨物列車.

Leih≠amt[láɪ..] 中, **≠an·stalt** 女 =Leihhaus **≠auto** 中 =Leihwagen **≠bi·blio·thek** 女, **≠bü·che·rei**[また: ⏑⏑⏑⏑⏑] 女 (書店の)貸出文庫, 貸本部, レンタルライブラリー(娯楽書・実用書などの有料貸出を行う): *sich*^{3} ein Buch aus der ~ holen 貸出文庫から本を借り出す.

Lei·he[láɪə] 女 -/-n **1** 〚法〛使用貸借. **2** 《話》(Leihhaus) 質屋. **3** 《俗》(Ausleihe) (図書館の)貸出所〈口〉.

lei·hen*[láɪən] 《91》 **lieh**[li:] / **ge·lie·hen**; 接II liehe 他 (h) **1** 《ふつう受動態なし》(〔*sich*^{3}〕 *et.*^{4} von 〈bei〉 *jm.*) (…を…から)借りる, 借用する: Ich habe 〔mir〕 von ihm ein Buch *geliehen*. 私は彼から本を借りた | die Autorität *seines* Vaters ~ 《比》父親の権威を笠(かさ)に着る | Der Mond *leiht* sein Licht von der Sonne. 《比》月は太陽の光を受けて輝く.

2 a) 《*jm. et.*^{4}》(…に…を)貸す, 貸与する: *jm.* ein Buch 〈100 Mark〉 ~ …に本〈100マルク〉を貸す | *sich*^{3} *et.*^{4} von *jm.* ~ lassen …から…を貸してもらう ‖ Das Auto wurde ihm *geliehen*. その自動車は彼に貸与された | Das Auto gehört nicht mir, es ist nur *geliehen*. この自動車は私のものではなく借りものにすぎない ‖〚目的語なしで〛Er *leiht* nicht gerne. 彼は人にものを貸したがらない. **b)** 《雅》(gewähren) (手などを)かす, (援助などを)与える: *jm. seinen* Beistand ~ …に援助を与える | *jm.* eine hilfreiche Hand ~ …に救いの手をさしのべる | *jm.* ein williges Ohr ~ …に喜んで耳をかす〈傾ける〉| *jm. seine* Stimme ~ i) …のために弁じる; ii) …に投票する; iii) (映画の吹き替えなどで)…の代わりに自分の声を吹き込む | *jm.* die Todesangst ~ …に死の不安を与える | *jm. sein* Vertrauen ~ …に信頼をよせる.

★ leihen と borgen の違い: →borgen ★

[*germ.*; ◇Lehen; *gr.* leípein „lassen“; *engl.* loan]

Leih≠ge·bühr[láɪ..] 女 貸出料, 貸付料, 損料; (貸出文庫の)貸出料金, 借り賃. **≠haus** 中 (Pfandhaus) (公営の)質屋: *et.*^{4} aufs 〈ins〉 ~ tragen / *et.*^{4} im ~ versetzen …を質に入れる | ins ~ wandern 質入れされる.

L

⸗mut·ter 女 代理母. **⸗schein** 男 質札; (図書の)貸出証. **⸗ver·kehr** 男 (公立図書館間の)図書の貸借. **⸗wa·gen** 男 (Mietwagen) レンタカー.

leih·wei·se[láɪvaɪzə] 副 (→..weise ★)貸借によって; (mietweise) 賃貸し〈賃借り〉で: *jm. et.*[4] ~ überlassen …に…を貸す | *et.*[4] von *jm.* ~ erhalten …を…から貸してもらう〈借りる〉| Kann ich das Buch ~ haben? この本をお借りしてよろしいでしょうか.

Leik[laɪk] 中 -(e)s/-e(n)《南部》=Liek

Lei·kauf[láɪkaʊf] =Leitkauf

Lei⸗lach[láɪlax] 中 -(e)s/-e(n) (⸗**lak**[..lak] 中 -(e)s/-e(n), ⸗**la·ken**[..la:kən] 中 -s/-)《北部》(Leintuch) シーツ, 敷布. [*ahd.* līn-lahhan „Leinen-Laken“; ◇Lein]

Leim[laɪm] 男 -(e)s/ (種類: -e) **1** にかわ; (今日では植物性や合成物質によるものを含めて, 一般に)接着剤; のり; 〘紙〙サイズ(にじみ止め剤): **aus dem ~ gehen**《話》i) ばらばらに壊れる, 破綻(はたん)する; ii) (女性などが太り出して)体のしまりがなくなる | Der Stuhl 〈Die Freundschaft〉 ist aus dem ~ gegangen.《話》いすがばらばらに壊れた〈友情がこわれた〉| aus dem ~ sein ばらばらに壊れている | *et.*[4] **mit ~ festkleben** …をにかわ(接着剤)で固着させる. **2** 鳥もち: ***jm.* auf den ~ gehen 〈kriechen〉**《話》…のわなにかかる, …にしてやられる | ***jn.* auf den ~ führen 〈locken〉**《話》…をわなにかける, …をぺてんにかける ‖ Das ist ein (elender) ~.《話》こいつはまんまとやられた. **3**《西部》=Lehm

[*germ.* „klebrige Erdmasse“; ◇Lehm, Schleim, limos; *engl.* lime; *lat.* līmus „Schlamm“]

lei·men[láɪmən] 他 (h) **1 a)**《*et.*[4]》にかわ〈接着剤〉ではり付ける; (…に)にかわ〈接着剤〉を塗る; 〘紙〙(…に)にじみ止め加工をする; 〘製本〙にかわで固める. **b)**《話》もとどおりにつなぎ合わす, 回復する: die Freundschaft ~ こわれた友情のきずなを再びつなぎとめる, よりをもどす. **2 a)** 〘狩〙鳥もちで捕らえる; (もち竿(ざお)などに)鳥もちを塗る. **b)**《話》《*jn.*》(特に賭博(とばく)で)だます, ぺてんにかける: der 〈die〉 *Geleimte* だまされた人.

Leim·fer·be[láɪm..] 女 水性塗料〈ペンキ〉.

lei·mig[láɪmɪç][2] 形 にかわ質の; にかわ状の; (klebrig) ねばり気のある.

Leim⸗kraut[láɪm..] 中〘植〙マンテマ属. ⸗**ring** 男 もち輪(害虫駆除のため, もちを塗って樹幹に巻く紙テープ). ⸗**ru·te** 女 鳥もちを塗った小枝: ~*n* legen もち枝を仕掛ける. ⸗**sie·der** 男 ▽**1** にかわ製造人. **2**《話》退屈な人, 面白味のない人. ⸗**süß** 中 -es/ (Glykokoll)〘化〙グリココル. ⸗**tie·gel** 男 にかわ用鍋(なべ). ⸗**topf** 男 にかわ用深鍋. ⸗**zucker** 男 =Glykokoll

..lein[..laɪn]《..chen となんで, 名詞につけて中性名詞 (-s/-) をつくるいわゆる縮小の後つづりの一つ. ..chen の場合と同じく,「小さいもの・かわいらしいもの」を表すほか,「親しみ」や「軽蔑」の表現にも用いられる.「縮小」の意味が失われてしまっている場合もある. もとは南部の語法であるが, 17世紀以来しだいに ..chen によって駆逐されつつある. 現在では ..chen に比してやや古風な詩語的な感じをもつ. この後つづりのついた名詞のウムラウト可能な幹母音はつねにウムラウトする》: Rös*lein* 小さなバラ | Däch*lein* 小屋根 | Fräu*lein* 令嬢. [*ahd.*; ◇..chen]

Lein[laɪn] 男 -(e)s/-e **1** (Flachs)〘植〙アマ(亜麻)属: ~ anbauen 亜麻を栽培する. **2** =Leinsamen [*germ.*; ◇*lat.* līnum „Flachs“]

Lein·dot·ter[láɪn..] 中〘植〙アマナズナ(甘薺)(食用油の原料となる).

Lei·ne[1][láɪnə] 女 -/-n (麻・革・鋼線などで作った)ひも, 綱 (Schnur より太く, Seil より細く, Strick より長いもの); (特に:) 物干しロープ; (犬などの)引き綱, 手綱; (舟・網などの)留め綱 (Tau より細いもの); (Lotleine) 測鉛線; (Logleine) 測程線; (Angelleine) 釣り糸: die ~ einholen 綱をたぐり寄せる | *jm.* ~ lassen《比》…の手綱をゆるめる, …を自由に振舞わせる | eine ~ spannen 〈ziehen〉 綱を張る | **~ ziehen**《話》ずらかる, 逃げ去る; ▽譲歩する ‖ einen Hund **an** der ~ führen 犬を綱につないで引いて歩く | ***jn.* an der (kurzen) ~ haben 〈halten〉**《話》…の手綱をにぎって〈…を意のままにあやつって〉いる | ***jn.* an die ~ legen**《話》…の手綱をにぎる, …を自分の意のままにする | einen Hund an die ~ nehmen 〈von der ~ lösen〉 犬を引き綱につなぐ〈から解き放つ〉| die Wäsche **auf** die ~ hängen 〈von der ~ nehmen〉 洗濯物をロープにつるす〈ロープからはずす〉. [*germ.*; ◇Lein, Linie; *engl.* line; *lat.* līnea „Leine“]

Lei·ne[2] Lein の複数.

die **Lei·ne**[3][láɪnə] 地名 女 -/ ライネ (Weser 川の支流 Aller 川からさらに分かれた川): an der ~ ライネ河畔の(で).

lei·nen[láɪnən] 形《付加語的》(linnen) 亜麻製の(織り)の, リンネルの. [*ahd.* līnīn; ◇Lein; *engl.* linen]

Lei·nen[−] 中 -s/- **1** (Leinwand) 亜麻布, リンネル; 〘製本〙クロース: in ~ gebunden クロース装(製)の. **2** 亜麻製品.

Lei·nen⸗band **I** 男 (略 Ln., Lnbd.) クロース装(製)の本. **II** 中 -(e)s/..bänder 亜麻さなだひも. ⸗**ein·band** 男 (略 Ln., Lnbd.) (書籍の)クロース装丁; 布表紙. ⸗**garn** 中 亜麻糸. ⸗**pa·pier** 中 リンネル紙(リンネルの生地のように仕上げた上質紙). ⸗**zeug** 中 -(e)s/ **1** 亜麻布. **2** 亜麻布製品; (特に:) 亜麻布製のシーツ〈テーブルクロス〉.

Lei·ne·we·ber[láɪnə..] =Leinweber

Lein⸗kraut[láɪn..] 中〘植〙ツタバウンラン(海蘭)属. ⸗**ku·chen** 男 (板状の)亜麻仁油(あまにゆ)かす(家畜の飼料). ⸗**öl** 中 亜麻仁油.

Lein·pfad 男 (Treidelpfad)〘史〙(川や運河に沿って造った)舟引き道. [*mhd.*; ◇Leine[1]]

Lein⸗sa·men 男 亜麻の種子, 亜麻仁(あまに). ⸗**tuch** 中 -(e)s/..tücher 亜麻布; 敷布, シーツ.

lein·wand[láɪnvant] 副《オーストリア, 特に: ウィーン》よろしい, 結構だ, 大変いい:〘ふつう次の形で〙Das ist ~. そいつはすてきだ | Alles wieder ~. これですべてなおった.

Lein·wand[láɪnvant][1] 女 -/..wände **1**《単数で》亜麻布; 綿布; 布, クロース: grobe ~ 粗目の亜麻布 | in ~ gebunden〘製本〙クロース装(製)の(→Leinen 1). **2**〘美〙カンバス, 画布: eine ~ spannen カンバスを張る | auf ~ malen カンバスに油絵をかく | *et.*[4] auf die ~ bringen …をカンバスに再現する(絵にかく)(→3). **3**〘映〙スクリーン, 映写幕, 銀幕;《俗》映画: *et.*[4] auf die ~ bringen …を映写する〈映画化する〉(→2) | auf der ~ erscheinen スクリーン〈銀幕〉に登場する | *jn.* auf der ~ sehen …を映画で見る | *jn.* von der ~ (her) kennen …を映画で知っている | über die ~ laufen 〈gehen〉 上映される. [<*mhd.* līn-wāt „Leinengewebe“ (◇weben)+Gewand]

Lein·wand·bin·dung 女〘織〙平織り, 平地.

Lein·we·ber[láɪn..] 男 亜麻布織工.

Leip·zig[láɪptsɪç] 地名 ライプツィヒ(ドイツ東部, Sachsen 州の工業都市. 1409年創立の大学がある). [<*slaw.* lipa „Linde“+..zig[2]]

Leip·zi·ger[..tsɪgər] **I** 男 -s/- ライプツィヒの人. **II** 形《無変化》ライプツィヒの: ~ Allerlei ライプツィヒふう野菜料理 | die ~ Messe ライプツィヒ見本市.

leis[laɪs][1] =leise

Leis[−] 男 -/-e; -es/-en 祈禱(きとう)歌(ドイツ中世の宗教的民謡). [*mhd.* (kir)leis(e); ◇Kyrieeleison]

lei·se[láɪzə] 形 **1 a)** (↔laut) (音・声が)小さな, かすかな, 低い; (物)静かな(人・動作): ein ~*s* Geräusch かすかな(物)音 | ein ~*s* Kind おとなしい子 | ein ~*r* Mieter (騒音をたてない)静かな間借り〈借家〉人 | ~ Musik かすかな〈低い〉楽の音(ね) | ein ~*r* Ruf かすかな〈低い〉叫び声 | ~ Schritte 〈Atemzüge〉 かすかな足音〈息づかい〉| auf ~*n* Sohlen 足音をしのばせて | mit ~*r* Stimme 小声で ‖ Sei (bitte) ~! / Mach ~! (やかましい)静かにしてくれ | das Radio ~*r* stellen ラジオの音を小さくする ‖ ~ flüstern 〈sprechen〉 小声でささやく〈話す〉| ~ gehen 足音を立てずに歩く | ~ weinen 声を立てずに泣く, しのび泣く | **~ weinend fortgehen**《戯》気おくれして〈すごすごと〉立ち去る | heimlich, still und ~ (→heimlich 1). **b)** 耳ざとい, かすかな音でもとらえる(聴覚): ein ~*s* Gehör haben 耳がいい, 耳ざとい. **c)** (かすかな音にも破られる)浅い(眠り): einen ~*n* Schlaf haben 眠りが浅い.
2《述語的用法なし》**a)** 弱い, かすかな(雨・風・波など): ein ~*r* Regen 小雨 | Es regnete ~. / (Ein) ~*r* Regen

L

fiel. 霧雨が降っていた | Ein ～r Wind erhob sich. そよ風が吹きはじめた. **b)** (かおりの)ほのかな, ほんのりした: ein ～r Duft ほのかなかおり | *Leise* wird es Herbst. かすかに秋の気配がただよいはじめる.

3 《述語的用法なし》 **a)** (動き・感情が)かすかな, 軽度の, ほんのちょっとの: eine ～ Hoffnung かすかな(一縷(いちる)の)希望 | ～ Trauer 〈Verwunderung〉 かすかな悲しみ(いぶかり) | ein ～r Verdacht 〈Zweifel〉 かすかな疑惑 ‖ ～ die Finger bewegen かすかに指を動かす | ～ den Kopf schütteln かすかに首を振る | ～ lächeln かすかにほほえむ | ～ zittern かすかに震える | *jm.* ～ zunicken かすかに…にうなずいて見せる ‖〘否定詞と最上級とで〙 nicht die ～*ste* Ahnung von *et.*[3] haben (→Ahnung 2) | nicht die ～*ste* Andeutung geben ごくわずかの暗示すら与えない, ほのめかしさえしない | nicht die ～*ste* Idee von *et.*[3] haben (→Idee 1) | **nicht im ～*sten*** an *et.*[3] zweifeln …をこれっぽっちも疑わない. **b)** (sanft) やわらかな(接触); (behutsam) おだやかな(人当たり): ein ～r Händedruck 〈eine ～ Mahnung〉 軽い握手〈注意〉 ‖ *et.*[4] ～ berühren そっと…に触れる | *jm.* ～ über das Haar streichen そっと…の髪をなでる | ～ mit *et.*[3] umgehen …を慎重に扱う. [*ahd.* līso „sanft"]

lei·se|tre·ten*[láizə..] 《194》 自 (s) 《話》 慎重に仕事にかかる; 要求を引っこめる; 口論しない.

Lei·se·tre·ter 男 《話》 **1** (Duckmäuser) 率直に自分の意見を述べず相手に調子を合わせる人; (Schmeichler) 追従(ついしょう)者; (Schleicher) 陰でこそこそする卑劣漢; 小心者. **2** 《戯》 (足音の立たない)ゴム底の靴.

Lei·se·tre·te·rei[laizətre:tərái] 女 -/ 《話》 相手に逆らわず(自説を主張せず)調子を合わせること; お追従; 陰でこそこそすること.

Lei·ste[láistə] 女 -/-n **1 a)** (木・金属などの)枠縁(わくぶち), 桟(さん); 〘建〙 押縁(おしぶち), (細い)角材(→ 図 Holz A): Gold*leiste* 金縁 | Zier*leiste* 飾り縁. **b)** (織物の)耳, 織りべり. **c)** 〘製本〙 (豪華本の背の)飾り帯. **2** 〘解〙 鼠径(そけい)部(ももの付け根: → 図 Mensch A). **3** 〘紋〙 細い横帯(→ 図 Wappen e). **4** 〘植〙 (キノコのかさの)ひだ(→ 図 Pilz). [*westgerm.* „Rand"; ◇Liste; *engl.* list]

lei·sten[láistən] 《01》 他 (h) **1 a)** (仕事を)果たす, なしとげる: gute Arbeit ～ いい仕事をする, りっぱな業績をあげる | eine Aufgabe 〈eine Verpflichtung〉 ～ 任務〈業務〉を果たす | 〔in einem Fach〕 Außerordentliches 〈Hervorragendes〉 ～ 〔専門分野で〕すぐれた業績をあげる | *sein* Bestes ～ 最善をつくす, 能力をフルに発揮する ‖〘不定代名詞などと〙 etwas ～ 業績をあげる, ひとかどのことをなしとげる | nichts 〔Besonderes〕 ～ 〔とり立てるほどの〕業績がない | viel 〈wenig〉 ～ 業績が多い〈少ない〉 | Du hast mehr *geleistet*, als zu erwarten war. 君は期待以上の働きをした.

b) 《leisten 自体の意味が希薄化し, 〔動作〕名詞とともに機能動詞として動詞句を構成して》 (…を)行う, (…)する: 〔bei〕 *jm.* Abbitte ～ …に謝罪する | für *jn.* Bürgschaft 〈Gewähr〉 ～ …を保証する | *jm.* gute Dienste 〈einen guten Dienst〉 ～ …に尽くす, …の役にたつ | einen Eid 〈einen Schwur〉 ～ 宣誓する | *jm.* für *et.*[4] Ersatz ～ …に…を補償する | einem Befehl 〈einer Einladung〉 Folge ～ 命令に従う〈招待に応じる〉 | *jm.* Gehorsam 〈Widerstand〉 ～ …に服従〈反抗〉する | *jm.* Gesellschaft ～ …の相手をつとめる, …におつき合いする | *jm.* Hilfe ～ …を援助する | eine Unterschrift ～ 《官》 署名する | *et.*[3] Vorschub ～ …を助成する | auf *et.*[4] Verzicht ～ 《官》 …を断念する | an *jn.* eine Zahlung ～ 《官》 …に金を支払う.

2 再帰 *sich*[3] *et.*[4] ～ …(不適切なこと・ずうずうしいこと・身分不相応なぜいたくなど)をあえてする〈やってのける〉 | *sich*[3] einen bösen Spaß ～ 悪ふざけをする | Da hast du dir etwas Schönes *geleistet*! 君は大変なことをしでかしてくれたね | Ich will mir heute abend eine Flasche Wein ～. 今夜はひとつ奮発してワインを1本飲むことにしよう ‖〘können と〙 ***sich***[3] ***et.***[4] **～ können** …をもつ余裕がある〈ゆとりがある〉; …をすることが許される | Ich kann mir kein Auto 〈keinen neuen Anzug〉 ～. 私には車を買う〈背広を新調する〉余裕がない | Bei deiner Figur kannst du dir so ein Kleid ～. 君のスタイルならこんな服を着ても十分に似合うよ | Er kann sich keine Fehler mehr ～. 彼にはもうこれ以上の失敗は許されない | Ich kann es mir nicht ～, so spät aufzustehen. 私にはそんなにゆっくり寝てるなんてまねはできない.

[*germ.* „nachfolgen"; ◇Leisten; *engl.* last]

Lei·sten[láistən] 男 -s/- (靴屋の道具としての)靴型: Schuhe über den ～ schlagen 靴を靴型に(形がくずれないように)はめる | **alles über einen ～ schlagen** 《話》 (差異を無視して)なにもかもいっしょくたに扱う | Schuster, bleib bei deinem ～! (→Schuster 1 a). [*germ.* „Fußspur"; ◇Gleis, List, leisten; *engl.* last]

Lei·sten≈beu·ge 女 = Leistengegend ≈**bruch** 男 〘医〙 鼠径(そけい)ヘルニア. ≈**ge·gend** 女 〘解〙 鼠径部(ももの付け根). ≈**kro·ko·dil** 中 〘動〙 イリエワニ(入江鰐), カワグチワニ(河口鰐). ≈**schnecke** 女 〘貝〙 アクキガイ(悪鬼貝). ≈**werk** 中 -〔e〕s/ 〘建〙 刳形(くりかた). [<Leiste]

Lei·stung[láistuŋ] 女 -/-en **1** 業績, 成績, 仕事; 〔すぐれた〕出来ばえ〈成果〉: eine hervorragende ～ 卓越した仕事 | **eine reife ～** 《話》 すばらしい仕事ぶり, 抜群のできばえ | sportliche 〈wissenschaftliche〉 ～*en* スポーツ〈学問上〉の業績 ‖ ausgezeichnete ～*en* vollbringen すぐれた業績をあげる | gute 〈schlechte〉 ～*en* haben 成績がいい〈悪い〉 | die ～〔en〕 erhöhen 〈steigern〉 成績を高める ‖ Dadurch wurden die ～*en* gehoben 〈gemindert〉. そのために成績があがった〈落ちた〉 | Das ist eine 〈keine besondere〉 ～! こいつはたいした出来ばえだ〈じゃない〉.

2 a) はたらき, 機能; (特に機械類の)能力, 性能; 能率; 工率, 仕事率: die ～ einer Maschine 機械の性能 | die ～ einer Wortart im Satz 文中におけるある品詞の機能 ‖ eine hohe ～ haben 性能がいい | eine ～ von 60 PS haben 〔性能が〕60馬力である. **b)** 〘電〙 出力, 電力: ein Kraftwerk mit einer ～ von 300 Megawatt 出力300メガワットの発電所.

3 〘法〙 給付; (支払義務の)履行; 弁済: Gegen*leistung* 反対給付 | Versicherungs*leistung* 保険給付 | eine ～ in Geld 〈Naturalien〉 現金〈現物〉給付.

4 《単数で》 行う〈果たす〉こと, 実行, 遂行, 成就; 履行: Eides*leistung* 宣誓 | die ～ des Fahneneides 軍旗に対する忠誠宣誓 | die ～ des Wehrdienstes 兵役を勤めあげること.

Lei·stungs≈ab·fall 男 能力〈性能・能率〉低下. ≈**bi·lanz** 女 〘商〙 経常決算〈収支〉. ≈**druck** 男 -〔e〕s/ 能率〈成績〉万能主義に由来する心理的圧迫.

lei·stungs·fä·hig 形 成績のいい, 〔作業〕能力のある, 有能な; 性能〈工率〉のよい; 〘法〙 給付能力のある: ein ～*er* Motor 性能のよいエンジン〈モーター〉 | Er ist nicht voll ～. 彼は体調が十分でない.

Lei·stungs≈fä·hig·keit 女 -/ 〔作業〕能力, 性能, 能率; 〘工〙 能力, 定格; 〘電〙 可能出力: die körperliche 〈sportliche〉 ～ 肉体的〈運動〉能力 | die ökonomische ～ eines Staates 国の経済力 | die Grenze *seiner* ～ erreichen 能力の限界に達する. ≈**ge·sell·schaft** 女 能力〈能率・業績〉主義社会. ≈**gren·ze** 女 -/ 能力〈性能〉限界. ≈**kur·ve** 女 成績曲線. ≈**lohn** 男 **1** (Akkordlohn) 〘経〙 出来高賃金. **2** 能率給. ≈**mes·ser** 男 〘電〙 出力計, 電力計. ≈**prä·mie**[..miə] 女 (優良な成績に対する)賞与金, 報奨金, 褒賞金. ≈**prin·zip** 中 -s/ 能率〈能力〉主義. ≈**prü·fung** 女 〘教〙 〔学習〕成績検査; 〘農〙 (家畜・作物の)効率検査. ≈**schild** 中 〘電〙 (機器の定格を表示する)銘板(めいばん).

lei·stungs·schwach 形 (人が)能力の劣った, 成績のわるい; (機械などが)性能の低い.

Lei·stungs≈sport 男 高度の能力を要求する競技スポーツ. ≈**sport·ler** 男 Leistungssport を行う選手.

lei·stungs·stark 形 (人が)能力のすぐれた, 成績のよい; (機械などが)性能の高い, 高性能の.

Lei·stungs≈stei·ge·rung 女 能力〈性能・能率〉向上. ≈**test** 男 能力〈性能〉テスト. ≈**ver·mö·gen** 中 -s/ =Leistungsfähigkeit ≈**zeit** 女 〘法〙 履行〈弁済〉時期. ≈**zen·trum** 中 〘スポ〙 トレーニングセンター. ≈**zu·la·ge** 女

L

(特別の成果に対する)特別賞与.

Leit·ar·ti·kel[láɪt..] 男 (新聞の)社説, 論説; (雑誌の)巻頭論文. [*engl.* leading article の翻訳借用; ◇leiten]

leit·ar·ti·keln[láɪt|arti:kəln] 《06》 自 (h) 《話》 社説〈論説〉を書く.

Leit·ar·tik·ler[..klər] 男 -s/- 《話》 (新聞の)論説委員.

leit·bar[láɪtba:r] 形 導き得る, 導きやすい, 御しやすい.

Leit≠be·griff 男 中心〈主要〉概念. **≠bild** 中 模範〔とすべき人・物〕, 手本, 典型, 理想像. **≠bün·del** 中 〘植〙 維管束.

Lei·te[láɪtə] 女 -/-n 《南部・ｵｰｽﾄﾘｱ》 (Berghang) 山の斜面, 山腹. [*ahd.*; ◇lehnen[1]; *gr.* klītýs „Abhang"]

lei·ten[láɪtən] 《01》 **I** 他 (h) **1** 指導する, 管理する, 支配する, つかさどる, 経営する; 主宰する; 指揮する, 統率する, …の長をつとめる: eine Fabrik 〈eine Schule〉 ～ 工場を経営〈学校を運営〉する | ein Fußballspiel ～ サッカーのレフェリーをつとめる | einen Haushalt ～ 家計を切り盛りする | ein Konzert ～ 演奏会を指揮する | eine Sitzung ～ 会議の議長をつとめる | eine Diskussion ～ 討論を司会する.

2 《雅》《*jn.*》《方向を示す語句と》 (…を…へ)導く, 連れてゆく, 案内する, 先導する, 送り込む; 左右する, 影響を及ぼす: *jn.* durch mehrere Zimmer zu einem geheimen Ausgang ～ …をいくつもの部屋を通って秘密の出口へ案内する | Mein Instinkt hat mich an den richtigen Ort *geleitet*. 本能に導かれて私は目的の場所に到達した | Verschiedene Umstände *leiteten* uns zu diesem Entschluß. いろいろな状況から我々はこのように決心するに至った ‖ *sich*[4] von *et.*[3] ～ lassen …に左右される | *sich*[4] von *seinen* Gefühlen ～ lassen 感情に支配される | Er hat sich von politischen Motiven ～ lassen. 彼は政治的な動機に動かされた.

3 《*et.*[4]》《方向を示す語句と》 (…を…へ)導く, 送る, 到達させる: die Schiffsladung **an** ihren Bestimmungsort ～ 船荷を仕向け地へ送る | ein Gesuch an die vorgesetzte Behörde ～ 請願書を上級官庁へ回す | Der Bach wird **in** einen Kanal *geleitet*. この小川の水は運河へ引かれている | *et.*[4] in die Wege ～ (→Weg 1) | Der Verkehr muß während der Bauzeit **über** eine Umgehungsstraße *geleitet* werden. 工事期間中交通は迂回(うかい)路によらなければならない.

4 (熱・光・音・電気などを)通す, 伝える, 伝導する(→II 2): Metall *leitet* Wärme besser als Holz. 金属は木よりもよく熱を伝える | Kupfer *leitet* 〔Elektrizität〕 gut. 銅は電気をよく伝える.

II 自 (h) [V]**1** 《auf *et.*[4]》 (…に)導く, 到達させる: Dieser Hinweis *leitete* auf die richtige Spur. この指示は正しい〈適切な〉手がかりを与えた. **2** 熱〈電気〉を伝える〔性質がある〕: Dieses Metall *leitet* gut. この金属は熱をよく伝える.

III lei·tend 現分 形 **1** 指導する, 導く; 指導的な, 主導的な, 主要な: ein ～*er* Angestellter (会社などの)幹部社員 | der ～*e* Gedanke 主眼, 主題, 中心思想 | die ～*e* Hand 導きの手 | ein ～*er* Ingenieur 主任技師, 技師長 | eine ～*e* Stellung innehaben 指導的な地位を占めている. **2** (熱・光・音・電気などを)通す, 伝える; 伝導性の, 導体の.

[*germ.* „gehen machen"; ◇leiden, Lotse; *engl.* lead]

Lei·ter[1][láɪtər] 男 -s/- **1** 指導〈指揮〉者, リーダー, 長; 支配人; 主任, 監督; 部局長; 団長; 主宰者; 司会者: ein technischer ～ 技術主任 | der ～ einer Expedition 〈einer Touristengruppe〉 探検隊長〈観光団の団長〉 | Abteilungs*leiter* 部長, 課長 | Filial*leiter* 支店〈支社〉長 | Schul*leiter* 校長 | Spiel*leiter* 舞台監督 | Verkaufs*leiter* 販売主任.

2 〘理〙 導体: ein guter 〈schlechter〉 ～ 良〈不良〉導体 | Halb*leiter* 半導体.

Lei·ter[2][láɪtər] 女 -/-n **1** (英: *ladder*) **a)** はしご(→図): eine lange 〈hohe〉 ～ 長い〈高い〉はしご | Feuerwehr*leiter* 消防用はしご | Strick*leiter* 縄〈綱〉ばしご ‖ eine ～ anlegen 〈aufstellen〉 はしごを掛ける〈立てかける〉 | *jm.* die ～ halten …のために はしごを支えてやる | eine ～ an die Mauer 〈den Baum〉 lehnen 壁〈木〉にはしごを掛ける ‖ auf die ～ steigen 〈klettern〉 はしごに登る〈よじ登る〉 | von der ～ fallen はしごから落ちる ‖ die ～ des Erfolges rasch emporsteigen 《比》 成功〈出世〉への道をとんとん拍子にかけのぼる | auf der ～ der höchsten Macht stehen 《比》 最高権力の座にすわっている. **b)** 〘体操〙 ラッダー: an der ～ turnen ラッダーで体操をする. **2** (Tonleiter) 〘楽〙 音階. [*westgerm.* „Angelehnte"; ◇lehnen[1], Leite; *engl.* ladder]

Leiter[2]

Lei·ter≠baum[láɪtər..] 男 **1** はしごの両側の支柱. **2** Leiterwagen の枠材(→図 Leiterwagen). **≠ha·ken** 男 (屋根ふき工事用の)はしご掛け鉤(かぎ). **≠hocker** 男 踏み台いす(→図 Leiter). **≠spros·se** 女 はしごの横木〈段〉. **≠wa·gen** 男 (両側にはしご形の枠のある)収穫〈干し草〉車, 格子枠車(→図).

Leiterwagen

Leit·fa·den[láɪt..] 男 **1** (Lehrbuch) (学問・技術の分野の)入門書, 手引き, 階梯(かいてい) (→Ariadnefaden): ein ～ der Mathematik 数学入門. **2** (行動などに一貫している)指導原理.

leit·fä·hig 形 伝導性の, 伝導力のある. [<leiten]

Leit≠fä·hig·keit 女 -/ 〘理〙 伝導率; 〘電〙 導電率. **≠feu·er** 中 **1** (Leuchtfeuer) 〘海〙 (港の)導灯. **2** (Zündschnur) 〘軍〙 導火線. **≠fi·gur** 女 指導的な人物〔像〕. **≠fos·sil** 中 **1** 〘地〙 示準化石. **2** 《俗》 老いぼれ.

Leit≠geb[láɪtge:p][1] 男 -en/-en, **≠ge·ber** 男 《方》 飲み屋の亭主. [*mhd.* līt-gebe〔r〕; ◇Leitkauf]

Leit≠ge·dan·ke 男 (作品などを貫く)中心〈根本〉思想, 基本的な考え方, 基調; 根本方針, 主義: der ～ der Zeit 時代の主潮. **≠ham·mel** 男 **1** (首に鈴をつけて群れを導く)先導の羊. **2** 《比》 (盲従する群衆の)先導者, リーダー, 首領, 首魁(しゅかい). **≠hund** 男 **1** (Blindenhund) 盲導犬. [V]**2** 〘狩〙 (猟獣の臭跡を追跡するハウンド系の)先導犬. **≠idee** 女 =Leitgedanke **≠kar·te** 女 (カード整理箱の)見出しカード.

Leit·kauf[láɪt..] 男 《方》 (Leikauf) (商談固めの)手打ち酒, 固めの酒の飲み回し. [*mhd.*; <*ahd.* līd „Obstwein"]

Leit≠li·nie[láɪtli:niə] 女 **1** 〘数〙 準線. **2** 〘交通〙 指導〈分離〉線, 車両通行帯境界線(白または黄色の車線間の境界線: →図 Landstraße) (→Sicherheitslinie). **3** 指導基準, 指針. **≠mo·tiv** 中 **1** 〘楽〙 (楽曲の)主導動機〈楽句〉, ライ

トモチーフ. **2** 《比》(作品などの)中心思想, 主題, 基調.
⸗pfahl 男, **⸗pfo·sten** 男〘交通〙視線誘導標(→ ⊠ Landstraße). **⸗plan·ke** 女 (交通安全のため路肩などに設けられた)防護板, ガードレール(→ ⊠ Landstraße). **⸗rad** 中〘工〙(タービンの)案内車. **⸗satz** 男 (行動・思想を左右する)指導原理, 原則, 主旨. **⸗seil** 中《南部・オーストリア・スイス》(Zügel) 手綱; (犬の)引き綱. **⸗spin·del** 女〘工〙(旋盤の)親ねじ, 案内軸, リードスクリュー(→ ⊠ Drehbank). **⸗spruch** 男 標語, 座右銘, モットー. **⸗stan·ge** 女 **1** 〘工〙ガイド=バー〈ロッド〉. **2** (電車の屋根の)触輪棒, ポール. **⸗stel·le** 女 (無線タクシーなどの)指令センター. **⸗stern** 男 **1** 導きの星; (特に:) 北極星. **2** 《比》中心目標; 指針; 模範. **⸗strahl** 男 **1** 〘空・海〙信号〈誘導〉電波, ビーム; 等感度帯. **2** 〘数・天〙動径.

Leit·strahl·sen·der 男〘空・海〙信号〈誘導〉電波発信器〈所〉, ビーム送信器〈所〉.

Leit⸗stu·die[..diə] =Pilotstudie **⸗tier** 中 **1** 〘狩〙(シカなどで仲間の群れを先導する雌の)先導獣. **2** 〘動〙(サルなど群居動物の)リーダー, ボス. **⸗ton** 男 -[e]s/..töne 〘楽〙導音(音階中の第7音).

Lei·tung[láɪtʊŋ] 女 -/-en **1 a)** 《単数で》管理, 経営, マネージメント; 監督, 指導; 指揮, 統率; 主宰; 司会: die ~ übernehmen 管理〈経営・指導・監督・司会〉を引き受ける | eine Delegation unter ~[3] des Außenministers 外務大臣を長とする代表団 | Das Orchester spielte unter [der] ~ des berühmten Dirigenten X. オーケストラは有名な指揮者Xの指揮で演奏した | Der Jugendliche braucht eine strenge ~. その少年は厳格な監督が必要だ. **b)** 管理〈指導・執行・首脳〉部, 経営者〔陣〕, 理事〈役員〉〔会〕: Das Geschäft steht unter neuer ~. その商店は新しい経営者のもとにある.
2 a) 〘理〙(熱・電気・音などの)伝導. **b)** 〘電〙配線(→ ⊠); 伝送線; (Stromkreis) 回線, 回路; (Telefonleitung) 電話線: Die ~ ist besetzt 〈belegt〉. (電話で)お話し中です | Die ~ ist tot. 《話》電話が切れている(サインが出ない) | Gehen Sie bitte aus der ~! 《話》(間違ってかかっているので)受話器を置いてください | Bleiben Sie bitte in der ~. (電話で)そのままでお待ち願います | Es ist jemand in der ~. 《話》だれかが盗聴している ‖ **eine kurze ~ haben** 《話》(物事の)のみ込みが早い | **eine lange ~ haben** 《話》(物事の)のみ込みが遅い, 頭がにぶい ‖ Lange ~, kurzer Draht! 《話》勘はにぶいしめぐりも悪い | Die ~ funktioniert. 《話》(彼は)ちゃんと理解する〈通じる〉‖ **auf der ~ stehen** 《話》(物事の)のみ込みが遅い, 頭がにぶい. **c)** (液体・気体などの)配管; 導管, 輸送管: Gas*leitung* ガス管 | Wasser*leitung* 水道管 ‖ eine ~ für Gas [ver]legen ガス管を敷設する | die ~*en* für Wasser an die Hauptleitung anschließen 水道管を本管につなぐ | Die ~ ist undicht. 水道管が漏れて〈漏水して〉いる ‖ die ~ aufdrehen 《話》泣き出す | eine undichte ~ haben 《話》i) 小便をがまんできない; ii) 頭がいかれている.

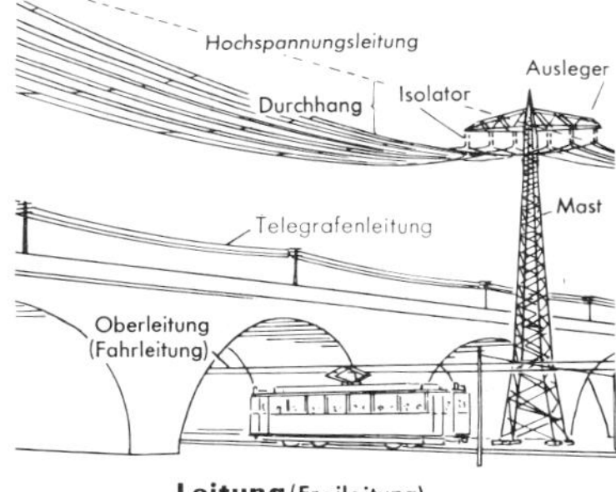

Leitung (Freileitung)

Lei·tungs⸗an·äs·the·sie[láɪtʊŋs..] 女〘医〙伝導麻酔. **⸗draht** 男 電線; 導線.

Lei·tungs·hei·mer[..haɪmər] 男 -s/- 《戯》鉄管ビール(水道水のこと). [<Heim]

Lei·tungs⸗mast 男 電柱, 送電塔. **⸗netz** 中〘電〙ネットワーク〔方式〕, 送電網; 〘工〙導管網. **⸗rohr** 中 (水道・ガスなどの)導管; 電線管; 〘土木〙(排水用の)管暗渠(かんあんきょ). **⸗schnur** 女 -/..schnüre 〘電〙コード; 可撓(かとう)ひも. **⸗was·ser** 中 -s/ 水道の水.

Leit⸗wäh·rung[láɪt..] 女 (国際的に)指導的な(指標となる)通貨. **⸗werk** 中 **1** 〘空〙尾翼装置; (グライダーの)尾部. **2** 〘土木〙導流工. **3** 〘電算〙情報処理の管理部門. **⸗wert** 男〘電〙コンダクタンス. **⸗zahl** 女 **1** 〘数〙指数. **2** 〘写〙(フラッシュ撮影の際の)ガイドナンバー. **⸗zins** 男〘経〙基準金利, 公定歩合.

Lek[lɛk] 男 -/- レク(アルバニアの貨幣単位: 100Qindar). [*alban.*; Aleksander (=Alexander) の刻印から]

Lek·tion[lɛktsió:n] 女 -/-en **1 a)** (英: *lesson*)(教科書の)課: die fünfte ~ / ~ 5 第5課 | Das Buch ist in 20 ~*en* eingeteilt. この書物は20課に分けられている. **b)** (授業で習う)教材, 課題: *seine* ~ lernen (生徒が)自分の課題を勉強する. **2** 授業, 講義; 授業時間: eine ~ vorbereiten 講義の準備をする. **3** 《比》教訓, いましめ; 叱責(しっせき), 説教: eine bittere 〈nützliche〉 ~ 苦い〈有益な〉教訓 | *jm.* eine ~ geben 〈erteilen〉 …を叱責する. **4** =Lesung 3 [〔*kirchen*〕*lat.*; < *lat.* legere „〔zusammen〕lesen"; ◇ Logos, Legion; *engl.* lesson]

Lek·tor[lέktɔr, ..to:r] 男 -s/-en[lɛktó:rən] (⊛ **Lek·to·rin**[lɛktó:rɪn]-/-nen) **1** (大学の, 特に外国語の授業や技術教育の実習などを担当する)講師. **2** (出版社の)原稿審査係, 企画〈編集〉顧問. **3** 〘カトリック〙朗読者, 読師. [*lat.*]

Lek·to·rat[lɛktorá:t] 中 -[e]s/-e **1** Lektor の職. **2** (出版社の)原稿審査部. [<..at]

lek·to·rie·ren[lɛktorí:rən] 他 (h) (出版の適否を決めるために原稿を)審査する.

Lek·to·rin Lektor の女性形.

Lek·tü·re[lɛktý:rə] 女 -/-n **1** 《単数で》(注意深く)読むこと, 読書: bei der ~ dieses Buches この本を読む際に | ~ treiben 読書をする. **2** 読み物: eine leichte 〈spannende〉 ~ 軽い〈興味津々たる〉読み物 | Reise*lektüre* 旅行用の読み物 ‖ Das ist keine [passende] ~ für dich. それは君の読むような本ではない. **3** (学校の外国語の)講読: Wir haben wöchentlich zwei Stunden ~. 我々は週に2時間外国語の講読がある. [*mlat.*−*fr.*; ◇ *engl.* lecture]

Le·ky·thos[lé:kytɔs] 女 -/ ..then[leký:tən] レキュトス(古代ギリシアの油壺(つぼ)). [*gr.*]

Lem·ma[léma·] 中 -s/-ta[..ta·] **1** 〘論・数〙補助定理, 補題, レンマ; 前提. **2** (Stichwort)(辞書などの)見出し語. ▽**3** (論文・作品などの主内容をモットーふうに表した)題目. [*gr.*−*lat.*; < *gr.* lambánein „nehmen"]

Lem·ming[lémɪŋ] 男 -s/-e 〘動〙レミング, タビネズミ(旅鼠)(北欧産のネズミの一種). [*dän.*]

Lem·nis·ka·te[lɛmnɪská:tə] 女 -/-n 〘数〙レムニスケート, 連珠形(アラビア数字の8を横にした形の曲線). [*lat.*; < *gr.* lēmnískos „wollenes Band" (◇ Wolle)]

Le·mur[lemú:r] 男 -en/-en, **Le·mu·re**[..mú:rə] 男 -n/-n **1** 《ふつう複数で》〘ロ神〙死者の霊, 幽霊. **2** (Maki) 〘動〙キツネザル(狐猿). [*lat.* lemurēs; ◇ Lamia]

Le·na[1][lé:na·] 女名 (<Magdalena, Helena) レーナ.

die **Le·na**[2][−] 地名 女 -/ レナ(ロシア連邦, 東シベリアを北流して北極海に注ぐ川).

Le·nau[lé:naʊ] 人名 Nikolaus ~ ニコラウス レーナウ(1802−50; 本名 Nikolaus Niembsch Edler von Strehlenau. オーストリアの叙情詩人).

Len·de[léndə] 女 -/-n **1** 《ふつう複数で》**a)** 〘解〙腰, 腰部(ようぶ)(下肋骨(かろっこつ)から腰関節に至る部分; 広義では Hüfte と同義: → ⊠ Mensch B). **b)** 《雅》腰, 腰部; 〘聖〙(生殖力の座としての)腰部: ***seine* ~*n* gürten** 《比》〔旅立ち・出陣の〕支度をする | dein Sohn, der aus deinen ~*n* kommen wird, ... 〘聖〙あなたの身から出るあなたの子が…(聖書: I 王

8,19). **2** (牛・豚などの)腰肉. [*germ.*; ◇Lumbago]

Lẹn·den·bra·ten 男〘料理〙腰肉〈ヒレ肉〉のロースト.

lẹn·den·lahm 形 **1** 腰の萎(な)えた〈立たない〉; (疲れて)腰ががくがくの; (男性が)勃起(ぼっき)不能の, 陰萎の. **2**《比》弱腰の, 弱い, 力のない: eine ~*e* Entschuldigung 弱々しい弁解.

Lẹn·den≈schmerz 男 腰痛, 疝気(せんき). **≈schurz** 男 (未開人などの)腰布, 腰巻き. **≈stich** 男〘医〙腰椎穿刺(ようつい せんし). **≈stück** 中〘料理〙腰肉, ヒレ肉. **≈tuch** 中 -[e]s/..tücher 腰布, 腰巻き. **≈wir·bel** 男〘解〙腰椎(ようつい)(→ ⊠ Mensch C).

Lẹ·ne[lé:nə] 女名 (< Magdalene, Helene) レーネ.

Lẹ·nes Lenis の複数.

Leng[lɛŋ] 男 -[e]s/-e〘魚〙タラの一種(体長 2 m に及ぶ). [*mndd.*; ◇lang]

Lẹ·ni[lé:ni·] 女名 (< Lena) レーニ.

Lẹ·nin[lé:ni:n] 人名 Wladimir Iljitsch ~ ヴラディーミル イリイチ レーニン(1870-1924; ロシアの革命家. 本姓ウリヤノフ. 筆名ニコライ レーニン).

Lẹ·nin·grad[‒gra:t] 地名 レニングラード(→Sankt Petersburg). [< *russ.* grad „Stadt"]

Lẹ·nin·gra·der[..gra:dər] **I** 男 -s/- レニングラードの人. **II** 形《無変化》レニングラードの.

Le·ni·nis·mus [leninísmʊs] 男 -/ レーニン主義; レーニンの学説: Marxismus-~ マルクス=レーニン主義.

Le·ni·nist[..níst] 男 -en/-en レーニン主義者.

le·ni·ni·stisch[..nístɪʃ] 形 レーニン主義の.

Lẹ·nin·or·den[lé:ni:n..] 男 レーニン勲章.

Lẹ·nis[lé:nɪs] 女 -/..nes[..ne:s] (↔Fortis)〘言〙軟[子]音(調音器官の緊張が弱く, 気圧差が小で破裂が弱い. ドイツ語の有声閉鎖音など). [*lat.* lēnis „sanft"; ◇lind]

Lẹnk·ach·se[lɛ́ŋk..] 女〘工〙操舵(そうだ)軸.

lẹnk·bar[lɛ́ŋkba:r] 形 **1** 操縦〈制御〉可能な: ~*e* Raketen 誘導ミサイル | ein ~*es* Luftschiff 飛行船 ‖ Das Auto ist leicht ~. その自動車は運転しやすい. **2** (lenksam) 操縦〈指導〉しやすい; 御しやすい, 扱いやすい: ein ~*es* Kind 従順な〈素直な〉子供.

Lẹnk·bar·keit[‒kaɪt] 女 -/ lenkbar なこと.

lẹn·ken[lɛ́ŋkən] 他 (h) **1**《*et.*[4]》《ふつう方向を示す語句と》(乗り物・馬などを〔…へ〕)導く, 向ける; 運転する, 操縦する, (ミサイルなどを)誘導する: *sein* Augenmerk auf *jn.* 〈*et.*[4]〉 ~ (→Augenmerk) | *et.*[4] in die richtige Bahn ~ (→Bahn 1 a) | einen Wagen 〈ein Fahrrad〉 in eine Nebenstraße ~ 車〈自転車〉をわき道へ乗り入れる | die 〈*seine*〉 Schritte zur Tür ~ ドアの方へ足を運ぶ ‖ ein Schiff 〈ein Flugzeug〉 ~ 船〈飛行機〉を操縦する | ein Pferd ~ 馬を御する〈操る〉| Gott *lenkt* die Geschicke der Menschen. 神は人間の運命を定めたもう ‖〘しばしば目的語なしで〙heimwärts 〈nach Hause〉 ~《雅》家路をたどる | Er *lenkte* ans Ufer.《雅》彼は岸に向かって舟を操った | Der Pfad *lenkt* in eine Schlucht.《雅》この小道は峡谷に通じている | Der Mensch denkt, Gott *lenkt*. (→Mensch I 1).

2 a) (leiten)《*jn.*》誘導する, 導く: Das Kind ist leicht 〈schwer〉 zu ~. その子は扱いやすい〈にくい〉| *sich*[4] ~ lassen 扱いやすい, 従順である ‖ die *lenkende* Hand 導きの手, 指導してくれる人. **b)** 指揮する; 統制する: die Schlacht ~ 戦闘を指揮する | die Wirtschaft ~ 経済を統制する | die Sprache ~ 言語を統制〈規制〉する ‖ die *gelenkte* Wirtschaft 統制経済.

3《*et.*[4]》《方向を示す語句と》(注意などを…へ)向ける: die Aufmerksamkeit **auf** *et.*[4] ~ …に注意を向けさせる | *seinen* Blick 〈*seinen* Gedanken〉 auf *et.*[4] ~ …に視線〈考え〉を向ける | das Gespräch auf *et.*[4] ~ 話題を…に転じる | den Verdacht auf *jn.* ~ …に疑惑を向ける ‖ 再帰 Der Verdacht *lenkte* sich[4] auf den Ehemann. 疑惑は夫に向けられた.

[*mhd.* „biegen"; ◇Flanke, Gelenk]

Lẹn·ker[lɛ́ŋkər] 男 -s/- **1 a)** 運転手; 操縦士; (オートバイ・自転車の)乗り手; 御者: der ~ eines Lastkraftwagens トラックの運転手. **b)**《雅》指導者, 指揮者, 統率者. **2**〘工〙**a)** 連接棒. **b)** (Lenkrad) (自動車などの)ハンドル; (Lenkstange) (自転車・オートバイなどの)ハンドル〔バー〕: *sich*[3] **den goldenen ~ verdienen**《話》(上官・上司・教師などに)うまく取り入る.

Lẹnk·rad[lɛ́ŋk..] 中 **1** (Steuerrad) (自動車・ボブスレーなどの)〔かじ取り〕ハンドル. **2** (三輪車などの)かじ取り車輪(前輪); (貨物自動車の)駆動車輪.

Lẹnk·rad·schal·tung 女 (↔ Knüppelschaltung) (自動車の)コラム=シフト.

Lẹnk≈ra·ke·te 女〘軍〙誘導ミサイル. **≈rol·le** 女 (三輪手押し車などの自在に動く)かじ取り足車.

lẹnk·sam[lɛ́ŋkza:m] 形 操縦〈指導〉しやすい; 御しやすい, 扱いやすい: ein ~*es* Kind 従順な〈素直な〉子供.

Lẹnk·sam·keit[‒kaɪt] 女 -/ lenksam なこと.

Lẹnk·stan·ge[lɛ́ŋk..] 女 (自転車・オートバイなどの)ハンドル〔バー〕(→ ⊠ Fahrrad); 〘工〙連接棒(→ ⊠ Schaufel).

Lẹn·kung[lɛ́ŋkʊŋ] 女 -/-en **1**《単数で》操縦, 運転, かじ取り, 操舵(そうだ); 指導, 指揮, 統率, コントロール; 管理, 支配. **2** 操縦〈かじ取り〉装置.

Lẹnk·wel·le[lɛ́ŋk..] 女〘理〙導波.

Le·nọ·re[lenó:rə] 女名 (< Eleonore) レノーレ.

len·ta·mẹn·te[lɛntaméntə] 副 (langsam)〘楽〙ゆっくりと. [*it.*]

len·tạn·do[lɛntándo·] 副 (zögernd)〘楽〙しだいに遅く, レンタンド. [*it.*; < lento]

Lẹn·ti Lento の複数.

len·ti·ku·lạr[lɛntikulá:r] 形, **len·ti·ku·lä̱r**[..lɛ́:r] 形 レンズ状の, 扁桃(へんとう)状の. [< *lat.* lēns (→Linse)]

Len·ti·zẹl·le[lɛntitsélə] 女 -/-n〘植〙皮目.

lẹn·to[lɛ́nto·] **I** 副 (langsam)〘楽〙レント, 遅く. **II** **Lẹn·to** 中 -s/-s, ..ti[..ti·]〘楽〙lento の〔テンポの〕楽曲〈楽章〉. [*lat.* lentus „langsam"–*it.*; < *lat.* lēnis (→Lenis)]

Lẹn·to·form[lɛ́nto..] 女〘言〙本形(早い口調のために生じる縮約形に対して完全な原形: →Allegroform).

lenz[lɛnts] 形《北部》(leer)〘海〙〔水がなくなって〕からになった: einen ~ trinken 1杯飲みほす | Die Kanne ist ~. ポットがからっぽだ | Er ist ~.《比》彼は文なしだ. [< *mndd.* lenden „zu Ende bringen"]

Lenz[1][lɛnts] 男 -es/-e **1**《雅》(Frühling) 春: im ~《比》人生の春に, 青春時代に ‖ **einen schönen 〈faulen / ruhigen / schlauen / sonnigen〉 ~ haben / einen schönen 〈faulen / ruhigen / schlauen / sonnigen〉 ~ schieben / *sich*[3] einen schönen 〈faulen / schlauen / sonnigen〉 ~ machen**《話》のんびりと仕事をする; 仕事をしないでのんびりする, 怠ける. **2**《複数で》《戯》(年齢について)歳: ein Mädchen von zwanzig ~*en* はたちの女の子 | Sie zählt gerade 18 ~*e*. 彼女は芳紀まさに18歳だ. [*westgerm.*; ◇lang; *engl.* Lent; 日が長くなることから]

Lenz[2][‒] 人名 Jakob Michael Reinhold ~ ヤーコプ ミヒャエル ラインホルト レンツ(1751-92; ドイツの詩人・劇作家).

lẹn·zen[1][lɛ́ntsən]《02》**I** 他 (h)〘海〙(船底から水・廃油などを)ポンプでくみ出す. **II** 自 (h)〘海〙(暴風雨のために)帆を縮めて走る. [< lenz]

lẹn·zen[2][‒] 自 (h)《雅》非人称 (es lenzt) 春になる.

▽**Lẹn·zing**[lɛ́ntsɪŋ] 男 -s/-e《ふつう単数で》(März) 3月.

▽**lẹnz·lich**[lɛ́ntslɪç] 形 春の; 春のような, 春めいた.

▽**Lẹnz≈mo·nat** (≈**mond**) 男《ふつう単数で》(März) 3月.

Lẹnz·pum·pe 女〘海〙(船底にたまる水をくみ出す)ビルジポンプ. [< lenzen[1]]

Lẹo[lé:o·] 男名 (< Leonhard, Leopold) レーオ.

Leo·nạr·do da Vịn·ci →Vinci

Lẹon·hard[lé:ɔnhart] 男名 レーオンハルト. [< *lat.* leō „Löwe"+*ahd.* harti „hart"; ◇*engl.* Leonard]

Leọ·ni·das[leó:nidas] 人名 レオニダス(?- 前480; Sparta 王で, 第三次ペルシア戦争のとき Thermopylen でペルシアの大軍を食い止めて戦死). [*gr.*–*lat.*]

die **Leo·nị·den**[leoní:dən] 複〘天〙獅子(し)座流星群(11月ごろ獅子座に現れる). [< *lat.* leō „Löwe"+..iden]

L

leo·ni·nisch[leoníːnɪʃ] 形 der ~*e* Vers〘詩〙レオ詩脚(第3詩脚のあとの句切りと行末とが押韻する6〈5〉歩格. 中世の詩人 Leo または教皇 Leo にちなむという) | ein ~*er* Vertrag〘法〙一方だけが有利な契約.

Leo·no·re[leonóːrə] 女名 (<Eleonore) レオノーレ.

Leo·pard[leopárt][1] 男 -en/-en〘動〙ヒョウ(豹).
[*spätgr.*－*spätlat.*; ◇Löwe, Pard]

Leo·pold[léːopɔlt] 男名 レーオポルト: der heilige ~ 聖レオポルト(1075–1136; オーストリアの守護聖人) | der Tag des heiligen ~ =Leopoldi [*ahd.* Liutbald; <*ahd.* liut „Volk" (◇Leute)+bald „kühn"]

Leo·pol·da[leopɔ́lda·] 女名 レオポルダ.

Leo·pol·di[leopɔ́ldi·]《無冠詞》聖レオポルトの祝日(11月15日; 元来は Leopold のラテン語形 Leopoldus の2格形).

Leo·pol·di·ne[leopɔldíːnə] 女名 レオポルディーネ.

Leo·pol·di·tag[leopɔ́ldi..] 男 =Leopoldi

Léo·pold·ville[leopɔltvíl, ..víːl] 地名 レオポルドヴィル(ザイールのベルギー領 Kongo 時代の首都. 現名はキンシャサ Kinshasa). [<Léopold II.(ベルギー王, †1909)+*fr.* ville „Stadt"]

Le·po·rel·lo·al·bum[leporɛ́lo..] 中 (絵はがきなどをはる)折りたたみ式アルバム (Mozart のオペラ『ドン ジョバンニ』の召使いレポレロが主人の情事を記録したアルバムに似たもの).

Le·pra[léːpra·; オーストリア: –, lɛ́pra·] 女 -/ (Aussatz) 癩(らい)〔病〕, ハンセン病. [*gr.*－*lat.*; <*gr.* leprós „schuppig" (◇lepto..); ◇*engl.* leper]

Le·prom[lepróːm] 中 -s/-e〘医〙癩腫(らいしゅ), 癩結節.

le·pros[lepróːs][1] 形, **le·prös**[..prøːs][1] 形 **1** (aussätzig) 癩(らい)病〈ハンセン病〉の, 癩病〈ハンセン病〉にかかった. **2**〘医〙癩性の. [*spätlat.*; ◇..os; *engl.* leprous]

Le·pro·so·rium[leprozóːriʊm] 中 -s/..rien[..riən] 癩(らい)隔離病院, ハンセン病院, ハンセン病療養所; 癩隔離村. [◇*engl.* leprosarium]

..lepsie[..lɛpsiː]〘医〙《「発作」を意味する女性名詞 (-/-n) をつくる》: Kata*lepsie* カタレプシー, 強硬症 | Epi*lepsie* 癲癇(てんかん). [*gr.* lē̆psis „Ergreifen"; ◇Lemma]

Lep·ta Lepton I の複数.

lepto..《名詞・形容詞などにつけて「細い・狭い・小さい・軟らかい・薄い」などを意味する》[*gr.* leptós „enthülst"; <*gr.* lépein „〔ab〕schälen" (◇Laub)]

lep·to·ke·phal[lɛptokefáːl] =leptozephal

Lep·ton **I** [lɛptɔ́n] 中 -s/..ta[..tá] レプトン(ギリシアの旧貨幣〔単位〕: $^1/_{100}$ Drachme; 古代ギリシアの重量単位: 約10mg). **II**[lɛ́ptɔn] 中 -s/-en[lɛptóːnən]〘理〙レプトン, 軽粒子. [*gr.*]

lep·to·som[lɛptozóːm] 形〘心・医〙やせ型の, 細長型の: ein ~*er* Typ やせ型, 無力体型.

Lep·to·spi·re[..spíːrə] 女 -/-n〘細菌〙レプトスピラ(スピロヘータの一属: →Spirochäte).

Lep·to·spi·ro·se[..spiróːzə] 女 -/-n〘医〙レプトスピラ症(ワイル病・七日熱など).

lep·to·ze·phal[..tsefáːl] 形〘医〙狭小頭蓋(ずがい)の.

Lep·to·ze·pha·lie[..tsefalíː] 女 -/〘医〙狭小頭蓋. [<kephalo..]

..ler[..lər] →..er[1] I 2

Ler·che[lɛ́rçə] 女 -/-n〘鳥〙ヒバリ(雲雀): Eine ~ schwingt sich hoch in die Luft. ヒバリが空高く舞い上がる | Die ~ trillert. ヒバリがピーピーとさえずる ‖ eine ~ schießen《話》(馬から)まっさかさまに落ちる; (馬などが)もんどりうって倒れる. [*westgerm.*; ◇*engl.* lark]

Ler·chen·sporn 男〘植〙キケマン(黄華鬘)属.

Lern·ak·tiv[lɛ́rn..] 中 (旧東ドイツなどで)課外学習グループ.

lern·bar[lɛ́rnbaːr] 形 学ぶことのできる, 習得できる: leicht 〈schwer〉 ~ 学びやすい〈にくい〉.

Lern≠be·gier (≠**be·gier·de**) 女 -/ 勉学熱, 向学心, 知識欲.

lern·be·gie·rig 形 勉学熱にかられた, 向学心に燃えた, 勉強好きな, 好学の.

lern·be·hin·dert **I** 形 知恵おくれの. **II** **Lern·be·hin·der·te** 男 女《形容詞変化》知恵おくれの子供.

lern·be·reit 形 学ぶ用意のある, 学習意欲のある.

Lern·be·reit·schaft 女 学習意欲.

Lern·ei·fer 男 勉学熱, 勉強熱心.

lern·eif·rig 形 勉強熱心な, 向学心の旺盛(おうせい)な.

ler·nen[lɛ́rnən] **I** 他 (h) **1** (英: *learn*) (学科などを)習う, 習得する, 学習する; (技術・習慣などを)覚える, 身につける: einen Beruf ~ 職業の専門訓練を受ける | Datenverarbeitung ~ (電算機による)情報処理〔法〕を習う | Deutsch ~ ドイツ語を習う | Klavier 〈Schreibmaschine〉 ~ ピアノ〈タイプ〉を習う | Kunststücke ~ 芸〔当〕を覚える | Stenographie ~ 速記〔術〕を習う | Tischler ~ 指物師の修業をする ‖ ein Gedicht 〔auswendig〕 ~ 詩を暗記する | *et.*[4] von *jm.* ~ …を…から学びとる | Von dir *lernt* er nur Dummheiten. 彼は君のせいでばかなことばかり覚える | Mancher *lernt's* nie und dann noch unvollkommen! (→manch 2) | Was Hänschen nicht *lernt*, *lernt* Hans nimmermehr. (→Hans II) | ***et.***[1] **will gelernt sein** …は練習〈訓練〉が大切である | Alles will *gelernt* sein. 何ごとも習練しだい.

‖〘不定詞〔句〕と〙schwimmen 〈tanzen〉 ~ 泳ぎ〈ダンス〉を習う | lesen 〈kochen〉 ~ / 〔das〕 Lesen 〈〔das〕Kochen〉 ~ 読み方〈料理〉を習う | Auto fahren ~ 車の運転を習う | Klavier spielen ~ ピアノ〔の弾き方〕を習う | Schreibmaschine schreiben ~ タイプ〔の打ち方〕を習う | kennen ~ (→kennenlernen) | *jn.* 〈*et.*[4]〉 lieben ~ …が好きになる | verzichten ~ / Verzicht ~ あきらめることを覚える | gehorsam sein ~ / Gehorsam ~ 素直になることを覚える ‖〘zu 不定詞〔句〕と〙Ich habe *gelernt* zu warten. 私は待つことに慣れた | Ich habe 〔im Leben〕 *gelernt*, vorsichtig zu sein. 私は〔体験を通して〕慎重さが身についた | Er muß noch ~, mit anderen Menschen auszukommen. 彼はまだ他人と折り合っていくことを知らない ‖〘副文と〙Er mußte ~, daß es so einfach nicht geht. 彼はそう簡単には済まないことを思い知らされた.

‖〘目的語なしで〙eifrig 〈fleißig〉 ~ 熱心に習う | ordentlich ~ 正規に〈きちんと〉習う | Er *lernt* schlecht 〈schnell〉. 彼はのみ込みが悪い〈早い〉 ‖ aus Büchern ~ 書物で学ぶ | aus der Geschichte ~ 歴史に学ぶ | aus *seinen* Fehlern ~ 失敗を通じて学び取る | bei einem Lehrer ~ 教師について習う | bei einem Schneider ~ 仕立屋の店で修業する | beim Zusehen ~ 見ていて覚える | durch die Erfahrung 〈das Leben〉 ~ 経験〈体験〉を通して学ぶ | in der Schule ~ 学校で習い覚える | im Schlaf ~《比》わけなく覚える | Die Mutter *lernt* jeden Tag mit ihm.《話》母親が毎日彼の勉強〈宿題〉を手伝っている ‖ Er *lernt* noch./ Er ist noch *Lernender*. 彼はまだ修業中だ | ***Gelernt ist gelernt.***《諺》身についたことはやっぱり違う(みごとなものだ).

‖ 再帰 *sich*[4] leicht 〈schnell〉 ~ 〔lassen〕 すぐ覚えられる | Das Gedicht *lernt* sich schwer. その詩は覚えにくい.

2《話》(lehren)《*jm.* 〈*jn.*〉 *et.*[4]》教える.

II **Ler·nen** 中 -s/ 学ぶ〈習う〉こと, 学習.

III **ge·lernt** → 別出

[*westgerm.*; ◇leisten, lehren; *engl.* learn]

Ler·ner[lɛ́rnər] 男 -s/-〘言〙〔言語〕学習者.

lern·fä·hig[lɛ́rn..] 形 学習〈習得〉能力のある.

Lern≠fä·hig·keit 女 学習〈習得〉能力. ≠**kur·ve** 女〘心〙学習曲線. ≠**ma·schi·ne** 女 学習〈教育〉機器. ≠**mit·tel** 中 学習用具(教科書・ノートなど). ≠**pro·zeß** 男 学習〈習得〉の過程. ≠**schu·le** 女 知育偏重学校(学校改革者の用語: →Arbeitsschule). ≠**schwe·ster** 女 見習看護婦.

lern·wil·lig 形 学習意欲のある.

Lern≠zeit 女 修業〈修学〉期間; 見習期間; 年季. ≠**ziel** 中 学習目標.

les《フランス語》→*les* extrêmes se touchent

Les·art[léːsǀaːrt] 女 **1** (原典と異本との)字句の異同, 異文, 校異: die ~*en* miteinander vergleichen 異本の異同を校合する. **2**《比》(Auslegung) 解釈, 説明, 見解;〘言〙読み, リーディング: die offizielle ~ 公式の解釈, 公式見解.

les·bar[léːsbaːr] 形 **1** 読むことができる, 判読可能な:

L

leicht 〈schwer〉 ～ (文字が)読みやすい〈にくい〉. **2** (文章が)読んで理解しやすい: gut ～ 読みやすい, わかりやすい.

Lẹs·bar·keit[–kaɪt] 女 -/ lesbar なこと. [<lesen]

Lẹs·be[lέsbə] 女 -/-n《話》=Lesbierin 1

Les·bia·nịs·mus[lɛsbianísmʊs] 男 -/ (女性の)同性愛. [*engl.*; Lesbos 島に住んだ古代ギリシアの女流詩人 Sappho が同性愛を好んだという伝説から; ◇Sapphismus]

Lẹs·bi·er[lέsbiər] 男 -s/- レスボス島の人.

Lẹs·bie·rin[..biərɪn] 女 -/-nen **1** 同性愛の女性, レスビアン. **2** レスボス島の女性.

lẹs·bisch[..bɪʃ] 形 **1** (女性について)同性愛の: ～*e* Liebe 女性間の同性愛 | Sie ist ～ 〈～ veranlagt〉. 彼女は同性愛である〈同性愛の素質がある〉. **2** レスボス島の.

Lẹs·bos[lέsbɔs] 地名 レスボス(エーゲ海東部にあるギリシアの島). [*gr.–lat.*]

Lẹ·se[lé:zə] 女 -/-n **1** (Weinlese) ぶどうの収穫; 〔木の実・いちご〕摘み; 〔たきぎ・落ち穂〕拾い. **2**《雅》(Auslese) (詩文の)精選, 詞華集. [<lesen]

Lẹ·se≠abend[lé:zə..] 男 (文学作品の)朗読〔会〕の夕べ. **≠au·to·mat** 中《電算》自動読み取り装置. **≠band** 中 -〔e〕s/..bänder (書籍の)しおりリボン, スピンひも(→ 図 Buch). **≠bril·le** 女 読書用のめがね(老眼鏡など). **≠buch** 中 読本, リーダー. **≠dra·ma** 中 レーゼドラマ(上演よりも読まれることを目的とした戯曲). **≠ex·em·plar** 中《印》(発売前の内容紹介のための)刷り見本. **≠fer·tig·keit** 女 -/ 読解力. **≠frucht** 女 -/..früchte《ふつう複数で》**1** 読書による知識. **2** (書物の)抜粋, 文選. **≠ge·rät** 中 **1**《電算》〔自動〕読み取り装置. **2** (マイクロフィルムの)リーダー. **≠ge·schwin·dig·keit** 女 読み取り速度. **≠ge·wohn·heit** 女 読書の習慣. **≠hal·le** 女 (図書館などの)閲覧室, 図書室; 図書館. **≠hil·fe** 女 読む手助け, 読みやすくするための補助手段. **≠hun·ger** 男 (強い)読書への欲求. **≠kar·te** 女 (図書館の)閲覧票. **≠kno·chen** 男《話》(寝ながら読書する人のための)骨形まくら(両端が広くなったもの). **≠kreis** 男 読書サークル, (ドラマの)朗読会: einen ～ bilden 読書サークルをつくる. **≠kul·tur** 女 読書文化. **≠lam·pe** 女 読書用電灯〈電気スタンド・ランプ〉. **≠lu·pe** 女 読書用ルーペ〈拡大鏡・虫めがね〉. **≠ma·schi·ne** 女《電算》〔自動〕読み取り装置.

lẹ·sen*[lé:zən][1]《92》**las**[la:s][1] / **ge·lẹ·sen**; 現 *du* liest [li:st] (liesest[lí:zəst]), *er* liest; 命 lies; 接II läse [lέ:zə] **I** 他 (h) **1 a)** (英: *read*) (文字・手紙・書物などを)読む: *et.*[4] laut 〈leise〉 ～ 声を出して〈小声で〉…を読む | *et.*[4] schnell 〈stockend〉 ～ …を速読する〈つっかえながら読む〉 | *et.*[4] im Original ～ …を原文で読む ‖ einen Brief 〈einen Roman〉 ～ 手紙〈小説〉を読む | ein Buch 〈die Zeitung〉 ～ 本〈新聞〉を読む | einen Dichter ～ ある詩人の作品を読む | Goethe ～ ゲーテの作品を読む | Korrektur 〈Fahnen〉 ～《印》校正する ‖ Ich habe in der Zeitschrift 〈der Zeitung〉 *gelesen*, daß ... 私は雑誌〈新聞〉で…という記事を読んだ | Dieses Buch wird gern 〈viel〉 *gelesen*. この本は広く読まれている | Hier ist zu ～, daß ... ここに…と書いてある | Seine Handschrift ist schlecht zu ～. 彼の字は読みにくい ‖《結果を示す語句と》再帰 *sich*[4] in 〔den〕 Schlaf ～ (眠りを誘うために)本を読みながら寝入る | *sich*[4] satt 〈müde〉 ～ 読みあきる〈疲れる〉 ‖《様態を示す語句と》再帰 Der Bericht *liest* sich[4] wie ein Roman. このレポートは小説のように面白く読める | Das Buch *liest* sich gut 〈leicht〉. この本は面白く〈すらすらと〉読める | Hier *liest* es sich gut. ここは読書に具合がいい ‖《目的語なしで》in einem Buch 〈der Zeitung〉 ～ 本〈新聞〉〔の一部分〕を読む | Er *liest* in der Bibel 〈im Goethe〉. 彼は聖書〈ゲーテ〉を読んでいる | zwischen den Zeilen ～ (→Zeile 1 a) | ～ lernen 読み方を習う, 字を覚える | Das Kind kann ～. その子供は字が読める | Er *liest* gern. 彼は読書が好きだ.

b)《比》読み取る, 察する, 理解する: Gedanken ～ 考え〔ていること〕を読み取る ‖ *jm.* die Worte von den Lippen ～ …の唇を読む(耳で聞く代わりに) | *jm.* die Wünsche von den Lippen 〈vom Gesicht〉 ～ …の願望を口に出さぬうちに〈顔色から〉察知する | *jm.* die Freude aus den Augen ～ …の目を見て喜びを察知する | *et.*[4] in *js.* Mienen 〈Augen〉 ～ / *et.*[4] in *js.* Gesicht 〈Blick〉 ～ …の表情〈目つき〉から…(感情など)を読み取る | das Schicksal in den Sternen 〈aus dem Stand der Planeten〉 ～ 星占いをする | Der Text ist so zu ～, daß ... 本文は…と読める〈解釈できる〉 ‖《目的語なしで》*jm.* aus der Hand ～ …の手相を見る | in 〈aus〉 den Sternen ～ 星占いをする | in *js.* Seele ～ …の心を読み取る.

2 a) (vorlesen) 声を立てて読む, 朗読する; 講義する: *et.*[4] ausdrucksvoll 〈eintönig〉 ～ …を表情たっぷり〈単調〉に読む | ein Drama mit verteilten Rollen ～ 配役を決めて劇を朗読する | einen Gesetzentwurf 〈eine Gesetzvorlage〉 ～ 法案を審議する | 〔ein〕 Kolleg ～ (大学で)講義する | deutsche Literatur ～ ドイツ文学を講義する | 〔die〕 Messe ～《カトリック》(司祭が)ミサを司式する | für *jn.* eine Messe ～ lassen …(死者)のためにミサをあげてもらう ‖《目的語なしで》aus den Werken ～ 作品〔の一部分〕を朗読する | über 〔die〕 deutsche Literatur ～ ドイツ文学を講義する. **b)**《比》読み聞かせる: *jm.* die Leviten 〈den Text〉 ～ (→Levit 3,→Text 4).

3 a) 拾い集める; (ぶどうを)収穫する: Ähren ～ 落ち穂を拾う | Beeren ～ いちごを摘む | Holz ～ たきぎを拾う〈集める〉. **b)** つまみ取る: die Raupen vom Kohl ～ キャベツの青虫を取る | ein Fädchen vom Kleid ～ 服に付いた糸くずを取る.

4 (豆などを)より分け〔てくずを捨て〕る: Linsen ～ レンズ豆をより分ける | Salat ～ レタスのくず葉をかき取る.

II Lẹ·sen 中 -s/ (lesen すること. 例えば:) 文字を読むこと; 書物を読むこと, 読書; 声を立てて読むこと, 朗読: *jm.* das ～ und Schreiben beibringen …に読み書きを教える.
[*germ.* „sammeln“; ◇leer]

lẹ·sens·wert 形 読む価値のある, 一読に値する.

Lẹ·se≠pro·be[lé:zə..] 女 **1** (新刊書の)批評用一部抜き見本. **2**《劇》本読み. **≠pult** 中 〔書〕見台(けんだい); (教会の)聖書朗読台.

Lẹ·ser[lé:zər] 男 -s/- **1** 読者; (図書館の)閲覧者; (新聞などの)〔購〕読者; (読み取り機の)読み取り窓: Lieber 〈▽Geneigter〉 ～! 親愛なる読者よ(著者の呼びかけ). **2** 採集〈収穫〉者: Ähren*leser* 落ち穂を拾う人 | Trauben*leser* ぶどうを摘む〈収穫する〉人.

Lẹ·se≠rat·te[lé:zə..] 女《戯》(Bücherwurm) 本の虫, 本〈書籍〉マニア; 多読家. **≠raum** 男 (図書館などの)図書閲覧室, 読書室.

Lẹ·ser≠brief[lé:zər..] 男 -〔e〕s/-e (読者からの)手紙; 《複数で》(新聞などで)読者からの手紙〔の欄〕. **≠echo** 中 読者の反響.

Le·se·rei[le:zəráɪ] 女 -/ 濫読; 読書三昧(ざんまい).

Lẹ·ser·kreis[lé:zər..] 男 読者層: Anfragen aus dem ～ 読者からの問い合わせ | einen breiten ～ finden 〈haben〉 広く読まれている.

lẹ·ser·lich[lé:zərlɪç] 形 (筆跡などが)読みやすい: eine ～*e* Handschrift 読みやすい筆跡 | Die Unterschrift ist nicht ～. サインが判読できない.

Lẹ·ser·lich·keit[–kaɪt] 女 -/ leserlich なこと.

Lẹ·ser·schaft[lé:zərʃaft] 女 -/《集合的に》読者〔全体〕, 読書界.

Lẹ·ser·zu·schrift 女 =Leserbrief

Lẹ·se≠saal[lé:zə..] 男 (図書館などの)閲覧室, 読書室. **≠stoff** 男 読書資料, 読み物. **≠stück** 中 (授業用の短い)読み物, 読章. **≠wut** 女 読書熱.

les ex·trêmes se touchent[lezɛkstrɛmsətúʃ]《フランス語》(die Extreme berühren sich) 両極端は相接す.

Lẹ·se≠zei·chen[lé:zə..] 中 **1** (ページにはさむ)しおり. **2** =Satzzeichen **≠zim·mer** 中 (寄宿舎などの)読書室. **≠zir·kel** 男 **1** 雑誌回読会(雑誌の賃貸を行う企業体で, 定期的に配達回収を行う). **2** (雑誌回読会の)読者団〈層〉.

Le·so̩·ther[lezó:tər] 男 レソト人.

Le·so̩·tho[..to·] 地名 レソト(南アフリカ共和国に囲まれた形の王国. もと英領 Basutoland で, 1966年独立した. 首都マセル Maseru).

Lẹs·sing[lέsɪŋ] 人名 Gotthold Ephraim ～ ゴットホルト

エフライム レッシング(1729-81; ドイツ啓蒙主義の代表的な劇作家・批評家. 作品『ラオコオン』『ミンナ フォン バルンヘルム』など).

Le·sung[lé:zʊŋ] 女 -/-en **1 a)** 〔自作〕朗読. **b)** 〔自作〕朗読会: Der Dichter veranstaltete eine ~. 詩人は自作の朗読会を催した. **2** (議会の)読会: Der Gesetzentwurf kam zur dritten ~. 法案は第３読会にかけられた. **3** (Lektion) **a)** 《ｷﾘｽﾄ教》(礼拝式で)聖書の一節を読むこと, 読唱; 《ｶﾄﾘｯｸ》読誦(どくしょう). **b)** (礼拝式で読まれる)聖書の一節. **4** (Lesart) (原本とは異なった)読み方, 異解.

le·tal[letá:l] 形 (tödlich) 《医》致命的な, 致死の. [*lat.*; < *lat.* lētum „Tod"; ◇ *engl.* lethal]

Le·tal≠do·sis 女 致死量. **≠fak·tor** 男 《医》致死遺伝子.

Le·ta·li·tät[letalitɛ́:t] 女 -/ **1** 致命的なこと, 致死性. **2** 致死〈致命〉率, 死亡率.

Le·thar·gie[letargí:] 女 -/ **1** (Schlafsucht) 《医》嗜眠(しみん). **2** 《比》無気力; 無感覚; 無関心. [*gr.–lat.*]

le·thar·gisch[letárgɪʃ] 形 **1** 嗜眠(しみん)〔性〕の: ~*e* Enzephalitis 《医》嗜眠性脳炎. **2** 《比》無気力〈無感覚〉な; 無関心な: ein ~*er* Mensch 無気力〈無関心〉な人間. [*gr.–lat.*; < *gr.* lḗthē „Vergessen"+argós „träge"]

Le·the[lé:tə, ..te·] 女 -/ 《ギ神》レテ(冥界(めいかい)の川. 死者はその水を飲んでこの世の記憶を忘れる); 《比》忘却〔の水〕: ~ trinken 《雅》忘れ去る(レテの水を飲む). [*gr.–lat.*]

let·schert[lé:tʃərt] 形 《南部・ｵｰｽﾄﾘｱ》(kraftlos) 生気のない, 無気力な; (食物が)味のない, 気の抜けた. [<latschen]

Let·te[lɛ́tə] 男 -n/-n (⊛ **Let·tin**[..tɪn]-/-nen) ラトヴィア人(→Lettland). [*lett.* Latvi]

Let·ten[lɛ́tən] 男 -s/ (種類: -) (Lehm) 粘土, 陶土. [*ahd.*; ◇ Latex]

Let·ter[lɛ́tər] 女 -/-n **1** (Druckbuchstabe) 活字体の文字. **2** (Drucktype) 《印》活字(→ 図). [*lat.* lī〔t〕tera (→Litera)–*fr.* lettre]

Letter
Bild
Kopf
Schrifthöhe
Signatur
Fuß
Dickte
Kegelstärke

Letter

Let·tern≠druck [lɛ́tərn..] 男 -〔e〕s/-e 活字印刷. **≠gieß·ma·schi·ne** 女 活字鋳造機. **≠me·tall** 中 (鉛・アンチモン・錫(すず)の)活字用合金.

Let·ter·set·druck[lɛ́tərsɛt..] 男 -〔e〕s/ 《印》レターセット(凸版とオフセットを併用した印刷). [< *engl.* letterpress+offset]

let·tig[lɛ́tɪç]^2 形 粘土〈陶土〉質の.

Let·tin Lette の女性形.

let·tisch[lɛ́tɪʃ] 形 ラトヴィア〔人・語〕の: →deutsch

Lett·land[lɛ́tlant] 地名 ラトヴィア(1918年から1940年までは独立の共和国であったが, 第二次大戦中のドイツ軍による占領期間を経て, 旧ソ連邦を構成する共和国となり,1991年に独立を回復. バルト三国の一つで, 首都は Riga). [<Lette; ◇ *engl.* Latvia]

Lett·län·der[..lɛndər] 男 -s/- ラトヴィア人.

Lett·ner[lɛ́tnər] 男 -s/- **1** (教会堂の)聖障(聖堂内陣と身廊の間の仕切り). **2** (聖堂内陣の)聖書台. [*mhd.*; < *mlat.* lectōrium „Lesepult"+lectionārium „Lesestücke" (◇ Lektion)]

letz[lɛts] 形 **1** 《南部・ｽｲｽ》(verkehrt) さかさの, 裏返しの: die ~*e* Hand 左手 | *et.*^{4} ~ verstehen …を誤解する. **2** 《ｵｰｽﾄﾘｱ》(schlecht) 下手な, まずい. [„gehemmt"; *ahd.*; ◇ laß^1, letzen]

Let·ze[lɛ́tsə] 女 -/-nen 《南部・ｽｲｽ》 **1** 別れ, 別離; 別れの宴; 餞別(せんべつ): zu guter ~ 最後に, 結局. **2** 山間の砦(とりで), 国境防備. **3** (病後の)後遺障害. **4** 教訓, 訓戒.

Let·ze·burg[lɛ́tsəbʊrk] 《方》 =Luxemburg^2

let·ze·bur·gisch[lɛ́tsəbʊrgɪʃ] 形 ルクセンブルク語の(ルクセンブルク語は中部ドイツ語の Moselfränkisch の一つ: → Luxemburg^2 1). [◇ Lützelburg]

let·zen[lɛ́tsən] 《02》 他 (h) **1** 《雅》元気づける, 慰める, 楽しませる: das Auge ~ 目を楽しませる ‖ 再帰 *sich*^{4} an *et.*^{3} ~ …を楽しむ〈味わう〉. **2** 再帰 *sich*^{4} mit *jm.* ~ …と別れの宴をひらく. $^▽$**3** (verletzen) 傷つける. [*germ.* „hemmen"; ◇ laß^1, letz〔t〕]

Letz≠han·der[lɛ́tshandər] 男 -s/-, **≠hän·der** [..hɛndər] =Linkshänder

Let·zi[lɛ́tsi·] 女 -/-nen[..tsinən] =Letze

letzt[lɛtst] **I** 形 《付加語的》(英: *last*) **1 a)** (↔erst) 最後の, 最終の; 最終的な, 究極の: der ~*e* Buchstabe des Alphabets アルファベットの最後の文字 | das ~*e* Drittel des Weges 道程の最後の３分の１ | die ~*en* Jahre seines Lebens 彼の生涯の最後の数年 | der ~*e* Zug 最終列車 | der ~*e* Zweck 究極の目的 ‖ die *Letzten* Dinge (→ Ding 2 a) | das *Letzte* Gericht (→Gericht^2 1) | die *Letzte* Ölung (→Ölung) | der *Letzte* Wille (→Wille) ‖ ~*en* Endes (→Ende 1 a) | zum ~*en* Mal 最後に, (…は)これが最後である(=zum letztenmal) | Ich habe dir zum ~*en* Mal geholfen. 私は今後いっさい君を援助しない ‖ *jm.* die ~*e* Ehre erweisen / *jm.* das ~*e* Geleit geben (→Ehre, →Geleit 1) | an *et.*^{4} 〔die〕 ~*e* Hand legen (→Hand 1 ③) | zum ~*en* Mittel greifen 最後の手段に訴える | *seine* ~*e* Reise antreten 《雅》死出の旅に立つ | *jn.* zur ~*en* Ruhe betten 《雅》…を埋葬する | Das ist nicht der Weisheit ~*er* Schluß. これはまだ最善の策ではない | Sein ~*es* Stündlein hat geschlagen. 《比》彼の最期の時がきた | das ~*e* Wort haben 〈behalten〉 wollen 最終的に自分の主張を通そうとする | Das ist mein ~*es* Wort. これが私の最終的な結論だ | in den ~*en* Zügen liegen (→Zug 6 a) ‖ 《名詞的に》 Als ~*er* kam er 〈Als ~*e* kam sie〉. いちばん最後に彼〈彼女〉がやってきた | Er ist der ~*e*, dem ich mich anvertrauen würde. 彼なんかに心を許してたまるか(一番信用していないんだ) | Das ist das ~*e*, was ich tun würde. 私はそんなことをしようとは毛頭考えていない | das Erste und das *Letzte* 始めと終わり | der *Letzte* des Monats 月末の日, みそか | Ich will noch ein *Letztes* dazu sagen. 私は最後にもう一言それに対して言っておきたい | *jn.* auf das *Letzte* vorbereiten …に死に対する心構えをさせる | Gegens *Letzte* ist kein Kraut gewachsen. 《諺》死を防ぐ薬なし ‖ **am ~*en*** 最後に | **bis aufs ~*e*** 完全に, すっかり | **bis ins ~*e*** きわめて詳細〈厳密〉に | **bis zum ~*en*** 最後〈とことん〉まで, 極度に | bis zum *Letzten* gehen とことんまでやる | **fürs ~*e*** / **zum ~*en*** 最後に.

b) 最後に残った; ぎりぎりの, 極限の: im ~*en* Augenblick / in ~*er* Minute 最後の〈ぎりぎりの〉瞬間に | mit ~*er* Kraft 〔aufbietung〕 最後の力をふりしぼって | mit der ~*en* Perfektion 完璧(かんぺき)に | das ~*e* Geld ausgeben 最後の金をはたく | bis zum ~*en* Mann kämpfen (→ Mann 1) ‖ 《名詞的に》 der *Letzte* der Mohikaner / der ~*e* Mohikaner (→Mohikaner) | ***sein Letztes* hergeben** 最後の力をふりしぼる, 自分のベストを尽くす | *sein Letztes* hingeben 有り金全部をはたく | Es geht ums *Letzte*. こうなったら一か八かだ | Den *Letzten* beißen die Hunde. (→Hund 1 a).

2 最近の; 最新の: am ~*en* Sonntag このまえの日曜日に | im ~*en* Jahr / ~*es* Jahr^4 昨年 | in der ~*en* Woche / ~*e* Woche^4 先週 | In ~*er* Zeit 〈In der ~*en* Zeit〉 hat es viel geregnet. このところ雨が多かった | *letztes* Mal 〈das ~*e* Mal / beim ~*en* Mal〉, als ich ihn sah, ... 私がこのまえ彼に会ったときには… | Das ist die ~*e* Mode 〈話: der ~*e* Schrei 〔der Mode〕〉. これが最新の流行だ.

3 最低の, 最下級の: der ~*e* Sklave 最下級の奴隷 | von ~*er* Güte sein 品質が最低である ‖ 《名詞的に》 Er ist der *Letzte* in der Klasse. 彼はクラスの最劣等生だ | **das Letzte sein** 《話》最低である; 信じられない | Diese Show war wirklich das *Letzte*. このショーはまったくもってひどいものだった | Das ist das ~*e* 〈das *Letzte*〉. これは最低だ, それは破廉恥の極みだ | Die *Letzten* werden die Ersten sein. 後なる者先になるべし(聖書: マタ19, 30).

4 (↔erst) (dieser) 後者の: der 〈die / das〉 erste … der 〈die / das〉 ~*e* … 前者は…後者は… | Hans und Karl waren Freunde, der erste wurde Arzt, der ~*e*

L

Jurist. ハンスとカールは友だちだったが 前者は医者に後者は法律家になった ‖〖しばしば比較級で〗im *letzteren* Falle (二つのうち) 後のほうの場合に | der 〈die / das〉 erstere ... der 〈die / das〉 *letztere* ... 前者は…後者は… | Er wird überlastet oder krank sein, ich befürchte das *letztere*. 彼は過労か病気であろうが 後者ではないかと心配だ.

II Letzt 女 -/ 《もっぱら次の成句で》 **zu guter ~** / 《ｵｰｽﾄﾘｱ》 auf die ~ 最後に〔は〕, 結局〔は〕, とどのつまりは.

[*mndd.*; ◇laß[1]; *engl.* last; II: <Letze]

lętz·te·mal[lɛ́tstəma:l] 副 (→..mal ★) 《次の形で》 **das ~** 前回〔に〕, この前, 最後に(=das letzte Mal) | Wann haben wir uns das ~ gesehen? この前お会いしたのはいつでしたっけ ‖ **zum letztenmal** 最後に | Wann hast du ihn zum *letztenmal* 〈das ~〉 gesehen? 君が最後に彼に会ったのはいつのことか | Das sage ich Ihnen zum *letztenmal*. このことをあなたに言うのはこれが最後です.

lętzt·ẹnd·lich 副 最終的に, 結局は.

lętz·ten·mal[lɛ́tstən..] →letztemal

lętz·tens[lɛ́tstəns] 副 **1** (vor kurzem) さきごろ, 先日. **2** 《erstens, zweitens などと対応して》 (いくつか列挙したあとで) 最後に.

lętz·ter →letzt I 4

lętz·tes·mal[lɛ́tstəsma:l] 副 このまえ(=letztes Mal: →letzt I 2).

lętzt≈ge·bo·ren[lɛ́tst..] 形 末子として生まれた: der 〈die〉 *Letztgeborene* 末子. **≈ge·nannt** 形 《付加語的》 最後に述べた, 上述のうち最後の.

lętzt·hịn[lɛ́tsthín] 副 近ごろ, 最近; 先日.

lętzt·jäh·rig[lɛ́tst..] 形 《付加語的》 去年〈昨年〉の.

lętzt·lich[lɛ́tstlɪç] **I** 副 **1** 最後に; 結局, つまりは: Der Diebstahl ist ~ doch entdeckt worden. その盗みは結局は露見してしまった. **2** =letzthin **II** 形 《付加語的》 結局の: eine ~*e* Verständigung der Völker und Staaten 結局達成された民族および国家間の相互理解.

lętzt≈ma·lig[lɛ́tstma:lɪç][2] 形 最終回の, 最後の. **≈mals**[..ma:ls] 副 (zum letzten Mal) 最後に, (…は) これが最後である. **≈wil·lig**[..vɪlɪç][2] 形 《述語的用法なし》 遺言〔状〕の〈による〉: die ~*e* Verfügung 終意処分(遺言) | *et.*[4] ~ vermachen …を遺贈する.

Leu[1][leŭ, lé:u·] 男 -/Lei[leĭ, lé:i·] (略 l) レウ(ルーマニアの貨幣〔単位〕: 100 Bani). [*lat.* leō－*rumän.*; ライオンの刻印から]

Leu[2][lɔʏ] 男 -en/-en 《雅》 (Löwe) ライオン, 獅子(しし): Gefährlich ist's, den ~ zu wecken. 眠れる獅子を起こすのは危険だ (Schiller). [*lat.* leō (→Löwe)－*mhd.*]

Leuçht≈ba·ke[lɔ́ʏçt..] 女 〖海〗 (海岸に設置された) 灯標. **≈bak·te·rie**[..riə] 女 〖生〗 発光細菌〈バクテリア〉. **≈bo·je** 女 〖海〗 ライト=ブイ, 灯浮標. **≈bom·be** 女 投下照明弾. **≈dich·te** 女 〖理〗 輝度.

Leuch·te[lɔ́ʏçtə] 女 -/-n **1 a)** 照明ランプ, 照明器具. **b)** 灯火, あかり; かがり火. **2** 《比》 頭脳のすぐれた人: eine ~ der Wissenschaft 学界の明星 | Er ist keine große ~. 彼はさしてすぐれた頭脳の持ち主ではない.

leuch·ten[lɔ́ʏçtən] 《01》 **I** 自 (h) **1** 光る, 輝く: Die Lampe *leuchtet*. ランプが輝く | Die Sterne *leuchten*. 星が輝く | Im Westen *leuchtet* der Himmel rot. 西の空が真っ赤に燃えている | Die Kirchenfenster *leuchten* in der Abendsonne. 教会の窓が夕日に照り映えている | Das weiße Haus *leuchtet* durch die Bäume. 白い家が木々のあいだに光って見える | Seine Augen *leuchteten* vor Glück. / Glück *leuchtete* aus seinen Augen. 彼の目は幸福に輝いていた | *sein* Licht ~ lassen (→Licht 2 b). **2** あかりで照らす: *jm.* ~ …のために道を照らしてやる | *jm.* ins Gesicht ~ …の顔を照らす | unter den Tisch ~ あかりでテーブルの下を照らす. **II Leuch·ten** 中 -s/ **1** leuchten すること: das ~ des Meeres 海の青光り〈燐光(りんこう)〉. **2** 輝き, 光輝. **III leuch·tend** 現分 形 光る, 輝く; 輝かしい; (色彩などの) 鮮烈な; 《比》 卓越した: mit ~*en* Augen 目を輝かせて | ein ~*es* Beispiel すぐれた模範例 | ein ~*es* Ziel 高い目標 ‖ Ihr Kleid ist ~ rot. 彼女のドレスはまばゆいばかりの赤色である.

[*germ.*; ◇licht[2]; *lat.* lūcēre „hell sein"]

Leuch·ter[lɔ́ʏçtər] 男 -s/- 燭台(しょくだい).

Leuch·ter·blu·me 女 〖植〗 ハートカズラ(葛)属(ガガイモ科).

Leuçht≈fall·schirm[lɔ́ʏçt..] 男 投下照明弾つきの落下傘. **≈far·be** 女 発光塗料. **≈feu·er** 中 (船舶・航空機などのための) 標識灯火, 有灯標識(灯台の光など). **≈gas** = Stadtgas **≈ge·schoß** 中 = Leuchtkugel **≈kä·fer** 男 〖虫〗 **1** ホタル(蛍) (→Glühwürmchen). **2** ホタル科の昆虫. **≈kraft** 女 光力, 照度; 〖天〗 光度. **≈krebs** 男 〖動〗 オキアミ(発光器官をもつ). **≈ku·gel** 女 (ピストルの) 発光信号弾, 曳光(えいこう)弾, 照明弾. **≈le·be·we·sen** 中 〖生〗 発光生物. **≈mas·se** 女 =Leuchtstoff **≈moos** 中 〖植〗 ヒカリゴケ(光蘚). **≈mu·ni·tion** 女 《集合的に》 発光信号弾, 曳光弾, 照明弾. **≈pilz** 男 〖植〗 発光菌〔類〕. **≈pi·sto·le** 女 曳光〈照明〉弾用ピストル, 発光信号用ピストル. **≈ra·ke·te** 女 曳光〈照明〉弾用ロケット. **≈röh·re** 女 蛍光管. **≈schiff** 中 〖海〗 (灯台の代わりをする) 灯船. **≈schirm** 男 蛍光板. **≈si·gnal** 中 発光信号.

Leuçht·spur≈ge·schoß 中 曳光(えいこう)弾. **≈mu·ni·tion** 女 《集合的に》 曳光弾.

Leuçht·stoff 男 発光物質.

Leuçht·stoff≈lam·pe 女 蛍光灯. **≈röh·re** 女 蛍光管.

Leuçht≈ton·ne[lɔ́ʏçt..] 女 =Leuchtboje (→ 図 Seezeichen). **≈turm** 男 灯台.

Leuçht·turm·wär·ter 男 灯台守.

Leuçht≈uhr 女 夜光時計. **≈zif·fer** 女 (時計や計器類の) 発光文字. **≈zif·fer·blatt** 中 (時計・計器類の) 発光文字盤. **≈zir·pe** 女 (Laternenträger) 〖虫〗 ベニシタハゴロモ(紅下羽衣)科の昆虫.

leug·nen[lɔ́ʏgnən] 《01》 他 (h) 否定〈否認〉する: *seine* Schuld ~ 自分の罪を否認する | das Gesagte ~ 言ったことを言った覚えがないと主張する | Gott 〈das Dasein Gottes〉 ~ 神〈神の存在〉を否定する | Er *leugnete*, dies getan zu haben. 彼はそんなことはしなかったと主張した | Es ist nicht zu ~, daß ... …ということは否定できない ‖〖目的語なしで〗 Der Angeklagte *leugnete* hartnäckig. 被告は頑強に否認した. [*germ.*; ◇lügen]

Leug·ner[lɔ́ʏgnər] 男 -s/- leugnen する人.

Leug·nung[..nʊŋ] 女 -/-en 否定, 否認.

leuk.. →leuko..

Leuk·ämie[lɔʏkɛmí:] 女 -/-n[..mí:ən] (Blutkrebs) 〖医〗 白血病.

leuk·ämisch[..kɛ́:mɪʃ] 形 白血病〔性〕の.

leuko.. 《名詞・形容詞などにつけて「白」を意味する. 母音の前では leuk.. となる: →*Leuk*ämie》 [*gr.* leukós „leuchtend"; ◇licht[2]]

Leu·ko·ba·se[lɔʏkobá:zə, ⏝⏑⏑⏑] 女 〖化〗 無色塩基.

Leu·ko·der·ma[lɔʏkodɛ́rma·] 中 -s/..men[..mən] 〖医〗 白斑(はくはん).

Leu·ko·der·mie[..dɛrmí:] 女 -/ 〖医〗 白斑(はくはん)症, 白皮症.

Leu·kom[lɔʏkó:m] 中 -s/-e 〖医〗 角膜白斑. [<..om]

Leu·ko·pa·thie[lɔʏkopatí:] 女 -/-n[..tí:ən] 〖医〗 白斑(はくはん); 白皮症.

Leu·ko·pe·nie[..pení:] 女 -/ 〖医〗 白血球減少症. [<Leukozyte+*gr.* peniā „Armut"]

Leu·ko·plast[..plást] **I** 男 -en/-en 〖植〗 白色体. **II** 中 -〔e〕s/-e 商標 ロイコプラスト(亜鉛華を含有する絆創膏(ばんそうこう)). [I: <*gr.* plastós „geformt"; II: <*gr.* emplássein „beschmieren"]

Leu·kor·rhöe[lɔʏkɔrǿ:, ..ko..] 女 -/-n[..rǿ:ən] 〖医〗 白帯下(はくたいげ), こしけ. [<*gr.* rhoé „Fließen"]

Leu·ko·zyt[lɔʏkotsý:t] 男 -en/-en, **Leu·ko·zy·te**[..tə] 女 -/-n 《ふつう複数で》 〖医〗 白血球. [<zyto..]

Leu·ko·zy·to·se[..tsytó:zə] 女 -/ 〖医〗 白血球増加〔症〕.

Leu·mund[lɔ́ʏmʊnt][1] 男 -〔e〕s/ 評判: der böse ~ 陰口, 悪口 ‖ einen guten 〈üblen〉 ~ haben 評判がよい〈悪い〉 | *jn.* in schlechten ~ bringen (悪い評判をたてて) …を

中傷する. [„Gehörtes“; *ahd.*; ◇laut; *gr.* kléos „Ruhm“]

Leu·munds·zeug·nis 中 素行〈品行〉証明〔書〕.

Leu·na[lɔ́yna·] 地名 ロイナ (Saale 川に臨むドイツ Sachsen-Anhalt 州の工業都市. Leunawerke の所在地).

Leu·na·wer·ke[lɔ́yna..] 複 ロイナ化学工場 (Leuna にある旧東ドイツ最大の化学工場で, 窒素肥料などを生産する).

Leut·chen[lɔ́ytçən] 複 Leute の縮小形;《話》いい人たち: Hört, ihr ~! まあ聞きたまえ 諸君 | Das sind nette ~. 彼らはいい人たちです.

Leu·te[lɔ́ytə] 複 (小 **Leut·chen** → 別出) **1** (Menschen) 人々; 成人した〈おとなの〉人々: alte 〈junge〉 ~ 老人〈若者〉たち | Die jungen ~ wohnen bei den Eltern des Mannes. 若夫婦は夫の両親の家に同居している | feine 〈vornehme〉 ~ お上品な〈上流社会の〉人たち | geschiedene ~ sein《話》互いに絶交している | Ab heute sind wir geschiedene ~. きょうから我々は赤の他人だ | die kleinen ~ 庶民;《戯》子供たち | schwierige ~ 扱いにくい連中 | Nachbars*leute* 隣人たち | ~ vom Bau 専門家, 玄人 ‖ Er ist ehrlicher ~ Kind. 彼は堅実な家庭の子弟だ ‖ Hier 〈Bei uns〉 ist es nicht wie bei armen ~*n*. ここ〈うち〉には何でもそろっている(貧乏人のところとは違って) | Er versteht 〈weiß〉 mit ~*n* umzugehen. 彼は人あしらいが上手だ | Land und ~ kennenlernen (→Land 5) | Kleider machen ~. (→Kleid 1 a) ‖ **Aus Kindern werden ~.**《諺》子供もいずれは大人, 大人ももとは子供(例えば, まだ子供とばかり思っていたのに いつのまにかりっぱな大人に成長したことに対する驚きの表現として) ‖ Hört mal her, ~!《話》まあ聞けよ 君たち.

2 世間の人々: die Meinung der ~ 世論 | in aller ~ Munde 〈im Gerede der ~〉 sein 世間の評判になっている ‖ Was werden die ~ 〔dazu〕 sagen? 世間の人たちは〔それに対して〕何と言うだろうか ‖ *jn.* bei den ~*n* ins Gerede bringen …を世間のうわさ話の対象にさせる | **unter die ~ kommen**《話》(人が)世間に顔を出す, 人前に出る; (事柄が)世間に知れる | ***et.***[4] **unter die ~ bringen**《話》…のうわさを広める | *sein* Geld unter die ~ bringen (→Geld 1) | Er ist unter ~*n* gewesen. 彼は世間をよく知っている | vor allen ~*n* 公衆の面前で.

3 部下, 使用人, 従業員;《方》家族の人たち: meine ~ 私の部下〈家族〉たち ‖ keine 〈nicht genug〉 ~ haben 人手がない〈足りない〉 | zu *seinen* ~*n* ein gutes Verhältnis haben 部下との人間関係がうまくいっている.

[*germ.* „Nachwuchs“; ◇liberal, Lode]

..leute →..mann ★

Leu·te≠schin·der[lɔ́ytə..] 男 部下を虐待〈酷使〉する人.

▽**≠stu·be** 女 (農家の)使用人部屋.

Leut·hold[lɔ́ythɔlt] 男名 ロイトホルト. [<*ahd.* liut „Volk“+waltan „walten“]

Leut·nant[lɔ́ytnant] 男 -s/-s(-e) (略 Lt., Ltn.) **1** 少尉, (狭義では)陸軍〈空軍〉少尉: ~ zur See 海軍少尉. ▽**2** (Stellvertreter) 代理人. [*fr.* lieu-tenant; *mlat.* locum tenēns „Statt-halter“ (◇lokal, Tenor[1]) の翻訳借用; ◇Statthalter; *engl.* lieutenant]

▽**Leut·prie·ster**[lɔ́yt..] =Laienpriester

leut·se·lig[lɔ́ytze:lıç][2] 形 人好きのする, あいそのいい.

Leut·se·lig·keit[–kaıt] 女 -/ leutselig なこと. [<Leute]

Leu·wa·gen[lɔ́yva:gən] 男 -s/- 《北部》(Schrubber) (長柄付きの)床(ゆか)ブラシ. [*ndd.*; <*ndd.* leu „träge, bequem“+wage „Hebelstange“ (◇Waage)]

Leu·zit[lɔytsí:t, ..tsít] 男 -s/-e《鉱》白榴(はくりゅう)石. [<leuko..+..it[2]; ◇*engl.* leucite]

Le·va·de[levá:də] 女 -/-n《馬術》レヴァーデ(馬を後足で立たせる乗馬技法: → 図 Schule). [<*fr.* lever „heben“]

die **Le·van·te**[levántə, ..te·] 地名 女 -/ レバント(地中海東部沿岸地方一帯を指し, 中世東方貿易の中継地域). [*it.* levante „〔Sonnen〕aufgang“; <*lat.* levāre „aufrichten“ (◇leicht)]

Le·van·ti·ne[levantí:nə] 女 -/《織》レバンティン(もとレバント産の綾(あや)織り絹布). [*fr.*]

Le·van·ti·ner[..nər] 男 -s/- レバントの住民; (特にヨーロッパ人を父とする)混血レバント人.

le·van·ti·nisch[..nıʃ] (**le·van·tisch**[levántıʃ]) 形 近東地方の.

Le·va·tor[levá:tɔr] 男 -s/-en[levató:rən] (Hebemuskel)《解》挙筋(きょきん). [*fr.*]

▽**Le·vee**[ləvé:] 女 -/-s (Aushebung) 徴兵, 召集.

Level[lɛvl] 男 -s/-s レベル, 水準. [*engl.*; ◇Libelle]

Le·ver[ləvé:] 中 -s/-s (君主の)朝の引見. [*fr.*; ◇Levade]

Le·vi[lé:vi·] 人名《聖》レビ (Jakob の第 3 子でレビ族の祖: →Levit 1). [*hebr.*]

Le·via·than[leviá:tan, leviatá:n] 男 -s/-e **1**《単数で》《聖》レビヤタン(旧約聖書に出てくる竜に似た巨大な海の怪獣: ヨブ 3, 8; 詩74, 14; イザ27, 1). **2**《雅》怪物, 巨竜. [*hebr.* liwyāthān „Gewundenes“]

Le·vi·rat[levirá:t] 中 -〔e〕s/-e, **Le·vi·rats·ehe** 女《民族》(寡婦と亡夫の兄弟との)嫂婚(そうこん)〔制〕. [<*spätlat.* lēvir „Bruder des Ehegatten“+..at; ◇*engl.* levirate]

Le·vit[leví:t] 男 -en/-en (**Le·vi·te**[..tə] 男 -n/-n) **1**《聖》レビ族の人. **2**《ふつう複数で》**a)** (ユダヤの)〔助〕司祭. **b)**《カトリック》(荘厳ミサで司祭の助手を務める)侍者. **3**《話》***jm.* die ~*en* lesen** …にお説教する, …をきつく叱責(しっせき)する(→Levitikus). [*gr.*–*kirchenlat.*; ◇Levi]

Le·vi·ti·kus[leví:tikʊs] 男 -/ (旧約聖書の)レビ記(モーセ五書中の第 3 書). [*mlat.*]

Lev·ko·je[lɛfkó:jə] 女 -/-n《植》アラセイトウ属. [*gr.* leukó-ion „weißes Veilchen“; ◇leuko.., Viola[1]]

Lew[lɛf][1] 男 -〔s〕/-a[lɛ́va·] (略 Lw) レフ(ブルガリアの貨幣〔単位〕: 100 Stotinki). [*lat.* leō (→Löwe)–*bulgar.*]

Lex[lɛks, le:ks] 女 -/Leges[lé:ge:s] 法, 法律; 法案. [*lat.* lēx; <*lat.* lēgāre (→legieren[1]); ◇legal]

Le·xem[lɛksé:m] 中 -s/-e《言》語彙(ご)素, 語彙項目(実際の文で用いられている個々の単語ではなく一言語の語彙〔目録〕の一項目としての単語). [*russ.*]

Le·xe·ma·tik[lɛksemá:tık] 女 -/《言》語彙(ご)素論.

le·xi·gra·phisch[lɛksigrá:fıʃ] 形 **1** 書法〔上〕の. **2** =lexikographisch

Le·xik[lɛ́ksık] 女 -/ (Wortschatz)《集合的に》《言》語彙(ご): die ~ der Fischer 漁師語彙 | die politische ~ 政治的語彙. [<*gr.* léxis „Wort“]

Le·xi·ka Lexikon の複数.

le·xi·kal[lɛksiká:l] 形, **le·xi·ka·lisch**[..lıʃ] 形 **1** 辞書〔関係〕の; 〔百科〕事典のような(博識). **2** 語彙(ご)上の, 語彙的な; 詞〈語〉論上の, 詞〈語〉論的〔な〕: ~*e* Einheit《言》語彙素. [<..al[1]]

le·xi·ka·li·sie·ren[..kalizí:rən] 他 (h)《言》語彙(ご)〔素〕化する.

Le·xi·ken Lexikon の複数.

Le·xi·ko·graph (**Le·xi·ko·graf**)[lɛksikográ:f] 男 -en/-en 辞書〈事典〉編集者.

Le·xi·ko·gra·phie (**Le·xi·ko·gra·fie**)[..grafí:] 女 -/ 辞書学, 辞書〈事典〉編集.

le·xi·ko·gra·phisch (**le·xi·ko·gra·fisch**) [..grá:fıʃ] 形 辞書〈事典〉編集〔上〕の.

Le·xi·ko·lo·gie[..logí:] 女 -/ 語彙論, 辞書学, 辞書編集法;《言》辞学.

le·xi·ko·lo·gisch[..ló:gıʃ] 形 辞書学〈辞書編集法〉〔上〕の;《言》辞学〔上〕の.

Le·xi·kon[lɛ́ksikɔn] 中 -s/..ka[..ka·], ..ken[..kən] **1 a)** 〔百科〕事典; (Fachwörterbuch) 専門語辞典: ein ~ in zwanzig Bänden / ein zwanzigbändiges ~ 全20巻の事典 | ein ~ der Medizin 〈für Medizin〉 医学事典 | **ein lebendes 〈wandelndes〉 ~**《話》生き字引 ‖ ***et.***[4] in einem ~ nachschlagen 〈finden〉 …を事典で引く〈探し出す〉. ▽**b)** (Wörterbuch) 辞書, 辞典. **2**《言》辞彙(ご), 語彙目録. [*mgr.*]

Le·xi·kon·ok·tav 中 -s/《印》事典判(百科事典によく

L

用いられる大八つ折り判).
le̤·xisch[léksɪʃ] 形 〘言〙 語彙(ごい)上の(→Lexik).
Le·zi·thi̤n[letsitíːn] 中 -s/-e 〘化〙 レシチン. [<*gr.* lékithos „Eigelb"+..in²]
lfd. 略 =laufend (→laufen III 2 a).
lfd. J. (**l. J.**) 略 **1** =laufenden Jahres 本年に〈の〉; その年に〈の〉. **2** =laufendes Jahr⁴ 本年に; その年に.
lfd. M. (**l. M.**) 略 **1** =laufenden Monats 今月に〈の〉; その月に〈の〉. **2** =laufenden Monat⁴ 今月〈その月〉に.
lfd. Nr. 略 =laufende〔r〕 Nummer (雑誌・シリーズなどの)最新号.
lfd. W. (**l. W.**) 略 **1** =laufender Woche 今週に〈の〉; その週に〈の〉. **2** =laufende Woche⁴ 今週に; その週に.
lfr 略 =Luxemburger Franc ルクセンブルク=フラン(→Franc).
lg[ɛlgéː] 記号 (gemeiner Logarithmus) 〘数〙 常用対数.
LG 略 =Landgericht
LH[lúfthanza·] 記号 (Lufthansa) ルフトハンザ航空.
Lha·sa[láːza·] 地名 拉薩, ラサ(中国 Tibet 自治区の区都で, ラマ教の聖地).
L. H. D. 略 =Literarum Humaniorum Doctor
L'hom·bre[lɔ̃ːbər, ..br] 中 -s/ =Lomber
Li[ɛl|íː, líːtiʊm] 記号 (Lithium) 〘化〙 リチウム.
Liai·son[liɛzɔ̃ː] 女 -/-s **1** (関係を結ぶこと. 特に:) 恋愛関係, 情事, 密通: die ~ zwischen den beiden Staaten 《比》 両国間の密接な関係. **2** 〘料理〙 リエゾン, つなぎ(ソースやスープを濃くするために用いられるもの. 例えば水に溶かした卵黄・粉など). **3** 〘言〙 (特にフランス語の)リエゾン, 連音. [*fr.*; <*fr.* lier (→liieren)]
Lia̤·ne¹[liáːnə] 女 -/-n 《ふつう複数で》 〘植〙 つる植物. [*fr.*]
Lia̤·ne²[−] 女名 (<Juliane) リアーネ.
Liao·dong[lĭáŭdōŋ] =Liautung
Li̤as[líːas] 男 女 -/ 〘地〙 ライアス統. [*afr.*−*engl.*−*fr.*]
lia̤s·sisch[liásɪʃ] 形 ライアス統の. [*fr.* lia〔s〕sique]
Liau·ning[lĭáʊnɪŋ] (**Liao·ning**[lĭáŭníŋ]) 地名 遼寧, リヤオニン(中国, 東北地区南部の省で, 省都は瀋陽 Schenyang).
Liau·tung[lĭáʊtʊŋ] 地名 遼東, リヤオトン(中国, 遼寧 Liauning 省東部の半島).
Li·ba·ne̤·se[libanéːzə] 男 -n/-n レバノン人.
li·ba·ne̤·sisch[..zɪʃ] 形 レバノンの.
〔der〕 **Li̤·ba·non**¹[líːbanɔn] 地名 男 -〔s〕/ レバノン(地中海の東岸にあるアラブ人の共和国. 首都は Beirut). [◇*engl.* Lebanon]
der **Li̤·ba·non**²[−] 地名 男 -〔s〕/ レバノン山脈(レバノン国内を南北に走る山脈). [*arab.* „weißer (Berg)"]
Li̤·ba·non·ze·der 女 〘植〙 レバノンスギ(杉).
Li·ba·tio̤n[libatsióːn] 女 -/-en (古代ローマで神・死者への)献酒. [*lat.*; <*lat.* lībāre „(als Opfer) ausgießen"]
Li·be̤ll[libɛ́l] 中 -s/-e ᵛ**1** 小冊子. **2** (古代ローマの)訴状. ᵛ**3** 誹謗(ひぼう)文〔書〕, 中傷文〔書〕. [*lat.*; <*lat.* liber (→Liber); ◇*engl.* libel]
Li·be̤l·le[libɛ́lə] 女 -/-n **1** 〘虫〙 **a)** トンボ(蜻蛉). **b)** 《複数で》トンボ類. **2** (水準器の)気泡管(→ 図 Wasserwaage). **3** (装飾用の)髪留め. [*lat.*; <*lat.* lībra (→Libra); ◇Level]
li·bel·li̤e·ren[libɛlíːrən] 他 (h) 水準器で計る.
Li·bel·li̤st[libɛlíst] 男 -en/-en 誹謗(ひぼう)文書の筆者.
Li̤·ber[líːbər] 男 -/..bri[..bri·] (Buch) 本, 書籍. [*lat.* liber „Bast"; ◇lepto..]
li·be·ra̤l[liberáːl, ..bə..] **I** 形 自由な, 自由を愛する; 自由主義の, 進歩的な; (↔illiberal) 寛大〈広量〉な, 偏見のない; おおらかな, 気前のよい: ein ~*er* Mensch 自由な物の考え方をする人 | ~*e* Ansichten haben (偏見のない)広い心の持ち主である | eine ~*e* Regierung 〈Partei〉 自由主義の政府〈政党〉 ‖ ~ denken リベラルな考え方をする. **II Li·be·ra̤·le** 男 女 《形容詞変化》 **1** 自由主義の信奉者. **2** 自由党員. [*lat.*−*fr.*; <*lat.* līber „frei" (◇Leute)]
li·be·ra·li·si̤e·ren[liberalizíːrən] 他 (h) (束縛・制限を解いて)自由にする; 自由主義化する; 〘商〙 自由化する: gesetzliche Bestimmungen ~ 法規をゆるやかにする | den Handel ~ 貿易を自由化する. [*fr.*]
Li·be·ra·li·si̤e·rung[..rʊŋ] 女 -/-en liberalisieren すること: die ~ der Einfuhren 〈des Welthandels〉 輸入〈世界貿易〉の自由化.
Li·be·ra·li̤s·mus[liberalísmʊs] 男 -/ 自由主義, 自由〈寛容〉思想. [*fr.*]
Li·be·ra·li̤st[..líst] 男 -en/-en 自由主義者.
li·be·ra·li̤·stisch[..lístɪʃ] 形 自由主義の, 自由主義的な.
Li·be·ra·li·tä̤t[..litɛ́ːt] 女 -/ liberal なこと; liberal な物の考え方. [*lat.*]
Li·be·ra̤·lium A̤r·tium Ma·gi̤·ster[liberáːliʊm ártsiʊm magístər, − − ..tɛr] 男 − − −/ (略 L. A. M.) (Magister der freien Künste) 自由諸学芸修士(中世の大学の学位). [*lat.*; ◇Art]
Li·be·ra·tio̤n[liberatsióːn] 女 -/-en (Befreiung) 解放; (Entlastung) 免除. [*lat.*−*fr.*; <*lat.* līberāre „befreien" (◇liefern)]
Li·be̤·ria[libéːria·] 地名 リベリア(西アフリカ西南部にある共和国. 米国から解放された奴隷が入植し, 1847年に独立. 首都はモンロビア Monrovia). [<*lat.* līber „frei"]
Li·be·ria̤·ner[liberiáːnər] 男 -s/- =Liberier
li·be·ria̤·nisch[..nɪʃ] =liberisch
Li·be̤·ri·er[libéːriər] 男 -s/- リベリア人.
li·be̤·risch[..rɪʃ] 形 リベリアの.
Li̤·be·ro[líːbero·] 男 -s/-s 〘サッカー〙 リベロ. [*it.* „freier (Mann)"]
li·ber·tä̤r[libɛrtɛ́ːr] 形 きわめてリベラル〈自由主義的〉な; 無政府主義的な.
Li·be̤r·tas[libɛ́rtas] 人名 〘ロ神〙 リベルタス(「自由」を擬人化した女神). [*lat.* lībertās „Freiheit"]
Li·ber·tä̤t[libɛrtɛ́ːt] 女 -/-en (特に身分上の)自由.
Li·ber·ti̤n[libɛrtíːn] 男 -s/-s **1** 放蕩(ほうとう)者. **2** (Freigeist) 自由思想家, 無神論者. [*lat.* lībertīnus „Freigelassener"−*fr.*]
Li·ber·ti·na̤·ge[..tináːʒə; オーストリア: ..náːʒ] 女 -/-n[..ʒən] 放蕩(ほうとう), 放埒(ほうらつ). [*fr.*; <..age]
Li·ber·ti̤·ner[..tíːnər] 男 -s/- =Libertin
Li·ber·ty Ship[líbəti· ʃíp] 中 − -〔s〕/− -s リバティー型船(第二次大戦中にアメリカが大量に建造した1万トン級貨物船). [*engl.* „Freiheits-Schiff"]
Li̤·be·rum ar·bi̤·trium [líːberʊm arbíːtriʊm] 中 − -/ 〘哲〙 自由意志, 自由裁量, 選択の自由. [*lat.*]
Li·bi·di·ni̤st[libidiníst] 男 -en/-en 好色家.
li·bi·di·nö̤s[..nøːs]¹ 形 **1** リビドーに関する. **2** 色欲的な, 好色〈淫蕩(いんとう)〉な. [*lat.* libīdinōsus „genußsüchtig"]
Li·bi̤·do[libíːdo·, líːbido·] 女 -/ 〘精神分析〙 リビドー(性本能エネルギー); 性衝動, 性欲. [*lat.* „Begierde"; ◇lieb]
Li Bo[lĭbɔ́] =Li Tai-po
Li·bo̤·rius[libóːriʊs] 男名 リボーリウス. [*lat.*]
Li̤·bra[líːbra·] 女 -/-〔s〕リブラ(スペイン・ポルトガルの昔の重量単位). [*lat.* lībra „Waage"; ◇Liter, Livre, Lira]
Li·bra̤·rius[libráːriʊs] 男 -/..rii[..rii·] (古代ローマの)書籍筆写〈販売〉業者. [*lat.*; <*lat.* liber (→Liber)]
Li·bra·tio̤n[libratsióːn] 女 -/-en 〘天〙 秤動(ひょうどう). [*lat.*; <*lat.* lībrāre „wägen" (◇Libra)]
Li·bre̤t·ti Libretto の複数.
Li·bret·ti̤st[librɛtíst] 男 -en/-en (歌劇の)台本作者.
Li·bre̤t·to[librɛ́to·] 中 -s/-s, ..tti[..ti·] (歌劇などの)台本, リブレット. [*it.*]
Li̤·bri Liber の複数.
Li·bṳs·sa[libúsa·] **I** 女名 リブッサ. **II** 人名 リブッサ (Prag を建設したといわれる伝説上の女性). [*slaw.* „Liebling"]
Li̤·by·en[líːbyən] 地名 リビア(アフリカ北部の共和国で, 1951年に独立. 首都は Tripolis). [◇*engl.* Libya]

L

Li·by·er[..byər] 男 -s/- リビア人.

li·bysch[..bʏʃ] 形 リビア〔人・語〕の: →deutsch ‖ die *Libysche* Wüste リビア砂漠.

Lic.[lɪts] 略 =Lizentiat II

▽**li·cet**[lí:tsɛt]《ラテ語》(es ist erlaubt) 許されている.

..lich[..lɪç](英:..*ly*)《名詞・動詞・形容詞などにつけて形容詞をつくる》**1**《名詞につけて「…に属する, …に関する, …の性質の, …のある, …による」などを意味する》: staat*lich* 国家の | strafrecht*lich* 刑法に関する | mensch*lich* 人間的な | glück*lich* 幸福な | brief*lich* 手紙による. **2**《時を表す名詞につけて「…毎(ごと)の」を意味する: →..ig ★ i》: jähr*lich* 毎年の | wöchent*lich* 毎週の | stünd*lich* 毎時間の. **3**《動詞につけて「…できる, きっと…する, …する傾向のある, …すべき」などを意味する》: beweg*lich* 動かしうる | sterb*lich* 死すべき運命の | zerbrech*lich* こわれやすい | sträf*lich* 処罰すべき. **4**《形容詞につけて「…に近い, …の傾向のある」などを意味する》: röt*lich* 赤味を帯びた | kränk*lich* 病気がちの. **5**《形容詞につけて主に副詞として使われる》: neu*lich* 最近 | sicher*lich* きっと | reich*lich* 豊富に.

★ i)..lich と..bar の両形がある場合, ふつう前者は対象に固有の性質を表し, 後者はその対象に対する行為に関係する. ただしほとんど差のないこともある: unaussprech*lich* 筆舌につくしがたい | unaussprech*bar* 発音不可能な | unlös*lich* 溶けない | unlös*bar* 解決不可能な ‖ unsäg*lich* / unsag*bar* えも言われぬ | unverdau*lich* / unverdau*bar* 消化しがたい. ii)..lich と..isch の両形がある場合: →..isch ★ i

[*germ.*; ◇Leiche; *engl.* ..ly]

Li·chen[lí:çe:n] 男 -s/ 〘医〙苔癬(たいせん). [*gr.* leichḗn–*lat.*]

Li·che·nes[liçé:ne:s] 複〘植〙地衣類.

Li·che·nin[liçení:n] 中 -s/ 〘化〙リケニン. [<..in[2]]

li·che·no·id[liçenoí:t][1] 形〘医〙**1** 苔癬(たいせん)状の. **2**〘植〙地衣状の. [<..oid]

Li·che·no·lo·ge[liçenoló:gə] 男 -n/-n (→..loge) 地衣類学者.

Li·che·no·lo·gie[..logí:] 女 -/ 〘植〙地衣類学.

licht[1][lɪçt]《北部》=leicht

licht[2][–] 形 **1**(英: *light*)(hell) 明るい, 明るく輝いた; (色彩・色調が)明るい, 淡い; (意識の)明瞭な, 正気の: ~*e* Augen きらきら輝く目 | der ~*e* Morgen 輝かしい朝 | ein ~*er* Raum 明るい空間〈へや〉| am ~*en* Tag 白昼〈真昼間〉に | eine ~*e* Zukunft 明るい未来 | Es wird ~ im Osten. 東の空が白む〈明るくなる〉‖ ein ~*es* Blau 淡青色 | ~*e* Farben lieben 淡い色調を好む | ~*e* Haare 淡いブロンドの髪 | ein ~*es* Kleid 明るい色のドレス ‖ einen ~*en* Augenblick haben (→Augenblick 2) | einen ~*en* Moment haben (→Moment I 2). **2** まばらな, すけた; 目のあらい: ~*e* Maschen あらい網目〈編み目〉| Sein Haar wird immer ~*er.* 彼の髪はますます薄くなる | Die Bäume stehen ~. 木がまばらに生えている. **3**《付加語的》内のりの(寸法): die ~*e* Höhe〈Weite〉内のりの高さ〈幅〉‖ im *Lichten* (略 i. L.) 内のりで. [*westgerm.*; ◇leuko.., Lux, Loh[1], leuchten; *engl.* light]

Licht[lɪçt] 中 -[e]s/-er (雅: -e) **1**《単数で》(英: *light*)光, 光輝, 照明, あかり: künstliches〈natürliches〉~ 人工〈自然〉光 | schwaches〈starkes〉~ 弱い〈強い〉光 | das ~ einer Lampe ランプのあかり | das ~ des Mondes 月あかり, 月光 | das ~ der Wahrheit 真理の光 | Blitz*licht* 〘写〙フラッシュライト | Gegen*licht* 〘写〙逆光 | ~*er* und Schatten 光と影 ‖〘4格で〙Mehr ~! もっと光を (Goethe の臨終の言葉) | Die Verkehrsampel zeigt grünes〈rotes〉~. 交通信号が青〈赤〉である | **grünes ~ geben**《比》(計画などに)ゴーサインを出す〈許可を与える〉‖ **in** *et.*[4] **~ bringen**《比》…に照明を当てる, …を解明する | ~ machen あかりをつける | **das ~ der Welt erblicken**《雅》この世に生まれる | **das ~ scheuen**《比》うしろ暗いところがある | **~ am Ende des Tunnels sehen**《比》(困難な状況の中で)希望の光を見いだす | auf *et.*[4] ein ~ werfen …を照らす | **auf *jn.*〈*et.*[4]〉kein gutes ~ werfen**《比》…について不利な印象を与える | **auf *jn.*〈*et.*[4]〉ein schiefes〈schlechtes〉~ werfen** …について間違った〈わるい〉印象を与える | **auf *jn.*〈*et.*[4]〉ein bezeichnendes ~ werfen**《比》…の特徴を明らかにする ‖〘主語として〙Wo ~ ist, 〔da〕ist auch Schatten.《諺》物事には明暗の両面がある, 長所には短所がつきもの, 一利一害(光のある所にはまた影もあるものだ) | Wo viel ~ ist, ist starker Schatten. 光が強ければ影もまた濃い (Goethe).

‖〘前置詞と〙***et.***[4] **ans ~ bringen〈zerren / ziehen〉**《比》…を明るみに出す | *et.*[4] ans ~ halten …を光〈あかり〉にかざす | **ans ~ kommen**《比》(秘密などが)明るみに出る | **ans ~ treten**《雅》姿を現す, 出現する | *et.*[4] **bei ~ betrachten** …を明るいところで観察する | **bei ~ besehen〈betrachtet〉**《比》よく見て〈考えて〉みれば | ***et.***[4] **gegen das ~ halten** …を光〈あかり〉にかざす | *et.*[4] gegen das ~ fotografieren …を逆光で撮影する | ***jn.* hinters ~ führen**《比》…をあざむく | ***jm.* im ~ stehen** …の光をさえぎる;《比》…の邪魔をする | ***sich***[3] **selbst im ~ stehen**《比》みずから不利を招く | **in einem guten〈günstigen〉~ erscheinen〈stehen〉**《比》よく見られる, 有利な印象を与える | **in einem schlechten ~ erscheinen〈stehen〉**《比》わるく見られる, 不利な印象を与える | ***et.***[4] **in einem milderen ~ sehen**《比》…をより大目に見る | ***et.***[4] **in rosigem〈im rosigsten〉~ darstellen** …をバラ色に〈きわめて楽観的に〉描写する | ***et.***[4] **in rosigem〈im rosigsten〉~ sehen**《比》…をバラ色に〈きわめて楽観的に〉判断する(そのよい面のみを見て) | **in ein falsches〈schiefes / schlechtes / ungünstiges〉~ geraten〈kommen〉**《比》不利な立場に陥る | ***et.***[4] **ins rechte ~ rücken〈setzen / stellen〉**《比》…の正しい姿を見せる(その長所が十分に分かるように).

2(小 **Licht·chen**[líçtçən] 中 -s/-, Lichterchen [líçtərçən]) **a)** 光源, 発光体; 灯火(電灯・ガス灯など); (船・航空機などの)標識灯;《雅》天体(太陽・月・星): die ~*er* der Großstadt 大都会の灯火 | die ~*er* am Himmel 空に輝く星 ‖ das ~ andrehen〈anknipsen / anmachen / anschalten〉電灯をつける | das ~ ausdrehen〈ausknipsen / ausmachen / ausschalten〉電灯を消す | Schiffe müssen nachts ~*er* führen. 船は夜は標識灯をつけなければならない. **b)** -[e]s/-er, -e ろうそく: das Ewige ~ (カトリック教会の)常明灯 ‖ ein ~ anzünden〈ausblasen〉ろうそくをともす〈吹き消す〉| ***jm.* das ~ ausblasen〈auspusten〉**《話》…の生命を奪う, …を殺す | ein ~ auf einen Leuchter aufstecken 燭台(しょくだい)にろうそくを立てる | ***jm.* ein ~ aufstecken**《話》…を啓蒙(けいもう)する, …に事の真相を教える | ***sein* ~ leuchten lassen**《話》自分の才能〈知識〉を示す | ***sein* ~ unter den Scheffel stellen**《比》自分の能力を包みかくす(自分の明かりを升(ます)の下に置く. 聖書: マタ5, 15-16から) ‖ **kein großes ~ sein**《話》あまり利口ではない | ***jm.* geht ein ~ auf**《話》…に〔突然〕合点がいく | Mir geht ein ~ auf. ああ そうだったのか.

▽**3**《単数で》(灯火用の)電流, 電気.

4〘美〙ハイライト, 光輝点(絵画や版画の最も明るい部分): *et.*[3]〈in *et.*[3]〉~*er* aufsetzen …にハイライトを加える.

5〘狩〙**a)**《ふつう複数で》(猟獣の)目(→ 図 Reh). **b)** (猟獣の)腹動脈.

6《話》(垂れた)鼻水.

7《南部》(Fenster) 窓(特に窓から忍び込む恋人と関連して).

Licht≈am·pel[líçt..] 女 つり下げ〔電〕灯(→ 図 Ampel).
≈an·la·ge 女 照明設備〈施設〉.

licht·arm[líçt..] 形 光〈明るさ〉の乏しい, うす暗い.

Licht≈bad 中〘医〙光線浴. **≈baum** 男 (Sonnenbaum)〘植〙陽樹. **≈be·hand·lung** 女〘医〙光線治療.

licht·be·stän·dig =lichtecht

Licht·bild 中 **1 a)**《官》(Paßbild) 旅券〈身分証明書〉写真. ▽**b)** (Foto) 写真. **2** (Diapositiv) スライド, 透明陽画: ~*er* zeigen〈vorführen〉スライドを映す〈映写する〉.

Licht·bil·der·vor·trag 男 スライドを使っての講演.

▽**Licht·bild·ner** 男 (Fotograf) 写真師.

licht·blau 形 淡青色〈ライトブルー〉の.

L

Licht·blick 男《比》光明, 明るい希望.
licht·blond[lɪ́çt..] 形 明るいブロンド色の.
Licht·bo·gen 男〔理〕アーク放電.
Licht·bo·gen≠lam·pe 女 アーク灯. **≠schwei·ßung** 女〔工〕アーク溶接.
licht·braun[lɪ́çt..] 形 淡褐色〈ベージュ〉の.
Licht≠bre·chung 女〔理〕光の屈折. **≠bün·del** 中 光の束;〔理〕光線束, 光束.
Licht·chen Licht の縮小形.
licht·dicht 形 光を通さない: ein ~*er* Raum 暗室.
Licht·druck 男 -[e]s/-e **1**《単数で》〔理〕光圧. **2**〔印〕コロタイプ.
licht≠durch·flu·tet[lɪ́çt..] 形《雅》光に満ち満ちた. **≠durch·läs·sig** 形 光線を通す.
Lich·te[1][lɪ́çtə] 女 -/ (lichte Weite) 内法(うちのり), 内径.
Lich·te[2]《雅》Licht の複数.
licht·echt[lɪ́çt..] 形 (染料・塗料などが)日光に強い, 色のあせない.
Licht·ef·fekt 男 光の効果.
licht≠elek·trisch 形〔理〕光電子の: ~*er* Effekt / ~*e* Wirkung 光電効果. **≠emp·find·lich** 形 感光性の: ~*es* Harz 感光性樹脂.
Licht≠emp·find·lich·keit 女 -/ **1**〔写〕感光性. **2** =Lichtsinn **≠emp·fin·dung** 女 (特に目の)光感覚.
lich·ten[1][lɪ́çtən]《01》他 (h) 明るくする; まばらにする, すかす: den Baumbestand 〈den Wald〉 ~ 樹木(森の樹木)を間伐する ‖ 再帰 *sich*[4] ~ 明るくなる; まばらになる | Der Himmel *lichtet* sich. 空が明るくなる | Das Haar *lichtet* sich. 髪が薄くなる | Das Dunkel *lichtet* sich.《比》不明な点が明らかになる | Die Zahl der Zuschauer *lichtet* sich. 見物人の数がまばらになる. [<licht[2]]
lich·ten[2][lɪ́çtən]《01》他 (h) den Anker ~〔海〕錨(いかり)を揚げる. [*mndd.*; ◇licht[1]]
Lich·ten·berg[lɪ́çtənbɛrk] 人名 Georg Christoph ~ ゲオルク クリストフ リヒテンベルク(1742–99; ドイツの物理学者・著述家).
Lich·ten·hain[lɪ́çtənhaɪn] 地名 リヒテンハイン(ドイツ Thüringen 州, Jena の郊外に近い市区名). [◇licht[2]]
Lich·ten·hai·ner[..nər] **I** 男 -s/- リヒテンハインの人. **II** 中 -s/ リヒテンハイン=ビール. **III** 形《無変化》リヒテンハインの: das ~ Bier =II
Lich·ten·stein[lɪ́çtənʃtaɪn]《城郭名》リヒテンシュタイン (Schwäbische Alb の山上にある古城).
Lich·ter[1][lɪ́çtər] 男 -s/- =Leichter
Lich·ter[2] Licht の複数.
Lich·ter·baum[lɪ́çtər..] 男 (Weihnachtsbaum) クリスマス=ツリー.
Lich·ter·chen Lichtchen (Licht の縮小形)の複数.
Lich·ter≠fest 中〔ユダヤ教〕灯明祭(ユダヤの年中行事の一つで,12月に1週間行われる). **≠glanz** 男 灯火〈ろうそく〉の輝き. **≠ket·te** 女 (ろうそく・トーチなどを手にして抗議デモをする人々の)光の連鎖.
lich·ter·loh[lɪ́çtərló:] 形《述語的用法なし》炎々と(あかあかと)燃える: Sein Herz brennt ~. 彼の心ははげしい情熱に燃えている. [<licht[2]+Lohe[2]]
Lich·ter·meer 中 光〈灯火〉の海(大都会などの).
lich·tern[lɪ́çtərn]《05》= leichtern [*ndd.*; ◇*engl.* lighten]
Licht≠fil·ter[lɪ́çt..] 男〔光〕フィルター; 濾光(ろこう)器. **≠ga·den** 男 (聖堂の)採光窓, 明かり層(→ 図 Kirche B). **≠gar·be** 女 =Lichtbündel **≠ge·schwin·dig·keit** 女 -/〔理〕光速. **≠ge·stalt** 女《雅》光輝に満ちた姿; 輝かしい人物. **≠gie·ßer** 男 (Kerzengießer) ろうそく製造職人. **≠gra·fik** (**≠gra·phik**) 女 -/〔美〕リヒトグラフィック, 抽象光画(芸術写真の一手法).
licht≠grau[lɪ́çt..] 形 淡灰色〈薄ねずみ色〉の. **≠grün** 形 淡緑色の.
Licht≠hof 男 **1**〔建〕採光のための中庭, 光庭, 光井(こうせい). **2** (太陽・月などの)暈(かさ);〔写〕ハレーション;〔心〕光暈(こううん)(残像の一種). **≠holz** 中〔植〕陽樹. **≠hu·pe** 女 -/-n (自動車の)パッシングライト(ヘッドライトによる追い越し信号). **≠jahr** 中〔天〕光年. **≠ke·gel** 男 円錐(えんすい)形の光;〔理〕光円錐. **≠knopf** 男 電灯のボタンスイッチ. **≠kreis** 男 (光源のまわりにできる)光の輪, 光環. **≠leh·re** 女 -/ (Optik) 光学. **≠lei·tung** 女 電灯線.
licht·los[lɪ́çtlo:s][1] 形 光のない, 暗い; よろこび〈希望〉のない: die ~*en* Jahre 暗い年月(としつき).
Licht≠ma·schi·ne 女 (自転車・オートバイなどの)点灯用発電機. **≠mast** 男 電柱; 街灯用の柱(→ 図 Straße).
Licht·meß《無冠詞》〔Mariä〕 ~〔カトリック〕聖母マリアお清めの祝日, 聖燭(せいしょく)祭(2月2日). [*mhd.*; ◇Messe[1]]
Licht≠mes·ser 男〔理〕光度計; (Belichtungsmesser)〔写〕露出計. **≠müh·le** 女〔理〕放射計, ラジオメーター. **≠nel·ke** 女〔植〕センノウ(仙翁)属. **≠pau·se** 女〔工〕青写真. **≠punkt** 男 **1** 光点,(点状の)光源. **2** = Lichtblick **≠putz·sche·re** = Lichtschere **≠quant** 中 (Photon)〔理〕光量子. **≠quel·le** 女 光源. **≠re·kla·me** 女 電光(照明)広告. **≠ro·se** 女 =Lichtnelke **≠satz** 男〔印〕**1** 写真植字, 写植. **2** 写真植字による組み版. **≠schacht** 男〔建〕採光抜け;〔坑〕採光用立坑;〔写〕(レフレックス=カメラの)ファインダー=ボックス. **≠schal·ter** 男 電灯のスイッチ〈点滅器〉. **≠schein** 男 光(の輝き); 灯光. **≠sche·re** 女 (ろうそくの)芯(しん)切り鋏(ばさみ).
licht·scheu[lɪ́çt..] 形 光を忌み嫌う〈恐れる〉;《比》うしろ暗い〈やましい〉ところのある;〔医〕羞明(しゅうめい)の: ~*es* Gesindel いかがわしい連中.
Licht≠scheu 女 -/ (lichtscheu なこと. 例えば:)〔医〕羞明(しゅうめい), まぶしがり〔症〕. **≠schran·ke** 女 (警報装置などの)光電子遮断柵.
licht·schwach 形 光度〈明るさ〉の弱い.
Licht≠sei·te 女 (↔Schattenseite) 光のあたる側;《比》明るい面; 長所. **≠setz·ma·schi·ne** 女〔印〕写真植字機, 写植機. **≠si·gnal** 中 (灯火の点滅による)発光信号, 灯火信号. **≠sinn** 男〔生理・心〕光覚. **≠spiel** 中 ▽**1** (Film) 映画. **2** =Lichtspieltheater
Licht·spiel≠büh·ne 女, **≠haus** 中, **≠thea·ter** 中 (Kino) 映画館.
licht·stark[lɪ́çt..] 形 光度〈明るさ〉の強い.
Licht≠stär·ke 女 **1**〔理〕光度. **2**〔写〕(レンズの)明るさ. **≠stift** 男〔電算〕ライトペン. **≠stock** 男 -[e]s/..stöcke (細長い)ろうそく. **≠strahl** 男 光線. **≠strei·fen** 男 光の帯. **≠strom** 男 光の流れ;〔理〕光束. **≠stumpf** 男 ろうそくの燃えさし. **≠tech·nik** 女 照明工学.
licht·tech·nisch 形 照明工学の.
Licht·the·ra·pie 女〔医〕光線療法.
licht≠trun·ken[lɪ́çt..] 形 光に酔った, 光に眩惑(げんわく)された. **≠un·durch·läs·sig** 形 光線を通さない.
Lich·tung[lɪ́çtʊŋ] 女 -/-en **1** lichten すること. **2** (森の)〔伐採による〕空き地. **3** (Lumen)〔解〕(管状器官内の)管腔(かんこう)の直径.
licht·voll[lɪ́çt..] 形 明るい, よろこび〈希望〉に満ちた; 明快な: eine ~*e* Zukunft 明るい未来.
Licht≠wech·sel 男 **1**〔天〕変光. **2** 照明〈光度〉の変更. **≠wel·le** 女〔理〕光波. **≠wert** 男〔写〕露光指数, ライトバリュー. **≠wir·kung** 女 =Lichteffekt **≠zeit** 女〔天〕光差.
Lid[li:t][1] 中 -es(-s)/-er **1**〔解〕まぶた, 眼瞼(がんけん): Mein linkes ~ zuckt dauernd. 私は左のまぶたが絶えずぴくぴくする | Ihm werden die ~*er* schwer. 彼はまぶたが重くなる(眠くなる). **2**《南部》(Deckel) 蓋(ふた). [*germ.* „Verschluß"]
Lid·di[lɪ́di·] 女名 (<Lydia) リディ.
Lid·dy[lɪ́di·] 女名 リディ. [*engl.*]
▽**li·dern**[lí:dərn]《05》他 (h) **1** 《*et.*[4]》(…に)革を張る. **2** (gerben) (皮を)なめす.
▽**Li·de·rung**[..dərʊŋ] 女 -/-en (革などによる間隙(かんげき)の)充填(じゅうてん); パッキング. [<Leder]
Lid·flat·tern[lí:t..] 中 -s/〔医〕眼瞼(がんけん)振戦.
Li·di Lido の複数.

L

Lid≈knor·pel[líːt..] 男《解》眼瞼(がんけん)軟骨, 瞼板(けんばん). **≈krampf** 男《医》眼瞼痙攣(けいれん). **≈mücke** 女《虫》アミカ(網蚊)科の昆虫.

Li·do[líːdoˑ] 男 -s/-s, ..di[..diˑ](Nehrung) 砂州(さす), 砂嘴(さし). [*lat.* lītus „Strand"–*it.*; ◇litoral]

Lid≈schat·ten[líːt..] 男《美容》アイシャドー. **≈strich** 男《美容》(アイライナーで強調した)目の輪郭線.

lieb[liːp][1] **lie·ber** → 別出 / **liebst** → 別出 **I** 形 愛する, 好きな; 親愛な, いとしい; 愛すべき, 好ましい, 快い; 愛らしい, かわいい; 感心な, 行儀のよい; 心のこもった, 親切な: mein ～*stes* Buch 私のいちばん好きな本, わが最愛の書物 | meine ～*e* Frau 私の愛する妻 | ～*e* Grüße 心からのあいさつ | ein ～*er* Kerl 愛すべきやつ | ein ～*es* Kind かわいい〈お行儀のよい〉子供 | *sich*[4] bei *jm.* ～ Kind machen (→Kind) ‖《親しい相手への手紙の冒頭で》*Liebe* Eltern お父さん お母さん | *Lieber* Herr 〈*Liebe* Frau〉 Meier マイヤー君〈さん〉 ‖《ほとんど無意味に, あるいは軽い皮肉をこめて》Unsere *Liebe* Frau (→Frau 4) | um des ～*en* Friedens willen (→Frieden 2) | das ～*e* Geld お金 | der ～*e* Gott 神さま | die ～*e* Sonne お日さま | die ～*en* Verwandten 親戚(しんせき)たち | den ～*en* langen Tag herumfaulenzen 一日じゅうぶらぶら遊んでいる | Das weiß der ～*e* Himmel. それはお天道さまだけが知っている(私には分からない) | Ich habe meine ～*e* 〔Müh und〕 Not damit. 私はそれにはほとほと手を焼いている ‖《間投詞的表現に用いて》Ach, du ～*er* Gott 〈du ～*er* Himmel / du ～*e* Güte / du ～*e* Zeit / du ～*es* bißchen〉! おおなんたることか, いやはや驚いた ‖《述語的に》*jm.* ～ 〔und teuer〕 sein …にとって好ましい〈大切である〉| Die Vase ist mir besonders ～ und teuer 〈wert〉. この花瓶は私にはとりわけ大事なものだ | Diese Arbeit ist mir sehr ～. この仕事を私はとても気に入っている | Es wäre mir ～, wenn du das tätest. 君がそれをやってくれたらありがたいんだが | Wenn dir dein Leben ～ ist, dann verschwinde! 命が惜しければさっさと消えうせろ | Das ist mir viel ～*er.* 私にはその方がずっと好ましい ‖ Würden Sie so ～ sein und mir helfen? すまないが手伝ってくれないか | Alle waren sehr ～ zu mir. 皆が私に対してとても親切だった | Das ist ～ von dir. それはどうもご親切に | Sie sieht sehr ～ aus. 彼女はたいへんかわいらしい | Sei schön ～! (子供などに向かって)おとなしくしていなさい | Je länger, je ～*er.* 長ければ長いほどよい ‖《動詞 haben と: →liebhaben》Ich habe dich ～. 私は君が好きだ | Sie hat dich viel ～*er* als ihn. 彼女は彼よりも君の方をずっと好いている ‖《名詞的に》Mein *Lieber*! 私の愛する人(男)よ | meine *Liebste* 私の恋人〈わが最愛の人〉(女) | Ich habe von ihm viel *Liebes* und Gutes erfahren. 私は彼からいろいろ親切にしてもらった.

★ 動詞と用いるときは分離の前つづりともみなされる.

II Lieb 中 -s/《雅》愛する人, 恋人(男女ともに用いる): Mein ～! いとしい君よ.

[*germ.*; ◇Libido, loben; *lat.* libēre „belieben"; *engl.* lief]

lieb·äu·geln[líːp..] ⟨06⟩ ⟨過分 geliebäugelt⟩ 自 (h) **1** 《mit *et.*[3]》(…に)色目を使う, (…を)手に入れたいと思う; (…の考えを)心に抱く: Er *liebäugelte* schon lange mit einem Sportwagen 〈dem Gedanken, einen Sportwagen zu kaufen〉. 彼はずっとまえからスポーツカーが欲しかった. **2** 《mit *jm.*》(…に)色目を使う, 秋波を送る.

lieb|be·hal·ten* ⟨65⟩ 他 (h) 《*jn.*》(…に)愛情を抱き続ける.

Lieb·chen[líːpçən] 中 -s/- ▽**1** 愛する女, かわいい〈大事な〉人(特に妻に対する愛情をこめた呼びかけとして): Mein ～! ねえお前. **2** 《軽蔑的に》(Geliebte) 愛人(女), いろ: ein ～ aushalten 女をかこう.

▽**Lieb·den**[líːpdən] 女 -/ Euer ～ 閣下, 貴下(元来は諸侯や身分の高い貴族たち相互間の呼称として). [*mndd.* lēv〔e〕de „Liebe"]

Lie·be[líːbə] 女 -/-n (英: *love*) **1 a)** 《単数で》愛, 愛情; 恋, 恋愛, 恋情; 愛着, 愛好; 慈愛; 性愛: blinde ～ 盲目的な愛, 盲愛 | die erste ～ 初恋 | freie ～ 自由恋愛 | die geschlechtliche ～ 性愛 | glühende 〈heiße〉 ～ 熱烈な愛 | mütterliche 〈väterliche〉 ～ 母性〈父性〉愛 | platonische ～ プラトニック=ラブ | reine 〈sinnliche〉 ～ 純粋な〈官能的な〉愛 | unerwiderte ～ 片思い ‖ **～ auf den ersten Blick** ひと目ぼれ | die ～ zu Gott 〈zur Wahrheit〉 神〈真理〉への愛 | die ～ der Eltern zu den Kindern 子に対する親の愛 | die ～ zwischen Mann und Frau 男女間の愛 | die ～ Gottes 神の愛(まれ: 神への愛) | Menschen*liebe* 人間愛, 博愛 | Nächsten*liebe* 隣人愛 | Vaterlands*liebe* 祖国愛 ‖ ein Kind der ～ 愛の結晶; (特に:) 私生児 | der Gott 〈die Göttin〉 der ～ 愛の神〈女神〉| *et.*[4] mit dem Mantel der ～ bedecken 〈zudecken〉 / den Mantel der ～ über *et.*[4] breiten (→Mantel 1) ‖ **aus** ～ 愛情から | **bei aller ～** いかに善意があっても | **in** ～ 〔zu *jm.*〕 entbrennen 〈erglühen〉〔…への〕恋に燃え立つ, 〔…に〕恋いこがれる | Glück in der ～ haben 恋愛に成功する | **mit ～** 愛情をこめて, 丹念に | 〔Es ist〕 wenig, aber mit ～. 少しですが心からの贈り物です | *jn.* mit ～ umgeben …を愛情で包む | mit Lust und ～ (→Lust 2 a) | bei *jm.* **um** ～ werben …に求愛する | **vor** ～ blind sein 恋に目がくらんでいる ‖ ～ empfinden 〈im Herzen hegen〉 愛情を感じる〈心に抱く〉| *js.* ～ erwidern 〈zurückweisen〉 …の愛にこたえる〈を拒む〉| *jm. seine* ～ gestehen 〈erklären〉 …に愛を告白する〈打ち明ける〉‖ Die ～ ist in ihm erwacht. 彼の心に愛が目ざめた〈芽ばえた〉| Seine ～ ist erkaltet 〈erloschen〉. 彼の愛情は冷えた〈消えうせた〉| Seine ganze ～ gilt 〈gehört〉 der Eisenbahn. 彼の関心はもっぱら鉄道に向けられている ‖ ***Liebe* macht blind.** 《諺》恋は盲目(恋は人を盲目にする) | Die ～ 〔des Mannes〕 geht durch den Magen. 《諺》料理上手は男〈夫〉に好かれる | **Alte ～ rostet nicht.** 《諺》昔の恋は忘れがたい, 焼けぼっくいは火がつきやすい | **wo die ～ hinfällt!** 《戯》恋は思案のほか(意外な恋愛関係を評して).

b) 性交, 情交; 情事: käufliche ～ / das Geschäft mit der ～ 売春 ‖ ～ machen 性交〈情交〉する.

2 好意, 親切: *jm.* eine ～ erweisen …に親切にしてやる | Tu mir die ～ 〔an〕 und hilf ihm! どうか頼むから彼を助けてやってくれ | **bei aller ～** 《話》最大限の善意にもかかわらず | Bei aller ～ kann ich dir den Wunsch nicht erfüllen. なんとかしてやりたいのは山々だがどうしても君の願いをかなえてやれない | Eine ～ ist der anderen wert. 《諺》情けは人のためならず, 魚心あれば水心.

3 《話》恋人; 愛人: *js.* erste ～ …の初恋の相手 | Sie ist eine alte ～ von mir. 彼女は私の昔の恋人だ | Er hat seine große ～ geheiratet. 彼は大好きな人と結婚した.

4 Brennende ～ 《植》ケマンソウ(華鬘草).

[*ahd.*; ◇lieb; *engl.* love]

lie·be·be·dürf·tig[líːbə..] 形 愛情に飢えた.

Lie·be·die·ner 男 -s/- おべっか使い.

Lie·be·die·ne·rei[liːbədiːnəráɪ] 女 -/ へつらい, 追従.

lie·be·die·ne·risch[líːbə..] 形 おべっかを使う, こびへつらう.

lie·be·die·nern ⟨05⟩ ⟨過分 geliebedienert⟩ 自 (h) 《bei 〈vor〉 *jm.*》(…に)〔こび〕へつらう: bei 〈vor〉 *seinem* Chef ～ 上役にぺこぺこする.

lie·be·leer 形《雅》愛〔情〕のない.

Lie·be·lei[liːbəláɪ] 女 -/-en たわむれの恋; (つかの間の)情事.

lie·beln[líːbəln] ⟨06⟩ **I** 自 (h) 《mit *jm.*》たわむれの恋をする; (つかの間の)情事を楽しむ, 浮気をする. **II** 他 (h) (liebkosen)《狩》(猟犬などを)愛撫(あいぶ)する.

lie·ben[líːbən][1] **I** 他 (h) **1** (英: *love*) 愛する, 恋する: *jn.* glühend 〈leidenschaftlich〉 ～ …を熱烈に愛する | *jn.* herzlich ～ …を心から愛する | *jn.* unerwidert ～ …を片思いする | *jn.* unglücklich ～ …に失恋する | eine Frau 〈einen Mann〉 ～ 女〈男〉を愛する | *seine* Eltern 〈*seine* Kinder〉 ～ 両親〈子供〉を愛する | Gott 〈die Menschen〉 ～ 神〈人間〉を愛する | Ich *liebe* dich. ぼくは君が好きだ | *Liebet* eure Feinde! なんじらの敵を愛せ(聖書: マタ5, 44) ‖ 再帰《相互的》*sich*[4] 〈einander〉 ～ 互いに愛しあう | **Was sich *liebt*, das neckt sich.** 《諺》好いた同士はからかいあう〈ふざけあう〉| *sich*[4] 〈einander〉 wie Hund und Katze ～

L

《反語》(犬と猫のように)いがみあう, 犬猿の間柄である | Die beiden *lieben* sich nicht. 《話》ふたりは互いに嫌っている ‖ die Heimat 〈die Natur〉 ～ 郷土〈自然〉を愛する | die Freiheit 〈den Frieden〉 ～ 自由〈平和〉を愛する.
2 《*et.*[4]》好む, 愛好する: den Alkohol ～ 酒好きである | Blumen ～ 花を好む | den Luxus ～ ぜいたくを好む | klassische Musik ～ 古典音楽を愛好する | Diese Pflanzen *lieben* Schatten 〈viel Feuchtigkeit〉. この植物は日陰〈多湿〉を好む ‖【zu 不定詞〔句〕・副文と】Er *liebt* 〔es〕 zu scherzen 〈zu widersprechen〉. 彼は冗談を好む〈とかく文句をつけたがる〉| Ich *liebe* es nicht, unterbrochen zu werden./ Ich *liebe* es nicht, daß 〈wenn〉 man mich unterbricht. 私は話の腰を折られることを好まない.
3 《*jn.*》(…と)性交〈情交〉する.
II lie·bend 現分 形 **1** 愛〈恋〉している, 恋愛中の: die *Liebenden* 愛しあう人たち, 恋人同士.
2 《副詞的》～ **gern** 《話》心から喜んで, はなはだ(非常に)好んで | Ich esse ～ gern Obst. 私は果物が大好きだ.
III ge·liebt → 別出
[*ahd.*; ◇lieb; *engl.* love]

lie·ben|ler·nen[lí:bən..] 他 (h) 《*et.*[4] / *jn.*》(…がしだいに)好きになる.

lie·bens≈wert[lí:bəns..] 形 愛すべき, 魅力的な, 愛らしい: ein ～*er* Mensch 愛すべき人間. **≈wür·dig** 形 愛すべき, 愛(ら)しい; (愛想よく)親切な, 好意あふれる: ein ～*es* Mädchen 〈Wesen〉 愛らしい少女〈愛すべき人〔柄〕〉‖ Das ist sehr ～ von Ihnen. ご親切にどうもありがとうございます | Würden Sie bitte so ～ sein und mir die Butter zu reichen? おそれいりますがそのバターを取ってくださいませんか ‖ *jn.* ～ behandeln …を親切にもてなす.

lie·bens·wür·di·ger·wei·se[lí:bənsvʏrdɪgərváɪzə] 副 親切に, 好意の気持から: Er zeigte mir ～ den Weg. 彼は親切にも私に道を教えてくれた.

Lie·bens·wür·dig·keit[..dɪçkaɪt] 女 -/-en liebenswürdig なこと: Sie war von ausnehmender ～ zu mir. 彼女は私に対してことのほか愛想がよかった | Würden Sie die ～ haben, mir zu helfen? おそれいりますが手伝っていただけますか | *jm.* ～*en* an den Kopf werfen《反語》…に無礼な言葉を投げつける.

lie·ber[lí:bər] **I** lieb の比較級. **II** 副《gern の比較級》より好んで, むしろ…したい; むしろ…の方がよい: Ich trinke ～ Tee als Kaffee. 私はコーヒーよりは紅茶の方がいい | Ehe ich bettle, verhungere ich ～. 乞食(こじき)するぐらいなら餓死するほうがましだ ‖ Das hättest du ～ nicht sagen sollen. 君はそんなことを言わなければよかったのに | Ich wüßte nicht, was ich ～ täte. 《話》そんなことするものか.

Lie·ber·mann[lí:bərman] 人名 Max ～ マックス リーバーマン(1847-1935; ドイツの画家).

Lie·bes≈aben·teu·er[lí:bəs..] 中 恋の冒険, 火遊び, アバンチュール. **≈af·fä·re** 女 恋愛事件, 色事, 色恋ざた, 情事. **≈akt** 男《雅》愛の行為(性交など). **≈ap·fel** 男 -s/..äpfel **1** 赤い糖衣をまぶしたリンゴ. **2**〘聖〙恋なす〔び〕(マンドラゴラ: 媚薬に用いられる. 創30, 14-17; 雅7, 13) [▽]**3** (Tomate) トマト. **4**《複数で》《卑》**a**) 乳房. **b**) (Hoden) 睾丸(こうがん). **≈band** 中 -〔e〕s/-e《ふつう複数で》愛のきずな. **≈be·dürf·nis** 中 愛されたいという欲求. **≈be·tä·ti·gung** 女 =Liebesakt **≈be·weis** 男 愛のあかし〈しるし〉. **≈be·zie·hung** 女 (肉体的な)恋愛関係, 肉体関係. **≈biß** 男 (性行為の際などの)愛咬(あいこう). **≈blick** 男 惚(ほ)れた目つき. **≈bo·te** 男 恋の使者. **≈brief** 男 恋文, ラブレター: einen ～ schreiben 〈bekommen〉 ラブレターを書く〈もらう〉. **≈dich·tung** 女 恋愛文学. **≈die·ne·rin** 女《戯》(Prostituierte) 売春婦. **≈dienst** 男 (他人に対する)親切な助力: *jm.* einen ～ erweisen 〈leisten〉 …に親切にする. **≈er·klä·rung** 女 愛の告白: *jm.* eine ～ machen …に恋を打ち明ける. **≈film** 男 恋愛映画. **≈ga·be** 女 慈善の贈り物, 施し物. **≈ge·dicht** 中 恋愛詩, 恋歌(こいうた). **≈ge·schich·te** 女 恋物語; 恋愛事件;《話》情事, 色事, 火遊び. **≈ge·ständ·nis** 中 愛の告白. **≈glück** 中 愛〈成就した恋〉の幸福. **≈gott** 男 愛の神 (Eros など). **≈göt·tin** 女 愛の女神 (Venus など). **≈gras** 中〘植〙スズメガヤ(雀茅)属. **≈hei·rat** 女 (↔Vernunftheirat) 恋愛結婚. **≈kno·chen** 男 **1**《話》エクレア(表面にチョコレートを塗ったシュークリームの一種). **2**《卑》(Penis) 陰茎, 男根.

lie·bes·krank[lí:bəs..] 形 恋わずらいの.

Lie·bes≈kum·mer 男 恋の悩み, 失恋の苦しみ. **≈kunst** 女 **1**《単数で》(恋する者の)愛の作法. **2** 性愛技巧. **≈kuß** 男 愛の口づけ. **≈la·ger** 中《雅》愛のしとね. **≈le·ben** 中 -s/ 性〔愛〕生活. **≈lied** 中 愛〈恋〉の歌. **≈lust** 女 **1**《雅》愛の喜び. **2 a**) 性欲. **b**) セックスの快楽. **≈mahl** 中 **1** =Agape 2 [▽]**2**〘軍〙(将校の)宴会. **≈müh** 女, **≈mü·he** 女《ふつう次の形で》**vergebliche** 〈**verlorene**〉 ～ **sein** 骨折り損である (Shakespeare の喜劇『恋の骨折り損』による). **≈nacht** 女《雅》愛の営みの夜. **≈nest** 中 恋人同士が密会する小さな家〈部屋〉. **≈paar** 中 一組の恋人, 恋人同士. **≈ro·man** 男 恋愛小説. **≈spiel** 中 愛の戯れ, ラブプレー(性愛行為, 特に性交の前戯). **≈sze·ne** 女 (芝居・映画などの)ラブシーン. **≈tat** 女 愛情〈好意〉による行為, 慈善的行為.

lie·bes·toll[lí:bəs..] 形 恋に狂った.

Lie·bes≈tö·ter 複《戯》(ひざ下までの)長いズボン下〈パンティー〉. **≈tra·gö·die**[..diə] 女 愛の悲劇. **≈trank** 男 媚薬(びやく), 惚(ほ)れ薬.

lie·bes·trun·ken 形《雅》愛に酔いしれた.

Lie·bes≈ver·hält·nis 中 =Liebesbeziehung **≈ver·käu·fe·rin** 女 売春婦. **≈werk** 中 愛情から出た行為, 親切な〈慈善の〉行い.

lie·be·voll[lí:bəfɔl] 形 愛情に満ちた, 愛情の深い; 心のこもった: eine ～*e* Umarmung 愛情のこもった抱擁 | den Kranken ～ pflegen 病人を手厚く看護する.

Lieb·frau·en≈kir·che[li:p-fráuən..] 女 聖母教会. **≈milch** 女 リープフラウエンミルヒ(ドイツ Rheinland-Pfalz 州, Worms 産の白ワイン).

lieb|ge·win·nen*[lí:p..] 《213》他 (h) 《*jn.* / *et.*[4]》(…が)好きになる: Sie hat das Kind bald *liebgewonnen.* 彼女はやがてその子が好きになった.

lieb·ge·wor·den 形《付加語的》(時がたつにつれて)好きになった, 好ましいものになった: eine ～*e* Gewohnheit (好きになって)やめられなくなった習慣. [<lieb werden]

lieb|ha·ben* 《64》他 (h) 《*jn.*》(…が)好きである, (…を)愛している(→lieb I): Ich *habe* dich *lieb.* 私は君が好きだ.

Lieb·ha·ber[lí:pha:bər] 男 -s/- (⊛ **Lieb·ha·be·rin**[..bərɪn]-/-nen) **1 a**) 恋人, 愛人, 情夫, 情婦: *sich*[3] einen ～ anschaffen (女が)愛人をこしらえる | die Rolle des jugendlichen ～*s* spielen〘劇〙若い恋人〈二枚目〉の役を演じる. **b**) 求愛〈求婚〉者. **2** (素人の)愛好家, 賛美者, ファン: ein ～ der Musik 〈des Sports〉 音楽好き〈スポーツのファン〉| ein ～ alter Kupferstiche 古い銅版画の愛好家 ‖ Diese Ware hat viele ～ gefunden. この品物は売れ行きがよかった.

Lieb·ha·ber≈aus·ga·be 女 (書籍の)愛蔵〈豪華〉版. **≈büh·ne** 女 =Liebhabertheater

Lieb·ha·be·rei[li:pha:bəráɪ] 女 -/-en (Hobby) 趣味, 道楽: *et.*[4] aus ～ tun …を(金のためでなく)趣味でする.

Lieb·ha·be·rin Liebhaber の女性形.

Lieb·ha·ber≈preis[lí:pha:bər..] 男 愛好家〈収集家〉の取引値段;《比》骨董(こっとう)的な高値. **≈rol·le** 女〘劇〙恋人〈色男〉役, 二枚目. **≈thea·ter** 中 (芝居の愛好家による)素人芝居. **≈wert** 男 (品物の使用価値ではなく)愛好家〈収集家〉にとっての価値.

Lie·big[lí:bɪç] 人名 Justus von ～ ユストゥス フォン リービヒ(1803-73; ドイツの化学者).

Lieb·knecht[lí:pknɛçt] 人名 **1** Karl ～ カルル リープクネヒト(1871-1919; ドイツの共産主義者で Spartakusbund の創設者). **2** Wilhelm ～ ヴィルヘルム リープクネヒト(1826-1900; ドイツの社会主義者).

lieb·ko·sen[lí:pko:zən, ―⊥◡; ｵｰｽﾄﾘｱ: ―⊥◡][1] 《02》《過分 geliebkost[◡⊥―], liebkost[―⊥]》他 (h) 《雅》愛撫(あいぶ)する. [*mhd.* (ze) liebe kōsen „zuliebe sprechen"; < *ahd.* kosa „Rechtssache" (◇Causa)]

L

Lieb·ko·sung[..zʊŋ, −⏑⏑] 囡 -/-en《雅》愛撫(ぁぃ).
lieb·lich[líːplɪç] 形 **1** 愛らしい; 魅力的な; 好ましい, 快い; (ワインの味が) 甘口でまろやかな: ein ~*es* Kind 愛くるしい子供 | eine ~*e* Landschaft 愛すべき風景 | der ~*e* Duft des Flieders ニワトコの快いにおい. **2**《反語》結構な: eine ~*e* Geschichte 結構な〈ひどい〉はなし | Das kann ja ~ werden. これは大変なことになりそうだ.
Lieb·lich·keit[−kaɪt] 囡 -/ lieblich なこと.
Lieb·ling[líːplɪŋ] 男 -s/-e **1** お気に入り, 寵児(ちょうじ), 人気者: ein ~ der Götter 神々の寵児 | Mamis 〈Muttis〉 ~《軽蔑的に》お母さん子, 甘えっ子 ‖〖ごく親しい人への呼びかけとして〗〔mein〕 ~ きみ, お前, あなた. **2**〘虫〙ベニスジヒメシャク(紅筋姫尺蛾).
lieblings..《名詞につけて「大好きな」を意味する》
Lieb·lings≠be·schäf·ti·gung 囡 大好きな仕事. **≠far·be** 囡 大好きな色. **≠ge·richt** 中 大好きな料理. **≠ge·tränk** 中 大好きな飲み物. **≠kind** 中 お気に入りの子供. **≠mar·ke** 囡 (商品の) 大好きな銘柄. **≠schrift·stel·ler** 男 大好きな作家. **≠spei·se** 囡 大好きな食べ物〈料理〉.
lieb·los[líːploːs][1] 形 愛情のない, 思いやりのない; 心のこもっていない: *jn.* ~ behandeln …をつっけんどんに扱う | ein ~ angerichtetes Gericht いいかげんに作った料理.
Lieb·lo·sig·keit[..loːzɪçkaɪt] 囡 -/-en **1**《単数で》lieblos なこと. **2** lieblos な言動.
lieb·reich[líːp..]《雅》= liebevoll
Lieb·reiz 男 -es/《雅》愛すべき〈優雅な〉魅力.
lieb·rei·zend 形 愛らしい, 魅力的な, チャーミングな.
Lieb·schaft[líːpʃaft] 囡 -/-en 情事, 色事: eine flüchtige ~ つかの間の情事 | Er hatte zahlreiche ~*en.* 彼は過去に多くの女たちと関係を持っていた.
liebst[liːpst] **I** lieb I の最上級. **II** 副《gern の最上級: am liebsten の形で》最も好んで: Am ~*en* würde ich hier ewig bleiben. いつまでもここにいられたら いちばんいいのだが. **III Lieb·ste** 男 囡《形容詞変化》→lieb I
Lieb·stöckel[líːpʃtœkəl] 中 男 -s/-〘植〙レビスチクム, ロベッジ(南欧産のセリ科の植物で種子は香辛料, Maggi の原料となる). [*lat.* ligusticum−*mlat.* levistica−*ahd.* lubestecco; ◇Ligurien]
lieb·wert 形《しばしば皮肉》愛すべき, 歓迎すべき.
Liech·ten·stein[líçtənʃtaɪn] 地名 リヒテンシュタイン(スイスとオーストリアの間にはさまれた公国. 首都は Vaduz, 公用語はドイツ語). [オーストリアの貴族の家名; ◇Lichtenstein]
Liech·ten·stei·ner[líçtənʃtaɪnər] **I** 男 -s/- リヒテンシュタイン人. **II** 形《無変化》リヒテンシュタインの.
liech·ten·stei·nisch[líçtənʃtaɪnɪʃ] 形 リヒテンシュタインの.
Lied[liːt][1] 中 -es(-s)/-er (小 **Lied·chen**[líːtçən], **Lied·lein**[..laɪn]) **1** 歌, 歌謡; 〘楽〙歌曲, リート: Volks*lied* 民謡 | das ~ des Vögleins 小鳥のさえずり | ~*er* ohne Worte〘楽〙無言歌 ‖ immer **wieder dasselbe 〈das alte / das gleiche〉 ~ anstimmen**《話》いつも同じ話を繰り返す ‖ ein ~ singen 歌を歌う | **Davon kann** ich **ein ~ singen.** / **Davon weiß ich ein ~ 〈ein *Liedchen*〉 zu singen.**《話》(不快な経験について) そのことなら私にもたくさん言うことがある〈私もさんざん苦労したんだ〉| Das ~ kenne ich schon.《話》これから先どうなるかは私には分かっている ‖ Das ist der Anfang vom ~.《話》これからお決まりの〈退屈な〉話が始まるぞ, そらまた始まった | das Ende vom ~ (→Ende 1 a) | Das Ende vom ~ ist, daß ... あげくの果て〈とどのつまり〉は…. **2** 叙事詩:《Das ~ der Nibelungen》『ニーベルンゲンの歌』(→Nibelungenlied) | die ~*er* der Edda エッダ歌謡集 (→Edda[1]). [*germ.*; ◇Laudes]
Lie·der≠abend[líːdər..] 男 歌曲の夕べ(音楽会). **≠buch** 中 歌の本, 歌〔謡〕曲集. **≠dich·ter** 男 歌謡作家, 作詩家. **≠hand·schrift** 囡 (中世の) 筆写歌謡集, 歌謡写本.
Lie·der·jan[líːdərjaːn] 男 -〔e〕s/-e《話》だらしのない人; ふしだら〈不品行〉な人. [<liederlich+..jan]
Lie·der·kom·po·nist[líːdər..] 男 歌曲の作曲家.
lie·der·lich[líːdərlɪç] 形 **1** だらしない; ぞんざいな: eine ~*e* Arbeit ずさんな仕事 | ~*e* Kleidung だらしない服装. **2** ふしだらな, 放縦〈不品行〉な: ein ~*er* Mensch 自堕落な人間 | einen ~*en* Lebenswandel führen 放縦〈ふしだら〉な生活を送る ‖ **Bruder *Liederlich*** / **Hans *Liederlich***《話》ぐうたら, 自堕落野郎. [*mhd.*; ◇lotterig]
Lie·der·lich·keit[−kaɪt] 囡 -/ liederlich なこと.
Lie·der≠ma·cher[líːdər..] 男 作詞作曲家〔兼歌手〕,〔シンガー〕ソングライター. **≠sän·ger** 男 (オペラ歌手に対して) リート歌手. **≠ta·fel** 囡 男声合唱団. **≠text** 男 歌詞. **≠zy·klus** 男 連作歌曲 (Müller 作詩, Schubert 作曲の『美しい水車小屋の娘』, Heine 作詩, Schumann 作曲の『詩人の恋』など).
lied·haft[líːthaft] 形 歌のような, 歌曲的な.
Lied·rian[líːdriaːn] 男 -〔e〕s/-e =Liederjan
lief[liːf] laufen の過去.
lie·fe[líːfə] laufen の接続法 II.
Lie·fe·rant[lifəránt] 男 -en/-en (商品などの) 供給者, 納入〔業〕者; 配達人: der ~ der Getränke 飲み物の納入業者. [<..ant]
Lie·fe·ran·ten·ein·gang[lifərántən..] 男 商品納入用入口.
Lie·fer·au·to[líːfər..] 中 =Lieferwagen
lie·fer·bar[líːfərbaːr] 形 納入可能な, 在庫している.
Lie·fer·be·din·gun·gen 複 納入条件.
Lie·fe·rer[líːfərər] 男 -s/- =Lieferant
Lie·fer≠fir·ma[líːfər..] 囡 納入会社. **≠frist** 囡 納入期間(売買契約から物品納入までの期間).
lie·fern[líːfərn]《05》**I** 他 (h) **1**《*et.*[4]》**a)** (商品などを) 納入する, 配達する; 引き渡す: Ersatzteile 〈Kohlen〉 ~ 部品〈石炭〉を納入する | *jm.* die Möbel ins Haus ~ 購入家具を…の自宅へ届ける | die Waren frei Haus ~ 商品を無料配達する | *et.*[4] pünktlich 〈zum vereinbarten Termin〉 ~ …を期限どおりにきちんと〈約束の期日に〉納入する ‖ *et.*[4] an den Kleinhandel ~ …を小売商に卸す | Die Firma *liefert* 〔ihre Waren〕 in die ganze Welt. この商社は全世界に商品を供給している. **b)** 供給する, 生産〈産出〉する: Der Bäcker *liefert* das Brot. パン屋はパンを製造する | Der Baum *liefert* das Harz. 樹木から樹脂が採れる | Das Gebiet *liefert* nützliche Erzeugnisse. この地域では有益な産物ができる. **c)**《比》提供する; (活動などを) 展開する: einen Beweis für *et.*[4] ~ …の証明になる | Das Ereignis *lieferte* uns genug Gesprächsstoff. その事件のおかげで私たちは話題に困らなかった | *jm.* eine Schlacht ~ …と戦う | Sie *lieferten* sich[3] ein Duell. 彼らは決闘をした ‖ gute 〈schlechte〉 Arbeit ~ りっぱな〈まずい〉仕事をする | ein hervorragendes Spiel ~ (ゲームを) りっぱに戦う. **2**《*jn.*》(…を運命・危険などに) ゆだねる, 陥らせる: *jn. jm.* in die Hände ~ …を裏切って…の手に渡す | *jn.* ans Messer ~ (→Messer[2] 1). **II ge·lie·fert** → 別出
[*mlat.* līberāre „schicken" (◇Liberation)−*fr.* livrer−*mndd.* lēveren]
Lie·fer≠schein[líːfər..] 男〘商〙納品書, 引き渡し証. **≠tag** 男 納入日. **≠ter·min** 男 納入期日〈期限〉.
Lie·fe·rung[líːfərʊŋ] 囡 -/-en **1**《単数で》**a)** (商品などの) 納入, 納品; 配達, 引き渡し: monatliche 〈regelmäßige〉 ~ 月々の〈定期的な〉納品 | termingemäße 〈verspätete〉 ~ 期限どおりの〈期限に遅れた〉納品 ‖ ~ frei Haus 自宅無料配達 ‖ Die ~ der bestellten Waren erfolgt in drei Tagen. 注文品の納入〈配達〉は 3 日後である | Die Ware ist bei ~ 〈innerhalb von acht Tagen nach ~〉 zu bezahlen. この商品は納品の際に〈納品後 1 週間以内に〉代金を支払わなければならない. **b)** 納入品: die ~ zurücksenden 納入品を返送する. **2** (刊行物の) 分冊: Das Wörterbuch erscheint in ~*en.* この辞書は分冊で刊行される.
Lie·fe·rungs≠be·din·gun·gen 複 納入条件. **≠frist** =Lieferfrist **≠ge·schäft** 中〘商〙定期引き渡し取引. **≠preis** 男〘商〙納入〈引き渡し〉価格. **≠schein** =Lieferschein **≠ter·min** =Liefertermin **≠ver·trag** =Liefervertrag

lie·fe·rungs·wei·se 副 (→..weise ★)分冊〔刊行方式〕で.

Lie·fe·rungs≠werk 中 分冊刊行書. **≠zeit** =Lieferzeit

Lie·fer≠ver·trag[lí:fər..] 男〘商〙納入契約. **≠wagen** 男 (配達用の)ライトバン. **≠zeit** 女 = Lieferfrist

Lie·ge[lí:gə] 女 -/-n 寝いす(→ 図): auf der ～ schlafen 寝いすで眠る.

Liege

Lie·ge≠geld 中 (Wartegeld)〘海〙(船積み遅延の際の)滞船料. **≠hal·le** 女 (サナトリウムなどの)臥床(がしょう)療法室. **≠kur** 女〘医〙臥床〈静臥(せいが)〉療法: täglich fünf Stunden ～ haben 毎日５時間横になって安静にしている. **≠mö·bel** 複 横になるための家具(寝いす・ベッドなど).

lie·gen*[lí:gən][1] ⦅93⦆ **lag**[la:k][1] / **ge·le·gen**[gəlé:gən]; 接II läge[lɛ́:gə]

I 自 (h; 南部・オーストリア・スイス: s) **1** (英: *lie*) (↔stehen) 横たわっている: **a**) (人が) ① 体を横にして〔寝て〕いる, 倒れている; 〔病気で〕床についている: Der Schütze *liegt.* 射手が伏せている | Er *liegt* seit zwei Wochen. 彼は２週間前から床についている ‖〘場所を示す語句と〙auf dem Sofa ～ ソファーに横たわっている | auf den Knien ～ ひざまずいている | auf dem Bauch 〈dem Rücken〉 ～ うつ伏せ〈あお向け〉に寝ている | auf der Nase ～ (→Nase 1 a) | aus dem Fenster ～ 窓から体をのり出している | im Bett 〈in den Federn〉 ～ ベッド〈ふとん〉に寝ている | im Grünen 〈in der Sonne〉 ～ 野原〈日なた〉に横たわっている | unter 〈in〉 der Erde ～〘雅〙(死者が)地下に眠っている | 〔krank〕 zu Bett ～ 病気で寝ている | *jm.* zu Füßen ～ …の足元に横たわっている; ⦅比⦆…を崇拝している ‖ zum *Liegen* kommen (病気で)寝込む ‖〘様態を示す語句と〙ausgestreckt ～ 体を伸ばして横たわっている | Hier *liegt* X begraben.(墓碑銘で) X ここに眠る | gerade 〈krumm〉 ～ 体を伸ばして〈背を丸めて〉横たわっている | krank 〔im Bett / zu Bett〕 ～ 病気で寝込んでいる | ruhig 〈still〉 ～ 安静に〈静かに〉寝ている | weich 〈bequem〉 ～ 柔らかな寝床で〈安楽に〉寝ている | in der Luft fast waagrecht ～〘スキー〙(ジャンプの際に)空中で体を水平に近く倒している | Er hat die ganze Nacht wach *gelegen.* 彼は一晩じゅう寝つかれなかった | Du *liegst* richtig! ⦅比⦆ 君の言うとおりだ | Da *liegst* du aber schief! ⦅比⦆ 君は間違っているんだよ | im Schlaf 〈im Sterben〉 ～ 眠って〈死に瀕(ひん)して〉いる | mit Grippe ～ 流感で寝ている ‖〘結果を示す語句と〙再帰 *sich*[4] wund ～ (→wundliegen).

② よりかかる, もたれる: Er *lag* an ihrer Brust. 彼は彼女の胸によりかかっていた.

b) (物が) ① (水平の状態で・安定した形で)置いてある,〔倒れて〕横たわっている: Das Getreide *liegt.* 畑の作物が倒れている | Der Kegel *liegt.* ボウリングのピンが倒れている | Weinflaschen sollen ～. ワインの瓶は〔立てないで〕寝かせておくべきだ | alles stehen und ～ lassen 何もかもそのまま放置する (→liegenlassen 2) ‖〘場所を示す語句と〙am 〈auf dem〉 Boden ～ 床に転がっている | 〔klar〕 auf der Hand ～ (→Hand 1) | Auf dem Tisch *liegt* ein Buch. 机上に本が１冊置いてある | Hier *liegt* das Geld auf der Straße. (→Geld 1) | Der Wagen *liegt* gut auf der Straße. この車は走りが安定している | Die Wäsche *liegt* im Schrank. 肌着類はたんすに入れてある | Seine Augen *lagen* tief in den Höhlen. 彼の目は深く落ちくぼんでいた | Eine Decke *liegt* über dem Tisch. テーブルにクロスがかかっている ‖〘様態を示す語句と〙Der Kopf muß hoch 〈niedrig〉 ～. 頭を高く〈低く〉して寝なければならない | Die Karten *liegen* offen. カードは表を向けて置いてある | Die Decke *liegt* schief. おおいが斜めにかかっている | Der Tisch *lag* voll〔er〕 Bücher 〈voll von Büchern〉. 机の上は本でいっぱいだった.

② 斜めに立ててある, 立てかけてある: Die Leiter *liegt* am Baum. はしごは木に立てかけてある | Die Schrift *liegt.* この文字は斜字体〈イタリック体〉である.

2 ⦅ふつう場所を示す語句と⦆ (…に)とどまったままである: **a**) (人が) 居つづける, ある状態を続ける, へばりついている: Wir haben den ganzen Tag auf der Bahn *gelegen.* 私たちは一日じゅう列車に乗りつづけだった | Er *liegt* ständig in den Wirtshäusern 〈auf der Straße〉. 彼は飲み屋に入りびたっている〈常に町をほっつき歩いている〉 | Wenn man an diesem Haus vorbeikommt, *liegt* die Frau im Fenster. この家のそばを通りかかると いつもその女が窓にへばりついている | ständig über den Büchern ～ しじゅう本にかじりついている.

b) (物が) ① (船舶が) 停泊している: Das Schiff *liegt* am Kai 〈im Hafen / vor Anker〉. 船は桟橋に〈港内に・いかりを下ろして〉停泊している.

② (固定されて) 動かない状態にある, すっぽりはまり込んでいる, じっと置かれたままである; (酒などが) 詰め込まれている: Das Bier *liegt* auf dem Faß 〈auf Flaschen〉. ビールは樽(たる)〈瓶〉に詰められている | Der Wagen *lag* im Straßengraben. 車は溝にはまり込んでいた | Reifen *liegen* um das Faß. 樽にたがははまっている | Ein Riegel *liegt* vor dem Tor. 門にかんぬきがかかっている ‖ Die Hemden sind vom langen *Liegen* verschmutzt. シャツは長期間の棚ざらしで汚れている.

③ (雪・ほこりなどが) 積もっている, おおいかぶさっている; (雲・霧・雰囲気などが) 漂って〈立ちこめて〉いる, かかっている: Der Schnee *liegt* meterhoch 〈auf den Dächern〉. 雪が１メートルも〈屋根の上に〉積もっている | Im Gebirge *liegt* noch Schnee. 山地にはまだ雪がある ‖ Auf der Terasse *liegt* schon Schatten. テラスにはもう影がさしている | Nebel *liegt* auf 〈über〉 der Wiese. 霧が草原に立ちこめている | in der Luft ～ (→Luft 1) | Die Abendsonne *lag* über dem See. 夕日が湖面にさしていた | 〔Eine〕 Stille *liegt* über dem Land. 静けさが辺りを包んでいる | Über dem Gemälde *liegt* 〔eine〕 leise Schwermut. 画面にはかすかな憂愁が漂っている | Dichte Wolken *lagen* um den Gipfel. 厚い雲が山頂を包んでいた | Um seine Augen *lagen* dunkle Ringe. 彼の目のまわりには隈(くま)ができていた ‖ Ein Lächeln *lag* auf seinem Gesicht. 彼の顔に微笑が浮かんでいた | Um seinen Mund *lag* ein spöttischer Zug. 彼の口もとに軽蔑の色が浮かんでいた.

④ (手を触れずに・何もしないで) 放置されている: Das Gesuch *liegt* noch beim Abteilungsleiter. 申請はまだ課長の手もとでストップしている ‖ Die Arbeit bleibt ～. 仕事ははかどらない | Diese Bücher bleiben ～. これらの本は読まれないままになっている | Wir lassen ein Dorf rechts ～. 私たちは右手に見える村に立ち寄らないで 先へ進む (→liegenlassen 3).

3 ⦅*jm.* / auf *jm.*⦆ (…に負担として) 重くのしかかっている, 圧迫している: *jm.* 〔sehr〕 am Herzen ～ 〔ひどく〕…の気〈心〉にかかっている | *jm.* auf dem Herzen 〈dem Gewissen〉 ～ …の心を苦しめている | *jm.* 〔schwer / wie ein Stein〕 auf der Seele ～ …の心の重荷となっている | *jm.* 〔wie eine Last〕 auf den Schultern ～ …の負担となって肩にのしかかっている | *jm.* auf der Tasche 〈im Beutel〉 ～ 経済的に…に負担をかける | Die ganze Last *liegt* auf mir 〈meinen Schultern〉. 負担はすべて私〔の肩〕にかかっている | Seine Stummheit *lag* wie ein Gewicht auf mir. 彼の沈黙が私の心を重苦しくしていた | Es *liegt* viel auf ihm. 彼の負担は重い | *jm.* 〔schwer/wie Blei〕 im Magen ～ (→Magen) | Mir *liegt* es wie Blei in den Gliedern. 私は全身がひどくだるい | Der Schreck *liegt* mir noch in allen Gliedern. 私はショックがまだ全身に残っている | *jm.* 〔mit *et.*[3]〕 in den Ohren ～ ⦅話⦆ …に〔…を〕うるさく〈しつこく〉頼み込む.

4 ⦅*jm.*⦆ (…の) 性に合っている; (…にとって) 容易である: Die Arbeit 〈Die Rolle〉 *liegt* ihm 〔gut〕. この仕事〈役柄〉は彼に向いている | Es *liegt* mir nicht, mich bei ihm einzuschmeicheln. 彼にとり入るなんて私の性に合わない | Nicht jeder *liegt* jedem. 人には性に合う相手と合わない相手とがある.

5 ⦅本来の意味が薄れて sein に近い機能で⦆ **a**) ⦅様態を示す語句と⦆ …の状態である: Die Dinge *liegen* ganz anders. 実態はそれとは全く違う | Der Stoff *liegt* doppelt breit. その布地はダブル幅である | Der Fall *liegt* klar 〔zutage〕.

事態は明白である | Die Verhältnisse *liegen* ungünstig. 情勢は不利である | Wie *liegt* die Sache? 事態はどうなっているのか | Wie die Dinge wirklich *liegen*, weiß man nicht. 実際のところがどうなのかは分からない | Wie die Sachen jetzt *liegen*, können wir nicht anders handeln. 現在の実情では我々はこういう行動しかとれない ‖〖前置詞と〗Der Hund *liegt* **an** der Kette. 犬は鎖につながれている | **auf** der Lauer ~ 待ち伏せしている | auf dem Tod ~ 瀕死(ひん)の病床にある | Sie *liegen* sich[3] ständig **in** den Haaren. 彼らはしょっちゅうけんかをしている | im Hinterhalt ~ 待ち伏せしている | Die Gefangenen *liegen* in Ketten. 捕虜たちは鎖につながれている | im Krankenhaus ~ 入院中である | Die beiden Staaten *liegen* im Krieg. 両国は戦争状態にある | in Ohnmacht ~ 気を失っている | im Quartier ~ 宿営中である | **in den letzten Zügen ~** (→Zug 6 a) | 〔miteinander〕in Scheidung ~ (夫婦が)離婚手続き中である | mit *jm.* im Streit 〈in einem Prozeß〉 ~ …と係争中である | Die Stadt *liegt* in Trümmern 〈**unter** schwerem Feuer〉. 町は破壊しつくされている〈激しい砲火を浴びている〉| Das Schiff *liegt* unter Dampf. 船はかまに火が入っている(出港準備ができている).

b)《場所や位置関係を示す語句と》① (…に)ある, (…に)位置している, 位置が…である(→gelegen II 1): Wo *liegt* das? それはどこにあるか | Wie weit *liegt* das Dorf von hier? その村はここからどれくらいの距離にあるか | 1 000m hoch 〔ü. M.〕 ~ 〔海抜〕1000メートルの高さにある | abseits 〈zentral〉 ~ へんぴな所〈中心部〉にある | Nichts *liegt* mir ferner als die Meinung, daß ... …という意見ほど私から程遠いものはない, 私は…などとは全く思わない | Die Berge *liegen* zum Greifen nahe vor uns. 山は手の届くほどの近さに見える(ただし: →naheliegen) | Die Stadt *liegt* verkehrsgünstig 〈günstig für den Verkehr〉. 町は交通に便利な所にある | Die Einschläge der Geschütze *lagen* alle zu weit. 弾着はことごとく遠すぎた.

‖〖前置詞と〗**an** einem Fluß ~ 川のほとりにある | Bonn *liegt* am Rhein. ボンはライン川のほとりにある | an der Straße ~ 道路沿いにある | **diesseits** 〈jenseits〉 des Flusses ~ 川のこちら〈向こう〉側にある | **hinter** dem Haus ~ 家の裏手にある | Die Jugend *liegt* weit hinter mir. 青春は私には遠い昔のことである | **in** der Nähe von *et.*[3] ~ …の近くにある | im Gebirge 〈mitten im Wald〉 ~ 山地〈森のただ中〉にある | in schöner Umgebung ~ 美しい環境の中にある | noch in weiter Ferne 〈ganz in der Zukunft〉 ~ まだはるかかなたにある〈遠い将来のことである〉| im Ungewissen ~ 全く不確かなことである | Das Fenster *liegt* **nach** Norden 〈der Straße 〔zu〕〉. 窓は北〈通り〉に面している | Ein großes Stück Arbeit *lag* noch **vor** uns. 私たちにはまだ仕事がたくさんあった | **zur** Linken 〈Rechten〉 ~ 左側〈右側〉にある.

‖〖抽象物を主語として〗Der Ton *liegt* **auf** der ersten Silbe. アクセントは第1音節にある | Der Nachdruck *liegt* auf diesem Wort. 強調はこの語に置かれている | Das Wort *liegt* mir auf der Zunge. その単語は私の口先まで出かかっている | *Die Schuld liegt* auf seiner Seite 〈bei ihm〉. 責任は彼の方にある | **außer** aller Berechnung ~《官》とうてい考慮の対象とならない | **außerhalb** des Wahrscheinlichen ~《官》起こりそうにない | Die ganze Verantwortung *liegt* **bei** dir. 全責任は君にかかっている | Die Schuld *liegt* bei mir. 罪は私にある | **im** Bereich der Möglichkeit ~《官》可能性の範囲内にある, 起こりうることである | in meiner Absicht ~ 私の意図するところである | in *seinem* Ermessen 〈Belieben〉 ~ …の考え〈意向〉のままになる | in der Natur der Sache ~ ことの本性に根ざしている | Die Liebe zur Musik *liegt* ihm im Blut. 音楽愛好は彼の生来の性分である | in der Familie ~ 家系に遺伝している | in *js.* Hand 〈*js.* Händen〉 ~ (権限などが)…の手に握られている | im Schoß der Zukunft ~ (不確定な)将来のことに属する | Die Wahrheit *liegt* meist in der Mitte. 真理はふつう(両極端の)中間にある | Darin *liegt* sein Verdienst 〈eine große Gefahr〉. この点に彼の功績〈大きな危険〉がある | Der Unterschied *liegt* darin, daß ... 差異は…という点にある ‖ Der wahre Grund *liegt* tiefer. 真の理由はもっと深いところにある | Der Erzählung *liegt* eine wahre Begebenheit zugrunde. その物語は実際の事件に基づいている.

②《比》《順位・水準・数値などに関して》(…の)位置を占める: gut ~ いい順位にある | hoch 〈niedrig〉 ~ (物価などが)上がって〈下がって〉いる ‖ an der Spitze ~ / ganz vorn ~ (競争などで)先頭を切っている | auf dem dritten Platz ~ 第3位を占めている | unter dem Durchschnitt ~ 平均以下である | Die Durchschnittstemperatur *liegt* bei 18°C. 平均温度は摂氏18度である | Seine Leistungen *liegen* weit über dem Durchschnitt. 彼の成績は平均をはるかに上回っている | Der Verkaufspreis *liegt* unter den Selbstkosten. 販売価格は原価を割っている.

③《in *et.*[3]》(…の中に)含まれている, 存在する: In seinem Blick *liegt* Neugierde. 彼の目に好奇心がのぞいている | In seiner Behauptung *liegt* etwas Wahres. 彼の主張には一面の真理がある | Sorge *lag* in ihren Mienen. 彼女の顔には憂慮の色が浮かんでいた | Zwischen den beiden Ereignissen *lagen* nur Minuten. その二つの出来事の間隔は数分間でしかなかった.

6 a)《an *jm.* / bei *jm.*》(…〔の考え〕)しだいである: Es *liegt* ganz an dir, ob du teilnimmst oder nicht. 参加するかしないかは全く君の自由だ | Es *liegt* bei ihm, ob etwas daraus wird. それがものになるかどうかは彼しだいだ | Es *liegt* bei dir, zu tun, was dir gefällt. 好きなことをするのは君の勝手だ | Was an uns *liegt*, werden wir tun. 私たちでできるかぎりのことはやりましょう ‖ soviel an mir *liegt* 私の力の及ぶかぎり; 私に関しては.

b)《an *jm.* 〈*et.*[3]〉》(…の)せいである: Das *liegt* am Wetter. そうなったのは天気のせいだ | Es *liegt* daran, daß ... その原因は…にある | Es *liegt* an ihm 〈seinem Starrsinn〉, daß wir noch nicht fertig sind. 私たちがまだもたついているのは彼の〈彼の強情の〉せいだ ‖ 〔非人称〕Ich weiß nicht, woran es *liegt*. どこが問題なのか私には分からない | An mir soll es nicht ~! 私には異存はない, 私は邪魔をするつもりはない.

c)《不定数詞を主語として》《*jm.* an *et.*[3]》(…にとって…の)重要度が…である: Es *liegt* ihm viel 〈nichts〉 daran. 彼にとってそれがとても重要である〈それは全く重要でない〉| An deiner Mitarbeit *liegt* mir etwas. 私には君の協力が大事なんだ | Dem Ministerium *liegt* viel an Ihrer Meinung. 当省にとってはあなた〔がた〕の意見が重要なのです | Es *liegt* mir nichts daran, dorthin mitzugehen. 私にとってはそこへ同行することなんかどうだっていいことだ | Ihm *liegt* nur daran, daß alles in Ordnung kommt. 彼にとっては万事がきちんとなることだけが大事なんだ | Was *liegt* daran? それにどれだけの重要性があるのか | Was *liegt* mir an Ruhm? 私には名声などどうでもよいことだ.

7《*et.*[4] **liegen haben** の形で》(…の)手持ちがある; (用いずに)ねかせてある; (手をつけずに)放置してある: noch viel Arbeit ~ haben まだ多くの仕事をかかえている | noch ein paar Flaschen Wein im Keller ~ haben 地下室にワインの手持ちがまだ数本ある | Stoff für einen Anzug ~ haben 服1着分の布地の手持ちがある | Er hat Geld auf der Bank ~. 彼は銀行に預金がある | Er hat das Buch vor sich ~. 彼はその本を目の前に置いている.

8《スイ》(sich legen) (人・動物が)身を横たえる, 横になる: auf eine Bank ~ ベンチの上に寝る.

II lie·gend 現分 形 **1** 寝て〈横たわって〉いる; 位置している: ~*er* Anschlag (射撃の際の)寝射(ねう)〈伏射(ふく)〉の姿勢 | ~*e* Schrift 斜字体, イタリック体 | in ~*er* Stellung arbeiten 横になって仕事をする | ein einsam ~*er* Bauernhof 人里離れたところにある農家 ‖ Bitte ~ aufbewahren! (ワインの瓶などの注意書きで)寝かせて〈横にして〉保存してください.

2 (horizontal)〖理〗水平の: ~*e* Welle 水平偏波.

3 (↔ fahrend) (unbeweglich)〖法〗不動産の: ~*e* Habe / ~*e* Güter 不動産.

III Lie·gen·de 中《形容詞変化》**1**〖坑〗下盤(したばん). **2**《方》野積みの干し草.

IV ge·le·gen → 別出
[*idg.*; ◇Lochien, legen, Lage〔r〕; *engl.* lie]

lie·gen|blei·ben*[líːgən..]《21》自 (s) **1** 横たわった〈倒れた〉ままである; (病気で)寝たきりである.
2 a) (所持品が)置き忘れられている: Gib acht, daß der Schirm nicht 〔im Zug〕 *liegenbleibt.* 傘を〔車中に〕忘れて行かないように注意したまえ. **b)** 放置されている, 片づかずに残っている; (商品が)売れ残っている; (雪が)消えないでいる: Das Geld *bleibt* auf der Bank *liegen.* その金は銀行にあずけたままである | Die Arbeit *blieb liegen.* 仕事は中途で放置された | Die Arbeit kann bis Freitag ～. 仕事は金曜日まで延期してよい.
3 (事故などのために途中で)立ち往生する: Das Auto *blieb* auf der Straße *liegen.* 車は路上で動けなくなった.
4 (場所が)立ち寄らずに通過されてしまう: Der Brocken *blieb* links *liegen.* ブロッケン山を左手に見ながら通り過ぎた.

lie·gen|las·sen*[líːgən..]《88》《過分 liegen〔ge〕lassen: →lassen I ★ ii》他 (h) **1** (所持品を)置き忘れる: Er hat den Schirm im Restaurant *liegen*〔*ge*〕*lassen.* 彼は傘をレストランに置き忘れた. **2** 置いた〈寝かした〉ままにしておく, 放置する; (仕事などを)やりかけのまま残す: **alles *liegen*- und stehen*lassen*** すべてをおっぽり出す | Der Einbrecher hat alles *liegen*- und stehen*lassen* und ist geflüchtet. 押し込み強盗はすべてをそのままにして逃げ去った. **3** (場所などを)立ち寄らずに通り過ぎる: *Laß* das Gebäude links *liegen*! 建物を左手に見て進め | *jn.* 〈*et.*[4]〉 links ～ (→links 1).

Lie·gen·schaft[líːgənʃaft] 女 -/-en《ふつう複数で》(Grundstück) (一定面積の)土地, 地所, 不動産;《スイ》家屋敷.

Lie·ge·platz[líːgə..] 男〔海〕(港内の)泊地, 係船場.

Lie·ger[líːgər] 男 -s/- **1**〔海〕休航船, 廃船; 休航船の番人. **2** 非常用の飲料水樽(たる). ᵛ**3**〔商〕外国駐在員.

Lie·ge≠sitz[líːgə..] 男 (列車・自動車などの)リクライニングシート. **≠so·fa** 中 ソファーベッド. **≠statt** 女 -/..stätten《雅》寝床, ベッド. **≠stuhl** 男 (折りたたみ式の)寝いす, デッキ=チェア(→ 図). **≠stütz** 男〔体操〕腕立て伏臥(ふくが), 腕立て伏せ. **≠tag** 男 **1**〔海〕停泊日. **2**《北部》休息日. **≠wa·gen** 男〔鉄道〕(夜はシートが三段ベッドに変わる)簡易寝台車, クシェット. **≠wie·se** 女 休息(日光浴)用の芝生. **≠zeit** 女〔海〕(港での荷積みのあいだの)停泊〈係留〉期間.

Liegestuhl

lieh[liː] leihen の過去.

lie·he[líːə] leihen の接続法 II.

Liek[liːk] 中 -〔e〕s/-en〔海〕(帆の)縦縁(たてべり), リーチ, ボルト=ロープ. [*mndd.*; ◇ *engl.* leech]

Lien[líːɛn, liéːn] 男 -s/ (Milz)〔解〕脾臓(ひぞう). [*lat.*; ◇Spleen]

Lien·hard[líːnhart] 男名 (<Leonhard) リーンハルト.

lies[liːs] lesen の命令法単数.

Lie·sa[líːzaˑ] 女名 (<Elisabeth) リーザ.

Liesch[liːʃ] 男 中 -〔e〕s/ **, Lie·sche**[líːʃə] 女 -/ 〔植〕イグサ属, ショウブ属, カヤツリグサ科などの俗称. [*mlat.* lisca –*ahd.* lisca „Farn"]

Lie·schen[1][líːʃən] 複 トウモロコシの実の包葉(ほうよう).

Lies·chen[2][líːsçən] 女名 (<Liese[2]) リースヒェン: ～ **Müller**《話》リースヒェン ミュラー(平均的市民, 観客・消費者など一般大衆を意味する) | ～ Müllers Ansichten 平均的市民の見解.

Liesch·gras[líːʃ..] 中〔植〕アワガエリ属.

Lie·se[1][líːzə] 女 -/-n〔坑〕(岩盤などの)狭い割れ目.

Lie·se[2][–] **I** 女名 (<Elisabeth) リーゼ. **II** 女 -/-n《話》女, 女の子: eine liederliche ～ ふしだら女 | Plapper*liese* おしゃべり女.

..liese[..liːzə] →..suse

Lie·sel[líːzəl] 女名《南部》リーゼル. [◇Liesl]

Lie·se·lot·te[líːzəlɔtə, –◡◡́◡; オーストリア: –◡◡́◡] 女名 (<Elisabeth, Charlotte) リーゼロッテ.

Lie·sen[líːzən] 複《北部》(豚の)腹部の脂肪. [*mndl.* lies〔ch〕e]

lie·sest[líːzəst] liest (lesen の現在 2 人称単数)の別形.

Liesl[líːzəl] 女名 (<Liese[2])《南部》リーズル. [◇Liesel]

ließ[liːs] lassen の過去.

lie·ße[líːsə] lassen の接続法 II.

liest[liːst] lesen の現在 2・3 人称単数.

Liest[liːst] 男 -〔e〕s/-e (Eisvogel)〔鳥〕カワセミ(翡翠).

Lieue[liǿː] 女 -/-s リュー(フランスの昔の距離単位: 約 4 km). [*kelt.*–*spätlat.* leuca–*fr.*; ◇ *engl.* league]

Lift[lɪft] **I** 男 **1** -〔e〕s/-e, -s (Fahrstuhl) エレベーター, 昇降機: mit dem ～ 〈im ～〉 bis zum 8. Stock hinauffahren エレベーターで 9 階まで行く. **2** -〔e〕s/-e (Skilift) スキーリフト; (Sessellift) (ロープウェーの)チェアリフト. **II** 中 -s/-s =Lifting [*engl.*]

Lift·boy[líftbɔʏ] 男 エレベーターボーイ.

lif·teln[líftəln]《06》《方》=liften II

lif·ten[líftən]《01》**I** 他 (h) **1** 持ち上げる, 揚げる; (価格を)上げる. **2**《*et.*[4]》(…の)しわ取り手術をする;《*jn.*》(…の顔の)しわ取り手術をする: *sich*[4] ～ lassen しわ取りの手術を受ける. **II** 自 (s) (スキーヤーが)リフトで登る. [*engl.* lift; ◇lüften]

Lif·ting[líftɪŋ] 中 -s/-s〔美容〕(顔などの)しわ取り整形手術. [*engl.*]

Lift·jun·ge 男 =Liftboy **≠schacht** 男〔建〕エレベーター=シャフト(昇降機用の縦穴空間).

Li·ga[líːgaˑ] 女 -/..gen[..gən] **1** (団体・国家などの)連合〔組織〕, 同盟, 連盟: die Arabische ～ アラブ連合 | die Katholische ～〔史〕(三十年戦争時代の)カトリック諸侯連盟 ‖ eine ～ schließen 同盟〈連盟〉を結成する. **2**〔スポーツ〕(サッカー・ホッケーなどで一定地域のチームからなる)リーグ, 競技連盟: die erste 〈zweite〉 ～ 一部〈二部〉リーグ. [*span.*]

Li·ga·de[ligáːdə] 女 -/-n〔フェンシング〕パラード(相手の剣を横に払うこと). [*span.*; <*lat.* ligāre (→ligieren)]

Li·ga·ment[ligamɛ́nt] 中 -〔e〕s/-e, **Li·ga·men·tum**[..mɛ́ntʊm] 中 -s/..ta[..taˑ] (Band)〔解〕靱帯(じんたい). [*lat.*]

Li·ga·spiel[líːga..] 中〔スポーツ〕リーグ戦.

Li·ga·tur[ligatúːr] 女 -/-en **1**〔印〕合字(例 æ, œ, fi, ff). **2**〔楽〕リガトゥーラ(連結符). **3**〔医〕結紮(けっさつ). [*spätlat.*]

Li·gen Liga の複数.

Li·ger[líːgər] 男 -s/-〔動〕ライガー(雄のライオンと雌のトラの雑種). [*engl.*; ◇Löwe, Tiger]

li·gie·ren[ligíːrən] 他 (h)〔フェンシング〕(相手の剣を)横に払う. [*lat.* ligāre „binden"–*it.*; ◇legieren[2], Ligade]

Li·gist[ligíst] 男 -en/-en **1** 同盟〈連盟〉加入者. **2**〔スポーツ〕**a)** リーグ加盟チーム. **b)** a に所属する選手. [<Liga]

li·gi·stisch[..gístɪʃ] 形 同盟〈連盟〉の; 同盟〈連盟〉加入の.

Li·gnin[lɪgníːn] 中 -s/-e (Holzstoff)〔化〕リグニン, 木質素. [<*lat.* lignum „Holz"+..in[2]]

Li·gnit[lɪgníːt, ..nít] 男 -s/-e 亜炭(低炭化褐炭).

Li·groin[ligroíːn] 中 -s/〔化〕リグロイン.

Li·gu·ri·en[ligúːriən] 地名 リグリア(イタリア北西部, 地中海沿岸の州). [*lat.*]

li·gu·risch[..rɪʃ] 形 リグリアの: das *Ligurische* Meer リグリア海 | die ～*e* Sprache リグリア語(古代言語でインド=ヨーロッパ語の一つ. 今日ではわずかに固有名詞などに残っている).

Li·gu·ster[ligʊ́stər] 男 -s/-〔植〕イボタノキ(伊保多木)属. [*lat.*]

Li·gu·ster·schwär·mer 男〔虫〕イボタノキスズメ(スズメガの一種).

Li Hung-tschang[lihʊŋtʃáŋ] (**Li Hong·zhang** [lǐxʊ́ŋdʒāŋ]) 人名 李鴻章, リー ホンチャン(1823–1901; 中国, 清末期の政治家).

li·ieren[liíːrən] 他 (h) 結合〈連合〉させる: 再帰 *sich*[4] mit *jm.* ～ …と関係(特に恋愛関係)を結ぶ; …と手を結ぶ〈同盟する〉‖ Sie ist mit ihm *liiert.* 彼女は彼と関係を結んでいる | Dieses Unternehmen ist mit einer amerikanischen Firma *liiert.* この企業はアメリカの会社と提携している.

L

[*lat.* ligāre (→ligieren)−*fr.* (se) lier]

Li·ie̱rung[..ruŋ] 女 -/-en 〔sich〕 liieren すること.

Li·kö̱r[likǿ:r] 男 -s/-e リキュール(甘い味と芳香のあるアルコール飲料). [*lat.* liquor (→Liquor)−*fr.* liqueur]

Li·kö̱r≠glas 中 -es/..gläser, **≠scha̱·le** 女 リキュールグラス(→ 図 Glas).

Li̱k·tor[líktɔr, ..to:r] 男 -s/-en[lɪktó:rən] 〘史〙 リクトル(古代ローマで束桿(そっかん)を手に高級官僚や聖職者の先駆をつとめる使丁). [*lat.*; <*lat.* ligāre (→ligieren)]

Lik·to̱·ren·bün·del[lɪktó:rən..] 中 =Faszes

li̱·la[lí:la·; オーストリア: líla·] **I** 形《無変化》ライラック色の, 淡紫色の, 藤(ふじ)色の: ein ~ Pullover / 《話》ein ~〔n〕*er* Pullover 藤色のプルオーバー. **II** 副《話》まあまあ〔どうにか〕: Wie geht's?−Danke, ~. 調子はどうだい−まあまあだ. **III**

Li̱·la¹ 中 -s/- (話: -s) ライラック色, 淡紫色, 藤色: ein Kleid in ~ 藤色のドレス.

Li̱·la²[lí:la·] 男 -s/-s, **Li̱·lak**[..lak] 男 -s/-s (Flieder) 〘植〙 ライラック, リラ, ムラサキハシドイ. [*pers.*−*arab.* līlak „Flieder"−*fr.* lilas; <*sanskr.* nīla „Schwarzblau" (◇Anilin); ◇*engl.* lilac]

li̱·la≠far·ben[lí:la..] 形, **≠far·big** 形 ライラック色の, 淡紫色の, 藤(ふじ)色の.

Li̱·lie[lí:liə] 女 -/-n **1** 〘植〙 ユリ(百合)属(花はしばしば無垢(むく)・純潔の象徴). **2** 〘紋〙 ユリ花図形(→ 図 Wappen f): gefüllte ~ フィレンツェのユリ. [*gr.* leírion−*lat.* līlium −*ahd.*; ◇*engl.* lily]

Li̱·li·en·arm 男《雅》ユリのように白い腕.

Li̱·li·en·cro̱n[lí:liənkro:n] 人名 Detlev von ~ デートレフ フォン リーリエンクローン(1844−1909; ドイツの詩人・小説家).

Li̱·li·en≠has·pel 女 (男) (英: *escarbuncle*) 〘紋〙 槍花車(やりかしゃ), エスカーバンクル(→ 図 Wappen f). **≠kreuz** 中 〘紋〙 ユリ花先端十字(→ 図 Wappen e).

li̱·li·en·weiß[また: ⏑⏑⏑⏑] 形 **1** ユリのように白い. **2** いくらか黄味がかった白色の.

Li̱·li·put[lí:lipʊt; オーストリア: líli..] 地名 リリパット(イギリスの作家 Swift 作『ガリバー旅行記』中の小人国. 英語形 Lilliput).

Li·li·pu·ta̱·ner[liliputá:nər] 男 -s/- (◎ **Li·li·pu·ta̱·ne·rin**[..nərɪn]-/-nen) **1** Liliput の住民. **2** 《比》(Zwerg) (生まれつきの)小びと.

li·li·pu·ta̱·nisch[..nɪʃ] 形 Liliput の; 《比》小びとの, ちびの.

Li̱·li·put·bahn[lí:lipʊt..] 女 (遊園地などの)小型鉄道.

Li̱·li·pu·ter[lí:liputər] 男 -s/- =Liliputaner

Li̱·li·put·wör·ter·bu̱ch 中 (超小型の)豆辞典.

Li̱l·li[líli·] 女名 (<Elisabeth) リリ.

lim[lí:mɛs] 記号 (Limes) 〘数〙 極限〔値〕.

lim. 略 =limited

Li̱·ma[lí:ma·] 地名 リマ(ペルー共和国の首都). [*indian.*]

Li̱m·bi Limbus の複数.

li̱m·bisch[límbɪʃ] 形 ~*es* System 〘解〙 大脳辺縁系. [◇Limbus]

Li̱m·bo[límbo·] 男 -s/-s リンボ(そり身になって水平の棒の下をくぐる西インド起源のダンス). [*karib.*]

Li̱m·burg[límbʊrk] 地名 **1** リンブルク(オランダ南部とベルギー北東部にまたがる地方. 中世では公国であった). **2** ~ 〔a. d. Lahn〕 リンブルク〔アン デル ラーン〕(ドイツ Lahn 川に臨む Hessen 州の都市). [<Lint-burg; ◇Linde]

Li̱m·bur·ger[..bʊrgər] **I** 男 -s/- **1** リンブルクの人. **2** リンブルク産チーズ. **II** 形《無変化》リンブルクの.

Li̱m·bus[límbʊs] 男 -/..bi[..bi·] **1** 《単数で》(Vorhölle) 〘カトリック〙 リンボ, 古聖所, 孩所(がいしょ)(洗礼を受けなかった幼児や, キリスト以前の正しい人たちなどの霊魂が住むとされる, 地獄と天国の中間の場所). **2** 〘植〙 舷(げん)部(花冠の広がった部分). **3** 〘工〙 (測量機械の)分度弧. [*lat.* limbus „Saum"−*kirchenlat.*]

Li̱·me·rick[límərɪk] 男 -〔s〕/-s リメリック(5行の戯詩). [*engl.*; アイルランド南西部の都市名; 社交的な集まりで出席者が順に歌う即興詩の終わりに全員で Will you come up to Limerick? と唱和したことから]

Li̱·mes[lí:mɛs] 男 -/- **1** (Grenzwall) 〘史〙 (古代ローマの)辺境防壁. **2** (Grenzwert) 〘数〙 極限〔値〕(記号 lim). [*lat.*; <*lat.* līmus „schief"; ◇Limit]

Li·me̱t·te[limɛ́tə] 女 -/-n (**Li·me̱t·ta**[limɛ́ta·] 女 -/..ten[..tən]) **1** アマレモン, スイートレモン(レモンに似た果実): saure ~ ライム. **2** =Limettensaft [*fr.*; ◇Limone]

Li·me̱t·ten·saft 男 ライムジュース.

Li̱·mit[límɪt] 中 -s/-s, -e **1 a)** 限界, 限度, 極限点: das oberste ~ 最高限度 ‖ *jm.* ein ~ setzen …に対して制限を加える | das ~ von 40 Kilometern in der Stunde überschreiten 時速40キロの制限速度を越える. **b)** 〘商〙 指値(さしね). **2** 〘スポーツ〙 (特定の)制限条件: das ~ für den Endlauf nicht erreichen 決勝出場のための最低記録に達しない. [*lat.* līmes „〔Grenz〕rain"−*afr.*−*engl.*; ◇Limes]

Li·mi·ta·tio̱n[limitatsió:n] 女 -/-en (Begrenzung) 制限, 限定. [*lat.*]

li·mi·ta·ti̱v[..tí:f]¹ 形 制限(限定)的な.

Li·mi·ta·ti̱·vus[..tí:vʊs] 男 -/..vi[..vi·] 〘言〙 限定格(関連点・範囲を表す).

Li·mi̱·te[limí:tə] 女 -/-n 《スイス》 =Limit [*fr.*]

li̱·mi·ted[límɪtɪd, ..tɪt] 形 (略 lim., Ltd., Ld.) 〘経〙 有限の. [*engl.*]

li·mi·tie̱·ren[limití:rən] 他 (h) **1** (begrenzen) 制限する, 限定する: *et.*⁴ nach oben ~ …に上限を設ける | den Umfang ~ 範囲を限定する | den Kursus mit 30 Teilnehmern ~ 講習会の受講者の人数を30人に限定する ‖ *limitierte* Haftung 有限責任. **2** 〘商〙 (値段を)指定する: den Preis ~ 指値(さしね)をする. [*lat.*]

Li·mi·tie̱·rung[..rʊŋ] 女 -/-en limitieren すること.

Lim·ni·me̱·ter[lɪmnimé:tər] 中 (男) -s/- 水位計.

li̱m·nisch[límnɪʃ] 形 (動植物が)淡水に生息する; (岩石などが)淡水中でできた. [<*gr.* límnē „Teich"; ◇Limonit]

Lim·no·lo̱·ge[lɪmnoló:gə] 男 -n/-n (→..loge) 陸水〈湖沼〉学者.

Lim·no·lo·gie̱[..logí:] 女 -/ 陸水学, 湖沼学.

lim·no·lo̱·gisch[..ló:gɪʃ] 形 陸水〈湖沼〉学の.

Lim·no·plank·ton[..pláŋktɔn] 中 -s/ 〘生〙 湖水浮遊生物; (広義で)淡水浮遊生物.

Li̱·mo[límo·, lí:mo·] 女 (中) -/-〔s〕《話》=Limonade

Li·mo·na̱·de[limoná:də] 女 -/-n (炭酸入りの)レモネード, ラムネ. [*fr.*; ◇*engl.* lemonade]

Li·mo·na̱·den·löf·fel 男 ソーダスプーン(→ 図 Löffel).

Li·mo̱·ne[limó:nə] 女 -/-n 〘植〙 **1** (Zitrone) レモン(果実および木). **2** (Strandnelke) イソマツ(磯松)属. [*pers.* līmūn−*arab.*−*it.*; ◇Limette; *engl.* lime, lemon]

Li·mo·ne̱n[limoné:n] 中 -s/-e 〘化〙 リモネン(単環式モノテルペンの一種で, レモンに似た香気がある). [<..en²]

Li·mo·ni̱t[limoní:t, ..nít] 男 -s/-e (Brauneisenstein) 〘鉱〙 褐鉄鉱. [<*gr.* leimṓn „Wiese"+..it²; ◇limnisch]

li·mo̱s[limó:s]¹ 形, **li·mö̱s**[..mǿ:s]¹ 形 (schlammig) 〘生〙 泥沼の, 沼沢地の. [*lat.*; <*lat.* līmus (→Leim)]

Li·mou·si̱·ne[limuzí:nə] 女 -/-n リムジン(箱型乗用自動車). [*fr.*; 本来はフランスの Limousin 地方の馬車の御者が着ていた雨風よけの大きなマント]

Li̱n·coln[líŋkən, ..kəln] 人名 Abraham ~ エイブラハム リンカーン(1809−65; アメリカ合衆国第16代大統領).

lind[lɪnt]¹ 形 **1** 《雅》(気象・天候などが)穏やかな, 温和な; 優しい, 柔らかい, 快い: ein ~*er* Vorfrühlingstag のどかな早春の日 | ein ~*er* Regen しとしと降る雨 | mit ~*er* Stimme 穏やかな声で ‖ *jn.* ~ streicheln …を優しくなでる. **2** =lindgrün [*westgerm.* „biegsam"; ◇Lenis, Linde, lindern; *lat.* lentus „biegsam"; *engl.* lithe]

Li̱nd·au[líndaʊ] 地名 リンダウ (Bodensee のなかの島にある, ドイツの都市). [◇Linde, Aue²]

li̱n·de[líndə] =lind

Li̱n·de[líndə] 女 -/-n 〘植〙 シナノキ属(ヨウシュボダイジュ(洋種菩提樹)など): Unter den ~*n* ウンター デン リンデン(ベルリンの中心部にある大通り). [*germ.* „die Biegsame"; ◇lind; *gr.* elátē „Fichte"; *engl.* linden]

L

lin·den[líndən] 形《付加語的》シナノキ製の.

Lin·den≈al·lee[líndən..] 女 シナノキの並木道. **≈baum** 男《雅》シナノキの木. **≈blü·te** 女 シナノキの花.

Lin·den·blü·ten·tee 男 シナノキの花の茶.

Lin·den≈schwär·mer 男〘虫〙ボダイジュスズメ(菩提樹雀蛾). **≈zweig** 男 シナノキの小枝.

lin·dern[líndərn]《05》他 (h)(苦痛などを)和らげる, 鎮める, 緩和する: das Elend ～ 困窮を救う | Umschläge *linderten* seine Schmerzen. / Man *linderte* seine Schmerzen durch Umschläge. 湿布で彼の痛みは和らげられた ‖ 再帰 *sich*[4] ～ 和らぐ, 鎮まる, 軽くなる ‖ eine *lindernde* Spritze 鎮痛注射.

Lin·de·rung[..dərʊŋ] 女 -/ (sich) lindern すること.

Lin·de·rungs·mit·tel 中〘医〙鎮痛剤. [＜lind]

lind·grün[línt..] 形 薄緑色の. [＜Linde]

Lind·heit[línthaɪt] (▽**Lin·dig·keit**[líndɪçkaɪt]) 女 -/ lind なこと.

Lind·wurm[línt..] 男〘ゲルマン神〙(伝説の)竜, 怪物の大蛇. [*ahd.*; ＜*ahd.* lint „Schlange" (◇lind)]

Li·ne[lí:nə] 女名 (＜Karoline, Pauline) リーネ.

Li·neal[lineá:l] 中 -s/-e **1** 定規: mit dem ～ eine Linie ziehen 定規で線を引く | **ein ～ verschluckt haben**《話》(定規を飲み込んだかのように体をまっすぐにして)しゃちほこばっている. **2** das ～〘天〙定規座. [*mlat.*; ◇Linie]

Li·nea·ment[lineamɛ́nt] 中 -[e]s/-e (一定の)線の配列; (顔や手のひらの)しわ; 顔だち, 目鼻だち, 容貌(ぼう). [*lat.*]

li·near[lineá:r] 形 **1 a)** 直線状の, 線状の: ～*e* Beschleunigung〘理〙線加速度. **b)**《比》コンスタントな: eine ～*e* Lohnerhöhung コンスタントな賃金上昇. **2 a)**〘美〙線的な(線による形の表現を重視した). **b)**〘楽〙線的な(和声よりも各声部の自由な進行を重視した). **3**〘数〙線形の, 一次の: eine ～*e* Funktion 〈Gleichung〉 一次関数〈方程式〉| ein ～*er* Raum 線形空間. [*lat.*; ＜*lat.* līnea (→Leine[1])]

Li·near·be·schleu·ni·ger 男〘理〙線形加速器.

Li·nea·ri·tät[linearitɛ́:t] 女 -/ (linear なこと. 例えば:) 直線性, 線形性.

Li·near≈mo·tor[lineá:r..] 男〘電〙リニアモーター. **≈per·spek·ti·ve** 女 線遠近法, 直線透視図法. **≈zeich·nung** 女 線画[法]; 見取り図, 略図.

Li·nea·tur[lineatú:r] 女 -/-en **1** (Linierung) 罫(け). **2**〘美〙線の引き方, 筆致.

..ling[..lɪŋ]《動詞・形容詞・名詞・数詞などにつけて男性名詞(-s/-e)をつくる》**1**《動詞につけて「…される・された人」を意味する》: Find*ling* 拾い子 | Prüf*ling* 受験者 | Lieb*ling* お気に入り. **2**《動詞・名詞・形容詞・数詞などにつけて「人」を意味する. 軽蔑的なニュアンスを持つことが多い》: Säug*ling* 乳児 | Eindring*ling* 侵入者 | Ankömm*ling* 到着者; 新参者 ‖ Däum*ling* (グリム童話の)親指太郎 | Höf*ling* 廷臣; へつらい者 | Dichter*ling* へぼ詩人 ‖ Jüng*ling* 若者 | Feig*ling* ひきょう者 | Fremd*ling* よその人 ‖ Zwil*ling* 双子 | Erst*ling* 第一子; 処女作. **3**《動詞・形容詞・名詞・数詞などにつけて「動物〈植物〉名・物品」などを意味する》: Stich*ling*〘魚〙トゲウオ | Setz*ling*〘園〙苗木 | Preß*ling* プレス加工品 ‖ Grün*ling*〘鳥〙カワラヒワ;〘植〙キシメジ | Frisch*ling*〘狩〙イノシシの1歳子 | Roh*ling*〘工〙未加工鋳造品 ‖ Gründ*ling*〘魚〙水底にすむ魚 | Pfiffer*ling*〘植〙アンズタケ | Finger*ling* 指サック | Bein*ling* ズボンの脚[の部分]. [＜..ingen]

Ling[lɪŋ] 人名 Pehr Henrik ～ ペール ヘンリク リング(1776-1839; スウェーデン体操の創始者).

Lin·ga[líŋga·] (**Lin·gam**[líŋgam]) 中 -s/ リンガ(インドの生殖力の神 Schiwa の象徴としての男根). [*sanskr.*]

Linge[lɛ̃:ʒ] 女 -/ 《スイ》(Wäsche) 洗濯物, 下着類. [*fr.*; ＜*lat.* līneus „leinen"; ◇Lein]

Lin·ge·rie[lɛ̃ʒərí:] 女 -/-n[..rí:ən]《スイ》**1** (Wäscherei) 洗濯屋, ランドリー. **2** (ホテルなどの)洗濯室. [*fr.*]

..lings[..lɪŋs]《名詞・形容詞・動詞などにつけて「様態」を表す副詞をつくる》: häupt*lings* まっさかさまに | füß*lings* 足から先に | rück*lings* あお向けに | bäuch*lings* うつぶせに | blind*lings* めくらめっぽうに | jäh*lings* 急に | meuch*lings* だまし討ちに | ritt*lings* 馬乗りに. [＜..ling]

Lin·gua fran·ca[líŋgua· fráŋka·] 女 --/ 〘言〙リングア=フランカ(中世に東地中海沿岸地方で行われた商用共通語で, イタリア語・フランス語・スペイン語・ギリシア語・トルコ語・アラビア語などの混成語);《比》(一般に異民族間の意志伝達の手段としての)共通言語. [*it.* „fränkische Sprache"]

lin·gual[lɪŋguá:l] 形 舌の, 舌に関する. [*mlat.*; ＜*lat.* lingua „Zunge" (◇Zunge)]

Lin·gual[−] 男 -s/-e (▽**Lin·gua·lis**[..lɪs] 男 -/..les[..le:s]) (Zungenlaut)〘言〙舌音.

Lin·gual≈laut 男 =Lingual **≈pfei·fe** 女〘楽〙(オルガンの)リードパイプ.

Lin·gu·ist[lɪŋguíst] 男 -en/-en 言語学者.

Lin·gui·stik[..guístɪk] 女 -/ (Sprachwissenschaft) 言語学: die deskriptive 〈mathematische〉 ～ 記述〈数理〉言語学 | die kontrastive 〈strukturelle〉 ～ 対照〈構造〉言語学 | Sozio*linguistik* 社会言語学.

lin·gui·stisch[..guístɪʃ] 形 言語学[上]の.

li·niar[liniá:r] =linear

Li·nie[lí:niə] 女 -/-n **1** (英: *line*) 線, 直線; すじ, 罫(け)線; 描線; (顔や手のひらの)しわ: eine gerade 〈krumme〉 ～ 直線〈曲線〉| parallele ～*n* 平行線 | eine punktierte ～ 点線 ‖ [mit dem Lineal] eine ～ ziehen [定規で]線を引く | Briefpapier mit ～*n* 罫線の入った便箋(せん). **2** (外形の)線, 輪郭; 大筋: in scharfen ～*n* 輪郭がくっきりと | ein Kleid in modischer ～ 流行のラインで仕立てたドレス | auf die [schlanke] ～ achten《話》太りすぎないように気をつける. **3** (連続したものの)線, 列, 隊列: *sich*[4] in einer ～ aufstellen 一列に並ぶ | Die Häuser stehen in einer ～. 家々は一列に並んで立っている ‖ *et.*[4] mit *et.*[3] auf eine 〈die gleiche〉 ～ stellen …を…と同列に置く; …を…と同一視する | **in erster ～**《比》まず第一に, なにはさて置き | **in letzter ～**《比》最後に | **in vorderster ～ stehen** 最前列に立っている;《比》もっとも目立つ位置にある, 焦点に位置する | **in zweiter ～** 二次的に, 副次的に. **4** 戦列, 戦線: die feindlichen ～*n* durchbrechen 敵の戦線を突破する | an der vordersten 〈in vorderster〉 ～ kämpfen 最前線で戦う | **auf der ganzen ～**《比》全面的に, 全然 | auf der ganzen ～ versagen《比》全然役に立たない. **5** 境界線;〘スポ〙ライン: den Ball über die ～ schießen (サッカーなどで)ボールを[ゴール]ラインの外にけり出す. **6** (電車・バスなどの)路線, 番線, 系統; (Schiffahrtslinie) [定期]航路; (Fluglinie) [定期]航空路: Die ～ 8 fährt bis zum Hauptbahnhof. 8番路線の終点は中央駅である | die ～ 8 fahren / auf der ～ 8 fahren《話》8番路線の乗務員である. **7** 血統, 家系: die ältere 〈jüngere〉 ～ 本家〈分家〉| die männliche 〈weibliche〉 ～ 父〈母〉系 | in gerader 〈direkter〉 ～ von *jm.* abstammen …の直系の子孫である | Diese ～ ist ausgestorben. この家系は死に絶えた. **8** (政党などの)路線, 進路; 方向, 方針: eine klare ～ 明確な方針 | eine mittlere 〈radikale〉 ～ 中道〈急進〉路線 ‖ ～ in *et.*[4] bringen …に方向を与える, …の方針を打ち出す | nicht von der festgelegten ～ abweichen 既定方針から逸脱しない. **9**〘海〙**a)** (Äquator) 赤道[線]. **b)** (Wasserlinie) (船舶の)[喫]水線. ▽**10** ライン(長さの単位: $^1/_{12}$または$^1/_{10}$インチ). [*lat.* līnea (→Leine[1]) − *ahd.*; ◇linear; *engl.* line]

Li·ni·en≈blatt[lí:niən..] 中 下敷き罫(け)紙. **≈blitz** 男〘気象〙樹枝状電光(→ 図 Blitz). **≈bus** 男 路線バス. **≈damp·fer** 男 定期船. **≈dich·te** 女〘理〙線密度. **≈flug** 男 (↔Charterflug)〘空〙定期便による飛行. **≈flug·zeug** 中〘空〙定期便の飛行機.

li·ni·en·för·mig 形 線形の, 線状の.

Li·ni·en≈füh·rung 女 **1 a)** 輪郭[線]. **b)** (絵画などの)線の引き方, 筆致. **2** (バス・電車などの)運行ルート; 路線選定. **≈kampf** 男〘政〙路線闘争. **≈kreu·zer** 男〘軍〙巡洋戦艦. **≈ma·schi·ne** 女 = Linienflugzeug **≈om·ni·bus** = Linienbus **≈pa·pier** 中 罫(け)紙. **≈rich·ter** 男〘球技〙線審, ラインズマン. **≈schiff** 中 **1** 定期船. ▽**2**〘軍〙(帆船時代に列を組んで戦った)戦艦.

L

⸗schiffahrt (⸗**schiff·fahrt**) 女 (↔Trampschiffahrt)〘海〙定期航路〔運行〕. **⸗spek·trum** 中〘理〙線スペクトル, 輝線スペクトル. **⸗spie·gel** 男 -s/-《オーストリア》＝Linienblatt **⸗sy·stem** 中〘楽〙五線譜表. **⸗tau·fe** 女 (Äquatortaufe)〘海〙赤道祭.

li·ni·en·treu[lí:niən..] 形 (党などの)路線に忠実な.

Li·ni·en⸗treue 女 linientreu なこと. **⸗trup·pen** 複 常備軍. **⸗ver·kehr** 男 路線〈定期便・定期航路〉の交通. **⸗wech·sel** 男 (政治上の)路線変更.

Li·nier[liní:r] 男 -s/-e《スイス》(Lineal) 定規.

li·nie·ren[liní:rən] **I** 他 (h)《*et.*[4]》(…に) 罫(けい)〈線〉を入れる. **II li·niert**[..ní:rt] 過分 形 線を書き入れた; 罫入りの: ～*es* Papier 罫紙. [*lat.*－*mlat.*; ◇Linie, linear]

Li·nier⸗fe·der[liní:r..] 女 (製図用の)線引きペン. **⸗ma·schi·ne** 女 線〈罫(けい)〉引き器械.

Li·nie·rung[liní:rʊŋ] 女 -/-en **1** linieren すること. **2** 罫(けい).

li·ni·ie·ren[linií:rən] ＝linieren

Li·ni·ier⸗fe·der[linií:r..] ＝Linierfeder **⸗ma·schi·ne** ＝Liniermaschine

Li·ni·ie·rung[linií:rʊŋ] 女 -/-en ＝Linierung

Li·ni·ment[linimέnt] 中 -〔e〕s/-e〘医〙リニメント剤, 塗布剤. [*spätlat.*; ＜*lat.* linere „bestreichen" (◇Leim)]

Lin·jü[línjy·] 地名 臨楡, リンジュー(中国, 山海関 Schanhaikuan の旧称).

link[lɪŋk] **I** 形 **1**《付加語的》(↔recht) **a)** (英: *left*) 左の, 左側の, 左手の;〘スポーツ〙レフトの;〘ボクシング〙左手による, サウスポーの;〘紋〙向かって右側の: der ～*e* Arm 左腕 | das ～*e* Auge 〈Bein〉 左目〈左脚〉| der ～*e* Außenstürmer (サッカーなどで)レフトウイング | mit dem ～*en* Bein 〈Fuß〉 zuerst aufgestanden sein (→Bein 1 a, →Fuß 1 a) | die ～*e* Brust 〈Tasche〉 左の胸〈ポケット〉| die ～*e* Hand 左手 | ～*er* Hand[2] / zur ～*en* Hand (→Hand 4) | eine Ehe zur ～*en* Hand (→Ehe) | zwei ～*e* Hände haben (→Hand 1) | mit der ～*en* Hand (→Hand 1) | auf 〈an〉 der ～*en* Seite 左側に | *jm.* zur 〈an der〉 ～*en* Seite gehen …の左側に並んで歩く | das ～*e* Ufer (下流に向かって)左岸 | den Gegner mit einem ～*en* Haken treffen〘ボクシング〙相手に左フックを浴びせる. **b)** (思想的・政治的に)左寄りの, 左派の, 左翼〔系〕の: ～*e* Abgeordnete 左派の議員たち | der ～*e* Flügel der Partei 党の左派 | eine ～*e* Zeitung 左寄り〈左翼系〉の新聞. **c)** (布地などが)裏〔返し〕の;〘編物〙裏編みの: ～*e* Maschen 裏編みの編み目 | ～*e* Seite des Stoffes 〈der Münze〉 生地〈貨幣〉の裏側.
2《話》間違った, あやまりの; いかがわしい, 怪しげな: ein ～*er* Vogel 怪しげなやつ | ～*e* Geschäfte machen いかがわしい商売をする ‖ Der ist ～! あいつは怪しいやつだ.
II Lin·ke《形容詞変化》**1** 女 **a)** 左手; 左側;〘ボクシング〙左〔手によるパンチ〕: *et.*[4] in *seiner* ～*n* halten …を左手に持っている | **mit der ～*n* nehmen, was die Rechte gibt**《比》せっかくの善行をみずから台無しにしてしまう | *jn.* mit einer blitzschnellen ～*n* treffen …に稲妻のように素早く左パンチを命中させる | *jm.* zur ～*n* sitzen …の左側に座っている. **b)** 左派, 左翼〔の党派〕(→I 1 b): die äußerste ～ 極左派 | die neue ～ 新左翼 ‖ der ～*n* angehören / zur ～*n* gehören 左翼系である.
2 男 女 左派〈左翼〉の人, 左翼系議員. [*mhd.*; ◇lax]

Lin·ke·hand·re·gel[lɪŋkəhánt..] 女 -/〘理〙(磁場の誘導電流に関するフレミングの)左手の法則. [＜linke Hand]

lin·ken[líŋkən] 他 (h)《話》(täuschen) だます, ぺてんにかける.

lin·ker·seits[líŋkərzáɪts, ⏑⏑–] 副 (↔rechterseits) 左手に, 左側に: die Tür ～ 左手のドア. [＜linker Seite]

lin·kisch[líŋkɪʃ] 形 ぎごちない, 不器用な: *sich*[4] ～ benehmen ぎごちなく〈ぶきっちょに〉振舞う.

Lin·kru·sta[lɪnkrústa·, lɪŋk..] 女 -/ (水洗いのできる)リノリウム壁紙. [＜*lat.* līnum (→Lein)＋crūsta (→Kruste)]

links[lɪŋks] (↔rechts) **I** 副 **1** (略 l.) 左に, 左側に;〘紋〙向かって右側に: die zweite Tür ～ 左側の二つめのドア | ～ vom Eingang 入口の左側に | ～ von *jm.* gehen …の左側を歩く | Die Augen ～!〘軍〙頭(かしら)左(号令) ‖ ～ abbiegen (道路を)左に曲がる, 左折する | ～ fahren 〈überholen〉 左側通行〈左側追い越し〉をする | ***jn.*** 〈***et.***[4]〉 **～ liegenlassen**《話》…をわざと無視する | Das Rathaus lassen wir ～ liegen. 市庁舎を左手に見ながら進む | ***jn.*** 〔**auf**〕 **～ drehen**《話》…を徹底的に問いつめる ‖ nicht mehr wissen, wo 〈was〉 rechts und ～ ist (→rechts I 1) | weder rechts noch ～ schauen / weder ～ noch rechts schauen (→rechts I 1) ‖ **mit ～**《話》左手で; たやすく, 片手間に, 苦もなく | von ～ her 左〔側〕から | nach ～ hin 左〔側〕へ. **2** 左翼〔的〕に, 進歩的に: ～ stehen 〈eingestellt sein〉 左翼的である〈左翼的な考えを持っている〉| ganz ～ orientiert sein きわめて急進的である. **3** 左ききで; 不器用に: ～ schreiben 左手で字を書く | Er ist ～. 彼は左ききだ. **4 a)** 裏側に; 裏返しに, 裏表を逆にして: *et.*[4] 〔von〕 ～ bügeln …に裏側からアイロンをかける | einen Strumpf ～ anziehen 靴下を裏返しにはく | den Deckel ～ auflegen ふたを裏返しにかぶせる. **b)**〘編物〙裏編みで(→ 図 Gewirke): ein ～ gestrickter Pullover 裏編みのプルオーバー.
II 前《2格支配》…の左側に: ～ der Mosel モーゼル川の左岸に. [＜link]

Links⸗ab·bie·ger[líŋks..] 男 左折車. **⸗an·walt** 男《話》へっぽこ弁護士, 三百代言. **⸗aus·la·ge** 女〘ボクシング〙左ガード. **⸗aus·le·ger** 男 左ガードをとる〈右ききの〉ボクサー.

Links·au·ßen[lɪŋks|áʊsən] 男 -/- **1**〘サッカー・ホッケー〙レフトウイング: ～ spielen レフトウイングとしてプレーする | den Ball an den ～ abspielen ボールをレフトウイングにパスする. **2**《話》(政治的に)極左派の人.

links·bün·dig 形 (テキストなどの各行が)左そろえの.

Links·drall[líŋks..] 男 **1** (銃の)左腔綫(こうせん). **2**《話》(政治家などの)左寄り, 左傾, 左翼偏向: ein Schriftsteller mit ～ 左寄りの作家.

links·dre·hend 形 **1** 左回りの. **2** (lävogyr)〘理〙左旋性の.

Links·dre·hung 女〘理〙左回り, 左旋回.

Link·ser[líŋksər] 男 -s/- ＝Linkshänder

links·ex·trem[líŋks..] 形 極左の.

Links⸗ex·tre·mis·mus 男 極左主義〈思想〉. **⸗ex·tre·mist** 男 極左主義者.

links⸗ex·tre·mi·stisch 形 極左主義〈思想〉の. **⸗gän·gig** 形〘工〙左巻きの, 左回りの: eine ～*e* Schraube 左ねじ.

links·ge·drallt 形《話》(政治的に)左寄りの, 左翼的な. [＜Linksdrall]

links⸗ge·rich·tet 形 (政治的に)左寄りの. **⸗ge·webt** 形《話》同性愛の, ホモの.

Links·ge·win·de 女〘工〙左ねじ山.

Links·hän·der[líŋkshɛndər] 男 -s/- (女 **Links·hän·de·rin**[..dərɪn]-/-nen) 左ききの人, ぎっちょ;〘スポーツ〙サウスポー.

links·hän·dig[..hɛndɪç][2] 形 左ききの, ぎっちょの.

Links·hän·dig·keit[..kaɪt] 女 -/ 左きき.

links⸗her[líŋkshe:r, ⏑–] 副 左から. **⸗her·um**[また: ⏑⏑–] 副 左回りに, 左へ回って: *sich*[4] ～ drehen 左回りに回転する. **⸗hin**[また: ⏑–] 副 左へ向かって, 左方へ.

Links·in·nen[lɪŋks|ínən] 男 -/- (↔Rechtsinnen)〘サッカー〙レフトインナー.

Links⸗in·tel·lek·tuel·le[líŋks..] 男 女 左翼的インテリ, 左翼知識人. **⸗kur·ve** 女 左カーブ.

links·läu·fig 形 **1** ＝linksgängig **2** (文字の並べ方について)右から左へと書かれた, 右書きの.

Links·len·ker 男 左ハンドルの自動車.

links·orien·tiert[..|oriɛntiːrt] ＝linksgerichtet

Links·par·tei 女 左翼政党.

links·ra·di·kal I 形 極左の. **II Links·ra·di·ka·le** 男 女《形容詞変化》極左〔思想〕の人.

Links⸗ra·di·ka·lis·mus 男 極左主義〈思想〉. **⸗re·gie·rung** 女 左翼的な〈左寄りの〉政府.

lịnks·rhei·nisch 形 ライン川左岸の.
Lịnks·ruck 男《話》(選挙での)左派の進出; (政府・党内などの)左傾化.
lịnks·rum[lɪŋksrʊ́m, ⌣⌣]《話》=linksherum
lịnks·sei·tig 形 左側(左方)の: ～ gelähmt sein 左半身が麻痺(ひ)している.
Lịnks·trend 男 左傾化の傾向(趨勢).
lịnks·u̱f·rig 形 (川などの)左岸の.
links·ụm[lɪŋks|ʊ́m, ⌣⌣] 副 左へ回って, 左回りに: *Linksum* kehrt! 左向け左(号令).
Lịnks≠ver·ke̱hr[lɪ́ŋks..] 男 左側通行. **≠wen·dung** 女 左方への転回(方向転換).
Lịn·né[líneˑ, lɪné:] 人名 Carl von ～ カール フォン リンネ(1707-78; スウェーデンの生物学者で, 分類学の大成者. 植物名のあとにつける場合は略して L. とする).
lịn·nen[línən]《雅》=leinen [*mndd.*]
Lịn·nen[–] 中 -s/-《雅》=Leinen [*mndd.*]
Lin·ọle·um[linó:leum; ｵｰｽﾄﾘｱ: linoléːʊm] 中 -s/ リノリウム: den Boden mit ～ auslegen (belegen) 床にリノリウムを敷く. [*engl.*; <*lat.* līnum (→Lein)+oleum (→Öl)]
Lin·ọle·um·schnitt =Linolschnitt
Lin·ọl≠säu·re[linó:l..] 女《化》リノール酸. **≠schnitt** 男《印》リノリウム版[印刷]; リノリウム版画.
Li·non[linɔ̃ː, línɔn] 男 -[s]/-s《織》リノン(麻布に似た薄地の平織り綿織物). [*lat.* līnum (→Lein)–*fr.*]
Li·no·type[láɪnotaɪp] 女 -/-s 商標《印》ライノタイプ(自動欧文鋳造植字機). [*engl.*; <*engl.* line (→Linie)]
Lịn·se[línzə] 女 -/-n **1**《植》ヒラマメ(扁豆)属, レンズマメ属: Heute Mittag gibt es ～*n* mit Speck. 今日の昼食はベーコン入りレンズ豆だ. **2 a)**《光》レンズ: eine bikonkave (bikonvexe) ～ 両凹(両凸)レンズ | Kontakt*linse* コンタクトレンズ ‖ die Brennweite einer ～ レンズの焦点距離 | die ～ schleifen レンズをみがく. **b)**《話》(Objektiv)(写真機の)[対物]レンズ: Er knipst alles, was ihm vor die ～ kommt. 彼はなんでも手当たりしだいに写す. **3**《解》(眼球の)水晶体: die ～*n* spannen《話》目をこらしてよく見る | einen Knick in der ～ haben (→Knick 1 a). **4**《地》レンズ(他の岩石中にはさまれた両凸レンズ状岩体). **5**《複数で》《話》硬貨. [*ahd.*; ◇*engl.* lens, lentil; *lat.* lēns „Linse"]
lịn·sen[línzən][1] (02) 自 (h)《話》こっそりと見つめる, 盗み見る; カンニングする: durch das Fenster (den Türspalt) in das Zimmer ～ 窓ごしに(戸のすき間から)部屋の中を盗み見る.
Lịn·sen·fleck =Leberfleck
lịn·sen·för·mig 形 レンズ状の.
Lịn·sen≠ge·richt 中 ヒラマメ(レンズマメ)料理: für (um) ein ～《雅》ごくわずかの代償で(聖書: 創25, 29-34から). **≠sup·pe** 女 レンズマメのスープ. **≠trü̱·bung** 女《医》水晶体混濁. **≠wicke** 女《植》ソラマメ属の一種(牧草).
Lin·yu[líny] =Linjü
Lin Yu-tạng[lɪnjutáŋ, línỹtáŋ] 人名 林語堂, リン ユイ タン(1895-1976; 中国の文学者. 作品『北京好日』など).
Linz[lɪnts] 地名 リンツ (Donau 川に臨むオーストリア北部の商工業都市). [*kelt.*]
Lịn·zer[líntsər] **I** 男 -s/- リンツの人. **II** 形《無変化》リンツの: ～ Torte リンツふうトルテ(表面を格子目に飾ったナッツやジャム入りのケーキ).
Lip·ämi̱e[lipɛmí:] 女 -/《医》脂肪血症. [<*gr.* lípos „Fett"]
die **Li·pa̱·ri·schen I̱n·seln**[lipá:rɪʃən..] 地名 複 リパリ諸島(シチリア北方の小火山島群. 別名エオリア諸島).
Li·pa̱·se[lipá:zə] 女 -/-n《生化学》リパーゼ(中性脂肪を加水分解する酵素). [<*gr.* lípos „Fett"+..ase]
Li·pi̱d[lipí:t][1] 中 -[e]s/-e《生化学》脂質.
Li·piz·za̱·ner[lipɪtsá:nər] 男 -s/- リピツァ産の純血種の馬. [<Lipizza (Triest 郊外の養馬場)]
li·po·i̱d[lipoí:t][1] **I** 形《生化学》リポイド様の, 脂肪性の. **II Li·po·i̱d** 中 -s/-e《生化学》リポイド, 類脂質. [<..oid]
Li·po̱m[lipó:m] 中 -s/-e《医》脂肪腫(しゅ). [<*gr.* lípos „Fett"+..om]
Li·po·ma·to̱·se[lipomató:zə] 女 -/-n《医》脂肪腫(しゅ)症. [<..ose]
Lịp·pe[1][lípə] 女 -/-n《ふつう複数で》**1** (英: *lip*) くちびる(場合によっては日本語の「唇」よりもさらに上下の個所をも含む: →Oberlippe): dicke (dünne) ～*n* 厚い(薄い)唇 | feuchte (trockene) ～*n* 濡れた(乾いた)唇 | rote (blaue) ～*n* 赤い(血の気のない)唇 | volle ～*n* 厚くふくらんだ唇 | Ober*lippe* 上唇 | Unter*lippe* 下唇 ‖ ein Glas **an** die ～*n* führen グラスを唇に当てる | ***jm.* an den ～*n* hängen**《比》…の言うことを熱心に聞く | *jm.* **auf** die ～*n* küssen …の唇にキスをする | ermahnend den Finger auf die ～*n* legen (沈黙するようにとたしなめて)指を唇に当てる | *sich*[3] (*sich*[4]) auf die ～*n* beißen (笑いや怒りを押し殺すため)唇をかみしめる | *sich*[4] auf die ～*n* drängen (言葉が)口から出かかる | ein frohes Lied auf den ～*n* 陽気な歌を歌いながら | ***jm.* auf den ～*n* liegen (schweben)** (言葉が)…の口に出かかっている | auf aller ～*n* sein 人々の口の端にのぼる | Das Wort erstarb ihm auf den ～*n*. (はっとして)彼は口をつぐんだ | ***et.***[4] **über die ～*n* bringen** …を思いきって口に出す | Kein Wort kam über seine ～*n*. 彼は一言も口をきかなかった | ***jm.* glatt (leicht) von den ～*n* gehen** なめらかに…の口をついて出る ‖ die ～*n* hängen lassen ふくれっつらをする | die ～*n* kräuseln (侮蔑的に)唇をゆがめる | **eine** [**dicke** / **große**] **～ riskieren**《話》出しゃばった口をきく, 大口をたたく | die ～*n* schließen 唇を閉じる | *sich*[3] die ～*n* schminken 口紅をつける | die ～*n* spitzen (キス・口笛などのため)唇をつき出す | die ～*n* zusammenkneifen (言ってはいけないことを言いそうになって)はっと口をつぐむ. **2**《植》(ランなどの)唇弁(しんべん) (→ 図 Blütenform).
[*mndd.*; ◇Lefze; *engl.* lip]
Lịp·pe[2][lípə] 地名 リッペ(ドイツ北西部にあった州. 第二次大戦後 Nordrhein-Westfalen 州に入った).
die **Lịp·pe**[3][–] 地名 女 -/ リッペ (Westfalen 地方を流れる Rhein 川の支流). [*kelt.* „Wölfin"; ◇Lupus]
Lịp·pen≠bär[lípən..] 男《動》ナマケグマ(懶熊). **≠be·kennt·nis** 中 (本心ではなく)口先だけの信仰告白. **≠blüt·ler** (**≠blü̱·ter**) 男 -s/- (Labiate)《植》唇形(しんけい)花植物, シソ科植物.
lịp·pen·för·mig 形 唇の形をした, 唇状の.
Lip·pen·ga̱u·men·laut[lɪpəngáumən..] 男 (Labiovelar)《言》唇軟口蓋(こうがい)音.
Lịp·pen≠kuß[lípən..] 男 くちびるを触れ合うキス. **≠lack** 男 (光沢を出すために口紅の上に塗る)リップシャイナー. **≠laut** 男 =Bilabial **≠le̱·sen** 中 -s/ 読唇術. **≠pfei·fe** 女 (↔Zungenpfeife)《楽》(オルガンの)唇管, 無簧(こう)管. **≠pflock** 男 (未開人の)唇飾片(唇を突き出させるのに用いる木片). **≠po·ma̱·de** 女《薬》口唇用軟膏(なんこう). **≠rọt** 中 口紅. **≠spal·te** 女 (Hasenscharte)《医》兎唇(としん), みつくち. **≠stift** 男 棒状口紅, リップスティック.
lịp·pen·syn·chro̱n 形《映》(吹き替えで音声を口の動きに合わせる)当てレコの: eine ～*e* Tonwiedergabe 吹き替え.
Lịp·pen·syn·chro·ni·sa·tio̱n 女《映》当てレコ.
Lịp·pen·za̱hn·laut[lɪpəntsá:n..] 男 =Labiodental
Lịpp·fisch[líp..] 男《魚》ベラ. [<Lippe[1]]
Lịp·tau·er[líptauər] **I** 形《無変化》リプタウ (Slowakien の一地方)の: ～ Käse リプタウ産チーズ(羊乳から製造する). **II** 男 -s/- **1** リプタウの人. **2** リプタウ産チーズ(→I).
Lip·uri̱e[lipurí:] 女 -/《医》脂肪尿[症]. [<*gr.* lípos „Fett"+uro..]
Liq. 略 =Liquor
Li·que·fak·tio̱n[likvefaktsió:n] 女 -/-en (Verflüssigung)《化》液化. [*spätlat.*; <*lat.* lique-facere „flüssig machen"; ◇liquid, ..fizieren]
li·ques·zi̱e·ren[likvɛstsí:rən] 自 (s)《化》液化する. [*lat.*]
li·qui̱d[likví:t][1] **I** 形 **1** 液状の, 液体の. **2** (↔illiquid)《商》換金可能の; 流動資産(資金)のある, 支払可能の. **3**《付加語的》《言》流音の. **II Li·qui̱d** 男 -s/-e =Liquida [*lat.*; <*lat.* liquēre „flüssig sein"]

Li·qui·da[líːkvida·] 女 -/..dä[..dɛ·], ..den[likvíːdən] (Fließlaut) 〘言〙流音(例 [l][r]). [*lat.*]

Li·qui·da·tion[likvidatsióːn] 女 -/-en liquidieren すること: in ~ treten (会社などが)解散する. [*mlat.*]

Li·qui·da·tor[..dáːtɔr, ..toːr] 男 -s/-en[..datóːrən] 〘法〙清算人; 管財人.

li·qui·de[likvíːdə] =liquid

Li·qui·den Liquida の複数.

li·qui·die·ren[likvidíːrən] **I** 他 (h) **1 a**) 換金する, 流動化する. **b**) (負債などを)払う, 精算〈弁済〉する. **c**) (会社・団体を)整理解散する. **2** (医師・弁護士などがその労力に対して報酬を)請求する. **3 a**) (争いなどを)処理する, 調停する. **b**) 《*jn.*》(政治的に…を)抹殺する, 粛清する; 殺す, 殺害する. **II** 自 (h) (会社などが)解散する. [*mlat.*−*it.*]

Li·qui·die·rung[..rʊŋ] 女 -/-en liquidieren すること.

Li·qui·di·tät[likviditέːt] 女 -/ 〘商〙**1** 支払能力; 換金性, 流動性. **2** 流動資産(現金・銀行預金など). [*mlat.*]

Li·qui·di·täts≠eng·paß[likviditέːts..] 男 〘経〙流動性ネック. **≠quo·te** 女 〘経〙流動〔性〕比率.

Li·quid·laut[likvíːt..] 男 =Liquida

Li·quor[líːkvɔr] 男 -s/-es[likvóːreːs] (略 Liq.) **1** 〘医〙髄液. **2** 溶剤, 水薬. [*lat.* liquor „Flüssigkeit"]

Li·ra[líːra·] 女 -/Lire[..rə] (略 L., Lit) リラ(イタリアの旧貨幣〔単位〕: 100 Centesimi). [*lat.* lībra (→Libra) −*it.*]

Li·sa[líːza·] 女名 (<Elisabeth) リーザ.

Lis·beth[líːsbɛt, lís..] 女名 (<Elisabeth) リースベト.

lisch[lɪʃ] löschen[1] I の命令法単数.

lischst[lɪʃst] (**li·schest**[líʃəst]) löschen[1] I の現在 2 人称単数.

lischt[lɪʃt] löschen[1] I の現在 3 人称単数.

Li·se[líːzə] 女名 (<Liese) リーゼ.

Li·se·lot·te[líːzəlɔtə, −◡◡́◡] 女名 (<Lieselotte) リーゼロッテ.

Li·se·ne[lizéːnə] 女 -/-n 〘建〙(特にロマネスク建築の)扶壁柱, 付柱(つけばしら)〈垂直壁面〉のストリップ.

Li·sie·re[liziéːrə, ..έːrə] 女 -/-n (森や畑の)ふち; (布などの)へり, ふち. [*fr.*]

lis·men[lísmən] 他 (h) 《スイ》(stricken) 編む.

Lis·mer[lísmər] 男 -s/- 《スイ》毛編みのチョッキ.

Lis·me·te[lísmətə] 女 -/-n 《スイ》(Strickzeug) 編物用具. [< *ahd.* lisina „gewirkter Stoff" (◇lesen)]

lis·peln[líspəln] 《06》 **I** 自 (h) **1** (歯に舌端を当てて)歯音を舌たらずに発音する. **2** 《雅》ささやく; (風や木の葉が)そよぐ. **II** 他 (h) ささやく. [*mhd.*; < *ahd.* 〔w〕lispen „mit der Zunge anstoßen"; 擬音; ◇*engl.* lisp]

Lis·sa·bon[lísabɔn, ◡◡́] 地名 リスボン(ポルトガル共和国の首都. ポルトガル語形 Lisboa). [*phöniz.* alis-ibbo „guter Hafen"−*lat.*−*arab.*]

Lis·sa·bon·ner[..nər, ◡◡́◡] **I** 男 -s/- リスボンの人. **II** 形 《無変化》リスボンの.

Lis·se[lísə] 女 -/-n 《中部》(Leiterwagen の)支柱(→ 図 Leiterwagen). [*mhd.* liu〔c〕hse]

List[1][lɪst] 女 -/-en 策略, 術策, 悪だくみ: eine raffinierte ~ *ersinnen* 狡猾(こうかつ)な策略を考えだす ‖ **mit ~ und Tücke** 《話》知恵をしぼって, 策をめぐらして, 大いに苦心して | zu einer ~ greifen 術策を用いる. [*germ.* „Wissen"; ◇Leisten]

List[2][−] 人名 Friedrich ~ フリードリヒ リスト(1789–1846; ドイツの経済学者・政治家).

Li·ste[lístə] 女 -/-n **1** リスト, 〔一覧〕表, 名簿, 目録: eine alphabetische 〈ausführliche〉 ~ アルファベット順の〈詳細な〉リスト | Namen*liste* 名簿 | **die schwarze ~** ブラックリスト ‖ bei *jm.* auf der schwarzen ~ stehen …のブラックリストにのっている | *jn.* 〈*et.*[4]〉 auf die ~ setzen …をリストにのせる | *jn.* 〈*et.*[4]〉 in eine ~ 〈einer ~〉 eintragen …をリストに記載する | *jn.* 〈*et.*[4]〉 in 〈aus〉 der ~ streichen …をリストから削る. **2** (Wahlliste) (選挙の)〔公認〕候補者名簿: eine grüne ~ 緑のリスト(ドイツの緑の党の推薦する候補者名簿: →grün III 3).
[*ahd.* līsta−*it.*; ◇Leiste; *engl.* list]

Li·sten≠füh·rung 女 リストを作って〈備えて〉いること. **≠platz** 男 (比例代表制選挙のさいの, 各党候補者名簿での)名簿順位.

li·sten·reich 形 策略に満ちた, ずるがしこい. [<List]

Li·sten·wahl 女 名簿式比例代表制選挙(→Liste 2).

li·stig[lístɪç][2] 形 ずるがしこい, 狡猾(こうかつ)な: mit ~*em* Blick ずるそうな目つきで. [*ahd.*; ◇List]

Li·stig·keit[−kaɪt] 女 -/ listig なこと.

Liszt[lɪst] 人名 Franz von ~ フランツ フォン リスト(1811–86; ハンガリーのピアノ奏者・作曲家. ハンガリー語形 ~ Ferencz).

Lit 略 =Lira

Lit. 略 =Litera 文字.

Li Tai-po[litaɪpóː] 人名 李白(701–762; 字(あざな)は太白. 中国, 唐中期の詩人).

Li·ta·nei[litanáɪ] 女 -/-en **1** 〘カトリック〙連禱(れんとう)(先唱者の唱句ごとに会衆が応答する祈禱形式, またはその唱句): eine ~ beten 連禱を唱える. **2** 《話》長たらしい〈くどくどとした〉文句; (小言・訴えなどの)繰り返し: **die alte 〈die gleiche / dieselbe〉 ~**《話》同じことのくり返し. [*gr.*−*kirchenlat.*−*afr.*−*mhd.* letanīe; <*gr.* litaneúein „〔an〕flehen"; ◇*engl.* litany]

Li·tau·en[líːtaʊən, lít..] 地名 リトアニア(旧ソ連邦を構成していた共和国で, 1991年に独立. バルト三国の一つ. 首都はビリニュス Wilna). [*litau.*; ◇*engl.* Lithuania]

Li·tau·er[..taʊər, lít..] 男 -s/- リトアニア人.

li·tau·isch[..taʊɪʃ, lít..] 形 リトアニア〔人・語〕の: → deutsch

Li·ter[líːtər, lítər; オーストリア・スイス: lítər] 男 (中) (スイス: 男) -s/- (単位: -/-) リットル(液量・体積の単位: 1000cc; 記号 *l*): einen 〈ein〉 ~ Milch trinken 1リットルのミルクを飲む | ein Volumen von fünf ~〔n〕5リットルの容積. [*gr.* lī́trā „Pfund"−*mlat.*−*fr.* litre; ◇Libra, Lira]

Li·te·ra[líːtəra·, líte..] 女 -/-s, ..rä[..rɛ·] (略 Lit.) (Buchstabe) 文字. [*lat.* lī〔t〕tera; <*lat.* linere (→Liniment); ◇Literat〔ur〕; *engl.* letter]

Li·te·rar·hi·sto·ri·ker[lɪtəráːr.., lɪte..] 男 文学史家.

li·te·rar·hi·sto·risch 形 文学史〔上〕の.

li·te·ra·risch[lɪtəráːrɪʃ, lɪte..] 形 **1** 文学の, 文芸の; 文学〈文芸〉に関する; 文学的な: ein ~*es* Werk 文学作品 | eine ~*e* Zeitschrift 文芸雑誌 | eine gute ~*e* Bildung haben 文学の造詣(ぞうけい)が深い ‖ *sich*[4] ~ betätigen 文学活動をする. **2** 文書に関する; 文書による: eine ~*e* Straftat 文書による犯罪行為(教唆・煽動(せんどう)など). [*lat.*]

li·te·ra·ri·sie·ren[..rarizíːrən] 他 (h) 文学的に叙述する.

Li·te·ra·rum Hu·ma·nio·rum Doc·tor [lɪtəráːrʊm humanióːrʊm dɔ́ktɔr, lɪte.. − −] 《ラテン語》(略 L. H. D.) (イギリスの)人文学博士. [◇Humaniora]

Li·te·rat[lɪtəráːt, lɪte..] 男 -en/-en **1** 作家, 文筆家, 文学者. **2** 《軽蔑的に》三文〈へっぽこ〉文士, 筆だけ達者な文士, 文筆屋. [v]**3** 学者. [<*lat.* lītterātus „gelehrt"]

Li·te·ra·ten·tum[lɪtəráːtəntuːm, lɪte..] 中 -s/ 著述業; 文士仲間, 文壇.

Li·te·ra·tor[lɪtəráːtɔr, ..toːr, lɪte..] 男 -s/-en [..ratóːrən] 作家, 文筆家; 学者. [*lat.* lītterātor]

Li·te·ra·tur[lɪtəratúːr, lɪte..] 女 -/-en **1** 文学, 文芸: die deutsche ~ ドイツ文学 | die klassische 〈moderne〉 ~ 古典〈近代〉文学 | die schöne ~ 文学 | Kriegs*literatur* 戦争文学 ‖ Das Buch gehört 〈zählt〉 zur ~. この本は文学的価値が高い. **2** 《単数で》《集合的に》**a**) 著作〔物〕, 文献; 参考書目: wissenschaftliche ~ 学術書, 学術文献 | Sekundär*literatur* 二次〈参考〉文献 ‖ 〔in Fußnoten〕 ~ angeben 〔脚注に〕文献を掲げる | Über dieses Gebiet gibt es noch wenig ~. この分野に関してはまだほとんど文献がない. **b**) 〘楽〙作品, 演奏曲: Er spielt hauptsächlich die romantische ~. 彼は主にロマン派の作品を演奏する. [*lat.* lītterātūra „Buchstabenschrift"; ◇Litera〔t〕]

Li·te·ra·tur≠an·ga·be 女 -/-n 《ふつう複数で》(論文

L

などの)文献リスト. ⸗**bei·la·ge** 女 (新聞の)付録文芸欄. ⸗**gat·tung** 女 文学のジャンル. ⸗**ge·schich·te** 女 文学史.

li·te·ra·tur·ge·schicht·lich 形 文学史〔上〕の.

Li·te·ra·tur⸗haus 中 (文学的なさまざまな催しを行う)文学館. ⸗**hin·weis** 男 文献指示. ⸗**hi·sto·ri·ker** ＝Literarhistoriker

li·te·ra·tur·hi·sto·risch ＝literarhistorisch

Li·te·ra·tur⸗kri·tik 女 **1** 文学〈文芸〉批評. **2** 〘聖〙文献批判(聖書テキストの分析). ⸗**kri·ti·ker** 男 文学〈文芸〉批評家. ⸗**le·xi·kon** 中 文学辞典. ⸗**nach·weis** 男 ＝Literaturangabe ⸗**papst** 男《戯》文芸評論界の大御所〈ボス〉. ⸗**preis** 男 文学賞. ⸗**so·zio·lo·gie** 女 -/ 文芸社会学. ⸗**spra·che** 女 **1** 文学語. **2** (Hochsprache)(旧東ドイツで)標準語. ⸗**streit** 男 文学論争. ⸗**theo·rie** 女 文学理論. ⸗**ver·zeich·nis** 中 文献リスト, 参考書目一覧. ⸗**wis·sen·schaft** 女 文芸学. ⸗**wis·sen·schaft·ler** 男 文芸学者.

li·te·ra·tur·wis·sen·schaft·lich 形 文芸学〔上〕の.

Li·te·ra·tur⸗zeit·schrift 女 文学〈文芸〉雑誌. ⸗**zei·tung** 女 文芸新聞; 評論雑誌.

Li·ter⸗fla·sche[lí:tər..] 女 1リットル瓶. ⸗**maß** 中 1リットルます.

li·ter·wei·se 副 (→..weise ★)リットル〔単位〕で.

Li·tew·ka[litέfka·] 女 -/..ken[..kən]〘軍〙(19世紀の)折り襟つきの上着. [*poln.*; ◇litauisch]

Lit·faß·säu·le[lítfas..] 女 (街頭などにある円筒形の)広告柱(→ ⊚ Markt). [＜E. Litfaß (発案したベルリンの印刷業者, †1874)]

lith.. →litho..

..lith[..li:t, ..lɪt]《「石・鉱物」を意味する男性名詞 (-s/-e; -en/-en) をつくる》: Mega*lith*〘考古〙(有史以前の)巨石 | Eo*lith*〘地〙エオリス, 原始石 | Aero*lith* 隕石(いんせき) | Chryso*lith*〘鉱〙貴橄欖(かんらん)石 | Kryo*lith*〘鉱〙氷晶石.

Li·thia·sis[lití:azɪs] 女 -/..sen[..tiá:zən]〘医〙結石症. [＜..iasis]

..lithikum[..li:tikʊm, ..lɪt..]〘人類〙《「石器時代」を意味する中性名詞 (-s/) をつくる》: Paläo*lithikum* 旧石器時代 | Neo*lithikum* 新石器時代.

Li·thium[lí:tiʊm] 中 -s/ 〘化〙リチウム(金属元素名; 記号 Li).

litho..《名詞などにつけて「石」を意味する. 母音の前では lith.. となる: →*Lith*iasis》[*gr.* líthos „Stein"]

Li·tho[lí(:)to·] 中 -s/-s (＜Lithographie) 石版; 石版画.

li·tho·gen[litogé:n] 形〘医〙結石生成〈形成〉性の.

Li·tho·graph (**Li·tho·graf**)[litográ:f] 男 -en/-en 石版画家; 石版〔印刷〕工.

Li·tho·gra·phie (**Li·tho·gra·fie**)[..grafí:] 女 -/-n[..fí:ən] **1**《単数で》石版印刷〔術〕. **2** 石版; 石版画, リトグラフ.

li·tho·gra·phie·ren (**li·tho·gra·fie·ren**)[..grafí:rən] 他 (h) 石版印刷する; 石版に描く: ein *lithographiertes* Plakat 石版印刷のポスター.

li·tho·gra·phisch (**li·tho·gra·fisch**)[..grá:fɪʃ] 形 石版〔印刷〕の.

Li·tho·lo·ge[..ló:gə] 男 -n/-n (→..loge)〔肉眼〕岩石学者.

Li·tho·lo·gie[..logí:] 女 -/〔肉眼〕岩石学.

li·tho·lo·gisch[..ló:gɪʃ] 形〔肉眼〕岩石学〔上〕の.

Li·tho·ly·se[..lý:zə] 女 -/-n〘医〙結石溶解〔術〕.

li·tho·phil[..fí:l] 形〘地〙親石元素の.

Li·tho·po·ne[..pó:nə] 女 -/〘化〙リトポン(白色顔料). [＜*gr.* pónos „Arbeit"]

Li·tho·sphä·re[litosfέ:rə, ..tɔs..] 女 -/〘地〙岩石圏.

Li·tho·to·mie[litotomí:] 女 -/-n[..mí:ən]〘医〙切石術.

Li·tho·trip·sie[..trɪpsí:] 女 -/-n[..sí:ən]〘医〙砕石術. [＜*gr.* tríbein (→Tribade)]

Lith·ur·gik[litʊ́rgɪk] 女 -/ 岩石利用〈加工〉学. [＜*gr.* lithourgós „Steinhauer" (◇Ergon)]

▽**Li·ti·gant**[litigánt] 男 -en/-en 訴訟当事者(原告または被告).

▽**Li·ti·ga·tion**[..gatsió:n] 女 -/-en 訴訟. [*spätlat.*]

▽**li·ti·gie·ren**[..gí:rən] 自 (h) 訴訟をおこす. [*lat.*; ＜*lat.* līs „Streit"+agere (→agieren)]

Li·to·gra·fie[litografí:] 女 -/-n[..fí:ən]＝Lithographie

li·to·ral[litorá:l] 形〘地〙沿岸の; 沿岸性の. [*lat.*]

Li·to·ral[−] 中 -s/-e, **Li·to·ra·le**[..lə] 中 -s/-s〘地〙沿岸帯; 沿海地方. [*lat.*−*it.*; ＜*lat.* lītus (→Lido)]

Li·to·ral⸗fau·na 女 沿岸帯動物相. ⸗**flo·ra** 女 沿岸帯植物相. ⸗**zo·ne** 女〘地〙沿岸帯.

Li·to·ri·na[litorí:na·] 女 -/..nen[..nən]〘貝〙タマキビガイ(玉黍貝).

Li·to·ri·nel·len·kalk[litorinέlən..] 男 貝(特にタマキビガイ)の化石のある石灰岩.

Li·to·ri·nen Litorina の複数.

Li·to·tes[litó(:)tεs, litɔ́te:s] 女 -/-〘修辞〙曲言法, 緩叙法(反対語の否定を用いて強い肯定を表す言い方. 例 groß の代わりに nicht klein). [*gr.* lītótēs „Schlichtheit"; ＜*gr.* lītós „glatt"]

Lit·schi[lítʃi·] 女 -/-s, **Lit·schi·pflau·me**[lítʃi..] 女 **1**〘植〙レイシ(茘枝), ライチー(中国原産のムクロジ科の果樹). **2** レイシ〈ライチー〉の実. [*chines.*; ◇*engl.* li〔t〕chi]

litt[lɪt] leiden の過去.

lit·te[lítə] leiden の接続法 II.

Li·turg[litʊ́rk][1] 男 -en/-en, **Li·tur·ge**[..tʊ́rgə] 男 -n/-n 典礼執行者, 祭司. [*gr.* leitourgós „öffentlicher Diener"−*kirchenlat.*; ＜*gr.* lāós (→Laie)+érgon (→Ergon)]

Li·tur·gie[litʊrgí:] 女 -/-n[..gí:ən]〘宗〙典礼, 礼拝式;〘新教〙(礼拝式のさいの)応答祈禱. [*gr.*−*kirchenlat.*]

Li·tur·gik[litʊ́rgɪk] 女 -/ 典礼学. [＜..ik]

li·tur·gisch[..gɪʃ] 形 典礼〔上〕の, 礼拝式〔上〕の: ～*e* Bücher 典礼書 | ～*e* Formeln 典礼の際の慣用句(例えば Amen, Halleluja など) | ～*e* Gewänder 祭服. [*gr.*−*kirchenlat.*]

Lit·ze[lítsə] 女 -/-n **1** (糸をよって作った)打ちひも, 組み〈編み〉ひも, 飾りひも, 平(ひら)ひも, ブレード, モール: goldene ～*n* 金モール | eine Uniform mit bunten ～*n* 色とりどりのモールのついた制服. **2**〘電〙(より糸の)素線. **3**〘工〙(鋼索の)子なわ, ストランド; ワイヤベルト. **4**〘北部〙荷造りひも. [*lat.* līcium „Querfaden"−*roman.*−*mhd.*]

Lit·zen⸗be·satz 男 モールのふち飾り, 打ち〈組み〉ひも装飾. ⸗**flech·ter** 男 飾りひも職人.

Liu Be[lĭubé:] (**Liu Bei**[lĭɔ́ŭbὲĭ]) 人名 劉備, リウベー(161-223; 中国, 三国蜀(しょく)の初代皇帝. 字(あざ)は玄徳).

live[laɪf, laɪv] 形《無変化》〘放送〙(録音・録画ではなく)生(なま)の: *et.*[4] ～ senden 〈übertragen〉…を生放送〈生中継〉する. [*engl.* 〔a〕live „am Leben"; ◇Leib]

Li·ve[lí:və] 男 -n/-n リーヴ人(フィン系の一種族).

Live-Auf·nah·me[láɪf.., láɪv..] 女 (演奏会などの)生(なま)録音, ライブ録音.

Li·ver·pool[lívərpu:l, lívəpu:l] 地名 リバプール(英国, イングランド北西部の港湾都市). [＜Liver (市の紋章になっている架空の鳥名); ◇Pfuhl]

Live⸗-Sen·dung[láɪf.., láɪv..] 女 -/-en〘放送〙生(なま)放送〈中継〉, 実況〈現場〉中継. ⸗**-Über·tra·gung** 女〘放送〙生(なま)中継. [＜live]

li·vid[liví:t][1] 形, **li·vi·de**[..də] 形 **1**〘医〙(皮膚・粘膜などが)青藍(せいらん)色の, 青黒い. ▽**2** ねたんでいる, 悪意のある. [*lat.*; ＜*lat.* līvēre „bläulich sein" (◇Schlehe)]

li·visch[lí:vɪʃ] 形 リーヴ人の(→Live).

Liv·land[lí:flant] 地名 リーフラント(バルト海に臨み, Estland と Lettland にまたがる地方). [◇*engl.* Livonia]

Liv·län·der[..lεndər] 男 -s/- リーフラントの人.

liv·län·disch[..lεndɪʃ] 形 リーフラントの.

ᐁ**Lị·vre**[lí:vər, ..vr(ə)] 男 中 -〔s〕/-〔s〕リーブル(フランスの旧貨幣〔単位〕; フランス・ベルギーの旧重量単位: 約500 g). [*lat.* lībra „Pfund" (◇Libra) −*fr.*; ◇Liter, Lira]

Li·vrẹe[livré:] 女 -/-n[..ré:ən] (ホテルの使用人などの)制服; (宮廷や貴族の邸宅の使用人などの)お仕着せの衣服: ein Chauffeur in ~ 制服姿の〔お抱え〕運転手. [*fr.*; < *fr.* livrer (→liefern); ◇*engl.* livery]

li·vrịert[livrí:rt] 形 制服〈お仕着せ〉を着た.

Li·zen·tiạt[litsɛntsiá:t] **I** 中 -〔e〕s/-e 修士号(中世の大学で Bakkalaureat よりも一段上位の学位で今日ではスイスや一部のカトリック系神学部だけに残っている). **II** 男 -en/-en (略 Lic.) Iの所有者. [*mlat.*; < *lat.* licēns „frei" (◇licet)]

Li·zẹnz[litsɛ́nts] 女 -/-en **1** (公式の)認可, 許可, 免許, ライセンス: eine ~ bekommen 〈erwerben〉 認可を受ける | *jm.* eine ~ erteilen …に許可〈免許〉を与える | *et.*[4] in ~ herstellen 認可を受けて…を製造する. **2** 〔スポ〕ライセンス: eine ~ als Berufsboxer haben プロボクサーとしてのライセンスを所有している. [*lat.*; ◇*engl.* license]

Li·zẹnz≠aus·ga·be 女 (書籍の)出版許可〈翻刻権〉取得版. **≠ent·zug** 男 許可取り消し, ライセンス剝奪. **≠ge·ber** 男 認可〈ライセンス〉を与える人. **≠ge·bühr** 女 ライセンス料, 特許権使用料.

Li·zen·ziạt[litsɛntsiá:t] =Lizentiat

li·zen·ziẹ·ren[litsɛntsí:rən] 他 (h) (翻刻・特許・営業などを)認可〈許可〉する: eine *lizenzierte* Ausgabe (書籍の)出版許可〈翻刻権〉取得版(=Lizenzausgabe).

Li·zẹnz·in·ha·ber[litsɛ́nts..] 男 免許〈特許権〉取得者, 鑑札所有者.

Li·zi·tạnt[litsitánt] 男 -en/-en 競売入札者.

Li·zi·ta·tiọn[..tatsió:n] 女 -/-en 競売, せり売り. [*lat.*]

li·zi·tiẹ·ren[..tí:rən] 他 (h) (versteigern) 競売する, 競売に出す. [*lat.*; < *lat.* licērī „bieten"]

Lj. 略 =Lichtjahr 光年.

l. J. =lfd. J.

Lju·blja·na[ljublјá:na·] 地名 リュブリヤーナ(→Laibach).

LKA[ɛlka:|á:] 略 =**Landeskriminalamt** (ドイツの)州刑事局.

Lkw (**LKW**)[ɛlka:vé:, ⌣−−] 略 男 -〔s〕/-s (-) =**Lastkraftwagen** トラック(→Pkw).

l. l. 略 =**loco laudato** 上記引用個所で.

Lla·nos[ljá:nɔs] 複 〔地〕リャノス(南米の大草原). [*span.* „Ebene"]

Lloyd[lɔʏt] 男 -〔s〕/ ロイド(海上保険会社・商船会社・新聞などの名に用いられる): **Norddeutscher** ~ 北ドイツ=ロイド(1857年に創立されたドイツの商船会社). [海上保険業者たちが出入りした17世紀イギリスのコーヒー店の経営者の姓から]

lm[lú:mən] 記号 (Lumen) 〔理〕ルーメン(光束単位).

l. M. =lfd. M.

lmA[ɛl|ɛm|á:] (< leck mich am Arsch!) 《話》くそくらえ.

L-Mu·sịk[ɛ́lmuzi:k] 女 (< leichte Musik) 《話》軽音楽.

Ln. (**Lnbd.**) 略 =**Leinenband, Leineneinband**

Lob[1][lo:p][1] 中 -es(-s)/-e 《ふつう単数で》 **1** (↔Tadel) ほめること, 賞賛, 称揚; 賛美: ein hohes 〈halbes〉 ~ 絶賛〈控え目な賞賛〉 | das ~ Gottes 神の賛美(神を賛美すること) ‖ über *et.*[4] des ~*es* voll 〈voll des ~*es*〉 sein …を賞賛してやまない, …を激賞する ‖〖主語として〗Das ~ spornt an. ほめられると励みになる | Das ~ des Lehrers ermunterte ihn. 先生にほめられて彼は元気づいた | Ihm gebührt ~. 彼は賞賛に値する | Gott[3] sei ~ 〔und Dank〕! i) (祈りの文句として)神に賞賛〔と感謝〕を; ii) (安堵(あんど)の気持を表して)ああよかった; あああリがたい(→gottlob) ‖〖4格の目的語として〗das ~ aussprechen ほめる, 賛辞を呈する | ein ~ erhalten 〈bekommen〉 ほめられる, 賞賛される | *jm.* ~ erteilen 〈spenden〉 …に賛辞を呈する | *js.* ~ singen …をほめそやす | *sein* eigenes ~ singen 自画自賛する | 〔ein〕 ~ verdienen 賞賛に値する | Er verdient ~ für seinen Fleiß. 彼の勤勉さは賞賛されてしかるべきだ ‖〖前置詞と〗mit ~ nicht geizen 〈kargen〉 賞賛を惜しまない | *jn.* mit ~ überschütten …をほめちぎる | **über alles** 〈**jedes**〉 **~ erhaben sein** いまさらほめるまでもないほど優れている | zu *js.* ~*e* sagen …をほめて言う | zum ~*e* Gottes 神をたたえて | Es gereicht ihm zum ~*e*, daß ... …は彼の名誉となる; …することで彼は男をあげる. **2** 《方》(Ruf) 評判, 名声: ein gutes ~ haben 評判がよい. [*germ.*; ◇loben]

Lob[2][lɔp, lɔb] 男 -〔s〕/-s 〔テニス〕ロブ, ロビングボール. [*engl.*]

lọb·ben[lɔ́bən][1] 自 他 (h) 〔テニス〕ロブを上げる, 高打ちする.

Lọb·by[lɔ́bi·] 女 -/-s, Lobbies[..bɪz, ..bi:s] **1 a**) (イギリスやアメリカの国会議事堂の)ロビー(議員と院外者との会見に利用される). **b**) (議員に働きかける)院外団, 陳情団, 圧力団体. **2** (ホテルなどの)ロビー. [*afränk.* − *mlat.* lobia „Galerie" − *engl.* 〔− *amerik.*〕; ◇Laube[1], Loge]

Lob·by·ịs·mus[lɔbiísmʊs] 男 -/ (国会の)院外〈陳情〉運動, ロビーイング. [*amerik.* lobbyism]

Lob·by·ịst[lɔbiíst] 男 -en/-en (国会への)陳情者, 議案通過運動者. [*amerik.*]

Lo·bẹ·lie[lobé:liə] 女 -/-n 〔植〕ミゾカクシ(溝隠)属〔の植物〕(サワギキョウなど). [< M. de l'Obel (オランダの植物学者, †1616)]

Lo·be·lịn[lobelí:n] 中 -s/ 〔薬〕ロベリン(呼吸促進・興奮剤). [< ..in[2]]

lọ·ben[ló:bən][1] 他 (h) **1** (↔tadeln) **a**) 《(*jn.* / *et.*[4])》ほめる, 賞賛〈称揚〉する, たたえる; 賛美する: *jn.* 〈*js.* Fleiß〉 ~ …を〈…の勤勉さを〉ほめる | Gott ~ 〔und danken〕 神をたたえ〔神に感謝す〕る | Der Meister *lobte* den Lehrling für diese Tat 〈wegen seines Fleißes〉. 親方は徒弟をこの行いのことで〈彼の勤勉さのゆえに〉ほめた | Das Werk *lobt* den Meister. 《諺》名人は仕事によってわかる(仕事が名人をほめる) | Der Kaufmann *lobt* die Ware. 商人は品物を推賞する ‖ Er *lobt*, daß der Schüler die Prüfung bestanden hat. その生徒が試験に及第したことを彼はほめる ‖ 再帰 Er *lobt* sich[4] selbst. 彼は自画自賛する | Er *lobte* sich für seine Vorsicht. 彼は自分が用心してよかったと思った | Gute Ware *lobt* sich selbst. 《諺》よい品物は喧伝(けんでん)する必要はない, よい品物に宣伝はいらない ‖〖副詞句と〗*jn.* öffentlich ~ …を公然とほめる | *jn.* uneingeschränkt 〈überschwenglich〉 ~ …をべたぼめする, …を手放しでほめる | *jn.* 〈*et.*[4]〉 über den Schellenkönig 〈den grünen Klee〉 ~ (→Schellenkönig, →Klee[2]) ‖〖目的語なしで〗Er *lobt* nicht gern. 彼はなかなか人をほめない ‖〖不定詞で〗Hier muß ich dich ~. この点は君をほめなければならない | Das kann ich nicht ~. そいつは感心できない | Das kann ich nicht genug ~. これはいくらほめてもほめ足りない | Man soll den Tag nicht vor dem Abend ~. 《諺》一寸先はやみ(晩にならないうちに昼をほめてはいけない) | Dieser Wein ist sehr zu ~. このワインは実にすばらしい | Das ist an ihm zu ~. これは彼のいいところだ, この点で彼はほめられていい ‖〖分詞で〗Gott sei *gelobt*. 神にたたえあれ | *Gelobt* sei Jesus Christus. イエス キリストにたたえあれ(カトリックのあいさつの文句) ‖ *jn. lobend* erwähnen / *sich*[4] über *jn. lobend* aussprechen …のことをほめて言う | *lobende* Erwähnung finden 賞賛の言葉をおくられる, 賞賛を博する. **b**) 《ふつう1人称で》 再帰 *sich*[3] *et.*[4] ~ …が…の気に入る〈好むところである〉 | **Das *lobe* ich mir!** これは気に入った, これはいい, これはすばらしい, これに限る; それでいいのだ, そうこなくちゃ | Diesen Wein *lobe* ich mir. このワインはいける, ワインはこれに限る | Da *lobe* ich mir doch ein ordentliches Schnitzel. ここはちゃんとしたカツレツがほしいところなんだけど.

2 《南部》(geloben) 《(*jm. et.*[4])》(…に…を)約束する, 誓う. [*germ.* „für lieb halten"; ◇lieb]

lọ·bens≠wert[ló:bəns..] 形, **≠wür·dig** 形 (事柄が)賞賛に値する, ほめてよい, ほめるべき: ein ~*er* Fleiß 賞賛すべき勤勉さ | Sein Verhalten war ~. 彼の態度はりっぱだった.

ᐁ**lọ·be·sam**[ló:bəza:m] 形 《付加語的; ふつう名詞のあとに置く》《雅》(王侯などが)賞賛〈尊敬〉すべき, あっぱれな, 武勲のほまれ高い; 《皮肉》実直な, 忠義な: Kaiser Rotbart ~ ほまれ高き赤ひげ〈バルバロッサ〉皇帝.

L

Lo·bes≠er·he·bung[ló:bəs..] 女 -/-en《ふつう複数で》《雅》(誇張された)称揚, 絶賛, 激賞, 賛嘆: *sich*[4] in *~en* über *jn.* ergehen …をほめちぎる, …を大いにほめたたえる. **≠hym·ne** 女 賞賛の歌, 賛歌: *~n* 〈eine ~〉 auf *jn.* 〈*et.*[4]〉 singen 〈anstimmen〉《話》…をほめちぎる, …をべたぼめする.

Lob≠ge·dicht[ló:p..] 中 ほめたたえる詩, 頌詩(しょうし). **≠ge·sang** 男 ほめたたえる歌, 賛歌, 頌歌 **: einen ~ auf *jn.* singen 〈anstimmen〉** …をほめたたえて賛歌を歌う;《比》…をほめちぎる, …を大いにほめたたえる.

Lob·hu·de·lei[lo:phu:dəláɪ] 女 追従, 阿諛(あゆ): *sich*[4] in *~en* auf *jn.* ergehen …に阿諛追従を並べ立てる.

Lob·hu·de·ler[ló:p..] 男 = Lobhudler

lob·hu·deln《06》《過分 gelobhudelt》**I** 他 (h)《*jn.*》(…に)阿諛(あゆ)追従する, おべっかを使う, ごまをする. **II** 自 (h)《*jm.*》= I

Lob·hud·ler 男 おべっか使い, ごますり.

löb·lich[lǿ:plɪç] 形 **1** (事柄について)賞賛に値する, ほめられてよい, ほめられるべき, 見上げた;《皮肉》ごりっぱな, お偉い: *~er* Fleiß たたえるべき勤勉さ | eine *~e* Gesinnung りっぱな心根, 見上げた根性 ‖ Sein Eifer ist zwar ~, aber … 彼の熱心さは なるほどほめてやらなければならないが しかし… ‖ Er hat ~ gehandelt. 彼の行動はりっぱであった. ▽**2**《称号につけて》賞賛〈尊敬〉すべき: an den *~en* Magistrat der Stadt《官》市参事会御中. [*ahd.*; ◇loben]

Lob·lied[ló:p..] 中 = Lobgesang

Lo·bo·to·mie[lobotomí:] 女 -/-n[..mí:ən]〖医〗ロボトミー(大脳の前頭葉切断術). [< *gr.* lobós „Lappen" (◇Lappen)]

Lob·preis[ló:p..] 男 -es/《雅》lobpreisen すること.

lob·prei·sen(*)《110》《過 lobpreiste, lobpries; 過分 gelobpreist, lobgepriesen; zu 不定詞: zu lobpreisen, ▽lobzupreisen》他 (h)《雅》賛美する, ほめたたえる: *Lobpreiset* den Herrn!〖宗〗主をほめたたえよ | Das Werk ist lange als ein Meisterwerk *gelobpreist* 〈*lobgepriesen*〉 worden. その作品は長いこと傑作として賞賛されてきた.

Lob≠prei·sung 女 -/《雅》lobpreisen すること. **≠re·de** 女 ほめたたえる言葉, 賛辞: eine ~ auf *jn.* halten …のことをほめそやす | *sich*[4] in *~n* über *jn.* ergehen …を口をきわめてほめる. **≠red·ner** 男 賛辞を述べる人; おべっかを使う人, へつらう人.

lob·sin·gen*[ló:p..]《168》《過分 lobgesungen; zu 不定詞: zu lobsingen》自 (h)《*jm.*》(神などを)賛美して〈ほめたたえて〉歌う;《比》(…を)称揚する, ほめちぎる: *Lobsinget* dem Herrn!〖宗〗主をほめたたえて歌え.

Lob·spruch 男 -〔e〕s/..sprüche《ふつう複数で》たたえる言葉, 頌詞(しょうし), 賛辞: *Lobsprüche* auf *et.*[4] halten …に対する賛辞をのべる.

Lo·car·no[lokárno·] 地名 ロカルノ(スイス南部, Lago Maggiore 北岸の都市. 1925年にロカルノ条約が結ばれた所).

Loch[lɔx] 中 -es (-s)/Löcher[lœ́çər] **1** (小 **Löch·lein**[lœ́çlaɪn], **Lö·chel·chen**[lœ́çəlçən] 中 -s/-) 穴, くぼみ, へこみ; 破れ穴, 割れ〈裂け〉目; 空所: ein rundes 〈tiefes〉 ~ 丸い〈深い〉穴 | **ein schwarzes ~**〖天〗ブラックホール | Knopf*loch* ボタン穴 | Schlüssel*loch* かぎ穴 ‖ wie ein ~ saufen 〈trinken〉 (→saufen II, →trinken II) ‖〖4格で〗ein ~ aufmachen, um ein anderes zuzustopfen / ein ~ aufmachen und ein anderes zumachen《比》古い借金を払うために新しい借金をする | ein ~ in *et.*[4] bohren (ドリルなどで)…に穴をうがつ | ***jm.* Löcher 〈ein ~〉 in den Bauch fragen**《話》…に根掘り葉掘り聞く, …を質問攻めにする | ein ~ graben 穴を掘る | ***Löcher* 〈ein ~〉 in die Luft gucken 〈starren〉**《話》ぼんやり虚空を見つめる | ein ~ haben 穴があいている | **ein ~ im Magen haben**《話》ひどく空腹である; 大食である | ein ~ im Strumpf haben 〈zusammenziehen〉 靴下に穴があいている〈靴下の穴をかがる〉| ***jm. Löcher* 〈ein ~〉 in den Bauch reden**《話》…にくどくどと話しかける | ein ~ reißen 裂け目を作る | **ein großes 〈gewaltiges〉 ~ in die Kasse reißen**《話》ひどく出費がかさむ | Das Kleid hat ein großes ~ in den Beutel gerissen.《話》このドレスはえらく財布にこたえた | ***Löcher* 〈ein ~〉 in die Luft schießen**《話》(射撃の際に)的をはずれる | ein ~ in *et.*[4] schlagen (打って)…に穴をあける | *sich*[3] ein ~ in den Kopf schlagen 〈stoßen〉 ぶつかって頭にけがをする | ***Löcher* 〈ein ~〉 in die Wand stieren**《話》ぼんやり前を見つめている | ein ~ stopfen 穴をふさぐ〈つめる〉;《俗》(借金などの)穴埋めをする | **ein ~ zurückstecken**《話》要求を引き下げる | *jm.* zeigen, wo der Zimmermann das ~ gelassen hat (→Zimmermann) ‖〖前置詞と〗**auf 〈aus〉 dem letzten ~ pfeifen**《俗》力が尽きはてている; 進退きわまっている | Jetzt pfeift's 〈pfeift der Wind〉 aus einem anderen ~. (→pfeifen I 3) | Aus welchem ~ pfeift der Wind?《話》事情はどうなっているのか | **durch** ein ~ im Zaun kriechen 柵(さく)の穴からもぐり込む.

2 a) (ネズミ・キツネなどの)巣穴: Da kommt der Fuchs zum ~ heraus. (→Fuchs 1 a) | Der Fuchs muß zum ~ heraus. (→Fuchs 1 a). **b)**《話》(小さく薄暗い)あばら家, みすぼらしい住居〈居室〉: in einem schmutzigen ~ hausen 汚い住居〈部屋〉に住んでいる. **c)**《話》(Gefängnis) 牢獄(ろうごく), 刑務所: ins ~ kommen 投獄される | im ~ sitzen 入獄中である | *jn.* ins ~ stecken 〈sperren〉 …を投獄する.

3 a)《話》(After) しりの穴, 肛門(こうもん); (Gesäß) しり. **b)**《卑》(Vagina) 膣(ちつ), ワギナ; 女: *Loch* ist ~. 女であればだれでもいいんだ. **4** (Hole)〖ゴルフ〗ホール.

[*ahd.* loh „Verschluß"; < *ahd.* lūhhen „schließen" (◇Lücke); ◇Luke; *engl.* lock]

Loch≠bei·tel[lɔ́x..] 男〖工〗むこうまちのみ, ほぞ穴たがね (→ 図 Beitel). **≠bil·lard**[..bɪljart][1] 中〖ビリヤード〗プール, ポケット玉突き. **≠boh·rer** 男〖工〗大錐(おおきり), ねじ錐. **≠ei·sen** 中〖工〗つぼたがね, 穴ゲージ(→ 図).

Locheisen

Lö·chel·chen Loch の縮小形.

lo·chen[lɔ́xən] 他 (h) **1**《*et.*[4]》(…に)穴をあける, パンチを入れる: einen Fahrschein ~ 乗車券にはさみを入れる. **2**〖電算〗(カードを)パンチする.

Locher

Lo·cher[lɔ́xər] 男 -s/- **1** 穿孔(せんこう)器, ポンチ, パンチ (→ 図);〖電算〗カード穿孔機. **2** (女 **Lo·che·rin**[..xərɪn]-/-nen)〖電算〗カード穿孔機操作員, キーパンチャー.

Lö·cher Loch の複数.

lö·che·rig[lœ́çərɪç][2] 形 たくさん穴のあいた, 穴だらけの: *~e* Straßen 穴だらけの道路.

Lo·che·rin Locher 2 の女性形.

lö·chern[lœ́çərn]《05》他 (h) **1**《*et.*[4]》(…に)穴をあける. **2**《話》《*jn.*》(…に)根掘り葉掘り質問する, (…に)しつこく質問〈懇願〉する.

Lo·chi·en[lɔ́xiən] 複 (Wochenfluß)〖医〗悪露(おろ). [< *gr.* lóchos „Lager, Geburt" (◇liegen)]

Loch≠ka·me·ra[lɔ́x..] 女 (Camera obscura) ピンホール=カメラ, カメラ=オプスキュラ(写真機の前身). **≠kar·te** 女〖電算〗穿孔(せんこう)カード, パンチカード.

Loch·kar·ten·ma·schi·ne 女〖電算〗パンチカード処理機.

Loch·leh·re 女〖工〗テーパー内径ゲージ(→ 図 Lehre).

Löch·lein Loch の縮小形.

Loch·ma·schi·ne[lɔ́x..] 女 穿孔(せんこう)機, 打ち抜き機, 孔貫(あなぬき)盤.

löch·rig[lœ́çrɪç][2] = löcherig

Loch≠sä·ge[lɔ́x..] 女 回しびき鋸(のこ), 穴びき鋸, 糸鋸. **≠stein** 男〖建〗空洞〈穴あき〉煉瓦(れんが). **≠sticke·rei** 女〖手芸〗アイレット=エンブロイダリー(穴あきの白糸刺しゅう: → 図). **≠strei·fen** 男 (テレタイプ・電算機用などの)穿孔(せんこう)テープ.

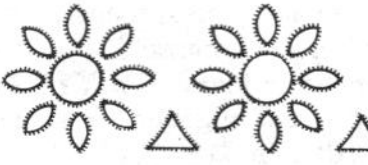

Lochstickerei

Lo·chung[lɔ́xʊŋ] 女

L

-/-en 1 lochen すること. 2 穴.

Lọch≈zan·ge 女〔回転〕穿孔(せんこう)パンチ;〚鉄道〛改札ばさみ. **≈zie·gel** 男 =Lochstein

Lọ·ci com·mụ·nes Locus communis の複数.

Lọcke[1][lɔ́kə] 女 -/-n (⑪ **Löck·chen**[lœ́kçən], **Löck·lein**[..laɪn] 中 -s/-) 1 (自然または人工的にカールした)毛髪の房, 巻き毛, カール: blonde ~*n* 金髪の巻き毛 | natürliche 〈künstliche〉 ~*n* 天然〈人工〉のカール | Haar 〈die Haare〉 in ~*n* legen 髪をカールさせる ‖ Eine ~ fiel ihm in die Stirn. 一房の巻き毛が彼の額に垂れていた. 2 (羊毛の)一房, 毛くず. [*germ.* „Gebogenes"; ◇Lauch; *engl.* lock]

Lọcke[2][−] 女 -/-n 1 =Lockpfeife 2 =Lockvogel 1 [<locken[2]]

Lọcke[3][lɔk] 人名 John ~ ジョン ロック(1632-1704; イギリスの哲学者).

lọcken[1][lɔ́kən] 他 (h) (髪を)巻き毛にする, カールする: Sie läßt sich[3] die Haare ~. 彼女は髪をカールしてもらう ‖ 再帰 *sich*[4] ~ (髪が)巻き毛になる ‖ *gelocktes* Haar 巻き毛 | ein *gelocktes* Haupt〚紋〛(色つきの)髪をつけた頭の図形. [*ahd.*; ◇Locke[1]]

lọcken[2][lɔ́kən] **I** 他 (h) 1 (餌(え)・呼び声・身振りなどで)呼び寄せる, おびき寄せる; 誘う, 誘惑する: ein Tier mit Futter ~ 動物を餌でおびき寄せる | den Fuchs aus dem Bau ~ キツネを巣穴からおびき出す | Die Henne *lockt* die Kücken an sich[4] 〈zu sich〉. めんどりがひな鳥を呼び集める | *jn.* in eine Falle ~ …を〔誘って〕わなにかける | Die Sonne *lockte* mich ins Freie. 私は太陽に誘われて戸外へ出たくなった | Damit kann man keinen Hund vom Ofen ~. 《比》そんなことではとても人の心を惹(ひ)くことはできない | *jm.* 〔das〕 Geld aus der Tasche ~《話》…から金を引き出す ‖ *sich*[4] ins Netz 〈Garn〉 ~ lassen《比》まんまとわなにかかる. 2 《*jn.*》(…の心を)そそる, (…の)気持を動かす: Diese Arbeit *lockt* mich. この仕事は大いに魅力がある.

II lọckend 現分 形 魅惑的な, 誘惑的な, 心をそそる: ein ~*es* Angebot 大いに心をそそられる申し出 | die ~*e* Ferne 魅惑的な〈行って見たくなるような〉遠い土地.

[*germ.*; ◇lügen]

lọ̈cken[lœ́kən] 自 (h)《雅》《ふつう次の成句で》gegen 〈wider〉 den Stachel ~ (→Stachel 1 a). [*mhd.* lecken „mit den Füßen ausschlagen"; ◇Leich]

Lọcken≈haar[lɔ́kən..] 中 巻き毛, カールした髪. **≈kopf** 男 巻き毛の頭〔の人〕: Er ist ein süßer kleiner ~. 彼はかわいらしい巻き毛の子だ. **≈na·del** 女 ねじピン(ヘアピンの一種: → ⊠ Nadel). [<Locke[1]]

Lọck·en·te[lɔ́k..] 女〚狩〛おとり鴨(がも). [<locken[2]]

Lọcken≈wickel[lɔ́kən..] 男, **≈wick·ler** 男 (頭髪をカールするための)ヘアカーラー: das Haar auf ~ drehen 髪の毛をヘアカーラーで巻く. [<Locke[1]]

lọcker[lɔ́kər] 形 **1 a)** (編み目・結び目などが)ゆるい; (ねじ・くぎ・机の脚などが)ゆるんだ, ぐらぐらした; (一般に)弛緩(しかん)した, たるんだ, しまりのない: eine ~*e* Schraube ゆるんだねじ | ein ~*es* Seil たるんだ綱 | eine ~*e* Hand 〈ein ~*es* Handgelenk〉 haben (→Hand 1, →Handgelenk) ‖ Der Zahn ist ~. 歯がぐらぐらしている | Der Nagel ist ~ *geworden*. くぎがゆるんだ | bei *jm.* ist ein Rad 〈ein Rädchen / eine Schraube〉 ~ (→Rad 2 a, →Schraube 1 a) ‖ *et.*[4] ~ lassen …をゆるんだままにしておく; …をゆるめる(ただし: →lockerlassen) | die Zügel ~ lassen (→Zügel 1) | *et.*[4] ~ machen …をゆるめる(ただし: →lockermachen) ‖ Der Knopf sitzt ~. ボタンがゆるんでいる | Das Kleid sitzt ~. ドレスが体にぴったり合っていない | ein Gesetz ~ handhaben 法律をゆるやかに適用する | eine ~ gebundene Krawatte ゆるく結んだネクタイ. **b)** 緻密(ちみつ)でない, 詰まっていない, 目の粗い; (土・砂・岩などが)ぼろぼろの, もろい: ~*e* Erde ぼろぼろの土 | ~*es* Gewebe 目の粗い織物 ‖ ~ stricken 目を粗くして編む | Das Tuch ist ~ gewebt. この布地は織り目が粗い.

2 a) (道徳的に)だらしのない, しまりのない; 不品行な, 身持ちの悪い: **ein ~*er* Bruder 〈Vogel〉**《比》道楽者 | ein ~*es* Leben führen ふしだらな生活をする | Sie hat ein ~*es* Mundwerk. 《話》彼女は慎みのない口をきく. **b)** 《話》気のおけない, 固苦しくない: ein ~*er* Typ 気楽につき合えるタイプの人 | ~ vom Hocker (→Hocker 1 a). [<Lücke]

Lọcker·heit[−haɪt] 女 -/ locker なこと.

lọcker≈|las·sen*[lɔ́kər] 《88》 自 (h) 《ふつう否定の形で》(自分の追求することに関して)手をゆるめる(ただし: locker lassen →locker 1 a): Du darfst jetzt nicht ~! いま手をゆるめていけないぞ | Sie *ließ* nicht *locker*, bis er zusagte. 彼女は彼が承諾するまであくまで食い下がった. **≈|ma·chen** 他 (h)《話》(特定の目的のために金を)支出する〈させる〉(ただし: locker machen →locker 1 a): für den Freund viel Geld ~ 友人のために多額の金を出す | bei *jm.* Geld ~ …に金を出させる, …のところで金をせしめる.

lọckern[lɔ́kərn] 《05》 他 (h) **1** ゆるめる, ゆるやかにする; 弛緩(しかん)させる, たるませる: den Gürtel ~ ベルトをゆるめる | die Muskeln ~ 筋肉をほぐす | *sich*[3] den Kragen ~ カラーをゆるめる | die Vorschriften ~ 規則をゆるめる | die Zügel ~ (→Zügel 1) | *jm.* die Zunge ~ (→Zunge 1 a) ‖ 再帰 *sich*[4] ~ ゆるむ, ぐらつく; 弛緩する, たるむ | Eine Schraube hat sich *gelockert*. ねじが1本ゆるんだ;《比》緊張がほぐれた ‖ in *gelockerter* Stimmung くつろいだ気分で. **2** 《*et.*[4]》(…の)目を粗くする, ぼろぼろにほぐす: vor dem Einsäen die Erde ~ 種をまく前に(くわで)土をやわらかくする.

Lọcke·rung[..kəruŋ] 女 -/-en《ふつう単数で》〔sich〕 lockern すること.

Lọcke·rungs≈gym·na·stik 女 柔軟体操. **≈übung** 女 -/-en《ふつう複数で》柔軟体操, 準備運動.

lọckig[lɔ́kɪç][2] 形 巻き毛の, (髪が)カールした (→ ⊠ Haar B). [<Locke[1]]

Lọck·jagd 女 おとりを使っての狩猟. [<locken[2]]

Lö̦ck·lein Locke[1]の縮小形.

Lọck·mit·tel[lɔ́k..] 中 (動物・人などをおびき寄せるための)おとり〔の手段〕: *jn.* als ~ benutzen …をおとりに使う. [<locken[2]]

Lọck·out[lɔk|áʊt] 中 男 -〔s〕/-s (女 -/-s) (ストライキに対抗する)ロックアウト, 工場閉鎖. [*engl.*; ◇Loch, aus]

Lọck≈pfei·fe[lɔ́k..] 女〚狩〛(鳥などをおびき寄せるための)おびき笛. **≈ruf** 男 **1** (動物などをおびき寄せるための)おとりの呼び〈鳴き〉声. **2** (ひな鳥を呼ぶ)母鳥の呼び声. **≈spei·se** 女 (獣・鳥・魚などをおびき寄せるための)えさ;《比》誘惑物. **≈spit·zel** 男 (警察などの依頼を受けて違法行為を挑発する)おとりの密偵〈まわし者〉. **≈stoff** 男 -/-en《ふつう複数で》〚生〛誘惑物質.

Lọckung[lɔ́kuŋ] 女 -/-en 誘惑, 魅惑: die ~*en* der Großstadt 大都会の誘惑〈魅惑〉| der ~[3] widerstehen 誘惑にさからう | der ~[3] erliegen 誘惑に負ける.

Lọck·vo·gel 男 **1** (他の鳥をおびき寄せるために飼育された, または模型の)おとり鳥(どり). **2** (特に犯罪の目的で他人を誘惑する)おとり, 誘惑者(特に女子): Das Mädchen wurde als ~ benutzt. その少女はおとりに使われた.

lọ·co[ló:ko·, lɔ́ko·] 副 **1** (am Ort)〚商〛現場で, その場で; その場で渡せる状態で, 在庫で: ~ Hamburg ハンブルク渡し. **2**〚楽〛ローコ, もとの音の高さに戻して. [*lat.*; ◇lokal]

lọ·co ci·tạ·to[− tsitá:to·]《ラテ語》(am angeführten Ort) (略 l. c.) 上記引用個所において. [◇zitieren]

lọ·co lau·dạ·to[− laʊdá:to·]《ラテ語》(略 l. l.) =loco citato [◇Laudes]

lọ·co si·gịl·li[−zigíli·]《ラテ語》(an Stelle des Siegels) (略 l. s.) ここに押印あり, 押印のかわりに(筆写本で, 原本には当該の個所に押印のあることを示すために記す).

Lọ·cus com·mụ·nis[ló:kʊs kɔmú:nɪs, lɔ́kʊs −] 男 −−/..ci ..nes[ló:tsi· ..ne:s]《雅》(Gemeinplatz) 決まり文句; 周知のこと. [*lat.*; ◇kommun]

Lọd·de[lɔ́də] 女 -/-n (Kapelan)〚魚〛カプラン. [*dän.*]

Lọd·del[lɔ́dəl] 男 -s/-《話》(Zuhälter) (売春婦の)ひも.

lọd·de·rig[lɔ́dərɪç][2] (**lọdd·rig**[lɔ́drɪç][2]) =lotterig

Lọ·de[ló:də] 女 -/-n **1**〚林〛(一度移植した広葉樹の)苗木, 若木. **2**《話》長い髪. [*mndd.*; <*ahd.* liotan „wachsen" (◇Leute)]

lọ·den[ló:dən] 形《付加語的》〚織〛ローデン(防寒・防水の厚手の粗織りウール地)の.

L

Lo·den[–] 男 -s/- 〘織〙ローデン. [*ahd.* lodo „grobes Tuch"]

Lo·den≠jop·pe 女 ローデン製のジャンパー. **≠man·tel** 男 ローデン製のコート.

lo·dern[ló:dərn] 《05》 自 (h) (火が大きな炎をあげて激しく) 燃えあがる: Das Feuer 〈Die Flamme〉 *lodert* zum Himmel. 火炎は天まで燃え上がる | Die Stadt *loderte* im Brand. 町は大火につつまれた | In seinen Augen *loderte* Haß. 彼の目は憎しみにぎらぎら輝いた | Ich *loderte* vor Begeisterung. 私は感激で体があつくなった ‖ *lodernde* Flammen 燃え上がる炎 | eine *lodernde* Liebe 火のような恋 | *lodernder* Zorn 激しい怒り. [„emporwachsen"; ◇Lode]

Lodz (**Lodsch**)[lɔtʃ] 地名 ルージ(ポーランドの工業都市. ポーランド語形 Łódź).

Loer·ke[lœ́rkə] 人名 Oskar ～ オスカル レルケ(1884–1941; ドイツの詩人).

Löf·fel[lœ́fəl] 男 -s/- **1** (小 **Löf·fel·chen**[–çən] 中 -s/-) (英: *spoon*) **a)** さじ, スプーン(→ 図): ein hölzerner 〈silberner〉 ～ 木製〈銀〉のさじ | Suppen*löffel* スープ用スプーン | Tee*löffel* 茶さじ, ティースプーン | zwei ～ 〔voll〕 Zucker さじ2杯分の砂糖 ‖ den ～ zum Mund führen さじを口へ運ぶ | **keine silbernen ～ stehlen** 《比》清廉潔白である | **den ～ abgeben** 〈**hinlegen** / **wegschmeißen** / **wegwerfen** / **fallenlassen** / **sinken lassen**〉 《話》死ぬ | Der Kaffee ist so stark, daß der ～ darin steht. 《話》このコーヒーはひどく濃い ‖ *et.*[4] **mit dem** ～ essen 〈rühren〉 …をさじで食べる〈かきまぜる〉 | die Weisheit mit ～*n* gegessen 〈gefressen〉 haben (→Weisheit) | **mit einem goldenen** 〈**silbernen**〉 **～ im Mund geboren sein** 《話》金持ちの家の生まれである | ***jn.* über den ～ barbieren** 〈**balbieren**〉 《話》…をひどくだます. **b)** 〘医〙さじ; (Kürette) (掻爬(そうは)用の)キューレット, 有窓鋭匙(えいひ).

2 (さじ状のもの) **a)** 〘狩〙(ウサギの)耳; 《話》(人間の)耳: **die ～ aufsperren** 《話》(聞こうとして)耳を傾ける | **die ～ spitzen** (ウサギが)耳をぴんと立てる; 《話》耳をそばだてる, 聞き耳を立てる ‖ ***jm.* eins hinter die ～ geben** 《話》…にびんたをくらわす | **eins hinter die ～ kriegen** 《話》びんたをくらう | ***sich***[3] ***et.***[4] **hinter die ～ schreiben** 《話》…をしっかり頭に入れておく. **b)** 〘土木〙掘削バケット(→ 図 Bagger).

[*ahd.* leffil; < *ahd.* laffan „lecken" (◇läppern)]

Löffel

Löf·fel≠bag·ger[lœ́fəl..] 男 〘土木〙パワーシャベル, 掘削機(→ 図 Bagger). **≠boh·rer** 男 〘工〙さじ形錐(きり).

Löf·fel·chen Löffel の縮小形.

Löf·fel·en·te 女 〘鳥〙ハシビロカモ(嘴広鴨).

löf·fel·för·mig 形 さじ状の.

Löf·fel≠hund 男 〘動〙オオミミギツネ(大耳狐). **≠kraut** 中 〘植〙トモシリソウ(友知草)属.

löf·feln[lœ́fəln] 《06》 他 (h) **1** スプーンですくう(かきまわす), さじですくって食べる; (シャベル・ひしゃくなどで)かい出す: den Brei 〈die Suppe〉 ～ かゆ〈スープ〉をスプーンで食べる. **2** 《話》理解する, 納得する: Er hat es immer noch nicht *gelöffelt*. 彼は相変わらずそれがのみこめないでいる. **3** 《話》***jm.* eine** 〈**eins**〉 **～** …にびんたを一発くらわす.

Löf·fel≠rei·her 男 (Löffler) 〘鳥〙ヘラサギ(篦鷺). **≠stiel** 男 スプーンの柄; 〘工〙ディッパーハンドル. **≠stör** 男 〘魚〙ヘラチョウザメ(篦鱘魚).

löf·fel·wei·se 副 (→..weise ★)スプーンで; 一さじずつ.

Löff·ler[lœ́flər] 男 -s/- **1** 〘鳥〙ヘラサギ(篦鷺). **2** 〘狩〙若いダマシカ〔の匙状(ひじょう)〕角〕(→ 図 Geweih).

log[1][lɔk, logarítmʊs] 記号 (Logarithmus) 〘数〙対数.

log[2][lo:k][1] lügen の過去.

log.. →logo..

..log[1][..lo:k][1] 《形容詞などにつけて「関係・位置・性質などが…の」を意味する形容詞をつくる》: ana*log* 類似〈相似〉の | homo*log* (関係・位置・性質などが)相応する | hetero*log* (関係・位置・性質などが)相応しない. [*gr.*; ◇Logos; *engl.* ..logous]

..log[2][–] →..loge

Log[lɔk][1] 中 -s/-e 〘海〙(船の速度を測る)測程器(→ 図). [*engl.* „Klotz"; 船の速度を測るために丸太に綱をつけて海に投げ入れたことから]

Log

Log·a·rith·men Logarithmus の複数.

Log·a·rith·men·ta·fel [logarítmən..] 女 〘数〙対数表.

log·a·rith·mie·ren[logarıtmí:rən] 他 自 (h) 〘数〙対数計算をする.

log·a·rith·misch[..mıʃ] 形 〘数〙対数の; 対数を用いての.

Log·a·rith·mus[..mʊs] 男 -/..men[..mən] 〘数〙対数 (記号 log). [< *gr.* lógos „Verhältnis" (◇Logos) + arithmós „Zahl"]

Log·asthe·nie[logastenı́:] 女 -/-n[..ní:ən] 〘医〙発言衰弱(神経衰弱による言語障害). [< logo..]

Lo·gau[ló:gaʊ] 人名 Friedrich von ～ フリードリヒ フォン ローガウ(1604–55; ドイツの詩人).

Log·buch[lɔ́k..] 中 航海日誌.

Lo·ge[ló:ʒə] 女 -/-n **1 a)** (劇場の仕切られた)桟敷席(→ 図 Zirkus). **b)** 守衛室, 門衛所. **2** (フリーメーソンで)支部集会所. [*mlat.* lobia (→Lobby)–〔*a*〕*fr.* loge〔–*engl.* lodge〕; ◇Loggia, logieren]

..loge[..lo:gə] 《「…学者」を意味する男性名詞 (-n/-n) をつくる. 女性形 ..login[..lo:gın] (-/-nen). 古くは ..log [..lo:k][1] (-en/-en) の形もある》: Archäo*log*〔*e*〕考古学者 | Theo*log*〔*e*〕神学者 | Sozio*log*〔*e*〕社会学者 | Insekto*log*〔*e*〕昆虫学者. [< ..log[1]]

lö·ge[lø:gə] lügen の接続法 II.

Lo·ge·ment[loʒəmã́:] 中 -s/-s 住居, すまい. [*fr.*]

Lo·gen≠bru·der[ló:ʒən..] 男 フリーメーソン結社の会員. **≠brü·stung** 女 桟敷席の手すり. **≠die·ner** 男, **≠schlie·ßer** 男 (劇場の)桟敷係, 案内人.

Log·gast[lɔ́k..] 男 -〔e〕s/-en 〘海〙測程器係の船員.

Log·ge[lɔ́gə] 女 -/-n = Log [*engl.*–*nord.*]

log·gen[lɔ́gən][1] 自 (h) 〘海〙測程器で船の速力を測る. [*engl.* log]

Log·ger[lɔ́gər] 男 -s/- ラガー(エンジンと補助マストを備えた大型ボート. ニシン漁などの沿岸漁業用小漁船: → 図 Segel B). [*engl.* lugger–*ndl.*]

Log·gia[lɔ́dʒ(i)a·] 女 -/..gien[..dʒiən, ..dʒən] **1** 〘建〙ロジア(吹き放しの列柱廊); 遊歩廊. **2** (住居の側面から外に突き出していない屋根つきの)バルコニー(→ 図). [*afr.* loge (→Loge)–*it.*]

Log·gi·en Loggia の複数.

..logie[..logi:] 《「…学, …論」を意味する女性名詞 (-/-n) をつくる》: Bio*logie* 生物学 | Psycho*logie* 心理学 | Japano*logie* 日本学 | Morpho*logie* 〘生〙形態学; 〘言〙形態論. [*gr.*; ◇..log[1]]

Loggia

Lo·gier·be·such[loʒí:r..] 男 (ある家庭に短期間滞在している)泊まり客: Wir haben ～. うちには客が泊まっている.

lo·gie·ren[loʒí:rən] **I** 自 (h) (知人の家庭や旅館などに短期間)宿泊する: bei meinem Onkel ～ おじの家に滞在し

ている | in einem Hotel ～ ホテルに宿をとっている. **II** 他 (h) 《$\frac{ス}{ス}$》《*jn.*》(…に)宿を提供する. [*fr.* loger; <*fr.* loge (→Loge); ◇Logis]

Lo·gier≠gast[loʒiːr..] 男 -[e]s/..gäste＝Logierbesuch **≠nacht** 女《$\frac{オース・スイ}{トリア・ス}$》(旅館などでの)宿泊. **≠zim·mer** 中 (旅館などの)客室; (一般家庭の)客間, 客用寝室.

Lo·gik[ló:gɪk] 女 -/ **1** 論理学: die formale 〈mathematische〉 ～ 形式〈記号〉論理学. **2** (思考の)論理; 論理的一貫性; 論理的必然: eine klare 〈kühne〉 ～ 明確〈大胆〉な論理 | Das ist 〈verstößt〉 gegen alle ～. それはどんな論理にも反することだ. [*gr.* logikḗ〔téchnē〕−*lat.* logica; ◇logisch]

Lo·gi·ker[ló:gikər] 男 -s/- 論理学者; 論理的に思考する人.

..login ..loge の女性形.

Lo·gis[loʒíː] 中 -[-(s)]/-[-s] **1** 住居, 宿: bei *jm.* 〔freies〕 ～ haben …のところに〔無料で〕泊まって〈住んで〉いる. **2** 《海》船員室. [*fr.*; <*fr.* loger (→logieren)]

lo·gisch[ló:gɪʃ] 形 **1** 論理学〔上〕の. **2** 論理的な, 論理にかなった, 筋道の通った; 《話》自明の, 当然の: ～*es* Denken 論理的思考 | die ～*e* Konsequenz 《俗》当然の帰結 ‖ ～ denken 論理的に〈精密に〉考える | Das ist doch ～! 《話》それは当然だ. [*gr.*−*lat.*; ◇Logos]

lo·gi·scher·wei·se[ló:gɪʃərváɪzə] 副 《俗》論理的に考えてみると, 必然的に; 当然のこととして.

Lo·gis·ko·sten[loʒíː..] 複 宿泊費.

Lo·gis·mus[logísmus] 男 -/..men[..mən] **1** 《単数で》《哲》論理主義. **2** 論理的帰結, 推理. [*gr.*; ◇Logos]

Lo·gi·stik[1][logístɪk] 女 -/ 記号論理学. [*gr.*; <*gr.* logízesthai „〔be〕rechnen" (◇Logos)]

Lo·gi·stik[2][−] 女 -/ 《軍》兵站(へいたん)〔業務〕; 兵站学. [*fr.*−*engl.* logistics; <*fr.* loger (→logieren)]

Lo·gi·sti·ker[logístikər] 男 -s/- 記号論理学者.

lo·gi·stisch[1][logístɪʃ] 形 記号〈数理〉論理学〔上〕の.

lo·gi·stisch[2][−] 形 《軍》兵站(へいたん)〔業務〕上の.

Lo·gi·zis·mus[logitsísmus] 男 -/ **1** 《哲》論理主義. **2** 論理偏重.

lo·gi·zi·stisch[..tsístɪʃ] 形 **1** 論理主義〔上〕の. **2** 論理偏重の.

Lo·gi·zi·tät[..tsitɛ́:t] 女 -/ 《哲》論理性. [<Logik]

Log·lei·ne[lɔ́k..] 女《海》測程線〈索〉(→ 図 Log).

lo·go[ló:go·] 形《無変化》《若者語》(logisch) 論理的に明白な, 当然の: Das ist doch ～. そんなこと当たり前さ.

Lo·go[−] 男 中 -s/-s (Signet) 社標, 商標, ロゴ; 会社名. [*engl.*; <*engl.* logotype]

logo.. 《名詞・形容詞などにつけて「言葉・語・理性」などを意味する. 母音の前では log.. となる: →*Log*asthenie》

Lo·go·griph[logogríːf] 男 -s/-e; -en/-en 文字謎(なぞ)(つづり字を置きかえたり, 追加したり, 取り去ったりして, 次々と新しい語をつくる遊び. 例 Band から Brand をつくる). [<*gr.* grĩphos „Netz, Rätsel"]

Lo·goi Logos の複数.

Lo·go·pä·die[logopɛdíː] 女 -/ 《医》言語治療〈矯正〉. [<Orthopädie]

Lo·gos[lɔ́gɔs, ló:gɔs] 男 -/..goi[..gɔʏ] **1** 《ふつう単数で》ことば, 語. **2** 《ふつう単数で》思考, 意味, 概念. **3** 《単数で》**a**) 《哲》ロゴス,〔世界〕理性, 神の理性. **b**) 《神》ロゴス(神のことば); 聖子, 神の子(イエス). [*gr.*; <*gr.* légein „sagen"; ◇Lektion]

lo·go·zen·trisch[logotsɛ́ntrɪʃ] 形 理性中心の.

Log·scheit[lɔ́k..] 中《海》(測程器)の扇形板(→ 図 Log).

loh[lo:] 形《雅》(火・炎などが)あかあかと〈炎々と〉燃えている, 明るい. [<lichterloh]

..loh[..lo:] 《本来は森を意味し, 地名にみられる. ..lohn という形もある》: Güters*loh* | Iser*lohn*

Loh[1][lo:] 男 中 -〔e〕s/-e《南部》(小さな)森, 林, 茂み. [*idg.* „Lichtung"; ◇licht[2]; *lat.* lūcus „Hain"]

Loh[2][−] 女 -/-en《南部》湿地の草原, 沼沢牧草地. [◇Luch]

Loh≠blü·te[ló:..] 女《植》カワホコリカビ(変形菌). **≠brü·he** 女《製革》(皮なめし用の)槲(かし)皮液.

Lo·he[1][ló:ə] 女 -/-n《製革》槲(かし)皮, タンニン樹皮. [*germ.* „Abgeschältes"; ◇Lysis, Laub, los]

Lo·he[2][−] 女 -/-n《雅》(燃え上がる)炎, 火炎, 炎の輝き.

lo·hen[1][ló:ən] 自 (h, s) 炎々と〈明るく〉燃え上がる. [*ahd.*; ◇licht[2]]

lo·hen[2][−] 他 (h)《製革》槲(かし)皮でなめす. [<Lohe[1]]

Lo·hen·grin[ló:əngriːn] 人名 ローエングリーン(聖杯をめぐる伝説の一つである白鳥伝説の主人公で, いわゆる「白鳥の騎士」. Wagner に同名の楽劇がある). [<*fr.* Garin le Loherain „der Lothringer Garin"]

loh·gar[ló:..] 形 タンニン液〈槲(かし)皮液〉でなめした. [<Lohe[1]]

Loh≠ger·ber[ló:..] 男 皮なめし工. **≠ger·be·rei** 女 **1** 皮なめし工場; 皮なめし〔業〕. **2** ＝Lohgerbung **≠ger·bung** 女 タンニンなめし, 渋なめし. **≠gru·be** 女 (皮なめし用の)タンニン液槽. **≠kä·se** 男 ＝Lohkuchen **≠krank·heit** 女 -/ (Fleischfleckenkrankheit)(アンズ・スモモなどの)赤斑(あかはん)病. **≠ku·chen** 男 皮なめし用槲(かし)皮のしぼりかす(安価な燃料として, または苗床の土にまぜて用いられる). **≠müh·le** 女 なめし皮工場.

..lohn →..loh

Lohn[lo:n] 男 -es(-s)/Löhne[lǿ:nə] **1** (労働に対して時間単位・日単位・週単位などで支払われる)賃金, 労賃(→Gehalt II 1, Honorar): ein fester ～ 固定賃金 | ein hoher 〈niedriger〉 ～ 高い〈低い〉賃金 | Mindest*lohn* 最低賃金 | Tage*lohn* 日給 | Wochen*lohn* 週給 ‖ den ～ erhöhen 〈drücken〉 賃金をあげる〈おさえる〉 | den ～ kürzen 賃金をカットする | *jm.* den ～ auszahlen …に賃金を支払う ‖ ***jn.* in Lohn und Brot nehmen** …を雇う | **in ～ und Brot stehen** 職についている | ***jn.* um ～ und Brot bringen** …の生活の糧(かて)を絶つ, …をくびにする. **2** 《単数で》報酬, 報い, 応報: ein gerechter 〈verdienter〉 ～ 当然の報い ‖ *seinen* ～ bekommen 〈empfangen / erhalten〉 報酬をもらう; (悪事などの)報いを受ける ‖ Ich tue es nicht um ～ 〈um des ～*es* willen〉. 私は報酬が欲しくてやっているのではない | **um Gottes ～** 無報酬で, ただで ‖ Undank ist der Welt ～. (→Undank). [*germ.*; ◇*gr.* leíā „Beute"]

Lohn≠ab·bau[ló:n..] 男 賃金カット〈引き下げ〉. **≠ar·beit** 女 賃金労働. **≠ar·bei·ter** 男 賃金労働者. **≠aus·fall** 男 賃金の支払い停止, 賃金不払い. **≠aus·zah·lung** 女 賃金支払い. **≠be·we·gung** 女 賃金の変動. **≠buch** 中 賃金支払簿; 給与手帳. **≠bü·ro** 中 賃金支払所; (会社の)給与課. **≠die·ner** 男 (催し物などの際の)臨時雇い.

Löh·ne Lohn の複数.

Lohn·emp·fän·ger 男 賃金労働者.

loh·nen[ló:nən] **I** 他 (h) **1** 《人を主語として》**a**) 《*jm. et.*[4]》(…の…に)報いる: *jm. seine* Hilfe ～ …の助力に対して報いる | Sie *lohnte* ihm seine Liebe. 彼女は彼の愛にこたえた | *jm. et.*[4] mit Undank ～ …の…に対して忘恩をもって報いる | Das möge dir der Himmel ～! 《雅》君に神の恩賞があるように. [▽]**b**) 《*jn.*》(…に)賃金を支払う: den Kutscher ～ 御者に馬車賃を払う. **2** 《物を主語として》《*et.*[4]》(…の)しがいがある, (…の)価値がある: Die Stadt *lohnt* einen Besuch. この町は訪れるだけの価値がある | Das *lohnt* die Mühe 〈雅: der Mühe[2]〉 nicht. それは骨折りがいのないものだ. **3** 再帰 *sich*[4] ～ しがいがある, する価値がある: Fleiß *lohnt* sich immer. 勤勉は必ず報われる | Die Anstrengung hat sich *gelohnt*. 苦労をしただけのかいがあった | Es *lohnt* sich, dieses Buch zu lesen. この本は一読の価値がある.

II 自 (h) **1** 《*jm.* für *et.*[4]》(…の…に)報いる: Er hat mir für meine Hilfe gut *gelohnt*. 彼は私の助力に大いに報いてくれた. **2** しがいがある, する価値がある: Die Arbeit *lohnt*. その仕事は割が合う.

III loh·nend 現分 形 しがいのある, 割の合う, もうかる: eine ～*e* Arbeit やりがいのある仕事 | eine ～*e* Aussicht 一見の価値がある眺望. [*ahd.*; ◇Lohn]

L

löh·nen[lǿːnən] 他 (h) **1** 《*jn.*》(…に)賃金を支払う. **2** 《話》《*et.*[4]》(ある金額を)賃金として支払う: 800 Mark ～ 賃金として800マルク支払う.

lohn·nens·wert[lóːnəns..] 形 **1** やりがいのある, 割りの合う: eine ～*e* Aufgabe やりがいのある仕事(課題). **2** (たっぷり)報酬を与えられてしかるべき, (大いに)ねぎらわれてしかるべき.

Lohn≈er·hö·hung[lóːn..] 女 賃金引き上げ. **≈for·de·rung** 女 賃金引き上げ要求. **≈fort·zah·lung** 女 (病気の際の)賃金支払い継続. **≈herr** 男 雇用主, 雇い主. **≈in·dex** 男 賃金指数. **≈kampf** 男 賃金(賃上げ)闘争. **≈ko·sten** 複 賃金コスト. **≈kür·zung** 女 賃金カット. **≈kut·sche** 女 (二頭立ての)貸し馬車. **≈kut·scher** 男 貸し馬車の御者. **≈ne·ben·ko·sten** 複 (社会保険費など, 企業側の負担する)賃金付帯費用. **≈ni·veau**[..nivoː] 中 賃金水準. **≈pfän·dung** 女 (債権者による)賃金差し押え. **≈po·li·tik** 女 賃金政策.

Lohn-Preis-Spi·ra·le[loːnpráɪs..] 女 賃金と物価の悪循環.

Lohn≈satz[lóːn..] 男 賃率. **≈ska·la** 女 賃金の等級; (賃金体系の)等級表: eine gleitende ～ 賃金スライド制. **≈steu·er** 女 給与(勤労)所得税.

Lohn·steu·er≈jah·res·aus·gleich 男 給与所得税の年末調整. **≈kar·te** 女 (自治体発行の)給与所得税算出データ認定カード. **≈ta·rif** 男 賃金率; 賃金表.

Lohn≈stopp 男 -s/ 賃金引き上げ停止. **≈strei·fen** 男 賃金(給与)明細書. **≈tag** 男 賃金支払日, 給料日. **≈tü·te** 女 俸給(給料)袋.

Löh·nung[lǿːnʊŋ] 女 -/-en **1** 賃金の支払い. **2** (支払われた)賃金.

Löh·nungs·tag =Lohntag

Lohn≈ver·hand·lung[lóːn..] 女 -/-en《ふつう複数で》賃金交渉. **≈werk** 中 (↔ Preiswerk) 賃金仕事. **≈zet·tel** 男 =Lohnstreifen

Lo·rin·de[lóː..] 女 《製革》(皮なめし用)槲(かしわ)皮. [<Lohe[1]]

Loi·pe[lɔ́ʏpə] 女 -/-n 《スキ》ロイペ(距離競技用のシュプールをつけたコース).

die **Loire**[loáːr, loáːrə, lwaːr] 地名 女 -/ ロアール(フランス国内を流れ, Biskaya 湾に注ぐ川). [*idg.*]

Lo·jang[lóːjaŋ] 地名 洛陽, ルオヤン(中国, 河南 Honan 省北西部の古都).

Lok[lɔk] 女 -/-s (<Lokomotive) 機関車.

lo·kal[lokáːl] 形 **1** ある場所(地方)の, 一地方に限られた, 地方的(局地的)な; 局部的な: eine ～*e* Betäubung 《医》局所麻酔 | ein ～*er* Konflikt 局地的紛争 | ～*e* Nachrichten ローカルニュース. **2** 《言》所の, 所に関する: ～*e* Adverbien 所(場所)を表す副詞. [*spätlat.*–*fr.*; < *lat.* locus „Ort" (◇Lokus)]

Lo·kal[–] 中 -s(-es)/-e **1** 飲食店(食堂・レストラン・酒場など): Speise*lokal* 食堂 | Bier*lokal* ビアホール | Tanz*lokal* ダンスのできるレストラン ‖ in einem ～ essen 食堂(レストラン)で食事する. **2** (飲食店などに設けられた)集会所(室); 事務所; (一般に特定の目的に使われる)場所: Auktions*lokal* 競売場 | Wahl*lokal* 投票所. [*fr.*]

Lo·kal≈ad·verb 中 《言》所(場所)の副詞. **≈ad·ver·bia·le** 中 《言》所(場所)の副詞句. **≈an·äs·the·sie** 女 《医》局所麻酔. **≈an·ga·be** 女 《言》場所の添加語(添加成分). **≈au·gen·schein** 男 《オース》《トリア》現場検証. **≈bahn** 女 郊外(近距離)鉄道. **≈be·ben** 中 《地》局発地震, 小区域地震. **≈be·hand·lung** 女 《医》局所療法. **≈be·hör·de** 女 地方官庁. **≈be·richt** 男 (新聞の)地方記事. **≈blatt** 中 =Lokalzeitung **≈bum·mel** 男 《話》はしご酒. **≈er·gän·zung** 女 《言》場所の補足語(補足成分). **≈far·be** 女 **1** 《美》固有色. **2** =Lokalkolorit

Lo·ka·li·sa·tion[lokalizatsióːn] 女 -/-en (lokalisieren すること. 例えば:) 局所限定, 局部化; 位置決定(確認); 《医》部位, 定位, 局在. [*fr.*]

lo·ka·li·sie·ren[lokalizíːrən] **I** 他 (h) **1** (災害などを)一地方(一局部)に限定する, 一か所でくいとめる: die Seuche (den Brand) ～ 疫病(火災)を局所でくいとめる | *et.*[4] auf *et.*[4] ～ …を…に局限する. **2** (場所・位置などを)つきとめる: das Erdbebenzentrum (den Entzündungsherd) ～ 震源(炎症性病巣)をつきとめる. **II lo·ka·li·siert** 過分 形 局限された; 《医》局在の, 限局性の: ～*er* Schmerz 限局性の痛み. [*fr.*]

Lo·ka·li·sie·rung[..rʊŋ] 女 -/-en =Lokalisation

Lo·ka·li·tät[lokalitɛ́ːt] 女 -/-en **1** (ある特定の)土地, 場所柄, 地方的特殊性. **2** 《戯》=Lokal 1 **3** 《ふつう複数で》《婉曲に》化粧室, トイレ. [*spätlat.*–*fr.*]

Lo·kal≈kennt·nis[lokáːl..] 女 ある場所(地方)に関する知識(見聞); 土地勘. **≈ko·lo·rit** 中 地方(郷土)色, ローカル=カラー. **≈nach·richt** 女 -/-en 《ふつう複数で》(新聞やラジオの)地方記事, ローカル=ニュース. **≈pa·trio·tis·mus** 男 《軽蔑的に》(度の過ぎた)愛郷心, 郷土愛. **≈po·li·ti·ker** 男 地方政治家. **≈pos·se** 女 =Lokalstück **≈satz** 男 《言》(wo などに導かれる)場所の副文(文節). **≈stück** 中 地方(郷土)劇(ある地方・都市の風俗を題材としたコミカルな芝居. 方言で書かれることが多い). **≈ter·min** 男 《法》裁判所以外の場所で開かれる裁判手続き(現場検証など)の期日. **≈ver·kehr** 男 近郊交通, ローカル交通. **≈zeit** 女 現地時間. **≈zei·tung** 女 **1** 地方新聞, ローカル紙. **2** 新聞の地方版. **≈zug** 男 Lokalbahn の列車.

[▽]**Lo·ka·tar**[lokatáːr] 男 -s/-e (Pächter) 小作人, 借地人; (Mieter) 賃借人, 借家人.

Lo·ka·tion[lokatsióːn] 女 -/-en [▽]**1** 場所の指定; 順番(地位)の決定, 位置づけ. **2** 団地. **3** (油田の)採掘地点. [*lat.*; ◇lozieren]

Lo·ka·tiv[lóːkatiːf, lokatíːf][1] 男 -s/-e (Ortsfall) 《言》位置格, 所格, 処格.

Lok·füh·rer[lɔ́k..] 男 (<Lokomotivführer) 機関士.

Lo·ki[1][lóːkiˑ] 人名 《北欧神》ロキ(神々を助けたり, 災難を起こしたりする奇怪な神, また火の魔物). [*germ.*; ◇ *aisländ.* logi „Lohe"]

Lo·ki[2][–] 女 -/-s 《スイ》=Lok

lo·ko[lóːkoˑ] =loco

loko.. 《名詞などにつけて「場所・位置」などを意味する》

Lo·ko·ge·schäft[lóːko..] 中 (↔ Distanzgeschäft) 《商》即時(現物)取引.

Lo·ko·mo·bi·le[lokomobíːlə] 女 -/-n 牽引(けんいん)(機関)車, 自動推進車; (舗装用の)蒸気ローラー; 気動車. [*fr.*]

Lo·ko·mo·tion[..motsióːn] 女 -/-en 《生》移動(位置)運動, 自由運動, 前進運動.

Lo·ko·mo·ti·ve[..motíːvə, ..fə] 女 -/-n **1** 機関車(略 Lok): eine elektrische ～ 電気機関車 | Diesel*lokomotive* ディーゼル機関車 ‖ Die ～ pfeift (pufft). 機関車が汽笛を鳴らす(シュッシュッという) | wie eine ～ daherkommen 重い体で苦しげにやって来る. **2** 《話》牽引(けんいん)車の役割を果たす人(もの). [*engl.* locomotive (engine); < *lat.* locō movēre „von der Stelle bewegen"]

Lo·ko·mo·tiv≈füh·rer[..motíːf..] 男 《鉄道》機関士 (略 Lokführer). **≈schup·pen** 男 機関車庫.

lo·ko·mo·to·risch[..motóːrɪʃ] 形 移動に関する; 移動可能の; 推進力のある; 《生》移動用の, 歩行の.

Lo·ko·wa·re[lóːko..] 女 -/-n 《ふつう複数で》《商》現品, 在庫現物, 在荷(ありに).

Lo·kus[lóːkʊs] 男 -/-; -ses/-se **1** 《話》**a)** (Toilette) 便所, トイレ: auf den ～ gehen トイレへ行く. **b)** (Toilettenbecken) 便器: Der ～ ist verstopft. 便器が詰まっている. [▽]**2** 場所, 位置. [*lat.* locus (necessitātis) „Ort (der Notdurft)"; ◇lokal, Necessaire]

Lo·ku·tion[lokutsióːn] 女 -/-en **1** [▽]**a)** 話しぶり, 言葉づかい. **b)** 《言》発話(発語)行為. [▽]**2** 慣用語法, 成句. [*lat.*; < *lat.* loquī „reden"]

Lo·la[lóːlaˑ] 女名 (<Dolores) ローラ.

Lolch[lɔlç] 男 -(e)s/-e 《植》(まぐさ用の)ドクムギ(毒麦)属. [*lat.* lolium–*ahd.* lolli]

Lol·li[lɔ́liˑ] 男 -s/-s **1** 《幼児語》(Lutscher) 棒のついた飴. **2** 《俗》(Präservativ) コンドーム.

L

Lọm·bard[lɔ́mbart, ⌣⌣́][1] 男 中 -〔e〕s/-e **1**〘商〙動産抵当貸付. [▽]**2** 質屋, 動産質貸付銀行. [*fr.*; ロンバルディア人が金貸しの特権を持っていたことから]

Lom·bạr·de[lɔmbárdə] 男 -n/-n ロンバルディアの人. [*lat.* Langobardī－*it.* Lombardo; ◇Langobarde]

die **Lom·bar·dẹi**[lɔmbardáɪ] 地名 女 -/ ロンバルディア(イタリア北部の州で, 州都は Mailand). [*it.* Lombardia]

Lọm·bard·ge·schäft[lɔ́mbart.., lɔmbárt..] 中〘商〙動産抵当貸借.

lom·bar·dịe·ren[lɔmbardí:rən] 他 (h)〘商〙**1** 抵当貸しする. **2** 質〈抵当〉に入れる.

lom·bạr·disch[lɔmbárdɪʃ] 形 ロンバルディアの: die *Lombardische* Tiefebene ロンバルディア平原.

Lọm·bard·satz[lɔ́mbart.., ⌣⌣́..] 男〘経〙ロンバードレート〈貸付金利〉.

Lọm·ber[lɔ́mbər] 中 -s/ (L'hombre) オンバ(3人でするトランプ遊びの一種). [*span.* el hombre „der Mensch"－*fr.*; ◇Homo[1]; *engl.* 〔h〕ombre]

Lọn·don[lɔ́ndɔn, lʌ́ndən] 地名 ロンドン(イギリスの首都). [*kelt.*－*lat.* Londium－*aengl.*]

Lọn·do·ner[lɔ́ndɔnər] **I** 男 -s/- ロンドンの人. **II** 形《無変化》ロンドンの.

Lon·ge[lɔ̃:ʒə] 女 -/-n **1** 調馬綱〈索〉(→ 図 Kappzaum): ein Pferd an die ～ nehmen 馬を調教する. **2** (水泳・曲芸の)練習索. [*fr.*; ＜*lat.* longus (→lang)]

lon·gie·ren[lɔ̃ʒí:rən] 他 (h) (馬などを) Longe を使って調教する, 調馬する.

Lon·gi·me·trịe[lɔŋgimetrí:] 女 -/ 尺度測定.

lon·gi·tu·di·nạl[lɔŋgitudiná:l] 形 **1** (↔transversal)〘理〙縦〔方向〕の: ～*e* Wellen 縦波. **2**〘地〙経度〔線〕の.

Lon·gi·tu·di·nạl≠schwin·gung 女〘理〙縦振動. **≠wel·le** 女〘理〙縦波. [＜*lat.* longitūdō „Länge"]

Lọng·sel·ler[lɔ́ŋsɛlə] 男 -s/- ロングセラー, 長期間売れ続ける品(特に書籍). [*engl.*; ◇lang]

Look[lʊk] 男 -s/-s **1** 流行〔の傾向〕, ニュールック. **2** 外貌(がいぼう), 外見. [*engl.*; ◇lugen]

Loo·ping[lú:pɪŋ] 男 (中) -s/-s (Schleifenflug)〘空〙宙返り. [*engl.* looping (the loop) „(Schleifen)drehen"]

Lọ·pe de Vẹ·ga[ló:pe· de: vé:ga·] 人名 ローペ デ ベーガ(1562-1635; スペインの詩人・劇作家).

Lọr·baß[lɔ́rbas] 男 ..sses/..sse《東部》(Lümmel) ならず者; 不作法者. [*litau.*]

Lọr·beer[lɔ́rbe:r; スイ: ⌣, ló:r..] 男 -s/-en **1**〘植〙ゲッケイジュ(月桂樹)(葉は香料として料理に用いられる: → 図 Gewürz). **2** 月桂樹の枝; 月桂冠(月桂樹の枝で編んだ冠で勝利・栄誉・大詩人の象徴);《比》栄誉; 勝利賞: **blutiger ～** 血まみれの月桂冠(戦争の功績で得た栄誉) ‖ **～*en* ernten** 〈**pflücken**〉《比》栄誉を得る | **mit *et.*[3] keine ～*en* ernten** 〈**pflücken**〉 **können** …によってなんの功名も得られない, …がなんのプラスにもならない | ***jm.* den ～ reichen**《比》…の功績を表彰する ‖ 〔***sich***[4]〕 **auf *seinen* ～*en* ausruhen**《比》名声に甘んじてなまける | *jn.* mit ～〔*en*〕 kränzen《比》…に栄誉を与える. [*ahd.* lōr-beri „Lor-beere"; ＜*lat.* laurus (→Laurus)]

Lọr·beer≠baum 男 月桂樹(→Lorbeer). **≠blatt** 中 月桂樹の葉ベイリーフ, ローリエ(スープなどの香料に用いられる).

Lọr·bee·re[lɔ́rbe:rə] 女 -/-n **1** 月桂樹の実. **2** 月桂樹(→Lorbeer).

Lọr·beer≠kir·sche[lɔ́rbe:r..] 女〘植〙セイヨウバクチノキ(西洋博打木). **≠kranz** 男 月桂冠(月桂樹の枝で編んだ冠で, 勝利・栄誉・大詩人などの象徴): *jm.* den ～ reichen …に栄誉〔の月桂冠〕を与える. **≠öl** 中 月桂樹油, 桂油(頭髪用香水の原料). **≠rọ·se** 女〘植〙**1** ハナガサシャクナゲ(花傘石楠花)属. **2**《話》(Oleander) セイヨウキョウチクトウ(西洋夾竹桃). **≠wald** 男〘植〙照葉樹林, 常緑広葉樹林. **≠zweig** 男 ＝Lorbeer 2

Lorch[lɔrç] 男 -〔e〕s/-e, **Lọr·che**[lɔ́rçə] 女 -/-n《中部》(Kröte) ヒキガエル(蟇蛙), ガマ(蝦蟇). [◇Lork, Lurch]

Lọr·chel[lɔ́rçəl] 女 -/-n〘植〙ノボリリュウ(昇竜)属(子嚢菌(しのうきん)類). [＜Lorch＋Morchel]

Lord[lɔrt] 男 -s/-s **1** 卿(きょう)(イギリスの貴族およびその称号); 閣下(侯爵以下の貴族, または一般に高官に対する呼びかけ): ～ Mayor 市長閣下. **2**《話》(Seelord) 船乗り. [*aengl.* hlāf-weard „Brot-Wart"－*negl.*; ◇Laib, Wart]

Lọrd·kanz·ler[lɔ́rtkantslər] 男 (イギリスの)大法官. [*engl.* Lord Chancellor]

Lord-Ma·yor[lɔ́rtmé:ər, lɔ́:dmɛ́ə] 男 -s/-s (イギリスの)大都市の市長,(特に:) ロンドン市長. [*engl.*]

Lor·dọ·se[lɔrdó:zə] 女 -/-n, **Lor·dọ·sis**[..zɪs] 女 -/..sen[..zən]〘医〙脊椎(せきつい)前彎(ぜんわん)症. [*gr.*; ＜*gr.* lordós „einwärts gebogen"＋..ose]

Lọ·re[1][ló:rə] 女 -/-n **1** (ふつう線路上を走らせる無蓋(むがい)の)トロッコ, 手押し車(→ 図). **2** ローレ(石炭の量目: 約10トン). [*engl.* lorry]

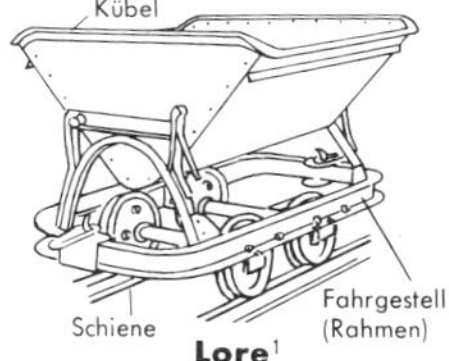

Lore[1]

Lọ·re[2][－] 女名 (＜Leonore, Eleonore) ローレ.

die **Lọ·re·lẹy** (die **Lọ·re·lẹi**) [lo:rəláɪ, ⌣⌣⌣́] 地名 女 -/ ローレライ (Rhein 川右岸にそびえる岩. また, そこに座って舟乗りを惑わしたと伝えられる水の精). [＜Lur-lei „lauernder Fels" (◇Lauer[2], Lei[2])]

Lọ·rentz[ló:rənts] 人名 Hendrik Antoon ～ ヘンドリック アントン ローレンツ(1853-1928; オランダの物理学者. 1902年ノーベル物理学賞を受賞).

Lọ·renz[ló:rɛnts] 男名 (＜Laurentius) ローレンツ.

Lor·gnet·te[lɔrnjɛ́tə] 女 -/-n (Stielbrille) 柄付きめがね(→ 図 Brille). [*fr.*; ＜*fr.* lorgner „anschielen"]

Lor·gnon[lɔrnjɔ̃:] 中 -s/-s 手持ち片めがね. [*fr.*]

Lọ·ri[1][ló:ri·] 女 -/-s (中 -s/-s) ＝Lore[1]

Lọ·ri[2][－] 男 -s/-s〘動〙ロリス, ノロマザル(アジア南部産のアイアイ類). [*fr.*; ◇*engl.* loris]

Lọ·ri[3][－] 男 -s/-s〘鳥〙ショウジョウインコ(猩々鸚鵡). [*malai.*－*engl.* lory]

Lork[lɔrk] 男 -〔e〕s/Lörke[lœ́rkə]《北部》(Kröte) ヒキガエル(蟇蛙), ガマ(蝦蟇). [◇Lorch, Lurch]

Lọr·ke[lɔ́rkə] 女 -/《中部》**1**《軽蔑的に》粗悪な〈出がらし〉コーヒー. **2** 代用コーヒー. [＜*mhd.* lūre (→Lauer[2])]

Lör·ke Lork の複数.

Lọ·ro·kon·to[ló:ro..] 中〘商〙(銀行が他の銀行に持っている)同業者預金口座. [*it.* loro conto „ihr Konto"]

lọs[lo:s] **I** 形《述語的. 付加語的用法については: →lose》**1 a)** (犬などが)解き放たれた, 逃げた; (ボタンなどが)ゆるんでとれた: Der Hund ist 〔von der Kette〕 ～. 犬の鎖がとけている | Hier ist eine Schraube ～. ここのねじが1本とれている | bei *jm.* ist eine Schraube ～ (→Schraube 1 a) | Dort ist der Teufel ～.《比》あそこでは大騒ぎだ〈ひどい事態になっている〉.

b)《比》起こった, 突発した, 始まった: Was ist denn ～? どうしたんだ, 何が起こったのだ | Hier ist etwas ～. i) ここでは何かが起こっている, ここは何かがおかしい; ii) ここは陽気だ | In diesem Dorf ist nichts 〔Besonderes〕 ～. この村は退屈だ ‖ Was ist **mit** dir ～? 君はいったいどうしたんだ〈どこが悪いんだ〉 | Mit dir ist doch irgend etwas ～. 君はどうかしているぞ | Mit ihm ist nicht viel ～. 彼は〔病身で〕使いものにならない | Damit ist nicht viel ～. それは大したことではない | Mit ihm ist heute nichts ～. 彼はきょうはやる気がない〈機嫌が悪い〉.

2《話》(*jn.* / *et.*[4]) **a)** (…を)免れた, (…から)解放された: ***jn.*** 〈***et.***[4]〉 **～ sein** …から解放されている | eine Sorge 〈den Schnupfen〉 ～ sein ある心配〈鼻かぜ〉からやっと解放された状態である | Ich bin froh, daß ich ihn endlich ～ bin. や

っと彼をやっかい払いできてほっとしている ‖〖**los und ledig** の形で2格と〗aller Sorgen[2] ~ und ledig sein いっさいの心配事から解放されている. **b**) (…を)失った; (…が)ない: Meinen Schirm 〈Das ganze Geld〉 bin ich ~. 私は傘をなくした〈金を遣いきってしまった〉.

II 副 **1**《要求・命令を表して》始めろ; 行け; 急げ; やれ, かかれ; 撃て: Aber nun ~! さあ始めろ, さあ急げ | Auf die Plätze, fertig, ~! 〖スポ〗位置について 用意 ドン.

2《los.. を前つづりとした分離動詞の不定詞ないし過去分詞の代わりに》: Er ist mit dem Wagen ~〔gefahren〕. 彼は車で出発した | Ich will schon ~〔gehen〕. 私はもう行く.

3《話》《gedreht, geschraubt などを省略して》(ねじって・まわして)はずしてしまっている: die Schraube ~ haben ねじをはずしてしまっている.

[*germ.*; ◇Lohe[1], lösen, verlieren; *engl.* loos]

los..《分離動詞の前つづり. つねにアクセントをもつ. 自動詞と結びついて「(突然の)開始・一定の目標への運動」を, 他動詞と結びついて「分離・解放」を意味する》: *los*bellen (急に)ほえはじめる | *los*fahren (乗り物で)出発する; 突進する | *los*hauen 打ち〈切り〉かかる | *los*reißen (無理に)引きちぎる〈離す〉| *los*kaufen 身代金を出して請け出す | *los*sprechen (義務などから)解放する.

..los[..lo:s][1] (英: *..less*)《名詞につけて「…がない」を意味する形容詞をつくる》: anspruchs*los* 控え目な | inhalt〔s〕*los* 無内容な | gedanken*los* 無思慮な | kinder*los* 子供のいない | grenzen*los* 際限のない | arbeits*los* 失業中の | ausnahms*los* 例外のない | wirkungs*los* 効果のない | farb*los* 無色の | mutter*los* 母のいない | tadel*los* 申し分のない | end*los* 無限の | gott*los* 不信心な | herz*los* 冷酷な | zweck*los* 無益〈無意味〉な.

Los[lo:s][1] 中 -es/-e **1 a**) くじ, くじ引き〔の札〕, 抽選〔券〕: die ~*e* mischen くじ札をかきまぜる | ein ~ ziehen くじを引く | **das Große ~** ziehen 1等賞〈大当たり〉を引き当てる | **mit** *jm.* 〈*et.*[3]〉 **das Große ~ ziehen**《比》…を選んだのが非常によい結果になる | das ~ über *et.*[4] werfen …をくじで決める | die Reihenfolge durch das ~ bestimmen 順番をくじ引きで決める. **b**) 富くじ〈宝くじ〉の券: ein ~ kaufen 富くじを1枚買う | auf das ~ 1 000 Mark gewinnen 富くじで1000マルクもうける | Der Haupttreffer fiel auf das ~ Nr. … 1等賞の富くじの当選番号は…であった. **2**《雅》(Schicksal) 宿命, 運命, 運: ein bitteres 〈hartes〉 ~ きびしい運命 | ein glückliches ~ haben 運がよい | *sein* ~ hinnehmen 運命を甘受する. **3**〖経〗(製品などの)単位数量; (耕地の)分配区画. [*germ.*; ◇*engl.* lot]

Los An·ge·les[lɔs ɛ́ndʒələs, lɔsǽndʒılıs] 地名 ロサンゼルス(アメリカ合衆国, カリフォルニア州南部の商工業都市). [*span.* „die Engel"]

los|ar·bei·ten[ló:s..]《01》自 (h) **1** 働き始める. **2**《auf *et.*[4]》(…を)目ざして努力する〈働く〉.

lös·bar[lǿ:sba:r] 形 **1** (結び目などが)解ける; (問題・なぞなぞが)解答〈解決〉できる: Die Aufgabe ist leicht 〈schwer〉 ~. この問題は楽に解ける〈なかなか解けない〉. **2** =löslich

Lös·bar·keit[–kaıt] 女 -/ lösbar なこと. [<lösen]

los|be·kom·men*[ló:s..]《80》他 (h)《話》(苦労して)引き〈解き〉離す, 取りはずす; 解放する: Den Deckel kann man nicht ~. ふたが取れない ‖ *jn.* ~ …を(保釈金を払って)請け出す. ≈|**bin·den***《18》他 (h) (綱をといて)解き放す: einen Hund ~ (つないである)犬を放す | einen Kahn ~ 小舟のもやい綱を解く | die Krawatte ~ ネクタイをはずす. ≈|**bre·chen***《24》**I** 自 (s) **1** 突発する, 突如始まる: Ein Unwetter 〈Ein Angriff〉 ist *losgebrochen*. 突如あらしになった〈攻撃が始まった〉| Ein Geschrei 〈Ein Gelächter〉 *brach los*. 不意に叫び声〈笑い声〉が起こった. **2** 突然激しい口調でしゃべり〈ののしり〉始める. **3** 不意に取れる〈はずれる〉. **II** 他 (h) 折り取る, もぎ離す. ≈|**brin·gen***《26》他 (h) 引き離す, 取り去る.

losch[lɔʃ] löschen[1] I の過去.

Lösch≈an·la·ge[lœ́ʃ..] 女〖工〗石灰消和装置. ≈**ar·beit** 女 消火作業.

lösch·bar[lœ́ʃba:r] 形 消せる; (渇きなどを)いやし得る.

Lösch·blatt 中 吸い取り紙.

lö·sche[lœ́ʃə] löschen[1] I の接続法 II.

Lö·sche[–] 女 -/ 木炭粉; 炭塵(たん).

Lösch·ei·mer 男 消火用バケツ, 用水おけ;〖工〗(焼き入れ用)冷却おけ.

lö·schen[1(*)][lœ́ʃən]《96》**losch**[lɔʃ] / **ge·lo·schen**; 現 *du* lischst[lıʃst] (lischest), *er* lischt; 命 lisch; 接II lösche[lœ́ʃə] **I**《不規則変化》自 (s)《雅》=erlöschen

II《規則変化》《04》他 (h) **1** (火・灯火などを)消す; 水をかけて〈水に入れて〉急冷する: einen Brand ~ 火事を消す | eine Kerze ~ ろうそく〔の火〕を消す | das Licht ~ 消灯する ‖ Eisen ~ 鉄に焼き入れをする | Kalk ~ 石灰を消和〈沸化〉する. **2 a**) (渇き・ほこりなどを)鎮める; (インキなどを)吸い取る: *seinen* Durst ~ のどの渇きをいやす | Der Regen hat den Staub *gelöscht*. 雨でほこりが鎮まった. **b**) 抹消する, 消し去る: eine Eintragung ~ 記入〈登録〉を抹消する | eine Firma ~ 会社の登録を抹消する | eine Hypothek ~ 抵当権を消滅させる | eine Schuld ~ 借金を〔返済して〕なくす | einen Satz 〔auf der Tafel〕 ~ 〔黒板の〕文を消す | Das Tonband 〈Die Aufnahme auf dem Tonband〉 ist *gelöscht*. テープの録音は消されている.

[„sich legen"; *ahd.*; ◇liegen]

lö·schen[2][lœ́ʃən]《04》他 (h)〖海〗(積み荷を)陸揚げする; (船の)荷おろしをする: die Ladung 〈die Waren〉 ~ 貨物を陸揚げする | Ist das Schiff schon *gelöscht*? この船はもう荷おろしが終わったのか. [*mndd.* lossen; ◇los]

Lö·scher[1][lœ́ʃər] 男 -s/-〖海〗沖仲仕, 荷おろし人夫.

Lö·scher[2][–] 男 -s/- **1** インク吸い取り器. **2** 消火器.

Lösch≈fahr·zeug[lœ́ʃ..] 中 消防車. ≈**fun·ke** 男〖電〗瞬滅火花.

Lösch·geld 中〖海〗荷揚げ料. [<löschen[2]]

Lösch·ge·rät 中〔可動式大型〕消火器.

Lösch·ha·fen 男〖海〗陸揚げ港. [<löschen[2]]

Lösch≈horn 中 -〔e〕s/..hörner, ≈**hüt·chen** 中 ろうそく消し器. ≈**kalk** 男 消石灰. ≈**koh·le** 女 消し炭. ≈**kopf** 男〖電〗(テープレコーダーの)消去ヘッド. ≈**mann·schaft** 女 消防団〈隊〉. ≈**pa·pier** 中 吸い取り紙.

Lösch·platz 男〖海〗陸揚げ桟橋; 陸揚げ港. [<löschen[2]]

Lösch≈tech·nik 女 消火技術. ≈**teich** 男 防火用水池, 防火用水槽. ≈**trupp** 男〖軍〗消火部隊.

Lö·schung[1][lœ́ʃʊŋ] 女 -/-en (火などを)消すこと, 消火; 抹殺, 削除; 免除, 清算, 帳消し: die ~ einer Schuld 負債の清算.

Lö·schung[2][–] 女 -/-en〖海〗荷揚げ, 陸揚げ.

Lösch·wie·ge[lœ́ʃ..] 女 =Wiege 2 b

Lösch·zeit[lœ́ʃ..] 女〖海〗荷揚げ期間.

Lösch·zug 男 (火災現場に投入される)消防〔自動〕車の列.

los≈|don·nern[ló:s..]《05》自 **1** (h) (大砲などが)鳴り響き始める. **2** (h)《話》どなる, がなりたてる: gegen *jn.* ~ …をどなりつける. **3** (s) 轟音(ごう)をたてて走り出す: mit dem Motorrad ~ オートバイで轟音をたてて突っ走る. ≈|**dre·hen** 他 (h) ねじり取る, (ねじくぎを)ねじもどして取りはずす. ≈|**drücken** 他 (h) 引き金をひく: eine Pistole ~ ピストルを発射する.

lo·se[ló:zə] 形 **1 a**) (結びつき・関係などが)ゆるい, 弱い, 緊密ではない: eine ~ Verbindung ゆるい結びつき ‖ eine ~ gebundene Schleife 軽く結んだリボン | *et.*[4] nur ~ befestigen …を軽く固定する | nur ~ zusammenhängen わずかな関連しかない. **b**) ゆるんだ, 固定していない, ぐらぐらした: ein ~*r* Nagel ゆるんでぐらぐらしている釘(くぎ) | eine ~ Hand 〈ein ~*s* Handgelenk〉 haben (→Hand 1, →Handgelenk) ‖ Der Knopf ist ~. ボタンが取れそうになっている | bei *jm.* ist eine Schraube ~ (→Schraube 1 a). **c**) 密着していない, だぶだぶの: Die Jacke wird ~. 上着がだぶだぶになる. **2** ほどけた, ばらばらの, ばら〔売り〕の: ~ Blätter とじていない紙, ルーズリーフ ‖ das Geld ~ in der Tasche haben お金をばらでポケットにいれている | Tee ~ und in Packungen vorrätig haben お茶を量り売りと缶〈袋〉入りの両方で売っている. **3**《話》軽はずみな, だらしない; たちの悪い, 厚顔な: Du *Loser*!

この性悪者め | ein ～*s* Mädchen はすっぱ娘 | einen ～*n* Mund haben (→Mund 1) | ein ～*r* Streich 悪質ないたずら | ein ～*r* Vogel《話》ひょうきんもの, だらしないやつ, 若造. [<los]

Lọ·se[ló:zə] 女 -/-n〘海〙ロープのたるみ〈たるんだ部分〉: die ～ durchholen ロープをぴんと張る | ～ geben ロープをゆるめる.

Lọ·se·blatt≠aus·ga·be[lo:zəblát..] 女 ルーズリーフ版(法令集などに用いられる). **≠buch·hal·tung** 女〘商〙ルーズリーフ式簿記法.

Lö̤·se·geld[lǿ:zə..] 中 身代金;〘聖〙あがない代(しろ):〔ein〕～ fordern 〈erpressen〉身代金を要求する〈脅し取る〉. [<lösen]

lọs|ei·sen[ló:s|aɪzən][1]《02》他 (h) **1** (船を)氷の中から引き出す. **2**《話》**a)**《*jn.* von *et.*[3]》手〈縁〉を切らせる, 解放する: *jn.* von einer Frau ～ …に女と手を切らせる | *jn.* aus dem Gefängnis ～ …をとらわれの身から救い出す ‖ 再帰 *sich*[4] von einer Verpflichtung ～ 義務から解放される. **b)**《*et.*[4] bei *jm.*》(…を…から)うまいこと〈苦労して〉引き出す:〔bei *jm.*〕was ～〔…のところで〕いくらか〔のお金を〕調達する.

Lö̤·se·mit·tel[lǿ:zə..] ＝Lösungsmittel

lọ·sen[1][ló:zən][1]《02》自 (h)《um *et.*[4]》くじ〔引き〕で決める: mit *jm.* um das Geld ～ …を相手にくじ引きで金(かね)の所有を決める | Wir haben〔darum〕*gelost*, wer gehen soll. だれが行くか くじで決めた ‖〘結果を示す語句と〙再帰 *sich*[4] frei 〈fest〉～〘軍〙抽選で任務をのがれる〈任務に就かされる〉. [*mhd.*; <Los]

lọ·sen[2][－]《02》自 (h)《南部・オーストリア・スイス》耳を澄ます, 立ち聞きする. [*ahd.*; ◇laut, lauschen; *engl.* listen]

lö̤·sen[lǿ:zən][1]《02》 **I** 他 (h) **1**《*et.*[4] von *et.*[3]》(くっつけられているものを…から)はがす, 引き離す: eine Briefmarke vom Umschlag ～ 切手を封筒からはがす | den Kahn vom Ufer ～ (綱を解いて)小舟を岸から離す | den Blick nicht von *et.*[3] ～ können …に目が釘(くぎ)づけになる | Das Denken ist nicht von der Sprache zu ～. 思考は言語と切り離すことができない | ein Blatt aus einem Buch ～ 本のページを1枚切り〈はぎ〉取る ‖ 再帰 *sich*[4] von einer Verpflichtung ～ 義務から解放される | *sich*[4] von der Partei ～ 脱党する | *sich*[4] von einem Gedanken nicht ～ können ある考えからのがれることができない | *sich*[4] aus der Gruppe 〈der Reihe〉～ 群れ〈列〉から離れる ‖ Ein Dachziegel hat sich plötzlich *gelöst*. 突然かわらが1枚はがれた.

2 (締めつけられているものを) **a)** 解きほどく: einen Knoten ～ 結び目を解く | die Haare ～ 結った髪をほどく | eine Gruppe ～ グループを解散する. **b)** ゆるめる: den Gürtel ～ ベルトをゆるめる | die Fesseln ～ 鎖〈縄〉を解いて自由の身にする | die Schraube 〈die Handbremse〉～ ねじ〈ハンドブレーキ〉をゆるめる | die Glieder ～ 手足の力を抜く | *jm.* die Zunge ～ (→Zunge 1 a) ‖ 再帰 *sich*[4] ～ ゆるむ | Die Spannung hat sich *gelöst*. 緊張がとけた | Ein Schuß hat sich[4] versehentlich *gelöst*. 銃が暴発した. **c)**《*et.*[4] in *et.*[3]》溶かす, 溶解させる: Salz in Wasser[3] ～ 塩を水に溶かす ‖ 再帰 *sich*[4] ～ 解ける, 溶解する | Salz *löst* sich leicht. 塩は水に溶けやすい | Ihre Spannung *löste* sich in Tränen[3]. 彼女は泣いているうちに緊張がとけた.

3 (問題などを)解決する, 解きあかす: eine Aufgabe ～ 課題を解く〈解決する〉| Die Gleichung 〈Das Rätsel〉wurde von ihm *gelöst*. 方程式〈なぞ〉は彼によって解かれた ‖ 再帰 Der Konflikt hat sich[4]〔von selbst〕*gelöst*. 紛争は〔自然に〕解決した.

4 (契約などを)解消する, 無効と宣言する: die Ehe 〈die Verlobung〉～ 結婚〈婚約〉を解消する.

5 a) (切符などを)買う: eine Fahrkarte 〈eine Theaterkarte〉～ 乗車券〈劇場の入場券〉を買う. [▽]**b)** (ある金額を)売却代金として得る: 100 Mark bei dem Verkauf von *et.*[3] ～ …を100マルクに換金する.

II ge·lö̤st → 別出

[*ahd.*; ◇los]

Lọ·ser[1][ló:zər] 男 -s/-〘狩〙(動物の)立った耳. [<lo-sen[2]]

Lo·ser[2][lú:zər] 男 -s/-《俗》負けてばかりいる人, だめな人, 負け犬. [*engl.*; *engl.* loser „Verlierer"]

lọs≠|fah·ren*[ló:s..]《37》自 (s)《話》**1** (乗り物で)出発する; (乗り物が)発進する: Um acht Uhr *fuhren* wir *los*. 8時に私たちは出発した | Das Auto *fuhr los*. 車が発車した. **2**《auf *jn.* 〈*et.*[4]〉/ gegen *jn.* 〈*et.*[4]〉》(…を)めがけて突進する, (…に)襲いかかる. **≠|gẹ·ben***《52》他 (h) (捕虜などを)釈放する, 放免する.

lọs|gẹ·hen*[ló:s..]《53》自 (s)《話》**1** 出発する, 出かける; 立ち去る: um 5 Uhr ～ 5時に出発する | *Geh los !* 消えうせろ | *Geh* mir *los* mit deinem Gerede! くだらぬおしゃべりは やめてくれ. **2**《auf *jn.* 〈*et.*[4]〉》(…に)つかみかかる, 襲いかかる: wie Kampfhähne aufeinander ～ シャモのようにつかみ合う | auf das Examen ～ 試験に立ち向かう. **3 a)** とれて落ちる, ゆるんではずれる: Ein Knopf ist *losgegangen*. ボタンが一つ取れた. **b)** (銃が)発射される, 暴発する; (手榴弾(りゅうだん)が)爆発する: Der Schuß *ging* zu früh *los*. 射撃が早すぎた. **4** (催し物・騒ぎなどが)始まる: Wann *geht* das Theater *los*? 芝居は何時に始まるのか | Da *ging* der Aufstand *los*. そこで暴動が起こった.

lọs≠|hạ·ben*[ló:s..]《64》他 (h)《話》《次の形で》〔**in** *et.*[3]〕**etwas** 〈**viel**〉**～** …についていささか〈大いに〉心得がある | Im Sport *hat* er viel *los*. 彼はスポーツが得意だ |〔**in** *et.*[3]〕**wenig** 〈**nichts**〉**～** …がほとんど〈全然〉できない | den Pfiff ～ (→Pfiff 3). **≠|hạ·ken** 他 (h) 鉤(かぎ)からはずす. **≠|hau·en***《67》《話》**I** 他 (h) 切り〈たたき〉落とす. **II** 自 (h)《auf *jn.*》(…に向かって)打ち〈切り〉かかる. **≠|heu·len** 自 (h) **1** ほえ〈うなり〉始める. **2**《話》ワッと泣きだす.

Lọs·kauf[ló:s..] 男 身代金を払うこと, 請け出し.

lọs≠|kau·fen 他 (h) 身代金を出して自由の身にしてやる, 請け出す: einen Gefangenen ～ 身代金を払って捕虜を救い出す ‖ 再帰 *sich*[4] ～ 金を払って自由の身〈兵役免除〉になる. **≠|ket·ten**《01》他 (h) (犬などを)鎖から離して自由にしてやる. **≠|knal·len**《俗》**I** 他 (h) 発射する, 撃ち始める. **II** 自 (s) 爆発する. **≠|knüp·fen** 他 (h) (結び目などを)解く, ほどく. **≠|kom·men***《80》自 (s)《話》離れ去る, のがれ去る, 免れる, 自由になる: beim Start gut ～ うまいスタートを切る ‖ von einer fixen Idee nicht ～ 固定観念から逃れられない | Sie *kommt* von ihm nicht *los*. 彼女は彼から逃れられない〈彼を捨てきれない〉. **≠|kop·peln**《06》他 (h) (猟犬・馬などを)解き放つ; (連結車両などを)切り離す. **≠|krie·gen** 他 (h) **1** (苦労して・なんとかして)解き〈引き〉離す, 取りはずす. **2**《話》《*et.*[4]》売り払う, 手離す;《*jn.*》やっかい払いする. **≠|la·chen** 自 (h) 急に笑いだす: laut ～ 大声で笑い出す.

lọs|las·sen*[ló:s..]《88》他 (h) **1** (つかんでいたものを)離す, 去るにまかせる, ゆるめる, 繰り出す; 解放する: *Laß* mich *los*! 私を離してくれ | *js.* Hand ～ …の手を離す | Dieses Problem *läßt* mich nicht mehr *los*. この問題がもはや私の頭から離れない. **2 a)** (猟犬・鳥などを)〔解き〕放つ, (捕虜・囚人などを)解放〈釈放〉する: den Hund von der Kette ～ 犬を鎖から解き放つ ‖ den Hund auf *jn.* ～ 犬を…に向かってけしかける | *jn.* auf die Menschheit ～ (→Menschheit 1 a) ‖ wie *losgelassen* sein《俗》すっかり羽目をはずしている. **b)**《話》(手紙などを)書いて送る, (意見などを)表明する: einen Brief〔an die Behörde〕～〔役所に〕手紙を送りつける | eine Rede ～ 一席ぶつ.

lọs≠|lau·fen*[ló:s..]《89》自 (s)〔勢いよく〕走り出す. **≠|le·gen** 自 (h)《俗》ものすごい勢いでとりかかる: sofort mit der Arbeit ～ すぐさま〔猛烈に〕活動し始める | Nach kurzer Pause *legte* die Musik wieder *los*. しばらく中断したのち音楽がまたしきりに鳴り始めた | Als er das hörte, *legte* er aber *los*. 彼はそれを聞くと憤然と口を開いた.

lö̤s·lich[lǿ:slɪç] 形 溶ける, 溶解可能の;〘化〙〔可〕溶性の.

Lö̤s·lich·keit[–kaɪt] 女 -/ **1** löslich なこと. **2**〘化〙溶解度. [<lösen]

lọs|lö·sen[ló:s..]《02》他 (h) 引き〈切り〉離す, はがし取る: eine Briefmarke vom Umschlag ～ 切手を封筒からはがす | eine Abteilung vom Betrieb ～ ある部局を企業から独立させる ‖ *et.*[4] *losgelöst* betrachten …を他のものと切り離して観察する ‖ 再帰 *sich*[4] aus der Gruppe ～ グループから離れる | Ein Blatt *löste* sich〔vom Zweig〕*los*. 葉が

1 枚枝から落ちた.

Los·lö·sung 女 -/-en loslösen すること.

los≠|ma·chen[ló:s..] **I** 他 (h) 《俗》離す, 解き離す; 放免する: ein Boot ～ ボートのもやい綱を解く | ein Brett ～ 板を 1 枚はがし取る | einen 〈etwas〉 ～ ぞんぶんに楽しむ, 陽気にさわぐ ‖ 再帰 *sich*[4] von *et.*[3] ～ …から免れる〈自由になる・抜け出る〉| *sich*[4] von Verpflichtungen ～ 義務を免れる | Ich kann mich nicht ～. 私は〔いま〕手が放せない | Der Hund hat sich von der Kette *losgemacht*. 犬が鎖から抜け出した. **II** 自 (h) **1** 〘海〙(船が)岸を離れる, 出航する. **2** 《話》急ぐ, さっさと…する: *Mach* mal endlich *los*! いいかげんにさっさとやれ. ≠|**mar·schie·ren** 自 (s) 行進し始める: auf eine Stadt 〈ein Ziel〉 ～ 町〈目標〉に向かって行進を始める. ≠|**plat·zen** 《02》自 (s) 《話》**1** (こらえきれなくなって)突然口を開く; 急に笑い出す, ふき出す. **2** (あらしなどが)突如として始まる: Der Regen *platzte los*. 急に雨が降りだした. ≠|**re·den** 《01》自 (h) **1** 《話》しゃべり始める. **2** 《auf *jn.*》(…に向かって)しゃべる: aufeinander ～ 互いにしゃべりあう. ≠|**rei·ßen*** 《115》**I** 他 (h) 《*et.*[4] von *et.*[3]》引きちぎる, もぎ離す: Der Sturm hat viele Ziegel *losgerissen*. あらしで瓦(かわら)が幾枚も吹きとばされた ‖ 再帰 *sich*[4] von *et.*[3] ～ …から身をもぎ離す | Der Hund hat sich 〔von der Leine〕 *losgerissen*. 犬は綱を引きちぎって逃げた | Er konnte sich von dem schönen Anblick kaum ～. 彼はそのみごとな眺めに立ち去りがたい思いだった. **II** 自 (s) 引きちぎれる. ≠|**ren·nen*** 《117》自 (s) **1** (勢いよく)走り出す. **2** 《auf *jn.* 〈*et.*[4]〉》(…に)向かって突進する.

Löß[lœs] 男 Lösses / Lösse (ｽｲ: [lø:s] 男 -es/-e) 〘地〙黄土(おうど): ～ ablagern 〈anwehen〉 黄土を堆積(たいせき)する. [＜lösch „locker" (◇los)]

los|sa·gen[ló:s..] 他 (h) 再帰 *sich*[4] von *et.*[3] 〈*jm.*〉 ～ …との関係を断つ, …を見捨てる | *sich*[4] von einer Religion 〈einer Partei〉 ～ 棄教〈脱党〉する | *sich*[4] von *seinem* Sohn 〈*seinen* Eltern〉 ～ 息子〈両親〉との縁を断つ.

Los·sa·gung 女 -/-en 絶縁, 絶交; 脱党, 脱会; 断念.

Los·schei·be 女 (Leerscheibe) 〘工〙遊び車.

los≠|schie·ben*[ló:s..] 《134》自 《話》**1** (s) 立ち去る, ずらかる. **2** (h) 踊り始める. ≠|**schie·ßen*** 《135》自 《話》**1** (s) **a**) 突然走り始める. **b**) 《auf *et.*[4] 〈*jn.*〉》(…に向かって)突進する, (…に)襲いかかる. **2** (h) **a**) 撃ち始める, 発砲する. **b**) しゃべり始める; せかせかと話す〈報告する〉: *Schieß los* mit deiner Geschichte! さっさと君の話を聞かせろ. ≠|**schla·gen*** 《138》**I** 自 (h) **1** 《話》《auf *jn.*》(…に) なぐりかかる: aufeinander ～ なぐり合う. **2** (軍隊が)戦闘を開始する. **II** 他 (h) **1** (こびりついたものなどを)たたいて落とす. **2** 《話》売りとばす, さばく: Ware 〔billig〕 ～ 品物をたたき売りで処分する. ≠|**schnal·len** 他 (h) **1** 《*et.*[4]》締め金〈ベルト〉をゆるめて(…を)取りはずす. **2** 《*jn.*》(…の着用している)締め金〈ベルト〉をはずす: 再帰 *sich*[4] ～ 座席ベルトをはずす. ≠|**schrau·ben** 他 (h) 《*et.*[4]》〘工〙(…の)ねじをはずす.

Lös·se Löß の複数.

lö·ßig[lø:sıç][2] 形 黄土(おうど)のような.

Löß·kin·del[lœskındəl; ｽｲ: lø:s..] 中 -s/- 〘地〙黄土人形〈小僧〉. [＜Kind]

los|spre·chen*[ló:s..] 《177》他 (h) **1 a**) 《*jn.* von *et.*[3]》(…が負っている義務や契約を)解除する, 免除する: *jn.* von einer Verpflichtung ～ …を義務から解放する. **b**) 《*jn.*》〘宗〙(…に)罪の赦免を与える. **2** 《*jn.*》一人前の職人であると宣言する.

Los·spre·chung 女 -/-en lossprechen すること.

los≠|spren·gen[ló:s..] **I** 他 (h) 爆破させて取り除く〈ゆるめる〉. **II** 自 (s) すばやく馬で立ち去る. ≠|**sprin·gen*** 《179》自 (s) **1** 《話》(ボタンなどが)〔突然〕取れてはじけ飛ぶ. **2** 《auf *jn.*》(…に)とびかかる. ≠|**steu·ern** 《05》自 (s) 《auf *et.*[4] 〈*jn.*〉》(…に向かって)まっしぐらに進む: auf den Hafen ～ 一路港に向かう | auf einen neuen Krieg ～ 《比》あらたな戦争の準備をする. ≠|**stür·men** 自 (s) **1** 突進し始める. **2** 《auf *jn.* 〈*et.*[4]〉》(…に向かって)突進〈殺到〉する. ≠|**stür·zen** 《02》自 (s) 《話》**1** 急いで〈大あわてで〉立ち去る. **2** 《auf *jn.* 〈*et.*[4]〉》(…に向かって)突進〈殺到〉する.

Lost[lɔst] 男 -〔e〕s/ 〘化〙マスタードガス, ロスト(毒ガスの一種. 硫化ジクロルジエチル. イペリットとも言う). [＜*Lo*mmel＋*St*einkopff (共同開発者)]

Los·tag[ló:s..] 男 -〔e〕s/-e **1** (民間信仰で)一年の天候を予知できる運命の日. **2** 《複数で》〘ｷﾘｽﾄ教〙クリスマスと御公現の祝日(1月6日)の間の12夜. [＜Los]

los≠|tren·nen[ló:s..] 他 (h) 切り離す, 分離する: 再帰 *sich*[4] ～ 離れる, 離脱する. ≠|**tre·ten*** 《194》他 (h) 《*et.*[4]》(不注意から岩石の一部などを)踏んで折り取る; 《比》(意図せずに問題などを)引き起こす | eine Lawine ～ (→Lawine 1).

Los·trom·mel 女 回転式抽選器.

Lo·sung[1][ló:zʊŋ] 女 -/-en **1** くじを引くこと, 抽選. **2** 標語, スローガン: eine ～ im Sprechchor rufen シュプレヒコールでスローガンを唱える. **3** 〘軍〙合言葉, 暗号: die ～ ausgeben 合言葉をきめる | die ～ nennen 合言葉を言う. **4** 〘宗〙(日々となえる)聖書の金言. [*mhd.* (◇Los)]

Lo·sung[2][‒] 女 -/ 〘狩〙(野獣や猟犬の)糞(ふん). [＜losen „Kot loslassen" (◇los)]

Lo·sung[3][‒] 女 -/-en 〘商〙(日々の)収入, 売上高.

Lö·sung[lø:zʊŋ] 女 -/-en **1** 解決, 処理; 答え, 解決策: eine ～ des Problems 〈des Konflikts〉 問題〈紛争〉の解決 | Not*lösung* 間に合わせの〈暫定的な〉解決策 | Patent*lösung* (絶対確実な)最良の解決策 ‖ keine ～ finden 解決策が見つからない | eine richtige ～ vorlegen 正解を出す. **2** (契約・関係などの)解消, 取り消し. **3** 〘化〙**a**) 溶解: in ～ gehen 溶解する. **b**) 溶液: eine gesättigte ～ 飽和溶液 | Alkali*lösung* アルカリ性溶液. **4** ゆるむこと; 分離, 解散; 〘心〙弛緩(しかん).

Lö·sungs≠mit·tel 中 〘化〙溶剤, 溶媒. ≠**übung** 女 〘体育〙解緊運動.

Lo·sungs·wort[ló:zʊŋs..] 中 -〔e〕s/-e 合言葉: das ～ rufen 〈verlangen〉 合言葉を言う〈言わせる〉.

Los·ur·ne[ló:s..] 女 (くじ引き用の)くじ箱.

los|wer·den*[ló:s..] 《208》他 (s) 《*et.*[4]》**1** (…から)まぬがれる, のがれる, (…を)脱する; (…を)やっかい払いする: eine Befürchtung nicht ～ 〔können〕 心配を捨てきれない | den Schnupfen nicht ～ 鼻風邪がなかなか治りきらない | So schnell wirst du mich nicht ～. そんなに簡単におれをやっかい払いするわけにはいかないぞ. **2** 《話》(不要なものを)売り払う〔ことに成功する〕: die alten Sachen ～ がらくたを売り払う. **3** 《話》失う, 取られる: viel Geld ～ 金(かね)をたくさん遣う | eine Tasche ～ カバンを紛失する.

★ 不定詞・分詞以外は 2 語に書く.

los≠|wer·fen* 《209》**I** 他 (h) 〘海〙(もやい綱などを)解く. **II** 自 (h) 〘海〙(船が)岸を離れる, 出航する. ≠|**wickeln** 《06》他 (h) ほどく, 解く: 再帰 *sich*[4] ～ ほどける, 解ける; 《比》脱却〈離脱〉する. ≠|**zie·hen*** 《219》自 《話》**1** (s) 出発する, 出かける, 繰り出す: gemeinsam in die Wälder ～ うちそろって森へ出かける | zum Tanzen ～ ダンスをしに繰り出す. **2** (h) 《über 〈gegen〉 *jn.*》こき下ろす, (…の)悪口を言う. ≠|**zit·tern** 《05》自 (s) 《話》(losgehen) 出かける, 出発する.

Lot[1][lo:t] 人名 〘聖〙ロト (Abraham の甥(おい)). [*hebr.*]

Lot[2][‒] 中 -〔e〕s/-e **1** (Senklot) 〘工〙(鉛直を決める)下げ振り〔の分銅〕; (Tiefenlot) 〘海〙測鉛: das ～ 〔aus〕werfen 測鉛を水中に下ろす | *et.*[4] mit dem ～ messen …を下げ振り〈測鉛〉で測る.

2 a) 《単数で》鉛直: ***et.*[4] aus dem ～ bringen** 《比》…を正常でなくする | ***jn.* aus dem ～ bringen** 《比》…の頭を混乱させる | **aus dem ～ sein** (柱などが)傾いている; 《比》正常でない; (人が)健康でない | **im ～ sein** 《比》きちんとしている, 正常である; (人が)元気である | Mit ihm ist etwas nicht im ～. 彼は少々どうかしている | ***et.*[4] ins ～ bringen 〈kriegen〉** 《比》…を正常にする, …を修復する | ***jn.* ins 〔rechte〕 ～ bringen** 《比》…の理性を回復させる | **〔wieder〕 ins ～ kommen** 《比》〔ふたたび〕正常になる; (人が)〔ふたたび〕元気になる. **b**) 〘数〙垂線: ein ～ auf *et.*[4] fällen 〈auf *et.*[3] errichten〉 …に垂線を下ろす〈立てる〉.

3 a) 〘工〙はんだ, 白鑞(しろめ). **b**) 《単数で》〘狩〙鉛: Kraut

L

und ～ (→Kraut¹ 6).
4《無変化で》ロート(昔の重量単位: 約16 g, 今日ではコーヒーなどに用いる. また古くは銀貨などの純度: $^1/_{20}$の含有量): ein ～《比》ほんの少々 | Von ihnen gehen fünf 〈hundert〉 auf ein ～.《比》彼らはたいしたことはない | Freunde in der Not gehen hundert 〈tausend〉 auf ein ～.《諺》友人もいざとなると当てにならぬ.
[*kelt.*－*westgerm.* „Blei"; ◇ *engl.* lead]

löt·bar[lǿ:tba:*r*] 形 はんだ付け(鑞(ろう)付け)の可能な.

Lot·blei[ló:t..] 中《海》測鉛.

lo·ten[ló:tən]《01》他 (h)《工》(下げ振り・水準器などで)鉛直を確かめる;《海》(測鉛で)深さを測る: *et.*⁴ in die Tiefe ～《比》…を徹底的に探究する.

lö·ten[lǿ:tən]《01》他 (h) はんだ付け(鑞(ろう)付け)する(→図).

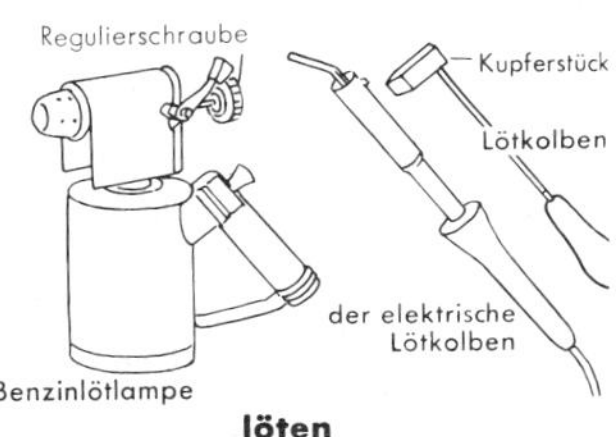

löten

Lo·thar[ló:tar; まれ: lotá:*r*] 男名 ロータル. [< *ahd.* hlūt „laut, berühmt"+heri „Heer"; ◇ Luther; *engl.* Lothair]

Loth·rin·gen[ló:trıŋən] 地名 ロートリンゲン(フランス北東部にある地方ロレーヌ Lorraine のドイツ語形. ドイツとの係争地). [*ahd.*]

Loth·rin·gen·kreuz ＝Doppelkreuz 1

Loth·rin·ger[..ŋə*r*] **I** 男 -s/- ロートリンゲンの人. **II** 形《無変化》ロートリンゲンの: das ～ Kreuz (→lothringisch).

loth·rin·gisch[..ŋıʃ] 形 ロートリンゲンの: das ～*e* Kreuz ロレーヌ〈総主教〉十字架.

..lötig[..lǿ:tıç]²《数詞につけて「…ロートの」を意味する形容詞をつくる: →Lot² 4): sechzehn*lötiges* Silber 16 ロート($^{16}/_{20}$)の銀.

▽**Lö·tig·keit**[lǿ:tıçkaıt] 女 -/ ロート分(→Lot² 4).

Lo·tion[lotsió:n] 女 -/-en ([lóuʃən] 女 -/-s) ローション, 化粧水. [*spätlat.*－*fr.*; < *lat.* lavāre (→lavieren²)]

Löt≠kol·ben[lǿ:t..] 男 **1**《工》はんだ鏝(ごて)(→図 löten). **2**《戯》(飲んべえ特有の)赤い鼻. **≠lam·pe** 女 (はんだ付け用の)トーチ〈ブロー〉ランプ.

Lot·lei·ne[ló:t..] 女《海》測鉛線〈索〉.

Löt≠me·tall[lǿ:t..] 中 はんだ合金, 鑞(ろう). **≠naht** 女 ＝Lötstelle **≠ofen** 男《工》はんだごてを熱する炉.

Lo·tos[ló:tɔs] 男 -/- 《植》ハス(蓮)(美と純潔の象徴). [*semit.*－*gr.*－*lat.* lōtos, lōtus]

Lo·tos≠blu·me 女 ＝Lotos **≠blü·te** 女 ハスの花. **≠sitz** 男 (ハスの花の形への連想から)あぐら: im buddhistischen ～ 仏教徒のように趺坐(ふざ)して.

lot·recht[ló:t..] 形 垂直〈鉛直〉な. [< Lot²]

Löt·rohr[lǿ:t..] 中《化・工》吹管.

Löt·rohr·pro·be 女《化》吹管分析〈試験〉.

Lot·se[ló:tsə] 男 -n/-n《海》水先案内人, パイロット;《比》道案内役: Flug*lotse* 航空管制官 | einen ～*n* anfordern 水先案内人の派遣を要請する. [*engl.* loads-man „Geleitsmann"－*ndl.*; ◇ leiten]

lot·sen[ló:tsən]《02》他 (h) **1**《海》(船を)水先案内する;《空》(飛行機を管制塔から)誘導する;《比》《*jn.*》道案内する. **2**《話》(説き伏せて)つれて行く: *jn.* in die Kneipe ～ …を居酒屋につれこむ | *jm.* das Geld aus der Tasche ～ (→Geld 1).

Lot·sen≠boot 中《海》水先〔案内〕船. **≠fisch** 男《魚》ブリモドキ(鰤擬)(サメ類との相利共生魚として知られ, パイロットフィッシュとも呼ばれるアジ科の魚). **≠ge·bühr** 女, **≠geld** 中 水先案内料. **≠sta·tion** 女 水先案内人詰め所. **≠zwang** 男 -〔e〕s/《海》(港内などでの)水先案内人依頼義務.

Löt·stel·le[lǿ:t..] 女 はんだ付け(鑞(ろう)付け)個所. [< löten]

Lot·te[lɔ́tə] 女名 (< Charlotte) ロッテ.

▽**Lot·ter**[lɔ́tə*r*] 男 -s/- ＝Lotterbube

Lot·ter≠bett[lɔ́tə*r*..] 中 **1**《軽蔑的に》夫婦の寝床; 情事に使われるベッド. ▽**2** (Sofa) ソファー, 長いす: auf dem ～ liegen《比》のらくらしている, 怠け者である. **≠bu·be** 男《話》怠け者, 役たたず, 遊び人.

Lot·te·rei[lɔtəráı] 女 -/-en 怠惰, 無精; (性的に)だらしない生活〈行動〉. [< lotterig]

Lot·te·rie[lɔtərí:] 女 -/-n[..rí:ən] 富くじ: ～ 〈in der ～〉 spielen 富くじで賭(か)ける ‖ **die reinste ～ sein**《話》全くあてにならない. [*ndl.* loterije „Verlosung"; ◇ Los]

Lot·te·rie≠ein·neh·mer 男 富くじ販売〈引受〉人. **≠ge·winn** 男 富くじの賞金. **≠los** 中 富くじ〔の券〕. **≠spiel** 中 富くじでの賭(か);《比》運しだい〔のこと〕.

lot·te·rig[lɔ́tərıç]² (**lott·rig**[..trıç]²) 形《話》だらしのない; 怠け者の;《南西部・スイス》すき間のある. [*ahd.* lotar „locker"; ◇ schlottern, schlummern]

Lot·te·rig·keit[..kaıt] 女 -/-en lotterig なこと.

Lot·ter·le·ben[lɔ́tə*r*..] 中 -s/ 怠惰な生活: ein ～ führen のらくら暮らす.

lot·tern[lɔ́tə*r*n]《05》自 (h)《方》のらくら暮らす;《南西部・スイス》すき間ができる.

Lot·ter·wirt·schaft 女 -/ だらしない家計; 放漫財政.

Lot·to[lɔ́to·] 中 -s/-s **1** (Zahlenlotterie) ロット(数字の組み合わせによる富くじ): im ～ tippen 〈gewinnen〉 ロットで賭(か)ける〈もうける〉. **2** ロット(賭金制のカードゲームの一種). [*fr.* lot „Los"－*it.* lotto; ◇ Los]

Lot·to≠an·nah·me·stel·le[lɔ́to..] 女 富くじ販売〈引き換え〉所. **≠ge·sell·schaft** 女 富くじ発行会社. **≠kol·lek·tur** 女《オーストリア》＝Lottoannahmestelle **≠kö·nig** 男《話》富くじで大当たりした人. **≠schein** 男 富くじ券. **≠zah·len** 複 富くじの当たり番号.

lott·rig ＝lotterig

Lo·tung[ló:tʊŋ] 女 -/-en《海》(測鉛による)水深測量.

Lö·tung[lǿ:tʊŋ] 女 -/-en《工》はんだ付け, 鑞(ろう)付け.

Lo·tus[ló:tʊs] 男 -/- ＝Lotos

Lo·tus≠blu·me 女 ＝Lotos **≠pflau·me** 女《植》マメガキ(豆柿), シナノガキ(信濃柿).

Löt≠was·ser[lǿ:t..] 中 **1**《工》はんだ液. **2**《話》火酒. **≠zinn** 中 鑞(ろう)付け用すず合金.

Louis[lú:i·] **I** [また: lwi] 男名 ルーイ. **II** 男 -[-, lú:i:s]/-[lú:is]《話》(Zuhälter)(売春婦の)ひも. [*fr.*; ◇ Ludwig]

Louis·dor[luidó:*r*] 男 -s/-e (《オーストリア》: -s)(単位: -/-) ルイドール(昔のフランス金貨). [*fr.*; < *fr.* or „Gold"]

Louis-qua·torze[lwikatɔ́rz] 中 -/《美》ルイ十四世(在位1643-1715)様式(特に家具のバロック様式). [*fr.*; ◇ quadri.., dezi..]

Louis-quinze[..kɛ̃:z] 中 -/《美》ルイ十五世(在位1715-74)様式(特に家具のロココ様式: → 図 Stilmöbel). [*fr.*; ◇ fünf]

Louis-seize[..sɛ́:z] 中 -/《美》ルイ十六世(在位1774-92)様式(特に家具の擬古典様式への移行: → 図 Stilmöbel). [*fr.*; ◇ sechs]

Lounge[laʊndʒ] 女 -/-s[..dʒız] (ホテル・空港などの)社交〈休憩〉室, ラウンジ, ロビー. [*engl.*]

Lourdes[lurd, lʊrt] 地名 ルルド(南フランスにある巡礼地. この泉の水に霊験があるとされている): das ～-Wasser ルルドの霊水.

Loure[lu:*r*] 女 -/-n[lú:rən]《楽》ルール(17-18世紀の 4 分の 6 拍子の舞曲). [*fr.*]

der **Lou·vre**[lu:vr, lú:vrə]《城郭名》男 -〔s〕/ ルーブル(フランス, Paris にある旧王宮で, 現在は美術館). [*fr.*]

L

Lö·we[lø:və] 男 -n/-n (⊛ **Lö·win**[..vɪn]-/-nen; 小 **Löw·chen**[lø:fçən] 中 -s/-) **1 a)** 〘動〙ライオン, 獅子(し): wie ein ~ brüllen 〈kämpfen〉 ライオンのように大声でどなる〈勇敢に戦う〉| *sich*[4] in die Höhle des ~*n* begeben 〈wagen〉 (→Höhle 1) | den Kopf in den Rachen des ~*n* stecken 頭をライオンの口へ突っこむ; 《比》命にかかわる危険を冒す | **den schlafenden ~*n* 〔auf〕wecken** 眠っている獅子を起こす; 《比》わざわざ危険なことをする | An den Klauen erkennt man den ~*n*. (→Klaue 1 a). **b)** 《比》花形, 中心人物, スター: **der ~ des Tages 〈des Abends〉 sein** その日〈晩〉のヒーロー(中心人物)である | Er war der ~ des Salons. 彼はサロンの中心だった.

2 a) 〘紋〙ライオン図形(→ ⊛ Wappen f). **b)** 〘天〙獅子(し)座(首星は Regulus); 〘占星〙獅子宮(黄道十二宮の一つ): →Fisch 1 b | der Große 〈der Kleine〉 ~ 大〈小〉獅子座. [*gr.* léōn–*lat.* leō–*ahd.*; ◇Leu[2], Lew; *engl.* lion]

Lö·wen[lø:vən] 地名 ルーヴァン(ベルギーの都市. Leuven, Louvain のドイツ語形).

Lö·wen≈äff·chen[lø:vən..] 中 〘動〙シシザル(獅子猿), ライオンタマリン. **≈an·teil** 男 いちばん大きな部分, 獅子の分け前(イソップの寓話に由来する). **≈bän·di·ger** 男 ライオン使い〈調教師〉: den ~ spielen 《話》なだめ役にまわる. **≈gru·be** 女 ライオンのすむほら穴. **≈haut** 女 ライオンの皮: ein Esel in der ~ (→Esel 1). **≈herz** 中 (ライオンのような)豪胆な心: ein ~ haben 豪胆である. **≈höh·le** 女 **1** ライオンのすむ穴. **2** 《戯》(煙ったい)上役のいる部屋. **≈jagd** 女 ライオン狩り. **≈mäh·ne** 女 **1** ライオンのたてがみ. **2** 《話》豊かで長いもじゃもじゃの髪. **≈männ·chen** 中 ライオンの雄. **≈maul** 中 -〔e〕s/ , **≈mäul·chen** 中 -s/ 〘植〙キンギョソウ(金魚草). **≈mut** 男 (ライオンのような)豪胆な勇気. **≈schwanz** 男 =Herzgespann 1

lö·wen·stark 形 (ライオンのように)非常に強い.

Lö·wen≈stär·ke[lø:vən..] 女 (ライオンのような)すごい強さ. **≈stim·me** 女 -/ (ライオンのような)大声. **≈weib·chen** 中 ライオンの雌. **≈zahn** 男 -〔e〕s/ 〘植〙タンポポ(蒲公英)属. **≈zwin·ger** 男 ライオンの檻(おり); ライオンを飼う囲い地.

Lö·win Löwe の女性形.

Lo·xo·dro·me[lɔksodró:mə] 女 〘数・海〙ロクソドローム曲線, 航海線. [<*gr.* loxós „schief"+drómos „Lauf"]

lo·xo·go·nal[..goná:l] 形 (schiefwinklig) 〘数〙斜角の. [<*gr.* gōnía (→Gon)]

loy·al[loajá:l] 形 (↔illoyal) (国・法律などに)忠節〈忠実〉な, 忠誠心のある; 誠実〈律義〉な; 公正〈公平〉な: ein ~*er* Staatsbürger 忠実な〈遵法精神に富んだ〉国民 ‖ einen Vertrag ~ einhalten 契約を忠実に守る. [*lat.* lēgālis–*fr.*; ◇legal]

Loya·li·tät[loajalitɛ́:t] 女 -/ (国・法律などへの)忠誠, 遵法; 誠実; 公正.

Lo·yang[ló:jaŋ] =Lojang

ᵛ**lo·zie·ren**[lotsí:rən] 他 (h) **1** (*et.*[4]) 《方向を示す語句と》(…を…へ)置く; 組み込む, 組み入れる. **2** (verpachten) 賃貸しする. [*lat.*; <*lat.* locus (→lokal); ◇Lokation; *engl.* locate]

LP[1][ɛlpé:] 略 =**L**äuten und **P**feifen 〘鉄道〙ベルと笛(出発の合図).

LP[2][−] 女 -/-〔s〕 LP レコード. [*engl.*; <*engl.* *l*ong-*p*laying record „Langspielplatte"]

LPG[ɛlpe:gé:] 略 女 -/-〔s〕=**L**andwirtschaftliche **P**roduktions**g**enossenschaft (旧東ドイツの)農業生産協同組合; 集団農場.

Lr[ɛl|ɛ́r, loréntsium] 記号 (Lawrencium) 〘化〙ローレンシウム.

l. s. (**L. S.**) 略 =loco sigilli

LSD[ɛl|ɛsdé:] 略 中 -〔s〕/ =**L**yserg**s**äure**d**iäthylamid エルエスディー(幻覚剤の一種).

lt. 略 =laut II

Lt. 略 =Leutnant

Ltd. 略 =limited

Ltn. 略 =Leutnant

Lu[1][ɛl|ú:, luté:tsium] 記号 (Lutetium) 〘化〙ルテシウム.

Lu[2][lu:] 女名 (<Luise) ルー.

Lü·beck[lý:bɛk] 地名 リューベック(ドイツ北部, バルト海沿岸の港湾都市. かつてのハンザ同盟都市). [*slaw.* Liubice]

Lü·becker[..kər] **I** 男 -s/- リューベックの人. **II** 形 《無変化》リューベックの: die ~ Bucht リューベック湾.

lü·beckisch[..kɪʃ] 形 , **lü·bisch**[lý:bɪʃ] 形 リューベックの.

Luch[lu:x] 女 -/Lüche[lý:çə]; 中 -〔e〕s/-e 《北部》(Sumpf) 沼沢地, 湿地. [*mndd.*]

Luchs[lʊks] 男 -es/-e **1** 〘動〙オオヤマネコ(大山猫): **Augen 〈Ohren〉 wie ein ~ haben** 鋭敏な目〈耳〉を持っている | wie ein ~ aufpassen (→aufpassen I 1) | Er ist ein richtiger ~. 彼は実に抜け目がない. **2** オオヤマネコの毛皮. **3** der ~ 〘天〙山猫座. [*ahd.*; ◇licht[2], Unze[2]; *gr.* lýgx „Luchs"; *engl.* lynx]

Luchs·au·ge[lóks..] 中 (オオヤマネコのような)鋭い目: mit ~*n* *et.*[4] verfolgen …を鋭く目で追う.

luch·sen[lóksən] 《02》 **I** 自 (h) 《話》《nach *et.*[3]》(…をじっと)うかがい見る, 見張る. ᵛ**II** 他 (h) =abluchsen

Lucht[lʊxt] 女 -/-en 《北部》 **1** 屋根裏部屋. **2** (Luft) 空気. [*mndd.*; ◇Luft; *engl.* loft]

Lücht[lʏçt, ly:çt] 女 -/-en 《北部》(Leuchte) あかり, 灯火.

lüch·ten[lʏ́çtən, lý:çtən] **I** 《01》 自 (h) 《北部》(leuchten) 光る, 輝く. **II Lüch·ten** 中 -s/- 《北部》(Blitz) いなずま, 電光. [<leuchten]

luch·tig[lóxtɪç][2] 形 , **lüch·tig**[lʏ́ç..] 形 《北部》風の通る, 寒い. [<Lucht]

Lücht·män·ne·ken[lʏ́çtmɛnəkən, lý:çt..] 中 -s/- 《北部》(Irrlicht) 鬼火.

Lu·cia[lú:tsia·] 女名 (<Lucius) ルーツィア.

Lu·cie[..tsiə] 女名 ルーツィエ.

Lu·cin·de[lutsíndə] 女名 ルツィンデ.

Lu·cius[lú:tsiʊs] 男名 ルーツィウス. [*lat.*; ◇Lux]

Lücke[lýkə] 女 -/-n **1** すきま, 間隙(かんげき); 割れ〈裂け〉目: eine große 〈schmale〉 ~ 大きな〈ちょっとした〉すきま | die ~ zwischen den Häusern 家と家との狭い間隔 | Zahn*lücke* 歯と歯のすきま ‖ eine ~ in der Mauer ausfüllen 塀の亀裂(きれつ)をふさぐ | *et.*[4] 〔~〕 auf ~ stellen 《話》…を交互に並べる ‖ Hier klafft eine ~. ここにはすきまがある.

2 欠落個所〈部分〉, 空所; 欠陥; 欠員: Bildungs*lücke* 教養上の欠落部分 ‖ die ~ füllen 空白を埋める | durch eine ~ des Gesetzes schlüpfen 法の網をくぐる | eine ~ in der Abwehr erblicken 〘球技〙防御のすきを見つける | Sein Tod hinterließ eine ~. 彼の死はかけがえのない損失だった | Der Krieg hat viele ~*n* gerissen. 戦争は多くの犠牲者を出した. [*ahd.*; ◇Loch, Luke]

Lücken·bü·ßer[lýkən..] 男 (すきま・空所を埋めるもの. 例えば:)(まにあわせの)代理人, ピンチヒッター; 埋め草(余白を埋める記事); 応急処置: den ~ spielen 代役をつとめる.

lücken·haft[..haft] 形 すきまのある; 欠陥のある, 不備〈不完全〉な: ~*e* Kenntnisse 不完全な知識.

Lücken·haf·tig·keit[..tɪçkaɪt] 女 -/ lückenhaft なこと.

lücken·los[lýkənlo:s][1] 形 すきまのない; 完全な, 遺漏のない: ein ~*es* Alibi 完全なアリバイ | *sich*[4] ~ aneinanderreihen ぎっしりと並ぶ.

Lücken·lo·sig·keit[..lo:zɪçkaɪt] 女 -/ lückenlos なこと.

Lücken≈sprin·ger =Kolonnenspringer **≈test** 男 〘心〙穴埋めテスト(知能検査の一種). **≈text** 男 (書式などの)空欄のある文章.

lückig[lýkɪç][2] 形 すきまのある.

Lu·cul·lus[lukúlʊs] 人名 ルクルス(前117–前57; 古代ローマの将軍. 豪奢(ごうしゃ)な生活を送ったことで知られる). [*lat.*]

lud[lu:t][1] laden の過去.

Lü·da[lỳdà] =Lüta

L

Lụ·de[lúːdə] 男 -n/-n《話》**1** (Zuhälter) (売春婦の)客引き, ひも. **2** よた者. [＜Ludwig; ◇Louis II]

lü̲·de[lýːdə] laden の接続法 II.

Lu̲·den·dorff[lúːdəndɔrf] 人名 Erich ～ エーリヒ ルーデンドルフ(1865-1937; 第一次大戦時のドイツ軍参謀次長).

Lu̲·der[lúːdər] 中 -s/- **1**《話》すれっからし, あばずれ〔女〕; (あわれむべき)やつ: ein armes ～ 貧乏人; あわれなやつ | ein dummes ～ ばか者; お人よし | ein feines ～ 身なりのいい人; 親切な人 | ein freches 〈unverschämtes〉 ～ 恥知らず | ein kleines ～ こましゃくれた小娘. **2**〖狩〗(野獣をおびき寄せるための)腐肉, 死肉. [*mhd.* luoder „Lockspeise"; ◇laden^2; *engl.* lure]

$^∇$**Lu̲·de·rer**[lúːdərər] 男 -s/- だらしない(自堕落な)人間.

lu̲·der·haft[lúːdərhaft] 形 ふしだらな, だらしない.

Lu̲·der·ja̲n[lúːdərjaːn] 男 -〔e〕s/-e ＝Liederjan

Lu̲·der·le̲·ben ＝Lotterleben

lu̲·dern[lúːdərn]《05》**I** 自 (h) **1** だらしない(不道徳な)生活をする. **2** 罵倒する, ののしる. **3**〖狩〗(野獣が)腐肉を食う. **II** 他 (h)〖狩〗(鳥獣をえさで)おびき寄せる;《比》誘惑する.

Lu̲·der·platz 男〖狩〗(鳥獣をおびき寄せるための)餌場.

Lu̲·di Ludus の複数.

Lu̲·dolf[lúːdɔlf] 男名 ルードルフ. [＜*ahd.* liut „Volk" (◇Leute)＋wolf (Wolf^3)]

Lu̲·dolfsch[-ʃ] 形 ルードルフの: die ～*e* Zahl〖数〗円周率(記号 *π*). [＜Ludolf van Ceulen (円周率を小数点以下35けたまで計算したオランダの数学者, †1610)]

Lu̲·dus[lúːdʊs] 男 -/..di[..diˑ] **1** 古代ローマの演劇祭. **2** 中世の宗教劇. $^∇$**3** 劇. [*lat.*; ＜*lat.* lūdere „spielen"]

Lu̲d·wig[lúːtvɪç] 男名 ルートヴィヒ. [＜*ahd.* hlūt „laut, berühmt"＋wīg „Kampf"; ◇Louis]

Lu̲d·wigs·ha̲·fen[lúːtvɪçshaːfən] 地名 ルートヴィヒスハーフェン(ドイツ南西部, Rhein 川に臨む工業都市). [Ludwig I. von Bayern (創建者, †1868)にちなむ]

Lu̲es[lúːɛs] 女 -/ (Syphilis)〖医〗梅毒: Hirn*lues* 脳梅毒. [*lat.* luēs „Seuche"; ◇Lysis]

lue̲·tisch[luéːtɪʃ] 形 梅毒〔性〕の.

Lụf·fa[lʊ́faˑ] 女 -/-s〖植〗ヘチマ(糸瓜). [*arab.*]

Lụf·fa·schwamm[lʊ́fa..] 男 ヘチマのたわし.

Luft[lʊft] 女 -/Lüfte[lʏ́ftə] (⑪ **Lüft·chen** → 別出, **Lüft·lein**[lʏ́ftlaɪn] 中 -s/-) **1**《ふつう単数で》(英: *air*) 空気, 大気;《比》雰囲気, 気配: frische 〈verbrauchte〉 ～ 新鮮な(濁った)空気 | kalte 〈warme〉 ～ 冷たい(暖かい)空気 | flüssige ～ 液体空気 | Preß*luft* 圧搾空気 | **eisenhaltige** ～《話》弾丸とび交う最前線〔の空気〕| Na, dann die gute ～!《話》こいつはえらいことに(いやなことに)なるぞ ‖〖主語として〗Die ～ erwärmt sich 〈kühlt sich ab〉. 空気が暖まる(冷える) | Die ～ hier ist zum Schneiden 〔dick〕.《話》ここの空気はおそろしく悪い | **Die ～ ist rein 〈sauber〉.** 空気がきれいだ;《話》ここなら大丈夫だ(のぞかれたり盗み聞きされたりする危険はない) | **Da ist 〈herrscht〉 dicke ～.**《話》どうもただならぬ気配だ, 雲行きが怪しいぞ, 危険が迫っているようだ ‖〖目的語として〗die 〔verbrauchte〕 ～ absaugen (換気扇が)〔悪い〕空気を吸い出す | die ～ erneuern 換気する | Der Reifen hat zu wenig ～. このタイヤには空気が足りない | Der Schlauch hält keine ～. このチューブは空気がもれる | frische ～ ins Zimmer hereinlassen (窓をあけて)新鮮な空気を室内に入れる | die ～ prüfen 〈nachsehen〉 (タイヤなどの)空気〔圧〕を調べる | die ～ aus dem Glas rauslassen《話》グラスに(酒などを)注ぎ足す | die ～ aus den Preisen rauslassen《話》多すぎるマージン(利ざや)を削る, まけさせる | die ～ reinigen 空気を浄化する;《話》険悪な空気をやわらげる ‖〖前置詞と〗**an** die frische ～ gehen 新鮮な空気を吸いにおもてに出る(→4) | **in der ～ liegen**《話》いまにも起こりそうな気配(けはい)がしている, 目前に迫っている | Eine Krise liegt in der ～. 危機が迫っている | *et.*^{4} **mit** ～ füllen …に空気を入れる(満たす) | Der Motor wird mit ～ gekühlt. このエンジンは空冷〔式〕だ | **von ～ 〈～ und Liebe〉 nicht leben können** かすみを食っては生きて行けない.

2《ふつう単数で》(呼吸する空気)気息, 息: ***jm.* die ～ abdrehen 〈abdrücken / abschnüren〉**《話》(経済的に)…の息の根を止める | die ～ anhalten 息をとめる | **Halt die ～ an!**《話》いいかげんに黙れ; 大ぼらを吹くな | **gesiebte ～ atmen**《話》くさい飯を食う, 豚箱に入っている(〔鉄格子で〕濾過(ろか)された空気を吸う) | **mit *jm.* die gleiche ～ atmen**《比》…と同じ環境(境遇・職場)にいる | wieder ～ bekommen 〈kriegen〉 再び息がつけるようになる;《比》(窮地・困難を脱して)一息つく | die ～ einatmen 〈ausatmen〉 息を吸う(吐く) | Fürs erste habe ich ～.《比》さあひとまず仕事が終わった, これで一息つける | tief ～ holen 深く息を吸う | **wieder ～ holen 〈schnappen / schöpfen〉 können**《話》(時間的・経済的などに)ふたたび一息つける | ***jm.* ～ schaffen**《話》(経済的に)…に一息つかせる | *jm.* die ～ verschlagen (あまりの出来事に)…の息が止まりそうになる | dem Radio die ～ abdrehen《話》ラジオのスイッチを切る ‖ **nach ～ schnappen 〈ringen〉** (新鮮な空気を求めて)激しくあえぐ;《話》経済的にピンチである, 青息吐息である ‖ ***jm.* bleibt die ～ aus 〈weg〉** (驚愕(きょうがく)のあまり)…は息をのむ, …は茫然(ぼうぜん)となる | Ihm **ging die ～ aus**. 彼は息切れがした;《話》彼は金が続かなくなった | Der Kragen schnürte ihm die ～ ab. カラーで(カラーがきつくて)彼は息がつまりそうだった.

3《ふつう単数で》(空気の流れ)通気, 通風; 風, 微風: 〔linde〕 *Lüfte*《雅》微風 | Hier geht eine frische ～. ここはさわやかな風が吹いている | *sich*^{3} ～ zufächeln あおいで風を入れる | **frische 〈bessere / eine andere〉 ～ in *et.*^{4} 〔hinein〕bringen**《比》…に新風を吹き込む ‖ *sich*^{4} von ～ umspielen lassen そよ風に吹かれる.

4《ふつう単数で》外気; 屋外, 戸外, 野外: an die ～ gehen 戸外(野外)に出る | *et.*^{4} an die ～ bringen …を外気にあてる(さらす) | *jn.* an die ～ führen …を屋外に連れ出す | Betten 〈Wäsche〉 an die frische ～ hängen ふとん(洗濯物)を戸外に干す | ***jn.* an die 〔frische〕 ～ setzen 〈befördern〉**《話》…を外へ追い出す, …をお払い箱にする | *sich*^{4} viel in der frischen ～ aufhalten よく外気にあたる(戸外に出る) | **～ schnappen gehen**《話》散歩に出かける.

5 a)《ふつう単数で》(地上に対して)空, 空中, 宙: eine Ansicht aus der ～ 〔上〕空からの眺め | Truppen aus der ～ 〔mit Lebensmitteln〕 versorgen 部隊に空から〔食糧品を〕補給する | durch die ～ segeln (雲などが)空を飛ぶ(流れる) | frei wie der Vogel in der ～ 空飛ぶ鳥のように自由な | hoch in den *Lüften*《雅》空高く | **〔noch〕 in der ～ hängen 〈schweben〉**《比》〔まだ〕宙に浮いている, 未定である | ***jn.* in der ～ zerreißen**《話》…をくそみそに(さんざんに)こきおろす, …をやっつける | *sich*^{4} in die ～ 〈die *Lüfte*〉 erheben 空に舞い上がる | in die ～ fliegen 〈gehen〉 爆発する, 吹き飛ばされる | **〔schnell / leicht〕 in die ～ gehen**《比》〔すぐに〕かんしゃくを起こす(怒りを爆発させる) | *et.*^{4} in die ～ halten …を高く掲げる | *et.*^{4} in die ～ jagen 〈sprengen〉 …を〔空中に〕吹き飛ばす, …を爆破する | 〔zur Warnung〕 in die ～ schießen 〔警告のため〕空に向けて発砲する | Löcher 〈ein Loch〉 in die ～ schießen (→Loch 1) | 〔vor Freude〕 in die ～ springen 〔うれしくて〕とび上がる | **per ～** 空路で ‖ Der Adler ist der König der *Lüfte.*《雅》ワシは空の王者だ.

b) 虚空(こくう): **aus der ～ gegriffen 〈geholt〉 sein** 作りごと(でっちあげ)である | Das ist völlig aus der ～ gegriffen. それは完全なでっちあげだ, それはまったく根も葉もないことだ | ein Schloß 〈Schlösser〉 in die ～ bauen (→Schloß 2) | **in die ～ gucken** 空(くう)を見つめる;《話》指をくわえて見ている, のけ者になっている | Löcher 〈ein Loch〉 in die ～ gucken 〈starren〉 (→Loch 1) | **in die ～ reden**《比》(反応のない相手に向かって)むなしく説く.

6《ふつう単数で》《比》(空気のように)取るに足らぬもの, 無: ***jn.* wie ～ behandeln** …を無視する | Er ist ～ für mich. 彼は私にとってはものの数ではない(いないも同然だ) | ***sich*^{4} in ～ auflösen** / in ～ zergehen 雲散霧消する.

7 a) (自由に呼吸・活動できるような)空間, 間隙(かんげき), 余地, ゆとり: Da ist noch viel ～ 〔drin〕. ここにはまだたっぷり余地がある | Na, ist hier noch nicht ～? おや ここはまだごたごたしているのか(片がつかないのか) | Es wird allmählich ～. (ごた

ごた・混乱などが)だんだん片づいてくる | An der nächsten Haltestelle wird es ～ geben. (電車・バスなどが)次の停留所ではすくだろう ‖ zwischen Schrank und Wand etwas ～ machen ⟨schaffen⟩ 戸棚と壁の間に少しすき間をあける | *jm.* etwas ～ lassen …に少し猶予⟨余地⟩を与える, …をあまり縛らない | ***sich***³ **～ machen ⟨verschaffen⟩** (整理して時間的・空間的な)余裕を作る; (不満・怒りなどを吐き出して)溜飲(りゅういん)を下げる, せいせいする | ***seinem* Ärger ⟨*seinem* Gefühl / *seinem* Herzen⟩ ～ machen** 憤懣(ふんまん)⟨感情・思い⟩をぶちまける.

b) 〘工〙遊隙(ゆうげき), 間隙, ゆとり, あそび: Der Kolben muß mehr ～ haben. このピストンにはもっとゆとりが必要だ. [*germ.*; ◇Lucht]

Luft≠ab·schluß[lʊ́ft..] 男 ..sses/ 〘工〙空気遮断. **≠ab·wehr** 女 対空防衛, 防空.

Luft·ab·wehr·ra·ke·te 女 〘軍〙対空ミサイル.

Luft≠akro·bat 男 空中軽業(かるわざ)師. **≠akro·ba·tik** 女 空中曲芸. **≠alarm** 男 空襲警報. **≠an·griff** 男 空襲.

luft·ar·tig 形 空気のような; 気体の; 軽い.

Luft≠auf·klä·rung 女 〘軍〙空中査察. **≠auf·nah·me** 女 航空写真, 空中撮影. **≠bad** 中 空気浴; 空気療法. **≠bal·lon**[..balɔŋ] 男 **1** 風船, 風船玉(→ 図). **2** 気球. **≠be·feuch·ter** 男 -s/- (暖房した室内の)加湿器⟨装置⟩. **≠be·häl·ter** 男 **1** 〘工〙エアタンク, 空気溜(だ)め. **2** 〘鳥〙気嚢(のう). **≠be·rei·fung** 女 (車輪の)空気タイヤ. **≠be·tan·kung** 女 〘空〙空中給油. **≠bild** 中 航空⟨空中⟩写真.

Luft·bild≠fo·to·graf 男 航空⟨空中⟩写真専門のカメラマン. **≠in·ter·pre·ta·tion** 女 航空⟨空中⟩写真の判読. **≠mes·sung** 女 航空⟨空中⟩写真による測量.

Luft·bla·se 女 **1** (液体・固体中の)気泡; 《比》(外見だけで)実体のないもの, 虚像. **2** (鶏卵などの)気室.

Luft-Bo·den-Ra·ke·te 女 〘軍〙空対地ミサイル.

Luft≠brem·se 女 -/-n 《ふつう複数で》〘工〙エアブレーキ. **≠brücke** 女 (孤立地帯への)空輸〔作戦〕: eine ～ einrichten 空輸作戦をとる | *jn.* mit *et.*³ über eine ～ versorgen …(被災者など)に空から…を補給する. **≠brust** 女 〘医〙気胸.

Lüft·chen[lʏ́ftçən] 中 -s/- (Luft の縮小形. 特に:) 微風, そよ風: Kein ～ regt sich. そよ吹く風もない.

luft·dicht[lʊ́ft..] 形 (↔luftdurchlässig) 気密の: eine ～*e* Verpackung 気密包装.

Luft≠dich·te 女 〘理〙空気密度. **≠druck** 男 -〔e〕s/ **1** 気圧. **2** (タイヤの)空気圧. **3** 爆風.

Luft·druck≠brem·se 女 〔圧搾〕空気⟨エア⟩ブレーキ. **≠krank·heit** 女 潜水病. **≠mes·ser** 男, **≠meß·ge·rät** 中 〘気象〙気圧計, バロメーター. **≠prü·fer** 男 (タイヤの)空気圧計.

luft·durch·läs·sig 形 (↔luftdicht) 通気性の.

Luft·dü·se 女 〘工〙空気噴射口⟨管⟩.

Lüf·te Luft の複数.

Luft≠ein·laß[lʊ́ft..] 男 〘工〙空気取り入れ口. **≠elek·tri·zi·tät** 女 〘気象〙空中電気, 空電. **≠em·bo·lie** 女 〘医〙(血管の)空気塞栓(そくせん).

luf·ten[lʊ́ftən] 《01》 自 (h) 《ｽｲｽ》 非人称 《es luftet》風が吹く.

lüf·ten[lʏ́ftən] 《01》 他 (h) **1** 風に当てる; 換気する: die Betten ⟨die Kleider⟩ ～ 寝具⟨衣類⟩を風に当てる | das Zimmer ～ 部屋の換気をする ‖〘目的語なしで〙Nach der Sitzung muß man ～. 会議のあとでは換気しなければならない. **2** ちょっと上げる; 《比》(秘密などを)暴く: den Deckel ～ ふたを〔ちょっと〕あける | den Hut ～ ひょいと帽子をつまんで会釈する | die Maske ～ 《比》(仮面を脱いで)正体を現す | den Schleier 〔des Geheimnisses〕 ～ (→Schleier 2) | den Vorhang ～ 垂れ幕を少しあげる | 再帰 *sich*⁴ ～ 暴露される. [*mhd.*; ◇Luft, liften]

Lüf·ter[lʏ́ftər] 男 -s/- 通風⟨換気⟩装置; 換気扇; 扇風機.

Lüf·ter·kopf 男 〘海〙通風筒ヘッド(→ 図 Schiff A).

Luft·fahrt[lʊ́ft..] 女 飛行, 航空; 空の旅.

Luft·fahrt≠ge·sell·schaft 女 航空会社. **≠in·du·strie** 女 航空産業. **≠kar·te** 女 航空図. **≠me·di·zin** 女 航空医学. **≠recht** 中 航空法.

Luft≠fahr·zeug 中 (気球なども含む広義の)航空機. **≠fe·de·rung** 女 〘工〙空気ばね. **≠feuch·tig·keit** 女 〘気象〙空気⟨空中⟩湿度: Die ～ liegt bei 70 Prozent. 空気中の湿度は70パーセントである. **≠feuch·tig·keits·mes·ser** 男 〘気象〙湿度計. **≠fil·ter** 男 中 (換気装置・内燃機関などの)エアフィルター. **≠flot·te** 女 《集合的に》(一国の)航空機; 空軍.

luft·för·mig 形 空気状の; 気体⟨ガス状⟩の.

Luft≠fracht 女 **1** 航空貨物. **2** 航空貨物運賃. **≠gang** 男 **1** 〘動〙気管. **2 a)** 〘土木〙通気坑. **b)** (ピラミッドの)竪穴(たてあな). **≠ge·bil·de** 中 幻影, 空中楼閣. **≠ge·fahr** 女 -/ 空襲の危険. **≠geist** 男 (Sylphe) 空気の精; 精霊.

luft≠ge·kühlt 形 〘工〙空冷式の: ein ～*er* Motor 空冷式エンジン. **≠ge·schützt** 形 =windgeschützt **≠ge·trock·net** 形 空気で乾燥させた.

Luftgewehr

Luft≠ge·wehr 中 空気銃(→ 図). **≠ha·fen** =Flughafen **≠han·sa** 女 -/ ルフトハンザ (Deutsche ～ AG〔ドイツ=ルフトハンザ航空株式会社〕の通称. 1926年の創業で,1953年に業務を再開した. 本社は Köln にある. 略 DLH, 記号 LH). **≠hauch** 男 《雅》微風. **≠hei·zung** 女 熱気暖房〔装置〕. **≠herr·schaft** 女 -/ 〘軍〙制空権. **≠hieb** 男 〘ﾌｪﾝｼﾝｸﾞ〙から打ち. **≠ho·heit** 女 -/ 〘法〙領空権. **≠hül·le** 女 〘天・気象〙大気圏. **≠hun·ger** 男 **1** (酸素欠乏による)息苦しさ. **2** 〘医〙空気飢餓.

luf·tig[lʊ́ftɪç]² 形 **1** 風通しのよい; 風の吹いている: ein ～*er* Saal 風のよく通る広間 | in ⟨auf⟩ ～*er* Höhe 空高く; 大気に囲まれた山の上で. **2** (衣服などが)軽やかな, 薄物の: ～*e* Gewänder 薄手の衣類 | *sich*⁴ ～ kleiden 涼しげな服装をする. **3** 《話》 **a)** 浅薄な: eine ～*e* Person 軽薄な人間. **b)** しっかりしていない, いいかげんな: ein ～*er* Vorwand 見えすいた口実. [*mhd.*; ◇Luft]

Luf·ti·kus[lʊ́ftikʊs] 男 -(-ses)/-se 《戯》軽薄な男. [luftig をラテン語めかした形]

Luft≠in·fek·tion[lʊ́ft..] 女 〘医〙空気感染. **≠in·spek·tion** 女 〘軍〙空中査察. **≠ka·bel** 中 〘電〙空中⟨架空⟩ケーブル. **≠kam·mer** 女 **1** 〘工〙空気室. **2** 〘動〙(卵の)気室. **≠kampf** 男 空中戦. **≠kis·sen** 中 **1** 空気まくら, 空気ぶとん. **2** 〘工〙エアクッション.

Luft·kis·sen≠boot 中 ホバークラフト船. **≠fahr·zeug** 中 《集合的に》(空気を噴射して地面・水面すれすれに浮かびながら走行する)ホバークラフト.

Luft≠klap·pe[lʊ́ft..] 女 〘工〙(空気取り入れ口の)エアフラップ; (エンジンの)チョーク. **≠kon·den·sa·tor** 男 〘電〙空気蓄電器. **≠kor·ri·dor** 男 〘空〙空中回廊(→Korridor 3).

luft·krank 形 〘医〙航空病にかかった.

Luft≠krank·heit 女 〘医〙航空病, 航空酔い. **≠krieg** 男 (空軍による)航空戦(→Landkrieg, Seekrieg). **≠küh·lung** 女 -/ (↔Wasserkühlung) 〘工〙(エンジンなどの)空冷, 空気冷却. **≠kur·ort** 男 -〔e〕s/-e (空気の良い)療養地, 保養地. **≠la·ge** 女 〘軍〙防空体制. **≠lan·de·trup·pe** 女 〘軍〙空挺(くうてい)部隊. **≠lan·dung** 女 〘軍〙空挺作戦.

luft·leer 形 空気のない, 真空の: ein ～*er* Raum 真空空間 | eine ～*e* Röhre 真空管.

Lüft·lein Luft の縮小形(→Lüftchen).

Luft≠lei·ter[lʊ́ft..] 男 〘電〙架空導体; 架空電線. **≠li·nie**[..niə] 女 (2地点間の)最短⟨直線⟩距離. **≠loch** 中 **1** 〘工〙換気⟨空気⟩口; 〘虫〙(昆虫の気管の)呼吸孔. **2** 〘空〙エ

アポケット.

Luft-Luft-Ra·ke·te 女〘軍〙空対空ミサイル.

Luft≠man·gel 男 -s/ 空気の欠乏〈不足〉; 酸素の欠乏〈不足〉: an ~ leiden 呼吸困難に陥っている. **≠mas·se** 女 -/-n《ふつう複数で》〘気象〙気団: warme 〈kalte〉 ~*n* 暖〈寒〉気団. **≠ma·trat·ze** 女 空気マット. **≠mes·ser** 男〘理〙量気計. **≠mi·ne** 女 **1** (弾体を薄くして炸薬(さく)量を多くした)大型爆弾. **2**〘軍〙(飛行機から投下する)航空爆雷. **≠öff·nung** 女 空気〈通風〉口. **≠pa·ra·de** 女 航空パレード. **≠pi·rat** 男 航空機乗っ取り〈ハイジャック〉犯人. **≠pi·ra·te·rie** 女 航空機乗っ取り, ハイジャック. **≠pol·ster** 中 空気まくら, エアクッション. **≠post** 女 航空郵便: einen Brief mit 〈per〉 ~ schicken 手紙を航空便で出す.

Luft·post≠brief 男 航空便の手紙. **≠leicht·brief** 男 (均一料金の)航空簡易書簡, エアログラム. **≠pa·pier** 中 航空便用便箋(びんせん).

Luft≠pum·pe[lóft..] 女 (自転車などの)空気ポンプ: die ~〘天〙ポンプ座. **≠raum** 男 **1** 大気圏. **2**〘法〙領空: den ~ eines Landes verletzen ある国の領空を侵犯する.

Luft·raum·ver·let·zung 女 領空侵犯.

Luft≠recht 中 -[e]s/ 航空法規. **≠rei·fen** 男 空気タイヤ(→ 図 Reifen). **≠rein·hal·tung** 女 空気〈大気〉の清浄維持. **≠rei·ni·ger** 男 空気浄化機〈装置〉. **≠rei·ni·gung** 女 空気浄化. **≠rei·se** 女 飛行機旅行, 空の旅. **≠re·kla·me** 女 (飛行機による)空中広告. **≠röh·re** 女 **1** (Trachea)〘解〙気管(→ 図 Mensch D): *et.*[4] in die ~ kriegen《話》…を飲みこむ. **2**〘工〙空気パイプ.

Luft·röh·ren≠ast 男 -es/..äste 《ふつう複数で》(Bronchie)〘解〙気管支. **≠deckel** = Kehldeckel **≠ent·zün·dung** 女〘医〙気管〔支〕炎. **≠ka·tarrh**[..katar] 男〘医〙気管〔支〕カタル. **≠schnitt** 男〘医〙気管切開〔術〕.

Luft≠sack[lóft..] 男 **1** (自動車の衝突の際に人体を保護する)エアバッグ. **2**〘鳥〙気嚢(のう). **≠schacht** 男〘坑〙通気立坑(たて). **≠schau·kel** 女 (遊園地の)船形ブランコ(→ 図 Rummelplatz).

luft·scheu 形〘生〙嫌気性の.

Luft≠scheu[lóft..] 女 -/ (Aerophobie)〘医〙嫌気症, 空気嫌悪症. **≠schicht** 女 気層. **≠schiff** 中 飛行船. **≠schiffahrt** (**≠schiff·fahrt**) 女《ふつう単数で》飛行船旅行〈輸送〉. **≠schif·fer** 男 飛行船操縦士. **≠schlacht** 女 空中戦. **≠schlan·ge** 女 -/-n《ふつう複数で》(カーニバルなどで投げ合う)紙テープ. **≠schlauch** 男 **1** (タイヤの)チューブ. **2** (潜水具の)エアチューブ〈ホース〉(→ 図 Taucher). **≠schleu·se** 女〘工〙エアロック, 気閘(こう). **≠schloß** 中 ..schlosses/..schlösser《ふつう複数で》空中楼閣: ***Luftschlösser* bauen** 空中楼閣を描く, 実現できない計画をたてる(→Zukunftsschloß). **≠schrau·be** 女〘空〙プロペラ. **≠schutz** 男 防空.

Luft·schutz≠bun·ker 男, **≠kel·ler** 男 (地下の)防空壕(ごう). **≠si·re·ne** 女 空襲警報のサイレン. **≠übung** 女 防空演習. **≠wart** 男 (第二次大戦中の)地区防空責任者.

Luft≠seil·bahn[lóft..] 女 空中ケーブルカー, ロープウェー. **≠sper·re** 女 飛行遮断〈禁止〉. **≠spie·ge·lung** 女 蜃気楼(しんきろう). **≠sport** 男 空のスポーツ(グライダー・スカイダイビングなど). **≠sprung** 男 飛び上がること, 小躍(おど)り: vor Freude einen ~ machen うれしくて小躍りをする. **≠ste·ward**[..stju:ərt, ..ʃt..] 男 旅客機のスチュワード. **≠ste·war·deß**[..stju:ərdɛs, ..ʃt..] 女 旅客機のスチュワーデス, エア=ホステス. **≠stö·run·gen** 複〘電〙空電. **≠stoß** 男 突風; 爆風. **≠strahl** 男〘空〙エアジェット. **≠stra·ße** 女〘空〙航空路. **≠streit·kräf·te** 複 空軍〔兵力〕. **≠strom** 男, **≠strö·mung** 女 気流. **≠stru·del** 男 (飛行機の通ったあとの)乱気流. **≠stütz·punkt** 男 空軍基地. **≠tan·ken** 中 -s/ 空中給油. **≠ta·xe** 女, **≠ta·xi** 中 近距離用チャーター飛行機. **≠tem·pe·ra·tur** 女〘気象〙気温. **≠tor·pe·do** 男 (飛行機から投下する)航空魚雷. **≠trans·port** 男 空中輸送, 空輸.

luft·trocken 形 空気中で乾燥した, 風乾の.

luft·trock·nen 《01》《過分 luftgetrocknet》他 (h) (木材を)大気乾燥させる.

Luft·trü·bung 女 大気混濁〔度〕.

luft·tüch·tig 形〘空〙**1** 飛行に耐える, 万全の整備をした(航空機). **2** 飛行機に酔わない.

Luft≠über·le·gen·heit 女〘軍〙制空権. **≠über·wa·chung** 女 空中査察.

Lüf·tung[lýftʊŋ] 女 -/-en **1**《単数で》lüften すること. **2** 換気〈通風〉装置.

Lüf·tungs≠an·la·ge 女 換気施設, 通風設備〈装置〉. **≠klap·pe** 女 換気弁. **≠rohr** 中 通気管〈筒〉. **≠vor·rich·tung** 女 換気〈通風〉装置.

Luft≠ven·til[lóft..] 中 空気〈排気〉弁. **≠ver·än·de·rung** 女〘医〙転地〔療養〕. **≠ver·dich·ter** 男〘工〙空気圧縮機, エアコンプレッサー. **≠ver·kehr** 男 航空輸送〈交通〉.

Luft·ver·kehr·kon·trol·le 女 航空管制.

Luft·ver·kehrs≠ab·kom·men 中 (国際間の)航空協定. **≠ge·sell·schaft** 女 航空会社. **≠li·nie**[..niə] 女 航空路.

Luft≠ver·mes·sung 女 航空測量. **≠ver·pe·stung** 女, **≠ver·schmut·zung** 女 大気汚染. **≠ver·si·che·rung** 女 航空保険. **≠ver·tei·di·gung** 女 防空. **≠ver·un·rei·ni·gung** 女 大気汚染. **≠waf·fe** 女 空軍(→Heer, Marine). **≠war·nung** 女 空襲〈防空〉警報. **≠wä·scher** 男 空気浄化装置, 空気清浄器. **≠wech·sel** 男 **1**〘医〙転地〔療養〕. [▽]**2** 換気. **≠weg** 男 **1 a)** 航空路〔線〕. **b)**《単数で》空路: *et.*[4] auf dem ~ befördern …を空輸する. **2**〘解〙気道. **≠wer·bung** 女 (飛行機による)空中広告〈宣伝〉. **≠wi·der·stand** 男〘理〙空気抵抗. **≠wir·bel** 男 気流の渦, 乱気流. **≠wur·zel** 女〘植〙気根. **≠zie·gel** 男 (焼かないで作る)風乾れんが. **≠zu·fuhr** 女 -/ 空気供給; 通気, 換気. **≠zug** 男《ふつう単数で》空気の流れ; すきま風. **≠zu·tritt** 男〘化〙空気侵入.

Lug[1][lu:k][1] 男 -[e]s/《雅》《ふつう次の形で》**~ und Trug** / ~ und Betrug うそいつわり | Er ist voll〔er〕 ~ und Trug. 彼はうその塊だ. [*ahd.*; ◇lügen]

Lug[2][–] 中 -[e]s/-e〘狩〙(クマの)ねぐら. [*mhd.*; <lugen]

Lu·ga·ner[lugá:nər] **I** 男 -s/- ルガーノの人. **II** 形《無変化》ルガーノの: der ~ See ルガーノ湖(スイス・イタリア両国にまたがる湖).

lu·ga·ne·sisch[luganéːzɪʃ] 形 ルガーノの.

Lu·ga·no[lugá:no·] 地名 ルガーノ(スイス南部, ルガーノ湖北岸の都市).

Lug·aus[lú:k|aʊs] 男 -/-《方》(Aussichtsturm) 見張り台, 望楼. [<auslugen]

Lü·ge[lý:gə] 女 -/-n (意図的な)うそ, いつわり, 虚偽; 見せかけ, まやかし: eine dreiste 〈freche〉 ~ あつかましいうそ | **eine fromme ~** 善意から出たうそ | eine glatte ~ 真っ赤なうそ | eine grobe ~ 真っ赤なうそ | Not*lüge* (急場をしのぐ)方便のうそ ‖ *jn.* der ~[2] beschuldigen 〈雅: zeihen〉 …をうそつきだと言う | ***jn.* 〈*et.*[4]〉 ~*n* strafen** …のうそを暴露する〈…が事実でないことを証明する〉| Das Ergebnis der Untersuchung strafte alle Gerüchte ~*n*. 調査の結果すべてのうわさが事実ではなかったことが判明した ‖ *sich*[4] in ~*n* verstricken ぺてんにかかる, だまされる | um eine ~ nie verlegen sein うそをつくのが〈言いのがれが〉うまい(うそに窮することが決してない) ‖ Es ist alles ~. すべてでたらめだ | Bei ihm ist jedes 〔dritte〕 Wort eine ~. 彼の言うことはほとんどうそっぱちだ | Dir steht die ~ auf der Stirn geschrieben. 君の顔にはそれがうそだと書いてあるよ | Ihre Ehe war eine einzige ~. 彼らの結婚は徹頭徹尾〔お互いの〕欺瞞(ぎまん)の上になり立っていた | ***Lügen* haben kurze Beine.**《諺》うそはすぐばれる. [*ahd.*; ◇lügen]

lu·gen[lú:gən][1] 自 (h) **1** のぞく, うかがう; 見張る: aus dem Fenster 〈durch das Schlüsselloch〉 ~ 窓〈かぎ穴〉からのぞく | ins Zimmer 〈nach den Freunden〉 ~ 室内を〈友人たちの方を〉うかがう. **2**《南部》(sehen) 見る, 眺める.

L

[*westgerm.*; ◇Look]

lụ̈·gen*[lý:gən][1] 《97》 **lọg**[lo:k][1]/**ge·lọ·gen**; 接II löge [lǿ:gə] **I** 自 (h) (意図的に)うそをつく, いつわる: Du *lügst.* 君はうそをついている | Ich müßte ~, wenn ich sagen wollte, daß ... 私は…と言えばうそになる〈…とは言えない〉| **Wer *lügt*, der stiehlt.** 《諺》うそは泥棒のはじまり | Wer einmal *lügt*, dem glaubt man nicht, und wenn er auch die Wahrheit spricht. 《諺》一度うそをついた人は本当のことを言っても信用されない | ᵛauf *jn.* ~ …についてうその うわさを広める | *jm.* die Hucke voll ~ (→Hucke 1) | **wie gedruckt ~ / ~, daß sich die Balken biegen** 《話》平気で〈臆面(おくめん)もなく〉うそをつく.
II 他 (h) いつわる; よそおう: Das *lügst* du. それは君のうそだ | Das ist *gelogen*! それはうそだ | das Blaue vom Himmel herunter ~《話》平気でうそをつく | Gelassenheit ~ 《雅》平静をよそおう.
[*germ.*; ◇locken[2], leugnen, Lüge; *engl.* lie]

Lụ̈·gen·beu·tel[lý:gən..] 男《話》(Lügner) うそつき.

Lụ̈·gen·bold[..bɔlt][1] 男 -[e]s/-e 《話》大うそつき.

Lụ̈·gen≈de·tek·tor[lý:gən..] 男 うそ発見器. **≈dich·tung** 女 うそ物語, 変態〈幻想〉文学. **≈feld·zug** 男 謀略, デマ合戦. **≈fürst** 男 =Lügengeist **≈ge·bäu·de** 中 =Lügengespinst **≈geist** 男 悪魔, サタン. **≈ge·schich·te** 女 **1** =Lügendichtung **2** うその話, でたらめ, デマ. **≈ge·spinst** 中, **≈ge·wẹ·be** 中 張りめぐらされたうそ, うそで固めた話, うそ八百: *sich*[4] in *seinem* eigenen ~ verwickeln 自分のうそで身動きできなくなる.

lụ̈·gen·haft[lý:gənhaft] 形 うその, 虚偽の: eine ~*e* Nachricht 虚報, デマ.

Lụ̈·gen·haf·tig·keit[..tɪçkaɪt] 女 -/ 虚偽.

Lụ̈·gen≈kam·pagne[lý:gən..] 女 = Lügenfeldzug **≈mär·chen** 中 うその話, でたらめ. **≈maul** 中《卑》うそつき. **≈netz** 中 =Lügengespinst **≈pro·pa·gan·da** 女 虚偽の宣伝, デマ宣伝.

Lụg·ger[lʊ́gər] 男 -s/- =Logger

Lụg·ger·se·gel 中 〖海〗ラグスル(→ 図 Segel B).

ᵛ**Lụg·ins·land**[lú:k|ɪnslant][1] 男 -[e]s/-e 展望台; 見張り台, 物見やぐら. [<ins Land lugen]

Lụ̈g·ner[lý:gnər] 男 -s/- (女 **Lụ̈g·ne·rin**[..nərɪn]-/-nen) うそつき. [*ahd.*; ◇Lüge]

lụ̈g·ne·risch[lý:gnərɪʃ] 形 **1** うそつきの, 欺瞞(ぎまん)的な. **2** うその, 虚偽の.

die **Lụ·gou·tjiau-Brücke**[lú:gaʊtʃĭaʊbrʏkə] (**Lu·gou·qiao-Brücke**[lúgɔ̄ŭtçĭáŭ..]) 地名 女 -/ 盧溝橋, ルコウチャオ(北京郊外, 永定河にかかる橋. 1937年7月7日, この付近で日本軍と中国軍が衝突し, 日華事変のきっかけとなった. Marco-Polo-Brücke ともいう).

Lu Hsün[lusýn] =Lu Sün

lụ·isch[lú:ɪʃ] 形〖医〗梅毒の. [<Lues]

Luị·se[luí:zə] 女名 ルイーゼ. [◇Louis]

Luịt·pold[lú:ɪtpɔlt] 男名 ルーイトポルト. [◇Leopold]

Lụk[lu:k] 中 -[e]s/-e =Luke 2

Lụ·kács[lúka:tʃ] 人名 Georg ~ ゲオルク ルカーチュ(1885-1971; ハンガリーの哲学者で, マルクス主義の立場に立つ文学論の著作多数. ハンガリー語形 Lukács György).

Lu·kạr·ne[lukárnə] 女 -/-n《北部》(Dachfenster) 天窓. [*lat.* lūcerna (→Luzerne)−[*a*] *fr.*]

Lụ·kas[1][lú:kas] **I** 男名 ルーカス. **II** 人名〖聖〗ルカ, ルカス(新約聖書『ルカによる福音書』『使徒行伝』の著者とされる): das Evangelium nach ~ (新約聖書の)ルカによる福音書 | die Apostelgeschichte des ~ (新約聖書の)使徒行伝. [*lat.*; <Lūcānia (イタリア南西部の古代の地方名)]

Lụ·kas[2][lú:kas, lʊ́k..] 男 -/-(-se) (縁日などの)力だめし器: **Hau den ~!** 《話》さあ殴れ(くいなどを打つとき, またけんかしている者への激励のかけ声).

Lụ·kas·evan·ge·lium 中 -s/ (新約聖書の)ルカによる福音書.

Lụ·ke[lú:kə] 女 -/-n **1** (明かり取りの)小窓, 天窓. **2**〖海〗ハッチ, 昇降口. **3**《北部》雨戸, よろい戸. [*mndd.*; <*asächs.* lūkan „schließen" (◇Loch); ◇Lücke]

Lụ·ken·deckel 男〖海〗ハッチカバー(→ 図 Schiff B).

Lu·kian[lukiá:n] 人名 ルキアノス(120頃-180頃; 古代ギリシアの風刺作家). [*gr.*]

lu·kra·tịv[lukratí:f][1] 形 利益の多い, もうかる: eine ~*e* Beschäftigung もうかる仕事. [*lat.*; ◇lukrieren]

Lu·krẹ·tia (**Lu·krẹ·zia**)[lukré:tsia·] 女名 ルクレーツィア. [*lat.*]

ᵛ**lu·kriẹ·ren**[lukrí:rən] 自 (h) 利益をあげる, もうける. [*lat.*; <*lat.* lucrum „Gewinn" (◇Lohn)]

ᵛ**Lu·ku·bra·tiọn**[lukubratsió:n] 女 -/-en (学者の)夜の勉学〈読書〉; 夜の著作〈論文〉. [*lat.*; <*lat.* lūcubrāre „bei Licht arbeiten" (◇Lux)]

ᵛ**lu·ku·lẹnt**[lukulέnt] 形 (lichtvoll) 明るい. [*lat.*]

lu·kụl·lisch[lukʊ́lɪʃ] 形 (食事が)ぜいたくな, 豪華な.

Lu·kụl·lus[lukʊ́lʊs] 男 -/-se **1** (Schlemmer) 美食家, 食い道楽. **2** ルクルス(ビスケットサンドの一種). [<Lūcullus (古代ローマの将軍, †前57頃)]

Lụ·latsch[lú:la(:)tʃ] 男 -[e]s/-e《話》ein langer ~ のっぽでのろまな男.

Lụl·le[lʊ́lə] 女 -/-n《話》(Zigarette) 紙巻きタバコ, シガレット: eine kastrierte ~ フィルターつきタバコ.

lụl·len[lʊ́lən] **I** 他 (h) 《*jn.*》小声で歌って眠くさせる: ein Kind in [den] Schlaf 〈in Träume〉 ~ 子供に子守歌を歌って寝かしつける. **II** 自 (h) **1** 小声で歌う. **2**《南部》(特に赤ん坊が)吸う, しゃぶる. [„saugen"; 擬音; ◇lallen]

Lụl·ler[lʊ́lər] 男 -s/-《南部・オーストリア・スイス》(Schnuller) (乳児用の)おしゃぶり; (哺乳(ほにゅう)瓶などの)乳首.

Lụ·lu[lú:lu·, lulú:] 女名 (<Lucia, Luise) ルール, ルルー.

Lum·bạ·go[lʊmbá:go·] 女 -/ (Hexenschuß)〖医〗ぎっくり腰. [*spätlat.*; <*lat.* lumbus „Lende" (◇Lende)]

lum·bạl[lʊmbá:l] 形〖医〗腰の, 腰部の. [<..al[1]]

Lum·bạl·an·äs·the·sie 女〖医〗腰椎(ようつい)麻酔[法].

Lumb·al·giẹ[lʊmbalgí:] 女 -/-n[..gí:ən]〖医〗腰痛.

Lum·bạl≈punk·tiọn 女〖医〗腰椎穿刺(せんし). **≈wir·bel** 男〖解〗腰椎.

lụm·becken[lʊ́mbεkən] 《過分 gelumbeckt》他 (h) 無線綴(と)じ[製本]する.

Lụm·beck·ver·fah·ren 中 (糸を用いない)無線綴(と)じ[製本]. [<E. Lumbeck (ドイツの製本家, †1886)]

Lum·ber·jack[lʌ́mbədʒæk] 男 -s/-s ランバージャック(厚手の毛糸または革の上衣). [*engl.* lumber-jack[et] „Holzfäller[jacke]"]

Lụ·men[lú:mən, ..mεn] 中 -s/-, ..mina[..mina·] **1**〖理〗ルーメン(光束の単位; 記号 lm). **2**《戯》(学界の)巨頭, 巨星, 大家. **3 a)**〖工〗(管の)内径. **b)**〖解〗(管状器官の)腔(こう). [*lat.* lūmen „Licht"; <*lat.* lūx (→Lux)]

Lụ·men na·tu·rạ·le[lú:mən naturá:lə, ..mεn ..rá:le·] 中 --/ (natürliches Licht)〖宗〗(恩寵(おんちょう)の光に対する)自然の光;〖哲〗人間生来の(限られた)認識能力. [*lat.*]

Lụ·mi·na Lumen の複数.

Lu·mi·nạl[luminá:l] 中 -s/ 商標 ルミナール(催眠剤).

Lu·mi·nes·zẹnz[luminεstsέnts] 女 -/-en〖理〗ルミネセンス(蛍光・燐光(りんこう)など).

lu·mi·nes·ziẹ·ren[..tsí:rən] 自 (h) ルミネセンスを発する.

Lu·mi·no·gra·phiẹ[luminografí:] 女 -/ (発光板を用いる)写真複写法.

Lu·mi·no·phọr[..fó:r] 男 -s/-e (Leuchtstoff) 発光物質.

ᵛ**lu·mi·nö̤s**[luminǿ:s][1] 形 (lichtvoll) 明るい; すぐれた. [*lat.*−*fr.* lumineux; ◇..os; *engl.* luminous]

Lụm·me[lʊ́mə] 女 -/-n〖鳥〗ウミガラス(海鳥). [*nord.*]

Lụm·mel[lʊ́məl] 男 -s/-《南部》(Lendenbraten)〖料理〗腰肉(ヒレ肉)のロースト. [*lat.* lumbulus „Lendchen" −*ahd.* lumbal; <*lat.* lumbus (→Lumbago)]

Lụ̈m·mel[lʏ́məl] 男 -s/- **1 a)** 《軽蔑的に》粗野〈不作法〉な男〈若者〉. **b)** 《話》(Kerl) やつ. **2** 《卑》(Penis) 陰茎, 男根.

Lüm·me·lẹi[lʏməlái] 女 -/-en 不作法な行い.

lụ̈m·mel·haft[lʏ́məlhaft] 形 不作法な.

L

lụ̈m·meln[lʏ́məln] ⦅06⦆ 自 (h) ⦅話⦆ ⦅しばしば再帰的に⦆ 〔*sich*⁴〕 ～ だらしない〈不作法な〉姿勢をとる: 〔*sich*⁴〕 auf dem Sofa ～ だらしなくソファーに腰かける | *sich*⁴ mit den Ellbogen auf den Tisch ～ 〔自堕落な格好で〕テーブルにひじをつく. [＜ *ahd.* luomi „matt“ (◇lahm)]

Lump[lʊmp] 男 -en (-〔e〕s)/-en **1 a)** ⦅軽蔑的に⦆ろくでなし, ならず者, ごろつき; やつ: ein gemeiner ～ 卑劣漢 | Ich will ein ～ sein, wenn ich ... 私は決して…しない. **b)** ⦅話⦆いたずら〈わんぱく〉小僧. **2** (Seehase) 〖魚〗ダンゴウオ(団子魚). [＜Lumpen; 2: *ndd.*; ◇ *engl.* lumpfish]

Lum·pạ·zi[lʊmpá:tsi·] 男 -s/-s, **Lum·pạ·zius**[..tsiʊs] 男 -/-se ⦅戯⦆＝Lump 1 a

Lum·pa·zi·va·ga·bụn·dus[lʊmpa:tsivagabʊ́ndʊs] 男 -/-se, ..di[..di·] ⦅俗⦆ (Landstreicher) 放浪〈流浪〉者; 浮浪者, ルンペン. [＜Lumpen＋Vagabund]

lụm·pen[lʊ́mpən] ⦅話⦆ **I** 自 (h) のらくら〈遊んで〉暮らす, だらしない生活をする. **II** 他 (h) ⦅*jn.*⦆ ならず者扱いする: ***sich*⁴ nicht ～ lassen** (他人より)おおらかに振舞う, いいところを見せる. [◇schlampen]

Lụm·pen[−] 男 -s/- **1** ぼろ, 布切れ: ～ und Altpapier ぼろきれと紙くず | ***jn.* aus den ～ schütteln** ⦅話⦆…を痛罵(つうば)する. **2** ⦅軽蔑的に⦆ぼろ服: in ～ gehüllt sein ぼろを着ている. **3** ⦅方⦆ (Scheuerlappen) ぞうきん. [*mhd.*; ＜ *mhd.* lampen „welk niederhängen“ (◇Lappen)]

Lụm·pen⸗ba·ga·ge[lʊ́mpənbaga:ʒə] 女 ＝Lumpenpack **⸗ba·ron** 男 気位だけ高い貧乏人. **⸗brei** 男 紙パルプ. **⸗geld** 中 ⦅話⦆はした金(がね). **⸗ge·sin·del** 中 ＝Lumpenpack **⸗händ·ler** 男 くず屋, 廃品回収業者. **⸗hund** 男, **⸗kerl** 男 ＝Lumpenpack **⸗kram** 男 ぼろきれ; がらくた, 廃品. **⸗pack** 中 ⦅軽蔑的に⦆ 賤民(せんみん), 浮浪者; ごろつき, よた者. **⸗pa·pier** 中 再生紙. **⸗pro·le·ta·riat** 中 (資本主義社会の)最下層, 浮浪無産者層, ルンペンプロレタリア階級 (Marx の用語では浮浪人・犯罪者・売春婦などを指したが, 広義では極貧層全体をもいう). **⸗pro·le·ta·ri·er** 男 浮浪無産者, ルンペンプロレタリア. **⸗samm·ler** 男 廃品回収業者, ばた屋; ⦅戯⦆ 最終電車〈バス〉. **⸗volk** 中 ＝Lumpenpack **⸗wolf** 男 ぼろ裁断〈処理〉機. **⸗wol·le** 女 (ぼろからの)再生羊毛. **⸗zeug** 中 がらくた, くず物.

Lụm·pen·zucker[lʊ́mpən..] ＝ Würfelzucker [*ndd.*; ◇ *engl.* lump-sugar]

Lum·pe·rei̯[lʊmpərái] 女 -/-en **1** みっともない〈下劣な〉行為. **2** ⦅単数で⦆ ⦅話⦆ くだらぬ〈ささいな〉ことがら; はした金.

lụm·pig[lʊ́mpɪç]² 形 **1** (衣服などが)ぼろぼろな: ～ gekleidet sein ぼろをまとっている. **2** 下品〈下劣〉な, 粗野〈野卑〉な: *sich*⁴ ～ gegen *jn.* benehmen …に失礼な振舞いをする. **3** ⦅話⦆ わずかばかりの, けちくさい; みすぼらしい: ～*e* zehn Mark たったの10マルク.

Lụ·na[lú:na·] **I** 人名 〖ロ神〗ルナ(月の女神. ギリシア神話の Selene に当たる). **II** 女 -/ **1** ⦅雅⦆ (Mond) 月. **2** ルナ(旧ソ連の月ロケット). [*lat.*; ＜ *lat.* lūx (→Lux)]

ᵛ**Lụ·na·park**[lú:na..] 男 -s/-s (Rummelplatz) (年の市・縁日などの)〔移動〕遊園地(元来は Berlin の遊園地の名).

lu·nạr[luná:r] (**lu·nạ·risch**[..rɪʃ]) 形 月の. [*lat.*]

Lu·nạ·rium[..riʊm] 中 -s/..rien[..riən] 太陰運行儀.

Lu·nạ·ti·ker[..tikər] 男 -s/- (Schlafwandler) 夢遊症患者, 夢遊病者.

Lu·na·tiọn[lunatsió:n] 女 -/-en 太陰月(新月から新月まで). [*mlat.*]

lu·nạ·tisch[luná:tɪʃ] 形 〖医〗 月夜彷徨(ほうこう)症の, 夢遊症〈病〉の.

Lu·na·tịs·mus[lunatísmʊs] 男 -/ (Somnambulismus) 〖医〗 月夜彷徨(ほうこう)症, 夢遊症, 夢遊病. [*spätlat.*]

Lunch[lanʃ, ..tʃ, lʌntʃ] 男 -/-〔e〕s; -〔e〕s/-e (軽い)昼食, ランチ.

lun·chen[lánʃən, ..tʃən] 自 (h) (軽い)昼食をとる, ランチを食べる. [*engl.* lunch〔eon〕]

Lund[lʊnt]¹ 男 -〔e〕s/-e 〖鳥〗ニシツノメドリ(西角目鳥)(北大西洋産の海鳥). [*nord.*]

Lụ̈·ne·burg[lý:nəbʊrk] 地名 リューネブルク(ドイツ Niedersachsen 州の都市). [*asächs.*; ＜ *asächs.* hlēo „Schirm“]

Lụ̈·ne·bur·ger[..bʊrgər] **I** 男 -s/- リューネブルクの人. **II** 形 ⦅無変化⦆ リューネブルクの: die ～ Heide リューネブルクの荒地 (Weser 川と Elbe 川の間に広がる低地の一部).

Lü·nẹt·te[lynɛ́tə] 女 -/-n 〖建〗(アーチ形の窓・戸口の上の)半月窓; 〖工〗(旋盤の)ステー, 振れ止め; ᵛ〖軍〗(二つの塹壕(ざんごう)の)突き合わせ. [*fr.* lunette „Möndchen“; ◇Luna]

Lụn·ge[lʊ́ŋə] 女 -/-n (英: *lung*)肺: eine gesunde 〈kräftige〉 ～ 健康な〈丈夫な〉肺 | **eiserne ～** 〖医〗鉄の肺, 人工心肺 ‖ **grüne ～*n*** ⦅比⦆ (都市の)緑地帯 ‖ **eine gute ～ haben** 肺が健康〈丈夫〉である(声量がある・長く走れるなど); ⦅話⦆ 声が大きい | Schone deine ～! ⦅戯⦆ そんなにしゃべるな(君の肺を大事にしろ) ‖ auf 〈durch die / über die〉 ～ rauchen (タバコを)肺まで深々と吸う | es auf 〈mit〉 der ～ haben ⦅話⦆ 肺を病んでいる | **aus voller ～ schreien** / ***sich*³ die ～ ausschreien** / ***sich*³ die ～ aus dem Halse 〈dem Leib〉 schreien** ⦅話⦆ 声を限りに叫ぶ.
[*germ.* „leichter Körperteil“; ◇leicht, lungern; *engl.* lung]

Lụn·gen⸗ader[lʊ́ŋən..] 女 〖解〗肺静脈. **⸗ar·te·rie**[..riə] 女 〖解〗肺動脈. **⸗bläs·chen** 中 〖解〗肺胞. **⸗blu·tung** 女 〖医〗肺出血. **⸗bon·bon**[..bɔŋbɔŋ] 中 ⦅話⦆ (Zigarette) 紙巻きタバコ. **⸗bra·ten** ⦅オーストリア⦆ ＝Lendenbraten **⸗bröt·chen** 中 ＝Lungenbonbon **⸗em·bo·lie** 女 〖医〗肺〔動脈〕塞栓(そくせん)症. **⸗em·phy·sem** 中 〖医〗肺気腫(しゅ). **⸗ent·zün·dung** 女 〖医〗肺炎. **⸗fell** 中 〖解〗肺胸膜. **⸗fisch** 男 -es/-e ⦅ふつう複数で⦆ 〖魚〗ハイギョ(肺魚)〔類〕. **⸗flech·te** 女 〖植〗カブトゴケ(兜苔)(地衣類). **⸗flü·gel** 男 〖解〗肺翼(→ 図 Mensch D). **⸗gan·grän** 女 〖医〗肺壊疽(えそ). **⸗heil·stät·te** 女 肺結核療養所. **⸗in·farkt** 男 〖医〗肺梗塞(こうそく). **⸗kol·laps** 男 〖医〗肺虚脱.

lụn·gen·krank[lʊ́ŋən..] **I** 形 肺病の. **II Lụn·gen·kran·ke** 男 女 ⦅形容詞変化⦆ 肺病患者.

Lụn·gen⸗krank·heit 女 肺病. **⸗kraut** 中 〖植〗プルモナリア(ムラサキ科の草で, むかし肺結核の治療薬として用いられた). **⸗krebs** 男 〖医〗肺癌(はいがん). **⸗lap·pen** 男 〖解〗肺葉. **⸗lei·den** 中 ＝Lungenkrankheit

lụn·gen·lei·dend[lʊ́ŋən..] 形 肺を病んだ, 肺病の.

Lụn·gen⸗moos 中 〖植〗カブトゴケ(兜苔)(地衣類. むかし肺結核の治療薬として用いられた). **⸗ödem** 中 〖医〗肺水腫(すいしゅ)〈浮腫〉. **⸗pro·be** 女 〖医〗(新生児の)肺検査. **⸗sa·na·to·rium** 中 肺結核療養所, 肺結核患者用サナトリウム. **⸗schlag·ader** 女 〖解〗肺動脈(→ 図 Mensch D). **⸗schnecken** 複 〖動〗有肺類. ᵛ**⸗schwind·sucht** 女 肺病, 肺結核. **⸗spit·ze** 女 〖解〗肺尖(はいせん).

Lụn·gen·spit·zen·ka·tarrh[..katar] 男 〖医〗肺尖カタル.

Lụn·gen⸗tor·pe·do[lʊ́ŋən..] 男 ⦅話⦆ (肺に良くない)強い紙巻きタバコ. **⸗tu·ber·ku·lo·se** 女 〖医〗肺結核. **⸗tu·mor** 男 〖医〗肺腫瘍(しゅよう). **⸗wurm** 男 (家畜の)肺寄生虫. **⸗zug** 男 (タバコの煙などを)深々と肺まで吸いこむこと: einen ～ machen 深々と肺まで吸い込む.

Lụn·ge·rer[lʊ́ŋərər] 男 -s/- lungern する人.

lụn·gern[lʊ́ŋərn] ⦅05⦆ 自 (h) **1** ⦅ふつう場所を示す語句と⦆ (暇をもてあまして)ぶらぶらする, ぼやっと立って〈座って〉いる, (することもなく)たむろする: vor der Schenke ～ 居酒屋の前でうろついている. **2** ⦅方⦆ ⦅nach *et.*³ 〈*jm.*〉⦆ うかがい見る, ねらう. [„gierig sein“; ＜ *ahd.* lungar „schnell“ (◇Lunge)]

Lụ·nik[lú:nɪk] 男 -s/-s ルーニク(旧ソ連の月ロケット). [*russ.*; ◇Luna]

Lụ̈·ning[lý:nɪŋ] 男 -s/-e ⦅北部⦆ (Sperling) スズメ(雀). [„Lärmender“; *mndd.*; ◇laut]

lu·ni·so·lạr[lunizolá:r] 形 〖天〗月と太陽との. [*engl.*; ◇Luna]

Lünk[lʏŋk] 男 -s/-e ＝Lüning

Lụn·ker[lʊ́ŋkər] 男 -s/- 〖工〗(鋳物の)引け巣, 空洞.

[<Lunk „Vertiefung"]

Lün·se[lʏ́nzə] 女 -/-n (車軸の)輪留め. [*mndd.*; ◇*engl.* linch-pin]

Lünt[lʏnt] 女 -/ 《北部》(豚の)腎臓(じんぞう)の周囲の脂肪.

Lun·te[lʊ́ntə] 女 -/-n **1** 火縄, 導火線(索)(→ ⊛ Stück): eine ～ anzünden 火縄に火をつける | **die ～ ans Pulverfaß legen** (不注意な言動によって)うっかり事態の激化を招いてしまう | **～ riechen** 《話》くさいとにらむ, おかしい(怪しい)と思う; (身の)危険を察知する. **2** 《織》粗糸(そし). **3** 《狩》(キツネなどの)尾, しっぽ. [„Fetzen"; ◇*engl.* lunt]

Lu·nu·la[lú:nula·] 女 -/-e[..lɛ·], ..len[lunú:lən] **1** (青銅器時代の)半月形首飾り. **2** 《カトリック》半月形聖体納器. **3** (Möndchen) 《解》(つめの根元の)爪(そう)半月. [*lat.* „Möndchen"; ◇Luna]

lu·nu·lar[lunulá:r] 形 (halbmondförmig) 半月形の.

Lun-yü[lʊnjý:] (**Lun·yu**[lŭə́nў]) 《書名》『論語』(中国の孔子の言行録: →Konfutse). [*chines.* „Unterredungen"]

ᵛ**Lun·ze**[lʊ́ntsə] 女 -/-n 《狩》(シカ・イノシシなどの)内臓, 臓物.

lun·zen[lʊ́ntsən] 《02》 自 (h) 《方》《戯》目を細めて(半眼にして)見る, 盗み見る; 《比》のぞき(うかがい)見る.

Luo·yang[lŭɔ̀iáŋ] ＝Lojang

Lu·pa·nar[lupaná:r, lupá:nar] 中 -s/-e (古代ローマの)売春宿. [*lat.*; <*lat.* lupa „Wölfin" (◇Lupus)]

Lu·pe[lú:pə] 女 -/-n ルーペ, 拡大鏡, 虫めがね: *et.*⁴ mit der ～ betrachten …をルーペ(虫めがね)で観察する | ***jn.*** ⟨***et.***⁴⟩ **mit der ～ suchen können** 《話》…のような人間(もの)はそう簡単には見つからない | Du kannst solchen Freund mit der ～ suchen. 《話》こんな友人は鉦(かね)や太鼓で探したってなかなか見つからないぜ | ***jn.*** ⟨***et.***⁴⟩ **unter die ～ nehmen** 《話》…を細かく観察する, …をじっくり調べる. [*afränk.*－*fr.*; ◇Luppe]

lu·pen·rein 形 (宝石などが拡大鏡で観察しても欠点を見つけられぬほど)全く無傷の; 《比》完全無欠な, 申し分のない.

Lu·per·ka·li·en[lupɛrká:liən] 複 ルペルカリア祭(古代ローマで牧羊神 Faun のために毎年2月15日に行われた豊年祈願の祭り). [*lat.*; <*lat.* Lupercus „Wolfsabwehrer" (◇Lupus, Arkanum)]

Lupf[lʊpf] 男 -[e]s/-e 《スイス》 **1** (重いものを)持ち上げること. **2** 《比》重い負担, 無理な要求, 難儀.

lüp·fen[lʏ́pfən] (南部: **lup·fen**[lʊ́pfən]) 他 (h) (覆っているものを)ちょっと持ち上げる: einen Deckel ～ ふたをとる | den Deckel ～ 《話》ちょっと帽子をとって会釈する ‖ 再帰 *sich*⁴ [von *seinem* Stuhl] ～ [いすから]腰を浮かす. [*mhd.*; ◇Luft]

Lu·pi·ne[lupí:nə] 女 -/-n 《植》ルピナス, ハウチワマメ(葉団扇豆)属. [*lat.*－*ahd.*; <*lat.* lupus (→Lupus)]

Lu·pi·no·se[lupinó:zə] 女 -/ 《畜》(家畜, 特に羊の)ルピナス中毒症. [<..ose]

lu·pös[lupǿ:s]¹ 形 《医》狼瘡(ろうそう)の; 狼瘡にかかっている.

Lup·pe[lʊ́pə] 女 -/-n 《金属》ルッペ, 粒鉄(直接製鉄法による低炭素還元鉄). [*fr.* loupe; ◇Lupe]

lup·pen[lʊ́pən] 他 (h) 《工》凝固させる.

Lu·pu·lin[lupulí:n] 中 -s/ 《薬》ルプリン(鎮静剤). [<*lat.* lupus „Hopfen"+..in²]

Lu·pus[lú:pʊs] 男 -/-[se] **1** 《医》狼瘡(ろうそう). **2** der ～ 《天》狼(おおかみ)座. [*lat.* lupus „Wolf"(－*mlat.*); ◇Wolf³]

Lu·pus in fa·bu·la[－ ɪn fá:bula·] 男 ---/ (der Wolf in der Fabel) 寓話(ぐうわ)のオオカミ(うわさしていたときに現れた当人). [*lat.*]

Lurch[lʊrç] 男 -[e]s/-e (Amphibie) 《動》両生類. [<Lork]

Lurch·fisch[lʊ́rç..] ＝Lungenfisch

Lu·re[lú:rə] 女 -/-n ルーレ(青銅器時代にゲルマン人の用いたS字形管楽器). [*altisländ.*－*norw.*]

Lur·lei[lʊ́rlaɪ] 女 -/ ＝Loreley

Lu·sche¹[lʊ́ʃə] 女 -/-n 《方》(Pfütze) 水たまり. [*slaw.*]

Lu·sche²[－] 女 -/-n 《方》 **1** 《トランプ》点数にならない札. **2** ふしだら(自堕落)な人間(特に女). [„Hündin"]

lu·schig[lʊ́ʃɪç]² 形 《方》(仕事などが)ぞんざいな, いいかげんな.

Lu·ser[lú:zər] 男 -s/- 《狩》(野獣の)立った耳. [<Loser]

Lust[lʊst] 女 -/Lüste[lʏ́stə] (⊘ **Lüst·chen** → 別出, **Lüst·lein**[lʏ́stlaɪn] 中 -s/-) **1** (快楽・喜びなどをもたらすものを求める気持) **a)** 《単数で》(…したい)気持, 意欲, 気乗り; (精神的な)欲求, 願望; 愛好心: Ich habe ～ **auf** eine Tasse ⟨nach einer Tasse⟩ Kaffee. 私はコーヒーを1杯飲みたい | Ich habe keine ～ **zum** Angeln ⟨zum Ingenieur[beruf]⟩. 私は釣りをする(技師になる)気はぜんぜんない | *jm.* zu *et.*³ ～ machen …に…をしようという気を起こさせる | Er hat alle ～ [dazu] verloren. 彼は[それを]やる気が全くなくなった | Da vergeht mir alle ～. それでは私は全く意欲をそがれてしまう | Er zeigt wenig ～ [dazu]. 彼は[それに]あまり気が進まないらしい | Er kann warten, solange er ～ hat. 彼は待ちたいだけ待つがいいさ ‖ 《zu 不定詞[句]と》Haben Sie ～, ihn zu begleiten? 彼について行く気がありますか | Ich habe große ～, dorthin zu fahren. ぜひそこへ行きたいと思う | Ich habe gar keine ⟨nicht die geringste⟩ ～, an ihn zu schreiben. 彼に手紙を書こうなどという気持は私には全くない ‖ 《前置詞と》mit ～ und Liebe (→2 a) | **nach ～ und Laune** 気の向くままに, 思う存分, 好きなだけ. **b)** (特に性的な)欲望, 色欲: böse ⟨weltliche⟩ *Lüste* / 《雅》die ～ des Fleisches 肉欲, 情欲 ‖ Er ist ein Sklave seiner ～. 彼は情欲のとりこになっている | *seine* ～ befriedigen ⟨zügeln⟩ 自分の情欲を満足させる(抑える) | *seinen Lüsten* leben ⟨frönen⟩ 情欲にふける.

2 (欲求の満たされた気持) **a)** 《単数で》(精神的な)快感, 喜び, 楽しみ, 満足感, 愉悦: Lebens*lust* 生きる喜び ‖ ～ **an** dem Anblick ⟨am Sammeln⟩ haben 見ること(収集)を楽しむ | *jm.* die ～ am Leben ⟨an der Fahrt⟩ nehmen …の生きる喜び(ドライブの楽しみ)を奪う ‖ Die Gartenarbeit ist meine ganze ～. 庭いじりが私の唯一の楽しみだ | Ist das nicht eine ～! (見ていて)楽しい(すばらしい)じゃありませんか ‖ Es ist die höchste ～, Rosen zu pflegen. バラの手入れは最高の楽しみだ | Es war eine wahre ～, dem Kind zuzusehen. その子供の様子を眺めているだけでほんとうに楽しかった ‖ 《前置詞と》*et.*⁴ aus **～ und Liebe** tun 好きで楽しいから…をする | mit ⟨ohne⟩ ～ und Liebe bei der Sache sein 喜んで(いやいや)事に当たる | in **～ und Leid** zusammenhalten 《雅》苦楽を共にする. **b)** 性的(肉体的)快楽: Sinnen*lust* 官能的愉悦 | Er fand ⟨genoß⟩ bei ihr alle *Lüste*. 彼は彼女によってありとあらゆる快楽を味わった.

3 《南部》(花婿の)頭飾り.

[*germ.*; ◇lasziv]

Lust·bar·keit[lʊ́stba:rkaɪt] 女 -/-en **1** 《ふつう単数で》楽しさ; 楽しい気分: die ～ erhöhen 楽しさを高める. **2** (楽しい)催し; [ダンス]パーティー.

ᵛ**Lust·bar·keits·steu·er** 女 (Vergnügungssteuer) 遊興(娯楽)税.

Lüst·chen[lʏ́stçən] 中 -s/- (Lust の縮小形)(ちょっと…してみたい)気持(→Lust 1 a): ein ～ zu ⟨nach⟩ *et.*³ verspüren ちょっと…してみたい気になる.

ᵛ**Lust·dir·ne**[lʊ́st..] 女 売春婦.

Lü·ste Lust の複数.

ᵛ**lü·sten**[lʏ́stən] 《01》 ＝gelüsten I

Lu·ster[lʊ́stər] 男 -s/- 《オーストリア》＝Lüster 1

Lü·ster[lʏ́stər] 男 -s/- ᵛ**1** (Kronleuchter) シャンデリア. **2** 《織》ラスタークロース(光沢のある綿毛平織り布地). **3** (Glasur) (陶器などの)うわぐすり; (うわぐすりによる)光沢面(層). [*it.* lustro－*fr.* lustre „Glanz"; <*lat.* lūstrāre „beleuchten" (◇Lux)]

ᵛ**lü·stern**¹[lʏ́stərn] 《05》 ＝gelüsten I [<lüsten]

lü·stern²[－] 形 欲しくてたまらない, ひどく欲しがる; 色欲のある, 好色な, みだらな: ～*e* Augen 物欲しそうな(好色な)目 | ～*e* Gedanken haben みだらな考えを抱く ‖ nach *et.*³ ⟨auf *et.*⁴⟩ ～ sein …を欲しがっている | Sie war auf Erdbeeren ⟨nach Erdbeeren⟩ ～. 彼女はいちごが食べたくてしようがなかっ

た | Er ist ganz ~, das zu tun. 彼はそうしたくてうずうずしている.

..lüstern[..lʏstərn] 《名詞などにつけて「…を渇望〈熱望〉する, …を欲しがる」を意味する形容詞をつくる》: angriffs*lüstern* きわめて好戦的な | profit*lüstern* 利潤を追い求める | sensations*lüstern* センセーションを渇望する.

Lü·stern·heit[..haɪt] 女 -/ (lüstern²なこと. 例えば:) 好色性.

▽**Lust·fahrt**[lʊ́st..] 女 遊覧〈観光〉旅行.

Lust≈gar·ten 男 (昔の)遊歩庭園. ▽**≈gas** 中 〘化〙 笑気, 亜酸化窒素. **≈ge·fühl** 中 快感. **≈ge·winn** 男 (願望の実現・欲望の充足などによる)快楽〈よろこび〉の獲得. **≈greis** 男 《軽蔑的に》好色じじい, ひひおやじ. **≈haus** 中 (城や大邸宅の庭園などにある)園亭.

lu·stig[lʊ́stɪç]² **I** 形 **1 a)** 楽しい, ゆかいな; 朗らかな, 陽気〈快活〉な; 浮かれた, はしゃいだ, 有頂天の: ein ~*er* Abend 楽しい夕べ〔のつどい〕 | ein ~*es* Gesicht 楽しげな顔 | ~*e* Leute 陽気な連中 ‖ Du bist heute so ~. 君はきょうは大変はしゃいでいる〈楽しそうだ〉 | Es war auf der Party sehr ~. パーティーは実にゆかい〈にぎやか〉だった | Das kann ja ~ werden. 《反語》こいつは結構なことになりそうだぜ ‖ **Bruder *Lustig*** 《話》いつも楽しそうな男, 朗らか人間 ‖〘副詞的に〙 *sich*⁴ ~ gebaren 陽気〈快活〉に振舞う | ~ leben 楽しくのんきに暮らす. **b)** 面白い, おかしな; おどけた, こっけいな: eine ~*e* Geschichte 面白い話〈物語〉 | ein ~*er* Kauz 《話》おかしなやつ, ひょうきん者 | die ~*e* Person (昔の喜劇の)道化役 | ~*e* Streiche (面白半分の・悪意のない)いたずら, 茶目 ‖ Das klingt sehr ~. それはいかにも面白そうだ | ***sich*⁴ über *jn.* 〈*et.*⁴〉 ~ machen** …を笑いものにする, …をからかう ‖ Mir ist etwas *Lustiges* eingefallen. 私は面白いことを思いついた.

2 《述語的》《話》(…する)気のある(→..lustig): Mach es, wie du ~ bist! 君の気の向くように〈思いどおり〉するがいい.

▽**3** 好ましい, 快い: Getier, ~ anzusehen 見た目にも愛らしい動物たち.

II 副 **1** →I 1 **2** 元気よく, 活発に: Nur immer ~ 〔zu〕! さあ元気でいこう | Das Feuer brennt 〈Der Wind bläst〉 ~. 勢いよく火が燃えている〈風が吹いている〉 | Die Fahne flattert ~ im Wind. 旗はへんぽんと風にひるがえっている.

..lustig[..lʊstɪç]² 《動詞・名詞などにつけて「…したがる, …好きの」を意味する形容詞をつくる》: lach*lustig* 笑い上戸の | schreib*lustig* ものを書くのが好きな | schaffens*lustig* 創造意欲の盛んな | vergnügungs*lustig* 享楽的な | kampf〔es〕*lustig* 好戦的な.

Lu·stig·keit[lʊ́stɪçkaɪt] 女 -/ (lustig なこと. 例えば:) 楽しい気分, 陽気〈快活〉な言動: die ~ entfachen 楽しさを盛り上げる | in ~³ schwelgen 陽気に騒ぐ, はしゃぐ.

Lu·stig·ma·cher[..maxər] 男 -s/- 道化〔師〕; 道化者, おどけ〈ひょうきん〉者.

Lust·kna·be[lʊ́st..] 男 《雅》 男色〈ホモ〉の対象となる少年, 稚児(ちご).

Lüst·lein Lust の縮小形(→Lüstchen).

Lüst·ling[lʏ́stlɪŋ] 男 -s/-e 好色家, 色好み, 女たらし.

lust·los[lʊ́stloːs]¹ 形 **1** 気乗りのしない, やる気のない, 意欲的でない: ~ arbeiten いやいや仕事する. **2** 〘商〙 (株式相場・商況などが)気乗り薄の.

Lust·lo·sig·keit[..loːzɪçkaɪt] 女 -/ lustlos なこと.

Lust≈molch[lʊ́st..] 男 《話》=Lustgreis **≈mord** 男 快楽〈淫楽(いんらく)〉殺人, 色情性殺人. **≈mör·der** 男 Lustmord の犯人. **≈ob·jekt** 中 快楽の対象〔物〕. **≈prin·zip** 中 〘精神分析〙 快楽原則.

Lu·stra Lustrum の複数.

Lu·stra·tion[lʊstratsió:n] 女 -/-en **1** 〘宗〙 (犠牲などによる)清め, はらい; 〘カトリック〙 清めの式. ▽**2** (Durchsicht) 検査, 校閲. [*lat.*; ◇lustrieren]

lu·stra·tiv[..tíːf]¹ 形 〘宗〙 清めに役立つ, 清める力のある.

▽**Lust·rei·se**[lʊ́st..] 女 遊覧〈観光〉旅行.

Lu·stren Lustrum の複数.

lu·strie·ren[lʊstríːrən] 他 (h) **1** 〘宗〙 はらい清める. ▽**2** (durchsehen) 《*et.*⁴》 (…に)目を通す, 調べる, 検査〈校閲〉する. [*lat.*]

Lu·strum[lʊ́strʊm] 中 -s/..ren[..rən], ..ra[..ra·] **1** ルストルム(古代ローマの5年ごとの大はらい式). **2** (Jahrfünft) (古代ローマで) 5年〔間〕. [*lat.*; <*lat.* luere „spülen" (◇lavieren²); ◇Lustration]

Lust≈schiff[lʊ́st..] 中 遊覧船. **≈schloß** 中 離宮; (豪壮な)別荘, 別邸. ▽**≈seu·che** 女 性病, 花柳病, (特に:) 梅毒. **≈sitz** 男 離宮. **≈spiel** 中 (↔Trauerspiel) (Komödie) 喜劇. **≈wäld·chen** 中 (木陰の多い)遊歩庭園.

lust·wan·deln[lʊ́stvandəln] 《06》 《過分 gelustwandelt》 自 (s, h) 《雅》 (spazierengehen) 散歩〈漫歩〉する.

Lust·wie·se 女 《話》 (Couch) 寝いす, ソファー〔ベッド〕.

Lu Sün[luzýn] 人名 魯迅, ルーシュン(1881-1936; 中国の文学者・思想家. 作品『阿Q正伝』など).

Lü·ta[lýːta·] 地名 旅大, リュイター(中国, 遼寧 Liauning 省の港湾都市. 第二次大戦後, 旅順・大連・長海県が合併してできた).

Lu·tein[luteíːn] 中 -s/ 〘化〙 ルテイン(卵黄・バターなどの黄色色素). [<*lat.* lūteus „gelb"+..in²]

Lu·teo·lin[luteolíːn] 中 -s/ 〘化〙 ルテオリン(植物性黄色色素).

Lu·te·tium[luté:tsiʊm] 中 -s/ 〘化〙 ルテチウム(希土類金属元素名; 記号 Lu). [<Lūtētia (Paris² のラテン名)]

Lu·ther[lʊ́tər] 人名 Martin ~ マルティーン ルター(1483-1546; ドイツの宗教改革者. 聖書の翻訳によってドイツ語の発展に大きな影響を与えた). [◇Lothar]

Lu·the·ra·ner[lʊtəráːnər] 男 -s/- ルター派の人.

Lu·ther≈bi·bel[lʊ́tər..] 女 ルター〔訳の〕聖書(1522年に新約を,1534年旧約を併せた全巻を公刊). **≈deutsch** 中 (Luther が聖書翻訳に用いた)ルター=ドイツ語.

lu·the·risch[lʊ́tərɪʃ, lʊtéːrɪʃ] 形 ルター派の; ルター教会の: die ~*e* Kirche ルター教会.

Lu·the·risch[lʊ́tərɪʃ] 形, **Lu·thersch**[lʊ́tərʃ] 形 ルターの: die ~*e* Bibelübersetzung ルターの聖書翻訳.

Lu·ther·rock[lʊ́tər..] 男 ルター派の僧衣(→図 Bischof).

Lu·ther·tum[..tuːm] 中 -s/ **1** ルター教, 新教. **2** ルターの教え, ルター主義.

lut·schen[lʊ́tʃən] 《04》 **I** 自 (h) 《an *et.*³》 (口へ差しこんで)しゃぶる, なめながら吸う: am Daumen ~ 親指をしゃぶる.

II 他 (h) **1** (口の中で)溶かして〈しゃぶって〉食べる: ein Bonbon ~ 飴(あめ)をしゃぶる | ein Eis ~ アイスクリームを食べる. **2** (saugen) すする, (少しずつ)飲む: einen ~ 《話》 (酒を)一杯やる | Benzin ~ 《話》 (自動車が)ガソリンを飲む(給油のこと).

III Lut·schen 中 -s/ (lutschen すること. 特に:) 指しゃぶり. [擬音; ◇lullen]

Lut·scher[lʊ́tʃər] 男 -s/- **1** 棒のついた飴(あめ). **2** 《話》 (Schnuller) (乳児用の)おしゃぶり; (哺乳(ほにゅう)瓶の)乳首.

Lutsch≈kno·chen[lʊ́tʃ..] 男 《話》 (Mundharmonika) ハーモニカ. **≈mund** 男 《話》 唇の突き出た口, ひょっとこ口.

lütt[lʏt] 形 《北部》 (klein) 小さい: ein ~*er* Junge 小さい少年 ‖ mein *Lütter* 私の息子 | meine *Lütte* 私の娘 | Das *Lütte* schläft. その子は眠っている. [<lützel]

Lut·te[lʊ́tə] 女 -/-n 〘坑〙 風管.

Lut·ter[lʊ́tər] 男 -s/- (火酒を造る際にできる)粗酒精. [<lauter¹]

Lüt·tich[lʏ́tɪç] 地名 リエージュ(ベルギー東部の工業都市. フランス語形 Liège). [*lat.* Leodicum (<Leudi 領主の名) −*fr.*]

Lutz[lʊts] 男名 (<Ludwig) ルッツ.

lüt·zel[lʏ́tsəl] 副 《南部》 (wenig) わずか: ein ~ 少し, 少々. [*westgerm.*; ◇*engl.* little]

Lüt·zel·burg[lʏ́tsəlbʊrk] 地名 リュッツェルブルク (Luxemburg²の古名). [*mhd.* „kleine Burg"]

Luv[luːf] 女 -/ (↔Lee) 〘海〙 風上(かざかみ)〔の側〕: nach ~ drehen 風上に向きを変える. [*ndl.* loef〔zijde〕 „Ruderseite"; <*anord.* lōfi „flache Hand"; ◇*engl.* luff]

lu·ven[lúːvən¹, ..fən] 自 (h) 〘海〙 船首を風上に向ける.

L

luv·gie·rig[lúːf..] 形〘海〙(船首が)風上に向きやすい.
Luv·sei·te 女 (Luv)〘海〙風上の側; 風上舷(げん).
luv·wärts[..vɛrts] 副 風上に(へ).
Lux[lʊks] 中 -/-〘理〙ルクス(照度の単位; 記号 lx). [*lat.* lūx „Licht"; ◇leuko.., luzid, licht[2]]
Lu·xa·tion[lʊksatsió:n] 女 -/-en (Verrenkung)〘医〙脱臼(だっきゅう). [*lat.*; ◇luxieren]
Lu·xem·burg[1][lʊ́ksəmbʊrk] 人名 Rosa ～ ローザ ルクセンブルク(1870-1919; ドイツの女性革命家. ドイツ共産党の設立者の一人で, 右翼軍人に虐殺された. 著作『資本蓄積論』など).
Lu·xem·burg[2][−] 地名 **1** ルクセンブルク(ドイツ・フランス・ベルギーの間にはさまれた大公国. フランス語形 Luxembourg [lyksãbúːr]. 公用語はフランス語, ドイツ語, ルクセンブルク語; 日常語はルクセンブルク語: →letzeburgisch). **2** ルクセンブルク(1の首都). [*ahd.* luzzil, *mhd.* lützel „klein"]
Lu·xem·bur·ger[..gər] **I** 男 -s/- ルクセンブルクの人. **II** 形《無変化》ルクセンブルクの.
lu·xem·bur·gisch[..gɪʃ] 形 ルクセンブルク(語)の.
lu·xie·ren[lʊksíːrən] 他 (h) (verrenken) (関節を)脱臼(だっきゅう)させる. [*lat.*; ◇Luxus; *engl.* luxate]
Lux·me·ter[lʊ́ks..] 中 (男) -s/- 照度計.
Lu·xor[lʊ́ksɔr] 地名 ルクソル(エジプト中東部ナイル川近くの観光地で, 古代エジプトの遺跡で知られる). [*arab.* El-uksur „die Burgen"]
Lu Xun[lǔçcỳn] ＝Lu Sün
lu·xu·rie·ren[lʊksuríːrən] 自 **1** (h, s)〘生〙**a)** (交配種が親よりも)強くなる. **b)** (器官などが)異常に発達する. [▽]**2** (h) ぜいたくに暮らす. [*lat.*]
lu·xu·riös[lʊksuriǿːs][1] 形 ぜいたくな, 豪華(豪奢(ごうしゃ))な, デラックスな: ein ～*es* Hotel 豪華ホテル | ein ～*es* Leben führen ぜいたくな生活を送る ‖ ～ leben ぜいたくに暮らす. [*lat.*; ◇..os]
Lu·xus[lʊ́ksʊs] 男 -/ ぜいたく, 豪華; 浪費: den ～ lieben ぜいたくを好む | ～ mit *et.*[3] treiben …にぜいたくする, …を浪費する | ein Leben in ～ ぜいたくな生活 | Das ist reiner ～. それは全くのぜいたくだ(浪費だ). [*lat.*; ◇luxieren; *engl.* luxury]
Lu·xus≠ar·ti·kel[lʊ́ksʊs..] 男 ぜいたく品, 奢侈(しゃし)品. **≠aus·ga·be** 女 (本の)豪華(デラックス)版. **≠au·to** 中 ＝Luxuswagen 2 **≠band** 男 -(e)s/..bände 豪華装丁(本). **≠damp·fer** 男 豪華客船. **≠ge·gen·stand** 男 ＝Luxusartikel **≠her·ber·ge** 女《話》＝Luxushotel **≠ho·tel** 中 豪華ホテル, デラックス=ホテル. **≠jacht** 女 (大型)豪華ヨット. **≠ka·bi·ne** 女〘海〙特等船室. **≠klas·se** 女 特等クラス. **≠kör·per** 男《話》(特に恋人の)すばらしい肉体(美). **≠le·ben** 中 豪奢(ごうしゃ)(ぜいたく)な生活. **≠schlit·ten** 男《戯》＝Luxuswagen 2 **≠steu·er** 女 ぜいたく品税, 奢侈(しゃし)税. **≠vil·la** 女 豪華な邸宅. **≠wa·gen** 男 **1**〘鉄道〙デラックス客車. **2** 豪華な自動車, デラックス=カー. **≠wa·re** 女 ＝Luxusartikel **≠woh·nung** 女 豪華な住居, デラックス=マンション. **≠zug** 男〘鉄道〙豪華列車(略 L-Zug; 時刻表で: 略 L).
Lu·zern[lutsɛ́rn] 地名 ルツェルン(スイス中部の州, およびその州都).
Lu·zer·ne[lutsɛ́rnə] 女 -/-n〘植〙ウマゴヤシ(苜蓿)属. [*lat.* lūcerna „Lampe"−*provenzal.* luzerno „Glühwürmchen"−*fr.*; ◇Lukarne]
Lu·zia[lúːtsia·] 女名 (＜Lucia) ルーツィア.
lu·zid[lutsíːt][1] 形 **1** はっきりした, 明快な. [▽]**2** 明るい, 透明な. [*lat.*; ＜*lat.* lūx (→Lux)]
Lu·zi·di·tät[lutsiditɛ́ːt] 女 -/ luzid なこと. [*spätlat.*]
Lu·zie[lúːtsiə] 女名 (＜Lucie) ルーツィエ.
Lu·zi·fer[lúːtsifɛr] **I** 人名〘聖〙ルチフェル, ルシファー(悪魔の長, Satan の別名). **II** der **Lu·zi·fer** 男 -s/〘天〙明けの明星(金星). [*lat.* Lūci-fer „Licht-bringer"]
Lu·zi·fe·rin[lutsiferíːn] 中 -s/〘化・生〙ルシフェリン, 発光素. [＜..in[2]]
lu·zi·fe·risch[lutsiféːrɪʃ] 形 悪魔(サタン)のような: ein ～*es* Grinsen 悪魔的な微笑.
Lu·zin·de[lutsɪ́ndə] 女名 (＜Lucinde) ルツィンデ.
Lu·zius[lúːtsiʊs] 男名 (＜Lucius) ルーツィウス.
Lu·zon[lusɔ́n] 地名 ルソン(フィリピン諸島最大の島. 島の南部にフィリピン共和国の首都マニラがある).
Lw 略 ＝Lew
Lw. 略 ＝Lehnwort
l. W. 略 **1** ＝lfd. W. [▽]**2** ＝letzte(r) Woche 先週の(に).
lx[lʊks] 記号 (Lux)〘理〙ルクス(照度の単位).
Ly·a·se[lyáːzə] 女 -/-n〘生化学〙リアーゼ, 付加酵素. [*gr.* lýein (→Lysis)＋..ase]
Ly·der[lýːdər] 男 -s/- (⊛ **Ly·de·rin**[..dərɪn]-/-nen) リュディア人.
Ly·dia[lýːdia·] 女名 リューディア.
Ly·di·en[lýːdiən] 地名 リュディア(前700年ごろ小アジアに建設された王国). [*gr.*−*lat.* Lȳdia]
Ly·di·er[lýːdiər] 男 -s/- ＝Lyder
Ly·die·rin[..diərɪn] 女 -/-nen ＝Lyderin (→Lyder).
ly·disch[..dɪʃ] 形 リュディア(語)の: →deutsch | die ～*e* Tonart / das *Lydische*〘楽〙リュディア旋法(中世の教会旋法の一つ).
Lyk·an·thro·pie[lykantropíː] 女 -/ 〘医・心〙狼憑(おおかみつき)(自分は Werwolf になったと思い込む精神病: →Werwolf 1). [*gr.*; ＜*gr.* lýkos (→Wolf[3])＋anthropo..]
Ly·ki·en[lýːkiən] 地名 リュキア(小アジア南岸地方の古代名). [*gr.*−*lat.* Lycia]
Ly·ki·er[lýːkiər] 男 -s/- リュキア人.
ly·kisch[..kɪʃ] 形 リュキア(語)の: →deutsch
Ly·ko·po·dium[lykopóːdiʊm] 中 -s/ (Bärlapp)〘植〙ヒカゲノカズラ(日陰蔓)属. [＜*gr.* lýkos (→Wolf[3]) ＋..pode]
Ly·kurg[lykʊ́rk] 人名 **1** リュクルゴス (Sparta の立法家). **2** リュクルゴス(前390頃 -324; Athen の雄弁家). [*gr.*−*lat.*]
Lymph·ade·nie[lʏmfadeníː] 女 -/-n[..níːən]〘医〙リンパ節症. [＜*gr.* adḗn „Drüse"]
Lymph·ade·ni·tis[..níːtɪs] 女 -/..tiden[..nitíːdən] (Lymphknotenentzündung)〘医〙リンパ節炎. [＜..itis]
Lymph·ade·nom[..nóːm] 中 -s/-e〘医〙リンパ節腫(しゅ). [＜..om]
Lymph·ade·no·pa·thie[lʏmfadenopatíː] 女 -/-n [..tíːən]〘医〙リンパ節疾患.
Lymph·an·giom[lʏmfaŋgióːm] 中 -s/-e〘医〙リンパ管腫(しゅ). [＜angio..＋..om]
Lymph·an·gi·tis[..gíːtɪs] 女 -/..tiden[..gitíːdən]〘医〙リンパ管炎. [＜..itis]
lym·pha·tisch[lʏmfáːtɪʃ] 形 リンパ(液)の; リンパ性の: ～*e* Leukämie リンパ性白血病.
Lym·pha·tis·mus[lʏmfatísmʊs] 男 -/..men[..mən] リンパ(性)体質.
Lymph≠bahn[lʏ́mf..] 女〘解〙リンパ管系. **≠drü·se** 女 リンパ腺(せん) (正しくは Lymphknoten).
Lymph·drü·sen≠kar·zi·nom 中, **≠krebs** 男〘医〙リンパ腺癌(がん).
Lym·phe[lʏ́mfə] 女 -/-n **1**〘生理〙リンパ(液). **2**〘医〙痘苗. [*lat.* lympha „klares Wasser"]
Lymph·ge·fäß[lʏ́mf..] 中〘解〙リンパ管.
Lymph·ge·fäß·ent·zün·dung 女〘医〙リンパ管炎.
Lymph·kno·ten[lʏ́mf..] 男〘解〙リンパ節(俗にいうリンパ腺).
Lymph·kno·ten≠an·schwel·lung 女〘医〙リンパ節腫脹(しゅちょう). **≠ent·zün·dung** 女〘医〙リンパ節炎. **≠kar·zi·nom** 中, **≠krebs** 男〘医〙リンパ節癌(がん).
Lymph·kör·per·chen 中 ＝Lymphozyt
lym·pho·gen[lʏmfogéːn] 形 リンパ(液)による;〘医〙リンパ行性の: ～*e* Metastase (癌(がん)などの)リンパ行性転移.
Lym·pho·gra·nu·lo·ma·to·se[..granulomatóːzə] 女 -/〘医〙リンパ肉芽腫(しゅ)症. [＜Granulom＋..ose]
Lym·pho·gra·phie[..grafíː] 女 -/-n[..fíːən] リンパ管造影(撮影)(法).

L

lym·pho·ịd[lymfoí:t][1] 形 〘医〙 リンパ液状の, リンパ〔球〕様の. [<..oid]

Lym·pho·kịn[lymfokí:n] 中 -s/-e 〘免疫〙 リンフォカイン(リンパ球が抗原に接触して放出するタンパク因子).

Lym·phọm[lymfó:m] 中 -s/-e, **Lym·phọ·ma**[..ma·] 中 -s/-ta[..ta·] 〘医〙 リンパ腫(しゅ). [<..om]

Lym·pho·zỵt[lymfotsý:t] 男 -en/-en 《ふつう複数で》〘解〙 リンパ球. [<zyto..]

Lym·pho·zy·tọ·se[..tsytó:zə] 女 -/ 〘医〙 リンパ球増加症. [<..ose]

lyn·chen[lýnçən, línçən, líntʃən] 他 (h) 《*jn.*》 (…に)リンチを加える, (…を)私刑に処する. [*amerik.*; <W. Lynch (米国の治安判事, †1820)]

Lỵn·cher[..ər] 男 -s/- lynchen する人.

Lỵnch≠ju·stịz[lýnç.., línç..] 女 リンチ, 私刑: an *jm.* ~ üben …にリンチを加える. ≠**mord** 男 リンチ〈私刑〉による殺害.

Lỵn·keus[lýŋkɔys] 人名 **1** 〘ギ神〙 リュンケウス (Argonaut として, その鋭い視力で活躍). **2** リュンコイス (Goethe の『ファウスト』第 2 部に登場する望楼守(もり)). [*gr.*–*lat.*; <*gr.* lýgx (→Luchs)]

Lyon[liɔ̃:] 地名 リヨン(フランス南東部の商工業都市). [*gall.*–*lat.* Lugdūnum]

Lyọ·ner[lió:nər] **I** 男 -s/- リヨンの人. **II** 女 -/- (直腸詰の柔らかい)リヨンふうソーセージ. **III** 形 《無変化》 リヨンの.

lyo·phịl[lyofí:l] 形 〘化〙 親液性の.

Lyo·phi·li·sa·tiọn[..filizatsió:n] 女 -/-en 凍結乾燥. [<*gr.* lýein (→Lysis)]

lyo·phọb[..fó:p][1] 形 〘化〙 疎液性の.

Lỵ·ra[lý:ra·] 女 -/Lyren[..rən] **1** リラ(古代ギリシアの竪琴(たてごと)); (軍楽隊で用いられる)グロッケンシュピール(→ 図). **2** die ~ 〘天〙 琴座(夏の北天に見える星座で, 首星は七夕伝説で知られる織女星 Wega). [*gr.* lýrā–*lat.*; ◇Leier]

Lyra

Lỵ·rik[lý:rɪk] 女 -/ 叙情詩: ~ schreiben 〈lesen〉 叙情詩を書く〈読む〉. [*fr.* (poésie) lyrique]

Lỵ·ri·ker[lý:rikər] 男 -s/- (⊛ **Lỵ·ri·ke·rin**[..kərɪn] -/-nen) 叙情詩人.

lỵ·risch[lý:rɪʃ] 形 **1** 叙情詩の; 叙情的な, 情緒に富む: die ~*e* Dichtung 叙情文学 | eine ~*e* Stimmung 叙情的な気分. **2** 《付加語的》〘楽〙 (声が)叙情的な, リリックな: ein ~*er* Bariton 〈Sopran〉 リリックバリトン〈ソプラノ〉. [*gr.*–*lat.*]

ly·ri·siẹ·ren[lyrizí:rən] 他 (h) 叙情的に表現する.

Ly·rịs·mus[lyrísmʊs] 男 -/..men[..mən] **1** 《単数で》 叙情〔詩〕的叙述法; 叙情性, リリシズム. **2** 《ふつう複数で》 叙情的章句.

Lỵ·se[lý:zə] 女 -/-n =Lysis

Lỵ·sen Lysis の複数.

Ly·sẹrg·säu·re·di·äthỵl·amịd[lyzɛ́rkzɔyrədiɛtý:l|amí:t][1] 中 (略 LSD) エルエスディー, リゼルギン酸ジエチルアミド(幻覚剤の一種). [<*fr.* ergot „Mutterkorn"]

ly·si·gẹn[lyzigé:n] 形 (↔schizogen) 〘植〙 破生の.

Ly·sịn[lyzí:n] 中 -s/-e 《ふつう複数で》 **1** 〘生〙 リシン(細胞や細菌を溶解する抗体). **2** 〘生化学〙 リジン(人間や動物では必須アミノ酸の一つ). [<..in[2]]

Lỵ·sis[lý:zɪs] 女 -/..sen[..zən] **1** 〘生化学〙 (細胞や細菌の)溶解, リーシス. **2** 〘医〙 (熱の)渙散(かんさん), 消散. [*gr.* lýsis „Lösung"; <*gr.* lýein „〔auf〕lösen" (◇los)]

Ly·so·fọrm[lyzofɔ́rm] 中 -s/ 商標 リゾフォルム(消毒剤). [<Formaldehyd]

Ly·sọl[lyzó:l] 中 -s/ 商標 リゾール(消毒剤・防腐剤). [<*lat.* oleum (→Öl)]

Ly·so·sọm[lyzozó:m] 中 -s/-en 《ふつう複数で》〘生〙 リソソーム, 水解小体.

Ly·so·zỵm[..tsý:m] 中 -s/-e 〘化〙 リゾチーム(バクテリアを溶解する酵素). [<Enzym]

Lỵs·sa[lýsa·] 女 -/ (Tollwut) 〘医〙 狂犬病. [*gr.*]

lỵ·tisch[lý:tɪʃ] 形 **1** 〘生〙 溶解の. **2** 〘医〙 (熱が)渙散(かんさん)〈消散〉性の. [<Lysis]

Ly·zẹ·um[lytsé:ʊm] 中 -s/..zeen[..tsé:ən] ▽**1** リツェーウム(女子高等中学校). **2** 《スイ》 Gymnasium の上級課程. **3** (古代ギリシアの)アリストテレスの学園. [*gr.* Lýkeion–*lat.*; <*gr.* Lýkeios (Apollo 神の添え名); Apollo 神殿の隣にあったことから]

LZB[ɛltsɛtbé:] 略 =Landeszentralbank

L-Zụg[ɛ́l..] =Luxuszug

L

M

m[1][ɛm], **M**[1][ー] 中 -/- (→a[1], A[1] ★)ドイツ語のアルファベットの第13字(子音字): →a[1], A[1] 1 | *M* wie Martha (通話略語) Martha の M〔の字〕(国際通話では *M* wie Madagaskar).

m[2] 記号 **1** [méːtər] (Meter) メートル. **2** (milli..) ミリ. **3** [minúːtə] (Minute) 分.

m²[kvadráːtmeːtər, méːtər hóːx tsváɪ] 記号 (Quadratmeter) 平方メートル.

m³[kubíːkmeːtər, méːtər hóːx dráɪ] 記号 (Kubikmeter) 立方メートル.

m. 略 **1 a)** =männlich 男性の. **b)** =Maskulinum **2** =merke! 記憶せよ. **3** =mit

M[2] **I** 記号 **1** [máɪlə] (Meile) マイル. **2** [míːlə] (Mille) (ローマ数字の) 1000(→付録). **3** (mega..) メガ. **4** [max] (Mach〔zahl〕) マッハ〔数〕. **5** [magnitúːdə, ɛm] (Magnitude) マグニチュード. **II** 略 =Mark[1]

M. 略 **1** =Maskulinum **2** =Magister **3** =Monsieur

ma →*ma* non tanto, *ma* non troppo

mA[mɪliǀampéːr, ..pɛ́ːr] 記号 (Milliampere) ミリアンペア.

Ma **I** 略 =Mach **II**[ɛmǀáː, mazúːriʊm] 記号 (Masurium) 《化》 マスリウム.

MA. 略 =Mittelalter 《史》 中世〔期〕.

M. A.[ɛmǀáː] 略 =Magister Artium

Mä·an·der[1][mɛándər] 男 -s/- **1** (河川の)屈曲, 蛇行; 《地》 曲流. **2** 《建・美》 雷文(らいもん)〈波形〉模様(→ 図).

der **Mä·an·der**[2][ー] 地名 男 -〔s〕/ マイアンドロス(小アジアのメンデレス Menderes 川の古代名). [*gr.*–*lat.*]

Mäander[1]

Mä·an·der·band 中 -〔e〕s/..bänder=Mäander[1] 2

mä·an·dern[mɛándərn] 《05》 (過分 mäandert) **I** 他 (h) 《建・美》 雷文(らいもん)〈波形〉模様をつける. **II** 自 (h) (河川が)屈曲〈蛇行〉する, 曲がりくねる.

mä·an·drisch[..drɪʃ] 形 曲がりくねった; 《建・美》 雷文(らいもん)〈波形〉模様の.

Maar[maːr] 中 -〔e〕s/-e 《地》 マール(爆発的噴火によって生じた円形の火口で, 周縁に堆積(たいせき)物の丘をもたないもの. 多く水で満たされている). [*lat.* mare (→Mare)–*mlat.* mara „stehendes Gewässer"]

die **Maas**[maːs] 地名 女 -/ マース(フランス東部に発し, 北流してオランダで北海に注ぐ川. フランス語形ムーズ Meuse). [*kelt.*–*lat.* Mosa; ◇Mosel]

Maas·tricht[maːstríçt] 地名 マーストリヒト (Maas 川に沿うオランダの工業都市). [*lat.* Trāiectum ad Mosam „Überfahrt über die Maas"; ◇Utrecht]

Maas·trich·ter[..tər] **I** 男 -s/- マーストリヒトの人. **II** 形 《無変化》 マーストリヒトの: der ～ Vertrag マーストリヒト条約(1992年にマーストリヒトで結ばれた欧州同盟条約).

Maat[maːt] 男 -〔e〕s/-e, -en 海軍二等兵曹; (広義で)海軍下士官, 兵曹; ᵛ(Steuermannsmaat) 二等航海士. [*mndd.* mat〔e〕 „Eßgenosse"; ◇Mett; *engl.* mate]

Maat·schaft[máːt-ʃaft] 女 -/-en 《北部》 **1** 仲間, 徒党. **2** (Handelsgesellschaft) 商事会社.

Mac[mæk, mək] 《英語》 マック(スコットランド・アイルランド系の人名の構成要素. 例 MacArthur). [*air.* macc „Sohn"]

Ma·cao[makáːoˑ], **Ma·cau**[makáʊ] =Makao

Mac·beth[məkbɛ́θ] 人名 マクベス (?-1057; スコットランドの王で, Shakespeare の悲劇の主人公). [*gall.*; ◇Mac]

Mac·chia[mákiaˑ] 女 -/..chien[..kiən] (コルシカ島などの)密林(しばしば盗賊などの隠れ家になる). [*it.* „Fleck"; <*lat.* macula (→Makel)]

Mach[max] **I** 人名 Ernst ～ エルンスト マッハ(1838-1916; オーストリアの物理学者・哲学者). **II** 中 -〔s〕/- (単位: -/-) (Mach-Zahl) 《理》 マッハ〔数〕(音速の単位; 記号 M, 略 Ma): die Geschwindigkeit von ～ 1,5 〈1,5 ～〉 マッハ1.5の速度.

Ma·chan·del·baum[maxándəl..] 男 《北部》 = Wacholder 1

Mach·art[máx..] 女 (一般に)作り方; (特に衣服の)デザイン, スタイル, 仕立て: Das ist meine ～. 《比》 それは私の好みに合っている.

mach·bar[máxbaːr] 形 なし得る, 実行〈実現〉可能な; 思いどおりに操作〈作成〉できる: eine ～*e* Zukunft 思うがままに左右し得る未来 ‖ Das ist mit unseren Mitteln gerade noch ～. それは私たちの資金でかろうじて〈なんとか〉やれる | Das halte ich nicht für ～. それは実行不可能だと思う.

Ma·che[máxə] 女 -/ 《話》 **1** 細工, こしらえ; (作品などの)出来(でき), 技巧: ***et.***[4] **in der ～ haben** 《話》 …を製作中である | ***jn.*** **in der ～ haben** 《話》 …をとっちめて〈しごいて〉いる ‖ ***et.***[4] **in die ～ nehmen** 《話》 …〔の製作〕に着手する | ***jn.*** **in die ～ nehmen** 《話》 …をきびしくしつける〈しごく・殴る・さんざんののしる〉; …にうるさくせがむ. **2** うわべ, 見せかけ, ごまかし; こしらえごと(演技など): eine billige 〈raffinierte〉 ～ 安っぽい〈巧妙な〉見せかけ | Das ist doch alles 〔nur〕 ～. それはすべてごまかしだ. [<machen]

..mache[..maxə] 《名詞にかかって「(意図的に)…をひき起こすこと, …をあおること」などを意味する女性名詞をつくる》: Meinungs*mache* 世論操作 | Panik*mache* (意図的に)パニック状態を作り上げること.

Ma·che-Ein·heit[máxə..] 女 《化》 マッヘ(空気・温泉水などに含まれるエマナチオンの濃度単位; 記号 ME). [<H. Mache (オーストリアの物理学者, †1954)]

ma·chen[máxən]

I 他 (h)
1 (英: *make*) (erzeugen, herstellen) つくる
a) 作りあげる, 製造する, 製作する, 創造する
b) つくり出す, こしらえる; (火を)おこす
c) (料理などを)調理する
2 (hervorbringen) つくり出す, もたらす
a) 《*jm. et.*[4]》 (…にある心理・生理状態を)もたらす
b) 《*jm. et.*[4]》 (…に…を)もたらす, 与える
c) (文書などを)作成する, 書く
d) (音・音声を)発する, 叫ぶ, 言う
e) 《ふつう形容詞を伴った名詞を目的語として》 (ある表情・様子を)する
f) (ある役を)演じる, (…の)役割を果たす
g) 《*et.*[4]》 (試験を受けて…の)資格をとる
h) (点を)あげる, 得点する
3 (ausmachen) 構成する
a) 《数詞を目的語として》 (…の)額に達する, (総計で…と)なる
b) 意味する
4 (乱れた・汚れたものを元どおりに)整える, きれいにする, 整頓(せいとん)する; 調整する, 修理する
5 a) (tun, ausführen) する, 行う, 実行する, 催す
b) (erledigen) 済ませる, やってのける, 片づける
6 《本来の意味が希薄化し, 機能動詞として》

7 (bewirken) ひき起こす; 変えて(…に)する,(ある状態に)する
a) 《*et.*⁴》(…の)原因〈誘因〉となる
b) 《*jn.*/*et.*⁴》《様態を示す形容詞と》(…を…に)する
c) 《*jn.* 〈*et.*⁴〉 zu *et.*³》(…を…に)する,〔つくり〕変える; 任命する
d) 《*jn.*》《zu のない不定詞〔句〕と》(…をいやおうなく…)させる
e) 《daß 副文と》(…という)結果をもたらす,(…ということの)原因となる
8 a) 再帰 *sich*⁴ 〔gut〕 ~ 成果をあげる, 進捗(しんちょく)する
b) 再帰 *sich*⁴ gut 〈ausgezeichnet / schön〉 ~ よく合う, ぴったりである, 時宜を得ている
9 再帰 *sich*⁴ ~ 《方向を示す語句と》(人が…に)向かう; (…に)とりかかる
II 自 (h)
1 《in *et.*³》(…を)商う, 扱う; (…に)手を出す
2 (s) 《方向を示す語句と: →I 9》(人が…へ)行く, 向かう
3 《俗》粗相(そそう)する, 大〈小〉便をもらす
4 《ふつう命令形で》*Mach* doch! 急げ
5 《4格の目的語を省略した形で》→I 5 a
III Machen 中 -s/
IV gemacht → 別出

I 他 (h) **1** (英: *make*) (erzeugen, herstellen) つくる: **a**) 作りあげる, 製造する, 製作する, 創造する: *et.*⁴ aus Holz 〈in Handarbeit〉 ~ …を木材で〈手作りで〉作る | 〔aus Milch〕 Butter ~ 〔牛乳から〕バターをつくる | aus Äpfeln Saft ~ りんごからジュースをつくる | Dieser Käse wird 〈ist〉 aus Ziegenmilch *gemacht*. このチーズはヤギの乳でつくられる〈つくられたものである〉 | *Machen* Sie mir bitte einen Mantel aus diesem Stoff! この布地でコートを仕立ててください | einen Kleiderschrank in Buche ~ ブナ材の洋服だんすをつくる | *sich*³ einen Anzug ~ lassen 背広を注文で作らせる ‖ 〖比喩的に〗aus der Politik ein Geschäft ~ 政治を商売にする | aus *jm.* einen Filmstar ~ …を映画スターに仕立てあげる | Der Tod seiner Frau hat einen Menschenfeind aus ihm *gemacht*. 妻の死のショックで彼は人間嫌いになってしまった | Er *macht* aus seiner Meinung kein〔en〕 Hehl. 彼は歯に衣(きぬ)を着せず自分の意見を述べる ‖ ***sich*³ aus *et.*³ wenig 〈nichts〉 ~** …をあまり〈全く〉気にかけない, …にあまり〈全く〉興味がない; …があまり好きではない〈嫌いである〉 | *Mach* dir nichts aus dem Gerede! そんなうわさを気にするな | *Mach* dir nichts daraus! そんなことに腹を立てるな | Sie *macht* sich³ nichts aus Kohl. 彼女はキャベツが嫌いだ | Er *macht* sich³ nichts daraus, daß er arbeiten muß. 自分が働かねばならないということを彼は全く気にかけていない | *sich*³ aus *et.*³ viel ~ …を大いに評価する | *sich*³ aus *jm.* viel ~ …のことを高く評価する | Ich *mache* mir nicht viel aus ihm. 私は彼をあまり高く評価しない | Was soll ich daraus ~? それをどうしろというのか.

b) つくり出す, こしらえる; (火を)おこす: Feuer ~ 火をおこす | Geld ~ 《話》(やすやすと)金をもうける | Licht ~ 明かりをともす | Die Fahrzeuge *machten* viel Staub. 乗り物がひどい砂ぼこりをあげて走った.

c) (料理などを)調理する: 〔das〕 Essen ~ 食事をつくる | Pfannkuchen ~ パンケーキを焼く | Ich habe mir eine Tasse Kaffee *gemacht*. 私はコーヒーを1杯いれた.

2 (hervorbringen) つくり出す, もたらす: **a**) 《*jm.* *et.*⁴》(…にある心理・生理状態を)もたらす: *jm.* Angst ~ …に恐怖感を抱かせる | Die Arbeit *macht* 〔uns〕 Appetit. 労働は食欲をもたらす(働けば食欲が出る) | Salzige Speisen *machen* Durst. 塩からいものを食べるとのどが渇く | *jm.* Freude 〈Sorgen〉 ~ …を喜ばせる〈心配させる〉 | *jm.* Hoffnung〔en〕 ~ …に希望を抱かせる | *sich*³ Hoffnung〔en〕 ~ 希望を抱く | *jm.* Mut ~ …に勇気を抱かせる | Es *macht* mir Spaß, ihn zu ärgern. 彼を怒らせるのが私にはおもしろい | *jm.* Verdruß ~ …をむしゃくしゃさせる ‖ Das *machte* ihm 〔viel〕 zu schaffen. そのことで彼に面倒がかかった.

b) 《*jm.* *et.*⁴》(…に…を)もたらす, 与える: *jm.* Ehre 〈Schande〉 ~ …に栄誉〈恥辱〉をもたらす | Es *machte* ihm Ehre, daß ... …ということは彼の名誉となった | *jm.* ein Geschenk ~ …に贈り物をする | einer Frau ein Kind ~ ある女に子供を産ませる | *jm.* viel Mühe 〈Arbeit〉 ~ …にたいへん苦労をかける | *jm.* schlaflose Nächte ~ …に夜も眠れぬ思いをさせる | *jm.* Schwierigkeiten ~ …にとって面倒なことになる; …にあれこれ文句をつける ‖ 再帰 *sich*³ einen Namen ~ 名をなす, 有名になる | *sich*³ mit *et.*³ Freunde 〈Feinde〉 ~ …によって味方を得る〈敵をつくる〉 | *sich*³ einen guten Tag ~ すばらしい一日を送る, 楽しい思いをする.

c) (文書などを)作成する, 書く: einen Aufsatz ~ 作文をする | einen Entwurf ~ 素案をつくる | Gedichte ~ 詩をつくる | ein Lied ~ 歌曲をつくる〈作曲する〉 | eine Rechnung ~ 請求書を書く | ein Komma 〈einen Punkt〉 ~ コンマ〈ピリオド〉をうつ.

d) (音・音声を)発する, 叫ぶ, 言う, 述べる: „Oh", *machte* er. 「オー」と彼は叫んだ | Wie *macht* die Katze?—Die Katze *macht* miau. 猫はなんと鳴くか — 猫はニャーと鳴く | bitte, bitte ~ お願いお願いと頼む, 切願する | Pipi ~ 《幼児語》おしっこをする ‖ ein Geräusch ~ 雑音を発する | ein großes Geschrei ~ 大声をあげる; 大騒ぎする | Lärm ~ 騒ぐ | Musik ~ 楽器を鳴らす, 演奏する | einen Spaß ~ 冗談を言う | viele 〈schöne〉 Worte ~ やたらにしゃべる.

e) 《ふつう形容詞を伴った名詞を目的語として》(ある表情・様子を)する: große Augen ~ 目を丸くする, 驚く | ***jm.*** schöne Augen ~ …に色目を使う | Das *macht* böses Blut. そのことのために不満〈争い〉が生じる | ein erstauntes 〈ratloses〉 Gesicht ~ 驚いた顔〈当惑顔〉をする | einen langen Hals ~ 物見高く見物する | lange Ohren ~ 聞き耳を立てる ‖ Der Hund *macht* Männchen. 犬はちんちんをする.

f) (ある役を)演じる,(…の)役割を果たす: den Hamlet 〈den Narren〉 ~ ハムレット〈道化役〉を演じる | den Dolmetscher 〈den Sprecher〉 ~ 通訳〈スポークスマン〉を引き受ける | Ich *mache* immer den Dummen. 《話》私はいつもばかをみる.

g) 《*et.*⁴》(試験を受けて…の)資格をとる: Er *macht* dieses Jahr seinen Doktor 〈Ingenieur〉. 彼はことし博士〈技師〉の資格をとる.

h) (点を)あげる, 得点する: Wer hat die meisten Punkte *gemacht*? 最高得点を得たのはだれだ.

3 (ausmachen) 構成する: **a**) 《数詞を目的語として》(…の)額に達する,(総計で…と)なる: Was 〈Wieviel〉 *macht* das?—Das *macht* zusammen 20 Mark. これでいくらになりますか — 全部で20マルクになります | Das *macht* nichts. それはただである(→b) | Der Schaden *machte* im ganzen 200 Mark. 損害は全部で200マルクになった | Die Rechnung *machte* genau 30 Mark. 勘定はぴったり30マルクになった | 600 Mark im Jahr, das *macht* 50 Mark pro Monat. 年に600マルクというのは月50マルクになる | Vier mal fünf *macht* zwanzig. 4かける5は20となる.

b) 意味する: 〔**Das**〕 ***macht* nichts!** そんなことは何でもありません; (お礼・おわびの言葉に対して)どういたしまして(→a) | Es *macht* ihm nichts, allein zu reisen. ひとりで旅行することは彼には何でもないことだ ‖ Schon eine Kleinigkeit *macht* viel. わずかの金額でもたいへん助かる | viel Aufheben〔s〕 von *et.*³ ~ (→aufheben II).

4 (乱れた・汚れたものを元どおりに)整える, きれいにする, 整頓(せいとん)する; 調整する, 修理する: das Bett ~ ベッドを整える | Ich muß mir noch das Haar ~. 私はこれから髪を整えねばならない | Das Radio spielt nicht mehr, ich muß es ~ lassen. ラジオがならなくなった. 修理に出さねばならない | die Straße ~ 通りを掃除する | *jm.* Wäsche ~ …の身のまわりのものを洗濯してやる | Er *macht* sich³ sein Zimmer selber. 彼は部屋の掃除を自分でやっている.

5 a) (tun, ausführen) する, 行う, 実行する, 催す: Hochzeit ~ 結婚式をあげる | eine Party ~ パーティーを開く | Nachtschicht ~ 夜勤〈夜直〉をする | Was *machst* du da? そこで何をしているのだ | Was soll ich damit ~? それをどうしろというのだ | Das *mache* ich schon. それは必ずやります | So etwas *macht* man nicht. そんなことはするものじゃありま

せん ‖ Was *macht* deine Frau? 奥さんは元気かい(＝Wie geht es deiner Frau?) | Was *macht* die Arbeit? 仕事〔の進みぐあい〕はどうですか ‖ Dagegen kann man nichts ～. / Dagegen ist nichts 〔mehr〕 zu ～. それはどうしようもない, それはお手あげだ | Mit mir könnt ihr's 〈ihr es〉 ja ～! 私をばかにするならしたっていいよ | Das läßt sich leicht ～. そんなことはたやすい | Daran läßt sich nichts ～. それはどうしようもない | Sie läßt alles mit sich ～. 彼女は人の言いなりになる ‖〖様態を示す語句と〗*et.*^{4} falsch ～ …のやり方を誤る | *et.*^{4} gut 〈schlecht〉 ～ …をうまくやってのける〈まずいやり方でやる〉 | Ich weiß nicht, wie es *gemacht* wird. どういうやり方でやるのか私には分からない ‖〖**es** を目的語として〗***Mach*'s gut!** (別れの際の言葉)元気でな, しっかりやれよ | Er 〈Unser Hund〉 *macht* 〔es〕 nicht mehr lang〔e〕. 《話》彼〈うちの犬〉はもう先が長くない(長くは生きられない) | **es nicht unter *et.*^{3} machen**《話》…以下の金額では引き受けない | Unter 1 000 Mark *macht* er es nicht. 彼は1000マルク以下では承知しない(最低1000マルクを要求する) | **es** 〔**mit *jm.***〕 **～**《婉曲に》〔…と〕セックスする | Sie *macht* es mit jedem. 彼女はだれとでもやる | **es *jm.* ～**《婉曲に》…に性的満足を与える | es *sich*^{3} selbst ～ オナニーをする ‖〖目的語なしで〗*Mach* schnell! (→II 4) | Laß ihn nur ～! 彼の好きなようにさせろ | Ich *mach*' schon. 必ずやります | *Mach* nicht so lange! 《話》ぐずぐずするな, あんまり待たせるなよ | *Mach* ich! / Wird *gemacht*! 《話》(援助などの確約)そうします, たしかに引き受けました | Wir werden dir helfen, *gemacht*! 君に手を貸そう 約束する.

b) (erledigen) 済ませる, やってのける, 片づける, 処理する: die Aufgaben für die Schule ～ 宿題をやる | einen Berg ～ 山に登る | Der Wagen *macht* 100 Kilometer. この自動車は時速100キロで走る.

6《machen 自体の意味が希薄化し, 機能動詞として〔動作〕名詞と動詞句を構成する》den Anfang ～ (→Anfang) | einen Angriff ～ 攻撃する | einen Ausflug ～ 遠足に行く | einem Mädchen einen Antrag ～ ある娘に結婚の申し込みをする | eine Ausnahme ～ 例外となる | Bemerkungen ～ 考えを述べる | eine Beobachtung ～ 観察する | Besorgungen 〈Einkäufe〉 ～ 買い物をする | bei *jm.* einen Besuch ～ …を訪問する | einen großen Eindruck ～ 強い印象を与える | eine Entdeckung ～ ある発見をする | Eroberungen ～ 征服する | Fortschritte ～ 進歩する | von *et.*^{3} Gebrauch ～ (→Gebrauch 1) | auf Bären Jagd ～ クマ狩りをする | eine Reise ～ 旅行する | mit *et.*^{3} Schluß ～ …にけりをつける | einen Spaziergang ～ 散歩する | einen Sprung ～ 跳躍をする | dumme Streiche ～ 愚かな行為をする | eine Übung ～ 練習をする | eine Verbeugung ～ おじぎをする | einen Versuch ～ 実験をする | *jm.* einen Vorschlag ～ …にある提案をする | *jm.* Vorwürfe ～ …を非難する | Zugeständnisse ～ 譲歩する ‖ mit *jm.* Bekanntschaft ～ …と知り合いになる | *et.*^{3} ein Ende ～《雅》…に結末をつける, …を終りにする | einen Fehler ～ 誤りをおかす | Karriere ～ 出世する | *sich*^{3} eine Notiz ～ メモをとる | eine Pause ～ 休憩する | Schulden ～ 借金する | einen Umweg ～ 回り道する.

7 (bewirken) ひき起こす; 変えて(…に)する, (ある状態に)する: **a**)《*et.*^{4}》(…の)原因〈誘因〉となる: Das^4 *macht* das Wetter. それはお天気のせいだ ‖〖主語なしで〗Das *macht*, weil du dich nicht warm genug anziehst. それは君が薄着をしているせいだ.

b)《*jn.* / *et.*^{4}》《様態を示す形容詞と》(…を…に)する: Diese Frisur *macht* 〔einen〕 alt. その髪型は老人くさい | *jn.* ärgerlich ～ …を立腹させる | *jn.* auf eine Tatsache aufmerksam ～ …にある事実に対して注意を喚起する | *jm. et.*^{4} begreiflich ～ …に…を分からせる | *Machen* Sie es sich^3 bequem! 楽にしてください | *jn.* betrunken ～ …をひどく酔わせる | Liebe *macht* blind. 《諺》恋は盲目〔にする〕 | *jm. et.*^{4} deutlich 〈klar〉 ～ …に…を分からせる〈明らかにする〉 | Er *machte* 〔uns〕 klar, daß es zu spät war. 彼はもう手遅れであることを明らかにした | einen Platz frei ～ 席を一つあける | *jn.* wieder gesund ～ …の健康を回復させる | Es *macht* mich glücklich, Sie wiederzusehen. またお会いできてうれしく思います | Ich will es kurz ～. 手短に言います | eine Flasche leer ～ 一瓶をからにする | *et.*^{4} möglich ～ …を可能にする | eine Bestellung rückgängig ～ 注文を取り消す | ein Zimmer sauber 〈schmutzig〉 ～ 部屋を掃除する〈汚す〉 | Der Lehrer *macht* 〔uns〕 verständlich, daß alle intensiv lernen müssen. 教師は〔私たちに〕全員が猛烈な勉強が必要だと諭す | die Suppe warm ～ スープを温める | *jn.* wahnsinnig ～ …の気を狂わせる ‖ *seine* Ansprüche geltend ～ 自分の権利を主張する | *jn.* wieder sehend ～ …の視力を回復させる | *jn.* mit *et.*^{3} vertraut ～ …を…に慣れ親しませる ‖〖比較級と〗Es *macht* mir die Arbeit leichter, daß du mir dabei hilfst. 君が助けてくれるので仕事がずっと楽になる | die Lage noch schlimmer ～ 事態をさらに悪化させる ‖ 再帰 *sich*^{4} bemerkbar ～ 顕著になる, 明らかになる | Sie *macht* sich besser als sie ist. 彼女は自分を実際よりよく見せる | *Mach* dich doch nicht lächerlich! みっともないことをするな | *sich*^{4} über *jn.* 〈*et.*^{4}〉 lustig ～ …を笑いものにする | *sich*^{4} wichtig ～ もったいぶる ‖ Das *machte* sich^4 bezahlt. それはやりがいがあった | *sich*^{4} beliebt 〈verhaßt〉 ～ 人から好かれる〈嫌われる〉 | *sich*^{4} auf *et.*^{4} gefaßt ～ …に対して心の準備をする, …を覚悟する | *sich*^{4} um *et.*^{4} verdient ～ …に関して功績をあげる | →8 b

c)《*jn.* 〈*et.*^{4}〉 zu *et.*^{3}》(…を…に)する, 〔つくり〕変える; 指名する, 任命する: *et.*^{4} zur Bedingung ～ …を条件とする | *et.*^{4} zu Geld ～ …を金(かね)にかえる | eine Stadt zur Hauptstadt ～ ある都市を首都とする | die Stadt zu Schutt und Asche ～ 町を廃墟(はいきょ)と化す | die Nächte zum Tag〔e〕 ～ 夜を日についで〈昼夜兼行で〉働く ‖ Das Buch *machte* ihn über Nacht zu einem berühmten Autor. その本のおかげで彼は一夜にして有名な作家となった | *jn.* zu *seinem* Erben ～ …を相続人にする | *jn.* zum Feind ～ …を敵にまわす | Er *machte* sie zu seiner Geliebten. 彼は彼女を愛人にした | *jn.* zum General ～ …を将軍に任命する | *jn.* zum Gelächter der anderen ～ …を笑い者にする | *jn.* zum Leiter einer Abteilung ～ …を部長に任命する ‖〖*jm. et.*^{4} zu *et.*^{3} の形で〗*jm. et.*^{4} zur Aufgabe ～ …を…の課題とする | Ich habe es mir zum Grundsatz 〈zur Regel〉 *gemacht*, morgens um sechs Uhr aufzustehen. 私は朝 6 時に起きることを原則としている.

d)《*jn.*》《zu のない不定詞〔句〕と》(…をいやおうなく…)させる: *jn.* frösteln ～ …を寒さに震えさせる | Er *machte* sie glauben, daß ... 彼は彼女に…ということを信じこませた | Das *macht* mich lachen. そいつは笑わせる | *jn. et.*^{4} glauben ～ wollen (→glauben I 2 a) | Du hast von dir reden *gemacht*. 君は世の注目をあびた | Das *machte* ihn stutzen 〈weinen〉. それを見て彼ははっとした〈涙を流した〉.

☆ 不定詞はふつう意図的でない行為を表す.

e)《daß 副文と》(…という)結果をもたらす, (…ということの)原因となる: Der Regen *macht*, daß das Gras wächst. 雨のおかげで草が生長する | Das Kochen *macht*, daß die Küchenfenster beschlagen sind. 煮炊きのために台所の窓ガラスが曇っている | Sie erschrak und *machte*, daß sie zum Zimmer hinauskam. 彼女はあわてふためいて部屋から出ていった ‖〖命令形で〗Gott, *mach*, daß es wieder Frieden wird! 神よ平和をよみがえらせたまえ | *Mach*, daß du fortkommst! さっさと逃げろ; とっととうせろ | *Macht*, daß er sich ärgert! お前たち 彼を怒らせてやれ.

8 a) 再帰 *sich*^{4} 〔gut〕 ～ 成果をあげる, 調子よくいく, 進歩する, 進捗(しんちょく)する | Er hat zuerst wenig geleistet, aber jetzt *macht* er sich. 彼は最初はあまりぱっとしなかったが 今ではよくやっている | Er *macht* sich 〔gut〕 in der Schule. 彼は学校の成績がよい | Wie *macht* sich das Geschäft? 仕事はうまくいっていますか | Wie geht's?—Danke, es *macht* sich! 元気かい — ありがとう 元気だよ | Der Kranke *macht* sich wieder. 病人が元気を回復する | Das *macht* sich von selbst. その件はほうっておいてもうまくいく | Es wird sich schon ～. それは〔手遅れにならないうちに〕きっとうまくいくだろう.

b) 再帰 *sich*⁴ gut 〈ausgezeichnet / schön〉 ～ よく合う, ぴったりである, うってつけである, 時宜を得ている | Der Vorhang *macht* sich gut 〈nett〉 an dieser Stelle. このカーテンはこの場所にぴったりだ | Die Brosche *macht* sich hübsch auf dem Kleid. このブローチはこの服によく合う | Das Zitat *machte* sich gut in der Rede. その引用はスピーチにぴったり合っていた | Sie *macht* sich gut als Gastgeberin. 彼女はホステス役にうってつけである | Es *macht* sich gut 〈ausgezeichnet〉, daß du gerade hier bist. 君がちょうどここにいたのはたいへん好都合だ | Es *machte* sich gerade so, daß ... たまたま…という事態になった.

9 再帰 *sich*⁴ ～《方向を示す語句と》(人が…に)向かう, おもむく; (…に)とりかかる | *sich*⁴ an die Arbeit ～ 仕事にとりかかる | Er *macht* sich daran, die Arbeit zu erledigen. 彼は仕事を片づけにかかる | *sich*⁴ auf den Weg ～ 出発する | Sie haben sich schnell aus dem Staub *gemacht*. 《話》彼らはすばやく逃げた | Ich *machte* mich nach Hause. 私は家路についた.

II 自 (h) **1**《ふつう軽蔑的に》《in *et.*³》(…を)商う, 扱う; (…に)手を出す: in Lederwaren ～ 革製品を扱う | in Patriotismus ～ 愛国心の押し売りをする | in Politik ～ 政治に手を出す.

2 (s)《話》(gehen)《方向を示す語句と: →I 9》(人が…へ)行く, 向かう, おもむく: Er ist aufs Land 〈ins Ausland〉 *gemacht*. 彼は田舎〈外国〉に行った | nach Hamburg ～ ハンブルクへ行く | über die Grenze ～ 国境を越える.

3《話》粗相(そそう)する, 大〈小〉便をもらす: ins Bett 〈in die Hosen〉 ～ ふとん〈ズボン〉に粗相する | *Mach* dir 〔vor Angst〕 nicht gleich in die Hose! (おびえて)ズボンにもらすなよ.

4《ふつう命令形で》*Mach* doch! / *Mach* schnell! / Nun *mach* schon! 急げ, 早くしろ, ぐずぐずするな.

5《4格の目的語を省略した形で》→I 5 a

III Mạ·chen 中 -s/ (machen すること. 例えば:) 製作, 製造.

IV ge·mạcht → 別出

[*westgerm.*; ◇Masse; *engl.* make]

Mạ·chen·schaft[máxənʃaft] 女 -/-en《ふつう複数で》陰謀, 策謀, 煽動: üble ～*en* 邪悪な陰謀 | ～*en* gegen *jn.* 〈*et.*⁴〉 aufdecken …に対する陰謀をあばく.

Mạ·cher[máxər] 男 -s/- **1 a)** 主謀者, 張本人, 仕掛け人, 黒幕: der eigentliche ～ 張本人 | Gerüchte*macher* うわさを立てる人. **b)** (すぐれた実行力をもつ)やり手, 実力者. **2** 製作者, 製造人.

..macher[..maxər]《名詞につけて「…を作る人」または「…を行う人, …をする人」などを意味する男性名詞をつくる》: Schuh*macher* 靴製造職人 | Uhr*macher* 時計職人 ‖ Filme*macher* 映画監督 | Lieder*macher* 作詞作曲家〔兼歌手〕 ‖ Radau*macher* 乱暴〈狼藉(ろうぜき)〉をはたらく人.

Mạ·cher·lohn 男 製作代金, 仕立代.

Ma·che·te[matʃéːtə, maxéːtə] 女 -/-n (南米の)山刀, なた. [*span.*]

Ma·chia·vẹl·li[makiavéliˑ] 人名 Niccolò ～ ニコロ マキアヴェリ, マキアベリ(1469–1527; イタリアの政治学者・歴史家. 著作は『君主論』など).

Ma·chia·vel·lịs·mus[makiavɛlísmʊs] 男 -/ マキアベリ主義, マキアベリズム, 権謀術数主義.

Ma·chia·vel·lịst[..líst] 男 -en/-en マキアベリ主義者, マキアベリスト.

ma·chia·vel·lị·stisch[..lístɪʃ] 形 マキアベリ主義〈マキアベリズム〉の, 権謀術数をあやつる.

Ma·chi·na·tiọn[maxinatsióːn] 女 -/-en **1**《ふつう複数で》《雅》陰謀, 策謀: gefährliche 〈politische〉 ～*en* 危険な〈政治的〉陰謀. ᵛ**2** (Kniff) 策略, トリック. [*lat.*]

ᵛ**ma·chi·nie̥·ren**[maxiníːrən] 自 (h) 陰謀をめぐらす, 策謀する. [*lat.*; <*lat.* māchina (→Maschine)]

Ma·chis·mo[matʃísmoˑ] 男 -〔s〕/ (強調された)男っぽさ, 男意気; 男子としての誇り, (過剰な)男性意識; 男性優位. [*span.*; <*lat.* masculus „männlich“ (◇Macho, maskulin)]

ᵛ**Mạ̈ch·ler**[mɛ́çlər] 男 -s/- 陰謀家; ぺてん師, くわせ者. [<machen; *fr.* faiseur の翻訳借用]

Mạ·cho[mátʃoˑ] 男 -s/-s 男性的な〈男っぽい〉男; 男としての誇り〈過剰な男性意識〉をもった男. [*span.*; ◇Machismo]

ma·chọl·le[maxɔ́lə] ＝machulle

Ma·chọr·ka[maxɔ́rkaˑ] **I** 男 -s/ (種類: -s) マホルカ(粗刻みのロシア＝タバコの一種). **II** 女 -/-s マホルカ＝シガレット. [*russ.*; <*russ.* machor „Quaste“]

Macht[maxt] 女 -/Mächte[mɛ́çtə] **1**《単数で》力; **a)** (英: *might*) 権力, 支配権: 〔die〕 geistliche 〈weltliche〉 ～ 教会〈世俗〉権力 | die politische 〈wirtschaftliche〉 ～ 政治〈経済〉権力 | die richterliche 〈gesetzgebende〉 ～ 司法〈立法〉権 | die staatliche ～ 国家権力 ‖ die ～ ausüben 権力を行使する | die ～ über *et.*⁴ ergreifen 〈übernehmen〉 …に対する権力を握る | die ～ errichten 〈festigen〉 権力を樹立する〈強固にする〉 | die ～ in 〔den〕 Händen haben 権力を握っている; 思いのままに行動できる ‖ an der ～ sein 〈bleiben〉 権力の座にある〈とどまる〉 | an die ～ 〈zur ～〉 gelangen 〈kommen〉 権力を握る | *sich*⁴ in der ～ behaupten 権力の座を維持する | *jn.* von der ～ fernhalten …を権力の座につかせない ‖ *Macht* geht vor Recht. 《諺》勝てば官軍(力は正義に優先する). **b)** (Kraft) 威力, 影響力: die ～ des Fiebers 熱の激しさ | die ～ der Liebe / die Liebes*macht* 愛の力 | die ～ der Gewohnheit 習慣の力 | die ～ des Geldes 〈des Schicksals〉 金〈運命〉の力 | die ～ des Anpralls 衝突の際の物理的な力 ‖ *seine* ganze ～ aufbieten 全力をあげる | eine unwiderstehliche ～ auf 〈über〉 *jn.* ausüben …に圧倒的な影響を及ぼす | *jn.* *seine* ～ fühlen lassen 力のほどを…に思い知らせる | ～ über *jn.* 〈*et.*⁴〉 haben …に対して影響力をもっている ‖ aus eigener ～ 独力で | Das liegt außerhalb seiner ～. / Das steht nicht in seiner ～. それは彼の力ではなんともならない | **alles, was in *js.* ～ steht** …にとって可能なすべてのこと | mit ～ 勢いよく | **mit aller ～** 全力をあげて | nach ～《方》分に応じて ‖ Wissen ist ～. 《諺》知は力なり | Das ist eine ～. 《話》そいつはすごい. ᵛ**c)** (Heer) 軍隊, 兵力(今日ではもっぱら複合名詞の形で用いられる): mit bewaffneter ～ 武力で | mit *seiner* ganzen ～ 指揮下の全軍をあげて ‖ Streit*macht* 戦力, 兵力 | Wehr*macht* 国防軍. **d)**《若者語》**eine ～ sein** すばらしい, 大したものである.

2 a) 勢力〔をもつ集団〕, 国家, 強国: die imperialistischen *Mächte* 帝国主義諸国 | die *Mächte* der Reaktion 反動勢力 | Groß*macht* 大国 | Wirtschafts*macht* 経済大国. **b)** (霊的・魔的な)力〔をもつ存在〕: himmlische 〈höllische〉 *Mächte* 天界〈地獄〉の諸力 | mit bösen *Mächten* im Bunde stehen 悪霊と結託している | Dunkle *Mächte* sind am Werke. あやしい力が働いている ‖ die ～ der Finsternis やみ〈魔界〉の力.

ᵛ**3** (Schleier) ベール.

[*germ.*; ◇Maschine, mögen; *engl.* might]

Mạcht≠ap·pa·rat[máxt..] 男 権力機構. **≠be·fug·nis** 女〘法〙権限, 職権, 権能: *seine* ～ ausüben 職権を行使する | *seine* ～*se* überschreiten 職権を逸脱〈乱用〉する. **≠be·reich** 男 (中) 勢力〈権力〉範囲; 権限.

mạcht·be·ses·sen 形 権勢欲にとりつかれた.

Mạ̈ch·te Macht の複数.

Mạcht≠er·grei·fung[máxt..] 女 権力掌握; (特に1933年 Hitler の)政権掌握. **≠er·halt** 男 権力の保持〈維持〉. **≠fül·le** 女 満ちあふれる権力: *jn.* mit ～ ausstatten …に強大な権力を付与する. **≠ge·lüst** 中, **≠gier** 女 権力〈権勢〉欲.

mạcht·gie·rig 形 権力〈権勢〉欲のある.

Mạcht·ha·ber[..haːbər] 男 -s/- 権力者, 独裁者; 国家元首.

mạcht·ha·be·risch[..haːbərɪʃ] 形 権力〈高圧〉的な, 「独裁的な.」

Mạcht·hun·ger 男 権力〈権勢〉欲.

mạcht·hung·rig 形 権力に飢えた, 権力〈権勢〉欲のある.

mạ̈ch·tig[mɛ́çtɪç]² 形 **1 a)** (英: *mighty*) 権力〈影響力〉の大きい, 権勢のある, 有力な, 威力のある, 強大な: ein ～*er* Einfluß 多大な影響力 | ein ～*er* Herrscher 強力な支配

者 | ein ~*er* Staat 強大な国家 ‖ die *Mächtigen* 権力〈有力〉者たち. **b**) がっしりした, 堂々とした, 巨大な: ein ~*er* Bart ふさふさしたひげ | ein ~*er* Baum 巨木 | ein ~*es* Gebäude〈Tier〉大きな建物〈動物〉| ~*e* Schultern〈Hände〉haben がっしりした肩〈手〉をしている | einen ~*en* Wuchs besitzen〈haben〉がっしりした体格である. **c**)《話》非常な, ひどい: ~*e* Angst haben とても不安である | ~*en* Dusel〈~*es* Glück〉haben めっぽう運がいい |〔einen〕~*en* Hunger haben 腹ぺこである ‖ ~ viel ひどくたくさん | ~ groß sein めっぽう大きい | *sich*[4] ~ freuen〈ärgern〉ひどく喜ぶ〈腹をたてる〉| ~ toben ひどくあばれる | Der Junge ist ~ gewachsen. その少年はぐんと大きくなった. **d**)〔坑〕(鉱層などが)厚い: Das Flöz ist 14 Meter ~. 鉱層は厚さ14メートルである. **e**)《北西部》(食事が)たっぷりある; こってりした: Das Essen ist mir zu ~. この食事は私にはたっぷりすぎる.

2《ふつう述語的》《雅》《*js.*/*et.*[2]》(…を)支配している, (…を)自由に操れる: *js.* ~ werden …を制圧する〈意のままにする〉‖ des Englischen ~ sein 英語をマスターしている | der Rede ~ sein 口達者である ‖ ***seiner* selbst**〈***seiner* Sinne**〉**nicht mehr ~ sein** 自制心を失う, われを忘れる.

[*ahd.*; ◇Macht; *engl.* mighty]

Mäch·tig·keit[mɛ́çtɪçkaɪt] 女 -/-en **1**《単数で》(mächtig なこと. 例えば:) 強力, 強大, 巨大. **2**〔坑〕(鉱層などの)厚み. **3**〔数〕(数量の)大きさ.

Macht≈in·stinkt [máxt..] 男 権力本能, 権勢欲. **≈kampf** 男 権力闘争. **≈kon·zen·tra·tion** 女 権力の集中.

macht·los[..lo:s][1] 形 無力な, 〔権〕力のない: gegen *et.*[4]〈*jm.* gegenüber〉~ sein …に対して無力である〈手出しができない〉| Da ist man ~. それはどうにもしようがない ‖ *et.*[3] ~ zusehen 手をこまぬいて〈なすすべもなく〉…を傍観する | ~ **vis-à-vis stehen**《話》なすすべもなく手をこまねいている.

Macht·lo·sig·keit[..lo:zɪçkaɪt] 女 -/ machtlos なこと.

macht·lü·stern 形《話》= machthungrig

Macht≈mit·tel 中〔政〕権力手段. **≈mo·no·pol** 中 権力の独占. **≈po·li·tik** 女 権力政治〈政策〉; 武力外交.

macht·po·li·tisch 形 権力政治〈政策〉的な; 武力外交〔上〕の.

Macht≈po·si·tion 女 権力を握る地位〈ポスト〉. **≈pro·be** 女 力くらべ, 力だめし. **≈rausch** 男 -〔e〕s/ (自己の)権力への陶酔感. **≈spruch** 男 = Machtwort **≈stel·lung** 女 権力を握る地位: eine wirtschaftliche ~ besitzen 経済の実権を握っている. **≈stre·ben** 中 -s/ 権力追求. **≈struk·tur** 女 (国家・社会・組織体などの)権力構造. **≈über·nah·me** 女 = Machtergreifung **≈va·ku·um** 中 (国際政治などで)力の真空地帯. **≈ver·hält·nis·se** 複 (特に政治的な)力関係, 勢力関係〈均衡〉.

macht·voll[máxtfɔl] 形 (地位・人物などが)実権のある, 有力な; (行動・表現などが)強力な, 力強い.

Macht≈voll·kom·men·heit 女 -/ 絶対権: aus eigener ~ 独断で. **≈wech·sel** 男 (政権交替による)権力の交代, 勢力関係の変動. **≈wort** 中 -〔e〕s/-e 有無を言わさぬ断定, 鶴(つる)のひと声: **ein ~ sprechen** (権威をもって)断を下す. **≈zen·trum** 中 権力中枢. **≈zu·sam·men·bal·lung** 女 権力の集中.

ma·chul·le[maxʊ́lə] 形《ふつう次の形で》~ sein i)《話》破産している(=pleite sein); ii)《方》疲れ切っている; 気がふれている. [*hebr.–jidd.* mechulle „schwach"]

Mach·werk[máx..] 中《軽蔑的に》作りもの, こしらえ物, へたくそな作品〈細工〉, 駄作: ein erbärmliches〈lächerliches〉~ みすぼらしい〈ばかげた〉作品. [<machen]

Mach-Zahl (**Mach·zahl**)[máx..] 女 = Mach II

Macke[1][mákə] 女 -/-n **1**《話》(Tick) 妙な考え; 奇矯, 偏屈: **eine ~ haben** 頭がどうかしている | Du hast wohl eine ~. 君は頭がおかしいね. **2** (Fehler) 欠陥; 傷. **3**《若者語》**stumpfe ~** つまらぬ〈退屈な〉事柄. [*hebr.–jidd.* „Schlag"; ◇Mackes]

Macke[2][—] 人名 August ~ アウグスト マッケ(1887–1914; ドイツの画家).

Macker[mákər] 男 -s/- 《話》**1**《若者語》**a**) ボーイフレンド, 恋人, 彼氏; 親友. **b**) (Bursche) 若者, やつ, あんちゃん. **2**《北部》相棒, 仕事仲間, 同僚. **3**《俗》(Macher) 主謀者, 張本人. [*ndd.*]

Mackes[makəs] 複《話》(Prügel) 殴打. [*hebr.–jidd.* makkos „Schläge"; ◇Macke]

Mackin·tosh[mǽkɪntɔʃ] 男 -〔s〕/-s マッキントッシュ防水布; ゴム引き防水レインコート. [*engl.*; <Ch. Mackintosh (考案したスコットランドの化学者, †1843)]

mack·lich[máklɪç] 形 **1**《北部》静かな, 落ちついた, 具合のいい. **2**〔海〕横揺れの少ない. [<*ndd.* mack „zahm"; ◇gemächlich]

MAD [ɛm|a:dé:] 略 男 -/ = **Militärischer Abschirmdienst** (ドイツの)軍事防諜(ぼうちょう)機関.

Ma·da·gas·kar[madagáskar] 地名 マダガスカル(アフリカ南東のインド洋上の島で共和国. 1960年フランスから独立. 首都はアンタナナリボ Antananarivo).

Ma·da·gas·se[..gásə] 男 -n/-n マダガスカル人.

ma·da·gas·sisch[..gásɪʃ] 形 マダガスカルの.

Ma·dam[madám] 女 -/-s, -en **1** ▽**a**) (上流階級の)貴婦人, 奥方〔様〕; (一般に)一家の主婦, 女主人; 奥様(→Madame 2). **b**)《方》妻, 奥さん. **2** (小 **Ma·dam·chen** → 別出)《戯》(小ぶとりの)〔中年〕マダム: kleine ~ ヤングレディー.

Ma·dam·chen[−çən] 中 -s/- (Madam の縮小形)《戯》ヤングレディー; 〔小ぶとりで〕小柄な女性.

Ma·dame[madám] 女 -/ Mesdames[medám] (略 Mme., 複数: Mmes.) **1**《ドイツ語の Frau に相当するフランス語. 既婚女性の名前に冠して》…さん, …様, …夫人: ~ Curie キュリー夫人. **2**《名前は添えず既婚または年配の女性に対する呼びかけとして》(meine Dame) 奥様. **3**《方》(Hebamme) 助産婦, 産婆. [*fr.*; <*fr.* ma „meine"; ◇Dame, Madonna]

ma·da·mig[madá:mɪç][2] 形《話》(女性について)でっぷり〈ゆったり〉した, マダム然とした.

Ma·da·po·lam[madapolá(:)m] 男 -〔s〕/ (種類: -s)〔織〕マダポラム(キャラコの一種). [インドの原産地名]

Mäd·chen[mɛ́:tçən] 中 -s/- (元来は Magd の縮小形 Mägdchen から) **1** (↔Junge) **a**) 女の子, 少女, (独身の)若い女性(南部では Mädel を多く用いる); 処女, 生娘(きむすめ): ein altes ~ オールドミス | ein blondes〈hübsches〉~ ブロンドの〈愛らしい〉少女 | **ein gefallenes ~**《婉曲に》売春婦 | ein käufliches ~ 売春婦 | **ein leichtes ~** はすっぱな小娘; 《婉曲に》売春婦 | **ein spätes ~**《話》オールドミス; 成熟の遅い少女 ‖ Er hat die kleinen ~ so gern.《戯》彼はなかなかの女好きだ ‖ eine Schule für Jungen und ~ 男女共学校 | **für kleine ~ müssen**《戯》おトイレに行きたい ‖ Na, 〔altes〕~! ねえ君(親しい女性への呼びかけ. 既婚者にも用いる) | Andere Städtchen, andere ~.《諺》男は別の町に行くと別の女を相手にする. **b**) (Tochter) (息子に対する)娘: Sie hat ein ~ bekommen. 彼女には女の子が生まれた | Er ging mit seinen zwei ~ spazieren. 彼は自分の娘二人を連れて散歩した. **c**)《話》恋人, 愛人, 彼女: Er hat ein festes ~. 彼には特定のガールフレンドがいる.

2 (Hausmädchen) お手伝いさん, 女中: Zimmer*mädchen* (ホテルなどの)部屋係メイド | **~ für alles** 家事万端なんでもするお手伝いさん; 《話》何にでも使える人(男女ともに用いる).

★ Mädchen を受ける代名詞は中性形を原則とするが, 文が長くなって位置が離れるときなどは, 自然性に従って女性形を用いることが多い: Was hat das ~ eigentlich von *seinem* Leben? あの少女には何の生きがいがあるのだろうか | Ein ~ strich dicht an ihm vorbei, indem *es* ihn fast berührte. Und dabei pfiff *sie*. 一人の少女が彼のそばをすれすれに通って行ったがそのとき彼女はヒューと口笛を吹いた.

[<Magd]

Mäd·chen·ge·schich·ten[mɛ́:tçən..] 複《話》女の子との色恋沙汰(ざた)〈情事〉.

mäd·chen·haft[..haft] 形 少女のような, 女の子みたいな;

ういういしい; うぶな, 内気な.

Mäd·chen·haf·tig·keit[..tıçkaıt] 女 -/ mädchenhaft なこと.

Mäd·chen≠han·del 男 -s/ 婦女売買(特に外国へ売春婦として売り飛ばすこと). **≠händ·ler** 男 婦女売買業者, 女衒(ぜげん). **≠hirt** 男《スイス》(Zuhälter)(売春婦の)ひも. **≠in·ter·nat** 中 寄宿制女子校; 女子学生〈生徒〉寮. **≠jah·re** 複 (未婚の)娘時代. **≠klas·se** 女 女の子だけのクラス, 女子学級. **≠na·me** 男 **1** 女の名前(洗礼名). **2** (既婚女性の)旧姓. **≠pen·sio·nat**[..pãziona:t] 中 全寮制女学校. **ᵛ≠raub** 男 (結婚を目的とする)女子略奪. **≠schu·le** 女 女子校, 女学校. **≠sport** 男 女子スポーツ. **≠ta·ge** 複 =Mädchenjahre

Mäd·chen·tum 中 -s/ 少女〈生娘(きむすめ)〉であること, 処女性.

Mäd·chen≠win·ker 男《話》(男性の背広の)ポケットチーフ. **≠zim·mer** 中 **1** 女の子の居室. **2** お手伝いさんの部屋, 女中部屋.

Ma·de[má:də] 女 -/-n〘虫〙ウジ(蛆)(ハエなどの幼虫): *～n* im Käse チーズにわいたウジ虫 | **wie die ～ im Speck leben**《話》物質的にきわめてめぐまれている, ぜいたくに暮らす | ***sich⁴* wohl fühlen wie die ～ im Speck**《話》きわめて快適な気分である. [*germ.*; ◇Motte; *engl.* maggot]

Ma·dei·ra I[madé:ra·] 地名 マデイラ(大西洋上にあるポルトガル領の島). **II**[madé:ra·, madáıra·] 男 -s/-s マデイラ産ワイン. [*port.* „Holz"; ◇Materie]

Ma·dei·ra·wein[madé:ra.., madáıra..] 男 **1** =Madeira II **2**〘植〙アカザカズラ(藜葛).

Ma·del[má:dəl] 中 -s/-n《南部・オーストリア; 特に: ウイーン》=Mädchen

Mä·del[mɛ́:dəl] 中 -s/- (北部: -s, 南部・オーストリア: -n) =Mädchen

Made·moi·selle[madəmoazɛ́l, madmwa..] 女 -/ Mesdemoiselles[medəmoazɛ́l, medmwa..](略 Mlle., 複数: Mlles.) **1**《ドイツ語の Fräulein に相当するフランス語. 未婚女性の名前に冠して》…さん, …様, …嬢. **2**《名前は添えず未婚女性に対する呼びかけとして》お嬢さん. [*fr.*; ◇mein, Demoiselle]

Ma·den≠fres·ser[má:dən..] 男, **≠hacker** 男〘鳥〙アニ(カッコウの類). **≠wurm** 男〘動〙ギョウチュウ(蟯虫). [<Made]

Ma·de·ra[madé:ra·] **I** = Madeira I **II** 男 -s/-s =Madeira II

Mä·derl[mɛ́:dərl] 中 -s/-n《オーストリア》=Mädchen

Mä·de·süß[mɛ́:dəzy:s] 中 -/-〘植〙シモツケソウ(下野草)属. [*ndd.*; ◇Met, süß]

ma·dig[má:dıç]² 形 ウジ(蛆)のわいた, ウジだらけの: ein *～er* Apfel 虫食いリンゴ ‖ Der Käse ist ～. このチーズにはウジがわいている | Die ersten Pflaumen sind ～. (→Pflaume 1 b) ‖ ***jn.* 〈*et.*⁴〉 ～ machen**《話》…の悪口を言う, …にけちをつける; …をからかう | ***jm. et.*⁴ ～ machen**《話》…の…に対する楽しみを台なしにする | ***sich*⁴ ～ machen**《話》嫌われ者になる, つまはじきされる. [*mhd.*; ◇Made]

Ma·djar[madjá:r] 男 -en/-en (女 **Ma·dja·rin**[..rın]-/-nen) マジャール人(ハンガリーに住む Finnougrisch 語系の民族. Magyar のドイツ語形). [*ungar.*]

ma·dja·risch[madjá:rıʃ] 形 マジャール(人・語)の: → deutsch

Madl[má:dəl] 中 -s/-n =Madel

Ma·don·na[madɔ́na·] 女 -/..nen[..nən] **1**《単数で》聖母マリア. **2** 聖母マリアの画像〈彫像〉. [*it.*; <*ait.* ma donna „meine Herrin"]

Ma·don·nen≠bild[madɔ́nən..] 中 (幼児キリストを抱いた)聖母マリアの画像〈彫像〉. **≠ge·sicht** 中 聖母マリアの(ような)顔.

ma·don·nen·haft[..haft] 形 聖母のような; (女性が)この世のものとも思えぬくらい優しく美しい.

Ma·don·nen≠kult 男 聖母マリア崇拝. **≠li·lie**[..liə] 女〘植〙マドンナリリー, フランスユリ, ニワシロユリ. **≠schei·tel** 男 (聖母マリアのように)中央から左右に分けた女性の髪型.

Ma·dras I[má(:)dras] 地名 マドラス(インド南部の州タミール=ナドゥ Tamil Nadu の州都 Chennai の旧称. 以前は州名でもあった). **II**[mádras] 中 -/ =Madrasgewebe

Ma·dras·ge·we·be[mádras..] 中〘織〙マドラス織.

Ma·dre·po·re[madrepó:rə] 女 -/-n《ふつう複数で》=Steinkoralle [*it.*-*fr.*; <*lat.* māter (→Mater)]

Ma·drid[madrít] 地名 マドリード(スペインの首都): fern von ～《話》現場から遠く離れて. [*arab.*-*span.*]

Ma·dri·der[madrídər] **I** 男 -s/- マドリードの人. **II** 形《無変化》マドリードの.

Ma·dri·gal[madrigá:l] 中 -s/-e〘楽〙マドリガル. [*it.*]

ma·dri·ga·lesk[..galɛ́sk] 形, **ma·dri·ga·li·stisch**[..galístıʃ] 形 **1** マドリガルの. **2** マドリガルふうの.

mae·sto·so[maɛstó:zo·] **I** 副 (majestätisch)〘楽〙マエストーソ, 威厳をもって, おごそかに. **II Mae·sto·so** 中 -s/-s, ..si[..zi·]〘楽〙maestoso で演奏される楽曲〈楽章〉. [*it.*; <*lat.* māiestās (→Majestät)]

Mae·stro[maɛ́stro·] 男 -s/-s, ..ri[..ri·] **1** (Meister)(特に作曲・演奏などの)大家, 名人, 巨匠. **2** (Musiklehrer) 音楽教師. [*lat.* magister-*it.*; ◇Magister]

Mae·ter·linck[má:tərlıŋk, mɛtɛrlɛ̃́:k] 人名 Maurice ～ モーリス メーテルリンク(1862-1949; ベルギーの詩人・劇作家. 作品『青い鳥』など).

Mä·eu·tik[mɛɔ́ʏtık] 女 -/ 〘哲〙助産〈産婆〉術 (Sokrates の問答法). [*gr.*; <*gr.* maĩa „Amme"]

Ma·fa[má(:)fa·] 女 -/-s (<Maschinenfabrik)(旧東ドイツで)機械製造工場.

Ma·fia (**Maf·fia**)[máfia·] 女 -/-s **1** マフィア(元来はイタリアの Sizilien 島を根拠地とする秘密結社). **2**《比》(マフィア的な影響力をもつ)集団, 閥. [*arab.* mahyās „Prahlerei"-*sizilian.*]

Ma·fia≠boß[máfia..] 男 マフィアのボス〈親玉〉. **≠me·tho·de** 女 マフィアの常套手段.

ma·fios[mafió:s]¹ 形 マフィアの; マフィア的な.

Ma·fio·so[mafió:zo·] 男 -[s]/..si[..zi·] マフィアの一員. [*it.*]

Ma·fio·te[mafió:tə] 男 -n/-n =Mafioso

mag[ma:k] mögen の現在 1・3 人称単数.

Mag. 略 =Magister: ～ pharm. 薬学士(→Magister 2).

Ma·ga·lhães[magaljɶ́ıs, mɐɣɐʎɐ̃ĩʃ] 人名 Fernão de ～ フェルナン デ マガリャンイス(1480頃-1521; ポルトガルの航海者で, マジェラン海峡の発見者. 英語形マジェラン Magellan).

die **Ma·ga·lhães·stra·ße**[magaljɶ́ıs..] 地名 女 -/ マジェラン海峡(南米大陸とフエゴ島にはさまれる海峡. 1520年 Magalhães によって発見された).

Ma·ga·zin[magatsí:n] 中 -s/-e **1** (Lager) 倉庫, 貯蔵庫; (図書館の)書庫, (美術館・博物館の)収蔵庫; デパート, 大型ストア. **2 a)** (連発銃砲の)弾倉. **b)**〘写〙スライドボックス〈ケース〉. **3 a)** (写真・絵などの入った)雑誌. **b)**〘放送〙時事解説番組. [*arab.* mahāzin „Lagerhäuser"-*it.*(-*engl.*)]

Ma·ga·zin≠ar·bei·ter 男 倉庫係, 倉庫労働者. **≠balg** 男 (パイプオルガンの)風箱(→ 図 Orgel).

Ma·ga·zi·ner[magatsí:nər] 男 -s/-《スイス》=Magazinarbeiter

Ma·ga·zi·neur[magatsinǿ:r] 男 -s/-e《オーストリア》=Magazinverwalter

Ma·ga·zin·ge·wehr[magatsí:n..] 中〘軍〙連発銃.

ma·ga·zi·nie·ren[magatsiní:rən] 他 (h) 倉庫〈書庫〉に入れる, 貯蔵する, 蓄える.

Ma·ga·zin≠sen·dung[magatsí:n..] 女〘放送〙時事解説番組(の放送). **≠ver·wal·ter** 男 倉庫管理人.

Magd[ma:kt; スイス: -, makt]¹ 女 -/ Mägde[mɛ́:kdə](小 **Mäg·de·lein, Mägd·lein** → 別出) **1** (↔Knecht)(農家などの)雇い女, 雇われ農婦, 下働きの女, 下女, 女中: die Knechte und *Mägde* des Bauernhofs 農場の雇い人たち. **ᵛ2**《雅》少女, おとめ, 処女: Maria, die reine ～〘キリスト教〙汚れなきおとめマリア. [*germ.* „Jungfrau"; ◇Maid, Mädchen; *engl.* maid(en)]

Mag·da[mákda·] 女名 マクダ.

Mag·da·la[mákdala·] 地名〘聖〙マクダラ (Palästina の北部ガリラヤ湖北西岸の町). [*aram.* „Turm"-*gr.*]

Mag·da·lẹ·na[makdalé:na·] 女名 マクダレーナ. [*hebr.*–*gr.* „Frau aus Magdala"; ◇Magelone]

Mag·da·lẹ·ne[..nə] 女名 マクダレーネ.

Mä̱g·de Magd の複数.

Mạg·de·burg[mákdəburk] 地名 マクデブルク(ドイツ東部 Sachsen-Anhalt 州, Elbe 川に沿う商工業都市).

Mạg·de·bur·ger[..burgər] **I** 男 -s/- マクデブルクの人. **II** 形《無変化》マクデブルクの: die ～ Börde マクデブルクの沃野(よくや)(Magdeburg を中心とする Elbe 川の西岸地域) | ～ Halbkugeln〘理〙マクデブルクの半球(17世紀中ごろにゲーリック Otto von Guericke が Magdeburg で考案した).

mạg·de·bur·gisch[..burgɪʃ] 形 マクデブルクの.

Mä̱g·de·lein[mέ:kdəlaɪn] (▽**Mä̱gd·lein**[mέ:ktlaɪn]) 中 -s/- (Magd の縮小形. 特に:)《雅》おとめ, 少女.

▽**Magd·tu̱m**[má:kttu:m] 中 -s/ (Jungfräulichkeit)《雅》(女性の)純潔, 処女性.

▽**Ma̱·ge**[má:gə] 男 -n/-n (昔のドイツの法律で)親戚(しんせき)(姻戚)の人. [*germ.*]

Ma·gel·lạn[magεlá:n, magεljá:n, mágεljan] ＝Magalhães

die **Ma·gel·lạn·stra̱·ße** 地名 ＝Magalhãesstraße

Ma·ge·lọ·ne[magəló:nə] 人名〘伝説〙マゲローネ(中世民衆本の主人公, Neapel の王女). [◇Magdalene]

Ma̱·gen[má:gən] 男 -s/ Mägen[mέ:gən], - (英: *stomach*)〘解〙胃(→ 図);《比》腹, おなか: die vier *Mägen* eines Wiederkäuers 反芻(はんすう)動物の四胃 ‖〘4格で〙einen guten ～ haben 胃が丈夫である; 健啖(けんたん)家である;《比》我慢強い | Die Kirche hat einen guten ～. (→Kirche 1) | eine schwachen ⟨empfindlichen⟩ ～ haben 胃が弱い⟨過敏である⟩ | *sich*^{3} den ～ füllen ⟨vollschlagen⟩ 腹いっぱいに詰め込む, たらふく食べる | *jm.* **den ～ umdrehen**《話》…をむかむか⟨むしゃくしゃ⟩させる | *sich*^{3} den ～ verderben 胃をこわす ‖〘主語として〙*jm.* **knurrt der ～**《話》…はおなかがグーグー鳴っている, …は腹ぺこである | *jm.* **dreht sich ⟨kehrt sich⟩ der ～ um**《話》…は胸がむかむかする | *jm.* **hängt der ～ in den Kniekehlen ⟨in die Kniekehlen⟩**《話》…は腹ぺこである | *js.* **～ rebelliert** / *js.* **～ wird rebellisch**《話》…は胸がむかむかする | Mein ～ streikt.《戯》(たらふく食べて)私はもう胃袋が受けつけない ‖〘前置詞と〙*et.*^{4} **auf** nüchternen ～ trinken すき腹に…を飲む | Und das auf nüchternen ～!《話》これはまた思いもかけぬ災難だ | *jm.* **auf den ～ gehen ⟨schlagen⟩** …の食欲を失わせる;《話》…の機嫌をそこねる | Die Liebe 〔des Mannes〕 geht **durch** den ～. (→Liebe 1 a) | *jm.* 〔**schwer** / **wie Blei**〕 **im ～ liegen** …の胃にもたれている;《話》…の気分を重くしている | *jn.* **im ～ haben**《話》…が大嫌いである | nichts im ～ haben 何も食べていない | ein Loch im ～ haben (→Loch 1) | Es kommt doch alles in einen ～.《しばしば皮肉》(料理の出る順序が狂ったって)食べてしまえば皆一つの胃袋に納まる | **mit** leerem ～ すき腹をかかえて | Das Essen steht mir **vor** dem ～.《方》その料理は私の胃には合わない. [*germ.* „Beutel"; ◇Mohn; *engl.* maw]

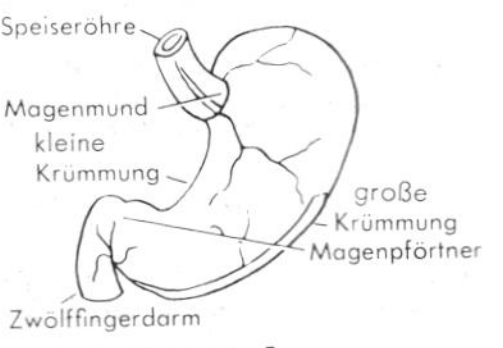

Magen A

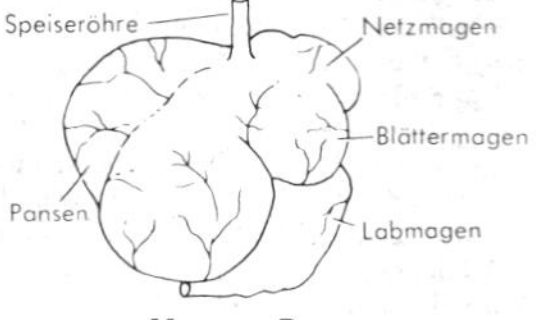

Magen B
(Wiederkäuermagen)

Ma̱·gen≠ato·ni̱e[má:gən..] 女〘医〙胃アトニー. **≠aus·gang** 男〘解〙幽門. **≠aus·he̱·be·rung** 女〘医〙胃液採取. **≠be·schwe̱r·den** 複 胃の障害, 胃症状.

Ma̱·gen·bit·ter 男 -s/- 健胃薬草酒(満腹で胃がもたれる時などに飲む). [＜bitter]

Ma̱·gen≠blatt 中《話》《次の形で》Leib- und *Magenblatt* お気に入りの新聞. **≠blu̱·ten** 中 -s/, **≠blu̱·tung** 女〘医〙胃出血. **≠brem·se** 女〘虫〙ウマバエ(馬蠅). **≠bren·nen** 中 -s/ 胸やけ.

Ma̱·gen-Dạrm-Ent·zün·dung 女〘医〙胃腸炎.

Ma̱·gen-Dạrm-Ka·tarrh[..katar] 男〘医〙胃腸カタル.

Ma̱·gen≠das·sel 女 ＝Magenbremse **≠drücken** 中 -s/ 胃のもたれ;〘医〙胃圧痛感. **≠durch·bruch** 男 ＝Magenperforation **≠ein·gang** 男 ＝Magenmund **≠ent·zün·dung** 女〘医〙胃炎. **≠er·wei·te·rung** 女〘医〙胃拡張. **≠fa̱hr·plan** 男《戯》(ある期間分の)献立〔予定〕表. **≠fi·stel** 女〘医〙人工的胃フィステル; (病的状態としての)胃フィステル, 胃瘻(ろう). **≠flie·ge** 女〘虫〙イエバエ(家蠅)科の昆虫. **≠ge̱·gend** 女 -/ 胃部: in der ～ 胃部⟨胃のあたり⟩に. **≠ge·richt** 中《ふつう次の成句で》*js.* Leib- und ～ (→Leibgericht). **≠ge·schwü̱r** 中〘医〙胃潰瘍(かいよう). **≠gru̱·be** 女 鳩尾(みぞおち);〘解〙心窩(しんか)部. **≠in·halt** 男 胃内容物. **≠in·spek·tor** 男《話》健胃酒. **≠ka·tarrh**[..katar] 男〘医〙胃カタル. **≠knur·ren** 中 -s/ 腹がグーグー鳴ること, 空腹時に鳴る腹内の音. **≠krampf** 男《ふつう複数で》〘医〙胃痙攣(けいれん).

ma̱·gen·krank 形 胃病の: Diät für *Magenkranke* 胃病患者用食餌(しょくじ).

Ma̱·gen≠krank·heit 女 胃疾患, 胃病. **≠kre̱bs** 男〘医〙胃癌(いがん). **≠lei·den** 中 ＝Magenkrankheit

ma̱·gen·lei·dend 形 胃の疾患にかかった, 胃病の.

Ma̱·gen≠lied 中《話》《次の形で》Leib- und *Magenlied* お気に入りの歌. **≠mit·tel** 中 胃薬, 健胃剤. **≠mund** 男〘解〙噴門(→ 図 Magen A). **≠neu·ro̱·se** 女〘医〙胃神経症⟨ノイローゼ⟩. **≠ope·ra·tio̱n** 女 胃の手術. **≠per·fo·ra·tio̱n** 女〘医〙胃穿孔(せんこう). **≠pfla·ster** 中《戯》(空腹をいやす)すごいごちそう(大きな肉きれなど). **≠pfört·ner** 男〘解〙幽門(→ 図 Magen A). **≠re·sek·tio̱n** 女〘医〙胃切除〔術〕. **≠saft** 男〘生理〙胃液. **≠säu·re** 女〘生理〙胃酸. **≠schleim·haut** 女〘解〙胃粘膜.

Ma̱·gen·schleim·haut·ent·zün·dung 女 (Gastritis)〘医〙胃〔粘膜〕炎.

Ma̱·gen≠schluß 男《話》食事を締めくくる物(酒など). **≠schmerz** 男 -en/-en《ふつう複数で》胃痛. **≠sen·kung** 女〘医〙胃下垂. **≠son·de** 女〘医〙胃ゾンデ(胃洗浄や栄養補給に用いるゴム管). **≠spie·gel** 男〘医〙胃鏡, 胃内視鏡. **≠spü̱·lung** 女〘医〙胃洗浄.

ma̱·gen·stär·kend 形 胃を強くする: ein ～*es* Mittel 健胃剤.

Ma̱·gen≠stein 男〘医〙胃石. **≠ver·stim·mung** 女 胃の変調⟨不快感⟩. **≠wand** 女〘解〙胃壁.

ma̱·ger[má:gər] 形 (↔fett) **1** やせた, 肉のない, 骨のでた: ein ～*es* Gesicht 肉の落ちた⟨骨ばった⟩顔 | ein ～*er* Mensch やせた人 | ein ～*es* Schwein やせた豚 | ～*e* Lettern〘印〙ライトフェース(肉細ゴシック活字) ‖ Du bist ja ～ geworden. 君もやせたね. **2** 内容のない, 実質の少ない: **a)** 貧弱な, 乏しい, 豊かでない: ～*es* Einkommen わずかの収入 | eine ～*e* Ernte 乏しい収穫 | ～*e* Jahre 収入⟨収穫⟩の乏しい時代 | die sieben ～*en* Jahre (→Jahr 1) | ein ～*es* Programm 内容の貧弱なプログラム ‖ Das Ergebnis war reichlich ～. その成果はかなり貧弱だった. **b)** (飲食物に)脂

肪分の少ない, 栄養のない, 淡白な: ～*es* Fleisch 赤身の肉 | ～*e* Kost あっさりした食物 | *Mager*milch 脱脂乳 | ～*er* Wein こくのないワイン ‖ ～ essen 脂肪分の少ない食事をとる. **c)** (土地が)やせた, 不毛の; (鉱石などについて)含有量の少ない: ～*er* Beton 貧配合コンクリート | ～*er* Boden やせた土地 | ～*es* Erz 貧鉱.
[*germ.*; ◇makro..; *engl.* meager]

Ma·ger·ge·misch·mo·tor 男 リーンバーン=エンジン.

Ma·ger·keit[má:gərkaıt] 女 -/ mager なこと.

Ma·ger≈koh·le 女 亜無煙炭, 貧石炭. **≈milch** 女 スキムミルク, 脱脂乳. **≈mo·tor** ＝Magergemischmotor **≈quark** 男 低脂肪の凝乳〈カード〉. **≈sucht** 女 -/ 〘医〙羸痩(るいそう)病, 痩身(そうしん)症, 拒食症.

ma·ger·süch·tig 形 痩身(そうしん)症の, 拒食症の.

Mag·gi[mági·] 中 -〔s〕/ 商標 マギー(スイス Maggi 社製の醤油(しょうゆ)ふうの調味料).

Mag·gi·kraut[mági..] 中 (Liebstöckel) 〘植〙レビスチクム, ロベッジ(セリ科の植物で, 種子を Maggi の原料として用いる).

Mag·gio·re[madʒó:rə] 中 -s/-s (↔Minore) 〘楽〙(短調の曲での)長調の中間部. [*it.*]

Mag·gi·wür·fel 男 (さいころ形の)固形マギー.

der **Ma·ghreb**[má:grɛp, ..rɛb] 地名 男 -/ マグレブ(アルジェリア・チュニジア・モロッコからなる北アフリカ地方).

ma·ghre·bi·nisch[magrebí:nıʃ] 形 マグレブ〔地方〕の.

Ma·gie[magí:] 女 -/ (英: *magic*) **1 a)** 魔法, 魔術, 妖術(ようじゅつ), 呪術(じゅじゅつ): **Schwarze ～** (悪魔を呼び出す)黒魔術 | **Weiße ～** (善魔を呼び出す)白魔術 | ～ treiben 魔法を使う. **b)** 魔力, 不思議な力, 神秘的な魅力: die ～ der Worte ことばの魔力 | eine ～ auf *jn.* ausüben …に対して魔力〈不可思議な力〉をつかう. **2** (Zauberkunst) 奇術, 魔術: ein Meister der ～ 手品〈奇術〉の名人. [*gr.*－*spätlat.*; ＜*gr.* mágos „Zauberer"; ◇*engl.* magic]

Ma·gi·er[má:giər] 男 -s/- **1 a)** 魔法使い, 妖術師, 手品師. **b)** 《比》神技を見せる人, 名人, 達人. **2** 奇術師, 手品師, 魔術師, マジシャン. **3 a)** 〘キリスト教〙マギ, 東方の三博士(聖書: マタ 2,1-12: →Dreikönige): die Anbetung der ～ マギ〈三博士〉の礼拝. **b)** マギ(古代ペルシアの祭司). [＜*lat.* magī „Zauberer"]

Ma·gi·not·li·nie[maʒinó(:)li:niə] 女 -/ 〘史〙マジノ線〈ライン〉(第一次世界大戦後フランスの東部国境に構築された要塞(ようさい)線). [＜A. Maginot (フランスの国防相, †1932)]

ma·gisch[má:gıʃ] 形 魔法の, 魔術のような, まか不思議の, なんとも言えぬ〈抵抗しがたい〉魅力のある: ～*es* Auge (ラジオの)マジックアイ | ～*es* Quadrat (→Quadrat 1 a) | ～*er* Spruch 呪文(じゅもん) | ～*e* Zahl 〘理〙マジックナンバー, 魔法数 ‖ von *et.*[3] ～ 〈mit ～*er* Gewalt〉 angezogen werden …に抗しがたい力でひきつけられる. [*gr.*－*lat.*; ◇Magie]

Ma·gi·ster[magístər] 男 -s/- (略 M., Mag.) **1** 修士, マスター(学位名およびその学位所持者. ドイツでは Magister Artium をさす): Er hat den ～ gemacht. 彼は修士号を得た. **2** 《オーストリア》学士(特に薬学士); 薬剤師: Magister pharmaciae (略 Mag. pharm.) 薬学士. ▽**3** 学校教師, 先生. [*lat.*; ＜*lat.* magis „mehr" (◇Magnus); ◇Meister, Master]

Ma·gi·ster Ar·tium [magístər ártsiʊm, ..tɛr －] 男 -s -/- - (略 M. A.) マギステル アルツィウム(ヨーロッパ中世の大学では学芸学部最高の学位であったが, のち Bakkalaureus の上の学位となった. 英米の Master of Arts「マスター=オブ=アーツ」はこれを引きついだもの. 1960年旧西ドイツでも哲学部と新教神学部に Doktor の下の学位として復活し, 現在に至る). [*lat.* „Meister der (freien) Künste"; ◇Art]

Ma·gi·stra·le[magıstrá:lə] 女 -/-n (特に大都市の)幹線〈主要〉道路; 〘鉄道〙幹線. [◇..al[1]]

Ma·gi·strat[magıstrá:t] **I** 男 -〔e〕s/-e **1** 市参事会(市長を議長とする行政機関); 市当局; 市庁, 市役所. **2** (古代ローマの)高級官吏〈官職〉(Konsul, Prätor, Zensor など). **II** 男 -en/-en 《スイス》(政府の)閣僚; (官庁の)幹部職員. [*lat.*]

Ma·gi·strats·ver·fas·sung 女 市参事会制度.

▽**Ma·gi·stra·tur**[magıstratú:r] 女 -/-en Magistrat の地位〈権威〉; 高級官職. [＜..ur]

Mag·ma[mágma·] 中 -s/..men[..mən] 〘地〙マグマ, 岩漿(がんしょう). [*gr.* mágma „geknetete Masse"－*lat.*; ◇Masse]

Mag·ma·ge·stein[mágma..] 中 〘地〙火成岩.

mag·ma·tisch[magmá:tıʃ] 形 マグマの.

Ma·gna Char·ta[mágna· kárta·] 女 --/ 〘史〙マグナカルタ, 大憲章(1215年イングランド王ジョンが貴族に強制されて承認した勅許状. 後世, 王の専制に対して国民の権利を擁護するための典拠となった). [*mlat.*; ＜*lat.* māgnus (→Magnus)]

ma·gna cum lau·de[mágna· kʊm láʊdə, － － ..de·] 《ラテン語》(mit großem Lob) 優で(ドクトル試験の評点の第2位: →cum laude).

Ma·gna·lium[magná:liʊm] 中 -s/ 〘化〙マグナリウム(マグネシウムとアルミニウムの合金). [＜Magnesium＋Aluminium]

Ma·gnat[magná:t] 男 -en/-en **1** 大実業家; (企業などの)大立者, 巨頭: Öl*magnat* 石油界の大立者, 石油王. **2** 大地主; 富裕な貴族, 財閥. **3** (昔のハンガリー・ポーランドなどの)貴族. [*spätlat.*; ＜*lat.* māgnus (→Magnus)]

Ma·gne·sia[1][magné:zia·] 地名 マグネシア(ギリシア Thessalien 地方東部の半島および海岸地方). [*gr.*－*lat.*]

Ma·gne·sia[2][－, maŋné:zia·] 女 -/ 〘化〙マグネシア, 苦土(くど). [*gr.* magnēsíē líthos „Magnetstein"－*mlat.* magnēsia]

Ma·gne·sia·ze·ment[magné:zia..] 男 マグネシア=セメント(水硬性セメントの一種).

Ma·gne·sit[magnezí:t, ..zít] 男 -s/-e 〘鉱〙マグネサイト. [＜..it[2]]

Ma·gne·sium[magné:ziʊm] 中 -s/ 〘化〙マグネシウム(金属元素名; 記号 Mg).

Ma·gne·sium·sul·fat 中 〘化〙硫酸マグネシウム(下剤として用いられる).

Ma·gnet[magné:t, maŋné:t] 男 -〔e〕s/-e; -en/-en **1** 磁石, 磁鉄(→ 図): ein hufeisenförmiger ～ 馬蹄(ばてい)形磁石 | die Pole des ～*en* 磁石の両極, 磁極 | *jn.* wie ein ～ anziehen 磁石のように…を引きつける〈吸い寄せる〉. **2** 《比》(魅力などで)多くの人を引きつける物〈人〉, 人気〈注目〉の的: Der Schlagersänger war ein ～ des Abends. その流行歌手はその晩の人気の的であった | Der Wirkung dieses ～*s* vermag er sich nicht zu entziehen. 彼はその魅力から逃れることができない. [*gr.* Magnētis(líthos) „(Stein) aus Magnesia"－*lat.*－*mhd.*; ◇Magnesia[1]]

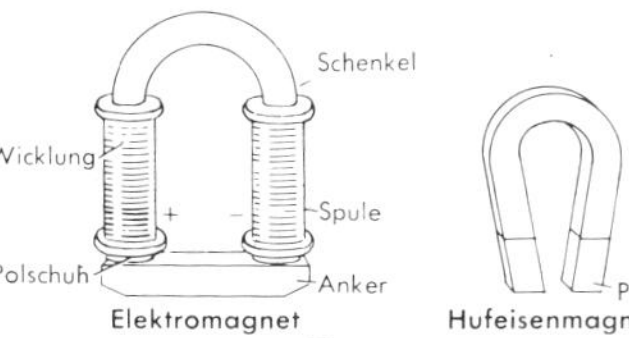

Magnet

Ma·gnet·band[magné:t..] 中 -〔e〕s/..bänder 磁気テープ.

Ma·gnet·band-Fern·seh·auf·zeich·ner 男 磁気テープテレビ録画装置, ビデオテープレコーダー.

Ma·gnet≈berg 男 磁石山(近づく船の鉄金具が引き抜かれ, 船体がばらばらになるという空想上の山). **≈bla·se** 女 〘電子工学〙磁気バブル.

Ma·gnet·bla·sen·spei·cher 男 〘電算〙磁気バブル記憶素子.

Ma·gnet≈ei·sen〔·erz〕 中, **≈ei·sen·stein** 男 磁鉄鉱. **≈feld** 中 〘理〙磁界, 磁場.

Ma·gne·tik[magné:tık] 女 -/ 〘理〙磁気学.

ma·gne·tisch[magné:tıʃ] 形 磁力の, 磁気による〈をおびた〉; 磁石のような, 《比》人の心を引きつける: ～*e* Anomalie 〘地〙磁気異常 | ～*er* Äquator 〘地〙磁気赤道 | ～*e*

M

Bildaufzeichnung 磁気テープ録画(略 MAZ) | ~e Bremse〘理〙渦電流制動, 磁気ブレーキ | ~es Feld〘理〙磁界, 磁場 | ~e Karte〘地〙磁気図 | ~er Kraftfluß〘理〙磁束 | ~e Induktion〘理〙磁気誘導〈感応〉| ~er Pol 磁極(=Magnetpol) | ~er Sturm / ~es Gewitter〘地〙磁気あらし | eine ~e Kraft ausüben 磁力を発する;《比》(周囲の者を)魅惑する ‖ *jn.* ~ anziehen …を磁石のように〈不思議な力で〉引きつける.

Ma·gne·ti·seur[magnetizǿ:r] 男 -s/-e 磁気療法師; 催眠術師. [*fr.*]

ma·gne·ti·sier·bar[..zí:rba:r] 形 **1** 磁化されうる, 磁気の影響を受けやすい. **2** 催眠術にかかりやすい.

ma·gne·ti·sie·ren[magnetizí:rən] 他 (h) **1** (↔entmagnetisieren) 磁化する. **2** 《*jn.*》(…に)磁気療法〈催眠術〉を施す.

Ma·gne·tis·mus[magnetísmʊs] 男 -/ **1** 磁気, 磁力, 磁性. **2** 磁気療法. **3** =Magnetik

Ma·gne·tit[magnetí:t, ..tít] 男 -s/-e 磁鉄鉱. [<..it²]

Ma·gnet≠kar·te[magné:t..] 女 磁気カード(データ記録用の磁気面をもつカード. キャッシュカード・テレホンカードなど). ≠**kern** 男 磁心.

Ma·gnet·kern·spei·cher 男〘電算〙磁心記憶装置, コアメモリー.

Ma·gnet≠kies 男 磁硫鉄鉱. ≠**kom·paß** 男 磁気コンパス. ≠**na·del** 女 磁針, 磁石の針.

Ma·gne·to·ela·sti·zi·tät[magneto|elastitsité:t] 女 -/〘理〙磁気弾性.

Ma·gne·to·me·ter[..mé:tər] 中 (男) -s/-〘理〙磁力計; 傾斜コンパス.

Ma·gne·to·op·tik[..|ɔ́ptɪk] 女 -/〘理〙磁気光学.

Ma·gne·to·path[..pá:t] 男 -en/-en =Magnetiseur [<..pathie]

Ma·gne·to·phon[..fó:n] 中 -s/-e 商標 マグネットフォーン(テープレコーダー).

Ma·gne·to·phon·band 中 -[e]s/..bänder (Tonband) 磁気録音テープ.

Mag·ne·to·strik·tion[magnetostrɪktsió:n] -/-en〘理〙磁気ひずみ.

Ma·gnet≠pol[magné:t..] 男 (磁石・地球の)磁極. ≠**schen·kel** 男〘電〙(磁)極片. ≠**schwe·be·bahn** 女 (リニアモーター方式による)磁気浮上鉄道. ≠**spu·le** 女〘電〙電磁コイル. ≠**stab** 男〘理〙棒磁石. ≠**stahl** 男〘金属〙磁石鋼. ≠**stein** 男 磁鉄鉱. ≠**strei·fen** 男 (磁気カードなどの)磁気ストライプ. ≠**zün·dung** 女〘工〙マグネット〈電磁〉点火.

ma·gni·fik[manjifí:k] 形 (herrlich) 華麗な, 壮大な; すばらしい. [*lat.*–*fr.*; ◇Magnus, ..fizieren]

Ma·gni·fi·kat[magní:fikat] 中 -[s]/-s **1 a)** 《単数で》〘カトリック〙マグニフィカト(晩課のときに歌われる聖母マリアの賛歌. 聖書: ルカ 1,46-55). **b)** 〘楽〙マグニフィカト(聖母マリアをたたえる合唱曲の一種). **2** 〘カトリック〙(昔の)賛美歌集. [*lat.*; 賛美歌の最初の語]

ᐁ**Ma·gni·fi·kus**[..kʊs] 男 -/..fizi[..fitsi·] (Rektor) (大学の)学長, 総長.

Ma·gni·fi·zenz[magnifitsɛ́nts] 女 -/-en 閣下(大学の学長・総長, ハンザ同盟都市 Hamburg, Bremen, Lübeck の市長に対する敬称); Magnifizenz の称号をもっている人: Seine ~ hält die Vorlesung nicht. 総長閣下は講義をされない | Die ~*en* haben sich im Sitzungssaal versammelt. 学長閣下が会議室に集まっておられる ‖〘所有代名詞 euer を冠して, 2 人称の敬称として: →euer I ☆ ii〙Eure ~! / Euer ~! 総長〈市長〉閣下 ‖〘定動詞を 3 人称複数の形にして〙Hatten Eure ~ eine angenehme Reise? 閣下 ご旅行はご無事でしたでしょうか. [*lat.* māgnificentia „Großartigkeit, Hoheit"]

Ma·gni·fi·zi Magnifikus の複数.

Ma·gni·tu·de[magnitú:də] 女 -/-n マグニチュード(地震の規模の単位; 記号 M): ein Erdbeben der ~ 3 マグニチュード 3 の地震. [*lat.* māgnitūdō „Größe"]

Ma·gno·lie[magnó:liə] 女 -/-n〘植〙モクレン(木蓮)属. [<P. Magnol (フランスの植物学者, †1715)]

Ma·gnus[mágnʊs, má:g..] 男名 マーグヌス. [*lat.* māgnus „groß"; ◇mega.., Major]

Mag. pharm.[makfárm] 略 =**Magister pharm**aciae 《オーストリア》薬学士(→Magister 2).

magst[ma:kst] mögen の現在 2 人称単数.

Ma·gyar[madjá:r] 男 -en/-en =Madjar

mäh[mɛ:] 間 (ヒツジ・ヤギの鳴き声)メエ: ~ schreien メエと鳴く.

Ma·ha·go·ni[mahagó:ni·] 中 -s/ マホガニー (Mahagonibaum の木材). [*engl.* mahogany]

Ma·ha·go·ni≠baum[mahagó:ni..] 男〘植〙マホガニー(センダン科マホガニー属の木の総称). ≠**holz** 中 -es/ =Mahagoni

Ma·ha·ja·na[mahajá:na·] 中 -/ (↔Hinajana)〘宗〙大乗〔仏教〕. [*sanskr.* mahā-yāna „großes Fahrzeug"]

Ma·ha·ra·dscha[mahará:dʒa·, ..rátʃa·] 男 -s/-s マハラジャ(インドの大王〔の称号〕). [*sanskr.* mahā-rājā „Groß-König"]

Ma·ha·ra·ni[mahará:ni·] 女 -/-s マハラニ(マハラジャの妃〔の称号〕). [*Hindi*; <*Hindi* rānī „Königin"]

Ma·hat·ma[mahá:tma·] 男 -s/-s マハトマ, 大善知識(インド・チベットで超自然的能力をもつとされた人〔に与えられる称号〕. のち聖賢, 特に Gandhi に対する尊称). [*sanskr.* „mit großer Seele"; ◇Atman]

Ma·haut[mahá͜ʊt] 男 -s/-s (インドの)象使い. [*ind.*]

Mäh·bin·der[mɛ́:..] 男〘農〙バインダー, 刈り取り結束機.

Mahd[ma:t]¹ **I** 女 -/-en《方》(牧草・穀物の)刈り入れ, 刈り取り; 刈り取った牧草〈穀物〉: die erste 〈zweite〉 ~ 1 〈2〉番刈り | Das Gras steht reif zur ~. 草は刈り取りができるまでに生長している. **II** 中 -[e]s/Mähder[mɛ́:dər]《オーストリア・スイス》山腹牧草地. [*westgerm.*; ◇mähen¹, Matte²; *engl.* math]

Mäh·der[mɛ́:dər] **I** 男 -s/-《方》=Mäher 2 **II** 中 -s/-《南部》草刈り場. **III** Mahd II の複数.

Mah·di[máxdi·, má:di·] 男 -[s]/-s マハディ(イスラム教でこの世の終わりに現れる救世主). [*arab.* (al)mahdī „(der) Rechtgeleitete"]

..mahdig[..ma:dɪç]², **..mähdig**[..mɛ:dɪç]²《数詞などにつけて「年…回刈りの」を意味する形容詞をつくる》: ein*mähdig* (羊毛・牧草地などが)年 1 回刈りの. [<Mahd]

Mah·dist[maxdíst, madíst] 男 -en/-en Mahdi の降臨を信じるイスラム教徒.

Mäh·dre·scher[mɛ́:..] 男〘農〙コンバイン, 刈り取り脱穀機.

mä·hen¹[mɛ́:ən] 他 (h) **1** (牧草・穀物などを)刈る, 刈り取る: Roggen ~ ライ麦を刈り取る. **2** 《*et.*⁴》(…の)草を刈る, 刈り取る: die Wiese ~ 牧草地の草を刈る. [*westgerm.*; ◇Mahd; *engl.* mow]

mä·hen²[–] 自 (h) (ヒツジ・ヤギが)メエと鳴く; ヒツジ〈ヤギ〉のような声を出す. [<mäh]

Mä·her[mɛ́:ər] 男 -s/- **1** (牧草・穀物などの)刈り取り機; 芝刈り機. ᐁ**2** (牧草・穀物などの)刈り取り人夫.

Mah-Jongg[madʒɔ́ŋ] 中 -s/-s マージャン: ~ spielen マージャンをする. [*chines.* 麻雀 –*engl.*]

Mahl¹[ma:l] 中 -[e]s/-e, Mähler[mɛ́:lər]《ふつう単数で》《雅》**1** (Essen) 食事: ein einfaches 〈opulentes〉 ~ 簡素な〈豪華な〉食事 | ein festliches ~ zubereiten 〈zu *sich*³ nehmen〉 ごちそうを作る〈食べる〉. **2** 会食: Gast*mahl* (客を招いての)饗宴(きょうえん). [*germ.* „Mahlzeit"; ◇Mal²; *engl.* meal]

Mahl²[–] 中 -[e]s/-e (古代ゲルマンの法廷における)審理. [*germ.* „Zusammenkunft"; ◇*engl.* moot, meet]

Mäh·la·der[mɛ́:..] 男〘農〙(牧草・穀物の)ローダー, 刈り取り積みこみ機. [<mähen¹+laden¹]

Mäh·lamm[mɛ́:..] 中《幼児語》〔めえめえ〕子ヤギ.

mah·len⁽*⁾[má:lən]《98》**mahl·te**/**ge·mah·len** 他 (h) (穀粒などを)ひく, ひきうすにかける, 製粉する: Korn 〈Kaffee〉 ~ 穀物〈コーヒー〉をひく | *et.*⁴ grob 〈fein〉 ~ …をあらく〈細かに〉ひく ‖〘目的語なしで〙Seine Kiefer 〈Zähne〉 *mahlen.*

彼はよくかんで食べる | Die Räder *mahlen* im Sand. 車輪が砂の中で空回りしている | Wer zuerst kommt, *mahlt* zuerst. (→zuerst) | Gottes Mühlen *mahlen* langsam, aber sicher 〈trefflich fein〉. (→Mühle 1 a). [*germ.*; ◇Mole², Mehl, malmen]

Mah·ler[má:lər] 人名 Gustav ～ グスタフ マーラー(1860–1911; オーストリアの作曲家・指揮者. 作品に『大地の歌』ほか 9 曲の交響曲がある).

Mäh·ler Mahl¹の複数.

Mahl≈gang[má:l..] 男 粉砕装置〈機械〉(ひきうすなど). **≈geld** 中 製粉料金. **≈gut** 中 粉にひく原料(穀物・コーヒー豆・セメント原石など). [<mahlen]

mäh·lich[mɛ́:lɪç] 《雅》 = allmählich

Mahl≈korn[má:l..] 中 -(e)s/ (種類: -e) 粉にひく穀物. **≈recht** 中 (昔の)製粉所経営〈利用〉権. [<mahlen]

Mahl·sand 男〘海〙(座礁した船がはまりこんで動けなくなる)浅瀬. [*ndl.* maal-zand の翻訳借用; ◇Malstrom]

ᵛ**Mahl·schatz** 男 結納金〈品〉; 婚約. [<Mahl²]

Mahl≈statt 女, **≈stät·te** 女 (古代ゲルマン人が討論・裁判に用いた)集会場, 広場; 《比》裁きの場, 法廷, 刑場.

Mahl·stein 男 ひきうすの石. [<mahlen]

Mahl·strom = Malstrom

Mahl·zahn 男 (Backenzahn)〘解〙臼歯(きゅうし).

Mahl·zeit[má:ltsaɪt] 女 (Essen) 食事, 会食; 料理, 食べ物: drei ～*en* am Tage 日に 3 度の食事 ‖ ～ halten 食事をする ‖ (Gesegnete) ～! i) (食前・食後のあいさつ)どうぞ召し上がれ, いただきます; ごちそうさま, おそまつさま; ii) (正午ごろのあいさつ)今日は; さようなら | Ja, ～! 《話》私は結構です(お断りだね) | **prost 〈prosit〉 ～!** 《話》ひどいことになった〈なりそうだ〉ぞ | (Na dann) prost 〈prosit〉 ～! しまった, おしまいだ. [<Mahl¹]

Mäh·ma·schi·ne[mɛ́:..] 女 **1**〘農・畜〙刈り取り〈草刈り〉機. **2**〘園〙(大型の)芝刈り機. [<mähen¹]

Mahn≈be·scheid[má:n..] 男〘法〙支払い督促〈催告〉. **≈brief** 男 督促状, 催告状; 戒告状.

Mäh·ne[mɛ́:nə] 女 -/-n **1** (馬・ライオンなどの)たてがみ. **2** 《話》(ぼさぼさの)長髪. [*germ.* „Nacken"; ◇Monilia; *engl.* mane]

mah·nen[má:nən] **I** 他 (h) **1 a)** 《*jn.* zu *et.*³》(…に…をするように)強く勧告する, 促す, (…に…の)必要を教える: *jn.* zur Eile 〈zum Aufbruch〉 ～ …に急ぐ〈出発する〉よう促す | *jn.* zur Geduld 〈Ruhe〉 ～ がまん〈静かに〉するように…に勧める ‖〘zu 不定詞(句)と〙Er *mahnte* mich, es nicht zu vergessen. 彼は私にそれを忘れるなと注意した. **b)** 《*jn.* an *et.*⁴ 〈wegen *et.*²〉》(…に…を忘れるなと)警告する: *jn.* an *sein* Versprechen 〈*seine* Pflichten〉 ～ …に約束〈義務〉を思い起こさせる ‖ wegen der Steuern *gemahnt* werden 税金の督促を受ける ‖ einen Schuldner schriftlich ～ 債務者に書面で返済を督促する ‖ eine *mahnende* Stimme des Gewissens 良心のいましめの声 | mit einem *mahnenden* Blick 注意を促すまなざしで | den Finger *mahnend* heben 指を立てて警告のしぐさをする. **c)** 《警告の内容を表す表現と》(…と)言って警告する, 注意を促す: „Sei vernünftig", *mahnte* er. 「ばかなことをするな」と彼はたしなめて言った | Die Glocke *mahnte* ihn, wie ... 彼は鐘の音で我に返って…ということに気づいた. **2** 《雅》(erinnern) 《*jn.* an *et.*⁴》(…に…を)想起させる: Der Vorfall *mahnte* mich an ein früheres Erlebnis. この事件で私は昔の体験を思い出した.

II 自 (h)〘狩〙(雌ジカなどが)雄を求めて〈危険を知らせて〉鳴く.

[*westgerm.*; ◇monieren, Manie, mental, Mann²]

Mäh·nen≈hund[mɛ́:nən..] 男〘動〙タテガミオオカミ(鬣狼). **≈rat·te** 女〘動〙タテガミネズミ(鬣鼠). **≈schaf** 中〘動〙バーバリシープ. **≈wolf** 男 = Mähnenhund

Mah·ner[má:nər] 男 -s/- 勧告〈警告〉者; (借金などの)督促者.

Mahn≈ge·bühr[má:n..] 女 督促料. **≈mal** 中 -(e)s/-e (..mäler)(警告の)記念碑: ein ～ für die Kriegsgefallenen 戦没者慰霊碑. **≈ruf** 男 警告, いましめ(の声). **≈schrei·ben** 中 = Mahnbrief **≈stät·te** 女 (Gedenkstätte)(特にいまわしい出来事などの)記念〈追憶〉の場所.

Mah·nung[má:nʊŋ] 女 -/-en 勧告, 警告, いましめ; 〘法〙催告; (借金などの)督促(状): eine ～ befolgen 〈überhören〉 警告に従う〈を聞き流す〉| Ich bekam eine ～, Steuern zu bezahlen. 私に税金の督促状がきた.

Mahn≈ver·fah·ren[má:n..] 中〘法〙(借金支払いの)督促手続き. **≈wort** 中 -(e)s/-e 《ふつう複数で》《雅》勧告〈警告〉のことば.

Ma·ho·nie[mahó:niə] 女 -/-n〘植〙ヒイラギナンテン(柊南天)属. [<B. MacMahon (アメリカの植物学者, †1816)]

Mahr[ma:r] 男 -(e)s/-e (Alp)(悪夢をもたらす)悪魔. [*germ.* „Zermalmerin"; ◇mürbe; *engl.* mare]

Mäh·re¹[mɛ́:rə] 女 -/-n **1** (老)廃馬, 老いぼれた〈よぼよぼの〉馬. **2** 《話》(Pferd) 馬. [*germ.* „Stute"; ◇Marstall; *engl.* mare]

Mäh·re²[–] 男 -n/-n (⊛ **Mäh·rin**[..rɪn]-/-nen) メーレン〈モラヴィア〉人.

mäh·ren[mɛ́:rən] = mären

Mäh·ren[–] 地名 メーレン, モラヴィア(チェコの地方名. 英語形 Moravia, チェコ語形モラヴァ Morava). [<March]

Mäh·rer[mɛ́:rər] 男 -s/- (⊛ **Mäh·re·rin**[..rərɪn]-/-nen) = Mähre²

Mäh·rin Mähre²の女性形.

mäh·risch[mɛ́:rɪʃ] 形 メーレン〈モラヴィア〉の.

Mäh·schaf[mɛ́:..] 中 《幼児語》めえめえ羊.

Mai[maɪ] 男 -(-(e)s)/-e (雅: -en/-e) 《ふつう単数で》**1** 5月: →August¹ | der Erste ～ 5月1日, メーデー | im wunderschönen Monat ～ いとうるわしき 5 月に ‖ **am 17. ～ geboren sein** 《戯》(同性愛に関する刑法旧175条を日付 17. 5. にかけて)ホモである. **2** 春, 花咲く季節, 幸福な時期: **wie einst im ～** (幸福だった)昔のままに | Er steht im ～ des Lebens. 彼は人生の春にいる〈とても若い〉.

★ 古名: Wonnemonat, Wonnemond

[*lat.* (mēnsis) Māius–*ahd.* meio; < *lat.* (Iūppiter) Māius „Wachstumbringender (Jupiter)"; ◇*engl.* May]

Mai≈baum[máɪ..] 男 **1**〘民俗〙メイポール, 五月柱(春祭の飾り柱. 枝を落として樹皮をはいだ木の先に色とりどりのリボンで飾ったモミの葉環をつるしたもので, そのまわりで踊る: →図). **2** = Maie 1 a **≈blüm·chen** 中 (Maiglöckchen)〘植〙スズラン. **≈blu·me** 女〘植〙(種々の春の花の俗称. 特に:) スズラン, タンポポ属. **≈blü·te** = Maienblüte **≈bow·le**[..bo:lə] 女〘料理〙マイボウル(クルマバソウで芳香をつけたボウル: → Bowle 1). **≈braut** 女 = Maikönigin

Maibaum

Maid[maɪt]¹ 女 -/-en **1** 《雅》(Mädchen) 少女, おとめ; 《皮肉》小娘; 若い女. **2** Maidenschule の生徒. [*mhd.* meit; ◇Magd]

Mai·den¹[máɪdən] 男 -s/- 《スイ》(Zuchthengst) 種馬.

Maiden²[meɪdn, mé:dən] 中 -(s)/-〘競馬〙未勝利馬; 初出場馬. [*engl.* maiden „Jungfrau"; ◇Magd]

Maiden·ren·nen[méɪdn..] 中 -s/ 〘競馬〙未勝利馬レース.

Mai·den·schu·le[máɪdən..] 女 (小学校卒業後に農作業・家政を教える 1・2 年制の)女子補習学校.

Maie[máɪə] 女 -/-n **1 a)** 新緑の飾り(春祭・聖霊降臨祭に戸口に飾るシラカバの若木または若枝). **b)** = Maibaum 1 **2**〘林〙針葉樹の新緑. [<Mai]

mai·en[máɪən] **I** 自 (h) **1** 《雅》春らしくなる, (草木が)若葉を出す; 心楽しくなる: 非人称 Es *mait.* 春〈5 月〉が来る ‖ ～ gehen 散歩に出る. **2** (雌馬が)発情する. **II** 他 (h) **1** 春らしくする. **2** 《スイ》einen Baum ～ 若木の皮をはぐ.

ᵛ**Mai·en**[–] 男 -s/- **1** =Maibaum 1 **2**《南部》(Birke)〖植〗シラカバ(白樺). **3**《$^{スイ}_{ス}$》(居酒屋の戸口の)花輪飾り. **4** =Maiensäß **5**(Mai) 5月.

Mai·en≠baum =Maibaum **≠blu·me** =Maiblume **≠blü·te** 女 5月の花盛りの時期, 花時;《比》全盛期. **≠kö·ni·gin** =Maikönigin **≠luft** 女 5月の風, 春風. **≠nacht** 女 5月の夜, 春の夜.

Mai·en·säß[..zɛːs] 中 -es/-e (女 -/-e)《$^{スイ}_{ス}$》(山の)中腹牧草地(山上牧草地 Alm に行く前の5月に牛などが一時期放牧される). [< *schweiz.* Säß „unterste Stufe einer Alm"]

Mai·fei·er[máɪ..] 女 **1** メーデー〔の式典〕. **2** =Maifest 1

Mai·fei·er·tag 男 メーデー〔の日〕(5月1日).

Mai·feld[máɪfɛlt][1] 中 -〔e〕s/-er〖土木〗堤防敷地(→ 図 Deich). [„Mähfeld"; < mähen[1]]

Mai≠fest 中 **1**〖民俗〗(春のおとずれを祝う)五月祭. **2** =Maifeier 1 **≠fisch** 男 (Alse)〖魚〗カワニシン(川鰊)(春の産卵期に中部ヨーロッパの川にのぼるニシンの一種). **≠glöck·chen** 中〖植〗スズラン(鈴蘭). **≠kä·fer** 男 **1**〖虫〗コガネムシ(黄金虫); コガネムシ科の昆虫: Gemeiner ~ コフキコガネ(粉吹黄金虫) ‖ **wie ein ~ strahlen**《話》相好をくずして笑う | über die Unsterblichkeit der ~ philosophieren《戯》あたりさわりのない話をする. **2** マイケーファー(コガネムシをかたどったチョコレート菓子). **3**《話》(昔の)プロシアの近衛(このえ)歩兵.

mai·kä·fern[máɪkɛːfərn]《05》自 (h)《戯》**1** (口を開く前に)スピーチの内容をまとめようと考えこむ. **2** 黙ってせっせと仕事〈勉強〉をする. **3** (zögern) ぐずぐずとためらう.

Mai≠kätz·chen =Kätzchen 2 **≠kö·nig** 男 五月祭のキング〔役の男〕(Maikönigin を勝ちとった男). **≠kö·ni·gin** 女 五月祭のクイーン(最高点で選び出され, キングと並んで主役を演じる少女). **≠kund·ge·bung** 女 メーデーのデモ〈政治集会〉.

Mail[meːl] 女 -/-s = E-Mail

Mai·land[máɪlant] 地名 ミラノ(イタリア北部の商工業都市. 聖堂をはじめとする歴史的建築によって知られる. Milano のドイツ語形). [*lat.* Mediolānum „Mittelfeld"; ◇ *engl.* Milan]

Mai·län·der[..lɛndər] **I** 男 -s/- ミラノの人. **II** 形《無変化》ミラノの: die ~ Scala ミラノ=スカラ座(歌劇場).

mai·län·disch[..lɛndɪʃ] 形 ミラノの.

Mail·box[méɪlbɔks] 女 -/-en〖電算〗メールボックス.

Mail·coach (**Mail-Coach**)[méɪlkoʊtʃ, méːlkoːtʃ] 女 -/-s (19世紀の) 4人乗り郵便馬車(→ 図). [*engl.*; ◇ *ahd.* malaha „Ledersack"]

Mailcoach

mailen[méːlən] 他 (h)《*jm. et.*[4]》(…に…を)メールで送る.

Mai≠luft 女, **≠lüft·chen** 中 =Maienluft

der **Main**[maɪn] 地名 男 -s(-es)/ マイン (Rhein 川の支流で, ドイツの中部を西に流れる): Frankfurt am ~ (略 a. M.) フランクフルト アム マイン, マイン河畔のフランクフルト. [*kelt.* „Sumpfwasser"– *lat.* Moenus – *ahd.* Moin]

die **Main·au**[máɪnaʊ] 地名 女 -/ マイナウ (Bodensee の島の一つ. 亜熱帯植物で名高い).

Main·li·nie[máɪnliːniə] 女 -/ (ドイツを南北に分ける)マイン線(かつては Preußen を中心とする北ドイツ連邦の南限).

Mainz[maɪnts] 地名 マインツ (Rhein 川に沿うドイツ Rheinland-Pfalz 州の工業都市で州都, 大学があり大聖堂が有名). [*lat.* Mogontiăcum; < *kelt.* Mogons (神の名)]

Main·zer[máɪntsər] **I** 男 -s/- マインツの人. **II** 形《無変化》マインツの: der ~ Dom マインツ大聖堂.

main·zisch[..tsɪʃ] 形 マインツの.

Mai·pa·ra·de[máɪ..] 女 (旧東ドイツで)メーデーの閲兵式.

Mai·ran[máɪraːn] 男 -s/-e《南部》=Majoran

Maire[mɛːr] 男 -s/-s (Bürgermeister) (フランスの)市長, 町長, 村長. [*lat.* māiōr (→Major) – *fr.*]

Mai·re·gen[máɪ..] 男 (植物〔の発芽〕にとって重要な)五月の慈雨.

Mai·rie[mɛríː] 女 -/-n[..ríːən] **1** (フランスの)市〈町・村〉長の職. **2** (フランスの)市庁舎, 町〈村〉役場. [*fr.*; < Maire + ..ie]

Mais[maɪs][1] 男 -es/(種類: -e)〖植〗トウモロコシ(玉蜀黍): ~ anbauen トウモロコシを栽培する | aus ~ Brot backen トウモロコシでパンを作る. [*indian.* – *span.* maíz; ◇ *engl.* maize]

Mais≠beu·len·brand[máɪs..] 男〖農〗トウモロコシの黒穂病〔菌〕. **≠bir·ne** 女《$^{ボク}_{シング}$》(トウモロコシを詰めたナシ型の)パンチングボール. **≠brei** 男 トウモロコシの粥(かゆ). **≠brot** 中 トウモロコシ=パン.

Maisch[maɪʃ] 男 -〔e〕s/-e, **Mai·sche**[máɪʃə] 女 -/-n〖醸〗原汁(ビール用もやし汁・ワイン用圧搾ぶどう汁・アルコール用でんぷん汁など). [*westgerm.* „Brei"; ◇ Mist[2]; *engl.* mash]

mai·schen[máɪʃən]《04》**I** 他 (h) (麦芽などを)かきまぜる, (かき回しながら)混入する. **II** 自 (h)〖醸〗原汁をつくる.

Mais≠kol·ben[máɪs..] 男 トウモロコシの穂軸. **≠korn** 中 -〔e〕s/..körner トウモロコシの実〈粒〉. **≠mehl** 中 トウモロコシ粉.

Mai·so·nette[mɛzɔnɛ́t] 女 -/-s[..ts] (-n[..tən]), **Mai·so·nette·woh·nung**[mɛzɔnɛ́t..] 女 (アパートで1戸分が1・2階からなる)メゾネットタイプの住居. [*fr.* „Häuschen" (– *engl.*); < *lat.* mānsiō (→Menage)]

Mai·son·nette[mɛzɔnɛ́t] 女 -/-s[..ts] (-n[..tən]) =Maisonette

Mais·rost[máɪs..] 男〖農〗トウモロコシのさび病〔菌〕.

Maiß[maɪs] 男 -es/-e (女 -/-en)《南部・$^{オース}_{トリア}$》**1** (Holzschlag)〖林〗伐採〔地〕. **2** (Jungwald) 植林したての山林. [*mhd.* meiz „Einschnitt"; < *ahd.* meizan „〔ab〕schneiden"; ◇ Meißel]

Mais·stär·ke[máɪs..] 女 トウモロコシの澱粉(でんぷん).

Mai·trank[máɪ..] 男 =Maibowle

Maî·tre de plai·sir[mɛtrədəplɛzíːr] 男 ---/-s--[–]《戯》(パーティーなどの)催し物の幹事, 司会役. [*fr.*; ◇ Magister, Pläsier]

Mai·tres·se[mɛtrɛ́sə] 女 -/-n =Mätresse

Mai≠trieb[máɪ..] 男, **≠wuchs** 男〖林〗針葉樹の新緑. **≠wurm** 男 (Ölkäfer)〖虫〗ツチハンミョウ(土斑猫).

Mai·ze·na[maɪtséːna·] 中 -s/ 商標 マイセナ(トウモロコシの粉末澱粉(でんぷん)). [< Mais]

Ma·ja[1][máːja·] 女 -/ (バラモン教の)マーヤ(仮象・幻影としての現実世界). [*sanskr.* māyā „Trugbild"]

Ma·ja[2][–] 人名 **1**〖ギ神〗マイア (Plejaden の一人で, Hermes の母). **2**〖ロ神〗マイア(豊穣(ほうじょう)の女神). [*gr.* – *lat.*]

Ma·je·stät[majɛstɛ́ːt] 女 -/-en **1** 陛下(帝王に対する敬称): Ihre ~ (略 I. M.) die Königin 王妃〈女王〉陛下 | Seine ~ (略 S〔e〕. M.) der König hat 〈ᵛhaben〉 dem zugestimmt. 国王陛下はそれに賛成された | Die ~*en* von Schweden werden die Stadt besuchen. スウェーデン王ご夫妻はこの町を訪ねられるであろう ‖〖所有代名詞 euer を冠して, 2人称の敬称として: →euer I ☆ ii〗Eure 〈Euer〉 ~! 陛下 ‖〖定動詞を3人称複数の形にして〗Eure 〈Euer〉 ~ (略 Ew. M.) wollen hier bleiben? 陛下はここにずっとおいでになりましょうね. **2**《単数で》荘厳さ, 荘重さ; 尊厳, 威厳; 品位: die ~ der Berge 山々の荘厳さ. [*lat.* māiestās – *mhd.*; < *lat.* māiōr (→Major)]

ma·je·stä·tisch[majɛstɛ́ːtɪʃ] 形 威厳のある; 堂々とした, 荘厳〈壮大〉な.

Ma·je·stäts≠be·lei·di·gung 女 **1**〖法〗王室〈皇室〉に対する名誉毀損(きそん), 不敬. **2**《戯》ひどい名誉毀損, 失敬千万なこと. **≠brief** 男 (帝王の)親書, 勅許状. **≠plu·ral** 男〖言〗王者の複数(王侯が ich の代わりに wir を用いることなど). ≈**recht** 中 (帝王の)大権. ≈**ver·bre·chen** 中 〘法〙(帝王に対する)不敬罪.

Ma·jọ·li·ka[majó:lika·] 女 -/..ken[..kən], -s マジョリカ焼(彩色を施した陶器). [*mlat.*－*it.* maiolica; < *spätlat.* Māiorica (→Mallorca)]

Ma·jo·nạ̈·se[majonέ:zə] 女 -/-n ＝Mayonnaise

Ma-Jongg[madʒɔ́ŋ] 中 -s/-s ＝Mah-Jongg

Ma·jọr[majó:r] 男 -s/-e (陸軍・空軍の)少佐. [*lat.* māiōr „größer"－*span.* mayor; < *lat.* māgnus (→Magnus)]

Ma·jo·rạn[majorá:n, má:joran] 男 -s/-e (Wurstkraut) 〘植〙マヨラナ(香辛料・薬用などに用いる: → 図 Gewürz). [*gr.*－*lat.* amāracus－*mlat.*－*mhd.*; ◇ *engl.* marjoram]

Ma·jo·rạt[majorá:t] 中 -(e)s/-e (↔Minorat) **1** 長子相続権. **2** ＝Majoratsgut [*mlat.*; < *lat.* māiōrēs „die Älteren" (◇Major)]

Ma·jo·rạts≈gut 中 長子相続財産〈世襲地〉. ≈**herr** 男 長子相続権者.

Mạ·jor·dọ·mus[má:jɔrdó:mʊs, majɔrdó:mʊs] 男 -/-[..mu:s] (Hausmeier) 〘史〙(フランク王国の)宮宰. [*spätlat.* māiōr domūs „Oberer des Hauses"; ◇ *engl.* majordomo]

ᵛ**ma·jo·rẹnn**[majorέn] 形 《述語的》(↔ minorenn) (volljährig) 成年の. [*mlat.*; < *lat.* māiōr „größer"＋annus „Jahr"]

ᵛ**Ma·jo·ren·ni·tạ̈t**[majorεnitέ:t] 女 -/ 成年〔に達していること〕.

Ma·jo·rẹtte[majɔrέt, maʒɔ..] 女 -/-s[..ts] (-n[..tən]) バトンガール. [*amerik.* 〔drum〕 majorette; ◇Major]

ma·jo·ri·sie̱·ren[majorizí:rən] 他 (h) (überstimmen) 《*jn.*》投票〈多数決〉で負かす, (…に対して)多数を制する.

Ma·jo·ri·tạ̈t[majoritέ:t] 女 -/-en (↔ Minorität) (Mehrheit) **1** 《単数で》(票決などでの)多数: der Grundsatz 〈das Prinzip〉 der ～ 多数決原理 | in der ～ sein 多数派である. **2** 多数派, 多数党. [*mlat.*－*fr.*]

Ma·jo·ri·tạ̈ts≈be·schluß 男 多数決. ≈**prin·zịp** 中 -s/ 多数決原理. ≈**wahl** 女 (Mehrheitswahl) (単純)多数決選挙.

Ma·jọrz[majɔ́rts] 男 -es/ 《ス⁴》＝Majoritätswahl

Ma·jụs·kel[majʊ́skəl] 女 -/-n (↔Minuskel) 〘印〙大文字, キャピタル. [*lat.* māiuscula (lītteral) „etwas größerer (Buchstabe)"; < *lat.* māiōr (→Major)]

ma·kạ·ber[maká:bər] (..ka·br..) 形 (unheimlich) 不気味な, ぞっとする, もの恐ろしい, ものすごい, 気味の悪い; 陰惨な, 暗い; 怪奇な, ブラック〈怪奇趣味〉の: eine *makabre* Geschichte 恐ろしい物語〈出来事〉| ein *makabrer* Humor 〈Scherz〉 ブラックユーモア | eine *makabre* Szene 恐ろしい〈気味の悪い〉情景. [*fr.*; < Danse macabre]

Ma·ka·dạm[makadám] 男 中 -s/-e 〘土木〙マカダム道(砕石舗装の一種). [< J. L. McAdam (スコットランドの技師, †1836)]

ma·ka·da·mi·sie̱·ren[makadamizí:rən] 他 (h) マカダム道にする. [*engl.* macadamize]

Mạ·kak[má:kak, maká(:)k] 男 -s(-en[maká(:)kən])/-en[maká(:)kən] 〘動〙マカク(ニホンザル・カニクイザルなど). [*afrikan.*－*port.* macaco; ◇ *engl.* macaque]

Ma·kạ·me[maká:mə] 女 -/-n マカーメ(アラビアの古い即興詩形; イスラム音楽の基本旋律; オリエントの宮廷歌手の席). [*arab.* maqāma „Zusammenkunft"]

Ma·kạo[maká:o·, makáʊ] 地名 マカオ, 澳門(中国, 広東省南部にあるポルトガルの植民地. ポルトガル語形 Macau).

Ma·ka·rịs·mus[makarísmʊs] 男 -/..men[..mən] 《ふつう複数で》〘聖〙幸い章句(「幸いなるかな」の語句で始まる類型的な讃辞); 真福八端(キリストの山上の説教; 聖書マタ,3-10). [*gr.* makarismós „das Glücklichpreisen－*spätlat.*]

Mạ·kart≈bu·kett[mákart..] 中, ≈**strauß** 男 ドライフラワーの花束. [< H. Makart (オーストリアの画家, †1884)]

Ma·kạs·sar[makásar] 地名 マカッサル(インドネシア Celebes 島南端の港湾都市. 今日のウジュン パンダン Ujung Pandang).

Ma·ke·dọ·ni·en[makedó:niən] 地名 マケドニア(ユーゴスラヴィアとギリシアにはさまれた共和国. 首都はスコピエ Skopje. 古代マケドニアは今日のギリシア北部からブルガリア, マケドニアにわたっていた). [*gr.*－*lat.*]

Ma·ke·dọ·ni·er[..niər] 男 -s/- マケドニア人.

ma·ke·dọ·nisch[..nɪʃ] 形 マケドニア〔人・語〕の: → deutsch

Mạ·kel[má:kəl] 男 -s/- 《雅》**1** 恥, 恥辱, 不名誉; 汚点, けがれ: *et.*⁴ als ～ empfinden …を恥ずかしいと思う. **2** 欠点, 欠陥, きず: Er ist ohne ～./ An ihm ist kein ～. 彼は非の打ちどころがない | Das Obst weist keinerlei ～ auf. この果実は全く無きずである. [*lat.* macula „Fleck"－*mhd.*]

Mạ̈·ke·le̱i[mε:kəlái] 女 -/-en とがめ立て, あら探し; (食物の)より好み, 好き嫌い. [< mäkeln]

mạ·kel·haft[má:kəlhaft] 形 **1** 欠点〈欠陥〉のある. **2** (tadelhaft) 非難すべき.

mạ̈·ke·lig[mέ:kəlɪç]² (**mạ̈k·lig**[..klɪç]²) 形 とがめ立てする, 口やかましい, うるさい: beim Essen ～ sein 食べ物に好き嫌いがある. [< mäkeln]

mạ·kel·lọs[má:kɛllo:s]¹ 形 汚点〈欠点〉のない, 非の打ちどころのない: ein ～*er* Körper 完璧(かんぺき)な肉体 | ein ～*es* Leben führen 非の打ちどころのない生活をする | von ～*er* Weiße sein 純白である ‖ Sein Lebenswandel war ～. 彼の品行は申し分のないものだった ‖ Das Tischtuch war ～ rein. テーブル掛けは染み一つなかった.

Mạ·kel·lọ·sig·keit[..lo:zɪçkaɪt] 女 -/ makellos なこと.

mạ·keln[má:kəln] 《06》 自 (h) 仲買〈仲介〉業を営む(→Makler).

mạ̈·keln[mέ:kəln] 《06》 自 (h) とがめ立てする, 口やかましくする: am 〈beim〉 Essen ～ 食べ物にうるさい, 好き嫌いする | Er hat immer etwas zu ～. 彼はいつも口うるさい. [*mndd.*]

mạ·ken[má:kən] 《北部》＝machen

Make-up[me:k|áp, méɪkʌp] 中 -s/-s **1** 化粧, メーキャップ: kein ～ tragen 化粧〈メーキャップ〉をしていない. **2** 化粧品; (舞台用の)化粧用具: ein ～ auflegen 〈auftragen〉 化粧品をつける. [*engl.*; ◇aufmachen]

Mạ·ki[má:ki·] 男 -s/-s (Fuchsaffe) 〘動〙キツネザル(狐猿). [*polynes.*－*fr.*]

Ma·ki·mọ·no[makimó:no·] 中 -s/-s 巻物. [*japan.*]

Mak·ka·bạ̈·er[makabέ:ər] 男 -s/- マカベア〈マカバイ〉家の人(紀元前2世紀のユダヤの独立運動の指導者ユダス マカバイオス Judas Makkabäus の一族): die Bücher der ～ マカベア〈マカバイ〉書(旧約聖書外典・偽典).

Mak·ka·rọ·ni[makaró:ni·] **I** 複 〘料理〙マカロニ. **II** 男 -(s)/-s 《軽蔑的に》イタリア人. [*it.*; < *it.* maccarone (→Makrone)]

Mak·ka·rọ·ni·fres·ser[makaró:ni..] 男 ＝Makkaroni II

mak·ka·rọ·nisch[..nɪʃ] 形 くずれた〈へたな〉ラテン語で書かれた: **～*e* Dichtung** 雅語混交体戯詩(ラテン語と〔ラテン語めかした〕自国語とを混用した文学); 2 言語混交詩 | ～*es* Latein ラテン語めかした他言語の単語を混用した(ふざけた)ラテン語文.

Mạk·ler[má:klər] (方: **Mạ̈k·ler**¹[mέ:klər]) 男 -s/- (不動産・株券などの)仲買〈仲介〉業者, ブローカー: **ein ehrlicher ～** 《比》(利己的でない)誠実な仲介者 (Bismarck が自分を指して言った言葉に由来する). [*mndd.*; ◇makeln]

Mạ̈k·ler²[mέ:klər] 男 -s/- 口やかましい人, (食べ物に)好き嫌いのある人. [< mäkeln]

Mạk·ler≈ge·bü̱hr[má:klər..] 女, ≈**geld** 中, ≈**pro·vi·sio̱n** 女 仲介〈周旋〉料, 売買手数料.

mạ̈k·lig ＝mäkelig

Mạ·ko[máko·] 女 -/-s; 男 中 -(s)/-s エジプト木綿. [< Mako Bey (19世紀エジプトの高官)]

Mạ·ko·baum·wol·le[máko..] 女 ＝Mako

Ma·ko·ré[makoré:] 中 -(s)/ 〘植〙マコレ(アフリカ産アカテ

M

ツ科の木で赤褐色の堅い木材). [*afrikan.－fr.*]

makr.. →makro..

Ma·kra·mee[makramé:] 中 -〔s〕/-s《手芸》マクラメ〔レース〕. [*arab.* miqrama „bestickter Schleier"－*türk.* maqrama „Taschentuch"－*it.*; ◇ *engl.* macramé]

Ma·kre·le[makré:lə] 女 -/-n《魚》サバ(鯖). [*afr.* maquerel－*mndl.*－*mhd.*; ◇ *engl.* mackerel]

makro.. (↔mikro..)《名詞・形容詞などにつけて「大きい・長い」などを意味する. 母音の前では makr.. となることがある: →*Makr*opsie》[*gr.* makrós „lang"; ◇mager]

Ma·kro·ana·ly·se[makro|analý:zə, má:kro|analy:zə] 女 -/-n《化》常量分析.

Ma·kro·bio·se[makrobió:zə] 女 -/ 長命, 長寿.

Ma·kro·bio·tik[..bió:tɪk] 女 -/ **1** 長命術, 長寿法. **2** (穀物や野菜を主体とする)長寿食.

ma·kro·bio·tisch[..bió:tɪʃ] 形 **1** 長命の, 長寿の. **2** 長命術〈長寿法〉〔上〕の; 長寿食の.

Ma·kro·chei·rie[..çairí:] 女 -/《医》先天性巨手. [<chiro..]

Ma·kro·fo·to·gra·fie[..fotografí:, má:krofotografi:] 女 -/-n[..fí:ən, ..fi:ən] 拡大写真〔撮影〕; 接写.

ma·kro·ke·phal[makrokefá:l] 形《医》大頭症の. [*gr.*; ◇kephalo..; *engl.* macrocephalic]

ma·kro·kos·misch[..kɔ́smɪʃ, má:krokɔsmɪʃ] 形 大宇宙〈大世界〉の; 大宇宙〈大世界〉に属する.

Ma·kro·kos·mos[..kɔ́smɔs, má:krokɔsmɔs; オーストリア: ⌣⌣⌣⌣] 男 -/ (↔Mikrokosmos) 大宇宙, 大世界. [*mlat.*]

Ma·kro·lin·gui·stik[makrolɪŋguístɪk] 女 -/ (↔Mikrolinguistik)《言》マクロ言語学, 大言語学(狭義の言語学を指す Mikrolinguistik に対して, Prälinguistik, Metalinguistik をも包含する).

Ma·kro·mo·le·kel[..molé:kəl] 女 -/-n, **Ma·kro·mo·le·kül**[..moleký:l, má:kromoleky:l; オーストリア: ⌣⌣⌣⌣−] 中 -s/-e《理》巨大分子(高分子量の分子).

ma·kro·mo·le·ku·lar[makromolekulá:r, má:kromolekula:r] 形 巨大分子の〈に関する〉: ～*e* Chemie 高分子化学.

Ma·kro·nähr·stoff[má:kronɛ:rʃtɔf] 男《植》大量栄養素(酸素・窒素など).

Ma·kro·ne[makró:nə] 女 -/-n《料理》マコロン(クッキーの一種: → ⓢ Kuchen): ***jm.* auf die ～ fallen 〈gehen〉**《方》…の荷やっかいになる. [*gr.* makaríā „Seligkeit"－*it.* maccarone－*fr.* macaron; ◇Makkaroni; *engl.* macaroon]

Ma·kro·nu·kle·us[makronú(:)kleus] 男 -/..klei[..klei·]《生》(線毛虫などの)大核.

Ma·kro·öko·no·mie[..|økonomí:, má:kro|økonomi:] 女 -/ (↔Mikroökonomie) マクロ〈巨視的〉経済学.

ma·kro·öko·no·misch[また: má:kro|økono:mɪʃ] 形 巨視的〈マクロ〉経済の; 巨視的〈マクロ〉経済学〔上〕の.

Ma·kro·pha·ge[..fá:gə] 男 -n/-n《生》大食細胞, 貪食(どんしょく)細胞, マクロファージ.

Ma·kro·pho·to·gra·phie 女 -/-n ＝Makrofotografie

Ma·kro·phy·sik[..fyzí:k, má:krofyzi:k] 女 -/ 巨視的物理学.

Ma·krop·sie[makrɔpsí:] 女 -/-n[..sí:ən]《医》大視症. [<*gr.* ópsis „Sehen"]

ma·kro·sko·pisch[makroskó:pɪʃ, ..rɔs..] 形 巨視的な; 肉眼で見える. [<..skop]

Ma·kro·so·mie[makrozomí:] 女 -/《医》大体症, 巨人症. [<..soma]

Ma·kro·spo·re[makrospó:rə, ..rɔs..] 女 -/-n《ふつう複数で》(Megaspore)《植》大胞子.

Ma·kro·struk·tur[má:kro..] 女 (肉眼で観察できる金属・生体などの)マクロ組織, 巨視的構造, マクロ構造.

ma·kro·wirt·schaft·lich[má:krovɪrtʃaftlɪç] 形 巨視的〈マクロ〉経済の.

ma·kro·ze·phal[makrotsefá:l] 形《医》大頭症の: der 〈die〉 *Makrozephale* 大頭症の人. [◇makrokephal]

Ma·kro·ze·pha·lie[..tsefalí:] 女 -/《医》大頭症.

Ma·kro·zyt[..tsý:t] 男 -en/-en《ふつう複数で》《医》(特に貧血症患者の)大赤血球. [<zyto..]

Ma·ku·la·tur[makulatú:r] 女 -/-en《印》刷り損じ紙, 破(やぶ)〔紙〕;《比》(Altpapier) 使い古しの紙, ほご, くず紙: ein Buch zu ～ machen 書物をくずものにする〈廃棄する〉| **～ reden**《話》くだらぬ〈ばかげた〉ことを言う |〔reine〕～ sein〔全くの〕ほごに等しい | ～ werden ほご同然になる. [*mlat.*]

Ma·ku·la·tur·bo·gen 男《印》間紙(かんし), 故紙(刷りそこなった全紙).

ma·ku·lie·ren[makulí:rən] 他 (h) (書類などを)廃棄処分にする, ほご〈くず紙〉にする. [*lat.*; <*lat.* macula (→Makel); ◇ *engl.* maculate]

mal[ma:l] 副《口語的》(→einmal 2, 3) **1 a)** 以前に, かつて: Ich bin〔schon〕～ in Wien gewesen. 私はウィーンにいたことがある. **b)** いつか, そのうち: Es wird ～ eine Zeit kommen, wo ... いずれ…する時が来るだろう. **c) mal ..., mal ...** あるときは…あるときは… | *Mal* sagt er dies, ～ das. 彼はああも言えばこうも言う(ときによって言うことが違う).

2《アクセントなしで; 話し手の主観的心情を反映して》**a)**《しばしば nun mal の形で, 動かしがたい現実についての話し手のあきらめの気持を表して》(eben): Die Lage ist nun ～ so. 事態はとにかくそうなっているのだ | wenn es〔nun〕～ so sein muß どうにもしかたがないのなら. **b)**《命令文に用いられ, 話し手の要求・勧誘の気持を表して》: Guck ～!〔のぞいて〕ごらんよ | Kommen Sie ～ mit! 一緒に来てください.

3《副詞の意味を強めて》endlich ～ とうとう〔ようやく〕| Nimm erst ～ die Mütze ab! ともかくも帽子をぬぎたまえ | Wieder ～ steht das Examen vor der Tür. またまた試験が目前に迫っている ‖ **nicht ～** …さえない, …すらしない | Ich weiß nicht ～ seine Adresse. 私は彼の住所すら知らない | Er hat sich nicht ～ entschuldigt. 彼は謝りもしなかった.

4 a) (倍数を示して) (…)倍: Zwei ～ drei ist sechs. (数式: 2×3＝6 または 2・3＝6) 2 掛ける 3 は 6. **b)** 1 倍 (→einmal 1 b): noch ～ もう 1 倍(つまり 2 倍) | Er ist noch ～ so alt wie ich. 彼は私の倍も年をとっている | Nun habe ich dich noch ～ so gern. 私は今や君が前よりいっそう好きになった.

..mal[..ma:l]《数詞・代名詞・形容詞などにつけて副詞をつくる》**1**《「回数・倍数」を意味する》: ein*mal* 1 回 | zwei*mal* 2 回; 2 倍 | kein*mal* 一度も…ない | einige*mal* 二三度 | manch*mal* ときおり | mehrere*mal* 数回 | unzählige*mal* 何度も何度も, よく. **2**《「時点」を意味する》: ein*mal* いつか | alle*mal* / jedes*mal* その都度 | dies*mal* 今回.

★ ein paar Mal を ein paarmal, das erste Mal を das erstemal のように句の一部を一語にまとめて書く習慣がある: ein paar*mal* 数回 | ein ander*mal* また今度 | das erste*mal* / zum ersten*mal* 初めて(→..mals, ..malig).

Mal[1][ma:l] 中 -〔e〕s/-e (Mäler[mɛ́:lər]) **1**《複数はふつう -e》(皮膚の)しみ, あざ; ほくろ; (Wundmal) 傷跡: Brand*mal* 焼き印, 烙印(らくいん)| Er hat ein ～ am linken Oberarm. 彼は左の二の腕にあざ〈ほくろ〉がある. **2**《複数はふつう -e》《スポーツ》(競技場内の)マーク; (野球の) 塁, ベース; (ラグビーの)ゴール. **3**《複数はふつう Mäler》(Denkmal) 記念碑. [<*ahd.* meil „Fleck"+Mal[2]; ◇malen; *engl.* mole]

Mal[2][ma:l] 中 -〔e〕s/-e《〔序〕数詞などとともに》回, 度; …回, …度: Es war das erste und〔das〕letzte ～, daß ... …したのはこれが最初で最後〈このとき〔一度〕きり〉であった ‖ **aufs ～** 一度に; 突然(＝auf einmal) | beim ersten 〈zweiten〉 ～〔*e*〕1〈2〉度目に | **mit einem ～〔*e*〕**/《方》mit ～ 突然に | unter drei ～*en* zweimal 3 度に 2 度〔は〕| **von ～ zu ～** 回を追って〈重ねるごとに〉, 一回一回 | zum ersten ～〔*e*〕はじめて(ふつう zum ersten*mal* と書く) | zum letzten ～〔*e*〕最後に(ふつう zum letzten*mal* と書く) | zu wiederholten ～*en* くり返し, 何度も ‖《4 格の形で副詞的に》einige 〈mehrere〉 ～*e* 数回にわたって, 何度か | viele 〈ein paar Dutzend〉 ～*e* / manches〔liebe〕～ /

manch liebes ～ 何度も何度も | dieses ～ 今回〔は〕(diesmal と書くこともある) | jedes ～ 毎回 | nächstes ～ / das nächste ～ 次回には | voriges ⟨das vorige⟩ ～ / letztes ～ 前回には | das letzte ～ 前回〔は〕, この前, 最後に(ふつう das letztemal と書く) | ein and〔e〕res ～ また今度 | ein einziges ～ 一度だけ | ein ums ⟨um das⟩ and〔e〕re ～ / ein übers ⟨über das⟩ and〔e〕re ～ / ein ～ über das and〔e〕re / jedes zweite ～ 1 回おきに. [*germ.* „Abgestecktes"; ◇Maße, Mahl¹; *engl.* ..meal]

mala →*mala* fide

Ma·la·chi̱as[malaxí(:)as] ＝Maleachi

Ma·la·chi̱t[malaxí:t, ..xít; ｵｰｽﾄﾘｱ:..xít] 男 -s/-e 〘鉱〙マラカイト, 孔雀(くじゃく)石. [*gr.*－*lat.*－*mhd.*; ＜*gr.* maláchē „Malve" (◇Malve)＋..it²]

ma·la·chi̱t·grün **I** 形 マラカイトグリーンの. **II** **Ma·la·chi̱t·grün** 中 マラカイトグリーン(緑色染料).

ma·la̱·de[malá:də] (**ma·la̱d**[..lá:t]¹) 形 (unpäßlich) 気分がすぐれない, 体の調子が悪い; (matt) 疲れた: *sich*⁴ ～ fühlen 気分がすぐれない. [*fr.*; ＜*lat.* male habēre „sich schlecht befinden"]

ma̱·la fi̱·de [má:la· fí:də, ─ ..de·] 《ﾗﾃﾝ語》(↔bona fide) (in böser Absicht) 〘法〙悪意で. [◇Malus, fidel]

Ma̱·la·ga[má(:)laga·] 男 -s/-s マラガ〔ぶどう〕酒.

Má·la·ga[−, málaɣa·] 地名 マラガ(スペイン南部, 地中海沿岸の県および港湾都市. ワインの産地として知られる).

Ma·la̱i·e[maláiə] 男 -n/-n (女 **Ma·la̱i·in**[..láɪɪn]-/-nen) マライ人(マライ半島からマライ諸島一帯に住む種族).

Ma·la̱i·en·bär 男 〘動〙マレーグマ(熊).

ma·la̱i·isch[maláɪɪʃ] 形 マライ〔人・語〕の: →deutsch ‖ der *Malaiische* Archipel マライ諸島(大小スンダ列島・セレベス島・モルッカ諸島・フィリピン諸島を含む) | *Malaiischer* Bund マラヤ連邦(植民地から日本占領時代をへて1957年に独立,1963年 Malaysia となる) | die *Malaiische* Halbinsel マライ半島(＝Malakka). [◇*engl.* Malay〔an〕]

Ma·lai·se[malɛ́:zə] 女 -/-n (ｽｲｽ: 中 -s/-s) **1** 不満, 不快感. **2** 不満足な状態, 難局: die ～ des Alltags 日常生活の窮状. [*fr.*; ＜*fr.* mal „schlecht" (◇Malus)＋aise „Bequemlichkeit"]

Ma·la̱k·ka[maláka·] 地名 (die Malaiische Halbinsel) マライ半島(インドシナ半島の先端部).

die **Ma·la̱k·ka·stra·ße**[..ka..] 地名 女 -/ マラッカ海峡.

Ma·la·ko·lo·gi̱e[malakologí:] 女 -/ 軟体動物学.

ᐁ**Ma·la·ko·zo̱·on**[..tsó:ɔn] 中 -s/..zoen[..tsó:ən] (Weichtier) 軟体動物. [＜*gr.* malakós „weich"＋zoo..]

Ma·la̱·ria[malá:ria·] 女 -/ 〘医〙マラリア〔熱〕. [*it.* mala aria „schlechte Luft"; ◇Malus, Arie]

ma·la̱·ria·krank 形 マラリアにかかっている.

Ma·lä̱·se[malɛ́:zə] ＝Malaise

Ma·la̱·wi[malá:vi·] 地名 マラウイ(東南アフリカの共和国. 1964年英連邦内で独立. 首都リロングウェ Lilongwe).

Ma·la̱y·sia[maláɪzia·] 地名 マレーシア (Malakka と Borneo 島北部からなる王国. 1963年英連邦内で独立. 首都 Kuala Lumpur).

Ma·la̱y·si·er[..ziər] 男 -s/- マレーシア人.

ma·la̱y·sisch[..zɪʃ] 形 マレーシア〔人〕の.

Ma·la·zi̱e[malatsí:] 女 -/-n[..tsí:ən] 〘医〙軟化〔症〕. [＜*gr.* malakós „Weichheit"]

ma̱l·bar[má:lba:r] 形 〔絵に〕描きうる, 画題になりうる, 絵になる. [＜malen]

Ma̱l·baum[má:l..] 男 **1** 〘林〙境界樹. **2** 〘狩〙イノシシが体をこすりつけた跡の残っている木. **3** 《北部》水位〈潮位〉計. [＜Mal¹]

Ma̱·le[má:lə] 女名 (＜Amalie) マーレ.

Ma·le·a̱·chi[maleáxi·] 人名 〘聖〙マラキ(紀元前 5 世紀ごろのユダヤの預言者): der Prophet ～ 預言者マラキ; (旧約聖書の)マラキ書. [*hebr.* „mein Bote"; ◇*engl.* Malachi]

ᐁ**ma·le·de̱i·en**[maledáɪən] 《過分 maledeit》他 (h) (verwünschen) 《*jn.*》呪(のろ)う. [*lat.* male·dīcere－*afr.* maldire; ◇Malus, Diktion; *engl.* maledict]

ᐁ**Ma·le·dik·tio̱n**[..dɪktsió:n] 女 -/-en (Verwünschung) 呪(のろ)い, 呪詛(じゅそ); (Schmähung) ののしり. [*lat.*]

die **Ma·le·di̱·ven**[maledí:vən] 地名 複 モルジブ (Ceylon 島西方の群島からなる共和国. 1965年英連邦内で独立. 首都マレ Male).

Ma·le·di̱·ver[..vər] 男 -s/- モルジブ人.

ma·le·di̱·visch[..vɪʃ] 形 モルジブ〔人・語〕の: →deutsch

ᐁ**ma·le·di·zi̱e·ren**[maleditsí:rən] ＝maledeien

ᐁ**Ma·le·fi·ka̱nt**[malefikánt] 男 -en/-en (Übeltäter) 犯行者, 悪人.

Ma·le̱·fi·kus[malé:fikʊs] 男 -/..fizi[..fitsi·] **1** (占星術上の)悪星, 凶星. ᐁ**2** ＝Malefikant [*lat.*]

Ma·le·fi̱z[malefí:ts] 中 -es/-e ᐁ**1** 悪行, 犯行. **2** 《方》＝Strafgericht 2 [*lat.*; ◇Malus, ..fizieren]

Ma·le·fi̱z·kerl 男 《特に南部》がむしゃらな男, 強引なやつ; ひどいやつ,(腹に据えかねる)憎いやつ; 《戯》腕のたつ〈やり手の〉男.

Ma·le·i̱n·säu·re[maleí:n..] 女 〘化〙マレイン酸. [＜*lat.* mālum „Apfel" (◇Melone); ◇*engl.* maleic acid]

ma̱·len[má:lən] 他 (h) **1** (絵の具で)描く: **a)** (絵・看板などを)描く, かく: ein Aquarell ⟨ein Ölgemälde⟩ ～ 水彩画〈油絵〉を描く | ein Porträt ⟨ein Schild⟩ ～ 肖像画〈看板〉を描く ‖ ein Bild auf Glas ⟨in Öl / mit Wasserfarben⟩ ～ ガラス絵〈油絵・水彩画〉を描く ‖〚目的語なしで〛an einem Schild ～ 看板を描いている | Mein Mann *malt.* 夫は絵を描く〔のが趣味・職業である〕. **b)** (…を)絵に描く; 《比》描写する; 思い描く: Blumen ⟨eine Landschaft⟩ ～ 花の絵〈風景画〉を描く | *jn.* 〔in Lebensgröße〕 ～ …を〔等身大に〕描く | *et.*⁴ mit wenigen Worten ～ …を簡潔に描写する | *et.*⁴ nach dem Muster ～ …を手本を見て描く | *et.*⁴ nach dem Leben ⟨der Natur⟩ ～ …を写生する ‖ *et.*⁴ schwarz ⟨in düsteren Farben⟩ ～ 《比》…を悲観的に思い描く | die Zukunft rosig ～ 未来をバラ色に描く〈楽観する〉‖〚方向を示す語句と〛den Teufel an die Wand ～ (→Teufel 1) | Der Winter *malt* Eisblumen an die Fenster. 冬には窓ガラスに氷の花ができる | *et.*⁴ in die Luft ～ …を手振りで描いてみせる ‖ *sich*⁴ ～ lassen (自分の)肖像を描いてもらう | Das ist 〔ja〕 wie *gemalt.* / Das ist zum *Malen* 〔schön〕. それは絵のように美しい. **c)** 再帰 *sich*⁴ ～ 描かれる, 思い浮かぶ; 《雅》(感情などが)ありありと浮かぶ: In seinem Kopf *malt* sich das anders. 彼の脳裏にはそれは違ったふうに思い描かれている | Auf seinem Gesicht *malte* sich Erstaunen. 彼の顔には驚嘆の表情が現れた. **d)** (文字を)ゆっくり〈ていねいに・たどたどしく〉書く. **2** 色を塗る: **a)** (anstreichen) 塗装〈彩色〉する: das Haus ⟨die Wand⟩ ～ 家〈壁〉を塗装する | Der Herbst *malt* die Wälder bunt. 秋には森が多彩に色づく. **b)** (schminken) 化粧する: *sich*³ die Augenbrauen ⟨die Lippen⟩ ～ まゆずみ〈口紅〉を塗る ‖ *gemalte* Wangen 頬紅(ほおべに)をつけた頬 | *gemalte* Nägel マニキュアした爪(つめ) ‖ 再帰 *sich*⁴ ～ 化粧する.
[*germ.* „mit Zeichen versehen"; ◇melan..]

Ma·le·pa̱r·tus[malepártʊs] 男 -/ マレパルトゥス(動物寓話(ぐうわ)の Reineke Fuchs のすむ穴の名). [*fr.* male-pertuis „schlimmer Durchgang"]

Ma̱·ler[má:lər] 男 -s/- **1** (女 **Ma̱·le·rin**[..lərɪn]-/-nen) (Kunstmaler) 画家, 絵かき: Landschafts*maler* 風景画家 | Sonntags*maler* 日曜画家. **2** (Anstreicher) 塗装工, ペンキ屋; 画工: Dekorations*maler* 装飾画家 | Schilder*maler* 看板描きの職人, 看板屋 | Theater*maler* (舞台の)書き割り画家. **3** der ～ 〘天〙画架座.

Mä̱·ler Mal¹の複数.

Ma̱·le·re̱i[ma:lərái] 女 -/-en **1 a)** 《単数で》(Malkunst) 画法; 絵画〔芸術〕: die abstrakte ～ 抽象〔絵〕画 | die ～ der Renaissance ルネサンス絵画. **b)** 《ふつう複数で》(Gemälde) (描かれた個々の)絵, 絵画: *sich*³ die ～*en* ansehen 絵画を鑑賞する. **2** 〘建〙塗装〔工事〕. **3** 《話》化粧: Sie hat heute viel ～ im Gesicht. 彼女はきょうはごてごて

M

と厚化粧している.

Ma̱·ler·far·be[má:lər..] 女 塗料, ペンキ; 絵の具.

Ma̱·le·rin Maler の女性形.

ma̱·le·risch[má:lərɪʃ] 形 **1** 絵画の(に関する); 〘美〙絵画的な: das ～*e* Talent 画才 ‖ *et.*[4] ～ sehen …(絵・風景など)を画家の目で見る. **2** (pittoresk) 絵のような〔美しさの〕: ein ～*er* Anblick 絵のような眺め | ～*e* Häuser 〈Kostüme〉 絵のように美しい家々〈衣装〉 ‖ Das Dorf liegt ～ am Berghang. 村は絵のような美しさで山腹に位置している.

Ma̱·ler≠lein·wand[má:lər..] 女 (油絵用の)画布, カンバス. **≠mei·ster** 男 塗装〈ペンキ〉屋の親方; マイスターの資格をもつ塗装屋. **≠pin·sel** 男 ペンキ塗り刷毛(はけ).

Ma·le̱·sche[malέʃə] 女 -/-n《北 部》(Unannehmlichkeit) 不快事, 厄介, めんどう, 迷惑. [＜Malaise]

Ma̱l·grund[má:l..] 男〘美〙**1** (絵を描く)素地(きじ)(紙・布・木材・金属・石など). **2** 地塗り. [＜malen]

Mal·heur[malǿ:r] 中 -s/-e, -s (Unglück)〔ちょっとした〕不幸, 災難: ein angeborenes ～《雅》生まれながらの不幸(生まれつきの身体障害など) | Mir ist ein ～ passiert.《話》私はついてなかった〈いやな目にあった〉| Mit dem Kind haben wir dauernd ～.《話》私たちはこの子のことでしょっちゅう手を焼いている | **Stück ～**《話》汚らわしい〈どうにもならない〉やつ | **win ein Stück ～ aussehen**《話》不幸そのもののように見える, しょげこんでいる | Den beiden ist wohl ein kleines ～ passiert.《話》二人はへまをしてきっと子供ができちゃったんだ | Das ist doch kein ～! そいつはたいした災難〈そんなに悪いこと〉ではないよ. [*lat.* malum augūrium „böses Vorzeichen"−*fr.*; ◇Malus, Augur]

Ma̱·li[1][má:li·] 地名 マリ(西アフリカにある共和国. 1960年フランスから独立. 首都はバマコ Bamako).

Ma̱·li[2][−] 女名 マーリ (Male のオーストリア形).

▽**Ma·li̱·ce**[malí:sə] 女 -/-n (Bosheit) 悪意, 陰険; 意地の悪い〈辛辣(しんらつ)な〉言葉, いやみ. [*lat.*−*fr.*; ＜*lat.* malus (→Malus); ◇maliziös]

..malig[..ma:lɪç][2]《数詞・副詞などにつけて形容詞をつくる: →..mal》**1**《「…度〈回〉の」を意味する》: fünf*malig* 5回の | aber*malig* 再度の. **2**《「…時の」を意味する》: da*malig* 当時の | ehe*malig* かつての.

ma·li̱·gne[malígnə] 形 (↔benigne) (bösartig)〘医〙悪性の: ～*r* Tumor 悪性腫瘍(しゅよう). [*lat.*]

Ma·li·gni·tä̱t[malɪgnitέ:t] 女 -/ 〘医〙(腫瘍(しゅよう)など の)悪性. [*lat.*; ＜*lat.* malus „schlecht"+gīgnere (→Genus)]

Ma·li·gno̱m [..gnó:m] 中 -s/-e (bösartige Geschwulst)〘医〙悪性腫瘍(しゅよう). [＜..om]

Ma̱·li·mo[má:limo·] **1** 中 -s/-s 商標 マーリモー(旧東ドイツのフランネル製品). **2** 女 -/-s マーリモー紡織機. [＜H. *Ma*uersberger (発明者名)+*Li*mbach-Oberfrohna (発明地名)+*Mo*lton]

ma·li·ziö̱s[malitsiǿ:s][1] 形 (boshaft) 悪意のある, 意地の悪い: ～ lächeln 意地悪そうににやにや笑う. [*lat.*−*fr.* malicieux; ◇Malice]

Ma̱l·ka·sten[má:l..] 男 **1 a)** (学童用の)絵の具箱. **b)**《話》厚化粧をした女. **2** der ～〘美〙絵の具箱会(1848年 Düsseldorf に設立された美術団体名).

▽**mal·kon·te̱nt**[malkɔntέnt] 形 (unzufrieden) 不満な, 不平を抱いた; (mißvergnügt) 不機嫌な. [*fr.*]

Ma̱l·kunst 女 絵画〔芸術〕; 画法. [＜malen]

mall[mal] 形《北 部》**1**〘海〙(風向きが)急変した: Der Wind ist ～. 風向きが急変した. **2**《話》(verrückt) 頭のいかれた, 気のふれた. [*mndl.* mal]

Mall[−] 中 -〔e〕s/-e〘海〙(造船用リブの)木型. [*ndl.*; ＜*lat.* modulus (→Modul)]

Mal·lar·mé [malarmé(:)] 人名 Stéphane ～ ステファヌ マラルメ(1842-98; フランスの象徴派詩人. 作品『牧神の午後』など).

ma̱l·len[1][málən] 他 自 (h)〘海〙(リブなどを)型に従って製作する; (messen) 測量する. [＜Mall]

ma̱l·len[2][−] 自 (h) (umspringen)〘海〙(風向きが)急変する. [*ndl.*; ◇mall]

Mal·lo̱r·ca[malɔ́rka·, ma(l)jɔ́rka·] 地名 マリョルカ, マジョルカ(地中海にあるスペイン領 Balearen 諸島最大の島. 観光地). [*spätlat.* Māiorica „die größere (Insel)"−*span.*; ◇Major]

Ma̱l·lung[málʊŋ] 女 -/-en〘海〙(風の)急変.

Malm[malm] 男 -〔e〕s/〘地〙マルム統. [*engl.*]

ma̱l·men[málmən] 自 (h) (かむために)歯を上下に動かす, 歯で物をかむ; 口をもぐもぐさせる: mit den Zähnen ～ 歯をすり合わせて物をかみ砕く | Seine Zähne *malmten* hörbar. 彼の歯の物をかむ音がはっきり聞きとれた. [＜*ahd.* melm „Staub" (◇mahlen)]

Ma̱l·mö[málmø·] 地名 マルメ(スウェーデン南部の港湾都市).

ma̱l|ne̱h·men*[má:l..]《104》他 (h) (multiplizieren)《*et.*[4] mit *et.*[3]》〘数〙(…に…を)乗ずる, 掛ける: 4 mit 5 ～ 4に5を掛ける | 3 mit 5 *malgenommen*, ergibt 15. 3に5を掛けると15になる. [＜Mal[2]]

Ma·lo̱·che[malɔ́xə] 女 -/《話》(Schwerarbeit) 重労働, (職業上の)つらい仕事: in die ～ gehen 仕事に出かける. [*hebr.*−*jidd.* melocho]

ma·lo̱·chen[malɔ́xən] 自 (h)《話》つらい仕事をする, 重労働する; せっせと〈あくせく〉働く: in der Fabrik 〈unter Tage〉 ～ 工場〈坑内〉労働に従事する.

Ma·lo̱·cher[..xər] 男 -s/-《話》malochen する人.

Mal·raux[malró(:)] 人名 André ～ アンドレ マルロー(1901-76; フランスの作家・政治家. 作品『人間の条件』など).

..mals[..ma:ls]《副詞・形容詞などにつけて副詞をつくる: →..s[1], ..mal》**1**《「時点」を意味する》: ehe*mals* / vor*mals* 以前に | da*mals* 当時 | nach*mals* 後に | erst*mals* 初めて | letzt*mals* 最後に. **2**《「回数」を意味する》: oft*mals* しばしば | nie*mals* 一度も…しない | aber*mals* 再び.

Ma̱l·strom[má:l..] 男 メイルストローム(ノルウェーのロフォート群島の大渦巻き);《比》大渦巻き. [*ndl.*; ＜*ndl.* malen „drehen" (◇mahlen)]

Ma̱l·ta[málta·] 地名 マルタ(地中海の中央部の島およびその島を中心とする共和国. 1964年英連邦内で独立. 首都バレッタ Valletta). [*lat.* Melita]

Ma̱l·ta·fie·ber[málta..] 中 -s/〘医〙マルタ熱, 地中海熱, ブラセラ症.

Ma̱l·ta·lent[má:l..] 中 絵を描く才能, 画才.

Mal·ta̱·se[maltá:zə] 女 -/〘化〙マルターゼ(麦芽糖を加水分解する酵素). [＜*nlat.* maltum „Malz" (◇Malz)+..ase]

Ma̱l·te[máltə] 男名 マルテ. [*dän.*]

Ma̱l·ter[1][máltər] 男 中 -s/- **1** マルテル(ドイツ・スイスの昔の穀量または木材量の単位. 地方により異なり穀物の場合150-700 *l*). **2** 製粉労賃. [*ahd.* „auf einmal gemahlene Menge"; ◇mahlen]

Ma̱l·ter[2][−] 男 -s/-《オーストリア》＝Mörtel

Mal·te̱·ser[malté:zər] **I** 男 -s/- **1** マルタ人(→Malta);〘史〙マルタ騎士団騎士. **2** マルチーズ犬(愛玩(あいがん)犬の一種). **II** 形《無変化》マルタの: ein ～ Hündchen＝ I 2

Mal·te̱·ser≠kreuz 中 (Johanniterkreuz) マルタ騎士団十字架. **≠or·den** 男 -s/〘史〙マルタ騎士団(→Johanniterorden). **≠rit·ter** 男 マルタ騎士団騎士.

mal·te̱·sisch[malté:zɪʃ] 形 マルタ〔人・語〕の: → deutsch | die *Maltesischen* Inseln マルタ諸島.

Ma̱l·thus[máltʊs, mǽlθəs] 人名 Thomas Robert ～ トマス ロバート マルサス(1766-1834; イギリスの経済学者・聖職者. 主著『人口論』).

Mal·thu·sia̱·ner[maltuziá:nər] 男 -s/- マルサス主義者.

mal·thu·sia̱·nisch[..ziá:nɪʃ] 形 マルサス主義の.

Mal·thu·sia·ni̱s·mus[..zianísmʊs] 男 -/ マルサス主義.

Mal·to̱·se[maltó:zə] 女 -/ (Malzzucker)〘化〙マルトーゼ, 麦芽糖. [＜*nlat.* maltum „Malz" (◇Malz)]

mal·trä·ti̱e·ren[maltrεtí:rən] 他 (h) (mißhandeln) 虐待する, 酷使する;《比》(ものを)手荒く扱う: einen Gefangenen ～ 捕虜を虐待する ‖ ein Fahrrad ～《戯》自転車を乱暴に扱う | eine Geige ～《戯》ヴァイオリンをギーギーひく. [*fr.* maltraiter; ＜*lat.* male „schlecht"+tractāre

(→traktieren); ◇ *engl.* maltreat]

Ma̩·lus[má:lʊs] 男 -/- (-ses/-se) (↔Bonus) **1** (自動車保険で, 事故の多い被保険者に課せられる)割増料金. **2** (スポーツ競争などで, 相手より有利な立場にある競技者に課せられる)マイナス点, ハンデ. [*lat.* malus „schlecht"; ◇Malice]

Mal·va·si̩er[malvazí:r] 男 -s/ マルヴァシア〈マルヴォワジー〉ワイン. [<Malvasia (ギリシア南部の港町 Monembasíā のイタリア名); ◇ *engl.* malmsey]

Ma̩l·ve[málvə] 女 -/-n 〘植〙ゼニアオイ(銭葵)属. [*lat.* malva−*it.*; ◇Malachit; *engl.* mallow]

ma̩l·ven·far·big 形 くすんだ藤(ふじ)色の.

Malz[malts] 中 -es/ 〘醸〙麦芽, モルト: ～ darren 麦芽を乾燥する | bei 〈an〉 *jm.* ist Hopfen und ～ verloren (→Hopfen). [*germ.* „Aufgeweichtes"; ◇schmelzen, Milz; *engl.* malt]

Ma̩lz≈bier[málts..] 中 (アルコール分が少なく甘くて黒い)麦芽ビール. ≈**bon·bon**[..bɔŋbɔŋ] 男 中 麦芽糖〔咳(せき)止め〕ドロップ. ≈**dar·re** 女 麦芽乾燥窯(がま).

Ma̩l·zei·chen 中 〘数〙乗法〈掛け算〉記号(×または•). [<Mal[2]]

mä̩l·zen[mɛ́ltsən] (**ma̩l·zen**[mál..]) 《02》 他 (h) 《*et.*[4]》(…から)麦芽をつくる: Gerste ～ 大麦から麦芽をつくる.

Mä̩l·zer (**Ma̩l·zer**)[..tsər] 男 -s/- 麦芽製造者.

Mäl·ze·re̩i[mɛltsəráɪ] 女 -/-en 麦芽製造〔工場〕.

Ma̩lz≈ex·trakt[málts..] 男 麦芽エキス(強壮剤). ≈**kaf·fee** 男 麦芽コーヒー(一種の代用コーヒー); 麦芽コーヒー入り飲料. ≈**zucker** 男 (Maltose) 〘化〙麦芽糖, マルトーゼ.

Ma̩·ma[máma·, mamá:] 女 - (無冠詞の場合: -s)/-s (小 **Ma·ma̩·chen**[mamá:çən] 中 -s/-) (Mutter) ママ, おかあさん: Er ist ～*s* Liebling. 彼はママのお気に入りだ. [*fr.* maman; ◇Mamma]

Ma̩m·ba[mámba·] 女 -/-s 〘動〙マンバ(アフリカ産のコブラ科の毒蛇). [*südafrikan.*]

Ma̩m·bo[mámbo·] 男 -〔s〕/-s (女 -/-s) マンボ(キューバで始まった速い動きの社交ダンス, およびその曲). [*kreol.*]

Ma·me·lu̩ck[maməlʊ́k] 男 -en/-en **1** マムルーク(イスラム教国の奴隷). **2** マムルーク王朝〔の王〕(マムルーク出身の軍人がエジプトで築いた王朝,1250-1517). [*arab.* mamlūk−*it.* mammalucco; ◇ *engl.* Mam〔e〕luke]

Ma̩·mi[mámi·] 女 -/-s 《幼児語》=Mama

Ma·mi̩l·la[mamíla·] 女 -/..len[..lən], **Ma·mi̩l·le**[mamílə] 女 -/-n (Brustwarze) 〘解〙乳頭, 乳首. [*lat.*; ◇Mamma]

Ma̩m·ma[máma·] 女 -/..mae[..mɛ·] **1 a)** (女性の)乳房. **b)** 〘解〙乳腺(にゅうせん). **2** 〘畜〙(Euter) (哺乳(ほにゅう)動物の)乳房. [*lat.* „〔Mutter〕brust"; ◇Mama, Mamilla; *gr.* mámmē „Mutter"]

Mam·ma̩·lia[mamá:lia·] 複 (Säugetiere) 哺乳類〈動物〉. [◇..al[1]]

Mam·ma·lo̩·ge[mamaló:gə] 男 -n/-n (→..loge) 哺乳動物学者.

Mam·ma·lo·gi̩e[..logí:] 女 -/ 哺乳動物学.

mam·ma·lo̩·gisch[..ló:gɪʃ] 形 哺乳動物学〔上〕の.

Mam·ma̩·tus·wol·ke[mamá:tʊs..] 女 〘気象〙(垂れ下がった)乳房雲.

Mam·mo·gra·phi̩e[mamografí:] 女 -/-n[..fí:ən] 〘医〙乳房撮影〔法〕.

Mam·mo·kar·zi·no̩m[..kartsinó:m] 中 -s/-e 〘医〙乳癌(がん).

Ma̩m·mon[mámɔn] 男 -s/ マンモン(富と強欲の神); 《ふつう軽蔑的に》富; 金銭, お金; 給金: um des schnöden ～*s* willen いやしい富のために | dem ～ dienen 〈frönen〉《比》拝金主義者である | Ihr könnt nicht Gott dienen und dem ～. あなたがたは神と富とに兼ね仕えることはできない(聖書: マタ 6,24) | Mir fehlte leider der nötige ～ dafür. 《戯》残念ながら私にはそれに必要なお金がなかった. [*aram.* māmōnā „Besitz"−*gr.* ma〔m〕mōnās−*kirchenlat.*]

Mam·mo·ni̩s·mus[mamonísmʊs] 男 -/ 拝金主義.

Mam·mo·pla̩·stik[mamoplástɪk] 女 -/-en 〘医〙乳房形成術, 乳房〈豊胸〉整形〔術〕. [<Mamma]

mammut.. 《名詞などにつけて「巨大な」を意味する》: *Mammut*anlage 巨大な施設 | *Mammut*unternehmen マンモス企業.

Ma̩m·mut[mámʊt, ..mu:t] 中 -s/-e, -s 〘動〙マンモス. [*jakut.*−*russ.*−*fr.* mammouth; ◇ *engl.* mammoth]

Ma̩m·mut≈baum 男 〘植〙セコイア; セコイアデンドロン(カリフォルニア産の巨大な針葉樹): Immergrüner ～ セコイア | Riesen*mammutbaum* セコイアデンドロン. ≈**pro·jekt** 中 マンモス〈巨大な〉プロジェクト. ≈**pro·zeß** 男 マンモス訴訟. ≈**pum·pe** 女 〘工〙気泡ポンプ(→ 図 Pumpe). ≈**sen·dung** 女 〘放送〙長時間番組. ≈**stadt** 女 マンモス都市. ≈**un·ter·ne̩h·men** 中 《話》**1** 巨大な企画〈計画〉. **2** マンモス企業.

ma̩mp·fen[mámpfən] 他 自 (h) 《話》(口いっぱいにほおばって)楽しく食べる. [擬音]

Mam·se̩ll[mamzɛ́l] 女 -/-en, -s **1** 《話》**a)** (飲食店・旅館などの)料理女: eine kalte ～ 冷肉料理〔の調理・配膳(はいぜん)〕係の女中. **b)** (農場の)女中頭; (Hausgehilfin) お手伝いさん, 女中. ▽**2** (Fräulein) …嬢, …さん(未婚女性に対する呼びかけ): ～ Luise ルイーゼ嬢. [<Mademoiselle]

man[1][man] 《不定代名詞; 文法形式上は単数1格のみ; 1格以外には同じ意味の einer (→ein[1] II)の変化形: 2格 eines, 3格 einem, 4格 einen が, 再帰代名詞には sich が, また所有代名詞には sein が用いられる; 意味上は単数を指すとは限らない》**1** 《不特定の人〔びと〕を指して; 訳語では表現する必要のないことも多い》だれかある人, 人〔びと〕; 世の人, 我々: *Man* muß seine Familie selbst ernähren. 〔我々は〕自分の家族は自分で養わねばならない | *Man* klopft. だれかがノックしている(参考 Es klopft. ノックの音がする) | *Man* hat mir eine Mark gegeben. 人が私に1マルクくれた, 私は1マルクもらった | *Man* hört hier den Gesang der Vögel. ここでは鳥の歌声が聞こえる | Auf dem Lande redet ～ Mundarten. 田舎では方言を話す | *Man* hat die Kirche nach dem Brand wiederaufgebaut. 教会は火事で焼けて建て直された | *Man* sagt, daß ... 〔うわさによると〕…ということである ‖ In Japan nährt ～ sich von Reis. 日本では米が主食である | *Man* grüßte sich höflich. ていねいなあいさつが交わされた ‖ Je älter ～ wird, um so rätselhafter wird *einem* das Leben. 年をとると人生はますます分からなくなる | Das kann *einem* leid tun. それは人を苦しめるかもしれない | Es freut *einen*, wenn ～ andern Freude macht. 他人を喜ばせると自分も楽しい.

2 《暗に自分または相手を指して》„Darf ～ eintreten?" fragte er. 彼は「入ってもいいでしょうか」とたずねた | *Man* möchte sagen, daß ... 〔私は〕…と言いたいのだが ‖ Nun, was sagt ～ dazu? ところでこの点について〔君は〕どう思うかね | *Man* bohrt nicht in der Nase! 鼻をほじくるものではない | *Man* wolle schweigen. 〔みなさん〕お静かに願います.

★ man は er で受けることはできない: Wenn ～ Schnupfen hat, soll ～ niemanden besuchen. 鼻かぜをひいたときは人を訪問してはいけない.

[*ahd.*; ◇Mann[2]]

man[2][man] **I** 副 《北部》(nur) ただ: Ich habe ～ zwei Mark. 私には2マルクしかない ‖〘命令文で〙Sei ～ ruhig! まあ静かにしたまえ | Geh ～ hin! さあ行け. ▽**II** 接 《並列》(aber) しかし, ただし. [*asächs.* no-wan „nichts als"−*mndd.*; ◇ *lat.* vānus „leer"]

Man[mɛn, mæn] 地名 マン(イギリス, アイリシュ海にある島で, 自動二輪車の国際レースが行われる. 住民はケルト語系の独自の言語を用いている). [*kelt.* „kleine (Insel)"−*air.*]

m. A. n. 略 =**meiner Ansicht nach** 私の意見では.

Mä·na̩·de[mɛná:də] 女 -/-n **1** 〘ギ神〙マイナス (Dionysos に仕える女. 酒に酔って狂態の限りをつくすという). **2** 《比》熱狂〈狂乱〉状態の女. [*gr.* mainás „Rasende"−*lat.* maenas; ◇Manie; *engl.* m〔a〕enad]

Ma·na·ge·ment[mǽnɪdʒmənt] 中 -s/-s **1** 《単数で》(大企業などの)マネージメント, 管理, 経営. **2** (大企業の)経営スタ

ッフ, 管理者陣. [*engl.*]

ma·na·gen[mɛ́nɪdʒən][1] 他 (h) 《話》 **1** (事業などを) 管理する, 経営する, 処理する. **2** うまく処理する, やりとげる, やってのける. **3** 《*jn.*》 登用する, 起用する; (…の) マネージャーをつとめる. [*it.* maneggiare „handhaben"－*engl.*; ◇Manual]

Ma·na·ger[mɛ́nɪdʒər] 男 -s/- (⊛ **Ma·na·ge·rin**[..dʒərɪn]-/-nen) **1** (大企業の) 経営者, 支配人. **2** (プロ選手・芸能人などの) マネージャー. [*engl.*]

Ma·na·ger·krank·heit[mɛ́nɪdʒər..] 女 《話》 マネージャー〈管理者〉病 (ストレス病の一種).

manch[manç] 《不定数詞; 単数形でも用いられ, 変化はふつう dieser に準じる扱いであるが, 複数 (特に 1・4 格) では後続形容詞が強変化することが多い; (特に雅語では) 無語尾で用いられることがあり, その場合には後続の形容詞は強変化となる》

1 《付加語的》 (einig と viel の中間の数を示して) かなり〈ある程度〉多数の, 少なくない数の, 相当数の; ᵛ(viel) 多数の: ～*er* Student / ～*e* Studenten 何人もの学生 | gar 〈so〉 ～*es* Kleid ずいぶんたくさんの服 | Bücher ～*er* Art 幾種類かの〈さまざまな〉本 | in ～*em* Fall / in ～*en* Fällen 少なからぬ場合に, 場合により | *Manche* Pflanzen wachsen auch in der Wüste. 砂漠に生育する植物もけっこう少なくない | *Manche* Leute glauben so etwas. そんなことを信じている人も多い ‖ ～*e* Beamte〔*n*〕 何人もの役人 | in ～*em* schwierigen Fall 困難な場合にしばしば | ～*e* groß*e*〔*n*〕 Wissenschaftler 幾人もの偉大な科学者たち | ～*e* Gelehrte〔*n*〕 幾人もの学者たち ‖ ～*e* tausend Mark 数千マルクも | Ich warte schon ～*e* vier Wochen. 私はすでに何か月も待っている ‖〘-〔e〕s に終わる 2 格の前で〙 Fenster ～*en* 〈～*es*〉 Hauses 多くの家々の窓 ‖〘不定冠詞の前で; つねに無語尾で〙 ～ ein Turm 《雅》 あまたの塔 ‖〘形容詞の前で; しばしば無語尾で〙 ～*er* schöne 〈～ schöner〉 Brunnen 幾つもの美しい泉 | ～*es* liebe 〈～ liebes〉 Mal[4] 《話》 何度も, たびたび (→manchmal) ‖〘中性 1・4 格および男性 1 格の前で; まれに無語尾で〙 ～*es* 〈雅: ～〉 Abenteuer bestehen 数々の冒険をやりとげる.

2 《名詞的》 かなりの〈少なからぬ〉数の人〈事物〉: ～*e* meiner Freunde / ～*er* von 〈unter〉 meinen Freunden 私の友人のうちのかなりの数 | ***Mancher* lernt's nie.** 性懲りもないやつには困ったものだ | ***Mancher* lernt's nie, und dann noch unvollkommen!** 勘〈物覚え〉の悪いやつはどうしようもないな | *Manche* sagen: viel Köpfe, viel Sinne. 十人十色とは人のよく言うことだ ‖ ～*es*, was ich gehört habe 私の聞いた幾つもの〈いろいろな〉こと | In ～*em* hast du recht. 幾つかの点で〈ときどき〉君の言うことは当たっている ‖ Es waren ihrer 〈deren〉 ～*e*. 彼らはかなりの人数だった ‖〘不定代名詞 einer の前で; つねに無語尾で〙 ～ einer von uns 我々のうちの何人もが ‖〘形容詞の中性名詞的用法と; しばしば無語尾で〙 Ich habe ～*es* Merkwürdige 〈～ Merkwürdiges〉 gesehen. 私はいろいろ奇妙なものを見た.

[*germ.* „viel"; ◇Menge; *engl.* many]

man·chen·orts[mánçən|ɔ́rts] 副 ところどころ〈ここかしこ〉で; (öfters) 往々にして, よく: Das ist ～ so Mode. それはあちこちで流行している.

man·cher·lei[mánçərláɪ] 《不定数詞; 無変化》 幾種類もの, さまざまの: auf ～ Art いろいろな〈幾つもの〉方法で, さまざまに ‖〘名詞的に〙 ～, was er sagte 彼の言った幾つか〈いろいろ〉のこと | Es gab ～ zu sehen. いろいろ見るべきものがあった.

man·cher≈or·ten[mánçər|ɔ́rtən] 副, ≈**orts**[..|ɔ́rts] 副, ≈**wärts**[..vɛ́rts] 副 ＝manchenorts

Man·che·ster **I** [mɛ́ntʃɛstər] 地名 マンチェスター (イギリス, イングランド北西部の大工業都市). **II**[manʃɛ́stər] 男 -s/ 〘織〙 コールテン, コーデュロイ. [*mlat.* Mancunium; ◇Chester]

Man·che·ster≈ho·se[manʃɛ́stər..] 女 コールテンのズボン. ≈**samt** 男 ＝Manchester II

Man·che·ster·tum[mɛ́ntʃɛstərtu:m] 中 -s/ 〘政〙 マンチェスター主義 (マンチェスターを中心とするイギリスの自由貿易論).

manch·mal[mánçma:l] 副 ときどき, ときおり: Besuchen Sie ihn oft? －*Manchmal!* 彼をよく訪問なさいますか－ときどきです | **manchmal ..., manchmal ...** ときには…ときには… | Ich trinke ～ Kaffee, ～ Tee. 私が飲むのはコーヒーのこともあるしお茶のこともある.

Man·dä·er[mándɛ:ər] 男 -s/- 〘宗〙 マンダ教徒 (古代グノーシス派の一宗団).

Man·dä·is·mus[mandɛísmʊs] 男 -/ マンダ教.

Man·da·la[mándala·] 中 -〔s〕/-s 〘宗〙 曼陀羅(まんだら); (ユング心理学の) マンダラ (自我発見のシンボルとしての夢のなかの像). [*sanskr.* „Kreis"]

Man·dant[mandánt] 男 -en/-en (⊛ **Man·dan·tin**[..tɪn]-/-nen) 〘法〙 委任者; (Klient) (弁護士の) 訴訟依頼人. [*lat.* mandāre „in die Hand geben"; ◇Manual]

Man·da·rin[mandarí:n] 男 -s/-e (ᵛ-en/-en) (中国, 清朝末期の) 高級官吏, 官人, マンダリン. [*sanskr.* mantrin „Ratgeber"－*Hindi*－*malai.*－*port.* mandarim; ◇mahnen]

Man·da·ri·ne[mandarí:nə] 女 -/-n **1** 〘植〙 マンダリン (中国原産のミカンと近縁の植物). **2** マンダリンの実. [*span.* (naranja) mandarina－*fr.*; 中国の高官が黄色の服を着ていたこととミカンが高級なものとされたことから]

Man·dat[mandá:t] 中 -〔e〕s/-e **1** 〘法〙 **a**) 委任, 委託, 全権; (弁護士に対する) 依頼: *jm.* ein ～ erteilen …に委任する | ein ～ übernehmen 全権を負う. **b**) 命令〔書〕, 訓令; 処罰〈支払い〉命令〔書〕. **2** 〘政〙 **a**) (議員に対する) 選出母体からの委任〈指令〉. **b**) 議席: ein Politiker ohne ～ 議席を持たない政治家 ‖ ein ～ gewinnen 〈verlieren〉 議席を獲得する〈失う〉 | *sein* ～ niederlegen 議員を辞職する. **3** 委任統治; (Mandatsgebiet) 委任統治領〈国〉. [*lat.*]

Man·da·tar[mandatá:r] 男 -s/-e **1** 受任者; 全権者; (Rechtsanwalt) 弁護士. **2** 《オーストリア》 (Abgeordneter) 代議士. [*mlat.*; ＜*lat.* mandāre (→Mandant)]

Man·da·tar·staat 男 委任統治国.

ᵛ**man·da·tie·ren**[mandatí:rən] 他 (h) 《*jn.*》 (beauftragen) **1** (…に) 委託〈依頼〉する. **2** (bevollmächtigen) (…に) 全権を与える.

Man·dats≈brief[mandá:ts..] 男 委任状. ≈**ge·biet** 中 委任統治領. ≈**macht** ＝Schutzmacht

Man·del[1][mándəl] 女 -/-n (単位: -/-〔n〕): マンデル (卵などの15あるいは16個, 穀物の刈り束15あるいは16束; 4 マンデルは 1 Schock に当たる): Groß*mandel* 大マンデル (16個) | zwei ～〔*n*〕 Eier 2 マンデルの卵 | Vier ～〔*n*〕 sind ein Schock. 4 マンデルは 1 ショックである. [*mlat.* mandala „Bündel"; ＜*lat.* manus (→Manual)]

Man·del[2][−] 女 -/-n **1** **a**) 〘植〙 アメンドウ, アーモンド, 扁桃(へんとう), 巴旦杏(はたんきょう). **b**) a の果実(核): ～*n* knacken 〈reiben〉 アーモンドを割る〈すりつぶす〉. **2** 《ふつう複数で》 〘解〙 **a**) (Gaumenmandel)〔口蓋(こうがい)〕扁桃, 扁桃腺(せん): die ～ herausnehmen 扁桃腺を切除する | Die ～*n* sind geschwollen 〈entzündet〉. 扁桃腺が肥大して〈炎症を起こして〉いる. **b**) 扁桃: Rachen*mandel* 咽頭(いんとう)扁桃 | Zungen*mandel* 舌扁桃. **3** (Geode) 〘地〙 晶洞. **4** 〘紋〙 紡錘(ぼうすい)図形. [*gr.* amygdálē (→amygdaloid)－*lat.*－*spätlat.* amandula－*ahd.*; ◇*engl.* almond]

Man·del≈au·ge[mándəl..] 中 アーモンド形の目 (モンゴル系の特徴とされる). ≈**baum** 男 アメンドウ〈アーモンド〉の木. ≈**ent·zün·dung** 女 〘医〙 扁桃(へんとう)炎. ≈**ge·bäck** 中 (すりつぶした) アーモンド入りクッキー. ≈**kern** 男 **1** アメンドウ〈アーモンド〉の核. **2** 〘解〙 扁桃核. ≈**kleie** 女 〘薬〙 扁桃ぬか, アーモンドパウダー (皮膚の手入れ用). ≈**ku·chen** 男 アーモンド入りケーキ. ≈**milch** 女 扁桃乳剤. ≈**öl** 中 -〔e〕s/ 扁桃油. ≈**ope·ra·tion** 女 〘医〙 扁桃切除術. ≈**säu·re** 女 〘化〙 マンデル酸. ≈**sei·fe** 女 アーモンドせっけん. ≈**stein** 男 (Geode) 〘地〙 晶洞石.

Man·derl[mándərl] 中 -s/-n ＝Mandl

Man·derl·steh·auf[mandərlʃté:|aʊf] 中 -〔s〕, Manderlsstehauf/-〔s〕 《南部・オーストリア》 ＝Stehaufmännchen

Man·di·bel[mandí:bəl] 女 -/-n 《ふつう複数で》 (↔Maxilla) 〘動〙 (脊椎(せきつい)動物の) 下顎(かがく)骨; (節足動物の) 大顎(おおあご). [*lat.* mandibula; ＜*lat.* mandere „kauen"

(◇Mastix)]

man·di·bu·lar[..dibulá:r] 形 Mandibel の.

Man·dio·ka[mandió:ka·] 女 -/ =Maniok

Mandl[mándəl] 中 -s/-n《南部・オーストリア》**1** (Männchen) 小男, 小さな老人: ein steinaltes ~ 高齢の小さな老人 | ein ~ mit Kren えらそうな〈大物ぶる〉男 | **wie's ~ beim Sterz** 途方にくれて. **2**《比》(小男の形をしたもの. 例えば:) かかし; (山頂に積みあげた)石標, ケルン. [<Mann²]

Man·do·li·ne[mandolí:nə] 女 -/-n《楽》マンドリン(→図). [*it.*-*fr.*; <*spätlat.* pandūra (→Bandura)]

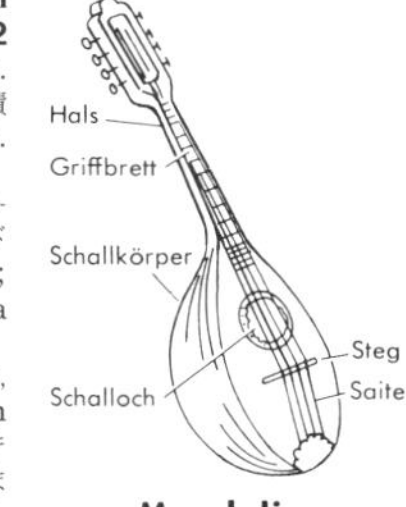

Mandoline

Man·dor·la[mándɔrla·, ◡◡◡] 女 -/..len [mandɔ́rlən]《宗・美》(キリスト像やマリア像をとりまく)大光輪(→図 Heiligenschein). [*it.*; <*spätlat.* amandula (→Mandel²)]

Man·dra·go·ra [mandrá:gora·] 女 -/..ren [..dragó:rən], **Man·dra·go·re**[mandragó:rə] 女 -/-n (Alraune)《植》マンドラゴラ. [*gr.*-*mlat.*]

Man·drill[mandríl] 男 -s/-e《動》マンドリル(西アフリカ産の大型のヒヒ). [*engl.*; ◇Mann², Drill²]

Man·drin[mɑ̃drɛ̃ː(:)] 男 -s/-s《医》(カテーテルの)マンドリン線. [*provenzal.* mandre „Balken"-*fr.*]

Man·dschu[mándʒu·, ..tʃu·] **I** 男 -[s]/- 満州人. **II** 中 -[s]/ 満州語(Tunguse 語族の一方言): auf ~ 満州語で. [◇*engl.* Manchu]

Man·dschu·kuo[mandʒókuo·, ..dʒukú:o·, ..dʒukuó:, ..tʃ..] 地名《史》満州国(1934-45).

Man·dschu·li[mantʃú:li·] 地名 満州里, マンチォウリィ(中国, 黒龍江省西部の都市).

Man·dschu·re[mandʒú:rə, ..tʃú:rə] 男 -n/-n =Mandschu I

die **Man·dschu·rei**[mandʒuráɪ, ..tʃuráɪ] 地名 女 -/ 満州(中国の東北地方の旧地域名). [◇*engl.* Manchuria]

man·dschu·risch[mandʒú:rɪʃ, ..tʃú:rɪʃ] 形 満州〔人・語〕の: →deutsch ‖ ~*es* Fleckfieber 満州チフス.

..mane[..ma:nə] →..omane

Ma·ne·ge[mané:ʒə, ..nɛ́:ʒə] 女 -/-n **1** (サーカスの)〔円形〕演技場(→図 Zirkus). **2** 馬場; 乗馬学校. [*it.* maneggio „Handhabung"-*fr.*; ◇managen]

Ma·nen[má:nən] 複 マネス(古代ローマの民間信仰で死者たちの霊魂). [*lat.* mānēs „die Guten"]

Ma·net[manɛ́] 人名 Edouard ~ エドゥワール マネ(1832-83; フランス印象派の画家).

Man·fred[mánfre:t] 男名 マンフレート. [<*ahd.* man (◇Mann²)+fridu „Frieden, Schutz"]

mang[maŋ(k)]《北部》《話》**I** 副〔まん〕なかに: mitten*mang* まんなかに | Was ist denn da ~? その中にいったい何が入っているのか. **II** 前《位置を示すときは3格, 方向を示すときは4格支配》(unter, zwischen) …のなかに〈へ〉, …のあいだに〈へ〉: ~ uns³ 私たちのなかに〈あいだで〉; 内密に | ~ den Leuten 人々のあいだで〈にまじって〉| ~ die Zähne kommen 歯の間にはさまる. [*asächs.* an gimang-*mndd.*; ◇mengen; *engl.* among]

Man·ga·be[maŋgá:bə] 女 -/-n《動》マンガベー(西アフリカ産オナガザル). [<Mangabey (マダガスカル島の地方名)]

Man·gan[maŋgá:n] 中 -s/《化》マンガン(金属元素名; 記号 Mn). [*mlat.* magnēsia (→Magnesia²)-*it.*-*fr.*]

Man·ga·nat[..ganá:t] 中 -[e]s/-e《化》マンガン酸塩.

Man·gan≈blen·de[maŋgá:n..] 女《鉱》硫マンガン鉱. ≈**bron·ze** 女 マンガン青銅. ≈**ei·sen** 中 マンガン鉄. ≈**erz** 中 マンガン鉱. [<..in²]

Man·ga·nin[maŋganí:n] 中 -s/《化》マンガニン.

Man·ga·nit[..ní:t, ..nít] 男 -s/-e **1**《鉱》水マンガン鉱. **2**《化》亜マンガン酸塩. [<..it²]

Man·gan·knol·len[maŋgá:n..] 複 マンガンノジュール, マンガン団塊.

Man·ga·no·me·trie[maŋganometrí:] 女 -/《化》過マンガン酸カリウム滴定法.

man·gan·sau·er[maŋgá:n..] 形 マンガン酸の: *mangansaures* Salz マンガン酸塩.

Man·gan≈säu·re 女《化》マンガン酸. ≈**spat** 男 -[e]s/《鉱》菱(りょう)マンガン鉱. ≈**stahl** 男《金属》マンガン鋼.

Man·ge[máŋə] 女 -/-n《南部・スイス》=Mangel¹

Man·gel¹[máŋəl] 女 -/-n **1** (洗濯物のしわ伸ばし用の)圧搾〈仕上げ〉ローラー, マングル: Heiß*mangel* 熱風圧搾ローラー ‖ ein Bettuch zur 〈auf die〉 ~ bringen シーツをマングルにかける ‖ ***jn.* durch die ~ drehen / *jn.* in die ~ kriegen 〈nehmen〉 / *jn.* in der ~ haben**《話》…を質問攻めにする; …をこっぴどくやっつける, …をひどい目にあわせる. **2** カレンダー(織物などのつや出しローラー). [*gr.* mágganon-*mlat.* manga〔num〕-*mhd.* mange „Schleudermaschine"; 石の重しがついていたことから; ◇*engl.* mangle]

Man·gel²[-] 男 -s/Mängel[mɛ́ŋəl] **1**《単数で》**a**) (必要なものが)欠けていること, 欠如, 欠乏, 不足, 払底: ~ an Pflichtgefühl 〈Vorbereitung〉 義務感の欠如〈準備不足〉| Geld*mangel* 資金不足 | Wasser*mangel* 水不足 ‖ ~ an *et.*³ haben 〈leiden / fühlen〉 …が不足している, …の欠乏に悩む | aus ~ an Erfahrung 〈Vitaminen〉 経験〈ビタミン〉不足のために | *jn.* wegen ~*s* an Beweisen freisprechen …を証拠不十分ゆえ無罪にする | Seit Jahren herrscht 〈besteht〉 ein empfindlicher ~ an Lehrern. 数年来深刻な教員不足が生じている. **b**) 窮乏, 困窮: ~ leiden 〈haben〉 貧乏に苦しむ | keinen ~ leiden 窮乏を知らない, 裕福である. **2**《ふつう複数で》**a**) (Fehler) 欠陥, 欠点: charakterliche *Mängel* 性格上の欠点 | technische *Mängel* 技術上の欠陥 ‖ *Mängel* beheben 〈beseitigen〉 欠陥を取り除く | *Mängel* haben 〈aufweisen〉/ mit *Mängeln* behaftet sein 欠陥がある. **b**)《法》瑕疵(かし). [*mhd.*; ◇mangeln²]

Män·gel·an·zei·ge[mɛ́ŋəl..] 女 =Mängelrüge

Man·gel≈be·ruf[máŋəl..] 男 人手不足の職業〈職種〉. ≈**er·kran·kung** 女《医》(ビタミンなどの)物質欠乏病〔にかかること〕. ≈**er·näh·rung** 女 栄養不足〈欠乏〉. ≈**er·schei·nung** 女《医》物質欠乏症状.

man·gel·frei 形 欠陥〈欠点〉のない.

man·gel·haft[máŋəlhaft] 形 **1** 不足した, 不十分〈不完全〉な; 欠陥〈欠点〉のある, 不備な: die ~*e* Aufmerksamkeit 注意不足 | ~*e* Waren 欠陥商品 ‖ Die Verpackung ist ~. 包装〈荷造り〉が不完全である ‖ eine Reparatur ~ ausführen 不完全な修理をする. **2** (成績評語で)不可の上(6段階中の第5位: →ausreichend 2, Note 2 ☆).

Man·gel·haf·tig·keit[..tɪçkaɪt] 女 -/ mangelhaft なこと.

Man·gel≈kost 女《医》(栄養のバランスのとれない)欠陥食. ≈**krank·heit** 女《医》物質欠乏病(→Mangelerkrankung).

man·geln¹[máŋəln]《06》他 (h) **1** (洗濯物などを)マングル〈圧搾ローラー〉にかける: Wäsche ~ / Wäsche zum *Mangeln* bringen 洗濯物をマングルにかける. **2** (織物などを)カレンダー〈つや出しローラー〉にかける. [*mhd.* mangen; ◇Mangel¹]

man·geln²[-]《06》**I** 自 (h)《雅》(fehlen) **1 a**) 非人称 《es mangelt 〔*jm.*〕 an *et.*³ / ᵛes mangelt 〔*jm.*〕 *et.*²》(〔…に〕…が)欠けている, 足りない, 不足している: Es *mangelt* mir an Geld 〈Erfahrung〉. 私はお金に不自由している〈私には経験が不足している〉| Uns *mangelt* es an nichts. 我々にはなんの不自由もない | Es *mangelt* an Arbeitskräften. 労働力が不足している | An mir soll es nicht ~. 私はやるべきことをきちんとやりましょう ‖〖lassen と〗es an *et.*³ ~ las-

sen …を示さない, …がない | Er läßt es an Arbeitseifer ~. 彼は働く意欲を見せない | es an nichts ~ lassen 骨惜しみしない, 全力をつくす | es *jm.* an nichts ~ lassen …に何一つ不自由させない. **b)** 《*jm.* / *et.*³》(重要なものが…に)欠けている, 足りない: Ihm *mangelt* Mut ⟨Geld⟩. 彼には勇気⟨金⟩がない | Dieser Arbeit *mangelt* jede Sorgfalt. この仕事には綿密さが全く欠けている.

ᵛ**2** 《*et.*²》(…を)欠いている, 持っていない: Er *mangelt* der notwendigen Erfahrung. 彼にはぜひとも必要な経験が欠けている(＝Ihm *mangelt* die notwendige Erfahrung.).

II 他 (h) 《南部》《*et.*⁴》欠いている, 持っていない.

III man·gelnd 現分 形 欠けている, 不十分な: ~*es* Selbstvertrauen 自信不足 | wegen ~*er* Zeit 時間不足のために.

[*ahd.* mangolōn]

Män·gel·rü·ge[mɛ́ŋəl..] 女 〘商〙(購入品の不備に対する)欠陥⟨不足⟩の通知, クレーム.

man·gels[máŋəls] 前《2格支配. 名詞が複数で, 2格であることを格語尾によって表示できない場合は, しばしば3格支配. 名詞が全く格変化をしない場合もある》…が欠けているために, …がないので: ~ der Beweise / ~ Beweisen / ~ Beweis 証拠がないので | ~ Masse (→Masse 3 b) | ~ eines besseren Planes もっとよい計画がないので.

Man·gel·wa·re 女 (需要が多いのに)入手困難な品,(戦時中などの)欠乏物資; 〘商〙不足品: ~ sein 品不足である, 少ない | Hier sind Männer ~. 《比》ここは男〔手〕が不足している | In dieser Gegend ist Schnee oft ~. この地方は雪が〔わずかしか〕降らないことがよくある.

Man·gel·wä·sche[máŋəl..] 女 -/ マングル仕上げの洗濯物.

man·gen[máŋən] 《南部》＝mangeln¹

Mang·ler[máŋlər] 男 -s/- (⊛ **Mang·le·rin**[..lərın]-/-nen) マングル仕上げ工.

Man·go[máŋgo·] 女 -/-nen[maŋgó:nən], -s **1** 〘植〙マンゴー(熱帯産ウルシ科の常緑高木). **2** マンゴーの果実. [*tamil.* mān-kāy „Mango-frucht"－*port.* manga]

Man·go≈baum[máŋgo..] 男 マンゴー樹. ≈**frucht** 女 マンゴーの果実.

Man·gold¹[máŋgɔlt] 男名 マンゴルト. [<*ahd.* manag „manch" (◇manch)＋waltan „walten"]

Man·gold²[máŋgɔlt]¹ 男 -〔e〕s/-e《ふつう単数で》〘植〙フダンソウ(不断草), トウヂシャ. [*mhd.*]

Man·go·nen Mango の複数.

Man·go·pflau·me[máŋgo..] 女 〘植〙アムラタマゴノキ(東南アジア産ウルシ科の木で, 果実を食用とする).

Man·go·stan·baum[maŋgɔstá:n..] 男 〘植〙マンゴスチン(マレーシア産オトギリソウ科の常緑低木).

Man·go·sta·ne[..stá:nə] 女 -/-n マンゴスチン(果実). [*malai.* man〔g〕gustan; ◇*engl.* mangosteen]

Man·gro·ve[maŋgró:və] 女 -/-n 〘植〙マングローブ, 紅樹林(熱帯地方の海岸や河口で海水の混じる湿地に生える常緑樹林. ヒルギ科を主とする). [*engl.*; <*span.* mangle „Wurzelbaum"＋*engl.* grove „Gehölz"]

Man·gro·ve≈baum 男 マングローブの木. ≈**kü·ste** 女 マングローブの密生する海岸.

Man·gu·ste[maŋgústə] 女 -/-n (Mungo) 〘動〙マングース. [*drawid.* mangūs－*port.*－*fr.*; ◇*engl.* mongoose]

ma·nia·ka·lisch[maniaká:lıʃ] ＝manisch

Ma·ni·chä·er[maniçɛ́:ər, mani..] 男 -s/- **1** 〘宗〙マニ教徒. **2** 《話》(mahnen との音の類似から, 支払いをせきたてる)借金取り, 債鬼. [<Mani (ペルシア人教祖, †277)]

Ma·ni·chä·is·mus[..çeísmʊs] 男 -/ マニ教(3世紀にペルシアの預言者 Mani の創始した宗教).

Ma·nie[maní:] 女 -/-n[..ní:ən] **1** 〘心・医〙躁(そう)病. **2** 病的にまで高まった好み, マニア,〔病〕癖(へき); …狂(→..manie): Das ist bei ihm schon zur ⟨zu einer⟩ ~ geworden. それは彼の場合にはもう病癖となっている. ᵛ**3** (Wahnsinn) 狂気, 精神錯乱. [*gr.* maníā „Raserei"－*spätlat.*; <*gr.* maínesthai „rasen" (◇mahnen); ◇*engl.* mania]

..manie[..mani:]《女性名詞 (-/-n) をつくる》**1** 《「…に対する心酔・熱狂」を意味する》: Anglo*manie* 英国狂 | Gallo*manie* フランス狂 | Gräko*manie* ギリシア崇拝. **2** 〘心・医〙《「…癖(へき), …狂」を意味する》: Klepto*manie* 盗癖 | Pyro*manie* 放火癖 | Narko*manie* 麻酔剤常用癖 | Megalo*manie* 誇大妄想 | Mono*manie* 偏執狂.

Ma·nier[maní:r] 女 -/-en **1 a)** 《単数で》仕方: *jn.* auf gute ~ loswerden うまく…をかわす⟨…からのがれる⟩ | mit guter ~ davonkommen 上手に切り抜ける. **b)** 《ふつう複数で》作法, マナー: ein Mensch von ⟨mit⟩ guten ~*en* 作法を心得た人, そつのない人 ‖ *jm.* ~*en* beibringen …に礼儀作法を教えこむ | gute ⟨schlechte⟩ ~*en* haben 作法を心得ている⟨いない⟩ | Das ist ⟨hat⟩ keine ~. それは不作法だ. **2** (Eigenart) くせ, 流儀; 〘美〙手法, 作風: ein Gemälde in Holbeinscher ~ ⟨in der ~ Picassos⟩ ホルバイン⟨ピカソ⟩ふうの絵画 ‖ Das ist seine ~ ⟨so eine ~ von ihm⟩. それは彼の流儀なんだ. **3** 《単数で》《軽蔑的に》(Künstelei) 作為,(悪い意味での)技巧; 〘美〙技巧過多; 〘劇〙パターン(型にはまった演技). **4** (Verzierung) 〘楽〙装飾音. [*afr.*－*mhd.*; <*mlat.* man〔u〕ārius „handlich" (◇Manual); *engl.* manner]

ma·nie·riert[maniri:rt] 形 わざとらしい, 不自然な, 技巧的な, 気取った; くせのある; 型にはまった, マンネリズムの〔傾向のある〕: ein ~*es* Benehmen わざとらしい態度 | Seine Sprechweise wirkt sehr ~. 彼の話し方はいかにもおおげさだ. [*fr.* maniéré]

Ma·nie·riert·heit[–haıt] 女 -/-en **1** 《単数で》manieriert なこと. **2** manieriert な言動.

Ma·nie·ris·mus[manirísmʊs] 男 -/ **1** 〘美・文芸〙 **a)** マニエリズモ, マニエリスム(ルネサンスからバロックに移る過渡期の美術・言語表現の様式); (さまざまな時代に現れる)反古典主義的様式. **b)** マニエリズモ⟨マニエリスム⟩期(1520–80頃). **2** 《軽蔑的に》(ある様式の)型にはまった技巧的模倣, マンネリズム.

Ma·nie·rist[maniríst] 男 -en/-en 〘美・文芸〙マニエリズモの作家, マニエリスト.

ma·nie·ri·stisch[manirístıʃ] 形 マニエリズモの; マニエリズモ的な; マンネリズムの.

ma·nier·lich[maní:rlıç] 形 **1** 行儀⟨しつけ⟩のよい; (服装などが)きちんとした: *sich*⁴ ~ benehmen 行儀よく振舞う | Er ist ~ gekleidet. 彼はきちんとした服装をしている. **2** 《話》満足のいく, まずまずの: Diese Arbeit ist ganz ~. この論文は十分満足がいく.

ma·ni·fest[manifɛ́st] 形 **1** 《雅》(deutlich) はっきりした, 明瞭⟨明白⟩な: ~ werden 明らかになる | *et.*⁴ ~ machen …を明らかにする. **2** (↔latent) 〘医〙顕性の: ~*e* Syphilis 顕性梅毒. [*lat.* mani-fēstus „hand-greiflich"; <*lat.* manus (→Manual)]

Ma·ni·fest[–] 中 -es(-s)/-e **1** 宣言〔書〕, 声明〔書〕; 公示, 布告: ~ der Kommunistischen Partei / das Kommunistische ~ (1848年に発表された Marx と Engels による)共産党宣言 | ein ~ abfassen ⟨verlesen⟩ 宣言文を起草する⟨読み上げる⟩. **2** 〘海〙(船の)積み荷目録. [*mlat.*]

Ma·ni·fe·stant[manifɛstánt] 男 -en/-en **1** ᵛ**a)** 宣言者, 声明〔参加〕者. **b)** 《オーストリア・スイス》デモ⟨政治集会⟩参加者. ᵛ**2** 〘法〙開示宣誓者. [*fr.*]

Ma·ni·fe·sta·tion[manifɛstatsió:n] 女 -/-en **1** (立場・主義などの)表明, 発表, 声明; 公表, 公示. **2 a)** 顕現, あらわれ. **b)** 〘医〙(症状の)発現, 病徴. [*spätlat.*]

ᵛ**Ma·ni·fe·sta·tions·eid** 男 〘法〙開示宣誓.

ma·ni·fe·stie·ren[manifɛstí:rən] **I** 他 (h) **1 a)** 明らかに示す; (立場・態度などを)表明する, 公表する, 宣言する, 声明する: eine Gesinnung ~ 態度を表明する. **b)** 再帰 *sich*⁴ in ⟨an⟩ *et.*³ ~ …〔の中〕にはっきり現れる, …で明らかになる. ᵛ**2** 〘法〙開示宣誓をする. **II** 自 (h) (demonstrieren) デモ⟨示威運動⟩をする: gegen den Krieg ~ 戦争に反対してデモをする. [*lat.* manifēstāre „handgreiflich machen, offenbaren"]

Ma·ni·kü·re[manikýːrə; オーストリア:..ký:r] 女 -/-n[..rən] **1**

《単数で》(Handpflege) マニキュア(手, 特に指の手入れ: → Pediküre): ~ machen マニキュアをする | zur ~ gehen マニキュアをしてもらいに行く. **2** マニキュア師. **3** マニキュア道具入れ. [*fr.*; < *lat.* manus (→Manual) + cūra (→Kur2)]

Ma·ni·kü·re·etui[..ɛtvi:] 中 マニキュア〔セット〕ケース (→ 図 Nagelpflege).

ma·ni·kü·ren[manikýːrən] 《過分 manikürt》 他 (h) 《*jn.* / *et.*4》(…に)マニキュアをする: die Nägel ~ つめにマニキュアをする | *sich*4 ~ lassen マニキュアをしてもらう.

Ma·ni·la[maníːla·] 地名 マニラ(フィリピン共和国の首都).

Ma·ni·la≈fa·ser[maníːla..] 女, **≈hanf** 男 《植》マニラアサ(麻)(バナナ属の植物で, 葉柄から繊維を採る).

Ma·nil·le[maníljə] 女 -/-n **1** 《トランプ》マニル (Lomber の2番目に強い切り札). ∇**2** (Armband) 腕輪. [1: *span.* malilla－*fr.*; ◇Malus; 2: *span.* manilla; ◇Monilia]

Ma·niok[maniɔ́k] 男 -s/-s 《植》カッサバ, キャッサバ(熱帯産トウダイグサ科の植物で, 根茎は食用または澱粉(でんぷん)の原料となる). [*indian.*－*span.* mandioca－*fr.*]

Ma·ni·pel1[maníːpəl] 男 -s/-; 女 -/-n 《カトリック》マニプルス(ミサのとき司祭の左腕に掛けて垂らす飾り帯: → 図 Geistliche). [*mlat.* manipulus „Handtuch"]

Ma·ni·pel2[–] 男 -s/- 《史》(古代ローマの)歩兵中隊(200人より成り, Kohorte の3分の1). [*lat.* mani-pulus „Hand-voll"; < *lat.* manus (→Manual) + plēnus (→Plenum)]

Ma·ni·pu·lant[manipulánt] 男 -en/-en **1** 毛皮を取り扱う人(毛皮仕入れ商・仕上げ工・染色工・選別工など). **2** 《オーストリア》助手; 補助〈臨時〉工員. **3** 策動〈陰謀〉家.

Ma·ni·pu·la·tion[..latsióːn] 女 -/-en **1 a**) こつ, 手管, 術策. **b**) 《ふつう複数で》策動, 陰謀. **2 a**) (手術などの)処置, 操作, 手技; 操作, 手加減, かけ引き: genetische ~ 《生》遺伝子操作. **b**) 《商》相場操縦, 株価操作. **c**) (毛皮の)処理(染色・選別・仕上げ). **3** (言論・世論などの)操作, 統制, 管理. ∇**4** 〔巧みな〕手つき, 手ぶり. [*fr.*]

Ma·ni·pu·la·tions·ge·bühr 女 《オーストリア》《官》手数料.

ma·ni·pu·la·tiv[..latíːf]1 形 操作〈工作・ごまかし〉による. [*engl.* manipulative]

Ma·ni·pu·la·tor[..láːtɔr, ..toːr] 男 -s/-en [..latóːrən] **1** 《理》マニピュレーター(放射性物質などを遠隔操作する装置). **2** トランプやさいころなどを鮮やかな手つきで操る芸人. [*fr.*]

ma·ni·pu·lie·ren[manipulíːrən] **I** 他 (h) **1** (巧みに)扱う, (手ぎわよく)操作する: eine Handgranate vorsichtig ~ 手榴弾(しゅりゅうだん)を用心深く取り扱う. **2** (言論・世論などを)あやつる, 操作する, 統制する, 管理する. **3** (一般に)巧みにあやつる〈操作する〉, 策を用いて有利にする; (…に)手加減〈工作〉を加える; (市場・相場などを)不正操作する; (勘定などを)ごまかす: *manipulierte* Währung 《経》管理通貨. **II** 自 (h) (巧みに)扱う, (手ぎわよく)操作する: mit *et.*3 ~ …を取り扱う | an *et.*3 ~ …に操作を施す. [*fr.*]

Ma·ni·pu·lie·rung[..rʊŋ] 女 -/-en manipulieren すること.

ma·nisch[máːnɪʃ] 形 **1** 《心・医》躁(そう)病〔性〕の; 躁病のような, 異常な, 病的な: ~*e* Eßlust 〈Neugier〉 異常な食欲〈好奇心〉| ein ~*er* Zustand 躁状態. ∇**2** 狂気の, 精神錯乱した. [*gr.*; < *gr.* maníā (→Manie)]

ma·nisch-de·pres·siv 形 《心・医》躁鬱(そううつ)病の: ~*es* Irresein 躁鬱病.

Man·ko[máŋko·] 中 -s/-s **1** (Mangel) 不足; 欠点, 欠陥, 不備; 損失: *et.*4 als ein ~ ansehen …を欠点〈損失〉と見なす. **2** (Defizit) 欠損, 赤字: ein ~ decken 赤字を埋める. [*lat.* mancus „verstümmelt"－*it.*; ◇manque]

Mann1[man] 人名 **1** Heinrich ~ ハインリヒ マン(1871–1950; ドイツの作家. 作品『帝国』『臣下』など). **2** Thomas ~ トーマス マン(1875–1955; ドイツの作家. ハインリヒの弟. 1929年ノーベル文学賞を受賞. 作品『ブッデンブローク家の人々』『魔の山』『ヨーゼフとその兄弟』など).

Mann2[man] 男 -es(-s)/Männer[mɛ́nər] **1** (小 **Männ·chen** → 別出, **Männ·lein** → 別出) (↔Frau) (成人の)男性, 男子, 男; (男らしい)男; (性別を特に意識しないで)人, 者: ein alter 〈junger〉 ~ 年老いた〈若い〉男 | ein feiner ~ 上品な男, 紳士 | ein gemachter ~ 成功した〈裕福な〉男 | ein großer 〈kleiner〉 ~ 大男〈小男〉| ein schöner ~ 美男子 ‖ **alter ~** i) 《坑》採掘跡; ii) 《話》古いチーズ | der blinde ~ 《海》舵手の助手 | **der böse ~** (子供をおどす)おばけ | **freier ~** 《サッカー》リベロ(＝Libero) | ∇der gemeine ~ (身分のない)ただの人; 《軍》兵卒 | **der kleine ~** 《話》i) 富も権力もない小市民; ii) 陰茎, 男根(＝Penis) | die Rache des kleinen ~*es* (→Rache) | **letzter ~** 《サッカー》スウィーパー(＝Ausputzer) | **der schwarze ~** 《話》i) 煙突掃除夫; ii) (子供をおどす)おばけ ‖ **der ~ des Tages** 時〈話題〉の人 | **ein ~ der Tat** 実行の人, 行動的な人 | ein ~ der Wissenschaft 〈der Feder〉 学問〈文筆〉の人 | ein ~ des Volkes 民衆の友 | **ein ~ des Todes** 死神につかまった〈死の迫った〉人 | ein ~ Gottes 聖職者; 《比》変人 ‖ der ~ am Klavier (宴会場・酒場などの)ピアノひき | **der** 〔**erste**〕 **~ an der Spritze** (消防ポンプの)筒先持ち; 《話》実力者, 有力者, 顔役(の男) | **der ~ auf** 〈**von**〉 **der Straße** 《比》(その辺にざらにいる)並の〈普通の〉人, 世間一般の人 | ein ~ aus dem Volk〔e〕 i) 民衆出の人, 庶民; ii) 民衆の友(＝ein ~ des Volkes) | **der ~ im Mond** 月男(月面の影を人に見たてたもの; 日本の月ウサギに相当) | ein ~ von Charakter 性格のはっきりした〈気骨のある〉男 | ein ~ von Einfluß 〈Bedeutung〉 勢力家, 有力者 | ein ~ von Format スケールの大きい〈風格のある〉男 | ein ~ von Geist 〈Mut〉 知力〈勇気〉のある人 | **ein ~ von Welt** 世なれた人, さばけた人 | **ein ~ von Wort** 約束を守る〈信頼のできる〉男 ‖ *Männer* und Frauen 男と女; 男も女も | ~ und Weib 男と女, 男女(→2).

‖〖前置詞と〗**~ an ~** 押し合いへし合いして, すし詰めになって | wenn 〈wo〉 Not am ~ ist (→Not 1) | ***et.*4 an den ~ bringen** 《話》i) …(商品など)を売りつける; ii) …(知識・ニュースなど)を売り込む〈披露(ひろう)する〉(ただし: *jn.* an den ~ bringen →2) | **an** 〈**in**〉 **den ~ gehen** (サッカーなどで敵に)体当たりする | an den rechten 〈richtigen〉 ~ kommen 適当な相手をうまく見つけだす, うまい相手をつかまえる | einen Hund **auf** den ~ dressieren 人を襲うように犬を訓練する | **bis zum letzten ~ kämpfen** 最後の一兵〈ひとりになる〉まで戦う | **für** *Männer* 男子用 | ~ für ~ ひとりずつ〈みんな〉| ein Kampf **~ gegen ~** 一対一の戦い | Die Kosten betragen 10 Mark **pro ~.** 費用は一人につき10マルクになる | ein Gespräch **von ~ zu ~** 男と男の(腹を割った)話し合い.

‖〖1格で〗ein ganzer ~ sein りっぱな人物である | der gegebene ~ für *et.*4 sein …にうってつけの人である | der rechte 〈richtige〉 ~ am rechten 〈richtigen〉 Platz sein うってつけである, 適材適所である | **ein gemachter ~ sein** 《話》成功者である, 経済的に安定した地位にある | **ein toter ~ sein** 《話》人生の落後者である, 社会から葬り去られている | **Der brave ~ denkt an sich selbst zuletzt.** りっぱな男というものは自分自身のことはいちばん最後に考える(Schiller) | **Der kluge ~ baut vor.** 賢者は先手を打つ(Schiller) ‖ *sich*4 als ~ bewähren 〈zeigen / erweisen〉 男らしいところを見せる | **wie ein ~** i) 男らしく, 雄々しく, 勇ましく; ii) [–⏑⏑] いっせいに, 一致して, みんなそろって | *sich*4 wie ein ~ erheben (大勢が)いっせいに立ち上がる ‖ Du bist mein ~! 君は私の気に入ったよ, 君は頼りになる人だ | Du bist nicht der ~ 〔dazu / danach〕, die Aufgabe zu lösen. この課題を解くのは君ではむりだ | Sei ein ~! 男らしくしろ | **Ein ~, ein Wort.** 《諺》男子の一言, 男は約束を守る(男女ともに用いるが, 女の場合には戯れて Eine Frau, ein Wort. とも言う) | Selbst ist der ~. (→selbst I 1 a) ‖〖2格で〗Ich bin ~*s* genug, 〔um〕 mich zu behaupten. 私にだってがんばり通す力はある ‖〖3格で〗**einem nackten ~ in die Tasche greifen** 《話》裸の男のポケットに手を入れようとする(むだな努力をする) ‖〖4格で〗*seinen* ~ finden 相棒〈好敵手〉にめぐり会う | ***seinen* ~ stehen** 〈**stellen**〉 (独力で)がんばり抜く, りっぱに任を果たす〈面目を立てる〉| Sie mußte schon früh im Leben ihren ~ stehen. 彼女はもう若いときから人生の荒波を切り抜けて行かなければならなかった ‖ ***seinen* ~ ernähren** (仕事・職業などが)食うに困らない

M

だけの収入を保証する | Dieser Beruf ernährt seinen ~. この職業はいい収入になる | den lieben Gott einen guten 〈frommen〉 ~ sein lassen (→Gott) | **einen kleinen ~ im Ohr haben**《話》頭がすこしおかしい | **den starken 〈großen〉 ~ markieren 〈mimen〉**《話》ひどく強そうに振舞う | **den wilden ~ spielen 〈machen〉**《話》あばれる; いきり立つ ‖ **den toten ~ machen**《戯》あおむけになって体を水に漂わせる〈流れにまかせる〉.

‖〔呼びかけ・叫び〕〔Aber〕 ~!〔まあ〕なんてことを | ***Mann* Gottes!**《話》(立腹・警告の呼びかけ, 驚き・否認の叫びとして)なんだって君; なんたることだ | Junger ~! (未知の若い男に対して)もしお若い方, ねえ君 | Lieber 〈Guter〉 ~! (親しみ・軽蔑をこめて)ねえあんた | **Mein lieber ~!** (驚いて)まあなんてことを(→2).

2 (↔Frau) (Ehemann) 夫, 主人, 亭主: mein ~ 私の夫〈主人〉| ~ und Frau 夫と妻, 夫婦(→1) | wie 〈als〉 ~ und Frau zusammenleben 夫婦気取りで暮らす, 同棲(どうせい)する | *Mann* und Weib ist ein Leib. 夫婦は一心同体(聖書: 創 2,24から) | einen ~ bekommen 〈finden〉 夫〔になる男〕を見つける | einen ~ haben 夫がある | *sich*³ einen ~ suchen 結婚相手(の男)を探す | ***jn.* an den ~ bringen**《戯》…のために亭主を見つけてやる, …を嫁がせる | *jn.* zum ~ nehmen …を夫にする ‖ Wie geht es Ihrem ~? ご主人はお元気ですか | Mein lieber ~! (妻が夫に対して)あなた(地域によってはただ *Mann!*).

3 a) -es(-s)/Leute 兵員; 船員, 乗組員; 工員, 従業員: **mit ~ und Maus untergehen**《比》(船が)乗組員もろとも沈没する | ***Mann* über Bord!**〔海〕だれか海に落ちたぞ. **b)** -es (-s)/-《数詞などと》(人員が)…名: ein Unteroffizier und vier ~ 下士官 1 名と兵 4 名 | fünfzig ~ Besatzung 50名の乗務員 | eine hundertfünfzig ~ starke Kompanie 150名編成の中隊 | **blau 〈voll〉 sein wie tausend ~**《話》ぐでんぐでんに酔っている ‖ alle ~ 全員で | Alle ~ an Bord 〈Deck〉!〔海〕総員甲板へ(号令) | Morgen fahren wir alle ~ nach Berlin.《話》あす我々は全員ベルリンへ行く ‖ drei ~ hoch 3 名で | Sechs ~ hoch haben sie ihn besucht. 彼らは 6 名で彼をたずねた.

4 -es (-s)/-en **a)**《雅》(Lehnsmann)〔史〕封臣, 封建家臣; (Gefolgsmann) 従者, お供. **b)**《比》信奉者, 取り巻き.

[*germ.* „Mensch"; ◇mahnen; *engl.* man]

..mann[..man]《名詞・動詞・副詞などにつけて男性名詞をつくる》**1**《「職業・役割が…の人」を意味する》: Berg*mann* 坑員 | Milch*mann* 牛乳配達人 | Sports*mann* スポーツマン | Staats*mann* 政治家 ‖ Kauf*mann* 商人 | Spiel*mann* 辻音楽師 | Steuer*mann*〔海〕航海士; 舵手 ‖ Reserve*mann* 予備役軍人 | Tor*mann*〔スポーツ〕ゴールキーパー ‖ Vorder*mann* (自分の)前にいる人. **2**《「人間の形をしたもの」を意味する》: Schnee*mann* 雪だるま | Stroh*mann* わら人形. **3**《「男」を意味する》: Ehe*mann* 夫.

★ 複数形は, i) 同種・同業の人を表すときは ..leute: Kauf*mann* 商人—Kauf*leute*, Edel*mann* 貴族—Edel*leute*

ii) 男性または男性的特性・外形を明示するときは ..männer: Ehe*mann* 夫—Ehe*männer* (ただし Eheleute 夫婦), Ehren*mann* 紳士—Ehren*männer*, Weihnachts*mann* サンタクロース—Weihnachts*männer*

iii) ただし Fach*mann*, Schutz*mann* などのように..männer, ..leute の両形が用いられるものもある.

Man·na[mána·] 中 -〔s〕/ ; 女 -/ **1 a)**〔聖〕マナ(イスラエルの民が荒野で神から与えられた食物. 出16,15). **b)**〔カトリック〕マナ(聖体の象徴). **c)**《比》天の糧(かて), 心の慰藉(いしゃ); 元気を回復してくれるもの. **2** マンナ (Mannaesche などトネリコ類の木から採れる甘い樹液で, Mannit の原料). **3**〔植〕マンナ(ナンバンサイカチの莢果(きょうか)の中にあるパルプ状の偽隔壁で, 甘味がある). [*hebr.*–*gr.*–*spätlat.*–*mhd.*]

Man·na≈esche[mána..] 女〔植〕マンナトネリコ(梣)(南欧産のモクセイ科トネリコ属の木で, 甘い液を分泌する: →Manna 2). **≈flech·te** 女〔植〕チャシブゴケ(茶渋苔)(地衣類). **≈gras** 中〔植〕ドジョウツナギ(泥鰌繋). **≈zucker** 男 マンナ糖.

mann·bar[mánba:r] 形《雅》**1 a)** (少女が)結婚適齢の, 年ごろの. **b)** (少年が)性的に成熟した, 生殖能力のある. **2** 男らしい, 男性的な.

Mann·bar·keit[-kaɪt] 女 -/ mannbar なこと.

Mann·bar·keits·ri·tus 男 -/..ten《ふつう複数で》(Initiationsritus)〔民族〕(原始的社会の)成年式.

Männ·chen[mɛ́nçən] 中 **1** -s/-, Männerchen [mɛ́nərçən] **a)** Mann² 1 の縮小形: ein altes, verhutzeltes ~ しなびたじいさん ‖ **~ machen**(ウサギ・犬などが)あと足で立つ, (犬が)ちんちん〔しておねだり〕する;《話》へつらう, ごまをする | 〔***sein***〕 **~ machen 〈bauen〉**《話》(兵士が上官に対して)直立不動の姿勢をと〔って敬礼す〕る, 気をつけをする | *Männerchen* aufs Papier malen 人の絵を落書き〔してひまつぶし〕する | Du siehst wohl *Männerchen*?《戯》君は正気じゃない〈酔っている〉ようだね. **b)** Mann² 2 の愛称形: 〔Mein〕 liebes ~! (夫に向かって甘えて)あなた. **2** -s/- (↔Weibchen)(動物, 特に小動物・鳥・魚などの)雄: die ~ der Mücken 雄の蚊(か) | Fisch*männchen* 魚の雄 | Vogel*männchen* 鳥の雄 ‖ **nicht mehr wissen, ob man ~ oder Weibchen ist**《話》(男女の別もわからぬほど)ひどく混乱している; すっかり疲れ果てている.

Mann·deckung[mán..] 女〔球技〕マンツーマン〔でマークすること〕.

Män·ne·ken[mɛ́nəkən] 中 -s/-s《北部, 特に: ベルリン》「=Männchen 1」

man·nen[mánən] 他 (h) **1**〔海〕(貨物などを)手送りする. **2**《スイス》(*jn.*)(女性が…と)結婚する. ᵛ**3** (bemannen)(*et.*⁴)(…に)人員を配置する.

Man·nen Mann² 4 の複数.

Man·ne·quin[manəkɛ̃́:, mánəkɛ̃·; オーストリア・スイス: mankɛ̃́] 中 (男) -s/-s **1** ファッション=モデル. ᵛ**2 a)** (Schaufensterpuppe)(ショーウインドー用の)マネキン人形. **b)** (画家・彫刻家用の)モデル人形, 人体模型. [*mndl.* manne-kijn „Männchen"–*fr.*; ◇Mann²; *engl.* manikin]

Män·ner Mann² 1, 2 の複数.

..männer[..mɛnər] →..mann ★

Män·ner≈ar·beit[mɛ́nər..] 女 男の仕事; 男性に適した仕事. **≈art** 女 男のやり方〈流儀〉. **≈be·ruf** 男 男性〔向き〕の職業. **≈bund** 男〔人類〕(原始的社会での成人男子からなる)男子結社; (一般に)男性の秘密結社.

Män·ner·chen Männchen 1 の複数.

Män·ner≈chor[mɛ́nərko:r] 男 男声合唱〔団〕. **≈dop·pel** =Herrendoppel **≈ein·zel** =Herreneinzel **≈fang** 男《話》ボーイハント, マンハント: auf ~⁴ 〔aus〕gehen ボーイハントに出かける.

män·ner·feind·lich 形 男ぎらいの, 男性敵視の.

Män·ner≈freund·schaft 女 男の友情. **≈ge·schich·ten** 複《話》男たちとの情事〈色恋沙汰(ざた)〉. **≈ge·sell·schaft** 男 (男性優位の)男性社会. **≈haß** 男 男性への憎悪〈憎しみ〉. **≈haus** 中〔民族〕(特に未開民族の)男子家屋, 男子宿(やど)(家族の住む家屋とは別に設けられた成年男子の集合所). **≈kind·bett** 中〔民族〕(未開社会の)擬娩(ぎべん), 男子産褥(さんじょく), クーバード(産婦の夫が出産に付随することをまねる習俗). **≈klei·der** 複 男子服. **≈lie·be** 女 男同士の〔同性〕愛. **≈milch** 女《卑》(Sperma) 精液.

män·ner·mor·dend 形《話》男性を悩殺する, 男殺しの(女性).

Män·ner≈sa·che 女 **1** (もっぱら)男性の処理すべき事柄, 男の仕事. **2**《複数で》男性用衣類. **≈schuh** 男 男子〈紳士〉靴. **≈si·lo** 男《話》(男子の)独身寮. **≈sta·tion** 女 (病院の)男子病棟. **≈stim·me** 女 男の声;〔楽〕男声〔部〕. **≈treu** 女 -/- (Ehrenpreis)〔植〕クワガタソウ(鍬形草)属(男の真心は長つづきしないとしてこの花の開花になぞらえたもの). **≈über·schuß** 男 (女性人口に対する)男性人口過剰. **≈welt** 女 -/ 男の世界, 男性中心の社会;《集合的に》男たち.

Man·nes≈al·ter[manəs..] 中 -s/ 壮年〔期〕: im besten ~ sein 男盛りである. **≈jah·re** 複 =Mannesalter **≈kraft** 女 **1** 男性の生殖力. **2** 男の力〈体力・能力〉. **≈mut** 男 男の勇気〈気力〉. **≈schwä·che** 女 (Impotenz)(男性

の)勃起(ぼっ)〈性交〉不能, 陰萎(いん). ≈**stär·ke** 女 =Manneskraft ≈**wort** 中 -[e]s/-e 男子の一言, 男の〔名誉をかけた〕約束. ≈**wür·de** 女 -/ 男子の体面〈威厳〉. ≈**zucht** 女《雅》規律; (特に:) 軍律, 軍紀.

▽**Mạnn·geld**[mán..] =Wergeld

mạnn·haft[mánhaft] 形 男らしい, 雄々しい, 毅然(きぜん)とした, 勇敢な: eine ~*e* Tat 男らしい行為 | *jm.* 〈*et.*³〉 ~*en* Widerstand leisten …に敢然と抵抗する ‖ *sich*⁴ ~ benehmen 男らしく振舞う.

Mạnn·haf·tig·keit[..tıçkaıt] 女 -/ mannhaft なこと.

Mạnn·heim[mánhaım] 地名 マンハイム(ドイツ南西部, Rhein 川と Neckar 川の合流点にある Baden-Württemberg 州の河港都市). [*ahd.* Mannin-heim; ◇Mann², Heim]

Mạnn·hei·mer[..mər] **I** 男 -s/- マンハイムの人. **II** 形《無変化》マンハイムの: die ~ Schule〘楽〙マンハイム楽派(18世紀半ばに Mannheim を中心に活動したグループ).

Mạnn·heit[mánhaıt] 女 -/ **1** =Männlichkeit 1 **2** (男性の)性的成熟.

..männig[..mɛnıç]²〘植〙《数詞などにつけて「雄しべ・雄蕊(ゆうずい)が…の」を意味する形容詞をつくる》: ein*männig* 雄しべが一つの.

mạn·nig≈fach[manıçfax] 形《述語的用法なし》種々の, いろいろ〈さまざま〉な: ~*e* Ursachen さまざまな原因 | ~ wechseln いろいろに変化する. ≈**fal·tig**[..faltıç]²(南部: ≈**fäl·tig**[..fɛltıç]²) 形 種々の, いろいろ〈さまざま〉な; 多様な, 変化に富んだ. [<manch]

Mạn·nig·fal·tig·keit[..kaıt] 女 -/ **1** (mannigfaltig なこと. 例えば:) 多様性. **2**〘数〙多様〈集合〉体.

▽**män·nig·lich**[mɛ́nıklıç] **I**《不定代名詞; ふつう無語尾のまま名詞的に用いられるが, 2格には必ず語尾 -[e]s をつけ, 他の格も語尾がつくことがある. 形容詞的に用いる場合も無変化のことが多く, 副詞的にも用いられる. スイス以外ではすたれている》(jeder) おのおの〈すべて〉〔の〕, 各人〔の〕; (allgemein) 一般に: wie ~ weiß だれもが知っているように | nach ~*s* Meinung 各人の意見にしたがって ‖ Sie wissen es ~. 彼らはみなそれを知っている | Es ist ~ bekannt, daß ... …は周知の事実である. **II** 副 (mannhaft) 男らしく. [*ahd.* manno gihwilīh „der Menschen jeder"; ◇Mann²]

Mặn·nin[mɛ́nın] 女 -/-nen ▽**1** 男まさりの女, 女丈夫; 男みたいな女. **2**〘聖〙(男の伴侶(はんりょ)としての)女.

män·nisch[mɛ́nıʃ]《雅》=männlich 1

Man·nịt [maní:t, ..nít] 男 -s/-e〘化〙マンニット, マンニトール. [<Manna 2+..it²]

Mặnn·lein[mɛ́nlaın] 中 -s/- (Mann² 1 の縮小形. 例えば:) **1** 体格の小さい男, 小男. **2**《戯》男: ~ und Weiblein《話》男も女も.

mặnn·lich[mɛ́nlıç] 形 (↔weiblich) **1 a)** 男性の, 雄の(記号 ♂): eine ~*e* Blüte〘植〙雄花 | das ~*e* Geschlecht 男性 | die ~*e* Linie 男系(家系の) | ~*e* Wesen 男性〔連中〕‖ das ~*e* Glied 男根, 陰茎 | ~*e* Kleidung 男性用衣類. **b)** 男性的な, 男らしい, 雄々しい, 男っぽい: eine ~*e* Arbeit 男性向きの〈男の手による〉仕事 | ein ~*er* Entschluß 男らしい決意 ‖ ~ handeln 男らしく行動する. **2 a)** (maskulin)〘言〙男性の(→sächlich, weiblich): ein ~*es* Hauptwort〘言〙男性名詞. **b)**〘詩・楽〙男性の: ~*e* Endung〘楽〙男性終止 | ein ~*er* Reim〘詩〙男性韻(→Reim 1).

Mặnn·lich·keit[–kaıt] 女 -/ **1** (männlich なこと. 例えば:) **a)** 男性的なこと, 男らしさ, 男っぽさ. **b)**〘生〙雄性. **2** (男性の)生殖器.

Mạnn·loch[mán..] 中 (暗渠(あんきょ)・ボイラーなどに人が入るための)マンホール.

Mạnns·bild[máns..] 中《特に: 南部・オーストリア》《話》男;《軽蔑的に》野郎, やつ.

Mạnn·schaft[mánʃaft] 女 -/-en **1 a)** (スポーツその他の)チーム, 組: eine gemischte ~ 混成チーム | Fußball*mannschaft* サッカーチーム | Rettungs*mannschaft* 救助隊 ‖ eine ~ aufstellen チームを編成する. **b)** 作業〈研究〉チーム. **2**《集合的に》(船の)乗組員; (乗り物の)乗務員; (飛行機の)搭乗員: die ~ auf dem Deck antreten lassen 乗組員を甲板に整列させる | **vor versammelter ~**《話》全員の面前で. **3**《集合的に》**a)**〘軍〙(士官・下士官に対して)兵員. **b)**〘海〙(高級船員に対して)一般船員, 水夫.

mạnn·schaft·lich 形 チーム〔として〕の: ~*e* Geschlossenheit チームとしてのまとまり.

Mạnn·schafts≈auf·stel·lung 女 チームの編成. ≈**füh·rer** 男 **1** チームの監督. **2** =Mannschaftskapitän ≈**geist** 男 -[e]s/ チームの団結心〈連帯感〉. ≈**ka·me·rad** 男 チーム仲間〈メート〉. ≈**kam·mer** 女 (船などの)乗組員室(→ 図 Schiff B). ≈**kampf** 男 (↔ Einzelkampf)〘スポーツ〙チーム間の試合, 団体戦. ≈**kan·ti·ne** 女〘軍〙兵員食堂. ≈**ka·pi·tän** 男 (チームの)キャプテン, 主将. ≈**kost** 女〘軍〙兵員食. ≈**mei·ster·schaft** 女〘スポーツ〙団体選手権. ≈**mes·se** 女〘海〙一般船員食堂〈集会室〉. ≈**raum** 男〘海〙一般船員室. ≈**spiel** 中 **1** 団体競技. **2** チームワーク. ≈**sport** 男 団体スポーツ(サッカー・野球・水球など). ≈**ver·fol·gungs·ren·nen** 中 (自転車競技の)団体追いぬきレース. ≈**wa·gen** 男 兵員輸送車.

mạnns·dick[máns..] 形 おとなの身体の太さほどの.

Mạnn·sen[mánzən] 中 -s/-《話》(↔Weibsen) 男性, 男. [*mhd.* mannes name; ◇Name]

mạnns·hoch[máns..] 形 おとなの背丈ほどの: *mannshohe* Wellen おとなの丈ほどもある波浪.

Mạnns≈hö·he 女 おとなの背丈. ≈**leu·te** 複《話》(Männer) 男たち, 男衆. ≈**per·son** 女《話》男の人. ≈**schild** 男〘植〙トチナイソウ属.

mạnns·toll 形 男好き〈男狂い〉の; (女性が)色情狂の.

Mạnns≈toll·heit 女 (女性の)色情狂. ≈**treu** 男 中 -s/-〘植〙オオバコエンドロ属(セリ科). ≈**volk** 中《単数で》**1**《話》男たち, 男衆. **2**《軽蔑的に》野郎ども.

Man·nus[mánʊs] 人名〘ゲルマン神〙マヌス(→Tuisto).

Mạnn·weib[mán..] 中 **1**《軽蔑的に》男みたいな〈男まさりの〉女. **2** (Zwitter) ふたなり. [*gr.* andró-gynos (◇gynäko..) の翻訳借用]

mano →*mano* destra, *mano* sinistra

mạ·no dẹ·stra[má:no· dɛ́stra·]《イタリア語》(mit der rechten Hand)(略 m. d.)〘楽〙右手〔で〕. [<*lat.* manus (→Manual)+dexter „rechts"]

Ma·no·mẹ·ter[manomé:tər] 中 (男) -s/- **1**〘理〙(気体・液体用の)圧力計. **2**《間投詞的に》(„Mann!" のくずれた表現で, 驚き・不満・強調を表して) おや, あらまあ(驚いた); いやはや, まったく: *Manometer*, du bist schon wieder da?! おや 君はもう帰って来たのかい. [*fr.*; <*gr.* manós „dünn"]

Ma·no·mẹ·ter·druck 男 -[e]s/〘理〙ゲージ圧.

ma·no·mẹ·trisch[..mé:trıʃ] 形 圧力計の; 圧力計による, 圧力計で測定した.

ma nọn tạn·to[ma· no:n tánto·, – nɔn –]《イタリア語》(aber nicht so sehr)《他の指示語とともに》〘楽〙マ=ノン=タント,〔しかし〕それほどではなく: allegro ~ アレグロで しかしあまり速すぎずに.

ma nọn trọp·po[– no:n trɔ́po·, – nɔn –]《イタリア語》(aber nicht zu sehr)《他の指示語とともに》〘楽〙マ=ノン=トロッポ,〔しかし〕過度にならぬように: allegro ~ アレグロで しかしあまり極端にならぬように.

mạ·no si·nị·stra[má:no· zinístra·]《イタリア語》(mit der linken Hand)(略 m. s.)〘楽〙左手〔で〕. [<*lat.* manus (→Manual)+sinister „links"]

Ma·nö̩·ver[manǿ:vər] 中 -s/- **1**〘軍〙演習: Flotten*manöver* 艦隊演習 ‖〔ein〕~ abhalten 演習を行う | ins ~ ziehen 演習に出かける. **2 a)**〘軍〙作戦行動: Ablenkungs*manöver* 陽動作戦. **b)** (船・車などの)進路〈速度〉変更, 方向転換, 操縦: mit einem geschickten 〈gefährlichen〉 ~ einen Wagen überholen たくみな〈危険な〉ハンドルさばきで車を追い越す. **3**《軽蔑的に》策動, 工作; かけひき, やり口, 手練手管; 技巧, こつ: ein politisches ~ 政治工作 | Hinhalte*manöver* 引きのばし工作 ‖ allerhand ~ anstellen さまざまな策略を駆使する | Das sind doch lauter ~. それは皆ぺてんじゃないか. [*fr.* manœuvre]

M

Ma·nö·ver≈ge·biet 中〘軍〙演習地域. **≈ge·län·de** 中〘軍〙演習場. **≈kri·tik** 女 演習に関する講評.

ma·nö·vrie·ren[manøvrí:rən] **I** 自 (h)〘軍〙演習を行う; 作戦行動をとる;《比》巧みに事を運ぶ, 策略を使う: Er mußte vorsichtig ~, um niemand zu verärgern. 彼はだれをも怒らせぬように慎重に行動しなければならなかった. **II** 他 (h)《しばしば目的語なしで》(船・車などを)〔うまく〕操縦〈誘導〉する, 方向〈速度〉を変える;《軽蔑的に》策略を使う: ein Schiff in den Hafen ~ 船を港に進入させる | *jn.* in eine wichtige Position ~ (策略を用いて)…を重要な地位につかせる ‖ 再帰 Das Auto *manövrierte* sich[4] in die Garage. 自動車はうまく車庫に入った. [*lat.* manūoperārī „mit der Hand arbeiten"–*fr.* manœuvrer; ◇Manual, operieren]

ma·nö·vrier≈fä·hig[manøvrí:r..] 形 (船・車などが)操縦機能のある. **≈un·fä·hig** 形 (船・車などが)操縦機能を失った.

manque[mã:k]《フランス語》(↔passe) マンク(ルーレットで1-18の数: → 図 Roulett). [„Mangel"; ◇Manko]

Man·sard·dach[manzárt..] =Mansardendach

Man·sar·de[manzárdə] 女 -/-n **1** =Mansardendach **2** (ふつう Mansardendach 内部の居住性のある)屋根裏部屋, (→ 図 Haus B). [*fr.*; <J. Hardouin-Mansart (フランスの建築家, †1708)]

Mansarden-fenster

Man·sar·den≈dach[manzárdən..] 中〘建〙マンサード屋根(二重勾配(こうばい)の腰折れ屋根: → 図 Dach B). **≈fen·ster** 中 Mansarde 2 の張り出し窓(→ 図). **≈stu·be** 女 =Mansarde 2 **≈woh·nung** 女 屋根裏部屋の住居. **≈zim·mer** 中 =Mansarde 2

Mansch[manʃ] 男 -〔e〕s/《話》どろどろした物(特に粥(かゆ)・雪どけのぬかるみなど).

man·schen[mánʃən]《04》《話》**I** 自 (h)《in *et.*[3]》(どろどろしたものを)かきまぜる, こね回す. **II** 他 (h) どろどろにかきまぜる. [<matschen]

Man·sche·rei[manʃəráɪ] 女 -/-en《話》**1** manschen すること. **2** =Mansch

▽**Man·sche·ster**[manʃέstər] 男 -s/ =Manchester II

Man·schet·te[manʃέtə] 女 -/-n **1**《ふつう複数で》(シャツ・ブラウスなどの)そで口, カフス: ~*n* zuknöpfen カフスボタンを留める | **~*n* vor *jm.* 〈*et.*[3]〉 haben**《話》…をこわがる. **2** (カフス状のもの. 例えば:) **a)** (植木鉢などの)飾りカバー(→ 図 Blumenstock). **b)**〘医〙(血圧計の)マンシェット, 圧迫帯. **c)**〘工〙スリーブ, パッキンリング. **d)**《話》(Handfessel) 手錠. **3**《単数で》〘レスリング〙(反則とされる)のど輪攻め. [*fr.* manchette „Ärmelchen"; <*lat.* manicae „Ärmel" (◇Manual)]

Man·schet·ten≈dich·tung 女 =Manschette 2 c **≈knopf** 男 カフスボタン.

man·schig[mánʃɪç][2] 形《話》どろどろした.

▽**Man·teau**[mãtó:] 男 -s/-s =Mantel 1 [*lat.*–*fr.*]

Man·tel[mántəl] 男 -s/Mäntel[mέntəl] (小 **Män·tel·chen**[mέntəlçən], **Män·te·lein**[..təlaɪn] 中 -s/-) **1** コート, オーバー, 外套(がいとう); マント, ガウン; ケープ: ein ~ aus Pelz / Pelz*mantel* 毛皮のコート | Bade*mantel* 浴用ガウン, バスローブ | Sommer*mantel* 夏のコート ‖ einen ~ tragen 〈anhaben〉 コートを着ている | den ~ anziehen 〈ausziehen〉 コートを着る〈脱ぐ〉 | *jm.* in den ~ 〈aus dem ~〉 helfen …にコートを着せて〈…のコートを脱がせて〉やる | im ~ 〈unter dem ~〉 der Nacht《雅》夜のとばりに覆われて ‖ **den ~ 〈das *Mäntelchen*〉 nach dem Wind〔e〕 hängen 〈kehren / drehen〉**《軽蔑的に》(その時々の)支配的な意見に調子を合わせる, 日和見的に振舞う | ***et.*[3] einen ~ 〈ein *Mäntelchen*〉 umhängen**《比》…を言いつくろう | ***et.*[4] mit dem ~ der Liebe 〈der christlichen Nächstenliebe〉 bedecken 〈zudecken〉 / den ~ der Liebe 〈der christlichen Nächstenliebe〉 über *et.*[4] breiten**《比》…(他人の過ちなど)をやさしくかばう, …に寛大な態度をとる, …を大目に見る; (いたわりの気持から)…に言及しないでおく. **2 a)**〘工〙外被, 被覆, 外側, カバー, ジャケット; (車輪のタイヤの)外殻, トレッド(→ 図 Reifen); (弾丸の)被甲, 外殻(→ 図 Geschoß). **b)**〘動〙(軟体動物の)外套膜; (被嚢(ひのう)類の)被嚢. **3 a)**〘数〙(円柱・角柱などの)側面. **b)**〘林〙(森の)外側林. **4**〘商〙(利札のない)原券. **5**〘法〙(会社などの)種別〈形態〉表示 (AG, GmbH など). **6**〘新聞〙(日刊紙の地方版の記事に対する)一般記事(政治・経済面など). [*lat.* mantellum „Hülle"–*ahd.*; <*lat.* man-tēle „Handtuch" (◇Manual); ◇*engl.* mantle]

Man·tel≈auf·schlag[mántəl..] 男 コートの襟の折り返し. **≈fut·ter** 中 コートの裏地. **≈ge·schoß** 中〘軍〙被甲弾. **≈ge·setz** 中 (Rahmengesetz)〘法〙(大綱だけを定め, 細目は他の立法にゆだねた)外郭法律. **≈kleid** 中〘服飾〙コートドレス(コートのように前あきですそまでボタンでとめる婦人服). **≈kra·gen** 男 コートの襟. **≈mö·we** 女〘鳥〙オウシュウオオセグロ(欧州大背黒). **≈no·te** 女 (外交上の)包括的覚書. **≈pa·vian** 男〘動〙マントヒヒ(狒々). **≈sack** 男 ▽**1** (馬の鞍(くら)につけた)旅行バッグ, 旅嚢(りょのう). **2**《南部・オーストリア・スイス》=Manteltasche **≈ta·rif** 男〘経〙概括的賃率〔表〕. **≈ta·rif·ver·trag** 男〘経〙概括的労働〈賃金〉協約, 外郭契約. **≈ta·sche** 女 コートのポケット. **≈tier** 中〘動〙被嚢(ひのう)類, 尾索類.

Man·tik[mántɪk] 女 -/ (Wahrsagekunst) 占い術, 予言術. [*gr.*; <*gr.* mántis „Wahrsager"]

Man·til·le[mantíljə, ..tílə; オーストリア: ..tílə] 女 -/-n (▽**Man·til·la** [..tílja·] 女 -/..llen[..ljən])〘服飾〙**1** マンティーラ(スペインの女性のかぶるベール状のレースのスカーフ). **2** マンティーラ(レース編みまたはベルベット製の女性用の短いマント: → 図). [*lat.* mantellum (→Mantel)–*span.* mantilla]

Kapotte

Krinoline

Mantille (Umschlagtuch)

Man·tis[mántɪs] 女 -/-(Gottesanbeterin)〘虫〙カマキリ. [*gr.* mántis „Seher"]

Man·tis·se[mantísə] 女 -/-n〘数〙(常用対数の)仮数. [*lat.* manti〔s〕sa „Zugabe"]

Mantsch[mantʃ] 男 -〔e〕s/ =Mansch

mant·schen[mántʃən]《04》=manschen

Man·tua[mántua·] 地名 マントヴァ(イタリア北部の都市. イタリア語形 Mantova).

manu →*manu* propria

Ma·nual[1][manuá:l] 中 -s/-e **1**〘楽〙(オルガン・チェンバロなどの)マニュアル, 手鍵盤(けんばん) (→ 図 Orgel). ▽**2 a)** (Tagebuch) 日記; (Geschäftstagebuch)〘商〙(毎日の)出納帳. **b)** (Handbuch) 手引書;〘宗〙(宗規の)要覧, 定式書. [*mlat.*; <*lat.* manus „Hand" (◇Munt)]

Ma·nu·al[2][mǽnjuəl] 中〘電算〙(機器操作・プログラム操作の)マニュアル.

Ma·nua·le[manuá:lə] 中 -〔s〕/-〔n〕 =Manual[1]

Ma·nu·brium[manú:briʊm] 中 -s/..brien[..briən]〘解〙柄(へい), 柄状部. [*lat.*]

Ma·nuel[má:nue:l, ..nuɛl] 男名 (<Emanuel, Immanuel) マーヌエール.

ma·nuell[manuέl] 形 **1** 手の: ~*e* Geschicklichkeit 手先の器用さ. **2** 手による, 手づくりの: ~*e* Arbeit 手仕事; 手づくりの品 | *et.*[4] ~ herstellen …を手で作る. [*lat.* manuālis–*fr.*; <*lat.* manus (→Manual)]

Ma·nu·fakt[manufákt] 中 -〔e〕s/-e 手工業製品. [<*lat.* manū factum „mit der Hand Hergestelltes"]

Ma·nu·fak·tur[manufaktú:r] 女 -/-en **1**〘経〙工場制手工業, マニファクチュア. **2** 製造所, 製作所, 工場. ▽**3** =Manufakt [*mlat.*–*engl.*; ◇Faktura]

▽**ma·nu·fak·tu·rie·ren**[..turí:rən] 他 (h) 手で〈手工業的に〉作る.

Ma·nu·fak·tu·rist[..turíst] 男 -en/-en 手工業工場主, 手工業者; 手工業製品商人.

Ma·nu·fak·tur·wa·ren[..tú:r..] 複 手工業製品.

ma·nu pro·pria[má:nu· pró(:)pria·]《ラテ語》(略 m. p.) 自筆で. [„mit eigener Hand"; ◇proper]

Ma·nus[má:nus] 中 -/-《オーストリア・スイス》(<Manuskript) 原稿, 稿本.

Ma·nu·skript[manuskrípt, ..nus..] 中 -〔e〕s/-e **1** (略 Ms., 複数: Mss.; Mskr.) (手書きまたはタイプで打った)原稿, 稿本: ein ~ mit der Maschine schreiben 原稿をタイプで打つ | ohne ~ sprechen (講演・スピーチなどで)原稿なしで話す ‖ Als ~ gedruckt. 原稿扱い(非公開印刷物の意) | Das ~ geht in 〔den〕 Druck. 原稿が印刷に回る. **2** (Handschrift) (古代・中世などの)写本. [*lat.* manū scrīptum „mit der Hand Geschriebenes"−*mlat.*]

ma·nus ma·num la·vat[má:nus má:num lá:vat]《ラテ語》(eine Hand wäscht die andere)《諺》世の中は持ちつ持たれつ. [◇lavieren²]

Man·za·nil·la[mantsaníIja·, mansa..] 男 -s/ マンサニリャ(スペイン産の辛口のシェリー酒). [*span.* „Kamille"; <*span.* manzana „Apfel"]

Man·zhou·li[mǎndʒōulǐ] 地名 =Mandschuli

Mao·is·mus[maoísmus] 男 -/ 毛沢東主義(→Mao Tse-tung).

Mao·ist[maoíst] 男 -en/-en 毛沢東主義者.

mao·istisch[..ístɪʃ] 形 毛沢東主義の.

Mao·ri[máuri·, maó:ri·] **I** 男 -〔s〕/-〔s〕マオリ人(ニュージーランドの原住民). **II** 中 -/ マオリ語. [*polynes.*]

Mao Tse-tung[mautsetúŋ] (**Mao Ze·dong** [máǔdzʌ́dōŋ]) 人名 毛沢東, マオ ツォートン(1893-1976; 中国の革命家・政治家. 中国共産党首席〔1945-76〕).

Map·pe[mápə] 女 -/-n (小 **Mäpp·chen**[mɛ́pçən] 中 -s/-) **1** 紙ばさみ, ファイル, バインダー: Briefe in die ~ legen 手紙をファイルにはさむ. **2** 手さげかばん: Akten*mappe* 書類かばん | Schul*mappe* 学生かばん ‖ *et.*⁴ in die ~ stecken …をかばんに入れる. [*lat.* mappa „Tuck"−*mlat.* mappa (mundī) „(Welt)karte"; ◇*engl.* map]

▽**Map·peur**[mapǿ:r] 男 -s/-e (Kartograph) 地図学者, 地図〈海図〉製作者. [*fr.*; <..eur]

▽**map·pie·ren**[mapí:rən] 他 (h)《*et.*⁴》(…の)地図を作る.

Ma·quil·la·ge[makijá:ʒə] 女 -/ **1** (Make-up) 化粧, メーキャップ. **2** (いかさまのためにトランプの札に)印をつけること. [*fr.*; <*fr.* maquiller „schminken"+..age]

Ma·quis[makí:] 男 -[−(s)]/-[−(s)] **1**《単数で》マキ(第二次大戦中のフランスの対独抵抗組織). **2** =Macchia [*it.* macchia (→Macchia)−*fr.* maquis „Unterholz"]

Ma·qui·sard[makizá:r] 男 -/-s, -en[..zárdən] マキのメンバー. [*fr.*]

..mar[..mar]《本来は「湖・沼」を意味し, 地名にみられる》: Wei*mar* [*ahd.* mari; ◇Meer]

Mär[mɛ:r] 女 -/-en (**Mä·re**[mɛ́:rə] 女 -/-n) **1**《雅》(おもしろい)話, 物語; 知らせ, うわさ: eine alte ~ 古譚(たん), むかし話. **2**《軽蔑的に》うそ, つくりごと. [*ahd.* mārī „Nachricht"; <*ahd.* māri „berühmt" (◇mehr); ◇Märchen]

Ma·ra·bu[má:rabu·] 男 -s/-s〘鳥〙ハゲコウ(禿鸛)(アフリカ・南アジアなどに生息する大型のコウノトリ). [*fr.*]

Ma·ra·but[marabú:t] 男 -/-; -〔e〕s/-s マラブート(イスラム教の隠者・聖者, 転じてその墓をも指す). [*arab.* murābit „Einsiedler"−*port.*−*fr.* marabout]

Ma·rä·ne[marɛ́:nə] 女 -/-n〘魚〙マレナ(北ドイツの湖沼などにすむマスの類).

ma·ran·tisch[marántɪʃ] 形〘医〙消耗〈衰弱〉性の: ~*e* Thrombose 衰弱性血栓症.

Ma·ras·chi·no[maraskí:no·] 男 -s/-s マラスキノ(ダルマチア産のチェリーブランデー). [*it.*; <*lat.* amārus „bitter"]

Ma·ras·mus[marásmus] 男 -/〘医〙消耗〔症〕, 衰弱. [*gr.*; <*gr.* maraínein „verwelken"; ◇mürbe, Matsch¹]

ma·ra·stisch [..stɪʃ] = marantisch [<*gr.* máransis „Verwelken"]

Ma·rat[mará] 人名 Jean-Paul ~ ジャン=ポール マラー(1744-93; フランスの革命家).

Ma·ra·thon[má:ratɔn, mar..] **I** 地名 マラトン(前490年にギリシア軍がペルシア軍を破った, Athen 北方の古戦場). **II 1** 男 -s/-s =Marathonlauf **2** 中 -s/-s《話》長々と続くもの(会議など). [*gr.*−*lat.*; <*gr.* márathon „Fenchel"]

marathon..《話》《名詞につけて「きわめて長くかかる, 延々と続く」を意味する》: *Marathon*diskussion 長時間にわたる討論.

Ma·ra·thon⸗lauf 男〘陸上〙マラソン競走. ⸗**läu·fer** 男 マラソン走者. ⸗**pro·zeß** 男《話》長期にわたる訴訟. ⸗**re·de** 女《話》延々と続くスピーチ. ⸗**sit·zung** 女《話》延々と続く会議. ⸗**ver·hand·lung** 女《話》延々と続く交渉.

Mar·bel¹[márbəl] 中 男 -s/- **1** (ガラス吹き工芸用の)木型. **2**《南部》=Marmor [<Marmel¹]

Mar·bel²[−] 女 -/-n **1** (Hainsimse)〘植〙スズメノヤリ(雀槍)属(イグサ科). **2** =Märbel **3**《南部》=Marmor

Mär·bel[mɛ́rbəl] 女 -/-n《中部》(Murmel) ビー玉.

Mar·burg an der Lahn[má:rburk an der lá:n, már.. − − −] 地名 (略 Marburg a. d. L.) マールブルク アン デル ラーン(ドイツ西部, Lahn 川に臨む Hessen 州の都市. 1527 年創立の大学がある).

★ Marburg an der Drau (スロベニアの都市マーリボア Maribor) と区別して a. d. L. をそえる.

[<Mar-bach-burg „Burg am Mark-bach" (◇Mark²)]

Mar·bur·ger[má:rburgər, már..] **I** 男 -s/- マールブルクの人. **II** 形《無変化》マールブルクの: die ~ Schule〘哲〙(新カント派の)マールブルク学派.

marc. 略 =marcato

Marc[mark] 人名 Franz ~ フランツ マルク(1880-1916; ドイツの画家).

mar·ca·to[marká:to·] 副 (betont)〘楽〙マルカート, (音を)一つ一つはっきりと. [*it.* marcare „markieren"; ◇Marke]

March¹[març] 女 -/-en《スイス》(耕地の)境界; 耕地境界標. [◇Mark²]

die March²[−] 地名 女 -/ モラバ(チェコ, Mähren の中央部を貫流する川. Donau 川の支流. チェコ語形 Morava). [*lat.* Marus−*ahd.* Mar-aha; ◇Ache]

Mar·chand-Tail·leur[marʃã(:)tajǿ:r] 男 -s/-e《スイス》(Herrenschneider) 紳士服の仕立屋, テーラー. [*fr.*; <*fr.* marchand „Kaufmann"; ◇Markt]

Mär·chen[mɛ́:rçən] 中 -s/- **1** (民間に伝承された空想的な)物語, 民話, 童話, おとぎ話, メルヘン: die ~ der Brüder Grimm グリム童話(グリム兄弟の集成した童話) | Volks*märchen* 民話 | Kunst*märchen* 創作〈芸術〉童話 ‖ den Kindern ~ erzählen 〈vorlesen〉子供たちに童話を話して〈読んで〉聞かせる | Es klingt wie ein ~! それは夢のような話だ〈驚くべきことだ〉. **2**《話》(架空の)つくり話, (言いのがれなどのためにでっち上げた)うそ: Erzähl mir doch keine ~! つくり話はよせ, そんなこと信じないぞ. [<Mär]

Mär·chen⸗buch 中 童話の本, 童話集. ⸗**dich·ter** 男 童話作家. ⸗**fi·gur** 女, ⸗**ge·stalt** 女 童話〈おとぎ話〉の登場人物(魔女・小人など).

mär·chen·haft[mɛ́:rçənhaft] 形 **1** 童話〈民話〉ふうの: eine ~*e* Erzählung 童話ふうの物語. **2** 童話めいた, 童話的な; この世にありそうもない, 想像もできない; すばらしく美しい;《話》非常な, 信じられないくらいの: ein ~*er* Anblick der Gebirge 山々のすばらしいながめ | ~*er* Reichtum 夢のような〈信じられないほどの〉富 ‖ Sie tanzt ~. 彼女はすばらしくダンスがうまい | ~ niedrige Preise 信じられないほど安い値段.

Mär·chen⸗held 男 (女 ⸗**hel·din**) 童話〈おとぎ話〉の主人公. ⸗**land** 中 おとぎの国. ⸗**on·kel** 男 (子供たちに童話を話して聞かせる)おとぎ話おじさん. ⸗**oper** 女 童話歌劇. ⸗**prinz** 男 童話に出てくる王子さま. ⸗**prin·zes·sin** 女 童話に出てくる王女さま. ⸗**samm·lung** 女 童話集. ⸗**schatz** 男 童話の宝庫; 童話集. ⸗**spiel** 中 童話劇.

M

⸗tan·te 女 (子供たちに童話を話して聞かせる)おとぎ話おばさん. **⸗welt** 女 童話の世界.

Mar·che̱·sa[marké:za·] 女 -/-s, ..sen[..zən] (イタリアの)侯爵夫人. [*it.* < *it.* marca „Grenze“ (◇Mark²)]

Mar·che̱·se[..zə] 男 -/-n (イタリアの)侯爵. [*it.*]

Ma̱rch·zins[márç..] 男 -en/-en《スイ》中間利子. [< *mhd.* march „Grenze“ (◇Mark²)]

Ma̱r·cia[mártʃa·] 女 -/-s (Marsch)〘楽〙行進曲, マーチ. [*fr.* marche (→Marsch¹)−*it.*]

Mar·co̱·ni[markó:ni·] 人名 Guglielmo ～ グリエルモ マルコーニ(1874–1937; イタリアの電気技術者で無線電信の発明者. 1909年ノーベル物理学賞を受賞).

Ma̱r·co Po̱lo[márko· pó:lo·] マルコ ポーロ(1254–1324; イタリアの旅行家. 1275年に今日の北京に達した.『東方見聞録』はその口述による).

die **Mar·co-Po̱·lo-Brücke**[markopó:lo..] 地名 女 -/ マルコ=ポーロ橋(→Lugoutjiau-Brücke).

Mar·cu̱·se[markú:zə] 人名 Ludwig ～ ルートヴィヒ マルクーゼ(1894–1971; ドイツの文学者).

Ma̱r·der[márdər] 男 -s/- **1 a)**〘動〙テン(貂). **b)**《話》(すばしこい)どろぼう: Kleider*marder* 衣装どろぼう. **2** =Marderfell [*germ.*; ◇*engl.* marten]

Ma̱r·der⸗beut·ler 男〘動〙フクロネコ(袋猫). **⸗fell** 中 テンの毛皮. **⸗hund** 男〘動〙タヌキ(狸), ムジナ(貉). **⸗pelz** 男 =Marderfell

Ma̱·re[má:rə, ..re·] 中 -/-, ..ria[..ria·]《ふつう複数で》〘天〙(月, まれに火星の)海(望遠鏡で見ると黒く見える平原). [*lat.* mare „Meer“; ◇Meer, marin, maritim]

Mä̱·re[mɛ́:rə] =Mär

Ma·re̱l·le[marɛ́lə] 女 -/-n =Marille

mä̱·ren[mɛ́:rən] 自 (h)《東部》**1** のろのろ〈ぐずぐず〉働く, のらくらしている. **2** たわごとを言う, くだくだと語る. **3**《in *et.*³》(…を)こね回す, かき回す. [*mhd.* mer〔e〕n „Brot tunken“]

Ma·re̱nd[marɛ́nt]¹ 中 -s/-i[..di·]《スイ》, **Ma·re̱n·de** [..də] 女 -/-n《オースト》(Vesperbrot) 午後〈夕方〉の間食, おやつ. [*spätlat.* merenda−*it.*−*rätoroman.*; < *lat.* merēre „verdienen“ (◇..mer); ◇Märte]

ma·re̱n·go[marɛ́ŋgo·] **I** 形《無変化》霜降り模様の. **II** **Ma·re̱n·go** 男 -s/〘服飾〙マレンゴ(霜降りウーステッド服地). [< Marengo (北イタリアの村の名)]

Mar·ga·re̱·ta[margaré:ta·] 女名 マルガレータ.

Mar·ga·re̱·te[..tə] 女名 マルガレーテ. [*lat.* margarīta „Perle“; ◇Margot]

Mar·ga·re̱·ten·blu̱·me 女 =Margerite

Mar·ga·ri̱·ne[margarí:nə; オースト: ..rí:n] 女 -/ マーガリン. [*fr.*; < *gr.* márgaron „Perle“ (◇Margerite)]

Mar·ga·ri̱·ne⸗brot 中 マーガリンを塗ったパン. **⸗wür·fel** 男 さいころ形に包装したマーガリン.

Ma̱r·ge[márʒə] 女 -/-n **1** 差異, 較差, 開き; 変動幅. **2**〘商〙**a)** (原価と売価との)利ざや, マージン. **b)** (店や地域による商品などの)価格差. [*lat.* margō „Rand“−*fr.*; ◇Mark²]

Mar·ge̱ll[margɛ́l] 女 -/-en =Marjell

Mar·ge·ri̱·te[margərí:tə; オースト: ..rítə] 女 -/-n〘植〙フランスギク(菊)(いわゆるマーガレットとは別種). [*gr.* margarítēs „Perle“−*lat.*−*fr.* marguerite; ◇Margarine]

Mar·ge·ri̱·ten·blu̱·me 女 =Margerite

mar·gi·na̱l[marginá:l] 形 **1 a)** ふち〈へり〉にある, 周辺の, 辺縁の. **b)** (中心的ではない)周辺の, 付随的な: ein ～*es* Thema 付随テーマ. **c)**〘植〙縁辺の; 周辺の. **2** (どちらの領域に属するとも言えない)境界の. [◇Marge, ..al¹]

Mar·gi·na̱l⸗ana·ly̱·se 女〘経〙限界分析. **⸗be·mer·kung** 女 欄外の注〈書き込み〉, 傍注.

Mar·gi·na̱·le[..lə] 中 -〔s〕/..lien[..liən] =Marginalie

Mar·gi·na̱l·glos·se 女 欄外に書き込まれた注釈.

Mar·gi·na̱·lie[..liə] 女 -/-n《ふつう複数で》欄外〈余白〉の書き込み, 傍注;《比》皮肉な〈批判的な〉コメント.

mar·gi·na·li·sie̱·ren[marginalizí:rən] 他 (h)《*jn.*》(…を社会的に)周辺に追いやる; 社会の進歩から取り残す〈置き去りにする〉. 「garete]

Ma̱r·got[márgɔt, márgo·] 女名 マルゴット. [*fr.*; ◇Mar-

Ma̱·ria¹ Mare の複数.

Ma·ri̱a²[marí:a·] **I** 女名 マリーア. **II** 人名《2格 Mariä [..rí:ɛ]》〘聖〙マリヤ, マリア(イエス キリストの母): die Jungfrau ～ 処女マリア | *Mariä* Himmelfahrt 聖母〔マリア〕被昇天〔の祝日〕(8月15日) | Unbefleckte Empfängnis *Mariä* マリア無原罪の御やどり〔の祝日〕(12月8日) ‖ **Jesus, ～! / Jesses ～! / ～ und Josef!** (驚きを示して)これはしたり, なんたることか. [*hebr.*−*gr.*−*lat.*]

Ma·ri̱ä Maria² II の2格.

Ma·ria̱·ge[mariá:ʒə; オースト: ..á:ʒ] 女 -/-n[..ʒən] **1** (Heirat) 結婚, 婚姻; (Ehe) 結婚生活. **2**〘トランプ〙マリジ(同じ組のキングとクイーンを持ち合わせること). [*fr.*; < *lat.* marītāre „vermählen“; ◇*engl.* marriage]

Ma·ria La̱ach[mari:alá:x] 地名 マリア ラーハ(ドイツ西部, Bonn の南方にあるベネディクト会の大修道院. ロマネスク様式の建築で知られる). [◇Maria² II, der Laacher See]

die **Ma·ria̱·nen**[mariá:nən] 地名 複 マリアナ諸島(西太平洋にあり, アメリカ領のグアム島をのぞいて, 他はアメリカの信託統治領). [< Maria Anna (スペイン国王フェリーペ四世の王妃)]

der **Ma·ria̱·nen·gra̱·ben**[mariá:nən..] 地名 男 -s/ マリアナ海溝(かいこう).

ma·ria̱·nisch[..nɪʃ] 形〘カトリック〙マリアの; 聖母マリアに関する: ～*e* Theologie マリア学 | *Marianische* Kongregationen マリア信心会.

Ma·ri·a̱n·ne[mariánə] **I** 女名 マリアンネ. **II** 女 -/ **1**〘史〙マリアンネ(フランスの革命的秘密結社名, 1815–48; のち「自由の女戦士」として象徴化された). **2**《比》(フランスの)第三共和政(君主制主義者たちによる蔑称). **3**《戯》フランス. [< Maria²+Anna]

Ma·ri̱a The·re̱·sia[marí:a· teré:zia·] 人名 マリア テレジア(1717–80; オーストリアの女帝).

Ma·ri̱a·ze̱ll[mari:atsɛ́l] 地名 マリアツェル(オーストリア Steiermark 州にある巡礼地. 湯治場・ウインタースポーツの中心地としても有名). [< Maria² II]

Ma·ri̱e[marí:, ..rí:ə] **I** 女名 (< Maria) マリー. **II** 女 -/《話》(Geld) 金(かね): linke ～ にせ金 | ～ verdienen 金をかせぐ | keine ～ haben 文なしである. [II: < Maria-Theresia-Taler (マリア テレジア帝時代の銀貨)]

Ma·ri̱e·chen[marí:çən] **I** 女名 (< Maria, Marie) マリーヒェン. **II** 中 -s/-《話》(Margarine) マーガリン.

Ma·ri̱·en·ba̱d[marí:ənba:t] 地名 マリーエンバート(チェコ Böhmen 地方にある保養地. チェコ語形マリアンスケー=ラーズニエ Mariánské Lázně). [< Maria² II]

Ma·ri̱·en⸗bild 中 聖母マリア像. **⸗dich·tung** 女 聖母マリア文学. **⸗di·stel** 女〘植〙オオアザミ(大薊). **⸗fä·den** 複《オースト》(Altweibersommer) (晴れた秋空にただよう)クモの糸. **⸗fest** 中〘カトリック〙聖母マリアの祝日 (Mariä Himmelfahrt, Unbefleckte Empfängnis Mariä など: →Maria² II). **⸗gla̱s** 中 -es/ (Alabasterglas)〘鉱〙透石膏(せっこう). **⸗glocken·blu̱·me** 女〘植〙フウリンソウ(風鈴草). **⸗gra̱s** 中〘植〙**1** チフォイデス(イネ科の一属). **2** ノハラツメクサ(ナデシコ科の雑草). **⸗kä·fer** 男〘虫〙**1** テントウムシ(天道虫). **2** テントウムシ科の昆虫. **⸗kult** 男 聖母マリア崇拝. **⸗le̱·ben** 中〘美・文芸〙聖母マリアの生涯を描いた作品. **⸗le·gen·de** 女 聖母マリア伝説. **⸗mo̱·nat** 男〘カトリック〙聖母の月(5月の呼称). **⸗schwe·stern** 複〘カトリック〙聖母修道女会(聖母マリアを模範としてその保護を仰ごうとする). **⸗sei·de** 女 =Marienfäden **⸗tag** 男 =Marienfest **⸗ver·e̱h·rung** 女 聖母マリア崇拝.

Ma·rie̱t·ta[mariɛ́ta·] 女名 マリエッタ. [*it.*; ◇Maria² I]

Ma·ri·hua̱·na[marihuá:na·, ..rɪxu..] 中 -s/ マリファナ, ハシッシュ(インド大麻から作る麻薬): ～ rauchen マリファナを吸う. [*span.*; ◇Mary Jane]

Ma·ri·hua̱·na·zi·ga·ret·te[..á:na..] 女 マリファナ入りの紙巻きタバコ.

Ma·ri̱l·le[marílə] 女 -/-n《南部・オースト》(Aprikose) **1**〘植〙アンズ(杏子). **2** アンズの実. [*lat.* armeniacum

(pōmum) „armenischer (Apfel)“－*it.* armellino; ◇Marunke]

Ma·ril·len≠knö·del 男《オーストリア》〖料理〗アンズを中にくるんだジャガイモの粉の団子. **≠koch** 中《南部・オーストリア》〖料理〗(どろどろに煮つめた)アンズソース. **≠mar·me·la·de** 女〖料理〗アンズのジャム.

Ma·rim·ba[marímba·] 女 -/-s〖楽〗マリンバ(木琴の一種). [*afrikan.*－*span.*]

Ma·rim·ba·phon[marımbafó:n] 中 -s/-e〖楽〗マリンバフォーン(共鳴管つきのマリンバ).

ma·rin[marí:n] 形 **1** 海の, 海に関する; 海にある, 海産の: ～*e* Organismen 海洋生物. **2** 海運〈船舶〉の;〖軍〗海軍の. [*lat.*; < *lat.* mare (→Mare)]

Ma·ri·na·de[mariná:də] 女 -/-n **1**〖料理〗マリナード, マリネード(肉・魚などの漬け汁で, ふつう酢やワインに油・香辛料などを混ぜて作る). **2** マリナード漬けにした魚〈肉〉. [*fr.*; ◇marinieren]

Ma·ri·ne[marí:nə] 女 -/-n **1**《集合的に》**a)** (一国の)船舶; 海事, 海運: zur ～ gehen 船員になる(→b). **b)** (Kriegsmarine) 海軍(→Heer, Luftwaffe): bei der ～ dienen 海軍に勤務〈在役〉している | zur ～ gehen 海軍に入る(→a). **c)** (Handelsmarine)(一国の)商船〔隊〕. **2** (Seestück)〖美〗海景, 海洋画(海を描いた作品). [*lat.* (rēs) marīna „See(wesen)“－*fr.*]

Ma·ri·ne≠aka·de·mie 女 海軍大学校. **≠ar·til·le·rie** 女 海兵隊砲兵部隊. **≠at·ta·ché**[..|ataʃe:] 男 (大公使館付きの)海軍武官.

ma·ri·ne·blau I 形 ネイビーブルーの, 濃紺の. **II Ma·ri·ne·blau** 中 ネイビーブルー, 濃紺色.

Ma·ri·ne≠flie·ger 男 海軍航空隊員. **≠in·fan·te·rie** 女 海兵隊, 陸戦隊. **≠in·fan·te·rist** 男 海兵隊員, 陸戦隊員. **≠in·ge·nieur**[..|ınʒeniø:r] 男 造船技師; 海軍技師, 海軍技術士官. **≠luft·waf·fe** 女 海軍に所属する空軍, 海軍航空隊. **≠ma·ler** 男 海洋画家. **≠mi·ni·ster** 男 海軍大臣. **≠mi·ni·ste·rium** 中 海軍省. **≠of·fi·zier** 男 海軍将校, 海軍士官.

Ma·ri·ner[marí:nər] 男 -s/-《話》船員; 水兵.

Ma·ri·ne≠schu·le[marí:nə..] 女 海軍兵学校. **≠sol·dat** 男 水兵, 海兵隊員. **≠sta·tion** 女 海防基地, 要港. **≠streit·kräf·te** 複 海軍兵力, 海上軍. **≠stütz·punkt** 男 海軍基地. **≠trup·pen** 複 海軍部隊. **≠uni·form** 女 海軍の制服. **≠werft** 女 海軍造船所.

ma·ri·nie·ren[mariní:rən] 他 (h)〖料理〗(魚・肉を)マリナードに漬ける: ein *marinierter* Hering マリナード漬けのニシン. [*fr.* mariner „(in Salzwasser) einlegen“; ◇Marinade; *engl.* marinate]

Ma·ri·nis·mus[1][marinísmus] 男 -/ 海軍拡張主義〔政策〕.

Ma·ri·nis·mus[2][－] 男 -/〖文芸〗マリニズモ(17世紀イタリアで流行した華麗な詩風). [*it.* marinismo; < G. Marino (イタリアの詩人, †1625)]

Ma·rio[má:rio·] 男名 マーリオ. [*lat.* Marius－*it.*]

Ma·rio·la·trie[mariolatrí:] 女 -/ (Marienverehrung) 聖母マリア崇敬. [< Maria[2] II＋*gr.* latreíā „(Gottes)-dienst“]

Ma·rio·lo·gie[..logí:] 女 -/〖宗〗マリア論(聖母マリアに関する学問).

ma·rio·lo·gisch[..ló:gıʃ] 形 マリア論〔上〕の.

Ma·rion[má:riɔn] 女名 マリオン. [*fr.*; ◇Marie]

Ma·rio·net·te[marionétə] 女 -/-n **1** マリオネット, あやつり人形(ふつう人形の手足にくくりつけた糸を上方から操作する仕組みになっている): die ～*n* geschickt bewegen 〈führen〉マリオネットをたくみにあやつる. **2**《比》(他人に思いのままにあやつられる)傀儡(かいらい): Ich war eine ～ seiner Laune.《比》私は彼の思いのままに動かされた. [*fr.*]

Ma·rio·net·ten≠re·gie·rung 女 傀儡(かいらい)政府. **≠re·gime**[..reʒi:m] 中 傀儡政権. **≠spiel** 中 (マリオネットによる)人形劇. **≠spie·ler** 男 人形使い. **≠staat** 男 傀儡国家. **≠thea·ter** 中 (マリオネットによる)人形劇場.

Ma·riottesch[mariɔ́tʃ] 形 ～*es* Gesetz〖理〗マリオットの法則(ボイル=シャルルの法則の別名). [< E. Mariotte (フランスの物理学者, †1684)]

Ma·rist[maríst] 男 -en/-en〖カトリック〗マリスト会(19世紀初頭フランスで創立された Societas Mariae)の会員. [*fr.*; ◇Maria[2] II]

ma·ri·tim[marití:m] 形 **1** 海の, 海に関する: eine ～*e* Fauna 〈Flora〉 海洋動物〈植物〉| ein ～*es* Klima 海洋性気候. **2** 海運〈船舶〉に関する. [*lat.*; ◇Mare]

Mar·jell[marjɛ́l] 女 -/-en, **Mar·jell·chen**[－çən] 中 -s/-《北東部》(Mädchen) 少女, 女の子, 若い娘. [*litau.* mergēlė̃]

Mark[1][mark] 女 -/- (戯: Märker[mɛ́rkər]) (単位: -/-) (略 M) マルク(ユーロ導入以前のドイツの貨幣〔単位〕; 100 Pfennig): Deutsche ～ (略 DM) ドイツマルク(1948-90年の旧西ドイツおよび1990-2001年までの統一ドイツ通貨) | die ～ der Deutschen Notenbank (略 MDN) ドイツ発券銀行マルク(1964-67年の旧東ドイツ通貨. のち die ～ der DDR (略 M) と改称) ‖ Das Buch kostet acht ～ fünfzig 〔Pfennig〕. その本は 8 マルク50ペニヒする | Ich habe nur noch ein paar ～ 〈*Märker*〉. 私の手元にはほんの二三マルクしか残っていない | Er muß mit jeder ～ rechnen. 彼は金を節約しなければならない | jede ～ 〔zweimal/dreimal/zehnmal〕 umdrehen (→umdrehen I 1) | **keine müde ～**《話》びた一文も…ない | die 〈eine〉 schnelle ～ machen 〈verdienen〉《話》労せずして荒稼ぎする.

★ 個々の貨幣を表すには Markstück を用いる.

Mark[2][－] 女 -/-en **1** (Grenzland)〖史〗国境地域, 辺境:〖地名として〗die ～ Brandenburg マルク=ブランデンブルク(→Brandenburg) | die 〔Grafschaft〕 ～ マルク (Ruhr 地方にあった伯爵領邦で, のち Brandenburg に統合された). **2**〖ラグビー〗タッチ. [*germ.* „Grenze“; ◇Marge, Marke]

Mark[3][－] 中 -〔e〕s/ **1 a)**〖植〗髄, 髄質〔部〕(→ 図 Baum B). **b)**〖解〗髄; (Knochenmark) 骨髄;《比》真髄, 核心: das ～ des Gehirns 脳髄 | das verlängerte ～ 延髄(→ 図 Gehirn) | Rücken*mark* 脊髄(せきずい) ‖ ***jm.* das ～ aus den Knochen saugen**《話》…の骨までしゃぶる, …を利用しつくす | **kein ～ in den Knochen haben**《比》(身体が)弱々しい; 気骨がない ‖ **ans ～** gehen 核心に迫る | ***jn.* bis aufs ～ peinigen 〈quälen / schikanieren〉** …をさんざん苦しめる | **bis ins ～**《比》骨の髄まで, とことんまで | **bis ins ～ 〔hinein〕** 骨の髄まで, 深く | *jn.* bis ins ～ treffen …に深い衝撃を与える | ***jm.* durch ～ und Bein** 〈戯: **durch ～ und Pfennig**〉 **gehen** …の骨身にこたえる, …を心底から揺り動かす | *jn.* ins ～ treffen …の気持を深く傷つける; …に決定的打撃を与える.

2 a) (Fruchtmark) (果物の)果肉. **b)**〖料理〗果肉のピューレ: Tomaten*mark* トマトピューレ.

[*germ.* „Gehirn“; ◇*engl.* marrow]

Mark[4][－] **I** 男名 (< Markus) マルク. **II** →Aurelius II

mar·kant[markánt] 形 〔はっきり〕目立った, 特異の, 独特な; 卓越した: ～*e* Gesichtszüge 彫りの深い顔かたち | eine ～*e* Persönlichkeit 秀でた人物 ‖ ～ schreiben 特徴ある書き方をする. [*fr.*; < *fr.* marquer (→markieren)]

Mark An·ton[márk antó:n] →Antonius II 1

Mar·ka·sit[markazí:t, ..zít] 男 -s/-e (Speerkies)〖鉱〗白鉄鉱. [*mlat.*]

Mark Au·rel[márk aυré:l] →Aurelius II

mark·durch·drin·gend[márk..] 形 (声などが)骨の髄までしみ通るような, かん高い, けたたましい.

Mar·ke[márkə] 女 -/-n **1** (特定の用途をもつ札(ふだ)・券〔片〕・票・プレート. 例えば:) **a)** 食料配給券〈クーポン〉: auf ～*n* essen 〈kaufen〉 配給切符で食事〈買い物〉する. **b)** (Briefmarke) 郵便切手; (Stempelmarke)〔収入〕印紙, 証紙: Sonder*marke* 記念切手 | die ～ auf den Brief kleben 手紙に切手をはる. **c)** 鑑札, 証票; (Dienstmarke)(刑事などの)身分証明記章; (Erkennungsmarke)(兵士の)認識票: Hunde*marke* 犬の鑑札. **d)** (Garderobenmarke)(クロークの)番号札: die Garderobe gegen die ～ aushändigen 携帯品を番号札と引き換えに渡す.

2 a) しるし, 目じるし; 記号, 符号; 記章;〖海・空〗航路標識: eine ～ in *et.*[4] schnitzen …にしるしを刻む. **b)**〖スポーツ〗(跳

M

躍・投擲(とうてき)の)記録, 飛距離: die alte ～ um 5 cm verbessern 従来の記録を5センチ書き改める.

3 a) (Markenzeichen) 商標, トレードマーク: eingetragene ～ 登録商標. **b)** (特定の商標をもつ)銘柄, ブランド: eine bekannte ～ 有名な銘柄 ‖ Schreibwaren ～ Staedtler シュテットラー印の文房具 | **～ Bahndamm** 《戯》安物の〈粗悪な〉タバコ ‖ Diese Zigarre ist nicht meine ～. この葉巻は私のふだん吸っている銘柄ではない | Welche ～ rauchst du? 君はどんな銘柄のタバコを吸うのか | Das ist ～! 《話》(特にワインについて)これは上等だ. **c)** 《話》変わり者, おかしなやつ: Sie ist eine ～ für sich. 彼女は風変わりな人だ. [*germ.* „Zeichen"－*fr.* marque; ◇Mark², merken; *engl.* mark]

Mär·ke[mέrkə] 女 -/-n 《オーストリア》(シャツなどに刺しゅうする)ネーム, 名前のイニシアル.

mar·ken[márkən] 他 (h) 《*et.*⁴》 **1** (…に)しるし〈目じるし〉をつける. **2** 〔海〕(海図に航跡などを)記入する.

mär·ken[mέrkən] 他 (h) 《オーストリア》(シャツなどに)ネームを〔刺しゅうして〕つける.

Mar·ken≠al·bum[márkən..] 中 切手アルバム. **≠ar·ti·kel** 男 銘柄品, 有標品, ブランド商品. **≠ar·tik·ler** [..klər] 男 銘柄品専門商(販売人・製造人). **≠but·ter** 女 銘柄〈純良〉バター. **≠er·zeug·nis** 中, **≠fa·bri·kat** 中 銘柄〈有標〉製品.

mar·ken·frei 形 (食料品などが)配給券不要の, 自由「販売の」.

Mar·ken≠heft 中 **1** 〔郵〕(シートを収めた)切手帳. **2** (サービス券をはる)台紙帳. **≠na·me** 男 商標名, 銘柄の名前.

mar·ken·pflich·tig 形 (食料品などが)配給券を必要とする.

Mar·ken≠samm·ler 男 切手収集家. **≠samm·lung** 女 切手コレクション. **≠schutz** 男 商標保護. **≠wa·re** 女 ＝Markenartikel **≠zei·chen** 中 商標, トレードマーク.

Mär·ker¹[mέrkər] 男 -/- Mark² 1 の住民.

Mär·ker² Mark¹の複数.

mark·er·schüt·ternd[márk..] 形 骨の髄を揺り動かすような, (心の底まで)ぞっとさせるような, すさまじい.

Mar·ke·ten·der[markətέndər] 男 -s/- (女 **Mar·ke·ten·de·rin**[..dərɪn]-/-nen) (昔の)従軍商人, 移動酒保の経営者. [*it.* mercatante „Händler"; ＜*lat.* mercātus (→Markt)]

Mar·ke·ten·de·rei[..tɛndəráɪ] 女 -/-en **1** 移動酒保. **2** 《単数で》移動酒保経営.

mar·ke·ten·dern[..tέndərn] 《05》 自 (h) 移動酒保を経営する; 《mit *et.*³》 移動酒保で(…を)商う.

Mar·ke·te·rie[marketərí:] 女 -/-n[..rí:ən] 《ふつう複数で》寄せ木〈はめ木〉細工〔品〕: eine Kommode aus 〈mit〉 ～*n* 寄せ木細工のたんす. [*fr.*; ＜*fr.* marque (→Marke)]

Mar·ke·ting[márkətɪŋ, má:kɪtɪŋ] 中 -〔s〕/ 〔商〕マーケティング. [*engl.*; ＜*engl.* market (→Markt)]

Mark≠ge·nos·se[márk..] 男 Markgenossenschaft の構成員. **≠ge·nos·sen·schaft** 女 〔史〕マルク共同体(ゲルマン社会や中世ドイツの定住団体の呼称). **≠graf** 男 〔史〕辺境伯. **≠grä·fin** 女 辺境伯夫人. **≠gräf·ler** [..grɛ:flər] 男 -s/- マルクグレーフラー(酸味が少なく軽い Baden 産の白ワイン).

mark·gräf·lich 形 〔史〕辺境伯の.

Mark·graf·schaft 女 -/-en 〔史〕辺境伯領.

mar·kie·ren[markí:rən] 他 (h) **1** 《*et.*⁴》 (…に)記号〈標識〉をつける; (…に)目印をつける: einen Weg durch Stangen 〈die Fahrrinne durch Bojen〉 ～ 棒を立てて道〈浮標によって水路〉を示す | Waren ～ 商品に値札をつける〈ラベルをはる〉. **2** 際立たせる, 強調する: jedes Wort ～ 一語一語はっきり発音する ‖ 再帰 *sich*⁴ ～ くっきり際立つ ‖ *markierte* Gesichtszüge 彫りの深い顔かたち. **3** eine Rolle ～ 〔劇・楽〕(けいこの時にせりふ・歌唱・演技などを単に外形だけなぞるにとどめて)役を演じる. **4** 《話》(vortäuschen) 《*et.*⁴》 装う, (…の)ふりをする: den Dummen ～ ばか者を装う | den Feind ～ 〔軍〕(演習で)仮想敵を演じる | den starken 〈großen〉 Mann ～ (→Mann² 1) | den strammen Max ～ (→Max). **5 a)** 〔スポーツ〕(敵を)マークする. **b)** ein Tor ～ 〔球技〕ゴールに入れて得点する. **6** 《オーストリア》 eine Fahrkarte ～ 切符を切る, 改札する. **7** ein Wild ～ 〔狩〕(猟犬が)えものをかぎつけてほえる. [*it.*－*fr.* marquer; ◇Marke]

Mar·kier·stein[markí:r..] 男 (道の)標石.

Mar·kie·rung[markí:rʊŋ] 女 -/-en **1** 《単数で》 markieren すること. **2** (位置・境界などを示す)目印, 標識, マーク.

mar·kig[márkɪç]² 形 **1** 力強い, きびきびした, 威勢のよい: mit ～*er* Stimme 力強い〈はきはきした〉声で | ～ antworten きびきびと答える. **2** がんじょうな, がっしりした: eine ～*e* Gestalt がっしりした体つき〔の人〕. [＜Mark³]

Mar·kig·keit[−kaɪt] 女 -/ markig なこと.

mär·kisch[mέrkɪʃ] 形 辺境の; Mark Brandenburg の(→Brandenburg): die *Märkische* Schweiz メルキシェ=スイス(ベルリン東北方の丘陵地). [＜Mark²]

Mar·ki·se[markí:zə] 女 -/-n **1** 〔建〕日よけ, 日おおい, オーニング(突き出し式布製日よけ: → 図). **2** マルキーズ形(宝石琢磨(たくま)の一種). **3** ＝Marquise

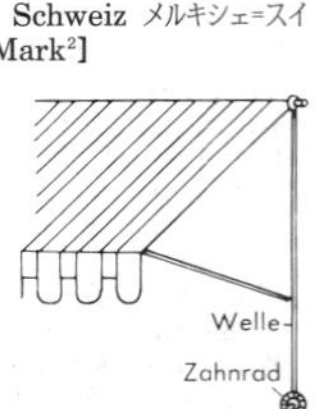

Markise

Mar·ki·sette[..kizέt] 男 -s/ ; 女 -/ 〔織〕マーキゼット(紗(しゃ)織りの軽い薄手の布地で, カーテン・婦人子供服などに用いる). [*fr.*; ◇Marquise]

Mark·ka[márka·] 女 -/- (略 mk) (Finnmark) マルカ, フィンランド=マルク(フィンランドの旧貨幣〔単位〕: 100 Penni). [*anord.*－*schwed.*－*finn.*; ◇Mark¹]

Mark·kno·chen[márk..] 男 髄のたくさん入っている骨.

Mark·li·nie[..li:niə] 女 〔ラグビー〕タッチ=ライン. [＜Mark²]

mark·los[..lo:s]¹ 形 (骨)髄のない; 《比》力のない, 弱々しい.

Mar·kolf[márkɔlf] 男名 マルコルフ. [◇Mark², Wolf³]

Mar·ko·man·ne[markománə] 男 -n/-n マルコマンニ人(ゲルマン民族の一種族). [*germ.* „Grenz-Mann"]

Mar·kör[markǿ:r] 男 -s/-e **1** 〔ビリヤード〕得点記録係. **2** 《オーストリア》(Kellner) ボーイ, 給仕. [*fr.* marqueur; ◇markieren]

Mark·rech·nung[márk..] 女 〔経〕マルク勘定.

Mark·schei·de¹[márkʃaɪdə] 女 〔解〕髄鞘(ずいしょう).

Mark·schei·de²[−] 女 **1** 境界〔線〕. **2** 〔坑〕鉱区境界線.

Mark·schei·de≠kun·de 女 -/ 鉱山測量学. **≠kunst** 女 -/ 鉱山測量術.

Mark≠schei·der[..ʃaɪdər] 男 -s/- 〔坑〕鉱山測量技師, 鉱山調査測量士. **≠schei·dung**[..dʊŋ] 女 -/-en 鉱山測量, 坑内測量.

Mark·schein 男 (昔の) 1マルク紙幣.

Mark·stein 男 境界石; 《比》(重大な)転換期, 転機, 画期的事件.

Mark·strahl 男 〔植〕(木の)髄線, 放射組織(→図 Baum B).

Mark·stück 中 1マルク硬貨.

Mark·sub·stanz 女 〔解〕髄質.

Markt[markt] 男 -〔e〕s/Märkte[mέrktə] **1 a)** 市(いち), 市場(いちば)(→図): Fisch*markt* 魚市場 | Jahr*markt* 年の市 | Super*markt* スーパーマーケット | Weihnachts*markt* クリスマスの市 | der ～ des Lebens 《比》(さわがしい)生活のいとなみ ‖ ～ abhalten 市を立てる〈開催する〉‖ *et.*⁴ auf dem ～ kaufen …を市場で買う | ***et.*⁴ auf offenem ～ bekennen** 《比》…を公衆の面前で告白する | auf den ～ 〈zum ～〉 gehen 市場に行く | *et.*⁴ auf den ～ 〈zum ～〉 fahren …を市場に運ぶ | *et.*⁴ vom ～ mitbringen …を市場から買ってくる | ***sein* Fell 〈*seine* Haut〉 zu ～*e* tragen** 《話》 i) (他人のために)命を張って危険に身をさらす; ii) 《戯》からだを売る, 売春する; 裸を売る, ストリッパーとして働く ‖ Mittwochs ist hier ～. / Mittwochs wird hier ～ abgehalten. /

Mittwochs findet hier ~ statt. ここでは毎水曜日に市が立つ | Der ~ ist mit Obst gut beliefert. 市場には果物が豊富だ. **b**) =Marktplatz **c**) 《南部》年の市で買った品. **2**〖経〗(特定の商品を取引する)市場(しじょう); (商品の)需給, 流通, 取引; (商品に対する)需要, 販路; 市価, 市況: die inländischen ⟨ausländischen⟩ *Märkte* 国内⟨国外⟩市場 | Aktien*markt* 株式市場 | Arbeits*markt* 労働市場 | Getreide*markt* 穀物市場 ‖ **der schwarze ~** やみ市場, やみ取引 | **der graue ~** 黙認やみ取引 | **der Gemeinsame ~** 〔ヨーロッパ〕共同市場(フランス語 Le Marché Commun の翻訳借用語. 正式名称は die Europäische Wirtschaftsgemeinschaft) ‖ den ~ drücken (安売りなどで)市場を圧迫する | den ~ studieren 市場を調査する | für *et.*[4] neue *Märkte* erobern ⟨erschließen⟩ …の新販路を獲得⟨開拓⟩する ‖ am ~ ⟨auf dem ~⟩ sein 市場に出回っている | *et.*[4] auf den ~ bringen ⟨werfen⟩ …を市場に出回らせる⟨大量に出す⟩ | vom ~ verschwinden 市場から消える. [*lat.* mercātus−*ahd.* merkāt; <*lat.* mercārī „Handel treiben"; ◇Mercerie, merkantil; *engl.* mar〔ke〕t]

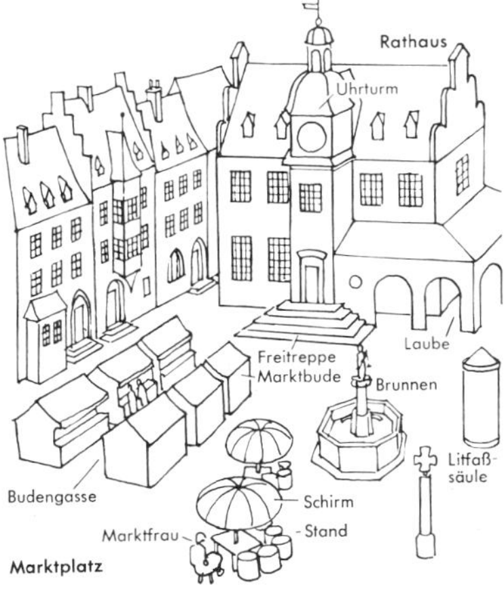

Markt

Markt⸗ana·ly·se[márkt..] 女〖経〗市場分析. **⸗an·teil** 男 市場占有率, マーケット=シェア. **⸗auf·kom·men** 中〖経〗(農産物などの)〔市場〕出荷量. **⸗be·richt** 男 (新聞などの)市況報告; 相場表. **⸗brun·nen** 男 中央広場(→Marktplatz) の噴水. **⸗bu·de** 女 市(いち)の売店, 露店(→ 図 Markt).

Märk·te Markt の複数.

markt·ten[márktən] 《01》 **I** 自 (h) **1** 《mit *jm.* um *et.*[4]》(…と…の買値について)交渉する, 値切ろうとする. ▽**2** (市場(いちば)で)商売する. **II** 他 (h) 《南部》(市場(いちば)で)売る, あきなう.

Markt·er·schlie·ßung 女 市場開拓.

markt·fä·hig[márkt..] 形 (商品が)市場向きの, 他の商品と太刀打ちできる, 売りさばきやすい, 売れ行きのよい.

Markt⸗fah·rer 男 《オーストリア》(市(いち)から市へ渡り歩く)行商人, 的屋(てきや). **⸗fie·rant**[..fiərant] 男 《オーストリア》市場(いちば)の商人. **⸗flecken** 男 Marktrecht を持つ町村. **⸗for·schung** 女〖経〗市場調査, マーケット=リサーチ. **⸗frau** 女 市場(いちば)の女商人. **⸗frei·heit** 女 =Marktrecht 1 **⸗frie·de** 男〖史〗(中世で)市(いち)の立つ期間だけ保証された平和. **⸗füh·rer** 男 市場を制覇する商品.

markt·gän·gig[márkt..] 形 **1** (商品が)売れ行きのよい, 需要の多い. **2** 市場で一般に通用する; 《比》ありきたりの, どこにもあるような: ~*er* Preis 世間並みの価格 | ein ~*es* Klischee 月並みな決まり文句.

Markt⸗ge·bühr 女, **⸗geld** 中 市場(いちば)への出店料. **⸗ge·rech·tig·keit** 女 =Marktrecht 1 **⸗hal·le** 女 市場(いちば)用のホール(ドームにおおわれた空間). **⸗händ·ler** 男 市場(いちば)の商人. **⸗hel·fer** 男 **1** (荷造り・運搬などをする)市場(いちば)人足. **2** (出版社の)倉庫⟨発送⟩係. **⸗korb** 男 **1** 買い物かご. ▽**2** (市場(いちば)の女商人の)大きな背負いかご. **⸗la·ge** 女 市況. **⸗leu·te** 複 市場(いちば)の商人たち. **⸗lücke** 女 (需要がありながらそれに見合う商品の欠けている)市場のすきま⟨欠落部分⟩. **⸗netz** 中 買い物ネット⟨網袋⟩. **⸗ni·sche** 女 =Marktlücke **⸗ord·nung** 女 **1** 市場(いちば)開催規則. **2** (ヨーロッパ経済共同体内の国家による農産物の)市場管理. **⸗ort** 男 -[e]s/-e Marktrecht を持つ町村. **⸗platz** 男 市(いち)のたつ広場, 中央広場(都市などの中心にあって元来そこで市(いち)が開かれた. Markt ともいう: → 図 Markt). **⸗preis** 男〖商〗市場価格, 市価. **⸗prin·zip** 中〖経〗市場原理. **⸗recht** 中 **1**〖史〗(都市に与えられる)市(いち)の開催権. **2** 市場(いちば)〔開催〕法. **⸗re·ge·lung** 女〖経〗市場管理⟨統制⟩.

markt·reif 形 (開発された新製品などが)市場に売り出される段階に達した.

Markt⸗rei·fe 女 marktreif なこと: *et.*[4] zur ~ entwickeln …(製品)を市場に売り出せる状態にまで開発する. **⸗ren·ner** 男《話》売れ行きのよい⟨人気のある⟩商品. **⸗schrei·er** 男 大声で客を呼ぶ〔大道〕商人; 《比》誇大な売り込み(勧誘)をする人.

Markt·schreie·rei[márkt.., ◡–◡⏊] 女 -/-en 誇大宣伝, 売名行為.

markt·schreie·risch[márkt..] 形 誇大広告⟨宣伝⟩の, 山師的な.

Markt⸗schwan·kun·gen 複〖経〗市場⟨需給⟩変動. **⸗si·tua·tion** 女 市況. **⸗stand** 男 (市場(いちば)の)屋台. **⸗stra·te·gie** 女 (企業などの)市場戦略.

markt·stra·te·gisch 形 市場戦略〔上〕の.

Markt⸗tag 男 市(いち)のたつ日, 開市日. **⸗ta·sche** 女 買い物袋. **⸗union** 女 (複数国家間の)市場統合. **⸗weib** 中《しばしば軽蔑的に》=Marktfrau **⸗wert** 男 市場価値. **⸗wirt·schaft** 女 (↔Planwirtschaft)〖経〗市場経済: freie ⟨soziale⟩ ~ 自由⟨社会⟩市場経済.

▽**Mar·kung**[márkʊŋ] 女 -/-en **1** 境界〔設定〕. **2** 境界内の土地. [<Mark[2]]

Mar·kus[márkʊs] **I** 男名 マルクス. **II** 人名〖聖〗マルコ, マルコス: das Evangelium nach ~ (新約聖書の)マルコによる福音書. [*lat.*; ◇Mars[1]]

Mar·kus·evan·ge·lium 中 -s/ (新約聖書の)マルコによる福音書.

Mär·lein[mɛ́:rlaɪn] 中 -s/- 《南部》=Märchen

mar·len[márlən] 他 (h)〖海〗(帆を)マストに固定する. [*ndl.*]

Mar·le·ne[marlé:nə] 女名 マルレーネ. [<Maria[2]+Magdalena]

Marl⸗lei·ne[márl..] 女〖海〗マーリン(帆をマストに固定する細いロープ). **⸗pfriem** 男, **⸗spie·ker** 男〖海〗(ロープのよりを解くための)綱通し針. [<marlen]

das **Mar·ma·ra·meer**[mármarame:r] 地名 中 -[e]s/ マルマラ海(ヨーロッパ=トルコと小アジアの間の海域. Marmara は島の名).

▽**Mar·mel**[1][márməl] 男 -s/(種類:-e) =Marmor

Mar·mel[2][−] (**Mär·mel**[mɛ́rməl]) 女 -/-n 《南部》(Murmel) ビー玉. [*gr.* mármaros (→Marmor)−*lat.*−*ahd.* marmul; ◇Märbel]

Mar·me·la·de[marməlá:də] 女 -/-n ジャム, マーマレード(ただし柑橘(かんきつ)類に限らない): Erdbeer*marmelade* イチゴのジャム ‖ ~ einkochen (果物を煮つめて)ジャムを作る | ~ aufs Brot streichen パンにジャムを塗る. [*port.* marmelada; <*gr.* melí-mēlon „Honig-apfel"; *engl.* marmalade]

Mar·me·la·de〔n〕⸗brot 中 ジャムを塗ったパン. **⸗do·se** 女 ジャム容器.

Mar·mel·kat·ze[márməl..] 女 〘動〙 マーブルド=キャット.

mar·meln[márməln]《06》自 (h)《南部》ビー玉で遊ぶ.

Mar·mel·stein 男《雅》(Marmor) 大理石.

Mar·mor[mármɔr] 男 -s/(種類:-e) 大理石: schwarzer ⟨weißer⟩ ~ 黒⟨白⟩大理石 ‖ eine Statue aus ~ 大理石の彫像 | der ~ ihres Gesichts 彼女の顔の大理石のような白さ⟨冷たさ⟩ | Er ist kalt wie ~. 彼は心が冷たい. [*gr.* mármaros „Gebrochenes"–*lat.*; <*gr.* maraínein „aufreiben"+marmaírein „glänzen"; ◇*engl.* marble]

Mar·mor·ar·beit 女 大理石細工.

mar·mor·ar·tig 形 大理石のような, 大理石状の.

Mar·mor≠bild 中 大理石像. **≠bruch** 男 大理石採掘場. **≠bü·ste** 女 大理石の胸像. **≠gips** 男〘建〙キーンスセメント(無水石膏を主成分としたプラスター). **≠gru·be** 女 =Marmorbruch

mar·mo·rie·ren[marmorí:rən] **I** 他 (h)《*et.*[4]》(…に)大理石模様をつける. **II mar·mo·riert** 過分 形 大理石模様のついた(→ ⊛ Muster).

Mar·mo·rie·rung[..rʊŋ] 女 -/-en **1**《単数で》marmorieren すること. **2** 大理石模様.

Mar·mor≠ka·min[mármɔr..] 男 大理石の暖炉. **≠ku·chen** 男〘料理〙マーブルケーキ.

mar·morn[mármɔrn] 形《付加語的》**1** 大理石の. **2** 大理石のような: ein ~*es* Herz 大理石のように冷たい心.

Mar·mor≠plat·te[mármɔr..] 女 大理石の板. **≠säu·le** 女 大理石の円柱. **≠schlei·fer** 男 大理石の研磨工. **≠sta·tue** 女 大理石の彫像. **≠stein** 男 大理石. **≠ta·fel** 女 大理石の板. **≠ze·ment** 男 =Marmorgips

Mar·mo·sett[marmozέt] 男 -[e]s/-e =Krallenaffe

Mar·mot·te[marmɔ́tə] 女 -/-n (Murmeltier)〘動〙アルプスマーモット. [*fr.*; ◇*engl.* marmot]

die **Mar·ne**[márnə] 地名 女 -/ マルヌ (Seine 川の支流).

Ma·ro·cain[marokɛ̃́:] 男 中 -s/-s〘織〙モロッコ織. [*fr.* (crêpe) marocain „marokkanischer (Stoff)"; <*fr.* Maroc „Marokko" (◇Marokko)]

ma·rod[maró:t][1] 形《南部・オーストリア》《話》〔軽い〕病気の.

ma·ro·de[maró:də] 形《話》**1** 疲れ切った, へとへとになった; ᵛ(行軍で)落後した. **2** すっかり落ちぶれた, 堕落した. [<*fr.* maraud „Lump"]

Ma·ro·den≠li·ste 女《オーストリア》auf der ~ stehen 病気である; 軍務に不適格である. **≠vi·si·te** 女《オーストリア》〘軍〙医務室回診.

Ma·ro·deur[marodø:r] 男 -s/-e (隊から落後して)略奪行為をはたらく兵士. [*fr.*]

ma·ro·die·ren[..dí:rən] 自 (h) (兵隊が隊から落後して)略奪行為をはたらく. [*fr.* marauder]

Ma·rok·ka·ner[marɔká:nər] 男 -s/- モロッコ人.

ma·rok·ka·nisch[..nɪʃ] 形 モロッコの.

Ma·rok·ko[marɔ́ko·] 地名 モロッコ(アフリカ北西部の王国. 1956年フランスから独立. 首都はラバト Rabat). [*arab.*–*it.*; <*arab.* maghrib „westlich"; ◇*engl.* Morocco]

Ma·rok·ko·le·der[marɔ́ko..] 中 -s/ モロッコ革.

Ma·ro·ne[maró:nə] 女 -/-n (方:..ni[..ni·]) マロン(クリ(栗)の実): geröstete ~ 焼き栗. **2** -/-n =Maronenpilz [*it.* marrone; ◇*engl.* marron]

Ma·ro·nen≠pilz 男, **≠röh·ling** 男〘植〙ニセイロガワリ(キノコの一種).

Ma·ro·ni[maró:ni·] **I** 女 -/-《南部・オーストリア》=Marone 1 **II** Marone 1 の複数.

Ma·ro·ni·bra·ter[maró:ni..] 男 -s/-《オーストリア》焼き栗(ぐり)売り.

Ma·ro·nit[maroní:t] 男 -en/-en マロ派教徒(マロ派はレバノン地方のキリスト教の一派). [*spätlat.*; <J. Maro (4世紀シリアの聖者)]

ma·ro·ni·tisch[..ní:tɪʃ] 形 マロ派の.

Ma·ro·quin[marokɛ̃́:] 男 中 -s/ = Marokkoleder [*fr.*; <*fr.* Maroc (→Marocain)]

Ma·rot·te[marɔ́tə] 女 -/-n 気まぐれ; とっぴな嗜好(しこう), 風変わりな習性. [*fr.* „Narrenzepter mit Puppenkopf"; ◇Marie]

Mar·quis[markí:] 男 -[–(s)]/-[–s] (フランスの)侯爵. [*fr.*; ◇Mark[2]]

Mar·qui·sat[markizá:t] 中 -[e]s/-e **1** 侯爵の位. **2** 侯爵領. [*fr.*; ◇..at]

Mar·qui·se[markí:zə] 女 -/-n (フランスの)侯爵夫人. [*fr.*]

Mar·qui·sette[markizέt(ə)] 女 -/; 男 -s/ =Mar-kisette

Mar·ra·ke[s]ch[marakέʃ, ⌣⌣́] 地名 マラケシュ(アフリカ北部, モロッコ南西部の都市. マグレブ地方におけるイスラム文化・学術の中心地であった).

Mar·ro·ni[maró:ni·] 女 -/-《スイス》=Marone 1

Mars[1][mars] **I**〘ロ神〙マルス(軍神. ギリシア神話の Ares に当たる). **II** der **Mars** 男 -/〘天〙火星. [*lat.*]

Mars[2][mars][1] 男 -/-e; 女 -/-en (Mastkorb)〘海〙クローネスト(マストの上端の見張り用のプラットホーム). [*lat.* mercēs–*mndl.* me[e]rse „Waren[korb]"–*mndd.*; <*lat.* merx (→Mercerie)]

Mar·sa·la[marzá:la·] 男 -s/-s, **Mar·sa·la·wein**[marzá:la..] 男 マルサラ産白ワイン (Marsala は Sizilien 島の都市).

Mars·be·woh·ner[márs..] 男 =Marsmensch

marsch[marʃ] 間 進め, 前進;《話》急げ, さあさあ: *Marsch*, ~! 駆け足(号令) | Im Gleichschritt ⟨Laufschritt⟩ ~! 歩調とれ⟨駆け足⟩進め(号令) | Kehrt ~! 回れ右 前へ進め(号令) | Links ⟨Rechts⟩ schwenkt ~! 左⟨右⟩向け 前へ進め(号令) | ohne Tritt, ~! (→Tritt 2) ‖ *Marsch*, hinaus! 出て行け | *Marsch*, ins Bett ⟨an die Arbeit⟩! さあ早く寝ろ⟨仕事に取りかかれ⟩ | *Marsch*, fort mit dir! 君なんかさっさと行ってしまえ. [*fr.* marche]

Marsch[1][marʃ] 男 -es(-s)/ Märsche[mέrʃə] **1** (隊列を組んでの)行進; 行軍, 進軍: ein langer ⟨anstrengender⟩ ~ 長距離の⟨つらい⟩行軍 | der Lange ~〘史〙(1934年から36年にかけての中国共産党軍の)長征 | **der lange ~ durch die Institutionen** (政治的・社会政策的な目標を達成するための)忍耐強い役所めぐり | Nacht*marsch* 夜行軍 ‖ den ~ antreten 行進⟨行軍⟩を始める | auf dem ~ sein 進軍中である | ***jn.* in ~ setzen** …(部隊など)を進発させる;《話》…に仕事を始めさせる | ***sich***[4] **in ~ setzen** (部隊などが)進発する;《話》仕事にとりかかる | Wir haben einen langen ~ hinter uns. 我々は長い道のりを歩いてきた. **2**〘楽〙行進曲, マーチ: Hochzeits*marsch* 婚礼行進曲, ウェディングマーチ | Trauer*marsch* 葬送行進曲 ‖ ***jm.* den ~ blasen**《話》…をどやしつける.
[*fr.* marche „Tritt"; ◇marschieren; *engl.* march]

Marsch[2][–] 女 -/-en (特に北海沿岸の肥沃(ひよく)な)湿地, 沖積地帯, 沼沢地(→ ⊛ Küste). [*mndd.*; ◇Meer; *engl.* marsh]

Mar·schall[márʃal] 男 -/..schälle[..ʃεlə] **1**〘史〙主馬頭(しゅめのかみ); (Hofmarschall) 式部卿(きょう). **2**〘軍〙元帥. [*afränk.*–*afr.*; ◇Mähre[1], Schalk; *engl.* marshal]

Mar·schal·lin[márʃalɪn] 女 -/-nen (Marschall 1 の女性形) 主馬頭(しゅめのかみ)⟨式部卿(きょう)⟩の夫人.

Mar·schall[s]·stab 男 元帥杖(じょう)(本来は元帥にある最高裁判権のシンボル): **den ~ im Tornister tragen**《比》(軍人として)栄達の可能性をもっている, 前途洋々である.

Marsch·be·fehl[márʃ..] 男〘軍〙進発命令.

marsch·be·reit 形〘軍〙進発準備の完了した.

Marsch·be·reit·schaft 女 -/〘軍〙進発準備完了.

Marsch·bo·den 男 Marsch[2]の土壌, 沖積土.

Mär·sche Marsch[1]の複数.

Mar·schen·fie·ber[márʃən..] =Marschfieber

Marsch·er·leich·te·rung[márʃ..] 女〘軍〙行軍のさい窮屈な襟のホックをはずして楽にすること.

marsch·fer·tig =marschbereit

Marsch·fie·ber 中〘医〙沼気(しょうき)熱(一種のマラリア).

Marsch≠flug·kör·per 男〘軍〙巡航ミサイル. **≠ge·päck** 中〘軍〙行軍用装備. **≠ge·schwin·dig·keit** 女 行進⟨行軍⟩速度. **≠glie·de·rung** 女 =Marschord-

nung

mar·schie·ren[marʃí:rən] 自 (s) (隊列を組んで)行進する, 行軍〈進軍〉する; (目標をめざして)前進する: gegen den Feind 〈zur Front〉 ～ 敵〈前線〉に向かって進軍する | im Gleichschritt ～ 歩調をそろえて行進する | in die Kneipe ～《戯》(連れ立って)飲み屋へ向かう | **mit** *jm.* **～**《比》…に同調する ‖ Wir sind heute tüchtig *marschiert*. 我々はきょうはずいぶん歩いた | Der Fortschritt *marschiert*. 着々と進歩している | Die Sache *marschiert* in die falsche Richtung. この件はまちがった方向に進んでいる.
[*afr*. marcher „mit den Füßen treten"; ◇Mark[2]; *engl*. march]

Marsch≠ko·lon·ne[márʃ..] 女 行進する隊列; 〘軍〙 行軍縦隊. **≠kom·paß** 男 行軍用コンパス.

Marsch≠land 中 -[e]s/..länder ＝Marsch[2] **≠län·der** 男 Marsch[2] の住民.

Marsch·lied 中 行進歌, 行軍歌.

marsch·mä·ßig 形 **1** 行進〈行軍〉ふうの: ～ angezogen 行軍用の服装〈装備〉で. **2** 〘楽〙 行進曲〈マーチ〉ふうの.

Marsch≠or·der 女 ＝Marschbefehl **≠ord·nung** 女 行進〈行軍〉隊列. **≠pau·se** 女 行軍の休止. **≠quar·tier** 中 (↔Standquartier) 〘軍〙 行軍〔中の〕仮営舎, 舎営基地. **≠rhyth·mus** 男 行進曲〈マーチ〉のリズム **≠rou·te** [..ru:tə] 女 行軍〈進軍〉の道筋; 《比》(交渉などの)手順: mit gebundener ～ (交渉の)枠に縛られた, 裁量の余地のない. **≠schritt** 男 行進の歩調〈足なみ〉. **≠tem·po** 中 **1** 行進〈行軍〉速度. **2** 〘楽〙 行進曲〈マーチ〉のテンポ. **≠tritt** 男 ＝Marschschritt **≠ver·pfle·gung** 女 行軍用糧食.

Mar·seil·lai·se[marzɛjɛ́:z(ə), marsɛ..] 女 -/ ラ マルセイエーズ(1792年, フランス革命のさなかにルジエ ド リールによって作詞・作曲された進軍歌. Marseille の義勇軍がパリ進軍の際に歌ったのでこの名がある. 1795年フランス国歌に制定): die ～ spielen ラ マルセイエーズを奏する. [*fr*.]

Mar·seille[marzɛ́:j(ə), ..sɛ́(:)j] 地名 マルセイユ(フランス南部, 地中海に臨む港湾都市).

Mar·seil·ler[..zɛ́:jər, ..sɛ́(:)jər] **I** 男 -s/- マルセイユの人. **II** 形《無変化》マルセイユの.

Mars·feld[mársfɛlt][1] 中 -[e]s/ **1** カンプス=マルティウス(古代ローマの練兵場・集会広場. ラテン語形 Campus Martius). **2** シャン=ド=マルス(パリの練兵場, 現在は展示会用広場. フランス語形 Champ-de-Mars). [<Mars[1]]

die **Mar·shall·in·seln**[márʃal..] 地名 複 マーシャル諸島(西太平洋, ミクロネシア東部にあり, アメリカの信託統治領). [<J. Marshall (イギリスの探検家, 1788年に命名)]

Mar·shall·plan[márʃal.., má:ʃəl..] 男 -[e]s/ マーシャル=プラン(1947年アメリカのマーシャル国務長官によって提唱されたヨーロッパ復興援助計画).

Mars·mensch[márs..] 男 (空想上の)火星人.

Mars≠ra·he 女 〘海〙 メーン=トップスル=ヤード(中マストの帆桁(ほげた)). **≠se·gel** 中 〘海〙 メーン=トップスル(中マスト帆).

Mars·son·de 女 火星探査機.

Mar·stall[márʃtal] 男 -[e]s/..ställe[..ʃtɛlə] **1** (王侯の)厩舎(きゅうしゃ)(馬車も格納する). **2** 《集合的に》(王侯所有の)馬. [*ahd*. mar-stal „Pferde-stall"; ◇Mähre[1]]

Mär·te[mɛ́rtə] 女 -/-n **1** 《北部》(Mischmasch) ごた混ぜ. **2** 《中部》(Kaltschale) 〘料理〙 冷製〔果実〕スープ. [*spätlat*. merenda (→Marend) – *ahd*.]

Mar·ter[mártər] 女 -/-n **1** (肉体的・精神的な)呵責(かしゃく), 責め苦; 《比》ひどい苦痛〈苦悩〉: *jm*. körperliche 〈seelische〉 ～*n* zufügen …に肉体的〈精神的〉な責め苦を与える | unter der ～ des Gewissens leiden 良心の呵責に悩む. ▽**2** (Folter) 拷問. [*gr*. martýrion (→Martyrium) – *kirchenlat*. – *ahd*.]

▽**Mar·ter≠bank** 女 -/..bänke 拷問台. **≠ge·rät** 中 責め道具, 拷問具.

Mar·ter·holz 中《雅》(キリストがはりつけにされた)責め苦の十字架.

▽**Mar·ter≠in·stru·ment** 中 ＝Martergerät **≠kam·mer** 女 拷問室. **≠knecht** 男 拷問吏.

Mar·ter·kreuz 中 ＝Marterholz

Mar·terl[mártərl] 中 -s/-n 《南部・オーストリア》殉難者記念碑(路傍十字架像など: → 図).

mar·tern[mártərn] 《05》 他 (h) 《*jn*.》(肉体的・精神的に)責めさいなむ, 苦しめる; 拷問にかける: *jn*. zu Tode ～ …を責め〈いじめ〉殺す ‖ 再帰 *sich*[4] mit *et*.[3] ～ …で苦しむ〈自分を苦しめる〉.

Mar·ter≠pfahl 男 (北米インディアンの)拷問柱. **≠tod** 男 拷問による〈苦痛に満ちた〉死; 殉教.

Mar·te·rung[mártərʊŋ] 女 -/-en martern すること.

mar·ter·voll[mártər..] 形 苦痛〈苦悩〉に満ちた.

Marterl

▽**Mar·ter·werk·zeug** 中 ＝Martergerät

Mar·ter·wo·che 女《雅》(Karwoche) 受難週(復活祭前の1週間).

Mar·tha[márta·] 女名 マルタ. [*hebr*. „Herrin" – *gr*.]

mar·tia·lisch[martsiá:lɪʃ] 形 戦闘的な, 好戦〈挑戦〉的な, 猛々(たけだけ)しい. [*lat*.; ◇Mars[1]]

Mar·tin[márti:n] 男名 マルティーン, マルティン: der heilige ～ 聖マルティノ〈マルティヌス〉(316頃-397; ローマの軍人, のちトゥールの司教でフランク族の守護聖人となった. こじきに自分のマントの半分を切り裂いて施した話は有名. 祝日は11月11日: → Martinstag). [*lat*.; ◇Mars[1]]

Mar·tin-Horn 中 -[e]s/..-Hörner 商標 →Martinshorn

Mar·ti·ni[martí:ni·] 中 -/ 《ふつう無冠詞で》(Martinstag) 聖マルティノ〈マルティヌス〉の祝日: an 〈zu〉 ～ 聖マルティノの祝日に.

Mar·ti·ni·gans[martí:ni..] 女 《オーストリア》＝Martinsgans

Mar·tin·ofen[márti:n..] 男 〘金属〙 平炉. [<P. Martin (フランスの技師, †1915)]

Mar·tins≠fest[márti:ns..] 中 ＝Martinstag **≠fisch** 男 (Petersfisch) 〘魚〙 マトウダイ(的鯛)の類. **≠gans** 女 聖マルティノ〈マルティヌス〉の祝日のガチョウ〔料理〕.

Mar·tins·horn 中 -[e]s/..hörner 《話》(パトカー・救急車・消防車などの)サイレン(元来は商品名で Martin-Horn). [製造会社の名から]

Mar·tins·tag 男 〘カトリック〙 聖マルティノ〈マルティヌス〉の祝日(聖 Martin を記念して11月11日に行われる教会の祭り. 子供たちがちょうちん行列をする): am ～ 聖マルティノの祝日に.

Mar·tin·stahl[márti:n..] 男 〘金属〙 平炉鋼(→Martinofen).

Mar·tins·vo·gel 男 ＝Martinsgans

Mar·tin·ver·fah·ren[márti:n..] 中 -s/ 〘金属〙 平炉法(→Martinofen).

Mär·ty·rer[mɛ́rtyrər] (カトリック: **Mar·ty·rer**[már..]) 男 -s/- (女 **Mär·ty·re·rin**[..rərɪn] 女 -/-nen) 殉教者, 殉教の徒: den ～ spielen 殉教者ぶる. [*gr*. mártys „Merker, Zeuge" – *ahd*. martirāri; ◇Memoire; *engl*. martyr]

Mär·ty·rer·tod 男 殉教の死.

Mär·ty·rer·tum[..tu:m] 中 -s/ 殉教.

Mär·ty·rin[mɛ́rtyrɪn] (カトリック: **Mar·ty·rin**[mar..]) 女 -/-nen＝Märtyrerin

Mar·ty·rium[martý:riʊm] 中 -s/..rien[..riən] **1** (信仰・信念などのためにこうむる)苦難; 殉教. **2** 殉教者記念聖堂. [*gr*. martýrion „Zeugnis" – *kirchenlat*.; ◇Marter]

Ma·run·ke[marúŋkə] 女 -/-n 《中部》スモモ(李)の一種. [*lat*. (prūnus) armeniaca „armenische (Pflaume)" – *slaw*.; ◇Marille]

Marx[marks] 人名 Karl ～ カール マルクス(1818-83; ドイツの哲学者・経済学者で, 科学的社会主義の創始者.『資本論』のほか著書多数).

Mar·xis·mus[marksísmʊs] 男 -/ マルクス主義, マルキシズム: ～-Leninismus マルクス=レーニン主義.

Mar·xist[..ksíst] 男 -en/-en マルクス主義者, マルキスト:

M

ein ～-Leninist マルクス=レーニン主義者.
mar·xi·stisch[..ksístɪʃ] 形 マルクス主義〈マルキシズム〉の: die ～*e* Geschichtsauffassung マルクス主義歴史観 | *et.*[4] ～ interpretieren …をマルキシズム的に解釈する.
Mar·xo·lo·ge[..ksoló:gə] 男 -n/-n (→..loge) 《戯》マルクス学者.
Mar·xo·lo·gie[..ksologí:] 女 -/ 《戯》マルクス学(マルクス主義を研究する学問).
Ma·ry Jane[mɛ́(ə)ri· dʒéɪn] 女 -/ 《話》メリージェーン(マリファナの隠語). [*engl.*−*amerik.*; ◇Marihuana]
März[mɛrts] 男 -(es)/-e (雅: -en/-e) 《ふつう単数で》3月: →August[1]
★ 古名: Lenzmonat, Lenzmond, Lenzing
[*lat.* Mārtius (mēnsis)−*ahd.*; ◇Mars[1]; *engl.* March]
März≈be·cher[mɛ́rts..] = Märzenbecher ≈**bier** =Märzenbier ≈**blüm·chen** 中, ≈**blu·me** 女 =Märzenbecher
Mär·zen≈be·cher[mɛ́rtsən..] 男 〘植〙スノーフレーク. ≈**bier** 中 メルツェンビール(元来は3月に醸造された強い黒ビール). ≈**flecken** 複 《スイス》(Sommersprossen) そばかす. ≈**schnee** 男 3月の雪: *Märzenschnee* tut den Saaten weh. 《諺》3月雪降りゃ苗に痛手.
März≈flie·ge[mɛ́rts..] 女 〘虫〙ケバエ(毛蠅)科の昆虫. ≈**ge·fal·le·ne** 男 三月革命(1848年)の犠牲者; 《皮肉》3月ナチ党員(1933年3月の総選挙後の NSDAP 入党者). ≈**glöck·chen** 中 =Märzenbecher
Mar·zi·pan[martsipá:n, ◡◡‒; オーストリア: ◡◡‒; スイス: ..pan] 中 (男) -s/-e マルチパン(すりつぶしたアーモンドに砂糖・香料などをまぜて焼いたケーキで, 特に Königsberg, Lübeck, Hamburg などのマルチパンは有名). [*it.* marzapane]
Mar·zi·pan≈ei 中 卵の形に作ったマルチパン (Osterei などに使われる). ≈**schwein** 中, ≈**schwein·chen** 中 子豚の形に作ったマルチパン.
märz·lich[mɛ́rtslɪç] 形 3月の(ような).
März≈mücke 女 =Märzfliege ≈**re·vo·lu·tion** 女 〘史〙(1848年ドイツで起こった)三月革命. ≈**veil·chen** 中 〘植〙ニオイスミレ(匂菫).
masc. (**Masc.**) 略 =**Maskulinum** 〘言〙男性(名詞).
Mas·ca·ra[maská:ra·] **I** 女 -/-s 〘美容〙マスカラ(まつ毛につける化粧用の墨). **II** 男 -/-s 〘美容〙マスカラ用ブラシ. [*span.* máscara−*engl.*]
Ma·sche[1][máʃə] 女 -/-n 《ふつう単数で》《話》(うまい)解決策, 抜け道; 手管(てくだ), トリック: eine sanfte ～ 甘言によるまどわし〈説得〉‖ **auf eine ～ reisen** トリックを使う | es mit einer neuen ～ versuchen 新しい手を使ってやってみる ‖ Das ist die ～ 〈eine tolle ～〉! そいつはうまい考えだ | Er hat die ～ raus. 彼はいい手を知っている. [<*jidd.* mezio „Lösung"+Masche[2]]
Ma·sche[2][−] 女 -/-n **1** (網・編物・織物などの)目, 網の目, メッシュ(→ 図 Gewirke): ～*n* aufnehmen 編み目を拾う | eine ～ fallen lassen 編み目を一つ落とす | eine gefallene ～ auffangen 編み落とした目を拾う | An ihrem Strumpf läuft eine ～. 彼女のストッキングは伝線している | **durch die ～*n* des Gesetzes schlüpfen** 《比》法の網をくぐる. **2** 《オーストリア》(Schleife) (ひもの両端を輪状に結んだ)むすび輪; (結んだ)リボン; (ちょう)ネクタイ. [*germ.* „Geknüpftes"; ◇*engl.* mesh]
Ma·schen·draht[máʃən..] 男 (Drahtgeflecht) 金網.
Ma·schen·draht·zaun 男 金網の柵〈フェンス〉.
ma·schen·fest 形 (ストッキングなどが)ほころびない, 伝線しにくい, ノンランの.
Ma·schen≈wa·ren 複 (メリヤス)編物類. ≈**werk** 中 -(e)s/ 網〈編み〉細工. ≈**zahl** 女 編み目の数.
Ma·scherl[máʃərl] 中 -s/-n 《オーストリア》=Masche[2] 2
ma·schig[máʃɪç][2] 形 **1** 編み目のある, 網状の. **2** 目の粗い, ゆるんだ.
..maschig[..maʃɪç][2] 《形容詞につけて「網・編物などの目が…の」を意味する形容詞をつくる》: fein*maschig* (網・編物・織物などが)目の細かい | grob*maschig* (網・編物・織物などが)目の粗い.
Ma·schik·sei·te[máʃɪk..] 女 《オーストリア》反対側, 裏側; 《比》日陰: auf der ～ des Lebens 人生の日の当たらない場所で. [<*ungar.* másek „ander"]
Ma·schi·ne[maʃí:nə] 女 -/-n (小 **Ma·schin·chen** [maʃí:nçən] 中 -s/-) **1 a)** (一般に)機械, 機械装置: eine automatische ～ 自動機械装置 | landwirtschaftliche ～*n* 農業機械類 | Geschirrspül*maschine* 自動食器洗い機 | Rechen*maschine* 計算機 ‖ eine ～ erfinden 〈konstruieren〉 機械を発明〈設計〉する | eine ～ bauen 〈bedienen〉 機械を組み立てる〈操作する〉 | wie eine ～ arbeiten 機械のように休みなく働く | Die ～ läuft 〈steht still〉. 機械が作動して〈とまって〉いる. **b)** 《話》(Motor) (車の)エンジン. **2** (特定の機械装置. 例えば:) **a)** (Nähmaschine) ミシン: *et.*[4] mit 〈auf〉 der ～ nähen …をミシンで縫う. **b)** (Schreibmaschine) タイプライター: *et.*[4] auf 〈mit〉 der ～ schreiben …をタイプで打つ | ～ schreiben タイプを打つ(→maschineschreiben). **c)** (Waschmaschine) 洗濯機: *et.*[4] in der ～ waschen …を洗濯機に入れて洗う.
3 a) (Flugmaschine) 航空機, 飛行機: eine ～ der Lufthansa ルフトハンザ機 | Transport*maschine* 輸送機 ‖ Die ～ landet um 17. 30 Uhr. この飛行機は17時30分に着陸する. **b)** (Lokomotive) 機関車: Der Zug fährt mit zwei ～*n*. この列車は2台の機関車で走る. **c)** 《話》(Motorrad) オートバイ: eine schwere ～ 大型オートバイ | eine ～ mit Beiwagen サイドカーつきのオートバイ. **4** 〘劇〙舞台機構, 仕掛け. **5** 《話》太った人, でぶ(特に女性).
[*gr.* mēchanḗ−*lat.* māchina−*fr.*; <*gr.* mēchos „(Hilfs)mittel" (◇Macht); ◇*engl.* machine]
ma·schi·ne·ge·schrie·ben maschineschreiben の過去分詞.
ma·schi·nell[maʃinɛ́l] 形 **1** 機械の(ような), 機械的な. **2** 機械による: die ～*e* Ernte von Baumwolle 綿花の機械収穫 | ～*e* Übersetzung 機械翻訳 ‖ *et.*[4] ～ herstellen …を機械を用いて製造する.
Ma·schi·nen≈an·trieb[maʃí:nən..] 男 機械による推進(装置). ≈**ar·beit** 女 **1** (↔Handarbeit) 機械仕事, 機械工作. **2** 機械製品. ≈**ar·bei·ter** 男 機械工. ≈**bau** 男 -(e)s/ **1** 機械製造. **2** (専門分野としての)機械工学. ≈**bau·er** 男 機械(製造・設計)技師.
Ma·schi·nen·bau≈in·du·strie 女 機械工業. ≈**in·ge·nieur**[..ɪnʒeniø:r] 男 (資格をもった専門の)機械技師.
Ma·schi·nen≈de·fekt 男 機械の欠陥〈故障〉. ≈**ele·ment** 中 -(e)s/-e 《ふつう複数で》〘工〙機械要素. ≈**fa·brik** 女 機械(製造)工場(略 Mafa). ≈**garn** 中 ミシン糸.
ma·schi·nen·ge·schrie·ben 形 タイプライターで打たれた(→maschineschreiben).
Ma·schi·nen·ge·schütz 中 〘軍〙機関砲.
ma·schi·nen≈ge·stickt 形 機械刺しゅうの. ≈**ge·strickt** 形 機械編みの.

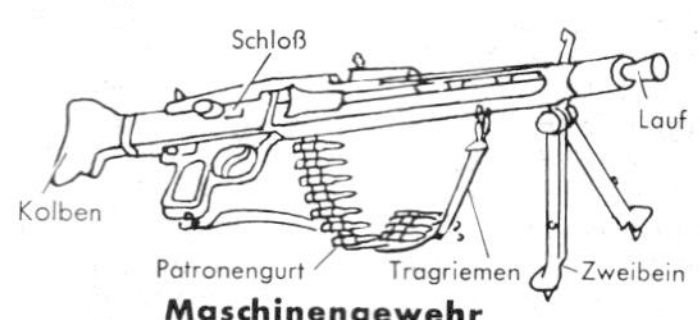

Maschinengewehr

Ma·schi·nen≈ge·wehr 中 〘軍〙機関銃(→ 図)(略 MG): ein leichtes 〈schweres〉 ～ 軽〈重〉機関銃. ≈**hal·le** 女 =Maschinensaal ≈**ham·mer** 男 〘工〙機械ハンマー. ≈**haus** 中 =Maschinenraum ≈**ka·no·ne** 女 〘軍〙機関砲. ≈**kraft** 女 機械力. ≈**kun·de** 女 -/ , ≈**leh·re** 女 -/ 機械工学.
ma·schi·nen≈les·bar[maʃí:nən..] 形 〘電算〙(読み取り装置で)読み取り可能な. ≈**mä·ßig** =maschinell
Ma·schi·nen≈mei·ster 男 **1** 機械係長. **2** 〘劇〙舞台

部〈舞台技術〉主任. ᵛ3〘印〙印刷係長. ≈**mensch** 男 (Roboter) 人造人間, ロボット. ≈**na·del** 女 ミシン針(→ 図 Nadel). ≈**öl** 中 機械油, マシーンオイル. ≈**pa·pier** 中 **1** (手漉(ˢ)きではなく)機械で作られた紙. **2** タイプライター用紙. ≈**park** 男《集合的に》(ある特定の企業・工場などの)機械. ≈**pi·sto·le** 女 (略 MP, MPi) 自動小銃(→ 図). ≈**raum** 男 機械室; (特に船舶などの)機関室(→ 図 Schiff B). ≈**re·vi·sion** 女〘印〙機械校正. ≈**saal** 男 (工場の)機械作業室. ≈**satz** 男 (↔ Handsatz)〘印〙機械植字. ≈**scha·den** 男 機械の故障; 機関〈エンジン〉の故障. ≈**schlos·ser** 男 機械工, 機械組立〈修繕〉工.

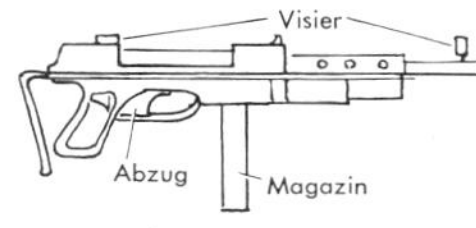

Maschinenpistole

Ma·schi·nen≈schrei·ben[maʃíːnən..] 中 -s/ タイプライターで打つこと. ≈**schrei·ber** 男 (女 ≈**schrei·be·rin**) タイピスト. ≈**schrift** 女 タイプライターで打たれた文字.

ma·schi·nen·schrift·lich 形 タイプライターで打たれた.

Ma·schi·nen≈set·zer 男〘印〙機械植字工. ≈**spit·ze** 女〘織〙機械編みのレース. ≈**spra·che** 女〘電算〙機械言語(コンピューターによるコード化言語). ≈**stür·mer** 複〘史〙機械破壊者たち(産業革命のころ失業の原因は機械の導入にあると考えこれを敵視した). ≈**teil** 中 機械の部品〈パーツ〉. ≈**te·le·graph** 男〘海〙(船橋・機関室を結ぶ)エンジン=テレグラフ.

Ma·schi·nen-Trak·to·ren-Sta·tion 女 (略 MTS) (旧ソ連・旧東ドイツなどの)機械=トラクター=ステーション.

Ma·schi·nen≈über·set·zung 女 機械翻訳. ≈**wär·ter** 男 機械操作員. ≈**wä·sche** 女 (↔Handwäsche) (洗濯機による洗濯物の)機械洗い. ≈**zeit·al·ter** 中 機械〔文明〕時代.

Ma·schi·ne·rie[maʃinəríː] 女 -/-n[..ríːən] **1 a)** 機械装置, (機械の)仕組み, 仕掛け. **b)**〘劇〙舞台機構, 舞台の仕掛け. **2**《比》(社会などの)機構, からくり. [<..[er]ie]

ma·schi·ne|schrei·ben*[maʃíːnə..]《152》自 他 (h) タイプライターで打つ(→Maschine 2 b): ein *maschinegeschriebenes* Manuskript タイプで打たれた原稿.

★ ふつう Maschine schreiben と2語に書く.

Ma·schi·ne≈schrei·ber = Maschinenschreiber ≈**schrei·be·rin** =Maschinenschreiberin

Ma·schi·nis·mus[maʃinísmʊs] 男 -/〘哲〙(機械的唯物論に基づく)動物機械説.

Ma·schi·nist[..níst] 男 -en/-en **1 a)** 機械室〈機関室〉員, 機械操作員. **b)**〘海〙機関士, 機関室主任. **c)**〘劇〙舞台技術者, 舞台裏方. **2** Maschinismus の信奉者. [1: *fr.*]

ma·schin|schrei·ben*[maʃíːn..]《152》《オーストリア》=maschineschreiben

Ma·ser[1][méːzər, máːzər, méɪzə] 男 -s/-〘理〙メーザー. [*amerik.*; <*engl.* *m*icrowave *a*mplification by *s*timulated *e*mission of *r*adiation; ◇Laser]

Ma·ser[2][máːzər] 女 -/-n 木目(もくめ): Holz mit feinen 〈schönen〉 ~*n* 木目の美しい木材. [*germ.* „knorriger Auswuchs"; ◇ *engl.* mazer]

Ma·ser·holz 中 木目のある材木.

ma·se·rig[máːzərɪç][2] 形 木目のある〈の入った〉.

ma·sern[máːzərn]《05》**I** 他 (h)《*et.*[4]》(…に)木目〔模様〕をつける: die Tür ~ ドアに木目模様をつける | fein 〈schön〉 *gemaserter* Marmor 美しい木目模様のある大理石. **II** 自 (h) 木目が生じる〈できる〉. **III ge·ma·sert** → 別出

Ma·sern[–] 複 **I** Maser[2]の複数. **II**〘医〙麻疹(ましん), はしか: 〔die〕 ~ haben はしかにかかっている | an ~ erkranken はしかにかかる. [II: *ahd.* masala „Blutgeschwür"– *mndd.* masele; ◇Maser[2]; *engl.* measles]

Ma·se·rung[..zərʊŋ] 女 -/-en 木目〔模様〕(→ 図 Holz A): eine starke ~ haben 鮮やかな木目が出ている.

Ma·shie[méʃiˑ, mǽʃiˑ] 男 -s/-s〘ゴルフ〙マッシー, 5番アイアン. [*engl.*; <*fr.* massue „Keule"]

Mas·ka·ron[maskaróːn] 男 -s/-e〘建〙仮面飾り(→ 図). [*it.* mascherone „große Maske"–*fr.*]

Maskaron

Mas·ke[máskə] 女 -/-n **1 a)** (土俗的・演劇的な)仮面, 面(→ 図); 覆面: eine groteske ~ グロテスクな面 | No-~ 能面 ‖ eine ~ anlegen 〈ablegen〉〔仮〕面をつける〈はずす〉| eine ~ tragen〔仮〕面をつけている. **b)**《比》仮面, 見せかけ: **die ~ fallen lassen** 〈**von** *sich*[3] **werfen**〉 仮面をかなぐり捨てる, 本性を現す | *jm.* **die ~ herunterreißen** 〈**vom Gesicht reißen**〉 …の仮面をはぐ, …の正体をあばく | die ~ des Unschuldigen tragen 無実を装う; 純真を装う ‖ ohne ~ 赤裸々に, むき出しに | unter der ~ der Freundschaft 友情を装って ‖ Das ist nur eine ~. それは単なる見せかけにすぎない. **c)** 仮面をつけた人, 仮装〈覆面〉をした人.

Maske

2 a)〘劇〙メーキャップ; 扮装(ふんそう), 仮装, 変装: ~ machen メーキャップ〈扮装〉する | in der ~ einer Japanerin 日本の女に扮して. **b)**〘軍〙偽装.

3 (特定の目的のために用いられる)面, マスク: Atem*maske* 〔酸素〕吸入用マスク | Fecht*maske* (フェンシング用の)面, マスク | Gas*maske* 防毒面, ガスマスク | Narkose*maske* 麻酔マスク.

4 (Gesichtsmaske) (美顔用の)パック〔剤〕.

5 (Gipsmaske) 石膏(せっこう)マスク.

6 (Fangmaske)〘動〙仮面(トンボ類の若虫に見られる特異な形の下唇).

7〘写〙(焼きつけ用)マスク, 焼きわく.

8〘電算〙マスク.

9 =Maskaron

[*it.* mascara, maschera–*fr.* masque; ◇ *engl.* mask]

Mas·ken≈ball[máskən..] 男 **1** 仮面〈仮装〉舞踏会. **2**《話》(軍隊で)仮装舞踏会(ガスマスクを装着して行う訓練または短時間内に装具をさまざまに変えて整列させる新兵教練). ≈**bild·ner** 男 (女 ≈**bild·ne·rin** -/-nen)〘劇・映〙メーキャップ師. ≈**fest** 中 仮面〈仮装〉舞踏会. ≈**frei·heit** 女 (仮面・仮装舞踏会での)無礼講. ≈**ge·sicht** 中 **1** 仮面のような顔. **2**〘医〙仮面状顔貌(がんぼう).

mas·ken·haft 形 仮面のような;《比》(表情などが)硬直した, こわばった.

Mas·ken≈spiel 中 仮面劇. ≈**ver·leih** 男 仮装用貸衣装業〈屋〉. ≈**ver·lei·her** 男 仮装用貸衣装屋〔の商人〕. ≈**zug** 男 仮装行列.

Mas·ke·ra·de[maskəráːdə] 女 -/-n **1** 仮装, 変装;《比》見せかけ, まやかし, 偽装: Ihre Freundlichkeit ist reine ~. 彼女の親切は全くの見せかけだ. ᵛ**2** (Maskenfest) 仮面〈仮装〉舞踏会; (Maskenzug) 仮装行列. [*it.*–

span. mascarada–*fr.* mascarade; ◇ *engl.* masquerade]

mas·kie·ren[maskí:rən] 他 (h) **1**《*jn.*》(…に)〔仮〕面をつけさせる; (…を)仮装〈変装〉させる: *jn.* als Seemann ~ …に船乗りの仮装をさせる ‖ 再帰 *sich*[4] ~ 仮面をかぶる; 仮装〈変装〉する; 覆面する | *sich*[4] als Bettler ~ こじきに扮(ふん)する ‖ Zwei *maskierte* Männer drangen in das Haus ein. 二人の覆面をした男たちが家の中に闖入(ちんにゅう)した. **2 a)** 《*et.*[4]》おおい隠す, 隠蔽(いんぺい)する; 遮蔽(しゃへい)する; 〖軍〗偽装させる. **b)** 《比》(本性などを)おおい隠す, 偽る: *seine* wahren Absichten ~ 自分の真意を隠す. **3**〖料理〗(食物を)〔ソース・あわゆきなどで〕おおう. **4**〖写〗焼きわく〈マスク〉で修正する. **5**〖電〗マスクする. [*fr.* masquer]

Mas·kie·rung[..rʊŋ] 女 -/-en (maskieren すること. 例えば:) 仮装, 変装, 偽装; 〖化〗遮蔽(しゃへい); 〖電〗マスキング; 〖写〗焼きわく〈マスク〉による修正.

Mas·kott·chen[maskɔ́tçən] 中 -s/-, **Mas·kot·te** [maskɔ́tə] 女 -/-n **1** マスコット(幸運をもたらすと考えられる物・動物・人など). **2**〖劇〗アイドル(1880年初演のフランスのオペラ『マスコット』に由来). [*provenzal.*–*fr.* mascotte; < *mlat.* masca „Hexe“; ◇ *engl.* mascot]

mas·ku·lin[maskulí:n, ⏑⏑–] 形 **1 a)** (↔feminin) (männlich) 男の, 男性の; 男性的な, 男らしい, 男っぽい: das ~*e* Geschlecht 男性. **b)**〖言〗男性の(→feminin, neutral): ein ~*es* Substantiv 男性名詞. **2** (女性が)男みたいな. [*lat.* masculīnus; < *lat.* mās „männlich“]

Mas·ku·li·na Maskulinum の複数.

mas·ku·li·nisch[maskulí:nɪʃ] ＝maskulin

Mas·ku·li·ni·sie·rung[maskulinizí:rʊŋ] 女 -/-en **1**〖医〗(女性の)男性化. **2**〖生〗(雌の)雄性化.

Mas·ku·li·nis·mus[maskulinísmʊs] 男 -/ 男性中心主義, 男権拡張論 (Feminismus にならった造語).

Mas·ku·li·num[maskulí:nʊm, ⏑⏑–⏑] 中 -s/..na [..na·] (略 m., M., masc., Masc.)〖言〗男性名詞; 《単数で》(名詞の)男性(→Femininum, Neutrum) [*lat.*]

Ma·so[má:zo·] 男 -s/-s《話》＝Masochist

Ma·so·chis·mus[mazɔxísmʊs] 男 -/ (↔Sadismus) マゾヒズム, 被虐性愛; (一般に)自虐傾向〈趣味〉. [< L. v. Sacher-Masoch (オーストリアの作家, †1895)]

Ma·so·chist[..xíst] 男 -en/-en (女 **Ma·so·chi·stin** [..stɪn]-/-nen) マゾヒスト; (一般に)自虐的な人.

ma·so·chi·stisch[..xístɪʃ] 形 マゾヒズムの, 被虐性愛の; (一般に)自虐的な, 他人からいじめられることを好む.

Ma·so·ra[mazó:ra·] 女 -/ ＝Massora

maß[ma:s] messen の過去.

Maß[–] **I** 中 -es/-e **1 a)** (長さの)計測単位, 尺度, ものさし(→ 図): 《比》基準: das ~〔für die Bestimmung〕der Länge 長さの単位 | ~*e* und Gewichte 度量衡 | lichte ~*e* 内のり | Der Mensch ist das ~ aller Dinge. 人間は万物の尺度である ‖ das ~ an *et.*[4] anlegen …にものさしを当て〔て測〕る | ein anderes ~ anlegen 〈verwenden〉 別の尺度を適用する, 別の基準を当てはめる ‖ **mit einerlei** 〈**demselben**〉 **~ messen**《比》一律に判断する | **mit zweierlei ~** 〈**verschiedenen ~*en***〉 **messen**《比》不公平な判断をくだす. **b)** (Versmaß)〖詩〗韻律. **c)**〖数〗測度.

2 寸法: ideale ~*e* haben (体格について)理想的なプロポーションをしている | *et.*[4] in natürlichem 〈verkleinertem〉 ~*e* nachbilden …を原寸〈縮尺〉で模写する ‖ *et.*[4] **nach ~** anfertigen lassen …(服など)を寸法に合わせて作らせる | ein Anzug nach ~ 注文〈あつらえ〉服 ‖ *jm.*〔zu *et.*[3]〕~ nehmen 〈die ~*e*〔ab〕nehmen〉(仕立屋が)〔…(服など)のために〕…の寸法を取る | *sich*[3] ~ nehmen lassen 寸法を取らせる, 採寸してもらう | Der Schneider hat mein ~ 〈meine ~*e*〉. 私の寸法は服屋に控えてある | Meine ~*e* haben sich nicht verändert. 私の寸法は変わっていない | Das ~ beträgt 5 Meter. 寸法は5メートルだ ‖ ***jn.* ~ nehmen**《話》…をきびしくしかる; …をこっぴどく殴りつける.

3 a) ます目; 《比》分量, 度合い, 程度: ein volles ~ Korn 〈Mehl〉 ひとますたっぷりの穀粒〈穀粉〉 | **ein gerüttelt〔es〕~ an** 〈**von**〉 ***et.***[3]《雅》(不愉快なことに関して)…のおびただしい量 | das ~ seiner Strafe《比》彼に対する量刑 ‖ ein gerüttelt ~ an Sorgen 〈von Arbeit〉 haben 心配事〈仕事〉が山ほどある | *jm.* ein hohes 〈reiches〉 ~〔an / von〕Vertrauen entgegenbringen …を深く信頼する | Ein gewisses ~ an Mut ist dafür erforderlich. ある程度〈かなり〉の勇気がそれには必要だ ‖ **das ~ vollmachen** (我慢などの)限度に至らせる | Das ~ seines Unglücks ist voll. 《比》彼の不幸はすでに耐えられる限界まできている | Dein ~ ist voll. 君ももう年貢の納めどきだ | Das ~ meiner Geduld ist gestrichen voll. 私の我慢ももうこれまでだ | **Das ~ ist voll!** もうたくさんだ〈我慢できない〉 ‖ **in** demselben 〈gleichem〉 ~*e* / im gleichen ~*e*〔, wie …〕〔…と〕同程度に, 同じくらいに | in höherem 〈stärkerem〉 ~*e* als früher 以前よりももっと強度に〈ひどく〉 | in reichem 〈vollem〉 ~*e* たっぷり | in zunehmendem ~*e* しだいに強く〈はなはだしく〉. **b)** (単位: -/-) マース(ビールなどの古い容量単位: →II).

4 適度, 節度, 限度: *et.*[4] **auf** das rechte ~ zurückführen …を適切な限度にまでしぼる | **in ~*en*** / **mit ~*en*** / mit ~〔und Ziel〕節度を守って, ほどほどに | **ohne ~**〔**und Ziel** / **und Grenze**〕/ **ohne ~*en*** 際限なく, 過度に | **über** die 〈alle〉 ~*en* 過度に, 途方もなく, めちゃくちゃに | über jedes ~ hinausgehen 完全に度を過ごす | über das übliche ~ hinausgehen 並はずれたものになる | **zu ~** 適度に ‖ in allen Dingen〔das rechte〕~ halten 何事にも節度を守る | **kein ~ kennen** / **weder ~ noch Ziel** 〈**Grenzen**〉 **kennen** 限度を知らない, 際限〈とどめ〉がない | in *et.*[3] jedes ~ überschreiten …に関して全く抑制がきかない〈完全に度を過ごす〉 | das〔rechte〕~ überschreiten 度を過ごす | das ~ *seiner* Kräfte übersteigen 自分の力に余る〈手に負えない〉.

II 女 -/-e (単位: -/-)《南部・オーストリア・スイス》マース(ビールなどの古い容量単位で, 地方によって異なるが, 1-2リットルに当たる): zwei 〈eine halbe〉 ~ Bier 2〈2分の1〉マースのビール. [*mhd.*; ◇Maße; *engl.* measure]

Mas·sa·ge[masá:ʒə; オーストリア: ..sá:ʒ] 女 -/-n[..ʒən] マッサージ, もみ療治, あんま: elektrisch betriebene ~ 電気マッサージ | Herz*massage* 心臓マッサージ ‖ *sich*[4] einer ~ unterziehen マッサージをうける. [*fr.*; ◇massieren[1]]

Mas·sa·ge≈ge·rät 中 マッサージ器械. **≈in·sti·tut** 中 マッサージ治療院. **≈öl** 中 マッサージ用オイル. **≈sa·lon** [..zalɔ̃:] 男 **1** ＝Massageinstitut **2**《話》(客に性的なマッサージサービスを行う)マッサージサロン.

Mas·sa·ker[masá:kər; オーストリア: ..sá:kər] 中 -s/- 大規模な

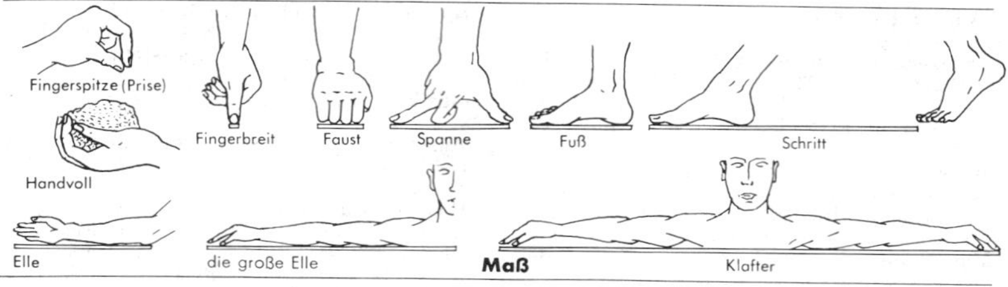

Maß

虐殺, 大量殺戮(さつりく): ein ~ anrichten 〈verüben〉 大虐殺を犯す. [*fr.*; ◇*engl.* massacre]

mas·sa·kri̱e·ren[masakríːrən] 他 (h) 《*jn.*》 **1** 〔大量に〕虐殺する, 殺戮(さつりく)する. **2** 《戯》(残忍なやり方で)苦しめる, いじめる, 虐待する. [*fr.*]

Maß≠ana·ly̱·se[máːs..] 女 《化》 容量分析. **≠an·zug** 男 (紳士用の)注文服, あつらえ服. **≠ar·beit** 女 **1** 《単数で》(衣服・家具などの)あつらえ〈注文〉の仕事; 《比》ぴたりときまったすぐれた仕事〈演技〉. **2** 注文品, あつらえ物: *et.*[4] in ~ herstellen …をあつらえでつくる. **≠blu̱·se** 女 《服飾》 寸法に合わせて仕立てたブラウス.

Mạs·se[másə] 女 -/-n **1** (形の定まらない, 特にねばりのある)かたまり; (窯業用の)素地, こね土: Papier*masse* 紙パルプ | Porzellan*masse* 陶磁器用素地 | die wogenden ~*n* des Körpers からだの波うつ肉塊(だぶつくぜい肉).

2 a) 大量, 多数, 大群; 大多数, 大部分; 群衆: ~*n* an 〈von〉 Büchern たくさんの本 | eine ~ Geld 《話》どえらい大金 | eine ganze ~ verdienen 大もうけする | eine ~ der Besucher 大勢の訪問者 | Er hat eine ~ Bekannte. 彼には非常に大勢の知人がいる | Eine ~ Zeitschriften liegt 〈liegen〉 auf dem Boden. たくさんの雑誌が床(ゆか)の上に置いてある ‖ in ~*n* strömen 群れをなして続々と来る | *et.*[4] in ~*n* herstellen …を大量に生産する | in der ~ verschwinden 群衆の中に姿を消す. **b)** 大衆, 民衆: die namenlose 〈anonyme〉 ~ 名もなき民 | die breite ~ des Volkes 一般大衆 ‖ eine Boulevardzeitung für die ~ 大衆向けの赤新聞 | den Geschmack der ~〔*n*〕 treffen (商品などが)大衆の好みにマッチする.

3 a) (Erbmasse) 《法》 相続財産. **b)** (Konkursmasse) 《経》 破産財団: **mangels ~** 破産財団がないので; 《話》資金(財源)がないので.

4 《理》 質量: ~ und Energie 質量とエネルギー.

5 《話》 たいしたもの: 《次の形で》 **nicht die ~ sein** たいしたものではない, 格別気に入らない | Der Film war nicht die ~. 映画はたいしてよくなかった.

[*gr.* mãza „Teig"–*lat.* māssa–*mhd.*; <*gr.* mássein „kneten"; ◇Magma, machen, mengen; *engl.* mass]

▽**Ma̱·ße**[máːsə] 女 -/-n《Maß の古い別形. 単数に古い弱変化の名残である Maßen が現れることがある: →..maßen》 **1** 適度, 節度, 限度(→Maß I 4): 《ふつう前置詞と》 aus der ~ 度はずれに, 途方もなく | mit ~*n* 適度に | ohne 〔alle〕 ~*n* 際限なく, 過度に | **über die 〈alle〉 ~*n*** きわめて, 大いに | *et.*[4] in ~[3] genießen …を程よく楽しむ. **2** 程度, 仕方: in solcher ~, daß ... …という具合〈程度〉に(→solchermaßen).

[*ahd.*; ◇messen, Modus]

mä̱·ße[mɛ́ːsə] messen の接続法 II.

Mạs·se≠an·spruch[másə..] 男 《法》〔破産〕財団請求権. **≠for·de·rung** 女 《法》〔破産〕財団債権. **≠gläu·bi·ger** 男 《法》〔破産〕財団債権者.

Maß·ein·heit[máːs..] 女 度量単位 (Meter, Gramm など).

Mạs·sel[1][másəl] 女 -/-n 《金属》 シュリンク=ヘッド, 押し湯; シュリンカー, おくら押し湯. [*it.* massello „kleine Masse"; <*lat.* māssa (→Masse)]

Mạs·sel[2][–] 男 (オーストリア: 中) -s/ 《話》 (Glück) 幸運: ~ haben 運がいい, ついている. [*hebr.*–*jidd.*]

Mạs·se·mat·ten[másəmatən] 複 《話》 ちょっとした仕事〈商売〉; 悪事; 盗み, 押し入り: linke ~ いかがわしい仕事, 悪事, 詐欺. [*hebr.* ma'aseh umatthān „Nehmen und Geben"–*jidd.*]

massen.. 《名詞につけて「大量の」または「集団の, 群衆の, 大衆の」などを意味する》: *Massen*bedarfsartikel 大衆必需品 | *Massen*entlassung 大量解雇.

ma̱·ßen[1][máːsən] messen の過去 1・3 人称複数.

▽**ma̱·ßen**[2][–] 接 《従属》《官》 (weil) …であるがゆえに.

..ma̱ßen[..maːsən] 《代名詞・形容詞・動詞の分詞形などにつけて副詞をつくる. すべて ..ermaßen の形をとる》: einiger*maßen* いくらか | gleicher*maßen* 同じように | solcher*maßen* この〈その・あの〉ように ‖ folgender*maßen* 次のように | gebührender*maßen* ふさわしく, しかるべく | bekannter*maßen* 周知のごとく | erwähnter*maßen* すでに述べたように | versprochener*maßen* 約束に従って. [<Maße]

Mạs·sen≠ab·satz[másən..] 男 大量販売. **≠ak·tio̱n** 女 大衆行動. **≠an·drang** 男 多数の群衆が押し寄せること. **≠an·zie·hung** 女 (Gravitation) 《理》〔万有〕引力, 重力; 引力. **≠ar·beits·lo̱·sig·keit** 女 大量失業. **≠ar·ti̱·kel** 男 大量生産品. **≠auf·ge·bo̱t** 中 大量動員, 総動員: mit einem ~ an Polizisten 多数の警官を動員して. **≠auf·la̱·ge** 女 大量の発行部数. **≠be·darf** 男 《経》 大衆需要.

Mạs·sen·be·darfs·ar·ti̱·kel 男 大衆需要品.

Mạs·sen·be·för·de·rung 女 (人や貨物の)大量輸送.

Mạs·sen·be·för·de·rungs·mit·tel 中 大量輸送手段.

Mạs·sen≠be·we̱·gung 女 **1** 大衆運動. **2** 《地》 マスムーブメント(重力の影響による風化物質の下方移動現象). **≠blatt** 中 (発行部数の多い)大衆紙(新聞). **≠de·fekt** 男 《理》 (原子核の)質量欠損. **≠de·mon·stra·tio̱n** 女 大衆デモ. **≠ein·heit** 女 《理》 質量の単位. **≠ent·las·sung** 女 大量解雇. **≠er·zeu·gung** 女, **≠fa·bri·ka·tio̱n** 女, **≠fer·ti·gung** 女 大量生産, 量産. **≠ge·sell·schaft** 女 大衆社会. **≠grab** 中 共同墓穴. **≠gu̱t** 中 -〔e〕s/..güter 《ふつう複数で》 **1** =Massenartikel **2** 大量貨物, 大量のばら荷.

mạs·sen·haft[másənhaft] 形 《述語的用法なし》 大量〈多量〉の; 多数の; 大群をなしての: ein ~*es* Auftreten von Ungeziefer 害虫の大量発生 | eine Versammlung ~ besuchen 会合に多数参集する.

Mạs·sen≠her·stel·lung[másən..] 女 大量生産, 量産. **≠hin·rich·tung** 女 大量処刑. **≠hoch·zeit** 女 集団結婚式. **≠hy·ste·rie** 女 集団ヒステリー. **≠in·itia·ti̱·ve** 女 (旧東ドイツで社会主義的社会建設のための)大衆のイニシアチブ. **≠ka·ram·bo·la̱·ge** 女 多数の車両〈自動車〉の衝突. **≠kom·mu·ni·ka·tio̱n** 女 マスコミュニケーション, マスコミ.

Mạs·sen·kom·mu·ni·ka·tio̱ns·mit·tel 中 マスコミの手段, マスメディア.

Mạs·sen≠kon·fek·tio̱n 女 **1** 既製服の大量製造. **2** 量産〈大衆用〉既製服. **≠kon·su̱m** 男 大量〈大衆〉消費. **≠kon·su̱m·gut** 中 大量〈大衆〉消費財. **≠kul·tu̱r** 女 大衆文化, マスカルチャー. **≠kund·ge̱·bung** 女 大衆デモ; 大集会. **≠kün·di·gung** 女 大量解雇〔通知〕. **≠me̱·dium** 中 -s/..dien 《ふつう複数で》 マスメディア, 大衆媒体. **≠mord** 男 大量殺人, 集団虐殺. **≠or·ga·ni·sa·tio̱n** 女 (特に旧東ドイツの)大衆組織 (DTSB, FDJ など). **≠pro·duk·tio̱n** 女 大量生産, マスプロ. **≠psy·cho·lo·gie** 女 集団〈群衆〉心理学. **≠psy·cho̱·se** 女 集団〈群衆〉〔異常〕心理. **≠punkt** 男 《理》 質点. **≠selbst·mord** 男 集団自殺. **≠spek·tro·graph** 男 《理》 質量分析器. **≠sport** 男 大衆的なスポーツ. **≠ster·ben** 中 -s/ 大量死滅. **≠streik** 男 大規模なストライキ. **≠sug·ge·stio̱n** 女 《心》 集団暗示. **≠sui·zi̱d** 男 中 集団自殺. **≠sze̱·ne** 女 《劇》 (芝居・オペラ・映画などの)群衆の場面. **≠the·ra·pi̱e** 女 《医》 集団療法. **≠tou·ris·mus** 男 大衆による観光, 大衆ツーリズム. **≠uni·ver·si·tä̱t** 女 大衆化した大学, マスプロ大学. **≠un·ter·su̱·chung** 女 《医》 集団検診. **≠ver·an·stal·tung** 女 大衆集会. **≠ver·brauch** 男 = Massenkonsum **≠ver·dum·mung** 女 大衆の愚鈍化〈白痴化〉. **≠ver·gif·tung** 女 集団中毒. **≠ver·ke̱hrs·mit·tel** 中 大量交通〈輸送〉機関. **≠ver·nich·tung** 女 大量殺戮(さつりく).

Mạs·sen·ver·nich·tungs≠mit·tel 中 大量殺戮(さつりく)手段. **≠waf·fe** 女 大量殺戮兵器.

Mạs·sen·ver·samm·lung 女 大衆集会.

mạs·sen·wei·se[másənvaɪzə] 副 (→..weise ★) 大量〈多量〉に; 多数で; 大群をなして: Dort gibt es ~ Pilze. そこにはキノコがどっさりある ‖ 《付加語的形容詞として》 die ~ Produktion 大量生産.

Mạs·sen·wir·kung 女 **1** 大衆に及ぼす作用〈影響力〉. **2** 《化》 質量作用.

Mas·sen·wir·kungs·ge·setz 中〘化〙質量作用の法則.

Mas·sen≈zahl 女〘理〙質量数(原子核を構成する陽子と中性子の数の和). **≈zi·vi·li·sa·tion** 女 大衆文明.

Mas·seur[masǿːr] 男 -s/-e (⊛ **Mas·seu·rin**[..søːrɪn] -/-nen) マッサージ師, あんま. [*fr.*; < ..eur]

Mas·seu·se[masǿːzə] 女 -/-n **1** = Masseurin **2**《婉曲に》売春婦. [*fr.*; < *fr.* masser (→massieren¹)]

Maß·ga·be[máːs..] 女 -/〘ふつう次の成句で〙**mit der ~, daß ...** …という条件つきで(指示を受けて) | Man erlaubte mir, nach Hause zu gehen, mit der ~, am nächsten Tag zurückzukommen 〈daß ich am nächsten Tag zurückkomme〉. 私は翌日戻ってくるという条件つきで帰宅を許された ‖ **nach ~ *et.*²** …に応じて〈準じて・よって〉| nach ~ des Preises 価格に応じて.

maß·ge·ar·bei·tet[máːs..] 形 寸法に合わせて作られた〈仕立てられた〉.

maß·ge·bend[máːsgeːbənt]¹ 形 = maßgeblich

maß·geb·lich[..geːplɪç] 形 標準的な; 決定的な; 権威のある, 有力な: eine *~e* Ansicht 標準的な見解, 指導的な意見 | *~e* Wissenschaftler 権威ある学者たち | *et.*⁴ von *~er* Seite erfahren …をある権威筋から聞き知る ‖ Sein Urteil ist mir 〈für mich〉 nicht ~. 彼の判断は私には決定的ではない ‖ an *et.*³ ~ beteiligt sein …に関与して決定的な役割を果たしている. [< Maß geben „Art und Weise vorschreiben"]

maß·ge·schnei·dert 形 (衣服が)寸法に合わせて仕立てられた, 注文仕立て〈オーダーメイド〉の.

Maß·hal·te·ap·pell[máːshaltə..] 男 節度を守るようにとのアピール.

maß|hal·ten*[máːshaltən]《65》自 (h) 適度〈ほどほど〉にする, 節度〈中庸〉を守る, 節制する: im Rauchen 〈Trinken〉 ~ タバコ〈酒〉をほどほどにする.

maß·hal·tig[..haltɪç]² 形〘工〙(製品が)寸法〈規格〉どおりの; 寸法の安定した.

Maß·hal·tig·keit[..haltɪçkaɪt] 女 -/ 〘工〙(製品の)寸法安定性.

Maß·hemd[máːs..] 中 注文仕立て〈オーダーメイド〉のワイシャツ.

Maß·hol·der[máːshɔldər, ⌣⌣⌣] 男 -s/- (Feldahorn)〘植〙コブカエデ(瘤楓). [*ahd.*; < *ahd.* maz „Speise"+ Hol〔un〕der; 葉が飼料として使われたことから; ◇Mus]

Mas·si·cot[masikóː] 男 -/ (Bleiglätte)〘化〙一酸化鉛, マシコット, 金密陀(きんみつだ). [*span.*-*it.* marzacotto-*fr.*]

mas·sie·ren¹[masíːrən] 他 (h)《*jn.*/*et.*⁴》マッサージする, あんま〈もみ療治〉する: *jm.* den Rücken ~ …の背中をマッサージする | *js.* Zwerchfell ~ (→Zwerchfell) ‖ *sich*⁴ ~ lassen マッサージ〈あんま〉をしてもらう, もんでもらう. [*arab.* massa „betasten"-*fr.* masser]

mas·sie·ren²[–] **I** 他 (h) **1** (部隊などを)集結させる: Truppen an der Front ~ 部隊を前線に集結させる ‖ 再帰 *sich*⁴ ~ (部隊が)集結する. **2** 再帰 *sich*⁴ ~ 蓄積する, 山積する. **II mas·siert** 過分 形《比》集中的な, 強力な: ein *~er* Angriff 総攻撃 | *~e* Einwände 強い異議 | *~e* Kürzungen 思いきった切り下げ〈カット〉. [*fr.*; < *lat.* māssa (→Masse)]

mas·sig[másɪç]² **I** 形《副詞的用法なし》大きく重い, 量感のある, ずっしりした, どっしりした, がっしりした, かさばった, でかい: eine *~e* Frau 太って大きい婦人 | Der Tisch wirkt in dem Zimmer zu ~. この机はこの部屋には大きすぎる感じだ. **II** 副《話》(sehr viel) どっさり, しこたま: Sie hat ~ 〔viel〕 Geld. 彼女はうなるほど金を持っている | Er trinkt ~. 彼はしたたか飲む.

mä·ßig[mɛ́ːsɪç]² 形 **1** 適度の, ほどよい; 節度のある, 中庸の; 穏当な: *~e* Forderungen 穏当な要求 | *~e* Preise 手頃な値段 | mit *~em* Tempo ほどよいテンポで ‖ ~ leben 節度のある生活を送る | nur ~ trinken 酒はたしなむ程度である | ~ aber regelmäßig《戯》(飲酒など)少しずつしかし定期的に. **2** 平凡な, 凡庸な, 月並みの; あまりよくない; あまり多くない, 乏しい: eine *~e* Begabung 凡才 | *~e* Leistungen あまり芳しくない成績 ‖ ein ~ möbliertes Zimmer 家具調度品のあまりそろっていない部屋 | Mir geht es ~. 私は調子があまりよくない. [*ahd.*; ◇Maße]

..mäßig[..mɛːsɪç]²《主に名詞につけて形容詞をつくる》**1**《「…のような, …らしい」を意味する》: helden*mäßig* 英雄的な | schüler*mäßig* 生徒らしい, 生徒じみた ‖ befehls*mäßig* 命令調の | fabrik*mäßig* 工場生産の | frühlings*mäßig* 春のような. **2**《「…に合致した, …としての, …によって・従っての」を意味する》: zweck*mäßig* 目的にかなった | plan*mäßig* 計画による | berufs*mäßig* 職業的な | verfassungs*mäßig* 憲法に基づく | gefühls*mäßig* 感情的な. **3**《「…に関する」を意味する》: mengen*mäßig* 量に関する | qualitäts*mäßig* 質に関する | umfang*mäßig* 規模に関する.

mä·ßi·gen[mɛ́ːsɪgən]² **I** 他 (h) **1** 適度にする, ほどよくする; 軽減する, 緩和する; 制限する, 抑制する; (感情などを)和らげる, しずめる; (言葉などを)つつしむ: die Geschwindigkeit ~ スピードを落とす | den Schritt ~ 歩度を弱める ‖ *seine* Ansprüche ~ 要求を控え目にする | *seine* Worte ~ 言葉をつつしむ | *seinen* Zorn ~ 怒りをおさえる. **2** 再帰 *sich*⁴ 〔in *et.*³〕 ~ 〔…を〕節制する,〔…を〕つつしむ | *sich*⁴ im 〈beim〉 Trinken ~ 酒を節制する | *sich*⁴ in *seinen* Ansprüchen ~ 要求を控え目にする. **3** 再帰 *sich*⁴ ~ (あらし・感情などが)和らぐ, 静まる, 弱まる: Der Sturm 〈Die Hitze〉 hat sich *gemäßigt.* あらしが衰えた〈暑さが和らいだ〉. **II ge·mä·ßigt** → 別出

Mas·sig·keit[másɪçkaɪt] 女 -/ massig なこと.

Mä·ßig·keit[mɛ́ːsɪçkaɪt] 女 -/ (mäßig なこと. 例えば:) **1** 適度, 中庸; 節制: *jm.* ~ im Trinken und Rauchen empfehlen …に節酒節煙を勧める. **2** 月並み, 凡庸; 貧弱.

Mä·ßi·gung[mɛ́ːsɪgʊŋ] 女 -/ mäßigen すること.

mas·siv[masíːf]¹ **I** 形 **1 a)** 中身のある, 中空でない; どっしりした, ずっしりした; (建物などが)堅牢(けんろう)な, がっしりした: eine *~e* Statue 中空でない〔どっしりした〕彫像 | ein *~es* Haus 〔石造りの〕堅牢な建物 | ein *~er* Mann 大柄のがっしりした男 ‖ Der Schrank ist sehr ~. その戸棚は非常にがっしりしている. **b)** (材質に)まじり気のない, 純粋な, 総…製の: aus *~em* Gold 〈~ aus Gold〉 sein 純金製である | Der Schrank ist ~ Eiche. その戸棚は全くオーク材だけでできている. **2**《比》(攻撃などが)強力な, 激しい; がさつな, ぶしつけな: eine *~e* Drohung あらあらしい脅迫 | *~e* Vorwürfe 激しい非難 | ~ werden 〔人身〕攻撃的〈ぶしつけ〉になる ‖ *jn.* ~ angreifen …を激しく〈容赦なく〉攻撃する. **3**〘地・鉱〙塊状の: *~es* Erz 塊状鉱. **II Mas·siv** 中 -s/-e **1**〘地〙深成岩塊; (深成岩または結晶片岩からなる)地塊. **2** 山塊, 連山: Aus der Ferne war das ~ der Alpen zu sehen. 遠くからアルプスの山並みが見えた.
[*fr.* massif; < *lat.* māssa (→Masse)]

Mas·siv≈bau 男 -〔e〕s/-ten **1** 石材〈コンクリート〉建造物. **2**《単数で》石材〈コンクリート〉構造〈建築〉. **≈bau·wei·se** 女 -/ = Massivbau 2

Maß·krug[máːs..] 男《南部・オーストリア・スイス》マース〈リットル〉入りのビール=ジョッキ(→ 図 Glas). [< Maß II]

maß·lei·dig[máːs..] 形《南部・スイス》(mürrisch) 不機嫌な, むしゃくしゃした; うんざりした. [< *ahd.* maz-leide „Eßekel"]

Maß·lieb[máːsliːp, ⌣⌣]¹ 中 -〔e〕s/-e, **Maß·lieb·chen**[..çən, ⌣⌣⌣] 中 -s/- (Gänseblümchen)〘植〙ヒナギク(雛菊). [*mndl.* mate-lieve „Eß-lust" (◇Mett) の翻訳借用]

maß·los[máːsloːs]¹ 形 度を越えた, 過度の, 極端な: *~e* Wut / *~er* Zorn 極度の怒り | ein *~er* Verschwender けたはずれの浪費家 ‖ Er ist ~ in seinen Ansprüchen. 彼の要求は法外だ ‖ *jn.* ~ erregen …を極度に興奮させる | ~ übertreiben 極端に誇張する | Sie ist ~ eifersüchtig. 彼女はひどいやきもちやきだ.

Maß·lo·sig·keit[..loːzɪçkaɪt] 女 -/ maßlos なこと.

Maß·nah·me[máːsnaːmə] 女 -/-n 措置, 処置: eine geeignete ~ 適切な処置 | eine provisorische ~ 暫定措置 | erzieherische *~n* 教育的措置 | die geeigneten *~n* zur Verhütung von Unfällen 適切な事故防止措置 | Schutz*maßnahme* 保護〈予防〉措置 | Zwangs*maßnah-*

me 強制措置 ‖ ~*n* 〔zu *et.*[3]〕 treffen 〈ergreifen〉〔…に対して〕措置を講じる | mit drakonischen ~*n* gegen Verkehrssünder vorgehen 交通違反者にきびしい処置をもって臨む. [< Maß nehmen „angemessene Verfahrensart ergreifen"]

Maß·nah·me·ge·setz 中《法》措置法.

Mas·sör[masǿ:r] 男 -s/-e ＝Masseur

Mas·sọ·ra[masó:ra·] 女 -/ マソラ(ユダヤの伝承に基づく批判的な旧約聖書校訂本). [*hebr.* „Überlieferung"]

Maß·re·gel[má:s..] 女 -/-n 方針, きまり; 措置, 処置; 方策, 対策;《法》処分: Erziehungs*maßregel*《法》(非行少年に対する)教育措置 | Vorsichts*maßregel* 予防措置 | ~*n* der Besserung und Sicherung《法》矯正保安処分 ‖ strenge ~*n* treffen 〈ergreifen〉 きびしい手段を講じる.

maß·re·geln[má:sre:gəln]《06》他 (h) (特に官庁・軍隊などで)〔懲戒〕処分する: *jn.* durch Verweis ~ …を譴責(けんせき)処分にする | *gemaßregelt* werden 処分を受ける ‖ ein *gemaßregelter* Beamter 処分された公務員.

Maß·re·ge·lung (**Maß·reg·lung**) 女 -/-en 〔懲戒〕処分.

Maß≠schnei·der 男 あつらえ専門の洋裁師, オーダー専門の仕立屋. **≠schuh** 男 注文(あつらえ)の靴.

Maß·stab[má:sʃta:p][1] 男 -〔e〕s/..stäbe **1 a)** 物さし, スケール, 度器: ein ~ aus Metall 金属製の物さし. **b)**《比》(評価・判断の)尺度, 基準, 規範: einen hohen 〈strengen〉 ~ an *et.*[4] anlegen …に高い〈きびしい〉基準をあてはめる, …を高く〈きびしく〉評価する | den ~ für *jn.* 〈*et.*[4]〉 abgeben …に基準を与える ‖ in großem ~ 大規模に, 大々的に | in internationalem ~ 国際的規模において | Ich will mir seine Leistung zum ~ nehmen. 私は彼の業績を手本にしよう. **2** (地図などの)縮尺, 比例尺: im ~ 1: 10 000 (読み方: eins zu zehntausend) 縮尺1万分の1で | Diese Zeichnung hat einen ~ von 1: 10 000. この図面は1万分の1の縮尺になっている.

maß·stab≠ge·recht 形, **≠ge·treu** 形 縮尺どおりの: eine ~*e* Karte 縮尺に従って描かれた地図.

maß·stäb·lich[má:sʃtɛ:plɪç] (**maß·stä·big**[má:sʃtɛ:bɪç][2]) 形 縮尺〈基準〉に従った〈による〉: *et.*[4] ~ vergrößern 〈verkleinern〉 …を一定率で拡大〈縮小〉する.

maß·stabs≠ge·recht[má:sʃta:ps..] ＝maßstabgerecht **≠ge·treu** ＝maßstabgetreu

Maß·sy·stem[má:s..] 中 度量体系.

maß·voll[má:sfɔl] 形 適度の, ほどよい; 穏健な; 控え目な: eine ~*e* Forderung 控え目な要求 | mit ~*en* Worten 穏やかな言葉で ‖ in *seinen* Wünschen ~ sein 願望が控え目である ‖ ~ trinken 酒をほどほどに飲む | ~ urteilen 穏健な判断をする.

Maß·werk 中 **1**《単数で》《建》トレサリー(ゴシック様式の窓の飾り格子: → 図). **2** あつらえ品.

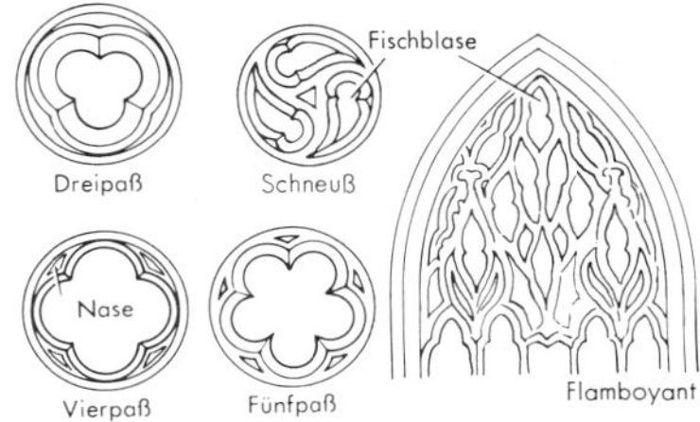

Maßwerk

Mast[1][mast] 男 -es(-s)/-en(-e) (英: *mast*) **1**《海》(船の)マスト, 帆柱, 檣(しょう): Groß*mast* 大檣, メーンマスト | Vor*mast* 前檣, フォアマスト ‖ einen ~ aufrichten 〈umlegen〉(ヨットなどの)マストを立てる〈倒す〉| Matrosen am ~ haben (→Matrose 1). **2** (特定の用途をもつ垂直の柱. 例えば:) **a)**《空》(飛行船の)係留塔. **b)** (Leitungsmast)《電》電柱; 送電塔. **c)** (Antennenmast) アンテナ柱. **d)** (Fahnenmast) (旗の)掲揚ポール: Die Fahne steigt flatternd am ~ empor. 旗がポールにはためきながらのぼっていく. [*westgerm.* „Stange"; ◇ *lat.* mālus „Mast"]

Mast[2][–] 女 -/-en《ふつう単数で》**1** (食肉用家畜・家禽(かきん)の)肥育. **2**《集合的に》肥育飼料のどんぐり(ナラ・カシワ・ブナなどの実): Eichel*mast* 飼料用どんぐり. **3**《狩》イノシシの餌(え)(地中の根や幼虫など). [*westgerm.* „Triefendes"; ◇Mus; *lat.* madēre „naß sein"]

Mạ·sta·ba[mástaba·] 女 -/-s, ..ben[mastá:bən] マスタバ(古代エジプトの王や貴族の石または煉瓦(れんが)造りの墳墓). [*arab.* „Steinbank"]

Mạst·baum[mást..] 男 ＝Mast[1]

Mạst·darm 男《解》直腸(→ 図 Mensch D). [< *mhd.* maz „Speise" (◇Mast[2])]

Mạst·darm≠ent·zün·dung 女《医》直腸炎. **≠krebs** 男《医》直腸癌(がん). **≠spie·gel** 男 (Rektoskop)《医》直腸鏡. **≠ver·schluß** 男《医》直腸閉塞(へいそく)〔症〕. **≠vor·fall** 男《医》直腸脱〈ヘルニア〉.

mä·sten[mɛ́stən]《01》他 (h) **1** (家畜・家禽(かきん)を)肥育する, (飼料を与えて)太らせる: *gemästete* Gans 肥育されたガチョウ(＝Mastgans). **2**《話》(人間を)太らせる: 再帰 *sich*[4] ~ しこたま食う; (栄養をとりすぎて)太る | *sich*[4] an 〈von〉 *et.*[3] ~ …で太る;《比》…で私腹を肥やす. [*ahd.*; ◇Mast[2]]

..master[..mastər]《海》《数詞につけて「…本マストの帆船」を意味する男性名詞 (-s/-) をつくる》: Ein*master* 1本マストの帆船 | Drei*master* 3本マストの帆船. [< Mast[1]]

Mạ·ster[má:stər] 男 -s/- **1** (イギリスで年少者の名前に冠する呼びかけの敬称)ぼっちゃん, 若だんな. **2** (英・米の学位)修士, マスター (Magister に相当). **3**《狩》猟犬がしら. [*lat.* magister–*engl.*; ◇Magister]

mạst·fä·hig[mást..] 形 (家畜が)肥育可能な.

Mạst≠fut·ter[mást..] 中 肥育飼料. **≠gans** 女 肥育された〈肥育用の〉ガチョウ. **≠hähn·chen** 中 肥育された〈肥育用の〉雄の若鶏. **≠huhn** 中 肥育鶏.

Mạ·stiff[mástɪf] 男 -s/-s マスティフ(番犬の一種). [*engl.*; < *lat.* mān-suētus „an die Hand gewöhnt, zahm" (◇Manual, Sitte)]

mạ·stig[mástɪç][2] 形《方》**1** (feist) 太った, 肥満した. **2** (食物が)あぶらっこい, しつこい. **3** (牧草地・草が)繁茂した. [< Mast[2]]

..mastig[..mastɪç][2]《海》《数詞・形容詞などにつけて「(帆船が)…〔本〕のマストを備えた」を意味する形容詞をつくる》: ein*mastig* 1本マストの | drei*mastig* 3本マストの | hoch*mastig* 高いマストの. [< Mast[1]]

Ma·stị·tis[mastí:tɪs] 女 -/..tiden[..tití:dən] (Brustdrüsenentzündung)《医》乳腺(にゅうせん)炎. [< *gr.* mastós „Brust" + ..itis]

Mạ·stix[mástɪks] 男 -〔es〕/ **1**《化》マスチック, 乳香 (Mastixstrauch の樹脂で塗料・接着剤などに用いる). **2**《土木》マスチックス(アスファルトに砂・セメントなどをまぜたもの). **3**《劇》かつらのびんつけ油. [*gr.* mastíchē–*lat.*; ◇Mandibel, Mast[2]; *engl.* mastic]

Mạ·stix·strauch 男《植》マスチックの木(ウルシ科のピスタショ属の木で, 乳香状の樹脂は Mastix の原料となる).

Mạst·korb[mást..] 男 (Mars)《海》クローネスト(マストの上端の見張り用のプラットホーム). [< Mast[1]]

Mạst≠kur 女《医》肥満療法. **≠och·se** 男 **1** 肥育された〈肥育用の〉去勢牛. **2**《話》太っちょ, でぶ. [< Mast[2]]

Mạst·odon[mástodɔn] 中 -s/-ten[mastodɔ́ntən]《動》マストドン(氷河期の巨象). [< *gr.* mastós „Brustwarze" (◇Mast[2]) + odonto..; 臼歯(きゅうし)の突起から]

Mạst≠rind[mást..] 中 肥育された〈肥育用の〉牛. **≠schwein** 中 肥育された〈肥育用の〉豚.

Mä̤·stung[mɛ́stʊŋ] (**Mạ·stung**[má..]) 女 -/-en 肥育.

Ma·stur·bạnt[masturbánt] 男 -en/-en マスターベーション常習者; 手淫(しゅいん)〈自慰行為〉をする人.

Ma·stur·ba·tiọn[..batsió:n] 女 -/-en (Onanie) マス

M

ターベーション, 手淫(しゅいん), 自慰行為.

ma·stur·ba·to·risch[..bató:rɪʃ] 形 マスターベーションの, 手淫(しゅいん)〈自慰行為〉に関する.

ma·stur·bie·ren[..bí:rən] **I** 自 (h) マスターベーションをする, 手淫(しゅいん)〈自慰行為〉をする. **II** 他 (h) 《*jn.*》(…に)手淫を行う: 再帰 *sich*⁴ ～ 手淫〈自慰行為〉をする. [*spätlat.*]

Mast≠vieh[mást..] 中 肥育された〈肥育用の〉家畜. **≠zeit** 女 **1** (家畜の)肥育期. **2** 《狩》どんぐり(ナラ・カシワ・ブナなどの実)の落ちる時期. [＜Mast²]

Ma·su·re[mazú:rə] 男 -n/-n マズーレン人(スラヴ系種族).

Ma·su·ren[mazú:rən] 地名 マズーレン, マズリア(第二次大戦後ポーランド領となった. ポーランド語形マズリー Mazury).

ma·su·risch[..rɪʃ] 形 マズーレンの: die *Masurischen* Seen マズーレン湖沼地方.

Ma·su·rium[mazú:riʊm] 中 -s/ 《化》マスリウム (Technetium の旧称; 記号 Ma).

Ma·sur·ka (**Ma·zur·ka**)[mazʊ́rka·] 女 -/..ken [..kən], -s マズルカ(ポーランドの民族舞踊); マズルカ舞曲. [*poln.* „masurischer Tanz"; ◇ *engl.* maz〔o〕urka]

Ma·ta·dor[matadó:r] 男 -s/-e; -en/-en **1 a**) マタドール(闘牛士の主役で, 最後に牛にとどめを刺す役割を演じる: → Picador). **b**) 《比》最もすぐれた者; 主役, 中心人物, 首領; 張本人. **2** 《ﾄﾗﾝﾌﾟ》マタドール(最高の切り札). [*span.*; ＜*lat.* mactāre „opfern"]

Match[mɛtʃ] 中 (男) -〔e〕s/-s(-e) (Wettkampf) (スポーツ・チェスなどの) 競技, 試合, 勝負: Fußball*match* サッカー試合 | ein ～ gewinnen 〈verlieren〉 試合に勝つ〈敗れる〉. [*engl.*; ◇machen]

Match·ball[mɛ́tʃ..] 男 《球技》マッチポイント.

Ma·te[má:tə] **I** 男 -/ マテ茶. **II** 女 -/-n 《植》マテチャ(南米産モチノキ科の常緑樹で, 葉を摘んでマテ茶を作る). [*peruan.* mati „Flaschenkürbis (茶つぼとして使った)" －*span.*]

Ma·te≠baum 男 マテチャの木. **≠blatt** 中 マテチャの葉.

Ma·ter[má:tər] 女 -/-n 《印》**1** 紙型用紙, 紙型原紙, マット, フロング. **2** (Matrize) (活字の) 鋳型, 母型. [*lat.* māter „Mutter"; ◇Mutter¹]

Ma·ter do·lo·ro·sa[－ doloró:za·, ..tɛr －] 女 －-/ 《ｷﾘｽﾄ教・美》(Schmerzensmutter) 悲しみの聖母(キリスト受難後のマリア)〔の図・像〕(→Pieta). [*lat.*; ◇doloros]

ma·te·rial[materiá:l] 形 **1** 原料の; 物質の; 物質的な. **2** (↔formal) 《哲》質料の: ～*e* Ursache 質料因. [*spätlat.*; ◇..al¹, materiell]

Ma·te·rial[－] 中 -s/-ien[..liən] **1** 材料, 素材, 資材; (Rohmaterial) 原料: Bau*material* 建築材料 | Heiz*material* 燃料 ‖ das ～ zum Bau einer Garage kaufen 車庫を建てるための材料を購入する ‖ Die junge Sängerin hat gutes ～. 《比》その若い女性歌手はいい素質をもって〈いい声をして〉いる. **2** 器材, 用具: Büro*material* 事務用品 | Schreib*material* 文房具 | Menschen*material* 人的資源 ‖ das rollende ～ (鉄道の)全車両. **3** 資料; (証明の)材料: belastendes 〈entlastendes〉 ～ 《法》不利〈有利〉な証拠資料 | statistisches ～ 統計資料 | Beweis*material* 証拠物件 | Zahlen*material* 数字による資料 ‖ ～ für eine Reportage ordnen 〈sammeln〉 ルポルタージュのために資料を整理〈収集〉する. [*mlat.*]

..material[..materia:l] 《事物を表す名詞につけて中性の集合名詞 (-s/..lien) をつくる》: Bild*material* 視覚教材 | Gedanken*material* 思想 | Schrift*material* 文献.

Ma·te·rial·er·mü·dung[materiá:l..] 女 《工》(長期間の使用による)材料の疲労.

ma·te·rial·ge·recht 形 《工》(加工法などが)材質に適した.

Ma·te·ria·li·en Material の複数.

Ma·te·ria·li·sa·tion[materializatsió:n] 女 -/-en 物質化; 具体化; 《心》(心霊の)物質化〈肉体化〉現象.

ma·te·ria·li·sie·ren[..zí:rən] 他 (h) 物質化する; 具体化〈具現〉する: 再帰 *sich*⁴ ～ i) 《理》(運動エネルギーが)微粒子化する; ii) (心霊が)物質〈肉体〉化する.

Ma·te·ria·lis·mus[materialísmʊs] 男 -/ **1** (↔Idealismus, Spiritualismus) 《哲》唯物論, 唯物主義: der historische 〈dialektische〉 ～ 史的〈弁証法的〉唯物論. **2** 物質主義, 実利主義. [*fr.* matérialisme]

Ma·te·ria·list[..líst] 男 -en/-en **1** (↔Idealist) 唯物論者. **2** 実利〈物質〉主義者; 利己主義者. ᵛ**3** (Kolonialwarenhändler)〔食料〕雑貨商人. [*fr.*]

ma·te·ria·li·stisch[..lístɪʃ] 形 **1** (↔idealistisch) 唯物論〈主義〉の: ～*e* Dialektik 唯物弁証法 | ～*e* Geschichtsauffassung 唯物史観. **2** 実利〈物質〉主義の.

Ma·te·ria·li·tät[materialitɛ́:t] 女 -/ (↔Spiritualität) 《哲》物質性. [*mlat.*]

Ma·te·rial≠ko·sten[materiá:l..] 複 材料〈原料〉費. **≠öko·no·mie** 女 -/ (旧東ドイツで)原料節約策. **≠pau·se** 女 (旧東ドイツで) (生産工場などで) 材料〈資材〉不足のための生産休止. **≠prü·fung** 女 原料試験, 材料検査. **≠samm·lung** 女 材料〈資料〉収集. **≠schlacht** 女 物量戦. ᵛ**≠wa·ren** 複 日用雑貨, 食料雑貨.

Ma·te·rie[maté:riə] 女 -/-n **1** 《単数で》物, 物質; 《理》物質; 《哲》質料: organische 〈unorganische〉 ～ 有機〈無機〉物 ‖ Geist und ～ 精神と物質 | Form und ～ 《哲》形相と質料. **2** (研究・談話などの) 題材, テーマ: eine interessante ～ 興味深い題材〈テーマ〉| eine ～ behandeln あるテーマを扱う. [*lat.*－*mhd.*; ＜*lat.* māter (→Mater); ◇ *engl.* matter]

ma·te·riell[materiɛ́l] 形 **1** (↔immateriell) 物質の, 物質的な; 材料の, 質料の; 実体〈実質〉的な: das ～*e* Leben 物質生活 | der ～*e* Wert des Schmucks 装身具のつぶし値段 | ～*es* Justizrecht 《法》実体司法法. **2** 《述語的用法なし》財政面の, 金銭上の, 経済的な: ～*e* Sorgen haben 経済的な心配がある | zu idealen 〈ideellen〉 und ～*n* Zwecken 物心両様の目的のために ‖ *jn.* ～ unterstützen …を経済的に援助する. **3** 物質主義的な, 実利本位の: ein ～*er* Mensch 実利主義的な人. [*spätlat.*－*fr.*; ◇material]

ma·tern¹[má:tərn] 《05》他 (h) 《*et.*⁴》《印》(…の)母型〈鋳型〉を造る; (…の)紙型を造る. [＜Mater]

ma·tern²[matɛ́rn] 形 (mütterlich) 《医》母の, 母性の.

Ma·ter·ni·tät[matɛrnitɛ́:t] 女 -/ (Mutterschaft) 《医》母性. [〔*m*〕*lat.*; ◇Mater]

Ma·te≠strauch [má:tə..] 男 ＝Mate II **≠tee** 男 ＝Mate I

Ma·the[mátə] 女 -/ (＜Mathematik) 《話》(授業科目としての) 数学; 数学の授業〔時間〕(→Bio).

Ma·the·ma·tik[matematí:k, ..tík, matə..; ｵｰｽﾄﾘｱ: ..mátɪk] 女 -/ 数学: angewandte 〈höhere〉 ～ 応用〈高等〉数学 | Er ist gut 〈schlecht〉 in ～. 彼は数学の成績がいい〈悪い〉‖ Das ist ja höhere ～! 《戯》こりゃむずかしいぞ. [*gr.*－*lat.*; ＜*gr.* máthēma „Erlerntes"]

Ma·the·ma·ti·ker[matemá:tikər, matə..] 男 -s/- 数学者.

ma·the·ma·tisch[..tɪʃ; ｵｰｽﾄﾘｱ:..mátɪʃ] 形 **1** 数学〔上〕の; 数理上の: eine ～*e* Gleichung 数学の方程式 | die ～*e* Logik 数学的論理学 | ein ～*er* Personalausweis 国民総番号制身分証明書(→Personenkennzeichen). **2** 《比》数学的な, きわめて正確な: mit ～*er* Genauigkeit 数学的正確さをもって, きわめて正確に. [*gr.*－*lat.*; ＜*gr.* manthánein „lernen" (◇munter)]

Mat·hil·de[matíldə] 女名 (＜Mechthild) マティルデ.

Ma·ti·nee[matiné:] **I** 女 -/-n[..né:ən] 《劇・映》マチネー, 昼間興行. ᵛ**II** 女 -/-n[..né:ən]; 中 -s/-s (Morgenrock) モーニングガウン. [*fr.*; ＜*lat.* mātūtīnus (→Mette)]

Ma·tisse[matís, ..tís] 人名 Henri ～ アンリ マチス(1869-1954; フランスの画家).

Mat·jes·he·ring[mátjəs..] 男 〔塩づけの〕若ニシン. [„Mädchen-Hering"; *ndl.*; ◇Mädchen]

Ma·trat·ze[matrátsə] 女 -/-n **1 a**) マットレス, 敷きぶとん: **an der ～ horchen** / **die ～ abhorchen** 〈**belauschen**〉《戯》ベッドで眠っている | Sie ist seine ～. 《話》彼女は彼の愛人〈情婦〉だ. **b**) (Luftmatratze) 空気マット. **c**) 《ｽﾎﾟｰﾂ》マット. **2** (ベッドの)ボトム(マットレスを支える床部分):

Springfeder*matratze* スプリング式ボトム. **3** 《戯》(濃い)顔一面のひげ, ひげづら. [*arab.* matrah „Sitzkissen"－*it.*; ◇*engl.* mattress]

Ma·trat·zen≈ball 男《戯》《次の形で》auf den ～ gehen 寝に行く, 床(とこ)につく. **≈horch·dienst** 男《戯》眠り, 睡眠. **≈la·ger** 中 マットレスを敷いただけの仮の寝床.

Mä·tres·se[mɛtrɛ́sə] 女 -/-n **1** (昔の王侯・貴族の)側室, そばめ. **2** 《軽蔑的に》(妻のある男の)愛人, めかけ. [*fr.* maîtresse „Herrin"; ◇Magister]

Mä·tres·sen·wirt·schaft 女 -/ 側室政治.

ma·triar·chal[matriarçá:l] 形, **ma·triar·cha·lisch**[..lɪʃ] 形 (↔patriarchalisch) 母権〔制〕の, 家母長制の: eine ～*e* Gesellschaft 母権制社会. [＜*lat.* māter „Mutter"＋..archie＋..al[1]]

Ma·triar·chat[..arçá:t] 中 -〔e〕s/-e (↔Patriarchat) 家母長制, 母権制. [＜..at]

Ma·tri·ke[matrí:kə] 女 -/-n《オーストリア》＝Matrikel 2

Ma·tri·kel[matrí:kəl; オーストリア: ..tríkəl] 女 -/-n **1** 登録簿; (特に大学の)学籍名簿, 在学者名簿: in die 〈der〉 ～ eingetragen sein (大学に)学籍登記してある, 在籍している. **2** 《オーストリア》(Personenstandsregister) 戸籍簿. [*spätlat.* mātrīcula „Stammrolle"; ◇immatrikulieren]

Ma·trix[má:trɪks] 女 -/..trizes[matrí:tse:s], ..trizen[..trí:tsən] **1 a)** (Grundsubstanz)〘生〙基質, 母質, マトリックス: ～ der Chromosomen 染色体基質. **b)**〘医〙爪母(そうぼ). **2 a)**〘数〙行列, マトリックス. **b)** (図表の一表現形式としての)行列表示. **3** ＝Matrize 1 [*spätlat.* mātrīx „Gebärmutter"; ＜*lat.* māter (→Mater)]

Ma·trix·satz 男 (↔Konstituentensatz)〘言〙母型文, 母文, 主文.

Ma·tri·ze[matrí:tsə] 女 -/-n **1 a)** (活字・音盤などの)鋳型, 母型(→ 図). **b)** (印刷の)紙型(しけい); (謄写版用の)原紙. **c)**〘工〙鋳型〔床〕. **2** ＝Matrix 2 a [*spätlat.* mātrīx－*fr.* matrice]

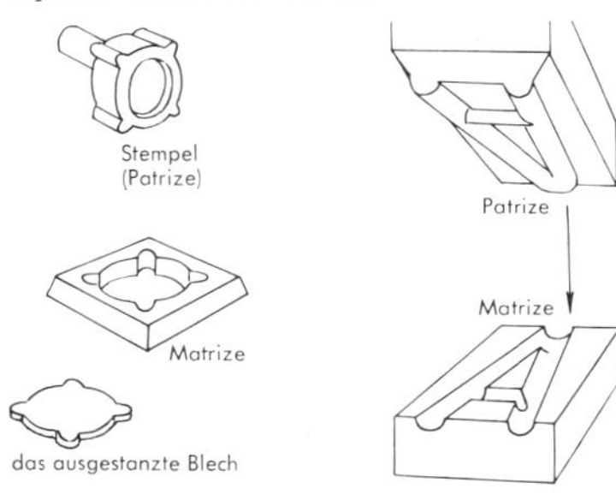

Matrize A **Matrize B**

Ma·tri·zen Matrix, Matrize の複数.

Ma·tri·zen·me·cha·nik 女〘理〙行列力学.

Ma·tri·zes Matrix の複数.

Ma·tro·ne[matró:nə] 女 -/-n **1** (妻また母としての貫禄(かんろく)のついた)〔品のいい〕中年〈中老〉の婦人. **2** 《軽蔑的に》(はつらつさや魅力の失われた)中年女性, おばさま. [*lat.*; ◇Mater]

ma·tro·nen·haft 形《ときに軽蔑的に》年配の婦人らしい.

Ma·tro·se[matró:zə] 男 -n/-n **1** 水夫, 船員, 船乗り, マドロス: *jn.* als ～*n* anheuern …を船員として雇い入れる ‖ **～*n* am Mast haben**《話》ケジラミ(毛虱)をもっている(海員の隠語). **2** 〘軍〙水兵,(狭義で)二等水兵. [*mndl.* mattenoot „Schlaf-Genosse" (◇Matte[1])－*fr.* matelot－*ndl.* matroos]

Ma·tro·sen≈an·zug 男 **1** 水兵服. **2** (男児用の)セーラー服. **≈kleid** 中 (女児用の)セーラー服. **≈kra·gen** 男 水兵〈セーラー〉服の襟. **≈lied** 中 船乗り〈マドロス〉の歌. **≈müt·ze** 女 水兵帽, セーラーキャップ(→ 図 Mütze). **≈schen·ke** 女 マドロス酒場.

matsch[1][matʃ] 形《述語的》《話》(果物などが熟しすぎて)ぶよぶよした, くさった. [＜matschen]

matsch[2][－] 形《述語的》《話》**1** 〘トランプ〙完敗の: *jn.* ～ machen …を完敗させる | ～ werden 完敗する. **2** くたくたに疲れた: Mein Magen ist ～. 私の胃はすっかりいかれている.

Matsch[1][matʃ] 男 -〔e〕s/-e〘トランプ〙完敗. [*lat.* marcidus „welk"－*it.* marcio „mürbe"; ◇Marasmus]

Matsch[2][－] 男 -〔e〕s/《話》どろどろしたもの; どろんこ, ぬかるみ: Schnee*matsch* 雪解けのどろんこ. [＜matschen]

Matsch≈au·ge[mátʃ..] 中《話》**1** (結膜炎で)はれあがった目. **2** まぬけ, とんま. **≈bir·ne** 女《話》《ふつう次の成句で》eine ～ haben 頭がぼうっとしている; 二日酔いである. [＜matsch[2] 2]

Mat·sche[mátʃə] 女 -/《方》＝Matsch[2]

mat·schen[mátʃən]《04》自 (h)《話》**1** パチャパチャ水をとばす〈とばして遊ぶ〉; ピチャピチャどろんこをとばす〈とばして遊ぶ〉. **2** 《mit *et.*[3]》(…を)こぼして〔卓布などを〕びしょびしょにする〈よごす〉. [擬音]

mat·schig[mátʃɪç][2] 形《話》**1** (食物が)どろどろした: ～*e* Kartoffeln どろどろに崩れた〔まずそうな〕ジャガイモ | ～*e* Tomaten (熟しすぎて)ぶよぶよのトマト. **2** (道路などが)泥だらけの, どろんこの: ein ～*er* Weg どろんこ道.

Mat·scho[mátʃo·] ＝Macho

Matsch·wet·ter 中《話》(道がぬかる)雨降り, 雪解け.

matt[mat] **I** 形 **1 a)** (erschöpft) 疲れきった, 力のない; 弱々しい: ～*e* Glieder 疲れた手足 | ein ～*er* Greis よぼよぼの老人 | ein ～*es* Lächeln 弱々しい微笑 | einen ～*en* Puls haben 脈が弱い | mit ～*er* Stimme sprechen 力ない声で話す ‖ müde und ～ sein 疲れきっている, へとへとである | **～ sein wie eine Fliege**《話》くたくたに疲れている | 〔ganz〕 ～ von der Anstrengung 〈vor Hunger und Durst〉 sein 気疲れ〈空腹とのどの渇き〉でへたばれている | *sich*[4] nach der Krankheit noch ～ fühlen 病後でまだ体がだるい | *jn.* ～ anlächeln …に力なくほほえみかける | *jm.* ～ die Hand reichen …に弱々しく手をさしのべる | Der Puls geht ～. 脈が弱々しい | Dein Herz schlägt ～ 〔und kalt〕.《比》君はつめたいやつだ. **b)** 《述語的》〘チェス〙詰んだ, 王手詰めの: ***jn.* ～ setzen** …を詰める〈打ち負かす〉;《比》(手も足も出ないように)…を封じこめる ‖ Schach und ～! (→Schach 1) | Dein König ist ～. 君のキングは詰んだ | Du bist in drei Zügen ～. 君は3手で詰みだ.

2 (glanzlos) つやのない, つや消しの(ガラス); (gedämpft) 鈍い(光・色);〘写〙(印画紙が)無光沢の: ～*e* Augen 輝き〈生気〉のない目 | eine ～*e* Glasur つやのないうわぐすり | ～*es* Glas すりガラス | ～*es* Gold いぶし金 | ～*es* Papier 無光沢紙 ‖ Abzüge ～ 〈auf ～*em* Papier〉 machen (写真を)無光沢の印画紙に焼き増しする.

3 《比》さえない, ぱっと〈ぴりっと〉しない; (fade) 気の抜けた〔味の〕; (flau)〘商〙不況の,(相場が)弱気の: eine ～*e* Entschuldigung 説得力のない弁解 | ein ～*er* Witz 気の抜けたしゃれ ‖ Der Schluß der Rede war ～. 演説の結びが締まらなかった | Er hat sehr ～ gesprochen. 彼の話しぶりはとんとさえなかった | Die Börse schloß ～. 相場の引け値はぱっとしなかった.

II Matt 中 -s/-s《ふつう単数で》〘チェス〙チェックメイト, 詰み. [*arab.* māt „tot"－*roman.*－*mhd.*; ◇*engl.* mate]

matt≈äu·gig[mát..] 形 輝き〈生気〉のない目をした. **≈blau** 形 くすんだ淡青色の.

Mat·te[1][mátə] 女 -/-n **1 a)** ござ, むしろ: eine ～ aus Stroh / Stroh*matte* わらござ. **b)** (Fußmatte) 靴ぬぐい, ドアマット; (浴室の)足ふきマット: die Schuhe auf der ～ säubern マットで靴をぬぐう. **c)** 〘スポ〙マット; (レスリングなどの競技用)マット: die ～ betreten (レスラーが)マットに上がる ‖ ***jn.* auf die ～ legen** i) (レスリングなどで)…をフォールする; ii)《話》…を頭ごなしにしかる; iii)《話》…をだます ‖ **auf der ～ bleiben**《話》落ち着いている | **auf der ～ stehen**《話》仕事に取りかかる準備ができている, スタンバイしている. **2** 《中部》(Käsematte) 凝乳, カード. **3** 《話》(長髪の若者などの)額に

垂れた髪. [*semit.–spätlat.–ahd.* matta; ◇ *engl.* mat]

Mạt·te[2][–] 女 -/-n《雅》(アルプス高地の)草地, 牧場. [*ahd.*; ◇Mahd; *engl.* mead〔ow〕]

das **Mạt·ter·horn**[mátərhɔrn] 地名 中 -〔e〕s/ マッターホルン(スイス・イタリア国境にあるアルプスの高峰. 標高4477m).

Mạtt≈glas[mát..] 中 くもり〈すり〉ガラス. **≈gold** 中 いぶしのかかった金〔色〕. [<matt I 2]

Mat·thä̤·us[matέːʊs] **I** 男名 (<Matthias) マテーウス. **II** 人名《2格 Matthäi[matέːiˑ]》《聖》マタイ, マタイオス(十二使徒の一人): das Evangelium nach *Matthäus* (新約聖書の)マタイによる福音書 ‖ **bei *jm.* ist *Matthäi* am letzten**《話》…〔の健康状態〕はもうおしまいだ; …は(経済的に)破滅だ(『マタイによる福音書』が „der Welt Ende“「世の終わり」で終わっていることから). [◇ *engl.* Matthew]

Mat·thä̤·us≈evan·ge̱·lium 中 -s/ (新約聖書の)マタイによる福音書. **≈pas·sio̱n** 女《楽》マタイ受難曲.

Mạtt·heit[máthaɪt] 女 -/ (matt なこと. 特に:) **1**《雅》=Mattigkeit **2** つやのない〈さえない〉こと; 《商》不況.

mạtt·her·zig[mát..] 形 無気力な; 感受性の鈍い.

Mat·thi̱as[matíːas] 男名 マティーアス. [*hebr.* „Geschenk Gottes“; ◇Matthäus]

mat·ti̱e̱·ren[matíːrən] 他 (h) くすませる, つや消しする: die Möbel ~ (くすんだ色のニスを塗って)家具につや消し仕上げをする | *mattiertes* Glas くもり〈すり〉ガラス. [<matt; ◇ *engl.* mat]

Mạt·tig·keit[mátɪçkaɪt] 女 -/ (matt なこと. 例えば:) (ひどい)疲労,〔け〕だるさ: die ~ bekämpfen 〈überwinden〉 疲労と闘う〈を克服する〉| vor ~ umsinken 〈zusammenbrechen〉 疲れ果ててくずおれる.

Mạtt·schei·be[mát..] 女 **1**《写》(カメラの)焦点〈ピント〉ガラス. **2**《話》(Bildschirm) (テレビ受像管の)映像面; 《比》テレビの画面: Was gibt es heute auf der ~? テレビできょうは何がありますか | vor der ~ sitzen 〈hocken〉(座って)テレビを見る, テレビにかじりつく. **3**《話》ぼんやりした頭, もうろうとした意識; 役たたず, でくの坊: 〔**eine**〕 **~ haben** 頭がぼんやりしている; 酔っぱらっている; 頭が鈍い.

Mạtt·schei·ben·spiel 中《話》(Fernsehspiel) テレビドラマ.

mạtt·weiß 形 くすんだ〔乳〕白色の.

Ma·tu̱·ra[matúːraˑ] 女 -/ 《オーストリア》 (**Ma·tu̱r**[..túːr]《スイス》女 -/; ᵛ中 -s/) 高校卒業〈大学入学〉資格試験(ドイツの Abitur に当たる): die ~ ablegen / die ~ machen Matura を受け〔て合格す〕る. [*lat.* mātūrus „reif“; ◇Manen]

Ma·tu·rạnd[maturánt][1] 男 -en/-en (⊛ **Ma·tu·rạn·din**[..rándɪn]-/-nen)《スイス》, **Ma·tu·rạnt**[..ránt] 男 -en/-en (⊛ **Ma·tu·rạn·tin**[..tɪn]-/-nen)《オーストリア》(Abiturient) Matura 受験〈合格〉者.

Ma·tu̱·ra·schu̱·le[matúːra..] 女《オーストリア》Matura のための予備校.

ma·tu·ri̱e̱·ren[maturíːrən] 自 (h)《オーストリア・スイス》Matura を受け〔て合格す〕る.

Ma·tu·ri·tä̤t[..ritέːt] 女 -/ **1**《スイス》=Matura **2**《スイス》高校卒業〈大学入学〉資格. ᵛ**3** (Reife) 成熟. [*lat.*]

Ma·tu·ri·tä̤ts≈ex·a̱men 中, **≈prü̱·fung** 女 =Matura

ᵛ**Ma·tu̱·rum**[matúːrʊm] 中 -s/ =Matura

Matz[mats] 男 -es/-e, Mätze[mέtsə] **1**《戯》かわいい男の子, ちび, おちびちゃん: unser ~ うちのちび. **2**《話》(飼いならされた小鳥, 特にカナリヤ・ムクドリなどに対する愛称)ピー子ちゃん: Piep*matz* ピー子ちゃん. [<Matthias]

Mä̤tz·chen[mέtsçən] 中 -s/- 《ふつう複数で》《話》(Possen) 冗談, ナンセンス, 無意味; ばかげたこと〈行い〉; (Kniff) トリック, 策; (Ausflüchte) 逃げ口上: ~ machen i) いたずら〈つまらぬこと〉をする; ii) (効果をねらって)策を弄(ろう)する, はったりをかける; iii) 言いのがれをする.

Mạt·ze[1], **Mä̤t·ze** Matz の複数.

Mạt·ze[2][mátsə] 女 -/-n, **Mạt·zen**[mátsən] 男 -s/- (ユダヤ教徒が過越(すぎこし)の祭りに食べる)種なしパン(パン種を入れずに焼く). [*hebr.–jüd.* matzo; ◇ *engl.* matzo〔th〕]

mau[maʊ] 形《話》**1**《副詞的用法なし》(気分・ぐあいが)よくない, だるい: Mir ist etwas ~ im Magen. 私はどうも胃の調子がよくない. **2** (状況が)わるい, 不振の: Das Geschäft geht ~. 商売〈仕事〉がうまくいかない. [<matt+flau+mauen]

Maud[moːt, mɔːd] 女名 モート. [*engl.*; ◇Mathilde]

Ma̱u·der[máʊdər] 男 -s/-《スイス》(Kater) 雄猫.

ma̱u·en[máʊən]《南西部・スイス》=miauen [*mhd.*]

Ma̱u·er[máʊər] 女 -/-n **1** (石・コンクリートなどの)〔外〕壁, 塀(→ 図); 城壁: Stein*mauer* 石垣 | Ziegel*mauer* れんが塀 ‖ die Berliner ~ ベルリンの壁(1961年旧東ドイツの手によって旧東西両ベルリンの境界に造られた障壁. 89年11月に崩壊し,91年に撤去) | die Chinesische ~ 万里の長城 | in den ~*n* der Stadt《雅》市内に(=in der Stadt; 中世都市は城壁をめぐらしていた) | eine hohe ~ um das Haus bauen 家の周囲に高い塀をめぐらす ‖ eine ~ von Menschen《比》人垣 | wie eine ~ stehen 壁のように微動だにせず突っ立っている | die ~ des Schweigens 〈des Mißtrauens〉 durchbrechen 沈黙〈不信〉の壁を打ち破る ‖ **gegen eine ~ reden** (壁に向かって説法するように)のれんに腕押しである | *sich*[4] mit einer ~ aus 〈von〉 Haß und Verachtung umgeben (周囲の人に対する)憎悪と軽蔑〔を自分のまわりにめぐらしてそ〕の中にたてこもる ‖ **~ machen** 〈**stehen**〉《話》(犯行現場を隠蔽(いんぺい)するためにスリ仲間が)囲う. **2**《馬術》土塀, れんが(障害の種類). **3**《球技》(敵の攻撃を防ぐゴール前の)壁, フェンス: eine ~ bilden 壁〈フェンス〉をつくる. [*lat.* mūrus–*germ.*; ◇Munition; *engl.* mere]

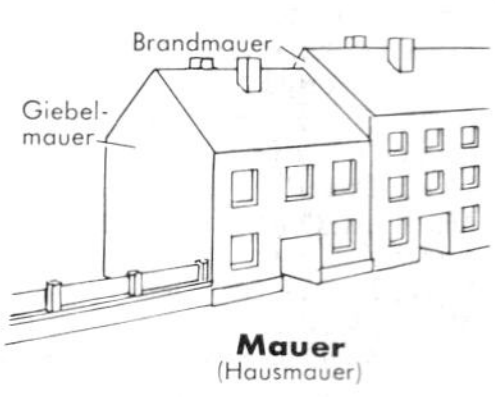

Mauer
(Hausmauer)

Ma̱u·er≈ab·satz[máʊər..] 男《建》オフセット, 段壁(壁の棚または段状に突き出たりくぼんだりした部分). **≈an·schlag** 男 (壁・塀の)はり紙, 掲示, ポスター. **≈ar·beit** 女 壁造り〈れんが積み〉の工事, 左官仕事. **≈as·sel** 女《虫》(ヨーロッパ原産の)ワラジムシ(草鞋虫). **≈bal·ken** 男《紋》石壁状横帯. **≈be·wurf** 男《建》外壁の粗塗り. **≈blü̱m·chen** 中《話》壁の花(ダンスの相手がなくて・ダンスの申し込みを受けつけないで壁際に座っている少女); (男たちに注目されない)地味な娘. **≈bo̱·gen** 男《建》〔壁〕アーチ(→ 図 Bogen). **≈bre·cher** 男《史》(古代ローマの)破城槌(つち).

Maue·re̱i[maʊəráɪ] 女 -/ 〔たえず〕mauern すること.

Ma̱u·er·ei·dech·se[máʊər..] 女《動》ヤモリ(守宮).

ma̱u·er·fest 形 〔城壁のように〕安全堅固な.

Ma̱u·er≈fraß 男 (硝酸カルシウムによる)壁の腐食. **≈fu·ge** 女 (石・れんが・タイルなどの)破り目地(めじ), 継ぎ目. **≈fuß** 男 壁足(壁の下部). **≈gecko** 男《動》ウォールゲッコー(地中海沿岸産の大ヤモリ). **≈ger·ste** 女《植》ムギクサ(麦草). **≈ha·ken** 男《登山》ハーケン, ロックピトン, 岩釘(がんてい). **≈kalk** 男 モルタル. **≈kel·le** =Maurerkelle **≈kitt** 男 パテ. **≈kro·ne** 女 **1 a)**《建》壁冠(壁の上端部). **b)** 堤頂(ダムの上端部: → 図 Talsperre). **2**《史》城壁冠(古代ローマで敵の城壁に一番乗りしたものに賞として与えられた城壁をかたどった冠: → 図). **≈lat·te** 女《建》敷桁(しきげた). **≈läu·fer** 男《鳥》カベバシリ. **≈mei·ster** =Maurermeister

Mauerkrone

ma̱u·ern[máʊərn]《05》**I** 自 (h) **1** 壁を築く, 石塀〈石垣〉を造る. **2**《球技》(ゴール前に)壁〈フェンス〉を作る. **3**《トランプ》(いい手札をもちながら)思い切ったプレーをしない, ビッドをして親になろうとしない(→Maurer 2); 《比》沈黙して腹の内を明かさない. **II** 他 (h) 石で築く, 石積みする: das Fundament eines Hauses ~ 家の基礎を石で築く.

Ma̱u·ern·wei·ler[..vaɪlər] 男 -s/-《話》**1** (市の)貴賓. **2** 客演俳優. [<weilen]

Ma̱u·er≈öff·nung[máʊər..] 女《史》(1989年11月9日の)ベルリンの壁(→Berliner II)の崩壊. **≈pfef·fer** 男

〘植〙ヨーロッパマンネングサ(万年草). ≈**po·lier** =Maurerpolier ≈**rau·te** 女〘植〙イチョウシダ(銀杏歯朶). ≈**sal·pe·ter** 男 (壁土中に生じる)硝酸カルシウム. ≈**schwal·be** 女, ≈**seg·ler** 男〘鳥〙ヨーロッパ=アマツバメ(雨燕). ≈**specht** 男《話》(1989年, ベルリンの壁が開かれたさい, 記念にその壁を壊して破片を持ち去る人々を指して)壁ゲラ. ≈**stein** 男 組積造用の単体材料(石・れんが・ブロックなど). ≈**stre·be** 女〘建〙扶壁(ふへき), 控え壁. ≈**ver·band** 男〘建〙(石材などを積んで壁体を築く)組積(そせき)法(→ 図 Baustoff). ≈**werk** 中 **1**〘建〙組積〔工事〕. **2** 壁〈石塀〉〔の全体〕. ≈**zie·gel** 男 組積造用のれんが.

Mau·ke¹[máʊkə] 女 -/ 〘畜〙繋皸(けいくん)(牛馬などの足の関節部に生じる湿疹(しっしん)); ᵛ《話》(Gicht) 痛風. [*mndd.* mūke]

Mau·ke²[–] 女 -/ 《方》《次の形で》keine ～ (=Lust) zu *et.*³ haben …する気がしない.

Maul[maʊl] 中 -〔e〕s/Mäuler[mɔ́ʏlər] (小 **Mäul·chen** → 別出) **1** (動物の)口: das ～ des Pferdes 〈des Haifisches〉馬〈サメ〉の口 | das ～ aufreißen 〈aufsperren〉口をあんぐりあける(→2).

2《話》**a**) (Mund) (人間の)口:〖4 格で〗**ein böses 〈gottloses / grobes / ungewaschenes〉 ～ haben**《卑》口が悪い, なまいきな口をきく | **ein großes ～ haben 〈führen〉** 大口をたたく, なまいきである | **ein loses ～ haben** 口が軽い | **ein schiefes ～ ziehen 〈machen〉** 口をとがらす, ふくれっ面をする ‖ **das ～ aufmachen 〈auftun〉** 口をあける;《比》口をきく, 物をいう | **das ～ 〔weit〕 aufreißen** 大口をたたく(→1) | **das ～ über *jn.* 〔weit〕 aufreißen** …の悪口をいう | **das ～ aufsperren / ～ und Nase 〈Ohren〉 aufsperren 〈aufreißen〉** (びっくりして)口をぽかんとあける, あっけにとられる(→1) | **das ～ brauchen** 懸命に抗弁〈弁解〉する; 悪態をつく | **das ～ auf dem rechten Fleck haben**《話》口が達者である, 当意即妙である | **das ～ halten / das ～ nicht aufbekommen 〈nicht aufkriegen〉** 口をつぐむ, 沈黙を守る | Halt's ～! / Halt das 〈dein〉 ～! 黙れ | **das ～ hängen lassen**《卑》口をとがらす, ふくれっ面をする | **das ～ 〈das *Mäulchen*〉 nach *et.*³ spitzen** いかにも…を食べたそうな様子をする, …が欲しくてよだれを垂らさんばかりである | ***jm.* das ～ stopfen** …を黙らせる, …に口止めをする; …を言い負かす | ***jm.* das ～ verbieten** …の口を封じる, …に発言を禁じる | ***sich*³ das ～ verbrennen** 口をやけどする;《比》口をすべらせて災いを招く | *sich*³ das ～ wischen (ナプキンなどで)口もとをぬぐう | *jm.* das ～ wäßrig machen (→wässerig) | **das ～ voll nehmen** 口いっぱいにほおばる;《比》大口をたたく | ***sich*³ das ～ wischen können**《話》指をくわえて見ている, 何ももらえない | ***sich*³ über *jn.* das ～ zerreißen**《話》…の悪口を言う, …をこきおろす ‖〖1 格で〗Mir war das ～ zugefroren. (一言あってしかるべきなのに)私は一言(ひとこと)も口がきけなかった ‖〖前置詞と〗**nicht aufs ～ gefallen sein** 口が達者である | ***jm.* eins 〈eine〉 aufs ～ geben** …の口もとに一発くらわす | **eins 〈eine〉 aufs ～ kriegen** 口もとに一発くらう | dem Volk aufs ～ schauen (→Volk 2) | ***jm. et.*⁴ ins ～ schmieren**《話》…に…(解答など)を口移しに教えこむ | ***jm.* nach dem ～ reden** …の耳に快いことばかりを言う | ***jm.* übers ～ fahren** …のことばを無遠慮にさえぎる | ***jm.* ums ～ gehen** …にへつらう | *jm.* Brei 〈Honig / Pappe〉 ums ～ schmieren (→Brei, →Honig, Pappe 2) | kein Blatt vors ～ nehmen (→Blatt 1 a). **b**) (口の所有者としての)人: Er hat zehn *Mäuler* zu ernähren. 彼は10人の口〈家族〉を養わねばならない.

3〘工〙(ペンチなどの)くわえ口(→ 図 Zange).

[*germ.*; ◇muhen]

Maul·af·fe[máʊl..] 男 **1**《話》**～*n* feilhalten** (何もせずに)口をぽかんとあけている. ᵛ**2**《軽蔑的に》ぽかんと口をあけて見とれる人.

Maul·beer·baum[máʊlbe:r..] 男〘植〙クワ(桑)属〔の木〕.

Maul·bee·re[..be:rə] 女 クワの実(→ 図). [*mlat.* mūrus–*ahd.* mūrberi; < *lat.* mōrum (→ Morula); ◇*engl.* mulberry]

Maulbeere

Mäul·chen[mɔ́ʏlçən] 中 -s/-, Mäulerchen [mɔ́ʏlərçən] (Maul の縮小形) **1** 小さい口: **ein ～ machen 〈ziehen〉**《戯》(特に子供が)ふくれっ面をする. **2**《方》(Kuß) キス, 接吻(せっぷん).

mau·len[máʊlən] 自 (h)《話》口をとがらす, ふくれっ面〈仏頂面〉をする, ぶうぶう不平を鳴らす: mit *jm.* ～ …に不平不満をたたきつける, …を非難する.

Mäu·ler Maul の複数.

Mäu·ler·chen Mäulchen の複数.

Maul·esel[máʊl..] 男 **1**〘動〙(単にウマとロバの雑種の意味での)ラバ(騾馬); ケッテイ(駃騠)(特に Maultier に対して, 雄ウマと雌ロバの雑種). **2** =Mulus [*ahd.* mūl (→Maultier)]

maul·faul 形《話》口の重い, 口数の少ない: ein ～*er* Mensch むっつり屋 | ～ antworten 言葉少なく答える.

Maul≈füß·ler 男 -s/-〘動〙口脚類(甲殻類のシャコなど). ≈**hän·ger** 男《話》いつも不機嫌な人, 不平家. ≈**held** 男《話》(大言壮語して実行の伴わぬ)ほら吹き. ≈**hel·den·tum** 中《話》大言壮語. ≈**ho·bel** 男《戯》(Mundharmonika) ハーモニカ.

..mäulig[..mɔʏlɪç]² (形容詞につけて「口が…の」を意味する形容詞をつくる): breit*mäulig*《話》口の大きい | groß*mäulig*《話》ほら吹きの | hart*mäulig* (馬が)くつわに反応しない.

Maul≈kä·fer[máʊl..] 男 -s/-〘虫〙ヒゲナガゾウムシ(鬚長象虫)科の昆虫. ≈**korb** 男 (犬・馬などに装着する革ひも製の)口輪(くちわ): dem Hund einen ～ umbinden 犬に口輪をはめる | ***jm.* einen ～ anlegen**《比》…に箝口(かんこう)令を敷く, …の言論を統制する.

Maul·korb≈ge·setz 中《話》言論統制令, 箝口(かんこう)令. ≈**zwang** 男 (猛犬などの)口輪はめ規則.

Maul·schel·le 女《話》(Ohrfeige) (横つらへの)平手打ち, びんた: *jm.* eine ～ geben …にびんたをくらわす. [„schallender Schlag auf den Mund"; ◇schallen]

Maul·sper·re 女 **1**《話》あごの痙攣(けいれん): **die ～ kriegen 〈bekommen〉**《戯》(びっくりして)口がきけない. **2**〘畜〙(馬などの)開口障害.

Maul·tier[máʊl..] 中〘動〙ラ(騾), ラバ(騾馬)(特に Maulesel に対して, 雄ロバと雌ウマの雑種). [*lat.* mūlus –*ahd.* mūl; ◇*engl.* mule]

Maul·trom·mel 女〘楽〙びやぼん(→ 図).

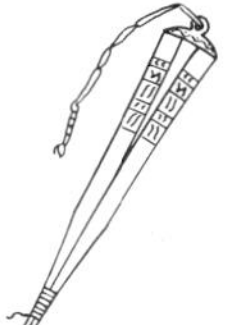

Maultrommel

Maul- und Klau·en·seu·che [また: ⏑⏑⏑⏑⏑⏑] 女 (略 MKS)〘畜〙口蹄(こうてい)疫.

Maul·werk 中 -〔e〕s/《話》弁才: ein gutes ～ haben 能弁〈口達者〉である.

Maul·wurf[máʊlvʊrf] 男 -〔e〕s/..würfe[..vʏrfə]〘動〙モグラ(土竜). [*mhd.*; < *ahd.* mū-werf „Haufen-Werfer" + *ahd.* molta „Staub" + *mhd.* mūl „Maul"]

maul·wurfs·grau 形 モグラのような暗灰色の.

Maul·wurfs≈gril·le 女〘虫〙ケラ(螻蛄)科の昆虫. ≈**hau·fen** 男, ≈**hü·gel** 男 モグラの盛り土. ≈**krebs** 男〘動〙スナモグリ(砂潜)(甲殻類). ≈**rat·te** 女 (Sandgräber)〘動〙デバネズミ(出歯鼠).

maun·zen[máʊntsən] (02) 自 (h)《南部》**1** (miauen) (猫が)ニャオと鳴く; 哀れっぽく鳴く. **2** (子供が)泣き声を出す, めそめそ泣く. [< mauen]

Mau·re[máʊrə] 男 -n/-n ムーア人(北アフリカの原住民で, アラビア人の侵入によってイスラム化し, 中世期にイベリア半島に入って王朝を築いた). [*gr.*–*lat.* Maurī; ◇Mohr; *engl.* Moor]

Mau·rer[máʊrər] 男 -s/- **1** 左官〔屋〕, れんが積み工: pünktlich wie die ～ (→pünktlich 1). **2**〘トランプ〙マウラー(スカートで自分の手札がいいにもかかわらず, 負けるのを恐れたり, 相手を負かそうと思って親にならない人: →mauern I 3). **3** =Freimaurer [*ahd.*; ◇Mauer]

Mau·rer·ar·beit 女 左官〈れんが積み工〉の仕事.

Mau·re·rei[maʊrəráɪ] 女 -/-en **1** 左官〈れんが積み〉の仕事. **2**《単数で》=Freimaurerei

Mau·rer≠ge·sel·le[máʊrər..] 男 左官職人, れんが積み工. **≠hand·werk** 中 -[e]s/ 左官業.

mau·re·risch[máʊrərɪʃ] =freimaurerisch

Mau·rer≠kel·le 女 左官ごて(→ 図 Kelle). **≠kla·vier** 中《戯》(Ziehharmonika) アコーデオン. **≠lehr·ling** 男 左官〈れんが積み工〉の徒弟. **≠mei·ster** 男 左官〈れんが積み工〉の親方; マイスターの資格をもつ左官. **≠po·lier** 男 左官〈れんが積み工〉の職人頭(がしら). **≠schweiß** 男 左官の汗: rar wie ~ (→rar). **≠zunft** 女 左官組合.

Mau·res·ke[maʊréskə] 女 -/-n ムーア式唐草模様. [*span.* morisco (→Morisca)－*fr.* mauresque]

Mau·re·ta·ni·en[maʊretá:niən] 地名 モーリタニア(アフリカ北西部, 大西洋に面する共和国. 1960年フランスから独立. 首都ヌアクショット Nuakschott). [*gr.*－*lat.*; ◇Maure]

Mau·re·ta·ni·er[..tá:niər] 男 -s/- (⊛ **Mau·re·ta·nie·rin**[..niərɪn]-/-nen) モーリタニア人.

mau·re·ta·nisch[..tá:nɪʃ] 形 モーリタニア[人]の.

Mau·ri·ner[maʊrí:nər] 男 -s/- 〘カトリック〙(聖ベネディクト派に属する)サン=モール修族の会員. [<St. Maur (6世紀の聖者の名)]

mau·risch[máʊrɪʃ] 形 ムーア人〈式〉の. [<Maure]

Mau·ri·tius[maʊrí:tsiʊs] **I** 地名 モーリシャス(インド洋の Madagaskar 島東方にある島. オランダ領•フランス領をへて1968年英連邦内で独立. 首都ポートルイス Port Louis). **II** 女 -/ モーリシャス[郵便]切手(英領下1847年発行の2ペンスのエラー切手は収集家垂涎(すいぜん)のもの). [<Moritz von Oranien (オランダ総督, †1625)]

Maus[maʊs][1] 女 -/Mäuse[mɔ́ʏzə] (⊕ **Mäus·chen, Mäus·lein** → 別出) **1** (英: *mouse*)〘動〙〔ハツカ〕ネズミ(鼠), マウス (Ratte より小型のネズミ): eine weiße ~ 白ねずみ;《話》交通警官, 白バイ | **weiße *Mäuse* sehen**《話》幻覚〈妄想〉を抱く; 酔っ払っている ‖ **arm wie eine ~ sein**《話》きわめて貧乏である | **flink wie eine ~ sein** ねずみのようにすばしこい | **wie eine gebadete ~ sein** ぬれねずみ〈ずぶぬれ〉である ‖ Eine ~ pfeift 〈piep[s]t〉. ねずみがチューチュー鳴く | **Da[von] beißt die ~ keinen Faden ab.** / **Da[von] beißt keine ~ einen Faden ab.**《話》それは今さら取り返しがつかない〈どうにも変えようがない〉, それは確定的だ | Das trägt die ~ auf dem Schwanz fort 〈weg〉./Das kann eine ~ auf dem Schwanz forttragen. (→Schwanz 1) | Wenn die ~ satt ist, schmeckt das Mehl bitter.《諺》満腹すれば美食もまずい(ねずみも満腹すれば小麦粉を苦く感じる) | Wenn die Katze fort 〈aus dem Haus〉 ist, tanzen die *Mäuse* [auf dem Tisch].《諺》鬼のいぬ間に洗濯 | Der Berg [kreißt und] gebiert eine ~. (→Berg[3] 1 a) ‖ **keine ~ hereinlassen**《比》ねずみ一匹〈ひとりも〉中に入れない | ***Mäuse* merken 〈riechen〉**《話》トリックを見破る | mit *jm.* Katz und *Mäuse* spielen (→Katze 1 a) | Mit Speck fängt man *Mäuse.* (→Speck 1 a) ‖ mit Mann und ~ untergehen (→Mann[2] 3 a). **2** (子供や若い女に対する愛称として)かわいい子: Meine süße kleine ~! かわいいおちびさん | **eine graue ~**《話》めだたない〈平凡な〉女. **3 a)** (Daumenballen) 親指の指球(付け根の膨らみ: → 図 Hand). **b)** (Gelenkmaus)〘解〙関節鼠(そ). **4**〘電算〙マウス(形がネズミに似た位置入力装置: → 図 Computer). **5**《複数で》《話》(Geld) 金(かね), ぜに: keine *Mäuse* mehr haben 一文なしである. **6**《卑》(女性の)陰部.
[*idg.*; ◇*engl.* mouse; *gr.* mỹs „Maus"]

Mau·schel[máʊʃəl] 男 -s/-《軽蔑的に》(Jude) ユダヤ人.

Mau·sche·lei[maʊʃəláɪ] 女 -/-en《軽蔑的に》不正をはたらく〈いんちきをする〉こと.

mau·scheln[máʊʃəln]《06》**I** 自 (h) **1** (jüdeln) ユダヤ〈イディッシュ〉なまりで話す; わけのわからない話し方をする. **2**《軽蔑的に》闇取引で私利を得ようとする. **3** Mauscheln をする. **II Mau·scheln** 中 -s/ トランプ賭博(とばく)の一種. [< *hebr.* Mošeh „Moses"]

Mäus·chen[mɔ́ʏsçən] 中 -s/- (Maus の縮小形) **1** 小さい[ハツカ]ネズミ, 小ねずみ: still wie ein ~ sein 小ねずみのようにおとなしい; ひっそりと静まりかえっている | **~ sein 〈spielen〉 wollen**《話》(ねずみにでも化けて)その現場にこっそり居合わせたい | Mich soll das ~ beißen, wenn das nicht stimmt.《話》それが間違っていたら首をやってもいい, それは絶対間違いない. **2**《話》(女性や子供に対する愛称として)かわいい子. **3**〘解〙尺骨端(肘(ちゅう)関節の痛みに特に鋭敏な個所).

mäus·chen·still[mɔ́ʏsçənʃtíl] 形 小ねずみのようにおとなしい; ひっそりと静まりかえった.

Mäu·se Maus の複数.

Mäu·se≠bus·sard[mɔ́ʏzə..] 男〘鳥〙ノスリ. **≠dorn** 男〘植〙ナギイカダ(梛筏)属.

Mau·se·fal·le[máʊzə..] (**Mäu·se·fal·le**[mɔ́ʏzə..]) 女 ねずみ捕り器;《比》(交通違反取り締まりの)ねずみ捕り.

Mäu·se≠fän·ger[mɔ́ʏzə..] 男 -s/- **1** 〔職業として〕ねずみを捕る人. **2** ねずみを捕る動物(特にネコ). **≠fraß** 男 ねずみのかじった跡, ねずみによる損害. **≠ger·ste** 女〘植〙ムギクサ(麦草). **≠gift** 中 殺鼠(さっそ)剤, 猫いらず.

mäu·seln[mɔ́ʏzəln] (**mau·seln**[máʊzəln])《06》自 (h)〘狩〙(獲物をおびき寄せるために)ねずみの鳴き声をまねる.

Mau·se·loch[máʊzə..] (**Mäu·se·loch**[mɔ́ʏzə..]) 中 ねずみの巣穴: Ich möchte mich am liebsten in ein ~ verkriechen.《話》(恥ずかしくて)穴があったら入りたい気持だ; (恐ろしくて)穴のなかにもぐりこみたい.

Mäu·se·mel·ken[mɔ́ʏzə..] 中 -s/《話》《次の形で》**Es ist zum ~.** それは絶望的だ〈もうだめだ〉.

mau·sen[máʊzən][1]《02》**I** 他 (h)《話》(stehlen) 盗む, ちょろまかす, 失敬する. **II** 自 (h)《方》**1** (猫が)ねずみをとる: Die Katze läßt das *Mausen* nicht. (→Katze 1 a). **2**《卑》(koitieren) 性交する.

Mäu·se·pla·ge[mɔ́ʏzə..] 女 ねずみによる被害.

Mau·ser[1][máʊzər] 女 -/ (鳥の)換羽, 羽(は)がわり: in der ~ sein 換羽期にある. [*mlat.* mūta－*mhd.* mūze; ◇mausern]

Mau·ser[2][－] 女 -/- 商標 =Mauserpistole

Mau·ser[3][－] 男 -s/-《スイ》=Mäusefänger

Mau·se·rei[maʊzəráɪ] 女 -/-en《話》盗み. [<mausen]

Mau·ser·ge·wehr[máʊzər..] 中 モーゼル銃. [<P. v. Mauser (ドイツの銃砲技術者, †1914)]

Mäu·se·rich[mɔ́ʏzərɪç] 男 -s/-e《話》雄ねずみ.

mau·se·rig[máʊzərɪç][2] 形《スイ》**1** (verdrießlich) 不機嫌な. **2** (niedergeschlagen) 意気消沈した. **3** (trübe) (天気が)どんよりした. [<Mauser[1]]

Mau·se·rin[máʊzərɪn] 女 -/-nen《スイ》ねずみを捕る猫.

mau·sern[máʊzərn]《05》**I** 自 (h) (鳥が)新しい羽をつける, 換羽する. **II** 他 (h) 再帰 *sich*[4] ~ (鳥が)新しい羽をつける, 換羽する: *sich*[4] zu *et.*[3] ~《比》脱皮して〈生まれかわって〉…になる | Der Junge hat sich zu einem prächtigen jungen Mann *gemausert.* その少年はすばらしい若者に成長した. [*lat.* mūtāre (→mutieren)－*ahd.* mū[z]zōn; ◇Mauser[1]; *engl.* mo[u]lt]

Mau·ser·pi·sto·le[máʊzər..] 女 モーゼル拳銃(けんじゅう). [◇Mausergewehr]

Mau·se·rung[máʊzərʊŋ] 女 -/-en [sich] mausern すること.

Mau·ser·zeit[máʊzər..] 女 (鳥の)換羽期.

mau·se·tot[máʊzətó:t] 形《話》完全に死んだ. [*ndd.* mu[r]s-dōt „ganz tot"; ◇morsch]

Mäu·se·turm[mɔ́ʏzə..] 男 -[e]s/ ねずみの塔(ドイツの Bingen の近く, Rhein 川の島にある古塔で, 貧民を迫害した司教がねずみに追いつめられて, ここで食い殺されたという伝説がある).

Maus·fal·le[máʊs..]《オーストリア》=Mausefalle

maus≠far·ben 形, **≠far·big** 形, **≠grau** 形 ねずみ色の.

mau·sig[máʊzɪç][2] 形《話》《次の形で》*sich*[4] **~ machen** 出しゃばる, ずうずうしい態度に出る. [*mhd.*; ◇mausern]

Maus·klick[máʊs..] 男〘電算〙マウスクリック(マウスのボタンを押す操作).

Mäus·lein[mɔ́ʏslaɪn] 中 -s/- (Maus の縮小形) 小ねず

み: Daß dich das ~ beißt!《南部》《戯》(そんなことをしたら)ねずみに食われるよ.

Maus≈loch[máʊs..]《方》= Mauseloch **≈ohr** 中 **1**〘動〙ホオヒゲコウモリ(頬髭蝙蝠). **2** (Habichtskraut)〘植〙ヤナギタンポポ(柳蒲公英)属. **≈öhr·chen** 中 = Mausohr 2

Mau·so·le·um[maʊzoléːʊm] 中 -s/..leen[..léːən] (王侯などの)墓所, 霊廟(れいびょう). [*gr.* Mau(s)sṓleion–*lat.*; 葬られた王の名から]

Maus≈schlä·fer[máʊs..] 男〘動〙アフリカヤマネ(山鼠). **≈ta·ste** 女〘電算〙マウスボタン. **≈vo·gel** 男〘鳥〙ネズミドリ(鼠鳥)(ネズミのように茂みの枝の中を走る. アフリカ産).

Maut[maʊt] 女 -/-en **1**《オーストリア》**a**) = Mautgebühr **b**) = Mautstelle $^∇$**2** (Zoll) 関税. [*got.* mōta–*ahd.*; ◇messen]

Maut·ge·bühr[máʊt..] 女《オーストリア》(道路・橋などの)通行料金.

Maut·ner[máʊtnər] 男 -s/- **1**《オーストリア》(有料道路の)料金所職員. $^∇$**2** (Zöllner) 税関吏.

Maut≈stel·le[máʊt..] 女《オーストリア》(有料道路の)料金所. **≈stra·ße** 女《オーストリア》有料道路.

mauve[moːv] 形《無変化》モーブ色(くすんだ藤(ふじ)色)の. [*lat.* malva (→Malve)–*fr.*]

mauve≈far·ben[móːv..], **≈far·big** = mauve

Mau·ve·in[moveíːn] 中 -s/〘化〙モーヴェイン(合成染料の一種). [<..in[2]]

mau·zen[máʊtsən]《02》= maunzen

m. a. W. 略 = mit ander(e)n Worten これを言いかえれば, 換言すれば.

Max[maks] 男名 (<Maximilian) マックス: **strammer ~**〘料理〙シュトラマー=マックス(「たくましい若者」の意で, ふつうパンとハムの上に目玉焼きをのせたもの, またはパンの上に香辛料をきかせ, ひき肉に卵をまぜてのせたものをもいう) | **den strammen ~ markieren 〈spielen〉**《話》大口をたたく, 大言壮語する.

..maxe[..maksə] →..fritze

Ma·xe[máksə] 男 -n/-n《話》(Kerl) やつ; たのもしい男.

Ma·xen[máksən] 複《南部・オーストリア》《話》(Geld) 金(かね), ぜに. [硬貨に刻まれたバイエルン王 Maximilian IV. (†1825)の像から]

ma·xi[máksiˑ] **I** 形《付加語的用法なし》(↔mini)〘服飾〙(スカート・服・コートが)くるぶしまで届く長さの, マキシ(丈)の: ~ tragen マキシの服〈コート〉を着ている. **II Ma·xi 1** 中 -s/-s **a**) (Maxikleid) マキシドレス. **b**)《ふつう無冠詞単数で》マキシ丈: Kleider in gemäßigtem ~ 程よいマキシ丈の服. **c**)《ふつう無冠詞単数で》《集合的に》マキシの衣装. **2** 男 -s/-s = Maxirock [*lat.* māximus (→Maximum)]

Ma·xi·kleid[máksi..] 中 マキシドレス.

Ma·xil·la[maksílaˑ] 女 -/..xillae[..lɛˑ] (↔Mandibel) (Oberkiefer(bein))〘動〙(脊椎(せきつい)動物の)上顎(じょうがく)骨; (節足動物の)小顎(あご). [*lat.*]

ma·xil·lar[maksɪláːr] 形 上顎(じょうがく)骨の; 小顎(あご)の. [*lat.*; <*lat.* māla „Kinnbacke" (◇Masse)]

Ma·xi·ma Maximum の複数.

ma·xi·mal[maksimáːl] 形《比較変化なし》**1** (↔minimal) 最大(限)の, 最高の: eine ~*e* Ausnutzung 最大限の利用 | eine ~*e* Geschwindigkeit 最高速度 | ~*e* Verfinsterung〘天〙食甚(しょくじん) ‖ *et.*[4] ~ ausnutzen …を最大限に利用する | Das Gewicht beträgt ~ (= höchstens) hundert Kilo. 目方はせいぜいのところ100キロである | ~ zulässige Geschwindigkeit 最高許容速度. **2**《ふつう述語的》《話》(vorzüglich) すばらしい, 最高の: Das ist einfach ~! それは最高にすばらしい. [<*lat.* māximus (→Maximum)+..al[1]]

Ma·xi·mal≈be·la·stung 女 最大負荷〈荷重〉. **≈be·trag** 男 最高額. **≈do·sis** 女 (略 MD)〘薬〙極量. **≈feld** 中〘坑〙(採掘権の)最高面積. **≈ge·schwin·dig·keit** 女 最高速度. **≈ge·wicht** 中 最大重量.

ma·xi·ma·li·sie·ren[maksimalizíːrən] 他 (h) (↔minimalisieren) (数量・程度などを)できうるかぎり大きくする, 最大限にする, 極限まで増大する.

Ma·xi·ma·list[..líst] 男 -en/-en《ふつう軽蔑的に》(譲歩せずに)最大限の要求をする人.

Ma·xi·mal≈preis[maksimáːl..] 男 最高価格. **≈pro·fit** 男《共産圏でふつう軽蔑的に》最大の利益〈利潤〉. **≈stra·fe** 女〘法〙最高刑. **≈wert** 男 最大値.

Ma·xi·man·tel[máksi..] 男 (くるぶしまで届く)マキシコート.

Ma·xi·me[maksíːmə] 女 -/-n 原則, 規準, 主義; 格言, 処世訓, 箴言(しんげん);〘哲〙格率: eine ~ aufstellen 原則をたてる | *et.*[4] zu *seiner* ~ erheben …を自分の処世訓として掲げる. [*mlat.*–*fr.*; <*lat.* māximus (→Maximum)]

ma·xi·mie·ren[maksimíːrən] 他 (h) (↔ minimieren) 最大にする, 最大限に増やす, できうるかぎり大きくする.

Ma·xi·mi·lian[maksimíːliaːn] 男名 マクシミーリアーン. [a) *lat.* Māximiniānus (n の l への異化); ◇Maximum; b) <*lat.* Māximus „der Größte"+Aemiliānus (=Emil)]

Ma·xi·mi·lia·ne[..miliáːnə] 女名 マクシミリアーネ.

Ma·xi·mum[máksimʊm] 中 -s/..ma[..maˑ] (↔Minimum) **1**《ふつう単数で》(Höchstmaß) 最大限, 最大〈最高〉の量(数・額・値): ein ~ an Arbeit leisten 最大限の仕事をする | ein ~ an Geduld aufbringen ぎりぎりまで辛抱する | im ~ 最大限に見積もって, せいぜい ‖ Tausend Mark sind das ~, das ich dafür geben kann. 1000マルクが私の出せる〈払える〉最高額だ | Das ist ~.《比》(これは)最高だ. **2**〘数〙極大; 最大値. [*lat.* māximus „größt"; <*lat.* māgnus (→Magnus)]

Ma·xi·mum-Mi·ni·mum-Ther·mo·me·ter 中 (男) 最高最低温度計.

Ma·xi·rock[máksi..] 男 マキシスカート(極端なロングスカート).

Max-Planck≈-Ge·sell·schaft[maksplάŋk..] 女 -/ マックス=プランク協会(略 MPG; 1911年設立されたカイザー=ヴィルヘルム協会を継ぐものとして1948年旧西ドイツで設立された学術推進機関. 多くの分野別研究所 Max-Planck-Institut を運営している). **≈-In·sti·tut** 中 マックス=プランク研究所(略 MPI; 人文科学・自然科学各分野での主として基礎研究を行うドイツの代表的な研究機関). [<Planck]

May[maɪ] 人名 Karl ~ カルル マイ(1842-1912; ドイツの児童文学作家. 特にインディアンの物語は青少年のあいだに人気がある).

Ma·ya[1][máːjaˑ] 女 -/ = Maja[1]

Ma·ya[2][–] **I** 男 -(s)/-(s) マヤ(族)(中央アメリカ, 特に Yukatan 半島に住むインディオの一種族で, 独特の文明を築き, 4世紀から12世紀にかけて, その最盛期を迎えた): die Kultur der ~ マヤ(族)の文化, マヤ文明(=Mayakultur). **II** 中 -(s)/ マヤ語: auf ~ マヤ語で. [*indian.*–*span.*]

Ma·ya·kul·tur[máːja..] 女 -/ マヤ文化.

May·day[méːdeː, méɪdeɪ] メーデー(船舶・航空機の発する国際救難無線信号). [*fr.* m'aidez „helfen Sie mir!"]

Ma·yon·nai·se[majɔnέːzə; オーストリア:..nέːz] 女 -/-n[..zən]〘料理〙マヨネーズ. [*fr.*; <Mahón (ミノルカ島の町の名)]

Ma·yor[méːər, mɛə] 男 -s/-s (Bürgermeister) (イギリス・アメリカの)市長, 町〈村〉長. [*lat.* māiōr (→Major)–*afr.* maire–*engl.*]

MAZ[mats] 女 -/-anlagen (<magnetische Bildaufzeichnung) 磁気テープ録画.

Ma·ze·do·ni·en[matsedóːniən] 地名 = Makedonien

Mä·zen[mɛtséːn] 男 -s/-e (女 **Mä·ze·na·tin**[mɛtsenáːtɪn], **Mä·ze·nin**[mɛtséːnɪn]-/-nen) (芸術・文化・スポーツなどの)保護者, 後援者: einen ~ für ein Projekt suchen プロジェクトの後援者を探す. [<C. Maecēnās (古代ローマの政治家で Horatius や Vergil の後援者, †前8); ◇*engl.* Maecenas]

Mä·ze·na·ten·tum[mɛtsenáːtəntuːm] 中 -s/ (芸術・文化・スポーツなどの)保護, 後援.

Mä·ze·na·tin Mäzen の女性形.

mä·ze·na·tisch[..náːtɪʃ] 形 (芸術・文化・スポーツなどの)保護〈後援〉に熱心な.

Mä·ze·nin Mäzen の女性形.

mä·ze·nisch[mɛtséːnɪʃ] = mäzenatisch

Ma·ze·ra·tion[matseratsióːn] 女 -/-en〘生〙解離(かいり)

(細胞間・組織間の結合を分離すること).
ma·ze·ri̱e·ren[..rí:rən] 自 (h) 〘生〙 解離処理をする. [*lat.* mācerāre „durchkneten"; ◇Masse]
Ma̱·zis·blü̱·te[mátsɪs..] 女 ニクズク(肉豆蔻)花, メース(ニクズクの種子の皮を粉末にしたもので, 香料や薬として使われる). [*fr.* macis; ◇*engl.* mace]
Ma·zur·ka[mazúrka·] =Masurka
Ma̱z·ze[mátsə] 女 -/-n, **Ma̱z·zen**[..tsən] 男 -s/- =Matze[2] [*hebr.*]
mb 略 =**Millibar**
mbar 略 =**Millibar**
MBB[ɛmbe:bé:] 略 女 -/ =**Messerschmitt-Bölkow-Blohm GmbH** (München 近郊の Ottobrunn に本社をもつ ドイツの航空・宇宙産業の製造会社).
m. c. 略 =**mensis currentis**
MC[ɛmtsé:] 略 女 -/-〔s〕 =**Musikkassette**
Mc·Car·thy·i̱s·mus[məka:(r)θísmʊs] 男 -s/ 〘史〙 マッカーシズム(1950年代前半の米国で見られたヒステリックな反共・赤狩り運動とその思想). [<J. R. McCarthy (1909–57; 米国の政治家)]
md. 略 =**mitteldeutsch**
m. d. 略 =**mano destra**
Md[ɛmdé:, mɛndelé:viʊm] 記号 (Mendelevium) 〘化〙 メンデレビウム.
Md. 略 =**Milliarde**〔n〕〔数〕十億.
MD[ɛmdé:] 略 **1** = **Maximaldosis** **2** 男 -〔s〕/-〔s〕 =**Musikdirektor**
mdal. 略 =**mundartlich**
M. d. B. (**MdB**)[ɛmde:bé:] 略 =**Mitglied des Bundestages** (ドイツの)連邦議会議員.
M. d. L. (**MdL**)[ɛmde:|ɛ́l] 略 =**Mitglied des Landtages** (ドイツなどの)州議会議員.
MDN[ɛmde:|ɛ́n] 略 =**Mark der Deutschen Notenbank** (1964–67年の旧東ドイツの通貨〔単位〕: →Mark[1]).
MDR[ɛmde:|ɛ́r] 略 =**Mitteldeutscher Rundfunk** 中部ドイツ放送(ドイツのテレビ局).
M. d. V. (**MdV**)[ɛmde:fáʊ] 略 = **Mitglied der Volkskammer** (旧東ドイツの)人民議会議員.
m. E. 略 =**meines Erachtens** 私の考えでは.
ME[ɛm|é:, máxə|aɪnhaɪt] 記号 (Mache-Einheit) 〘化〙 マッへ.
me̱a cu̱l·pa[mé:a· kúlpa·] 《ラテン語》 **1** 私の過失. **2** 私の過失によって. [„meine Schuld"; „durch meine Schuld"]
Me·cha̱·nik[meçá:nɪk] 女 -/-en **1** 《単数で》 **a)** 力学: die klassische ~ 古典力学. **b)** (Maschinenkunde) 機械工学. **2** (Mechanismus) 機械装置, メカニズム, 機構, からくり. [*gr.–lat.*]
Me·cha̱·ni·ker[..nikər] 男 -s/- (⊛ **Me·cha̱·ni·ke·rin**[..kərɪn]-/-nen) 機械工, 機械修理工, メカニック: Auto*mechaniker* 自動車修理工.
Me·cha̱·ni·kus[..nikʊs] 男 -/..nizi[..nitsi·](-se[..sə]) 《話》 =Mechaniker [*lat.*]
Me·cha·ni·sa̱·tor[meçanizá:tɔr, ..to:r] 男 -s/-en [..zató:rən] (旧東ドイツの)農林業機械化技術専門家. [*russ.*]
me·cha̱·nisch[meçá:nɪʃ] 形 **1** 《述語的用法なし》 機械の, 機械〔装置〕による: *et.*[4] ~ erzeugen …を機械を使って生産する. **2** 《比》 機械的な, 自動的〈無意識的〉な: eine ~*e* Arbeit 〈Reaktion〉 機械的な仕事〈反応〉‖ ~ die Hand heben 機械的に手を上げる | *et.*[4] ~ erlernen …を機械的におぼえる. **3** 《述語的用法なし》 〘理〙 機械的〈力学的〉な: ~*e* Energie 力学的エネルギー | ~*er* Widerstand 機械抵抗 | ~*es* Gewebe 〘植〙 (植物体を強固にし保護する)機械組織. [*gr.–lat.*; ◇Maschine]
me·cha·ni·si̱e·ren[meçanizí:rən] 他 (h) 機械化する: die Landwirtschaft ~ 農業を機械化する. [*fr.* mécaniser]
Me·cha·ni·si̱e·rung[..rʊŋ] 女 -/-en 機械化.
Me·cha·ni̱s·mus[meçanísmʊs] 男 -/..men[..mən] **1 a)** 機械装置, メカニズム, 機構, からくり. **b)** 〘医〙 機序, 機転. **c)** 〘精神分析〙 機制. **2** 《単数で》 〘哲〙 機械論. [*fr.* mécanisme]
Me·cha·ni̱st[..níst] 男 -en/-en 〘哲〙 機械論者.
me·cha·ni̱·stisch[..nístɪʃ] 形 **1** 機械的な. **2** 〘哲〙 機械論の: ~*e* Weltanschauung 機械論的世界観.
Me·cha̱·ni·zi Mechanikus の複数.
Me·cha·no·the·ra·pi̱e[meçanoterapí:] 女 -/ 〘医〙 器械療法.
Me̱cht·hild[mɛ́çtɪlt, mɛ́çthɪlt] 女名 (<Mathilde) メヒティルト. [<*ahd.* maht „Macht"+hilt〔j〕a „Kampf"]
meck[mɛk] 間 (ヤギの鳴き声) メエ.
Me̱cker≠a̱bend[mɛ́kər..] 男 《戯》 不平〈苦情〉を発散し合う夕べのつどい. **≠ecke** 女 《話》 (新聞などの)苦情投書欄.
Mecke·re̱i[mɛkərái] 女 -/-en 《話》 苦情〈不平〉を言うこと, あら探し.
Me̱cke·rer[mɛ́kərər] 男 -s/- 《話》 不平家, あら探しをする人.
Me̱cker≠frit·ze[mɛ́kər..] 男 -n/-n 《話》 =Meckerer **≠ka·sten** 男 《話》 苦情投書箱.
me̱ckern[mɛ́kərn] 《05》 自 (h) **1** (ヤギが)メエメエ鳴く; ヤギの鳴き声のような〔笑い〕声を出す, 短くかん高い声で笑う〈語る〉. **2** 《話》 《über *et.*[4]》 (…についてつまらぬあらを探して)苦情〈文句〉を言う, ぶつぶつ不平を言う. [<*mhd.* mecke „Ziegenbock"〔+mäkeln〕]
Me̱ck·len·burg[mé:klənbʊrk, mɛ́k..] 地名 メクレンブルク (Mecklenburg-Vorpommern 州のバルト海に面する地方). [<*ahd.* michil „groß"]
Me̱ck·len·burg-Vo̱r·pom·mern[mé:klənbʊrk fó:rpɔmərn, mɛ́k..] 地名 メクレンブルク フォーア ポンメルン(ドイツ北東部の州. 州都は Schwerin).
me̱ck·me̱ck[mɛ́kmɛ́k, ⏑⏑] 間 (ヤギの鳴き声) メエメエ.
Me·dail·le[medáljə; オーストリア: ..dáɪljə] 女 -/-n メダル, 賞〈記念〉牌(はい): eine goldene 〈silberne / bronzene〉 ~ 金〈銀・銅〉メダル | Gedenk*medaille* 記念メダル ‖ eine ~ prägen 〈gießen〉 メダルを鋳造する | eine ~ erhalten 〈gewinnen〉 メダルをもらう〈獲得する〉 | *jm.* für *et.*[4] eine ~ verleihen …に…に対してメダルを授与する ‖ die Kehrseite der ~ (→Kehrseite 1) | die zwei Seiten einer ~ (→Seite 2 a). [*it.* medaglia „Münze"–*fr.*; ◇Metall; *engl.* medal]
Me·dail·len≠ge·win·ner[medáljən..] 男 (競技などの)メダル獲得〈受領〉者, メダリスト. **≠spie·gel** 男 (オリンピックなどの)メダル獲得数一覧表.
Me·dail·leur[medaljø:r] 男 -s/-e メダル〈賞牌(しょうはい)〉製作家. [*fr.*; <..eur]
[▽]**me·dail·li̱e·ren**[medaljí:rən; オーストリア: ..daɪljí:rən] 他 (h) 《*jn.*》 (…に)メダルを授与する. [*fr.*]
Me·dail·lon[..daljɔ̃:; オーストリア: ..daɪljɔ̃:] 中 -s/-s **1 a)** (首飾り用の)ロケット. **b)** (肖像などを浮き彫りにした)円形牌(はい). **2** 〘料理〙 メダイヨン(円形に切った肉片). [*it.–fr.*; ◇*engl.* medallion]
Me·de̱a[medé:a·] 人名 〘ギ神〙 メディア (Jason を助けて金羊皮を得させ, 彼と結婚したが, 捨てられて恋敵と自分の子供たちを殺した). [*gr.* Mḗdeia „weise Frau"–*lat.*; ◇messen]
Me̱·der[mé:dər] 男 -s/- メディア人(今日のイラン北西部にあたる古代 Medien 地方の住民). [*gr.–lat.*; ◇Medien[1]]
Me̱·dia[1][mé:dia·] 女 -/..diä[..diɛ·], ..dien[..diən] **1** (stimmhafter Verschlußlaut) 〘言〙 有声閉鎖音(㊞ [b] [d] [g]: → Tenuis). **2** 〘解〙 (血管・リンパ管などの)中膜(ちゅうまく).
Me̱·dia[2] Medium の複数.
Me̱·dia≠ab·tei·lung[mé:dia..] 女 宣伝課. **≠di·rek·tor** 男 宣伝部長. **≠fach·mann** 男 宣伝専門家, 宣伝マン.
me·di̱al[mediá:l] 形 **1** 中央の, 中間にある. **2** (心霊術で)霊媒能力のある. **3** 〘解〙 正中(せいちゅう)線〈面〉の. **4** 《述語的用法なし》 〘言〙 中間態の. [*spätlat.*; <*lat.* medius (→medio)]

M

me·di̱an[mediá:n] 形 **1** 中間〈中央〉の. **2**〘解〙正中(せいちゅう)線〈面〉上の. [*lat.* mediānus; ◇Mezzanin]

Me·di̱an[–] 男 -s/-e (Zentralwert)〘数・統計〙中央値, 中位数, メディアン. [*engl.*]

Me·di̱an≈e̱be·ne 女〘解・生〙正中(せいちゅう)面. **≈li̱·nie**[..niə] 女〘解〙正中線.

Me·di·a̱n·te[mediántə] 女 -/-n〘楽〙〔上〕中音, メディアント. [*it.* < *it.* mediare „dazwischentreten"]

Me·di̱an·we̱rt[mediá:n..] 男 =Median

me·dia̱t[mediá:t] 形 ▽**1** (mittelbar) 間接の, 間接的な. **2** (reichsmittelbar)〘史〙〔神聖ローマ〕帝国非直轄の. [*fr.*]

Me·dia·tio̱n[mediatsió:n] 女 -/-en (特に第三国による)仲介, 調停. [*mlat.*; < *spätlat.* mediāre „dazwischentreten"]

me·dia·ti·sie̱·ren[mediatizí:rən] 他 (h)《*et.*[4]》〘史〙(…から)皇帝直属〈帝国直轄〉の地位〈資格〉を剥奪(はくだつ)する; (皇帝直属ではなく)地方領主に隷属させる. [*fr.*]

Me·dia·ti·sie̱·rung[..ruŋ] 女 -/-en mediatisieren すること.

me·di·äva̱l[mediɛvá:l] 形 (mittelalterlich) 中世の. [< *nlat.* medium aevum „Mittel-alter" (◇medio, Äon) + ..al[1]]

Me·di·äva̱l[–, mediəvέl] 女 -/ 〘印〙オールドフェース(旧ローマン書体に属する欧文活字系統の総称).

Me·di·ävi̱st[mediɛvíst] 男 -en/-en 中世研究家.

Me·di·ävi̱·stik[..vístɪk] 女 -/ 中世研究.

me·di·ävi̱·stisch[..vístɪʃ] 形 中世研究の.

Me·di·ce̱·er[meditsé:ər, ..tʃé:ər; オーストリア: ..tʃé:ər] 男 -s/-, **Me̱·di·ci**[mé:ditʃi·] 男 -/- メディチ家の人(メディチ家は, ルネサンス期におけるフィレンツェの大金融業者).

Me̱·di·en[1][mé:diən] 地名 メディア(前7–6世紀にイラン高原に栄えた王国). [*gr.*–*lat.*; ◇Meder; *engl.* Media]

Me̱·di·en[2] Media[1], Medium の複数.

Me̱·di·en≈di·dak·tik[mé:diən..] 女 マスメディア利用の教育法. **≈päd·ago̱·gik** 女 マスメディア利用法の教育論. **≈steue·rung** 女 (意図的な)マスメディア操作. **≈ver·bund** 男 マスメディア総合利用〔法〕.

me̱·dien·wirk·sam 形 マスメディアに対して効果的な.

Me·di·ka·me̱nt[medikamέnt] 中 -[e]s/-e (Arznei-mittel) 薬, 薬剤, 薬物; 医薬品: ein ~ gegen Kopfschmerzen 頭痛薬 ‖ *jm.* ein ~ [gegen *et.*[4]] verabreichen 〈verordnen〉 …に〔…の〕薬を与える | ein ~ einnehmen 薬をのむ. [*lat.*]

Me·di·ka·me̱n·ten≈miß·brauch 男 薬の乱用. **≈schrank** 男 薬戸棚. **≈the·ra·pie** 女 薬物療法.

me·di·ka·men·tö̱s[medikamɛntǿ:s][1] 形 薬〈薬剤〉による: eine Krankheit ~ behandeln 病気を薬で治療する.

Me·di·ka̱·ster[medikástər] 男 -s/- 《話》もぐり〈無免許〉の医者; やぶ医者.

Me·di·ka·tio̱n[medikatsió:n] 女 -/-en 薬剤の処方〈投与〉, 投薬〔法〕. [*spätlat.*]

Me̱·di·kus[mé:dikʊs] 男 -/-se[..sə], Medizi[..ditsi·]《戯》(Arzt) 医者. [*lat.*; < *lat.* medērī „heilen"; ◇*engl.* medic[o]]

Me·di̱·na[medí:na·] 地名 メディナ(サウジアラビア中西部の都市. Mohammed が Mekka を追われて移った聖地). [*arab.* Medinet (en Nebi) „Stadt (des Propheten)"]

me̱·dio[mé:dio·] **I** 副〘商〙15日に: ~ Mai 5月15日に. **II Me̱·dio** 男 -[s]/-s〘商〙(月の) 15日(その日が土・日・祭日の場合は次の日): zum ~ getätigte Abschlüsse 15日付の取引契約. [*lat.* medius „mitten"–*it.*; ◇mitt.., mezzo..]

Me̱·dio·garn[mé:dio..] 中 中細(ちゅうぼそ)〈並太(なみぶと)〉の木「綿糸.」

me·dio̱·ker[medió:kər] (..o·kr..) 形 (mittelmäßig) 並みの, 平凡な, 凡庸な. [*lat.*–*fr.*; < *gr.* ókris „spitzig"]

Me·dio·kri·tä̱t[mediokritέ:t] 女 -/-en 平凡, 凡庸. [*lat.*–*fr.*]

Me̱·dio≈pas·si̱v[mé:dio..] 中〘言〙中動〔相〕(ギリシア語などの能動・受動の中間的表現. ドイツ語の再帰的表現に近い). **≈wech·sel** 男〘商〙月中(つきなか)払いの手形.

▽**Me·di·san·ce**[medizã́:s(ə)] 女 -/-n[..sən] 悪口, 中傷, 誹謗(ひぼう). [*fr.*; ◇maledeien] 「[*fr.*]」

▽**me·di·sa̱nt**[..zánt] 形 口の悪い, 悪口〈中傷〉を好む.

me·di·sie̱·ren[..zí:rən] 自 (h) (lästern) 陰口をきく, 悪口を言う. [*fr.*]

Me·di·ta·tio̱n[meditatsió:n] 女 -/-en 瞑想(めいそう), 黙想, 沈思黙考: *sich*[4] in ~*en* verlieren 瞑想にふける. [*lat.*; < *lat.* meditārī (→meditieren)]

me·di·ta·ti̱v[..tí:f][1] 形 瞑想(めいそう)〈黙想〉的な. [*spätlat.*]

me·di·ter·ra̱n[meditɛrá:n] 形 (mittelmeerisch) 地中海〔地方〕の: das ~*e* Italien イタリアの地中海に面した地域. [*lat.* medi-terrāneus „binnen-ländisch"; ◇medio, Terra]

me·di·tie̱·ren[meditί:rən] 自 (h)《über *et.*[4]》(…について)瞑想(めいそう)〈黙想〉する, 沈思〈黙考〉する. [*lat.* meditārī „ermessen"; ◇messen, Modus; *engl.* meditate]

Me̱·dium[mé:diʊm] 中 -s/..dien[..diən] (..dia[..dia·]) **1 a)** 中間物; 媒介物, 媒体, 手段, メディア. **b)**〘理・生〙媒質, 培地, 培養基. **c)** (Lösungsmittel)〘化〙溶媒. **2**《ふつう複数で》**a)** (情報伝達の)媒体, 手段; (特に:) (Massenmedium) マスメディア, 大衆媒体: *Medien* der Massenkommunikation マスコミの媒体, マスメディア. **b)** 教育の媒体, 教材(教科書・教育機器など). **c)** (Werbeträger) 宣伝〈広告〉の媒体. **3** (心霊術などの)霊媒. **4**〘言〙(ギリシア語などの)中間態(能動態と受動態の中間に位置する). [*lat.* medium „Mittleres"(–*engl.*); < *lat.* medius (→medio)]

Me·diu·mi̱s·mus[mediumísmʊs] 男 -/ 霊媒〈降神〉術.

Me̱·di·zi Medikus の複数.

Me·di·zi̱n[meditsí:n] 女 -/-en **1**《単数で》医学, 医術(シンボルは: → ⑧ Symbol): die klinische 〈vorbeugende〉 ~ 臨床〈予防〉医学 | Gerichts*medizin* 法医学 ‖ ein Arzt für innere ~ 内科医 | ~ studieren (大学で)医学を学ぶ. **2** (Medikament) 薬, 薬剤, (特に:) 内服薬: eine ~ einnehmen 薬を飲む. [*lat.* [ars] medicīna; ◇*engl.* medicine]

me·di·zi·na̱l[meditsiná:l] 形《述語的用法なし》**1** 薬用の, 薬剤〈内服薬〉として. **2** 医学の, 医療上の. [< ..al[1]]

Me·di·zi·na̱l≈be·am·te 男 (女 ≈be·am·tin) 保健医療関係の公務員, 医官. **≈ra̱t** 男 -[e]s/..räte 医学参事官(保健衛生官の称号). **≈ver·gif·tung** 女 薬物中毒. **≈wein** 男 薬用ぶどう酒.

Me·di·zi̱n·ball[meditsí:n..] 男〘スポーツ〙メディシンボール. [*engl.* medicine ball]

Me·di·zi̱·ner[meditsí:nər] 男 -s/- (女 **Me·di·zi̱·ne·rin**[..nərɪn]-/-nen) 医師; 医学部学生. [*mlat.* medicīnarius–*mhd.*]

Me·di·zi̱n≈fla·sche[meditsí:n..] 女 薬瓶, 薬用瓶. **≈ge·rät** 中 医療器具.

me·di·zi̱·nisch[..nɪʃ] 形《述語的用法なし》医学〈医術〉の, 医療の; 医用の; 医薬の, 薬用の: die ~*e* Fakultät 医学部 | ~*e* Seife 薬用せっけん | aus ~*er* Sicht 医学的見地から ‖ Dieser Fall ist ~ noch nicht ganz geklärt. このケースは医学的にまだ完全には解明されていない.

me·di·zi̱·nisch-te̱ch·nisch 形《もっぱら次の形で》~*e* Assistentin (略 MTA) (女性の職業としての)臨床検査士〈技師〉.

Me·di·zi̱n≈mann[meditsí:n..] 男 -[e]s/..männer (未開民族などの)まじない師. **≈schränk·chen** 中 薬戸棚. **≈stu·dent** 男 医学専攻の大学生. **≈tech·nik** 女 医学工学, 医療技術.

me·di·zi̱n·tech·nisch 形 医学工学〔上〕の.

Me̱·dres·se (**Me̱·dre·se**)[mέdrɛsə] 女 -/-n (イスラム教国の)法科〈神学〉大学. [*arab.* madrasa; < *arab.* darasa „studieren"]

M

Me·du·sa[medúːza·] 人名 《ギ神》メドゥサ (Gorgo の一人で, 目には人を石に化す力がある女怪. Perseus に首を切り落とされた). [*gr.*–*lat.*]

Me·du·se[medúːzə] **I** =Medusa **II** 女 -/-n 《動》クラゲ(触手を Medusa の頭髪になぞらえて).

Me·du·sen≠blick 男 メドゥサの〈恐ろしい・身のすくむような〉視線〈まなざし〉. **≠haupt** 中 -[e]s/ **1** メドゥサの首. **2** 《植》テンコウリュウ(南アフリカ原産トウダイグサ属の多肉植物).

Meer[meːr] 中 -es(-s)/-e **1** (大陸に囲まれた)海, 大洋(See, Ozean との違い: →See II 1 ☆); (大きな)湖: das bewegte 〈stille〉 ～ 波立つ〈穏やかな〉海 | alle [sieben] ～*e* befahren 七つの海〈全世界の海〉を航海する | das Rote ～ 紅海 | das Schwarze ～ 黒海 | das Adriatische 〈Japanische〉 ～ アドリア海〈日本海〉‖ die Freiheit der ～*e* 海洋の自由 ‖ **am ～** wohnen 海辺に住む | wie Sand am ～ (→Sand 1) | ans ～ fahren《南部》(行楽・保養などに)海へ行く | Schiffe **auf** dem ～ 海上の船 | auf das offene ～ 沖に向かって | eine Insel **im ～** 海上に浮かぶ島 | im ～ baden 〈schwimmen〉 海で泳ぐ | Die Sonne versank im ～ 〈ins ～〉. 太陽が海に沈んだ | Salz 〈Wasser〉 ins ～ tragen (→Salz 1 a, →Wasser 1) | Der Ort liegt 1 000 Meter **über** dem **～**. その町は海抜1000メートルの地点にある | über das ～ fahren (船で)海を渡る ‖ Das ～ hat keine Balken. 《諺》君子危うきに近よらず. **2** 《比》多量, 無数: ein ～ von Licht 光の海 | Flammen*meer* 炎の海. [*germ.* „stehendes Gewässer"; ◇Mare, Moor, ..mar; *engl.* mere]

Meer≠aal[méːr..] 男 《魚》アナゴ(穴子). **≠äsche** 女 《魚》ボラ(鰡). **≠bar·be** 女 《魚》ヒメジ(非売知).

meer·blau 形 海青色の, マリン=ブルーの.

Meer≠bras·se 女, **≠bras·sen** 男 《魚》タイ(鯛). **≠bu·sen** 男 入江, 湾. **≠dra·che** 男 (Adlerrochen) 《魚》トビエイ(飛鱝). **≠ech·se** 女 《動》ウミイグアナ. **≠ei·chel** 女 (Seepocke)《動》フジツボ(藤壺). **≠eis** 中 (北極海・南極海の)流氷, 氷山. **≠en·ge** 女 海峡: die ～ von Gibraltar ジブラルタル海峡. **≠en·gel** 男 《魚》カスザメ(糟鮫).

Mee·res≠al·ge[méːrəs..] 女 (↔Süßwasseralge) 海藻, 海草. **≠arm** 男 細長い湾〈入江〉. **≠bio·lo·gie** 女 海洋生物学. **≠bo·den** 男 海底. **≠boh·ne** 女 《植》モダマ(藻玉). **≠dich·tung** 女 海洋文学. **≠fau·na** 女 海の動物相〈ファウナ〉. **≠fisch** 男 海魚. **≠flo·ra** 女 海の植物相〈フロラ〉. **≠for·schung** 女 海洋研究.

Mee·res·früch·te 複 《料理》シーフード, 海の幸. [*it.* frutti di mare の翻訳借用]

Mee·res≠geo·lo·gie 女 海洋地質学. **≠grund** 男 -[e]s/ =Meeresboden **≠hö·he** 女 -/ =Meeresspiegel **≠kar·te** 女 海洋地図. **≠kli·ma** 中 海洋[性]気候. **≠kun·de** 女 -/ (Ozeanographie) 海洋学.

Mee·res·kund·ler[..kʊntlər] 男 -s/- 海洋学者.

mee·res·kund·lich[..kʊntlɪç] 形 海洋学[上]の.

Mee·res≠leuch·ten[méːrəs..] 中 -s/ (夜光虫などによる)海面の発光. **≠ni·veau**[..nivoː] 中 海面, 海水面: mittleres ～ 平均海面. **≠park** 男 海中公園. **≠rau·pe** 女 (Maulfüßler)《動》口脚類. **≠säu·ger** 男, **≠säu·ge·tier** 中 《動》海洋哺乳(ほにゅう)動物(クジラ・イルカなど). **≠schild·krö·te** 女 《動》ウミガメ(海亀). **≠spie·gel** 男 -s/ 海面: über dem ～ (略 ü. M., ü. d. M.) 海抜 | unter dem ～ (略 u. M., u. d. M.) 海面下 | Der Ort liegt 400 Meter über dem ～. この町は海抜400メートルのところにある. **≠stil·le** 女 海上の凪(なぎ). **≠strand** 男 海岸, 海浜. **≠stra·ße** 女 海上の航路. **≠strö·mung** 女 海流, 潮流. **≠tech·nik** 女 海洋工学. **≠tie·fe** 女 海の深さ. **≠ufer** 中 海岸. **≠ver·schmut·zung** 女 海洋汚染.

Meer≠far·be[méːr..] 女 海の色. **≠fo·rel·le** 女 《魚》(降海性のある)マス類. **≠frau** 女 (伝説上の)人魚, ニンフ. **≠geo·lo·gie** 女 海洋〈海底〉地質学. **≠gott** 男 海神.

meer·grün 形 海緑色の.

Meer≠hand 女 《動》ウミトサカ(海鶏冠)(腔腸(こうちょう)動物). **≠hecht** 男 《魚》メルルーサ(タラの一種). **≠jung·frau** =Meerfrau **≠kat·ze** 女 《動》オナガザル(尾長猿): Grüne ～ アフリカミドリザル, サバンナモンキー. **≠la·ven·del** 男 《植》イソマツ(磯松)属. **≠ohr** 中 《動》ミミガイ(耳貝), アワビ(鮑).

Meer·ret·tich 男 《植》ワサビダイコン(山葵大根), セイヨウワサビ(西洋山葵), ホースラディシュ [*ahd.* mēr[i]-rātih „größerer Rettich"; ◇mehr]

Meer·ret·tich≠so·ße 女, **≠tun·ke** 女 《料理》西洋わさび入りソース.

Meer≠sa·lat[méːr..] 男 《植》アオサ(石蓴)属(緑藻). **≠salz** 中 海塩.

Meers·burg[méːrsbʊrk] 地名 メールスブルク(ドイツ南部, Bodensee 北岸の都市. 古い城がある). [Merdes-burch „Burg am See"; <*mhd.* mer „Binnensee"]

Meer·schaum[méːr..] 男 -[e]s/ 《鉱》海泡石, メアシャム. [*lat.* spūma maris „Koralle" (◇Feim[1]) の翻訳借用]

Meer·schaum·pfei·fe 女 海泡石製のパイプ.

Meer≠schwein 中 《動》ネズミイルカ(鼠海豚). **≠schwein·chen** 中 《動》テンジクネズミ(天竺鼠), モルモット. **≠spin·ne** 女 《動》ヨーロッパ産大型のケアシガニ. **≠träu·bel** 中 《植》マオウ(麻黄)属. **≠trau·ben** 複 (ぶどうの房状の)イカの卵. **≠un·ge·heu·er** 中 海の怪物. **≠wan·ze** 女 《虫》ウミアメンボ(海水黽).

meer·wärts[méːrvɛrts] 副 海〈沖〉の方へ.

Meer≠was·ser 中 -s/ 海水. **≠weib** 中 =Meerfrau **≠zwie·bel** 女 《植》カイソウ(海葱).

Mee·ting[míːtɪŋ] 中 -s/-s **1** ミーティング, 会合, 集会: ein politisches ～ 政治集会. **2** (スポーツの小規模な)競技会. [*engl.*; ◇Mahl[2]]

me·fi·tisch[mefíːtɪʃ] 形 **1** 硫黄泉の. **2** 悪臭を放つ. [<*lat.* mephītis „schädliche Ausdünstung"; ◇*engl.* mephitic]

mega.. **1** 《名詞・形容詞などにつけて「大・巨大」などを意味する》: *Mega*phon メガホン. **2** 《単位名につけて「100万(10^6)」を意味する; 記号 M》: *Mega*tonne メガトン. [*gr.* méga[s] „groß"; ◇Magnus]

Me·ga·bit[méːgabɪt] 中 《電算》メガビット.

Me·ga·byte[..baɪt] 中 《電算》メガバイト.

Me·ga·chip[..tʃɪp] 男 《電子工学》メガチップ.

Me·ga·fon[megafóːn] 中 -s/-e =Megaphon

Me·ga·hertz[megahɛ́rts, méːgahɛrts] 中 《理》メガヘルツ(10^6 Hz; 記号 MHz).

megal.. →megalo..

Me·ga·lith[megalíːt, ..lít; オーストリア: ..lít] 男 -s/-e; -en/-en 《考古》(有史以前の)巨石.

Me·ga·lith·grab 中 《考古》巨石墳墓.

Me·ga·li·thi·ker[..líːtikər, ..lít..] 男 -s/- 《考古》巨石文化時代の人.

me·ga·li·thisch[..líːtɪʃ, ..lít..] 形 《考古》巨石の.

Me·ga·lith·kul·tur 女 -/ 《考古》巨石文化.

megalo.. 《名詞・形容詞などにつけて「大・巨大」などを意味する. 母音の前では megal.. となる: →*Megal*opsie》 [*gr.* megálē „groß"]

me·ga·lo·man[megalomáːn] 形 (größenwahnsinnig)《心・医》誇大妄想の.

Me·ga·lo·ma·ne[..nə] 男 -n/-n 《心・医》誇大妄想患者.

Me·ga·lo·ma·nie[..maníː] 女 -/-n[..níːən] (Größenwahn)《心・医》誇大妄想.

me·ga·lo·ma·nisch[..máːnɪʃ] =megaloman

Me·ga·lo·po·lis[megalóːpolɪs] 女 -/..polen [..lopóːlən] メガロポリス, 巨大〈巨帯〉都市. [*engl.*]

Me·gal·opsie[megalɔpsíː] 女 -/ 《医》大視症.

Me·ga·ohm[mega|óːm, méːga|oːm] =Megohm

Me·ga·phon[megafóːn] 中 -s/-e (Sprachrohr) メガホン.

Me·gä·re[megɛ́ːrə] **I** 人名 《ギ神》メガイラ(復讐(ふくしゅう)の女神: →Erinnye). **II** 女 -/-n 意地悪な女. [*gr.*–*lat.*; <*gr.* megaírein „zu groß erachten, mißgönnen"

(◇mega..)]

Me·ga·spo·re[megaʃpoːrə] 女 -/-n《ふつう複数で》〔植〕大胞子(雌性胞子).

Me·ga·stadt[méːga..] 女 巨大都市.

Me·ga·star 男《話》超弩(ど)級のスター.

Me·ga·the·rium[megatéːriʊm] 中 -s/..rien[..riən]〔動〕メガテリウム, オオナマケモノ(大樹懶)(化石動物). [< *gr.* thēríon „Tier"]

Me·ga≈ton·ne[megatɔ́nə, méːgatɔnə] 女 メガトン(核兵器などの爆発力の単位. 10^6t; ㊙ Mt). **≈watt**[megavát, méːgavat] 中〔電〕メガワット(10^6W; ㊙ MW).

Meg·ohm[meːk|óːm, ∠−, megóːm] 中〔電〕メグオーム(㊙ MΩ).

Mehl[meːl] 中 -〔e〕s/ (種類: -e) **1** 穀粉; (特に:) (Weizenmehl) 小麦〈メリケン〉粉: feines 〈grobes〉 ~ こまかい〈あらい〉穀粉 | Roggen*mehl* ライ麦粉. **2** 粉〔状のもの〕: Holz*mehl* おがくず | Panier*mehl* パン粉 ‖ Knochen zu ~ zermahlen 骨を粉状に砕く. [*germ.* „Zerriebenes"; ◇mahlen; *engl.* meal]

mehl·ar·tig[méːl..] 形〔穀〕粉状の.

Mehl≈ba·na·ne 女〔植〕料理用バナナ. **≈bee·re** 女〔植〕ナナカマド(七竈)属の一種. **≈brei** 男 (穀粉にミルク・砂糖などを加えて作る)穀粉がゆ.

meh·lig[méːlɪç]² 形 粉末状の; 粉だらけの; 粉をまぶした; (じゃがいも・りんごなどの果肉が)ほくほく〈さくさく〉した; 生白い.

Mehl≈kä·fer[méːl..] 男〔虫〕ゴミムシダマシ(偽塵芥虫)(穀粉を食べる). **≈klei·ster** 男 (穀粉製の)糊(のり). **≈mot·te** 女〔虫〕コナマダラメイガ(粉斑螟蛾). **≈pri·mel** 女〔植〕ユキワリソウ(雪割草). **≈pul·ver** 中 (花火用の)黒色粉状火薬. **≈sack** 男 粉袋: dick wie ein ~ sein《話》粉袋みたいに太っている | wie ein ~ schlafen (→ schlafen I 1 a). **≈schwal·be** 女〔鳥〕イワツバメ(岩燕). **≈schwamm** 男 (Pflaumenpilz)〔植〕ヒカゲウラベニタケ(日陰裏紅茸). **≈schwit·ze** 女〔料理〕ルー(小麦粉をバターでいためたもの). **≈sieb** 中 粉ふるい. **≈spei·se** 女 **1** 穀粉・米などで作った料理 (Knödel, Nudel など). **2**《南部・ｵｰｽﾄﾘｱ》(Süßspeise) (デザート用の)甘いもの (Pudding, Kompott, Torte など).

Mehl·spei·sen·koch =Mehlspeiskoch

Mehl·speis≈koch 男《ｵｰｽﾄﾘｱ》Mehlspeise 2 専門のコック. **≈tel·ler** 男《ｵｰｽﾄﾘｱ》デザート皿.

Mehl·sup·pe 女 **1** 小麦粉でとろみをつけたスープ. **2** =Mehlbrei

Mehl·tau 男〔農〕(植物の)うどん粉病. [< Meltau]

Mehl≈ty·pe 女〔製粉〕ティーペ(穀物をひく際の特定の細かさの度合い). **≈wurm** 男〔虫〕ゴミムシダマシ(偽塵芥虫)の幼虫. **≈zucker** 男 粉砂糖. **≈züns·ler** 男〔虫〕カシノシマメイガ(菓子縞螟蛾).

mehr[meːr] **I** 形《viel および sehr の比較級; 無語尾》

1 (英: *more*)より多くの, いっそうの, より以上の:〖付加語的に〗mit ~ Mut 〈Liebe〉 いっそう勇気を出して〈愛情をこめて〉| vier oder ~ Personen 4人以上 | Diese Pflanze braucht ~ Wasser. この植物はもっと水分が必要だ | Er hat ~ Geld als ich 〈, als du denkst〉. 彼は私より〈君が考えているより〉金持ちだ | Er hat ~ Bücher denn je. 彼は以前よりもたくさんの本を持っている | ohne ~ Tränen zu vergießen もはや涙を流すことなく(→3 b) | ~ Kinder als hundert 100人以上の子供たち(=~ als hundert Kinder: →2) ‖ ein Grund ~, es zu unterlassen それを思いとどまったほうがよいもう一つの理由 ‖〖述語的に〗Das ist ~ als genug. それは十分すぎるくらいだ | Das Ergebnis ist ~ als mager. その成果はまったくもって貧弱だ | Er ist ~ als ich. 彼は私より偉い | Sein Zorn ist **nicht** ***mehr*** **als** recht und billig. 彼の怒りは当然至極だ | Sie hält sich⁴ für ~. 彼女はうぬぼれがすぎる〈自信過剰である〉| Er gilt beim Lehrer ~ als ich. 彼は教師から私よりも高く買われている | Je ~, desto 〈um so〉 besser.《諺》多ければ多いほどよい, 多々ますます弁ず.

2《名詞的に》より多数〈多量〉, より以上〈以外〉のもの: ~ als hundert Kinder / hundert Kinder und ~ 100人以上の子供たち(→1) | *Mehr* als die Hälfte war 〈waren〉 dagegen. 半数以上の人々がそれに反対していた | Sie gab mir ~ als er 〈als ihm〉. 彼女は私に彼が〈彼に〉与えたより多くのものを与えた | Er hat 〈besitzt〉 ~ als ich. 彼は私より物持ちだ | Da gehört ein bißchen ~ dazu. それにはもう少し才能〈力量・努力〉が必要だ, それはそんなに簡単なものではない | Jeder hat seine Sorgen, der eine ~, der andere weniger. 多かれ少なかれだれもが悩みを持っている | Je ~ er hat, desto ~ will er. 彼は多くを手に入れれば入れるほどますます多くを望む, 彼の欲望には限りがない | Ich will nicht ~ versprechen, als ich halten kann. 私は自分が守れる以上のことを約束する気はない, 私は空手形は嫌いだ ‖ Ich habe **nicht** ***mehr*** **als** meine Pflicht getan. 私は自分の義務を果たしただけだ | Er ist **nichts** ***mehr*** **und nichts weniger als** ein Narr. 彼は正にばかそのものだ〈正真正銘のばかだ〉‖ Auf 〔ein paar〕 ~ oder weniger kommt es nicht an. 〔わずかばかりの〕多い少ない〈多少の出入り〉は問題ではない | Der Kuchen schmeckt nach ~. このケーキはもっと食べたいと思うほどおいしい〈あとをひく〉‖ Sie unterstützte ihn mit Geld, ***mehr*** **noch**, sie hinterließ ihm ihr ganzes Vermögen. 彼女は彼に資金援助をしていた. そればかりか彼に自分の全財産を遺産として残した ‖〖雅: 2格と〗Wir brauchen des Geldes ~. 我々はもっとお金が必要だ | Noch ~ der Gäste! まだ次々と客が来るぞ, またお客だ | ... und was der Blumen ~ sind …その他もろもろの花 | Es kamen ihrer ~. 彼らは大勢でやってきた ‖〖同格的に〗 ... und dergleichen ~ (㊙ u. dgl. m.) …その他〔同様のもの〕, …等々 | ... und andere 〈anderes〉 ~ (㊙ u. a. m.) …その他, …等々 | Gib doch eine Mark ~! もう1マルクくださいよ | Wer noch ~! (質問者などを求めて)まだほかにどなたかありますか | Was wollen Sie 〔noch〕 ~? まだこのほかに何をお望みなんですか(これで十分ではないか).

3《副詞的》**a**) よりいっそう, より多く, さらに:

①《動詞を修飾して》Ich friere ~ als du. 私のほうが君より寒さを感じ〔てい〕る | Er haßt mich ~ denn je. 彼はいよいよもって私を嫌っている | Du mußt dich ~ schonen. 君はもっと体を大事にせねばならない | Je länger er bei mir blieb, desto ~ liebte ich ihn. 彼が私のもとに滞在すればするほどますます彼が好きになった | Ich glaube ihm um so ~, als ich seinen Charakter kenne. 私には彼の人柄がわかっているだけにいっそう彼の言うことを信用する ‖ ~ als einmal 一度ならず, 何回か | ***mehr*** **oder minder** 〈**weniger**〉 多かれ少なかれ, 多少とも, 多少の差はあれともかく, かなり, まずまず | *Mehr* oder weniger hat er recht. 彼にも一理ある | Das Zusammentreffen war ~ oder minder zufällig. この出会いは多少とも偶然であった | mit ~ oder minder großem Eifer arbeiten 程度の差があるにせよ ともかく熱心に働く | Ich habe dir hier mein Haus aufgezeichnet, ~ oder weniger schön, aber du wirst es schon erkennen. ここに私の家をスケッチしておいたよ. まあまあのできだが見つける手がかりには十分だろう ‖ Ich habe **nicht ~ und nicht minder** daran gezweifelt wie du. それを疑ったことにかけては私は君と変りはない | Er ist nicht ~ und nicht minder ein geborener Dichter. 彼はまさに生まれながらの詩人である ‖ **immer ~** / **~ und ~** いよいよますます | Es wurde mir ~ und ~ klar. 事態が私にはますます明確になっていった | Sein Wort hat sich **einmal ~** bestätigt. 彼の言はまたもや〈あらためて〉実証された | Ich habe **nur ~** (=nur noch) drei Mark.《南部・ｵｰｽﾄﾘｱ》私はあと3マルクしか持っていない.

②《形容詞・副詞にそえられて比較級を構成して》Sie ist ~ freundlich **als** er. 彼女は彼より親切だ(=Sie ist freundlicher als er.) ‖〖比較変化が不可能または不自然な場合に〗~ hinten 〈vorn〉 いっそう後〈前〉に | Er stand ~ links 〈rechts〉. 彼はもっと左〈右〉に立っていた | Nichts ist mir ~ zuwider 〈verhaßt〉 als Heuchelei. 私は偽善より嫌いなものはない ‖ Ich bin arm, er ist es noch ~. 私も貧乏だが彼はもっと貧乏だ ‖ ein ~ munterer 〈verletzter〉 Junge もっと快活な〈もっとひどくけがをした〉少年.

③《二つの性質の比較に用いられて》…というよりむしろ…: Er ist ***mehr*** Journalist **als** Dichter. 彼は詩人というよりもジ

ャーナリストだ | Der Garten ist ~ breit als lang. その庭園は奥行きよりも間口がある | Ich habe ihn ~ gefürchtet als geliebt. 私は彼を愛したというより恐れていた | Er kam ~ tot als lebendig zurück. 彼はほとんど死んだようになって帰って来た | Dieser Aufsatz ist ~ ausführlich, jener ~ anschaulich. この論文はどちらかと言えば詳しく あちらのはどちらかと言えば具体的でわかりやすく書かれている ‖ Das ist ~ ein politisches Problem. それはむしろ〈どちらかというと〉政治的な問題だ.

b) 《否定詞を伴って》もはや(…ない): Ich bin **nicht** ***mehr*** jung. 私はもう若くはない | Du bist kein Kind ~. 君はもう子供ではない | Die Großmutter ist nicht ~. おばあさんはもういない〈死んでいる〉 | Ich kann nicht ~. 私はもう力尽きた | Es dauert nicht ~ lange. もうすぐ終わる〈始まる〉 | Ich werd' nicht ~. 《話》これはたまげた | Ich habe nichts ~. 私はもう何も持っていない | Jetzt hat er nichts ~ zu tun. 今では彼はもはや何もすることがない | Ich komme niemals ~. 私はもう二度と来ないよ ‖ Ins Kino gehen wir selten ~. 私たちは映画はもうめったに見に行かない | Ich konnte kaum ~ gehen. 私はもうほとんど歩けなかった.

II Mehr 中 -[s]/-e(-en) **1** 《単数で》より多くの量(額); 超過分, 剰余: ein ~ von Aufwand 支出超過額 | Er besitzt ein ~ an Erfahrung. 彼のほうが経験が豊富だ.

2 《ｽｲｽ》 **a**) 《単数で》(Mehrheit) (表決の)多数: mit einem ~ von fünf Stimmen 5票差の多数で. **b**) (Mehrheitsbeschluß) 多数決〔の結果〕. **c**) 《単数で》(Abstimmung) 投票の採決.

[*germ*. „größer"; ◇ *engl*. more]

Mehr·ar·beit[mé:*r*..] 女 **1** 余分な労働〈仕事〉, 時間外労働, 超過勤務. **2** 〘経〙剰余労働.

Mehr·ar·beits·zu·schlag 男 超過勤務手当.

Mehr≠auf·wand 男 〘経〙超過支出. **≠aus·ga·be** 女 〘経〙超過支出; (通貨の)超過発行.

mehr≠bän·dig 形 全部で数巻〈数冊〉の. **≠ba·sig** (**≠ba·sisch**) 形 《付加語的》〘化〙多塩基の.

Mehr≠be·darf 男 〘経〙超過需要. **≠be·la·stung** 女 よけい〈過重〉な負担, 過負荷. **≠be·trag** 男 超過額. ᐁ**≠decker** 男 〘空〙多葉飛行機(→Eindecker, Doppeldecker).

mehr·deu·tig[mé:*r*dɔʏtɪç]² 形 (↔eindeutig) 多義的な, いくつにも解釈できる, あいまいな: eine ~*e* Antwort どうとも受けとれる答え.

Mehr·deu·tig·keit[–kaɪt] 女 -/-en 多義性; あいまいさ.

mehr·di·men·sio·nal 形 多次元の: ~*er* Raum 〘数〙(4次元以上の)多次元空間.

Mehr≠ein·kom·men[mé:*r*..] 中, **≠ein·nah·me** 女 超過収入, 超過所得.

meh·ren[mé:rən] **I** 他 (h) **1** 《雅》(vermehren) ふやす, 増加させる: *sein* Vermögen ~ 財産をふやす ‖ 再帰 *sich*⁴ ~ ふえる, 増加する ᐁ**2** 再帰 *sich*⁴ ~ (動植物が)増殖〈繁殖〉する. **II** 自 (h) 《ｽｲｽ》票数を集計する. [*ahd*. mērōn; ◇ mehr]

meh·ren·teils[mé:rən..] 副 《ｵｰｽﾄﾘｱ》 **1** 大部分は. **2** たいていの場合に. [< mehr]

meh·rer[mé:rər..] 《不定数詞・不定代名詞; 格語尾は形容詞に準じる》 **1** (ein paar) 幾つもの, 二三の, 複数の; いろいろな: Das Wort hat ~*e* Bedeutungen. この語は(ただ一つでなく)数個〈複数〉の意味をもつ | noch ~*e* Eisen im Feuer haben (→Eisen 1) | ~*e* Male⁴ 何回か, たびたび | ~*e* hundert Bücher 数百冊〔も〕の本 ‖ ~*e* schöne Bilder 幾つもの美しい絵 | das Schicksal ~*er* groß*er* 〈groß*en*〉 Männer 何人もの偉い人たちの運命 ‖ 〘名詞的に〙 Hier ist ~*es* 〈官: ein ~*es*〉 zu beachten. ここで若干の点に留意しなければならない | ~*e* meiner Freunde 私の友人のうちの幾人か | *Mehrere* waren schon draußen. 何人かはすでに外へ出ていた | Sie kamen zu ~*en*. 彼らは数人で来た. ᐁ**2** (mehr) より多くの: mit ~*er* Würde いっそうの威厳をもって. [*ahd*.; ◇ mehr]

ᐁ**Meh·rer**[mé:rə*r*] 男 -s/- ふやす〈増大させる〉人; (Förderer) 助成者: ~ des Reiches 帝国拡張者(皇帝の美称).

meh·rer·lei[mé:rə*r*láɪ] 形 《無変化》幾種類かの, いろいろな: ~ Speisen 数種の料理 ‖ 〘名詞的に〙 Ich habe ~ zu erledigen. 私はいろいろやってしまわねばならないことがある.

Mehr·er·lös[mé:*r*..] 男 = Mehreinkommen

mehr·fach[mé:*r*fax] **I** 形 **1** 《述語的用法なし》何回〈何倍〉かの, 幾重にもなった; 幾つか〔の種類〕の: eine ~*e* Schnur 何重にもより合わせたひも | ein ~*er* Mörder 何人も殺している殺人者 | ~*e* Stimmabgabe 〘政〙複数投票 | der ~*e* (=mehrmalige) Meister im Tennis 〈Hochsprung〉 テニス〈走り高跳び〉で何度もチャンピオンになった人 | in ~*er* Hinsicht 幾つかの観点で. **2** 《副詞的に》《話》(mehrmals) 何度か, 数回〔にわたって〕: ~ vorbestraft sein 前科何犯かである.

II Mehr·fa·che 中 《形容詞変化》 **1** 何倍もの数量: ein ~*s* von 〈an〉 *et.*³ …の数倍, 数倍の… | *et.*⁴ um das ~ vergrößern …を何倍かに増大する. **2** 〘数〙倍数.

Mehr·fach≠bin·dung 女 〘化〙(分子内での原子の)多重結合. **≠imp·fung** 女 〘医〙混合予防接種. **≠spreng·kopf** 男 〘軍〙(ミサイルなどの)複数〔核〕弾頭, 多〔核〕弾頭. **≠te·le·gra·phie** 女 〘通信〙多重電信〔方式〕. **≠te·le·pho·nie** 女 (電話の)多重送受信〔方式〕.

Mehr·fach-Twen[mé:*r*faxtvɛn] 男 《話》40〈60〉歳台の人(→Twen).

Mehr·fach≠ver·stär·ker 男 〘電〙多段増幅器. **≠wahl** 女 多項選択, 複数の選択肢からの選択.

Mehr·fa·mi·li·en·haus 中 多世帯用住居, (2家族以上が住む)共同住宅.

Mehr·far·ben·druck 男 -[e]s/-e 〘印〙多色刷り, 「カラー印刷.

mehr≠far·big[mé:*r*farbɪç]² (《ｵｰｽﾄﾘｱ》: **≠fär·big** [..fɛrbɪç]²) 形 (↔einfarbig) 多色の, 多彩の, カラフルな; 多色刷りの.

Mehr·fing·rig·keit 女 -/ (Polydaktylie) 〘医〙多指〈多趾(し)〉症. [<..fingerig]

Mehr·ge·bot 中 〘商〙(競りでの)高値入札.

Mehr·ge·schlech·tig·keit 女 -/ (Motion) 〘言〙(形容詞などの)性に応じた〔語尾〕変化. [<Geschlecht]

Mehr·ge·wicht 中 (Übergewicht) 超過重量.

Mehr·git·ter·röh·re 女 〘電〙(2個以上の格子を用いた)多格子管, 多極管.

mehr≠glie·de·rig[mé:*r*gli:dərɪç]² 形, **≠glied·rig** [..gli:drɪç]² 形 〘数〙多項(3項以上)の.

Mehr·heit[mé:*r*haɪt] 女 -/-en **1** (↔Minderheit) (Majorität) **a**) 《単数で》(表決などでの)多数: die ~ der Abgeordneten 議員の多数(→Mehrzahl 1) | **die schweigende ~** 声なき大多数の大衆 ‖ die absolute 〈relative〉 ~ 〘法〙絶対〈比較〉多数 | einfache 〈qualifizierte〉 ~ 〘法〙単純〈制限〉多数 | mit knapper 〈überwältigender〉 ~ ぎりぎりの〈圧倒的〉多数で ‖ die parlamentarische ~ besitzen 〈haben〉 議会の多数派である | *sich*⁴ der ~ fügen 多数〔意見〕に同調する | Der Antrag hat eine ~ gefunden. / Die ~ hat für den Antrag gestimmt. 議案は賛成多数で可決された. **b**) 多数派, 多数党: in der ~ sein / die ~ haben 多数派である. **2** (Mehrzahl) (事物の)大多数, 大半: die ~ der Stimmen gewinnen 〈auf *sich*⁴ vereinigen〉 多数票を得る | in der ~ der Fälle 多く〈大部分〉の場合には.

Mehr·heits·be·schluß 男 多数決.

mehr·heits·fä·hig 形 (選挙などで)多数を獲得する力のある.

Mehr·heits≠par·tei 女 多数党. **≠prin·zip** 中 多数決の原理. **≠wahl** 女 (↔Verhältniswahl) (単純)多数決選挙.

Meh·ring[mé:rɪŋ] 人名 Franz ~ フランツ メーリング(1846–1919; ドイツの歴史家・政治家).

mehr·jäh·rig[mé:*r*..] 形 《付加語的》 **1** 数年間の, 何年にもわたる. **2** 〘植〙多年生の(→einjährig I 3): eine ~*e* Pflanze 多年生植物.

Mehr≠kampf 男 〘ｽﾎﾟ〙多種目競技(五種競技・十種競技などの総称). **≠kämp·fer** 男 〘ｽﾎﾟ〙多種目競技選手. **≠ko·sten** 複 超過出費. **≠la·der** 男 -s/- (↔Einzel-

lader) 連発銃. ≈**lei·stung** 女 (機械の) 超過効率; 増加生産高. ≈**lie·fe·rung** 女〘商〙過剰供給.

Mehr·ling[mé:rlɪŋ] 男 -s/-e〘医〙(双生児・三つ子などの) 多胎〔児〕(→Zwilling, Drilling).

Mehr·lings≈ge·burt 女〘医〙多胎分娩(ぶんべん). ≈**schwan·ger·schaft** 女〘医〙多胎妊娠.

mehr≈ma·lig[mé:rma:lɪç][2] 形《付加語的》数回にわたる, たび重なる. ≈**mals** 副 数回〔にわたって〕, 何度も. ≈**mo·na·tig** 形 数か月を経た; 数か月にわたる.

Mehr·par·tei·en·sy·stem 中〘政〙複数政党制.

mehr·pfün·dig 形 数ポンドの.

Mehr·pha·sen·strom[mé:rfa:zən..] 男 (↔Einphasenstrom)〘電〙多相電流.

mehr·pha·sig 形〘電〙多相の.

Mehr≈preis 男〘経〙超過価格. ≈**pro·dukt** 中〘経〙剰余生産物.

mehr≈rei·hig 形 複数の列の. ≈**schich·tig** 形 多層〔式〕の. ≈**schlä·gig**[..ʃlɛ:gɪç][2] 形 (↔ einschlägig)〘言〙(舌先で) 2,3回弾く: ～*es* Zungenspitzen-R 舌先震え音, 前舌顫音(せんおん)R (発音記号[r]). ≈**sei·tig** 形 **1**〘数〙多辺〈多角〉形の. **2** (協定などが) 多者間の. **3** 数ページの.

Mehr·sil·ber 男 -s/- ＝Mehrsilbler

mehr·sil·big 形〘言〙多音節の: ein ～*er* Reim〘詩〙拡張韻(→Reim 1).

Mehr·silb·ler[..zɪlplər] 男 -s/- 多音節〈多綴(てつ)〉語(→Einsilbler).

Mehr·sit·zer 男 -s/- 複数の人間が乗れる乗り物.

mehr·sit·zig 形 複数の人間の乗れる, 多座の.

mehr≈spal·tig 形〘印〙多段組みの. ≈**spra·chig** 形 多数の言語の〈による〉: ein ～*es* Wörterbuch 多国語辞典 (独–英–伊辞典など) | ein ～*er* Führer 多国語のできるガイド ‖ ～ aufwachsen 多国語を用いる環境で育つ. ≈**stel·lig** 形〘数〙2 桁(けた)以上の;〘言〙2 価以上の. ≈**stim·mig** 形〘楽〙多声〔部〕の, ポリフォニーの(→einstimmig).

Mehr·stim·mig·keit 女 -/〘楽〙多声.

mehr·stöckig 形〘建〙多層の, 2 階建て以上の.

Mehr·stu·fe 女 (Komparativ)〘言〙(形容詞・副詞の) 比較級.

Mehr·stu·fen·ra·ke·te 女 多段式ロケット.

mehr≈stu·fig[mé:r..] 形 多段〔式〕の. ≈**stün·dig** 形 数時間の, 何時間にもわたる. ≈**tä·gig** 形 数日間の, 何日にもわたる. ≈**tei·lig** 形 数部分よりなる〈に分かれる〉; 組み立て式の.

Meh·rung[mé:rʊŋ] 女 -/-en ふやすこと, 増大.

Mehr·ver·brauch[mé:r..] 男 過剰消費.

Mehr·völ·ker·staat 男 多民族国家.

Mehr·weg≈be·häl·ter[mé:rve:k..] 男 (業者が回収するなどして) 何回も使える容器(→Einwegbehälter). ≈**fla·sche** 女 何回も使える瓶(→Einwegflasche). ≈**ge·schirr** 中 何回も使える食器(→ Einweggeschirr). ≈**ver·packung** 女 何回も使える包装(→Einwegverpackung).

Mehr·wert 男〘経〙付加価値; (マルクス経済学の) 剰余価値.

mehr·wer·tig 形〘化・数〙多価の.

Mehr·wert·steu·er 女 (略 MwSt., MWSt.)〘経〙付加価値税 (売上〈取引高〉税・消費税など).

mehr·wö·chig 形《付加語的》数週間の, 何週間にもわたる.

Mehr·zahl 女 -/ **1** (人・事物の) 大半, 大多数: die ～ der Abgeordneten 議員の大半, たいていの議員(→Mehrheit 1 a) | in der ～ der Fälle 大部分の場合. **2** (略 Mz.) (↔Einzahl) (Plural)〘言〙複数〔形〕: in der ～ 複数〔形〕で.

Mehr·zahl·wort 中 -[e]s/..wörter ＝ Pluraletantum

mehr·zel·lig 形〘生〙多細胞の.

Mehr·zweck≈ge·bäu·de[mé:rtsvɛk..] 中 多目的建造物, 多用途ビル. ≈**hal·le** 女 多目的ホール. ≈**mö·bel** 中 多目的〈多用途〉家具 (ソファーベッド・ワゴンテーブルなど). ≈**waf·fe** 中 多目的兵器.

mei·den*[máɪdən][1]《99》**mied**[mi:t][1] / **ge·mie·den**; 接II miede 他 (h) (人・物を) 避ける, よけて通る, 遠ざける; (事を) 差し控える, やめる: den Umgang mit *jm.* ～ …と交際しない | einen Ort ～ ある場所へ行くことを避ける | fette Speisen ～ 脂肪分の多い食物をとらないようにする | ***jn.* 〈*et.*[4]〉 wie die Pest ～**《話》…を極力避ける ‖ Der Schlaf *mied* mich.《比》どうしても眠れなかった | Er wurde von seinen Freunden *gemieden*. 友人たちが彼〔と会うの〕を避けた ‖ 再帰 *sich*[4] 〈einander〉 ～ 互いに避ける (会わないようにする).

[*westgerm*. „den Ort wechseln"; ◇missen]

..meier[..maɪər]《話》《動詞・名詞などにつけて (軽蔑的に)「いつも…している人, …を商売としている人」などを意味する男性名詞 (-s/-) をつくる. 同種のものに ..berger, ..huber がある》: Quatsch*meier* おしゃべり | Kraft*meier* 体力自慢の人 ‖ Drücke*berger* ひきょう者 | Heul*huber* 泣きわめく人 | Stoff*huber* 生地商. [＜Meier (姓)]

Mei·er[máɪər] 男 -s/- (⊛ **Meie·rin**[máɪərɪn]-/-nen) **1**〘史〙(中世の王侯・僧院などの) 荘園管理人, 家老, 執事, 家令, 庄屋. **2**《方》小作農; (農場などの) 監督; 職長, 人夫頭; 酪農主: Ich will ～ heißen, wenn ...(→heißen[1] I 1).

[*spätlat*. māiōr 〔domūs〕(→Majordomus)－*ahd*. meior]

Meie·rei[maɪəráɪ] 女 -/-en **1**〘史〙荘園 (Meier の管理する農場). **2**《方》(Molkerei) 酪農場. **3**《話》豊満な胸.

Mei·er≈gut[máɪər..] 中, ≈**hof** 男 ＝Meierei 1

Meie·rin Meier の女性形.

mei·ern[máɪərn]《05》他 (h)《話》(*jn.*) だます, (…に) 一杯くわせる.

Mei·le[máɪlə] 女 -/-n マイル(記号 M): die englische ～ (ヤードポンド法による) 英マイル(1609m) | die deutsche 〈preußische〉 ～〘史〙ドイツマイル(7532m) | **sündige ～** 歓楽街 ‖ tausend ～*n* entfernt sein 何千マイルも隔たっている;《比》はるか遠くにある | die ～ laufen〘陸上〙マイルレースに出る | **eine ～ 〈drei ～*n* / sieben ～*n*〉 gegen den Wind**《話》ずっと遠くまで届くほど強烈に ‖ auf ～*n* in der Runde この辺り広範囲にわたって〔どこへ行っても〕. [*lat*. mīlia (passuum) „tausend (Doppelschritte)"－*ahd*. mī〔l〕la; ◇milli.. ; *engl*. mile]

Mei·len·fahrt 女〘海〙(船舶機関の) スピードテスト.

mei·len·lang[máɪlənlaŋ, ⌐⌣⌐] 形 1 マイル〈数マイル〉の長さの;《比》たいへん長い.

Mei·len≈stein 男 里程標〔石〕;《比》発展の一段階を示す事件: ein ～ in der modernen Physik 近代物理学発展上の里程標〔と言える事件〕. ≈**stie·fel** ＝Siebenmeilenstiefel

mei·len≈wei·se 副 (→..weise ★) 1 マイルごとに〔区切られて〕. ≈**weit**[また: ⌐⌣⌐] 形 1 マイル〈数マイル〉も離れた;《比》非常に離れた〈遠方の〉: ～ davon entfernt sein (→entfernen II 1 a).

Mei·ler[máɪlər] 男 -s/- **1** (Kohlenmeiler) 炭焼きがま. **2** (Atommeiler) 原子炉. [*spätlat*. mī〔l〕liārium „tausend Stück"; ◇milli..]

mein[maɪn] **I**《所有代名詞, 1 人称単数: →ich》

1 (英: *my*)《形容詞的》

《付加語的用法では性・数・格により次のように変化する》

	単数男性	単数女性	単数中性	複 数
1 格	mein	meine	mein	meine
2 格	meines	meiner	meines	meiner
3 格	meinem	meiner	meinem	meinen
4 格	meinen	meine	mein	meine

私の, 僕の, わが: Das ist ～ Bleistift 〈～e Feder〉. それは私の鉛筆〈ペン〉です | *Mein* Zug ist immer pünktlich. 私の〔いつも乗る〕列車はいつも時間が正確だ | eine ～*er* Freundinnen 僕のガールフレンドの一人 ‖〘無変化で述語的に〙Der Wagen 〈Die Uhr〉 da ist ～. そこにある車〈時計〉は私のだ(→2 b, 2 c) | klein, aber ～ (→klein I 1).

2 (英: *mine*)《名詞的》私のもの: **a)**《無変化で成句的に》ein Streit um ～ und dein 所有権争い | **～ und dein verwechseln 〈nicht unterscheiden können〉**《婉曲に》他人の持ちものに手をつけがちである (自分のものと他人のものの見分けがつかない) | Das gehört ～.《話》それは私のだ (＝Das gehört mir.). **b**) 《単独で dieser と同じ変化で》Das ist nicht deine Pflicht, sondern ～*e*. それは君の義務ではなくて私のだ | Wem gehört dieser Hut? — Das 〈Es〉 ist ～*er*. この帽子はだれのか―私のです(=Er ist ～.: →1). **c**) 《定冠詞を伴い形容詞の変化で》Dein Vater ist älter als der ～*e*. 君のお父さんは私の父より年上だ | Wem gehören diese Bücher? — Das 〈Es〉 sind die ～*en*. これらの本はだれのか―私のです(=Sie sind ～.: →1) ‖〖大文字で; 男性・女性および複数は家人・友人・味方・部下などを, 中性(単数)は財産・義務などを表す〗der *Meine* 私の夫 | die *Meine* 私の妻, 家内 | Ich habe ihn zum *Meinen* 〈sie zur *Meinen*〉 gemacht. 《雅》私は彼〈彼女〉と結婚した | Wann kommen Sie zu den *Meinen*? いつ私のうちへいらっしゃいますか ‖ Ich will das *Meine* tun. 私は自分のなすべきことはするつもりだ | Ich habe das *Meine* verloren. 私は財産をなくした〈一文無しになった〉.

★ i) 敬意または親愛の情を表すことがある: *Meine* Damen und Herren! (スピーチの冒頭で)お集まりの皆さま | Was machst du, ～ Junge? 何してるの 坊や.
ii) 驚きなどを示す成句に用いられることがある: *Mein* Gott! 大変だ | *Meine* Herren! 《話》いやはや, こりゃ驚いた (mein にアクセントがある) | Oh 〈Ach〉, du ～! / Oh 〈Ach〉, du ～*e* Güte! 《話》いや驚いた, これは驚きだ; これは困った.

▽**II** 《人称代名詞》=meiner I: Gedenke ～! 《雅》私を覚えていてください | Vergiß ～ nicht! 《雅》私を忘れないで.
[*germ.*; ◇*engl.* mine, my; *lat.* meus „mein"]

Mei·necke[máɪnəkə] 人名 Friedrich ～ フリードリヒ マイネッケ(1862-1954; ドイツの歴史家).

Mein·eid[máɪn|aɪt][1] 男 **1** 虚偽の〈偽りの〉宣誓: einen ～ schwören 〈leisten〉 偽りの宣誓をする. **2** 〖法〗(故意の)偽証(→Falscheid). [*germ.*; ◇gemein]

mein·ei·dig[..|aɪdɪç][2] **I** 形 偽誓〈偽証〉する: Er ist ～. 彼は偽証した. **II Mein·ei·di·ge**[..dɪgə] 男 女 《形容詞変化》偽誓〈偽証〉者.

mei·nen[máɪnən] 他 (h) **1 a**) (…と)思う, 考える, (…という)意見である: Was *meinst* du dazu? これについて君はどう思うか | *Meinen* Sie das im Ernst? 本気でそうお考えですか | Das *meine* ich auch. 私もそう思う〈同意見だ〉| **Das will ich ～!** 《話》(合いづちを打って)そうともさ ‖〖副文・zu 不定詞〈句〉と〗Ich *meinte*, ein Geräusch zu hören. 私は物音が聞こえるような気がした | Er *meint*, daß er den Kranken retten kann. / Er *meint*, den Kranken retten zu können. 彼は患者を救うことができると思っている | Ich *meine*, er hat recht 〈daß er recht hat〉. 私は彼の言うとおりだと思う | Man sollte ～, du wärest vernünftiger. 君はもう少し分別があってもよさそうなものだが | *Meinst* du, daß sie kommt? 彼女は来ると思うかい | Du *meinst* wohl, ich hätte Angst? 君は私がこわがっていると思っているんだろう | Was *meinen* Sie wohl, daß 〈was〉 sie dazu sagen wird? 彼女がそれに対してなんと言うと思いますか ‖〖4格目的語+様態を示す語句などと: →glauben I 1, vermuten 1〗Ich *meine* ihn im Recht. 私は彼の言うとおりだと思う(=Ich *meine*, daß er im Recht ist.) ‖ Er *meint*, wunder was er kann 〈wer er sei〉. 彼は〔よっぽど〕〔できる・偉いと〕自分を買いかぶっている ‖〖目的語を省略した形で〗*Meinst* du? と思うかい | Ich *meine* 〔das〕 nur so 〈ja nur〉. 私はただちょっとそう思うだけさ.

b) 欲する: 〔Bitte,〕 wenn Sie *meinen*! お望みなら〔どうぞ〕| 〔Ganz〕 wie Sie *meinen*! 〔どうなりと〕お好きなように.

2 a) (…のことを)言う, 指す, 意味する; 意図する: Was *meinst* du damit 〈mit diesen Worten〉? / Wie *meinst* du das? それはどういう意味だい | Das ist nicht das Buch, das ich *meine*. 私の言っている本はこれじゃない | Ich *meine* dich. 私は君のことを言ってるんだよ | Damit warst du *gemeint*. それは君のことを言っていたんだ ‖ *et.*[4] wörtlich 〈ironisch〉 ～ 文字通り…と思って言っている〈皮肉で…と言っている〉| Das habe ich 〈So hab ich's〉 nicht *gemeint*. / So ist das nicht *gemeint*! そんなつもりで言ったんじゃない | Er *meint* „ja", wenn er „nein" sagt. 彼が「ノー」と言うのは「イエス」という意味だ ‖〖es を目的語とする慣用的表現で〗es[4] ehrlich 〈gut〉 mit *jm.* ～ …に対して誠意がある〈好意的である〉| Petrus *meint* es gut 〔mit uns〕. (→Petrus II) | Die Sonne 〈Das Wetter〉 *meint* es gut 〔mit uns〕. 日ざしが暖かい〈天気がいい〉| Der Chef hat es zu gut mit uns *gemeint*. 《反語》ボスのおかげで我々はたっぷり働かせていただきました ‖〖過去分詞で〗für *jn.* *gemeint* sein …のために用意されたものである | Das war gut 〔von ihm〕 *gemeint*. それは〔彼の〕善意から出たことだった | eine gut *gemeinte* Warnung 好意からの警告.

▽**b**) 思いを寄せる: das Mädchen, das ich *meine* 私の恋する〈意中の〉女の子.

3 (sagen) (…と)言う: Was 〈Wie〉 *meinten* Sie eben? いま何とおっしゃいましたか | Er *meinte*: „Damit ist es genug." 「それで十分だ」と彼は言った | Ich *meinte* auf seine Frage, er solle lieber damit warten. 私は彼の問いに対してそれは待ったほうがよいと答えた.

4 《ス⁴》 再帰 *sich*[4] ～ 思いあがる, うぬぼれる.
[*westgerm.*; ◇*engl.* mean]

mei·ner[máɪnər] **I** 《人称代名詞》ich の2格. **II** 《所有代名詞》mein の語形変化した形.

mei·ner·seits[máɪnərzáɪts] 副 私の側〈立場〉で: Ich habe ～ nichts einzuwenden. 私としては全く異存はない | Ich ～ werde auch etwas unternehmen. 私のほうでも何かやってみましょう ‖ Ich freue mich, Sie kennengelernt zu haben. — Ganz ～! お近づきになれてうれしいです―こちらこそ.

mei·nes·glei·chen[máɪnəsgláɪçən] 《指示代名詞; 無変化》私と同様〈同等〉な人: Ich habe nicht ～. 私に匹敵する者はいない | Mit ～ wird nun niemand umgehen. 私みたいな者とは今やだれも交際してくれまい | Ich war dort unter ～. そこは私と同じ(身分・職業・立場の)人々ばかりであった ‖〖もっぱら名詞の後に置かれて付加語的に〗Leute ～ 私のような人びと. **≈teils**[..táɪls] =meinerseits

▽**mei·net·hal·ben**[máɪnəthálbən] =meinetwegen 1
≈we·gen 副 **1** 私のために: Er hat es ～ getan. 彼はそれを私ゆえにしたのだ | Sorge dich nicht ～! 私のことは心配するな. **2 a**) 私については, 私の関知する限りでは: *Meinetwegen* kannst du ausgehen. 私としては〈私にかまわず〉君は外出していいよ | Darf ich mich hier setzen? — *Meinetwegen*! ここに腰かけていいかい―どうぞ〔ご遠慮なく〕. **b**) (なんでもいいから)例えば(…としておこう): Du hättest ein Kind, ～ eine Tochter. 君に子供がいたとしよう 例えば娘が.
≈wil·len 副 um ～ 私のために(=meinetwegen).

mei·ni·ge[máɪnɪgə] 《所有代名詞, 1人称単数》**1** 《名詞的に; つねに定冠詞を伴い形容詞の弱変化で》《雅》私のもの(→mein I 2 c): Das ist nicht deine Feder, sondern die ～. それは君のペンではなくて私のだ ‖〖大文字で; 男性・女性および複数は人を, 中性(単数)は財産・義務などを表す〗Sie wird die *Meinige*. 彼女は私の妻となる | die *Meinigen* 私の家族 ‖ Ich habe das *Meinige* getan. 私は私のなすべきことをした. **2** 《形容詞的に; 形容詞と同様に変化して》《南部》私の: ein ～*r* Brief 私の手紙.

Mei·nin·gen[máɪnɪŋən] 地名 マイニンゲン(ドイツ中部, Werra 川に沿う Thüringen 州の商工業都市). [<*ahd.* Magano (人名)+..ingen; ◇*ahd.* magan „Kraft"]

Mei·nung[máɪnʊŋ] 女 -/-en **1 a**) (英: *opinion*)意見, 考え, 説: eine eigene ～ 自分の意見, 自説 | die öffentliche 〈allgemeine〉 ～ 世論 ‖ **nach** meiner ～ / meiner ～ nach 私の考えでは | *jn.* nach *seiner* ～ 〈um *seine* ～〉 fragen …の意見を聞く ‖ *seine* ～ ändern 意見を変える | eine ～ äußern 〈vorbringen〉 意見を述べる〈発表する〉| ～*en* austauschen 意見を交換する | eine ～ bekämpfen 〈bestreiten〉 説に反対する | *sich*[3] eine ～ 〔über *et.*[4]〕 bilden 〔…について〕意見をもつ | ***jm.* die 〈*seine*〉 ～ sagen** 〈《俗》**geigen**〉 …にはっきり〈ずけずけ〉意見を言う, …をとがめる | eine ～ vertreten 説を唱える | Ich kann Ihre ～ nicht teilen. 私はあなたのご意見に賛成しかねます ‖ Was ist Ihre ～ 〔dazu〕? 〔それについて〕どうお考えですか | Ganz meine ～! (<Das ist ganz meine ～.) そのとおりですとも(→ganz II

M

1 a) | Unsere ~*en* gingen auseinander 〈waren geteilt〉. 私たちは意見が分かれた ‖〘2 格で〙über *et.*[4] anderer 〈verschiedener〉 ~ sein …について意見が違う | in *et.*[3] 〔mit *jm.*〕 einer 〈derselben〉 ~ sein …について〔…と〕同意見である | Ich bin ganz Ihrer ~. 私は全くあなたと同意見です | Ich bin der ~, daß … 私は…という意見です. **b**) 評価: eine bessere ~ von *jm.* bekommen …を見直す | eine gute 〈schlechte〉 ~ von *jm.* haben …を高く評価する〈全然買っていない〉‖ Er ist in meiner ~ gestiegen 〈gesunken〉. 彼に対する私の評価は上がった〈下がった〉.

2 (Absicht) 意図; 趣旨: in guter ~ 善意で.

Mei·nungs≠äu·ße·rung[máɪnʊŋs..] 女 意見の発表, 意思表明; 表明された意見: freie ~ 自由な意思表明〔の保障〕. **≠aus·tausch** 男 意見の交換: ein ~ zwischen zwei Parteien 二党間の意見の交換 | mit *jm.* einen regen ~ unterhalten …と絶えず活発な意見交換をしている.

mei·nungs·bil·dend 形 意見〈世論〉を作り上げる: ~ wirken 世論形成に影響を与える.

Mei·nungs≠bild·ner 男 (社会・団体などの)世論指導者, オピニオンリーダー. **≠bil·dung** 女 意見〈世論〉の形成: die öffentliche ~ 世論形成. **≠for·scher** 男 世論調査専門家. **≠for·schung** 女 (Demoskopie) 世論調査. **≠frei·heit** 女 -/ 言論〈意見表明〉の自由. **≠füh·rer** 男 =Meinungsbildner **≠kauf** 男〘商〙(相場の値上がりを期待しての)おもわく買い. **≠ma·che** 女 世論づくり, 世論操作. **≠pfle·ge** 女 -/ (Public Relations) 広報活動, ピーアール(PR). **≠streit** 男 意見をめぐる争い, 意見を戦わせること. **≠um·fra·ge** 女 アンケート, 世論調査: eine ~ machen アンケートをとる. **≠um·schwung** 男 世論の急変. **≠un·ter·schied** 男 意見の相違. **≠ver·schie·den·heit** 女 -/-en **1**《ふつう複数で》意見の相違. **2** いさかい, 口論, 論戦.

Meio·se[maɪóːzə] 女 -/-n (Reduktionsteilung)〘生〙(細胞の)減数〈還元〉分裂.

Meio·sis[maɪóːzɪs] 女 -/ **1**〘修辞〙マイオシス (Litotes による最上級の言い換え). **2** =Meiose [*gr.*; < *gr.* meíōn „kleiner" (◇mikro..)]

meio·tisch[..tɪʃ] 形〘生〙減数〈還元〉分裂の.

Mei·ran[máɪraːn] 男 -s/-e =Majoran

Meis[maɪs][1] 中 -es/-e **1**《南部》=Mais **2**〘動〙雌の小牛.

Mei·se[máɪzə] 女 -/-n〘鳥〙シジュウカラ(四十雀): **eine** 〈**'ne**〉 **~** 〔**unterm Pony**〕 **haben**《話》頭がおかしい. [*germ.* „Schwächliche"; ◇ *engl.* titmouse]

Mei·sel[máɪzəl] 中 -s/《オーストリア》牛の肩肉: mageres ~ 脂身の少ない牛の肩肉. [< Maus]

Mei·ßel[máɪsəl] 男 -s/- **1** のみ(鑿): die Kunst des ~*s*《雅》彫塑〈彫刻〉術 | *et.*[4] mit dem ~ bearbeiten …にのみで細工をする. **2**〘工〙たがね, のみ. [*ahd.*; < *ahd.* meizan (→Maiß)]

Mei·ße·ler[máɪsələr] (**Meiß·ler**[..slər]) 男 -s/-《雅》(Bildhauer) 彫塑家, 彫刻家.

mei·ßeln[máɪsəln] 《06》 **I** 他 (h) (彫像・碑文などを)のみで彫る, 彫刻する; (石などを)のみで加工する: eine Inschrift in den Stein ~ 碑文を石に刻みこむ | eine Skulptur ~ 彫像を彫って作る | einen Steinblock ~ 大きな石をのみで彫る. **II** 自 (h) 彫刻する: an einer Skulptur ~ 彫像を彫る.

Mei·ßen[máɪsən] 地名 マイセン(ドイツ東部, Elbe 川に沿う Sachsen 州の工業都市. 磁器の産地として有名). [< Meisa (Elbe の支流)]

Mei·ße·ner[máɪsənər] (**Meiß·ner**[..snər]) **I** 男 -s/- マイセンの人. **II** 形《無変化》マイセンの: das ~ Porzellan マイセン磁器.

mei·ße·nisch[..sənɪʃ] (**meiß·nisch**[..snɪʃ]) 形 マイセン〔方言〕の: →deutsch

Meiß·ler =Meißeler

Meiß·ner =Meißener

meiß·nisch =meißenisch

meist[maɪst] 形《viel および sehr の最上級として》**1**《定冠詞を伴い付加語的に》**a**) (英: *most*) (ほかのものと比べて) 最も多くの, いちばん多い; 最高〈最大〉の: Von uns allen hat er die ~*en* Bücher. 私たち全員の中で彼がいちばんたくさん本を持っている | die ~*en* Stimmen erhalten 最高得票をえる | Die ~*e* Zeit hat er für die Forschung gebraucht. 彼は研究に最も多くの時間をさいた ‖ Die ~*e* (=größte) Angst hatte er vor der letzten Prüfung. 彼が最大の不安を抱いたのは最終試験であった ‖〘名詞的に〙Du hast das ~*e* (=am ~*en*) gegessen. 君がいちばんたくさん食べた | Wer das ~*e* verlangt, bekommt oft am wenigsten. 最も多くを求める者は えてして得るところが最も少ない ‖〘副詞的に〙Ich mußte schließlich **am meisten** zahlen. 結局のところ私がいちばん多く支払わねばならなかった | Sein Brief freute mich am ~*en*. i) (アクセントを Brief において) 何にもまして彼の手紙が私を喜ばせた; ii) (アクセントを mich において) 彼の手紙をいちばん喜んだのは私だった | In Köln ist kulturell mehr los als in Bonn und in München am ~*en* los. ケルンは文化的にボンより活発でありそしてミュンヒェンがいちばん活発である | das am ~*en* verkaufte Buch der Saison 今シーズンいちばん売れている本 | die am ~*en* befahrenen Straßen 交通量の最も多い道路 | [v]zum ~*en* 最も多く(=am ~*en*).

b) (ある数量の事物の)大部分の, たいていの, 大多数の: Die ~*en* Tage des Jahres ist er auf Reisen. 一年の大部分彼は旅に出ている | die ~*en* Gäste たいていの客 | der ~*e* Teil meines Vermögens 私の財産の大半 ‖〘名詞的に〙Das ~*e* war unbrauchbar. 大部分のものが使い物にならなかった | Er hat das ~*e* davon verloren. 彼はその大部分を失った | die ~*en* meiner Bekannten / 《話》meine ~*en* Bekannten 私の知人の大部分 | Es war den ~*en* eine liebe Erinnerung. たいていの人にとってそれは楽しい思い出だった.

2《無語尾で副詞的に》(meistens) たいてい; (meistenteils) 大部分: *Meist* hat er keine Zeit für uns. たいていの場合彼は私たちとつきあう時間がない | Die Besucher sind ~ junge Leute. 訪問客は大部分が若者である. [*germ.*; ◇mehr; *engl.* most]

meist·be·gün·stigt[máɪst..] 形〘経〙最恵国待遇の.

Meist·be·gün·sti·gung 女〘経〙最恵国待遇.

Meist·be·gün·sti·gungs·klau·sel 男〘経〙最恵国条項.

meist≠be·tei·ligt 形《付加語的》〘商〙持ち株〈出資金〉の一番多い. **≠bie·tend** 形〘商〙(競売などで)最高の値をつける: *et*[4] ~ verkaufen …を競売する.

mei·sten·orts[máɪstən|ɔrts] 副《雅》たいていの場所に, ほとんどどこにでも.

mei·stens[máɪstəns] 副 たいていの場合に, ふつう: Ich benutze ~ diesen Zug. 私はたいていこの列車を利用している.

mei·sten·teils 副 大部分は, たいていは: Es waren ~ junge Leute. それはたいてい〈ほとんどが〉若い連中だった.

Mei·ster[máɪstər] 男 -s/- (㊛ **Mei·ste·rin** → 別出) **1** **a**) (中世以来の手工業の)親方(→Geselle 1 a, Lehrling); (一般に職級としての)マイスター: Bäcker*meister* パン屋の親方; マイスターの資格をもつパン屋 | Er ist ~ im Maurerhandwerk. 彼は左官屋の親方だ ‖ ~ werden 親方になる; マイスターの資格を取得する | bei einem ~ in die Lehre gehen ある親方のもとに弟子入りする | den 〈*seinen*〉 ~ machen《話》親方になるための資格試験をうけて合格する | *seinen* ~ überflügeln 〈übertreffen〉 師を凌駕(りょうが)する, 出藍(しゅつらん)の誉れである. **b**) (工場などの)職長. **c**) (旧東ドイツの)海軍一等兵曹.

2 a) 一芸に秀でた人, 名人, 名手, 大家, 名匠, 巨匠; 大学者: ein ~ der deutschen Sprache ドイツ語の達人 | ein ~ der Palette 絵の大家 | der ~ des Marienlebens 聖母マリアの生涯を描いたかの巨匠 | ein ~ der Lüge 〈im Verdrehen der Worte〉 うそ〈こじつけ〉の名人 ‖ den ~ spielen 大家を気どる | in *et.*[3] ein ~ sein …に熟達している, …においては一流である | **in *jm.* seinen ~ finden** …という自分よりすぐれている人間〈脱帽すべき相手〉に出会う | *seinen*

M

～ suchen 刃向かう者なしである | auf des ～*s* Worte schwören 権威者の言うことを盲信する ‖ Übung macht den ～. (→Übung 1 a) | **Es ist noch kein ～ vom Himmel gefallen.** 《諺》生まれながらの名人はいない, 名人は一日にして成らず | **Früh übt sich, was ein ～ werden will.** 《諺》巨匠たらんとする者は早くより修練に励む (Schiller) | **In der Beschränkung zeigt sich erst der ～.** 制限があってこそはじめて達人の真価が発揮される (Goethe). **b)** 〖スポーツ〗チャンピオン, 選手権保持者: deutscher ～ im Schwergewicht ドイツのヘビー級チャンピオン.

3 《雅》先生, 師; キリスト.

4 上役, 上長; 命令権者, 支配者; (各セクションの) 長, 主任; 神; 〖史〗騎士団の長: Herr und ～ 《戯》われらのボス, うちの亭主 | der Herr und ～ 主イエスキリスト | Bürger*meister* 市長 | ～ vom Stuhl フリーメーソンのロッジの長 | ～ Urian 《戯》悪魔 | der rote ～ 《雅》死刑執行人 ‖ ▽**über** *et.*⁴ **～ werden** / *et.*² ～ werden 《比》…を抑制する, …に打ち勝つ | *jm.* den ～ zeigen 《スイス》…に対して自分の優位を思い知らせる, …に有無を言わせぬ.

5 (童話の登場人物など, 架空の名前の前につけて): **～ Grimbart** アナグマくん | **～ Hämmerlein** 悪魔; 死刑執行人 | **～ Lampe** ウサギくん | **～ Petz** クマくん | ～ Pfriem 靴屋さん | ～ Zwirn 〈Nadelöhr〉 仕立屋さん | **～ Urian** 悪魔.

[*lat.* magister－*ahd.*; ◇Magister, Master; *engl.* master]

Mei·ster≠ar·beit[máɪstər..] 女 傑作, 名作, マスターピース. **≠brief** 男 親方〈マイスター〉検定審査合格証. **≠de·tek·tiv** 男 名探偵. **≠dieb** 男 どろぼうの名人. **≠ge·sang** 男 -[e]s/ (14-16世紀の) 職匠〈工匠〉歌人の歌, 工匠歌 (→Meistersinger).

mei·ster·haft[máɪstərhaft] 形 卓越した, すばらしい, みごとな; 《俗》ものすごく美しい: eine ～*e* Darstellung すばらしい描写〈演技〉 | ～ tanzen 完璧(かんぺき)な踊りを見せる.

Mei·ster·hand 女 名人〈達人〉の手, 絶妙の腕前: ein Kunstwerk von ～ 名人の手になる〈一流の〉芸術品.

Mei·ste·rin[máɪstərɪn] 女 -/-nen (Meister の女性形. 例えば:) 親方の奥さん; 一芸に秀でた女性; 女性チャンピオン.

Mei·ster·klas·se 女 **1** (音楽大学・芸術大学で特定の有名教授が担当する) 特別クラス. **2** 〖スポーツ〗最上級クラス.

mei·ster·lich[máɪstərlɪç] ＝meisterhaft

mei·ster·los 形 《スイス》(eigenwillig) わがままな, 片意地の, いこじの.

Mei·ster·mann·schaft 女 〖スポーツ〗選手権保持チーム.

mei·stern[máɪstərn] 《05》 他 (h) **1** (感情などを) 制御する, 押えつける; (困難などを) 克服する, 乗り切る: *seine* Erregung ～ 自分の興奮を抑える | Probleme ～ 各種の問題をうまく処理する | *seine* Zunge ～ 言葉をつつしむ ‖ 再帰 *sich*⁴ ～ 《雅》自分〔の感情〕を制御する. **2** (技術などを) マスターする, みごとに身につける, うまくこなす: die deutsche Sprache ～ ドイツ語に精通する. ▽**3** (schulmeistern) 《*jn.*》(…に) 教師〈物知り〉ぶって教える; 教師口調でしかる〈とがめる〉.

Mei·ster≠prü·fung[máɪstər..] 女 (手工業会議所による) 親方〈マイスター〉検定審査. **≠sang** 男 ＝Meistergesang **≠sän·ger** 男 ＝Meistersinger

Mei·ster·schaft[máɪstərʃaft] 女 -/-en **1** 《ふつう単数で》(meisterhaft なこと. 例えば:) 名人芸, 至芸; 熟練, 完璧(かんぺき)な技巧, すぐれた腕前: *seine* ～ zeigen 至芸を披露する | es⁴ in *et.*³ 〈auf einem Gebiet〉 zur ～ bringen …において〈ある分野で〉名人の域に達する. **2** 〖スポーツ〗 **a)** 選手権, タイトル: Welt*meisterschaft* 世界選手権 ‖ die ～ anstreben 〈verteidigen〉 選手権を目指す〈防衛する〉 | um die ～ kämpfen チャンピオンの座を争う. **b)** 《ふつう複数で》選手権試合〈競技〉: die ～*en* in *et.*³ austragen …の選手権試合〈競技〉を行う | an einer ～ teilnehmen 選手権試合〈競技〉に参加する.

Mei·ster·schaft·ler[－lər] 男 -s/- 《スイス》選手権試合〈競技〉参加者.

Mei·ster·schafts≠kampf 男 選手権試合〈競技〉. **≠spiel** 中 -[e]s/-e 《ふつう複数で》(特に団体競技の) 選手権試合〈競技〉. **≠ti·tel** 男 選手権のタイトル, チャンピオンシップ.

Mei·ster≠schu·le[máɪstər..] 女 (親方や職長を養成するための各種の) 職業学校. **≠schü·ler** 男 Meisterklasse の生徒. **≠schuß** 男 みごとな〈満点の〉射撃. **≠schüt·ze** 男 射撃の名手. **≠sin·ger** 男 (14-16世紀の) 職匠〈工匠〉歌人. **≠stück** 中 **1** 親方資格課題〈制作〉作品 (ギルドの職人が親方になる資格試験用に制作する作品: →Gesellenstück). **2** 傑作; (たくみな駆け引きなど) 水際立った〈鮮やかな〉行動〔の結果〕: ein ～ an Diplomatie みごとな外交的手腕 | Das war wieder mal ein ～ von dir. / Da hast du dir wieder mal ein ～ geleistet. 《反語》君はまた失敗をしたのか. **≠ti·tel** 男 〖スポーツ〗選手権者のタイトル. **≠werk** 中 (文学・美術などの分野における) 傑作; (一般に) すぐれた業績, 傑作. **≠wür·de** 女 親方の地位〈称号〉.

Meist·ge·bot[máɪst..] 中 (競売などでの) 最高の付け値.

meist≠ge·bräuch·lich 形 もっともよく使用される. **≠ge·fragt** 形 もっとも需要の多い. **≠ge·kauft** 形 もっともよく買われる (商品など). **≠ge·le·sen** 形 もっともよく読まれる (書物など): das ～*e* Magazin いちばん多く読まれている雑誌. **≠ge·nannt** 形 もっとも多く名前を挙げられた, もっとも多く言及された. ▽**≠hin**[また: －⏑́] ＝meistens

Meist·stu·fe 女 (Superlativ) 〖言〗(形容詞・副詞の) 最上級.

meist·ver·kauft 形 もっともよく売れる (商品など).

Mek·ka[mέka·] **I** 地名 メッカ (サウジアラビア西部の都市. Mohammed の生地で, イスラム教最大の聖地). **II** 中 -s/-s 《比》メッカ (活動の中心地として関係者のあこがれの場所): Wien ist das ～ aller Musiker. ウィーンはすべての音楽家たちのメッカである. [*arab.*]

der **Me·kong**[mé:kɔŋ, mekɔ́ŋ] 地名 男 -[s]/ メコン (インドシナ半島を南流して南シナ海に注ぐ川). [*tibet.* „Mutter der Gewässer“]

Me·la·min[melamí:n] 中 -s/ , **Me·la·min·harz** 中 〖化〗メラミン樹脂. [＜..in²]

melan.. 《名詞・形容詞などにつけて「黒い・暗い」などを意味する. melano.. となることもある: →*Melano*dermie》 [*gr.* mélās „schwarz“; ◇malen]

Me·lan·cho·lie[melaŋkolí:; オーストリア: ─, ..çolí:] 女 -/-n [..lí:ən] **1** 《単数で》憂鬱(ゆううつ), 憂愁; 哀愁, メランコリー: ein Gedicht voller ～ 哀愁に満ちた詩. **2** 〖医〗鬱病(うつびょう), メランコリー. [*gr.* melag-cholíā „Schwarz-Galligkeit“－*spätlat.* 〔－*mhd.*〕; ◇Galle²]

Me·lan·cho·li·ker[melaŋkó:likər] 男 -s/- **1 a)** 憂鬱(ゆううつ)質の人. **b)** 憂鬱な気分に陥りがちな人, ふさぎ屋. **2** 鬱病(うつびょう)患者.

me·lan·cho·lisch[..lɪʃ] 形 **1** 憂鬱(ゆううつ)質の; 憂鬱な, ふさぎ込んだ: ein ～*er* Mensch ふさぎ屋 | ein ～*es* Temperament 憂鬱質 (昔の生理学で考えられた 4 種類の気質の一つ: →Temperament 1 a) ‖ ～ gestimmt sein 憂鬱な〈メランコリックな〉気分である. **2** 〖医〗鬱病(うつびょう)の. **3** 憂鬱な気分にさせる: ein ～*er* Anblick 憂鬱な光景. [*gr.*－*lat.*]

Me·lan·chthon[melánçtɔn; オーストリア: ⏑⏑⏑] 人名 Philipp ～ フィリップ メランヒトン(1497-1560; ドイツの宗教改革者・神学者. 本名 Philipp Schwarzerd). [◇chthonisch]

Me·la·ne·si·en[melané:ziən] 地名 メラネシア (南太平洋, オーストラリアの北東, 赤道以南に散在する島々の総称). [＜*gr.* nēsos „Insel“]

Me·la·ne·si·er[..ziər] 男 -s/- メラネシア人 (メラネシアの原住民. 短身で皮膚が黒い).

me·la·ne·sisch[..zɪʃ] 形 メラネシア〔人・語〕の: →deutsch

Me·lan·ge[melã́:ʒə; オーストリア: ..lã́:ʒ] 女 -/-n[..ʒən] **1 a)** 混合〔物〕(ブレンドコーヒーなど). **b)** 《オーストリア》(Milchkaffee) ミルクコーヒー. **2** (Mischfarbe) 混色. **3** 〖織〗交織〔の織物〕. [*fr.*; ◇melieren]

Me·la·nie[melá:niə, melaní:, mé:lani·] 女名 メラーニエ, メラニー, メーラニ. [*gr.* „die Dunkelhaarige“－*lat.*－*fr.*]

Me·la·nin[melaní:n] 中 -s/-e 〖生化学〗メラニン, 黒色素. [＜..in²]

Me·la·nis·mus[..nísmus] 男 -/..men[..mən] 〖生〗(黒色人種などに見られる) メラニン沈着, 黒化.

melano.. →melan..

Me·la·no·der·mie[melanodεrmí:] 女 -/-n[..mí:ən] 〘医〙黒皮症. [<Derma+..ie]

Me·la·nom[melanó:m] 中 -s/-e 〘医〙黒色腫(しゅ). 「[<..om]」

Me·la·no·se[melanó:zə] 女 -/-n 〘医〙黒色症, メラノーシス. [<..ose]

Me·lan·te·rit[melanterí:t, ..rít] 男 -s/-e 〘鉱〙緑礬(りょくばん). [<*gr.* melan-tēríā „Schuhschwärze"+..it²]

Me·la·phyr[melafý:r] 男 -s/-e 〘鉱〙黒玢岩(こくふんがん). [<melan..+Porphyr]

Me·las·se[melásə] 女 -/-n 糖蜜(とうみつ). [*span.* melaza —*fr.*; <*lat.* mel „Honig"; ◇Melis〔se〕; *engl.* molasses]

Me·la·to·nin[melatoní:n] 中 -s/ 〘生化学〙メラトニン. [<*gr.* mélas „schwarz"+*gr.* tónos „Spannung"]

Mel·ber[mélbər] 男 -s/- 《南部》穀物〈小麦粉〉商人. [<Mehl]

mel·big[..bıç]² 形《南部》(mehlig) 粉の, 粉だらけの.

Mel·bourne[mélbərn, ..bən] 地名 メルボルン(オーストラリア南東部の港湾都市で, かつての首都). [<Lord Melbourne (1837年命名当時のイギリス首相)]

Mel·chior[mélçiɔr] **I** 男名 メルヒオル. **II** 人名〘キリスト教〙メルヒオル(東方の三博士の一人: →Magier). [*hebr.* „König des Lichts"] 「[<Milch]」

Melch·ter[mélçtər] 女 -/-n 《スイス》(木製の)牛乳いれ.

Mel·de[méldə] 女 -/-n 〘植〙ハマアカザ(浜藜)属. [*germ.*; ◇Mehl]

Mel·de≈ab·wurf[méldə..] 男 (航空機からの)通信文投下. ≈**amt** 中 (Einwohnermeldeamt)(市役所などの)住民登録課. ≈**bo·gen** 男 登録〈申告〉用紙. ≈**fah·rer** 男 〘軍〙(オートバイや自動車に乗った)伝令兵. ≈**for·mu·lar** 中 届け出用紙. ≈**gän·ger** 男 -s/- 〘軍〙伝令兵. ≈**hund** 男 〘軍〙伝令犬.

mel·den[méldən]¹ 《01》 **I** 他 (h) **1** 《*et.*⁴》(新聞・放送などが)報道する, 報じる, 伝える: Der Wetterbericht 〈Der Rundfunk〉 *meldet* Regen. 天気予報〈ラジオ〉は雨を予報している | Die Zeitungen *melden* Unruhen. 各紙は騒動を報じている | wie unsere Korrespondenten *melden* 本紙〈わが社の〉通信員の報道によれば | wie im 〈vom〉 Fernsehen *gemeldet* テレビで報じていたように, テレビの報じるところによれば | Sein Brief *meldete* mir deine Adresse. 彼の手紙で私は君の住所を知った ‖〘挿入句として〙mit Verlaub zu ～ 《官》表現は悪いのですが(お許し願って申しますと) | ohne Ruhm zu ～ 《官》口はばったい言い方ですが.

2 《*et*⁴》 **a)** 〔任務上〕報告する; 届け出る, 通報する: den Abschluß der Arbeit ～ 作業完了を報告する | *jm. seine* Ankunft ～ …に着任〈到着〉を報告する ‖ einen Unfall 〔bei〕 der Polizei ～ 事故を警察に通報する. **b)** 告げる, 口出しする: **nichts zu ～ haben** 《話》口を出す権限がない | Er hat zu Hause nicht viel zu ～. 彼は家庭ではあまり実権がない.

3 a) 《*jn.*》届け出る; (警察に)訴える: *jn.* polizeilich ～ …の居住〈住民〉届を出す | *jn.* 〔bei〕 der Polizei ～ …を警察に訴える | *jn.* als vermißt ～ …を行方不明者として届け出る ‖ 再帰 *sich*⁴ polizeilich ～ 居住〈住民〉届を出す | *sich*⁴ krank ～ 病気届を出す | *sich*⁴ 〔vom Urlaub〕 zurück ～ 〔休暇後の〕復帰届を出す | *sich*⁴ zur Stelle ～ 〘軍〙いつでも任務につける〈任務を終えて戻った〉ことを申告する. **b)** 《*jn.*》(参加者として)登録する, 申し込む, 応募する: Zu dem Rennen wurden bedeutende Namen *gemeldet*. レースには有名選手がエントリー〈出場申し込み〉をした ‖ 再帰 *sich*⁴ 〔zur Teilnahme〕 ～ 参加を申し込む | *sich*⁴ freiwillig zum Wehrdienst ～ 兵役を志願する | *sich*⁴ an die Front ～ 戦線行きを志願する | *sich*⁴ für einen Kursus ～ 学習コースに受講申し込みをする. **c)** 再帰 *sich*⁴ 〔zum Wort / zu Worte〕 ～ (手をあげて)発言の意思表示をする | Peter *meldete* sich eifrig. (当ててもらおうと授業中に)ペーターはさかんに手をあげた.

4 a) 《*jn.* 〔bei〕 *jm.*》取り次ぐ: Wen darf ich ～? (受付が来客に)どなたでいらっしゃいますか ‖ *sich*⁴ 〔durch Sekretärin〕 ～ lassen 〔女性秘書に〕取り次ぎを頼む ‖ 再帰 *sich*⁴ bei *jm.* ～ …のもとに出頭する; …に消息を知らせる〈電話をかける〉. **b)** 再帰 *sich*⁴ ～ (乳児が泣いて)要求を告げる; 音沙汰(おとさた)をする, 連絡をとる; 徴候を現す: Er hat sich lange nicht *gemeldet*. 彼からは長いこと音沙汰〈連絡〉がなかった | *Melde* dich mal wieder! またいつか連絡してくれ | Das Alter *meldet* sich schon bei ihm. 彼ももうめっきり老けてきた | Der Hunger 〈Mein Magen〉 *meldet* sich. 空腹感が起こる | Der Zahn *meldet* sich. 歯が痛み出す | Der Winter *meldet* sich schon. 早くも冬めいてきた. **c)** 再帰 *sich*⁴ 〔am Telefon〕 ～ 電話口に出る, 応答する | Es *meldete* sich Herr X. (先方の)電話口に X 氏が出た ‖〘再帰代名詞なしで〙Bitte ～! (無線通信で)応答せよ | Ihr Gespräch nach Paris, bitte ～! (交換手が)パリがお出になりましたからどうぞ〔お話しください〕.

II 自 (h) **1** (犬が)ほえたてる; 〘狩〙(シカが)発情期の鳴き声をたてる. **2** (時計が時を打つ直前に)カチッという.

[*westgerm.* „verraten"]

Mel·de·pflicht[méldə..] 女 -/ (官庁・警察への)届け出〈申告〉の義務(特に: 住民の居住登録の義務・医師の伝染病報告義務など): Typhus unterliegt der ～. / Für Typhus besteht ～. チフスは届け出の義務がある.

mel·de·pflich·tig 形 届け出〈申告〉の義務のある: Jeder Fall von Ruhr ist ～. 赤痢患者が出た場合には必ず届け出なければならない.

Mel·der[méldər] 男 -s/- **1** (melden する人. 特に:) 〘軍〙伝令兵. **2** 報知器: Feuer*melder* 火災報知器.

Mel·de≈rei·ter[méldə..] 男 〘軍〙騎馬伝令兵. ≈**schein** 男 〔宿泊〕届け出用紙, レジスターカード. ≈**schluß** 男 ..schlusses/ 申告〈届け出〉最終期限〔の日〕. ≈**stel·le** 女 住民登録所. ≈**we·sen** 中 -s/ 住民登録〈届け出〉制度. ≈**zet·tel** 男 《オーストリア》(Anmeldeformular) 申告〈届け出〉用紙: den ～ ausfüllen 申告用紙に記入する.

Mel·dung[méldʊŋ] 女 -/-en **1** 報告, 通報; 報道, 情報: eine amtliche ～ (官庁の)公式報道, 公的通告 | unbestätigte ～*en* 未確認情報 ‖ nach den neuesten ～*en* 最新情報によれば ‖ eine ～ über *et.*⁴ 〈von *et.*³〉 bestätigen …についての報道を確認する | ～*en* im Rundfunk bringen ラジオでニュースを放送する | 〔bei〕 *jm.* ～ über *et.*⁴ 〈von *et.*³〉 machen 《官》…に…について報告する.

2 届け出; 申し込み, 出願, 応募: eine freiwillige ～ 〔zum Wehrdienst〕 〔兵役〕志願 ‖ *seine* ～ 〔zu *et.*³〕 abgeben 〔…への参加〕申し込みをする ‖ Die ～ wurde angenommen 〈abgelehnt〉. 出願が受理〈却下〉された | Zu den Wettkämpfen sind zahlreiche ～*en* eingegangen. 競技には多数の出場申し込みがあった | Für diesen Lehrgang liegen viele ～*en* vor. この学習コースには多数の受講申し込みが来ている.

me·lie·ren[melí:rən] ᵛ**I** 他 (h) (mischen) 混ぜ〔合わせ〕る, 混合する: 再帰 *sich*⁴ in eine Sache ～ あることにかかわり合う〈干渉する〉. **II me·liert** 過分 形 **1** (生地などが)色の入り交じった, 雑色の, 霜降りの, ぶちの: ein braun und grau ～*er* Rock 茶とグレーの入り交じった色のスカート. **2** (頭髪が)ごま塩の: ～*es* Haar ごま塩の頭髪 | ein älterer, grau ～*er* Herr 頭髪に白いものの交じった中年の紳士.

[*lat.* miscēre (→mischen)—*afr.* misler—*fr.* mêler; ◇Melange; *engl.* meddle]

Me·li·nit[melinί:t, ..nít] 男 -s/ 〘化〙メリナイト(ピクリン酸爆薬). [<*gr.* mḗlinos „quittengelb" (◇Melone)]

Me·lio·ra·tion[melioratsió:n] 女 -/-en (灌漑(かんがい)・築堤などによる)土地〈耕地〉改良; 〘言〙(語義の)向上. [*spätlat.*]

me·lio·ra·tiv[..tí:f]¹ 形 (↔pejorativ) 〘言〙(語義が)良化〈向上〉した, 良化〈向上〉的な, ほめことばの.

Me·lio·ra·ti·vum [..tí:vʊm] 中 -s/..va[..va·] 〘言〙意味良化〈向上〉語(→Bedeutungsverbesserung).

me·lio·rie·ren[meliorí:rən] 他 (h) (耕地などを)改良する. [*spätlat.*; <*lat.* melior „besser"; ◇ *engl.* meliorate]

Me·lis[mé:lıs] 男 -/ 〘商〙白砂糖. [<*gr.* méli „Ho-

M

nig“; ◇Melisse]

mẹ·lisch[mé:lɪʃ] 形 **1** (liedhaft)〔楽〕歌曲ふうの. **2**〔言〕イントネーションの; イントネーションによる. [<Melos]

Me·lịs·ma[melísma·] 中 -s/..men[..mən]〔楽〕メリスマ(声楽における装飾法). [*gr.*; <*gr.* melízein „singen“]

Me·lis·mạ·tik[melɪsmá:tɪk] 女 -/〔楽〕メリスマ技法.

me·lis·mạ·tisch[..tɪʃ] 形 (↔syllabisch)〔楽〕(歌詞の1音節に数個の音符を当てはめた)メリスマ=スタイルの.

Me·lịs·men Melisma の複数.

Me·lịs·se[melísə] 女 -/-n〔植〕メリッサ, セイヨウヤマハッカ(西洋山薄荷)(中東原産シソ科. 香辛料・薬用などにする). [*gr.* melissóphyllon „Bienen-Blatt“–*mlat.*; <*gr.* mélissa „Biene“]

Me·lịs·sen·geist 男 -〔e〕s/ 商標 メリッサ精 (Karmelitergeist の商品名).

Me·lịt·ta[melíta·] 女名 メリッタ. [*gr.* „Biene“]

ᵛ**melk**[mɛlk] 形 (牛について)乳の出る. [◇*engl.* milch]

Mẹlk·ei·mer[mɛ́lk..] 男 搾乳おけ, 乳槽.

mẹl·ken[(*)][mɛ́lkən]《100》 **mẹlk·te** (まれ: molk [mɔlk])/ **ge·mọl·ken** (まれ: gemelkt); 現 *du* melkst (ᵛmilkst[mɪlkst]), *er* melkt (ᵛmilkt); 命 melk〔e〕(ᵛmilk); 接II melkte (まれ: mölke[mœ́lkə]) **I** 他 (h) **1 a)**《*et.*[4]》(…の)乳をしぼる, 搾乳〈乳しぼり〉をする: den Bock ～ (→Bock[2] 1 a) | eine Kuh 〈eine Ziege〉〔mit der Maschine〕 ～ 牛〈ヤギ〉の乳を〔搾乳機を使って〕しぼる. **b)** (乳を)しぼる: Milch in einen Eimer ～ 乳をしぼって搾乳おけに入れる | frisch *gemolkene* Milch しぼりたての乳. **2**《話》《*jn.*》(…から)金を巻きあげる, 搾取する: Den haben sie aber tüchtig *gemolken*. そいつから彼らはたんまり巻きあげた. **II** 自 (h) ᵛ**1** (牛などが)乳を出す: eine *melkende* Kuh i) 乳牛; ii)《話》いい金づる(=Melkkuh). **2**《卑》(onanieren) オナニー〈自慰行為〉をする. [*idg.* „abstreichen“; ◇Milch, Molke; *lat.* mulgēre „melken“; *engl.* milk]

Mẹl·ker[mɛ́lkər] 男 -s/- (女 **Mẹl·ke·rin**[..kərɪn]-/-nen) 搾乳する人.

Mel·ke·rei[mɛlkəráɪ] 女 -/-en **1** (Molkerei) 酪農場, 乳製品製造工場. **2 a)** 搾乳. **b)**《比》搾取.

Mẹl·ke·rin Melker の女性形.

Mẹlk⸗kuh[mɛ́lk..] 女 **1** (Milchkuh) 乳牛. **2**《話》たえずしぼりとられる人, いい金づる(→melken II). ⸗**ma·schi·ne** 女 搾乳機, ミルカー.

Me·lo·dịe[melodí:] 女 -/-n[..dí:ən] (雅: **Me·lo·dei**[..dáɪ] 女 -/-en) **1**〔楽〕メロディー, 旋律 (Harmonie, Rhythmus とともに音楽の三要素の一つ); 節(ふし), 曲; 調べ: ～*n* aus Opern オペラのメロディー. **2** (Satzmelodie)〔言〕イントネーション, 抑揚, 音調. [*gr.* melōidíā „Gesang“–*spätlat.*–*mhd.*; <*gr.* mélos (→Melos)+ōidḗ (→Ode); ◇*engl.* melody]

Me·lo·dịe·sai·te 女〔楽〕(ツィターの)旋律弦(→ 図 Zither).

Me·lọ·dik[meló:dɪk] 女 -/〔楽〕(曲・作曲家の)旋律性; 旋律法〈学〉.

me·lo·diọ̈s[melodiǿ:s][1] =melodisch 2 [*mlat.*–*fr.* mélodieux; ◇..os]

me·lọ·disch[meló:dɪʃ] 形 **1** メロディー〈旋律〉に関する. **2** 旋律的な, メロディーの豊かな〈美しい〉; 口調〈音調〉のよい(せりふなど).

Me·lo·drạm[melodrá:m] 中 -s/-en[..drá:mən] **1**〔楽〕メロドラム(オペラ・舞台音楽などのメロドラマ的詠唱). **2** =Melodrama

Me·lo·drạ·ma[..drá:ma·] 中 -s/..men[..mən] **1**〔楽〕メロドラマ(音楽伴奏の入った朗読〔劇〕). **2** (劇・映画などの)メロドラマ, 感傷的な通俗劇;《話》涙にかきくれたいざこざ, 芝居がかった家庭争議. [*fr.*; <*gr.* mélos (→Melos)]

me·lo·dra·mạ·tisch[..dramá:tɪʃ] 形 **1**〔楽〕メロドラマの: ein ～*er* Vortrag 音楽伴奏入りの朗読. **2**《話》感傷的な, 芝居がかった.

Me·lo·mạ·ne[melomá:nə] 男 女《形容詞変化》-n/-n 音楽狂の人.

Me·lo·ma·nịe[..maní:] 女 -/ 音楽狂.

Me·lọ·ne[meló:nə] 女 -/-n **1**〔植〕メロン; マクワウリ. **2**《話》山高帽(→ 図 Hut). [*spätlat.* mēlō–*it.* mellone〔–*fr.* melon〕; <*gr.* mēlon „Apfel“]

Me·lọ·nen⸗baum 男〔植〕パパイアの木, 蕃瓜樹(ばんかじゅ). ⸗**kür·bis** 男〔植〕クリカボチャ(栗南瓜). ⸗**qual·le** 女〔動〕ウリクラゲ(瓜水母).

Mẹ·los[mé(:)lɔs] 中 -/ **1** メロディー, 旋律〔の流れ〕. **2** (Sprachmelodie)〔言〕イントネーション. [*gr.* mélos „Glied, Lied“–*lat.*; ◇melisch]

Mel·pọ·me·ne[mɛlpó:mene·] 人名〔ギ神〕メルポメネ(悲劇をつかさどる女神: →Muse). [*gr.*–*lat.*; <*gr.* mélpein „singen“]

Mẹl·tau[mé:ltaʊ] 男 -〔e〕s/ **1** (Honigtau)〔動〕(アブラムシ類が分泌する)蜜(みつ). **2** =Mehltau [*ahd.* mili-tou; ◇Melis, Tau[1]; ◇*engl.* mildew]

Me·lu·sị·ne[meluzí:nə] 人名 メルジーネ(フランス伝説で海の精とされる美少女). [<*fr.* Mère des Lusignan (古い家系)]

Mem·brạn[mɛmbrá:n] 女 -/-en, **Mem·brạ·ne**[..nə] 女 -/-n **1**〔生〕膜, 薄膜, 皮膜. **2**〔電〕(電話機などの)振動板. [*lat.* membrāna „Häutchen, Pergament“–*mhd.*; <*lat.* membrum „Körperglied“ (◇*gr.* mērós „Schenkel“)]

Mem·bra·no·phọn[mɛmbranofó:n] 中 -s/-e〔楽〕膜鳴楽器(膜が発音体となる打楽器: →Idiophon).

Mẹ·mel[mé:məl] **I** 地名 メーメル(リトアニア共和国のバルト海に臨む港湾都市. 1920年までドイツ領であった. 現在はクライペーダ Klaipeda という). **II die Mẹ·mel** 地名 女 -/ メーメル(ロシア西部とリトアニアの境界をなし, バルト海に注ぐ川. リトアニア名ネムナス Nemunas; 英語形ネマン Neman).

Me·mẹn·to[meménto·] 中 -s/-s 警告, いましめ; 譴責(けんせき). [*lat.* mementō „gedenke!“; <*lat.* mēns (→mental)]

me·mẹn·to mọ·ri[– mó:ri·] **I**《ラテン語》(gedenke des Todes!) 死を忘れるな. **II Me·mẹn·to mọ·ri** 中 --/-- 死を思い出させるもの, 死への警告. [◇Mord]

Mẹm·me[mɛ́mə] 女 -/-n《話》めめしい男, 弱虫, 臆病(おくびょう)者. [*mhd.* mamme „Mutter〔brust〕“; ◇Mamma]

mẹm·meln[mɛ́məln]《06》《南部・オーストリア》=mummeln[1]

mẹm·men·haft[mɛ́mənhaft] 形 臆病(おくびょう)な, 弱虫な, 腰抜けの: eine ～*e* Furcht 臆病な恐れ | *sich*[4] ～ benehmen 臆病な振舞いをする.

Mẹ·mo[mé:mo·] 中 -s/-s =Memorandum

Me·moire[memoá:r] 中 -s/-s (Memorandum) メモ, 備忘録, 覚書. [*lat.* memoria „Gedächtnis“–*fr.*]

Me·moi·ren[..rən] 複 回顧録, 回想録: Er schreibt seine ～〔nieder〕. 彼は回想録を書いている. [*fr.* mémoires]

me·mo·rạ·bel[memorá:bəl] (..ra·bl..) 形 記憶すべき, 忘れられない. [*lat.*; ◇..abel]

Me·mo·ra·bị·li·en[..rabí:liən] 複 **1** 記憶すべき事柄〈出来事〉. **2** 回想録.

Me·mo·rạn·dum[..rándʊm] 中 -s/..den[..dən] (..da[..da·]) **1** メモ, 備忘録, 簡単な記録. **2** (Denkschrift) (外交上の)覚書: ein ～ verfassen 覚書を作成する. [*lat.* memorandus „denkwürdig“]

Me·mo·rial ᵛ**I**[memoriá:l] 中 -s/-e (-ien[..liən]) 備忘録, 日誌. **II**[mɪmɔ́:rɪəl] 中 -s/-s **1** 記念の催し;《スポーツ》(特に往年の名選手などを記念して催される)記念競技会: ein ～ zu Ehren eines großen Schwimmers ある水泳選手を記念して催される競技会. **2** (Denkmal) 記念碑. [*spätlat.* memoriāle〔–*engl.*〕; ◇..al[1]]

me·mo·rịe·ren[memorí:rən] 他 (h) **1** 暗記する, (繰り返し〔声に出して〕読んで)暗記しようと努める; 暗唱する: Zahlen 〈ein Gedicht〉 ～ 数〈詩〉を暗唱する. **2** 思い出させる. [*lat.* memorāre „erinnern“; <*lat.* memor „eingedenk“]

Me·mo·rie̱r·stoff[memoríːr..] 男 暗記〈暗唱〉の対象となる材料〈教材〉.

Me̱m·phis[mémfɪs] 地名 **1** メンフィス(エジプト, Kairo の南, Nil 川左岸の古代都市). **2** メンフィス(米国テネシー州 Mississippi 川左岸の都市). [*ägypt.* Menfe－*gr.*－*lat.*]

Me·na̱·ge[menáːʒə; ｵｰｽﾄﾘｱ: ..náːʒ] 女 -/-n[..ʒən] **1 a)** 《料理》(食卓の)薬味台, 卓上調味料セット. ᵛ**b)** 重ね鉢(温かい食事を運ぶための容器). **2** 《ｵｰｽﾄﾘｱ》(Verpflegung) 《軍》糧食, まかない. ᵛ**3** (Haushalt) 家事, 家政, 一家の切り盛り. [*mlat.* mānsiōnāticum－*fr.*; <*lat.* mānsiō „Aufenthalt"; ◇immanent]

Me·na̱·ge·ko·sten[menáːʒə..] 複 《ｵｰｽﾄﾘｱ》《軍》糧食費, 食費.

Me·na·ge·rie̱[menaʒəríː] 女 -/-n[..ríːən] 〔移動〕動物見せ物〔小屋〕, 〔移動〕動物園; 動物の檻(おり). [*fr.*]

Me·na̱·ge·scha·le[menáːʒə..] 女 《ｵｰｽﾄﾘｱ》軍用食器.

me·na·gie·ren[menaʒíːrən] **I** 自 (h) 自炊する, 切り盛りする; 《ｵｰｽﾄﾘｱ》《軍》食事を受け取る. **II** 他 (h) 大切にする, 控え目にする, 慎む: 再帰 *sich*⁴ ～ 自制〈節制〉する. [*fr.*]

Men·a̱r·che[menárçə] 女 -/ 《生理》月経開始期, 初潮. [<*gr.* mḗn (→Monat)＋archḗ (→archäo..)]

Me̱n·cius[méntsiʊs] 人名 孟子(前372-289; 中国, 戦国時代の思想家・儒家).

Me̱n·del[méndəl] 人名 Gregor Johann ～ グレゴール ヨハン メンデル(1822-84; オーストリアの植物学者で, 遺伝学の創始者): die ～*schen* Gesetze メンデルの〔遺伝〕法則.

Men·de·le̱·vium[mɛndeléːviʊm] 中 -s/ 《化》メンデレビウム(超ウラン元素名; 記号 Md). [<D. Mendelejew (ロシアの化学者, †1907)]

Men·de·li̱s·mus[mɛndelísmʊs] 男 -/ 《生》メンデルの〔遺伝〕法則, メンデル主義. [<Mendel]

me̱n·deln[méndəln] 《06》自 (h) メンデルの法則に従って遺伝する.

Me̱n·dels·so̱hn Bar·tho̱l·dy[méndəlszoːnbartɔ́ldiˑ] 人名 Felix ～ フェーリクス メンデルスゾーン バルトルディ(1809-47; ドイツの作曲家. 作品は交響曲『スコットランド』など).

Men·di·ka̱nt[mɛndikánt] 男 -en/-en 托鉢(たくはつ)僧; 《ｶﾄﾘｯｸ》托鉢修道会士. [<*lat.* mendīcus „Bettler"]

Me·ne·la̱os[meneláːɔs] (**Me·ne·la̱us**[..láːʊs]) 人名 《ギ神》メネラオス (Sparta 王. Agamemnon の弟で Helena の夫. Troja 戦争後, Helena をつれ帰った). [*gr.* 〔－*lat.*〕]

Me·ne·te̱·kel[menetéːkəl] 中 -s/- 凶事の予兆, 不吉な前兆, 不幸の前ぶれ. [*aram.* menē menē teqel ūfarsīn „gezählt, gezählt, gewogen, zerstückelt"; バビロン王 Belsazar の殺害を予言したとされる文書の出だし(聖書: ダニ5,25)]

me·ne·te̱·keln[menetéːkəln] 《06》自 (h) 《話》(unken) 不幸〈凶事〉を予言する.

Me̱n·ge[méŋə] 女 -/-n **1 a)** (Quantum) 量: eine bestimmte ～ 一定量 | eine ganze ～ 《話》かなりの数量 | eine ganze ～ Leute かなりの数の人々 | eine verschwindende ～ 微量 | die doppelte ～ 2倍量 | Davon ist *nur noch eine begrenzte* ～ vorhanden. それはもう限られた量しか残っていない ‖ **in** großer ～ / in großen ～*n* 大量に, たくさん | in kleinen 〈geringen〉 ～*n* 少量, 少しだけ. **b)** 多量, 多数: **in ～** / **in rauhen ～*n*** 大量に, いっぱい, ごそっと ‖ **eine ～** Geld 〈ᵛGeldes〉 たくさんの金(かね) | mit einer ～ Leute 〈〔von〕 Leuten〉 大勢の人々と | Eine ～ 〔gute〕 Bücher wurde〔n〕 verkauft. / Eine ～ guter Bücher 〈von guten Büchern〉 wurde verkauft. たくさんのよい本が売れた ‖ **jede ～** 《話》大量, 無数 | Es sind noch jede ～ Äpfel da. リンゴはまだいくらでもある | Man konnte jede ～ Bier bekommen. ビールはいくらでもあった〈手に入った〉 ‖ Ich habe noch **eine** 〔**ganze**〕 **～** zu tun. まだしなければならないことがたくさんある | Er hat Geld **die ～** (＝viel Geld). 《話》彼は金(かね)をどっさり持っている | Hier ist noch Platz die ～. 《話》ここにはまだ席がたくさんあいている(＝Hier sind noch viele Plätze.) ‖ **die schwere ～** 多数, 大量に | Sie hat Geld die schwere ～ (＝viel Geld). 彼女は金(かね)をどっさり持っている ‖ Die ～ muß es bringen. 《商》数でこなすに限る(薄利多売).

2 《単数で》多数の人, 群衆, 集団, 人ごみ, 人の群れ: eine jubelnde 〈unübersehbare〉 ～ 歓呼する〈見渡す限りの〉群衆 ‖ *sich*⁴ durch die ～ drängen 人ごみをかきわけて進む | in der ～ verschwinden 人ごみに紛れる | das Bad in der ～ (→Bad 2) ‖ Eine ～ hat 〈話: haben〉 sich schon gemeldet. 多数の人々がすでに申し込んでいる | Die große ～ ist dafür. 大部分の人が賛成している.

3 《数》集合: endliche 〈unendliche〉 ～*n* 有限〈無限〉集合 | Teil*menge* 部分集合 | die ～ der natürlichen Zahlen 自然数の集合. [*germ.*; ◇manch]

me̱n·gen[méŋən] 他 (h) **1** (mischen) まぜる, 混合する; 《比》(あやしげなものを)調合する: Mehl und Wasser 〔zu einem Teig〕 ～ 小麦粉と水をまぜ合わせ〔てこね粉を作〕る | den Wein mit Wasser ～ / Wasser unter den Wein ～ ワインに水を割る | Milch in den Brei ～ かゆにミルクをまぜる | eins ins andere ～ ごっちゃにする; 《比》しどろもどろに言う ‖ 再帰 *sich*⁴ ～ まざる, まじり合う. **2** 再帰 *sich*⁴ in *et.*⁴ ～ …に口出し〈干渉〉する | *Meng*〔*e*〕 dich nicht in fremde Angelegenheiten! 他人のことにかまうな. [*westgerm.* „kneten"; ◇Masse; *engl.* mingle]

Me̱n·gen·le̱h·re[méŋən..] 女 -/ 《数》集合論.

me̱n·gen·mä·ßig 形 (quantitativ) 量的な, 量に関する: ein ～ und qualitativ gutes Angebot 質量ともに十分な供給.

Me̱n·gen≠no·tie·rung 女 (↔Preisnotierung) 《商》(単位自国貨に対する)外貨の為替相場額. **≠ra·batt** 男 《商》大口割引.

Me̱ng≠fut·ter[méŋ..] 中, **≠korn** 中 -〔e〕s/ 混合飼料.

Me̱ng·sel[méŋzəl] 中 -s/- 《方》(Gemisch) 混合物. [<mengen]

Me̱ng-tse[méntsə, ..tseˑ] (**Meng·zi**[mə̀ŋdzɿ]) ＝Mencius

Me̱n·hir[ménhɪr, ..hiːr] 男 -s/-e メンヒル(有史前の巨大立石). [*bret.*－*fr.*; <*bret.* men „Stein"＋hir „lang"]

Ménière-Krank·heit[menjéːr..] 女 《医》メニエール病. [P. Ménière (1801-62; フランスの医師)]

Me·nin·gi̱·tis[menɪŋgíːtɪs] 女 -/..tiden[..gitíːdən] (Hirnhautentzündung) 《医》髄膜炎, 脳〔脊髄(せきずい)〕膜炎. [<*gr.* mēnigx „Häutchen"＋..itis]

Me·nin·go·ko̱k·ke[menɪŋgokɔ́kə] 女 -/-n 《ふつう複数で》《細菌》髄膜炎菌.

Me̱·ninx[méːnɪŋks] 女 -/..ningen [meníŋən], ..ninges [meníŋgeːs] (Hirnhaut) 《解》髄膜, 脳膜.

Me·ni̱s·kus[menískʊs] 男 -/..ken[..kən] **1** 《解》(膝(ひざ)関節などの)半月板. **2** ＝Meniskuslinse **3** 《理》メニスカス(毛細管などの液体表面の曲面形成). [*gr.* mēnískos „Mondsichel"; <*gr.* mḗnē (→Mond)]

Me·ni̱s·kus≠lin·se 女 《光》メニスカス〈新月形〉レンズ. **≠riß** 男 《医》半月板亀裂(きれつ). **≠ver·let·zung** 女 《医》半月板損傷.

Men·ke̱n·ke[mɛŋkéŋkə] 女 -/ 《中部》**1** (Durcheinander) ごったがえし, 混乱. **2** (Umstände) 回りくどいこと, 仰々しいこと; 気取り: Mach keine ～! しちめんどうなことはやめろ, 儀式ばるのは〈お芝居は〉よせ. [„Gemisch"; <mengen]

Me̱n·ni·ge [ménɪgə] 女 -/ (**Me̱n·nig** [ménɪç]² 男 -〔e〕s/) 《化》鉛丹, 光明丹. [*lat.* minium－*ahd.* minig; ◇Minium]

me̱n·nig·ro̱t[ménɪç..] 形 鉛丹色の, 朱色の.

Men·no·ni̱t[mɛnoníːt] 男 -en/-en メノー〔再洗礼〕派教徒. [<Menno Simons (16世紀オランダの宗教改革者)]

men·no·ni̱·tisch[..tɪʃ] 形 メノー派の.

me̱·no[méːnoˑ] 副 (weniger) 《他の指示語とともに》《楽》より少なく: ～ allegro アレグロよりやや遅目に | ～ mosso メーノ＝モッソ, 速度を落として. [*it.*; <*lat.* minus (→minus)]

Me·no·pa̱u·se[menopáʊzə] 女 -/-n 《生理》閉経〔期〕, 月経閉止〔期〕. [<*gr.* mḗn (→Monat)]

Me·no·ra[menorá:] 女 -/- メノラ(ふつう七枝のユダヤの燭台). [*hebr.*]

Me·nor·rha·gie[menɔragí:, ..nor..] 女 -/-n[..gí:ən] 〘医〙月経過多. [<*gr.* rhēgnýnai (→Rhagade)]

Me·nor·rhö[menɔrǿ:, ..nor..] 女 -/-en[..rǿ:ən], **Me·nor·rhöe**[menɔrǿ:, ..nor..] 女 -/-n[..rǿ:ən](Menstruation)〘生理〙月経. [<*gr.* rhoé „Fließen"]

Me·no·sta·se[menostá:zə, ..nɔs..] 女 -/-n 〘生理〙月経停止.

mens →*mens* sana in corpore sano

Men·sa[ménza·] 女 -/-s, ..sen[..zən] **1** 学生食堂, メンザ: in der ~ essen メンザで食事をする. **2** 〘カトリック〙祭台(→ 図 Altar A). [*lat.* mēnsa „Tisch"; ◇Mensur]

Men·sa aca·de·mi·ca[– akadé:mika·] 女 --/-e -e [..zɛ· ..tsɛ·] 学生食堂. [*nlat.*; ◇Akademie]

Mensch[mɛnʃ] **I** 男 -en/-en《特定の言い回しでは3格で無語尾》**1** 人間, 人; (ある個々の)人(男女を問わない; ただし: →2): ein guter 〈böser〉 ~ 善人〈悪人〉| ein kluger 〈dummer〉 ~ 利口者〈ばか者〉| ein moderner 〈altmodischer〉 ~ 現代的な〈古風な〉人 | ein ~ von Fleisch und Blut 生身の人間 | Un*mensch* 人でなし ‖ Gott und ~ 神と人間 | ~ und Natur 人間と自然 | des ~*en* Sohn〔人の子〕イエス | Himmel und ~*en* (→Himmel 1) ‖ **wie der erste ~**《話》おずおずとぎこちなく | **wie der letzte ~**《話》人間のくずみたいに ‖ Ich bin auch nur ein ~. 私だって一人の人間にすぎない(万能というわけではない) | Ist das noch ein ~! それは人間のやることとも思えない, どうしてそんなひどいことができるんだろう | **Jetzt bin ich wieder** 〔**ein**〕 **~.** さあ人心地ついた, やっと元気を回復した | **gar kein ~ mehr sein** もうくたくたである | **nur noch ein halber ~ sein** (病気・心労などのため)げっそりやつれている〈体力も気力もなくなっている〉| **ein anderer** 〈**neuer**〉 **~ werden** 彼は別人のように〔りっぱに〕なる ‖〘4格で〙Ich habe endlich einen ~*en* gefunden. やっと私はわが友〈私を理解してくれる人・信頼できる人〉を見つけた | **den alten ~*en* ausziehen** 〈ablegen〉 すっかり心を入れかえる | **einen neuen ~*en* anziehen**《比》心を入れかえて全く新しい人間に生まれ変わる(聖書: エペ4, 22-24から) ‖〘主語として〙**Der ~ denkt, Gott lenkt.**《諺》事を計るは人 事をなすは神(人は心に自分の道を考え計るがその歩みを導く者は主である. 聖書: 箴16, 9) | Der ~ lebt nicht vom Brot allein. 人はパンだけで生きるものではない(聖書: マタ4, 4他) | Der ~ (=Jeder ~) braucht das. だれしもそれが必要だ | Alle ~*en* müssen sterben.《諺》人間はすべて死ななければならない | **kein ~** (=niemand) だれも…ない | Kein ~ war zu sehen. 人影ひとつ見えなかった | Kein ~ muß müssen.《戯》他人に無理強いするもんじゃない | Welcher ~ konnte das ahnen! だれがこのことを少しでも予感し得たろうか ‖〘間投詞的に〙***Mensch!***《話》i) おい〔こら〕, おい君; ii) おやまあ | *Mensch*, paß doch auf! おい気をつけろ | *Mensch*, das ist prima! おやまあ そいつはすばらしい | ***Mensch* Meier!**《話》おやおやこれは驚いた ‖〘前置詞と〙**etwas für den äußeren** 〈**inneren**〉 **~*en* tun** 身づくろいに気を配る〈少し胃袋にごちそうをする〉| Er meidet den Umgang **mit** anderen ~*en*. 彼は他人とのつき合いを避けている | **unter** ~*en* kommen 人中に出る | Sie ist gern unter ~*en*. 彼女は交際好きだ | ein Meer **von** ~*en* 見渡す限りの人の群れ | Der Platz war voll von ~*en*. 広場は人で埋まっていた | Es war schwarz von ~*en*. あたりは真っ黒な人だかりだった ‖〘習慣的に無語尾で〙**von ~ zu ~** mit *jm.* sprechen …と腹を割って話をする | eine Seele von ~ 〈von einem ~*en*〉 sein (→Seele 3 a) | das Verhältnis **zwischen ~** und Tier 人間と動物の関係.

2《単数で》(Mann) 男の人: Es klingelte, und ein junger ~ stand vor der Tür. 呼び鈴が鳴って 一人の若者が戸口に立っていた.

II 中 -〔e〕s/-er《話》あばずれ女, 売春婦: Hänge dich nicht an solche ~*er*! そんないかがわしい女たちの後を追うのはよせ.

[*westgerm.*; ◇Mann[2]; *got.* mannisks „menschlich"]

men·scheln[mɛ́nʃəln]《06》自 (h) 〘非人称〙《es menschelt》人間的な弱さ〈不完全さ〉が現れる, いかにも人間的である, 人間臭さがある.

Men·schen·af·fe[mɛ́nʃən..] 男 〘動〙類人猿.

men·schen·ähn·lich 形 人間に似た.

Men·schen≠al·ter 中 **1** 人間一代の期間(人間の平均的な活動期間・生涯): ein ~ hindurch arbeiten 一生涯働き通す. **2** (Generation) 一世代(約30年): vor einem ~ 〈mehreren ~*n*〉 一世代〈数世代〉前. **≠art** 女 **1** 人間らしいやり方; 人性(じんせい), 人情: auf ~[4] / nach ~[3] 人間のやり方で, 人間のように | Das ist ~. それが人間の弱さだ. **2** 人間のタイプ, 人種. **≠ar·ti·ge** 男《形容詞変化》〘人類〙ヒト科の動物. **≠bild** 中 人間像: ein neues 〈christliches〉 ~ 新しい〈キリスト教的〉人間像. **≠dieb** 男 人さらい, 誘拐者. **≠ex·pe·ri·ment** 中 人体実験.

Men·schen·feind 男 (↔Menschenfreund) 人間嫌い, すね者. [*gr.* mīs-ánthrōpos (◇Misanthrop) の翻訳借用]

men·schen·feind·lich 形 **1** 非人間的な. **2** 人間嫌いの, 非社交的な.

Men·schen≠fleisch 中 人間の肉, 人肉: ~ essen 人肉を食う. **≠floh** 男 〘虫〙**1** ヒトノミ(人蚤). **2**《複数で》ノミ(蚤)科の昆虫.

Men·schen·fres·ser 男 **1** (Kannibale) 人食い〔人種〕, 食人種. **2** (童話の)人食い鬼. [*gr.* anthrōpophágos (◇Anthropophage) の翻訳借用]

Men·schen·fres·se·rei[また: ◡◡◡◡⌐] 女 -/ (Kannibalismus) 人食い, 人肉嗜食(ししょく).

Men·schen·freund 男 (↔Menschenfeind) 博愛主義者, 慈善家. [*gr.* phil-ánthrōpos (◇Philanthrop) の翻訳借用]

men·schen·freund·lich 形 博愛の;《戯》(nett) 親切な, 思いやりのある.

Men·schen≠füh·rung 女 人を指導〈統率〉すること. **≠ge·den·ken** 中《もっぱら次の成句で》**seit ~** 有史以来, 大昔から. **≠ge·schlecht** 中 -〔e〕s/ 人類. **≠ge·stalt** 女 人間の形〈姿〉, 人影: ~ annehmen 人間の姿をと〔って現れ〕る | ein Engel 〈ein Teufel〉 in ~《比》心やさしい〈悪魔のような〉人. **≠ge·wühl** 中 雑踏, 人ごみ. **≠hai** 男 〘魚〙ホオジロザメ(頬白鮫)(よく人間を襲う). **≠hand** 女 人間の手; 人間の仕事: von ~ / durch ~ 人間の手〈力〉によって | Das liegt nicht in ~. それは人間の手に余ることだ. **≠han·del** 男 -s/ **1** 人身売買. **2** 違法連行〈軟禁〉(特に旧東ドイツで同国の国民を国外に連行する行為をいう). **≠händ·ler** 男 人身売買者, 奴隷商人. **≠haß** 男 人間嫌い, 厭人(えんじん). **≠has·ser** 男 人間嫌いの人, 厭人家. **≠herz** 中 人の心, 人情: ein ~ erschüttern 人の心を揺り動かす. **≠jagd** 女 人間狩り. **≠ken·ner** 男 人間通, 人情に通じた人: ein schlechter 〈kein 〔guter〕〉 ~ sein 人を見る目がない. **≠kennt·nis** 女 -/ 人情を解する能力, 世態人情の知識. **≠kind** 中 **1** (神の子としての)人間, 人の子, 人(→Menschenskind): So ein armes ~! なんてかわいそうに. **2** (Kind) 子供. **≠kun·de** 女 -/ **1** (Anthropologie) 人類学. **2** 〘哲〙人間学. **≠laus** 女 〘虫〙**1** ヒトジラミ(人虱). **2**《複数で》ヒトジラミ科の昆虫. **≠le·ben** 中 **1** (人間の)一生, 一生涯; 人生; 人間の生活: ein erfülltes ~ 充実した生涯 | ein ~ lang 一生の間, 生涯を通して. **2** 人命: Verluste an ~ 人命の損失.

men·schen·leer[mɛ́nʃən..] 形 (見渡す限り)人影のない, 荒涼とした: eine ~*e* Straße 人っ子ひとりいない通り.

Men·schen≠lie·be 女 人間〈隣人〉愛, 博愛. **≠los** 中 人間の宿命〈運命〉. **≠ma·te·rial** 中 -s/ 人的資源. **≠mau·er** 女 人垣. **≠men·ge** 女 群衆.

men·schen·mög·lich 形 人間にできる, 人力の及ぶ〔限りの〕: Die Ärzte haben das ~*e* 〈alles ~*e* / ihr ~*stes*〉 getan. 医師たちは人力の限りを尽くした | Das ist ja nicht ~! それはとうてい不可能だ.

Men·schen≠op·fer[mɛ́nʃən..] 中 **1** 死傷者, 犠牲者, 人的損害. ▽**2** 〘宗〙人身御供(ひとみごくう). **≠ras·se** 女 人種. **≠raub** 男 人さらい, 誘拐; 〘法〙略取誘拐罪. **≠räu·ber**

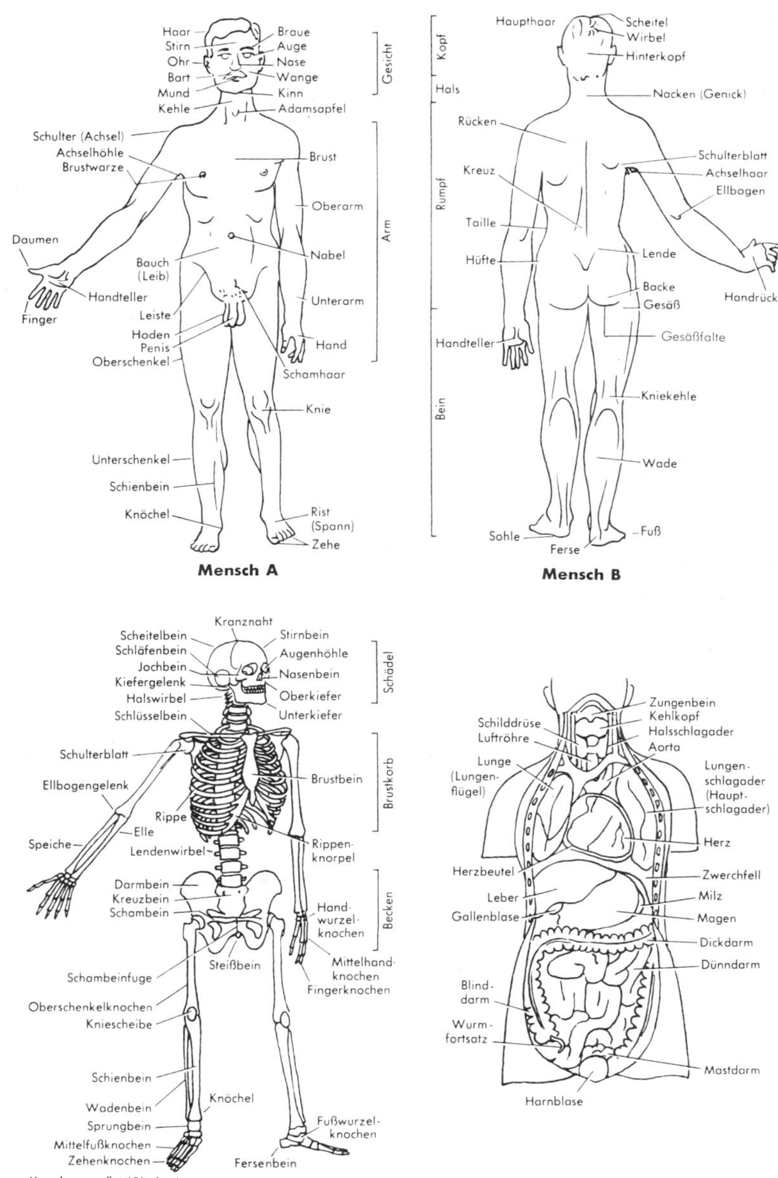
Haar
Stirn
Ohr
Bart
Mund
Kehle
Braue
Auge
Nase
Wange
Kinn
Adamsapfel
Gesicht
Schulter (Achsel)
Achselhöhle
Brustwarze
Brust
Oberarm
Daumen
Bauch
(Leib)
Nabel
Arm
Handteller
Finger
Leiste
Hoden
Penis
Oberschenkel
Unterarm
Hand
Schamhaar
Knie
Unterschenkel
Schienbein
Knöchel
Rist
(Spann)
Zehe
Mensch A
Haupthaar
Scheitel
Wirbel
Hinterkopf
Kopf
Hals
Nacken (Genick)
Rücken
Schulterblatt
Achselhaar
Kreuz
Ellbogen
Rumpf
Taille
Hüfte
Lende
Backe
Gesäß
Handrücken
Handteller
Gesäßfalte
Kniekehle
Bein
Wade
Sohle
Ferse
Fuß
Mensch B
Kranznaht
Scheitelbein
Schläfenbein
Jochbein
Kiefergelenk
Halswirbel
Schlüsselbein
Stirnbein
Augenhöhle
Nasenbein
Oberkiefer
Unterkiefer
Schädel
Schulterblatt
Ellbogengelenk
Rippe
Brustbein
Brustkorb
Elle
Speiche
Lendenwirbel
Rippenknorpel
Darmbein
Kreuzbein
Schambein
Handwurzelknochen
Becken
Steißbein
Schambeinfuge
Mittelhandknochen
Fingerknochen
Oberschenkelknochen
Kniescheibe
Schienbein
Wadenbein
Knöchel
Sprungbein
Fußwurzelknochen
Mittelfußknochen
Zehenknochen
Fersenbein
Knochengerüst (Skelett)
Mensch C
Zungenbein
Kehlkopf
Halsschlagader
Aorta
Schilddrüse
Luftröhre
Lunge
(Lungenflügel)
Lungenschlagader
(Hauptschlagader)
Herz
Herzbeutel
Zwerchfell
Leber
Milz
Gallenblase
Magen
Dickdarm
Dünndarm
Blinddarm
Wurmfortsatz
Mastdarm
Harnblase
Mensch D

男 人さらい, 誘拐者. ⸗**recht** 中 -(e)s/-e《ふつう複数で》人権: die Verletzung der ~*e* 人権侵害 | die ~*e* verteidigen 人権を擁護する ‖ die Achtung vor den ~*en* 人権尊重.

Men·schen·rechts⸗de·kla·ra·tion 女, ⸗**er·klä·rung** 女 人権宣言. ⸗**kom·mis·sion** 女 人権擁護委員会. ⸗**or·ga·ni·sa·tion** 女 人権擁護組織. ⸗**ver·let·zung** 女 人権侵害.

Men·schen·re·ser·voir[..rezɛrvoa:r] 中 (予備軍としての)人的資源.

men·schen·scheu[mɛ́nʃən..] 形 人おじする, 人見知りする; 交際嫌いの.

Men·schen⸗scheu 女 人見知り, 交際嫌い. ⸗**schin·der** 男 人使いの荒い人. ⸗**schin·de·rei**[また: ◡◡◡◡⸗] 女 人使いの荒いこと, 酷使. ⸗**schlag** 男 人種, 種族: Die Rheinländer sind ein heiterer ~. ライン地方の人々は陽気な種族である. ⸗**schlan·ge** 女 (人々の)長蛇の列. ⸗**see·le** 女 **1** 人間の魂: die Geheimnisse der ~ 心の奥の秘密. **2**《kein を伴って》(Mensch) 人: **keine ~** (=niemand) だれも…ない | Keine ~ war zu sehen. 人っ子ひとり見えなかった.

Men·schens⸗kind 中, ⸗**kin·der** 複《もっぱら1格で間投詞的に》(驚き・非難・嘆きの気持を表して)おいおい, おやおや, あれまあ; 全く, ほんとにまあ, こいつめ(あきれたもんだ): *Menschenskind* 〈*Menschenskinder*〉, das hätte aber schiefgehen können! おいおい あやうく失敗するところだったぜ | *Menschenskind*, ist das nicht Erika? おや あれはエーリカじゃないか | *Menschenskind*, du bist wohl nicht gescheit! 全く君は頭がおかしいようだね.

Men·schen⸗sohn 男 -(e)s/ 《キリスト教》人の子(旧約では「人間」の意. 新約では多く終末的審判者としてのイエス自身). ⸗**stim·me** 女 人の声. ⸗**strom** 男 群衆の流れ.

Men·schen·tum[mɛ́nʃəntu:m] 中 -s/ 人間としての存在, 人間存在; 人間の本質, 人間性; 人道.

men·schen·un·wür·dig 形 人間にふさわしくない, 悲惨な, 非人間的な: ~ wohnen ひどい〈人間なみ以下の〉住居に住んでいる.

Men·schen⸗ver·äch·ter 男 人間軽蔑者, すね者. ⸗**ver·lu·ste** 複 (戦争・災害などでの)人的被害, 人命の損失. ⸗**ver·stand** 男 人間の理解力, 人知: der gesunde ~ 良識, 常識 | über einen gesunden ~ verfügen 良識を持ち合わせている. ⸗**ver·such** 男 人体実験. ⸗**werk** 中 (はかない)人間の事業, 人造物: Alles ~ ist vergänglich. 人間の手になるものはすべてはかない. ⸗**witz** 男 人間の知恵. ⸗**wür·de** 女 -/ 人間の尊厳〈品位〉: die ~ schützen 〈verteidigen〉 人間の尊厳を擁護する | die ~ mit Füßen treten 人間の尊厳を踏みつけにする.

men·schen·wür·dig 形 人間にふさわしい: ~ leben 人間らしい生活を送る.

Men·sche·wik[mɛnʃevík] 男 -en/-en, -i[..ki·] (↔ Bolschewik) メンシェビキ(旧ロシア社会民主党の少数派・右派). [*russ.*; < *russ.* menše „minder"]

Men·sche·wis·mus[..vísmʊs] 男 -/ メンシェビズム, メンシェビキ路線.

Men·sche·wist[..víst] 男 -en/-en = Menschewik

men·sche·wi·stisch[..vístɪʃ] 形 メンシェビズムの.

Mensch·heit[mɛ́nʃhaɪt] 女 -/ **1**《集合的に》**a)** 人間, 人類: der Abschaum 〈der Auswurf〉 der ~ 人間のくず | im Namen der ~ 人類の名において | zum Wohl der ~ 人類の福祉のために ‖ ein Verbrechen an der ~ 人類に対する犯罪 | *sich*³ Verdienste um die ~ erwerben 人類に貢献する ‖ ***jn.* auf die ~ loslassen**《話》…(卒業生など)を実社会に送り出す | Den kann man noch nicht auf die ~ loslassen. あいつはまだ一人前の人間として独立させるわけにはいかない. **b)**《話》群衆.

▽**2** (Menschentum) 人間としての存在, 人間性: Die ~ selbst ist eine Würde. 人間であること自体がすでに尊厳である (Kant).

mensch·heit·lich[-lɪç] 形 人類の; 人類的立場からの.

Mensch·heits⸗ent·wick·lung[mɛ́nʃhaɪts..] 女 人類の発展. ⸗**ge·schich·te** 女 -/ 人類の歴史. ⸗**ideal** 中 人類の理想. ⸗**traum** 男 人類の夢.

mensch·lich[mɛ́nʃlɪç] 形 **1** 人間の; 人間特有の, 人間らしい: ~*e* Beziehungen 人間関係 | nach ~*em* Ermessen (→ermessen II) | die ~*e* Gesellschaft 人間社会 | der ~*e* Körper 人体 ‖ ein ~*es* Rühren fühlen 〈verspüren〉 (→rühren III) | *et.*⁴ auf ~*es* Versagen zurückführen …を人間の不完全さに帰着させる ‖ Irren ist ~. (→irren II 1) ‖ wenn mir etwas *Menschliches* zustößt 〈begegnet〉《話》もし私に万一のことがあったら | ***jm.* ist etwas *Menschliches* passiert** 〈**zugestoßen**〉《話》…はおならをした〈便意を催した〉.

2 人間味(思いやり)のある, 人道的な, 寛大な: eine ~*e* Behandlung 人間的な待遇 | ein ~*er* Chef 人情味のある上司 ‖ Es ist nicht mehr ~ zugegangen. 非人道的なことが行われた.

3《話》まあまあの, 我慢できる: das Zimmer in einen ~*en* Zustand versetzen 室内をどうにか整頓(せいとん)(掃除)する | *sich*⁴ (wieder) ~ machen (働いたあとなどに洗面・着替えをして)人心地がつく, さっぱりする | Die Bedingungen sind ~. この条件ならまあ我慢できる.

Mensch·lich·keit[-kaɪt] 女 -/-en **1**《単数で》人間性, 人間らしさ, 人間的心情, 人道, 人情, 親切, 同情; 礼儀: ein Verbrechen gegen die ~ 人間性にもとる犯罪 | *jm.* aus reiner ~ helfen …を純粋な同情心から援助する | nach dem Gesetz der ~ 人道のおきてにしたがって.

▽**2** 人間的な弱さ(不完全さ).

Mensch·tum[mɛ́nʃtu:m] = Menschentum

Mensch·wer·dung[..ve:rdʊŋ] 女 -/ **1**《キリスト教》(神の)託身(たくしん), 受肉. **2**《生》人類の発生. [< werden]

Men·sen Mensa の複数.

men·sen·diecken[mɛ́nzəndi:kən] 自 (h) メンゼンディーク体操をする.

Men·sen·dieck-Gym·na·stik[mɛ́nzəndi:k..] 女 -/ メンゼンディーク体操(特に女性のために考案された体操). [< B. Mensendieck (この体操の考案者であるオランダ系アメリカ人の女医, †1957)]

Men·ses[mɛ́nze:s, ..zɛs] 複 (Menstruation)《生理》月経, 生理. [*lat.* mēnsēs „Monate"; ◇Monat]

men·sis cur·ren·tis[mɛ́nzɪs kʊrɛ́ntɪs]《ラテン語》(略 m. c.) 今月の. [„laufenden Monats"; ◇kurrent]

mens sa·na in cor·po·re sa·no[mɛ́ns zá:na· ɪn kɔ́rporə zá:no·, ─ ─ ─ ..pore· ─]《ラテン語》《諺》健全なる精神は健全なる身体に. [„ein gesunder Geist in einem gesunden Körper"; ◇mental, sanieren, Körper]

men·strual[mɛnstruá:l] 形《生理》月経の: ~*es* Stadium 月経期. [*lat.*; < *lat.* mēnstruus „monatlich"; ◇Menses]

Men·strua·tion[mɛnstruatsió:n] 女 -/-en (Menses)《生理》月経, 生理.

Men·strua·tions⸗be·schwer·de 女《医》月経困難(障害). ⸗**schmerz** 男《医》月経痛. ⸗**zy·klus** 男《生理》月経周期.

men·stru·ieren[..í:rən] 自 (h) 月経がある, 月経中である: Sie *menstruiert* unregelmäßig. 彼女は月経が不順だ. [*spätlat.*; ◇*engl.* menstruate]

Men·sur[mɛnzú:r] 女 -/-en **1**《フェンシング》間合い. **2** (古い学生組合のしきたりにのっとった, 刀剣類による)決闘. **3**《楽》定量(音符間の関係). **4**《楽》(オルガンなどの)パイプの直径と長さの比. **5**《化》メートルグラス. [*lat.*; < *lat.* mētīrī „messen" (◇messen); ◇*engl.* measure]

men·su·ra·bel[mɛnzurá:bəl] (..ra·bl..) 形 (↔ immensurabel) (meßbar) 測りうる, 測定可能な. [*spätlat.*]

Men·su·ral⸗mu·sik[mɛnzurá:l..] 女 -/ 《楽》定量音楽(13-16世紀の, 定量記譜法によって記されたポリフォニー音楽). ⸗**no·ta·tion** 女《楽》定量記譜法.

..ment →..ement

men·tal¹[mɛntá:l] 形 あご(おとがい)の. [*nlat.*; < *lat.* mentum „Kinn"]

men·tal[2][−] 形 精神の, 心の: eine ~*e* Störung 精神障害 | ~ unausgeglichen sein 精神的安定を欠いている. [*mlat.*; < *lat.* mēns „Denken" (◇mahnen)]

Men·ta·li·tät[mɛntalitɛ́:t] 女 -/-en (個人や民族などの)精神的素質, 物の見方, 気質, メンタリティー: die ~ der Süddeutschen 南ドイツ人気質.

Men·tal·re·ser·va·tion[mɛntá:l..] 女《法》心裡(しんり)留保.

men·te cap·tus[méntə káptʊs, ..te· −]《ラテ語》**1** (begriffsstutzig) 理解の遅い, 愚鈍な. **2** 狂気の; 責任能力のない. [„des Verstands beraubt"; ◇kapieren]

Men·tha[ménta·] 女 -/ 《植》ハッカ(薄荷)属. [*gr.* mínthē−*lat.*; ◇Minze]

Men·thol[mɛntó:l] 中 -s/ 《化》メントール, 薄荷(はっか)脳. [< *lat.* oleum (→Öl)]

Men·ti·zid[mɛntitsí:t][1] 男 中 -[e]s/-e (Gehirnwäsche) 洗脳. [*engl.* menticide; < *lat.* mēns (→mental)]

Men·tor[méntɔr, ..to:r] **I** 人名 メントール(《Odysseia》の登場人物. Odysseus の親友でその息子 Telemach の庇護(ひご)者). **II** 男 -s/-en[mɛntó:rən] ▽**1** (青少年に対する)助言〈指導〉者,〔家庭〕教師, 教育係. **2** (学生・教職志望者の)実習指導者, 教育顧問. [*gr.* „Mahner"−*lat.*; ◇Monitor]

Me·nü(スイ: **Me·nu**)[mený:] 中 -s/-s **1 a**) (ふつういくつかのコースからなる料理の)献立; (Gedeck)(料理店の)定食: ein ~ aus Vorspeise, Suppe, Hauptgang und Nachtisch オードブル スープ メーンコース デザートからなる献立 | ein ~ zusammenstellen 食事〈定食〉の献立を作る. ▽**b**) (Speisekarte) 献立表, メニュー. **2**《電算》メニュー. [*fr.* menu „Kleinigkeit"; < *lat.* minūtus (→Minuzien)]

Me·nuett[menuɛ́t] 中 -[e]s/-e, -s **1**《ダンス》メヌエット(4分の3拍子で2部構成の優雅なフランスの舞踏). **2**《楽》メヌエット. [*fr.* „Kleinschritt-Tanz"]

Me·phi·sto·phe·les[mefístó:felɛs] (**Me·phi·sto**[mefísto·]) 人名 メフィスト〔ーフェレス〕(Faust 伝説に登場する悪魔).

me·phi·sto·phe·lisch[mefístofé:lɪʃ] 形 メフィストのような, 悪魔的な: ein ~*es* Lächeln メフィスト〈悪魔〉のようなにたにた笑い(邪悪・皮肉な, 狡知(こうち)にたけた).

..mer[..me:r]《「構成要素が…の」を意味する形容詞をつくる》: mono*mer*《化》単量体の | poly*mer*《化》重合体の | iso*mer*《化》〔同質〕異性の;《植》(花葉が)同数の | hetero*mer*《植》(花葉が)異数の. [*gr.* méros „Teil"]

Mer·ca·tor[mɛrká:tɔr] 人名 Gerhardus ~ ゲルハルドゥス メルカトル(1512−94; オランダの地理学者. 本名 Kremer).

Mer·ca·tor·pro·jek·tion 女《地》メルカトル図法.

Mer·ce·des[mɛrtsé:dɛs, mɛrθéðes] 女名 メルツェーデス, メルセデス. [*span.* „die Gnadenreiche"; ◇merci]

Mer·ce·des≠Benz[mɛrtsé:dɛsbɛ́nts] 男 -/- 商標 メルツェーデス〈メルセデス〉=ベンツ(ドイツの自動車: →Benz).

≠Ver·schnitt 男《話》小型自動車; キャビン=スクーター.

Mer·ce·rie[mɛrsərí:] 女 -/-n[..rí:ən]《スイ》**1** (単数で) (Kurzwaren) 小間物, 雑貨. **2** 小間物屋, 雑貨商店. [*fr.*; < *lat.* merx „Ware" (◇Markt)]

Mer·chan·di·ser[mɑ́:tʃəndaɪzə] 男 -s/- 商品担当マーチャンダイザー, 商品担当責任者(商品の発注から販売完結までをすべて行う). [*amerik.*]

Mer·chan·di·sing[..zɪŋ] 中 -s/ マーチャンダイジング, 商品化計画. [*amerik.*; < *engl.* merchant „Kaufmann"]

Mer·chant ad·ven·tu·rers[mɑ́:tʃənt ədvɛ́ntʃərəz] 複 冒険商人組合, マーチャント=アドベンチャラーズ(中世末から近世初頭にかけて, 特許状を得て独占的に活躍したイギリスの毛織物輸出商組合). [*engl.*; ◇Aventiure]

mer·ci[mɛrsí(:)] 間 (danke!) ありがとう. [*fr.*; < *lat.* mercēs „Verdienst"]

Mer·gel[mérgəl] 男 -s/(種類: -) 《地》泥灰岩, マール. [*mlat.* margila−*mhd.*; < *lat.* marga „Mergel"; ◇*engl.* marl]

Mer·gel≠bo·den 男 泥灰岩〈マール〉質土壌. **≠gru·be** 女 泥灰岩〈マール〉坑.

mer·ge·lig[mérgəlɪç][2] (**merg·lig**[..glɪç][2]) 形 泥灰岩〈マール〉を含む.

mer·geln[mérgəln]《06》他 (h)《農》泥灰岩〈マール〉を肥料として施す.

Mer·ge·lung[..gəlʊŋ] 女 -/ 《農》泥灰岩〈マール〉を肥料として施すこと.

merg·lig =mergelig

Me·ri·di·an[meridiá:n] 男 -s/-e (Längenkreis)《地》子午線, 経線. [*lat.* merīdiānus „mittägig"; < *lat.* merī-diēs „Mitt-tag" (◇medio)]

Me·ri·di·an·kreis 男《天》子午環(天体の子午線通過時刻と高度とを同時に測定する器械).

me·ri·dio·nal[meridioná:l] 形 子午線の, 子午線に関係のある; 正午の; 南位の, 南方向の. [*spätlat.*; ◇..al[1]]

Me·ri·dio·na·li·tät[..nalitɛ́:t] 女 -/ 《地》南位, 南方向.

..merie[..meri:]《「構成物質が…であること」を意味する女性名詞 (-/-n) をつくる》: Poly*merie*《化》重合;《生》多数同義遺伝子作用 | Iso*merie*《化》〔同質〕異性;《植》(花葉の)同数性. [<..mer+..ie; ◇*engl.* ..mery]

Me·rin·ge[meríŋə] 女 -/-n, **Me·rin·gel**[..ŋəl] 中 -s/- 《料理》メレンゲ(泡雪にした卵白と砂糖を混ぜて焼き, 中にクリームなどをつめたケーキ: → 図 Kuchen). [*fr.* meringue]

Me·ri·no[merí:no·] 男 -s/-s **1**《動》メリノ(一種の綿羊). **2** メリノ=ウール, メリノ羊毛. [*span.*]

Me·ri·no≠schaf[merí:no..] 中 =Merino 1 **≠wol·le** 女 =Merino 2

Me·ri·stem[merɪsté:m] 中 -s/-e (Teilungsgewebe)《植》分裂組織. [< *gr.* meristós „geteilt" (◇..mer)]

Me·ri·ten Meritum の複数.

▽**me·ri·to·risch**[meritó:rɪʃ] 形 功績〈勲功〉のある; 事柄自体を扱った, 物事そのものに関係のある.

Me·ri·tum[mé:ritʊm] 中 -s/..riten[merí:tən; オーストリア: ..rítən]《ふつう複数で》《雅》功績, 勲功: *sich*[3] *Meriten* erwerben 功績をあげる. [*lat.*; < *lat.* merērī „verdienen"; ◇..mer, Marend]

▽**Merk**[mɛrk] 中 -s/-e =Merkzeichen

mer·kan·til[mɛrkantí:l] (**mer·kan·ti·lisch**[..lɪʃ]) 形 商人の, 商業の: der ~*e* Gesichtspunkt 商業的見地 | die ~*e* Laufbahn 商人としての経歴. [*it.*−*fr.*; < *lat.* mercārī (→Markt); ◇*engl.* mercantile]

Mer·kan·ti·lis·mus[..tilísmʊs] 男 -/ 《経》(16−18世紀西ヨーロッパ諸国の)重商主義. [*fr.*]

Mer·kan·ti·list[..tilíst] 男 -en/-en《経》重商主義者.

mer·kan·ti·li·stisch[..tilístɪʃ] 形 重商主義の, 重商主義的な.

Mer·kap·tan[mɛrkaptá:n] 中 -s/-e《ふつう複数で》《化》メルカプタン, チオアルコール(有機硫黄化合物の一種). [*mlat.* (corpus) mercurium captāns „an Quecksilber gebundener (Körper)"; ◇Merkur]

merk·bar[mérkba:r] 形 **1** (それと)認められる〔ほどの〕, はっきりした: eine ~*e* Besserung (病人の容体が)目に見えてよくなること | *jn.* mit ~*er* Kälte behandeln …をあからさまに冷淡にあしらう ‖ *sich*[4] ~ machen 自分を(ひとに)印象づける | *sich*[4] ~ verändern 目に見えて変化する. **2**《副詞的用法なし》覚えやすい: eine leicht 〈schwer〉 ~*e* Telefonnummer 覚えやすい〈にくい〉電話番号 ‖ gut ~ sein 覚えやすい.

Merk≠blatt[mérk..] 中 (印刷された)説明書, 注意書き: ein ~ für Reisen nach Ostasien 東アジア旅行注意書き | *Merkblätter* zur Verhütung von Infektion verteilen 感染予防注意のビラを配る. **≠buch** 中 (Notizbuch) メモ帳, 手帳: *et.*[4] in *sein* ~ eintragen …をメモ帳に記入する.

mer·ken[mérkən] **I** 他 (h) **1** (英: *mark*)《*et.*[4]》(…に)気づく, 感づく; 感じ〔取〕る, 感知〈察知〉する: *js.* Absicht ~ …の意図に気づく | An seiner Miene *merkt* man, daß etwas vorgefallen ist. 彼の表情を見れば何かあったなとわかる | Das Kind verhielt sich so still, man *merkte* es kaum. その子があまりおとなしいので そこにいることさえほとんど気

がつかぬほどだった | *Merkst* du was? 何か感じるかい, どこか変だとわかるかい; 〔やっと〕ぴんと来たかい ‖ *jn. et.*[4] ~ lassen …に…(不満など)をさとらせる | Laß es niemanden ⟨keinen⟩ ~! そのことをだれにも気(ケ)取られるな ‖ *sich*[3] nichts ~ lassen 何くわぬ顔をしている,(真意・感情などを)おくびにも出さない.

2 《〔*sich*[3]〕 *et.*[4]》覚える, 記憶に留める: *Merk*〔*e*〕 dir die Regel 〔gut〕! その規則は〔よく〕覚えておけ | *Merk*〔*e*〕 dir das! このことをよく覚えておけ | Seinen Namen muß man sich[3] 〔für die Zukunft〕 ~. 彼の名は〔今後のために〕覚えておくといい | Das ⟨Den Kerl⟩ will ich mir ~! このこと⟨やつのこと⟩は忘れないぞ(いまに仕返しをしてやる) | Du kannst dir auch gar nichts ~. 君ときたらなにも覚えられないやつだな ‖ Das ist leicht ⟨schwer⟩ zu ~. / Das läßt sich leicht ⟨schwer⟩ ~. それは覚えやすい⟨にくい⟩ ‖〘目的語なしで〙Der Junge *merkt* gut. この男の子は物覚えがいい.

3 《南部》(notieren) 書き留める, メモを取る.

▽**II** 自 (h) (aufpassen) 《auf *jn.* ⟨*et.*[4]⟩》(…に)注意を払う, 気をくばる.

III Mẹr·ken 中 -s/ merken すること; 〘心〙記銘.
[*germ.*; ◇Marke; *engl.* mark]

mẹr·kens·wert 形 記憶に値する, 注目すべき, 顕著な.

Mẹr·ker[mɛ́rkər] 男 -s/- (merken する人. 特に:) **1** (うるさくあら探しをする)監視者; (Minnesang などに登場する)恋人たちの邪魔をする人. **2** (Meistersinger の歌を評価・記録する)採点者. **3** 《話》(あることに)やっと気がつく人,(あることを)やっと理解する人.

mẹrk·lich[mɛ́rklɪç] 形 目にとまる, 著しい, 顕著な: ein kaum ~*er* Fortschritt ほとんど目につかないほどの進歩 ‖ *sich*[4] ~ bessern 目に見えてよくなる.

Mẹrk·mal[mɛ́rkma:l] 中 -s/-e **1 a)** (人や事物を見分けるための)目じるしとなるもの, 特徴, 徴標: ein charakteristisches ⟨bezeichnendes⟩ ~ 著しい特徴 ‖ ein ~ aufweisen ある特徴を示す⟨有する⟩ | *jn.* an gewissen ~*en* erkennen ある種の特徴を手がかりに…であることを見分ける ‖ Besondere ~*e*: keine. (旅券などの記入欄で)特徴: なし. **b)** 〘カトリック〙(秘跡の)しるし. **2** 〘言〙素性: ein semantisches ⟨syntaktisches⟩ ~ 意味⟨統語⟩素性.

mẹrk·mal≠arm 形 これといって特徴のない: eine ~*e* Erscheinung 何の変哲もない現象⟨人物⟩. **≠reich** 形 特徴の多い, 特徴豊かな.

Merks[mɛrks] 男 -〔es〕/ 《話》(Gedächtnis) 記憶〔力〕: einen guten ~ für *et.*[4] haben (物の)…に関する記憶力がよい.

Mẹrk·spruch 男 **1** (文法規則などの)暗記を楽にするための〔押韻〕句. **2** 格言, 金言.

Mer·kụr[mɛrkú:r; オーストリア: ⌣—] **I** 人名 〘ロ神〙メルクリウス(商売の神. ギリシア神話の Hermes に当たる). **II der Mer·kụr** 男 -s/ 〘天〙水星. **III** 男 中 -s/ (Quecksilber) 水銀. [*lat.*; ◇Mercerie; *engl.* Mercury]

Mer·ku·ria·lịs·mus[mɛrkurialísmʊs] 男 -/ 〘医〙水銀中毒.

Mer·kụ·ri·salz[mɛrkú:ri..] 中 〘化〙第二水銀塩.

Mer·kụr·stab[mɛrkú:r..] 男 〘ロ神〙メルクリウス神が手にしているつえ.

Mẹrk≠vers[mɛ́rk..] 男 = Merkspruch 1 **≠wort** 中 -〔e〕s/..wörter 合図の言葉,(特に:) 〘劇〙(次に台詞(セリフ)をのべる俳優にとって合図の意味を持つ)台詞の最後の言葉.

mẹrk·wür·dig[mɛ́rkvʏrdɪç][2] 形 **1** (seltsam) 珍しい, 一風変わった, 変な, 〔奇〕妙な, おかしな, ふしぎな, あやしげな, うさんくさい: eine ~*e* Begebenheit 奇妙な事件 | ein ~*er* Mensch 変人 | *Merkwürdige* Gestalten treiben sich dort herum. 変な⟨いかがわしい⟩人たちがあそこをうろついている ‖ etwas *Merkwürdiges* 妙な⟨珍しい⟩こと ‖ Das ist 〔aber〕 ~. / Das finde ich ~. / Das kommt mir 〔doch〕 ~ vor. そいつは奇妙だ. ▽**2** 注目すべき; 重要な.

mẹrk·wür·di·ger·wẹi·se[..gər..] 副 奇妙な⟨おかしな⟩ことに.

Mẹrk·wür·dig·keit[..dɪçkaɪt] 女 -/-en **1** 《単数で》merkwürdig なこと. **2** 珍しい⟨変わった⟩事物.

Mẹrk·zei·chen 中 心覚えのためのしるし⟨目印⟩.

Mer·lạn[mɛrlá:n] 男 -s/-e 〘魚〙(西ヨーロッパ産の)タラ(鱈)の一種. [*lat.* merula–*fr.*]

Mẹr·le[mɛ́rlə] 女 -/-n 《方》(Amsel) 〘鳥〙クロツグミ(黒鶫), クロウタドリ(黒歌鳥). [*lat.* merula–*fr.*; ◇Amsel]

Mer·lịn[mɛrlí:n, ⌣–] 男 -s/-e 〘鳥〙コチョウゲンボウ(小長元坊)(ハヤブサの一種). [*afr.* esmerillon–*engl.*]

me·ro·krịn[merokrí:n] 形 (↔holokrin) 〘生理〙部分分泌性の: ~*e* Drüsen メロクリン腺(セン), 部分分泌腺.
[◇..mer, Krise]

Mẹ·ro·win·ger[mé:rovɪŋər] 男 -s/- メロヴィング王家の人(メロヴィングはフランク王国最初の王家で,751年 Karolinger 王家に滅ぼされた). [<Merowech (王の名)]

mẹ·ro·win·gisch[..ŋɪʃ] 形 メロヴィング王朝⟨家⟩の.

Mẹr·se·burg[mɛ́rzəbʊrk] 地名 メルゼブルク(ドイツ東部, Saale 川に沿う Sachsen-Anhalt 州の工業都市).

Mẹr·se·bur·ger[..gər] **I** 男 -s/- メルゼブルクの人. **II** 形 《無変化》メルゼブルクの: die ~ Zaubersprüche メルゼブルク呪文(10世紀に古高ドイツ語で書かれた呪文. 純粋にキリスト教改宗以前の内容をもつ唯一のドイツ語文献. メルゼブルク大寺院図書館に保存されてきた).

Mer·veil·leuse[mɛrvɛjǿ:z] 女 -/-s[-] メルベイユーズ(18世紀末フランスに出現した奇抜な服装をした伊達(ダテ)女: → 図). [*fr.*; <*fr.* merveille „Wunder"; ◇Mirabilien]

Kiepenhut
Tunika
Schal

Merveilleuse

Mer·ze·ri·sa·tiọn[mɛrtsərizatsió:n] 女 -/-en 〘織〙マーセル化⟨法⟩(セルロースを冷濃アルカリで処理し, 染色しやすいものにすること). [<J. Mercer (イギリス人考案者, †1866)]

mer·ze·ri·sịe·ren[..zí:rən] 他 (h) 〘織〙マーセル化する.

Mẹrz·schaf[mɛ́rts..] 中 〘畜〙淘汰(トウタ)⟨選別除外⟩された羊, 廃羊. [◇ausmerzen]

mes.. →meso..

Mes·al·liance[mezaliã́:s] 女 -/-n[..sən] 身分のつり合わない結婚; しっくりいかぬ結合. [*fr.*; ◇miß.., Allianz]

me·schạnt[meʃánt] 形 **1** (boshaft) 悪意のある, 意地の悪い. **2** (abscheulich) 忌まわしい, 嫌悪すべき, いやな. [*fr.* méchant; <miß..+*lat.* cadere (→Kadaver)]

me·schụg·ge[meʃʊ́gə] 形 《話》(verrückt) 頭のおかしい, 狂った, いかれた. [*hebr.*–*jidd.*]

Mes·dames Madame の複数.

Mesde·moi·selles Mademoiselle の複数.

Mes·en·chỵm[mezɛnçý:m] 中 -s/-e 〘動〙間充(カンジュウ)織(シキ), 間充組織, 間葉. [<meso..+*gr.* ég-chyma „Einguß"]

Mes·en·tẹ·rium[mezɛnté:riʊm] 中 -s/ (Gekröse) 〘解〙腸間膜. [*gr.*; <entero..]

Mes·ka·lịn[mɛskalí:n] 中 -s/ 〘化〙メスカリン(メキシコのサボテンから採った麻薬). [<*span.* mezcal „Agave"]

Mẹs·mer[1][mɛ́smər] 男 -s/- 《スイス》= Mesner

Mẹs·mer[2][–] 人名 Franz Anton ~ フランツ アントーン メスマー(1734-1815; ドイツの医学者. 動物磁気説を唱えた).

Mes·me·riạ·ner[mɛsmərià:nər] 男 -s/- メスメリズムの信者.

Mes·me·rịs·mus[..rísmʊs] 男 -/ メスメリズム(動物磁気による一種の暗示療法); (一般に)催眠〔法〕.

Mẹs·ner[mɛ́snər] 男 -s/- 《方》(Küster) 聖具室係, 教会⟨聖堂⟩世話係, 寺男. [*mlat.* mā〔n〕siōnārius „Haushüter"–*ahd.* mesināri; <*lat.* mānsiō (→Menage)]

Mes·ne·rẹi[mɛsnəráɪ] 女 -/-en Mesner の役職⟨住居⟩.

meso.. 《名詞・形容詞などにつけて「中間の」を意味する. 母音の前では mes.. となる: →*Mesenchym*》[*gr.* mésos „mitten"; ◇mitt..]

Me·so·dẹrm[mezodɛ́rm] 中 -s/-e 〘動〙中胚葉(ハイヨウ).

[＜Derma]

Me·so·kạrp[..kárp] 中 -s/-e, **Me·so·kạr·pium**[..kárpium] 中 -s/..pien[..piən]〘植〙中果皮. [＜*gr.* karpós „Frucht"]

me·so·ke·phạl[..kefá:l] ＝mesozephal

Me·so·lị·thi·kum[..lí:tikum, ..lít..] 中 -s/ (Mittelsteinzeit)〘人類〙中石器時代.

me·so·lị·thisch[..lí:tɪʃ, ..lít..] 形 中石器時代の.

Mẹ·son[mé:zɔn] 中 -s/-en[mezó:nən]《ふつう複数で》〘理〙中間子. [*engl.*; ＜meso..＋..tron]

Me·so·po·tạ·mi·en[mezopotá:miən] 地名 メソポタミア(Tigris 川と Euphrat 川の間の地方で, 古代文明発祥の地. 今日ではイラクに属する). [*gr.*－*lat.*; ＜*gr.* potamós „Fluß"]

Me·so·po·tạ·mi·er[..miər] 男 -s/- メソポタミア人.

me·so·po·tạ·misch[..mɪʃ] 形 メソポタミアの.

Me·so·sphạ̈·re[mezosfɛ́:rə] 女 -/ 〘気象〙中間層.

Me·sọ·sti·chon[mezɔ́stɪçɔn] 中 -s/ ..chen[..çən], ..cha[..ça·]〘詩〙メソスティコン, 行中折り句(各行中のある位置の文字を順次に拾っていくと一つの語・句・文になるような詩句). [＜*gr.* stíchos (→stichisch)]

▽**Mẹ·so·tron**[mé:zotrɔn] 中 -s/-en[mezotró:nən]《ふつう複数で》＝Meson

me·so·ze·phạl[mezotsefá:l] 形〘人類〙中頭(型)の.

Me·so·ze·pha·lịe[..tsefalí:] 女 -/ 〘人類〙(頭蓋(ずがい)の)中頭型. [＜kephalo..]

Me·so·zọi·kum[..tsó:ikum] 中 -s/ 〘地〙中生代.

me·so·zọ·isch[..tsó:ɪʃ] 形 中生代の. [＜zoo..]

Mẹ·so·zo·ne[mé:zotso:nə] 女 -/ 〘地〙(深度帯の一つとしての)メソ帯.

Mẹs·sa di vọ·ce[mɛ́sa· di vó:tʃə]《イタリア語》〘楽〙メッサ＝ディ＝ヴォーチェ(一つの音を長く引きのばしながら, しだいにクレッシェンドし, 続いてデクレッシェンドして終わる唱法・奏法). [„Stimmeinsatz"; ◇Mise, vokal]

Mes·sage[mɛ́sɪdʒ] 女 -/-s 伝言, メッセージ; (Nachricht) 知らせ, 便り; (Information) 情報. [*engl.*]

Mes·sa·lị·na[mɛsalí:na·] **I** 人名 Valeria ～ ワレリア メッサリナ(ローマ皇帝 Claudius の3番目の妃(きさき). 放埒(ほうらつ)な生活によって知られる. 48年死刑). **II** 女 -/..nen[..nən] ＝Messaline 1

Mes·sa·lị·ne[..lí:nə] 女 -/-n **1** 淫蕩(いんとう)な女, 娼婦. **2**《単数で》〘織〙メサリーン(やわらかな薄地の絹地). [*fr.*]

Meß·amt[mɛ́s..] 中 **1**〘カトリック〙ミサ, 勤行. **2** ＝Messeamt

Meß≠bal·lon 男 計測〈観測〉気球. ≠**band** 中 -[e]s/ ..bänder〘工〙巻き尺.

meß·bar[..ba:r] 形 測ることができる, 測定〈計量〉可能な: die ～*e* Entfernung 〈Geschwindigkeit〉 測定可能な距離〈速度〉. [＜messen]

Meß≠be·cher 男 計量カップ. ≠**bild** 中 (Photogramm) 測量用写真. ≠**brief** 男〘海〙公式トン数証書.

Meß·bụch[mɛ́s..] 中〘カトリック〙ミサ典書.

Meß·da·ten 複 測定〈測量〉データ.

Meß·die·ner 男〘カトリック〙ミサの侍者, ミサ答え(人).

Mẹs·se¹[mɛ́sə] 女 -/-n **1**〘カトリック〙ミサ〔聖祭〕;〘楽〙ミサ曲: die *Hohe* ～ 歌〈荘厳〉ミサ | eine stille ～ (歌やオルガン演奏を伴わない)読唱ミサ | eine schwarze ～ 黒ミサ(→Teufelsmesse) ‖ eine ～ halten 〈lesen / zelebrieren〉 ミサを行う〈執行する〉 | die ～ hören ミサを拝聴する〈にあずかる〉 | für *jn.* eine ～ lesen lassen …の霊にミサをささげてもらう | zur ～ gehen ミサに〔あずかりに〕行く ‖ eine ～ komponieren 〈schreiben〉 ミサ曲を作曲する.

2 a)〘商〙見本市, フェア: die Frankfurter 〈die Leipziger〉 ～ フランクフルト〈ライプツィヒ〉見本市 | eine internationale ～ 国際見本市 | Buch*messe* 書籍見本市 ‖ auf der ～ ausstellen 見本市に出品する | auf die ～ fahren 見本市へ行く. **b)**《方》(Jahrmarkt) 年の市, 縁日: auf die ～ gehen 年の市へ行く.

[*kirchenlat.* missa〔－*ahd.*〕; ＜*lat.* mittere „schicken, entlassen" (◇Mission); ◇*engl.* mass]

Mẹs·se²[－] 女 -/-n〘海〙(艦上の)士官食堂〔の会食者〕, 士官集会室. [*lat.* missum „(aus der Küche) Geschicktes"－*afr.* mes－*engl.* mess „Speise"; ◇Messe¹]

Mẹs·se≠amt 中 見本市事務局. ≠**aus·stel·ler** 男 見本市の出品者. ≠**be·sụ·cher** 男 見本市へ来る人. ≠**ge·län·de** 中 見本市会場〈敷地〉. ≠**hal·le** 女 見本市の展示館.

mẹs·sen*[mɛ́sən]《101》**maß**[ma:s]/ **ge·mẹs·sen**; 現 *du* mißt[mɪst](missest), *er* mißt; 命 miß; 接II mäße[mɛ́:sə] **I** 自 (h)《量を示す語句と》(…の)長さ〈幅・高さ・深さ・体積〉がある: Der Tisch *mißt* 1,50 m in der Länge. 机は長さが1.5メートルある.

II 他 (h) **1 a)** (量などを)はかる, 測定〈測量〉する; はかり比べる, 比較する: *et.*⁴ genau 〈exakt〉 ～ …を正確にはかる | *et.*⁴ ungefähr 〈grob〉 ～ …をざっとはかる | das Brett 〈die Breite〉 ～ 板〈幅〉をはかる | die Höhe 〈die Geschwindigkeit〉 ～ 高さ〈速度〉をはかる | die Länge mit einem Bandmaß ～ 長さを巻き尺ではかる | die Temperatur mit einem Thermometer ～ 温度を温度計ではかる | die Entfernung mit den Augen ～ 距離を目測する | mit einerlei 〈demselben〉 Maß ～ (→Maß I 1 a) | mit zweierlei Maß 〈verschiedenen Maßen〉 ～ (→Maß I 1 a) | *et.*⁴ nach Litern 〈Metern〉 ～ …をリットル〈メートル〉単位ではかる | Am Morgen wurde〔n〕 schon 20° (読み方: zwanzig Grad)〔Wärme〕 *gemessen.* (気温は)朝すでに20度あった | Ich habe〔der Länge nach〕den Fußboden *gemessen.*《戯》私は地面にころんだ | *Gemessen* an ihm, bin ich klein. 彼と比べれば私は背が低い. **b)** 再帰 *sich*⁴ mit *jm.* an 〈in〉 *et.*³ ～〔können〕…と…の優劣を競うほどだ, …に…で比肩しうる | Ich kann mich mit ihm an Kraft 〈Klugheit〉 nicht ～. 私は力〈知恵〉では彼にかなわない.

2 (はかるように)じろじろ見つめる: *jn.* mit erstaunten 〈kalten〉 Augen ～ …を驚きの〈ひややかな〉目で見つめる.

III ge·mẹs·sen → 別出

[*germ.*; ◇müssen, Mond, Meter, meditieren, Mensur, Maß; *engl.* mete]

Mẹs·se·neu·heit[mɛ́sə..] 女 見本市に出品される新製品.

▽**Mẹs·sen·ger bọy**[mɛ́sɪndʒə bɔ́ɪ] 男 --〔s〕/--s メッセンジャー＝ボーイ. [*engl.*; ◇Messe²]

Mẹs·se·pa·vil·lon[mɛ́səpavɪljɔ̃·] 男 見本市のパビリオン〈展示館〉.

Mẹs·ser¹[mɛ́sər] 男 -s/- **1** (messen する人. 例えば:) 計量者, 測量師: Land*messer* 〔土地〕測量技師. **2** (messen する装置. 例えば:) 計器, 測定器, メーター: Belichtungs*messer* (カメラの)露出計 | Geschwindigkeits*messer* 速度計 | Höhen*messer* 高度計.

Mẹs·ser²[－] 中 -s/- (刃を用いて切る道具: → 図. 例えば:) **1** ナイフ, 小刀, 短刀, 包丁; (Rasiermesser) かみそり: ein scharfes 〈stumpfes〉 ～ 切れ味の鋭い〈鈍い〉ナイフ | ein rostiges 〈rostfreies〉 ～ さびた〈ステンレスの〉ナイフ | ein ～ mit doppelter Klinge 両刃のナイフ | Obst*messer* 果物ナイフ | Taschen*messer* ポケットナイフ | ein ～ ohne Heft und Klinge《比》何の役にも立たないもの ‖ das Heft 〈die Schneide〉 des ～*s* ナイフの柄〈刃〉 | der Rücken des ～*s* 刃物の峰 | auf des ～*s* Schneide stehen (→Schneide 1 a) ‖〘主語として〙***jm.* geht das ～ in der Tasche** 〈**im Sack**〉 **auf**《話》…が激怒する〈かんかんになる〉 | ***jm.* sitzt das ～ an der Kehle**《話》…は絶体絶命である〈せっぱつまっている〉 ‖〘4格目的語として〙ein ～ abziehen 〈schärfen〉 刃物をとぐ | ein ～ aufklappen 〈öffnen〉 折り畳みナイフを伸ばす | ***jm.* das ～ an die Kehle** 〈**die Gurgel**〉 **setzen**《話》…ののど元に短刀を突きつける;《話》…を〔破滅させると〕脅迫する, …に強(こわ)談判する(債権者などが) | *jm.* das ～ in die Brust stoßen 〈jagen〉 …の胸を刃物で刺す | ***jm.*** 〔**selbst**〕 **das ～ in die Hand geben**《話》…に対してみずから不利を招く ‖〘前置詞と〙***jn.* ans ～ liefern**《話》…を警察の手に売り渡す; …を裏切って窮地に陥れる | **Auf** diesem ～ kann man〔nach Rom〕reiten.《話》この刃物はなまくらだ | ein Kampf **bis aufs ～**《話》血みどろの〈手段を選ばぬ〉戦い | bis

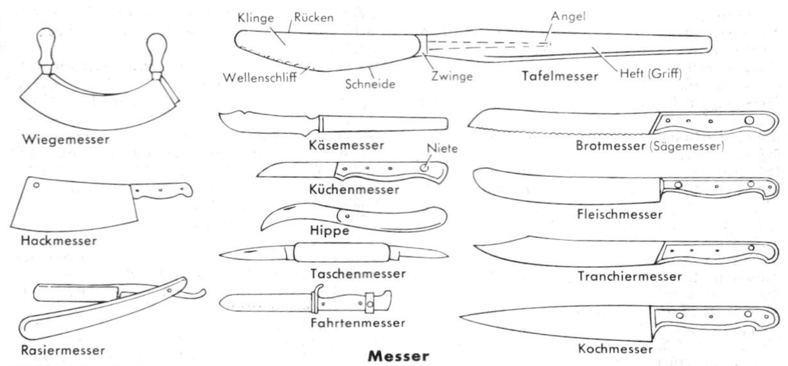

Messer

aufs ~ kämpfen《話》死力を尽くして戦う | ***jm.* ins〔offene〕~ laufen 〈rennen〉**《話》むざむざと…の思うつぼにはまる | *jn.* ins〔offene〕~ laufen lassen …をだまして甘い汁を吸う | *et.*[4] **mit dem ~ schneiden** …を刃物で切る | mit ~ und Gabel essen ナイフとフォークで食事をする | **mit dem großen ~ aufschreiben**《比》ほらを吹く, 自慢する.
2 (Skalpell)〔医〕外科用メス: *jn.* **unters ~ nehmen**《話》…を手術する ‖ Er muß unters ~.《話》彼は手術を受けなければならない | **unter dem ~ bleiben**《話》手術中に死ぬ. **3**〔工〕(機械の)刃: ein rotierendes ~ 回転刃. [*westgerm.*; ◇Mett, Sachs[2]]

Mẹs·ser⸗bank[mɛ́sər..] 女 -/..bänke, **⸗bänk·chen** 中 ナイフ台(食卓でナイフやフォークをのせかける台). **⸗fisch** 男 (Butterfisch)〔魚〕サギフエ(鷺笛). **⸗heft** 中 刃物の柄. **⸗held** 男《話》(しょっちゅう刃物騒ぎを起こす)けんか師. **⸗klin·ge** 女 ナイフの刃. **⸗kopf** 男〔工〕フライス, フェーシング〈カッター〉ヘッド(→ 図 Fräser). **⸗rücken** 男 ナイフの背.

mẹs·ser·schạrf 形 ナイフのように鋭い: ~*e* Bügelfalten ぴしっとした(アイロンの)折り目 | eine ~*e* Kritik 〈Logik〉かみそりのように鋭い批評〈論理〉‖ ~ decken〔球技〕ぴったりマークする.

Mẹs·ser⸗schei·de 女 **1** ナイフの鞘(さや). **2**〔貝〕マテガイ(馬刀貝)科の一種. **⸗schmied** 男 刃物鍛冶(かじ). **⸗schnei·de** 女 ナイフの刃. **⸗spit·ze** 女 **1** ナイフの切っ先. **2**《話》(粉末状のものについて, ナイフの刃先にのせることができるほどの)微量;〔薬〕一刀尖量(せんりょう)(3-4g): eine ~〔voll〕Salz ごく少量の塩. **⸗ste·cher** 男 =Messerheld

Mes·ser·ste·che·rẹi[mɛsərʃtɛçəráɪ] 女 -/-en 刃傷(にんじょう)沙汰(ざた)〈騒ぎ〉.

Mẹs·ser·stich[mɛ́sər..] 男 ナイフで刺すこと; ナイフによる刺傷.

Mẹs·se⸗stadt[mɛ́sə..] 女 商品見本市の行われる都市(Frankfurt a. M., Hannover, Leipzig など). **⸗stand** 男 見本市のブース〈コーナー〉.

Mẹß·flü·gel[mɛ́s..] 男〔理〕測流計, 水速計. [＜messen]

Mẹß⸗frem·de 男 女 見本市に遠くからやって来た人, 見本市に来る他国人. **⸗ge·fäß**[1] 中〔カトリック〕ミサ用ぶどう酒容器. [＜Messe[1]]

Mẹß⸗ge·fäß[2] 中 計量容器, 目盛り筒. **⸗ge·rät**[1] 中 測定〈測量〉器, 計測器, 測径器, カリパス, ベールゲージ, ノギス. [＜messen]

Mẹß⸗ge·rät[2] 中〔カトリック〕ミサの道具. **⸗ge·wand** 中 =Kasel [＜Messe[1]]

Mẹß·glas 中 -es/..gläser 目盛り筒, メートルグラス, メスシリンダー, 雨量ます. [＜messen]

Mẹß⸗gut 中 見本市陳列品. **⸗hemd** 中 =Albe[1] 1 [＜Messe[1]]

Mes·sia·de[mɛsiá:də] 女 -/-n 救世主をうたった詩歌.

mes·sia·nisch[mɛsiá:nɪʃ] 形 救世主〈メシア〉の, 救世主に関する; メシア信仰の.

Mes·sia·nis·mus[mɛsianísmʊs] 男 -/ 救世主〈メシア〉信仰, メシア運動.

Mes·sias[mɛsí:as] 男 -/ 救世主, メシア(キリストの尊称). [*hebr.* māšīaḥ „Gesalbter"－*gr.*－*kirchenlat.*]

Mes·si·dor[mɛsidó:r] 男 -〔s〕/-s〔史〕収穫月(フランス革命暦の第10月; 6月19日－7月18日に当たる: →Vendemiaire ★). [*fr.*; ＜*lat.* messis „Ernte"＋*gr.* dõron „Gabe"]

Mes·sieurs Monsieur の複数.

Mes·si·na[mɛsí:na·] 地名 メッシーナ(イタリア Sizilien 島北東部の港湾都市): die Straße von ~ メッシーナ海峡.

Mẹs·sing[mɛ́sɪŋ] 中 -s/(種類: -e) 黄銅, 真鍮(しんちゅう): aus ~ sein 真鍮(しんちゅう)製である. [*mhd.*]

mẹs·sin·gen[mɛ́sɪŋən] 形《付加語的》黄銅〈真鍮(しんちゅう)〉の; 黄銅〈真鍮〉製の.

Mẹs·sing⸗gie·ße·rei[mɛ́sɪŋ..] 女 **1**《単数で》真鍮(しんちゅう)製造. **2** =Messinghütte **⸗hüt·te** 女 真鍮〔製品製造〕工場. **⸗kä·fer** 男〔虫〕ヒョウホンムシ. **⸗wa·ren** 複 真鍮製品.

Mẹß·in·stru·ment[mɛ́s..] 中 =Meßgerät[1]

Mẹß·kelch 男〔カトリック〕カリス, 聖杯. [＜Messe[1]]

Mẹß⸗ket·te 女〔土木〕(距離測量用の)チェーン, 測鎖. **⸗klup·pe** 女〔工〕ノギス, カリパス, 測径器(→ 図 Kluppe). **⸗lat·te** 女〔土木〕(木製の)ものさし; 標尺, スタジアロッド. **⸗lei·ne** 女 =Meßband **⸗ma·schi·ne** 女 計測器, 測定器; (特に紡績工場などの)測長器. [＜messen]

Mẹss·ner[mɛ́snər] 男 -s/- =Mesner

Mẹß⸗on·kel 男《話》見本市のために来て宿泊してゆく客. **⸗op·fer** 中〔カトリック〕ミサ聖祭. [＜Messe[1]]

Mẹß⸗punkt 男 測定点, 観測点. **⸗rad** 中〔土木〕(回転数によって距離を測る)輪程計. **⸗schnur** 女 -/..schnüre〔土木〕測量なわ. **⸗schrau·be** 女 = Mikrometer **⸗sen·der** 男〔電〕測定用送信機, 信号発生器. **⸗stab** 男〔土木〕計測棒, 込め棒. **⸗stan·ge** 女〔土木〕〔測深〕ロッド, 標桿(ひょうかん). **⸗sta·tion** 女 観測所. **⸗stock** 男 -〔e〕s/..stöcke=Meßlatte **⸗tisch** 男〔土木〕(測量しながら図を引く)平板. **⸗tisch·blatt** 中 (縮尺 2 万5000分の 1 の)測量用地図. **⸗uhr** 女〔工〕(懐中時計型の)微量測定器, ダイヤルゲージ〔・マイクロメーター〕.

Mẹs·sung[mɛ́sʊŋ] 女 -/-en 測量, 測定〔値〕: eine ~ vornehmen 〈durchführen〉測量〈測定〉する.

Mẹß⸗ver·fah·ren[mɛ́s..] 中 測定法. **⸗wa·gen** 男〔鉄道〕〔性能〕試験車;〔公害〕測定車.

Mẹß·wein 男〔カトリック〕ミサ用ぶどう酒. [＜Messe[1]]

Mẹß⸗wert 男 測定値. **⸗zif·fer** 女 指数. **⸗zy·lin·**

der[..tsilındər, ..tsy..] 男《化》目盛り筒, メスシリンダー(→ ⊠ Chemie).

Me·ste[méstə] 女 -/-n《中部》メステ(昔の容量単位); (塩などを入れる)木の容器. [*mhd.*; ◇messen]

Me·sti·ze[mɛstíːtsə] 男 -n/-n メスティソ(特に白人とアメリカ=インディアンとの混血児). [*spätlat.* mīxtīcius–*span.* mestizo; <*lat.* mīxtum „gemischt" (◇mischen)]

met.. →meta..

Met[meːt] 男 -(e)s/ (Honigwein)(特に古ゲルマン人の)蜜(みつ)酒. [*germ.*; ◇*gr.* méthy „Wein"; *engl.* mead]

meta..《名詞・形容詞などにつけて「後に・変化して」などを意味する. 母音および h の前では met.. となる》: *Meta*physik《哲》形而(けいじ)上学 | *Meta*kritik 批評の批評 | *Meta*morphose (形態・状態の)変化 ‖ *Met*onymie《修辞》換喩(かんゆ) | *Met*hode 方法. [*gr.* metá „inmitten"; ◇mit]

Me·ta·ba·sis[metáːbazıs] 女 -/..sen[..tabáːzən]《修辞》主題転移;《論》(論証の際の)逸脱. [<*gr.* metabaínen „über-gehen"]

me·ta·bol[metabóːl] =metabolisch

Me·ta·bo·lie[..bolíː] 女 -/-n[..líːən]《生》変態.

me·ta·bo·lisch[..bóːlıʃ] 形 **1** 変わる, 変わりやすい, 不安定な; 変態する. **2**《生》〔物質〕代謝の.

Me·ta·bo·lis·mus[..bolísmʊs] 男 -/ **1** 変化; 変態. **2** (Stoffwechsel)《生》〔物質〕代謝, 物質交代, 新陳代謝. [<*gr.* meta-bolḗ „Um-setzen"]

Me·ta·brenn·stoff[méːta..] 男 固形燃料. [<meta.. +Acetaldehyd (材料)]

Me·ta·ge·ne·se[metagenéːzə] 女 -/-n《生》(両性生殖と無性生殖を交互に行う典型的な)真正世代交代.

Me·ta·ge·schäft[metá..] 中《商》共同計算業務(参加者が損得を均分する), 共同経営. [<*it.* a metà „zur Hälfte"]

Me·ta·kri·tik[metakritíːk, méːtakritiːk] 女 -/ 批評の批評.

Me·ta·lep·sis[metáːlɛpsıs, metál..] 女 -/..sen[metalέpsən]《修辞》**1** 代替用法, 隠喩(いんゆ), 転喩法(ある表現にその結果を意味させること. ⑳ Tod「死」の結果としての Grab「墓」). **2** 錯誤法(ある語の代わりにその関連では不適当な類義語を用いること. ⑳「公使」に Gesandter の代わりに Geschickter). [*gr.* metálēpsis „Tausch"; ◇..lepsie]

Me·ta·lin·gui·stik[metalıŋguístık, méːtalıŋguıstık] 女 -/《言》**1** (↔Prälinguistik)(言語と言語外現象との関連を研究する)後段言語学. **2** (Metasprache を研究する)メタ言語論〈学〉.

Me·tall[metál] 中 -s/-e **1** 金属: ein sprödes ⟨hartes⟩ ～ もろい〈硬い〉金属 | edle ⟨leichte⟩ ～*e* 貴〈軽〉金属類 | Schwer*metall* 重金属 ‖ ～ bearbeiten ⟨walzen⟩ 金属を加工〈圧延〉する | Seine Stimme hat viel ～. 彼の声は張りがある ‖ aus ～ sein 金属製である;《比》(考えなどが)堅固である. **2**《紋》金属色(金色・銀色). [*gr.* métallon „Grube"–*lat.*–*mhd.*; ◇*engl.* metal]

Me·tall≈ader 女 金属鉱脈. ≈**ar·bei·ter** 男 金属〔加工〕労働者, 金属工; 金属加工業者〈細工師〉.

me·tall·ar·tig 形 金属性の, 金属のような.

Me·tall≈be·ar·bei·tung 女 -/ 金属加工, 金属細工. ≈**be·stand** 男《経》正貨保有〈手持ち・準備〉高. ≈**deckung** 女《経》正貨準備. ≈**de·tek·tor** 男 金属探知器.

Me·tallegie·rung[metállegiːrʊŋ] 女 合金.

me·tal·len[metálən] 形 **1**《付加語的》金属の; 金属製の: ～*e* Knöpfe 金属製のボタン. **2** =metallisch 2

Me·tal·ler[metálər] 男 -s/-《話》=Metallarbeiter

Me·tall≈er·mü·dung[metál..] 女《工》金属疲労. ≈**fär·bung** 女《工》金属着色法. ≈**fo·lie**[..foːliə] 女 金属箔(はく). ≈**garn** 中《織》メタリック=ヤーン, 金属〔性の〕糸. ≈**ge·halt** 男 金属含有量. ≈**geld** 中 -(e)s/ 鋳造貨幣, 硬貨. ≈**gie·ße·rei** 女 鋳金〔工場〕. ≈**glanz** 男 金属性光沢. ≈**gold** 中 オランダ金(銅・亜鉛の合金による模造金箔). ≈**guß** 男 鋳金; 鋳造金属塊.

me·tall·hal·tig 形 金属を含有する.

me·tal·lic[metálık] 形《無変化》(塗装などが)メタリックな, メタリックカラーの. [*engl.*]

Me·tal·lic·lackie·rung 女 メタリックカラーのラッカー塗装.

Me·tall·in·du·strie 女 金属工業.

Me·tal·li·sa·tion[metalizatsióːn] 女 -/-en **1**《地》金属化. **2**《工》金属被覆〈塗装〉〔法〕.

me·tal·lisch[metálıʃ] 形 **1** 金属〔質〕の. **2** 金属のような, きらきらとした, けばけばしい(輝き); 甲高い, 張りのある(声): eine ～*e* Stimme haben 張りのある声をしている ‖ ～ glänzende Haare 金属的な輝きをもつ毛髪 | ～ klingen 金属的に響く.

me·tal·li·sie·ren[metalizíːrən] 他 (h) 《*et.*[4]》《工》(…に)金属被覆〈塗装〉をする. [*fr.* métalliser]

Me·tal·lis·mus[metalísmʊs] 男 -/《経》(貨幣についての)金属〈重金〉主義.

Me·tall≈ke·ra·mik[metál..] 女 -/《金属》粉末冶金(やきん). ≈**kle·ber** 男《工》金属接着剤. ≈**kun·de** 女 -/ 金相学, 金属組織学. ≈**le·gie·rung** =Metallegierung

Me·tal·lo·gra·phie[metalografíː] 女 -/ 金属組織学.

me·tal·lo·gra·phisch[..gráːfıʃ] 形 金属組織学〔上〕の.

[▽]**Me·tal·lo·id**[metaloíːt][1] 中 -(e)s/-e《化》メタロイド, 非金属元素. [<..oid]

Me·tall≈oxyd[metál..] 中 金属酸化物. ≈**plat·te** 女 金属板〈プレート〉. ≈**pro·be** 女 試金. ≈**ski** 男 金属製のスキー. ≈**span** 男 -(e)s/..späne《ふつう複数で》金(かな)くず. ≈**spritz·ver·fah·ren** 中《工》メタリコン, 金属溶射法. ≈**ste·cher** 男 彫金師. ≈**über·zug** 男《工》金属被覆, めっき.

Me·tall·urg[metalʊ́rk][1] 男 -en/-en, **Me·tall·ur·ge**[..lʊ́rgə] 男 -n/-n 冶金(やきん)学者.

Me·tall·ur·gie[..lʊrgíː] 女 -/ 冶金学.

me·tall·ur·gisch[..lʊ́rgıʃ] 形 冶金〔学〕の: die ～*e* Industrie 金属工業. [<*gr.* metallourgeîn „Metalle verarbeiten" (◇Ergon)]

me·tall·ver·ar·bei·tend 形 金属加工の: die ～*e* Industrie 金属加工業.

Me·tall≈ver·ar·bei·tung[metál..] 女 金属加工. ≈**vor·rat** 男《経》(紙幣発行のための)正貨準備〔高〕. ≈**wa·ren** 複 金属製品, 金物. ≈**wol·le** 女 メタル=ウール. ≈**zeit** 女《人類》(石器時代に続く)金属器時代.

me·ta·morph[metamɔ́rf] (**me·ta·mor·phisch**[..fıʃ]) 形 変態の;《地》変成の: ～*es* Gestein 変成岩.

Me·ta·mor·phis·mus[..mɔrfísmʊs] 男 -/..men[..mən]《地》変成作用.

Me·ta·mor·pho·se[..mɔrfóːzə] 女 -/-n **1** (形態・状態の)変化; (神話で, 人間の動物などへの)変身: eine ～ durchmachen 変化〈変身〉する. **2 a)**《動・植》変態. **b)**《地》(岩石・鉱物などの)変成作用(→Veränderung 2). **c)**《楽》メタモルフォーゼ,〔自由〕変形〔曲〕. [*gr.* metamórphōsis „Um-gestaltung"–*lat.*]

me·ta·mor·pho·sie·ren[..mɔrfozíːrən] 他 (h) (verwandeln) 変態〈変成〉させる.

Me·ta·pher[metáfər] 女 -/-n《修辞》隠喩(いんゆ), 暗喩 (der Abend des Lebens「人生のたそがれ」によって Alter「老年」を, das Schiff der Wüste「砂漠の船」によって Kamel「ラクダ」を表すなど): einen Gedanken in eine ～ kleiden ある考えを隠喩で表す. [*gr.* metaphorá–*lat.*; <*gr.* metaphérein „über-tragen"; ◇*engl.* metaphor]

me·ta·pho·risch[metafóːrıʃ] 形 隠喩〈暗喩〉的な.

Me·ta·phra·se[metafráːzə] 女 -/-n 翻訳, (特に: 詩の)逐語〈散文〉訳. [*gr.* metá-phrasis „Um-schreibung"]

me·ta·phra·stisch[..frástıʃ] 形 翻訳の, 逐語〈散文〉訳の.

Me·ta·phy·sik[metafyzíːk] 女 -/-en《ふつう単数で》《哲》形而(けいじ)上学, 純正哲学. [*gr.* tà metà tà physiká „das hinter der Physik (Stehende)"–*mlat.*]

Me·ta·phy·si·ker[..fýːzikər] 男 -s/- 形而上学者.

me·ta·phy·sisch[..fýːzıʃ] 形 形而上〔学〕の.

Me·ta·pla·sie[metaplazíː] 女 -/-n[..zíːən]《医》化生.

[＜*gr.* meta-plássein „um-bilden“（◇Plasma）]

Me·ta·plas·mus[..plásmʊs] 男 -/..men[..mən]〘言〙語形変異〈転換〉(発音・修辞上の都合による音素や音節の添加・削除・転位. 例 hab'＜habe).

Me·ta·psy·chik[metapsý:çɪk] 女 -/ , **Me·ta·psy·cho·lo·gie**[..psyçologí:] 女 ＝Parapsychologie

Me·ta·spra·che[mé:ta..] 女 (↔Objektsprache)〘言〙メタ言語(ある言語または記号体系を記述・分析する場合に用いられる他の言語または記号体系: →Metalinguistik 2).

Me·ta·sta·se[metastá:zə] 女 -/-n **1**〘医〙(病原体・腫瘍(しゅよう)細胞などの)転移: hämatogene 〈lymphogene〉 ～ 血行性〈リンパ行性〉転移 ‖ Es hatten sich ～*n* gebildet.(悪性腫瘍などが)転移してしまっていた. **2**〘修辞〙転嫁法, 急変転. [*gr.* metá-stasis „Um-stellen“]

me·ta·sta·sie·ren[..stazí:rən] 自 (h)〘医〙転移する.

me·ta·sta·tisch[..stá:tɪʃ] 形〘医〙転移〔性〕の.

Me·ta·theo·rie[metateorí:, mé:tateori:] 女 -/-n [..rí:ən, ..ri:ən] 超理論.

Me·ta·the·se[metaté:zə] 女 -/-n, **Me·ta·the·sis** [metá(:)tezɪs] 女 -/..sen[..taté:zən]〘言〙音位〈字位〉転換(語中の音や文字が入れ替わること. 例 Born＜Brunnen). [*gr.* metá-thesis „Um-setzung“]

Me·ta·zen·trum[metatsέntrʊm, mé:tatsɛn..] 中 -s/..tren[..trən]〘海〙(船の)メタセンター, 傾心.

Me·ta·zo·on[metatsó:ɔn] 中 -s/..zoen[..tsó:ən]《ふつう複数で》(↔Protozoon)〘動〙後生動物. [＜zoo..]

Met·em·psy·cho·se[metɛmpsyçó:zə, mɛt|ɛm..] 女 -/-n〘哲〙輪廻(りんね). [*gr.*; ＜meta..＋en..[1]＋psycho..]

Me·teor[meteó:r, mé:teo:r] 男 (中) -s/-e〘天〙流星: Sein Name leuchtete 〈tauchte〉 wie ein ～ am Himmel der Literatur auf. 彼の名は彗星(すいせい)のように文壇に輝き始めた. [*gr.* meteōron „Himmelserscheinung“; ＜*gr.* meteōros „in die Höhe gehoben“（◇meta.., Arsis）]

Me·teor·ei·sen 中〘天〙隕鉄(いんてつ).

me·teor·haft[meteó:rhaft] 形 (成功・出世などが)彗星(すいせい)のような.

me·teo·risch[meteó:rɪʃ] 形 気象上の.

Me·teo·rit[meteorí:t, ..rít; ｵｰｽﾄﾘｱ:..rít] 男 -en/-en; -s/-e 隕石(いんせき), 隕鉄(いんてつ).

me·teo·ri·tisch[..tɪʃ] 形 隕石(いんせき)の; 隕石のような.

Me·teo·ro·lo·ge[meteoroló:gə] 男 -n/-n (→..loge) 気象学者.

Me·teo·ro·lo·gie[..logí:] 女 -/ 気象学. [*gr.*]

me·teo·ro·lo·gisch[..ló:gɪʃ] 形 気象学〔上〕の; 気象の, 気象に関する: ein ～*er* Satellit 気象衛星 | eine ～*e* Station 気象観測所, 測候所.

Me·teo·ro·pa·tho·lo·gie[..patologí:] 女 -/ 気象病理学.

Me·teor≈schau·er[meteó:r..] 男, **≈schwarm** 男〘天〙流星群. **≈stein** 男〘天〙隕石(いんせき).

Me·ter[mé:tər] 男 (中) (ｽｲｽ: 男) -s/- (単位: -/-) メートル(長さの単位; 記号 m): das laufende ～ (→laufen III 2 b) ‖ drei ～ lang 〈hoch〉 長さ〈高さ〉3 メートル | vier ～ Stoff 生地 4 メートル | ein Haus von 50 ～ Länge 〈Höhe〉 長さ〈高さ〉50メートルの建物 | in einer Entfernung von 100 ～〔*n*〕 100メートルの距離をおいて. [*gr.* métron „Maß“－*fr.* mètre; ◇messen, Metrum]

..meter[..me:tər]《男性または中性の名詞をつくる》**1 a)** 男 (中) -s/-《長さの単位として「…メートル」を意味する》: Kilo*meter* キロメートル. **b)** 中 (男) -s/-《「測定器」を意味する》: Baro*meter* バロメーター. **2** 男 -s/- **a)**《「測定者」を意味する》: Geo*meter* 測量技師. **b)**〘詩〙《韻脚数を示して「…脚詩句・歩格」を意味する》: Hexa*meter* ヘクサメータ, 6 歩格.

Me·ter·band[mé:tər..] 中 -〔e〕s/..bänder 巻き尺.

me·ter·hoch 形 1 〈数〉メートル〔も〕の高さの;《比》非常に高い: Im Garten wuchs das Unkraut ～. 庭には雑草が背丈を越すほど茂っていた.

▽**Me·ter≈ker·ze** 女〘理〙メートル燭(しょく)(照度単位. 今日の Lux に相当する). **≈ki·lo·gramm** 中 ＝Kilopondmeter

Me·ter-Ki·lo·gramm-Se·kun·den-Sy·stem ＝MKS-System

▽**Me·ter·ki·lo·pond** 中 ＝Kilopondmeter

me·ter·lang[mé:tər..] 形 1 〈数〉メートル〔も〕の長さの;《比》非常に長い: ein ～*er* Bart 1 メートルもあろうかというひげ | eine ～*e* Schlange von Menschen 長蛇の列.

Me·ter≈maß 中 メートルものさし〈巻き尺〉. **≈se·kun·de** 女〘理〙メートル秒, 秒速(…)メートル. **≈wa·re** 女 (長さを測って)切り売りする商品(特に布地).

me·ter≈wei·se 副 (→..weise ★) メートルで, メートルごと〈ずつ〉に, メートル単位で. **≈weit** 形 1 〈数〉メートルも遠くの;《比》ずっと遠くの.

Me·ter≈wel·le 女〘理〙メートル波. **≈zent·ner** 男《ｵｰｽﾄﾘｱ》(Doppelzentner) 2ツェントナー.

Me·than[metá:n] 中 -s/〘化〙メタン. [＜Methyl＋..an]

Me·than≈gä·rung 女 メタン発酵. **≈gas** 中 メタンガス.

Me·tha·nol[metanó:l] 中 -s/ (Methylalkohol)〘化〙メタノール, メチルアルコール.

Me·tho·de[metó:də] 女 -/-n (手順をふんだ組織的な)方法, 方式, やり方; 計画〔性〕: die ～ der Biologie 生物学研究法 | eine fragwürdige 〈niederträchtige〉 ～ いかがわしい〈卑劣な〉やり方 | Denk*methode* 思考方法 | Lehr*methode* 教授法 ‖ neue ～*n* anwenden 〈entwickeln〉 新しい方法を適用〈開発〉する | eine ～ ausarbeiten 〈ansetzen〉 ある方法を完成する〈用いる〉 | eine ～ auf *et.*[4] übertragen ある方法を…に応用する | ～ in *et.*[4] bringen …を計画的〈組織的〉に整える ‖ *et.*[4] mit den ～*n* der Statistik untersuchen …を統計学の方法で調査する | nach bewährter ～ unterrichten 実証ずみの〈定評のある〉方法で授業をする ‖ **～ haben** (人を主語として)自分なりの方法をもっている; (事柄を主語として)周到な計画に従っている, 十分考え抜かれている | Er hat in seiner Arbeit ～. 彼は仕事を着実にやっている〈手順よく仕事をする〉 | Er hat so seine 〔eigene〕 ～. 彼には彼なりのやり方がある | Sein Vorgehen hat ～. 彼の行動は計画的である ‖ Was sind denn das für ～*n*?《話》それはなんという(ひどい)やり方だ. [*gr.*－*spätlat.*; ＜meta..＋..ode[1]]

Me·tho·den≈leh·re 女 方法論. **≈streit** 男 方法をめぐっての争い, 方法論に関する論争.

Me·tho·dik[metó:dɪk] 女 -/-en **1** (研究・教育のための)方法論; 教科教育法, 教授法. **2** 方法の適用; 秩序だった〈組織的な〉やり方.

Me·tho·di·ker[..dikər] 男 -s/- **1** 方法論研究〈講述〉者; 教授法学者. **2** 組織的行動家.

me·tho·disch[..dɪʃ] 形 **1** 一定の方法をもった, 体系〈組織〉的な, 秩序だった, (あらかじめ)考えぬかれた: ～ vorgehen 体系的に仕事を進める. **2** 方法に関する: ～*e* Mängel 〈Schwierigkeiten〉 方法上の欠陥〈困難〉.

me·tho·di·sie·ren[metodizí:rən] 他 (h) 組織〈秩序〉だてる.

Me·tho·dis·mus[metodísmʊs] 男 -/〘宗〙**1** メソジスト派〈主義〉(英国の神学者ジョン ウェスレーの創始したプロテスタントの一教派: →Wesleyaner). **2** メソジスト派の教義. [*engl.*]

Me·tho·dist[..díst] 男 -en/-en〘宗〙メソジスト派の人.

Me·tho·di·sten·kir·che 女 メソジスト教会.

me·tho·di·stisch[..dístɪʃ] 形 メソジスト派〈主義〉の.

Me·tho·do·lo·gie[metodologí:] 女 -/-n[..gí:ən] 方法論.

me·tho·do·lo·gisch[..ló:gɪʃ] 形 方法論〔上〕の.

Me·thu·sa·lem[metú:zalɛm] **I** 人名〘聖〙メトセラ, メトシェラ(旧約において, ノアと大洪水以前の祖先のひとり. 969年間生きたという): 〔so〕 **alt wie ～ sein**《比》とても高齢である. **II** 男 -〔s〕/-s《比》高齢の男. [*hebr.*; ◇*engl.* Methuselah]

Me·thyl[metý:l] 中 -s/〘化〙メチル. [*fr.*]

Me·thyl·al·ko·hol 男 -s/〘化〙メチルアルコール.

Me·thyl·amin[metylamí:n] 中 -s/-e〘化〙メチルアミン.

Me·thy·lẹn[metylé:n] 中 -s/ 〘化〙メチレン. [*fr.*; <*gr.* méthy „Wein“+..yl+..en²]

Me·thy·lẹn·blau 中 メチレンブルー(青色合成染料).

Me·tier[metié:] 中 -s/-s《しばしば戯語的に》(Beruf) 仕事, 職業, 本職, 業(わざ); 専門; おはこ: *sein* ～ erlernen 〈beherrschen〉 仕事を習う〈マスターする〉. [*lat.* ministerium－*afr.* mestier－*fr.*; ◇Ministerium]

Met·ọ̈ke[metǿ:kə] 男 -n/-n (古代ギリシアで市民権のない)居留外人. [*gr.*; <meta..+*gr.* oĩkos „Haus“; ◇*engl.* metic]

Me·tọl[metó:l] 中 -s/ 商標 メトール(写真の現像液). [<Methyl+Phenol]

Met·ono·ma·sịe[metonomazí:] 女 -/-n[..zí:ən] 換名(人名を外国語ふうに訳すこと. 例 Agricola<Bauer). [<*gr.* met-onomázein „anders nennen“]

Met·ony·mịe[metonymí:] 女 -/-n[..mí:ən] 〘修辞〙換喩(かんゆ), 転喩(事物を直接指す代わりにその属性またはそれと密接な関係のあるもので表現する. 例 Stahl「はがね」で Dolch「短刀」を表す). [*gr.*－*spätlat.*; <*gr.* ónyma „Name“]

met·onỵ·misch[..ný:mɪʃ] 形 換喩〈転喩〉による.

Met·ọpe[metó:pə] 女 -/-n 〘建〙メトープ(古代ギリシア神殿などの, 梁(はり)の間の方形レリーフ壁: → 図 Gebälk). [*gr.*; <meta..+*gr.* opé „Öffnung“ (◇..opie)]

Mẹ·tra, Mẹ·tren Metrum の複数.

..metrie[..metri:] 《「…測定〔法・術〕」を意味する女性名詞(-/-n) をつくる》: Baro*metrie* 気圧測定 | Gravi*metrie* 重量分析. [*gr.*; ◇Meter, ..ie]

Mẹ·trik[mé:trɪk] 女 -/-en **1** (Verslehre) 〘詩〙韻律論. **2** 〘楽〙韻律法. [*gr.* metriké (téchnē)－*lat.* (ars) metrica]

Mẹ·tri·ker[..trikər] 男 -s/- 韻律学者.

mẹ·trisch[..trɪʃ] 形 **1** 韻律〔論〕の; 韻律をもつ, 韻文の. **2** メートル法による. [*gr.*－*lat.*; ◇Metrum]

Me·trị·tis[metrí:tɪs] 女 -/..tiden[..trití:dən] 〘医〙子宮〔筋層〕炎. [<*gr.* mḗtrā „Gebärmutter“+..itis]

Mẹ·tro[mé:tro·, mét..] 女 -/-s (U-Bahn) (特にパリ・モスクワなどの) 地下鉄. [*fr.*; <*fr.* (chemin de fer) métropolitain „Hauptstadt(-Eisenbahn)“ (◇Metropole)]

Me·tro·lo·gịe[metrologí:] 女 -/ 度量衡学.

Me·tro·nọm[..nó:m] 中 -s/-e 〘楽〙メトロノーム, 拍節器. [<*gr.* métron (→Meter)]

Me·tro·nỵ·mi·kon[metroný:mikɔn] 中 -s/..ka[..ka·] (↔Patronymikon) 母〈母系祖先〉の名を採った名(例 Niobide<Niobe). [*gr.*; <*gr.* mḗtēr (→Mutter)+ónyma „Name“]

me·tro·nỵ·misch[..ný:mɪʃ] 形 母〈母系祖先〉の名を採った.

Me·tro·pọ·le[..pó:lə] 女 -/-n (ᐁ**Me·trọ·po·lis**[metró(:)polɪs] 女 -/..len[..tropó:lən]) (Hauptstadt) 首都; 中心地. [*gr.* mētró-polis „Mutter-stadt“－*spätlat.*]

Me·tro·po·lịt[metropolí:t] 男 -en/-en 〘キリスト教〙首都〔位〕大司教. [*gr.*－*kirchenlat.*]

me·tro·po·li·tạn[..politá:n] 形 〘キリスト教〙首都〔位〕大司教の.

Me·tro·po·li·tạn·kir·che 女 〘キリスト教〙首都〔位〕大司教座教会.

Me·tror·rha·gịe[metrɔragí:, ..ror..] 女 -/-n[..gí:ən] 〘医〙〔不正〕子宮出血. [<*gr.* mḗtrā „Gebärmutter“+rhēgnýnai (→Rhagade)]

Mẹ·tro·sta·tion[mé:tro..] 女 地下鉄の駅. [<Metro]

Mẹ·trum[mé:trʊm] 中 -s/ ..tren[..trən], ..tra[..tra·] **1** (Versmaß) 〘詩〙韻律, 音律. **2** (Takt) 〘楽〙拍節. [*gr.*－*lat.*; ◇Meter]

Mett[mɛt] 中 -[e]s/ 《北部》(脂肪のない)豚のひき肉. [*asächs.* meti „Speise“－*mndd.*; ◇Mus, Maat; *engl.* meat]

Met·tạ·ge[mɛtá:ʒə] 女 -/-n 〘印〙メーキャップ, ページ組み. [*fr.*; <*fr.* mettre „setzen“ (◇Messe¹); ◇Metteur]

Mẹt·te[mɛ́tə] 女 -/-n 〘カトリック〙(聖務日課の)朝課(ちょうか). [*kirchenlat.* mattīna－*mhd.*; <*lat.* mātūtīnus „morgendlich“ (◇Matinee); ◇*engl.* matins]

Mẹt·ter·nich[mɛ́tərnɪç] 人名 Klemens Lothar von ～ クレーメンス ロータール フォン メッテルニヒ(1773-1859; オーストリアの政治家. ウィーン会議の議長をつとめた).

Met·teur[mɛtǿ:r] 男 -s/-e 〘印〙まとめ工; 植字工長. [*fr.*; <*fr.* mettre (→Mettage)+..eur]

Mẹtt·wurst[mɛ́t..] 女 〘料理〙メットヴルスト(脂肪分の少ないひき肉から作ったソーセージで, パンなどに塗って食べる).

Metz¹[mɛts] 地名 メッツ(フランス北東部の工業都市. フランス語読みではメス). [<*lat.* Mediomatricī (ケルトの種族名)]

Metz²[－] 中 -es/-er《北部》＝Messer²

Mẹt·ze¹[mɛ́tsə] 女 -/-n メッツェ(昔の穀類の計量単位. 地方・時代によりかなり異なる). [*mhd.*; ◇messen]

ᐁ**Mẹt·ze**²[－] 女 -/-n (Dirne) 売春婦. [*mhd.*; ◇Mechthild]

Met·ze·lẹi[mɛtsəláɪ] 女 -/-en **1** 《方》(食肉用鳥獣の)畜殺. **2** 大虐殺, 殺戮(さつりく).

mẹt·zeln[mɛ́tsəln] 《06》他 (h) **1** 《方》(schlachten) (食肉用の鳥獣を)殺す, 畜殺する. **2** 《*jn.*》虐殺〈殺戮(さつりく)〉する. [*mlat.* macellāre; <*gr.* mákellon „Fleischmarkt“; ◇Metzler]

Mẹt·zel≈sup·pe[mɛ́tsəl..] 女 《南部》(Wurstsuppe) ソーセージ入りスープ. **≈tag** 男《南部》(Schlachttag) 畜殺の行われる日.

mẹt·zen¹[mɛ́tsən] 《02》他 (h) 《南部》**1** ＝metzeln **2** 石に彫刻する.

ᐁ**mẹt·zen**²[－] 《02》他 (h) メッツェで量る(→Metze¹).

Mẹt·zen[－] 男 -s/- 《南部》＝Metze¹

ᐁ**mẹt·zen·wei·se** 副 (→..weise ★) メッツェ単位で(→Metze¹).

Mẹtz·ge[mɛ́tsgə] 女 -/-n《南部・スイス》畜殺場; 畜殺台.

mẹtz·gen[..gən]¹ 他 (h) 《南部・スイス》(schlachten) (食肉用の鳥獣を)殺す, 畜殺する.

Mẹtz·ger[..gər] 男 -s/- 《南部・スイス》〔畜殺業兼〕食肉〔製造〕販売業者, 肉屋(→Fleischer). [*mlat.* matiārius „Wurstler“－*mhd.*; <*gr.* mattýē „Geknetetes“ (◇Masse)]

Metz·ge·rẹi[mɛtsgəráɪ] 女 -/-en 《南部・スイス》(Fleischerei) **1** 〔畜殺兼〕食肉〔製造〕販売業. **2** 肉屋の店.

Mẹtz·ger[s]·gang[mɛ́tsgər(s)..] 男《ふつう単数で》《話》むだな骨折り, むだ足: **einen ～ machen** むだ骨を折る, むだ足を踏む.

mẹtz·gern[..gərn] 《05》自 (h) **1** 《方》(schlachten) (食肉用鳥獣を)殺す, 畜殺する; Metzger として働く. **2** 《話》(顔をそっていて)切り傷をつくる.

Mẹtz·ge·te[..gətə] 女 -/-n《スイス》＝Schlachtfest 1

Mẹt·zig[mɛ́tsɪç]² 女 -/-en ＝Metzge

Mẹtz·ler[mɛ́tslər] 男 -s/- 《方》＝ Metzger [*mlat.* macellārius－*ahd.*; ◇metzeln]

ᐁ**Meu·ble·ment**[møbləmã́:] 中 -s/-s 家財道具, 調度品. [<Ameublement]

Meu·che·lẹi[mɔʏçəláɪ] 女 -/-en (卑劣なやり方での)暗殺, 謀殺.

Meu̯·chel≈mord[mɔ́ʏçəl..] 男 暗殺, 謀殺. **≈mör·der** 男 暗殺者, 謀殺犯人.

meu̯·chel·mör·de·risch ＝meuchlerisch

meu̯·cheln[mɔ́ʏçəln] 《06》他 (h) (卑劣なやり方で)暗殺〈謀殺〉する: der 〈die〉 *Gemeuchelte* 暗殺された人. [*ahd.* mūhhōn „wegelagern“]

Meu̯ch·ler[mɔ́ʏçlər] 男 -s/- ＝Meuchelmörder

meu̯ch·le·risch[..lərɪʃ] 形 暗殺〈謀殺〉的な, 陰謀的な, だまし討ちの: ein ～*er* Anschlag 暗殺計画 | *jn.* ～ umbringen 〈ermorden〉 …を暗殺する.

meu̯ch·lings[mɔ́ʏçlɪŋs] 副 暗殺〈謀殺〉的に, だまし討ちに: *jn.* ～ ermorden 〈beseitigen〉 …を暗殺する〈やみに葬る〉 | *jn.* ～ überfallen (待ち伏せして)…の不意を襲う, …をやみ討ちする.

M

M

Meu·sel[mɔ́ʏzəl] 男 -s/- (Armkachel)(よろいの)ひじ当て(→ ⑧ Harnisch). [◇Mäuslein]

Meu·te[mɔ́ʏtə] 女 -/-n **1**〘狩〙猟犬の群れ: die ～ auf das Wild loslassen 猟犬の群れを獲物めがけて放つ | **die ～ auf *jn.* hetzen / die ～ hinter *jm.* herjagen**《比》…に対して敵をけしかける. **2**《軽蔑的に》(無秩序で不穏な)群衆, 集団, 不逞(ふてい)の輩(やから);《話》一味, 仲間: eine randalierende ～ 暴徒 | eine ～ der Verfolger 迫害者の一団 ‖ Eine ～ von Kritikern ist über ihn hergefallen. 批評家の一味が寄ってたかって彼を非難した | Er hat die ganze ～ zu sich eingeladen.《戯》彼は友人連中を家に招待した. [*afr.* muete „Aufruhr"–*fr.*; <*lat.* movēre (→movieren)]

ᵛ**Meu·ter**[mɔ́ʏtər] 男 -s/- =Meuterer

Meu·te·rei[mɔʏtəráɪ] 女 -/-en (兵士・水夫・囚人などの)反乱, 暴動; 反抗(的態度): eine ～ niederschlagen ⟨unterdrücken⟩ 反乱を鎮圧する | Auf dem Schiff ⟨Unter den Soldaten⟩ entstand eine ～. 水夫たち⟨兵士たち⟩が暴動を起こした.

Meu·te·rer[mɔ́ʏtərər] 男 -s/- 反乱者(特に兵士・水夫・囚人など).

meu·te·risch[..tərɪʃ] 形 反乱⟨暴動⟩を企てた, 反抗的な: eine ～*e* Truppe 反乱軍.

meu·tern[mɔ́ʏtərn]《05》自 (h) **1** (兵士・水夫・囚人などが)反乱⟨暴動⟩を起こす. **2** 不満をもらす, 不平を訴える, 言うことをきかない: Mein Magen *meutert.*《話》私の胃袋は空腹を訴えている.

Me·xi·ka·ner[mɛksiká:nər] 男 -s/- メキシコ人.

me·xi·ka·nisch[..nɪʃ] 形 メキシコ〔人〕の: ein ～*er* Indianer メキシコ=インディアン.

Me·xi·ko[mɛ́ksiko·] 地名 メキシコ(アメリカ合衆国の南部に接する合衆国. 1821年スペインから独立した). [*span.*]

Me·xi·ko-Stadt[mɛ́ksiko..] 地名 メキシコシティー(メキシコの首都).

Mey·er[máɪər] 人名 **1** Conrad Ferdinand ～ コンラート フェルディナント マイヤー(1825–98; スイスの詩人・小説家. 作品『ユルク イェナッチュ』など). **2** Joseph ～ ヨーゼフ マイヤー(1796–1856; 出版社 Bibliographisches Institut の創立者, マイヤー百科事典の創始者).

MEZ[ɛm|e:tsɛ́t] 略 女 -/ =**mitteleuropäische Zeit** 中部ヨーロッパ標準時(ドイツ語圏のほかヨーロッパ大陸の大部分で用いられ, 日本より 8 時間遅い).

Mez·za·nin[mɛtsaní:n] 中 -s/-e《オーストリア》〘建〙中二階. [*it.* mezzanino–*fr.*; <*lat.* mediānus (→median)]

Mez·za·nin·woh·nung 女《オーストリア》中二階の住居.

mez·za vo·ce[mɛ́tsa· vó:tʃə, – ..tʃe·]《イタリア語》〘楽〙メザ=ヴォーチェ, 声をやわらげて, やわらかい弱音で. [„mit halber Stimme"; ◇vokal]

mezzo..《名詞などにつけて「中間の・半分の」を意味する》[*lat.* medius (→medio)–*it.*]

mez·zo·for·te[mɛtsofɔ́rtə, ..te·] 副 (略 mf) (halb stark)〘楽〙メゾ=フォルテ, やや強く.

Mez·zo·gior·no[mɛtsodʒɔ́rno·] 男 -/ イタリア南部地方(しばしば貧困な地域を意味する). [*it.* „Mittag"]

mez·zo·pia·no[..piá:no·] 副 (略 mp) (halb leise)〘楽〙メゾ=ピアノ, やや弱く.

Mez·zo·so·pran[mɛ́tsozopra:n, ⏑⏑⏑⏊] 男 **1**《ふつう単数で》〘楽〙メゾ=ソプラノ(ソプラノの低音域). **2** メゾ=ソプラノ歌手.

Mez·zo·tin·to[mɛtsotínto·] 中 -[s]/-s, ..ti[..ti·]〘美〙**1** 中間色, ハーフトーン. **2 a)**《単数で》(Schabkunst) メゾティント(銅版画彫刻法の一種). **b)** メゾティントの銅版画. [*it.* „halb gefärbt"; ◇Tinte]

mf 略 =**mezzoforte**

MF[ɛm|ɛ́f] 略 =**Mittelfrequenz**

MfS[ɛm|ɛf|ɛ́s] 略 中 -/ =**Ministerium für Staatssicherheit** (旧東ドイツの)国家公安省.

mg[mɪligrám] 記号 (Milligramm) ミリグラム.

Mg[ɛmgé:, magné:zium] 記号 (Magnesium)〘化〙マグネシウム.

MG[ɛmgé:] 中 -[s]/-[s] (<Maschinengewehr)〘軍〙機関銃.

MGH 略 =**Monumenta Germaniae historica**

Mgr. 略 **1** =**Monseigneur** **2** =**Monsignore**

mhd. 略 =**mittelhochdeutsch**

MHz[megahɛ́rts, mé:gahɛrts] 記号 (Megahertz)〘理〙メガヘルツ.

mi[mi:]《イタリア語》〘楽〙ミ(階名唱法で長音階の第 3 音).

Mi. 略 =**Mittwoch** 水曜日.

Mia[mí:a·] 女名 (<Maria) ミーア.

Mias·ma[miásma·] 中 -s/..men[..mən]〘医〙ミアスマ, 瘴気(しょうき)(大気中にある伝染病毒). [*gr.* „Befleckung"; ◇Modder]

mias·ma·tisch[miasmá:tɪʃ] 形 瘴気(しょうき)〔性〕の.

miau[miáu] 間 (猫の鳴き声)ニャオ: ～ machen ニャオと鳴く.

miau·en[miáuən] (過分 miaut) 自 (h) (猫が)ニャオと鳴く: Der Kater *miaute* kläglich. 雄猫は哀れっぽい声で鳴いた.

mich[mɪç] ich の 4 格.

Mi·cha[míça·] 人名〘聖〙ミカ(前 8 世紀南王国ユダの小預言者の一人): der Prophet ～ 預言者ミカ; (旧約聖書の)ミカ書. [*hebr.*; ◇ *engl.* Micah]

Mi·chael[míçae:l, ..çaɛl] **I** 人名〘聖〙ミカエル(三人の首天使の一人: →Erzengel). **II** 男名 ミヒャエル. [*hebr.* „wer ist wie Gott?"]

Mi·chae·li[mɪçaé:li·] (**Mi·chae·lis**[..lɪs]) 中 -/《ふつう無冠詞で》聖ミカエル大天使の日(9 月29日): an ⟨zu⟩ ～ 聖ミカエル大天使の日に.

Mi·chaels≈fest[míçae:ls..] 中, **≈tag** 男 =Michaeli

Mi·chel[míçəl] **I** 男名 (<Michael) ミヒェル. **II** 男 -s/- **1**《話》愚直な善人: **der deutsche ～** ドイツ野郎(愚直で政治的には無知なドイツ小市民に対する蔑称). **2** ドイツ人.

Mi·chel·an·ge·lo Buo·nar·ro·ti[mikelándʒelo· bŭonaró:ti·, – ..narrɔ́:ti·] 人名 ミケランジェロ ブオナロティ(1475–1564; イタリア=ルネサンスの代表的な画家・彫刻家・建築家).

Mi·chels≈fest[míçəls..] 中, **≈tag** 男《方》= Michaeli

mi·cke·rig[míkərɪç][2] (**mick·rig**[míkrɪç][2]) 形《話》**1** ひ弱な; 貧乏たらしい, 貧相な, みすぼらしい: eine ～*e* Figur みすぼらしい姿 | ein ～*es* Geschenk 貧相な⟨ちっぽけな⟩贈り物. **2** (geizig) けちな. [*ndd.*; <*ndd.* mickern (→vermickert)]

Mi·cke·rig·keit (**Mick·rig·keit**)[..kaɪt] 女 -/ mick[e]rig なこと.

Mi·cky·maus[míkimaus] 女 -/ ミッキーマウス(ウォルト ディズニー作の漫画の主人公のネズミ). [*amerik.* Mickey Mouse; ◇Michael]

Mi·das[mí:das] 人名〘ギ神〙ミダス (Phrygien の伝説的な王. 触れるものがことごとく金になったという. また耳をロバの耳に変えられ, その秘密を知った床屋が地面のあなにそれを話したところ, そこにアシがはえて, 風にそよいで秘密を語ったという伝説もある). [*gr.*–*lat.*]

Mi·das·oh·ren 複 ロバの耳.

Mid·der[mídər] 中 -s/《北部》(Kalbsmilch)〘料理〙子牛の膵(すい)⟨胸腺(きょうせん)⟩〔の料理〕. [*angelsächs.* midgern[e] „in der Mitte der Eingeweide sitzendes Fett"–*mndd.* middere „Zwerchfell"; ◇Garn]

Mid·gard[mítgart] 男 -/〘北欧神〙ミドガルド(人間の住む世界). [*anord.*; ◇mitt.., Garten]

die **Mid·gard·schlan·ge** 女 -/〘北欧神〙ミドガルドの蛇 (Midgard を取り巻き, 尾を口でくわえている; 地球をとりまく大洋の象徴).

mi·di[mí:di·, mídi·] **I** 形《付加語的用法なし》〘服飾〙(スカート・服・コートが)ふくらはぎまでの長さの, ミディの: ～ tragen ミディを着ている. **II Mi·di 1** 中 -s/-s **a)** (Midikleid) ミディドレス. **b)**《ふつう無冠詞単数で》ミディ丈: Mäntel in ～ ミディのコート. **c)**《ふつう無冠詞単数で》《集合的に》ミディの衣装. **2** 男 -s/-s =Midirock [*amerik.*; ◇mitt..]

Mi·di≈kleid[mí:di.., mídi..] 中 ミディドレス(ふくらはぎまでの長さのドレス). **≈man·tel** 男 ミディコート(ふくらはぎまでの長さのコート).

Mi·di·nette[midinɛ́t] 女 -/-n[..tən] **1** (パリの服飾店の)女店員; 針子; モデル. **2** のん気で屈託のない女の子. [*fr.*; ＜*fr.* midi „Mittag"+dînette „kleines Essen"; 昼ごろにやっと朝食をとる意味から]

Mi·di·rock[mí:di.., mídi..] 男 ミディスカート(ふくらはぎまでの長さのスカート).

Mid·ship·man[mídʃɪpmən] 男 -s/..men[..mən] **1** (イギリスの)海軍少尉候補生. **2** (アメリカの)海軍兵学校生徒. [*engl.*; ◇mitt-schiffs]

mied[mi:t][1] meiden の過去.

mie·de[mí:də] meiden の接続法 II.

Mie·der[mí:dər] 中 -s/- 《服飾》 **1** コルセット. **2** (バイエルン地方の民俗服 Dirndlkleid などのぴったりした)胴衣. [*mhd.* müeder; ＜*ahd.* muodar „Bauch" (◇Mutter[1])]

Mie·der·ho·se 女 《服飾》 パンティーガードル.

Mief[mi:f] 男 -[e]s/ 《話》 (室内などの)にごった〈よどんだ〉空気; 《比》 沈滞した雰囲気: Ein ～ von vielen Menschen hing in dem Raum. 大勢の人の集まった人いきれで 部屋にはむっとする空気がたれこめていた | **Besser warmer ～ als kalter Ozon.** 冷たい新鮮な空気より 暖かいよどんだ空気の方がいい(空気が悪いから窓を開けようという提案に反対するときのふざけた応答). [＜Muff[1]]

mie·fen[mí:fən] 自 (h) 《話》 **1** いやな〈不快な〉臭いを発散する, むっと悪臭がする: nach *et.*[3] ～ …の悪臭がする. **2** 非人称 《es mieft》 空気がにごって〈よどんで〉いる.

mie·fig[mí:fɪç][2] 形 空気のにごった〈よどんだ〉: ～ riechen むっとするような臭いがする.

Mief≠ki·ste 女, **≠ko·je** 女 《話》 (Bett) ベッド. **≠quirl** 男 《話》 (Ventilator) 換気装置; 扇風機.

Mie·ne[mí:nə] 女 -/-n 顔つき, 表情; 様子: eine besorgte 〈düstere〉 ～ 心配そうな〈陰鬱な〉顔つき | eine verschlossene ～ 硬い表情 | Amts*miene* (しかつめらしい)役人面(づら) | Unschulds*miene* 何食わぬ顔 ‖ eine ernste 〈strahlende〉 ～ aufsetzen 真剣な〈うれしそうな〉顔つきをする | **～ machen** 《zu 不定詞〔句〕と》…をするそぶりを示す | Niemand machte ～, sich zu erheben. 誰ひとり立ち上がろうともしなかった | **gute ～ zum bösen Spiel machen** 負けても〈いやな目にあっても〉にこにこしている, 困っても泰然としている | eine saure ～ machen 〈ziehen〉 いやな顔をする, 顔をしかめる | Er machte ～, sich zu erheben. 彼は〔いかにも〕立ち上がりそうなそぶりをした | **keine ～ verziehen** 感情を顔に表さない, 眉(まゆ)ひとつ動かさない | **ohne eine ～ zu verziehen** 顔色ひとつ変えずに, 平然として ‖ **mit** frommer 〈freundlicher〉 ～ 信心深そうな〈親切そうな〉顔をして | mit strenger ～ きびしい表情で. [*bret.* min „Schnauze"–*fr.* mine]

Mie·nen≠spiel 中 表情の動き: ein lebhaftes 〈ausdrucksvolles〉 ～ 生き生きした〈豊かな〉表情. **≠spra·che** 女 (コミュニケーションの手段としての)表情.

Mie·re[1][mí:rə] 女 -/-n 《植》 タカネツメクサ(高嶺爪草)属. [*mndd.* mir]

Mie·re[2][–] 女 -/-n 《北部》 (Ameise) 《虫》 アリ(蟻). [*ndl.*; ◇Meißel; *engl.* pismire]

mies[mi:s][1] 形 **1** 《話》 いやな, 不快な; 悪い, 下賤(げせん)な, くだらない: eine ～*e* Angelegenheit 〈Zeitung〉 くだらない事柄〈新聞〉 | ein ～*er* Kerl 〈Laden〉 いやなやつ〈店〉 | ～*e* Laune 〈Stimmung〉 haben 不機嫌である ‖ Das Essen wurde immer ～*er*. 食事はますます悪くなった | Die Sache sieht ～ aus. その事はうまく行きそうもない〈いやな感じだ〉. **2** 《付加語的用法なし》 (健康状態が)悪い, 気分が悪い: *sich*[4] ～ fühlen 気分がすぐれない | Mir ist ～. 私は気分が悪い. [*hebr.*–*jidd.* mis]

Mies[1][–] 中 -es/-e 《南部》 (Sumpf) 沼沢地; (Moos) コケ. [*ahd.* mios; ◇Moos[2]]

Mies[2][–] 女 -/-en ＝Miesekatze

Mie·se[mí:zə] 女 -/-n **1** 《俗》 (Markstück) マルク硬貨. **2** 《複数で》 《話》 (Minuspunkt) 失点; (Defizit) 不足額; 欠損, 赤字: **in den ～n sein** (預金の)引き出し超過である. [◇mies]

Mie·se·kat·ze[mí:zə..] 女 ニャンコ(猫の愛称: →Miezekätzchen).

Mie·se·pe·ter[mí:zəpe:tər] 男 -s/- 《話》 不満〈不平〉家. **mie·se≠pe·te·rig**[..pe:tərɪç][2] (**≠pet·rig**[..pe:trɪç][2]) 形 《話》 不満の多い, 不平たらたらの. [＜mies]

Mies·ling[mí:slɪŋ] 男 -s/-e 《話》 いやなやつ, 鼻つまみ.

mies|ma·chen[mí:s..] 《話》 **I** 自 (h) 悲観的に考える. **II** 他 (h) 《*et.*[4] / *jn.*》 (…に)けちをつける, (…の)悪口を言う.

Mies·ma·cher 男 《話》 心配性の〈弱気な〉人, 悲観論者; 興をそぐ人, よくけちをつける人.

Mies·mu·schel[mí:s..] 女 《貝》 イガイ(貽貝), ムール貝 (→ ⊛ Muschel). [＜Mies[1]]

Miet≠aus·fall[mí:t..] 男 賃貸料が入らないこと. **≠au·to** 中 **1** (運転手つきの)貸し切り自動車, ハイヤー; (Taxi) タクシー. **2** (Leihwagen) レンタカー. [＜Miete[3]]

Mie·te[1][mí:tə] 女 -/-n 《北部》 ＝Milbe [*ahd.* mīza „Mücke"; ◇Meißel]

Mie·te[2][–] 女 -/-n 《農》 **1** (越冬のため地中の室(むろ)に積み, わらと土でおおった)貯蔵野菜〈穀物〉の山: eine ～ für Kartoffeln anlegen ジャガイモの貯蔵室をつくる. **2** 干し草・わら・穀物などの堆積(たいせき). [*lat.* mēta „Kegel"–*mndd.* mīte]

Mie·te[3][–] 女 -/-n **1 a)** (建物・部屋・土地・車などの)賃貸し, 賃借り; 《法》 使用賃貸借: *et.*[4] zur ～ geben …を賃貸する | *et.*[4] in ～ nehmen …を賃借りする | bei *jm.* in 〈zur〉 ～ wohnen …のところに間借りしている. **b)** (劇場座席の)定期予約. **2** 賃貸〈賃借〉料(家賃・部屋代・地代など); レンタル料金: **kalte** 〈**warme**〉 **～** 《話》 暖房費なし〈込み〉の家賃 | Haus*miete* 家賃 | Wagen*miete* レンタカー料金 ‖ eine hohe 〈niedrige〉 ～ für das Zimmer 〔be〕zahlen 高い〈安い〉部屋代を払う | **eine halbe ～ sein** 《話》 (目的を達成するために)大いに有利である. [*idg.* „Lohn"; ◇*gr.* misthós „Lohn"; *engl.* meed]

Miet·ein·nah·me[mí:t..] 女 (家賃・部屋代・地代など)賃貸料による収入.

mie·ten[1][mí:tən] 《01》 他 (h) (↔vermieten) **1** (*et.*[4]) (賃貸料を払って…を)借りる, 賃借りする; (chartern) (飛行機・船などを)チャーターする: eine Wohnung 〈einen Laden〉 ～ 住居〈店舗〉を借りる | ein Auto ～ ハイヤーを雇う; レンタカーを借りる | *jm.* 〈*sich*[3]〉 *et.*[4] ～ …の〈自分の〉ために…を賃借りする ‖ 《目的語なしで》 bei *jm.* 〔ein Zimmer〕 ～ …のところに間借りする ‖ ein *gemietetes* Boot 貸しボート. ▽**2** 《*jn.*》 雇う: eine Magd 〈einen Führer〉 ～ 女中〈ガイド〉を雇う.

mie·ten[2][–] 《01》 他 (h) 《農》 (ジャガイモなどを)室(むろ)に入れる; (干し草・わらなどを)積みあげる. [＜Miete[2]]

Mie·ter[mí:tər] 男 -s/- (⊛ **Mie·te·rin**[..tərɪn]-/-nen) (↔Vermieter) 賃借人, 借家〈借地〉人, 間借り人; 《法》 使用賃借人; (船・飛行機などを)チャーターする人; 《劇》 年間予約客: Unter*mieter* (他人の借りている住居の一部を)また借りしている人.

Miet·er·hö·hung[mí:t..] 女 (家賃・部屋代・地代など)賃貸料の値上げ.

Mie·ter≠mit·ver·wal·tung[mí:tər..] 女 (旧東ドイツの)借家人による家屋管理への参加. **≠schutz** 男 (貸主の不当な処置に対して借り手側を守る)借家〈間借り〉人保護.

Miet≠er·trag[mí:t..] 男 (家賃・部屋代・地代など)賃貸料による収益. **≠flug·zeug** 中 《空》 チャーター機.

miet·frei 形 賃借料のいらない, 家賃〈部屋代〉不要の: ～ wohnen 家賃なしで住んでいる.

Miet≠haus ＝Mietshaus **≠ka·ser·ne** ＝Mietskaserne **≠kauf** 男 《経》 使用賃貸借売買. **≠kau·tion** 女 賃貸借の際の保証金, 敷金. **≠kon·trakt** 男 ＝Mietvertrag

Miet·ling[mí:tlɪŋ] 男 -s/-e **1** 《話》 金のために働くやつ, 報酬めあての人. ▽**2 a)** 雇い人. **b)** 傭兵(ようへい).

Miet·par·tei 女 (同一建物に居住する)借家人 1 世帯: In diesem Haus wohnen sechs ～*en*. この建物は借家人が 6 世帯いる.

Miets≠haus[mí:ts..] 中 (かなり大きな)貸家, (特に:)〔賃貸〕アパート(多くの Mietswohnung に分かれる). **≠ka·**

ser·ne 女《俗》(兵営のように殺風景な)団地アパート.

Miet≈trup·pen[mí:t..] 複 傭兵(ようへい)隊. **≈ver·hält·nis** 中 賃貸借関係. **≈ver·trag** 男 賃貸借契約. **≈wa·gen** 男 =Mietauto

miet·wei·se 副 賃貸し〈賃借り〉で.

Miet≈wert 男 賃貸価格. **≈woh·nung** 女 賃貸住居, 貸家, アパート(→Mietshaus). **≈zins** 男 -es/-e《南部・オーストリア・スイス》(Miete) 賃貸〈賃借〉料; 家賃.

Mie·ze[1][mí:tsə] **I** 女名 (<Maria) ミーツェ. **II** 女 -/-n《話》娘っ子, あまっ子.

Mie·ze[2][−] 女 -/-n =Miezekätzchen

Mie·ze≈kätz·chen 中, **≈kat·ze** 女《話》ニャンコ(猫の愛称). [Mieze[1]+mi (子猫を呼ぶ親猫の鳴き声)]

Mi·gnon[mınjɔ̃:, mínjɔ̃·] **I** 人名 ミニョン (Goethe の『ヴィルヘルム マイスターの修業時代』の中のなぞの少女). **II** 男 -s/-s (Günstling) お気に入り, 寵児(ちょうじ); (Geliebter) 愛人. [*fr.* „niedlich"]

Mi·gno·nette[mınjonέt(ə)] 女 -/-s〘服飾〙ミニョネットレース(軽い繊細なチュールふうのレース); 細かな模様の入ったキャラコ. [*fr.*; <..ette]

Mi·gnonne[mınjɔ́n] 女 -/-s (Liebchen) 愛人, ダーリン〔グ〕. [*fr.*]

Mi·grä·ne[migrέ:nə] 女 -/-n 偏頭痛: 〔eine heftige〕 ~ haben 〔激しい〕偏頭痛がする | an 〈unter〉 ~[3] leiden 偏頭痛に悩む. [*spätlat.* hēmicrānia−*fr.* migraine; ◇Hemikranie]

Mi·gra·tion[migratsió:n] 女 -/-en (Wanderung)〘生〙(生物の)移動(水生生物の回遊・候鳥の渡りなど);〘社〙人口移動.

mi·gra·to·risch[migrató:rıʃ] 形 移動〈移住〉の; 移動〈移住〉に関する.

mi·grie·ren[migrí:rən] 自 (s) (生物が)移動する; (個人・集団が)移動〈移住〉する. [*lat.*; <*lat.* migrāre „〔aus〕wandern"]

Mi·guel[migέl, miɣέl] 男名 ミゲル. [*span.*; ◇Michael]

Mijn·heer[məné:*r*] 男 -s/-s (mein Herr) だんな様(目上の男子に対するオランダ語の呼びかけ);《戯》オランダ人. [*ndl.*]

Mi·ka[mí:ka·] 女 -/ (Glimmer)〘鉱〙雲母(うんも). [*lat.* mīca „Krümchen"; ◇mikro..]

Mi·ka·do[miká:do·] **I** 男 -s/-s **1** みかど(日本の天皇). **2** IIの最高点をもつ木片. **II** 中 -s/-s ミカド(点数の異なる細長い木片を用いるゲームの一種). [*japan.*]

Mi·ko[mí:ko·] 男 -/-s (<Minderwertigkeitskomplex)《話》劣等コンプレックス.

mikr.. →mikro..

mikro.. **1** (↔makro..)《名詞などにつけて「微少・微細の」を意味する. 母音の前では mikr.. となることもある: →*Mikr*opsie》: *Mikro*bar | *Mikro*computer **2**《単位名につけて「100万分の 1 (10^{-6})」を意味する; 記号 *μ*》: *Mikro*farad [*gr.* 〔s〕mīkrós „klein"; ◇Mika]

Mi·kro[mí:kro·] **I** 中 -s/-s =Mikrophon **II** 女 -/ マイクロ(タイプライターの最小の活字の大きさ).

Mi·kro·ana·ly·se[mikro|analý:zə, mí:kro|analy:zə] 女 -/〘化〙微量分析.

Mi·kro·auf·nah·me[mí:kro..] 女 マイクロ写真撮影.

Mi·kro≈bar[mikro..] 中 マイクロバール(圧力, 特に音圧の単位: 100万分の 1 bar; 記号 *μ*bar). **≈ba·ro·me·ter** 中 (男)〘理〙微気圧計.

Mi·kro·be[mikró:bə] 女 -/-n (..bien[..biən])〘生〙微生物. [*fr.*; <bio..]

Mi·kro·bio·lo·gie[*mikrobiologí:*, mí:krobiologi:; オーストリア: ∠◡◡◡◡−] 女 -/ 微生物学.

mi·kro·bisch[mikró:bıʃ] 形 微生物の.

Mi·kro·che·mie[mikroçemí:, mí:kroçemi:; オーストリア: ∠◡◡−] 女 -/ 微量化学.

Mi·kro·chip[mí:krotʃıp] 男 -s/-s〘電子工学〙マイクロ〈スーパー〉チップ, 超高密度〈大規模〉集積回路, 超 LSI.

Mi·kro·chir·ur·gie[mikroçirurgí:, mí:kroçirurgi:] 女 -/〘医〙顕微外科(顕微鏡下で行う手術など).

mi·kro·chir·ur·gisch[..çirúrgıʃ] 形〘医〙顕微外科〈手術〉〔上〕の.

Mi·kro·com·pu·ter[mí:krokɔmpju:tə*r*] 男 マイクロ〈超小型〉コンピューター, マイコン.

Mi·kro·elek·tro·nik[mikro|elεktró:nık, mí:kro|elεktro:nık] 女 -/ マイクロ電子工学, マイクロエレクトロニクス.

mi·kro·elek·tro·nisch[..|elεktró:nıʃ] 形 マイクロ電子工学〈エレクトロニクス〉の.

Mi·kro·fa·rad[..fará:t] 中〘電〙マイクロファラッド(100万分の 1 Farad; 記号 *μ*F).

Mi·kro·fa·ser[mí:kro..] 女〘織〙マイクロ繊維(絹よりも細くて軽い人工繊維).

Mi·kro·fiche[..fi:ʃ, mikrofí:ʃ] 中 男〘情報〙マイクロフィシュ.

Mi·kro·film[mí:kro..] 男 マイクロフィルム.

Mi·kro·fon[mikrofó:n, mí:krofo:n] 中 -s/-e =Mikrophon

Mi·kro·fo·to·gra·fie[mikrofotografí:, mí:krofotografi:] 女 (顕微鏡による)マイクロ写真〔撮影〕.

mi·kro·ke·phal[..kefá:l] =mikrozephal

Mi·kro·kli·ma·to·lo·gie 女 -/ 微気候学(局所的気候状態を研究する学問).

Mi·kro·kok·kus[mikrokɔ́kus] 男 -/..ken[..kən] (↔Diplokokkus)〘医〙小球菌.

Mi·kro·ko·pie[..kopí:] 女 -/-n[..pí:ən]〘写〙マイクロコピー, 縮小複写.

mi·kro·ko·pie·ren[..kopí:rən] 他 (h)《*et.*[4]》(…の)マイクロコピーを作る.

mi·kro·kos·misch[mikrokɔ́smıʃ, mí:krokɔsmıʃ] 形 小宇宙〈小世界〉の; 小宇宙〈小世界〉に属する.

Mi·kro·kos·mos[mikrokɔ́smɔs, mí:krokɔsmɔs; オーストリア: ∠◡◡◡] 男 -/ (↔Makrokosmos) 小宇宙, 小世界; (宇宙の縮図としての)人間.

Mi·kro·lin·gui·stik[mikrolıŋguístık, mí:krolıŋguistık] 女 -/ (↔Makrolinguistik)〘言〙ミクロ言語学, 小言語学(狭義の言語学).

Mi·kro·li·ter[mikrolí:tə*r*] 男 中 マイクロリットル (1/1000m*l*; 記号 *μl*).

Mi·kro·ma·nie[mikromaní:] 女 -/-n[..ni:ən]〘心〙微小妄想.

Mi·kro·ma·schi·ne[mí:kromaʃi:nə] 女 超微小機械, マイクロマシン.

Mi·kro·me·cha·nik[mí:kro..] 女 (超微細な)マイクロメカニクス.

mi·kro·me·cha·nisch 形 マイクロメカニクス〔上〕の.

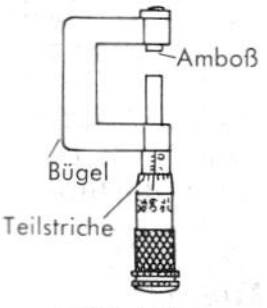

Mi·kro·me·ter[mikromé:tə*r*] **I** 中 (男) -s/- マイクロメーター, 測微計(→ 図). **II** 男 (中) マイクロメートル, ミクロン(1/1000mm; 記号 *μ*m): →Meter

Amboß
Bügel
Teilstriche
Mikrometer

Mi·kro·me·ter≈mi·kro·skop 中〘理〙測微顕微鏡. **≈schrau·be** 女 マイクロメーターねじ.

Mi·kro·mo·dul[mikromó:dul, mí:kromo:dul] 男 -s/-n〘電〙マイクロモジュール.

Mi·kron[mí:krɔn] 中 -s/- **1** (単位: -/-) ミクロン (1/1000mm; 記号 *μ*). **2** ミクロン(肉眼では見えないが顕微鏡で見える程度の粒子). [*gr.*]

Mi·kro·nähr·stoff[mí:kronε:*r*ʃtɔf] 男 (Spurenelement)〘生化学〙微量栄養素, 微量元素.

Mi·kro·ne·si·en[mikroné:ziən] 地名 ミクロネシア(西太平洋のほぼ赤道以北に散在する小島群の総称). [<*gr.* nēsos „Insel"]

Mi·kro·ne·si·er[..ziər] 男 -s/- ミクロネシア人 (Melanesier, Polynesier, Malaie など諸人種の混血).

mi·kro·ne·sisch[..zıʃ] 形 ミクロネシア〔人〕の.

Mi·kro·öko·no·mie[mikro|økonomí:, mí:kro|økonomi:] 女 -/ (↔Makroökonomie)〘経〙微視的〈ミ

クロ〉経済学.

mi·kro·öko·no̤·misch[mikro|økonó:mɪʃ, mí:kro-|økono:mɪʃ] 形 微視的〈ミクロ〉経済の; 微視的〈ミクロ〉経済学〔上〕の.

Mi·kro·or·ga·ni̤s·mus[mikro|ɔrganísmʊs, mí:kro-|ɔrganɪsmʊs; ｵｰｽﾄﾘｱ: ⏑⏑⏑⏑⏑⏑] 男 -/..men[..mən] ((ふつう複数で)) 微生物.

Mi·kro·pha̤·ge[..fá:gə] 男 -n/-n 〔解〕(血液・リンパ液中の)小食球, 小食細胞.

Mi·kro·pho̤n[mikrofó:n, mí:krofo:n] 中 -s/-e マイクロホン, マイク(略 Mikro): ein ~ aufstellen マイクをセットする ‖ ins ~ sprechen 〈singen〉 マイクに向かって話す〈歌う〉| vor dem ~ stehen マイクの前に立つ.
[*engl.* microphone]

Mi·kro·pho̤n·gal·gen 男 〔映・劇〕マイクの支柱.

mi·kro·pho̤·nisch[..fó:nɪʃ] 形 **1** 弱音〈弱声〉の. **2** マイクロホンの; 〔電子工学〕マイクロフォニック効果を生じる〈による〉: ~*es* Rauschen マイクロフォニック雑音.

Mi·kro·pho·to·gra·phie̤ 女 =Mikrofotografie

Mi·kro·phy·si̤k[mikrofyzí:k, mí:krofyzi:k] 女 -/ 微小体物理学.

Mi·kro·pro·ze̤s·sor[..protsέsɔr, ..so:r] 男 -s/-en [..tsεsó:rən] 〔電子工学〕マイクロプロセッサー(超小型の演算処理装置). [*engl.* microprocessor; ◇Prozeß]

Mi·krop·sie̤[mikrɔpsí:] 女 -/-n[..sí:ən] 〔医〕小視症.
[<*gr.* ópsis „Sehen"]

Mi·kro·sko̤p[mikroskó:p, ..rɔs..] 中 -s/-e 顕微鏡: ein binokulares ~ 双眼顕微鏡 | Elektronen*mikroskop* 電子顕微鏡 ‖ ein ~ richtig einstellen 顕微鏡を正しく調節する ‖ *et.*[4] durch ein ~ betrachten …を顕微鏡を通して観察する | ins ~ sehen 顕微鏡をのぞく | *et.*[4] unter einem ~ untersuchen 〈prüfen〉 …を顕微鏡で検査する.

Mi·kro·sko·pie̤[..skopí:] 女 -/ 顕微鏡検査〔法〕, 鏡検.

mi·kro·sko·pie̤·ren[..skopí:rən] 他 (h) 顕微鏡で調べる〈検査する〉.

mi·kro·sko̤·pisch[..skó:pɪʃ] 形 **1** 顕微鏡の; 顕微鏡による: *et.*[4] ~ beobachten …を顕微鏡で観察する. **2** 顕微鏡でしか見えない, 顕微鏡的な; 微視的な, 極微の: ~ kleine Lebewesen 顕微鏡でしか見えぬほどの微生物.

Mi·kro·so·mie̤[mikrozomí:] 女 -/ 〔医〕小体症, 侏儒(しゅじゅ). [<..som]

Mi·kro·spo̤·re[mikrospó:rə, ..rɔs..] 女 -/-n ((ふつう複数で)) 〔植〕小胞子(雄性胞子).

Mi̤·kro·steue·rung[mí:kro..] 女 =Mikromodul

Mi̤·kro·struk·tu̲r[mí:kroʃtrʊktu:r, mikroʃtrʊktú:r] 女 微視的構造, ミクロ構造.

Mi·kro·to̤m[mikrotó:m] 男 中 -s/-e ミクロトーム(顕微鏡用薄片切断器).

Mi̤·kro≈waa·ge[mí:kro..] 女 〔理〕微量天秤(てんびん). **≈wel·le** 女 -/-n ((ふつう複数で)) 〔電〕マイクロ波, マイクロウエーブ, 極超短波.

Mi̤·kro·wel·len≈ge·rä̲t 中, **≈he̲rd** 男 電子レンジ. **≈the·ra·pie** 女 〔医〕マイクロウエーブ〈極超短波〉療法.

Mi·kro·ze̤n·sus[mikrotsέnzʊs] 男 -/- (ドイツで1957年以来3か月ごとに行われている)抽出国勢調査.

mi·kro·ze·pha̤l[..tsefá:l] 形 〔医〕小頭〔蓋〕症の: der 〈die〉 *Mikrozephale* 小頭症の人. [<kephalo..]

Mi·kro·ze·pha·li̤e[..falí:] 女 -/ 〔医〕小頭〔蓋〕症.

Mik·tio̤n[mɪktsió:n] 女 -/-en (Harnentleerung) 〔生理〕排尿.

Mi̤·lan[mí:lan, milá:n] 男 -s/-e 〔鳥〕トビ(鳶). [*lat.* mīluus–*provenzal.*–*fr.*]

Mi·la̤·no[milá:no·] =Mailand

Mi̤l·be[mílbə] 女 -/-n 〔動〕ダニ(蜱). [*ahd.*; ◇mahlen]

Mi̤l·ben·we̤·ber·knecht[mílbən..] 男 〔動〕ダニザトウムシ(座頭虫)(原始的で盲目のクモ類の一種).

mi̤l·big[mílbɪç][2] 形 ダニのいる, ダニだらけの; ダニのような.

Milch[mɪlç] 女 -/ (種類: -e〔n〕) **1** (英: *milk*) (哺乳(ほにゅう)動物の乳腺(にゅうせん)から分泌する)乳, 乳汁; (特に:) **a)** (Kuhmilch) 牛乳, ミルク: dicke 〈geronnene〉 ~ 凝乳 | frische ~ 新鮮な牛乳 | kondensierte 〈entrahmte〉 ~ コンデンス〈スキム〉ミルク | kuhwarme ~ しぼりたての牛乳 | Mager*milch* 脱脂乳 | **die ~ der frommen Denkart** 〈**Denkungsart**〉 やさしい心根 (Schiller: *Wilhelm Tell*) ‖ Die Kuh gibt viel ~. その牛は乳量が多い | **bei** ***jm.*** **ist die ~ sauer** ((話)) …は不機嫌だ〈渋い顔をしている〉| **wie ~ und Blut aussehen** 若々しく元気はつらつとしている | ein Land, wo ~ und Honig fließt ((比)) 非常に豊かな国(乳と蜂蜜(はちみつ)の流れるところ. 聖書: 出3,8から) ‖ ~ trinken 牛乳を飲む | heiße ~ mit Honig trinken 熱いミルクに密を入れて飲む | ~ in den Kaffee gießen コーヒーにミルクを入れる ‖ **nicht viel in die ~ zu brocken haben** ((北部)) つましく暮らしている, 貧しい | Kaffee mit ~ ミルク入りのコーヒー. **b)** (母親の)乳: Mutter*milch* 母乳 | Sie hatte nicht genug 〈zu wenig〉 ~. 彼女は乳の出がよくなかった. **2** (乳状のもの. 例えば:) **a)** (化粧品の)乳液. **b)** 〔薬〕乳剤. **c)** 〔魚〕白子(しらこ), 魚精: Herings*milch* ニシンの白子. **d)** (Milchsaft) 〔植〕乳液: Kautschuk*milch* (ゴムノキなどの)ゴム乳液. [*germ.*; ◇melken; *engl.* milk]

mi̤lch·a̲r·tig[mílç..] 形 乳のような, 乳状の.

Mi̤lch≈bar 女 ミルクホール〈バー〉(飲み物やサンドイッチなどを出す軽飲食店). **≈ba̲rt** 男 ((話)) (ようやくうっすらとひげが生えたような)青二才, 若造. **≈baum** 男 (Kuhbaum) 〔植〕ブロシムム. **≈brät·ling** 男 〔植〕チチタケ(乳茸). **≈brei** 男 牛乳がゆ. **≈bro̲t** 中, **≈bröt·chen** 中 ミルク入りロールパン. **ᐁ≈bru̲·der** 男 乳(ち)兄弟. **≈drü̲·se** 女 (Brustdrüse) 〔解〕乳腺(にゅうせん). **≈ei·mer** 男 乳おけ.

mi̤l·chen[1][mílçən] 自 (h) ((方)) (家畜が)乳を出す: eine *milchende* Kuh 乳牛.

mi̤l·chen[2][−] 形 ((付加語的)) 乳でできた, 乳製の.

Mi̤l·cher[mílçər] 男 -s/- **1** ((方)) (Melker) 搾乳夫. **2** =Milchner

Mi̤lch≈er·zeug·nis[mílç..] 中 乳製品(バター・チーズ・ヨーグルト・粉乳など). **≈far·be** 女 乳色. **≈fie·ber** 中 〔医〕乳熱(産褥(さんじょく)性乳腺(にゅうせん)炎の一つ). **≈fla·sche** 女 **1** 哺乳(ほにゅう)びん. **2** 牛乳びん. **≈frau** 女 **1** (女性の)乳しぼり, 搾乳婦. **2 a)** (女性の)牛乳売り. **b)** ((話)) 牛乳屋のかみさん. **≈gang** 男 〔解〕乳管. **≈ge·biß** 中 〔解〕乳歯. **≈ge·fäß** 中 **1** 乳槽. **2** 〔解〕乳糜(にゅうび)管. **3** 〔植〕乳管. **≈ge·schäft** 中 **1** 牛乳店, 乳製品販売店. **2** ((話)) 乳房. **≈ge·sicht** 中 **1** 乳くさい顔. **2** 乳くさい顔をしたやつ, 青二才, 若造. **≈glas** 中 -es/..gläser **1** 乳白ガラス, くもりガラス. **2** ミルクカップ. **≈händ·ler** 男 牛乳屋(人). **≈ho̲f** 男 原乳集荷検査場.

mi̤l·chig[mílçɪç][2] 形 **1** 乳のような, 乳状の. **2** (ひげなどが)生えはじめの.

Mi̤lch≈kaf·fee[mílç..] 男 ミルクコーヒー. **≈kan·ne** 女 **1** 〔農〕牛乳缶. **2** ミルク差し, ミルクポット. **≈kost** 女 〔医〕牛乳食. **≈kraut** 中 〔植〕タンポポ属. **≈ku̲h** 女 乳牛; ((比)) 養い手. **≈ku̲r** 女 〔医〕(食事を牛乳〔製品〕だけに制限する)牛乳療法.

Mi̤lch·ling[mílçlɪŋ] 男 -s/-e **1** 乳飲み子, 乳児. **2** =Milchner

Mi̤lch·mäd·chen[mílç..] 中 **1** 乳しぼりの少女, 搾乳婦. **2** ((話)) 牛乳売りの少女.

Mi̤lch·mäd·chen·rech·nung 女 ((話)) とらぬタヌキの皮算用, あまい計算(フランスのラ=フォンテーヌの寓話による).

Mi̤lch≈mann 男 -〔e〕s/..männer ((話)) 牛乳配達人. **≈napf** 男 ミルクボウル.

Mi̤lch·ner[mílçnər] 男 -s/- (↔Rogener) 〔魚〕(成熟した)雄魚.

Mi̤lch≈pan〔t〕·scher[mílç..] 男 (牛乳を水増しして売る)悪徳牛乳屋. **≈pro·dukt** 中 =Milcherzeugnis **≈pul·ver** 中 粉ミルク. **≈pum·pe** 女 〔医〕搾乳器, 吸乳器. **≈reis** 男 〔料理〕ミルクライス(米を牛乳でやわらかく煮たもの)〔用の米〕. **≈reiz·ker** 男 〔植〕チチタケ(乳茸). **≈röh·re** 女 〔植〕乳管. **≈saft** 男 **1** 〔植〕乳液, ラテックス. **2** 〔生〕乳糜(にゅうび). **≈säu·re** 女 〔化〕乳酸.

Mi̤lch·säu·re≈bak·te̲·ri·en 複 〔細菌〕乳酸菌.

⸗schwamm 男〘植〙チチタケ(乳茸). **⸗stich** 男 -〔e〕s/〘農〙(ぶどう酒の)乳酸〔菌〕病.

Milch⸗schorf[mílç..] 男〘医〙(乳児の頭や頬(ほお)にできる)乳痂(にゅうか), 乳児脂漏性湿疹(しっしん). **⸗schwe·ster** 女 乳(ち)姉妹(きょうだい). **⸗spei·se** 女 ミルクライス, 乳がゆ; 牛乳〔製品〕を主とした食べ物.

Milch·stra·ße 女 -/ 〘天〙銀河, 天の川. [*lat.* via lactea (◇lakto..) の翻訳借用; ◇*engl.* Milky Way]

Milch·stra·ßen·sy·stem 中〘天〙銀河系〔宇宙〕.

Milch⸗sup·pe 女 **1**〘料理〙牛乳入りスープ. **2**《話》濃霧. **⸗topf** 男 ミルクポット(→ 図 Topf).

milch·trei·bend 形〘医〙催乳の: ~*e* Mittel 催乳剤.

Milch⸗tü·te 女 牛乳を入れる紙の容器〈テトラパック〉. **⸗vieh** 中 乳畜(乳牛・乳山羊など). **⸗wa·gen** 男 牛乳運搬車: *sich*⁴ wie Bolle auf dem ~ amüsieren (→Bolle 1 b).

milch·weiß[mílçváıs, ⌣⌐] 形 乳白色の.

Milch⸗wirt·schaft 女 **1 a)** 酪農業. **b)** 酪農場. **2**《話》乳房. **⸗zahn** 男〘解〙乳歯. **⸗zen·tri·fu·ge** 女 クリーム〔遠心〕分離器. **⸗zucker** 男〘化〙乳糖, ラクトーゼ.

mild[mılt]¹ 形 **1 a)** (英: *mild*) 穏やかな, 柔らかい, 温和な, 程よい: ~*es* Licht 柔らかな光 | ein ~*es* Klima 温暖な気候 | ein ~*er* Tag 暖かな日 ‖ ein ~*er* Blick 穏やかなまなざし | ein ~*es* Lächeln 穏やかなほほえみ | ~*es* Gemüt 〈Wesen〉 柔和な心〈性質〔の人〕〉 ‖ ~*er* Klang 柔らかな響き | ~*e* Farbe 柔らかな色 | der ~*e* Luxus 程よい豪華さ ‖ Das Wetter wird wieder ~*er*. 天候が再び温暖になる ‖ 〘副詞的にしばしば milde の形で〙~〔*e*〕 leuchten 穏やかに〈ほのかに〉輝く | ~〔*e*〕 gesagt 〈gesprochen〉 穏やかに〈やんわり〉言えば. **b)** 厳格でない, 寛大な; (刑罰などが)ゆるやかな, 軽い: ein ~*er* Richter 〈Herrscher〉 寛大な裁判官〈支配者〉 | eine ~*e* Strafe 軽い刑罰 ‖ eine ~*e* Hand haben (→Hand 1) | Du solltest ~*ere* Saiten aufziehen. 《比》もう少し手かげんしたらどうだ. **c)** (飲食物の味が)刺激性の少ない, 口当たりの柔らかい: ~*er* Essig 酸味のあまり強くない酢 | ~*er* Wein 甘口のワイン. ▽**2** 慈悲深い, 同情した: eine ~*e* Gabe (→Gabe 1 b) | eine ~*e* Tat 慈善行為 | *et.*⁴ mit ~*er* Hand geben …を施しものとして与える.

[*germ.*; ◇mahlen, Moll¹; *engl.* mild; *gr.* malthakós „weich"]

mil·de[míldə] →mild 1 a

Mil·de[–] 女 -/ **1 a)** 穏やかさ, 温和, 柔和, 程よさ: die ~ des Lichtes 〈der Sonne〉 穏やかな光〈太陽〉 | die ~ des Gesichtes 柔和な顔つき. **b)** 寛大, 親切: die ~ des Richters 裁判官の寛大さ〈寛大な処置〉 | mit ~ urteilen 寛大な判決を下す. **c)** (味・香りなどの)柔らかさ, まろやかさ. ▽**2** 慈悲, 慈善.

mil·dern[míldərn] 《05》 他 (h) **1** 和らげる, 弱める, しずめる, 軽減する: die Glut 〈die Kälte〉 ~ 灼熱(しゃくねつ)〈寒気〉を弱める | den Lärm ~ 騒音を少なくする | die Schmerzen ~ 苦痛を軽減する | die Stimme ~ 声を落とす | Zorn ~ 怒りをしずめる ‖ 再帰 *sich*⁴ ~ 和らぐ, しずまる | Sein Zorn 〈Seine Verwunderung〉 *milderte* sich. 彼の怒り〈驚き〉はしずまった ‖ *milderndes* Mittel〘薬〙緩和剤. **2** (刑罰などを)軽くする: eine Strafe ~ 罪を軽減する | ein Urteil ~ 判決内容を軽くする ‖ *mildernde* Umstände〘法〙酌量減軽の事由.

Mil·de·rung[..dərʊŋ] 女 -/ 和らげること, 緩和, 軽減, 鎮静; (刑罰などを)軽くすること.

Mil·de·rungs·grund 男〘法〙酌量減軽の事由; (一般に他人の極端な行為を)大目に見てやるだけの理由.

mild·her·zig[mílthɛrtsıç]² 形 心のやさしい, 慈悲深い; 慈善の, 施しの好きな.

Mild·her·zig·keit[–kaıt] 女 -/ mildherzig なこと.

mild·tä·tig[míltte:tıç]² 形 慈善心に富む, 慈善を行う, 施し好きな: eine ~*e* Stiftung 慈善団体〈基金〉 | eine ~*e* Gabe 施しもの ‖ zu Armen 〈gegen Arme〉 ~ sein 貧しい人々に対してやさしい.

Mild·tä·tig·keit[–kaıt] 女 -/ 慈善〔行為〕.

Mi·les glo·rio·sus[mí:lɛs glorió:zʊs] 男 --/ ほら吹き(古代ローマの作家プラウツスの喜劇の題名から). [*lat.* „ruhmrediger Soldat"; ◇militärisch, glorios]

Mi·lia·ria[miliá:ria·] 複 (Friesel)〘医〙**1** 粟粒疹(ぞくりゅうしん). **2** (Schweißfriesel) 汗疹, あせも. [< *lat.* milium „Hirse"]

Mi·liar·tu·ber·ku·lo·se[miliá:r..] 女〘医〙粟「粒(ぞくりゅう)結核.」

Mi·lieu[miliǿ:] 中 -s/-s **1** (Umgebung) **a)** 環境, 境遇: das gesellschaftliche 〈häusliche〉 ~ 社会〈家庭〉環境 ‖ aus kleinbürgerlichem ~ kommen 〈stammen〉 小市民の出である | in einem ärmlichen ~ aufwachsen 貧しい境遇に成長する. **b)**〘生〙(生物を取り巻く)環境: das spezifische ~ eines Tieres ある動物に特有の環境. **2**《特に: スイス》売春婦の世界; 娼婦(しょうふ)の出没する地区. ▽**3**《オーストリア》(小型の)テーブルセンター. [*fr.*; < *lat.* medius „mitten" +locus (→lokal)]

mi·lieu·be·dingt[miliǿ:..] 形 環境に条件づけられた.

Mi·lieu⸗dar·stel·lung[miliǿ:..] 女, **⸗schil·de·rung** 女〘文芸〙(特に自然主義文学での)環境描写. **⸗theo·rie** 女〘心〙環境説.

mi·li·tant[militánt] 形 戦闘的な, 好戦的な: ein ~*er* Vertreter des Antikommunismus 反共産主義の闘士 | eine ~*e* Rede halten 戦闘的な演説をする. [*lat.*; < *lat.* mīlitāre „Kriegsdienst tun"]

Mi·li·tanz[..tánts] 女 -/ **1** 戦闘的〈好戦的〉なこと. **2** 好戦的態度, 戦闘的な行動.

Mi·li·tär[milité:r] **I** 中 -s/ 軍〔部〕, 軍隊; (↔Zivil)《集合的に》軍人, 兵士: über 10 000 Mann ~ 1万人を越える軍隊 ‖ gegen *et.*⁴ ~ einsetzen …に対して軍隊を出動させる ‖ beim ~ sein 軍人である | vom ~ entlassen werden 〈freikommen〉 除隊になる | zum ~ gehen 〈einrücken〉 軍人になる〈入隊する〉. **II** 男 -s/-s《ふつう複数で》〔職業〕軍人, 将校: ein erfahrener ~ 老練な軍人. [*lat.* mīlitāris–*fr.* militaire; ◇*engl.* military]

Mi·li·tär⸗ab·kom·men 中 (国家間の)軍事協定. **⸗ak·tion** 女 軍事行動. **⸗al·lianz** 女 軍事同盟. **⸗an·la·ge** 女 軍事施設. **⸗arzt** 男 (↔Zivilarzt) 軍医. **⸗at·ta·ché**[..|ataʃe:] 男 (大公使館付きの)武官. **⸗aus·ga·ben** 複 軍事支出. **⸗aus·schuß** 男 (特に NATO の)軍事委員会. **⸗au·to** 中 軍用自動車. **⸗ba·sis** 女 軍事基地. **⸗be·hör·de** 女 軍当局, 軍部. **⸗be·ra·ter** 男 軍事顧問. **⸗block** 男 -〔e〕s/..blöcke (-s) 軍事ブロック. **⸗bud·get**[..bydʒe:] 中 軍事予算. **⸗bünd·nis** 中 軍事同盟. **⸗dienst** 男 兵役, 軍務. **⸗dienst·pflicht** 女 -/ 兵役義務. **⸗dik·ta·tor** 男 軍人独裁者. **⸗dik·ta·tur** 女 軍部独裁, 武断政治. **⸗ein·satz** 男 軍事力の投入, 軍隊の出動. **⸗etat**[..|eta:] 男 軍〔事〕予算. **⸗ex·per·te** 男 軍事専門家. **⸗fahr·zeug** 中 軍用車両. **⸗flug·ha·fen** 男 軍用空港. **⸗flug·platz** 男 軍用飛行場. **⸗flug·zeug** 中 (↔Zivilflugzeug) 軍用機.

mi·li·tär·frei[milité:r..] 形 兵役免除の.

Mi·li·tär⸗fried·hof 男 軍人墓地. **⸗ge·fäng·nis** 中 軍用刑務所, 衛戍(えいじゅ)監獄(陸軍の監獄). **⸗ge·heim·nis** 中 軍事機密. **⸗geist·li·che** 男 従軍牧師〈司祭〉. **⸗ge·richt** 中 軍法会議, 軍事裁判; 軍事法廷. **⸗ge·richts·bar·keit** 女 軍事裁判権. **⸗ge·schich·te** 女 軍事史. **⸗ge·walt** 女 **1** 軍の指揮権. **2** 軍隊の動員, 武力〔行使〕. **⸗gou·ver·neur** 男 軍政官. **⸗groß·macht** 女 軍事大国. **⸗haus·halt** 男 軍事予算. **⸗herr·schaft** 女 軍部独裁. **⸗hil·fe** 女 軍事援助. **⸗hi·sto·ri·ker** 男 軍事史家. **⸗ho·heit** 女 -/ 国家の軍事権, 国防権, 自衛権; 軍政権. **⸗hos·pi·tal** 中 軍用病院. **⸗hub·schrau·ber** 男 軍用ヘリコプター.

Mi·li·ta·ria[militá:ria·] 複 軍事, 軍関係事項一般; 軍事郵便〔標記〕; 軍関係書籍. [*lat.*]

Mi·li·tär⸗in·du·strie[milité:r..] 女 軍需産業. **⸗in·ter·ven·tion** 女 (他国による)軍事介入.

mi·li·tä·risch[milité:rıʃ] 形 (↔zivil) **1**《述語的用法なし》軍の, 軍事〔上〕の, 軍用の; 軍隊〈軍人〉の: der ~*e* Dienst 兵役, 軍務 | ~*e* Geheimnisse 軍事機密 | eine

〜*e* Intervention〈Operation〉軍事介入〈作戦〉‖ eine 〜*e* Ausbildung erhalten 軍事教育を受ける ‖ 〜 stark sein 軍事的に強力である. **2** (儀式・作法などが)軍隊ふうの, 軍人らしい, かしこまった: mit 〜*en* Ehren empfangen 軍隊式に(儀仗(ぎじょう)兵・礼砲などで)迎える | Seine Haltung war 〜. 彼の態度は軍人ふうであった ‖ 〜 grüßen 挙手の礼をする; かしこまって挨拶する. [*lat.* mīlitāris; <*lat.* mīles „Krieger"; ◇ *engl.* military]

mi·li·ta·ri·sie·ren[militarizí:rən] 他 (h) 《*et.*[4]》(…に)軍隊を配備する, 軍事施設をつくる, 武装化する; 軍国化〈軍隊化〉する,(…に)軍国主義を吹き込む: einen Staat〈die Wirtschaft eines Landes〉〜 国家〈国の経済〉を軍国化する. [*fr.*]

Mi·li·ta·ri·sie·rung[..rʊŋ] 女 -/ **1** militarisieren すること. **2** 軍隊〔国防軍〕に召集されること.

Mi·li·ta·ris·mus[militarísmʊs] 男 -/ 軍国主義.

Mi·li·ta·rist[..ríst] 男 -en/-en 軍国主義者. [*fr.*]

mi·li·ta·ri·stisch[..rístɪʃ] 形 軍国主義的な.

Mi·li·tär≠jeep[militɛ́:r..] 男 軍用ジープ. **≠jun·ta**[..xʊnta·, ..jʊn..] 女 (特にスペイン・ラテンアメリカ諸国などの)軍事政府〈評議会〉. **≠ju·stiz** 女 軍事司法. **≠ka·pel·le** 女 軍楽隊. **≠macht** 女 **1** 軍事国家, 軍事大国. **2** 兵力, 軍事力. **≠marsch** 男 軍隊行進曲. **≠ma·schi·ne** 女 軍用機. **≠me·di·zin** 女 軍事医学. **≠mis·sion** 女 (外国への)軍事顧問団〈使節団〉〔本部〕. **≠mu·sik** 女 軍楽〔隊の奏する音楽〕. **≠ope·ra·tion** 女 軍事作戦. **≠pakt** 男 軍事条約. **≠pa·ra·de** 女 軍事パレード. **≠per·son** 女 軍関係者, 軍人. **≠pflicht** 女 -/ 兵役義務.

mi·li·tär·pflich·tig[militɛ́:r..] 形 兵役義務のある, 兵役義務年齢に達した.

Mi·li·tär·po·li·tik 女 軍事政策.

mi·li·tär·po·li·tisch 形 軍事政策〔上〕の.

Mi·li·tär≠po·li·zei 女 憲兵隊. **≠po·li·zist** 男 憲兵. **≠re·gie·rung** 女 軍事政権,(特に占領地区などの)軍政府; 軍政: die Alliierte 〜 連合国軍政府. **≠schu·le** 女 軍幹部養成学校. **≠seel·sor·ge** 女 従軍司祭〈牧師〉による信仰相談. **≠spio·na·ge** 女 軍事スパイ行為〈活動〉. **≠staat** 男 軍事〈軍国主義〉国家. **≠stra·te·gie** 女 軍事戦略.

mi·li·tär·stra·te·gisch 形 軍事戦略〔上〕の.

Mi·li·tär≠stütz·punkt 男 軍事基地. **≠tech·no·lo·gie** 女 軍事技術. **≠vor·la·ge** 女 軍事法案〈議案〉. **≠we·sen** 中 -s/ 軍事, 軍備, 軍制. **≠wis·sen·schaft** 女 軍事学.

Mi·li·ta·ry[míːlɪtəri·] 女 -/-s 〘馬術〙総合馬術(馬場馬術・〔野外〕障害走行・障害飛越の3種目競技). [*engl.*]

Mi·li·ta·ry Po·lice[– pəlí:s] 女 --/ (略 MP) (英国・米国の)憲兵隊. [*engl.* „Militär-polizei"]

Mi·li·tär·zeit[militɛ́:r..] 女 -/ 兵役〈軍務〉期間.

Mi·liz[milí:ts; スイ: ..líts] 女 -/-en **1** 市民軍, 在郷軍, 民兵団. **2** (特に旧東欧社会主義諸国の)〔軍事〕警察, 民警. [*lat.* mīlitia „Kriegsdienst"〔–*russ.*〕; ◇ militä*risch*]

Mi·li·zio·när[militsionɛ́:r] 男 -s/-e **1** =Milizsoldat **2** (旧東欧社会主義諸国の)警察官. [2: *russ.*]

Mi·liz·sol·dat[milí:ts..] 男 市民兵, 在郷兵, 民兵.

milk[mɪlk] melk〔e〕(melken の命令法単数)の古形.

milkst[..st] melkst (melken の現在2人称単数)の古形.

milkt[..t] melkt (melken の現在3人称単数)の古形.

Mill[mɪl] 人名 John Stuart 〜 ジョン スチュアート ミル(1806–73; イギリスの哲学者・経済学者. 著書『論理学大系』など).

Mill. 略 =Million〔en〕

Mil·le[mílə, ..le·] 中 -/- **1** 1000(記号 M). **2** 《話》(tausend Mark) 1000マルク. [*lat.* mīlle (→milli..)]

Mil·le·fio·ri·glas[mɪlefió:ri..] 中 -es/..gläser (色ガラスや金属片などを封入した)花入り〈モザイク〉ガラス. [<*it.* mille fiori „tausend Blumen" (◇Flor[2])]

Mille·fleurs[mɪlflœ́:r] **I** 中 -/ (織物やガラス細工品の)千花(せんか)模様. **II** 男 -/ 千花模様の生地. [*fr.*; <*fr.* fleurs „Blumen"]

mil·le·nar[mɪlená:r] 形 (tausendfach) **1** 1000倍の. **2** 何千もの.

Mil·le·ne·ris·mus[mɪlenarísmʊs] 男 -/ =Chiliasmus

Mill·en·nium[mɪlɛ́niʊm] 中 -s/..nien[..niən] **1** 1000年〔間〕. **2** 〘キリスト教〙千年王国(世界終末完成前にキリストがこの世に再び現れて千年間統治するという説. 聖書: 黙20, 1–5). [<*lat.* annus „Jahr"]

Mill·en·nium〔s〕·fei·er 女 千年祭.

Mil·let[milé, ..lé:, mijé, ..jé:] 人名 Jean-François 〜 ジャン=フランソワ ミレー(1814–75; フランスの画家).

milli.. 《単位名につけて「1000分の1」を意味する; 記号 m》: *Milli*gramm ミリグラム. [<*lat.* mīlle „tausend"]

Mil·li·am·pere[mɪli|ampé:r, ..pɛ́:r] 中 〘電〙ミリアンペア(記号 mA).

Mil·liar·där[mɪliardɛ́:r] 男 -s/-e (10億の資産を有する人)億万長者, 大富豪. [*fr.* milliardaire; ◇..ar]

Mil·liar·de[mɪliárdə] 女 -/-n (略 Md., Mrd.) 10億(Million の1000倍, 10^9): einige 〜*n* Mark 数十億マルク. [*fr.* milliard; ◇Million]

mil·liardst[mɪliártst] 《序数》10億番目の: →fünft

mil·liard·stel[..təl] **I** 《分数》10億分の1〔の〕: →fünftel **II** **Mil·liard·stel** 中 (スイ: 男) -s/- 10億分の1.

Mil·li≠bar[mɪlibá:r] 中 〘気象〙ミリバール(記号 mb, mbar). **≠gramm**[..grám] 中 ミリグラム(記号 mg): →Gramm **≠li·ter**[..lí:tər] 男 (中) ミリリットル(記号 m*l*): →Liter **≠me·ter**[..mé:tər] 男 (中) ミリメートル(記号 mm): →Meter

Mil·li·me·ter≠ar·beit[mɪlimé:tər..] 女 -/ 《話》きわめて精密な作業〈仕事・操作〉. **≠pa·pier** 中 1ミリ目の方眼紙, グラフ用紙. **≠wel·le** 女 〘理〙ミリメートル波.

Mil·li·mi·kron[mɪlimí:krɔn] 中 ミリミクロン(記号 m*μ*).

Mil·lion[mɪlió:n] 女 -/-en (小 **Mil·liön·chen**[mɪliǿ:nçən] 中 -s/-) (略 Mill., Mio.) 100万: eine 〜〈drei 〜*en*〉100万〈300万〉| zehn 〜*en* 1000万 | hundert 〜*en* 1億 | zweihundert 〜*en* 2億 | eine halbe〈dreiviertel〉〜 50万〈75万〉| 0,8 〜*en* (読み方: null Komma acht Millionen) 80万 ‖ in die 〜*en* gehen 数百万に及ぶ | 〜*en*〔von〕Menschen 何百万という人々. [*it.* milione „Großtausend"]

Mil·lio·när[mɪlionɛ́:r] 男 -s/-e 百万長者, 富豪. [*fr.* millionnaire: ◇..ar]

Mil·liön·chen Million の縮小形.

Mil·lio·nen≠auf·la·ge[mɪlió:nən..] 女 (書籍などの)〔数〕百万の部数. **≠blatt** 中 発行部数〔数〕百万の新聞.

mil·lio·nen·fach[mɪlió:nən..] 形 100万倍の: →fünffach

Mil·lio·nen·ge·winn 男 莫大な〈巨額の〉利益.

mil·lio·nen·mal 副 100万回; 100万倍: →fünfmal

Mil·lio·nen≠me·tro·po·le 女 人口〔数〕百万の首都. **≠stadt** 女〔数〕百万の人口をもつ大都市, 巨大都市. **≠ver·mö·gen** 中 ばく大な財産.

mil·lio·nen·wei·se 副 (→..weise ★) 数百万ずつ; 何百万となく.

mil·lionst[mɪlió:nst] 《序数》100万番目の: →fünft

mil·lion·〔s〕tel[mɪlió:n(s)təl] **I** 《分数》100万分の1〔の〕: →fünftel **II** **Mil·lion·〔s〕tel** 中 (スイ: 男) -s/- 100万分の1.

Mil·li≠rem[mɪlirɛ́m] 中 〘理〙ミリレム. **≠se·kun·de**[..zekʊ́ndə] 女 ミリセカンド(記号 msec).

Mil·löcker[mílœkər] 人名 Carl 〜 カルル ミレッカー(1842–99; オーストリアのオペレッタ作曲家).

Mil·reis[mɪlráɪs] 中 -/- ミルライス(昔のポルトガル・ブラジルの貨幣単位: 1000Reis). [*port.*; ◇Real[1]]

Mil·ton[míltən] 人名 John 〜 ジョン ミルトン(1608–74; イギリスの詩人. 作品は叙事詩『失楽園』など).

Milz[mɪlts] 女 -/-en 〘解〙脾臓(ひぞう) (→ 図 Mensch D).

M

[*germ.*; ◇Malz; *engl.* milt]

Milz·brand[mílts..] 男 -[e]s/ 《医》炭疽(たんそ).

Milz·brand·ba·zil·lus 男《細菌》炭疽(たんそ)菌.

Milz≈ent·zün·dung 女《医》脾臓(ひぞう)炎. **≈ex·stir·pa·tion** 女《医》脾臓摘出. **≈farn** 男 (Streifenfarn)《植》チャセンシダ(茶筅羊歯)〔属〕. **≈kraut** 中《植》ネコノメソウ(猫目草)〔属〕. **≈rup·tur** 女《医》脾臓破裂. **≈schwel·lung** 女《医》脾腫(ひしゅ)〔脹〕. **≈ste·chen** 中 -s/ 脾臓痛,(脾腫脹のための)わき腹の痛み. **≈sucht** 女 -/ ヒポコンデリー, 憂鬱(ゆううつ)症.

milz·süch·tig 形 **1** 脾臓(ひぞう)病の. **2** 不機嫌な, 怒りっぽい, ヒポコンデリー症の.

Milz·tu·mor 男《医》脾腫(ひしゅ).

Mi·me[mí:mə] 男 -n/-n (Schauspieler) 俳優, 役者: ein genialer ～ 天才的な俳優 | die Kunst des ～*n* 俳優術, 物まね術. [<Mimus]

mi·men[mí:mən] 他 (h) 《*jn.*/*et.*[4]》 **1** (ある役を)演じる, (…に)扮(ふん)する: eine Rolle ⟨den Faust⟩ ～ ある役⟨ファウスト⟩を演じる. **2** 《話》(…の)ふりをする,(…を)装う: den Kranken ～ 病人のふりをする | den starken ⟨großen⟩ Mann ～ (→Mann[2] 1) | Unwissenheit ～ 知らないふりをする; 無知を装う ‖〘目的語なしで〙Er hat nur *gemimt.* 彼はそんなふりをしていただけだ.

Mi·men Mime, Mimus の複数.

Mi·me·se[mimé:zə] 女 -/-n, **Mi·me·sie**[mimezí:] 女 -/-n[..zí:ən] **1** 《動》擬態, 隠蔽的擬態. **2** ＝Mimesis

Mi·me·sis[mí:mezɪs] 女 -/..sen[mimé:zən] **1** (古代芸術における)自然の模倣. **2** (他人の言動の)模倣, 物まね. [*gr.*; ◇Mimus]

mi·me·tisch[mimé:tɪʃ] 形 **1** 模倣の, 物まねの. **2** 《動》擬態の. [*gr.*]

Mi·mik[mí:mɪk] 女 -/ **1** 身振り, 演技, 物まね; 表情. **2** 《話》(建物の一部などの)複雑な構造物. [*lat.*]

Mi·mi·ker[mí:mikər] 男 -s/- 物まね師, 狂言役者; 物まねの上手な人.

Mi·mi·kry[mímikri·] 女 -/ **1** 《動》擬態, 標識的擬態. **2** 《比》(擬装などの)環境適合能力, 保身術. [*engl.* mimicry]

mi·misch[mí:mɪʃ] 形 身振り⟨表情⟩の; 物まねの; 演技の: *et.*[4] ～ ausdrücken ⟨darstellen / vorführen⟩ …を身振りで表す. [*gr.*–*lat.*; ◇Mimus]

Mi·mo·se[mimó:zə] 女 -/-n **1** 《植》オジギソウ(御辞儀草)属. **2** 《比》神経過敏な⟨感じやすい⟩人. [◇Mimus, ..os]

mi·mo·sen·haft 形《比》神経過敏な, 感じやすい, 繊細な.

Mi·mo·sen·haf·tig·keit 女 -/ mimosenhaft なこと.

Mi·mus[mí:mʊs] 男 -/Mimen[..mən] (古代ギリシア・ローマの)役者, 俳優; 道化芝居⟨茶番劇⟩〔の役者〕. [*gr.*–*lat.*; <*gr.* mīmeĩsthai „nachahmen"; ◇*engl.* mime]

min. (**Min.**) 略 ＝Minute[n] 1

Mi·na·rett[minarɛ́t] 中 -s/-e, -s《建》ミナレット, ミナレ(イスラム教寺院の祈りの塔: → 図 Moschee). [*arab.* manāra „Leuchtturm"–*türk.*–*fr.*; <*arab.* nār „Feuer „]

Min·chen[mí:nçən] 女名 (<Mine[1]) ミーンヒェン.

Min·da·nao[mɪndanáːo·] 地名 ミンダナオ(フィリピン諸島南端にあり, ルソン島に次ぐ大きな島). [*malai.*]

Min·den[míndən] 地名 ミンデン(ドイツ Nordrhein-Westfalen 州, Weser 川に沿う工業都市). [◇Mime (ゲルマン伝説の水魔)]

min·der[míndər] 形《比較変化なし: →★》**1** (質が)より劣った, 劣等の, 低級な, マイナーの; (weniger) (数量が)より少ない, よりわずかな: die ～*en* Götter / Götter ～*en* Rangs 下級の(二流三流の)神々 | ～*e* Waren / Waren 〔von〕 ～*er* Qualität 低級品 | *Minderer* Bruder 《カトリック》フランチェスコ会修道士(＝Minderbruder) ‖ ～ werden《雅》減少する | ～ wichtig sein《雅》あまり重要ではない | **nicht minder** 〔それに〕劣らず | nicht ～ wichtig sein 重要さでひけをとらない | Er hat furchtbar angegeben, und sein Freund nicht ～. 彼は大ぼらを吹いたが彼の友達だって負けていなかった | Er liebt seine Tochter nicht ～ als den Sohn. 彼は息子だけではなく娘もそれに劣らず愛している | Er legt nicht ～ Wert darauf. 彼はそれを他のことに劣らず重視している ‖ mehr oder minder (→mehr 3 ①) | nicht mehr und nicht ～ (→mehr 3 ①).

2 《狩》(イノシシなどについて)若い.

★ wenig および gering の比較級の役割をはたす.

[*ahd.* minniro; ◇Minor]

Min·der·aus·ga·be[míndər..] 女《経》支出減〔額〕, (有価証券の)発行高減少.

min·der≈be·deu·tend 形 重要性の劣る, たいしたことはない. **≈be·fä·higt** 形 能力の劣る, 低能力の. **≈be·gabt** 形 素質の劣る; 知能程度の低い: Schule für *Minderbegabte* 知恵遅れ児童のための特殊学校. **≈be·gü·tert** 形 資力の劣る.

Min·der·be·la·ste·te 男 女《形容詞変化》(ナチ犯罪追及の際の)軽度犯罪者(活動的でなかったと判定された国家社会主義者).

min·der·be·mit·telt 形 資力の劣る: geistig ～ sein 《話》愚かである, 頭が弱い.

Min·der≈be·trag 男《経》差額. **≈bru·der** 男 (Franziskaner)《カトリック》フランチェスコ会修道士. **≈ein·nah·me** 女《経》収入減; (Defizit) 欠損. **≈ge·bot** 中 (期待以下の)低い付け値. **≈ge·wicht** 中 重量不足, 目減り.

Min·der·heit[míndərhaɪt] 女 -/-en (↔Mehrheit) (Minorität) **1** 《単数で》(票決などでの)少数: Wir waren in der ～. 我々は少数派だった. **2** 少数派, 少数党; (多数集団から不利な扱いを受ける特定の)少数集団, 少数民族. [*fr.* minorité (◇Minorität) の翻訳借用]

Min·der·hei·ten≈fra·ge 女, **≈pro·blem** 中 少数者⟨派・党・民族⟩問題. **≈recht** 中 -〔e〕s/-e《法》**1** (ふつう複数で)少数者⟨派・党・民族⟩の権利. **2** (国内の少数民族・少数宗派に関する)少数者法. **≈schutz** 男 少数者⟨派・党・民族⟩の保護.

Min·der·heits≈ka·bi·nett 中 少数派による内閣. **≈par·tei** 女 少数党. **≈recht** ＝Minderheitenrecht **≈re·gie·rung** 女 少数派による政府.

min·der·jäh·rig[míndərjɛ:rɪç][2] **I** 形 (↔volljährig) (unmündig) 未成年の(18歳未満, 以前は21歳未満): Er ist ～. 彼はまだ成年に達していない. **II Min·der·jäh·ri·ge** 男 女《形容詞変化》未成年者. [*mlat.* minorennis (◇minorenn) の翻訳借用]

Min·der·jäh·rig·keit[..kaɪt] 女 -/ 未成年〔であること〕.

min·dern[míndərn] 《05》他 (h) 減じる, 低下⟨減少⟩させる,(速度・光度などを)落とす: das Tempo ～ テンポを落とす | Sein Ansehen wurde dadurch nicht *gemindert*. 彼の名声はそんなことでは低下しなかった ‖ 再帰 *sich*[4] ～ 減じる, 減少⟨低下⟩する | Die Schärfe seiner Worte *minderte* sich etwas. 彼の言葉のしんらつさは幾分和らいだ. [*ahd.* minnirōn; ◇minder]

Min·de·rung[..dərʊŋ] 女 -/-en 減少, 低下.

Min·der·wert[míndər..] 男 低価値; 低価格.

min·der·wer·tig 形 質の悪い, 劣等な, 粗悪な; (性格などが)いやしい: ～*e* Waren 粗悪品 | Er ist ein ～*es* Subjekt. 《話》彼はくだらないやつだ ‖ *sich*[4] ～ fühlen 劣等感を抱く.

Min·der·wer·tig·keit 女 -/ minderwertig なこと.

Min·der·wer·tig·keits≈ge·fühl 中《心》劣等感. **≈kom·plex** 男《心》劣等コンプレックス(略 Miko).

Min·der·zahl[míndər..] 女 -/ 少数: in der ～ sein (他より)少数である, 数で負ける.

min·dest[míndəst] 形《不定数詞・不定代名詞として: →★》**1** 《定冠詞を伴い付加語的に》(wenigst) 最も少ない, きわめてわずかの: ohne den ～*en* Zweifel 少しの疑いもなしに | nicht die ～*en* Aussichten haben 成功の見込みが全くない ‖ Davon versteht er **nicht das** ～***e***. 彼はその事が全くわかっていない | Das ist das ～*e*, was man tun sollte. そ

れはしなければならない最低限度のことである ‖ die **am ～*en*** gefährliche Rennstrecke 最も危険の少ない走路区間 | **nicht im ～*en*** 少しも〈これっぽっちも〉…ない | Ich denke nicht im ～*en* daran. そんなことは全く考えていない | **zum ～*en*** 少なくとも | Sie hätte sich zum ～*en* entschuldigen können. 彼女はあやまるぐらいはしてもよかったのに. **2** 《無語尾で副詞的に》～ gefährlich 最も危険の少ない(＝am ～*en* gefährlich).

★ wenig および gering の最上級の役割をはたす.
［*ahd.* minnist; ◇Minimum, minder］

Mịn·dest⸗an·for·de·rung［míndəst..］ 女 最低要求. **⸗be·trag** 男 最低額.

mịn·de·stens［míndəstəns］ 副 (↔höchstens) (wenigstens) 少なくとも, 最小限, 最低に見積もって; せめて(…ぐらいは): 〚数量を示す語と〛Das kostet ～ 5 Mark. それは最低 5 マルクはかかる | Es waren ～ zwei Täter. 犯人は少なくとも 2 名はいた ‖ Er hätte sich ～ entschuldigen müssen. 彼はせめておわびぐらいは言うべきだった.

Mịn·dest⸗ge·bot［míndəst..］ 中 〚法〛最小競売価格. **⸗ge·halt I** 男 最低含有量. **II** 中 最低給〔料〕. **⸗ge·schwin·dig·keit** 女 最低〔許容〕速度; 〚空〛最小操縦速度. **⸗halt·bar·keits·da·tum** 中 (食料品などの)最低保存〈賞味〉期限. **⸗lohn** 男 最低賃金. **⸗maß** 中 -es/ (↔Höchstmaß) (Minimum) 最小限, ミニマム. **⸗preis** 男 最低価格. **⸗re·ser·ve** 女 -/-n 《ふつう複数で》〚経〛(金融機関の)最低準備金. **⸗wert** 男 最小値. **⸗zahl** 女 最低数.

Mị·ne[1]［mí:nə］ 女名 (＜Wilhelmine) ミーネ.

Mị·ne[2]［－］ 女 -/-n ミナ, ミーネ, ムナー(古代ギリシアの貨幣〔単位〕: 100 Drachmen; 重量単位: 436.6 g). ［*semit.*－*gr.* mnã－*lat.* mina］

Mị·ne[3]［－］ 女 -/-n **1** 〚軍〛(Landmine) 地雷; (Seemine) 機械水雷, 機雷; (Luftmine) 空雷; 爆弾, 迫撃砲弾: **eine ～ legen** 地雷〈機雷〉を敷設する; 《話》陰謀をめぐらす | ～*n* werfen (海中に)機雷〈水雷〉を投じる | **alle ～*n* springen lassen** 猛烈に攻撃する; 《話》あらゆる手をつくす | Die ～ explodiert. 地雷〈機雷〉が爆発する ‖ auf eine ～ treten 地雷を踏む. **2** (ボールペン・シャープペンシルなどの)〔替え〕芯(しん); (万年筆の)カートリッジ: ein Kugelschreiber mit roter ～ 赤い芯のボールペン | eine neue ～ einsetzen 新しい芯を入れる. **3 a)** (Bergwerk) 鉱山, 鉱坑: Gold*mine* 金鉱. **b)** (Stollen) 坑道, 横坑. **4** 《ふつう複数で》〚生〛(幼虫などが植物の組織などに作る)潜孔. **5** 〚商〛(取引所で)値のせり上げ. ［*fr.* „Erzader"; ◇Mineral］

Mị·nen⸗ar·bei·ter［mí:nən..］ 男 (Bergmann) 鉱山労働者, 鉱員. **⸗feld** 中 〚軍〛**1** 地雷原. **2** 機雷敷設海面. **⸗gang** 男 〚軍〛(地雷をしかけるための)坑道. **⸗le·ger** 男 〚軍〛(海軍で)機雷敷設艦; (陸軍で)地雷敷設車.

Mị·nen·räum·boot 中 〚軍〛掃海艇. ［＜räumen］

Mị·nen⸗räu·mung 女 〚軍〛地雷〈機雷〉除去. **⸗sper·re** 女 〚軍〛地雷〈機雷〉封鎖〔区域〕. **⸗stift** 男 (Füllbleistift) シャープペンシル. **⸗such·boot** 中, **⸗su·cher** 男 〚軍〛掃海艇. **⸗such·ge·rät** 中 〚軍〛地雷〈機雷〉探知機器. **⸗wer·fer** 男 〚軍〛迫撃砲; 擲弾(てきだん)筒.

Mi·ne·ral［minerá:l］ 中 -s/-e, -ien［..liən］ 鉱物, 鉱石; 無機物. ［*mlat.* (aes) minerāle „Gruben(erz)"; ＜*mlat.* minera „Erzgrube" (◇Mine[3])］

Mi·ne·ral⸗bad 中 鉱泉浴. **⸗brun·nen** 男 ＝Mineralquelle **⸗dün·ger** 男 無機質肥料(硫安・塩化カリなど).

Mi·ne·ra·li·en Mineral の複数.

mi·ne·ra·lisch［minerá:lɪʃ］ 形 鉱物〔性〕の, 鉱物を含む; 無機質の.

Mi·ne·ra·lo·ge［mineraló:gə］ 男 -n/-n (→..loge) 鉱物学者.

Mi·ne·ra·lo·gie［..logí:］ 女 -/ 鉱物学.

mi·ne·ra·lo·gisch［..ló:gɪʃ］ 形 鉱物学〔上〕の.

Mi·ne·ral⸗öl［minerá:l..］ 中 鉱油, 石油. **⸗quel·le** 女 鉱泉. **⸗reich** 中 鉱物界. **⸗salz** 中 〚化〛鉱物塩, 無機塩, 無機質. **⸗säu·re** 女 〚化〛鉱酸, 無機酸. **⸗stoff** 男 無機塩, 無機質. **⸗stoff·wech·sel** 男 -s/ 〚生理〛無機質代謝, 鉱質代謝. **⸗wachs** 中 〚鉱〛鉱蠟(ろう), 地蠟(ろう). **⸗was·ser** 中 -s/..wässer **1** 鉱水, 鉱泉の水. **2** ミネラルウォーター; 炭酸水.

Mi·nẹr·va［minérva·］ 人名 〚ロ神〛ミネルヴァ(技術・学芸の女神. ギリシア神話の Athene に当たる). ［*lat.*; ◇mental］

Mi·nẹ·stra［minéstra·］ 女 -/..stren［..strən］ ＝Minestrone ［*it.*; ＜*lat.* ministrāre (→ministrieren)］

Mi·nẹ·stra·sup·pe［minéstra..］ 女 《オーストリア》(Kohlsuppe) 〚料理〛キャベツスープ.

Mi·nẹ·stren Minestra の複数.

Mi·ne·strọ·ne［minεstró:nə］ 女 -/..ni［..ni·］ 〚料理〛ミネストローネ(米・パルメザンチーズ入りの野菜スープ). ［*it.*］

Mi·neur［minǿ:r］ 男 -s/-e 〚坑〛鉱員; 〚軍〛坑道兵. ［*fr.*; ＜*fr.* miner (→minieren)＋..eur］

Ming［mɪŋ, míŋ］ 女 -/ 明(中国の王朝; 1368-1644): die ～-Dynastie 明王朝.

mị·ni［míni·, mí:..］ **I** 形 《付加語的用法なし》(↔maxi) 〚服飾〛(スカート・服・コートが)ひざ上までの長さの, ミニの: ～ tragen 〈gehen〉 ミニを着ている. **II Mị·ni 1** 中 -s/-s **a)** (Minikleid) ミニドレス. **b)** 《ふつう無冠詞単数で》ミニ丈: Kleider in ～ ミニの服. **c)** 《ふつう無冠詞単数で》《集合的に》ミニの衣装. **2** 男 -s/-s ＝Minirock ［*amerik.*］

mini.. 《名詞などにつけて「小さい・小型の・短い」を意味する》: *Mini*computer ミニコンピューター | *Mini*format 小型. ［*engl.*］

Mi·nia·tur［miniatú:r］ 女 -/-en **1** (中世の写本の)装飾画〔文字〕. **2** 細密画; 細密像. ［*mlat.*－*it.*; ＜*lat.* miniātus „mit Mennige gefärbt" (◇Minium)］

miniatur.. 《名詞につけて「小さい」を意味する》

Mi·nia·tur⸗aus·ga·be 女 極小版, 小型版, 袖珍(しゅうちん)版. **⸗baum** 男 〚園〛盆栽. **⸗bild** 中, **⸗ge·mäl·de** 中 細密画.

mi·nia·tu·ri·sie·ren［miniaturizí:rən］ 他 (h) (特に電子工学で)〔超〕小型化する.

Mi·nia·tur⸗land·schaft［miniatú:r..］ 女 〚園〛盆景. **⸗ma·ler** 男 細密画家, さし絵画家. **⸗ma·le·rei** 女 細密画〔法〕; 彩飾画〔法〕. **⸗röh·re** 女 〚電〛ミニアチュア管(電子管の一種).

Mị·ni⸗au·to［míni.., mí:..］ 中 ミニカー, 小型自動車. **⸗bi·ki·ni** 男 **1** 超小型ビキニ, ミニビキニ. **2** ＝Minikini **⸗bus** 男 ミニバス, 小型バス. **⸗car** 男 **1** 小型タクシー. **2** (玩具の)ミニカー. **⸗com·pu·ter**［..kɔmpju:tər］ 男 ミニコン, 〔超〕小型電算機.

Mi·nier·ar·beit［miní:r..］ 女 〚坑・軍〛坑道開掘作業.

mi·nie·ren［miní:rən］ **I** 他 (h) **1** 〚坑・軍〛(…に)爆破用坑道を掘る, 地雷をしかける; 《比》掘り崩す, 気づかぬうちに〈徐々に〉害する. **2** 〚生〛(幼虫などが植物に)潜孔を掘る: eine Pflanze 〈einen Gang in eine Pflanze〉 ～ 植物に潜孔を掘る. **II** 自 (h) **1** 〚坑〛坑道を掘る, 採鉱する. **2** 《in *et.*[4]》 〚生〛(幼虫などが…に)潜孔を掘る. ［*fr.* miner; ◇Mine[3]; *engl.* mine］

Mi·nier·sack·mot·te［miní:r..］ 女 〚虫〛マガリガ(曲蛾)科のガ.

Mị·ni⸗golf［míni.., mí:..］ 中 ミニゴルフ. **⸗ka·me·ra** 女 ミニカメラ.

Mị·ni·ki·ni［míniki:ni·, mí:..］ 男 -s/-s 〚服飾〛ミニキニ(トップレスの水着). ［＜mini..＋Bikini］

Mị·ni·kleid［míni.., mí:..］ 中 ミニドレス.

Mị·ni·ma Minimum の複数.

mi·ni·mal［minimá:l］ 形 **1** (↔maximal) 最小〔限〕の, 最低〔限〕の: ～*e* Forderungen 最小限の要求. **2** ごくわずかな, ほんの些細(ささい)な: ein ～*er* Unterschied ほんのわずかな差 ‖ nur ～ sein ごくわずかにすぎない.

Mi·ni·mal⸗be·trag 男 最低額. **⸗flä·che** 女 〚数〛極小曲面. **⸗ge·wicht** 中 最低重量.

mi·ni·ma·li·sie·ren［minimalizí:rən］ 他 (h) **1** (↔maximalisieren) (数量・程度などを)できるかぎり少なくする, 最小限にする〈抑える〉. **2** 最小限に評価する, 軽視する, 見くびる.

Mi·ni·mal⸗lohn［minimá:l..］ 男 最低賃金. **⸗preis** 男 最低価格.

M

mi·ni·mie·ren[minimí:rən] (**mi·ni·mi·sie·ren** [..mizí:rən]) 他 (h) (↔maximieren) 最小限に減らす, 最低限に抑える: Lohnkosten ～ 賃金コストを最低限に抑える.

Mi·ni·mum[mí:nimum; オース トリア: míni..] 中 -s/..ma [..ma·] (↔Maximum) **1**《ふつう単数で》(Mindestmaß) 最小限, 最小の量〈数・額・値〉: ein ～ an Aufwand 最小限の出費 | Existenz*minimum* 生存のために必要な最小限のもの ‖ die Unfälle auf ein ～ reduzieren 事故の数を最小限度にとどめる | *et.*[4] unter dem ～ verkaufen …を最低価格以下で売る. **2**〔数〕極小; 最小値. [*lat.*; < *lat.* minimus „kleinst“ (◇minus)]

Mi·ni≈rock[míni.., mí:..] 男 ミニスカート. ≈**slip** 男 超小型のパンツ〈パンティー〉. ≈**spion** 男《話》超小型の盗聴器.

Mi·ni·ster[minístər] 男 -s/- (女 **Mi·ni·ste·rin** [..stərın]-/-nen) **1** 大臣, 長官: ～ für Auswärtige Angelegenheiten / Außen*minister* 外務大臣 | ～ ohne Portefeuille 〈Geschäftsbereich〉 無任所大臣 | Bundes*minister* 連邦政府の大臣 ‖ ～ werden 大臣になる | zum ～ ernannt werden 大臣に任じられる. **2** 公使. **3** 〔カトリック〕聖役者(せいえきしゃ), 聖務者. [*lat.* minister „Geringerer, Diener“ — *fr.* ministre; ◇Minor]

Mi·ni·ster·bank 女 -/..bänke (国会の)大臣席.

mi·ni·ste·rial[ministeriá:l] =ministeriell [*spätlat.*]

Mi·ni·ste·rial≈be·am·te 男 (省庁の)(高級)官吏. ≈**di·rek·tor** 男 (省庁の)局長(ふつう Abteilung の長: → Abteilung 2 a). ≈**di·ri·gent** 男 (省庁の)部長, 課長(ふつう Referat の長: →Referat 2).

Mi·ni·ste·ria·le[ministeriá:lə] 男 -n/-n (Dienstmann) 〔史〕家人(けにん), 家士(中世の封建領主に仕える半自由民で, 後に自由人となり功労によって騎士に叙せられた); (14–15世紀の)下級貴族. [*spätlat.* — *mlat.*; ◇Minstrel]

Mi·ni·ste·rial·rat 男 -(e)s/..räte (省庁の)参事官, 部長 (Unterabteilung または Referat の長).

mi·ni·ste·riell[ministeriέl] 形《述語的用法なし》大臣の, 内閣の, 省の; 政府側の: ein ～*er* Erlaß 省令. [*spätlat.* ministeriālis — *fr.* ministériel]

Mi·ni·ste·rium[ministé:rium] 中 -s/..rien[..riən] 省, 本省: ～ des Innern / Innen*ministerium* 内務省 | ～ für Kultur / Kultur*ministerium* (旧東ドイツの)文化省 ‖ ins ～ (ein)treten 入省する. [*lat.*; ◇ *engl.* ministry]

Mi·ni·ster≈kon·fe·renz[minístər..] 女 (特定の省の)州大臣全国会議. ≈**prä·si·dent** 男 **1** 総理大臣, 首相: (旧東ドイツの)閣僚会議議長. **2** (ドイツの)州政府首相(連邦首相は Bundeskanzler). ≈**rat** 男 -(e)s/..räte 閣議; 全閣僚; (旧東ドイツなどの)閣僚評議会; (欧州共同体で)閣僚理事会. ≈**ses·sel** 男《話》大臣のいす.

mi·ni·stra·bel[ministrá:bəl] (..stra·bl..) 形 大臣になることのできる, 大臣として適任の. [< ..abel]

Mi·ni·strant[ministránt] 男 -en/-en 〔カトリック〕ミサの侍者(をつとめる少年). [*lat.* ministrāre „bedienen“]

mi·ni·strie·ren[ministrí:rən] 自 (h) 〔カトリック〕ミサの侍者をつとめる.

Mi·nium[mí(:)nium] 中 -s/ (Mennige) 〔化〕鉛丹, 光明丹. [*iber.* — *lat.* minium]

Mink[mıŋk] 男 -s/-e 〔動〕ミンク. [*skand.* — *engl.*]

Mink·wal 男 〔動〕ミンククジラ(鯨).

Min·na[mína·] **I** 女名 (< Wilhelmine, Hermine) ミンナ: **die Grüne ～**《話》犯人〈囚人〉護送車 | **die flotte 〈schnelle〉 ～ haben**《話》下痢をしている. **II** 女 -/-s《話》**1** お手伝いさん, 女中. **2** *jn.* **zur ～ machen** …をきびしく叱責(しっせき)する, …を容赦なく取り扱う.

Min·ne[mínə] 女 -/ **1** 〔文芸〕ミンネ(中世騎士の女性に対する奉仕的恋愛): die hohe ～ 高いミンネ(貴婦人に対するミンネ) | die niedere ～ 低いミンネ(身分の低い女性に対するミンネ). **2**《雅》(Liebe) 愛, 恋愛. [*ahd.*; ◇mahnen]

Min·ne≈dienst 男 (中世宮廷社会における, 特に騎士の貴婦人に対する)恋愛奉仕: **～ haben** / **zum ～ gehen**《戯》(女友達と)デート〈ランデブー〉する. ≈**glück** 中《雅》恋の幸福. ≈**lied** 中 中世ドイツの恋愛歌.

min·nen[mínən] 他 (h)《雅》《*jn.*》愛する, 恋する; (…に)求愛する.

Min·ne≈sang[mínə..] 男 〔文芸〕ミンネザング(中世ドイツ, 特に12–14世紀の騎士階級の恋愛歌). ≈**sän·ger** (≈**sin·ger**) 男 宮廷恋愛歌人, ミンネゼンガー(12–14世紀のドイツ宮廷でみずから作詩・作曲・伴奏して歌った, 主として貴族・騎士階級出身の叙情詩人. 彼らの活動は高貴な婦人にささげるミンネ(愛)を歌うことに始まったが, そのテーマ領域は時代とともに広がった. Reinmar von Hagenau, Walther von der Vogelweide などを代表とする).

min·nig·lich[mínıklıç] 形《雅》**1** 愛すべき, 魅惑的な. **2** 恋をしている, 愛情のこもった.

mi·no·isch[minó:ıʃ] 形 ミノア(文明)の: die ～*e* Kultur ミノア〈クレタ〉文明. [< Minos]

Mi·nor[mí:nɔr] 男 -s/ 〔論〕小名辞, 小前提. [*lat.* minor „kleiner“; ◇minder]

Mi·no·rat[minorá:t] 中 -(e)s/-e (↔Majorat) **1** 末子相続権. **2** 末子相続財産.

Mi·no·re[minó:rə] 中 -s/-s (↔Maggiore) 〔楽〕(長調の曲での)短調の中間部. [*it.*]

[▽]**mi·no·renn**[minorέn] **I** 形 (↔majorenn) (minderjährig) 未成年の. **II Mi·no·ren·ne** 男 女《形容詞変化》未成年者. [*mlat.*; < *lat.* annus (→anno)]

[▽]**Mi·no·ren·ni·tät**[..rεnitέ:t] 女 -/ (Minderjährigkeit) 未成年. [*mlat.*]

Mi·no·rist[..ríst] 男 -en/-en 〔カトリック〕下級聖職位者, 教会奉仕者.

Mi·no·rit[..rí:t; オース トリア:..rít] 男 -en/-en (Franziskaner) 〔カトリック〕フランチェスコ会修道士. [< ..it[3]]

Mi·no·ri·tät[..ritέ:t] 女 -/-en (↔Majorität) (Minderheit) **1**《単数で》(票決などでの)少数: in der ～ sein 少数派である. **2** 少数派, 少数党; (多数集団から不利な扱いを受ける特定の)少数集団, 少数民族. [*mlat.* — *fr.*]

Mi·nos[mí:nɔs] 人名 〔ギ神〕ミノス (Kreta の伝説上の王. Zeus と Europa との息子). [*gr.* — *lat.*]

Mi·no·taur[minotáuər] (**Mi·no·tau·rus** [..táurus]) 人名 〔ギ神〕ミノタウロス(牛頭人身の怪物で, Kreta の迷宮に閉じこめられ, Theseus に殺された). [*gr.* — *lat.*; < *gr.* taũros (→Stier)]

Minsk[mınsk] 地名 ミンスク(白ロシア〈ベラルーシ〉共和国の首都). [*russ.*]

Min·strel[mínstrəl, ..rεl] 男 -s/-s (中世の英国・フランスの)吟遊歌人〈楽人〉, 吟唱詩人. [*mlat.* — *afr.* — *engl.*; ◇Ministeriale]

Mi·nuend[minuέnt][1] 男 -en/-en 〔数〕被減数(減法における第1項). [*lat.* minuendus (numerus) „zu verringernde (Zahl)“; < *lat.* minuere (→Minute)]

mi·nus[mí:nus] **I** 副 (↔plus) マイナス, 負, (…を)減じて(記号 —): Zehn ～ sechs ist 〈macht〉 vier. (数式: 10−6＝4) 10引く6は4 | Fünf weniger acht ist ～ drei. (数式: 5−8＝−3) 5引く8はマイナス3 | Heute sind ～ neun Grad 〈neun Grad ～〉. きょうの気温は零下9度である(ふつう−9° と書く) ‖ *et.*[4] ～ machen《話》…をだめにする ‖ Der Strom fließt von plus nach ～. 電流はプラスからマイナスへ流れる. **II** 前《2格支配》〔商〕…を差し引いて: der Betrag ～ der üblichen Abzüge 通常控除額を除いた額. **III Mi·nus** 中 -/- **1**〔商〕欠損(額), 赤字: mit einem ～ abschließen 帳尻(ちょうじり)が赤字になる. **2** (Nachteil) 不利, マイナス: Das war ein großes ～ für ihn. そのことは彼にとって非常なマイナスに働いた.
[*lat.* minus „weniger“; ◇Minor, meno]

Mi·nus·be·trag 男 〔商〕不足〈欠損〉額, 赤字.

Mi·nus·kel[minúskəl] 女 -/-n (↔Majuskel) 〔印〕小文字. [*lat.* minuscula (lītttera) „etwas kleinerer (Buchstabe)“; ◇ *engl.* minuscule]

Mi·nus≈pol[mí:nus..] 男 (↔Pluspol) 〔電〕陰極, マイナス極. ≈**punkt** 男 (↔Pluspunkt) **1** 失点. **2** 不利な点, マイナス面: Plus- und *Minuspunkte* 利害得失. ≈**wachs·tum** 中 -s/ (経済などの)マイナス成長. ≈**zei·**

chen 中〘数〙負号, 減号, マイナス記号(−).

Mi·nu·te[minúːtə] 女 -/-n **1** (時間単位としての)分(略 min., Min.; 記号 m); 《比》瞬間: 13 Stunden 9 ~*n* 25 Sekunden 13時間9分25秒(記号 13 h 〈st〉 9 m 25 s) | 13 Uhr 9 ~*n* 25 Sekunden (時刻・赤経表示として) 13時9分25秒(記号 13 h 9 m 25 s) | eine halbe ~ 30秒〔間〕 | Eine ~ bitte! ちょっと待ってください | zehn ~*n* 〔lang〕 warten 10分間待つ | 5 ~*n* zu spät kommen 5分遅刻する | **Es ist fünf ~*n* vor zwölf.** 《比》いまがぎりぎりの時だ, もう一刻も猶予できない | **bis fünf ~*n* nach zwölf** 《比》事が決した後〈手遅れになった時点〉までも ‖ **auf die ~** kommen 1分とたがわず〔時間どおり〕に来る | Es klappte alles auf die ~. 《話》万事がぴったりと合っていた | Ich möchte Sie nur auf fünf ~*n* sprechen. ほんのちょっとの時間お話をしたいのですが | **in** der nächsten ~ 次の瞬間に | in den entscheidenden ~*n* 決定的瞬間に | in letzter ~ absagen ぎりぎりの時になって断る | bis **zur** letzten ~ 〈bis auf die letzte ~〉 warten ぎりぎりの瞬間まで待つ | von ~ zu ~ 刻一刻と〔しだいに〕 ‖ *Minute* auf 〈um〉 ~ verging. 刻一刻と時が流れた | keine ~ verlieren / jede ~ nutzen 一刻もむだにしない.

2 (角度・経緯度の)分(記号 ′): ein spitzer Winkel von 30 Grad 21 ~*n* 30度21分の鋭角(記号 30°21′) | 51 Grad 10 ~*n* nördlicher Breite 北緯51度10分.

[*lat.* pars minūta (prīma) „(erster) verminderter Teil“ − *mlat.*; < *lat.* minuere „vermindern“ (◇ minus)]

mi·nu·ten≈lang[minúːtən..] 形《述語的用法なし》数分間の, 何分間もの: ~*er* Beifall 数分間続く拍手喝采(かっさい) | ~ lachen 何分間も笑い続ける. ≈**wei·se** 副 (→..weise ★) 1分ごとに, 1分刻みで.

Mi·nu·ten·zei·ger 男 (時計の)分針, 長針.

..mi·nü·tig[..minyːtɪç][2] (**..minutig**[..nuː..]) 《数詞などにつけて「…分にわたる」を意味する形容詞をつくる》: fünf*minütig* 5分間の.

mi·nu·tiös[minutsiǿːs][1] =minuziös

mi·nüt·lich[minýːtlɪç] (**mi·nut·lich**[..núːt..]) 形 1分おきの, 1分間隔の.

..mi·nüt·lich[..minyːtlɪç] (**..minutlich**[..nuːt..]) 《数詞などにつけて「…分ごとの」を意味する形容詞をつくる》: zehn*minütlich* 10分間隔の.

▽**Mi·nu·zi·en**[minúːtsiən] 複 (Kleinigkeiten) ささいなこと, 小事. [< *lat.* minūtus „vermindert“ (◇ Minute); ◇ Menü; *engl.* minutiae]

mi·nu·ziös[minutsiǿːs][1] 形 **1** 綿密詳細な, 細密な, 入念な: eine ~*e* Darstellung 詳細綿密な描写 | mit ~*er* Sorgfalt ひどく細かく気を配って ‖ *et.*[4] ~ beschreiben …を詳細に記述する. ▽**2** (kleinlich) こせこせした, こやかましい. [*fr.* minutieux; ◇ ..os]

Min·ze[míntsə] 女 -/-n 〘植〙ハッカ(薄荷)属: Japanische ~ ハッカ. [*gr.* mínthē (→Mentha) − *lat.* ment〔h〕a − *westgerm.*; ◇ *engl.* mint]

Mio. 略 =**Million**〔en〕

Mio·sis[mióːzɪs] 女 -/..sen[..zən], ..ses (↔Mydriasis) (Pupillenverengung) 〘医〙縮瞳(しゅくどう), 瞳孔(どうこう)縮小. [< *gr.* mýein „sich schließen“]

mio·tisch[mióːtɪʃ] 形 縮瞳(しゅくどう)〈瞳孔縮小〉の.

mio·zän[miotsέːn] **I** 形 〘地〙中新世の. **II Mio·zän** 中 -s/ 〘地〙中新世. [< *gr.* meíōn „weniger“ (◇ Minute) + kainós „neu“; ◇ *engl.* Miocene]

mir[miːr] ich の3格.

Mir[−] 男 -s/ ミール(帝政ロシアの村落共同体). [*russ.*]

Mi·ra·bel·le[mirabέlə] 女 -/-n 〘植〙イエロープラム(セイヨウスモモの一品種). [*gr.* myrobálanos − *it.* mirabolano − *fr.*; < *gr.* mýron „Salbe“ + bálanos „Dattel“]

mi·ra·bi·le dic·tu[miráːbilə díktuˑ, ..leˑ −] 《ラテ語》語るも不思議なことながら. [◇ Diktion]

▽**Mi·ra·bi·li·en**[mirabíːliən] 複 不思議なこと, 驚くべき出来事. [< *lat.* mīrābilis „wunderbar“]

Mi·ra·ge[miráːʒə, ..ráːʃ] 女 -/-n[..ʒən] **1** 〘気象〙蜃気楼(しんきろう). ▽**2** (Täuschung) 思い違い, 錯覚, 妄想. [*fr.*; < ..age]

Mi·ra·kel[miráːkəl] 中 -s/- **1 a)** (Wunder) 驚くべきこと, 奇跡, 不可思議. **b)** (Wunderwerk) 奇跡的な行い, 驚異的な仕事. **2** =Mirakelspiel [*lat.*; < *lat.* mīrārī „sich wundern“]

Mi·ra·kel·spiel 中 〘文芸〙(中世キリスト教の)奇跡劇.

mi·ra·ku·lös[mirakulǿːs][1] 形 奇跡的な; 奇跡に基づく. [*fr.* miraculeux; ◇ ..os; *engl.* miraculous]

mis.. →miso..

Mis·an·drie[mizandríː] 女 -/ 〘医・心〙男嫌い, 男性嫌忌(けんき)症. [*gr.*; ◇ andro..]

Mis·an·throp[mizantróːp] 男 -en/-en (↔Philanthrop) (Menschenhasser) 人間嫌い, 厭人(えんじん)家, すね者.

Mis·an·thro·pie[..tropíː] 女 -/ (Menschenhaß) 人間嫌い, 厭人(えんじん). [*gr.*; < anthropo..〔+..ie〕]

mis·an·thro·pisch[..tróːpɪʃ] 形 人間嫌いの, 厭人(えんじん)的な.

Misch·art[míʃ..] 女 雑種.

misch·bar[míʃbaːr] 形 混合しうる, 混合しやすい.

Misch≈bat·te·rie 女 (湯と水との)混合水栓. ≈**be·cher** =Mixbecher ≈**bil·dung** 女 =Kontamination 1 ≈**dün·ger** 男 〘農〙混合〈配合〉肥料. ≈**ehe** 女 **1** 異宗婚(異宗派・異宗教間, 特にカトリック教徒と新教徒の間の結婚). **2** 混血婚(異民族間の結婚). ≈**ele·ment** 中 〘化〙混合元素(同位元素の混合したもの).

mi·schen[míʃən] 《04》 **I** 他 (h) **1 a)** (英: *mix*) (二つ以上のものを)混ぜる, 混合〈混和〉する: Wasser und Wein ~ 水とワインを混ぜる | Eigelb und Branntwein **zu** einem Likör ~ 卵黄とブランデーをミックスしてリキュールをつくる | die Farben ~ 色を混ぜ合わせる ‖ 再帰 Öl und Wasser *mischen* sich[4] nicht. 油と水は混ざらない. **b)** 《*et.*[4] in *et.*[4] / *et.*[4] unter *et.*[4]》(…を…に)混ぜ込む: Wasser in 〈unter〉 den Wein ~ 水をワインに混ぜる ‖ 再帰 *sich*[4] in fremde Angelegenheiten ~ 自分と関係のない事柄に口出しをする | In meine Freude *mischte* sich Angst. 私の喜びには不安が混じり合っていた | *sich*[4] unter die Zuschauer ~ 観衆の中にまぎれ込む. **c)** 《*et.*[4] mit *et.*[3]》(…を…で)薄める, 割る: Wein mit Wasser ~ ワインを水で割る ‖ 再帰 Öl *mischt* sich[4] nicht mit Wasser. 油は水とは混ざらない.

2 《*et.*[4] aus *et.*[3]》混ぜてつくる, 調合する: Arznei 〈Gift〉 ~ 薬剤〈毒薬〉を調合する | einen Cocktail 〔aus den verschiedensten Zutaten〕 ~ 〔いろいろなものを混ぜて〕カクテルをつくる | einen Likör aus Eigelb und Branntwein ~ 卵黄とブランデーをミックスしてリキュールをつくる.

3 〘トラ〙(カードを)切る: Wer muß 〔die Karten〕 ~! だれがトランプを切る番か.

4 〘映・ラジ・テレ〙(音声を)ミキシングする.

II ge·mischt → 別出

[*lat.* mīscēre − *westgerm.*; ◇ *engl.* mix]

Mi·scher[míʃər] 男 -s/- **1** (mischen する器具. 例えば:) 混合機,〔コンクリート〕ミキサー. **2** mischen する人.

Misch≈far·be[míʃ..] 女 〘理〙混〔合〕色. ≈**fut·ter** 中 混合飼料. ≈**garn** 中 混紡糸. ≈**gas** 中 〘化〙混合ガス, 半水性ガス. ≈**ge·tränk** 中 混合飲料; 混合酒, カクテル; ミックスジュース. ≈**ge·we·be** 中 〘織〙混紡の織物, 混織. ≈**kon·zern** 男 (Konglomerat) 複合企業. ≈**kul·tur** 女 **1** 〘農〙(2種以上の植物の)混合栽培. **2** 混合〈混成〉文化.

Misch·ling[míʃlɪŋ] 男 -s/-e **1** 混血児. **2** (Bastard) 〘生〙雑種.

Misch·masch[míʃmaʃ] 男 -〔e〕s/-e 《話》ごたまぜ, まぜこぜ: ein stilistischer ~ 様式のごたまぜ | einen ~ aus Deutsch und Französisch sprechen ドイツ語とフランス語をちゃんぽんでしゃべる. [< mischen + manschen]

Misch·ma·schi·ne 女 (セメント・砂利などの)混合機, コンクリートミキサー.

Misch·na[míʃnaˑ] 女 -/ ミシュナ(ユダヤ教の教典 Talmud の第1部). [*hebr.*; ◇ *engl.* Mishna〔h〕]

Mịsch·pen·ne[mɪ́ʃ..] 女《話》男女共学のギムナジウム. [<mischen]

Misch·pọ·ke[mɪʃpó:kə] (**Misch·pọ·che**[..xə]) 女 -/ 《話》一家, 一族〔郎党〕, 一派,〔派〕閥; 無頼のやから. [*hebr.–jidd.* mischpocho „Familie"]

Mịsch≈pult[mɪ́ʃ..] 中 (スタジオの) 音声〈音量〉調整盤, ミキサー, ミキシングパネル. **≈röh·re** 女〘電〙(スーパー受信機の) 混合管. **≈spra·che** 女 (英: *mixed language*)〘言〙混成〔言〕語, 混合〔言〕語(→ Pidgin, Kreolsprache). **≈trom·mel** 女 = Mischmaschine

Mị·schung[mɪ́ʃʊŋ] 女 -/-en **1** 混合, 混和, 配合; (混ぜ物による) 不純化, 粗悪化;〘薬〙調合;〘化〙化合;〘映・ラジ・テレビ〙(音声の) ミキシング. **2** 混合物; 合金;《比》ごたまぜ: eine ~ aus mehreren Kaffeesorten ブレンドコーヒー | eine ~ aus Abneigung und Mitleid 反感と同情の混じり合った気持.

Mị·schungs·ver·hält·nis 中 混合比, 混合の割合.

Mịsch≈wald[mɪ́ʃ..] 男〘林〙(広葉樹と針葉樹の) 混合林, 針広混合林(→ Laubwald, Nadelwald). **≈ze·ment** 男 混合セメント.

Mị·se[mí:zə] 女 -/-n (ゲームの) かけ金; (生命保険の) 一時払い保険料. [*fr.*; < *lat.* missus „geworfen"; ◇Mission]

▽**Mị·sel·sucht**[mí:zəl..] 女 -/ (Aussatz)〘医〙癩(らい)〔病〕, ハンセン病. [*mhd.*; ◇Mäuslein]

▽**mị·sel·süch·tig** 形 癩(らい)病〈ハンセン病〉の.

mi·se·rạ·bel[mizərá:bəl, mize..] (..ra·bl..) 形 悲惨な, 惨めな, ひどい, ひどく粗末な, ひどい出来の, なっていない: ein *miserabler* Sportler へたくそなスポーツ選手 | ein *miserables* Zeugnis ひどい成績 | ein *miserables* Zimmer みすぼらしい部屋 ‖ Das Essen war ~. 食事はひどいものだった ‖ Es geht ihm gesundheitlich 〈wirtschaftlich〉 ~. 彼の健康〈経済〉は悲惨な状態にある | Er spielt ganz ~. 彼の演技〈プレー〉は全くなっていない. [*lat.–fr.*; ◇..abel]

Mi·sẹ·re[mizé:rə] 女 -/-n 惨めさ, 悲惨, 困窮, 不幸: eine finanzielle ~ 経済的困窮 | die ~ des Alltags 苦しい毎日の生活 ‖ *jn.* aus *seiner* ~ herausholen …を惨めな状態から救い出す | in einer ~ leben 惨めな生活を送る. [*lat.–fr.*; < *lat.* miser „elend"]

Mi·se·rẹ·re[mizeré:rə, ..re·] 中 **1** -〔s〕/ ミゼレの祈り(聖書: 詩51冒頭の句); ミゼレの祈りの曲. **2** -s/ (Koterbrechen)〘医〙吐糞(とふん)症. [*lat.* miserēre „erbarme dich!"]

Mi·se·ri·cọr·dias Dọ·mi·ni[mizerikɔ́rdias dó(:)mini·] 男 --/--〘カトリック〙復活祭後の第2日曜日. [*lat.* „die Barmherzigkeit des Herrn"; ◇Dominus]

Mi·se·ri·kọr·die[..diə] 女 -/-n ミゼリコルディア(教会の聖歌隊席の蝶番(ちょうつがい)式腰掛け板の突起. 腰掛け板を立てると起立者がもたれることができる: → 図 Chorstuhl). [*lat.* „Mitleid"; ◇kordial; *engl.* misericord〔e〕]

Mị·so[mí:zo·] 中 -〔s〕/-s〘料理〙味噌(みそ). [*japan.*]

miso..《名詞などにつけて「憎悪・嫌悪・軽蔑」などを意味する. 母音の前では mis.. となる: →*Mis*anthropie》[*gr.* mĩsos „Haß"]

Mi·so·gạm[mizogá:m] 男 -s/-e ; -en/-en 結婚嫌忌(けんき)症の人.

Mi·so·ga·mie[..gamí:] 女 -/ 〘医・心〙結婚嫌い, 結婚嫌忌症.

mi·so·gy̨n[mizogý:n] 形 (frauenfeindlich) 女嫌いの, 女性敵視の. [*gr.*]

Mi·so·gy̨n[..gý:n] 男 -s/-e; -en/-en (↔Philogyn) (*Weiberfeind*) 女嫌いの男. [*gr.*; <gynäko..]

Mi·so·gy·nie[..gyní:] 女 -/ **1**〘医・心〙女嫌い, 女性嫌忌(けんき)症. **2** 女性蔑視. [*gr.*; ◇..ie]

Mịs·pel[mɪ́spəl] 女 -/-n〘植〙セイヨウカリン(西洋花梨). [*gr.* méspilon–*lat.*–*ahd.* mespila; ◇*engl.* medlar]

miß[mɪs] messen の命令法単数.

miß.. **1**《非分離動詞の前つづり.「失敗・逆・誤謬(ごびゅう)」などを意味する. ふつうアクセントはないが, アクセントがある場合は zu 不定詞や過去分詞のつくりかたは分離動詞と同じ》**a)**《アクセントがない場合》: *miß*lingen 失敗に終わる. **b)**《アクセントがある場合. 複合動詞にさらに miß.. がついた動詞はすべてこれに含まれるが過去分詞では ge.. をとらない》: *miß*bilden 作りそこなう | *miß*gestalten 不格好に作る | *miß*behagen 不快感を与える | *miß*verstehen 誤解する. **c)**《過去分詞においてのみ, miß.. にアクセントがある形も併存する場合》: *miß*leiten 誤って導く.

2《名詞・形容詞などにつける. miß.. のついた動詞から派生した場合もそうでない場合も, 意味は1と同じ. miß.. にアクセントのある語が多い》**a)**《アクセントがある場合. まれに古形 misse.. も用いられる》: *Miß*trauen 不信 | *Miß*brauch 乱用 ‖ *Miß*behagen 不快 | *Miß*verständnis 誤解 ‖ *Miß*erfolg 失敗 | *Miß*ernte 凶作 | *Miß*heirat 不釣り合いな結婚 ‖ *miß*trauisch うたぐり深い | *miß*bräuchlich 乱用の ‖ *miß*gebildet 不格好な | *miß*gelaunt 不機嫌な ‖ *miß*lich 好ましくない | *miß*liebig 人気のない ‖ *Misse*tat 悪行. **b)**《アクセントがない場合》*Miß*lingen 失敗 ‖ *miß*artet 奇形の. [*germ.* „wechselseitig"; ◇mutieren, missen, gemein; *engl.* mis..]

Miß (**Miss**)[mɪs] 女 -/Misses[mɪ́sɪs] **1** (Fräulein) (未婚の女性に対する敬称として姓などの前に添えて) …嬢, …さん; (若い女性への呼び掛けとして) お嬢さん. ▽**2** (英国人の) 女家庭教師. **3** 美人コンテストの女王: zur ~ Japan gewählt werden ミス日本に選ばれる. [*engl.* miss; <Mistress]

miß·ạch·ten[mɪsǀáxtən; まれ: ⌣⌣⌣] 《01》《過分 mißachtet[⌣⌣⌣], gemißachtet[⌣⌣⌣⌣]》他 (h) **1** (*jn.*/*et.*[4]) 軽蔑する, あなどる. **2** (*et.*[4]) (忠告・規則などを) 無視する: *js.* Rat ~ …の助言を無視する.

Mịß·ach·tung[mɪ́sǀaxtʊŋ] 女 -/-en mißachten する〈される〉こと.

Mis·sạl[mɪsá:l] **I** 中 -s/-e = Missale **II** 女 -/〘印〙ミサール体(48-60ポイントの大型活字).

Mis·sạ·le[mɪsá:lə] 中 -s/-n, ..lien[..liən]〘カトリック〙ミサ典書. [*mlat.*; ◇Messe[1]]

miß·ạr·tet[mɪsǀá:rtət] 形 変質〈退化〉した; 奇形の; (人が) 堕落した.

Miß·ạr·tung[..tʊŋ] 女 -/-en 変質, 退化; 堕落.

Mịs·sa so·lẹm·nis[mɪ́sa· zolɛ́mnɪs] 女 --/-e ..nes[..sɛ· ..ne:s]〘キリスト教〙荘厳ミサ. [*lat.*; ◇Messe[1], solenn]

mịß·be·ha·gen[mɪ́sbəha:gən][1]《過分 mißbehagt; zu 不定詞: mißzubehagen》**I** 自 (h) (*jm.*) (…に) 不快感を与える. **II Mịß·be·ha·gen** 中 -s/ (Unbehagen) 不快感, 不満: *jm.* ~ bereiten …を不快にする.

mịß·be·hag·lich[..bəha:klɪç] 形 不快な: *sich*[4] ~ fühlen 不愉快に感じる〈思う〉.

mịß·bil·den[mɪ́sbɪldən][1] 《01》《過分 mißgebildet; zu 不定詞: mißzubilden》他 (h) 作りそこなう, 不格好にする: ein *mißgebildeter* Körper 醜い〈奇形の〉体つき.

Mịß·bil·dung[..dʊŋ] 女 -/-en 奇形, 不格好: ein Kind mit einer ~ am linken Bein 左脚が奇形な子供.

miß·bịl·li·gen[mɪsbɪ́lɪgən, ⌣⌣⌣⌣][2]《過分 mißbilligt[⌣⌣⌣], ▽gemißbilligt[⌣⌣⌣⌣]》他 (h) 非とする, 承認〈同意〉を拒む; 拒否する: eine Meinung ~ 意見に賛成しない | *mißbilligende* Blicke 不同意のまなざし.

Miß·bịl·li·gung[mɪ́sbɪlɪgʊŋ] 女 -/-en《ふつう単数で》不同意, 拒否: *seine* ~ ausdrücken 不賛成を表明する.

Mịß·brauch[mɪ́sbraʊx] 男 -〔e〕s/..bräuche[..brɔʏçə] **1** (権利・薬品などの) 乱用, 悪用: **mit** *et.*[3] **~ treiben** …を乱用する. **2** (婦女子への) 暴行, 凌辱(りょうじょく).

miß·brau·chen[mɪsbráʊxən, ⌣⌣⌣]《過分 mißbraucht[⌣⌣], ▽gemißbraucht[⌣⌣⌣]》他 (h) **1** (権利・薬品などを) 乱用する, 悪用する: *js.* Güte 〈*js.* Vertrauen〉 ~ …の好意〈信頼〉を悪用する | *seine* Macht 〈Stellung〉 ~ 権力〈地位〉を乱用する | Alkohol ~ 大酒を飲む | Drogen ~ 麻薬を多量に用いる | Ich lasse mich nicht zu solcher Handlung ~. このような行為に私を利用することは許さない. **2** (*jn.*) (…に) 性的な暴力を加える, (…を) 凌辱(りょうじょく)する.

miß·bräuch·lich[mɪ́sbrɔʏçlɪç] 形 乱用〈悪用〉の: die ~*e* Benutzung des Scheckheftes 小切手帳の悪用〈不法使用〉| ein Medikament ~ verwenden 薬を乱用する.

miß·bräuch·li·cher·wei·se[..lıçər..] 副 乱用〈悪用〉して, みだりに, 不法に.

miß·deu·ten[mısdɔ́ʏtən, ⌣́–⌣] 《01》《過分 mißdeutet [⌣⌣́⌣]; zu 不定詞: zu mißdeuten, mißzudeuten》他 (h) (言葉・意図・行動などを)誤解する, 悪くとる: *js.* Absicht 〈Worte〉 ～ …の意図〈言葉〉を曲解する.

Miß·deu·tung[mísdɔʏtʊŋ] 女 -/-en 誤解, 曲解.

misse.. →miß.. 2 a

mis·sen[mísən] 《03》他 (h) (entbehren) 《*jn.* / *et.*[4]》 (…)なしで済ます, 欠く: *jn.* 〈*et.*[4]〉 nicht ～ können …がないと困る | Ich kann ihn leicht 〈nur schwer〉 ～. 私は彼がいなくてもそう困らない〈彼がいないととても困る〉 | Er will mich nicht ～. 彼は私を手離したがらない. [*germ.*; ◇miß.., meiden]

Miß·er·folg[mís|ɛrfɔlk][1] 男 -〔e〕s/-e 失敗, 不成功: einen ～ haben 〈erleiden〉 失敗する.

Miß·ern·te[mís|ɛrntə] 女 -/-n 不作, 凶作.

Misses Miß, Miss の複数.

mis·sest[mísəst] mißt (messen, missen の現在 2 人称単数)の別形.

Mis·se·tat[mísəta:t] 女 悪行; 《戯》いたずら; 《宗》罪業(ざいごう): eine furchtbare ～ 恐ろしい悪行 ‖ eine ～ begehen 〈verüben〉 悪いことをする | *seine* ～*en* bereuen 罪業を悔いる. [＜*ahd.* missitat]

Mis·se·tä·ter[..tɛ:tər] 男 悪行をした人; 《戯》いたずら者; 《宗》罪業深い人.

miß·fal·len*[mısfálən] 《38》自 (h) (↔ gefallen) 《*jm.*》 (…の)気に入らない: Der Film hat ihm sehr *mißfallen*. その映画はぜんぜん彼の気に入らなかった.

Miß·fal·len[mísfalən] 中 -s/ 気に入らないこと; 不快, 不機嫌: *js.* ～ erregen …の機嫌を損じる | *sein* ～ über *et.*[4] äußern …が気に入らないと言う.

miß·fäl·lig[mísfɛlıç][2] 形 気に入らない; 不快な: ～*e* Blicke 不機嫌な目つき | *sich*[4] über *et.*[4] 〈*jn.*〉 ～ äußern …が気に入らないと言う.

miß·far·ben[mísfarbən] (**miß·far·big**[..bıç][2]) 形 色の悪い, 変色した.

Miß·form[mísfɔrm] 女 -/-en 醜い〈不格好な〉形, 奇形.

miß·för·mig[..fœrmıç][2] 形 不格好な, 醜い, 奇形の.

Miß·ge·burt[mísgəbu:rt] 女 -/-en (先天的に)奇形の人; 《比》できそこない, 失敗作; 《話》不愉快なやつ.

miß·ge·launt[mísgəlaʊnt] 形 不機嫌な.

Miß·ge·schick[mísgəʃık] 中 -〔e〕s/-e 不運〔なできごと〕, (不注意などによる)災難: Mir ist ein ～ passiert 〈widerfahren〉. 私は不運な目にあった | ～ haben 運が悪い.

miß·ge·stalt[mísgəʃtalt] 形 (先天的に)奇形の.

Miß·ge·stalt[–] 女 -/-en 奇形; 奇形の人.

miß·ge·stal·ten[mísgəʃtaltən] 《01》《過分 mißgestaltet; zu 不定詞: mißzugestalten》他 (h) 作りそこなう, 不格好に作る: ein *mißgestaltetes* Gesicht 醜い顔.

miß·ge·stimmt[mísgəʃtımt] 形 不機嫌な.

miß·ge·wach·sen[mísgəvaksən] 形 (生物が)奇形の.

miß·glücken[mısglýkən] 自 (s) (↔glücken) (mißlingen) 失敗する, 失敗に終わる: Der Versuch ist mir *mißglückt*. 私はその試みに失敗した | ein *mißglückter* Roman 失敗作の小説.

miß·gön·nen[mısgœ́nən] 他 (h) 《*jm. et.*[4]》 (…に…を)与え〈認め〉ようとしない; (…の…を)ねたむ, うらやむ: *jm. seine* gute Stellung ～ …のよい地位をねたむ.

Miß·griff[mísgrıf] 男 -〔e〕s/-e やりそこない, 失策, 失敗: einen ～ tun 〈machen〉 しくじる.

Miß·gunst[mísgʊnst] 女 -/ ねたみ; 悪意: *js.* Erfolg mit ～ betrachten …の成功をうらやましげに見る | die ～ der Verhältnisse 意地悪な状況.

miß·gün·stig[..gʏnstıç][2] 形 ねたんでいる; 悪意のある.

miß·han·deln[mıshándəln, ⌣́⌣⌣] 《06》《過分 mißhandelt[⌣⌣́⌣], ▽gemißhandelt[⌣⌣́⌣⌣]》他 (h) 《*jn.*》 虐待する, いじめる; 《*et.*[4]》乱暴に扱う.

Miß·hand·lung[..dlʊŋ, ⌣́⌣⌣] 女 -/-en 虐待.

Miß·hei·rat[míshaıra:t] 女 -/-en 身分の釣り合わない結婚. 「な.」

miß·hel·lig[míshɛlıç][2] 形 (uneinig) 一致しない, 不和

Miß·hel·lig·keit[–kaıt] 女 -/-en (ふつう複数で) 不一致, 不和; ごたごた: ～*en* schlichten 〈beilegen〉 不和の種を除く. [＜*ahd.* missa-hellan „nicht übereinstimmen"; ◇einhellig]

Mis·sile[mísaıl, mísəl] 中 -s/-s 《軍》ミサイル. [*lat.*–*engl.*; ＜*lat.* mittere „werfen" (◇Messe[1]); ◇Mise]

Mis·sing link[mísıŋ líŋk] 中 --/ 《生》失われた環(わ), 欠けた環(系統発生上欠落している移行形態. 類人猿と原人との中間体など). [*engl.*; ◇missen, Gelenk]

mis·singsch[mísıŋʃ] **I** 形 《無変化》Missingsch の. **II Mis·singsch** 中 -〔s〕/ 《言》ミシングシュ(高地低地ドイツの混合した北ドイツの日常語). [*ndd.* mysench „meißnisch"; ◇ 合金 Messing との混交形]

Mis·sion[mısió:n] 女 -/-en **1** 使命: *jn.* in geheimer ～ schicken …を秘密の使命を与えて派遣する | *jn.* mit einer besonderen ～ betrauen …に特命を託す | Meine ～ ist beendet 〈erfüllt〉. 私の使命は終わった〈果たされた〉. **2** 使節〔団〕; 外交使節〔団〕; 在外公館, 代表部: der Austausch diplomatischer 〈militärischer〉 ～*en* 外交〈軍事〉使節の交換. **3** 《宗》宣教, 伝道; 宣教〈伝道〉団: ～ treiben 伝道する | die äußere 〈innere〉 ～ 異教徒〈キリスト教徒〉への伝道 | die Innere ～ (略 I. M.) 《新教》キリスト教社会事業団. [*lat.* missiō „Schicken"–*kirchenlat.*; ＜*lat.* mittere „loslassen"; ◇Messe[1]]

Mis·sio·nar[mısioná:r] (オーストリア・スイス: **Mis·sio·när**[..nɛ́:r]) 男 -s/-e 《宗》宣教〈伝道〉師. [＜..ar]

mis·sio·na·risch[..ná:rıʃ] 形 宣教〈伝道〉の: ～ tätig sein 宣教〈伝道〉に従事している | mit ～*em* Eifer 《比》心服させずにはおかぬ熱心さで.

mis·sio·nie·ren[..ní:rən] **I** 他 (h) (…に)宣教〈伝道〉する: afrikanische Völker ～ アフリカの諸民族に宣教する. **II** 自 (h) 宣教〈伝道〉に従事する.

Mis·sions≈an·stalt[mısió:ns..] 女 =Missionshaus ≈**chef**[..ʃɛf] 男 〔外交〕使節団長. ≈**fest** 中 《話》《もっぱら次の形で》*jm.* **ein inneres ～ sein** 《話》…にとって非常によろこばしい | Das wäre mir ein inneres ～! それならばすごくうれしいことだが. ≈**ge·sell·schaft** 女 《新教》伝道協会. ≈**haus** 中 《宗》伝道者〈宣教師〉養成所, 伝道本部. ≈**schu·le** 女 ミッション=スクール. ≈**schwe·ster** 女 《カトリック》宣教修道女. ≈**we·sen** 中 -s/ 宣教〈伝道〉事業.

der **Mis·sis·sip·pi**[mısısípi·] 地名 男 -〔s〕/ ミシシッピ(アメリカ合衆国中央部を貫流してメキシコ湾に注ぐ川). [*indian.* „Vater der Gewässer"–*fr.*–*engl.*]

▽**Mis·siv**[mısí:f][1] 中 -s/-e, ▽**Mis·si·ve**[..və] 女 -/-n **1** (Rundschreiben) 回状. **2** (錠のかかる)書類かばん. [*mlat.*; ＜*mlat.* missīvus „gesandt" (◇Mission)]

Miß·jahr[mísja:r] 中 -〔e〕s/-e 凶年, 不作の年.

Miß·klang [mísklaŋ] 男 -〔e〕s/..klänge[..klɛŋə] **1** (Dissonanz) 《楽》不協和音. **2** 《比》不調和: Das Treffen der Außenminister endete mit einem ～. 外相会議は不調に終わった.

Miß·kre·dit[mískredi:t] 男 -〔e〕s/ 不評, 不信: *jn.* 〈*et.*[4]〉 **in ～ bringen** …の評判を悪くする | 〔**bei** *jm.*〕 **in ～ geraten** 〈**kommen**〉 〔…の〕不評をこうむる, 〔…の〕不信をまねく.

miß·lang[mısláŋ] mißlingen の過去.

miß·län·ge[..lɛ́ŋə] mißlingen の接続法 II.

miß·lau·nig[míslaʊnıç][2] =mißgelaunt

miß·lei·ten[mısláıtən] 《01》《過分 mißleitet[⌣⌣́⌣], mißgeleitet[⌣́⌣–⌣]; zu 不定詞: zu mißleiten, mißzuleiten》他 (h) 誤って導く; (irreleiten) 邪道に導く, 誘惑する.

Miß·lei·tung[míslaıtʊŋ] 女 -/-en mißleiten すること.

miß·lich[míslıç] 形 (unangenehm) 好ましからぬ, いやな, 苦しい; 扱いにくい, 微妙な: *sich*[4] in einer ～*en* Lage befinden 困っている.

[*germ.* „verschiedenartig"; ◇miß..]

M

Miß·lich·keit[–kaıt] 女 -/-en mißlich なこと.

miß·lie·big[mísli:bıç][2] 形 嫌われている; 不人気な: eine ~*e* Person 嫌われ者 | bei *jm.* ~ werden / *sich*[4] bei *jm.* ~ machen …に嫌われる.
[＜mißbelieben „mißfallen"]

Miß·lie·big·keit[–kaıt] 女 -/ mißliebig なこと.

miß·lịn·gen*[mıslíŋən] ⦅95⦆ **miß·lạng**[..láŋ]/**miß·lụn·gen**[..lúŋən]; 接II mißlänge[..lέŋə] **I** 自 (s) ⦅事物を主語として⦆ (↔gelingen) 失敗する, 失敗に終わる: Der Versuch ist mir *mißlungen.* 私はその試みに失敗した | ein *mißlungener* Kuchen できそこないのケーキ. **II Miß·lịn·gen** 中 -s/ 不成功, 失敗. [*mhd.*; ◇gelingen]

Miß·ma·na·ge·ment[mísmænıdʒmənt] 中 -s/ 〘経〙管理〈経営〉の失敗. [＜*engl.* mismanagement]

Miß·mut[mísmu:t] 男 -[e]s/ 不機嫌, 不満, いらいら.

miß·mu·tig[..mu:tıç][2] (ᵛ**miß·mü·tig**[..my:tıç][2]) 形 不機嫌な, 不満な.

der **Mis·sou·ri**[mısú:ri·, mızúəri·] 地名 男 -[s]/ ミズーリ(アメリカ合衆国, ロッキー山脈に発して Mississippi 川に注ぐ川). [*indian.*–*engl.*]

Miß·pickel[míspıkəl] 男 -s/ (Arsenkies) 〘鉱〙硫砒(りゅうひ)鉄鉱, 毒砂. [◇Buckel]

miß·ra·ten*[mısrá:tən] ⦅113⦆ 自 (s) うまくいかない, できそこないになる: Der Kuchen ist mir *mißraten.* 私はケーキがうまくできなかった ‖ ein *mißratenes* Bild 書き損じた絵 | ein *mißratenes* Kind しつけの悪い子供. [＜geraten[1]]

ᵛ**Miß·re·de**[mísre:də] 女 -/-n (Nachrede) 陰口, 悪口.

ᵛ**miß·re·den**[mısré:dən, ⌣–⌣][1] ⦅01⦆ 自 (h) **1** 言い間違いをする. **2** 陰口〈悪口〉を言う.

Miß·stand[mísʃtant][1] 男 -[e]s/..stände[..ʃtεndə] 不都合〔な状態〕, 苦境, よからぬ情況; 弊害: wirtschaftliche *Mißstände* 経済的苦境 | *Mißstände* abschaffen 〈beseitigen〉 弊害を除去する.

Miß·stim·mung[mísʃtımʊŋ] 女 -/-en 不機嫌, 不満; 不和, 不一致: die ~ im Kabinett 閣内の不一致 | Der Abend endete mit einer ~. 夕べの催しは気まずい思いを残して終わった.

mißt[mıst] **I** messen の現在 2・3 人称単数. **II** missen の現在 2・3 人称単数.

Miß·ton[místo:n] 男 -[e]s/..töne[..tø:nə] **1** (耳ざわりな)騒音. **2** =Mißklang

miß·tö·nend[..tø:nənt][1] (**miß·tö·nig**[..tø:nıç][2]) 形 耳ざわりな, 調子はずれの; 〘楽〙不協和音の; ⦅比⦆不和〈不一致〉な.

miß·trau·en[mıstráuən, ⌣–⌣] (過分 mißtraut[⌣⌣́], ᵛgemißtraut[⌣⌣–]) 自 (h) ⦅*jm.* /*et.*[3]⦆ 不信〈疑惑〉を抱く, 信頼をおかない: *js.* Worten ~ …の言葉に不信を抱く | *sich*[3] selbst ~ 自信がない.

Miß·trau·en[místrauən] 中 -s/ 不信〔感〕, 疑惑: tiefes ~ gegen *jn.* haben 〈hegen〉 …に深い不信の念を抱く | *js.* ~ erregen …の不信をかきたてる.

Miß·trau·ens≠an·trag 男 不信任動議: einen ~ einbringen 不信任動議を提出する. ≠**vo·tum** 中 不信任投票; ⦅比⦆不信の表明: konstruktives ~ (→konstruktiv 2).

miß·trau·isch[místrauıʃ] 形 信用〈信頼〉しない, 疑い深い, 不信感の強い: ~ gegen *jn.* sein …に不信感をもっている | *jn.* 〈*et.*[4]〉 ~ betrachten …に疑惑の目を向ける.

Miß·ver·gnü·gen[mísfεrgny:gən] 中 -s/ 不機嫌, 不満.

miß·ver·gnügt[..fεrgny:kt] 形 不機嫌〈不満〉な.

Miß·ver·hält·nis[mísfεrhεltnıs] 中 -ses/-se 不釣り合い, 不均衡, アンバランス: ein ~ zwischen Lohn und Arbeit 報酬と労働との間の不釣り合い | Sein Gewicht steht im ~ zu seiner Größe. 彼の体重は背丈と釣り合っていない. [*lat.* dis-proportiō (→Disproportion) の翻訳借用]

miß·ver·stand[mísfεrʃtant][1] mißverstehen の過去.

miß·ver·stan·den[..ʃtandən] mißverstehen の過去分詞; 過去 1・3 人称複数.

miß·ver·ständ·lich[mísfεrʃtεntlıç] 形 誤解を招きやすい; あいまいな.

Miß·ver·ständ·nis[..nıs] 中 -ses/-se 誤解; ⦅複数で⦆ (感情の)行き違い, 意見の衝突: ein ~ aufklären 〈berichtigen〉 誤解を解く | einem ~ vorbeugen あらかじめ誤解のないように配慮する | Hier ist ein ~ entstanden. ここに誤解が生じた.

miß·ver·ste·hen*[mísfεrʃte:ən] ⦅182⦆ (過分 mißverstanden; zu 不定詞: mißzuverstehen) 他 (h) 誤解する: *jn.* ~ …の言葉〈行動〉を誤解する | *Mißverstehen* Sie mich nicht! 私の言葉を誤解しないでください(ただし俗語では miß.. を分離させることがある: *Versteh* mich nicht *miß*! 誤解してくれちゃ困るよ) ‖ in nicht *mißzuverstehender* Weise 誤解の余地なく, 明確に | *mißverstandene* Worte 誤解された言葉.

Miß·wachs[mísvaks] 男 -es/ (果物などの)不作.

miß·wach·sen[mısváksən] =mißgewachsen

Miß·wei·sung[mísvaızʊŋ] 女 -/-en **1** 〘理〙(磁針などの)偏差. **2** 〘海・空〙偏流.

Miß·wirt·schaft[mísvırt-ʃaft] 女 -/-en 乱脈〈放漫〉経営, 家計〈財政〉の乱れ.

miß·wol·len[mísvɔlən] ⦅216⦆ 自 (h) ⦅雅⦆ (übelwollen) ⦅*jm.*⦆ (…に)悪意を抱く.

Miß·wuchs[mísvu:ks] 男 -es/ 発育不全, 奇形.

Mist[1][mıst] 男 -[e]s/-e 〘海〙もや, かすみ. [*engl.*; ◇*gr.* omíchlē „Nebel"]

Mist[2][–] 男 -[e]s/ **1 a)** 堆肥(たいひ), 厩肥(きゅうひ); (家畜の)糞尿(ふんにょう): Pferde*mist* 馬糞〔の堆肥〕 ‖ ~ fahren 〈streuen〉 堆肥を運ぶ〈まく〉 | *et.*[4] **wie ~ haben** ⦅話⦆ …を腐るほど持っている | Kleinvieh macht auch ~. (→Kleinvieh) ‖ *et.*[4] **auf den ~ werfen** ⦅比⦆ …を放棄する | **auf *js.* ~ gewachsen sein** ⦅話⦆ …の案出した〈生み出した〉ものである | Dieser Plan ist nicht auf seinem ~ gewachsen この考えは彼自身の考え出したものではない | wie der Hahn auf dem ~ einherstolzieren (→Hahn[1] 1 a). **b)** ⦅オーストリア⦆ (Kehricht) (掃き寄せられた)塵芥(じんかい), ちり, くず. **2** ⦅話⦆くだらぬ物〈事〉, ばかげた話: **~ bauen** 失敗をやらかす | Mach 〈Rede〉 keinen ~! ばかなことをする〈言う〉な | Ich habe mit dem 〔ganzen〕 ~ nichts zu schaffen. 私はそんなことにかかわりはない〈そんなことにかかわり合ってたまるか〉 | **So ein ~!** / **verdammter** 〈**verfluchter**〉 **~!** 畜生め, なんたることだ. [*germ.*; ◇Maisch; *lat.* mingere „harnen"]

Mist≠beet[míst..] 中 〘農〙堆肥(たいひ)温床. ≠**blatt** 中 ⦅話⦆赤新聞, 大衆紙. ≠**ding** 中 ⦅話⦆くだらぬ〈粗悪な〉物.

Mi·stel[místəl] 女 -/-n 〘植〙ヤドリギ(イギリスでクリスマスに飾る風習がある). [*germ.*; ◇*engl.* mistletoe]

Mi·stel·zweig 男 ヤドリギの枝.

mi·sten[1][místən] ⦅01⦆ 自 (h) 非人称 ⦅es mistet⦆ 〘海〙かすみ〈もや〉がかかる. [*engl.* mist]

mi·sten[2][–] ⦅01⦆ **I** 他 (h) **1** (…に)堆肥(たいひ)を入れる, 施肥する: den Acker ~ 畑に堆肥を入れる. **2** (家畜小屋を)掃除する. **II** 自 (h) (家畜が)糞(ふん)をする.

Mi·ster[místər] 男 -s/- (Herr) 紳士, 殿方 (→Mr.). [*engl.*; ＜Master]

Mist≠fink[míst..] 男 -en(-s)/-en ⦅話⦆汚らしい〈不潔な〉男; 下劣なやつ. ≠**fuh·re** 女 堆肥(たいひ)運搬車; 車 1 台分の堆肥. ≠**ga·bel** 女 〘農〙堆肥フォーク. ≠**gru·be** 女 肥料だめ. ≠**hau·fen** 男 堆肥〔の山〕; ごみの山. ≠**hund** 男 =Mistkerl

mi·stig[1][místıç][2] 形 〘海〙かすみ〈もや〉のかかった.

mi·stig[2][–] 形 堆肥(たいひ)だらけの; 汚らしい, よごれた; ⦅話⦆いとわしい, みすぼらしい: ~*e* Schuhe よごれた靴 | ~*es* Wetter ひどい天気.

Mist≠jau·che[míst..] 女 〘農〙水肥. ≠**kä·fer** 男 **1** 〘虫〙 **a)** クソムシ(糞虫). **b)** センチコガネ(雪隠黄金虫)亜科の昆虫. **2** =Mistkerl ≠**kar·re** 女, ≠**kar·ren** 男 堆肥(たいひ)用手押し車. ≠**kerl** 男 ⦅話⦆下劣なやつ. ≠**kram** 男 ⦅話⦆がらくた, 粗悪品. ≠**kü·bel** 男 ⦅オーストリア⦆ (Abfalleimer) ごみバケツ. ≠**loch** 中 ⦅話⦆汚い〈粗末な〉住まい.

Mi·stral[mıstrá:l] 男 -s/-e ミストラル(南フランスの冷たい

北西風). [„Hauptwind“; *provenzal.*－*fr.*; ◇Magister]

Mi̤·streß (**Mi̤·stress**)［místrɪs］女 -/..resses［..sɪs］(Herrin) 女主人, 主婦, 奥様(→Mrs.). ［*afr.* maistresse－*engl.*; ◇Mätresse, Mister, Miß］

Mi̤st≠sau［míst..］女《話》汚らしい〈不潔な〉人; 下劣なやつ. **≠schau·fel** 女《オーストリア》ちり取り. **≠stock** 男 -〔e〕s/..stöcke《スイス》＝Misthaufen **≠stück** 中《話》＝Mistkerl **≠vieh** 中《話》**1** ＝Mistkerl **2** 畜生. **≠wa̱·gen** 男 堆肥(たいひ)運搬車. **≠wet·ter** 中《話》ひどい悪天候.

Mis·zel·la̱·ne·en［mɪstsɛlá:neən, ..lané:ən］複, **Mis·ze̱l·len**［..tsɛ́lən］複 (特に学術雑誌の)小論文, 雑録. ［*lat.* miscell〔āne〕us „vermischt“; ◇mischen］

mit［mɪt］

> **I** 前《3格支配》(英: *with*)
> **1**《行為や状態のなんらかの意味での共通性を示す》
> **a**)《行動・状態を共にする相手》…と, …と一緒に, …と行動を共にして, …と協力して
> **b**)《関係・交渉の相手》…と, …を相手に, …を向こうにまわして
> **c**)《包含》
> ①…もろとも, …を含めて
> ②ⅰ)(計算で)…も含めて数えて
> ⅱ)《〔bis〕mit の形で》(時間的に)…まで
> **d**)《意味が弱まって単なる一般的関係を示す》…について, …に関して, …の点で, …を相手に
> **e**)《特定の動詞と結びついて動作の対象を示す》
> **2**《付随》(↔ohne)
> **a**)《具備・装備・所有・特徴》…を持った, …を備えた, …付きの
> **b**)《付帯的状況》…を備えた〈持った〉状態で, …の状態で
> **c**)《行為・動作の様態・状況》…で, …をもって, …を伴って
> **3**《同時を示す; bei で置き換えられる場合もある》…とともに, …と同時に, …を期して; …の年齢で
> **4**《道具・手段・方法を示す; durch で置き換えられる場合もある》
> **II** 副

I 前《3格支配》(英: *with*) **1**《行為や状態のなんらかの意味での共通性を示す》**a**)《行動・状態を共にする相手を示す》…と, …と一緒に, …と行動を共にして, …と協力して: ～ *jm.* ausgehen〈spazierengehen〉…と一緒に外出〈散歩〉する | ～ *jm.* zusammenarbeiten …と共同で仕事をする | ～ *jm.* 〔gegen *jn.*〕kämpfen …と共同して〔…に対して〕戦う(→b) | ～ dem Strom schwimmen 流れに乗って泳ぐ; 時流に竿(さお)さす | Soll ich ～ oder ohne Kinder〈ohne oder ～ Kindern〉kommen? 子供を連れて行くほうがよいのでしょうか それとも連れないほうがよいのでしょうか | *Mit* dem Schweiß floß Blut von seiner Stirn. 彼の額からは汗と一緒に血も流れていた | Wer nicht ～ mir ist, der ist wider mich. 私の味方でないものは私の敵である(聖書: マタ12, 30) | *Mit* ihm ist alle unsere Hoffnung begraben! 彼〔の死〕とともに我々のあらゆる希望も葬り去られた | *Mit* dir 〔zusammen〕kann ich es wagen. 君と一緒ならそれをやってみる気がある | Die Sache geht nicht ～ rechten Dingen zu. 事は尋常ではない, それはうさんくさい話だ ‖〖**gleich, einerlei** などと呼応して〗～ *jm.* im gleichen Haus wohnen …と同じ建物の住人である | Gleichzeitig ～ Beginn des Studiums fing er an, Japanisch zu lernen. 大学に入ると同時に彼は日本語を習い始めた | Ich bin ～ ihm einerlei Meinung². 私は彼と同意見である ‖〖二つの対象物相互の同一状態を表す〗Sie erzog ihn ～ ihren eigenen Kindern. 彼女は彼を自分の子供たちと一緒に育てた ‖〖激しい口調の命令で〗Weg ～ ihm! あいつをつまみ出せ(元来は「あいつと一緒に出て行け」の意) | Hinaus ～ dir! 出て行け | Fort ～ Schaden! そんなことはもうよせ ‖〖不審・不満の気持を表して〗*Mit* diesem Menschen! こいつときたら(全く何というやつだろう) | *Mit* eurem Geld! お前らの金なんか〔いるもんか〕.

b)《関係・交渉の相手を示す》…と, …を相手に, …を向こうにまわして: ～ *jm.* sprechen〈tanzen〉…と話す〈踊る〉| ～ *jm.* umgehen〈verhandeln〉…と交際〈交渉〉する | ～ *jm.* kämpfen …を相手にして戦う(→a) | *Mit* der Dummheit kämpfen Götter selbst vergebens. 無知蒙昧(もうまい)が相手では神々にも勝ち目はない(Schiller) ‖ *sich⁴* ～ *jm.* treffen …と落ち合う〈待ち合わせる〉| *sich⁴* ～ *jm.* unterhalten …と談笑する | *sich⁴* ～ *jm.* verloben〈verheiraten〉…と婚約〈結婚〉する | *sich⁴* ～ *jm.* 〔wieder〕versöhnen …と和解する | *sich⁴* gut ～ *jm.* verstehen …と仲がよい〈お互いによく理解し合っている〉| *sich⁴* ～ *et.³* beschäftigen …に従事する ‖ ～ *jm.*〈*et.³*〉verwandt sein …と親類である〈似かよっている〉‖〖es を目的語とする慣用的表現で〗es〈nichts〉～ *jm.* zu tun haben …とかかわり合いがある〈…とはかかわりがない〉| es ～ *jm.* aufnehmen …と張り合う〈競争する〉‖〖二つの対象物どうしの相互関係を示す〗*et.⁴* ～ *et.³* verbinden〈vergleichen〉…を…と結合〈比較〉する | *sich⁴* in〈an〉*et.³* ～ *jm.* nicht messen können …に関しては…とは比べものにならない(はるかに劣る).

c)《包含》① …もろとも, …を含めて: ～ Haut und Haar (けだものが獲物を)丸ごと(食べる) | ～ Mann und Maus (船が)乗組員もろともに(沈没する) | eine Pflanze ～ der Wurzel herausreißen 植物を根っこごと引き抜く | das Kapital ～ Zinsen zurückzahlen 元利を一緒に返済する | *et.⁴* ～ *sich³* bringen (必然的に)…をもたらす, …の結果となる | das Kind ～ dem Bade ausschütten《諺》角(つの)をためて牛を殺す(ふろの水と一緒に子供まであけてしまう).
② ⅰ)(計算で)…も含めて数えて: *Mit* mir waren es 30 Personen. 私をも含めて総勢30名だった | *Mit* heute sind es noch fünf Tage bis zu den Ferien. 休暇まではきょうも入れてまだあと5日ある | Ist das ～ oder ohne〔Bedienung〕? (レストランで)その金額はサービス料込みですか サービス料別ですか. ⅱ)《〔bis〕mit の形で》(時間的に)…まで: 〔bis〕～ Sonntag《方》(日曜日も含めて)日曜日まで | Die Praxis ist bis〔und〕～ 10.(読み方: dem zehnten) April geschlossen.《方》当診療所は4月10日まで休業(11日診療開始)します | Der Film läuft Dienstag ～ Freitag. この映画は火曜から金曜まで上映します(＝Der Film läuft von Dienstag bis Freitag.).

d)《意味が弱まって単なる一般的関係を示す》…について, …に関して, …の点で, …のことで, …を相手に: das ～ dem Brief《話》例の手紙の一件 | Seine Rede war gut, aber das ～ der Unvermeidlichkeit des Krieges gefiel mir nicht. 彼の演説はよかったが 戦争不可避の件はいただけない | ～ *et.³* fertig sein …を済ませている〈仕上げてしまっている〉; …との間に決着がついている | ～ *et.³* zufrieden〈einverstanden〉sein …に満足〈同意〉している | ～ *jm.* böse sein …に腹を立てている | Seid sparsam ～ Strom! 電気を節約せよ | ～ *et.³* große Mühe haben …のことでさんざん苦労する, …に手を焼く | *sich⁴* ～ *et.³* beeilen …を急ぐ | Wir haben unsere Not ～ ihm. あいつには手を焼く | Was ist ～ dir〔los〕? いったいどうしたのだ ‖〖es を主語とする文で〗*Mit* ihm steht es gut〈schlecht〉. 彼の(健康・仕事などの)状態はよい〈悪い〉| *Mit* uns ist es aus.《話》おれたちはもう駄目だ | Acht Tage später ging es ～ ihr zu Ende. 1週間後彼女は死んだ | *Mit* dem Patienten ging es rasch bergab. 患者の容体は急速に悪化した | Da*mit* hat es noch gute Weile. そいつはまだまだ時間がかかる | Es ist ～ ihm weit gekommen.《話》あいつはひどく零落してしまった | Es ist nicht weit her ～ ihm.《話》あいつは大したやつじゃあない | Wie geht es ～ deiner Arbeit? 君の仕事の進捗(しんちょく)状況はどうかね | Wie wäre es ～ Fisch zum Abendbrot? 夕食に魚料理はいかがですか ‖〖es を目的語とする慣用的表現で〗es ～ *jm.* halten …の味方である, …に同調する | es ～ *jm.* gut meinen …に好感を持っている | es ～ *et.³* eilig haben …のことで急いでいる | Er hat es ～ dem Herzen.《話》彼は心臓に問題がある〈心臓が悪い〉| Er hat es ～ Kriminalromanen.《話》彼は推理小説マニアだ | Nun sag', wie hast du's (＝du es) ～ der Religion? ところであなた

M

宗教のことはどう考えていらっしゃるの（Goethe: *Faust* I）.
e）《特定の動詞と結びついて動作の対象を示す》～ *et.*[3] anfangen 〈beginnen〉 …を始める | ～ *et.*[3] aufhören 〈fortfahren〉 …をやめる〈続ける〉 | ～ *et.*[3] zögern 〈zurückhalten〉 …をためらう〈差し控える〉 | ～ *et.*[3] aufräumen …を一掃する | ～ *et.*[3] handeln（商人が）…を扱う.
2《付随》(↔ohne) **a**)《具備・装備・所有・特徴》…を持った, …を備えた, …付きの, …がある: ein Kleid ～ langen Ärmeln 長そでのドレス | eine Dame ～ der Brille めがねをかけた婦人 | ～ Hut 帽子をかぶって | ein Mann ～ einem großen Rucksack 大きなリュックサックを背負った男 | ein Krug ～ Deckel 蓋(ふた)つきのジョッキ | ein Motorrad ～ Beiwagen サイドカー付きオートバイ | ein Haus ～ Garage ガレージ付きの家 | ein Zimmer ～ Blick auf das Meer 海が眺められる部屋 | ein Zimmer ～ Frühstück 朝食つきの貸間〈ホテルの部屋〉| eine Kamera ～ eingebautem Belichtungsmesser 露出計内蔵のカメラ ‖ ein Mann ～ Hakennase かぎ鼻の男 | ein Mädchen ～ blondem Haar ブロンドの髪の女の子 | eine Sekretärin ～ guten Sprachkenntnissen 外国語のよくできる女性秘書 | Leute ～ kleinem Einkommen 低所得の人々 | ein Mann ～ Namen X / ᵛein Mann, X ～ Namen X という名の男 ‖ eine Schüssel ～ Kartoffeln ジャガイモを盛った大皿 | eine Vase ～ Rosen バラをいけた花瓶 ‖ Tee ～ Zitrone レモンティー | eine Scheibe Brot ～ Butter 一切れのバター付きパン | Schinken ～ Ei ハムエッグ ‖ ein Vierer ～〔Steuermann〕(ボート競技で) 舵手(だしゅ)付きフォア ‖ ein Heft ～ ohne Linie《話》罫(けい)線の入っていないノート.
b)《付帯的状況》…を備えた〈持った〉状態で, …の状態で: ～ einem Buch in der Hand 本を一冊手に持って | Sie schickte ihn ～ einem Paket zur Post. 彼女は彼に小包を郵便局に持って行かせた | Er kam ～ ein paar Fragen zu mir. 彼は幾つかの質問を持って私のところへやって来た | ～ diesen Worten こう言いながら, こう言って | Du immer ～ deinen Ausreden! お前のいつもの逃げ口上は聞きあきたよ | ～ der Bedingung, daß ... …という条件〔つき〕で ‖ ～ Fieber im Bett liegen 発熱して病床にある | *et.*[4] ～ offenem Munde anstarren 口をぽかんとあけて…に見とれる | ～ leeren Händen 手ぶらで, 得るところなく ‖〖理由・条件・譲歩などの意味が加わって〗 *Mit* seiner Erkältung sollte er lieber zu Hause bleiben. 彼は風邪を引いているのだから家にいたほうがよいのに | *Mit* etwas Glück wird es schon gelingen. ほんのちょっとの幸運に恵まれさえすればそれはきっと成功するはずだ | *Mit* all seinen Fehlern bleibt er doch mein bester Freund. 彼はずいぶん欠点をもってはいるが それでも私の最良の友であることに変わりはない.
c)《行為・動作の様態・状況; mit＋名詞が単なる副詞で言い換えられることが多い》…で, …をもって, …を伴って: ～ Absicht 故意に（＝absichtlich） | ～ Freude 喜んで（＝freudig） | ～ Fleiß 勤勉に, せっせと（＝fleißig） | ～ Geduld 辛抱強く（＝geduldig） | *sich*[4] ～ Geschmack kleiden 趣味のよい服装をする | ～ Leichtigkeit 楽々と | ～ Lust 大喜びで | ～ Nachdruck 強い調子で | Das sagt er ～ Recht. 彼がそう言うのは正しい | ～ Vorteil 有利に ‖ ～ knapper Not かろうじて | ～ hoher Geschwindigkeit 高速で | ～ hundert Stundenkilometer fahren 時速100キロで車を走らせる ‖ ～ einem Lächeln にっこり笑って | ～ lauter Stimme 大声で | ～ Gesang marschieren 歌をうたいながら行進する.
3《同時を示す; bei で置き換えられる場合もある》…とともに, …と同時に, …を期して; …の年齢で: ～ dem（＝beim） Einbruch der Dunkelheit 夕やみの訪れとともに | ～（＝bei） aufgehender Sonne《話》日の出とともに | ～ jedem Tage 日一日と | ～ der Zeit 時とともに, 漸次 | ～ fünf Jahren 5歳で, 5歳の時に | ～ zunehmendem Alter 年をとるにしたがって | ～ einmal 〈einem Male〉 突然 | **～ eins**《話》突然 | **～ dem**（＝damit） そうこうするうちに ‖ *Mit* dem（＝Am） heutigen Tag tritt die Verfügung in Kraft. 本日をもってこの規定は発効する | *Mit* diesem Wortwechsel begann eine bittere Feindschaft. この口論を契機として激しい敵対関係が始まった.
4《道具・手段・方法などを示す; durch で置き換えられる場合もある→durch I 4 ☆》…で, …によって, …を使って: ～ Salz würzen 塩で味つけする | ～ Seife waschen せっけんで洗う | *et.*[4] ～ Wasser füllen …に水をいっぱい入れる | *et.*[4] ～ einem Messer schneiden …をナイフで切る〈刻む〉 | ～ der Maschine schreiben タイプライターで書く〈打つ〉 | ～ dem Auto fahren 車で行く | ～ dem Zug 〈der Eisenbahn〉 fahren 列車で行く | *et.*[4] ～ der Post（＝durch die Post） schicken …を郵送する | ～ dem Kopf nicken うなずく, こっくりする | ～ der Zunge schnalzen 舌うちする | ～ der Sprache nicht herauswollen 心に思っていることを口に出そうとしない | ～ einem Wort 一言で〈手短に〉言うと | ～ anderen Worten〔gesagt / ausgedrückt〕別の言葉で言えば, 換言すると ‖ *et.*[4] ～ Gewalt（＝durch Gewalt） erreichen …を力ずくで手に入れる〈達成する〉 | *jn.* ～ Gift（＝durch Gift） töten …を毒殺する | *jn.* ～ einer Arznei（＝durch eine Arznei） heilen …の病気を薬で治す | ein Schiff ～ einem Torpedo（＝durch einen Torpedo） versenken 船を魚雷で撃沈する ‖ *jn.* ～ *et.*[3] schlagen《雅》(神・運命が) …に…の罰〈苦しみ〉を与える |〔wie〕～ Blindheit geschlagen sein 盲目である, 目が見えない ‖ Was willst du da*mit* sagen? 君のその言葉はどういう意味かね | Wo*mit* 〈*Mit* was〉 machst du das? 君は何を使ってそれをやるつもりだい.
II 副 **1**《空間的・時間的共通性を示す》一緒に, ともに; また, 同時に: ～ arbeiten（一時的に）一緒に仕事をする（ただし: → mitarbeiten） | ～ dabei sein（ほかの人と一緒にある現場に）居合わせる | ～ teilen 分け合う（ただし: →mitteilen） | *et.*[4] ～ erwähnen …のことにも（ついでに）言及する | *et.*[4] ～ in Kauf nehmen（付随的なやむを得ないこととして）…を甘受する〈受け入れる〉 | für *jn.* eine Fahrkarte ～ lösen …の乗車券も（自分のと）一緒に買う | ～ im Spiel sein（→Spiel 1） | ～ von der Partie sein《話》仲間に加わっている,（自分も）一枚かんでいる | Er ist ～ der Beste in der Klasse. 彼はクラスのトップの一人だ | Er war es ～, der diese Wissenschaft populär gemacht hat. 彼もこの学問の普及に功績のあった人たちの一人だ | Komm doch mal ～ vorbei!《話》時には僕のところにも立ち寄りたまえ.
2《話》《話法の助動詞とともに》 Er muß ～〔gehen〕. 彼は一緒に行かねばならない | Da kann ich nicht ～. そうなると私にはわけが分からない〈ついてゆけない・高すぎる〉.
3《話》《haben または sein とともに用いられて》 War er auch ～? あいつもいたかい | Was hatte er ～? あいつ何を持って来た〈行った〉かね.
[*germ.*; ◇meta..]

mit.. **1**《分離動詞の前つづり.「一緒に・共同で・同時に・合わせて」などを意味する. つねにアクセントをもつ》: *mit*arbeiten 協力する | *mit*führen 携行する | *mit*geben もたせてやる | *mit*gehen 同行する | *mit*leiden 同情する | *mit*teilen（情報を）知らせる. **2**《名詞・形容詞などにつけて. 意味は 1と同じ》: *Mit*gefühl 共感 | *Mit*gift 持参金 | *Mit*glied メンバー | *Mit*mensch 同胞 ‖ *mit*schuldig 共犯(同罪)の | *mit*leidig 同情的な | *mit*teilsam 話し好きの.

Mịt·an·ge·klag·te[mítlangəkla:ktə] 男 女《形容詞変化》〖法〗(刑事事件の) 共同被告人.

Mịt·ar·beit[mítlarbaɪt] 女 -/（他人の仕事への）協力: eine freiwillige 〈tatkräftige〉 ～ 自発的〈積極的〉な協力 | *jm. seine* ～ zusagen …に協力を約束する | Dies erfordert die ～ aller. これには全員の協力が必要だ ‖ *jn.* zur ～ auffordern …の協力を求める.

mịt|ar·bei·ten[..larbaɪtən]《01》自 (h) 共同して作業する, 協力〈参加〉する（ただし: mit arbeiten →mit II 1）: an einer Zeitschrift ～ 雑誌に寄稿する | bei einem Projekt ～ プロジェクトに参加する | im elterlichen Geschäft ～ 両親の商売を手伝う.

Mịt·ar·bei·ter[..tər] 男 -s/- 仕事〈研究〉仲間, 共同〈協力〉者; 職員;（雑誌などの）寄稿者, 同人: ein langjähriger ～ 長年にわたる協力者 | ein wissenschaftlicher ～ 共同研究者, 研究所員.

M

Mit·ar·bei·ter·schaft[..ʃaft] 女 -/ **1**《集合的に》協力〈共同作業〉者. **2** 共同作業, 協力; 寄稿.
Mit·ar·bei·ter·stab 男 協力者, スタッフ.
Mit·au·tor[mít|aυtɔr, ..to:r] 男 -s/-en[..to:rən] 共著者.
Mit·be·grün·der[mítbəgrʏndər] 男 -s/- 共同設立者, 設立参加者.
Mit·be·klag·te[mítbəkla:ktə] 男 女《形容詞変化》〖法〗(民事訴訟の)共同被告人.
mit|be·kom·men*[mítbəkɔmən]《80》他 (h) **1** (携行品として)もらって来る: besondere Talente von Geburt an ～ 生まれつき特別の才能に恵まれる | eine Aussteuer ～ 持参金をもらう. **2** 理解する, ついていける: das Diktat ～ 口述のスピードに間に合う. **3** (偶然に)聞いて〈知って〉しまう: Die Kinder haben zuviel *mitbekommen*. 子供たちは余計なことまで聞いてしまった. **4** 参加〈参与〉する: von *et.*³ nichts ～ …に全く参加していない.
mit|be·nut·zen[mítbənυtsən] (方: **mit|be·nüt·zen** [..nʏtsən])《02》他 (h) 共同で使用〈利用〉する.
Mit·be·nut·zung[..nυtsυŋ] 女 -/-en 共同使用〈利用〉.
Mit·be·nut·zungs·recht 中 共同使用〈利用〉権.
Mit·be·sitz[mítbəzɪts] 男 -es/ **1** 共有;〖法〗共同占有. **2**《集合的に》共有物.
mit|be·sit·zen*[..bəzɪtsən]《171》他 (h)《*et.*⁴ mit *jm.*》(…を…と)共有する.
Mit·be·sit·zer[..tsər] 男 -s/- 共有者.
mit|be·stim·men[mítbəʃtɪmən] 他 自 (h) (…の)決定に参与する: den Plan ～ 計画の決定に加わる | Schüler und Eltern dürfen in Schulfragen ～. 生徒と父兄は学校問題で発言することが許されている ‖ ein *mitbestimmtes* Unternehmen 共同決定企業(→Mitbestimmungsgesetz).
Mit·be·stim·mung[..mυŋ] 女 -/ 共同決定; 決定参加.
Mit·be·stim·mungs≈ge·setz 中 (労働者の経営参加を法的に裏付ける)共同決定法. **≈recht** 中 共同決定権(旧東ドイツでは国の政治的・経済的・文化的諸分野の計画策定に参加する人民の基本的権利, 旧西ドイツ, 現ドイツではふつう労働者の経営参加権を指す).
mit·be·tei·ligt[mítbətaɪlɪçt] 形《an *et.*³》(…に)参与している.
mit|be·wer·ben*[mítbəvɛrbən]¹《207》他 (h) 再帰 *sich*⁴ um *et.*⁴ ～ …を得ようとして競争する.
Mit·be·wer·ber[..bər] 男 -s/- 競争者, 競争相手.
Mit·be·woh·ner[mítbəvo:nər] 男 -s/- **1** (同じ建物・階などの)同居者, 同室者. **2**《戯》ノミ, シラミ, ナンキンムシ.
mit|brin·gen*[mítbrɪŋən]《26》他 (h) **1**《*et.*⁴》**a)** 持って〈携えて〉来る: *jm.* 〈für *jn.*〉 *et.*⁴ ～ …に…をみやげとして持って来る | eine Aussteuer ～ 持参金を持って来る | gute Laune ～ 上機嫌でやって来る | Du hast schlechtes Wetter *mitgebracht*.《戯》君が来たから天気が悪くなったのさ. **b)** (特定の資質・能力・知識などを)持ち合わせている: Er *bringt* für diese Stellung gar nichts *mit*. 彼にはこのポストに必要な能力〈知識〉が何もない.
2《*jn.*》連れて来る: *jn.* zum Essen 〈auf die Party〉 ～ …を食事〈パーティー〉に連れて来る | einen Freund nach Hause ～ 友人を家へ連れて来る | *Bringen* Sie bitte Ihre Frau *mit*! どうぞ奥さんとご一緒にお出でください ‖ Sie hat zwei Kinder aus erster Ehe *mitgebracht*. 彼女は先夫との間にできた子を二人連れ子にして来た.
Mit·bring·sel[..brɪŋzəl] 中 -s/-《話》(旅先などからの)みやげ: ～ einkaufen みやげ物を買う.
Mit·bru·der[mítbru:dər] 男 -s/..brüder[..bry:dər] **1**《雅》同胞, (同じ人間としての)仲間. **2** (Konfrater)〖宗〗〔修道〕兄弟.
Mit·bür·ge[mítbʏrgə] 男 -n/-n〖法〗共同保証人.
Mit·bür·ger[mítbʏrgər] 男 -s/- (⊛ **Mit·bür·ge·rin** [..gərɪn]-/-nen) 同じ国〈都市〉の人; 同胞.
Mit·bür·ger·schaft[-ʃaft] 女 -/-en 同じ国〈都市〉の人(全体); 全同胞.
mit|dür·fen*[mítdʏrfən]《35》自 (h)《話》一緒に行ってかまわない, 同行を許される: Du *darfst* mit mir nach Bonn *mit*. 君は私と一緒にボンに行ってもよい.
Mit·ei·gen·tum[mít|aɪgəntu:m] 中 -s/ (↔Alleineigentum)〖法〗共有〔財産〕.
Mit·ei·gen·tü·mer[..ty:mər] 男 -s/- (財産の)共有者.
mit·ein·an·der[mɪt|aɪnándər] 副《mit＋相互代名詞に相当: →sich 2 ★ ii》共に, 一緒に〔なって〕, 連れだって: ～ sprechen 話し合う | gut ～ auskommen 仲がうまくいっている | fertig ～ sein《話》仲間割れしている | ～ in Beziehung stehen 相互に関係がある | Sie sind alle ～. 彼らはみんな一緒だ〈一人も例外ではない〉.
mit·eins[mɪt|áɪns] 副《ｽｲｽ》(plötzlich) 突然, 急に(→ein¹ II 1 d).
Mi·tel·la[mitɛ́la·] 女 -/..llen[..lən]〖医〗(腕つり包帯用の)三角巾(きん), ミテルラ. [*lat.*; ◇Mitra]
mit|emp·fin·den*[mít|ɛmpfɪndən]¹《42》他 (h) (…に)共感する; (感情を)共にする, 同じくする: das Leid mit ihm 〈wie er〉 ～ 悲しみを彼と同じように感じる.
Mit·er·be[mít|ɛrbə] 男 -n/-n (↔Alleinerbe)〖法〗共同相続人.
mit|er·ben[mít|ɛrbən]¹ 他 (h) 共同相続する, 相続にあずかる.
mit|er·le·ben[mít|ɛrle:bən]¹ 他 (h) 共に体験する: eine Freude ～ 喜びを共にする | das Zeitalter der Atomenergie ～ 共に原子力時代に生きている.
mit|es·sen*[mít|ɛsən]《36》自 (h)《話》一緒に食事する.
Mit·es·ser[..|ɛsər] 男 -s/- **1** にきび. **2**《話》一緒に食事する人. [1: *mlat.* com-edō (→Komedo) の翻訳借用]
mit|fah·ren*[mítfa:rən]《37》自 (s) (車・船などに)同乗する, (旅行に)同行する: in dem Auto 〈mit den Eltern〉 ～ 自動車に〈両親と〉一緒に乗って行く.
Mit·fah·rer[..fa:rər] 男 -s/- (車・船などの)同乗者, (旅の)道連れ.
Mit·fahr·ge·le·gen·heit 女 (ガソリン代を分担して車に乗せてもらう)同乗便.
Mit·fahrt[..fa:rt] 女 -/ mitfahren すること.
Mit·fahr·zen·tra·le 女 -/-n〔自動車〕相乗り斡旋(あっせん)センター.
Mit·fäl·lung[mítfɛlυŋ] 女 -/-en〖化〗共沈, 誘発沈殿.
mit|fi·nan·zie·ren[mítfinantsi:rən] 他 (h)《*et.*⁴》(…のための)資金を分担する; (…に)共同出資する.
mit|flie·gen*[mítfli:gən]¹《45》自 (s) 一緒に飛ぶ; (飛行機に)同乗する: mit einer Reisegesellschaft ～ (飛行機で)旅行団に同行する.
Mit·for·de·rung[mítfɔrdərυŋ] 女 -/-en《ふつう単数で》〖法〗共同債権.
Mit·freu·de[mítfrɔʏdə] 女 -/-n 共同〈共通〉の喜び; 他人の喜びを共に喜ぶこと.
mit|freu·en[..frɔʏən] 他 (h) 再帰 *sich*⁴ über *et.*⁴ ～ …を共に喜ぶ.
mit|füh·len[mítfy:lən] **I** 自 (h)《mit *jm.*》(…に)同感する, 共感をもつ. **II** 他 (h)《*et.*⁴》(…に)共感する; (気持などを)理解する: *js.* Kummer ～ …の苦悩に共感する. **III**
mit·füh·lend 現分 形 思いやりのある, 同情的な: ein ～*er* Mensch 思いやりのある人.
mit|füh·ren[mítfy:rən] 他 (h) **1**《*jn.*》連れて行く. **2**《*et.*⁴》持って行く, 携行する; (川・風などが)運ぶ: Papiere 〈Gepäck〉 ～ 書類〈手荷物〉を携行する | *et.*⁴ im Auto ～ …を自動車に積んで行く | Der Fluß *führt* Sand *mit*. 川が砂を〔下流に〕押し流す.
Mit·füh·rungs·ko·ef·fi·zient[mítfy:rυŋsko|ɛfitsiɛnt] 男〖理〗(光速度に関する)随伴係数.
mit|ge·ben*[mítge:bən]¹《52》他 (h)《*jm.* *et.*⁴》(去って行く人に)持たせてやる: *seiner* Tochter eine Aussteuer ～ 娘に持参金をつけてやる | den Kindern eine gute Erziehung ～ 子供たちによい教育を受けさせてやる | *jm.* einen Führer ～ …に案内人をつけてやる.
mit·ge·fan·gen[mítgəfaŋən] **I** 形 共に捕らえられた:〖も

M

っぱら次の形で〗〔Mitgegangen,〕 ~, mitgehangen! 乗りかかった船だ(一緒に出かけて一緒に捕らえられたら一緒に首をくくられてもしかたがないさ). **II Mit·ge·fan·ge·ne** 男 女《形容詞変化》一緒に捕らえられた人, 同囚.

Mit·ge·fühl[mítgəfy:l] 中 -〔e〕s/ 同情, 思いやりの気持,(特に悲しみの)共感: echtes 〈tiefes〉 ~ 心からの〈深い〉同情 | ~ mit *jm.* haben 〈empfinden〉 …に同情している | Darf ich Ihnen mein aufrichtiges ~ aussprechen? (弔問のときに)心からお悔やみ申しあげます.

mit·ge·han·gen[mítgəhaŋən] 形 共に絞首刑に処せられた: 〖もっぱら次の成句で〗〔Mitgegangen,〕 mitgefangen, ~! (→mitgefangen).

mit|ge·hen*[mítge:ən] 《53》自 (s) 同行する, 行動を共にする; 《比》魅了される, ひかれる: Darf ich ~? 一緒に行っていいですか | mit der Zeit ~ 時代に歩調を合わせる | mit dem Redner begeistert ~ 弁士に魅せられる | *et.*[4] **~ lassen** 〈**heißen**〉《話》…をもち逃げする〈着服する〉| Bei dem Hochwasser *gingen* große Massen von Geröll *mit.* 洪水のとき多量の石が流された ‖〖過去分詞で〗*Mitgegangen*, mitgefangen, mitgehangen! (→mitgefangen).

mit·ge·nom·men[mítgənɔmən] **I** mitnehmen の過去分詞. **II** 形《話》**1** 使い古しの, いたんだ: ein *~er* Anzug くたびれた服. **2** 疲労困憊(こんぱい)した, やつれはてた, へとへとの: Er sieht sehr ~ aus. 彼は見るからに疲れはてている | Das Land ist nach dem Krieg sehr ~. その国は戦争で荒廃〈疲弊〉している.

Mit·gift[mítgɪft] 女 -/-en 嫁入り持参金, 嫁資.

Mit·gift·jä·ger 男 持参金目あての求婚者〈男〉.

Mit·glied[mítgli:t][1] 中 -〔e〕s/-er (団体の)構成員, メンバー(会員・団員・組合員・議員・委員など): ein ~ der Familie 家族の構成員 | *jn.* als ~ aufnehmen 〈ausschließen〉 …を加入させる〈除名する〉| ein ordentliches ~ 正会員 | ein zahlendes ~ 会費納入義務のある会員 | ein ~ des Bundestages (略 M. d. B., MdB) (ドイツで)連邦議会議員 | ~ der Volkskammer (略 M. d. V., MdV) (旧東ドイツで)人民議会議員.

Mit·glie·der·li·ste 女 会員名簿.

mit·glie·der≠schwach 形 会員〈構成員〉の少ない. **≠stark** 形 会員〈構成員〉の多い.

Mit·glie·der·ver·samm·lung 女 会員総会.

Mit·glied·kar·te[mítgli:t..] 《スイス》 = Mitgliedskarte

Mit·glieds≠aus·weis 男 会員証. **≠bei·trag** 男 会費. **≠buch** 中 (手帳型の)会員証.

Mit·glied·schaft[mítgli:t-ʃaft] 女 -/ 会員であること; 会員資格; 会員全体: die ~ einer Partei erwerben 〈verlieren〉 党員資格を得る〈失う〉.

Mit·glieds≠kar·te 女 会員カード〈証〉. **≠land** 中 -〔e〕s/..länder (国際機構の)構成〈加入・参加〉国. **≠num·mer** 女 会員番号. **≠staat** 男 (条約機構の)加盟〈参加〉国.

Mit·glied·staat = Mitgliedsstaat

mit|ha·ben*[mítha:bən][1] 《64》他 (h) 携帯している: *Haben* Sie Ihren Ausweis *mit*? 証明書をお持ちですか.

Mit·haft[míthaft] 女 -/, **Mit·haf·tung**[..haftuŋ] 女 -/ 〖法〗共同責任.

mit|hal·ten*[míthaltən] 《65》 **I** 自 (h) **1** 《bei *et.*[3]》参加する, 共にする: beim Essen 〈Trinken〉 ~ 一緒に食べる〈飲む〉| tüchtig ~ (宴会などで)負けずに飲み食いする. **2** 《mit *jm.*》(…と)歩調を合わせる, (…に遅れずに)ついてゆく; (競争相手などと)肩を並べる, せり合う: mit *seinem* Konkurrenten nicht mehr ~ können もはや競争相手にはり合ってゆけない. **II** 他 (h) **1** 共同して行う: Lasten ~ 共に重荷を担う | eine Zeitung ~ 共同で新聞をとる. **2** (遅れずに)ついてゆく: das Tempo ~ テンポを合わせる.

mit|hel·fen*[míthɛlfən] 《71》自 (h) 助力〈加勢〉する, 力を貸す: beim Einkaufen 〈im Haushalt〉 ~ 買い物〈家事〉を手伝う.

Mit·hel·fer[..hɛlfər] 男 -s/- **1** 《軽蔑的に》手下, 共犯者. ▽**2** 手伝う人, 助力者.

Mit·her·aus·ge·ber[míthɛraʊsge:bər] 男 -s/- 共同編集〈出版〉者; 編集協力者.

Mit·herr·schaft[míthɛrʃaft] 女 -/-en 共同統治〈支配〉.

mit·hil·fe[mɪthílfə] 前《2格支配》…の協力で, …のおかげで; (道具・手段として)…を使って.

★ mit Hilfe とも書く.

Mit·hil·fe[míthɪlfə] 女 -/ 協力, 手助け: unter *js.* ~[3] …の助力で.

mit·hin[mɪthín] 副 したがって, それゆえ: Das hast du versprochen, ~ mußt du es auch tun. それを君は約束したのだ. だから実行しなければいけない.

mit|hö·ren[míthø:rən] 他 (h) (他人と)一緒に聞く; 偶然耳にする, 小耳にはさむ; 盗み聞きする: ein Konzert am Radio ~ (何人かで)ラジオのコンサートを聞く | Vorsicht, es *hört* jemand *mit*! 気をつけろ だれか聞いているぞ.

Mit·hö·rer[..hø:rər] 男 -s/- mithören する人.

Mi·thra[mí:tra·] (**Mi·thras**[mí:tra(:)s]) 人名〖ペルシア神〗ミトラ(光の神). [*pers.*–*gr.*–*lat.*]

Miti, MITI[mí:ti·] 略 中 -s/ = Ministry of International Trade and Industry (日本の)通商産業省, 通産省.

Mit·in·ha·ber[mít|ɪnha:bər] 男 -s/- (企業などの)共同所有〈出資〉者.

Mit·in·sas·se[mít|ɪnzasə] 男 -n/-n (船・車などの)同乗者, 乗り合わせた人.

mit|kämp·fen[mítkɛmpfən] 自 (h) 共に戦う, 共闘する.

Mit·kämp·fer[..kɛmpfər] 男 -s/- 戦友, 同志, 味方.

Mit·klä·ger[mítklɛ:gər] 男 -s/- 〖法〗共同原告.

mit|klin·gen*[mítklɪŋən] 《77》自 (h) **1** (音が)共鳴する. **2** 《比》《in *et.*[3]》(…の中に…の)響きがまじる: In seiner Antwort *klingt* Ironie *mit.* 彼の答えには皮肉の響きが聞きとれる.

mit|kom·men*[mítkɔmən] 《80》自 (s) **1** 一緒に来る〈行く〉: Ich kann heute nicht in die Stadt ~. 私はきょうは町へご一緒できない | Willst du ~? 君も一緒に来る〈行く〉かい | Ein Päckchen ist mit der Post *mitgekommen.* 小型小包が一つ郵便と一緒に届いた. **2** (遅れないで)ついていける, 落後しない: Ich bin mit dem Bus nicht *mitgekommen.* 私はバスに乗り遅れた | Er sprach zu schnell, da *kam* ich nicht *mit.* 彼は早口すぎて私はついて行けなかった〈わからなくなった〉| Da *komme* ich nicht mehr *mit*! (他人の行動などについて)もうとてもついて行けない, 何を考えているのかさっぱりわからない | Er *kommt* in der Schule recht *mit.* 彼は学校でちゃんとやっていける.

mit|kön·nen*[mítkœnən] 《81》自 (h) 《話》**1** 同行できる, 同行を許される. **2** (遅れないで)ついていける: Mit seinem Aufwand *kann* ich nicht *mit.* 彼の浪費にはつきあいきれない.

mit|krie·gen[mítkri:gən][1] = mitbekommen

mit|la·chen[mítlaxən] 自 (h) 一緒に笑う.

mit|las·sen*[mítlasən] 《88》他 (h) 同行させる.

mit|lau·fen*[mítlaʊfən] 《89》自 (s) **1** 一緒に〈並んで〉走る; 《比》付随して進行する: 《軽蔑的に》付和雷同する, しりを追う: mit den Demonstranten ~ デモ〔隊〕について行く | *et.*[4] ~ lassen 《話》…を着服する. **2** (他の仕事と一緒に)進行する, (ついでに)片づけられる.

Mit·läu·fer[..lɔʏfər] 男 -s/- (mitlaufen する人. 例えば:) 競走参加者, やじうま, シンパ, 陣笠(じんがさ)政治家.

Mit·laut[mítlaʊt] 男 -〔e〕s/-e (↔Selbstlaut) (Konsonant) 〖言〗子音. [＜mitlautend „konsonantisch"; *lat.* cōn-sonāns (→Konsonant) の翻訳借用]

Mit·lau·ter[..tər] 男 -s/- = Mitlaut

Mit·leid[mítlaɪt][1] 中 -〔e〕s/ 同情, 思いやり, あわれみ: großes ~ 深い同情 | mit *jm.* ~ fühlen 〈empfinden / haben〉 …に同情する | *js.* ~ erregen 〈erwecken〉 …の同情をひく | *et.*[4] aus ~ tun 同情から〈気の毒に思って〉…をする. [*mhd.* mite-līdunge; *spätlat.* com-passiō (*gr.* sym-pátheia の翻訳借用) の翻訳借用; ◇Sympathie]

mit|lei·den*[..laɪdən][1] 《90》自 他 (h) 同情する, (苦しみに)共感する: *js.* Not ~ …の災厄に同情する | mit den Unglücklichen ~ 不幸な人々に同情する.

M

Mit·lei·den·schaft[..ʃaft] 女《もっぱら次の用法で》*jn.* 〈*et.*⁴〉 **in ～ ziehen** …を巻きぞえにする, …に損害を与える.

mit·lei·dig[mítlaɪdɪç]² 形 思いやりのある, 同情的な, 気の毒そうな;《反語》軽蔑的な: ein ～*er* Mensch 〈Blick〉 思いやりのある人〈気の毒そうなまなざし〉| *jn.* ～ ansehen …を気の毒そうに見る.

mit·leid〔s〕≠los[mítlaɪt(s)..] 形 同情のない, 無情な, 容赦ない. **≠voll** 形 同情のある, 情け深い, 慈愛に満ちた.

mit|le·sen*[mítle:zən]¹《92》他 (h) 一緒に読む: eine Zeitung ～ i) 一つの新聞を一緒に読む; ii) 新聞を共同で購読する | Laß mich den Brief ～! 私にもその手紙を読ませてくれよ.

mit|ma·chen[mítmaxən] **I** 他 (h) **1**《*et.*⁴》**a**) (…に)参加する: einen Ausflug 〈ein Fest〉 ～ 遠足〈祭り〉に加わる | einen Kurs ～ 課程〈講習〉を受講する | die Mode ～ 流行を追う. **b**) (他人の分まで)引き受ける: für *jn.* die Arbeit ～ …の仕事を手伝ってやる. **2** (苦しみなどを)経験する: im Krieg viel ～ 戦争でいろんな目にあう | Da *machst* du was *mit*! 君はつらい目にあうよ.

II 自 (h) **1**《bei *et.*³》参加する: bei einem Fest ～ 祭りに加わる | nicht mehr lange ～《比》もう長くは〔生きられ〕ない ‖ Laß mich ～! 私を仲間に入れてくれ | Das Wetter *macht mit*.《話》お天気も上々だ. **2** (器官などが)機能を果たす: Seine Füße *machen* noch *mit*. 彼は足はまだいうことをきく.

Mit·mensch[mítmɛnʃ] 男 -en/-en《ふつう複数で》(人間社会で)生活をともにする人, 同胞.

mit·mensch·lich[-lɪç] 形 人間仲間の, 同胞の.

mit|mi·schen[mítmɪʃən]《04》自 (h)《話》**1**《スポ》(チーム内でりっぱに)責任を果たす;《比》(積極的に)参加する. **2** 介入する, おせっかいをやく: überall ～ wollen どこにでもしゃしゃり出たがる.

mit|müs·sen*[mítmʏsən]《103》自 (h)《話》一緒に行かねば(しなければ)ならない: Er *muß* unbedingt *mit*. 彼は絶対に一緒に行くべきだ.

Mit·nah·me[mítna:mə] 女 -/ mitnehmen すること: Die ～ einer Kamera ist nicht erlaubt. カメラの携帯は許されていない | Die ～ von Hunden ist verboten. 犬を連れて入ることは禁じられている ‖ unter ～ von *et.*³ verschwinden …を持ち〈盗み〉去る.

Mit·nah·me·preis 男 (買い手が品物を届けさせずに自分で持ち帰る場合の)割引価格.

mit|neh·men*[mítne:mən]《104》**I** 他 (h) **1 a**) 携行する, 連れて行く; (とらえて)連行する: *jn.* auf die Reise 〈in den Urlaub〉 ～ …を旅行〈休暇旅行〉に連れて行く | *jn.* im Wagen ～ …を車に同乗させる | einen Bergführer ～ 登山ガイドを同行する | einen Koffer 〈einen Schirm〉 ～ トランク〈かさ〉を持って行く. **b**)《話》(こっそり)持ち去る, 盗む. **c**)《話》こすり〈こそぎ〉取る: Der LKW hat eine Hausecke *mitgenommen*. トラックが家の角をこすってこわしてしまった | die Wand ～ (→Wand 1).

2 a) (買った品を届けさせるのではなく)持って帰る; 買って帰る, 買う;《比》(印象・感銘などを)得〔て帰〕る: Das *nehme* ich *mit*. (店で)これを買い〈買って持ち帰り〉ます. **b**) (ついでに)見物する: auf der Reise den Dom ～ 旅行のついでに寺院に立ち寄る〈を訪れる〉. **c**) (すかさず)利用する: alle Gelegenheiten ～ いかなる機会ものがさない.

3《*jn.*》いためつける, 弱らせる, 打撃を与える: *jn.* sehr 〈arg / hart / tüchtig〉 ～ (事件・病気などが)ひどく…の身にこたえる | Der Krieg hat das Land schwer *mitgenommen*. 戦争で国はひどい痛手を受けた ‖〘目的語なしで〙körperlich 〈seelisch〉 ～ (作業・苦労などが)肉体〈精神〉的にこたえる | Das Unglück *nimmt mit*. 不幸は身にこたえる.

II mit·ge·nom·men → 別出

Mit·neh·me·preis[mítne:mə..] ＝Mitnahmepreis

Mit·neh·mer[mítne:mər] 男 -s/- 〘工〙(回転運動を伝える)駆動〈伝動〉体, 回し金〈板〉, キャッチ.

mit·nich·ten[mɪtníçtən] 副 (keineswegs) 決して…ない: Sie ist ～ schön. 彼女は決して美人とは言えない. [＜nicht]

Mi·to·chon·drie[mitoxɔ́ndriə, ..tɔx..] 女 -/-n, **Mi·to·chon·drium**[..driʊm] 中 -s/..drien[..driən]〘生〙ミトコンドリア, 糸粒体. [＜*gr.* mítos „Faden"＋chóndros „Korn"]

Mi·to·se[mitó:zə] 女 -/-n (↔Amitose)〘生〙(細胞核の)有糸分裂, 間接核分裂.

Mi·to·se·gift 中 (Zytostatikum)〘薬〙細胞安定剤.

mi·to·tisch[mitó:tɪʃ] 形〘生〙有糸分裂〈間接核分裂〉の.

Mi·tra[mí:tra·] 女 -/..tren[..trən] ミトラ(古代ギリシアのかぶり物; 古代オリエントの君主のかぶり物);〘カトリック〙司教冠(→ ⊠ Bischof). [*gr.*－*lat.*; ◇ *engl.* miter]

Mi·trail·leu·se[mitra(l)jǿ:zə] 女 -/-n〘軍〙(普仏戦争の折に用いられた)連発銃. [*fr.*; ＜*afr.* mite „Metallstück"; ◇ Maiß]

mi·tral[mitrá:l] 形 **1** 司教冠状の, 僧帽状の. **2**〘解〙僧帽弁の. [◇ Mitra]

Mi·tral·klap·pe[mitrá:l..] 女〘解〙(心臓の)僧帽弁.

mit|rech·nen[mítrɛçnən]《01》**I** 自 (h) (他の人と)一緒に計算する. **II** 他 (h) 勘定に入れる, 加算〈算入〉する: den Fahrpreis nicht *mitgerechnet* 交通費は別勘定で.

mit|re·den[mítre:dən]¹《01》**I** 自 (h) 意見をさしはさむ, 口出しをする; 話の仲間に入る: bei *et.*³ nicht ～ können …については口を出せない〈何もわかっていない〉.

II 他 (h) (意見を)述べる, 言う: ein Wort 〈ein Wörtchen〉 ～ 一言口をはさむ | 〔auch〕 ein Wort 〈ein Wörtchen〉 *mitzureden* haben (→Wort 2 a, →Wörtchen) | ein entscheidendes Wort ～ 決定的な意見を述べる.

mit|rei·sen[mítraɪzən]¹《02》**I** 自 (s) 一緒に〈連れだって〉旅行する. **II Mit·rei·sen·de** 男 女《形容詞変化》旅の仲間, 同行者, (列車などに偶然)乗り合わせた人.

mit|rei·ßen*[mítraɪsən]《115》**I** 他 (h) **1** (落下・走行などの際に他のものを強引に)巻きぞえにして連れ去る, 引き裂く: Die starke Strömung hat ihn *mitgerissen*. 激流が彼を流し去った. **2**《比》《*jn.*》熱狂〈興奮〉させる: Seine Rede *riß* alle *mit*. 彼の演説は皆を熱狂させた.

II mit·rei·ßend 現分 形 興奮〈感激〉させる: eine ～*e* Musik 心をかきたてるような音楽.

Mi·tren Mitra の複数.

Mit·ro·pa[mitró:pa·] 女 -/ (＜Mitteleuropäische Schlafwagen- und Speisewagen-Aktiengesellschaft) 中央ヨーロッパ寝台・食堂車株式会社(1917年設立. 西ドイツでは1950年以後 DSG「ドイツ寝台車・食堂車有限会社」となり, 東ドイツではそのまま存続していたが, 統一後は株式会社として再建された).

mit·sam·men[mɪtzámən] 副《南部・オーストリア》(zusammen, gemeinsam) 一緒に: ～ gehen 〈fahren〉 一緒に行く.

mit·samt[..zámt] 前《3格支配》…とともに, …もろとも: Das Schiff ging ～ der Besatzung unter. 船は乗員もろとも沈んだ.

mit|schicken[mít-ʃɪkən] 他 (h)《*et.*⁴》(…を)〔他のものと〕一緒に送る;《〔*jm.*〕 *jn.*》(〔…に〕…を)同伴させる: *jm.* ein Foto im Brief ～ …に手紙にそえて写真を送る | *jm.* einen Dolmetscher ～ …に通訳をつけて派遣する.

mit|schlei·fen[mít-ʃlaɪfən] 他 (h) **1**《*et.*⁴》一緒に引きずって行く. **2**《*jn.*》むりやりに連れて〈引っぱって〉行く.

mit|schlep·pen[mít-ʃlɛpən] 他 (h) **1**《話》携帯〈携行〉する. **2** (重いものなどを)一緒に持って〈引きずって〉行く. **3**《話》《*jn.*》強引に連れて行く: *jn.* ins Kino ～ …を〔無理に〕映画に連れて行く.

mit|schnei·den*[mít-ʃnaɪdən]¹《148》他 (h)《*et.*⁴》〔テープに〕録音〈録画〉する: ein Gespräch ～ 対談を録音〈録画〉する.

Mit·schnitt[mít-ʃnɪt] 男 -〔e〕s/-e **1** 実況録音〈録画〉. **2** 実況録音〈録画〉のテープ.

mit|schrei·ben*[mít-ʃraɪbən]¹《152》他 (h) **1** (口述・会議・講演などを)筆記する: die Debatte 〈den Vortrag〉 ～ 討議〈講演〉を筆記する. **2** (筆記試験などを)受験する, (レポートなどの作成に)参加する.

M

Mit·schrift[mít-ʃrɪft] 女 (口述による)筆記.
Mit·schuld[mít-ʃʊlt] 女 -/ 共犯; 同罪: an einem Verbrechen ~ haben ⟨tragen⟩ ある犯罪の共犯者である.
mit·schul·dig[..ʃʊldɪç][2] **I** 形 共犯の; 同罪の: an einer Straftat ~ sein ある違反行為の共犯である | Wer schweigt, wird ~. 沈黙する者は同罪となる. **II Mit·schul·di·ge** 男 女《形容詞変化》共犯者; 同罪者.
Mit·schuld·ner 男 -s/- 〘法〙共同〈連帯〉債務者.
Mit·schü·ler[mít-ʃyːlər] 男 -s/- 同級生, 同窓生, 学友.
mit|schwin·gen*[mít-ʃvɪŋən] 《162》 自 (h) 〘理〙共振する, 共鳴する; 《比》《in *et.*[3]》(…の中に…の)響きがまじる: In seinen Worten *schwang* Freude ⟨Schmerz⟩ *mit*. 彼の言葉には喜び⟨苦悩⟩の響きがまじっていた.
mit|sin·gen*[mítzɪŋən] 《168》 他 自 (h) 一緒に歌う, 合わせて歌う: ein Lied ~ 歌を一緒に歌う | im Chor ~ 合唱団に入って歌う.
mit|sol·len*[mítzɔlən] 《172》 自 (h) 《話》一緒に行く⟨来る⟩べきである, 一緒に持って行くべきである: Die Eltern verreisen, die Kinder *sollen mit*. 両親が旅行に出るので 子供たちも同行しなければならない.
mit|spie·len[mít-ʃpiːlən] **I** 自 (h) **1** 遊び⟨演技・演奏・競技⟩に参加する: Laß die Kleinen auch ~! 子供たちも仲間に入れてやってくれ | in der Mannschaft ~ チームに参加して一緒に競技する. **2** 賛同する, 協力する; 関与する: überall ~ どこにでも首をつっこむ | nicht mehr ~ 手を引く | mit den Plänen der Regierung ~ 政府の計画に加担する. **3** 《bei *jm.* ⟨*et.*[3]⟩》一役かっている, 原因の一つである: Bei ihm *spielt* Ehrgeiz *mit*. 彼にはいつも功名心が働いている | Bei der geringen Ernte hat auch das schlechte Wetter *mitgespielt*. 不作だったのは悪天候のせいもあった. **4** 《話》《*jm.*》害を与える, つきまとう: *jm.* hart ⟨übel / grausam⟩ ~ …をいじめる, …にひどい仕打ちをする | Die Krankheit ⟨Das Schicksal⟩ *spielte* uns sehr *mit*. 我々はひどい病⟨運命⟩に見舞われた.
II 他 (h) 共演する; 《*et.*[4]》(…に)参加する.
Mit·spie·ler[..ʃpiːlər] 男 -s/- **1** 遊び仲間, 共演者, チームの一員; 賛同⟨加担⟩者. **2** (Aktant) 〘言〙共演成分(依存関係文法での必須(ﾋｯｽ)文成分).
Mit·spra·che·recht[mít-ʃpraːxə..] 中 (相談・決議などに)参与する権利, 共同発言⟨決定⟩権.
mit|spre·chen*[mít-ʃprɛçən] 《177》 **I** 他 (h) 声を合わせて言う: ein Gebet ⟨ein Gedicht⟩ ~ 声を合わせて祈る⟨詩を朗唱する⟩. **II** 自 (h) **1** 口をはさむ, (相談・決議などに)参与する: Bei dieser Frage ⟨In dieser Angelegenheit⟩ durfte er nicht ~. この問題⟨この件⟩には彼は口をはさめなかった. **2** 同時に⟨共に⟩作用している, (原因などが)からみ合っている: Verschiedene Gründe *sprechen* hier *mit*. ここではいろんな原因が〔同時に〕働いているのだ.
Mit·strei·ter[mít-ʃtraɪtər] 男 -s/- =Mitkämpfer
mit|stricken[mít-ʃtrɪkən] 他 (h) 《*et.*[4]》(…を)いっしょに編む; 《話》(…の成立に)協力する.
mitt.. 《名詞などにつけて「中間の・中ごろの」を意味する》: *Mitt*dreißiger 30歳台半ばの男 | *Mitt*zwanzigerin 20歳台半ばの女 | *Mitt*winter 真冬. [*germ.* „in der Mitte befindlich"; ◇meso.., medio, Mitte; *engl.* mid..]
Mitt·acht·zi·ger[mɪt|axtsɪɡər] 男 -s/- (女 **Mitt·acht·zi·ge·rin**[..ɡərɪn]-/-nen) 80歳台半ばの人.
Mit·tag[mítaːk][1] **I** 男 -s/-e **1 a)** 正午〔ごろ〕, 昼〔どき〕: ein heißer ⟨sonniger⟩ ~ 暑い⟨太陽の照り輝く⟩真昼どき ‖ 〘2格で〙eines ~*s* ある日の昼ごろ ‖ 〘4格で〙jeden ~ 毎日昼になると | Montag *mittag* 月曜日の昼に(→III) ‖ 〘前置詞と〙am ~ 昼に | Es geht auf ~ zu. 12時になる | bis 〔zum〕 ~ 正午〔ごろ〕まで | nicht von zwölf bis ~ (→zwölf I) | gegen ~ 昼ごろに | über ~ 昼じゅう | zu ~ 昼に | **zu ~ essen** 昼食をとる ‖ Es ist schon ~. もう昼である | Es wird ~. 昼になる | Es läutet ⟨schlägt⟩ ~. 〔時計が〕昼⟨12時⟩を打つ. **b)** 《方》(Nachmittag) 午後: Ich habe den ganzen ~ auf dich gewartet. 私は午後じゅうずっと君を待っていた. **2** (Mittagspause) 昼休み: ~ machen ⟨halten⟩ 昼休みをとる | unter ~ 昼休みの間に. **3** 《雅》全盛期, さかり; (Zenit) 〘天〙天頂: im ~ *seines* Lebens ⟨*seiner* Jahre⟩ stehen 人生のさかり〔の年齢〕である | Die Sonne steht 〔hoch〕 im ~. 太陽は南中している. **4** 《単数で》《雅》(Süden) 南〔方〕: gen ~ 南〔方〕へ.
II 中 -s/ 《話》(Mittagessen) 昼食: ~ essen 昼食を食べる | ~ kochen 昼食を作る ‖ *jn.* zum ~ einladen …を昼食に招待する.
III mit·tag 副《特定の日を示す語の後につけて: →mittags》(…の日の)正午〔ごろ〕に, 昼に: heute ~ きょうの昼に | Montag ~ 月曜日の昼に.
[*ahd.* mitti tac „mittlerer Tag"; ◇mitt..; *engl.* midday]
Mit·tag≈brot[mítaːk..] 中 -〔e〕s/ **, ≈es·sen** 中 昼食: *jn.* zum ~ einladen …を昼食に招く.
mit·tä·gig[mítɛːɡɪç][2] 形《付加語的》昼〔どき〕の: eine ~*e* Pause 昼休み | eine ~*e* Hitze 真昼の暑さ.
mit·täg·lich[mítɛːklɪç] 形 **1** 〔真〕昼の, 昼ごとの: die ~*e* Pause 昼休み | die ~*e* Sonne 真昼の太陽⟨日ざし⟩. **2** 《雅》(südlich) 南の: die ~*en* Provinzen 南部地方.
Mit·tag·mahl[mítaːk..] 中 =Mittagessen
mit·tags[mítaːks] 副《特定の日とは関係なく: →mittag》昼〔どき〕に: von morgens bis ~ 朝から昼まで | Sonntag ~ / sonntags ~ 日曜の昼〔ごと〕に | ~ um 12 Uhr / um 12 Uhr ~ 昼の12時に.
Mit·tags≈blu·me 女 〘植〙マツバギク(松葉菊)〔属〕. **≈brot** =Mittagbrot
Mit·tag≈schlaf[mítaːk..] =Mittagsschlaf [∇]**≈sei·te** =Mittagsseite
Mit·tags≈es·sen[mítaːks..] =Mittagessen **≈gast** 男 -〔e〕s/..gäste 昼食に招いた客. **≈glut** 女 真昼の暑さ: eine heiße ⟨stechende⟩ ~ 真昼の猛暑⟨こげるような昼の暑さ⟩. **≈hit·ze** 女 真昼の暑さ. **≈hö·he** 女 〘天〙(太陽の)子午線高度. **≈kreis** 男 〘天〙(天球の)子午線, 経線. **≈li·nie**[..niə] 女 〘天〙(天球の)子午線, 経線.
Mit·tag〔s〕·mahl[mítaːk(s)..] 中《雅》=Mittagessen
Mit·tag·son·ne =Mittagssonne
Mit·tags≈pau·se[mítaːks..] 女 昼休み: in ⟨nach⟩ der ~ 昼休みに⟨昼休み後に⟩ | ~ haben ⟨machen⟩ 昼休みをとる. **≈punkt** =Südpunkt **≈ru·he** 女 昼の休息, 昼休み; 昼寝: ~ halten / *sich*[4] zur ~ hinlegen 昼寝をする.
Mit·tag〔s〕≈schlaf[mítaːk(s)..] 男 昼寝: ~ halten / *sich*[4] zum ~ niederlegen 昼寝をする. [∇]**≈sei·te** 女 (Südseite) 南側. **≈son·ne** 女 -/ 真昼の太陽⟨日ざし⟩: glühende ~ 燃えるような真昼の太陽 | Das Zimmer hat ~. 部屋は南向きだ. **≈stun·de** 女 真昼どき, 正午〔ごろ〕.
Mit·tags·tisch[mítaːks..] 男 昼食〔の食卓〕; (レストランで常客の食べる)昼の定食: am ~ sitzen 昼食をとっている | in einem Restaurant einen festen ~ haben あるレストランでいつも昼食をとる.
Mit·tag·stun·de[mítaːk..] =Mittagsstunde
Mit·tags·zeit[mítaːks..] 女 真昼どき, 正午〔ごろ〕; 昼休み.
mit·tag·wärts[mítaːkvɛrts] 副 南方へ.
Mit·tä·ter[míttɛːtər] 男 -s/- 〘法〙共犯者.
Mit·tä·ter·schaft[-ʃaft] 女 -/ 〘法〙共同正犯.
Mitt·drei·ßi·ger[mítdraɪsɪɡər] 男 -s/- (女 **Mitt·drei·ßi·ge·rin**[..ɡərɪn]-/-nen) 30歳台半ばの人.
Mit·te[mítə] 女 -/-n 《ふつう単数で》(英: *middle*) **1 a)** 真ん中, 中央, 中間, 中心; 《比》核心: die ~ eines Kreises ⟨einer Kugel⟩ 円⟨球⟩の中心 | die ~ einer Linie 線分の中点 ‖ das Reich der ~ 中国 ‖ **Ab durch die ~!** 《話》とっとと〔消え〕うせろ | **in der** ~ des Monats 月半ばに | in der ~ der Stadt 都心に ‖ ~ Mai 5月半ばに | ~ 〔der〕 Vierzig sein / ~ der Vierziger sein 40代の半ばである | 〔im〕 zweiten Stock ~ wohnen / zweiter Stock ~ wohnen 3階中央に住んでいる ‖ die genaue ⟨ungefähre⟩ ~ 〔der Scheibe〕 treffen / genau ⟨ungefähr⟩ die ~ 〔der Scheibe〕 treffen 〔的の〕真っ心⟨ほぼ中心⟩に当たる. **b)** 《比》中間, 中道, 中庸: **die goldene ~** 中道, 中庸 ‖ **in** der ~ gehen 中道を歩む | in der ~ ste-

hen / *sich*[4] in der ～ halten どちらにも偏しない ‖ die 〔goldene / rechte〕 ～ halten 〈finden〉 中庸を守る〈得る〉. **c**) 〘政〙(左右の)中間派: die Parteien der ～ 中間諸党派.

2 仲間〔うち〕, グループ: einer **aus** unserer ～ 我々の仲間の一人 | Er ist aus unserer ～ gegangen 〈geschieden〉. 《雅》彼は我らのもとから去った(死んだ) | *jn.* **in** die ～ nehmen …を仲間に入れる | *jn.* in *seiner* ～ willkommen heißen …の仲間入りを歓迎する.

3 《雅》(Taille) 胴のいちばんくびれた部分, 腰: *jn.* um die ～ 〈in der ～〉 fassen …の腰を抱く.

[*germ.*; ◇mitt.., mittel; *engl.* middle]

mit·teil·bar[míttaɪlba:r] 形 (他人に)伝えることのできる, 伝達可能な.

mit|tei·len[míttaɪlən] 他 (h) **1 a**) 《*jm. et.*[4]》(…に…を)知らせる, 報告する, 通知する: *jm.* eine Nachricht 〈neue Adresse〉 ～ …にニュース〈新しい住所〉を知らせる | *jm.* einen Wunsch 〈einen Entschluß〉 ～ …に希望〈決心〉を伝える | *jm. et.*[4] mündlich 〈schriftlich / vertraulich〉 ～ …に…を口頭で〈文書で・内密に〉報告する. **b**) 《雅》伝える: Der Ofen *teilt* die Wärme dem ganzen Zimmer *mit.* ストーブが熱を部屋じゅうに伝える. ▽**c**) 《雅》分かち与える: *jm.* etwas von *seinem* Reichtum ～ …に自分の富の一部を分かち与える.

2 《雅》 **a**) 再帰 *sich*[4] *jm.* ～ …に〔内心を〕打ち明ける, …を信用して話す | Er *teilte* sich einem Mädchen *mit.* 彼はある少女に心のうちを打ち明けた | Sie *teilt* sich wenig *mit.* 彼女はほとんど心の中を明かさない. **b**) 再帰 *sich*[4] *jm.* 〈*et.*[3]〉 ～ …に伝わる, …に伝達される | Eine festliche Stimmung hat sich den Gästen *mitgeteilt.* はなやいだ気分の影響が客たちに広まった | Die Kälte *teilte* sich dem ganzen Haus *mit.* 寒さは建物全体に及んだ

★ ただし: mit teilen→mit II 1

mit·teil·sam[míttaɪlza:m] 形 話好きな, おしゃべりな, なんでもしゃべりたがる, 心にものをしまっておけない; 打ち解けた: ein ～*er* Mensch 話好きな〈腹蔵のない〉人間.

Mit·teil·sam·keit[–kaɪt] 女 –/ mitteilsam なこと.

Mit·tei·lung[míttaɪlʊŋ] 女 –/–en 知らせ, 報告, 通知, 告知; 〘心〙コミュニケーション: eine amtliche 〈offizielle〉 ～ 公告, 公示 | eine mündliche ～ 口頭での報告 | eine vertrauliche ～ 内密の知らせ ‖ laut ～ des Presseamtes 《官》情報局の報告によれば ‖ eine ～ erhalten 〈entgegennehmen〉 知らせを受け〔取〕る | ***jm.* eine ～** 〔**von *et.***[3] / **über *et.***[4]〕 **machen** …に〔…について〕知らせる.

Mit·tei·lungs≠be·dürf·nis 中 –ses/ 他人に心中を打ち明けたい欲求. **≠wert** 男 〘言〙(文を構成する個々の要素がもつ)伝達価値.

mit·tel[mítəl] 形 《付加語的用法なし》《話》並の, まずまずの: Der Film scheint nicht sehr gut zu sein, höchstens ～. この映画は傑作とは思われない. せいぜいのところ並のできだ | Wie geht es dir?–Na, so ～! 元気かーまあまあだね.

★ 比較級 mittler, 最上級 mittelst は付加語的に用いられる.

[*westgerm.*; ◇mitt.., Mitte; *engl.* middle]

mittel.. 《名詞・形容詞につけて》 **1** 《位置的中央を表す》: *Mittel*europa 中部ヨーロッパ | *Mittel*finger 中指 | *Mittel*punkt 中心〔点〕. **2** 《中間・中程度を表す》: *Mittel*alter 〘史〙中世 | *Mittel*betrieb 中企業 | *Mittel*welle 〘電〙中波 ‖ *mittel*groß 中くらいの大きさの. **3** 《中間的存在を表す》: *Mittel*ding 《話》中間物 | *Mittel*wort 〘言〙分詞.

Mit·tel[1][mítəl] 中 –s/– (小 **Mit·tel·chen** → 別出) **1** 手段, 手だて, やり方, 方法, 策, 処置: ein drastisches 〈gewaltsames〉 ～ 思いきった〈力ずくの〉やり方 | ein gutes 〈schlechtes〉 ～ すぐれた〈まずい〉方法 | ein sicheres 〈wirksames〉 ～ 安全確実な〈有効な〉手段 | politische 〈diplomatische〉 ～ 政治的〈外交的〉手段 ‖ das ～ des Volks für soziale Verbesserung 〈gegen die Ausbeutung〉 民衆が社会改革を促進する〈搾取に対抗する〉ための方策 | ein ～ gegen die Inflation インフレ対策 | ein vorzügliches ～ zur Heilung 治療のためのすぐれた方法(→2) | **～ zum Zweck** 〔他の〕目的のための単なる手段〈道具〉 | *et.*[4] 〈*jn.*〉 als ～ zum Zweck benutzen …を目的のための単なる手段として利用する | das beste ～, *et.*[4] zu tun …をするための最善の手段 ‖ alle 〔nur erdenklichen〕 ～ anwenden 八方手を尽くす | rechtliche ～ anwenden 法的手段に訴える | alle ～ aufbieten あらゆる手段を講じる | **～ und Wege suchen** 〈**finden**〉 方策を探る〈見つける〉 | alle ～ 〔und Wege〕 versuchen / kein ～ unversucht lassen あらゆる手段を試みる | Der Zweck heiligt die ～. (→Zweck 1) ‖ mit allen ～*n* あらゆる手段を用いて, 八方手を尽くして | **zum äußersten** 〈**letzten**〉 **～ greifen** 最後の手段に訴える ‖ Ihm ist jedes ～ recht. 彼は手段を選ばない.

2 薬剤, 〔化学〕製剤: ein beruhigendes 〈stärkendes〉 ～ 鎮静〈強壮〉剤 | ein ～ für die Verdauung 消化剤 | ein ～ gegen Fieber 〈Ungeziefer〉 解熱〈殺虫〉剤 | ein ～ zum Einschlafen 〈Spülen〉 睡眠〈洗浄〉剤 | Arznei*mittel* 薬剤 | Betäubungs*mittel* 麻酔剤 | Heil*mittel* 治療薬 ‖ ein ～ 〔ein〕nehmen 薬を服用する | *sich*[3] ein ～ verordnen 〈schreiben〉 lassen 薬を処方してもらう.

3 《複数で》(Geldmittel) (使える)金(かね), 資金; 資力, 財源: bedeutende 〈große〉 ～ 大金 | flüssige ～ 現金 | *et.*[4] mit öffentlichen 〈aus eigenen〉 ～*n* bezahlen …を公費〈自費〉で支弁する ‖ ～ für *et.*[4] bereitstellen …に必要な金を用意する | Dafür sind im Haushalt ～ eingeplant. そのための金は予算に組みこまれている | Es fehlen mir die ～ dazu. そのための資金が私にはない | Meine ～ erlauben mir das. 私にはそれだけの資力がある ‖ ohne ～ sein 金〈資力〉がない | Er ist nicht ohne ～. 彼は小金をもっている | über *seine* ～ leben 資力以上の〈分不相応の〉生活をする.

4 (Stimmittel) (歌手・俳優などの)声量: große 〔stimmliche〕 ～ haben 声量が豊かである, すばらしい声をしている.

5 a) (Mitte) 中間: ***sich***[4] 〔**für *jn.***〕 **ins ～ legen** 《雅》〔…のために〕仲介〈仲裁〉の労をとる. **b**) 平均値: das arithmetische 〈geometrische〉 ～ 算術〈幾何〉平均 | das ～ errechnen 平均値を出す ‖ im ～ 平均して. ▽**c**) (Medium) 〘理〙媒質, 媒体.

▽**Mit·tel**[2][–] 女 –/ 〘印〙ミッテル(約14アメリカンポイントの大文字の欧文活字).

Mit·tel·ach·se[mítəl|aksə] 女 中軸; 軸線.

mit·tel·alt 形 中年の: ein ～*er* Herr 中年の紳士.

Mit·tel·al·ter[mítəl|altər] 中 –s/ **1** (略 MA.) 〘史〙中世〔期〕: im frühen 〈hohen / ausgehenden〉 ～ 中世初期〈中期・末期〉に | vom ～ 〔bis〕 zur Neuzeit 中世から近世まで. **2** 《戯》中年〔の人〕: Sie sind ～. 連中は中年だ.

[1: *nlat.* medium aevum (→mediäval) の翻訳借用]

mit·tel·al·te·rig[..|altərɪç][2] (**mit·tel·alt·rig**[..|altrɪç][2]) 形 中年の: eine ～*e* Dame 中年の婦人.

mit·tel·al·ter·lich[..|altərlɪç] 形 **1** 中世〔期〕の. **2** 《戯》＝mittelalt

Mit·tel·ame·ri·ka 地名 中央アメリカ(北アメリカ大陸のうち, メキシコ以南・パナマ以北の地域).

mit·tel≠ame·ri·ka·nisch 形 中央アメリカの. **≠asia·tisch** 形 中央アジアの.

Mit·tel·asi·en 地名 中央アジア.

Mit·tel·bal·kon 男 (劇場の) 2 階中央バルコニー席.

mit·tel·bar[mítəlba:r] 形 (↔unmittelbar) (indirekt) 間接の, 間接的な: eine ～*e* Ursache 間接的な原因 | eine ～*e* Täterschaft 〘法〙間接正犯 ‖ ～ betroffen werden 間接的に影響を受ける.

Mit·tel≠bau 男 –s/–ten **1** (〔前後〕左右に翼部をもつ建物の)中央部. **2** 《単数で》(大学教職員の)中間層(助手・助教授など). **≠be·trieb** 男 中規模経営, 中企業: Klein- und *Mittelbetrieb* 中小企業. **≠brust** 女 〘料理〙(牛の)中部胸肉(→ 図 Rind).

Mit·tel·chen[mítəlçən] 中 –s/– (Mittel[1]の縮小形) **1** ちょっとした方策; 《比》トリック, 策略: mit allerlei ～ (あやしげな)手練手管を使って. **2** 少量の薬; 《話》(医師の処方によらない)家庭常備薬, しろうと薬, いいかげんな薬.

Mit·tel≠darm 男 〘解〙(脊椎(せきつい)動物の)中腸. **≠deck** 中 (船の)中甲板. **≠decker** 男 –s/– 〘空〙中翼単葉機.

mit·tel·deutsch 形 (略 md.) 中部ドイツ〔地域〕の; 中部ドイツ語〈方言〉の: →deutsch

Mit·tel·deutsch·land 地名 中部ドイツ〔地域〕(第二次大戦後, 一時は旧東ドイツを指すことがあった).

mit·tel·dick 形 中くらいの太さの.

Mit·tel≈ding 中《ふつう単数で》 **1** -〔e〕s/-er《話》中間物, あいのこ, どっちつかずのもの: Das Moped ist ein ～ zwischen Fahrrad und Motorrad. モペットは自転車とオートバイのあいのこだ. **2** -〔e〕s/-e《比》仲介物,〔暫定的〕解決策: Es gibt kein ～. あいまいな〈どっちつかずの〉解決法はない. **≈ern·te** 女 平均的な収穫, 平年作.

Mit·tel·eu·ro·pa 地名 中部ヨーロッパ〔地域〕, 中欧(ヨーロッパ大陸の中核部).

mit·tel·eu·ro·pä·isch 形 中部ヨーロッパの: die ～*e* Zeit (略 MEZ) 中部ヨーロッパ標準時(ドイツ語圏のほかヨーロッパ大陸の大部分で用いられ, 日本より 8 時間遅い).

mit·tel·fein 形 (大きさ・太さ・厚さなどが)中等の, 中くらいの; (品質が)中位の: ～ gemahlener Kaffee 中挽(び)きのコーヒー | ～*er* Wein 中〔の上〕程度のワイン.

Mit·tel≈feld[mítəl..] 中 **1** (ある平面の)中央部; 〖球技〗(競技場の)中央部. **2** 〖スポ〗(マラソンなどで先頭集団に続く)中央集団; (能力的にトップクラスに続く)中位クラス. **3** 〖言〗(文の)中域(→Nachfeld, Vorfeld). **≈feld·spie·ler** 〖スポ〗(サッカーなどの)ミッドフィールダー. **≈fin·ger** 男 中指(ちゅうし), なかゆび(→ 図 Hand). **≈fran·ken** 地名 ミッテルフランケン(→Franken[1]).

mit·tel·frän·kisch 形 中部フランケン方言 (ripuarisch と moselfränkisch の総称)の.

Mit·tel·fre·quenz 女 (略 MF) 〖電〗中周波.

mit·tel·fri·stig 形 中期間の, 長期と短期の中間の.

Mit·tel·fuß 男 〖解〗中足, 中足骨部.

Mit·tel·fuß·kno·chen 男 〖解〗中足骨(→ 図 Mensch C).

Mit·tel≈gang 男 (列車・映画館などの)中央の通路. **≈ge·bir·ge** 中 (↔Hochgebirge) (2000m 以下で山頂・山稜(さんりょう)がなだらかな)中級山岳〔地帯〕, 中山系; 〖地〗中山形.

Mit·tel·ge·wicht 中 **1** 《単数で》(ボクシング・レスリング・重量挙げなどの)ミドル級. **2** ＝Mittelgewichtler [*engl.* middleweight の翻訳借用]

Mit·tel≈ge·wicht·ler[..gəvıçtlər] 男 -s/- ミドル級選手. **≈glied** 中 **1** 〖解〗中指節, 中節. **2** (鎖などの)結合部. **3** 〖論〗媒概念. **4** 〖数〗中項.

mit·tel≈gra·dig[mítəl..] 形 中程度の. **≈groß** 形 中くらいの大きさの, 中サイズの.

Mit·tel·grö·ße 女 中くらいの大きさ〈背丈〉, 中サイズ.

mit·tel·gut 形 中程度の: ein ～*er* Stoff 中くらいの質の服地 | eine ～*e* Ernte 平年作.

Mit·tel·hand 女 **1** 〖解〗中手(腕前部), 中手骨部. **2** (馬・犬などの)中央部(後脚と前脚の間). **3** 〖トランプ〗2 番手(スカートで 2 番目にカードを出す人・順番: →Vorhand 3, Hinterhand 2): in der ～ sein 〈sitzen〉 2 番手である.

Mit·tel·hand·kno·chen 男 〖解〗中手骨(→ 図 Mensch C).

Mit·tel·hirn 中 〖解〗中脳.

mit·tel·hoch 形 中くらいの高さの.

mit·tel·hoch·deutsch 形 (略 mhd.) 中高ドイツ語の: →deutsch

★ →付録: ドイツ語の歴史.

Mit·tel·klas·se 女 **1** (質・量などの)中級, 中等, 中程度. **2 a)** 中流〈中産〉階級. **b)** (学校の)中級クラス. **3** (自動車などの)中型.

Mit·tel·klas·se≈ho·tel 中 中級ホテル. **≈wa·gen** 男 中型〔乗用〕車.

Mit·tel≈kreb·se 複 〖動〗曲尾類(アナジャコ・ヤドカリなど). **≈kurs** 男 (左右に偏しない)中道.

mit·tel·län·disch[mítəllɛndıʃ] 形 地中海の, 地中海地方〈沿岸〉の: das *Mittelländische* Meer 地中海 | die ～*e* Rasse 地中海民族. [*lat.* medi-terrāneus (→mediterran) の翻訳借用]

Mit·tel·la·tein 中 中世ラテン語. [*nlat.* media latīnitās (◇medio, Latinität) の翻訳借用]

mit·tel·la·tei·nisch 形 (略 mlat.) 中世ラテン語の.

Mit·tel≈läu·fer 男 〖スポ〗(サッカー・ホッケーなどの)センターハーフ. **≈li·nie**[..niə] 女 **1** 中央線, 中心線; (道路の)センターライン. **2** 〖球技〗(サッカー・ラグビーなどの)ハーフウェイライン; (テニスの)ハーフコートライン, センターサービスライン. **3** 〖数〗正中線, 二等分線. **≈lo·ge**[..lo:ʒə] 女 〖劇〗中央桟敷(→ 図 Theater).

mit·tel·los[mítəllo:s][1] 形 資金のない, 無資産〈無資力〉の, 貧しい. [＜Mittel[1]]

Mit·tel·lo·sig·keit[..lo:zıçkaıt] 女 -/ (mittellos なこと. 例えば:) 貧乏, 無一物, 無資産.

Mit·tel≈mäch·te[mítəl..] 複 〖史〗中欧諸国(第一次大戦時のドイツとその同盟国の総称. はじめはドイツとオーストリア=ハンガリー帝国のみ. のちにブルガリア・トルコを含む). **≈maß** 中 **1** (質・量などについてしばしば否定的ニュアンスで)中程度, 並; 平凡, 凡庸: über das ～ nicht hinausgehen 並の域を出ない | ins ～ zurückfallen 月並みのできに逆もどりする. **2** 平均中庸: das goldene ～ 程よい〈みごとな〉平均〔値〕.

mit·tel·mä·ßig 形 (しばしば否定的ニュアンスで)並の, 中位の, 中等の; 普通の; 平凡な, 凡庸な: ein ～*er* Schüler 並の成績の生徒 | ～*e* Qualität 並の品質 ‖ Diese Leistung ist sehr ～. この成績は非常に月並みだ(相当悪い) | Das Wetter war ～. 天気はまあまあだった ‖ ～ spielen まあまあの演技〈プレー〉をする.

Mit·tel·mä·ßig·keit 女 -/ mittelmäßig なこと.

Mit·tel≈mast 男 〖海〗(5 本マストの帆船の)ミドル〔マスト〕, 中檣(ちゅうしょう). **≈meer** 中 (Binnenmeer) 内海: das 〔Europäische〕 ～ 地中海.

Mit·tel·meer·fie·ber 中 〖医〗地中海〈マルタ〉熱, ブラセラ症.

mit·tel·mee·risch[..me:rıʃ] 形 地中海の.

Mit·tel·meer≈kli·ma[..me:r..] 中 -s/ (夏は乾燥して暑く, 冬は雨量多く温暖な)地中海の気候. **≈kul·tur** 女 地中海文化. **≈län·der** 複 地中海沿岸諸国. **≈raum** 男 地中海〔文化〕圏.

Mit·tel·mo·rä·ne 女 〖地〗(氷河の)中堆石(たいせき), 中砕石(→ 図 Gletscher).

mit·tel·nie·der·deutsch[mítəl..] 形 (略 mnd.) 中低ドイツ語(中世の低地ドイツ語)の: →deutsch

★ →付録: ドイツ語の歴史.

mit·tel·nie·der·län·disch 形 中世オランダ語の: →deutsch

Mit·tel·ohr 中 〖解〗中耳(ちゅうじ).

Mit·tel·ohr≈ei·te·rung 女, **≈ent·zün·dung** 女 〖医〗中耳炎. **≈ka·tarrh**[..katar] 男 〖医〗中耳カタル.

Mit·tel·öl 中 〖化〗中油.

mit·tel·präch·tig 形《戯》(mittelmäßig) 中位の, まあまあの: Wie geht es dir?—Ach, ～! 元気かい—ああ まあまあってとこだ.

Mit·tel·punkt 男 **1** (略 Mp) 〖数〗(円・球などの)中心点. **2**《比》中心, 核心, 焦点; 中心人物: der kulturelle ～ 文化の中心 | im ～ des Interesses stehen 関心の的である | Sie war der ～ des Abends. 彼女がその晩の皆の注目の的だった.

Mit·tel·punkts≈glei·chung 女 〖天〗中心差. **≈win·kel** 男 〖数〗中心角(→ 図 Kreis).

Mit·tel·reim 男 〖詩〗行央〈行中〉韻(ある行の中央にある語と次の行の中央にある語とが韻をふんだもの).

mit·tels[mítəls] 前《2 格, まれに 3 格支配: →laut II ☆》《雅》…を手段として, …を用いて, …によって: ～ Fließband〔es〕ベルトコンベヤーを用いて, 流れ作業で | *et.*[4] ～ eines Nachschlüssels öffnen …を合鍵(あいかぎ)で開ける | *et.*[4] ～ Drähten verbinden …を針金で結びつける. [＜Mittel[1]]

Mit·tel≈sä·ger[mítəl..] 男 〖鳥〗ウミアイサ(海秋沙). **≈salz** 中 〖化〗中性塩, 粗製食塩; 〖医〗塩類下剤. **≈schei·tel** 男 髪の中分け, センターパート: einen ～ tragen 髪を中央で分けている. **≈schicht** 女 **1** 中間層. **2** (社会の)中流〈中間層〉階級. **≈schiff** 中 〖建〗(教会堂の)身廊,

中廊, ネーブ(入口と内陣の間の細長い部分: → ⊛ Kirche A, B). ≈**schild** 男 中 〘紋〙 中間盾(→ ⊛ Wappen a).

mit·tel·schläch·tig[mítəlʃlɛçtɪç]² 形 (水車で中段あたりから水を注いで動かす)中射(胸掛け)式の: ein *~es* Wasserrad 胸掛け水車.

Mit·tel·schmerz[mítəl..] 男 〘医〙 (排卵時の)中間痛.

Mit·tel·schul·bil·dung 女 Mittelschule の教育.

Mit·tel≈schu·le 女 **1** =Realschule 1 **2** (一般に)中等〈高等〉学校: 〔höhere〕 ~ (スイス・古くはオーストリアの)ギムナジウム. ≈**schü·ler** 男 Mittelschule の生徒.

Mit·tel·schul·leh·rer 男 Mittelschule の教師.

Mit·tel·schwanz·stück 中 〘料理〙 (牛の)しり肉, シキンボ(→ ⊛ Rind).

Mit·tel·schwer·ge·wicht 中 **1** 《単数で》(重量挙げの)ミドルヘビー級. **2** =Mittelschwergewichtler [*engl.* middle heavyweight の翻訳借用]

Mit·tel·schwer·ge·wicht·ler[..gəvɪçtlər] 男 -s/- ミドルヘビー級選手.

Mit·tel·sil·be 女 〘言〙 語中音節.

Mit·tels·mann[mítəls..] 男 -〔e〕s/..männer, ..leute 仲介者; 〘商〙 仲買人.

Mit·tel·sor·te[mítəl..] 女 (品質が)中等の品, 中級品.

Mit·tels·per·son[mítəls..] 女 =Mittelsmann

Mit·tel·spie·ler[mítəl..] 男 〘球技〙 センタープレーヤー.

mit·telst¹[mítəlst] =mittels

mit·telst²[−] 形 《mittel の最上級》《付加語的》(特に五つ以上のものの)まん中の, 中央の: die *~e* unter fünf Schwestern 5人姉妹のまん中 | der *~e* Finger 中指 | das *~e* Afrika 中央アフリカ.

Mit·tel≈stadt[mítəl..] 女 (人口2万ないし10万の)中都市(→Großstadt, Kleinstadt). ≈**stand** 男 -〔e〕s/ 中産階級; 中間階級; 中間層.

mit·tel≈stän·dig 形 〘植〙 (子房が)中位の. ≈**stän·disch** 形 中産(中間)階級の.

Mit·tel·ständ·ler[..ʃtɛntlər] 男 -s/- 中産(中間)階級の人.

Mit·tel·stein·zeit 女 〘人類〙 中石器時代.

mit·tel·stein·zeit·lich 形 中石器時代の.

Mit·tel≈stel·lung 女 **1** 中間の位置. **2** 〘言〙 (定動詞の)中置. ≈**stim·me** 女 中声; 〘楽〙 内声〔部〕(多声楽曲での中声部). ≈**stra·ße** 女 **1** 中央道路. **2** 《比》中道, 中庸: die goldene ~ みごとな〈すばらしい〉中庸 | die ~ gehen 中庸の道を歩む, 節度を守っている. ≈**strecke** 女 〘空・スポ〙 中距離: Die Maschine wird auf *~n* eingesetzt. この航空機は中距離飛行に配置される.

Mit·tel·strecken≈flug·zeug 中 中距離航空機. ≈**lauf** 男 〘スポ〙 中距離競走. ≈**läu·fer** 男 〘スポ〙 中距離走者. ≈**ra·ke·te** 女 〘軍〙 中距離ミサイル. ≈**waf·fe** 女 〘軍〙 中距離〔核〕兵器.

Mit·tel·streck·ler[..ʃtrɛklər] 男 -s/- 《話》= Mittelstreckenläufer

Mit·tel≈strei·fen 男 (自動車専用道路の)中央分離帯, グリーンベルト. ≈**stück** 中 **1** まん中の部分; 〘料理〙 腹肉. **2** 間に置かれた〈間をつなぐ〉部分; 〘建〙 繋(つなぎ)材. ≈**stu·fe** 女 **1** 中級〔の段階〕(→Oberstufe, Unterstufe). **2** (9年制ギムナジウムの)中級3学年 (Untertertia, Obertertia, Untersekunda). ≈**stür·mer** 男 〘球技〙 センターフォワード. ≈**teil** 男 (中) 中間の部分. ≈**ton** 男 -〔e〕s/..töne **1** 〘楽〙 メディアント, 上中音(音階の第3度の音). **2** 〘美〙〔中〕間色. ≈**verb** 中 〘言〙 中間動詞(他動詞と自動詞の中間に位置し, 4格の目的語を取るが, 受動態はつくらない動詞. ⑳ bekommen, enthalten, haben). ≈**wa·che** 女 〘海〙 夜半直(0-4時の当直). ≈**was·ser** 中 -s/- 〘地〙 半潮〔水位〕(満潮と干潮との中間の水位); 平均水位. ≈**weg** 男 **1** 中央の道. **2** 中道: **der goldene ~** 中庸 | ein kluger ~ 賢明な中道 | ein ~ zwischen Strenge und Güte 厳格さと寛容の中間 | einen ~ finden 〈gehen / einschlagen〉 折衷案を見いだす〈中道を行く・妥協する〉. ≈**wel·le** 女 〘電〙 中波(→Langwelle, Kurzwelle): ein Programm auf ~ senden 番組を中波で放送する.

Mit·tel·wel·len≈emp·fän·ger 男 中波受信機〈ラジオ〉. ≈**sen·der** 男 中波送信機; 中波放送局.

mit·tel·wel·lig 形 〘電〙 中波の.

Mit·tel≈wert 男 平均値: den ~ errechnen (計算して)平均値を出す. ≈**wort** 中 -〔e〕s/..wörter (Partizip) 〘言〙 分詞: ein ~ der Gegenwart 〈der Vergangenheit〉 現在〈過去〉分詞.

Mit·tel·wort·satz 男 〘言〙 分詞句.

Mit·tel·zun·gen·vo·kal 男 〘言〙 中舌母音(⑳ [ə] [ɨ]).

mit·ten[mítən] 副 まん中で〈に〉, まっただ中に〈へ〉: ~ hinein そのまん中へ | ~ entzweibrechen まっ二つに折る〈折れる〉‖ 〘前置詞句にそえて〙 ~ auf der Straße 街路のまん中で | *jn.* ~ aus einer Unterredung abberufen …を会談の最中に呼び出す | ~ durch den Wald 森のまん中を抜けて | ~ im Winter 真冬に | ~ in der Nacht 真夜中に | ~ in der Arbeit 仕事の最中に | ~ ins Schwarze treffen 的の真っ心に当たる〈当てる〉 | ~ unter der 〈die〉 Menge 群衆のまっただ中で〈へ〉. [*ahd.*; ◇mitt..]

mit·ten≈drein[mɪtəndráɪn] 副 《方》(mitten hinein) そのまん中へ. ≈**drin**[..drín] 副 《話》そのまん中で〈最中に〉: ~ im Gewühl stehen 雑踏のただ中にいる | *et.*⁴ ~ unterbrechen …のまっ最中に中断する ‖ Er ist ~, ein neues Buch zu schreiben. 彼は新著の執筆のまっ最中である. ≈**drun·ter**[..drúntər] 副 《話》そ〔れら〕のまん中で〈へ〉. ≈**durch**[..dʊ́rç] 副 《話》まん中を貫いて〈つっ切って〉,(まん中から)まっ二つに: *et.*⁴ ~ brechen 〈stechen〉 …のまん中を突き破る〈突きさす〉. ≈**mang**[..máŋ(k)] 《北部》 **I** 副 (mittendrin) そ〔れら〕のまん中に〔まじって〕: ~ stehen (事件などの)渦中にある; (…の)最中である. **II** 前 《位置を示すときは3格, 方向を示すときは4格支配》…のまん中で〈へ〉.

Mit·ter·nacht[mítərnaxt] 女 -/ **1** 真夜中: eine dunkle 〈finstere〉 ~ 真っ暗な夜中 ‖ des *~s* 真夜中に(→Nacht ☆ i) ‖ Es geht auf ~. 真夜中が近づく | bis in die späte ~ 真夜中まで | gegen ~ 真夜中ごろ | vor 〈nach〉 ~ 真夜中前に〈過ぎに〉 | um 〔die〕 ~ 真夜中に | zu ~ 真夜中に ‖ Es schlägt ~. 〔時計が〕夜中の12時を打つ. **2** 《雅》真っ暗やみ; 奥底. **3** 《雅》北〔方〕: gen ~ 北〔方〕へ. [*mhd.*; <*ahd.* in mitteru naht „mitten in der Nacht“; ◇mitt..; *engl.* midnight]

mit·ter≈näch·tig[mítərnɛçtɪç]² 形 《比較変化なし》真夜中の, 深夜の. ≈**nächt·lich**[..nɛçtlɪç] 形 **1** 真夜中〔ごと〕の, 深夜〔ごと〕の; 真っ暗な: zu *~er* Stunde 真夜中に. **2** 《雅》北〔方〕の. ≈**nachts**[..naxts] 副 真夜中に, 深夜に.

Mit·ter·nachts≈mes·se 女 〘カトリック〙 真夜中のミサ. ≈**son·ne** 女 -/ (極地の)真夜中の太陽: die Länder der ~ 極地圏の国々. ≈**stun·de** 女 真夜中〔の時間〕(ふつう午前0時から1時まで). ≈**zeit** 女 真夜中〔ごろ〕.

Mitt·fa·sten[mítfastən] 複 〘キリスト教〙 四旬節の中日, 歓喜(よろこび)の主日(四旬節第4の主日)の前の水曜日; 歓喜の主日.

Mitt·fünf·zi·ger[mítfʏnftsɪgər] 男 -s/- (女 **Mitt·fünf·zi·ge·rin**[..gərɪn]-/-nen) 50歳台半ばの人.

mit·tig[mítɪç]² 形 中心にある, 中心の. [<Mitte]

mitt·ler[mítlər] 形 《mittel の比較級》《付加語的》 **1** (特に二つのものにはさまれた)中間の, 中央の, まん中の: die drei *~er* Finger (親指と小指の間の)中間の3本の指 | der *~e* von den drei Brüdern 3人兄弟のまん中 | der *Mittlere* Osten 中東〔諸国〕. **2** 中位の, 中くらいの; 中等の, 中規模の; 平均的な, 並の: eine *~e* Stadt 中都市 | *~e* und kleinere Betriebe 中小企業 | ein Mann *~en* Alters 〈in *~en* Jahren〉 中年の男 | die *~e* Reife 中等教育修了資格(10年間の学業を終え, それ以上進学しない者に与えられる資格: →Abitur).

Mitt·ler[mítlər] 男 -s/- **1** 《雅》仲介者, 仲介物. **2** 《単数で》〘キリスト教〙 仲保者, 仲介者(神と人との仲介者としてのイエスキリスト). [*mhd.*; *spätlat.* mediātor (◇Mediation) の翻訳借用]

Mitt·ler≈funk·tion 女 仲介者の機能. ≈**rol·le** 女 仲介者の役割.

mitt·ler·wei·le[mítlɐrváilə] 副 その間に, そうこうするうちに: *Mittlerweile* hatte der Regen nachgelassen. そうこうするうちに雨は小降りになっていた. [<(in) mittler Weile]

Mitt·neun·zi·ger[mítnɔyntsɪgɐr] 男 -s/- (⊗ **Mitt·neun·zi·ge·rin**[..gərɪn]-/-nen) 90歳台半ばの人.

mit|tra·gen*[míttra:gən][1] 《191》 他 (h) **1** 一緒に運ぶ: einen Koffer ~ トランクを一緒に〔手伝って〕運ぶ. **2** (悩み・運命などを) 分かち合う: *js.* Leid ~ …と苦しみを分かち合う.

mit|trin·ken*[míttrɪŋkən] 《196》 **I** 他 (h) (…を) 一緒に飲む. **II** 自 (h) 一緒に酒を飲む.

mitt·schiffs[mít-ʃɪfs] 副 〘海〙 (船首と船尾の, または両舷(げん)の) 中央に(で): Der Frachter ist ~ 20 Meter breit. この貨物船は中央部で幅20メートルある | Ruder ~! 舵(かじ)中央. [<Schiff; ◇ *engl.* amidships]

Mitt≠sech·zi·ger[mítzɛçtsɪgɐr] 男 -s/- (⊗ **Mitt·sech·zi·ge·rin**[..gərɪn]-/-nen) 60歳台半ばの人. **≠sieb·zi·ger**[..zi:ptsɪgɐr] 男 -s/- (⊗ **Mitt·sieb·zi·ge·rin**[..gərɪn]-/-nen) 70歳台半ばの人.

Mitt·som·mer[mítzɔmɐr] 男 -s/- 夏至のころ, 夏の中ごろ.

Mitt·som·mer≠fest 中 夏至まつり (→Johannisfest). **≠nacht** 女 夏の夜; (特に:) 夏至の晩.

mitt·som·mers 副 夏至のころに.

mit|tun*[míttu:n] 《198》 自 (h) 一緒に行う, 首をつっこむ; 協力する; 関与する.

Mitt·vier·zi·ger[mítfɪrtsɪgɐr] 男 -s/- (⊗ **Mitt·vier·zi·ge·rin**[..gərɪn]-/-nen) 40歳台半ばの人.

Mitt·win·ter[mítvɪntɐr] 男 -s/- 冬至のころ, 冬の中ごろ.

mitt·win·ters 副 冬至のころに.

Mitt·woch[mítvɔx] 男 -(e)s/-e (略 Mi.) 水曜日: → Dienstag [*mhd.*; *kirchenlat.* media hebdomas (◇Hebdomadar) の翻訳借用; ◇ *engl.* midweek]

mitt·wochs[..vɔxs] 副 (毎)水曜日に: →dienstags

Mitt·zwan·zi·ger[míttsvantsɪgɐr] 男 -s/- (⊗ **Mitt·zwan·zi·ge·rin**[..gərɪn]-/-nen) 20歳台半ばの人.

Mit·übung 女 -/-en 〘体育〙 随伴運動.

mit·un·ter[mɪt|ʊ́ntɐr] 副 **1** 時として, 時々: *Mitunter* war ein dumpfer Laut zu hören. 時々鈍い音が聞こえた. **2** なかに混じって, あちこちに: In der Versammlung gab es hauptsächlich Männer, ~ auch eine Frau. その会合には男たちばかりが出席していたが ところどころ女も混じっていた.

mit|un·ter·schrei·ben*[mít|ʊntɐrʃraɪbən][1] 《152》 他 (h) (…に) 連署〈副署〉する.

Mit·un·ter·schrift[..ʃrɪft] 女 -/-en 連署, 副署.

mit|un·ter·zeich·nen[mít|ʊntɐrtsaɪçnən] 《01》 =mitunterschreiben

Mit·un·ter·zeich·ner[..nɐr] 男 -s/- 連署人, 副署人.

mit·ver·ant·wort·lich[mítfɛr|antvɔrtlɪç] 形 《für *et.*[4]》 (…について) 共同〈連帯〉責任のある.

Mit·ver·ant·wor·tung[..tʊŋ] 女 -/-en 共同〈連帯〉責任.

mit|ver·die·nen[mítfɛrdi:nən] 他 (h) 一緒に稼ぐ; 共に稼ぐ.

Mit·ver·fas·ser[mítfɛrfasɐr] 男 -s/- 共著者.

Mit·ver·gan·gen·heit 女 《ｵｰｽﾄﾘｱ》 (Imperfekt) 〘言〙 (現在完了に対する) 〔未完了〕過去.

Mit·ver·schul·den[mítfɛrʃʊldən] 中 -s/ 〘法〙 (加害者と被害者の) 双方の過失.

Mit·ver·schwo·re·ne[mítfɛrʃvo:rənə] 男 女 一味, 共謀者.

Mit·ver·wal·tung[mítfɛrvaltʊŋ] 女 -/-en 共同管理.

Mit·welt[mítvɛlt] 女 -/ 《集合的に》 同時代の人々.

mit|wir·ken[mítvɪrkən] 自 (h) 《an 〈bei / in〉 *et.*[3]》 **1** (協力して…に) 力をかす, 寄与する, 参加する; (共に参加して) 出演する: **an** der Aufklärung eines Verbrechens ~ ある犯罪の解明に協力する | an der Oper ~ 歌劇団の一員である | **bei** einer Veranstaltung ~ 催し物の開催に力をかす | **in** einem Theaterstück ~ ある芝居に出演する ‖ *mitwirkendes* Verschulden 〘法〙 双方にある過失 (=Mitverschulden) | der 〈die〉 *Mitwirkende* 協力者, 参加者; 出演者, 共演者. **2** 共に作用する, 作用し合う: Dabei haben verschiedene Faktoren *mitgewirkt.* そこにはさまざまのファクターが作用していた.

Mit·wir·kung[..kʊŋ] 女 -/ 協力, 協賛; 寄与; 出演, 共演: *js.* ~ erbitten 〈fordern〉 …の協力を求める | unter ~ von *jm.* …の協力のもとに.

Mit·wis·sen[mítvɪsən] 中 -s/ (特に他人の秘密・悪事などを) 関知していること, あずかり知〔ってい〕ること; なれ合い, 共謀: ohne *js.* ~ …に知らせず〈知られず〉に.

Mit·wis·ser[..sɐr] 男 -s/- (特に他人の秘密・悪事などを) 関知している人: Er ist ~. 彼も〔この秘密の〕関知者のひとりだ.

Mit·wis·ser·schaft[..ʃaft] 女 -/ (特に犯罪上の秘密を) 関知していること.

mit|wol·len*[mítvɔlən] 《216》 自 (h) 同行を望む, 一緒に行きたがる.

mit|zäh·len[míttsɛ:lən] **I** 他 (h) 算入する, 加算する; 考慮に入れる; 含める: Die Abwesenden sind *mitzuzählen.* 欠席者も数に含めることとする. **II** 自 (h) **1** 算入される, 数に入る; 考慮される; 含まれる: Kleine Spenden *zählen* auch *mit.* 少額の寄付も勘定に入っている. **2** 数えるのを手伝う.

Mit·zi[mítsi·] 女名 ミッツィ (Maria[2]の南部・オーストリア形).

mit|zie·hen*[míttsi:ən] 《219》 **I** 自 (s) **1** 一緒に旅行する; 一緒に引っ越す: in die Fremde ~ 共に異郷に旅立つ. **2** 歩みを共にする, 同調する, 同調して進む. **3** 〘射撃・狩〙 (動く目標をねらって) 銃身を移動させる. **II** 他 (h) (巻きぞえにして) 連れ去る, 引き立てる.

Mix[mɪks] 男 -/-e (Gemisch) 混合物. [*engl.*]

Mix·be·cher[míks..] 男 (カクテル用の) シェーカー (→ 図 Becher).

Mixed Pickles[míkst pɪ́kəls, – ..klz] 複 〘料理〙 ミックスピクルス (さまざまな生野菜を酢につけたもの). [*engl.*; ◇Pökel]

mi·xen[míksən] 《02》 他 (h) **1** (特に酒類・果汁などを) 混ぜ合わせる, カクテルを作る: einen Cocktail ~ カクテルを作る | Eier mit Milch ~ 卵をミルクに混ぜる. **2** 〘ﾃﾚﾋﾞ・ﾗｼﾞｵ・映〙 (効果音・音楽などをテキストに) 混ぜ〔て合成す〕る, (音声を) ミキシングする. [*engl.* mix; <*lat.* mīxtus „gemischt" (◇mischen)]

Mi·xer[míksɐr] 男 -s/- **1** (Barmixer) バーテンダー. **2** (果汁などをつくる) ミキサー: Eier im ~ verquirlen 卵をミキサーでかきまぜる. **3** (Tonmischer) 〘ﾃﾚﾋﾞ・ﾗｼﾞｵ・映〙 **a)** 録音技師, ミキサー (音声・効果音・音楽などをコントロールし合成する技師). **b)** (Mischpult) 音声〈音量〉調整盤, ミキサー. [*engl.*]

Mix≠ge·rät 中 =Mixer 2 **≠ge·tränk** 中 混合飲料; 混合酒, カクテル; ミックスジュース. **≠pickles** = Mixed Pickles

Mix·tum com·po·si·tum[míkstʊm kɔmpó:zitʊm] 中 --/..ta ..ta[..ta· ..ta·] (Durcheinander) ごちゃまぜ, 混乱, 多彩なまぜもの. [*lat.*; ◇Kompositum]

Mix·tur[mɪkstú:r] 女 -/-en **1** 混合物. **2** 〘医・薬〙 水剤, 合剤. **3** 〘楽〙 (オルガンの) 混合音〔栓〕. [*lat.*–*mhd.*]

Mi·zell[mitsɛ́l] 中 -s/-e, **Mi·zel·le**[..tsɛ́lə] 女 -/-n 《ふつう複数で》 〘化〙 ミセル, 微胞. [<*lat.* mīca (→ Mika); ◇ *engl.* micelle]

Miz·zi[mítsi·] **I** 女名 (<Maria) ミッツィ. **II** 女 -/-s 《俗》 若い売春婦.

mk 略 =**Markka**

MKS[ɛmka:|ɛ́s] 略 =**Maul- und Klauenseuche** 口蹄(てい)疫.

MKS-Sy·stem[ɛmka:|ɛ́szʏste:m] 中 -s/ (<Meter-Kilogramm-Sekunden-System) 〘理〙 MKS 単位系 (長さ・質量・時間の基本単位をそれぞれメートル・キログラムおよび秒とする単位系).

ml[mɪlilí:tɐr] 記号 (Milliliter) ミリリットル.

mlat. 略 =**mittellateinisch**

Mlle. (ｽｲｽ: **Mlle**) 略 =**Mademoiselle**

Mlles. (ｽｲｽ: **Mlles**) 略 =**Mesdemoiselles** (→Made-

moiselle).
mm[mɪlimé:tər] 記号 (Millimeter) ミリメートル.
mm²[kvadrá:tmɪlime:tər, mɪlimé:tər hó:x tsváɪ] 記号 (Quadratmillimeter) 平方ミリメートル.
mm³[kubí:kmɪlime:tər, mɪlimé:tər hó:x dráɪ] 記号 (Kubikmillimeter) 立方ミリメートル.
m. m. 略 = **mutatis mutandis**
MM. 略 = **M**essieurs (→Monsieur).
Mme.(ｽｲｽ: **Mme**) 略 = **Madame**
Mmes.(ｽｲｽ: **Mmes**) 略 = **Mesdames** (→Madame).
Mn[ɛm|ɛ́n, maŋgá:n] 記号 (Mangan)〘化〙マンガン.
mnd. 略 = **mittelniederdeutsch**
Mne·me[mné:mə] 女 -/ 〘医・心〙(生物学的能力としての)記憶(身体に過去の影響が残ること). [*gr.*]
Mne·mo·nik[mnemó:nɪk] 女 -/ 記憶術(うまく覚え込み, 忘れずにおく方法). [＜*gr.* mnḗmōn „eingedenk"]
Mne·mo·ni·ker[..nikər] 男 -s/- 記憶術者.
mne·mo·nisch[..nɪʃ] 形 記憶術の〈による〉.
Mne·mo·sy·ne[mnemozý:nə, ..ne·] 人名〘ギ神〙ムネモシュネ(記憶の女神で Muse たちの母). [*gr.*－*lat.*]
Mne·mo·tech·nik[..tɛ́çnɪk] 女 -/ 記憶術.
mne·mo·tech·nisch[..tɛ́çnɪʃ] 形 記憶術の〈による〉.
Mo[ɛm|ó:, molʏpdɛ́:n] 記号 (Molybdän)〘化〙モリブデン.
Mo. 略 = **Mo**ntag 月曜日.
Moa[mó:a·] 男 -[s]/-s〘鳥〙モア, 恐鳥(約600年前に絶滅したニュージーランドの巨大な走鳥). [*polynes.*]
Mo·ab[mó:ap] **I** 地名 モアブ(死海の東方にあった Moabiter の王国). **II** 人名〘聖〙モアブ(Lot の息子; 創19,37). [*hebr.*－*gr.*]
Moa·bit[moabí:t] 地名 モアビート(ベルリンの一地区. 動物園・刑務所・裁判所などがあり俗語ではそれらを指すことがある).
Moa·bi·ter[..tər] **I** 男 -s/- **1**〘聖〙モアブ人(Moab II の子孫といわれる古代セム族; 創19,30以下). **2** Moabit の住民. **II** 形《無変化》Moabit の.
Mob[mɔp] 男 -s/《集合的に》下層民, 賤民; 暴徒, 暴民. [*lat.* mōbile (vulgus) „bewegliches (Volk)"－*engl.*]
mob·ben[mɔ́bən][1] 他 (h)《*jn.*》(同僚・級友などに)嫌がらせ〈意地悪〉をする, いじめる.
Mob·bing[mɔ́bɪŋ] 中 -/ mobben すること.
Mö·bel[mǿ:bəl] 中 -s/- (ｵｰｽﾄﾘｱ・ｽｲｽ: -s/-[n]) **1**《ふつう複数で》家具, 調度(いす・机・戸棚・ベッドなど移動できる室内備品): antike 〈moderne〉 ～ 古風〈近代的〉な家具 | gebrauchte ～ 家具の中古品 | ein unpraktisches ～ 実用的でない家具 | ～ aus Rüster ニレ材の家具 | Barock*möbel* バロック様式の家具 | Büro*möbel* 事務室用家具 | Stil*möbel* 古様式家具 | Wohn[zimmer]*möbel* 居間用家具 | **ein altes ～**《俗》長年身近に暮らしている人物; 家つきの老僕〈ばあや〉‖ neue ～ kaufen 〈anfertigen lassen〉 新しい家具を買う〈作らせる〉| die ～ rücken 〈umstellen〉 家具を動かす〈移しかえる〉| ***jm.* die ～ gerade rücken** 〈**geradestellen**〉《話》…を訓戒する | die ～ transportieren 家具を運搬する ‖ ein Zimmer mit ～*n* ausstatten 部屋に家具を備えつける.
☆ 個々の家具を表すには Möbelstück を用いる.
2《話》大きくて手軽に持ち歩けないしろもの: Der Regenschirm war ein groteskes ～. その傘ば(大きくて)みっともないしろものだった.
[*mlat.* mōbile „bewegliches Gut"－*fr.* meuble; ◇mobil]
Mö·bel·händ·ler 男 家具商人. **∂lack** 男 家具用ラッカー. **∂packer** 男 (引っ越しの際などの)家具荷造り〈運搬〉作業員. **∂po·li·tur** 女 家具用ワニス. **∂räu·mer** 男 家具荷造り運搬者. **∂spe·di·teur**[..ʃpeditø:r] 男 家具運送〈運搬〉業者. **∂stoff** 男 (いすなどに張る)家具用布地. **∂stück** 中 (個々の)家具. **∂tisch·ler** 男 指物師, 家具工, 家具製造業者. **∂wa·gen** 男 家具運搬車: fliegender ～《話》軍用輸送機.
mo·bil[mobí:l] 形 **1** (↔immobil) (beweglich) 動く, 動かし得る, 可動[性]の, 移動性の: ～*e* Büchereien 移動図書館. **2** (↔immobil) (軍隊・警察などが)動員された, 戦闘態勢の整った, 出動可能な: ～*e* Verbände 実動部隊 ‖ **～ machen** 軍隊を動員する, 動員令を下す | ***jn.*** 〈***et.*⁴**〉 **～ machen** …を総動員する, …を結集する | die Massen ～ machen 大衆を動員する | alle Kräfte für *et.*⁴ ～ machen …のために総力をあげる. **3**〘経〙可動性の, 換金〈現金化・動産化〉しやすい: ～*es* Kapital 可動資本. **4**《話》活力のある, 元気な, 活発な: Der Kaffee hat mich ～ gemacht. 私はコーヒーを飲んだおかげで元気づいた. [*lat.*－*fr.*; ＜*lat.* movēre (→ movieren)]
Mo·bil[mobí:l] 中 -s/-e (＜Automobil)《話》自動車.
Mo·bi·le[mó:bilə] 中 -s/-s モビール(糸などでつり下げて揺らぐように作られた工芸品). [*engl.*]
Mo·bi·lia[mobí:lia·] 複〘言〙(特定の後つづりにより性を変える)変性名詞(→Communia).
Mo·bi·li·ar[mobiliá:r] 中 -s/-e《ふつう単数で》家財, 家具; 動産.
Mo·bi·li·ar∂ver·mö·gen 中 動産. **∂ver·si·che·rung** 女 動産保険.
Mo·bi·lie[mobí:liə] 女 -/-n **1**《ふつう複数で》(↔Immobilie) 動産. ᐁ**2** = Mobiliar [*mlat.* mōbilia]
Mo·bi·li·sa·tion[mobilizatsió:n] 女 -/-en (mobilisieren すること. 特に:) **1** (↔Demobilisation)(軍隊の)動員; (経済・産業などの)戦時動員, 戦時体制化. **2**〘医〙(硬直した関節などの)可動化, 授動. [*fr.*]
mo·bi·li·sie·ren[mobilizí:rən] 他 (h) **1** (↔demobilisieren)(軍隊などを)動員する; (経済・産業などを)戦時動員する, 戦時体制化する. **2** 総動員する, 結集する: die Massen ～ 大衆を動員する | die letzten Energien ～ 最後のエネルギーをふりしぼる. **3** 活気づける, 活発化する. **4**〘経〙(資本などを)動産化〈現金化〉する. **5**〘医〙(硬直した関節などを)可動化する. [*fr.*]
Mo·bi·li·sie·rung[..rʊŋ] 女 -/-en mobilisieren すること.
Mo·bi·li·tät[mobilitɛ́:t] 女 -/ **1** (精神の)柔軟さ, 活発さ. **2** 可動性, 移動性;〘社〙社会的変動性(職業・社会的地位・住所などの). **3**〘軍〙動員態勢, 臨戦態勢. [*lat.*]
Mo·bil·ki·no[mobí:l..] 中 移動映画館.
mo·bil|ma·chen[mobí:lmaxən] 他 (h) (軍隊などを)動員する(→mobil 2).
Mo·bil·ma·chung[..maxʊŋ] 女 -/-en〘軍〙動員: die totale ～ 総動員.
Mo·bil·ma·chungs∂be·fehl 男 動員令. **∂plan** 男 動員計画.
Mo·bil·te·le·fon 中 移動電話(自動車用電話・携帯電話など).
mö·biussch[mǿ:biʊsʃ] 形 die ～*e* Fläche〘数〙メービウスの帯〈輪〉. [＜A. F. Möbius (ドイツの数学者, †1868)]
mö·blie·ren[møblí:rən] 他 (h)《*et.*⁴》(…に)家具〈調度〉を備えつける: ein Zimmer ～ 部屋に家具をいれる ‖ eine *möblierte* Wohnung 家具付きの住居 | **ein *möblierter* Herr**《話》家具付きの部屋〈住居〉に下宿している男 ‖ *möbliert* wohnen 家具付きの部屋を借りて住む. [*fr.* meubler; ◇Möbel]
Mö·blie·rung[..rʊŋ] 女 -/-en **1**《単数で》möblieren すること. **2**《集合的に》家具設備.
Mob·ster[mɔ́pstər] 男 -s/- ギャングの一員, 悪党. [*amerik.*]
Mo·çam·bique[mosambík, ..bí:k] 地名 モザンビーク(アフリカ南東部にある共和国. 1975年ポルトガルから独立. 首都はマプート Maputo). [*port.*]
Moc·ca[mɔ́ka·] 男 -s/ (種類: -s) = Mokka II
Mo·cha[mɔ́xa·, mɔ́ka·] 男 -s/ 〘鉱〙苔瑪瑙(こけめのう). [*engl.* Mocha stone]
moch·te[mɔ́xtə] mögen の過去.
möch·te[mœ́çtə] mögen の接続法 II.
Möch·te·gern[-gɛrn] 男 -[s]/-e, -s《話》(Gernegroß) いばり屋, えらがり屋, 自慢家.
möchtegern..《話》《名詞につけて「(実力もないのに)…でありたがる〈…になりたがる〉人」を意味する》: *Möchtegern*casanova 自称女たらし | *Möchtegern*kanzler 連邦首相の座を狙う人 | *Möchtegern*künstler 自称芸術家.
Mocke[mɔ́kə] 女 -/-n《西部》(Zuchtschwein) 種豚.

Mocken[mɔ́kən] 男 -s/-《南部・ｽｲｽ》(Brocken) 大きな破片, 厚い切片.

Mock·tur·tle·sup·pe[mɔ́ktœrtəlzʊpə] 女〘料理〙海がめスープに似せた子牛肉スープ. [＜*engl.* mock „unecht"（◇mokieren）+turtle „Schildkröte"（◇Torte）]

mod. 略 =moderato

mo·dal[modá:l] 形 **1** 様式〈方式〉に関する. **2**〘言〙**a**）話し手の心的態度を表す, 話法の: ein ～*es* Hilfsverb 話法の助動詞. **b**）様態の, 方法の: ～*e* Angabe 様態〈方法〉の状況語（例 schön singen の schön）. **3**〘楽〙旋法の, 旋法的な. [*mlat.*; ＜*lat.* modus (→Modus)]

Mo·dal⸗ad·verb 中〘言〙様態〈方法〉の副詞. **⸗ad·ver·bia·le** 中〘言〙様態〈方法〉の副詞句.

Mo·da·li·tät[modalitɛ́:t] 女 -/-en **1**《ふつう複数で》様式, 方式, 形式, やり方: die ～*en* der Wahlen 選挙の方式. **2**〘哲〙(存在・出来事などの)様相, 様態. **3**〘言〙話法性,〔話〕法範, モダリティー(話し手の心的態度が一定の語彙(ごい)や統語構造によって表現されること). **4**〘生・医〙(感覚の)類, 種類. [*mlat.*]

Mo·dal⸗lo·gik[modá:l..] 女 様相論理学. **⸗no·ta·tion** 女〘楽〙リズムモードによる記譜法. **⸗par·ti·kel** 女〘言〙心態の不変化詞, 心態詞(話し手のさまざまな主観的心情を反映する不変化詞. 例 denn, doch, ja, nur). **⸗rhyth·mus** 男〘楽〙リズムモード(13世紀のポリフォニーを支配した6種類のリズムからなるリズム体系). **⸗satz** 男〘言〙(indem などに導かれる)様態〈方法〉の副文. **⸗verb** 中〘言〙**1** 話法の助動詞（dürfen, können, sollen など). **2** 話法動詞, 状況動詞(他の動詞にそえて, その動詞の内容に可能性・必然性などの限定を加える; 話法の助動詞の他に scheinen, pflegen などを含む). **⸗wort** 中 -[e]s/..wörter〘言〙話法詞, 話法の副詞(陳述内容に対する話し手の判断・評価を示す語. 例 gewiß, sicher, vielleicht, hoffentlich).

Mod·der[mɔ́dər] 男 -s/《北部》(Morast) 沼沢(しょうたく)地, 湿地; 泥土, ぬかるみ;《比》よごれ. [*mndd.*; ◇schmiegen, Moos², Miasma; *gr.* mýdos „Nässe"; *engl.* mother]

mod·de·rig[mɔ́dərɪç]² (**modd·rig**[..drɪç]²) 形《北部》泥だらけの, ぬかるみの;《比》よごれた, 汚い.

Mo·de¹[mó:də] 男 -[s]/-n（女 -/-n）〘電子工学〙モード. [*engl.*]

Mo·de²[–] 女 -/-n **1 a**）流行, はやり; (服飾などの)流行〔の型〕, モード〔ファッション〕: die neueste ～ 最新の流行 | Frühjahrs*mode* 春のモード ‖ aus der ～ kommen 〈sein〉 流行おくれになる〈である〉 | [sehr] in ～ kommen 〈sein〉〔大いに〕流行する〈している〉 | mit der ～ gehen 流行に遅れずについてゆく | zur ～ werden 流行する | Es ist jetzt große ～ 〈sehr in ～〉, den Urlaub im Süden zu verbringen. 今は休暇を南国で過ごすことが大いにはやっている | Sie kleidet sich nach der neuesten ～. 彼女は最新流行の服装をしている | Was ist denn das für eine neue ～!《話》一体全体なんのまねだ. **b**）《複数で》流行の服: die neuesten ～*n* tragen 最新流行の服を着ている. **2**《話》(Gewohnheit) 慣習. [*lat.* modus (→Modus)－*fr.*]

Mo·de⸗ar·ti·kel 男 流行品. **⸗aus·druck** 男 はやりの表現, 流行語. **⸗bran·che**[..brã:ʃə] 女 服飾〈ファッション〉部門〈業界〉. **⸗da·me** 女 (最新流行の服装をした)おしゃれな女性. **⸗de·si·gner** 男（女 ⸗de·si·gne·rin）服飾〈ファッション〉デザイナー. **⸗far·be** 女 流行色.

mo·de·far·ben[mó:dəfarbən] 形 流行色の.

Mo·de⸗geck 男《軽蔑的に》(流行の服装を追い求める)伊達(だて)者. **⸗ge·schäft** =Modengeschäft **⸗haus** =Modenhaus **⸗heft** 中, **⸗jour·nal**[..ʒʊrna:l] 中 服飾〈モード〉雑誌. **⸗krank·heit** 女 **1** 流行病. **2** =Modetorheit

Mo·del¹[mó:dəl] 男 -s/- **1** (クッキー類などの)木型; 押し〈流し〉型; 鋳型;〘織〙捺染(なっせん)型板. **2** (ししゅう・編物などの)型見本. **3** =Modul I 1 **4** =Modul I 4 [*lat.* modulus (→Modul)－*ahd.* modul; ◇Modell]

Mo·del²[mɔ́dəl] 中 -s/-s (写真・ファッションなどの)モデル（→Modell 7). [*engl.*]

Mo·del⸗buch 中 (ししゅう・編物などの)型見本帳, モデルブック. **⸗druck** 男 -[e]s/〘織〙捺染(なっせん), プリント.

Mo·dell[modɛ́l] 中 -s/-e **1** (縮尺された)模型, モデル, ひな型. **2**〘美〙(彫刻品などの)原型; (Gußmodell) 鋳型, 木型. **3** (Typ) (製品などの)型; (新製品の)モデル, 試作品: ein neues 〈uraltes〉 ～ 新型〈ごく旧式の型〉 | ein ～ von 1990 1990年型 | das ～ einer neuen Waschmaschine 洗濯機の新型モデル. **4** (デザイナーの手になる服飾品の)新作: ein ～ aus dem Hause Dior ディオールの店の新作 | die neuesten ～*e* vorführen 最新のファッションを披露(ひろう)する. **5** 見本, ひな型; 模範例: das ～ eines neuen Wahlgesetzes 新しい選挙法のモデル. **6** (学問上・思考上の)モデル, 模型, ひな型: kybernetische 〈sprachwissenschaftliche〉 ～*e* サイバネティックス〈言語学〉のモデル. **7** (絵画・彫刻などの製作の対象となる)モデル; ファッション=モデル, マヌカン（→Model²): Foto*modell* 写真のモデル | [*jm.*] **～ sitzen 〈stehen〉**〔…のために〕モデルをつとめる. [*it.* modello; ◇Model; *engl.* model]

Mo·dell⸗au·to[modɛ́l..] 中 模型自動車. **⸗ei·sen·bahn** 女 模型鉄道.

Mo·del·leur[modɛlǿ:r] 男 -s/-e = Modellierer [*fr.* modeleur; ＜..eur]

Mo·dell⸗fall[modɛ́l..] 男 模範例, モデルケース; 典型. **⸗flug** 男 模型飛行機を飛ばすこと. **⸗flug·zeug** 中 模型飛行機.

Mo·del·lier·bo·gen[modɛlí:r..] 男〘印〙抜き本(紙工作用の抜き型を入れて印刷した厚紙).

mo·del·lie·ren[modɛlí:rən] **I** 他 (h) **1**《*et.*⁴》**a**）〘美〙(…の)形〈原型〉をつくる, 彫塑(ちょうそ)する;《比》形づくる, 形成する: eine Figur in Gips ～ 石膏(せっこう)で像をつくる | ein schön *modelliertes* Gesicht 美しく整った顔. **b**）(…で)形をつくる: Ton ～ 粘土で形をつくる. **2**《*et.*⁴》(学問上・思考上…の)モデル〈模型・ひな型〉を作る. **II** 自 (h)《an *et.*³》(…を)形づくる. [*it.*]

Mo·del·lie·rer[..lí:rər] 男 -s/- Modell の製作者.

Mo·del·lier·mas·se[..lí:r..] 女 彫塑(ちょうそ)〈模型製作〉用の材料(蠟(ろう)・粘土・石膏(せっこう)など).

Mo·del·lie·rung[..lí:rʊŋ] 女 -/-en modellieren すること.

Mo·del·lier·wachs[..lí:r..] 中 彫塑〈模型製作〉用の蠟(ろう).

Mo·dell⸗kleid[modɛ́l..] 中 (一点物の)最新流行型の婦人服. **⸗pup·pe** 女〘服飾〙模型〈マネキン〉人形; 人台(じんだい), ボディー=スタンド. **⸗rech·nung** 女 モデル計算. **⸗tisch·ler** 男 鋳型製作者. **⸗ver·such** 男 **1** 模型実験. **2** モデルケースとなるべき試み. **⸗wech·sel** 男 (商品などの)モデルチェンジ.

mo·deln[mó:dəln]《06》他 (h)《*et.*⁴ / *jn.*》(…に一定の)形を与える, (…を)形成する; (…の)形を変える, (…を)変形する: *et.*⁴ nach *seinem* Wunsch ～ …を自分の好みどおりの形に作る〈変える〉‖ 再帰 *sich*⁴ ～ 形が変わる, 変形する. [*mhd.*; ◇Model]

Mo·de·lung[..dəlʊŋ] 女 -/-en modeln すること.

Mo·dem[mó:dɛm] 男 (中) -s/-s〘電算〙モデム, 変復調装置. [*engl.*]

Mo·de⸗ma·cher[mó:də..] 男 服飾〈ファッション〉デザイナー. **⸗ma·ga·zin** 中 服飾〈ファッション〉雑誌. **⸗narr** 男 =Modegeck

Mo·den⸗blatt[mo:dən..] 中 =Modenzeitschrift **⸗ge·schäft** 中 婦人服飾専門店. **⸗haus** 中 **1** (大規模な)婦人服飾専門店. **2** 服飾〈ファッション〉専門企業. **⸗schau** 女 モード〈ファッション〉ショー, 流行展示会. **⸗zeit·schrift** 女 服飾〈モード〉雑誌.

Mo·de·pup·pe[mó:də..] 女《話》(流行の先端をゆく服装をした)はねっかえりの若い女性.

Mo·der[mó:dər] 男 -s/ **1** 腐敗〈腐朽〉〔物〕; かび: nach ～ riechen かびくさい. **2**《北部》(Morast) 沼沢(しょうたく)地, 湿地; 泥土, ぬかるみ. [＜Modder]

mo·de·rat[moderá:t] 形 (gemäßigt) 穏健な, 控え目な. [*lat.*]

Mo·de·ra·tion[moderatsió:n] 女 -/-en **1** (ラジオ・テレビなどの)司会. ▽**2**《単数で》(Mäßigung) 節制, 抑制; 中庸, 穏健. [*lat.*]

mo·de·ra·to[moderá:to·] **I** 副 (略 mod.)(mäßig bewegt)〘楽〙モデラート, 中庸の速度で. **II Mo·de·ra·to** 中 -s/-s, ..ti[..ti·]〘楽〙moderato の〔テンポの〕楽曲〈楽章〉. [*it.*]

Mo·de·ra·tor[..rá:tɔr, ..to:r] 男 -s/-en[..rató:rən] **1**〘理〙(熱中性子炉の)減速材. **2** (ラジオ・テレビなどの)司会者; ニュースキャスター. [*lat.* moderātor „Mäßiger“; ◇moderieren]

Mo·de≠duft[mó:dər..] 男, **≠ge·ruch** 男 腐臭; かびくさいにおい.

mo·de·rie·ren[moderí:rən] 他 (h) **1** (ラジオ・テレビ放送などで…の)司会をする. ▽**2** (mäßigen) 控える, 抑制〈節制〉する. [*lat.*; <*lat.* modus (→Modus); ◇*engl.* moderate]

mo·de·rig[mó:dərɪç][2] (**mod·rig**[..drɪç][2]) 形 腐敗した, 朽ちた; かびくさい.

Mo·der·kä·fer[mó:dər..] 男〘虫〙ヒメマキムシ(姫薪虫)科の昆虫.

mo·dern[1][mó:dərn]《05》自 (h, s) 腐敗する, 朽ちる; かびる.

mo·dern[2][modɛ́rn] 形 (↔alt) 近代〈現代〉の; 近代的な, 近代〈当世〉ふうの, モダンな, 最新流行の: der *Moderne* Fünfkampf〘スポ〙近代五種競技 | ein ~*es* Kleid 最新流行のドレス | die ~*e* Medizin 近代医学 | ein ~*er* Mensch 現代的な人; 近代〈現代〉人 | ~*e* Musik 近代〈現代〉音楽 ‖ Eine solche Denkweise ist nicht mehr ~. そのような考え方はもう古い | Er denkt ~. 彼は物の考え方が新しい. [*fr.*; <*lat.* modo „〔so〕eben“ (◇Modus)]

Mo·der·ne[modɛ́rnə] 女 -/ (芸術などの)近代的傾向, 近代性; 近代精神.

mo·der·ni·sie·ren[modɛrnizí:rən] 他 (h) 近代化する, 現代ふうに変える: eine Fabrikanlage ~ 工場の設備を近代化する. [*fr.*]

Mo·der·ni·sie·rung[..rʊŋ] 女 -/-en 近代化.

Mo·der·nis·mus[modɛrnísmʊs] 男 -/..men[..mən] **1**《単数で》**a)** 近代〈現代〉主義, モダニズム. **b)**〘カトリック〙(20世紀初頭に起こった神学上の)近代主義. **2** 現代〈当世〉ふう.

Mo·der·nist[..níst] 男 -en/-en 近代〈現代〉主義者, モダニスト.

mo·der·ni·stisch[..nístɪʃ] 形 **1** 近代〈現代〉主義の, モダニズムの. **2** 現代〈当世〉ふうの.

Mo·der·ni·tät[..nitɛ́:t] 女 -/-en《ふつう単数で》近代〈現代〉性, 当世ふう. [*fr.* modernité]

Mo·der·sohn-Becker[mó:dərzo:nbɛ́kər] 人名 Paula ~ パウラ モーダーゾーン=ベッカー(1876-1907; ドイツの女流画家).

Mo·de≠sa·lon[mó:dəzalɔ̃:] 男 (高級婦人)洋装店, オートクチュール. **≠schau** =Modenschau **≠schöp·fer** 男 服飾〈ファッション〉デザイナー. **≠schöp·fung** 女 服飾〈ファッション〉デザイン. **≠schrift·stel·ler** 男 流行作家.

▽**mo·dest**[modɛ́st] 形 (bescheiden) 謙虚な, 控え目な, 慎み深い, しとやかな. [*lat.*; ◇moderieren]

Mo·de≠tor·heit[mó:də..] 女 (珍奇・奇嬌な)流行の最極端. **≠wa·re** 女 -/-n《ふつう複数で》=Modeartikel **≠welt** 女 -/ ファッション界. **≠wen·dung** 女 =Modeausdruck **≠wort** 中 -〔e〕s/..wörter 流行語. **≠zeich·ner** 男 (女 **≠zeich·ne·rin**-/-nen) 服飾〈ファッション〉デザイナー. **≠zeit·schrift** =Modenzeitschrift

Mo·di Modus の複数.

Mo·di·fi·ka·tion[modifikatsió:n] 女 -/-en **1** (部分的な)修正, 変更; 制限, 緩和. **2**〘言〙修飾. **3**〘化〙変態.

mo·di·fi·zie·ren[..tsí:rən] 他 (h) **1** (部分的に)修正〈変更〉する; 制限する, やわらげる: ein Gesetz 〈das Programm〉 ~ 法律〈プログラム〉を修正する | einen strengen Grundsatz ~ 厳しい原則に手心を加える ‖ auf *et.*[4] *modifizierend* einwirken …に影響を与えて変更をもたらす | in *modifizierter* Form wiederkehren 少し形を変えて再び現れる. **2**〘言〙修飾する: ein *modifizierendes* Verb (→Verb). [*lat.*]

Mo·di·fi·zie·rung[..rʊŋ] 女 -/-en modifizieren すること.

Mo·di·glia·ni[modiʎʎá:ni·] 人名 Amedeo ~ アメデーオ モディリアーニ(1884-1920; イタリアの画家・彫刻家).

Mo·di ope·ran·di Modus operandi の複数.

Mo·di pro·ce·den·di Modus procedendi の複数.

mo·disch[mó:dɪʃ] 形〔最新〕流行の, はやりの: *sich*[4] ~ frisieren 最新流行の髪型をする. [<Mode[2]]

▽**Mo·dist**[modíst] 男 -en/-en 流行品商人.

Mo·di·stin[..tɪn] 女 -/-nen **1** (女性の)婦人帽〈服飾品〉洋裁師; 婦人帽子〈服飾品〉店の女主人. **2** (女性の)婦人服洋裁師.

Mo·di vi·ven·di Modus vivendi の複数.

mod·rig =moderig

Mo·dul I[mó:dʊl] 男 -s/-n **1 a)**〘美〙モドゥルス(古代建築の柱式割合測定の単位). **b)**〘建〙モジュール(建築物・工作物の基準寸法). **2**〘数〙加群. **3**〘理〙率, 係数: Elastizitäts*modul* 弾性率. **4**〘工〙モジュール(歯車の歯の大きさを決める数値). **5** =Model 1

II[modú:l] 中 -s/-e **1**〘電算〙モジュール(装置やプログラムの構成単位). **2** モジュール(器具・機械, 特に宇宙船・宇宙ステーションなどの, それぞれ独自の機能をもつ構成要素). [*lat.* modulus „Maß〔stab〕“〔−*engl.*〕; ◇Modus]

Mo·du·la·tion[modulatsió:n] 女 -/-en **1** 調整, 調節. **2**〘楽〙転調. **3**〘電〙変調.

Mo·du·la·tor[..lá:tɔr, ..to:r] 男 -s/-en[..lató:rən]〘電〙変調器.

mo·du·lie·ren[..lí:rən] 他 (h) **1** 調整〈調節〉する. **2**〘楽〙転調する. **3**〘電〙変調する. [*lat.*]

Mo·dus[mó:dʊs, mɔ́d..] 男 -/..di[..di·] **1** (Art und Weise) 方法, 方式, 様式, 仕方, やり方: Zahlungs*modus* 支払い方式. **2**〘言〙法, 話法, 叙法(ドイツ語では Indikativ, Konjunktiv, Imperativ の3種類). **3**〘楽〙**a)**〔教会〕旋法. **b)** リズムモード(→Modalrhythmus). [*lat.* modus „Maß“; ◇messen, meditieren, Mode[2]]

Mo·dus·at·trak·tion 女〘言〙法牽引(けんいん)(主文の動詞の話法による副文の話法の同化).

Mo·dus ope·ran·di[mó:dʊs operándi·, mɔ́d.. −] 男 --/..di -[..di· −] 仕事のやり方, 手口. [*lat.*; ◇operieren]

Mo·dus pro·ce·den·di[− protsedɛ́ndi·] 男 --/..di -[..di· −](Verfahrensweise) やり方, 仕方, 手続きの方法. [*lat.*; ◇prozedieren]

Mo·dus vi·ven·di[− vivɛ́ndi·] 男 --/..di -[..di· −] 生き方, 生活態度,(特に, 複数の団体・党派などの平和的共存を可能ならしめるような協調的)生活様式, 生存方式. [*lat.*; ◇vivat]

Mo·fa[mó:fa·] 中 -s/-s (<Motorfahrrad) 原動機付き自転車.

Mo·fet·te[mofɛ́tə] 女 -/-n〘地〙(火山の)炭酸孔. [*it.*−*fr.*; ◇Muff[1]]

Mo·ge·lei[mo:gəlái] 女 -/-en《話》いかさま, ごまかし; カンニング.

mo·geln[mó:gəln]《06》《話》**I** 自 (h)(トランプ・賭博(とばく)などで)いかさまをやる, ごまかし〈カンニング〉をする. **II** 他 (h)《*et.*[4]》《方向を示す語句と》(…を…へ)策略を用いて持ち込む: faule Äpfel zwischen 〈unter〉 die guten ~ 腐ったりんごをよいりんごの中へこっそりまぎれ込ませる ‖ 再帰 *sich*[4] in die Sperrzone 〈über die Grenze〉 ~ ひそかに立ち入り禁止地帯に入り込む〈国境を越える〉. [◇meucheln]

Mo·gel≠packung 女 (見せかけだけりっぱな)いんちき包装〔品〕. **≠zet·tel** 男《話》カンニング用の紙片.

mö·gen*[mǿ:gən][1]《102》**moch·te**[mɔ́xtə]/**ge·mocht**; *ich* mag[ma:k], *du* magst, *er* mag; 接II möchte [mœ́çtə]《話法の助動詞として, 他の動詞の不定詞とともに用いられ, その場合過去分詞には不定詞の形が用いられる. 文意が明らかな場合には本動詞を省略することがあり, その結果4格の目的語だけが残って, 他動詞の用法に近くなることもある》(h)

M

1 a) 《好みを示して》 ① 《*jn.* 〈*et.*[4]〉 leiden mögen の形で, しばしば gern や gut を伴って》…を好む, …が好きである(→e): Sie *mochte* diesen Mann gern 〈gut〉 leiden. 彼女はこの男が好きだった | Ich *mag* ihn gar nicht leiden. 私は彼が大嫌いだ | Sie *mag* es nicht leiden, wenn man ihr ein faules Kompliment macht. 彼女は他人から心にもないお世辞を言われることを好まない.
② 《不定詞を伴わずに 4 格の目的語のみと》(…が)好きだ, (…を)好む: Ich *mag* dich gern. 私は君が好きだ | Sie *mochte* besonders sein stilles Wesen. 彼女は彼のおだやかな人柄が特に好きだった | Wagner 〈Wagners Musik〉 ~ ワグナーの音楽を好む | *Mögen* Sie Jazz? あなたはジャズがお好きですか | Die beiden *mögen* sich[4] 〈einander〉. 二人は互いに愛しあっている ‖ Ich habe ihn nie *gemocht.* 私は昔から彼が嫌いだった | Ich *mag* es nicht, wenn fremde Leute sich in meine Angelegenheit mischen. 私は他人に口出しされるといやだ | Ich *mag* kein Fleisch. 私は肉が嫌いだ | Ich *mag* deutsche Würste nicht besonders gern. 私はドイツのソーセージが特に好きというわけではない.
b) 《許可・容認を示して》(英: *may*)…してもかまわない, (したければ)…するがよい, かってに…しろ: Wenn ihm das Bild so gut gefällt, *mag* er es sich nehmen. 彼がこの絵をそんなに気に入っているのなら持って行ったらいいさ | Für dieses Mal *mag* es hingehen. 今回のところはそれでよい〔としておこう〕 | Ich *mag* ihn nicht abweisen. 私は彼をすげなく追っ払うわけにはいかない ‖〖しばしば話し手の「無関心・冷淡・放任」などの主観的ニュアンスが加わって〗*Mag* er nur gehen! Er ist alt genug, um zu wissen, was er tut. 彼が行くというなら行かしてやれ. あの年なら自分のしていることは分かっているはずだ | Er *mag* 〈*Mag* er〉 nur reden, ich mache mir nichts daraus. 彼に言わせておけばいいさ. 私は全然気にしないから ‖〖さらに話し手の「挑戦的態度・警告」などの主観的ニュアンスが加わって: →3〗Er *mag* ruhig kommen, ich fürchte ihn nicht. 彼が来るなら来るがいいさ. 私は彼を恐れはしない | Er *mag* sich[4] nur in acht nehmen. 彼はせいぜい気をつけたほうが身のためだ.
c) 《主語で表されている主体の願望を示して》 ① 《接続法 II **möchte** の形で》…したい; …したがっている: Ich *möchte* es ihm sagen 〈nicht sagen〉. 私はそのことを彼に言いたい〈言いたくない〉 | Ich *möchte* 〔gern〕 ein Glas Wasser 〔haben〕. 水を 1 杯所望します | Ich *möchte* nach Hause 〔gehen〕. 私は家へ帰りたい | *Möchten* Sie etwas essen? 何か召しあがりますか | *Möchten* Sie mir bitte das Salz herüberreichen?(!) 塩を取ってくださいますか(→d) | Mein Vater *möchte* Sie gern sprechen. 父があなたとお話ししたいと言っています ‖ Ich *möchte* das nicht gehört haben. そんなことは耳にしなかったらと思う〈聞きたくなかった〉 | Das *möchte* (=will) ich überhört haben. そんなことは聞かなかったことにしておこう | Damit *möchte* ich nicht gesagt haben, daß ... こう言ったからといってなにも…ということを言ったつもりではない | Ich *möchte* die Ware geliefert bekommen. 品物は届けてもらいたい | Er *möchte* das rechtzeitig mitgeteilt haben. i) 彼はそれを手遅れにならないうちに知らせてもらいたがっている(→haben II 2 b); ii) 彼は(自分が)それを手遅れにならないうちに知らせればよかったのにと思っている ‖ Ich *möchte* nicht, daß er es erfährt. 私は彼にそれを知られたくない ‖〖本動詞の不定詞の代わりに es, das などを用いて〗Ich kann leider nicht mitkommen, obwohl ich es gern *möchte.* 私は一緒に行きたいのですが残念ながらできません.

☆ möchte はこの形で願望の助動詞の現在形と意識されるようになっているが, 対応する過去形が存在しないので wollte で代用される: Ich *möchte* heute 〈*wollte* gestern〉 ausgehen. 私はきょうは外出したい〈きのうは外出したかった〉.

② 《接続法 II 以外の形で; 否定文または否定的意味の動詞の文で》…した(くな)い: Ich *mag* **nicht** länger warten. 私はこれ以上待ちたくない | Er *mochte* nicht nach Hause 〔gehen〕. 彼は家へ帰りたくなかった | Kommst du mit?—Ich *mag* nicht. 一緒に来るかい—いやだ | Er *mag* nicht gestört werden, wenn er arbeitet. 彼は仕事をしているときに邪魔されることを嫌う | Weil er gestern seine Aufgabe nicht hat machen ~, muß er heute viel länger arbeiten. 彼はきのう課題〈宿題〉をやる気がなかったのできょうはずっと長い時間仕事〈勉強〉をしなければならない | Ich habe ihn nicht stören ~. 私は彼の邪魔をしたくなかった | An deiner Stelle hätte ich nicht gehen ~. 私が君の立場だったら行く気にはならなかったろう ‖ Das hätte ich gern vermeiden ~. 私はできることならそうしたくなかったのに | Ich hätte vor Verlegenheit im Boden versinken ~. 私はどぎまぎして消えいりたい気持だった.
d) 《話し手の主観的願望を示して; 接続法IまたはIIの形で》…してもらいたい, …してほしい: *Möge* er glücklich werden! 彼が幸せになりますように | *Möge* dein Wunsch bald in Erfüllung gehen! 君の願いが近く実現するように | *Möge* er nicht darunter leiden! 彼がそのことで悩みませんように | *Möchte* er doch sein Unrecht einsehen! 彼が自分の間違いに気づいてくれたらなあ | *Möchten* Sie bitte morgen wiederkommen! あすまた来ていただきたいのですが(→c ①) | Sag ihm, er *möge* 〈*möchte*〉 sofort hierher kommen! すぐここへ来るように彼に言ってくれ | Herr Meyer *möchte* morgen bei mir vorbeikommen! マイヤー氏にあす私のところに立ち寄るよう言ってくれ ‖〖間接引用文の話し手の願望を示して〗Er bat mich, daß ich ihm helfen *möge* 〈*möchte*〉. 彼は手伝ってほしいと私に頼んだ | Er hat gesagt, man *möge* nicht auf ihn warten. 彼は自分のことを待たないでくれと言った | Ich soll Ihnen ausrichten, daß Sie morgen bei Herrn Müller vorbeikommen *möchten.* あすミュラー氏のところに立ち寄るようにということをあなたに伝言するよう言われています.
▽**e)** 《アレマン方言では今日も用いられる》(können) …することができる, …が可能である(→vermögen 1): Ich *mag* ihn nicht leiden. 私には彼ががまんならない, 私は彼が嫌いだ(→a ①) | Es *mochte* nichts mehr helfen. もはやなんの手だても役に立たなかった | Ich *mag* nimmer. 私はもうだめだ.
2 《話し手の推定を示して; ふつう定形でのみ用いられ, 否定はつねに推定の内容にかかる》(英: *may*)…かもしれない, …でありうる: 〖現在形で話し手の現在の推定を示して〗Das *mag* sein. そうかもしれない | Er *mag* etwa vierzig Jahre alt sein. 彼は年のころおよそ40歳ぐらいだろう | Sein Freund *mag* es ihm gesagt haben. 友人がそのことを彼に告げたのだろう | Er *mag* den Brief noch nicht gelesen haben. 彼は手紙をまだ読んでいないだろう ‖ Wer *mag* das sein? それはだれ〔のやったこと〕だろうか | Wie *mag* es ihm gehen? 彼はどうしているだろうか | Wer *mag* das geschrieben haben? だれがそれを書いたのだろう ‖〖mochte の形で過去の事柄の推定, möchte の形で話者の現在の推定を示して〗Der Sack *mochte* einen Zentner wiegen. その袋は 1 ツェントナーの目方がありそうだった | Es *mochten* wohl fünfzig Leute dagewesen sein. どうやら50人ほどの人がそこに居あわせていたようだった | Er *mochte* damals an die sechzig Jahre alt gewesen sein. 彼は当時60歳ぐらいらしかった ‖ Man *möchte* meinen, er hätte Angst. 彼はこわがっているのだと思われかねない ‖〖話し手の留保つき譲歩のニュアンスが加わって, しばしば aber, doch などを含む後続文を伴う〗Du *magst* recht haben. / Es *mag* sein, daß du recht hast. 君の言うとおりかもしれない | Der Teufel *mag* es wissen! そんなこと分かるもんか(悪魔なら知っているかもしれないが) | Es *mag* dir gelingen, aber ich würde es nicht tun. 君はそれに成功するかもしれないが 私だったらやらないだろう | Er *mag* mich kennen, ich 〔kenne〕 ihn aber nicht. 彼のほうでは私を知っているかもしれないが 私のほうでは彼を知らない | Die meisten *mögen* sich bei diesem Vortrag gelangweilt haben, mich hat er doch sehr interessiert. 大部分の人たちはこの講演を聞いて退屈したかもしれないが 私にはとても面白かった.
3 《譲歩文に特有の助動詞として; まれに接続法 I の形で》(たとえどれほど)…であろうとも, (どれほど)…しようとも: Sie *mag* 〈*Mag* sie〉 tun, was sie will, es ist ihm nicht recht. 彼女が何をやっても 彼の気に入らない | *Mag* sterben, wer will, das ist mir gleichgültig. だれが死のうと 私にはどうでもよいことだ | Ich werde es tun, *mag* kommen, was da

M

will. たとえ何が起ころうと私はそれをするぞ | Das Buch *mag* noch so teuer sein, ich werde es doch kaufen. その本がどんなに高価でも 私はそれを買うだろう | *Mochten* sich auch beide früher oft gezankt haben, jetzt sind sie gute Freunde. 二人はそりゃ以前しばしばけんかをしたかもしれないがいまでは仲よしになったのだ | Was es auch kosten *mag*, ich werde es tun. いくら費用がかかろうとも 私はそれをやるだろう | Er *mag* wollen oder nicht, er muß es doch tun! したかろうとしたくなかろうと 彼はそれをしなければならないのだ ‖ Wie dem auch sein *möge*, ich bleibe. 事情がどうであれ 私はとどまる.

[*idg.* „können"; ◇Macht, vermögen; *engl.* may]

Mog·ler[mó:glər] 男 -s/- 《話》いかさま師, ぺてん師. [<mogeln]

mög·lich[mø:klıç] 形 **I** 可能な, ありうる, 起こり〈行い・考え〉うる: alle ~*en* Fälle あらゆる可能な場合 | alle nur ~*en* Maßnahmen treffen ありとあらゆる処置を講じる | die einzig ~*e* Lösung 唯一可能な解決策 ‖ **wo** 〈**wenn**〉 ~ もしも可能ならば, できれば | so bald wie 〈als〉 ~ できるだけ早い時期に | so viel 〈spät〉 wie ~ なるべく多く〈遅く〉 ‖ *et.*[4] ~ machen …を可能にする | das Unmögliche ~ machen 不可能な事を可能にする ‖ Das ist durchaus ~. それは十分に可能な〈ありうる〉ことだ | Das ist doch nicht ~! まさか そんなはずがあるものか | Das ist ~, aber nicht wahrscheinlich. それはありうることではあるが ありそうなことではない | Das ist mir nicht ~. それは私にはできない ‖〖名詞化して〗im Rahmen des *Möglichen* 可能な範囲内で | alles *Mögliche* genau bedenken あらゆる可能性を熟考する ‖ alles ~*e* versuchen ありとあらゆること〈いろんなこと〉をやってみる | Er hat das ~*e* getan. 彼はできるだけのことはしたのだ.

II mög·lichst → 別出 [*mhd.*; ◇mögen]

mög·li·chen·falls[mø:klıçənfáls] 副 **1** 可能な場合には, もしもできるなら. **2** もしかすると, 場合によっては.

mög·li·cher·wei·se[mø:klıçərváizə] 副 **1** 《陳述内容の現実度に対する話し手の判断・評価を示して》もしかすると, 場合によっては, あるいは〔…かもしれない〕: *Möglicherweise* hast du recht. あるいは君の言うとおりかもしれない. **2** もし可能な場合には, もしもできるなら.

Mög·lich·keit[mø:klıçkaıt] 女 -/-en **1** 可能性; 機会, チャンス; 見込み: nach ~ 可能な限り, なるべく | alle ~*en* in Betracht ziehen あらゆる可能性を考慮に入れる | die besten ~*en* vergeben 〖スポ〗絶好のチャンスを逃す | Ich gebe dir die ~, das wiedergutzumachen. 私は君にそれを償う機会を与えてやろう ‖ Ich sehe keine andere ~, ihm zu helfen. 彼を助けるにはほかに方法がないと思う | **Ist es** 〈**Ist denn das**〉 **die ~!** 《話》こんなことがあり得ようとは(驚きの表現) | das Land der unbegrenzten ~*en* 無限の可能性をもつ国(アメリカ). **2** 《複数で》能力(才能・財力など): weit unter *seinen* ~*en* bleiben 実力をまったく発揮しないままに終わっている.

Mög·lich·keits·form 女 (Konjunktiv)〖言〗接続法, 叙想法, 可能法.

mög·lichst[mø:klıçst] 《möglich の最上級》 **I** 形 可能な限りの, できるだけの: mit ~*er* Sorgfalt 最大の注意を払って | *sein Möglichstes* tun 全力をつくす. **II** 副 可能な限り, できるだけ: ~ bald / bald*möglichst* できるだけ早く | Kommen Sie ~ nicht zu spät! 極力遅刻しないように願います.

Mo·gul[mó:gʊl] 男 -s/-n (ｵｰｽﾄﾘｱ: [mogú:l]-s/-e) **1** 〖史〗ムガール帝国〔の王朝・皇帝〕. **2** (一般的に)東洋諸国(特にインド)の王. [*pers.* mughul „Mongole"–*engl.*; ◇Mongole]

Mo·hair[mohɛ́:r] 男 -s/ (種類: -e) **1** モヘア(アンゴラヤギの毛). **2** 〖織〗モヘア織り. [*arab.* muchayyar „bevorzugt"–*it.* moccaiaro–*engl.* mohair; <*arab.* chayyara „vorziehen"]

Mo·hair·man·tel[mohɛ́:r..] 男 モヘアのコート. **·wol·le** 女 モヘアの毛〈ウール〉.

Mo·ham·med[mó:hamɛt] 人名 マホメット, ムハマッド(570頃 -632; イスラム教の創始者). [*arab.* Muhammad „der Gepriesene"]

Mo·ham·me·da·ner[mohamedá:nər] 男 -s/- イスラム教徒, 回教徒.

mo·ham·me·da·nisch[..dá:nıʃ] 形 イスラム教〔徒〕の, 回教〔徒〕の.

Mo·ham·me·da·nis·mus[..danísmʊs] 男 -/ マホメットの教え; イスラム教, 回教.

Mo·här[mohɛ́:r] 男 -s/ (種類: -e) = Mohair

Mo·hi·ka·ner[mohiká:nər] 男 -s/- モヒカン族(絶滅したアメリカ=インディアンの一部族)〔の人〕: **der letzte ~** / **der Letzte der ~** 《話》 i) 最後に残った者(アメリカの作家クーパー Cooper の小説の題名から); ii) 《戯》最後に残った有り金.

[*indian.* „Wolf"–*engl.* Mahican]

Mohn[mo:n] 男 -〔e〕s/-e **1** 〖植〗ケシ(罌粟)属. **2** ケシの実. [*ahd.* māho; ◇*gr.* mḗkōn „Mohn"]

Mohn·blu·me[mó:n..] 女 ケシの花. **·kap·sel** 女 〖植〗ケシの実の蒴(さく)〔果〕. **·ku·chen** 男 ケシの実入りのケーキ. **·öl** 中 ケシ油.

Mohr[mo:r] 男 -en/-en (⊛ **Moh·rin**[mó:rın]-/-nen) **1** 《話》黒ん坊: schwarz wie ein ~ 《話》(日焼けして・汚れて)黒ん坊のように真っ黒な | **einen ~*en* weiß waschen wollen** 《話》不可能なことを試みる, むだ骨を折る. ▽**2** (Maure) ムーア人; 黒人. [*lat.* Maurī (→Maure)–*ahd.* mōr]

Möh·re[mø:rə] 女 -/-n (Mohrrübe) 〖植〗ニンジン(人参). [*westgerm.*; ◇Morchel]

Moh·ren·fal·ter[mó:rən..] 男 〖虫〗ベニヒカゲ(紅日蔭蝶)属のチョウ. **·hir·se** 女 〖植〗モロコシ(蜀黍)属. **·kopf** 男 モーレンコプフ(チョコレートをかぶせたケーキの名: → ⊠ Kuchen). **·land** 中 -〔e〕s/ モール人の国. **·ma·ki** 男 〖動〗(マダガスカル産の)キツネザル(狐猿). **·wä·sche** 女 《話》不可能な試み, むだな骨折り.

Moh·rin Mohr の女性形.

Mohr·rü·be[mó:r..] 女 (Möhre) 〖植〗ニンジン(人参) (→ ⊠ Rübe). [<Möhre]

Moi·ra[mɔ́yra·] 女 -/Moiren[..rən] 《ふつう複数で》〖ギ神〗モイラ(運命の女神. Atropos, Klotho, Lachesis の三姉妹をさす). [*gr.* moĩra „Anteil"]

Moi·ré[moaré:] 男 中 -s/-s 〖服飾〗モアレ(波紋・木目模様〔のある布地・毛皮〕). [*fr.*; <*engl.* mohair (→Mohär)]

Moi·ren Moira の複数.

moi·rie·ren[moarí:rən] 他 (h) (布地・毛皮などに)波紋〈木目〉模様をつける. [*fr.*; ◇Moiré]

mo·kant[mokánt] 形 (spöttisch) 嘲弄(ちょうろう)〈冷笑〉的な, ひとをばかにした. [*fr.* moquant; ◇mokieren]

Mo·kas·sin[mokasí:n, mɔ́kasi:n] 男 -s/-s, -e モカシン(北アメリカのインディアンの, かかとのないシカ革靴〔をまねた柔らかい革製の散歩・室内用靴〕: → ⊠). [*indian.*–*engl.* mo〔c〕casin]

Mokassin

Mo·kett[mokɛ́t] 男 -s/ モケット(いす張りや家具カバーなどに用いられるパイル織りの一種). [*fr.* moquette]

Mo·kick[mó:kık] 中 -s/-s キックスターター付きモペット. [<Moped+Kickstarter]

mo·kie·ren[mokí:rən] 他 (h) 再帰 *sich*[4] über *jn.* 〈*et.*[4]〉 ~ …をからかう, …を愚弄する, …を茶化す, …をあざける. [*fr.* moquer; ◇mokant; *engl.* mock]

Mok·ka[mɔ́ka·] **I** 地名 モカ(アラビア半島, Jemen 南部の港町. かつてはコーヒーの積み出し港として栄えた).

II 男 -s/ (種類: -s) モカ(コーヒーの一種); 《比》強いコーヒー. [II: *engl.* mocha]

Mok·ka·löf·fel[mɔ́ka..] 男 (小さい)モカ用のスプーン(→ ⊠ Löffel). **·stein** 男 〖鉱〗苔瑪瑙(こけめのう). **·tas·se** 女 (小さい)モカ用のコーヒーカップ(→ ⊠ Tasse).

Mol[mo:l] 中 -s/-e 〖理〗モル, グラム分子. [<Molekulargewicht]

mo·lar[molá:r] 形 〖理〗〔1〕モルの. [<..al[1]]

Mo·lar[‒] 男 -s/-en 〖解〗大臼歯(きゅうし) (→ ⊠ Gebiß).

[*lat.* molāris „Mühlstein“; ◇Mole²]

Mo·lar·ge·wicht =Molekulargewicht

Mo·la·ri·tät[molaritɛ́:t] 女 -/ 〘化〙モル濃度. [◇Mol]

Mo·las·se[molásə] 女 -/ 〘地〙モラッセ(特にアルプスの砕屑(さいせつ)物を主とする第三紀層). [*fr.* mo〔l〕lasse]

Molch[mɔlç] 男 -〔e〕s/-e **1** (Schwanzlurche)〘動〙有尾類(サンショウウオ・イモリなど). **2**《軽蔑的に》やつ, 男. [*ahd.* mol〔m〕]

Mol·dau[mɔ́ldaʊ] **I** 地名 モルドバ, モルダビア(ヨーロッパ東部の共和国. 1991年ソ連邦解体に伴い独立. 首都はキシニョフ). **II** die **Mol·dau** 地名 女 -/ **1** モルダウ(チェコの Böhmen 地方を北上し, Elbe 川に合流する川. チェコ語名ヴルタヴァ Vltava). **2** モルダウ (Rumänien 東部地域. ルーマニア語形モルドヴァ Moldova). [<*slaw.* mol „schwarz“]

mol·dau·isch[‥ɪʃ] 形 モルドバ〔人〕の.

Mol·da·wi·en[mɔldá:viən] 地名 =Moldau

Mo·le¹[mó:lə] 女 -/-n 突堤, 防波堤. [*lat.* mōlēs „Masse“–*it.* molo; ◇mühen]

Mo·le²[–] 女 -/-n (Windei)〘医〙奇胎. [*gr.* mýlē „Mühle“–*lat.* mola „Mühlstein“; ◇mahlen, Mühle, Molar]

Mo·le·kel[molé:kəl] 女 -/-n (ｵｰｽﾄﾘｱ: 中 -s/-), **Mo·le·kül**[moleký:l] 中 -s/-e 〘理〙分子. [*fr.* molécule; ◇Mole¹]

mo·le·ku·lar[molekulá:r] 形〘理〙分子の; 分子に関する: eine ～*e* Formel 分子式. [*fr.*]

Mo·le·ku·lar≠be·we·gung 女〘理〙分子運動. **≠bio·lo·ge** 男 (→‥loge) 分子生物学者. **≠bio·lo·gie** 女 -/ 分子生物学.

mo·le·ku·lar·bio·lo·gisch 形 分子生物学〔上〕の.

Mo·le·ku·lar≠ge·ne·tik 女 -/ 分子遺伝学. **≠ge·ne·ti·ker** 男 分子遺伝学者. **≠ge·wicht** 中〘理〙分子量. **≠kraft** 女〘理〙分子力. **≠strahl** 男〘理〙分子線. **≠strom** 男〘理〙分子電流. **≠wär·me** 女〘理〙分子熱.

Mo·le·kül≠mas·se[moleký:l‥] 女〘化〙分子量. **≠struk·tur** 女〘化〙分子構造.

Mo·len·kopf[mó:lən‥] 男 突堤の先端.

Mole·skin[mó:lskɪn, móʊl‥] 男 中 -s/-s〘織〙モールスキン(厚地のしゅす織りの綿布). [*engl.* „Maulwurfs-fell“]

Mo·le·sten[molɛ́stən] 複《方》**1** 軽い肉体的故障, わずらい: die ～ des Alters 老化現象〔に伴う不自由〕. **2** やっかいな(煩わしい)こと, 日常生活のめんどう. [*lat.* molestus „beschwerlich“; ◇Mole¹]

mo·le·stie·ren[molɛstí:rən] 他 (h)《方》(belästigen)《*jn.*》煩わす, 邪魔する, 悩ます, 苦しめる: *jn.* mit dem Geschwätz ～ おしゃべりで…を悩ます. [*lat.*]

Mo·let·te[molɛ́tə] 女 -/-n **1**〘工〙(金属に溝型をつける鋸歯(きょし)状の)ローラー車; (切手印刷などの)型押しローラー. **2** (Stößel) (薬などをすりつぶす)乳棒, すりこぎ. [*fr.*; <*lat.* mola (→Mole²)]

Mol·ge·wicht[mó:l‥] =Molekulargewicht

Mo·li Molo の複数.

Mo·lière[moliɛ́:r, mɔljɛ́:r] 人名 モリエール(1622–73; フランスの喜劇作家. 本名は Jean Baptiste Poquelin. 作品『人間嫌い』『女房学校』など).

molk[mɔlk] melkte (melken の過去)の別形.

Mol·ke[mɔ́lkə] 女 -/ 乳清(カゼインを分離した牛乳の残液). [*westgerm.* „Gemolkenes“; ◇melken]

möl·ke[mœ́lkə] melkte (melken の接続法 II)の別形.

Mol·ken[mɔ́lkən] 男 -s/《方》=Molke

Mol·ken≠ei·weiß 女 乳清プロテイン. **≠kur** 女 乳清療法.

Mol·ke·rei[mɔlkəráɪ] 女 -/-en **1** 酪農場, 乳製品製造工場. **2**《話》豊満なバスト.

Mol·ke·rei·ge·nos·sen·schaft 女 酪農業〔協同〕組合.

mol·kig[mɔ́lkɪç]² 形 **1** 乳清からつくった. **2** 乳清のような.

Moll¹[mɔl] 中 -/- **1** (↔Dur)〘楽〙短調: a-～ イ短調. **2**《比》(Schwermut) 憂鬱(ゆううつ), 憂愁: Er war auf ～ gestimmt. 彼は憂鬱な気分だった. [*mlat.*–*mhd.*; <*lat.* mollis „weich“ (◇mild)]

Moll²[mɔl] 男 -〔e〕s/-e, -s =Molton

Mol·la[mɔ́la·] 男 -s/-s ムッラー(イスラム教国で律法学者に対する敬称). [*arab.* mawlā „Herr“; ◇*engl.* mulla〔h〕]

Moll≠ak·kord[mɔ́l‥] 男〘楽〙短〔3〕和音. **≠drei·klang** 男〘楽〙短3和音.

Mol·le[mɔ́lə] 女 -/-n **1 a)**《北部》(楕円(だえん)形の)おけ. **b)**《ﾍﾞﾙﾘﾝ》コップ1杯のビール; ビールグラス: eine ～ trinken 〈話: zischen〉 1杯のビールを飲む | eine ～ hinter die Binde gießen ビールを1杯ひっかける ‖ **Es gießt mit ～*n*.** どしゃ降りだ. **2**《中部》(Bett) ベッド. [*mndd.*; ◇Mulde]

Möl·ler[mœ́lər] 男 -s/-〘金属〙鉱石と融剤の混和物.

möl·lern[mœ́lərn] 《05》他 (h)〘金属〙(鉱石を)混和する; (溶鉱炉に)装入する.

mol·lert[mɔ́lərt]《南部・ｵｰｽﾄﾘｱ》=mollig

Möl·le·rung[mœ́lərʊŋ] 女 -/〘金属〙混練(鉱石といろいろの添加物をよく練り混ぜること).

Mol·li¹[mɔ́li·] 女名 (<Marie I)モリ.

Mol·li²[–] 男 -s/-s《話》(Molotowcocktail) 火炎瓶.

mol·lig[mɔ́lɪç]² 形《話》**1** ふっくらした; ぽっちゃりした, まるぽちゃの: eine ～*e* junge Dame ふっくら太った若い女性 | die ～*en* Händchen des Babys 赤ん坊のふっくらしたかわいい手. **2** 気持よ〔くあたたか〕い, ふかふかした: ein ～*er* Mantel ふかふかしたあたたかいコート | ein ～*es* Zimmer 〈Bett〉 あたたかな気持のいい部屋〈ベッド〉 | eine ～*e* Wärme ぽかぽかと気持よい暖かさ | Hier ist es ～ 〔warm〕. ここは〔あったかで〕心地よい. [*mhd.* molwec „weich“]

Moll≠ton·art[mɔ́l‥] 女 (↔ Durtonart)〘楽〙短調. **≠ton·lei·ter** 女 (↔Durtonleiter)〘楽〙短音階: natürliche ～ 自然〔的〕短音階 | melodische 〈harmonische〉 ～ 旋律的〈和声的〉短音階.

Mol·lus·ke[mɔlʊ́skə] 女 -/-n《ふつう複数で》(Weichtier)〘動〙軟体動物. [<*lat.* mollis (→Moll¹)]

Mol·ly[mɔ́li·] 女名 モリ. [*engl.*; ◇Molli¹]

Mo·lo[mó:lo·] 男 -s/‥li[‥li·]《ｵｰｽﾄﾘｱ》=Mole¹

Mo·loch[mó:lɔx, mɔ́l‥] **I** 人名 モロク(子供を人身御供(ごくう)として祭る古代セム族の神. 旧約聖書では Baal). **II** 男 -s/-e **1**《比》悪魔, 怪物, 魔物(すべてを犠牲にしてやまない恐るべきものの象徴): der ～ des Krieges 戦争という悪魔 | der ～ Verkehr 〈des Verkehrs〉 交通地獄. **2**〘動〙(オーストラリア産の)モロクトカゲ. [*hebr.*]

Mo·lo·tow·cock·tail[mó:lotɔfkɔkte:l, mɔ́l‥] 男 -s/-s《話》火炎瓶. [<W. M. Molotow (ソ連の政治家)]

Mol·te·bee·re[mɔ́ltəbe:rə] 女〘植〙ホロムイイチゴ.

Molt·ke[mɔ́ltkə] 人名 Helmuth von ～ ヘルムート フォン モルトケ(1800–91; プロイセンの軍人. 戦術・戦略の大家で大モルトケと呼ばれ, 甥(おい)の Helmuth〔1848–1916〕は第一次大戦勃発(ぼっぱつ)時のドイツ陸軍参謀総長で小モルトケと呼ばれる).

mol·to[mɔ́lto·] 副 (sehr)〘楽〙非常に, はなはだ: ～ vivace モルト ヴィヴァーチェ, 非常に生き生きと〔速く〕. [*lat.* multum „viel“–*it.*]

Mol·ton[mɔ́ltɔn] 男 -s/-s〘織〙スワンズダウン(肌着・シーツなどに用いる柔らかい綿ネルの一種). [*fr.* molleton]

die **Mo·luk·ken**[molʊ́kən] 地名 複 モルッカ(インドネシア東部の諸島で, 古来香辛料の産地として名高く, Gewürzinseln「香料群島」の名がある). [*indones.*; ◇*engl.* Moluccas]

Mo·luk·ker[molʊ́kər] 男 -s/- モルッカ人.

mo·luk·kisch[‥kɪʃ] 形 モルッカの.

Mol·wär·me[mó:l‥] =Molekularwärme

Mo·lyb·dän[molʏpdɛ́:n] 中 -s/〘化〙モリブデン(金属元素名; 記号 Mo). [*gr.* molýbdaina „Bleikugel“; <*gr.* mólybdos „Blei“; ◇*engl.* molybdenum]

Mo·lyb·dän·glanz 男 -es/-e (**Mo·lyb·dä·nit**[molʏpdɛní:t, ‥nít] 男 -s/-e)〘鉱〙輝モリブデン鉱, 輝水鉛鉱.

Mo·lyb·dän·stahl[molʏpdɛ́:n‥] 男〘金属〙モリブデン鋼.

Mo·ment[momɛ́nt] **I** 男 -〔e〕s/-e **1** (Augenblick) 瞬間, 刹那(せつな); 短時間, ちょっとの間: ein ～ des Schweigens 沈黙の一瞬〔間〕‖ einen ~ 〔lang〕 zögern 〈nachdenken〉 一瞬ためらう〈ちょっとの間考える〉| Einen ~ bitte! ほんのちょっとお待ちください | *Moment* mal! ちょっと待って; (相手の話をさえぎって)ちょっと待った | auf 〈für〉 einen ~ hinausgehen ちょっとの間出かける. **2** (特定の)瞬間; (特定の)時点; 時機, 機会: ein entscheidender 〈historischer〉 ~ 決定的〈歴史的〉瞬間 | Der große ~ ist gekommen. 重大な時がやってきた | **einen lichten ~ haben** i) (狂人などが)一時正気になる; ii) 《戯》妙案がひらめく | Du hattest wohl einen lichten ~. 《反語》きみはたぶんどうかしていたんだろう | den richtigen ~ verpassen 好機をのがす ‖ jeden ~ いまにも, いつなんどきでも | Der Zug kann jeden ~ kommen. 列車は今すぐにも来るかもしれない ‖ **im ~** 目下のところ; たった今しがた; 今すぐに | Ich bin im ~ zurück. すぐ戻ります | Im ~ habe ich keine Zeit. 今のところ私には時間がない ‖ Es gibt ~*e* im Menschenleben. 人生には潮時というものがある.

II 中 -〔e〕s/-e **1** 契機, 要因, 動機, 要素; (決定的な)根拠, 理由; 観点, 要点; 局面: das wichtigste 〈entscheidende〉 ~ für die Verurteilung 有罪判決の最も有力な〈決定的な〉理由 ‖ verschiedene ~*e* berücksichtigen 諸種の要因を考慮にいれ〔て判断す〕る | Die Verhandlung brachte keine neuen ~*e*. 交渉はなんら新しい進展〈局面の展開〉をもたらさなかった. **2** 《理》モーメント, 能率, 積率: Dreh*moment* ねじりモーメント, トルク.

[*lat.* mōmentum „Bewegung〔smittel〕"; ◇mobil]

mo·men·tan[momɛntá:n] 形 **1** 《述語的用法なし》(augenblicklich) ただ今の, 目下の: die ~*e* Lage 目下の状態 | Ich habe ~ keine Zeit. 私には今のところ時間がない. **2 a)** つかの間の, 瞬時の; 一時的な: eine ~*e* Begeisterung 一時的な感激 | eine ~*e* Eingebung 急にひらめいた天啓 ‖ Das war nur ~. それはほんの一瞬のことだった ‖ Die Verbindung war ~ unterbrochen. 連絡が一時的に途絶えた. **b)** (↔durativ) 《言》瞬間音の: ein ~*er* Konsonant 瞬間音(閉鎖音など). [*lat.*]

Mo·men·tan·laut 男 (↔Dauerlaut) 《言》瞬間音(閉鎖音など).

Mo·ment≈auf·nah·me[momɛ́nt..] 女 (↔Zeitaufnahme) 《写》瞬間撮影, スナップショット. **≈bild** 中 《写》スナップ〔写真〕, 早撮り写真; 現場写真.

Mo·ment mu·si·cal[mɔmɑ̃myzikál] 中 --/-s ..caux[..kó] 《楽》モマン=ミュジコー, 楽興の時(短い叙情的ピアノ曲). [*fr.*]

Momm·sen[mɔ́mzən] 人名 Theodor ~ テーオドール モムゼン(1817-1903; ドイツの歴史家, 法律学者. 主著『ローマ史』).

mon.. →mono..

Mo·na·co[mó:nako·, monáko·, mɔnakó] 地名 **1** モナコ(フランスの南東, 地中海沿岸にある公国. カジノで知られる. ドイツ語形 Monako: →Monegasse). **2** モナコ(1 の首都). [*it.*; ◇München]

Mo·na·de[moná:də] 女 -/-n 《哲》 **1** 《単数で》(不可分の)単一体, 単元. **2** 《ふつう複数で》(Leibniz の)モナド, 単子(実在の究極の単位). [*gr.* monás „Einheit"]

Mo·na·do·lo·gie[monadologí:] 女 -/ 《哲》(Leibniz の)単子論.

Mo·na·ko[mó:nako·, monáko·] =Monaco

Mon·arch[monárç] 男 -en/-en (女 **Mon·ar·chin**[..çɪn]-/-nen) **1** (君主政体の)君主(皇帝・国王・大公・公など); (独裁統治者としての)君主. **2** 《虫》オオカバマダラ(大樺斑蝶). [*gr.* món-archos „Allein-herrscher" − *mlat.*; <mono..]

Mon·ar·chie[monarçí:] 女 -/-n[..çí:ən] **1** 君主制, 君主政体: eine konstitutionelle 〈absolute〉 ~ 立憲〈専制〉君主制 | eine parlamentarische ~ 議会主義的君主制. **2** 君主国. [*gr.* − *spätlat.*]

Mon·ar·chin Monarch の女性形.

mon·ar·chisch[monárçɪʃ] 形 **1** 君主の〈による〉; 君主制の; 君主国の: ~*e* Regierung 君主政治 | ein ~ regierter Staat 君主〔統治〕国. **2** =monarchistisch 1 b

Mon·ar·chis·mus[monarçísmʊs] 男 -/ **1** 君主制主義. **2** 君主制, 君主政体.

Mon·ar·chist[..çíst] 男 -en/-en 君主制主義者〈支持者〉, 君主政体信奉者.

mon·ar·chi·stisch[..çístɪʃ] 形 **1 a)** 君主制主義の. **b)** 君主制主義的な, 君主制を支持〈信奉〉する: ~ eingestellt sein 君主制主義的考え方をもっている, 君主制支持の立場をとっている. **2** =monarchisch 1

Mo·na·ste·rium[monasté:riʊm] 中 -s/..rien[..riən] **1** (Kloster) 修道院. **2** (Münster) 修道院聖堂. [*kirchenlat.*; <*gr.* monázein „allein leben" (◇mono..)]

mo·na·stisch[monástɪʃ] 形 修道院の: ein ~*es* Leben 修道院生活.

Mo·nat[mó:nat] 男 -〔e〕s/-e (英: *month*) (暦の)月; (期間としての) 1 か月, ひと月: ein ganzer 〈voller〉 ~ まる 1 か月 | der ~ Mai 5 月という月 | zwei ~*e* 〔Gefängnis〕 bekommen 2 か月の禁固〔刑〕をくらう ‖ am Anfang 〈Ende〉 des ~*s* /zu Beginn 〈gegen Ende〉 des ~*s* 月初め〈月末〉に | in der Mitte des ~*s* 月の中ごろ〈中旬〉に | Ihr Schreiben vom 5. dieses ~*s* (略 d. M.) 〈vorigen ~*s* (略 v. M.)〉 今月〈先月〉5 日付の貴簡 ‖ Monate und Jahre vergingen. 〔幾〕歳月が過ぎた | Es hat Wochen und ~*e* gedauert. 幾月もの時間がかかった ‖《4 格で副詞的に》jeden ~ 毎月 | letzten 〈vorigen〉 ~ 先月 | nächsten ~ 来月 | alle 〈方: aller〉 zwei ~*e* 2 か月おきに | jeden dritten ~ 3 か月目ごとに ‖ ein drei ~*e* altes Kind 生後 3 か月の子供 | zwei ~*e* 〔lang /hindurch〕 2 か月間 | Er ist den ganzen ~ 〔über〕 fort. 彼はまる 1 か月出かけている | Das ist schon ~*e* her. それはもう数か月来のことだ ‖《前置詞と》**auf** drei ~*e* 向こう 3 か月間〈3 か月の期限で〉| **für** zwei ~*e* 2 か月間〔の予定で〕| ~ für ~ 毎月毎月 | **in** diesem ~ 今月; その月〔のうち〕に | in demselben ~ 同じ月に, その月のうちに | 100 Mark im ~ 月に〈毎月〉100マルク | im letzten ~ 先月 | in den nächsten ~*en* これ〈それ〉からの数か月間に | Sie ist im sechsten ~. 彼女は妊娠 6 か月だ | 〔heute〕 in 〈vor〉 einem ~ 1 か月後〈前〉〔のきょう〕| **nach** 〈**vor**〉 drei ~*en* それから 3 か月あと〈前〉に | **seit** ~*en* 数か月来 | **über** ~*e* hin 数か月にわたって (=monatelang) | Sie ist über zwei ~*e* krank. 彼女は 2 か月以上も病気だ.

[*germ.*; ◇messen, Mond; *engl.* month; *gr.* mḗn „Monat"]

mo·na·te·lang[mó:natəlaŋ] 形 《述語的用法なし》数か月間の, 何か月もの: nach ~*er* Abwesenheit 何か月も留守にしたのちに | ~ warten 何か月も待つ.

..monatig[..mo:natɪç][2] 《数詞などにつけて「…か月にわたる, …か月をへた」を意味する形容詞をつくる》: vier*monatig* 4 か月〔間〕の | ein zwei*monatiger* Säugling 生後 2 か月の乳児.

mo·nat·lich[mó:natlɪç] 形 《述語的用法なし》月々の, 毎月の: das ~*e* Gehalt 月給 | die ~*e* Reinigung / das *Monatliche* 月経, 月のもの ‖《副詞的に》*et.*[4] ~ bezahlen …の代金を毎月支払う | Die Zeitschrift erscheint zweimal ~. この雑誌は毎月 2 回発行される.

..monatlich[..mo:natlɪç] 《数詞などにつけて「…か月ごとの」を意味する形容詞をつくる》: zwei*monatlich* 2 か月ごとの | halb*monatlich* 半月ごとの.

Mo·nats≈ab·schluß[mó:nats..] 男 月次〈ひと月ごとの〉決算. **≈an·fang** 男 月初め. **≈be·richt** 男 月報. **≈bin·de** 女 生理バンド, 月経帯. **≈blu·tung** 女 (Menstruation) 《生理》月経. **≈ein·kom·men** 中 月収. **≈en·de** 中 月末. **≈er·ste** 男 《形容詞変化》(各月の)第 1 日, ついたち. ▽**≈fluß** 男 =Monatsblutung **≈frist** 女 1 か月の期間〈期限〉: binnen ~ 1 か月以内に. **≈ge·halt** 中 月給: ein dreizehntes ~ (歳末などの)特別給与, ボーナス. **≈geld** 中 毎月規則的に支払われる金(月給・月謝, 夫が妻に渡す月々の生活費など). **≈hälf·te** 女 半月: in der ersten 〈zweiten〉 ~ 月の前半〈後半〉に. **≈heft** 中 月刊誌. **≈kar·te** 女 (通用期間 1 か月の)定期〔乗車〕券; (催し物などの 1 か月通用の)定期入場券: eine ~ lösen 定

期券を購入する. ≂**letz·te** 男《形容詞変化》(各月の)末日, みそか. ≂**lohn** 男 月決めの報酬〈賃金〉. ≂**mie·te** 女 ひと月分の賃貸料, (特に:) 家賃, 間代. ≂**na·me** 男 月の名(Januar, Februar など). ≂**ra·te** 女 月賦〔金〕: einen Kühlschrank in 〈mit〉 zehn ～*n* abzahlen 冷蔵庫の代金を10か月の月賦で払う. ≂**schrift** 女 月刊刊行物. ≂**um·satz** 男 月間売上高. ≂**wech·sel** 男 (学費などの)毎月の仕送り.

mọ·nat〔s〕·wei·se[mó:nat(s)vaɪzə] 副 (→..weise ★)月ごとに, 月決めで: ein Zimmer ～ vermieten 部屋を月決めで賃貸しする.

Mọ·nats·zins 男《南部》=Monatsmiete

mọ·nat·wei·se =monatsweise

mon·au·rạl[monaʊrá:l] 形 **1**〖医〗単耳の; 片耳に関する. **2** (レコードなどが)モノラルの: eine ～*e* Aufnahme モノラル録音. [＜mono..+*lat.* auris (→Ohr)]

Mon·azịt[monatsí:t, ..tsít] 男 -s/-e〖鉱〗モナズ石. [＜*gr.* monázein „einzeln sein" (◇mono..)+..it²]

der **Mönch**¹[mœnç] 地名 男 -s/ メンヒ(スイス中部にそびえるアルプスの高峰. 標高4099 m).

Mönch²

Mönch²[mœnç] 男 -〔e〕s/-e **1** (英: *monk*) **a**) 修道士(→ 図)(→Nonne); (一般に)〔修道〕僧: Benediktiner*mönch* ベネディクト会修道士 | wie ein ～ leben 修道僧のように隠遁(いんとん)〈禁欲〉の生活をする. **b**)《南部》(去勢した)雄の家畜(特に豚・馬など). **2**〖建〗**a**) らせん階段の親柱(中心支柱). **b**) (窓のたて仕切りの)中方立て(なかほうだて), マリオン. **c**) (↔Nonne) 牡瓦(おがわら), 凸瓦. **3** (Kahlhirsch)〖狩〗角のないシカ. **4** 首の短い薬瓶. **5** (Mönchsgrasmücke)〖鳥〗ツノメドリ(角目鳥). **6** (養魚池の)放流栓(設備). **7** (坊主のはげ頭になぞらえて) **a**)〖印〗フライアー(しま状にインクのうすくなった個所). **b**) ぶどう園の空き地. **8**《北部》(Wärmflasche) 湯たんぽ. [*gr.* monachós „Einsiedler"－*vulgärlat.*－*westgerm.*; ◇mono..; *engl.* monk]

mön·chisch[mœ́nçɪʃ] 形 修道士〈僧〉の; 修道僧のような; 《軽蔑的に》坊主くさい; 《比》隠遁(いんとん)的な; 禁欲的な.

Mönchs≂gei·er[mœ́nçs..] 男〖鳥〗ハゲワシ(禿鷲). ≂**gras·mücke** 女〖鳥〗ツノメドリ(角目鳥). ≂**kap·pe** 女 僧帽, 修道士の頭巾(ずきん). ≂**klo·ster** 中〔男子〕修道院, 僧院. ≂**kut·te** 女 修道士服, 僧衣. ≂**la·tein** 中 (中世末の)くずれたラテン語. ≂**or·den** 男 修道会. ≂**pfef·fer** 男 (Keuschbaum)〖植〗セイヨウニンジンボク(西洋人参木). ≂**schmuck·vo·gel** 男〖鳥〗マイコドリ(舞子鳥). ≂**schrift** 女〖印〗ブラック体活字, 太字活字. ≂**sit·tich** 男〖鳥〗オキナインコ(翁鸚哥).

Mönchs·tum[mœ́nçstu:m] 中 -s/ =Mönchtum

Mönchs≂we·sen 中 修道組織, 修道院制度. ≂**zel·le** 女 (修道院の)僧房.

Mönch·tum 中 -s/ 修道士であること; 修道生活; 修道院制度.

Mọnd[mo:nt]¹ 男 -〔e〕s/-e (小 **Mönd·chen** → 別出, **Mönd·lein**[mø̀:ntlaɪn] 中 -s/-) **1 a**) (英: *moon*)《単数で》(天体の)月: der helle ～ 明るい月 | das erste 〈letzte〉 Viertel des ～*es* 上弦〈下弦〉の月 | Halb*mond* 半月 | Neu*mond* 新月 | Voll*mond* 満月 ‖ Der ～ geht auf 〈unter〉. 月がのぼる〈沈む〉(→3) | Der ～ nimmt ab 〈zu〉. 月が欠ける〈満ちてくる〉 | Der ～ steht am Himmel. 月が空に出ている | Der ～ wechselt. 月が満ち欠けする | Der ～ ist voll. 満月だ | Der ～ hat den Hof. 月が暈(かさ)をつけている ‖ **den ～ anbellen** (犬などが)月に向かってほえる; 《話》(及びがたいものに向かって)悪態をつく, 遠ぼえする; むきになってむだなことをする, 虚勢をはる | **den ～ am hellen Tage suchen** 《話》むだ骨を折る ‖〖前置詞と〗**auf** dem ～ landen 月に着陸する | ***jn.*** **auf den ～ 〈zum ～〉 schießen**《話》…を追い払う〈追い出す〉| **auf 〈hinter〉 dem ～ leben / hinter dem ～ daheim 〈zu Hause〉 sein**《話》浮世離れしていてなんにも知らない | **in den ～ gucken**《話》(分け前にあずかれず)指をくわえて見ている | ***et.***⁴ **in den ～ schreiben**《話》…をなくなったものとみなす | **im ～ sein**《話》放心している, ぼんやりしている | der Mann im ～ (→Mann² 1) | ein Schloß im 〈auf dem〉 ～ (→Schloß 1) | **nach dem ～ gehen**《話》(時計が)ひどく狂っている | **nach dem ～ greifen 〈verlangen〉**《話》不可能な事を望む | hier **unter** dem 〔wechselnden〕 ～ この現世で | Du **kommst wohl vom ～.**《話》君はなんにも〔事情を〕知らないんだね | eine Rakete **zum ～** schießen ロケットを月に向けて発射する. **b**) (Satellit) 衛星: die ～*e* des Saturns 土星の衛星 | ein künstlicher ～ 人工衛星. **2**《雅》(Monat) (暦の)月: seit ～*en* 数か月以来 | Zwei ～*e* sind schon vergangen. すでにふた月が過ぎ去った. **3**《戯》(Glatze) はげ, 禿頭(とくとう); はげ頭の人: Der ～ geht auf. i) やかん頭になる; ii) やかん頭のお出ました. **4** (三日月の形をしたもの. 例えば:) 三日月形のクッキー. **5** ein halber ～〖軍〗半月堡(ほ).
[*germ.*; ◇Monat, Montag; *engl.* moon; *gr.* mḗnē „Mond"]

Mon·da·mịn[mɔndamí:n] 中 -s/ 商標 モンダミン(コーンスターチ). [米国のロングフェロー(†1882)の詩の中の人物名から; *indian.* „wunderbares Korn"; ◇Mais]

mon·dän[mɔndɛ́:n] 形 上流社会ふうの; 非常にエレガントな; (流行を追って)おしゃれな: eine ～*e* Frau エレガントな上流婦人 | ein ～*er* Kurort (富裕な上流階級の人々が訪れている)高級保養地 | die ～*e* Welt 上流社会〔の人々〕‖ *sich*⁴ ～ kleiden (トップモードの)エレガントな服装をする. [*spätlat.* mundānus (→mundan)－*fr.* mondain „weltlich"]

Mon·dä·ni·tät[..dɛnitɛ́:t] 女 -/ mondän なこと.

Mọnd≂auf·gang[mó:nt..] 男 月の出. ≂**au·to** 中 (宇宙船の)月面車. ≂**bahn** 女 月〈衛星〉の軌道.

mọnd·be·glänzt 形《雅》月の光に輝いた, 月光を浴びた.

Mọnd≂bein 中〖解〗月状骨. ≂**blind·heit** 女〖畜〗(馬の)月盲症. ≂**boh·ne** 女〖植〗アオイマメ(葵豆), リマビーン. ≂**boot** 中 =Mondfähre

Mönd·chen[mǿ:ntçən] 中 -s/- (Mond の縮小形) **1** 小さい月, 小衛星. **2** (三日月形のもの. 例えば:) **a**) 三日月形のクッキー. **b**) (Nagelmöndchen) 爪(つめ)半月(つめの根元の半月形の白い部分).

Mọnd·di·stanz[mó:nt..] 女〖天〗月距(げっきょ)(月と太陽との距離).

Mọn·den·schein[mó:ndən..]《雅》=Mondschein

Mọn·des≂fin·ster·nis[mó:ndəs..]《ｵｰｽﾄﾘｱ》=Mondfinsternis ≂**licht**《雅》=Mondlicht

Mọnd≂fäh·re[mó:nt..] 女 月着陸船. ≂**fin·ster·nis** 女〖天〗月食: eine totale 〈partielle〉 ～ 皆既〈部分〉月食. ≂**fisch** 男〖魚〗マンボウ(翻車魚). ≂**fleck** 男 **1** 月の斑点(はんてん). **2** =Mondvogel ≂**flug** 男 月への飛行.

mọnd·för·mig 形 **1** 月の形をした, 月状の. **2** 半月形の, 三日月形の.

Mond·gas[mɔ́nd..] 中〖理〗モンドガス. [＜L. Mond (ドイツ生まれのイギリスの化学者, †1909)]

Mọnd≂ge·bir·ge[mó:nt..] 中 月面の山岳地帯. ≂**ge·sicht** 中 **1**《話》丸顔〔の人〕. **2**〖医〗(副腎(ふくじん)皮質ホルモンの大量長期服用者に見られる)満月様顔貌(がんぼう), ムーンフェイス. ≂**ge·stein** 中 月面岩石. ≂**glanz** 男 月の輝き, 月光. ≂**glo·bus** 男 月球儀.

mọnd·hell[mó:nthɛl, ─⌣́] 形《雅》月明の, 月の明るい: eine ～*e* Nacht 〈Landschaft〉 月の明るい夜〈月の光に明るく照らし出された風景〉.

Mọnd≂horn·kä·fer[mó:nt..] 男〖虫〗ダイコクコガネ(大黒黄金虫). ≂**jahr** 中 (暦法上の)太陰年. ≂**kalb** 中 **1**〖医〗奇胎. **2**《話》〔先天的〕白痴. ≂**kra·ter** 男〔月面〕クレーター(月面の噴火口状の地形). ≂**lan·de·fäh·re** =Mondfähre ≂**land·schaft** 女 **1** 月面の風景. **2**《雅》月光に照らされた風景. ≂**lan·dung** 女 月面着陸: die weiche 〈harte〉 ～ der Rakete ロケットの月面軟〈硬〉着陸.

Mönd·lein Mond の縮小形(→Möndchen).

Mọnd≂licht[mó:nt..] 中 -〔e〕s/ 月光. ≂**mo·bil** 中 =Mondauto ≂**nacht** 女 月夜. ≂**ober·flä·che** 女

月の表面, 月面. ≈**pha·se** 女 月の満ち欠け, 月相, 月の位相. ≈**preis** 男〘商〙**1** (あらかじめ割引を見込んでの)架空の正価. **2** 法外な値段. ≈**ra·ke·te** 女 月ロケット. ≈**rau·te** 女〘植〙ヒメハナワラビ(姫花蕨)属. ≈**ring** 男 **1**〘林〙(菌によって生じる幹材中の褐色の)月形リング. **2** (Halo) 月の暈(かさ). ≈**sa·men·ge·wächs** 中〘植〙ツヅラフジ(葛藤)科. ≈**schei·be** 女 (満月時の)まるい月面, 月輪. ≈**schein** 男 **1**《単数で》月光, 月明: ein Spaziergang bei ～ 月夜の散歩 | im ～ spazierengehen 月明かりの中を散歩する | **Der kann mir〔mal〕im ～ begegnen.**《話》あいつのことなんか知るものか, やつのことならご免こうむる ‖ Es war heller ～. 明るい月夜だった. **2**《戯》(Glatze) はげ, 禿頭(とくとう).

Mond·schein≈schnit·te 女, ≈**stul·le** 女 薄切りパン(の1枚). ≈**ta·rif** 男 (電話の)夜間割引〔料金〕表.

Mond≈si·chel[mó:nt..] 女 鎌(かま)のような月, 弓張り月, 三日月, 上弦〈下弦〉の月. ≈**son·de** 女 月面探査〈測量〉機. ≈**stein** 男 (Meteorit)〘鉱〙月長石.

Mond·sucht 女 -/ (Lunatismus)〘医〙月夜〔彷徨(ほうこう)〕症, 夢遊病. [*lat.* lūnāticus (→lunatisch) の翻訳借用]

mond·süch·tig I 形 月夜〔彷徨(ほうこう)〕症の, 夢遊病の. **II Mond·süch·ti·ge** 男 女《形容詞変化》夢遊病者.

Mond·süch·tig·keit 女 -/ =Mondsucht

Mond≈tag 男 太陰日(じつ). ≈**täu·schung** 女〘心〙月の錯視(天体が水平線・地平線の近くでは大きく, 天空では小さく見える現象). ≈**um·lauf** 男 月の公転. ≈**un·ter·gang** 男 月の入り. ≈**vier·tel**[..fɪrtəl] 中 (月の)弦. ≈**vio·le** 女〘植〙ルナリア, ゴウダソウ, ヒメキンギョソウ(姫金魚草). ≈**vo·gel** (Mondfleck) 男〘虫〙キモンシャチホコ(黄紋鯱鉾蛾)(前翅(ぜんし)に黄色の月形の紋のあるガ). ≈**wech·sel** 男 月の満ち欠けの移り変わり. ≈**win·de** 女〘植〙ヨルガオ(夜顔), ヤカイソウ(夜開草), ユウガオ(夕顔)(南米原産ヒルガオ科の植物).

Mo·ne·gas·se[monegásə] 男 -n/-n モナコ人(→Monaco).

mo·ne·gas·sisch[..sɪʃ] 形 モナコの.

Mo·nel·me·tall[monél..] 中 モネルメタル(ニッケルと銅を主体とした合金). [*amerik.*; <A. Monell (アメリカの企業家, †1921)]

Mo·nem[moné:m] 中 -s/-e 〘言〙記号素. [*fr.* monème; <mono..]

Mo·net[mɔné] 人名 Claude ～ クロード モネ(1840-1926; フランス印象派の画家).

mo·ne·tär[monetɛ́:r] 形 (geldlich) 金銭〈貨幣〉上の; 通貨の; 財政の: ～*e* Konjunkturtheorie〘経〙貨幣的景気学説. [*spätlat.*－*fr.* monétaire]

Mo·ne·ta·ris·mus[monetarísmʊs] 男 -/〘経〙マネタリズム, 通貨主義.

mo·ne·ta·ri·stisch[..rístɪʃ] 形 マネタリズム〈通貨主義〉の.

Mo·ne·ten[moné:tən] 複《話》(Geld) 金(かね), ぜに: Ich habe keine ～ mehr. 私はもう文(もん)なしだ. [*lat.* monētae „Münzen"; ◇Münze[2]; *engl.* money]

mo·ne·ti·sie·ren[monetizí:rən] 他 (h)〘経〙(物・労働などを)貨幣〈金銭〉化する, 換金する.

Mon·go·le[mɔŋgó:lə] 男 -n/-n (女 **Mon·go·lin**[..lɪn]-/-nen) モンゴル人, 蒙古(もうこ)人. [<*mongol.* mong „tapfer"]

die **Mon·go·lei**[mɔŋgolái] 地名 女 -/ モンゴリア, 蒙古(中央アジア東部の広大な高原地帯で, 内蒙古(中国の内蒙古自治区)と外蒙古(モンゴル人民共和国)に分かれる): die Innere ～ 内蒙古自治区(区都は呼和浩特 Huhehot).

Mon·go·len≈fal·te[mɔŋgó:lən..] 女 蒙古ひだ(モンゴロイド人種のまぶたの内側にあるひだ). ≈**fleck** 男 蒙古斑(はん), 〔小〕児斑(モンゴロイド人種の幼児の臀(でん)部にある青斑).

mon·go·lid[mɔŋgolí:t][1] **I** 形〘人類〙モンゴロイド(東アジア・中央アジアに分布する黄色人種)の. **II Mon·go·li·de** [..lí:də] 男 女《形容詞変化》〘人類〙モンゴロイド.

Mon·go·lin Mongole の女性形.

mon·go·lisch[mɔŋgó:lɪʃ] 形 蒙古〈モンゴル〉〔語〕の: → deutsch ‖ die *Mongolische* Volksrepublik モンゴル国(1921年に革命政府を樹立し,1924年共和制を宣言. 首都ウランバートル Ulan Bator).

Mon·go·lis·mus[mɔŋgolísmʊs] 男 -/ (Down-Syndrom)〘医〙蒙古症, ダウン症候群.

Mon·go·li·stik[..lístɪk] 女 -/ 蒙古〈モンゴル〉〔語〕研究.

mon·go·lo·id[mɔŋgoloí:t][1] **1** 蒙古人に似た: der〈die〉*Mongoloide* モンゴロイド人種に似た身体特徴を持つ人. **2**〘医〙蒙古症の. [<..oid]

mo·nie·ren[moní:rən] 他 (h) **1** (beanstanden)《*et.*[4]》(…に対して)文句〈クレーム〉をつける, 苦情を述べる: Kleinigkeiten ～ ささいなことをとがめだてる | die Qualität der Ware ～ 商品の品質に文句をつける | die schlechte Beleuchtung ～ 照明が暗すぎるとして文句をつける. **2** (mahnen)《*et.*[4]》(…を忘れるなと)警告する: die Lieferung ～ (商品などの)納入を督促する. [*lat.* monēre „erinnern"; ◇mahnen, Monstrum, Monument, Münze[2]]

Mo·ni·ka[mó:nika·] 女名 モーニカ.

Mo·ni·lia[moní:lia·] 女 -/〘生〙モニリア(核果を腐敗させる糸状菌, 叢生(そうせい)不完全菌類). [<*lat.* monīle „Halsband"; ◇Mähne]

Mo·nis·mus[monísmʊs] 男 -/〘哲〙一元論. [<mono..]

Mo·nist[..níst] 男 -en/-en 一元論者.

mo·ni·stisch[..nístɪʃ] 形 一元論の, 一元的な.

Mo·ni·ta Monitum の複数.

Mo·ni·teur[monitø:r] 男 -s/-e 指針; 報知〔新聞〕. [*lat.* monitor－*fr.*]

Mo·ni·tor[mó:nitɔr, ..to:r] 男 -s/-en[monitó:rən] **1 a)** (テレビの映像を調整する)モニター, 監視装置. **b)**〘理〙(放射能の漏れを調べる)モニター, 探索器. **c)** (一般に)事故〈危険〉報知装置. **d)**〘電算〙(パソコンなどの)ディスプレー〔装置〕(→ 図 Computer). ▽**2**〘軍〙モニトル艦(沿岸作戦用の低舷(ていげん)砲艦). **3** =Waran ▽**4** (Aufseher) 監視者. [*lat.* monitor „Erinnerer"－*engl.*; <*lat.* monēre (→monieren)+..or]

▽**Mo·ni·to·rium**[monitó:riʊm] 中 -s/ ..rien[..riən] (Mahnbrief) 督促状, 催告状; 戒告状. [*mlat.*]

Mo·ni·tum[mó:nitʊm] 中 -s/..ta[..ta·] (Beanstandung) 異議, 苦情; (Verweis) 叱責(しっせき), 譴責(けんせき), 戒告. [*lat.*]

mo·no[mó:no·, mɔ́no·]《話》**I** 形 (monophon)《付加語的用法なし》モノラルの: *et.*[4] ～ hören …(放送など)をモノラルで聞く. **II Mo·no** 中 -s/ =Monophonie

mono.. (↔poly..)《名詞・形容詞などにつけて「単一の・単独の」などを意味する. 母音の前では mon.. となる: →*Monarchie*》[*gr.* mónos „allein"]

Mo·no·chord[monokɔ́rt][1] 中 -〔e〕s/-e〘楽〙一弦琴;〘理・医〙モノコード, 単弦琴(音の高さ, 特に上音界の測定に用いる). [*gr.*－*mlat.*; <*gr.* monó-chordos „ein-saitig" (◇Chorda)]

mo·no·chrom[..kró:m] **I** 形 一色の, 単色の; (写真などが)白黒の. **II Mo·no·chrom** 中 -s/-en〘美〙単色画, モノクローム. [<chromato..]

Mo·no·chro·ma·sie[..kromazí:] 女 -/〘医〙〔完〕全色盲, 単色視症.

Mo·no·chro·mie[..kromí:] 女 -/〘美〙単色.

mo·no·co·lor[monokoló:r] 形《オーストリア》単独政党からなる. [<*lat.* color (→Couleur)]

Mon·odie[monodí:] 女 -/〘楽〙**1** モノディア(古代ギリシアの独唱歌). **2** モノディ(1600年ごろ復興しイタリアで成立した通奏低音付き独唱歌曲). [*gr.* mon-ōidíā „Einzel-gesang"; ◇Ode]

Mo·no·dra·ma[monodrá:ma·] 中 -s/..men[..mən] モノドラマ, 独演劇, ひとり芝居(登場人物が一人の劇).

mo·no·gam[..gá:m] 形 (↔polygam) 一夫一婦〔制〕の.

Mo·no·ga·mie[..gamí:] 女 -/ (↔Polygamie) 一夫一婦制, 単婚.

mo·no·gen[monogé:n] 形 (↔polygen)〘生〙単源〈一元〉発生の.

M

Mo·no·ge·ne·se[..genéːzə] 女 -/ 《生》 **1** 単源〈一元〉発生〔説〕. **2** =Monogonie

mo·no·glott[..glɔ́t] 形 一つの言語しか話さない. [*gr.*; <*gr.* glõtta „Zunge"]

Mo·no·go·nie[..goníː] 女 -/ (↔Amphigonie) 《生》 単性〈無性〉生殖.

Mo·no·gra·fie[monografíː] =Monographie

Mo·no·gramm[monográm] 中 -s/-e (氏名の頭文字などの)組み合わせ文字, モノグラム, 花押(かおう), 落款(らっかん) (→ 図): ～*e* in die Wäsche sticken シャツ類にイニシアルを刺しゅうする | Ich könnte mir ein ～ in den Bauch 〈in den Hintern〉 beißen. 《話》私はむしょうに腹が立つ | Du kannst dir ein ～ in den Bauch beißen! 《話》したければなんでも勝手にするがいい. [*spätlat.*]

Monogramm

Mo·no·gra·phie[monografíː] 女 -/-n[..fíːən] (一事項に関する)個別論文〈研究書〉, 専攻論文, モノグラフ: eine ～ über Schiller 〈Schillers Dramen〉 シラー〈シラーの戯曲〉に関するモノグラフ | ～*n* zur Dialektgeographie 方言地理学に関する個別研究諸論文.

mo·no·gra·phisch[..gráːfɪʃ] 形 個別研究〔論文〕の.

Mo·no·hy·bri·de[monohybríːdə] 男 -n/-n; 女 -/-n 《生》 一遺伝子雑種, 単性雑種.

mo·no·hy·drisch[..hýːdrɪʃ] 形 《化》 一塩基の: ～*e* Säuren 一塩基酸. [<hydro..]

Mon·okel[monɔ́kəl] 中 -s/- (Einglas) 片めがね, 単眼鏡, モノクル(→ 図 Brille): das ～ in 〈vor〉 das linke Auge klemmen 片めがねを左目にはめる. [*fr.* monocle; ◇monokular]

Mo·no·ki·ni[móːnokiːni·, móno..] 男 -s/-s 《服飾》 モノキニ(トップレスの水着). [<mono..+Bikini]

mo·no·klin[monoklíːn] 形 **1** 《地・鉱》 単斜の: das ～*e* Kristallsystem 単斜晶系. **2** (↔diklin) 《植》 雌雄同花の. [<*gr.* klī́nein „neigen"]

mo·no·klo·nal[monokloná:l] 形 《生》 単一の細胞クローンからなる, 単クローン性の: ～*e* Antikörper 単クローン抗体. [◇Klon]

Mo·no·ko·ty·le[monokotýːlə] 女 -/-n, **Mo·no·ko·ty·le·do·ne**[..kotyledóːnə] 女 -/-n 《植》 単子葉植物.

Mo·no·kra·tie[monokratíː] 女 -/-n[..tíːən] (Alleinherrschaft) 単独支配〈統治〉, 独裁.

mon·oku·lar[monokuláːr] 形 一眼〔用〕の, 単眼〔用〕の.

Mo·no·kul·tur[móːnokultuːr, móno..] 女 -/ 《農》 単式農業, 単式栽培.

mo·no·la·te·ral[monolateráːl] 形 《医》 半身だけの.

Mo·no·lith[monolíːt, ..lít; オーストリア: mɔnɔlít] 男 -s/-e; -en/-en モノリス(巨大な1個の石材, またはそれから作られた柱・像); 《比》 一枚岩的なもの(強固な権力機構・政治ブロックなど).

mo·no·li·thisch[..líːtɪʃ] 形 **1 a)** モノリスの. **b)** 《比》 一体になった; 一枚岩的に強固な. **2** 《建》 一体式構造の: die ～*e* Bauweise モノリシック仕上げ法.

Mo·no·log[monolóːk][1] 男 -s/-e **1** (↔ Dialog) (Selbstgespräch) ひとり語り, ひとりごと; 会話のひとり占め: einen ～ führen ひとりでしゃべる, 独白する ‖ ein innerer ～ 《言》 内的独白(小説などで登場人物の考えを表現する技法. 体験話法と同じ意味でも用いられる). **2** 《劇》 モノローグ, 独白. [*gr.* mono-lógos „allein redend"—*fr.* monologue]

mo·no·lo·gisch[..lóːgɪʃ] 形 ひとり語りの, ひとりごとの; 独白〈モノローグ〉ふうの.

mo·no·lo·gi·sie·ren[..logizíːrən] 自 (h) **1** ひとり語りする, ひとりごとを言う. **2** 《劇》 独白する.

Mo·nom[monóːm] 中 -s/-e 《数》 単項式. [<mono..+..nom[2] 2]

mo·no·man[monomáːn] **I** 形 《心・医》 偏執狂の; 偏執狂的な, 固定妄想にとらわれた. **II Mo·no·ma·ne** 男 女 《形容詞変化》 偏執狂の人, 固定妄想にとりつかれた人.

Mo·no·ma·nie[..maníː] 女 -/-n[..níːən] 《心・医》 偏執〈固定〉妄想, 偏執狂, モノマニア(窃盗狂・色情狂・放火狂など).

mo·no·ma·nisch[..máːnɪʃ] =monoman

mo·no·mer[monoméːr] **I** 形 《化》 単量体の. **II Mo·no·mer** 中 -s/-e, **Mo·no·me·re** 中 《形容詞変化》 《化》 単量体.

mo·no·misch [monóːmɪʃ] 形 《数》 単項の.

Mo·no·nom[mononóːm] 中 -s/-e =Monom

mo·no·no·misch[..nóːmɪʃ] =monomisch

mo·no·phag[monofáːk][1] 形 (↔polyphag) 《動》 単食性の.

Mo·no·pha·ge[..gə] 男 -n/-n 《動》 単食性動物.

Mo·no·pha·gie[..fagíː] 女 -/ 《動》 単食性.

Mo·no·pho·bie[monofobíː] 女 -/ 《心》 孤独恐怖症.

mo·no·phon[monofóːn] 形 (↔stereophon) (レコードなどが)モノラルの.

Mo·no·pho·nie[..foníː] 女 -/ モノラル再生〈放送〉.

Mo·no·phthong[monoftɔ́ŋ, ..nɔf..] 男 -s/-e (↔ Diphthong) 《言》 単母音. [<*gr.* phthóggos „Laut"]

mo·no·phthon·gie·ren[..ftɔŋgíːrən] 他 (h) 《言》 (二重母音を)単母音化する.

Mo·no·phthon·gie·rung [..rʊŋ] (**Mo·no·phthon·gi·sie·rung**[..ftɔŋgizíːrʊŋ]) 女 -/-en 《言》 単母音化.

mo·no·phthon·gisch[..ftɔ́ŋɪʃ] 形 《言》 単母音の, 単母音として発音される.

Mo·no·plat·te[móːnoplatə, móno..] 女 (レコードの)モノラル盤.

Mo·no·ple·gie[monoplegíː] 女 -/-n[..gíːən] 《医》 単麻痺(まひ). [<*gr.* plēgḗ „Schlag" (◇Plektron)]

Mo·no·po·die[monopodíː] 女 -/-n[..díːən] 《詩》 単詩脚〈単揚格〉拍節, 一歩句(xx) (→Dipodie, Tripodie). [<..pode]

mo·no·po·disch[..póːdɪʃ] 形 Monopodie の.

Mo·no·pol[monopóːl] 中 -s/-e **1** 《経》 独占; 専売; 独占権, 専売権; 独占のための統合, 独占体: Handels*monopol* 商業独占 | Salz*monopol* 塩専売〔権〕 | Staats*monopol* 国家独占〔事業〕 ‖ ein ～ bilden 独占体〈組織〉をつくる | das ～ auf 〈für〉 *et.*[4] haben …の専売権をもつ. **2** 《比》 独占, 専有, ひとり占め: Es ist sein ～. それは彼の独壇場である. [*gr.*－*lat.*; <*gr.* pōlein (→feil); ◇*engl.* monopoly]

Mo·no·pol≠be·sitz[monopóːl..] 男 独占所有. **≠ge·sell·schaft** 女 専売会社. **≠in·ha·ber** 男 独占所有者.

mo·no·po·li·sie·ren[..polizíːrən] 他 (h) 独占する: einen ganzen Industriezweig ～ ある産業部門を完全に独占する. [*fr.*]

Mo·no·po·list[..políst] 男 -en/-en 独占〈専売〉業者; 独占資本家.

Mo·no·pol≠ka·pi·tal[monopóːl..] 中 独占資本. **≠ka·pi·ta·lis·mus** 男 -/ 独占資本主義. **≠ka·pi·ta·list** 男 独占資本家, 独占資本主義者.

mo·no·pol·ka·pi·ta·li·stisch 形 独占資本主義の.

Mo·no·pol·stel·lung 女 独占的地位.

Mo·no·pte·ros[monɔ́ptərɔs] 男 -/..ren[..nɔptéːrən, ..nop..], ..roi[..nɔ́ptərɔʏ] **1** 列柱寺院(聖堂がなく1列の柱列をめぐらしただけの古代寺院). **2** (バロック=アンピール様式の小さな)庭園寺院. [<*gr.* pterón (→Feder)]

mo·no·sem[monozéːm], **mo·no·se·man·tisch**[..zemántɪʃ] 形 (↔polysem) 《言》 単義の.

Mo·no·se·mie[monozemíː] 女 -/ (↔ Polysemie) 《言》 単義〔性〕. [<*gr.* sẽma (→Sem[2])]

Mo·no·sper·mie[monospɛrmíː] 女 -/ (↔Polyspermie) 《生》 単精, 単精子受精(1個の卵に1個の精子が進入すること). [*gr.*; ◇Sperma]

Mo·no·sti·cha Monostichon の複数.

mo·no·sti·chisch[monostíçɪʃ, ..nɔs..] 形 《詩》 単行詩の.

Mo·no·sti·chon[monɔ́stɪçɔn] 中 -s/..cha[..ça·]〘詩〙単行詩. [*gr.*; ◇ *engl.* monostich]

Mo·no·syl·la·ba, Mo·no·syl·la·ben Monosyllabum の複数.

mo·no·syl·la·bisch[monozʏlá:bɪʃ] 形〘言〙単〈1〉音節の: ~*e* Sprachen 1音節言語(中国語など). [*gr.*; <*gr.* syllabḗ (→Silbe)]

Mo·no·syl·la·bum[..zʏ́labʊm] 中 -s/..ba[..ba·], ..ben[..bən](einsilbiges Wort)〘言〙単〈1〉音節〔の単〕語.

Mo·no·the·is·mus[monoteísmʊs] 男 -/ (↔ Polytheismus)〘哲〙一神論; 一神教, 一神信仰.

Mo·no·the·ist[..teíst] 男 -en/-en 一神論者; 一神教徒.

mo·no·thei·stisch[..teístɪʃ] 形 一神論(教)の.

mo·no·ton[monotó:n] 形 **1** (音・声が)単調な, 一本調子の;《比》退屈な: die ~*e* Sprechweise 単調なしゃべり方 | ~ vorlesen 変化のない単調な口調で朗読する. **2**〘数〙単調な: ~ fallend 〈wachsend〉単調減少〈増加〉の. [*gr.*–*spätlat.*–*fr.*]

Mo·no·to·nie[..toní:] 女 -/-n[..ní:ən] 単調, 一本調子; 退屈. [*gr.*–*spätlat.*; ◇Ton[2]]

Mo·no·type[mɔ́notaɪp, mó:no..] 女 -/-s 商標〘印〙モノタイプ. [*engl.*]

Mon·oxyd[mó:nɔksy:t, mɔ́n.., monɔksý:t][1] (**Mon·oxid**[..ksí:t][1]) 中 -[e]s/-e〘化〙一酸化物.

Mon·özie[monøtsí:] 女 -/ (↔Diözie) (Einhäusigkeit)〘植〙雌雄同株〈同体〉, 一家花. [<*gr.* oĩkos „Haus"]

mon·özisch[monǿ:tsɪʃ] 形 (↔diözisch) (einhäusig)〘植〙雌雄同株〈同体〉の, 一家花の.

mo·no·zy·klisch[monotsý:klɪʃ, ..tsʏ́k..] 形〘化〙単環の, 一環式の: ~*es* Terpen 単環テルペン.

Mo·no·zy·ten[monotsý:tən] 複〘医〙単核細胞, 単球. [<zyto..]

Mon·roe·dok·trin[mɔnró:dɔktri:n, mɔ́nro..] 女 -/ モンロー主義. [<J. Monroe (1823年にこの基本となる教書を議会に送ったアメリカ合衆国大統領)]

der **Mon·sal·vatsch** (der **Mon·sal·watsch**) [mɔnzalvátʃ] 男 -s/ (中世の聖杯伝説の)モンザルヴァッチュ(聖杯を守る城の名: →Gralsburg). [*afr.* mons salvaige „wilder Berg"]

Mon·sei·gneur[mɔ̃sɛnjǿ:r] 男 -s/-e, -s (略 Mgr.) (フランスの高位の聖職者に対する尊称)猊下(げいか); (古くは王族・騎士に対する敬称)殿下, 閣下. [*fr.* „mein Herr"]

Mon·sieur [məsiǿ:, ..sjø] 男 -[s]/Messieurs [mɛsiǿ:, mesjø] (略 M., 複数: MM.) **1**《ドイツ語の Herr に相当するフランス語. 男性の名前に冠して》…さん, …様, …君, …氏: *Monsieur* X! X さん. **2**《成人の男性に対する呼びかけとして》(mein Herr) あなた, だんな様. [*fr.*; ◇Sire]

Mon·si·gno·re[mɔnzɪnjó:rə, ..re·] 男 -[s]/..ri[..ri·] (略 Mgr., Msgr.) (イタリアの高位の聖職者に対する尊称)猊下(げいか). [*it.* „mein Herr"]

monster..《名詞につけて「巨大な・巨額の金(かね)をかけた」などを意味する. monstre.. となることもある》: *Monster*konzert 豪華版音楽会. [*lat.* mōnstrum–*afr.*–*engl.*]

Mon·ster·film[mɔ́nstər..] 男 超大作映画, 豪華巨編映画.

Mon·stra Monstrum の複数.

Mon·stranz[mɔnstránts] 女 -/-en〘カトリック〙聖体顕示台(→ 図). [*mlat.*–*mhd.*; <*lat.* mōnstrāre „zeigen"]

Monstranz

monstre.. →monster.. [*lat.*–*fr.*]

Mon·stren Monstrum の複数.

mon·strös[mɔnstrǿ:s][1] 形 **1** (ungeheuerlich) 途方もない, とてつもなく大きい, 巨大な, ばかでかい: ~*e* Bauten 恐ろしく大きな建造物 | das ~*e* Werk des Dichters その作家の超大作. **2** (mißgestaltet) 奇形の; 奇怪な, 異形(いぎょう)の. [*lat.*]

Mon·stro·si·tät[mɔnstrozitɛ́:t] 女 -/-en とてつもな〔く大き〕いこと, 法外なこと, 奇怪なこと; 異形(いぎょう), 奇形, できそこない. [*spätlat.*; ◇..os]

Mon·strum[mɔ́nstrʊm] 中 -s/..ren[..rən], ..ra[..ra·] (恐ろしい形相の巨大な)怪物, 妖怪, おばけ; 異形(いぎょう)なもの, 奇怪なもの;〘医〙奇形体, 奇胎: mit *Monstren* kämpfen 怪物どもと戦う | ein ~ von einem Regenschirm 雨傘のおばけ(ばかでかい傘). [*lat.* mōnstrum „Mahnzeichen"; ◇monieren]

Mon·sun[mɔnzú:n] 男 -s/-e〘気象〙(特にインド・アジア東部の)季節風, モンスーン. [*arab.* mawsim „Jahreszeit"–*port.* monção–*ndl.* monssoen–*engl.* monsoon]

Mon·tag[mó:nta:k][1] 男 -[e]s/-e (略 Mo.) 月曜日: →Dienstag | der blaue ~〘カトリック〙青の月曜日 (Aschermittwoch の直前の月曜日) | **ein blauer ~** (職人などの)仕事休みの〈仕事をさぼる〉月曜日 | 〔**einen**〕 **blauen ~ machen**《話》月曜日に仕事〈つとめ〉をさぼる(→blaumachen) | Rosen*montag* ばらの月曜日(謝肉祭の中心となる日). [*germ.*; *lat.* diēs Lūnae (*gr.* hēmérā Selḗnēs の翻訳借用)の翻訳借用; ◇Mond; *engl.* Monday]

Mon·ta·ge[mɔntá:ʒə, mɔ̃t..; オーストリア: mɔntá:ʒ] 女 -/-n [..ʒən] **1** (機械・家屋などの)組み立て; 取り付け; (橋などの)架設: auf ~ sein 組み立て〈取り付け・架設〉作業のために現場に出かけている〈出張中である〉. **2** (宝石などの)はめ込み. **3**〘映・劇・文芸〙モンタージュ〔手法〕. **4** (かつらの髪型の)製作. [*fr.*; ◇montieren, ..age]

Mon·ta·ge≀bau[mɔntá:ʒə..] 男 -[e]s/ 組み立て建築, プレハブ建築. ≀**hal·le** 女 組み立て工場, アセンブリー=ショップ. ≀**he·bel** 男 (自動車の)タイヤ取り付け工具(タイヤレバー・ジャッキなど). ≀**werk** 中 組み立て工場.

mon·tä·gig[mó:ntɛ:gɪç][2] 形《付加語的》月曜日の, 月曜日に催される: →dienstägig

mon·täg·lich[..tɛ:klɪç] 形《述語的用法なし》毎月曜日の, 毎月曜日に催される: →dienstäglich

mon·tags[..ta:ks] 副〔毎〕月曜日に: →dienstags

Mon·tags·de·mon·stra·tion 女〘史〙月曜デモ(1989年 Leipzig の一般市民が毎月曜日に行った反政府デモ. ベルリンの壁崩壊のきっかけの一つとなる).

Mon·tai·gne[mɔ̃tɛ́njə, ..tɛ́ɲ] 人名 Michel de ~ ミシェル ド モンテーニュ(1533–92; フランスの思想家. 作品『エセー』など).

mon·tan[mɔntá:n] 形 **1** 鉱山〔業〕の. **2** 山の, 山地の. [*lat.*; <*lat.* mōns „Berg"]

Mon·tan·in·du·strie 女 鉱山業.

Mon·ta·nis·mus[mɔntanísmʊs] 男 -/〘宗〙モンタニズム, モンタヌス派〈主義〉(2世紀小アジアの宗教家モンタヌス Montanus の唱えた熱狂的終末論).

Mon·ta·nist[1][mɔntaníst] 男 -en/-en〘宗〙モンタニズムの信徒, モンタヌス主義者.

Mon·ta·nist[2][–] 男 -en/-en 鉱山学者.

mon·ta·ni·stisch[1][mɔntanístɪʃ] =montan

mon·ta·ni·stisch[2][–] 形 モンタニズム〈モンタヌス派〉の.

Mon·tan≀union[mɔntá:n..] 女 -/ ヨーロッパ石炭鉄鋼共同体(=Europäische Gemeinschaft für Kohle und Stahl). ≀**wachs** 中 モンタン蠟(ろう)(褐炭から抽出したパラフィン蠟).

der **Mont·blanc**[mɔ̃blɑ̃́(:)] 地名 男 -[s]/ モンブラン(フランス・イタリア国境にあるアルプスの最高峰. 標高4807m). [*fr.* „weißer Berg"; ◇blank]

Mon·te Car·lo[mɔ́ntə kárlo·, ..te· –] 地名 モンテカルロ(モナコ公国の北部地区で, 国営カジノで有名).

Mon·te·ne·gri·ner[montenegrí:nər] 男 -s/– モンテネグロ人.

mon·te·ne·gri·nisch[..negrí:nɪʃ] 形 モンテネグロの.

Mon·te·ne·gro[..né:gro·] 地名 モンテネグロ(1992年に新ユーゴスラヴィア連邦をセルビアとともに引き継いだ共和国). [*it.* „schwarzer Berg"]

Mon·tes·quieu[mɔ̃tɛskjǿ(:)] 人名 Charles de ~ シャルル ド モンテスキュー(1689–1755; フランスの啓蒙(けいもう)思想家. 主著『法の精神』).

Mon·teur[mɔntǿ:r, mɔ̃t..] 男 -s/-e (機械などの)組み立て〈仕上げ〉工, エレクター. [*fr.*; ◇montieren, ..eur]

M

Mon·te·ver·di[monteverdi·] 人名 Claudio ～ クラウディオ モンテヴェルディ(1567-1643; イタリアの作曲家. 作品は教会音楽のほか, 歌劇『オルフェオ』など).

Mon·te·vi·deo[montevideːo·] 地名 モンテビデオ(南米, ウルグァイ共和国の首都). [*span.*]

Mon·tier·ei·sen[mɔntíːr..] 中 (Reifenheber) タイヤレバー.

mon·tie·ren[mɔntíːrən, mɔ̃tíː..] 他 (h) **1** (機械などを)組み立てる; 据えつける, 架設する, 取りつける; (宝石などを)はめこむ: ein Gerüst ⟨eine Maschine⟩ ～ 足場⟨機械⟩を組み立てる | ein Geschütz ～ 大砲を据えつける ‖ einen Rückspiegel an den Wagen ～ 自動車にバックミラーを取りつける | eine Antenne auf das Dach ⟨auf dem Dach⟩ ～ 屋根にアンテナを取りつける. **2** 〘映〙 編集する; 〘文芸〙(種々の要素を)組み合わせ〔てまとめ上げ〕る, 編集する. [*fr.*; < *lat.* mōns (→ montan); ◇Montage, Monteur; *engl.* mount]

Mon·tie·rung[..ruŋ] 女 -/-en (montieren すること. 例えば:)(機械などの)組み立て; 据えつけ, アセンブリー.

Mont·mar·tre[mɔ̃mártr(ə)] 地名 モンマルトル(パリの北部地区. サクレクール寺院などがあり, 観光地として有名). [*fr.*]

Mont·real[mɔntreáːl, ..trɪɔ́ːl] 地名 モントリオール(カナダケベック州南端の港湾都市). [*fr.*－*engl.*]

Mon·tur[mɔntúːr] 女 -/-en **1 a)** 制服. **b)** 《話》(Arbeitsanzug) 作業衣. **c)** 《話》(Kleidung) 衣服: in voller ～ 衣服を〔完全に〕身につけて. **2** 《スイス》ジャガイモの皮. [*fr.*; ◇montieren, ..ur]

Mo·nu·ment[monumɛ́nt] 中 -〔e〕s/-e 記念碑, 記念建造物; (歴史的な)記念物: ein ～ zu Ehren der Gefallenen 戦没兵士のための記念碑 | ein ～ errichten 記念碑を建てる. [*lat.*; ◇monieren]

Mo·nu·men·ta Ger·ma·niae hi·sto·ri·ca[monumɛ́nta· gɛrmáːniɛ· hɪstóːrika·] 《ラテ語》(略 MGH) ドイツ中世史料集成. [◇historisch]

mo·nu·men·tal[monumɛntáːl] 形 《副詞的用法なし》(記念碑のように)堂々たる, 壮大な. [<..al[1]]

Mo·nu·men·ta·li·tät[..talitɛ́ːt] 女 -/ monumental なこと.

Moon·boot[múːnbuːt] 男 -s/-s 《ふつう複数で》〘服飾〙ムーンブーツ. [*engl.*]

Moor[moːr] 中 -〔e〕s/-e (泥炭におおわれた)湿原, 泥炭地. [*westgerm.*－*mndd.* mōr; ◇Meer; *engl.* moor]

Moor·bad[móːr..] 中 〘医〙 **1** モール⟨泥炭⟩浴; 泥ぶろ: ein ～ nehmen モール⟨泥炭⟩浴をする, 泥ぶろに入る. **2** モール湯治場: in ein ～ fahren モール湯治に行く.

moor·ba·den 自 《不定詞で》《話》泥ぶろに入る.

Moor≈bo·den 男 -s/ 沼沢土壌. **≈er·de** 女 沼沢土. **≈gelb·ling** 男 -s/-e 〘虫〙ミヤマモンキチョウ(深山紋黄蝶). **≈hir·se** ＝Mohrenhirse **≈huhn** 中 〘鳥〙カラフトライチョウ(樺太雷鳥)(スカンジナビア産の雷鳥).

moo·rig[móːrɪç][2] (▽**moo·richt**[..rɪçt]) 形 **1** 湿原の, 泥炭地の. **2** 湿原⟨泥炭地⟩のような; 沼地の多い.

Moor≈koh·le[móːr..] 女 葉炭(泥炭の一種). **≈kul·tur** 女 湿原⟨泥炭地⟩開発. **≈land** 中 -〔e〕s/ 湿原⟨泥炭⟩地方. **≈lei·che** 女 〘考古〙湿原⟨泥炭地⟩で発見される氷河期の屍体(したい).

Moos[1][moːs][1] 中 -es/ 《話》(Geld) 金(かね), ぜに. [*hebr.*－*jidd.*]

Moos[2][－] 中 **1** -es/-e 〘植〙 **a)** (一般に)コケ(苔): mit ⟨von⟩ ～ bedeckt sein コケでおおわれている | **～ ansetzen** コケが生える, こけむす; 《話》古びる, 時代遅れになる. **b)** 《複数で》(Bryophyten) 蘚苔(せんたい)植物, コケ植物. **2** -es/Möser[møːzər] 《南部・オーストリア・スイス》(Moor) 湿原, 泥炭地: Dachauer ～ ダッハウ湿原. [*ahd.* mos; ◇Mo〔d〕der; *engl.* moss; *lat.* muscus „Moos"]

Moos·bee·re[móːs..] 女 〘植〙ツルコケモモ(蔓苔桃).

moos·be·wach·sen 形 こけの生えた, こけむした.

Moos≈farn 男 〘植〙イワヒバ(岩檜葉)属. **≈glöck·chen** 中 〘植〙リンネソウ(輪廻草).

moos·grün 形 **1** こけのように暗緑色の, モスグリーンの, 苔(たい)緑色の. **2** こけが生えて緑になった.

moo·sig[móːzɪç][2] (▽**moo·sicht**[..zɪçt]) 形 **1** こけの生えた: ein ～*er* Felsen こけむした岩. **2** 《南部・オーストリア》＝morastig

Moos·ling[móːslɪŋ] 男 -s/-e (Mehlschwamm) 〘植〙ヒカゲウラベニタケ(日陰裏紅茸)(食用キノコ).

Moos≈mil·be 女 (Hornmilbe) 〘動〙ササラダニ(簓蜱). **≈ro·se** 女 〘植〙モスローズ, コケバラ. **≈tier·chen** 中 〘動〙コケムシ(苔虫)類. **≈was·ser·farn** 男 〘植〙アカウキクサ(赤浮草)属.

Mop[mɔp] 男 -s/-s モップ, 長柄ぞうきん. [*engl.*; ◇Mappe]

Mo·ped[móːpɛt, ..peːt] 中 -s/-s モペット(小型オートバイ): ～ fahren モペットに乗る | mit dem ～ fahren モペットに乗って行く. [<Motor+Pedal]

Mopp[mɔp] 男 -s/-s ＝Mop

Mop·pel[1][mɔ́pəl] 男 -s/- 《話》ずんぐりした人,(特に:) 小さくて丸々した子供. [<Mops]

Mop·pel[2][－] 中 男 -s/- 《話》原動機つきの小型の乗り物(オートバイ・スクーターなど). [<Moped]

mop·pen[1][mɔ́pən] 他 (h) (モップで)掃除する: den Fußboden ⟨das Zimmer⟩ ～ 床⟨部屋の床⟩にモップをかける. [*engl.* mop; <Mop]

mop·pen[2][－] 自 (h) 《話》(不機嫌に)顔をしかめる. [*ndd.*; ◇Muffel[4], mucken; *engl.* mop]

Mops[mɔps] 男 -es/Möpse[mœ́psə] (小 **Möps·chen**[mœ́psçən], **Möps·lein**[..laɪn] 中 -s/-) **1** 〘動〙パッグ(マルチーズ群に属するずんぐりした小型犬): **wie der ～ im Paletot** 《話》のんきに, 楽しく | *sich*[4] wie ein ～ langweilen 退屈しきっている. **2** 《話》ずんぐりした人; 無愛想な⟨間抜け面の⟩人. **3** 《複数で》《話》 **a)** (Geld) 金(かね), ぜに: von den *Möpsen* leben (働くのをやめて)有り金を食いつぶしながら暮らす. **b)** (Mark) マルク: hundert *Möpse* 100マルク. [1, 2: *ndd.*; <moppen[2]]

mop·sen[1][mɔ́psən] 《02》 他 (h) 《話》(ちょっとしたものを)くすねる, 盗む: 〔*jm.*〕 einen Bleistift ～ 〔…の〕鉛筆を盗む. [<Mops 3]

mop·sen[2][－] 《02》 他 (h) 《話》 再帰 *sich*[4] ～ 退屈する. [<Mops 1, 2]

mops·fi·del[mɔ́psfideːl] 形 《話》ひどく陽気な, 大満足の.

Mops·fle·der·maus 女 〘動〙チチブコウモリ(秩父蝙蝠).

mop·sig[mɔ́psɪç][2] 形 《話》 **1** パッグ〔犬〕のようにずんぐりした, ぶかっこうに太った. **2** 退屈な. **3** 《方》 ***sich*[4] ～ machen/～ werden** あつかましく⟨生意気に⟩なる.

Möps·lein Mops の縮小形.

Mo·ra[1][móːra·] 女 -/ イタリア拳(けん)(遊戯の一種). [*it.*]

Mo·ra[2][－] 女 -/..ren[..rən] **1** 〘詩・言〙モーラ, 単位音量(ふつうの1短音節に相当する長さ; 記号 ◡, ×). ▽**2** 〘法〙支払い遅滞. [*lat.* mora „Verzug"; ◇Moratorium]

Mo·ral[moráːl] 女 -/-en 《ふつう単数で》 **1 a)** 倫理, 道徳, 道義, 節操: die christliche ⟨bürgerliche⟩ ～ キリスト教⟨市民社会⟩の倫理 | politische ～ 政治倫理 | eine ～ mit doppeltem Boden (→doppelt) ‖ 〔***jm.***〕 **～ predigen** 《軽蔑的に》〔…に〕お説教する⟨くどくど言って聞かせる⟩ ‖ gegen die ～ verstoßen 道徳に背く | eine Frau ohne ～ 無節操な女. **b)** 倫理⟨道徳⟩学. **2** 風紀, 規律; 士気: die ～ der Truppen 軍紀. **3** (物語などに含まれた)教訓, 寓意(ぐうい): die ～ der Fabel 寓話の教訓 | die ～ von der Geschicht' 《挿入句として》それごらん, 言わんこっちゃない. [*lat.*－*fr.*; < *lat.* mōs „Sitte" (◇Mores); ◇..al[1]]

Mo·ral≈apo·stel[moráːl..] 男 (皮肉をこめて)道徳を説く人. **≈ge·setz** 中 (不文の)道徳律.

Mo·ra·lin[moralíːn] 中 -s/ 道学者ぶること, 偽善. [<..in[2]]

mo·ra·lin·sau·er(..sau·r..) 形 《話》やたらに道徳を振りまわす, 道学者流の, 偽善的な.

mo·ra·lisch[moráːlɪʃ] 形 **1** 道徳に関係した, 倫理上の, 道義的な; 精神的⟨内面的⟩な: aus ～*en* Gründen 倫理的理由から | eine ～*e* Ohrfeige bekommen 《話》こっぴどく

しかられる, 痛いところを突かれる | die ～*e* Unterstützung (具体的な行為によらない) 精神的支援 | eine ～*e* Verantwortung für *et.*[4] …についての道義的責任 | die ～*e* Zerfall eines Volks 民族の道徳的退廃 | *Moralische* Aufrüstung (→Aufrüstung 1) ‖ **einen 〈den〉 *Moralischen* haben** 《話》(深酒のあとなどで) 後悔する, 良心が痛む.

2 (↔immoralisch) 道徳的に非難の余地のない, 身持ちのいい: einen ～*en* Lebenswandel führen 品行方正な生活を送る.

3 教訓的な: eine ～*e* Erzählung 教訓物語.

mo·ra·li·sie·ren[moralizí:rən] 自 (h) 道徳的〈倫理的〉考察を加える; 教訓めいたことをいう, 説教する; 道学者ぶる: eine *moralisierende* Geschichte 教訓めいた話〈物語〉. [*fr.*]

Mo·ra·lis·mus[moralísmus] 男 -/ 道徳主義, モラリズム, 道義至上主義.

Mo·ra·list[..líst] 男 -en/-en 道徳主義者, モラリスト; 倫理学者; 《軽蔑的に》道学者.

Mo·ra·li·tät[..litɛ́:t] 女 -/-en **1** 《単数で》(↔Immoralität) 道徳性, 徳性, 道義心: ein Mensch von hoher ～ 徳の高い人. **2** 〘劇〙(中世の) 教訓的宗教劇, 勧善懲悪劇. [*spätlat.*－*fr.*]

Mo·ral≠ko·dex[morá:l..] 男 道徳規範. **≠leh·re** 女 -/ ＝Moralphilosophie **≠leh·rer** 男 道徳〈修身〉の先生. **≠pau·ke** 女 《話》＝Moralpredigt **≠phi·lo·soph** 男 (Ethiker) 倫理〈道徳〉学者. **≠phi·lo·so·phie** 女 (Ethik) 倫理学, 道徳〔哲〕学. **≠pre·di·ger** 男 《軽蔑的に》やたらに〈しつこく〉お説教する人, 説教好きの人間. **≠pre·digt** 女 《軽蔑的に》お説教, 修身講話; 教戒, 非難: *jm.* eine ～ halten …にお説教する. **≠psy·cho·lo·gie** 女 道徳心理学. **≠theo·lo·gie** 女 〘カトリック〙倫理神学; (一般に) 道徳神学.

Mo·rä·ne[morɛ́:nə] 女 -/-n 〘地〙氷堆石(ひょうたいせき) (→ 図 Gletscher). [*fr.* moraine; ◇Mure]

Mo·rast[morást] 男 -es (-s)/-e, ..räste[..rɛ́stə] 沼沢地, 湿地; どろ土, ぬかるみ: im ～ steckenbleiben 泥沼〈ぬかるみ〉にはまりこむ ‖ ein ～ von Korruption 《比》道義腐敗の泥沼 | im ～ waten 《比》不道徳な生活を送る; 下品な話をする | von einem ～ an Neid umgeben sein 多くの人の嫉妬(しっと)に取り巻かれている. [*afränk.*－*afr.*－*mndd.* maras; ◇Marsch[2]; *engl.* morass]

mo·ra·stig[morástıç][2] 形 沼地〈湿地〉状の; 泥沼になった, ぬかるみの. [*mndd.*]

Mo·ra·to·rium[morató:rium] 中 -s/..rien[..riən] 〘経〙モラトリアム, 支払延期〈停止〉; (一般に, 義務履行・計画実行などの) 延期, 猶予. [＜*lat.* morārī „verzögern" (◇Mora[2])]

Mor·bi Morbus の複数.

mor·bid[mɔrbí:t][1] 形 **1** 病的な; 病弱の; もろい, 脆弱(ぜいじゃく)な; 崩壊〈堕落〉しかかった, いまにも崩れそうな: ein ～*es* Adelsgeschlecht たくましさのない貴族の家系 | eine ～*e* Gesellschaft 崩壊に瀕した社会. **2** 《比》繊細な, はげしく〈強く〉ない, どぎつくない: ein ～*er* Farbton うっすらとした色調. [*lat.*－*fr.*]

Mor·bi·di·tät[mɔrbiditɛ́:t] 女 -/ **1** morbid なこと. **2** 〘医〙罹病(りびょう)率, 罹患率.

Mor·bus[mɔ́rbus] 男 -/..bi[..bi·] (Krankheit) 〘医〙病気, 疾患, 疾病: ～ Alzheimer アルツハイマー病 (＝Alzheimersche Krankheit). [*lat.*; ＜*lat.* morbus (→Mord)]

Mor·chel[mɔ́rçəl] 女 -/-n 〘植〙アミガサタケ(編笠茸) (→ 図 Pilz). [*ahd.* morhala; ◇Möhre]

Mord[mɔrt][1] 男 -es (-s)/-e (英: *murder*) (故意の) 殺害, 殺戮(さつりく), 殺人, 人殺し; 〘法〙謀殺 (あらかじめ計画して人を殺すこと: →Totschlag): ein grausamer 〈vorsätzlicher〉 ～ 残酷な〈故意の〉殺人 | ein perfekter ～ 完全犯罪の殺人〔事件〕| Gift*mord* 毒殺 | Selbst*mord* 自殺 ‖ einen ～ begehen 〈verüben〉 殺人を犯す | **～ und Brand schreien** (助けを求めて) 悲鳴をあげる ‖ *jn.* zum 〈zu einem〉 ～ anstiften …に殺人を教唆する | Beihilfe zum ～ 殺人幇助(ほうじょ) ‖ Der ～ an diesem Mädchen wurde nie aufgeklärt. この少女に対する殺人事件は結局解決できなかった | **Das ist ja 〔der reine 〈reinste〉〕 ～!** 《話》これは全くひどい話だ | **es gibt ～ und Totschlag** 《話》ひどい争い〈騒ぎ〉が起こる | Wenn du das sagst, dann gibt es ～ und Totschlag. 《話》君がそんなことを言ったら大騒ぎ〈大げんか〉になるぞ. [*germ.* „Tod"; ◇mürbe; *engl.* murder; *lat.* mors „Tod"]

Mord≠af·fä·re[mɔ́rt..] 女 殺人事件. **≠an·schlag** 男 殺害の企て〈陰謀〉, 殺人計画. **≠be·gier·de** 女 ＝Mordgier

mord·be·gie·rig ＝mordgierig

Mord·bren·ner 男 放火殺人犯.

Mord·bren·ne·rei[mɔrt..] 女 -/ 放火殺人.

Mord≠bu·be[mɔ́rt..] 男 《雅》＝Mörder **≠dro·hung** 女 殺害の脅迫, 殺すぞという脅し.

mor·den[mɔ́rdən][1] 《01》 **I** 自 (h) (故意に) 人を殺す, 人殺しをする: Er hat aus Liebe *gemordet*. 彼は愛ゆえに人を殺した. **II** 他 (h) (ermorden) 《*jn.*》(故意に…を) 殺害する: Der Krieg hat Millionen Menschen *gemordet*. 戦争は数百万の人命を奪った.

Mor·dent[mɔrdɛ́nt] 男 -s/-e 〘楽〙モルデント(装飾音の一種). [*it.*; ＜*lat.* mordēre „beißen"; ◇Mord]

Mör·der[mœ́rdər] 男 -s/- **1** (女 **Mör·de·rin**[..dərın]-/-nen) 殺人者, 人殺し, 殺人犯〔人〕: den ～ verfolgen 〈ergreifen〉 殺人犯を追う〈逮捕する〉. **2** 〘狩〙刀のように鋭く長い角(つの)をもつシカ. [*mhd.*; ◇morden]

Mör·der≠ban·de 女 殺人者の一味. **≠gru·be** 女 殺人者たちの巣窟(そうくつ)〈隠れ家〉: **aus *seinem* Herzen keine ～ machen** 《比》思っていることを腹蔵なく〈率直に〉述べる(聖書: マタ21,13から). **≠hand** 女 殺人者の手: **durch ～ / von ～** 《雅》殺人者の手によって | durch ～ fallen / von ～ sterben 凶手に倒れる.

Mör·de·rin Mörder 1 の女性形.

mör·de·risch[mœ́rdərıʃ] 形 **1** 殺人〈人殺し〉の; 凶悪〈残忍〉な, 血なまぐさい. **2** 《話》殺人的な, ものすごい, ひどい: eine ～*e* Hitze 殺人的な暑さ | in einem ～*en* Tempo ものすごいスピードで ‖ Es war ～ heiß. ひどい暑さだった | ～ schreien 〈schimpfen〉 ぎゃあぎゃあ泣きわめく〈ののしる〉.

mör·der·lich[mœ́rdərlıç] 形 《話》ものすごい, ひどい: eine ～*e* Wut 憤怒 ‖ ～ schreiben ひどい〈下手くそな〉字を書く | *jn.* ～ verprügeln …をさんざんに打ちのめす.

Mord≠flie·ge[mɔ́rt..] 女 (Raubfliege) 〘虫〙ムシヒキアブ(虫引虻)科の昆虫. **≠ge·schich·te** 女 殺人の物語; 恐怖〈スリラー〉小説. **≠ge·sel·le** 男 **1** ＝Mörder **2** 殺人の共犯者. **≠gier** 女 人を殺そうという欲望; 殺意.

mord·gie·rig 形 殺意に燃えた; 血に飢えた.

^▽^**mor·dio**[mɔ́rdio·] 間 (襲われたときの絶叫) 人殺し, 助けてくれ: Zeter und *Mordio* schreien (→Zeter).

Mord≠kom·mis·sion[mɔ́rt..] 《話》＝Morduntersuchungskommission **≠lust** 女 -/ ＝Mordgier

mord·lu·stig ＝mordgierig

Mord·ra·te 女 (特定の地域での) 殺人発生率.

mords.. 《話》《名詞・形容詞などにつけて「殺人」を意味するが, 口語ではその語意を強調して「ものすごい・どえらい・ひどい」などを意味し, ふつうアクセントは同時に基礎語にもおかれる》

Mords≠ar·beit[mɔ́rts|árbaıt] 女 《話》ひどく骨の折れる仕事. **≠durst** 男 《話》ものすごい〔のどの〕渇き.

Mord·se·rie[mɔ́rtze:riə] 女 連続殺人.

Mords≠gau·di 中 (女) 《話》すごい楽しさ〈慰み〉. **≠geld** 中 《話》すごい大金. **≠glück** 中 《話》非常な幸運. **≠hun·ger** 男 《話》ものすごい空腹: Ich habe ～. 私は腹ぺこだ. **≠kerl** 男 《話》どえらいやつ. **≠krach** 男, **≠lärm** 男 《話》どえらい騒ぎ〈騒音〉; 大げんか.

mords·laut 形 《話》ひどく音の大きい, ものすごくやかましい.

mords·mä·ßig[mɔ́rtsmɛ:sıç; 強調: ⌣⌣⌣][2] 形 《述語的用法なし》《話》ものすごい, ひどい: *sich*[4] ～ freuen ものすごく喜ぶ.

Mords·spek·ta·kel 男 《話》どえらい騒ぎ〈騒動〉.

mords·we·nig 形 《無変化》《話》ほんのちょっぴりの: Das ist aber ～! でもずいぶん少ないなあ | Das kümmert mich ～. そんなことは私にはどうでもよい.

M

Mọrds·wut 女《話》大憤激: **eine ～ im Bauch haben** ひどく腹を立てている.

Mọrd≈tat[mɔ́rt..] 女 殺人行為. **≈un·ter·su·chungs·kom·mis·sion** 女 殺人捜査班. **≈ver·such** 男 **1** 殺人の企て. **2**〘法〙殺人未遂. **≈waf·fe** 女 殺人に使用した凶器.

More[1][mɔː] 人名 Thomas ～ トマス モア(1478-1535; イギリスの人文主義者・政治家. 主著『ユートピア』).

Mo̱·re[2][móːrə] 女 -/-n ＝Mora[2] 1

Mo̱·re[3][−] 女 -/-n《南部・スイ》(Mutterschwein) 母豚. [< Maure]

Mo·rẹl·le[morɛ́lə] 女 -/-n モレロ(酸味のあるサクランボの一種). [< *it.* amarello „herb" (◇Amarelle); ◇*engl.* morello]

Mo̱·ren Mora[2], More[2], More[3]の複数.

mo·rẹn·do[morɛ́ndo·] 副 (ersterbend)〘楽〙〔だんだん遅く〕消えるように. [*it.*; < *lat.* morī „sterben" (◇Mord)]

Mo̱·res[móːreːs] 複 行儀, 礼儀作法: *jn.* **～ lehren**《話》…をきびしく叱責(しっせき)する, …に意見する. [*lat.* mōs „〔Eigen〕wille"; ◇Mut, Moral]

Mo·rẹs·ca[morɛ́ska·] 女 -/ ＝Morisca [*it.* moresco „maurisch"]

Mo·rẹs·ke[morɛ́skə] 女 -/-n ＝Maureske

Morgana →Fata *Morgana*

mor·ga·na̱·tisch[mɔrganáːtɪʃ] 形 (婚姻が) 身分違い〈不相応〉の: eine *～e* Ehe 貴賤(きせん)相婚. [*mlat.* (mātrimōnium ad) morganāticam „(Ehe nur auf) Morgengabe"; < *ahd.* morgan〔gabe〕(◇Morgengabe)]

Mọr·gen[1][mɔ́rgən] **I** 男 -s/- **1** (英: *morning*) 朝; (Vormittag) 午前: ein frischer ～ さわやかな朝 | ein trüber ～ 曇った〈陰鬱(いんうつ)な〉朝 ‖〘2格で副詞的に〙des *～s* 朝に(＝morgens) | eines *～s* ある朝 | eines schönen *～s*《比》ある朝〈いつの日か〉〔突然〕‖〘4格で副詞的に〙diesen ～ けさ | jeden ～ 毎朝 | alle ～ 毎朝 ‖〘前置詞と〙**am** ～ 朝に | früh am ～ / am frühen ～ 朝早く | an einem schönen ～《比》ある朝〈いつの日か〉〔突然〕| 〔bis〕 **gegen ～** 明け方近く〔まで〕| vom ～ bis zum Abend 朝から晩まで ‖ Es wird ～. 朝になる | Der ～ dämmert 〈graut〉. 夜が明ける ‖ **guten ～!** (朝のあいさつ) おはよう | Guten ～, Herr Weber! おはよう〈こんにちは〉ヴェーバーさん | *jm.* einen guten ～ sagen 〈wünschen〉 …に朝のあいさつをする ‖ **schön** 〈**frisch**〉 **wie der junge ～**《比》水もしたたるばかりに美しい〈若々しい〉. **2**《比》黎明(れいめい)期, 初期, はじまり. **3**《単数で》《雅》(Osten) 東: gen 〈gegen〉 ～ 東方に向かって | von ～ nach Abend 東から西へ | im ～ der Welt 東洋〈オリエント〉で. **4** モルゲン(昔の地積単位: 約30アール).

II mọr·gen[1] 副《特定の日を示す語のあとにつけて: →morgens》heute ～ けさ | gestern ～ きのうの朝(ただし「あすの朝に」は morgen früh: →morgen[2] I) | Freitag ～ 金曜日の朝に.

[*germ.* „Schimmer"; ◇*engl.* morning, morrow]

mọr·gen[2][mɔ́rgən] **I** 副 (英: *tomorrow*) あす, 明日; 《比》〔近い〕将来に: ～ abend 〈früh〉 あしたの晩〈朝〉に | ～ um diese 〈dieselbe〉 Zeit あすのこの〈同じ〉時刻に ‖ *Morgen* ist Sonntag. あすは日曜だ | Ich reise ～ ab. 私はあす旅に出る | *Morgen* ist auch 〔noch〕 ein Tag. まだあすという日もあるんだ ‖ **ab ～** あすから | *jn.* **auf ～** vertrösten あすに期待をもたせて…をなだめすかす | von heute auf ～ (→heute I) | *sich*[4] auf 〈für〉 ～ vorbereiten あすの準備をする | **bis ～** あすまで | Bis ～! じゃあまたあした (別れのあいさつ) | die Hausaufgaben **für** 〈北部: zu〉 **～** あすまでの宿題 | eine Mode **von ～** 未来〈これから〉の流行 ‖〘heute と対比的に〙→heute I

II Mọr·gen[2] 中 -/ 〔近い〕将来: das Heute und das ～ 現在と将来 | an ein besseres ～ glauben よりよき未来を信じる.

[◇*engl.* morrow]

Mọr·gen≈an·dacht[mɔ́rgən..] 女 朝の礼拝〈祈禱(きとう)〉. **≈aus·ga·be** 女 (新聞の) 朝刊. **≈blatt** 中 朝刊〔新聞〕, 朝刊紙 (夕刊紙に対して).

[▽]**mọr·gend**[mɔ́rgənt][1] ＝morgig

Mọr·gen·däm·me·rung 女 夜明け, 黎明(れいめい), あかつき, あけぼの, かわたれどき.

mọr·gend·lich[mɔ́rgəntlɪç] 形《付加語的》**1** 朝〈午前〉の; 朝らしい: der *～e* Spaziergang 朝の散歩 | die *～e* Kühle 朝の涼しさ. [▽]**2** 東〈東方〉の.

Mọr·gen·es·sen 中《スイ》(Frühstück) 朝食.

mọr·gen·frisch 形 朝らしくみずみずしい〈すがすがしい〉.

Mọr·gen≈frü̱·he[mɔ́rgən..] 女 早朝: in aller ～ ごく早朝に. **≈ga·be** 女 朝の贈り物(昔のドイツの風習で, 結婚初夜の翌朝夫が妻に与える贈り物). **≈ge·bet** 中 朝の祈り. **≈grau·en** 中 -s/ 夜明け, あかつき: beim 〈im〉 ～ aufstehen 朝まだ暗いうちに起床する. **≈gruß** 男 朝のあいさつ. **≈gym·na·stik** 女 朝の体操. **≈kaf·fee** 男 朝のコーヒー. **≈kleid** 中 ＝ Morgenrock **≈kü̱h·le** 女 朝の冷気. **≈land** 中 -〔e〕s/ (↔Abendland) 東洋, オリエント(特に中近東): die Weisen aus dem ～〘聖〙東方の賢人たち. **≈län·der**[..lɛndər] 男 -s/- (女 **≈län·de·rin**[..dərɪn]-/-nen) 東洋人.

mọr·gen·län·disch[..lɛndɪʃ] 形 東洋の, オリエントの: die *～e* Kirche 東方正教会.

Mọr·gen≈luft[mɔ́rgən..] 女 朝の空気: **～ wittern**《話》好転のきざしを感じとる, 好機到来をかぎつける. **≈man·tel** 男 ＝Morgenrock **≈mensch** 男 朝型の人. **≈mes·se** 女〘カトリック〙朝のミサ, 朝課. **≈muf·fel** 男 朝寝坊の人, 朝〈午前中〉不機嫌〈無愛想〉な人. **≈ne̱·bel** 男 朝霧. **≈post** 女 朝の郵便. **≈punkt** 男 -〔e〕s/ (Ostpunkt)〘天〙東点, 正東. **≈rock** 男 -〔e〕s/..röcke 朝の室内着, モーニングガウン(→ 図 Shorty). **≈rot** 中 -s/ 朝焼け;《比》黎明(れいめい), 夜明け, 曙光(しょこう): das ～ einer neuen Zeit 新しい時代の夜明け. **≈rö·te** 女《雅》＝Morgenrot

mọr·gens[mɔ́rgəns] 副《特定の日とは関係なく: →morgen[1]》朝に, 午前に: früh ～ 早朝に | Montag ～ 月曜日の朝〈午前〉に | ～ um 7 Uhr 午前7時に | von ～ bis mittags 朝から正午まで.

mọr·gen·schö̱n[mɔ́rgən..] 形《雅》朝のように(みずみずしく)美しい.

[▽]**Mọr·gen·sei·te** 女《雅》東側.

Mọr·gen≈son·ne 女 -/ 朝日. **≈spa·zier·gang** 男 朝の散歩. **≈stern** 男 **1** 朝空の星, (特に:) 明けの明星(金星). **2** 朝星棒(棒の先端に星形の鉄球を鎖で取りつけた中世の武器: → 図). **≈stun·de** 女 -/-n《ふつう複数で》朝の時間: in den frühen *～n* 早朝に ‖ ***Morgenstunde* hat Gold im Munde.**《諺》早起きは三文の得 | *Morgenstund* hat Blei im Arsch 〈im Hintern〉.《戯》朝はなかなか寝床から起きられないものだ. **≈tau** 男 朝露. **≈toi·let·te**[..toalɛtə] 女 朝の化粧〈身づくろい〉. **≈vi·si̱·te** 女 (病院での) 朝〈午前〉の回診. **≈wa·che** 女〘海〙朝直(4-8時の当直).

Morgenstern

mọr·gen·wärts[mɔ́rgənvɛrts] 副《雅》東方へ.

Mọr·gen≈wind 男 **1** 朝風. **2**《雅》東風. **≈zei·tung** 女 ＝Morgenblatt **≈zug** 男 朝に出発〈到着〉する列車.

mọr·gig[mɔ́rgɪç][2] 形《付加語的》あすの: die *～e* Zeitung あすの新聞 | am *～en* Tag あした.

Mọrgue[mɔ́rg(ə), mɔrk[1]] 女 -/-n[..gən] モルグ(特にパリの身元不明死体公示所). [*fr.*]

mo·ri·bụnd[moribʊ́nt][1] 形 瀕死(ひんし)の. [*lat.*; < *lat.* morī (→morendo)]

Mö̱·ri·ke[mǿːrɪkə] 人名 Eduard ～ エードゥアルト メーリケ(1804-75; ドイツの詩人・小説家. 作品は『詩集』, 長編小説『画家ノルテン』, 短編『プラハへの旅路のモーツァルト』など).

Mo·ri·nẹll[morinɛ́l] 男 -s/-e, **Mo·ri·nẹl·le**[..nɛ́lə] 女 -/-n〘鳥〙チドリ(千鳥)の一種. [*span.*]

Mo̱·rio-Mus·ka̱t[móːriomuskáːt; また: ⏑⏑⏑⏑–] 男 -s/ **1** (白ワイン用)モリオ=マスカット種のぶどう. **2** モリオ=マスカット種のぶどうからつくった白ワイン. [< P. Morio (ドイツの園芸

家)]

Mo·ris·ca[moríska·] 女 -/ モリスカ(スペインなどのパントマイムふうの舞踏). [*span.* morisca „maurisch"; ◇Maure]

Mo·ris·ke[..kə] **I** 男 -n/-n モリスコ人(アフリカ北西部やスペインに住むムーア人). **II** 女 -/ =Morisca [*span.*]

Mo·ris·ken·tanz 男 =Morisca

Mo·ri·tat[mó:rita:t] 女 -/-en モリタート(大道芸人が手回しオルガンの伴奏などで語り歌う恐ろしい絵物語). [<Mordtat]

Mo·ri·ta·ten≠lied[また: moritá:tən..] 中 モリタートの歌. **≠sän·ger** 男 モリタートの歌い手〈語り手〉.

Mo·ritz[mó:rɪts] **I** 男名 モーリツ: **der kleine ~**《話》単純な頭の持ち主 | ***jn.* ~ lehren**《話》…をきびしく叱責(しっせき)する. **II** 人名 **Karl Philipp ~** カルル フィーリップ モーリッツ (1756-93; ドイツの文筆家. 主著として自伝小説『アントン・ライザー』がある). [*lat.* Mauritius]

Mor·mo·ne[mɔrmó:nə] 男 -n/-n (女 **Mor·mo·nin**[..nɪn]-/-nen) モルモン教徒. [*amerik.* Mormon; 預言者の名]

Mor·mo·nen·tum[..nəntu:m] 中 -s/ モルモン教(1830年アメリカ人スミスを教祖としてアメリカに成立したキリスト教の一派. 初期には一夫多妻制を主張).

mor·mo·nisch[..nɪʃ] 形 モルモン教〔徒〕の.

▽**mo·ros**[moró:s][1] 形 **1** 不機嫌な, 気むずかしい. **2** むら気〈気まぐれ〉の. [*lat.*; <*lat.* mōs (→Mores)]

Mo·ro·si·tät[morozitɛ́:t] 女 -/ moros なこと. [*lat.*]

..morph[..mɔrf]《「形・形態」を意味し, 形容詞をつくる》: a*morph*〘理・化〙無定形の | iso*morph*〘数・言〙同形の. [◇morpho..]

morph.. →morpho..

Morph[mɔrf] 中 -s/-e〘言〙素形態(分節可能な最小単位としての形態).

Morph·al·la·xe[mɔrfaláksə] 女 -/〘動〙形態調節, 形態再編. [<*gr.* allássein „verändern"]

Mor·phem[mɔrfé:m] 中 -s/-e〘言〙形態素(意味を担う最小の言語単位): ein freies ~ 自由〈独立〉形態素(例 Mensch 人間) | ein gebundenes ~ 拘束〈付属〉形態素(例 mensch*lich* 人間的). [*fr.*]

Mor·phe·ma·tik[mɔrfemá:tɪk] 女 -/〘言〙形態素論.

mor·phe·ma·tisch[..tɪʃ] 形〘言〙形態素の〈に関する〉: ein ~*es* Verb (→Verb).

Mor·pheus[mɔ́rfɔʏs] 人名〘ギ神〙モルペウス (Hypnos の息子で, 夢の神): ***jn.* aus ~' Armen reißen**《雅》…(眠っている人)をいきなり起こす | **in ~' Armen ruhen 〈liegen / schlafen〉**《雅》安眠する | **in ~' Arme sinken**《雅》安らかな眠りに入る. [*gr.*-*lat.*; ◇morpho..]

Mor·phin[mɔrfí:n] 中 -s/ =Morphium

Mor·phi·nis·mus[..finísmʊs] 男 -/ =Morphiumsucht

Mor·phi·nist[..níst] 男 -en/-en〘医〙モルヒネ中毒患者, モルヒネ常用者.

Mor·phium[mɔ́rfiʊm] 中 -s/〘薬〙モルヒネ.

Mor·phium≠in·jek·tion 女, **≠sprit·ze** 女〘医〙モルヒネ注射. **≠sucht** 女 -/〘医〙(慢性の)モルヒネ中毒.

mor·phium·süch·tig 形〘医〙モルヒネ中毒の.

Mor·phium·ver·gif·tung 女 モルヒネ中毒.

morpho..《名詞・形容詞につけて「形・形態」を意味する. 母音の前では morph.. となる: →*Morph*allaxe》[*gr.* morphḗ „Gestalt"]

Mor·pho·ge·ne·se[mɔrfogené:zə] 女 -/-n (**Mor·pho·ge·ne·sis**[..gé(:)nezɪs, ..gén..] 女 -/..nesen [..gené:zən])〘生〙形態形成, 形態発生.

mor·pho·ge·ne·tisch[..gené:tɪʃ] 形〘生〙形態形成〈発生〉の.

Mor·pho·ge·nie[..gení:] 女 -/-n[..ní:ən] =Morphogenese

▽**Mor·pho·gra·phie**[..grafí:] 女 -/-n[..fí:ən] 地形誌.

mor·pho·gra·phisch[..grá:fɪʃ] 形 地形誌の.

Mor·pho·lo·ge[mɔrfoló:gə] 男 -n/-n (→..loge) 形態学者.

Mor·pho·lo·gie[..logí:] 女 -/ (形態に関する学問. 例えば:)〘生〙形態学;〘言〙形態論, 語形論;〘体育〙運動形態学: Geo*morphologie*〘地〙地形学 | Kultur*morphologie* 文化形態学.

mor·pho·lo·gisch[..ló:gɪʃ] 形〘生〙形態学〔上〕の;〘言〙形態論〈語形論〉〔上〕の.

mor·pho·syn·tak·tisch[..zʏntáktɪʃ] 形〘言〙形態統語論〔上〕の.

Mor·pho·syn·tax[..zʏ́ntaks] 女 -/〘言〙形態統語論.

Mors[mɔrs]《間投詞的に》やあ (Hummel[2]に答えるあいさつの言葉: →Hummel[2]).

morsch[mɔrʃ] 形 腐朽した, 朽ちて〈腐って〉ぼろぼろの, 砕けやすい;《比》もろい, 脆弱(ぜいじゃく)な: ein ~*er* Baum 朽ち木 | alt und ~ werden 老朽化する.

mor·schen[mɔ́rʃən]《04》自 (h)《雅》腐朽する, もろく〈ぼろぼろに〉なる. [<*mhd.* mürsen „zerstoßen" (◇mürbe)]

Morsch·heit[mɔ́rʃhaɪt] 女 -/ morsch なこと.

Mor·se≠al·pha·bet[mɔ́rzə..] 中 モールス信号(電信符号)のアルファベット. **≠ap·pa·rat** 男 モールス電信機. [<S. Morse (アメリカの画家・発明家, †1872)]

▽**Mör·sel**[mœ́rzəl] 男 -s/- =Mörser

▽**mör·seln**[mœ́rzəln]《06》=mörsern

mor·sen[mɔ́rzən][1]《02》**I** 自 (h) モールス信号で電信を打つ. **II** 他 (h) (報告・救助信号などを)モールス電信機で送信する: SOS ~ SOS を打電する.

Mör·ser[mœ́rzər] 男 -s/- **1** 臼(うす); すり鉢, 乳鉢(→ 図): ein steinerner ~ 石臼(いしうす). **2**〘軍〙臼砲(きゅうほう)(→ 図 Geschütz). [*mlat.* mortārium „〔Mörtel〕pfanne"-*ahd.* mortāri; ◇mürbe, Mörtel; *engl.* mortar]

Mörser

Mör·ser≠keu·le 女, **≠kol·ben** 男 (Stößel)(薬などをすりつぶす)すりこぎ, 乳棒.

mör·sern[mœ́rzərn]《05》他 (h) (臼(うす)で)ひく, すりつぶす.

Mor·se≠schrei·ber[mɔ́rzə..] 男 =Morseapparat **≠zei·chen** 中 モールス信号.

Mor·ta·del·la[mɔrtadéla·] 女 -/-s〘料理〙モルタデラ(ソーセージの一種). [*it.*; <*lat.* murtātum „mit Myrte Gewürztes" (◇Myrte)]

Mor·ta·li·tät[mɔrtalitɛ́:t] 女 -/ **1** (↔Immortalität) (Sterblichkeit) 死すべき運命であること. **2** (↔Natalität) 死亡率. [*lat.*; <*lat.* mortālis „sterblich" (◇morendo)]

Mör·tel[mœ́rtəl] 男 -s/- モルタル, 漆喰(しっくい): eine Mauer mit ~ bewerfen 〈verputzen〉 壁にモルタルを塗る. [*mlat.* mortārium (→Mörser)-*mhd.* morter; ◇*engl.* mortar]

Mör·tel≠kalk 男 モルタル用の石灰. **≠kel·le** 女 モルタル〈漆喰(しっくい)〉ごて.

mör·teln[mœ́rtəln]《06》他 (h)《*et.*[4]》(…に)モルタルを塗る; (…を)モルタルで接合する.

Mor·ti·fi·ka·tion[mɔrtifikatsió:n] 女 -/-en **1** (欲望・感情などの)抑制, 克服, 禁欲; (精神的・肉体的な)苦行. **2**〘法〙無効〈失効〉宣告; 償還, 償却. **3**〘医〙壊疽(えそ), 脱疽(だっそ). ▽**4** 侮辱, 屈辱. [*kirchenlat.*]

mor·ti·fi·zie·ren[..tsí:rən] 他 (h) **1 a)**《*et.*[4]》(欲望・感情などを)抑制〈克服〉する. **b)**《*jn.*》(…に)苦行を課する. **2**《*et.*[4]》**a)**〘法〙(…の)無効〈失効〉を宣告する. **b)** 償還〈償却〉する. **3**〘医〙(細胞組織を)壊死(えし)させる. ▽**4**《*jn.*》(…に)屈辱を与える, (…の)誇りを傷つける. [*kirchenlat.*; <*lat.* mors (→Mord)]

Mo·ru·la[mó:rula·] 女 -/ **1**〘動〙桑実(そうじつ)〈桑果〉胚(はい); 桑実胞胚. **2**〘医〙桑実状海綿腫(しゅ). [<*lat.* mōrum „Maulbeere" (◇Maulbeere)]

M

Mo·saik[mozaí:k; ｵｰｽﾄﾘｱ:..ík] 中 -s/-en (-e) モザイク〔模様・画〕, 寄せ木〈切りはめ〉細工: *et.*⁴ mit einem ～ 〈mit ～*en*〉 auslegen 〈schmücken / verzieren〉 …をモザイクで装飾する. [*mlat.* mōsaicus－*it.*－*fr.* mosaïque; ＜*lat.* mūsīvus (→musivisch)]

Mo·saik·ar·beit 女 モザイク〈寄せ木〉細工.

Mo·sai·ker[mozá:ikər] 男 -s/- モザイク〈寄せ木〉細工師.

Mo·saik≠fuß·bo·den[mozaí:k..] 男 モザイク〈寄せ木張り〉の床(ゆか). ≠**gold** ＝Musivgold ≠**krank·heit** 女 モザイク病(植物のウイルス病の一種). ≠**stein** 男 モザイクを組み立てている石; モザイク用の石.

mo·sa·isch¹[mozá:ɪʃ] 形 モザイクの: eine ～*e* Arbeit モザイク細工. [*fr.*]

mo·sa·isch²[－] 形 モーセの; ユダヤの: das ～*e* Bekenntnis ユダヤ教 | die *Mosaischen* Bücher (旧約聖書の)モーセ五書 | die ～*en* Gesetze モーセの律法. [＜Moses]

ᵛ**Mo·sa·is·mus**[..zaísmʊs] 男 -/ (Judentum) ユダヤ教.

Mo·sa·ist[mozaíst] 男 -en/-en ＝Mosaiker

mo·sai·stisch[..tɪʃ] 形 モザイク〈寄せ木〉細工の.

Mo·sai·zist[mozaitsíst] 男 -en/-en ＝Mosaiker

Mo·sam·bik[mozambí:k] ＝Moçambique

Mo·sam·bi·ka·ner[mozambiká:nər] 男 -s/- (⊛ **Mo·sam·bi·ka·ne·rin**[..nərɪn]-/-nen) モザンビーク人.

mo·sam·bi·ka·nisch[mozambiká:nɪʃ] 形 モザンビーク〔人・語〕の: →deutsch

Mo·sam·bi·ker[mozambí:kər] 男 -s/- (⊛ **Mo·sam·bi·ke·rin**[..kərɪn]-/-nen) ＝Mosambikaner

Mosch[mo:ʃ] 男 -〔e〕s/ 《中部》くず, がらくた, つまらぬ〈無価値な〉もの.

Mo·schee[mɔʃé:] 女 -/-n[..ʃé:ən] モスク(イスラム教の寺院: →図). [*arab.* masğid－*span.* －*it.*－*fr.* mosquée; ＜*arab.* sağada „sich niederwerfen“; ◇*engl.* mosque]

Moschee

mo·schen[mó:ʃən] 《04》自 (h) 《中部》《話》《mit *et.*³》(…を)浪費する.

Mosch·pa·pier[mó:ʃ..] 中 《中部》紙くず.

Mo·schus[mɔ́ʃʊs] 男 -/ **1** 麝香(じゃこう), ムスク(雄のジャコウジカの麝香腺(せん)からの分泌物で, 強い芳香を放つ). **2** 人造麝香. [*sanskr.* muškáh „Hode“－*pers.* －*arab.* －*gr.*－*spätlat.*; ◇*engl.* musk]

Mo·schus≠beu·tel 男 (ジャコウジカの)麝香(じゃこう)分泌腺(せん). ≠**bock** 男 〘虫〙ジャコウカミキリ. ≠**böck·chen** 中 〘動〙ジャコウアンテロープ(偶蹄(ぐうてい)類). ≠**hya·zin·the** 女 〘植〙ムスカリ. ≠**kraut** 中 〘植〙レンプクソウ(連福草). ≠**kür·bis** 男 〘植〙ニホンカボチャ(日本南瓜). ≠**och·se** 男 〘動〙ジャコウウシ(麝香牛). ≠**spitz·maus** 女 〘動〙ジャコウネズミ(麝香鼠). ≠**tier** 中 〘動〙ジャコウジカ(麝香鹿).

Mo·se Moses I の2格(＝Mosis).

Mö·se[mǿ:zə] 女 -/-n 《卑》**1** (Vulva) (女性の)陰部, 陰門. **2** 女; 売春婦, 売女(ばいた).

die **Mo·sel**[mó:zəl] 地名 女 -/ モーゼル(フランスに発して北流する, Rhein 川の支流). [*lat.*; ＜*lat.* Mosa (→Maas)]

mo·sel·frän·kisch 形 モーゼルフランケン方言(ドイツ語の方言)の: →deutsch

Mo·sel·wein 男 モーゼルワイン (Mosel 川流域で産するワインで, ふつう緑色の瓶に詰め, 正式には Mosel-Saar-Ruwer-Wein という).

Mö·ser Moos² 2 の複数.

mo·sern[mó:zərn] 《05》自 (h) 《話》〔絶えず〕文句を付ける, 苦情を言う.

Mo·ses[mó:zəs, ..zɛs] **I** 人名 《2格..sis[..zɪs] (..se [..zə])》モーセ, モーシェ(前1350頃–1250頃; 古代イスラエルの指導者. 旧約聖書の最初の五書は『モーセ五書』とよばれ, 彼の執筆・口述になるといわれる): die fünf Bücher *Mosis* 〈*Mose* / des *Moses*〉 モーセ五書(創世記 Genesis, 出エジプト記 Exodus, レビ記 Levitikus, 民数記 Numeri, 申命記 Deuteronomium) ‖ ～ und die Propheten《話》金(かね), ぜに(聖書: ルカ16,29にかけて Moos¹をもじったもの). **II** 男 -/- 〘海〙 **1** 《戯》(船の乗組員の)最年少者, 見習水夫. **2** 船載ボート. [*hebr.*－*gr.*; ＜*ägypt.* mesu „Knäblein“]

Mo·sis Moses I の2格.

Mos·kau[mɔ́skaʊ] 地名 モスクワ(ロシア連邦の首都で, モスクワ川の河岸にある. ロシア語形 Moskwa). [*russ.* (na) Moscov' „(an der) Moskwa“]

Mos·kau·er[−ər] **I** 男 -s/- モスクワの人. **II** 形 《無変化》モスクワの.

mos·kau·isch[..ɪʃ] 形 モスクワの.

mos·kau·treu[mɔ́skaʊ..] 形 〘史〙(モスクワの)ソ連共産党の路線に忠実な.

Mos·ki·to[mɔskí:to·; ｵｰｽﾄﾘｱ: ..kíto] 男 -s/-s 《ふつう複数で》(Stechmücke) 〘虫〙(特に熱帯の)カ(蚊)科の昆虫. [*span.* mosquito; ＜*lat.* musca (→Mücke)]

Mos·ki·to·netz[mɔskí:to..] 中 蚊帳(かや).

Mos·ko·wi·ter[mɔskoví:tər] 男 -s/- (Moskauer) モスクワの人; 《比》ロシア人.

die **Mo·skwa**¹[mɔskvá] 地名 女 -/ モスクワ (Moskau 州を流れるオカ川の支流). [*russ.*; ◇Moskau]

Mo·skwa²[－] ＝Moskau

Mos·lem[mɔ́slɛm] 男 -s/-s イスラム教徒, 回教徒. [*arab.* muslim „sich Hingebender“－*engl.*; ＜*arab.* aslama (→Islam); ◇Muselman]

mos·le·mi·nisch[mɔslemí:nɪʃ] (**mos·le·misch** [..lé:mɪʃ]) 形 イスラム教〈回教〉〔徒〕の.

Mos·li·me[..lí:mə] 女 -/-n Moslem の女性形.

mos·so[mɔ́so·] 副 (bewegt) 〘楽〙モッソ, 活発に, 躍動して. [*it.*; ＜*lat.* movēre (→movieren)]

Mos·sul[mó:sʊl] ＝Mosul

Most[mɔst] 男 -〔e〕s/-e **1** モスト(リンゴ・ナシ・ブドウなどのしぼり汁で, まだ十分に発酵しきっていないもの): der gärende ～ der Jugend 《比》青春のわき立つ血潮(青年の不安や革命的思考の象徴) | wissen, wo 〔der〕 Barthel 〔den〕 ～ holt (→Barthel II). **2** 《南部・ｵｰｽﾄﾘｱ・ｽｲｽ》(Obstwein) 果実酒. [*lat.* 〔vīnum〕 mustum－*ahd.*; ◇*engl.* must]

mo·sten[mɔ́stən] 《01》自 (h) モストを造る.

Mo·ste·rei[mɔstəráɪ] 女 -/-en モスト醸造所.

Most≠kel·ter[mɔ́st..] 女, ≠**pres·se** 女 モスト〈果汁〉しぼり機.

Most·rich[mɔ́strɪç] 男 -s (-es) / 《北東部》(Senf) (食卓用にねり合わせた)からし, マスタード. [*afr.* mo〔u〕starde－*mndl.* mostaert－*mhd.* mostert; ◇*engl.* mustard]

Mo·sul[mó:zʊl] 地名 モスル(イラク北部, Tigris 川に沿う商工業都市. 古くはモスリンの産地). [◇Musselin]

Mo·tel[mó:təl, motɛ́l] 中 -s/-s モーテル(自動車旅行者用のガレージ付きホテル). [*amerik.*; ＜Motor＋Hotel]

Mo·tet·te[motɛ́tə] 女 -/-n 〘楽〙モテット. [*mlat.* motetum－*it.* mo〔t〕tetto; ＜*spätlat.* muttum (→Motto)]

Mo·ti·li·tät[motilitɛ́:t] 女 -/ **1** (Beweglichkeit) 可動性. **2** 〘生〙(細胞・細菌などの)運動能力〈機能〉. **3** 〘医〙〔自動〕運動性. [＜*lat.* mōtus „bewegt“]

Mo·tion[motsió:n] 女 -/-en **1** 《ｽｲｽ》(会議などでの)動議, 発議. **2** 運動, 動作. **3** (Movierung) 〘言〙 **a)** (職業・身分または動物の雄などを表す)男性名詞に後つづりをつけて女性形をつくること(→..in¹). **b)** 形容詞の性・数・格による変化. [*lat.*－*fr.*; ＜*lat.* movēre (→movieren)]

Mo·tio·när[motsionɛ́:r] 男 -s/-e 《ｽｲｽ》動議提出者, 発

議人. [<..ar]

Mo·tiv[motí:f][1] 中 -s/-e **1** (Beweggrund) 動機, 動因: ein politisches ～ 政治的な動機 ‖ aus eigennützigen 〈unlauteren〉 ～*en* 利己的〈不純〉な動機から | ohne erkennbares ～ さしたる動機もなしに. **2** (芸術作品などの)主題, テーマ;〘楽〙動機, モチーフ;〘美〙(創作の)動機, モチーフ. [*mlat.* mōtīvum „Antrieb"〔−*fr.*〕]

Mo·ti·va·tion[motivatsió:n] 女 -/-en = Motivierung

mo·ti·va·tio·nal[..tsioná:l] 形 動機〔上〕の, 動機づけに関する.

Mo·tiv·for·schung[motí:f..] 女〘経〙(消費者の購買行為の)動機調査.

mo·ti·vie·ren[motiví:rən] **I** 他 (h) **1** 《*et.*[4]》(…の)動機〈理由〉を説明する,(…の)動機〈理由〉づけをする: einen Vorschlag ～ 提案理由を根拠づける〈説明する〉| Das ist schlecht *motiviert*. それは動機〈根拠〉が薄弱だ. **2** 《*jn.* 〔zu *et.*[3]〕》(…に〔…への〕)動機を与える,(根拠をもった)興味を起こさせる: die Schüler ～ 学習者に〔学習への〕動機〈関心〉を持たせる | *jn.* zur Arbeit ～ …に仕事への内的な動機をもたせる. **II mo·ti·viert** 過分 形 **1** 動機〈理由〉のある; (内的な)動機をもった,(物事の習得などに)興味〈関心〉をもった: eine politisch ～*e* Tat 政治的動機をもった行為. **2**〘言〙(造語などが恣意(しい)的でなく)動機〈契機〉づけのある. [*fr.*]

Mo·ti·viert·heit[motiví:rthaɪt] 女 -/ motiviert なこと.

Mo·ti·vie·rung[..rʊŋ] 女 -/-en **1** 動機〈理由〉づけ. **2**〘言〙(造語などの)動機〈契機〉づけ.

mo·ti·visch[motí:vɪʃ] 形 動機に関する.

Mo·to-Cross[motokrɔ́s] 中 -/-e《ふつう単数で》モトクロス(オートバイによる断郊競走).

Mo·to·drom[motodró:m] 中 -s/-e オート〔バイ〕レース用のコース〈サーキット〉. [*fr.*; <*gr.* drómos „Rennbahn"]

Mo·tor[mó:tɔr, ..to:r, motó:r] 男 -s/-en[motó:rən] **1** 発動機, 原動機, 機関, エンジン, モーター: ein elektrischer ～ 電動機 | ein luftgekühlter 〈wassergekühlter〉 ～ 空冷〈水冷〉式エンジン | Diesel*motor* ディーゼルエンジン | Verbrennungs*motor* 内燃機関 ‖ den ～ anlassen 〈anstellen / anschalten〉 エンジンのスイッチを入れる | den ～ abstellen 〈ausschalten〉 エンジンを止める ‖ Nicht bei laufendem ～ tanken! エンジンをかけたまま給油してはいけない | mit laufendem ～ parken エンジンをかけたまま駐車する ‖ Der ～ springt an 〈läuft auf vollen Touren〉. エンジンが始動する〈フル回転する〉| Der ～ verbraucht viel Benzin. このエンジンはガソリンをたくさんくう. **2**《比》原動力, 推進力, 動因. [*lat.* mōtor „Beweger"; ◇movieren]

Mo·tor·boot[mó:tɔr.., motó:r..] 中 モーターボート(→ 図).

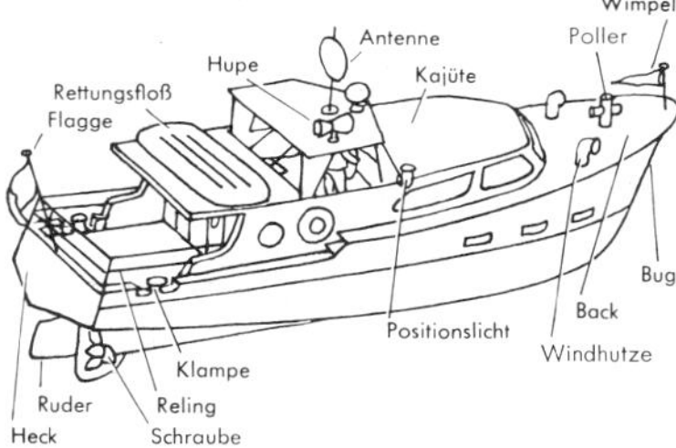

Motorboot

Mo·tor·boot·ren·nen 中 モーターボート競走, 競艇.

Mo·tor⸗braut = Motorradbraut ⸗**brem·se** 女 エンジンブレーキ.

Mo·to·ren⸗ge·räusch[motó:rən..] 中, ⸗**lärm** 男 -s/ エンジン〈モーター〉の騒音. ⸗**öl** 中 (自動車などの)エンジン=オイル.

Mo·tor⸗fahr·rad [mó:tɔr.., motó:r..] 中 (最高時速25キロまでの)原動機つき自転車(→ 図)(略 Mofa). ⸗**fahr·zeug** 中 原動機つき車両, 自動車両(自動車・オートバイ・スクーターなど). ⸗**fahr·zeug·steu·er** 女《スイス》自動車〔両〕税(オートバイなども含めて). ⸗**flug** 男 発動機〈エンジン〉による飛行. ⸗**ge·ne·ra·tor** 男〘電〙電動発電機. ⸗**ge·räusch** = Motorengeräusch ⸗**hau·be** 女 エンジン〈モーター〉のフード,(自動車の)ボンネット(→ 図 Kraftwagen).

Motorfahrrad

..mo·to·rig[..moto:rɪç][2]《数詞につけて「…の数の原動機を備えた」を意味する形容詞をつくる》: zwei*motorig* 双発の.

Mo·to·rik[motó:rɪk] 女 -/ 運動学;〘生理〙(脳から運動神経を通じて伝達・操作される肢体・器官の)運動〔能力〕.

mo·to·risch[..rɪʃ] 形 **1** 原〈発〉動機による, エンジン〈モーター〉で動く;《比》推進的な, 動因となる. **2** 運動の;〘生理〙Motorik に関する: ～*es* Lernen〘心〙運動学習 | ～*e* Nerven 運動神経.

mo·to·ri·sie·ren[motorizí:rən] 他 (h) (近代化して)原動機つき車両を備える〈に切り替える〉, 機械化する: die Landwirtschaft ～ 農業を機械化する | ein Boot ～ ボートにエンジンをつける ‖ eine *motorisierte* Truppe〘軍〙機械化部隊 | *motorisierte* Besucher 車で来た客 | Ich bin *motorisiert*.《話》私は車を持っている ‖ 再帰 *sich*[4] ～《話》車を購入する.

Mo·to·ri·sie·rung[..rʊŋ] 女 -/-en (motorisieren すること. 例えば:) モータリゼーション;〘軍〙機械化.

Mo·tor⸗jacht[mó:tɔr.., motó:r..] 女 エンジン付きヨット. ⸗**lei·stung** 女 エンジン〈モーター〉の性能〈出力〉. ⸗**öl** = Motorenöl ⸗**pan·ne** 女 = Motorschaden ⸗**pflug** 男〘農〙自動鋤(すき), 動力耕耘(こううん)機. ⸗**pum·pe** 女 動力〈モーター〉ポンプ. ⸗**rad** 中 (Kraftrad) オートバイ: ～ fahren オートバイに乗る〈を運転する〉.

Mo·tor·rad⸗braut 女《話》オートバイに同乗する女性. ⸗**bril·le** 女 オートバイ用風防めがね〈ゴーグル〉. ⸗**fah·rer** 男 オートバイ運転者.

Mo·tor·rad·ler[..ra:tlər] 男 -s/-《南部・オーストリア》= Motorradfahrer

Mo·tor·rad⸗ren·nen 中 オートバイ競走〈レース〉. ⸗**rocker** 男 (オートバイを乗り回す)暴走族の若者.

Mo·tor⸗rol·ler[mó:tɔr.., motó:r..] 男 スクーター(→ 図). ⸗**sä·ge** 女 電動のこぎり. ⸗**scha·den** 男 エンジン〈モーター〉の故障. ⸗**schiff** 中 (ディーゼルエンジンによる)内燃機船, モーターシップ. ⸗**schlep·per** 男 トラクター. ⸗**schlit·ten** 男 原動機付きそり; 雪上車.

Motorroller

⸗**seg·ler** 男 (補助エンジン付きの)モーターグライダー. ⸗**sport** 男 モーターレース(自動車競走・オートバイ競走など). ⸗**sprit·ze** 女 モーターで操作する消火器.

Mot·te[mɔ́tə] 女 -/-n **1** (英: *moth*)〘虫〙**a)** スガ(巣蛾)科のガ: Echte ～*n* ヒロズコガ(広頭小蛾)科のガ. **b)** メイガ(螟蛾)よりも小型の蛾類の総称: die von ～*n* zerfressenen Kleider 虫に食われた衣服 | **Das fressen die ～*n*.**《比》それは使われずにほこりをかぶっている | In dem Pelz sind 〔die〕 ～*n*. 毛皮に虫がついている | **in *et.*[4] sind die ～*n* hineingekommen**《話》…は事態は行きづまっている | von *et.*[3] angezogen werden wie die ～*n* vom Licht 光に吸いよせられる蛾(が)のように…にひきつけられる | **wie die ～*n* ums Licht fliegen**《比》破滅するまで熱中して(とりこになって)いる ‖ **die ～*n* haben**《話》肺結核にかかっている | **～*n* 〔im Kopf〕 ha-**

ben《話》頭がどうかしている｜〔ach,〕 **du kriegst die ～n!**《話》これは驚いた｜**Das ist, um die ～n zu kriegen!**《話》全く腹が立つ｜***jm.* die ～n austreiben**《話》…の妄想を払いのけてやる.
2《話》陽気な利口者; ずるがしこいやつ.
3《話》女の子, 若い女: eine kesse ～ やんちゃ娘.
［*mndd.*; ◇Made; *engl.* moth］

mọt·ten⸗echt[mɔ́tən..] 形, **⸗fest** 形（衣服などが）虫のつかない, 防虫加工の.

Mọt·ten⸗flie·ge 女〘虫〙チョウバエ(蝶蠅)科の昆虫. **⸗ki·ste** 女 虫よけ衣料箱: **aus der ～ stammen**《比》全く古びて〈時代遅れになって〉いる. **⸗ku̲·gel** 女 球形除虫剤. **⸗laus** 女〘虫〙コナジラミ(粉虱)科の昆虫. **⸗pul·ver** 中 粉末除虫剤, 除虫粉. **⸗sack** 男 虫よけ用洋服カバー. **⸗schild·laus** ＝Mottenlaus

mọt·ten·si·cher ＝mottenfest

Mọt·to[mɔ́to·] 中 -s/-s **1**（行動の基準となる）モットー, 標語; 座右銘: *sich*^{3} *et.*^{4} als ～ wählen …をモットーに選ぶ｜Er handelt nach diesem ～. 彼はこのモットーに基づいて行動している. **2**（書物〔の章〕などの）題辞, 題詞. ［*spätlat.* muttum „Wort"－*it.*; ＜*lat.* muttīre „mucksen"（◇muh）］

mọt·zen[mɔ́tsən] 自 (h)《話》**1**《über *jn.*〈*et.*^{4}〉》（…について）文句をつける, 不平を言う. **2** 不機嫌である, 反抗的である, ふくれっつらをする.

mọt·zig[mɔ́tsɪç]^2 形《話》不機嫌な, 反抗的な.

Mouche[mʊʃ] 女 -/-n[mʊ́ʃən] **1**〘スポ〙（標的中央部の）黒点. **2** (Schönheitspflästerchen) 付けぼくろ. ［*fr.* mouche „Fliege"］

mouil·lie·ren[mují:rən] 他 (h)〘言〙口蓋(こうがい)化〈湿音化〉する（特にフランス語・スペイン語などで）. ［*fr.* mouiller „benetzen"; ◇Moll^1］

Mouil·lie·rung[..rʊŋ] 女 -/-en〘言〙口蓋化, 湿音化.

Mou·la̲·ge[mulá:ʒə] 男 -/-s (女 -/-n) ムラージュ（解剖学教材用の蠟(ろう)製人体模型）. ［*fr.*; ◇Modul, ..age］

Mou·li·né[muliné:] 男 -s/-s〘織〙ムリネ糸（絹のより糸の一種）; ムリネ織り. ［*fr.*］

mou·li·ni̲e̲·ren[mulinί:rən] 他 (h)〘織〙（絹糸を）より合わせる. ［*fr.* mouliner „mahlen"; ＜*spätlat.* molīnum „Mühle"（◇Mühle）］

Moun·tain·bike[máʊntɪnbaɪk] 中 -s/-s マウンテンバイク（オフロード競技用の自転車. 軽量で, 太目のタイヤをもつ）. ［*engl.* mountain bike］

Mous·se[mʊs] 女 -/-s[－]〘料理〙**1**（肉・魚などの）ムース. **2**（デザート用の）〔チョコレート〕ムース. ［*fr.* mousse „Schaum"］

mous·si̲e̲·ren[mʊsí:rən, mu..] 自 (h)（シャンパンなどが）泡立つ. ［*fr.*］

Mou·sté·rien[mʊsteriɛ̃:] 中 -〔s〕/〘人類〙（旧石器時代中期の）ムスティエ文化. ［*fr.*; ＜Le Moustiers（南フランスの出土地名）］

Mo̲·vens[mó:vɛns] 中 -/ (Beweggrund) 動機, 動因.

mo·vi̲e̲·ren[moví:rən] 他 (h) **1** (bewegen) 動かす. **2**〘言〙（男性を示す名詞を女性形に）転ずる（→Motion 3 a): *movierte* Feminina 男性名詞から転化した女性名詞. ［*lat.* mōvere „bewegen"; ◇Motion, Motor］

Mo·vi̲e̲·rung[..rʊŋ] 女 -/-en movieren すること.

Mö̲w·chen[mǿ:fçən] 中 -s/- **1** Möwe の縮小形. **2**〘鳥〙コシジロキンパラ(腰白金腹), ダンドク（東南アジア産ジュウシマツの原種）.

Mö̲·we[mǿ:və] 女 -/-n (小 **Mö̲w·chen** → 別出)（英: *mew*)〘鳥〙カモメ(鷗). ［*mndd.* mēwe］

Mọ·xa[mɔ́ksa·] 女 -/..xen[..ksən], **Mọ·xe**[..ksə] 女 -/-n（灸(きゅう)に用いる）もぐさ. ［*japan.*－*engl.* moxa］

Moz·a̲·ra·ber[motsá(:)rabər] 男 -s/-《ふつう複数で》〘史〙モサラベ（イスラム人支配下のスペインのキリスト教徒）. ［*arab.* musta'rib „arabisiert"－*span.* mozárabe］

moz·a·ra̲·bisch[motsará:bɪʃ] 形 モサラベの.

Mo̲·zart[mó:tsart] 人名 Wolfgang Amadeus ～ ヴォルフガング アマデーウス モーツァルト（1756–91; オーストリアの作曲家. 作品は歌劇『フィガロの結婚』, 交響曲『ジュピター』など多数）.

Mo̲·zart⸗ku̲·gel 女（特別な詰め物をチョコレートで包んだ）モーツァルトふうプラリーヌ. **⸗zopf** 男 モーツァルトふうおさげ（髪型の一種）.

Mo·zẹt·ta[motsέta·] 女 -/..zetten[..tən]〘カトリック〙モゼッタ（高位の聖職者用の小頭巾(ずきん)つき肩衣）. ［*it.*; ＜*mlat.* almūcia（→Mütze）］

mp 略 ＝mezzopiano

m. p. 略 ＝manu propria 自筆で.

Mp 略 ＝Mittelpunkt 中心点.

MP 略 **1** [ɛmpé:]＝**Maschinenpistole** 自動小銃. **2** [ɛ́mpí:]＝**Military Police**（イギリス・アメリカの）憲兵〔隊〕.

M. P.[ɛ́mpí:] 略 **1** ＝**Member of Parliament**（イギリス・アメリカの）下院議員. **2** ＝MP 2 ［*engl.*］

MPG[ɛmpe:gé:] 略 ＝**Max-Planck-Gesellschaft**

MPi[ɛmpí:] 略 ＝**Maschinenpistole** 自動小銃.

MPI[ɛmpe:|í:] 略 ＝**Max-Planck-Institut** マックス＝プランク研究所.

Mr.[místər]（＜Mister)《英語で男性に対する敬称として姓などの前につけて》(Herr) …さん, …君, …氏.

MRA[ɛm|ɛr|á:] 略 ＝**Moral Re-Armament** 道徳再武装〔運動〕(→Aufrüstung 1). ［*engl.* „Moralische Aufrüstung"］

Mrd. 略 ＝**Milliarde**〔n〕〔数〕十億.

Mrs.[mísɪs, mísɪz]（＜Mistress)《英語で既婚の女性に対する敬称として姓などの前につけて》(Frau) …さん, …夫人.

m. s. 略 ＝**mano sinistra**

m/s ＝m/sec

Ms. 略 ＝**Manuskript** 原稿（複数: Mss.).

msec[mɪlizekʊ́ndə] 記号 (Millisekunde) ミリセカンド.

m/sec 略 ＝**Meter pro** 〈je〉 **Sekunde** 毎秒…メートル.

Msgr. 略 ＝**Monsignore**

Mskr. 略 ＝**Manuskript** 原稿.

Mss. 略 ＝Manuskripte (→Manuskript).

Mt 略 ＝**Megatonne**

MTA[ɛmte:|á:] 略 ＝ **medizinisch-technische Assistentin**（女性の職業としての）臨床検査士〈技師〉.

MTS[ɛmte:|ɛ́s] 略 ＝ **Maschinen-Traktoren-Station**（旧ソ連邦・旧東ドイツなどの）機械＝トラクター＝ステーション.

Much·ta̲r[mʊxtá:r] 男 -s/-s（トルコの）村〈町〉長. ［*arab.*－*türk.*］

Mụck[mʊk] 男 -s/-e《ふつう単数で》《話》（抗議・反抗の表現としての）低いつぶやき声, かすかな身動き; 気弱な反抗: keinen ～ sagen うんともすんとも言わない; すこしも逆らわない｜keinen ～ tun じっとおとなしくしている. ［◇mucken］

Mụcke[mʊ́kə] 女 -/-n **1 a)**《南部》(Mücke) カ(蚊); ブヨ: **Mit Geduld und Spucke fängt man eine ～.**《諺》忍耐をすれば何事も成就する（忍耐と唾(つば)で蚊を捕らえる). **b)**《西部》(Fliege) ハエ(蠅). **2**《複数で》《話》気まぐれ, むら気, 偏屈さ: ***jm.* die ～n austreiben**《話》…の気まぐれを取り除く｜〔*seine*〕 **～n haben**《話》気まぐれである; 不機嫌である｜Der Motor hat seine ～n.《話》このエンジンは調子がおかしい｜～n machen すねる, ふくれっつらをする.

Mụ̈cke[mʏ́kə] 女 -/-n **1 a)**〘虫〙長角亜目の昆虫（カ・ブヨの類): Malaria*mücke* マラリア蚊｜**fliegende ～n**〘医〙飛蚊(ひぶん)症 ‖ von ～n geplagt 〈gestochen〉 werden 蚊に悩まされる〈刺される〉‖〔**eine**〕 **～ machen**《話》逃げる, 姿をくらます ‖ aus einer ～ einen Elefanten machen (→Elefant 1)｜***sich***^{4} **über die ～ an der Wand ärgern**《比》ささいなことにも腹を立てる〈いらいらする〉｜wie eine Tüte〔voll〕～n angeben (→Tüte 1). **b)**《南部》(Fliege) ハエ(蠅). **2**《話》**a)** (Geld) 金(かね), ぜに: keine ～ mehr haben 一文無しである. **b)** (Mark) マルク: eine ～ zwanzig 1 マルク20ペニヒ. ［1: *westgerm.*; 擬音; ◇*engl.* midge; *lat.* musca „Fliege"］

Mụcke·fuck[mʊ́kəfʊk] 男 -s/《話》（味の薄い）代用コーヒー. ［＜Mucken „Holzmulm"＋fuck „faul"］

mụcken[mʊ́kən] **I** 自 (h)《話》（抗議・反抗の表現として）ぶつぶつ不平を言う, 低くつぶやく; 反抗の身ぶりをする. **II** 他 (h)《話》再帰 *sich*^{4} ～ 不平を言う; 反抗する. ［*mndd.*; 擬

音; ◇muh, Muffel[4]]

Mücken≠dreck[mʏ́kən..] 男 ブヨのふん(しみ); 《話》ささいなこと. **≠fän·ger** 男 〘鳥〙アリサザイ. **≠haft** 男 中 〘虫〙ガガンボ(大蚊)科の昆虫. **≠schwarm** 男 蚊(ブヨ)の群れ. **≠se·hen** 中 -s/ 〘医〙飛蚊(ぴぶん)症. **≠stich** 男 蚊が刺すこと; 蚊の刺し傷.

Mucker[mʊ́kər] 男 -s/- **1** いくじなし, 卑屈者; 偽善者, 猫かぶり. **2** 不機嫌な人, 不平家.

mucke·risch[mʊ́kərɪʃ] 形 **1** いくじなしの, 卑屈な; 偽善的な, 猫をかぶった. **2** 不機嫌な, 不平家の.

Mucker·tum[mʊ́kərtu:m] 中 -s/ **1** いくじのなさ, 卑屈; 偽善, 猫かぶり. **2** 不機嫌なこと.

Mucks[mʊks] 男 -es/-e 《ふつう単数で》=Muck

muck·schen[mʊ́kʃən] 《04》自 (h) 《方》不機嫌にむっつりしている, ふくれっつらをしている.

muck·sen[mʊ́ksən] 《02》=mucken

Muck·ser[..sər] 男 -s/- 《ふつう単数で》=Muck

mucks·mäus·chen·still 形 《付加語的用法なし》《話》だまりこくった, 静まりかえった.

Mud(d)[mʊt] 男 -s/ 《北部》〘海〙(港湾・河口部などの)泥(土); 泥沼, ぬかるみ; 沈殿物, おり. [*mndd.* mudde; ◇Modder]

Mud·del[mʊ́dəl] 男 -s/ 《北部・中部》**1 a)** =Mud(d) **b)** (悪臭を放つ)泥水. **2** でたらめ(ぞんざい)(な仕事).

mud·deln[mʊ́dəln] 《06》自 (h) 《北部・中部》**1** 泥などを掘りかえす. **2** でたらめ(ぞんざい)な仕事をする.

mud·dig[mʊ́dɪç][2] 形 《北部》泥状の; ぬかるみの.

mü·de[mʏ́:də] 形 **1** (英: *tired*) (↔munter) 疲れた, 疲労した; 眠い; 弱々しい: ～ Augen 疲れた(眠そうな)目 | ein ～*s* Gesicht 疲れたような顔 | *seine* ～*n* Glieder ⟨*seinen* ～*n* Körper⟩ ausruhen 疲れた体を休める | mit ～*r* Stimme 弱々しい(力のない)声で ‖ eine ～ Hoffnung かすかな希望 | keine ～ Mark (→Mark[1]) ‖ angenehm ～ sein 心地よく疲れている(眠気をもよおしている) | wahnsinnig ～ sein ひどく疲れている(眠い) | zum Umfallen ～ sein 今にも倒れそうなくらい疲れている(眠くてたまらない) | Er war ～ von der Arbeit. 彼は仕事をして疲れていた | **～ wie ein Hund sein** 《話》疲れきっている, へとへとである(→hundemüde) | Bier macht ～. ビールを飲むと眠くなる | ～ werden 疲れる; 眠くなる | ein ～ gewordener Wagen 《比》(使い古して)くたびれた車 ‖ *sich*[4] ～ arbeiten ⟨laufen⟩ 働き(歩き)疲れる | ein Pferd ～ reiten 馬が疲れるまで乗りまわす.

2 飽きた, うんざりした: ***jn.*** ⟨***et.***[4]⟩ **～ sein** / ***js.*** ⟨***et.***[2]⟩ **～ sein** …に飽き飽き(うんざり)している | Ich bin des Wartens ～. 私は待ちくたびれた | Er war des Arbeitens ～. 彼は仕事に飽きていた | Ich bin es ～, immer wieder dasselbe zu sagen. 何度も同じことを言うのはもううんざりだ ‖ **nicht ～ werden** 《zu 不定詞句と》飽きもせず…する, あくまで…し続ける | Er wird nicht ～, sein Ziel zu verfolgen. 彼は飽くことなく自分の目標を追求しつづける.

[*westgerm.*; ◇mühen]

..müde[..my:də] 《名詞につけて「…に疲れた, …に飽きた」などを意味する形容詞をつくる》: ehe*müde* 結婚(夫婦)生活に飽きた | lebens*müde* 生きることに飽きた | zivilisations*müde* 文明生活にうんざりした.

Mü·dig·keit[mʏ́:dɪçkaɪt] 女 -/ (müde なこと. 例えば:) 疲れ, 疲労; 眠気: eine bleierne ～ 鉛のように重い疲労感(眠気) ‖ gegen die ～ ankämpfen 疲労(睡魔)と戦う | von ～ übermannt werden 疲労(睡魔)に打ち負かされる | vor ～ schwanken 疲労(眠さ)のあまりよろめく ‖ **nur keine ～ vorschützen!** 《話》ぐずぐず言わずにしっかりやれ.

Muez·zin[muɛ́tsi:n] 男 -s/-s ムエツィーン(イスラム教で1日5回の礼拝時刻を告げ知らせる人). [*arab.*]

Muff[1][mʊf] 男 -(e)s/ 《北部》**1** (Schimmel) かび; 腐敗. **2** (地下室などの)かびくさい(しめった)空気. [*ndl.* muf „verschimmelt"]

Muff[2][－] 男 -(e)s/-e (⊘ **Müff·chen** → 別出) 〘服飾〙マフ(防寒用の一種の手袋: → ⊠ Volant). [*mlat.* muffula －*fr.* moufle－*mndl.*; ◇*engl.* muff(le)]

Müff·chen[mʏ́fçən] 中 -s/- (Muff[2]の縮小形) 〘服飾〙小型のマフ; (Pulswärmer) マフィティー, 手首おおい.

Muf·fe[mʊ́fə] 女 -/-n **1** 〘工〙スリーブ(→ ⊠ Rohr). **2** 《北部》=Muff[2] **3** 《話》(Angst) 不安, 恐怖: **～ haben** 恐れ(不安)を抱く | ***jm.* geht die ～** …は恐ろしくてがたがた震えている. **4** 《卑》(Vulva) 外陰部, 陰門.

Muf·fel[1][mʊ́fəl] 女 -/-n 〘化〙マッフル炉.

Muf·fel[2][－] 中 -s/- =Mufflon

Muf·fel[3][－] 男 -s/- 《中部》一口(の食物). [„Mundvoll"]

Muf·fel[4][－] 男 -s/- **1** 《軽蔑的に》不機嫌(無愛想)な人; 無関心な人. **2** 〘狩〙(反芻(はんすう)動物の)鼻づら. [*mhd.* mu(p)f; ◇moppen[2], mucken]

muf·fe·lig[mʊ́fəlɪç][2] (**muff·lig**[..flɪç][2]) 形 **1** 《軽蔑的に》不機嫌な; 無愛想な, つっけんどんな. **2** =muffig 1

Muf·fel·kä·fer 男 〘虫〙マメゾウムシ(豆象虫)科の昆虫.

muf·feln[1][mʊ́fəln] 《06》**I** 自 (h) 《話》不機嫌である, ふくれっつらをする; 無愛想(つっけんどん)である. **II** 他 (h) 《話》(はっきりしないことばを)口の中でぶつぶつ言う.

muf·feln[2][－] 自 (h) 《話》口いっぱいにほおばる, (始終)口をもぐもぐさせる. [◇Muffel[3]]

muf·feln[3][－] (**müf·feln**[mʏ́..]) 《06》自 (h) 《方》非人称 《es muffelt ⟨müffelt⟩》かび臭い. [<Muff[1]]

Muf·fel·wild[mʊ́fəl..] 中 =Mufflon

muf·fen[mʊ́fən] =muffeln[3]

muf·fig[mʊ́fɪç][2] 形 **1** かびくさい; 腐敗した: ein ～*er* Geruch ⟨Keller⟩ かび臭いにおい(地下室). **2** =muffelig 1

muff·lig =muffelig

Muff·lon[mʊ́flɔn] 男 -s/-s 〘動〙ムフロン(地中海の Sardinien などにすむ野生の羊). [*it.* mufrone－*fr.* mouflon]

Muf·ti[mʊ́fti·] 男 -s/-s ムフティ(イスラムの法律学者). [*arab.* muftī „Entscheider"]

Mu·gel[mú:gəl] 男 -s/-(n) 《オーストリア》小さな丘, 小高い所.

mu·ge·lig[mú:gəlɪç][2] (**mug·lig**[..glɪç][2]) 形 (宝石などが)凸面状に研磨された.

muh[mu:] 間 (牛の鳴き声)モー: ～ machen ⟨schreien⟩ モーと鳴く.

Müh[my:] →Mühe 1

Mü·he[mʏ́:ə] 女 -/-n **1** 苦労, 苦心, 努力, 骨折り: große ⟨schwere⟩ ～ 大変な苦労 | vergebliche ⟨verlorene⟩ ～ むだな骨折り, 徒労 | die ～ um die Wiederherstellung der Gesundheit 健康回復のための努力 ‖ ***sich***[3] (mit ***et.***[3]) **～ geben** (…に)努力する(骨を折る) | *sich*[3] mit *jm.* ～ geben …のために苦労する | *sich*[3] die ～ machen ⟨nehmen⟩ (すすんで)労をとる | Ich mache ⟨nehme⟩ mir die ～, ihm die Sache zu erklären. 彼にこの件を説明する役目は私がお引き受けしましょう | Machen Sie sich[3] bitte keine ～! どうかおかまいなく | *jm.* ～ machen ⟨bereiten⟩ …に面倒をかける | keine ～ scheuen 労をいとわない | Sparen Sie sich[3] die ～! / Die ～ können Sie sich[3] sparen. そんなことに骨を折らないでください(骨を折っても無駄ですよ) ‖ Sie hat viel ～ mit den Kindern. 彼女は子供たちのことで非常に苦労している | Er hatte alle ～, das Lachen zu unterdrücken. 彼は笑いをこらえるのに大いに苦労した ‖ 〘前置詞と〙**mit ～** 骨を折って, 苦労して | **mit** (**knapper**) ***Müh*(*e*) und Not** 苦心さんたんの末, かろうじて | mit *Müh* und Not durchs Examen kommen からくも試験に合格する | **ohne ～** 難なく, やすやすと ‖ Die ～ hat sich gelohnt. 骨折りがいがあった | Das ist eine kleine ⟨leichte⟩ ～. それはおやすいご用です ‖ **der ～**[2] ⟨**die ～**[4]⟩ **wert sein** 苦労(努力)するだけの価値がある | Es ist nicht der ～ ⟨die ～⟩ wert, ihn nach seiner Meinung zu fragen. 彼の意見を尋ねてみてもはじまらない. ▽**2** (Sorge) 心労, 心配.

[*ahd.* muohī; ◇mühen, müde]

mü·he·los[mʏ́:əlo:s][1] 形 たやすい, 骨の折れない: *et.*[4] ～ begreifen …を難なく(容易に)理解する.

Mü·he·lo·sig·keit[..lo:zɪçkaɪt] 女 -/ mühelos なこと.

mu·hen[mú:ən] 自 (h) (牛が)モーと鳴く. [<muh]

mü·hen[mʏ́:ən] 他 (h) **1** 再帰 *sich*[4] ～ 努力する, 骨を折る: Er *mühte* sich vergeblich. 彼の苦労は無駄だった | Sie *mühte* sich, ihn für sich zu gewinnen. 彼女は彼を味方につけようとつとめた. **2** 再帰 *sich*⁴ um *jn.* 〈*et.*⁴〉 ～ …の面倒を見る, …について配慮する. ▽**3** 《*jn.*》 (…を)わずらわす. [*germ.*; ◇Mole¹, müde, Mühe; *gr.* mõlos „Mühe"]

mü̱·he·voll[mýːəfɔl] 形 苦労の多い, 骨の折れる, 難儀な: eine ～*e* Arbeit 手数のかかる仕事.

Mü̱·he·wal·tung 女 -/ 《雅》(Mühe) 骨折り, 努力: für Ihre ～ dankend (商業文などの末尾に)貴下のご尽力に感謝しつつ.

Mu̱h·ku̱h[múː..] 女 《幼児語》もうもう(牛).

Mü̱hl·bach[mýːl..] 男 水車用の小川〈導水路〉.

Mü̱h·le[mýːlə] 女 -/-n **1 a)** (英: *mill*) 製粉機; ひきうす; 粉砕機: Kaffee*mühle* コーヒーミル | Pfeffer*mühle* コショウひき器 | Wasser*mühle* 水車 | Wind*mühle* 風車 | Zement*mühle* セメント粉砕機 ‖ die ～ drehen ひきうすを回す ‖ Wasser auf *js.* ～⁴ sein (→Wasser 2) | ***jn.* durch die ～ drehen** 《話》…をせめたてる, …にせがむ | **in die ～ der Bürokratie** 〈der Verwaltung〉 **geraten** 《比》官僚〈行政〉機構の煩雑な仕組みに巻きこまれる | Getreide 〈Kaffee〉 **mit der ～ mahlen** 穀物〈コーヒー〉をひく ‖ **Gottes ～*n* mahlen langsam, aber sicher 〈trefflich fein〉.** 《諺》天網恢々(かいかい)疎にして漏らさず(神の臼(うす)はゆっくりと しかし確実〈きめこまか〉に挽(ひ)く) | Wenn die ～ steht, kann der Müller nicht schlafen. 《諺》水車がとまれば粉屋は眠れず(異常なことが起こると人は度を失う). **b)** 製粉所, 水車〈風車〉小屋; (Sägemühle) 製材所; (Papiermühle) 製紙工場; (Ölmühle) 搾油所.

2 《話》(Mundwerk) (話す道具としての)口: Seine ～ steht niemals still. 彼は絶えずしゃべりまくっている.

3 《話》乗り物(自転車・オートバイ・自動車・飛行機など).

4 a) (数人が手をつなぎあっての)ぐるぐる回り. **b)** 〖体操〗後方回転. **c)** 〖レスリング〗(相手をつり上げての)振り回し.

5 《単数で》西洋連珠(れんじゅ) (→ Brettspiel 1) (→ 図).

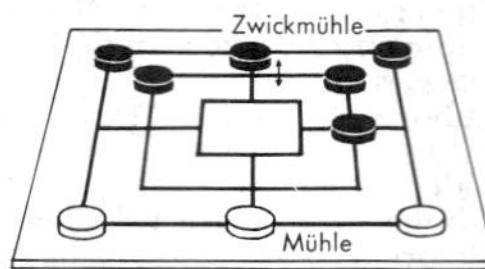

Mühle

[*spätlat.* molīna – *ahd.*; < *lat.* mola (→Mole²); ◇*engl.* mill]

Mü̱h·len≠bau·er[mýːlən..] 男 -s/- 水車〈風車〉大工. **≠ei·sen** 中 石うすの留め金. **≠flü̱·gel** 男 風車の翼板(→ 図 Flügel). **≠ra̱d** ＝Mühlrad

Mü̱h·le·spiel[mýːlə..] 中 ＝Mühle 5

Mü̱hl≠gang[mýːl..] ＝ Mahlgang **≠gra̱·ben** 男 ＝Mühlbach **≠knap·pe** 男 (Bescheider) 製粉所の職人. **≠ra̱d** 中 水車の輪: Mir geht 〔es wie〕 ein ～ im Kopf herum. 《話》私は頭がくらくらする〈混乱している〉 | Er redet wie ein ～. 彼はのべつ幕なしにしゃべっている. **≠stein** 男 (水車小屋・風車小屋の)石うす.

Mü̱hl·stein·kra̱·gen 男 〖服飾〗石うす形のひだ襟, ラフ(→ 図 Geistliche).

Mü̱hl≠um·schwung 男 〖体操〗(鉄棒の)もも掛け回転. **≠we̱hr** 中 水車用堰(せき). **≠werk** 中 水車〈風車〉の機械装置.

Mu̱h·me[múːmə] 女 -/-n (小 **Mü̱hm·chen**[mýːmçən], **Mü̱hm·lein**[..laɪn] 中 -s/-) ▽**1 a)** (Tante) おば(伯母・叔母). **b)** おばさん(一般的に親戚(しんせき)またはよその中年婦人を指して). **2** 《スイス》魔女, 妖精(ようせい). [*ahd.* muoma „Mutterschwester"; ◇Mutter¹]

Mü̱h·sal[mýːzaːl] 女 -/-e 苦労, 難儀, 困難, 辛苦.

mü̱h·sa̱m[mýːzaːm] 形 **1** 骨の折れる, 難儀な, つらい: eine ～*e* Aufgabe 面倒〈やっかい〉な任務 ‖ *sich*⁴ ～ erheben やっとの思いで起き上がる | *Mühsam* 〔er〕nährt sich das Eichhörnchen. (→Eichhörnchen). ▽**2** 努力を惜しまぬ, 勤勉な.

Mü̱h·sa̱m·keit[–kaɪt] 女 -/ mühsam なこと.

mü̱h·se·lig[mýːzeːlɪç]² 形 苦労の多い, 難儀〈困難〉な, 手数のかかる: eine ～*e* Kleinarbeit 手間のかかる細工仕事. [*mhd.*; ◇mühen]

Mü̱h·se·lig·keit[–kaɪt] 女 -/-en mühselig なこと.

Mu̱k·den[múkdən, ..dɛn] →Schenyang

mu·kö̱s[mukǿːs]¹ 形 (schleimig) 〖医〗粘液〔性〕の; 粘液を分泌する: ～*e* Drüse 粘液腺(せん). [*lat.*; < *lat.* mūcus „Schleim" (◇myxo..) + ..os]

Mu·ko̱·sa[..kóːza·] 女 -/..sen[..zən] (Schleimhaut) 〖解〗粘膜.

Mu·ko·vis·zi·do̱·se[mukovɪstsidóːzə] 女 -/-n 〖医〗膵(すい)〔臓〕線維症. [*lat.*; ◇viscos]

Mu·la̱t·te[mulátə] 男 -n/-n (女 **Mu·la̱t·tin**[..tɪn]-/-nen) ムラット(白人と黒人の〔第 1 代目の〕混血児). [*span.* mulato; < *lat.* mūlus (→Maultier)]

Mu̱l·che[múlçə] 女 -/ 《南部》チーズ製造用の牛乳.

Mu̱l·chen[múlçən] 中 -s/ 《南部》(一定期間の)チーズ生産高. [*mhd.* molchen; ◇Molke]

Mu̱l·de[múldə] 女 -/-n **1 a)** くぼみ, へこみ. **b)** 窪地(くぼち), 盆地; 〖地〗舟状海盆. **2** 《方》(木材をくりぬいて作った)舟形容器; (Backmulde) (製パン用の)こね桶(おけ): **Es gießt 〈regnet〉 wie mit ～*n*.** 《比》雨が盆を覆したように激しく降る. **3** 〖金属〗(金属の)鋳塊, 生子(なまこ). [*lat.* mulctra „Melkkübel" – *ahd.*; ◇melken, Molle]

Mu̱l·den≠blei 中 〖金属〗塊鉛. **≠ge·wöl·be** 中 〖建〗舟形ヴォールト(→ 図 Gewölbe B).

Mu·le̱·ta[muléːta·] 女 -/-s (闘牛士が牛を興奮させるために用いる)赤い布. [*span.*]

Mül·ha̱u·sen[myːlháuzən] 地名 ミュールハウゼン(フランス東部, アルザス地方の工業都市. フランス語形ミュルーズ Mulhouse). [◇Mühle]

Mü̱l·heim[mýːlhaɪm] 地名 ミュールハイム(ドイツ Nordrhein-Westfalen 州, Ruhr 地方の工業都市). [◇Heim]

Mu̱·li[múːli·] **I** 中 -s/-〔s〕《南部・オーストリア》(Maultier) 騾馬(らば). **II** Mulus の複数.

Mu·li·ne̱e[mulinéː] 男 -s/-s ＝Mouliné

mu·li·nie̱·ren[..níːrən] ＝moulinieren

Mull¹[mʊl] 男 -〔e〕s/ (種類: -e) **1** (薄手の)モスリン. **2** 〖医〗ガーゼ. [*pers.* malmal „sehr weich" – *Hindi* – *engl.*]

Mull²[–] 男 -〔e〕s/-e 《北部》(Humus) 腐植土.

Müll[mʏl] 男 -s(-es)/ (Abfall) ごみ, くず, 塵芥(じんかい), 廃棄物: radioaktiver ～ 放射性廃棄物 | Industrie*müll* 産業廃棄物 | Sperr*müll* 粗大ごみ ‖ *et.*⁴ in den ～ 〈zum ～〉 werfen …をごみために捨てる, …を廃棄する | zum ～ kommen ごみために捨てられる, 廃棄される ‖ *Müll* wird abgeholt. ごみが回収される. [*mndd.*; < *ahd.* mullen „zerreiben" (◇mahlen)]

Müll≠ab·fu̱hr[mʏ́l..] 女 **1** 塵芥(じんかい)運搬, ごみ回収. **2** (自治体の)廃芥処理施設, 清掃局. **≠ab·la̱·de·platz** 男 ごみ捨て場.

Mu̱l·la〔h〕[múla·] 男 -s/-s ＝Molla

Müll≠ar·bei·ter[mʏ́l..] 男 ごみ運搬人, 清掃員. **≠berg** 男 ごみの山, 山のような〔多量の〕ゴミ. **≠be·sei·ti·gung** 女 塵芥(じんかい)〈ごみ〉処理. **≠beu·tel** 男 (プラスチック製の)ごみ袋.

Mu̱ll·bin·de[mʊ́l..] 女 ガーゼの包帯.

Müll≠con·tai·ner[mʏ́l..] 男 (屋外に置かれた)ごみ集積用大型コンテナー. **≠de·po·nie** 女 ごみ捨て場, 塵芥(じんかい)集積場. **≠ei·mer** 男 ごみバケツ. **≠ent·sor·gung** 女 ごみ処理.

Mül·ler¹[mʏ́lər] 人名 **1** Otto ～ オットー ミュラー(1874–1930; ドイツの画家). **2** Wilhelm ～ ヴィルヘルム ミュラー(1794–1827; ドイツの詩人. 彼の詩『美しい水車小屋の娘』『冬の旅』は Schubert の作曲で知られている).

Mül·ler²[–] 男 -s/- **1** 粉屋; 製粉業者: Lieschen ～ (→Lieschen²). **2** (Mehlkäfer) 〖虫〗ゴミムシダマシ(偽塵芥虫). [*mlat.* molīnārius – *ahd.* mulināri; ◇Mühle; *engl.* miller]

Mül·ler·bur·sche 男 粉屋の若者(職人・徒弟).

Mül·le·re̲i[mʏlərái] 女 -/ 製粉〔業〕.

Mụ̈l·ler·ge·sel·le[mʏ́lər..] 男 粉屋の職人.

Mụ̈l·le·rin[mʏ́lərɪn] 女 -/-nen 粉屋の妻〈娘〉.

mụ̈l·lern[mʏ́lərn]《05》自 (h) ミュラー式体操〈トレーニング〉をする. [<J. P. Müller (デンマークの体操教師, 1866-1938)]

Mụ̈l·ler-Thụr·gau[mʏ́lərtúrgau, ..tú:r..] 男 -/ **1** (白ワイン用)ミュラー=トゥルガウ種のぶどう. **2** ミュラー=トゥルガウ種のぶどうからつくった白ワイン. [<H. Müller-Thurgau (スイスのぶどう研究家, †1927)]

Mụ̈ll≠fa̲h·rer[mʏ́l..] 男 = Müllkutscher ≠**ge·fä̲ß** 中 ごみ〔回収用〕容器, ごみバケツ. ≠**gru̲·be** 女 ごみ捨て穴, ごみため. ≠**hau·fen** 男 ごみ〈塵芥〉の山. ≠**ka·sten** 男 ごみ箱. ≠**kip·pe** 女 ごみ捨て場. ≠**kut·scher** 男《話》ごみ運搬人. ≠**mann** 男 -s/..männer (..leute)《話》ごみ運搬人, 清掃員. ≠**schau·fel** 女 ちり取り, ごみ取り(→ 図 Schaufel). ≠**schlucker** 男 ダストシュート. ≠**ton·ne** 女 (円筒形でふたのついた大型の)ごみ容器(ごみ回収用). ≠**tren·nung** 女 ゴミ分別〔処理〕. ≠**um·wand·lungs·an·la̲·ge** 女 ごみ処理場, 清掃工場. ≠**ver·bren·nung** 女 ごみ焼却.

Mụ̈ll·ver·bren·nungs·an·la̲·ge 女 ごみ焼却施設.

Mụ̈ll≠wa̲·gen 男 ごみ運搬車, 清掃車. ≠**wer·ker** 男 (塵芥処理に従事する)清掃員.

Mulm[mʊlm] 男 -[e]s/ (自然現象でぼろぼろになったもの. 例えば:) 腐朽した木, 風化した岩石, (風化作用による)ぼろぼろの土壌. [*ndd.* molm; <*ahd.* melm (→malmen)]

mụl·men[mʊ́lmən] **I** 自 (s) ぼろぼろになる, 腐朽する, (岩石が)風化する. **II** 他 (h) ぼろぼろにする, 腐朽〈風化〉させる.

mụl·mig[mʊ́lmɪç][2] 形 **1** ぼろぼろの, 腐朽した, 風化した; (土壌が)やわらかい: eine ～*e* Holztreppe 腐った木の階段. **2**《話》(事態が)容易ならぬ, (雲ゆきの)あやしい; (気分が)落ち着かない, 不安な: ein ～*es* Gefühl 落ち着かない気持 | eine ～*e* Situation 危ない状況 ‖ Mir wurde ganz ～. 私はひどく不安になってきた.

multi..《名詞・形容詞などにつけて「多数の」「多重の」などを意味する》: *Multi*millionär 億万長者 | *Multi*talent 多方面の才能〔をもった人〕‖ *multi*ethnisch 多民族〔共存〕の | *multi*medial 混合媒体の. [*lat.* multus „viel"]

Mụl·ti[mʊ́lti·] 男 -s/-s (<multinationaler Konzern)《話》多国籍コンツェルン.

mul·ti·di·men·sio·na̲l[mʊltidimɛnzioná:l] 形 多次元の.

mul·ti·e̲th·nisch[mʊlti|ɛ́tnɪʃ, mʊ́lti|ɛtnɪʃ] 形 多民族の; 多民族混成〈共存〉の.

mul·ti·fak·to·rie̲ll[mʊltifaktoriɛ́l] 形 多くの要素からなる.

mul·ti·funk·tio·na̲l[..fʊŋktsioná:l] 形 多機能〈多目的〉の.

mul·ti·kau·sa̲l[..kauzá:l] 形 多原因性の: eine ～*e* Auffassung von Verbrechen 犯罪をさまざまな原因によるとする考え方.

Mul·ti·kul·tu̲r[mʊltikʊltú:r, ⌣⌣⌣–] 女 多重〈マルチ〉文化.

mul·ti·kul·tu·re̲ll[mʊltikʊlturɛ́l] 形 多重〈マルチ〉文化の, 多文化的な: eine ～*e* Gesellschaft 多文化社会.

mul·ti·la·te·ra̲l[mʊltilaterá:l, ⌣⌣⌣⌣–] 形 (vielseitig) 多辺の; 多辺〈多面・多角〉的な; 多国間の: ein ～*es* Abkommen 多国間協定 | ein ～*es* Verrechnungssystem (多国間の協定による)多角的決算〈通貨相殺〉方式.

Mul·ti·la·te·ra·lị·mus[..lateralísmʊs] 男 -/ (通商協定などの)多辺〈多角〉主義.

Mul·ti·mẹ·dia[..mé:dia·] 中 -s/《ふつう無冠詞で》(授業・娯楽・芸術などにおける)混合媒体, マルチメディア. [*engl.*; ◇Medium]

mul·ti·me·dia̲l[mʊltimediá:l, ⌣⌣⌣⌣–] 形 混合媒体〈マルチメディア〉の: das ～*e* Zeitalter マルチメディア時代.

Mul·ti·mil·liar·dä̲r[mʊltimɪliardɛ́:r, ⌣⌣⌣⌣⌣–] 男 -s/-e (数十億・数百億の資産を有する)億万長者.

Mul·ti·mil·lio·nä̲r[mʊltimɪlionɛ́:r, ⌣⌣⌣⌣⌣–] 男 -s/-e 億万長者, 大富豪.

mul·ti·na·tio·na̲l[mʊltinatsioná:l, ⌣⌣⌣⌣⌣–] 形 多国家〈多国籍〉の: ein ～*es* Unternehmen 多国籍企業.

Mul·tị·pa·ra[mʊltí:para·] 女 -/..ren[..tipá:rən]〔医〕経産婦(2回以上子を産んだ女). [<*lat.* parere (→parieren[2])]

mul·tị·pel[mʊltí:pəl] (..ti·pl..) 形 **1** 複合の, 多様の. **2**〔医〕多発性の: *multiple* Sklerose〔医〕多発性硬化症.

Mụl·ti·pla Multiplum の複数.

mụl·ti·plex[mʊ́ltiplɛks] 形 **1** 複合の, 多様の. **2**〔通信〕多重〔式〕の. [*lat.*; <*lat.* plicāre (→pliieren)]

Mul·ti·pli·kạnd[mʊltiplikánt][1] 男 -en/-en〔数〕被乗数, 実(じつ).

Mul·ti·pli·ka·tio̲n[..plikatsió:n] 女 -/-en **1** (↔Division)〔数〕乗法, 掛け算. **2**〔生〕増殖. [*lat.*]

Mul·ti·pli·ka·tio̲ns·zei·chen 中〔数〕乗法記号(ふつう・, まれに×を用いる. 例 4・5 = 20).

mul·ti·pli·ka·tị̲v[..plikatí:f][1] 形 乗法の, 掛け算の; 乗法的な.

Mul·ti·pli·ka·tị̲·vum[..plikatí:vʊm] 中 -s/..va[..va·] **1** = Vervielfältigungszahlwort **2** = Wiederholungszahlwort

Mul·ti·pli·kạ̲·tor[..pliká:tɔr, ..to:r] 男 -s/-en[..kató:rən] **1**〔数〕乗数, 法; 積分因子. **2**〔理〕倍率器. [*spätlat.*]

mul·ti·pli·zie̲·ren[..plitsí:rən] 他 (h) **1** (↔dividieren) (malnehmen)《*et.*[4] mit *et.*[3]》〔数〕(…に…を)乗じる, 掛ける: Drei *multipliziert* mit fünf ist 〈gibt〉 fünfzehn. 3掛ける5は15. **2** 増強する: 再帰 *sich*[4] ～ 増大する. [*lat.*]

Mụl·ti·plum[mʊ́ltiplʊm] 中 -s/..pla[..pla·]〔数〕乗積. [*spätlat.*; ◇*engl.* multiple]

Mul·ti·po̲l[mʊltipó:l] 男 -s/-e〔理〕多重極.

mul·ti·po·la̲r[mʊltipolá:r, ⌣⌣⌣–] 形 多極の, 多極的な.

Mul·ti·po·la·ri·tä̲t[mʊltipolaritɛ́:t, ⌣⌣⌣⌣⌣–] 女 -/ 多極性.

Mul·ti·pro·gram·ming[mʌ́ltɪpróʊgræmɪŋ] 中 -s/〔電算〕多重プログラミング. [*engl.*]

Mụl·ti·ta·lent[mʊ́ltitalɛnt] 中 多方面の才能〈能力〉〔をもった人〕, マルチタレント.

mul·ti·va·lẹnt[mʊltivalɛ́nt] 形 (mehrwertig) 多価の; (特に心理テストなど)多義的な. [<*lat.* valēns „stark" (◇valieren); ◇Valenz]

Mul·ti·vi·bra̲·tor[mʊltivibrá:tɔr, ..to:r] 男 -s/-en[..brató:rən]〔電〕マルチバイブレーター.

mụl·tum, no̲n mụl·ta[mʊ́ltʊm nó:n mʊ́lta·]《ラテン語》《諺》広く浅くではなく深くあれ(→non multa, sed multum). [◇multi..]

Mụ̲·lus[mú:lʊs] 男 -/..li[..li·]《戯》(まだ学籍簿に登録される以前の)大学の新入生. [*lat.* mūlus (→Maultier)]

Mụ̲·mie[mú:miə] 女 -/-n ミイラ: wie eine 〔wandelnde〕 ～ aussehen ミイラのようにやせ衰えている. [*arab.*–*it.* mummia; <*pers.* mūm „Wachs"; ◇*engl.* mummy]

mụ̲·mi·en·haft[mú:miənhaft] 形 ミイラのような.

Mu·mi·fi·ka·tio̲n[mumifikatsió:n] 女 -/-en ミイラ化.

mu·mi·fi·zie̲·ren[..tsí:rən] **I** 他 (h) ミイラにする. **II** 自 (s) ミイラになる.

Mumm[mʊm] 男 -s/《話》気力, 根性, ガッツ; 体力: **keinen ～ in den Knochen haben** 気骨〈根性〉がない, 骨なしである; 体力がない. [<*lat.* animus (◇Animus)]

Mụm·me[1][mʊ́mə] 女 -/ (Braunschweig 産の)黒ビール. [<Chr. Mumme (15世紀ドイツの醸造家); ◇*engl.* mum]

▽**Mụm·me**[2][–] 女 -/-n **1** 仮面; 仮装. **2** 仮面をかぶった〈仮装をした〉人.

Mụm·mel[mʊ́məl] 女 -/-n **1** (Teichrose)〔植〕スイレン(水蓮)属. **2**《北部》仮面をかぶった〈仮装をした〉人.

Mụm·mel·greis 男《話》(歯の抜けた)老いぼれ.

Mụ̈m·mel·mann[mʏ́məl..] 男 -[e]s/..männer《戯》

M

もぐもぐちゃん(うさぎの異名).

mụm·meln[1][mʊ́məln]《06》自 (h)《北部》(murmeln) つぶやく, もぐもぐ言う; ぶつぶつ文句〈不平〉を言う. [*mndd.*; 擬音; ◇ *engl.* mumble]

mụm·meln[2][–]《06》他 (h)《話》包み込む: *sich*[4] in *seinen* Mantel ~ コートに身をくるむ. [<Mumme[2]]

mụ̈m·meln[mʏ́məln]《06》自 (h)(うさぎなどが)もぐもぐ食べる;《比》(歯のない人が)もぐもぐかむ: an einem Apfel ~ りんごをかじる. [<mummeln[1]]

mụm·men[mʊ́mən]《話》=mummeln[2]

Mụm·men·schanz[..ʃants] 男 -es/ **1** 仮装大会〈行列〉. **2** 仮装. [◇Schanze[1]; カーニバルのさい仮装してサイコロを使った賭事(かけごと)遊びをしたことから]

Mum·me·rẹi[mʊmərái] 女 -/-en=Mummenschanz

Mumpf[mʊmpf] 男 -[e]s/《スイス》=Mumps

Mụm·pitz[mʊ́mpɪts] 男 -es/《話》(Unsinn) ばかげたこと, ナンセンス. [„Schreckgestalt"; <Mumme[2]+Butz[2]]

Mumps[mʊmps] 男 (話: 女) -/《医》流行性耳下腺(じかせん)炎, おたふくかぜ. [*engl.*; < *engl.* mump „Grimasse"]

Mụn·bai[mʊ́nbaɪ] 地名 ムンバイ(インド西岸の港湾都市. 旧称 Bombay).

Munch[mʊŋk] 人名 Edvard ~ エドヴァルド ムンク(1863–1944; ノルウェーの画家・版画家).

Mụ̈n·chen[mʏ́nçən] 地名 ミュンヒェン(ドイツ Bayern 州の州都. 博物館・大学・ビールなどで知られる. 英語・フランス語形 Munich, イタリア語形 Monaco). [„(zu den) Mönchen"; ◇Mönch]

Mụ̈n·che·ner[..çənər] (**Mụ̈nch·ner**[..çnər]) **I** 男 -s/- ミュンヒェンの人. **II** 形《無変化》ミュンヒェンの: das ~ Abkommen〖史〗ミュンヒェン協定(1938) | das ~ Kindl (市の紋章を飾る)ミュンヒェンの小修道士.

Mụ̈nch·hau·sen[mʏ́nçhaʊzən] 人名 Karl Friedrich Hieronymus von ~ カール フリードリヒ ヒエローニュムス フォン ミュンヒハウゼン(1720–97; 戦争と冒険旅行に関して多くのでたらめな話を残し, ビュルガー G. A. Bürger などの小説の主人公となった. 「ほら男爵」の異名がある).

Münch·hau·se·nịa·de[mʏnçhaʊzəniá:də] 女 -/-n〖文芸〗ミュンヒハウゼン流の大ぼら物語. [<..ade]

Mụ̈nch·ner[mʏ́nçnər] =Münchener

Mund[1][mʊnt][1] 男 -es(-s) / Münder[mʏ́ndər](-e, Münde[mʏ́ndə]) (小 **Mụ̈nd·chen** → 別出, **Mụ̈nd·lein**[mʏ́ntlaɪn] 中 -s/-) **1** (英: *mouth*)(人間の)口(くちびるを含む. 動物の口は Maul: → 図); 口腔(こうくう):〖形容詞と〗ein großer 〈kleiner〉 ~ 大きい〈小さい〉口 | ein lachender 〈lächelnder〉 ~ 笑って〈ほほえんで〉いる口もと | mit offenem ~ / offenen ~*es* 口をぽかんとあけて | ein roter 〈rosiger〉 ~ 赤い〈バラ色の〉口もと | ein sinnlicher 〈spöttischer〉 ~ 肉感的〈嘲笑(ちょうしょう)的〉な口もと | Ein stummer ~ ist kein Zeuge. 死者は証人にはなれない.

‖〖4格で〗**den ~ nicht aufbekommen 〈aufkriegen〉** 口をつぐむ, 沈黙を守る | **den ~ aufmachen 〈auftun〉** 口をあける;《比》口をきく, 物を言う | **den ~ aufreißen**《話》大口をたたく, 大言壮語する | **den ~ über *jn.* aufreißen**《話》…の悪口を言う | **den ~ aufsperren / ~ und Augen 〈Nase〉 aufsperren 〈aufreißen〉**《話》(驚いて)口をぽかんとあける, あっけにとられる | **den ~ auf dem rechten Fleck haben**《話》口が達者である, 当意即妙である | **einen großen ~ haben**《話》大口をたたく, 生意気である | **einen losen ~ haben**《話》あつかましい口のきき方をする | den ~ voll haben 口いっぱいにほおばっている | den ~ halten 口をつぐむ, 沈黙する | *js.* ~[4] küssen …の口にキスする | **reinen ~ halten**《話》秘密を守る | Du **hast wohl deinen ~ zu Hause gelassen?**《話》君は口を家に置き忘れて来たんだね(無口な人への皮肉) | **den ~ voll nehmen** 口いっぱいにほおばる;《比》大口をたたく | den ~ öffnen 口をあける | ***jm.* den ~ öffnen**《比》…に口を開かせる | den ~ schließen 〈zumachen〉 口をとじる | den ~ spitzen 口をとがらせる〈すぼめる〉 | ***sich*[3] den ~ fusselig 〈fransig / in Fransen〉 reden**《話》(相手を説得するために)口がすっぱくなるほどしゃべる | **den ~ nach *et.*[3] spitzen**《比》…を食べたそうな様子をする | den ~ spülen 口をすすぐ | ***jm.* den ~ stopfen**《話》…を黙らせる, …に口止めをする; …を言い負かす | ***jm.* den ~ verbieten**《話》…の口を封じる, …に発言を禁じる | ***sich*[3] den ~ verbrennen** 口にやけどをする;《比》口をすべらせて災いを招く | den ~ verziehen 口をゆがめる | *sich*[3] den ~ vollstopfen 口いっぱいにほおばる, むさぼり食う | *jm.* den ~ wäßrig machen (→wässerig 1) | ***sich*[3] den ~ wischen können**《話》指をくわえて見ている, 何ももらえない | den ~ zusammenkneifen 口をきっと結ぶ.

‖〖前置詞と〗**an *js.* ~ hängen**《比》…の言葉に耳を傾ける | ***sich*[3] *et.*[4] am 〈vom〉 ~ absparen** 食うものを切りつめて…を浮かせる | *et.*[4] an den ~ setzen …(コップなど)を口に当てる | **nicht auf den ~ gefallen sein**《話》口が達者である | ***jm.* eins 〈eine〉 auf den ~ geben**《話》…の口もとに一発くらわす | **eins 〈eine〉 auf den ~ kriegen**《話》口もとに一発くらう | *jn.* auf den ~ küssen …の口にキスする | den Finger auf den ~ legen 指を口に当てる(静粛の指示など) | wie auf den ~ geschlagen sein (あつかましさなどに)あきれて物が言えない | ***et.*[4] aus *js.* ~[3]** hören …を…の口から聞く | aus berufenem ~ (→berufen III) | *jm.* das Wort aus dem ~ nehmen (→Wort 2 a) | Er riecht aus dem ~. 彼は口臭がある | ***et.*[4] viel 〈dauernd〉 im ~ führen** …を常に口にする, …が口ぐせになっている | eine Zigarette im ~ haben タバコをくわえている | von der Hand 〈von der Wand〉 in den ~ leben (→Hand 1, →Wand 1) | ***jm.* *et.*[4] in den ~ legen** …が…の発言をするように仕向ける | ***et.*[4] in den ~ nehmen** …(言葉など)を口にする; …(食物など)を口に入れる | **in aller 〈aller Welt〉 ~*e* sein** 世間の評判になっている, うわさの種である | Das Wort blieb mir im ~ stecken. 私は言葉が口の中でつかえてしまった | *jm.* das Wort im ~*e* umdrehen (→Wort 2 a) | *jm.* läuft das Wasser im ~ zusammen (→Wasser 3) | **mit dem ~ vornweg sein**《話》口から先に生まれている, なまいきである | Man spricht nicht mit vollem ~. 食べ物をほおばったままで話をするものではない | ***jm.* nach dem ~ reden**《話》…の話に調子をあわせる | ***jm.* über den ~ fahren**《話》…の言葉を無遠慮にさえぎる | *jm.* Brei 〈Honig〉 um den ~ schmieren (→Brei, →Honig) | Sie hat einen herben Zug um den ~. 彼女は口もとの表情が無愛想である | **von ~ zu ~ gehen** 口から口へと伝わる | **kein Blatt vor** den ~ nehmen (→Blatt 1 a) | die Hand vor den ~ halten 手を口に当てる | ein Schloß vor dem ~ haben (→Schloß 2 a) | *et.*[4] **zum ~** führen …(食物・食器など)を口へ運ぶ | ***jm.* zum ~ reden**《話》…の気にいられるようなことばかり言う.

‖〖1格で〗Der ~ steht ihm nie still. 彼はのべつ幕なしにしゃべり続ける | Sein ~ ist für immer verstummt.《雅》彼は死んだ | Wes das Herz voll ist, des geht der ~ über. / Wem das Herz voll ist, dem geht der ~ über. (→Herz 2).

‖〖3格で〗Bitter dem ~, dem Magen gesund.《諺》良薬は口に苦し.

2《比》(口の所有者としての)人: ein beredter 〈lügnerischer〉 ~ 口の達者な〈うそつきの〉人 | Ich habe sechs *Münder* zu stopfen. 私は6人もの家族を養わなければならない.

3 (形・機能が口に似たもの. 例えば:) 開口部; 入口; 河口; 坑口: der ~ einer Kanone 砲口.

[*germ.*; ◇ *engl.* mouth; *lat.* mandere „kauen"]

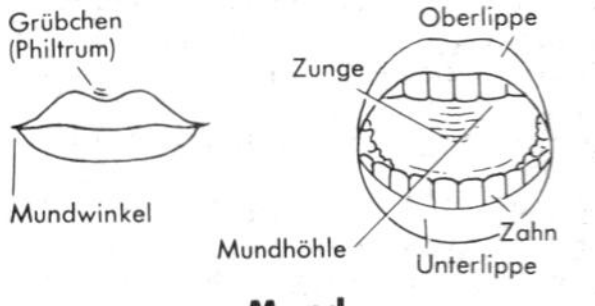

Mund

Mund[2][mʊnt] 女 -/ =Munt

Mụn·da Mundum の複数.

mun·dan[mʊndáːn] 形 (weltlich) この世の, 現世の; 世俗的な. [*spätlat.* mundānus; < *lat.* mundus „Welt"]

Mund·art[mʊ́nt|aːrt] 女 (Dialekt) 方言(→Hochsprache, Umgangssprache): Heimat*mundart* 郷里の方言, お国なまり.

Mund·art≠dich·tung 女 方言文学. **≠for·scher** 男 方言研究者. **≠for·schung** 女 方言研究.

mund·art·lich 形 (略 mdal.) 方言の.

Mund·art·wör·ter·buch 中 (Idiotikon) 方言辞典.

Mund≠at·mung[mʊ́nt..] 女 口による呼吸. **≠bröt·chen** 中 《方》ブレーチェン(→Brötchen).

Münd·chen[mʏ́ntçən] 中 -s/- **1** Mund^{1}の縮小形. **2** 《南部》(Kuß) くちづけ, キス.

Mün·de Mund^{1}の複数.

Mün·del[mʏ́ndəl] 中 -s/- 被後見人(→Vormund).

★ ドイツ民法では 男 -s/-, また女性の場合にはまれに 女 -/-n [*mhd.*; ◇Munt]

Mün·del·geld 中 (後見人の管理する)被後見人の所有金.

mün·del·si·cher 形 被後見人にとって安全な; (投資などに関して)安全確実な: ~*e* Anlagen 信託投資.

mun·den[mʊ́ndən]^{1} 《01》自 (h) 《*jm.*》 (飲食物などが…の)口に合う, (…に)おいしく感じられる; 《比》 (…の)気に入る, (…に)好ましく思える: Dieser Wein 〈Diese Arbeit〉 *mundet* ihm nicht recht. 彼はこのワイン〈仕事〉をあまり好まない. [< Mund^{1}]

mün·den[mʏ́ndən]^{1} 《01》自 (s, h) 《in *et.*^{4} 〈*et.*^{3}〉》 (河川などが…に)流れ込む, 注ぐ; 《auf *et.*^{4} 〈*et.*^{3}〉》 (…に)到達する, 通じる: Der Neckar *mündet* in den Rhein. ネッカー川はライン川に注ぐ | Die Straße *mündet* auf den Markt. この通りは市場〈広場〉に通じている ‖ Unser Gespräch *mündete* schließlich in heftigen Auseinandersetzungen. 私たちの話は結局激しい議論になった. [< Mündung]

Mün·den[mʏ́ndən] 地名 ミュンデン(ドイツ Niedersachsen 州の工業都市. Fulda 川と Werra 川の合流点にある).

Mund·ent·zün·dung[mʊ́nt..] 女 《医》 口内炎.

Mün·der Mund^{1}の複数.

mund·faul[mʊ́nt..] 形 口の重い, 無口な.

Mund·fäu·le 女 《医》 腐敗性口内炎.

mund·fer·tig 形 **1** 弁の立つ, 口達者な. **2** (食品に関して)すぐそのまま食べられる.

Mund·flo·ra 女 《医》 口内の細菌類, 口内細菌叢.

mund·ge·recht 形 食べやすい; 口あたりのよい, おいしい: *et.*^{4} ~ zubereiten …を食べやすい形に〈おいしく〉調理する ‖ *jm. et.*^{4} ~ machen 《比》 …の気に入る〈理解しやすい〉ような形に…を仕立てる.

Mund≠ge·ruch 男 《ふつう単数で》 口のにおい, 口臭: ein übler ~ いやな口臭. **≠glied·ma·ße** 女 -/-n 《ふつう複数で》《動》 (節足動物の)口器. **≠har·mo·ni·ka** 女 《楽》 ハーモニカ. **≠ho·bel** 男 《方》 = Mundharmonika **≠höh·le** 女 《解》 口腔(こうこう) (→ 図 Mund).

mun·die·ren[mʊndíːrən] 他 (h) 清書〈浄書〉する. [< *lat.* mundus (→Mundum)]

mün·dig[mʏ́ndɪç]^{2} 形 (volljährig) 成年〈丁年〉の(ドイツおよびオーストリアでは18歳以上, スイスでは20歳以上); 《比》 一人前の, おとなの: ein ~*er* Mensch 成年に達した人間; 《比》 (思慮分別のある)一人前の人間 ‖ In diesem Land wird man mit 18 Jahren ~. この国では18歳で成年になる. [*mhd.*; ◇Munt]

Mün·dig·keit[–kaɪt] 女 -/ 成年, 丁年.

mün·dig|spre·chen* 《177》他 (h) 《*jn.*》 (…が)成年に達したことを宣言する.

▽**Mund·koch**[mʊ́nt..] 男 (Leibkoch) (王侯貴族の)おかかえ料理人.

Mund·koi·tus 男 = Fellatio

Münd·lein Mund^{1}の縮小形(→Mündchen).

münd·lich[mʏ́ntlɪç] 形 (↔schriftlich) 口頭の, 口述の, 口伝えの: eine ~*e* Prüfung 口述試験 | eine ~*e* Verhandlung 《法》 口頭弁論 ‖ *jm. et.*^{4} ~ mitteilen …に…を口頭で伝える | alles Weitere ~ 委細は面談の上で(手紙の結句).

Münd·lich·keit[–kaɪt] 女 -/ mündlich なこと.

Münd·lich·keits≠grund·satz 男 -es/ , **≠prin·zip** 中 -s/ 《法》 (訴訟行為の)口頭主義.

Mund≠loch[mʊ́nt..] 中 《坑》 坑口. **≠pfle·ge** 女 口腔(こうこう)清掃, 口の手入れ. **≠pro·pa·gan·da** 女 口頭による宣伝, 口コミ. **≠raub** 男 -[e]s/ 食料品窃盗, 盗み食い.

Mund·schaft[mʊ́nt-ʃaft] 女 -/ (ゲルマン法での家父長などによる)保護〈監督〉. [< Munt]

Mund≠schenk[mʊ́nt..] 男 (中世の宮廷での)献酌(けんしゃく)侍従, 酌頭(しゃくがしら). **≠schleim·haut** 女 《解》 口腔(こうこう)粘膜. **≠schutz** 男 《ふつう単数で》 **1** (手術用の)マスク. **2** 《ボクシング》 マウスピース. **≠soor** = Soor **≠sper·re** 女 《医》 開口障害. **≠spie·gel** 男 (歯科医の用いる)歯鏡.

M-und-S-Rei·fen[ɛ́m|ʊnt|ɛ́s..] 男 (< Matsch-und-Schnee-Reifen) (泥濘(でいねい)路用の)マッドタイヤ.

Mund≠stel·lung[mʊ́nt..] 女 (特定の音を発音する際の)口の形〈位置〉. **≠stück** 中 **1 a)** (吹奏楽器の)歌口. **b)** (パイプの)吸い口; (紙巻きタバコの)吸い口(フィルターなど); (葉巻の)吸い口(→ 図 Tabak). **c)** 《工》 ノズル. **2** 馬銜(はみ).

mund·tot 形 《ふつう次の形で》 ***jn.* ~ machen** …の口を封じる, …に意見の発表を禁じる.

Mund·tuch 中 -[e]s/..tücher **1** 《雅》 (Serviette) ナプキン. **2** = Mundschutz 1

▽**Mun·dum**[mʊ́ndʊm] 中 -s/..da[..daˑ] (Reinschrift) 清書, 浄書. [*lat.* mundus „sauber"]

Mün·dung[mʏ́ndʊŋ] 女 -/-en **1** 河口; (河川・道路などの)合流点; 出口: die ~ der Elbe in die Nordsee エルベ川が北海に注ぎ込む河口. **2** 銃口, 砲口: die ~ der Pistole auf *jn.* richten ピストルの銃口を…に向ける. [< Mund^{1}]

Mün·dungs≠deckel 男 銃口〈砲口〉の栓. **≠feu·er** 中 銃口〈砲口〉の閃光(せんこう). **≠ge·schwin·dig·keit** 女 (銃口・砲口から射出される際の弾丸の)初速. **≠kap·pe** 女 , **≠scho·ner** 男 = Mündungsdeckel **≠ver·kehr** 男 = Fellatio

Mun·dus[mʊ́ndʊs] 男 -/ (Welt) 《哲》 世界; (Weltall) 宇宙; (Weltordnung) 世界秩序. [*lat.*]

Mund·vo·kal[mʊ́nt..] 男 《言》 口母音.

Mund·voll 男 -/- 口いっぱい; 一口, 一飲み: einige ~ Wein zu *sich*^{3} nehmen ワインをごくりごくりと二三口飲む. [< einen Mund voll]

Mund≠vor·rat 男 携帯食糧, 糧食. **≠was·ser** 中 -s/..wässer (口腔(こうこう)衛生用の)うがい水. **≠werk** 中 -[e]s/ 《話》 (話す道具としての)口: ein gutes 〈flinkes〉 ~ haben 能弁〈口達者〉である | **ein großes 〈böses〉 ~ haben** 偉そうな口をきく〈口が悪い〉 | Halte dein ~! おしゃべりをやめろ | ***jm.* über das ~ fahren** 《話》 …の言葉を無遠慮にさえぎる | ***js.* ~ steht nicht still** 《話》 …はひっきりなしにしゃべり続ける. **≠werk·zeug** 中 -[e]s/-e 《ふつう複数で》 = Mundgliedmaße **≠win·kel** 男 口もと, 口のすみ, 口角(→ 図 Mund): eine Zigarette im ~ halten タバコを口のすみにくわえている | Seine ~ bebten. 彼の口もとは震えていた.

Mund-zu-Mund-Be·at·mung 女 口移しによる人工呼吸法.

Mun·go^{1}[mʊ́ŋgoˑ] 男 -s/-s (Manguste) 《動》 マングース.

Mun·go^{2}[–] 男 -[s]/-s 再生ウール. [*engl.*]

Mu·ni[múːniˑ] 男 -s/- 《スイス》 (Zuchtstier) 繁殖用雄牛, 種牛.

▽**Mu·ni·fi·zenz**[munifitsɛ́nts] 女 -/-en (Freigebigkeit) 気前のよさ. [*lat.*; < *lat.* mūnus „Gabe"+..fizieren]

Mu·ni·tion[munitsióːn] 女 -/ 《集合的に》 弾薬類(銃砲弾・手榴弾(てりゅうだん)・爆弾・機雷など): scharfe ~ 実弾 ‖ ~ ausgeben 〈drehen〉 弾薬を手渡す〈製造する〉 | *seine* ~ verschießen 弾丸を撃ち尽くす. [*lat.* mūnītiō „Befestigung"–*fr.* munition [de guerre] „Kriegsbedarf"; < *lat.* moenia „Mauern" (◇Mauer)]

mu·ni·tio·nie·ren[munitsioníːrən] 他 (h) 《*jn.*》 (…

に)弾薬を供給する: 再帰 *sich*[4] für die Anfrage ～《比》問い合わせに答えられるよう準備する.

Mu·ni·ti̱ons≠bun·ker[munitsió:ns..] 男 〔地下〕弾薬庫. **≠fa·bri̱k** 女 弾薬工場. **≠ka·sten** 男, **≠ki·ste** 女 弾薬箱. **≠ko·lon·ne** 女 弾薬補給部隊. **≠la̱·ger** 中 弾薬庫. **≠na̱ch·schub** 男 弾薬補給. **≠trans·port** 男 弾薬輸送.

▽**mu·ni·zi·pa̱l**[munitsipá:l] 形 市〔町村〕の, 地方自治体の. [*lat.*; ◇..al[1]]

▽**mu·ni·zi·pa·li·si̱e̱·ren**[..palizí:rən] 他 (h) 市有〈市営〉にする, 町有〈町営〉にする.

▽**Mu·ni·zi·pa·li·tä̱t**[..palitɛ́:t] 女 -/ (Magistrat) 市当局; 市庁, 市役所.

Mu·ni·zi̱·pium[munitsí:pium] 中 -s/..pien[..piən] **1** 〘史〙(古代ローマの)自治都市. ▽**2** (Stadtgemeinde) 市〈町〉自治体; (Stadtverwaltung) 市〈町〉当局. [*lat.*; < *lat.* mūnia „Amtspflichten"+capere (→kapieren)]

Munk[muŋk] 男 -s/-en《スイス》=Murmeltier

Mun·ke·le̱i[muŋkəlái] 女 -/-en munkeln すること.

mu̱n·keln[múŋkəln]《06》自 (h) **1**《von *et.*[3] / über *jn.*》(…について)ひそかに噂(うわさ)をする, 陰口を言う: Alle Welt *munkelt* davon. 皆がその噂をしている. **2** 密事を行う: Im Dunkeln ist gut ～.(→dunkel III 1). [*mndd.*; 擬音]

Mü̱n·ster[1][mýnstər] 中 (男) -s/-《キリスト教》修道院聖堂; (特に南ドイツで)司教座聖堂, 大聖堂 (Dom と同義で, 今日では特定の教会, 例えば Aachen, Bonn, Essen, Freiburg, Straßburg, Ulm の聖堂は Münster と呼ばれる): das Freiburger ～ フライブルク大聖堂. [*vulgärlat.*－*ahd.* munist〔i〕ri „Kloster"; ◇Monasterium; ◇*engl.* minster]

Mü̱n·ster[2][−] 地名 ミュンスター(ドイツ Nordrhein-Westfalen 州の商工業都市で, 大学の所在地).

Mün·ste·ra̱·ner[mynstərá:nər] **I** 男 -s/- ミュンスターの人. **II** 形《無変化》ミュンスターの.

Munt[munt] 女 -/ (ゲルマン法での家父長などの)保護〈監督〉権. [*germ.* „Hand, Schutz"; ◇Manual, Vormund]

mu̱n·ter[múntər] (munt·r..) 形 **1** (↔müde) **a**) 生き生きとした, 活発な, 元気な, 陽気〈快活〉な; はねっかえりの: ein ～*es* Kind 元気のよい子供 | ～*e* Farben 派手な〈明るい〉色彩 | in ～*er* Laune sein 陽気〈上機嫌〉である ‖ gesund und ～ sein 丈夫でぴんぴんしている | ～ wie ein Fisch im Wasser (→Fisch 1 a). **b**) はっきり目の覚めた: *jn.* ～ machen …を起こす | Ich werde am Morgen so schwer ～. 私は寝起きがひどく悪い. **2** (unbekümmert) 平気な, むとんじゃくな. [*ahd.* muntar „eifrig"; ◇mahnen]

Mu̱n·ter·keit[−kait] 女 -/ munter なこと.

Mu̱n·ter·ma·cher 男 -s/-《話》(Anregungsmittel) 刺激〈興奮〉剤.

Mü̱n·tzer[mýntsər] 人名 Thomas ～ トーマス ミュンツァー (Münzer ともつづる. 1489頃-1525; ドイツの宗教改革者. 反乱を起こしたが敗れて処刑された).

Mü̱nz≠amt[mýnts..] 中 造幣局. **≠an·stalt** 女 (国の委託による)貨幣鋳造所. **≠au·to·ma̱t** 男 硬貨用自動機械〈販売機〉(電話・ガス・望遠鏡・計量器など). [<Münze[2]]

▽**Mü̱n·ze**[1][mýntsə] 女 -/-n=Minze

Mü̱n·ze[2][−] 女 -/-n **1 a**) (英: *coin*) 硬貨, 貨幣, コイン (→ 図): eine falsche ～ 偽造貨幣 | **gangbare ～**《比》一般に通用するもの, 社会通念 | eine kleine ～ 小銭 | **klingende ～**《雅》現金 | eine goldene 〈silberne〉 ～ / eine ～ *aus Gold* 〈*Silber*〉 金貨〈銀貨〉| Kupfer*münze* 銅貨 ‖ ～*n* fälschen 〈prägen / schlagen〉 貨幣を偽造〈鋳造〉する ‖ ***et.***[4] **für bare ～ nehmen**《比》…を真に受ける | ***et.***[4] **in klingende ～ umsetzen** 〈**umwandeln**〉 …を金に変える, …を元手に金もうけをする | in 〈mit〉 barer 〈klingender〉 ～ zahlen 現金で支払う | ***jm. et.***[4] **in** 〈**mit**〉 **gleicher ～ heimzahlen**《比》…に対して…と同等の(…を帳消しにするような)仕返しをする(目には目をもって報いる) | *jm. et.*[4] mit grober ～ zahlen《比》…の…に対して手荒な仕返しをする.

Münze[2]

b) (時間制ガスメーター用などの)代用硬貨: eine ～ in einen Automaten einwerfen コインを自動販売機に入れる. **c**) 記念牌(はい), メダル. **2** =Münzstätte **3**〘紋〙金色の円形(→ 図 Wappen e). [*lat.* monēta „Münzstätte"－*westgerm.*; ◇monieren, Moneten; *engl.* mint]

Mü̱nz≠ein·heit[mýnts..] 女 貨幣単位. **≠ein·wurf** 男 (自動販売機などの)硬貨投入口.

mü̱n·zen[mýntsən]《02》他 (h) **1** (金属などを)貨幣に鋳造する; (貨幣を)鋳造する: *gemünztes* Geld 〈Gold〉 正金〈金貨〉| neue Wörter ～《比》新語を造る. **2**《*et.*[4] aus *et.*[3]》(自分の目的のために…を…から)作り出す: aus *et.*[3] *seinen* Vorteil ～ …から自分の利益を引き出す. **3**《*et.*[4] auf *jn.*》(…を…を)念頭において言う: **auf *jn.* 〈*et.*[4]〉 *gemünzt* sein** …に向けられている | Seine Bemerkung war auf dich *gemünzt.* 彼の発言は君に向けられていた〈君への当てこすりだった〉のだ | **es auf *jn.* 〈*et.*[4]〉 ～** …を念頭に置く | Auf ihn haben es die Mädchen *gemünzt.*《話》女の子たちの行動は彼をお目当てにしたものだった. **4**《話》es *jm.* ～ …に害を加える.

Mü̱n·zen≠kun·de =Münzkunde **≠samm·lung** =Münzsammlung

Mü̱n·zer[1][mýntsər] 男 -s/- 貨幣鋳造者: Falsch*münzer* 貨幣偽造者, にせ金造り.

Mü̱n·zer[2][−] =Müntzer

Mü̱nz≠fäl·scher[mýnts..] 男 貨幣偽造者, にせ金造り. **≠fäl·schung** 女 貨幣偽造. **≠fern·ro̱hr** 中 (硬貨を入れて使用する)望遠鏡. **≠fern·se̱·hen** 中 (硬貨を入れて見る)有料テレビ. **≠fern·spre·cher** 男 硬貨投入式公衆電話. **≠fu̱ß** 男 (法で定められた)貨幣品位. **≠ga̱s·mes·ser** 男, **≠ga̱s·zäh·ler** 男 硬貨投入式ガスメーター(硬貨を入れると一定時間ガスが使用できる). **≠ge·rech·tig·keit** 女 =Münzrecht **≠ge·wicht** 中 (貨幣品位によって定められた1枚の)貨幣の総重量. **≠herr** 男 貨幣鋳造権所有者. **≠ho̱·heit** 女 =Münzrecht **≠ka·bi·nett** 中 **1** 貨幣〈古銭〉コレクションの陳列室. **2** =Münzsammlung **≠kon·ven·tio̱n** 女 (国際的な)貨幣協定. **≠kun·de** 女 -/ 貨幣〈古銭〉研究. **≠mei·ster** 男 (貨幣の)鋳造主任. **≠prä̱·gung** 女 貨幣鋳造. **≠pro̱·be** 女 (鋳造貨幣の)純度検査. **≠recht** 中 -[e]s/ , **≠re·ga̱l** 中 -s/-ien 貨幣鋳造権. **≠rück·ga·be** 女 (自動販売機などの)硬貨戻し口. **≠samm·lung** 女 貨幣〈コイン〉の収集〔品〕. **≠stät·te** 女 貨幣鋳造所〔所在地〕, 造幣廠(しょう). **≠stem·pel** 男 貨幣の極印(ごくいん). **≠tank** 男 (ガソリンスタンドの)硬貨投入式給油機. **≠te·le·fo̱n** 中 コイン電話〔機〕. **≠ver·bre·chen** 中 = Münzvergehen **≠ver·fäl·schung** 女 貨幣変造. **≠ver·ge̱·hen** 中 貨幣に関する犯罪(偽造・変造など). ▽**≠war·dein** 男 (鋳造貨幣の)純度検査官. **≠wechs·ler** 男 貨幣自動両替機. **≠we·sen** 中 -s/ 貨幣制度. **≠zä̱h·ler** =Münzgaszähler

Mu·rä̱·ne[murɛ́:nə] 女 -/-n〘魚〙ウツボ(鱓). [*gr.* mý̄raina－*lat.* mūraena; ◇*engl.* moray]

mü̱r·be[mýrbə] (南部・オーストリア: **mürb**[myrp][1]) 形 **1**《副詞的用法なし》**a**) (肉・ケーキ・ビスケットなどが)柔らかい: ein *mürber* Apfel 果肉の柔らかなリンゴ | Fleisch ～ klopfen 肉をたたいて柔らかにする. **b**) もろくなった, ぼろぼろの, 砕けやすい, 朽ちた: *mürbes* Holz ぼろぼろに朽ちた木材 | ein *mürber* Zahn もろい歯. **2**《述語的》《比》(疲労・恐怖などで)意気消沈した, 無気力になった, 打ちひしがれた, 戦意を失った, くた

くたになった: *jn.* ～ machen …の気力〈戦意〉をくじく. [*westgerm.*; ◇Mord〔ent〕, Schmerz]

Mür·be[mýrbə] 女 -/ mürbe なこと.

Mür·be≠bra·ten 男《北部》**1** (Lendenbraten) 腰肉〈ヒレ肉〉〔のロースト〕. **2**〘狩〙(シカなどの)背骨の下の肉. **≠teig** 男 (ケーキ・ビスケットなどを作る)こね粉.

Mürb·heit[mýrphaɪt] (ᵛ**Mür·big·keit**[mýrbɪçkaɪt]) 女 -/ =Mürbe

Mur·bruch[múːr..] 男 =Mure

Mu·re[múːrə] 女 -/-n (豪雨・雪解けなどによる)土石流.

Mur·gang[múːr..] 男 =Mure

mu·ria·tisch[muriáːtɪʃ] 形 (鉱泉などが)塩分を含有する. [＜*lat.* muria „Pökel"]

Mu·ring[múːrɪŋ] 女 -/-e〘海〙(2個の錨を投げ込んで船を係留するための)係留装置. [*engl.* mooring; ◇vermuren¹]

Murks[mʊrks] 男 -es/《話》ぞんざい〈不手際〉な仕事.

murk·sen[mʊ́rksən]《02》自 (h)《話》ぞんざい〈不手際〉な仕事をする, だらだらといいかげんな仕事をする. [＜*mndd.*]

Murk·ser[..sər] 男 -s/-《話》ぞんざい〈不手際〉な仕事をする人.

Mur·mansk[mʊ́rmansk] 地名 ムルマンスク(ロシア北西部の港湾都市. 不凍港で漁業基地).

Mur·mel[mʊ́rməl] 女 -/-n ビー玉: 〔mit〕 ～*n* spielen ビー玉で遊ぶ. [*ahd.* murmul „Marmor"; ◇Märmel]

Mur·mel·laut[mʊ́rməl..] 男 =Murmelvokal

mur·meln¹[mʊ́rməln]《06》**I** 自 他 (h) つぶやく, (低い声で不明瞭に)ぶつぶつ言う;《比》(小川などが)さらさら〈ざわざわ〉音をたてる: ein paar Worte ～ 二言三言つぶやく | *et.*⁴ in *seinen* Bart ～ (→Bart 1) | Der Bach *murmelt.* 小川がさらさら流れる. **II Mur·meln** 中 -s/ つぶやき;《比》せせらぎ. [*ahd.*; ◇murren; *engl.* murmur]

mur·meln²[‒]《06》自 (h) ビー玉で遊ぶ.

Mur·mel·spiel[mʊ́rməl..] 中 ビー玉遊び.

Mur·mel·tier 中 (Marmotte)〘動〙アルプスマーモット: wie ein ～ schlafen (→schlafen I 1 a ①). [*lat.* mūs montis „Berg-maus"–*ahd.* murmonto; ◇*engl.* marmot]

Mur·mel·vo·kal 男 (Schwa)〘言〙(アクセントのない)あいまい〈つぶやき〉母音([ə]).

mur·ren[mʊ́rən] 自 (h) **1**《gegen *jn.* 〈*et.*⁴〉》(…にむかって)ぶつぶつ文句を言う;《über *jn.* 〈*et.*⁴〉》(…について)不平を言う: ohne *Murren* 文句〈不平〉を言わずに. **2** (雷・砲声などが)ゴロゴロ鳴る; 低くうなる. [*germ.*; 擬音; ◇murmeln¹]

mür·risch[mýrɪʃ] 形 不機嫌な; 文句ばかり言う, 不平家の: ein ～*es* Gesicht machen 不機嫌な顔をする.

Mür·risch·keit[‒kaɪt] 女 -/ mürrisch なこと.

Murr≠ka·ter[mʊ́r..] 男, ᵛ**≠kopf** 男 不平家, 文句屋.

murr·köp·fig[..kœpfɪç]² 形 文句の多い, 不平家の.

Mus[muːs]¹ 中 (方: 男) -es/-e〘料理〙ムース(果物・いも・野菜などを煮てすりつぶしたもの), マッシュ, ピューレ; (果物などをどろどろに煮つめた)ソース: Apfel*mus* リンゴソース | *jn.* **zu** ～ **machen** 〈**hauen** / **schlagen**〉《話》…をさんざんやっつける. [*westgerm.* „Speise"; ◇Mast², Mett, Gemüse]

Mus·aget[muzagéːt] 男 -en/-en **1**《単数で》ムーサゲテース (Apollo の呼び名の一つ). ᵛ**2**《比》学芸の保護〈奨励〉者. [*gr.* Mous-ēgétēs „Musen-führer"; ◇Muse]

Mus·ap·fel[múːs..] 男 ムース (Mus) 用のリンゴ.

Mu·sche¹[mʊ́ʃə] 女 -/-n=Mouche 2

Mu·sche²[‒] 女 -/-n《方》《軽蔑的に》自堕落な女; 売春婦. [*spätmhd.* mutze „Vulva"]

Mu·schel[mʊ́ʃəl] 女 -/-n (⊘ **Mü·schel·chen**[mýʃəlçən] 中 -s/-) **1 a)**〘動〙斧足(おのあし)類, 二枚貝類(→図): eßbare ～*n* 食用貝 | Mies*muschel*〘貝〙イガイ(貽貝). **b)** 貝殻. **c)**〘紋〙(外側から見た)ホタテガイの殻. **2** (貝状のもの. 例えば:) **a)** (Telefonmuschel) (受話器の)受話〈送話〉口. **b)** (Ohrmuschel)〘解〙耳介(じかい). **3**《卑》(Vagina) 膣(ちつ), ワギナ. **4**《オーストリア》《話》便器. [*lat.* mūsculus (→Muskel)–*westgerm.*; ◇*engl.* mussel]

Muschel

Mu·schel·bank 女 -/..bänke (海底の)貝類群生個所.

Mu·sche·lei[mʊʃəláɪ] 女 -/-en muscheln すること.

mu·schel·för·mig[mʊ́ʃəl..] 形 貝〔殻〕状の.

Mu·schel≠geld 中 (未開・古代民族などが用いた)貝貨幣. **≠gold** 中 金泥(陶磁器・額縁などの彩色用の). **≠hut** 男 (折り返しに貝を飾った)巡礼帽.

mu·sche·lig[mʊ́ʃəlɪç]² (**musch·lig**[..ʃlɪç]²) 形 **1** =muschelförmig **2** (断面などが貝殻の表面のように)不規則に起伏した.

Mu·schel≠kalk[mʊ́ʃəl..] 男 -〔e〕s/〘地〙貝殻石灰岩統. **≠krebs** 男〘動〙貝虫類;〘地〙貝形類.

mu·scheln[mʊ́ʃəln]《06》自 (h)《中部》**1** ひそかに〈こそこそ〉行う. **2** 詐欺をはたらく, ごまかす. [＜mauscheln]

Mu·schel≠scha·le[mʊ́ʃəl..] 女 **1** 貝殻. **2**〘紋〙(内側から見た)ホタテガイの殻. **≠sei·de** 女〘貝〙(ハボウキガイなどの絹糸状の)足糸. **≠sil·ber** 中 銀泥(陶磁器などの彩色用の). **≠wäch·ter** 男〘動〙カクレガニ(隠蟹). **≠werk** 中 **1**《単数で》(ロココ様式建築などの)貝殻装飾. **2** (未開民族などの)貝殻製装飾品.

Mu·schik[mʊ́ʃɪk, ⌣⌣́] 男 -s/-s (ロシアの帝政時代の)農民, 百姓. [*russ.* „kleiner Mann"]

Musch·ko·te[mʊʃkóːtə] 男 -n/-n《軽蔑的に》(Fußsoldat) 歩兵. [＜Musketier]

musch·lig =muschelig

Mu·se[múːzə] 女 -/-n **1**〘ギ神〙ムーサ, ミューズ(文芸・学術をつかさどる女神で Erato, Euterpe, Kalliope, Klio, Melpomene, Polymnia, Terpsichore, Thalia, Urania をさす);《比》(詩人に霊感を与える)詩神: ***jn.* küßt die** ～《戯》…に詩作の霊感がわく. **2**《比》文芸, 詩歌, 芸術: **die heitere** 〈**leichte**〉 ～ 陽気な〈軽い〉芸術(軽音楽・軽演劇・大衆文芸など) | **die zehnte** ～《戯》寄席〔の芸術〕; 映画. [*gr.* Moũsa–*lat.*]

mu·seal[muzeáːl] 形 **1** 博物〈美術〉館の. **2**《比》博物館的な, 因習的な. [＜..al¹]

Mu·se·en Museum の複数.

Mu·sel·man[múːzəlman] 男 -en/-en[..maːnən, ‒⌣⌣́⌣] (⊛ **Mu·sel·ma·nin**[..maːnɪn, ‒⌣⌣́⌣]-/-nen) (Moslem) イスラム教徒, 回教徒. [*pers.*–*türk.*; ＜*arab.* muslim (→Moslem); ◇*engl.* Mussulman]

mu·sel·ma·nisch[múːzəlmaːnɪʃ, ‒⌣⌣́⌣] 形 イスラム教徒〈回教徒〉の.

Mu·sel≠mann [múːzəlman] 男 -s/..männer [..mɛnər] =Muselman **≠män·nin**[..mɛnɪn] 女 -/-nen =Muselmanin

mu·sel·män·nisch[..mɛnɪʃ] =muselmanisch

Mu·sen≠al·ma·nach[múːzən..] 男 (18-19世紀の)年刊詩集, 文芸年鑑. **≠sohn** 男 ミューズの息子(詩人・大学生などの戯称). **≠tem·pel** 男 ミューズの殿堂(劇場の戯称).

Mu·seo·lo·ge[muzeolóːgə] 男 -n/-n (→..loge) 博物館〈美術館〉学者. [＜Muse〔um〕]

Mu·seo·lo·gie[..logíː] 女 -/ 博物館〈美術館〉学.

mu·seo·lo·gisch[..lóːgɪʃ] 形 博物館〈美術館〉学の.

Mu·sette[myzɛ́t] 女 -/-s, -n[..tən] **1** ミュゼット(17-18世紀のフランスの舞踊およびその楽曲). **2** ミュゼット(17-18世紀に流行した革袋を有する木管楽器). [*fr.*; ＜*lat.* mussāre „murmeln" (◇mucken)＋..ette]

Mu·se·um[muzéːʊm] 中 -s/..seen[..zéːən] 博物館; 美術館: Heimat*museum* 郷土博物館 | Deutsches ～

M

(München にある)ドイツ博物館 ‖ ein ～ besichtigen ⟨besuchen⟩ / ins ～ gehen 博物⟨美術⟩館を見学する. [*gr.* mouseĩon „Musensitz“－*lat.*; ◇Muse]

Mu·sẹ·ums⸗kä·fer 男 〖虫〗 (Kabinettkäfer) シモフリマルカツオブシムシ(霜降円鰹節虫). **⸗kun·de** 女 -/ ＝Museologie

mu·sẹ·ums·reif 形 《話》 (時代遅れで)博物館行きの.

Mu·si·cal[mjú:zɪkəl] 中 -s/-s ミュージカル. [*engl.* musical (comedy)－*amerik.*; ◇musikalisch]

mu·si̥ert[muzí:rt] ＝musivisch

Mu·si̥k[muzí:k] 女 -/-en **1** (英: *music*) 《ふつう単数で》 音楽: die klassische ⟨moderne⟩ ～ 古典⟨近代⟩音楽 | deutsche ⟨japanische⟩ ～ ドイツ⟨日本⟩音楽 | atonale ⟨elektronische⟩ ～ 無調⟨電子⟩音楽 | heiße ～ ホット=ジャズ | Begleit*musik* 伴奏音楽 | Film*musik* 映画音楽 | Kammer*musik* 室内楽 ‖ gute ～ hören よい音楽を聞く | **～ im Blut haben** 生まれつき音楽の才がある | keine ～ im Leibe haben 音楽の素質がない | Aus dem Radio tönte ⟨kam⟩ laute ～. ラジオから騒がしい音楽が響いてきた | Ton macht die ～. (→Ton[2] 1 b) ‖ **in** ***js.*** **Ohren ～ sein** ⟨**wie ～ klingen**⟩ …にとってきわめて喜ばしいことである | **Dahinter** ⟨**Darin**⟩ **sitzt ～.** 《話》 そこに大事な点がある ‖ ***et.***[4] **in ～** setzen …(歌詞など)に曲を付ける. **2** ＝Musikkapelle [*gr.*－*lat.*－*ahd.* musica; ◇musisch, Musikus; *engl.* music]

Mu·si̥k·aka·de·mie[muzí:k..] 女 音楽大学.

Mu·si·kḁ·li·en[muziká:liən] 複 楽譜; 音楽図書.

Mu·si·kḁ·li·en·hand·lung 女 楽譜店; 音楽図書専門店.

mu·si·kḁ·lisch[muziká:lɪʃ] 形 **1** 音楽の: eine ～*e* Begabung 音楽の才 | ～*er* Nachwuchs 次の世代の音楽家たち | ein ～*er* Vortrag 音楽の演奏(歌唱を含む). **2** 音楽的な, 響きのよい: Italienisch ist eine ～*e* Sprache. イタリア語は音楽的な言語である. **3** 音楽の才能⟨感受性⟩のある: Er ist sehr ～. 彼にはたいへん音楽の才がある. **4** ein ～*er* Akzent 〖言〗 高さアクセント. [*mlat.*; ◇..al[1], Musical]

Mu·si·ka·li·tḁ̈t[muzikalitɛ́:t] 女 -/ 音楽性; 音楽的才能⟨感受性⟩.

Mu·si·kḁnt[muzikánt] 男 -en/-en **1** (楽団・バンドなどの)楽士. **2** 《軽蔑的に》 楽隊屋. **3** 《話》 音楽の才のある人, 生来の音楽家. [◇musizieren]

Mu·si·kḁn·ten·kno·chen 男 《戯》 (Mäuschen) 〖解〗 尺骨端.

mu·si·kḁn·tisch[..tɪʃ] 形 音楽好きの, 音楽に憑(つ)かれた.

Mu·si̥k⸗au·to·mḁt[muzí:k..] 男 **1** 電動式楽器. **2** ＝Musikbox **⸗bi·blio·the̥k** 女 音楽図書館.

Mu·sik·box[mjú:zɪkbɔks, muzí:k..] 女 -/-en ジュークボックス. [*amerik.* music box]

Mu·si̥k⸗di·rek·tor[muzí:k..] 男 (略 MD) 音楽監督. **⸗drḁ·ma** 中 (Oper) オペラ; (特に Wagner の)楽劇.

Mu̥·si·ker[mú:zikər] 男 -s/- (職業的な)音楽家; (オーケストラなどの)楽団員. [＜Musikus]

Mu·si̥k⸗er·zie·hung[muzí:k..] 女 -/ 音楽教育. **⸗fest** 中, **⸗fest·spie·le** 複 音楽祭. **⸗film** 男 音楽映画. **⸗freund** 男 音楽愛好家. **⸗ge·schich·te** 女 音楽史. **⸗ho̥ch·schu̥·le** 女 音楽大学. **⸗in·du·strie** 女 音楽産業. **⸗in·stru·ment** 中 楽器. **⸗ka·pel·le** 女 (小編成の)楽団, 楽隊, バンド. **⸗kas·set·te** 女 音楽カセットテープ. **⸗ken·ner** 男 音楽通. **⸗kon·ser·ve** 女 《話》 (音楽を録音した)レコード, ミュージックテープ. **⸗korps** [..ko:r] 中 軍楽隊. **⸗kri·ti̥k** 女 音楽批評. **⸗kri̥·ti·ker** 男 音楽批評家. **⸗kul·tu̥r** 女 音楽文化. **⸗le̥·ben** 中 -s/ (ある地方・ある時代の)音楽生活, 音楽界. **⸗le̥h·re** 女 -/ ＝Musiktheorie **⸗le̥h·rer** 男 音楽教師. **⸗le·xi·kon** 中 音楽事典. **⸗lieb·hḁ·ber** 男 音楽愛好家. [▽]**⸗mei·ster** 男 音楽教師; (軍楽隊の)楽長.

Mu·si·ko·lo̥·ge[muzikoló:gə] 男 -n/-n (→..loge) 音楽学者.

Mu·si·ko·lo·gi̥e[..logí:] 女 -/ (Musikwissenschaft) 音楽学.

Mu·si̥k⸗pa·vil·lon[muzí:kpavɪljɔ̃:] 男 屋外音楽堂. **⸗preis** 男 音楽賞. **⸗raum** 男 (学校などの)音楽室. **⸗schrank** 男 ＝Musiktruhe **⸗schu̥·le** 女 音楽学校. **⸗stück** 中 音楽作品, 楽曲. **⸗stun·de** 女 音楽の時間⟨レッスン⟩. **⸗sze̥·ne** 女 音楽界, 楽壇. **⸗theo·rie** 女 音楽理論, 楽理. **⸗the·ra·pie** 女 〖医〗 音楽療法. **⸗tru̥·he** 女 キャビネット⟨コンソール⟩型ステレオ(プレーヤー・ラジオ・テープレコーダー・スピーカーなど一式をおさめたもの). **⸗un·ter·richt** 男 音楽の授業.

Mu̥·si·kus[mú:zikʊs] 男 -/..sizi[..zitsi·](-se) 《戯》 ＝Musiker [*gr.* mousikós (→musisch)－*lat.*]

Mu·si̥k⸗ver·ein[muzí:k..] 男 音楽⟨楽友⟩協会. **⸗ver·lag** 男 楽譜⟨音楽図書⟩出版社. **⸗ver·le̥·ger** 男 楽譜⟨音楽図書⟩出版者. **⸗werk** 中 **1** 音楽作品, 楽曲. **2** (昔の)自動演奏器(オルゴール・手回しオルガンなど). **⸗wett·be·werb** 男 音楽コンクール. **⸗wis·sen·schaft** 女 -/ 音楽学. **⸗wis·sen·schaft·ler** 男 音楽学者. **⸗zeit·schrift** 女 音楽雑誌.

Mu̥·sil[mú:zɪl, músɪl, músil] 人名 Robert ～ ローベルト ムーズィル(1880-1942; オーストリアの作家. 作品『特性のない男』など).

mu̥·sisch[mú:zɪʃ] 形 芸術に関する; 芸術的才能⟨センス⟩のある: ～*e* Anlagen 芸術的素質 | ～ begabt sein 芸術的才能にめぐまれている. [*gr.* mousikós; ＜*gr.* Moũsa (→Muse)]

mu·si̥v[muzí:f][1] ＝musivisch

Mu·si̥v⸗ar·beit 女 はめ込み⟨寄せ木⟩細工, モザイク. **⸗gold** 中 モザイク金, 金泥.

mu·si̥·visch[muzí:vɪʃ] 形 はめ込み⟨寄せ木⟩細工の, モザイクの. [*lat.* mūsīvus „den Musen zugehörig“; ◇Mosaik]

Mu·si̥v·sil·ber[muzí:f..] 中 モザイク銀, 銀泥.

Mu̥·si·zi Musikus の複数.

mu·si·zi̥e·ren[muzitsí:rən] **I** 自 (h) (複数の人数で) 音楽を演奏する. **II** 他 (h) (曲を)演奏する. [*mlat.*; ◇Musikus, Musikant]

mu·si·zi̥er·freu·dig[muzitsí:r..] 形 音楽の演奏が好きな.

Mus·ka·ri̥n[mʊskarí:n] 中 -s/ 〖化〗 ムスカリン(ベニテングダケの有毒成分). [*nlat.* (amanita) muscāria „Fliegen(pilz)“; ＜*lat.* musca (→Mücke)]

Mus·kḁt[mʊská:t; スイ: ◡–; オース トリア: múskat] 男 -[e]s/-e ＝Muskatnuß

Mus·kḁt·blü̥·te 女 メース(乾燥させたニクズクの仮種皮で, 香辛料・薬用にする).

[▽]**Mus·kḁ·te**[mʊská:tə] 女 -/-n＝Muskatnuß

Mus·ka·te̥l·ler[mʊskatɛ́lər] 男 -s/- **1** マスカット(ぶどうの一種). **2** マスカテーラー(マスカット種のぶどうからつくったワイン). [*mlat.* muscātellum－*it.* moscatello; ◇*engl.* muscatel]

Mus·kḁt·nuß[mʊská:t..; スイ: ◡–◡; オース トリア: múskat..] 女 ナツメグ(ニクズクの種子で, 香辛料として用いる: → 図 Gewürz). [*mlat.* nux muscāta－*afr.*－*mhd.* muscāt; ＜*mlat.* muscātus „moschusduftend“ (◇Moschus); ◇*engl.* muscat, nutmeg]

Mus·kḁt·nuß·baum 男 ニクズク(肉豆蔲)の木.

Mus·kḁt·wein 男 ＝Muskateller 2

Mu̥s·kel[mʊ́skəl] 男 -s/-n 〖解〗 筋(きん), 筋肉: pralle ⟨gut ausgebildete⟩ ～*n* 隆々たる⟨よく発達した⟩筋肉 | willkürliche ⟨unwillkürliche⟩ ～*n* 随意⟨不随意⟩筋 | Herz*muskel* 心筋 ‖ einen ～ spannen 筋肉を緊張させる | ***seine*** **～*n*** **spielen lassen** 筋肉をふくらませて誇示する; 《比》 自分の力を誇示する | *seine* ～*n* trainieren 筋肉を鍛える | *sich*[3] einen ～ zerren 肉ばなれをおこす | Er hat ～*n*. 彼は筋肉がたくましい⟨腕っぷしが強い⟩. [*lat.* mūsculus „Mäuschen“; ◇Maus, Muschel, myo..; *engl.* muscle]

Mu̥s·kel⸗ar·beit 女 -/ 筋肉労働, 力仕事. **⸗atro·phie** 女 〖医〗 筋萎縮(いしゅく)[症]. **⸗band** 中 -[e]s/

..bänder〘解〙靱帯(じんたい).

mus·kel·be·packt 形《話》筋肉の隆々とした.

Mus·kel≠dys·tro·phie 女〘医〙筋ジストロフィー. **≠ent·zün·dung** 女〘医〙筋炎. **≠fa·ser** 女〘解〙筋〔肉〕線維. **≠fleisch** 中〘料理〙筋肉(すじにく). **≠ge·fühl** 中 = Muskelsinn **≠ge·schwulst** 女 (Myom)〘医〙(良性の)筋腫(きんしゅ). **≠ge·we·be** 中〘解〙筋〔肉〕組織. **≠haut** 女〘解〙筋〔肉〕膜.

mus·ke·lig[múskəlıç][2] 形 筋〔肉〕の; 筋肉からなる.

Mus·kel≠ka·ter[múskəl..] 男《話》(過度の運動による)筋肉の痛み〈硬直〉. **≠kraft** 女 筋力. **≠krampf** 男〘医〙筋痙攣(けいれん). **≠leh·re** 女 -/ 筋肉学. **≠ma·gen** 男〘動〙砂嚢(さのう). **≠mann** 男《話》筋肉の隆々とした男. **≠mit·tel** 中 筋肉増強剤. **≠pa·ket** 中《話》隆々とした筋肉〔をもった男〕. **≠pil·le** 女 筋肉増強剤(錠剤). **≠pro·tein** 中〘生〙筋肉たんぱく質. **≠protz** 男《話》たくましい筋肉と腕力を誇る人. **≠rheu·ma·tis·mus** 男〘医〙筋肉リューマチ. **≠riß** 男, **≠rup·tur** 女〘医〙筋断裂. **≠schmerz** 男〘医〙筋〔肉〕痛. **≠schwä·che** 女〘医〙筋無力症. **≠schwund** 男〘医〙筋萎縮(いしゅく). **≠sinn** 男〘生理〙筋〔肉〕覚, 筋感覚. **≠spas·mus** 男 = Muskelkrampf **≠spiel** 中 筋肉をふくらませて誇示すること;《比》力の誇示. **≠spin·del** 女〘解〙筋紡錘(ぼうすい).

mus·kel·stark 形 筋力の強い, 筋肉の隆々とした.

Mus·kel≠star·re 女 (死体などの)筋硬直. **≠ton** 男 -〔e〕s/..töne〘医〙筋〔雑〕音. **≠to·nus** 男〘医〙筋緊張. **≠trai·ning**[..trɛːnıŋ] 中 筋肉強化トレーニング. **≠zel·le** 女〘解〙筋〔肉〕細胞. **≠zer·rung** 女 肉ばなれ. **≠zucker** 男 (Inosit)〘医〙イノシット, 筋肉糖. **≠zuckung** 女〘医〙筋収縮.

Mus·ke·te[mʊskéːtə] 女 -/-n マスケット銃(火縄銃の一種). [*it.* moschetto „wie mit Fliegen gesprenkelter Sperber"–*fr.* mousquet; < *lat.* musca (→ Mücke); ◇ *engl.* musket]

Mus·ke·tier[mʊsketíːr, ⌣⌣–] 男 -s/-e〘史〙マスケット銃で武装した歩兵.

Mus·ko·vit[mʊskovíːt, ..vít] 男 -s/-e〘鉱〙白雲母. [< *nlat.* Moscovia „Moskau"+..it[2]; 古くは Moskauer Glas と呼ばれた]

mus·ku·lär[mʊskulɛ́ːr] 形 筋の, 筋肉の.

Mus·ku·la·tur[..latúːr] 女 -/-en《集合的に》筋肉, 筋肉組織.

mus·ku·lös[..løːs][1] 形 筋肉の隆々とした, 筋骨たくましい. [*lat.*–*fr.*; < *lat.* mūsculus (→Muskel); ◇..os]

Müs·li[mýːsli·] 中 -s/- (元来は Mus のスイスでの縮小形)〘料理〙ミュースリ(ミルクに燕麦のフレークと干しぶどう・挽いたアーモンドなどを混ぜた〔朝食用の〕食べ物).

Mus·lim[mʊ́slım] 男 -/-e(-un[mʊslimúːn]) (Moslem) イスラム教徒, 回教徒.

Mus·li·me[mʊslíːmə] 女 -/-n = Moslime

mus·li·misch[..mıʃ] = moslemisch

Mus·pel·heim[múːspəlhaım] 中 -s/〘北欧神〙ムスペルヘイム(火〔の巨人たち〕の世界).

muß[mʊs] **I** müssen の現在 1・3 人称単数.

II Muß 中 -/ やむを得ない〈せざるを得ない〉こと, 必然; 必要, 不可欠; 強制: Es ist ein ～. それは絶対に必要だ | Man soll es tun, aber es ist kein ～. それはなすべきことではあるがどうしてもというわけではない | *Muß* ist ein bitteres Kraut 〈eine harte Nuß〉.《諺》義理とはつらいもの.

muß..《名詞につけて「強制的な」を意味する》: *Muß*heirat (妊娠したために)やむを得ずする結婚.

Muß-Be·stim·mung[mʊ́s..] 女 (↔Kann-Bestimmung)〘法〙強行規定.

Mu·ße[múːsə] 女 -/ ひま〔な時間〕, 閑暇, 余暇:〔Zeit und〕～ zu *et.*[3] haben 〈finden〉…をする暇がある〈を見つける〉| *et.*[4] in〔aller〕～ tun …をゆっくりと暇をかけてする | *et.*[4] in 〈mit〉 ～ betrachten …をゆっくり観察する. [*ahd.*; ◇müßig]

Muß·ehe[mʊ́s..] 女《話》(妊娠したために)やむを得ずする結婚生活.

Mus·se·lin[mʊsəlíːn] 男 -s/-e〘織〙モスリン, メリンス. [*it.* mussolina–*fr.* mousseline; < *it.* Mussolo „Mosul"; ◇ *engl.* muslin]

mus·se·li·nen[..nən] 形《付加語的》〘織〙モスリン〈メリンス〉の.

müs·sen*[mʏ́sən]《103》**muß·te**[mʊ́stə]/**ge·mußt**; 現 *ich* muß[mʊs], *du* mußt, *er* muß; 接II müßte[mʏ́stə]《話法の助動詞として, 他の動詞の不定詞とともに用いられ, その場合過去分詞には不定詞の形が用いられる. 文意が明らかな場合には本動詞を省略することがある》(h)

1 a) (英: *must*)《必然性・必要・強制などを示して》…しなければならない, …する必要がある, …せざるを得ない, …せずにはいられない:〘内的必然を示して〙husten 〈weinen〉 ～ せき〈涙〉を抑えられない | Wir *müssen* alle einmal sterben. 我々は皆一度は死なねばならない ‖〘外的条件による必要を示して〙Er *mußte* jeden Morgen um 6 Uhr aufstehen. 彼は毎朝 6 時に起きなければならなかった | Das Gemüse *muß* eine halbe Stunde kochen. この野菜は30分煮る必要がある | Der Brief *muß* noch heute abgeschickt werden. この手紙はきょうのうちに出さなければならない | *Muß* das unbedingt heute sein? どうしてもきょうでなければいけないのか | *Muß* das sein? そうすることがぜひ必要なのか, やめるわけにはいかないのか | Ich habe es tun ～. 私はそうせざるを得なかった ‖〘強い勧め・要請を示す文で〙Sie *müssen* das Buch unbedingt einmal lesen. この本をぜひ一度お読みにならなければいけません | Du *mußt* mir helfen. ぜひとも私を援助してくれ | Du *mußt* jetzt nicht traurig sein. 君はもう悲しんでいてはいけない(→b ②) ‖〘やむを得ない事情を示して〙Ich *muß* leider feststellen, daß du lügst. 君はうそをついていると断定せざるを得ない | Es tut mir leid, Sie wieder einmal stören zu ～. またもやお邪魔をせざるを得なくて恐縮です | Danach werde ich zum Zahnarzt gehen und den Zahn ziehen lassen ～. そのあとで私は歯医者へ行って歯を抜いてもらわねばならないことになるだろう ‖〘抑えがたい衝動を示して〙Man *muß* sich in sie verlieben. So schön ist sie. 彼女を見ると恋せずにはいられない. それほど美人なのだ | Der Hund *muß* an allem riechen. 犬は何でもにおいをかいでまわるものだ | Er *muß* immer alles wissen. 彼は何でも知ったかぶりをしたがる.

‖〘意味上明らかな本動詞を省略したり, 本動詞に代わる das, es を用いて〙*Mußt* du schon nach Hause gehen?–Ja, das *muß* ich leider. 君はもう帰宅しなければならないのか―うん残念ながらね | Er *muß* jetzt in die Stadt〔gehen〕. 彼はこれから町へ行かなければならない | Mutti, ich *muß* mal! ママおしっこ ‖ Haben Sie ihn besuchen ～?–Ja, ich habe es *gemußt*. 彼を訪ねるほかなかったのか―ええそうするほかなかったのです | Ich will nicht, aber ich *muß*. 私は本当はいやなのだが仕方がないのだ | Kein Mensch *muß* ～. 何人(なんぴと)もひとから強制される必要はない, いやなことはしなくてよい (Lessing).

‖〘接続法IIの形で, ときに話し手の願望をこめて〙Das *müßtet* ihr eigentlich wissen. 本当は君たちはそれを知っていなければいけないのだが | So *müßte* es immer bleiben. いつまでもこの状態が続けばよいのだが | Man *müßte* noch einmal von vorn anfangen können! もう一度はじめからやりなおしがきけばいいのだが | Du hättest ihn sehen ～! 君に彼の姿を見せてやりたかったよ.

‖〘話し手にとっての不都合・不快・迷惑などの気持をこめた疑問文・否定文で〙*Mußt* du dich denn schon am frühen Morgen besaufen? 君はなんだって朝っぱらから酔っぱらっているのか | Du *mußt* mich nicht immer stören. 君は私のことをたえず邪魔することはなかろうに(→b ①) | Was *muß* ich von dir hören! 君からそんな話を聞かされるなんて | Warum *muß* er ausgerechnet jetzt kommen? 彼がよりにもよって今やってくるとは | Was habe ich da über dich hören ～! 何ということを君について聞かされるはめになったことか, 君はなんてことをしでかしてくれたのだ.

b)《否定詞 nicht, kein などとともに: →★》①《müssen の否定; アクセントが müssen にある》…しなければならないわけではない, …する必要はない: Du *mußt* es nicht〔tun〕(＝Du

brauchst es nicht zu tun), kein Mensch zwingt dich dazu. 君はそれをしなければいけないというわけではない. だれも君にそれを強制はしていないのだから | Das *muß* nicht gerade heute sein. 必ずしもきょうでなくてもかまわない | Ich will dir das nicht noch einmal sagen ~. わかったか 二度とこんなことを言わせるなよ.

②《müssen ではなく不定詞句の部分のみの否定; アクセントがその部分にある》(nicht dürfen) …してはならない, …してはいけない: So etwas *mußt* (＝darfst) du nicht sagen. そんなことを言ってはいけない | Ich *muß* nicht vergessen, ihm zu schreiben. 彼に手紙を書くことを忘れないようにしなくては.

2《話し手の推定を示して; ふつう定形でのみ用い, 分詞や不定詞では用いない》 **a**) …に違いない, きっと…であろう, …のはずだ: Er *muß* krank sein. 彼は病気に違いない(＝Er ist sicher krank.) | Es *muß* geregnet haben. 雨が降ったに違いない | Er *mußte* krank ⟨nicht gesund⟩ sein. 彼は病気⟨健康でない⟩に違いなかった(→★ ii) | Er *muß* jeden Augenblick kommen. そろそろ彼がやってくるころだ | Sie *muß* sich sehr geärgert haben, sonst hätte sie nicht so gehandelt. 彼女はきっとひどく腹を立てたのだろう. さもなければあのような行動には出なかったはずだ | Er *mußte* das nicht gehört haben. 彼はそれを聞いていないに違いなかった | Wie *muß* er gelitten haben! 彼はさぞやひどく苦しんだことだろう. ‖〖接続法IIの形で〗Du *müßtest* dumm sein, wenn du das machst. もしそんなことをするのなら君もよほどのばか者に違いない | Der Zug *müßte* längst hier sein. 列車は〔本来なら〕とっくに到着しているはずなのだが | Was *müßte* das für eine Freude sein, dich wiederzusehen! 君に再会できたらどんなにうれしいことだろう.

b)《接続法IIの形で **denn** を伴って》…の場合を除いて, ただし…は別として(→denn I 3): Das wird nicht geschehen, **es müßte denn sein,** daß die Verhältnisse sich ändern. 状況が変わらない限りそのようなことは起こらないだろう | Ich traue ihm nicht mehr, er *müßte* sich denn gründlich geändert haben. 彼がよほど心を入れ替えない限り私はもう彼を信用しない.

★ müssen の否定: i) 1の意味の用法では, 否定はふつう müssen にかかる(…する必要はない, …するには及ばない)が, ときには否定が müssen 以外の部分だけにかかる場合(…しないようにする必要がある, …してはならない)がある. 前者の意味には nicht brauchen を, 後者の意味には nicht dürfen を用いるほうがふつうである. 否定だけでなく nur, bloß と結びついた müssen (…しさえすればよい)も brauchen と対応する: Das *muß* **nicht** gerade heute sein.(アクセントは muß にある)必ずしもきょうでなくてもかまわない(＝Das braucht nicht gerade heute 〔zu〕 sein.) | Du *mußt* (＝darfst) jetzt **nicht** traurig sein. 君はもう悲しんでいてはいけない ‖ Ich *muß* **nur** wissen (＝brauche nur 〔zu〕 wissen), ob er kommt. 彼が来るかどうかを知りさえすればよいのです.

ii) 2の用法(推定)では否定はふつう推定されている内容だけに関係するが, müssen だけが否定される用法もありうる: Er *muß* ⟨mag⟩ den Brief noch **nicht** gelesen haben. 彼はきっと手紙をまだ読んでいないのだろう ‖ Er *muß* **nicht** den Brief schon gelesen haben.(アクセントは muß にある)彼は必ずしもすでに手紙を読んでしまっているとは限らない.

[*germ.* „sich etwas zugemessen haben"; ◇messen; *engl.* must]

Mu̲·ße·stun·de[mú:sə..] 女 ひまな〈余暇の〉時間: Er dichtet in seinen ~*n.* 彼は余暇に詩作をする.

Muß·hei·rat[mʊ́s..] 女《話》(妊娠したために)やむを得ずする結婚.

mü̲·ßig[mý:sɪç]² 形《雅》**1** 無為の, 仕事をしないで⟨遊んで・ぶらぶらして⟩いる: ein ~*es* Leben führen 無為の生活を送る ‖ ~ gehen＝müßiggehen | ~ herumstehen のらくらしている. **2** むだ⟨無益⟩な, 無意味な, 余計な: ~*es* Gerede くだらないおしゃべり | *sich*³ ~*e* Gedanken machen むだな気苦労をする ‖ Er ist nie ~. 彼はぶらぶらしていることは決してない(常に何か仕事をしている) | Es ist ~, sich länger darüber zu streiten. これ以上そのことについて争ってみてもはじまらない. ▽**3** *js.* ⟨*et.*²⟩ ~ gehen …を避ける, …を敬遠する.

[*ahd.*; ◇Muße]

▽**mü̲·ßi·gen**[mý:sɪgən]² 他 (h) **1**《*jn.* zu *et.*³》(…に…を)強制する: *sich*⁴ *gemüßigt* sehen ⟨fühlen⟩, *et.*⁴ zu tun …せざるを得なくなる. **2** 再帰 *sich*⁴ *et.*² ~ …を抑制する⟨さし控える⟩.

Mü̲·ßig≠gang[mý:sɪçgaŋ] 男 -[e]s/ 無為, 仕事をせずにぶらぶらすること: ***Müßiggang* ist aller Laster Anfang.** 《諺》小人閑居して不善をなす. **≠gän·ger**[..gɛŋər] 男 -s/- 無為に⟨のらくら⟩日を送る人, なまけ者.

mü̲·ßig·gän·ge·risch[mý:sɪçgɛŋərɪʃ] 形 無為の, 無為に⟨のらくら⟩日を送る.

mü̲·ßig|ge·hen*[mý:sɪçge:ən]《53》自 (s) 無為に日を送る, のらくら⟨ぶらぶら⟩している.

Mü̲·ßig·keit[mý:sɪçkaɪt] 女 -/《雅》müßig なこと.

Muß·kauf·mann[mʊ́s..] 男 (↔Kannkaufmann)〖法〗必然的商人(→Sollkaufmann). [＜muß]

Mus·so·li̲·ni[mussolí:ni·] 人名 Benito ~ ベニト ムッソリーニ(1883-1945; イタリアの政治家. ファシスト党を結成し, のちに首相となる. 敗戦時にパルチザンに殺された).

mußt[mʊst] müssen の現在2人称単数.

müßt[mʏst] müssen の現在2人称複数.

mu̲ß·te[mʊ́stə] müssen の過去.

müß·te[mʏ́stə] müssen の接続法 II.

Mu̲ß-Vo̲r·schrift[mʊ́s..] 女 ＝Muß-Bestimmung

Mu̲·stang[mʊ́staŋ] 男 -s/-s〖動〗ムスタング(アメリカの平原地帯に産する半野生の馬). [*span.* mestengo „herrenloses Tier"－*engl.*; ＜*mlat.* animālia mīxta „vermischte Tiere" (◇mixen)]

Mu̲s·teil[mʊ́staɪl] 男〖史〗寡婦分(中世ドイツの慣習法で, 夫の死後, 妻の受け取るべき遺産贈与分). [＜*mhd.* muos „Speise" (◇Mus)＋teile „Teilung"]

Mu̲·ster[mʊ́stər] 中 -s/- **1 a**) (Vorlage) ひな型, 原型, 図案, 見本, モデル: nach ~ 手本にならって | nach ~ stricken (編物で)見本にならって編む | **nach berühmtem ~**《話》よくあるように, 例によって, いつものように ‖ ein ~ nacharbeiten 見本をまねて⟨ひな型どおりに⟩作る. **b**)《比》(Vorbild) 模範, 典型: Sie ist das ~ einer guten Hausfrau. 彼女はよき主婦の鑑(かがみ)である | *sich*³ *jn.* zum ~ ⟨*sich*³ an *jm.* ein ~⟩ nehmen …を自分の手本にする.

2 (布地などの)模様,〔図〕柄(がら) (→ 図); 意匠: das ~ einer Tapete 壁紙の模様 | Streifen*muster* しま模様 ‖ neue ~ entwerfen 新しい図柄を考案する | ein ~ stricken (編物で)模様を編む.

3 (Warenprobe) (商品などの) 見本: ▽~ ohne Wert〖郵〗商品見本(＝Warenprobe 2).

[*it.* monstra „Zeigen"; ＜*lat.* mōnstrāre (→Monstranz)]

Mu̲·ster≠bei·spiel 中〔模〕範例: Er ist das ~ für Mut. 彼の勇気は模範的だ. **≠bild** 中 模範, 典型. **≠brief** 男 模範書簡. **≠bu̲ch** 中〖商〗見本帳. **≠ex·em·pla̲r** 中 **1** 商品見本, サンプル. **2**《しばしば皮肉》模範〔的なもの・人〕. **≠gat·te** 男《戯》模範的な夫.

mu̲·ster·gül·tig 形 模範的な: eine ~*e* Ordnung 模範的な秩序.

Mu̲·ster·gu̲t 中 模範農場.

mu̲·ster·ha̲ft 形 模範的な: ein ~*er* Schüler 模範生 | *sich*⁴ ~ benehmen 模範的に振舞う.

Mu̲·ster·haf·tig·keit 女 -/ musterhaft なこと.

Mu̲·ster≠kar·te 女〖商〗見本カード. **≠klam·mer** 女 (商品見本などを送る封筒につける随時開封可能の)割りピン. **≠kna̲·be** 男《軽蔑的に》(男の子に関して)模範児童, 模範生. **≠kof·fer** 男〖商〗商品見本ケース⟨トランク⟩. **≠kol·lek·tio̲n** 女〖商〗商品見本集. **≠mes·se** 女〖商〗見本市.

mu̲·stern[mʊ́stərn]《05》他 (h) **1 a**) しさいに観察する, じろじろ眺める; 吟味⟨点検⟩する: *jn.* von oben bis unten ⟨von Kopf bis Fuß⟩ ~ …を頭のてっぺんから足の先までじろじろ見る. **b**) (inspizieren)〖軍〗査閲する: die Truppen ~ 部隊を査閲する. **c**)〖軍〗徴兵検査をする: Der Jahrgang

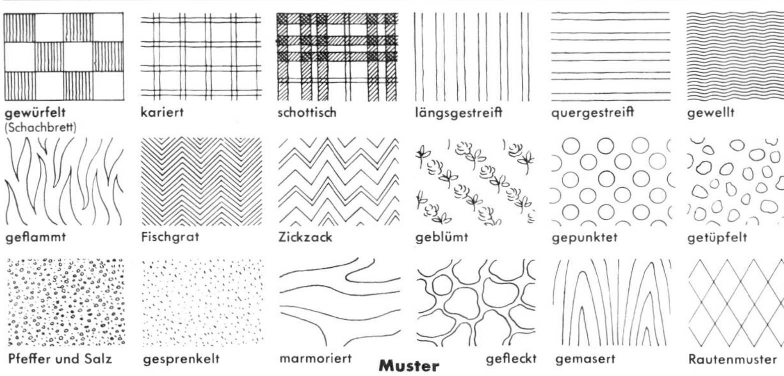

Muster

1987 wird dieses Jahr *gemustert.* 1987年生まれの人は今年徴兵検査を受ける. **2** 《*et.*[4]》(…に)模様〈図柄〉をつける: *et.*[4] mit Streifen ～ …にしま模様を入れる ‖ ein *gemusterter* Stoff 柄物(がらもの)の布地 | *gemusterte* Glasscheiben 型板ガラス. **3** 《方》《*jn.*》(…に)無趣味な〈似合わない〉服を着せる.

Mụ·ster≈pro·zeß[mʊ́stər..] 男 〘法〙先例的訴訟, テストケース. ≈**rol·le** 女 〘海〙船員〈乗組員〉名簿. ≈**samm·lung** 女 =Musterkollektion ≈**schụ·le** 女 モデルスクール. ≈**schụ̈·ler** 男 《しばしば軽蔑的に》模範生〔徒〕. ≈**schutz** 男 〘法〙意匠保護. ≈**schutz·recht** 中 意匠保護法. ≈**sen·dung** 女 商品見本郵便〈小包〉. ≈**stück** 中 =Musterexemplar ≈**stu·dent** 男 《しばしば軽蔑的に》模範〔大学〕生.

Mụ·ste·rung[mʊ́stərʊŋ] 女 -/-en **1** (mustern すること. 例えば:) **a**) 吟味, 点検: *et.*[4] einer genauen ～ unterziehen …をしさいに観察〈吟味〉する. **b**) 〘軍〙査閲. **c**) 〘軍〙徴兵検査. **d**) 模様〈図柄〉をつけること. **2** (Muster) 模様, 図柄.

Mụ·ster≈wirt·schaft[mʊ́stər..] 女 =Mustergut ≈**zeich·ner** 男 図案家, 意匠デザイナー. ≈**zeich·nung** 女 図案〔作成〕, 意匠〔デザイン〕.

Mụs·topf[mú:s..] 男 ムース (Mus) 用の土鍋(どなべ): **aus dem ～ kommen** 《ベルリン》《話》まったく何も知らない.

Mu̱t[mu:t] 男 -〔e〕s/ (⑪ **Mü̱t·chen** → 別出) **1** (英: *mood*) 勇気, 気力, 元気, 大胆さ: ein großer 〈geringer〉 ～ 非常な〈乏しい〉勇気 ‖ ～ bekommen 勇気がわく, 元気が出る | ～ haben 勇気がある | den ～ verlieren 〈sinken lassen〉 勇気を失う〈意気沮喪(そそう)する〉| 〔für *et.*[4]〕 ～ aufbringen 〔…のために〕勇気をふるい起こす | all *seinen* ～ zusammennehmen 全身の気力をふるい起こす | *jm.* ～ machen 〈zusprechen〉 …を勇気づける | ***jm.* den ～ abkaufen** 《話》…の勇気をくじく, …をがっかりさせる | *sich*[3] ～ antrinken 《話》(一杯飲んで)元気をつける ‖ in trunkenem ～*e* 《雅》酔いにまかせて | mit dem ～ der Verzweiflung すてばちの勇気をふるって ‖ Nur ～! / Nur den ～ nicht verlieren! くじけるな, さあ元気を出して | Dazu fehlt mir der ～. 私にはその勇気がない | Es gehört viel ～ dazu. それには大いに勇気が必要だ. **2** 《雅》気分, 気持: **mit gutem 〈frischem / frohem〉 ～*e*** 上機嫌で | **guten 〈frischen / frohen〉 ～*es*** 《雅》上機嫌で | Mir ist gut 〈schlecht〉 zu ～*e*. 私は気分がよい〈悪い〉(→zumute).

[*germ.* „heftige Erregung"; ◇Mores; *engl.* mood; *gr.* mōsthai „streben"]

ᐁ**Mụ·ta**[mú:ta·] 女 -/..tä[..tɛ·] (Explosivlaut) 〘言〙破裂音, 閉鎖音. [＜*lat.* mūtus „stumm" (◇mucken); ◇*engl.* mute]

mu·tạ·bel[mutá:bəl] (..ta·bl..) 形 変わりうる, 可変的な; 変わりやすい. [*lat.*; ＜*lat.* mūtāre (→mutieren)]

Mu·ta·bi·li·tä̱t[mutabilitɛ́:t] 女 -/ 可変性; 変わりやすさ. [*lat.*]

mu·ta·ge̱n[mutagé:n] **I** 形 〘遺伝〙突然変異を起こさせる. **II Mu·ta·ge̱n** 中 -s/-e 《ふつう複数で》〘遺伝〙突然変異原(げん), 〔突然〕変異誘発物質. [◇..gen]

Mu·tạnt[mutánt] 男 -en/-en **1** 《オーストリア》変声期の少年. **2** =Mutante

Mu·tạn·te[mutántə] 女 -/-n 〘遺伝〙突然変異体.

Mu·ta·tio̱n[mutatsió:n] 女 -/-en **1** 〘遺伝〙突然変異. **2** (Stimmwechsel) 声変わり. [*lat.*]

mu·tạ·tis mu·tạn·dis[mutá:ti:s mutándi:s] 《ラテン語》(略 m. m.) 必要な変更を加えて, 必要に応じて変化を与えて.

mu·ta·ti̱v[mutatí:f][1] 形 〘遺伝〙突然変異の; 突然変異による.

Mü̱t·chen[mý:tçən] 中 -s/ **1** Mut の縮小形. **2** 腹立たしさ, 憤懣(ふんまん): ***sein* ～ 〔an *jm.*〕 kühlen** 〔…に〕当たり散らす, …に対してうっぷんを晴らす.

mu̱·ten[mú:tən] 《01》 他 (h) **1** 〘坑〙採掘権の設定を申請する: eine Grube ～ 鉱山採掘の許可を出願する. ᐁ**2** (職人が親方になるための作品の製作の)許可を請求する. [*ahd.* muotōn „begehren"; ◇Mut]

Mu̱·ter[mú:tər] 男 -s/- 〘坑〙採掘権設定の申請人.

mu·ti̱e·ren[mutí:rən] 自 (h) **1** 〘遺伝〙突然変異する. **2** 声変わりする, 変声期にある: ein *mutierender* Junge 変声期の少年. [*lat.* mūtāre „wechseln"; ◇miß..; *engl.* mutate]

mu̱·tig[mú:tıç][2] 形 勇気のある, 勇敢〈大胆〉な: ein ～*er* Mann 勇気のある男 | eine ～*e* Tat 〈Antwort〉 勇気のある行為〈返答〉| Dem *Mutigen* gehört die Welt. 《諺》この世は勇者のもの ‖ *sich*[4] ～ verteidigen 勇敢に身を守る.

Mu·ti·la·tio̱n[mutilatsió:n] 女 -/-en (Verstümmelung) (手足などの)切断; 〘医〙断節.

mu·ti·li̱e·ren[..lí:rən] 他 (h) (verstümmeln) (重要な部分を)切断〈破損〉する. [*lat.*; ◇Maiß]

Mu·tịs·mus[mutísmʊs] 男 -/ **1** 〘医〙無言〔症〕; (Stummheit) おし(唖). **2** 〘心〙緘黙(かんもく)症. [＜*lat.* mūtus (→Muta)]

mu̱t·lo̱s[mú:tlo:s][1] 形 勇気のない, おく病な, びくびくした; 意気消沈した, 落胆〈気落ち〉した: den Kopf ～ sinken lassen 首をがっくりとうなだれる, 意気消沈する.

Mu̱t·lo·sig·keit[..lo:zıçkaıt] 女 -/ mutlos なこと.

mu̱t·ma·ßen[mú:tma:sən] 《02》 他 (h) (vermuten) 推測〈推察〉する, 想像する. [*mhd.*; ＜*mhd.* muot-māze „Bemessung nach dem Sinn" (◇Mut, Maße)]

mu̱t·maß·lich[..ma:slıç] **I** 形 (vermutlich) 推測〈推定〉上の: der ～*e* Täter 犯人と思われる者.

II 副《陳述内容の現実度に対する話し手の判断・評価を示して》察するところ〔…らしい〕, おそらく, たぶん: Er ist ～ der Täter. どうやら彼が犯人らしい.

Mụt·ma·ßung[..ma:sʊŋ] 女 -/-en 推測, 推察, 想像.

Mu̲t·pro̲·be[mú:t..] 女 肝だめし.

mụt·schen[mʊ́tʃən]《04》他 (h) **1**《南部》《話》混ぜ合わせる, 混ぜ物をする; 変造する. **2** (bestechen)《*jn.*》買収する.

Mụtt·chen[mʊ́tçən] 中 -s/-《話》おかあちゃん; おばさん.

Mụt·ter[1][mʊ́tər] 女 -/Mütter[mʏ́tər] **1 a)** (⊕ **Mụ̈t·ter·chen** → 別出, **Mụ̈t·ter·lein**[..laɪn] 中 -s/-) (英: *mother*) 母, 母親;《比》(生み出す)源: die echte 〈leibliche〉 ～ 実母 | Schwieger*mutter* しゅうとめ | Stief*mutter* 継母(ままはは) | eine ledige 〈unverheiratete〉 ～ 未婚の母親 ‖ Vater und ～ 父母, 両親 | ～ von drei Kindern 三児の母親 | ～ Gottes〖カトリック〗聖母マリア ‖ die weise ～ 助産婦 | ～ Erde 〈Natur〉 母なる大地〈自然〉| **die ～ der Kompanie**《話》曹長 ‖ wie eine ～ 母親同様に | ～ werden 母親になる(妊娠する) | *sich*[4] ～[4] fühlen《雅》妊娠を自覚する | *jm.* die ～ ersetzen …の母親がわりになる | Grüßen Sie Ihre 〔Frau〕 ～! お母様によろしくお伝えください ‖ **bei ～ Grün schlafen**《話》野宿する ‖ Sie ist ganz die ～.《話》彼女は母親にそっくりだ | Vorsicht ist die ～ der Weisheit 〈話: der Porzellankiste〉. (→Vorsicht 1).

☆ i) 冠詞類を伴わずに「お母さん・おふくろ」などの意味でいわば固有名詞的に用いる場合, 単数 2 格に(特に付加語として名詞の前に置かれる場合) Mutters の形が用いられることがある: ～*s* Geburtstag 母の誕生日 | an ～*s* Rock〔schoß〕 hängen《比》(大人になっても)母親から独立できない.

ii) 口語的表現では, 単数 3 格に Muttern という古形が用いられることがある: *sich*[4] **wie bei ～*n*** fühlen (母親のところにいるように)くつろいだ気持になる.

b)〖カトリック〗(女子修道会の)マザー. **c)** ＝Muttergesellschaft

▽**2** (Gebärmutter)〖解〗子宮. ▽**3** (Hefe) 酵母. ▽**4** (Matrize)〖工・印〗母型. ▽**5** (Perlmutter) 真珠母.

[*idg.*; ◇Mama; *engl.* mother; *gr.* mḗtēr „Mutter"]

Mụt·ter[2][mʊ́tər] 女 -/-n (Schraubenmutter)〖工〗雌ねじ, ナット(→ ⊛ Schraube A): die ～ fester anziehen ナットをさらにきつく締める | Die ～ lockert sich. ナットがゆるむ.

Mụ̈t·ter Mutter[1]の複数.

Mụt·ter≠band[mʊ́tər..] 中 -〔e〕s/..bänder《ふつう複数で》〖解〗子宮靭帯(じんたい). **≠baum** 男〖林〗(優良種子採取用の)母樹, 親木.

Mụ̈t·ter·be·ra̲·tungs·stel·le[mʏ́tər..] 女 母親〈妊産婦〉相談所.

Mụt·ter≠bild[mʊ́tər..] 中 母親像. **≠bo̲·den** 男 **1** 表土, 腐植質土, 肥沃(ひよく)土. **2** 原産地. **≠brust** 女《雅》母の胸〈乳房〉.

Mụ̈t·ter·chen[mʏ́tərçən] 中 -s/- **1** Mutter[1]の縮小形. **2** (縮んで小さくなった)老婆, おばあさん.

Mụt·ter≠e̲r·de[mʊ́tər..] 女 ＝Mutterboden 1 **≠er·satz** 男 -es/ 母親代わり. **≠freu·den** 複 母親である喜び:〖もっぱら次の成句で〗**～ entgegensehen**《雅》みごもっている | **～ genießen**《雅》(子供を産んで)母親になった喜びを味わう.

Mụ̈t·ter·fü̲r·sor·ge[mʏ́tər..] 女 ＝Mutterschutz

Mụt·ter≠ge·sell·schaft[mʊ́tər..] 女 親会社. **≠ge·stein** 中〖地〗石油根源岩.

Mụt·ter·gọt·tes[mʊtərgɔ́təs] 女 -/〖カトリック〗聖母マリア〔の像〕(＜Mutter Gottes).

Mụt·ter·gọt·tes·bild 中 聖母像.

Mụt·ter·haus[mʊ́tər..] 中 **1** (新教・赤十字などの)看護婦〈社会奉仕員〉養成所. **2**〖カトリック〗(修道院の)母院. **3** 本店, 本社.

Mụ̈t·ter·heim[mʏ́tər..] 中 母子寮.

Mụt·ter≠herz[mʊ́tər..] 中《雅》母ごころ. **≠in·stinkt** 男 母性本能. **≠kind** 中 お母さん子, 甘えっ子. **≠kir·che** 女〖カトリック〗(支教会に対して)本教会. **≠kom·plex** 男〖心〗マザー〈母親〉コンプレックス. **≠korn** 中 -〔e〕s/-e〖植・薬〗麦角(ばっかく)(麦角菌の菌核で, 止血剤や子宮収縮剤として用いられる).

Mụt·ter·korn≠pilz 男 麦角(ばっかく)菌. **≠ver·gif·tung** 女〖医〗麦角中毒〔症〕.

Mụt·ter≠kraut 中〖植〗ナツシロギク. **≠ku̲·chen** 男 (Plazenta)〖解〗胎盤. **≠land** 中 -〔e〕s/..länder (植民地に対する)本国; (特定の商品の)生産本国; (思想・制度などの)発生地. **≠lau·ge** 女〖化〗母液. **≠leib** 男 母胎, 子宮: das Kind im ～ 胎内の子供 | vom ～ an《比》生まれたときから, 生来.

Mụ̈t·ter·lein Mutter[1]の縮小形(→Mütterchen).

mụ̈t·ter·lich[mʏ́tərlɪç] 形 **1**《付加語的》母〔親〕の; 母方の: das ～*e* Erbe 母からの遺産 | die ～*e* Linie 母方の家系〈血筋〉| in ～*er* Obhut 母の庇護(ひご)のもとに. **2** 母親らしい, 母性的な, 慈母のような: ein ～*es* Lächeln 慈母のような微笑 | die ～*e* Zärtlichkeit 母のようなやさしさ ‖ für *jn.* ～ sorgen …を母親のように世話する. [*ahd.*; ◇Mutter[1]]

mụ̈t·ter·li·cher·se̲its[mʏ́tərlɪçərzáɪts] 副 母方〔の血筋〕で: mein Großvater ～ 私の母方の祖父 | der Bruder ～ 母の兄〈弟〉, 母方の伯父〈叔父〉.

Mụ̈t·ter·lich·keit[..kaɪt] 女 -/ 母親らしさ.

Mụt·ter·lie·be[mʊ́tər..] 女 母の愛, 母性愛.

mụt·ter·lo̲s[..lo:s][1] 形 母親のない.

Mụt·ter·lo̲·sig·keit[..lo:zɪçkaɪt] 女 -/ mutterlos なこと.

Mụt·ter≠ma̲l[mʊ́tər..] 中 -〔e〕s/-e 母斑(ぼはん), (先天性の)あざ; ほくろ. **≠milch** 女 母乳: *jn.* mit ～ ernähren …を母乳で育てる | *et.*[4] **mit der ～ einsaugen**《比》…に幼少のころから慣れ親しむ. **≠mord** 男 母親殺し(行為). **≠mör·der** 男 母親殺し(人). **≠mund** 男 -〔e〕s/〖解〗子宮口(→Gebärmutter).

Mụt·tern Mutter[2]の複数.

Mụt·ter·nel·ke[mʊ́tər..] 女 丁子(ちょうじ), 丁香(チョウジの花のつぼみで乾燥させて香辛料などに用いる: →Gewürznelke).

Mụt·ter·paß[mʊ́tər..] (**Mụ̈t·ter·paß**[mʏ́tər..]) 男 (医師が発行する)妊婦証明書(血液型などを記載).

Mụt·ter≠pfe̲rd[mʊ́tər..] 中 (Mutterstute) 母馬. **≠pflan·ze** 女〖農〗(優良種苗の)親植物, 母株, 親株. **≠pflicht** 女 -/-en《ふつう複数で》母親の義務. **≠recht** 中 -〔e〕s/ 母親の権利;〖史〗母権〔制度〕. **≠ring** 男〖医〗(避妊用)子宮栓, ペッサリー. **≠schaf** 中 母羊.

Mụt·ter·schaft[mʊ́tərʃaft] 女 -/ 母親であること; 母親としての存在〈身分〉; 母性.

Mụt·ter·schafts≠geld 中 (産婦に支払われる)出産手当. **≠hil·fe** 女 出産扶助. **≠ur·laub** 男 出産休暇.

Mụt·ter≠schiff[mʊ́tər..] 中 **1** (漁業船団などの)母船. **2**〖軍〗母艦. **≠schlüs·sel** 男 (Schraubenschlüssel) スパナ. **≠schrau·be** 女 雌ねじ, ナット. **≠schutz** 男 (法律による)妊産婦の保護. **≠schwein** 中 母豚.

mụt·ter·se̲e·len·al·le̲in[mʊ́tərzé:lən|aláɪn] 副 ひとりぼっちで, たったひとりで. [＜Seele]

Mụt·ters·mụt·ter[mʊ́tərs..] 女 -/..mütter 母方の祖母.

Mụt·ter≠sö̲hn·chen[mʊ́tər..] 中 お母さん子, 甘えっ子(男の子);《軽蔑的に》甘ったれ, 自立心のない若い男. **≠spie·gel** 男〖医〗膣鏡(ちつきょう), 子宮鏡.

Mụt·ter·spra̲·che 女 **1** (↔Fremdsprache) 母語(母などから習って, 生まれた時から使っている言語), 母国語, 自国語. **2** (↔Tochtersprache)〖言〗祖語, 母語(例えばフランス語・イタリア語・スペイン語などに対するラテン語). [*mlat.* lingua māterna (◇lingual, Mater) の翻訳借用; ◇*engl.* mother tongue]

Mụt·ter·sprach·ler[..ʃpra:xlər] 男 -s/- (英: *native speaker*)〖言〗母〔国〕語使用者, ある言語を自国語とする人.

mụt·ter·sprach·lich 形 母〔国〕語の.

Mụt·ter≠stel·le 女 母親の地位: bei 〈an〉 *jm.* ～ vertreten …の母親の役目を務める. **≠stu̲·te** 女 母馬. **≠tag** 男 母の日(5月の第2日曜日). **≠tier** 中 母獣(特に

家畜の). ⸗**trom·pe·te** 女〘解〙卵管, らっぱ管. ⸗**witz** 男 -es/ 生まれつきの才知. ⸗**zel·le** 女〘生〙(分裂以前の)母(ぼ)細胞.

Mụt·ti[mʊ́ti·] 女 -(無冠詞の場合: -s)/-s (Mutter¹の愛称)お母さん, お母ちゃん, ママ.

mu·tua̩l[mutuá:l] 形 (wechselseitig) 互いの, 相互の. [*fr.* mutuel; <*lat.* mūtuus „wechselseitig" (◇mutieren)]

Mu·tua·lị·mus[mutualísmʊs] 男 -/ **1 a)** 相互の認め合い, 互譲の精神. **b)** (プルードンなどの唱えた)相互扶助論. **2**〘生〙相利共生; 相利作用.

Mu·tua·li·tä̩t[..litɛ́:t] 女 -/-en 相互関係〈依存〉. [*fr.*]

mu·tuẹll[mutuɛ́l] =mutual

Mụ·tung[mú:tʊŋ] 女 -/-en〘坑〙採掘権設定の申請.

mụt·voll[mú:t..] 形 勇気にあふれた; 元気いっぱいの.

Mụt·wil·le 男《単数で》(思い上がった)気まぐれ, いたずら心; (軽率な)悪ふざけ: aus bloßem 〈reinem〉 ～*n* 単なる気まぐれから | *seinen* ～*n* an *jm.* auslassen …に対して気ままないたずらをする. [*ahd.* muot-willo „freier Entschluß"]

mụt·wil·lig[..vılıç]² 形 思い上がった, 気まま勝手な, 悪ふざけの; 故意の; 軽率な: eine ～*e* Beleidigung いわれのない侮辱 | *jm.* ～ weh tun 気まぐれから…を痛い目に合わせる.

Mụt·wil·lig·keit 女 -/ =Mutwille

Mutz¹[mʊts] 女 -/-e《方》**1** 猫. **2** お気に入り, ペット.

Mutz²[-] 男 -es/-e《方》**1** 尻尾(しっぽ)の短い動物. **2** (短い)タバコパイプ. **3** (Dummkopf) ばか者, 愚か者. [<*mndd.* mutten „stutzen"]

Mutz³[-] 男 -en/-en《スイス》**1** (Bär) クマ(熊). **2 a)** (スイスの)ベルン州(→Bern²). **b)** ベルン州の人.

Mü̩t·ze[mʏ́tsə] 女 -/-n (小 **Mütz·chen**[mʏ́tsçən], **Mü̩tz·lein**[..laın] 中 -s/-) **1** (ふちなしの)帽子(ずきん・ベレー帽・学生帽・軍帽など: →図): eine ～ mit Schirm ひさし付きの帽子 | Matrosen*mütze* 水兵帽, セーラーキャップ | Nacht*mütze* ナイトキャップ ‖ die ～ aufsetzen 〈abnehmen〉 帽子をかぶる〈ぬぐ〉| die ～ tragen 〈aufhaben〉 帽子をかぶっている | die ～ ins Gesicht ziehen 帽子を目深(まぶか)にかぶる ‖ **eine ～ voll Schlaf kriegen** ちょっと一眠りする | **eine ～ voll Wind**《話》そよ風 | **eins auf die ～ bekommen 〈kriegen〉**《話》叱責(しっせき)される | Der Berg hat 〈trägt〉 eine ～. その山は雪の帽子をかぶっている | *jm.* **nicht nach der ～ sein**《話》…にとって不快である. **2** (コーヒーポットなどの)保温カバー. [*mlat.* almūcia–*mhd.* almuz; ◇*engl.* almuce, amice]

Mütze

Mü̩t·zen⸗ma·cher[mʏ́tsənmaxər] 男 -s/- 帽子製造〔業〕者. ⸗**schirm** 男 帽子のひさし.

Mü̩tz·lein Mütze の縮小形.

Mu·zị̄n[mutsí:n] 中 -s/-e《ふつう複数で》〘生〙ムチン, 粘〔液〕素. [<*lat.* mūcus „Schleim" (◇myxo..)+..in²]

mw. 略 =meinetwegen

m. W. 略 =meines Wissens 私の知るところでは.

MW[megavát, mé:gavat] 記号 (Megawatt)〘電〙メガワット.

mWS 略 =Meter Wassersäule 水柱(すいちゅう)メートル(圧力の単位).

MwSt. (**MWSt.**) 略 =Mehrwertsteuer

my.. →myo..

My̱[my:] 中 -〔s〕/-s **1** ミュー(ギリシア字母の第12字; M, μ). **2** =Mikron 1 [*gr.*; ◇*engl.* mu]

My·al·gi̩e[myalgí:] 女 -/-n[..gí:ən] (Muskelschmerz)〘医〙筋〔肉〕痛.

My·a̩n·mar[mjá:nma:*r*] 地名 ミャンマー(アジア東南部の国で, 首都は Yangon. 旧称 Birma).

My·an·ma̩·re[mjanmá:rə] 男 -n/-n (女 **My·an·ma̩·rin**[..má:rın]-/-nen) ミャンマー人.

my·an·ma̩·risch[..má:rıʃ] 形 ミャンマー〔人・語〕の: → deutsch

My·asthe·ni̩e[myastení:] 女 -/-n[..ní:ən] (Muskelschwäche)〘医〙筋無力症. [◇Asthenie]

My·dri̩a·sis[mydrí:azıs] 女 -/..sen[..dria:zən], ..ases [..driá:ze:s] (↔Miosis) (Pupillenerweiterung)〘医〙散瞳(さんどう), 瞳孔散大. [*gr.*]

my·dria̩·tisch[..driá:tıʃ] 形 散瞳(さんどう)〈瞳孔散大〉の.

My·kẹ·nä[myké:nɛ·] (**My·kẹ·ne**[..nə, ..ne·]) 地名 ミュケーナイ(ギリシア Peloponnes 半島にある古代ミュケーナイ文明の遺跡). [*gr.*〔–*lat.*〕]

my·kẹ·nisch[..nıʃ] 形 ミュケーナイ〔文明〕の: die ～*e* Kultur ミュケーナイ文明.

myko..《名詞などにつけて「菌」を意味する》[*gr.* mýkēs „Pilz"; ◇myxo..]

My·ko·lo̩·ge[mykoló:gə] 男 -n/-n (→..loge) 菌〔類〕学者.

My·ko·lo·gi̩e[..logí:] 女 -/ (Pilzkunde) 菌〔類〕学.

My·ko·pla̩s·men[mykoplásmən] 複〘生〙マイコプラズマ(ウイルスと細菌の中間的性質をもつ微生物).

My·kor·rhi̩·za[mykorí:tsa·, ..kɔr.., ..rítsa·] 女 -/..zen[..tsən]〘植〙菌根. [<rhizo..]

My·ko̩·se[mykó:zə] 女 -/-n (Pilzkrankheit)〘医・生〙真菌症. [<..ose]

My·ko·to·xi·ko̩·se[mykotɔksikó:zə] 女 -/-n〘医〙真菌中毒, かび毒症. [◇Toxikose]

▽**My·la·dy**[milé:di·, mıléıdi·]《身分の高い女性に対する呼びかけとして》(gnädige Frau) 奥様. [*engl.*; ◇mein]

My·lo·ni̩t[myloní:t, ..nít] 男 -s/-e〘地〙マイロナイト, 圧砕岩. [<*gr.* mýlē „Mühle" (◇Mole²)+..it²]

▽**My·lord**[milɔ́rt, mılɔ́:d]《身分の高い男子に対する呼びかけとして》(gnädiger Herr) だんな様. [*engl.*; ◇mein]

Myn·hee̩r[məné:*r*] 男 -s/-s=Mijnheer

myo..《名詞などにつけて「筋肉」を意味する. 母音の前では my.. となる》: *My*o tonie 筋硬直症 ‖ *My*algie 筋肉痛. [*gr.* mỹs „Maus"; ◇Muskel]

Myo·gra̩mm[myográm]〘医〙筋運動〈収縮〉記録図, ミオグラム.

Myo·gra̩ph[..grá:f] 男 -en/-en〘医〙筋運動〈収縮〉記録装置, ミオグラフ.

Myo·ka̩rd[myokárt] 中 -s/ (Herzmuskulatur)〘解〙心筋層. [<kardio..]

Myo·ka̩rd·in·farkt 男 (Herzinfarkt)〘医〙心筋梗塞(こうそく).

Myo·kar·di̩·tis[..kardí:tıs] 女 -/..tiden[..dití:dən] (Herzmuskelentzündung)〘医〙心筋炎. [<..itis]

Myo·lo·gi̩e[..logí:] 女 -/ (Muskellehre)〘医〙筋肉学.

Myo̩m[myó:m] 中 -s/-e (Muskelgeschwulst)〘医〙(良性の)筋腫(きんしゅ): Uterus*myom* 子宮筋腫. [<..om]

my·o̩p[myó:p] =myopisch

Myo·pa·ra·ly̩·se[myoparalý:zə] 女 -/-n〘医〙筋〔性〕麻痺.

Myo·pa·thi̩e[..patí:] 女 -/-n[..tí:ən]〘医〙筋障害.

myo·pa̩·thisch[..pá:tıʃ] 形 筋障害〔性〕の.

My·opi̩e[myopí:] 女 -/ (↔Hypermetropie) (Kurzsichtigkeit)〘医〙近視: Pseudo*myopie* 仮性近視.

my·o̩·pisch[myó:pıʃ] 形 (kurzsichtig) 近視の. [*gr.* mý-ōps „kurz-sichtig"; <*gr.* mýein (→Miosis)]

My·or·rhẹ·xis[myɔréksıs, myo..] 女 -/ (Muskelriß)〘医〙筋断裂. [<myo..+*gr.* rhēgnýnai (→Rhagade)]

Myo·si̩n[myozí:n] 中 -s/ ミオシン(筋肉たんぱく質の一

種). [<..ose+..in[2]]

Myo·si̤·tis[myozí:tɪs] 女 -/..tiden[..zití:dən] (Muskelentzündung)〘医〙筋炎. [<..itis]

Myo·spa̤s·mus[myospásmʊs, myɔs..] 男 -/..men [..mən] (Muskelkrampf)〘医〙筋痙攣(けいれん).

Myo·to·nie̤[myotoní:] 女 -/-n[..ní:ən]〘医〙筋緊張〔症〕, ミオトニー. [<*gr.* tónos „Spannung"]

myria.. →myrio..

My·ria̤·de[myriá:də] 女 -/-n **1** (zehntausend) 1万. **2**《複数で》数万, 無数: ~*n* von Sternen 無数の星. [*gr.* mȳriás „zehntausend"–*engl.* myriad]

My·ria≠gra̤mm[myriagrám] 中 -s/-e 1万グラム. **≠me̤·ter**[..mé:tər] 男 (中) -s/- 1万メートル.

My·rin·gi̤·tis[myrɪŋgí:tɪs] 女 -/..tiden[..gití:dən] (Trommelfellentzündung)〘医〙鼓膜炎. [*lat.*; <*mlat.* miringa „Haut"]

myrio..《名詞につけて「1万倍の・無数の」を意味する. myria.. となることもある》: *Myrio*pode / *Myria*pode〘動〙多足類 ‖ *Myria*liter 1万リットル. [*gr.* mȳriós „unzählig"]

Myr·mi·do̤·ne[myrmidó:nə] 男 -n/-n〘ギ神〙ミュルミドーン人 (Achilles に従って Troja に遠征した Thessalien の民族). [*gr.*–*lat.*]

My̤r·r〔h〕e[mýrə] 女 -/-n 没薬(もつやく) (アフリカ・アラビア産カンラン科の樹脂で, 香料・防腐剤・薬剤として用いられる). [*semit.*–*gr.*–*lat.*〔–*ahd.* myrra〕; ◇*engl.* myrrh]

My̤r·r〔h〕en≠hei·de 女 (Kajeputbaum)〘植〙カユプテ (東南アジア産フトモモ科の木). **≠tink·tṳr** 女 -/〘薬〙ミルラチンキ (歯茎の治療などに用いる).

My̤r·te[mýrtə] 女 -/-n〘植〙ギンバイカ(銀梅花) (地中海地方原産のフトモモ科の木). [*gr.* mýrtos–*lat.*; ◇Myrrhe; *engl.* myrtle]

My̤r·ten·kranz 男 ギンバイカの冠 (枝を編んだもので純潔の象徴として花嫁の冠に用いる).

My·ste̤·ri·en Mysterium の複数.

My·ste̤·ri·en·spiel[mysté:riən..] 中 (中世の)聖史劇, 神秘劇, 奇跡劇 (キリストを題材とする宗教劇).

my·ste·riö̤s[mysteriø̃:s][1] 形 神秘的な, 神秘に包まれた; なぞめいた, いわくありげな: unter ~*en* Umständen 不可思議な状況のもとに. [*fr.* mystérieux; ◇..os]

My·ste̤·rium[mysté:riʊm] 中 -s/..rien[..riən] **1** 神秘, 不可思議: in die *Mysterien* des Weltalls eindringen 宇宙の神秘を探る. **2**《複数で》=Mysterienspiel **3**《複数で》(古代の宗教の)秘儀, 密儀; (古代の)密儀宗教: die dionysischen *Mysterien* (古代ギリシアの)ディオニュソスの秘儀. [*gr.* mystḗrion–*lat.*; <*gr.* mýstēs „Eingeweihter" (◇Miosis)]

My·sti·fi·ka·tio̤n[mystifikatsió:n] 女 -/-en mystifizieren すること.

my·sti·fi·zie̤·ren[..tsí:rən] 他 (h) **1**《*et.*[4]》(…を)神秘化する, (…に)神秘のベールをかぶせる. **2**《*jn.*》(…を)欺く, 迷わせる, 煙にまく.

My̤·stik[mýstɪk] 女 -/ 神秘説, 神秘主義, 神秘論: die deutsche ~ ドイツ神秘主義.

My̤·sti·ker[mýstikər] 男 -s/- 神秘家, 神秘主義者.

my̤·stisch[mýstɪʃ] 形 神秘的な, 幽玄な; 神秘説〈神秘主義〉の; 不可思議な, 不可解な, なぞの. [*gr.*–*lat.*]

My·sti·zi̤s·mus[mystitsísmʊs] 男 -/..men[..mən] 神秘的傾向; 奇跡信仰; 狂信.

My̤·the[mý:tə] 女 -/-n =Mythos

My̤·then Mythos, Mythus の複数.

my̤·then·haft[mý:tənhaft] 形 神話〈伝説〉的な.

my̤·thisch[mý:tɪʃ] 形 **1** 神話の, 神話に関する. **2** 神話的な, 神話化した. [*gr.*]

My·tho·lo̤·ge[mytoló:gə] 男 -n/-n (→..loge) 神話学者.

My·tho·lo·gie̤[..logí:] 女 -/-n[..gí:ən] **1** 神話学, 神話研究. **2**《集合的に》神話: die griechische ~ ギリシア神話. [*gr.*–*spätlat.*]

my·tho·lo̤·gisch[..ló:gɪʃ] 形 **1** 神話学〔上〕の. **2** 神話〔上〕の.

my·tho·lo·gi·sie̤·ren[..logizí:rən] 他 (h) 神話化する.

My̤·thos[mý:tɔs] (**My̤·thus**[..tʊs]) 男 -/..then [..tən] **1** (個々の)神話: die antiken 〈griechischen〉 *Mythen* 古代〈ギリシア〉神話. **2** 神話〈伝説〉的な事柄〈人物〉; 架空の作り話: der ~ um Napoleon ナポレオンをめぐる神話. [*gr.* mȳ̃thos „Wort"; ◇*engl.* myth]

myx.. →myxo..

myxo..《名詞などにつけて「粘液」を意味する. 母音の前では myx.. となることが多い》: *Myxo*bakterien 粘液バクテリア | *Myx*amöbe 粘液アメーバ. [*gr.* mýxa „Schleim"; ◇myko..]

Myx·öde̤m[myksødé:m] 中 -s/-e〘医〙粘液水腫(すいしゅ).

My·xo̤m[myksó:m] 中 -s/-e〘医〙粘液腫. [<..om]

my·xo·ma·tö̤s[myksomatø̃:s][1] 形〘医〙粘液腫性の.

My·xo·my·ze̤t[myksomytsé:t] 男 -en/-en (Schleimpilz)〘植〙粘菌. [<myko..]

My·ze̤l[mytsé:l] 中 -s/-ien[..liən] (Pilzgeflecht)〘植〙菌糸体(→ 図 Pilz). [<myko..+*gr.* hē̃los „Nagel"; ◇*engl.* mycelium]

My·ze̤l·fa̤·den 男〘植〙菌糸.

My·ze·ti̤s·mus[mytsetísmʊs] 男 -/..men[..mən] (Pilzvergiftung)〘医〙キノコ中毒.

My·ze·to·lo̤·ge[mytsetoló:gə] 男 -n/-n (→..loge) =Mykologe

My·ze·to·lo·gie̤[..logí:] 女 -/ =Mykologie

Mz. 略 =Mehrzahl 複数.

N

n[1][ɛn], **N**[1][−] 中 -/- (→a[1], A[1] ★) ドイツ語のアルファベットの第14字(子音字): →a[1], A[1] 1 | *N* wie Nordpol (通話略語) Nordpol の N〔の字〕(国際通話では *N* wie New York).

n[2] 記号 **1** [ɛn, nɔ́ʏtrɔn] (Neutron) 〘理〙中性子. **2** (nano..) ナノ.

..n[..n] →..en[1]

n. 略 **1** = Neutrum 〘言〙中性〔名詞〕. **2** = nach **3** = nördlich 1 **4** = nimm! 〘薬〙服用せよ. **5** = netto

N[2] **I** 記号 **1** [ɛn, ʃtíkʃtɔf] (Nitrogenium) 〘化〙窒素 (=Stickstoff). **2** [njú:tɔn] (Newton) 〘理〙ニュートン. **3** [ɛn] (Normal) 〘化〙規定. **4** [né:pər] (Neper) 〘電〙ネーパー. **5** (国名略号: →A[2] II 3) ノルウェー (Norwegen).
II 略 **1** = Nord〔en〕北. **2** = Nahschnellverkehrszug 〘鉄道〙(時刻表などで) 近郊快速列車. **3** = Nachnahme 〘郵〙着払い.

N. 略 **1** = Neutrum 〘言〙中性〔名詞〕. **2** = Nominativ 〘言〙主格, 1格.

na[na] 間 **1** 《催促・いらだち・不機嫌・威嚇などのこもった誘いかけの気持を表して》さあ, そら, どれ; よう, おい: *Na*, gehen wir an die Arbeit! さあ 仕事にとりかかろうよ | *Na*, komm doch! さあ 来いよ | *Na*, schnell! さあ 早く | *Na*, wird's bald? おい まだか〈遅いなあ〉| *Na*, so höre doch endlich damit auf! さあ もうやめろったら.
2 《疑惑・驚き・怒りなどの気持を表して》さあ, なに, はて, おや, ふうん; ふん, こら: *Na*, ich weiß nicht. さあ どうかなあ | *Na*〔, ∼〕, so einfach wird es wohl nicht sein. さあね そう簡単ではないだろう | *Na*, denn nicht! ふうん それならよそう | *Na* denn 〈dann〉 prosit! (→prosit I) | *Na*, ∼? なになに, なんだって | *Na* nu! おやおや, はてまあ(→nanu) | *Na*, wer das glaubt! へん だれがそんなこと信じるものか | *Na*, und? (→und 3) | *Na*, so was! ふん なんてこった.
3 《いやいやながらの承認・あきらめ・ためらい・拒否などの気持を表して》まあ(いいや); さあね, ふうむ; いや(けっこう): *Na* ja 〔gut〕! それじゃまあいいよ, とにかくそうだとして | *Na* gut, wenn du meinst. まあ君がそう言うならいいさ | *Na* schön, ich bin einverstanden! まあよかろう 同意するよ ‖ *Na*, ich danke! いや私はけっこう.
4 《相手をなだめる気持を表して》まあまあ: *Na*, nicht so ungeduldig! まあ そういらいらするな | *Na*, Kleine, warum weinst du? ねえ お嬢ちゃん どうして泣いてるの.
5 《他者の驚きなどを想像して》さぞや, きっと: *Na*, das wird eine Freude für ihn sein. さぞかし彼は喜ぶだろうな | *Na*, die werden staunen, wenn wir kommen. まったく 私たちが行ったら 彼らはびっくりするだろう | *Na*, wenn er das erfährt! ほんとに 彼がそれを聞いたら〔どうなるか〕なあ.
6 《予想の的中を表して》ほら, それ, そらね, やっぱりね: *Na*, siehst du! そうれ見ろ | *Na*, also! ほらね 言ったとおりだろ | *Na*, da haben wir die Bescherung! 《反語》さあ けっこうなことになったぞ.
7 《安堵(あんど)の気持を表して》 やれやれ, よかった: *Na* endlich, du bist da! やれやれ 君はやっと来てくれたね.
8 《話しかけ・話題への導入の気持で》ねえ, さて, ところで: *Na*, ist das nicht schön? ねえ すばらしいじゃないか | *Na*, was willst du? さて 何をお望みかね | *Na*, wie geht's? ところで調子はどうだい.
9 《na, und ob の形で強い肯定を表して》むろん〈たしかに〉そうだとも(→ob[1] 1 b ②).
[<nun]

Na[ɛn|á:, ná:triʊm] 記号 (Natrium) 〘化〙ナトリウム.

Na̱·be[ná:bə] 女 -/-n 〘工〙こしき, ハブ(車輪などの中央部軸と接する部分: → ⊛ Rad). [*germ.*; ◇Nabel; *engl.* nave; *lat.* umbō „Schildbuckel"]

Na̱·bel[ná:bəl] 男 -s/- (Näbel [nɛ́:bəl]) (英: *navel*) **1 a)** 〘解〙へそ(臍): bis zum ∼ (水の深さなどが) へそのあたりまで | den ∼ als Brosche tragen 《話》(女性がおへそ丸出しの) 肌のあらわな服を着ている(へそをブローチ代わりにしている).
b) 《比》中心, 中央: Er hält sich für den ∼ der Welt. 《話》彼は自分が世界の中心だと思っている(自分をたいそうな人間と考えている). **2 a)** (Hilum) 〘植〙へそ(種子が胎座に付着していた部分の痕跡(こんせき)). **b)** 〘動〙(巻き貝の) 臍孔(せいこう).
3 〘建〙かなめ石. **4** 〘紋〙盾の中心点. [*germ.*; ◇Nabe; *engl.* navel; *gr.* omphalós „Nabel"]

Na̱·bel≈ap·fel·si·ne 女 = Nabelorange **≈bin·de** 女 〘医〙(新生児のための) へそ包帯. **≈bruch** 男 〘医〙へそヘルニア. **≈ei·sen** 中 〘工〙ガラス細工用鉄棒.
na̱·bel·frei 形 へそ(臍)をあらわにした, へそ丸見えの.
Na̱·bel≈kraut 中 〘植〙チドメグサ(血止草)属. **≈mie·re** 女 〘植〙オオヤマフスマ(大山衾)属. **≈oran·ge**[..orã:ʒə] 女 ネーブル(皮にへそ状の隆起のあるオレンジの変種). **≈rei·ber** 男 《俗》(へそとへそが触れ合うほど) ぴったりくっついておどるダンス, チークダンス. **≈schau** 女 **1** 《話》自己陶酔; (過度の) 自己反省. **2** 《戯》(過度に) 肌をあらわにすること. **≈schnecke** 女 〘貝〙タマガイ(玉貝). **≈schnu̱r** 女 -/..schnüre 臍帯(さいたい), へその緒(お). **≈schwein** 中 〘動〙ヘソイノシシ(臍猪), 〔クビワ〕ペッカリー. **≈stel·le** 女 〘紋〙下腹位置(→ ⊛ Wappen a). **≈strang** 男 = Nabelschnur

Na̱·bob[ná:bɔp] 男 -s/-s **1** (ムガール帝国の) 太守. **2** 大富豪(元来は18-19世紀のインド帰りの金持ちを指した).
[*arab.* nuwwāb−*Hindi*−*engl.*; < *arab.* nā'ib „Statthalter"]

na̲ch[na:x]

> **I** 前 《3格支配》
> **1** 《空間的》
> **a)** (↔von) 《移動の方向・行為の向けられる目標》…の方へ, …を目指して:
> ① 《〔中性の〕地名や方角・場所などを表す語と》
> ② 《身体的動作の目指す方向》
> ③ 《欲求の向けられる方向・対象》
> **b)** 《建物の方位》…に面して, …に向かって
> **2** 《順番・序列》(英: *after*) (↔vor)
> **a)** 《順番・後続: →3 b ②》…のすぐ後に続いて, …のうしろから
> **b)** 《最上級・比較級と用いられて序列を示す》…の次〔の下位〕に, …を別とすれば
> **3** 《時間的》(英: *after*) (↔vor)
> **a)** 《期間を表す語と》それから…が経過した時点で
> **b)** ① 《時点・行事・出来事・行為を表す語と》…になってから, …がすんでから
> ② 《人を示す語と》…〔の行為〕に遅れて
> **4** 《基準・根拠; 後置されることもある》
> **a)** 《準拠・相応の基礎》…〔の内容〕に従って, …に応じて, …しだいで, …どおりに
> **b)** 《処理の基準・原理》…を基準として, …の点で
> **c)** 《模倣・類似》…に似せて, …にならって, …ふうに
> **d)** 《判断の根拠; 挿入句的に》…に従って判断すれば, …に関して言えば
> **II** 副

I 前《３格支配》**1**《空間的》**a**）(↔von)《移動の方向・行為の向けられる目標を示す》…の方へ，…を目指して: ①《〔中性の〕地名や方角・場所などを表す語と》～ Deutschland fahren 〈fliegen〉 乗り物〈飛行機〉でドイツへ行く｜～ allen Richtungen あらゆる方角へ向けて｜～ der Seite わきのほうへ‖〖**von ... nach ...** の形で〗 von Norden ～ Süden 北から南へ｜von München ～ Wien reisen ミュンヒェンからウィーンへ旅行する｜ein Zug von München ～ Wien ミュンヒェン発ウィーン行きの列車‖〖副詞と〗～ links steuern 舵(かじ)〈ハンドル〉を左にとる｜von oben ～ unten 上から下へと｜～ außen hin 外へ向かって; 外見〈外面〉的には｜～ dort《話》そちらへ(＝dorthin)‖～ Hause gehen 〈kommen〉 帰宅する｜Die Straße geht ～ der Stadt. 通りは町へ向かって通じている‖〖口語や方言では zu や in などの代わりに用いて〗～ dem (＝zum) Sportplatz gehen 競技場へ行く｜～ (＝zu) den Eltern fahren (乗り物で)両親のもとへ行く｜～ der (＝zur) Tür laufen 戸口へ走り寄る｜～ der (＝zur) Post gehen 郵便局へ行く‖～ dem Süden (＝in den Süden) fliegen 南の方に飛んで行く‖Reise ～ den USA (＝in die USA) アメリカ合衆国への旅(→☆).

☆ 冠詞を伴う地名の場合には: →in^1 1 a

②《身体的動作の目指す方向》die Hand ～ *et.*^{3} ausstrecken 手を…の方へのばす｜～ *et.*^{3} greifen …の方へ手をのばす｜～ *et.*^{3} schlagen …に打ってかかる｜～ *et.*^{3} tasten …を求めて手さぐりする, …を手さぐりで探す｜～ *et.*^{3} Steine werfen …めがけて石を投げる‖～ *et.*^{3} sehen …に視線を向ける｜～ dem Rechten sehen 事が正しく行われるよう気を配る｜～ dem Kranken sehen 病人に気を配る.

③《欲求の向けられる方向・対象》das Verlangen ～ *et.*^{3} …を手に入れたいという欲求‖～ *et.*^{3} fragen …のことを尋ねる｜～ Fassung ringen 平静になろうと必死の努力をする｜～ Hilfe 〈dem Kellner〉 rufen 助け〈ボーイ〉を呼ぶ｜～ Luft schnappen (→Luft 2)｜*sich*^{4} ～ *et.*^{3} sehnen …にあこがれる｜～ Reichtum 〈Erfolg〉 streben 富〈成功〉をめざして努力する｜～ *et.*^{3} suchen …を探す｜～ *jm.* verlangen …に来てもらいたがる｜～ der Polizei telefonieren 電話で警察を呼ぶ｜Er ist ～ ihr verrückt.《話》彼は彼女にほれこんでいる｜Selig sind, die da hungert und dürstet ～ der Gerechtigkeit. 義に飢え渇いている人々はさいわいである(聖書: マタ5,6)‖〖gehen, schicken などと〗～ Milch gehen ミルクを取りに行く｜～ Bier laufen ビールを買いに走る｜～ dem Arzt schicken 医者を呼びにやる｜～ Hilfe schicken 助力を求めるため使いを出す.

b)《建物の方位を示す》…に面して, …に向かって: ein Zimmer ～ der Straße 通りに面している部屋‖Die Häuser liegen ～ Osten 〈dem Park 〔zu〕〉. 家は東向きである〈公園に面している〉｜Das Fenster geht ～ Süden 〈dem Garten〉. 窓は南〈庭〉に面している.

2《順番・序列》(英: *after*) (↔vor) **a**)《順番・後続を示す. hinter ... 〔her〕に近い: →3 b ②》…のすぐ後に続いて, …のうしろから: Bitte, ～ Ihnen! どうぞお先へ｜Ich bin ～ (＝hinter) ihm an der Reihe. 私の順番は彼の次だ｜*Nach* dem Hauptmann kommt der Major. 大尉の上の位は少佐である‖*et.*^{4} ～ *sich*^{3} ziehen《比》(結果として)…を引き起こす‖Schritt ～ Schritt 一歩一歩, 一歩ずつ.

b)《最上級・比較級と用いられて序列を示す》…の次〔の下位〕に, …を別とすれば: das beste Buch ～ der Bibel 聖書に次ぐ良い書物｜*Nach* Berlin ist Hamburg die größte Stadt in Deutschland. ベルリンに次いでハンブルクがドイツ第二の大都市である｜*Nach* dir ist mir keiner lieber als er. 君を除けば私は彼がいちばん好きだ.

3《時間的》(英: *after*) (↔vor) **a**)《期間を表す語と; 発話時点でなく文脈上のある時点を基準として》それから…が経過した時点で: ～ zehn Minuten それから10分後に｜～ einiger Zeit それからしばらくたって｜～ Jahr und Tag その後久しく時がたってから｜*Nach* zwei Jahren starb er. それから２年後に彼は死んだ｜Ich werde ～ einigen Minuten wiederkommen. 数分後にまた来ます.

☆ nach と in の違い: nach が文脈上の(ふつうは過去の)ある時点・出来事を基準としているのに対し, in は発話時点を基準としている. したがって過去時称や完了時称の文では nach が, 現在時称や未来時称の文では in が用いられることが多い: Er wurde Ende November operiert; schon *nach* acht Tagen konnte er aus dem Krankenhaus entlassen werden. 彼は11月末に手術したが１週間後にはもう退院できた｜Der Arzt meint, daß ich schon *in* acht Tagen aus dem Krankenhaus entlassen werden kann. 医者が言うには私は１週間後にもう退院できるということだ(→in^1 3 b).

b) ①《時点・行事・出来事・行為を表す語と》…になってから, …がすんでから: zwölf 〔Minuten〕 ～ drei 3時12分｜ein Viertel ～ drei 3時15分｜～ diesem Zeitpunkt この時点がすぎたのち｜～ 1945 1945年以降｜1 000 Jahre ～ Christi Geburt / 1 000 Jahre ～ Christus 〈Christo〉 (略 n. Chr. 〔G.〕) 西暦(キリスト誕生後の) 1000年に｜～ dem Unterricht 〈der Arbeitszeit〉 授業〈仕事〉が終わってから｜～ dem Krieg 戦後に｜～ Weihnachten クリスマスがすぎてから｜sofort 〈einen Tag〉 ～ seiner Ankunft 彼の到着後ただちに〈１日たって〉｜*Nach* dieser Erfahrung glaube ich ihm nichts mehr. こういう経験をしたあとでは 彼の言うことなどもう何ひとつ信用しない｜～ der Schule 放課後に｜～ dem Essen / ～ Tisch 食後に｜～ langem Leiden 長期にわたって〔病気で〕苦しんだのちに‖～ einer durchwachten Nacht まんじりともせぬ夜を過ごしたあとで ‖ Witwe ～ dem Beamten X《オーストリア》官吏 X 氏の未亡人(＝Witwe des Beamten X).

②《人を示す語と》…〔の行為〕に遅れて(同じ行為をする) (→2 a; →vor I 3 b ②): Einer ～ dem andern verließ das Zimmer. 一人また一人と部屋を出て行った｜Ich betrat ～ ihm den Saal. 私は彼より後から広間に入った｜Ich dusche ～ dir. 私は君の後でシャワーを浴びる‖Sie hatte ～ ihm noch einen Freund. 彼女には彼との関係がきれた後にも男があった.

4《基準・根拠・名詞の格が明示されている場合には後置されることもある》**a**)《準拠・相応の基礎》…〔の内容〕に従って, …に応じて, …しだいで, …どおりに: ～ Bedarf 需要〈必要〉に応じて, 需要しだいで｜～ Belieben 〈Wunsch〉 随意に〈希望に応じて〉｜je ～ Gelegenheit チャンスしだいで｜ein Auto ～ meinem Geschmack 私の好みにあう自動車‖Das ist nicht ～ meinem Geschmack. それは私の好みに合わない｜*et.*^{4} ～ Herzenslust tun 存分に…をする｜*jm.* ～ Kräften helfen …を力の限り援助する｜Anzug ～ Maß 注文仕立ての背広｜～ der Mode gekleidet 流行の服装をして｜～ Noten 〈dem Gehör〉 spielen 楽譜を見て〈聞き覚えで〉演奏する｜～ ärztlichen Vorschriften leben 医者の指示どおりの生活をする‖je *nach*dem (→nachdem I 3, II 1)｜wenn es ～ mir ginge もし私の思惑どおりに行けば.

b)《処理の基準・原理》…を基準として, …の〔観〕点で: ～ der Reihe 〈der Größe〉/ der Reihe 〈der Größe〉 ～ 順番〈大きさ順〉に｜～ unserer Zeitrechnung (略 n. u. Z.) キリスト紀元で(…年に)｜ein Italiener ～ Herkunft《雅》もとをただせばイタリア人である男‖*jn.* ～ dem Äußeren beurteilen …を外見で判断する｜*sich*^{4} ～ *jm.* 〈dem Gesetz〉 richten …の意志どおりに行動する〈法律の規定に従って処理する〉｜*et.*^{4} ～ Gewicht verkaufen …を目方で売る｜*jn.* ～ 〔der〕 Leistung 〈～ der Stunde〉 bezahlen …に出来高払い〈時間給〉で報酬を支払う｜*jn.* dem Namen ～ kennen …の名前だけを知っている(面識はない)｜*et.*^{4} ～ der Quere durchschneiden …を横に切る, …を輪切りにする｜Der Turm fiel der Länge ～ hin. 塔はそのまま横倒しに倒れた.

c)《模倣・類似》…に似せて, …にならって, …ふうに: Spaghetti ～ Mailänder Art ミラノふうスパゲッティ｜*jm.* ～ dem Mund reden …に調子を合わせてしゃべる｜*et.*^{4} ～ der Natur zeichnen …を写生する｜〔frei〕 ～ Schiller シラー原作の翻案で‖～ *seinem* Vater arten 父親に似る｜*seinen* Sohn ～ *jm.* nennen 息子の名に…の名をもらう‖～ Essig schmecken 酢の味がする｜Hier riecht es ～ Gas. ここはガスくさい‖Es sieht ～ Regen aus. 雨が降りそうな天候だ.

d)《判断の根拠; 前置詞句全体が挿入句的に用いられて》…

に従って判断すれば, …に関して言えば: ～ allem, was ich höre 私の得たあらゆる情報から判断すると | ～ allem Anschein どう見ても | ～ ihrem Aussehen 彼女の外見から判断すると | ～ meiner Meinung / meiner Meinung ～ 私の意見に従えば, 私の考えでは | der Sage ～ うわさ〈伝説〉によれば | aller Voraussicht ～ 十中八九, おそらく, きっと ‖ Seiner Sprache ～ ist er ein Bayer. 言葉つきから判断するならば 彼はバイエルン出身だ | Dem Sinne ～ hat er folgendes gesagt. 彼の言ったことの意味を要約すれば次のようになる.

II 副 **1** 《空間的》 あとから, 後ろに: Mir ～! 《話》 おれについてこい | Ihm ～! あいつに続け; あいつを追え ‖ 〚話法の助動詞と〛 Sie muß ihm ～. 彼女は彼のあとを追わねばならない.

2 《時間的》 あとで, のちに: 〚もっぱら次の成句で〛 **nach und nach** しだいに | *Nach* und ～ besserte sich sein Zustand. しだいに彼の容体は快方にむかった | **nach wie vor** / ▽**vor wie ～** 依然として, 相変わらず | Er ist ～ wie vor derselben Meinung[2]. 彼は依然として意見を変えていない.

[*ahd.*; ◇nahe]

nach.. 《主として分離動詞の前つづり; つねにアクセントをもつ》

1 《時間的》 **a**) 《「後続」を意味する》: *nach*klingen 響きが残る | *nach*wachsen あとからふたたび成長する ‖ *Nach*klang 残響, 余韻 | *Nach*wuchs 後続の世代 | *Nach*geburt 〚医〛 後産(あとざん) | *Nach*speise 〚料理〛 デザート | *Nach*welt 後世 ‖ *nach*klassisch 古典期以後の ‖ *nach*einander 順々に. **b**) 《「追加・反復」を意味する》: *nach*bestellen 追加注文する | *nach*tragen 〚商〛 追加記帳する | *nach*erleben 追体験する | *nach*denken 思案する | *nach*grübeln あれこれ思案する ‖ *Nach*lese 落ち穂ひろい ‖ *nach*denklich 思いに沈んだ. **c**) 《「点検・コントロール」の意味が加わって》: *nach*zählen 数えなおす.

2 《空間的》 **a**) 《「近接」を意味する》: *Nach*bar 隣人. **b**) 《「ある目標に向かっての運動」を意味する》 ① 《目標が静止している場合》: *nach*sehen 調べてみる | *nach*streben 追求する. ② 《目標が移動しつつある場合》: *nach*eilen 急いであとを追う | *nach*sehen 目で追う | *nach*setzen 追跡する ‖ *Nach*rede 陰口. ③ 《先行するものを主語として》: *nach*schleppen 後ろに引きずる | *nach*ziehen (ある結果を) 招く.

3 《「後順位・劣等性」を意味する》: *nach*folgen あとに続く ‖ *Nach*folger 後任者 | *Nach*name 家族名 | *Nach*wort あとがき ‖ *nach*stehen 劣る | *nach*setzen あと回しにする | *Nach*teil 不利益 ‖ *nach*teilig 不利な.

4 《「追随・譲歩」を意味する》: *nach*geben 譲歩する | *nach*sehen 大目に見る ‖ *nach*giebig 弱腰な.

5 《「準拠・模倣」を意味する》: *nach*drucken 翻刻〈複製〉する | *nach*machen 模倣する ‖ *Nach*druck 翻刻 | *Nach*ahmung 模倣.

Nach·ach·tung[ná:x|axtʊŋ] 女 -/ 《スイ》《官》 (規則などの) 遵守: einer Vorschrift[3] ～ verschaffen 規則を守らせる.

nach|äf·fen[ná:x|ɛfən] **I** 他 (h) 《軽蔑的に》 《*jn.*/*et.*[4]》 (そっくりそのまま・誇張して・わざとらしく) まねる, 猿まねする: den Lehrer 〈den Vogelruf〉 ～ 先生〈鳥の鳴き声〉のまねをする.
▽**II** 自 (h) 《*jm.* / *et.*[3]》 = I

Nach·äf·fer[..|ɛfər] 男 -s/- 《軽蔑的に》 猿まねをする人.

Nach·äf·fe·rei[na:x|ɛfəráı] 女 -/-en 《軽蔑的に》 猿まね.

nach|ah·men[ná:x|a:mən] 他 (h) **1** まねる, 模倣する; 擬態する, (nachäffen) 猿まねする: den Vater 〈den Gang des Vaters〉 ～ 父〈父の歩き方〉をまねる | *et.*[4] täuschend ähnlich ～ …を本物そっくりにまねる ‖ Seine Sprechweise ist leicht 〈schwer〉 *nachzuahmen*. 彼の話し方はまねしやすい〈しにくい〉. **2** 見習う, 手本にする: einen Dichter 〈まれ: einem Dichter〉 ～ ある詩人に私淑(ししゅく)する. **3** 《*et.*[4]》 (…に) 似せて作る, 模造〈偽造〉する: *nachgeahmter* Marmor 模造大理石. **4** 〚楽〛 (旋律を) 模倣する. [< *mhd.* āmen „messen" (◇Ahm)]

nach·ah·mens·wert 形 模倣する値うちがある; 模範〈手本〉とするに足る.

Nach·ah·mer[..|a:mər] 男 -s/- (nachahmen する人. 例えば:) 模倣者; 模造〈偽造〉者, 擬態者; 追随者, エピゴーネン.

Nach·ah·mung[..|a:mʊŋ] 女 -/-en (nachahmen すること. 例えば:) **1** まね, 模倣, 擬態; 模造, 偽造, 剽窃(ひょうせつ).
2 〚楽〛 模倣(ある旋律または音型を他声部がくり返すこと).

Nach·ah·mungs·trieb 男 〚心〛 模倣本能.

nach·ah·mungs·wür·dig =nachahmenswert

nach|ar·bei·ten[ná:x|arbaıtən] 《01》 **I** 他 (h) **1** 《*et.*[4]》 (…を) 模範として作る, 模造する, 模写する: ein Muster ～ 手本を模写する. **2** 《*et.*[4]》 (…に) あとから手を加える, あとから細工する, 加工する: Der Meister mußte alle Stücke des Gesellen ～. 親方は職人の仕事全部に手を加えねばならなかった. **3** (遅れなどを) とり返す: das Versäumte ～ 遅れを取り戻す. **II** 自 (h) **1** 《*jm.* / *et.*[3]》 (…を) 模範として仕事する: dem Meister ～ 親方の仕事を見習う. **2** (本来の時間より) あとから仕事をする; 余分の仕事をする, 残業する; 居残り勉強をする.

nach|ar·ten[ná:x|a:rtən] 《01》 自 (s) 《*jm.*》 (気質・性格が…に) 似てくる, (…と) 同じようになる: Das Kind scheint in seinem Charakter dem Vater *nachzuarten*. その子は性格が父親に似てくるようだ.

Nach·bar[náxba:r] 男 -n(-s)/-n (女 **Nach·ba·rin** → 別出) **1** 隣〈近所〉に住んでいる人, 隣人: die lieben ～*n* 《皮肉》 うるさい隣近所の人たち | unsere östlichen ～*n* 《比》 わが東方の隣接諸国 ‖ das Haus des ～*n* / ～*s* Haus 隣〈近所〉の人の家 ‖ scharf wie ～*s* Lumpi sein (Lumpi は一般的な犬の名前: →scharf 8 a). **2** そばにいる人, 隣席〈近隣地域〉の人: Bett*nachbar* 隣のベッドの人〈患者〉 | Zimmer*nachbar* 隣室の人 | mein Tisch*nachbar* / mein ～ am Tisch 食卓で私の隣に座っている人 | Herr ～! (そばにいる見知らぬ人への呼びかけとして) もしもしあなた.

[*westgerm.* „naher Mitbewohner"; ◇nah, Bauer[1]; *engl.* neighbo(u)r]

Nach·bar≈dis·zi·plin[náxba:r..] 女 = Nachbarwissenschaft **≈dorf** 中 隣村. **≈gar·ten** 男 隣家の庭, 隣の庭園. **≈grund·stück** 中 隣接する地所. **≈haus** 中 隣接する建物〈家屋〉, 隣家.

Nach·ba·rin[náxba:rın] 女 -/-nen Nachbar の女性形: Frau ～ お隣の奥さん.

Nach·bar·land[náxba:r..] 中 -[e]s/..länder 隣国.

nach·bar·lich[náxba:rlıç] 形 **1** 《付加語的》 隣の, 近所の, 近隣の: das ～*e* Haus 隣の家. **2** 隣人〈近所同士〉にふさわしい: ～*er* Verkehr 近所づきあい.

Nach·bar≈or·gan 中 〚医〛 隣接器官. **≈ort** 男 -[e]s/-e 隣の町〈村〉; 付近, 界隈(かいわい). **≈recht** 中 〚法〛 相隣権 (ある地所の所有者が隣接する地所の所有者に対して有する権利).

Nach·bar·schaft[náxba:rʃaft] 女 -/-en **1** 近隣, 近所, 近辺, 付近, 界隈(かいわい): in der nächsten ～ すぐ近くに | in der ～ wohnen 近所に住んでいる | in *js.* ～[4] ziehen …の近所に引っ越す ‖ die ～ des Vergnügungsviertels vermeiden 歓楽街の近くを避ける. **2** 《集合的に》 近所の人々, 隣人たち: Die ganze ～ spricht davon. それは近所じゅうのうわさになっている, 近所じゅうその話でもちきりだ. **3** 隣人であること, 隣人〈善隣〉関係, 近隣のよしみ, 近所づきあい: gute ～ halten 仲よく近所づきあいをする.

nach·bar·schaft·lich[–lıç] =nachbarlich 2

Nach·bar·schafts≈haus 中, **≈heim** 中 地域住民集会所, 公民館. **≈hil·fe** 女 (近隣間の) 相互扶助, 互助. **≈sym·ptom** 中 〚医〛 隣接症状.

Nach·bars≈fa·mi·lie[náxba:rsfami:liə] 女 隣〈近所〉に住む家族. **≈frau** 女 隣〈近所〉に住む女性. **≈kind** 中 隣〈近所〉の子供. **≈leu·te** 複 隣〈近所〉に住む人々.

Nach·bar≈staat[náxba:r..] 男 隣国, 隣邦. **≈tisch** 男 (食堂などで) 隣の食卓. **≈wis·sen·schaft** 女 -/-en 《ふつう複数で》 隣接科学, 境界を接する他の学問領域. **≈zim·mer** 中 隣の部屋, 隣室.

nach|bau·en[ná:xbaʊən] 他 (h) **1** 模造する. **2** あとから〈追加して〉建造する.

nach|be·han·deln[ná:xbəhandəln] 《06》 他 (h) **1** (化学処理などに際して) 後処理をする. **2** 〚医〛 後治療〈後処置〉を

する.

Nạch·be·hand·lung[..dlʊŋ] 女 -/-en **1** 後処理. **2** 〘医〙後治療, 後処置.

nạch|be·kom·men*[náːxbəkɔmən] ⦅80⦆ 他 (h) ⦅話⦆ **1** あとから〔追加して〕もらう: Wenn du noch nicht satt bist, kannst du noch etwas ~. もしまだ腹がいっぱいになっていないなら もう少しお代わりしてもいいよ | Die einzelnen Teile des Geschirrs kann man ~. この食器セットの各単品はあとから買い足すことができる. **2** (結果として災いなどを)あとから受ける: Sie hat gestern so gefroren, da wird sie wohl eine Erkältung ~. 彼女はきのうひどく寒い思いをしたから きっと風邪をひくだろう.

nạch|be·rech·nen[náːxbərɛçnən] ⦅01⦆ 他 (h) ⦅*jm. et.*⁴⦆ 追加請求する, (料金を)追加計算する.

nạch|be·rei·ten[náːxbəraɪtən] ⦅01⦆ 他 (h) **1** (↔vorbereiten) (一応学び終わった事柄・テーマをより確実にし充実させるために)復習する. ▽**2** おくればせに〔あとから〕用意する.

nạch|bes·sern[náːxbɛsərn] ⦅05⦆ 他 (h) あとから直す, 修理〈修繕・修正〉する, 改良〈改正・訂正〉する.

Nạch·bes·se·rung[..sərʊŋ] 女 -/-en nachbessern すること.

nạch|be·stel·len[náːxbəʃtɛlən] 他 (h) 追加注文する.

Nạch·be·stel·lung[..lʊŋ] 女 -/-en 追加注文.

nạch|be·ten[náːxbeːtən] ⦅01⦆ 他 (h) ⦅*jm.* 〔*et.*⁴〕⦆ **1** (…の…を)口まねして唱える, (…の祈りの言葉を)あとから唱える. **2** ⦅軽蔑的に⦆(他人の言説などを)機械的〈無意味〉にくり返す, 無批判に受け売りする: eine fremde Meinung ~ 他人の意見を受け売りする.

Nạch·be·ter[..tər] 男 -s/- nachbeten する人.

nạch|be·wil·li·gen[náːxbəvɪlɪgən]² 他 (h) ⦅*jm. et.*⁴⦆ 追認する, (…に…の)事後承諾を与える.

nạch|be·zah·len[náːxbətsaːlən] 他 (h) (↔vorausbezahlen) あとから支払う; 追加支払いをする; 清算払いをする.

Nạch·be·zah·lung[..lʊŋ] 女 -/-en 後払い; 追加支払い.

nạch·be·zeich·net[náːxbətsaɪçnət] 形 ⦅ふつう付加語的⦆〘商〙次にあげた, 以下〔の明細書〕に表示した(商品など).

Nạch·bild[náːxbɪlt]¹ 中 -〔e〕s/-er 〘医・心〙(光刺激が消えたあと網膜に残る)残像.

nạch|bil·den[náːxbɪldən]¹ ⦅01⦆ 他 (h) **1** ⦅*et.*⁴⦆ まねてつくる, 模写〈模造〉する, (…の)複製〈模造品〉をつくる. **2** 再帰 *sich*⁴ ~ 補充教育をうける, おくれた教育を取り戻す, 教養の不足をあとから補う.

Nạch·bil·dung[..dʊŋ] 女 -/-en **1** ⦅単数で⦆模写, 模造. **2** 模造品.

nạch|blei·ben*[náːxblaɪbən]¹ ⦅21⦆ 自 (s) **1** (zurückbleiben) あとに残っている, 残留している. **2** (nachsitzen) (罰として放課後学校に)残される, 居残り勉強をする. **3** (nachgehen) (時計が正しい時刻よりも)遅れている. **4** (進度などが)劣っている: hinter den anderen Schülern ~ 他の生徒より遅れて〈劣って〉いる. **5** (結果として)消えずに残っている: Von der Wunde ist eine Narbe *nachgeblieben*. その傷はあとが残った.

nạch|blicken[náːxblɪkən] 自 (h) ⦅*jm.*⦆ (…が立ち去るのを)目で追う, 見送る.

Nạch·blü·te[náːxblyːtə] 女 -/-n 遅れ咲き〔の花〕.

nạch|blu·ten[náːxbluːtən] ⦅01⦆ 自 (h) (いったん血が止まったあと)あとからまた出血する; 〘医〙後出血する.

Nạch·blu·tung[..tʊŋ] 女 -/-en 〘医〙後出血.

nạch|boh·ren[náːxboːrən] **I** 他 (h) あらためて穴をあける, えぐり直す: ein Loch ~ 穴をあけ直す. **II** 自 (h) ⦅話⦆くり返し調査する, しつこく追及する.

Nạch·bör·se[náːxbœrzə, ..bøːrzə] 女 -/-n (↔Vorbörse) 〘商〙(証券取引所での立ち会い終了後の)後取引.

nạch·börs·lich[..bœrslɪç, ..bøːrslɪç] 形 立ち会い終了後の.

nạch|bren·nen*[náːxbrɛnən] ⦅25⦆ 自 (h) **1** 〘狩〙(獲物をねらう時機を逸して)遅れて発射する. **2** 〘工〙(燃え残りの燃料・排気などが)再燃する, あと燃えする.

Nạch·bren·ner[..nər] 男 -s/- **1** 〘工〙(排気などの)再燃焼装置. **2** 〘狩〙時機を逸した発射.

nạch|brin·gen*[náːxbrɪŋən] ⦅26⦆ 他 (h) ⦅*jm. et.*⁴⦆ (…に…を)あとから持って行く〈来る〉, あとから届ける: *jm.* den vergessenen Schirm ~ …に忘れて行った傘を届けてやる.

nạch|brum·men[náːxbrʊmən] ⦅話⦆ =nachsitzen

Nạch·bür·ge[náːxbʏrgə] 男 -n/-n 〘法〙副〈第二〉保証人, 保証人の保証人.

nạch·christ·lich[náːxkrɪstlɪç] 形 ⦅付加語的⦆ (↔vorchristlich) キリスト生誕後の; 西暦紀元後の(→n. Chr.).

nạch|da·tie·ren[náːxdatiːrən] 他 (h) (↔ vordatieren) ⦅*et.*⁴⦆ **1** (手紙・書類などに実際の作成日よりも)前の〈さかのぼった〉日付を記入する. ▽**2** (…に)あとから正しい日付を記入する.

Nạch·da·tie·rung[..rʊŋ] 女 -/-en nachdatieren すること.

nach·dẹm[naːxdéːm] **I** 接 ⦅従属⦆ **1** ⦅時間的先行; 副文の時称にはふつう完了形を用い, 主文より時間的に前であることが示される⦆…してしまってから, …したあとで: *Nachdem* er gegessen hatte, machte er einen Mittagsschlaf./ Er machte, ~ er gegessen hatte, einen Mittagsschlaf. 彼は食事のあと昼寝をした | Der Anruf kam, ~ sie das Haus verlassen hatte. 電話は彼女が家を出てしまったあとでかかってきた | *Nachdem* (=Wenn) er seine Prüfung abgelegt hat, geht er ins Ausland 〈wird er ins Ausland gehen〉. 彼は試験をすませてから外国に行く ‖〘理由・原因の意味も加わって: →2〙 *Nachdem* wir zugestimmt haben, müssen wir uns an die Abmachungen halten. 賛成をしたからには我々は取り決めを守らねばならない ‖〘時を示す語句と〙 erst lange ~ ... …してからずっとあとになって | gleich 〈kurz〉 ~ ... …した直後に | Drei Wochen ~ der Sohn zurückgekehrt war, starb die Mutter. 息子が帰った 3 週間後に母親が死んだ.

2 ⦅南部⦆⦅理由・原因⦆(da) …であってみれば, …である以上, …であるからには: ~ die Lage so ist 事態がそうである以上は | *Nachdem* er erst später kommen kann, verschieben wir die Sitzung auf elf Uhr. 彼がもっと後でしか来られないのなら会議を11時に延期しよう.

3 ⦅**je nachdem** の形で⦆…しだいで, …に応じて, …に比例して: je ~ die Sache ausfällt 事の結果しだいで(=je ~, wie die Sache ausfällt: →II 1) | Je ~ das Wetter sein wird, werden wir kürzer oder länger bleiben. 私たちの滞在期間はお天気しだいで 短くも長くもなるだろう | Er empfängt mehr oder weniger Lohn, je ~ er Arbeit abliefert. 彼は仕事の出来高に応じた額の賃金をもらう.

II 副 **1** ⦅**je nachdem** の形で⦆事情に応じて, それぞれの場合によって, 都合しだいで: Was wirst du tun?—Je ~! 君はどうするかね — そのときしだいさ ‖ je ~, ob 〈wie〉 ... …しだいで | je ~, wie die Sache ausfällt 事の結果しだいで(=je ~ die Sache ausfällt: →I 3) | Je ~, ob ich Zeit finde, komme ich morgen bei ihm vorbei. 時間があれば私はあす彼のところに寄って行く | Je ~, wie die Entscheidung ausfällt, werde ich sofort die nötigen Maßregeln nehmen. 判決の結果いかんによっては私はすぐに必要な措置をとるであろう. ▽**2** (danach) その後に, そのあとで.

nạch|den·ken*[náːxdɛŋkən] ⦅28⦆ **I** 自 (h) ⦅über *et.*⁴/雅: *et.*³⦆ (…について)よく考えてみる, 熟慮〈熟考〉する, 思案する: angestrengt 〈gründlich〉 ~ 一心に〈徹底的に〉考える | Er *dachte* 〔darüber〕 *nach*, ob seine Entscheidung richtig war. 彼は自分の決定が正しかったかどうか よく考えてみた ‖ Dieser Sache mußte sie lange ~. そのことについて彼女は長い時間をかけてよく考えてみなければならなかった.

II Nạch·den·ken 中 -s/ 熟考, 熟慮, 思案; 沈思黙考, 瞑想(めいそう): kein ~ haben 無思慮である ‖ in tiefes ~ versunken sein 深い物思いにふけっている | nach langem ~ 熟慮ののち | ohne ~ よく考えもせずに, 無思慮に.

nạch·denk·lich[náːxdɛŋklɪç] 形 **1** 考え込みがちな, 思いにふけりやすい; 思いに沈んだ, 思案〈熟慮〉している; 物思わしげな, 気づかわしそうな, 心配〈憂鬱(ゆううつ)〉そうな: ein ~*er* Mensch 考え込みやすい〈思案がちの〉人間 | eine ~*e* Miene 思いにふけった〈心配そうな〉顔つき ‖ *jn.* ~ stimmen …を考え込ませる | Als man ihn darüber unterrichtete, wurde er ～. そのことを知らされると彼は考え込んだ ‖ ～ dreinschauen 考え深げな目つきをする. **2** 《雅》考えさせる, 気づかわしい, 重大な, 一考に値する: eine ～*e* Sache 考慮を要する事柄.

Nach·denk·lich·keit[–kaɪt] 女 –/ nachdenklich なこと.

nach|dich·ten[náːxdɪçtən] 《01》他 (h) (文学作品を)自由訳する; 改作〈翻案〉する; 模作する, (…の)文体をまねる.

Nach·dich·tung[..tʊŋ] 女 –/–en (文学作品の)自由訳; 改作, 翻案; 模倣; 本歌どり.

nach|die·seln[náːxdiːzəln] 《06》自 (h) 〘工〙(スイッチを切ったあともエンジンが)回転しつづける.

nach|drän·gen[náːxdrɛŋən] 自 (h, s) 後ろから押し迫る, (すし詰めの場所などに)あとからむりやり押し入ろうとする.

nach|dre·hen[náːxdreːən] 他 (h) 〘映〙(シーンなどを)再撮影する.

Nach·druck[náːxdrʊk] 男 –(e)s/–e **1** 《単数で》強め, 強調; 力点, 重点; 勢い, 迫力; 語勢, アクセント: *et.*[4] mit ～ betonen 〈sagen〉 …を特に強調する〈力をこめて言う〉 ‖ *et.*[3] ～ verleihen …を強調する | einer Forderung ～ verleihen 要求を強い調子で述べる | auf *et.*[4] besonderen ～ legen …を特に強調する, …に特別の力点をおく. **2** 〘印〙 **a)** 再版, 重版, 増刷: ein durchgesehener ～ 改訂再版. **b)** リプリント, 復刻版, 翻刻, 再刊; 複製, 複写; 偽(作)版, 海賊版, 盗版: *Nachdruck* verboten! 不許複製. **3** 《単数で》〘工〙再加圧.

nach|drucken[náːxdrʊkən] 他 (h) (本・レコードなどを)翻刻〈複製〉する: ein *nachgedrucktes* Buch 復刻本.

Nach·druck·er·laub·nis 女 翻刻〈複製〉許可.

nach·drück·lich[náːxdrʏklɪç] 形 《述語的用法なし》(口調・語勢などの)強い, 強調した, 力点〈アクセント〉のある; 迫力〈勢い〉のある, 激しい: ein ～*er* Befehl 厳命 | eine ～*e* Forderung 強い要求 ‖ auf *et.*[3] ～ bestehen …を強く〈執拗(しつよう)に〉主張する | *jn.* vor *et.*[3] ～ warnen …を…せぬよう厳しくいましめる.

Nach·drück·lich·keit[–kaɪt] 女 –/ (nachdrücklich なこと. 例えば:) 強調, (語勢の)強さ.

nach|dun·keln[náːxdʊŋkəln] 《06》自 (h, s) (絵画・木材などが)古くなって〈時間のたつうちに〉くすんでくる, 暗色をおびる, 色が濃くなる.

Nach·durst[náːxdʊrst] 男 –(e)s/ (アルコール飲料を飲み過ぎたあとの)のどのかわき.

nach|ei·chen[náːx|aɪçən] 他 (h) (度量衡器を)再検定する.

nach|ei·fern[náːx|aɪfərn] 《05》自 (h) 《*jm.* / *et.*[3]》(…を)熱心に見習う, (…に)負けまいと努力する.

Nach·ei·fe·rung[..fərʊŋ] 女 –/–en nacheifern すること.

Nach·ei·le[náːx|aɪlə] 女 〘法〙(警察による逃亡者の)追跡.

nach|ei·len[náːx|aɪlən] 自 (s) 《*jm.*》(…の)あとを急いで追う.

nach·ein·an·der[naːx|aɪnándər] 副 《nach＋相互代名詞に相当: →sich 2 ★ ii》相前後して, 順々に, 次々に, 連続して, 相互に: zweimal ～ 2度続けて | Bitte ～ eintreten! どうぞご順にお入りください ‖ Sie schauten ～. 彼らは互いに注視しあった.

nach·eis·zeit·lich[náːx|aɪstsaɪtlɪç] 形 (postglazial) 〘地〙後氷期の.

nach|emp·fin·den*[náːx|ɛmpfɪndən][1] 《42》他 (h) **1** (他人の感情などを)自分の心に感じる; (他人の気持になって)追感する; 共感〈同感〉する, 同情をおぼえる: *js.* Schmerz 〈*jm.* den Schmerz〉 ～ …の苦しみを実感をもって察する | Kann (mir) denn jemand ～, was ich gelitten habe? 私がどんな苦しみをなめたか本当に分かる人がいるだろうか. **2** 《*et.*[4] *jm.* 〈*et.*[3]〉》(芸術作品などを…に)ならって作る: Diese Dichtung ist Goethe *nachempfunden*. この文芸作品はゲーテの影響を受けている.

Nach·emp·fin·dung[..dʊŋ] 女 –/ **1** nachempfinden すること. **2** 〘生〙残感覚, 後感覚; 〘心〙残留感覚.

Na·chen[náxən] 男 –s/– 《雅》小舟, 扁舟(へんしゅう). [*idg.* „Einbaum“]

Nach·er·be[náːx|ɛrbə] (↔Vorerbe) **I** 男 –n/–n 〘法〙後位相続人. **II** 中 –s/ 〘法〙後位相続財産.

Nach·erb·schaft[..|ɛrpʃaft] 女 –/–en ＝Nacherbe II

nach|er·le·ben[náːx|ɛrleːbən][1] 他 (h) **1** 追体験する. **2** 《*et.*[4]》(…の)思い出を新たにする.

Nach·ern·te[náːx|ɛrntə] 女 –/–n 〘農〙二番収穫, 二番刈り.

nach|er·zäh·len[náːx|ɛrtsɛːlən] 他 (h) (聞いたり読んだりした話を)自分の言葉で語り直す, 再現する: eine Geschichte 〈den Inhalt eines Films〉 ～ ある物語〈映画の筋〉を(自分の言葉で)話す.

Nach·er·zäh·lung[..lʊŋ] 女 –/–en **1** nacherzählen すること. **2** 自分の言葉による原文の梗概(こうがい).

nach|es·sen*[náːx|ɛsən] 《36》 **I** 他 (h) 《話》口直しに食べる. **II** 自 (h) (他の人より)遅れて食事をする.

nach|ex·er·zie·ren[náːx|ɛksɛrtsiːrən] 自 (h) (罰として)補充訓練を受ける, 補習を受ける.

Nachf. 略 ＝Nachfolger(in) 後任者; 後継者.

Nach·fahr[náːxfaːr] 男 –s/–en, **Nach·fah·re**[..rə] 男 –n/–n 《雅》＝Nachkomme

nach|fah·ren*[náːxfaːrən] 《37》 **I** 自 (s) **1 a)** 《*jm.*》(乗り物で…の)あとを追う. **b)** (乗り物が)あとを追って走る. **2** 〘狩〙(猟犬が)野獣の足跡を追う. **II** 他 (h) **1** 《*jm. et.*[4]》(乗り物で)あとから運送する. **2** (線・文字などを)なぞる.

nach|fär·ben[náːxfɛrbən][1] 他 (h) 染め直す, 色あげする.

nach|fas·sen[náːxfasən] 《03》他 (h) **1** (よりよい位置を求めて)つかみ直す, にぎり直す. **2** 〘軍〙(食事を)もう一度受領する. **3** 《話》(より正確な情報を得るために)もう一度確かめる.

Nach·fei·er[náːxfaɪər] 女 –/–n (本来の期日より遅れて催される)あとからの祭典; (本祭のあとの)二次的な祭り, 後夜祭.

nach|fei·ern[náːxfaɪərn] 《05》他 (h) あとから祝う; Nachfeier をする.

Nach·feld[náːxfɛlt][1] 中 –(e)s/–er 〘言〙(文の)後域(→Mittelfeld, Vorfeld).

Nach·fol·ge[náːxfɔlgə] 女 –/ **1** (官職・名誉ある地位などの)後任, 後継: *js.* ～ antreten …の後任になる | *jn.* für die ～ bestimmen …を後任に決める | *jm.* die ～ streitig machen …と後継者の席を争う. **2** (規範・学説・伝統などの)継承; (師の教えなどへの)信従, 随順: apostliche ～ 〘カトリック〙使徒伝承〈継承〉 | die ～ Christi キリストのまねび(→Imitatio Christi) | in *js.* ～ leben …に倣って〈…を範として〉生きる ‖ Das Beispiel findet keine ～ 〈bleibt ohne ～〉. 《雅》その例はお手本にはならない.

Nach·fol·ge≠ein·rich·tung 女 (旧東ドイツで)新開発住宅地域の諸施設(ショッピングセンター・病院・学校など).

≠kan·di·dat 男 後任候補者, 予定後継者.

nach|fol·gen[náːxfɔlgən][1] **I** 自 (s) **1** 《*jm.* / *et.*[3]》(…の)あとに続く, あとを追う: *jm.* auf den Fersen ～ …を踵(きびす)を接して〈…のすぐあとから〉追っていく | *jm.* im Amt 〈im Tode〉 ～ …の官職を継ぐ〈あとを追うように死ぬ〉 | *jm.* ins Ausland ～ …のあとを追って外国に行く. **2** 《比》《*jm.*》(…の学説などに)従う, (…を)継承する, (…に)信従する: *jm.* als Muster ～ …を模範として倣う. **II nach·fol·gend** 現分 形 次の, あとに続く, 後続の: im ～*en* 以下に | in den ～*en* Kapiteln 以下の章において.

Nach·fol·ge·or·ga·ni·sa·tion[náːxfɔlgə..] 女 (ある事業の)後継組織, 継承団体.

Nach·fol·ger[..fɔlgər] 男 –s/– (女 **Nach·fol·ge·rin**[..gərɪn]–/–nen) **1** (略 Nchf., Nachf.) (↔Vorgänger) 後任者; 後継者, 継承者: als ～ von mir 私の後任として | *js.* ～ werden …の後任者〈後継者〉になる ‖ Thomas Meyer *Nachf*. (創始者の名を社名に用いて)トーマス マイヤー社. **2** 弟子, 門下生, 信従する者.

Nach·fol·ger·schaft[..ʃaft] 女 –/ 《集合的に》後継者.

Nach·fol·ge·staat 男 –(e)s/–en 《ふつう複数で》継承国(大きな国家が解体したあとに生じた小国. 特に第一次大戦後旧オーストリア=ハンガリー帝国解体後に生じた諸国).

nach|for·dern[náːxfɔrdərn] 《05》他 (h) あとから要求する, 追加請求する.

Nach·for·de·rung[..dərʊŋ] 女 –/–en **1** 《単数で》nachfordern すること. **2** 追加要求事項; 追加請求勘定(金

額〉, 追徴金.

nach|for·men[ná:xfɔrmən] 他 (h) 型に合わせてつくる.

nach|for·schen[ná:xfɔrʃən] 《04》 自 (h) 《*et.*[3]》(…を)さぐる, 調べる, 調査〈探査〉する: einem Geheimnis 〈*js.* Herkunft[3]〉 ～ 秘密〈…の出生〉をさぐる | Wir werden ～, wo das Paket geblieben ist. 私たちはその小包がどこに滞っているか調査します.

Nach·for·schung[..ʃʊŋ] 女 -/-en 《しばしば複数で》調査, 探査, 探究: eine gründliche 〈umfassende〉 ～ 徹底〈包括〉的な調査 | ～*en* anstellen 〈halten〉 調査する.

Nach·fra·ge[ná:xfra:gə] 女 -/-n 《ふつう単数で》 **1** (↔ Angebot) 〖商〗需要; 需要商品〈物件〉: heimische ～ 国内需要, 内需 ‖ das Verhältnis von Angebot und ～ 需要と供給の関係 | Die ～ steigt 〈nimmt zu〉. 需要が増加する | Die ～ sinkt 〈nimmt ab〉. 需要が減少する | Es herrscht zur Zeit große 〈starke〉 ～ nach Käse. 目下チーズの需要がたいへん多い. **2** 問い合わせ, 照会: nach *et.*[3] 〈über *jn.*〉 ～ halten …について照会する | **danke der** 〔**gütigen**〕 **～!** / **danke für die** 〔**gütige**〕 **～!** 《皮肉》ご親切なお尋ねありがとう. **3** 〖言〗(相手の問いをおうむ返しにする)問い返し; 追加質問. **4** (選挙結果などの)推定調査.

nach|fra·gen[ná:xfra:gən][1] **I** 自 (h) **1** 《bei *jm.* nach *jm.* 〈*et.*[3]〉》(…に…のことを)問い合わせる, 照会する. **2** 《um *et.*[4]》(…を)求める, 頼む: um Genehmigung ～ 許可を求める. **II** 他 (h) 〖商〗(消費者などが商品を)求める: Dieser Artikel wird kaum mehr *nachgefragt*. この商品の需要はもうほとんどない.

Nach·fra·ger[..fra:gər] 男 -s/- 〖商〗需要者.

Nach·frist[ná:xfrɪst] 女 -/-en 《ふつう単数で》〖法〗(契約実行などの)猶予〈延長〉期間.

Nach·frucht[ná:xfrʊxt] 女 -/..früchte[..frʏçtə] (↔ Vorfrucht) 〖農〗(輪作での)後作〔作物〕.

nach|füh·len[ná:xfy:lən] ＝nachempfinden

Nach·führ·mo·tor[ná:xfy:r..] 男 〖宇宙〗リモートコントロール式トークモーター.

nach|fül·len[ná:xfʏlən] 他 (h) あとから満たす; 注ぎ足す, 再びいっぱいにする: Tinte in den Füller ～ 万年筆にインクを補充する | die Gläser ～ グラスに(酒などを)注ぎ足す.

Nach·fül·lung[..lʊŋ] 女 -/-en **1** 《単数で》nachfüllen すること. **2** (nachfüllen するもの. 例えば:) 補充液.

Nach·gang[ná:xgaŋ] 男 《官》《もっぱら次の成句で》im ～ 追加〈補遺〉として(＝als Nachtrag) | im ～ zu unserem Schreiben 〔vom 2. Mai〕〔5月2日付〕前便の追加として.

nach|gä·ren[(*)][ná:xgɛ:rən] 《51》 自 (h, s) 《ふつう規則変化》あとから発酵する, 追発酵する.

Nach·gä·rung[..rʊŋ] 女 -/-en 追発酵.

nach|ge·ben*[ná:xge:bən][1] 《52》 **I** 自 (h) **1 a)** (外力に負けて)たわむ, まがる, しなう, ゆるむ; 崩れる, めりこむ: Der Boden *gibt* bei jedem Tritt *nach*. 一歩踏み出すごとに地面がめり込む | Seine Knie *gaben nach*. 彼はひざががくがくした ‖ der *nachgebende* Sand 崩れやすい砂. **b)** 〖経〗(価格・相場が) 下落する. **2** 《*et.*[3]》(…に)譲歩〈屈服〉する; (圧力・誘惑などに)負ける: *js.* Bitten[3] 〈*js.* Drängen[3]〉〔endlich〕 ～ …にせがまれて〔ついに〕要望をいれる | der Müdigkeit ～ 疲労〈眠け〉に負ける | einer Verlockung ～ 誘惑に負ける ‖ Der Klügere *gibt nach*. (→klug) ‖ *seinen* Leidenschaften *nachgebend* 情熱のおもむくままに. **3** 《*jm.*》《否定・数量を示す不定代名詞と》(…に)ひけを取る, 劣る: *jm.* an Fleiß viel ～ 勤勉さでは…に遠く及ばない | Er *gibt* seinen Kameraden im Schwimmen nichts *nach*. 彼は泳ぎに関しては仲間たちに一歩もひけをとらない.

II 他 (h) **1** 《*jm. et.*[4]》(…に…を)あとから〈追加して〉与える: *sich*[3] Fleisch ～ lassen 肉のお代わりをもらう. **2** →I 3

nach·ge·bo·ren[ná:xgəbo:rən] **I** 形 **1** (兄姉より)〔ずっと〕後に生まれた. **2** 父の死後〈両親の離婚後〉に生まれた.

II Nach·ge·bo·re·ne 男 女 《形容詞変化》 **1** (兄・姉より)〔ずっと〕あとから生まれた子供. **2** 父の死〈両親の離婚〉後に生まれた子供. **3** 《複数で》《雅》のちの世代の人たち.

Nach·ge·bühr[ná:xgəby:r] 女 -/-en (Nachporto) 〖郵〗郵税不足額, 未納不足料: ～*en* entrichten (郵便の)不足料金を支払う.

Nach·ge·burt[ná:xgəbu:rt] 女 -/-en **1** 《ふつう単数で》〖医〗後産(あとざん). **2** 《軽蔑的に》ばかな〈くだらぬ〉やつ.

nach·ge·burt·lich[..lɪç] 形 《ふつう付加語的》(postnatal) 〖医〗産後の.

Nach·ge·burt·pe·ri·ode 女 〖医〗後産(あとざん)期.

nach|ge·hen*[ná:xge:ən] 《53》 自 (s) **1** 《*jm.* / *et.*[3]》(…の)あとから行く, あとを追う: *jm.* auf Schritt und Tritt ～ …のあとをしつこくつけ回す | einer Spur ～ 足跡〈手がかり〉を追う. **2** 《*et.*[3]》(…を)追い求める, 追求する; 究明しようとする, 調査する: Abenteuern ～ 冒険を追い求める | einem Problem ～ 問題を追究する | den Ursachen 〈der Wahrheit〉 ～ 原因〈真相〉を追及する | *seinem* Vergnügen ～ 快楽を追い求める. **3** 《*et.*[3]》(仕事などに)専念する: *seinem* Beruf ～ 職業に専念する. **4** 《*jm.*》(経験などが…の)胸に残る, 心にこびりついて離れない: Seine Worte sind mir noch lange *nachgegangen*. 彼の言葉はその後長いこと私の心から離れなかった. **5** (↔vorgehen) (時計が正しい時刻よりも)遅れる: Die Uhr *geht* fünf Minuten *nach*. この時計は5分遅れている. **6** 《スイス》《*jm.*》(…の)のがれられない定め〈運命〉である.

nach·ge·las·sen[ná:xgəlasən] **I** nachlassen の過去分詞. **II** 形 《ふつう付加語的》死後に残された: die ～*en* Werke des Musikers この音楽家の遺作.

nach·ge·ord·net[ná:xgə|ɔrdnət] 形 《官》(untergeordnet) 《*jm.*/*et.*[3]》(…より)下位の, (…に)従属した.

nach·ge·ra·de[ná:xgərá:də] 副 **1** (allmählich) しだいに, 徐々に, だんだん; (schließlich) ついに, 結局; (eigentlich) 本来〈実際〉は: Es wird ～ Zeit, daß sie kommt. そろそろ彼女の来る時間だ | Jetzt wird es mir ～ zuviel. 私の忍耐もそろそろ限界に近づいてきた. **2** (geradezu) まさに, まったく: Das ist ～ ein Verbrechen zu nennen. それはまさに犯罪といっていい. [*mndd.* nā-rāde „nach (der) Reihe"]

nach|ge·ra·ten*[ná:xgəra:tən] 《113》 自 (s) 《*jm.*》(気質・性格が…に)似てくる, (…と)同じようになる(→geraten[1] I 3): Das Kind ist ganz dem Vater *nachgeraten*. その子供は父親そっくりになった.

Nach·ge·schmack[ná:xgəʃmak] 男 -〔e〕s/ (物を食べたり飲んだりしたあと口に残る)あと味, あと口; 〖医〗後味覚: Der Vorfall hat einen bitteren ～ bei mir hinterlassen. 《比》その出来事は苦い思い出を私に残した.

nach|ge·stal·ten[ná:xgəʃtaltən] 《01》 ＝nachbilden 1

nach·ge·wie·se·ner·ma·ßen[ná:xgəvi:zənərmá:sən] 副 証明されたように, 確認ずみであるように, 明らかに.

nach·gie·big[ná:xgi:bɪç][2] 形 **1** (人が性格的に)譲歩しやすい, 人の言いなりになる, 弱腰の, 従順な, おとなしい: Er ist ihr gegenüber viel zu ～. 彼は彼女に対して譲歩しすぎる〈気が良すぎる〉. **2** (物が外力に対して)たわみ〈まがり〉やすい, しなやかな: ein ～*er* Boden やわらかな土壌. **3** 〖法〗任意の(当事者の意思で適用を排除できる): das ～*e* Recht 任意法 | eine ～*e* Vorschrift 任意規定. [＜nachgeben]

Nach·gie·big·keit[−kaɪt] 女 -/ nachgiebig なこと: Er neigt zu allzu großer ～. 彼は人の言いなりになり過ぎる.

nach|gie·ßen*[ná:xgi:sən] 《56》 他 (h) あとから注ぐ, 注ぎ足す: Er *goß* mein Glas 〈mir Kognak〉 *nach*. 彼は私のグラスに飲み物〈コニャック〉を注ぎ足した.

nach|grü·beln[ná:xgry:bəln] 《06》 自 (h) 《über *et.*[4]》(…について)あれこれ思案する, くよくよ思い悩む.

Nach·grün·dung[ná:xgrʏndʊŋ] 女 -/-en 〖経〗(株式会社の)事後設立.

nach|gucken[ná:xgʊkən] 《話》 **I** 自 (h) ＝nachsehen I **II** 他 (h) ＝nachsehen II 1

nach|ha·keln[ná:xha:kəln] (**nach|hä·keln**[..hɛ:kəln]) 《06》《南部》＝nachhaken 2

nach|ha·ken[..ha:kən] 自 (h) **1** 《話》(相手の話を途中でさえぎって)聞き返す. **2** 《サッカー》トリッピングをする(相手の後ろから足を掛ける).

Nach·hall[ná:xhal] 男 -〔e〕s/-e 《ふつう単数で》(音がや

んだあとの)残響, 余韻.

Nach·hall·dau·er 女〘理〙残響時間.

nach|hal·len[..halən] 自 (h, s) (音がやんだあと)響きが残る, 余韻をひく.

Nach·hall·zeit 女 -/ 〘理〙残響時間.

nach|hal·ten*[náːxhaltən]《65》自 (h) (効果・影響が)あとまで残る, 持続する: Dieses Mißtrauen *hielt* lange *nach*. この不信の念は長く尾を引いた.

nach·hal·tig[..tɪç]² 形 (効果・影響などが)あとまで残る, 持続する: *jn.* ~ beeinflussen …にあとまで影響を与える.

Nach·hal·tig·keit[..kaɪt] 女 -/ (nachhaltig なこと. 例えば:) 持続性.

nach|hän·gen*[náːxhɛŋən]《66》自 (h) **1**《*et.*³》(…のことを)考えつづける; (思い出などに)ひたる, ふける: einem Problem ~ ある問題についてあれこれと考える | *seinem* Gedanken ~ 思いにふける | der Schwermut ~ 愁いに沈む | Sie *hing* gerne ihrer Kindheit *nach*. 彼女は少女時代の思い出にひたるのが好きだった. **2**《*jm.*》(世評などが…に)あとまでつきまとう. **3**《話》進捗(しんちょく)しない, はかどらない, 遅滞する: Die Bauarbeiten *hängen nach*. 建設作業が遅れている | Die Studenten *hängen* in Deutsch *nach*. 学生たちはドイツ語でもたついている. **4**《*et.*³》〘狩〙(…の跡を)猟犬を連れてつける.

nach·haus[naːxháʊs] 副, **nach·hau·se**[..háʊzə] 副 (<nach Haus〔e〕) 自宅〈故郷〉へ(→zuhause).

Nach·hau·se≠ge·hen 中 帰宅〈帰郷〉〔すること〕: beim ~ 帰宅の際に. ≠**weg** 男《話》(Heimweg) 家路, 帰路.

nach|hei·zen[náːxhaɪtsən]《02》自 (h) あとから再び暖める, 燃料をつぎたす.

nach|hel·fen*[náːxhɛlfən]《71》自 (h)《*jm.* / *et.*³》(…に)助力する, 力を貸す, (…を)あと押しする, 援助する, 助け船を出す; (…の)尻(しり)をたたく: der Entwicklung ~ 発達〈発展〉を助長する | einem Schüler 〔in Englisch〕 ~ 生徒に〔英語の〕補習をしてやる ‖ dem Glück 〔ein wenig〕 ~ wollen (幸運だけを頼らずに)〔多少〕強引なことをしようとする ‖〘目的語なしで〙Hast du das ganz allein gemacht, oder hat die Mutter *nachgeholfen*? 君はこれを君一人でしたのか それともお母さんに手伝ってもらったのか.

nach·her[naːxhéːr; オースト: ⌣–] 副 **1** (später) **a**) あとで, のちほど: Das kann man auch ~ machen. それはあとでもできるよ | Bis ~! じゃあまたあとで(ちょっとの間別れるときの軽いあいさつ). **b**) (↔vorher) (danach) そのあとで, それに続いて, それから: Nach dem Essen machten wir einen Spaziergang, und ~ gingen wir ins Kino. 食後私たちは散歩をし それから映画を見に行った. **2**《方》(womöglich) もしかすると, ひょっとして.

Nach·herbst[náːxhɛrpst] 男 -〔e〕s/-e《ふつう単数で》(Spätherbst) 晩秋.

nach·he·rig[naːxhéːrɪç]² 形《付加語的》(später) その後の, あとからの; 将来の. [<nachher]

Nach·hieb[náːxhiːp]¹ 男 -〔e〕s/-e (Reprise)〘フェンシング〙ルミーズ.

Nach·hil·fe[náːxhɪlfə] 女 -/-n **1** nachhelfen すること. **2** (特に: 授業の)補習.

Nach·hil·fe≠stun·de 女 補習時間〈授業〉: eine ~ geben (家庭教師などが)補習を授ける. ≠**un·ter·richt** 男 補習授業.

nach·hin·ein[náːxhɪnaɪn] 副《南部・オーストリア・スイス》《ふつう次の形で》im ~ あとから, あとになって, 事が終わってから, 追加として | *sich*⁴ im ~ entschuldigen あとになってから謝る.

nach|hin·ken[náːxhɪŋkən] 自 (s, h)《*jm.*》(…の)あとから足をひきずって行く;《比》おくれをとる; 時期的に遅れる: *jm.* beim Wettlauf 〈im Unterricht〉 ~ 競走〈授業〉で…より遅れる.

Nach·hirn[náːxhɪrn] 中 -〔e〕s/-e〘解〙後脳.

Nach·hol·be·darf[náːxhoːl..] 男 **1** (遅れなどを)取り戻す必要. **2**〘経〙繰り延べ需要.

nach|ho·len[náːxhoːlən] 他 (h) **1** (遅れを)取り戻す, 挽回(ばんかい)する, 埋め合わせる: ein Examen ~ 追試験を受ける | Schlaf ~ (ぐっすり眠って)睡眠不足を取り戻す | Versäumtes ~ 遅れをとり戻す, しそこなったことをあとから取り返す. **2** (欠けているものを)あとから行って持って来る〈来て持って行く〉.

Nach·hut[náːxhuːt] 女 -/-en (↔Vorhut)〘軍〙(特に退却する味方の背後を守る)後衛〔部隊〕, しんがり.

nach|imp·fen[náːx|ɪmpfən] 他 (h)〘医〙再接種する.

Nach·imp·fung[..pfʊŋ] 女 -/-en〘医〙再接種.

nach·in·du·striell[náːx|ɪndʊstriɛl] 形 産業化以後の.

nach|ja·gen[náːxjaːgən]¹ **I** 自 (s)《*jm.* / *et.*³》(…を)急追する, 追撃する, 追いかける;《比》(…を得ようとして)追い求める: *jm.* mit dem Auto ~ …を車で追いかける | dem Ruhm 〈dem Vergnügen〉 ~ 名声〈快楽〉を追う | einem Schatten ~ (→Schatten 2 a). **II** 他 (h)《話》《*jm. et.*⁴》(…の)あとから(…を)急いで送る: *jm.* einen Eilbrief ~ …を追いかけるように速達便を出す | dem Täter eine Kugel ~ (逃げる)犯人を背後から銃撃する.

nach|kau·fen[náːxkaʊfən] 他 (h) あとから買い足す.

Nach·klang[náːxklaŋ] 男 -〔e〕s/..klänge[..klɛŋə] (音がやんだあと耳に残る)残響, 余韻;《比》余情.

nach|klin·gen*[náːxklɪŋən]《77》自 (h) (音がやんだあと耳に)響きが残る, 余韻をひく: Seine Worte *klangen* noch lange in mir *nach*. 彼の言葉は長く私の胸に残った.

Nach·kom·me[náːxkɔmə] 男 -n/-n (↔Vorfahr) **1** (直系の)子孫(子・孫・曾孫(そうそん)など), 後裔(こうえい): Er hat keine ~*n*. 彼には子供がいない. **2** あとつぎ, 後継者.

nach|kom·men*[náːxkɔmən]《80》自 (s) **1** あとから来る〈行く〉, 遅れて来る〈行く〉, 遅参する: Geht schon voraus, ich *komme* gleich 〈in einer Stunde〉 *nach*. 君たちもう先へ行ってくれ 僕はすぐあとから〈1時間たったら〉行く | Da kann noch etwas ~. これでおさまりそうもないな, まだ一山も二山もありそうだ | Das dicke Ende *kommt* noch *nach*. (→Ende 2). **2**《*jm.*》(…の)あとに続く〈従う〉, あとを追う; (…に)遅れずについていく: Bei diesem Tempo kann man ja nicht ~. このようなテンポではついていけない | Bist du *nachgekommen*?《比》君は言われたことが分かったかね. **3**《雅》《*et.*³》(約束・義務などを)守る, 履行する, (命令などを)実行する: einer Anordnung ~ 指示に従う | Er *kam* seinen Verpflichtungen gewissenhaft *nach*. 彼は自分の義務を良心的に果たした ‖ Ihrem Wunsch 〈Ihrem Befehl〉 *nachkommend* ご希望〈ご命令〉どおりに. **4**《方》=nachgeraten

Nach·kom·men·schaft[–ʃaft] 女 -/《集合的に》子, 子孫, 後裔(こうえい).

Nach·kömm·ling[..kœmlɪŋ] 男 -s/-e **1 a**) (兄・姉より)〔ずっと〕あとから生まれた子. ▽**b**) 遅刻者; 落後者. ▽**2** 子孫, 末裔(まつえい).

Nach·krieg[náːxkriːk]¹ 男 -〔e〕s/ =Nachkriegszeit

Nach·kriegs≠er·schei·nung 女 戦後特有の現象. ≠**ge·ne·ra·tion** 女 戦後の世代, 戦後派. ≠**li·te·ra·tur** 女 戦後文学. ≠**wir·ren** 複 戦後の混乱. ≠**zeit** 女 戦後の時代.

Nach·kur[náːxkuːr] 女 -/-en〘医〙後(こう)療法.

nach|la·den*[náːxlaːdən]¹《86》他 (h)《*et.*⁴》さらに装塡(そうてん)〈充電〉する.

Nach·laß[náːxlas] 男 ..lasses[..lasəs]/ ..lasse, ..lässe [..lɛsə] **1**〘法〙遺産; 遺品, 遺書, 遺作: der literarische ~ eines Dichters ある詩人の遺稿 ‖ den ~ verwalten 遺産を管理する | Mir ist sein unbeweglicher ~ zugefallen. 彼の残した不動産は私のものとなった. **2 a**)〘商〙値引き, 割引: ~ bekommen 値引きしてもらう | ~ fordern 値引きを要求する | *jm.* auf *et.*⁴ fünf Prozent ~ gewähren …に対し…の価格を5パーセント割り引く. ▽**b**) (Erlaß) (義務・罰などの)〔一部〕免除.

nach|las·sen*[náːxlasən]《88》**I** 自 (h) **1** (勢力・体力などが)弱まる, 衰える; (痛みなどが)やわらぐ, 鎮まってくる; (熱などが)下がる: Sein Eifer hat merklich *nachgelassen*. 彼の熱意は目立って低下した | Meine Kräfte 〈Meine Augen〉 *lassen* immer mehr *nach*. 私の体力〈視力〉は衰える一方だ | Der Regen 〈Der Sturm〉 hat allmählich *nachgelassen*. 雨〈あらし〉はしだいにおさまった | Der Widerstand 〈Das feindliche Feuer〉 *ließ nach*. 抵抗〈敵の砲

N

火⟩が弱まった ‖ in *seinem* Eifer ⟨*seinen* Leistungen⟩〔fühlbar〕～ 熱意⟨成績⟩が〔目に見えて〕低下する ‖〔O〕Schmerz ⟨Schreck⟩, *laß nach*! (→Schmerz, →Schreck). **2** 《ふつう否定の形で》〔mit *et.*³〕nicht ～〔…を〕やめない | nicht eher ～, bis ... …〔する〕まではやめない | Nicht ～! がんばれ. **3** 〘狩〙(猟犬が)追い立てるのをやめる. **II** 他 (h) **1** (締めてあるものなどを)ゆるめる: ein Seil ⟨eine Schraube⟩ ～ ザイル⟨ねじ⟩をゆるめる | die Zügel ～ 手綱をゆるめる. **2 a)** 〘商〙(金額を)値引く, 割り引く: keinen Pfennig ～ 一文もまけない | *jm.* drei Mark ⟨15%⟩〔vom Preis / im Preis〕～ …に対し 3 マルク⟨15パーセント⟩値引きする. **b)** 《*jm. et.*⁴》(…に対して義務・罰, 特に負債や刑期などの残り分を)免除する, 帳消しにする. **3** 〘狩〙(獲物を追わせるために猟犬を)放す. ▽**4** (hinterlassen) 遺産として残す.

III nach·ge·las·sen → 別出

▽**Nach·las·sen·schaft**[–ʃaft] 女 -/-en (Hinterlassenschaft) 遺産, 相続財産.

Nach·laß≠ge·richt[ná:xlas..] 中 〘法〙遺産裁判所. **≠gläu·bi·ger** 男 〘法〙遺産債権者.

nach·läs·sig[ná:xlɛsɪç]² 形 **1** (服装などが)だらしのない, 無頓着(むとんちゃく)な; (態度・行為が)不熱心な, 気のこもらない, いいかげんな, 面倒くさそうな: eine ～*e* Arbeit なげやりな仕事 | ～*es* Benehmen だらしない態度⟨振舞い⟩(→2) ‖ ～ gekleidet sein だらしのない服装をしている(→2) | mit *et.*³ ～ umgehen …をぞんざいに扱う. **2** (服装・態度などが)くだけた, 肩のはらない, カジュアルな: ～*es* Benehmen くだけた態度⟨振舞い⟩(→1) | in einer ～*en* Art sprechen くだけた調子で話す ‖ ～ gekleidet sein くだけた服装をしている(→1).

nach·läs·si·ger·wei·se[ná:xlɛsɪgərváizə] 副 だらしなく, いいかげんに; 無頓着(むとんちゃく)に; 不注意にも, うかつにも.

Nach·läs·sig·keit[ná:xlɛsɪçkaɪt] 女 -/-en **1** 《単数で》nachlässig なこと. **2** nachlässig な言動.

Nach·laß≠kon·kurs[ná:xlas..] 男 〘法〙(遺産の額よりも負債のほうが大きい場合の)遺産破産. **≠pfle·ger** 男 〘法〙遺産保護人. **≠steu·er** 女 〘法〙相続税. **≠ver·bind·lich·keit** 女 〘法〙遺産債務. **≠ver·wal·ter** 男 〘法〙遺産管理人. **≠ver·wal·tung** 女 〘法〙遺産管理.

Nach·lauf[ná:xlauf] 男 -〔e〕s/..läufe[..lɔyfə] **1** nachlaufen すること. **2** (↔Vorlauf) 〘化〙(蒸留の際の)後留出物. **3** (↔Vorlauf) 〘工〙(方向転換用車輪の)後まわり構造(かじ取り軸の延長線と地面の接点が車輪と地面の接点よりも前方にある).

nach|lau·fen*[ná:xlaufən] 《89》 **I** 自 (s) **1 a)** 《*jm./et.*³》(…の)あとを追って走る, (…を)追いかける; (…を)得ようと懸命になる: einer Frau ⟨einem Mädchen⟩ ～ 女のしりを追い回す | einer Illusion ～ 幻想を追う | jeder Schürze ～ (→Schürze 1). **b)** 《*jm.*》(無批判に…のあとを)ついてゆく, (…に信奉者として)盲従する. **2** ＝nachgehen 5 **II Nach·lau·fen** 中 -s/ 《方》(Fangen) 〘遊戯〙鬼ごっこ.

Nach·läu·fer[..lɔyfər] 男 -s/- **1** 盲従する人, 信奉者. **2** 〘ビリヤード〙後球.

nach|le·ben[ná:xle:bən]¹ **I** 自 (h) 《*jm.*》(…を)目標⟨模範⟩として生きる; 《*et.*³》(…に)従って忠実に生きる: einem Grundsatz ⟨*js.* Befehl³⟩ ～ ある主義⟨…の命令⟩に従って生きる. **II Nach·le·ben** 中 -s/ (故人が)記憶⟨思い出⟩の中に生き続けること.

nach|le·gen[ná:xle:gən]¹ 他 (h) あとからさらに置き加える; (燃料などを)くべ足す.

nach|ler·nen[ná:xlɛrnən] 他 (h) あとから学ぶ, 補習する.

Nach·le·se[ná:xle:zə] 女 -/-n **1** (Nachernte) (ぶどう・穀類などの)再⟨二番⟩収穫; 落ち穂拾い, 残り物を拾い集めること. **2** 《雅》補遺, 拾遺(しゅうい): ～ von Gedichten 拾遺詩集.

nach|le·sen*[ná:xle:zən]¹ 《92》 **I** 他 (h) **1** (ぶどう・穀類などの)摘み⟨刈り⟩残りを収穫する; 落ち穂を拾う; (残ったものを)拾い集める. **2** (書物などのある個所を)読み返す, 読んで調べる, 当たってみる: *et.*⁴ in *et.*³ ～ …について…を読んで調べる. **II** 自 (h) 《*jm.*》(…の)あとから読む, (…に)ならって⟨ついて⟩読む.

Nach·leuch·ten[ná:xlɔyçtən] 中 -s/ 〘理〙残光.

nach|lie·fern[ná:xli:fərn] 《05》 他 (h) **1** 期限後に引き渡す. **2** (瑕疵(かし)のある物に代えて)補充⟨追加⟩として引き渡す.

Nach·lie·fe·rung[..fərʊŋ] 女 -/-en **1** 期限後の引き渡し; 追納. **2** 〘法〙代物給付.

nach|lö·sen[ná:xlø:zən]¹ 《02》 他 (h) 〘交通〙(乗り越し・方向変更などのため切符を)精算する: die Fahrkarte ⟨die erste Klasse⟩〔im Zug〕～ 乗車券⟨1 等料金⟩を〔車内で〕精算する.

Nach·lö·se·schal·ter 男 精算窓口.

Nach·lö·sung[..zʊŋ] 女 -/-en 〘交通〙精算.

nachm. 略 ＝**nachmittags** 午後に.

nach|ma·chen[ná:xmaxən] 他 (h) 《話》 **1** 《*et.*⁴》あとからする, 遅れてする. **2 a)** 《*jm. et.*⁴》(…の…を)まねる, 模倣する: Sie *macht* mir alles *nach*. 彼女は何につけても私をまねる. **b)** 《*jn.* /*et.*⁴》まねる, 模倣する; 模造する, 偽造する: den Lehrer ～ 教師のまねをする | *js.* Stimme ⟨*js.* Schrift⟩ ～ …の声色⟨筆跡⟩をまねる | Papiergeld ～ 紙幣を偽造する ‖ ein *nachgemachter* Edelstein 模造宝石.

Nach·mahd[ná:xma:t] 女 -/ 《方》(Grummet) 〘農〙二番刈りの干し草.

nach|ma·len[ná:xma:lən] 他 (h) **1** (絵を)模写する. **2** (絵に)あとから筆を加える; あとから塗り直す: Konturen ～ 輪郭を塗り直す | die Lippen ～ 《話》口紅を塗り直す.

nach·ma·lig[ná:xma:lɪç]² 形 《付加語的》後(ご)の, あとからの, その後の, 将来の: Feldmarschall Hindenburg, der ～*e* Reichspräsident ヒンデンブルク元帥 後の大統領.

▽**nach·mals**[..ma:ls] 副 後(ご)に, あとで, あとから.

nach|mes·sen*[ná:xmɛsən] 《101》 他 (h) 測りなおす, もう一度測る, 検測する.

Nach·mes·sung[..sʊŋ] 女 -/-en nachmessen すること.

Nach·mie·ter[ná:xmi:tər] 男 -s/- (入れかわりに入って来る)次の借家⟨間借り⟩人.

Nach·mit·tag[ná:xmɪta:k]¹ **I** 男 -〔e〕s/-e **1** (英: *afternoon*) (ふつう正午または昼食後から日没前までを指して)午後, 昼すぎ: ein heißer ⟨schwüler⟩ ～ 暑い⟨むしむしする⟩午後 ‖ eines ～*s* (ある日の)午後に | des ～*s* um 2 Uhr 《雅》午後 2 時に(＝nachmittags um 2 Uhr) ‖ jeden ～ 毎日午後に | den ganzen ～ über 午後じゅうずっと ‖ am ～ 午後に | am späten ～ / spät am ～ 午後おそく | gegen ～ 昼ごろ; 午後になったころ. **2** 午後の催し: ein lustiger ～ 楽しい午後の集い | ein bunter ～ さまざまの楽しいプログラムを含んだ午後の催し. **II nach·mit·tag** 副 《特定の日を示す語のあとにつけて: →nachmittags》(…の日の)午後に: heute ⟨Dienstag⟩ ～ きょう⟨火曜日⟩の午後に.

nach·mit·tä·gig[ná:xmɪtɛ:gɪç]² 形 《付加語的》(ふつうある特定の日の)午後の: die ～*e* Hitze その日の午後の暑さ.

nach·mit·täg·lich[..mɪtɛ:klɪç] 形 (一般的に)午後の: die ～*e* Kaffeepause (毎日の)午後のお茶の休み.

nach·mit·tags[..mɪta:ks] 副 (略 nm., nachm.) 《特定の日とは関係なく: →nachmittag》午後に: spät ～ 午後おそく | Dienstag ～ / dienstags ～ 火曜の午後〔ごと〕に | ～ um 2〔Uhr〕/ um 2 Uhr ～ 午後 2 時に.

Nach·mit·tags≠kaf·fee 男 午後のコーヒー, おやつ. **≠kleid** 中 アフタヌーンドレス. **≠schicht** 女 (交代勤務制の)午後直. **≠schlaf** 男 -〔e〕s/ , **≠schläf·chen** 中 昼寝, 午睡. **≠un·ter·richt** 男 午後の授業. **≠vor·stel·lung** 女 〘劇〙(劇場の)午後の公演⟨興行⟩, マチネー. **≠wa·che** 女 〘海〙午後直(12-16時の当直).

Nach·nah·me[ná:xna:mə] 女 -/-n **1** (略 N) (郵送料・商品代金などの)着(ちゃく)払い: *et.*⁴ als ⟨mit / per / unter⟩ ～ schicken …を着払いで送る. **2** ＝Nachnahmesendung [＜nachnehmen]

Nach·nah·me≠ge·bühr 女 着払い手数料. **≠sen·dung** 女 送料⟨代金⟩着払いの配達物.

Nach·na·me[ná:xna:mə] 男 2 格 -ns, 3 格 -n, 4 格 -n, 複数 -n (Familienname) (Vorname に対して)家族名, 名字, 姓.

nach|neh·men*[ná:xne:mən] 《104》 他 (h) **1 a)** 《*sich*³ *et.*⁴》(食べ物・飲み物の)お代わりをする. **b)** 口直しに食べる⟨飲む⟩. **2** (郵便料金・商品代金などを)着払いで受け取

る.

nach|och·sen[ná:x|ɔksən] 《02》《話》＝nachsitzen

nach|plap·pern[ná:xplapərn] 《05》 他 (h) 《しばしば軽蔑的に》(他人の言ったことを)そのまま〈無批判に〉口まねする.

nach|po·lie·ren[ná:xpoli:rən] 他 (h) あとからふたたび磨く, 磨き直す.

Nach·por·to[ná:xpɔrto·] 中 -s/-s, ..ti[..ti·] ＝「Nachgebühr」

nach|prä·gen[ná:xprɛ:gən][1] 他 (h) **1** (貨幣などを)再鋳する, 改鋳する. **2** (貨幣などを)偽造する.

Nach·prä·gung[..gʊŋ] 女 -/-en **1** nachprägen すること. **2** (nachprägen したもの. 例えば:) 偽造貨幣.

nach·prüf·bar[ná:xpry:fba:r] 形 確認〈証明〉できる.

nach|prü·fen[..pry:fən] 他 (h) **1** (念のために)もう一度調べる, 再検査〈再調査〉する; 〘理〙追試する: eine Rechnung ～ 検算する | *js.* Alibi ～ …のアリバイを〔もう一度〕洗ってみる. **2** (所定の期日後に)追試験〈追検査〉する.

Nach·prü·fung[..fʊŋ] 女 -/-en nachprüfen すること.

Nach·rang·stra·ße[ná:xraŋ..] 女 《オーストリア》(↔ Vorrangstraße) (車両が)優先通行権をもたない道路.

Nach·raum[ná:xraʊm] 男 -〔e〕s/ **1** (もう役にたたない)残余物, くず. **2** 〘林〙(木材の)くず, 粗悪品. [＜räumen]

nach|räu·men[ná:xrɔʏmən] 他 (h) 《話》後片づけをする: Jeden Tag muß ich dir 〔alles〕 ～. 私は毎日あなたの散らかしたものを〔全部〕片づけなきゃならない.

nach|rech·nen[ná:xrɛçnən] 《01》 他 (h) もう一度計算し直す, 検算する; (過ぎ去った年月を)あとから数える.

Nach·re·de[ná:xre:də] 女 -/-n **1** 陰口, 悪口, 中傷, 誹謗(ひぼう): böse ～ ひどい中傷 | üble ～ ひどい悪口; 〘法〙名誉毀損(きそん) ‖ *jn.* in üble ～ bringen …を中傷する | über *jn.* üble ～ verbreiten …の悪評を広める ‖ *Nachrede* ist wie ein Schneeball. 《諺》人の口に戸は立てられない(陰口は雪玉のように大きくなる) | Vorrede spart ～. 《諺》事前の話し合い〈根まわし〉は事後の誤解を防ぐ. ▽**2** (Nachwort) あとがき, 結語.

nach|re·den[ná:xre:dən][1] 《01》 他 (h) **1** 《*jm. et.*[4]》(…の言ったことを)そのまま〈無批判に〉口まねする, 受け売りする: Er *redet* dir alles *nach*. 彼は君の受け売りばかりしている. **2** (nachsagen) 《*jm. et.*[4]》(…について陰口めいたことを)言いふらす, 悪口を言う: *jm.* Schlechtes 〈Übles〉 ～ …の悪いうわさを広める | Sie *redet* dir *nach*, daß du sie belogen hättest. 彼女は君が彼女にうそをついたと言っている ‖〘4 格の目的語なしで〙Die Leute *redeten* ihm übel *nach*. 人々は彼についてひどく悪口を言っていた.

nach|rei·chen[ná:xraɪçən] 他 (h) 《*jm. et.*[4]》 **1** (…に書類などを)あとで〈追加して〉渡す, あとで〈追加して〉送る. **2** (…に食事などの)お代わりを出す.

Nach·rei·fe[ná:xraɪfə] 女 -/ 後熟(果物などが収穫後, 貯蔵中に熟すこと).

nach|rei·fen[ná:xraɪfən] 自 (s) (果物などが)収穫後〈貯蔵中〉に熟れる.

nach|rei·sen[ná:xraɪzən][1] 《02》 自 (s) 《*jm.*》(…の)あとを追って旅をする, 旅に出た(…の)あとを追う.

nach|rei·ten*[ná:xraɪtən] 《116》 自 (s) 《*jm.*》(…の)あとを馬で追う.

nach|ren·nen*[ná:xrɛnən] 《117》 自 (s) (nachlaufen) 《*jm.* / *et.*[3]》(…の)あとを追って走る, (…を)追いかける; (…を)得ようと懸命になる.

Nach·richt[ná:xrɪçt] 女 -/-en **1** 知らせ, 通知, 報知; 音信, 便り, 消息: eine falsche 〈frohe〉 ～ 誤報〈吉報〉 | die neueste ～ 最新情報 | vermischte ～*en* (新聞などの)雑報 | Draht*nachricht* 電報 | Todes*nachricht* 死亡通知 ‖ *jm.* eine ～ von *et.*[3] 〈über *et.*[4]〉 geben …に…について知らせる | von *jm.* eine ～ über *et.*[4] bekommen 〈erhalten〉 …から…についての知らせを受ける | Wir haben keine ～ von ihm. 我々は彼の消息をまったく聞いていない ‖ Die erwartete ～ blieb aus. 待っていた知らせは来なかった | Diese ～ ist soeben angekommen 〈eingetroffen〉. この知らせは今入ったばかりだ | Die ～ von seinem Tod erschütterte die ganze Welt. 彼が死んだという知らせは全世界を震駭(しんがい)させた | Schlimme ～ kommt stets zu früh. 《諺》悪い知らせほど早く来る. **2** 《複数で》(ラジオ・テレビの)ニュース, 報道番組: lokale ～*en* ローカルニュース ‖ die ～*en* hören 〈sehen〉 ニュースを聞く〈ニュース番組を見る〉 | die ～*en* senden ニュースを伝える〈放送する〉 | die ～*en* sperren 報道管制をしく ‖ Diese Meldung kam in den letzten ～*en*. この知らせはいちばん新しいニュース番組で報道された.

[„(Mitteilung zum) Danach-richten"; ◇richten]

Nach·rich·ten≠agen·tur[ná:xrɪçtən..] 女 通信社. **≠blatt** 中 広報紙, 会報. **≠bü·ro** 中 通信社. **≠dienst** 男 **1** (政府の)秘密情報機関, 諜報(ちょうほう)部. **2** (ラジオ・テレビの)ニュース放送. **3** 通信社. **≠ma·ga·zin** 中 ニュース〔報道〕雑誌. **≠mo·de·ra·tor** 男 (テレビの)ニュースキャスター. **≠netz** 中 通信網. **≠quel·le** 女 ニュースの出所, 報道源, ニュースソース. **≠sa·tel·lit** 男 通信衛星. **≠sen·dung** 女 ニュース放送. **≠sper·re** 女 報道管制: eine ～ verhängen 報道管制をしく. **≠spre·cher** 男 (ラジオ・テレビの)ニュース放送員, ニュースアナウンサー. **≠sy·stem** 中 通信組織, 情報伝達組織. **≠tech·nik** 女 通信技術. **≠trup·pe** 女 〘軍〙通信〔部〕隊. **≠über·mitt·lung** 女 情報伝達. **≠ver·bin·dung** 女 通信連絡. **≠we·sen** 中 -s/ 報道〈情報〉組織, 報道〈情報〉機構. **≠zen·tra·le** 女 情報センター.

Nach·rich·ter[1][ná:xrɪçtər] 男 -s/- **1** 《話》報道記者. **2** 〘軍〙通信隊員.

▽**Nach·rich·ter**[2][−] 男 -s/- 刑吏, 死刑執行人. [*mhd.* nāch-richter „Richter nach (dem Richter)"]

nach·richt·lich[ná:xrɪçtlɪç] 形 報道〈通信〉の, 報道〈通信〉に関する.

nach|rücken[ná:xrʏkən] 自 (s) **1** 《*jm.*》(…の)あとを追って進む, ぴったりついていく: Bitte ～! (間隔をあけずに)前の人に続いて進んでください; つめてください. **2** (前任者の)あとを継ぐ: für einen versetzten Beamten ～ 転任した役人のあとのポストを襲う | in eine höhere Stelle ～ (段階を追って)上の地位に昇任する. **3** 《*et.*[3]》(部隊が…の)あとを追って移動する: Sie *rückten* der kämpfenden Truppe *nach*. 彼らは戦闘部隊のあとについて進んだ.

Nach·ruf[ná:xru:f] 男 -〔e〕s/-e (Nekrolog) (故人の略伝を添えた)追悼の辞, 追悼文: *jm.* einen ～ widmen …に追悼の辞をささげる | einen ～ über *jn.* veröffentlichen / einen ～ auf *jn.* schreiben …をたたえる追悼文を書く | keinen guten ～ hinterlassen 死後に芳しい名を残さない.

nach|ru·fen*[ná:xru:fən] 《121》 他 (h) 《*jm. et.*[4]》(…の)背後から(罵声(ばせい)などを)浴びせる: *jm.* Schimpfworte 〈eine Drohung〉 ～ …のうしろから悪口〈脅しの言葉〉を浴びせる | *jm.* Abschiedsworte ins Grab ～ …の墓前で告別の辞を述べる.

Nach·ruhm[ná:xru:m] 男 -〔e〕s/ 死後の名声.

nach|rüh·men[ná:xry:mən] 他 (h) 《*jm. et.*[4]》(その場にいない…の…を)ほめる, 讃える; (…の…を)ほめたたえる.

nach|rü·sten[ná:xrʏstən] 《01》 他 (h) **1** 〘工〙(性能を高めるために…に)部品〈機構〉を増備する, システムアップする. **2** 軍備を増強〈拡張〉する.

Nach·rü·stung[..tʊŋ] 女 -/-en nachrüsten すること.

nach|sa·gen[ná:xza:gən][1] 他 (h) **1** (人が言って聞かせたことを)くり返して言う, 口まねする: Der Papagei *sagt* vorgesprochene Wörter *nach*. おうむは言われた言葉を口まねする. **2** (nachreden) 《*jm. et.*[4]》(…について陰口めいたことを)言いふらす, 悪口を言う: *jm.* Stolz ～ …は気位が高いと陰口する | Ihm wird Geiz *nachgesagt*. 彼はけちだとうわさされている | Man kann ihm nichts 〔Schlechtes〕 ～. 彼についてはなんら言うところはない(文句のつけようがない) | Das lasse ich mir nicht ～! そんな陰口は言わせないぞ.

Nach·sai·son[ná:xzɛzɔ̃:] 女 -/-s (南部・オーストリア: -en [..zo:nən]) シーズンの終わったあとの時期, シーズンオフ.

nach|sal·zen[ná:xzaltsən] 《02》 他 (h) (料理などに)あとから塩を加える.

Nach·satz[ná:xzats] 男 -es/..sätze[..zɛtsə] **1** 追加文, あとがき; (手紙の)追伸, 追って書き; 補遺, 付録. **2** (↔Vordersatz) **a**) 〘言〙後置〔副〕文, 後続〔副〕文. **b**) 〘論〙結論, 帰結. **c**) 〘楽〙後楽節.

nach|schaf·fen[1]*[ná:xʃafən]《125》他 (h) **1** 模型にならって造る, 模造する. **2**《*jm. et.*[4]》(…の…を)模倣する.

nach|schaf·fen[2][–] 他 (h) **1** 補給〈追加購入〉する,(古いものと取り替えるため新しく)買い足す; あとから送る〈運ぶ〉: Die Bettwäsche muß immer wieder *nachgeschafft* werden. シーツ類は絶えず買い足さねばならない. **2**《南西部》(nachholen)(遅れを)取り戻す, 挽回(ばんかい)する.

Nach·schau[ná:xʃaʊ] 女《雅》《もっぱら次の成句で》～ halten 様子を見てみる, 調べてみる, 確かめてみる(＝nachsehen) | Ich will ～ halten, ob er kommt. 彼が来るかどうか調べてみよう.

nach|schau·en[ná:xʃaʊən]《南部・オーストリア・スイス》(nachsehen) **I** 自 (h) **1**《*jm.*》(…が立ち去るのを)目で追う, 見送る. **2 a**) 調べてみる, 確かめる: *Schau* mal *nach*, ob er gekommen ist! 彼が来たかどうか確かめてみなさい. **b**) (nachschlagen)(辞書で)調べる(→II 2). **II** 他 (h) **1** 調べてみる, 点検〈検査〉する. **2** (nachschlagen)(辞書で)調べる(→I 2 b).

nach|schen·ken[ná:xʃɛŋkən] 他 自 (h) ((まだ残っている)グラスに酒を)つぎ足す: Darf ich Ihnen noch ein wenig 〔Wein〕～? もう少し〔ワインを〕おつぎしてよいでしょうか.

nach|schicken[ná:xʃɪkən] 他 (h) (nachsenden)《*jm. et.*[4]》(…の行き先へ…を)あとから送る, 追送する; (郵便物などを)転送〈回送〉する: Er ließ sich[3] die Post an seinen Urlaubsort ～. 彼は郵便物を休暇滞在地へ転送してもらった.

nach|schie·ben*[ná:xʃi:bən][1]《134》他 (h)《話》(質問などを)しつこく繰り返す.

nach|schie·ßen*[ná:xʃi:sən]《135》**I** 他 (h) **1** 背後から発射する: *jm.* Kugeln ～ 〔逃げる〕…のうしろから発砲する. **2** (金を)追加して出す. **II** 自 **1** (h)《*jm.*》(…の)あとから撃つ. **2** (h)〔球技〕妨害されたボールを再度シュートする. **3** (s)《話》《*jm.*》(…の)あとをすばやく追いかける.

Nach·schlag[ná:xʃla:k][1] 男 -〔e〕s/..schläge[..ʃlɛ:gə] **1**〔楽〕後打音(主要音間の装飾音, またはトリルの終わりに奏される装飾音). **2**〔軍〕(一人分の食事だけでは不足な人のための)追加料理, おかわり; 付加口糧: einen ～ bekommen 〈verlangen〉 おかわりをもらう〈要求する〉. **3** 第二打, 続く一撃;〔ボクシング〕カウンターブロー. ᵛ**4** (貨幣の)再鋳, 改鋳.

Nach·schla·ge·buch 中 ＝Nachschlagewerk

nach|schla·gen*[ná:xʃla:gən][1]《138》**I** 他 (h) **1** (→II 1) **a**) (単語・事項・引用個所などを辞書や原典で)調べる: ein Wort 〔im Wörterbuch〕～〔辞書で〕単語を引く. **b**) (辞書・原典などを)調べる,(辞書・原典などに)当たってみる: ein Buch ～ 本を調べる. ᵛ**2** (貨幣を)再鋳〈改鋳〉する. **II** 自 **1** (h)(辞書・原典などで)調べる(→I 1): in einem Lexikon ～ 辞書で調べる. **2** (s)《雅》《*jm.*》(気質・性格が…に)似てくる, 同じようになる: Er ist nicht dem Vater, sondern der Mutter *nachgeschlagen*. 彼は父親でなく母親の気質を受けついでいる. **3** (h)〔ボクシング〕カウンターブローをくり出す. **4** (h)〔楽〕後打音を奏する.

Nach·schla·ge·werk 中 (必要事項を検索するように作られた)参考図書(事典・辞典・便覧など).

nach|schlei·chen*[ná:xʃlaɪçən]《139》自 (s)《*jm.*》(…の)あとからそっと〈足音を忍ばせて〉ついて行く, こっそりあとを追う.

nach|schlei·fen[1]*[ná:xʃlaɪfən]《140》他 (h) 研ぎなおす,(…に)さらに磨きをかける.

nach|schlei·fen[2][–] 他 (h) 後ろに引きずる: *sein* linkes Bein ～ 左足を引きずって歩く.

nach|schlep·pen[ná:xʃlɛpən] 他 (h) 後ろに引きずる: *sein* verletztes Bein ～ けがした足を引きずっていく | *jm.* Gepäck ～ 荷物を引きずるようにして運びながら…のあとからついて行く ‖ 再帰 *sich*[4] mühsam ～ 足を引きずってあとからようやくついていく.

Nach·schlüs·sel[ná:xʃlʏsəl] 男 -s/- (不正に作られた)合鍵(あいかぎ).

nach|schmecken[ná:xʃmɛkən] 自 (h) **1** 味が残る, あと味がある(→Nachgeschmack): Das Gewürz *schmeckt* merkwürdig *nach*. このスパイスは奇妙なあと味がする. **2**《戯》もう一度味わう〈楽しむ〉.

nach|schmei·ßen*[ná:xʃmaɪsən]《145》《話》＝nachwerfen 1

nach|schnüf·feln[ná:xʃnʏfəln]《06》自 (h)《*jm.*》(…の動静を)嗅(か)ぎ回る, 探り回る.

nach|schrei·ben*[ná:xʃraɪbən][1]《152》**I** 他 (h) **1** (講義・講演などの)ノートをとる(→II 1): eine Vorlesung ～ 講義のノートをとる. **2** (手本・書式などに)ならって書く, まねて書く. **II** 自 (h) **1** ノートをとる(→I 1): im Unterricht eifrig ～ 授業で熱心にノートをとる. **2**《*jm.*》(…の)行き先に手紙を書く.

nach|schrei·en*[ná:xʃraɪən]《153》他 (h) (nachrufen)《*jm. et.*[4]》(…の)背後から(罵声(ばせい)などを)大声で浴びせる: *jm.* Schimpfworte ～ …の背後から罵声を浴びせる.

Nach·schrift[ná:xʃrɪft] 女 -/-en **1** (略 NS)(手紙などの)追伸, 二伸, 追って書き; あとがき, 補遺. **2** (講義・講演などの)ノート, 筆記録: die ～ des Vortrags 講演の筆記メモ. [1: *lat.* post-scrīptum (→Postskript) の翻訳借用]

Nach·schub[ná:xʃu:p][1] 男 -〔e〕s/..schübe[..ʃy:bə]《ふつう単数で》〔軍〕**1** 補給, 補充: der ～ an Munition 〈Proviant〉 弾薬〈糧食〉の補給 | Im ～ gibt es Stockungen. 補給が停滞している. **2** 補給物資(糧食・弾薬など), 補給糧秣(りょうまつ): ～ erhalten 補給物資を受領する. [＜schieben]

Nach·schub≠ba·sis 女 補給基地, 兵站(へいたん)基地. **≠li·nie**[..niə] 女 補給線. **≠trup·pe** 女 補給〈輜重(しちょう)〉部隊. **≠weg** 男 (軍事物資などの)補給路.

Nach·schuß[ná:xʃʊs] 男..schusses/..schüsse[..ʃʏsə] **1**〔商〕(有限会社での基本出資額を越える)追加払い, 追出資. **2**〔球技〕(一度失敗したあとの)再度のシュート.

Nach·schuß≠pflicht 女〔商〕追加払いの義務, 追出資義務. **≠tor** 中〔球技〕再度のシュートによる得点.

nach|schüt·ten[ná:xʃʏtən]《01》他 (h) (液状・粉末状・粒状のものを)あとから追加して注ぐ〈流し込む〉, つぎ足す: Koks ～ (かまに)コークスを追加して投げ入れる.

Nach·schwa·den[ná:xʃva:dən] 男 -s/- 〔坑〕後(あと)ガス(火薬やガスの爆発後に生じる炭酸含有ガス).

Nach·schwarm[ná:xʃvarm] 男 -〔e〕s/..schwärme[..ʃvɛrmə] (新しい女王蜂(ばち)を中心とする)ミツバチの新集団.

nach|schwat·zen[ná:xʃvatsən]《02》他 (h)《軽蔑的に》《*jm. et.*[4]》(…の言ったことを)そのまま〈無批判に〉口まねしてしゃべる.

nach|schwim·men*[ná:xʃvɪmən]《160》自 (s)《*jm.* / *et.*[3]》(…の)あとから泳いでついていく, 泳いで(…の)あとを追う.

nach|schwin·gen*[ná:xʃvɪŋən]《162》自 (h) **1** (外力が加わらなくなっても)振動し続ける. **2**《雅》(感覚・感情などが)なお尾を引いている, あとに残る.

nach|se·geln[ná:xze:gəln]《06》自 (s)《*jm.* / *et.*[3]》(…の)あとを追って帆走する, 帆船で(…の)あとを追う.

nach|se·hen*[ná:xze:ən]《164》**I** 自 (h) **1**《*jm.*》(…が立ち去るのを)目で追う, 見送る: dem abfahrenden Zug ～ 発車する列車を見送る. **2 a**) 調べてみる, 確かめる: Ich will ～, ob das Fenster geschlossen ist. 窓がしまっているかどうかを確かめてみよう | *Sieh* mal *nach*, wo die Kinder sind! 子供たちがどこにいるか見てくれ. **b**) (nachschlagen)(辞書で)調べる(→II 1 b): im Wörterbuch ～ 辞書を引く.

II 他 (h) **1 a**) 調べてみる, 点検〈検査〉する: eine Rechnung 〔auf Fehler hin〕～ 計算書を点検する | einem Kind die Schulaufgaben ～ 子供の宿題に目を通してやる | die Strümpfe ～ 靴下〔にほころびがないか〕を点検する. **b**) (nachschlagen)(辞書で)調べる(→I 2 b): ein Wort im Wörterbuch ～ ある単語を辞書で調べる. **2**《*jm. et.*[4]》(…に対して過失・欠点などを)大目に見る: *jm. seine* Unart ～ …の不作法を大目に見る | *seinem* Kind zuviel ～ 子供にあますぎる, 子供をあまやかす.

III Nach·se·hen 中 -s/ (nachsehen すること. 特に:)(指をくわえて)見送ること: *jm.* in *et.*[3] das ～ geben〔スポーツ〕…で…をしり目にかけて勝利をさらってしまう ‖ **das ～ haben** (自分だけ)置いてきぼりをくう, 指をくわえて見ていなければならない, 不利益をこうむる | ***jm.* bleibt das ～** …は置いてきぼりをくう〈指をくわえて見ていなければならない〉| Weil er zu spät kam, hatte er das ~ 〈blieb ihm das ~〉. 遅れて来たために彼は(何ももらえず)指をくわえているしかなかった.

nach|sen·den(*)[ná:xzɛndən][1]《166》他 (h)《ふつう不規則変化》(nachschicken)《*jm. et.*[4]》(…の行き先へ…を)あとから送る, 追送する,(手紙などを)転送〈回送〉する: die Post in den Urlaub ~ 郵便物を休暇先へ転送する | Bitte ~! (封筒の表書きで)乞う転送 | Nicht ~! (封筒の表書きで)転送不要.

Nach·sen·dung[..dʊŋ] 女 -/-en 転送〈回送〉郵便物.

nach|set·zen[ná:xzɛtsən]《02》**I** 自 (h, s)《*jm.*》(大急ぎで…の)あとを追う,(…を)追跡する: Die Polizei *setzte* dem Flüchtigen *nach*. 警察は逃亡者のあとを追跡した.

II 他 (h) **1 a)** 後ろに置く, 後ろに添える;〘言〙(単語などを)後置する. **b)**《比》後回しにする, なおざりにする, 軽視する. **2** 追加する,(樹木などを)植え足す,(勝負事で)賭(か)け足す: noch einen Schlag mit dem Hammer ~ ハンマーでさらに一打ちする.

Nach·sicht[ná:xzɪçt] 女 -/ **1 a)** 大目に見ること, 容赦, 寛容, 温情: mit *jm.* ~ haben 〈üben〉 …を大目に見る, …を寛大に扱う | in *et.*[3] keine ~ kennen …に関して容赦をしない ‖ *jn.* mit ~ behandeln …を寛大に扱う | ohne ~ 容赦なく | *jn.* um ~ bitten …に寛大な措置を請う. **b)** (Dispens)(規定適用の)免除. ▽**2** あとからの注意: Vorsicht ist besser als ~. (→Vorsicht 1). [1: <nachsehen II 2]

nach·sich·tig[ná:xzɪçtɪç][2] 形 寛容〈寛大〉な, 温情のある;(評価などの)あまい: eine ~*e* Behandlung 寛大な扱い | ~*e* Eltern やさしい両親 ‖ gegen *jn.* 〈mit *jm.*〉 ~ sein …に対して寛大である ‖ *jn.* ~ behandeln …を寛大に扱う | *et.*[4] ~ beurteilen …にあまい判定〈評価〉を下す.

Nach·sich·tig·keit[−kaɪt] 女 -/ nachsichtig なこと.

nach·sichts·voll 形 きわめて寛容〈寛大〉な.

Nach·sicht·wech·sel[na:xzíçt..] 男〘商〙一覧後定期払い手形(→Sichtwechsel, Datowechsel). [<nach Sicht]

Nach·sil·be[ná:xzɪlbə] 女 -/-n (Suffix)〘言〙後つづり, 接尾辞; 語末音節.

nach|sin·gen*[ná:xzɪŋən]《168》他 (h)(耳で聞いて)まねて歌う, あとからくり返して歌う.

nach|sin·nen*[ná:xzɪnən]《170》自 (h)《雅》《*et.*[3] / über *et.*[4]》(…について)深く思いに沈む, 黙考する: Er *sann* lange über ihre Worte *nach*. 彼は長い間彼女の言葉の意味を考えた ‖ in tiefes *Nachsinnen* versunken 深く考え込んで.

nach|sit·zen*[ná:xzɪtsən]《171》自 (h)(罰として放課後学校に)残される, 居残り勉強をする: Er mußte heute wieder ~. 彼はきょうもまた居残り勉強をさせられた.

Nach·som·mer[ná:xzɔmər] 男 -s/- **1** (夏の気候が一時的に戻って来た秋の)小春日和,(北アメリカでの)インディアンサマー. **2**《比》老いらくの恋, 晩年に訪れた〔愛の〕幸福.

Nach·sor·ge[ná:xzɔrgə] 女 -/ **1** あとからの心配〈憂慮〉: Vorsorge ist besser als ~. / Vorsorge verhütet ~.《諺》転ばぬ先の杖(え). **2**〘医〙アフターケア.

nach|spä·hen[ná:xʃpɛ:ən] 自 (h)《*jm.* / *et.*[3]》(ひそかに…の)様子をうかがう〈探る〉,(…を)監視する: Geheimnissen ~ 秘密を探る.

Nach·spann[ná:xʃpan] 男 -[e]s/-e (↔Vorspann)(Abspann)〘映・テレビ〙クレジットタイトル(プログラムが終わったのちに改めて配役などを文字で写し出す部分).

Nach·spei·se[ná:xʃpaɪzə] 女 -/-n (↔ Vorspeise)(Nachtisch, Dessert)〘料理〙デザート: Als ~ servierte man Obst. デザートとして果物が出された.

Nach·spiel[ná:xʃpi:l] 中 -[e]s/-e **1 a)** (↔Vorspiel)〘楽〙後奏曲. **b)**〘劇〙幕切れ後の小劇,(主な出し物のあとの)軽い切り狂言. **2**《比》事件の余波, 不愉快なおまけ: Die Sache hatte ein gerichtliches ~. その事件は結局裁判ざたになった | Das geht nicht ohne ~ ab. これはこのままではすまない(まだ一山も二山もある). **3** (↔Vorspiel)(性交後の)後戯.

nach|spie·len[ná:xʃpi:lən] 他 (h) **1** (他の劇場で初演された芝居を)あとを追って上演する. **2**《*jm. et.*[4]》まねて演じる〈演奏する〉. **3**〘トランプ〙次に(あるカードを)出す: dieselbe 〈eine andere〉 Farbe ~ 次に同じ〈違う〉組のカードを出す. **4**〘球技〙(ロスタイムの分だけ)試合を延長する.

nach|spio·nie·ren[ná:xʃpioni:rən] 自 (h)《*jm.*》(…の様子を)ひそかに探〔りながら追跡す〕る.

Nach·spit·ze[ná:xʃpɪtsə] 女 -/-n =Nachhut

nach|spre·chen*[ná:xʃprɛçən]《177》**I** 他 (h)《*jm. et.*[4]》(…の言ったことを)機械的に口まねして話す,(ひとの言葉を)くり返して言う: einen Eid ~ 言われたとおりに宣誓の言葉を述べる | Er *spricht* alles der Zeitung *nach*. 彼の話はすべて新聞の受け売りだ. **II** 自 (h)《*jm.*》(…の)声色をつかう.

nach|spren·gen[ná:xʃprɛŋən] 自 (s)《雅》《*jm.*》(…のあとを)疾駆して追う, 馬をとばして追う.

nach|sprin·gen*[ná:xʃprɪŋən]《179》自 (s)《*jm.*》(…のあとを)跳んで追う;(…の)あとから飛び込む.

nach|spü·len[ná:xʃpy:lən] 他 (h) **1** あとから〈もう一度〉洗う〈すすぐ〉. **2**《話》(食べたり飲んだりした直後に別の飲み物を)あとからのどに流し込む.

nach|spü·ren[ná:xʃpy:rən] 自 (h)《*jm.* / *et.*[3]》(…の)跡を追う, 追跡する, 追求する, 探索する: einem Verbrechen ~ 犯罪を捜査する | der Wahrheit ~ 真実を追究する.

nächst[nɛ:çst]《nah〔e〕の最上級》**I** 形 **1** (英: *nearest*)(場所・位置・関係などが)最も近い, 最寄りの; きわめて近い: das ~*e* Dorf 最寄りの村, 隣村 | die ~*en* Freunde ごく親しい友人たち | die ~*en* Verwandten ごく近い血縁の者たち | aus ~*er* Nähe すぐ近くから | der ~*e* Weg nach ...《話》…への最短路 | *et.*[4] aus ~*er* Nähe betrachten …をすぐ近くから観察する ‖〘**am nächsten** の形で〙*jm.* am ~*en* stehen …のすぐそばに立っている;《比》…と最も近い〈親しい〉関係にある(→nahestehen) | *et.*[3] am ~*en* kommen …(真実・事実・イメージなど)に最も近い | Du bist ihm im Alter am ~*en*. 君が彼に最も年齢が近い | Welcher Weg ist am ~*en*? どの道がいちばん近いですか | Dieser Grund liegt am ~*en*. この理由が最も自然である〈考えつきやすい〉(→naheliegen).

2 (英: *next*) **a)**《場所的》次の;《時間的; 基準を発話時点または文脈中のある時点に置いて》この次の; その次の: die ~*e* Straße links einbiegen 次の道路を左折する | Bei der ~*en* Haltestelle steige ich aus. 次の停留所で私は降りる ‖〘時間的に〙am ~*en* Morgen 明朝; その翌朝に | am ~*en* Tag その翌日に | am ~*en* Ersten 来月〈翌月〉の1日に | bei ~*er* 〈bei der ~*en*〉 Gelegenheit 次の機会に | im ~*en* Atemzug (→Atemzug) | im ~*en* Augenblick 次の瞬間に | im ~*en* Jahr 来年; その翌年に | ~*en* Jahres (略 n. J.) 来年に〈の〉; 翌年に〈の〉| ~*es* Jahr[4] (略 n. J.) 来年に; 翌年〈次の年〉に | im ~*en* Monat 来月; 翌月に | ~*en* Monats (略 n. M.) 来月に; 翌月〈次の月〉に | ~*es* Mal / das ~*e* Mal こんど〔の機会に〕は | in den ~*en* Tagen 近日中に; それから数日のうちに | ~*e* Woche[4] (略 n. W.) 来週に; 翌週〈次の週〉に ‖〘小文字のまま名詞的に: → folgend ★〙Der ~*e* 〈Die ~*e*〉, bitte! 次の方どうぞ | Das ~*e*, was ich tue, ist ... 私が次にすることは… | Als ~*er* bin ich dran. 次は私の番だ | Sie erreichte als ~*e* das Ziel. 彼女は2着でゴールに入った ‖ **fürs ~e** さしあたり, 当分は | ▽**mit ~em** じきに, 近々に. **b)**《**der nächste beste** などの形で》手あたりしだいの, 行きあたりばったりの(→nächstbest 1): bei der ~*en* besten Gelegenheit 機会がありしだい | Wir wollen im ~*en* besten Laden etwas zu essen einkaufen. どこでもいいから近くの店で何か食べるものを買おう.

II 前《3格支配》《雅》**1** (順位などを示して)…に次いでは: *Nächst* seiner Wissenschaft liebte er die Musik über alles. 自分の学問の次には彼は何よりも音楽を愛した | *Nächst* dir war er der erste, der mir schrieb. 私に手紙をくれたのは君に続いて彼がいちばん早かった. **2** …のすぐ近くに, …のかたわらに: ~ dem Bahnhof 駅のすぐそばに.

▽**III** 副 すぐ近くに: ein Platz ~ beim König 国王のすぐかたわらの席.

IV Näch·ste《形容詞変化》**1** 中 次のもの〈こと〉. **2** 男《雅》

N

最も身近な人; (Mitmensch) 〖聖〗隣人, 仲間としての人間: Du sollst deinen ~*n* lieben. お前はお前の隣人を愛さなくてはいけない | **Jeder ist sich selbst der ~.**《諺》だれでも我が身がいちばんかわいい. [◇*engl.* next]

nach|star·ren[ná:xʃtarən] 自 (h)《*jm./et.*³》(…の)あとを凝視する.

nächst≠bes·ser[nɛ́:çstbɛ́sər] 形《付加語的》次善の, その次に良い. **≠best** 形《付加語的》**1** 手あたりしだいの, 行きあたりばったりの(→nächst I 2 b): den ~*en* Mann heiraten 行きあたりばったりの男と結婚する. **2** 次善の: die ~*e* Lösung 次善の解決.

nächst·dem[nɛ:çstdé:m] 副 それに続いて, その次に.

nach|ste·hen*[ná:xʃte:ən]《182》**I** 自 (h) **1**《*jm.*》(…の)背後に立つ,(…の)陰にかくれている, 目だたない: Sie mußte ihrer hübschen Schwester immer ~. 彼女はいつも美しい姉〈妹〉の陰にかくれて目だたなかった. **2**《*jm.*》(…に)劣る, ひけをとる, 及ばない,(…の)後塵(こうじん)を拝する: Er *steht* dir an Intelligenz nicht *nach*. 彼は知能の点では君に劣らない | Du *stehst* ihm in nichts *nach*. 君はあらゆる点で彼にひけをとらない. ▽**3** =nachstellen II **II nach·stehend** 現分 形 次の, 以下の: ~*e* Bemerkungen 以下に述べる諸注意 ‖ *Nachstehendes* ist zu beachten. 次のことに注意を払わなければならない | im ~*en* 以下において.

nach|stei·gen*[ná:xʃtaɪɡən][1]《184》自 (s) **1**《*jm.*》(…の)あとから登る,(…に)ついて登っていく: *jm.* beim Klettern im Fels ~ …のあとについて岩場をよじ登る. **2**《話》《*jm.*》(…に)うるさくつきまとう: einem Mädchen ~ 女の子のあとを追い回す.

nach|stel·len[ná:xʃtɛlən] **I** 他 (h) **1** (あとから)調整〈調節〉しなおす, もう一度締めなおす: die Kupplung ~ クラッチを調節しなおす. **2**《*et.*⁴ *et.*³》(…を…の)あとに置く;〖言〗後置する: eine Präposition dem Substantiv ~ 前置詞を名詞のあとに置く. **3** (↔vorstellen) (時計の針を)遅らせる: die Uhr 〈den Zeiger〉〔um 3 Minuten〕~ 時計を〔3分だけ〕遅らせる. **4** 見本〈模範〉に従って配置する.

II 自 (h)《*jm./et.*³》(獲物などを)待ち伏せする;《話》(…に)うるさくつきまとう: Die Katze *stellt* den Vögeln *nach*. 猫が小鳥をつけねらう | einem Mädchen ~ 女の子のあとを追い回す.

Nach·stell·schrau·be 女 調整ねじ(→ 図 Kluppe).

Nach·stel·lung[..lʊŋ] 女 -/-en (nachstellen すること. 例えば:) **1** 調整, 調節; (時計の針を)遅らせること. **2**〖言〗後置: die ~ des Adjektivs 付加語形容詞の後置(例 Röslein *rot* 赤いバラ). **3**《ふつう複数で》待ち伏せする〈つきまとう〉こと: den ~*en* des Feindes entgehen 敵の追っ手をのがれる.

näch·ste·mal[nɛ́:çstəma:l] 副《次の形で》das ~ 次回は (=das nächste Mal) | beim 〈zum〉 nächstenmal 次回に.

Näch·sten·lie·be 女 -/ 隣人愛: aus reiner ~ 純粋な隣人愛の気持から | *et.*⁴ mit dem Mantel der christlichen ~ bedecken 〈zudecken〉 / den Mantel der christlichen ~ über *et.*⁴ breiten (→Mantel 1).

näch·sten·mal[nɛ́:çstənma:l] →nächstemal

näch·stens[nɛ́:çstəns] 副 **1** 近いうちに, 近々: Ich schreibe ihm ~. 近いうちに彼に手紙を書く | *Nächstens* mehr! 近いうちに追って詳しくお知らせします. **2**《話》(このままでは)やがては, ついには.

Nach·steu·er[ná:xʃtɔʏər] 女 -/-n 追徴税.

nächst·fol·gend[nɛ́:çst..] 形《付加語的》すぐ次に続く: die ~*e* Woche 翌週. [◇nachfolgend]

nächst·ge·le·gen 形《付加語的》すぐ近くにある.

nächst≠grö·ßer[nɛ́:çstgrø:sər] 形《付加語的》〔その〕次に大きい〈背が高い〉;〔その〕次に大きいサイズの(靴など). **≠höchst**[..hø:çst] 形《付加語的》その次に高い, 2番目に高い. **≠hö·her**[..hø:ər] 形《付加語的》〔その〕次に上位の〈高い〉: die ~*e* Zahl すぐ上の数.

nächst·jäh·rig 形《付加語的》来年〈翌年〉の.

nächst·lie·gend 形《naheliegend の最上級》(考え・推測などが)ごく自然に思いつく,(だれが考えても)ごく当然な, いちばん分かりやすい: die ~*e* Lösung 最も自然な解決 ‖ Auf das *Nächstliegende* kommt man meist nicht. 最も当たり前のことをとかく見すごしがちなものだ.

nächst·mög·lich[nɛ́:çstmø:klɪç] 形《付加語的》〔その〕次に可能な.

Nach·stoß[ná:xʃto:s] 男 -es/..stöße[..ʃtø:sə] **1** =Nachhieb **2** =Nachschuß 2

nach|sto·ßen*[..ʃto:sən]《188》自 (h) **1** もう一度突く;〖フェンシング〗突き直す, ルミーズする;〖軍〗追撃する;〖ビリヤード〗後番で突く. **2**《話》さらに質問〈追及・論証〉する, 突っこむ.

nach|stre·ben[ná:xʃtre:bən][1] 自 (h) **1**《*jm.*》(…を)目指して努力する,(…を)模範としてはげむ,(…に)負けまいと努力する. **2**《*et.*³》(…を)得ようと努める, 追求する, 熱望する.

nach|stür·men[ná:xʃtʏrmən] 自 (s)《*jm.*》大急ぎで(…の)あとを追う.

nach|stür·zen[ná:xʃtʏrtsən]《02》自 (s) **1** (壁・土塊などが)あとから〔続いて〕落ちる〈崩れ落ちる〉. **2**《*jm.*》大急ぎで(…の)あとを追う, 急追する: Er kam mir *nachgestürzt*. 彼は大急ぎで私のあとを追いかけて来た.

nach|su·chen[ná:xzu:xən] **I** 自 (h)《雅》《um *et.*⁴》(…を正式に)願い出る, 請願する, 提議する: um Urlaub ~ 休暇を願い出る | Er *sucht* wiederholt um seine Entlassung *nach*. 彼は繰り返し辞職を願い出ている. **II** 他 (h) (懸命に)探す, 捜索する, 調べる:〖しばしば目的語なしで〗Ich habe überall *nachgesucht*, das Buch aber nicht gefunden. 私はあらゆる場所を探したがその本は見つからなかった.

Nach·su·chung[..xʊŋ] 女 -/-en nachsuchen すること.

nach|syn·chro·ni·sie·ren[ná:xzʏnkronizi:rən] 他 (h)〖映〗あとから画像と音声を一致させる, ポストシンクする.

Nacht[naxt] **I** 女 -/Nächte[nɛ́çtə] (英: *night*) (↔Tag) 夜, 夜間; 夜の暗やみ, 夜陰;《比》やみ, 暗黒, 救いの見えない〈絶望的な〉状況: eine dunkle 〈finstere〉 ~ 暗い夜 | eine helle 〈klare〉 ~ 明るい〈晴れた〉夜 | **eine italienische ~** 夜間の屋外園遊会(元来は特にヴェネツィアでの風習) | eine kalte 〈schwüle〉 ~ 寒い〈むし暑い〉夜 | schwarze ~ 暗夜, やみ夜 | die südliche ~ 南国の夜 | die weißen *Nächte* 白夜 | **die Heilige ~** 聖夜, クリスマスイブ | **die Zwölf *Nächte*** 十二夜(→Rauchnächte) |《Tausendundeine ~》『千〔夜〕一夜物語』,『アラビアンナイト』‖ eine ~ im Mai 5月の一夜 | die ~ vom Sonntag zum Montag 日曜から月曜へかけての夜 ‖ die ~ des Haares 髪の黒さ, 漆黒(しっこく)の髪 | die ~ der Vergessenheit 〈des Wahnsinns〉《雅》忘却〈狂気〉のやみ.

‖〖1格で〗**schwarz wie die ~** 真っ黒〈真っ暗〉な | **häßlich wie die ~ sein**《話》ひどく醜い | dumm wie die ~ sein (→dumm 1) ‖ wie Tag und ~ verschieden sein (→verschieden II 2) | ein Unterschied wie 〔zwischen〕 Tag und ~ たいへんな〈雲泥の〉差.

‖〖主語として〗Die ~ kommt 〈fällt ein〉. / Die ~ bricht herein 〈an〉./ Die ~ zieht herauf 〈sinkt hernieder〉. 夜〔のやみ〕が訪れる, 夜のとばりがおりる

‖〖述語として〗Es ist ~. 夜である | Es wird ~. 夜になる | Mir wurde es ~ vor den Augen.《比》私は(目の前が真っ暗になって)気を失った.

‖〖2格で: → ☆ i〗Königin der ~ (→Königin 2) | Prinzessin der ~ (→Prinzessin 1) | bei Einbruch der ~ 夜になると | im Laufe der ~ 夜のうちに | im Schutze der ~ entkommen 夜陰に乗じてのがれる.

‖〖4格で〗jede ~ 毎夜 | diese ~ この夜; 今夜; 昨夜(→II) | letzte 〈vergangene / vorige〉 ~ 昨夜, 前夜 | nächste 〈folgende〉 ~ 明夜, その次の夜 | die ganze ~ 〔über〕 夜通し, ひと晩じゅう | ganze *Nächte* 〔lang〕 幾夜もぶっ通しで | Tag und ~ (→Tag 1 a) ‖ eine durchwachte ~ hinter *sich*³ haben 一晩徹夜したあとである | **Gute ~!** / Ich wünsche dir 〈euch / Ihnen〉 eine gute ~. (就寝前のあいさつ)おやすみ〔なさい〕| *jm.* gute ~ sagen 〈wünschen〉 …におやすみのあいさつを述べる | **Na, dann gute ~!**《話》やれやれ, しようがないや(失望・あきらめなどの間投詞的表現) | 〔Dann〕 gute ~, Freiheit! 自由よおさらばだ | ***jm.* eine schlaflose ~ bereiten** (心配事などがあって)…は夜も眠れな

い | eine unruhige ～ haben (病人などが)寝苦しい一夜を過ごす | ***sich***[3] **die** 〔**ganze**〕 **～ um die Ohren schlagen** 《話》一晩じゅう起きている(騒いだり仕事をしたりして) | **die ～ zum Tag machen** 《比》昼間は寝て夜に仕事をする, 昼と夜をとりかえる.

▌〖前置詞と〗**bei ～** 夜〔間〕に | bei Tag und ～ (→Tag 1 a) | **bei ～ und Nebel** 暗い夜のうちに; 《比》夜のやみにまぎれて, 夜陰に乗じて | **durch** Tag und ～ (→Tag 1 a) | **～ für ～** 夜ごと, 夜な夜な | *sich*[4] für die ～ anmelden 宿泊を申し込む | **in** der ～ 夜中に | in der ～ des 27. April〔s〕4月27日の夜に | mitten 〈spät〉 in der ～ 夜ふけに | bis spät 〈tief〉 in die ～ 〔hinein〕 / bis in die späte ～ 〔hinein〕 深夜まで | **über ～** / **die ～ über** 一晩じゅう; 夜の間に, 一夜明けてみたら | **über ～** 《比》一夜にして, 突然に, 不意に | bei *jm.* über ～ bleiben …のところに(一晩)泊まる | Guter Rat kommt über ～. (→Rat 1 b) | **vor** der ～ 《南部》日暮れ前に | **während** der ～ 夜の間に, 夜中に | **zu**〔**r**〕 **～ essen** 《南部》夕食をとる(→Abend 1) | zur ～ 《雅》夜に(→nachts).

☆ i) 副詞的に用いる2格形では, 男性名詞扱いをする場合がある(→nachts): *eines Nachts* ある夜〔のこと〕 | *des Nachts* 夜〔間〕に | während *des Nachts* 夜の間に.
ii) Abend との違い: →Abend I 1 ☆

II nacht 副《特定の日を示す語のあとにつけて: →nachts》heute ～ i) 昨夜, 今暁〔未明〕(ふつう真夜中の12時以降); ii) 今夜〔遅く〕| Heute ～ hat es geschneit. 昨夜雪が降った | Ich fahre heute ～ nach Bonn. 私はきょうの夜遅くボンに旅立つ | Sonntag ～ 日曜の夜〔半〕に.

[*idg.*; ◇Nyx; *engl.* night; *lat.* nox „Nacht"]

nächt [nɛçt] ＝nächte

Nacht·af·fe[náxt..] 男〖動〗ヨザル(夜猿)(熱帯アメリカ産, 夜行性).

nacht·ak·tiv 形 (↔tagaktiv)〖動〗夜行性の.

Nacht·an·griff 男〖軍〗夜間攻撃, 夜襲.

nach|tan·ken[ná:xtaŋkən] **I** 自 (h) ガソリンを補給する, 追加給油する. **II** 他 (h) 《*et.*[4]》(…に)追加給油する.

Nacht≠ar·beit[náxt..] 女 -/ 夜間作業, 夜業(ふつう20時より朝の6時までの). **≠asyl** 中 (浮浪者などの)夜間収容所, 無料宿泊所. **≠auf·nah·me** 女〖写〗夜間撮影. **≠aus·ga·be** 女 (夕刊の)〔特別臨時〕最終版. **≠bar** 女 終夜営業のバー〈酒場〉.

nacht≠blau 形 濃紺の, 黒みがかった青色の. **≠blind** 形 夜盲症の, とりめ(鳥目)の.

Nacht≠blind·heit 女 (Hemeralopie)〖医〗夜盲症, とりめ(鳥目). **≠bo·gen** 男 (地球の回転でかくされた)地平線下の天体の軌道. **≠bom·ber** 男〖空〗夜間爆撃機. **≠bums** 男《話》安キャバレー, 低級なダンスホール. **≠dienst** 男 (医者・看護婦・消防士などの)夜間勤務, 夜勤, 夜直.

nacht·dun·kel 形《雅》夜のやみにつつまれた.

näch·te[nɛ́çtə] 副《雅》**1** 昨夜, きのうの夜中に. **2** 昨夕, きのうの夕方. [*ahd.* nahti „des Nachts"]

Näch·te Nacht の複数.

Nach·teil[ná:xtaɪl] 男 -〔e〕s/-e (↔Vorteil) 不利〔益〕, 損, 不都合, 不便; 短所, 欠点: ein beträchtlicher 〈großer〉 ～ 多大の不利益 | ein geringer ～ わずかの不都合 | ein ～ für *jn.* …にとっての損 | finanzielle 〈materielle〉 ～*e* 財政的〈物質的〉損害 | die Vor- und *Nachteile* einer Sache 事柄の利害得失 ‖ *jm.* ～*e* bringen …に不利益をもたらす | einen ～ durch *et.*[4] 〈von *et.*[3]〉 haben …によって不利益を被っている | Dieser Plan hat den 〈einen〉 ～, daß ... この計画には…という欠点がある ‖ *jm.* gegenüber **im ～** sein …と比べて不利な立場にある〈ハンディキャップがある〉 | Er befindet sich im ～. 彼は不利な立場にある | *jn.* in ～ setzen …を不利な立場に追いこむ, …を不利に扱う | Das wird dir **zum ～** gereichen. それは君にとって損になるだろう ‖ Daraus sind uns ～*e* entstanden 〈erwachsen〉. そのことから我々は損害を被った.

nach·tei·lig[..taɪlɪç][2] 形 《*jm.* / für *jn.*》(…にとって)不利な, 損になる, マイナスになる, まずい, 不都合な: ～*e* Folgen 〈einen ～*en* Einfluß〉 haben 不都合な結果〈影響〉をもたらす | Der Inhalt des Briefes war für ihn sehr ～. 手紙の内容は彼にとってひどく都合の悪いものだった | Die Sache wirkte sich ～ für ihn aus. 事態は彼にとって不利な結果となった ‖ über 〈gegen〉 *jn.* *Nachteiliges* verbreiten …にとって不利になることを言いふらす | Es ist nichts *Nachteiliges* über ihn bekannt. 彼の不利〈マイナス〉になるような事は何も知られていない.

näch·te·lang[nɛ́çtəlaŋ] 形《述語的用法なし》数夜にわたる: ～*e* Diskussionen 何日にもわたる討論 ‖ tage- und *nächtelang* arbeiten 夜を日についで幾日も〈昼夜兼行で〉働きつづける(参考 drei Nächte lang 三晩にわたって).

nach·ten[náxtən] 《01》自 (h) 《スイ》 **1** 非人称 《es nachtet》夜になる, 日が暮れる(＝Es wird Nacht.). ▽**2** (空などが)暗くなる, すっかり暮れる; (人生などが)たそがれる: wenn das Leben uns *nachtet* 我々の人生がたそがれを迎えるときに.

näch·ten[1][nɛ́çtən] 《01》＝nächtigen

näch·ten[2][–] ＝nächte

näch·tens[..s] 副《雅》(nachts) 夜に.

Nacht≠es·sen[náxt..] 中《南部・スイ》(Abendessen) 夕食, 晩飯. **≠eu·le** 女 **1**〖鳥〗フクロウの一種. **2**《話》(夜おそくまで仕事をする)夜ふかし好きの人; 夜遊び好きの人. **≠fal·ter** 男 **1**〖虫〗ガ(蛾) (→ Tagfalter). **2**《話》＝Nachtschwärmer 2

nacht≠far·ben, ≠far·big 《雅》＝nachtblau

Nacht≠flug[náxt..] 男〖空〗**1** 夜間飛行. **2** (旅客機の)夜行便. **≠frost** 男 夜間の霜〈降霜〉. **≠ge·bet** 中 夜〈就寝前〉の祈り. **≠ge·bühr** 女 夜間料金. **≠ge·schirr** 中 (夜ベッドの下に置く)室内用便器, おまる. **≠ge·wand** 中《雅》寝間着. **≠glas** 中 -es/..gläser 夜間用望遠鏡〈双眼鏡〉.

Nacht·glei·che 女 -/-n (Tagundnachtgleiche)〖天〗分点(春分点と秋分点の総称): Frühlings*nachtgleiche* 春分 | Herbst*nachtgleiche* 秋分.

Nacht≠hau·be 女 -/-n ナイトキャップ. **≠hemd** 中 (長めの)寝間着, ナイトウェア: **ein aufgeblasenes ～** 《話》口先ばかりで何もできぬやつ. **≠him·mel** 男 -s/ 夜空. **≠him·mels·licht** 中 -〔e〕s/ 〖天〗夜光(夜間の大気光). **≠hya·zin·the** 女〖植〗オランダ〈ジャガタラ〉ズイセン(水仙), ゲッカコウ(月下香), チューベローズ.

näch·tig[nɛ́çtɪç][2] 形《副詞的用法なし》《雅》**1** ＝nächtlich **2** (夜のように)暗い, 暗黒の.

Nach·ti·gall[náxtɪgal, ..tigal] 女 -/-en〖鳥〗サヨナキドリ(小夜啼鳥), ナイチンゲール: Die ～ schlägt 〈flötet / trillert〉. サヨナキドリが鳴く ‖ wie eine ～ singen サヨナキドリのように美しい声で歌う | *Nachtigall*, ich hör' dir trapsen 〈trampeln / laufen 〉. 《話》ははあ 君のねらいはもう読めたぞ | Was dem einen sin Uhl, ist dem anderen sin ～. (→Uhl) ‖ ein Kuckuck unter ～*en* (→kuckuck II 1).

[*westgerm.* „Nacht-sängerin"; ◇ *engl.* nightingale]

Nach·ti·gal·len·schlag 男 -〔e〕s/ サヨナキドリ〈ナイチンゲール〉の鳴き声.

näch·ti·gen[nɛ́çtɪgən][2] 自 (h) 《オーストリア》(übernachten) 夜を過ごす, 泊まる, 宿泊する: bei *jm.* ～ …のところに泊まる | im Wartesaal ～ 待合室で夜をすごす.

Näch·ti·gung[..gʊŋ] 女 -/-en 《オーストリア》宿泊.

Näch·ti·gungs·geld 中《オーストリア》(特に出張の際の)宿泊費, 宿泊手当.

Nach·tisch[ná:xtɪʃ] 男 -〔e〕s/ ＝Nachspeise

Nacht≠jacke[náxt..] 女 (小 ≠jäck·chen 中) ＝Nachthemd **≠ka·sten** 男 (小 ≠käst·chen 中)《南部・オーストリア》＝Nachttisch **≠ker·ze** 女 **1**〖植〗マツヨイグサ(待宵草)属. **2** 常夜灯. **≠kleid** 中 寝間着. **≠kli·nik** 女 (旧東ドイツで, 昼間働く人たちのための)夜間病院. **≠klub** 男 ナイトクラブ. **≠krem** 女 (↔Tageskrem)〖美容〗ナイトクリーム. **≠küh·le** 女 冷たい夜気. **≠la·ger** 中 -s/- **1** (夜を過ごすための)寝床. **2** 露営; 〖軍〗夜営. **≠le·ben** 中 **1** (大都会などの提供する)夜の歓楽. **2** 《戯》夜遊び: ein ausschweifendes ～ 夜のご乱行.

nächt·lich[nέçtlıç] 形《述語的用法なし》夜の, 夜間の; 夜のやみにつつまれての: ein ~er Spaziergang 夜の散歩 | ~e Stille 夜の静けさ〈しじま〉 ‖ ~ entfliehen やみにまぎれて逃亡する. [[<Weile]]
nächt·li·cher·wei·le 副 夜に, 夜間に, 夜分に.

Nacht≠licht[náxt..] 中 -〔e〕s/-er 常夜灯, 寝室用ランプ. ≠**lo·kal** 中 深夜の風俗営業の店(ナイトクラブ・キャバレー・バーなど). ≠**luft** 女 夜の空気: die kühle ~ 冷たい夜気. ≠**mahl** 中《南部・ｵｰｽﾄﾘｱ》(Abendessen) 夕食, 晩飯:
nacht·mah·len《過分 genachtmahlt》自 (h)《ｵｰｽﾄﾘｱ》夕食をとる.

Nacht≠mahr 男 (Alp) 夢魔; 悪夢. ≠**marsch** 男〘軍・ｽﾎﾟｰﾂ〙夜間行軍. ≠**mensch** 男 (夜ふかしを好み, 夜になると元気になる)夜型の人間.

nacht·mun·ter 形 **1** 夜になると活気づく〈元気になる〉. **2** =nachtaktiv

Nacht≠mu·sik 女〘楽〙セレナーデ, 小夜(さよ)曲(→Ständchen 2). ≠**müt·ze** 女 **1** =Nachthaube **2**《話》ぼけっとした〈ねぼけたような〉人. ≠**nel·ke** 女〘植〙フシグロ(節黒)属, メランドリウム: Weiße ~ ヒロハノマンテマ(夕方に開花する).

nach|tö·nen[ná:xtø:nən] =nachklingen

Nacht≠pfau·en·au·ge[náxt..] 中〘虫〙ヤママユ(山繭蛾)科のガ: Großes ~ オオクジャクヤママユ(大孔雀山繭蛾) | Kleines ~ ヒメクジャクヤママユ(姫孔雀山繭蛾). ≠**por·tier**[..pɔrtie:] 男 (ホテルなどの)夜勤フロント; (会社などの)夜警, 夜勤守衛. ≠**pro·gramm** 中 (ラジオ・テレビの)深夜〔放送〕番組. ≠**quar·tier** 中 (夜を過ごすための)宿泊所, 宿舎.

Nach·trab[ná:xtra:p][1] 男 -〔e〕s/-e (↔Vortrab)〘軍〙(騎兵隊の)後衛: im ~ sein《比》時勢に遅れている.

nach|tra·ben[ná:xtra:bən][1] 自 (s)《jm.》(馬が…のあとを)速歩(はやあし)で追う, (人が…のあとから)速歩で馬を走らせる.

Nach·trag[ná:xtra:k][1] 男 -〔e〕s/..träge[..trɛ:gə] 追加; (文書などの)補遺, 補足, 付録, 追加; 追伸: dem Aufsatz noch einen ~ hinzufügen 論文に補遺をそえる | *Nachträge* zu einem Wörterbuch 辞書の増補〔部分〕.

nach|tra·gen*[ná:xtra:gən][1]《191》**I** 他 (h) **1**《*jm. et.*[4]》(…の)あとを追って(…を)運ぶ〈とどける〉: *jm. seinen* Schirm ~ …の〔置き忘れた〕傘をあとから持っていってやる. **2**《*jm. et.*[4]》(…に対して…を)いつまでも恨みに思う, 長く根にもつ: *jm. seine* Unfreundlichkeit ~ …の不親切を恨んでいつまでも根にもつ | Er hat mir nichts *nachgetragen*. 彼はなんら私に含むところがなかった. **3** 追加する; (文書などに)あとからつけ加える, 補充〈補足〉する;〘商〙追加記帳する: einen Posten in der Rechnung ~ 勘定書に一項目書き加える | Er muß in dem Bericht noch Verschiedenes ~. 彼は報告になおさまざまなことを書き足さねばならない.

II nach·tra·gend 現分 形 長く恨みに思う, 執念深い: ein ~er Mensch 執念深い人間 ‖ **~ wie ein Wasserbüffel 〈wie ein indischer Elefant〉 sein**《話》きわめて執念深い | Sei nicht so ~! そんなにいつまでも根にもつのはよせ.

nach·trä·ge·risch[..trɛ:gərıʃ] =nachtragend

nach·träg·lich[ná:xtrɛ:klıç] 形《述語的用法なし》**1** あとから追加〈補足〉した, 事後になってからの, 遅れた, 補充の, つけたしの: ein ~er Einfall あとからの思いつき, あと知恵 | ~e Einwilligung 事後承諾 ‖ ~ zum Geburtstag gratulieren 遅ればせながら誕生日のお祝いを言う | *Nachträglich* sah er alles ein. 後になってから彼はいっさいを悟った. ▽**2** 不利〔益〕な, 不都合な: Das ist dem Plan ~. それはその計画にとってマイナスだ. **3**《方》=nachtragend

Nach·träg·lich·keit[−kaıt] 女 -/ nachträglich なこと.

Nach·trags≠etat[ná:xtra:ks|eta:] 男, ≠**haus·halt** 男 追加予算. ≠**ver·tei·lung** 女〘法〙追加配当. ≠**zah·lung** 女〘商〙追加支払い.

Nacht·raub·vo·gel[náxt..] 男 フクロウ類の鳥.

nach|trau·ern[ná:xtrauərn]《05》自 (h)《*jm.* / *et.*[3]》(…との)別れを悲しむ; (…の)死を悼む: *seiner* Jugend ~ 過ぎ去った青春を惜しむ.

Nacht≠rei·her[náxt..] 男〘鳥〙ゴイサギ(五位鷺). ≠**rie·gel** 男 ナイトラッチ(→ 図 Schloß B). ≠**ru·he** 女 夜の睡眠; 夜の静寂: eine kurze 〈achtstündige〉 ~ 短い〈8時間の〉睡眠 | ~ halten (夜に)十分な睡眠をとる | Die Sorge hat meine ~ gestört. 心配で私はよく眠れなかった. ≠**run·de** 女〘軍〙夜間パトロール.

Nach·trupp[ná:xtrʊp] 男 -s/-s =Nachhut

nachts[naxts] 副《特定の日とは関係なく: →nacht》夜に, 夜中に, 夜分に: tags und ~ 昼も夜も | spät ~ / ~ spät 深夜に | um 2 Uhr ~ / ~ um 2〔Uhr〕夜中の2時に | Sonntag 〈sonntags〉 ~ 日曜の夜には ‖ ~ arbeiten 夜に仕事をする. [*ahd.* nahtes]

Nacht·sa·na·to·rium[náxt..] 中 (旧東ドイツの昼間働く人たちのための)夜間療養施設.

Nacht·schat·ten 男〘植〙ナス(茄子)属: Schwarzer ~ イヌホオズキ(犬酸漿). [*ahd.* naht-scato; ◇ *engl.* nightshade]

Nacht≠schicht 女 (↔Tagschicht) **1** (交代制労働の)夜間作業時間, 夜直, 夜勤. **2**《集合的に》夜間作業班〔員〕;〘坑〙夜作業方, 三番方. ≠**schlaf** 男 -〔e〕s/ 夜の睡眠.

nacht·schla·fend 形《付加語的》(夜中に一般の人びとが)寝静まっている: bei 〈zu〉 ~er Zeit (→Zeit 5 a).

Nacht≠schmet·ter·ling[náxt..] 男 =Nachtfalter 1 ≠**schränk·chen** 中 =Nachttisch ≠**schwal·be** 女〘鳥〙ヨタカ(夜鷹). ≠**schwal·ben·schwanz** 男〘虫〙ツバメエダシャク(燕枝尺蛾). ≠**schwär·mer** 男 **1** =Nachtfalter 1 **2**《戯》夜ふかし〈夜遊び〉する人.

Nacht·schwär·me·rei[naxt-ʃvɛrmərái] 女《戯》夜遊び.

Nacht≠schweiß[náxt..] 男〘医〙寝汗(ねあせ). ≠**schwe·ster** 女 夜勤看護婦. ≠**se·hen** 中 -s/ (Tagblindheit)〘医〙昼盲症. ≠**sei·te** 女 陰の側;《比》暗黒面: die ~ des Lebens 人生の暗黒面. ≠**sich·tig·keit** 女 =Nachtsehen ≠**spei·cher·ofen** 男 (深夜電力を利用する)蓄熱式電気ストーブ. ≠**stil·le** 女《雅》夜の静けさ〈しじま〉. ≠**strom** 男 -〔e〕s/ 夜間割引電流, 深夜電力. ≠**stück** 中 **1**〘美〙夜景画. **2** (Nocturne)〘楽〙ノクターン, 夜想曲. ≠**stuhl** 男 (寝室・病室用の)いす状便器. ≠**stun·de** 女 夜の時間, 夜間, 夜分: in den ersten ~n 夜にはいって間もないころに | zu vorgerückter ~ 夜ふけて, 深夜に.

nachts·über[náxts|y:bər] 副 (↔tagsüber) 夜の間ずっと, 夜通し: Er ist ~ nicht zu Hause gewesen. 彼は一晩じゅう家に帰らなかった.

Nacht≠ta·rif[náxt..] 男 夜間〔割引〕料金表. ≠**tier** 中 夜行〔性〕動物. ≠**tisch** 男 ナイトテーブル. ≠**topf** 男 =Nachtgeschirr ≠**übung** 女〘軍〙夜間演習.

nach|tun*[ná:xtu:n]《198》他 (h)《*jm. et.*[4]》(…の…を)まねる, 模倣する: Er lief zuerst weg, und sein kleiner Bruder *tat* es ihm *nach*. まず彼が逃げ出し 弟がそれにならった ‖〚es を目的語として〛Keiner kann es ihm ~. 彼に並ぶ者はいない | Sie wollte es ihm in allem ~. 彼女は万事につけて彼と張り合おうとした.

Nacht-und-Ne·bel-Ak·tion[náxt|ʊntné:bəl..] 女 -/-en (警察などの)夜間抜き打ち査察〈手入れ〉.

Nacht≠ur·laub[náxt..] 男〘軍〙夜間〔外泊〕休暇. ≠**va·se** 女 =Nachtgeschirr ≠**vio·le**[..vio:lə] 女〘植〙ハナダイコン(花大根)〔属〕, スイートロケット. ≠**vo·gel** 男 **1** 夜行性鳥類. **2**《比》夜遊びする人. ≠**wa·che** 女 夜番, 不寝番, 夜勤, 夜の当直; 夜警; (病院の)夜間看護; (警察の)夜間パトロール勤務: ~ haben 〈halten〉 夜の当直を勤める. ≠**wäch·ter** 男 **1 a)** 夜間警備員〈ガードマン〉. ▽**b)** (町の)夜警, 夜回り. **2**《話》のろま, うすのろ.

nacht·wan·deln[náxtvandəln]《06》《過分 genachtwandelt》**I** 自 (h, s)〘医〙夢遊する. **II Nacht·wan·deln** 中 -s/〘医〙夢遊〔症〕, 夢遊病.

Nacht·wan·de·rung 女 夜の散歩, 夜の徒歩旅行.

Nacht·wand·ler 男 (女 **Nacht·wand·le·rin**) 夢遊症患者, 夢遊病者.

nacht·wand·le·risch 形 夢遊症の, 夢遊病者の: mit

～*er* Sicherheit 夢遊病者のような(本能的な)確実さで | ～ herumirren 夢遊病者のようにさまよい歩く.

Nacht≠zeit 女 夜の時間, 夜間: zu jeder Tages- und *Nachtzeit* 昼夜いつでも | zu später ～ 夜ふけて, 深夜に. **≠zeug** 中《話》宿泊用具〔一式〕(寝間着・洗面用具など). **≠zug** 男 夜行列車: einen ～ nehmen 夜行に乗る. **≠zu·schlag** 男 夜勤手当; 夜間割増料金.

nach|un·ter·su·chen[ná:x|ʊntərzu:xən] 他 (h) 《*jn.*》(手術後・病気回復後などに)再検査〈診査〉する.

Nach·un·ter·su·chung[..xʊŋ] 女 -/-en 〘医〙再検査.

nach|ver·lan·gen[ná:xfɛrlaŋən] 他 (h) 追加要求する, 補充請求する.

Nach·ver·mächt·nis[ná:xfɛrmɛçtnɪs] 中 -ses/-se 〘法〙追加遺贈〔物件〕.

nach|ver·si·chern[ná:xfɛrzɪçərn] 《05》他 (h) 《*et.*[4]》(…に)追加保険をかける.

Nach·ver·si·che·rung[..çərʊŋ] 女 -/-en 追加保険.

nach·voll·zieh·bar[ná:xfɔltsi:ba:r] 形 nachvollziehen できる.

nach|voll·zie·hen*[..fɔltsi:ən] 《219》他 (h) (他人の考え・主張などを頭のなかで)あとづける; (他人の感情などを)追体験する: Solche Nuancen sind für Ausländer schwer *nachzuvollziehen.* このようなニュアンスは外国人にはなかなか実感として理解できない.

nach|wach·sen*[ná:xvaksən] 《199》自 (s) **1** あとから再び成長する; (動植物の欠損した部分が)再生してくる; (植物・歯などが)生え替わる, あとから生えてくる: Der Schwanz der Eidechse *wächst nach.* トカゲの尾が再生する. **2** 《比》《*jm.*》(…の)あとを追って育ってくる, あとを継ぐ: das *nachwachsende* Geschlecht 若い世代, 次代をになう世代. [◇Nachwuchs]

Nach·wahl[ná:xva:l] 女 -/-en 追加〈補欠〉選挙, 補充投票.

Nach·währ·schaft[ná:xvɛ:rʃaft] 女 -/ 《ｽｲｽ》(家屋・家畜などを売買する際, 契約後に欠陥が発見された場合のための)事後保証.

Nach·we·hen[ná:xve:ən] 複 **1** 〘医〙後陣痛. **2** 《比》事後の苦労, あとに残る不快な気分, 悪い後味: die ～ des Krieges 戦後の苦しみ.

Nach·wein[ná:xvaɪn] 男 -〔e〕s/-e 二番しぼりの安ワイン.

nach|wei·nen[ná:xvaɪnən] 自 (h) (nachtrauern) 《*jm.* / *et.*[3]》《しばしば同族目的語 Träne と》(…との)別れを悲しんで泣く; (…の)死を悼んで泣く: *jm.* 〈*et.*[3]〉 keine Träne ～ (→Träne 1).

Nach·weis[ná:xvaɪs][1] 男 -es/-e **1** (Beweis) 証明, 立証; 証拠; 〘化〙検出: der unwiderlegbare ～ seiner Unschuld 彼が無実であることの動かしがたい証拠〈証明〉‖ **den ～ für *et.*[4] erbringen 〈liefern〉** …に関して証拠を提出する, …を証明する(＝*et.*[4] nachweisen) | Der ～ ist geglückt 〈gelungen〉. 立証に成功した. **2** 紹介, 仲介, 斡旋(ｱｯｾﾝ); 紹介所, 仲介〈斡旋〉所: Arbeits*nachweis* 職業紹介〔所〕| Zimmer*nachweis* (駅などの)宿泊案内〔所〕, ホテル紹介〔所〕.

nach·weis·bar[-ba:r] 形 証明〈検出〉できる, 歴然とした, 明白な: ein ～*er* Mangel 明らかな欠陥 | mit dem Mikroskop ～ sein 顕微鏡で検出できる.

nach|wei·sen*[ná:xvaɪzən][1] 《205》 **I** 他 (h) **1** (beweisen) 《*et.*[4]》 **a)** (…が真実であることの)証拠を示す, 証明する, 実証〈立証〉する: *sein* Alibi 〈*seine* Unschuld〉 ～ 自分のアリバイ〈無実〉を証明する | gute Kenntnisse in Mathematik ～ 数学の知識に優れていることを示す | eine zweijährige Berufserfahrung ～ können 2年間の職業経験がある〔ことを証明できる〕| Sie *wies* ihm seinen Fehler *nach.* 彼女は彼の間違いを指摘した | Das läßt sich leicht 〈nur schwer〉 ～. それは容易に証明できる〈なかなか証明しにくい〉| Es wurde *nachgewiesen*, daß ... …であることが立証された | Man konnte ihr nichts ～. 彼女は全くの無実であった. **b)** 〘化〙検出する. **2** 《官》(vermitteln) 《*jm. et.*[4]》(貸間・仕事などを)紹介〈仲介〉する, 斡旋(ｱｯｾﾝ)する, 周旋する: *jm.* einen Arbeitsplatz ～ …に働き口を紹介する | *jm.* ein Zimmer ～ …に宿〈貸間〉を紹介する. [▽]**II** 自 (h) 《*jm.*》(…を)指さす.

nach·weis·lich[..vaɪslɪç] 形《述語的用法なし》証明できるような, 歴然とした, 明白な: ein ～*er* Irrtum 明白な誤り ‖ ～ falsch sein 誤りであることが証明できる | Er hat ～ gelogen. 彼がうそを言っていることは明白だ.

Nach·welt[ná:xvɛlt] 女 -/ 後世〔の人々〕: *et.*[4] der ～ überliefern …を後世に伝える.

nach|wer·fen*[ná:xvɛrfən] 《209》他 (h) **1 a)** 《*jm. et.*[4]》(…のあとから…を)投げつける: Er hat ihr Steine *nachgeworfen.* 彼は立ち去る彼女にむかって石を投げつけた; 《比》彼は彼女の背に激しい非難の言葉をあびせた. **b)** 《話》《*jm. et.*[4]》(…に…を)ただ同然で与える: Das Diplom wurde ihm geradezu *nachgeworfen.* 彼の免状はただで(なんの努力もしないで)もらったも同然だった. **2** あとから投げこむ: ein paar Münzen ～ (公衆電話などで)コインを数個あとから足して入れる.

nach|wie·gen*[ná:xvi:gən][1] 《210》他 (h) 《*et.*[4]》(検査のために…の目方を)量りなおす.

nach|win·ken[ná:xvɪŋkən] 自 (h) 《*jm.*》(去って行く…の背後から)合図を送る, 手を振る.

Nach·win·ter[ná:xvɪntər] 男 -s/- 余寒(春になってからぶり返した寒さ〔の日々〕).

nach|wir·ken[ná:xvɪrkən] 自 (h) 後々まで作用〈効果・影響〉を及ぼす, 余波〈余韻〉を残す: Diese Lektüre *wirkte* noch lange *nach.* この読書から受けた印象がながく心に残った ‖ sein *nachwirkendes* Verdienst 後々まで影響を残した彼の功績.

Nach·wir·kung[..kʊŋ] 女 -/-en あとまで残る作用; あとに及ぼす効果〈影響〉, 余波; 事後効力; 〘心〙残効.

nach|wol·len*[ná:xvɔlən] 《216》自 (h) 《話》《*jm.*》(…に)ついて行こうとする, (…の)あとを追おうとする.

Nach·wort[ná:xvɔrt] 中 -〔e〕s/-e (↔Vorwort) あとがき, 跋(ﾊﾞﾂ), 跋文, 後記, 結語: das ～ zu einem Buch schreiben 本のあとがきを書く | mit einem ～ 〔versehen〕 von *jm.* (書物の標題の一部として)跋〈あとがき〉….

Nach·wuchs[ná:xvu:ks] 男 -es/ **1** 《集合的に》 **a)** 後続の世代, (次代をになう)若い世代, 若年〈青年〉層; (ある専門領域の)若手, 後継者: den ～ eines Wissensgebietes heranbilden ある学問分野の後継者を養成する | Auf diesem Gebiet fehlt es an ～. この分野は後を継ぐべき人たちが不足している. **b)** 子供, 後継ぎ: ～ bekommen 子供をさずかる | Ihre Ehe ist ohne ～ geblieben. 彼らの結婚は子供に恵まれなかった. **2** あとから生えること, 再生. [<nachwachsen]

Nach·wuchs≠be·darf 男 後継者〔養成〕の必要性: In diesen Fachrichtungen ist der ～ besonders groß. この専門分野は後継者が非常に不足している. **≠kraft** 女 (特定領域での)新進の人, 若手. **≠man·gel** 男 後継者不足. **≠pro·blem** 中 後継者問題. **≠schau·spie·ler** 男 若手俳優. **≠sor·ge** 女 -/-n《ふつう複数で》後継者難.

nach|zah·len[ná:xtsa:lən] 他 (h) (↔vorauszahlen) あとから支払う; 追加払いする, 精算払いする: Steuern ～ 税金〔の不足分〕を追加払いする | für die Benutzung der 1. Klasse 15 DM ～ 1等への座席変更の割増金として15マルクを追加払いする | Das Gehalt wird *nachgezahlt.* 給料はあとで支払われる, 給与の追給が行われる.

nach|zäh·len[ná:xtsɛ:lən] 他 (h) 数えなおす, 検算する: das Geld sorgfältig ～ 金を綿密に勘定しなおす.

Nach·zah·lung[..tsa:lʊŋ] 女 -/-en 後払い; 追加支払い〔金〕, 追給.

Nach·zäh·lung[..tsɛ:lʊŋ] 女 -/-en 検算, 数えなおし.

nach|zeich·nen[ná:xtsaɪçnən] 《01》他 (h) **1** (絵画などを)模写する, 敷き写しにする, 透写する, なぞる; 《比》(歴史などを)たどる: Das Strickkleid *zeichnet* die Figur leicht *nach.* ニットのドレスは体の線が出やすい. **2** 描き出す, 描写する, 写生する: einen Baum ～ 木を写生する.

Nach·zeich·nung[..nʊŋ] 女 -/-en (nachzeichnen すること. 例えば:) 模写, 透写; 描写.

Nach·zei·tig·keit[ná:xtsaɪtɪçkaɪt] 女 -/ (↔Vorzeitigkeit)〘言〙時間的後続性(例えば bevor, ehe などの接続詞によって導入される副文の内容が主文の内容に時間的に後続していること). [<Zeit]

ᐁ**Nach·zet·tel**[ná:xtsɛtəl] 男 -s/- (遺言書の)添書.

nach|zie·hen*[ná:xtsi:ən] ⟪219⟫ **I** 他 (h) **1** (後ろに)引きずる: das linke Bein ~ 左足を引きずって歩く | ein müdes Pferd am Zügel ~ 疲れた馬を手綱で引っぱって行く. **2** (綱・ねじなどを)元どおり固く締める, 締めなおす: eine Schraube ⟨ein Seil⟩ ~ ねじ⟨綱⟩を締めなおす. **3** (線・輪郭などを)なぞる, 敷き写しにする: Augenbrauen ~ 眉(まゆ)を引く | Lippen ~ 口紅を塗る. **4** (同じ植木を)追加⟨補充⟩栽培する, 植え足す. **5** (ある結果を)招く, 招来する: Das *zieht* üble Folgen *nach.* それは悪い結果を招く | Ein Unglück *zieht* ein anderes *nach.* ⟪諺⟫ 不幸は続いて起こる, 弱り目にたたり目.

II 自 (s) **1** ⟪*jm.*⟫ (…の)あとを追って進む; (…の)あとを追って移動する: Sie *zog* ihm nach Berlin *nach.* 彼女は彼のあとを追ってベルリンへ移った. **2** ⟪比⟫ ⟪*jm.* / auf *jn.*⟫ (…の)例に従う⟨ならう⟩, 追随する, 同調する: mit Preiserhöhungen ~ 便乗⟨追随して⟩値上げする. **3** 〘チェス〙相手につづいて駒(こま)を動かす, 相手と同じ手を指す.

Nach·zoll[ná:xtsɔl] 男 -[e]s/..zölle[..tsœlə] 追加関税.

nach|zot·teln[ná:xtsɔtəln] ⟪06⟫ 自 (s) ⟪話⟫ ⟪*jm.*⟫ (…の)あとからぶらぶらついて行く, ためらいながら追って行く.

Nach·zucht[ná:xtsʊxt] 女 -/ **1** (家畜などの)育種, 品種改良. **2** ⟪集合的に⟫ 育種⟨品種改良⟩の産物.

nach|zuckeln[ná:xtsʊkəln] ⟪06⟫ =nachzotteln

Nach·zug[ná:xtsu:k][1] 男 -[e]s/..züge[..tsy:gə] **1** (↔ Vorzug) 〘鉄道〙(定期列車のあとに増発される)後続臨時⟨不定期⟩列車. ᐁ**2** =Nachhut [2: <nachziehen]

Nach·züg·ler[ná:xtsy:klər] 男 -s/- **1** 落後者, 落後兵; 仲間より遅れてやって来る人. **2** =Nachkömmling 1 a [<Nachzug 2]

nach·züg·le·risch[..lərɪʃ] 形 ひとり遅れてやって来る; のろまの.

Nach·zün·dung[ná:xtsyndʊŋ] 女 -/-en (Spätzündung) (内燃機関の)遅れ⟨遅延⟩点火.

Nacke·dei[nákədaɪ] 男 -s/-s ⟪戯⟫ 裸ん坊. [*ndd.*; ◇nackt]

Nacke·do·ni·en[nakədó:niən] 中 -s/ ⟪無冠詞で⟫ ⟪戯⟫ (Nacktbadestrand) (水着なしの)裸体水浴の許可されている海岸 (Makedonien をもじったもの).

Nacke·do·ni·er[..niər] 男 -s/- ⟪戯⟫ 裸体水浴をする人.

Nacken[nákən] 男 -s/- **1 a)** (英: *neck*) (Genick) 首筋(くび), うなじ, 襟首(えりくび) (→ 図 Mensch B): ein gedrungener ⟨kurzer⟩ ~ ずんぐりした⟨短い⟩首, 猪首(いくび) ‖ den ~ ausrasieren 襟足をそる | [**vor** *jm.*] **den ~ beugen** ⟪雅⟫ [(…に)]屈服する | ***jm.* den ~ beugen** ⟨**ins Joch zwingen**⟩ ⟪雅⟫ …を屈服させる | **einen unbeugsamen ~ haben** 毅然(きぜん)とした性格の持ち主である | **den ~ steifhalten** ⟨**hoch tragen**⟩ ⟪雅⟫ 毅然としている | ***jm.* den ~ stärken** ⟨**steifen**⟩ ⟪雅⟫ (抵抗・辛抱している)…を支持激励する ‖〘前置詞と〙***jm.* auf dem ~ sitzen** ⟪比⟫ …の背後に迫っている; …を悩ませている | *jm.* den Fuß auf den ~ setzen (→Fuß 1 a) | *jn.* **beim ~** packen …の襟首をつかむ | ***jn.* im ~ haben** ⟪比⟫ …に追われて⟨悩まされて⟩いる | den Schalk ⟨den Schelm⟩ im ~ haben (→Schalk 1, →Schelm 1) | ***jm.* im ~ sitzen** ⟪比⟫ …の背後に迫っている; …を悩ませている | *jm.* sitzt der Schalk ⟨der Schelm⟩ im ~ (→Schalk 1, →Schelm 1) | Die Angst ⟨Der Geiz⟩ sitzt ihm im ~. 彼は恐怖におびえて⟨欲の皮がつっぱって⟩いる | die Faust im ~ spüren (→Faust[2] 1) | den Kopf in den ~ legen ⟨werfen⟩ (昂然(こうぜん)と)頭をそらす | den Hut in den ~ schieben 帽子をあみだにかぶる | *jm.* in den ~ schlagen ⟪比⟫ …の痛いところを突く | **mit steifem** ⟨**unbeugsamem**⟩ **~** 毅然として. **b)** (脊椎(せきつい)動物の)頸(くび), 頸(けい)部. **2** (斧(おの)などの)背⟨峰⟩の部分(→ 図 Axt). [*germ.*; ◇*engl.* neck]

Nacken·band[nákən..] 中 -[e]s/..bänder (婦人帽の)襟バンド.

nackend[nákənt][1] ⟪南部・中部⟫ =nackt

Nacken≈gru·be[nákən..] 女 〘解〙項窩(こうか). **≈haar** 中 -[e]s/-e ⟪ふつう複数で⟫ 襟足の毛. **≈he·bel** 男 〘レスリング〙ネルソン, 首攻め. **≈kis·sen** 中 首当て用のまくら⟨クッション⟩. **≈le·der** 中 (消防士用ヘルメットなどの)垂れ革(首筋(くびすじ)を保護するための). **≈mus·kel** 男 〘解〙頸筋(けいきん), 項筋(こうきん). **≈rol·le** 女 (円筒形の)首当て用のクッション. **≈schirm** 男 (よろいの)うなじ甲(→ 図 Harnisch). **≈schlag** 男 うなじ⟨首筋⟩への一撃; ⟪比⟫ (運命的・経済的・政治的な)打撃: harte *Nackenschläge* erhalten ⟪比⟫ 手痛い打撃をこうむる | *jm.* einen ~ versetzen ⟪比⟫ …に痛撃をくらわせる. **≈schutz** 男 (消防士用ヘルメットなどの)垂れ革(首筋を保護するための). **≈stand** 男 (Kerze) 〘体操〙背倒立(→ 図 Kerze). **≈star·re** 女, **≈stei·fig·keit** 女 〘医〙(脳脊髄(せきずい)膜炎による)項[部]硬直. **≈stüt·ze** 女 (就寝中髪型を保護するための)箱形まくら. **≈wir·bel** 男 〘解〙頸椎(けいつい).

nackert[nákərt] ⟪オーストリア⟫ =nackt

nacket[nákət] ⟪南部・中部⟫ =nackt

Nack·frosch[nák..] =Nacktfrosch

nackicht[nákɪçt] ⟪北部⟫ =nackt

nackig[nákɪç][2] ⟪中部⟫ =nackt

..nackig[..nakɪç][2] ⟪名詞・形容詞などにつけて「首が…の」を意味する形容詞をつくる⟫: stier*nackig* 猪首(いくび)の | kurz*nackig* 首の短い. [<Nacken]

nackt[nakt] **I** 形 **1** (英: *naked*) (人が)裸の, 裸身の; (体の一部が)むき出しの, あらわな: ganz ⟨völlig⟩ ~ / ⟪話⟫ splitter*nackt* まる裸の, 全裸の | halb*nackt* 半裸の | ~ und bloß [まる]裸の(→4) ‖ ein ~*er* Körper 裸体 | mit ~*en* Armen ⟨Füßen⟩ 腕をむき出しにして⟨はだしで⟩ | mit ~*em* Oberkörper 上半身裸で ‖ *sich*[4] ~ ausziehen (着衣を脱いで)裸になる | ~ baden (水着をつけずに)裸で水浴する ‖ mit ~*em* Auge 裸眼⟨肉眼⟩で | mit ~*en* Fäusten kämpfen 素手(すで)で戦う ‖ *Nackte* Jungfer / *Nackte* Hure 〘植〙イヌサフラン(=Herbstzeitlose).

2 (本来あるべき被覆・付属物などのない. 例えば:) おおいのない, むき出しの; かざりのない: ~*e* Bäume (木の葉の落ちた)裸の木々 | eine ~*e* Birne 裸電球 | ~*er* Draht 裸線 | die ~*e* Erde (草の生えていない)むき出しの大地 | auf der ~*en* Erde ⟨auf dem ~*en* Fußboden⟩ schlafen 大地⟨床(ゆか)の上⟩にじかに横になって眠る | ein ~*er* Hügel はげ山 | ein ~*es* Kinn (ひげのない)つるりとしたあご | ein ~*er* Schädel はげ頭 | das ~*e* Schwert 抜き身[の刀] | ~*e* Wände (家具も装飾もない)むき出しの⟨殺風景な⟩壁 | eine ~*e* Wohnung (家具調度品の入っていない)がらんとした住居 ‖ Die Küken sind noch ~. ひよこたちはまだ羽毛が生えていない ‖ Der Raum wirkte ~ und nüchtern. その部屋は殺風景な印象を与えた.

3 赤裸々な, ありのままの; あからさまな, 明白な: ~*er* Egoismus 全く⟨ただ⟩の利己主義 | ~*e* Gewalt むき出しの暴力 | eine ~*e* Lüge まっ赤なうそ | Das sind die ~*en* Tatsachen. これらはありのままの事実だ | die ~*e* Wahrheit 赤裸々な真実.

4 (余分のものをすべて奪われて)身ひとつの, ぎりぎりの: ~*e* Armut 赤貧 | das ~*e* Leben retten (→leben III 1) ‖ ~ und bloß in die Ehe treten 何も持たずに身ひとつで結婚生活に入る.

II Nack·te 中 ⟪形容詞変化⟫ 裸のもの; 〘美〙裸体, ヌード: die Darstellung des ~*n* in der Kunst 美術における裸体の表現.

[*germ.*; ◇*engl.* naked; *lat.* nūdus „nackt"]

nackt·ar·mig[nákt..] 形 腕をあらわにした.

Nackt≈ba·den 中 -s/ (水着なしの)裸体水浴. **≈ba·de·platz** 男 裸体水浴の許可されている場所. **≈ba·de·strand** 男 裸体水浴の許可されている海岸. **≈bild** 中 裸体画⟨写真⟩. **≈far·ne** 複 〘植〙古生マツバラン類(古生代の化石植物). **≈flie·ge** 女 〘虫〙ハネオレバエ(折翅蠅)科の昆虫. **≈fo·to** 中, **≈fo·to·gra·fie** 女 裸体⟨ヌード⟩写真. **≈frosch** 男 ⟪戯⟫ 裸の子供.

Nackt·heit[nákthaɪt] 女 -/-en **1** ⟪単数で⟫ nackt なこと: in paradiesischer ~ herumlaufen すっぱだかで走り回

る｜die Wahrheit in schrecklicher ～ darstellen 真実をそのおそろしい赤裸々な姿のままに描写する. **2** (nackt なもの. 例えば:)〘美〙裸体.

Nạckt·kie·mer[náktki:mər] 男 -s/-〘動〙裸鰓(らさい)類(ウミウシなど). [＜Kieme]

Nạckt≠kul·tur 女 -/ (Freikörperkultur, Nudismus) 裸体主義, ヌーディズム. **≠ma·ga·zin** 中《話》ヌード雑誌. **≠mo·dell** 中 裸体(ヌード)モデル.

Nạckt·sa·mer[..za:mər] 男 -s/-《ふつう複数で》〘植〙裸子植物.

nạckt·sa·mig[..za:mıç][2] 形 (↔bedecktsamig)〘植〙裸子の: die *Nacktsamigen* 裸子植物. [＜Samen]

Nạckt≠schnecke 女〘動〙ナメクジ(蛞蝓). **≠tän·ze·rin** 女 (女性の)ヌードダンサー.

Na̦·del[ná:dəl] 女 -/-n (⑪ **Nä·del·chen**[nɛ́:dəlçən], **Nä·de·lein**[nɛ́:dəlaın], **Näd·lein**[nɛ́:dlaın] 中 -s/-) **1 a)** (英: *needle*) (一般に)針(→ 図): eine dicke ⟨dünne⟩ ～ 太い⟨細い⟩針｜eine stumpfe ⟨spitze⟩ ～ 先の丸い⟨とがった⟩針. **b)** (英: *needle*) (Nähnadel) (裁縫用の)針, 縫い針: die ～ ⟨den Faden in die ～⟩ einfädeln 針に糸を通す｜*et.*[4] **mit heißer ⟨mit der heißen⟩ ～ nähen**《話》…をぞんざいに縫う; やっつけ仕事をする｜mit ～ und Faden umgehen können 針仕事⟨裁縫⟩ができる. **c)** (英: *pin*) (Stecknadel) ピン, 留め針, 待ち針; (Ziernadel) 飾りピン, ブローチ: Haar*nadel* ヘアピン｜Krawatten*nadel* ネクタイピン｜Sicherheits*nadel* 安全ピン‖〔**wie**〕**auf ～*n* sitzen**《比》じりじりする, いらいらする, やきもきする, 針のむしろにすわっている気持である｜*et.*[4] mit einer ～ anheften ⟨befestigen⟩ …をピンで留める‖*et.*[4] ⟨*jn.*⟩ wie eine ～ suchen (落ちたピンを探すように)…を求めてけんめいに探し回る｜**eine ～ im Heuhaufen ⟨Heuschober⟩ suchen**《話》(干し草の中のピンを探すように)全く見込みのないことをする｜Im Saal war es so still, daß man eine ～ fallen hören konnte. 広間の中は針の落ちる音が聞こえるくらい静まり返っていた｜Im Saal konnte keine ～ zu Boden ⟨zur Erde⟩ fallen. / Im Saal war es so voll, daß keine ～ zu Boden ⟨zur Erde⟩ fallen konnte. 広間は立錐(りっすい)の余地もないほどだった. **d)** (Stricknadel) (編物用の)針, 編み棒: (Häkelnadel) かぎ針. **e)** (Radiernadel) エッチング針: mit der kalten ～ arbeiten ドライポイントで描刻する(→Kaltnadel). **f)** (Injektionsnadel) 注射針: die ～ sterilisieren 針を消毒する｜**an der ～ hängen**《話》麻薬(特にヘロイン)中毒にかかっている. **g)**〘工〙ノズル. **h)** (Grammophonnadel) レコード針: die ～ aufsetzen (レコード盤に)針をおろす⟨のせる⟩.

2 (計器類の)指針: Die ～ zeigt nach Norden. 磁針は北を示している｜Die ～ pendelte zwischen 60 und 70 Stundenkilometer. 速度計の針は時速60キロと70キロの間を揺れ動いた.

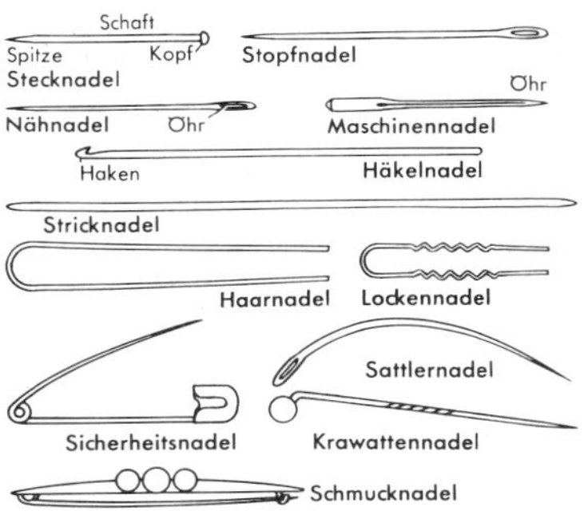

Nadel

3 (針状のもの. 特に:) **a)**〘植〙(針葉樹の)針〔状〕葉(→ 図 Tanne): Tannen*nadel* モミの葉. **b)**〘鉱〙針状結晶体. **c)** (Felsnadel) とんがり岩, 尖峰(せんぽう);〘地〙火山岩尖. [*germ.*; ◇nähen; *engl.* needle]

Na̦·del≠ar·beit[ná:dəl..] 女 針仕事(裁縫・刺しゅう・編物など, またはその製品). **≠baum** 男 (↔Laubbaum) 針葉樹. **≠brief** 男 縫い針を入れた小さな紙包み⟨紙袋⟩. **≠buch** 中 (仮とじの本の形をした)針入れ. **≠büch·se** 女 針箱, 針入れ.

Nä̦·del·chen Nadel の縮小形.

Na̦·del≠drucker[ná:dəl..] 男〘電算〙ドットプリンター. **≠dü·se** 女〘工〙針調整式ノズル.

Nä̦·de·lein Nadel の縮小形.

Na̦·del·ein·fäd·ler[ná:dəl|aınfɛ:dlər] 男 -s/- 糸通し(ミシン針などに糸を通す補助具). [＜einfädeln]

Na̦·del·ei·sen·erz 中〘鉱〙針鉄鉱.

na̦·del≠fein 形 針のように細い. **≠fer·tig** 形〘織〙すぐに縫える(布地).

Na̦·del·fisch 男〘魚〙ヨウジウオ(楊枝魚).

na̦·del·för·mig[ná:dəlfœrmıç][2] 形 針状の.

Na̦·del≠ge·hölz 中 -es/-e《ふつう複数で》＝Nadelholz 2 **≠geld** 中 **1** (家長が成年に達した娘に与える)化粧料. ▽**2** (夫が妻に与える)小遣い. **≠hal·ter** 男 (ミシンの)針留め(→ 図 Nähmaschine). **≠holz** 中 -es/..hölzer (↔Laubholz) **1** 針葉樹材. **2**《ふつう複数で》《集合的に》〘植〙針葉樹.

na̦·de·lig[ná:dəlıç][2] (**na̦d·lig**[..dlıç][2]) 形 針状の.

Na̦·del≠ker·bel 男〘植〙ナガミノセリモドキ. **≠kis·sen** 中 針刺し, 針山(はりやま), ピンクッション. **≠knopf** 男, **≠kopf** 男 留め針の頭部. **≠la̦·ger** 中〘工〙針軸受け, ニードルベアリング. **≠loch** 中 ＝Nadelöhr **≠ma̦·le·rei** 女 刺しゅう画.

na̦·deln[ná:dəln]《06》**I** 自 (h) (針葉樹が)落葉する. ▽**II** 他 (h) 針で縫う; ピンで留める.

Na̦·del≠öhr[ná:dəl..] 中 針穴, 針のめど. **≠pa·pier** 中 針の包装紙.

na̦·del·spitz 形 針のようにとがった.

Na̦·del≠spit·ze 女 (ｽｲｽ: **≠spitz** 男) **1** 針の先⟨先端⟩. **2**〘手芸〙手製のレース. **≠stan·ge** 女 (ミシン針を支えるための)針棒. **≠stär·ke** 女 針の太さ⟨サイズ⟩. **≠stich** 男 **1 a)** 針で⟨を⟩刺すこと; (針による)刺し傷;〘医〙針穿刺(せんし). **b)** ＝Nähstich **2**《比》あてこすり: *jm.* ～*e* versetzen …にちくりちくりと嫌味を言う. **≠strei·fen** 男 -s/-《ふつう複数で》〘服飾〙(とくに高級紳士服地の)ピンストライプ, 極細(ごくぼそ)縞(じま)〔模様〕. **≠wald** 男〘林〙針葉樹林(→ 図 Forst).

Na̦·de·rer[ná:dərər] 男 -s/-《ｵｰｽﾄﾘｱ》《話》(Denunziant) 密告者; 密偵, スパイ.

Na·di̦r[nadí:r, ná:dır] 男 -s/ (↔Zenit)〘天〙天底(てんてい). [*arab.* nazīr „(dem Zenit) gegenüber liegend"]

Näd·lein Nadel の縮小形.

Na̦d·ler[ná:dlər] 男 -s/- 製針工; 針金職人.

na̦d·lig ＝nadelig

Na̦·dschin[ná:dʒın] 地名 羅津, ナジン(北朝鮮北東部, 咸鏡北道の港湾都市).

Na·ga̦i·ka[nagáıka·] 女 -/-s (コサック騎兵の)革ひもの鞭. [*russ.*]

Na·ga̦·na[nagá:na·] 女 -/〘畜〙ナガナ病(ツェツェバエによる南アフリカの家畜の伝染病). [*afrikan.*]

Na̦·ge·kä·fer 男 [ná:gə..] 男〘虫〙シバンムシ(死番虫)科の昆虫.

Na̦·gel[ná:gəl] 男 -s/Nägel[nɛ́:gəl] **1** (英: *nail*) (⑪ **Nä·gel·chen**[nɛ́:gəlçən], **Nä·ge·lein**[..gəlaın] 中 -s/-, **Näg·lein** → 別出) 釘(くぎ), 鋲(びょう): ein dicker ⟨rostiger⟩ ～ 太い⟨さびた⟩釘｜Holz*nagel* 木釘｜Schienen*nagel*〘鉄道〙犬釘｜Schuh*nagel* 靴釘‖einen ～〔mit der Zange〕ausziehen 釘を〔釘抜きで〕抜く｜einen ～ in die Wand schlagen 釘を壁に打ち込む｜**den ～ auf den Kopf treffen**《話》物事の核心をつく, 急所⟨要点⟩をとらえる｜einen〔dicken〕～ im Kopf haben《話》〔たいへん〕うぬぼれている｜***Nägel* mit Köpfen machen**《話》(中途半端でなく)きちん

と仕事をやりとげる ‖ **ein ~ zu *js.* Sarg sein**《話》…の寿命を縮めるほど悩みの種である〈腹立たしい思いをさせる〉| Du bist 〈Seine Lebensart ist〉 ein ~ zu meinem Sarg. 君〈彼の生活ぶり〉を見ていると(心配で・腹が立って)私の寿命が縮まる思いだ ‖ die Jacke **an** einen ~ hängen 上着を釘に掛ける | ***et.***[4] **an den ~ hängen** …を釘にかける;《話》…を中途で放棄する | *sein* Studium an den ~ hängen《話》学業を半ばで放棄する | **in** einen ~ treten 釘を踏み抜く | Schuhe **mit** *Nägeln* beschlagen 靴底に鋲を打つ.

2 (手足の指の)爪(つめ): Finger*nägel* 手の爪 | Zehen*nägel* 足の爪 ‖ die *Nägel* lackieren 〈pflegen〉 爪にエナメルを塗る〈を手入れする〉| die *Nägel* schneiden 〈wachsen lassen〉 爪を切る〈のばす〉| **die *Nägel* von *et.*[3] lassen**《話》…に手出しをしない, …を見合わせる | keinen ~ breit weichen《話》一歩もあとに引かない ‖ **an** den *Nägeln* kauen 爪をかむ | **auf** den ~ genau《比》少しの狂いもなく | ***jm.* auf 〈unter〉 den *Nägeln* brennen**《話》…にとって急を要する〈火急の要件である〉| nicht das Schwarze unter dem ~ besitzen (→ schwarz III 5) | *jm.* nicht das Schwarze unter dem ~ gönnen (→schwarz III 5) | ***sich***[3] ***et.***[4] **unter den ~ reißen 〈ritzen〉**《話》…を着服する, …をせしめる.

[*germ.*; ◇Onyx; *engl.* nail; *lat.* unguis „Kralle“]

Na̩·gel·bett[ná:gəl..] 中 -[e]s/-en(-e)〖解〗爪床(そうしょう).

Na̩·gel·bett·ent·zün·dung 女〖医〗爪床(そうしょう)炎.

Na̩·gel≠blu̲·me 女 **1** (Flieder)〖植〗(ハシドイ属. 特に:) ライラック. **2** (Nelke)〖植〗ナデシコ(撫子)属. **≠bo̲h·rer** 男 (釘(くぎ)穴をあけるために用いる)ねじ錐(きり) (→ 図 Bohrer). **≠bür·ste** 女 爪(つめ)ブラシ.

Nä̩·gel·chen Nagel の縮小形(→Näglein).

Nä̩·ge·lein Nagel の縮小形(→Näglein).

Na̩·gel≠ei·sen[ná:gəl..] 中 釘(くぎ)抜き. **≠fei·le** 女 (マニキュア・ペディキュア用の)爪(つめ)やすり, ネールファイル(→ 図 Nagelpflege).

na̩·gel·fest 形 釘(くぎ)付けされた: **niet- und *nagelfest* sein** しっかり固定されている | [alles,] was nicht niet- und *nagelfest* ist 持ち運ぶことのできるもの[は すべて].

Na̩·gel≠fe·sti·ger[ná:gəlfɛstɪgər] 男 -s/- 〖美容〗(柔らかい爪(つめ)・もろい爪のための)硬化剤. **≠fleck** 男〖虫〗エゾヨツメ(蝦夷四眼蛾). **≠flu̲h** 女〖地〗ナーゲルフルー(礫岩(れきがん)の一種). **≠haut** 女 (爪のはえぎわの)甘皮(あまかわ);〖解〗爪郭(そうかく).

Na̩·gel·haut·ent·fer·ner 男 -s/- 〖美容〗甘皮(あまかわ)除去液.

Na̩·gel≠he̲·ber 男 釘(くぎ)抜き(→ 図 Hammer). **≠knip·ser** 男《話》爪切り用のはさみ. **≠kopf** 男 釘の頭, 鋲頭(びょうとう). **≠kraut** 中〖植〗ヨツバハコベ. **≠kup·pe** 女 **1** =Nagelkopf **2** 爪(つめ)の先(半円形の部分). **≠lack** 男〖美容〗(マニキュア・ペディキュア用の)[ネール]エナメル(→ 図 Nagelpflege).

Na̩·gel·lack·ent·fer·ner 男 -s/- 〖美容〗[ネール]エナメル除去液〈リムーバー〉, 除光液.

Na̩·gel·mö̲nd·chen 中 爪(そう)半月(爪(つめ)の根元の半月形の白い部分).

na̩·geln[ná:gəln]《06》**I** 他 (h) **1**《*et.*[4]》(…を)釘(くぎ)〈鋲(びょう)〉で固定する, 釘付けにする: ein Brett an die Wand ~ 板を壁に打ちつける. **2**《*et.*[4]》(…に)釘〈鋲〉を打つ: *genagelte* Schuhe 底に鋲を打った靴. **3**《*et.*[4]》(…を)釘打ちして作る: eine Bank ~ (丸太や板を釘で打って)ベンチを組み立てる. **II** 自 (h) **1** 釘打ちする. **2** (エンジンが)ノッキングを起こす. **3**《(スイス)》《話》熱心に〈あくせく〉仕事をする.

na̩·gel·neu̲[ná:gəlnɔ́y] 形《話》真新しい: ein ~*er* Geldschein ぱりぱりの〈手の切れるような〉お札.

Na̩·gel≠pfle̲·ge 女 爪(つめ)の手入れ;〖美容〗マニキュア, ペディキュア(→ 図). **≠plat·te** 女〖解〗爪板(そうばん). **≠po·li·tur** 女〖美容〗(マニキュア・ペディキュア用の)ネールポリッシュ. **≠pro̲·be** 女《もっぱら次の成句で》**die ~ machen** (乾杯のあとで杯を左親指の爪の上に傾け)一滴も残さず飲み干した証拠を見せる;《比》徹底的に調査する | bis auf die ~ austrinken 最後の一滴まで飲み干す. **≠rei·ni·ger** 男〖美容〗爪

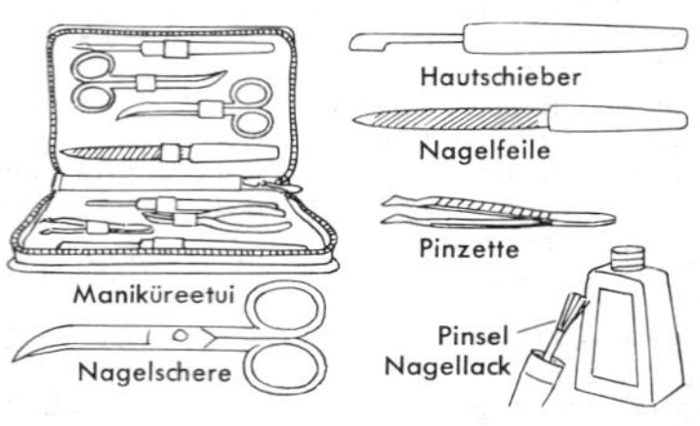

Nagelpflege

の手入れ用具. **≠ro·chen** 男〖魚〗エイ(鱝). **≠sche·re** 女 爪切りばさみ(→ 図 Nagelpflege). **≠schmied** 男 釘(くぎ)製造工. **≠schmie·de** 女 釘製造場. **≠schu̲h** 男 底に鋲(びょう)を打った靴(登山靴・スパイクシューズなど).

Na̩·gel·schwanz·kän·gu·ruh[..kɛŋguru·] 中〖動〗ツメオワラビー(尾端に爪状の角質物がある).

Na̩·gel·trei·ber 男 釘(くぎ)締め.

Na̩·ge·lung[ná:gəlʊŋ] 女 -/-en nageln すること.

Na̩·gel≠wur·zel 女 爪(つめ)の根, 爪根(そうこん). **≠zan·ge** 女 **1** 釘(くぎ)抜き, やっとこ. **2** 爪切りばさみ. **≠zie·her** 男 釘抜き.

na̩·gen[ná:gən][1] **I** 自 (h) **1**《an *et.*[3]》(…を歯で少しずつ)かむ, かじる;《比》むしばむ, 侵食する: an einem Knochen ~ 骨をかじる | nachdenklich an der Unterlippe ~ 物思わしげに下くちびるをかむ | am Hungertuch ~ (→Hungertuch) | **nichts zu ~ und zu beißen haben**《話》口にする〈食べる〉ものが何もない ‖ Mäuse *nagen* gern. ねずみは好んで物をかじる | Der Hunger *nagte* ihm in den Eingeweiden. 彼は空腹のあまりおなかの皮が背中にひっつきそうになった | Die Meeresbrandung *nagt* am Felsen. 打ち寄せる波が海岸の岩を浸食する | Das tropische Klima *nagte* an seiner Gesundheit. 熱帯性の気候が彼の健康をむしばんだ. **2**《比》(継続的に・絶えず)苦しめる, さいなむ, いじめる: Der Zweifel *nagt* ihm am Herzen. 疑惑が彼の心をさいなむ.

[▽]**II** 他 (h) かじる; かじりとる;《比》さいなむ: das Fleisch vom Knochen ~ 骨から肉をしゃぶりとる | Die Reue *nagte* ihn. 後悔の念が彼をさいなんだ.

III na̩·gend 現分 形 かじる〈食いいる〉ような; 責めさいなむ: ~*er* Hunger 激しい飢え | Er hat das ~*e* Gewissen. 彼は良心の呵責(かしゃく)に苦しんでいる | *Nagende* Reue ließ ihn nicht schlafen. 執拗(しつよう)な後悔の念が彼を眠らせなかった.

[*germ.*; ◇*engl.* gnaw]

Na̩·ger[ná:gər] 男 -s/- =Nagetier

Na̩·ge≠tier[ná:gə..] 中〖動〗齧歯(げっし)類〔の動物〕(リス・ネズミなど). **≠za̲hn** 男 齧歯類動物の切歯.

Näg·lein[nɛ́:glaɪn] 中 -s/- **1** Nagel の縮小形. **2**〖植〗**a)** (Nelke) ナデシコ(撫子)属. **b)** (Gewürznelke) チョウジ(丁子).

Na̩g·ler[ná:glər] 男 -s/- =Nagelschmied

na̲h[na:] (**na̩·he**[ná:ə]) **nä̲·her** → 別出 /**nächst** → 別出 **I** 形 **1** (英: *near*) (↔fern)《空間的》近い, 近いところにある, 近くの, すぐそばの, 接近した: ein *nahes* Geräusch 近くから聞こえる物音 | die *nahe* Großstadt 近くの大都市 | der *Nahe* Osten 近東 | im *nahen* Wald 近くの森で | Auf *nahe* Entfernungen sehe ich sehr gut. 私は近くのものはよく見える ‖ Das Schwimmbad ist ganz ~. / Es ist ganz ~ bis zum Schwimmbad. プールはすぐ近くにある | Es ist ganz ~ bis dorthin. そこまではほんの短い距離だ ‖ *et.*[4] ~ bringen 〈legen〉 …を近くへ運ぶ〈置く〉(また: →nahebringen, nahelegen) | ~ gehen 近くへ行く(また: →nahegehen) | **zum Greifen ~ sein 〈liegen〉** 手の届くほど近くにある; すぐ目前に迫っている | Die Berge liegen zum Greifen ~ vor uns. 山々は手の届くほどの近さにある〈見える〉(また: →naheliegen) | ein ~ liegendes 〈gelegenes〉 Dorf 近くにある村 | ~ stehen そばに立っている(また: →nahestehen) ‖〖3格または **an, bei** の前置詞句と〗Das Haus liegt ～ dem Bahnhof 〈am Bahnhof / beim Bahnhof〉. その建物は駅の近くにある | Ich will dir *nahe* sein. 私は君のそばにいたい | Sie blieb dem Kranken ～. 彼女は病人のそばから離れなかった | Komm mir nicht zu ～. あまり私のそばに寄りすぎるな | *jm.* zu ～ kommen《比》…をおびやかす(また: →nahekommen) | ***jm.* zu ～ treten**《比》…の感情を傷つける(また: →nahetreten) | Der Stuhl steht zu ～ am 〈beim〉 Ofen. いすは位置が暖炉に近すぎる | Wir waren ～ am Ziel. 私たちは目的地の近くまで来ていた | *Nahe* am Gipfel rasteten die Bergsteiger. 頂上近くで登山者たちは休息した | Der Wald reicht bis ～ an die Stadt heran. 森は町のそばまで広がっている | ～ beim Theater wohnen 劇場の近くに住む | Die Häuser liegen sehr ～ beieinander. 家々がぎっしりと並んでいる ‖〖前置詞とともに成句をつくって〗**aus** 〈**von**〉 ***nah* und fern** / **aus** 〈**von**〉 **fern und *nah***《雅》遠近(おちこち)から, いたる所から(集まってくる) | **von *nahem*** 近くから.

2《時間的》近い将来の, 間もなく到来する; ᵛ近い過去の: der *nahe* Abschied 間近に迫った別れ | *seinen nahen* Tod 〈*sein nahes* Ende〉 fürchten 目前に迫った死を恐れる | in *naher* Zukunft 近い将来に ‖ Der Frühling ist ～. 春が近い | 〔Die〕 Hilfe 〈Rettung〉 ist ～. 間もなく救いが来る ‖〖前置詞 an と〗Es war *nahe* an sechs Uhr. 時刻は6時近かった(→3 c).

3《関係》**a**) 近い関係の, 近縁の, 親しい間柄の: in *naher* Beziehung zu 〈mit〉 *jm.* stehen …と親密な関係にある | ein *naher* Freund 親しい友人 | *jm.* in *naher* Freundschaft verbunden sein …と親友同士である | ein *naher* Verwandter 近親者(男性) ‖ *jm.* ～ sein …と近しい間柄にある | *sich*[4] *jm.* ～ fühlen …に親近感を抱く | dem Original ～ sein オリジナル〈原本〉に忠実である | Wir sind uns immer ～ geblieben. 私たちは常に親しい間柄であった ‖ mit *jm. nahe* verwandt sein …と近い親類である.

b) ① ***et.***[3] **～ sein** …に近い状態である, 今にも…の状態になりそうである: einer Ohnmacht ～ sein いまにも気絶しそうである | dem Tode ～ sein いまにも死にそうである | den Tränen 〈dem Weinen〉 ～ sein いまにも泣き出さんばかりである ‖ *nahe* bevorstehen 間近に迫っている | Seine Abreise steht *nahe* bevor. 彼の旅立ちはもうすぐだ.

② **nahe daran sein**《zu 不定詞〔句〕と》いまにも〈あやうく〉…しそうである | Sie war *nahe* daran zu fallen 〈zu weinen〉. 彼女はもうちょっとで転ぶところだった〈今にも泣き出しそうだった〉 | Ich war *nahe* daran, ihm alles zu sagen. 私はすんでのところで彼に何もかもしゃべってしまいそうになった.

c) 《〔an を伴った〕数詞と》約〈ほぼ〉…の, …になんなんとする数の: Er ist wohl *nahe* an die sechzig. 彼は60歳近くであろう | Sie waren *nahe* an die tausend. 彼らの数は1000人に近かった | Es war *nahe* an sechs Uhr. 時刻は6時近かった ‖ ᵛein Mann von *nahe* fünfzig Jahren 50歳ぐらいの男.

4《比較級で》〔さらに〕詳しい, 詳細な(→näher 2).

5《最上級で》〔すぐ〕次の(→nächst I 2).

II 前《3格支配》《雅》…の近くに; …に近い状態で: *nahe* dem Bahnhof liegen 駅の近くにある(→I 1) | *Nahe* dem Wahnsinn 〈Dem Wahnsinn ～〉 stürzte er sich aus dem Fenster. 錯乱に近い状態で彼は窓から飛び降りた(→I 3 b ①).

[*germ.*; ◇nach; *engl.* near, nigh]

..nah[..na:]《名詞などにつけて「…に近い, …にとって身近な」などを意味する形容詞をつくる》: grenz*nah* 国境に近い | haut*nah* 肌にじかに触れるほど直接的な | wirklichkeits*nah* 現実に即した.

Näh·ar·beit[nɛ́:..] 女 縫い物, 針仕事, 裁縫. [＜nähen]

Nah≠as·si·mi·la·tion[ná:..] 女 (↔Fernassimilation)〘言〙(音声の)隣接同化(例 中世ドイツ語の zimber から現代語の Zimmer となる). **≠auf·nah·me** 女〘写〙接写, 近接撮影;〘映〙大写し, クローズアップ. **≠be·ben** 中〘地〙(震源地から1000キロメートル以内のところで記録される)近距離地震. **≠be·strah·lung** 女〘医〙近接照射〔法〕. **≠bril·le** 女《話》近距離用のめがね(老眼鏡など).

na·he[ná:ə] ＝nah

Nä·he[nɛ́:ə] 女 -/ (↔Ferne) 近く, 近距離; 近い〈近くにある〉こと; 近い将来: *et.*[4] aus der ～ betrachten …を近くから観察する | hier in der ～ この近くに | in der ～ des Bahnhofs 駅の近くに | *sich*[4] in *js.* ～ aufhalten …の身近にいる | in greifbarer ～ sein 手近の場所にある;《比》目前に迫っている | in greifbare ～ rücken (期限などが)目前に迫る ‖ *js.* ～ suchen …の身近に寄りそいたいと願う; …と親しくなろうとする | die ～ des Todes fühlen 死期の迫ったことを感じる | Die ～ des Geschäftsviertels war ein großer Vorteil. 商店街が近いことは非常に有利だった. [*ahd.*; ◇nah]

na·he·bei[ná:əbáɪ] 副 近くに, そばに.

na·he|brin·gen*[ná:əbrɪŋən]《26》他 (h) **1**《*jm. et.*[4]》(…に…を)理解させる, なじませる: den Schülern die Klassiker ～ 生徒たちを古典作家に親しませる. **2**《*jn.*》近づける, 接近させる: *jn.* dem Ruin ～ …を破滅へと導く | Gemeinsame Erinnerungen *brachten* sie einander *nahe.* 共通の思い出が両者を親密にした. **3** →nah I 1

na·he|ge·hen*[ná:əge:ən]《53》自 (s)《*jm.*》(不幸などが…の)心に響く,〔胸に〕こたえる,(…に)心痛を与える(ただし: nahe gehen →nah I 1): Sein Tod ist ihr sehr *nahegegangen.* 彼の死は彼女をひどく悲しませた | Laß es dir nicht so ～! そんなに気を落とすなよ.

Nah·ein·stel·lung[ná:..] 女〘写〙接写焦点調整;〘映〙大写し, クローズアップ.

na·he|kom·men*[ná:əkɔmən]《80》自 (s) **1**《*et.*[3]》**a**) (…に)近づく. **b**) (…に)ほぼ等しい, 近い: der Wahrheit ～ 真相に近い | Das *kommt* ja einer Beleidigung *nahe.* それではまるで侮辱じゃないか. **2**《*jm.*》(…と)親しくなる: 再帰 *sich*[3] menschlich ～ お互いに親しく〈懇意に〉なる. **3** →nah I 1

na·he|le·gen[ná:əle:gən][1] 他 (h) **1**《*jm. et.*[4]》(…に…を)強く勧める, 忠告する: Ich habe ihm den Rücktritt *nahegelegt.* / Ich habe ihm *nahegelegt*, von seinem Posten zurückzutreten. 私は彼に辞任するよう説いた. **2**《*et.*[4]》(状況などが考え・推測などを)容易に起こさせる(→naheliegen): Diese Vorfälle *legen* den Verdacht *nahe*, daß ... これら一連の事件を見ていると…という疑惑がぬぐいきれない | Eine solche Erklärung wird wohl auch dadurch *nahegelegt*, daß ... …ということから考えてもこのような説明は十分うなずけるところであろう. **3** →nah I 1

na·he|lie·gen*[ná:əli:gən][1]《93》**I** 自 (h)《比》(考え・推測などが)手近にある, 容易に思いつく, 自然〈当然〉である(→nahelegen 2; ただし: nahe liegen →nah I 1): Die Vermutung *lag nahe*, daß ... …という推測は自然であった, 当然…ということが推測された | Es *liegt* doch *nahe*, daß man unter diesen Umständen so handeln muß. このような事情にあってはこうするよりほかないことは明らかだ.

II na·he·lie·gend 現分 形 **nä·her·lie·gend** → 別出 / **näch st·lie·gend** → 別出 (考え・推測などが)自然に思いつく, (だれが考えても)当然の, 分かりやすい: ein ～*er* Gedanke 〈Schluß〉 当然の考え〈結論〉 | aus ～*en* Gründen 分かりきった理由から ‖ Es ist ～, zu diesem Schluß zu kommen. そういう結論に達するのは当然である.

na·hen[ná:ən]《雅》**I** 自 (s)《*jm.*》(…に)近づく, 接近する; 迫る: Der Winter *naht.* 冬が近づく | Der Tod *nahte* ihr. 彼女の死期が迫った | Das Semester ist seinem Ende *genaht.* 学期の終わりが近づいてきた ‖ ein *nahendes* Gewitter 近づきつつある雷雨. **II** 他 (h) 再帰 *sich*[4] ～ 近づく, 接近する; 迫る(＝*sich*[4] nähern): Schritte *nahten* sich. 足音が近づいてきた | Der Winter *naht* sich seinem Ende. 冬が終わりに近づく | Ihr *naht* euch wieder, schwankende Gestalten. またもや近づいてきたな ゆらめく姿どもよ (Goethe: *Faust* I).

nä·hen[nɛ́:ən] **I** 他 (h) **1 a**) (英: *sew*)縫う, 縫い合わせる; 縫って作る: *et.*[4] mit der Hand 〈mit der Maschine〉 ～ …を手で〈ミシンで〉縫う | mit heißer Nadel 〈mit der heißen Nadel〉 ～ (→Nadel 1 a) ‖ eine Bluse 〈ein

N

Kleid〉 ～ ブラウス〈ドレス〉を仕立てる | einen Saum ～ 縁をかがる〈まつる〉, へりをとる ‖ Der Mantel ist gut *genäht.* そのコートは縫い方が良い | Doppelt *genäht* hält besser.(→ doppelt). **b)** 《*et.*[4]》《方向を示す語句と》(…を…に)縫い付ける: Knöpfe an die Jacke ～ ボタンを上着に縫い付ける | eine Borte auf die Schürze ～ へり飾りをエプロンに縫い付ける. **2** 〘医〙(傷口などを)縫合する;《話》《*jn.*》(…の)傷を縫い合わせる.

II 自 (h) **1** 縫う, 縫い物〈針仕事〉をする: an einer Hose ～ ズボンを縫う | mit großen 〈kleinen〉 Stichen ～ 目をあらく〈細かく〉縫う | Ich habe heute den ganzen Tag *genäht.* 私はきょうは終日針仕事をしていた. **2** 《結果を示す語句と》*sich*[3] den Daumen wund ～ 縫い物をし続けて親指を痛める.

[*ahd.*; ◇Nerv, Nadel, Naht; *lat.* nēre „spinnen"]

nạ̈·her[nɛ́:ər] 《nah〔e〕の比較級》 **I** 形 **1 a)** より近い, より近い関係の: Dieser Weg ist ～.《話》この道〔の方〕が近い | Der Tod ist ihm ～, als er glaubt. 彼の思う以上に死は彼に近づいている | Er ist dem Weinen ～ als dem Lachen. 彼は笑うより泣きたい気持だ | Das Haus liegt dem Bahnhof ～ als dem Theater. 家は劇場よりは駅の方に近い(また: →näherliegen) | Bitte, treten 〈kommen〉 Sie ～. もっとそばに寄ってください(また: →nähertreten, näherkommen). **b)** 《絶対比較級として》《付加語的》かなり近い; かなり近い関係の: die ～*e* Umgebung 近郊 | die ～*en* Verwandten 比較的近い親戚(しんせき)たち | in der ～*en* Zukunft 比較的近い将来に. **2** 詳しい, より詳細な;《絶対比較級として》《付加語的》かなり詳しい: bei ～*er* Betrachtung / ～ betrachtet 詳しく〈もっとよく〉観察すると | ～*e* Auskünfte einholen さらに詳しい情報を手に入れる ‖ Darauf kann ich 〔jetzt〕 nicht ～ eingehen. 私はこの問題を〔いまは〕これ以上に立ち入って論じることはできない | *jn.* ～ kennen …のことをかなり詳しく知っている ‖ **des ～*en*** 〔より〕詳しく, 細部にわたって | *et.*[4] des ～*en* erklären …を細かく説明する.

II Nạ̈·he·re[nɛ́:ərə] 中 《形容詞変化》詳しいこと〈事情〉, 詳細, 細目: nichts ～*s* wissen 詳しいことは何も知らない ‖ *Näheres* folgt. 詳細は追って知らせる | Alles ～ besprechen Sie bitte mit meiner Frau! 詳細はすべて私の妻と話し合ってください. [◇*engl.* near]

nạ̈·her|brin·gen*[nɛ́:ərbrɪŋən] 《26》 他 (h) 《*jm. et.*[4]》(…に…を)いちだんと深く理解させる, なじませる: den Schülern den Geist der Romantik ～ 生徒たちにロマン派の神髄をのみこませる.

Nä·he·rei̯[nɛ:ərái] 女 -/-en **1** 《単数で》nähen すること. **2** 縫い物, 針仕事. [<nähen]

Nạh·er·ho̱·lung[ná:..] 女 近距離保養, 近郊レクリエーション(特に大都市の住民が都市周辺の保養地・レクリエーション施設で休養すること).

Nạh·er·ho̱·lungs·ge·biet 中 近距離保養地, 近郊レクリエーション地帯.

Nạ̈·he·rin[nɛ́:ərɪn] 女 -/-nen 縫い物を職業とする女性; 縫い子, お針子. [<nähen]

nạ̈·her|kom·men*[nɛ́:ərkɔmən] 《80》 自 (s) **1** →näher I 1 a **2** 《*jm.*》(…と)親しくなる, 親密な関係になる(ただし: näher kommen →näher I 1 a): *jn.* persönlich ～ …と個人的に親しくなる ‖ 再帰 *sich*[3] 〈einander〉 ～ 互いに親しさを増す.

nạ̈·her|lie·gen*[nɛ́:ərli:gən][1] 《93》 **I** 自 (h) **1** →näher I 1 a **2** (考え・推測などが)より手近にある, 容易に思いつく, より自然〈当然〉である(ただし: näher liegen →näher I 1 a): *Es lag näher*〔,〕 zuzustimmen〔,〕 als abzuraten. 思いとどまらせるよりは同意するほうが自然だった | Es *liegt näher* anzunehmen, daß ... むしろ…と考えるほうが自然である.

II nạ̈·her·lie·gend 現分 形 《naheliegend の比較級》(考え・推測などが)より自然な, より当然の: die ～*e* Auffassung より自然な考え方.

nạ̈·hern[nɛ́:ərn] 《05》 他 (h) **1** 近づける, 接近させる: Das wird uns dem Ziel ～. それで我々は目標に近づくことができるだろう | Sie *näherte* ihren Mund dem meinigen. 彼女は自分の口を私の口に近づけた. **2 a)** 再帰 *sich*[4] ～ 近づく, 接近する: *sich*[4] *seinem* Ende ～ 終わりに近づく | Die Schritte *näherten* sich. 足音が近づいて来た | Niemand durfte sich der Unfallstelle ～. だれも事故現場に近寄ることは許されなかった. **b)** 再帰 *sich*[4] *jm.* ～ (特定の意図を持って…に)近づく, (…と)親しくなろうとする | Ich versuchte vergeblich, mich der Dame zu ～. 私はその婦人に取り入ろう〈近づきになろう〉としたがだめだった. **c)** 再帰 *sich*[4] *et.*[3] ～ …に近い状態になる〈近似する〉 | *sich*[4] dem Ideal ～ 理想に近づく | Ihre Wut *näherte* sich der Raserei. 彼女の怒りは逆上に近くなった.

ᐁ**Nạ̈·her·recht**[nɛ́:ər..] 中 〘商〙 先買権, 優先〔買入〕権. [„näheres Anrecht"]

nạ̈·her|ste·hen*[nɛ́:ərʃte:ən] 《182》 自 (h) 《*jm.* / *et.*[3]》(…と)かなり近い関係にある(→nahestehen).

nạ̈·her|tre·ten*[nɛ́:ərtre:tən] 《194》 自 (s) **1** 《*jm.*》(…と)さらに親しくなる, 親密さを増す. **2** 《官》《*et.*[3]》(提案などを)吟味〈検討〉する. **3** →näher I 1 a

Nạ̈·he·rung[nɛ́:ərʊŋ] 女 -/-en **1** 〔sich〕 nähern すること. **2** 〘数〙近似.

Nạ̈·he·rungs·wert 男 〘数〙近似値.

na̤·he|ste·hen*[ná:əʃte:ən] 《182》 **I** 自 (h) **1** →nah I 1 **2** 《*jm.* / *et.*[3]》(…と)親密〈懇意〉な間柄である(ただし: nahe stehen →nah I 1): Sie *steht* mir besonders *nahe.* 彼女は私と特に親密な仲である. **II na̤·he·ste·hend** 現分 形 **nạ̈·her·ste·hend** / **nächst·ste·hend** 《*jm.* / *et.*[3]》親密〈懇意〉な, (…に)近い: eine den Kommunisten ～*e* Zeitung 共産〔党〕系の新聞.

na̤·he|tre·ten*[ná:ətre:tən] 《194》 自 (s) **1** →nah I 1 **2** 《*jm.*》(…と)親しく〈懇意に〉なる(ただし: nahe treten → nah I 1).

na̤·he·zu̱[ná:ətsú:] 副 (fast, beinahe) ほとんど, おおよそ: ～ sechs Stunden dauern ほぼ 6 時間続く | Ich bin ～ genesen. 私はほとんど全快している.

Nä̤h·fa·den[nɛ́:..] 男 縫い糸. [<nähen]

Nạh·fahrt[ná:..] 女 (運送トラックによる)近距離走行.

Nä̤h·garn[nɛ́:..] 中 =Nähfaden

Nạh≠ge·spräch[ná:..] 中 近距離通話. **≠kampf** 男 **1** 〘軍〙接近戦, 肉弾〈白兵〉戦. **2** 〘ボクシング・フェンシング〙接近戦.

Nạh·kampf≠mit·tel 中, **≠waf·fe** 女 〘軍〙接近戦〈白兵戦〉用の武器.

Nä̤h≠käst·chen[nɛ́:..] 中 Nähkasten の縮小形: **aus dem ～ plaudern** 《話》(他人に)私事をしゃべる; 職業上の秘密をもらす. **≠ka·sten** 男 針箱, 裁縫箱. **≠kis·sen** 中 (Nadelkissen) 針刺し, ピンクッション. **≠korb** 男 **1** 裁縫道具かご. **2** 縫い物入れ. **≠körb·chen** 中 Nähkorb の縮小形: aus dem ～ plaudern 《話》(他人に)私事をしゃべる; 職業上の秘密をもらす. [<nähen]

nahm[na:m] nehmen の過去.

Nä̤h·ma·schi̱·ne[nɛ́:..] 女 **1** ミシン(→ 図): eine elektrische ～ 電動ミシン | eine ～ mit Fußantrieb 足踏み式ミシン ‖ *et.*[4] mit der ～ nähen …をミシンで縫う. **2** 〘軍〙

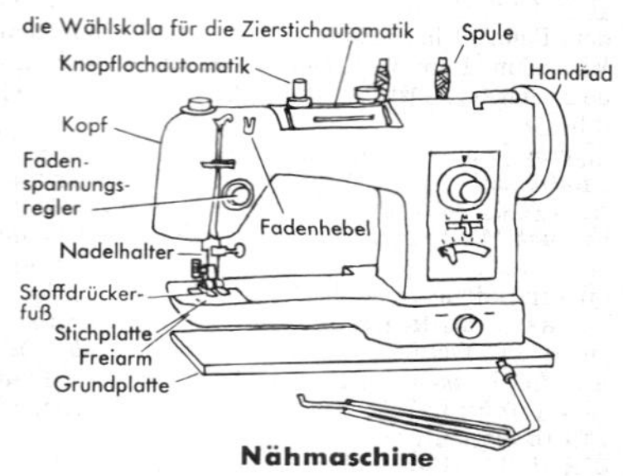

Nähmaschine

N

《俗》(Maschinengewehr)(兵隊用語で)機関銃. [＜nähen; *engl.* sewing machine の翻訳借用]

Näh·ma·schi·nen·öl 中 ミシン油.

näh·me[nέːmə] nehmen の接続法 II.

Näh·na·del[nέː..] 女 (裁縫用の)針, 縫い針. [＜nähen]

Nah·ost[naː|ɔ́st] 地名 男 -[e]s/《無冠詞で》(der Nahe Osten) 近東(地中海東部地域の総称. 元来はオスマン帝国の領土を指した).

nah·öst·lich[..|œstlıç] 形《付加語的》近東の.

Nähr≈bo·den[nέːr..] 男 **1**〘生・医〙培地(ばいち), 培養基: ein günstiger ～ für Bakterien バクテリアを育てるのに好都合な培地. **2**《比》温床: Arbeitslosigkeit ist oft der ～ für radikale Ideen. 失業はしばしば過激思想の温床である. **≈brü·he** 女〘生・医〙肉汁培養基. **≈creme**[..kreːm] 女〘美容〙栄養クリーム. **≈ein·lauf** 男〘医〙栄養灌腸(かんちょう).

näh·ren[nέːrən] **I** 他 (h) **1 a)** 《*jn.*》(食物・滋養分などを与えて)養う, 育てる, (…に)栄養〈滋養〉を与える, (…に)食物〈飼料〉を与える; 養育する, 扶養する: ein Kind mit Muttermilch ～ 子供を母乳で育てる | Die Mutter kann ihr Kind nicht selbst ～. その母親は子供を母乳で育てることができない | *seine* Frau und Kinder ～ 妻子を養う | eine Natter 〈eine Schlange〉 am 〈an *seinem*〉 Busen ～ (→Natter 2, →Schlange 1 a) | das Feuer ～《比》火に燃料を補給する | Das Handwerk *nährt* seinen Mann. (→Handwerk 1) ‖〘目的語なしで〙Ich habe selbst *genährt.* 私は子供を母乳で育てた ‖ ein gut 〈schlecht〉 *genährtes* Kind 栄養のよい〈悪い〉子供. **b)** 《雅》再帰 *sich*[4] von 〈mit〉 *et.*[3] ～ …を食べて栄養をとる, …を常食にしている; …によって暮らしを立てている | Das Tier *nährt* sich von Insekten. この動物は昆虫を食べて生きている | Er *nährt* sich von 〈durch〉 seiner Hände Arbeit. 彼は自分で働いて暮らしを立てている | Mühsam *nährt* sich das Eichhörnchen. (→Eichhörnchen). **2** 《雅》《*et.*[4]》(希望・感情・野心・計画などを)心に育てる, 胸にはぐくむ: einen Verdacht ～ 心に疑念を抱く | Der Haß des Volkes gegen den Eroberer wurde durch die Greuelgeschichten *genährt.* 侵略者に対する民族憎悪の念は様々な残虐行為についての話を聞かされることによってはぐくまれた.

II 自 (h) 養分がある, 栄養に富んでいる: Milch *nährt* sehr. 牛乳はとても栄養がある.

[*germ.* „retten"; ◇genesen]

Nähr≈flüs·sig·keit[nέːr..] 女〘生・医〙液体培養基, 培養液. **≈ge·halt** ＝Nährstoffgehalt **≈ge·we·be** 中〘植〙(種子の)栄養組織(胚乳(はいにゅう)など).

nahr·haft[náːrhaft] 形 **1** 栄養のある, 滋養物の多い; (土地が)肥沃(ひよく)な, 生産性の高い;《比》有益な(精神の糧など): eine ～*e* Speise 栄養になる食物 | das ～*e* Gewerbe《戯》食品製造業. **2** 《話》有利な, もうけの多い: ein ～*er* Posten 実入りのいいポスト. [＜*ahd.* nara „Errettung" (◇nähren)]

Nahr·haf·tig·keit[..tıçkaıt] 女 -/ nahrhaft なこと.

Nähr·he·fe[nέːr..] 女 食用酵母(医薬あるいは飼料に使う, 苦味を取って乾燥させたビール酵母).

näh·rig[nέːrıç][2] 形 **1**《北部》きわめてつましい, しまり屋の, けちんぼの. ▽**2** ＝nahrhaft [*mndd.*]

Nähr≈kli·stier 中 ＝ Nähreinlauf **≈kraft** 女 ＝Nährwert **≈lö·sung** 女 **1** ＝Nährflüssigkeit **2** (人工栄養を注入するための)栄養溶液. **≈me·dium** 中 ＝Nährboden **≈mit·tel** 中 -s/- **1** 栄養物, 滋養物. **2** 《複数で》穀物加工品(ひき割り麦・オートミール・めん類など. ただし小麦粉を除く). **≈mut·ter** 女 乳母; 養母: die ～ Erde《比》母なる大地. **≈prä·pa·rat** 中 (幼児・病人用の)人工栄養食品, 栄養加工食品. **≈salz** 中 -es/-e《ふつう複数で》〘生〙栄養塩類. **≈scha·den** 男〘医〙(乳幼児の)栄養障害. ▽**≈stand** 男 生産階級(農業・林業などに従事する人の総称. Lehrstand および Wehrstand に対するもの). **≈stoff** 男 -[e]s/-e《ふつう複数で》栄養素.

nähr·stoff·arm 形 栄養素の乏しい.

Nähr·stoff·ge·halt 男 栄養分, 滋養分.

nähr·stoff·reich 形 栄養素に富んだ.

Nah·rung[náːrʊŋ] 女 -/ **1** 〔飲〕食物, 食餌(しょくじ), 栄養; (植物にとっての)養分: feste 〈geformte〉 ～ 固形食 | flüssige 〈halbflüssige〉 ～ 流動〈半流動〉食 | tierische 〈pflanzliche〉 ～ 動物性〈植物性〉食品 | geistige ～ / ～ für den Geist《比》精神の糧(かて) | ～ und Kleidung 衣食 ‖ ～ zu *sich*[3] nehmen 食物を摂取する | jegliche ～ verweigern (病人などが)食べ物をいっさい受けつけない | dem Feuer ～ geben《比》火に燃料を補給する | ***et.***[3] **～ geben** 〈**bieten** / **zuführen**〉《比》…に新たな材料を提供する, …を勢いづける | *js.* Selbstgefühl[3] ～ geben …の自信をさらに深める | 〔**neue**〕 **～ bekommen** 〈**finden**〉《比》新たな材料を得る, 一段と勢いづく | Der Verdacht fand in seinem Verhalten neue ～. 彼の態度でその嫌疑はますます強まった. ▽**2** nähren すること: der Trieb der ～ und Fortpflanzung 個体維持と生殖の本能. ▽**3** 生計, 暮らし; 職業, なりわい: *jn.* in ～ setzen …に職を与える | eine gute ～ haben 豊かに暮らしている | Was ist eure ～? あなたがたの職業は何か(聖書: 創47, 3). [*mhd.*; ＜*ahd.* nara (→nahrhaft)]

Nah·rungs≈auf·nah·me[náːrʊŋs..] 女 -/ 栄養〈食物〉摂取; 食事. **≈be·darf** 男〘医〙栄養必要〈要求〉. **≈brei** 男〘医〙糜粥(びじゅく), 糜汁(びじゅう), キームス(食物が胃内で消化されて半流動体になったもの). **≈gut** 中 -[e]s/..güter《ふつう複数で》(旧東ドイツで) ＝Nahrungsmittel **≈ket·te** 女〘生〙食物連鎖(生物の群集相互間の食う食われるの関係のつながり). **≈man·gel** 男 食料〈栄養〉不足. **≈mit·tel** 中 -s/-《ふつう複数で》食品, 飲食物.

Nah·rungs·mit·tel≈che·mie 女 食品化学. **≈in·du·strie** 女 食品工業〈産業〉. **≈ver·gif·tung** 女〘医〙食中毒.

Nah·rungs≈quel·le 女 食料〈栄養・養分〉供給源; 生活の資, 糊口(ここう)の手段. **≈saft** 男 -[e]s/ (Speisesaft)〘医〙乳糜(にゅうび). **≈sor·ge** 女 -/-n《ふつう複数で》(その日その日の)食物〈暮らし〉の心配: keine ～*n* kennen すこしも暮らしに困らない; 暮らしに困った経験がない. **≈stoff** ＝Nährstoff **≈su·che** 女 -/ (動物の)餌さがし. **≈trieb** 男 摂食本能(自己保存本能の一つ). **≈ver·wei·ge·rung** 女 (Sitophobie)〘医〙拒食症. **≈zu·fuhr** 女 栄養〈養分〉供給.

▽**Nähr·va·ter**[nέːr..] 男 養父.

Nähr≈wert 男 栄養価: einen hohen ～ haben 栄養価が高い | **keinen** 〔**geistigen** / **sittlichen**〕 **～ haben**《話》なんの役にもたたない. **≈zucker** 男 (乳児用の)栄養糖. [＜nähren]

Näh·scha·tul·le[nέː..] 女 ＝Nähkasten

Nah·schnell·ver·kehrs·zug[náː..] 男 (略 N) 近郊快速列車.

Näh≈schu·le[nέː..] 女 裁縫〈洋裁〉学校. **≈sei·de** 女 絹の縫い糸. **≈stich** 男 縫い針で刺すこと; 針の運び方, 針みち. **≈stun·de** 女 裁縫の〔授業〕時間.

Naht[naːt] 女 -/Nähte[nέːtə] **1** 縫い目, とじ目: eine ～ nähen 〈auftrennen〉 縫い目を縫い合わせる〈ほどく〉 | Die ～ ist geplatzt 〈aufgegangen〉. 縫い目がほころびた ‖ ***jm.* auf die** *Nähte* fühlen《話》…の胸のうち〈ふところ具合〉をさぐる | **etwas auf der ～ haben**《話》裕福である | ***jm.* auf den *Nähten* knien** / ***jm.* auf die *Nähte* gehen** 〈**rücken**〉《話》…にしつこく迫る | *sich*[3] 〈einander〉 auf den *Nähten* sitzen《話》狭いところで折り重なるようにして住む | **aus den** 〈**allen**〉 ***Nähten* platzen**《話》はち切れんばかりに太っている; (規模などが)大きくなりすぎる. **2**〘医〙**a)** (傷口などの)縫合. **b)** 縫合部: Die ～ der Wunde ist verheilt. 傷口の縫い目が癒合した. **3**〘工〙(溶接部の)継ぎ目: eine ～ schweißen 継ぎ目を溶接する. **4** (Sutur)〘解〙(頭蓋(ずがい)などの)縫合線. **5**〘植〙(エンドウのさやなど, 心皮の)縫合線(→ 図 Schote). **6**《話》《**eine Naht** の形で》多量: eine ～ Kirschen たくさんのサクランボ ‖ eine 〔tüchtige〕 ～ beziehen さんざん殴られる | eine 〔dolle〕 ～ draufhaben 猛烈なスピードを出す | eine 〔gute〕 ～ saufen 大酒を飲む | eine ～

schlafen たっぷり眠る. [*ahd.* nāt „Nähen"; ◇nähen]
▽**Näh·te·rei**[nɛːtəráɪ] 女 -/-en =Näherei
▽**Näh·te·rin**[nɛ́ːtərɪn] 女 -/-nen =Näherin
Näh·tisch[nɛ́ː..] 男 裁縫台.
naht·los[náːtloːs][1] 形 **1** 縫い目〈継ぎ目〉の〔見え〕ない: ~*e* Strümpfe シームレス=ストッキング. **2** 《比》渾然(こんぜん)一体となった: eine ~*e* Übereinstimmung 完全な一致.
Nah·trans·port[náː..] 男 近距離輸送.
Naht≠schwei·ßung[náːt..] 女 《工》〔連続〕溶接. **≠stel·le** 女 縫い目, 継ぎ目; 《比》接点. **≠zu·ga·be** 女 《服飾》縫い代(しろ), シーム=アローワンス.

N

Na·hum[náːhʊm] 人名 《聖》ナホム, ナフム(紀元前7世紀のユダヤの預言者): der Prophet ~ 預言者ナホム; (旧約聖書の)ナホム書. [*hebr.* „Trost"]
Nah·ver·kehr[náː..] 男 (↔Fernverkehr) 近距離〈短距離〉交通, 近距離〈近郊〉運輸.
Nah·ver·kehrs≠mit·tel 中 近距離交通手段. **≠zug** 男 近郊〔普通〕列車.
Näh·zeug[nɛ́ː..] 中 -〔e〕s/ **1** 《集合的に》裁縫道具(針・糸・はさみ・指ぬきなど). **2** =Näharbeit
Nah·ziel[náː..] 中 (↔Fernziel) 近い将来の目標.
Näh≠zu·ta·ten[nɛ́ː..] 複 裁縫〈洋裁〉用付属品(縫い糸・ボタン・ファスナーなど). **≠zwirn** 男 =Nähfaden
Nai·ro·bi[naɪróːbiˑ] 地名 ナイロビ(ケニア共和国の首都).
naiv[naíːf][1] **I** 形 **1** 《ふつう付加語的》素朴〈ナイーブ〉な; 純真〈無垢(むく)〉な, 天真爛漫(らんまん)な, 無邪気な, あどけない, うぶな; 自然の, 飾り気のない: eine ~*e* Freude 素朴なよろこび | ~*e* Kunst (素人の)素朴な芸術 | ein ~*es* Mädchen 純情な少女. **2** 《しばしば軽蔑的に》(考え方の)単純な, あさはかな, ばか正直な, 愚直な, おめでたい, おひとよしの, 無知な: ein ~*er* Mensch 単純な〈おめでたい〉人 ‖ Bist du aber ~! 君もずいぶん単純だ〈おめでたい〉ね. **II Nai·ve** 《形容詞変化》**1** 男 女 naiv な人: **den ~*n* 〈die ~〉 spielen** 何も知らないふりをする, 無知をよそおう. **2** 女 《劇》純情娘の役柄〔を演じる女優〕.
[*lat.* nātīvus (→nativ)−*fr.* naïf]
Nai·vi·tät[naivitɛ́ːt] 女 -/ naiv なこと. [*fr.*]
Naiv·ling[naíːflɪŋ] 男 -s/-e 《軽蔑的に》単純な〈おめでたい〉やつ.
Na·ja·de[najáːdə] 女 -/-n 《ふつう複数で》《ギ神》ナイアス(泉・川の精: →Nymphe 1). [*gr.*−*lat.*; <*gr.* nān „fließen" (◇Nereus, Nekton); ◇*engl.* naiad]
Na·jin[náːdʒɪn] =Nadschin
Na·ma[náːmaˑ] 男 -〔s〕/-〔s〕 ナマ族 (Hottentotte の一種族).
das **Na·ma·land**[náːmalant][1] 地名 中 -〔e〕s/ ナマランド(南西アフリカのナミビア南部の山岳地域で, 住民はナマ族).
Na·me[náːmə] 男 2格 -ns, 3格 -n, 4格 -n, 複数 -n **1** (英: *name*)名, 名前; 名称, 呼称; 名ばかりのもの, 名目: ein anderer ~ für *et.*[4] …の別名 | ein bekannter 〈seltener〉 ~ よく知られた〈めずらしい〉名前 | ein leicht 〈schwer〉 zu behaltender ~ 覚えやすい〈にくい〉名前 | ein falscher 〈angenommener〉 ~ 偽名〈仮名〉 | Familien*name* 家族名(姓・名字(みょうじ)) | Firmen*name* 会社名 | Kose*name* 愛称 | Künstler*name* 芸名 | Spitz*name* あだ名 | Vor*name* (姓に対する)名.
‖《前置詞と》Das Konto lautet **auf** den ~*n* seiner Frau. 口座は彼の妻の名義になっている | Der Hund hört auf den ~*n* Nero. この犬の名前はネロという(ネロと呼ばれると反応を示す) | Das geht alles auf meinen ~*n*. (勘定は)全部私につけてくれ | *jn.* **bei** 〈mit〉 *seinem* ~*n* rufen …の名前を呼ぶ | ***et.***[4] **beim ~*n* nennen** …をずばり〈遠慮せずに〉指摘する | die Dinge 〈das Kind〉 beim 〔rechten〕 ~*n* nennen (→Ding 1 a, →Kind) | **in *js.* ~*n* / im ~*n* von *jm.*** …の名で, …を代表して, …の委託を受けて | im ~*n* des Gesetzes 法の名において | in Gottes ~*n* (→Gott) | in Teufels ~*n* (→Teufel 1) | ein Mann **mit** ~*n* Müller ミュラーという名の男(→namens I) | mit vollem ~*n* unterschreiben フルネームで署名する | Mit bürgerlichem ~*n* hieß er Johann Paul Richter. 彼は本名はヨハン パウル リヒターと言った | **nach** *js.* ~*n* fragen …の名前をたずねる | Er ist mir nur dem ~*n* nach bekannt. 彼のことは名前だけしか知らない | Er ist nur dem ~*n* nach König. 彼は名目上の国王にすぎない | **ohne** ~*n* erscheinen 匿名で発表される | **unter** falschem ~*n* 偽名を使って.
‖《主語として》Wie ist Ihr ~, bitte? お名前はなんとおっしゃいますか(=Wie heißen Sie?) | Wie war doch gleich Ihr ~? お名前はなんとおっしゃいましたっけ | Wie lautet der ~ dieser Pflanze? この植物の名前はなんというのですか | Mein ~ ist Schmidt. 私の名前はシュミットです(=Ich heiße Schmidt.) | Mein ~ ist Hase〔, ich weiß von nichts〕. (→Hase 3) | Der ~ dieses Bergs ist mir unbekannt. この山の名前は知りません | Schwachheit, dein ~ ist Weib! (→Schwachheit 1) | ***Name* ist Schall und Rauch.** 名前とはむなしきもの (Goethe: *Faust* I) | Ein guter ~ ist besser als Reichtum 〈Silber und Gold〉. 《諺》名声は富〈金銀〉にまさる | Dafür 〈Dazu〉 ist mir mein ~ zu schade. それでは私の名前が泣く | Der ~ bürgt für Qualität. 銘柄〈ブランド〉が品質を保証する | Der ~ tut nichts zur Sache. 名前と実質とはなんの関係もない, 名前なんかどうでもいい.
‖《目的語として》*seinen* ~*n* ändern 名前を変える, 改名する | *seinen* ~*n* angeben 〈nennen〉 名前を名のる | die ~*n* der Bewerber aufrufen 〈verlesen〉 志願者の名前を呼び〈読み〉あげる | *seinen* ~*n* beflecken 〈besudeln〉 名をけがす | einen passenden ~*n* für *et.*[4] finden …にふさわしい名前をみつける〈つける〉 | einen anderen ~*n* führen 違う名前を使っている | *jm.* einen ~*n* geben …に名前をつける | für *et.*[4] den ~*n* hergeben …に名前〈名義〉を貸す(実際の仕事はせずに) | den ~*n* der Blume kennen その花の名前を知っている | keinen ~*n* nennen wollen 名指しを避ける | *js.* ~*n* rufen …の名前を呼ぶ | *seinen* ~*n* unter *et.*[4] setzen …に署名する | einen falschen ~*n* tragen 偽名を使う | den ~*n* nicht verdienen その名に値しない | *seinen* ~*n* verschweigen 名前を言わない〈黙秘する〉 | den ~*n* wechseln 名前を変える, 名前が変わる ‖ Das Kind muß doch einen ~*n* haben. 《比》物事にはやはり大義名分が必要だ.
2 名声, 高名; 評判, 世評: ein Mann von ~*n* 有名人 | ***sich***[3] **〔mit *et.*[3]〕 einen ~*n* machen** 〔…で〕名を成す,〔…で〕有名になる | *seinen* ~*n* verlieren 名声を失う, 信用を失墜する, 評判を落とす ‖ Er hat schon einen 〈noch keinen〉 ~*n*. 彼はすでに世の中に知られている〈まだ無名だ〉 | alles, was Rang und ~*n* hat (→Rang 1 a) ‖ ein Mann ohne Rang und ~*n* (→Rang 1 a).
[*germ.*; ◇Nomen, nennen; *engl.* name; *gr.* ónoma „Name"]
▽**Na·men**[náːmən] 男 -s/- =Name
Na·men≠än·de·rung[náːmən..] = Namensänderung **≠buch** 中 姓名(特に洗礼名)の辞典. **≠deu·tung** 女 名前〈固有名詞〉の解釈(意味・由来など). **≠for·schung** 女 =Namenkunde **≠ge·bung**[..geːbʊŋ] 女 -/-en **1** 命名. **2** =Namensweihe **≠ge·dächt·nis** 中 名前〔についての〕記憶力(→ Personengedächtnis, Sachgedächtnis): Er hat ein gutes ~. 彼は人の名前をよく覚えている.
Na·men-Je·su-Fest[naːmənjéːzu..] 中 《カトリック》イエズスのみ名の祝日(元旦と Epiphanie〔主の公現の祝日〕の間の日曜日. この期間に日曜日がなければ1月2日).
Na·men≠kun·de[náːmən..] 女 -/ **1** 姓名学. **2** (Onomastik) 《言》固有名詞学. **≠li·ste** 女 名簿.
na·men·los[náːmənloːs][1] **I** 形 **1 a)** 名前のない, 無名の; (世間に)名前の知られていない: Er ist noch ~. 彼はまだ無名である〈世間に知られていない〉. **b)** 名前を明かさない, 匿名の; 名前のわからない; (昔の詩などで)詠(よ)み人知らずの: ein ~*er* Spender 匿名の寄贈主. **2** 名状しがたい, 言いようのない: ~*es* Elend 言いようもないみじめさ | ein ~*er* Schmerz 言語に絶する苦痛 ‖ *sich*[4] ~ schämen ひどく恥じ入る. **II**
Na·men·lo·se 男 女 《形容詞変化》名前のない〈わからない〉人, 無名〈匿名〉の人: *Namenloser* du! なんじ神よ.
Na·men·lo·sig·keit[..loːzɪçkaɪt] 女 -/ namenlos なこと.

Na·men≈nen·nung ＝Namensnennung **≈re·gi·ster** 中 **1** 名簿. **2** 人名索引(→Sachregister).

na·mens[ná:məns] **I** 副 (mit Namen) (…という)名前をもった: ein Mann ～ Hans ハンスという名の男.

II 前《2格支配》《官》(im Namen) …の名前で; …の名代として(委託を受けて): ～ der Regierung 政府の名において.

Na·mens≈ak·tie[..|aktsiə] 女 (↔ Inhaberaktie) 〘商〙記名株券. **≈än·de·rung** 女 改名, 改姓; 名称変更. **≈bru·der** 男 ＝Namensvetter **≈deu·tung** ＝Namendeutung **≈fest** 中 ＝Namenstag **≈for·schung** ＝Namenforschung **≈ge·bung** ＝Namengebung **≈nen·nung** 女 名前を挙げること; 名を名のること. **≈pa·pier** 中 (↔Inhaberpapier) 〘商〙記名証券. **≈pa·tron** 男 (女 **≈pa·tro·nin**) 〘カトリック〙霊名の聖人, 守護聖人(当人の洗礼名にゆかりの聖者). **≈recht** 中 〘法〙氏名権. **≈schild** 中 -[e]s/-er **1** (戸口などの)表札. **2** 名札. **≈schwe·ster** 女 (…と)同名〈同姓〉の女(→Namensvetter). **≈stem·pel** 男 印鑑(当人の署名の字体をゴム印にしたものなど). **≈tag** 男 〘カトリック〙洗礼名〈霊名〉の日(→Namenspatron). **≈ver·zeich·nis** ＝Namenverzeichnis **≈vet·ter** 男 (…と)同名〈同姓〉の男(→Namensschwester). **≈wei·he** 女 (旧東ドイツで, キリスト教の洗礼に代わる)命名式. **≈zei·chen** 中 署名代わりの短縮記号(頭文字の組み合わせなど). **≈zug** 男 **1** 自筆の署名. **2** (姓名の頭文字の組み合わせによる)花押(かおう).

na·ment·lich[ná:məntlıç] **I** 形 名前を挙げての; 記名による: eine ～*e* Abstimmung 記名投票 | eine ～*e* Liste 名簿 ‖ anonym oder ～ 匿名または実名で | *jn.* ～ aufrufen …の名前を呼びあげる.

II 副 **1** →I **2** (besonders) 特に, なかんずく: im Winter, ～ wenn es schneit 冬に とりわけ雪が降ると.

Na·men≈ver·wechs·lung[ná:mən..] 女 名前〈名称〉の混同. **≈ver·zeich·nis** 中 名簿. **≈wech·sel** 男 ＝Namensänderung

nam·haft[ná:mhaft] 形 **1** 《付加語的》(学者・芸術家などが)有名な, 著名な: ein ～*er* Gelehrter 著名な学者. **2** 著しい, 相当な, かなりの: eine ～*e* Summe かなりの金額 | ein ～*er* Unterschied 著しい差異. **3** 《官》名指しの, 名を挙げての: 〘もっぱら次の成句で〙 ***jn.*** 〈***et.***[4]〉 **～ machen** …の名前を挙げる, …を名指しする; …を指摘する. [*ahd.*; ◇Name]

Nam·haft·ma·chung[..maxʊŋ] 女 -/-en namhaft machen すること.

Na·mi·bia[namí:bia·] 地名 ナミビア(1884年以降ドイツ領, 1920年南アフリカ連邦の委任統治領に移行. 1990年独立. 首都は Windhuk).

..namig[..na:mıç][2] 《形容詞につけて「名前が…の」を意味する形容詞をつくる》: falsch*namig* 偽名の | gleich*namig* 名前の等しい, 同名の.

näm·lich[nɛ́:mlıç] **I** 副 **1** (先行する発言の内容を具体的に挙げて)すなわち, 詳しく言うと: Er ist schon zweimal dagewesen, ～ gestern und heute. 彼はすでに2回ここに来た すなわちきのうときょうとだ. **2** 《文頭以外に置かれて》(先行する発言の根拠を説明して)つまり, そのわけは: Er kam nicht, er war ～ krank. 彼は来なかった つまり病気だったのだ | Es ist ～ so. つまりこういうわけなんです.

II 形 《付加語的》《定冠詞と用いられて》《雅》(derselbe) 同じ, 同一の: zum ～*en* Zeitpunkt 〔それと〕同じ時刻に ‖ 〘小文字のまま名詞的に: →folgend ★〙Er ist noch immer der ～*e*. 彼は依然として昔と同じだ.

[*ahd.* „ausdrücklich"; ◇Name; *engl.* namely]

Näm·lich·keit[−kaıt] 女 -/ (Identität) 同一性, (…と)同一であること; 本人〈そのもの〉であること.

Näm·lich·keits·be·schei·ni·gung 女 (Identitätsnachweis) (税関の)同品証明.

nan.. →nano.. 2

Nan·chang[nántʃaŋ] ＝Nantschang

Nan·du[nándu·] 男 -s/-s 〘鳥〙(南米産の)アメリカダチョウ(駝鳥). [*Tupi* nhandu−*span.*]

der **Nan·ga Par·bat**[náŋga· párbat] 地名 男 --/ ナンガパルバト(西ヒマラヤの高峰で, 標高8126m. 1953年に初登頂). [*sanskr.* „nackter Berg"]

Nä·nie[nɛ́:niə] 女 -/-n[..niən] (Totenklage) (古代ローマの)挽歌(ばんか), 葬送の歌. [*gr.*−*lat.* nēnia]

Na·nis·mus[nanísmʊs] 男 -/ (Zwergwuchs) **1** (↔Gigantismus) 〘医〙小人(こびと)症, 矮小(わいしょう)発育症. **2** 〘生〙矮性, 矮化. [<nano..+..ismus]

Nan·jing[nándʑıŋ] ＝Nanking I

Nan·king[náŋkıŋ] **I** 地名 南京(なんきん)(中国, 江蘇 Kiangsu 省の省都. かつて中華民国の首都であった). **II** 男 -s/-e, -s 〘織〙南京木綿.

Nan·net·te[nanɛ́tə] 女名 ナネッテ. [*fr.*; ◇Anna]

Nan·ni[náni·] 女名 (<Anna) ナニー.

Nan·ning[nánıŋ, nánníŋ] 地名 南寧, ナンニン(中国, 広西チュワン Kuangsi-Tschuang 族自治区の区都).

nann·te[nántə] nennen の過去.

nano.. **1** 《単位名につけて「10億分の1 (10^{-9})」を意味する; 記号 n》 **2** 《「微小の・矮小(わいしょう)の」を意味する. 母音の前では nan.. となることがある: →*Nan*ismus》 [*gr.* nãnos−*lat.* nānus „Zwerg"]

Na·no·fa·rad[nanofará:t] 中 -[s]/- 〘電〙ナノファラッド(静電容量の単位: 10億分の1 Farad; 記号 nF).

Na·no·gramm[..grám] 中 -s/-e (単位: -/-) 〘理〙ナノグラム(10億分の1グラム; 記号 ng).

Na·no·me·ter[..mé:tər] 男 (中) -s/- 〘理〙ナノメートル(10億分の1 m; 1ミリミクロン; 記号 nm).

Na·no·se·kun·de[..zekʊ́ndə] 女 -/-n 〘理〙ナノ秒(10億分の1秒; 記号 ns).

Na·no·so·mie[..zomí:] 女 -/-n[..mí:ən] ＝Nanismus [<Soma]

Na·no·tech·no·lo·gie[..tɛçnologí:] 女 -/ ナノテクノロジー(10億分の1メートルの精度を扱う超微細な機械技術).

na·no·tech·no·lo·gisch[..ló:gıʃ] 形 ナノテクノロジー〔上〕の.

Nan·sen[nánzən, nánsən] 人名 Fridtjof ～ フリトヨフ ナンセン(1861-1930; ノルウェーの探検家. フラム Fram 号に乗って北極に向かい, 北緯86°14′の地点に到達).

Nan·tschang[nántʃaŋ] 地名 南昌, ナンチャン(中国, 江西 Kiangsi 省の省都).

na·nu[nanú:] (<na nu) 間 (意外・驚き・けげんの気持を表して)おやまあ(驚いた); なんだって, これはこれは(妙なことだ): *Nanu*, wo kommst du denn her? おや君はいったいどこから来たのか | *Nanu*, das ist aber eigenartig! あれまあ それはまた変な話だ.

Na·palm[ná:palm] 中 -s/ 商標 ナパーム(焼夷(しょうい)弾などとして用いられるガソリンのゼリー化剤. 高熱で燃焼し, 容易に消火できない). [*amerik.*; ◇Naphten, Palmitinsäure]

Na·palm·bom·be 女 〘軍〙ナパーム〔爆〕弾.

Napf[napf] 男 -[e]s/Näpfe[nɛ́pfə] (小 **Näpf·chen**[nɛ́pfçən], **Näpf·lein**[..laın] 中 -s/-) (丸く小さく, あまり深くない)鉢(→ 図 Gefäß): Futter*napf* (家畜用の)餌鉢(えばち) | Seifen*napf* せっけん入れ ‖ der Katze einen ～ mit Milch hinstellen 猫にミルクの入った鉢をあてがう. [*germ.*]

Napf≈ku·chen[nápf..] 男 〘料理〙ナップクーヘン(鉢形スポンジケーキ: → 図 Kuchen). **≈pilz** 男 〘植〙チャワンタケ(茶碗茸)目のキノコ. **≈schnecke** 女 〘貝〙ツタノハガイ(蔦葉貝).

Naph·tha[náfta·] 中 -s/ (女 -/) **1** 〘化〙ナフサ, 石油ナフサ. [▽]**2** (Erdöl) 石油. [*pers.*−*gr.*−*lat.*]

Naph·tha·lin[naftalí:n] 中 -s/ ナフタリン(染料の製造に, また防虫剤として用いられる). [<..in[2]]

Naph·then[nafté:n] 中 -s/-e 《ふつう複数で》〘化〙ナフテン(飽和炭化水素). [<..en[2]]

Naph·then·säu·re 女 〘化〙ナフテン酸.

Naph·thol[naftó:l] 中 -s/-e 《ふつう複数で》〘化〙ナフトール. [<..ol]

Naph·thol·farb·stoff 男 ナフトール染料.

Na·po·leon[napó:leɔn] **I** 人名 ナポレオン〔一世〕(1769-1821; フランスの皇帝 Napoléon Bonaparte).

II 男 -s/-s (単位: -/-) ＝Napoleondor

Na·po·leon·dor[napoleɔndó:r] 男 -s/-e (単位: -/

-）ナポレオン（ナポレオン一世と三世の肖像のついた20フラン金貨）．［*fr.*；＜*fr.* or „Gold“（◇Aurum）］

na·po·leo̱·nisch［napoleó:nɪʃ］形 ナポレオンに関する；ナポレオンふうの（的な）；《大文字で》ナポレオンの：die *Napoleonischen* Kriege〘史〙ナポレオン戦争（フランスがナポレオンの指揮下にヨーロッパ諸国と戦った戦争の総称）．

N

Na̱·po·li［ná:poli·］地名 ＝Neapel

Na·po·li·tain［napolité:］中 -s/-s ナポリタン（小型の板状チョコレート）．

Na·po·li·taine［..té:n］女 -/〘織〙ナポリ織（フランネルふうの柔らかい毛織物）．［*fr.*；◇neapolitanisch］

Na̱p·pa［nápa·］中 -〔s〕/-s, **Na̱p·pa·le̱·der**［nápa..］中 ナッパ革（手袋などに用いられる羊や山羊の皮）．［*amerik.* napa leather；＜Napa（カリフォルニア州の原産地）］

Na̱r·be［nárbə］女 -/-n **1** 傷あと，傷痕（しょうこん）；〘医〙瘢痕（はんこん）：eine frische 〈häßliche〉 ～ 治ったばかりの〈醜い〉傷あと｜Blatter*narbe* あばた｜Brand*narbe* やけどの傷あと｜Impf*narbe*〔種〕痘痕（とうこん）｜die ～*n* auf der Brust 胸の傷あと（勇者の象徴）‖ Die ～ schmerzt. 傷あとが痛む｜Die ～ bleibt, wenn auch die Wunde heilt.《諺》傷が治っても傷あとは残る．**2**〘植〙**a)**（Stigma）（雌蕊（しずい）の）柱頭（→ 図 Schote）．**b)**（Hilum）へそ（種子の胚珠（はいしゅ）が胎座に付着していた部分の痕跡）．**3**（Grasnarbe）芝地（芝の根の張っている表土）．**4** ＝Narben ［*mhd.* narwa „Enge“；＜*asächs.* naru „eng“；◇Nehrung；*engl.* narrow］

na̱r·ben［nárbən］[1] **I** 他（h）**1**《*et.*[4]》（…に）傷あとを残す，瘢痕（はんこん）を形成する．**2**〘製革〙（皮を）〔毛を除去して〕ざらざらの面にする：*genarbtes* Leder 粒起（りゅうき）革．**3**〘農〙（畑などの）芝の根の張った表土を除去する．**4** 再帰 *sich*[4] ～（傷が癒合して）傷あとになる，瘢痕ができる，あばたになる．**II** 自（h）（vernarben）（傷が癒合して）瘢痕になる．

Na̱r·ben［nárbən］男 -s/-〘製革〙（なめし革の）銀面（原皮の表側で毛嚢（もうのう）のある粒起（りゅうき）面）；銀面のつぶつぶ．

Na̱r·ben≠bil·dung 女〘医〙瘢痕（はんこん）形成．**≠ge·we̱·be** 中〘医〙瘢痕〔結合〕組織．**≠sei·te** 女〘製革〙（なめし革の）銀面．

na̱r·big［nárbɪç］[2] 形 **1** 傷あとのある，傷あとの残った；〘医〙瘢痕（はんこん）〔性〕の．**2**〘製革〙（皮の表面が）粒起した，つぶつぶのある．

Na̱r·de［nárdə］女 -/-n **1**〘植〙カンショウ（甘松）（ヒマラヤ産オミナエシ科の植物で，焚香（ふんこう）の原料の一つ）：Deutsche ～ ラベンダー（＝Lavendel）．**2** ＝Nardenöl ［*semit.*－*gr.* nárdos－*lat.*－*ahd.*；◇*engl.* nard］

Na̱r·den·öl 中 -〔e〕s/ 甘松（かんしょう）油（香油）．

Nar·gi·le̱h［nargilé:, ..gí:lə］女 -/-〔s〕；中 -s/-s ナルギレー（近東の水ぎせる）．［*pers.*；＜*pers.* nārgīl „Kokonuß“；ココナッツでパイプの火皿を作ったことから］

narko..《名詞などにつけて「睡眠・昏睡（こんすい）状態」を意味する》［*gr.* nárkē „Erstarrung“］

Nar·ko·ana·ly̱·se［narko(|)analý:zə］女 -/-n〘医・心〙麻酔分析．

Nar·ko·lep·sie̱［..lɛpsí:］女 -/-n［..sí:ən］〘医・心〙ナルコレプシー，睡眠発作．

Nar·ko·lo·gie̱［..logí:］女 -/〘医〙麻酔学．

Nar·ko·ma·nie̱［..maní:］女 -/〘医〙麻酔剤常用癖．

Nar·ko̱·se［narkó:zə］女 -/-n（Betäubung）〘医〙麻酔〔法〕：allgemeine ～ 全身麻酔｜Äther*narkose* エーテル麻酔‖*jm.* eine ～ geben …に麻酔をかける〈ほどこす〉｜aus der ～ erwachen 麻酔から覚める｜in der ～ liegen 麻酔をかけられている．［*gr.*］

Nar·ko̱·se≠ap·pa·ra̱t 男 麻酔装置．**≠〔fach·〕arzt** 男 麻酔医．**≠ge·we̱hr** 中（動物捕獲用の）麻酔銃．**≠mas·ke** 女 麻酔マスク（→ 図 Maske）．**≠mit·tel** 中 ＝Narkotikum

Nar·ko̱·ti·ka Narkotikum の複数．

Nar·ko̱·ti·ka·sucht［narkó:tika..］女 -/〘医〙麻酔中毒．

Nar·ko̱·ti·kum［narkó:tikʊm］中 -s/..ka［..ka·］麻酔薬〈剤〉．［*gr.*－*mlat.*］

Nar·ko·ti̱n［narkotí:n］中 -s/〘化〙ナルコチン（阿片（あへん）アルカロイドの一つ）．［＜..in[2]］

nar·ko̱·tisch［narkó:tɪʃ］形 麻酔〔性〕の；《比》しびれさせるような，酔わせる：ein ～*es* Mittel 麻酔薬〈剤〉｜Alkohol ist ～. アルコールは麻酔性がある．［*gr.*］

Nar·ko·ti·seur［narkotizø:r］男 -s/-e〘医〙麻酔医．

nar·ko·ti·sie̱·ren［..zí:rən］他（h）《*jn.*》**1**（…に）麻酔をかける：*jn.* mit Äther ～ …にエーテル麻酔をかける｜*narkotisiert* werden 麻酔をかけられる．**2**《比》（…の）良心〈理性〉を麻痺（まひ）させる．

Nar·ko·ti̱s·mus［narkotísmʊs］男 -/ 麻薬中毒．

Narr［nar］男 -en/-en **1**（◎女 **Nä̱r·rin**［nérɪn］-/-nen）**a)**（◎小 **Närr·chen** → 別出, **Nä̱rr·lein**［nérlaɪn］中 -s/-）《雅》物笑いの種となる人，愚か者，愚者，たわけ，ばか，あほう；変物（へんぶつ）：ein verliebter ～ 恋に狂った男‖Ich bin ein ～, daß ich ihm immer wieder glaube! 性懲りもなく彼を信用するなんて私もどうかしている｜Die ～*en* werden nicht alle.《諺》ばか者の種は尽きぬ｜Kinder und ～*en* reden 〈sagen〉 die Wahrheit.（→Kind）｜Ein ～ fragt viel, worauf ein Weiser nicht antworten kann./ Ein ～ kann in einer Stunde mehr fragen, als zehn Weise in einem Jahr antworten können.《諺》ばか者の愚問には賢人もお手あげ．**b)**（昔の王侯貴族などにかかえられた）道化師；道化〔役者〕，おどけ役：Hof*narr*（中世の）宮廷道化師‖den ～*en* spielen 道化〔役〕を演じる｜*sich*[4] als ～ verkleiden 道化に扮（ふん）する｜***sich***[3] **aus** ***jm.*** **einen** **～*en*** **machen**《比》…をからかう，…を愚弄（ぐろう）する｜**einen** **～*en*** **an** ***jm.*** **gefressen haben**《話》…をめちゃくちゃに好きになっている，…にぞっこんほれ込んでいる‖***jn.*** **zum** **～*en*** **haben** 〈**halten**〉《比》…をからかう〈愚弄する〉｜***sich***[4] **zum** **～ machen**《比》物笑いの種になる‖Jedem ～*en* gefällt seine Kappe.（→Kappe 1 a）．**c)**（Karnevalist）（熱狂的な）カーニバルの参加者．

2（Tölpel）〘鳥〙カツオドリ（鰹鳥）．▽**3**（Läufer）〘チェス〙ビショップ．［*ahd.* narro „Verrückter“］

▽**Nar·ra·tio̱n**［naratsió:n］女 -/-en（Erzählung）物語；語り，ナレーション；叙述．［*lat.*；＜*lat.* nārrāre „erzählen“］

nar·ra·ti̱v［..tí:f］[1] 形〘言〙物語〔体〕の；語りの：der Unterschied zwischen ～*er* und Dialogform 物語体と対話体の違い．［*spätlat.*］

Nar·ra̱·tor［nará:tɔr, ..to:r］男 -s/-en［..rató:rən］（Erzähler）〘文芸〙（物語などの）語り手．［*lat.*］

nar·ra·to̱·risch［..tó:rɪʃ］形 物語〔ふう〕の；語り手の．

Nä̱rr·chen［nérçən］中 -s/-（Narr の縮小形）おばかさん．

na̱r·ren［nárən］**I** 他（h）《雅》《*jn.*》からかう，愚弄（ぐろう）する，ばかにする；かつぐ，だます：Eine Luftspiegelung hat mich *genarrt*. 私は蜃気楼（しんきろう）にだまされた｜*Narrt* mich nicht mein Gedächtnis, so … 私の記憶違いでない限りは…．▽**II** 自（h）ふざける，おどける．

Na̱r·ren≠fest 中 カーニバル；仮装舞踏会．**≠frei·heit** 女 宮廷道化師の悪口ご免；（他の人たちから特別扱いを受けている人間の）特権的な自由．

na̱r·ren·haft［nárənhaft］＝närrisch

Na̱r·ren≠hän·de 複 愚か者の手：〘ふつう次の諺で〙***Narrenhände* beschmieren Tisch und Wände.** 家の中の物に落書きするのはろくなやつではない．▽**≠haus** 中（Irrenhaus）精神病院：Hier ist ja das reinste ～! ここで行われていることは全く狂気のさただ．**≠kap·pe** 女 道化帽（道化師のかぶる鈴のついた三角帽）．**≠kleid** 中 道化衣装．**≠pos·se** 女 -/-n《ふつう複数で》悪ふざけ，ばかげた〈くだらぬ〉こと；愚行：～*n* treiben 悪ふざけ〈ばかなこと〉をする｜Laß doch die ～*n*! ばかなまねはよせ．**≠prit·sche** 女（道化役の）打ちべら（→ 図 Pritsche）．**≠seil** 中 道化師の綱：〘ふつう次の成句で〙***jn.*** **am ～**〔**herum**〕**führen**《比》…をからかう〈愚弄（ぐろう）する〉．

na̱r·ren·si·cher 形《話》（機械・器具などに関して）だれでも確実に〈心配なく〉扱える，だれがやっても失敗するおそれのない．

Na̱r·rens·pos·se［nárəns..］＝Narrenposse

Na̱r·ren·streich［nárən..］男 ばかげたいたずら，悪ふざけ；ばかなまね，愚行．

▽**Nạr·ren·tei·ding**[..taɪdɪŋ] 男 -s/-e ＝Narrenposse [„Narrengeschwätz“; ＜*ahd.* taga-ding „Verhandlung“ (◇verteidigen)]

Nạr·ren·tum[nárəntu:m] 中 -s/ 愚かさ, ばかなこと.

Nar·re·tẹi[narətáɪ] 女 -/-en ＝Narrheit [＜Narrenteiding]

Nạrr·heit[nárhaɪt] 女 -/-en **1** 《単数で》愚かさ. **2** ばかげた言動〈振舞い〉, 愚行. **3** 悪ふざけ, ばかはしゃぎ.

När·rin Narr 1 の女性形.

när·risch[nérɪʃ] 形 **1** 狂気のさたの, 常軌を逸した; 風変わりな, おかしな, 変てこな; ばかげた, ナンセンスな: ein ~*er* Einfall とっぴな〈ばかげた〉思いつき | ein ~*er* Kauz 変な〈おかしな〉やつ ‖ Bist du ~? 君は気でも狂ったのか | rein ~ werden 気も狂わんばかりになる, 夢中になる | Er ist rein 〈ganz〉 ~ vor Freude. 彼はうれしくて大はしゃぎしている | **auf** *jn.* 〈*et.*[4]〉 **~ sein / nach** *jm.* 〈*et.*[3]〉 **~ sein** …に夢中になっている, …が欲しくて欲しくてたまらない | Auf Süßigkeiten ist er ganz ~. 彼は甘いものには全く目がない ‖ *sich*[4] ~ freuen 気が狂ったように喜ぶ, 狂喜する | Er ist rein ~ in sie verliebt. 彼は彼女にすっかりうつつをぬかしている. **2** 《述語的用法なし》カーニバルの〔ような〕: das ~*e* Treiben カーニバルの大にぎわい | die ~*e* Zeit カーニバルのシーズン.

Närr·lein Narr の縮小形(→Närrchen).

Nạr·thex[nártɛks] 男 -/..thizes[..titse:s] 〖建〗ナルテックス, 玄関廊(バジリカ式教会堂の身廊に直角な横長のポーチ: → 図 Baukunst). [*gr.*; 本来は植物名; 茎のうつろな形から]

Nạr·wal[nárva(:)l] 男 〖動〗イッカク(一角)(イルカ類の動物). [*anord.* nā-hvalr „Leichen-wal“－*dän.*; 腹部の色から; ◇*engl.* narw〔h〕al]

Nar·zịß[nartsís] **I** 人名 〖ギ神〗ナルキッソス(泉に映った自分の顔に見とれて恋した美少年). **II** 男 -, ..zisses/..zisse (ナルキッソスのような)自己陶酔者, ナルシ〔シ〕スト. [*gr.*－*lat.*]

Nar·zịs·se[nartsísə] **I** 女 -/-n 〖植〗スイセン(水仙)属. **II** Narziß II の複数. [*gr.*－*lat.*]

Nar·zịs·sen·lị·lie[..liə] 女 〖植〗ツバメズイセン(燕水仙), スプレケリア.

Nar·zịß·mus[nartsísmus] 男 -/ 自己愛, ナルシ〔シ〕ズム.

Nar·zịßt[..tsíst] 男 -en/-en 自己陶酔者, ナルシ〔シ〕スト.

nar·zịß·tisch[..tsístɪʃ] 形 自己陶酔的な; 自己愛〈ナルシ〔シ〕ズム〉の.

NASA[ná:za·] 女 -/ (アメリカの)〔国家〕航空宇宙局. [*amerik.*; ＜*engl.* *N*ational *A*eronautics and *S*pace *A*dministration]

na·sạl[nazá:l] **I** 形 **1** 〖医〗鼻の, 鼻に関する. **2** 〖言〗鼻音の; 鼻音性の; (一般に)鼻声の, 鼻にかかる: ein ~*er* Laut 鼻音 | eine ~*e* 〈~ gefärbte〉 Stimme 鼻にかかった声. **II** **Na·sạl** 男 -s/-e (Nasenlaut) 〖言〗鼻音(例 [m][n][ŋ]). [＜*lat.* nāsus „Nase“ (◇Nase)＋..al[1]]

na·sa·lịe·ren[nazalí:rən] 他 (h) 〖言〗鼻音で発音する, 鼻音化する: ein *nasalierter* Vokal 鼻母音.

Na·sa·lịe·rung[..ruŋ] 女 -/-en 〖言〗鼻音化.

Na·sa·li·tät[..lité:t] 女 -/ 〖言〗鼻音性.

Na·sạl⸗laut[nazá:l..] 男 ＝Nasal ⸗**vo·kal** 男 〖言〗鼻母音(例 [ã][ɛ̃][ɔ̃]).

nạ·schen[náʃən] (04) **I** 他 (h) (うまいもの, 特に甘いものなどを)好んで食べる, ちょっとつまむ; 《比》(いいものを)ちょっと楽しむ: Er *nascht* ständig Schokolade. 彼はしょっちゅうチョコレートをつまみ食いする | ein bißchen Musik ~ 《比》ちょっとばかり音楽を楽しむ. **II** 自 (h) (うまいもの, 特に甘いものなどを)好んで食べる, ちょっとつまむ; 《比》(いいところだけを)ちょっと取る〈楽しむ〉: Sie *nascht* gern〔e〕. 彼女は甘いものが好きだ | von Kuchen ~ ケーキをつまみ食いする | in einem Buch ~ 《比》本〔の面白そうなところ〕を拾い読みする | Sie *nascht* an allem. 《比》彼女はなんにでも手を出す | *Naschen* macht leere Taschen. 《諺》食い道楽の食い倒れ(美食をすれば財布が空になる). [„knabbern“; *ahd.*; 擬音]

Näs·chen[nɛ́:sçən] 中 -s/- (Nase の縮小形)小さい〈かわいい〉鼻.

Nạ·scher[náʃər] (▽**Nạ̈·scher**[nɛ́ʃər]) 男 -s/- **1** (女 **Nạ·sche·rin**[náʃərɪn] (▽**Nạ̈·sche·rin**[nɛ́ʃərɪn]) -/-nen) naschen する人. **2** 〖虫〗カブトムシの一種.

Na·sche·rẹi[naʃəráɪ] 女 -/-en **1** 《単数で》(しょっちゅう) naschen すること. **2** 《ふつう複数で》＝Näscherei

Nä·sche·rẹi[nɛʃəráɪ] 女 -/-en 《ふつう複数で》《雅》(Süßigkeiten) 甘いもの(チョコレート・あめなどの甘い菓子類).

Nạ·sche·rin (▽**Nạ̈·sche·rin**) Nascher の女性形.

nạsch·haft[náʃhaft] 形 甘いものの好きな, 甘党の; よくつまみ食いをする: ein ~*es* Mädchen 甘いものの好きな女の子.

Nạsch·haf·tig·keit[..tɪçkaɪt] 女 -/ naschhaft なこと.

nạ̈·schig[nɛ́ʃɪç][2] ＝naschhaft

Nạsch⸗kat·ze[náʃ..] 女 《戯》甘いもの好きの人(特に女の子); つまみ食いする人〈子供〉. ⸗**lust** 女 甘いもの好き; つまみ食い癖. ⸗**maul** 中 《話》＝Nascher 1 ⸗**sucht** 女 -/ (極度の)甘いもの好き; つまみ食い癖.

nạsch·süch·tig 形 甘いもの好きの; つまみ食いの癖のある.

▽**Nạsch·werk** 中 -〔e〕s/ ＝Näscherei

Nạ·se[ná:zə] 女 -/-n **1 a)** (英: *nose*) (小 **Näs·chen** → 別出, **Näs·lein**[nɛ́:slaɪn] 中 -s/-) 鼻(→ 図); (動物の)鼻づら: eine dicke 〈schmale〉 ~ 太い〈細い〉鼻 | eine gebogene 〈krumme〉 ~ わし〈まがり〉鼻 | eine große ~ 大鼻 | eine lange 〈flache〉 ~ 高い〈低い〉鼻 | ***jm.* eine lange ~ machen** …をあざ笑う; (親指を鼻先に当て他の 4 本を広げて見せて)ばかにしてからかう | eine spitze 〈stumpfe〉 ~ とがり〈だんご〉鼻 | Adler*nase* わし鼻 | Haken*nase* かぎ鼻 | Stups*nase* 短くて上を向いた鼻 | eine feuchte ~ (犬などの)ぬれた鼻づら ‖ alle ~〔n〕〈中部: aller ~*n*〉 lang 《話》しょっちゅう(→nasenlang).

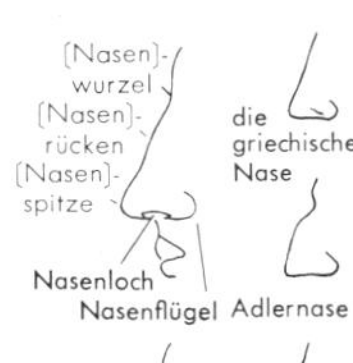

Nase

▌〖主語として〗Ihm blutet 〈läuft〉 die ~. / Seine ~ blutet 〈läuft〉. 彼は鼻血〈鼻水〉を出している | Seine ~ läuft blau 〈rot〉 an. 彼の鼻が紫色に〈赤く〉なる(寒さ・飲酒のせいで) | Seine ~ ist verstopft. (かぜで)彼は鼻がつまっている | ***jm.* gefällt** 〈**paßt**〉 ***js.* ~ nicht** 《話》…にとって…が気にくわない.

▌〖4 格で〗Mund 〈Maul〉 und ~ aufsperren 〈aufreißen〉 (→Mund 1, →Maul 2) | ***sich*[3] die ~ begießen** 《話》したたか酒を飲む | ***jm.* eine ~ drehen** 《話》…を笑い物にする, …をだます | **die ~ hängen lassen** 《話》しょげる | ***seine* ~ überall** 〈**in alles**〉 **hineinstecken** 《話》何にでも首を突っこむ, やたらに出しゃばる | **die ~ hoch** 〈**in der Luft**〉 **tragen** 《話》高慢ちきである, うぬぼれている | *sich*[3] an *et.*[3] die ~ platt drücken …(窓ガラスなど)にぴたっと鼻の頭を押しつける | *sich*[3] die ~ putzen 〈schneuzen〉 鼻をかむ | die ~ rümpfen 鼻にしわを寄せる | **über *jn.* 〈*et.*[4]〉 die ~ rümpfen** 《比》…を軽蔑〈小ばかに〉する | **die ~ zu tief ins Glas stecken** 《話》飲みすぎる, 酔っぱらう | **die 〈*seine*〉 ~ in ein Buch stecken** 《話》読書に精を出す, 一心に勉強する | ***seine* ~ in *et.*[4] 〔hinein〕stecken** 《話》…に首を突っこむ〈よけいな口出しをする〉 | ***seine* ~ in alles** 〈jeden Dreck / jeden Quark / **alle Töpfe / jeden Topf**〉 **stecken** 《話》何にでも首を突っこむ, やたらに出しゃばる, 好奇心が旺盛(おう)である | ***sich*[3] die goldene ~ verdienen** 《話》莫大な金を稼ぐ | **die ~ vorn haben** 《話》(競技などに)勝つ | 〔**von *jm.* 〈*et.*[3]〉**〕 **die ~ 〔gestrichen〕 voll haben** 《話》〔…に〕うんざりしている | *sich*[3] die ~ zuhalten (悪臭がするので)鼻をつまむ ‖ *jm.* eine ~ voraus sein 《話》…より一歩先んじている(→Nasenlänge) | **nicht weiter als *seine* ~ sehen** 《話》目先のことしか考えない, 考えが狭い.

▌〖前置詞と〗***jn.* an der ~ herumführen** 《話》…をいいように引き回す〈うまく言いくるめる・だます・かつぐ〉 | *sich*[3] *et.*[4] an der ~ vorbeigehen lassen …をみすみす取りにがす | *jn.* an der ~ zupfen ⟨ziehen⟩ / *jn.* ⟨*jm.*⟩ an die ~ fassen 《話》…の鼻をつまむ | ***sich***[4] **an *seiner* 〔eigenen〕 ~ ⟨an *seine* 〔eigene〕 ~⟩ anfassen** / ***sich***[4] **an *seiner* 〔eigenen〕 ~ zupfen**《話》(他人を批判するより先に)自分のことを反省してみる, まず我が身をかえりみる | Zupf dich an deiner eigenen ~! よけいなお世話だ, 自分の頭のハエを追え | ***jm. et.***[4] **an der ~ ansehen**《話》…の顔色を見て…を察知する | ***jm.* auf der ~ herumtanzen** ⟨herumspielen⟩《話》(お人よしにつけこんで)…をいいようにあしらう | Laß dir nicht auf der ~ herumtanzen! 君はばかにされてだまっている手はないぞ | Er ist auf der ~ gelaufen.《話》彼はころんで鼻をすりむいた⟨けがをした⟩ | **auf der ~ liegen**《話》病臥(びょうが)している; へこたれている | **auf die ~ fallen** うつ伏せに倒れる | mit *et.*[3] auf die ~ fallen《話》…に失敗する, …をしくじる | ***jm. et.***[4] **auf die ~ binden**《話》…(無関係な人・知らせる必要のない人など)に…をいちいち話して聞かせる; …に…をまんまと信じこませる | Das werde ich ihr nicht auf die ~ binden. それを私は彼女に言わないようにしよう | **eins auf die ~ bekommen ⟨kriegen⟩** 鼻っ柱をがつんとやられる;《話》手きびしくやりこめられる | ***jm.* eins auf die ~ geben** …の鼻っ柱をぶん殴る;《話》…に(きつく)おきゅうをすえる | *sich*[3] die Brille auf die ~ setzen 眼鏡をかける | **aus** der ~ bluten 鼻血を出す | Es ist ihm aus der ~ gegangen.《話》彼はそれを手に入れそこねた⟨のがした・なくしてしまった⟩ | ***sich***[3] ***et.***[4] **aus der ~ gehen lassen**《話》…をのがす⟨逸する⟩ | ***jm. et.***[4] **aus der ~ ziehen**《話》…から…を無理に⟨まんまと⟩聞き出す | *jm.* die Würmer 〔einzeln〕 aus der ~ ziehen (→Wurm I 1) | **durch** die ~ atmen 鼻で息をする | durch die ~ rauchen《話》鼻から(タバコの)煙を吐く | durch die ~ reden ⟨sprechen⟩(かぜをひいて)鼻声で話す | 〔mit dem Finger〕 **in** der ~ bohren 〔指で〕鼻をほじる | Ihm regnet es in die ~.《戯》彼の鼻の穴には雨が降り込む(鼻の穴が空を向いている); 高慢ちきで鼻もちならない | **mit langer ~ abziehen**《話》(あてがはずれて・しかられて)すごすご引きさがる | *et.*[4] mit der ~ lesen《話》…(本など)を鼻をこすりつけんばかりにして読む | mit der ~ auf *et.*[4] stoßen《話》…にばったり出くわす | ***jn.* mit der ~ auf *et.***[4] **stoßen** ⟨drücken / stippen⟩《話》…に…をはっきり指摘する⟨いやが応でも分からせる⟩ | **immer mit der ~ vorn ⟨vorneweg⟩ sein**《話》生意気⟨出しゃばり⟩である | **der ~ nach**《話》(鼻の向いている方向, つまり)まっすぐ前方へ(進む) | immer der ~ nach どこまでもまっすぐに | **nicht nach *js.* ~ sein**《話》…の好みに合わない | **nach *js.* ~ gehen**《話》(事が)…の思いどおりに運ぶ | **pro ⟨je⟩ ~**《話》一人当たり | nicht **über** *seine* eigene ~ hinaussehen ひどい近眼である | Sein Gesichtskreis geht nicht über seine ⟨die⟩ eigene ~ hinaus.《話》彼は目先がきかない, 彼は目先のことしか分からない | *sich*[3] den Wind **um** die ~ wehen lassen《話》世間の風に当たる, 経験を積む | einen Schnurrbart **unter** der ~ tragen 鼻の下にひげを生やしている | schnell unter der ~ sein / unter der ~ flott ⟨gut⟩ zu Fuß sein《話》口が達者である | ***jm. et.***[4] **unter die ~ halten**《話》…の目の前に…を突きつける | ***jm. et.***[4] **unter die ~ reiben**《話》…に…をきびしく⟨くどくどと⟩言い聞かせる | ***jm.* vor der ~ wegfahren**《話》…の鼻先で発車してしまう | ***jm. et.***[4] **vor der ~ wegschnappen**《話》…の鼻先で…をかっさらう | *jm.* die Tür vor der ~ zuschlagen …の鼻先で戸をぴしゃりとしめる;《比》…に門前払いをくわせる | Wir **haben** den Wald 〔direkt〕 **vor der ~.** 私たちのつい目と鼻の先に森がある | Das Buch liegt ja vor deiner ~! 本は君の目の前にあるじゃないか | ***jm.* (A) *jn.* (B) vor die ~ setzen** B を A の上役にすえる.

b) (嗅覚(きゅうかく)器官としての)鼻;《比》(Geruchssinn) 嗅覚; (Spürsinn) 勘: eine gute ⟨feine⟩ ~ haben 鼻がきく; 勘が鋭い | eine ⟨die richtige⟩ ~ für *et.*[4] haben …に対するセンスがある ‖ Das beleidigt meine ~!《話》なんたる悪臭だ ‖ *et.*[4] in die ~ bekommen …のにおいを嗅(か)ぎつける | ***jm.* in die ~ fahren** (においが)…の鼻をつく;《話》…を不愉快にさせる⟨怒らせる⟩ | ***jm.* in die ~ stechen** (においが)…の鼻をつく;《話》…の心をそそる, …に大いに気に入る.

c)《話》小言, 叱責(しっせき): **eine 〔tüchtige / ellenlange〕 ~ bekommen** ⟨einstecken⟩〔こっぴどく〕小言をくらう.

2 (鼻に似た突出部や突端. 例えば:) **a)** (Bug) 船首; (飛行機の)機首; (自動車の)前部. **b)** (Felsennase) 岩鼻(岩の突出部); (建物の)突出部; (Pechnase) (中世の城壁の)ピッチ口(ぐち). **c)**〘建〙(ゴシック式はざま飾りの)いばら, 三角きざし (→ 図 Maßwerk); (Wassernase) (窓台・ひさしなどの) 水切り. **d)** (工具の鉤状突起部. 特に: かんなの)ハンドル(→ 図 Hobel). **e)** (家具などに付着した)塗料の垂れ. **f)**《卑》(Penis) 陰茎, 男根: die ~ hoch tragen 男根を勃起(ぼっき)させている.

[*idg.*; ◇nasal, Nüster; *engl.* nose]

na̱·se·lang[ná:zəlaŋ] =nasenlang

nä̱·seln[nɛ́:zəln] ⟨06⟩ 自 (h) **1** 鼻声で話す, 鼻声を出す;〘劇〙鼻にかかった声で科白(せりふ)を言う: mit *näselnder* Stimme 鼻声で. **2** 鼻をふんふん⟨くんくん⟩鳴らす.

Na̱·sen≠af·fe[ná:zən..] 男〘動〙テングザル(天狗猿). **≠arzt** 男《話》鼻の医者(耳鼻咽喉(いんこう)科医: →HNO-Arzt). **≠at·mung** 女 鼻呼吸. **≠bär** 男〘動〙ハナグマ(鼻熊). **≠bein** 中〘解〙鼻骨(→ 図 Schädel). **≠blu·ten** 中 -s/ 鼻からの出血, 鼻血: ~ haben ⟨bekommen⟩ 鼻血が出る. **≠brem·se** 女 **1** (牛・馬の)鼻ばさみ, 鼻ねじ. **2**〘虫〙ヒツジバエ(羊蠅)科の昆虫. **≠du·sche** 女〘医〙鼻洗〔浄〕. **≠fahr·rad** 中《戯》〔鼻〕めがね. **≠flü·gel** 男 鼻翼, 小鼻(こばな) (→ 図 Nase): mit zuckenden ~*n* 小鼻をぴくぴくさせながら. **≠frosch** 男〘動〙ダーウィンガエル. **≠gang** 男〘解〙鼻道. **≠gru·be** 女〘解〙鼻窩(びか). **≠gruß** 男 (特定の未開民族の)鼻と鼻を触れ合わせるあいさつ. **≠haar** 中 鼻毛. **≠heil·kun·de** 女 -/ (Rhinologie) 鼻科学. **≠höh·le** 女〘解〙鼻腔(びくう). **≠ka·tarr〔h〕** [..katar] 男 鼻カタル. **≠ke·gel** 男〘宇宙〙(ロケットやミサイルの)円錐(えんすい)形頭部, ノーズコーン. **≠keil** 男〘工〙頭付きキー. **≠klem·mer** 男 (Kneifer) 鼻めがね. **≠kor·rek·tur** 女〘医〙鼻矯正〔術〕. **≠kuß** 男 =Nasengruß

na̱·sen·lang[ná:zənlaŋ] 副《話》《ふつう次の形で》**alle ~** /《中部》aller ~ しょっちゅう, またしても | Er ist alle ~ krank. 彼はしょっちゅう病気ばかりしている | Alle ~ fängt er etwas Neues an. しょっちゅう彼は新しいことを始める.

Na̱·sen≠län·ge 女〘競馬〙頭半分差(日本の頭差と鼻差の中間);《比》鼻差⟨小差⟩〔のリード〕: mit einer ~ ⟨mit zwei ~*n*⟩ gewinnen 頭半分差⟨頭差⟩で勝つ | *jm.* um eine ~ voraus sein《比》…よりわずかにまさる | *jn.* um eine ~ schlagen …を小差で破る. **≠laut** 男 =Nasal **≠loch** 中 鼻孔, 鼻の穴(→ 図 Nase): die *Nasenlöcher* blähen 鼻の穴をふくらませる | *jm.* verliebte *Nasenlöcher* machen《話》…(ほれた相手)をうっとりとした目つきで見る; …といちゃつく | vornehme *Nasenlöcher* machen《話》上品ぶった顔をする. **≠pla·stik** 女 (Rhinoplastik)〘医〙鼻形成〔術〕, 隆鼻術. **≠po·lyp** 男 -en/-en《ふつう複数で》〘医〙鼻ポリープ, 鼻たけ. **≠po·pel** 男 **1** 鼻くそ. **2** はなたれ小僧. **≠quet·scher** 男《話》**1** =Nasenklemmer **2** 鼻つぶし棺おけ(平ぶたのひどく低い棺).

Na̱·sen·ra·chen·raum 男〘解〙鼻咽腔(いんくう).

Na̱·sen-Ra̱·chen-Raum 男〘解〙鼻腔と咽頭腔.

Na̱·sen≠rie·men[ná:zən..] 男 (馬の)鼻革(→ 図 Kopfgestell). **≠ring** 男 (牛などの)鼻輪; (未開人の)装飾用の鼻輪. **≠rücken** 男 鼻梁(びりょう);〘解〙鼻背(びはい) (→ 図 Nase). **≠sat·tel** 男 鼻鞍(びあん)(鼻梁の上部で眼鏡がのる部分). **≠schei·de·wand** 女 鼻柱;〘解〙鼻中隔. **≠schleim** 男 鼻汁. **≠schleim·haut** 女〘解〙鼻粘膜. **≠schmuck** 男 (未開人の)鼻飾り, 鼻輪. **≠se·kret** 中 =Nasenschleim **≠spie·gel** 男 **1** (Rhinoskop)〘医〙〔後〕鼻鏡(びきょう). **2** (動物の)鼻づら(毛の生えていない部分). **≠spit·ze** 女 **1** 鼻の頭⟨先端⟩;〘解〙鼻尖(びせん) (→ 図 Nase): Die Brille ist ihm auf die ~ gerutscht. 眼鏡が彼の鼻の先にずり落ちた | ***jm. et.***[4] **an der ~ ansehen**《話》…の顔色から…を読みとる | **nicht weiter sehen 〔können〕, als *seine* ~ reicht** / **nicht über *seine* ~ hinaussehen 〔können〕**《話》目先がきかない, 目先のことしか分からない. **2**《卑》(Eichel) (男根の)亀頭(きとう). **≠spray** 男 中〘医〙鼻〔内〕スプレー. **≠spü·lung** 女 =Nasendusche

Na·sen·stü·ber 男 **1** 鼻先を指ではじくこと: *jm.* einen ~ geben 〈versetzen〉 …の鼻先を指ではじく. **2** 《話》叱責: einen ~ bekommen しかられる, お目玉をくう. ［< stieben］

Na·sen≠trop·fen 複 〖薬〗(鼻かぜなどのとき用いる)点鼻薬. **≠wand** = Nasenscheidewand **≠wär·mer** 男 **1** (鼻までおおう)襟巻き. **2** 《話》ノーズウォーマー(喫煙用の短いパイプ). **≠wur·zel** 女 鼻根, 鼻の付け根(最上部の額に接する部分: → ⊠ Nase).

Na·se·rümp·fen[ná:zərʏmpfən] 中 -s/ 鼻にしわを寄せること(軽蔑・拒否などの表情).

na·se·rümp·fend 形 鼻にしわを寄せた, 小ばかにした態度の, 軽蔑〈拒否〉的な.

na·se·weis[ná:zəvaɪs][1] **I** 形 (特に子供が何にでも首を突っこみたがって)小生意気な, こしゃくな, こざかしい, こましゃくれた, おませな; 出しゃばった, 小利口な. **II Na·se·weis** 男 -es/-e おませな〈小利口な〉子供: Jungfer ~《戯》おませなお嬢さん. ［*mhd.* nase-wīs „mit guter Spürnase"］

Na·se·weis·heit[-haɪt] 女 -/ naseweis なこと.

nas·füh·ren[ná:sfy:rən] 《過分 genasführt》他 (h) 《話》《*jn.*》いいように引き回す, うまく言いくるめる, だます, かつぐ: Ich fühlte mich *genasführt*. 私はしてやられたと感じた. ［◇ *jn.* an der Nase herumführen (→Nase 1 a)］

Nas·füh·rung[..rʊŋ] 女 -/ nasführen すること.

Nas·horn[ná:shɔrn] 中 -[e]s/ ..hörner (Rhinozeros) 〖動〗サイ(犀). ［*lat.* rhīno-cerōs の翻訳借用］

Nas·horn≠kä·fer 男 〖虫〗**1** カブトムシ(兜虫). **2** カブトムシ亜科の昆虫. **≠vo·gel** 男 〖鳥〗サイチョウ(犀鳥).

..nasig[..na:zɪç][2] (**..näsig**[..nɛ:zɪç][2]) 《形容詞などにつけて「鼻が…の」を意味する形容詞をつくる》: groß*nasig* 大きい鼻の | rot*nasig* 赤鼻の | rotz*nasig* 鼻たらしの; 生意気な | hoch*näsig*《比》高慢な. ［< Nase］

Na·si·go·reng[ná:zi· gorέŋ] 中 -[s]/-s 〖料理〗ナーシゴレン(インドネシア料理の焼き飯). ［*indones.*］

nas·lang[ná:slaŋ] 《話》= nasenlang

Näs·lein Nase の縮小形(→Näschen).

naß[nas] **nas·ser, näs·ser**[nέsər]/ **nas·sest, näs·sest**

I 形 **1** (↔trocken) ぬれた, 湿った, 湿気のある: durch und durch ~ / völlig ~ ずぶぬれの, びしょびしょの ‖ *nasse* Augen 涙にうるんだ目 | *nasser* Boden ぬれた地面 | *Nasse* Farbe! ペンキ塗りたて 注意 | *nasse* Haare 〈Kleider〉 ぬれた毛髪〈衣服〉| *nasser* Schnee べた雪 | der *nasse* 〈*Nasse*〉 Tod 水死, 溺死(できし) | *nasse* Wangen 泣きぬれた頬(ほお) ‖ Es wird *nasse* Augen setzen 〈geben〉. 愁嘆場が演じられるだろう | Er fand ein *nasses* Grab. 《比》彼は海〈海底〉の藻くずと消えた, 彼は水死〈溺死〉した ‖ bis auf die Haut ~ sein ぬれねずみである | noch ~ hinter den Ohren sein (→Ohr 1) | **genauso ~ [wie vorher] sein**《比》[依然として]よくわからない〈のみこめない〉| *et.*[4] ~ machen …をぬらす | das Bett ~ machen 寝小便をする | *sich*[3] die Kehle ~ machen《比》のどをうるおす, 一杯ひっかける | **Geld 〈Scheine〉 ~ machen**《話》金(かね)を飲み代に遣ってしまう | ***jn.* ~ machen**《話》〖スポ〗(試合で)…を翻弄(ほんろう)する; …に圧勝する | *sich*[4] ~ machen, *et.*[4] zu tun《方》自分が…しないように注意する | Der Kleine hat [sich] ~ gemacht./ Der Kleine hat die Hose ~ gemacht. 坊やがおしっこをもらした | ~ werden ぬれる | Ich bin vom Regen ~ geworden. 私は雨でびしょぬれになった.

2 (↔trocken)(気候・季節などが)雨の多い, 雨がちの: ein *nasser* Sommer 雨の多い夏 | *nasses* Wetter じめじめした天気 ‖ im *Nassen* herumlaufen 雨の中を歩きまわる.

3 酒好きの, 酒びたりの; 酒類を禁止していない: ein *nasser* Bruder 酒豪, 大酒飲み | Amerika ist 1933 wieder ~ geworden. アメリカは1933年禁酒令を解いた.

4 《方》《**für naß** の形で》(入場料などが)ただで, 無料で.

II Naß 中 Nasses/ 《雅》**1** (Wasser) 水; 湿気, しめり気: das erfrischende ~ des Regens 雨のさわやかなおしめり ‖ ins kühle ~ hineinspringen 冷たい水の中に飛び込む ‖ **gut ~!** しっかり泳ぎたまえ(水泳の際のあいさつ). **2** (Regen) 雨: auf das lebensspendende ~ warten 干天に慈雨を待つ. **3** (Getränk) 飲み物(特にアルコール飲料). ［*germ.* „feucht"; ◇netzen］

Nas·sau[násaʊ] 地名 ナッサウ(1866年まで公国であったが, 今日ではドイツ Rheinland-Pfalz 州の一都市). ［*kelt.*; 俗解: „nasse Aue"］

Nas·sau·er[násaʊər] **I** 男 -s/- **1 a)** ナッサウの人. **b)** 《軽蔑的に》他人の懐〈財布〉をあてに[して生活]する人. **2** 《話》どしゃぶりの雨. **II** 形《無変化》ナッサウの.

nas·sau·ern[násaʊərn] 《05》自 (h) 《軽蔑的に》他人の懐〈財布〉をあてに[して生活]する; (催し物などを)ただで見物する. ［◇naß I 4］

Naß≠auf·be·rei·tung[nás..] 女 〖坑〗湿式選炭. **≠dampf** 男 湿り蒸気, 飽和蒸気.

Näs·se[nέsə] 女 -/ 湿気, しめり気, 水分: bei ~ ぬれて〈しめって〉いるときは | bei dieser ~ この雨では | in die ~ hinausgehen 雨の中に出ていく | vor ~ triefen ぐっしょりぬれて水滴をしたたらせている | *et.*[4] vor ~ bewahren 〈schützen〉 …を湿気から守る ‖ Die ~ dringt in die Schuhe. 水分が靴にしみこむ. ［*ahd.*; ◇naß, Netze］

näs·seln[nέsəln] 《06》自 (h) 《方》**1** 湿り気をおびている, わずかにぬれている; (傷口などが)じくじくしている. **2** 非人称《es nässelt》霧雨が降る.

näs·sen[nέsən] 《03》**I** 他 (h) 《雅》湿す, 湿らせる, ぬらす: das Bett ~ 寝小便をする | Die Tränen *näßten* ihre Wangen. 涙が彼女の頬(ほお)をぬらした ‖ 再帰 Seine Augen *näßten* sich[4]. 彼の目が涙にぬれた.

II 自 (h) **1 a)** 湿る, ぬれる: Das Gras *näßt* immer noch. 草がまだ[露に]ぬれている. **b)** (傷口などが)じくじくしている: *nässende* Flechte 湿疹(しっしん). **2** 非人称《es näßt》霧雨が降る. **3** 〖狩〗(野獣が)放尿する.

Nas·ser[násər] 人名 Gamal Abdel ~ ガマール アブデル ナセル(1918-70; エジプトの軍人・政治家).

näs·ser naß の比較級.

näs·sest naß の最上級.

Naß·fäu·le[nás..] 女 (植物の)腐敗病.

naß·fest[násfεst] 形 耐湿〈防湿〉性の.

Naß·fe·stig·keit[..tɪçkaɪt] 女 -/ 耐湿性, 防湿性.

naß·forsch 形《話》ばかに威勢のいい, から元気の, 向こう見ずな, 虚勢をはった. ［< naß I 3］

Naß·gal·le 女 〖農〗(地下水がわいたりして)地面がいつも湿っている場所.

naß≠ge·schwitzt 形 汗にぬれた, 汗でぐっしょりの. **≠kalt** 形 (天候などについて)湿っぽく寒い, 雨模様で寒い; 冷たく湿った: eine ~*e* Jahreszeit 雨がちで寒い季節 | eine ~*e* Hand 冷たくじっとりした手.

näß·lich[nέslɪç] 形 湿っぽい, わずかに湿り気をおびた.

Naß≠par·tie[nás..] 女 (抄紙機の)脱水装置. **≠preß·koh·len** 複 (乾燥させていない)なま練炭. **≠ra·sur** 女 (↔Trockenrasur) せっけんを用いた[かみそりによる]ひげそり. **≠schnee** 男 べた雪. **≠sor·tie·rung** 女 〖坑〗湿式選別. **≠wä·sche** 女 ぬれた〈乾いていない〉洗濯物.

Na·stie[nastí:] 女 -/ 〖植〗傾性(葉・花弁など背腹性のある器官の屈曲運動). ［< *gr.* nastós „festgedrückt"］

Nas·tuch[ná:s..] 中 -[e]s/..tücher 《南部・スイ》(Taschentuch) ハンカチ. ［< Nase］

nas·zie·rend[nastsí:rənt][1] 形《付加語的》発生しかけている; 〖化〗発生期の. ［< *lat.* nāscī „geboren werden"; ◇nativ, Nation, Natur; *engl.* nascent］

Na·ta·lie[natá:liə] 女名 ナターリエ. ［< *lat.* [diēs] nātālis „[Tag] der Geburt (Christi)"］

Na·ta·li·tät[natalitέ:t] 女 -/ (↔Mortalität) 出生率.

Na·than[ná:tan] 人名 〖聖〗ナタン(ダビデ時代の預言者): 《~ der Weise》『賢者ナタン』(Lessing の戯曲). ［*hebr.* „(Gott) hat (ihn) gegeben"］

Na·tion[natsió:n] 女 -/-en **1 a)** 国民, 人民(ふつう共通の血統・言語・文化を有し, かつ一つの政府のもとに統一された民族: →Volk 1): die ganze ~ 全国民 | die deutsche 〈japanische〉 ~ ドイツ〈日本〉国民. **b)** (Staat) 国家: die europäischen ~*en* ヨーロッパ諸国[民](→a) | die Organisation der Vereinten ~*en* (略 OVN)/ **die Vereinten**

~en (略 VN) 国際連合. **2** (中世の大学の)出身地別学生団体, 同郷学生会. [*lat.* nātiō „Geburt"–*fr.*; ◇naszierend]

na·tio·nạl[natsioná:l] 形 **1** 《述語的用法なし》国民〈国家〉の, 国民〈国家〉的な, 国民〈国家〉特有の, 民族の, 民族的な; 国有の, 国立の: ~*e* Gesinnung 国民〈国家〉主義 | die *Nationale* Front (略 NF) (共産圏諸国の)国民戦線 | ~*e* Interessen 国益 | die ~*e* Kultur 国民文化 | die ~*e* Literatur 国民文学 | ~*e* Schande 国家の恥〈つらよごし〉| die ~*e* Selbständigkeit 国家の独立性 | die *Nationale* Volksarmee (略 NVA) 国家人民軍(旧東ドイツの国防軍の正式名称). **2** 《ふつう付加語的》国内の; (国際的に対して)国内的な: eine ~*e* Minderheit 国内の少数民族 ‖ *et.*[4] auf ~*er* Ebene regeln …を国内措置で調整する. **3** 愛国的な, 国粋主義の, 国家主義的な: eine ~*e* Gesinnung 愛国的〈国粋主義的〉な考え方 | eine ~*e* Partei 国家主義的な政党 ‖ ~ handeln 愛国的に行動する. [*fr.*; < ..al[1]]

Na·tio·nạl·bank 女 -/-en 国立銀行.

na·tio·nạl·be·wußt 形 国民意識をもった.

Na·tio·nạl⸗be·wußt·sein 中 国民意識. **⸗bi·blio·thek** 女 国立図書館. **⸗cha·rak·ter** 男 国民性.

na·tio·nạl·de·mo·kra·tisch 形 国民〈国家〉民主主義の; 国民〈国家〉民主党の: die *Nationaldemokratische* Partei Deutschlands ドイツ国家民主党(→NPD).

Na·tio·nạl·denk·mal 中 国民〈国家〉的記念物.

Na·tio·nạ·le[natsioná:lə] 中 -s/- 《オーストリア》 **1** 人物調書, (旅券などに記載の)身上記録. **2** 1の書式用紙.

Na·tio·nạl⸗ein·kom·men[natsioná:l..] 中 〚経〛国民所得. **⸗elf** 女 〚サッカー〛ナショナルイレブン. **⸗far·ben** 複 国家の象徴とされる色(国旗や帽章などの). **⸗fei·er·tag** 男 国の〈国民〉祝祭日. **⸗flag·ge** 女 国旗: die ~ hissen 国旗を掲揚する. **⸗ga·le·rie** 女 国立美術館. **⸗gar·de** 女 **1** 〚史〛(フランス革命当時の)国民軍. **2** (米国の)州兵軍. **⸗gar·dist** 男 **1** 〚史〛(フランス革命当時の)国民兵. **2** (米国の)州兵. **⸗ge·fühl** 中 -[e]s/ 国民感情. **⸗ge·richt** 中 ある国の典型的な料理. **⸗ge·tränk** 中 ある国の典型的な飲み物. **⸗held** 男 国家〈国民〉的英雄. **⸗hym·ne** 女 国歌: die ~ spielen 国歌を演奏する.

na·tio·na·li·sie·ren[natsionalizí:rən] 他 (h) **1** (verstaatlichen) 国有〈国営〉にする, 国有化〈国営化〉する: den Grund und Boden ~ 土地を国有化する. **2** (einbürgern) 《*jn.*》(…に)国籍〈市民権〉を与える; (…を)帰化させる.

Na·tio·na·li·sie·rung[..ruŋ] 女 -/-en nationalisieren すること.

Na·tio·na·lịs·mus[natsionalísmʊs] 男 -/ ナショナリズム, 国家〈民族〉主義, 国粋〈愛国〉主義, 愛国心, 民族独立運動. [*fr.*]

Na·tio·na·lịst[..líst] 男 -en/-en 国家〈民族〉主義者, 国粋〈愛国〉主義者.

na·tio·na·lị·stisch[..lístɪʃ] 形 国家〈民族〉主義の〈的な〉, 国粋〈愛国〉主義の〈的な〉.

Na·tio·na·li·tät[natsionalitɛ́:t] 女 -/-en **1 a)** (Staatsangehörigkeit) 国籍: Welcher ~[2] sind Sie?—Ich bin deutscher ~[2]. あなたの国籍はどちらですか — ドイツ国籍です. ᵛ**b)** 人種所属. **2** 国内の少数民族. **3** 国民性, 国風. [*fr.*]

Na·tio·na·li·tä·ten·staat 男 (↔Nationalstaat) 多民族国家.

Na·tio·na·li·täts⸗prin·zip 中 〚法〛国籍主義(ある国内で起こった犯罪について, その国の国籍を有するものについてのみ裁判権が及ぶという原則). **⸗zei·chen** 中 (自動車・飛行機などの)国籍符号(→ 図 Flugzeug).

Na·tio·nạl⸗kir·che[natsioná:l..] 女 国民教会(国内の活動に限定された教会). **⸗ko·mi·tee** 中 国内〈国民〉委員会: das ~ Freies Deutschland 自由ドイツ国民委員会(→NKFD). **⸗kon·greß** 男 ..gresses/ (インドの)国民会議派. **⸗kon·vent** 男 **1** 《単数で》〚史〛フランス国民議会〈公会〉(1792–95). **2** (アメリカの政党の)[大統領候補者指名]代議員全国大会. **⸗kon·zil** 中 〚カトリック〛全国教会会議. **⸗kul·tur** 女 国民文化.

na·tio·nạl·li·be·ral 形 国民主義的自由主義の; 国民自由党の: die ~*e* Partei (北ドイツ連邦の)国民自由党(1867年結成) | der 〈die〉 *Nationalliberale* 国民自由党員.

Na·tio·nạl⸗li·ga 女 〚スポーツ〛(スイス・オーストリアの, 特にサッカーの)ナショナル=リーグ(地区リーグに対して). **⸗li·te·ra·tur** 女 国民文学(一民族の文学の全体). **⸗mann·schaft** 女 〚スポーツ〛全国選抜チーム, ナショナルチーム. **⸗mu·se·um** 中 国立美術館〈博物館〉. **⸗öko·nom** 男 (Volkswirtschaftler) 経済学者. **⸗öko·no·mie** 女 (Volkswirtschaftslehre) [国民]経済学.

na·tio·nạl·öko·no·misch 形 [国民]経済[学]の.

Na·tio·nạl⸗park 男 国立公園. **⸗preis** 男 (共産圏の)国家[功労]賞. **⸗preis·trä·ger** 男 国家[功労]賞受賞者. **⸗rat** 男 -[e]s/..räte **1** (旧東ドイツの)国民評議会. **2 a)** 《単数で》(オーストリアの)国民議会(下院に相当する: →Bundesrat 2 a). **b)** (オーストリアの)国民議会議員. **3 a)** 《単数で》(スイスの)国民議会(下院に相当する: →Ständerat 1). **b)** (スイスの)国民議会議員. **⸗schan·de** 女 国辱. **⸗so·zia·lis·mus** 男 (略 NS) 国家社会主義, ナチズム. **⸗so·zia·list** 男 国家社会主義者, ナチ党員(→Nazi).

na·tio·nạl·so·zia·li·stisch 形 国家社会主義〈党〉の, ナチズムの: die *Nationalsozialistische* Deutsche Arbeiterpartei 国家社会主義ドイツ労働者党, ナチ党(→NSDAP).

Na·tio·nạl⸗spei·se 女 =Nationalgericht **⸗spie·ler** 男 全国選抜チームの選手. **⸗sport** 男 国民的スポーツ(ドイツでのサッカーなど). **⸗spra·che** 女 (Standardsprache) 標準語. **⸗staat** 男 **1** (↔Nationalitätenstaat) 一民族国家. **2** (近代の民族独立運動による)民族国家. **⸗stolz** 男 国民としての誇り〈自負〉. **⸗stra·ße** 女 (スイスの)自動車[専用]道路. **⸗tanz** 男 民族舞踊. **⸗team** 中 = Nationalmannschaft **⸗thea·ter** 中 国立劇場. **⸗tracht** 女 民族衣装. **⸗trai·ner** 男 全国選抜チームの監督〈コーチ〉. **⸗ver·samm·lung** 女 **1** 国民会議(憲法制定などの特殊な目的で召集される国民代表の会議). **2** 国民議会, 国会.

na·tịv[natí:f][1] 形 **1** (natürlich) 自然のままの, 天然の: ~*es* Eiweiß 天然蛋白(たんぱく)質. **2** (angeboren) 〚医〛生まれつきの, 生得の. [*lat.*; < *lat.* nātus „geboren" (◇Natur)]

Na·tive[né:tɪf, néitɪv] **I** 男 -s/-s (特にイギリス植民地の)原住民, 現地人. **II** 女 -/-s 《ふつう複数で》天然のカキ(→Auster). [*engl.*]

Na·tive spea·ker[néitɪv spí:kə] 男 --s/-- (Muttersprachler) 〚言〛母[国]語使用者, 自国語を話す人. [*engl.*]

Na·ti·vịs·mus[nativísmʊs] 男 -/ **1** 〚哲・心〛生得説. **2** 原住民保護〈優先〉主義.

Na·ti·vịst[nativíst] 男 -en/-en Nativismus を唱える人.

na·ti·vị·stisch[nativístɪʃ] 形 **1** 生得説の. **2** 原住民保護〈優先〉主義[上]の.

Na·ti·vi·tät[nativitɛ́:t] 女 -/-en **1** 〚占星〛誕生時の天宮図〈星の位置〉; 運勢: *jm.* die ~ stellen …の占星天宮図を作る, (占星天宮図で)…の運勢を占う. ᵛ**2** (Geburt) 出生, 誕生. [*mlat.*]

NATO (**Nạ·to**)[ná:to·] 女 -/ 北大西洋条約機構, ナトー(1949年に結ばれた西欧諸国の軍事同盟組織). [*engl.*; < *engl.* North Atlantic Treaty Organization]

Nạ·trium[ná:triʊm] 中 -s/ 〚化〛ナトリウム(金属元素名; 記号 Na).

Nạ·trium⸗chlo·rid 中 〚化〛塩化ナトリウム; 食塩. **⸗dampf·lam·pe** 女 ナトリウム灯. **⸗hy·dro·xid** 中, **⸗hy·dro·xyd** 中 〚化〛水酸化ナトリウム, 苛性(かせい)ソーダ. **⸗kar·bo·nat** 中 〚化〛炭酸ナトリウム, [炭酸]ソーダ(→Soda I). **⸗licht** 中 -[e]s/ ナトリウム光(ナトリウム灯の発する光). **⸗ni·trat** 中 〚化〛硝酸ナトリウム. **⸗si·li·kat** 中 〚化〛珪酸(けいさん)ナトリウム. **⸗sul·fat** 中 〚化〛硫酸ナトリウム.

Na·tro·li̱th[natrolíːt, ..lít] 男 -[e]s/ 〘鉱〙ソーダ沸石.

Na̱·tron[náːtrɔn] 中 -s/ 〘鉱〙ナトロン,ソーダ石. [*ägypt.－arab.* natrūn; ◇nitro..]

Na̱·tron≠feld·spat 男〘鉱〙ナトリウム長石, 曹長石. **≠kalk** 男〘化〙ソーダ石灰. **≠lau·ge** 女 苛性(かせい)ソーダ溶液. **≠sal·pe·ter** 男 ソーダ硝石, チリ硝石. **≠sei·fe** 女 ソーダせっけん.

Nat·té[naté:] 男 -[s]/-s 〘織〙ナッテ織(一種のバスケット織の毛・木綿または絹の生地). [*fr.* „geflochten"; ＜*spätlat.* matta (→Matte¹)]

Na̱t·ter[nátər] 女 -/-n **1** 〘動〙ヘビ科. **2** 《雅》(一般に)毒蛇: **eine ～ am 〈an *seinem*〉 Busen nähren** 《比》獅子(し)身中の虫を養う. [*westgerm.*; ◇nähen, Otter²; *lat.* natrix „Wasserschlange"; *engl.* adder]

Na̱t·tern≠bru̱t 女, **≠ge·zücht** 中 ＝Otternbrut **≠hemd** 中 蛇のぬけがら. **≠kopf** 男〘植〙シベナガムラサキ属. **≠zun·ge** 女 **1** 〘植〙ハナヤスリ(花鑢)属(シダの一属). **2** 《比》陰口をきく人.

Na·tu̱r[natúːr] 女 -/-en **1** 《単数で》**a)** (英: *nature*) 自然, 自然界, 自然環境, 自然の風物; 自然の力, 自然現象; 《雅》造化, 造物主: die belebte 〈unbelebte〉 ～ 生物〈無生物〉界 | die blühende ～ 花盛りの自然 | die unberührte ～ 人為の加わらぬ自然 ‖ Mutter ～ 《雅》母なる自然 | bei Mutter ～ übernachten 野宿する ‖ das Gesetz 〈die Geheimnisse〉 der ～ 自然界の法則〈神秘〉 | die Kräfte der ～ 自然界の諸力 | die drei Reiche der ～ 自然の三界(鉱物界・植物界・動物界) | an den Busen der ～ flüchten 《雅》大自然のふところへのがれる | im Buch der ～ lesen 《雅》大自然に学ぶ, 自然を探究する ‖ in freier 〈der freien〉 ～ 野外で | in Gottes freie ～ hinaus gehen 《雅》野外へ出かける | von 〔der〕 ～ stiefmütterlich behandelt werden 醜く〈奇形に〉生まれついている ‖ der ～ *seinen* Tribut entrichten 《比》死ぬ; 病気になる | die ～ genießen 自然を楽しむ ‖ Die ～ erwacht. 《雅》自然が目ざめる(夜が明ける; 春になる) | Die ～ geht schlafen. 《雅》自然が眠りにつく(秋になる).

b) (↔Kunst) (人為の加わらない)自然〔状態〕, 天然: nach der ～ malen 〈zeichnen〉 写生する | von ～ 〔aus〕 (人為を加えず)もともと〔は〕, 本来〔は〕 | von ～ gewachsen sein (木などが)野生のままである | Zurück zur ～! 自然に帰れ (Rousseau の思想) ‖ **～ sein** (作りものではなく)本物である | Mein Haar ist ～. 私の髪は(かつらでなく)本物です | Möbel in Birke ～ 天然シラカバ材の家具.

2 《ふつう単数で》天性, 本性, 素質; (一般的に)性質, 性分(→3); 体質; 本質, 特質: die menschliche ～ 人間性, 人情 | die tierische ～ 獣性 | die wahre ～ 本性 ‖ eine glückliche 〈gesunde〉 ～ haben 素質に恵まれている〈生まれつき健康である〉 | eine starke 〈schwache〉 ～ haben 強い〈弱い〉体質である | Das ist seiner innersten ～ zuwider. これは彼の内奥にひそむ本性にそむく行動だ ‖ die Stimme der ～ 《比》本能的な衝動 ‖〘前置詞と〙***jm.* gegen die ～ gehen 〈sein〉** …の性分に合わない | Das liegt nicht **in** seiner ～. それは彼の性分には合わない | Das liegt in der ～ der Sache 〈der Dinge〉. それはことの本質に属することだ, それはことの本質上しかたのないことだ | *seiner* **～ nach** 本性にしたがって | **von ～ aus** 生まれつき〔は〕, 天性は, もともと〔は〕, 人となり〔は〕 | Er ist von ～ 〔aus〕 gutmütig. 彼は生まれつき人がいい | **wider die ～ sein** 自然に反する, 倒錯的である | ***jm.* wider die ～ gehen 〈sein〉** …の性分に合わない | ***jm.* zur zweiten ～ werden** …の第二の天性となる ‖ Man kann seine ～ nicht verleugnen. 自分の本性をいつまでも隠しおおせるものではない, もって生まれた性分を変えることはできない | Die ～ läßt sich nicht zwingen. 天性〈性分〉はむりに変えるわけにはいかない.

3 (特定の)性格〈性質〉〔の持ち主・事柄〕(→2): sentimentale ～*en* 感傷的な性格の人々 ‖ eine leicht erregbare ～ haben 激しやすい性質である | Er ist eine ernste 〈schöpferische〉 ～. 彼はまじめな性格だ〈独創性に富んでいる〉 ‖ Fragen allgemeiner ～ 〈von allgemeiner ～〉 一般的な問題 ‖〘2格で述語的に〙ängstlicher ～ sein 小心翼々としている | Die Verletzung ist leichter ～. 負傷は軽いものだ ‖ Die ～*en* der Menschen sind verschieden. 人間の性格はさまざまである.

4 《方》**a)** 《単数で》生理的欲求(とくに排泄(はいせつ)欲): *seine* ～ erleichtern 小便をする. **b)** 《婉曲に》(Geschlechtsteil) (男女の)性器, 生殖器, 陰部. **c)** 《単数で》(Sperma) 精液.

[*lat.* nātūra „Geburt"－*ahd.*; ◇naszierend, nativ; *engl.* nature]

natura →in *natura*, *Natura* naturans, *Natura* naturata, *natura* non facit saltus

Na·tu·ra̱l≠ab·ga̱·ben[naturáːl..] 複 (封建時代の)現物納付の年貢. **≠be·zü̱·ge** 複 現物給与. **≠ein·kom·men** 中, **≠ein·künf·te** 複 現物収入.

Na·tu·ra̱·li·en[naturáːliən] 複 **1** 自然の産物, 天産物; (未加工の)原料. **2** (代金や賃金の代わりに渡される)現物, 物給: in ～ bezahlen 現物で払う, 物納する; 《戯》(女性が)体〈肉体〉で払う. **3** 博物標本. [◇naturell]

Na·tu·ra̱·li·en≠ka·bi·nett 中 博物標本室〈庫〉. **≠samm·lung** 女 博物標本収集品.

Na·tu·ra·li·sa·tio̱n[naturalizatsióːn] 女 -/-en **1** (↔Denaturalisation) (Einbürgerung) 帰化, 国籍〈市民権〉付与. **2** 〘生〙(外来の動植物の)帰化. **3** (動物の)剥製(はくせい)化, 剥製製作.

na·tu·ra·li·si̱e·ren[..zíːrən] 他 (h) **1** (↔denaturalisieren) (einbürgern) 《*jn.*》(…に)国籍〈市民権〉を与える, 帰化させる: in Japan *naturalisiert* sein 日本に帰化している | *sich*⁴ ～ lassen 帰化する. **2** (einbürgern) 〘生〙(外来の動植物を)帰化させる. **3** (動物を)剥製(はくせい)にする. [*fr.*]

Na·tu·ra·li·si̱e·rung[..ruŋ] 女 -/-en ＝Naturalisation

Na·tu·ra·li̱s·mus[naturalísmʊs] 男 -/..men[..mən] **1** 《単数で》〘哲・文芸〙自然主義. **2** 《単数で》〘宗〙自然宗教, 自然神論. **3** (文芸作品などの)自然主義的傾向. [*fr.*]

Na·tu·ra·li̱st[..líst] 男 -en/-en **1** 自然主義者; 自然主義作家; 自然論者. **2** 博物学者. [*fr.*]

na·tu·ra·li̱·stisch[..lístɪʃ] 形 **1** 自然主義の〈的な〉; 写実的な; 自然論的な; 博物学〔者〕的な. **2** 《軽蔑的に》くそリアリズムの.

Na·tu·ra̱l≠lei·stung[naturáːl..] 女〘経〙現物給付; 物納; 労働による返済, 労役提供. **≠lo̱hn** 男 現物給〔与〕. **≠ob·li·ga·tio̱n** 女〘法〙自然債務〔関係〕. **≠tausch** 男 物々交換. **≠ver·pfle·gung** 女 **1** 〘軍〙糧食支給. **2** 《スイ》(旅行者や浮浪者に対する)食事・宿泊の便宜の提供. **≠we̱r·te** 複 対価物品: Die Arbeiter wurden in ～*en* entlohnt. 労働者は物品で給与の支払いを受けた. **≠wirt·schaft** 女 -/ (↔Geldwirtschaft) 現物〈自然〉経済, 物々交換経済.

Na·tu̱·ra na·tu̱·rans[natúːra· natúːrans] 女 --/ 〘哲〙能産的自然(万有の生産力としての自然); (汎神(はんしん)論, 特に Spinoza 哲学で)神, 創造主. [*lat.*]

Na·tu̱·ra na·tu·ra̱·ta[– naturáːta·] 女 --/ 〘哲〙所産的自然, 被造物; (特に Spinoza 哲学で)世界. [*lat.*]

Na·tu̱r·an·la̱·ge[natúːr..] 女 素質, 資性; 気質, 気性; 天性, 体質.

na·tu̱·ra no̱n fa̱·cit sa̱l·tus[natúːra· nóːn fáːtsɪt záltuːs] 《ラテ語》(die Natur macht keinen Sprung) 自然は飛躍せず. [◇Salto]

Na·tu̱r≠apo·stel[natúːr..] 男《軽蔑的に》反文明生活信奉者(自然食・自然療法などを信奉する人). **≠a̱rzt** 男 自然療法医. **≠be·ga̱·bung** 女 **1** 天与の才能. **2** 天分に恵まれた人. **≠be·ge̱·ben·heit** 女 自然界の出来事, 自然事象.

na·tu̱r·be·las·sen 形 天然のままの, 自然の状態のままの; (食品が)無添加の: ～*er* Wein 生(き)のぶどう酒.

Na·tu̱r≠be·o̱b·ach·tung[natúːr..] 女 自然〔の動植物の〕観察, 野外観察. **≠be·schrei·bung** 女 **1** (ある地域の)自然記述, 博物誌. **2** (文学的な)自然描写.

na·tu̱r·blond 形 (毛髪が)生まれつきブロンド〈金髪〉の.

N

Na·tur⸗bur·sche 男 自然児, 野生児, 野性的な〈素朴屈強な〉若者. **⸗but·ter** 女 天然バター. **⸗denk·mal** 中 天然記念物(保護指定を受けた特定の巨木や奇岩など). **⸗dia·mant** 男 天然ダイヤモンド. **⸗dün·ger** 男 (↔ Kunstdünger) 天然肥料.

na·tu·rell[naturέl] **I** 形 **1** 《無変化》《料理》自然のままの(薬味など加えていない): blaue Karpfen ~ 鯉(こい)の白(しら)焼き | *et.*^{4} ~ braten …を薬味などを添加せずに焼く. **2** 自然のままの, 天然の: ein Mantel aus ~*em* Waschbär 自然色のアライグマの毛皮のコート. **II Na·tu·rell** 中 -s/-e 気性, 気質, 性分, 本性: ein heiteres ~ haben 明るい気質である. [*lat.*－*fr.*; ◇Natur, ..al^1]

Na·tur⸗er·eig·nis[natú:*r*..] 中, **⸗er·schei·nung** 女 自然現象. **⸗er·zeug·nis** 中 自然の産物, 天産物. **⸗far·be** 女 (無着色の)自然色.

na·tur·far·ben 形 自然色の.

Na·tur⸗fa·ser 女 天然繊維. **⸗for·scher** 男 **1 a)** 自然研究者. ▽**b)** ＝Naturwissenschaftler **2** 《話》ばた屋: ~ im Mülleimer ごみ箱あさりをする人. **⸗for·schung** 女 **1** 自然研究. ▽**2** ＝Naturwissenschaft **⸗freund** 男 自然愛好者: Die ~*e* 自然友の会(1895年ウィーンに設立された徒歩旅行クラブ). **⸗ga·be** 女 天与の才, 天分. **⸗gas** 中 天然ガス. **⸗ge·fühl** 中 -〔e〕s/ **1** 自然感情, 自然との一体感. **2** 自然に対する感受性.

na·tur⸗ge·ge·ben 形 避けがたい, 宿命的な, 人為の及ばない. **⸗ge·mäß I** 形 自然な, 自然に即した; 当然〈必然〉の: eine ~*e* Lebensweise 自然に即した生活のしかた. **II** 副 当然, 必然的に; 《話》もちろん: Er ist von jeder Arbeit befreit und hat ~ viel Zeit. 彼はいっさいの仕事から解放されしたがって当然暇がある.

Na·tur⸗ge·schich·te 女 -/ ▽**1** ＝ Naturkunde **2** (Entwicklungsgeschichte)《生》発生学. **⸗ge·setz** 中 自然法則, 自然律.

na·tur·ge·treu 形 実物どおりの, 自然色のままの, 生き写しの; 写実的な: *et.*^{4} ~ zeichnen …を写生する.

Na·tur⸗ge·walt 女 -/-en《ふつう複数で》自然力, 自然の暴威. **⸗gum·mi** 中 (男) ＝Naturkautschuk

na·tur·haft[natú:*r*haft] 形 自然な; 素朴な, すれていない; 粗野な, 衝動的な.

Na·tur⸗heil·kun·de 女 -/ 自然療法. **⸗heil·kun·di·ge** 男 女 《形容詞変化》自然療法医.

na·tur·hi·sto·risch 形 博物学〔上〕の.

Na·tu·ris·mus[naturísmus] 男 -/ (Nudismus) 裸体主義, ヌーディズム.

Na·tu·rist[naturíst] 男 -en/-en (Nudist) 裸体主義者, ヌーディスト.

na·tu·ri·stisch[..rístɪʃ] 形 (nudistisch) 裸体主義〈ヌーディズム〉の.

Na·tur⸗ka·ta·stro·phe[natú:*r*..] 女 自然災害, 天災. **⸗kau·tschuk** 男 天然ゴム. **⸗kind** 中 自然児, 純真素朴な〔若〕人. **⸗kost** 女 自然〈健康〉食品(→Reformkost).

Na·tur·kost·la·den 男 自然食品専門店(→Reformhaus).

Na·tur⸗kraft 女 -/..kräfte《ふつう複数で》自然〔に内在する〕力: die ~ des Wassers 水力. ▽**⸗kun·de** 女 -/ (授業科目としての)博物(生物学・鉱物学・自然地理学の総称: →Naturlehre). **⸗land·schaft** 女 (↔ Kulturlandschaft) (人為の加わらない)自然のままの土地〈風景〉. ▽**⸗leh·re** 女 -/ (授業科目としての)物理(化学を含むこともある: →Naturkunde). **⸗lehr·pfad** 男 (自然を学べるよう, 動植物の名称などを表示した)自然体験遊歩道.

na·tür·lich[natý:*r*lɪç] **I** 形 **1 a)** (↔künstlich) 自然の〔ままの〕, 天然の; 実物どおりの, 写実的な: die ~*e* Auslese 〈Zuchtwahl〉《生》自然淘汰(とうた) | ~*e* Blumen (造花でない)本物の花 | ~*e* Grenzen 自然の国境(山・川・海など) | in ~*er* Größe 実物大で | ~*e* Kinder (養子ではなく)実子; ▽《法》私生児 | ~*es* Licht 自然光 | ~*es* Mineralwasser 天然鉱水 | eine ~*e* Person《法》(法人でない)自然人 | ▽ein ~*er* Sohn《法》私生児(男) | ~*e* Sprache《言》自然言語(＝Natursprache) | ▽eine ~*e* Tochter《法》私生児(女) | ein ~*er* Tod (非業の死ではなく)自然死 ‖ *jn.* sehr ~ malen …を生き写しのように描く | Das Bild ist sehr ~ geworden. 絵は実物そっくりにかけた. **b)** 自然な, 飾り気のない, 気どらない: ein ~*es* Benehmen 飾り気のない振舞い | ein 〔sehr〕 ~*er* Mensch 気どりのない〈作らない〉人 | *sich*^{3} *sein* ~*es* Wesen bewahrt haben いまだに素直さを失わないできている ‖ ganz ~ sein 少しも気どりがない | ~ sprechen 淡々と話す.

2 a) 生まれつきの〔ままの〕: ~*e* Haarfarbe (染めていない)もって生まれた髪の色 | ~ gelockte Haare 生まれつきカールしている〈天然パーマの〉髪. **b)** 自然な, 本能的な; 順当な, 通常の: der ~*e* Verlauf einer Krankheit ある病気の通常の経過 | die ~*en* Verrichtungen des Körpers 体の平常機能 | ein ~*es* Bedürfnis befriedigen 自然な欲求をみたす(用便をする) | einen ~*en* Widerwillen gegen *et.*^{4} haben …に対して本能的な嫌悪感をもっている | eines ~*en* Todes sterben《雅》天寿を全うする | Das geht nicht mit ~*en* Dingen zu. これはただごとではない ‖ Das geht ganz ~ zu. 全く自然の成りゆきだ. **c)** 当たりまえの, 当然の: ~*e* Folgen 当然の結果 | ein ganz ~*er* Wunsch きわめて当然の願望 | Das ist die ~*ste* Sache der Welt. これは至極当たりまえのことだ ‖ Es ist nur zu ~, daß ... …は全くもって当たりまえである | Nichts ist ~*er*, als daß ... …以上に当然至極のことはない.

II 副《陳述内容の現実度に対する話し手の判断・評価を示して》もちろん, いうまでもなく(→I 2 c): Das Geld reichte ~ nicht. それだけの金で足りようはずはなかった | *Natürlich* würde ich gerne kommen, aber ich habe keine Zeit. そりゃ行きたいのはやまやまだが暇がなくてね | Kommst du mit? —〔Aber〕 ~! 君も来るか — もちろんさ. [*ahd.*; ◇Natur]

na·tür·li·cher·wei·se[natý:*r*lɪçərváizə] 副 当然のことながら, いうまでもなく.

Na·tür·lich·keit[..lɪçkaɪt] 女 -/ **1** 自然のまま〈実物そっくり〉であること; 写実. **2** 自然さ, 素直さ. **3** (Selbstverständlichkeit) 自明なこと, 当然さ: mit ~ 当然のことのように.

Na·tur·mensch[natú:*r*..] 男《話》**1** 自然人, 野人. **2** 自然愛好家.

na·tur⸗na·he 形《比較変化なし》＝naturverbunden **⸗not·wen·dig** 形 おのずから自然に生じる, 物理的に必然の, 必然的な.

Na·tur⸗not·wen·dig·keit 女 自然必然性, 物理的必然, 因果律. **⸗park** 男 自然公園. **⸗phä·no·men** 中 自然現象. **⸗phi·lo·so·phie** 女 自然哲学. **⸗pro·dukt** 中 天〔然の〕産物. **⸗recht** 中 -〔e〕s/ 《哲》自然法; 自然権. **⸗reich** 中 -〔e〕s/ 自然界. **⸗reich·tum** 男 -s/..tümer《ふつう複数で》天然の富, 天然資源(特に地下資源).

na·tur·rein[natú:*r*raɪn] 形 (主として製品について)天然の, 生(き)の, 無添加の, まじり気のない, 純粋な: ~*er* Honig (混ぜ物のない)純粋な蜂蜜(はちみつ) | ~*er* Wein (砂糖その他の混ぜ物のない)生(き)のぶどう酒.

Na·tur⸗re·li·gion 女《宗》自然宗教, 自然崇拝(自然物や自然力を神としてあがめる); 原始宗教. **⸗schät·ze** 複 天然資源. **⸗schau·spiel** 中 大自然の見せるすばらしい景観. **⸗schön·heit** 女 -/-en《ふつう複数で》自然〈天然〉美. **⸗schutz** 男 自然保護: *et.*^{4} unter ~^{4} stellen …を自然保護の対象に指定する | Dieser Vogel steht unter ~^{3}. この鳥は保護鳥である. **⸗schüt·zer** 男 -s/- 自然保護〈環境保全〉論者.

Na·tur·schutz⸗ge·biet 中 自然保護〔指定〕区域. **⸗ge·setz** 中 自然保護法, 環境保全法. **⸗park** 男 自然保護〔指定〕公園.

Na·tur⸗schwamm 男 天然スポンジ. **⸗spiel** 中《雅》造化の戯れ, 造化の妙(窓につく美しい氷の結晶など); 奇形; 不思議な自然現象. **⸗spra·che** 女 (↔Kunstsprache) (エスペラントなどの人工言語に対して)自然言語. **⸗stein** 男 自然石. **⸗stoff** 男 天然の素材, 自然物. **⸗ta·lent** 中 ＝Naturbegabung **⸗thea·ter** 中 (Freilichtbühne)

野外劇場. ⸗**treue** 女 迫真, 忠実な再現, 模写. ⸗**trieb** 男 (Instinkt) 本能.

na·tur⸗trüb 形 (食品科学の分野で, 果汁などが) 自然混濁の. ⸗**ver·bun·den** 形 **1** (人が) 自然に愛着を持っている. **2** 自然に密着した.

Na·tur⸗volk 中 -[e]s/..völker《ふつう複数で》未開民族, 原始民族. ⸗**vor·gang** 男 自然界の出来事, 自然事象.

▽**na·tur·wahr**[natú:r..] =naturgetreu

Na·tur·wein 男 (砂糖その他の混ぜ物のない) 生(き)のぶどう酒.

na·tur·wid·rig 形 自然〔の法則〕に反する, 不自然な: eine ~*e* Erziehung 不自然な教育.

Na·tur⸗wis·sen·schaft[natú:r..] 女 -/-en《ふつう複数で》(↔Geisteswissenschaft) 自然科学. ⸗**wis·sen·schaft·ler** 男 自然科学者.

na·tur·wis·sen·schaft·lich 形 自然科学〔上〕の.

na·tur·wüch·sig[..vy:ksɪç][2] 形 **1** 野生の, 自生の, 天然の; 自然発生的な. **2** 素朴〈無骨〉な; のびのびした.

Na·tur⸗wun·der 中 自然の驚異; 驚異的な出来事〈事実〉. ⸗**ze·ment** 男 天然セメント. ⸗**zer·stö·rung** 女 (開発などによる) 自然破壊. ⸗**zu·stand** 男 -[e]s/ **1** (人工の加わらない) 自然状態: eine Landschaft im ~ erhalten 景観を自然の状態に保つ. **2** (Nacktheit) 裸.

nat·zen[nátsən]《02》自 (h)《南部》うたた寝する, こっくりこっくりする. [*ahd.* 〔h〕naffezen; ◇ *engl.* nap]

Nau·arch[naυárç] 男 -en/-en (古代ギリシアの) 提督. [*gr.*−*lat.*; ◇archi..]

Naue[náυə] 女 -/-n《南部》=Nauen 1

Nau·en[náυən] 男 -s/- **1**《南部・ｽｲｽ》小舟; 渡し舟. **2**《ｽｲｽ》(大きな) 艀(はしけ). [*lat.* nāvis „Schiff“−*mhd.* nāwe; ◇..naut]

'nauf[naυf]《特に南部》=hinauf

Nau·fahrt[náυ..] 女《南部》(川船による〔Donau の〕) 川下り. [<Naue]

Nau·ke[náυkə] 男 -s/-s《北部》ばか, 間抜け.

Nau·pe[náυpə] 女 -/-n《ふつう複数で》《話》(Laune) 気まぐれ, むら気. [<Noppe]

Nau·plius[náυpliυs] 男 -/..lien[..liən]〘動〙ナウプリウス (甲殻類の幼虫). [*gr.*−*lat.*]

Nau·ru[naú:ru·] 地名 ナウル (西太平洋, 赤道直下のさんご礁からなる島国の共和国で, 1968年にオーストラリア・ニュージーランド・イギリス３国の共同信託統治から独立, 首都は Yaren).

'naus[naυs]《特に南部》=hinaus

Nau·sea[naυzé:a·, náυzea·] 女 -/ 〘医〙吐き気, 悪心(おしん); 船酔い. [*gr.* nautíā „Seekrankheit“−*lat.*; ◇..naut]

Nau·si·kaa[naυzí:kaa·] 人名〘ギ神〙ナウシカア (難破した Odysseus に親切をつくした Phäake 人の王女). [*gr.*]

..naut[..naυt]《「(探検・調査用乗り物などの) 乗組員」を意味する男性名詞 (-en/-en) をつくる》: Aero*naut* 飛行士 | Astro*naut* 宇宙飛行士. [*gr.* naútēs „Schiffer“; <*gr.* naũs „Schiff“ (◇Nauen)]

Nau·te[náυtə] 女 -/-n ナウテ (ユダヤ教徒が食べるケシとシロップ入りの焼き菓子). [*jüd.*]

Nau·tik[náυtɪk] 女 -/ (Schiffahrtskunde)〘海〙航海術. [*gr.*]

Nau·ti·ker[náυtikər] 男 -s/- 航海士.

Nau·ti·lus[náυtilυs] 男 -/-, -se (Perlboot)〘貝〙オウムガイ. [*gr.* nautílos „Seefahrer“−*lat.*]

nau·tisch[náυtɪʃ] 形 航海の: das ~*e* Jahrbuch 航海暦. [*gr.*−*lat.*; ◇..naut; *engl.* nautical]

Na·var·ra[naváraʼ] 地名 ナバーラ (ピレネー山脈の西端, フランスとスペインの両国にまたがる地方. 10世紀に独立王国を形成. フランス語形 Navarre).

Na·var·re·se[navaré:zə] 男 -n/-n ナバーラの人.

na·var·re·sisch[..zɪʃ] 形 ナバーラの.

Na·vel[ná:vəl, néɪ..] 女 -/-s =Navelorange

Na·vel·oran·ge[..|orã:ʒə] 女 ネーブル (→Nabelorange). [*engl.*]

Na·vi·cert[nǽvɪsə:t] 中 -s/-s (２度の世界大戦中に英国が発行した) 中立国商船航海証明書. [*engl.*; <*engl.* *navi*gation *cert*ificate (→Zertifikat)]

Na·vi·ga·tion[navigatsió:n] 女 -/ 航海〔術〕; 航空〔術〕; 航法. [*lat.*]

Na·vi·ga·tions⸗ak·te 女〘史〙航海条例 (1651年に Cromwell が発令した). ⸗**feh·ler** 男 航法〔上〕の誤り. ⸗**in·stru·ment** 中 航海〈航空〉用計器. ⸗**kar·te** 女 航海〈航空〉地図. ⸗**of·fi·zier** 男〔一等〕航海士, 航海長. ⸗**raum** 男 海図室. ⸗**schu·le** 女 商船学校.

Na·vi·ga·tor[navigá:tɔr, ..to:r] 男 -s/-en[..gató:rən] 航海士; 航空士. [*lat.*]

na·vi·gie·ren[navigí:rən] **I** 他 (h) (船・航空機を) 操縦する. **II** 自 (h) 船〈航空機〉を操縦する: nach der Sonne und den Sternen ~ 天体観測によって航行〈飛行〉する. [*lat.*; <*lat.* nāvis (→Nauen)+agere (→agieren)]

Na·za·rä·er[natsaré:ər] 男 -s/- **1**《単数で》ナザレびと (キリストの別名). **2** ナザレの人 (初期のユダヤ人キリスト教徒).

Na·za·re·ner[..ré:nər] 男 -s/- **1** =Nazaräer **2** ナザレ派の画家 (19世紀初頭ウィーンに興った, 宗教画の革新を目ざすロマン派の画家).

Na·za·ret〔h〕[ná:tsarɛt] 地名 ナザレ (イスラエル北部の都市で, キリストの両親の出身地). [*aram.*−*gr.*]

Na·zi[ná:tsi·] 男 -s/-s ナチ (Nationalsozialist の蔑称).

Na·zi⸗deutsch·land[ná:tsi..] 中《ふつう無冠詞で》ナチ政権下のドイツ. ⸗**pro·pa·gan·da** 女 ナチの宣伝〔活動〕. ⸗**re·gime**[..reʒi:m] 中 -s/ ナチ政権. ⸗**schwein** 中《軽蔑的に》ナチの豚野郎.

Na·zis·mus[natsísmυs] 男 -/ =Nationalsozialismus

Na·zis·se[natsísə] 女 -/-n (Nazistin) 女性ナチ党員.

Na·zist[natsíst] 男 -en/-en (⊛ **Na·zi·stin**[..tɪn]-/-nen) =Nazi

na·zi·stisch[..stɪʃ] =nationalsozialistisch

Na·zi⸗ver·bre·chen[ná:tsi..] 中《ふつう複数で》《話》ナチの犯罪. ⸗**ver·bre·cher** 男《話》ナチの犯罪者. ⸗**zeit** 女 -/《話》ナチ時代.

Nb[ɛnbé:, nió:p] 記号 (Niob)〘化〙ニオビウム, ニオブ.

NB 略 =**notabene** 注意せよ.

n. Br. 略 =**nördliche〔r〕 Breite** 北緯(…度).

NC[ɛntsé:] 略 男 -〔s〕/ =**Numerus Clausus**

Nchf. 略 =**Nachfolger〔in〕** 後任者; 後継者.

n. Chr. 略 =**nach Christo** 〈**Christus**〉(↔v. Chr.) 西暦〔紀元後〕.

n. Chr. G. 略 =**nach Christi Geburt** 西暦〔紀元後〕.

nd. 略 =**niederdeutsch**

Nd[ɛndé:, neodý:m] 記号 (Neodym)〘化〙ネオジム.

ND[ɛndé:] 略 中 -〔s〕/ =**Neues Deutschland** 新ドイツ新聞 (旧東ドイツ最大の新聞で SED の機関紙).

NDP[ɛnde:pé:] 略 女 -/ =**National-Demokratische Partei** 〔**Deutschlands**〕(→NDPD).

NDPD[ɛnde:pe:dé:] 略 女 -/ =**National-Demokratische Partei Deutschlands** ドイツ国民民主党 (→Volkskammer).

NDR[ɛnde:|ɛ́r] 略 男 -/ =**Norddeutscher Rundfunk** 北ドイツ放送.

ne 副《話》**1** [ne:] (nein) いいや, ちがうよ: *Ne*, das geht nicht. いや それはだめだよ. **2** [ne, nə]《文末につけ相手の同意をさそって》(nicht wahr) (…でしょう) ちがうかい, そうだろ: Das ist ja möglich, ~? そうかもしれんよ ね. [*mndd.* nēn; ◇nein]

ne.. →neo..

'ne[nə]《話》=eine

Ne[ɛn|é:; né:ɔn] 記号 (Neon)〘化〙ネオン.

Ne·an·der·ta·ler[neándərta:lər] 男 -s/-〘人類〙ネアンデルタール人 (1856年, ドイツ Düsseldorf 近郊の Neandertal で発見された化石人類).

Nea·pel[neá:pəl] 地名 ナポリ (イタリア南西部の港湾都市. 風光が美しく, 史跡に富む. イタリア語形 Napoli). [*gr.* Neápolis „Neu-stadt“; ◇neo.., politisch; *engl.* Naples]

N

Nea̱·pe·ler[..pələr] (**Nea̱p·ler**[..plər]) **I** 男 -s/- ナポリの人. **II** 形《無変化》ナポリの.

Nea·po·li·ta̱·ner[neapolitá:nər] 男 -s/- **1** = Neapeler I **2**《ふつう複数で》《オースト》(gefüllte Waffel)〖料理〗(ジャム・クリームなど)詰め物入りのワッフル.

nea·po·li·ta̱·nisch[..nɪʃ] 形 ナポリの.

ne·a̱rk·tisch[neárktɪʃ] 形〖動〗新北区の: die ~*e* Region 新北区(メキシコ以北の北アメリカ大陸).

ne̱b·bich[nɛ́bɪç] **I** 間《話》なあんだ, まあいいじゃないか. **II Ne̱b·bich** 男 -s/-s《話》くだらぬ人物. [*jidd.*]

Ne̱·bel[né:bəl] 男 -s/- **1 a)** 霧, もや, かすみ: dichter ⟨leichter⟩ ~ 濃い⟨薄い⟩霧 | künstlicher ~〖軍〗煙幕 | Morgen*nebel* 朝霧 | See*nebel* 海霧 ‖ Der ~ hängt ⟨lagert⟩ über dem See. 湖上に霧が立ちこめている | Der ~ lichtet sich. 霧が晴れる | Der ~ reißt auf. 霧に切れ目ができる | Der ~ steigt ⟨hebt sich⟩. 霧が立ちのぼる ‖ **bei** Nacht und ~ (→Nacht I) | in ~ gehüllt sein 霧に包まれている | **wegen ~**〔*s*〕**ausfallen**《話》(予定された行事などが突然)中止になる. **b)**〖天〗星雲: der ~ der Andromeda アンドロメダ星雲 | Spiral*nebel* 渦巻星雲. **2**《比》おおい隠すもの; もうろうとした状態, あいまいさ; ほろ酔い状態: rote ~ vor den Augen haben 意識を失う | Das versinkt im ~ der Erinnerung. それは記憶のやみの中に沈んでしまう | im ~ des Alkohols 酒に酔って. [*germ.*; ◇nebulös; *gr.* néphos „Wolke"]

Ne̱·bel≈bank[né:bəl..] 女 -/..bänke 水平に広がった霧の塊. **≈bild** 中 = Brockengespenst **≈bo̱·gen** 男 霧にじ(霧の中に現れるかすかな白っぽいにじ). **≈bo̱·je** 女〖海〗濃霧浮標. **≈bom·be** 女〖軍〗煙幕弾, 発煙筒. **≈decke** 女 一面の霧. **≈dunst** 男《ふつう単数で》薄い霧. **≈dü·se** 女 (加湿器の)霧状に水を噴出させるノズル. **≈fet·zen** 男 (消えかかっている)なごりの霧.

ne̱·bel·feucht 形 霧で湿った.

Ne̱·bel≈fleck 男〖天〗星雲. **≈glocke** 女 **1**〖海〗フォグベル, 濃霧鐘. **2**〖気象〗(釣り鐘形に局地をおおう)地域的濃霧. **≈gra·na̱·te** 女 = Nebelbombe

ne̱·bel·grau 形 霧でかすんだ.

ne̱·bel·haft 形 霧のような;《比》ぼんやりした, おぼろな, 漠然たる: ~*e* Erinnerungen あいまいな⟨はっきりしない⟩記憶 | Das liegt noch in ~*er* Ferne. それはまだずっと先のことだ.

Ne̱·bel≈hau·be 女 = Nebelkappe 1 **≈horn** 中 -〔e〕s/..hörner〖海〗フォグホーン, 霧笛.

ne̱·be·lig = neblig

Ne̱·bel≈kam·mer[né:bəl..] 女〖理〗(ウィルソンの)霧箱. **≈kap·pe** 女 **1** (山頂にかかる)霧のかさ. **2**《雅》= Tarnkappe 1 b **≈krä·he** 女〖鳥〗(胴の灰色な)ハイイロガラス(灰色鴉). **≈lam·pe** 女, **≈leuch·te** 女 = Nebelscheinwerfer **≈meer** 中《雅》(厚く濃い)霧の海. ᵛ**≈mo̱·nat** (ᵛ**≈mo̱nd**) 男《ふつう単数で》(November) 11月.

ne̱·beln[né:bəln]《06》自 (h) **1 a)** 《非人称》《es nebelt》霧がかかる. **b)**《雅》霧を発生させる: Der See *nebelt.* 海に霧が立ちこめる. **2**〖農・園〗防虫⟨消毒⟩剤を噴霧する.

Ne̱·bel≈näs·se 女 -/ 霧による湿気. **≈näs·sen** 中 -s/ 霧雨. **≈par·der** 男〖動〗ウンピョウ(雲豹), タイワントラ(台湾虎). **≈pfei·fe** 女〖海〗霧笛. **≈re̱·gen** 男 霧雨. **≈schein·wer·fer** 男 (自動車などの)霧灯, フォグランプ. **≈schlei·er** 男《雅》薄霧, もや. **≈schluß·leuch·te** 女 (自動車などの)後部霧灯. **≈schwa̱·den** 男 (濃淡のある)霧の流れ, もうもうたる霧. **≈se̱·hen** 中〖医〗朦朧(もうろう)視, 霧視. **≈si·gnal** 中〖海〗霧中信号. **≈stern** 男〖天〗星雲の中心星. **≈streif** 男, **≈strei·fen** 男 たなびく霧.

ᵛ**Ne̱·be·lung**[né:bəlʊŋ] (ᵛ**Ne̱b·lung**[..blʊŋ]) 男 -s/-e《ふつう単数で》(November) 11月.

ne̱·bel·ver·han·gen 形《雅》霧に包まれた(山など).

Ne̱·bel≈vo̱r·hang 男《雅》霧のとばり: einen ~ legen〖軍〗煙幕をはる. **≈wand** 女 (壁のように視界をさえぎる)濃霧. **≈wer·fer** 男 (第二次大戦のドイツの)ロケット砲. **≈wet·ter** 中 霧の深い天気.

ne̱·ben[né:bən] **I** 前《位置を示すときなどは3格支配, 方向を示すときなどは4格支配; 古い用法のなごりとして方言では位置を示すときに2格支配も見られる》**1**《並列的隣接》…のすぐ横に〔同方向を向いて〕; …と並んで, …のわきに:〖3格と〗*Neben* dem Rathaus befindet sich ein Hotel. 市役所の隣にホテルがある | Gleich ~ dem Himmel liegt die Hölle.《諺》天国と地獄とは隣りあわせ | Sie geht ~ ihm 〔her〕. 彼女は彼と並んで歩いている ‖〖4格と〗*sich*⁴ ~ *jn.* stellen …と並んで立つ | Schiller ~ Goethe⁴ stellen シラーをゲーテと並べる⟨同列に置く⟩ | ~ das Ziel treffen 的(まと)を射損じる | genau ~ das Ziel treffen《皮肉》まるで見当はずれである, みごと失敗する | den Löffel ~ den Teller legen スプーンを皿のわきへ置く ‖〖legen や setzen などとともに4格・3格いずれとも用いられて〗Er setzte sich in der Kirche oft ~ mich ⟨~ mir⟩. 彼は教会ではよく私の横に座った ‖〖2格と〗*Neben* meiner war a (=ein) Weib.《南部》私の隣に女が一人〔座って〕いた.

☆ bei, zu と neben の違い(→an I 1 a ☆): 次のような例では neben が(第三者から見た)客観的な隣接だけを示すのに対し bei や zu は「一緒に〔話をするために〕」という当事者の意識を示していることが多い: neben *jm.* sitzen …と並んで座っている | bei *jm.* sitzen …のそばに座っている, …と同席している ‖ *sich*⁴ neben *jn.* setzen …と並んで席をとる | *sich*⁴ zu *jm.* setzen …のところへ行って座る.

2《比較》《3格と》…と並んで⟨比較して⟩〔は〕: *Neben* dieser Sängerin verblassen alle anderen. この女歌手と比較されたら ほかの連中は皆かすんでしまう | *Neben* ihm kann er nicht bestehen. 彼もあいつとは太刀打ちできない. **3**《同時的存在・併存》《3格と》(außer) …と並んで, …と同時に, …のほかに: *Neben* seinem Vermögen hatte er noch eine Rente. 彼には財産のほかに年金もあった | Du sollst keine anderen Götter haben ~ mir. お前はわたしのほかにはいかなる神も持ってはならない(聖書: 出20, 3).

II 副 ᵛ**1** = daneben: Das Gesetz aber ist ~ eingekommen, auf daß die Sünde mächtiger würde. 律法が入りこんできたのは罪過の増し加わるためである(聖書: ロマ5, 20). **2**《複合副詞をつくって》→neben.. 4

[*ahd.* in-eben; ◇in, Ebene]

neben..《主として名詞につけて》**1**《「隣接」を意味する》: *Neben*mann 隣にいる男 | *Neben*zimmer 隣室(→2). **2** (↔haupt..)《「副次性・従属」を意味する》: *Neben*satz〖言〗副文, 従属節 | *Neben*akzent〖言〗第二アクセント | *Neben*rolle〖劇〗わき役 | *Neben*zimmer 控えの間(ま)(→1). **3**《「等価・対等」を意味する》: *Neben*mensch (人みな兄弟という意味での)同胞 | *neben*ordnende Konjunktionen〖言〗並列接続詞. **4**《副詞と結びつけて》: *neben*an 隣接して | *neben*bei ついでに | *neben*einander 相並んで.

Ne̱·ben≈ab·re·de[né:bən..] 女〖法〗(契約書には記載されない)口頭による付帯的取り決め. **≈ab·sicht** 女 二次的な意図; 裏の意図, 下心. **≈ach·se** 女〖数〗(楕円(だえん)の)短軸;〖植〗(花序の)側生軸. **≈ak·zent** 男 (↔Hauptakzent)〖言〗副次⟨第二⟩アクセント. **≈al·ta̱r** = Seitenaltar **≈amt** 中 **1** 兼職: Er ist im ~ Dozent an einer Hochschule. 彼はある大学の講師を兼任している. **2** (電話局の)分局, 支局.

ne̱·ben·amt·lich 形 (↔hauptamtlich) 兼任⟨兼職⟩の, 非常勤の.

ne·ben·a̱n[ne:bən|án] 副 隣接して, 隣り合わせで: im Zimmer ~ 隣の部屋で | die Leute von ~ 隣家の人たち.

Ne̱·ben≈an·schluß[né:bən..] 男 (同じ番号でつながる)追加⟨増設⟩電話, 内線電話; 構内交換電話. **≈ar·beit** 女 副業, 内職; 副論文. **≈arm** 男 (川などの)支流; (運河の)支流用水路.

ne·ben·a̱us[ne:bən|áʊs] 副《話》~ gehen 不貞を働く.

Ne̱·ben≈aus·ga·be[né:bən..] 女 -/-n **1**《ふつう複数で》付帯⟨別途⟩支出. **2** (新聞などの)特別版, 号外. **≈aus·gang** 男 わきの出口, 通用口. **≈ba̱hn** 女〖鉄道〗支線〔鉄道〕. **≈bau** 男 -〔e〕s/-ten = Nebengebäude **≈be·deu·tung** 女 付帯的⟨副次的⟩意義; 裏の意味. **≈be·griff** 男 副概念.

ne·ben·bei[ne:bənbáɪ] 副 **1** (beiläufig) ついでに, 付随的に: ～ bemerkt ついでに言えば, ちなみに. **2** そのほかに, そのかたわら, 片手間に: Er ist Arzt, ～ Schriftsteller. 彼は医者だが作家でもある. **3** わきに, 並んで.

Ne·ben·be·ruf[né:bən..] 男 (↔Hauptberuf) 副次的職業, 副業, 内職.

ne·ben·be·ruf·lich 形 副業〈内職〉の: ein ～*es* Einkommen 副業収入.

Ne·ben≠be·schäf·ti·gung 女 **1** 副業, 内職. **2** ついでの用事, 余分の仕事. **≠be·stand·teil** 男 副成分. **≠be·weis** 男 傍証. **≠blatt** 中 **1** (Stipel)〘植〙托葉(たくよう). **2** =Nebenausgabe 2 **≠buh·ler** 男 (⊛ **≠buh·le·rin**) 恋がたき; 競争相手, ライバル: den ～ ausstechen 恋がたきをけ落とす.

Ne·ben·buh·ler·schaft 女 -/ 競争, 張り合い.

Ne·ben≠ding 中 二次的な〈重要でない〉事柄. **≠ef·fekt** 男 副次的な効果.

ne·ben·ein·an·der[ne:bən|aɪnándər] **I** 副《neben＋相互代名詞に相当: →sich 2 ★ ii》相並んで, 並行して; いっしょに, 同時に: ～ laufen 並んで走る | nicht alle ～ haben《話》頭がおかしい | Er hat zwei Berufe ～ ausgeübt. 彼は二つの職業を同時に営んだ.

☆ 動詞と用いる場合は分離の前つづりともみなされる.

II Ne·ben·ein·an·der 中 -s/ 並立, 共存: ein friedliches ～ 平和的共存.

ne·ben·ein·an·der·her[..|aɪnandərhé:r] 副 **1** 相並んでずうっと: ～ gehen 並んで歩いてゆく. **2** 並行線をたどりながら: ～ leben 互いにわれ関せずの態度で暮らす.

ne·ben·ein·an·der≠|le·gen[..|aɪnándər..] 他 (h) 並べて横たえる, 並置する. **≠|schal·ten** 《01》他 (h)〘電〙並列に接続する. **≠|set·zen** 《02》他 (h) 並べて置く, 並置する. **≠|stel·len** 他 (h) 並べて立てる, 並置する;《比》比較する.

Ne·ben≠ein·gang[né:bən..] 男 わきの入口, 通用口. **≠ein·kom·men** 中, **≠ein·künf·te** 複, **≠ein·nah·me** 女 -/-n《ふつう複数で》副収入, 臨時収入. **≠er·schei·nung** 女 付随〈随伴〉現象;〘医〙二次徴候. **≠er·werb** 男 副業.

Ne·ben·er·werbs·land·wirt·schaft 女 副業としての農業.

Ne·ben≠er·zeug·nis 中 副産物. **≠fach** 中 **1** (↔Hauptfach) (大学での) 副専攻分野〈科目〉: Musik im ～ studieren 副専攻として音楽を修める. **2** (戸棚などの) 小引き出し, 小仕切り. **≠fi·gur** 女 **1**〘美〙点景. **2**〘劇〙わき役. **3**〘心〙副図形. **≠fluß** 男 (河川の) 支流. **≠for·de·rung** 女 付帯要求. **≠fra·ge** 女 付随的〈第二義的〉問題. **≠frau** 女 めかけ, そばめ. **≠gang** 男 **1** わき道, 間道. **2**〘建〙側廊. **≠gas·se** 女 横町, 裏通り. **≠ge·bäu·de** 中 **1** 隣接建物. **2** 付属建物, 別棟(むね), 離れ, 別館. **≠ge·bühr** 女 -/-en《ふつう複数で》追加〈割増〉料金. **≠ge·dan·ke** 男 =Nebenabsicht **≠ge·gen·stand** 男《オーストリア》=Nebenfach 1 **≠ge·laß** 中 物置部屋, 納戸; ▽(居間などに接した) 小部屋. **≠ge·lei·se** 中 = Nebengleis **≠ge·räusch** 中 **1**〘電〙雑音, ノイズ. **2**〘医〙雑音: ein rasselndes ～ 水泡音, ラッセル音(→Rasselgeräusch). **≠ge·richt** 中 添え皿料理, 二の膳(ぜん). **≠ge·schäft** 中 副業, 臨時の仕事. **≠ge·schmack** =Beigeschmack **≠ge·winn** 男 副〈臨時〉収益. **≠gleis** 中〘鉄道〙側線, 退避線: *jn.* auf ein ～ schieben《話》…にのいてもらう; …を左遷する; …の話をそらす. **≠hand·lung** 女 **1** (小説・劇などの) わき筋, 挿話. **2**〘心〙副次的行動. **≠haus** 中 **1** 隣家, 隣の建物. **2** 支店.

ne·ben·her[ne:bənhé:r] 副 **1** 並行して: *jm.* ～ laufen …と並んで走る. **2** =nebenbei 2

★ 動詞と用いる場合は分離の前つづりともみなされる.

ne·ben·her|fah·ren* 《37》自 (s) (乗り物が) 並んで走行する.

ne·ben·her|ge·hen* 《53》**I** 自 (s) 並んで歩く. **II ne·ben·her·ge·hend** 現分 形 副次的な, 重要でない; 付随的な.

ne·ben·hin[ne:bənhín] 副 **1** そばへ; わきへそれて. **2** =nebenbei 1

Ne·ben≠ho·den[né:bən..] 男 -s/-《ふつう複数で》〘解〙副睾丸(こうがん), 精巣(せいそう)上体. **≠höh·le** 女 -/-n《ふつう複数で》〘解〙副鼻腔(くう). **≠in·ter·ven·tion** 女〘法〙補助参加. **≠job**[..dʒɔp] 男《話》副業, アルバイト. **≠kla·ge** 女〘法〙付帯訴訟. **≠klä·ger** 男〘法〙付帯訴訟の原告. **≠ko·sten** 複 付帯費用, 雑費. **≠kro·ne** 女〘植〙副花冠. **≠li·nie**[..niə] 女 **1** 傍系; (鉄道などの) 支線: aus einer ～ stammen 傍系の出である. **2** 平行線. **≠luft** 女《話》～ haben 浮気をする. **≠mann** 男 -[e]s/..männer, ..leute 隣にいる人, (グループ・チームの) 仲間: mein ～ im Büro 事務所で私と机を並べている同僚. **≠mensch** 男 **1** (Mitmensch) 同胞, 仲間としての人間. **2** (劇場などで) 隣の人. **≠mond** 男〘気象〙幻月(げんげつ). **≠nie·re** 女〘解〙副腎(じん), 腎上体.

Ne·ben·nie·ren·rin·de 女〘解〙副腎(じん)皮質.

Ne·ben·nie·ren·rin·den·hor·mon 中〘生理〙副腎(じん)皮質ホルモン.

Ne·ben·no·te 女 =Nebenton 2

ne·ben|ord·nen[né:bən|ɔrdnən] 《01》他 (h) (↔unterordnen) (koordinieren)〘言〙並列させる, 対等の地位に置く: eine *nebenordnende* Konjunktion 並列〈等位〉接続詞.

Ne·ben·ord·nung 女 -/ (↔Unterordnung) (Koordination)〘言〙並列〔関係〕, 等位.

Ne·ben≠per·son 女 わき役〔の人物〕. **≠pro·dukt** 中 副産物. **≠punkt** 男 副次的な問題〔点〕, 付帯項目. **≠raum** 男 -〔e〕s/..räume **1** 隣の部屋, 隣室. **2**《ふつう複数で》付属室 (台所・浴室・格納室などを一括して). **≠rol·le** 女〘劇・映〙わき役: Das spielt für mich 〔nur〕 eine ～.《比》それは私にはどうでもいいことだ. **≠sa·che** 女 **1** 副次的な〈瑣末(さまつ)な〉こと, 枝葉末節: Das ist 〔eine〕 ～. それはこの際どうでもよいことだ. **2**〘法〙従たる物, 従物.

ne·ben·säch·lich[..zɛçlɪç] 形 副次的な, 瑣末(さまつ)な.

Ne·ben·säch·lich·keit[..kaɪt] 女 -/-en nebensächlich なこと.

Ne·ben≠sai·son[né:bən..] 女 (旅行などの) オフシーズン. **≠satz** 男 (↔Hauptsatz)〘言〙(従属の接続詞・関係代名詞などに導かれる) 副文〔章〕, 従属節. **≠schal·tung** 女〘電〙並列接続. **≠schiff** 中〘建〙(教会の) 側廊. **≠schild·drü·se** 女〘解〙副甲状腺(せん). **≠schluß** 男〘電〙分路.

Ne·ben·schluß·mo·tor 男 分路連結式電動機.

Ne·ben≠sinn 男 副次的な意味; 言外の意味, 含み, 含蓄; 底意. **≠son·ne** 女〘気象〙幻日(げんじつ). **≠spre·chen** 中 -s/ (電話の) 漏話, 混線, クロストーク.

ne·ben·ste·hend[né:bənʃte:ənt][1] 形 わきに〈並んで〉立っている; 隣の, 横にある; 欄外の: die ～*e* Erläuterung 傍注 | Im ～*en* die Tabelle. 欄外に一覧表〈図表〉あり ‖ wie ～ 欄外〈傍注〉にあるように.

Ne·ben·stel·le[né:bən..] 女 **1** 支店, 支局. **2** =Nebenanschluß

Ne·ben·stel·len·an·la·ge 女 構内交換〔電話〕機.

Ne·ben≠stra·fe 女 (↔ Hauptstrafe)〘法〙付加刑. **≠stra·ße** 女 (本通りに並行している) 裏通り, 間道; (本通りから分かれた) 枝道, 横町. **≠strecke** 女〘鉄道〙支線〔区間〕. **≠tä·ter** 男〘法〙併行犯(人).

Ne·ben·tä·ter·schaft 女〘法〙併行犯(行為).

Ne·ben≠tä·tig·keit 女 = Nebenbeschäftigung **≠tem·po·ra** 複 (↔Haupttempora)〘言〙副時称 (現在完了・過去完了・未来完了). **≠tisch** 男 **1** 隣のテーブル. **2** わき机, サイドテーブル. **≠ti·tel** 男 (Untertitel) 副題, サブタイトル. **≠ton** 男 -〔e〕s/..töne **1**〘言〙第二アクセント, 二次強音. **2**〘楽〙副音 (装飾音の一種. 主要音の2度下または上の音). **≠ton·art** 女〘楽〙平行調.

ne·ben·to·nig[..to:nɪç][2] 形〘言〙第二アクセントの〔ある〕.

Ne·ben≠tür 女 わきのドア〈戸口〉. **≠um·stand** 男 付随的〈副次的〉情況. **≠ur·sa·che** 女 副因. **≠va·lenz** 女〘化〙副原子価. **≠ver·dienst** 男 副収入, 副業収入.

N

⸗**weg** 男 **1** =Nebenstraße **2** (Abweg) 邪道. ⸗**win·kel** 男〘数〙補角. ⸗**wir·kung** 女 -/-en《ふつう複数で》副次的な効果; (薬などの)副作用. ⸗**woh·ner** 男 隣人. ⸗**wur·zel** 女〘植〙側根(ぎん) (→ Seitenwurzel). ⸗**zim·mer** 中 **1** 隣の部屋, 隣室. **2** 控えの間. ⸗**zweck** 男 付随目的; 底意. ⸗**zweig** 男 **1**〘植〙側枝(ﾁ). **2** 傍系; 傍系会社, 子会社. **3** 副業〈兼業〉部門.

neb·lig[né:blıç][2] (**ne·be·lig**[..bəlıç][2]) 形 霧のかかった;《比》ぼんやりした, おぼろな, 漠然たる: ein *~er* Morgen 霧の朝 | in *~er* Ferne 遠くかすんで ‖ Es wird ~. 霧が出る.

Neb·lung =Nebelung

nebst[ne:pst] 前《3格支配》《同時性・併存》(mit, samt) …と同時に, …とともに, …のほかに, …と並んで: Doktor Müller ~ Frau kam an. ミュラー博士が夫人ともども来着した | Er kommt ~ seinen Angehörigen. 彼が家族ともどもやって来る | Herzliche Grüße sendet Euch Thomas ~ Familie 心からのあいさつを送ります トーマスおよび家族一同(手紙の末尾で) | Dieses Haus ~ Garten ist zu verkaufen. この家は庭つきで売ります(売り家のはり紙). [< neben + ..s[1]]

nebst⸗bei[ne:pstbáı]《ｵｰｽﾄﾘｱ》= nebenbei ⸗**dem**[..dé:m] 副《ｽｲｽ》(außerdem) そのほかに, かつまた, おまけに.

Ne·bu·kad·ne·zar[nebukatné:tsar] 人名 ネブカドネザル〔二世〕(新 Babylonien の王. 前587年 Jerusalem を破壊し, 多数のユダヤ人を捕らえて連れ去った). [*akkad.*–*hebr.*; ◇ *engl.* Nebuchadnezzar]

ne·bu·los[nebuló:s][1] 形, **ne·bu·lös**[..lø:s][1] 形 **1** ぼんやりした, 漠然〈もうろう〉とした, あいまいな. ▽**2** 霧のかかった. [*lat.*; < *lat.* nebula „Nebel" (◇ Nebel)]

Ne·ces·saire[nesɛsέ:r] 中 -s/-s (化粧用具・旅行用裁縫用具などを入れる)小物入れ, 洗面具ケース. [*lat.* necessārius „notwendig"–*fr.*; < *lat.* nē „nicht" + cēdere (→ zedieren); ◇ *engl.* necessary]

Neck[nɛk] 男 -en/-en =Nix [*schwed.* näck]

der **Neckar**[nέkar] 地名 男 -s/ ネッカル, ネッカー (Rhein 川の支流).

necken[nέkən] **I** 他 (h)《*jn.*》からかう, ひやかす: einen Hund ~ 犬をからかう | *jn.* mit *jm.* 〈*et.*[3]〉 ~ …を…を種にしてからかう ‖ 再帰 *sich*[4] mit *jm.* ~ …とふざけ合う | Was sich liebt, das *neckt* sich. (→ lieben I 1). **II Necken**[1] 中 -s/ =Neckerei [*mndd.*; ◇ nagen]

Necken[2][–] 男 -s/- =Neck

Necke·rei[nɛkərái] 女 -/-en からかう〈ひやかす〉こと; 〔悪〕ふざけ: mit *jm.* eine ~ treiben …をからかう.

Necking[nέkıŋ] 中 -〔s〕/-s ネッキング(性交を伴わない男女の抱擁・愛撫(ﾌ)). [*amerik.*; < *engl.* neck]

neckisch[nέkıʃ] 形 **1** おどけた, ひょうきんな; からかい〈ひやかし〉好きな, いたずらっぽい: mit einem *~en* Lächeln からかうような〈いたずらっぽい〉笑みを浮かべて. **2** 挑発的な, これ見よがしの: *sich*[4] ~ in den Hüften wiegen (女性が)挑発的に腰をふる. [*mhd.*; ◇ necken]

Neck·na·me[nέk..] 男 (Spitzname) あだ名, ニックネーム.

nee[ne:] =ne 1

Neer[ne:r] 女 -/-en《北部》逆巻く渦. [◇ nieder]

Neer·strom[né:r..] 男《北部》渦巻く潮流.

Nef·fe[nέfə] 男 -n/-n 甥(ｵｲ) (→ Nichte): Groß*neffe* 甥〈姪(ﾒｲ)〉の息子. [*idg.*; ◇ Nichte, Nepote; *lat.* nepōs „Enkel"; *engl.* nephew]

Ne·ga·tion[negatsió:n] 女 -/-en (↔ Affirmation) (Verneinung) 否定, 否認; 拒否; 〘言〙否定. [*lat.*; ◇ negieren]

Ne·ga·tions⸗ar·ti·kel 男〘言〙否定冠詞 (kein). ⸗**par·ti·kel** 女〘言〙否定の不変化詞(例 nein, nicht, nie). ⸗**wort** 中 -〔e〕s/..wörter〘言〙否定詞.

ne·ga·tiv[né(:)gati:f, negatí:f][1] **I** 形 (↔ positiv) **1** (↔ affirmativ) 否定の, 否定的〈拒否的〉な: ein *~es* Urteil〘論〙否定判断 | eine *~e* Haltung einnehmen 否定的態度をとる ‖ Die Antwort war ~. 答えはノーであった. **2** (ungünstig) 都合の悪い, 不利な; 不首尾な: ein *~er* Wahlausgang 選挙での敗北 | Die Sache verlief ~. 事の首尾は思わしくなかった. **3** マイナスの, 陰性の;〘医〙(検査に対する反応が)マイナス〈陰性〉の: ein *~es* Bild〘写〙陰画, ネガ | eine *~e* Drehung〘数〙負向回転 | eine *~e* Reaktion〘医〙陰性反応 | *~er* Schaden〘法〙消極的損害 | ein *~es* Vorzeichen〘数〙マイナス記号, 負号 | eine *~e* Zahl〘数〙負数 ‖ ~ geladen sein〘理〙陰電気を帯びている.

II Ne·ga·tiv 中 -s/-e〘写〙陰画, ネガ. [*lat.*]

Ne·ga·tiv⸗bi·lanz[né(:)gati:f..] 女〘商〙赤字決算. ⸗**bild** 中〘写〙陰画〔の像〕.

▽**Ne·ga·ti·ve**[negatí:və, né(:)gati:və] 女 -/-n (↔ Affirmative) 否定, 否認; 拒否.

Ne·ga·tiv⸗ef·fekt[né(:)gati:f..] 男 不利な〈マイナスの〉効果. ⸗**farb·film** 男, ⸗**film** 男〘写〙(プリント用の)ネガカラーフィルム. ⸗**image**[..ımıtʃ] 中 不利な〈マイナスの〉イメージ.

Ne·ga·ti·vis·mus[negativísmus] 男 -/〘心〙拒絶症.

▽**Ne·ga·tron** [né:gatrɔn, negatró:n] 中 -s/-en [negatró:nən] (Elektron) 電子.

ne·ger[né:gər] 形《述語的》《ｵｰｽﾄﾘｱ》《話》一文(ｲﾁ)なしの.

Ne·ger[né:gər] 男 -s/- (女 **Ne·ge·rin**[..gərın]-/-nen) **1** 黒色人種, 黒人; (特にアメリカの)黒人, ニグロ;《比》被抑圧〈被搾取〉階級〔の人〕: wie ein ~ aussehen《戯》まっ黒に日焼けしている | **wie zehn nackte ~ angeben**《話》大ぼらを吹く, ひどくいばる | **Das haut den stärksten ~ um.**《話》それはとても信じられない, そんなことあるものか; そいつはすごい. **2**《話》(黒いもの. 例えば:) (テレビスタジオなどで照明の調節に用いられる)黒板. [*lat.* niger „schwarz"–*span.* negro–*fr.* nègre]

Ne·ger⸗fra·ge[né:gər..] 女 (アメリカなどでの)黒人問題. ⸗**haar** 中《話》黒人のような縮れ毛. ⸗**han·del** 男 -s/ 黒人奴隷売買.

Ne·ge·rin Neger の女性形.

ne·ge·risch[né:gərıʃ] 形 黒人の, 黒人に関する; 黒人のような.

Ne·ger⸗kind[né:gər..] 中 黒人の子. ⸗**kuß** 男 黒人のキス(チョコレートをかぶせたクリームケーキの名). ⸗**lip·pen** 複 厚ぼったい唇. ⸗**mu·sik** 女 黒人音楽;《軽蔑的に》ジャズ. ⸗**sän·ger** 男 黒人歌手. ⸗**schweiß** 男《話》〔まずい〕コーヒー〈紅茶・ココア〉. ⸗**skla·ve** 男 黒人奴隷. ⸗**steu·er** 女《話》子供のない人にかけられる付加税.

ne·gie·ren[negí:rən] 他 (h) (↔ affirmieren) (verneinen) 否定する; (ablehnen) 拒否〈否認〉する. [*lat.*; < *lat.* ne-que „und nicht"; ◇ Negation; *engl.* negate]

Ne·gie·rung[..ruŋ] 女 -/-en 否定; 否認; 拒否.

Ne·gli·gé (**Né·gli·gee**)[negliʒé:] 中 -s/-s (女性の)部屋着, 化粧着, ネグリジェ: Sie ist noch im ~. 彼女はまだ身支度がすんでいない. [*fr.* 〔habillement〕 négligé „vernachlässigte Kleidung"]

▽**ne·gli·geant**[..ʒánt] 形 (nachlässig) 投げやりな, いいかげんな; だらしのない. [*fr.* négligent]

▽**ne·gli·gie·ren**[..ʒí:rən] 他 (h) おろそかにする, かまわずにおく, 気にしない. [*lat.* nec-legere „nicht beachten"–*fr.*; < *lat.* ne-que (→ negieren) + legere „auswählen" (◇ Lektion); ◇ *engl.* neglect]

▽**ne·go·zia·bel**[negotsiá:bəl] (..zia·bl..) 形 (umsetzbar) 売却〈換金〉可能な, 売買可能な. [*fr.*]

▽**Ne·go·ziant**[..tsiánt] 男 -en/-en (Kaufmann) 商人; (Vermittler) 仲買人.

Ne·go·zia·tion[..tsiatsió:n] 女 -/-en〘商〙**1** (有価証券の)売却, 譲渡. **2** (手形の)換金. [*fr.*]

ne·go·zi·ie·ren[..tsií:rən] ▽**I** 自 (h) 商売〈取引〉を行う. **II** 他 (h) (手形を)換金する. [*lat.*–*roman.*; < *lat.* negōtium „Un-muße"]

ne·grid[negrí:t][1] **I** 形〘人類〙ネグロイド(アフリカに分布する黒色人種)の. **II Ne·gri·de** 男 女《形容詞変化》〘人類〙ネグロイド.

Ne·gri·to[negrí:to·] 男 -〔s〕/-〔s〕 ニグリート (Andamanen 諸島に住む背の低い黒人). [*span.* „Negerlein"]

ne·gro·id[negroí:t][1] 形 黒人系の, 黒人のような: der 〈die〉 *Negroide* 黒人系の人. [< *span.* negro (→ Neger)]

Ne·gro Spi·ri·tual[ní:grou spírɪtjuəl] 中 (男) --s/--s 黒人霊歌, ニグロ=スピリチュアル. [*engl.–amerik.*]

Ne̩·gus[né:gʊs] 男 -/-, -se アビシニア(エチオピアの旧称)王の称号. [*amhar.* „König"]

Ne·he·mi̩a[nehemí:a·] (**Ne·he·mi̩as**[..mí:as]) 人名 ネヘミヤ(前5世紀のユダヤの指導者): das Buch ～ (旧約聖書の)ネヘミヤ記. [*hebr.* „getröstet hat Jahve (＝der Herr)"]

ne̩h·men*[né:mən] 《104》 **nahm**[na:m]/ **ge·no̩m·men**[gənɔ́mən]; ㊊ *du* nimmst[nɪmst], *er* nimmt; ㊍ nimm; 接II nähme[nɛ́:mə]

I 他 (h) (英: *take*) (↔geben) 取る: **1** 手に取る: **a**) (erfassen) つかむ: *js.* Hand ～ …の手を取る | *Nimm* den Eimer und hole Wasser! バケツを持って水をくんで来い | Er *nahm* seinen Hut und ging. 彼は帽子を手に取って去って行った ‖ das Kind **an** der Hand ～ 子供の手を引く | das Pferd am Zügel ～ 馬の手綱を取る | Er wurde am Ohr 〈**bei** den Ohren〉 *genommen.* 彼は耳を引っぱられた | *jn.* beim Wort ～ (→Wort 2).

b) 《方向を示す語句と》 運ぶ, 運び入れる〈出す〉, 受け入れる, 連れて〈持って〉行く: *sich*³ die Last **auf** die Schulter ～ 荷物〈重荷〉を背負う | *jn.* auf die Seite ～ …をわきに連れて行く | Musik auf Tonband ～ 音楽をテープにとる | *jm.* das Heft **aus** der Hand ～ …の手からノートを取りあげる(→5 a ①) | *jn.* **bei** der Hand ～ …の手を取ってそっと導いて行く | ein Kind **ins** Haus 〈in Pflege〉 ～ 子供を家に引き取る | ein Fahrrad ins Haus ～ 自転車を家の中へ運び入れる | den Bleistift in die Hand ～ 鉛筆を手に取る | die Erziehung der Kinder in die Hand ～ 《比》 子供の養育を引き受ける | *jn.* in die Mitte ～ …を真ん中にはさむ | Das Kind *nimmt* alles in den Mund. 子供はなんでも口に入れる | den Mantel **über** den Arm ～ コートを腕にかける | einen Schal **um** die Schulter ～ ショールを肩にかける | eine Tasche **unter** den Arm ～ かばんを小わきにかかえる | das Bild **von** der Wand ～ 絵を壁からはずす | das Glas vom Tisch ～ 机の上のコップを手に取る | den Hut vom Kopf ～ (頭から)帽子を脱ぐ | die Formen von der natürlichen Vorlage ～ 自然物から型をとる | von *jm.* den Alpdruck 〈eine Sorge〉 ～ 《比》 …から悪夢〈心配〉を取り除いてやる(→5 c) | *et.*⁴ **zur** Hand ～ …を手に取〔って見〕る ‖ Woher *nimmst* du deine Kenntnisse? 君はその知識をどこから仕入れて来るのか | **Woher ～ und nicht stehlen?** 《話》 そんなものは盗みでもしなければ手に入れようがない ‖ 〖前置詞を伴う再帰代名詞と〗 Würden Sie bitte die Unterlage an sich⁴ ～? すみませんが書類をあずかっていただけないでしょうか | ***et.***⁴ **auf** ***sich***⁴ **～** …〔の責任〕を引き受ける | die Schuld auf *sich*⁴ ～ 罪を引っかぶる | Er hat es auf sich *genommen*, den Plan auszuführen. 彼は計画の実行を引き受けた | ᵛ*et.*⁴ über *sich*⁴ ～ …を引き受ける | *jn.* zu *sich*³ ～ …を〔自分の家に〕引き取る ‖ 〖身体の部分を表す語を目的語として〗 die Hände an die Hosennaht ～ 両手をズボンの縫い目にあてる | *Nimm* die Hände aus den Taschen! 両手をポケットから出しなさい | den Kopf in den Nacken ～ 頭を反らせる.

2 選び取る, 用いる: **a**) 《*et.*⁴ zu *et.*³ 〈als *et.*⁴〉》 (…を…として)使う, 使用する: *et.*⁴ zum Anlaß ～ …をきっかけとして利用する(→10) | *jn.* zum Partner ～ …をパートナーに選ぶ | *sich*³ *jn.* zum Vorbild ～ …を自分のお手本にする | *et.*⁴ zum Vorwand 〈als Vorwand〉 ～ …を口実に使う | *et.*⁴ als Beispiel ～ …を例にとる | aus Versehen die Rasiercreme als Zahnpaste ～ 間違って練り歯みがきの代わりにひげそりクリームを使う ‖ vier Eier ～ (料理の材料に)卵を4個使う | Zum Braten *nehme* ich Öl. 炒(い)めものに私は油を使います.

b) (交通手段・宿泊所などを)利用する: das nächste Flugzeug 〈den nächsten Zug〉 ～ 次の飛行機〈列車〉にする | *sich*³ ein Hotelzimmer ～ ホテルに部屋をとる | bei *jm.* Quartier ～ …の所に泊まる.

c) 《*et.*⁴》 (多くの可能性の中から…を)選び取る, (…に)する; (…を)買う: Was *nehmen* Sie? (レストランなどで)何になさいますか | Ich *nehme* dieses Buch. 私はこの本にします | Wir *nehmen* den Kandidaten, der am meisten Erfahrung hat. 我々はいちばん経験豊かな候補者を選びます | eine Stelle aus dem Buch ～ 本のある個所を引用する.

d) 《*jn.*》 雇う, 採用する; 妻〈夫〉にする: einen Lehrling ～ 見習生を置く, 弟子を取る | *sich*³ einen Anwalt ～ 弁護士を雇う | Für diesen Posten 〈In diese Stellung〉 *nehme* ich einen älteren Mann. このポストには中年の男性を採用するつもりです | eine Frau ～ ある女性と結婚する(→6 a) | Ob sie ihn *nimmt*? 彼女ははたして彼と結婚するだろうか ‖ 〖als または zu と〗 *jn.* als Sekretär⁴ ～ …を秘書に雇う | zum Wehrdienst *genommen* werden 兵役に取られる | *jn.* zur Frau 〈zum Mann〉 ～ …を妻〈夫〉にする.

e) (道・方向などを)取る, たどる: den kürzesten Weg ～ いちばん近い道を行く | einen anderen Kurs ～ 別のコースを取る | die Richtung nach Süden ～ 針路を南に取る | den gewohnten Verlauf ～ いつもの経過をたどる | den Weg durch den Wald ～ 森を通って行く | eine unerwartete Wendung ～ (事態が)予想外の展開をみせる.

3 (与えられたものを)受ける: **a**) (geben lassen) 受け取る, もらう, いただく; 支払ってもらう: Sie *nahm* nichts 〈kein Trinkgeld〉. 彼女は謝礼〈チップ〉をいっさい受け取らなかった | *Nimm* dir nicht soviel auf einmal 〔auf den Teller〕. 一度にそんなによそってはいけない | Er *nahm*, was sich ihm bot. 彼はあれこれぜいたくは言わなかった | von *jm.* Rat ～ …から助言をもらう | Ich werde noch etwas von der Wurst ～. 私はそのソーセージをもう少しいただこう | es von den Lebendigen 〈den Lebenden〉 nehmen (→lebendig 1) | Du darfst von fremden Leuten keine Geschenke ～. 見知らぬ人から贈り物をもらってはいけない | Der dritte Verlag hat sein Manuskript *genommen.* 3軒目に訪ねた出版社が彼の原稿を採用した | *Nehmen* Sie Schecks? 小切手で(払いを)受け取ってくれますか | *Nehmen* Sie eine Zigarette? タバコはいかがですか ‖ 〖ふつう für *et.*⁴ と〗 Wieviel *nimmt* Ihre Schneiderin **für** den Rock? あなたの仕立屋さんはスカート1着にどのくらい取りますか | Der Kaufmann *nimmt* heute zehn Mark für die Äpfel. この店は今日はリンゴを10マルク何個という売り方をしている ‖ Der Fensterputzer *nimmt* zehn Mark die Stunde. 窓ふきは1時間10マルク取る | Miete 〈Zinsen〉 ～ 賃貸料〈利子〉を取る ‖ 〖目的語なしで〗 *Nehmen* Sie doch noch! もう少しいかがですか | *Nimm* nur, ich habe noch mehr davon! どんどん取れよまだたくさんあるんだから | Ich will nicht nur immer ～. いつもいただくばかりでは申しわけない | Wer nicht ～ will, braucht auch nicht zu geben. 《諺》 もらわないのなら与えることもない, 与えるばかりが能ではない ‖ Geben ist seliger denn *Nehmen.* (→geben II 1) | Er ist vom Stamme *Nimm.* (→Stamm 2 a).

b) (打撃・損害などを)こうむる: Schaden ～ 被害を受ける | Er hat mehrere Treffer seines Gegners *genommen.* 彼は相手のパンチをいくつか浴びた ‖ hart im *Nehmen* sein (→hart I 4).

c) 《*jn.*》 受けとめる, しかるべく扱う, (…と)折れ合う: die Welt ～ 世間と折れ合って暮らす | einen Mann, wie er ist, ～ (あるがままの)ある男と折れ合う(→7 a) | Für einen Personalchef ist es wichtig, daß er die Menschen zu ～ weiß. 人事課長にとっては人を扱うこつを心得ていることが大切だ | Sie weiß, wie sie die Männer zu ～ hat. 彼女はこの男たちをどう扱うべきかを心得ている.

4 (生理的・精神的に)摂取する: **a**) (einnehmen) (薬剤・嗜好(しこう)品などを)飲む, 食べる; 《雅》 (食事を)取る: Gift ～ 服毒する | eine Medizin 〈ein Schlafmittel〉 ～ 薬〈睡眠薬〉を飲む | Tabletten ～ 錠剤を服用する ‖ das Frühstück um 10 ～ 《雅》 朝食を10時に取る | den Kaffee ohne Milch ～ ミルクを入れずにコーヒーを飲む | einen Schluck Wein ～ ワインを一口飲む | **einen ～** 《話》 一杯やる.

b) (授業などを)受ける: bei *jm.* Unterricht in Englisch ～ …に英語のレッスンを受ける | Nachhilfestunden ～〔家で〕補習授業を受ける.

c) (権利として与えられているものを)行使する, 利用する, (休暇

N

などを)取る: Ich *nehme* mir die Freiheit, Ihnen das zu sagen. 遠慮なくこう申し上げさせていただきます | Ich *nehme* das Recht, das zu verlangen. 権利を行使してそれを要求します, 勝手ながらそれを要求させていただきます | *sich*^{3} einen freien Tag ~ /〔*sich*^{3}〕 einen Tag frei ~ 1日休みを取る | *seinen* Urlaub ~ 規定の休暇を取る | *sich*^{3} 〔die〕 Zeit für Lektüre ~ 読書のために時間を費やす | *Nehmen* Sie sich bei dieser Arbeit Zeit! その仕事はあわてずにゆっくりおやりなさい.

5 (能動的に)取る, 取り去る: **a**) ① (wegnehmen) 《〔*jm.*〕 *et.*^{4}》 奪い取〔って自分のものにす〕る, 横取りする: *jm. sein* Eigentum 〈den Geliebten〉 ~ …の財産を奪う〈恋人を横取りする〉 | Diebe haben mir das Geld *genommen.* 泥棒どもにその金を盗まれた | *jm.* den Läufer ~ 〘チェス〙 …のビショップを取る | Der Krieg hat ihm den Vater *genommen.* 戦争は彼の父を奪った ‖ *sich*^{3} das Leben ~ 自殺する ‖〘方向を示す語句と: →1 b〙 *jm.* das Wort aus dem Munde ~ (→Wort 2 a) | Der Tod hat ihm die Feder aus der Hand *genommen.* 彼は執筆途中で死んだ | *sich*^{3} nicht die Butter vom Brot ~ lassen (→Butter).

② 《*sich*^{3} *et.*^{4}》 自分のものにする: Sie *nahm* sich, was sie brauchte. 彼女は必要とするものはなんでも手に入れた | Er *nimmt* 〔sich〕 immer das Beste. 彼はいつでもいちばんよいものを自分用に取ってしまう.

b) (entziehen) 《*jm. et.*^{4}》 (…から…を) 失わせる, (…から権利・利点などを)取りあげる, 奪う: Das neue Gebäude wird uns die Aussicht auf die Berge ~. その建物ができたらここから山が眺められなくなってしまう | *jm.* das Brot ~ 《比》 …の飯の種を奪う | Mit seinen ständigen Kritteleien hat er mir alle Freude an der Arbeit *genommen.* 彼がしょっちゅうあら探しばかりするので私は仕事に対する意欲をすっかりなくしてしまった | *jm.* die Hoffnung ~ …の望みを断つ ‖ Seinem Angriff war die Spitze *genommen* worden. 彼の攻撃もほこ先が鈍っていた | Die Bearbeitung der Dichtung hat nichts von ihrer Eigenart *genommen.* 脚色〈改作〉によってもその原作の持ち味はいささかも失われていない ‖ Die beiden *nehmen* sich^{3} nichts. 《比》 ふたりは互いに引けを取らない ‖ ***sich*^{3} *et.*^{4} nicht ~ lassen** あくまで…に固執する | Ich lasse mir meine Rechte nicht ~. 私は私の権利を最後まで守り通す | Das lasse ich mir nicht ~. i) 私はどうしてもそうします; ii) だれがなんと言おうとそれに間違いない | Der Alte ließ es sich nicht ~, seine Gäste selbst zum Bahnhof zu begleiten. 老人は客を自分で駅まで送ると言ってきかなかった.

c) 《*jm. et.*^{4}》 (…の…を) 取り除いてやる: *jm.* die Angst ~ …の不安を取り除いてやる | Du hast mir alle Sorgen *genommen.* あなたは私の心配をすっかり取り除いてくれた ‖〘方向を示す語句と: →1 b〙 *jm.* eine Last vom Herzen ~ …の心の重荷を取り除いてやる | von *jm.* den Alpdruck 〈eine Sorge〉 ~ (→1 b).

6 a) (einnehmen) (敵陣などを) 奪取する, 陥落させる, 占領する; 《比》 (人の心などを) とらえる, 魅了する: die Festung 〈die Stadt〉 ~ 要塞(ようさい)〈町〉を占領する | eine Frau ~ 《話》 女をものにする (→2 d) | ein Buch, das einen leicht *nimmt* und leicht losläßt ちょっと面白いがすぐ飽きられてしまうような書物.

b) (bewältigen) (障害・難所などを) 克服する, 片づける, 処理する, 乗りきる: die Hürden fehlerlos ~ 〘陸上〙 ハードルをきれいにとび越える | die Kurve mit 60 km 〔in der Stunde〕 ~ 時速60キロでカーブを曲がる | Das Auto *nimmt* die Steigung im zweiten Gang. その自動車はその勾配(こうばい)をセカンド〔ギア〕でのぼってしまう | zwei Stufen auf einmal ~ 〔階段を〕 2段ずつのぼって行く.

7 a) 《*et.*^{4}》 《様態を示す語句と》 (…を…と) 受け取る, 解する, 考える: *et.*^{4} ernst ~ …をまじめに考える〈本気にとる〉 | es mit *et.*^{3} 〔nicht so〕 genau ~ (→genau 1 a) | *et.*^{4} zu leicht ~ …をあまりに手軽に考えすぎる | *et.*^{4} persönlich ~ (→persönlich 1) | Er *nimmt* es schwer, seinen Arbeitsplatz zu verlieren 〈daß er seinen Arbeitsplatz verliert〉. 彼は今の職を失うことをひどく苦にしている | *et.*^{4} streng ~ …を厳密に解する (→strengnehmen) | *Nimm* es nicht so tragisch! そんなに深刻に考えることはないよ | wenn Sie es so *nehmen* そういうふうにお取りになるのでしたら ‖ Er *nimmt* alles, wie es kommt. 彼は万事ものごとをあるがままに受け入れる | Du mußt diesen Menschen ~, wie er ist. 君はこの人間をそのまま受け入れるほかない (→3 c) | Wie man's *nimmt.* 〔それは〕考え方しだいだ ‖ 再帰 *sich*^{4} wichtig ~ 偉そうにする, もったいぶる.

b) 《*et.*^{4} für *et.*^{4} 〈als *et.*^{4}〉》 (…を…と) みなす, 考える: *et.*^{4} für ein günstiges Zeichen ~ …を吉兆だと思う | *jn.* für dumm ~ …をばかだと思う | Er *nahm* diese Äußerung für Hohn 〈als Bekenntnis〉. 彼はその言葉をあざけり〈懺悔(ざんげ)〉と取った | den guten Willen für die Tat ~ 実行しなくてもその意志があれば良しとする.

c) 《*et.*^{4}》 (…をある見方で) 理解する, とらえる: die Sache von der heiteren Seite ~ 事柄の明るい面を見る ‖ alles in allem *genommen* 全体としていうと, 要するに | im Grund *genommen* つまるところ, 結局 | genau *genommen* 厳密に解すれば.

8 考慮の対象として取り上げる, 想定してみる: *Nehmen* wir den Fall, daß ... …の場合を考えてみよう | *Nehmen* Sie einmal die vielen Vorbereitungen, die dafür nötig sind. そのために必要な数々の準備を想像してみてください | Wenn man die gegenwärtige Situation *nimmt,* so ... 現状を考えれば….

$^{▽}$**9** 再帰 *sich*^{4} ~ (しかるべく) 振舞う (= *sich*^{4} benehmen): *sich*^{4} zu ~ wissen 身の処し方を心得ている.

10 《nehmen 自体の意味が希薄化し, 機能動詞として動詞句を構成する》 Abschied ~ 別れを告げる (= *sich*^{4} verabschieden) | an *et.*^{3} Anteil ~ i) …に参加する; ii) …に興味をもつ; iii) …に同情する | ein Bad ~ 入浴する (=baden) | auf *et.*^{4} Bezug ~ …を指す (= *sich*^{4} auf *et.*^{4} beziehen) | Einsicht in *et.*^{4} ~ …を悟る (= *et.*^{4} einsehen) | kein Ende ~ きりがない (=nicht enden) | von *et.*^{3} Kenntnis ~ …を知る | Platz ~ 着席する, 腰を下ろす | Rache an *jm.* ~ …に仕返しをする (= *sich*^{4} an *jm.* rächen) | auf *et.*^{4} Rücksicht ~ …を顧慮する (= *et.*^{4} berücksichtigen) | zu *et.*^{3} Stellung ~ …に対する態度〈評価〉をきめる ‖〘in+動作名詞+nehmen などの形で〙 *et.*^{4} in Anspruch ~ …を〔権利として〕要求する (= *et.*^{4} beanspruchen) | *et.*^{4} in Empfang ~ …を受理する (= *et.*^{4} empfangen) | *et.*^{4} in Gebrauch ~ …を利用する〈用いる〉 (= *et.*^{4} gebrauchen) | *jn.* in Haft ~ …を逮捕する (= *jn.* verhaften) | *jn.* in Schutz ~ …を保護する (= *jn.* schutzen) | *jn.* ins Verhör ~ …を尋問する (= *jn.* verhören) | *et.*^{4} in Zahlung ~ (→Zahlung 1) ‖ *et.*^{4} **zur** Kenntnis ~ (→Kenntnis 2).

II Neh·men 中 -s/ 取ること, 受け〔取〕ること (→ I 3).
[*germ.*; ◇genehm; *gr.* némein „〔zu〕teilen"**]**

Neh·mer[né:mər] 男 -s/- (↔Geber) (nehmen する人. 例えば:) **1** 受取人, 受け手: Arbeit*nehmer* 被雇用者 | Kredit*nehmer* 信用〈クレジット〉受供者. **2** (Käufer) 買い手.

Neh·mer·qua·li·tät 女 -/-en 《ふつう複数で》 〘ボクシング〙 相手のパンチに耐える能力.

Neh·ru[né:ru·] 人名 Jawaharlal ~ ジャワハルラル ネール (1889-1964; 1947年インド独立後初代の首相).

Neh·rung[né:rʊŋ] 女 -/-en (潟と外海を隔てる) 砂州 (→ 図 Küste). **[**„Enge"; ◇Narbe**]**

Neid[naɪt]^{1} 男 -es(-s)/ ねたみ, そねみ; うらやましく思う気持, 羨望(せんぼう): der blasse ~ 激しいねたみ ‖ voll〔er〕 ~ sein ひどくねたんで〈うらやましがって〉いる ‖ Der ~ frißt 〈nagt〉 an ihm. 彼はねたみの気持にさいなまれている | Das muß ihm der ~ lassen. (ほかの点は別として) 彼のその点は認めざるを得ない | **Das ist nur der ~ der Besitzlosen.** 《話》 そいつは持たざる者のひがみさ | Nur kein ~! そうひがむもんじゃないよ ‖ **aus ~** ねたみから | **vor ~** vergehen 〈話: platzen〉 ひどくねたむ | **vor ~ erblassen** / vor ~ blaß 〈gelb / grün〉 werden ねたみで目のくらむ思いをする ‖ Das erregt 〈〔er〕weckt〉 seinen ~. そのことが彼の嫉妬心をかき立てる.

[*germ.* „Haß"]

nei·den[náidən][1] ⟪01⟫ 他 (h) ⟪雅⟫ ⟪*jm.* *et.*[4]⟫ (…の…を) ねたむ, うらやむ: *jm.* den Erfolg ～ …の成功をねたむ.

nei·dens·wert 形 ねたましい⟨うらやましい⟩〔ほどの〕.

Nei·der[náidər] 男 -s/- ねたむ⟨うらやむ⟩人: Besser ～ als Mitleider. ⟪諺⟫ 同情されるよりはねたまれる身がまし.

neid≈er·füllt[náɪt|ɛrfʏlt] 形 ねたみ深い, うらやんでいる: *jn.* ～ betrachten …をうらやましげに見る. **≈er·re·gend** 形 嫉妬(しっと)心をそそるような; うらやましくなるような.

neid·haft[..haft] ⟪スイス⟫ ＝neidisch

Neid·ham·mel 男 ⟪話⟫ ねたみ深い人, ねたみ屋.

Neid·hart[náithart] **I** 男名 ナイトハルト: ～ von Reuental ナイトハルト フォン ロイエンタール(13世紀ドイツの叙情詩人). **II** 男 -s/-e ⟪方⟫ ＝Neidhammel

nei·dig[náidɪç][2] ⟪方⟫ ＝neidisch

[▽]**Nei·ding**[náidɪŋ] 男 -s/-e ＝Neider

nei·disch[náidɪʃ] 形 ねたんでいる: mit ～*en* Blicken うらやましげな目つきで | auf *jn.* ⟨*et.*[4]⟩ ～ sein …をねたんでいる.

Neid·kopf[náɪt..] 男 **1** (戸口・破風などにとりつけた)厄よけ獣面. **2** ⟪方⟫ ねたみ深い人.

Neid·ling[náɪtlɪŋ] 男 -s/-e ⟪話⟫ ＝Neidhammel

neid·los[náɪtlo:s][1] 形 ねたみを持たない, 素直な: Ich freue mich über sein Glück ～. 私は彼の幸運を虚心に喜んでいる.

Neid≈na·gel[náɪt..] ＝Niednagel **≈sack** 男 ⟪卑⟫ ＝Neidhammel

Nei·ge[náigə] 女 -/-n ⟪ふつう単数で⟫ **1 a)** 傾き, 傾斜; (天体の)没: auf der ～ sein 傾いている | Die Sonne geht zur ～. 日が沈む ‖ **auf die ～ ⟨zur ～⟩ gehen** ⟪雅⟫ 終わりに近づく | Sein Leben geht zur ～. ⟪比⟫ 彼の生涯は終わりに近づく | Unsere Vorräte gehen zur ～ ⟨auf die ～⟩. ⟪比⟫ 我々の蓄えも尽きかけている. [▽]**b)** (Verneigung) おじぎ. [▽]**c)** (Abhang) 傾斜面, 山腹. **2** (たる・グラスなどの底の)残り〔かす〕: die ～ im Glas austrinken / das Glas bis zur ～ austrinken グラスを底まで飲みほす | die Qualen bis zur bitteren ～ auskosten 苦しみをとことん味わいつくす; 辛酸をなめつくす | bis zur ～ leeren (→leeren 1).

nei·gen[náigən][1] **I** 他 (h) **1** 傾ける, 斜めにする; 下げる, 下向き⟨下り坂⟩にする: eine Flasche ～ 瓶を傾ける | *jm.* *sein* Ohr ～ ⟪雅⟫ …の言に耳を貸す | den Kopf auf die Brust ～ 深々とうなだれる | den Kopf zum Gruß ～ お辞儀する ‖ 再帰 *sich*[4] nach links ～ 左に傾く | Die Wiese *neigt* sich nach Süden. この草原は南向きの傾斜になっている | *sich*[4] über den Kranken ⟨das Bett⟩ ～ 病人⟨ベッド⟩の上に身をかがめる | *sich*[4] vor *jm.* ～ ⟪雅⟫ …にお辞儀する⟨敬意を表する⟩ | *sich*[4] zur Erde ～ (枝などが)地面に垂れ下がる | Die Waagschale *neigt* sich zu meinen Gunsten. ⟪比⟫ 情勢は私に有利になりつつある ‖ eine *geneigte* Fläche 下り斜面. **2** 再帰 *sich*[4] 〔zum Ende〕 ～ 終わりに近づく | Das Jahr ⟨Der Urlaub⟩ *neigt* sich. 今年⟨休暇⟩も残り少ない.

II 自 (h) ⟪zu *et.*[3]⟫ (…の)傾き⟨傾向⟩がある: Er *neigt* zu Erkältungen ⟨zum Trinken⟩. 彼はかぜをひきやすい⟨酒好きである⟩ | Wir *neigen* zu der Ansicht, daß ... 私たちはとかく…と考えがちである | Ich *neige* dazu, ihm zu glauben. 私はつい彼の言うことを信用するくせがある.

III ge·neigt → 別出

[*germ.*; ◇nicken; *lat.* nītī „sich stützen"]

Nei·gung[náigʊŋ] 女 -/-en **1** ⟪ふつう単数で⟫ **a)** 傾き, 傾斜; 勾配(こうばい), 斜面: die leichte ⟨starke⟩ ～ der Straße 道路のゆるい⟨きつい⟩勾配 | mit einer ～ des Kopfes 頭を下げて, うなずいて. **b)** (Inklination) 〔天〕 軌道傾斜. **c)** 〔理〕 (磁針の)伏角. **2 a)** 傾向, 素質, たち; 好み; 気配: eine krankhafte ⟨künstlerische⟩ ～ 病的⟨芸術的⟩素質 ‖ eine ～ zur Kritik ⟨zum Trunk⟩ haben 批評好き⟨酒好き⟩である | Er hat wenig ～, dem Plan zuzustimmen. 彼はとんとその計画に賛成する気がない | Die Papiere haben ～ zu steigen. 〔商〕 株価は上がり気味だ. **b)** (Zuneigung) 慕情, 情愛: eine Heirat aus ～ 恋愛結婚 ‖ eine ～ zu *jm.* fassen …に愛情を抱く, …を好きになる | Sie gewinnt ⟨erwidert⟩ seine ～. 彼女は彼の愛を得る⟨にこたえる⟩.

Nei·gungs≈ebe·ne[náigʊŋs..] 女 〔傾〕斜面. **≈ehe** 女 愛情で結ばれている結婚生活. **≈hei·rat** 女 恋愛結婚. **≈li·nie**[..niə] 女 勾配(こうばい), 斜線. **≈mes·ser** 男 〔空〕 傾斜計. **≈win·kel** 男 〔数〕 傾角. **≈zei·ger** 男 〔鉄道〕 勾配標.

nein[naɪn] **I** 副 **1** ⟪独立的に⟫ (英: *no*) (↔ja) **a)** ⟪相手の質問・要求・提案・主張などに対する否定・拒否・拒絶⟫ いいえ, ちがいます, ノー; いやです, だめです: Hast du jetzt Zeit?―*Nein!* いま暇かい―いいや | Bist du fertig?―*Nein*, noch nicht. 支度はいいかい―いいやまだだ | Möchtest du noch etwas Tee?―*Nein*, danke. もう少しお茶をいかが―いいえ いらないわ | Du gehst zu weit, ～, alles hat seine Grenzen. それは君の行きすぎだよ いかんよ すべて物には限度というものがあるのだから ‖ **～ 〔zu *et.*[3]〕 sagen** 〔…を〕拒否する⟨いやだと言う⟩ | **nicht ～ sagen können** (気が弱くて)ノーと言えない, 断れない | Sie sagte nicht ja und nicht ～, kicherte nur. 彼女はイエスともノーとも言わず ただくすくす笑うだけだった ‖ Ich bin ～. ⟪スイス⟫ 私は断る. **b)** ⟪否定を含んだ質問などに対して否定の返事をする場合⟫ はい, ええ, うん: Kommen Sie nicht mit?―*Nein.* 一緒においでにならないのですか―はい〔参りません〕 | Sind Sie nicht müde?―*Nein*, gar nicht. お疲れではありませんか―いいえ ちっとも | Haben Sie keine Zeit?―*Nein*, ich habe leider keine Zeit. おひまがありませんか―ええ 残念ながらありません.

☆ 否定詞を含む問いに対する nein と doch: →doch II 2 ★

2 ⟪話⟫ **a)** ⟪強い否定ないし拒絶を表す. 反復したり, ach, o その他の間投詞を伴うことが多い⟫ Aber ～! / Ach ～! 冗談じゃありませんよ, いやですよそんなこと. **b)** ⟪否定というよりは, 強い驚きを表す⟫ まさか, そんなことうそでしょ,〔それ〕ほんと: *Nein* doch! そんなこと絶対困るよ | O ～, o ～, o ewig ～! ああいやだいやだ 絶対にいやだ.

3 ⟪話⟫ ⟪驚きを表す. 不満・喜びなどの感情がこめられることが多い⟫ おやおや, あらまあ: *Nein*, es ist unglaublich. まさかそんなことって ‖ *Nein*, so was! おやまあ何だってそんなことを | *Nein*, so eine Dummheit! なんてばかなことを ‖ *Nein*, ist das eine Freude! なんてまあうれしいことでしょう | 〔Ach〕 ～, wie nett! ほんとにこんなにまでご親切にしていただいて.

4 ⟪自分が頭の中で考えたことに対する強い否定を表す. 否定の理由を説明する文が続くことが多い⟫ いやいや, それは違う, おっとどっこい: *Nein*, ich kann mich nicht dazu entschließen. いやいやどう考えても私にはその決心はつかない | *Nein*, du darfst nicht. (しばしば自分自身に向かっての独白として) いややっぱりお前はそうしてはいかんのだ | *Nein*, ich werde nicht an die See fahren, ich glaube, das Klima bekommt mir nicht. やはり海へ行くのはよそうと思う. 気候が私には合わないから.

5 ⟪自分の前言を否定ないし訂正して⟫ いやちょっと待てよ: Hunderte, ～ Tausende machen davon Gebrauch. そいつを利用している人間は何百人いや何千人にものぼる | Das ist eine schwierige, ～ unlösbare Aufgabe. それは困難いや解決不可能な課題だ | Er liebte sie, ～, er betete sie an. 彼は彼女を愛していた いやあがめていたのだ.

6 ⟪否定文のあとに用いられて接続詞的に⟫ (vielmehr, sondern) (…ではなくて)むしろ, それどころか: Das ist nicht nur Ungeschicklichkeit, ～, 〔das ist〕 schon böser Wille. それは単に不手際というだけではなく すでに悪意と言ってもいいものだ.

7 ⟪前文の否定の再確認⟫ そうそう, まったくの話: Das war nicht schön von ihm, ～, das zeigte wenig Verständnis. 彼のやり方は不親切だった. いや理解のない態度だった.

8 ⟪反論をある程度まで予想しつつも相手の同調を求めて⟫ (nicht wahr) ね, そうでしょ: Das ist doch sehr interessant, ～? とっても面白いでしょ ね.

II Nein 中 -〔s〕/-〔s〕 (↔Ja) 拒否⟨拒絶⟩の返事, 反対の態度, 反対〔票〕: mit 〔einem klaren〕 ～ antworten 〔きっぱりと〕ノーの返事をする | mit Ja oder 〔mit〕 ～ stimmen 賛否の票を投じる | das Ja und 〔das〕 ～ abwägen 賛成した場合と反対した場合の利害得失を考量する | bei *seinem* ～

bleiben 拒否の態度を崩さない ‖ Man spricht vergebens viel, um zu versagen; Der andre hört von allem nur das ～. 断るためにいろいろ言いのがれようとしても無駄だ. どう弁解しようと相手の耳にはノーの返事しか聞こえないのだから (Goethe) | Ein ～ zur rechten Zeit erspart viel Widerwärtigkeit.《諺》機を失しないうちにはっきりノーと言っておけば後でいろいろ嫌な思いをせずにすむ.
[*ahd.*; < *ahd.* ni „nicht"+ein „eins"; ◇ *engl.* no]

N

'nein[naɪn]《特に南部》=hinein

Nein≈sa·gen[náɪn..] 中 -s/ 否定, 拒否. **≈sa·ger** 男 -s/- 〔いつも〕ノーという人,〔反対のための〕反対者. **≈stim·me** 女 (票決の際の) 反対票.

die **Nei·ße**[náɪsə] 地名 女 -/ ナイセ (Oder 川の支流. ポーランド語形ニサ Nysa: →die Oder-*Neiße*-Linie). [*illyr.*]

nekr.. →nekro..

nekro..《名詞などにつけて「死者・死体」を意味する. 母音の前では nekr.. となる: →*Nekro*psie》[*gr.* nekrós „tot"]

Ne·kro·bio·se[nekrobió:zə] 女 -/ 〘生〙壊死(え)過程. [< *gr.* bíōsis „Lebensweise" (◇bio.., ..ose)]

Ne·kro·log[..ló:k][1] 男 -〔e〕s/-e **1** (Nachruf) (故人の略伝を添えた) 追悼の辞, 追悼文; 故人の略伝. ∇**2** =Nekrologium

Ne·kro·lo·gium[..ló:giʊm] 中 -s/..gien[..giən] (修道院などの) 死者名簿, 過去帳.

Ne·kro·mant[..mánt] 男 -en/-en 交霊術者, 霊媒.

Ne·kro·man·tie[..mantí:] 女 -/ 交霊〈霊媒〉術. [*gr.*−*spätlat.*; < *gr.* mántis „Wahrsager"]

ne·kro·phil[nekrofí:l] 形 死者を愛する; 死体嗜好(こう)〈性愛〉の.

Ne·kro·phi·lie[..filí:] 女 -/ 〘心〙死体性愛, 屍姦(しかん). [< *gr.* philía „Liebe"]

Ne·kro·po·le[..pó:lə] 女 -/-n, **Ne·kro·po·lis**[nekró:polɪs] 女 -/..polen[..kropó:lən] (古代ないしは先史時代の) 死者の町, (広大な) 埋葬地, 共同墓地. [*gr.*; < *gr.* pólis „Stadt"]

Ne·krop·sie[nekrɔpsí:] 女 -/-n[..sí:ən] 検死, 死体解剖. [< *gr.* ópsis „Sehen"; ◇ *engl.* necropsy]

Ne·kro·se[nekró:zə] 女 -/-n 〘医〙壊死(え); 壊疽(そ). [*gr.*; ◇..ose]

Ne·kro·sper·mie[nekrospɛrmí:] 女 -/-n[..mí:ən] 〘医〙精子死滅〔症〕, 死精子〔症〕. [◇Sperma]

ne·kro·tisch[nekró:tɪʃ] 形 〘医〙壊死(え)〈壊疽(そ)〉性の.

Nek·tar[nέktar] 男 -s/ **1** 〘ギ神〙ネクタル (神々が飲むという不老長寿の美酒); 《比》美酒, 甘露. **2** (Blütenhonig) 花蜜(かみつ). [*gr.*−*lat.*]

Nek·tar·drü·se 女 -/-n 《ふつう複数で》(Honigdrüse) 〘植〙(花の) 蜜腺(みつせん).

Nek·ta·ri·ne[nɛktarí:nə] 女 -/-n 〘植〙ユトウ(油桃), ネクタリン.

nek·ta·risch[..tá:rɪʃ] 形《雅》**1** (神々の飲む美酒のように) 甘美な. **2** =göttlich

Nek·ta·rium[..tá:riʊm] 中 -s/..rien[..riən]《集合的に》〘植〙(花の) 蜜腺(みつせん) (蜜腺機構の全体. 個々の蜜腺は: →Nektardrüse).

nek·tarn[nέktarn] =nektarisch

Nek·ton[nέktɔn] 中 -s/ 〘生〙遊泳生物 (自力で泳ぎ回れる動物の総称. 魚・鯨などのほか, カメ類・ペンギンなども含まれる). [*gr.* nēktós „schwimmend"; ◇Najade]

Nel·ke[nέlkə] 女 -/-n 〘植〙**1** ナデシコ(撫子)属 (セキチク・カーネーションなどを含む): Chinesische ～ セキチク | Garten*nelke* カーネーション. **2** (Gewürznelke) チョウジ(丁子) (香料: → ⊠ Gewürz). [*mndd.* negel-kēn „Nägelchen"; ◇Nagel]

Nel·ken≈baum 男 〘植〙チョウジ(丁子)の木. **≈leim·kraut** 中 〘植〙ムシトリナデシコ(虫取撫子). **≈öl** 中 チョウジ油. **≈pfef·fer** 男 (Piment) オールスパイス, ジャマイカ=ペッパー(香辛料). **≈stock** 男 ナデシコ〈カーネーション〉の株. **≈strauß** 男 ナデシコ〈カーネーション〉の花束. **≈wurz** 女 〘植〙ダイコンソウ(大根草)属.

Nel·son[nέlzɔn, nɛlsn] 人名 Horatio ～ ホレイシオ ネルソン(1758-1805; イギリスの提督. 1805年 Trafalgar 沖でイギリス艦隊を率いてフランス・スペイン連合艦隊を撃滅した際に戦死).

'nem[nəm]《話》=einem

Ne·ma·to·de[nematό:də] 男 -n/-n; 女 -/-n《ふつう複数で》(Fadenwurm) 〘動〙線虫類. [< *gr.* nēma „Faden" (◇nähen) +..oden]

Ne·mea[nemé:a·] 地名 ネメア (南ギリシアの Korinth 南西に位置する谷). [*gr.*−*lat.*]

ne·me·isch[nemé:ɪʃ] 形 ネメアの: der *Nemeische* Löwe 〘ギ神〙(Herakles が打ち殺したという) ネメアのライオン | die *Nemeischen* Spiele (Olympia での 4 年ごとの競技と並んで古代ギリシアで 2 年ごとに催された) ネメア競技〔会〕.

Ne·me·sis[né(:)mezɪs] **I** 人名 〘ギ神〙ネメシス (人間の思いあがりに対する神の罰を擬人化した女神). **II** 女 -/ 《比》罪を罰する〈罪に報復する〉正義, 因果応報. [*gr.* „Zurechnen, Strafe"−*lat.*; ◇nehmen]

NE-Me·tall[ɛn|é:metal] =Nichteisenmetall

nem·tig[némtɪç] 副《スイ》(neulich) 先日, このあいだ.

'nen[nən]《話》=einen[1]

nenn·bar[nέnba:r] 形 名指しする〈名を挙げる〉ことの可能な, 名前のある; 述べるに値する.

Nenn≈be·la·stung[nέn..] 女 〘工〙公称荷重〈負荷〉. **≈be·trag** 男 〘経〙額面〈券面〉額.

nen·nen*[nέnən]《105》**nann·te**[nántə]/ **ge·nannt**; 接II nennte 他 (h) **1**《*jn.* / *et.*[4] のほかにさらに 4 格または様態を示す語句などを伴って》**a)** (…を…と) 名づける, 命名する, 呼ぶ: Wie wollen Sie das Kind ～?−Wir wollen das Kind Karl ～. 子供にどういう名をつけるつもりですか−カールという名をつけるつもりです | Ich heiße Charlotte, aber man *nennt* mich Lotte. 私はシャルロッテという名前ですが ふつうはロッテと呼ばれています | Er wurde Johann *genannt*, nach seinem Großvater. 彼は祖父の名をとってヨハンと命名された | Friedrich der Zweite, *genannt* der Große フリードリヒ二世通称〔フリードリヒ〕大王. **b)**《bei〈mit〉*et.*[3]》(…の呼び方で) 呼ぶ: *jn.* beim Spitznamen ～ …をあだ名で呼ぶ | *jn.* beim〈bei *seinem* / mit *seinem*〉Vornamen ～ …をファーストネームで呼ぶ | *et.*[4] beim Namen ～ (→Name 1) | die Dinge〈das Kind〉beim rechten Namen ～ (→Ding 1 a, →Kind). **c)** (…であると) 言う, 称する: *jn.* *seinen* Freund ～ …を〔自分の〕友人と呼ぶ | Das *nenne* ich Mut〈mutig〉! これこそ勇気というものだ | Man kann sie schön〈noch jung〉～. 彼女は美人〈まだ若い〉と言える | *et.*[4] *sein* eigen ～ (→eigen 1) | Er pflegte mir Gesellschaft zu leisten, wenn man es so ～ will. 彼はいつも私のいわゆるお相手をしてくれた ‖ 再帰 Er *nennt* sich Christ〈einen Christen〉. 彼はクリスチャンだと自称している. **2**《*jn.* / *et.*[4]》(…を) 名指しする; (…の名を) 挙げる, (…に) 言及する, (…を) 記述する: *jn.* als *seinen* Nachfolger ～ …を自分の後継者に指名する | Beispiele ～ 実例を挙げる | Roß und Reiter ～ (→Roß[2] 1) | Können Sie mir einen guten Arzt〈ein billiges Hotel〉～? いい医者〈安いホテル〉を教えてくれませんか ‖ 再帰 *sich*[4] für *et.*[4] ～〈スポ〉…に参加を申し込む〈エントリーする〉| Der Esel *nennt* sich zuerst. (→Esel 2) ‖ die eben *genannten* Bücher たったいま挙げた書物.
[*germ.*; ◇Name]

nen·nens·wert[nέnəns..] 形《ふつう否定詞を伴って》取り立てて言うほどの, 特記すべき: ohne ～*e* Schwierigkeiten さほどの困難〈障害〉もなく | keine ～*en* Einnahmen haben たいした収入がない ‖ Der Schaden war nicht〈kaum〉～. 損害はそれほどではなかった ‖ Es ist nichts *Nennenswertes* passiert. 格別のことは起こらなかった.

Nen·ner[nέnər] 男 -s/- (↔Zähler) 〘数〙分母: **einen〔gemeinsamen〕～ finden**《比》共通点〈共通の基盤〉を見つけ出す | *et.*[4] **auf den gleichen〈einen〔gemeinsamen〕〉～ bringen**〘数〙…を通分する;《比》…の共通〈一致〉点を見いだす. [*mlat.* dēnōminātor (◇denominieren) の翻訳借用]

Nenn≈fall[nέn..] 男 (Nominativ) 〘言〙主格, 1 格.

⸗form 女 (Infinitiv) 〘言〙不定詞.
Nẹnn·form·satz 男〘言〙不定詞節〈句〉.
Nẹnn⸗ge·bühr 女, **⸗geld** 中〘スポーツ〙参加〔申込〕料. **⸗grö·ße** 女, **⸗lei·stung** 女〘工〙定格出力〈容量〉. **⸗on·kel** 男 (親族関係なしに親しみから)おじさんと呼ばれている人. **⸗span·nung** 女〘工〙定格〈公称〉電圧. **⸗tan·te** 女 (親族関係なしに親しみから)おばさんと呼ばれている人.
nẹnn·te[nɛ́ntə] nennen の接続法 II.
Nẹn·nung[nɛ́nʊŋ] 女 -/-en **1** 名を呼ぶ〈挙げる〉こと, 指名. **2** 〘スポーツ〙参加申し込み, エントリー. ▽**3** 命名.
Nẹn·nungs⸗geld =Nenngeld **⸗li·ste** 女〘スポーツ〙参加〈出場〉者リスト. **⸗schluß** 男〘スポーツ〙エントリーの締め切り.
Nẹnn⸗wert[nɛ́n..] 男 **1** (↔Kurswert) (貨幣・有価証券などの)額面価格, 名目価値. **2** =Nenngröße **⸗wort** 中 -〔e〕s/..wörter =Nomen
neo.. 《名詞・形容詞などにつけて「新・再生」を意味する. 母音の前では ne.. となることがある: →*ne*arktisch》[*gr.* néos „neu“; ◇neu]
Neo·dym[neodýːm] 中 -s/ 〘化〙ネオジム(希土類元素名; 記号 Nd). [<*gr.* dídymos „doppelt“ (◇Dyas)]
Neo·fa·schịs·mus[neofaʃísmʊs] 男 -/ (1945年以後の)ネオファシズム.
Neo·fa·schịst[..faʃíst] 男 -en/-en ネオファシスト〔党員〕.
neo·fa·schị·stisch[..faʃístɪʃ] 形 ネオファシズム〈ネオファシスト党〉の.
Neo·gen[neogéːn] 中 -s/ 〘地〙新第三紀.
Neo·im·pres·sio·nịs·mus[neoɪmprɛsionísmʊs] 男 -/ 〘美〙新印象派.
Neo·klas·si·zịs·mus[..klasitsísmʊs] 男 -/ 新古典主義.
Neo·ko·lo·nia·lịs·mus[..kolonialísmʊs] 男 -/ 新植民地主義.
Neo·kom[neokóːm] 中 -s/ 〘地〙ネオコム層(中生代白亜系の下層). [<Neocomium (スイスのノイエンブルク Neuenburg のラテン語名; ◇Heim)]
Nẹo·kon·ser·va·tis·mus[néːokɔnzɛrvatɪsmʊs] 男 新保守主義.
nẹo·kon·ser·va·tiv[néːokɔnzɛrvatiːf][1] 形 新保守主義の.
neo·li·be·ra·lisch[neoliberáːlɪʃ] **I** 形 ネオリベラル〈新自由主義〉の. **II** 男 女《形容詞変化》ネオリベラリスト, 新自由主義者.
Neo·li·be·ra·lịs·mus[neoliberalísmʊs] 男 -/ 〘政・経〙ネオリベラリズム, 新自由主義.
Neo·lị·thi·kum[neolíːtikʊm, ..lít..] 中 -s/ (Jungsteinzeit) 〘人類〙新石器時代.
neo·lị·thisch[..tɪʃ] 形〘人類〙新石器時代の.
Neo·lo·ge[neolóːgə] 男 -n/-n (→..loge) **1** (やたらに)新語を造る〈使う〉人. **2** (Neuerer) 改革者, 新説を立てる〈奉じる〉人; 〘宗〙新解釈者.
Neo·lo·gie[..logíː] 女 -/-n[..gíːən] **1** 〘宗〙新解釈(ドイツ啓蒙(けいもう)神学の第2段). **2** 改新; 〘言〙新語の造語.
Neo·lo·gịs·mus[..logísmʊs] 男 -/..men[..mən] **1 a)** 〘言〙新〔造〕語. **b)** (やたらに)新語を造る〈使う〉こと. **2** 《単数で》(特に宗教上・言語上の)改革〈革新〉欲. [*fr.*]
Nẹon[néːɔn] 中 -s/ 〘化〙ネオン(気体元素名; 記号 Ne). [*engl.*; <neo..]
neo·na·tal[neonatáːl] 形 生まれたばかりの; 新生児の. [*lat.*; <*lat.* neonātus „neugeboren“]
Neo·na·to·lo·ge[neonatolóːgə] 男 -n/-n (→..loge) 新生児専門の小児科医.
Neo·na·to·lo·gie[..logíː] 女 -/ 新生児学.
Neo·na·zi[neonáːtsi·] 男 -s/-s =Neonazist
Neo·na·zịs·mus[..natsísmʊs] 男 -/ (第二次大戦後旧西ドイツを中心に台頭し, ドイツ統一後, さらに広がりを見せている)新ナチ主義, ネオナチズム.
Neo·na·zist[..tsíst] 男 -en/-en 新ナチ主義者, ネオナチ.
neo·na·zị·stisch[..tsístɪʃ] 形 新ナチ主義〈ネオナチズム〉の.
Nẹon⸗fisch[néːɔn..] 男〘魚〙ネオンテトラ(熱帯魚). **⸗lam·pe** 女 =Neonlicht 1 **⸗leucht·röh·re** =Neonröhre **⸗licht** 中 -〔e〕s/-er **1 a)** ネオン灯. **b)** 《話》蛍光灯. **2** ネオンの光. **⸗re·kla·me** 女 ネオンサイン広告. **⸗röh·re** 女 **1** ネオン管. **2** 《話》蛍光管.
Neo·phyt[neofýːt] 男 -en/-en (原始キリスト教会の)新洗礼者. [<*gr.* neó-phytos „frisch gepflanzt“]
Neo·plas·ma[..plásma·] 中 -s/..men[..mən] 〘医〙新生物, 異状形成物, 腫瘍(しゅよう).
Neo·rea·lịs·mus[..realísmʊs] 男 -/ 〘文芸・映〙新写実主義, ネオリアリズム(第二次大戦後のイタリアに起こった社会批判的傾向).
Neo·te·ben[neotebéːn] 中 -s/ 商標 ネオテベン(結核治療薬).
Neo·te·nie[neoteníː] 女 -/ **1** 〘医〙発育停止. **2** 〘動〙幼形成熟. [<*gr.* teínein „sich ausdehnen“ (◇Tonus)]
neo·trọ·pisch[neotróːpɪʃ] 形〘動・植〙新熱帯の: die ~*e* Region 新熱帯区(中・南米).
Neo·zoi·kum[neotsóːikʊm] 中 -s/ 〘地〙新生代. [<zoo..]
Nẹ·pal[néːpal, nepáːl] 地名 ネパール(ヒマラヤ山中の王国. 首都は Katmandu).
Ne·pa·ler[nepáːlər] 男 -s/- =Nepalese
Ne·pa·lẹ·se[nepaléːzə] 男 -n/-n (女 **Ne·pa·lẹ·sin**[..léːzɪn]-/-nen) ネパール人.
ne·pa·lẹ·sisch[..paléːzɪʃ] 形 ネパール〔人・語〕の: →deutsch
Ne·pa·li[nepáːli·] 中 -〔s〕/ ネパール語.
Nẹ·per[néːpər] 中 -s/- 〘電〙ネーパー(減衰比率の単位. 記号 N, Np). [<J. Napier (スコットランドの数学者, †1617)]
Ne·phe·lo·mẹ·ter[nefeloméːtər] 中 (男) -s/- 〘化〙比濁計, 混濁計. [<*gr.* nephélē „Wolke“]
Ne·phe·lo·me·trie[..metríː] 女 -/ 〘化〙比濁法.
Ne·pho·skop[nefoskóːp, ..fɔs..] 中 -s/-e 〘気象〙測雲器, 雲鏡. [<*gr.* néphos (→Nebel)]
nephr.. →nephro..
Ne·phral·gie[nefralgíː] 女 -/-n[..gíːən] 〘医〙腎(じん)疝痛(せんつう).
Ne·phrit[nefríːt, ..rít] 男 -s/-e 〘鉱〙軟玉(翡翠(ひすい)の一種). [<..it²; 腎臓病に効くとされたことから]
Ne·phrị·tis[nefríːtɪs] 女 -/..tiden[..ritíːdən] (Nierenentzündung) 〘医〙腎炎. [<..itis]
nephro.. 《名詞・形容詞などにつけて「腎臓(じんぞう)」を意味する. 母音の前では nephr.. となる: → *Nephr*algie》[*gr.* nephrós „Niere“; ◇Niere]
ne·phro·gen[nefrogéːn] 形〘医〙腎臓から原発する, 腎性の.
Ne·phro·lith[nefrolíːt, ..lít] 男 -s/-e (-en/-en) (Nierenstein) 〘医〙腎石.
Ne·phrom[nefróːm] 中 -s/-e 〘医〙腎腫(じんしゅ).
Ne·phro·pa·thie[nefropatíː] 女 -/-n[..tíːən] 〘医〙腎障害, 腎症.
Ne·phro·se[nefróːzə] 女 -/-n 〘医〙ネフローゼ. [<..ose]
Nẹ·po·muk[néː(ː)pomʊk] 男名 ネーポムク. [<〔Ne〕pomuk (Böhmen の地名)]
▽**Ne·po·te**[nepóːtə] 男 -n/-n (Neffe) 甥(おい); (Enkel) 孫; (Vetter) いとこ; (Verwandter) 親類縁者. [*lat.* nepōs (→Neffe)]
Ne·po·tịs·mus[nepotísmʊs] 男 -/ (Vetternwirtschaft) ネポチズム, 縁者びいき, 閥族主義, 情実. [*it.*]
Nepp[nɛp] 男 -s/ 《話》料金〈勘定〉をふっかけること: Hier blüht der ~. このあたりは客からやたらにぼる.
Nẹpp·bu·de[nɛ́p..] 女《話》不当に値段の高い屋台店.
nẹp·pen[nɛ́pən] 他 (h) 《話》《*jn.*》(…に)料金〈勘定〉をふっかける, (…から)不当な利益をむさぼる, ぼる: In diesem Restaurant wird man *geneppt*. この料理屋ではばか高い勘定をとられる.
Nẹp·per[nɛ́pər] 男 -s/- 《話》不当な利益をむさぼる人, 悪徳商人.
Nep·pe·rei[nɛpəráɪ] 女 -/-en =Nepp
Nẹpp⸗la·den[nɛ́p..] 男《話》不当に値段の高い店.

⸗**lo·kal** 中《話》不当に値段の高い酒場.

Nep·tun[nεptúːn] **I** 人名《ロ神》ネプトゥヌス, ネプチューン(海の神で, ギリシア神話の Poseidon に当たる):〔**dem**〕**~ opfern**《戯》(船酔いで)吐く, 嘔吐する. **II der Nep·tun** 男 -s/ 《天》海王星(太陽系の内側から 8 番目の惑星). [*lat.*]

nep·tu·nisch[..túːnɪʃ] 形 水成の: ~*es* Gestein 水成「岩.」

Nep·tu·nis·mus[..tunísmʊs] 男 -/ 《地》(かつて唱えられた岩石についての)水成論.

Nep·tu·nit[..tuníːt] 男 -s/-e《鉱》海王石.

Nep·tu·nium[..túːniʊm] 中 -s/ 《化》ネプツニウム(人工放射性超ウラン元素; 記号 Np).

Nep·tuns·ge·hirn[nεptúːns..] 中《動》ノウサンゴ(脳珊瑚).

..ner[..nər] →..er[1] I 2

'ner[nər]《話》=einer

Ne·re·ide[nereíːdə] **I** 女 -/-n **1**《ふつう複数で》《ギ神》ネレイス, ネレイデス (Nereus の50人の娘で海の精). **2**《動》ゴカイ. **II die Ne·re·ide** 女 -/《天》ネレイド(海王星の衛星の一つ). [*gr.*–*lat.*]

Ne·reus[néːrɔʏs] 人名《ギ神》ネレウス(海神. 海の老人と呼ばれる). [*gr.*–*lat.*; <*gr.* nãn (→Najade)]

Nerf·ling[nέrflɪŋ] 男 -s/-e (Aland)《魚》ウグイ(鯎). [<Orfe]

Ner·ge·lei[nεrgəlái] 女 -/-en =Nörgelei

ner·geln[nέrgəln]《06》=nörgeln

Nernst·lam·pe[nέrnst..] 女《電》ネルンスト灯. [<W. Nernst (ドイツの理学者, †1941)]

Ne·ro[néːroˑ] 人名 ネロ(37–68; ローマ帝国第 5 代の皇帝, 暴虐をもって知られる). [*lat.* „der Starke“]

Ne·ro·li·öl[néːroli|øːl] 中 -[e]s/ ネロリ油, 橙花(とうか)油(ミカン科の植物からとった精油. 香料・香水などに用いられる). [*it.* neroli; 17世紀イタリアのネロレ王国の王女の発明とされる]

ne·ro·nisch[neróːnɪʃ] 形 ネロのような, 残虐非道な;《大文字で》ネロの: die *Neronische* Christenverfolgung《史》ネロによるキリスト教徒迫害.

Nerv[nεrf] 男 -s (▽-en[nέrfən, ..vən])/-en **1**《解》神経〔系〕;《ふつう複数で》神経組織; 感受性, センス, 勘; 図太さ, 冷静さ;《比》急所; 核心, 神髄: feine〈starke〉~*en* 繊細な〈強い〉神経 | motorische〈periphere / sensible〉~*en* 運動〈末梢・知覚〉神経 | Geschmacks*nerv* 味覚神経 | Seh*nerv* 視神経 | der ~ aller Dinge《比》肝心かなめのもの, お金 ‖ Das ist sein ~.《比》それに彼は夢中なのだ | ***jm.*** 〈**mit *jm.***〉 **gehen die ~*en* durch**《話》…は自制心を失う〈かっとなる〉‖〖4 格で〗den ~ eines Zahns töten 歯の神経を殺す〈抜く〉| für *et.*[4] keine ~*en* haben …に向いていない, …のセンスがない |〔**die**〕**~*en* behalten** 冷静さを保つ | **~*en* haben**《話》厚かましい | **den ~ haben, *et.*[4] zu tun**《話》…するだけの勇気〈ずうずうしさ〉を持っている | gute ~*en* haben 忍耐力がある | den letzten ~ haben《話》遠慮を知らない, 傍若無人である | schlechte ~*en* haben 忍耐力がない, 興奮しやすい | **~*en* wie Drahtseile〈Stricke〉haben**《話》神経が太い; 無遠慮である | **Der hat vielleicht ~*en*!**《話》あいつの神経にはまったく恐れ入ったよ ‖ ***jm.* den**〔**letzten**〕**~ rauben〈töten〉**《話》…の神経を参らせる, …をいらいらさせる | bei *jm.* den richtigen ~ treffen …の好みにぴったりである | die ~*en* verlieren 冷静さを失う, 逆上する | *jm.* die ~*en* zerfetzen《話》…の神経を参らせる ‖ Er findet nicht den ~, mit ihr zu sprechen. 彼は彼女と話し合うだけの勇気がない | Du hast〔vielleicht〕~*en*! (そんな要求をするとは)君もずいぶんずうずうしいね ‖〖前置詞と〗*jm.* **an die ~*en* gehen**《話》…の心をゆさぶる〈痛ませる〉| *jm.* an den ~*en* sägen / an *js.* ~*en* zerren …の神経を痛めつける | **auf einem ~ bohren**《比》痛いところをつく | ***jm.* auf die ~*en* fallen〈gehen〉**《話》…の神経にさわる, …をいらいらさせる | **mit den ~*en* durcheinander sein**《話》(神経がいらいらして)頭が混乱している | mit den ~*en* fertig〈herunter〉sein《話》神経が参っている.
2 (Ader) **a)**《植》葉脈. **b)**《動》(昆虫の羽の)翅脈(しみゃく). **3**《織》しわ. **4** (Saite)《楽》弦. ▽**5** (Sehne)《解》腱(けん). [*lat.* nervus „Sehne“; ◇nähen, Neuron]

ner·val[nεrváːl] 形《医》神経の; 神経活動の. [<..al[1]]

Ner·va·tur[nεrvatúːr] 女 -/-en《集合的に》(Aderung) **1**《植》葉脈. **2**《動》(昆虫の羽の)翅脈(しみゃく).

ner·ven[nέrfən, ..vən[1]] 他 (h)《話》**1**《*jn.*》(…の)神経をいらだたせる; (…の)神経を疲れさせる. **2**《*jn.*》執拗(しつよう)に責め立てる, (…に)しつこくせがむ.

Ner·ven⸗an·fall[nέrfən.., ..vən..] 男 神経性の発作. ⸗**an·span·nung** 女 神経の緊張. ⸗**arzt** 男 精神〈神経〉科専門医.

ner·ven⸗auf·peit·schend 形 神経を興奮させる: ~*es* Mittel 神経興奮剤 | ein ~*er* Thriller 刺激的なスリラー. ⸗**auf·rei·bend** 形 神経をすりへらすような, 神経を消耗する(仕事・スポーツなど).

Ner·ven⸗bahn 女《解》神経索. ⸗**be·la·stung** 女 神経の負担.

ner·ven·be·ru·hi·gend 形 神経を鎮める(薬など).

Ner·ven⸗be·ru·hi·gungs·mit·tel 中 神経〈精神〉安定薬. ⸗**block** 男《医》神経ブロック. ⸗**bün·del** 中 **1**《解》神経束. **2**《話》神経質〈神経過敏〉な人. ⸗**ent·zün·dung** 女《医》神経炎. ⸗**fa·ser** 女《解》神経線維. ⸗**fie·ber** 中 -s/《医》**1** 神経熱. ▽**2** 腸チフス. ⸗**gas** 中 神経〔中毒〕ガス(神経系を冒す毒ガス). ⸗**ge·flecht** 中, ⸗**ge·we·be** 中《解》神経組織. ⸗**gift** 中 神経毒(神経系を冒す毒素). ⸗**heil·an·stalt** 女 精神〈神経科〉病院. ⸗**heil·kunde** 女 (Neurologie) 神経〔病〕学. ⸗**kern** 男《解》神経核(脳などの神経細胞の集団). ⸗**kit·zel** 男《話》(末梢神経を刺戟する)スリル, わくわく〈ぞくぞく〉させるもの〈こと〉: Der Film war ein ~〈erzeugte einen ~〉. その映画はスリルがあった. ⸗**klaps** 男《話》einen ~ haben 神経がやられている, 気がふれている. ⸗**kli·nik** 女 神経科病院. ⸗**kno·ten** 男《解》神経節. ⸗**kol·laps** 男《話》= Nervenzusammenbruch ⸗**ko·stüm** 中《話》=Nervensystem

ner·ven·krank[nέrfən.., ..vən..] 形 神経症にかかった, 神経を病んだ: der〈die〉*Nervenkranke* 神経病患者.

Ner·ven⸗krank·heit 女 神経症. ⸗**krieg** 男 神経戦. ⸗**lei·den** 中 =Nervenkrankheit

ner·ven·lei·dend =nervenkrank

Ner·ven⸗mit·tel 中 神経薬,〔神経〕鎮静剤. ⸗**müh·le** 女《話》神経をすりへらす仕事〈職場〉. ⸗**pro·be** 女 神経にこたえる試練: *jn.* auf eine ~ stellen …の神経をいらだたせる. ⸗**rei·ßer** 男《話》刺激の強い映画. ⸗**reiz** 男 神経の刺激, いらいら. ⸗**sa·che** 女《話》神経〔構造〕の問題: Durchhalten ist〔eine〕reine ~. 最後まで持ちこたえられるかどうかは純粋に神経の問題だ. ⸗**sä·ge** 女《話》神経にさわるやつ〈ものごと〉. ⸗**schmerz** 男 -es/-en《ふつう複数で》(Neuralgie)《医》神経痛. ⸗**schnitt** 男《医》神経切除〔術〕. ⸗**schock** 男 神経性ショック.

ner·ven·schwach[nέrfən.., ..vən..] 形 神経の弱い〈細い〉, 神経質な; 神経衰弱にかかった.

Ner·ven·schwä·che 女 -/ **1** 神経の弱さ〈細さ〉. **2** (Neurasthenie)《医》神経衰弱.

ner·ven·stark 形 神経の強靭(きょうじん)な〈太い〉.

Ner·ven·stär·ke 女 -/ 神経の強靭さ〈太さ〉.

ner·ven·stär·kend 形 神経を強壮にする: ein ~*es* Mittel 神経強壮剤.

Ner·ven⸗strang 男《解》神経索. ⸗**sy·stem** 中《解》神経系. ⸗**zel·le** 女《解》神経細胞. ⸗**zen·trum** 中《解》神経中枢.

ner·ven·zer·fet·zend 形 神経をすりへらす〈痛めつける〉.

Ner·ven⸗zer·rüt·tung 女 神経が乱される〈だめになる〉こと. ⸗**zu·sam·men·bruch** 男 神経が参ること, 神経的虚脱: einen ~ erleiden 虚脱状態に陥る.

Ner·vi Nervus の複数.

ner·vig[nέrvɪç, ..fɪç][2] 形 **1** (sehnig) 筋ばった, 筋骨たくましい; 力強い: ~*e* Arme haben たくましい腕をしている | einen ~*en* Stil haben 雄勁(ゆうけい)なスタイルの文章を書く ‖ ~

spielen（楽器を）力強いタッチで弾く．**2**《話》＝nervös 1

Nẹr·vig·keit[−kaɪt] 女 −/ nervig なこと．

nẹrv·lich[nέrflɪç] 形 神経〔系〕の: eine ～*e* Belastung 神経的負担｜*jn.* ～ sehr anstrengen …の神経を緊張させる．

ner·vö̤s[nɛrvǿ:s][1] 形 **1** 神経質な, 神経過敏な; いらだった, いらいらした; 激しやすい: ein ～*er* Mensch 神経質な人‖*jn.* ～ machen …をいらだたせる｜Er wurde immer ～*er.* 彼はますます激してきた．**2** 神経〔系〕の: ～*es* Erbrechen 神経性嘔吐(おうと)｜～*e* Kopfschmerzen 神経性頭痛．［*lat.*−*fr.*; ◇..os］

Ner·vo·si·tä̤t[nɛrvozitέ:t] 女 −/ **1** 神経質, 神経過敏; いらいら, 興奮: Das vergrößert meine ～. そのことが私をいっそう神経質にする〈いらいらさせる〉．▽**2**（Neurasthenie）〖医〗神経衰弱．［*lat.*−*fr.*］

nẹrv·tö̤·tend[nέrftø:tənt][1] 形《話》神経をいらだたせる; 退屈な．

Nẹrv·tö·ter 男《話》**1** ひどく気にさわる人〈ものごと〉．**2** しびれるような〈一度聞いたら忘れられない〉メロディー．

Nẹr·vus[nέrvʊs] 男 −/..vi[..vi·] ＝Nerv 1

Nẹr·vus rẹ·rum[− ré:rʊm] 男 −−/（Hauptsache）肝心なもの;《話》先立つもの, 金(かね)．［*lat.* „Nerv der Dinge"］

Nerz[nɛrts] 男 −es/−e **1**〖動〗ヨーロッパ=ミンク: sibirischer ～ チョウセンイタチ(朝鮮鼬)(東南アジア産)．**2 a)** ヨーロッパ=ミンクの毛皮．**b)**《話》＝Nerzmantel ［„Taucher"; *ukrain.* noryća］

Nẹrz≠fell[nέrts..] 中（加工前の）ヨーロッパ=ミンクの毛皮．**≠man·tel** 男 ミンクのコート．**≠pelz** 男（加工した）ミンクの毛皮．**≠sto̤·la** 女 ミンクのストール．

'nes[nəs]《話》＝eines

Nẹs·sel[nέsəl] **I** 女 −/−n **1**（Brennessel）〖植〗イラクサ(刺草)属: *sich*[4] an ～*n* brennen イラクサにかぶれる｜**wie auf ～*n* sitzen**《話》（落ち着かずに・もどかしくて）いらいらしている｜***sich*[4] 〔mit *et.*[3]〕 in die ～*n* setzen**《話》〔…がもとで〕窮地に陥る〈いやな目にあう〉．**2**《ふつう複数で》〖医〗じんま疹(しん)．**II** 男 −s/−〖織〗ラミー織り(丈夫な平織り綿布．もとイラクサ科のチョマ=ラミーの繊維を用いた)．［*germ.*; ◇Netz, Nestel; *engl.* nettle］

Nẹs·sel≠aus·schla̱g 男 ＝Nesselsucht **≠blatt** 中〖紋〗イラクサ図形．**≠fie·ber** 中 −s/ ＝Nesselsucht **≠qual·le** 女〖動〗ハチクラゲ(鉢水母)〔類〕．**≠schö̤n** 中 −s/−e〖植〗エノキグサ(榎草)属の一種．**≠sucht** 女 −/〖医〗じんま疹(しん)．**≠tier** 中〖動〗刺胞類(刺胞をもつイソギンチャク・サンゴ・クラゲの類)．**≠tu̱ch** 中 −〔e〕s/−e ＝Nessel II

Nes·ses·sä̱r[nesɛsέ:r] 中 −s/−s ＝Necessaire

Nẹs·sus≠ge·wand[nέsʊs..] 中, **≠hemd** 中〖ギ神〗ネッソスの衣服（Herakles は Zentaur 族の一人ネッソスを殺したが, その血を塗った衣服を着たため死んだ);《比》破滅をもたらす贈り物．

Nest[nɛst] 中 −es(−s)/−er（⊘ **Nẹst·chen**[nέstçən] 中 −s/−, Nesterchen[..tər..]; **Nẹst·lein**[..laɪn] 中 −s/−）**1 a)**（鳥・虫・小獣の）巣: Ratten*nest* ネズミの巣｜Vogel*nest* 鳥の巣‖*sein* ～ bauen 巣を作る｜auf dem ～ sitzen 巣ごもりしている．**b)**《比》（人間の）すみか, わが家, 親元, 郷里, 母国: *sich*[3] *sein* ～ bauen 世帯を持つ, 一戸を構える｜**das eigene 〈*sein* eigenes〉 ～ beschmutzen** 身内の悪口を言う｜**das 〔eigene〕 ～ reinhalten** 身内の悪口を言われないようにする‖**aufs leere ～ kommen**《話》留守の家を訪れる｜**im warmen ～ sitzen**《話》ぬくぬくと暮らす｜***sich*[4] ins gemachte 〈warme〉 ～ setzen**《話》裕福な相手と結婚する, 玉の輿(こし)に乗る．**c)**《話》(Bett) ねぐら, 寝床: Raus aus dem ～! さあ起きろ｜ins ～ gehen 〈kommen〉 / *sich*[4] ins ～ legen 床につく, 寝る．**d)**《軽蔑的に, また親しみをこめて》へんぴな〈小さい〉町, 村里: ein gottverlassenes 〈wunderhübsches〉 ～ im Gebirge さびれきった〈うるわしの〉山里．**2 a)**（盗賊などの）巣窟(そうくつ), 隠れ家: ein ～ der Schmuggler ausheben 密輸業者の巣を手入れする｜Die Polizei fand das ～ leer. 警察が行ってみるともぬけのからだった．**b)**〖軍〗(カムフラージュした)拠点: ein ～ von Flaks 高射砲陣地．

3 a) もじゃもじゃしたもの;（髪の）まげ: in großen ～*ern* wachsen（草・キノコなどが）群生している．**b)**〖坑〗鉱巣, 小鉱床．**c)**〖解〗小脳巣窩(そうか)．

4〖海〗(マストの)見張り台．

［*idg.* „Niedersetzung"; ◇nisten; *engl.* nest; *lat.* nīdus „Nest"］

Nẹst≠bau[nέst..] 男 −s/（鳥などが）巣を作ること, 営巣．**≠be·schmut·zer** 男《軽蔑的に》身内の悪口を言う人．

Nẹst·blut·ter[..blʊtər] 男 −s/−《南部》(羽毛が生えそろっていない)はだかの幼鳥．［＜blutt „nackt"（◇bloß）］

Nẹst·chen Nest の縮小形．

Nẹst·ei 中（めんどりの抱卵を誘うため巣の中に入れる）人造〈擬似〉卵．

Nẹ·stel[nέstəl] 女 −/−n《方》締め〈結び〉ひも．［*ahd.*; ◇Netz, Nessel; *lat.* nōdus „Knoten"］

nẹ·steln[nέstəln]《06》**I** 自 (h)《an *et.*[3]》（もどかしげに…を）あけよう〈ほどこう〉とする, いじくり回す: an *seinem* Schuh ～ 靴ひもをほどこうとする．**II** 他 (h)（もどかしげに）あけよう〈ほどこう〉とする;（もどかしげに）はめよう〈挿し入れよう〉とする: Sie *nestelte* 〔sich[3]〕 die Perlkette vom Hals 〈eine Nadel ins Haar〉. 彼女は真珠のネックレスをもどかしげに首からはずした〈ヘアピンを髪にさした〉．

Nẹ·ster·chen Nestchen（Nest の縮小形）の複数．

Nẹst·flucht [nέst..] 女 巣離れ, 巣立ち;《比》親離れ．**≠flüch·ter** 男 −s/−（↔Nesthocker）〖動〗(孵化(ふか)後すぐに巣立ちのできるガンカモ類・キジ類などの)離巣鳥．［＜flüchten］

Nẹst·hä̤k·chen 中《話》末っ子, 甘えん坊．［＜Nest-höck〔el〕chen（◇hocken)］

Nẹst≠hocker 男（↔Nestflüchter）〖動〗(孵化(ふか)後しばらく巣で育てられるワシタカ類・キツツキ類・スズメ類などの)留巣鳥．**≠kṳ̈ch·lein** 中, **≠kṳ̈·ken** 中 ＝Nesthäkchen

Nẹst·lein Nest の縮小形．

Nẹst·ling[nέstlɪŋ] 男 −s/−e **1** まだ巣立ちできないひな鳥．**2**《比》＝Nesthäkchen

Nẹ·stor[nέstɔr, ..to:r] **I** 人名〖ギ神〗ネストル（Troja 戦争に参加したギリシア軍の老将)．**II** 男 −s/−en[nɛstó:rən]《比》(ある分野での)最長老; 老大家．［*gr.*−*lat.*］

Ne·sto·ria̤·ner[nɛstoriá:nər] 男 −s/−〖宗〗ネストリオス主義者, 景教徒．

Ne·sto·ria·nị̤s·mus[..rianísmʊs] 男 −/〖キリスト教〗ネストリオス主義の教義（Konstantinopel 総大主教ネストリオス〔381頃-451頃〕が唱えたキリストの人格・神格分離説．中国では景教と呼ばれた)．

Nẹst·räu·ber[nέst..] 男 巣を荒らす鳥獣．

Nẹ·stroy[nέstrɔʏ] 人名 Johann ～ ヨハン ネストロイ(1801−62; オーストリアの劇作家・俳優)．

nẹst·warm 形 巣であたたまった: ～*e* Eier 巣から取り出したばかりの卵．

Nẹst≠wä̤r·me 女 巣のあたたかさ;《比》(両親や身内に守られた)保護状態: ohne ～ aufwachsen 家庭の温かさを知らずに成人する．**≠wurz** 女〖植〗サカネラン(逆根蘭)属(腐生蘭)．

nett[nɛt] 形 **1 a)** 感じのいい; 親切な, 優しい: Er ist ein ～*er* Mensch. 彼は〔感じの〕いい人だ‖～ zu *jm.* sein …に親切である｜Das ist ～ von dir, daß du gekommen bist. よく来てくれたね｜Wollen Sie bitte so ～ sein und reichen Sie mir das Buch herüber! すみませんがその本をこちらへ渡してください．**b)** きれいな, 小ざっぱりした; かわいい: ein ～*es* Städtchen 〈Kleid〉 きれいな町〈服〉｜ein ～*es* Mädchen かわいい女の子‖～ angezogen sein さっぱりした服装をしている．**c)** 楽しい, けっこうな: ein ～*er* Abend 楽しい夜の催し｜ein ～*er* Einfall いい思いつき．**2**《反語》ひどい, いやな: Du bist ja ein ～*es* Früchtchen! 君ときたら全くひどい〈手におえない〉やつだ｜Das ist ja eine ～*e* Geschichte! とんでもない話だね‖Das kann 〔ja〕 ～ werden! こいつはとんだことになりかねないぞ．**3**《話》相当な, たいした: eine ～*e* Summe かなりの額｜einen ～*en* Schrecken bekommen ひどくびっくりする‖Er hat ganz ～ gespart. 彼はしこたまた

めこんでいる. ᵛ**4** はっきりした, 断固たる. **5** 《ｽｲｽ》厳密〈きちょうめん〉な, やかましい.

[*lat.* nitidus „glänzend"－*fr.* net „sauber"－*mndl.*; ＜*lat.* nitēre „fett sein"; ◇netto; *engl.* neat]

nẹt·ter·wei̱·se[nέtərváɪzə] 副《話》親切にも, 親切心から.

Nẹtt·heit[nέthaɪt] 女 -/ nett なこと.

Nẹt·tig·keit[nέtɪçkaɪt] 女 -/-en **1** 《単数で》＝Nettheit **2** 《複数で》おあいそ, おせじ.

nẹt·to[nέto·] 副 (略 n.) (↔brutto) 〔商〕正味〈風袋なし〉で; (税金その他を差し引いた)手取りで, 諸掛かりなしで: ～ Kasse 現金正価〔で〕| Sein Gehalt beträgt ～ 3 000 Mark 〈3 000 Mark ～〉. 彼の給料は手取り月3000マルクである.

[*lat.* nitidus (→nett)－*it.*; ◇*engl.* net]

Nẹt·to≈be·trag[néto..] 男 (諸費を差し引いた)実額. **≈ein·kom·men** 中, **≈ein·nah·me** 女 -/-n《ふつう複数で》実質収入〈所得〉. **≈er·trag** 男 純益, 実収. **≈ge·halt** 中 (税金などを差し引いた)手取り給料. **≈ge·wicht** 中 正味重量. **≈ge·winn** 男 純益〔金〕. **≈lohn** 男 (税金などを差し引いた)実質〈手取り〉賃金. **≈preis** 男 正価, 正札値段. **≈pro·duk·tion** 女 〔経〕(生産のために消費されたものを差し引いた)純生産額〈高〉. **≈raum·ge·halt** 男 〔海〕(船の)純積量, 正味容量. **≈re·gi·ster·ton·ne** 女 (略 NRT) 〔海〕純〔登録〕トン数. **≈so·zial·pro·dukt** 中 〔経〕(国民総生産から減価償却部分を差し引いた)国民純総生産〔高〕.

Netz[nεts] 中 -es/-e **1** (英: *net*)網, ネット: ein dichtes 〈grobes〉 ～ 目の細かい〈あらい〉網 | Einkaufs*netz* 買い物用の網袋 | Fang*netz* 漁業〈狩猟〉用の網 | Fischer*netz* 漁網 | Gepäck*netz* (電車などの)網棚 | Haar*netz* ヘアネット | Sicherheits*netz* 安全ネット | Tennis*netz* テニスのネット ‖ ein ～ knüpfen 〈flicken〉 網を編む〈繕う〉| ein ～ auswerfen 〈spannen〉〔漁・狩〕網を打つ〈張る〉| das ～ berühren 〔ｽﾎﾟｯ〕ネットに触れる | ein ～ über dem Haar tragen ヘアネットをつけている | überall *seine* ～*e* auswerfen 〈auslegen〉《比》四方八方の人々とわたりをつける; (いんちき広告などが)たくさんの人々をひっかけようとする | das ～ der Lügen zerreißen wollen《比》相手のうそに言いくるめられまいとする ‖〔前置詞と〕Der Ball ging **durch** das ～. (バスケットボールで)ボールがバスケットに入った | *jm.* **durchs** ～ **gehen** …の網をくぐり抜けて逃れる | den Koffer **ins** ～ legen トランクを網棚にのせる | *jn.* ins ～ locken 〈ziehen〉《比》…をわなにかける | den Ball ins ～ schießen (サッカーで)ボールをゴールにシュートする | ***sich***⁴ **im eigenen** ～ 〈**in den eigenen** ～***en***〉 **verstricken**《比》自縄自縛に陥る | **in *js.*** ～ **fallen** / ***jm.* ins** ～ **gehen**《比》…のわなにかかる | Der Ball geht ins ～. (テニスなどで)ボールがネットにひっかかる; (サッカーで)ボールがゴールに入る | Schmetterlinge **mit** dem ～ fangen チョウを網で捕らえる | mit dem ～ einkaufen gehen 網袋をもって買い物に行く | Der Artist arbeitet **ohne** ～. (サーカスで)芸人が安全用ネットなしで演技する | **ohne** ～ **und doppelten Boden**《話》あらかじめ安全策を講じることなしに.

2 (Spinnennetz) クモの巣: Eine Spinne sitzt in ihrem ～. クモが巣にいる.

3 (網状の組織. 例えば:) 連絡網, 供給網, 情報網, 放送網, ネットワーク; 〔電〕回路〈配電〉網: ein ～ von Eisenbahnen 〈Straßen〉 鉄道〈道路〉網 | ein ～ von Filialen 〈Stützpunkten〉 支店〈〔防衛〕拠点〉網 | Fernseh*netz* テレビ網 | Nachrichten*netz* 通信網 ‖ am ～ sein ネットワークにつながっている | ein Haus an das ～ anschließen 家に電気〈水道・電話〉を引く.

4 (網状のもの. 例えば:) **a)** 網目の線, 方眼〔図〕, 碁盤目; (地図の)経緯線; 〔測量〕三角点網; 〔工〕十字線. **b)** 〔解〕(血管・神経などの)網状組織; 腹網膜, 腸間膜. **c)** 〔数〕(立体の)展開図. **d)** das ～〔天〕レチクル座.

[*germ.* „Geknüpftes"; ◇Nestel; *engl.* net; *lat.* nassa „Reuse"]

Nẹtz·an·schluß[nέts..] 男 〔電〕配電網への接続, 電力の引き込み.

Nẹtz·an·schluß·ge·rät 中 〔電〕エリミネーター.

Nẹtz·ar·beit 女 **1** 網細工(→ 図 Handarbeit). **2** (テニスなどで)ネットプレー.

nẹtz·ar·tig 形 網状の.

Nẹtz≈ät·zung 女 〔印〕網〔目〕版, オートタイプ. **≈au·ge** 中 〔動〕複眼. **≈ball** 男 〔球技〕ネットイン〔したボール〕. **≈bruch** 男 〔医〕腹網膜ヘルニア.

Nẹt·ze[nέtsə] 女 -/ 湿気, 水気(ﾐｽﾞｹ); (何かをぬらすための)水; 尿. [*ahd.*; ◇naß, Nässe]

Nẹtz·emp·fän·ger[nέts..] 男 〔電〕電灯線〈交流〉用受信機.

nẹt·zen[nέtsən] 《02》他 (h) **1** 《雅》ぬらす, しめらす: *et.*⁴ mit Wasser ～ …に水気をあたえる | *sich*³ die Kehle ～ のどをうるおす. **2** (薬液などに)ひたす. **3** 《方》《*et.*⁴》(植物などに)水をやる. [*germ.*; ◇naß]

Nẹtz≈fal·ter[nέts..] 男 (Landkärtchen) 〔虫〕アカマダラ(赤斑蝶)(チョウの一種). **≈flie·ge** 女 〔虫〕ツリアブモドキ(擬長吻虻)科の昆虫.

Nẹtz·flüg·ler 男 -s/- 〔虫〕扁翅目の昆虫.

nẹtz·för·mig 形 網〔目〕状の.

Nẹtz·fre·quenz 女 〔電〕〔交流〕配電網周波数.

nẹtz·frisch 形 (魚について)水揚げしたての, 新鮮な.

Nẹtz≈garn[nέts..] 中 〔漁〕網用紡ぎ糸. **≈ge·rät** ＝Netzanschlußgerät **≈ge·wöl·be** 中 〔建〕網目ヴォールト(後期ゴシックの網目状丸天井). **≈gleich·rich·ter** 男 〔電〕(交流からの)整流器. **≈haut** 女 〔解〕(目の)網膜.

Nẹtz·haut≈ab·lö·sung 女 〔医〕網膜剥離(ﾊｸﾘ). **≈ent·zün·dung** 女 〔医〕網膜炎.

Nẹtz≈hemd 中 網シャツ. **≈kä·fer** 男 〔虫〕ベニボタル(紅蛍). **≈kar·te** 女 (鉄道・市電・バスなどの, 一定区域に通用する)周遊乗車券. **≈ma·gen** 男 〔動〕蜂巣(ﾎｳｿｳ)胃, 網胃(反芻(ﾊﾝｽｳ)動物の第 2 胃: → 図 Magen B). **≈mit·tel** 中 湿潤剤; 〔工〕浸潤剤. **≈mücke** 女 〔虫〕アミカ(網蚊)科の昆虫. **≈plan** 男 〔数・理〕線形グラフ〈計画図〉.

Nẹtz·plan·tech·nik 女 -/ 〔数・理〕線形計画法, リニアグラフ〈プログラミング〉, ネットワーク.

Nẹtz≈py·thon 男, **≈schlan·ge** 女 〔動〕アミメニシキヘビ(網目錦蛇). **≈schnur** 女 -/..schnüre 〔漁〕網糸. **≈span·nung** 女 〔電〕〔公共〕配電電圧. **≈spiel** 中 **1** 〔ﾃﾆｽ〕ネットプレー. **2** 〔ｽﾎﾟｯ〕ネットをはさんで行われる競技(テニス・バレーボールなど). **≈spie·ler** 男 **1** 〔ﾃﾆｽ〕ネットプレーヤー. **2** 〔ﾊﾞﾚｰﾎﾞｰﾙ〕ネットぎわの競技者, 前衛. **≈spin·ne** 女 〔動〕造網性のクモ. **≈steck·do·se** 女 〔電〕交流用〈電灯線用〉ソケット. **≈stecker** 男 〔電〕交流用〈電灯線用〉プラグ. **≈stoff** 男 網目の布. **≈strumpf** 男 網ストッキング. **≈trans·for·ma·tor** 男 〔電〕(ラジオなどの)配電〈交流〉変圧器. **≈wan·ze** 女 〔虫〕グンバイムシ(軍配虫)科の昆虫. **≈wa·re** 女 網細工品. **≈werk** 中 **1** 網細工〔装飾品〕; 〔建〕軸組. **2** 網状の組織, ネットワーク: ein ～ von Röhren 網の目のように張りめぐらした管. **3** ＝Netzplan

Nẹtz·werk≈ana·ly·se 女, **≈pla·nung** 女, **≈tech·nik** ＝Netzplantechnik

Nẹtz≈wurf 男 網を投げること, 網打ち. **≈zwirn** 男 ＝Netzschnur

neu[nɔʏ] **I** 形 (↔alt) **1** (英: *new*)新しい, 最近現れた, 新規の, 新たに加わった, 新着〈新来〉の, 新米の, (農作物について)今期収穫の, (時について)始まったばかりの, 今始まろうとしている; 今まで知られていなかった, 目新しい; 新品〔同様〕の, 汚れ〈損じ〉ていない, おろしたての: eine ～*e* Art von Rose バラの新種 | ～*e* Blätter der Bäume 木々の若葉 | ein ～*es* Element 新発見の元素 | das ～*e* Jahr 新年 | ein ～*es* Haus 新築の家(→2 a) | ～*e* Kartoffeln 新じゃが | ein ～*er* Lehrer 〈Minister〉 新任の教師〈大臣〉| die ～*e* (＝moderne) Literatur 現代文学 | eine ～*e* Methode 新しく開発された方法(→2 a) | ～*e* Mitglieder 新加入の会員 | die ～*este* Mode 最新の流行 | die ～*esten* Nachrichten 最新情報 | ein ～*er* Staat 最近成立した国家 | ～*e* Wäsche 新品〈洗いたて〉の下着 | ～*en* Wein trinken 新酒を飲む | eine ～*e* Wissenschaft 新しい学問 | die ～*e* Woche 始まったばかりの〈今始まろうとしている〉週 ‖〔述語的に〕Es ist mir ganz ～. それは全くの初耳だ | Das ist nicht mehr ～ für ihn. このことは彼にはすでにわかっていることだ | Ich bin ～ in diesem

Beruf ⟨in dieser Gegend⟩. 私はこの職業では新米だ⟨このあたりは不案内だ⟩ | Sie ist nicht mehr ganz ~.《話》彼女はもう非常に若いとは言えない ‖ Der Mond ist heute ~. きょうは新月だ | Dieser Tanz ist ganz ~. このダンスは今まで知っていたのとは全く違う | Mein Wagen ist ~ ⟨sieht 〔wie〕 ~ aus⟩. 私の車は新車だ⟨新車のように見える⟩ ‖ Äpfel, heute ~! (店頭に掲示して)本日入荷のリンゴあり | Fahrrad, ~ zu verkaufen! (広告で)新品〔同様〕の自転車お譲りします ‖〖副詞的に〗eine Stelle ~ antreten あるポストに新たに就任する | das Dach ~ decken ⟨malen⟩ 屋根をふき⟨塗り⟩替える | Diese Waren sind ~ eingetroffen. この商品は最近入荷したばかりです | ein ~ erschienenes Buch 新刊本 | ein Zimmer ~ tapezieren 部屋の壁紙を新しく張り直す ‖〖名詞的に: →II〗*et.*[4] auf ~ plätten ⟨waschen⟩ …をアイロン仕上げして⟨洗い上げて⟩新品同様にする | ~ für alt〖商〗下取りサービスつきで ‖ **aufs *neue*** 新たに, 再び | Aufs ~*e* ertönten Rufe. 新たに叫び声が聞こえてきた | **auf ein ~*es*!** さあもう一度がんばれ | **seit ~*estem*** 近ごろ, 最近では | **von ~*em*** 始めから, 新規に, 改めて; もう一度.

2《比較変化なし》**a**) もうひとつ別の, あらたな; 次の, 第二の: ein ~*es* Buch schreiben もう一冊本を書く; 次の著書を書き始める | eine ~*e* Flasche Wein bestellen ワインを1本追加注文する | ein ~*es* Haus 引っ越し先の家(→1) | eine ~*e* Methode 別の方法(→1) | ein ~*er* Name 別の名前 | eine ~*e* Seite ⟨Zeile⟩ beginnen ページ⟨行⟩を改める | eine ~*e* Stelle haben 今までとは別のポストについている | die *Neue* Welt (旧世界としてのヨーロッパに対する)新世界, アメリカ | Er ist ein ~*er* (＝zweiter) Wagner. 彼は第二のワーグナーだ.

b) 一新した, 改善された, 改訂された: ein ~*es* Leben beginnen (心を改めて)新生活に入る, 生まれ変わったようになる | Er ist ein ~*er* Mensch geworden. 彼は(心を改めて)生まれ変わったようだ | Ab morgen gelten ~*e* Preise. あすから値段が変わります ‖〖副詞的に〗ein Buch ~ auflegen (前からある)本の新版を出す | ein Geschäft nach dem Umbau ~ eröffnen 店を新装開店する.

3《付加語的》近代⟨近世⟩の, 現在に近い時期の: *Neu*hochdeutsch 新高ドイツ語 | Das ist ~*eren* (＝jüngeren) Datums. これは比較的近い⟨あまり遠くない⟩時期に起こったことだ | *Neuere* Geschichte / die Geschichte der ~*eren* Zeit 近世・近代史 | die ~*este* Geschichte 現代史 | die ~*eren* Sprachen (古典語に対して)近代諸語 | in ~*er* Zeit 近世〔に〕; 最近〔に〕.

II Neue[1]《形容詞変化》**1** 男 女《話》新顔, 新入り, 新米. **2** 男 新酒(ワイン): ~*n* trinken 新酒を飲む. **3** 中 新しい事物; ニュース: Das ~ an der Sache ist, daß ... そのことの新味は…という点である | Es gab gestern nichts ~*s*. きのうは何も目新しい⟨変わった⟩ことは起こらなかった | Ich habe viel ~*s* erfahren. 私はいろいろ新知識を得た ‖ Er ist aufs ⟨auf alles⟩ ~ erpicht.《話》彼は好奇心が強い, 彼は物見高い.

III Neue·ste 中《形容詞変化》最近の事物: das ~ auf dem Markt 市場に出たばかりの新製品 | das ~ vom Neuen とびきりの新製品⟨新情報⟩ | das ~ 〔vom Tage〕 berichten 最新のニュースを伝える | seit *neuestem* (→I).

[*idg.*; ◇neo..; *engl.* new; *lat.* novus „neu"]

Neu≠an·fer·ti·gung[nɔ́ʏ..] 女 **1 a**) (服の)新調. **b**) 新調した服. **2**〖劇〗新装置. **≠an·ge·kom·me·ne** 男 女《形容詞変化》, **≠an·kömm·ling** 男 新来者, 新参者. **≠an·schaf·fung** 女 新調, 新規購入; 新調⟨新規購入⟩した物.

neu·ar·tig 形 新種の, 新型⟨新式⟩の; 新奇な.

Neu≠auf·bau 男 再建, 建て直し; 再組織, 再編成. **≠auf·füh·rung** 女 (映画・劇などの)再上映, 再上演.

neu·auf·ge·legt 形〖印〗新版の, 再刊⟨増刷⟩された.

Neu≠auf·la·ge 女〔改訂〕新版, 再版⟨増刷⟩本. **≠auf·nah·me** 女 **1** 再撮影, 撮り直し. **2 a**) (患者・会員などの)新たな受け入れ. **b**) 新たに受け入れたもの. **≠aus·ga·be** 女 (書物の)新版.

neu·backen ＝frischbacken

Neu·bau[nɔ́ʏbaʊ] 男 **1** -〔e〕s/ 新築〔すること〕; (古い建造物の)再建, 復興; (自動車などの)モデルチェンジ: auf dem ~ arbeiten 新築の現場で働く. **2** -〔e〕s/-ten **a**) 新築中の建物: im ~ wohnen ⟨geboren sein⟩《話》ドアを開けっぱなしにして出入りする | Du wohnst ⟨Wir wohnen⟩ doch nicht im ~.《話》(まだドアのついていない新築中の家に住んでいるんじゃあるまいし)ドアを閉めたらどうだね. **b**) (↔Altbau) 新しい建物, 新築家屋, 新館. **c**) ＝Neubauwohnung

Neu·bau·er[nɔ́ʏ..] 男 -n(-s)/-n (↔Altbauer) (旧東ドイツで, 農地改革によって生まれた)新農民.

Neu·bau·woh·nung 女 新築家屋内の住居.

neu·be·ar·bei·tet 形 (本などについて)改訂された.

Neu≠be·ar·bei·tung 女 (本などの)改訂; 改訂〔新〕版. **≠be·ginn** 男 新たに始めること, 再出発. **≠be·kehr·te** 男 女《形容詞変化》新改宗者. **≠be·le·bung** 女 復興, 再建. **≠be·set·zung** 女 (地位・役職の)補充. **≠bil·dung** 女 **1** 新⟨再⟩形成, 新造; 改造, 再建: die ~ der Regierung 組閣; 内閣の改造. **2** 新造物;〖言〗新〈造〉語; (Neoplasma)〖医〗新生物, 腫瘍(しゅよう).

Neu·braun·schweig[nɔʏbráʊnʃvaɪk] 地名 ニューブランズウィック(カナダ南東部の州. 英語形 New Brunswick).

Neu≠bruch[nɔ́ʏ..] 男〖農〗新開墾⟨開拓⟩地. **≠bür·ger** 男 (新しく住みついた)新市民.

Neu-De·lhi[nɔʏdé:li·] 地名 ニュー＝デリー(インド共和国の首都. 英語形 New Delhi).

Neu·druck[nɔ́ʏ..] 男 -〔e〕s/-e (古い本の)再刊; 翻刻; 新版, 翻刻版.

Neue[1] →neu II

Neue[2][nɔ́ʏə] 女 -/〖狩〗新雪.

Neu≠ent·deckung 女 新発見. **≠ent·wick·lung** 女 新しい発展⟨展開⟩.

neu·er·baut 形 新築の.

neu·er·dings[nɔ́ʏərdíŋs] 副 **1** (seit kurzem) (継続的状態を指して)このごろ〔ずっと〕, このところ, 近ごろ, 最近, 近来: Er fährt ~ im eigenen Auto. 彼は最近マイカーを乗り回している | Dieser Tanz ist ~ sehr in Mode. この踊りはこのところ大いに流行している. **2**《南部・オーストリア・スイス》(aufs neue) 新たに, 改めて, 再び: Zwei Jahre später besuchte er ~ die Stadt. 2年後彼は再びその町を訪れた. [<neuer Dinge]

Neue·rer[nɔ́ʏərər] 男 -s/- (neuern する人. 例えば:) 革新⟨改革⟩者.

Neue·rer·be·we·gung 女 (旧東ドイツの)改善運動, パイオニア活動.

neu·er·lich[nɔ́ʏərlıç] **I** 形《述語的用法なし》再度の, 繰り返しての, 改めての: ein ~*es* Auftreten 再登場 | eine ~*e* Versicherung abgeben 繰り返し保証する. **II** 副 **1** (von neuem) 新たに; ふたたび, またもや: Er ist ~ ausgezeichnet worden. 彼はまたもや表彰された. **2** ＝neuerdings 1

neu·ern[nɔ́ʏərn] 《05》 他 (h) 革新⟨改革⟩する, 刷新する.

neu·er·öff·net[nɔ́ʏ..] 形 新規開店⟨開業⟩の.

Neu·er·schei·nung 女 新刊書.

Neue·rung[nɔ́ʏərʊŋ] 女 -/-en 革新, 改革; 改良⟨開発⟩された物: ~*en* einführen 刷新⟨改革⟩する.

Neue·rungs·sucht 女 -/ (病的な)改革⟨革新⟩熱, 新しがり.

neu·est I neu の最上級. **II Neue·ste** →neu III

neu〔e〕·stens[nɔ́ʏ(ə)stəns] 副 つい最近, 近ごろ.

Neu·fas·sung 女 **1**《単数で》再起草, 改稿. **2** 再稿; 新しい〔表現〕形式; 改訳本.

Neu·fund·land[nɔʏfʊ́ntlant] 地名 ニューファンドランド(カナダ東端の州. 1497年イタリアの航海家が発見. 英語形 Newfoundland).

Neu·fund·län·der[..lɛndər] 男 -s/- ニューファンドランド(黒色長毛の大型番犬).

neu≠ge·backen[nɔ́ʏ..] 形《付加語的》《話》任命されたばかりの, なりたての: ein ~*er* Ehemann ⟨Doktor⟩ 新婚ほやほやの⟨博士号取りたての⟩男. **≠ge·bo·ren** 形 生まれたばかりの: ein ~*es* Kind / ein *Neugeborenes* 新生児 | un-

N

schuldig wie ein ~*es* Kind 〈Lamm〉 sein (→unschuldig 1) | **sich⁴ wie ~ fühlen** 生き返った〈生まれ変わった〉ような気持がする.

Neu·ge·burt 女 新生; 復活〔したもの〕: die ~ der Kunst 芸術の復興.

neu·ge·schaf·fen 形〔最近〕創設された.

Neu≠ge·stal·tung 女 (新しく形成・構成すること. 例えば:) 再編成, 改組; 改変: die ~ des Programms 番組の再編成 | die ~ eines Stadtviertels 市区の改造〈再開発〉.

≠ge·würz 中 -es/ 《オースト》 =Piment

Neu·gier[nɔ́ygi:r] 女 -/, **Neu·gier·de**[−də] 女 -/ 好奇心, 知識欲: eine brennende 〈wissenschaftliche〉 ~ 燃えるような〈学問的な〉好奇心 ‖ aus reiner 〈bloßer〉 ~ ただの好奇心から | Das befriedigt 〈weckt〉 seine ~. そのことが彼の好奇心を満足させる〈かきたてる〉.

neu·gie·rig[..gi:rɪç]² 形 好奇心〈知識欲〉の強い; 物見高い, 野次馬根性の: auf *et.*⁴ ~ sein …のことを知りたがっている | *jn.* ~ fragen …に根掘り葉掘り聞く | *jn.* ~ machen …の好奇心をそそる | Ich bin ~, ob .... 私は…かどうか知りたくてたまらない ‖ der 〈die〉 *Neugierige* 物見高い人, 野次馬.

Neu≠glie·de·rung 女 新区分, 再編成. **≠go·tik** 女 -/ 〖美〗新ゴシック様式(18世紀後半の, 中世ゴシック様式を模した建築スタイル).

neu·go·tisch[..tɪʃ] 形 新ゴシック様式の.

neu·grie·chisch 形 近代〈現代〉ギリシア〔人・語〕の: →deutsch

Neu·grün·dung 女 (団体などの) 新設, 創立; 創設されたもの.

Neu·gui·nea[nɔʏginé:a·] 地名 ニューギニア(オーストラリア北方の島. インドネシア語名イリアン Irian).

Neu·hei·den·tum[nɔ́ʏ..] 中 〖カトリック〗新異教主義.

Neu·heit[nɔ́ʏhaɪt] 女 -/-en **1** 《単数で》新しさ, 新鮮さ: der Reiz der ~ 新鮮さの魅力. **2** 《しばしば複数で》新しいもの(新作・新製品など); 〖劇〗新作: die letzte ~ 最新流行の品 | ~*en* auf dem Büchermarkt 新刊書.

neu·hoch·deutsch[nɔ́ʏho:xdɔʏtʃ] 形 (略 nhd.) 新高ドイツ語の; 近代標準ドイツ語の: →deutsch

★ →付録: ドイツ語の歴史.

Neu·hu·ma·nis·mus[nɔ́ʏ..] 男 新人文主義, 新ヒューマニズム(18世紀後半にドイツで起こった精神運動で, Winckelmann を先駆者とし, Lessing, Herder, Goethe, Schiller, Humboldt などによって受け継がれた).

neu·hu·ma·ni·stisch[nɔ́ʏ..] 形 新人文主義〈新ヒューマニズム〉の.

Neu·ig·keit[nɔ́ʏɪçkaɪt] 女 -/-en **1** 新しい情報, ニュース. **2** =Neuheit

Neu≠in·sze·nie·rung[nɔ́ʏ..] 女 〖劇〗新〔解釈による〕演出: Shakespeare in einer ~ von *jm.* …の新演出によるシェークスピア劇. **≠jahr**[また: −́−] 中 《ふつう単数で》《形容詞を伴わないときは無冠詞》元日, 正月: zu ~ 元旦に | *jm.* ein gutes ~ wünschen …に新年のあいさつをする | **prosit ~!** 新年おめでとう.

Neu·jähr·chen[nɔʏjɛ́:rçən] 中 -s/- 《話》(郵便・新聞配達員などへの) 新年のチップ, お年玉.

Neu·jahrs≠abend[nɔ́ʏja:rs..] 男 大みそかの晩. **≠an·spra·che** 女, **≠bot·schaft** 女 (国家元首・教皇などの) 年頭のメッセージ. **≠emp·fang** 男 新年のレセプション. **≠fest** 中 新年〔の祝祭〕. **≠gruß** 男 -es/..grüße 《ふつう複数で》新年のあいさつ. **≠kar·te** 女 年賀用〔グリーティング〕カード, (はがきによる) 年賀状. **≠kon·zert** 中 新年演奏会, ニューイヤーコンサート. **≠tag** 男 元日, 元旦. **≠wunsch** 男 年賀.

Neu·ka·le·do·ni·en[nɔʏkaledó:niən] 地名 ニューカレドニア(オーストラリア東方にあるフランス領の島).

Neu≠kan·tia·ner[nɔʏkantiá:nər, ⌐◡◡−◡] 男 〖哲〗新カント学派の学者. **≠kan·tia·nis·mus**[..kantianísmus, ⌐◡◡◡◡◡] 男 -/ 〖哲〗新カント主義.

Neu≠klas·si·zis·mus[nɔ́ʏ..] 男 〖美〗新古典主義. **≠land** 中 《ふつう単数で》新開発地; 〖農〗開墾〈開拓〉地; 《比》未知の地域, 処女地: ~ umbrechen 土地を開墾する | ~ in der Medizin betreten 医学の新領域を開く. **≠la·tein** 中 近世〈近代〉ラテン語.

neu·la·tei·nisch 形 (略 nlat.) 近世〈近代〉ラテン語の.

neu·lich[nɔ́ʏlɪç] 副 (vor kurzem) (最近の特定の時点を指して) このあいだ, 先日, あのとき: Ich habe ihn ~ gesehen. 私は先日彼に会った | das Gespräch von ~ 先日の話し合い.

★ 形容詞として付加語的に用いることもあるがこれは誤りとされる: 誤 Ihr ~*er* Besuch

ᵛ**Neu·licht** 中 -[e]s/ =Neumond

Neu·ling[nɔ́ʏlɪŋ] 男 -s/-e 新入り, 新米, 新参者, 新顔; (経験の浅い) 新任者, 新人.

Neu·mann[nɔ́ʏman] 人名 Johann Balthasar ~ ヨハン バルタザール ノイマン(1687-1753; ドイツの建築家. 作品は Würzburg の城館など).

Neu·me[nɔ́ʏmə] 女 -/-n 《ふつう複数で》〖楽〗ネウマ(中世の音符). [*gr.* pneũma (→pneumo..) − *mlat.*]

neu·mo·disch[nɔ́ʏ..] 形 《軽蔑的に》当世ふうの, 当節はやりの.

Neu·mond 男 -[e]s/ 〖天〗新月〔の日〕.

neun[nɔʏn] **I** 《基数》9, 九つ〔の〕: →fünf ‖ **alle ~e!** (九柱戯で) ピンが全部倒れたぞ; 《話》(誤って物を落としたとき) しまった全部落っこちゃった | alle ~*e* werfen (九柱戯で) ピンを全部倒す. **II Neun** 女 -/-en 9という数; 9という数字; (トランプの) 9の札; 9番コースの路面電車: →Fünf [*idg.* „neue Zahl"; ◇neu; *engl.* nine; *lat.* novem „neun"]

Neun·au·ge[nɔ́ʏn..] 中 〖魚〗ヤツメウナギ(八目鰻).

neu·ne[nɔ́ʏnə] →neun

Neu·ne[−] 女 -/ 《話》《次の成句で》**ach, du grüne ~!** こいつはたまげた, なんたることだ, まいったまいった.

Neun·eck[nɔ́ʏn|ɛk] 中 -[e]s/-e 〖数〗九角形.

neun·ein·halb 《分数; 無変化》9と2分の1〔の〕: →fünfeinhalb

Neu·ner[nɔ́ʏnər] 男 -s/- **1** (9の記号をもつもの. 例えば:) 9番コースのバス; 1909年産ワイン; 第9連隊員; (トランプの) 9の札; 9人組〈会〉の一員: →Fünfer **2** (合計して9のもの. 例えば:) 9人用乗り物; 9行詩; 9字〈項〉的中の富くじ; 9人組〈会〉: →Fünfer **3** アラビア数字の9, 9字形: →Fünfer

neu·ner·lei[nɔ́ʏnərláɪ] 《種類を表す数詞; 無変化》9種類の: →fünferlei

Neu·ner·mann·schaft[nɔ́ʏnər..] 女 9人チーム.

neun≠fach[nɔ́ʏnfax] (ᵛ**≠fäl·tig**[..fɛltɪç]²) 形 9倍〈九重〉の: →fünffach **≠ge·schacht** 形 〖紋〗九分割チェック模様の.

Neun·herr·schaft 女 九頭政治.

neun≠hun·dert[nɔ́ʏnhʊ́ndərt] 《基数》900〔の〕: →hundert **≠mal**[..ma:l] 副 9回; 9倍: →fünfmal

neun·mal·ge·scheit =neunmalklug

neun·ma·lig[..ma:lɪç]² 形 《付加語的》9回の: →fünfmalig

neun·mal≠klug 形, **≠wei·se** 形 《軽蔑的に》〔何でも〕知ったかぶりの, したり顔の.

neun≠mo·na·tig 形 9か月を経た, 生後9か月の; 9か月間の. **≠mo·nat·lich** 形 9か月ごとの.

Neun·punkt·schrift 女 〖印〗9ポイント活字.

neun·schwän·zig[..ʃvɛntsɪç]² 形 尾の9本ある: eine ~*e* Katze (→Katze 1 a). [◇Schwanz]

Neun·silb·ner 男 -s/- 9音節の語〈詩行〉.

neun≠stün·dig[..ʃtʏndɪç]² 形 9時間の. **≠stünd·lich** 形 9時間ごとの.

neunt[nɔʏnt] 《序数》第9の, 9番目の: →fünft

neun≠tä·gig[nɔ́ʏn..] 形 9日間の; 9日を経た, 生後9日の. **≠täg·lich** 形 9日ごとの.

neun·tau·send[nɔ́ʏntáʊzənt] 《基数》9000〔の〕: →tausend

ᵛ**neun·te·halb**[nɔ́ʏntəhálp] =neunthalb

neun·tei·lig[nɔ́ʏn..] 形 9〔等〕分された, 九つの部分からなる.

neun·tel[nɔ́yntəl] **I** 《分数; 無変化》 9分の1〔の〕: →fünftel **II** **Neun·tel** 中 (ス⁼イ: 男) -s/- 9分の1: →Fünftel
neun·teln[nɔ́yntəln] 《06》 他 (h) 9〔等〕分する.
neun·tens[..təns] 副 (列挙の際などに) 第9に〔は〕.
▽**neunt·halb**[nɔ́ynthálp] 《分数; 無変化》 (achteinhalb) 8と2分の1〔の〕.
Neun·tö·ter[nɔ́yn..] 男 〘鳥〙 モズ(百舌)属の一種. [<töten]
neun·und⸗ein·halb =neuneinhalb ⸗**neun·zig** 《基数》 99〔の〕: →fünf ‖ **auf neunundneunzig sein** 《話》 かんかんに怒っている.
neun·zehn[nɔ́yntse:n] 《基数》 (英: *nineteen*) 19〔の〕: →fünfzehn [◇*engl.* nineteen]
neun·zehn·hun·dert 《基数》 (eintausendneunhundert) 1900〔の〕: →fünfzehnhundert
neun·zehnt 《序数》 第19の, 19番目の: →fünft
neun·zehn·tel[..təl] 《分数; 無変化》 19分の1〔の〕: →fünftel
neun·zehn·tens[..təns] 副 (列挙の際などに) 第19に〔は〕.
neun·zig[nɔ́yntsɪç] 《基数》 90〔の〕: → fünfzig [◇*engl.* ninety]
neun·zi·ger[..tsɪgər] **I** 形 《無変化》 90年代〈90歳台〉の: →fünfziger **II** **Neun·zi·ger** 男 -s/- 90歳台の人; 90という数をもつもの: →Fünfziger
Neun·zi·ger·jah·re[nɔ́yntsɪgərja:rə, ˊ◡◡ˊ◡] 複 **1** 90歳台: →Fünfzigerjahre ▽**2** 90年代.
neun·zigst[..tsɪçst] 《序数》 第90の, 90番目の: →fünft
neun·zig·stel[..tsɪçstəl] 《分数; 無変化》 90分の1〔の〕: →fünftel
neun·zig·stens[..tsɪçstəns] 副 (列挙の際などに) 第90に〔は〕.
Neu⸗ord·nung[nɔ́y..] 女 再編成, 改組; 再建; 新秩序. ⸗**orien·tie·rung**[..|oriɛnti:rʊŋ] 女 新方針の設定, 新しい方向づけ. ⸗**phi·lo·lo·ge** 男 近代〔外国〕語学者; 語学教員. ⸗**phi·lo·lo·gie** 女 近代語学. ⸗**pla·to·ni·ker** 男 〘哲〙 新プラトン学派の学者. ⸗**pla·to·nis·mus** 男 〘哲〙 新プラトン学派〈主義〉.
neur.. →neuro..
neu·ral[nɔyrá:l] 形 《比較変化なし》 〘医〙 神経〔性〕の: ～*e* Netze / ～*es* Netzwerk 〘認知科学〙 神経回路網, ニューラルネットワーク.
Neur·al·gie[nɔyralgí:] 女 -/-n[..gí:ən] (Nervenschmerz) 〘医〙 神経痛.
neur·al·gisch[..rálgɪʃ] 形 **1** 神経痛性の. **2** 《比》 とくに傷つきやすい, 過敏な: ein ～*er* Punkt (→Punkt 2).
Neur·asthe·nie[nɔyrastení:] 女 -/-n[..ní:ən] (Nervenschwäche) 〘医〙 神経衰弱.
Neur·asthe·ni·ker[..rasté:nikər] 男 -s/- 〘医〙 神経衰弱患者.
neur·asthe·nisch[..nɪʃ] 形 〘医〙 神経衰弱の.
Neu⸗re·ge·lung[nɔ́y..] 女, ⸗**reg·lung** 女 再調整; 規制変更; 新規則.
neu·reich 形 《軽蔑的に》 成金の; 成金趣味の: ～*er* Prunk 成金的なきらびやかさ | Herr 〈Frau〉 *Neureich* 成金の男〈女〉 | eine ～*e* Familie / 〔die〕 *Neureichs* / Familie *Neureich* 成金一家.
Neu·ren Neuron の複数.
Neu·rin[nɔyrí:n] 中 -s/ 〘化〙 ノイリン. [<..in²]
Neu·ri·tis[nɔyrí:tɪs] 女 -/..tiden[..rití:dən] (Nervenentzündung) 〘医〙 神経炎. [<..itis]
neuro.. 《名詞・形容詞などにつけて「神経」を意味する. 母音の前では neur.. となることもある: →*Neur*asthenie》 [<Neuron]
Neu·ro·bio·lo·ge[nɔyrobioló:gə, ˊ◡◡◡–◡] 男 -n/-n (→..loge) 神経生物学者.
Neu·ro·bio·lo·gie[nɔyrobiologí:, ˊ◡◡◡◡–] 女 -/ 神経生物学.
neu·ro·bio·lo·gisch[..bioló:gɪʃ, ˊ◡◡◡–◡] 形 神経生物学〔上〕の.
Neu·ro·che·mie[nɔ́yroçemi:, –◡◡ˊ] 女 神経化学.
Neu·ro·che·mi·ker[nɔ́yroçe:mikər, –◡ˊ◡–] 男 神経化学者.
neu·ro·che·misch[nɔ́yroçe:mɪʃ, –◡ˊ◡] 形 神経化学〔上〕の.
Neu·ro·chir·urg[..çirʊ́rk][1] 男 -en/-en 〘医〙 神経外科医.
Neu·ro·chir·ur·gie[..çirʊrgí:] 女 -/ 〘医〙 神経外「科〔学〕.
neu·ro·chir·ur·gisch[..çirʊ́rgɪʃ] 形 〘医〙 神経外科〔上〕の.
Neu·ro·der·ma·ti·tis[nɔyrodɛrmatí:tɪs] -/..titiden[..tití:dən] 女 〘医〙 神経性皮膚炎.
Neu·ro·der·mi·tis[..dɛrmí:tɪs] 女 -/..mitiden[..mití:dən] =Neurodermatitis
neu·ro·gen[nɔyrogé:n] 形 〘医〙 神経〔原〕性の.
Neu·ro·hor·mon[..hɔrmó:n, ˊ◡◡–] 中 -s/-e 〘生理〙 神経ホルモン.
Neu·ro·lo·ge[..ló:gə] 男 -n/-n (→..loge) (Nervenarzt) 〘医〙 神経科医.
Neu·ro·lo·gie[..logí:] 女 -/ 〘医〙 神経医学.
neu·ro·lo·gisch[..ló:gɪʃ] 形 〘医〙 神経医学の.
Neu·rom[nɔyró:m] 中 -s/-e 〘医〙 神経腫(ˢʸᵘ). [<..om]
neu·ro·ma·nisch[nɔ́y..] 形 〘美〙 ネオロマネスクふうの.
Neu⸗ro·man·tik 女 〘文芸〙 新ロマン主義. ⸗**ro·man·ti·ker** 男 新ロマン主義の作家.
neu·ro·man·tisch 形 新ロマン主義の.
neu·ro·mus·ku·lär[nɔyromʊskulɛ́:r] 形 〘医〙 神経筋の.
Neu·ron[nɔ́yrɔn] 中 -s/-e[nɔyró:nə], -en[..ró:nən], ..ren[nɔ́yrən] 〘解〙 ニューロン, 神経単位(神経細胞の本体, およびそこから出る軸索と樹状突起). [*gr.* neũron „Sehne"; ◇Nerv]
neu·ro·nal[nɔyroná:l] 形 ニューロン〈神経単位〉の.
neu·ro·nisch[nɔyró:nɪʃ] =neuronal
Neu·ro·pa·thie[nɔyropatí:] 女 -/-n[..tí:ən] 〘医〙 神経障害, 神経病.
neu·ro·pa·thisch[..pá:tɪʃ] 形 〘医〙 神経障害の, 神経病の.
Neu·ro·pa·tho·lo·gie[..patologí:] 女 -/ 〘医〙 神経病理学.
Neu·ro·phy·sio·lo·gie[..fyziologí:] 女 -/ 〘医〙 神経生理学.
Neu·ro·se[nɔyró:zə] 女 -/-n 〘医〙 神経症, ノイローゼ. [*engl.* neurosis; ◇..ose]
Neu·ro·ti·ker[nɔyró:tikər] 男 -s/- 神経症患者.
neu·ro·tisch[..tɪʃ] 形 神経症の; 神経症にかかった.
Neu·ro·to·xin[nɔyrotɔksí:n] 中 -s/-e (Nervengift) 〘医〙 神経毒.
neu·ro·to·xisch[..tɔ́ksɪʃ] 形 神経毒性の.
Neu·ro·trans·mit·ter[..transmɪ́tər] 男 -s/- 〘生化学〙 神経伝達物質.
Neu⸗satz[nɔ́y..] 男 -〔e〕s/ 〘印〙 組み替え; 組み替えられた版. ⸗**schnee** 男 (↔Altschnee) (降ったばかりの) 新雪. ⸗**scho·la·stik** 女 〘哲〙 (19世紀末の) 新スコラ哲学. ⸗**schöp·fung** 女 (芸術・流行などにおける) 創造, 創作, 創案; 創作物, 新作.
Neu·schott·land[nɔyʃɔ́tlant] 地名 ノーヴァスコシア(カナダ南東部の州. 公式名称はラテン語形 Nova Scotia).
Neu·schwan·stein[nɔyʃvá:nʃtaɪn] 《城廓名》 ノイシュヴァーン シュタイン (Bayern 州南部, Füssen の近くにあり, バイエルン国王ルートヴィヒ二世によって19世紀末に建てられた. 今日ではもっぱら観光の名所として知られる).
Neu·see·land[nɔyzé:lant] 地名 ニュージーランド(オーストラリア南東方の島国で, 英連邦内の独立国. 首都はウェリントン Wellington. 英語形 New Zealand).
Neu·see·län·der[..lɛndər] 男 -s/- ニュージーランド人.
Neu·see·land·flachs[..lant..] 男 〘植〙 マオラン.
neu·see·län·disch[..lɛndɪʃ] 形 ニュージーランドの.

Neu·sil·ber[nɔ́y..] 中 洋銀(銅・ニッケル・亜鉛の合金).
neu·sil·bern 形《付加語的》洋銀製の.
Neu·sprach·ler[nɔ́yʃpraːxlər] 男 -s/- =Neuphilologe
neu·sprach·lich[..lɪç] 形 近代(外国)語の: ein ~*es* Gymnasium (古典語の代わりに英語など現代外国語を重視する)近代語ギムナジウム.
Neu·stadt 女 (↔Altstadt) 新市街地区, ニュータウン.
neu·stens[nɔ́ystəns] =neuestens
Neu·stri·en[nɔ́ystriən] 地名《史》ノイストリア(フランク王国の西部領域). [*spätlat.*]
Neu·te·sta·ment·ler[nɔ́y..] 男 -s/- 新約聖書学者.
neu·te·sta·ment·lich 形 新約聖書の.
Neutr. 略 =Neutrum 1
Neu·tra Neutrum の複数.
neu·tral[nɔytráːl] 形 **1** 中立の, 局外中立の; (一方に偏らずに)公平な, 不偏不党の: ein ~*es* Land 中立国 | eine ~*e* Zone 中立(非武装)地帯 | ein ~*er* Beobachter 公平な観察者 ‖ ~ bleiben 中立的な立場を守る | *sich*⁴ ~ verhalten 中立的な態度を取る ‖ ein *Neutraler* 《スポ》審判員. **2** どっちつかずの, (性格・特色の)はっきりしない; 当たりさわりのない, (色・形などが派手でなく)何にでも合う, 無難な: eine ~*e* Farbe (どんな色ともつり合うような)無難な色(白・グレー・ベージュなどの淡色) | ein ~*er* Umschlag 〈Briefbogen〉(特定の機関名などのついていない)白紙の封筒〈便箋(びんせん)〉| das Gespräch in ~*e* Bahnen lenken 会話を当たりさわりのない話題にもってゆく ‖ Diese Schuhe sind ~ in der Farbe und Form. この靴の色も形も無難だ ‖ *sich*⁴ ~ kleiden (どんな色ともつり合う)無難な色の服を着る. **3 a)** 《化》(酸性でもアルカリ性でもなく)中性の: ~*es* Salz 中性塩 | ein ~*es* Waschmittel 中性洗剤. **b)** 《電》(陽性でも陰性でもなく)中性の, 帯電していない: ein ~*es* Elementarteilchen 中性子(→Neutron). **4 a)** 《植》(雄性でも雌性でもなく)中性の: ~*e* Blüten 中性花. **b)** (sächlich) 《言》中性の(→feminin, maskulin): ein ~*es* Substantiv 中性名詞. [*spätlat.*; ◇Neutrum, ..al¹]
..neutral[..nɔytraːl] 《名詞などについて「…に関して中立の, …とは無関係の, …のない」などを意味する形容詞をつくる》: erfolgs*neutral* 成果にこだわらない | ein leistungs*neutrales* Einkommen 業績とは無関係の収入 | geruchs*neutrale* Seife 無臭せっけん.
Neu·tral·fett 中《生》中性脂肪.
Neu·tra·li·sa·tion[nɔytralizatsióːn] 女 -/-en (neutralisieren すること. 特に:)《化・電・言》中和. [*fr.*]
neu·tra·li·sie·ren[..zíːrən] 他 (h) **1** 中立化する: ein Land ~ ある国を中立化〈非武装地帯化〉する. **2 a)** (反対の力を加えて)消去する, 帳消しにする, 無効にする; 中性化する: ein Gift ~ 毒を無毒化する. **b)** 《化》中和する, 中性化する: Säure ~ 酸を中和する. **c)** 《電》中和する. **d)** 《言》中和する(異なる音素が同一音声となってあらわれる現象. 例 Rad と Rat は d/t の対立が語末で[t]に中和されてともに[raːt] となる). **3** 《スポ》(競技, 特に耐久レースなどを)一時中断する. [*fr.*]
Neu·tra·li·sie·rung[..rʊŋ] 女 -/-en (neutralisieren すること. 特に:) **1** 中立化; 無効化. **2** 《スポ》(競技の)一時中断.
Neu·tra·lis·mus[nɔytralísmʊs] 男 -/ 中立主義, 中立政策.
Neu·tra·list[..líst] 男 -en/-en 中立主義者.
neu·tra·li·stisch[..lístɪʃ] 形 中立主義〈政策〉の.
Neu·tra·li·tät[nɔytralitɛ́ːt] 女 -/ 中立, 局外中立; 不偏不党, 公平無私: *seine* ~ erklären 中立を宣言する | die ~ eines Landes achten 〈verletzen〉 ある国の中立を尊重する〈侵す〉| die ~ wahren 中立的な立場を守る. [*mlat.*]
Neu·tra·li·täts≈ab·kom·men 中 (相互に中立的立場を守るという)中立協定. **≈bruch** 男 中立侵犯. **≈er·klä·rung** 女 中立宣言. **≈po·li·tik** 女 中立政策. **≈ver·let·zung** 女 中立侵犯. **≈zei·chen** 中 (白地に赤十字を描いた)中立標章.
Neu·tral≈punkt[nɔytráːl..] 男《化》中性点. **≈salz** 中《化》中性塩. **≈wasch·mit·tel** 中 中性洗剤.
Neu·tren Neutrum の複数.
Neu·tri·no[nɔytríːno·] 中 -s/-s 《理》ニュートリノ, 中性微子. [*it.*]
Neu·tron[nɔ́ytrɔn] 中 -s/-en[nɔytróːnən] 《理》ニュートロン, 中性子(記号 n). [*engl.*; <neutral]
Neu·tro·nen≈be·schuß[nɔytróːnən..] 男《理》中性子による衝撃. **≈beu·gung** 女《理》中性子〔線〕回折. **≈bom·be** 女 中性子爆弾. **≈ein·fang** 男《理》中性子捕獲. **≈fluß** 男《理》中性子束. **≈stern** 男《天》中性子星(高密度の中性子ガスからなる). **≈strah·len** 複《理》中性子線. **≈waf·fe** 女 中性子兵器.
Neu·trum[nɔ́ytrʊm; オーストリア: néːutrʊm] 中 -s/..tra[..tra·](..tren[..trən]) **1** (略 n., N., Neutr.) 《言》中性名詞; 《単数で》(名詞の)中性(→Femininum, Maskulinum). **2 a)** 性的魅力に乏しい人, 中性的な人. **b)** 態度決定をしない人, 日和見主義者. [*lat.*; <*lat.* ne-uter „keiner von beiden"; ◇neutral; *engl.* neuter]
neu·ver·mählt[nɔ́y..] 形 新婚の: das ~*e* Paar / die *Neuvermählten* 新婚夫婦.
Neu≈wa·gen 男 新車. **≈wahl** 女 再選挙, 改選.
neu·wa·schen 形《方》洗いたての, 洗濯したあとまだ使ってない.
neu·welt·lich 形 (旧大陸としてのヨーロッパに対する)新世界(アメリカ)の.
Neu·wert 男 (↔Zeitwert) (商品などの)新品〔同様の〕価値.
neu·wer·tig 形 新品価格の; (中古品が)新品同様の〔価値のある〕.
Neu·wert·ver·si·che·rung 女 新価保険.
Neu·wort 中 -〔e〕s/..wörter 《言》新語.
Neu·york[nɔyjɔ́rk] 地名 →New York
Neu·yor·ker[..kər] **I** 男 -s/- ニューヨークの人. **II** 形《無変化》ニューヨークの.
neu·yor·kisch[..kɪʃ] 形 ニューヨークの.
Neu·zeit[nɔ́y..] 女 -/ (古代・中世に対する)近代(ふつう16世紀から現代まで).
neu·zeit·lich[..lɪç] 形 近代〈現代〉の; 近代〈現代〉的な, モダンな.
Neu·zu·las·sung 女 **1** 《単数で》《官》(自動車の)新認可. **2** 新認可車.
die **Ne·wa**[néːva·, nɪvá] 地名 女 -/ ネヴァ(フィンランド湾に注ぐロシア連邦北西部の川. ロシア語形 Neva). [*finn.* „Sumpf"]
New·co·mer[njúːkʌmə] 男 -〔s〕/-〔s〕新来者, 新参者, 新米. [*engl.*; ◇neu, kommen]
New Deal[njúː díːl] 男 --/ ニューディール(アメリカ大統領 F. Roosevelt の経済政策). [*amerik.*; ◇dealen]
New Look[njúː lʊ́k] 男 (中) --〔s〕/ ニュールック(特に1947年ごろ流行したロングスカート); (一般に)新型: der 〈das〉 ~ in der Literatur 文学界の新傾向. [*engl.*]
New·ton[njúːtən] **I** 人名 Isaac ~ アイザック ニュートン(1642-1727; イギリスの数学者・物理学者・天文学者で, 万有引力の法則の発見者). **II** 中 -s/- 《理》ニュートン(力の単位; 記号 N).
New York[njúː jɔ́ːk] 地名 ニューヨーク(アメリカ合衆国大西洋岸中部の州および都市. ドイツ語形 Neuyork).
Ne·xus[nɛ́ksʊs] 男 -/-[..suːs] (Zusammenhang) 関係, 関連, つながり. [*lat.*; <*lat.* nectere „knüpfen"]
nF[nanofaráːt] 記号 (Nanofarad) 《電》ナノファラッド.
NF 略 **1** =Niederfrequenz 《電》低周波. **2** [ɛn|ɛ́f] 女 -/ =Nationale Front (共産圏諸国の)国民戦線. **3** [−] =Neues Forum 新フォーラム(旧東ドイツ末期の市民運動の一つ).
N. F. 略 =Neue Folge (雑誌・シリーズ本などの)新シリーズ, 続編.
NFG[ɛn|ɛfgéː] 略 複 =Nationale Forschungs- und Gedenkstätten der klassischen deutschen Literatur in Weimar ワイマル古典文学研究所.
N. H. (**NH**)[nɔrmáːlhøːənpʊŋkt] 記号 (Normalhöhen-

punkt)〘測量〙水準原点.

nhd. 略 =**neu**hoch**d**eutsch

Ni[εnǀíː, níkəl] 記号 (Nickel)〘化〙ニッケル.

der **Nia·ga̱·ra·fall**[niagá:rafal; オーストリア: −, niá:gara..] 地名 男 -s/ ナイアガラの滝(アメリカとカナダの国境にあるナイアガラ川の大滝). [*indian.*]

ni̱·beln[ní:bəln]《06》自 (h)《南部》(nebeln) 非人称《es nibelt》霧雨が降る. [<Nebel]

Ni̱·be·lun·gen[ní:bəlʊŋən] 複〘伝説〙ニーベルンゲン, ニーベルングの人々(ドイツ英雄伝説に出てくる巨額の財宝を持つ小人族, またその財宝を引き継いだ Siegfried, および Burgund 族の王とその家来たち). [Nibelung „Sohn der nebligen Unterwelt"; ◇Nebel, ..ingen]

Ni̱·be·lun·gen≠hort 男 -[e]s/〘伝説〙ニーベルンゲンの宝 (Nibelungen が所有していた, のろいのかかった宝. のち Siegfried の手にわたった). **≠lied** 中 -[e]s/ ニーベルンゲンの歌(中世ドイツの英雄叙事詩. 成立は1200年ごろで, 作者は不明). **≠sa̱·ge** 女 -/ ニーベルンゲン伝説. **≠stro̱·phe** 女〘詩〙ニーベルンゲン詩節(《Nibelungenlied》に用いられている詩節. 4 長行からなり, 各行は二つの短行に分かれる. 長行・短行ともに 2 行ずつ韻を踏む). **≠treue** 女《比》ニーベルンゲンの信義(1908–09年の Bosnien の危機に際してドイツの宰相ビューローが, ドイツとオーストリア=ハンガリーとの盟約は Nibelungenlied に歌われた英雄たちの信義によって守られるべきことを説いたことに由来. しばしば軽蔑的に用いられる).

Ni̱b·lick[níblɪk] 男 -s/-s〘ゴルフ〙ニブリック, 9 番アイアン. [*engl.*]

Ni·ca·ra̱·gua[nikará:gua·] 地名 ニカラグア(中央アメリカの共和国. 1838年スペインから独立. 首都はマナグア Managua). [*span.*; <Nicarao (インディアンの酋長(しゅうちょう)名)]

Ni·ca·ra·gua̱·ner[..raguá:nər] 男 -s/- ニカラグア人.

ni·ca·ra·gua̱·nisch[..nɪʃ] 形 ニカラグア[人]の.

nicht[nɪçt] 副 **1** (英: *not*)《否定詞として文全体またはその一成分を否定して》…[し]ない, …で[は]ない: [**ganz und**] **gar nicht** / **durchaus nicht** / **überhaupt nicht** / **absolut nicht** 全く〈全然・そもそも・絶対に〉…で〈し〉ない | Das stimmt im Leben ~.《話》それは絶対にそうじゃない ‖ Wenn 〈Wo〉 ~, dann ... もしもそうでなかったら…, そうでない場合には… | [Bitte] ~!/[Ach] ~ doch! よしてくれ, やめてくれよ | Das geht ~! そう[いうわけに]はいかん | Fürchte dich ~! 恐れるな | Ich meine dich ~. 私は君のことを言ってるんじゃない | Das weiß ich ~. そんなことは私は知らん | Ins Kino gehe ich ~[, aber ins Theater]. 私は映画へは行かない[劇場なら行くが] | [Bitte] ~ berühren 〈füttern〉! (掲示などで)手を触れない〈餌(え)を与えない〉でください | Das kann ich ~ sagen. 私にはそうは言えない | Du sollst ~ stehlen. お前は盗みをしてはならぬ(聖書: 出20,15) | Die Menge wollte ~ wanken und [~] weichen. 群衆はいっこうにたじろがなかった | [Das ist] ~ möglich! そんなことがあってたまるか, 考えられないことだ | Das ist ~ unmöglich. それはあり得ないことではない | Er ist ~ dumm, nur faul. 彼はばかじゃない ただ怠け者なのだ | [Es ist] ~ zu sagen 〈glauben〉, wie vergeßlich er ist. 彼の忘れっぽさときたらひどいもんだ | Ich habe ihn ~ gesehen. 私は彼の姿を見なかった | Geh ~ dorthin! そこへは行くな | [gar] ~ [so] ohne sein (→ohne 2 b) ‖〘特定成分のみを否定して〙Alle tadeln mich, nur er ~. 皆が私を非難するが彼だけはしない | Möchte noch jemand etwas Tee?−Ich ~! まだだれかお茶の欲しい人はいるか−私はいらない | Kommst du heute?−Nein, heute ~. 君はきょう来るか−いやきょうはだめだ | Er kommt, aber ~ heute und morgen. 彼は来るけれど きょうやあすじゃない | Kommst du heute?−**Nicht** heute, [**sondern**] morgen. 君はきょう来るか−きょうじゃない あす行くよ | *Nicht* seine Frau war es, sondern er selbst. 彼の妻じゃなくて 彼自身だった | *Nicht* jeder kennt das. それはだれもが知ってるわけじゃない | Es sind ~ alle gekommen. みんなが来てるわけじゃない | Das habe ~ nur 〈allein / bloß〉 ich zu bestimmen. それは私ひとりで決めることじゃない ‖ **Nicht nur** 〈allein / bloß〉 die Kinder, **sondern auch** die Erwachsenen spielten mit. 子供たちばかりではなく 大人も一緒に遊んだ | Wie geht es dir?−*Nicht* besonders [gut]. 調子はどうだい−まあまあさ | Er ist ~ sehr klug. 彼はたいして利口じゃない | *Nicht* so schnell! そんなに速く(…)しないで〈急がないで〉くれ | ~ lange danach 〈darauf〉 その後まもなく | Ich konnte ~ eher kommen. 私はこれ以上早くは来られなかった | Es ist mir ~ früher eingefallen. 私はいまようやくそのことを思いついた | **nicht mehr** もはや…ない | Er arbeitet ~ mehr. 彼はもはや働かない〈働いていない〉| Er hat **nicht mehr** 〈**weniger**〉 **als** 100 Mark. 彼は100マルクしか持っていない〈100マルクも持っている〉| **nicht mehr und nicht weniger als ...** …より多からず少なからず, …とまさに同じくらい | Ich habe ~ mehr und ~ weniger gesagt, als daß ... 私の言ったのは…にほかならない ‖ ~ im geringsten 〈mindesten〉 (→gering 1, →mindest 1) | Ich habe ~ die geringste Lust dazu. 私にはそんな気はこれっぽっちもない | Er hat ~ die Bohne Respekt.《話》彼にはこれっぽっちの尊敬心もない | Ist das wahr?−*Nicht* die Spur 〈eine Silbe〉!《話》それは本当か−とんでもない | ~ einmal /《話》~ mal (→einmal 3 d, →mal 3) | **Nicht etwa,** daß mir das gefiele, aber ... 私はそれが気に入ったなんていうことではないのだが しかし… | **Nicht daß** ich wüßte! 私が知るもんか ‖ Er hat **nicht** Geld **noch** Gut. 彼は金も財産もない | Er trinkt ~ Kaffee, noch Tee, noch Alkohol. 彼はコーヒーも紅茶も酒も飲まない.

‖〘疑問文のなかで相手の肯定・同意を期待して〙Ist das ~ schön? これはすてきじゃないかね(どうだすてきだろう) | Wollen Sie ~ mitkommen? 一緒にいらっしゃいませんか | Habe ich das ~ gleich gesagt? 私ははじめからそう言ってるじゃないか | [Ist es] **nicht wahr** ? そうじゃないかね | Du wartest doch, ~ [wahr]? 君は待ってるさね | Warum [denn] ~? / Warum ~ gar? / Wieso ~? きまってる〈わかってる〉じゃないか ‖〘感嘆文のなかで無用の nicht として〙Wie klug war das ~ gedacht! それはなんとうまく考えてあったことか | Was du ~ sagst! 君はなんてことを言うんだ | Was du **nicht alles** kannst! 君はまあなんだってできるんだね | Was es ~ alles gibt! なんでもあるんだなあ ‖〘「…しないように, …しないうちは」という意味を表す句や節のなかで無用の nicht として〙Ich warnte ihn, [~] noch mehr zu trinken. 私はもうこれ以上飲むなと彼に注意した | Nimm dich in acht davor, daß du [~] stolperst! つまずかないよう気をつけたまえ | Bevor 〈Ehe / Solange〉 ~ die Schulaufgaben fertig sind, darfst du nicht spielen. お前は宿題がすまないうちは遊んではいけない ‖〘古くは他の否定詞に重ねて否定の強調として〙Der Gesunde bedarf keines Arztes ~. 健康者には医者なんかいらない.

2《名詞的: 元来 nichts の意味であったので》**a**)《2 格と》Hier ist meines Bleibens ~ länger. (→**bleiben** II) | ᵛIch will deines Schutzes ~. 私はあなたの保護は望みません. ᵛ**b**)《前置詞とともに》mit ~*en* 決して…ない(=mitnichten) | *et.*[4] zu ~*e* machen …を水泡に帰せしめる(→zunichte).

★ nicht の位置:

i) 全文否定: ⓐ 諸文成分の末位(副文では定動詞の直前): Er kommt heute ~. 彼はきょう来ない | Er gibt mir das Buch ~. 彼は私にその本をくれない. ⓑ 複合的な述語動詞では分離の前つづり・不定詞・過去分詞などが文末に来るので, nicht はその直前: Er hat die ganze Nacht ~ geschlafen. 彼は一晩じゅう眠らなかった. ⓒ 述語形容詞・述語名詞の前: Alle sind ~ krank. 全員病気ではない〈健康だ〉(→ii ⓑ) | Er ist ~ Lehrer geworden. 彼は教師にならなかった. ⓓ 前置詞つきの目的語の前. 部分否定と同じ形式になる: Ich habe meinen Vater ~ um Geld gebeten. 私は父に金を頼まなかった | Ich habe ~ daran gedacht. 私はそのことを考えなかった. ⓔ 述語動詞と緊密に結びついた状況語は文末を占め, nicht はその前. この場合も部分否定と同じ形式になる: Ich gehe ~ ins Kino. 私は映画を見に行かない | Er legt das Buch ~ auf den Schrank. 彼は本を本箱の上には置かない. ⓕ 動詞が名詞と緊密に結合して成句をつくる場合はその名詞の前: Er spielt ~ Klavier. 彼はピアノをひかない.

ii）部分否定: ⓐ否定すべき成分の直前. しばしば **nicht ..., sondern ...** の構文をとる: Er kommt ～ heute, sondern morgen. 彼はきょうではなくてあす来る | *Nicht* alle Mitglieder sind verheiratet. 全会員が結婚しているわけではない. ⓑ形式上全文否定であっても, 否定すべき成分と nicht にアクセントを置けば部分否定になる: *Alle* Mitglieder sind *nicht* verheiratet. 全会員が結婚しているわけではない(この文はふつうのイントネーションでは全文否定で, 全会員が独身者という意味になる) ‖〖否定すべき成分を文頭に置いて〗*So etwas* tun Deutsche *nicht.* そんなことはドイツ人はしない.

［*ahd.*; ＜*ahd.* ni „nicht"〔＋eo „irgend"〕＋wiht „etwas"（◇Wicht）; ◇*engl.* not, naught, nought］

nicht.. 《名詞・形容詞などにつけてこれを否定する》: *Nicht*christ 非キリスト教徒 | *Nicht*befolgung 不遵守 ‖ *nicht*metallisch 非金属の | *nicht*arbeitend 無職の.

Nịcht·ach·tung[nɪ́çt|axtʊŋ] 女 -/ （achten しないこと. 例えば:) 無視; 軽視, 侮蔑: die ～ des Gerichts 法廷侮辱 ‖ *jn.* mit ～ strafen …をわざと〈あからさまに〉無視する | *jm.* mit ～ begegnen …に侮辱的態度をとる.

nịcht·amt·lich 形《付加語的》非公式の, 私的な.

Nịcht·an·er·ken·nung 女（契約などの）不承認.

Nịcht·ạn·griffs≠pakt[nɪçt|ángrɪfs.., ⏑⏑⏑⏑] 男, **≠ver·trag** 男 不可侵条約.

Nịcht·an·nah·me[nɪ́çt..] 女 引き受け〈受け入れ〉拒絶.

nịcht·ar·bei·tend 形《付加語的》無職の.

Nịcht·ari·er 男（特にナチ時代に唱えられた）非アーリア人〔種〕(特にユダヤ人: →Arier).

nịcht·arisch 形《付加語的》非アーリア人の.

Nịcht≠be·ach·tung 女《官》(法規などの)無視. **≠be·fol·gung** 女《官》(法規などの)不遵守, 違反.

nịcht·be·rufs·tä·tig 形《付加語的》無職の: eine ～*e* Frau 職業を持たない女性 | der〈die〉*Nichtberufstätige* 無職の人.

Nịcht≠be·zah·lung 女《官》不払い, 滞納. **≠christ** 男 非キリスト教徒.

nịcht·christ·lich 形《付加語的》非キリスト教の, キリスト教以外の.

nịch·te[nɪ́çtə] →nicht 2 b

Nịch·te[nɪ́çtə] 女 -/-n 姪(めい)(→Neffe): Groß*nichte* 甥(おい)〈姪〉の娘. ［*mndd.*; ◇Neffe］

Nịcht·ehe[nɪ́çt..] 女〔法〕非婚姻(正式の手続きを踏まない男女の結合関係で, 婚姻とは認められないもの).

nịcht·ehe·lich 形 婚姻〈正式の結婚〉によらない; (子供が)嫡出でない, 庶出の: ein ～*es* Kind 私生児; 〔法〕非嫡出子, 庶子.

Nịcht·ein·brin·gungs·fall 男《オーストリア》《官》《ふつう次の形で》im ～ 支払不能の場合に〔は〕.

Nịcht≠ein·hal·tung 女《官》(協定・義務などの)不遵守, 不履行. **≠ein·mi·schung** 女〔政〕不干渉, 不介入: das Prinzip der ～ 不介入の原則.

Nịcht·ei·sen·me·tall 中（NE-Metall）非鉄金属.

nịch·ten[nɪ́çtən] →nicht 2 b

Nịcht≠er·fül·lung[nɪ́çt..] 女（契約・計画などの）不履行, 不実行. **≠er·schei·nen** 中 -s/ **1**《官》不参, 欠席; 〔法〕不出頭. **2**（書籍の）未刊行.

nịcht≠eu·kli·disch 形〔数〕非ユークリッドの. **≠exi·stent** 形, **≠exi·stie·rend** 形 存在しない.

Nịcht·fach·mann 男（Laie）非専門家, 門外漢, しろうと.

nịcht≠far·ben·tra·gend 形（学生組合が）クラブカラーをもたない(→Verbindung 3 b). **≠flek·tier·bar** 形《付加語的》〔言〕語形変化しない, 無〈不〉変化の.

Nịcht≠ge·brauch 男 不使用: der ～ eines Rechtes 〔法〕権利不行使〈放棄〉| bei ～ 使用しないときには. **≠ge·fal·len** 中 不満足: Bei ～ Geld zurück.〔商〕お気に召さない場合には代金はお返しいたします. **≠ge·walt** 女 非暴力. **≠ge·wünsch·te** 中《形容詞変化》〔商〕(注文票などで)希望しないもの: *Nichtgewünschtes* bitte streichen. ご希望でないものは消してください.

Nịcht-Ich[nɪ́çt|ɪç] 中 -〔s〕/-〔s〕〔哲〕非我.

nịch·tig[nɪ́çtɪç][2] 形 **1** ささいな, つまらない, 取るに足らない: aus einem ～*en* Grund ささいな理由から | Das alles erschien mir〔schal und〕～. それはみな私には取るに足らないことに思えた. **2**（ungültig）〔法〕無効の: ～ werden 無効になる | null und ～（→null I）.

Nịch·tig·keit[−kaɪt] 女 -/-en **1**《単数で》(nichtig なこと) **a)** 価値のなさ, つまらなさ: die ～ der Welt 現世のむなしさ. **b)**〔法〕無効: die ～ der Ehe 婚姻の無効. **2** nichtig な言動: *sich*[4] über ～*en* ereifern 些事(さじ)にあくせくする | Wegen solcher ～*en* braucht man sich nicht aufzuregen. このようなつまらぬことで大騒ぎをする必要はない.

Nịch·tig·keits≠be·schwer·de 女〔法〕(古くは判決の取り消しを求める)無効抗告; (今日では)上告. **≠er·klä·rung** 女 ＝Nichtigkeitsurteil **≠kla·ge** 女〔法〕無効の訴え, 無効確認訴訟. **≠ur·teil** 中〔法〕無効判決.

Nịcht≠kämp·fer[nɪ́çt..] 男〔軍〕非戦闘員. **≠ka·tho·lik** 男 非カトリック教徒(カトリック教会に属さないキリスト教徒). **≠kom·bat·tant** 男（国際法上の）非戦闘員.

nịcht≠krieg·füh·rend 形《付加語的》積極的に参戦しない, 非交戦的態度の: die ～*en* Staaten 非交戦国. **≠lei·tend** 形〔電〕絶縁体〈不導体〉の.

Nịcht·lei·ter 男〔電〕絶縁体, 不導体.

nịcht·mensch·lich 形 人間でない, 人間以外の: ein ～*es* Lebewesen 人間以外の生物.

Nịcht·me·tall 中（Metalloid）非金属.

nịcht·me·tal·lisch 形 非金属の.

Nịcht·mit·glied 中 非会員, 非構成員; 会員〈構成員〉以外の人, 部外者.

nịcht≠öf·fent·lich 形 **1** 非公開の, 秘密の: eine ～*e* Aufführung 非公開の上演. **2** 非公式の, 私的な. **≠or·ga·ni·siert** 形《付加語的》組織されていない: ～*e* Arbeiter 未組織労働者.

Nịcht·rau·cher[nɪ́çt..] 男 **1** 喫煙しない人, 非喫煙者: Danke, ich bin ～.(タバコをすすめられた時など)いいえ私は吸いません. **2**《無冠詞で》(列車などの)禁煙車両〈車室〉: *Nichtraucher!*（掲示で）禁煙 | Hier ist ～. ここは禁煙車です | Ich fahre immer ～. 私はいつも禁煙車に乗ります.

Nịcht·rau·cher≠ab·teil 中（列車などの）禁煙〔車〕室. **≠zo·ne** 女 禁煙区域.

nịcht·ro·stend 形（rostfrei）さびない, 不銹(ふしゅう)性の: ～*er* Stahl ステンレス鋼.

nichts[nɪçts] **I**《不定代名詞; 無変化》(英: *nothing*)（↔etwas）何ひとつ…ない: Alles oder ～! すべてか無か, いちかばちか | ～ dergleichen そんなたぐいのことはなんにも…ない | 〔ganz und〕gar ～ / rein gar ～ まるっきりなんにも…ない | weiter〈sonst〉～ ほかにはなんにも…ない | **so gut wie nichts**〔ほとんど〕無にひとしい | Er ißt so gut wie ～. 彼はほとんど何も食べない | **wie nichts** たちまち, またたく間に | ein Stück Kuchen wie ～ verschlingen 一切れの菓子をあっというまに食べてしまう | mir ～, dir ～（→ich I 3）‖〖1格で〗*Nichts* ist leichter als das. これほど容易なことはない | **～ da!**《話》とんでもない, だめに決まっている, 問題にならん ‖〖4格で〗～ tun 何もしない; 働かない; (犬が)かまない | Das macht ～. そんなことは何でもありません; どういたしまして | Das geht mich ～ an. そんなことは私にはなんのかかわりもない | Wer ～ hat, kann ～ geben. / Es gibt sich[4] nicht gut, wenn man ～ hat.《諺》ない袖(そで)は振れぬ ‖〖前置詞句と〗Es liegt mir ～ daran. 私にはそんなことはどうでもよい | Ich lasse auf meinen Sohn ～ kommen. 私は息子に対して手出しはさせない | Er macht sich[3] ～ daraus. 彼はそんなことはなんとも思わない | Aus unserer Reise ist ～ geworden. 我々の旅行は実現しなかった | Das ist ～ für ihn. それは彼には向いていない | ～ für ungut!（→ungut）| Ich habe ～ dagegen. 私はそれに反対ではない | Das ist ～ von Bedeutung. それは重要ではない | Ich weiß ～ von dem Vorfall. 私はその事件については何も知らない | Das tut ～ zur Sache. そんなことは大勢に影響がない ‖〖接続詞と〗**nichts**〔mehr und **nichts** weniger〕**als** die Wahrheit sagen ただ真実だけを述べる | Mit ihm hat man ～ als

Ärger. 彼には腹の立つことばかりだ | von ~ anderem als von *et.*[3] reden …のことしかしゃべらない | Es bleibt ihm ~ 〔anders〕 übrig als … 彼にしてみれば…するよりほかにすべがない ‖ **~ wie**《話》大急ぎで | Jetzt aber nichts wie hin ⟨heim⟩!《話》さあすぐに出かけ⟨帰ら⟩なくては | *Nichts* wie weg!《話》急いで立ち去ろう⟨立ち去れ⟩ | *Nichts* wie weg hier! すぐにここからずらかろう

‖〖前置詞と〗**Aus ~** wird ~./ Von ~ kommt ~.《諺》まかぬ種は生えぬ | **für** ⟨um / wegen⟩ **~ und wieder ~**《話》全くなんにもならないことのために, 全くのむだ骨折りで | Die Arbeit war für ~ und wieder ~. その仕事はまったくの徒労だった | Das Geschenk sieht **nach ~** aus. その贈り物は全く見ばえがしない | Du bist aber auch **mit ~** zufrieden. まったく君ときたら何にだって満足しないんだから | viel Lärm **um ~** (→Lärm) | um ~ gebessert sein 全く改められていない | **vor ~** 〔und niemand〕 haltmachen (→haltmachen 2) | Er wird es **zu ~** bringen 彼は成功⟨出世⟩することはないだろう | zu ~ führen なんの効果もない | zu ~ kommen 失敗する | zu gar ~ nütze sein なんの役にも立たない | zu ~ werden 無⟨水泡⟩に帰する ‖〖zu 不定詞〔句〕と〗Wir haben ~ zu essen. 食べるものがなんにもない | Ich habe mit ihm ~ zu tun. 私は彼とはなんのかかわりもない, 私は彼など相手にしない | *Nichts* zu danken! (礼を言われて)どういたしまして ‖〖名詞的用法の形容詞と〗~ Gewisses ⟨Genaueres⟩ wissen 確かな⟨詳しい⟩ことは何も知らない | Es gab ~ Neues. 変わったことは何もなかった | Es gibt ~ Schöneres. これほどすばらしいものはない | *Nichts* Lebendes war weit und breit zu sehen. そのあたり一帯ねこの子一匹いなかった ‖〖was に導かれる関係文を伴って〗Ich glaube ~, was ich nicht mit eigenen Augen gesehen habe. 私は自分の目で見たものでなければ信じない ‖〖比較の構文で〗Er ist **nichts weniger als** klug. 彼が利口だなんてとんでもない | *Nichts* ist so leicht, als alles zu kritisieren. なんでも批判するほど楽なことはない.

II Nichts[1] 中 -/-e **1**《単数で》無, 空〔虚〕: *et.*[4] aus dem ~ aufbauen ⟨〔er〕schaffen⟩ 無から…をつくり出す | ins ~ greifen 空(くう)をつかむ | **vor dem ~ stehen** 破産に瀕(ひん)している, 無一文である. **2 a)** 取るに足らないもの, 微々たるもの: ein Streit um ein ~ まるでつまらないことをめぐる争い | **ein ~ an** ⟨**von**⟩ ***et.***[3] **sein** …がひどく小さい, …が見ばえがしない | ein ~ von einem Bikini tragen あるかなきかの⟨ちっぽけな⟩ビキニを身につけている. **b)** 取るに足らない人物, 凡庸の人, 無名の人.

[*mhd.* nihtes (niht) „(nichts) von nichts"; ◇nicht]

Nichts[2][−] 中 -/ (Zinkoxyd)〖化〗亜鉛華. [*gr.* onychĩtis−*lat.*; ◇Onyx]

nichts⸗ah·nend[níçts..] 形 なんの予想もない, 何も知らない. **⸗be·deu·tend** 形 (unbedeutend) 重要でない, ささいな, つまらない.

Nichts·chen[níçtsçən] 中《話》(nichts) 何ひとつ…ない:〖もっぱら次の形で〗**ein silbernes ~** (何かおみやげを持ってきてくれたかという問いに対して)なんにも持ってこなかったよ.

nicht·schla·gend[níçt..] 形 (学生組合が)決闘規約を持たない(→Verbindung 3 b).

Nicht·schwim·mer 男 泳げない人:〔Für〕 ~! (プールの掲示で)泳げない人のための水遊び場.

Nicht·schwim·mer·becken 中 (プールなどで)泳げない人のための浅い水遊び場(→ 図 Bad B).

nichts·de·sto⸗we·ni·ger[nıçtsdɛstové:nıgər, ◡◡◡⏊◡◡] (▽**⸗min·der**[また: ◡◡◡⏊◡], 俗: **⸗trotz**[また: ◡◡◡⏊]) 副 (trotzdem) それにもかかわらず, それでも.

Nicht·sein[níçtzaın] 中 非存在; 死: ein Kampf um Sein oder ~ 生死をかけた⟨命がけの⟩戦い.

nicht·selb·stän·dig[níçt..] 形 自立⟨独立⟩していない.

Nicht·ser[níçtsər] 男 -s/-《俗》ろくでなし; (富くじの)からくじ.

nicht·seß·haft[níçtzɛshaft] 形《官》住所不定の: der ⟨die⟩ *Nichtseßhafte* 住所不定者.

Nichts·kön·ner[níçts..] 男 (ある分野で)能力のない人, 無能者.

Nichts·nutz[..nʊts] 男 -es/-e《軽蔑的に》なんの役にもたたない人, 能なし, ろくでなし.

nichts·nut·zig[..nʊtsıç][2] 形 (人について)役に立たない, ろくでなしの; (事物について)使い物にならない, くだらない.

Nichts·nut·zig·keit[..kaıt] 女 -/-en nichtsnutzig なこと.

nichts·sa·gend[níçts..] 形 無内容な, 空虚な; たわいない; はっきりしない: ~*e* Augen 無表情な⟨ぼんやりした⟩目 | ein ~*er* Brief 格別のこともない⟨つまらない⟩手紙 ‖ Das Buch ist langweilig und ~. その本は退屈でつまらない ‖ *jm.* ~ antworten …にあいまいな返事をする | ~ aussehen なんの印象も与えない.

Nichts·tu·er[níçtstu:ər] 男 -s/- (⊛ **Nichts·tue·rin**[..tu:ərın]-/-nen) 怠け⟨のらくら⟩者, 無精者.

Nichts·tue·rei[nıçtstu:əráı] 女 -/《軽蔑的に》無為, 怠惰. 「ている.」

nichts·tue·risch[níçtstu:ərıʃ] 形 怠け者の, のらくらし

Nichts·tun[..tu:n] 中 -s/ 無為, 無精, 怠惰: eine Stunde in ⟨mit⟩ ~ verbringen ぶらぶらして1時間をすごす.

Nichts·wis·ser[..vısər] 男 -s/- 無知な人, 無学者.

nichts·wür·dig[..vʏrdıç][2] 形 下劣な, 卑しい, くだらない.

Nichts·wür·dig·keit[..kaıt] 女 -/-en 下劣, くだらなさ, 卑劣, 非道.

Nicht⸗tän·zer[níçt..] 男 踊れない人. **⸗über·ein·stim·mung** 女 不一致. **⸗ver·brei·tung** 女 -/ ((sich) verbreiten しないこと. 特に:) (核の)非拡散.

Nicht·ver·brei·tungs·ver·trag 男 拡散防止条約: der atomare ~ 核拡散防止条約.

Nicht⸗vor·han·den·sein 中 無いこと, 非存在. **⸗wäh·ler** 男 (選挙で)投票しない人, 棄権者. **⸗wis·sen** 中 -s/ 知らないこと, 無知;〖哲〗不可知. **⸗wol·len** 中 -s/ 不本意, 好まない⟨欲しない⟩こと;〖宗〗無欲. **⸗zah·lung** 女 不払い, 滞納, 支払い拒否.

nicht·zie·lend[níçt..] 形 (intransitiv)〖言〗自動〔詞〕の: ein ~*es* Zeitwort 自動詞.

Nicht·zu·tref·fen·de 中《形容詞変化》適切でない⟨該当しない⟩事柄: *Nichtzutreffendes* bitte streichen! (アンケートなどで)不要の項は消してください.

Nickel[níkəl] **I** 中 -s/〖化〗ニッケル(金属元素名; 記号 Ni). **II** 男 -s/- ▽**1** (Nickelmünze) (昔の)〔10ペニヒ〕ニッケル貨幣. **2 a)** =Nickelmann **b)**《話》きかん坊, わんぱく小僧; 強情っぱり. **c)**《方》(Nikolaus) サンタクロース. **d)**《方》(Knirps) 小人(こびと); 小さい下等な馬, 駄馬. [*nhd.* Kupfer-nickel „verhextes kupferfarbiges Erz"−*schwed.* kopparnickel; 銅のように見えて銅を含んでいないことから; ◇Nikolaus]

Nickel⸗blü·te [níkəl..] 女 〖化〗 ニッケル華. **⸗chrom·stahl** 男〖金属〗ニッケルクロム鋼. **⸗mann** 男 -〔e〕s/..männer (Nix) 水の精, 水魔. **⸗mün·ze** 女 ニッケル貨幣. **⸗stahl** 男〖金属〗ニッケル鋼. **⸗über·zug** 男 ニッケルめっき.

Nicke·mann[níkə..] 男 -〔e〕s/..männer = Nickmännchen

nicken[1][níkən] **I** 自 (h) **1 a)** (肯定・合図・あいさつのために)うなずく, 首を縦に振る: stumm mit dem Kopf ~ 黙ってうなずく⟨会釈する⟩ | zustimmend ~ うなずいて同意を示す. **b)** (馬・ハトなどが)首を上下に振る. **c)**《雅》上下に揺れる: Die Blumen *nicken* im Wind. 花が風に揺れている. **d)** (自動車などがブレーキをかける際などに)車体を振る. **2**《話》(座ったまま)こっくりこっくりする, 居眠りする. **II** 他 (h) **1**《雅》(頭を)うなずかせる, (同意・感謝などを)うなずいて示す: *jm.* Zustimmung ⟨Dank⟩ ~ …に対して同意してうなずく⟨うなずいて感謝を表す⟩. **2**《話》(サッカーでボールを)〔あごを引き・あごを出して〕ヘディングする. [*ahd.*; ◇neigen]

nicken[2][−] 他 (h)〖狩〗(野獣の)首筋を刺して⟨打って⟩仕留める. [<Genick]

Nicker[1][níkər] 男 -s/-《話》**1** (⊛ **Nicker·chen** → 別出)うなずく動作, うなずき, こっくり; 居眠り, うたた寝: mit

N

einem kurzen ～ grüßen 軽くうなずいてあいさつする. **2** (退屈して居眠りばかりしているホテルの) フロント係.

Nicker[2][‐] 男 -s/-＝Nickfänger

Nicker·chen[..çən] 中 -s/- (Nicker[1]の縮小形)(座ったままの)居眠り, うたた寝: ein ～ von zehn Minuten 10分間のまどろみ | ein ～ machen 居眠りする.

Nick·fän·ger[nɪ́k..] 男〘狩〙猟刀(→ ⊛ Jagd). [<Genick]

N

Nick·haut 女〘動〙(主として爬虫(はちゅう)類・鳥類などの目の)瞬膜. [*nlat.* membrāna nicitāns]

Nicki[nɪ́ki·] 男 -s/-s トレーナー〔シャツ〕. [<Nikolaus]

Nick≈krampf [nɪ́k..] 男〘医〙点頭痙攣(けいれん). ≈**männ·chen** 中《話》何にでもうなずいて同意する人. [<nicken[1]]

Ni·co·lai[nikolάɪ, nɪ́kolaɪ] 人名 Otto ～ オットー ニコライ(1810-49; ドイツの作曲家).

Ni·co·tin[nikotí:n] 中 -s/ ＝Nikotin

nid[ni:t] 前《3格支配》《南部・ス゚イ》(unter) …の下に, …の下部に: ～ dem Berg 山のふもとに. [*ahd.*; ◇nieder]

Ni·del[ní:dəl] 男 -s/ ; 女 -/ 《ス゚イ》(Sahne) 乳脂, クリーム.

Nid·wal·den[ní:tvaldən] 地名 ニートヴァルデン(スイス Unterwalden 州の東部の半州). [<Unterwalden nid dem Wald (◇Obwalden)]

nie[ni:] 副 いついかなるときも〈かつて・これから〉…〔し〕ない, 一度も…〔し〕ない; 決して〈断じて〉…することがない: ～ mehr 〈wieder〉 二度とふたたび…〔し〕ない | ～ und nimmer (→nimmer 1) | ～ und nimmermehr (→nimmermehr) | eine ～ wiederkehrende Gelegenheit またとない機会 | Ich werde es ～ im Leben vergessen. 私はそれを金輪際忘れないぞ | Ich war noch ～ in Berlin. 私はまだ一度も〈いまだかつて〉ベルリンに居た〈行った〉ことはない | Jetzt oder ～! 今こそチャンスだ, 今やらなければだめだ | Besser spät als ～. (→ spät 2) | Einmal und ～ wieder! 二度とごめんだ. [*ahd.*; <*ahd.* ni (→nicht)+io (→je)]

nied[1][ni:t][1] 《南部》＝niedlich

nied[2][ni:t] ＝nid

nie·den[ní:dən] 副《雅》**1** 下で. **2** (hienieden) この地上で, この世で: ～ im Staub, oder droben im Göttersitz うつし世のちりにまみれ あるいは天なる神々の座にて (Schiller).

nie·der[ní:dər] **I** 副 下へ, 下方へ: Die Waffen ～! 武器を捨てよ(平和運動家ベルタ フォン ズットナー Bertha von Suttner の長編小説〔1889〕の題名から) | *Nieder* auf die Knie!/Auf die Knie ～! ひざまずけ, 土下座しろ | *Nieder* mit *jm.* 〈*et.*[3]〉! …をやっつけろ, …を打倒せよ | *Nieder* **mit** den Militaristen 〈den Kernwaffen〉! 軍国主義者打倒〈核兵器撤廃〉| Er ist ～. 彼は床(とこ)に入っている ‖ auf und nieder (→auf II 1).

★ 動詞と用いる場合は分離の前つづりともみなされる.

II 形《特に南部》(niedrig) **1** (高さ・位置の)低い: eine ～*e* Mauer 〈Wolke〉 低い壁〈雲〉| Der Tisch ist mir zu ～. この机は私には低すぎる. **2** (数値が)低い, 少ない; 安い: ～*e* Löhne 〈Preise〉 低賃金〈価格〉. **3** (↔hoch) (地位・身分などが)低い, 下級〈下位〉の; 〘生〙下等な: der ～*e* Adel 下級貴族 | ～*e* Beamte 下級官吏〈公務員〉(参考 höhere Beamte 高級官吏) | die ～*e* Geistlichkeit 下級聖職者 | das ～*e* Volk 下層の人々 ‖ die ～*e* Jagd〘狩〙(ウサギなどの)小物狩り(参考 die hohe Jagd 大物狩り) | ～*e* Eiweiße 〈Fettsäure〉〘化〙下級たんぱく質〈脂肪酸〉| ～*e* Tiere 〈Pflanzen〉 下等動物〈植物〉‖ ～*e* Arbeiten verrichten 下賤(げせん)な仕事をする | auf einer ～*en* Kulturstufe stehen 低い文化段階にある | von ～*er* Herkunft 〈Geburt〉 sein 素性〈生まれ〉が卑しい | ～*en* Standes sein 身分が低い ‖ hoch und nieder / Hohe und *Niedere* (→hoch I 5). **4** (道徳的に)低い, 低級な, 下劣な, 卑しい: ～*e* Triebe 低劣な衝動, 劣情.

[*germ.*; ◇niedrig; *engl.* nether]

nieder.. **I** 《分離動詞の前つづり.「下へ・抑圧・打倒」を意味する. つねにアクセントをもつ》: *sich*[4] *nieder*legen 身を横たえる | *nieder*halten 抑圧する | *nieder*schießen 射殺する.

II 《名詞・形容詞につけて,「低い・低級の・低地の」を意味する》: *Nieder*druck〘工〙低圧 | *Nieder*jagd〘狩〙小物狩り | *Nieder*rhein 低部ライン | *nieder*deutsch 低地ドイツ〔語〕の.

Nie·der·bay·ern[ní:dərbaɪərn] 地名 ニーダーバイエルン(ドイツ Bayern 州の北東部の地方).

nie·der|beu·gen[ní:dər..] 他 (h) 下方に曲げる; かがめる: *js.* Mut ～《比》…の勇気をくじく ‖ 再帰 *sich*[4] ～ 下方に曲がる; かがむ | *sich*[4] vor *jm.* ～ …におじぎする;《比》…に屈服する.

Nie·der·blatt 中〘植〙低出(ていしゅつ)葉.

nie·der|bre·chen* 《24》《雅》**I** 他 (h) (建造物を)取り壊す. **II** 自 (s) (建造物が)砕け〈崩れ〉落ちる; (人が)くずおれる.

Nie·der·bord·wa·gen 男〘鉄道〙低側無蓋(むがい)貨車.

nie·der≈|bren·nen* 《25》**I** 他 (h) (土台まで)焼き払う〈尽くす〉. **II** 自 (s) (土台まで)焼失する, 焼け落ちる; (ろうそくなどが)燃え尽きる, (下火になって)消える. ≈|**brin·gen*** 《26》他 (h)〘坑〙(立坑・ボーリング坑を)掘り下げる, おろす. ≈|**bü·geln** 《06》他 (h) **1** 《*et.*[4]》(…に)アイロンをかけて平らにする. **2** 《話》《*jn.*》**a**) (討論などで)こてんこてんにやっつけ〔て沈黙させ〕る. **b**) 〘スポーツ〙(…に)圧勝する.

nie·der·deutsch **I** 形 (略 nd.) 低地ドイツ〔語〕の: → deutsch **II** **Nie·der·deutsch** 中 -〔s〕/ 低地ドイツ語.

Nie·der·deutsch·land 中 低地ドイツ.

nie·der|don·nern[ní:dər..] 《05》**I** 自 (s) 大音響とともに倒れる〈落下する〉. **II** 他 (h)《話》《*jn.*》(相手が縮みあがるほど)どなりつける, くそみそにやっつける.

Nie·der·druck 男 -[e]s/..drücke〘工〙低圧.

nie·der|drücken[ní:dər..] 他 (h) **1** 押し下げる; 押えつける, (下へ)圧する: die Klinke ～ 取っ手を下へ押す | die Preise ～ 物価を下げる | die Zweige ～ (雪・果実などの重みが)枝をたわませる | *jn.* auf den Stuhl ～ …を無理やりいすに座らせる. **2** 《雅》(deprimieren) 《*jn.*》(…の)気持をめいらせる, 意気消沈させる: Der Mißerfolg *drückte* ihn *nieder*. 失敗は彼の気をめいらせた ‖ ein *niederdrückendes* Ereignis 気のめいるような事件 | Das war *niederdrückend* für mich. それは私をがっくりさせた ‖ in *niedergedrückter* Stimmung 憂鬱(ゆううつ)な気分で | Er ist heute sehr *niedergedrückt*. きょうの彼はひどくふさぎこんでいる.

nie·der≈|en·tern 《05》自 (s) (↔aufentern)〘海〙(マスト・帆桁(ほげた)などから)つたわり降りる. ≈|**fah·ren*** 《37》自 (s)《雅》(乗り物が・乗り物で)下る, 降下する; (稲妻などが)すばやく落ちる: zur Hölle ～《比》死ぬ. ≈|**fal·len*** 《38》自 (s) 落下する; 倒れる: auf die Knie ～ ひざまずく.

Nie·der·flur·wa·gen 男 低床車(ステップのないバス・電車など).

nie·der·fre·quent 形〘電〙低周波の.

Nie·der·fre·quenz 女 (略 NF)〘電〙低周波.

Nie·der·gang 男 **1** 《単数で》《雅》(Untergang) **a**) 下降; (天体の)没: der ～ der Sonne 日没. **b**) 没落, 衰微: der ～ der Kultur 〈der Wirtschaft〉 文化〈経済〉の衰退. **2** 〘海〙(甲板の)昇降階段, ハッチ. **3** 〘工〙下り行程.

nie·der·ge·drückt niederdrücken の過去分詞.

nie·der|ge·hen*[ní:dər..] 《53》自 (s) **1** (飛行機・飛行士などが)降下する; (landen) 着陸〈着水〉する: Das Flugzeug *geht* langsam über dem Meer *nieder*. 飛行機はゆっくりと海の上を降下してゆく | Das Raumschiff *ging* auf dem Mond *nieder*. 宇宙船は月に着陸した | Der Pilot ist im Pazifik *niedergegangen*. パイロットは太平洋に着水した ‖ das sanfte *Niedergehen* einer Sonde auf der Venus 探査機の金星軟着陸. **2** **a**) (激しく)落下する, (雨などが)降る: Das Geschoß *ging* auf das Dach *nieder*. 砲弾は屋根に落下した | Auf die Stadt *ging* ein Wolkenbruch *nieder*. 町は突然の豪雨に見舞われた | Über der Stadt 〈die Stadt〉 *ging* ein Bombenhagel *nieder*. 町全体に爆弾が雨あられと降った. **b**) (舞台の幕などが)〔ゆっくりと〕降りる. **c**) 《雅》(untergehen) (太陽などが)沈む, 没する; 《比》没落〈衰微〉する: die *niedergehende* Sonne 入り日. **3** 〘ボクシング〙ダウンする.

nie·der·ge·las·sen[níːdər..] **I** niederlassen の過去分詞. **II Nie·der·ge·las·se·ne** 男 女《形容詞変化》《スイ》(公民権のない)定住者.

nie·der·ge·schla·gen[níːdərgəʃlaːgən] **I** niederschlagen の過去分詞. **II** 形 意気消沈した, 打ちひしがれた: einen ~*en* Eindruck machen 打ちひしがれた印象を与える | ~ sein ⟨aussehen⟩ しょげている⟨がっかりした様子をしている⟩ ‖ *Niedergeschlagen* verließ sie den Gerichtssaal. 彼女は悄然(しょうぜん)として法廷を去った.

Nie·der·ge·schla·gen·heit[−haɪt] 女 -/ 意気消沈, 喪心, 落胆.

nie·der⸗|hal·ten* 《65》 他 (h) (上から)押えつけておく; (民衆・反乱などを)抑圧⟨弾圧・鎮圧⟩する; (不安・激情などを)抑える. ⸗**|hau·en**(*) 《67》 他 (h) (木などを)切り倒す; (人を)打ち倒す, ぶちのめす. ⸗**|hocken** 他 (h) 再帰 *sich*[4] ～ しゃがみこむ; 《南部》座る, 腰かける. ⸗**|ho·len** 他 (h) (旗・帆などを)引きおろす.

Nie·der⸗holz 中 -es/ (Unterholz) 〖林〗下生え, (高木の下に生えた)低木〔林〕. ⸗**jagd** 女 -/ (↔Hochjagd) 〖狩〗小物狩り(キツネ・アナグマ・ウサギ・野鳥などを対象とする狩猟).

nie·der⸗|kämp·fen[níːdər..] 他 (h) (戦って)打倒⟨制圧⟩する; (感情などを)抑えつける. ⸗**|kan·ten** 《01》**,** ⸗**|kan·tern** 《05》 他 (h) 《話》《*jn.*》〖スポ〗(…に)圧勝⟨楽勝⟩する. ⸗**|knal·len** 他 (h) 《話》撃ち殺す, 射殺する. ⸗**|knien** 自 (s) ひざまずく. ⸗**|knüp·peln** 《06》 他 (h) (こん棒で)殴り倒す; 《比》抑圧⟨圧殺⟩する.

nie·der|kom·men* 《80》 自 (s) **1** 《雅》《mit *jm.*》(…を)産む, 分娩(ぶんべん)する: mit einem Sohn ⟨einer Tochter⟩ ～ 男児⟨女児⟩を産む. ▽**2** 下降⟨沈下⟩する. [*mhd.* (kindes) nider-komen „(wegen des Kindes) bettlägerig werden"]

Nie·der·kunft[níːdərkʊnft] 女 -/..künfte[..kʏnftə] 出産, 分娩(ぶんべん): Sie steht kurz vor der ～. 彼女は出産が間近い. [＜niederkommen]

Nie·der·la·ge[níːdər..] 女 **1** 敗北, 敗戦: **kannensische ～** 破局的⟨決定的⟩敗北(→Cannae) ‖ eine schwere ～ erleiden ⟨hinnehmen müssen⟩ 大敗を喫する | *jm.* eine ～ beibringen …を敗北⟨挫折(ざせつ)⟩させる. **2** (Zweiggeschäft) 支店, 支社. **3** (Lager) 倉庫, 貯蔵所, (特にビールの)中継倉庫. [*mhd.*; ◇niederlegen]

die **Nie·der·lan·de**[níːdərlandə] 地名 複 オランダ(北西ヨーロッパ, 北海に面する王国: →Holland; 首都は Amsterdam, ただし王宮のある実質上の首都は Den Haag): das Königreich der ～ オランダ王国. [*mhd.* nider-lant „niederes Land"]

Nie·der·län·der[..lɛndər] 男 -s/- オランダ人.

nie·der·län·disch[..lɛndɪʃ] 形 オランダ〔人・語〕の: →deutsch ‖ *Niederländisch*-Indien オランダ領⟨蘭領⟩インド(Indonesien の旧称).

nie·der|las·sen*[níːdər..] 《88》 **I** 他 (h) **1** ▽**a)** 降ろす, 下へ置く: die Fahne ⟨eine Last⟩ ～ 旗⟨荷物⟩を降ろす. **b)** 《雅》 再帰 *sich*[4] ～《場所・方向を示す語句と》(…に)座る, 腰を下ろす | *sich*[4] auf dem Sofa ⟨das Sofa⟩ ～ ソファーに腰かける | *sich*[4] auf die Knie ～ ひざまずく | *sich*[4] auf dem Zweig ⟨den Zweig⟩ ～ (鳥などが)枝にとまる. **2** 再帰 *sich*[4] ～《場所を示す語句と》(…に)居を定める, 定住する, (一定の職業を持って)腰を据える | *sich*[4] in einer Stadt ～ ある町に居を定める⟨定住する⟩; (店などが)ある町で開業する⟨開設される⟩ | Er hat sich hier als Arzt ⟨Anwalt⟩ *niedergelassen.* 彼はここで医者⟨弁護士⟩を開業した ‖ *sich*[4] bei *jm.* häuslich ～ (→häuslich 2).

II Nie·der·ge·las·se·ne → 別出

Nie·der·las·sung 女 -/-en **1 a)** 居住, 定住; 《スイ》(外国人に対する)定住許可. **b)** (医師・弁護士などの)開業. **2** 営業所, 支店, 商館: Handels*niederlassung* 営業所, 代理店. **3** 居住地.

Nie·der·las·sungs⸗frei·heit 女 -/ 居住⟨定住⟩の自由. ⸗**recht** 中 居住⟨定住⟩権.

nie·der|le·gen[níːdər..] 他 (h) **1** 《雅》 **a)** (下に)置く, 横たえる: eine Last ～ 荷を降ろす | die Waffen ～ 休戦⟨降伏⟩する ‖ einen Kranz am Grab ～ 墓に花輪を供える | das Werkzeug auf dem Boden ⟨den Boden⟩ ～ 工具を床に置く⟨地べたに放り出す⟩. **b)** 寝かしつける: das Kind ～ 子供を寝かしつける ‖ 再帰 *sich*[4] ～ 横になる, 寝〔そべ〕る | *sich*[4] auf dem Bett ⟨das Bett⟩ ～ 床につく, 寝る | ***Da legst* du dich *nieder*.** 《話》こいつは驚いたな. ▽**2** (建物などを)取り払う; (木を)切り倒す. **3** (仕事・官職などを)やめる, 放棄する: *sein* Amt ～ 辞任する | die Arbeit ～ ストライキをする | die Krone ～ (国王などが)退位する | *sein* Mandat ～ (議員が)辞任する. **4** 《雅》書きとめる, 記録する: eine Theorie ⟨ein Gedicht⟩ in einem Buch ～ 理論⟨詩⟩を書物に書きとどめる. ▽**5** 保管する, しまっておく: Geld bei *jm.* ～ …に金(かね)を預けておく.

Nie·der·le·gung 女 -/-en (niederlegen すること. 例えば:) (建物の)取り壊し; (仕事の)中止; (墓前への)献花; (お金などの)保管の依頼.

nie·der⸗|ma·chen[níːdər..] 他 (h) (冷酷に・情け容赦なく)殺害する, 〔大量〕虐殺する. ⸗**|mä·hen** 他 (h) (草を刈り倒すように多数の人間を一時(いちどき)に)なぎ倒す, ばたばたと撃ち殺す. ⸗**|met·zeln** 《06》 ＝niedermachen

nie·der·mo·le·ku·lar 形 (↔hochmolekular) 〖化〗低分子の.

Nie·der·öster·reich[níːdər|øːstəraɪç] 地名 (略 NÖ) ニーダーエースターライヒ(オーストリア東部の州で州都は Sankt Pölten).

nie·der⸗|pras·seln[níːdər..] 《06》 自 (s) 《auf *jn.* ⟨*et.*[4]⟩》(雨・あられなどが)ぱらぱらと降りかかる: Hiebe ⟨Fragen⟩ *prasselten* auf ihn *nieder*. 殴打⟨質問⟩が彼に雨あられと浴びせられた. ⸗**|rau·schen** 《04》 自 (s) (雨・木の葉などが)さあっと⟨はらはら⟩降ってくる. ⸗**|reg·nen** 《01》 自 (h) (ビラなどが)雨のように降りそそぐ. ⸗**|rei·ßen*** 《115》 他 (h) 《*et.*[4]》(建物などを)取り払う⟨壊す⟩; 《*jn.*》引き倒す. ⸗**|rei·ten*** 《116》 他 (h) (馬で)踏みにじる⟨倒す⟩.

der **Nie·der·rhein**[níːdərraɪn] 地名 男 -[s]/ 低部ライン, ライン下流 (Rhein 川の, Bonn の辺りから河口までの部分を指す: →Oberrhein).

nie·der·rhei·nisch[..nɪʃ] 形 低部ライン⟨ライン下流〔地方〕の⟩.

nie·der⸗|rin·gen* 《119》 ＝ niederkämpfen ⸗**|sä·beln** 《06》 他 (h) (剣で)切り倒す⟨殺す⟩.

Nie·der·sach·se[níːdərzaksə] 男 -n/-n ニーダーザクセンの人.

Nie·der·sach·sen[..zaksən] 地名 ニーダーザクセン(ドイツ北西部の州で州都は Hannover).

nie·der·säch·sisch[..zɛksɪʃ] 形 ニーダーザクセン〔方言〕の: →deutsch

nie·der|sau·sen[níːdər..] 《02》 自 (s) 《auf *jn.* ⟨*et.*[4]⟩》(…の上に)ビュービュー音をたてて当たる: Schläge *sausten* auf den Hund *nieder*. 犬はさんざん殴られた.

Nie·der·schacht·ofen[níːdər..] 男 〖金属〗低炉.

nie·der|schie·ßen* 《135》 **I** 他 (h) 《*jn.*》(情け容赦なく)撃ち倒す, 射殺する. **II** 自 (s) (鳥などが上から猛烈なスピードで)降下する, 舞い降りる.

Nie·der·schlag[níːdər..] 男 -[e]s/..schläge **1** 《ふつう複数で》〖気象〗降水〔量〕(雨・雪・あられ・ひょうなど): Es sind leichte *Niederschläge* zu erwarten. (天気予報で)小雨⟨小雪⟩があるでしょう. **2 a)** 〖化〗沈殿〔物〕: einen ～ absetzen 沈殿物を生じる. **b)** 《比》(思考・体験などが)沈殿⟨定着⟩したもの, 表出: *seinen* ～ in *et.*[3] finden …に表れている. **3** 〖楽〗強拍, 下拍. **4** 〖ボクシング〗(ノックダウンの原因となる)強打.

nie·der|schla·gen*[níːdər..] 《138》 **I** 他 (h) **1** 打ち倒す⟨のめす⟩: einen Baum ～ 木を切り倒す | *jn.* mit einem Fausthieb ～ …をげんこつで殴り倒す | Der Hagel hat das Getreide *niedergeschlagen*. あられが穀物をなぎ倒した. **2** 打倒する, ひしぐ; (暴動を)鎮圧する; (興奮を)鎮静する, やわらげる; (熱を)下げる; (うわさ・疑惑などを)なくする, 消す; 〖法〗(審理を)打ち切る: einen Verdacht ～ 嫌疑を晴らす | eine Geldstrafe ⟨Steuern⟩ ～ 罰金⟨税金⟩を免除する ‖ ein *niederschlagendes* Mittel 〖医〗鎮静剤. **3 a)** (目を)伏せる. **b)** 沈降⟨降下⟩させる; 〖化〗沈殿⟨沈積⟩させる: 再帰 *sich*[4] ～

N

沈殿〈沈積〉する; (表現の中に) 表れる, 表出する | Der Dampf *schlägt* sich an der Wand *nieder*. 湯気が壁に結露する | Die Enttäuschung *schlägt* sich in seinen Worten *nieder*. 落胆ぶりが彼の言葉に表れている. **II nie·der·ge·schla·gen** → 別出

nie·der·schlags≠arm 形 降水量の少ない. **≠frei** 形 (ふつう天気予報で) 降水(雨・雪など)のない.

Nie·der·schlags·men·ge 女 〘気象〙 降水量.

nie·der·schlags·reich 形 降水量の多い.

Nie·der·schla·gung 女 -/-en (niederschlagen すること. 例えば:) 打倒; 〘法〙 (審理の) 打ち切り, (刑罰の) 免除.

nie·der≠|schmet·tern[níːdər..] 《05》 他 (h) **1** たたき〈打ち〉のめす. **2** 《ふつう分詞で》《比》 意気沮喪(そそう)させる, …の勇気をくじく: ein *niederschmetterndes* Ereignis 気のめいるような事件 | Das Ergebnis der Verhandlungen war *niederschmetternd*. 交渉の結果は暗澹(あんたん)たるものだった ‖ Er ist von der Zurückweisung völlig *niedergeschmettert*. 彼は拒絶されて全く意気消沈している. **≠|schrei·ben*** 《152》 他 (h) 書き記す〈とめる〉, 記録〈文書〉にする. **≠|schrei·en*** 《153》 他 (h) 《*jn.*》 声で圧倒する, やじり倒す.

Nie·der·schrift[níːdər..] 女 **1** 書き記すこと, 執筆. **2** 書き記したもの, 記録, 文書; (Protokoll) 〘法〙 議事録.

nie·der≠|set·zen[níːdər..] 《02》 他 (h) (下へ) 置く, おろす: die Tasse 〔auf den Tisch〕 ~ カップをテーブルに出す ‖ 再帰 *sich*^{4} ~ 座る, 腰を下ろす; (鳥などが) とまる | *sich*^{4} auf den Stuhl 〈zum Abendessen〉 ~ いすに腰かける〈夕食のテーブルにつく〉. **≠|sin·ken*** 《169》 自 (s) 沈下〈沈降〉する; (人が) くずおれる: vor *jm.* auf die Knie ~ …の前にひざまずく.

Nie·der·span·nung[níːdər..] 女 (↔Hochspannung) 〘電〙 低圧.

nie·der≠|stamp·fen[níːdər..] 他 (h) 踏みにじる. **≠|ste·chen*** 《180》 他 (h) 刺し〈突き〉殺す. **≠|stei·gen*** 《184》 自 (s) 《雅》 降りる, 下る: vom Berge ~ 下山する ‖ 〘4格と〙 die Leiter 〈die Treppe〉 ~ はしご〈階段〉を降りる. **≠|stim·men** 他 (h) **1** 《*jn.*》 (…の意見・提案を) 投票で否決する. **2** 《*et.*^{4}》 (…を) 投票で否決する: Der Vorschlag wurde *niedergestimmt*. その動議は投票によって否決された. **≠|sto·ßen*** 《188》 **I** 他 (h) 《雅》 **1** 押し〈突き〉倒す, けり倒す. **2** 刺し殺す. **II** 自 (s) (鳥・飛行機などが上空から猛烈なスピードで) 降下する, 舞い降りる. **≠|strecken** 他 (h) 《雅》 **1** 《*jn.*》 撃ち〈打ち〉倒す: *jn.* mit einem Schlag 〈einem Schuß〉 ~ …を一撃〈一発〉で倒す. **2** 再帰 *sich*^{4} ~ 横になる: *sich*^{4} auf dem Bett 〈das Bett〉 ~ (手足を伸ばして) ベッドの上に横になる. **≠|stür·zen** 《02》 自 (s) 《雅》 落下〈墜落〉する, (雨などが) 激しく降る; くずおれる, (急に) ひざまずく: *jm.* zu Füßen ~ …の足もとにひれ伏す.

nie·der·tou·rig[níːdərtuːrɪç]^2 形 (↔hochtourig) (機械などが) 低速回転の. [<Tour]

Nie·der·tracht[níːdərtraxt] 女 -/ 卑劣〔な考え・行為〕: eine ~ gegen *jn.* verüben / *sich*^{4} eine ~ gegen *jn.* herausnehmen …に対して卑劣なことを行う.

nie·der·träch·tig[..trɛçtɪç]^2 形 **1** 卑劣な: eine ~*e* Gesinnung 〈Verleumdung〉 下劣な心情〈中傷〉 | Das ist ~ von dir. 君がそんなことをする〈言う〉のは卑劣だ. **2** 《話》 ひどい, 激しい: eine ~*e* Kälte すごい寒さ | Es war ~ heiß. すさまじい暑さだった. [*mhd.* „gering geschätzt“; ◇tragen]

Nie·der·träch·tig·keit[..kaɪt] 女 -/ niederträchtig なこと.

nie·der≠|tram·peln[níːdər..] 《06》 他 (h) 《話》 **1** 踏み倒す; 踏みにじる. **2** 《*jn.*》 やじり倒す. **≠|tre·ten*** 《194》 他 (h) **1** (草花などを) 踏み倒す; 踏みにじる; (地面・雪などを) 踏み固める: Der Teppich ist schon *niedergetreten*. カーペットの毛がもう寝てしまっている. **2** 踏み減らす: Schuhe 〈Absätze〉 ~ 靴〈靴のかかと〉をすり減らす.

Nie·de·rung[níːdərʊŋ] 女 -/-en **1** (河岸・海岸などの) 低地: eine sumpfige ~ 低湿地. **2** 《雅》 下層社会〔の環境〕: die ~*en* des Lebens どん底の生活環境 | die ~*en* der Gesellschaft 社会の日の当たらぬ階層. [*ahd.*; <*ahd.* nidarren „niedrig machen“ (◇nieder)]

Nie·der·wald[níːdər..] 男 (↔Hochwald) 〘林〙 (樹木が大きくならぬように定期的に伐採する) 低〔木〕林, 矮(わい)林.

nie·der|wal·zen[níːdər..] 《02》 他 (h) 《*jn.* / *et.*^{4}》 (ローラー・キャタピラなどで) 押しつぶす; 《比》 (暴力・武力などで) 踏みにじる, 蹂躙(じゅうりん)する.

nie·der·wärts[..vɛrts] 副 《雅》 (abwärts) 下方へ, 下って.

nie·der|wer·fen*[níːdər..] 《209》 他 (h) **1** 《雅》 **a)** 《*jn.*》 (敵を) 打ち負かす, 打ちのめす: Die Nachricht hat ihn völlig *niedergeworfen*. 《比》 その知らせに彼は完全に打ちのめされた. **b)** (暴動などを) 鎮圧する: einen Aufstand mit Waffengewalt ~ 反乱を武力で鎮圧する. **c)** 《*jn.*》 (病気が…を) 床につかせる: Das Fieber *warf* mich *nieder*. 熱のため私はどっと床についた. **2** 《雅》 《*et.*^{4}》 投げ倒す, 投げ捨てる: die Waffen ~ 武器を投げ捨てる, 降伏する. **3** 再帰 *sich*^{4} ~ くずおれる, ひざまずく: *sich*^{4} ins Bett ~ ばったりとベッドに倒れこむ | *sich*^{4} vor *jm.* 〈dem Altar〉 ~ …の前に平伏する〈祭壇にぬかずく〉. **4** (急いで) 書く, 書きなぐる: ein paar Zeilen ~ 二三行急いで〈さらさらと〉書く.

Nie·der·wer·fung 女 -/ niederwerfen すること.

Nie·der·wild[níːdər..] 中 (↔Hochwild) 《集合的に》 〘狩〙 小物猟獣〈猟鳥〉 (Hochwild 以外の獲物の総称).

nie·der≠|zie·hen*[níːdər..] 《219》 他 (h) 引き〔ずり〕おろす; 《比》 堕落させる. **≠|zwin·gen*** 《220》 他 (h) (力ずくで) ねじ伏せる, 打ち負かす; 《比》 (不安・興奮などを) 抑えつける.

nied·lich[níːtlɪç] 形 **1** (小さくて) 感じのいい, かわいらしい, あどけない: ein ~*es* Gesicht 愛くるしい顔 | ein ~*es* Kind 〈Hündchen〉 かわいい子供〈小犬〉 ‖ Das wird ja ~. 《反語》 これはまずい〈ひどい〉ことになるぞ ‖ Das Kind ist immer sehr ~ angezogen. その子はいつもとてもかわいらしい服を着ている. **2** 《方》 ひどくちっぽけな. [*asächs.* niudlīco „eifrig“–*ndd.*; ◇*ahd.* niot „Verlangen“]

Nied·lich·keit[–kaɪt] 女 -/ niedlich なこと.

Nied·na·gel[níːt..] 男 (指先の) ささくれ; 〘医〙 逆爪(さかづめ). [*ndl.* nijd-nagel–*ndd.*; ◇Neid; 嫉妬(しっと)の目で見られるのが原因とされた]

nied·rig[níːdrɪç]^2 形 **1** (↔hoch) (高さ・位置が) 低い: ein ~*er* Berg 低い山 | eine ~*e* Decke 低い天井 | ein ~*er* Stuhl 低いいす | ein ~*es* Zimmer 天井の低い部屋 | Schuhe mit ~*en* Absätzen かかとの低い靴 | eine ~*e* Stirn haben ひたいが狭い ‖ Dieser Tisch ist ~*er* als jener. この机はあの机より丈が低い ‖ ein ~ fliegendes Flugzeug 低空を飛んでいる飛行機 | *et.*^{4} 〈*jn.*〉 ~*er* hängen 《比》 …を世間の軽蔑にさらす | Das Dorf liegt ~. その村は低地にある. **2** (数値が) 低い, 少ない; 安い: ~*e* Löhne 〈Preise〉 低賃金〈価格〉 | eine ~*e* Zahl 小さい〈若い・少ない〉数 ‖ 〔mit *et.*^{3}〕 zu ~ greifen (→greifen I 1) | Der Blutdruck liegt ~*er* als gestern. 血圧はきのうより下がった. **3** (地位・身分などが) 低い, 下級〈下位〉の; 下賤(げせん)な, 卑しい: vor ~*er* Geburt sein 生まれが卑しい | ~*er* Herkunft^2 〈~*en* Standes〉 sein 素性〈身分〉が卑しい | das ~*e* Volk 下層の人々 | ~*e* Arbeiten verrichten 下賤な仕事をする ‖ 〘名詞的に〙 hoch und ~ (→hoch I 5). **4** (gemein) 下劣な, 卑劣な, 低級な: ~*e* Triebe 低劣な衝動, 劣情 | aus ~*en* Motiven handeln げすな下心で動く. [<nieder]

Nied·rig·keit[–kaɪt] 女 -/ (niedrig なこと. 特に:) 卑賤(ひせん); 下劣, 卑劣, 低級.

Nied·rig·lohn[níːdrɪç..] 男 低賃金: *jn.* zu *Niedriglöhnen* einstellen …を低賃金で雇い入れる.

Nied·rig·lohn·land 中 低賃金国.

Nied·rig·preis 男 低価格, 廉価: zu ~*en* 安値で.

nied·rig·pro·zen·tig[níːdrɪç..] 形 百分率〈パーセンテージ〉の低い.

nied·rig·ste·hend 形 **1** 低い〈未開の〉段階にある, 文化の低い. **2** 下位の, 従属的な.

Nied·rig·was·ser 中 -s/ (干潮時・乾季などの) 〔最〕低水位.

Niel·len, Niel·li Niello の複数.

Niel·lier·ar·beit[niɛlíːr..] 女 -/-en ニエロ象眼細工〔品〕.

niel·lie·ren[niɛlíːrən] 他 (h) 《*et.*⁴》(…に)ニエロ象眼を施す.

Niel·lo[niɛ́lo·] 中 -〔s〕/-s, ..llen[..lən], ..lli[..li·] **1** ニエロ, 黒金(硫黄に銀・銅・鉛などを加えた黒色合金). **2** =Niellierarbeit [*it.*; <*lat.* niger (→Neger)]

▽**nie·ma·len**[níːmaːlən] =niemals

nie·mals[níːmaːls] 副 (nie) 決して〈一度も〉…〔し〕ない: ～ mehr 〈wieder〉 二度と…〔し〕ない | Wir werden uns ～ wiedersehen. 我々は二度と再び会うことはありますまい | So etwas habe ich ～ gesagt. そんなことを私は全然言ったことがない | *Niemals!* (強く拒否して)とんでもない.

nie·mand[níːmant]¹ **I** 《不定代名詞; 男性単数1格: 2格 -〔e〕s, 3格 -〔em〕, 4格 -〔en〕》(英: *nobody, no one*) (keiner) だれも…ない, ひとりとして…ない: ～ als 〈außer〉 er 彼以外のだれひとりとして…ない | ～ anders / sonst ～ ほかのだれひとりとして…ない | ～ ausgenommen 全員そろって ‖ *Niemand* da? だれもいませんか | *Niemand* will es gewesen sein. だれもが〔それをしたのは〕自分ではないと主張する | Er ist ～*es* Freund. 彼はだれとも親しくない | Ich habe es ～〔*em*〕 erzählt. 私はそのことをだれにも話していない | ～*em* ein Haar krümmen (→Haar 1) | Ich habe ～〔*en*〕 gesehen. 私はだれにも会わなかった ‖ vor nichts und ～*em* haltmachen (→haltmachen 2) ‖〖中性名詞的用法の形容詞と〗Da war ～ Fremdes. そこにはだれひとりとして見知らぬ人はいなかった | mit ～ Fremdem 〈～〔*em*〕 Fremdes〉 sprechen 見知らぬ人とはだれとも口をきかない ‖ auf ～ anderen 〈～〔*en*〕 anders〉 warten ほかのだれを待っているのでもない.

☆niemand が形容詞を伴うときの変化: →jemand ★

II Nie·mand 男 -〔e〕s/ 名もない〈取るに足らない〉人間; 《戯》だれとも知らぬ人, どこのだれでもない人: der böse ～ 悪魔.

[*ahd.*; <*ahd.* ni (→nicht)+ioman (→jemand)]

Nie·mands·land[níːmantslant]¹ 中 -〔e〕s/ **1** (戦線や国境沿いの)無人〔中立〕地帯. **2** (人の住まない)未知〈未開〉の地.

Nie·möl·ler[níːmœlər] 人名 Martin ～ マルティン ニーメラー(1892-1984; ドイツの神学者. ナチ政権に対する抵抗によって知られる).

Nie·re[níːrə] 女 -/-n **1**〖解〗腎臓(じんぞう): eine künstliche ～〖医〗人工腎臓 | Neben*niere* 副腎, 腎上体 ‖ Er hat es an den ～*n*. 《話》彼は腎臓をわずらっている | ***jm.* an die ～*n* gehen** 《話》…に精神的な打撃を与える, …の癇(かん)にさわる, …をいらいらさせる; …の心に訴える, …を感動させる | Sein plötzlicher Tod ging ihr an die ～*n*. 彼の突然の死は彼女に打撃を与えた | *jn.* auf Herz und ～*n* prüfen (→Herz 1 a) | Er hat es mit den ～*n* zu tun. 彼は腎臓をわずらっている. **2** 《ふつう複数で》〖料理〗(特に子牛の)腎臓〔つき腰肉〕. [*idg.*; ◇nephro..]

Nie·ren≈baum 男 (Kaschubaum)〖植〗カシュー. **≈becken** 中〖解〗腎盂(じんう), 腎盤.

Nie·ren·becken·ent·zün·dung 女 (Pyelitis)〖医〗腎盂(じんう)炎.

Nie·ren≈bra·ten 男〖料理〗(特に子牛の) 腎臓(じんぞう)つき腰肉〔のロースト〕(→ 図 Kalb). **≈ent·zün·dung** 女 (Nephritis)〖医〗腎炎.

nie·ren·för·mig 形 腎臓(じんぞう)形の.

Nie·ren≈grieß 男〖医〗(腎盂(じんう)中の)腎砂. **≈in·suf·fi·zienz**[..tsiɛnts] 女〖医〗腎〔機能〕不全. **≈ko·lik** 女〖医〗腎疝痛(せんつう).

nie·ren·krank 形 腎臓(じんぞう)を病んだ, 腎臓病の.

Nie·ren≈krank·heit 女 腎臓(じんぞう)病. **≈scha·le** 女 (病人用の)膿盆(のうぼん)(腎臓の形をしている). **≈schlag** 男〖ボクシング〗キドニーパンチ〈ブロー〉. **≈schrump·fung** 女, **≈schwund** 男〖医〗腎萎縮(いしゅく). **≈stein** 男 **1**〖医〗腎石, 腎〔臓〕結石. **2**〖鉱〗孔雀(くじゃく)石.

Nie·ren·stein·an·fall 男〖医〗腎石発作.

Nie·ren≈stück 中〖料理〗(特に子牛の)腎臓(じんぞう)つき腰肉〔のロースト〕. **≈tisch** 男 (上板が腎臓形の)小型サイドテーブル. **≈trans·plan·ta·tion** 女, **≈ver·pflan·zung** 女〖医〗腎〔臓〕移植〔術〕. **≈ver·sa·gen** 中〖医〗腎〔機能〕不全.

nie·rig[níːrɪç]² =nierenförmig

Niern·del (**Nierndl**)[níːrndəl] 中 -s/-n 《ふつう複数で》《オーストリア》**1** 腎臓(じんぞう)料理. **2** 《卑》(人間の)腎臓.

Nies·an·fall[níːs..] 男 くしゃみの発作: einen ～ bekommen くしゃみの発作を起こす. [<niesen]

nie·seln[níːzəln] 《06》 自 (h) 非人称 《es nieselt》霧雨〈こぬか雨〉が降る. [◇nässeln]

Nie·sel·priem[níːzəl..] 男 《軽蔑的に》**1** おもしろくない〈退屈な〉人. **2** (Gernegroß) いばり屋, 見え坊. [<nüseln „nörgeln“ (◇nuscheln)]

Nie·sel·re·gen 男 霧雨, 細雨, こぬか雨.

nie·sen[níːzən]¹ 《02》《戯: 過分 genossen》 **I** 自 (h) くしゃみをする: laut 〈heftig〉 ～ 大きな〈激しい〉くしゃみをする | auf *et.*⁴ ～ 《比》…を軽くあしらう | *jm.* ins Gesicht ～ …の顔にくしゃみをひっかける | die Flöhe ～ hören (→Floh 1 a). **II** 他 (h) 《話》*jm.* eins ～ …の望みを無視する. **III** **Nie·sen** 中 -s/ くしゃみ.

[*germ.*; 擬音; ◇*engl.* sneeze]

Nie·ser[níːzər] 男 -s/- 《話》くしゃみ: einen ～ machen くしゃみをする.

Nies≈pul·ver[níːs..] 中 (いたずら用の)くしゃみ粉. **≈re·flex** 男〖医〗くしゃみ反射.

Nieß·brauch[níːs..] 男 -〔e〕s/〖法〗用益権, 役権.

nieß·brau·chen 《過分 genießbraucht》 他 (h) 《ふつう不定詞で》《*et.*⁴》(…の)用益権を行使する, (…を)利用する.

Nieß·brau·cher 男 -s/- 用益権者.

nie·ßen*[níːsən] 《107》 自 (h) 《南部》用益権を所有する. [*germ.* „ergreifen“; ◇nütze]

Nieß≈nutz[níːs..] 男 =Nießbrauch **≈nut·zer** [..nʊtsər] 男 -s/- =Nießbraucher

Nies·wurz[níːs..] 女〖植〗クリスマスローズ属〔の根〕.

[*ahd.*; ◇niesen; 根の粉末がくしゃみを誘うことから]

Niet[niːt] 男 (中) -〔e〕s/-e (Niete)〖工〗鋲(びょう), リベット: ～*e* einschlagen リベットを打ちこむ. [*mhd.* niet〔e〕]

Niet≈au·to·mat[níːt..] 男〖工〗自動リベッター. **≈bol·zen** 男〖工〗リベット〔の軸〕.

Nie·te¹[níːtə] 女 -/-n (製品の部品などを固定するための金属製の)鋲(びょう), リベット(→ 図 Messer): *et.*⁴ mit ～*n* befestigen …を鋲〈リベット〉で固定する | nicht alle ～*n* an der Hose haben 《話》少々頭がおかしい.

Nie·te²[–] 女 -/-n **1** (Fehllos) (富くじなどの)からくじ: eine ～ ziehen からくじを引く. **2 a)** 《比》失策, 失敗事: Sein neues Drama war eine ～. 彼の新しい戯曲は失敗作だった. **b)** 《話》能なしの〈頼りにならない〉人. [*ndl.* niet „nichts“; ◇nicht]

nie·ten¹[níːtən] 《01》 自 (h) (富くじなどで)からくじを引く.

nie·ten²[–] 《01》 他 (h)〖工〗**1** (製品の部品などを) 鋲(びょう)〈リベット〉で固定する, 鋲接する. **2** Nägel ～ くぎに頭をつける; くぎの頭を曲げて打ち込む.

Nie·ten·ho·se 女 -/-n〖服飾〗(縫い目などに鋲のついた)ジーンズ, ジーパン.

Nie·ter[níːtər] 男 -s/-〖工〗リベッター, 鋲打ち〔締め〕機.

niet·fest[níːtfɛst] 形 鋲(びょう)で固定された: →nagelfest

Niet≈ham·mer[níːt..] 男〖工〗リベットハンマー, リベッター. **≈ho·se** =Nietenhose **≈kopf** 男〖工〗リベットの頭. **≈ma·schi·ne** 女 =Nieter **≈na·gel** 男 =Niet **≈naht** 女〖工〗鋲(びょう)〈リベット〉締め.

Niet·ver·bin·dung 女〖工〗リベット継ぎ, 鋲接(びょうせつ).

Nietz·sche[níːtʃə, níːtsʃə] 人名 Friedrich Wilhelm ～ フリードリヒ ヴィルヘルム ニーチェ(1844-1900; ドイツの哲学者. 作品『ツァラトゥストラはこう言った』など).

Ni·fe[níːfə, ..fe·] 中 -/〖地〗ニフェ(ニッケル Ni と鉄 Fe からなると考えられている地球の中心核).

nif·feln[nífəln] 《06》 自 (h) 《南部》**1** (指先で)ほじくる. **2** 《比》(小事に)こせこせする, 小うるさく文句を言う. [<Kniff]

nịf·fig[nífɪç]² 形《南部》小事にこだわる, 小うるさい.

Nịfl·heim[nífəl.., nífəl..] 中 -〔e〕s/ 《しばしば無冠詞で》〘北欧神〙ニフルヘイム(霧深く暗黒寒冷で死者の国とされる). [*anord.*; < *anord.* nifl „Nebel“ (◇Nebel)]

nị·gel·nạ·gel·neu[ní:gəlná:gəlnɔ́y] 形《ｽｲｽ》(funkelnagelneu) 真新しい, できあがったばかりの, ぴかぴかの.

Nị·ger [ní:gər] **I** 地名 ニジェール(西アフリカ Sahara 砂漠の南にある共和国. 1960年フランスから独立. 首都はニアメ Niamey). **II** der **Nị·ger** 地名 男 -〔s〕/ ニジェール(アフリカ西部, Guinea 湾に注ぐ川). [*hebr.* néghirren „Fluß“]

Ni·gẹ·ria[nigé:ria·] 地名 ナイジェリア(西アフリカ東部, Guinea 湾に面する連邦共和国. 1960年イギリスから独立. 首都はアブジャ Abuja).

Ni·ge·riạ·ner[nigeriá:nər] 男 -s/- ナイジェリア人.

ni·ge·riạ·nisch[..nɪʃ] 形 ナイジェリア〔人〕の.

Nịg·ger[nígər] 男 -s/- 《軽蔑的に》ニグロ, 黒人. [*amerik.*; ◇Neger]

Nị·grer[ní:grər] 男 -s/- ニジェール人. [< Niger I]

nị·grisch[ní:grɪʃ] 形 ニジェール〔人〕の.

Ni·gro·mạnt[nigrománt] 男 -en/-en = Nekromant

Ni·gro·man·tie[..mantí:] 女 -/ = Nekromantie

Ni·gro·sịn[nigrozí:n] 中 -s/-e 〘化〙ニグロシン, アニリンブラック(黒色染料). [< *lat.* niger „schwarz“+..os+..in²]

Ni·hi·lịs·mus[nihilísmʊs] 男 -/ ニヒリズム, 虚無主義.

Ni·hi·lịst[..líst] 男 -en/-en ニヒリスト, 虚無主義者.

ni·hi·lị·stisch[..lístɪʃ] 形 ニヒリスティックな, 虚無〔主義〕的な. [< *lat.* nihil „nichts“ (◇un.., Hilum)]

Ni·kä̱a[niké:a·] 地名 = Nizäa

Ni·ka·rạ·gua[nikará:gua·] 地名 = Nicaragua

Nị·ke[ní:kə, ..ke·] 人名 〘ギ神〙ニケ(勝利の女神. ローマ神話の Viktoria に当たる). [*gr.* nī́kē „Sieg“]

Nị·kisch[níkɪʃ] 人名 Arthur ~ アルトゥール ニキッシュ(1855–1922; ドイツの指揮者).

Ni·ki·ta[nikjí:ta·] 男名 ニキータ. [*slaw.*; ◇Nikolaus]

Nị·klas[ní:klas, níklas] 男名 ニークラス.

Ni·ko·dẹ·mus[nikodé:mʊs] 人名 ニコデモ, ニコデモス(パリサイ人で衆議所の議員. イエス キリストに新生について教えを請うた. 聖書: ヨハ3, 1). [*gr.*; ◇Nike, Demos]

Ni·ko·lại[nikolái, ..lá:i·, níkolaɪ] 男名 ニコライ. [*russ.*]

Nị·ko·las[ní:kolas, ník..] 男名 ニーコラス.

Nị·ko·laus[ní:kolaʊs, ník..]¹ **I** 男名 ニーコラウス: der heilige ~ / Sankt ~ 聖ニコラス(4世紀のミラ Myra の大司教. 10世紀以来ドイツでは舟乗り・商人・子供の守護聖人; 特に民間習俗の中に生きている: →II) | ~ von Kues[ku:s] ニコラウス クザーヌス(1401–64; ドイツの哲学者・神学者. 枢機卿になった. 主著『無知の知』). **II** 男 -/-e (戯: ..läuse [..lɔyzə]) **1** 〘民俗〙 **a)** der ~ 〔聖〕ニコラウス(12月6日〔の前夜〕に贈り物の袋〔と小枝のむち〕を持って現れる老人. サンタクロースに当たる): *et.*⁴ vom ~ bekommen haben …をニコラウスからもらう. **b)** ニコラウスの形をした〔チョコレート〕菓子. **2** (Nikolaustag) 聖ニコラウスの祝日: Heute ist ~. きょうは聖ニコラウスの祝日だ | *jm. et.*⁴ zum ~ schenken 聖ニコラウスの祝日に…に…をプレゼントする. [*gr.* „Volksbeherrscher“−*lat.*; ◇Nike, Laie]

Nị·ko·laus·tag 男〘ｶﾄﾘｯｸ〙聖ニコラウスの祝日(12月6日).

Nị·ko·lo[níkolo·, nikoló:] 男 -s/-s《ｵｰｽﾄﾘｱ》= Nikolaus II

Ni·ko·sịa[nikozí:a·, nikó:zia·] 地名 ニコシア(キプロス共和国の首都). [*gr.*; ◇Nike]

Ni·ko·tịn[nikotí:n] 中 -s/ 〘化〙ニコチン. [*fr.*; < *nlat.* (herba) Nicotiāna „Tabak〔pflanze〕“; 16世紀にフランスにタバコを紹介したポルトガル駐在フランス大使 J. Nicot にちなむ]

ni·ko·tịn·arm 形 (タバコなどが)ニコチン量の少ない.

ni·ko·tị·nen[nikotí:nən] 自 (h)《話》**1** (rauchen) タバコを吸う. **2** 非人称 《es nikotint *jm.* / *jm.* nikotint》タバコがのみたくなる.

Ni·ko·tịn·flö̱·te 女《戯》(Zigarette) 紙巻きタバコ.

ni·ko·tịn·frei 形 ニコチンを含まない.

Ni·ko·tịn·ge·halt 男 (タバコなどの)ニコチン含有量.

ni·ko·tịn·hal·tig 形 ニコチンを含んだ.

Ni·ko·tịn≠säu·re 女〘化〙ニコチン酸. **≠spar·gel** 男 = Nikotinflöte **≠ver·gif·tung** 女 ニコチン中毒.

der **Nil**[ni:l] 地名 男 -〔s〕/ ナイル(北流して地中海に注ぐアフリカ最大の川). [*gr.* Neīlos−*lat.*; ◇*engl.* Nile]

Nịl≠del·ta[ní:l..] 中 -s/ ナイル川デルタ地帯. **≠kro·ko·dịl** 中〘動〙ナイルワニ(鰐).

Nịl·le[nílə] 女 -/-n《卑》(Penis) 陰茎, 男根.

Nịl·len·flicker 男《卑》性病専門医.

Nịl·pferd 中 (Flußpferd)〘動〙カバ(河馬).

nim·bịert[nɪmbí:rt] 形〘紋〙光輪〈光背〉をつけた.

Nim·bo·strạ·tus[nɪmbostrá:tʊs, ..bɔs..] 男 -/..ti [..ti·]〘気象〙乱層雲.

Nịm·bus[nímbʊs] 男 -/-se[..bʊsə] **1 a)** (神仏・聖者などの像の)光背, 光輪, 後光(→ 図 Heiligenschein). **b)** 《単数で》《比》(必ずしもふさわしくない)名声, 声望, 栄光: *jn.* *seines* ~² entkleiden《雅》…の名声の裏をあばく | Er hat den ~ 〈umgibt sich mit dem ~〉 der Frömmigkeit. 彼は信心深いという評判を立てられている〈わざとみずから立てている〉. ᵛ**2** = Nimbostratus [*lat.* nimbus „〔Sturm〕wolke“−*mlat.*; < *lat.* nebula „Nebel“+imber „Platzregen“]

nimm[nɪm] nehmen の命令法単数.

Nimm →nehmen I 3 a

nịm·mer[nímər] 副 **1**《雅》(nie) 決して〈一度も〉…〔し〕ない:〘ふつう強調表現 **nie 〈nun〉 und nimmer** の形で〙Das werde ich nie 〈nun〉 und ~ verzeihen. 私は断じてそのことを許しはしないだろう. **2**《南部・ｵｰｽﾄﾘｱ》(nicht mehr) もはや…〔し〕ない: Als ich zurückkam, war er ~ da. 私が帰ったとき彼はもういなかった. [*ahd.* nio-mēr „nie mehr“]

Nịm·mer·leins·tag[nímərlaɪns..] = Sankt-Nimmerleins-Tag

nịm·mer·mẹhr 副 ᵛ**1** (niemals) 決して〈一度も〉…〔し〕ない:〘ふつう強調表現 **nie 〈nun〉 und nimmermehr** の形で〙Das werde ich nie 〈nun〉 und ~ vergessen. 私はこのことは断じて忘れないぞ | Was Hänschen nicht lernt, lernt Hans ~. (→Hans II). **2**《南部・ｵｰｽﾄﾘｱ》(nie wieder) もはや〈二度と〉…〔し〕ない.

nịm·mer·mụ̈·de 形 疲れを知らぬ, 不撓(とう)不屈の, たゆまぬ.

nịm·mer·satt I 形 満腹〈満足〉を知らぬ: ein ~*es* Kind 食しん坊の子. **II Nịm·mer·satt** 男 -, -〔e〕s/-e **1** 満足を知らぬ人; 食いしん坊. **2**〘鳥〙(アフリカ産の)トキコウ(朱鷺鸛).

Nim·mer·wie̱·der·se̱·hen[nɪmərví:dərze:ən, ◡◡–◡–◡] 中 -s/《話》**auf ~** 永久に | auf ~ verschwinden 永久に消えうせる, 二度と現れなくなる | *jm. et.*⁴ auf ~ borgen …から…を返すあてもなく借りる.

nimmst[nɪmst] nehmen の現在2人称単数.

nimmt[nɪmt] nehmen の現在3人称単数.

Nịm·rod[nímrɔt]¹ **I** 人名〘聖〙ニムロデ (Noah の曾孫(そうそん)で狩猟家, Babel の塔の建設者; 創10,9). **II** 男 -s/-e [..ro:də, ..rodə] (-s)《戯》狩猟好きな人. [*hebr.*]

Nịm·we̱·gen[nímve:gən] 地名 ネイメーヘン(オランダ東部の都市. オランダ語形 Nijmegen).

Nị·na[ní:na·] 女名 (< Katharina, Antonina) ニーナ.

Nịng·hsia-Hui[níŋsìahui] (**Ning·xia Hui** [níŋxìàxuěɪ]) 地名 寧夏回族自治区(中国, 甘粛 Kansu 省東部に接するイスラム教徒の自治区で区都は銀川 Yintschuan).

Nị·ni·ve[ní:nive·] 地名 ニネヴェ (Tigris 川左岸にあった古代アッシリア帝国の首都). [*hebr.*; ◇*engl.* Nineveh]

Ni·ni·vịt[niniví:t] 男 -en/-en ニネヴェの人.

ni·ni·vị·tisch[..tɪʃ] 形 ニネヴェの.

Niọb[nió:p] 中 -s/〘化〙ニオビウム(金属元素名; 記号 Nb). [Tantal と一緒に出てくることから(→Niobe)]

Nịo·be[ní:obe·] 人名〘ギ神〙ニオベ (Tantalus の娘で, 7男7女を誇ったために Apollo と Artemis に子供を殺され,

嘆き悲しんで石と化した). [*gr.*－*lat.*]

Nio·bium[nió:biʊm] 中 -s/ ＝Niob

Nipf[nɪpf] 男 -[e]s/ 《ｵｰｽﾄﾘｱ》《話》(Mut) 勇気, 気力, 元気: *jm.* den ～ nehmen …の気持をくじく. [*bayr.* „Pips"]

Nipp[nɪp] 男 -[e]s/-e《北部》**1 a)** (Nase) 鼻. **b)** (Schnabel) くちばし. **2** (Pips) ピプス(鳥類の病的な舌苔(ぜったい)). [*mndd.* nebbe; ◇Schnabel; *engl.* neb, nib]

Nip·pel[nípəl] 男 -s/- **1**〖工〗**a)** ニップル(バルブの接合・自転車のスポークの固定などに用いる短い継ぎ管: → 図 Rad). **b)** (Schmiernippel) グリースニップル **2 a)**《話》(小さな)突起. **b)**《話》(Brustwarze) 乳首. **c)**《卑》(Penis) 陰茎, 男根. [*engl.* nipple „Brustwarze"]

nip·pen[nípən] 自 (h) ちびちび飲む, する, 少しずつ味わう: an ⟨aus⟩ einem Glas ～ グラスからちびちび飲む | am ⟨vom⟩ Wein ～ ワインをちびちび飲む. [*ndd.*; ＜*mndd.* nipen „kneifen"; ◇*engl.* nip]

Nip·pes[nípəs, nɪp(s)] 複 (飾り棚・テーブルなどに置かれる〔陶製の〕小さな)置物. [*fr.* „Putzsachen"]

Nipp·flut[níp..] 女 (岸辺をちょっと浸す程度の)小規模な上げ潮, 小潮. [*ndd.*; ＜nippen]

Nip·pon[nípɔn] 地名 日本(→Japan). [*japan.*]

Nipp·sa·chen[níp..] 複 ＝Nippes

Nipp⸗ti·de[níp..] 女, **⸗zeit** 女 ＝Nippflut

▽**nir·gend**[nírgənt] ＝nirgends

Nir·gend·heim 中 -[e]s/《戯》どこにもないわが家:〖ふつう von Nirgendheim の形で〗ein Herr von ～ 宿なし, 住所不定者, 浮浪人.

nir·gend⸗her ＝nirgendsher **⸗hin** ＝nirgendshin

Nir·gend·land[nírgəntlant][1] 中 -[e]s/ (Utopia) ユートピア, 無何有(むか)の郷(さと).

nir·gends[nírgənts] 副 (↔überall) どこでも…[し]ない: ～ sonst ほかのどこでも…[し]ない | Er war ～ zu finden. 彼はどこにも見つからなかった | Er geht ～ hin. 彼はどこへも行かない | Er ist ～ zu fassen. 彼はどうしても捕まらない | überall und ～ zu Haus[e] sein (→überall 1). [*mhd.*; ＜*ahd.* ni (→nicht)＋io wergin (→irgend)]

nir·gends⸗her 副 どこからも…[し]ない. **⸗hin** 副 どこへも…[し]ない. **⸗wo** 副 どこでも…[し]ない: Man konnte ihn ～ finden. 彼はどこにも見つからなかった. **⸗wo·hin** 副 どこへも…[し]ない.

nir·gend⸗wo ＝ nirgendswo **⸗wo·hin** ＝ nirgendswohin

Ni·ro·sta[nirɔ́sta·] 中 -[s]/ 商標 (＜nichtrostender Stahl) ニロスタ(ステンレス鋼).

Nir·wa·na[nɪrvá:na·] 中 -[s]/〖仏教〗涅槃(ねはん), 寂滅: ins ～ eingehen《雅》死ぬ. [*sanskr.* nirvāna „Ausblasen"]

..nis[..nɪs]《動詞・形容詞などにつけて「行為・状態」や「(行為・状態の内容・結果としての)事物・場所」などを意味する中性名詞 (-ses/-se) または女性名詞 (-/-se) をつくる》: Geständ*nis* 中 告白 | Erlaub*nis* 女 許可 | Bedürf*nis* 中 必要 | Erleb*nis* 中 体験 | Ereig*nis* 中 出来事 | Gedächt*nis* 中 記憶 | Hinder*nis* 中 障害〔物〕| Zeug*nis* 中 証明〔書〕| Behält*nis* 中 容器 ‖ Finster*nis* 女 暗やみ | Geheim*nis* 中 秘密 | Wild*nis* 女 荒れ地. [*germ.*; ◇*engl.* ..ness]

Ni·sche[ní:ʃə; ｵｰｽﾄﾘｱ・ｽｲｽ: －, níʃə] 女 -/-n **1** (像・花瓶などを飾る壁・垣根などの)くぼみ, ニッチ, 壁龕(へきがん)(→ 図 Park); (部屋の)張り出し部分: Koch*nische* 炊事用壁龕(へきがん). **2**〖生〗ニッチ(種の生態的地位). **3**〖医〗ニッシェ(潰瘍(かいよう)のX線像).
[*fr.*; ＜*fr.* nicher „ein Nest bauen"; ◇*engl.* niche]

Ni·schel[níʃəl] 男 -s/-《中部》《卑》(Kopf) 頭; おでこ.

Nis·se[nísə] 女 -/-n (▽**Niß**[nɪs] 女 -/Nisse) (髪につく)シラミの卵. [*westgerm.*; ◇*engl.* nit]

Nis·sen·hüt·te[nísən..] 女 かまぼこ形兵舎. [*engl.* Nissen hut; ＜P. N. Nissen (イギリスの陸軍技師, †1930)]

nis·sig[nísɪç][2] 形 シラミ〔の卵〕だらけの; 不潔な, 汚らしい.

Ni·stel[nístəl] 女 -/-n《ｽｲｽ》＝Nestel

ni·sten[nístən]《01》**I** 自 (h)《場所を示す語句と》**1** (鳥などが…に)巣をつくる: im Gebüsch ⟨unter dem Dach⟩ ～ やぶに〈屋根の下に〉巣をつくる. **2**《雅》(…に)住みつく, 巣くう: Furcht *nistet* in seinem Herzen. 恐怖が彼の心に巣くっている. **II** 他 (h) 再帰 *sich*[4] in *et.*[4] ～ …に住みつく;《比》…に巣くう | *sich*[4] in den Sessel ～《戯》安楽いすでくつろぐ.
[*westgerm.*; ◇Nest, Nische]

Nist⸗ka·sten[níst..] 男 巣箱. **⸗platz** 男, **⸗stät·te** 女 営巣場所. **⸗zeit** 女 (鳥の)巣づくり期.

nit[nɪt]《南部》＝nicht

▽**Ni·ton**[ní:tɔn] 中 -s/ ＝Radon [*engl.*; ＜*lat.* nitēre (→nitt)]

nitr.. →nitro..

Ni·trat[nitrá:t] 中 -[e]s/-e〖化〗硝酸塩. [＜..at]

Ni·trid[nitrí:t] 中 -[e]s/-e〖化〗窒化物. [＜..id[2]]

ni·trie·ren[nitrí:rən] 他 (h)〖工〗ニトロ化〈硝酸処理〉する.

ni·trier·här·ten[nitrí:r..]《01》他 (h)《ふつう不定詞・過去分詞で》〖金属〗窒化硬化する.

Ni·trier⸗säu·re 女 (硝酸・硫酸からなる)ニトロ化用混酸. **⸗stahl** 男〖金属〗窒化鋼.

Ni·tri·fi·ka·tion[nitrifikatsió:n] 女 -/-en〖生〗硝化作用(土壌中の硝化細菌がアンモニアを酸化して亜硝酸・硝酸を生成する).

ni·tri·fi·zie·ren[..tsí:rən] 自 (h)〖生〗硝化作用をする.

Ni·tril[nitrí:l] 中 -s/-e〖化〗ニトリル.

Ni·trit[nitrí:t, ..rít] 中 -s/-e〖化〗亜硝酸塩. [＜..it[1]]

nitro..《名詞などにつけて「(化合物が)ニトロ基をもつ」を意味する. 慣用的に実際にはニトロ化合物でないものも含まれる場合がある. 母音の前では nitr.. となることもある: →*Nitr*at, *nitr*ieren》[*ägypt.*－*gr.* nítron „Natron"]

Ni·tro·ben·zol[nitro..] 中 -s/〖化〗ニトロベンゼン.

Ni·tro·farb·stoff[ní:tro..] 男 ニトロ染料.

Ni·tro·ge·nium[nitrogé:niʊm] (**Ni·tro·gen**[..gé:n]) 中 -s/ (Stickstoff)〖化〗窒素(記号 N). [*fr.* nitrogène; ＜*lat.* nitrum „Natron" (◇Natron)]

Ni·tro·gly·ze·rin 中 -s/〖化〗ニトログリセリン.

Ni·tro⸗grup·pe[ní:tro..] 女〖化〗ニトロ基. **⸗lack** 男 ニトロエナメル, 硝化綿塗料.

Ni·tro·phos·phat[nitrofɔsfá:t] 中 -[e]s/-e (窒素・燐酸(りんさん)を含む)複合肥料.

ni·tros[nitró:s][1] 形 酸化窒素〈窒素酸化物〉を含む. [*lat.*]

Ni·tros·amin[nitrozamí:n] 中 -s/-e《ふつう複数で》〖化〗ニトロソアミン.

Ni·tro·se[nitró:zə] 女 -/〖化〗含硝硫酸.

Ni·tro·to·luol[nitrotoluó:l] 中 -s/〖化〗ニトロトルエン.

Ni·tro·ver·bin·dung[ní:tro..] 女〖化〗ニトロ化合物.

Ni·tro·zel·lu·lo·se[nitro..] 女 -/〖化〗ニトロセルロース, 硝酸繊維素.

ni·tsche·wo[nitʃevó:] 間《戯》(macht nichts!) 何でもないさ, 気にはしないよ. [*russ.*]

ni·val[nivá:l] 形〖気象〗雪の, 氷雪の; 雪中の. [*lat.*; ＜*lat.* nix „Schnee" (◇Schnee)]

Ni·veau[nivó:] 中 -s/-s **1 a)** 水平面: Das ～ des Flusses hebt ⟨sinkt⟩ sich. 川の水位が上がる〈下がる〉| Der Garten liegt 1 m über ⟨unter⟩ dem ～ der Straße. 庭園は街路より 1 メートル高い〈低い〉. **b)** (一般に)水準, レベル, 程度: ein hohes ⟨niedriges / geringes⟩ ～ 高い〈低い〉水準 | Lebens*niveau* 生活水準 ‖ das kulturelle ⟨wirtschaftliche⟩ ～ halten 文化的〈経済的〉水準を維持する ‖ Der Maler ⟨Die Ausstellung⟩ hat ～. その画家〈展覧会〉は水準が高い | Er hat kein ⟨wenig⟩ ～. 彼はまるで〈ほとんど〉教養がない. **c)**〖理〗(分子・原子〔核〕などの)エネルギー準位. **2** 水準器〈儀〉.
[*afr.* nivel－*fr.* „Wasserwaage"; ◇Libelle]

Ni·veau·flä·che[nivó:..] 女〖理〗水準面.

ni·veau·frei[nivó:..] 形〖交通〗(道路が)立体交差の.

Ni·veau≠ka·nal[nivó:..] 男 (水門を使わない)水平運河. ≠**kreu·zung** 女〘交通〙(道路の)平面交差〔点〕. ≠**li·ni·en** 複〘地〙(地図の)等高線.

ni·veau·los[nivó:..] 形 レベルに達しない, 低級な.

Ni·veau·über·gang[nivó:..] 男〘交通〙(道路と鉄道との)平面交差, 踏切.

ni·veau·voll[nivó:..] 形 水準〈程度〉の高い: ein ～*es* Leben führen 高い生活水準で暮らす.

Ni·vel·le·ment[nivɛl(ə)mã́:] 中 -s/-s **1** 水平〈平均〉化, 水準化; 地ならし. **2** 水準測量. [*fr.*]

ni·vel·lie·ren[..lí:rən] 他 (h) **1** 水平にする, 平均化する: das Gelände ～ 敷地を地ならしする | soziale Unterschiede ～ 社会的格差をなくす. **2** 水準測量する. [*fr.*]

Ni·vel·lier≠ge·rät[nivɛlí:r..] 中, ≠**in·stru·ment** 中 水準器〈儀〉, レベル. ≠**lat·te** 女 水準測量桿(㊀).

Ni·vel·lie·rung[nivɛlí:rʊŋ] 女 -/-en =Nivellement

Ni·vel·lier·waa·ge 女 =Nivellierinstrument

Ni·vose[nivó:z] 男 -/-s[-]〘史〙雪月(フランス革命暦の第4月; 12月21日 — 1月19日に当たる: →Vendemiaire★). [*lat.* nivōsus „schneereich"–*fr.* nivôse; ◇nival]

nix[nɪks]《話》=nichts

Nix[nɪks] 男 -es/-e (㊛ **Ni·xe**[níksə]-/-n) **1**〘ゲルマン神〙(人を誘惑してはおぼれさせるという)水の精, 水魔, 人魚. **2**《戯》水浴をしている女性. [*germ.*; ◇*gr.* nízein „waschen"]

ni·xen·haft[níksənhaft] 形 水の精のような.

Nix·kraut[níks..] 中〘植〙イバラモ(茨藻)属.

Ni·zäa[nitsɛ́:a·] 地名 ニカイア, ニケーア(トルコ北西部の村イズニク Isnik の古代名. 325年にここでニケーア宗教会議が開催された). [*gr.*–*lat.* Nicaea]

Niz·za[nítsa·] 地名 ニース(フランス南東部, 地中海沿岸の観光都市. フランス語形 Nice). [◇Nike]

Niz·za·er[nítsaər] 男 -s/- ニースの人.

niz·za·isch[nítsa·ɪʃ] 形 ニースの.

n. J. 略 **1** =nächsten Jahres 来年に〈の〉; 翌年に〈の〉. **2** =nächstes Jahr[4] 来年に; 翌年に.

NK 略 =Neue Kerze〘理〙新燭(しんしょく).

NKFD[ɛnka:|ɛfdé:] 略 中 -/ =**Nationalkomitee Freies Deutschland** 自由ドイツ国民委員会(第二次大戦中旧ソ連邦で組織されたドイツ人捕虜の団体).

nkr 略 =**norwegische Krone** ノルウェー=クローネ(→Krone 7 a).

NKWD[ɛnka:ve:dé:] 男 -/ (旧ソ連邦の)内務人民委員部(1934-46; =Volkskommissariat für Innere Angelegenheiten). [*russ.*; ＜*russ.* *N*arodny *K*omissariat *W*nutrennich *D*el]

NL 記号 (国名略語: A[2] II 3) オランダ (Niederlande).

nlat. 略 =**neulateinisch**

nm[nanomé:tər] 記号 (Nanometer)〘理〙ナノメートル.

nm. 略 =**nachmittags** 午後に.

n. M. 略 **1** =**nächsten Monats** 来月に〈の〉; 翌月に〈の〉. **2** =**nächsten Monat**[4] 来月に; 翌月に.

NN[ɛn|ɛ́n] 略, **N. N.**[–] 略 **1** [また: nɔrmá:lnʊl] =**Normalnull** **2** =**nomen nescio, nomen nominandum**: Herr ～ 某氏.

NNO 略 =**Nordnordost**〔en〕北北東.

NNW 略 =**Nordnordwest**〔en〕北北西.

No[1][ɛn|ó:, nobé:liʊm] 記号 (Nobelium)〘化〙ノーベリウム.

No[2][no:] 中 -s/ (No-Spiel)(日本の)能楽. [*japan.*]

No. 略 =**Numero** ナンバー, …番, …号(ふつう Nr. を用いる. また N⁰, N°, N̲o̲とも書く).

NO 略 =**Nordost**〔en〕北東, 北東部.

NÖ 略 =**Niederösterreich**

Noah[nó:a·] **I** 人名《2格 -〔s〕, Noä[nó:ɛ·]》〘聖〙ノア(Adam 直系第10代の族長で, 全人類の祖): die Arche ～ 〈Noä〉ノアの箱舟(ノアが義人であったため, 神の計らいでこれを造り, 家族や動物とともに大洪水の難を免れた). **II** 男名 ノーア. [*hebr.*]

no·bel[nó:bəl](no·bl..) 形 **1**《雅》心の気高い, 高潔な, 雅量のある: ein *nobler* Charakter 高潔な品性 | ein *nobler* Mensch 心の気高い人 ‖ Das ist ja ein *nobler* Kunde. 《反語》そいつはごりっぱなお方だよ. **2**《話》**a**) (großzügig) 気前のよい, 金離れのよい: *noble* Trinkgelder geben チップをはずむ | *sich*[4] ～ zeigen 〈geben〉気前のいいところを見せる. **b**) 金のかかる, 豪勢な: ein *nobles* Geschenk 豪勢な贈り物 | *noble* Passionen haben お大尽趣味〈金のかかる道楽〉をもっている | *Nobel* geht die Welt zugrunde. (→Welt 1 b). [*lat.* nōbilis „bekannt"–*fr.*; ＜*lat.* nōscere „〔er〕kennen" (◇Gnosis, Norm); ◇*engl.* noble]

No·bel[1][nó:bəl] 男 -s/ ノーベル(動物寓話(ぐうわ)に登場するライオンの名).

No·bel[2][nɔbɛ́l] 人名 Alfred ～ アルフレッド ノーベル(1833-96; スウェーデンの化学技術者で, ダイナマイトの発明者. その遺産を基金としてノーベル賞が設定された).

No·bel·gar·de[nó:bəl..] 女〘カトリック〙教皇貴族近衛(このえ)隊.

No·be·lium[nobé:liʊm] 中 -s/〘化〙ノーベリウム(人工放射性元素名; 記号 No).

No·bel·preis[nobɛ́l..] 男 ノーベル賞: der ～ für Medizin 〈Physik〉ノーベル医学〈物理学〉賞.

No·bel·preis·trä·ger 男 ノーベル賞受賞者.

No·bel·stif·tung 女 -/ ノーベル基金.

No·bi·li·tät[nobilitɛ́:t] 女 -/ (Adel)《集合的に》**1** (特に古代ローマの)貴族〔階級〕. **2** 貴族; 有名〈著名〉人. [*lat.*; ◇nobel]

no·bi·li·tie·ren[..tí:rən] 他 (h) (adeln)《*jn.*》貴族に列する. [*lat.*]

No·bis·haus[nó:bɪs..] 中《南部》=Nobiskrug 2

No·bis·krug[nó:bɪs..] 男 -〔e〕s/..krüge **1**〘民俗〙悪魔が営む宿屋〈民酒屋〉, 地獄. ▽**2**《北部》場末のいかがわしい居酒屋兼宿屋(南部では Nobishaus ともいう). [*mndd.*; ＜*rotw.* nobis „nicht" (◇non..); ◇Krug[2]]

No·bis·wirt[nó:bɪs..] 男〘民俗〙(Teufel) 悪魔.

no·bl.. [nó:bl..] →nobel

No·bles·se[noblɛ́sə] 女 -/-n **1**《単数で》気品〔ある心根・態度〕. ▽**2** 貴族〔社会〕. [*fr.*; ◇nobel]

no·blesse ob·lige[nɔblɛsɔblí:ʒ(ə)]〘フランス語〙(Adel verpflichtet)《しばしば戯語的に》貴族たるもの〈地位の高いもの〉にはそれなりの義務がある. [◇obligieren]

No·bo·dy[nóʊbədɪ] 男 -〔s〕/-s, ..dies 無名の〈名もない〉人, 取るに足らない人. [*engl.*]

noch[nɔx] **I** 副 **1**《時間的》**a**)《状態や行動の継続・残留》(引き続いて)なお, まだ, いまだに; (残って)あとまだ;《比》まだしも: ～ heut / heute ～ きょうもまだ; 今日もなお(→b) | ～ jetzt / jetzt ～ いまなお; いまですら | ～ im Winter 冬でもなお; 冬にさえ | ～ krank sein まだ病気である | ～ zu haben sein《話》まだ独身である ‖ Er schläft ～. 彼はまだ眠っている | Sie wohnt ～ hier. 彼女はまだここに住んでいる | Hast du ～ Geld? 君 まだ金はあるかい | Du kannst ～ lachen? これでもまだ君は笑うつもりか | Haben Sie ～ ein Zimmer frei? まだ空き部屋がありますか(→2 a) | Er ist ～ zu klein, um das zu begreifen. 彼の年齢ではまだそれを理解するのは無理だ | Es ist ～ 〈*Noch* ist es〉 Zeit, das zu tun. まだそれをするのに遅すぎはしない | Ich habe **nur noch** drei Mark. ぼくは有り金あとわずかに3マルクだ | Das Wort lebt nur ～ in der Mundart. この単語はもう方言にしか残っていない | Er ist ～ nicht zurück. 彼はまだ戻っていない | So was habe ich ～ nie gesehen. そんなものにお目にかかるのはこれが初めてだ ‖ **immer noch** / **noch immer** いぜんとして | *Noch* immer keine Nachricht. いぜんとして音沙汰(さた)がない.

b) 期限のうちに; (期限)ぎりぎりに, どうやら, やっと; なんとか, まずまず: ～ heute / heute ～ きょうのうちに〔も〕(→a) | ～ am selben 〈gleichen〉 Tag その日のうちに ‖ endlich ～ とうとう, ついに | ～ ehe 〈bevor〉 … …の前に〔どうやら〕| **gerade noch** / **eben noch** / **noch eben** かろうじて, どうやら ‖ Ich bin froh, daß er das ～ erleben konnte. 彼がなんとかそれを体験〈その場に居合わせることが〉できたことを私は喜んでいる | Das mag ～ 〔so〕 hingehen. それならまずまず我慢できるだろう | Damit kannst du ～ zufrieden sein. それなら

君としてはまず満足と言わなければならない｜Das war〔von allen Angeboten〕～ das Beste. それは〔すべての申し出のなかで〕まだしも一番ましだった.
c)《過去の時点に関連して》つい(先ごろ): Ich habe ihn ～ gestern 〈vor zwei Tagen〉 gesehen. 私は彼についきのう〈2日前に〉会った〔ばかりだ〕.
d)《近い将来の時を示して》いずれ, そのうち: Er wird 〔schon〕～ kommen. 彼もいずれは〔必ず〕来るさ｜Du wirst es ～ einmal bereuen. 君はいつかそのうちそれを後悔するよ.
2 a)《追加や付加の意味を表して》(その上)なお, さらに, もっと: ～ einmal もう一度｜*et.*[4] ～ einmal tun …を〔もう一度〕くりかえす｜～ eins もう一つ｜Nur schnell ～ eins! とり急ぎもう一言〔言わせてほしい〕｜Bitte ～ ein Bier! ビールもう一つ〔頼みます〕｜Darf ich ～ eine Tasse Kaffee haben? コーヒーをもう1杯いただけますか｜Haben Sie ～ ein Zimmer frei? もう一つ空き部屋がありますか(→1 a)｜*Noch* etwas? / Darf es 〔**sonst**〕**noch** etwas sein? 何かまだ〔ほかに〕ご用命はございますか｜Wer war 〔denn / sonst〕～ da? ほかにいたのはだれだ｜Es war kalt, und **noch dazu** regnete es 〈und dazu regnete es ～〉. 寒かったし その上〔なお〕雨も降っていた｜Auch das ～! そんなことまで(要求するのか)｜Das fehlte 〔gerade〕～! (悪いことが)こんなことまで重なるとは｜*Noch* ein Wort! もう一言でも言ってみろ(ただではおかないから)‖〘比較級や倍数などとともに〙ein Dutzend oder ～ mehr 1ダースあるいはもっとそれ以上｜～ größer als ... …よりもっと大きい｜～ einmal so groß wie ... …の倍も大きい｜～ dreimal größer als ... …より3倍も大きい｜Jetzt bist du ～ einmal so schön. これで君はなお一段と美しくなった｜Die Hitze nahm ～ zu. 暑さはさらにつのった.
b)《**noch so** の形で》どんなに(…であろうと): jeden ～ so kleinen Vorteil ausnutzen どんな小さな利点でもすべて利用しつくす｜Und wenn du ～ so sehr bittest, ich erlaube es nicht. たとえ君がどんなに頼もうと 私はそれを許可しない.
c)《話》《**noch und noch** / **noch und nöcher** (nöcher は戯れに noch を比較級の形にしたもの)の形で》いくらでも, もっともっと: Er hat Geld ～ und ～ 〈*nöcher*〉. 彼は金がいくらでもある｜Er redet ～ und ～ 〈*nöcher*〉. あいつのおしゃべりにはきりがない.
3《文中でのアクセントなしで; 疑問詞をもつ疑問文に用い, 話し手が自分の記憶を呼び返そうとする気持を表して》Wie war das ～? それはどうだったっけなあ｜Wie heißt er ～ 〔gleich〕? 彼はなんという名前だっけなあ.
II 接《ふつう **weder ... noch ..., nicht ... noch ...** などの形で否定詞として》(…でもなく)…でもなく: **1**《並列; 語句と語句を結ぶ》weder klng ～ schön sein 利口でもハンサムでもない｜Ich habe weder Zeit ～ Geld, ～ Lust. 私には〔そんなことをする〕暇も金も興味もありません｜Er kann weder lesen ～ schreiben. 彼は読むことも書くこともできない‖nicht Geld ～ Gut haben《雅》素寒貧(すかんぴん)である｜Ich habe nicht Verwandte 〈keine Verwandten〉 ～ Freunde. 私には親戚(しんせき)も友だちもいない｜Hier hilft nicht Fleiß ～ Intelligenz. この場合勤勉さも頭のよさも役に立たない.
2《副詞的; 主語を同じくする文と文を結ぶ》Weder habe ich davon gewußt 〈Ich habe weder davon gewußt〉, ～ habe ich es geahnt. そのことについては聞き及んでいなかったし 予感もしなかった.
[I: *ahd.* „jetzt auch"; < *ahd.* nū „nun" (◇nun); II: *ahd.*; < *ahd.* ne „nicht "+ouh „auch" (◇auch)]
nö·cher[nœ́çər]《戯》noch の比較級(→noch I 2 c).
Noch·ge·schäft[nɔ́x..] 中〘商〙倍加特権つき取引, 倍加特権つき売り〈買い〉.
noch≠mal[nɔ́xma:l] 副《話》**1** (noch einmal) もう一度〔繰り返して〕, 再び; (劇などで)アンコール: ～ schreiben もう一度書く‖〘間投詞の強調〙Zum Donnerwetter ～! ええいまいましい, ちくしょう. **2** (doppelt) 2倍に, 倍も: ～ so viel 〈groß〉 wie ... …の2倍も多い〈大きい〉. **≠ma·lig** [..ma:lɪç][2] 形《付加語的》もう一度の, 再度の: ein ～*er* Versuch もう一度の試み. **≠mals**[..ma:ls] 副 (noch einmal) もう一度, さらに: *et.*[4] ～ sagen 〈schreiben〉 もう一度言う〈書く〉｜*Nochmals* vielen Dank! もう一度お礼を申し上げます.
Nock[1][nɔk] 中 -〔e〕s/-e (女 -/-en) **1**〘海〙(帆の)桁端(こうたん); (ガフの)ピーク. **2** (船橋の)舷翼(げんよく). [*ndl.*–*ndd.*; ◇*engl.* nock]
Nock[2][–] 男 -s/-e《南部・オーストリア》(Felskuppe) 岩石でできた山頂; (Hügel) 丘, 山(ふつう山の名に用いられる).
Nöck[nœk] 男 -〔e〕s/-e =Nix [*dän.*]
Nocke[nɔ́kə] 女 -/-n《南部・オーストリア》**1**〔愚かな〕うぬぼれ女. **2** =Nockerl
Nocken[1][nɔ́kən] 女 -/- =Nocke 1
Nocken[2][–] 男 -s/- 〘工〙(シャフトやディスクの)カム(→ 図 Welle).
Nocken≠schei·be 女〘工〙カム円板. **≠steue·rung** 女〘工〙カム制御〈コントロール〉. **≠wel·le** 女〘工〙カム軸(→ 図 Welle).
Nockerl[nɔ́kərl] 中 -s/-n《オーストリア・南部》〘料理〙(スープに入れる)小さいだんご: Salzburger ～ ザルツブルガー ノッケルル(オーストリアの代表的デザートの一つ). [< Nock[2]]
Nockerl·sup·pe 女《オーストリア・南部》〘料理〙小さなだんご入りスープ.
Noc·turne[nɔktýrn] 中 -s/-s[–(s)] (女 -/-s[–(s)]) (Nachtstück)〘楽〙ノクターン, 夜想曲. [*mlat.*–*fr.*; < *lat.* nocturnus „nächtlich" (◇Nacht)]
No·dus[nó:dʊs] 男 -/Nodi[..di·] (Knoten) **1**〘医〙結節. **2**〘植〙節(せつ)(葉の付着している茎の部分).
No·ema[nó:ema·] 中 -s/-ta[noé:mata·]〘哲〙(現象学の)ノエマ〔的内実〕(意識の客観的側面). [*gr.*; < *gr.* noeĩn „wahrnehmen"; ◇Noologie]
No·esis[nó:ezɪs, noé:zɪs] 女 -/ 〘哲〙(現象学の)ノエシス〔的契機〕(意識の機能的・作用的側面). [*gr.*]
No·etik[noé:tɪk] 女 -/ 〘哲〙認識論; 思惟(しい)論.
nöh·len[nǿ:lən] =nölen
Noir[noá:r] 中 -s/ (↔Rouge) (ルーレット=テーブルの)ノアール, 黒〔の数字〕. [*fr.* „schwarz"]
NOK[ɛn|o:ká:] 略 中 -〔s〕/-〔s〕=**N**ationales **O**lympisches **K**omitee (各国の)国内オリンピック委員会.
Nokt·am·bu·lis·mus[nɔktambulísmʊs] 男 -/ 〘医〙夢遊〔症〕, 夢中歩行. [< *lat.* nox (→Nacht)+ambulāre (→ambulant)]
Nok·tur·ne[nɔktúrnə] 女 -/-n=Nocturne
Nol·de[nɔ́ldə] 人名 Emil ～ エーミール ノルデ(1867–1956; ドイツの画家).
nö·len[nǿ:lən] 自 (h)《北部》**1** もたもたする, のろくさする, ぐずぐずする. **2** ぐちをこぼす, 不平を言う. 【擬音】
no·lens vo·lens[nó:lɛns vó:lɛns]《ラテン語》(wohl oder übel) 好むと好まざるとにかかわらず, いやがおうでも: *Nolens volens* haben wir mitgehen müssen. いやおうなしに私たちは同行しなければならなかった. [< *lat.* nōlle „nicht wollen"+velle (→wollen)]
Nö·ler[nǿ:lər] 男 -s/- nölen する人.
nö·lig[..lɪç][2] 形《北部》**1** ぐずな, (動作・仕事ぶりなどが)緩慢な. **2** ぐちの多い, 不平たらたらな.
no·li me tan·ge·re I [nó:li· me· táŋgerə, – – ..re·]《ラテン語》(rühr mich nicht an!) 私にさわってはいけない(復活したイエスが Magdala の Maria に言った言葉. 聖書: ヨハ20, 17). **II No·li·me·tan·ge·re**[nó:limetáŋgerə, ..re·] 中 -/- [▽]**1** =Rührmichnichtan **2**〘美〙ノリメタンゲレ(復活後 Magdala の Maria に現れたイエスの像). [◇tangieren]
Nöl≠pe·ter[nǿ:l..] 男 -s/-《北部》ぐず(のろま)な男; ぐちの多い〈不平たらたらの〉男. **≠su·se** 女 -/-n《北部》ぐず〈のろま〉な女; ぐちの多い〈不平たらたらの〉女. [< nölen]
..nom[1][..no:m]《形容詞をつくる》**1**《「…の法則・法律に従った」を意味する》: auto*nom* 自律的な｜hetero*nom* 他律的な. **2**〘動〙《「体節が…の」を意味する》: homo*nom* 同規的な｜hetero*nom* 異規的な. [< Nomos]
..nom[2][–] **1**《「…学者〈専門家・事情通〉, …の経営〈管理〉者」を意味する男性名詞 (-en/-en) をつくる》: Öko*nom* 経済学者｜Astro*nom* 天文学者｜Agro*nom* (専門教育を受

けた)農場経営者 | Gastro*nom* 調理師; 美食家.
2《数》《「…項式」を意味する中性名詞 (-s/-e) をつくる》: Bi*nom* 2項式 | Quadri*nom* 4項式 | Poly*nom* 多項式. [1: ◇..nom[1]; 2: <Nomen]

Nom. 略 =**Nominativ**

Nọ·ma[nóːmaˑ] 中 -s/-s; 女 -/..mae[..mɛˑ] (Wasserkrebs)〖医〗水癌(すいがん). [*gr.* nomḗ „Weide"; ◇Nomos]

No·mạ·de[nomáːdə] 男 -n/-n (英: *nomad*) **1 a)** 遊牧者(遊牧民の一員). **b)**《複数で》遊牧民〔族〕. **2**《しばしば戯語的に》流浪の民, 旅がらす(一か所に定住せず転々と居所を変える人). [*gr.* nomás „weidend"–*lat.*]

No·mạ·den·da·sein[nomáːdən..] 中 =Nomadenleben

no·mạ·den·haft[..haft] =nomadisch

No·mạ·den·le·ben 中 **1** 遊牧生活. **2**《比》流浪〈放浪〉生活.

No·mạ·den·tum[..tuːm] 中 -s/ **1** 遊牧〔生活〕; 遊牧民の社会〔制度〕. **2** 流浪〔生活〕.

No·mạ·den⸗volk 中 遊牧民〔族〕. ⸗**zelt** 中 遊牧民のテント.

no·mạ·disch[nomáːdɪʃ] 形 **1** 遊牧〔民〕の: ~*e* Viehzucht 遊牧. **2**《比》流浪の: ~ umherreisen あちこち流浪の旅をする.

no·ma·di·sie·ren[nomadizíːrən] 自 (h) **1** 遊牧する. **2 a)** 流浪する. **b)**《話》転々と居所を変える.

No·ma·dis·mus[..dísmʊs] 男 -/ =Nomadentum

Nọ·mae Noma の複数.

nomen《ラテン語》→*nomen* est omen, *nomen* nescio, *nomen* nominandum

Nọ·men[nóːmən, ..mɛn] 中 -s/..mina[..minaˑ]〖言〗(名詞・形容詞を総称する)名詞類〔語〕, 名詞的品詞; (特に:) 名詞: ‚Haus' und ‚klein' sind ~. Haus と klein は名詞類〈名詞的品詞〉である. [*lat.* nōmen „Name"; ◇Name]

Nọ·men ạc·ti[– ákti·] 中 -s -/..mina –[..minaˑ –]〖言〗被成名詞(例 Wurf 一腹の子). [*lat.*; ◇Akt]

Nọ·men ac·tio·nis[– aktsióːnɪs] 中 -s -/..mina –[..minaˑ –]〖言〗行為〈動作〉名詞(例 Wurf 投げること). [*lat.*; ◇Aktion]

Nọ·men agẹn·tis[– agɛ́ntɪs] 中 -s -/..mina –[..minaˑ –]〖言〗行為者〈動作主〉名詞(例 Werfer 投げる人). [*lat.*; ◇Agens]

Nọ·men ap·pel·la·tị·vum [– apɛlatíːvʊm] 中 -s -/..mina ..va[..minaˑ ..vaˑ]〖言〗普通名詞. [*lat.*; ◇appellieren]

nọ·men est ọ·men[nóːmən ɛst óːmən, nóːmɛn – óːmɛn]《ラテン語》(im Namen liegt eine Vorbedeutung) 名は体を表す. [„der Name ist das Vorzeichen"]

Nọ·men gen·tị·le[nóːmən gɛntíːlə, nóːmɛn –] 中 -s -/..mina ..tilia[..minaˑ ..tíːliaˑ] (古代ローマ人の)第二名, 族名(例 カエサル Gajus *Julius* Caesar の第二名はユリウス: →Agnomen, Kognomen, Pränomen). [*lat.*; ◇gentil]

Nọ·men in·stru·mẹn·ti[– ɪnstruméntiˑ] 中 -s -/..mina –[..minaˑ –]〖言〗道具名詞(例 Werfer 発射台). [*lat.*; ◇Instrument]

No·men·kla·tur[nomɛnklatúːr] 女 -/-en **1**〖生・化〗命名法. **2** 術語集, 専門語彙(ごい)集;《比》特定の言いまわし〈用語〔法〕〉. **3** 税関定率表. [*lat.*; <*lat.* calāre „rufen"]

No·men·kla·tu·ra[..klatúːraˑ] 女 -/ ノメンクラトゥーラ(旧ソ連邦の指導者階級). [*russ.*]

No·men·kla·tu·rịst[..klaturíst] 男 -en/-en ノメンクラトゥーラに属する人. [*russ.*]

Nọ·men lọ·ci[nóːmən lóːtsiˑ, nóːmɛn –] 中 -s -/..mina –[..minaˑ –]〖言〗場所名詞(例 Werft 造船所). [*lat.*; ◇lokal]

nọ·men nẹ·scio[– nɛ́stsioˑ]《ラテン語》(略 NN, N.N.) (Name unbekannt) 名前不明, 某. [*lat.* ne-scīre „nicht wissen"]

nọ·men no·mi·nạn·dum[– nominándʊm]《ラテン語》(略 NN, N. N.) (der zu nennende Name) (仮に)呼ばれるべき名前, 某. [◇nominieren]

Nọ·men pa·tiẹn·tis [nóːmən patsiɛ́ntɪs, nóːmɛn –] 中 -s -/..mina –[..minaˑ –]〖言〗被動名詞(例 Geschoß 撃たれるもの, 弾丸). [*lat.*; ◇Patiens]

Nọ·men post·ver·bạ·le[– pɔstvɛrbáːlə] 中 -s -/..mina ..lia[..minaˑ ..liaˑ]〖言〗動詞逆成名詞(他の名詞などから派生した動詞から逆成されたもの. 例 Handel 商業 <handeln 商売する <Hand 手). [*lat.*]

Nọ·men prọ·prium[– próː(ː)priʊm] 中 -s -/..mina ..pria[..minaˑ ..priaˑ]〖言〗固有名詞. [*lat.*; ◇proper]

Nọ·men qua·li·tạ·tis[– kvalitáːtɪs] 中 -s -/..mina –[..minaˑ –]〖言〗性状名詞(例 Kälte 寒さ). [*lat.*]

..nomie[..nomiː]《「支配・法律・法則・学問・方法」などを意味する女性名詞 (-/-n) をつくる》: Auto*nomie* 自律性; 自治権 | Öko*nomie* 経済; 経済学 | Anti*nomie*〖哲〗二律背反 | Astro*nomie* 天文学 | Gastro*nomie* 調理法; 美食. [*gr.*; ◇..nom[1]]

Nọ·mi·na Nomen の複数.

no·mi·nạl[nomináːl] 形 **1**〖言〗Nomen〔について〕の, Nomen による: die ~*e* Deklination des Adjektivs 形容詞の弱変化(→pronominal) | ~*er* Stil 名詞的文体(=Nominalstil). **2** (↔real) 名目的な;〖経〗名目の: ein ~*es* Wirtschaftswachstum 名目経済成長. [*lat.*〔–*fr.*〕; ◇..al[1]]

No·mi·nạl⸗be·trag[nomináːl..] 男〖商〗券面〈額面〉額. ⸗**de·fi·ni·tion** 女 (↔Realdefinition)〖哲〗唯名(ゆいめい)的〈名目的〉定義. ⸗**ein·kom·men** 中 (↔Realeinkommen)〖経〗名目所得. ⸗**form** 女〖言〗(動詞の)名詞形(不定詞・分詞など).

no·mi·na·li·sie·ren[nominalizíːrən] 他 (h)〖言〗名詞化する.

No·mi·na·li·sie·rung[..rʊŋ] 女 -/-en〖言〗名詞化.

No·mi·na·lịs·mus[nominalísmʊs] 男 -/ **1** (↔Realismus)〖哲〗唯名(ゆいめい)〈名目〉論. **2**〖経〗(貨幣価値論の)名目主義.

No·mi·na·lịst[..líst] 男 -en/-en **1**〖哲〗唯名(ゆいめい)〈名目〉論者. **2**〖経〗名目主義者.

No·mi·nạl⸗kom·po·si·tion[nomináːl..] 女〖言〗(名詞・形容詞を構成要素とする)名詞類複合〈合成〉〔語〕. ⸗**lohn** 男 (↔Reallohn) 名目賃金. ⸗**phra·se** 女〖言〗(略 NP) 名詞句. ⸗**satz** 男〖言〗(述語動詞, 特に繋辞(けいじ)を欠く)体言文(例 Viel Feind', viel Ehr'! 敵多きは誉れ多し). ⸗**stil** 男〖言〗(名詞的要素が支配的な)名詞的文体. ⸗**wert** 男 (Nennwert) (貨幣・有価証券などの)額面価格, 名目価格.

No·mi·na·tion[nominatsióːn] 女 -/-en **1**《カトリック》(領主による)司教候補者指名. **2** (Nominierung) (候補者などの)指名. ▽**3** 任命. [*lat.*]

Nọ·mi·na·tiv[nóːminatiːf, nominatíːf][1] 男 -s/-e (略 N., Nom.) (Werfall)〖言〗主格, 1格: ein absoluter ~ 絶対的1格(状況補足語を伴い, 主文に対する随伴的状況を表す. 例 *Ich voran*, gingen wir in die Halle hinein. 私を先頭に 我々はホールへ入って行った). [*spätlat.*]

nọ·mi·na·tị·visch[nóːminatiːvɪʃ, nominatíːvɪʃ] 形〖言〗主格の, 1格の.

no·mi·nẹll[nominɛ́l] 形 **1** 名目〈名義〉上の; (実質はそうでなく)名前だけの, 表向きの. **2**〖商〗額面〈名目〉価格上の: ~ 10 000 DM Aktien 額面1万マルクの株券.

no·mi·nie·ren[..níːrən] 他 (h)《*jn.*》(候補者として)指名する: einen Nachfolger ~ 後継者を指名する | *jn.* als Vorsitzenden ~ …を議長に指名する ‖ die für den internationalen Wettkampf *nominierten* Spieler 国際試合に出場が決定した選手たち. [*lat.*]

No·mi·nie·rung[..rʊŋ] 女 -/-en nominieren すること.

No·mịs·mus[nomísmʊs] 男 -/〖宗〗律法〔遵守〕主義(律法の厳守を救いの条件とする考え).

no·mị·stisch[..místɪʃ] 形 法律〔遵守〕主義の.

No·mo·grạmm[nomográm] 中 -s/-e 〘数〙ノモグラム, 計算図表.

No·mo·gra·phie[..grafí:] 女 -/ 図表計算.

Nọ·mos[nó(:)mɔs] 男 -/..moi[..mɔʏ] **1** 法律; 秩序. **2** 〘楽〙古代ギリシア音楽の旋律様式. [*gr.* nómos „Zugeteiltes"; <*gr.* némein (→nehmen)]

non 《ラテ語》→*non* liquet, *non* multa, sed multum, *non* olet, *non* plus ultra, *non* possumus, *non* scholae, sed vitae discimus, *non* sum qualis eram, *non* vitae, sed scholae discimus

non.. 《名詞・形容詞などにつけてこれを否定する》: *Non*konformismus 非追従主義 ‖ *non*figurativ 非具象的な. [*lat.* nōn „nicht 〔eins〕"; ◇nein]

Nọn[no:n] 女 -/-en =None 2

No·na·gọn[nonagó:n] 中 -s/-e (Neuneck) 〘数〙九角形. [<*lat.* nōnus „neunt"+..gon]

Non·cha·lance[nɔ̃ʃalɑ̃:s] 女 -/ 無頓着(むとんじゃく), 無関心; だらしのなさ. [*fr.*]

non·cha·lant[..lɑ̃:; 付加語的: nɔ̃ʃalánt] 形 無頓着(むとんじゃく)な, 無関心な; だらしのない: eine ~*e* Geste 何気ない身ぶり | *sich*⁴ ~ benehmen 投げやりな態度をとる. [*fr.*; <*lat.* calēre „warm sein"]

Non-Co·ope·ra·tion[nɔ́nkoʊɔpəréɪʃən] 女 -/ (インドでガンジー派のとった)反英非協力〔運動〕. [*engl.*; ◇Kooperation]

Nọ·ne[nó:nə] 女 -/-n **1** 〘楽〙9度〔音程〕. **2** 〘カトリック〙九時課(聖務日課の第9時の祈禱(きとう). 6時から数えるので午後3時に行われる). [〔*m*〕*lat.* nōna; <*lat.* nōnus „neunt"]

No·nẹtt[nonέt] 中 -〔e〕s/-e **1 a)** 〘楽〙九重奏〈唱〉〔曲〕. **b)** 九重奏〈唱〉団. **2** 《話》9人組. [*it.*; <*it.* nono „neunt"]

Non-fic·tion[nɔ́nfíkʃən] 中 -s/-s ノンフィクション. [*engl.*; ◇Fiktion]

non·fi·gu·ra·tịv[nɔnfiguratí:f, no:n..][1] 形 〘美〙非具象的な, 抽象的な.

Non-food≈ab·tei·lung[nɔ́nfú:d..] 女 (スーパーマーケットなどの)非食品コーナー(食料品以外の商品の売り場). **≈ar·ti·kel** 男 非食品商品. [*engl.* „nicht Lebensmittel"]

Nọ·nius[nó:niʊs] 男 -/..nien[..niən], -se[..sə] (Kluppe) 〘工〙ノニス, ノギス, バーニャ, 副尺(→ 図 Kluppe). [<P. Nunes (ポルトガルの数学者, †1578)]

Non·kon·for·mịs·mus[nɔnkɔnfɔrmísmʊs, no:n..] 男 -/ (政治・宗教・社会問題における)非追従〈非協調〉主義; (英国の)非国教主義. [*engl.*]

Non·kon·for·mịst[..míst] 男 -en/-en **1** 〘宗〙(英国の)非国教徒, ノンコンフォーミスト. **2** (世論に対する)非追従主義者; (政治的・社会的問題における)独立独歩の人, 一匹狼(おおかみ). [*engl.*]

non·kon·for·mị·stisch[..místɪʃ] 形 **1** 非追従主義の. **2** (英国の)非国教主義の; 非国教派〈徒〉の.

Non·kon·for·mi·tät[..mitέ:t] 女 -/ 非同調性, 非協調.

nọn lị·quet[nó:n lí:kvɛt] 《ラテ語》(es ist nicht klar) 〘法〙証拠不十分. [◇liquid]

nọn mụl·ta, sẹd mụl·tum[nó:n múlta· zέt múltʊm] 《ラテ語》(nicht vielerlei, sondern viel) 《諺》広く浅くではなく 深くあれ(→multum, non multa). [◇multi..]

Nọn·ne[nɔ́nə] 女 -/-n (小 **Nọ̈nn·chen**[nœ́nçən] 中 -s/-) **1 a)** 修道女, 尼僧(→ 図)(→Mönch). **b)** 《南部》(去勢された)雌獣(特に豚・馬など). **2** (↔ Mönch) (Nonnenziegel) 〘建〙牝瓦(めがわら). **3 a)** 〘虫〙ノンネマイマイ(舞々蛾)(森林の大害虫). **b)** 〘鳥〙キンパラ(金腹)〔属〕.

Nonne

[*spätlat.* nonna „Amme"–*kirchenlat.*–*ahd.* nunna; ◇*engl.* nun]

Nọn·nen≈hau·be 女 尼僧帽(→ 図 Haube). **≈klo·ster** 中 女子修道院, 尼僧院. **≈or·den** 男 女子修道会. **≈zie·gel** 男 〘建〙牝瓦(めがわら).

nọn ọlet[nó:n ó:lɛt, ─ ólɛt] 《ラテ語》(es stinkt nicht) それ(金)は臭くない(古代ローマの皇帝ヴェスパシアヌスが便所課税に対する非難に答えた言葉と伝えられる). [<*lat.* olēre „riechen"]

Non·pa·reille[nɔ̃parέ:j] 女 -/ **1** 〘印〙ノンパレル活字(6ポイント活字). **2** (チョコレート菓子を飾る)色のついた小さな砂糖玉. [*fr.*; <*fr.* pareil „gleich" (◇Parität)]

nọn plụs ụl·tra[nó:n plós últra·] **I** 《ラテ語》(es geht nichts darüber) これを上回るものなし; ここまでが限度である. **II Non·plus·ụl·tra**[nɔnplʊs|últra·, no:n..] 中 -/ 極致, 極み; 至上のもの; 完全無欠.

nọn pọs·su·mus[nó:n pɔ́sumʊs] 《ラテ語》(wir können nicht) ノン=ポスムス, 不可(ローマ教皇庁の元首に対する拒否声明の言葉). [<*lat.* posse (→possibel)]

nọn schọ·lae, sẹd vị·tae dịs·ci·mus[nó:n sçó:lɛ· zέt ví:tɛ· dístsimʊs, ─ skó:lɛ· ─ ─ ─] 《ラテ語》(nicht für die Schule, sondern für das Leben lernen wir) 私たちが学ぶのは学校〈学派〉のためではなく 人生のためである(→non vitae, sed scholae discimus). [<*lat.* dīscere „lernen"]

Nọn·sens[nɔ́nzɛns][1] 男 -, -es[..zɛnzəs]/ (Unsinn) ナンセンス, 無意味, ばかげた話. [*engl.* nonsense; ◇Sensus]

non·stọp[nɔnʃtɔ́p, nɔnst.., ⌣⌣] 副 停止せずに; 無停車で; 無着陸で: den Atlantischen Ozean ~ 〈im *Nonstop*〉 überqueren 大西洋をノンストップで横断する. [*engl.*; ◇stoppen]

Non·stọp≈flug 男 ノンストップ〈無着陸〉飛行: nach einem ~ von 10 Stunden 10時間のノンストップ飛行ののちに. **≈ki·no** 中 (プログラム終了ごとに観客の入れ替えを行わない)ノンストップ映画館.

nọn sụm quạ·lis ẹram[nó:n zʊ́m kvá:lɪs é:ram] 《ラテ語》(ich bin nicht, der ich war) 我はかつての我ならず (Horaz).

Non·va·lẹnz[nɔnvalέnts] 女 -/ **1** (Zahlungsunfähigkeit) 〘商〙支払い不能, 破産. **2** 無価値〔性〕.

Non·va·leur[nɔ̃valǿ:r] 男 -s/-s **1** 〘経〙無価値証券. **2** 売れ残り〈棚ざらし〉の品. **3** -/-s, -e 《軽蔑的に》無能な人. [*fr.* „Wertloses"]

nọn·ver·bal[nɔ́nvɛrba:l, nó:n..] 形 (身ぶり・目くばせなど)言語手段を用いない.

nọn vị·tae, sẹd schọ·lae dịs·ci·mus[nó:n ví:tɛ· zέt sçó:lɛ· dístsimʊs, ─ ─ ─ skó:lɛ· ─] 《ラテ語》(nicht für das Leben, sondern für die Schule lernen wir!) 私たちは(本来なら)人生のために学ぶはずなのに(実際は)学校〈学派〉のためにしか学んでいないではないか (Seneca のことば). [<*lat.* dīscere „lernen"]

Noo·lo·gie[noologí:] 女 -/ 〘哲〙(R. Eucken が初めて唱えた)精神論. [<*gr.* nóos „Sinn" (◇Noema)]

noo·lọ·gisch[..ló:gɪʃ] 形 精神論の.

Nọp·pe[nɔ́pə] 女 -/-n 〘織〙ネップ(織物の表面や糸のけば). [*mndd.* noppe „Knötchen im Gewebe"; ◇*engl.* nap]

Nọpp·ei·sen[nɔ́p..] 中 (粗布の)けば取り器具(鉄製具).

nọp·pen[nɔ́pən] 他 (h) **1** (織物から)けばを取り除く: einen Stoff ~ 生地のけばを取る. **2** (織物を)けば立たせる: *genoppte* Wolle けば立たせたウール.

Nọpp·zan·ge[nɔ́p..] 女 けば抜きピンセット.

Nọ·ra[nó:ra·] 女名 (<Eleonore) ノーラ.

Nor·bert[nɔ́rbɛrt] 男名 ノルベルト. [<Nord+..bert]

Nord[nɔrt][1] 男 -〔e〕s/-e **1** 《無変化; 無冠詞単数で》 **a)** (略 N) (↔Süd) (都市名の後につけて)北部: Darmstadt-~ ダルムシュタット北部. **b)** 《Süd と対に用いられて》北〔の人〕: ~ und Süd 四方〈全地域〉〔の人々〕. **c)** (略 N) (Norden) 〘海・気象〙(方位の名として)北: gen ~《雅》北方へ | nach

～ ziehen (渡り鳥などが)北に移る ‖ Der Sturm kommt aus 〈von〉 ～. あらしは北方から来る | Der Wind dreht nach ～. 風は北向きに変わる. **2** 《ふつう単数で》(Nordwind) (雅語および海事用語で) 北風: der schneidende ～ 身を切るような北風. [＜Norden]

Nọrd≠ạfri·ka[nɔ́rt|á(:)frika·] 地名 北アフリカ. **≠afri·kạ·ner** 男 北アフリカ人.

nọrd·afri·kạ·nisch 形 北アフリカの.

Nọrd≠amẹ·ri·ka[nɔ́rt|amé:rika·] 地名 北アメリカ〔大陸〕. **≠ame·ri·kạ·ner** 男 北アメリカ人.

nọrd·ame·ri·kạ·nisch 形 北アメリカの.

der **Nọrd·at·lạn·tik**[nɔ́rt|atlántɪk] 地名 男 北大西洋.

Nọrd·at·lạn·tik·pakt 男 -〔e〕s/ (**Nọrd·at·lạn·tik·pakt·or·ga·ni·sa·tiọn** 女 -/) 北大西洋条約機構(→NATO).

nọrd·at·lạn·tisch[nɔ́rt|atlántɪʃ] 形 北大西洋の.

nọrd·deutsch I 形 **1** 北ドイツ〈ドイツ北部〉の: der *Norddeutsche* Bund 〘史〙 北ドイツ連邦(1867年プロイセンの主導権のもとに成立した, Main 川以北の22のドイツ諸邦の連合体) | *Norddeutscher* Rundfunk (略 NDR) 北ドイツ放送 (Hamburg に本拠を置くドイツの放送会社). **2** 北ドイツに特有な: mit ～*em* Akzent sprechen 北ドイツの訛(なま)りで話す.

II Nọrd·deut·sche 男 女 《形容詞変化》 北ドイツの人.

Nọrd·deutsch·land 地名 北ドイツ, ドイツ北部〔地域〕.

Nọr·den[nɔ́rdən] 男 -s/ **1** 《ふつう無冠詞で》(略 N) (英: *north*) (↔Süden) (Nord) (方位の名として) 北: aus 〈von〉 ～ 〔her〕北の方から | nach ～ 〔hin〕北の方へ ‖ Das Flugzeug nahm Kurs auf ～. 飛行機は針路を北にとった | Das Haus liegt gegen ～ 〈geht nach ～〉. その家は北向きだ | Im ～ steigt ein Gewitter auf. 北の方に雷雨が発生中である | nach ～ fahren 乗り物で〈が〉北へ向かって行く〈北上する〉 | Das Gewitter kommt von 〈vom〉 ～ 〔her〕. 雷雨が北方からやってくる. **2** (場所・地域を指して) **a)** 北; 北部; 北国; (特に:) 北欧: der hohe, rauhe ～ 荒涼とした極北〔の国〕 | aus dem ～ stammen 北国の出〈産〉である | nach dem ～ 〈in den ～〉 reisen 北の地方(特に北欧)へ旅行する. **b)** (ある地域のうちの) 北部: der ～ Deutschlands 〈von Deutschland〉 ドイツ北部. **3** 《集合的に》北国人; 北部の人; 北欧の人: Der ～ hat andere Lebensgewohnheiten als der Süden. 北国の人々は南の人とはまた別の生活習慣をもつ. [*germ.* „niederwärts"; ◇*gr.* nérthe „unten"; *engl.* north]

Nor·den·skiöld[nú:rdənʃœld] 人名 Adolf Erik ～ アドルフ エリク ノルデンシェルド(1832-1901; スウェーデンの地理学者・北極探検家).

Nọr·der[nɔ́rdər] 男 -s/- **1** (特にメキシコ湾地方の) 北風. **2** (Norden) 〘海〙 北. [＜Nord]

Nor·der·nẹy[nɔrdərnáɪ] 地名 ノルデルナイ (Ostfriesland 諸島に属するドイツ領の島). [„Nordinsel"; ◇ *anord.* ey „Aue"]

Nọr·der·son·ne[nɔ́rdər..] 女 (Mitternachtssonne) (極地で夏に見られる) 真夜中の太陽. [*ndl.* norder-zon の翻訳借用]

Nọrd·eu·rọ·pa[nɔrt|ɔʏró:pa·] 地名 北ヨーロッパ, 北欧.

nọrd·eu·ro·pạ̈·isch 形 北ヨーロッパの, 北欧の: die ～*en* Länder 北欧諸国.

Nọrd·flü̲s[nɔ́rtfly:s][1] 中 -〔e〕s/-e 《北部》＝Nordlicht

Nọrd·ger·ma̲·nen 複 〘史〙 北ゲルマン族.

nọrd·ger·ma̲·nisch 形 北ゲルマン〔人・語〕の: → deutsch

Nọrd·halb·ku̲·gel 女 北半球.

nọr·disch[nɔ́rdɪʃ] 形 北欧の, (特に:) スカンジナビアの; ノルド語の: →deutsch ‖ die ～*e* Kombination 〘スキ〙 ノルディック〈複合〉〔競技〕 | die ～*e* Kultur スカンジナビア文化 | die ～*en* Länder 北欧〈スカンジナビア〉諸国 | die ～*en* Sprachen 北欧諸語 (Norwegisch, Schwedisch, Dänisch, Isländisch) | die ～*en* Völker 北欧民族.

Nor·dịst[nɔrdíst] 男 -en/-en 北欧語〈文学〉研究者.

der **Nọrd·jẹ·men**[nɔ́rtjé:mən, ..mɛn] 地名 男 -〔s〕/ 北イエメン(→Jemen 1).

Nọrd·je·me·nịt[nɔ́rtjemení:t] 男 -en/-en 北イエメン人.

nọrd·je·me·nị·tisch[..tɪʃ] 形 北イエメン〔人〕の.

das **Nọrd·kap**[nɔ́rtkap] 地名 中 -s/ ノールカプ(ノルウェー, マーゲレイ Magerøy 島の北岸にあるヨーロッパ最北端の岬).

Nọrd·ka·per[..kapər] 男 -s/- 〘動〙 セミクジラ(背美鯨).

Nọrd·ko·rẹa[nɔ́rtkoré:a·] 地名 北朝鮮(朝鮮民主主義人民共和国: →Korea).

Nọrd·kü·ste[nɔ́rt..] 女 北部海岸, 北(きた)海岸.

nördl. 略 ＝nördlich 北の.

Nọrd·land[nɔ́rtlant][1] 中 -〔e〕s/ (北極に近い) 北地, 北の国; スカンジナビア.

Nọrd·län·der[..lɛndər] 男 -s/- (特に北欧諸国に住む) 北国人.

nọrd·län·disch[..dɪʃ] 形 北国の; 北欧の.

Nọrd·land·rei·se[..lant..] 女 北国〈スカンジナビア〉旅行.

nördl. Br. 略 ＝nördliche〔r〕 Breite 北緯(…度).

nọ̈rd·lich[nœ́rtlɪç] 形 (↔südlich) **1** (略 n., nördl.) 北の, 北方の; (ある地域のうちの) 北部の: der ～*e* Himmel 北の空 | die ～*en* Länder 北方〈北欧〉諸国 | die ～*e* Erdhalbkugel 北半球 | das *Nördliche* Eismeer 北氷洋 (＝Nordpolarmeer) | der ～*ste* Punkt Europas ヨーロッパの最北点 | ～*e* Breite (略 nördl. Br., n. Br.) 北緯(…度) | Die Stadt liegt auf 〈unter〉 20 Grad ～*er* Breite. その都市は北緯20度にある ‖ das ～*e* Westfalen ヴェストファーレン北部 | Die Stadt liegt weiter ～. その町はずっと北の方にある ‖〘2格または von *et.*[3] の前に置いて〙 das Gebiet ～ des Rheins ライン川の北側の地域 | Die Stadt liegt 20 km ～ von Hamburg. その町はハンブルクの北方20キロにある. **2** 北からの, 北から来る; 北向きの, 北を目指す: der ～*e* Wind 北風 | Das Schiff hat ～*en* Kurs. 船は針路を北にとっている | einen ～*eren* Kurs einschlagen 北寄りのコースをとる ‖ Der Wind weht ～. 風は北風〈北向き〉だ. [＜Norden]

Nọrd·licht[nɔ́rt..] 中 -〔e〕s/-er **1** 北極光. **2** 《しばしば軽蔑的に》北ドイツの人. [*dän.* nordlys の翻訳借用]

Nọ̈rd·lin·gen[nœ́rdlɪŋən] 地名 ネルトリンゲン(ドイツ Bayern 州中部にある中世のおもかげを残す古い都市).

Nord·nord≠ọst[nɔrtnɔrt|ɔ́st] 男 -〔e〕s/-e **1** 《無変化; 無冠詞単数で》(略 NNO) 〘海・気象〙 (方位の名として) 北北東. **2** 《ふつう単数で》〘海〙 北北東の風. **≠ọsten** 男 -s/ **1** 《ふつう無冠詞で》(略 NNO) (方位の名として) 北北東. **2** (場所・地域を指して) 北北東〔部〕. **≠ọst·wind** 男 北北東の風. **≠wẹst**[..vɛ́st] 男 -〔e〕s/-e **1** 《無変化; 無冠詞単数で》(略 NNW) 〘海・気象〙 (方位の名として) 北北西. **2** 《ふつう単数で》〘海〙 北北西の風. **≠wẹ·sten** 男 -s/ **1** 《ふつう無冠詞で》(略 NNW) (方位の名として) 北北西. **2** (場所・地域を指して) 北北西〔部〕. **≠wẹst·wind** 男 北北西の風.

Nord≠ọst[nɔrt|ɔ́st] 男 -〔e〕s/-e **1** 《無変化; 無冠詞単数で》(略 NO) (都市名の後につけて) 北東部; (Nordosten) 〘海・気象〙 (方位の名として) 北東. **2** 《ふつう単数で》〘海〙 北東の風. **≠ọsten** 男 -s/ **1** 《ふつう無冠詞で》(略 NO) (方位の名として) 北東. **2** (場所・地域を指して) 北東〔部〕.

nord·ọ̈st·lich[nɔrt|œ́stlɪç] 形 **1** 北東〔方〕の; (ある地域のうちの) 北東部の: →nördlich 1 **2** 北東からの; 北東向きの: →nördlich 2

der **Nord-Ọst·see-Ka·nal**[nɔrt|ɔ́st.., ◡◡—◡—] 地名 男 -s/ 北海・バルト海運河(北海に面する Elbe 河口とバルト海に面する Kiel 湾を結ぶ運河: →Kaiser-Wilhelm-Kanal).

Nord·ọst·wind 男 北東の風.

der **Nọrd·pa·zị·fik**[nɔ́rtpatsí:fɪk, ◡◡—◡] 地名 男 北太平洋.

nọrd·pa·zị·fisch[nɔ́rtpatsí:fɪʃ, ◡◡—◡] 形 北太平洋の.

Nọrd·pol[nɔ́rt..] 男 -s/ (略 NP) 北極.
Nọrd·po·lar≈ge·biet[nɔ́rtpola:r..] 中 -(e)s/ (Arktis) 北極地方. ≈**kreis** 男 北極圏. ≈**län·der** 複 =Nordpolargebiet ≈**licht** 中 -(e)s/-er 北極のオーロラ.
das **Nọrd·po·lar·meer** 地名 中 -(e)s/ 北極海.
Nọrd·pol≈ex·pe·di·tion[nɔ́rtpo:l..] 女 北極探検(隊). ≈**fahrt** 女 北極旅行(航海); 北極探検.
Nọrd·punkt[nɔ́rt..] 男 -(e)s/ 〘天〙(子午線の)北点, 真北.
Nọrd·rhein-West·fa·len[nɔ́rtraɪnvɛstfá:lən] 地名 ノルトライン=ヴェストファーレン(ドイツ中西部の州で,1946年に成立. 州都は Düsseldorf; 略 NRW).
die **Nọrd·see**[nɔ́rtze:] 地名 女 -/ 北海(ヨーロッパ大陸とイギリスの間にある大西洋の縁海).
Nọrd·see≈gar·ne·le 女 〘動〙コエビ. ≈**ger·ma·nen** 複 北海ゲルマン族(アングロ=フリース族ともいう).
der **Nọrd·see·ka·nal** 地名 男 -s/ 北海水路(アムステルダムと北海を結ぶ運河).
Nọrd·see·krab·be 女 〘動〙コエビ.
Nọrd·sei·te[nɔ́rt..] 女 北側: die ～ eines Hauses 家の北側.
die **Nọrd·staa·ten** 複 (アメリカ合衆国の)北部諸州.
der **Nọrd·stern** 男 -(e)s/ (Polarstern) 北極星.
Nọrd-Süd≈-Dia·log[nɔ́rtzý:t..] 男 -s/ 〘政〙南北の対話. ≈**-Ge·fäl·le** 中 -s/ 〘政〙南北の格差. ≈**-Kon·flikt** 男 〘政〙南北の軋轢(あつれき).
Nọrd·viet·nạm[nɔ́rtviɛtnám, ◡◡◡́◡] 地名 北ベトナム(旧ベトナム民主共和国の通称: →Vietnam).
nọrd·wärts[nɔ́rtvɛrts] 副 北へ, 北方へ.
Nord≈wẹst[nɔrtvɛ́st] 男 -(e)s/-e **1** 《無変化; 無冠詞単数で》(略 NW)(都市名の後につけて)北西部; (Nordwesten)〘海・気象〙(方位の名として)北西. **2** 《ふつう単数で》〘海〙北西の風. ≈**wẹ·sten** 男 -s/ **1** 《ふつう無冠詞で》(略 NW)(方位の名として)北西. **2** (場所・地域を指して)北西(部).
nord·wẹst·lich[nɔrtvɛ́stlɪç] 形 **1** 北西(方)の; (ある地域のうちの)北西部の: →nördlich 1 **2** 北西からの; 北西向きの: →nördlich 2
Nord·wẹst·wind 男 北西の風.
Nọrd·wind[nɔ́rt..] 男 北風.
Nọr·ge[nɔ́rgə] 地名 ノルゲ(Norwegen のノルウェー語形). [*anord.* nor-(v)egr „Nord-weg (zur Nordsee)"]
Nör·ge·lei[nœrgəlái] 女 -/-en **1** あら探しばかりすること, 文句ばかりつけること, しきりに不平を鳴らすこと: Diese ständige ～ fällt mir auf die Nerven. こうしょっちゅうけちばかりつけられては私の神経がたまらない. **2** 《ふつう複数で》文句, 小言.
Nör·gel·frit·ze[nœ́rgəl..] 男 -n/-n 《俗》(Nörgler) 不平家; うるさ型, やかまし屋, 小言幸兵衛.
nör·ge·lig[nœ́rgəlɪç][2] (**nörg·lig**[..glɪç][2]) 形 あら探しばかりする, 文句の多い, けちばかりつける, 不平たらたらの.
Nör·gel·lie·se 女 -/-n 《話》(Nörglerin) がみがみ女.
nör·geln[nœ́rgəln] 《06》自 (h) あら探しばかりする, 文句(けち)ばかりつける, 絶えず不平を鳴らす: Er hat an allem (über alles) zu ～. 彼は何にでもけちをつけずにはおれない | mit *nörgelnder* Stimme 不満げな声で. [擬音; ◇schnarren]
Nör·gel·pe·ter 男 -s/- =Nörgelfritze
Nörg·ler[nœ́rglər] 男 -s/- (女 **Nörg·le·rin**[..lərɪn]-/-nen) 不平家; うるさ型, やかまし屋, あら探し屋.
nörg·lig =nörgelig
Norm[nɔrm] 女 -/-en **1 a)** 規準, 規範; 〘法〙法規(範); 規格: moralische (gesellschaftliche) ～*en* 道徳的(社会的)規準 | eine orthographische ～ 正書法上の規範(きまり) ‖ ～*en* festsetzen 規準を設ける(立てる・定める) | als ～ dienen (gelten) 規準として用いられる, 規格として通用する. **b)** 《ふつう単数で》(Arbeitsnorm) 労働(作業)基準(量), ノルマ; (旧東ドイツで)消費指数: eine ～ aufstellen ノルマを設定する | die ～ erreichen (erfüllen) ノルマを達成する. **2** 標準, 水準; 〘スポーツ〙(競技参加資格としての)最低(標準)記録: die ～ übertreffen / über die ～ hinausgehen 水準を越える | von der ～ abweichen 標準からずれる. **3** 〘印〙折り丁書名, 折り標題(各折り丁の最初のページの下端欄外に小さな活字で刷り込まれる簡略な書名). [*lat.* nōrma „Richtschnur"–*mhd.*; < *lat.* nōscere (→nobel)]
nor·mal[nɔrmá:l] **I** 形 **1 a)** (↔abnorm, anormal) 通常の, 普通の, 常態の, 正常な, ノーマルな: ein ～*er* Mensch 正常な人, 普通人(→b) | auf ～*em* Weg 普通の方法で | unter (in) ～*en* Verhältnissen 普通の状態で(は). **b)** 《話》(精神が)正常な: Er ist nicht ganz ～. 彼はまともでない(頭がちょっとおかしい). **2** 基準(標準)的な, 規定(規格)どおりの, 正規の; 〘化〙規定(液)の: ～*e* Gleichung 〘数〙正規方程式 | ～*e* Schwerkraft 〘理〙標準重力 | ～*e* Temperatur 常温; 平熱. **II Nor·mal** 中 -s/-e **1** 〘化〙規定(溶液の濃度を示す単位; 記号 N). **2** 《話》(スーパーガソリンに対するオクタン価の低い)レギュラーガソリン: ～ tanken レギュラーガソリンを入れる. [*lat.*; ◇..al[1]]
Nor·mal≈ab·wei·chung 女 -/-en 〘理〙標準偏差. ≈**ar·beits·tag** 男 正規労働日. ≈**ben·zin** 中 =Normal 2 ≈**bür·ger** 男 平均的市民.
Nor·ma·le[nɔrmá:lə] 女 《形容詞変化》(また: -/-n) 〘数〙法線: zwei ～(*n*) 2 本の法線.
nor·ma·ler·wei·se[..lər..] 副 通常は, 普通なら.
Nor·mal≈fall[nɔrmá:l..] 男 通常(正常)の場合: im ～ 通常(正常)の場合には. ≈**feld** 中 〘坑〙(採掘権の)標準面積. ≈**film** 男 (幅35mm の)標準フィルム. ≈**form** 女 〘スポーツ〙標準能力; 〘数〙標準形. ≈**for·mat** 中 標準寸法. ≈**ge·wicht** 中 **1** 標準重量; 平常体重. **2** 標準衡器. ≈**grö·ße** 女 ふつうの大きさ, 標準サイズ; 標準体格.
Nor·mal·hö·hen·punkt 男 -(e)s/ 〘測量〙水準原点 (記号 NH, N. H.). [< Höhe]
Nor·ma·li·en[nɔrmá:liən] 複 原型; モデル; 規定; 規準.
nor·ma·li·sie·ren[nɔrmalizí:rən] 他 (h) **1** 標準(規格)化する; 正常な状態に回復させる: die Beziehungen zwischen den beiden Staaten ～ 両国間の関係を正常化する ‖ 再帰 *sich*[4] ～ 正常な状態に回復する, 復旧する | Die Zustände haben sich wieder *normalisiert.* 状態はふたたび正常にもどった. **2 a)** 〘金属〙焼きなましする(鋼の組織を常態化する). **b)** 〘化〙規定液を作る. [*fr.*]
Nor·ma·li·sie·rung[..rʊŋ] 女 -/-en ((sich) normalisieren すること. 例えば:) **1** 標準化, 規格化, 規格統一; 正常化; 〘心〙常態化; 〘統計〙正規化. **2** 〘金属〙焼きなまし, 焼準.
Nor·ma·li·tät[nɔrmalitɛ́:t] 女 -/ **1** (normal なこと. 例えば:) 正常性, 正常な常態. **2** 規定どおりであること; 〘化〙(濃度などの)規定.
Nor·mal≈lö·sung[nɔrmá:l..] 女 〘化〙規定(溶)液. ≈**maß** 中 (度量単位の規準となる)原器. ≈**null** 中 -s/ 《ふつう無冠詞で》(略 NN, N. N.) (測高の基点としての)平均海面. ≈**ob·jek·tiv** 中 -s/-e 〘写〙標準レンズ. ≈**sich·tig·keit** 女 〘医〙正(常)視. ≈**spur** 女 -/ 〘鉄道〙標準軌間(→Breitspur, Schmalspur).
nor·mal·spu·rig 形 〘鉄道〙標準軌間の.
Nor·mal≈ton 男 -(e)s/..töne (Kammerton) 〘楽〙標準音(調子). ≈**uhr** 女 標準時計. ≈**ver·brau·cher** 男 **1** 平均的消費者. **2** 《話》(あまり高い精神的要求を持たない)普通人, 世間並みの凡人: Otto ～ (→Otto I). ≈**zeit** 女 (↔Ortszeit) 〘理〙標準時. ≈**zu·stand** 男 **1** 普通(通常)の状態. **2** 〘理〙(1 気圧, 0 °C の)標準状態.
die **Nor·man·die**[nɔrmandí:] 地名 女 -/ ノルマンディー(フランス北西部の地方. 主要都市は Rouen と Le Havre).
Nor·man·ne[nɔrmánə] 男 -n/-n ノルマン人(スカンジナビア・デンマークを原住地とするゲルマン人の一派). [*ahd.* Nor(d)man „Nordländer"; ◇ *engl.* Nor(th)man]
nor·man·nisch[..nɪʃ] 形 ノルマン人(語)の: →deutsch ‖ der ～*e* Eroberungszug 〘史〙ノルマン人の征服(ノルマンディー公ウィリアムによる1066年のイングランド征服).
nor·ma·tiv[nɔrmatí:f][1] **I** 形 標準(規準)となる, 規範的な: die ～*e* Grammatik 〘言〙規範文法. **II Nor·ma·tiv** 中 -s/-e (旧東ドイツで, 機械・器具などの)操作規準(規

定〉.

Norm·blatt[nórm..] 中 (ドイツの規格統一委員会発行の)規格表.

nor·men[nórmən] 他 (h) 規格化する, 規格を統一する; 規準として〈によって〉決める: die Papierformate ~ 紙の寸法を規格化する ‖ *genormte* Termini (ある基準によって統一された)標準術語〈用語〉.

Nor·men≈aus·schuß 男 規格委員会: Deutscher ~ (略 DNA) ドイツ規格委員会. **≈kon·trol·le** 女 〖法〗規範統制(裁判所による法令審査〔権〕).

norm·ge·mäß[nórm..] 形 規格〈基準〉に合った.

nor·mie·ren[nɔrmí:rən] =normen [*lat.*–*fr.*]

Nor·mie·rung[..ruŋ] 女 -/-en =Normung

Nor·mung[nórmuŋ] 女 -/-en **1** 規格〈標準〉化, 規格統一. **2** 〖金属〗焼きなまし, 焼準.

norm·wid·rig[nórm..] 形 規格〈基準〉に反する.

Nor·ne[nórnə] 女 -/-n《ふつう複数で》〖北欧神〗ノルネ(運命の女神. Urd, Werdandi, Skuld の三姉妹をさす). [*anord.*]

Nor·we·gen[nórve:gən] 地名 ノルウェー(スカンジナビア半島の西半を占める王国. 首都は Oslo). [*mhd.*; ◇Norge; *engl.* Norway]

Nor·we·ger [..gər] 男 -s/- (⊛ **Nor·we·ge·rin**[..gərɪn]-/-nen) ノルウェー人.

nor·we·gisch[..gɪʃ] 形 ノルウェー〔人・語〕の: →deutsch

Nörz[nœrts] 男 -es/-e =Nerz

NÖS[nœs] 略 =**Neues Ökonomisches System** 新経済体系(=NÖSPL).

No·se·ma·seu·che[nozé:ma..] 女 〖虫〗ノゼーマ病(微胞子虫類の一種の腸内寄生によって起こるミツバチの病気). [<*gr.* nósēma „Krankheit"]

noso.. 《名詞などにつけて「疾病」を意味する》[*gr.* nósos „Krankheit"]

No·so·gra·phie[nozografí:] 女 -/ 〖医〗疾病記述〈記録〉〔学〕.

No·so·lo·gie[..logí:] 女 -/ 〖医〗疾病分類学.

No·so·ma·nie[..maní:] 女 -/ 〖医〗疾病狂, 罹病(ﾘﾋﾞｮｳ)妄想.

No·so·pho·bie[..fobí:] 女 -/ 〖医〗疾病恐怖〔症〕.

No-Spiel[nó:..] 中 能楽. [◇No²]

NÖSPL[nœspəl] 略 中 -〔s〕/ =**Neues Ökonomisches System der Planung und Leitung der Volkswirtschaft** (1969年に導入された旧東ドイツの)国民経済計画・指導のための新経済体系.

Nost·al·gie[nɔstalgí:] 女 -/-n[..gí:ən] **1** (Heimweh) 郷愁, ノスタルジア. **2** 〖医・心〗懐郷病. [<*gr.* nóstos (→genesen)]

Nost·al·gi·ker[nɔstálgikər] 男 -s/- 郷愁〈ノスタルジア〉にふける人.

nost·al·gisch[nɔstálgɪʃ] 形 **1** 郷愁をそそる; 郷愁に駆られている: ~*e* Musik 郷愁をそそる音楽 | eine ~*e* Stimmung 郷愁に駆られた気分. **2** 懐郷病にかかった.

No·stra·da·mus[nɔstradá:mus] 人名 ノストラダムス(1503–66; フランスの占星術師 Michel de Notredame のラテン語形).

No·stri·fi·ka·tion[nɔstrifikatsió:n] 女 -/-en **1** (Einbürgerung) 〖法〗帰化, 国籍付与. **2** (国家による)外国の学位〈試験〉の承認.

no·stri·fi·zie·ren[..tsí:rən] 他 (h) **1** (*jn.*) 帰化させる, (…に)国籍を与える. **2** (外国の学位・試験を)承認する.

No·stro·kon·to[nóstro..] 中 〖商〗(取引先銀行との間の)当店勘定. [*it.*; <*lat.* noster „unser" (◇uns)]

not[no:t] 形《ふつう無変化》《ふつう次の成句で》**1 ~ tun** / **~ sein** 必要である | Eile tut ~. 急ぐ必要がある | Eins aber ist ~. しかし必要なことが一つある(聖書: ルカ10,42) ‖ ***jm.* ~ tun** / ***jm.* ~ sein** …にとって必要である | Ihm tut Hilfe ~. 彼には援助が必要だ | Es täte 〈wäre〉 dir ~ zu ruhen. 君には休息が必要だと思うよ. **2** *et.*⁴ 〈ᵛ*et.*²〉 ~ haben …を必要としている.

Not[no:t] 女 -/Nöte[nǿ:tə] **1** 《単数で》必要, 急迫: Es hat keine ~. 〔それは〕緊急のことではない | Damit hat es keine ~. それは緊急を要しない ‖ **aus ~** 必要に迫られて, やむをえず(→2) | **aus der ~ eine Tugend machen** 《比》災いを転じて福とする | **ohne ~** 必要もなしに(→2, 3) | **zur ~** 《話》いざとなれば, やむをえなければ ‖ **wenn 〈wo〉 ~ am Mann ist** 《話》いよいよというときには, 緊急の場合には | Es 〈Jetzt〉 ist ~ am Mann. 事態は急を要する.

2 窮乏, 貧困; 困窮, 困苦, 苦しみ; 苦境, 窮地: bittere 〈drückende / große / schwere / tiefe〉 ~ ひどい困窮 | innere ~ 内心の苦しみ | Geld*not* 現金不足; 財政困難 | Seelen*not* 深い苦悩 | die *Nöte* der Jugend 青年期の悩み ‖ die ~ bekämpfen 窮乏と戦う | *js.* ~ erleichtern 〈lindern/mildern〉 …の困窮〈苦しみ〉を軽減させる | keine ~ kennen 不自由を知らぬ | ~ leiden 困窮する ‖ **aus ~** 苦しまぎれに; 貧困が原因で(→1) | *jn.* aus der ~ retten …を困窮から救う | **in ~ und Tod** 《雅》生死にかかわるようなとき〔にも〕 | in ~ und Tod zusammenstehen いかなる苦境にあっても互いに助け合う | *jm.* in der ~ helfen 〈beistehen〉 困っている…を援助する | in ~ geraten 〈kommen〉 窮地に陥る | in ~ sein 〈leben〉 困窮している | in tausend *Nöten* sein 〈stecken〉 《比》八方ふさがりの状態である | Ein Wechsel ist in ~. 〖商〗手形が不渡りになっている | Jetzt 〈Bei ihm〉 ist 〔wieder mal〕 Holland in ~. 《話》今や〈彼は〉窮地に陥っている, ここは〈彼は〉救援が必要だ | Freunde in der ~ gehen tausend 〈hundert〉 auf ein Lot. 《諺》友人もいざとなると当てにならぬ | In der ~ frißt der Teufel Fliegen. (→Teufel 1) | Spare in der Zeit, so hast du in der ~. (→sparen 1 b) | **ohne ~** 〔und Sorgen〕 leben 何不自由なく暮らす ‖ ***Not* bricht Eisen.** 《諺》窮すれば通ず | ***Not* kennt kein Gebot.** 《諺》背に腹はかえられぬ | *Not* lehrt beten. 《諺》苦しいときの神頼み | *Not* macht erfinderisch. 《諺》必要は発明の母 | Wenn die ~ am größten ist, ist Gottes Hilf 〈Hilfe〉 am nächsten. 《諺》窮すれば通ず(苦しみがきわまれば救いもまた間近い).

3 《単数で》辛苦, 苦労, やっかい: **mit** 〔knapper〕 Müh〔e〕 und ~ (→Mühe 1) | **mit knapper 〈genauer〉 ~** かろうじて, やっとのことで | mit aller 〈einiger〉 ~ さんざん〈かなり〉苦労して〈やっと〉 | **ohne ~** 苦もなく, 簡単に(→1, 2) ‖ *jm.* große 〈viel〉 ~ machen (仕事などが)…をさんざん手こずらせる | 〔**mit *jm.* 〈*et.*³〉**〕 ***seine*** 〔**liebe**〕 **~ haben** 〔…に〕手こずる | Damit hat's keine ~. そんなことはぞうさない〈わけはない〉 | Ich hatte 〔meine〕 ~, mit meinem Geld auszukommen. 私は自分の金だけでやってゆくのに苦労した | Ich habe meine ~, wie ich das anfangen soll. 私はどんなふうにしてそれに着手したらいいかと苦慮している.

★ haben, sein, tun と用いられる場合は小文字で書かれることがある: →not

[*germ.*; ◇*engl.* need]

No·ta[nó:ta·] 女 -/-s **1** 〖商〗 **a)** 〔覚書〕送り状; 勘定書, 書き付け. **b)** (Auftrag) 注文: *et.*⁴ in ~ geben 〈nehmen〉 …を発注する〈…の注文を受けつける〉. ᵛ**2** 覚書, メモ. [*lat.* nota „Zeichen"; ◇Nomen, Note, notieren; *engl.* note]

No·ta·beln[notá:bəln] 複 名士,(特に:)〖史〗(フランスの名士会を構成する)名士(有力な僧侶・貴族・上層ブルジョアジー); (ドイツ支配下のアルザスの)名士(多くは親仏的であった): *Notabeln*versammlung (フランスの)名士〔議〕会(三部会の代行機関). [*fr.*; <*lat.* notābilis „bemerkenswert"]

no·ta·be·ne[notabé:nə, ..ne·] **I** 副 (略 NB) **1** 《間投詞的に》注意〔せよ〕. **2** (übrigens) ところで, それはそうと: Ich besitze ~ weder Hut noch Schirm. ところで私は帽子も傘も持っていない. **II No·ta·be·ne** 中 -〔s〕/-〔s〕 注意書き, 備考, 注; (Denkzettel) メモの紙片. [*lat.* nōta bene „merke wohl!"; ◇notieren]

No·ta·bi·li·tät[notabilitɛ́:t] 女 -/-en ᵛ**1** 《単数で》著名〈有名〉であること. **2** 《ふつう複数で》名士連, お歴々. [*fr.*]

Not≈ab·itur[nó:t..] 中 (兵役などのために繰り上げて実施される)高校卒業資格臨時試験. **≈adres·se** 女 〖商〗(手形の)予備支払人のあて名; (一般に)非常時連絡先. **≈ag·gre·gat** =Notstromaggregat **≈an·ker** 男 〖海〗(非

常用の) 予備アンカー; 《比》最後の手段, 頼みの綱.

No·tar[notá:r] 男 -s/-e 公証人: *et.*⁴ bei einem ~ hinterlegen …を公証人に寄託する. [*lat.* notārius „Schnellschreiber"－*mlat.*－*ahd.*; ◇Nota, ..ar; *engl.* notary]

No·ta·riat[notariá:t] 中 -〔e〕s/-e **1** 公証人役場. **2** 公証人の職. [*mlat.*; ◇..at]

No·ta·riats·ge·bühr 女 -/-en《ふつう複数で》公証手数料.

no·ta·riell[notariέl] (**no·ta·risch**[..tá:rɪʃ]) 形〘法〙公証人が作成〈証明〉した, 公証的な: ein ~*es* Testament 公正証書遺言(いごん) | eine ~*e* Urkunde 公正証書 ‖ *et.*⁴ ~ beurkunden 〈beglaubigen〉…を公証する ‖ ~ beglaubigt 公証された.

Not·arzt[nó:t..] 男 救急医.

No·tat[notá:t] 中 -〔e〕s/-e 書き留めた〈メモした〉もの, 覚え書, メモ.

No·ta·tion[notatsió:n] 女 -/-en **1**〘楽〙記譜法. **2** (図書整理などの)〔分類〕記号法. **3**〘チェス〙ゲームの記録〈記入〉. [*lat.*; ◇notieren]

Not·auf·nah·me[nó:t|aʊfna:mə] 女 **1**〘法〙緊急受け入れ(ドイツ統一前の旧東ドイツから旧西ドイツへの亡命者の移住許可). **2 a)** 急患受け入れ. **b)** 救急ベッド〈病院〉.

Not·auf·nah·me≠la·ger 中 緊急受け入れ用の収容所. ≠**ver·fah·ren** 中 (ドイツ統一前の旧東ドイツからの逃亡者に対する)緊急受け入れ処置.

Not≠aus·gang[nó:t..] 男 非常口. ≠**aus·stieg** 男 (電車・バス・飛行機などの)非常〔降車〕口. ≠**bank** 女 -/..bänke (劇場などの)補助いす, 臨時ベンチ. ≠**be·hau·sung** 女 仮住まい, 応急住宅. ≠**be·helf** 男 間に合わせ〔のもの〕; 当座しのぎの〈やりくり〉策, 応急手段, 臨時措置: als ~ dienen 間に合わせ〈一時しのぎ〉に役立つ | Das ist nur ein ~. それはほんの間に合わせだ. ≠**be·leuch·tung** 女 非常用照明〔装置〕: die ~ einschalten 非常〔用予備〕灯のスイッチを入れる. ≠**be·trug** 男〘法〙困窮詐欺. ≠**bett** 中 (病院などの)救急〈応急〉ベッド. ≠**brem·se** 女〘鉄道〙非常制動機〈ブレーキ〉(→ 図 Abteil): die ~ ziehen 非常制動機〈ブレーキ〉を引く. ≠**brücke** 女 仮橋.

Not·bur·ga[no:tbʊ́rga·] 女名 ノートブルガ. [◇Not, bergen]

Not·dienst[nó:t..] 男 (Bereitschaftsdienst) (特に休日における医者・薬剤師などの)救急業務: ~ haben 急患に備えて待機している.

Not·durft[nó:tdʊrft] 女 -/ **1**《雅》便意(尿意を含む); 用便: die ~ befriedigen / ***seine* ~ verrichten** 用をたす | ***seine* große 〈kleine〉 ~ verrichten** 大便〈小便〉をする. ᵛ**2**《集合的に》〔生活〕必需品. **3** ＝Notdürftigkeit [*ahd.* nōt-duruft „zwingendes Bedürfnis"; ◇Not, dürfen]

not·dürf·tig[nó:tdʏrftɪç]² 形 やっと間に合うだけの, かつかつの, ぎりぎりの; 一時しのぎの, 間に合わせの, 応急の; 乏しい, 不十分な, 貧弱な: eine ~*e* Unterkunft 応急の〈かろうじて雨露をしのげる程度の〉宿泊所 | mit einer ~*en* Ausrüstung お粗末な〈ぎりぎりの〉装備で ‖〘副詞的に〙*et.*⁴ 〔nur〕 ~ ausbessern 〈reparieren〉…を間に合わせに修繕する | Er hat nur ~ zu leben. 彼はぎりぎりの生活をしている | Von seinem Lohn kann er ~ leben. 彼の給料では彼は食べていくのがやっとだ | Sie kleidete sich ~ an und öffnete die Tür. 彼女はわずかのものを身にまとっただけの姿でドアをあけた | Er beherrscht Deutsch soweit, daß er sich ~ verständigen kann. 彼のドイツ語の力はなんとか意思を通じさせる程度だ.

Not·dürf·tig·keit[−kaɪt] 女 -/ notdürftig なこと.

No·te[nó:tə] 女 -/-n **1**〘楽〙**a)** 音符〔で示された音〕: eine ganze 〈halbe〉 ~ 全〈2分〉音符 | eine punktierte ~ 付点音符 | Viertel*note* 4分音符 ‖ ~*n* lesen 音符を読む | ein Gedicht in ~*n*⁴ setzen 詩に曲をつける. **b)**《複数で》(Notentext) 楽譜(→ 図): die ~*n* für ein Quartett 四重奏曲の楽譜 | die ~*n* studieren 楽譜を研究する〈詳しく読む〉‖ **nach ~*n*** i) 音譜どおりに, 楽譜を見ながら; ii)《俗》したたかに, こてんこてんに; iii)《話》すらすらと, よどみなく | nach ~*n* spielen 〈singen〉 楽譜を見て演奏する〈歌う〉| ***jn.* nach ~*n* verprügeln** 〈schelten〉《話》…をさんざんぶん殴る〈しかりつける〉| **wie nach ~*n* gehen 〈klappen〉**《話》すらすらと〈計画どおりに〉事が運ぶ | nach Takt und ~*n* (→Takt 1 a) | **ohne ~*n*** 楽譜を見ないで, 暗譜で.

2 (学校の)成績評語, 評点, 点〔数〕: ganze ~*n* 満点 | eine gute 〈schlechte〉 ~ bekommen よい〈悪い〉点をとる | die ~ „sehr gut" in Chemie erhalten 化学で「優」をもらう | *jm.* die ~ Drei geben …に3(可)の成績を与える | eine Prüfung mit der ~ 1 bestehen 優の成績で試験に合格する.

☆ 旧西ドイツの学校では1953年以来 sehr gut (1), gut (2), befriedigend (3), ausreichend (4), mangelhaft (5), ungenügend (6)の6段階評価が行われている. 5と6は落第点で「不可」に当たる. 旧東ドイツでは sehr gut (1), gut (2), befriedigend (3), genügend (4), nicht genügend (5)の5段階; オーストリアでも5段階評価であるが, スイスでは州により異なり, 1を最高点とする5段階と並んで, 6を最高点とする6段階(6-1)評価も行われている. ドイツでは以前は4段階 (sehr gut, gut, genügend, mangelhaft), 次いでこれに ungenügend を加えた5段階評価が行われていた.

3《ふつう複数で》(Banknote) 銀行券,〔銀行〕紙幣: falsche 〈gefälschte〉 ~*n* 偽札 | ~*n* drucken 銀行券を印刷する.

4〘政〙外交文書, 通告書, 通牒(つうちょう), 覚書(おぼえがき): Verbal*note* (外交上の)口上書 ‖ *jm.* eine ~ überreichen …に通告書を手交する | ~*n* wechseln 覚書を交換する.

5《単数で》特色, 特徴, 特性, (独特の)色合い, ニュアンス:

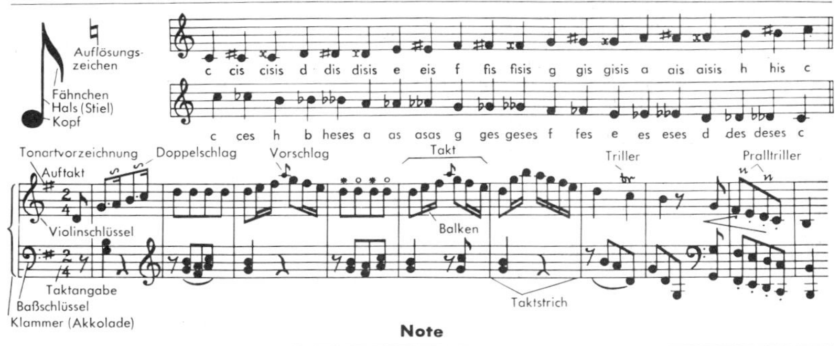

Note

Die aufgesetzten Taschen geben dem Kleid die sportliche ～. パッチ〈アウト〉ポケットがそのドレスをスポーティーな感じにしている.
6 (Nota) 〔商〕勘定書, 書き付け.
7 (Anmerkung) 注, ノート: Fuß*note* 脚注 | *et.*[4] in einer ～ festhalten …を注にとどめておく | ～*n* und Erläuterungen zu Homers „Ilias“ ホメロスの『イリアス』の注釈〈注解〉.
[*lat.* nota (→Nota)〔-*mlat.*-*mhd.* note „Musik-note“〕]

N

Nö·te Not の複数.
No·ten≠aus·tausch[nóːtən..] 男 (外交上の)文書〈覚書〉交換. **≠bank** 女 -/-en 銀行券発行銀行, 発券銀行: Deutsche ～ (旧東ドイツの)国立発券銀行(1968年から Deutsche Staatsbank と改称). **≠blatt** 中 (1枚の)楽譜. **≠buch** 中〔楽〕譜本(装丁された楽譜). **≠druck** 男 -[e]s/ **1** 銀行券〈紙幣〉印刷. **2** 楽譜印刷. **≠durch·schnitt** 男 評点の平均値, 平均点. **≠heft** 中 **1** (冊子になった)楽譜. **2** (ノートになった)五線紙, 楽譜ノート. **≠li·nie**[..niə] 女 -/-n《ふつう複数で》〔楽〕譜線. **≠pa·pier** 中 楽譜用紙, 五線紙. **≠pult** 中 譜面台, 楽譜台(→ ⊛ Pult). **≠schlüs·sel** 男〔楽〕音部記号. **≠schrift** 女〔楽〕記譜法. **≠stän·der** 男 = Notenpult **≠ste·cher** 男 楽譜彫版師〈工〉. **≠sy·stem** 中 (学校での)成績評語のシステム, 評点の体系. **≠text** 男《ふつう単数で》楽譜. **≠um·lauf** 男 銀行券の流通. **≠wech·sel** 男 = Notenaustausch **≠zei·chen** 中 音符.
Not≠er·be[nóːt..] 男〔法〕推定相続人. **≠fall** 男 緊急の場合; 必要のある場合: für den ～ いざというときのために | im ～ 緊急〈万一〉の場合には.
Not·fall≠arzt = Notarzt **≠aus·weis** 男 (血液型などのデータを記載した)救急治療用身分証明書. **≠dienst** 男 (病院などの)救急〈待機〉業務, 救急活動〔機関〕.
not·falls 副 やむをえないときには, 必要とあれば.
Not≠feu·er[nóːt..] 中 **1** 非常信号火〈灯〉. **2**〔民俗〕疫病払いのたいまつ. **≠flag·ge** 女〔海〕遭難信号旗, 非常信号旗. **≠fre·quenz** 女 緊急発信〈遭難信号〉用の周波数. **≠frist** 女〔法〕不変期間.
not·ge·drun·gen[nóːt..] 形 必要に迫られての, やむをえない, のっぴきならない, せっぱつまった, 余儀ない: ～*e* Sparsamkeit 必要に迫られた〈せっぱつまっての〉節約 | Er gehorchte ～. 彼はやむなく言うことをきいた.
Not≠geld 中 (戦時下やインフレの際の)緊急通貨. **≠ge·mein·schaft** 女 必要に迫られて〈窮境を打開するために〉結成された共同体. **≠ge·setz** 中〔法〕緊急法. **≠ge·spräch** 中 緊急通話. **≠gro·schen** 男 (万一の場合に備えての)貯金: *sich*[3] einen ～ zurücklegen 万一に備えて貯金する. **≠ha·fen** 男〔海〕緊急避難港. **≠hel·fer** 男 **1** 緊急の際の救助者. **2**〔ｶﾄﾘｯｸ〕救難聖人: die vierzehn ～ 十四救難聖人(困難に際して信者がその名を唱えて代願を求める14人の聖人). **≠hil·fe** 女 -/ 緊急救助, 非常救済; 応急手当て.
no·tie·ren[notíːrən] **I** 他 (h) **1 a)** 《*et.*[4]》書きとめる, メモする; 記帳する, 記入する: *js.* Geburtstag im Kalender ～ …の誕生日をカレンダーに書き込む | 〔*sich*[3]〕 die Adresse 〈die Telefonnummer〉 auf einem Zettel ～ 紙きれに住所〈電話番号〉を書きとめる. **b)** 《*jn.*》(…の)身上(氏名・住所など)について書きとめる: *jn.* für die Teilnahme ～ (=vormerken) …を参加者リストに記入する | Er wurde *notiert* und mußte dem Wirt versichern, Schadenersatz zu leisten. 彼は住所氏名を書きとめられ店の主人に損害賠償の約束をしなければならなかった. **c)** 《比》心に留める, 気づく: Er hat den Vorgang gar nicht *notiert.* 彼はその出来事に全く気づかなかった. **2**〔楽〕記譜する. **3**〔商〕(取引所が)相場をつける, 値段をつける.
II 自 (h)〔商〕相場がつく: hoch ～ (株価などが)高値である | Die Baumwolle *notiert* unverändert. 木綿相場は変わらずだ.
[*lat.*〔-*mlat.*-*mhd.*〕; ＜*lat.* nota (→ Nota); ◇Note]
No·tie·rung[..rʊŋ] 女 -/-en **1**《単数で》notieren すること. **2**〔商〕相場, 時価: die amtliche ～ 公定相場. **3** (Notation) **a)**〔楽〕記譜法. **b)**〔ﾁｪｽ〕ゲームの記録〈記入〉.
No·ti·fi·ka·tion[notifikatsióːn] 女 -/-en = Notifizierung [*mlat.*]
no·ti·fi·zie·ren[..tsíːrən] 他 (h) **1** (外交文書・覚書の形で)通告する. [▽]**2** 告示する; 通知する. [*lat.*; ＜*lat.* notus (→Notiz)]
No·ti·fi·zie·rung[..rʊŋ] 女 -/-en notifizieren すること.
no·tig[nóːtɪç][2] 形《南部・ｵｰｽﾄﾘｱ》(arm) 貧しい, 困窮した.
nö·tig[nǿːtɪç][2] 形 **1** 必要な, ぜひ入用な: das 〔dazu〕 ～*e* Geld 〔それに〕必要な金 | die ～*en* Maßnahmen treffen 必要な措置を講じる | die ～*en* Unterlagen 必要書類 ‖ 〔unbedingt〕 ～ sein 〔ぜひとも〕必要である | Es ist noch nicht ～, Licht zu machen. まだ明かりをつける必要はない | Deine Aufregung ist gar nicht ～. なにも君が興奮することはない ‖ wenn 〔es〕 ～ 〔ist〕 必要とあれば | Wenn ～, werde ich den Arzt rufen. 必要なら医者を呼びましょう ‖ *jn.* 〈*et.*[4]〉 **～ haben** …を必要とする | Er hat Ruhe 〈[▽]der Ruhe[2]〉 dringend ～. 彼にはすぐにも休息が必要だ | Ich habe dich ～. 私には君が必要だ | *et.*[4] ～ haben wie das tägliche Brot (→Brot) | Er hat es manchmal ～, daß man ihm die Meinung sagt. 彼にはときどきはっきりこちらの意見を言ってやることが必要だ | Du hast es nicht ～, noch länger zu warten. 君はこれ以上待つ必要はないよ | Das Kind hat es sehr ～.《話》この子はうんち〈しっこ〉をしたがっている | Gerade du hast es ～ 〈Du hast es gerade ～〉, mich zum Sparen zu ermahnen.《話》君は私に節約せよとお説教できる柄じゃないよ ‖ *et.*[4] 〔für〕 ～ finden / *et.*[4] für ～ halten 〈雅: erachten〉 …を必要とみなす | Er hat es nicht für ～ gehalten 〈gefunden〉, sich zu entschuldigen. 彼は謝る必要はないと思った ‖ *sich*[4] ～ machen 必要である ‖〘副詞的に〙*et.*[4] ～ brauchen …をぜひとも必要とする | Er braucht ～ Ruhe 〈ein neues Fahrrad〉. 彼には休息〈新しい自転車〉がぜひとも必要だ ‖〘名詞的に〙das *Nötige* 必要なもの〈こと〉 | alles *Nötige* veranlassen すべての必要な手続きをふむ | Bei ihnen fehlt es am *Nötigsten.* 彼らにはいちばん必要なものすら欠けている. **2**《南部》= notig
[*ahd.*; ◇Not]
nö·ti·gen[nǿːtɪgən][2] 他 (h) **1 a)** 《*jn.* zu *et.*[3]》(…に…を)強いる, 強要する, 強制する, むりにさせる: *jn.* zum Bleiben ～ …をむりやり引きとめる | *jn.* zum Essen ～ …にぜひにと食事をすすめる | *jn.* zur Unterschrift ～ …に署名を強要する ‖ Lassen Sie sich nicht erst ～! 遠慮せずに自由に振舞って〈自分から進んで行動して〉ください | Er läßt sich nicht lange ～. 彼は遠慮しない〔で食べる〕 ‖〘zu 不定詞句と〙Man *nötigte* ihn, Platz zu nehmen. 彼はむりやり席につかせられた | Seine Krankheit *nötigte* ihn, sein Amt aufzugeben. 彼は病気のためやむなく辞職せざるをえなかった | Durch solche Erwägungen wurde ich *genötigt*, meinen Entschluß zu ändern. こう考えると私は決心を変えざるをえなかった ‖ ***sich***[4] **genötigt sehen**《zu 不定詞〔句〕と》…することを余儀なくされる | Endlich sah ich mich *genötigt*, ihn zu mahnen. とうとう私は彼に警告せざるを得なくなった | Er sah sich 〈Er war〉 *genötigt*, sein Haus zu verkaufen. 彼は家を売るほかはなかった.
b) 《*jn.*》《場所を示す語句と》(…に…へ)行くようにすすめる〈勧誘する〉: *jn.* auf einen Stuhl 〈ins Zimmer〉 ～ …にいすをすすめる〈…をぜひにと部屋に招き入れる〉 | *jn.* zu Tisch 〈zu einer Tasse Tee〉 ～ …にむりやり食事〈お茶〉を振舞う.
2 《*jn.*》〔法〕力ずくで〈脅迫して〉従わせる; 強姦(ごうかん)する.
nö·ti·gen·falls[nǿːtɪgənfáls] 副 必要な場合には, 必要とあらば: *Nötigenfalls* kann ich den Betrag gleich bezahlen. 必要ならばその金額をすぐお支払いできます.
Nö·ti·gung[nǿːtɪgʊŋ] 女 -/-en **1**《ふつう単数で》nötigen すること: ～ zur Unzucht〔法〕強制猥褻(わいせつ)〔罪〕 | Nur keine ～*en*! まあそんなにむりに勧めないでください.
2《単数で》《雅》ぜひともしなければならないという欲求, やむにやまれぬ気持: keine ～ zu *et.*[3] empfinden どうしても…しなければならないとは感じない | aus einer inneren ～ heraus やむにやまれぬ気持から.

No·tiz[notí:ts, ..títs] 女 -/-en **1** 《ふつう複数で》メモ, 覚書(おぼえがき), 手控え: 〔*sich*³〕 ～*en* machen メモをとる | ～*en* in ein Heft eintragen メモをノートに書きこむ. **2** 《ふつう単数で》(Zeitungsnotiz)(新聞の)小記事: Die Zeitung brachte nur eine ～ darüber. 新聞はそれについて短い記事をのせただけだった. **3** 注意; 認知: 〖ふつう次の成句で〗 **von *jm.* 〈*et.*³〉 ～ nehmen** …に注意を向ける, …を気にとめる | Er nahm keine ～ von mir. 彼は私には目もくれなかった. [*lat.* nōtitia „Kenntnis"; < *lat.* nōtus „bekannt" (◇nobel); ◇notifizieren; *engl.* notice]

No·tiz≈block 男 -〔e〕s/-s, ..blöcke はぎ取り式のメモ帳 (→ 図 Block). **≈buch** 中 (メモ用の)手帳, メモ帳. **≈zet·tel** 男 メモ用紙.

Not·jahr[nó:t..] 中 凶年, 凶作の年.

Not·ker[nó:tkər] **I** 男名 ノートカー. **II** 人名 ～ Labeo [lá:beo·] ノートカー ラーベオ(950頃-1022; ドイツの修道士. ドイツ人ノートカーとも呼ばれ, ラテン語古典を古高ドイツ語に翻訳した). [< *ahd.* nōt „Not"+gēr „Ger" (◇Gernot)]

Not≈la·ge[nó:t..] 女 苦境, 窮境, 窮地; 逼迫(ひっぱく)した〈差し迫った〉状態: aus einer ～ herauskommen 苦境を脱する | *sich*⁴ in einer ～ befinden 窮境にある | in einer finanziellen ～ sein 財政的に逼迫した状態にある | in eine ～ geraten 窮地〈苦境〉に陥る | *jn.* in eine ～ bringen …を窮地に陥れる | *js.* ～ ausnutzen …の窮境を利用する. **≈la·ger** 中 **1** 仮〈間に合わせ〉の寝床. **2** 仮〈応急〉の収容所.

not·lan·den[nó:tlandən]¹ 《01》《過 notlandete; 過分 notgelandet; zu 不定詞: notzulanden》 **I** 自 (s) 〖空〗 緊急〈不時〉着陸する: Das Flugzeug 〈Der Pilot〉 ist auf einem Feld *notgelandet.* 飛行機〈パイロット〉は野原に不時着した. **II** 他 (h) 〖空〗(飛行機を)緊急〈不時〉着陸させる.

Not·lan·dung[..dʊŋ] 女 〖空〗 緊急〈不時〉着陸.

not·lei·dend 形 **1** 困窮した, 苦境にある: der 〈die〉 *Notleidende* 困窮者, 貧困者. **2** 〖商〗 不渡りの: ein ～*es* Papier 不渡り手形.

Not≈lei·ter[nó:t..] 女 非常ばしご. **≈licht** 中 -〔e〕s/-er 非常〔用予備〕灯. **≈lö·sung** 女 間に合わせの〈暫定的な〉解決策, 方便, 便法. **≈lü·ge** 女 (急場をしのぐための)方便のうそ: zu einer ～ greifen やむを得ずうそをつく. **≈maß·nah·me** 女 非常〈緊急〉措置, 応急処置. **≈mast** 男 〖海〗 仮マスト. **≈mit·tel** 中 応急〈非常〉手段. **≈na·gel** 男 《話》 間に合わせの代役, 埋め草的な役目をつとめる人. **≈ope·ra·tion** 女 〖医〗 救急〈緊急〉手術.

not·ope·rie·ren 《過 notoperierte; 過分 notoperiert; zu 不定詞: notzuoperieren》 他 (h) 緊急手術する.

Not·op·fer 中 緊急救済税: ～ Berlin (旧西ドイツの)ベルリン救済特別税(1949-58).

no·to·risch[notó:rɪʃ] 形 **1** 〔世間〕周知の, 人も知る, 名だたる; 顕著な: eine ～*e* Tatsache 〖法〗(証明を要しない)顕著な事実. **2** 《軽蔑的に》札つきの, 常習の: ein ～*er* Säufer 札つきの大酒飲み | Er ist ～ arbeitsscheu. 彼は名だたる怠け者だ. [*mlat.*; < *lat.* nōtus (→Notiz)]

Not≈pfen·nig[nó:t..] 男 =Notgroschen **≈pro·gramm** 中 緊急対策的〔行動〕計画. **≈quar·tier** 中 **1** 仮〈間に合わせ〉の宿泊所. **≈recht** 《スイス》 =Notstandsrecht

No·tre-Dame[nɔtrədám] 女 -/ **1** 〖宗〗 ノートル=ダム(聖母マリアのフランス語形). **2** ノートル=ダム(フランスの聖母聖堂. 特にパリにあるノートル=ダム=ド=パリを指すことが多い). [*fr.*; < *lat.* noster „unser" (◇uns)]

not·reif[nó:t..] 形 〖農〗(穀物・果実が干ばつや養分不足のために)生長しきらぬまま熟した.

Not·rei·fe 女 -/ notreif なこと.

not·rei·fen 《過 notreifte; 過分 notgereift; zu 不定詞: notzureifen》 自 (s) 〖農〗(穀物・果実が)生長しきらぬまま熟する.

Not≈re·ser·ve[nó:t..] 女 非常用の蓄え, 緊急用備蓄. **≈ruf** 男 **1** (警察署・消防署などへの)非常〈緊急〉呼び出し: auf einen ～ hin 非常〈緊急〉呼び出しに応じて | über 〔den〕 ～ die Polizei rufen 非常呼び出し電話で警察を呼ぶ. **2** =Notrufnummer

Not·ruf≈an·la·ge 女, **≈mel·der** 男 非常〈緊急〉呼び出し(公衆)電話〔装置〕. **≈num·mer** 女 非常〈緊急〉呼び出し電話の番号. **≈säu·le** 女 (高速道路などの)緊急連絡用電話ポール.

Not·schal·ter 男 非常スイッチ.

not·schlach·ten 《01》《過 notschlachtete; 過分 notgeschlachtet; zu 不定詞: notzuschlachten》 他 (h) (死にそうになった家畜を)非常畜殺する.

Not≈schlach·tung 女 非常畜殺. **≈schrei** 男 救いを求める叫び声. **≈si·gnal** 中 =Notzeichen **≈si·tua·tion** 女 =Notlage **≈sitz** 男 (乗り物・劇場などの)補助席. **≈stand** 男 **1** (天災などによる)苦境, 窮境. **2** 〖法〗 **a)** 緊急〈非常〉事態: den ～ ausrufen 非常事態を宣言する. **b)** 緊急避難.

Not·stands≈ar·beit 女 -/-en 《ふつう複数で》 緊急失業救済事業. **≈ge·biet** 中 (災害などによる)窮迫地域, 災害〈被災〉地区. **≈ge·setz** 中 -es/-e 《ふつう複数で》 緊急〈非常〉事態法. **≈ge·setz·ge·bung** 女 緊急立法. **≈recht** 中 〖法〗 緊急権.

Not·strom[nó:t..] 男 非常〔用予備〕電流.

Not·strom·ag·gre·gat 中 非常用発電機.

Not·tau·fe 女 〖宗〗 応急洗礼(司祭が間に合わないときの俗人による急場の洗礼).

not·tau·fen 《過 nottaufte; 過分 notgetauft; zu 不定詞: notzutaufen》 他 (h) 《*jn.*》(…に)応急洗礼を施す.

Not≈trau·ung 女 〖法〗(死期が迫っているときなどの)非常婚姻. **≈trep·pe** 女 非常階段. **≈tür** 女 非常ドア.

Not·tur·no[nɔtʊ́rno·] 中 -s/-s, ..ni[..ni·] **1** 〖楽〗 ノットゥルノ, 夜曲, セレナーデ. **2** =Nocturne [*it.*]

Not≈un·ter·kunft[nó:t..] 女 **1** 仮〈間に合わせ〉の宿泊. **2** =Notwohnung **≈ver·band** 男 仮包帯, 救急包帯. **≈ver·kauf** =Selbsthilfeverkauf **≈ver·ord·nung** 女 〖法〗(議会の承認なしに発令される)緊急命令(例えばワイマル憲法第48条の大統領の緊急命令).

not·was·sern[nó:t..] 《05》《過 notwasserte; 過分 notgewassert; zu 不定詞: notzuwassern》 自 (s) 〖空〗 緊急〈不時〉着水する.

Not≈was·se·rung 女 〖空〗 緊急〈不時〉着水. **≈wehr** 女 正当防衛: die ～ überschreiten 正当防衛〔の程度〕をこえる, 過剰防衛である | in 〈aus〉 ～ 正当防衛で〈から〉 | *jn.* in ～ erschießen 〈töten〉 …を正当防衛によって射殺〈殺害〉する.

Not·wehr≈ex·zeß 男 〖法〗 過剰防衛. **≈hand·lung** 女 正当防衛行為. **≈über·schrei·tung** 女 =Notwehrexzeß

not·wen·dig[nó:tvɛndɪç, ‒⏑⏑]² 形 **1** ぜひとも必要な, 必要不可欠な, 必須(ひっす)の: die ～*en* Formalitäten erledigen 必要な手続きをすませる | das für die Reise ～*e* Geld 旅行に必要な金 | eine ～*e* Voraussetzung 不可欠な前提 ‖ Diese Dinge sind zum Hausbau ～. これらのものは家屋建築にどうしても必要だ | Es ist ～ 〈Ich halte es für ～〉, daß ... …がぜひとも必要である〈どうしても必要だと思う〉 | Ist es ～, daß du zu mir kommst? 君はどうしても私のところに来なければならないのか ‖ *et.*⁴ ～ brauchen …をぜひとも必要とする | Ich muß mal ～ 〔auf die Toilette〕. 《話》ちょっとトイレに行ってこなくっちゃ ‖ das *Notwendige* veranlassen ぜひとも必要な手はずを整える | *sich*⁴ aufs 〈auf das〉 *Notwendigste* beschränken 必要不可欠なものに限る | Es fehlt ihnen am *Notwendigsten.* 彼らにはぜひとも必要なものさえ欠けている.

2 避けられない, 不可避の, 必然的な, 必至の: ein ～*es* Übel (→übel II 1) | Das ist die ～*e* Folge des Leichtsinns. それは軽率さの当然の帰結だ ‖ Der Verkauf des Hauses war ～. 家屋の売却はやむをえなかった ‖ Der Versuch mußte ～ mißlingen. 実験は必然的に失敗せざるをえなかった | Daraus folgt ～, daß ... そのことから当然の帰結として…の結果が生じる.

[„Not (ab)wendend"]

not·wen·di·gen·falls[nó:tvɛndɪgənfáls] 副 やむをえない〈ぜひとも必要な〉場合には.

N

N

not·wen·di·ger·wei·se[nó:tvɛndɪgərváizə] 副 必然的に, 当然〔の帰結として〕, 必ず: Das muß nicht ～ so sein. 必ずしもそうというわけではない.

Not·wen·dig·keit[..dɪçkaɪt, ––◡◡–] 女 -/-en **1**《単数で》必然〔性〕, 不可避; 必要〔性〕, 不可欠, 必須: die ～ von *et.*[3] einsehen 〈erkennen〉 …の必然性を理解〈認識〉する | *et.*[4] aus ～ tun やむを得ず…をする.
2（ぜひとも必要なもの・こと. 例えば:）必要物, 必需品; 必要不可欠な重要事, 急務: Fünf Stunden Schlaf sind für mich eine ～. 5時間の睡眠は私にとって絶対に必要だ ‖ Lebens*notwendigkeiten* 生活必需品.

Not≤woh·nung[nó:t..] 女 仮り住まい, 応急〈仮設〉住宅. **≤zei·chen** 中 非常〈遭難〉信号. **≤zeit** 女 -/-en《ふつう複数で》窮乏〈困窮〉の時, 非常時.

Not·zucht 女〘法〙強姦(ごうかん): an *jm.* ～ begehen 〈verüben〉 …を強姦する.

not·züch·ti·gen《過 notzüchtigte; 過分 genotzüchtigt; zu 不定詞: zu notzüchtigen》他 (h)《*jn.*》〘法〙強姦(ごうかん)する. [*ahd.* nōt-zogōn „gewaltsam (fort)zerren“; ◇ziehen]

Not·zucht·ver·bre·chen 中 強姦(ごうかん)罪.

Not·zu·stand 男 苦境, 窮境; 逼迫(ひっぱく)した〈差し迫った〉状態.

Nou·gat[nú:gat, nugá:] (**Nu·gat**[nú:gat]) 男 (中) -s/ -s ヌガー(クルミ・アーモンドなどを混ぜたあめの一種). [*provenzal.*–*fr.*; <*lat.* nux (→Nuß)]

Nou·veau ro·man[nuvorɔmɑ̃] 男 --/ 〘文芸〙ヌーボー=ロマン(第二次大戦後にフランスで試みられた実験小説). [*fr.* „neuer Roman“]

Nou·veau·té[nuvoté:] 女 -/-s 新しいもの(新作・新製品など).

Nov. 略 ＝November 11月.

No·va[1] Novum の複数.

No·va[2][nó:va·] 女 -/Novä[nó:vɛ·]〘天〙新星. [*lat.* nova (stella) „neuer (Stern)“; ◇neu]

No·va·lis[nová:lɪs] 人名 ノヴァーリス(1772–1801; ドイツの詩人. 本名 Friedrich von Hardenberg. 作品『青い花』など. 本人は[nó:valɪs] と発音したともいう).

No·va·tion[novatsió:n] 女 -/-en **1** 更新, 革新. **2**〘法〙(債務などの)更改. [*spätlat.*; <*lat.* novāre „erneuern“]

No·vel·le[novɛ́lə] 女 -/-n **1**〘文芸〙ノヴェレ, 短編小説, 短話. **2** (Gesetzesnovelle)〘法〙改正法(既存の法律の不完全な部分を改正・補充する法律). [1: *it.* novella; 2: *lat.* novella (lēx) „neues (Gesetz)“; <*lat.* novus (→neu); ◇*engl.* novel]

No·vel·len≤dich·ter 男 短編作家. **≤samm·lung** 女 (1巻にまとめられた)短編集.

No·vel·let·te[novɛlɛ́tə] 女 -/-n **1**〘文芸〙(ごく短い)短編小説. **2**〘楽〙ノベレッテ(ロマン的ピアノ曲の一種). [*it.*]

no·vel·lie·ren[novɛlí:rən] 他 (h)《*et.*[4]》(…に)新しい条項を追加する: ein Gesetz ～ 法律に条項を追加する.

No·vel·list[novɛlíst] 男 -en/-en 短編小説作家.

No·vel·li·stik[..lístɪk] 女 -/ **1** 短編小説の芸術〈技法〉. **2**《集合的に》短編小説.

no·vel·li·stisch[..lístɪʃ] 形 短編小説〔ふう〕の.

No·vem·ber[novɛ́mbər; スイ:..fɛ́m..] 男 -[s]/-《ふつう単数で》(略 Nov.) 11月: →August[1]
★ 古名: Wintermonat, Wintermond, Nebelung
[*lat.*–*mhd.*; <*lat.* novem (→neun); 古代ローマ暦では März が第1月; ◇*engl.* November]

No·vem·ber·re·vo·lu·tion 女 -/〘史〙(1918年ドイツの)十一月革命.

No·ve·ne[novéːnə] 女 -/-n〘カトリック〙九日間の祈り(9日間継続する祈禱(きとう)または奉事式からなる信心修行). [*mlat.*]

No·vi·tät[novitɛ́:t] 女 -/-en **1** (Neuheit) 新しいもの〈こと〉(新作・新製品など). **2** (Neuigkeit) 新しい報道, ニュース. [*lat.*; <*lat.* novus (→neu)]

No·vi·ze[noví:tsə] **I** 男 -n/-n **1**〘カトリック〙修練士. **2**《比》(Neuling) 初心者, 新参者. **II** 女 -/-n〘カトリック〙修練女. [*lat.* novīcius „Neuling“–*mlat.*–*mhd.*; ◇*engl.* novice]

No·vi·ziat[novitsiá:t] 中 -[e]s/-e〘カトリック〙**1** 修練期. **2** 修練院. [*mlat.*; ◇*engl.* novitiate]

No·vi·zin[noví:tsɪn] 女 -/-nen ＝Novize II

No·vo·cain[novokaí:n] 中 -s/ 商標 ノボカイン(局部麻酔剤). [<*lat.* novus „neu“+Kokain]

No·vum[nó:vʊm, nóv..] 中 -s/..va[..va·]《ふつう単数で》新しいもの〈こと〉; 新しい観点. [*lat.*; ◇neu]

No·wa·ja Sem·lja[nó:vaja· zɛ́mlja·, nóv.. zɛmljá] 地名 ノバヤ=ゼムリヤ(北極海にある2島からなるロシア連邦領の島). [*russ.* „Neues Land“]

No·xe[nɔ́ksə] 女 -/-n〘医〙害毒物; 病毒. [*lat.* noxa „Schaden“; ◇nekro..]

Np[ɛnpé:] 記号 **1** [または nɛptú:niʊm] (**Neptunium**)〘化〙ネプツニウム. **2** (**Neper**)〘理〙ネーパー(減衰比率の単位).

NP 略 **1** ＝**Nordpol** 北極. **2** [ɛnpé:] ＝**Nominalphrase**〘言〙名詞句.

NPD[ɛnpe:dé:] 略 女 -/ ＝ **Nationaldemokratische Partei Deutschlands** ドイツ国家民主党(1964年旧西ドイツで結成された右翼政党).

Nr. 略 ＝**Nummer** 1

Nrn. 略 ＝**Nummern** (→Nummer 1)

NRT[ɛn|ɛrté:] 略 ＝**Nettoregistertonne** 純〔登録〕トン数.

NRW[ɛn|ɛrvé:] 略 ＝**Nordrhein-Westfalen**

ns 記号 (**Nanosekunde**) ナノ秒.

n. S. 略 ＝**nach Sicht**〘商〙一覧後.

NS 略 **1** [ɛn|ɛ́s] ＝ **Nationalsozialismus** ナチズム. **2** ＝**Nachschrift** (手紙の)追伸. **3** ＝n. S.

NSDAP[ɛn|ɛsde:|a:pé:] 略 女 -/ ＝**Nationalsozialistische Deutsche Arbeiterpartei** 国家社会主義ドイツ労働者党, ナチ党(第一次大戦後に結成された全体主義的な極右政党で,1933年 Hitler が政権を掌握したあとドイツにおける独裁政党となった. 1945年ドイツの敗戦とともに壊滅した).

NS-Re·gime[ɛn|ɛ́sreʒi:m] 中 -s/ ナチ政権.

NS-Staat[ɛn|ɛ́s..] 男 -[e]s/ ナチ国家.

n. St. 略 ＝**neuer Stil, neuen Stils** (→Stil 5)

NS-Zeit[ɛn|ɛ́s..] 女 -/ ナチ時代(1933–45).

N. T.[ɛnté:] 略 ＝**Neues Testament** 新約聖書.

nu[nu:] **I** 副《中部》《話》＝nun I **II** 間《na nu の形で》おやおや, はてまあ(→nanu). **III Nu** 男 瞬間:〘もっぱら次の成句で〙**im ～ / in einem ～**《話》たちまち, たちどころに, 即座に | *et.*[4] in einem ～ erledigen …を即座に片づける | Ich bin im ～ wieder da. 私はすぐまた戻って来る.

Nu·an·ce[nyɑ́:sə, nyáŋsə; オーストリア: nyɑ̃:s] 女 -/-n[..sən] ニュアンス, 微妙な差異, あや, 陰影, 濃淡: eine kaum merkliche ～ ほとんど気づかないほどの微妙なニュアンス | Farb*nuance* 色彩のニュアンス | Bedeutungs*nuance* 意味のニュアンス ‖ Die Farbe ist 〔um〕 eine ～ zu hell. この色はほんのこころもち〈ちょっぴり〉明るすぎる. [*fr.*; <*lat.* nūbēs „Wolke“]

nu·an·cen·reich[nyɑ́:sən.., nyáŋsən..] 形 ニュアンス〈陰影〉に富んだ.

nu·an·cie·ren[nyɑ̃sí:rən, nyaŋs..] **I** 他 (h)《*et.*[4]》(…に)ニュアンス〈微妙な差異〉をつける. **II nu·an·ciert** 過分 形 微妙な, 陰影に富んだ. [*fr.*]

Nu·an·cie·rung[..sí:rʊŋ] 女 -/-en nuancieren すること.

Nu·be·ku·la[nubé:kula·] 女 -/..lä[..lɛ·]〘医〙**1** 角膜片雲. **2** (尿の)雲状浮遊物. [*lat.* nubecula „kleine Wolke“]

'nü·ber[ný:bər]《特に南部》＝hinüber

Nu·bi·en[nú:biən] 地名 ヌビア(スーダン北部からエジプト南部に広がる地域で大部分が砂漠. 古代の王国). [*gr.*–*lat.*–*mlat.* Nūbia]

Nu·bi·er[..biər] 男 -s/- ヌビア人(主としてハム系の種族).

nu·bisch[..bɪʃ] 形 ヌビア〔人・語〕の: →deutsch ‖ die *Nubische* Wüste ヌビア砂漠.

Nu·cel·lus[nutsɛ́lʊs] 男 -/..lli[..li·]〘植〙(胚珠(はいしゅ)の)

珠心. ［*lat.*］

nüch·tern［nýçtərn］ 形 **1** (胃に)食物の入っていない, 胃がからっぽの: Das Mittel ist auf ～*en* Magen einzunehmen. この薬は空腹時に飲まなければいけない｜Das war ein Schreck auf ～*en* Magen. 《話》それはまことに不快な出来事だった. **2** (↔betrunken) しらふの, 酔っていない: wieder ～ werden 酔いが覚める. **3** 冷静な, 分別のある, 思慮深い; 事物に即した, 客観的な; ありのままの, 誇張のない; 醒(さ)めた; 飾りのない: ein ～*er* Mensch 冷静〈無味乾燥〉な人間｜～*e* Tatsachen 客観的な〈粉飾のない〉事実 ‖ *et.*[4] ～ beurteilen 〈einschätzen〉…を冷静に判断〈評価〉する｜Der Raum war ～ eingerichtet. その部屋の調度はきわめて簡素だった. **4** (食物について)味のない, 気の抜けた: eine ～*e* Suppe 味の足りないスープ. ［*ahd.* nuohtarnīn „frühmorgens"; ＜*ahd.* uohta „Morgendämmerung"＋*lat.* nocturnus (→Nocturne)］

Nüch·tern·heit［–haɪt］ 女 -/ (nüchtern なこと. 例えば:) しらふ; 正気; 冷静, 分別; 飾り〈誇張〉のなさ, 即物性.

Nüch·tern·schmerz 男 -es/ 〘医〙空腹時の胃痛(十二指腸潰瘍(かいよう)の症状など).

Nucke［nʊ́kə］ (**Nücke**［nʏ́kə］) 女 -/-n 《ふつう複数で》《北部》気まぐれ, むら気; 強情, 頑固: Das Pferd hat ～*n*. この馬は気むずかしい｜***seine* ～*n* und Tücken haben** / **voller ～*n* und Tücken sein** 調子がおかしい, まともでない. ［*mndd.*］

Nuckel［nʊ́kəl］ 男 -s/- 《中部》《話》(Schnuller) (乳児用の)おしゃぶり. ［＜Nock[2]］

nuckeln［nʊ́kəln］ 《06》《話》 **I** 自 (h) (乳児などが)吸う, しゃぶる: am Daumen ～ 親指をしゃぶる. **II** 他 (h) (ちびりちびりと)なめるように飲む. ［擬音］

nuckisch［nʊ́kɪʃ］ (**nückisch**［nʏ́kɪʃ］) 形 《北部》気まぐれ〈むら気〉な; 強情〈頑固〉な. ［＜Nucke］

Nu·clein［nukleí:n］ 中 -s/-e ＝Nuklein

Nud·del·kram［nʊ́dəl..］ 男 -[e]s/ 《方》がらくた.

nud·deln［nʊ́dəln］ 《06》 自 《方》 **1** (h) (drehen) 《an *et.*[3]》 (…を)ぐるぐる回す, 回転させる. **2** (h) (dudeln) (ラジオ・テレビなどが)〔いつまでも〕鳴り響く. **3** (s) のろのろ進む.

Nu·del［nú:dəl］ 女 -/-n **1** 《ふつう複数で》〘料理〙ヌードル(小麦粉に卵を混ぜて作った麵(めん)類の一種): selbstgemachte ～*n* 手製のヌードル｜Faden*nudel* 糸状ヌードル, バーミセリ ‖ ～*n* kochen ヌードルをゆでる｜Brühe mit ～*n* ヌードル入りのスープ. **2** 《話》《形容詞を伴って》人, やつ, 女: eine dicke ～ おでぶさん｜eine ulkige ～ 愉快な〈おかしな〉やつ｜Skandal*nudel* うわさの絶えぬ女. **3** 《話》 ***jn.* auf die ～ schieben** …をからかう, …を笑い者にする. **4** (家禽(かきん)類を肥育するための)麵球(めんきゅう). ［◇ *engl.* noodle］

Nu·del·brett 中 **1** 製麵(めん)板. **2** 《話》ちっぽけな舞台.

nu·del·dick 形 《話》まるまる太った, ずんぐりした.

Nu·del≠ge·richt 中 ヌードル料理. **≠holz** 中 麵棒.

nu·deln［nú:dəln］ 《06》 他 (h) **1** (家禽(かきん)類, 特にガチョウに麵球(めんきゅう)などを無理に食べさせて)肥育する: Ich bin 〔wie〕 *genudelt.* 《話》私は腹いっぱいだ. ▽**2** (ヌードル用ねり粉を)麵棒で引きのばす. **3** 《方》《*jn.*》抱きしめる.

Nu·del≠rol·le 女 ＝Nudelholz **≠sa·lat** 男 〘料理〙(マヨネーズをまぶした)ヌードルサラダ. **≠sup·pe** 女 〘料理〙ヌードル入りスープ. **≠teig** 男 ヌードル用こね粉〈ねり粉〉. **≠topf** 男 《戯》超満員の場所. **≠wal·ker** 男 《南部・オーストリア》＝Nudelholz

Nu·dis·mus［nudísmʊs］ 男 -/ (Freikörperkultur) 裸体主義, ヌーディズム.

Nu·dist［..díst］ 男 -en/-en 裸体主義者, ヌーディスト.

nu·di·stisch［..dístɪʃ］ 形 裸体主義〈ヌーディズム〉の.

nu·dis ver·bis［nú:di:s vérbi:s, ..dɪs ..bɪs］ 《ラテン語》 (mit nackten Worten) 率直〈あからさま〉に言うと. ［◇Verb］

Nu·di·tät［nuditɛ́:t］ 女 -/-en **1** 《単数で》(Nacktheit) はだか, 裸体. **2** 《ふつう複数で》みだら〈卑猥(ひわい)〉な言行; 裸体画〈像・写真〉. ［*spätlat.*－*fr.*; ＜*lat.* nūdus (→nackt)］

Nu·gat ＝Nougat

nu·klear［nukleá:r］ 形 **1** 《付加語的》〘理〙原子核の, 核の: ～*e* Energie 核エネルギー｜～*e* Reaktion 核反応｜～*e* Spaltung 核分裂. **2** 《述語的用法なし》核反応の, 核エネルギーの; 核兵器による; 核武装した: ein ～*er* Krieg 核戦争｜～*e* Staaten 核兵器保有国｜～*e* Waffen 核兵器｜der ～*e* Winter (核戦争のあとの)核の冬 ‖ ～ bedroht sein 核兵器の脅威を受けている｜ein ～ angetriebenes U-Boot 原子力潜水艦. ［*engl.* nuclear］

Nu·klear≠an·griff［nukleá:r..］ 男 核攻撃. **≠che·mie** 女 核化学. **≠ener·gie** 女 核エネルギー. **≠krieg** 男 核戦争. **≠kri·mi·na·li·tät** 女 核物質に関する犯罪. **≠macht** 女 核〔兵器〕保有国. **≠me·di·zin** 女 核〈放射線〉医学. **≠phy·sik** 女 核物理学. **≠ra·ke·te** 女 〘軍〙核〔弾頭〕ミサイル. **≠rü·stung** 女 核武装. **≠spreng·kopf** 男 〘軍〙核弾頭. **≠stra·te·gie** 女 核戦略.

nu·klear·stra·te·gisch 形 核戦略〔上〕の.

Nu·klear≠strom 男 《話》原子力発電による電流〈電気〉. **≠tech·no·lo·gie** 女 核〔エネルギー利用〕技術. **≠ter·ro·ris·mus** 男 核テロリズム(核兵器・原子力発電所などを対象・手段とするテロ行為). **≠test** 男, **≠ver·such** 男 核実験. **≠waf·fe** 女 -/-n 《ふつう複数で》核兵器.

Nu·klea·se［nukleá:zə］ 女 -/-n 〘生化学〙ヌクレアーゼ, 核酸分解酵素. ［＜..ase］

Nu·klei［nú:kleiˑ］ Nukleus の複数.

Nu·klein·säu·re 女 〘生化学〙核酸.

Nu·kleon［nú:kleɔn, núk..］ 中 -s/-en［nukleó:nən］ 〘理〙核子(陽子と中性子の総称).

Nu·kleo·pro·te·id［nukleoproteí:t］[1] 中 -〔e〕s/-e 〘生化学〙核蛋白(たんぱく)質.

Nu·kleo·tid［..tí:t］[1] 中 -〔e〕s/-e 〘生化学〙ヌクレオチド(核酸の構成単位).

Nu·kle·us［nú:kleʊs, núk..］ 男 -/..klei［..kleiˑ］ **1** (Kern) 核. **2** (Zellkern) 〘生〙細胞核. **3** (Nervenkern) 〘解〙神経核. **4** 〘地・考古〙石核. ［*lat.*; ＜*lat.* nux (→Nuß)］

Nu·klid［nuklí:t］[1] 中 -〔e〕s/-e 〘理〙核種(原子や原子核の種類). ［＜..id[2]］

null［nʊl］ **I** 《基数》0, ゼロ〔の〕: die Zahlen von ～ bis neun 0から9までの数｜～ Komma sechs 0.6(ドイツ式表記: 0,6)｜Er verlor ～ zu eins. 彼は0対1で負けた ‖〘付加語的に〙～ Grad Celsius 摂氏0度(記号 0°C)｜～ Uhr drei 0時3分(記号 0.03〔Uhr〕, 0^{03}〔Uhr〕)｜Er hat im Diktat ～ Fehler. 《話》彼の書き取りには一つも誤りがない ‖ 〘述語的に〙 **～ und nichtig** (契約・条項などが)無効の, 失効している｜*et.*[4] ～ und nichtig erklären …の無効を宣する.

II Null 1 女 -/-en **a)** (数字や数値の) 0, ゼロ, 零: der Wert ～ ゼロ数値｜die Zahl ～ ゼロという数〔字〕‖ die Blutgruppe ～ (血液の) O 型｜das Jahr ～ (→Jahr 1)｜Nummer ～ (→Nummer 1 a)｜die Stunde ～ (→Stunde 3) ‖ eine Zahl mit zwölf ～*en* 0が12個ついた数｜die Ziffern von ～ bis Fünf 0から5までの数字｜eine ～ schreiben 0を書く ‖ **～ Komma nichts** まったく何も…ない｜Ich habe ～ Komma nichts bei mir. 《話》私は何ひとつ持ち合わせていない｜**in 〔der Zeit von〕 ～ Komma nichts** 《話》たちまち, あっという間に｜～ für ～ aufgehen 《比》(予想などが)的中する ‖ **gleich ～ sein** (成果などが)無〈ゼロ〉に等しい｜Die Ergebnisse der Untersuchungen sind gleich ～. 研究の成果は無に等しい. **b)** 《単数で》(尺度の基準としての)ゼロ, 零度: Das Thermometer steht auf ～ 〈sieben Grad unter ～〉. 寒暖計は0度〈氷点下7度〉をさしている｜*seine* Augen auf ～ gestellt haben (→Auge 1)｜Seine Hoffnung sank unter ～. 《比》彼の希望はみじんに砕かれた. **c)** 《話》無価値な人〈もの〉: **eine glatte 〈reine〉 ～ sein** 全くの役立たず〈およそ無意味〉である.

2 男 中 -〔s〕/-s＝Nullspiel

［*lat.* nūllus „keiner"; II: *it.* nulla „Nichts"; *arab.* sīfr (→Ziffer) の翻訳借用］

null.. 《名詞につけて「ゼロ, 皆無」などを意味する》: *Null*durchblick 見通しゼロ｜*Null*wachstum ゼロ成長.

null·acht≠fünf·zehn (**≠fuff·zehn**)［nʊl|axt..］ 形 《付加語的用法なし》《軽蔑的に》陳腐な, ありきたりの(ドイツ陸

N

軍が1908年に採用し,1915年に改良した機関銃08/15型にちなむ): ～ eingerichtet sein ありふれた調度品が備えつけてある | Der Plan ist ～. この計画は全く変わりばえがしない.

Null·acht·fünf·zehn≈-Fri·sur 女《話》ありふれた髪型. **≈-So·ße** 女《話》ごくありきたりのソース.

Nulla·ge[núlla:gə] 女 =Nulllage

nul·la poe·na si·ne le·ge[núla· pǿ:na· zí:nə lé:gə, － － ..ne· ..ge·]《ラテ語》(keine Strafe ohne Gesetz) 法律なくして刑罰なし(罪刑法定主義). [◇Pein, sonder, Lex]

Null≈bock[nú..] 男 -s/ 《話》気の進まない(気乗りのしない)こと, 無関心, 無気力. **≈ein·stel·lung** 女〖工〗零位調整.

Nullei·ter[núllaɪtər] 男, **Nullei·tung**[..laɪtʊŋ] 女〖電〗中性線.

nul·len[nʊ́lən] **I** 自 他 (h)《戯》(人が) 次の10歳台(20代・30代など)を迎える: Er hat erst dreimal *genullt.* 彼はやっと30代にはいったばかりだ ‖ 再帰 Sein Geburtstag hat sich[4] *genullt.* この誕生日で彼の年齢は次の大台にのった. **II** 他 (h)〖電〗中性線に接続させる.

Nul·ler[nʊ́lər] 男 -s/- **1** =Nullfehlerritt **2**《スキー》**a)** =Fehlschuß **b)** =Fehlsprung

Nul·lerl[nʊ́lərl] 中 -s/-n《オーストリア》=Null 1 c

Null·feh·ler·ritt[nʊlfé:lər..] 男《馬術》(失敗のない)完全障害飛越.

Nul·li·fi·ka·tion[nʊlifikatsió:n] 女 -/-en 廃棄; 無効宣言. [*spätlat.*]

nul·li·fi·zie·ren[..tsí:rən] 他 (h)《*et.*[4]》廃棄する; (…の)無効を宣言する. [*spätlat.*]

Nulli·nie[nʊ́lli:niə] 女 **1** (目盛りなどの)零位線, 基準線. **2**〖土木〗中立軸(線).

Null·in·stru·ment[nʊ́l..] 中〖電〗零位検出器.

Nul·li·pa·ra[nʊlí:para·] 女 -/..ren[..lipá:rən]〖医〗未産婦. [*mlat.*; < *lat.* parere (→parieren[2])]

Nul·li·tät[nʊlitɛ́:t] 女 -/-en **1** 無価値なもの; 取るにたらない人. ▽**2**〖法〗無効. [*mlat.*－*fr.* nullité]

Null≈la·ge[nʊ́l..] = Nullstellung **≈lei·ter** =Nulleiter **≈lei·tung** =Nulleitung **≈li·nie**[..niə] = Nullinie **≈men·ge** 女〖数〗空(くう)集合(記号 ø). **≈me·ri·dian** 男〖天〗本初子午線. **≈mor·phem** 中〖言〗ゼロ形態素(記号 ø; 例えば単複同形名詞 Onkel が複数を表すとき, ゼロ形態素が加わったと考える).

Null-Null[nʊlnʊ́l] 男 (中) -/-(s)《話》便所, トイレ(ホテルなどのトイレットの扉の表示00から: →Null 1 a).

Null ou·vert[nʊl|uvé:r, ..vɛ́:r] 男 中 --(s)/--s《トランプ》ヌル ウヴェール(→Nullspiel). [<*fr.* ouvert „offen" (◇Apertur)]

Null≈punkt[nʊ́l..] 男 (目盛りなどの)零点; (寒暖計などの)零度, 氷点: absoluter ～〖理〗絶対零度 ‖ **den ～ erreichen** / **auf dem ～ ankommen**《話》最低の状態に落ちこむ | Das Thermometer stieg über den ～. 寒暖計の目盛りが零度以上に上昇した. **≈run·de** 女 (労資間の)ゼロ回答の賃金交渉. **≈spiel** 中 (Null)《トランプ》ヌルシュピール(スカートで, 親が1点でも取ると親自身が負けるというゲームの進め方): offenes ～ Nullspiel で親が自分の札をすべて見せて戦うこと (Null ouvert ともいう). **≈stel·le** 女〖数〗零点. **≈stel·lung** 女 (計器の針の)零の位置(にあること).

nullt[nʊlt]《序数》第ゼロの, ゼロ番目の(0. とも書く): ～*e* Schallwelle〖理〗ゼロ音波.

Null·ta·rif[nʊ́l..] 男 (公益事業などの)無料料金(運賃): zum ～ 無料で.

nul·lum cri·men si·ne le·ge[nʊ́lʊm krí:mən zí:nə lé:gə, － ..mɛn ..ne· ..ge·]《ラテ語》(kein Verbrechen ohne Gesetz) 法律なくして犯罪なし(罪刑法定主義). [◇kriminal, sonder, Lex]

Null≈wachs·tum 中 -s/ (経済などの)ゼロ成長. **≈zeit** 女〖軍〗ゼロ時(予定行動開始時間).

Nul·pe[nʊ́lpə] 女 -/-n《話》薄のろ, ばか; つまらぬやつ. [<Null+Zulp]

Nu·men[nú:mən] 中 -s/〖宗〗(根源的創造力としての)神; (自然物に宿る)神霊, 精霊. [*lat.*; < *lat.* nuere „nicken" (◇Nutation, Nystagmus)]

Nu·me·ra·le[numerá:lə, ..mə..] 中 -s/..lien[..liən], ..lia[..lia·] (Zahlwort)〖言〗数詞: ein unbestimmtes ～ 不定数詞. [*spätlat.*; ◇..al[1]]

Nu·me·ri[nú:meri·, nʊ́m.., ..mə..] **I** Numerus の複数. **II** 複《ときに単数扱い: 中 -s/》(旧約聖書の) 民数記(モーセ五書の第4書. 20歳以上のイスラエルの男子を数える記述ではじまるのでこの名がある). [II: *lat.*; ◇*engl.* Numbers]

nu·me·rie·ren[numerí:rən, ..mə..] 他 (h)《*et.*[4]》(…に) 番号をつける: ein *numerierter* Platz 番号のついている座席: Du kannst dir die Knochen ～ lassen. (→Knochen 1 c). [*lat.*]

Nu·me·rie·rung[..rʊŋ] 女 -/-en numerieren すること.

Nu·me·rik[nuмé:rɪk] 女 -/〖工〗数値制御.

nu·me·risch[..rɪʃ] 形 **1** 数の, 数に関する, 数の上の: eine ～ große (kleine) Gruppe 多(少)人数のグループ. **2** 数字に関する, 数字を用いた: ～*es* Rechnen 数値計算法 | ～*e* Steuerung (工作機械などの)数値制御.

Nu·me·ro[nú:mero·, nʊ́m.., ..mə..] 中 -s/-s《数字とともに》(略 No.) (Nummer) 番号, ナンバー: ～ fünf ナンバー5. [*it.*]

Nu·me·rus[nú:merʊs, nʊ́m.., ..mə..] 男 -/..ri[..ri·] **1**〖言〗(単数・複数などの)数. **2**〖数〗真数. [*lat.*; ◇Nummer]

Nu·me·rus clau·sus[nú:merʊs kláʊzʊs, nʊ́m.. －] 男 --/ (略 NC) 限られた数, 定員数; (特に大学での)入学(聴講)許可数の制限. [*lat.*; < *lat.* claudere (→Klause)]

Nu·mi·der[numí:dər, nú:midər] 男 -s/- ヌミディア人.

Nu·mi·di·en[numí:diən] 地名 ヌミディア(今日のアルジェリアにあった Berber 系遊牧民の古代王国. のち古代ローマの属州). [*gr.*－*lat.*; ◇Nomade]

Nu·mi·di·er[..diər] 男 -s/- =Numider

nu·mi·disch[..dɪʃ] 形 ヌミディアの.

nu·mi·nos[numinó:s][1] **I** 形 ヌミノースな(聖なるもの・神的なものとの霊的な交渉において感じる恍惚(こう)と畏怖の感情). **II Nu·mi·no·se**[..zə] 中《形容詞変化》〖宗〗ヌミノーゼ(ドイツの神学者 Rudolf Otto(1869-1937)の学説による). [<Numen]

Nu·mis·ma·tik[numɪsmá:tɪk] 女 -/ (Münzkunde) 貨幣(古銭)研究. [*fr.*; <*gr.* nómisma „Brauch" (◇Nomos)]

Nu·mis·ma·ti·ker[..tikər] 男 -s/- 貨幣(古銭)研究家.

nu·mis·ma·tisch[..tɪʃ] 形 貨幣(古銭)研究の.

Num·mer[nʊ́mər] 女 -/-n **1** (略 Nr., 複数: Nrn.) (英: *number*) **a)** 番号, ナンバー: Auto*nummer* 自動車登録番号 | Haus*nummer* 家屋番号, 番地 | Telefon*nummer* 電話番号 ‖ eine hohe (niedrige) ～ 数の大きな(若い)番号 | eine laufende ～ (略 lfd. Nr.) 通し番号 | ein Auto mit (einer) Münch(e)ner ～ ミュンヒェンナンバーの自動車 ‖ Goethestraße *Nr.* 8 ゲーテ通り8番地 | die Sinfonie *Nr.* 3 von Brahms ブラームス作曲交響曲第3番 | der Läufer mit ～ 5 背番号(ゼッケン)5番のランナー | **～ eins**《話》最も重要な, ナンバーワンの | das Gesprächsthema ～ eins 最もよく口にされる話題 | Er ist Boxer ～ eins. 彼はボクシングのナンバーワン(第一人者)だ | **～ Null**《話》《婉曲に》便所, トイレ(便器に模した0字形をドアに記したことから) ‖ **(nur) eine ～ (unter vielen) sein**《話》平凡である, だれからも注目されない | **bei *jm.* eine dicke (eine gute / eine große) ～ haben**《話》…に高く評価されている, …に対して影響力が大きい | *et.*[3] eine ～ geben …に番号をつける | Geben Sie mir bitte die ～ 24 13 02! (電話で) 241302番へつないでください | Welche ～ haben Sie? あなた(の電話番号)は何番ですか(→2) | Wählen Sie die ～ 1 73 55! (電話で)17355へダイヤルしてください | Welche ～ wohnen Sie? 何番地にお住まいですか; (ホテルの)何号室にお泊まりですか ‖ 〖前置詞と〗Er wohnt **auf** ～ 7 (im Zimmer ～ 7). 彼は7号室に泊まっている | **auf ～ Sicher gehen**《話》安全な方

策を選ぶ, 石橋をたたいて渡る | *jn.* auf ～ Sicher bringen 《話》…を投獄する | **auf ～ Sicher sein 〈sitzen〉**《話》入獄している | **In** welcher ～ wohnt er? 彼は何番地に住んでいますか | *et.*[4] **nach ～n** ordnen …を番号順に並べる | Das Buch steht im Katalog **unter** ～ 34. その本はカタログの34番にのっている | Unter welcher ～ sind Sie zu erreichen? 何番にお電話すればあなたと連絡がとれますか.
b) (新聞・雑誌などの)号: ältere ～*n* バックナンバー | die neueste ～ 最新号 ‖ Die Anzeige stand in der gestrigen ～ der Zeitung. 広告は昨日の新聞に掲載された.
c) (サーカス・寄席などの)出し物, 演目; (音楽会・レコードなどの)曲目: die beste ～ 一番の呼び物 | eine sensationelle ～ センセーショナルな出し物 ‖ Welche ～ ist jetzt daran? いま何番目の出し物をやっていますか | Diese ～ fällt aus. 《話》そんなことはごめんだ〈やる気はない〉 ‖ **eine ～ abziehen** 《話》自分を誇示する | (人目をひくために)はでにふるまう ‖ Fräulein ～ (サーカス・寄席などの)司会〈アナウンス〉係の女性 (→Nummerngirl).
2 (靴・衣服などの)サイズナンバー, 号数: Ihre ～ haben wir nicht vorrätig. あなたに合うサイズのものは品切れです | Welche ～ haben Sie? あなたのサイズはいくつですか(→1 a) | Das ist genau meine ～. 《話》それは私におあつらえ向きだ, それは願ってもないことだ | **eine ～ 〈ein paar ～n / einige ～n〉 zu groß für *jn.* sein**《話》…にとって荷が勝ちすぎる, …の手にあまる | Die Schuhe gibt es nur in kleinen 〈großen〉 ～*n.* その型の靴はサイズの小さい〈大きい〉ものしかない.
3 《話》(独特な)人物, やつ: eine große ～ 能力のある人, 大物 | eine komische 〈ulkige〉 ～ おかしな人 ‖ Der ist eine ～ für sich. あいつは変わり者だ | Du bist mir ja eine feine 〈schöne〉 ～. 《反語》君もとんでもないやつだなあ.
4 《方》(Zensur) 成績, 評点: eine gute 〈schlechte〉 ～ bekommen よい〈悪い〉点数をもらう.
5 《卑》(Koitus) 性交: eine ～ machen 〈schieben〉 セックスする.
[*lat.* numerus－*it.* numero; ◇Numerus; *engl.* number]

num·me·rie·ren[numeríːrən, ..mə..] ＝numerieren
Num·me·rie·rung[..rʊŋ] ＝Numerierung
num·me·risch[nʊ́mərɪʃ] ＝numerisch
num·mern[nʊ́mərn] 《05》＝numerieren
Num·mern≈fol·ge 女 番号順. **≈girl**[..gøːrl] 中 (サーカス・寄席などで)次の出し物を知らせる係の女性. **≈kon·to** 中 番号だけを付した無記名銀行口座. **≈oper** 女 《楽》番号オペラ(詠唱・重唱・叙唱などに初めから順に番号のついている歌劇). **≈schei·be** 女 **1** (電話機の)円形数字盤, ダイヤル. **2** (テレビ・ラジオの)周波数指示盤. **≈schild** 中 **1** (自動車の)登録番号票, ナンバープレート(→ 図 Schild). **2** (市街電車の)路線番号板. **≈stem·pel** 男 番号スタンプ.

nun[nuːn;オース・スイ:nʊn] **I** 副 《ある視点から見た同時. したがって過去の時点をさすこともある》 **1** 《過去との関係が微弱な場合, 近い未来をも含むことがある》 **a**) (jetzt) いま; いまや, いまでは; さあ(これからすぐ): *Nun* ist es zu spät. もういま〔から〕では遅すぎる, もう手遅れだ | *Nun* muß ich gehen. / Ich muß ～ gehen. さあ私はもう行かなくては | Du bist ～ bald 20 Jahre alt. さあお前もやがて20歳だ | *Nun*, da er arm geworden ist, hat er keine Freunde mehr. 貧乏になってしまったいま 彼には友人はもう一人もいない ‖ bis ～ これまで〔に〕 | **von ～ ab / von ～ an** いまから, 今後; そのとき以来, それ以後.
b) 《時を示す他の副詞とともに》～ und dann 時おり | ～ und immer〔dar〕 今後ずっと; そのあとずっと | ～ und ewig 〈in Ewigkeit〉 今後永遠に | ～ und nimmer (→nimmer 1) | ～ und nimmermehr (→nimmermehr) ‖ ～ ..., ～ 〈dann〉 ... ある時は…またある時は… | *Nun* weinen sie, ～ 〈dann〉 lachen sie. 彼らはかつ泣きかつ笑う.
2 《現在までの継続》いま〈それ〉まで〔に〕: Ich wohne hier ～ zwei Jahre. 私はここにもう 2 年住んでいる | Er wartete ～ schon 3 Stunden auf sie. 彼はこれでもう 3 時間も彼女を待っていた.
3 《過去の結果としての現在の状況》 **a**) いまでは, これで, こうなった上は: ～ endlich ようやくこれで, やっとのことで | ～ erst やっとこれで, いまはじめて ‖ *Nun* gut! じゃあいいよ | *Nun*, meinetwegen! そうか 私のことならいいよ | *Nun* denn! じゃあ始めろ, さあかかれ | Bist du ～ zufrieden? これで君も満足かい | *Nun* ist's um uns geschehen. こうなっては我々はもうおしまいだ | *Nun* war das arme Kind in dem großen Wald mutterselig allein. こうしてそのかわいそうな子供は大きな森の中で全くの一人ぼっちになりました (Grimm) | *Nun* reicht's aber! / *Nun* langt mir's aber! 《話》もうたくさんだ, いいかげんにしろ.
b) 《理由の意味が加わって》(also) そこで, だから, したがって: Du hast nicht hören wollen; ～ hast du den Schaden. 君は人の話に耳を貸そうとしなかった. いま損をしたのはその報いだ | Sie haben es so gewollt, ～ müssen sie es sich auch gefallen lassen. 彼らはそうなることを望んでいたのであってみれば こうなったことにも甘んじなければならない.
c) 《それまでの経過をふまえて, 話しかけ・話の接ぎ穂として》さて, ところで: *Nun*, Tell! ところでなテル (Schiller) | *Nun* geschah etwas Unglaubliches. そのとき信じられないようなことが起こった | Alle Lebewesen sind sterblich; ～ ist der Mensch auch ein Lebewesen; folglich ist der Mensch sterblich. すべて生物は死ぬ運命にある. ところで人間も一個の生物である. したがって人間は死すべきものである | Er mag ～ wollen oder nicht, er muß. ところで彼は欲しようが欲しまいがそうせざるを得ない.
d) 《変更不可能な現状の確認. 〔ein〕mal を伴うことが多い: →einmal 3 a》とにかく, やはり, 何と言っても: So geht die Welt ～. Es gibt allerwegen Unglücks genug. 世の中とはそうしたもので 不幸はいたるところに嫌というほど転がっている (Schiller) | Es ist ～ 〔ein〕mal so. とにかく事情はそうなんだ.
e) 《事情説明の冒頭に置かれて》つまり: Warum darf ich den Film nicht sehen?－*Nun*, dieser Film ist nur für Erwachsene. なぜこの映画を見てはいけないのですか－つまりね この映画は大人しか見てはいけないんだ | *Nun*, da läßt sich nichts machen. 要するに今の場合どうにも手の打ちようがないのだ.
4 《単独で, あるいは他の副詞などと用いられて, 各種の微妙なニュアンスを表す》 **a**) 《激励・督促・命令》さあ, じゃあ: So sprich doch ～! さあ さっさと話したまえ | *Nun*, wird's bald? 《話》いいな もうすぐなんだろうな.
b) 《疑問》さて, はて, いったい: *Nun?* で(これからどうしようと言うのだ) | Was ～? で次は | *Nun*, wie steht's? ところで様子はどうかね | Was soll ～ aus ihr werden? いったい彼女はどうなるんだろうか.
c) 《躊躇(ちゅうちょ)》: *Nun*, es mag sein. そうだな そうかもしれん.
d) 《nun を繰り返して. 抗議・異論・警告・慰撫(ぶ)》まあまあ, それはそうとして: *Nun*, ～, so schlimm ist es ja nicht. まあそう言うな それほどひどいことになっているわけじゃあない〔のだから〕.
e) 《ja または nicht を伴って. 肯定ないし否定の返事に含まれる不満・困惑・躊躇・無関心など》Ja, ～! うん それはそうだがね | *Nun* ja, wie dem auch sei. うん まあどうだっていいさ | *Nun* ja, ganz so ist es auch wieder nicht. うん でもね まるっきりそうだってわけでもないんだ ‖ *Nun* gar nicht! まっぴらごめんです | Das ～ wohl nicht. 必ずしもそうではありません.
f) 《je の後に用いられて. 相手の質問なり主張なりに対する部分的な同意・譲歩》そう, まあね: Wann kommst du zurück? －Je ～, um halb fünf, je nachdem. 何時に帰ってくる－そう まあ 4 時半かな それもその時の状況次第だ.
II 接 《従属》《雅》 **1** …である現在, …なので: *Nun* er reich ist, hat er viele Freunde. 彼が金持ちになったいま〈彼は金持ちなので〉友人がたくさんいる.
2 (als) …のとき〔に〕: *Nun* sie es erfuhr, war es bereits zu spät. 彼女がそれを知ったときには すでに手遅れだった.
[*idg.*; ◇neu; *gr.* ný „jetzt“; *engl.* now]

Nun·cha·ku[nʊntʃáku·] 中 -s/-s ぬんちゃく(元来は沖縄で使われていた武器). [*japan.*]
nun·mehr[núːnméːr] 副 《雅》(ある段階に達して)いまや, い

または; これまですでに: seit ~ zwanzig Jahren 今ではもう20年にもなる前からずっと | Wie wird er sich ~ verhalten? 彼はいまや〈これからは〉どんな態度を取るだろうか | Der Streik dauert ~ schon einen Monat. ストライキはこれでもう 1 か月続いている.

nụn·mẹh·rig[nú:mé:rıç]² 形《述語的》《雅》今の, 「現在の.」

▽**nụn·mẹh·ro**[nu:mné:ro:] =nunmehr

'nụn·ter[nʊ́ntər]《特に南部》=hinunter

Nun·tia·tur[nʊntsiatú:r] 女 -/-en **1** ローマ教皇大使の職. **2** ローマ教皇大使館. [*it.* nunziatura]

Nụn·tius[nʊ́ntsiʊs] 男 -/..tien[..tsiən] ローマ教皇大使〈使節〉. [*lat.* nūntius „verkündend, Verkünder"; ◇Novum; *engl.* nuncio]

Nun·zia·tur[nʊntsiatú:r] 女 -/-en《オーストリア》=Nuntiatur

Nụn·zius[nʊ́ntsiʊs] 男 -/..zien[..tsiən]《オーストリア》=Nuntius

Nụp·pe[nʊ́pə] 女 -/-n (カットグラスの表面の)いぼ飾り, 球飾り. [<Noppe]

▽**nup·tial**[nʊptsiá:l] 形 婚礼〈結婚式〉の; 結婚の; 夫婦の. [*lat.*; <*lat.* nūptiae „Heirat" (◇Nymphe)]

nur[nu:r] 副

I《特定の語〔句〕にかかって》**1**《ふつう直前に置かれて; 制限・除外を示す》(bloß) ただ…だけ, …しかない, ほんの…, 単に〈わずかに〉…にすぎない: *Nur* du 〈雅: Du ~〉 kannst mir helfen. 私を助けることができるのは君だけだ | *Nur* das nicht! それだけはやめてくれ, それはかりは困ります | Das ist ~ eine Vermutung. それは単なる推測にすぎない | Ich bin auch ~ ein Mensch. 私だって一個の人間にすぎない(神様じゃない, 間違いだってあるさ) | Ich kenne ihn ~ von Ansehen. 私は彼の顔しか知らない | Man kann den Effekt ~ als gering bezeichnen. 効果はわずかとしか言いようがない | Ich war ~ zwei Tage in Bonn. 私はボンにはたったの 2 日しかいなかった | Das habe ich ~ vor drei Tagen erfahren. 私はそのことはほんの 3 日前に知ったばかりだ | Er ist ~ mäßig begabt. 彼にはただの凡庸な才能しかない | Sie ist ~ ohnmächtig, nicht tot. 彼女はただ気絶しているだけで死んでいるのではない | Er ißt ~. 彼はただ食べてばかりいる ‖ *Nur* wer die Sehnsucht kennt, weiß, was ich leide. あこがれというものを知っている人だけが私の悩みを理解してくれる (Goethe) | Ich komme ~, wenn es schönes Wetter ist. 私はお天気がよくなければ参りません | Er tut das ~, weil es ihm Spaß macht. 彼がそれをするのは面白いからだけだ.

2〖他の副詞と〗**nur noch** /《南部》~ mehr 余すところ〈残りは〉わずか…だけ, もはや…にすぎない(→3) | Ich habe ~ noch zehn Mark bei mir. 私の手もとにはもう10マルクしかない | Sie ist ~ noch eine wandelnde Leiche. 彼女は今では生ける屍(しかばね)にすぎない ‖ **nicht nur ..., sondern auch ...** (英: *not only ... but also ...*)…だけではなく…もまた | Sie ist nicht ~ schön, sondern auch klug. 彼女は美人であるばかりではなく 頭もよい | Nicht ~ er, 〔sondern〕 auch seine Frau kommt. 彼だけではなく 彼の妻も来る | Sie besorgt nicht ~ ihren Haushalt, sondern 〔sie〕 ist auch berufstätig. 彼女は家事を切り盛りしているばかりでなく仕事にもついている | Er hat nicht ~ selber nicht gearbeitet, sondern die andern noch gestört. 彼は自分が働かなかっただけではなく そのうえ他の人たちの邪魔をした ‖ **nicht nur, daß ...** …であるというにとどまらず | Nicht ~, daß sie frech war, sie hat sogar gelogen. 彼女は単にずうずうしかっただけではなく うそまでついたのだ ‖ **nur** 〔**so**〕 **eben** やっと, かろうじて, ぎりぎりのところで | Er ist der Gefahr ~ eben entgangen. 彼はかろうじてその危険を免れた | Das habe ich ~ eben erfahren. そのことはほんの今しがた知ったばかりだ | Mit meinem Gehalt komme ich ~ so eben aus. 私の月給ではやっと暮らしてゆけるだけだ ‖ **nur so**《話》i) ただそんなふうに, なんとなく; ii) (物音や情景の描写で強調を示して)やたらに, ひどく, たいへん | Ich habe es ~ so gesagt. 私はそれをただなんとなく言っただけだ | Die Zeit flog ~ so. 時はどんどん過ぎ去っていった | Sie gab mir eine Ohrfeige, daß es ~ so klatschte. 彼女は私の横っつらにぴしゃりと派手に平手打ちをくわせた | Sie waren ganz mager, und die Kleider schlotterten ~ so an ihnen. 彼らはすっかりやせこけて着物がだぶだぶであった ‖ **auch nur ...** …だけでさえも, …すらも | Er ging vorbei, ohne mich auch ~ anzusehen. 彼は私に見向きさえもしないで通り過ぎた | Die Mutter erlaubt mir nicht, daß ich abends auch ~ kurz ausgehe. 母は私が晩に たとえほんのちょっとの間でも外出することを許してくれない.

2 (bloß) **a)**《条件文・願望文で: →II 1 b)》(ほかのことはさておき)せめて…でありさえすれば: Wenn das Wetter ~ schön ist, komme ich. 天気さえよければ参ります | Wenn das alles ~ eintrifft! それがすべて予想どおりゆきさえすればいいんだが | Daß er ~ nicht so geizig wäre! 彼があんなにけちでさえなければなあ | Wenn sie ~ käme! 彼女が来てさえくれればなあ.

b)《**brauchen** または **müssen** と》…しさえすればよい: Sie brauchen es mir ~ zu sagen. あなたはそれを私に言いさえすればよいのです | Ich brauche 〈muß〉 ~ wissen, ob er kommt. 私は彼が来るかどうかを知りさえすればよい.

3《本来の意図や予期に反した結果を示して》かえって, 逆に: Durch diese Maßnahme hat sich die Lage ~ verschlechtert. この処置によって状勢はかえって悪化した ‖〖nur 〔noch〕+比較級の形で〗Seit er durchgefallen ist, wird er ~ noch fauler. 彼は落第して以来ますます怠け者になるばかりだ.

4〖**nur zu**+形容詞の形で〗困ったことに〈残念ながら・皮肉にも〉あまりにも…: Mein Wunsch hat sich ~ zu schnell erfüllt. 私の願いはあまりにも早く実現しすぎてしまった | Seine Absicht wurde mit der Zeit ~ zu deutlich. 彼の意図は時とともにあまりにも露骨になってきた.

II《文全体にかかって》**1**《話し手のさまざまな主観的心情を反映して》(bloß) **a)**《文中でのアクセントなしで; 疑問文に用いられ, 話し手の関心や不安・怪訝(けげん)・不快などの気持を表して》Wo bleibt er ~? 彼はいったいどこにいるのだろう | Wie konntest du ~ so etwas tun? なんだって君はそんなことをしたんだい | Wer hat ihr ~ diesen Unsinn erzählt? そんなばかげたことを彼女に話したのはいったいどこのどいつだ.

b)《しばしば文中でのアクセントを nur において; 命令文に用いられ, 話し手の要求・勧誘・激励などの気持を表して: →I 2 a)》Komm ~ nach Hause! さあ家へ帰って来なさい | Kommen Sie ~ herein! (遠慮せずに)どうぞお入りください | Sei ~ ruhig! まあまあ落ち着いて | *Nur* zu!《話》さあ やりたまえ | *Nur* Mut! さあ勇気を出して | *Nur* nicht bange werden! 大丈夫だってば | Komm mir ~ nicht mit solchen Ausreden! 私に向かってそんな言いわけなんかはよしてくれ.

c)《文中でのアクセントなしで; 話し手の無関心さや放任の気持を表して》Er mag es ~ tun. 彼がやりたければ勝手にやるがいい.

d)《文中でのアクセントなしで; 話し手の譲歩の気持を表して》Nun gut, ich will es ~ gestehen. よかろう 白状してしまうとするか.

2《ある条件内での可能の限度を示して: →immer 4》およそ…するかぎりの: Sie bekam, soviel sie ~ wollte. 彼女は欲しいだけのものは何でも手に入れることができた | Er ist der gutmütigste Mensch, den es ~ geben kann. 彼はまれに見る善良な人間だ | Seine Begabung umfaßte alle ~ denkbaren Gebiete. 彼の才能はおよそ考えうるかぎりのあらゆる領域にわたっていた.

III《単独で文成分として》**1**《先行する発言の内容に制限を加えて》(bloß) ただ, ただし, もっとも: Ich will es gern tun, ~ weiß ich nicht, wie ich es anfangen soll. 私は喜んでそれをしたいと思いますが ただどう始めたらよいか分かりません | Der Roman ist gut, ~ müßte er 〈er müßte ~〉 etwas kürzer sein. この長編小説はいい作品だが ただしもう少し短くないとね | *Nur* 〔ist es〕 schade, daß er mir nichts davon gesagt hat. ただ残念なのは 彼がそのことについて私には何も言ってくれなかったことだ | Sei nachsichtig, ~ nicht zu sehr! 寛大であれ ただし度をすごすな ‖〖**nur daß** の形で〗Er wußte es längst, ~ daß er es uns nicht erzählen wollte. 彼はそれをとっくに知っていたのだが ただそれを我々に話し

たくなかったのだ.
▽**2** (eben jetzt) ついさっき, たった今.
[*ahd.* ni-wāri „(wenn es) nicht wäre"]
Nur·flü·gel·flug·zeug[nú:rfly:gəl..] 中〘空〙〔三角翼〕全翼機, 無尾翼機.
Nur·haus·frau 女 専業主婦.
Nürn·berg[nʏ́rnbɛrk] 地名 ニュルンベルク(ドイツ南東部, Bayern 州の都市. 中世以降商業の中心地として栄えた).
[„felsiger Berg"]
Nürn·ber·ger[..gər] **I** 男 -s/- ニュルンベルクの人. **II** 形《無変化》ニュルンベルクの: ～ Ei ニュルンベルクの卵(16世紀後半にニュルンベルクで作られた卵形の懐中時計) | ～ Gesetze〘史〙ニュルンベルク法(1935年ナチ政府の公布したユダヤ人差別の法律) | ～ Prozeß〘史〙ニュルンベルク裁判(1945-46年に行われたドイツ人戦争犯罪人に対する国際軍事裁判) | **der ～ Trichter**《戯》注入教授法(頭の悪い者にも物を覚えさせる教授法. 17世紀に出たニュルンベルクの人 Harsdörffer の詩学教本《Poetischer Trichter》による).
nürn·ber·gisch[..gɪʃ] 形 ニュルンベルクの.
nu·scheln[nʊ́ʃəln]《06》自 他 (h)《話》(不明瞭に)もぐもぐとものを言う: vor *sich*^{4} hin ～ ぼそぼそとひとりごとを言う | Er *nuschelte* einige Worte. 彼はもぐもぐと二三の言葉を口にした. [<näseln]
Nuß[nʊs] 女 -/Nüsse[nʏ́sə] (小 **Nüß·chen**[nʏ́sçən], **Nüß·lein**[..laɪn] 中 -s/-) **1** (英: *nut*) (堅い殻のある)木の実, ナッツ(特にクルミやハシバミの実をさすことが多い); 〘植〙堅果(→ 図): Erd*nuß* ピーナッツ | Hasel*nuß* ハシバミの実, ヘーゼルナッツ | Wal*nuß* クルミ ‖ **eine harte ～** 堅いクルミ; 《話》難題 | **eine harte ～ 〈manche ～〉 zu knacken bekommen 〈haben〉**《比》難題を課せられる〈かかえている〉| *jm.* **eine harte ～ 〈manche ～〉 zu knacken geben**《話》…に難題を課する | Muß ist eine harte ～. (→muß II) | **eine taube ～** 実のないクルミ; 《話》くず, あほう. **2**《話》〔ばかな〕やつ: eine doofe 〈komische〉 ～ あほうな〈おかしな〉やつ. **3**《比》(頭を)ぽかりと殴ること: eine ～ kriegen ぽかりと一発くらう. **4**《話》(Kopf) 頭: *jm.* **eins auf 〈vor〉 die ～ geben** …の頭をごつんと殴る. **5**〘工〙(錠の)捻心(ねんしん)(→ 図 Schloß B). **6**〘料理〙(牛などの)内腿(うちもも)の柔らかい肉. **7**〘狩〙(雌獣の)外陰部. [*germ.*; ◇ *engl.* nut; *lat.* nux „Nuß"]

Nuß

Nuß·baum[nʊ́s..] 男 (Walnußbaum)〘植〙クルミ(胡桃)属の木.
Nuß·baum·holz 中 -es/ クルミ材.
Nuß≠bei·ßer 男〘鳥〙ホシガラス(星鴉). **≠boh·rer** 男〘虫〙クルミゾウムシ(胡桃象虫).
nuß·braun 形 くり色の.
Nuß·but·ter 女 **1** (Erdnußbutter) ピーナッツバター. **2**〘料理〙(加熱して)くり色に溶けたバター.
Nüß·chen Nuß の縮小形.
Nüs·se Nuß の複数.
Nuß·ei·be[nʊ́s..] 女〘植〙カヤ(榧)属.
nus·seln[nʊ́səln]《06》=nuscheln
Nuß≠hä·her[nʊ́s..] 男 =Nußbeißer **≠kern** 男 ナッツの核〈実〉. **≠knacker** 男 **1** クルミ割り〔器〕(→ 図). **2**《方》ein alter ～ (こわい顔をした)じじい. **≠koh·le** 女 **1** 小粒の石炭. **2**〘坑〙中小塊炭.
Nüß·lein Nuß の縮小形.
Nuß≠mu·schel[nʊ́s..]

Nußknacker

女〘貝〙クルミガイ(胡桃貝). **≠öl** 中 クルミ〈ハシバミ〉油. **≠scha·le** 女 クルミ〈ハシバミ〉の殻. **≠tor·te** 女 ナッツケーキ.
Nü·ster[ný:stər, nʏ́stər; オースト・スイ: nʏ́s..] 女 -/-n《ふつう複数で》**1** (特に馬の)鼻孔(→ 図 Pferd A). **2**《雅》(人間の)鼻孔, 鼻の穴. [*mndd.*; ◇ Nase]
Nut[nu:t] 女 -/-en〘工〙(板などの接合のための)切り込み溝(みぞ), 切り欠き, キー溝(みぞ)(→ 図 Holz B): Bretter auf ～ und Feder einschieben さねを溝にはめ込んで板を接合する. [*ahd.*; < *ahd.* nuoa „Ritze, Fuge" (◇ *gr.* knān „schaben")]
Nu·ta·tion[nutatsió:n] 女 -/-en **1**〘地〙(地球の)章動運動. **2**〘植〙(植物の)転頭運動(生長運動の一種). [*lat.*; < *lat.* nūtāre „schwanken, nicken" (◇ Numen)]
Nu·ta·tions·be·we·gung 女 =Nutation 2
Nu·te[nú:tə] 女 -/-n =Nut
Nut·ei·sen[nú:t..] 中〘工〙溝掘りグラインダー.
nu·ten[nú:tən]《01》他 (h) (*et.*^{4}) (…に)溝を掘る.
Nu·ten·frä·ser 男〘工〙溝切りフライス.
Nut·ho·bel 男〘工〙溝突きかんな.
Nu·tria[nú:tria·] **I** 女 -/-s〘動〙ヌートリア(コイプー, ヌマダヌキ). **II** 男 -s/-s **1** ヌートリアの毛皮. **2** ヌートリアの毛皮のコート. [*lat.* lūtra „Wassertier"-*span.*; ◇ Otter^1]
nu·trie·ren[nutrí:rən] 他 (h) (ernähren) (*et.*^{4}) (…に)栄養〈食物〉を与える. [*lat.*; ◇ *engl.* nourish]
Nu·tri·ment[nutrimɛ́nt] 中 -〔e〕s/-e〘医〙栄養分; 飲食物. [*lat.*]
Nu·tri·tion[..tsió:n] 女 -/〘医〙栄養. [*spätlat.*]
nu·tri·tiv[..tí:f]^1 形〘医〙栄養〔素〕の; 栄養になる. [*mlat.*]
Nutsch[nu:tʃ] 男 -〔e〕s/-e《中部》(Schnuller) (乳児用の)おしゃぶり.
Nut·sche[nú:tʃə] 女 -/-n〘化〙ヌッチェ(吸引漏斗の一種).
nut·schen[nú:tʃən]《04》**I** 自 (h)《中部》(an *et.*^{3}) (…を)ちゅうちゅう吸う; しゃぶる: am Daumen ～ 親指をしゃぶる. **II** 他 (h) **1**《中部》(*et.*^{4}) (…を)しゃぶる. **2**〘化〙吸引濾過(ろか)する. [擬音; ◇ lutschen]
Nut·te[nʊ́tə] 女 -/-n (小 **Nutt·chen**[nʊ́tçən] 中 -s/-)《卑》(Prostituierte) 売春婦, 娼婦(しょうふ). [<Nut]
nut·tig[nʊ́tɪç]^2 形《卑》売春婦のような.
nutz[nʊts]《南部》=nütze
Nutz[−] 男 -es/ (Nutzen) 利益, 有用: Eigen*nutz* 私利, 利己心 ‖〘もっぱら次の成句で〙*jm.* **zu ～ und Frommen** / **zu** *js.* **～ und Frommen** …の利益のために.
Nutz·an·wen·dung[nʊ́ts..] 女 (教理・理論の)利用, 応用: eine ～ aus *et.*^{3} ziehen …から教訓をひき出す.
nutz·bar[nʊ́tsba:r] 形《副詞的用法なし》役にたつ, 利用できる, 有用〈有益〉な; 有効な: ～*e* Energie 有効エネルギー | ～*es* Gefälle〘土木〙有効落差 | ein ～*er* Vorschlag 有益な提案 ‖ für *et.*^{4} ～ sein …の役に立つ | *et.*^{4} ～ machen …を利用する; …を実用化する.
Nutz·bar·keit[−kaɪt] 女 -/ 役にたつ〈利用できる〉こと, 有用〈有効〉性.
Nutz·bar·ma·chung 女 -/ 利用; 実用化.
Nutz·bau 男 -〔e〕s/-ten 実用本位の建築物.
nutz·brin·gend 形 有益な, 有用な; 利益のある, もうかる: Das war für alle ～. それはすべての人にとって有益〈有利〉だった | *sein* Kapital ～ anlegen 有利な投資をする.
nüt·ze[nʏ́tsə] (**nut·ze**[nʊ́tsə]) 形《述語的》(zu *et.*^{3}) (…に)役だつ, 有益な, 有用な:〘もっぱら次の形で〙**zu** *et.*^{3} **～ sein** …にとって有益である, …に役に立つ | zu etwas 〈nichts〉 ～ sein 何かの役に立つ〈何の役にも立たない〉| Du bist auch zu gar nichts ～. 君はおよそ何の役にもたたないやつだ. [*germ.*; ◇〔ge〕nießen]
Nutz·ef·fekt[nʊ́ts..] 男〘理〙効率.
nüt·zen[nʏ́tsən] (**nut·zen**[nʊ́tsən])《02》**I** 自 (h) **1** (*jm.* / zu *et.*^{3}) (…の)役にたつ, (…に)有益〈有効〉である; (薬・治療などが)効く: Kann ich Ihnen ～? 何かあなたのお役にたてましょうか | Das *nützt* niemandem. それはだれの役にもたたない | Das kann uns nichts ～. それは私たちに何の役

にもたちえない | Es *nützte* mir kein Bitten und Drohen. 頼んでみてもおどかしてみても 私は相手の心を動かせなかった | Das Medikament *nützt* bei Kopfschmerzen 〈gegen Kopfschmerzen〉. この薬は頭痛に効く | Wozu *nützt* das jetzt alles noch? これらすべてが今さら何の役にたつのか. **2** 《etwas, nichts, was などと》役立つ, 有益である: etwas ~ いくらか役にたつ | wenig ~ あまり役にたたない | Das Mittel *nützte* gar nichts. この手段〈薬〉は全く役だたなかった | Es *nutzt* nun alles nichts, wir müssen jetzt gehen. 何をやっても無駄だ 立ち去るほかはない | Was *nützen* alle Ermahnungen, wenn du nicht darauf hörst? 君が聞く耳をもたぬのなら いくらいさめても何の役にもたたない.

II 他 (h) 役だてる, 利用する: *et.*[4] industriell ~ …を工業的に利用する | *et.*[4] für *et.*[4] ~ …を…〔のため〕に利用する | *et.*[4] zu *et.*[3] ~ …を…〔すること〕に利用する | die Wasserkraft zur Stromerzeugung ~ 水力を発電に利用する | Er hat jede Gelegenheit *genützt*, sich hervorzutun. 彼はあらゆる機会を利用して自分を目だたせようとした | Der Raum wird als Konzertsaal *genutzt*. この部屋は演奏会場として利用される.

Nụt·zen[nʊ́tsən] 男 -s/ 利益, 有益, 有用; 効用利得, もうけ: allgemeiner ~ 公益 | ein großer 〈geringer〉 ~ 大きな〈わずかな〉利益 ‖ *jm.* ~ bringen …に利益をもたらす | von *et.*[3] ~ haben …で得をする | *seinen* ~ suchen 自分の利益をはかる | Versprichst du davon einen ~? 君はそれで得をする見込みはあるのか | aus *et.*[3] ~ ziehen …を利用する ‖ ein Buch mit viel ~ lesen 本を読んで大いに啓発される | *jm.* von 〔höchstem〕 ~ sein …にとって〔非常に〕有益である | Es wäre von ~, wenn ... もし…すれば得るところが大であろう | *jm.* zum ~ gereichen …の利益になる.

Nụtz≈fa̱hr·zeug[nʊ́ts..] 中 (輸送用の)有用車両(バス・トラックなど). **≈fisch** 男 食用魚. **≈flä·che** 女 有効面積(土地や建物などの実際に利用できる部分); 〖農〗農耕面積. **≈gar·ten** 男 (↔Ziergarten) 実用園(果樹園・茶園など). **≈holz** 中 (燃料用木材に対して加工用・建築用などの)材木, 有用木材. **≈in·sekt** 中 (↔ Schadinsekt) 益虫. **≈ki·lo·me̱·ter** 男 (↔Leerkilometer) 積車キロ数(トラックなどが貨物を積んで走行した距離). **≈last** 女 (貨車・トラックなどの)積載重量, 実荷重. **≈lei·stung** 女 〖工〗有効出力〈動力〉.

nụ̈tz·lich[nʏ́tslɪç] 形 (↔schädlich) 役にたつ, 有益な, 有用の: ~*e* Bücher 有益な書物 | ~*e* Pflanzen 〈Tiere〉 有用植物〈動物〉 ‖ *jm.* ~ sein …の役にたつ, …の手助けとなる | Kann ich Ihnen ~ sein? 私はあなたのお役にたてましょうか | Dein Buch war mir dabei 〈dazu〉 sehr ~. 君の本はその際私にたいへん役だった | ***sich***[4] **~ machen** 役にたつことをする, 助力する ‖ das Angenehme mit dem *Nützlichen* verbinden 楽しみと実益とを兼ねる.

Nụ̈tz·lich·keit[−kaɪt] 女 -/ nützlich なこと.

Nụ̈tz·lich·keits≈den·ken 中 物事の有用性ばかりを重視する考え方. **≈prin·zip** 中 (Utilitarismus) 〖哲〗功利主義.

Nụ̈tz·ling[nʏ́tslɪŋ] 男 -s/-e (↔Schädling) 有用生物(益虫・益鳥・益獣など).

nụtz·lo̱s[nʊ́tslo:s][1] 形 無益な, 無用の, むだな, むなしい: ~*e* Anstrengungen 〈Bemühungen〉 むだな努力〈骨折り〉 | ~*e* Versuche むなしい試み ‖ Es war alles ~. すべてむだだった ‖ *seine* Gesundheit ~ aufs Spiel setzen これという理由もなく健康を害するような無茶をやる.

Nụtz·lo̱·sig·keit[..lo:zɪçkaɪt] 女 -/ nutzlos なこと.

nụtz·nie·ßen[nʊ́tsni:sən] 《02》《過分 genutznießt》 自 (h) 《ふつう不定詞・現在分詞で》《雅》《von *et.*[3]》(…から)利益を収める; 〖法〗用益する: Darf ich davon mit ~? 私もそれから利益を得てよいのでしょうか.

Nụtz·nie·ßer[..sər] 男 -s/- 受益者, うまい汁を吸う者; 〖法〗用益権者.

nụtz·nie·ße·risch[..sərɪʃ] 形 利益を収める, 得をする; 受益者の; 用益権の.

Nụtz·nie·ßung[..sʊŋ] 女 -/ 受益, 利用; 〖法〗用益権.

Nụtz·pflan·ze[nʊ́ts..] 女 有用植物, 作物植物.

Nụt·zung[nʊ́tsʊŋ] 女 -/-en 《ふつう単数で》利用; 収益; 〖法〗用益: die friedliche 〈militärische〉 ~ der Atomenergie 原子力の平和〈軍事〉利用.

Nụt·zungs≈dau·er 女 〖工〗耐用期間. **≈recht** 中 〖法〗利用権, 用益権.

Nụtz≈vieh[nʊ́ts..] 中 用畜. **≈was·ser** 中 -s/ (Brauchwasser) 雑〈工業〉用水. **≈we̱rt** 男 利用価値: einen hohen ~ haben 利用価値が高い. **≈wild** 中 〖狩〗食用狩猟鳥獣(→Raubwild).

n. u. Z. 略 =nach unserer Zeitrechnung 西暦紀元(…年: →Zeitrechnung).

Nu·ze̱l·lus[nutsɛ́lʊs] 男 -/..lli[..li·] =Nucellus

NVA[ɛnfaʊ|á:] 略 女 -/ =Nationale Volksarmee 国家人民軍(旧東ドイツ国防軍の正式名称).

n. W. 略 **1** =nächster Woche 来週に〈の〉; 翌週に〈の〉. **2** =nächste Woche[4] 来週に; 翌週に.

NW 略 =Nordwest〔en〕 北西, 北西部.

Ny̱[ny:] 中 -〔s〕/-s ニュー(ギリシア字母の第13字: N, ν). [*semit.*−*gr.*; ◇ *engl.* nu]

Nykt·al·opi̱e[nʏktalopí:] 女 -/ (Tagblindheit) 〖医〗昼盲〔症〕. [*spätlat.*; <*gr.* nýx (→ Nyx)+alaós „blind“+..opie]

Nyk·ti·na·sti̱e[nʏktinastí:] 女 -/-n[..tí:ən] 〖植〗(葉などの)就眠運動.

Nyk·to·pho·bi̱e[nʏktofobí:] 女 -/ 〖医・心〗暗闇(くらやみ)恐怖〔症〕.

Nykt·uri̱e[nʏkturí:] 女 -/-n[..rí:ən] 〖医〗夜間多尿〈頻尿〉〔症〕. [<uro..]

Ny·lon[náɪlɔn] 中 -s/-s **1** 《単数で》ナイロン. **2** 《ふつう複数で》《話》ナイロン靴下: hauchdünne ~*s* tragen 薄いナイロン靴下をはいている. [*amerik.*]

Ny·lon≈blu̱·se[náɪlɔn..] 女 ナイロンのブラウス. **≈hemd** 中 ナイロンのシャツ. **≈strumpf** 男 -〔e〕s/..strümpfe 《ふつう複数で》ナイロン靴下. **≈strumpf·ho̱·se** 女 ナイロンのパンティーストッキング.

ny·lon·ver·stärkt[náɪlɔn..] 形 ナイロン補強の.

Ny̱m·pha[nʏ́mfa·] 女 -/..phae[..fɛ·], ..phen[..fən] 《ふつう複数で》〖解〗小陰唇. [*gr.* nýmphē−*lat.*]

Nym·phä̱·um[nʏmfɛ́:ʊm] 中 -s/..phäen[..fɛ́:ən] **1** ニンフたちにささげられた殿堂(→Nymphe 1). **2** 〖美〗(古代ローマの)ニンフの像などで飾られた噴水. [*gr.* nymphaĩon−*lat.*]

Ny̱m·phe[nʏ́mfə] 女 -/-n **1** 〖ギ神〗ニュムペ, ニンフ(乙女の姿をした海・川・泉・木・森・山などの精: →Nereide, Najade, Dryade, Oreade). **2** 〖動〗若虫(じゃくちゅう), ニンフ. **3** =Nympha [*gr.* nýmphē „Braut“−*lat.*; ◇nuptial; *lat.* nūbere „heiraten“; *engl.* nymph]

Ny̱m·phen Nympha, Nymphe の複数.

nym·pho·ma̱n[nʏmfomá:n] 形 〖医〗(女性について)性欲が異常に亢進(こうしん)した, 色情症の.

Nym·pho·ma·ni̱e[..maní:] 女 -/ (↔ Satyriasis) 〖医〗(女性の)性欲異常亢進(こうしん), 女子色情〔症〕.

Nym·pho·ma̱·nin[..má:nɪn] 女 -/-nen 〖医〗色情症の女.

nym·pho·ma̱·nisch[..má:nɪʃ] =nymphoman

Ny̱·norsk[ný:nɔrsk] 中 -/ (↔Bokmål) ニューノルスク(ノルウェー西部・田園地帯に普及している公用語. かつては Landsmål と呼ばれた). [*norw.*; ◇neu, Norge]

Ny·sta̱g·mus[nʏstágmʊs] 男 -/ (Augenzittern) 〖医〗眼球振盪(しんとう), 眼振. [*gr.*; <*gr.* nystázein „nicken“]

Nyx[nʏks] 人名 〖ギ神〗ニュクス(夜の女神). [*gr.* nýx „Nacht“; ◇Nacht]

NZZ[ɛntsɛttsɛ́t] 略 女 -/ =Neue Zürcher Zeitung (→ Zürcher II)

O

o¹[o:], **O**¹[—] 中 -/- (→a¹, A¹ ★)ドイツ語のアルファベットの第15字(母音字): →a¹, A¹ 1 | *O* wie Otto (通話略語) Otto の O 〔の字〕(国際通話では *O* wie Oslo) | ein langes geschlossenes *o* ⟨*O*⟩ 長閉音 o[o:] | ein kurzes offenes *o* ⟨*O*⟩ 短開音 o[ɔ] | *O*-Beine O 脚, 内反膝(ひざ)‖ das A und 〔das〕 *O* (→a¹, A¹ 2).

o²[o:] 間 →oh ★

o. 略 **1** =**o**ben **2** =**o**der **3** =**o**hne

O² **I** 記号 [o:, záuərʃtɔf] (Oxygenium) 《化》酸素 (=Sauerstoff). **II** 略 =**O**st〔en〕東.

ö[ø:], **Ö**[—] 中 -/- (→a¹, A¹ ★) o ⟨O⟩のウムラウト(→Umlaut): →a¹, A¹ 1 | *Ö* wie Ökonom (通話略語) Ökonom の Ö 〔の字〕.

★ ときに oe, Oe ともつづる(特に大文字の場合).

ö. 略 =**ö**stlich 1

o. a. 略 =**o**ben **a**ngeführt 上述〈上記〉〔の〕.

o. ä., o. Ä. 略 =**o**der **ä**hnliche〔s〕(…)など, 等々.

OAG[o:|a:gé:] 略 女 -/ =**O**stasiatische **G**esellschaft ドイツ東洋文化研究協会(正式名は Deutsche Gesellschaft für Natur- und Völkerkunde Ostasiens).

OAPEC[oá:pɛk] 女 -/ アラブ石油輸出国機構. [*engl.*; <*engl.* *O*rganization of *A*rab *P*etroleum *E*xporting *C*ountries]

Oa̤·se[oá:zə] 女 -/-n オアシス(砂漠の中で水がわき植物の繁茂する地域);《比》憩いの場: Dieser Park ist eine ~ in der verkehrsreichen Stadt. この公園は交通のはげしい町の中のオアシスだ. [*ägypt.*–*gr.*–*spätlat.*; ◇*engl.* oasis]

ob¹[ɔp] 接《従属》**1**《疑問詞のない疑問文に対応する間接疑問文を導いて》**a)** (英: *whether, if*)…〔である〕かどうか: ①《主語》*Ob* er kommt, entscheidet sich morgen. 彼が来るかどうかはあす決まる | Dabei ist zweifelhaft, ~ so etwas überhaupt möglich ist. そんなことがそもそも可能かどうか疑わしい | Es ist nicht sicher, ~ er kommt. 彼が来るかどうか確かでない | *Ob* ich jetzt gehe oder erst später ⟨*Ob* ich jetzt oder ~ ich erst später gehe⟩, 〔das〕 ist gleichgültig. いま行こうと もっと後になってから行こうと どちらでもいいんだ.

②《目的語》Ich weiß nicht, ~ er kommt 〔oder nicht〕. 彼が来るかどうか私は知らない | Er sagt uns heute, ~ er kommt ⟨käme⟩. 彼は来るかどうかを きょう言ってくれることになっている | Ich erfahre 〔es〕 morgen, ~ ich geprüft werde. 試験をされるかどうかはあすわかる | Er wußte nicht, ~ er die Prüfung bestanden hatte, oder ~ er durchgefallen war. 試験に合格したのか不合格だったのか 彼は知らなかった ‖〖「問い」の意味をもつ動詞と〗Er fragt ⟨erkundigt sich⟩ 〔danach〕, ~ wir kommen. 我々が来るかどうかを彼は尋ねている ‖〖間接説話で〗Er fragte mich, ~ ich mitkommen wolle. 彼は私に一緒に来るかと尋ねた(参考 直接説話 Er fragte mich: „Willst du mitkommen?“) ‖ An der Grenze sahen sie sich um, ~ das fremde Land anders aussehe. 国境で彼らは外国の土地は何か違ったところがあるかどうかと〔思って〕辺りを見回した | Er horchte, ~ er nicht die Glocke hören könnte. 彼は鐘の音が聞こえるのではないかと〔考えて〕耳をすました | Wir gruben, ~ wir ein wenig Wasser fänden. 我々は少しでも水が出るかどうかと〔考えて〕穴を掘ってみた | Er ist neugierig 〔darüber〕, ~ es geklappt hat. 彼はそれがうまく行ったのかどうかを知りたがっている.

③《付加語》Die Frage, ~ er krank war, wurde nicht gestellt. 彼が病気なのかどうかという質問は出されなかった | Auf meine Frage, ~ er müde sei, antwortete er nicht. 眠いのかという私の問いに彼は返事をしなかった(→②).

b)《主文から独立した副文で》①《直接疑問文の代わりに》*Ob* ich doch lieber zu Hause bleibe? 私はやっぱり家にいたほうがいいのだろうか | Wir gehen ins Kino. *Ob* du mitkommen möchtest?《話》私たちは映画に行くよ. 君も一緒に行くかと思って | *Ob* ich krank war? 私が病気だったかって ‖〖命令を表して〗*Ob* du jetzt endlich aufhörst! もういいかげんによさないか.

②《**und ob** 〔...〕の形で相手の疑問に対する反問として強い肯定を示して》Kennst du dieses Buch?—〔Und〕 ~ ich das kenne! / Und ~! この本知ってるかい — 知ってるかだって(知っているどころじゃないよ) | Das war wohl gestern abend sehr interessant?—Na, und ~! きのうの晩はさぞ面白かったんだろうね — 面白かったのなんのって | Hat sie dir nicht gefallen?—Und ~! 彼女のこと気にいらなかったのかい — 気にいらないどころじゃないよ(たいへん気にいった).

③《**ob ... oder ...** / **ob ... ob ...** の形で譲歩文を導いて》…であろうと…であろうと〔いずれにせよ〕: *Ob* er nun kommt oder nicht, wir müssen jetzt anfangen. 彼が来ようが来まいが我々はもう始めなければならない | Wir gehen spazieren, ~ es regnet oder 〔~〕 die Sonne scheint. 我々は雨が降っていようが日が照っていようが関係なく散歩に行く | *Ob* arm, ~ reich, alle müssen sterben. 貧富を問わず人間は皆いつかは死ななければならない | ~ Mann, ~ Frau 男女を問わず.

④《**je nachdem, ob ... oder ...** の形で》…か…かのいずれか次第で: Je nachdem, ~ wir an die See oder ins Gebirge fahren, müssen wir Badehosen oder eine Wanderausrüstung mitnehmen. 海に行くか山に行くかによって水着か山歩き装備かのいずれかを持って行かねばならない.

2《条件》(英: *if*)(wenn)

a)《**als ob ...** の形で非現実の比較の副文を導いて; 定動詞は接続法 IIが多いが接続法 I・直説法も用いられる》(英: *as if*) あたかも…であるかのように, まるで…するかのように: Sie blickte mich an, als ~ sie mich erst jetzt sähe. 彼女はいま初めて私に気がついたかのようにじっと私を見つめた | Er spricht so, als ~ er der Chef wäre. 彼はまるで自分がチーフであるかのような口をきく | Sie verhielten sich so, als ~ nichts passiert sei. 彼らは何事もなかったかのように振舞った | Mir scheint, als ~ ... 私はまるで…であるかのような気がする ‖ Nicht als ~ ich es nicht bedauere. 私はそれが残念でないわけではないのだが.

☆ この ob 副文の代わりに定動詞を als の直後に置く構文もふつうに用いられる: Er spricht so, als wäre er der Chef. (→als I 1 b ⑤).

▽**b)**《auch, gleich, schon, zwar などを伴って譲歩文を導く: →obgleich, obschon, obzwar》たとえ…であるとしても, …であるにもかかわらず: *Ob* (=Wenn) er auch vorwärtsstrebte, es gelang ihm nicht, rechtzeitig anzukommen. 彼は先を急ごうと努めたが 時間どおりに到着することはできなかった | *Ob* er gleich erschöpft war, er ruhte nicht. 彼は疲れきっていたにもかかわらず休まなかった | ~ gleich jung an Jahren まだ年は若いにもかかわらず. [*ahd.*; ◇*engl.* if]

ob²[ɔp] 前 **1**《2格, まれに3格支配》《雅》(wegen) …が原因で, …のため〈ゆえ〉に: Sie tadelte ihn ~ seines Leichtsinns. 彼女は彼をその軽率さのゆえに非難した | Sei mir ~ dieser Worte nicht böse! こんなことを言ったからといって怒らないでくれ. ▽**2**《3格支配; スイス方言以外では若干の地名に残っている》(über, oberhalb) …の上〔側〕に, …の上の方に:

Rothenburg ~ der Tauber ローテンブルク オプ デア タウバー(タウバー渓谷を見おろす位置にあるローテンブルク) | Österreich ~ der Enns エンス川上部のオーストリア (Oberösterreich のこと. エンス川を境に Oberösterreich と Niederösterreich とに分かれる). [*germ.*; ◇auf, über, oben, ober]

ob.. 《名詞・形容詞・動詞などにつけて「…に反対して, …に向かって」などを意味する. k, c の前では ok.., oc.., f の前では of.., p の前では op.. になる》: *Ob*jekt 対象 | *ob*stinat 強情な | *ob*struieren 抵抗する ‖ *Ok*kupation 占取 | *of*ferieren 提供する | *op*ponieren 反対する | *Op*position 反対. [*lat.* ob „entgegen"; ◇epi.., after]

ob. 略 =obiit

o. B. 略 **1** =ohne Befund〘医〙所見〈異常〉なし. **2** =ohne Bericht〘商〙振出無通知(手形).

der **Ob**[ɔp] 地名 男 -[s]/ オビ(西シベリアの大河). [*iran.* „Wasser"]

OB(**O. B.**)[o:bé:] 略 =Oberbürgermeister

Ob·acht[ó:baxt] 女 -/《南部》(Achtung) 注意, 用心: **auf** *et.*[4] **~ geben** 〈**haben**〉 …に注意をはらう | *et.*[4] in ~ nehmen …を見張る | *sich*[4] in ~ halten 気をつける | *Obacht!* 気をつけろよ. [<ob[2]+Acht[2]; ◇beobachten]

Obạd·ja[obátja:] 人名〘聖〙オバデヤ(小預言者の一人): der Prophet ~ 預言者オバデヤ; (旧約聖書の)オバデヤ書. [*hebr.* „Knecht Jahwes"]

ÖBB 略 =Österreichische Bundesbahnen オーストリア連邦(国有)鉄道.

ob≈be·mel·det[ɔ́p..] 形, **≈be·sagt** 形《官》上述〈既述〉の. [<ob[2]]

obd. 略 =oberdeutsch

Ob·dach[ɔ́pdax] 中 -[e]s/ (Unterkunft) 泊まる場所, 宿, 宿舎: [ein] ~ suchen 〈finden〉 宿を探す〈見つける〉 | *jm.* ~ geben 〈gewähren〉 …を宿泊させる | kein ~ haben / ohne ~ sein 宿なしである | *jn.* unter ~ bringen …を宿泊させる〈かくまう〉. [*ahd.* ob[e]-dach „Überdach"; ◇ob[2]]

ob·dach·los[–lo:s][1] **I** 形 泊まる場所のない, 宿なし〈ホームレス〉の. **II Ob·dach·lo·se** 男 女《形容詞変化》泊まる場所のない人, (災害などで)家を失った人; ホームレス, 浮浪者.

Ob·dach·lo·sen≈asyl 中, **≈heim** 中 浮浪者収容施設; 被災者収容施設.

Ob·dach·lo·sig·keit[..lo:zɪçkaɪt] 女 -/ obdachlos なこと.

Ob·duk·tion[ɔpdʊktsió:n] 女 -/-en (法医学的な)死体解剖, 検死, 剖検: die gerichtliche ~ 司法解剖 | die ~ anordnen 〈vornehmen〉 検死を命じる〈行う〉. [*lat.*]

Ob·duk·tions·be·fund 男 剖検所見.

Ob·du·zent[ɔpdutsɛ́nt] 男 -en/-en 剖検〈検死〉を行う医者.

ob·du·zie·ren[..dutsí:rən] 他 (h) (死体を法医学的に)解剖する, 検死〈剖検〉する. [*lat.* ob-dūcere „über-ziehen" (◇ziehen[2]); 解剖後死体に覆いをかけたことから]

Ob·edienz[obediɛ́nts] 女 -/ **1**〘宗〙(上位の聖職者に対する)従順, 恭順. **2**〘史〙(教会分裂の際の教皇の)支持〔派〕. [*lat.*; <ob..+*lat.* audīre (→audio..); ◇Audienz]

O-Bei·ne[ó:baɪnə] 複〘医〙O 脚(内反膝(ない)の一つ: → Knickbein).

O-bei·nig[..nɪç][2] 形 O 脚の, 内反膝(ない)の.

Obe·lisk[obelísk] 男 -en/-en オベリスク, 方尖(ほうせん)塔. [*gr.* obelískos „kleiner Spieß"–*lat.*; <*gr.* obelós „(Brat)spieß"; ◇Obolus 3]

oben[ó:bən] 副 (↔unten) **1** 上〔の方〕に〈で〉, 高いところに〈で〉; 上階〈階上〉に; 上側に; 《比》家の中に; 天上で: hoch ~ はるか上方〈高いところ〉に | links 〈rechts〉 ~ 左〈右〉上に | weiter ~ もっと上の方に | auf Seite 50 ~ 50ページの上段に | ~ auf dem Berg 上の山頂で | Wer wohnt ~? 階上にはだれが住んでいるのか | ~ in meinem Zimmer 上の私の部屋で | Er muß heute ~ bleiben. 彼はきょうは家にいなければならない(外で遊べない) | Die glänzende Seite des Papiers muß ~ sein. 紙はつるつるした面を上にする | der dort ~ 天なる神 ‖ ***sich***[4] **~ halten**《比》(苦境などに負けずに)よい状態〈好成績〉を維持する | den Kopf ~ behalten《比》毅然(きぜん)としている, 胸を張る, しおたれない | **nicht wissen, was** 〈**wo**〉 **~ und unten ist**《話》(すっかり取り乱して)何が何やらわからない, 茫然(ぼうぜん)自失する ‖ **~ ohne**《話》(特に女性が)上半身裸で, トップレスで | ~ herum warm angezogen sein 上半身をあたたかく着込んでいる.

‖〘前置詞と〙Mir steht die Sache 〔jetzt〕 **bis** 〔hier〕 ~!《比》私はもううんざりした〈へどが出そうだ〉| **nach ~** 〔hin / zu〕 上へ〔向かって〕 | **von ~** 〔her〕 上から | von ~ (略 v. o.) 上から(何行目) | von hier ~ この高い所から | **von ~ bis unten** 上から下まで, 全身 | Er musterte mich von ~ bis unten. 彼は私を頭のてっぺんから足の爪先(つまさき)までじろじろ見た | Ich war von ~ bis unten mit Öl verschmiert. 私は全身油まみれだった | **von ~ herab** 〈herunter〉 上から; 《比》見下して, 高飛車に | von ~ nach unten 上から下へ | Er hat alles von ~ nach unten 〈von unten nach ~〉 gekehrt. 彼は何もかもめちゃくちゃに引っかき回した.

2《比》上位に, 上席に; 上層部で: **die da ~** おえらがた〔連中〕 | ~ am Tisch sitzen (食卓などの)上席に座っている | nach ~ streben 昇進しようと努力する〈あがく〉| Befehl von ~ 上からの命令 ‖ nach ~ buckeln und nach unten treten《比》上にいい顔をして〈へつらって〉下に過酷である.

3 (文書・書物などで)上述の, 前述の: wie ~ (略 w. o.) 上記のように | wie ~ erwähnt 上述のように | Sieh〔e〕 ~! (略 s. o.) 上記参照.

4 表面に: 〔*sich*[3]〕 noch etwas Warmes ~ drüber ziehen (着ている)上にさらに暖かいものを重ねて着る | *Oben* hui, unten pfui (→hui I 2).

5《話》北〔の地方〕で(地図の上の方); (drüben) 向こう〈あちら〉の方で: *Oben* ist das Klima viel rauher. 北の方〈あちら〉は気候がずっと厳しい | Er lebt jetzt schon drei Jahre dort ~. 彼はこれでもう 3 年も北国〈向こう側〉で暮らしている | Sie ist auch von da ~. 彼女も北の出身だ.

6《話》上〈頭〉の方で: ~ nicht ganz richtig sein 頭が少々おかしい.

★ ober[1]の副詞的・述語的用法にあたる.

[*ahd.* obana „von oben her"; ◇ober[1]; *engl.* above]

oben≈an[ó:bən|án] 副 上に, 上端に; 上位〈上席〉に: ~ sitzen 上席に座っている | ganz ~ auf der Liste stehen リストの最初にのっている | Deine Gesundheit steht für mich ~. 君の健康が私にとって第一だ. **≈auf**[..|áuf] 副 **1** いちばん上に: Das Buch liegt ~. その本はいちばん上に置いてある. **2**《比》(健康・気分が)上々で: Sie ist immer ~. 彼女はいつも上機嫌だ | Nach der Operation ist er wieder ~. 手術のあと彼はまた元気になっている. **≈drauf**[..dráuf] 副 **1** いちばん上に; 〔さらに〕その上に: Mein Heft liegt ~. 私のノートはいちばん上にある | Ich konnte meinen Schlüssel nicht finden, weil ~ ein Haufen Zeitungen lag. その上に新聞の束がのっていたので 私はかぎを見つけることができなかった. **2**《比》*jm.* eins ~ geben …を一発ぶん殴る〈しかりとばす〉. **≈drein**[..dráɪn] 副 その上, おまけに: ein kleiner, ~ unsauberer Raum 小さくておまけにきたない部屋 | Er hat mich betrogen und ~ ausgelacht. 彼は私をだまし その上なお嘲笑(ちょうしょう)した | Er verlangte Schadenersatz, ~ wollte er Schmerzensgeld. 彼は損害補償を要求しそのうえ慰謝料を欲しがった.

oben≈er·wähnt[ó:bən..] 形, **≈ge·nannt** 形 (略 o. g.)《付加語的》上述の, 前述の.

oben≈her·aus[ó:bənhɛráus] 副《俗》~ sein 怒っている | ~ wollen 野心にかられている. **≈hin**[..hín] 副 **1** 上へ, 上方へ. **2** (oberflächlich) うわべだけ, ぞんざいに, おざなりに: nur ~ antworten ただおざなりの返答をする. **≈hin·aus** [..hɪnáus] 副《次の成句で》**~ wollen** 高望みする, 野心家である | immer gleich ~ gehen 〈sein〉《話》かっとなりやすい.

Oben-oh·ne-Ba·de·an·zug[ó:bən|ó:nə..] 男〘服飾〙トップレス水着.

oben≈ste·hend 形《付加語的》上記の: im ~*en* 上述の個所に〈で〉. **≈zi·tiert** 形《付加語的》上に引用した.

ober[1][ó:bər] **I** 形《比較級なし; 最上級: **oberst** → 別出》《付加語的》(↔unter) 上の, 上部の; 上級〈上位〉の: die ~*e* Hälfte 上半分 | die ~*en* Klassen 高学年; 上層階級 | die ~*e* Elbe エルベ川上流 | die ~*en* Zehntausend (→zehntausend) | im ~*en* Stockwerk 上階に.
☆ 副詞的・述語的には oben を用いる.

II Obe·re 《形容詞変化》 **1** 男 女 上に立つ人, 上役, 長. **2** 男 〖宗〗 修道院〈修道会〉の上長. **3** 中 上方〈上位〉にあるもの. [*ahd*.; ◇ob[2]]

▽**ober**[2][ó:bər] 前 《ｵｰｽﾄﾘｱ》《3 格支配. 古くは運動の方向を示すときは 4 格支配もある》(über, oberhalb) …の上の方に: Das Schild hängt ~ der Tür. 標札はドアの上方にかかっている.

ober.. 《名詞・形容詞などにつけて》 **1** (↔unter..) 《「上部, 上位, …長」などを意味する》: *Ober*lippe 上唇 | *Ober*begriff 上位概念 | *Ober*ingenieur 技師長. **2** (↔nieder..) 《「上部地域」を意味する》: *Ober*rhein 上部ライン.

Ober[ó:bər] 男 -s/- **1** (Oberkellner) 給仕長, ボーイ長; (Kellner) (一般に) ウエーター, 給仕, ボーイ: Herr ~, bitte zahlen! ボーイさん お勘定. **2** (↔Unter) (ドイツ式トランプの) クイーン(→Dame 2).

Ober·am·mer·gau[o:bər|ámərgaʊ] 地名 オーバーアマーガウ(ドイツ Bayern 州南部の村. 17世紀以来10年ごとに上演される受難劇で有名). [＜Ammer[3]]

Ober·arm[ó:bər..] 男 上腕, 上膊(ﾊﾟｸ), 二の腕(→ 図 Mensch A).

Ober·arm≠bein 中 〖解〗 上腕骨, 上膊骨. **≠hang** 男 〖体操〗(平行棒の) 腕支持. **≠stand** 男 〖体操〗(平行棒の) 上腕倒立(→ 図).

Oberarmstand

Ober≠arzt 男 **1** (病院の各科の) 主任医師, 医長. **2** 軍医中尉. **≠auf·se·her** 男 総監督, 監督長, 主任検査官. **≠auf·sicht** 女 〔総〕監督, 指導管理. **≠bau** 男 -s/-ten 〖土木・地〗 上部構造. **≠bauch** 男 上腹〔部〕. **≠bay·ern**[..baɪərn] 地名 オーバーバイエルン(ドイツ Bayern 州の南東部の地方). **≠be·fehl** 男 -〔e〕s/ 最高司令〔権〕: den ~ heben 〈führen〉 最高指揮権をもつ. **≠be·fehls·ha·ber** 男 総司令官, 最高指揮官. **≠be·griff** 男 上位概念, 大概念. **≠be·klei·dung** 女 (下着を除いた外側の) 衣服(ブラウス・ドレス・背広・コートなど). **≠bett** 中 掛けぶとん, 羽ぶとん. **≠be·wußt·sein** 中 (↔Unterbewußtsein) 〖医〗 上部意識, 上識(明確な, 目覚めた意識). **≠bo·den** 男 **1** (棟の真下にある) 屋根裏部屋, 屋根裏の物置. **2** 〖地〗 表土. **≠boots·mann** 男 -〔e〕s/ ..leute(..männer) 海軍上等兵曹. **≠bram·se·gel**[また: ⌣⌣⌣⌣] 中 〖海〗 ロイヤルスル. **≠bun·des·an·walt** 男 (ドイツの) 連邦首席検察官.

Ober·bür·ger·mei·ster[ó:bərbʏrgər.., ⌣⌣⌣⌣⌣] 男 (略 OB, O. B.) (Kreis から独立した, または所属していても比較的大きな都市の) 市長.

Ober·deck[ó:bər..] 中 **1** 〖海〗 **a)** (船の) 上甲板. **b)** (Hauptdeck) (船舶の) 主〈正〉甲板, メーンデッキ(→ 図 Schiff A). **2** (二階バスの) 2 階.

ober·deutsch 形 (略 obd.) 上部〈南部〉ドイツ〔語〕の (bairisch, schwäbisch, alemannisch, österreichisch など): →deutsch

Ober·do·mi·nan·te 女 〖楽〗 上属音.

Obe·re →ober[1] II

Ober≠eck[ó:bər..] 中 〖紋〗(盾を 9 分割した) 向かって左上の方形(→ 図 Wappen e). **≠ei·gen·tum** 中 (↔Untereigentum) 〖法〗(昔のドイツ法で) 上位所有権.

ober≠faul 形 《話》 あやしげな, いかがわしい; (小話の落ちなどが) ひどくいかがわしい: Die Sache ist 〈steht〉 ~. この件ははなはだあやしげだ. **≠fein** 形 《話》 一段と上品な〈洗練された〉: *sich*[4] ~ machen 大いにめかしこむ.

Ober·feld·we·bel 男 (陸軍・空軍の) 曹長.

Ober·flä·che[ó:bərflɛçə] 女 **1** (液体・固体の) 表面, 面; 表面積; 表層; 《比》 うわべ: eine glatte 〈rauhe〉 ~ 滑らかな〈ざらざらした〉表面 | die ~ der Erde 〈des Sees〉 地球〈湖水〉の表面 ‖ an der ~ bleiben 《比》 表面的〈皮相〉である | an die ~ kommen 《比》 表面に現れる | an 〈auf〉 der ~ schwimmen 《比》 うわつらをなでる. **2** 〖工〗 表面仕上げ. [*lat*. super-ficiēs (◇Superfizies) の翻訳借用]

ober·flä·chen·ak·tiv 形 〖理〗 表面〈界面〉活性の: ~*es* Mittel 界面活性剤.

Ober·flä·chen≠be·hand·lung 女 〖工〗 表面処理. **≠druck** 男 -〔e〕s/ ..drücke 〖理〗 表面圧. **≠far·be** 女 〖心〗 表面色. **≠här·tung** 女 〖工〗 表面硬化, 表面焼き入れ. **≠ka·sus** 男 〖言〗 表層格. **≠span·nung** 女 〖理〗 表面張力, 界面張力. **≠struk·tur** 女 **1** 表面の構造. **2** (↔Tiefenstruktur) 〖言〗 表層構造. **≠ta·stung** 女 〖心〗 表面触. **≠the·ra·pie** 女 -/ 〖医〗 表面療法. **≠wel·le** 女 〖理〗 表面波; 〖地〗(地震の) 表面波.

ober·fläch·lich[ó:bərflɛçlɪç] 形 **1** 表面の, 表面にある; 〖医〗 表在〔性〕の: ein ~*er* Schmerz 〖医〗 表在痛. **2** 表面的な; うわべだけの, いいかげんな: ~*e* Bekanntschaft (あまり親しくない) 通りいっぺんの知り合い | ein ~*er* Mensch うすっぺらな人間 | ~*e* Kenntnis 浅い知識 | nach ~*er* Schätzung おおよその見当では ‖ *et*.[4] ~ behandeln …をおざなりに取り扱う | *et*.[4] ~ lesen …をざっと読む.

Ober·fläch·lich·keit[−kaɪt] 女 -/-en (oberflächlich なこと. 例えば:) 浅薄, 皮相, いいかげん; 概略.

Ober≠för·ster[ó:bər..] 男 上級営林官, 営林監督官. **≠fran·ken** 地名 オーバーフランケン(→Franken[1]).

ober·gä·rig[..gɛːrɪç][2] 形 〖醸〗 表面〈上面〉発酵の.

Ober≠gä·rung 女 〖醸〗 表面〈上面〉発酵. **≠ge·frei·te** 男 〖軍〗 上等〔水〕兵. **≠ge·richt** 中 上級裁判所; (スイスの) 州裁判所. **≠ge·schoß** 中 〖建〗 上階(建物の 2 階以上: → 図 Haus A, B): Die drei *Obergeschosse* enthalten Büros. 2 階から上の三つのフロアーは事務所になっている. **≠ge·senk** 中 〖工〗(型鍛造用の) 上型, 上タップ. ▽**≠ge·walt** 女 主権, 最高権〔力〕. **≠ge·wand** 中 《雅》 = Oberbekleidung **≠gren·ze** 女 (↔Untergrenze) 上限.

ober·halb[ó:bərhalp] **I** 前 《2 格支配》 (↔unterhalb) **1** …の上方〔の位置〕に, …の上手(ｶﾐﾃ)に; …より高い位置に: ~ der Wolken fliegen 雲の上を飛行する | das Bild ~ der Tür aufhängen 絵を戸口の上の壁にかける | ~ des Dorfes 村の上手に. **2** …の上流地域に: die Themse ~ London〔s〕 ロンドンより上流地域のテムズ川. **3** (地図で) …の北方に. **II** 副 **1** 上方に, 上手に: weiter ~ さらに上の方に | ~ von der Brücke 橋の上手に | Das Schloß liegt ~ von Heidelberg. 城はハイデルベルクを見下ろす位置にある. **2** (地図で) もっと北の位置に.

Ober·hand[ó:bər..] 女 -/ 優位: **die ~ behalten** 優位を保つ〈譲らない〉 | **die ~** 〔über *jn*.〕 **gewinnen** 〈**bekommen** / **erhalten**〉 …に対して優位を占める, …を圧倒する | **die ~** 〔über *jn*.〕 **haben** 〔…より〕優勢である | Jetzt hat der Frühling die ~. もうすっかり春らしくなっている. [*mhd*.; ＜*mhd*. diu obere hant „Hand, die den Sieg davonträgt"]

Ober≠hau·er 男 〖坑〗 上級先山(ｻｷﾔﾏ)〔鉱員〕. **≠haupt** 中 首長, 首領, かしら, チーフ: das ~ einer Familie 家長 | das ~ einer Partei 党首 | Staats*oberhaupt* 国家元首. **≠haus** 中 (↔Unterhaus) 〖政〗 上院. **≠haut** 女 **1** 〖解・動〗 表皮, 上皮. **2** 〖植〗(高等植物の) 表皮. **≠hemd** 中 ワイシャツ: ein weißes 〈gestreiftes〉 ~ 白の〈縞(ｼﾏ)の〉ワイシャツ. **≠herr** 男 支配者, 長. **≠herr·schaft** 女 **1** 主権, 統治権; 支配〔権〕. **2** 主導権, 指導的地位, 優位: um die ~ streiten 主導権をめぐって争う. **≠hirt** 男, **≠hir·te** 男 《雅》 高位聖職者(司教など).

Ober≠hof·mar·schall[また: ⌣⌣⌣⌣] 男 侍従長. **≠hof·mei·ster**[また: ⌣⌣⌣⌣] 男 宮内大臣, 宮内庁長官.

Ober·ho·heit 女 主権, 最高権; (他国への) 統治権, 宗主権, 支配権: unter italienischer ~ stehen イタリアの主権下にある, イタリアに統治されている.

Obe·rin[ó:bərɪn] 女 -/-nen **1** 女子修道院長(→ober[1] II 2). **2** (Oberschwester) (病院の) 看護婦長; (施設などの) 養護婦長, 女所長.

Ober·in·ge·nieur[ó:bər|ɪnʒeniø:r] 男 (略 Ob.-Ing.) 主任技師, 技師長.

ober·ir·disch 形 (↔unterirdisch) 地上の, 地表の; 〘電〙架空の: eine ~*e* 〈~ verlegte〉 Leitung 架空電線.

Ober≈ita·li·en[ó:bər|ita:liən] 地名 上部イタリア (Alpen と Apennin 山脈の間にはさまれるイタリアの北部地方). ≈**jä·ger** 男 **1** 猟師長, 猟場監督. **2** 〘軍〙射撃連隊下士官, 護衛隊下士官. ≈**kan·te** 女 上の縁(ふち): *jm.* **bis** 〔**zur**〕 **~ Unterlippe stehen** 《話》…にとっていとわしい〈もううんざりである〉. ≈**kell·ner** 男 給仕長, ボーイ長(→Ober 1). ≈**kie·fer** 男 **1** 上あご(→ 図 Gebiß). **2** 〘虫〙大顎(おおあご)(大部分の昆虫の口器; クワガタムシの角). ≈**kie·fer·bein** 中〘解〙上顎(じょうがく)骨(→ 図 Schädel).

Ober·kir·chen·rat[また: ―⌣⌣⌣―] 男 **1** (プロテスタント教会の)最高宗務会議. **2** 1の委員.

Ober≈klas·se 女 **1** (学校などの)上級クラス, 高学年. **2** (社会の)上層階級. ≈**klei·dung** ＝Oberbekleidung ≈**kom·man·do** 中 最高司令部, 総司令部. ≈**kör·per** 男 上半身, 上体: mit entblößtem 〈nacktem〉 ~ 上半身裸になって.

Ober·kreis·di·rek·tor[また: ―⌣⌣⌣⌣⌣] 男 (Niedersachsen 州と Nordrhein-Westfalen 州の)郡長(他の州では Landrat という).

Ober·land 中 -〔e〕s/ 高地, 山岳地帯.

Ober·län·der 男 -s/- (女 **Ober·län·de·rin** -/-nen) 高地〈山地〉の住民.

Ober·lan·des·ge·richt[また: ―⌣⌣⌣⌣⌣] 中 (略 OLG) (ドイツ・オーストリアの)上級地方裁判所.

Ober·län·ge 女 (↔Unterlänge) (アルファベットの小文字の b, d, f, h などの上半分のように, 一般の小文字よりも)上に突き出た部分.

ober·la·stig[ó:bərlastɪç][2] 形 〘海〙(積み荷を積み過ぎて)重心の高すぎる, トップヘビーな; 不安定な.

Ober≈lauf 男 (河川の源に近い)上流. ≈**le·der** 中 靴の甲の革. ≈**leh·rer** 男 ▽**1** 上級教諭(旧西ドイツではかつて永年勤続の功労ある小学校教諭に与えられた称号であった. 旧東ドイツでは功績の多い教師に与えられた名誉称号). **2** (オーストリアで)〔小〕学校長. ▽**3** (Studienrat) 高等学校教諭. ≈**leib** 男 ＝Oberkörper ≈**lei·tung** 女 **1** (電車・トロリーバスなどの)架線(→ 図 Leitung). **2** (企業などの)最高首脳〈指導〉〔部〕, 総監督: die ~ behalten 指導権を握っている | die ~ übernehmen 指導〈監督〉を引き受ける.

Ober·lei·tungs≈bus 男, ≈**om·ni·bus** 男 トロリーバス(短 Obus).

Ober≈leut·nant 男 (略 Oblt.) 中尉, (狭義で)陸軍〈空軍〉中尉: ~ zur See (略 z. See) 海軍中尉. ≈**licht** 中 -〔e〕s/-er, -e **1 a)** (屋根・天井などの窓からさしこむ)トップライト, 天窓採光: Der Saal hat ~. この広間は天井から陽光が入る. **b)** 〘劇〙ボーダーライト. **2** 〘建〙 **a)** 天窓(→ 図 Kuppel). **b)** 欄間〔窓〕(→ 図 Fenster A). **c)** (ドアなどの上部の)明かり取り〔窓〕. **3** 《話》婦人服の胸ぐり. ≈**lid** 中 上まぶた. ≈**li·ga** 女 〘スポ〙 2 部リーグ; (旧東ドイツではサッカーの) 1 部リーグ. ≈**lip·pe** 女 上くちびる〔およびその上の鼻の下の部分〕: der Bart auf der 〈über der〉 ~ 口ひげ.

Ober·lip·pen·bart 男 口ひげ.

Ober≈maat 男 海軍上級二等兵曹. ≈**ma·tro·se** 男 (旧東ドイツで)上級水兵. ≈**mei·ster** 男 (旧東ドイツで)海軍上等兵曹.

Obe·ron[ó:bərɔn] 人名 オベロン(中世フランスの伝説に出てくる妖精(ようせい)の王で, Titania の夫. ドイツの英雄伝説の Alberich に当たる). [*afr.* Auberon]

Ober≈öster·reich[ó:bər|ø:stəraɪç] 地名 (略 OÖ.) オーバーエースターライヒ(オーストリア中部の州. 州都は Linz). ≈**pfar·rer** 男 **1** 〔大聖堂〕主任司祭. **2** (従軍司祭の敬称)〔主任〕司祭.

Ober·post·di·rek·tion[また: ―⌣⌣⌣⌣⌣―] 女 (地方・州の)郵政局.

Ober≈prä·si·dent 男 (1815-45年のプロイセンの)州長官. ≈**prie·ster** 男 (特に古代ユダヤの)大司祭; 祭司長. ≈**pri·ma** 女 9 年制ギムナジウムの第 9 学年(最上級: → Prima I 1 ☆). ≈**pri·ma·ner** 男 (女 ≈**pri·ma·ne·rin**) ギムナジウムの 9 年生〈最上級生〉. ≈**real·schu·le**[また: ⌣⌣⌣⌣―⌣, ―⌣⌣⌣―⌣] 女 (古典語が必修ではない)実科高等学校. ≈**rech·nungs·kam·mer**[また: ⌣⌣⌣⌣⌣⌣] 女 (特に1717-1945年のプロイセンの)会計検査院.

der **Ober·rhein**[ó:bərraɪn] 地名 男 -〔e〕s/ 上部ライン, ライン上流 (Rhein 川の, Basel から Mainz あたりまでの部分を指す: →Niederrhein).

ober·rhei·nisch[..nɪʃ] 形 上部ライン〈ライン上流〉〔地方〕の.

Ober·rich·ter 男 **1** 上級裁判所判事. **2** 裁判長.

Obers[ó:bərs] 中 -/ 《南部・オーストリア》(Sahne) 乳脂, クリーム: geschlagenes ~ / Schlag*obers* 泡立てた生クリーム. [＜ober[1]]

der **Ober·salz·berg**[o:bərzáltsbɛrk][1] 地名 男 -〔e〕s/ オーバーザルツベルク (Berchtesgaden 東方の山腹で, かつて Hitler の山荘があった地).

Ober≈satz[ó:bər..] 男 (↔Untersatz) 〘論〙(三段論法の)大前提. ≈**scha·le** 女 〘料理〙(牛の)ラウンド中肉(→ 図 Rind). ≈**schen·kel** 男 **1** 〘解〙上腿(じょうたい)〔部〕, 大腿(だいたい)〔部〕, ふともも(ひざからもものつけ根までの部分: → 図 Mensch A). **2** 〘虫〙腿節(たいせつ)(→ 図 Kerbtier).

Ober·schen·kel≈bruch 男 〘医〙大腿(だいたい)〔骨〕骨折. ≈**hals** 男 〘解〙大腿〔骨〕頸部(けいぶ), 大腿骨頸(けい).

Ober·schen·kel·hals·bruch 男 〘医〙大腿(だいたい)〔骨〕頸部骨折, 大腿骨頸骨折.

Ober·schen·kel≈kno·chen 男 〘解〙大腿(だいたい)骨(→ 図 Mensch C). ≈**kopf** 男 〘解〙大腿〔骨〕頭部, 大腿骨頭(とう). ≈**mus·kel** 女 〘解〙大腿筋.

Ober·schicht 女 **1** 上層. **2** (社会の)上層階級: die geistige ~ 精神的な指導層, 知識階級, インテリゲンチャ.

ober≈schläch·tig[..ʃlɛçtɪç][2] 形 (水車の上部から水を注いで動かす)上位射水方式〈上掛け〉の: ein ~*es* Wasserrad 上掛け水車(→ 図 Wasserrad). ≈**schlau** 形 《話》ひどく利口な〈抜け目のない〉.

Ober·schle·si·en[ó:bərʃle:ziən] 地名 オーバーシュレージエン (Schlesien の南東部の地方. 今日ではポーランド領).

Ober≈schu·le 女 **1** 高〈中〉等学校: allgemeinbildende polytechnische ~ (略 POS) 一般教育総合技術学校(旧東ドイツで学齢期のだれもが通う学校. 4 年間の初級課程と 6 年間の上級課程からなる) | erweiterte ~ (略 EOS) (旧東ドイツで POS 卒業後, 大学進学希望者が通う 2 年制の)高等学校上級課程, 大学入学資格課程. **2** ＝Oberrealschule ▽**3** ＝Gymnasium 1 a ≈**schü·ler** 男 Oberschule の生徒. ≈**schwe·ster** 女 看護婦長. ≈**sei·te** 女 上側; 表側, 表面. ≈**se·kun·da** 女 9 年制ギムナジウムの第 7 学年(→Prima I 1 ☆). ≈**se·kun·da·ner** 男 (女 ≈**se·kun·da·ne·rin**) ギムナジウムの 7 年生. ≈**se·mi·nar** 中 (大学での)上級ゼミナール (Hauptseminar に続く段階).

oberst[ó:bərst] **I** 形 《ober[1]の最上級》《付加語的》いちばん上の, 最上〈最高〉の; 首位の; きわめてすぐれた: die ~*e* Stufe der Leiter はしごの最上段 | die ~*e* Schicht 最上層 | das *Oberste* Gericht (旧東ドイツの)最高裁判所 | der *Oberste* Sowjet ソビエト最高会議 | im ~*en* Stockwerk 最上階で. **II Ober·ste** 《形容詞変化》**1** 男 女 首席, 指導者, チーフ, トップ. **2** 中 いちばん上〈上位〉のもの: das ~ zuunterst kehren (→kehren[1] I 1).

Oberst[ó:bərst] 男 -en, -s/-en (まれ: -e) 〘軍〙(陸軍・空軍の)大佐: zum ~〔*en*〕 befördert werden 大佐に昇進する.

Ober≈staats·an·walt[また: ―⌣⌣―⌣⌣] 男 地方〔上級〕裁判所主席検事, 検事長. ≈**stabs·arzt**[また: ―⌣⌣―] 男 〘軍〙軍医少佐. ≈**stabs·boots·mann**[また: ―⌣⌣―⌣] 男 〘軍〙海軍上級兵曹長〈准尉〉. ≈**stabs·feld·we·bel** [また: ―⌣⌣⌣―⌣] 男 〘軍〙(陸軍・空軍の)上級准尉.

Ober·stadt 女 市の山の手(高台になっている地区).

Ober·stadt·di·rek·tor[また: ―⌣⌣⌣⌣⌣] 男 上級市助役.

ober·stän·dig[ó:bərʃtɛndɪç][2] 形 (↔unterständig) 〘植〙(子房が花被・雄蕊(ゆうずい)よりも)上位の: ~*er* Fruchtknoten 上位子房.

Oberst⸗arzt[ó:bərst..] 男〘軍〙軍医大佐. **⸗bri·ga·dier**[..die:] 男《スイ》〘軍〙准将, 旅団長. **⸗di·vi·sio·när** 男《スイ》〘軍〙少将, 師団長.

Ober·ste →oberst II

Ober⸗stei·ger[ó:bər..] 男〘坑〙主席係長. **⸗steu·er·mann** 男〘海〙一等航海士. **⸗stim·me** 女〘楽〙最高声〔部〕, 上声, 旋律声部.

Oberst·korps·kom·man·dant[..ko:rkɔm..] 男《スイ》〘軍〙中将, 軍団長.

Oberst·leut·nant[また: –◡⏑◡] 男〘軍〙(陸軍・空軍の)中佐.

Ober⸗stock[ó:bər..] 男 -〔e〕s/, **⸗stock·werk** 中 = Obergeschoß **⸗stüb·chen** 中《話》(Kopf) 頭: nicht ganz richtig im ~ sein (→richtig 2). **⸗stück** 中〘工〙(鍛造機の)上ダイス型(→ 図 Gesenk).

Ober⸗stu·di·en·di·rek·tor[また: –◡⏑◡◡◡◡◡] 男 高等学校校長(職階名; 旧東ドイツでは功績の多い教師に与えられた最高の名誉称号). **⸗stu·di·en·rat**[また: –◡⏑◡◡–] 男 高等学校上級教諭(高校教諭の最高位; 旧東ドイツでは功績の多い教師に与えられた名誉称号).

Ober⸗stu·fe 女 **1** 上級〔の段階〕(→Mittelstufe, Unterstufe). **2** (9年制ギムナジウムの)上級3学年 (Obersekunda, Unterprima, Oberprima). **⸗tas·se** 女 (下皿を除いた)コーヒー〈紅茶〉カップ(→ 図 Tasse). **⸗ta·ste** 女 (↔Untertaste) (ピアノの)黒鍵(こっけん). **⸗teil** 中男 上の部分, 上部; 〘服飾〙身頃(みごろ). **⸗ter·tia** 女 9年制ギムナジウムの第5学年(→Prima I 1 ☆). **⸗ter·tia·ner** 男 (女 **⸗ter·tia·ne·rin**) ギムナジウムの5年生. **⸗ton** 男 -〔e〕s/ ..töne 〘理・楽〙上音; 倍音(振動数が基本音の整数倍の上音). **⸗tor** 中 (閘門(こうもん)の)上ロックゲート(→ 図 Schleuse).

Ober·ver·wal·tungs·ge·richt[また: –◡◡⏑◡◡◡] 中 上級行政裁判所.

Ober·vol·ta[o:bərvɔ́lta·] 地名 オートボルタ(西アフリカの共和国. もとフランス領西アフリカの一部で1960年独立. 1984年ブルキナ ファソと改称. 首都はワガドゥグー Ouagadougou).

Ober·wacht·mei·ster[また: –◡⏑–◡] 男 陸軍曹長.

ober·wärts[ó:bərvɛrts] **I** 副 上方へ, 上へ向かって; 上に, 上方に. ᵛ**II** 前《2格支配》(oberhalb) …の上方に, …の上側に.

Ober⸗was·ser 中 -s/ **1** (↔Unterwasser) (ダムの)堰(せき)の上手(かみて)にたまった水; (水車を回す)上掛け水: **~ haben**《話》優位を保つ | 〔**wieder**〕 **~ bekommen** 〈**kriegen**〉《話》〔ふたたび〕優位に立つ. **2** 地表〈表流〉水. **⸗wei·te** 女 胸囲, 胸幅, バスト: ein Kleid für 92 Zentimeter ~ バスト92センチのドレス | zu wenig ~ haben《話》偏狭〈愚か〉である. **⸗welt** 女 -/ (↔Unterwelt) (冥府(めいふ)・黄泉(よみ)の国に対して)現世, この世. **⸗werk** 中 **1**〘楽〙(オルガンの)主鍵盤(けんばん), 第2マニュアル〈手鍵盤〉; スウェル〈グレート〉オルガン. **2**〘織〙二重織りの上層部.

Ober·werks·bau[o:bərvɛ́rks.., ⏑◡◡–] 男 -〔e〕s/ (↔Unterwerksbau)〘坑〙地並上採掘.

Ober·zahn 男 (↔Unterzahn) 上歯.

ob·ge·nannt[ɔ́p..]《オーストリア》=obengenannt

ob·gleich[ɔpgláiç] =obwohl (→ob[1] 2 b).

Ob·hut[ɔ́phu:t] 女 -/ 保護, 監護, 後見: *jn.* in 〈unter〉 *seine* ~ nehmen …の世話を引き受ける | in 〈unter〉 *js.* ~[3] stehen …に保護されている | ein Kind in *js.* ~[4] 〈bei *jm.* in ~[4]〉 geben 子供を…に預ける | *sich*[4] *js.* ~[3] anvertrauen …に身をゆだねる. [<ob[2]+Hut[2]]

Ob·huts·pflicht 女 -/ 〘法〙(未成年者・身体障害者などに対する)保護義務.

Obi[ó:bi·] 男中 -〔s〕/-s (着物や柔道着の)帯. [*japan.*]

obig[ó:bɪç][2] 形《付加語的》上記の, 上述〈前述〉の: in den ~*en* Sätzen 前出の文で ‖ im ~*en* 上述の個所で ‖ der 〈die〉 *Obige* (略 d. O.) 前記の人. [<ob[2]]

ob·iit[ɔ́biɪt]《ラテン語》(略 ob.)《ふつう略語の形で》(墓碑銘などで, ふつう死亡年月日の前につけて)死亡, 没. [„ist gestorben"]

Ob.-Ing. 略 =Oberingenieur

Ob·jekt[ɔpjɛ́kt] 中 -s(-es)/-e **1** (Gegenstand) (知覚・思考・行動などの)対象, 目的物, 的(まと); 物体: das ~ einer Betrachtung 観察の対象 | Forschungs*objekt* 研究対象 ‖ die Tücke des ~*s* (→Tücke) ‖ *jn.* zum ~ des Spottes machen …をあざけりの的にする | zum ~ der Neugier werden 好奇心の的となる ‖ Die Frauen waren nur ~*e* für ihn. 女たちは彼にとっては単なる〔快楽の〕対象にすぎなかった. **2** (↔Subjekt)〘哲〙客体, 客観. **3 a)**〘商〙物件(土地・家屋など). **b)**《オーストリア》《官》(Gebäude) 家屋, 建造物. **c)** (旧東ドイツの)公衆用施設(販売店・レストランなど). **4**〘言〙(動詞の)目的語: Akkusativ*objekt* 4格目的語 | Präpositional*objekt* 前置詞格目的語 | inneres ~ 内在目的語, 同族目的語(例 *einen aussichtslosen Kampf* kämpfen). **5**〘美〙オブジェ. [*mlat.*–*mhd.*]

ob·jek·tiv[ɔpjɛktí:f][1] **I** 形 (↔subjektiv) 客観的な, 公正〈公平中立〉な, 先入主のない; 現実に即した: die ~*en* Bedingungen 客観的条件 | ein ~*es* Urteil 客観的な判断 | ~*e* Unmöglichkeit〘法〙客観的不能 ‖ *et.*[4] ~ prüfen …を客観的に吟味〈検討〉する.

II Ob·jek·tiv 中 -s/-e (↔Okular) (顕微鏡などの)対物レンズ; (カメラの)レンズ: ein auswechselbares ~ 交換〈取りはずし〉可能なレンズ | Tele*objektiv* 望遠レンズ | Weitwinkel*objektiv* 広角レンズ ‖ das ~ auf *et.*[4] richten レンズを…に向ける | das ~ wechseln レンズを交換する.

Ob·jek·ti·va·tion[..tivatsió:n] 女 -/-en〘哲〙客観化, 客体化.

ob·jek·ti·vie·ren[..tiví:rən] 他 (h) 客観〈対象〉化する; 〘哲〙客観〈客体〉化する: *et.*[4] in Zahlen ~ …を数量化する.

Ob·jek·ti·vie·rung[..ví:rʊŋ] 女 -/-en (objektivieren すること. 例えば:) 客観化, 客体化.

Ob·jek·ti·vis·mus[ɔpjɛktivísmʊs] 男 -/ (↔Subjektivismus)〘哲〙客観主義.

Ob·jek·ti·vist[..víst] 男 -en/-en 客観主義者.

ob·jek·ti·vi·stisch[..vístɪʃ] 形 客観主義的な.

Ob·jek·ti·vi·tät[..vitɛ́:t] 女 -/ 客観性, 公正さ; 即物〈実在〉性.

Ob·jekt⸗lei·ter[ɔpjɛ́kt..] 男 (旧東ドイツで, 売店・食堂などの)主任. **⸗li·bi·do** 女〘精神分析〙(自己以外のものに向けられる)対象リビドー(性本能エネルギー). **⸗satz** 男 (Ergänzungssatz)〘言〙目的語文〈節〉. **⸗schutz** 男 -es/ (↔Personenschutz) 対物保護(警察・軍隊による建造物・施設などの保護).

Ob·jekts·ka·sus 男〘言〙目的〔語〕格.

Ob·jekt⸗spra·che 女 (↔Metasprache)〘言〙研究の対象となっている言語, 対象言語. **⸗steu·er** 女 (↔Subjektsteuer) (Realsteuer) 対物税. **⸗su·cher** 男〘写〙ファインダー. **⸗trä·ger** 男 (顕微鏡の)スライドガラス.

ᵛ**ob·ji·zie·ren**[ɔpjitsí:rən] 他 (h) (einwenden) 抗弁する. [*lat.* ob-icere „entgegen-werfen"; ◇*engl.* object]

Ob·last[ɔ́blast] 女 -/-e (旧ソ連邦の)州. [*russ.*]

Ob·la·te[oblá:tə, ɔb..] **I** [オーストリア: ⏑–◡] 女 -/-n **1 a)**〘料理〙(丸形の)ウェファース, ゴーフル. **b)**〘医〙オブラート〔剤〕. **2**〘カトリック〙(ミサの)未聖別ホスチア. **II** 男 -n/-n〘カトリック〙(中世の)修道志願〈修道院委託〉児童; 修道院学校生徒; 労務修道士, 助修士; 奉献〈献身〉修道会会員. [*mlat.* ob-lāta (hostia) „entgegen-gebrachte (Hostie)"–*ahd.*]

Ob·la·tion[oblatsió:n, ɔb..] 女 -/-en〘カトリック〙**1** (供え物の)奉納, 奉献. **2** (ミサ中に行なわれる)献げ物, 奉納金. [*spätlat.*; <*lat.* offerre (→offerieren)]

Ob·leu·te Obmann の複数.

ob|lie·gen*[ɔ́pli:gən, ◡⏑◡; オーストリア: ◡⏑◡][1] (93)《現在・過去ではしばしば非分離》自 (h, s) **1**《雅》《*jm.*》(…の)責任〈義務〉である: Es *liegt* mir *ob*, diese Frage zu entscheiden. / Es *obliegt* mir, diese Frage zu entscheiden. 私はこの問題を決定する義務がある. ᵛ**2**《*et.*[3]》(…に)没頭〈専念〉する: *seinem* Beruf mit Hingabe ~ 自分の職業に専念する. [*ahd.* oba ligan „oben liegen, überwinden"]

Ob·lie·gen·heit[..haɪt, ◡⏑◡–] 女 -/-en 義務, 責任, 職責; 〘法〙義務 (Pflicht と異なり, 不履行による損害賠償を

伴わない).

ob·li·gạt[obligá:t, ɔb..] 形 **1** (unentbehrlich) 不可欠の, 絶対必要な, なくてはならない;《皮肉》おさだまりの, つきものの, 恒例の: sein ~*er* Hut 彼の例の帽子 | ein ~*er* Parasit〔生〕(宿主(しゅくしゅ)なしでは生活できない)真正〈完全〉寄生生物 ‖ Das Frühstücksei ist bei mir ~. 私は朝食に卵が欠かせない | Nach dem Essen zündet er sich ~ eine Zigarre an. 食後に彼はきまって葉巻に火をつける. **2**〔楽〕オブリガートの. [*lat.*]

Ob·li·ga·tiọn[obligatsió:n, ɔb..] 女 -/-en ▽**1** (Verpflichtung)〔法〕債務〔関係〕. **2**〔経〕債券. [*lat.*]

ob·li·ga·tọ·risch[..tó:rɪʃ] 形《比較変化なし》**1 a)** (↔ fakultativ) 義務的な, 必須(ひっす)の, 規則による: ein ~*es* Fach 必修科目 ‖ Haltegurte gehören ~ in jedes Auto. 安全ベルトはすべての自動車に装着が義務づけられている. **b)** =obligat **2**〔法〕債権債務に関する: ~*e* Kraft (労働協約などの)債務的効力 | ein ~*er* Vertrag 債権契約. [*spätlat.*]

Ob·li·ga·tọ·rium[..tó:riʊm] 中 -s/..rien[..riən]《スイ》(Verpflichtung) 義務, 責務〔を果たすこと〕; 必須(ひっす)科目.

▽**ob·li·geant**[obliʒánt] 形 (gefällig) 親切な. [*fr.*]

▽**ob·li·gie·ren**[obligí:rən, ..ʒí:..] 他 (h)《*jn.*》(…に)恩義を負わせる, 親切にしてやる: *jm. obligiert* sein …に恩義を負っている. [*lat.* ob-ligāre „〔an〕binden"−*fr.*]

Ọb·li·go[ó:bligo·, ɔ́b..] 中 -s/-s **1** (Verpflichtung) 義務, 責務;〔商〕支払義務, 債務: gegen *jn.* im ~ sein …に対して債務がある;《比》…に負い目がある | *jn.* ins ~ nehmen …に義務を負わせる. **2** (Gewähr) 保証, 担保: ohne ~ (略 o. O.) 担保〈保証〉なしで; (手形の裏書きで)償還請求に応ぜず. [*it.*]

Ọb·li·go·buch[..go..] 中〔商〕手形債務登録簿.

ob·lique[oblí:k; 付加語的:..kvə] 形 ▽**1** (schief) 傾いた, 曲がった. **2** (abhängig)〔言〕従属の: ~*r* Kasus 従属格, 斜格. [*lat.*]

Ob·li·qui·tät[oblikvitɛ́:t] 女 -/ ▽**1** 不整; 傾斜. **2**〔医〕斜頸(しゃけい). **3** (Abhängigkeit)〔言〕従属. [*lat.*]

Ob·li·te·ra·tiọn[obliteratsió:n, ɔp..] 女 -/-en **1** (Tilgung) 抹消. **2**〔医〕(管腔(かんくう)部の)閉鎖, 閉塞(へいそく). [*lat.*]

ob·li·te·rie·ren[..rí:rən] 他 (h) **1** (tilgen) 抹消する. **2**〔医〕閉鎖〈閉塞〉する. [*lat.*; 1: <*lat.* lī〔t〕tera (→Litera); 2: <*lat.* 〔ob〕linere „bestreichen" (◇Liniment)]

▽**ob·lọng**[ɔplɔ́ŋ, ob..] 形 (länglich) 長めの, 縦〈横〉長の; 長円形の; (rechteckig) 長方形の. [*lat.*; <*lat.* longus (→lang)]

▽**Ob·lọng**[−] 中 -s/-e〔n〕, ▽**Ob·lọn·gum**[..lɔ́ŋgʊm] 中 -s/..ga[..ga·], ..gen[..ŋən] 長方形〔の建物〕.

Oblt. 略 =**Oberleutnant**

▽**Ọb·macht**[ɔ́pmaxt] 女 -/ 指令権; 優位.

Ọb·mann[ɔ́pman] 男 -〔e〕s/ ..männer[..mɛnər], ..leute[..lɔʏtə] (女 **Ọb·män·nin**[..mɛnɪn]-/-nen) **1**《オーストリア》(Vorsitzender) (団体などの)総裁, 会長, 理事長. **2**〔スポーツ〕審判長. [*mhd.*; ◇ob²]

Obọe[obó:ə; オーストリア: ó:boə] 女 -/-n〔楽〕**1** オーボエ(→ 図 Blasinstrument): ~ blasen オーボエを吹く. **2** (オルガンの)オーボエ音栓. [*fr.* hautbois (→Hautbois)−*it.*]

Obọ·en≈kon·zert[obó:ən..] 中〔楽〕オーボエコンチェルト〈協奏曲〉. **≈so·na·te** 女〔楽〕オーボエソナタ〈奏鳴曲〉.

Obọ·er[obó:ər] 男 -s/-, **Obo·ịst**[oboíst] 男 -en/-en オーボエ奏者.

Ọbo·lus[ó:bolʊs] 男 -/-, -se[..lʊsə] **1**《ふつう単数で》わずかの金銭; ささやかな寄金: *seinen* ~ entrichten 〈beisteuern〉 ささやかな寄付をする. **2** オボロス(古代ギリシアの小額硬貨). **3** オボルス(腕足類の化石動物). [*gr.* obolós−*lat.*; <*gr.* obelós (→Obelisk)]

Obo·trịt[obotrí:t] 男 -en/-en オボトリート人(かつて北ドイツにいたスラヴ系の種族. 12世紀以後種族としては消滅した).

Ọb·rig·keit[ó:brɪçkaɪt] 女 -/-en (上に立つ)役所, 支配機関; 政府; お上, お役人; 上役: die geistliche und weltliche ~ 聖俗の当局 | von ~*s* wegen その筋のお達しにより | *sich*⁴ bei der ~ beliebt machen お上にとり入る. [<ober¹]

ọb·rig·keit·lich[−lɪç] 形 役所〈政府〉の; お上の: ~*e* Gewalt 公権.

Ọb·rig·keits·den·ken 中 -s/《軽蔑的に》お上の言い分をすべて絶対視する考え方.

ọb·rig·keits·hö·rig 形《軽蔑的に》お上に盲従する.

Ọb·rig·keits·staat 男《軽蔑的に》(国家や官僚が絶対的な力をもつ)官治国(→Volksstaat).

▽**Obrịst**[obríst] 男 -en/-en =Oberst

ob·schọn[ɔpʃó:n] =obwohl (→ob¹ 2 b).

▽**Ob·se·kra·tiọn**[ɔpzekratsió:n] 女 -/-en 切望, 懇願.

▽**ob·se·krie·ren**[ɔpzekrí:rən] 他 (h) 切望〈懇願〉する. [*lat.*; <*lat.* sacer (→sakral)]

ob·se·quẹnt[ɔpzekvɛ́nt] 形〔地〕(河川が)逆従(ぎゃくじゅう)する, 逆従の: ein ~*er* Fluß 逆従川. [*lat.* ob-sequī „nachfolgen"; ◇sequens]

Ob·sẹ·qui·en[ɔpzé:kviən] 複〔カトリック〕葬儀〔ミサ〕. [*mlat.*; <*lat.* obsequium „Gefälligkeit"+exsequiae (→Exequien)]

ob·ser·vạ·bel[ɔpzɛrvá:bəl] (..va·bl..) ▽ **I** 形 **1** 観察〈観測〉可能な. **2** (bemerkenswert) 注目すべき. **II Ob·ser·vạ·ble**[..vá:blə] 女《形容詞変化》〔理〕オブザーバブル(量子力学で原理的に観測可能と考えられる物理量). [*lat.*; ◇..abel]

Ob·ser·vạnt[ɔpzɛrvánt] 男 -en/-en〔カトリック〕厳格な規則を守る修道士, (特に:) フランシスコ会原始会則派修道士. [*lat.*−*fr.*]

Ob·ser·vạnz[ɔpzɛrvánts] 女 -/-en **1**〔法〕(ある地方の)慣習〔法〕. **2**〔カトリック〕規律〔遵守〕: ein Kommunist strengster ~《話》筋金入りの共産党員. [*lat.*−*mlat.*]

Ob·ser·va·tiọn[..vatsió:n] 女 -/-en **1** (気象などの)観測. **2** (嫌疑の対象となる人・事物などの)観察, 監視. [*lat.*]

Ob·ser·vạ·tor[..vá:tɔr, ..to:r] 男 -s/-en[..vató:rən] 観測者. [*lat.*]

Ob·ser·va·tọ·rium[..vató:riʊm] 中 -s/..rien[..riən] (天文・気象などの)観測所, 天文〈気象〉台.

ob·ser·vie·ren[..ví:rən] 他 (h) (beobachten) **1** (学問的に)観察〈観測〉する. **2** (嫌疑の対象となる人・事物などを)ひそかに観察する, 監視する: *js.* Wohnung ~ …の住居を監視する. [*lat.*; <*lat.* servāre „beobachten"]

Ob·ses·siọn[ɔpzɛsió:n] 女 -/-en **1** (Zwangsvorstellung)〔心〕強迫観念. **2** 強迫観念に取りつかれた状態. [*lat.*; <*lat.* ob-sidēre „besetzt halten"]

Ob·ses·siọns·neu·rọ·se 女 (Zwangsneurose)〔医〕強迫神経症.

ob·ses·sịv[..sí:f]¹ 形 強迫観念の; 強迫観念に取りつかれた.

Ob·si·diạn[ɔpzidiá:n] 男 -s/-e〔鉱〕黒曜石. [*lat.*; <Obsius (発見者とされている古代ローマ人)]

ob·sie·gen[ɔpzí:gən]¹ (**ọb|sie·gen**[⏑−⏑]) 自 (h) (siegen) 勝つ, 勝利を得る: im Prozeß ~ 勝訴する | über *jn.* 〈*et.*⁴〉 ~ …に勝つ. [<ob²]

▽**Ob·si·gna·tiọn**[ɔpzɪgnatsió:n] 女 -/-en **1** (Bestätigung) 確認. **2** (裁判所による)封印, 封緘(ふうかん).

▽**ob·si·gnie·ren**[..gní:rən] 他 (h) **1** (bestätigen) 確認する. **2** (裁判所の手で)封印〈封緘(ふうかん)〉する. [*lat.* ob-sīgnāre „zu-siegeln"]

ob·skur[ɔpskú:r] 形 **1** あいまいな, はっきりしない. **2** (anrüchig) うさん臭い, 怪しげな: ein ~*es* Hotel 〈Lokal〉 いかがわしいホテル〈酒場〉. [*lat.* ob-scūrus „bedeckt, dunkel"; ◇Scudo]

Ob·sku·rạnt[ɔpskuránt] 男 -en/-en (Dunkelmann) 反啓蒙(けいもう)主義者. [<*lat.* obscūrāre „verdunkeln"]

ob·sku·rạn·tisch[..rántɪʃ] 形 反啓蒙主義的な.

Ob·sku·ran·tịs·mus[..rantísmʊs] 男 -/ 反啓蒙主義.

Ob·sku·ri·tät[..ritɛ́:t] 女 -/-en obskur なこと. [*lat.*]

ob·so·lẹt[ɔpzolé:t] 形 (veraltet) 古ぼけた, すたれた, 時代遅れの: ein ~*es* Wort 廃語. ［*lat.*; < *lat.* obs-olēscere „alt werden"］

Ọb·sor·ge[ɔ́pzɔrgə] 女 -/ 《ｵｰｽﾄﾘｱ》《官》(Sorge) 配慮, 世話; 保護: die ~ für *jn.* übernehmen …の世話を引き受ける | die Kinder *js.* ~³ anvertrauen 子供たちの世話を…にたのむ. ［< ob²］

Obst[o:pst; ｽｲｽ: –, ɔpst] 中 -es(-s)/ (種類: -sorten)《集合的に》果実, 果物: frisches 〈fauliges〉 ~ 新鮮な〈腐りかけの〉果物 | gedörrtes 〈eingemachtes〉 ~ 乾燥〈瓶詰〉果実 | reifes ~ 熟した果物 | rohes 〈gekochtes〉 ~ なまの〈煮た〉果実 ‖ ~ ernten 〈pflücken〉 果実を収穫する〈摘む〉 | ~ schälen 果実の皮をむく ‖ *Obst* ist gesund. 果物は健康によい ‖ eine Schale mit ~ 小鉢に盛った果物 | Er hat viel ~ in seinem Garten. 彼の庭には果樹がたくさんある | 〔Ich〕 danke für ~ 〔und Südfrüchte〕! (→danken I 1). ［*westgerm.* „Zukost"; ◇ob², essen］

▽**Ob·stạ·kel**[ɔpstá:kəl] 中 -s/- (Hindernis) 邪魔もの, 障害〔物〕. ［*lat.*; < *lat.* ob-stāre „entgegen-stehen" (◇stehen)］

Ọbst≠an·bau[ó:pst..] 男 -〔e〕s/ , **≠bau** 男 -〔e〕s/ 果物〈果樹〉の栽培. **≠bau·er** 男 -n(-s)/-n 果樹栽培者. **≠baum** 男 果樹.

Ọbst·baum·schäd·ling 男 果樹の害虫.

Ọbst≠blü·te 女 果樹の花. **≠brannt·wein** 男 果物からつくった火酒, フルーツブランデー.

ọb·sten[ó:pstən] 《01》 自 (h) **1**《方》果物を収穫する. **2** (食餌(ｼﾞ)療法として)もっぱら果物を食べる.

Ọbst≠ern·te[ó:pst..] 女 果物の収穫. **≠es·sig** 男 (果物の酸味を利用した)果実酢, フルーツ=ビネガー.

Ob·stẹ·trik[ɔpsté:trɪk] 女 -/ 〘医〙産科学, 助産術. ［< *lat.* obstetrīx „Hebamme" (◇sistieren)］

Ọbst≠frau[ó:pst..] 女 果物売りの女. **≠gar·ten** 男 果樹園. **≠händ·ler** 男 果物商人, 果物屋. **≠hür·de** = Hürde 3

ob·sti·nạt[ɔpstiná:t] 形 (starrsinnig) 強情な, 頑固な; 頑迷な.

▽**Ob·sti·na·tiọn**[ɔpstinatsió:n] 女 -/ 強情, 頑固; 頑迷. ［*lat.*; < *lat.* ob-stināre „fest beschließen" (◇stehen)］

Ob·sti·pa·tiọn[ɔpstipatsió:n] 女 -/-en (Stuhlverstopfung) 〘医〙便秘. ［*spätlat.*; < *lat.* stīpāre (→Stoppel)］

Ọbst≠jahr[ó:pst..] 中 (作柄からみた)果樹栽培の一年: ein gutes 〈schlechtes〉 ~ 果物の成り〈不作〉年. **≠kel·ler** 男 果実貯蔵庫. **≠kern** 男 果物の核〈芯(ｼﾝ)〉. **≠kon·ser·ve** 女 果物の缶詰〈瓶詰〉. **≠korb** 男 果物かご. **≠ku·chen** 男 フルーツケーキ. **≠kul·tur** 女 果樹栽培. **≠la·den** 男 果物店.

Ọbst·ler[ó:pstlər] 男 -s/- 《南部》 **1** (⊗ **Ọbst·le·rin**[..lərɪn]-/-nen) **a)** = Obsthändler **b)** = Obstbauer **2** = Obstbranntwein

Ọ̈bst·ler[ǿ:pstlər] 男 -s/- (⊗ **Ọ̈bst·le·rin**[..lərɪn]-/-nen) 《ｵｰｽﾄﾘｱ》= Obstler 1

Ọbst≠markt[ó:pst..] 男 果物市場. **≠mes·ser** 中 果物ナイフ. **≠most** 男 〘醸〙(未発酵の)果実液. **≠pflücker** 男 **1** (柄の長い)果実つみとり器. **2** 果実採取人. **≠plan·ta·ge**[..ta:ʒə] 女 (大規模な)果樹園.

ọbst·reich 形 果物の豊富な.

Ob·stru·ẹnt[ɔpstruɛ́nt] 男 -en/-en (Geräuschlaut) 〘言〙閉塞(ｿｸ)音, 障害音(破裂音・摩擦音・破擦音).

ob·stru·ịe·ren[ɔpstruí:rən] 他 (h) **1** (verhindern) 妨げる, 阻止する, 妨害する. **2** 〘医〙閉塞(ｿｸ)する. ［*lat.* ob-struere „davor-bauen"; ◇Struktur］

Ob·struk·tiọn[ɔpstrʊktsió:n] 女 -/-en **1** 阻止, 妨害: die ~ gegen ein Gesetz treiben 法案成立の引き延ばし戦術をとる, 法律の成立を阻止する. **2** 〘医〙閉塞(ｿｸ)〔症〕. ［*lat.*〔–*engl.*〕］

Ob·struk·tiọns≠po·li·tik 女 -/ 〘政〙議事妨害戦術策. **≠po·li·ti·ker** 男 〘政〙議事妨害者.

ob·struk·tịv[..tí:f][1] 形 **1** 阻止〈妨害〉的な; 議事進行をはばむような. **2** 〘医〙閉塞(ｿｸ)〔性〕の.

Ọbst≠saft[ó:pst..] 男 果汁. **≠sa·lat** 男 フルーツサラダ. **≠scha·le** 女 **1** 果物鉢(→ ⊛ Schale). **2** 果物の皮. **≠schnaps** 男 = Obstbranntwein **≠sor·te** 女 果物の種類. **≠tel·ler** 男 果物皿. **≠tor·te** 女〘料理〙果物のタルト, フルーツパイ. **≠was·ser** 中 -s/ = Obstbranntwein **≠wein** 男 (ワイン以外の)果実酒. **≠zeit** 女 果実〈果物〉の収穫期.

ob·szọ̈n[ɔpstsǿ:n] 形 **1** わいせつな, みだらな, 卑猥(ﾋﾜｲ)な: ein ~*er* Film ポルノ映画, ブルーフィルム. **2** 《話》義憤を感じるような, けしからぬ, ひどい, べらぼうな: Dieser Kriegsfilm ist ~. この戦争映画はひどい代物(ｼﾛﾓﾉ)だ. ［*lat.*; < ob..+ *lat.* caenum „Schmutz"］

Ob·szö·ni·tạ̈t[..tsønitɛ́:t] 女 -/-en **1** 《単数で》(obszön なこと. **2** obszön な言動〈表現〉. ［*lat.*］

Ob·tu·ra·tiọn[ɔpturatsió:n] 女 -/-en 〘医〙(管腔(ｸｳ)部の)閉塞(ｿｸ), 閉鎖. ［*mlat.*］

Ob·tu·rạ·tor[..rá:tɔr, ..to:r] 男 -s/-en[..ratό:rən] **1** 〘医〙(脈管・膜などの)栓子, 閉鎖物, (特に:) 口蓋(ｶﾞｲ)破裂閉塞(ｿｸ)器. **2** 〘解〙閉鎖筋.

ob·tu·rịe·ren[..rí:rən] 他 (h) 〘医〙閉塞(ｿｸ)〈閉鎖〉する. ［*lat.*; ◇turgeszieren］

Ọbus[ó:bʊs] 男 -ses/-se (< Oberleitungsomnibus) トロリーバス.

Ọb·wal·den[ɔ́pvaldən] 地名 オプヴァルデン(スイス Unterwalden 州の西部の半州). ［< Unterwalden ob dem Wald (◇Nidwalden)］

ọb|wal·ten[ɔ́pvaltən, ⌣́⌣] 《01》《現在・過去ではしばしば非分離》自 (h) 《雅》(現に)存在する, 現存する: unter den *obwaltenden* Umständen 現状では. ［< ob²］

ob·wọhl[ɔpvó:l] 接 《従属》…にもかかわらず, …であるのに, …ではあるが: Er kam sofort, ~ er nicht viel Zeit hatte. / *Obwohl* er nicht viel Zeit hatte, kam er sofort. 彼はあまり時間がなかったのに すぐ来た ‖〘省略された形の副文を導いて〙*Obwohl* überrascht, behielt ich doch die Ruhe. びっくりはしたが 私はそれでも平静を保った | *Obwohl* in Jahren, nahm er an allem teil. 彼は高齢にもかかわらず何にでも参加した.

ob·zwạr[ɔptsvá:r] 《雅》= obwohl (→ob¹ 2 b).

oc.. →ob..

och[ɔx] 間 **1** = ach I **2** (無関心・無頓着(ﾄﾝﾁｬｸ)の気持を表して)ふん, さあ, なあに: *Och*, mir macht das nichts aus! ふん 私はかまわないよ.

Och·lo·kra·tịe[ɔxlokratí:] 女 -/-n[..tí:ən] 衆愚政治. ［*gr.*; < *gr.* óchlos „Pöbel"］

och·lo·krạ·tisch[..krá:tɪʃ] 形 衆愚政治の.

ochọt·skisch[ɔxɔ́tskɪʃ] 形 オホーツクの: das *Ochotskische* Meer オホーツク海.

Och·rạ·na[ɔxrá:na·] 女 -/ (帝政ロシアの)秘密警察. ［*russ.* „Schutz"］

Ochs[ɔks] 男 -en/-en 《南部・ｵｰｽﾄﾘｱ・ｽｲｽ》《話》= Ochse

Och·se[ɔ́ksə] 男 -n/-n (⊘ **Ọ̈chs·chen**[ǿksçən], **Ọ̈chs·lein**[..laɪn] 中 -s/-) (英: *ox*) **1** (去勢された)雄牛 (→Rind 1): Der ~ brüllt 〈grast〉. 雄牛が鳴く〈草をはむ〉 | Du sollst dem ~*n*, der 〔da〕 drischt, nicht das Maul verbinden. 《諺》苦労させているものには いい目も見させてやらなければならない(脱穀している牛に口籠(ｸﾞﾂ)をつけてはならない. 聖書: 申25, 4) | Er ist bekannt wie ein bunter ~. 《比》彼を知らないものはいない | **den ~*n* hinter den Pflug spannen** / **den Pflug vor die ~*n* spannen** 《話》あべこべ〈見当ちがい〉なことをする | **dastehen wie der ~ am Berg** 〈**vorm Berg** / **vorm neuen Tor** / **vorm Scheunentor**〉 《話》途方に暮れている | ***sich***[4] **wie der ~ beim Seiltanzen anstellen** 《話》不器用(ぶきっちょ)に振舞う | **zu *et.***[3] **taugen wie der ~ zum Seiltanzen** 《話》…には全く役に立たない | **einen ~*n* auf der Zunge haben** 《話》言い出しにくい. **2** 《話》(Dummkopf) ばか, まぬけ: Du blöder ~! まぬけ野郎め. ［„Befeuchter"; *germ.*; ◇*engl.* ox; *gr.* hygrós „naß"］

ọch·sen[ɔ́ksən] 《02》《話》(büffeln) **I** 自 (h) がり勉する: stundenlang 〈für das Examen〉 ～ 何時間も〈試験のために〉猛勉する. **II** 他 (h) がり勉して覚える, 頭につめこむ: Grammatik 〈Mathematik〉 ～ 文法〈数学〉のくそ勉強をする.

Ọch·sen·au·ge 中 **1** 雄牛の目. **2 a)** (アーモンドなどをのせた)丸形クッキー. **b)** 《話》目玉焼き. **3 a)** 〘建〙(屋根の)半月〈弓形〉窓(→ ⊛ Dach A). **b)** 〘海〙(円形の)舷窓. **4 a)** 〘植〙ブフタルムム(キク科の一属). **b)** 〘虫〙(前翅に各１個の眼状紋のある)ジャノメチョウ(蛇目蝶): Großes ～ マキバジャノメ(牧場蛇目蝶). **c)** 〘鳥〙ミソサザイ(鷦鷯). **5** 〘医〙牛眼, 巨大眼. [3: *fr.* œil-de-bœuf の翻訳借用; 4 a: *gr.* boú-phthalmon (→Buphthalmus) の翻訳借用]

Ọch·sen≈fie·sel 男 《方》 = Ochsenziemer **≈fleisch** 中 牛肉. **≈frosch** 男 〘動〙ウシガエル(牛蛙), 食用ガエル. **≈gal·le** 女 〘医〙牛胆. **≈ge·spann** 中 **1** (車を引く)一組の雄牛, 連牛. **2** = Ochsenkarren **≈herz** 中 **1** 雄牛の心臓. **2** 〘医〙牛心, 肥大拡張心. **3** 〘植〙ギュウシンリ(牛心梨)(バンレイシ科の果実). **≈kar·ren** 男 (一頭または二頭の牛に引かれた)牛車. **≈kopf** 男 **1** 雄牛の頭. **2** 《話》(Dummkopf) ばか, まぬけ. **3** (Deltoid) 〘数〙偏菱(へんりょう)形. **≈lẹ·der** 中 牛革. **≈maul** 中 〘料理〙雄牛のくちびる(塩漬けなどにする).

Ọch·sen·maul·sa·lat 男 〘料理〙オクスマズル=サラダ.

Ọch·sen≈schwanz 男 (オーストリア: **≈schlepp**[..ʃlɛp] 男 -[e]s/-e) 〘料理〙オクステール(牛の尾肉: → ⊛ Rind).

Ọch·sen·schwanz·sup·pe (オーストリア: **Ọch·sen·schlepp·sup·pe**) 女 〘料理〙オクステール=スープ. [*engl.* oxtail soup の翻訳借用]

Ọch·sen≈tour[ɔ́ksəntu:r] 女 《話》(特に官吏などの)遅々とした昇進; はかどらない〈時間のかかるきつい〉仕事. **≈trei·ber** 男 牛追い, 牛方: der ～ 〘天〙牛飼座. **≈zie·mer** 男 牛革の鞭(むち)(牛の陰茎または細い牛革で作る. じゅうたんなどをたたく用具). **≈zun·ge** 女 **1** 牛の舌. **2** 〘料理〙牛のタン. **3** 〘植〙 **a)** アンチューサ, ウシノシタグサ(牛舌草)属. **b)** カンゾウタケ(肝臓茸)(赤い食用キノコ).

Ọch·ser[ɔ́ksər] 男 -s/- 《話》がり勉する人.

Och·se·rei[ɔksəráɪ] 女 -/-en 《話》がり勉, くそ勉強.

ọch·sig[ɔ́ksɪç][2] 形 《話》 **1** (牛のように)鈍重〈不器用〉な; まぬけな. **2** 強大な, すごい.

Ọ̈chs·le[œ́kslə] 中 -s/- 〘醸〙エクスレ(果汁の比重単位). [< F. Öchsle (ドイツ人技師, †1852)]

Ọ̈chs·le·grad 男 = Öchsle

Ọ̈chs·lein Ochse の縮小形.

ọcker[ɔ́kər] **I** 形 《無変化》黄土色の. **II** **Ọcker** **1** 男 -s/- 〘地〙黄土, 赭土(しゃど). **2** 男 中 -s/- 〘化〙オーカー(黄土色顔料). [*gr.*–*lat.*–*roman.*–*mhd.* ogger; < *gr.* ōchrós „blaßgelb"; ◇ *engl.* ocher]

ọcker≈braun 形, **≈far·ben** 形, **≈gelb** 形 黄土色の.

Ock·ha·mịs·mus[ɔkamísmʊs, ɔkɛ..] 男 -/ 〘哲〙オッカム主義(唯名論). [< W. of Occam (14世紀イギリスのスコラ哲学者)]

od. 略 = oder

o. D. 略 = ohne Datum 日付の記載のない.

öd[ø:t][1] = öde

Ọdal[ó:da:l] 中 -s/-e (ゲルマン族の)血族〈部族〉所有地. [*anord.*; ◇ Adel]

Oda·lịs·ke[odalískə] 女 -/-n オダリスク(トルコの後宮の白人女奴隷). [*türk.*–*fr.* odalisque; < *türk.* ōdah „Zimmer"]

Odd·fel·low[ɔ́dfɛloʊ] 男 -s/-s[-z] オッドフェロー(フリーメーソンに似たイギリスの秘密共済組合の会員). [*engl.*]

Odds[ɔts, ɔdz] 複 **1** (Vorgabe) 〘スポ〙(力の劣った相手に与えられる)有利な条件, ハンディキャップ. **2** 〘競馬〙賭(と)率, オッズ. [*engl.*; < *engl.* odd „ungerade (Zahl)"]

..ode[1][..o:də] 《「道・通路」などを意味する女性名詞 (-/-n) をつくる》: Elektr*ode* 〘電〙電極 | Hydath*ode* 〘植〙排水組織 | Meth*ode* 方法 | Peri*ode* 周期. [*gr.* hodós „Weg"]

..ode[2][..o:də] → ..oden

Ọde[ó:də] 女 -/-n 〘文芸〙頌詩(しょうし), オード. [*gr.* aoidḗ, ōidḗ „Gesang"–*spätlat.*; < *gr.* aeídein „singen"]

ö̱de[ǿ:də] 形 **1** (unbebaut) 荒れた, 荒涼とした, 不毛の; (verlassen) 人気(ひとけ)のない: eine ～ Gegend 荒れ地 | Das Zimmer war dunkel und ～. その部屋は暗くがらんとしていた. **2** (inhaltslos) 味気ない, 気の抜けた, 退屈な: ein ～*s* Geschwätz つまらぬおしゃべり. [*germ.* „fort"; ◇ *gr.* aútōs „vergeblich"]

Ö̱de[–] 女 -/-n **1** 荒れ地, 荒蕪(こうぶ)地; 荒涼とした土地. **2** 《単数で》öde なこと: die ～ der Tage 日々の単調さ〈味気なさ〉| Im Saal herrschte ～. 広間はがらんとしていた.

Odẹ·en Odeon, Odeum の複数.

Ọdem[ó:dəm] 男 -s/ 《雅》(Atem) 息, 呼吸.

Ödẹm[ødé:m] 中 -s/-e 〘医〙水腫(すいしゅ), 浮腫: Hunger*ödem* 飢餓水腫〈浮腫〉. [*gr.* oídēma; < *gr.* oideĩn „schwellen" (◇ Eiter); ◇ *engl.* (o)edema]

öde·ma·tö̱s[ødematǿ:s][1] 形 水腫〔性〕の, 浮腫〔性〕の. [< ..ös]

..oden[..o:dən] 〘動〙《「…に似たもの」を意味する複数名詞をつくる. 動物の分類に使う》: Nemat*oden* 線虫類 | Ostrak*oden* 貝虫類 | Zest*oden* 条虫類. [*gr.*; ◇ ..oid]

ö̱den[ǿ:dən] 《01》 他 (h) **1** (langweilen) 《*jn.*》退屈させる: 再帰 *sich*[4] ～ 退屈する. **2** 《南部》荒廃させる. **3** 《方》(roden) 開墾する. [< öde]

der **Ọden·wald**[ó:dənvalt][1] 地名 男 -[e]s/ オーデンヴァルト (Main 川下流と Neckar 川にはさまれた山地).

Odẹon[odé:ɔn] 中 -s/..deen[..dé:ən] = Odeum

o̱der[ó:dər] 接 《並列》(略 od.) 《二者または多者間で選択が可能であることを示して》(英: *or*) …か…, …あるいは…, …もしくは…, …または…: **1** 《同等の語句・文を結びつけて》 **a)** 《排他的な選択; entweder ... oder ... の形で明示されることも多い: →entweder》 …または…のいずれか一方だけ, …しからずんば…: heute ～ morgen きょうでなければあす(→b ②) | Ja ～ nein? イエスかノーかどちらだ | Rechts ～ links? 右かそれとも左か | alles ～ nichts 全か無か, オール オア ナッシング | Jetzt ～ nie! 今を逃すともう機会はない | entweder du ～ ich ～ deine Frau 君か僕か君の妻君か(いずれか一人) ‖ Möchten Sie lieber Bier ～ Wein? ビールとワインのどちらにしますか(→b) | Haben Sie zwei Kinder ～ nur eins? お子さんは二人ですか それとも一人だけですか | Willst du diesen ～ diesen Apfel? ほしいのはこっちのりんごか それともこっちのか | Hast du ihn gesehen ～ nicht? 彼に会ったのか会わなかったのか | Ich weiß nicht, ob er kommt ～ nicht. 彼が来るかどうか私は知らない | Kommst du mit, ～ bleibst du noch? 一緒に来るのかそれともここに残るのか | Willst du mit, ～ willst du nicht? 一緒に来る気があるのかないのか | Ich komme Montag ～ Dienstag. 月曜日か火曜日かのいずれか一方の日に来ます(→b ②) | Du kannst 〔entweder〕 das eine ～ das andere wählen. これかあれか好きな方を一つだけ選んでよろしい | 〔Entweder〕 er ～ ihr seid daran schuld. 彼かお前たちかのいずれか一方にその責任がある | Entweder kommt sie 〈Entweder sie kommt〉 〔,〕 ～ 〔sie〕 ruft an. 彼女は自分で来るかまたは電話してくれる | Also, was ist jetzt: entweder ～? それじゃこれからどうするんだ. やるのかそれともやらないのか | Jetzt heißt es entweder ～? 今こそ決断の時だ ‖ **oder aber** もしくは, でなければ, それとも | in vierzehn Tagen ～ aber erst in vier Wochen 2週間かそうでなければ4週間後でないと | Morgen mache ich einen Spaziergang, ～ aber ich gehe ins Kino. あすは散歩をするか〔そうでなければ〕映画を見に行きます.

b) 《大差のないものを列挙して》 ① …ないしは…, …や…や: zwei- ～ dreimal 二三度 | Es mag neun ～ zehn Uhr gewesen sein. 時刻は9時か10時ころだったろうか | vor 300 Jahren ～ so ほぼ300年前に | ... ～ ähnliches (略 o. ä.) …など, …等々. ② …にせよ…にせよ, …と…のいずれにかかわりなく: heute ～ morgen きょうあすじゅうに(→a) | mehr ～ weniger 多かれ少なかれ, 大なり小なり | wohl ～ übel よかれ悪しかれ | Du kannst so ～ so entscheiden. 君はどちらかいいように決めたらいい | So ～ anders, es ist völlig gleich. どちらに転んでも全く同じことだ | Ich komme Montag ～ Dienstag. 月曜日か火曜日あたりに参ります(→a) | Dieser ～ jener hat uns geholfen. だれや彼やが援助の手を差しのべ

てくれた | Der eine ~ der andere 〈Der ~ jener〉 wird sich schon melden. (どの人であれ)だれかがきっと申し出るだろう | Ob er nun kommt ~ nicht, wir müssen jetzt anfangen. 彼が来ようが来まいが我々はもう始めなければならない ‖ **... oder auch ...** …でなければ…でも, …かあるいはむしろ… | Sie sieht gern Spielfilme ~ auch Krimis. 彼女は劇映画も好きだが探偵物もやはり好きだ.

☆ oder で結ばれた主語に対応する定動詞の形はいちばん後の主語によって決まる: Ich ~ mein Vertreter wird (㊞ werden) daran teilnehmen. 私か代理の者かのいずれかが参加します(→entweder ★).

c) 《言いかえ・言い直し》言いかえると, すなわち; 正確に言うと, …というよりむしろ: Telefon ~ Fernsprecher テレフォンつまり電話機 | Das ist falsch ~ 〔**vielmehr**〕 übertrieben. それは正しくないというよりむしろ誇張されている | Das Zimmer hat nur ein Fenster ~ vielmehr eine Glastür. その部屋にはむしろガラス戸と呼んだほうがふさわしい窓が一つあるだけだ | Der Kranke erholte sich langsam, ~ eigentlich, er erholte sich nicht. 病人の体力の回復の速度は遅かった というよりはむしろ回復しなかった.

2 《文の最後にそえて, 予期される相手の反論の機先を制する形の疑問文をつくる》…だろうね, …でないなどとは言うまいね: Du gehst doch mit ins Kino, ~? 君も一緒に映画に行くんだろう〈行くね〉| Du hast den Wagen doch nicht etwa gekauft, ~? この自動車をまさか君は買ったのではあるまいね.

3 《命令文などに続く文の文頭で》(sonst) さもないと, そうでないと: Hör jetzt endlich auf! *Oder* wehe dir! いいかげんによせ さもないとひどいめにあうぞ | Etwas muß geschehen, ~ die Katastrophe wird unvermeidlich. 何か手を打たなければならない さもないと破局は避けられない.

[*ahd.*; ◇ *engl.* or]

die **Oder**[ó:dər] 地名 女 -/ オーデル(ドイツとポーランドの国境を流れ, バルト海に注ぐ川. ポーランド語形 Odra). [*idg.* „Zweigstrom"; ◇ *awest.* adu „Bach, Wasser"]

Oder·men·nig[ó:dərmɛnɪç][2] 男 -[e]s/-e 《植》キンミズヒキ(金水引)属. [*gr.* argemṓnē „Mohn"－*lat.* agrimōnia－*ahd.* avarmonia; ◇ *engl.* agrimony]

die **Oder-Nei·ße-Li·nie**[ó:dərnáisəli:niə] 地名 女 -/ オーデル=ナイセ=ライン(1945年ポツダム会談で決定されたドイツとポーランドの国境線).

Oder-Weich·sel-Ger·ma·nen ＝Ostgermanen

Odes·sa[odɛ́sa·] 地名 オデッサ(ウクライナ共和国南部, 黒海沿岸にある港湾都市). [*russ.*]

Ode·um[odé:ʊm] 中 -s/..deen[..dé:ən] (演劇・音楽・舞踊などを催す)ホール; 《史》(古代ギリシアなどの)円形演技場. [*gr.* ōideĩon－*spätlat.*; ＜*gr.* ōidḗ (→Ode)]

Odeur[odǿ:r] 中 -s/-s, -e **1** 《雅》 **a)** (Duft) 芳香, 薫香. **b)** 香料. **2** 《話》異臭. [*lat.* odor－*fr.*]

Öd·heit[ǿ:thaɪt] 女 -/ , **Ödig·keit**[ǿ:dɪçkaɪt] 女 -/ ＝Öde 2 [＜öde]

Odin[ó:dɪn] 人名 《北欧神》オーディン(神々の父で最高神. ドイツ語形 Wodan). [*anord.*]

Odins·hühn·chen 中 《鳥》アカエリヒレアシシギ(赤襟鰭足鷸).

odiös[odiǿ:s][1] (**odios**[..ó:s][1]) 形 《雅》(widerwärtig) いやな, 不愉快な, 耐えがたい. [*lat.*〔－*fr.*〕; ◇Odium]

ödi·pal[ødipá:l] 形 《心》Ödipuskomplex による. [＜..al[1]]

Ödi·pus[ǿ:dipʊs] 人名 《ギ神》オイディプス (Theben の王. 神ののろいをうけて, 父を殺し, 母を妻とした). [*gr.* Oidípous „Schwell-fuß"－*lat.*; ◇Ödem, ..pode]

Ödi·pus·kom·plex 男 (↔Elektrakomplex) 《心》エディプス=コンプレックス(息子が母親に対してもつ近親愛的なコンプレックス).

Odium[ó:diʊm] 中 -s/ **1** (Makel) 汚点, けがれ; 汚名: An ihm haftet das ~ eines Verräters an. 彼は裏切り者の汚名を背負っている. **2** (Haß) 憎しみ, 敵意. [*lat.*; ＜*lat.* ōdisse „hassen"]

Öd·land[ǿ:tlant][1] 中 -[e]s/..ländereien[..lɛndəraɪən] (..länder) 荒れ地, 荒蕪(こうぶ)地. [＜öde]

Öd·nis[ǿ:tnɪs] 女 -/ ＝Öde 2

Odoa·ker[odoá:kər] 人名 オドアケル(433-493; 西ローマ帝国を滅ぼしたゲルマン人の傭兵(ようへい)隊長). [◇Ottokar]

odont.. →odonto..

Odont·al·gie[odɔntalgí:] 女 -/-n[..gí:ən] (Zahnschmerz) 《医》歯痛.

Odon·ti·tis[..tí:tɪs] 女 -/..tiden[..tití:dən] 《医》歯炎.

odonto.. 《名詞などにつけて「歯」を意味する. 母音の前では odont.. となる: →*Odont*algie》 [*gr.* odoús „Zahn"; ◇Zahn]

Odon·to·blast[odɔntoblást] 男 -en/-en 《医》(歯の)象牙(ぞうげ)芽細胞. [＜*gr.* blastós „Trieb"]

Odon·to·lo·ge[..ló:gə] 男 -n/-n (→..loge) 《医》歯科医.

Odon·to·lo·gie[..logí:] 女 -/ (Zahnheilkunde) 《医》歯科学.

odon·to·lo·gisch[..ló:gɪʃ] 形 歯科学〔上〕の.

Odor[ó:dɔr, ó:do:r] 男 -s/-es[odó:re:s] (Geruch) 《医》臭気.

odo·rie·ren[odorí:rən, odɔ..] 他 (h) 《*et.*[4]》 (…に)臭気〈におい〉をつける. [*lat.*]

Odys·see[odʏsé:] 女 -/-n[..sé:ən] **1** 《単数で》『オデュッセイア』(Odysseus の Troja からの帰国を歌った長編叙事詩. Homer の作と伝えられる). **2** 《比》長い放浪の旅. [*gr.*－*lat.*－*fr.*]

odys·se·isch[..ɪʃ] 形 オデュッセイアの〔ような〕.

Odys·seus[odʏ́sɔʏs] 人名 《ギ神》オデュッセウス(ギリシアのイタケ Ithaka の王で, 《Odyssee》の主人公. ラテン語形ウリッセース Ulysses またはウリクセース Ulixes). [*gr.*]

oe, Oe[1] →ö, Ö ★

Oe[2][ǿ:rstɛt, ..ʃtɛt] 記号 (Oersted) 《理》エールステッド.

OECD[o:|e:tse:dé:] 女 -/ 経済協力開発機構(経済成長・開発途上国援助・貿易拡大を目的として1961年に発足した国際機関) (＝Organisation für wirtschaftliche Zusammenarbeit und Entwicklung). [*engl.*; ＜*engl.* *O*rganization for *E*conomic *C*ooperation and *D*evelopment]

OEEC[o:|e:|e:tsé:] 女 -/ 欧州経済協力機構(1961年に OECD に改組) (＝Organisation für europäische wirtschaftliche Zusammenarbeit). [*engl.*; ＜*engl.* *O*rganization for *E*uropean *E*conomic *C*ooperation]

Oer·sted[ǿ:rstɛt, ..ʃtɛt] 中 -[s]/- 《理》エールステッド(磁場の強さの単位; 記号 Oe). [＜H. Chr. Ørsted (デンマークの物理学者, †1851)]

Œu·vre[ǿ:vər, ǿ:vrə] 中 -/-s[-] 《集合的に》(芸術家などの)作品. [*lat.* opera (→Oper)－*fr.*]

OEZ[o:|e:tsɛ́t] 略 女 -/ ＝**osteuropäische Zeit** 東部ヨーロッパ標準時(フィンランド・ルーマニア・ギリシアなどで用いられ, 日本より 7 時間遅い).

of.. →ob..

Ofen[ó:fən] 男 -s/Öfen[ǿ:fən] (小 **Öf·chen**[ǿ:fçən] 中 -s/-) **1** 炉; 暖炉, ストーブ: Hoch*ofen* 溶鉱炉, 高炉 | Kohle*ofen* 石炭ストーブ ‖ Der ~ heizt 〔sich〕 gut 〈brennt schlecht〉. このストーブはよくあたたまる〈よく燃えない〉 | den ~ heizen ストーブをたく ‖ am ~ sitzen ストーブにあたっている | **hinterm ~ hocken** 《比》部屋にこもっている, 出無精である | Damit kann man keinen Hund hinter dem ~ hervorlocken. (→Hund 1 a) | ein Schuß in den ~ (→Schuß 1 a) ‖ **Der ~ ist aus.** ストーブの火が消えた; 《話》もう我慢はできない; 計画はおじゃんだ, 万事休す | Jetzt ist der ~ am Dampfen! 《話》もう待ちきれない. **2** (料理用の)かまど; オーブン, 天火(てんぴ). **3** 《話》自動車; オートバイ: **ein heißer ~** 高性能の車〈オートバイ〉. [„Kochtopf"; *germ.*; ◇*gr.* ipnós „Ofen"; *engl.* oven]

Ofen≈bank[ó:fən..] 女 -/..bänke 暖炉の前の腰掛け, ストーブベンチ. **≈blech** 中 暖炉の前に敷く鉄板. **≈far·be** 女 ＝Ofenschwärze

ofen·frisch 形 (ケーキなどが)焼きたての.

Ofen≈ga·bel 女 (暖炉の)火かき棒. **≈hei·zung** 女 温気炉〈ストーブ〉暖房. **≈hocker** 男 出無精な人. **≈ka·**

chel [女] 暖炉用〈耐火〉タイル. ≈**klap·pe** [女] ストーブの通気調節ぶた. ≈**küh·lung** [女]〘金属〙炉冷(ろれい). ≈**lack** [男] 焼き付け塗料. ≈**loch** [中] ストーブのたき口. ≈**plat·te** [女] 電気〈ガス〉ストーブの〔鋳〕鉄製の熱板; 石炭レンジの上部鉄板. ≈**rohr** [中] **1** (ストーブ・レンジなどから主煙突までの)煙道パイプ, 室内煙突. **2**《戯》シルクハット. ≈**röh·re** [女] **1 a)** (暖炉の中の)食品保温室. **b)** 天火, オーブン. **2**《戯》(Zylinderhut) シルクハット.

Ofen·röh·ren·ho·sen [複]《戯》(脚にぴったりした)細身のズボン.

Ofenschirm

Ofen≈sau [女] -/ 〘工〙炉塊(溶鉱炉の沈殿物). ≈**schau·fel** [女] 石炭シャベル, 十能. ≈**schirm** [男] (ストーブの直射熱を防ぐための)熱よけついたて, ファイヤースクリーン(→ 図). ≈**schwär·ze** [女] 石墨, 黒鉛. ≈**set·zer** [男] 暖炉工事人〈業者〉. ≈**trock·nung** [女] 炉乾燥. ≈**tür** [女] 炉〈ストーブ〉の扉. ≈**vor·set·zer** [男] (暖炉の前に置く)炉格子, ストーブガード. ≈**zie·gel** [男] 耐火れんが.

Off[ɔf] [中] -/ (↔On)〘テレビ〙画面に出ないこと: im 〈aus dem〉 ~ sprechen 画面に出ないで話す. [*engl.* „weg"; ◇ob[1]]

of·fen[ɔ́fən] (off[e]·n..) [形] **1 a)** (戸口などが)開いている; かぎ〈錠前〉のかかっていない;《比》閉鎖的でない, 出入り自由な;〘狩〙解禁の: *jn.* mit ~*en* Armen aufnehmen 〈empfangen〉 (→Arm 1 a) | mit ~*en* Augen in die Welt blicken しっかり世界を見据える | mit ~*en* Augen ins Unglück rennen 〈ins Verderben stürzen〉 (→Auge 1) | mit ~*en* Augen schlafen (→Auge 1) | ~*er* Biß (上下が合わぬ)反っ歯 | auf ~*er* Bühne 〈Szene〉 幕のあがった舞台上で, 幕をあけたまま | bei 〈mit〉 ~*en* Fenstern schlafen 窓をあけたまま眠る | die ~*e* Grenze 通過自由な国境 | ~*e* Haare 束ねられていない〈ざんばらの〉髪 | eine ~*e* Hand haben (→Hand 1 ③) | ein ~*es* Haus führen (→Haus 2 a) | ~*en* Leib haben〘医〙便通がある | mit ~*em* Mantel コートのボタンをかけないで | mit ~*em* Mund dastehen ぽかんとしている | bei *jm.* ein ~*es* Ohr finden (→Ohr 1) | ~*e* Türen einrennen (→Tür) | Haus der ~*en* Tür (→Tür) | eine Politik der ~*en* Tür (→Tür) | Tag der ~*en* Tür (→Tür) | ein ~*es* Turnier オープン競技〔会〕| mit ~*em* Visier kämpfen (→Visier 1) | ~*e* Zeit〘狩〙解禁期間, 猟期 ‖〘述語的に〙*seine* 〈die〉 Augen ~ haben 目をあけている; 注意を怠らない | Die Bluse ist am Hals ~. ブラウスは襟もとが開いている | An der Jacke ist ein Knopf ~. 上着のボタンが一つはずれている | Der Laden ist auch am Sonntag ~. この店は日曜にも開いている | Das Schloß ist noch ~. 錠はまだおりていない. **b)** (すき間などが)広い: ein ~*es* e〘言〙開〔口〕音の e | ~*e* Bauweise〘建〙(密集・集合住宅などに対する)独立建て. **c)** 感受性〈理解力〉のある, 偏見のない: ein ~*er* Kopf 分かりのよい頭 | einen ~*en* Sinn für *et.*[4] haben …が分かる, …に理解がある ‖ **für *et.*[4] ~ sein / gegenüber *jm.* 〈*et.*[3]〉 ~ sein** …に対して偏見がない | für alle Eindrücke ~ sein 感受性が豊かである ‖ *et.*[4] ~ in *sich*[4] aufnehmen …をこだわりなく受け入れる.

2 a) おおわれていない, むき出しの; 無防備の;〘医〙(結核などが)開放性の: ~*er* Erdboden (ツンドラ地帯などの)凍っていない地面 | ~*e* Brust はだけた胸(→c) | Fleisch am ~*en* Feuer braten 肉を直火(じか)で焼く | eine ~*e* Grube〘土木〙開渠(かいきょ) | eine ~*e* Silbe〘言〙(子音で閉じられない・母音で終わる)開音節 | eine ~*e* Stadt〘軍〙無防備都市 | ein ~*es* Wasser (氷結した海の)開水面(航行できる部分) | ~*er* Wein (瓶詰でなく)グラス〈はかり売り〉で客に供するワイン | eine ~*e* Wunde 口のあいた傷;《比》痛い所 ‖ dem Angriff ~ liegen 攻撃にさらされている | Wein 〈Milch〉 ~ verkaufen ワイン〈牛乳〉をはかり売りする. **b)** 隠されていない, 公然たる, あからさまな, 周知の: ein ~*er* Brief (→Brief 1) | ein ~*er* Funkspruch (暗号を用いない)平文電報 | ein ~*es* Geheimnis (→Geheimnis 1) | mit ~*en* Karten spielen (→Karte 2) | auf ~*em* Platz 〈Markt〉《比》公然と, 衆人環視の中で(→3) | auf ~*er* Straße 天下の公道で, 往来のまん中で; 白昼堂々と(→3) ‖ *et.*[4] ~ halten …を人に見えるように持つ(また: →offenhalten) | *seine* Karten ~ auf den Tisch legen (→Karte 2) (また: →offenlegen) | Es liegt ~ vor aller Welt. それは周知のことだ. **c)** 隠しだてしない, 腹蔵ない, 率直〈正直〉な: mit ~*er* Brust 胸襟を開いて(→a) | ein ~*es* Wort mit *jm.* reden …と率直に話す ‖ wenn ich ~ sein darf はっきり言わせてもらえば | Sei ~ gegen mich 〈zu mir〉! 私には遠慮なく言ってくれ | ~ zu *seiner* Überzeugung 〈*seinem* Wort〉 stehen 自分の信念を貫く〈言葉に責任を持つ〉(また: →offenstehen) | ~ bleiben 率直〈正直〉であり続ける(また: →offenbleiben) | *Offen* gestanden, das gefällt mir nicht. 正直に言って それは私の気に入らない.

3 囲まれていない, 広々とした, 果てしない: unter ~*em* Himmel 露天で, 野外で | auf ~*er* See 外洋〈沖合い〉で; 公海で | auf ~*er* Strecke halten〘鉄道〙駅でない所で停車する | Der Garten ist nach Osten ~. 庭は東の方に開けている.

4 a) 空席の, あいている: ~*e* Stellen 空き地; 空席, 空きポスト. **b)**〘商〙無記名の, 白地(しらじ)の; 無担保の: ~*es* Giro 無記名式〈白地〉裏書き | *Offene* Handelsgesellschaft (略 OHG) 合名会社 | ~*er* Kredit 白地信用, 無担保信用貸し付け | ~*e* Police (価格・船車名など未確定な)予定保険証券 | ~*er* Wechsel 無記名〈白地〉手形.

5 未決定の, 未解決の, 決着のついていない: eine ~*e* Frage 未解決の問題 | eine ~*e* Rechnung〘商〙未決済〈当座〉勘定 | eine ~*e* Schachpartie 勝負のついていない〈勝敗を予測できない〉チェスの手合わせ ‖ Die Angelegenheit ist noch ~. この件はまだこれからどうなるか分からない.

[*germ.*; ◇auf, ober[1], öffnen; *engl.* open]

Of·fen·bach[ɔ́fənbax] [人名] Jacques ~ ジャック オッフェンバック〈オッフェンバッハ〉(1819-80; ドイツ生まれのフランスの作曲家. 作品オペレッタ『天国と地獄』, オペラ『ホフマン物語』など).

Of·fen·bach am Main[ɔ́fənbax am máɪn] [地名] オフェンバッハ アム マイン(ドイツ Hessen 州の工業都市).

of·fen·bar[ɔfənbá:r, ◡◡ᐨ; オーストリア: ᐨ◡ᐨ] **I** [形] 明らかな, まぎれもない, 歴然たる, 公然の, 周知の: ~*e* Lüge 見えすいたうそ | Das Dokument macht ~, daß ... この文書は…であることを明らかにしている. **II** [副]《陳述内容の現実度に対する話し手の判断・評価を示して》明らかに〔…らしい〕, 見たところ〈どうやら〉〔…らしい〕: Der Mann war ~ Ausländer 〈erschöpft〉. その男はどう見ても外人だった〈疲れはてていた〉.

of·fen·ba·ren[ɔfənbá:rən; オーストリア: ᐨ◡◡◡] (《過分》offenbart) [他] (h) **1** (胸中・秘密などを)打ち明ける, もらす, 表明する: *jm. seine* Schuld ~ …に罪を告白する | Er hat der Wissenschaft neue Kenntnisse *offenbart*. 彼は科学に新しい知識をもたらした ‖ (再帰) *sich*[4] *jm.* ~ 胸の内を…に打ち明ける.

2 (実態・真相などを)明らかにする, 知らせてしまう;〘宗〙啓示する: Diese Worte *offenbaren* seinen inneren Gegensatz. この言葉で彼が心の中では反対していることが分かる | Die Zeit wird ~, ob ... 時がたてば…かどうかが分かる ‖ (再帰) *sich*[4] ~ 明らかになる, 明るみに出る, 姿を現す;〘宗〙(神が)示現する | Die Idee *offenbart* sich in der Kunst 〈durch die Kunst〉. 理念が芸術に表現される | Er *offenbarte* sich als treuer Freund. 彼は実は忠実な友であることが判明した.

★ まれに(特に宗教的意味では)語頭にアクセントをおき, 過去分詞に ge.. を加えることがある: eine 〔*ge*〕*offenbarte* Religion 啓示宗教.

Of·fen·ba·rung[..ruŋ; オーストリア: ᐨ◡◡◡] [女] -/-en **1** 打ち明け〔話〕, 告白;〘法〙開示. **2**〘宗〙啓示;《比》天啓, ひらめき, 悟り;《戯》すばらしい物: die ~ Gottes / die göttliche ~ 神の啓示 | die ~ des Johannes (新約聖書の)ヨハネの黙示録 | die ~ durch die Musik 音楽からの霊感〈インスピレーション〉. **3**〘宗〙(神の)示現.

Of·fen·ba·rungs≈eid [男]〘法〙(財産などに関する)開示宣誓. ≈**glau·be** [男] 啓示宗教〔に対する信仰〕. ≈**re·li·gion** [女]〘宗〙啓示宗教(キリスト教・イスラム教・ユダヤ教など).

ọf·fen|blei·ben*[ɔ́fən..] ⦅21⦆ 自 (s) **1** (ドアなどが)開いたままになっている: Das Fenster ist bis tief in die Nacht *offengeblieben*. 窓は夜遅くまで開け放してあった | Ihm *blieb* der Mund *offen*. 彼はあいた口がふさがらなかった. **2** (案件などが)未決定〈未解決〉のままである: Die Entscheidung ist *offengeblieben*. 決定はまだ下っていない. **3** →offen 2 c

ọf·fen|hal·ten*[ɔ́fən..] ⦅65⦆ 他 (h) **1** (ドアなどを)開けておく: die Hand ~ ⦅話⦆ チップ〈わいろ〉を欲しがる | die Augen ~ (→Auge 1) | *sich*³ eine Hintertür ~ (→Hintertür) | *sich*³ eine Tür ~ (→Tür) | die Tür für *et.*⁴ ~ (→Tür) | Das Hotel wird bis ein Uhr nachts *offengehalten*. そのホテルは夜中の 1 時まで営業している. **2** あけて〈とって〉おく, 留保する: *sich*³ den Rückzug ~ 退路を確保しておく. **3** →offen 2 b

Ọf·fen·heit[ɔ́fənhaɪt] 女 -/-en **1** ⦅ふつう単数で⦆ 率直さ, 開放性; 公明正大; 虚心, 偏見のなさ: die ~ seines Blickes 正直そうな彼のまなざし | in aller ~ erzählen 赤裸々に物語る. **2** ⦅戯⦆ (Dekolleté) 〘服飾〙 デコルテ: eine schonungslose ~ くりの大きなデコルテ.

ọf·fen·her·zig[ɔ́fənhɛrtsɪç]² 形 **1** (aufrichtig) 率直な, 腹蔵のない; 正直な; ⦅比⦆ 口の軽い: ~ miteinander sprechen 腹を割って話し合う. **2** ⦅戯⦆ (婦人服の)胸ぐりの大きい, 胸のあらわな.

Ọf·fen·her·zig·keit[−kaɪt] 女 -/-en **1** ⦅単数で⦆ (offenherzig なこと. 例えば:) 率直さ. **2** =Offenheit 2

ọf·fen·kun·dig[ɔ́fənkʊndɪç, ◡◡⏑◡]² **I** 形 (deutlich) 明白な; 周知の: in ~*er* Bestürzung 見るからにあわてふためいて | eine ~*e* Tatsache 〘法〙 (証明を要しない)顕著な事実 ‖ Das Verhältnis der beiden war längst ~ geworden. 両者の関係はとっくに知れわたっていた. **II** 副 =offensichtlich II

Ọf·fen·kun·dig·keit[−kaɪt] 女 -/ (offenkundig I なこと. 例えば:) 周知〔の事実〕.

ọf·fen|las·sen*[ɔ́fən..] ⦅88⦆ 他 (h) **1** (ドアなどを)開けたままにしておく: Bitte, das Fenster ~! 窓をしめないでください | *sich*³ eine Hintertür ~ (→Hintertür). **2** あいたまま〈ブランク〉にしておく: eine Stelle ~ ポストを埋めないでおく. **3** 未決定〈未解決〉にしておく: das Datum ~ 日時を未定にしておく | die Frage ~ 問題を懸案のままにしておく.

ọf·fen|lẹ·gen 他 (h) (秘密などを)公開する, 公にする; あばく, 暴露する(ただし: offen legen →offen 2 b): *seine* Vermögensverhältnisse ~ 資産状況を公開する.

Ọf·fen·mạrkt·po·li·tịk[ɔ́fənmárkt..] 女 〘経〙 公開市場政策〈操作〉.

ọf·fen·sicht·lich[ɔ́fənzɪçtlɪç, ◡◡⏑◡] **I** 形 =offenkundig I **II** 副 ⦅陳述内容の現実度に対する話し手の判断・評価を示して⦆ 明らかに〔…らしい〕, 見たところ〈どうやら〉〔…らしい〕: Er hat es ~ vergessen. 彼はどうもそれを忘れたらしい.

of·fen·sịv[ɔfɛnzí:f, ⏑◡−]¹ 形 **1** (↔defensiv, inoffensiv) 攻撃的〈好戦的〉な, 攻勢の. **2** 無礼な, 侮辱的な. [*mlat.*; < *lat.* of-fendere „an-stoßen"]

Of·fen·sịv·bünd·nis 中 攻撃同盟.

Of·fen·sị·ve[ɔfɛnzí:və] 女 -/-n (↔Defensive) (Angriff) 攻撃, 攻勢: Friedens*offensive* 平和攻勢 ‖ die ~ ergreifen 攻勢に出る | in die ~ gehen / zur ~ übergehen 攻勢に転じる. [*fr.*]

Of·fen·sịv≠kampf[ɔfɛnzí:f..] 男 攻撃, 進撃, 進攻. **≠krieg** 男 攻撃〈進攻〉的戦争. **≠spiel** 中 〘スポ〙 攻撃プレー. **≠waf·fe** 女 攻撃用兵器.

ọf·fen|stẹ·hen*[ɔ́fən..] ⦅182⦆ 自 (h) **1** (ドア・窓などが)開いている, 開かれている: Das Fenster hat noch *offengestanden*. 窓はまだしまっていなかった | Sein Mund *stand* weit *offen*. 彼はぽかんと口を大きく開けていた | Mein Haus wird dir stets ~. わが家では君はいつでも大歓迎だ | Er *steht* jeder Verführung *offen*. ⦅比⦆ 彼はどんな誘惑にも乗ってしまう. **2** ⦅*jm.*⦆ (公共施設などが利用者に対して)開かれている, 開放されている; (可能性などが…に)開かれている: Diese Bibliothek *steht* allen Bürgern *offen*. この図書館はすべての市民に開放されている | Der Rechtsweg *steht* dir *offen*. 君には訴訟の道が残っている | *jm. stehen* alle Wege *offen* (→Weg 1) | Es *steht* mir *offen*, die neue Stelle sofort oder erst später anzutreten. その新しいポストにすぐつくか後になってからつくかは 私の自由である. **3** (地位などが)あいている, 空席のままである. **4** 〘商〙 未決済〈未払い〉になっている. **5** →offen 2 c

ö̩f·fent·lich[œ́fəntlɪç] 形 (↔privat) **1** 公の, 公的な, 公共の; 公営〈公立〉の; 官公庁の: der ~*e* Dienst (→Dienst 1 a) | ~*e* Gelder 公金 | die ~*e* Hand (→Hand 2 b) | der ~*e* Haushalt 国家財政 | eine ~*e* Klage 〘法〙 公訴 | ein Mann 〈eine Person〉 des ~*en* Lebens 公人 | die ~*e* Ordnung aufrechterhalten 〈stören〉 公共の秩序を維持する〈乱す〉 | das ~*e* Recht 〘法〙 公法 | eine ~*e* Urkunde 公文書 | ~*es* Verkehrsmittel 公共交通〈輸送〉機関 ‖ *et.*⁴ ~ beglaubigen 〘法〙 …を公証する. **2** 公衆の; 公衆用の, 公共の: ~*es* Ärgernis erregen 世間のひんしゅくをかう | eine ~*e* Bedürfnisanstalt 公衆便所 | ein ~*er* Fernsprecher 公衆電話 | ein ~*es* Haus (→Haus 1 b) | die ~*e* Meinung 世論 | ein ~*er* Ort 公共の場所(道路・広場など). **3** 公然〈周知〉の, 公認の; 公開の: ein ~*es* Geheimnis (→Geheimnis 1) | eine ~*e* Sitzung 〈Verhandlung〉 公開会議〈交渉〉 ‖ Die Abstimmung ist ~. 投票は公開で行われる ‖ *et.*⁴ ~ bekanntgeben …を公表〈公示〉する | *jn.* ~ beschimpfen …を公衆の面前で〈公然と〉はずかしめる. [*ahd.* offan-līh; ◇offen, veröffentlichen]

Ö̩f·fent·lich·keit[−kaɪt] 女 -/ **1** ⦅集合的に⦆ 公衆, 一般大衆, 世人: unter Ausschluß der ~ (→Ausschluß 1 a) | im Licht 〈Scheinwerfer〉 der ~ 世間の注目を浴びて | im Rampenlicht der ~ stehen (→Rampenlicht 1) ‖ die ~ für *et.*⁴ interessieren 世人の関心を…に向けさせる ‖ mit *et.*³ an die ~ treten (作家などが)…を世に問う | an 〈in〉 die ~ dringen 世間に知れ渡る | die Flucht in die ~ antreten / in die ~ flüchten (情報を流して)世論の助けを借りようとする | in 〈vor〉 aller ~ 人前で, 公然と | *et.*⁴ in 〈vor〉 die ~ bringen …を世間に暴露する, …を公表する. **2** (裁判などの)公開.

Ö̩f·fent·lich·keits·ar·beit 女 -/ 広報活動, PR 活動.

ö̩f·fent·lich-rẹcht·lich 形 〘法〙 公法〔上〕の: eine ~*e* Körperschaft 公共団体(公共企業体等). [< öffentliches Recht]

of·fe·rị̄e·ren[ɔferí:rən, ɔfə..] 他 (h) (anbieten) **1** 〘商〙 (商品などを)売りに出す, (市場に)提供する: *et.*⁴ zu einem günstigen Preis ~ …を有利な価格で売りに出す | *jm. et.*⁴ zum Kauf ~ …に…を買わないかと言う. **2** ⦅*jm. et.*⁴⦆ (…に…を)与えようと申し出る, 差し出す, 提供する: Darf ich Ihnen eine Zigarette ~? タバコを 1 本いかがですか | *jn.* als Teilhaber ~ …を共同出資者として推す. [*lat.* of-ferre „entgegen-bringen"; ◇Oblate]

Of·fẹrt[ɔfɛ́rt] 中 -[e]s/-e ⦅オース トリア⦆ =Offerte

Of·fẹr·te[ɔfɛ́rtə] 女 -/-n (Angebot) 〘商〙 (商品の)提供; 提供物件; (提供物件の)価格〈条件〉提示, つけ値; ⦅比⦆ 提案: *jm.* eine ~ machen …に商談をもちかける; ⦅比⦆ …にある提案をもちかける. [*fr.*]

Of·fer·tọ·rium[ɔfɛrtó:riʊm] 中 -s/..rien[..riən] 〘カト リック〙 (ミサでのパンとぶどう酒との)奉納; 奉納祈願. [*mlat.*]

Ọf·fice¹[ɔ́fɪs] 中 -/-s[..sɪs, ..sɪz] (Büro) 事務所, オフィス. [*lat.* officium (→Offizium) − *afr.* − *engl.*]

Ọf·fice²[ɔ́fɪs] 中 -/-s[−] ⦅スイス⦆ **1** =Office¹ **2** (レストラン・ホテルなどの)配膳(はい ぜん)室. [*lat.* officium − *fr.*]

Of·fị·cium[ɔfí:tsiʊm] 中 -s/..cia[..tsia·] =Offizium

Of·fi·ziạl[ɔfitsiá:l] 男 -s/-e **1** 〘カト リック〙 司教区裁判所主席判事(司教代理を兼ねる). **2** ⦅オース トリア⦆ 中級公務員. [*spätlat.*; ◇offiziell]

Of·fi·zia·lạt[ɔfitsialá:t] 中 -[e]s/-e 〘カト リック〙 司教区裁判所; 司教区裁判所首席判事の職. [*mlat.*; ◇..at]

Of·fi·ziạl≠de·likt[ɔfitsiá:l..] 中 (↔Antragsdelikt) 〘法〙 (公訴の提起に告訴・告発を要しない)公犯罪. **≠ma·xị·me** 女, **≠prin·zip** 中 〘法〙 (訴訟の)職権〔進行〕主義. **≠ver·tei·di·ger** 男 国選〈官選〉弁護人.

▽**Of·fi·ziant**[ɔfitsiánt] 男 -en/-en **1** (Zelebrant)〘ｶﾄﾘｯｸ〙ミサ司式司祭. **2 a)** 下級公務員. **b)** (学校の)用務員, 守衛. [*mlat.*]

of·fi·ziell[ɔfitsiέl] 形 (↔inoffiziell) **1** 公務の, 公式の; 当局〔から〕の, 公認された: eine ～*e* Reise 公用旅行, 出張, 公式訪問 | eine ～*e* Mitteilung 〈Delegation〉 公式通知〈代表団〉 | Von ～*er* Seite wurde bekannt, daß ... その筋からの知らせによると… ‖ Die Kabinettliste ist jetzt ～. 閣僚名簿はすでに当局が確認したものである ‖ *et.*[4] ～ bestätigen …を公式に確認する | *Offiziell* befindet er sich im Hungerstreik. Inoffiziell aber pflegt man ihn. 彼は表向きはハンガーストライキ中であるが 内々では食事を与えられている. **2** (förmlich) 正式の, 改まった, 堅苦しい: *jn.* ～ einladen …を正式に招待する. [*spätlat.*－*fr.*; ◇..al[1]]

Of·fi·zi·en Offizium の複数.

Of·fi·zier[ɔfitsí:r; ｵｰｽﾄﾘｱ: ɔfisí:r] 男 -s/-e **1** (⊛**Of·fi·zie·rin**[..tsí:rɪn]-/-nen) **a)** 〘軍〙(陸・海・空軍の)将校, 士官: der diensthabende ～ 当直士官 | Marine*offizier* 海軍士官 | Unter*offizier* 下士官. **b)** (警察・消防隊などの)幹部職員. **c)** (Schiffsoffizier)(商船などの)高級船員, オフィサー: Erster 〈Zweiter〉 ～ 一等〈二等〉航海士. **2** 〘ﾁｪｽ〙(Bauer 以外の)大駒(ｺﾏ). [*mlat.* officiārius „Beamter"－*fr.*; ＜*lat.* officium (→Offizium); ◇*engl.* officer]

Of·fi·ziers≠an·wär·ter 男〘軍〙士官候補生. **≠bur·sche** 男〘軍〙従卒, 当番兵. **≠ka·si·no** 中 将校集会所, 士官クラブ. **≠korps**[..ko:r] 中 将校団. **≠mes·se** 女 **1** (軍艦の)士官室, 士官食堂〈集会室〉. **2** 《集合的に》(艦長以外の)乗組士官. **≠nach·wuchs** 男《集合的に》士官の若手層〈後継者〉. **≠pa·tent** 中 将校〈士官〉任命辞令. **≠rang** 男 将校〈士官〉の位階: im ～ stehen 士官〔待遇〕である. **≠schu·le** 女 士官学校. **≠stell·ver·tre·ter** 男《ｵｰｽﾄﾘｱ》〘軍〙准尉, 准士官. **≠stift** 男《戯》かみタバコ(勤務中に用いたことから).

Of·fi·zin[ɔfitsí:n] 女 -/-en **1 a)** (薬局の)調剤室. ▽**b)** (Apotheke) 薬局. ▽**2** 印刷工場. [*lat.* officīna „Werkstätte"－*mlat.*; ＜*lat.* opifex „Handwerker" (◇Offizium)]

of·fi·zi·nal[ɔfitsiná:l] 形, **of·fi·zi·nell**[..nέl] 形 **1** 薬用の, 薬効のある: ～*e* Pflanzen 〈Kräuter〉 薬草. **2** 〘薬〙局方の, 薬局方の: ein ～*es* Mittel 局方薬. [*mlat.*; ◇..al[1]]

of·fi·ziös[ɔfitsiǿ:s][1] 形 (↔inoffiziös) (halbamtlich) なかば公式の, 公式にほぼ確認された: offizielle und ～*e* Erklärungen 公式および半公式の声明 | eine ～*e* Zeitung 半官半民の新聞. [*lat.* officiōsus „diensteifrig"－*fr.*]

Of·fi·zium[ɔfí:tsiʊm] 中 -s/..zien[..tsiən] ▽**1** (Amtspflicht) 職務上の義務, 職責. **2** 〘ｶﾄﾘｯｸ〙聖務〔日課〕. [*lat.* officium „Dienst"; ＜*lat.* opus „Werk"＋facere (→..fizieren); ◇offiziell]

off li·mits[ɔ́f límɪts]《英語》(Zutritt verboten!) 立ち入り禁止(立て札などの表示). [◇Off, Limit]

off line[ɔ́f láın] 副〘電算〙オフラインで.

öff·nen[ǿfnən] 《01》(↔schließen) **I** 他 (h) **1 a)** (英: *open*) (aufmachen) (戸・目・箱・瓶などを)あける, 開く; (本・傘・包みなど閉じられているものを)〔あけ〕広げる; (…のふた・栓・包装などを)とり除く; (ボタン・ふたなどを)はずす; (でき物などを)切開する: die Augen ～ 目をあける | *jm.* 〔über *et.*[4]〕 die Augen ～ (→Auge 1) | *jm.* den Blick für *et.*[4] ～ …に…に対する目(興味・理解など)を開かせる | einen Brief〔umschlag〕 ～ 手紙を開封する | ein Buch ～ 本を広げる | eine Dose ～ 缶詰をあける | das Fenster ～ 窓をあける | eine Flasche ～ 瓶の栓を抜く | ein Geschwür ～ 潰瘍(ｶｲﾖｳ)を切開する | ein Grab ～ 墓をあける〈あばく〉 | die Hand 〈die Faust〉 ～ 握りしめていた手〈こぶし〉を開く | *jm.* das Haus ～ …に家への出入りを許す | *jm. sein* Herz ～《比》…に対して心を開く; …に好意〈愛情〉を寄せる | eine Kiste mit dem Stemmeisen ～ 木箱〔のふた〕を突きのみであける | einen Knopf ～ ボタンをはずす | den Mantel 〈die Bluse〉 ～ コート〈ブラウス〉のボタンをはずす | den Leib ～ (下剤を用いて)便通をつける | eine Leiche ～ 死体を解剖する | den Mund ～ 口をあける | *jm.* den Mund ～ (→Mund 1) | ein Paket 〈die Verpackung eines Paketes〉 ～ 包みを開く | *seine* Pforte ～ (→Pforte 1 a) | einen Regenschirm ～ 傘を広げる | einen Reißverschluß ～ ファスナーをあける | die Schleuse ～ 水門を開く | das Schloß ～ 錠前をあける | eine Tafel Schokolade ～ 板チョコの銀紙をむく | die Tür mit einem Nachschlüssel ～ 戸を合いかぎであける | *et.*[3] Tür und Tor ～ (→Tür) | ein Ventil 〈einen Wasserhahn〉 ～ バルブ〈蛇口〉を開く ‖〘目的語なしで〙Hier ～! (封筒・容器などの表示で)ここを開くこと. **b)** (店・窓口・催し物の会場などを)あける(→II 1): Die Bibliothek ist von 9 bis 21 Uhr *geöffnet.* 図書館は9時から21時まで開かれている | Der Laden 〈Die Kasse〉 wird um 8 Uhr *geöffnet.* 店〈切符売り場〉は8時に開かれる ‖〘目的語なしで〙Wir *öffnen* erst um 10 Uhr. ここは10時にならなければあけません.

2 a) 再帰 *sich*[4] ～ あく, 開く: Die Blüte 〈Der Fallschirm〉 *öffnet* sich. 花〈落下傘〉が開く | Die Tür *öffnet* sich automatisch. この扉は自動的にあく | Sesam, *öffne* dich! (→Sesam 2) ‖ Der Himmel *öffnet* sich. 《雅》雨が降り出す. **b)** 再帰 *sich*[4] *jm.* ～ …に(新しい道・可能性などが)開かれる | Neue Märkte *öffnen* sich der Industrie. その産業に新しい市場が開ける | Hier *öffnen* sich uns völlig neue Wege. ここに我々にとって全く新しい道が開けている. **c)** 再帰 *sich*[4] *jm.* ～ …に心中を打ち明ける.

II 自 (h) **1** (店・窓口・催し物の会場などが)あく, 開く, 始業する: Unser Geschäft *öffnet* um 8 Uhr. 当店は8時に店をあけます | Dieser Schalter *öffnet* erst um 15 Uhr. この窓口〈カウンター〉は午後3時にやっと開く. **2** 《*jm.*》(…のために)ドアをあける: Ich habe mehrmals geklingelt, aber es hat mir keiner *geöffnet.* 私は何度もベルを鳴らしたが だれも戸をあけてくれなかった.

[*ahd.*; ◇offen; *engl.* open]

Öff·ner[ǿfnər] 男 -s/- **1** あける道具(缶切り・栓抜き・ペーパーナイフなど): Büchsen*öffner* 缶切り. **2** 〘織〙開綿機.

Öff·nung[..nʊŋ] 女 -/-en **1** 《単数で》(öffnen すること. 例えば:) 門戸開放. **2** 開いている個所(筒口・穴・すき間・裂け目・ノズルなど): Tür*öffnung* ドアの開口部.

Öff·nungs≠po·li·tik 女 門戸〈市場〉開放政策. **≠zeit** 女 (商店・公共施設などが)開かれている時間, 営業〈利用〉時間.

Off·set·druck[ɔ́fsεtdrʊk] 男 -〔e〕s/-e 〘印〙**1** 《単数で》オフセット印刷. **2** オフセット印刷物. [*engl.* off-set „absetzen"]

Off·set·druck·ver·fah·ren 中 ＝Offsetdruck 1

O. F. M. (**OFM**) [o:|εf|έm] 略 ＝**Ordinis Fratrum Minorum** フランシスコ会の(＝vom Orden der Minderbrüder). [*lat.*]

O-för·mig[ó:fœrmɪç][2] 形 O 字形の.

oft[ɔft] **öf·ter** → 別出 /▽**am öf·te·sten**[am ǿftəstən] (ふつう am häufigsten を転用する) 副 **1** (英: *often*) (↔selten) (häufig) たびたび, しばしば, 幾度も, 頻繁に, しげく, 多くの場合: Das kommt ～ vor. こういうことはたびたび起こる | Ich bin ～ dort gewesen. 私はあそこにはよく行った | Die Schmerzen vergehen ～ von allein. 苦痛は多くの場合ひとりでにおさまるものだ | Den Film habe ich schon ～ und ～ gesehen. その映画は幾度も幾度も見た | Unverhofft kommt ～. (→unverhofft) | ein ～ zitierter Autor よく引用される著作者 ‖〘他の副詞と〙Ich habe es dir ～ genug gesagt. 君には何度もそう言ったじゃないか | Ich habe dir nur zu ～ nachgegeben. 君にはこれまで譲歩をしてきすぎた | Er fragt so ～, daß ich es überdrüssig bin. 彼は質問ばかりするので私はうんざりしている | so ～ du kommst 君が来るたびごとに(→sooft 1) ‖〘**wie oft** の形で回数・頻度を示して〙Wie ～ bist du dort gewesen? 君はあそこには何度ぐらい行ったことがあるのか | Wie ～ am Tage muß man diese Medizin nehmen? この薬は1日に何回服用しなければならないのか | Wie ～ geht 3 in 12 〔auf〕? 12は3の何倍か ‖〘比較級で〙Er kommt jetzt *öfter* als früher. 彼はいまは前よりも頻繁にやって来る | Je *öfter*, umso besser. 回数が多ければ多いほどよい.

2《反復して接続詞的に》～ …, ～ … ときには…ときには… | Er kommt ～ zu früh, ～ zu spät. 彼はときには早く来すぎるし ときには遅く来すぎる.

[*germ.* „übermäßig"; ◇ob²; *engl.* often]

öf·ter[œftər] 副《oft の比較級》**1** →oft 1 **2**《絶対的用法で》かなりしばしば; ときどき, ときおり, 一度ならず, 何度か: Er kauft ～ bei uns. 彼はときどき我々の店で買い物をする | Darauf ist schon ～ hingewiesen worden. それはすでに何度か指摘されたことだ ‖〖形容詞として付加語的に〗seine ～*en* Besuche 彼のたびたびの訪問 | bei ～*em* Betrachten 何度か観察するうちに ‖ **des öfteren** 何度か, ときどき, ときおり(öfter の強調形) | Das ist schon des ～*en* vorgekommen. それはすでに何度かあったことだ.

öf·ters[œftərs] 副《話》= öfter 2

oft≠ma·lig[ɔ́ftma:lıç]² 形《付加語的》しばしばの, たびたびの: *Oftmaliges* Wiederholen der Vokabeln ist nötig. 単語を繰り返し復習することが必要だ. **≠mals**[..ma:ls] 副 (oft) しばしば, たびたび, 何度も, よく.

o. g. 略 = obengenannt

Oger[ó:gər] 男 -s/- (フランスの童話の) 人食い鬼.

ogi·val[ogivá:l, oʒi..] 形 (spitzbogig)〖建〗尖頭(せんとう)式の, 尖頭アーチ〈せりもち〉の〔ある〕. [*fr.*]

Ogi·ve[ogí:və, oʒí:v] 女 -/-n[..vən] (Spitzbogen)〖建〗(ゴシック様式の) 尖頭(せんとう)アーチ〈せりもち〉, オジーブ. [*fr.*]

oh[o:] 間 (驚きの気持を基調として) **1** (喜び・賛嘆などを表して) おお, ほう, まあ, ああ: *Oh*, welche Überraschung! おおなんて思いがけない | *Oh*, wie schön! まあ いい〈きれいだ〉こと | *Oh*, ist das wunderbar! うわあ すばらしいじゃないか. **2** (困惑・意外・反対などを表して) おや, まあ, へえ, いや: *Oh*, ～! おやおや | *Oh*, das weiß ich nicht! いや それはどうかなあ | *Oh*, das möchte ich nicht sagen! いや そうは言いたくないなあ. **3** (非難・憤慨などを表して) まあ, おや, へえ, まったく: *Oh*, wie schrecklich! うわあ 恐ろしい〈いやなこった〉| *Oh*, du lieber Himmel! Er kommt zwanzig Minuten zu spät! おやまあ 彼は20分も遅刻だ. **4** (恐縮・遺憾などを表して) おや, あら, これはこれは: *Oh*, wie schade! おや 残念だねえ | *Oh*, Pardon 〈Verzeihung〉! あら ごめんなさい | *Oh*, das tut mir aber leid! ああ どうもすみません〈ほんとにお気の毒です〉| *Oh*, wärest du jetzt hier! ああ 君が今ここにいてくれたらなあ.

★ oh と o はもともと同じ意味であるが, 書く場合には, 上例のように独立して用いられるときは oh, 下の例のように次の語とコンマで区切られないときは o とするのが原則である: *O* ja! そうだとも | *O* nein! とんでもない, まさか | *O* doch! どうしてどうして(否定を含んだ質問に対する否定) | *O* weh! おお痛い〈つらい〉| *O* je! あれまあ | *O* Herr 〈Gott〉! おお神様 ‖〖2格の名詞と〗*O* der Wonne! おお なんと喜ばしい.

oha[ohá] 間 (驚き・不快などの気持を表して) へえ, おやおや: *Oha*, das hätte ich nicht erwartet! へえ そうなるとは思わなかったよ | *Oha*, das ist aber umständlich! おやまあ ずいぶん面倒くさいんだね.

ᵛ**Oheim**[ó:haım] 男 -s/-e = Onkel² 1 [*westgerm.* „Bruder der Mutter"; ◇Heim; *lat.* avus „Großvater"]

OHG[o:ha:gé:] 略 = **O**ffene **H**andels**g**esellschaft 合名会社.

Ohm¹[o:m] 中 -(e)s/-e = Ahm

Ohm²[−] **I** 人名 Georg Simon ～ ゲオルク ジーモン オーム (1789–1854; ドイツの物理学者で「オームの法則」の発見者).

II 中 -(s)/- (単位: -/-)〖電〗オーム(電気抵抗の実用単位; 記号 Ω).

Ohm³[−] (**Öhm**[ø:m]) 男 -(e)s/-e《南西部》= Onkel² 1 [< Oheim]

Öhmd[ø:mt]¹ (**Ohmd**[o:mt]¹) 中 -(e)s/-《南西部》(Grummet)〖農〗二番刈りの干し草. [*ahd.* uo-māt „Nachmahd"; ◇Mahd]

öh·men[ǿ:mən] (**öhm·den**[ǿ:mdən]¹《01》) 他 (h)《南西部》《*et.*⁴》(…の) 二番刈りをする.

Ohm·me·ter[ó:mme:tər] 中 (男) -s/-〖電〗オーム計.

ohmsch[o:mʃ] 形〖電〗オームの: das *Ohmsche* Gesetz オームの法則 | ～*er* Widerstand オーム抵抗. [< Ohm²]

Ohm·zahl[ó:m..] 女〖電〗オーム数.

Ohn·blatt[ó:n..] 中 (Fichtenspargel)〖植〗シャクジョウソウ(錫杖草). [< ohne]

oh·ne[ó:nə] **I** 前《4格支配》**1**《名詞はしばしば無冠詞》**a)**《欠如・非付随》(英: *without*) (↔mit) (予期されているものを) 伴わずに, …なしで〈に〉, …を欠いて, …を持たず〈備えず〉に, …付きでない, …を免れて, …しないで(→II): ～ Absicht 意図せずに | ～ alles 〈話: nichts〉 何一つなしに | ～ Anstoß sprechen よどみなく話す | ～ Appetit 〈Arbeit〉 sein 食欲〈職〉がない | Ich bin auf meinen Brief ～ Antwort geblieben. 私は私の出した手紙に対してとうとう返事をもらえなかった | alle ～ Ausnahme 一人残らず | Ich bin ～ Auto gekommen. 私は車に乗って来ていない | ～ Befund (略 o. B.)〖医〗所見なし, 陰性 | ～ Bericht (略 o. B.)〖商〗振出無通知(手形) | ein Kind ～ Eltern 両親のいない子 | ～ Falsch sein 正直〈誠実〉である | ganz ～ Fehler 誤りを全くしないで | ～ Furcht 恐れを抱かずに | Zimmer ～ Frühstück 朝食付きでない貸部屋 | ～ Geld 〈einen Pfennig〉 sein 金の持ち合わせがない | ～ Gewähr (信憑(しんぴょう)性など) 保証の限りにあらず | ～ jeden Grund 何の理由もなく | ～ Halt fahren (バスなどが) ノンストップで走る | ～ jede Hilfe sein 孤立無援である | Töpfe mit oder ～ Henkel 取っ手つきまたは取っ手なしの鍋(なべ) | ein Mann ～ 〔jeglichen〕 Humor ユーモアを〔全く〕解さない男 | ～ Hut gehen 帽子なしで歩く | ～ Jahr〔esangabe〕(略 o. J.) 発行年記載なし | Ehepaar ～ Kinder 子供のない夫婦〔者〕| ～ viel Mühe たいした苦労もなく, 楽々と | ～ Not i) 難なく, たやすく; ii) その必要もないのに | ～ Ort 〔und Jahr〕(略 o. O. 〔u. J.〕) 発行地名〔および発行年〕記載なし | ～ Pause arbeiten 休憩ぬきで働く | ～ jedes Schamgefühl sein 一片の羞恥(しゅうち)心も持たない | Sie ist **nicht ohne** Schönheit. 彼女はなかなかの美人だ(→2 b) | ～ Schuld sein 罪がない | ～ Seife waschen せっけんを使わずに洗う | Sei nur ～ Sorge! 心配することはないよ | **ohne weiteres** i) 難なく, いともたやすく; ii) 無造作に, (ためらうことなく) 平然と | Das geschah ～ mein Wissen 〈Zutun〉. それは私の知らないうちに〈私の関与なしに〉起きたことだ | ～ ein Wort 〔des Dankens〕〔お礼を〕一言も言わないで | ～ Zögern ためらうことなく | ～ 〔allen〕 Zweifel いささかの疑いの余地もなく | ～ Zwischenfälle 無事に ‖ ～ *jn.* kommen …を伴わ〈連れ〉ずにやって来る | *Ohne* mich!《話》私はごめんだ | Sie kann ～ ihn nicht leben. 彼女は彼なしでは生きていけない.

‖〖条件の意味を帯びて〗*Ohne* sein Verletzen hätte er gewonnen. 彼はけがをしなければ勝っていたところだ ‖〖名詞を省略した形で: →2 a〗Warum trägst du denn eine Brille, wenn du auch ～ sehen kannst. 眼鏡なしでも見えるのに君はなぜ眼鏡をかけるのか | Gibt es hier etwas „～"? この店には〔食料〕配給切符なしで買えるものが何かありますか.

‖〖3格・2格支配の古い用法の形で〗zweifels*ohne* 疑いもなく ‖ ᵛ*ohne*dem そうでなくても, どっちみち(→ohnedies).

b)《除外》…を入れ〈含め〉ないで, …を別にして, …なしで: ～ Verpackung 12 Pfund wiegen 包装ぬきで12ポンドの重さがある ‖ *Ohne* die Kinder sind es fünfzehn. 子供は勘定に入れないで15人である | Das Zimmer kostet ～ Heizung 170 Mark. その部屋の間代は暖房費別で170マルクである.

2《名詞を省略した形で》**a)**《話》何もつけ加えないで; (飲み物などを水やミルクで) 割らないで, 生(き)で; (人間が) 何も身につけないで, 裸で:〖付加語的に名詞の後にそえて〗Vierer ～〖ボート〗舵手(だしゅ)なしフォア | Bitte eine Brause 〈einen Rum〉 ～! プレーンソーダ〈ラムのストレート〉を1杯ください ‖〖副詞的に〗oben ～《話》(特に女性が) 上半身裸で, トップレスで | Die Kinder liefen ganz ～ herum. 子供たちはすっぱだかで走り回っていた.

b)《話》《成句的に〔gar〕 **nicht** 〔**so**〕 **ohne sein** の形で》さほど(…が) ないわけではない, さほど単純ではない, なかなかのものである: Das Mädchen ist ja nicht ～. あの女の子はけっこういかすじゃないか | Der Beruf eines Lehrers ist gar nicht so ～. 教師の職業はそれほど楽じゃない | Eine Blinddarmentzündung ist nicht so ～. 盲腸炎は決して軽く考えてはいけない | Mein neuer Job ist gar nicht so ～. 今度の私

の仕事はけっこう金になる | Dein Vorschlag ist gar nicht ~. 君の提案もまんざら捨てたものではない | Der Wein ist nicht ganz ~. このワインはけっこう強い.

II 接《daß 副文または zu 不定詞〔句〕と》《実現しなかった付帯的状況》…しないで, …することなく;《不首尾; 副文の動詞は接続法 II となることが多い》…するに至らない〈至らなかった〉: Er betrat das Zimmer, ~ daß er grüßte 〈~ zu grüßen〉. 彼はあいさつもせずに部屋に入ってきた | Herein, ~ anzuklopfen! ノック無用(ドアなどのはり紙の文句) | Sie fährt ins Ausland, ~ die fremde Sprache gelernt zu haben. 彼女は外国語を覚えもしないで外国に出かける | Es vergeht kein Tag, ~ daß er 〔nicht〕 etwas zu tadeln hätte. 彼が何か小言を言わない日は一日もない | Er hat mich besucht, ~ daß ich ihn eingeladen habe. 彼は私を訪ねて来たが 私が招いたわけではない | Sie schrie vor Schmerzen, ~ daß der Arzt ihr hätte helfen können. 彼女は痛みのあまり悲鳴をあげたが 医者はどうすることもできなかった.

☆ 副文の主語が主文の主語と異なる場合は, ふつう daß 副文が用いられるが, 非人称的表現などで意味の上で主語の一致がある場合には zu 不定詞句が用いられることがある: Das gelang ihm, ~ sich übermäßig anzustrengen. 彼は特に努力もしないでそれに成功した.

[*idg.*; ◇*gr.* áneu „ohne“]

ᵛ**oh·ne·dem**[o:nədé:m] =ohnehin

oh·ne·dies[..dí:s] = ohnehin ≈**ein·an·der**[..|aınándər] 副 互いに相手なしで: Sie kommen ~ nicht aus. 彼らは互いに相手なしではやっていけない. ≈**glei·chen**[..gláıçən] 副 比類なく, 抜群に: Seine Tapferkeit war ~. 彼の勇敢さは無類であった ‖〚しばしば名詞の後に置かれて〛 eine Frechheit ~ 無類のあつかましさ.

Oh·ne·halt·flug[o:nəhált..] 男 ノンストップ(無着陸)飛行.

oh·ne≈hin[o:nəhín] 副 (sowieso) そうでなくても, さなきだに, いずれにしても, どっちみち: Jetzt können wir uns Zeit lassen, wir kommen ~ zu spät. こうなったらゆっくりしよう どっちみち遅刻するんだから | Ich nehme dein Paket mit, ich muß ~ zur Post. 君の小包を持って行ってあげるよ. 私はもともと郵便局に行く用事があるんだから. ≈**ma·ßen**[..má:sən] 副 過度に, 法外に.

Oh·ne·mi·chel[ó:nə..] 男 -s/- 《話》(おれだけはごめんだという利己的で社会的責任感のない)マイホーム主義者, 無関心派の人. [<ohne mich+Michel]

Oh·ne-mich-Stand·punkt [また: ‒◡◡́◡◡] 男 -〔e〕s/ マイホーム主義, 社会的無関心.

ᵛ**ohn·er·ach·tet**[o:n|ɛr|áxtət] =ungeachtet

oh·ne·wei·ters[o:nəváıtərs] 副《ｵｰｽﾄﾘｱ》(ohne weiteres) 難なく, いともたやすく; 無造作に, (ためらうことなく)平然と.

ᵛ**ohn≈ge·ach·tet**[o:ngə|áxtət] =ungeachtet ≈**ge·fähr**[..gəfɛ́:r] =ungefähr

Ohn·macht[ó:nmaxt] 女 -/-en **1** 気絶, 意識不明, 失神, 仮死〔状態〕: in ~ fallen 〈sinken〉 気絶する, 気を失う | aus der ~ erwachen 意識を回復する, 正気づく | **aus einer ~ in die andere fallen**《戯》(気絶から回復するひまがないほど)次々に驚かされる. **2** 無力, 無能力: *seine* ~ einsehen おのれの無力を悟る. [*ahd.* ā-maht „Kraftlosigkeit“; ◇Macht]

ohn·mäch·tig[..mɛçtıç][2] 形 **1** 気絶〈失神〉した, 意識不明の: eine ~*e* Frau 気を失った女性 | ~ werden 気絶〈失神〉する, 意識を失う ‖ halb ~ 半ば気絶して, 失神しかけた状態で. **2** 無力な: eine ~*e* Wut (自分としてはなすすべがないという)無力感を伴った激しい憤り | ~ zusehen なすすべもなく傍観する.

Ohn·machts≈an·fall[ó:nmaxts..] 男 気絶〈失神〉の発作. ≈**ge·fühl** 中 無力感.

oho[ohó:] 間 (驚き・冷やかし・からかいなどの気持を表して)おやおや, ほう, へえ; へん, へへん: *Oho*, was geht denn hier vor? おやまあ これはいったい何事かね | *Oho*, so einfach geht das nicht! へへん そう簡単にはゆかないよ ‖ klein, aber ~! (→klein I 1).

oho·tskisch[oxɔ́tskıʃ] =ochotskisch

Ohr[o:r] 中 -〔e〕s/-en (小 **Öhr·chen**[ø:rçən], **Öhr·lein** [..laın] 中 -s/-) **1** (英: *ear*)耳;〖解〗耳殻, 耳介(→ 図); 聴覚, 聴力;《比》音感; 理解力; 傾聴:

‖〖形容詞と〗das äußere 〈innere〉 ~ 外耳〈内耳〉 | abstehende ~*en* (耳殻が張り出した)立った耳 | anliegende ~*en* (耳殻が頭部に張りついたような)寝た耳 | **ein feines** 〈**gutes**〉 **~ für** *et.*[4] **haben** …に対してすぐれた理解力を持っている | geneigten ~*es* hören《雅》親身に耳を傾ける | *jm.* ein geneigtes 〈offenes〉 ~ leihen …の話に親身に耳を貸す | ein geschultes 〈geübtes〉 ~ 訓練された耳 | gute 〈schlechte〉 ~*en* haben 耳がいい〈悪い〉 | **lange** 〈**spitze**〉 **~*en* machen**《話》聞き耳を立てる, 耳をそば立てる | **bei *jm.* ein offenes** 〈**williges**/雅: **geneigtes**〉 **~ finden** …に親身に話を聞いてもらう | ***jm.* ein geneigtes ~ leihen** 〈**schenken**〉《雅》…の言葉に好意的に耳を傾ける, …の言うことを聞いてやる | Unsere Bitte findet taube ~*en*. 私たちの懇願は聞き入れられない | **tauben ~*en* predigen** 馬の耳に念仏である.

‖〖主語として〗Das ~ berauschte sich[4] daran. すっかりそれに聞きほれた | Meine ~*en* brausen 〈sausen〉. 耳鳴りがしている | ***jm.* klingen die ~*en*** (どこかでだれかが)…のうわさをしている | Haben dir die ~*en* nicht geklungen? (君のうわさをしていたんだが)くしゃみが出なかったかい | Mein rechtes ~ schmerzt 〈läuft〉. 私の右耳が痛む〈耳だれになっている〉 | Das ~ sog sich[3] die Rede ein. 一生懸命話に耳を傾けていた | Mein ~ hat mich wohl getäuscht. 私の聞き違いだったんだろう.

‖〖述語名詞として〗**ganz ~ sein**《話》(注意深く聞くために)全身を耳にしている | Ich bin ganz 〔Auge und〕 ~.《話》私は体じゅうを〔目にして見〕耳にして傾聴している.

‖〖3 格の目的語として〗Das schmeichelt seinem ~ 〈seinen ~*en*〉. それは彼の耳に快い言葉だ | ***seinen ~en* nicht trauen** …の耳を疑う.

‖〖4 格の目的語として〗**dem Teufel ein ~ abschwätzen**《話》きわめて能弁〈口達者〉である | **die ~*en* anlegen** 〈zurücklegen〉(動物などが不安がって)耳を伏せる;《比》びくびくして小さくなっている | die Augen und ~*en* aufhalten (→Auge 1) | **die ~*en* aufmachen** 〈**auftun**〉 注意深く聞く | Mach die ~*en* auf! (耳の穴をほじって)よく聞けよ | Maul und ~*en* aufsperren 〈aufreißen〉 (→Maul 2) | die ~*en* aufrichten 〈aufstellen〉(動物が)耳を立てる | *jm.* die ~*en* vom Kopf essen 〈fressen〉《話》…のところでがつがつ食事をする | das ~ des Publikums gewinnen 聴衆の関心をひく | ~*en* wie ein Luchs haben (→Luchs 1) | Er hat das ~ des Direktors. 社長は彼の言うことにならいつでも耳を傾ける | Er hatte sein ~ ständig an der Masse.《話》彼はたえず大衆の意見に気を配っていた | kein ~ für *et.*[4] haben …に対して全くセンスがない, …が全くわからない | Für Musik hat er kein ~. 彼は音楽を全然解さない | die ~*en* bei *et.*[3] haben (肝心のことは聞かないで)…に耳を奪われてしまっている | Du hast wohl keine ~*en*? 君は耳がないのか〈聞こえないのか〉 | Wo hast du denn deine ~*en*? いったいどこに耳をつけているんだ, 聞こえないのか | Die Wände haben ~*en*. (→Wand 1) | Wer ~*en* hat, der höre! 耳のある者は聞くがよい(物事のかくれた深い意味を洞察せよ. 聖書: マタ

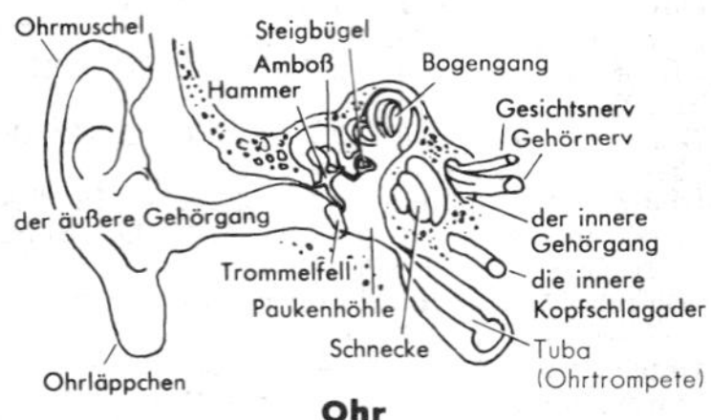

Ohr

11,15) | *js.* ~ haben 〈besitzen〉 …には〔いつも〕話を聞いてもらえる | **die ~*en* hängenlassen**《話》意気消沈〈しょんぼり〉している | das 〈*sein*〉 ~ hinhalten《話》耳をすます, じっくり聞く | ***jm.* die ~*en* kitzeln 〈pinseln〉**《話》…におべっかを使う | ***jm.* die ~*en* langziehen**《話》…をきびしく戒める〈しかりつける〉| das ~ an die Wand legen (盗み聞きをするため)壁に耳をあてる | ***jm. sein* ~ leihen** …の言葉に耳を貸す | ***sich*³ die ~*en* melken lassen**《話》お世辞にのせられてだまされる | ***js.* ~*en* schmeicheln** …の気に入られるようなことを言う | **die ~*en* spitzen**(犬などが)耳をぴんと立てる;《話》耳をそば立てる, 聞き耳を立てる | **die ~*en* steifhalten**《話》へこたれない, がんばり通す; ぴんぴんしている | **die ~*en* auf Durchfahrt 〈Durchzug〉 stellen**《話》(他人の話に)耳を貸さない | **die ~*en* auf Empfang stellen**《話》(他人の話に)耳を傾けようとする | *js.* ~ treffen (音などが)…の耳に聞こえてくる | **vor *jm.* die ~*en* verschließen** …の話に耳を貸さない | ***jm.* die ~*en* voll blasen 〈jammern〉**《話》絶えざるおしゃべりで〈泣きごとを並べ立てて〉…をうんざりさせる | Wasch dir deine ~*en*! (耳の穴をほじって)よく聞けよ | *sich*³ die ~*en* zuhalten 〈zustopfen / verstopfen〉 耳をふさぐ, 何も聞くまいとする.

‖〘前置詞と〙*jn.* **am** ~ ziehen 〈zupfen〉 …の耳をひっぱる(生徒に対する罰として) | das Kaninchen an 〈bei〉 den ~*en* nehmen 〈packen〉 うさぎの耳をつかむ | Ich friere an den ~*en*. 寒くて耳がちぎれそうだ | **auf** einem 〈dem linken〉 ~ taub sein 片方〈左〉の耳が聞こえない | den Hut aufs ~ drücken 〈setzen〉 帽子を横っちょにかぶる;《話》いい気になっている | ***sich*⁴ aufs ~ legen 〈hauen〉**《話》横になる, 寝床に入る | **auf den 〈*seinen*〉 ~*en* sitzen**《話》(注意散慢で)他人の言うことを聞いていない | Er sitzt wohl auf seinen ~*en*. あいつ, うわの空で何も聞いちゃいないな | Auf dem 〈diesem〉 ~ höre ich nicht 〈schlecht〉. / Auf dem 〈diesem〉 ~ bin ich taub.《話》そういうことには耳は貸さないぞ, そういう話は聞こえないことにしているんだ (dem, diesem にアクセントがある) | **auf taube ~*en* stoßen**《話》(願い・忠告などを)聞いてもらえない | *jn.* **bei** den ~*en* nehmen《比》…をきびしくしかる〈訓戒する〉| **bis** an die ~*en* verschuldet sein 多額の借金を背負い込んでいる | bis an 〈über〉 die ~*en* rot werden 耳のつけ根まで〈上まで〉真っ赤になる(恥ずかしさ・困惑・怒りなどで) | 〔in *jn.*〕 **bis über die 〈beide〉 ~*en* verliebt sein** 〔…に〕首ったけである | bis über die ~*en* im Dreck stecken (→Dreck 1) | bis über die 〈beide〉 ~*en* in Schulden stecken (→Schuld 2) | Die Arbeit steht ihm bis über die ~*en*. 彼は山ほど仕事を抱え込んでいる | **für *js.* ~*en* bestimmt sein** …に聞かせるためのものである | **nichts für fremde 〈zarte〉 ~*en* sein**《話》他人〈ご婦人〉に聞かせられる話ではない | Für norddeutsche ~*en* klingt das fremd. 北ドイツの人の耳にはそれは異様にひびく | ***sich*⁴ hinter** den ~*en* 〈hinterm ~〉 kratzen 頭(耳の後ろ)をかく(当惑・ばつの悪さを示すしぐさ) | die Hand hinters ~ halten (よく聞こえるように)耳に手を当てる | ***jm.* eins 〈ein paar〉 hinter die ~*en* geben**《話》…の横っつらに一発〈二三発〉くらわす | **eins 〈ein paar〉 hinter die ~*en* bekommen**《話》一発〈二三発〉びんたをくらう | **es⁴ 〔faustdick / dick〕 hinter den ~*en* haben**《話》ずるい, 抜け目がない, こすからい | **noch feucht 〈naß / grün / nicht trocken〉 hinter den ~*en* sein**《話》まだ未熟である, 経験が足りない, 青二才である | noch die Eierschalen hinter den ~*en* haben (→Eierschale) | ***sich*³ *et.*⁴ hinter die ~*en* schreiben**《話》肝に銘じて覚えておく | Schreib es dir hinter die ~*en*! いいか よく覚えておくんだぞ | ***et.*⁴ im ~ haben** …がいまでも耳に残っている | Die Melodie 〈Seine Worte〉 habe ich noch im ~. あのメロディー〈彼の言葉〉はまだ耳に残っている | einen kleinen Mann im ~ haben (→Mann² 1) | Dreck in den ~*en* haben (→Dreck 1) | Knöpfe in den ~*en* haben《話》耳にふた〈栓〉をする, 聞くまいとする | Hast du Wasser 〈Watte〉 in den ~*en*? (→Wasser 1, →Watte) | Es saust 〈braust〉 mir in den ~*en*. 私は耳鳴りがする | Es klingt mir in den ~*en*.《話》だれかが私のうわさをしているな | ***jm.* 〔mit *et.*³〕 in den ~*en* liegen**《話》…に〔…を〕うるさく〈しつこく〉頼み込む | ***jm. et.*⁴ in die ~*en* blasen**《話》…に…を信じ込ませようとする | *jm. et.*⁴ ins ~ sagen 〈flüstern〉 …に…をひそかに告げる〈ささやく〉| *jm.* einen Floh ins ~ setzen (→Floh 1) | Die Melodie geht 〔einem〕 gleich ins ~. そのメロディーは覚えやすい | Dein Wort in Gottes ~! 君の言葉が神の耳に達しますように, 君の言うとおりになることを祈るよ | **mit** den ~*en* wackeln 〔können〕(動物のように)耳を動かす〔ことができる〕| **mit den ~*en* schlackern**《話》ひどくびっくりする, たまげる | **mit halbem ~ hinhören 〈zuhören〉**《話》うわの空で聞く | mit hängenden ~*en* dastehen《比》しょんぼりしている, 悄然(しょうぜん)としている | **mit roten ~*en* abziehen**《話》赤面してすごすごと〈悄然と〉立ち去る | ***jn.* übers ~ hauen**《話》…をだます〈ぺてんにかける〉| die Decke 〈die Mütze〉 über die ~*en* ziehen 毛布を耳の上まで引っぱり上げる〈帽子を〔深々と〕耳の上までかぶる〉| *jm.* das Fell über die ~*en* ziehen (→Fell 2) | **um ein geneigtes ~ bitten**《雅》傾聴を請う | **viel 〈zuviel〉 um die ~*en* haben**《比》目が回るほど忙しい | *sich*³ die Nacht 〈die Zeit〉 um die ~*en* schlagen《話》徹夜する〈時間を〔むだに〕すごす〉| *sich*³ den Wind um die ~*en* wehen 〈pfeifen〉 lassen《比》〔人生〕経験を積む, いろいろ困難を経験する | Der Wind pfiff mir um die ~*en*. 風が耳もとでヒューヒュー鳴った | **von einem ~ zum anderen strahlen** 喜色満面である | **zum einen ~ hinein und zum anderen wieder hinaus gehen** 片方の耳から入ってまたもう一方の耳から抜けてしまう | ***jm.* zu ~*en* kommen** …の耳に入る.

2 (形態が耳状のもの. 例えば:) **a**) (なべ・水差しなどの)取っ手. **b**) (安楽いすの背もたれの上辺左右に張り出した)ほおもたれ. **c**) (Eselsohr) (書物などのページの隅の)耳折れ: ein ~ in ein Buch einschlagen 本のページの隅を折る(しおりをはさむ代わりに).

[*idg.*; ◇oto..; *engl.* ear; *lat.* auris „Ohr"]

Öhr[ø:r] 中 -〔e〕s/-e (小 **Öhr·chen**[ø:rçən], **Öhr·lein**[..laɪn] 中 -s/-) **1 a**) (細長い)針の穴, めど(→ 図 Nadel): Ich bekomme den Faden nicht ins ~. 糸がどうしても針穴に通らない. **b**) (金づち・斧(おの)などの柄をさし込むための)柄つぼ(→ 図 Hammer). **2** 《北部》 **a**) = Öse **b**) (Henkel) (かご・なべ・コップ・つぼなどの)耳, 取っ手. [*ahd.*; ◇Ohr]

Öhr·chen Ohr, Öhr の縮小形.

Ohr·clip[ó:rklɪp] 男 -s/-s イヤクリップ(耳飾りの一種: → 図 Ohrring).

öh·ren[ø:rən] 他 (h) (*et.*⁴) (…に)針穴〈柄つぼ〉をあける.

Oh·ren≈arzt[ó:rən..] 男 耳〔鼻咽喉(いんこう)〕科医(→HNO-Arzt). **≈beich·te** 女〘カトリック〙秘密告白, 個人告解.

oh·ren·be·täu·bend 形 耳を聾する(騒音・喝采など).

Oh·ren≈blä·ser 男《軽蔑的に》そっと他人の陰口を言う人, 中傷者. **≈blä·se·rei**[また: ––⏑–⏑⏑́] 女《軽蔑的に》陰口, 中傷. **≈brau·sen** 中 -s/ = Ohrensausen **≈ent·zün·dung** 女〘医〙耳炎.

oh·ren·fäl·lig 形 耳にはっきり聞こえる, 聞き逃しようのない(augenfällig からの類推造語).

Oh·ren≈fle·der·maus 女 (Großohr)〘動〙ウサギコウモリ(兎蝙蝠). **≈fluß** 男〘医〙耳漏, 耳だれ. **≈heil·kun·de** 女 -/ 耳科学. **≈klap·pe** 女 (帽子に取り付けた防寒用の)耳おおい. **≈klin·gen** 中 -s/ = Ohrensausen

oh·ren·krank 形 耳の病気にかかった, 耳を病んだ.

Oh·ren≈krank·heit 女 耳の病気, 耳疾. **≈krie·cher** 男 = Ohrwurm **≈lei·den** 中 = Ohrenkrankheit **≈mensch** 男 (↔Augenmensch) 聴覚型の人間. **≈qual·le** 女〘動〙ミズクラゲ(水水母). **≈sau·sen** 中 -s/〘医〙耳鳴り. **≈schmalz** 中 -es/ 耳あか, 耳垢(じこう). **≈schmaus** 男《話》耳のごちそう(美しい音楽など). **≈schmerz** 男 -es/-en《ふつう複数で》耳痛. **≈schüt·zer** 男 (防寒用の)耳おおい. **≈ses·sel** 男 ほおもたれつき安楽いす(→Ohr 2 b). **≈spie·gel** 男〘医〙耳鏡. **≈stöp·sel** 男 耳栓(みみせん). **≈tas·se** 女 (両側に取っ手のついている)耳つき茶わん. **≈wär·mer** 男 -s/-《ふつう複数で》(防寒用の)耳おおい(→ 図 Wärmer).

oh·ren·zer·rei·ßend 形 耳をつんざくばかりの.

Oh·ren·zeu·ge 男 (あることを)みずから聞いた〈聞き知った〉人; みずから聞いたことに基づいて証言できる人(→Augenzeuge).

Ohr·eu·le[ó:r..] 女 (Uhu)〘鳥〙ワシミミズク(鷲木菟).

Ohr·fei·ge 女 -/-n (横つらへの)平手打ち, びんた: eine kräftige 〈gesalzene / saftige〉 ~ 猛烈なびんた | eine moralische ~ 激しい非難, 大目玉 ‖ eine ~ bekommen 〈kriegen〉 平手打ちをくらう | *jm.* eine ~ geben 〈versetzen / verpassen〉 …の横つらを張る ‖ Die ~ saß. びんたがしたたかにきいた. [<fegen]

ohr·fei·gen[ó:rfaɪgən][1] 《過分 geohrfeigt》他 (h) 《*jn.*》(…の)横つらを張る, (…に)平手打ちをくわせる: wiederholt *geohrfeigt* werden 何度も平手打ちをくう.

Ohr·fei·gen·ge·sicht 中 (ひっぱたきたくなるような)小生意気な顔つき.

Ohr≠fluß[ó:r..] = Ohrenfluß **≠ge·hän·ge** 中 耳飾り. **≠hän·ger** 男 イヤドロップ(耳飾りの一種: → 図 Ohrring). **≠hö·rer** 男 (耳にさし込む)イヤホーン. **≠klipp** 男 = Ohrclip **≠läpp·chen** 中 耳たぶ(→ 図 Ohr): *sich*[3] die ~ abbeißen 〈*sich*[3] in die ~ beißen〉 können《話》大きな口をしている.

Öhr·lein Ohr, Öhr の縮小形.

Ohr≠loch[ó:r..] 中 **1** (イヤリングをつけるための)耳たぶの穴. **2**〘解〙(耳の)外聴道. **≠löf·fel** 男 耳かき. **≠mar·ke** 女 (家畜の)耳じるし, イヤマーク. **≠mu·schel** 女 **1**〘解〙耳介(じかい)(→ 図 Ohr). **2** (バロック様式の)耳状装飾(→ 図). **≠ring** 男 イヤリング, 耳輪(→ 図). **≠schmuck** 男 耳飾り. **≠spei·chel·drü·se** 女 (Parotis)〘解〙耳下腺(せん). **≠stecker** 男 ピアス(耳飾りの一種: → 図 Ohrring). **≠trom·mel** 女〘解〙鼓膜. **≠trom·pe·te** 女〘解〙耳管, 欧氏管(→ 図 Ohr). **≠wa·schel**[..vaʃəl] 中 -s/-n 《南部・オーストリア》《話》**1** = Ohrmuschel 1 **2** = Ohrläppchen **≠wurm** 男 **1**〘虫〙ハサミムシ(鋏虫)科の昆虫: Er ist wie ein *Ohrwürmchen*. 彼は人のいいなりになるやつだ. **2**《軽蔑的に》追従家, おべっか使い. **3**《話》分かりやすく覚えやすいメロディー.

Ohrmuschel

Ohrhänger
Ohrring
Ohrclip
Ohrstecker (Bouton)
Ohrring

..oid[..oi:t][1]《「…に似た, …に似たもの」を意味する中性名詞(-[e]s/-e), 男性名詞 (-en/-en) または形容詞をつくる》: Metall*oid*〘化〙メタロイド, 非金属元素 | Aster*oid*〘天〙小惑星 ‖ anthrop*oid* 人間に似た | paran*oid* 妄想〔性〕の. [*gr.*; ◇..id[1], ..oden]

Oie[ɔ́ʏə, ɔʏ] 女 -/-n 《東部》(kleine Insel) 小島. [*dän.*]

o. J. 略 = ohne Jahr 〈Jahresangabe〉(書籍について)発行〈出版〉年の記載なし.

oje[ojé:] 間 (驚き・嘆き・同情などの気持を表して)おやまあ, これはこれは, ほんにまあ(驚いた, なんてこった, かわいそうに)(→je[2]): *Oje*, was für ein Durcheinander! あれあれ なんという混乱だろう.

oje·mi·ne[ojé:mine·] = oje (→jemine).

oje·rum[ojé:rʊm] 間 (驚き・嘆きなどの気持を表して)おやおや, あれあれ, やれやれ, まあ(→jerum).

ok.. →ob..

o. k.[oké:, óʊkéɪ] 略 = okay

o. K. 略 = ohne Kosten 無料で.

O. K.[oké:, óʊkéɪ] 略 = okay

OK[o:ká:] 略 女 -/ = Organisierte Kriminalität 組織犯罪.

Oka·pi[oká:pi·] 中 -s/-s〘動〙オカピ(アフリカ産の哺乳(ほにゅう)動物. キリンに似ているが小型). [*afrikan.*]

Oka·ri·na[okarí:na·] 女 -/-s, ..nen[..nən]〘楽〙オカリーナ(陶土製の笛の一種: → 図). [*it.* ocarina „Gänschen"; < *lat.* avis „Vogel"]

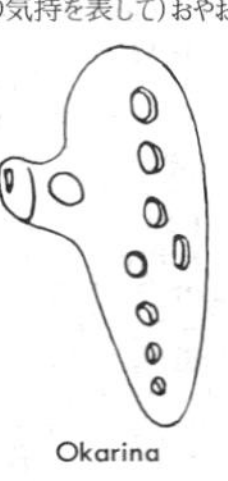
Okarina

okay[oké:, oʊkéɪ] **I** 副 (略 o. k., O. K.)《話》**1** よろしい, オーケー, 了解. **2**《付加語的用法なし》きちんとした, 間違い〈心配〉のない: Er ist ~. 彼は大丈夫だ〈いいやつだ〉| Bist du wieder ~? / Fühlst du dich wieder ~? 君はもう元気になったか. **II Okay** 中 -[s]/-s《話》承認, 賛成: *sein* ~ geben 承認〈賛成〉する. [*amerik.*]

Okea·ni·de[okeaní:də] 女 -/-n = Ozeanide

Okea·nos[oké(:)anɔs] 人名〘ギ神〙オケアノス(平板な円形の大地をめぐって流れる大河・大洋〔の神〕). [*gr.* ōkeanós (→Ozean) – *lat.*]

Okel[ó:kəl] 女 -/-n《北部》(Dachsparren)〘建〙たるき(垂木).

Ok·ka·sion[ɔkazió:n] 女 -/-en ▽**1** (Gelegenheit)〔好〕機会; (Anlaß) きっかけ, チャンス. **2** (Gelegenheitskauf)〘商〙有利な買い物, 掘り出し物〔の機会〕. [*lat.*; < *lat.* occidere „hin-fallen" (◇Kadaver)]

Ok·ka·sio·na·lis·mus[ɔkazionalísmʊs] 男 -/ ..men **1**《単数で》〘哲〙偶因論, 機会原因論. **2**〘言〙即席造語.

Ok·ka·sio·na·list[..líst] 男 -en/-en 偶因〈機会原因〉論者.

ok·ka·sio·na·li·stisch[..lístɪʃ] 形 偶因〈機会原因〉論の.

ok·ka·sio·nell[ɔkazionɛ́l] 形 (↔usuell) 偶然の, 時たまの; おりおりの, その場その場の. [*fr.*; <..ell]

Ok·klu·sion[ɔkluzió:n] 女 -/-en **1** ▽**a)** 閉鎖, 閉塞(へいそく). **b)**〘医〙(管腔(かんくう)器官の)閉塞. **2**〘歯〙(上下歯列の正常な)咬合(こうごう). **3**〘気象〙閉塞前線. **4**〘化〙吸蔵. [*lat.* occlūdere „[zu]schließen"; ◇Klause]

ok·klu·siv[..zí:f][1] 形 閉塞(へいそく)〈閉鎖〉性の.

Ok·klu·siv[..zí:f][1] 男 -s/-e, **Ok·klu·siv·laut** 男 (Verschlußlaut)〘言〙閉鎖音, 破裂音(→Plosiv).

Ok·klu·siv·ver·band 男〘医〙密封包帯.

ok·kult[ɔkʊ́lt] 形 **1** 神秘的な, 超自然的な: an ~*e* Kräfte glauben 超自然的な力の存在を信じる. **2**〘医〙潜在〔性〕の: ~*es* Blut 潜血 | eine ~*e* Blutung 潜在出血. [*lat.*; < *lat.* oc-culere „verbergen" (◇hehlen)]

Ok·kul·tis·mus[ɔkʊltísmʊs] 男 -/ 神秘〈心霊〉学, 心霊主義; 心霊術, 神秘療法.

Ok·kul·tist[..tíst] 男 -en/-en 神秘〈心霊〉学者, 心霊主義者.

ok·kul·ti·stisch[..tístɪʃ] 形 神秘〈心霊〉学〔上〕の, 心霊主義の.

Ok·ku·pant[ɔkupánt] 男 -en/-en **1** 占取〈占有〉者. **2** 占領国; 占領軍〔の一員〕. [*lat.* – *russ.*]

Ok·ku·pa·tion[ɔkupatsió:n] 女 -/-en **1**〘法〙占取, 占有. **2** (Besetzung) 占領. [*lat.*]

Ok·ku·pa·tions≠ge·biet 中 占領地域. **≠heer** 中 占領軍. **≠macht** 女 占領国. **≠po·li·tik** 女 占領政策.

ok·ku·pie·ren[ɔkupí:rən] 他 (h) **1**〘法〙占取する, 占有する. **2** (besetzen) 占領する: das *okkupierte* Gebiet 被占領地域. [*lat.*; <ob..+ *lat.* capere (→kapieren)]

Öko.. 《Ökologie の短縮語として名詞につけて「生態学・環境保全」などを意味する》: *Öko*architekt 環境保全を重視する建築家 | *Öko*wein 無農薬ワイン.

Öko·au·dit[ǿ:ko|ɔ:dɪt] 男 中 環境監査.

Öko·be·we·gung[ǿ:kobəve:gʊŋ] 女 生態系保全運動, 環境保全〈自然保護〉運動.

Öko·freak[..fri:k] 男《皮肉をこめて》環境保全〈自然食品〉マニア, エコフリーク.

Öko·kli·ma[..kli:ma·] 中 -s/-s, -te[..klima:tə] 中〘生〙生態気候.

Öko·la·den[..la:dən] 男 自然食品販売店.

Öko·lo·ge[økoló:gə] 男 -n/-n (→..loge) 生態学者.

Öko·lo·gie[..logí:] 女 -/ 生態学, エコロジー.

öko·lo·gisch[..ló:gɪʃ] 形 生態学〈エコロジー〉〔上〕の; 生態系〔上〕の: ~*e* Bewegung (生態系の保存を唱える)環境保全〈自然保護〉運動 | das ~*e* Gleichgewicht stören 生態

系のバランスをくずす｜～*e* Nische〘生〙生態的地位｜～*es* System 生態系‖Dieses Gebiet ist ～ nicht mehr gesund. この地域は生態学的にもはや健全ではない. [＜*gr.* oĩkos „〔Wohn〕haus"]

Öko·nom[økonó:m] 男 -en/-en **1**（⊛ **Öko·no·min**[..mın]-/-nen）経済学者. ᵛ**2** 農業経営家, 農場の管理人. [*gr.* oiko-nómos „Haus-halter"－*spätlat.*]

Öko·no·me·trie[økonometrí:] 女 -/ 計量経済学.

Öko·no·me·tri·ker[..mé:trikər] 男 -s/- 計量経済学者.

Öko·no·mie[økonomí:] 女 -/-n[..mí:ən] **1**（Wirtschaft）経済; 経済学: die mathematische 〈politische〉 ～ 数理〈政治〉経済学｜National*ökonomie*〔国民〕経済学‖～ studieren（大学で）経済学を勉強する. **2**（Wirtschaftlichkeit）経済〔性〕, 合理的使用,（家計・経営などの）上手な切り盛り, 節約: zur ～ der Zeit 時間をむだに使わないために. **3**《南部・ｵｰｽﾄﾘｱ》農業経営.
[*gr.*－*lat.*; ◇ *engl.* economy]

Öko·no·mik[økonó:mık] 女 -/ **1 a)**（特定の部門・地域などの）経済機構. **b)**（旧東ドイツで, 特定の国・体制などの）経済構造, 生産方法. **2** 経済学.

Öko·no·min[økonó:mın] Ökonom の女性形.

öko·no·misch[økonó:mıʃ] 形（wirtschaftlich）**1** 経済〔上〕の; 経済学〔上〕の: die ～*e* Geschichtsauffassung 経済史観｜～*er* Hebel（旧東ドイツで, 国民経済の効率を高めるための）経済的てこ入れ｜～*e* Prinzipien 経済の諸原理｜die ～*e* Struktur Japans 日本の経済構造‖von *jm.* ～ abhängen …に経済的に依存する. **2** 経済的な,（使用に関して）合理的な, 節約的な: ～*e* Arbeitsweise 経済的な〈効率のいい〉作業方法｜eine ～*e* Hausfrau 家計の切り盛りの上手な主婦‖*et.*[4] ～ einteilen 〈verwenden〉…を合理的に配分〈利用〉する. [*gr.*－*lat.*]

Öko·pax·be·we·gung[ø:kopaks..] 女 環境〈生態系〉保全・平和維持の〔市民〕運動.

Öko≠steu·er[ø:ko..] 女 環境税. ≠**sy·stem** 中 -s/-e〘生〙生態系.

Öko·typ[økotý:p] 男 -s/-en〘生〙生態型. [＜*gr.* oĩkos „〔Wohn〕haus"]

Ok·ra[ó:kra·] 女 -/-s〘植〙オクラ.

Ok·ra·scho·te 女 オクラのさや.

okt.. →okto..

Okt. 略 ＝**Okt**ober

okta.. →okto..

Ok·ta·eder[ɔkta|é:dər] 中 -s/- （Achtflächner）〘数〙〔正〕八面体. [*gr.*; ◇ *engl.* octahedron]

ok·ta·edrisch[..|é:drıʃ] 形〔正〕八面体の.

Ok·ta·gon[ɔktagó:n] 中 -s/-e ＝Oktogon

ok·ta·go·nal[..goná:l] ＝oktogonal

Ok·tan[ɔktá:n] 中 -s/〘化〙オクタン. [＜..an]

Ok·tant[ɔktánt] 男 -en/-en **1**〘数〙八分円. **2 a)**〘海〙八分儀. **b)** der ～〘天〙八分儀座. [*spätlat.*; ◇okto..]

Ok·tan·zahl[ɔktá:n..] 女（略 OZ）〘化〙オクタン価: ein Kraftstoff mit hoher ～ オクタン価の高いガソリン.

Ok·tav[ɔktá:f][1] **I** 中 -s/-e《単数で》（Achtelbogengröße）〘印〙八つ折り判, オクタボ（記号 8°）. **II** 女 -/-en《ｵｰｽﾄﾘｱ》＝Oktave I 1 [*lat.* octāvus „der achte"; ◇okto..]

Ok·ta·va[ɔktá:va·] 女 -/..ven[..vən]《ｵｰｽﾄﾘｱ》（Unterprima）ギムナジウムの第 8 学年.

Ok·tav·band[ɔktá:f..] 男 八つ折り判の本.

Ok·ta·ve[ɔktá:və] **I** 女 -/-n **1**〘楽〙8 度〔音程〕, オクターブ. **2**〘詩〙8 行連句. **3**〘ｶﾄﾘｯｸ〙（キリスト降誕祭と復活祭後の）8 日間の祝祭（特にその最終日）. **4**〘ﾌｪﾝｼﾝｸﾞ〙オクターブ（剣の交差ポジションの第 8 の構え）. **II** Oktav の複数. [I 1: *mlat.* octāva (vōx)－*mhd.*]

Ok·ta·ven Oktav II, Oktava, Oktave I の複数.

Ok·tav·for·mat[ɔktá:f..] 中 ＝Oktav I

Ok·ta·vian[ɔktaviá:n] （**Ok·ta·via·nus**[..nʊs]）人名 オクタヴィアヌス（前63-後14; 古代ローマの初代皇帝. 尊称 Augustus）. [*lat.*]

ok·ta·vie·ren[ɔktaví:rən] 自 (h)〘楽〙**1** 1 声部を 1 オクターブ上〈下〉に移す. **2**（管楽器で）1 オクターブ上の音を出す.

Ok·tett[ɔktét] 中 -〔e〕s/-e **1**〘楽〙**a)** 八重奏〈唱〉〔曲〕. **b)** 八重奏〈唱〉団. **2**《話》8 人組. [*it.* ottetto をラテン語めかした形]

okto..《名詞・形容詞などにつけて「8」を意味する. ときに okta.. となり, また母音の前では okt.. となることもある》: *Okto*gon 八角形〔の建物〕｜*okto*gonal 八角形の‖*Okta*chord〘楽〙8 弦琴｜*okta*edrisch〔正〕八面体の. [*gr.*; ◇acht]

Ok·to·ber[ɔktó:bər] 男 -〔s〕/-《ふつう単数で》（略 Okt.）10月: →August[1]
★ 古名: Weinmonat, Weinmond, Gilbhard
[*lat.* (mēnsis) Octōber „der achte (Monat)"－*mhd.*; 古代ローマ暦では März が第 1 月; ◇ *engl.* October]

Ok·to·ber≠fest 中 10月祭（München で1810年以来毎年催される伝統的な民間の祭り）. ≠**re·vo·lu·tion** 女〘史〙（1917年ロシアで起こった）十月革命.

Ok·to·de[ɔktó:də] 女 -/-n〘電〙8 極〔真空〕管. [＜..ode[1]]

Ok·to·gon[ɔktogó:n] 中 -s/-e **1**（Achteck）〘数〙八角形. **2** 八角形の建物. [..gon]

ok·to·go·nal[..goná:l] 形（achteckig）八角形の.

Ok·to·po·de[ɔktopó:də] 男 -n/-n（Achtfüßer）〘動〙タコ類. [*gr.* oktṓ-pous „acht-füßig"]

ok·troy·ieren[ɔktroají:rən] 他 (h)（aufzwingen）《*jm. et.*[4]》（…に…を）押しつける, 無理強いする: *jm. seine* Meinung ～ …に自分の意見を押しつける. [*spätlat.* auctōrāre „bestätigen"－*mlat.* auctōrizāre－*fr.* octroyer „bevorrechten"; ＜*lat.* auctor (→Autor)]

oku·lar[okulá:r] **I** 形 **1** 目の. **2** 目による, 視覚上の: ～ sichtbar sein 肉眼で見える. **II Oku·lar** 中 -s/-e（↔ Objektiv）接眼レンズ. [*spätlat.*; ＜*lat.* oculus (→Auge); ◇Ozelle]

Oku·lar·in·spek·tion 女〘医〙視診（肉眼での検査）.

Oku·la·tion[okulatsió:n] 女 -/-en〘園〙芽つぎ.

Oku·li[ó:kuli·]《無冠詞》〘ｷﾘｽﾄ教〙四旬節の第 3 の主日の呼び名. [*lat.* „Augen"]

oku·lie·ren[okulí:rən] 他 (h)《*et.*[4]》〘園〙（品種改良のために…に）芽つぎをする. [＜*lat.* oculus „Knospe"]

Oku·lier·mes·ser[okulí:r..] 中〘園〙芽つぎナイフ.

Oku·lie·rung[..lí:rʊŋ] 女 -/-en〘園〙芽つぎ.

Oku·list[okulíst] 男 -en/-en（Augenarzt）眼科医.

Öku·me·ne[økumé:nə] 女 -/ **1 a)**（人類の住む世界としての）地球. **b)**〘地〙人類生存地域. **2** 全キリスト教徒. [*gr.* oikouménē (gẽ) „bewohnte (Erde)"－*spätlat.*; ＜*gr.* oikeĩn „〔be〕wohnen" (◇Ökotyp)]

öku·me·nisch[..mé:nıʃ] 形 **1 a)** 地球の. **b)**〘地〙人類生存地域の. **2** 全キリスト教徒の: ～*e* Bewegung 教会合同運動｜～*es* Konzil〘ｶﾄﾘｯｸ〙公会議｜*Ökumenischer* Rat der Kirchen 世界教会協議会（1948年に結成された超教派の教会再一致運動の機構）.

Öku·me·nis·mus[..menísmʊs] 男 -/〘ｷﾘｽﾄ教〙（超教派の）教会再一致運動, エキュメニズム.

OKW[o:ka:vé:] 略 ＝ **O**ber**k**ommando der **W**ehrmacht〘史〙（ナチ政権下の）国防軍最高司令部.

Ok·zi·dent[ɔ́ktsidɛnt, ◡◡⏑́] 男 -s/ （↔ Orient）（Abendland）西洋,（特に:）ヨーロッパ; 西, 西方. [*lat.*－*mhd.*; ＜*lat.* oc-cidere „hin-fallen, untergehen" (◇Kadaver)]

ok·zi·den·tal[ɔktsidɛntá:l] 形, **ok·zi·den·ta·lisch**[..lıʃ] 形（↔orientalisch）西洋〈ヨーロッパ〉の. [*lat.*]

ok·zi·pi·tal[ɔktsipitá:l] 形 後頭の. [*mlat.*; ＜ob..＋*lat.* caput (→Haupt)]

..ol[..o:l]〘化〙《「アルコール」を意味する中性名詞（-s/ ）をつくる》: Methan*ol* メタノール, メチルアルコール｜Butan*ol* ブタノール, ブチルアルコール｜Glyk*ol* グリコール｜Phen*ol* フェノール｜Naphth*ol* ナフトール. [＜Alkohol]

O

ö. L. 略 =östliche〔r〕 Länge 東経(…度).

Öl[ø:l] 中 -〔e〕s/ (種類: -e) (英: *oil*) (各種の)油, オイル; (Erdöl) 石油; (Schmieröl) 潤滑油; (Speiseöl) 食用油, サラダオイル: heiliges ~〘宗〙聖油 | klebriges 〈reines〉 ~ 粘着性の〈純粋な〉油 | mineralisches ~ 鉱油 | pflanzliches 〈tierisches〉 ~ 植物〈動物〉油 ‖ Fette und ~*e* 各種の脂肪と油 | Salat mit Essig und ~ 酢と油のドレッシングのサラダ ‖ Der Wein ist wie ~. このワインはのど越しがなめらかだ〈口当たりがいい〉 ‖ *et.*⁴ in ~ backen 〈braten〉 …を油で揚げる | in ~ malen 油絵を描く | *sich*⁴ 〔gegen Sonnenbrand〕 mit ~ einreiben 〔日焼け防止のために〕体に油をすりこむ | die Maschine mit ~ schmieren 機械に油をさす | Wir heizen mit ~. 私たちはオイル暖房を使っている ‖ **~ auf die Ampel 〈die Lampe〉 gießen**《話》(酒を)一杯ひっかける | **~ auf die Wogen gießen**《比》(争いなどを仲裁して)双方の興奮を静める | **~ ins Feuer gießen**《比》火に油を注ぐ | ~ pressen 〈schlagen〉 油をしぼる | das ~ des Autos wechseln 自動車のオイルを交換する. [*gr.* élaion „〔Oliven〕öl"–*lat.* oleum–*westgerm.*; <*gr.* elaíā (→Olive); ◇*engl.* oil]

Öl·ab·schei·der[ø:l..] 男〘工〙油分離器.

Olaf[ó:laf] 男名 オーラフ(北ゲルマン系). [*anord.*]

Öl·an·strich[ø:l..] 男 油ペンキによる塗装.

öl·ar·tig 形 油性の, 油質の, 油状の.

Öl≠bad 中〘医・美容〙油浴. **≠baum** 男 オリーブ〔の木〕. **≠be·häl·ter** 男 油タンク.

der **Öl·berg**[ø:lbɛrk]¹ 地名 男 -〔e〕s/〘聖〙(Jerusalem 近郊の)橄欖(かんらん)山, オリーブ山.

Öl≠bild 中 =Ölgemälde **≠boh·rung** 女 油井掘削. **≠bren·ner** 男 石油バーナー.

Ol·den·burg[ɔ́ldənbʊrk] 地名 **1** オルデンブルク(ドイツ Niedersachsen 州の Nordsee に面する地方, またその中心都市名). **2** ~〔in Holstein〕オルデンブルク〔イン ホルシュタイン〕(ドイツ Schleswig-Holstein 州の都市). [„(zur) alten Burg"]

Ol·den·bur·ger[..bʊrgər] **I** 男 -s/- オルデンブルクの人. **II** 形《無変化》オルデンブルクの.

ol·den·bur·gisch[..bʊrgɪʃ] 形 オルデンブルクの.

Ol·die[óʊldɪ] 男 -s/-s **1**《話》むかしの流行歌, なつかしいメロディー, なつメロ; むかしの映画. **2**《戯》旧世代に属する人. [*engl.*]

Öl·druck[ø:l..] 男 -〔e〕s/-e **1**〘印〙オイル印画(クロムゼラチンの感光性を利用して得られた像に油性着色剤を与えて写真印画にする技術, およびそれによる複製画). **2**《単数で》油圧.

Öl·druck≠brem·se 女 油圧〈オイル〉ブレーキ. **≠mes·ser** 男 油圧計.

Old·ti·mer[óʊldtaɪmə] 男 -s/- **1**《話》古参, 古顔, ベテラン. **2** 旧式〈古い型〉のもの(乗り物・道具など. 特に自動車). [*amerik.*; <*engl.* old-time „aus alter Zeit"]

Ole·an·der[oleándər] 男 -s/-〘植〙セイヨウキョウチクトウ(西洋夾竹桃). [*it.*; <*lat.* olea „Ölbaum"+laurus „Lorbeerbaum"+*gr.* rhodódendron (→Rhododendron)]

Ole·an·der·schwär·mer 男〘虫〙キョウチクトウスズメ(夾竹桃雀蛾).

Ole·in[oleí:n] 中 -s/-e〘化〙オレイン. [*fr.*; <*lat.* oleum (→Öl)+..in²]

ölen[ø:lən] **I** 他 (h)《*et.*⁴》(…に)油を塗る〈さす〉: den Fußboden ~ 床に油を塗る | eine Nähmaschine ~ ミシンに油をさす | *sich*³ die Schultern ~ (日焼けどめなどのために)肩に油をすりこむ | *sich*³ die Gurgel 〈die Kehle〉 ~ (→Gurgel, →Kehle 1) ‖ **wie *geölt***《話》なめらかに, スムーズに, 支障なく | 〔schnell〕 wie ein *geölter* Blitz (→Blitz 1). **II** 自 (h)《話》一杯ひっかける.

Öler[ø:lər] 男 -s/-〘工〙給油〈注油〉器.

ol·fak·to·risch[ɔlfaktó:rɪʃ] 形〘医〙嗅覚(きゅうかく)の, 嗅覚に関する: ~*e* Nerven 嗅(きゅう)神経. [<*lat.* olfacere „riechen"]

Ol·fak·to·rium[ɔlfaktó:riʊm] 中 -s/..rien[..riən] (Riechmittel)〘医〙嗅薬(きゅうやく).

Ol·fak·to·rius[ɔlfaktó:riʊs] 男 -/ (Riechnerv)〘解〙嗅(きゅう)神経.

Öl≠far·be[ø:l..] 女 -/-n 油絵の具; 油性塗料, 油ペンキ〈ペイント〉. **≠feld** 中 油田. **≠feue·rung** 女 オイル燃焼装置; 油だき. **≠film** 男 油膜. **≠fil·ter** 男 油こし. **≠fir·ma** 女 石油会社. **≠fleck** 男 油のしみ. **≠för·der·staat** 男 石油産出国, 産油国. **≠för·de·rung** 女 石油採掘. **≠frucht** 女 油脂作物(ヒマワリ・ラッカセイなど).

OLG[o:|ɛlgé:] 略 =Oberlandesgericht

Ol·ga[ɔ́lga·] 女名 オルガ. [*russ.*; ◇Helga]

Öl≠gas[ø:l..] 中 油〈オイル〉ガス. **≠ge·mäl·de** 中〘美〙油絵. **≠ge·sell·schaft** 女 石油会社. **≠ge·win·nung** 女 **1** 石油の採掘〈産出〉. **2**〔植物〕油の採取〈収穫〉.

Öl·göt·ze 男《話》《ふつう次の形で》**wie ein ~** でくのぼうのように, おし黙ったまま身動きもせずに. [<Ölberg+Götze; オリーブ山で眠ってしまったイエスの弟子たちのことをさす(聖書: マタ26,40)]

Öl≠ha·fen 男 油送船〈タンカー〉専用港, 石油積み替え港. **≠hahn** 男 (パイプラインの)油コック: *jm.* den ~ zudrehen《話》…(国など)に対して石油の輸出を制限する〈停止する〉.

öl·hal·tig 形 油を含んだ.

Öl≠händ·ler 男 油商人, 油屋. **≠haut** 女 **1** 油膜. **2** (油処理した)防水布. **≠hei·zung** 女 石油〈オイル〉暖房.

öl·höf·fig[ø:lhœfɪç]² 形 石油産出の有望な, 多量の産油量が見込まれる.

olig.. →oligo..

ölig[ø:lɪç]² 形 **1 a)** 油を含んだ; 油状の. **b)** 油で汚れた, 油だらけの. **2**《比》ぬめぬめした, いやらしい; (salbungsvoll) ひどくもったいぶった: eine ~*e* Stimme (ねとねとした)猫なで声.

Olig·arch[oligárç] 男 -en/-en 寡頭政治家; 寡頭制主義者. [*gr.*]

Olig·ar·chie[..garçí:] 女 -/-n[..çí:ən] 寡頭制〈政治〉. [*gr.*]

olig·ar·chisch[..gárçɪʃ] 形 寡頭制〈政治〉の. [*gr.*]

oligo..《名詞・形容詞などにつけて「少ない・乏しい」などを意味する. 母音の前では olig.. となる: →Olig*arch*》[*gr.*]

Oli·go·dy·na·mie[oligodynamí:] 女 -/〘化〙微量〈極微〉作用能.

oli·go·dy·na·misch[..dyná:mɪʃ] 形〘化〙微量〈極微〉作用の.

Oli·go·phre·nie[..frení:] 女 -/-en[..ní:ən]〘医〙精神薄弱.

Oli·go·pol[..pó:l] 中 -s/-e〘経〙寡占. [<Monopol]

Oli·go·sac·cha·ri·de[..zaxarí:də] 複〘化〙オリゴ糖.

Oli·go·sper·mie[..spɛrmí:] 女 -/-n[..mí:ən]〘医〙精液過少〈減少〉〔症〕. [◇Sperma]

Oli·go·tri·chie[..trɪçí:] 女 -/-n[..çí:ən]〘医〙毛髪過少〔症〕, 欠毛〔症〕.

Oli·go·tro·phie[..trofí:] 女 -/〘医〙栄養不足.

oli·go·zän[oligotsɛ́:n] **I** 形〘地〙漸新世の. **II Oli·go·zän** 中 -s/〘地〙漸新世. [<*gr.* kainós „neu"]

Olig·urie[oligurí:] 女 -/-n[..rí:ən]〘医〙尿量過少〈減少〉〔症〕, 欠尿〔症〕. [◇Urin]

Olim[ó:lɪm]《戯》《もっぱら次の成句で》**seit ~*s* Zeiten** 大昔〈ずっと前〉から | **zu ~*s* Zeiten** 大昔〈ずっと前〉に. [*lat.* „einst"]

Öl·in·du·strie[ø:l..] 女 石油産業.

oliv[olí:f] 形《無変化》オリーブ色の.

Oli·ve[olí:və; オーストリア: olí:fə] 女 -/-n **1 a)**〘植〙オリーブ: Japanische ~ ヤツデアオギリ(八手青桐). **b)** オリーブの実. **2** (ドア・窓などの)卵形の取っ手〈にぎり〉. [*gr.* elaíā „Ölbaum"–*lat.* olīva–*mhd.*; ◇Öl]

Oli·ven·baum[olí:vən..] 男 オリーブの木.

oli·ven≠far·ben 形, **≠far·big** 形, **≠grün** 形 オリーブ色の, 黄緑色の.

Oli·ven≠öl 中 オリーブ油. **≠zweig** 男 オリーブの枝(平和のシンボル).

Oli·ver[ó:livər] 男名 オーリヴァー. [*afr.* Olivier (Roland の戦友名)–*engl.*]

oliv·grün[olí:f..] 形 オリーブ色の, 黄緑色の.

Oli·via[olí:via·] 女名 オリーヴィア. [<*lat.* olīva (→Olive)]

Oli·vin[oliví:n] 男 -s/-e〘鉱〙橄欖(かんらん)石. [<..in²]

Öl≈kä·fer[ø:l..] 男 (Maiwurm)〘虫〙ツチハンミョウ(土斑猫). **≈ka·ni·ster** 男 石油缶. **≈kri·se** 女 石油危機. **≈ku·chen** 男 油の搾りかす, 油かす(家畜の飼料に用いる).

oll[ɔl] **öl·ler**[œ́lər]/ **öllst** **I** 形《北部》(alt) 古い, 年とった; つまらぬ, 老いぼれの, 醜い, いやらしい: ~*e* Kamellen (→Kamellen). **II** **Ol·le** 男 女《形容詞変化》じいさん, ばあさん: mein ~*r* うちのじいさん(亭主の意で) | meine ~ うちのばあさん(女房の意で). [*mndd.* olt; ◇alt]

Öl·lam·pe[ø:l..] 女 石油〈灯油〉ランプ.

Ol·la po·dri·da[ɔ́la· podrí:da·, ɔ́lja· –] 女 --/--〘料理〙オリヤ=ポドリーダ(スペイン料理の一種で, 肉・豆・野菜などのごった煮);《比》ごたまぜ, いろいろ. [*span.*; <*lat.* ōlla „Topf"+putridus „faul"; ◇Potpourri]

Öl·lei·tung[ø:l..] 女 -/-en 送油〈給油〉管, パイプライン.

öl·ler oll の比較級.

öllst oll の最上級.

Olm[ɔlm] 男 -[e]s/-e **1** (Proteus)〘動〙オルム, プロテウス, ホライモリ(洞井守)(洞穴の水中にすむ両生類の一種). **2**《北部》(Moder) かび; (Mulm) 腐朽〈風化〉したもの. [1: *ahd.*]

Öl≈ma·gnat[ø:l..] 男 石油界の大立者, 石油王. **≈ma·le·rei** 女〘美〙**1** 油彩〔画〕法. **2** 油彩画, 油絵. **≈meß·stab** 男〘工〙油面測定棒.

ol·mig[ɔ́lmɪç]² 形《北部》(腐朽・風化して)ぼろぼろの.

Öl≈mi·ni·ster[ø:l..] 男 (産油国の)石油〔担当〕大臣, 石油相. ᵛ**≈mo·tor** 男 (Dieselmotor) ディーゼルエンジン. **≈müh·le** 女 搾油所. **≈mul·ti** 男 -s/-s《話》石油多国籍企業, 国際石油会社. **≈mut·ter** 女 = Ölkäfer **≈ofen** 男 石油〈オイル〉ストーブ, オイルヒーター. **≈pal·me** 女〘植〙〔ギネア〕アブラヤシ. **≈pa·pier** 中 油紙. **≈pest** 女 (原油流出などによる沿岸海域の)石油汚染. **≈pflan·ze** 女 油脂植物. **≈pres·se** 女 搾油機. **≈pum·pe** 女 油〈オイル〉ポンプ; 送油ポンプ. **≈quel·le** 女 油井: eine ~ erschließen 油井を開発する. **≈raf·fi·ne·rie** 女 精油所. **≈saat** 女〘植〙セイヨウアブラナ. **≈sar·di·ne** 女〘料理〙オイルサーディン(オリーブ油漬けのいわし). **≈säu·re** 女〘化〙油酸, オレイン酸. **≈schal·ter** 男〘電〙油入開閉器, オイルスイッチ. **≈scheich** 男 (アラブ産油国の)石油大尽. **≈schie·fer** 男〘鉱〙オイルシェール, 油母頁岩(ゆぼけつがん). **≈schock** 男 (特に1970年代に石油産出国による石油価格引き上げが石油消費国に与えた)石油〈オイル〉ショック. **≈staat** = Ölförderstaat **≈stand** 男 (自動車のエンジンなどの)油面. ᵛ**≈süß** 中 -es/ (Glyzerin)〘化〙グリセリン. **≈tank** 男 油槽, 石油〈オイル〉タンク. **≈tan·ker** 男, **≈tank·schiff** 中 油槽船, タンカー. **≈tep·pich** 男 (石油の流出事故などで水面に)カーペット状に広がった石油〈重油〉. **≈tuch** 中 -[e]s/ 油布, オイルクロース〈スキン〉.

Ölung[ø:lʊŋ] 女 -/-en (ölen すること. 例えば:) 塗油, 注油: **die Letzte ~**〘カトリック〙(瀕死(ひんし)の信者に対して行われる)終油の秘跡(今日では Krankensalbung という) | die letzte ~《話》飲みおさめの一杯.

Öl≈ver·brauch[ø:l..] 男 石油の消費〔量〕. **≈ver·schmut·zung** 女 = Ölpest **≈vor·kom·men** 中 石油の産出. **≈vor·rat** 男 石油の蓄え〈備蓄量〉. **≈wan·ne** 女〘工〙油受け, 油槽. **≈wech·sel** 男 (エンジンなどの)オイル交換〈チェンジ〉. **≈wei·de** 女〘植〙グミ属.

der **Olymp**[olʏ́mp] 男 -s/ **1** 地名 オリンポス(ギリシア北東部にある同国最高峰の山で, 古代ギリシア人は山頂に神々が住むと考えた). **2**《話》(劇場の)最上階観覧席, 天井桟敷(→ 図 Theater). **3**《話》(学校の)教員室. [*gr.*–*lat.*]

Olym·pia[olʏ́mpia·] **I** 地名 オリンピア(ペロポネソス半島西部にあり, 4 年ごとに古代オリンピア競技の行われた聖地). **II** 中 -[s]/《雅》オリンピック競技大会(=die Olympischen Spiele). [*gr.*–*lat.*]

Olym·pia·aus·wahl[olʏ́mpia..] 女 オリンピック選抜チーム.

Olym·pia·de[olʏmpiá:də] 女 -/-n **1** オリンピック競技大会; (一般に)競技, コンクール: an der ~ teilnehmen オリンピックに参加する. **2** オリンピアード(古代ギリシアのオリンピア競技開催の周期の 4 年間). [*gr.*–*lat.*; ◇..ade]

Olym·pia≈dorf[olʏ́mpia..] 中 オリンピック選手村. **≈kämp·fer** 男 オリンピック選手. **≈mann·schaft** 女 オリンピック出場チーム. **≈me·dail·le**[..medaljə] 女 オリンピック=メダル. **≈norm** 女 オリンピック参加者選考基準.

olym·pia·reif 形 (スポーツ選手の力量が)オリンピック競技に参加する資格のある〔ほどの〕;《戯》(一般に能力・仕事ぶりが)オリンピックなみの.

Olym·pia≈sie·ger 男 オリンピック競技勝利〈優勝〉者. **≈sta·dion** 中 オリンピック大競技場〈スタジアム〉. **≈teil·neh·mer** 男 オリンピック競技参加者.

Olym·pi·er[olʏ́mpiər] 男 -s/- **1**〘ギ神〙オリンポスの住人(特に Zeus を指す). **2**《比》風格あるすぐれた人物.

Olym·pio·ni·ke[olʏmpioní:kə] 男 -n/-n (⊛**Olym·pio·ni·kin**[..kɪn]-/-nen) **1** =Olympiasieger **2** =Olympiateilnehmer [*gr.*–*lat.*; ◇Nike]

olym·pisch[olʏ́mpɪʃ] 形 **1**《ふつう付加語的》オリンピック〔競技〕の: **das ~*e* Dorf** オリンピック選手村 | das ~*e* Feuer オリンピック聖火 | das ~*e* Gold オリンピックの金メダル | ein ~*er* Rekord オリンピック記録 | die〔fünf〕~*en* Ringe オリンピックの五輪のマーク | die *Olympischen* Spiele オリンピック〔競技大会〕| die *Olympischen* Winterspiele 冬季オリンピック〔競技大会〕. **2 a)**《付加語的》オリンポスの: die ~*en* Götter オリンポスの神々. **b)**《副詞的用法なし》(オリンポスの神々のように)神々しい, 崇高な: ~*e* Ruhe 泰然自若たる態度. [*gr.*–*lat.*]

Öl≈zeug[ø:l..] 中 (船員などの)油布〔防水〕服. **≈zweig** 男 オリーブの枝(平和の象徴).

..om[..o:m]〘医〙《「腫瘍(しゅよう)」を意味する中性名詞 (-s/-e) をつくる》: Fibr*om* 線維腫 | Glauk*om* 緑内障 | Karzin*om* 癌(がん)| Sark*om* 肉腫. [*gr.*; ◇*engl.* ..oma]

Oma[ó:ma·] (**Oma·ma**[ó:mama·]) 女 - (無冠詞の場合: -s)/-s **1**《幼児語》(Großmutter) おばあちゃん. **2**《話》ばあさん, おばさん. [<Großmama]

Oman[omá:n] 地名 オマーン(アラビア半島東端の首長国. 首都はマスカット Maskat).

..omane[..oma:nə]《「…に病的な欲求をもつ人, …に夢中な人, …狂」などを意味する男性名詞 (-n/-n) をつくる. 女性形 ..omanin[..oma:nin] (-/-nen)》: Ero*tomane* 色情狂 | Film*omane* 映画に夢中な男.

om·briert[ɔ̃brí:rt] 形 (織物・ガラス器などが)ぼかし模様の. [*lat.*–*fr.* „schattiert"]

Om·bro·graph[ɔmbrográ:f] 男 -en/-en〘気象〙自記雨量計. [<*gr.* ómbros „Regen"; ◇Nimbus]

Om·bro·me·ter[..mé:tər] 中 (男) -s/-〘気象〙雨量計.

Om·buds·frau[ɔ́mbʊts..] 女 Ombudsmann の女性形.

Om·buds·mann[ɔ́mbʊts..] 男 -[e]s/ ..männer (..leute)〘政〙(市民の権利を守る)行政監察官, 苦情調査官, オンブズマン. [*schwed.*]

Ome·ga[ó:mega·] 中 -[s]/-s オメガ(ギリシア字母の第24字: Ω, ω): →Alpha [<*gr.* õ méga „großes O"]

Ome·lett[ɔm(ə)lɛ́t] 中 -[e]s/-e, -s, **Ome·lette**[–] 《オーストリア・スイス》女 -/-n[..tən]〘料理〙オムレツ. [*fr.*]

Omen[ó:mən, ..mɛn] 中 -s/-, ..mina[..mina·] (Vorzeichen) 前兆, 前ぶれ, 微候: ein gutes ~ 吉兆 | ein böses〈schlechtes〉~ 凶兆. [*lat.*]

Omi[ó:mi·] 女 -/-s =Oma 1

Omi·kron[ó(:)mikrɔn] 中 -[s]/-s オミクロン(ギリシア字母の第15字: O, *o*). [<*gr.* ò mikrón „kleines O"]

Omi·na Omen の複数.

omi·nös[ominø:s]¹ 形 (unheilvoll) 不吉な, 縁起の悪い; 気味の悪い, 怪しげな. [*lat.*–*fr.*; ◇..os]

ᵛ**Omis·sion**[omɪsió:n] 女 -/-en (Unterlassung) **1** 不実行, 不履行, 怠り. **2**〘法〙不作為. [*spätlat.*]

Omis·siv·de·likt[omɪsí:f..] 中〘法〙不作為犯罪.

ᵛ**omit·tie·ren**[omɪtí:rən] 他 (h) (unterlassen) (なすべきことを)しない, 怠る. [*lat.*; <ob..+*lat.* mittere „werfen" (◇Messe¹)]

om·nia vin·cit amor[ɔ́mnia· víntsɪt á:mɔr]《ラテン語》

O

(alles bezwingt die Liebe) 愛はすべてに勝つ (Vergil).

Om·ni·bus[ɔ́mnibʊs] 男 -ses/-se バス, 乗合自動車(略 Bus). [*lat.* „für alle“–*fr.*; <*lat.* omnis „aller“]

Om·ni·bus≠bahn·hof 男 バスターミナル. ≠**fah·rer** 男 バス運転手. ≠**fahrt** 女 バスで行くこと, バス利用; バス旅行. ≠**hal·te·stel·le** 女 バス停留所. ≠**li·nie**[..li:niə] 女 バス路線.

Om·ni·en Omnium の複数.

om·ni·po·tent[ɔmnipotɛ́nt] 形 (allmächtig)(神などについて)全能の, 無限の〈絶大な〉力をもった. [*lat.*]

Om·ni·po·tenz[..tɛ́nts] 女 -/ (Allmacht) 全能, 無限の〈絶大な〉力. [*spätlat.*]

om·ni·prä·sent[ɔmniprɛzɛ́nt] 形 (allgegenwärtig)(神について)同時にあらゆるところに存在する, 遍在の. [*mlat.*]

Om·ni·prä·senz[..zɛ́nts] 女 -/ (Allgegenwart)(神の)遍在.

Om·nium[ɔ́mniʊm] 中 -s/ ..nien[..niən] **1 a)** (資格制限のない)自由参加競馬レース. **b)** (自由形式の)総合自転車レース. **2** 《集合的に》〖商〗担保株券. [*lat.* „von allen“]

om·ni·vor[ɔmnivó:r] =omnivorisch

Om·ni·vo·re[..vó:rə] 男 -n/-n 《ふつう複数で》(Allesfresser) 雑食動物. [<*lat.* vorāre „verschlingen“]

om·ni·vo·risch[..vó:rɪʃ] 形 雑食性の.

Om·pha·li·tis[ɔmfalí:tɪs] 女 -/ ..tiden[..lití:dən] (Nabelentzündung)〖医〗臍炎(さいえん). [<*gr.* omphalós „Nabel“+..itis]

On[ɔn] 中 -/ (↔Off)〖テレビ〗画面に現れること: im ~ sprechen 画面に出て話す. [*engl.*; ◇an]

Ona·ger[ó(:)nagər] 男 -s/- **1**〖動〗オナジャー(西南アジア産の野生のロバ). **2** (古代ローマの)投石器. [*gr.* ónagros–*lat.*; <*gr.* ónos „Esel“+*gr.* ágrios „wild“ (◇agro..)]

Onan[ó:nan] 人名〖聖〗オナン (Juda の息子. 精を地にもらして神の罰を受けた. 創38, 9).

Ona·nie[onaní:] 女 -/ (Masturbation) オナニー, 手淫(しゅいん), 自慰行為.

ona·nie·ren[onaní:rən] 自 (h) オナニーをする, 手淫(しゅいん)〈自慰行為〉をする.

Ona·nier·vor·la·ge[onaní:r..] 女《話》オナペット.

Ona·nist[..níst] 男 -en/-en オナニー常習者; 手淫〈自慰行為〉をする人.

ona·ni·stisch[..nístɪʃ] 形 手淫(しゅいん)〈自慰行為〉に関する.

ÖNB[ø:|ɛnbé:] 略 女 -/ **1** =Österreichische Nationalbank オーストリア国立銀行. **2** =Österreichische Nationalbibliothek オーストリア国立図書館.

On·dit[ɔ̃dí:] 中 -[s]/-s (Gerücht) うわさ, 風評: einem ~ zufolge うわさによれば. [*fr.*; <*fr.* on dit „man sagt“]

On·du·la·tion[ɔndulatsió:n] 女 -/-en **1 a)** ondulieren すること. **b)** (毛髪の)ウエーブ. **2** (Undulation) 波状運動, 波動. [*fr.*]

on·du·lie·ren[ɔndulí:rən] 他 (h) *jn.* 〈*jm.* die Haare〉 ~ …の髪にウエーブをつける. [*fr.*; <*lat.* unda (→Undine)]

One·ra Onus の複数.

One·step[wʌ́nstɛp] 男 -s/-s ワンステップ(4分の2拍子の軽快な社交ダンス). [*engl.*–*amerik.*; ◇ein[1] III]

On·kel[1][ɔ́ŋkəl] 男《話》《もっぱら次の形で》**der große 〈dicke〉 ~** 足の親指 | **über den [großen / dicken] ~ gehen 〈laufen / latschen〉** 内またに歩く. [*lat.*–*fr.* ongle „Nagel“; <*lat.* unguis „Nagel“ (◇Nagel)]

On·kel[2][ɔ́ŋkəl] 男 -s/- (話: -s) **1** おじ(伯父, 叔父: →Tante): ~ Heinrich ハインリヒおじさん | ein ~ aus Amerika《話》お金持ち. **2 a)** 《幼児語》[よその]おじさん(男のおとな一般). **b)** 《軽蔑的に》男, やつ: ein komischer ~ おかしなやつ. **3** gelber ~《話》籐(とう)のステッキ. [*lat.* avunculus „Mutterbruder“–*fr.* oncle; <*lat.* avus (→Oheim); ◇*engl.* uncle]

On·kel·ehe 女《話》(寡婦年金受給資格を失わないために同棲(どうせい)者と正規には再婚せず, 相手を子供にはおじさんと呼ばせる)内縁関係.

on·kel·haft 形 **1** おじさんらしい, 親切な, 如才ない. **2** 《皮肉》恩きせがましい.

on·keln[ɔ́ŋkəln] 《06》自 (h)《話》内またに歩く. [<Onkel[1]]

on·ko·gen[ɔŋkogé:n] 形〖医〗悪性腫瘍(しゅよう)発生の原因となる, 発癌(がん)性の.

On·ko·lo·ge[ɔŋkoló:gə] 男 -n/-n (→..loge)〖医〗腫瘍(しゅよう)学者. [<*gr.* ógkos „Bürde“]

On·ko·lo·gie[..logí:] 女 -/ (Geschwulstlehre)〖医〗腫瘍(しゅよう)学.

on·ko·lo·gisch[..ló:gɪʃ] 形〖医〗腫瘍(しゅよう)学[上]の.

on line[ɔ́nláɪn] 副〖電算〗オンラインの. [*engl.*]

On·line·dienst[ɔ́nláɪn..]〖電算〗オンラインサービス.

ONO 略 =Ostnordost[en] 東北東.

Öno·lo·gie[ønologí:] 女 -/ **1** ぶどう栽培法〈学〉. **2** ぶどう酒醸造学. [<*gr.* oĩnos „Wein“ (◇Wein)]

öno·lo·gisch[..ló:gɪʃ] 形 **1** ぶどう栽培の. **2** ぶどう酒醸造の.

Ono·ma·sio·lo·gie[onomaziologí:] 女 -/ (↔Semasiologie)〖言〗表示論, 名称〈名義〉論(同一概念を表現するのにどのような語があるかという方向での意味研究).

ono·ma·sio·lo·gisch[..ló:gɪʃ] 形 表示〈名称・名義〉論の.

Ono·ma·stik[..mástɪk] 女 -/ (Namenkunde)〖言〗固有名詞学.

Ono·ma·sti·kon[..mástikɔn] 中 -s/ ..ken[..kən] (..ka[..ka·]) **1** 人名リスト, 名簿; (中世・古代の)語彙(ごい)表. **2** 誕生〈命名〉日の詩. [*gr.*; <*gr.* onomázein „[be]nennen“ (◇Name)]

Ono·ma·to·lo·gie[onomatologí:] 女 -/ =Onomastik

ono·ma·to·poe·tisch[..poé:tɪʃ] 形 擬声[語]の, 擬音[語]の.

Ono·ma·to·pöie[..pøí:] 女 -/-n[..pøí:ən] (Lautmalerei) **1**〖言〗擬音[語], 擬声[語]. **2**〖修辞〗声喩(せいゆ)法. [*gr.*–*spätlat.*; <*gr.* poieĩn „machen“]

Önorm[ǿ:nɔrm] 女 -/ (<Österreichische Norm) オーストリア工業規格.

on·tisch[ɔ́ntɪʃ] 形〖哲〗存在的な. [<*gr.* ṓn „seiend“]

On·to·ge·ne·se[ontogené:zə] 女 -/〖生〗個体発生.

on·to·ge·ne·tisch[..gené:tɪʃ] 形 個体発生の.

On·to·ge·nie[..gení:] 女 -/ =Ontogenese

On·to·lo·ge[..ló:gə] 男 -n/-n (→..loge)〖哲〗存在論者.

On·to·lo·gie[..logí:] 女 -/〖哲〗存在論.

on·to·lo·gisch[..ló:gɪʃ] 形 存在論の; 存在論的な.

[▽]**Onus**[ó:nʊs] 中 -/ ..nera[..nera·] **1** (Last) 重荷, 負担. **2** (Pflicht) 義務, 責任. [*lat.*]

Ony·chie[onʏçí:] 女 -/-n[..çí:ən] (Nagelbettentzündung)〖医〗爪床(そうしょう)炎.

Onyx[ó:nʏks] 男 -[es]/-e **1**〖鉱〗オニキス, 縞瑪瑙(しまめのう). **2**〖医〗前房内蓄膿(ちくのう), 角膜層間膿瘍(のうよう). [*gr.* ónyx „Nagel“–*lat.*; ◇Nagel]

o. O. 略 **1** =ohne Ort 〈Ortsangabe〉(書籍について)発行地の記載なし. **2** =ohne Obligo〖商〗担保〈保証〉なしで.

OÖ. 略 =Oberösterreich

Oo·ga·mie[oogamí:] 女 -/〖生〗卵子受精, 卵接合.

Oo·ge·ne·se[..gené:zə] 女 -/〖生〗卵形成, 卵子発生.

Oo·lith[..lí:t, ..lít; オーストリア: ..lít] 男 -s/-e; -en/-en〖鉱〗オライト, 魚卵状[石灰]岩. [<*gr.* ōón „Ei“ (◇Ei)]

Oo·lo·gie[..logí:] 女 -/〖動〗(鳥の)卵の研究, 卵学.

o. ö. Prof.[o:|ø:prɔf] 略 =ordentlicher öffentlicher Professor 国立〈公立〉大学[正]教授.

o. O. u. J. 略 =ohne Ort und Jahr (書籍について)発行地および発行年の記載なし.

op.. →ob..

op. 略 =Opus

o. P. 略 **1** =o. Prof. **2** =ohne Protest〘商〙拒絶証書免除.

OP[o:pé:] 男 -[s]/-[s] (<Operationssaal)〘医〙手術室.

Ọpa[ó:pa·] 男 -s/-s **1**《幼児語》(Großvater) おじいちゃん. **2**《話》じいさん, おじさん; おっさん. [<Großpapa]

opạk[opá:k] 形 (undurchsichtig) 不透明な. [*lat.* opācus „schattig"; ◇Opazität]

Opạk·glas 中 -es/ 曇りガラス.

Opạl[opá:l] 男 -s/-e **1**〘鉱〙オパール, 蛋白(ﾀﾝﾊﾟｸ)石. **2**《単数で》〘織〙オパール織り(軽い綿布). [*sanskr.* „Stein"–*gr.*–*lat.*]

opa·len[opá:lən] 形 **1**《付加語的》オパール製の. **2** オパール状の.

opa·les·zẹnt[opalɛstsɛ́nt] 形 乳白色の, 乳白光を発する.

Opa·les·zẹnz[..tsɛ́nts] 女 -/ **1** 乳白光. **2**〘医〙乳濁, オパール様混濁.

opa·les·zịe·ren[..tsí:rən] 自 (h) **1** 乳白光を発する. **2**〘医〙乳濁している.

Opạl≈glanz[opá:l..] 男 乳白光. **≈glas** 中 -es/ 乳白ガラス.

opa·li·sịe·ren[opalizí:rən] =opaleszieren

opạl·schil·lernd[opá:l..] 形 乳白色の, 乳白光を発する.

Opạn·ke[opáŋkə] 女 -/-n〘服飾〙オパンケ(かかとのない, つま先がとがってそり上がった軽い婦人靴: → 図). [*serbokroat.*]

Opanke

Ọpa·pa[ó:papa·] 男 -s/-s =Opa

Ọp-art[ɔ́p|a:rt] 女 -/〘美〙オプアート(光学的トリックを用いる抽象美術の一技法). [*amerik.*; <*engl.* optical (◇optisch)]

Opa·zi·tạ̈t[opatsitɛ́:t] 女 -/ **1** 不透明. **2**〘写〙暗度. [*lat.*; <*lat.* opācus (→opak)]

OPEC[ó:pɛk] 女 -/ 石油輸出国機構, オペック. [*engl.*; <*engl.* *O*rganization of *P*etroleum *E*xporting *C*ountries]

Ọpel[ó:pəl] 商標 オーペル, オペル(ドイツの自動車製造会社及びその車).

Ọper[ó:pər] 女 -/-n **1** オペラ, 歌劇: ernste ~ 悲歌劇(=Opera seria) | komische ~ 喜歌劇(=Opera buffa) ‖ eine ~ aufführen 〈inszenieren〉 オペラを上演する〈演出する〉 | eine ~ komponieren 〈schreiben〉 オペラを作曲する | **~n erzählen** 〈**reden** / **quatschen**〉《話》長々とむだ話をする | Erzähle 〈Rede / Quatsch〉 keine ~*n*! くだらぬ長話はやめろ | Heute ist keine ~. きょうはオペラはやっていない. **2** オペラハウス, 歌劇場; 歌劇団: an der ~ mitwirken オペラに出演している〈歌劇団の一員である〉 | in die ~ gehen オペラを見に行く | zur ~ gehen オペラ歌手になる. [*it.* opera (in musica) „(Musik)werk"]

Ọpe·ra[ó:pəra·, ó:pe..] **I** Opus の複数. **II** →*Opera* buffa, *Opera* seria

ope·rạ·bel[operá:bəl, ope..] (..ra·bl..) 形 (↔inoperabel)〘医〙手術可能の, 手術に適した. [*spätlat.*–*fr.*; ◇operieren, ..abel]

Ọpe·ra bụf·fa[ó:pəra· búfa·, ó:pe.. –] 女 --/..re ..ffe [..re· ..fe·] オペラ=ブッファ, 喜歌劇. [*it.*; ◇Buffo]

Ope·rạnd[opəránt][1] 男 -en/-en〘電算〙演算数, オペランド. [*lat.*; ◇operieren]

ope·rạnt[..ránt] 形〘心・社〙(反応などが)自発的な, 操作的な.

Ọpe·ra sẹ·ria[ó:pəra· zé:ria·] 女 --/..re ..rie[..re· ..rie·] オペラ=セリア, 悲歌劇. [*it.*; ◇seriös]

Ope·ra·teur[opəratø̍:r, ope..] 男 -s/-e **1**〘医〙(手術の)執刀医, 手術者. **2**〘電〙放送〈無電〉技師. **3**〘映〙**a**) 映写技師. [v]**b**) (Kameramann) カメラマン, 撮影技師. [*spätlat.* operātor–*fr.*]

Ope·ra·tiọn[opəratsió:n, ope..] 女 -/-en **1**〘医〙手術: eine chirurgische ~ 外科手術 | eine kosmetische ~ 美容〔整形〕手術 | eine plastische ~ 形成手術 ‖ eine ~ vornehmen 手術を行う | *sich*[4] einer ~ unterziehen 手術を受ける ‖ ***Operation* gelungen, Patient tot.**《話》理論上は〈原則としては〉正しいが実際の用には役に立たない(手術は成功したが患者は死んだ). **2** (学問的な)操作, 処理, 運用. **3**〘軍〙作戦〔行動〕: eine ~ durchführen 作戦を遂行する. **4**〘数〙演算. [*lat.*; ◇operieren]

ope·ra·tio·nạl[..tsioná:l] 形 (学問的な)操作〈処理・運用〉上の.

ope·ra·tio·na·li·sịe·ren[..nalizí:rən] 他 (h)《*et.*[4]》(…の)操作〈処理・運用〉を可能にする; (…の学問的な)操作〈処理・運用〉方法を明確にする.

Ope·ra·tiọns≈ba·sis[opəratsió:ns.., ope..] 女〘軍〙作戦基地. **≈for·schung** 女 オペレーションズ=リサーチ. **≈ge·biet** 中〘軍〙作戦地域. **≈hau·be** 女〘医〙手術帽. **≈kit·tel** 男 手術着. **≈lam·pe** 女〘医〙手術用ランプ. **≈leh·re** 女 -/〘医〙手術学. **≈leuch·te** 女〘医〙手術用無影灯. **≈plan** 男〘軍〙作戦計画. **≈saal** 男〘医〙手術室(略 OP). **≈schwe·ster** 女〘医〙手術補助看護婦. **≈stuhl** 男〘医〙手術用いす. **≈tisch** 男〘医〙手術台. **≈ziel** 中〘軍〙作戦目標〔地点〕.

ope·ra·tịv[opəratí:f, ope..][1] 形 **1**〘医〙手術による, 手術〔上〕の: *et.*[4] ~ entfernen …を手術して取り除く. **2**〘軍〙作戦〔上〕の. **3** 実効のある, 実施上の: eine ~*e* Maßnahme 実際的措置.

Ope·ra·tịv≈plan 男 (旧東ドイツで)生産実施計画. **≈stab** 男 (旧東ドイツで)生産実施本部.

Ope·rạ·tor[opərá:tɔr, ope.., ..to:r] 男 -s/-en [..rató:rən] **1**〘理・数〙作用素, 演算子. **2** (⊛ **Ope·ra·tọ·rin**[..rató:rɪn]-/-nen) (コンピューターなどの)操作者, オペレーター. [〔*spätlat.*–〕*engl.*]

Ọpe·re bụf·fe Opera buffa の複数.

Ọpe·re sẹ·rie[ó:pəre· zé:rie·] Opera seria の複数.

Ope·rẹt·te[opərɛ́tə, ope..] 女 -/-n **1** オペレッタ, 喜歌劇. **2** オペレッタ劇場; オペレッタ劇団. [*it.* operetta „Werkchen"; ◇Oper]

Ope·rẹt·ten≈film 男 オペレッタ映画. **≈füh·rer** 男 オペレッタ案内書〈ガイドブック〉.

ope·rẹt·ten·haft 形 オペレッタふうの.

Ope·rẹt·ten≈kom·po·nist 男 オペレッタ作曲家. **≈mu·sik** 女 オペレッタ音楽. **≈schla·ger** 男 オペレッタの有名なアリア.

ope·rịe·ren[opərí:rən, ope..] **I** 他 (h)《*jn.* / *et.*[4]》〘医〙手術する: *jn.* am Magen ~ …の胃を手術する | einen Blinddarm ~ 盲腸の手術をする | *sich*[4] ~ lassen 手術を受ける | Er muß am Magen 〈Sein Magen muß〉 sofort *operiert* werden. 彼の胃の手術は急を要する ‖ ein frisch *Operierter* 手術を受けたばかりの患者. **II** 自 (h) **1 a**) 行動する: Der Torwart *operierte* geschickt.〘球技〙キーパーは巧みに動いた. **b**)〘軍〙作戦〈軍事〉行動をする. **2**《mit *et.*[3]》(…を)操作する; (…を)使用する: Er *operiert* gern mit abstrakten Begriffen. 彼は好んで抽象概念を用いる. [*lat.* operārī „arbeiten"; ◇Opus, opfern, Operation; *engl.* operate]

Oper·mẹnt[opɛrmɛ́nt] 中 -[e]s/-e〘鉱〙石黄(ｾｷｵｳ)(黄色顔料). [*lat.* auripigmentum–*ahd.*; ◇Auripigment; *engl.* orpiment]

Ọpern≈buch[ó:pərn..] 中 オペラ〈歌劇〉台本, リブレット. **≈film** 男 オペラ映画. **≈füh·rer** 男 オペラ案内書〈ガイドブック〉. **≈glas** 中 -es/..gläser オペラグラス(→ 図 Theaterglas). **≈gucker** 男《話》=Opernglas

ọpern·haft 形 オペラふうの; (オペラのように)華麗〈豪華〉な.

Ọpern≈haus 中 オペラハウス, 歌劇場. **≈kom·po·nist** 男 オペラ作曲家. **≈mu·sik** 女 オペラ音楽. **≈sän·ger** 男 (⊛ **≈sän·ge·rin**) オペラ歌手. **≈text** 男 =Opernbuch **≈thea·ter** 中 オペラ劇場, 歌劇場.

Ọp·fer[ɔ́pfər] 中 -s/- **1** (神に供える)いけにえ, 犠牲; 供物: den Göttern ~ bringen 神々に犠牲をささげる. **2** (一般に)犠牲, 犠牲的行為; 犠牲者: ein ~ des Unfalls 〈des Erdbebens〉 事故〈地震〉の犠牲者 | Er wurde ein ~ des

Meeres 〈der Flamme〉. 彼は水死〈焼死〉した ‖ viele ~ **an** Zeit und Geld 時間と金銭の多大な犠牲 | ein ~ **für** *et.*[4] bringen …のために犠牲を払う | Der Krieg forderte viele ~. 戦争は多くの生命を奪った | Das Studium kostete mich damals ~ genug. あのころ大学に通うためには私はたいへんな犠牲を払わねばならなかった | manches ~ auf *sich*[4] nehmen 多大な犠牲を引き受ける ‖ **unter** größten persönlichen ~*n* たいへんな個人的犠牲を払って | *jm. et.*[4] **zum ~ bringen** …のために…を犠牲にする | *jm.* 〈*et.*[3]〉 **zum ~ fallen** …の犠牲になる | dem Rotstift zum ~ fallen (→Rotstift) | einem Verbrechen zum ~ fallen ある犯罪の犠牲になる.

Ọp·fer·al·tar[ɔ́pfər..] 男 いけにえの祭壇.

ọp·fer·be·reit 形 犠牲をいとわない, 献身的な.

Ọp·fer≠be·reit·schaft 女 -/ opferbereit なこと. **≠büch·se** 女 =Opferstock **≠flam·me** 女 いけにえを焼く炎.

ọp·fer·freu·dig =opferbereit

Ọp·fer≠ga·be 女 供物, ささげ物. **≠gang** 男 《カトリック》(奉献の際の祭壇への) 供物行列; 《比》自己犠牲の歩み, 犠牲行, 献身行. **≠geist** 男 -[e]s/ 犠牲的精神. **≠geld** 中 (教会への) 献金, 喜捨. **≠ka·sten** 男 =Opferstock **≠lamm** 中 **1** いけにえの子羊. **2** 《キリスト教》神の小羊(イエス キリストの別名); 《比》無実の罪を着せられた人, 罪のない犠牲者. **≠mes·ser** 中 (いけにえを刺す) 祭刀. **≠mut** 男 =Opferbereitschaft

ọp·fern[ɔ́pfərn] 《05》 **I** 他 (h) **1** (神に) いけにえとする: dem Gott ein Lamm ~ 神に子羊をいけにえとしてささげる: *jn.* 〈*et.*[4]〉 auf dem Altar der Freundschaft 〈des Vaterlandes〉 ~ (→Altar). **2 a)** 《*jm.* 〈*et.*[3]〉 *et.*[4] / für *jn.* 〈*et.*[4]〉 *et.*[4]》(…のために…を) 犠牲に供する, ささげる: *jm. seine* Freizeit ~ …のために余暇を犠牲にする | *et.*[3] 〈für *et.*[4]〉 viel Geld ~ …のために大金を投げだす. **b)** 再帰 *sich*[4] für *jn.* 〈*et.*[4]〉 ~ …のために自分を犠牲にする; …に献身する | *sich*[4] für die Familie ~ 家族のためにわが身を犠牲にする | *Opfere* dich mal und schreibe für mich den Brief! 済まないが 私の代わりにその手紙を書いてくれ.

II 自 (h) いけにえをささげる: [dem] Neptun ~ (→Neptun I).

[*lat.* operārī (→operieren) − *kirchenlat.* − *ahd.*]

Ọp·fer≠prie·ster[ɔ́pfər..] 男 いけにえをささげる神官. **≠scha·le** 女 いけにえの血を受ける鉢. **≠sinn** 男 -[e]s/ 犠牲心. **≠stät·te** 女 いけにえ〈供物〉をささげる場所, 祭壇. **≠stock** 男 -[e]s/ ..stöcke (教会の) 献金箱(→ 図 Kirche B). **≠tier** 中 いけにえの動物; 《比》犠牲者. **≠tod** 男 犠牲的な死; 〔宗〕犠牲の死: ein ~ fürs Vaterland 祖国のために死ぬこと. **≠trank** 男 =Opferwein

Ọp·fe·rung[ɔ́pfərʊŋ] 女 -/-en **1** 〔sich〕 opfern すること. **2** 《カトリック》(パン・ぶどう酒の) 奉納; 奉納祈願文.

Ọp·fer·wein[ɔ́pfər..] 男 **1** 神に供える酒, おみき. **2** 《カトリック》ミサ用ぶどう酒.

ọp·fer·wil·lig =opferbereit

Ọp·fer·wil·lig·keit 女 -/ =Opferbereitschaft

Ophẹ·lia[ofé:lia·] 人名 オフィーリア (Shakespeare 作『ハムレット』に登場する女性で, Hamlet の恋人). [*gr.* ōphelíā „Hilfe“; < *gr.* óphelos „Nutzen“]

Ophio·la·trie[ofiolatrí:] 女 -/ 《宗》蛇崇拝. [< *gr.* óphis „Schlange“ + latreíā „[Gottes]dienst“]

Ophit[ofí:t] 男 **1** -en/-en 〔宗〕蛇礼拝者. **2** -[e]s/-e 《鉱》オファイト, 蛇紋(じゃもん)石. [*spätlat.*]

der **Ophi·ụchus**[ofiú:xʊs] 男 -/ 《天》蛇遣(へびつかい)座(夏に天の川付近に広がる星座). [*gr.*; < *gr.* échein „halten“]

ophthalm.. →ophthalmo..

Oph·thal·mia·trik[ɔftalmiá:trɪk] 女 -/ 《医》眼科学. [< Iatrik]

Oph·thal·mie[..mí:] 女 -/-n[..mí:ən] (Augenentzündung) 《医》眼炎. [*gr.* − *spätlat.*]

ophthalmo.. 《名詞・形容詞などにつけて「目」を意味する. 母音の前では ophthalm.. となる: →*Ophthalm*iatrik》

[*gr.* ophthalmós „Auge“]

Oph·thal·mo·blen·nor·rhöe[ɔftalmoblɛnɔrǿ:, ..norǿ:] 女 《医》淋疾(りんしつ)性眼炎.

Oph·thal·mo·lo·ge[..ló:gə] 男 -n/-n (→ ..loge) (Augenarzt) 《医》眼科医.

Oph·thal·mo·lo·gie[..logí:] 女 -/ (Augenheilkunde) 《医》眼科学.

oph·thal·mo·lo·gisch[..ló:gɪʃ] 形 眼科学〔上〕の.

Oph·thal·mo·phthi·sis[..moftí:zɪs, ..mɔf..] 女 -/ 《医》眼球癆(ろう), 眼球萎縮(いしゅく).

Oph·thal·mo·ple·gie[..plegí:] 女 -/ 《医》眼筋麻痺(まひ). [< *gr.* plēgḗ „Schlag“ (◇Plektron)]

Oph·thal·mo·skop[..moskó:p, ..mɔs..] 中 -s/-e (Augenspiegel) 《医》検眼鏡.

Oph·thal·mo·sko·pie[..moskopí:, ..mɔs..] 女 -/-n [..pí:ən] 《医》検眼鏡検査, 眼底検査.

Opiat[opiá:t] 中 -[e]s/-e 《薬》アヘン剤. [*mlat.*; ◇Opium]

..opie[..opi:] 《「視力・見ること」を意味する女性名詞 (-/) をつくる》: My*opie* 近視 | Hypermetr*opie* 遠視 | Ambly*opie* 弱視 | Hemeral*opie* 夜盲症, とりめ | Dipl*opie* 複視 | Emmetr*opie* 正視〔眼〕 | Ametr*opie* 非正視. [*gr.* ṓps „Auge“]

Opi·nio com·mu·nis[opí:nio· kɔmú:nɪs] 女 --/ 共通の見解, 支配的な意見; 世論. [*lat.* „allgemeine Meinung“; < *lat.* opīnārī „meinen“; ◇kommun]

Opi·nion·lea·der[əpínjənli:də] 男 -s/- 《社・政》世論指導者. [*engl.*; ◇leiten]

opi·stho·gra·phisch[opɪstográ:fɪʃ] 形 (古い写本・刊本が) 両面書き〈刷り〉の. [*gr.* − *lat.*; < *gr.* ópi·[s]then „hinten“ (◇epi..)]

Opi·stho·to·nus[opɪstotó:nʊs] 男 -/ 《医》弓なり緊張, 強直性発作.

Opitz[ó:pɪts] 人名 Martin ~ マルティーン オーピッツ(1597−1639; ドイツの詩人).

Opium[ó:piʊm] 中 -s/ 《薬》アヘン(阿片): ~ rauchen アヘンを吸う | als ~ wirken 《比》アヘンの作用をする ‖ Die Religion ist das ~ des Volks. 宗教は人民を毒する阿片である (Karl Marx). [*gr.* − *lat.*; < *gr.* opós „Pflanzensaft“]

Opium≠höh·le 女 阿片窟(くつ). **≠krieg** 男 -[e]s/ 《史》アヘン戦争(アヘンの禁輸をめぐって清国(しん)とイギリスとの間に起こった戦争; 1840−42). **≠rau·cher** 男 アヘン喫煙〈常用〉者. **≠sucht** 女 -/ アヘン中毒症. **≠tink·tur** 女 《薬》アヘンチンキ. **≠ver·gif·tung** 女 アヘン中毒.

Opo·del·dok[opodɛ́ldɔk] 男 中 -s/ 《薬》オポデルドック(リューマチ治療剤).

Opo·pa·nax[opó(:)panaks, opopá:naks] 男 -[es]/ オポパナックス(一種の芳香樹脂). [*gr.* − *lat.*; ◇Panazee]

Opos·sum[opɔ́sʊm] **I** 中 -s/-s 《動》キタ(北)オポッサム, フクロネズミ(袋鼠). **II** 男 中 -s/-s フクロネズミの毛皮. [*indian.* „weißes Tier“ − *engl.*]

Opo·the·ra·pie[opoterapí:] 女 -/-n[..pí:ən] 《医》臓器液療法. [< *gr.* opós (→Opium)]

Op·po·nent[ɔponɛ́nt] 男 -en/-en (討論の) 相手, 反論者, 論敵.

op·po·nie·ren[..ní:rən] 自 (h) 《gegen *jn.* 〈*et.*[4]〉》(…に) 反論する; (…に) 反対する, (…に対して) 反抗〈抵抗〉する. [*lat.*; ◇Opposition]

op·por·tun[ɔpɔrtú:n] 形 (↔importun, inopportun) 時宜にかなった, 好都合の; 適切な. [*lat.*]

Op·por·tu·nis·mus[ɔpɔrtunísmʊs] 男 -/ 日和見(ひより)主義, ご都合主義, 無定見. [*fr.* opportunisme]

Op·por·tu·nist[..níst] 男 -en/-en 日和見(ひより)主義者, オポチュニスト. [*fr.*]

op·por·tu·ni·stisch[..nístɪʃ] 形 日和見(ひより)主義的な, 無定見な: eine ~*e* Infektion 《医》日和見感染.

Op·por·tu·ni·tät[..nitɛ́:t] 女 -/-en opportun なこと. [*lat.* − *fr.*]

Op·por·tu·ni·täts·prin·zip 中 (↔Legalitätsprinzip)〘法〙起訴便宜主義.

Op·po·si·tion[ɔpozitsió:n] 女 -/-en **1 a)** 反論, 反対, 対立, 抵抗:〔eine〕~ gegen *jn.* machen …に反論する | in ~ zu *jm.* stehen …と対立している. **b)** (Gegensatz)〘論〙対当, 対立. **c)**〘言〙対立. **2**《ふつう集合的に》反対派〈党〉, 野党: in die ~ gehen 野党になる. **3**〘天〙(2個の天体の)衝(しょう). [*spätlat.*; ◇opponieren]

op·po·si·tio·nell[ɔpozitsionɛ́l] 形 反対〈対立〉している; 反対派〈野党〉の: ein ~*er* Abgeordneter 野党議員.

Op·po·si·tions⸗füh·rer[ɔpozitsió:ns..] 男 野党指導者〈党首〉. ⸗**geist** 男 -〔e〕s/ 反骨精神. ⸗**par·tei** 女 (↔ Regierungspartei) 反対党, 野党. ⸗**wort** 中 -〔e〕s/..wörter (Antonym)〘言〙反義〈反意〉語, 反対語, 対義語.

ᵛ**Op·pres·sion**[ɔprɛsió:n] 女 -/-en **1** (Unterdrückung) 抑圧, 圧制, 迫害. **2**〘医〙(精神的)圧迫, 心迫; 苦悶. [*lat.*]

ᵛ**op·pres·siv**[..sí:f][1] 形 圧制的な, きびしい.

ᵛ**op·pri·mie·ren**[ɔprimí:rən] 他 (h) (unterdrücken) 抑圧〈圧制〉する. [*lat.*; <ob..+*lat.* premere (→pressen); ◇ *engl.* oppress]

ᵛ**Op·pro·bra·tion** [ɔprobratsió:n] 女 -/-en (Beschimpfung) 悪口, 非難. [<ob..+*lat.* pro-brum „Vor-wurf"]

O. Praem.[o:prɛ́m] 略 = **O**rdo **Praem**onstratensis〘カトリック〙プレモントレ〔修道〕会. [*mlat.*]

o. Prof.[ó:prɔf] (**o. P.**[o:pé:]) 略 = **o**rdentlicher **Prof**essor 正教授.

OP-Saal[o:pé:za:l] =Operationssaal

OP-Schwe·ster =Operationsschwester

OP-Tisch =Operationstisch

Op·tant[ɔptánt] 男 -en/-en optieren する人.

op·ta·tiv[ɔ́ptati:f, ⌣⌣⌣´][1] **I** 形〘言〙(動詞の)希求〈願望〉法の(ドイツ語では接続法に吸収された). **II Op·ta·tiv** 男 -s/-e〘言〙希求〈願望〉法. [*spätlat.*]

op·tie·ren[ɔptí:rən] 自 (h) **1**《für *jn.* 〈*et.*[4]〉》(…のほうを)とることに決める, (…を)選択する. **2**《für *et.*[4]》(…の)国籍を選択する. [*lat.* optāre „erwählen"; ◇Option]

Op·tik[ɔ́ptɪk] 女 -/-en **1 a)**《単数で》光学. **b)** (光学機器の)レンズ部分, 光学系: einen Knick in der ~ haben (→Knick 1 a). **2**《単数で》《比》視覚的印象, 外観: die ~ Asiens アジアの様相 | ein Kleid in reizvoller ~ 見た目にも魅力的なドレス. [*gr.*–*lat.*; ◇optisch]

Op·ti·ker[ɔ́ptikər] 男 -s/- 眼鏡〈光学器械〉商; 眼鏡〈光学器械〉製作者: eine Brille beim ~ kaufen めがね屋でめがねを買う.

Op·ti·ma Optimum の複数.

op·ti·ma fi·de[ɔ́ptima· fí:də, ─ ..de·]《ラテン語》(im besten Glauben) 全くの善意で. [◇fidel]

op·ti·ma for·ma[─ fɔ́rma·]《ラテン語》(in bester Form) 最上の形で. [◇Form]

op·ti·mal[ɔptimá:l] 形 (bestmöglich) 最善〈最高〉の, 最適の: eine ~*e* Lösung 最善の解決策 | im ~*en* Fall 最善の場合〔でも〕‖ *et.*[4] ~ nutzen …を最大限に利用する | Abwasser ~ reinigen 廃水を極力浄化する.

op·ti·ma·li·sie·ren[..malizí:rən] =optimieren

Op·ti·mat[..má:t] 男 -en/-en (古代ローマの)貴族, 名門の一族. [*lat.* optimās]

op·ti·mie·ren[ɔptimí:rən] 他 (h) 最善の状態にする, できるだけ完全にする: den Arbeitsprozeß ~ 作業工程を最大限に能率化する ‖ 再帰 *sich*[4] ~ 最善の状態になる.

Op·ti·mis·mus[..mísmʊs] 男 -/ (↔Pessimismus) 楽天主義, 楽観論, オプティミズム.

Op·ti·mist[..míst] 男 -en/-en 楽天主義者, 楽天家, のんき者, オプティミスト.

op·ti·mi·stisch[..místɪʃ] 形 楽天主義の, 楽観的な, のんきな: in einer Sache[3] ~ sein ある事柄を楽観している.

Op·ti·mum[ɔ́ptimʊm] 中 -s/..ma[..ma·] **1** (所与の条件下での)最善〈最高〉の状態: ein ~ an Wirtschaftlichkeit 最高の経済性. **2** (↔Pessimum)〘生〙(生物が生存するための)最善の環境条件. [*lat.* optimus „best"; <*lat.* ops (→opulent)]

Op·tion[ɔptsió:n] 女 -/-en **1**〔自由〕選択〔権〕;〘法〙国籍選択〔権〕: die ~ der Bevölkerung für Frankreich 住民のフランス国籍選択. **2**〘商〙オプション, 選択売買. **3**〘法〙(契約期限の)延長要求. [*lat.*; <*lat.* optāre (→optieren)]

op·tisch[ɔ́ptɪʃ] 形 **1** 光の; 光学的な: die ~*e* Achse〘理〙光軸 | ein ~*es* Gerät 光学器械. **2** 視覚的な, 目の; 外見の: ein ~*er* Eindruck 視覚的な印象 | eine ~*e* Illusion 〈Täuschung〉目の錯覚 | ein ~*er* Reiz 視覚刺激 | aus ~*en* Gründen 外観をよくするために ‖ ~ größer 〈kleiner〉 wirken 実際よりも大きく〈小さく〉見える. [*gr.*; ◇..opie, Optik]

Op·to·elek·tro·nik[ɔpto|elɛktró:nɪk] 女 -/ 光(ひかり)電子工業, オプトエレクトロニクス.

Op·to·me·ter[ɔptomé:tər] 中 (男) -s/-〘医〙眼計測計, オプトメーター.

Op·to·me·trie[..metrí:] 女 -/〘医〙視力検査〔法〕, 検眼.

opu·lent[opulɛ́nt] 形 **1** (↔frugal) (üppig) (特に食事について)豪華な, 豊かな. ᵛ**2** (reich) 富んだ, 富裕な, 裕福な. [*lat.*; <*lat.* ops „Macht"]

Opu·lenz[..lɛ́nts] 女 -/ **1** (↔Frugalität) (特に食事の)豪華さ, 豊かさ. ᵛ**2** (Reichtum) 富, 富裕.

Opun·tie[opʊ́ntsiə] 女 -/-n〘植〙オプンチア, ウチワサボテン(団扇仙人掌)属. [<Opoũs (ギリシアの都市)]

Opus[ó(:)pʊs] 中 -/Opera[..pəra·, ..pera·] **1** (略 op.) (芸術, 特に音楽の)作品: Klavierkonzert a-moll ~ 12 ピアノ協奏曲イ短調作品第12番. **2**《集合的に》(特定の芸術家・学者などの)作品, 仕事, 著作: Zu seinem ~ gehören viele Fernsehspiele. 彼の作品には多くのテレビドラマが含まれている. [*lat.*; ◇üben[1], Oper, operieren]

Opus·cu·lum[opʊ́skulʊm] 中 -s/..la[..la·] 小作品, 小品, 小曲. [*lat.*]

..or[..ɔr, ..o:r]《動詞につけて「…する人, …するもの(機械・道具など)」を意味する男性名詞 (-s/-en) をつくる. ..ator, ..itor となることもある》: Aggress*or* 攻撃者 | Inspekt*or* 検閲官 | Projekt*or* 映写機 | Reflekt*or* 反射望遠鏡 ‖ Reform*ator* 改革者 | Agit*ator* 煽動(せんどう)者 | Ventil*ator* 換気装置 | Isol*ator*〘電〙絶縁体 | Multiplik*ator*〘数〙乗数 ‖ Ed*itor* 編者 | Exped*itor* 発送係; 差出人. [*lat.*; ◇..eur]

..ör[..ø:r] →..eur

ora →*ora* et labora, *ora* pro nobis

ora et la·bo·ra[ó:ra· ɛt labó:ra·]《ラテン語》(bete und arbeite!) 祈れそして働け(聖ベネディクトの修道規則のモットー).

Ora·kel[orá:kəl] 中 -s/- **1** (神の)お告げ, 神託;《比》なぞめいた言葉, 予言: ein ~ deuten 神託を解き明かす | in ~*n* sprechen わけの分からない〈あいまいな〉言い方をする. **2** (Orakelstätte) 神託の下される場所: das ~ von 〈zu〉 Delphi デルフォイの神託所 | das ~ befragen 神託をうかがう. **3** 絶対的に信頼される助言者, 託宣を下す人; 賢者: Der Vater war für mich ~. 父は私にとって絶対だった. [*lat.*; <*lat.* ōrāre „reden"]

ora·kel·haft[orá:kəlhaft] 形 神託のような; 神秘的な; なぞめいた, あいまいな.

ora·keln[orá:kəln]《06》《過分 orakelt》自 (h) **1** 予言する; なぞめいた言い方をする: über die Zukunft ~ 将来を占う. **2** 神託を告げる.

Ora·kel⸗spruch 男 神託〔の言葉〕. ⸗**stät·te** 女 神託の下される場所.

oral[orá:l] **I** 形 **1** 口の, 口腔(こう)の;〘医〙経口の: ~*e* Empfängnisverhütung 経口避妊〔法〕| die ~*e* Phase〘精神分析〙口唇〔愛〕期. **2** 口頭の, 口述の. **3**〘言〙(母音などが)口むろ音の, 口音の. **II Oral** 男 -s/-e〘言〙(鼻などを使わず口だけで発音される)口むろ音, 口音. [<*lat.* ōs „Mund"]

Oral⸗ero·tik 女〘精神分析〙口唇愛. ⸗**sep·sis** 女〘医〙口腔(こう)腐敗症. ⸗**ver·kehr** 男 口唇性交, オーラ

O

ルセックス.

oran·ge[orã:ʒə, oráŋʒə; ｵｰｽﾄﾘｱ: ɔrã:ʒ] 形《俗語以外では無変化》オレンジ〈だいだい〉色の: eine ~ Blüte オレンジ色の花 | *et.*[4] ~ färben …をオレンジ色に染める. [*fr.*]

Oran·ge **I** [orã:ʒə, oráŋʒə] 女 -/-n (Apfelsine) **1** 〘植〙オレンジ, ネーブル. **2** オレンジ〈ネーブル〉の実. **II** [−; ｵｰｽﾄﾘｱ: ɔrã:ʒ] 中 -s/- (話: -s) オレンジ色: zartes ~ うすいオレンジ色. [*pers.*−*arab.* nāranǧ−*span.* naranja−*fr.*]

Oran·gea·de[orãʒá:də; ｵｰｽﾄﾘｱ:..ʒá:t[1]] 女 -/-n[..dən] オレンジエード(飲料). [*fr.*]

Oran·geat[..ʒá:t] 中 -s/ (種類: -e) オレンジピール(オレンジの皮の砂糖煮). [*fr.*]

oran·ge≠far·ben[orã:ʒə.., oráŋʒə..] ＝orangenfarben **≠far·big** ＝orangenfarbig

oran·gen[orã:ʒən, oráŋʒən] 形 (orange) オレンジ〈だいだい〉色の.

Oran·gen≠baum[orã:ʒən.., oráŋʒən..] 男 オレンジの木. **≠blü·te** 女 オレンジの花.

oran·gen≠far·ben[orã:ʒən.., oráŋʒən..] 形, **≠far·big** 形 オレンジ〈だいだい〉色の.

Oran·gen≠mar·me·la·de[orã:ʒən.., oráŋʒən..] 女 オレンジジャム〈マーマレード〉. **≠öl** 中 オレンジ油(食品・化粧品添加香料). **≠saft** 男 オレンジジュース.

Oran·ge·rie[orãʒərí:, oraŋʒ..] 女 -/-n[..rí:ən] オレンジ栽培温室(17-18世紀の庭園でのオレンジなど南国産植物の越冬用の温室). [*fr.*]

Orang-Utan[ó:raŋ|ú:tan] 男 -s/-s 〘動〙オランウータン. [*malai.* „Wald-mensch"]

Ora·ni·en[orá:niən] オラニエ家(オランダの総督や王位についた家柄). [<Orange (南フランスの都市)]

Ora·ni·er[..niər] 男 -s/- オラニエ家の人.

der **Oran·je**[oránjə] 地名 男 -(s)/ オレンジ(南アフリカ共和国を西に流れて大西洋に注ぐ川).

Oran·je·frei·staat 男 -(e)s/ 〘史〙オレンジ自由国(1854-1902; Bure 人が南アフリカに建てた国. イギリスと戦って敗れ1910年からは南アフリカ共和国の一州).

Orans[ó:rans] 男 ..ranten[orántən]/..ranten, **Orant** [oránt] 男 -en/-en, **Oran·te**[..tə] 女 -/-n 〘美〙オランス(初期キリスト教時代の手を挙げて祈る像). [*mlat.*]

ora pro no·bis[ó:ra· pro: nó:bɪs] 《ﾗﾃﾝ語》(bitte für uns!) 我らのため祈りたまえ(連禱(れんとう)において会衆の唱える反復の願いの祈り).

Ora·tion[oratsió:n] 女 -/-en 《ｶﾄﾘｯｸ》(典礼の)祈り,(特にミサの)集会祈願. [*lat.* ōrātiō „Rede"]

Ora·tio ob·li·qua[orá:tsio· oblí:kva·] 女 --/ (indirekte Rede) 〘言〙間接話法. [*lat.*; ◇oblique]

Ora·tio rec·ta [− rέkta·] 女 --/ (direkte Rede) 〘言〙直接話法. [*lat.*; <*lat.* rēctus (→recht)]

Ora·tor[orá:tɔr, ..to:r] 男 -s/-en[orató:rən] (Redner) (特に古代の)演説者, 雄弁家. [*lat.*]

Ora·to·ria·ner[oratoriá:nər] 男 -s/- 《ｶﾄﾘｯｸ》オラトリオ会員(→Oratorium 3 a).

ora·to·risch[orató:rɪʃ] 形 雄弁な, 修辞の巧みな; 《比》情熱的な, 熱狂的な.

Ora·to·rium[..riʊm] 中 -s/..rien[..riən] **1** 〘楽〙オラトリオ, 聖譚(せいたん)曲. **2** 〘ｷﾘｽﾄ教〙礼拝堂, 祈禱(きとう)室. **3** 《ｶﾄﾘｯｸ》 **a)** オラトリオ会. **b)** オラトリオ会の聖堂. [*kirchenlat.*]

or·bi·ku·lar[ɔrbikulá:r] 形 〘医〙輪形の. [*spätlat.*]

Or·bis[ɔ́rbɪs] 男 -/ (Kreis) 円. [*lat.*; ◇*engl.* orb]

Or·bis·druck 男 -(e)s/-e 〘服飾〙ローラー式プリント.

Or·bis pic·tus[ɔ́rbɪs píktʊs] 男 --/ 世界絵地図(1656年チェコの聖職者・教育学者コメニウス Comenius が出版した教材). [*lat.*; ◇pinxit]

Or·bis ter·ra·rum[− tɛrá:rʊm] 男 --/ (Erdkreis) 世界. [*lat.*; ◇Terra]

Or·bit[ɔ́rbɪt] 男 -s/-s 〘宇宙〙(人工衛星などの)周回軌道. [*lat.*−*engl.*]

Or·bi·ta[ɔ́rbita·] 女 -/..tae[..tε·] (Augenhöhle) 〘解〙眼窩(がんか). [*lat.* „Radspur"−*mlat.*; ◇Orbis]

or·bi·tal[ɔrbitá:l] 形 **1** 〘宇宙〙周回軌道の. **2** 〘医〙眼窩(がんか)の. [*mlat.*(−*engl.*); ◇..al[1]]

Or·bi·tal·sta·tion 女 〘宇宙〙軌道科学ステーション: ~ Salut 6 (ソ連の)軌道科学ステーション サリュート6号.

Or·ches Orchis I の複数.

Or·che·ster[ɔrkέstər, ɔrçέs..; ｵｰｽﾄﾘｱ: ɔrçέs..] 中 -s/- **1 a)** オーケストラ, 管弦楽(団): ein kleines ~ / ein schwach besetztes ~ 少人数編成のオーケストラ | Londoner Philharmonisches ~ ロンドンフィルハーモニー交響楽団 | Sinfonie*orchester* 交響〔管弦〕楽団 ‖ ein ~ dirigieren 〈verstärken〉 オーケストラを指揮〈増員〉する | im ~ mitspielen オーケストラの一員として演奏する. **b)** 《集合的に》管弦楽用楽器: ein Opus für Klavier und ~ ピアノと管弦楽のための曲. **2** ＝Orchestergraben **3** ＝Orchestra [*gr.* orchḗstrā−*lat.*−*roman.*]

Or·che·ster≠be·glei·tung[ɔrkέstər..] 女 オーケストラ伴奏. **≠gra·ben** 男 (劇場の)オーケストラ席〈ボックス・ピット〉(→ ⊠ Bühne). **≠mu·si·ker** 男 オーケストラ〈管弦楽団〉の団員. **≠raum** 男 ＝Orchestergraben **≠stück** 中 オーケストラ用楽曲, 管弦楽曲.

Or·che·stik[ɔrçέstɪk] 女 -/ 舞踏法. [*gr.*]

Or·che·stra[ɔrçέstra·] 女 -/..stren[..strən] オーケストラ(古代ギリシア劇で合唱隊が登場する舞台前の半円形の場所). [*gr.*−*lat.*; <*gr.* orcheĩsthai „tanzen"]

or·che·stral[ɔrkεstrá:l, ɔrçε..] 形 オーケストラ〔ふう〕の: ~*e* Musik 管弦楽. [<..al[1]]

Or·che·stra·tion[..stratsió:n] 女 -/-en 〘楽〙管弦楽法, 器楽編成法, オーケストレーション.

Or·che·stren Orchestra の複数.

Or·che·stri·en Orchestrion の複数.

or·che·strie·ren[..strí:rən] 他 (h) 管弦楽〈オーケストラ〉用に編曲する.

Or·che·strie·rung[..rʊŋ] 女 -/-en orchestrieren すること.

Or·che·strion[ɔrçέstriɔn] 中 -s/..rien[..riən] 〘楽〙オーケストリオン(昔のオルガンとピアノを組み合わせた楽器; 今日ではさまざまな楽器の音色を出す回転式自動楽器).

Or·chi·dee[ɔrçidé:(ə)] 女 -/-n[..dé:ən] 〘植〙ラン(蘭)科植物. [*fr.*]

Or·chi·de·en≠fach[ɔrçidé:ən..] 中 (ごく限られた人々だけが関心をもつ)特殊な学問分野. **≠li·lie**[..li:liə] 女 (Jakobskreuz) 〘植〙スプレケリア, ツバメズイセン(燕水仙).

Or·chis[ɔ́rçɪs] **I** 男 -/..ches[..çe:s] (Hoden) 〘解〙睾丸(こうがん), 精巣. **II** 女 -/- (Knabenkraut) 〘植〙ハクサンチドリ(白山千鳥)属. [*gr.*]

Or·chi·tis[ɔrçí:tɪs] 女 -/..tiden[..çití:dən] (Hodenentzündung) 〘医〙睾丸(こうがん)炎. [<..itis]

Or·chi·to·mie[ɔrçitomí:] 女 -/-n[..mí:ən] **1** 〘医〙精巣切除, 睾丸(こうがん)摘出. **2** 〘植〙去葯(きょやく).

ord. 略 ＝**ordinär** 3

Or·dal[ɔrdá:l] 中 -s/-ien[..liən] (Gottesurteil) (古代・中世の)神明裁判, 神判(原始的な裁判形式の一つで, 容疑者を火・水・毒などによる危険にさらし, 容疑者の受ける被害の有無によって罪の有無を決定するもの). [*aengl.* ordāl „Ausgeteiltes"−*mlat.*; ◇Urteil; *engl.* ordeal]

Or·den[ɔ́rdən] 男 -s/- **1** 勲章, 勲位: Hosenband*orden* ガーター勲章 | Verdienst*orden* 功労〔勲〕章 ‖ einen ~ erhalten 〈tragen〉 勲章をもらう〈つけている〉 | *jm.* einen ~ verleihen …に勲章を授ける. **2** (規約のきびしい)団体, 結社, (特に:) 教団, 修道会: der Deutsche ~ 〘史〙ドイツ騎士団 | Benediktiner*orden* ベネディクト会 ‖ einem ~ beitreten / in einen ~ eintreten 教団に入る | einen ~ gründen 〈auflösen〉 教団を創立〈解散〉する. [*lat.* ōrdō „Reihe(nfolge)"−*ahd.* ordena; ◇Ornat, ordnen, Order; *engl.* order]

Or·dens≠band[ɔ́rdəns..] 中 -(e)s/..bänder **1** (勲章の)大綬(たいじゅ). **2** 〘虫〙シタバガ(下翅蛾)属のガ: Blaues ~ ムラサキシタバ(紫下翅蛾) | Gelbes ~ ワモンキシタバ(輪紋黄下翅蛾) | Rotes ~ エゾベニシタバ(蝦夷紅下翅蛾). **≠bru·der** 男 結社のメンバー, (特に:) 修道〔会〕士. **≠burg** 女 〘史〙騎士団の城. **≠frau** 女 《雅》 ＝Ordensschwester

≈**geist·li·che** 男 =Ordenspriester ≈**ge·lüb·de** 中 (修道会・結社などに加入の際の)誓願. ≈**ket·te** 女 勲章のくさり. ≈**kleid** 中 修道〔会〕服. ≈**kreuz** 中 十字形勲章. ≈**mann** 男《雅》=Ordensbruder ≈**mei·ster** 男 騎士団〈結社〉の長. ≈**prie·ster** 男 (↔Weltpriester)〘カトリック〙修道〔会〕司祭. ≈**re·gel** 女 修道会の戒律. ≈**rit·ter** 男 騎士団に属する騎士. ≈**schlei·fe** 女 勲章のリボン. ≈**schnal·le** 女 = Ordensspange ≈**schwe·ster** 女〘カトリック〙修道女. ≈**span·ge** 女 (制服の上着についている)勲章用の留め金. ≈**stern** 男 星形勲章. ≈**tracht** 女 修道〔会〕服. ≈**trä·ger** 男 勲章所持〈佩用(はいよう)〉者. ≈**ver·lei·hung** 女 勲章授与. ≈**zei·chen** 中 結社のバッジ.

or·dent·lich[ɔ́rdəntlɪç] 形 **1 a)**《付加語的》(↔außerordentlich) 規定〈慣例〉どおりの, 正規〈定例〉の; ▽(しかるべき)順序に従った: ein ~*er* Arbeitsvertrag 正式の労働契約 | Die Sache geht ihren ~*en* Gang. 事は滞りなく進んでいる | ein ~*es* Gericht〘法〙通常裁判所 | ein ~*es* Mitglied eines Vereins 協会の正会員 | ~*er* Professor (略 o. Prof., o. P.) 正教授 | eine ~*e* Sitzung 定例会議. **b)** (richtig) 本格的な, その名に値する, ちゃんとした: Ohne ein Glas Wein ist das keine ~*e* Geburtstagsfeier. ワインが一杯もなくては本当の誕生パーティーの感じが出ない | ein ~*es* Mittagessen まともな昼食 | eine ~*e* Schlacht 本格的な戦闘 ‖ Hier gibt es nichts *Ordentliches* zu essen. ここにはろくな食べ物がない ‖ Ich war ~ gerührt. 私はほんとうに感動した | Der Schreck ist mir ~ in die Glieder gefahren. 恐怖が文字どおり私の体を貫いた.

2 a) (↔unordentlich) (物事が)秩序のある, 整然とした; (人が)身だしなみのよい, 服装のきちんとした: einen ~*en* Haushalt führen 家事をきちんとやる | eine ~*e* Schrift haben 筆跡がきちんとしている | eine ~*e* Wohnung きちんと片づいた住居 | in ~*em* Zustand 整然と, 手入れが行き届いて; 破損せずに, 無事に ‖ Seine Beweisführung war ~. 彼の証明は理路整然としていた | Im Zimmer ist es ~. 室内はきちんと整頓(せいとん)してある | ein Kind ~ halten 子供を身ぎれいにさせておく ‖ *seine* Hefte ~ führen ノートをきちんと取る | ~ gekleidet sein 身なりがきちんとしている | Er hat seine Arbeit ~ gemacht. 彼は仕事をきちんとやった(→d). **b)** (人が)秩序〈規律〉を尊ぶ, きちょうめんな: eine ~*e* Hausfrau きちんとした〈きちょうめんな〉主婦 | Mit den Spielsachen ist er recht ~. 彼はおもちゃを散らかしたりはしない. **c)**《話》まじめな, 折り目正しい, 堅実な; りっぱな, 下品でない: eine ~*e* alteingesessene Familie 由緒正しい旧家 | ein ~*es* Leben führen 堅実に暮らす | ein ~*es* Mädchen 品行方正な女の子 ‖ *sich*⁴ ~ benehmen 礼儀正しく振舞う. **d)**《話》(できばえなどが)まあまあの, 悪くない: eine ~*e* Leistung なかなか結構な成績〈できばえ〉‖ Er hat seine Arbeit ganz ~ gemacht. 彼の仕事はなかなかのできだ(→a).

3《話》したたかな, 非常〈相当〉な: ein ~*es* Gehalt haben 給料をたっぷりもらっている | Ich habe ~*en* Hunger. 私はひどく空腹だ | einen ~*en* Schluck nehmen ぐいと一飲みする; したたか飲む | ein ~*es* Stück Arbeit ずいぶんな量の仕事 ‖ ~ essen 大いに食う | es⁴ *jm.* ~ geben …を厳しくしかる | Es hat ~ geregnet. 大雨が降った | Ich habe mich ~ nach dir gesehnt. 私は君に恋いこがれていた | Langt 〈Greift〉 ~ zu! (さあ諸君)どんどん手を出して食べてくれ.

[*ahd.*; < *ahd.* ordena „Reihe〔nfolge〕" (→Orden)]

Or·dent·lich·keit[–kaɪt] 女 -/ **1** (ordentlich なこと. 例えば:) きちんと整頓(せいとん)してあること, 整然; きちょうめん; まじめ, 堅実: Bei seiner ~ kann ihm nichts wegkommen. 彼のようにきちんとしていれば物をなくすということはありえない. **2** =Ordnungsliebe

Or·der[ɔ́rdər] 女 **1** -/-s, -n (Anweisung) 指令, 指示, 指図: ~ bekommen 〈geben〉 命令を受ける〈出す〉| ▽**~ parieren** 命令に従う. **2** -/-s〘商〙注文, 指図: an die ~ des Herrn X X 氏の指図人あて(手形などの裏書き). [*lat.* ōrdō (→Orden) – *fr.* ordre]

Or·der≈buch 中〘商〙受注控え簿, 注文控え帳. ≈**klau·sel** 女〘商〙(手形などの)指図条項.

or·dern[ɔ́rdərn]《05》他 (h) (bestellen)〘商〙発注する.

Or·der·pa·pier 中〘商〙指図証券(手形・株券など).

Or·di·nal·zahl[ɔrdiná:l..] 女 (**Or·di·na·le**[..lə] 中 -s/..lia[..lia·]) 序数(→Kardinalzahl). [*spätlat.* ōrdinālis „Ordnung anzeigend"]

or·di·när[ɔrdinɛ́:r] 形 **1**《付加語的》(alltäglich) 日常どこにでも見られる, ありきたりの, 平凡な: ein ~*er* Berg どこにでもあるような山 | ein ganz ~*er* Kugelschreiber ごく平凡なボールペン. **2**《軽蔑的に》(gemein) 下品な, 卑俗な: ein ~*er* Ausdruck 品のない言い回し | ein ~*es* Parfüm 趣味の悪い香水 ‖ Sei nicht so ~! そんな品のないことをするな | ~ lachen 品のない笑い方をする. **3** (略 ord.)〘商〙(書籍に関して)店頭で, 値引きなしで: Das Buch kostet ~ 10 Mark. 〘商〙その本は店頭で10マルクする. [*lat.* „ordentlich" – *fr.*; < *lat.* ōrdō (→Orden)]

Or·di·na·riat[ɔrdinariá:t] 中 -[e]s/-e **1** 正教授のポスト〈地位〉. **2**〘カトリック〙司教区事務局. [<..at]

Or·di·na·rium[..ná:riʊm] 中 -s/..rien[..riən] **1** (国・地方自治体の)通常予算. **2**〘カトリック〙(ミサなどの)通常文. [*mlat.*]

Or·di·na·rius[..ná:riʊs] 男 -/..rien[..riən] **1 a)** (ordentlicher Professor) (大学の)正教授. ▽**b)** (高校の)クラス担任教師. **2**〘カトリック〙教会裁治権者(司教・教皇など); 教区司教. [2: *mlat.*]

Or·di·när·preis[ɔrdinɛ́:r..] 男〘商〙市価; (書籍の)定価.

Or·di·na·te[ɔrdiná:tə] 女 -/-n (↔Abszisse)〘数〙縦座標. [< *lat.* ōrdinātus „geordnet"]

Or·di·na·ten·ach·se 女〘数〙(座標系の)縦軸.

Or·di·na·tion[ɔrdinatsió:n] 女 -/-en **1**〘新教〙按手(あんしゅ)式, 牧師任職〔式〕;〘カトリック〙聖職叙階〔式〕. **2**〘医〙**a)** (医者の)処方. **b)**《オーストリア》診察室, 治療室. ▽**c)** 診察, 診療; 診察〈診療〉時間. [*spätlat.* „Anordnung"; ◇ordnen]

Or·di·na·tions≈hil·fe 女《オーストリア》診察助手. ▽≈**zim·mer** 中 診察室.

or·di·nie·ren[ɔrdiní:rən] **I** 他 (h) **1**《*jn.*》〘新教〙牧師職に任命する;〘カトリック〙聖職者に叙階する. **2**〘医〙(薬を)処方する. **II** 自 (h)〘医〙患者を診察する. [〔*kirchen*〕*lat.*]

ord·nen[ɔ́rdnən]《01》**I** 他 (h) (英: *order*) **1** (ある規準・順序に従って)並べる, 配列する, 整理する, 分類する: *et.*⁴ alphabetisch 〈chronologisch〉 ~ …をアルファベット〈年代〉順に配列する | *et.*⁴ sachlich ~ …を事項別に分類する | *et.*⁴ nach der Größe 〈der Farbe〉 ~ …を大きさの順〈色別〉にそろえる ‖ die Akten in die Fächer ~ 書類を整理棚に入れる | die Blumen in die Vase 〈zu einem Strauß〉 ~ 花を花瓶にいける〈花束にまとめる〉| die Bücher in den 〈in dem〉 Schrank ~ 本棚に本を並べる〈本棚の本を整理する〉‖ das *Ordnen* des Nachlasses 遺産〈遺稿〉の整理 ‖ ein nach Branchen *geordnetes* Adressenverzeichnis 職業別住所録.

2 a) 再帰 *sich*⁴ ~ (事項が)並んでいる, 配列〈分類〉されている: Die Diskothek *ordnet* sich nach den Komponisten. このレコード=コレクションは作曲家別に分類されて〈並んで〉いる. **b)** 再帰 *sich*⁴ ~ (人が)並ぶ, 整列する; (隊列などが)整う: Die Leute *ordneten* sich zum Festzug. 人々は祝賀の行列を組んだ | Der Festzug hatte sich *geordnet*. 祝賀の行列が組まれた | Alles hatte sich sinnvoll *geordnet*. 何もかもうまくまとまっていた.

3 (乱れたものを)きちんと整える, きれいにする, 片づける: das Bett ~ ベッドを整える | das Zimmer ~ 部屋を片づける | die Haare 〈die Kleidung〉 ~ 髪〈衣服〉を整える | *seine* Gedanken ~ 《比》考えをまとめる, 熟考する ‖ Eine *ordnende* Hand war zu spüren. だれかきちんと片づけてくれる人がいるらしいことがわかった.

4 (問題・用件などを)さばく, 処理する, 収拾する, 片をつける: *seine* Angelegenheiten selbst ~ 自分のことを自分で処理する | Bei gutem Willen ließe sich das leicht ~. 善意があればそれは簡単に解決されるだろう.

▽**5** 指示〈規定〉する;《*jn.* zu *et.*³》(…を…に)指名〈選定〉する.

II ge·ord·net → 別出

[*lat.* ōrdināre－*ahd.* ordinōn; ＜*lat.* ōrdō (→Orden)]

Ọrd·ner[ɔ́rdnər] 男 -s/- **1** (集会・祭典などの)〔会場〕整理〈警備〉係; (行進などの)リーダー. **2** (書類などの)整理保存用具, ファイル, 書類とじ: einen neuen ～ anlegen 新しいとじ込みを作る | in einem ～ blättern 書類とじをめくってみる.

Ọrd·ner·map·pe 女 (Registrator) 書類とじ.

Ọrd·nung[ɔ́rdnʊŋ] 女 -/-en (英: *order*) **1** 《ふつう単数で》順序よく並べること, 分類, 整理; 処理: die ～ des Materials 〈der Verhältnisse〉 資料〈財政〉の整理 | die ～ *seiner* persönlichen Angelegenheiten 私用の処理 | die ～ des Nachlasses 遺産〈遺稿〉の整理.

2 《ふつう単数で》順序よく並んでいること, きちんと〈整然と〉していること, 整理〈整頓(せいとん)〉された状態, 秩序; 規律: musterhafte ～ 模範的秩序 | peinliche ～ 寸分のすきもない〈息苦しいほど〉整然とした状態 | göttliche ～ 神の摂理 | öffentliche ～ 社会秩序, 公安 | Ruhe und ～ 安寧秩序 |〖主語として〗In dem Zimmer herrschte ～. 部屋は整然としていた | In seinem Vortrag war keine ～. 彼の講演にはまとまりがなかった | Hier herrscht ja eine schöne ～!《反語》これはまたずいぶんきちんとしているじゃないか, この乱雑なありさまはいったいなんということだ | *Ordnung* muß sein! 秩序〈規律〉が必要だ | *Ordnung* ist das halbe Leben.《諺》人生〈生活〉の半分は秩序だ, 秩序〈整理〉がしっかりしていれば生活は大丈夫だ ‖〖4格の目的語として〗in *et.*[4] ～ bringen …に秩序をもたらす, …をきちんと整理する | ～ halten 秩序を保つ, きちんと整理しておく | die ～ lieben 秩序〈整理〉を好む | *Ordnung*, ～, liebe sie, sie erspart dir Zeit und Mühe.《諺》整理整頓を大切にせよ. それは時間と労力を節約してくれる | ～ machen 〈schaffen〉 きちんとする, 整理する, 秩序をもたらす.

‖〖前置詞と〗**auf** ～[4] achten 整理〈秩序〉を重んじる | *et.*[4] **aus** der ～ bringen …の秩序を乱す | sehr **für** ～ sein 秩序〈整理〉を非常に重んじる | für ～ sorgen 〔安寧〕秩序が保たれるよう気を配る, ことが整然と運ぶよう取りはからう | **gegen** die ～ verstoßen 公共の秩序〈公安〉に反する(→6) | der ～ **halber** 〈wegen〉 形式を整えるため, 形式だけ | *et.*[4] 〔**wieder**〕**in** ～[4] **bringen**《話》…(乱れたもの)をきちんとする〈整える・正す〉; …(破損したもの)を修理〈手入れ〉する; …(問題・事件など)を収拾する〈処理する・片づける〉| um unsere Bücher in ～ zu bringen〖商〗帳面(ちょうめん)を合わせるために | *jn.* **in** ～[4] **bringen**《話》…を(精神的・肉体的に)正常な状態に戻す | *et.*[4] **in** 〔**der**〕 **～ finden**《話》…を適切〈ふさわしい〉と思う | **in** ～[4] **gehen**《話》〔とり決めどおり〕きちんと処理される | Können Sie das Fahrrad bis morgen reparieren?－〔Das〕 geht in ～. この自転車をあすまでに修理できますか — かしこまりました | *et.*[4] in ～[3] halten …をきちんと〈整然と〉保つ |〔**wieder**〕 **in** ～[4] **kommen** 〔再び〕秩序ある〈整然たる〉状態になる | **in** ～[3] **sein**《話》きちんとしている, 正常である | Das ist in ～! / In ～! オーケー, よろしい, 承知した, 大丈夫だ | Die Maschine 〈Mein Magen〉 ist nicht in ～. 機械〈私の胃〉の調子が悪い | Ich bin nicht ganz in ～. 私はどうも体が本調子でない | Die Papiere sind in ～. 書類はちゃんと整っている, 書類に問題はない | **Alles ist in schönster** 〈**bester**〉 **～.**《話》万事なんの支障もなく進んでいる, 万事しごく順調だ | die Kinder **zur** ～ erziehen 子供をしつけ直す | *jn.* **zur ～ rufen** (議場などで)…に言動を慎むように注意する.

3 《*js.* Ordnung の形で》(…に固有の)生活のペース, 生活の秩序: *jn.* aus *seiner* ～ bringen …の生活のペースを狂わす | aus *seiner* ～ kommen 生活のペースが狂う〈乱れる〉|〔wieder〕 in *seine* ～ kommen 生活のペースをとり戻す | Das Kind braucht seine ～. 子供には子供のペースがある.

4 (ある体系を形作る)順序, 序列, 配列: eine alphabetische 〈chronologische〉 ～ アルファベット〈年代〉順 | in regelmäßiger ～ wiederkehren 一定の順序でくり返される | nach der ～ / der ～ nach 順序正しく, 配列どおりに.

5 (ある体系の)構造, 組織, 秩序: die 〔innere〕 ～ eines Organismus 〈eines Moleküls〉 有機体〈分子〉の〔内部〕構造 | ～ eines Staates ある国家の体制 | eine neue ～ errichten 〈aufbauen〉 新体制を建設する.

6 規則, 規定, 条例: die ～ im Zivilprozeß 民事訴訟法 | Bibliothek*ordnung* 図書館規定 ‖ *sich*[4] an die ～ halten 規則〈規定〉を守る | gegen die ～ verstoßen 規則に違反する(→2) | der ～[3] gemäß 規定に従って.

7 《序数と》**a)** 等級, 第…級: Landstraßen erster 〈zweiter〉 ～ 1級〈2級〉国道 ‖ eine Autorität erster ～ 最高権威者 | eine Blamage 〈ein Mißerfolg〉 **erster ～**《話》この上ない恥さらし〈大失敗〉. **b)**〖数〗位数, 次数: Kurven erster ～ 一次曲線.

8〖動・植〗目(もく)(Familie の上, Klasse の下の分類区分): Raubtiere und Nagetiere sind ～*en* der Säugetiere. 食肉動物と齧歯(げっし)動物はそれぞれ哺乳(ほにゅう)動物の目である.

9〖軍〗隊形: geöffnete 〈geschlossene〉 ～ 散開〈密集〉隊形.

Ọrd·nungs⸗amt[ɔ́rdnʊŋs..] 中 市公安局(住民登録・旅券・営業監察・道路交通などの業務を扱う). **⸗dienst** 男 **1** (催し物などの)会場整理〔係〕. **2** 《単数で》《スイス》国内治安のための勤務〈出動〉.

ọrd·nungs⸗ge·mäß 形 秩序のある, 整然たる; きちんとした; 規則〈取り決め〉どおりの. **⸗hal·ber** 副 秩序〈規律〉を保つために: Ich frage nur ～. 規則なのでお聞きするだけなのですが.

Ọrd·nungs⸗hü·ter 男 **1** 秩序維持者. **2** 《皮肉》(Polizist) 警官, 巡査. **⸗lie·be** 女 きちょうめん, 整頓好き.

ọrd·nungs⸗lie·bend 形 きちょうめんな, きちんとした, 整頓(せいとん)好きな. **⸗los** 形 秩序のない; 乱雑な, だらしのない. **⸗mä·ßig** ＝ordnungsgemäß

Ọrd·nungs⸗po·li·zei 女 治安〈保安〉警察. **⸗ruf** 男 (議長が発する)議事規則違反を注意する声. **⸗sinn** 男 -〔e〕s/ 秩序維持の心構え〈気持〉, きちょうめん. **⸗stra·fe** 女〖法〗秩序罰(公法上の義務違反に対する制裁〔金〕); (一般に)規律違反に対する処罰. **⸗sy·stem** 中 分類体系. **⸗übung** 女〖体育〗秩序運動.

ọrd·nungs·wid·rig 形〖法〗秩序違反の.

Ọrd·nungs⸗wid·rig·keit 女〖法〗秩序違反. **⸗zahl** 女 **1** (↔Grundzahl) (Ordinalzahl) 序数. **2**〖理・化〗原子〈元素〉番号. **⸗zahl·wort** 中 -〔e〕s/..wörter〖言〗序数〔詞〕.

Or·do〔n〕·nanz[ɔrdɔnánts] 女 -/-en **1**〖軍〗伝令兵. [V]**2 a)** (Befehl) 命令, 訓令. **b)** 《複数で》(フランス王の)勅令. [*fr.*; ＜*lat.* ōrdināre (→ordnen)]

Or·do〔n〕·nanz⸗dienst 男〖軍〗伝令勤務. **⸗of·fi·zier** 男〖軍〗司令部〈本部〉付き将校.

Or·do·vị·zium[ɔrdoví:tsiʊm] 中 -s/〖地〗(古生代の)オルドビス紀; オルドビス系. [＜*lat.* Ordovīcēs (ブルトン人の一種族)]

Or·dre[ɔ́rdər] 女 -/-s ＝Order

Öre[ǿ:rə] 中 -s/- (女 -/-) エーレ(スウェーデン・デンマーク・ノルウェーの小額貨幣〔単位〕: 1/100 Krone). [*lat.* (nummus) aureus „goldne (Münze)"－*skand.*; ◇Aurum]

Orea·de[oreá:də] 女 -/-n 《ふつう複数で》〖ギ神〗オレイアス(山の精: →Nymphe 1). [*gr.*－*lat.*; ◇oro..]

Orẹ·ga·no[oré:gano] 男 -/〖植〗オレガノ(シソ科の多年草. 葉は香辛料に用いる).

orẹ·mus[oré:mʊs] 《ラテン語》〖カトリック〗祈りましょう(ローマ典礼における祈りへの呼びかけ). [＜*lat.* ōrāre (→Oration)]

Orẹst[orέst], **Orẹ·stes**[..tεs] 人名〖ギ神〗オレステス(Agamemnon の息子で, 殺された父の復讐(ふくしゅう)をとげた). [*gr.*－*lat.*]

der **Öre·sund**[ǿ:rəzʊnt][1] 地名 男 -〔e〕s/ エーレ海峡(デンマークとスウェーデンを隔てる海峡で, 北海とバルト海を結ぶ水路として有名). [*skand.*]

ORF[o:|εr|έf] 略 男 -〔s〕/ ＝ Österreichischer Rundfunk オーストリア国営放送.

Ọr·fe[ɔ́rfə] 女 -/-n (Nerfling)〖魚〗ウグイ(鯎). [*gr.*－*lat.*－*ahd.*]

Orff[ɔrf] 人名 Carl ～ カルル オルフ(1885-1982; ドイツの作曲家).

Or·gạn[ɔrgá:n] 中 -s/-e **1 a)**〖解・生〗器官, 臓器: die inneren ～*e* 内臓 | ein künstliches ～ 人工臓器 | das ～ für die Atmung 〈zum Sehen〉 呼吸〈視覚〉器官 | Harn*organ* 泌尿器 ‖ ein ～ verpflanzen 〈spenden〉 臓

O

器を移植〈提供〉する. **b**) 感覚,(特に:) 聴覚: **ein** 〈**kein**〉 **~ für** *et.*[4] **haben**《話》…のセンスがある〈ない〉| *jm.* fehlt jedes ~ für *et.*[4]《話》…には…のセンスがまったくない. **c**) (歌手などの)声: ein wohlklingendes 〈durchdringendes〉 ~ haben よく響く〈通る〉声をしている. **2** (団体の)機関紙, 機関誌. **3** (政治活動などの)機関, 機構: die gesetzgebenden 〈rechtsprechenden〉 ~*e* 立法〈司法〉機関. ▽**4** 道具. [*gr.* órganon (→Organon)－*lat.*; ◇Organum]

Or·ga·na Organon, Organum の複数.

Or·gan·bank[ɔrgá:n..] 女 (臓器移植用の)臓器銀行.

Or·gan·dy[ɔrgándi·] (ｵｰｽﾄﾘｱ: **Or·gan·din**[..gandí:n]) 男 -s/ オーガンジー(婦人服地などに用いる薄い綿布). [*fr.* organdi－*engl.*]

Or·ga·nell[ɔrganέl] 中 -s/-en, **Or·ga·nel·le**[..nέlə] 女 -/-n《生》細胞内小器官(ミトコンドリア・葉緑体など). [<..ell]

Or·gan≈emp·fän·ger[ɔrgá:n..] 男《医》臓器被移植者. **≈ent·nah·me** 女《医》臓器摘出. **≈ge·sell·schaft** 女《経》機関会社.

Or·ga·ni·ker[ɔrgá:nikər] 男 -s/- 有機化学者.

Or·ga·ni·sa·tion[ɔrganizatsió:n] 女 -/-en **1**《単数で》**a**) 組織化, 構成, 編制: die ~ der Arbeiter 労働者を組織すること | *jn.* mit der ~ des Festes beauftragen …に祝典のアレンジを依頼する. **b**)《医》器質化, 器質形成. **2**《単数で》**a**) 構造, 機構, 体制: die innere ~ einer Partei 政党の内部組織. **b**)《生》(生物体の)構成, 体制. **3** 組織体, 団体, 協会, 組合: eine politische 〈geheime〉 ~ gründen 政治〈秘密〉団体を創立する | *sich*[4] in 〈zu〉 einer ~ zusammenschließen 集まって団体をつくる. [*fr.*]

Or·ga·ni·sa·tions≈feh·ler 男 組織〈構成〉上の欠陥. **≈ga·be** 女 =Organisationstalent **≈plan** 男 組織計画〔図〕. **≈ta·lent** 中 組織能力, 組織者としての才能.

Or·ga·ni·sa·tor[ɔrganizá:tɔr, ..to:r] -s/-en [..zató:rən] **1 a**) (計画・催しなどを企画・準備して)組織する人, 主催者, 世話人. **b**) 組織能力の優れた人, 企画や準備の上手な人. **2**《生》形成体, 編制原.

or·ga·ni·sa·to·risch[..zató:rɪʃ] 形 組織〈構成〉に関する: ~*e* Mängel 組織上の欠陥 | Er ist ein ~*es* Talent./Er ist ~ begabt. 彼には組織力がある.

or·ga·nisch[ɔrgá:nɪʃ] 形 **1** (↔anorganisch)《化・生》有機の, 有機物〈体〉の, オーガニックな: ~*e* Chemie 有機化学 | ~*e* Düngemittel 有機肥料 | ~*e* Säure 有機酸 | ~*e* Verbindungen 有機化合物. **2**《医》器官の, 器質性の: ~*e* Blutung 器質性出血 | ein ~*es* Leiden 器質性疾患. **3**《比》有機的な, 組織的な: ein ~*er* Zusammenhang 有機的関連.

or·ga·ni·sie·ren[ɔrganizí:rən] 他 (h) **1 a**)《*et.*[4]》組織〈編成〉する; (計画・催しなどを)企画準備する,(…の)手はずをととのえる: einen Ausflug ~ 遠足の計画をととのえる | eine Partei ~ 政党を作る | einen Widerstand ~ 抵抗運動を組織する ‖ 再帰 Der Widerstand hat sich[4] *organisiert.* 抵抗運動が組織された ‖ ein *organisiertes* Verbrechen 組織犯罪. **b**)《*jn.*》(…を)集めて組織を作る, 組織に統合する, 組織化する: die Sportler in Vereinen ~ スポーツマンをまとめて協会を組織する ‖ 再帰 Die Leute haben sich zum Widerstand *organisiert.* 人々は組織を作って抵抗運動をした | *sich*[4] gewerkschaftlich ~ (集まって)組合を作る ‖ die *organisierten* Arbeiter 組織労働者. **2**《話》(beschaffen)(こっそり)手に入れる, せしめる, 調達する: ein Faß Bier ~ ビールを一たる調達する. **3**《医》(死んだ組織を)回復させる. [*fr.*; ◇Organ]

Or·ga·ni·sie·rung[..rʊŋ] 女 -/-en《ふつう単数で》organisieren すること.

Or·ga·nis·men Organismus の複数.

or·ga·nis·misch[ɔrganísmɪʃ] 形 有機体〈物〉の; 有機質の.

Or·ga·nis·mus[..nísmʊs] 男 -/..men[..mən] **1 a**) 有機体: der tierische ~ 動物有機体. **b**)《比》(有機的な)組織体, 機構. **2**《ふつう複数で》(Lebewesen) 生物: marine *Organismen* 海洋生物 | Mikro*organismen* 微生物. [*fr.*]

Or·ga·nist[..níst] 男 -en/-en (女 **Or·ga·ni·stin**[..tɪn] -/-nen) (Orgelspieler) パイプオルガン奏者. [*mlat.*－*mhd.*]

Or·gan≈kon·ser·ve[ɔrgá:n..] 女《医》(移植用の)保存臓器. **≈leh·re** 女 -/ 器官学, 臓器学. **≈man·dat** 中《ｵｰｽﾄﾘｱ》《官》(警官の手による)徴収罰金, 科料. **≈neu·ro·se** 女《医》器官神経症〈ノイローゼ〉.

or·ga·no·gen[ɔrganogé:n] 形 **1**《化》有機化合物の. **2**《生》器官形成の; 器官による.

Or·ga·no·ge·ne·se[..gené:zə] 女 -/《生》器官形成.

Or·ga·no·gra·phie[..grafí:] 女 -/-n[..fí:ən]《医・生》器官学.

Or·ga·no·lo·gie[..logí:] 女 -/ **1** (Organlehre)《医・生》器官学, 臓器学, 器官研究. **2**《楽》楽器学.

Or·ga·non[ɔ́rganɔn] 中 -s/..gana[..gana·] **1 a**)《単数で》(アリストテレスの)論理学. **b**) 論理学書〈論文〉. ▽**2 a**) (Werkzeug) 道具. **b**) (Organ)《解・生》器官, 臓器. **c**) (Orgel)《楽》パイプオルガン. [*gr.* órganon „Werkzeug"; ◇Ergon, Organ〔um〕]

Or·ga·no·the·ra·pie [ɔrganoterapí:] 女 -/-n [..pí:ən]《医》臓器療法.

Or·gan·sin[ɔrganzí:n] 男 中 -s/ 絹のより糸. [*fr.*]

Or·gan≈spen·de[ɔrgá:n..] 女《医》(臓器移植のための)臓器提供. **≈spen·der** 男《医》臓器提供者, ドナー. **≈trans·plan·ta·tion** 女, **≈über·tra·gung** 女《医》臓器移植〔術〕.

Or·ga·num[ɔ́rganʊm] 中 -s/..na[..na·] **1**《楽》**a**) オルガヌム(聖歌に対声部を加えた中世の多声楽曲). **b**) 楽器,(特に:) パイプオルガン. **2** =Organ 1 a [*gr.* órganon (→Organon)－*lat.* „Werkzeug"; ◇Orgel]

Or·gan·ver·pflan·zung [ɔrgá:n..] 女 =Organtransplantation

Or·gan·za[ɔrgántsa·] 男 -s/《織》オーガン(絹・人絹などの薄い織物). [*it.*]

or·gas·misch[ɔrgásmɪʃ] =orgastisch

Or·gas·mus[ɔrgásmʊs] 男 -/..men[..mən]《生理》オルガスムス(性行為の際の快感の極期): bei *jm.* einen ~ erleben …と性交してオルガスムスを体験する. [*gr.*; <*gr.* orgẽ „Trieb"]

or·ga·stisch[ɔrgástɪʃ] 形 オルガスムスの, オルガスムスに関する.

Or·gel[ɔ́rgəl] 女 -/-n《楽》パイプオルガン(→ 図): eine ~ bauen 〈spielen〉 パイプオルガンを製作〈演奏〉する. [〔*kirchen*〕*lat.* organa－*ahd.* orgela; ◇Organ〔um〕: *engl.* organ]

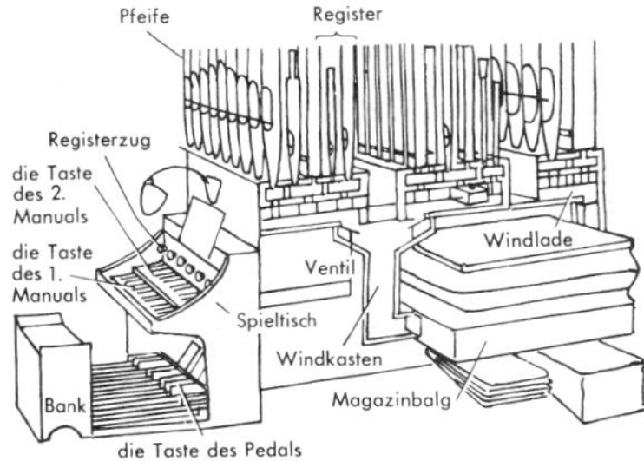

Orgel

Or·gel≈bau·er 男 -s/- パイプオルガン製作者. **≈chor** [..ko:r] 男 パイプオルガン演奏席. **≈kon·zert** 中 **1** オルガン演奏会. **2**《楽》オルガン協奏曲. **≈ko·ral·le** 女《動》クダサンゴ(管珊瑚).

or·geln[ɔ́rgəln]《06》自 (h) **1 a**) 手回しオルガンを鳴らす (→Leierkasten). ▽**b**) パイプオルガンを演奏する. **c**)《方》

退屈な音楽をかなでる. **d)**《話》(パイプオルガンのような)大きな音を出す: Ein Flugzeug *orgelt*. 飛行機が爆音をとどろかせる | Der Wind *orgelt* in den Bäumen. 風が木々の間をごうごうと吹いている. **2**〖狩〗(シカなどが)発情して鳴く. **3**《卑》(koitieren) 性交する.

Or·gel≠pfei·fe[ɔ́rgəl..] 女〖楽〗(パイプオルガンの)音管, パイプ: **wie die ~n**《戯》身長順に | Die Kinder standen da wie die *~n*. 子供たちが身長順に並んでいた. **≠pro·spekt** 男〖楽〗パイプオルガンの前面管. **≠punkt** 男〖楽〗オルガン点, ペダル音. **≠re·gi·ster** 中 パイプオルガンの音栓〈ストップ〉〔のつまみ〕. **≠spiel** 中 パイプオルガンの演奏. **≠spie·ler** 男 パイプオルガン奏者. **≠stim·me** 女 =Orgelregister **≠wal·ze** 女〖楽〗(18世紀頃の)自動オルガン. **≠werk** 中 オルガン曲.

O

Or·gias·mus[ɔrgiásmʊs] 男 -/..men[..mən] **1** (ギリシアの酒神 Dionysos の)密儀の酒宴. **2**《比》放縦な酒宴, 無礼講, どんちゃん騒ぎ. **[*gr.*]**

or·gia·stisch[..stɪʃ] 形 無礼講の, どんちゃん騒ぎの; 放縦〈無規律〉な, めちゃくちゃな.

Or·gie[ɔ́rgiə] 女 -/-n **1** オルギア(ギリシアの酒神 Dionysos の密儀). **2**《比》乱飲乱舞の酒宴, 無礼講, どんちゃん騒ぎ; (性的な)放埒(ほうらつ)行為: eine ~ des Lärms とてつもない大騒ぎ | Sauf*orgie* 暴飲の酒盛り ‖ **〔wahre〕 ~n feiern** 度を過ごす, 際限がない | Sein Haß gegen uns feiert wahre *~n*. 我々に対する彼の憎しみはとどまるところを知らない. [*gr.* órgia „heilige Handlung"－*lat.*; ◇Ergon]

Orient[ó:riɛnt, oriɛ́nt] 男 -s/ (↔Okzident) (Morgenland) オリエント, 東洋, (特に:) 中近東; ᵛ東, 東方: **der vordere ~** 近東 | der fernöstliche ~ 極東 | in den ~ reisen オリエントに旅行する. [*lat.*－*mhd.*; < *lat.* orīrī „aufgehen"; ◇rinnen, original]

Orien·ta·le[oriɛntá:lə] 男 -n/-n (⊛ **Orien·ta·lin**[..lɪn]-/-nen) オリエント〈中近東〉の人, 東洋人.

orien·ta·lisch[..tá:lɪʃ] 形 (↔okzidentalisch) オリエント〈中近東〉の, 東洋の; 《比》東洋ふうの, 豪華な: *jn.* ~ bewirten …を大いにもてなす.

Orien·ta·list[oriɛntalíst] 男 -en/-en オリエント〈東洋〉学者.

Orien·ta·li·stik[..lístɪk] 女 -/ オリエント〈東洋〉学.

orien·ta·li·stisch[..lístɪʃ] 形 オリエント〈東洋〉学の.

Orient≠beu·le[ó:riɛnt.., oriɛ́nt..] 女〖医〗東方〈アレッポ〉腫(しゅ), 皮膚リーシュマニア症. **≠ex·preß** 男 オリエント急行列車(ヨーロッパを横断する豪華国際列車).

orien·tie·ren[oriɛntí:rən] 他 (h) **1** 《*et.*⁴》(…の)方向を正す; 方位〈位置〉を確認する: die Karte ~ 地図を方位に合わせる | eine Kirche 〔nach Osten〕 ~ 教会を東向き(祭壇が東端になるよう)に建てる ‖ 再帰 *sich*⁴ an 〈nach〉 den Sternen ~ 星を見て自分の位置〈方向〉を知る | Im Schnee konnte ich mich nicht mehr ~. 雪の中で私は道が分からなくなっていた. **2** (informieren) 《*jn.*》(…に)情報を提供する, 説明する: *jn.* über die Unterredung ~ …に話し合いの模様を伝える ‖〖目的語なしで〗über neue Tendenzen in der deutschen Gegenwartssprache ~ 現代ドイツ語における新しい傾向について紹介する ‖ 再帰 *sich*⁴ über *et.*⁴ ~ …について情報を得る ‖ Er ist über die Lage gut 〈falsch〉 *orientiert*. 彼は情況をよくわきまえている〈誤認している〉. **3** 方向づける, 向かわせる; 対応〈即応〉させる: die Politik an 〈nach〉 den Realitäten ~ 政策を現実にマッチさせる | alle Kräfte auf *et.*⁴ ~ …に全力を傾ける ‖〖目的語なしで〗auf *et.*⁴ ~ …に目標を置く, …に対応〈即応〉している ‖ 再帰 *sich*⁴ an den Verbraucherwünschen ~ 消費者の希望に添う | *sich*⁴ auf *et.*⁴ ~ …を指向する, …に対応している ‖ Er war früher links *orientiert*. 彼は以前は左翼的傾向があった. [*fr.*; ◇*engl.* orient]

..orientiert[..oriɛnti:rt]《名詞・まれに形容詞・副詞などにつけて「…を指向する」を意味する形容詞をつくる》: konsum*orientiert* 消費指向の | wachstums*orientiert* 経済成長一辺倒の ‖ elektronisch*orientiert* エレクトロニクス指向の ‖ links*orientiert* (思想的に)左傾した.

Orien·tie·rung[oriɛntí:rʊŋ] 女 -/-en **1 a)** 方位〈位置〉の確認; 方向〈位置〉感覚, 〖心〗見当識〈感〉; 方向づけ: die ~ verlieren 方向〈位置〉が分からなくなる. **b)** =Ostung **2** 説明, 指導; オリエンテーション; 〔予備〕知識: Zu Ihrer ~ gebe ich Ihnen eine Fotokopie. ご参考までにコピーをお渡しします. **3** 態度, 姿勢: ~ auf die Technik 技術への志向 | die politische ~ Amerikas nach Japan アメリカの対日政治姿勢.

Orien·tie·rungs≠da·ten[oriɛntí:rʊŋs..] 複〖経〗経済政策の指針となるデータ. **≠hil·fe** 女 指導の助け, 指針. **≠lauf** 男〖スポーツ〗オリエンテーリング.

orien·tie·rungs·los 形 (人が)人生の方向〈指針〉をもたない, 自己の位置づけのできない.

Orien·tie·rungs≠punkt 男 (位置・道順などの)目印になる所. **≠sinn** 男 -〔e〕s/ **1** 位置〈方向〉感覚: Er hat keinerlei ~. 彼は方向音痴だ. **2**〖医〗部位感覚. **3**〖動〗定位覚; (ハト・ミツバチなどの)帰巣本能〈感覚〉. **≠stu·fe** 女 (Förderstufe)〖教〗(ドイツの中等教育における)オリエンテーション〈促進〉段階 (Grundschule 修了者が Hauptschule, Realschule, Gymnasium のいずれへ進むか, その進路決定のための準備期間. 原則として第 5, 第 6 学年の 2 年間). **≠ta·fel** 女 (ビル・街区などの)案内板〈図〉. **≠ver·mö·gen** 中 =Orientierungssinn

Orient≠kun·de[ó:riɛnt.., oriɛ́nt..] 女 -/ オリエント学. **≠tep·pich** 男 (トルコ・イランなどで作られる手織りの)東洋じゅうたん, オリエンタル=カーペット.

Ori·flam·me[ó:riflamə] 女 -/ (フランス王の)赤色軍旗. [*fr.*; ◇Aurum, Flamme]

Ori·ga·mi[origá:mi·] 中 -〔s〕/ 折り紙. [*japan.*]

ori·gi·nal[originá:l] **I** 形 **1**《ふつう副詞的》(echt) 本物の, 原産〈原作〉の: ~ Schweizer Käse 本物のスイスチーズ. **2** 独特な, 独創的な. **3** (映画・テレビ・ラジオなどで)直接現地〈現場〉の: *et.*⁴ ~ im Fernsehen übertragen …をテレビで実況中継する.

II Ori·gi·nal 中 -s/-e **1** (コピーなどに対して)原本, 正本; 原作, 原文; (複製に対して)原画: das ~ eines Zeugnisses 証書の原本 | ein ~ von Rembrandt レンブラントの原画 ‖ ein Gedicht im ~ lesen 詩を原語で読む. **2** (写真・絵画・小説などの)モデル. **3** 奇人, 変わり者.
[〔*m*〕*lat.*; < *lat.* orīgō „Ursprung" (◇Orient)]

Ori·gi·nal≠aus·ga·be 女〖印〗原典, 元版(もとはん). **≠er·satz·teil** 男 中 (自動車などの)純正〔補充〕部品.

ori·gi·nal·ge·treu 形 原作〈原画〉に忠実な.

Ori·gi·nal≠grö·ße 女 原寸大, 実物大: in ~ 原寸〈実物〉大で. **≠in·stru·ment** 中〖楽〗オリジナル楽器(現代楽器の前身).

Ori·gi·na·li·tät[originalitɛ́:t] 女 -/-en **1**《ふつう単数で》本物〈原物〉であること; 独特さ, 独創性, 新機軸; 新奇: die ~ des Briefes bestätigen 手紙が本物だと確証する. **2** =Original 3 [*fr.*]

Ori·gi·nal≠ko·pie[originá:l..] 女〖写〗オリジナルプリント. **≠packung** 女 製造元包装〔商品〕. **≠spra·che** 女 (翻訳語に対する)原語. **≠text** 男 原文. **≠ton** 男 (引用などの)原文の口調〈スタイル〉. **≠über·tra·gung** 女 =Direktsendung

ori·gi·när[originɛ́:r] 形 もとの, 本来の; 原初〈根元〉的な; 本国〈国内〉産の. [*spätlat.*－*fr.*]

ori·gi·nell[..nɛ́l] 形 **1** 特異な, 独特な; 新機軸の. **2** 新奇〈奇抜〉な: ein *~er* Mensch 奇人, 変わり者. [*fr.*]

der **Ori·no·ko**[orinó:ko·] 地名 男 -〔s〕/ オリノコ(ヴェネズエラを東に流れて大西洋に注ぐ川). [*indian.* „Fluß"]

Orion[orí:ɔn] **I** 人名〖ギ神〗オリオン (Poseidon の息子. 巨人で美男の猟人). **II** der **Orion** 男 -〔s〕/ オリオン座(冬に南東の空に見える星座). [*gr.*－*lat.*]

Or·kan[ɔrká:n] 男 -〔e〕s/-e〖気象〗(風力12クラスの)大暴風, 颶風(ぐふう), ハリケーン; 《比》(感情などの)激発: ein ~ des Beifalls 〈der Wut〉 あらしのような拍手〈憤激〉. [*span.* huracán (→Hurrikan)－*ndl.*]

or·kan·ar·tig 形 ハリケーン級の; 《比》あらしのような: *~er* Beifall あらしのような拍手.

die **Ork·ney·in·seln**[ó:rkni.., ɔ́:kni..] 地名 複 オークニー

諸島(スコットランド北東沖にあり, イギリス領). [*isländ.*]

Ọr·kus[ɔ́rkʊs] **I** 人名〘ロ神〙オルクス(死の神). **II** 男 -/ 〘ロ神〙死者の国, 冥界(めいかい): *jn.* ⟨*et.*^{4}⟩ in den ～ schicken ⟨befördern / stoßen⟩《雅》…を葬り去る. [*lat.*]

Or·lean[ɔrleá:n] 男 -s/ 〘化〙オルレアン(ベニノキの果肉から得られるオレンジ色・赤色の食品着色料). [*fr.*; ＜F. de Orellana (16世紀のスペイン人発見者)]

Or·lea·ner[ɔrleá:nər] 男 -s/- オルレアンの人.

Or·lea·nist[..leaníst] 男 -en/-en〘史〙(ブルボン王家に反抗する)オルレアン王朝派. [*fr.* Orléaniste]

Or·leans[..leã:, ɔ́rleã·] **I** 地名 オルレアン(フランス中部の都市): die Jungfrau von ～ オルレアンの少女(→Jeanne d'Arc). **II** 男 -/ オルレアン織(アルパカに似た綿織物). **III** 男 -/- 〘史〙オルレアン家(フランスのヴァロア・ブルボン王家の分派)の人. [＜*lat.* Cīvitās Aurelianī „Aurelians Stadt"]

Or·leans·baum[ɔrleá:ns..] 男〘植〙ベニノキ.

ᵛ**Ọr·log**[ɔ́rlo:k][1] 男 -s/-e(-s) (Krieg) 戦争. [*anord.* „Schicksal"－*ndl.*]

ᵛ**Ọr·log·schiff** 中 (昔の)軍艦, 軍船.

Ọr·lon[ɔ́rlɔn] 中 -(s)/ 商標 オーロン(化学繊維). [*ame-rik.*]

Ọr·lop·deck[ɔ́rlo:p..] 中〘海〙(特に軍艦の)最下甲板. [*mndl.*－*engl.* or-lop; ◇über, Lauf]

Or·na·mẹnt[ɔrnamɛ́nt] 中 -(e)s/-e 装飾〔模様〕, 文様(もんよう), 図案: *et.*^{4} mit ～*en* schmücken …に装飾〈文様〉をつける. [*lat.* ōrnāmentum „Ausrüstung"]

or·na·men·tạl[ɔrnamɛntá:l] 形 装飾〈文様〉の; 装飾的な. [＜..al[1]]

or·na·men·tiẹ·ren[..tí:rən] 他 (h)《*et.*^{4}》(…に)装飾〈文様〉を施す.

Or·na·mẹn·tik[ɔrnaméntɪk] 女 -/ **1** 装飾術. **2**《集合的に》**a)** 装飾〔模様〕, 文様. **b)**〘楽〙(時代や作曲家に独自の)装飾.

Or·nạt[ɔrná:t] 男 中 -(e)s/-e (高位の役人・聖職者などが儀式に着用する)礼服, 式服; 法衣: in vollem ～ 礼装〈盛装〉して. [*lat.*－*mhd.*; ＜*lat.* ōrnāre „ausrüsten" (◇Orden)]

Ọr·nis[ɔ́rnɪs] 女 -/ (ある地域の)鳥類誌, 鳥類相. [*gr.* órnis „Vogel"; ◇Aar]

ornitho..《名詞・形容詞などにつけて「鳥」を意味する》

Or·ni·tho·lọ·ge[ɔrnitoló:gə] 男 -n/-n (→..loge) 鳥類学者.

Or·ni·tho·lo·giẹ[..logí:] 女 -/ (Vogelkunde) 鳥類学.

or·ni·tho·lọ·gisch[..ló:gɪʃ] 形 鳥類学〔上〕の.

Or·ni·tho·phi·liẹ[..filí:] 女 -/ 〘植〙鳥媒(ちょうばい)(鳥による受粉の媒介).

Or·ni·tho·pọ·de[..pó:də] 男 -n/-n〘古生物〙鳥脚類〔の動物〕(鳥恐竜の総称).

oro..《名詞・形容詞などにつけて「山」を意味する》[*gr.* óros „Berg"]

oro·gẹn[orogé:n] 形 造山運動の; 造山運動で生じた.

Oro·ge·nẹ·se[..gené:zə] 女 -/-n (Gebirgsbildung)〘地〙造山運動.

Oro·ge·niẹ[..gení:] 女 -/ 山岳成立論.

ᵛ**Oro·gno·siẹ**[..gnozí:] 女 -/-n[..zí:ən] 山岳研究, 山岳誌.

ᵛ**oro·gnọ·stisch**[orognɔ́stɪʃ] 形 山岳研究〈山岳誌〉の.

Oro·gra·phiẹ[..grafí:] 女 -/-n[..fí:ən] 山岳学〈誌〉.

oro·grạ·phisch[..grá:fɪʃ] 形 山岳学〔上〕の.

Oro·hy·dro·gra·phiẹ[..hydrografí:] 女 -/-n[..fí:ən]〘地〙山地水流〈水利〉研究.

ᵛ**Oro·lo·giẹ**[..logí:] 女 -/ 比較山岳論.

Oro·me·triẹ[..metrí:] 女 -/ 山岳〈地形〉測定.

oro·mẹ·trisch[..mé:trɪʃ] 形 山岳〈地形〉測定〔上〕の.

Or·phẹ·um[ɔrfé:ʊm] (**Or·phẹ·on**[..fé:ɔn]) 中 -s/..pheen[..fé:ən] 音楽堂; 娯楽場.

Ọr·pheus[ɔ́rfɔʏs] 人名〘ギ神〙オルペウス(竪琴(たてごと)の名手. 冥府(めいふ)から妻 Eurydike をつれ帰るとき, 戒めを忘れて振り返ったために永久に妻を失った). [*gr.*－*lat.*]

Ọr·phik[ɔ́rfɪk] 女 -/ 〘宗〙(古代ギリシアの)オルペウス教(人間の原罪と魂の遊行(ゆぎょう)を説いた). [*gr.*]

Ọr·phi·ker[ɔ́rfikər] 男 -s/- オルペウス教徒.

ọr·phisch[ɔ́rfɪʃ] 形 **1** オルペウス教〔徒〕の. **2**《比》神秘的な, なぞめいた.

Or·ping·ton[ɔ́:pɪŋtən] **I** 中 -s/-s〘鳥〙オーピントン(肉用鶏の一種). **II** 女 -/-s〘鳥〙オーピントン(肉用カモの一種). [＜イングランドの原産地名]

Or·plịd[ɔrplí:t, ⌒─] 中 -s/〘文芸〙オルプリート(詩人 Mörike らが考え出した空想上の島の名).

Ort[ɔrt] **I** 男 -es(-s)/-e (Örter[œ́rtər]) (小 **Ọ̈rt·chen** → 別出, **Ọ̈rt·lein**[œ́rtlaɪn] 中 -s/-) **1** -(e)s/-e **a)** (特定の)場所, 個所, 所; 現場; 地点, 地域: ein denkwürdiger ⟨unheimlicher⟩ ～ 記念すべき〈気味の悪い〉場所 | **der gewisse** ⟨**stille** / **verschwiegene**⟩ **～**《婉曲に》便所, はばかり | öffentliche ～*e* 公共の場 | ein ～ der Erholung 保養地 | ein ～ des Schreckens 恐怖のちまた | der ～ der Tat ⟨des Verbrechens⟩ 犯行現場 ‖ ～ und Zeit ⟨Stunde⟩ bestimmen 場所と時間を決める ‖ die Angabe des ～*es* 場所の指示〈明記〉| die Einheit der Zeit, des ～*es* und der Handlung〘劇〙時・所・筋の一致 | aller ⟨vieler⟩ ～*en* いたる所〈あちこち〉で(～*en* は複数2格の古形) | anderen ～*es* どこかほかの所で | ᵛich meines ～*es* 私としては ‖〘前置詞と〙**an ～ und Stelle** 現場〈その場〉で, ただちに(→b) | an ～ und Stelle sein 現場〈その場〉に居合わせる(→b) | eine Untersuchung an ～ und Stelle 現地調査;〘法〙現場検証 | am ～ selbst その場所〈当地〉で, そこ〈ここ〉で | nur an ～ (酒などが)店内に限って飲める; 持ち出し不可〈禁止〉の | am ～ gehen 足踏みする | an allen ～*en* 〔und Enden〕いたる所で, どこでも | **am angeführten** ⟨**angegebenen** / ᵛ**angezogenen**⟩ **～**〔*e*〕 (略 a. a. O.) (論文などで)上掲書〈上述の箇所〉で | am angeführten ～〔e〕, Seite 123 上掲書の123ページ | *jn.* an einem dritten ～ treffen …と(自宅・勤務先以外の)第三の場所〈某所〉で会う | Er ist der rechte Mann am rechten ～. 彼はこの仕事〈役〉にぴったりだ | Bin ich hier am rechten ～ ⟨recht am ～⟩? 私はここにいてよいのでしょうか | eine Äußerung am unrechten ～ 場違いな発言 | **von ～ zu ～** あちこち〈各地を〉転々として | **vor ～** (→II).

b) (事物の属すべき)しかるべき〈ふさわしい〉場所, 適当な場所〈時〉: **an ～ und Stelle** しかるべき場所で(→a) | *et.*^{4} ⟨*jn.*⟩ an ～ und Stelle bringen …をふさわしい場所に置く〈ふさわしい地位につける〉| an ～ und Stelle sein 目的地に着いている(→a) | **fehl am ～ sein** 場違いである, (ある場面・状況で)不適当である, ふさわしくない, 当を得ていない | Das ist hier sehr am ～. それはここにぴったりだ | Bücher wieder an ihren ～ stellen 書物を元の場所に並べる ‖ Hier ist nicht der ～, lange zu diskutieren. 今はもう長たらしい議論をしている場合ではない.

ᵛ**c)** (政府などの)その筋, 当局:〘ふつう2格で〙*jn.* geeigneten ～*es* empfehlen …をしかるべき筋に推す | **gehörigen ～*en*** しかるべき筋で | *et.*^{4} gehörigen ～*es* melden …を当局に報告する | **höheren ～**〔*e*〕*s* 上層部で | Über den Antrag wird höheren ～*es* bereits verhandelt. この申請は上層部ですでに審議されている.

2 -es(-s)/-e **a)** 村落, 町村; 地方; 町村〈村落〉の住民: ein großer ～ 大きな村〈町〉| der nächste ～ 隣の村〈町〉| Grenz*ort* 国境の町 ‖ hier am ～ この村〈町〉で, 当地で | Er ist aus meinem ～. 彼は私と同郷だ | in bestimmten ～*en* 地方によっては ‖ Der ganze ～ spricht davon. 村〈町〉じゅうの人がその話をしている〈その話で持ちきりだ〉. ᵛ**b)**《スイ》(Kanton) 州.

3 -es(-s)/Örter **a)** **der geometrische ～**〘数〙軌跡 | den geometrischen ～ bestimmen 軌跡を求める.

b) **der astronomische ～**〘天〙(天体の)位置, 星位.

c)〘紋〙(盾の)上部3分の1の横帯(→ 図 Wappen e).

4 -es(-s)/-e《南部》(ベッドの)横板, 枠板.

5 -es(-s)/Örter《南部》(教会の)いす〔席〕.

II 中 -es(-s)/Örter[œ́rtər]〘坑〙掘進切羽(きりは), 切り場: **vor ～** 切羽で;《比》現場で, 現地で | vor ～ arbeiten 切羽で働く〈掘削する〉| die Diplomaten von ～ 現地〈出先〉の

外交官たち.

III 男 (中) -es(-s)/-e ᵛ**1** (Spitze) 先端, とんがり; (剣の)切っ先(→ ⊛ Schwert): über ～ 斜めに. **2**《南部》(Ahle) 突き錐(ぎり), 穴あけ針. ᵛ**3** (貨幣・度量衡の) 4 分の 1. [*germ.* „Spitze"]

ᵛ**Ort·band**[ɔ́rt..] 中 -(e)s/..bänder こじり(剣ざやの末端).

Ört·chen[œ́rtçən] 中 -s/- **1** Ort の縮小形. **2**《婉曲に》(Abort) 便所: **ein gewisse** 〈**stille** / **verschwiegene**〉 ～ 便所, はばかり | aufs ～ gehen 便所へ行く.

Or·te·ga y Gas·set[ɔrté:ga· i gasɛ́t, ɔrtéɣa−−] 人名 José ～ ホセ オルテーガ イ ガセット(1883–1955; スペインの思想家. 著作『大衆の反逆』など).

or·ten[ɔ́rtən] 《01》 他 (h) 〖海・空〗 **1** 《*et.*[4]》(…の)位置〈方位〉を測定する: ein Schiff über Radar ～ 船の位置をレーダーで確かめる. **2** 《*et.*[4]》《場所を示す語句と》(…の)位置を(…と)測定する.

Or·ter[ɔ́rtər] 男 -s/- **1** (船・飛行機などの)位置測定係; 無線探知係. **2** 電波探知機, レーダー.

Ör·ter Ort の複数.

ör·tern[œ́rtərn] 《05》 他 (h) **1** 《南部》《*et.*[4]》(…の)かどを落とす, 面取りをする. **2** 〖坑〗(坑道の)切羽(きりは)を掘る(→ Ort II): 再帰 *sich*[4] ～ (坑道などが)出会う.

orth.. →ortho..

ortho.. 《名詞・形容詞などにつけて「正しい・まっすぐな」などを意味する. 母音の前では orth.. となることもある: →*Ortho*ptik》[*gr.*]

Or·tho·chro·ma·sie[ɔrtokromazí:] 女 -/ 〖写〗 整色性.

or·tho·chro·ma·tisch[..kromá:tɪʃ] 形 〖写〗 整色性の: ～*e* Platten 〈Filme〉 整色乾板〈フィルム〉.

or·tho·dox[..dɔ́ks] 形 **1** (↔heterodox) 〖宗〗 正統信仰の, 正教の: die ～*e* Kirche 東方正教会; ギリシア正教会. **2** 正統的〈オーソドックス〉な; 《軽蔑的に》因襲的な; (unnachgiebig) 頑固な, 頑迷な. [*gr.*−*spätlat.*]

Or·tho·do·xie[..dɔksí:] 女 -/ **1** 〖カトリック〗 正統信仰; 〖新教〗 正統主義. **2** 正統性; 因襲(性), 保守的態度〈思想〉. [*gr.*−*spätlat.*; <*gr.* dóxa „Meinung"]

Or·tho·dro·me[..dró:mə] 女 -/-n 〖海・空〗 大圏. [<*gr.* drómos „Lauf(bahn)"]

or·tho·dro·misch[..dró:mɪʃ] 形 大圏(測定)の; 大圏航法による: ein ～*er* Kurs (船舶・航空機の)大圏航路.

Or·tho·epie[ɔrto|epí:] (ᵛ**Or·tho·epik**[..|é:pɪk]) 女 -/ 〖言〗 標準発音, 正しい発音法, 正音学. [*gr.* orthoépeia; ◇Epos]

or·tho·episch[..|é:pɪʃ] 形 標準発音〈正音学〉の; 発音の正しい.

Or·tho·ge·ne·se[..gené:zə] 女 -/-n 〖生〗 定向進化.

Or·tho·gna·thie[..gnatí:] 女 -/ 〖医〗 正顎(がく)(顔面角の一つ). [<*gr.* gnáthos (→Ganasche)]

Or·tho·gon[..gó:n] 中 -s/-e 〖数〗 長方形, 矩形(くけい).

or·tho·go·nal[..goná:l] 形 〖数〗 **1** 長方形の, 矩形(くけい)の. **2** 直角〈垂直〉の, 直交の: ～*e* Polynome 直交多項式.

Or·tho·gra·phie[..grafí:] 女 -/-n[..fí:ən] 〖言〗 正字〈正書〉法(語の正しいつづり方). [*gr.*−*lat.*]

or·tho·gra·phisch[..grá:fɪʃ] 形 正字〈正書〉法(上)の; 正字〈正書〉法にかなった: ～*e* Fehler 正書法上の誤り | ein ～*es* Wörterbuch 正書法辞典.

or·tho·ke·phal[..kefá:l] = orthozephal

Or·tho·klas[..klá:s][1] 男 -es/-e 〖鉱〗 正長石. [<*gr.* klásis „Bruch" (◇klastisch)]

Or·tho·pä·de[..pɛ́:də] 男 -n/-n 整形外科医. [*fr.*]

Or·tho·pä·die[..pɛdí:] 女 -/ 整形外科(学). [*fr.*; <*gr.* paideíā „Erziehung" (◇pädo..)]

or·tho·pä·disch[..pɛ́:dɪʃ] 形 整形外科の; 整形法の: ～*e* Chirurgie 整形外科(学) | ～*e* Geräte 整形用器具.

Or·tho·pä·dist[..pɛdɪ́st] 男 -en/-en **1** 整形用器具の製作者. **2** = Orthopäde

Or·tho·pte·re[ɔrtɔpté:rə, ..top..] 女 -/-n 〖虫〗 直翅(ちょくし)類. [<*gr.* pterón (→Feder)]

Orth·op·tik[ɔrtɔ́ptɪk] 女 -/ 〖医〗 視力矯正, 視能訓練.

Or·tho·säu·re[ɔ́rto..] 女 〖化〗 オルト酸.

Or·tho·skop[ɔrtoskó:p, ..tɔs..] 中 -s/-e (結晶観察用の)正像鏡.

Or·tho·sko·pie[..skopí:] 女 -/ (レンズによる)ひずみのない写像.

or·tho·sko·pisch[..skó:pɪʃ] 形 (レンズなどが)像をひずませない.

Or·tho·ver·bin·dung[ɔ́rto..] 女 -/-en 〖化〗 オルト化合物.

or·tho·ze·phal[ɔrtotsefá:l] 形 〖解〗 正頭蓋(とうがい)をもっている: der 〈die〉 *Orthozephale* 正頭蓋の人. [<kephalo..]

Or·tho·ze·pha·lie[..tsefalí:] 女 -/ 〖解〗 正頭蓋(とうがい).

Or·tho·ze·ras[ɔrtó(:)tseras] 男 -/..ren[..totsé:rən] 〖動〗 オルトケラス(化石になった頭足類の一種). [<kerato..]

Ört·lein Ort の縮小形(→Örtchen).

der **Ort·ler**[ɔ́rtlər] 地名 男 -s/ オルトラー(南チロルにそびえるオルトラー=アルプス Ortleralpen の最高峰. 標高約 3899m).

ört·lich[œ́rtlɪç] 形 **1 a)** 地方〈局地〉的な; 地域特有の: die ～*e* Umgebung 地域環境 | die ～*en* Organe der Staatsmacht (旧東ドイツの)地域国家権力機関 (Bezirkstag, Kreistag など) ‖ ～ begrenzte Kampfhandlungen 〖軍〗 局地的戦闘. **b)** 〖医〗 局所の, 局部的な: eine ～*e* Betäubung 局所麻酔 | *jn.* ～ betäuben …に局所麻酔をかける. **2** 場所〈所在〉に関する: *et.*[4] ～ festlegen …の所在地を決める | ～ verschieden sein 場所によって異なっている. [<Ort I]

Ört·lich·keit[−kaɪt] 女 -/-en **1** 場所, 地方, 土地; 所在地; 生息〈原産〉地: *sich*[4] mit der ～ 〈den ～*en*〉 vertraut machen その土地になじむ. **2** 《婉曲に》eine gewisse ～ / die ～*en* 便所, はばかり.

Ort·mal[ɔ́rtma:l] 中 -(e)s/-e, ..mäler (Grenzzeichen) 境界標〈石〉.

Or·to·lan[ɔrtolá:n] 男 -s/-e (Gartenammer) 〖鳥〗 キノドアオジ(ホオジロの一種). [*it.* ortolano; <*lat.* hortulus „Gärtchen" (◇Garten)]

Or·trud[ɔ́rtru:t] 女名 オルトルート. [<*ahd.* ort „Spitze (der Waffe)" (◇Ort) + trud „Kraft"]

..orts[..|ɔrts] 《形容詞などにつけて「…の場所で」を意味する副詞をつくる. 形容詞の語尾変化は..enorts, または..erorts となる》: all*erorts* いたるところで | ander*enorts* / ander*erorts* 他の場所で | viel*enorts* / viel*erorts* あちこちで.

Orts≠ad·verb[ɔ́rts..] 中 〖言〗 場所の副詞. **≠äl·te·ste** 男 《形容詞変化》〖坑〗 現場責任先山(さきやま), 大先山. **≠an·ga·be** 女 (文書などの)場所の表示〈記載〉.

orts·an·säs·sig 形 当地居住の, 土着の, 居住者の身分の: der 〈die〉 *Ortsansässige* (その土地の)住民.

Orts·be·stim·mung 女 **1** 〖地〗 位置測定. **2** 〖言〗 場所の規定語〈状況語〉.

orts·be·weg·lich 形 (↔ortsfest) 〖工〗 移動可能な, 可搬性の.

Ort·schaft[ɔ́rt-ʃaft] 女 -/-en 村落, 集落; 小村.

Ort·scheit[ɔ́rt-ʃaɪt] 中 -(e)s/-e (馬の引き革を結ぶ)馬車の横木.

Orts·fall 男 (Lokativ) 〖言〗 位置格, 所格, 処格.

orts≠fest[ɔ́rts..] 形 (↔ortsbeweglich) 〖工〗 固定式の, 据え付けの. **≠fremd** 形 **1** (その)土地に不案内な. **2** (その)土地の生まれでない, (その)土地に住んでいない.

Orts≠ge·dächt·nis 中 土地に対する記憶力, 土地勘: ein gutes ～ haben 土地勘がいい. **≠ge·richt** 中 〖法〗 地域裁判所. **≠ge·spräch** 中 (↔Ferngespräch) (電話の)市内通話. **≠ge·wal·ti·ger** 男 《戯》 村長, 部落〈町会〉長. **≠grup·pe** 女 (団体の)地方支部. **≠hau·er** 男 〖坑〗 掘進夫, 先山(さきやま). **≠kennt·nis** 女 土地〈場所〉に関する知識, 土地に詳しいこと. **≠klas·se** 女 -/-n 《ふつう複数で》(生活費の差などを勘案して定められた)地域別給与基準.

≠**kraft** 女 (在外公館・商社などの)現地採用人員.
≠**kran·ken·kas·se** 女 Allgemeine ～ (略 AOK)〔ドイツ〕地域健康保険組合.
orts·kun·dig[ɔ́rts..] 形〔その〕土地〈地方〉に詳しい: der 〈die〉 *Ortskundige* その土地に詳しい人.
Orts·na·me 男 (市町村などの)地名.
Orts·na·men·kun·de 女 -/ 地名学.
Orts·netz 中 市内通話〈電話〉網.
Orts·netz·kenn·zahl 女 (電話の)局番.
Orts≠schild 中 =Ortstafel ≠**sinn** 男 場所〈土地・方向〉に関する感覚. ≠**sta·tut** 中〘法〙地方〈市町村〉条令. ≠**ta·fel** 女 (街道で)村落〔の始まりと終わりを示す〕名標. ≠**teil** 男 集落の一部: der obere ～ 集落の上手(かみて)の部分.
Ort·stein[ɔ́rt..] 男 **1**〘鉱〙オルトシュタイン, 沼鉄鉱. ▽**2**〘建〙蟻羽瓦(けらばがわら), 隅石. **3**〘南部〙境界石.
orts·üb·lich[ɔ́rts..] 形〔その〕土地〈地方〉で慣習になっている.
Orts·um·ge·hung 女 町の迂回路〈バイパス〉.
orts·un·kun·dig 形 (その)土地〈地方〉の事情に通じていない.
Orts≠ver·än·de·rung 女 **1** 住所〈所在地〉の移転. **2**〘医〙転地. ≠**ver·kehr** 男 市内交通; 市内郵便; 市内通話. ≠**wech·sel** 男 =Ortsveränderung ≠**wehr** 女《スイ》(戦時の)郷土防衛隊. ≠**zeit** 女 **1** 現地時間: um 9.30 Uhr ～ 現地時間の9時半に. **2** (↔Normalzeit)〘理〙地方時. ≠**zu·la·ge** 女, ≠**zu·schlag** 男 勤務地手当て; (公務員の)地域手当.
Or·tung[ɔ́rtʊŋ] 女 -/-en (船・飛行機などの)位置〈方位〉測定. [<orten]
Ort·win[ɔ́rtviːn] 男名 オルトヴィーン. [<*ahd.* ort „Spitze (der Waffe)" (◇Ort)+wini „Freund"]
Ort·zie·gel[ɔ́rt..] 男〘建〙蟻羽瓦(けらばがわら).
▽**Ory·kto·gra·phie**[orʏktografíː] 女 -/ (Petrographie)〔記載〕岩石学. [<*gr.* oryktós „〔aus〕gegraben"]
..os[..oːs][1]《形容詞をつくる. ..ös となることもある》**1**《「…に関する, …が原因の, …による」などを意味する》: religi*ös* 宗教の | lepr*os* / lepr*ös* 癩(らい)病〈ハンセン病〉の | medikament*ös* 薬による. **2**《「…のある」を意味する》: spiritu*os* / spiritu*ös* アルコールを含んだ | grazi*ös* 気品のある | tendenzi*ös* 特定の傾向をもった. **3**《「…の性質の, …の様態の」を意味する》: infekti*ös* 伝染性の | spongi*ös* スポンジ状の | monstr*ös* 巨大な. [*lat.*; ◇*engl.* ..ose, ..ous]
Os[oː|és, ɔ́smiʊm] 記号 (Osmium)〘化〙オスミウム.
ös[œs]《南部》=ihr[1]
..ös[..øːs][1] →..os [*lat.*–*fr.*]
Os·car[ɔ́skar] 男 -[s]/-[s]〘映〙オスカー(アメリカのアカデミー賞の受賞者に授けられる青銅の立像). [◇Oskar]
..ose[..oːzə]《「病的状態・病気」を意味する女性名詞 (-/-n) をつくる. ..osis となることもある》: Lord*ose* / Lord*osis*〘医〙脊椎(せきつい)前彎(わん)症 | Psych*ose*〘医〙精神病 | Neur*ose*〘医〙神経症 | Tuberkul*ose*〘医〙結核病 | Zyan*ose*〘医〙チアノーゼ, 青藍(せいらん)色症 | Anthrakn*ose*〘植〙炭疽(たんそ)病. [*gr.*]
Öse[øːzə] 女 -/-n 鳩目(はとめ)(ひもを通す穴〔に取り付けた金具〕), ひも穴; (フックの)受け金, アイ, 穴; (小さな)金属環: mit Haken und ～*n* (→Haken 1 a). [„ohrartige Öffnung"; ◇Ohr, Öhr]
Ösel[øːzəl] 男 中 -s/-《北部》(ろうそくのしんの)燃えがら. [*mndd.* osele; ◇*lat.* ūrere „〔ver〕brennen"]
ösen[øːzən][1]《02》他 (h)〘海〙**1** (船底にたまった水などを)くみ出す, かい出す. **2** ein Boot ～ 小舟の船底から水をかい出す. [*mndd.*; ◇öde]
Ös≠faß[øːs..] 中〘海〙(水の)かい出し用おけ. ≠**gatt** 中 -s/-s〘海〙(船底の)あか〈漏水〉ため区画.
Osi·ris[ozíːrɪs]〘エジプト神話〙オシリス(冥府(めいふ)の神で, 古代エジプトの主神の一. Isis の夫). [*ägypt.*–*gr.*–*lat.*]
..osis[..oːzɪs] →..ose
..osität →..ität
Os·kar[ɔ́skar] 男名 オスカル: trockener ～《話》干からびたパン | frech wie ～ (→frech 1). [*kelt.*; ◇Ase, Ger]
Os·ku·la·tion[ɔskulatsióːn] 女 -/-en〘数〙(曲線の)接触. [*lat.*; <*lat.* ōsculum „Mündchen, Kuß" (◇oral)]
os·ku·lie·ren[..líːrən] 自 (h)〘数〙(曲線が)接する.
Os·lo[ɔ́sloˑ] 地名 オスロ(ノルウェー王国の首都. 旧名クリスチャニア). [*skand.*; ◇Ase, Loh[1]]
Os·man[ɔ́sman, ɔsmáːn] 人名 オスマン(1259–1326; オスマン帝国の建設者).
Os·ma·ne[ɔsmáːnə] 男 -n/-n オスマン=トルコ人; トルコ人.
os·ma·nisch[..nɪʃ] 形 オスマンの: das *Osmanische* Reich〘史〙オスマン帝国(1299–1922; オスマンを始祖とし, オスマン=トルコ族が建てた, アジア・アフリカ・ヨーロッパにまたがるイスラム教国家).
Os·mium[ɔ́smiʊm] 中 -s/〘化〙オスミウム(金属元素名; 記号 Os). [<*gr.* osmḗ „Geruch"]
Os·mo·lo·gie[ɔsmologíː] 女 -/〘医〙嗅覚(きゅうかく)論.
Os·mo·me·ter[ɔsmoméːtər] 中 (男) -s/-〘理〙浸透圧計.
Os·mo·se[..móːzə] 女 -/〘理〙浸透(物質が膜を透過して拡散する現象). [<*gr.* ōtheĩn „stoßen"+..ose]
Os·mo·the·ra·pie[ɔsmoterapíː] 女 -/〘医〙浸透圧療法.
os·mo·tisch[ɔsmóːtɪʃ] 形 浸透〔性〕の: ～*er* Druck〘理〙浸透圧.
Os·na·brück[ɔsnabrʏ́k] 地名 オスナブリュック(ドイツ Niedersachsen 州の工業都市). [<Asa „die Hase (川の名)"+Brücke]
OSO 略 =**O**st**s**üd**o**st〔en〕東南東.
Öso·pha·gi Ösophagus の複数.
öso·pha·gisch[øzofáːgɪʃ] 形 食道の.
Öso·pha·gi·tis[..fagíːtɪs] 女 -/..tiden[..gitíːdən]〘医〙食道炎. [<..itis]
Öso·pha·gus[øzóːfagʊs] 男 -/..gi[..giˑ] (Speiseröhre)〘解〙食道. [*gr.*; <*gr.* oísein „tragen werden"+..phag]
Öso·pha·gus≠di·ver·ti·kel 中〘医〙食道憩室. ≠**kar·zi·nom** 中〘医〙食道癌(がん).
Os·ram·lam·pe[ɔ́sram..] 女〘電〙オスラム電球. [<Osmium+Wolfram[2](合金の原料)]
Os·sa·rium[ɔsáːriʊm] 中 -s/..rien[..riən] 納骨堂; (古代の)骨つぼ. [*mlat.*; <*lat.* ossa „Gebeine" (◇osteo..)]
Os·si[ɔ́siˑ] 男 -s/-s《話》(旧東ドイツの市民を指して)東のやつ, 東の連中(→Wessi).
Os·sian[ɔ́sian, ɔsiáːn] 人名 オシアン(3世紀ごろのケルト族の伝説的詩人). [*gäl.*]
Os·sietz·ky[ɔsiétskiˑ] 人名 Carl von ～ カルル フォン オスィエツキー(1889–1938; ドイツのジャーナリスト).
Os·si·fi·ka·tion[ɔsifikatsióːn] 女 -/-en〘医〙骨化, 化骨. [<*lat.* os „Knochen" (◇osteo..)]
os·si·fi·zie·ren[..tsíːrən] 自 (h, s)〘医〙骨化する.
Os·sua·rium[ɔsuáːriʊm] 中 -s/..rien[..riən] =Ossarium
Ost[ɔst; 強調: oːst] 男 -[e]s/-e **1**《無変化; 無冠詞単数で》**a)** (略 O) (↔West) (都市名の後につけて)東部: Frankfurt-～ フランクフルト東部 | Berlin-～ ベルリン東部(→Ost-Berlin). **b)**《West と対に用いられて》東〔の人〕; 東欧諸国, (東欧の)社会主義陣営: von ～ und West kommen 諸方〈東西両陣営〉からやって来る. **c)** (略 O) (Osten)〘海・気象〙(方位の名として)東: →Nord 1 c **2**《ふつう単数で》(Ostwind) (雅語および海事用語で)東風. [<Osten]
Ost·af·fen[ɔ́st..] 複 (Schmalnasen)〘動〙狭鼻〔猿〕類, オナガザル類.
Ost·afri·ka[ɔ́st|á(ː)frikaˑ] 地名 東アフリカ(インド洋と中部アフリカ地溝帯とにはさまれた地域で, 大部分が1000m を越える高地).
ost·afri·ka·nisch[ɔ́st|afrikáːnɪʃ] 形 東アフリカの.

Ost·al·gie[ɔstalgí:] 女 -/-n (旧東独国民の)東独への郷愁 (Nostalgie をもじった造語).

ost·al·gisch[ɔstálgɪʃ] 形 東独への郷愁を抱いた.

die **Ost·al·pen**[ɔ́st..] 複 東部アルプス.

ost·asia·tisch[ɔ́st|aziá:tɪʃ] 形 東アジアの: die *Ostasiatische* Gesellschaft (→OAG).

Ost·asi·en[ɔ́st|á:ziən] 地名 東アジア(広義では全アジア大陸の東の部分. 狭義では中国・朝鮮・日本).

Ost-Ber·lin[ɔ́st..] 地名 東ベルリン (Berlin の東部地区で, かつてドイツ民主共和国の首都であった).

Ost·ber·li·ner I 男 東ベルリンの人. II 形《無変化》東ベルリンの.

Ost·block 男 -[e]s/ 〘政〙東欧ブロック.

Ost·block≈land 中, **≈staat** 男 東欧ブロック国.

ost·chi·ne·sisch 形 東シナ〈中国東部〉の: das *Ostchinesische* Meer 東シナ海.

ost·deutsch 形 (↔westdeutsch) **1** ドイツ東部の. **2** 《話》東ドイツ(旧ドイツ民主共和国)の.

Ost·deutsch·land 地名 (↔Westdeutschland) **1** ドイツ東部〔地域〕. **2** 《俗》東ドイツ(再統一前のドイツ民主共和国の旧西ドイツでの通称: →DDR).

Oste·al·gie[ɔstealgí:] 女 -/-n[..gí:ən] (Knochenschmerz) 〘医〙骨痛. [＜osteo..]

Osten[ɔ́stən; 強調: ó:stən] 男 -s/ **1** 《ふつう無冠詞で》(略 O) (英: *east*) (↔Westen) (Ost) (方位の名として)東: →Norden 1 | Die Sonne geht im ～ auf. 太陽は東から昇る. **2** (場所・地域をさして) **a**) 東; 東部; 東洋; 東欧〔諸国〕; 社会主義陣営; 東ドイツ: **der Ferne 〈Mittlere / Nahe〉 ～** 極〈中・近〉東 | der kommunistische ～ 共産主義東方ブロック ‖ aus dem ～ stammen 東国の出〈産〉である | nach dem ～ reisen 東の地方〈東欧〉へ旅行する. **b**) (ある地域のうちの)東部: im ～ der Stadt 〈von München〉 町の〈ミュンヒェンの〉東部で | im französischen ～ フランス東部で. **3** 《集合的に》東国人; 東欧の人; 東洋人; 東部の人. [*ahd*.; ＜*ahd*. ōstana „von Osten“ (◇Eos, Aurora); ◇Ostern; *engl*. east]

Ost·en·de[ɔst|ɛ́ndə] 地名 オーステンデ, オストエンデ(北海に面するベルギー北部の港湾都市).

▽**osten·si·bel**[ɔstɛnzí:bəl] (..si·bl..) 形 見せるに値する〈適する〉; 人目につく. [*fr*.; ＜*lat*. os-tendere „entgegenstrecken, zeigen“]

▽**osten·siv**[..zí:f][1] ＝ostentativ

Osten·ta·tion[..tatsió:n] 女 -/-en 見せびらかし. [*lat*.; ＜*lat*. ostentāre „darbieten“]

osten·ta·tiv[..tatí:f][1] 形 あからさまな, これ見よがしの: ～ gähnen 大っぴらにあくびをする | *jn*. ～ übersehen …をあからさまに無視する.

▽**osten·tiös**[..tsiǿ:s][1] 形 (prahlerisch) 得意げな, これ見よがしの.

osteo.. 《名詞・形容詞などにつけて「骨」を意味する》[*gr*. ostéon „Knochen“; ◇Auster]

Osteo·lo·gie[ɔsteologí:] 女 -/ 〘医〙骨学.

osteo·lo·gisch[..ló:gɪʃ] 形 骨学の.

Oste·om[ɔsteó:m] 中 -s/-e (Knochengeschwulst) 〘医〙骨腫(こつしゅ).

Osteo·ma·la·zie[..malatsí:] 女 -/-n[..tsí:ən] (Knochenerweichung) 〘医〙骨軟化〔症〕. [＜*gr*. malakíā „Verweichlichung“]

Osteo·mye·li·tis[..myelí:tɪs] 女 -/..tiden[..lití:dən] (Knochenmarkentzündung) 〘医〙骨髄炎. [＜*gr*. myelós „Knochenmark“＋..itis]

Osteo·pla·stik[..plástɪk] 女 -/-en 〘医〙骨形成術.

osteo·pla·stisch[..plástɪʃ] 形 骨形成〔術〕の.

Osteo·po·ro·se[..poró:zə] 女 -/-n 〘医〙骨(こつ)粗鬆(そしょう)症.

Osteo·sar·kom[..zarkó:m] 中 〘医〙骨肉腫.

Osteo·to·mie[..tomí:] 女 -/-n[..mí:ən] 〘医〙骨切り術.

Oster≈abend[ó:stər..] 男 復活祭の前夜. **≈blu·me** 女 復活祭のころに咲くいろいろな花. **≈ei** 中 復活祭の飾り卵(復活祭に贈り物として使われる彩色した卵で, 中におもちゃなどを入れた模造品や, チョコレート・マルチパンなどで作った卵などもある). **≈fei·er·tag** 男 -[e]s/-e《ふつう複数で》復活祭の祝日: der erster 〈zweiter〉 ～ 復活祭第1〈第2〉祝日 (Ostersonntag と Ostermontag). **≈fe·ri·en** 複 (学校などの)復活祭休暇. **≈fest** 中 復活祭〔の祝い〕. **≈glocke** 女 **1** 復活祭の鐘〔の音〕. **2** 〘植〙ラッパズイセン(喇叭水仙). **≈ha·se** 男 復活祭の兎(うさぎ)(子供たちに Osterei をもってくるという言い伝えがある). [＜Ostern]

Oste·ria[ɔsterí:a·] 女 -/-s, **Oste·rie**[..rí:] 女 -/-n[..rí:ən] (イタリアの)飲食店, 酒場. [*it*.; ＜*it*. oste „Wirt“ (◇Hospiz)]

die **Oster·in·sel**[ó:stər|ɪnzəl] 地名 女 -/ イースター島(南太平洋上に浮かぶチリ領の孤島で, 巨石文化の遺跡, 特に巨大な人面石像で知られる. スペイン語名パースクア島 Isla de Pascua). [＜Ostern; 1722年の復活祭の日に発見された]

Oster≈ker·ze 女 復活祭のろうそく. **≈lamm** 中 **1** (ユダヤ人が)過ぎ越しの祝いに食べる小羊. **2** 復活祭の小羊(羊の形をしたケーキ).

öster·lich[ǿ:stərlɪç] (**oster·lich**[ó:stər..]) 形 **1** 復活祭の〔ころの〕. **2** (ユダヤ人の)過ぎ越しの祝いの.

Oster·li·lie[ó:stərli:liə] 女 復活祭に飾る白ユリ.

Oster·lu·zei[ó:stərlutsaɪ, ─◡◡⊥] 女 -/-en 〘植〙ウマノスズクサ(馬鈴草)属. [*gr*.－*lat*.－*mhd*.; ＜*gr*. áristos „best“＋locheíā „Geburt“; 産婦に用いるとよいとされたことから]

Oster·lu·zei·fal·ter 男 〘虫〙タイスアゲハ(揚羽蝶).

Oster≈marsch[ó:stər..] 男 復活祭デモ行進(核武装などに反対して行われる反戦デモ). ▽**≈mo·nat** (▽**≈mond**) 男 《ふつう単数で》(April) 4月.

Oster·mon·tag 男 復活祭の翌日の月曜日(祝日扱い).

Ostern[ó:stərn] 中 -/- **1** 《ふつう無冠詞単数で. 成句では複数扱いのことがあり, 南部では複数扱いで定冠詞を伴うことがある》 **a**) (キリスト教の)イースター, 復活祭(春分後の最初の満月のあとの日曜日): zu 〈南部: an〉 ～ 復活祭の日に | Frohe 〈Fröhliche〉 ～! 復活祭おめでとう | Wir hatten schöne ～ 〈ein schönes ～〉. 復活祭はすばらしかった | Wir hatten weiße ～. 復活祭に雪が降った | *Ostern* fällt in diesem Jahr früh 〈spät〉. ことしは復活祭の来るのが早い〈遅い〉 | **wenn ～ und Pfingsten zusammenfallen 〈auf einen Tag fallen〉** 《話》決して…〔し〕ない(復活祭と聖霊降臨祭が同じ日に重なるようなあり得べからざることが起こったら) | Ich tue das, wenn ～ und Pfingsten zusammenfallen. 私はそんなことは絶対にしない | daß er denkt, ～ und Pfingsten fallen auf einen Tag 《話》彼がすっかり取り乱してしまうほどに. **b**) (イエスキリストの)復活〔の出来事〕. **c**) (ユダヤ教の)過ぎ越しの祝い(ユダヤ人がエジプトをのがれた記念の日). **2** 復活祭の贈り物. [*ahd*.; ◇Osten; *engl*. Easter]

Oster·nacht 女 復活祭前夜〔ミサ〕.

Öster·reich[ǿ:stəraɪç] 地名 オーストリア(ヨーロッパのほぼ中央にあり,1918年以来共和国で正式名称 Republik Österreich. 首都は Wien). [*ahd*. ōstar-rīhhi „Reich im Osten“; ◇Osten; *engl*. Austria]

Öster·rei·cher[..çər] 男 -s/- (女 **Öster·rei·che·rin**[..çərɪn]-/-nen) オーストリア人.

öster·rei·chisch[..çɪʃ] 形 オーストリアの.

öster·rei·chisch-un·ga·risch[ǿ:stəraɪçɪʃ|ʊ́ŋgarɪʃ] 形 オーストリア=ハンガリーの: die *Österreichisch-Ungarische* Monarchie 〘史〙オーストリア=ハンガリー帝国.

Öster·reich-Un·garn[ǿ:stəraɪç|ʊ́ŋgarn] 地名 〘史〙オーストリア=ハンガリー帝国(オーストリアとハンガリーが合体した二重帝国; 1867-1918).

Oster≈sams·tag[ó:stərzámsta:k][1] 男《特に南部・オーストリア・スイス》聖土曜日(復活祭前日の土曜日). **≈sonn·tag** 男 復活祭当日〔の日曜日〕.

Oster≈spiel 中 (中世の)キリスト復活劇. **≈ur·laub** 男 復活祭〔有給〕休暇. **≈wo·che** 女 (復活祭当日からの)復活祭週間. **≈zeit** 女 復活祭の時期〈季節〉. [＜Ostern]

Ost·eu·ro·pa[ɔ́st|ɔʏró:pa·] 地名 東ヨーロッパ, 東欧(本来

は中部ヨーロッパの東に接続するヨーロッパの一部. 場合により旧ソ連邦のヨーロッパ地域, また旧東欧社会主義諸国の地域を指す).

ost·eu·ro·pä·isch[ɔ́st|ɔʏropé:ɪʃ] 形 東ヨーロッパの, 東欧の: ~*e* Länder 東欧諸国 | die ~*e* Zeit (略 OEZ) 東部ヨーロッパ標準時(フィンランド・ルーマニア・ギリシアなどで用いられ, 日本より7時間遅い).

Ost≠flan·ke[ɔ́st..] 女〘気象〙(特に高気圧などの)東側. **≠flücht·ling** 男 東ヨーロッパからの避難民〈亡命者〉. **≠fran·ken** 中〘史〙東フランク王国.

ost·frän·kisch[ɔ́st..] 形 東フランケン方言の.

ost·frie·sisch[ɔ́stfrí:zɪʃ] 形 東フリースラントの: die *Ostfriesischen* Inseln 東フリースラント諸島(東フリースラントの北, 北海に東西につらなる. ドイツ領).

Ost·fries·land 地名 東フリースラント(ドイツ Niedersachsen 州北部の, 北海に面する地方).

Ost≠front[ɔ́st..] 女〘軍〙(第一次・第二次世界大戦のときの)東部戦線. **≠ge·biet** 中 -[e]s/-e **1** 東部地区. **2**《複数で》(第二次大戦後ポーランド領となった)東部地域. **≠geld** 中 =Ostmark[2] **≠ger·ma·nen** 複〘史〙東ゲルマン族.

ost·ger·ma·nisch 形 東ゲルマン〔族・語〕の: →deutsch

Ost·go·te 男 -n/-n 東ゴート人(ゴート人の一派で, 5世紀末に東ゴート王国を建てた).

ost·go·tisch 形 東ゴート〔人〕の.

Ost·gren·ze 女 東部国境.

Ostia[ɔ́stĭa·] 地名 オスティア(テヴェレ川河口にあった古代ローマの外港). [*lat.*; <*lat.* ōstium „Mündung" (◇oral)]

osti·na·to[ɔstiná:to·] **I** 副 (beharrlich)〘楽〙〔執拗(しつよう)に〕反復して. **II Osti·na·to** 男 中 -s/-s (..ti[..ti·])〘楽〙〔バッソ=〕オスティナート, 反復〈固執〉低音. [*it.*; <*lat.* obstināre (→Obstination)]

Ost·in·di·en[ɔst|índiən] 地名 **1** 東インド(東南アジアに対する古い名称). **2** インド東部〔地域〕.

ost·in·disch 形 東インドの; インド東部の: die *Ostindische* Kompanie〘史〙東インド会社(17-19世紀にヨーロッパ諸国がつくった, 貿易と植民地経営のための国家的独占企業体. イギリス・フランス・オランダのそれが特に重要).

ostisch[ɔ́stɪʃ] 形 (alpin) アルプスの, 高山〔性〕の.

Osti·tis[ɔstí:tɪs] 女 -/..tiden[ɔstití:dən] (Knochenentzündung)〘医〙骨炎. [<osteo..+..itis]

Ost≠ju·de[ɔ́st..] 男 東ヨーロッパのユダヤ人. **≠kir·che** 女 -/ 東方正教会. **≠kü·ste** 女 東部海岸, 東(ひがし)海岸.

östl. 略 =östlich 東の.

Ost·ler[ɔ́stlər] 男 -s/-《話》(↔Westler) 東ドイツ(旧ドイツ民主共和国)の人.

öst·lich[œ́stlɪç; 強調: ǿ:st..] 形 (↔westlich) **1** (略 ö., östl.) 東の, 東方の; 東洋の; 東欧の; (ある地域のうちの)東部の: das ~*e* Fenster 東側の窓 | die ~*en* Völker 東方〈東欧〉諸国民 | der ~*ste* Zipfel des Landes この国の最東端 | ~*e* Vorschläge 東欧陣営からの提案 | ~*e* Länge (略 östl. L., ö. L.) 東経(…度) | Freiburg liegt auf 〈unter〉 8 Grad ~*er* Länge. フライブルクは東経8度にある ‖ das ~*e* Frankreich フランス東部 ‖ Die Stadt liegt weiter 〈sehr 〔weit〕〉 ~. その町はずっと東の方にある ‖〖2格または von *et.*[3] の前に置いて〗~ des Rheins 〈vom Rhein〉 ライン川の東方に | das Gebiet ~ des Mains マイン川の東側の地域. **2** 東からの, 東から来る; 東向きの, 東を目指す: der ~*e* Wind 東の風 | in ~*er* 〈~*e*〉 Richtung fahren (車・船が)東に向かって走る | einen noch ~*eren* Kurs einschlagen もっと東寄りのコースをとる.

östl. L. 略 =östliche〔r〕 Länge 東経(…度).

Ost≠mark[1][ɔ́stmark] 女 -/-en《単数で》オーストリア地域(1938-45);《複数で》東部辺境地域 (Posen, Preußen の西部および Oberschlesien をさす). **≠mark**[2] 女《話》東ドイツマルク(ドイツ再統一前の旧東ドイツの貨幣単位).

ost·mit·tel·deutsch 形 東部中央ドイツ〔語〕の: →deutsch

Ost·nord≠ost[ɔstnɔrt|ɔ́st; 強調: o:stnɔrt|ó:st] 男 -〔e〕s/-e **1**《無変化; 無冠詞単数で》(略 ONO)〘海・気象〙(方位の名として)東北東. **2**《ふつう単数で》〘海〙東北東の風. **≠osten**[..|ɔ́stən; 強調: o:stnɔrt|ó:stən] 男 -s/ **1**《ふつう無冠詞で》(略 ONO) (方位の名として)東北東. **2** (場所・地域をさして)東北東〔部〕.

der **Ost·pa·zi·fik**[ɔ́stpatsí:fɪk, ◡◡—◡] 地名 男 東太平洋.

ost·pa·zi·fisch[ɔ́stpatsí:fɪʃ, ◡◡—◡] 形 東太平洋の.

Ost·po·li·tik[ɔ́st..] 女 **1** (一般に)東方政策. **2** (西側諸国の)対東側諸国政策.

Ost·preu·ßen 地名 東プロイセン(バルト海に臨む, かつてのプロイセンの一州).

ost·preu·ßisch 形 東プロイセンの.

Ost·punkt 男 -〔e〕s/〘天〙東点, 正東.

Ostra·kis·mos[ɔstrakɪsmɔ́s] 男 -/ =Ostrazismus

Ostra·ko·de[..kó:də] 男 -n/-n〘動〙(節足動物の)貝虫類. [<*gr.* óstrakon „Scherbe, Schale" (◇osteo.., Estrich)]

Ostra·zis·mus[..tsɪ́smʊs] 男 -/ (古代ギリシアの)陶片裁判, 陶片〈貝殻〉追放, オストラキスモス(→Scherbengericht). [*gr.* ostrakismós]

östro·gen[œstrogé:n] **I** 形 発情性の: ~*es* Hormon 女性ホルモン. **II Östro·gen** 中 -s/-e〘生化学〙エストロゲン(女性〈雌性〉ホルモンの総称: →Androgen). [<Östrus]

Ost·rom[ɔ́stro:m] 地名〘史〙東ローマ〔帝国〕.

ost·rö·misch[ɔ́strø:mɪʃ] 形 東ローマの: das *Oströmische* Reich〘史〙東ローマ帝国(395-1453; ローマ帝国の分割後, その東半部にできた国. ビザンチン帝国ともいう).

Östrus[œ́strʊs] 男 -/ (Brunst)〘動〙発情; 発情期. [*gr.* oĩstros „〔Stich der〕 Pferdebremse, Wut"—*lat.*; ◇*engl.* 〔o〕estrus]

die **Ost·see**[ɔ́stze:] 地名 女 -/ バルト海(ヨーロッパ北部, 大陸とスカンジナビア半島, ユラン半島にかこまれる内海).

Ost·see≠län·der 複, **≠staa·ten** 複 バルト海沿岸諸国.

Ost·sei·te 女 東側.

Ost·süd≠ost[ɔstzy:t|ɔ́st; 強調: o:stzy:t|ó:st] 男 -〔e〕s/-e **1**《無変化; 無冠詞単数で》(略 OSO)〘海・気象〙(方位の名として)東南東. **2**《ふつう単数で》〘海〙東南東の風. **≠osten**[..|ɔ́stən; 強調: o:stzy:t|ó:stən] 男 -s/ **1**《ふつう無冠詞で》(略 OSO) (方位の名として)東南東. **2** (場所・地域をさして)東南東〔部〕.

Ost·ti·rol[ɔ́sttiro:l] 地名 東チロル.

Ostung[ɔ́stʊŋ] 女 -/ (建物, 特に教会の)東向き.

ost·wärts[ɔ́stvɛrts] 副 東へ, 東方へ.

Ost-West≠-Be·zie·hun·gen[ɔ́stvɛ́st..] 複〘政・経〙東西関係. **≠-Ge·gen·satz** 男〘政〙東西対立. **≠-Ge·spräch** 中 -〔e〕s/-e《ふつう複数で》〘政〙東西間の対話. **≠-Han·del** 男 -s/ 東西貿易.

Ost·wind[ɔ́st..] 男 東風.

ost·zo·nal[ɔ́sttsona:l] 形 東部地区の(→Ostzone).

Ost·zo·ne 女 東部地区(特に第二次大戦後の旧ソ連邦占領下の東部ドイツ).

Os·wald[ɔ́svalt] 男名 オスヴァルト. [*asächs.* „der mit Hilfe der Asen Waltende"; ◇Ase, walten]

Os·zil·la·tion[ɔstsɪlatsió:n] 女 -/-en **1**〘理〙振動. **2**〘電〙発振. **3**〘地〙(地殻の)昇降運動. [*lat.*]

Os·zil·la·tor[..lá:tɔr, ..to:r] 男 -s/-en[..lató:rən] **1**〘理〙振動子. **2**〘電〙発振器.

Os·zil·la·tor·röh·re 女〘電〙発振〔真空〕管.

os·zil·lie·ren[..lí:rən] 自 (h) **1**〘理〙振動する. **2**〘電〙発振する. **3**〘地〙(地殻が)昇降運動をする. **4**《比》(不安定に)揺れ動く. [*lat.* oscillāre „sich schaukeln"; ◇*engl.* oscillate]

Os·zil·lo·gramm[ɔstsɪlográm] 中 -s/-e〘電〙オシログラム (Oszillograph の記録図形).

Os·zil·lo·graph[..grá:f] 男 -en/-en〘電〙オシログラフ, 振動記録器.

ot.. →oto..

Ot·al·gie[otalgí:] 女 -/-n[..gí:ən] (Ohrenschmerz)〘医〙耳痛.

O

Ọt·fried[ɔ́tfri:t] 男名 オトフリート. [<*asächs*. ōd „Besitz“+*ahd*. fridu „Schutz, Friede“]

Othẹl·lo[otέlo·] 〘文芸〙オセロ (Shakespeare の悲劇の題名, またその主人公の名). [*germ.*−*it.*−*engl.*]

Ot·ịa·ter[otiá:tər] 男 -s/-(Ohrenarzt) 耳科医.

Ot·ia·triẹ[otiatrí:] 女 -/ (Ohrenheilkunde) 〘医〙耳科学.

Otị·tis[otí:tɪs] 女 -/..tiden[otití:dən](Ohrenentzündung) 〘医〙耳炎. [<..itis]

otị·tisch[..tɪʃ] 形 〘医〙耳性の.

Ọtium[ó:tsiʊm] 中 -s/ (Muße) 閑暇, 悠々自適. 「[*lat.*]」

Ọt·mar[ɔ́tmar] 男名 オトマル. [<*asächs*. ōd „Besitz“+*ahd*. māri „berühmt“]

oto..《名詞・形容詞につけて「耳」を意味する. 母音と h の前では ot.. となる》: *Oto*phon 補聴器 | *oto*sklerotisch 〘医〙耳硬化の ‖ *Ot*iatrie 〘医〙耳科学 | *Ot*hämatom 〘医〙耳血腫(しゅ). [*gr*. oũs „Ohr“; ◇Ohr]

Oto·lịth[otolí:t, ..lít] 男 -s/-e(-en/-en) (Gehörsteinchen) 〘解〙耳石.

Oto·lọ·ge[..ló:gə] 男 -n/-n (→..loge)=Otiater

Oto·lo·giẹ[..logí:] 女 -/ =Otiatrie

O-Tọn[ó:to:n] 男《話》=Originalton

Oto·phọn[..fó:n] 中 -s/-e (難聴者のための)補聴器.

Oto·skọp[otoskó:p, otɔs..] 中 -s/-e(Ohrenspiegel) 〘医〙耳鏡.

Ot·ta·ve·rị·me[ɔtaverí:mə] 複 〘詩〙八行詩体, オッタバリーマ. [*it*. „acht Reime“]

Ọt·ta·wa[ɔ́tava·, ɔ́təwə] **I** 地名 オタワ(カナダの首都). **II** 男 -[s]/-[s] オタワ族. **III** der **Ọt·ta·wa** 地名 男 -[s]/ オタワ(カナダ南東部を流れる川). [*indian*. „großer Fluß“]

Ọt·ter[1][ɔ́tər] 男 -s/-(Fischotter) 〘動〙カワウソ(獺). [*idg*. „Wassertier“; ◇Hydra, Wasser]

Ọt·ter[2][−] 女 -/-n 〘動〙マムシ(蝮). [<Natter]

Ọt·tern≈brut[ɔ́tərn..] 女, **≈ge·zücht** 中 マムシの子 (邪悪な人々・悪党一味・凶徒を指す蔑称. 聖書: マタ 3, 7).

Ot·tị·lie[ɔtí:liə] 女名 オッティーリエ.

Ọt·to[ɔ́to·] **I** 男名 (<Otfried, Otmar) オットー: ~ der Große オットー大帝(912–973; ザクセン朝第 2 代の国王. 初代の神聖ローマ皇帝) | **~ Normalverbraucher**《話》ごくふつうの人, つつましやかで平均的な人物. **II** 男 -s/-s《話》**1** [大きくて]びっくりするようなもの: einen ~ machen 〘劇〙奥の手をやって見せる | Sie hat einen mächtigen ~. 彼女はすごい胸をしている. **2 den flotten ~ haben**《話》下痢をしている.

Ọt·to·kar[ɔ́tokar] 男名 オットカル. [<*asächs*. ōd „Besitz“+*ahd*. wakar „wachsam“]

Ot·to·mạn[ɔtomá:n] 男 -s/-e 〘織〙オットマン(琥珀(こはく)織).

Ot·to·mạ·ne[ɔtomá:nə] **I** 女 -/-n オットマン(昔の背のないソファー). **II** 男 -n/-n **1** トルコ人. **2** =Ottoman [*fr*. „osmanisch“; ◇Osman]

ot·to·mạ·nisch[..nɪʃ] =osmanisch

Ọt·to·mo·tor[ɔ́to..] 男 〘工〙オットー=エンジン. [<N. Otto (ドイツ人発明者, †1891)]

Ot·tọ·ne[ɔtó:nə] 男 -n/-n 〘史〙オットー帝(10世紀末からドイツに君臨したザクセン家のオットーI・II・III世). [<Otto]

ot·tọ·nisch[..nɪʃ] 形 オットー皇帝時代(治下)の.

ÖTV[ø:te:fáʊ] 略 女 -/ =Gewerkschaft **Ö**ffentliche Dienste, **T**ransport und **V**erkehr (ドイツの)公勤務・運輸・交通労働組合 (DGB の下部組織).

out[aʊt] **I** 副 **1**《オースト・スイ》〘球技〙場外に, アウトになって: Der Ball war ~. ボールが外に出た. **2**《述語的》《話》(↔in) **a)** (芸能人などが)人気が落ちて. **b)** (事物が)流行遅れで: Diese Frisur ist ~. この髪型はすでに時代遅れだ. **II Out** 中 -[s]/-[s]《オースト・スイ》〘球技〙(Aus) 場外[になること]: aus weitem ~ 線のずっと外から. [*engl*.; ◇aus]

Out·ball[áʊt..] 男 場外に出たボール.

Out·cạst[áʊtka:st] 男 -s/-s **1** (インドの)カースト外の賤民(せんみん). **2**《比》社会ののけ者. [*engl*.; ◇Kaste]

ou·ten[áʊtən]《01》他 (h)《*jn*.》(…の)正体を明らかにする: *sich*[4] als Homo ~ 自分がホモであることを公表する. [*engl*.]

Out·fit[áʊtfɪt] 中 -[s]/-s (Kleidung) 衣服, 服装, 身なり; (Ausrüstung) 道具一式, 装備. [*engl*.]

Ou·ting[áʊtɪŋ] 中 -s/ [sich[4]] outen すること. [*engl*.]

Out·put[áʊtpʊt] 男 中 -s/-s (↔Input) **1** 〘電〙出力. **2** (Ausgabe) 〘電算〙(コンピューターなどの)出力, アウトプット. [*engl*. „Aus-stoß“]

▽**ou·triẹ·ren**[utrí:rən] 他 (h) (übertreiben) 誇張する. [*fr*.; ◇ultra..]

Out·side[áʊt-saɪt, áʊt-sáɪd] 男 -s/-s《スイ》(Außenstürmer) 〘球技〙アウトサイドフォワード, ウイング. [*engl*. „Außenseite“]

Out·si·der[áʊt-saɪdər, ..zaɪ.., áʊt-sáɪdə] 男 -s/- (Außenseiter) アウトサイダー; 一匹狼(おおかみ), つむじ曲がり. [*engl*.]

Ou·ver·tü·re[uvεrtý:rə] 女 -/-n **1** 〘楽〙序曲: die ~ zu《Figaros Hochzeit》『フィガロの結婚』序曲. **2**《比》始まり, 序幕. [*lat*. apertūra (→Apertur)−*fr*.; ◇*engl*. overture]

Ou·zo[ú:zo·] 男 -[s]/-s ウーゾ(アニスの実から作るギリシアの焼酎). [*gr*.]

Ọva Ovum の複数.

ovạl[ová:l] **I** 形 卵形(長円形)の. **II Ovạl** 中 -s/-e 卵形, 長円形. [*spätlat*.; ◇.al[1]]

Ovạr[ová:r] 中 -s/-e =Ovarium

ova·riạl[ovariá:l] 形 〘動〙卵巣の.

Ova·riạl·hor·mon 中 〘生理〙卵巣ホルモン.

Ova·ri·ek·to·miẹ[ovariεktomí:] 女 -/-n[..mí:ən] 〘医〙卵巣摘出.

Ova·rio·to·miẹ[ovariotomí:] 女 -/-n[..mí:ən] 〘医〙卵巣切開.

Ovạ·rium[ová:riʊm] 中 -s/..rien[..riən] **1** (Eierstock) 〘解〙卵巣. **2** (Fruchtknoten) 〘植〙子房. [◇*engl*. ovary]

Ova·tiọn[ovatsió:n] 女 -/-en (敬意の表現・歓迎のしるしとしての)歓呼, [拍手]喝采(かっさい): eine stürmische ~ あらしのような歓呼 | *jm*. ~*en* ⟨eine ~⟩ darbringen …を歓呼して迎える. [*lat*.; <*lat*. ovāre „jubeln“]

Over·all[ó:vərɔ:l, óʊ..; オースト: óʊvəral] 男 -s/-s オーバーオール, つなぎ(胸当てつき作業ズボン: →図). [*engl*.; ◇über]

Overall

Over·flow[óʊvəfloʊ] 男 -s/ 〘電算〙オーバーフロー(計算機の能力・容量などを超過すること). [*engl*.]

Over·head·pro·jek·tor[óʊvəhεd..] 男 オーバーヘッドプロジェクター, OHP. [*engl*.]

Over·kill[óʊvəkɪl] 中 (男) -[s]/ 〘軍〙(核兵器による)過剰殺戮(さつりく)[力]. [*engl*.]

Ovịd[oví:t] 人名 オウィディウス(前43–後17頃; ローマの詩人で, ラテン語形 Publius Ovidius Naso. 作品『変身物語』など).

ovi·pạr[ovipá:r] 形 (↔vivipar) 〘動〙卵生の, 産卵性の. [<*lat*. ōvum (→Ovum)+parere (→parieren[2])]

Ovi·pa·ri·tät[..paritέ:t] 女 -/ 〘動〙卵生.

OVN[o:faʊ|έn] 略 女 -/ =**O**rganisation der **V**ereinten **N**ationen 国際連合.

Ovo·ge·nẹ·se[ovogené:zə] 女 -/-n 〘動〙卵[子]形成. [<*lat*. ōvum (→Ovum)]

ovo·vi·vi·pạr[..vivipá:r] 形 〘動〙卵胎生の. [<ovipar+vivipar]

ÖVP[ø:faupé:] 略 女 -/ =**Ö**sterreichische **V**olks**p**artei オーストリア国民党(1945年に創立されたオーストリアのキリスト教民主主義を唱える保守政党).

Ọvu·la Ovulum の複数.

Ovu·la·tiọn[ovulatsió:n] 女 -/-en 〘動〙排卵.

ovu·la·tiọns·hem·mend 形 〘医〙排卵を抑制する.

Ovu·la·tiọns·hem·mer 男 〘医〙排卵抑制剤.

Ọvu·lum[ó:vulʊm] 中 -s/..la[..la·] **1** (Samenanlage) 〘植〙胚珠(はいしゅ). **2** =Ovum **3** 〘医〙膣(ちつ)座剤.

Ovum[óːvʊm] 中 -s/..va[..vaˑ] **1** (Ei) 卵. **2** (Eizelle) 〖生・医〗卵子, 卵細胞. [*lat.* ōvum; ◇Ei, oval]

Oxa·lat[ɔksaláːt] 中 -[e]s/-e 〖化〗蓚酸(しゅうさん)塩. [<..at]

Oxal·säu·re[ɔksáːl..] 女 -/ 〖化〗蓚酸(しゅうさん). [<*lat.* oxālis „Sauerampfer" (◇oxy..)]

Oxer[ɔ́ksər] 男 -s/- **1** (牧場の)仕切り柵(さく). **2** 〖馬術〗障害. [*engl.*; <*engl.* ox (→Ochse)]

Ox·ford[ɔ́ksfɔrt, ɔ́ksfəd] 地名 オックスフォード(イギリス南東部, Themse 川上流の大学都市). [„Ochsen-Furt"]

Ox·hoft[ɔ́kshɔft] 中 -[e]s/-e (単位: -/-) オックスホフト(昔の液量単位. ワインなどに用い200-300*l* に当たる). [*engl.* hogs-head „Schweins Kopf"–*ndl.* oks-hoofd]

Oxid[ɔksíːt][1] 中 -[e]s/-e =Oxyd

oxy.. 《名詞などにつけて「鋭い・酸っぱい・酸素を含んだ」などを意味する》 [*gr.* oxýs „scharf"]

Oxyd[ɔksýːt][1] 中 -[e]s/-e 〖化〗酸化物. [*fr.*]

Oxy·da·se[ɔksydáːzə] 女 -/-n 〖化・生〗酸化酵素, オキシダーゼ. [<..ase]

Oxy·da·tion[..datsióːn] 女 -/-en 〖化〗酸化〔作用〕. [*fr.*]

Oxy·da·tions≈mit·tel 中 〖化〗酸化剤. ≈**zahl** 女 〖化〗酸化数.

oxy·die·ren[ɔksydíːrən] **I** 他 (h) 酸化させる; さびさせる. **II** 自 (h, s) 酸化する; さびる. [*fr.*]

Oxy·die·rung[..rʊŋ] 女 -/-en 酸化.

ᵛ**Oxy·dul**[ɔksydúːl] 中 -s/-e 〖化〗亜(低級)酸化物.

Oxy·gen[ɔksygéːn] (**Oxy·ge·nium**[..niʊm]) 中 -s/ 〖化〗酸素(記号 O). [*fr.* oxygène]

Oxy·hä·mo·glo·bin[ɔksyhɛmoglobíːn] 中 -s/ 〖医〗酸化ヘモグロビン.

Oxy·mo·ron[ɔksý(ː)morɔn] 中 -s/..ra[..raˑ] (..ren[..rən]) 〖修辞〗撞着(どうちゃく)語法(両立しない言葉の組み合わせなど. 例 beredtes Schweigen 雄弁な沈黙). [*gr.*; <*gr.* mōrós „dumm"]

Oxy·to·non[..tonɔn] 中 -s/..tona[..naˑ] 〖言〗オクシトノン(ギリシア語で最後の短音節にアクセントのある語). [*gr.* oxý-tonos „scharf-klingend"; ◇*engl.* oxytone]

Oxy·ure[ɔksy(|)úːrə] 女 -/-n (Madenwurm) 〖動〗ギョウチュウ(蟯虫).

OZ 略 =Oktanzahl

Ozean[óːtseaːn, otseáːn] 男 -s/-e (Weltmeer) 大洋, 海洋: der Atlantische ~ 大西洋 | der Indische ~ インド洋 | der Große 〈Pazifische / Stille〉 ~ 太平洋 | ein ~ von Blut 〈Tränen〉 《雅》大量の血〈涙〉‖ den stürmischen ~ überqueren 荒れ狂う大海を横断する | dem ~ Tribut zahlen 《戯》船に酔って吐く | Der Kuchen schmeckt nach ~. 《戯》このケーキは後を引く(もっと食べたくなるほどおいしい). [*gr.* ōkeanós–*lat.*; ◇*engl.* ocean]

Ozean≈damp·fer 男 (遠洋航路用の)大型船. ≈**flug** 男 大洋横断飛行.

Ozea·ni·de[otseaníːdə] 女 -/-n 〖ギ神〗オケアニス(海の精. Okeanos の 3 千人の娘). [*gr.*]

Ozea·ni·en[otseáːniən] 地名 オセアニア, 大洋州(オーストラリア大陸と, 中部および南部太平洋の島々の総称).

ozea·nisch[..nɪʃ] 形 **1** 大洋の; 《比》広大な: ~*es* Klima 海洋性気候. **2** オセアニアの.

Ozea·no·graph[otseanográːf] 男 -en/-en 海洋学者.

Ozea·no·gra·phie[..grafíː] 女 -/ (Meereskunde) 海洋学.

ozea·no·gra·phisch[..gráːfɪʃ] 形 海洋学〔上〕の.

Ozean·rie·se[óːtseaːn..] 男 《話》巨船.

Ozel·le[otsɛ́lə] 女 -/-n **1** (Punktauge) 〖動〗(節足動物の)単眼. **2** (Augenfleck) (原生動物などの)眼点. [*lat.* ocellus „Äuglein"; <*lat.* oculus (→Auge); ◇okular]

Oze·lot[óːtselɔt, ɔ́tse..] 男 -s/-e, -s **1** 〖動〗オセロット(中南米産のオオヤマネコ). **2** **a)** オセロットの皮. **b)** (服飾用の)オセロットの毛皮. [*aztek.*–*fr.* ocelot]

Ozo·ke·rit[otsokeríːt, ..rít] 男 -s/ (Erdwachs) 〖鉱〗地蠟(ちろう). [<*gr.* ózein (→ Ozon)+*gr.* kērós „Wachs"]

Ozon[otsóːn] 男 (中) -s/ **1** 〖化〗オゾン. **2** 《話》新鮮な空気: frischen ~ ins Zimmer lassen 部屋に新鮮な空気を入れる | Besser warmer Mief als kalter ~. (→Mief). [*gr.* „Duftendes"; <*gr.* ózein „riechen"]

ozon≈er·zeu·gend 形 オゾンを生じる. ≈**hal·tig** 形 オゾンを含んだ.

Ozo·nid[otsoníːt][1] 中 -[e]s/-e 〖化〗オゾン化物.

ozo·ni·sie·ren[otsonizíːrən] 他 (h) オゾンで処理する; (水を)殺菌する.

Ozon≈kil·ler[otsóːn..] 男 《話》オゾン層を破壊するもの(フロンガスなど). ≈**loch** 中 (大気汚染による)オゾンホール.

Ozo·no·sphä·re[otsonosfɛ́ːrə] 女 -/ 〖気象〗オゾン層.

ozon·reich[otsóːn..] 形 オゾンの豊富な.

Ozon≈schicht[otsóːn..] 女 = Ozonosphäre ≈**schwund** 男 (大気汚染による)オゾン〔層〕消滅. ≈**the·ra·pie** 女 〖医〗オゾン療法.

ozon·zer·stö·rend 形 オゾン〔層〕を破壊する(フロンガスなどが).

Ozon·zer·stö·rung 女 (フロンガスなどによる)オゾン〔層〕破壊.

o. Zw. 略 =ohne Zweifel 疑いもなく, 明らかに.

P

p[1][pe:], **P**[1][–] 中 -/- (→**a**[1], A[1] ★)ドイツ語のアルファベットの第16字(子音字): →**a**[1], A[1] 1 | *P* wie Paula (通話略語) Paula の P〔の字〕(国際通話では *P* wie Paris).

p[2] **I** 記号 **1** [pɔnt] (Pond) ポンド. **2** [pró:tɔn] (Proton) 〖理〗陽子. **3** (pico..) ピコ. **II** 略 **1** =**piano** **2** =**Punkt** 〖印〗(活字の)ポイント. **3** =**Para**[1] **4** =**Penny, Pence**

p. 略 **1** =**Pagina** **2** =**pinxit** **3** =**protestiert** 〖商〗(手形などの)引受拒絶の.

P[2] **I** 記号 **1** [pe:, fɔ́sfɔr] (Phosphor) 〖化〗燐(りん). **2** [poá:zə] (Poise) 〖理〗ポアズ. **3** (国名略号: →A[2] II 3)ポルトガル (Portugal). **4** (Parkplatz) (交通標識)駐車場. **5** (Post) 〖郵〗郵便局. **II** 略 =**Personenzug** 〖鉄道〗(時刻表などで)普通列車.

P. 略 **1** =**Pater** **2** =**Pastor** **3** =**Papa** 教皇.

pa. 略 =**prima** 〖商〗第一級の, 極上の.

p. A. 略 =**per Adresse** …気付.

Pa 記号 **1** [pe:|á:, protaktí:niʊm] (Protaktinium) 〖化〗プロトアクチニウム. **2** [paskál] (Pascal) パスカル(圧力単位).

PAA[pénɛm] 女 -/ =Pan Am

Pä̱an[pɛá:n] 男 -s/-e (古代ギリシアの)アポロ賛歌; 感謝〈祈願〉の歌. [*gr.* paián „Retter, Arzt"–*lat.*; Apollo の異名]

paar[pa:r] **I** 《不定数詞; 無変化》《冠詞類, 特に ein を伴い, ふつう付加語的に》 **1** わずか〔ばかり〕の, 二三の, ほんのちょっぴりの: Warte doch die ~ Minuten! ほんの二三分〈数分〉待ってくれよ | Mit den 〈diesen / deinen〉 ~ Pfennigen kannst du nicht viel anfangen. それっぽっちのはした金じゃ たいしたことはできやしないよ | Er kommt alle 〈aller〉 ~ Wochen. 彼は二三週ごとにきまってやってくる ‖ 〖無変化の ein と **ein paar** の形で〗 in ein ~ Tagen 〈Minuten〉 ほんの数日〈数分〉して | für 〔ein〕 ~ kurze Tage verreisen ほんの数日旅に出る | nach ein ~ Jahren 〈Wochen〉 二三年〈週〉後にもう | ein ~ Stunden 〈Monate〉 わずか二三時間〈か月〉 | ein ~ Male 二三回, ほんの数回 | ein ~ Leute わずかばかりの人 | ein ~ Mark 二三〈数〉マルクだけの金 | ein ~ Glas trinken 二三杯飲む | ein ~ Zeilen 〈Worte〉 schreiben ほんの二三行書く ‖ 〖名詞的に〗 ein ~ 〔der Versammelten〕〔集まっているうちの〕わずか数人 | ein ~ kriegen 《話》二三発ぶん殴られる | *jm.* ein ~ draufgeben 《話》…に二三発くらわす.

2 《数詞を修飾して》 **a)** 二三の(→1): ein ~ Hundert 〔Leute〕 二三百人 | ein ~ Dutzend Male 二三十回. **b)** …を少し上まわる, …あまりの: ein ~ zwanzig 20あまり〔の〕.

II 形 (↔unpaar) (paarig) **1** 対(つい)になった, 二つで一組の: ~*e* Blätter 対をなす2枚の葉 | ~*e* Flossen 対になったひれ | ~*e* Strümpfe 1足の靴下 ‖ Die Handschuhe sind nicht ~. 手袋は左右が合っていない〈そろいの一組ではない〉. **2** 〖数〗 2で割れる, 偶数の: ~*e* oder unpaare Zahlen 偶数かまたは奇数.

III Paar[1] 中 -〔e〕s/-e (単位: -/-) **1** (英: *pair*) (二つずつの)〔一〕組, 対(つい): ein ~ Hosen ズボン1着〈本〉 | zwei ~ Hosen ズボン2着〈本〉 | zwei ~ Stiefel sein (→Stiefel 1) | fünf ~ Wiener Würstchen ウインナ=ソーセージ10本 | mit einem ~ Schuhe〔n〕 1足の靴で | wie ein ~ alte Latschen zusammenpassen (→Latschen) | Ein ~ neue〔r〕 Schuhe kostet 〈kosten〉 40 Mark. 新品の靴1足が40マルクする. **2** (小 **Pä̱r·chen** → 別出, **Pä̱r·lein** [pé:rlaɪn] 中 -s/-) **a)** 一組の男女, カップル: ein neuvermähltes ~ 新婚夫婦 | ein verliebtes junges ~ 恋仲の若い二人 | Ehe*paar* 夫婦 | Liebes*paar* 一組の恋人, 恋人同士 ‖ ein unzertrennliches ~ sein 〈bilden〉 (二人は)引き離せない仲である | ein ~ werden (二人が)恋仲になる | Aus denen wird bestimmt ein ~. 二人はきっと意気投合するよ〈恋仲になるよ〉 | 〔**mit** *jm.*〕 **ein ~ 〈*Pärchen*〉 werden** 《皮肉》〔…と〕けんかを始める ‖ zu ~*en* / ~ und ~ 二人ずつ(組を作って) ‖ Zwei ~*e* saßen auf der Bank. 二組のカップルがベンチに座っていた. **b)** (車を引く牛馬の)2頭一組: ein ~ Zugochsen 車を引く2頭一組の雄牛.
[*lat.* pār (→Par)–*ahd.*; ◇ *engl.* pair]

▽**Paar**[2][pa:r] 中 -〔e〕s/-e 《もっぱら次の形で》 ***jn.* zu ~*en* treiben** …を敗走させる〈けちらす〉; …を圧倒する, …を窮地に追いこむ. [*gr.* pḗrā „Ranzen"–*lat.*–*mhd.* bēr〔e〕 „Fischnetz"]

pa̱a̱·ren[pá:rən] **I** 他 (h) **1 a)** (家畜などを)交配させる, つがわせる: weiße und schwarze Kaninchen miteinander ~ 白うさぎと黒うさぎを交配させる | einen Esel mit einer Stute ~ ロバを雌馬とかけあわせる. **b)** 再帰 *sich*[4] ~ (動物が)交尾する, つがう. **2 a)** (二つのものを)一組にする, 一対にする; (両者を)組み合わせる; 〖スポ〗(二つのチームを)対戦させる: Verstand und Gefühl ~ 理知と情感をあわせもつ | Bei ihm ist Strenge mit Güte *gepaart.* 彼はやさしさと厳しさとをあわせ備えている. **b)** 再帰 *sich*[4] ~ (両者が)組になる, 一つに合わさる: Bei ihm *paaren* sich Klugheit und Mut. / Bei ihm *paart* sich Klugheit mit Mut. 彼は賢明さと勇気を兼ね備えている. **II ge·pa̱a̱rt** → 別出
[<Paar[1]; ◇ *engl.* pair]

Pa̱a̱r≠er·zeu·gung[pá:r..] 女 (↔Paarvernichtung) 〖理〗(粒子・電子などの)対(つい)生成. **≠hu̱·fer**[..hu:fər] 男 -s/- (Artiodaktyl) 〖動〗偶蹄(ぐうてい)類〔の動物〕.

pa̱a̱r·hu̱·fig[..hu:fɪç][2] 形 〖動〗偶蹄(ぐうてい)〔類〕の.

pa̱a̱·rig[pá:rɪç][2] 形 対(つい)になった, 二つ一組の; 偶数の: ~*e* Organe 対をなす器官(目・耳など) | ~ gefiedert 〖植〗偶数羽状複葉の.

..paarig[..pa:rɪç][2] 《数詞などにつけて「…組の, …対の」を意味する形容詞をつくる》: zwei*paarig* 2対の.

Pa̱a̱r≠lauf[pá:r..] 男, **≠lau·fen** 中 -s/ 〖スケート〗ペア=スケーティング. **≠läu·fer** 男 〖スケート〗ペア=スケーター.

pa̱a̱r·mal, pa̱a̱r Mal[pá:rma:l] 副 《もっぱら次の形で》 ein ~ 二三度, 数回.
★ ただし口語では ein を落とすことがある.

Pa̱a̱r·reim 男 〖詩〗対韻(ついいん) (→Reim 1).

Pa̱a̱·rung[pá:rʊŋ] 女 -/-en **1 a)** (動物の)交尾; (植物の)交配. **b)** 〖生〗(染色体の)対合(たいごう). **2** 対(つい)にすること, (二つのものを)一組にすること, 結合; 〖スポ〗(対戦相手との)組み合わせ, 対戦カード; 〖理〗ペアリング. **3** 〖心〗対比.

Pa̱a̱·rungs≠trieb 男 (動物の)交尾本能. **≠zeit** 女 交尾期.

Pa̱a̱r·ver·nich·tung[pá:r..] 女 (↔Paarerzeugung) 〖理〗(粒子・電子などの)対(つい)消滅.

pa̱a̱r·wei·se 副 (→..weise ★)対(つい)になって, 二人〈二つ〉ずつ, 二人〈二つ〉で一組になって, ペアで: Strümpfe ~ zusammenlegen 靴下を1足ずつたたむ | Sie stellten sich ~ zum Tanz auf. 彼らはペアになってダンスの位置についた.

Pa̱a̱r·ze·her[..tse:ər] 男 -s/- =Paarhufer

Pace[pe:s, peɪs] 女 -/ **1** 〖馬術〗ペース, 側対歩, 側対速歩(はやあし) (同じ側の前後の足を同時に上げ下ろしする安定した歩き方). **2** 歩度, 歩速: 〔die〕 ~ machen 歩度〈歩調〉を主導する. [*engl.*; <*afr.* pas (◇Pas)]

Pace·ma·cher 男 〖競馬〗ペースメーカー(他の馬の歩調を主導する馬, またはその騎手).

Pace·ma·ker[péɪsmeɪkər] 男 -s/- **1** =Pacemacher **2** (Herzschrittmacher)〘医〙心臓ペースメーカー. [*engl.*]

Pa·cer[pé:sər.., péɪ..] 男 -s/- 〘馬術〙ペース〈側対速歩〉の歩調をとるように調教された馬. [*engl.*]

Pacht[paxt] 女 -/-en〔用益〕賃貸借〔契約〕, 賃貸借料(→pachten ★); 小作, 小作地〈料〉: ein Haus 〈einen Acker〉 in ～ geben 家〈耕地〉を賃貸しする | ein Grundstück in ～ nehmen 〈haben〉 土地を賃借りする〈賃借りしている〉; 土地を小作用に借りる〈借りている〉| eine hohe 〈niedrige〉 ～ zahlen 高い〈安い〉賃貸料を払う | die ～ erneuern 〈verlängern〉 賃貸借契約を更新〈延長〉する ‖ Er glaubt, er hat die Klugheit 〔allein〕 in ～. 《話》彼は自分だけが賢いと思っている. [*mlat.* pacta; < *lat.* pactum (→Pakt)]

Pacht≠be·sitz[páxt..] 男 小作地, 借地. **≠brief** 男〔用益〕賃貸借契約書〈証書〉.

pach·ten[páxtən] 《01》 他 (h) 賃借りする,〔用益〕賃借契約をする; (土地を)小作する: ein Grundstück ～ 土地を賃借りする | ein Hotel ～ ホテル〔の使用権・経営権〕を借りる | eine Jagd ～ 狩猟権を借りる ‖ *et.*[4] für *sich*[4] *gepachtet* haben《話》…を独占する〈ひとりじめする〉| Er scheint die Weisheit für sich *gepachtet* zu haben. 彼は自分だけが賢いと思いこんでいるらしい.

★ 大ざっぱに言って, 収益権も含む賃借契約が pachten, 使用権のみのものが mieten.

Päch·ter[pɛ́çtər] 男 -s/- (女 **Päch·te·rin**[..tərɪn]-/-nen) (↔Verpächter)〔用益〕賃借り人; (地主に対して)小作人: ein ～ des Bauernhofes 〈für ein Restaurant〉 農場の小作人〈レストランの借り手〉.

Pacht≠geld[páxt..] 中〔用益〕賃借料; 借地料, 小作料. **≠gut** 中 借地; 小作地. **≠herr** 男 貸主, 賃貸人; 地主. **≠hof** 男 貸農場; 小作農場.

Pach·tung[páxtʊŋ] 女 -/-en 賃借り,〔用益〕賃借〔契約〕; 小作〔地〕.

Pacht·ver·trag 男 賃貸借契約, 借地〈小作〉契約.

pacht·wei·se 副 (→..weise ★)賃貸借で, 小作で.

Pacht·zins 男 -es/-en〔用益〕賃借料, 借地料; 小作料.

Pa·chul·ke[paxʊ́lkə] 男 -n/-n **1** 《方》《軽蔑的に》不作法なやつ, 野人; 間抜け. ᵛ**2** 〘印〙植字工見習. [*slaw.*]

Pack[1][pak] 男 -〔e〕s/-e, Päcke[pɛ́kə] (小 **Päck·chen** → 別出, **Päck·lein**[pɛ́klaɪn] 中 -s/-) 包み, 一束; 荷物: ein ～ Briefe 〈Zeitungen〉 一束の手紙〈新聞〉| zwei ～ 〈zwei ～*e* / zwei *Päcke*〉 Bücher 二包みの書物 | ein 〔großer〕 ～ Arbeit 山ほどの仕事 ‖ mit Sack und ～ (→Sack 1). [*mndl.* pac－*mndd.*; ◇Gepäck, Paket; *engl.* pack]

Pack[2][－] 中 -〔e〕s/ 《話》《集合的に》ならず者, やくざ, 無法者: ein unverschämtes 〈elendes〉 ～ 恥知らずな〈情けない〉連中 | So ein ～! なんて野郎どもだ | ***Pack* schlägt sich, ～ verträgt sich.** 《諺》下種(げす)はけんかも早いが仲直りも早い. [*mndd.* „Troß“; ◇Bagage]

Päck·chen[pɛ́kçən] 中 -s/- **1** (Pack[1]の縮小形)小さな荷物, 小さな包み, 小さな束: ein ～ Zigaretten シガレット一箱 ‖ ***sein* ～ zu tragen haben** 《話》重荷を背負っている | Jeder hat sein ～ 〔zu tragen〕. 《比》だれにでも苦労〈悩みの種〉はあるものだ. **2** 〘郵〙(2 kg 以下の)小型小包(→Paket 1 a): *et.*[4] als ～ schicken …を小包にして送る | ein ～ packen 〈zustellen〉 小包をつくる〈配達する〉.

Päcke Pack[1]の複数.

Pack·eis[pák..] 中〘気象〙流氷〔群〕, 積氷.

Packe·lei[pakəláɪ] 女 -/-en《オーストリア》《話》(packeln すること. 例えば:) しめし合わせ, 裏取引, 談合.

packeln[pákəln] 《06》 自 (h) 《オーストリア》《話》《mit *jm.*》 (…と)ひそかにしめし合わせる〈取引をする〉; (トランプなどのゲームで)いかさまをする. [<Pakt]

Packeln[－] 複 《オーストリア》《話》(Fußballschuhe) サッカーシューズ. [<Pack[1]]

packen[pákən] **I** 他 (h) **1 a)** (英: *pack*)荷造りする, 包装する, 詰める: den Koffer 〈den Rucksack〉 ～ トランク〈リュック〉を詰める | die Koffer ～ (→Koffer 1 a) | das Lastauto voll〔er〕 Fässer ～ トラックにたるを満載する | *seine* Siebensachen ～ (→Siebensachen) | *sein* Hab und Gut ～ 家財道具をまとめる ‖〘方向を示す語句と〙die Kleider in den Koffer ～ 衣類をトランクに詰める | das Gepäck in 〈auf〉 den Wagen ～ 荷物を車に積みこむ | *jn.* ins Auto 〈Bett〉 ～ …を車に押しこむ〈寝かしつける〉| *jn.* in Watte ～ (→Watte) ‖ 再帰 *sich*[4] richtig in die Decke ～ ちゃんと布団にくるまる ‖〘目的語なしで〙Ich muß noch ～. 私はまだ荷造り〈旅行の支度〉をしなければならない ‖ ***gepackt* voll sein** 《話》ぎっしり詰まっている, ぎゅうぎゅう詰めである | Der Saal war so *gepackt.* ホールはすし詰めだった. **b)** 《話》(schaffen) (仕事などを)うまく片づける, (ゆうゆうと)やってのける: Ich *packe* das Examen noch. 試験なんかうまくやってのけるさ. **c)** 《話》(begreifen) 理解する: Er *packt*'s nicht. 彼は分かっちゃいないんだ.

2 a) (ぐいと)つかむ; (犬などが)かみつく; 《比》(激情・熱などが)襲う, とらえる: den Topf an beiden Henkeln ～ なべの両方の取っ手をつかむ | *jn.* am Arm 〈Bein〉 ～ …の腕〈足〉をつかむ, …の腕〈足〉にかみつく | *jn.* beim 〈am〉 Kragen ～ …の襟首をつかむ | *jn.* bei *seiner* Ehre ～ (→Ehre) | die Gelegenheit beim Schopfe ～ (→Gelegenheit 1) | den Stier bei den Hörnern ～ (→Stier 1) ‖ Angst 〈Das Grauen〉 *packte* ihn. 恐怖〈戦慄(せんりつ)〉が彼を襲った | Sie wurde von einem heftigen Fieber *gepackt.* 彼女はひどい熱におそわれた ‖ 非人称 Den hat es ganz schön *gepackt.* やつはすっかり参って〈ほれこんで〉いる | Diesmal hat's mich aber *gepackt.* 今度は私もやられた〈病気になった, ほれこんでしまった〉. **b)** 《話》間に合う, 追いつく: Ich *packe* den Zug noch. まだ列車に間に合うぞ. **c)** 感動させる: Das Buch 〈Der Film〉 hat mich sehr *gepackt.* その本〈映画〉に私は多大の感銘を受けた | Er verstand 〔es,〕 seine Hörer zu ～. 彼は聞き手の心をつかむすべを心得ていた.

3 《話》 再帰 *sich*[4] ～ (大急ぎで)立ち去る: *Pack* dich! さっさと消えてうせろ | Er soll sich ～. あいつをたたき出せ.

II 自 (h) (greifen) 《in *et.*[4]》 (…に)手をつっこむ.

III packend 現分 形 感動的な, 心を打つ〈とらえる〉, 興味をそそる: ein ～*er* Roman 興味津々の小説.

[*mndd.*; ◇Pack[1]; *engl.* pack]

Packen[pákən] 男 -s/- =Pack[1]

Packer[pákər] 男 -s/- **1** (女 **Packe·rin**[pákərɪn]-/-nen) **a)** 荷造り人夫, 包装作業員. **b)** (Möbelpacker) (引っ越しの際などの)家具荷造り〈運搬〉作業員. **c)** 〘鉄道〙貨物列車の車掌. **2** 〘狩〙イノシシ狩りの猟犬. **3** (Schwarzwald 地方の)時計卸売商.

Packe·rei[pakəráɪ] 女 -/-en **1** 《単数で》面倒な〈手のかかる〉荷造り〈包装〉. **2** 荷造り室, 包装室.

Packe·rin Packer 1 の女性形.

Pack≠esel[pák..] 男 **1** 荷物を運ぶロバ: wie ein ～ beladen sein (駄馬のように)仕事を山ほど背負いこんでいる. **2** 《軽蔑的に》(馬車馬のように)あくせく働く人. **≠film** 男 〘写〙フィルムパック. **≠hof** 男 **1** 税関倉庫. **2** (工場などの)包装〈荷造り〉場. **≠ki·ste** 女 荷造り用の〔木〕箱. **≠la·ge** 女 (道路の)砕石路床, 砕石基礎,〔割〕栗石.

Päck·lein Pack[1]の縮小形(→Päckchen).

Pack≠lei·nen[pák..] 中, **≠lein·wand** 女 包装用粗布, 麻袋, ドンゴロス. **≠ma·schi·ne** 女〔自動〕包装機. **≠ma·te·rial** 中 包装用品(包装紙・袋・ひもなど). **≠na·del** 女 (麻布・麻袋などを縫う)包装用大針. **≠pa·pier** 中 包装紙, 包み紙. **≠pferd** 中 荷物運搬用の馬, 駄馬. **≠pres·se** 女 包装用圧縮機. **≠raum** 男 荷造り室, 包装室; 〘海〙船倉. **≠sat·tel** 男 荷鞍(にぐら). **≠stoff** 男 =Packmaterial **≠ta·sche** 女 (自転車などの)サドルバッグ. ᵛ**≠trä·ger** 男 《北部》荷物運搬人, ポーター, (駅の)赤帽.

Packung[pákʊŋ] 女 -/-en **1 a)** (包まれたもの)一包み, 一箱, 一袋: eine ～ Zigaretten 〈Gebäck〉 タバコ〈ビスケット〉一箱 | Kaffee*packung* (商品として一定量ずつ包装された)コーヒーパック. **b)** 《スイス》(Gepäck) (旅行に携行する)〔手〕荷物. **2** (包んでいるもの)包装, 箱, 袋: eine hübsche ～ き

れいな包み〈包装〉| *et.*⁴ aus der ~ nehmen …を包み〈箱・袋〉から取り出す. **3** 〘工〙パック. **4** 〘医〙巻包法, 湿布: feuchte 〈trockene〉 ~ 湿性〈乾性〉巻包法 | eine kalte 〈warme〉 ~ verschreiben 冷〈温〉湿布を処方する. **5** (道路の)砕石路床〈基礎〉. **6** 〘ｽﾎﾟｰﾂ〙(手ひどい)敗北, 大敗: eine ~ bekommen 大敗を喫する. **7** 《話》殴打: eine tüchtige ~ bekommen したたかぶん殴られる.

Packungs·an·teil 男 〘理〙パッキングフラクション(原子核の安定度を表す数).

Pack≈wa·gen[pák..] 男 **1** 〘鉄道〙貨車,(特に: 旅客列車の)手荷物車. **2** (昔の)荷車, 荷馬車. **≈werk** 中 〘土木〙(川・海岸などに設ける粗朶(そだ)束・石・土などの)水制・護岸用工作物. **≈zet·tel** 男 荷札.

päd.. →pädo..

Päd·ago·ge[pɛdagó:gə] 男 -n/-n (⊛ **Päd·ago·gin** [..gɪn]-/-nen) 教育家, 教育者, 教師; 教育学者. [*gr.*–*lat.*; <*gr.* agōgós „führend, Führer" (◇Agon)]

Päd·ago·gi·en Pädagogium の複数.

Päd·ago·gik[..gɪk] 女 -/ (Erziehungswissenschaft) 教育学. [<..ik]

Päd·ago·gin Pädagoge の女性形.

päd·ago·gisch[..gɪʃ] 形 教育学〔上〕の; 教育上の, 教育的な; 教師としての: eine ~*e* Hochschule 教育大学, 教員養成大学(ただし個々の大学の名称としては *Pädagogische* Hochschule (略 PH) のように頭文字を大書する) | ~*e* Psychologie 教育心理学 | von einem ~*en* Gesichtspunkt aus gesehen 教育的観点から見て ‖ Diese Methode ist ~ falsch. この方法は教育〔学〕的に見て間違っている.

ᵛ**Päd·ago·gium**[..giʊm] 中 -s/..gien[..giən] 寄宿制高等学校; 教育大学〈教員養成大学〉予備コース.

Pad·de[pádə] 女 -/-n 《北部》 **1** 〘動〙 **a**) (Frosch) カエル(蛙). **b**) (Kröte) ヒキガエル. **2** 〘畜〙(牛の)鼓腸. **3** 《話》(Brieftasche) 札入れ; (Geld) かね. [*mndd.*]

Pad·del[pádəl] 中 -s/- (櫂(かい)受けのない, 一端あるいは両端に水かきのある)櫂, パドル(→ 図 Faltboot). [*engl.* paddle]

Pad·del·boot 中 パドルつきボート, カヌー, カヤック.

pad·deln[pádəln] 《06》 自 (s, h) **1** 櫂(かい)〈パドル〉でこぐ, カヌー〈カヤック〉に乗る (s, h について: →schwimmen I 1 ☆): Ich bin über den See *gepaddelt.* 私は湖をカヌー〈カヤック〉でこぎ渡った | Gestern haben wir *gepaddelt.* きのう私たちはカヌー〈カヤック〉をこいだ. **2** 《比》 **a**) 犬かき泳ぎをする. **b**) (人ごみなどを)かきわけて進む. [*engl.*]

Pad·dies Paddy の複数.

Pad·dock[pέdɔk] 男 -s/-s **1** 厩(うまや)付近で馬に運動させる)小牧場. **2** 〘競馬〙パドック. [*mlat.* parricus (→ Park)–*aengl.* pearroc–*engl.*]

Pad·dy[pǽdi·] 男 -s/-s, Paddies[..di:z, ..di:s] 《話》 (Ire) アイルランド人(アイルランドの守護聖人パトリック Patrick の愛称に由来). [*engl.*; ◇Patrizier]

Päd·erast[pɛderást] 男 -en/-en 少年愛好者, 男色家.

Päd·era·stie[..rastí:] 女 -/ (Knabenliebe) 少年愛(男色の一種). [*gr.*; <*gr.* erastés „Liebhaber" (◇Erato)]

Päd·ia·ter[pɛdiá:tər] 男 -s/- (Kinderarzt) 〘医〙小児科医.

Päd·ia·trie[..diatrí:] 女 -/ 〘医〙小児科学.

päd·ia·trisch[..diá:trɪʃ] 形 〘医〙小児科〔上〕の.

Pa·di·schah[padiʃá:] 男 -s/-s **1** 《単数で》パディシャ(昔のイスラム元首の称号). **2** 1の称号の所有者. [*pers.*–*türk.*]

pädo.. 《名詞などにつけて「子供」を意味する. 母音の前ではふつう päd.. となる: →*Päd*agogik》 [*gr.* paîs „Kind"]

Pä·do·ge·ne·se[pɛdogené:zə] (**Pä·do·ge·ne·sis** [..gé(:)nezɪs, ..gén..]) 女 -/ 〘動〙幼生生殖.

Pä·do·lo·gie[..logí:] 女 -/ 児童〈青少年〉学(医学・教育学・心理学を含む).

pä·do·phil[..fí:l] **I** 形 〘医・心〙小児〔性〕愛の, 児童嗜愛(しあい)の. **II** **Pä·do·phi·le** 男 女 《形容詞変化》小児〈児童〉愛好者.

Pä·do·phi·lie[..filí:] 女 -/ 〘医・心〙小児〔性〕愛, 児童嗜愛(しあい), 愛童症.

Pa·douk[padáʊk] 中 -s/ , **Pa·douk·holz**[padáʊk..] 中 シタン(紫檀)属の木材. [*birman.*–*engl.*]

Pa·dre[pá:drə, ..dre·] 男 -/..dri[..dri·] 〘ｶﾄﾘｯｸ〙(イタリア・スペインなどで)神父, 修道〔会〕司祭. [*lat.* pater (→Pater)–*it.*]

Pa·dua[pá:dua·] 地名 パドワ, パドヴァ(イタリア北部の古い都市. イタリア語形 Padova). [*lat.*]

Pa·dua·na[paduá:na] 女 -/..nen[..nən] 〘楽〙 **1** =Pavane **2** パドゥアーナ (Pavane より速い舞曲).

Paek·che[pεktʃé:] 女 -/ 百済(くだら)(朝鮮古代三王国の一つ; ?-660. Päktsche ともつづる).

Paek·tu·san[pεktuzán] (**Paek·du·san**[pεkduzán]) 地名 白頭山, ペクトゥサン(北朝鮮と中国の境をなす長白山脈の主峰. 標高2744m).

Pa·fel[pá:fəl] 男 -s/- 《南部》=Bafel

Pa·fe·se[pafé:zə] 女 -/-n 《ふつう複数で》《南部・ｵｰｽﾄﾘｱ》〘料理〙パフェーセ(ジャム・ペーストなどをはさんで油でいためた白パン). [*it.* pavese; <Pavia (北イタリアの都市)]

paff[paf] **I** 形 《述語的》《話》(verblüfft) ぼう然〈ぽかん〉とした, 驚いて言葉も出ない. **II** 間 (銃の発射音)パッ, パン, パチッ: piff, ~〔, puff〕パンパン〔パン〕| *Paff*, ging der Schuß los. パンと弾が発射された. [◇baff]

paf·fen[páfən] **I** 自 (h) 《話》 **1** タバコの煙をパッと吐く,(煙を吸いこまず口先だけで)タバコをぷかぷかふかす; 《比》(汽車などが)煙をパッパッと吐き出す: Ich rauche nicht, ich *paffe* nur. 私はタバコを吸っているのではなく 煙をふかしているだけだ | an der Zigarette 〈der Pfeife〉 ~ タバコ〈パイプ〉をふかす. **2** パッ〈プッ〉と鳴らす, パンと撃つ. **II** 他 (h) 《話》(タバコを口先で)ふかす: eine Pfeife 〈eine Zigarette〉 ~ パイプ〈紙巻きタバコ〉をぷかぷかふかす.

pag. 略 =Pagina

Pa·gaie[pagáɪə] 女 -/-n (一端だけに水かきのあるカナディアンカヌー用の)櫂(かい), オール. [*malai.* pangayong–*fr.*]

Pa·ga·ni·ni[paganí:ni·] 人名 Niccolò ~ ニコロ パガニーニ (1782-1840; イタリアのヴァイオリン奏者・作曲家).

Pa·ga·nis·mus[paganísmʊs] 男 -/..men[..mən] **1** 《単数で》(キリスト教徒から見て)異教. **2** (キリスト教の中に混入している)異教的習慣〈信仰〉. [*mlat.*; <*lat.* pāgānus „dörflich, Dorfbewohner"]

Pa·gat[pagá:t] 男 -〔e〕s/-e 〘ﾄﾗﾝﾌﾟ〙パガート(タロック遊びの切り札). [*it.* bagattino „Heller"]

Pa·ge[pá:ʒə] 男 -n/-n **1** (中世宮廷の, 貴族生まれの)小姓, 近習. **2** (ホテルの制服を着た)ボーイ, 給仕. [*fr.*]

Pa·gen≈fri·sur[pá:ʒən..] 女, **≈kopf** 男 おかっぱ頭(→ 図 Haar A).

ᵛ**Pa·gi·na**[pá:gina·] 女 -/-s (..nä[..nε·]) (略 p., pag.) (書物の)ページ; 〘印〙ノンブル. [*lat.*; <*lat.* pangere (→fangen); ◇Pakt; *engl.* page]

pa·gi·nie·ren[paginí:rən] 他 (h) 《*et.*⁴》(書物に)ページ数を打つ, 丁づけする.

Pa·go·de[pagó:də] **I** 女 -/-n **1** (インド・中国・日本などの)仏塔, パゴダ, ストゥーパ(仏舎利塔: → 図). **2** (一般的に東アジアの)仏閣, 寺院. ᵛ**II** 女 -/-n; 男 -n/-n 《ｵｰｽﾄﾘｱ》(東アジアの, 小さな陶製の〔首や手の動く〕)神仏座像. [*drawid.*–*port.*]

Pagode

pah[pa:] 間 **1** (不快・軽蔑の気持を表して)わあ, きゃあ(嫌だなあ): *Pah*, da vergeht mir der Appetit! げえ 食欲がなくなるよ. **2** (他人の失敗・不幸をあざける気持を表して)やあい, うわあい, べえぇ(いい気味だ, ざまあみろ): *Pah*, reingefallen! やあい ひっかかったな. [◇bah]

Pai·di·bett[páɪdi..] 中 商標 パイディベッド(床高の調節できる子供用サークルベッド). [<pädo..]

ᵛ**pail·le**[pá:jə, paɪ, pálja] 形 (strohfarben) 麦わら色の, 淡黄色の. [*lat.* palea „Spreu"–*fr.*]

Pail·let·te[paɪjέtə, pa(l)jέtə] 女 -/-n 《ふつう複数で》〘服飾〙スパンコール, パイエット(金属などきらきら輝く物質で作った小さな薄い平円盤状の装飾素材. イブニングドレス・カクテルドレスなどに用いられる). [*fr.*; <..ette]

Pai Lo·tien[paılotíɛ́n] 人名 白楽天(→Bai Djü-i).

pair[pɛ:r]《フランス語》(↔impair)(ルーレットで)偶数の(→ 図 Roulett). [*lat.* pār (→Par) − *fr.*; ◇Paar[1]]

Pair[−] 男 -s/-s〖史〗(封建時代のフランスの)大貴族.

Pai·rie[pɛrí:] 女 -/-n[..rí:ən]〖史〗大貴族の地位〈身分〉. [*fr.*; < *afr.* per (→Peer)]

Pak[pak] 女 -/-[s](<Panzerabwehrkanone)〖軍〗**1** 対戦車砲(→ 図 Geschütz). **2**《単数で》対戦車砲隊.

Pa·ka[pá:ka·] 中 -s/-s〖動〗パカ(中・南米産の齧歯(げっし)動物). [*indian.*−*span.*]

Pa·ket[pakɛ́:t] 中 -[e]s/-e **1** (包装し[てひもでくくっ]たもの) **a)**〖郵〗(2-20 kg の)小包(→Päckchen 2): ein ~ packen 〈zustellen〉 小包をつくる〈配達する〉| ein ~ zur Post bringen 〈mit der Post schicken〉 小包を郵便局へ持って行く〈郵便で送る〉| **ein ~ in der Hose haben**《戯》(子供が)ズボンの中におもらしする. **b)** (一般に)包み, 荷物: ein ~ Bücher 〈ein großes ~ mit Wäsche〉 unter dem Arm tragen 本の包み〈洗濯物の入った大きな包み〉を小わきに抱える. **c)** (商品としての)一包み, 一箱: ein ~ Würfelzucker 〈Waschpulver〉 kaufen 角砂糖〈洗剤〉を一箱買う. **2** (ひとまとめ・セットになったもの) **a)** (一括しての)提案, 法案: Steuer*paket* 税関係の一括法案. **b)**〖商〗(多数の)同種株券[一組]. [*fr.* paquet; < *mndl.* pac (→Pack[1]); ◇ *engl.* packet]

Pa·ket·adres·se[pakɛ́:t..] 女〖郵〗小包[にはりつける]あて先票. **·an·nah·me** 女〖郵〗小包受付[窓口・所]. **·an·nah·me·stel·le** 女 小包受付所〈窓口〉. **·aus·ga·be** 女〖郵〗小包引き渡し[窓口・所]. **·aus·ga·be·stel·le** 女 小包引き渡し所〈窓口〉. **·be·för·de·rung** 女〖郵〗小包発送〈郵送〉, 小包運送. **·bom·be** 女 小包[に仕掛けられた]爆弾. ▽**·boot** 中 郵便船.

pa·ke·tie·ren[paketí:rən] 他 (h) 小包にする, 梱包(こんぽう)〈包装〉する. [*fr.* paqueter]

Pa·ket·kar·te[pakɛ́:t..] 女〖郵〗小包荷札, 小包票. **·post** 女 **1** 小包[郵]便[業務]. **2** 小包郵便配達車〈人〉. **·schal·ter** 男〖郵〗小包受付窓口. **·sprung** 男〖泳〗抱え型飛び込み. **·zu·stel·lung** 女 小包郵便配達.

Pa·ki·stan[pá:kısta:n, ..tan] 地名 パキスタン(インドの北西部に接するイスラム共和国で,1947年に独立. 1971年に Bangla Desh が分離した. 首都は Islamabad). [<Pandschab+Afghanistan+Kaschmir+Sind+Belutschistan]

Pa·ki·sta·ner[pakıstá:nər] 男 -s/-, **Pa·ki·sta·ni** [..ni·] 男 -[s]/-[s]パキスタン人.

pa·ki·sta·nisch[..nıʃ] 形 パキスタン[人]の.

Pakt[pakt] 男 -[e]s/-e **1** (国家間の)条約, 協定: Militär*pakt* 軍事条約 | Sicherheits*pakt* 安全保障条約 ‖ einen ~ schließen 〈brechen〉 条約を締結する〈破棄する〉. **2** (個人間の)契約: Fausts ~ mit dem Teufel ファウストの悪魔との契約. [*lat.* pactum; < *lat.* pacīscī (→Paziszent); ◇Pagina, Pacht]

pak·tie·ren[paktí:rən] 自 (h)《しばしば軽蔑的に》《mit *jm.*》(…と)協定を結ぶ; (…と)妥協する.

Pak·tie·rer[..tí:rər] 男 -s/-《しばしば軽蔑的に》paktieren する人.

Päk·tsche[pɛktʃé:] 女 -/ =Paekche

pal.., palä.. →paläo..

Pa·lä·an·thro·po·lo·gie[palɛantropologí:] 女 -/ 古人類学.

pa·lä·ark·tisch[..árktıʃ] 形〖動〗旧北区の: ~*e* Unterregion 旧北亜区.

Pa·la·din[paladí:n, ◡−◡] 男 -s/-e **1 a)**〖史〗カール大帝の側近の騎士(大帝は12人の側近を持っていた). **b)** (一般に)勇敢な騎士, 忠臣. **2**《軽蔑的に》とりまき. [*mlat.* comes palātīnus (→Palatin[2]) − *it.* palatino − *fr.*]

Pa·lais[palɛ́:] 中 - [−(s)]/- [−s](フランスの貴族などの)豪壮な邸宅, 館(やかた), 宮殿. [*lat.* Palātium (→Palas) − *afr.*]

Pa·lan·kin[palaŋkí:n] 男 -s/-e, -s (インドの)輿(こし), いす駕籠(かご). [*Hindi*−*port.*−*fr.* palanquin]

paläo..《名詞・形容詞などにつけて「古代の・原始の」などを意味する. 母音の前ではふつう palä.. まれに pal.. となる: →*Paläa*nthropologie》 [*gr.* palaiós „alt"; ◇*engl.* pal[a]eo..]

Pa·läo·an·thro·po·lo·gie[palɛo|antropologí:] 女 古人類学, 先史人類学.

Pa·läo·bio·lo·gie[palɛobiologí:] 女 -/ 古生物学.

Pa·läo·bo·ta·nik[..botá:nık] 女 -/ 古植物学(植物化石を研究の対象とする学問).

Pa·läo·gen[palɛogé:n] 中 -s/〖地〗古第三紀.

Pa·läo·graph[..grá:f] 男 -en/-en 古書体学者.

Pa·läo·gra·phie[..grafí:] 女 -/ 古書体学.

pa·läo·gra·phisch[..grá:fıʃ] 形 古書体学の.

Pa·läo·kli·ma·to·lo·gie[..klimatologí:] 女 -/ 古気象学.

Pa·läo·li·then[palɛolí:tən, ..lít..] 複〖考古〗旧石器.

Pa·läo·li·thi·ker[..lí:tikər, ..lít..] 男 -s/-〖人類〗旧石器時代人.

Pa·läo·li·thi·kum[..lí:tikum, ..lít..] 中 -s/ (Altsteinzeit)〖人類〗旧石器時代.

pa·läo·li·thisch[..lí:tıʃ, ..lítıʃ] 形 旧石器時代の.

Pa·läo·lo·gie[..logí:] 女 -/ 先史時代の文化の研究.

Pa·läon·to·gra·phie[palɛɔntografí:] 女 -/ 古生物誌, 記述化石学. [<paläo..+*gr.* ón „seiend"]

Pa·läon·to·lo·ge[..ló:gə] 男 -n/-n (→..loge) 古生物学者.

Pa·läon·to·lo·gie[..logí:] 女 -/ 古生物学.

pa·läon·to·lo·gisch[..ló:gıʃ] 形 古生物学[上]の.

pa·läo·zän[palɛotsɛ́:n] **I** 形〖地〗暁新世の. **II Pa·läo·zän** 中 -s/〖地〗暁新世. [<*gr.* kainós „neu"]

Pa·läo·zoi·kum[..tsó:ikum] 中 -s/〖地〗古生代.

pa·läo·zo·isch[..tsó:ıʃ] 形 古生代の.

Pa·läo·zoo·lo·gie[..tsoologí:] 女 -/ 古動物学.

Pa·las[pálas] 男 -/-se (中世の城郭の)本丸, 本館(→ 図 Burg). [*lat.* Palātium „Kaiserburg" − *afr.* palais − *mhd.*; 本来は Augustus 帝らが住んだ丘の名; ◇Palatin[1], Palais, Pfalz[1]; *engl.* palace]

Pa·last[palást] 男 -es(-s)/Paläste[..lɛ́stə](特に貴族などの)豪壮な邸宅, 館(やかた), 宮殿.

pa·last·ar·tig 形 (建物が)豪壮な, 宮殿のような.

Pa·lä·sti·na[palɛstí:na·] 地名 パレスチナ(東地中海に面し Israel と Jordanien に属する地方. 旧約聖書の Kanaan の地). [*hebr.*−*gr.*−*lat.*; ◇Philister]

Pa·lä·sti·nen·ser[palɛstinɛ́nzər] 男 -s/- パレスチナ人(現代イスラエル成立以前からのパレスチナの住人).

Pa·lä·sti·nen·ser·fra·ge 女〖政〗パレスチナ人問題. **·füh·rer** 男 パレスチナ人の指導者. **·staat** 男 パレスチナ人国家.

pa·lä·sti·nen·sisch[..nɛ́nzıʃ] (**pa·lä·sti·nisch** [..stí:nıʃ]) 形 パレスチナの: die *Palästinensische* Befreiungsorganisation パレスチナ解放機構(→PLO).

Pa·lä·stra[palɛ́stra·] 女 -/..stren[..strən](古代ギリシアの)体育館, 体育〈闘技〉練習場. [*gr.*−*lat.*; < *gr.* palaíein „ringen"]

Pa·last·re·vo·lu·tion[palást..] 女 **1** (側近による)宮廷革命. **2**《戯》(会社・工場などで首脳部に対する)側近の反乱, 謀反.

pa·la·tal[palatá:l] **I** 形 (↔velar) 硬口蓋(こうこうがい)の;〖言〗硬口蓋音の: ~*er* Vokal 前舌母音(=Vorderzungenvokal). **II Pa·la·tal** 男 -s/-e (Vordergaumenlaut)〖言〗硬口蓋音(例 [ç][j]). [<*lat.* palātum „Gaumen"+..al[1]]

Pa·la·tal-Al·veo·lar-Laut 男 =Palatoalveolar

▽**Pa·la·ta·lis**[..lıs] 男 (女) -/..les[..le:s], ..len[..lən] =Palatal

pa·la·ta·li·sie·ren[palatalizí:rən] 他 (h)〖言〗[硬]口蓋(こうがい)音化する.

Pa·la·ta·li·sie·rung[..ruŋ] 女 -/-en〖言〗口蓋音化.

Pa·la·tal·laut[palatá:l..] 男 =Palatal

der **Pa·la·tịn**[1][palatíːn] 地名 男 -s/ パラティーノ(ローマ七丘の一つで, この上に Romulus が最初の都市を建設した). [*lat.*]

Pa·la·tịn[2][–] 男 -s/-e《史》**1** (中世の)宮中伯. **2** (昔のハンガリーの)副王. [*mlat.* (comes) palātīnus „kaiserlicher (Begleiter)"; ◇Palas, Paladin]

die **Pa·la·tị·na**[palatíːnaˑ] 女 -/ パラティーナ (Pfalz 選帝侯が数代にわたって集めた文庫で, ハイデルベルクの大学図書館に納められている).

Pa·la·ti·nạt[palatináːt] 中 -(e)s/-e《史》宮中伯(の地位). [<..at]

Pa·la·to·al·veo·lạr[palato|alveoláːr] 男 -s/-e《言》硬口蓋(ᶜ)歯茎音(例 [ʃ][ʒ]). [◇palatal]

Pa·la·to·schị·sis[..sçíːzɪs] 女 -/ (Gaumenspalte)《医》(先天性の)口蓋(ᶜ)裂.

Pa·la·tschin·ke[palatʃíŋkə] 女 -/-n《ふつう複数で》《オーストリア》《料理》パラチンケ(薄く焼いたパンケーキでジャムなどをくるんだもの). [*lat.* placenta (→Plazenta)–*rumän.*–*ungar.* palacsinta]

die **Pạ·lau-In·seln**[páːlaʊ..] 地名 複 パラオ諸島(西太平洋にあり, 1919年までドイツ領, 1946年からアメリカの信託統治領, 1994年に独立. 正式名パラオ共和国 Republik Palau).

Pa·lạ·ver[paláːvər] 中 -s/-《話》長談義, むだ話, 長びくばかりで結論の出ない相談, いつまでもきりのつかない取引: mit *jm.* ein ~ abhalten …と長談義(小田原評定)をする. [*port.* palavra „Unterredung"–*engl.*; <*spätlat.* parabola (→Parabel)]

pa·lạ·vern[paláːvərn]《05》自 (h)《話》(長々と)むだ話をする, むだな長い交渉をする.

Pạ·le[páːlə] 女 -/-n《北部》(Hülse)(豆類の)莢(ᵉ).

pạ·len[páːlən] 他 (h)《北部》(豆の)莢(ᵉ)をむく.

pal·eo·zän[paleotsέːn] **I** =paläozän **II** **Pal·eo·zän** 中 -s/ =Paläozän

Pa·lẹr·mer[palέrmər] 男 -s/- パレルモの人.

pa·lẹr·misch[..mɪʃ] 形 パレルモの.

Pa·lẹr·mo[..moˑ] 地名 パレルモ(イタリア Sizilien 島北岸の港湾都市. 古代フェニキア人が建設した). [*gr.* Pánormos; <pan..+*gr.* hórmos „Hafen"]

Pa·le·strị·na[palɛstríːnaˑ] 人名 Giovanni Pierluigi da ~ ジョヴァンニ ピエルルイージ ダ パレストリーナ(1525頃-94; イタリアの教会音楽作曲家).

Pạ·le·tot[páləto; オーストリア: pal(ə)tóː] 男 -s/-s《服飾》パルト(古くはダブルボタンの紳士用コート, 19世紀以降は婦人用および紳士用トッパーコート): wie ein Mops im ~ (→Mops 1). [*mengl.* paltok „Überrock"–*fr.*]

Pa·lẹt·te[palέtə] 女 -/-n **1 a)**《美》パレット, 絵の具板, 調色板: die Farben auf der ~ mischen パレットの上で絵の具を混ぜる. **b)**《比》多彩, 多様さ: eine bunte ~ von Farben ⟨Melodien⟩ 多彩な色どり⟨メロディー⟩ | eine breite ~ neuer Frühlingsmodelle 春のファッションの多彩なサンプル. **2**《工·鉄道》パレット(小荷物用台車, フォークリフト用の荷台: → 図 Hubkarren). [*fr.*; <*lat.* pāla „Spaten"]

pa·lẹt·ti[paléti·] 形《もっぱら次の成句で》(es ist) **alles ~**《話》すべてオーケー. [語源不詳]

pa·let·tie·ren[palɛtíːrən] (**pa·let·ti·sie·ren** [palɛtizíːrən]) 他 (h)《工·鉄道》(*et.*⁴)(…を)パレットに積む; パレットで積み込む(輸送する).

Pạ·li[páːliˑ] 中 -(s)/ パーリ語(南方仏教の聖典用言語). [*sanskr.*]

palim.. →palin..

Pa·lim·psẹst[palɪmpsέst] 男 中 -es/-e (元の文字を消しその上にもう一度文字を書いた)再録羊皮紙. [*gr.*–*lat.*; <*gr.* psēn „streichen"]

palin..《名詞などにつけて「戻って·再び」を意味する. p, b, m などの前では palim.. となる: →*Palimpsest*》[*gr.*]

Pa·lin·drọm[palɪndróːm] 中 -s/-e パリンドローム(前後いずれから読んでも意味の通る語または句. 例 Otto; Neger—Regen). [*gr.* palín-dromos „zurück-laufend"]

Pa·lin·ge·nẹ·se[..genéːzə] 女 -/-n, **Pa·lin·ge·ne·siẹ**[..genezíː] 女 -/-n[..zíːən] **1 a)**《動》反復⟨原形⟩発生, 再生. **b)**《地》反復発生. **2**《宗》再生,(霊魂)輪廻(ʳⁱⁿ).

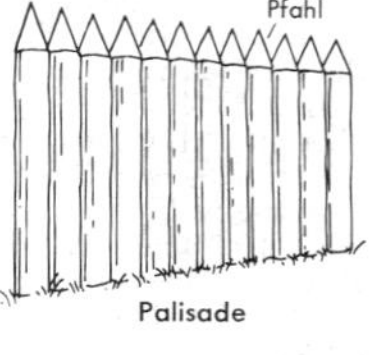

Palisade

Pa·li·sạ·de[palizáːdə] 女 -/-n **1 a)**《ふつう複数で》(先端を尖らせた)杭. **b)** 防御柵(ˢᵃᵏᵘ), 矢来(ʸᵃʳᵃⁱ) (→ 図). **2**《馬術》障害物. [*fr.* palissade; <*lat.* pālus (→Pfahl)]

Pa·li·sạ·den≠ge·wẹ·be 中, **≠pa·ren·chym** 中《植》(葉の)柵(ˢᵃᵏᵘ)状組織. **≠pfahl** 男 防護柵のくい. **≠schnitt** 男《紋》柵形分割(線). **≠zaun** 男 防御柵,(くいを巡らした)囲い.

Pa·li·sạn·der[palizándər] 男 -s/-《植》シッソウシタン(紫檀), マルバシタン(インド産). [*ndl.*–*fr.* palissandre]

Pa·li·sạn·der·holz 中 =Palisander

Pal·lạ·dium[paláːdiʊm] 中 -s/..dien[..diən] **1 a)** パラディオン (Pallas の神像). **b)**《比》守護神像; (侵すべからざる)聖域. **2**《単数で》《化》パラジウム(希金属元素; 記号 Pd). [*gr.*–*lat.*(–*engl.*)]

Pạl·las[pálas] **I** 人名《ギ神》パラス (Athene の呼び名の一つ). **II** die **Pạl·las** 女 -/《天》パラス(小惑星の名).

Pạl·lasch[pálaʃ] 男 -(e)s/-e パラッシュ(甲騎兵用の広刃の刀). [*ungar.* pallos–*slaw.*; <*türk.* pala „Schwert"]

Pạl·la·watsch[pálavatʃ] 男 -(-s)/-e《オーストリア》《話》**1**《単数で》(Blödsinn) ばかげたこと. **2** (Niete) 能なしの(頼りにならない)人. [*it.* balordaggine; <*it.* balordo „stumpfsinnig"]

pal·lia·tịv[paliatíːf][1] **I** 形《医》一時押えの, 待期的の, 姑息(ᶜᵒˢᵒᵏᵘ)的な. **II** **Pal·lia·tịv** 中 -s/-e《医》(一時押えの)緩和剤, 姑息的薬剤. [<*spätlat.* palliāre „mit einem Mantel bedecken"]

Pal·lia·tị·va Palliativum の複数.

Pal·lia·tịv≠be·hand·lung 女《医》待期療法. **≠mit·tel** 中 =Palliativ

Pal·lia·tị·vum[..vʊm] 中 -s/..va[..vaˑ] =Palliativ

Pạl·lium[páliʊm] 中 -s/..lien[..liən] **1** パリウム(古代ローマ人のマントふうの長上衣). **2** (中世の)皇帝戴冠用マント. **3**《カトリック》**a)** パリウム(大司教用肩衣). **b)** 祭壇前帳. [*lat.*]

Pal·lot·tị·ner[palɔtíːnər] 男 -s/-《カトリック》パロッティ会士. [<V. Pallotti (イタリアの司祭, †1850)]

Pal·mạ·rum[palmáːrʊm] 中 -/《無冠詞で》=Palmsonntag

Pạlm≠baum[pálm..] 男 =Palme 1 **≠blatt** 中 ヤシ科植物の葉. **≠but·ter** 女 =Palmfett

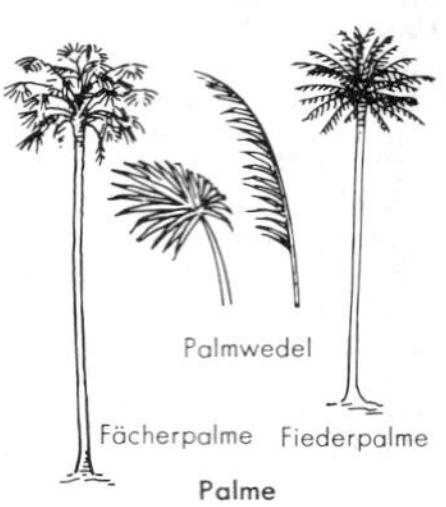

Palme

Pạl·me[pálmə] 女 -/-n **1**《植》ヤシ(椰子)科植物(→ 図): *jn.* **auf die ~ bringen**《話》…を激怒させる | **auf die ~ gehen ⟨klettern⟩**《話》激怒する | Das ist, um auf die ~ zu klettern.《話》それはひどい | **auf der (höchsten) ~ sein ⟨sitzen⟩**《話》激怒している | **von der ~ herabsteigen ⟨herunterkommen⟩**《話》怒りが静まる. **2**《雅》(勝利の象徴としての)シュロの葉: **die ~ erringen** 勝利の栄冠を得る, 優勝する | *jm.* **die ~ zuerkennen** …の勝利⟨優勝⟩を認める ‖ um die ~ kämpfen ⟨ringen⟩ 勝利をめざして戦う ‖ Ihm gebührt die ~. 勝利⟨栄冠⟩は彼のものだ. [*lat.* palma „flache Hand"–*ahd.*; 葉の形から; ◇plan; *engl.* palm]

Pạl·men≠blatt = Palmblatt **≠dieb** 男 (Kokosnußräuber)〘動〙ヤシガニ(椰子蟹),マッカン〔ガニ〕. ≈**hörn·chen** 中〘動〙ヤシリス(椰子栗鼠). ≈**rol·ler** 男〘動〙ヤシジャコウネコ(椰子麝香猫). ≈**wein** =Palmwein

Palmette

Pal·mẹt·te[palmέtə] 女 -/-n〘建〙パルメット, 忍冬(にんどう)模様(→ 図). [*fr.* „kleine Palme"]

Pạlm≈farn[pálm..] 男〘植〙ソテツ(蘇鉄)類. ≈**fett** 中 ヤシ(椰子)〈シュロ(棕櫚)〉油.

Pal·mị̣n[palmí:n] 中 -s/ パルミン, 精製ヤシ油.

Pal·mi·tị̣n[palmití:n] 中 -s/ 〘化〙パルミチン, トリパルミチン. [*fr.*]

Pal·mi·tị̣n·säu·re 女 -/ パルミチン酸, 軟脂酸.

Pạlm≈kätz·chen[pálm..] 中 -s/- 《ふつう複数で》〘植〙バッコヤナギの尾状花序. ≈**kọhl** 男 アブラヤシの若葉(食用に供する). ≈**lị·lie**[..liə] 女〘植〙イトラン(糸蘭)属, ユッカ. ≈**öl** 中 -[e]s/ パーム油(アブラヤシの中果皮から採取する油).

Palm·sọnn·tag[palmzɔ́nta:k, ⌣⌣—]¹ 男〘カトリック〙枝の主日(復活祭直前の日曜日, 聖週間の第１日). [*mlat.* dominica Palmārum の翻訳借用]

Pạlm≈we·del[pálm..] 男 **1** ヤシ科植物の複葉(羽状または掌状: → 図 Palme). **2** ソテツの羽状複葉. ≈**wein** 男 ヤシ酒. ≈**wol·le** 女 ソテツの葉の綿毛(クッションの詰め物に用いる).

Pal·mỵ·ra[palmý:ra·] 地名 パルミラ(シリアの砂漠にある古都). [*gr.*-*lat.*]

Pa·lọ·lo·wurm[paló:lo..] 男〘動〙パロロ(イソメの一種). [*polynes.* palolo]

pal·pạ·bel[palpá:bəl](..pa·bl..) 形〘医〙手で触れうる, 触知しうる. [*spätlat.*; ◇..abel]

Pal·pa·tiọn[..patsió:n] 女 -/-en〘医〙触診. [*lat.*]

Pạl·pe[pálpə] 女 -/-n〘動〙触鬚(しょくしゅ), 触毛, 触角.

Pạl·pen≈kä·fer[pálpən..] 男〘虫〙アリヅカムシ(蟻塚虫)科の昆虫. ≈**mot·te** 女〘虫〙キバガ(牙蛾)科のガ.

pal·pịe·ren[palpí:rən] 他 (h) 触知する;〘医〙触診する. [*lat.*; ◇fühlen]

Pal·pi·ta·tiọn[palpitatsió:n] 女 -/-en〘医〙心悸(しんき)症, 心悸亢進(こうしん), 動悸. [*lat.*; <*lat.* palpitāre „zucken"]

Pa·ly·no·lo·gịe[palynologí:] 女 -/ 〘植〙花粉学. [*gr.*-*nlat.*]

Pam·flẹt[pamflé:t] 中 -[e]s/-e =Pamphlet

der **Pạ·mịr**[pá:mi:r, pamí:r] 地名 男 -[s]/ パミール(中央アジアの高原. 中性扱いともなる).

Pamp[pamp] 男 -s/ 《北部・南部》=Pamps

Pạm·pa[pámpa·] 女 -/-s《ふつう複数で》〘地〙パンパス(南米, 特にアルゼンチンの大草原): **in der** ~《話》遠く離れた〈不便な〉場所に. [*indian.*-*span.*]

Pạm·pas≈gras[pámpas..] 中〘植〙パンパスグラス. ≈**ha·se** 男〘動〙マーラ(テンジクネズミ科). ≈**huhn** 中〘鳥〙(中南米産の)シギダチョウ(鷸駝鳥)類.

Pạm·pe[pámpə] 女 -/ 《北部・中部》**1** 濃いかゆ. **2** ぬかるみ, 泥土. [<Pampf]

Pạm·pel·mu·se[pámpəlmu:zə, ⌣⌣⌣—⌣] 女 -/-n〘植〙グレープフルーツ. [*tamil.* bambolmas-*ndl.* pompelmoes -*fr.* pamplemousse]

pạm·pen[pámpən]《北部・東部》=pampfen

Pampf[pampf] 男 -[e]s/《南部》=Pamps

pạm·pfen[pámpfən] 自 (h)《南部》《話》大食する, 口いっぱいにほおばる. [<Papp]

Pam·phlẹt[pamflé:t] 中 -[e]s/-e パンフレット, 小冊子; (特に政治的な)中傷文書, 怪文書, 誹謗(ひぼう)文書. [*engl.* -*fr.*]

Pam·phle·tịst[pamfletíst] 男 -en/-en パンフレット(特に政治的誹謗(ひぼう)文書)の筆者. [◇*engl.* pamphleteer]

pạm·pig[pámpɪç]² 形《北部・東部》**1** かゆのような, どろどろした. **2**《軽蔑的に》(frech) あつかましい, 恥しらずな. [<Pampe]

Pamps[pamps] 男 -[es]/ 《北部・東部》《話》濃いかゆ; ジャガイモがゆ; (何もかも いっしょくたに煮こんだ)どろどろの食物.

Pam·pụ·sche[pampʊ́ʃə] 女 -/-n《ふつう複数で》《北部》バブッシェ(近東ふうスリッパ, 室内ばき). [<Babusche]

pan..《名詞・形容詞などにつけて「全・総・汎(はん)」などを意味する》: *pan*europäisch 汎ヨーロッパ〔主義・規模〕の | *Pan*demie〘医〙汎流行〔病〕. [*gr.* pãn „ganz"]

Pan¹[pa:n] 人名〘ギ神〙パン(牧人と家畜の神. ローマ神話の Faun に当たる): die Stunde des ~ (→Stunde 3). [*gr.*-*lat.*; ◇Pastor, Faun, panisch]

Pan²[pan] 男 -s/-s **1** (ポーランドの)小地主, 小農場主. **2**《ポーランドで氏名にそえて》(…)さん, (…)様. [*poln.*]

Pa·na·ché[panaʃé:] 中 -s/-s =Panaschee

Pa·nạ·de[paná:də] 女 -/-n〘料理〙パナーデ(パンをかゆ状に煮たもの). [*provenzal.*-*fr.*; <*lat.* pānis (→panieren)]

Pa·nạ·del·sup·pe[paná:dəl..] 女《南部・オーストリア》白パン入り牛肉スープ.

Pan·afri·ka·nịs·mus[pan|afrikanísmʊs] 男 -/ 汎(はん)アフリカ主義.

Pan Am[pénɛm, pǽnæm] 女 --/ パン=アメリカン航空(1991年倒産; →PAA). [*engl.*; <*engl.* Pan American World Airways]

Pa·na·ma **I**[pánama·, pá:.., panamá] 地名 **1** パナマ(中央アメリカの共和国). **2** パナマ(１の首都). **II**[pánama·, pá:..] 男 -s/-s **1** =Panamahut **2** =Panamastoff [*indian.*]

Pạ·na·ma·er[pá(:)namaər, panamá:ər] 男 -s/- パナマ人.

Pạ·na·ma·hut[pá(:)nama..] 男 パナマ帽(パナマソウの葉を編んで作る: →Panamapalme).

pa·na·mạ·isch[panamá:ɪʃ] 形 パナマ〔人〕の.

der **Pạ·na·ma·ka·nal**[pá(:)nama..] 地名 男 -s/ パナマ運河(パナマ地峡で太平洋と大西洋をつなぐ. 1914年に完成し, アメリカ合衆国が租借権を持つ).

Pạ·na·ma≈pal·me 女〘植〙パナマソウ. ≈**rin·de** 女 キラヤ皮(シャボンの木の内皮. 洗剤として用いられる). ≈**stoff** 男〘織〙パナマクロース.

Pa·na·mẹ·ne[panamé:nə] 男 -n/-n《オーストリア》=Panamaer

pan·ame·ri·kạ·nisch[pan|amerikáːnɪʃ] 形 汎(はん)アメリカ〔主義〕の, 汎米〈全米〉の.

Pan·ame·ri·ka·nịs·mus[..kanísmʊs] 男 -/ 汎(はん)アメリカ主義, 汎米〈全米〉主義.

pan·arạ·bisch[..|ará:bɪʃ] 形 汎(はん)アラブ〔主義〕の.

Pan·ara·bịs·mus[..|arabísmʊs] 男 -/ 汎アラブ主義.

Pa·nạsch[panáʃ] 男 -[e]s/-e パナッシュ, 羽毛飾り. [*spätlat.* pinnāculum „Flügelchen"-*it.* pennachio -*fr.* panache; <*lat.* penna „Flugfeder" (◇Feder)]

Pa·na·schẹe[panaʃé:] 中 -s/-s **1**〘料理〙パナシュ(種々な色どりのアイスクリーム・ゼリーなど; 種々な色の果実から作ったジャム). **2**〘植〙斑(ふ)入り. [*fr.* panaché „bunt"]

pa·na·schịe·ren[panaʃí:rən] **I** 他 (h) **1** しま模様をつける. **2**〘政〙異党派連記投票をする. **II** **pa·na·schiert** 過分 形 **1** しま模様のある. **2**〘植〙斑(ふ)入りの. [*fr.*]

Pa·na·schịe·rung[..rʊŋ] 女 -/-en, **Pa·na·schụ̈·re**[..ʃý:rə] 女 -/-n〘植〙斑(ふ)入り. [*fr.* panachure]

Pan·athe·nạ̈·en[pan|atené:ən, pana..] 複 (古代ギリシアで４年ごとにアテネで行われた)女神アテネの大祭. [*gr.*]

Pan·azẹe[panatsé:(ə)] 女 -/-n[..tsé:ən](Allheilmittel) 万能薬. [*gr.* panákeia-*lat.*; <*gr.* akeĩsthai „heilen"]

pan·chro·mạ·tisch[pankromá:tɪʃ] 形〘写〙パンクロの, 全整色の: ~*er* Film パンクロ〈全整色〉フィルム | ~*e* Platte パンクロ〈全整色〉乾板.

Pạn·da[pánda·] 男 -s/-s〘動〙**1** (Katzenbär) レッサーパンダ. **2** (Bambusbär) オオパンダ.

Pan·dä·mọ·nium[pandɛmó:niʊm] (**Pan·dai·mọ·nion**[pandaɪmó:niɔn, ..mɔ́n..]) 中 -s/..nien[..niən] **1**〘ギ神〙《単数で》悪霊〈悪魔〉殿;《比》伏魔殿. **2**《集合的に》悪霊, 悪魔. [<*gr.* daímōn (→Dämon)]

Pan·dẹk·ten[pandέktən] 複 **1** =Digesten **2** (一般

に)法典, 法規全集; 総覧. [*gr.*－*spätlat.*; ＜*gr.* déchesthai „hinnehmen" (◇Daube)]

Pan·de·mie[pandemí:] 女 -/-n[..mí:ən] 《医》汎(はん)流行〔病〕, 汎発(はん)流行〔病〕(→Epidemie). [＜*gr.* pándēmos „dem ganzen Volk gehörig" (◇Demos)]

pan·de·misch[pandé:mɪʃ] 形 (疫病などが)大流行の.

Pan·do·ra[pandó:ra·] 人名 《ギ神》パンドラ (Prometheus が火を盗んで人間に与えたのを怒った Zeus が, 復讐(ふくしゅう)のために Hephaistos に泥から造らせた地上最初の女): **die Büchse der ～** パンドラの箱(パンドラが天上から持ってきたもので, すべての災いが封じこめてあった. 地上に着いてふたをあけると, すべての災いがとび出したが, あわててふたをしたので希望だけが残ったという). [*gr.*－*lat.*; ＜*gr.* dōron „Gabe" (◇Dosis)]

das **Pandsch·ab**[pandʒá:p, ⌒ー] 地名 中 -s/ パンジャブ(インド北西部から Pakistan 北部にわたる地方. 五河地方 Fünfstromland ともいう). [*sanskr.* „fünf Ströme"－*pers.*; ◇*engl.* Punjab]

Pan·dur[pandú:r] 男 -en/-en 《史》 **1** (ハンガリーの)武装従者. **2** (ハンガリーの)歩兵. [*ungar.*; ◇Banner[2]; *engl.* pandour]

Pa·neel[pané:l] 中 -s/-e 《建》壁板, 羽目板, パネル, 鏡板. [*afr.* panel－*mndd.*; ◇*engl.* panel]

pa·nee·lie·ren[panelí:rən] 他 (h) 《*et.*[4]》(…に)壁板〈鏡板〉を張る.

Pan·egy·ri·ken Panegyrikus の複数.

Pan·egy·ri·ker[panegý:rikər] 男 -s/- 賞賛演説者, 賞賛演説文起草者, 頌歌(しょうか)詩人.

Pan·egy·ri·kus[..kʊs] 男 -/..ken[..kən], ..rizi [..ritsi·] 賞賛演説, 頌歌(しょうか). [*gr.*－*lat.*; ＜*gr.* ágyris „Versammlung, Fest"]

pan·egy·risch[panegý:rɪʃ] 形 賞賛演説〔ふう〕の, 頌歌(しょうか)〔ふう〕の; へつらいの, こびた.

Pan·egy·ri·zi Panegyrikus の複数.

Pa·nel[pɛ́nəl] 中 -s/-s パネル(世論調査の回答者集団). [*afr.*－*engl.*; ◇Paneel]

pa·nem et cir·cen·ses[pá:nɛm ɛt tsɪrtsɛ́nze:s] 《ラテ語》(Brot und Zirkusspiele) パンとサーカス(民衆の最も喜ぶもの. 古代ローマの大衆の人気をつなぐ最も有効な手段とされた). [◇panieren, Zirkus]

Pan·en·the·is·mus[pan|ɛnteísmʊs] 男 -/ 《哲》万有内在神論. [＜en..[1]]

pan·en·thei·stisch[..stɪʃ] 形 《哲》万有内在神論の.

Pan·eu·ro·pa[pan|ɔyró:pa·] 中 -s/ 《無冠詞で》汎(はん)ヨーロッパ(理想目標としてのヨーロッパ諸国の連合統一体).

pan·eu·ro·pä·isch[..|ɔyropɛ́:ɪʃ] 形 汎(はん)ヨーロッパの, 全ヨーロッパ的な.

Pan·film[pá:n..] 男 -〔e〕s/-e 《写》パンクロ〈全整色〉フィルム(→panchromatisch).

Pan·flö·te[pá:nflø:tə] 女 《楽》パンの笛(牧羊神パンの笛. もっとも原始的な管楽器: →Pan[1]).

päng[pɛŋ] 間 パン, ピン; ズドン.

Pan·ger·ma·nis·mus[pangɛrmanísmʊs] 男 -/ 汎(はん)ゲルマン主義.

Pan·hel·le·nis·mus[..hɛlenísmʊs] 男 -/ 汎(はん)ギリシア主義.

Pa·nier[1][paní:r] 中 -s/-e ᵛ**1** (Banner) 旗, 軍旗. **2** 《比》旗印, モットー: ***et.***[4] **auf *sein* ～ schreiben** …をモットー〈目標〉とする, …を標榜(ひょうぼう)する | Frieden sei's ～! 平和をモットー〈合言葉〉としよう. [＜Banner[2]]

Pa·nier[2][－] 女 -/ 《(オーストリア)》《料理》(卵黄とパン粉で作る)揚げ衣.

pa·nie·ren[paní:rən] 他 (h) 《*et.*[4]》《料理》(…に卵黄とパン粉で)ころもをつける. [*fr.*; ＜*lat.* pānis „Brot"; ◇Panade]

Pa·nier·mehl[paní:r..] 中 パン粉.

Pa·nik[pá:nɪk; オーストリア: －, paník] 女 -/-en 《ふつう単数で》(特に群衆の間に起こる突然の)恐慌, パニック: von ～ ergriffen 〈befallen〉 werden パニックに襲われる | *jn.* in ～ versetzen …をパニックに陥れる ‖ Eine ～ bricht aus. パニックが起こる. [*fr.* panique; ◇panisch]

pa·nik·ar·tig 形 恐慌〈パニック〉のような; 恐慌〈パニック〉状態の: ～ fliehen 恐慌をきたして〈あわてふためいて〉逃走する.

Pa·nik≈ma·che 女 -/ 《話》(意図的な)恐慌〈パニック〉づくり. ≈**ma·cher** 男 恐慌〈パニック〉をひき起こす人. ≈**stim·mung** 女 恐慌的な状況, パニックの空気: in ～ geraten パニックに陥る.

pa·nisch[pá:nɪʃ] 形 《述語的用法なし》恐慌の, 狼狽(ろうばい)した, あわてふためいた, 突然の, 激しい: ～*e* Angst 突然の激しい不安 | ～*er* Schrecken 突然の激しい恐怖 ‖ von ～*er* Furcht erfaßt werden ひどい恐怖にとらえられる | in ～*er* Flucht davonstürzen (突然の恐怖に)あわてふためいて逃走する. [*gr.* pānikós－*fr.* panique; ◇Pan[1]; *engl.* panic]

Pan·is·la·mis·mus[pan|ɪslamísmʊs] 男 -/ 汎(はん)イスラム主義.

Pan·je[pánjə] 男 -s/-s ＝Pan[2]

Pan·je·pferd 中 (小型で強靱(きょうじん)な)ロシア馬.

Pan·kow[páŋko·] 地名 パンコー(旧東ベルリンの一地区. 多くの政府機関があり, そのため旧西ドイツの新聞などで旧東ドイツ政府を指して用いられることがあった).

Pan·kra·tius[pankrá:tsiʊs; オーストリア: páŋkra:..] 男名 パンクラーツィウス. [*gr.*－*lat.*; ◇pan.., ..kratie]

Pan·kraz[..krá:ts; オーストリア: páŋkra:ts] 男名 パンクラーツ.

Pan·kra·zi·lie[..li:liə] 女 《植》パンクラチウム, パスケットフラワー.

Pan·kreas[páŋkreas] 中 -/..kreaten[paŋkreá:tən] (Bauchspeicheldrüse) 《解》膵臓(すいぞう). [*gr.*; ＜pan..＋*gr.* kréas „Fleisch"]

Pan·kreas≈kar·zi·nom[páŋkreas..] 中 《医》膵臓(すいぞう)癌(がん), 膵癌(すいがん). ≈**kopf** 男 《解》膵頭(すいとう). ≈**krebs** 男 ＝Pankreaskarzinom ≈**saft** 男, ≈**se·kret** 中 (Bauchspeichel) 《医》膵液(すいえき).

Pan·krea·ti·tis [paŋkreatí:tɪs] 女 -/..tiden [..tití:dən] 《医》膵炎(すいえん), 膵臓炎.

Pan·lo·gis·mus[panlogísmʊs] 男 -/ 《哲》汎(はん)論理主義.

Pan·mi·xie[..mɪksí:] 女 -/-n[..ksí:ən] 《生》パンミクシー, 雑婚繁殖. [＜*gr.* meĩxis „Vermischung"]

Pan·mun·jom[panmʊndʒɔ́m] 地名 板門店, パンムンジョム(北朝鮮と韓国の国境沿いにある小村落. 朝鮮戦争以降非武装地帯).

Pan·ne[pánə] 女 -/-n **1** (突然の, 思いがけぬ)事故, 故障(特に自動車など交通機関の): die Reifen*panne* パンク ‖ Der Wagen 〈Der Motor〉 hat eine ～. 自動車〈エンジン〉が故障した | In der Gasversorgung ist eine ～ eingetreten. ガス系統に故障〈事故〉が起こった. **2** 《話》失敗, 不運: beim Examen eine ～ haben 試験に失敗する. [*fr.*]

pan·nen≈an·fäl·lig[pánən..] 形 (自動車などが)故障を起こしやすい. ≈**frei** 形 (自動車などが)故障を起こさない.

Pan·nen≈kof·fer 男 (自動車などの)故障修理工具箱. ≈**kurs** 男 (自動車などの)故障修理教程.

Pan·no·ni·en[panó:niən] 地名 パンノニア (Donau 川中流にあった古代ローマの属州). [*gr.*－*lat.*]

Pan·op·ti·kum[panɔ́ptikʊm] 中 -s/..ken[..kən] **1** 蠟(ろう)人形陳列館; (実物模型などを並べた)見世物小屋: ins ～ gehen 蠟人形館に行く. **2** (中央から周囲の監房をすべて見渡すことのできる)円形刑務所. [＜*gr.* pan-óptēs „all-sehend" (◇..opie)]

pan·op·tisch[panɔ́ptɪʃ] 形 どこからでも見える, 一目で見渡せる.

Pan·ora·ma[panorá:ma·] 中 -s/..men[..mən] **1** (高い所から見下ろした四方の光景)パノラマ, 眺望, 全景. **2** 全景画, パノラマ写真. [＜*gr.* hórāma „Anblick" (◇wahren)]

Pan·ora·ma≈auf·nah·me[panorá:ma..] 女 パノラマ〈パン〉撮影. ≈**bild** 中 全景〔画・写真〕. ≈**fen·ster** 中 (広角度の展望のきく)パノラマ窓. ≈**schwenk** 男 《写・映》パンショット.

pan·ora·mie·ren[panoramí:rən] 自 (h) 《写・映》カメラが左右に動いて撮影する, パンする.

Pan·psy·chis·mus[panpsyçísmʊs] 男 -/ 汎(はん)心

論. [<psycho..]

pạn·schen[pánʃən] ⟪04⟫ **I** 他 (h) (飲み物, 特に酒に) 水を割る, 混ぜ物をする: den Wein ~ ワインを水で薄める | *gepanschte* Milch 水で薄めたミルク. **II** 自 (h) ⟪話⟫ (子供が手や足で) 水をパチャパチャはねかして遊ぶ. [擬音; ◇patschen, manschen]

Pạn·scher[pánʃər] 男 -s/- (飲み物, 特に酒を) 水で薄める〔悪徳〕商人.

Pạn·sen[pánzən] 男 -s/- **1** 〘動〙瘤胃(りゅうい)(反芻(はんすう)動物の第 1 胃: → 図 Magen B). **2** ⟪北部⟫ (Magen) 胃. [*afr.* pance–*mhd.* panze; <*lat.* pantex (→Panzer); ◇Panzen; *engl.* paunch]

Pan·se·xua·lịs·mus[panzεksualísmʊs] 男 -/ 〘心〙汎(はん)性欲説. [<sexual..]

Pan·sla·wịs·mus[..slavísmʊs] 男 -/ 汎スラヴ主義.

Pan·sper·mie̱[..spεrmí:] 女 -/ 〘生〙胚種(はいしゅ)広布説(生命の胚種が宇宙空間いたるところに存在するとする). [*gr.*; ◇Sperma]

Pan·ta·lo̱·ne[pantaló:nə, ..ne·] 男 -s/-s, ..ni[..ni·] 〘劇〙パンタローネ(16–18世紀のイタリア即興茶番劇でヴェネチアの老商人役). [*it.* Pantal〔e〕one; ヴェネチアの人々に人気のあった 4 世紀の聖者の名]

Pan·ta·lons[pɑ̃talɔ̃:s, pant.., pɑ́:talɔ̃:s, pánt..] 複 〘服飾〙(元来はフランス革命期から流行した, 細身の) 長ズボン(→ 図 Gehrock). [*fr.*; Pantalone の扮装(ふんそう)から; ◇*engl.* pantaloons]

pạn·ta rhe̱i[pánta· ráɪ] ⟪ギリシア語⟫ (alles fließt) 万物は流転す (Heraklit の思想). [◇pan.., rheo..]

Pạn·ter[pántər] 男 -s/- =Panther

Pan·the·ịs·mus[panteísmʊs] 男 -/ 〘哲〙汎(はん)神論, 万有神論.

Pan·the·ịst[..teíst] 男 -en/-en 汎神論者.

pan·the·ị·stisch[..teístɪʃ] 形 汎神論の, 万有神論の.

Pạn·theon[pánteɔn] 中 -s/-s パンテオン(元来はその語義が示すように古代ギリシア・ローマ万神殿; 近世においてはローマやパリのパンテオンのごとく物故した著名人のための合同記念墓廟(びょう)). [*gr.*〔–*fr.*〕; ◇theo..]

Pạn·ther[pántər] 男 -s/- (Leopard) 〘動〙ヒョウ(豹). [*gr.* pánthēr–*lat.*–*mhd.*]

Pạn·ther≠kat·ze 女 (Ozelot) 〘動〙オセロット(中南米産のヒョウに似たネコ科の動物). ≠**pilz** 男 〘植〙テングタケ(天狗茸)(毒キノコ).

Pan·ties Panty の複数.

Pan·ti̱·ne[pantí:nə] 女 -/-n ⟪ふつう複数で⟫ ⟪北部⟫ 木のサンダル, 木靴; 木底の革スリッパ: in die ~*n* fahren 〈schlüpfen〉 木のサンダルをつっかける ‖ **aus den ~*n* kippen** ⟪話⟫ 気絶する, 茫然(ぼうぜん)自失〈びっくり仰天〉する. [*fr.* patin „Schuh mit Holzsohle"–*mndl.* patijn–*mndd.* patīne; <*fr.* patte (→Patte)]

panto.. ⟪名詞・形容詞などにつけて「全・総・汎(はん)」などを意味する⟫ [*gr.* pān (→pan..)]

Pan·tọf·fel[pantɔ́fəl] 男 -s/-n (俗: -) (小 **Pan·tọ̈f·fel·chen**[pantœ́fəlçən] 中 -s/-) ⟪ふつう複数で⟫ スリッパ, 室内ばき: die ~*n* anziehen 〈ausziehen〉 スリッパをはく〈脱ぐ〉 | *jm.* den ~ küssen ⟪比⟫ …に対して恭順の意を表す | **den ~ schwingen** ⟪話⟫ 亭主をしりに敷く ‖ in ~*n* gehen スリッパをはいている | ***jn.* unter dem ~ haben** ⟪話⟫ …(亭主)をしりに敷いている | **unter dem ~ stehen** ⟪話⟫ 女房に頭があがらない | **unter den ~ kommen** 〈geraten〉 ⟪話⟫ 支配欲の強い女と結婚する, 女房のしりに敷かれる | vom ~ träumen スリッパの夢を見る(自分の言いなりになる亭主を手に入れる前兆とされる). [*fr.* pantoufle; ◇*engl.* panto〔f〕fle]

Pan·tọf·fel≠blu·me 女 (Kalzeolarie) 〘植〙キンチャクソウ(巾着草)属, カルセオラリア. ≠**held** 男 ⟪話⟫ 女房のしりに敷かれている亭主. ≠**ki̱·no** 中 ⟪戯⟫ テレビ〔受像機〕; (上ばきのままで入れるような) 小映画館. ≠**re·gi·ment** 中 ⟪話⟫ かかあ天下. ≠**tier·chen** 中 〘動〙ゾウリムシ(草履虫).

Pan·to·graph[pantográ:f] 男 -en/-en パントグラフ, 写図器, 縮図器.

Pan·to·gra·phie̱[..grafí:] 女 -/-n[..fí:ən] パントグラフで写した拡大〈縮小〉図.

Pan·to·lẹt·te[pantolέtə] 女 -/-n ⟪ふつう複数で⟫ 〘服飾〙ヘップ=サンダル(→ 図). [<Pantoffel+Sandalette]

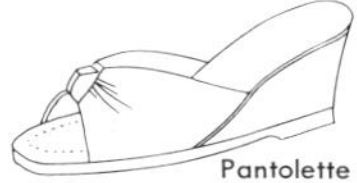

Pan·to·mi̱·me[pantomí:mə] **I** 女 -/-n 〘劇〙パントマイム, 無言劇; 身振り, 手まね. **II** 男 -n/-n パントマイムの俳優. [〔*gr.*–〕 *lat.*–*fr.*]

Pan·to·mi̱·mik[..mí:mɪk] 女 -/ 黙劇術, パントマイムの技法.

pan·to·mi̱·misch[..mí:mɪʃ] 形 パントマイムの; 身振りによる: ein ~*es* Spiel 無言劇 | *sich*[4] ~ verständlich machen 身振りで意志を通じる.

pan·to·pha̱g[pantofá:k][1] 形 〘動〙雑食〔性〕の.

Pan·to·the̱n·säu·re[pantoté:n..] 女 〘化〙パントテン酸. [<*gr.* pánto-then „von allen Seiten" (◇pan..)]

Pan·try[pέntri·] 女 -/-s (特に船舶・航空機などの) 食料品室, 食器室, 配膳(はいぜん)室. [*mlat.*–*afr.* paneterie „Brotkammer"–*engl.*; <*lat.* pānis (→panieren)]

pạnt·schen[pántʃən] ⟪04⟫ =panschen

Pạnt·schen-La̱·ma[pántʃənlá:ma·, ..tʃεn..] 男 -〔s〕/-s パンチェン=ラマ (Tibet のラマ教の副教主). [*tibet.*; ◇Lama[2]]

Pan·ty[pέnti·] 女 -/..ties[..ti:s] (Strumpfhose) 〘服飾〙パンティーストッキング. [*engl.*; <*engl.* pant〔aloon〕s (→Pantalons)]

Pän·ụl·ti·ma[pεnʊ́ltima·, pεn|ʊ́l..] 女 -/..mä[..mε·], ..men[..mən] 〘言〙語尾から 2 番目の音節. [*lat.*; <*lat.* paene „fast"; ◇*engl.* penult〔ima〕]

Pạn·zen[pántsən] 男 -s/- ⟪南部⟫ (Schmerbauch) 脂肪太りの腹, 太鼓腹. [<Pansen]

Pạn·zer[pántsər] 男 -s/- **1 a)** (Panzerwagen) 〘軍〙戦車, タンク: einen ~ abschießen 〈knacken〉 戦車を撃破する. **b)** (Panzerdecke) 装甲〔板〕, 甲鉄〔板〕: der ~ des Geschützturmes 砲塔の装甲板.
2 a) 〘史〙よろい(鎧), 甲冑(かっちゅう)(→ 図); (Brustpanzer) 胸甲: den ~ ablegen 〈anlegen〉 よろいを脱ぐ〈着る〉 | stur wie ein ~ (→stur 1) | *sich*[4] mit einem ~ umgeben ⟪比⟫ 本心〈感情〉を表に現さない. **b)** ⟪話⟫ (Mieder) コルセット.
3 (甲虫・カメ・エビなどの) 甲, 甲皮.
[*afr.* pancier〔e〕 „Leibrüstung"–*mhd.* panzier; <*lat.* pantex „Wanst"]

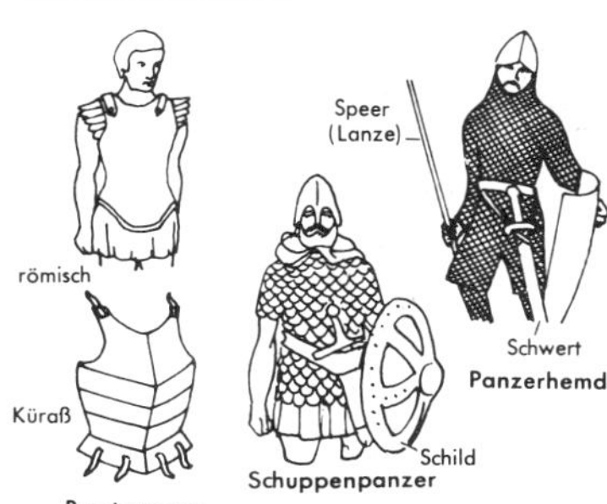

Panzer

Pạn·zer·ab·we̱hr 女 〘軍〙対戦車防御.

Pạn·zer·ab·we̱hr≠hub·schrau·ber 男 〘軍〙対戦車ヘリコプター. ≠**ka·no̱·ne** 女 〘軍〙対戦車砲(→ 図 Geschütz) (略 Pak). ≠**lenk·ra·ke̱·te** 女 〘軍〙対戦車誘導ミサイル. ≠**ra·ke̱·te** 女 〘軍〙対戦車ミサイル. ≠**waf·fe** 女 〘軍〙対戦車兵器.

Pạn·zer≠decke 女 〘軍〙装甲板, 甲鉄板. ≠**di·vi·**

P

sion 女〘軍〙戦車師団. ≈ech·se 女〘動〙ワニ(鰐). ≈faust 女〘軍〙(携帯用の)対戦車砲. ≈fisch 男 -es/-e《ふつう複数で》(Plakodermen)〘魚〙板皮類. ≈flot·te 女〘軍〙装甲艦隊. ≈gra·na·te 女〘軍〙破甲榴弾(りゅうだん). ≈gre·na·dier 男 -s/-e〘軍〙機甲兵;《複数で》機甲部隊. ≈hand·schuh 男 籠手(こて)(騎士の具足の一つ). ≈hemd 中 **1** (中世の)鎖かたびら(→ 図 Panzer). **2**《話》コルセット. ≈jä·ger 男〘軍〙対戦車兵. ≈krebs 男 =Languste ≈kreu·zer 男〘軍〙装甲巡洋艦. ≈kup·pel 女〘軍〙装甲回転砲塔. ≈mi·ne 女〘軍〙対戦車地雷.

pan·zern[pántsərn]《05》**I** 他 (h) **1**《*et.*[4]》装甲する, 被甲する: ein Kriegsschiff ～ 軍艦に装甲をほどこす. **2**《*jn.*》(…に)よろい〈甲冑(かっちゅう)〉を着せる: 再帰 *sich*[4] ～ よろいを着る | *sich*[4] gegen *et.*[4] ～《比》…に対して身を守る, …に動じないよう身構える. **II ge·pan·zert** → 別出

Pan·zer≈nas·horn 中〘動〙インドサイ(犀). ≈plat·te 女〘軍〙装甲板, 甲鉄板. ≈schiff 中 装甲艦. ≈schlacht 女 戦車〔遭遇〕戦. ≈schrank 男 鋼鉄製金庫. ≈schurz 男 (鎖かたびらの)腰当て(→ 図 Harnisch). ≈späh·wa·gen 男 偵察用装甲車. ≈trup·pe 女 戦車部隊. ≈turm 男 (戦車・軍艦の)装甲砲塔.

Pan·ze·rung[pántsərʊŋ] 女 -/-en 装甲, 被甲.

Pan·zer≈wa·gen[pántsər..] 男〘軍〙**1** 戦車, タンク. **2** (装甲列車の)装甲車両. ≈we·ste 女 防弾チョッキ. ≈zug 男〘軍〙装甲列車.

Päo·nie[pεóːniə] 女 -/-n〘植〙ボタン(牡丹)属. [*gr.*–*lat.*; <*gr.* paiān (→Päan); ◇ *engl.* peony]

Pa·pa[1][pápaˑ, papáː] 男 -s/-s (小 **Pa·pa·chen**[papáːçən] 中 -s/-) (Vater) パパ, お父さん. [*fr.*]

Pa·pa[2][páːpaˑ] 男 -s/ **1** (略 P.)〘カトリック〙教皇. **2**〘東方正教会〙(上級)司祭. [*gr.* páppās „Väterchen"–*kirchenlat.* pāpa; ◇Papst, Pfaffe, Pappus; *engl.* pope]

Pa·pa·gal·lo[papagáloˑ] 男 -〔s〕/-s, ..lli[..liˑ] (Halbstarke) (イタリアの)不良少年〈少女〉. [*it.* „Papagei"]

Pa·pa·gei[papagáɪ; オーストリア: ⌣⌣–] 男 -en, -s/-en(-e) **1**〘鳥〙オウム(鸚鵡): wie ein ～ plappern 〈schwatzen〉(たえず)べらべらしゃべる | bunt wie ein ～ (オウムのように)派手なかっこうをして. **2**《比》(自分の考えでなく)人の口まねばかりする人,(上役の)取り巻き. [*arab.*–*afr.* papegai]

Pa·pa·gei·en·blatt[papagáɪən..] 中〘植〙ツルノゲイトウ(蔓野鶏頭)属.

pa·pa·gei·en·haft[..haft] 形 オウムのような; おしゃべりの,(自分で考えず)人の口まねばかりする; (オウムのように)派手な.

Pa·pa·gei·en·krank·heit 女 -/〘医〙オウム病.

pa·pal[papáːl] 形 教皇の. [*mlat.*; ◇Papa[2], ..al[1]]

Pa·pa·lis·mus[papalísmʊs] 男 -/〘カトリック〙(公会議に対する)教皇首位説.

Pa·pal·sy·stem[papáːl..] 中 -s/〘カトリック〙教皇中心主義; 教皇首位説.

Pa·pa·raz·zo[paparátsoˑ] 男 -s/..zzi[..tsiˑ] パパラッツォ(特種の写真をメディアに売り込むカメラマン). [*it.*]

Pa·pat[papáːt] 男 (中) -〔e〕s/〘カトリック〙教皇職; 教皇の地位. [*mlat.*; ◇..at]

Pa·pa·ya[papáːja] 女 -/-s **1** (Melonenbaum)〘植〙パパイアの木, 蕃瓜樹(ばんかじゅ). **2** =Papayafrucht [*karib.*–*span.*]

Pa·pa·ya·frucht[papáːja..] 女 パパイアの実.

Pa·pel[páːpəl] 女 -/-n〘医〙丘疹(きゅうしん). [*lat.* papula „Bläschen"; ◇Papille; *engl.* papule]

Pa·pen[páːpən] 人名 Franz von ～ フランツ フォン パーペン(1879–1969; ドイツの政治家).

Pa·per·back[péɪpəbæk] 中 -s/-s 紙装本, 略装本, ペーパーバックス(特にポケットブック). [*engl.* „Papierrücken"]

Pa·pe·te·rie[papεtəríː] 女 -/-n[..ríːən]《スイス》**1** (Papierwaren) 文房具. **2** (Papiergeschäft) 文房具店. [*fr.*; ◇Papier]

Pa·pi[pápiˑ] 男 -s/-s《幼児語》=Papa[1]

Pa·pier[papíːr] 中 -s/-e **1**《単数で》(英: *paper*) 紙: weißes 〈vergilbtes〉 ～ 白い〈(古くなって)黄ばんだ〉紙 | glattes 〈zerknittertes〉 ～ つるつるした〈しわくちゃの〉紙 | holzfreies ～ (木質繊維の入っていない)上質の紙 | Pack*papier* 包装紙, 包み紙 | Zeitungs*papier* 新聞紙 ‖ ein Blatt 〈ein Stück〉 ～ 1枚の紙 | ein Bogen ～ 全紙1枚 | ein ganzer Stoß ～ 一山の紙 ‖ *et.*[4] **auf dem** ～ festhalten …を描く〈記録する〉| 〔**nur**〕 **auf dem ～ stehen** 〈**bestehen / existieren**〉《比》現実には存在しない, 机上の空論にすぎない | ***et.***[4] **aufs ～ werfen**《雅》…を起草〈起案・立案〉する | *et.*[4] **in ～** 〔ein〕packen …を紙に包む | ***et.***[4] **zu ～ bringen** …(着想・草稿など)を書きとめる ‖ ***Papier* ist geduldig.**《諺》紙にはうそでも何でも書ける(紙は何を書かれても黙っている). **2 a)** 文書, 書類, 記録: ein amtliches 〈vertrauliches〉 ～ 公文書〈親書〉| **nur ein Stück 〈Fetzen〉 ～ sein** ただの紙切れ〈反古(ほご)〉にすぎない | in alten ～*en* kramen 古い書類をひっかき回す. **b)**《ふつう複数で》(公的に有効な書類) 証明書, 旅券, 免許証, 許可証: falsche ～*e* 偽造書類(旅券・免許証など) ‖ ***seine ～e* bekommen**《話》解雇される, くびになる | *seine* ～*e* vorweisen 証明書類を呈示する | die ～*e* in Ordnung bringen 書類をととのえる. **c)** (Wertpapier) 有価証券: ein ～ kaufen 〈verkaufen〉 有価証券を買う〈売る〉.
[*gr.* pápȳros (→Papyrus)–*lat.*; ◇ *engl.* paper]

Pa·pier≈ab·fäl·le[papíːr..] 複 紙くず, 反古(ほご). ≈adel 男 (Briefadel) (世襲ではなく采爵書によって叙せられた)勅許貴族. ≈beu·tel 男 紙袋. ≈blu·me 女 造花, ペーパーフラワー. ≈bo·gen 男〘印〙全紙. ≈brei 男 紙パルプ. ≈chro·ma·to·gra·phie 女〘化〙ペーパー=クロマトグラフィー. ≈deutsch 中 無味乾燥な〈いたずらに難解な〉ドイツ語(官庁ドイツ語など).

pa·pie·ren[papíːrən] 形 **1**《付加語的》紙〔製〕の: eine ～*e* 〈*papierne*〉 Serviette 紙ナプキン | die ～*e* 〈*papierne*〉 Hochzeit (→Hochzeit 1). **2** 紙のような;《比》無味乾燥な: ein ～*er* Stil 味のない文体 | ein ～*es* 〈*papiernes*〉 Deutsch ごつごつした〈いたずらに難解な〉ドイツ語 ‖ Seine Haut fühlte sich ～ an. 彼の肌ざわりはかさかさだった.

Pa·pier≈fa·brik[papíːr..] 女 製紙工場. ≈fa·bri·ka·tion 女 製紙. ≈fet·zen 男 (ちぎれた)紙きれ, 紙くず. ≈for·mat 中 紙の寸法. ≈geld 中 -〔e〕s/ 紙幣, 銀行券, 札(さつ). ≈ge·schäft 中 紙屋; 文房具店. ≈händ·ler 男 紙屋; 文房具商. ≈hand·lung 女 紙屋; 文房具店. ≈hand·tuch 中 紙製のタオル. ≈holz 中 パルプ材, 製紙用材. ≈in·du·strie 女 製紙工業. ≈knöpf·chen 中〘植〙カイザイク(貝細工)属. ≈korb 男 紙くずかご, くず物入れ: *et.*[4] in den ～ werfen …をくずかごに放り込む | im ～ landen / in den ～ wandern くずかご行きになる, 没になる. ≈kra·gen 男 紙〔製〕カラー: Ihm platzt der ～.《話》彼はかんかんに怒っている. ≈kram 男《話》事務書類; 文書業務, 書類手続き. ≈krieg 男《話》(役所での複雑・緩慢・無意味な)書類のやりとり: im ～ ersticken 文書をやりとりしているうちに うやむやになる. ≈la·ter·ne 女 提灯(ちょうちん). ≈lö·ser 男 (タイプライターの)ペーパーリリース〔レバー〕(→ 図 Schreibmaschine).

Pa·pier·ma·ché[papiemaʃéː; オーストリア: papíːrmaʃeː] 中 -s/-s 混凝(こんぎょう)紙(張り子の材料): Spielzeug aus ～ 張り子の玩具. [*fr.* papier mâché „zerfetztes Papier"]

Pa·pier≈mas·se[papíːr..] 女 紙パルプ. ≈müh·le 女 製紙工場; パルプ攪拌(かくはん)機. ≈nau·ti·lus 男〘動〙アオイガイ, カイダコ(貝蛸). ≈rol·le 女 巻紙; トイレットペーパー;〘印〙巻き取り紙. ≈sack 男 紙袋;《オーストリア》(Tüte) (店で食品類を入れて渡す)紙袋, 三角袋. ≈sche·re 女 紙切りばさみ. ≈schlan·ge 女 (謝肉祭などに用いる色つきの)紙テープ. ≈schnur 女 -/..schnüre 紙ひも. ≈schwal·be 女 折り紙のツバメ(飛行機). ≈ser·viet·te[..viεtə] 女 紙ナプキン. ≈stau·de =Papyrusstaude ≈strei·fen 男 細長い紙; テープ. ≈ta·schen·tuch 中 紙製のハンカチ. ≈ti·ger 男《話》張り子の虎(一見恐ろしそうに見えるが, 実際は何の力もないもの); 大言壮語する人, ほら吹き. ≈tü·te 女 (ふつ

う円錐(えんすい)形の)紙袋, 三角袋. ≈**wäh·rung** 女〘経〙紙幣本位〔制〕. ≈**wa·re** 女 -/-n《ふつう複数で》紙類, 紙製品; 文房具.

Pa·pier·wa·ren·hand·lung 女 紙屋; 文房具店.

Pa·pier·win·del 女 紙おむつ.

pa·pil·lar[papılá:r] 形 乳頭状の, 乳頭突起をもった.

Pa·pil·le[papílə] 女 -/-n **1**〘解〙乳頭, 乳口嘴(し)(皮膚の突出部). **2**〘植〙乳頭状突起, 乳頭毛. [*lat.*; ◇Papel]

Pa·pil·lom[papıló:m] 中 -s/-e〘医〙乳頭腫(しゅ).

Pa·pil·lon[papijɔ̃:] 男 -s/-s **1** (Schmetterling)〘虫〙チョウ(蝶), ガ(蛾). **2** パピヨン(ベルギー産の小型のスパニエル犬). ▽**3**《雅》(蝶のように)移り気な人間, 女たらし. [*lat.* pāpiliō–*fr.*; ◇Falter, Pavillon]

pa·pil·lo·nie·ren[papijoní:rən] 自 (h)《雅》(蝶が花から花へ飛び回るように, 男が)女から女へと渡り歩く.

Pa·pil·lo·te[papijó:tə, ..jɔ́tə] 女 -/-n **1**〘美容〙カールペーパー. **2**〘料理〙パピヨット(蒸し焼き用の油紙). [*fr.*]

Pa·pi·ros·sa[papirɔ́sa·] 女 -/..ssy[..si·](紙の吸い口のついた)ロシアタバコ. [*poln.* papieros–*russ.*; ◇Papier]

Pa·pis·mus[papísmus] 男 -/《軽蔑的に》教皇至上主義, ローマカトリック主義; 教皇制度礼賛. [<Papa[2]]

Pa·pist[papíst] 男 -en/-en《軽蔑的に》教皇党の人, 教皇至上主義者, 教皇制度礼賛者.

pa·pi·stisch[..stıʃ] 形《軽蔑的に》教皇至上主義の, 教皇礼賛の.

papp[pap] 間《話》《もっぱら次の成句で》**nicht mehr ~ sagen können** (もう一言も話せぬくらい)腹いっぱいである | nicht piep und nicht ~ sagen können (→piep).

Papp[–] 男 -[e]s/-e《ふつう単数で》《方》**1** かゆ. **2** ねばねばするもの; 糊(のり). [◇*engl.* pap]

Papp≈ar·beit[páp..] 女 板紙〈厚紙・ボール紙〉細工〈製品〉. ≈**band** 男 -[e]s/..bände (略 Ppbd.) 厚紙〈板紙〉装丁の書物. ≈**be·cher** 男 紙コップ. ≈**deckel** 男 **1** 板紙〈厚紙・ボール紙〉表紙. **2** (表紙用の)板紙, ボール紙.

Pap·pe[pápə] 女 -/-n **1** 厚紙, 板紙, ボール紙: Well*pappe* 段ボール ‖ Das Buch ist in ~ gebunden. この本は厚紙装丁だ | den Schuppen mit ~ decken 小屋の屋根をタール紙でふく. **2**《単数で》(Brei) かゆ; 糊(のり): **nicht von 〈aus〉 ~ sein**《話》決して見かけ倒しではない, なかなか立派だ, しっかりしている | ***jm.* ~ ums Maul schmieren**《方》…にへつらう.

Papp·ein·band[páp..] 男〘印〙厚紙〈板紙〉装丁, 厚紙〈板紙〉製本.

Pap·pel[pápəl] 女 -/-n〘植〙ポプラ, ハコヤナギ(箱柳)属. [*lat.* pōpulus–*ahd.*; ◇*engl.* popple, poplar]

pap·peln[1][pápəln] 形《付加語的》ポプラ材の.

päp·peln[pɛ́pəln] (**pap·peln**[2][pápəln])《06》他 (h)《話》《*jn.*》(…に)かゆを食べさせる, かゆで育てる;《比》大事に養育する, 甘やかす, おだてる: das kranke Kind ~ 病気の子にかゆを与える | mit ständiger Bewunderung die Eitelkeit des Kindes ~ たえず感嘆してみせて子供の自尊心をあおる〈やる気を起こさせる〉.

pap·pen[pápən] **I** 他 (h)《話》**1** (糊(のり)で)はりつける, はり合わせる: das Plakat an die Wand ~ ポスターを壁にはる | ein Pflaster auf die Wunde ~ 膏薬(こうやく)を傷にはる. **2**《方》(かゆなどを)ピチャピチャ食べる.

II 自 (h) くっつき合う, くっついて塊になる: Der Schnee *pappt.* 雪がくっついて固まる | ~ bleiben《話》落第する.

Pap·pen·deckel =Pappdeckel

Pap·pen·hei·mer[pápənhaımər] 男 -s/-《話》《もっぱら次の成句で》***seine* ~ kennen** 相手がどんな〔ひどい〕やつかを十分心得ている (Schiller の戯曲『ヴァレンシュタインの死』に由来する). [<Pappenheim (三十年戦争のドイツ皇帝側の武将, †1632)]

Pap·pen·stiel[pápən..] 男 **1**〘植〙タンポポの花茎. **2**《話》つまらぬもの, 取るに足らぬもの: Das ist doch kein ~! こいつはばかにできないぞ | **keinen ~ wert sein** 何の価値もない | keinen 〈nicht einen〉 ~ für *et.*[4] geben …にびた一文払わない ‖ **für 〈um〉 einen ~** ただ同然の安い値段で. [<*ndd.* pāpen-blōme „Löwenzahn" (◇Pfaffe, Blume)]

pap·per·la·papp[papərlapáp] 間 (つまらないおしゃべりに対し軽蔑・拒絶の気持を表して)ばからしい, よせよせ, だまれ, ナンセンス: „*Papperlapapp!*" unterbrach sie seine Rede. 「いやよ よして」と彼女は彼の話を中断した.

pap·pig[pápıç][2] 形《話》**1** べたべたする, くっつきやすい: ~*er* Schnee べた雪. **2** 湿って柔らかい. **3** (パンなどが)なま焼けの. [<Papp]

Papp≈ka·me·rad[páp..] 男 **1**〘軍〙人形標的; 張り子の人間(厚紙製の等身大像). **2**《話》(人の言いなりになる)でくの坊. ≈**kar·ton** 男 ボール箱, 厚紙製のケース. ≈**ka·sten** 男 ボール箱.

Papp·ma·ché (**Papp·ma·schee**) [papmaʃé:] =Papiermaché

Papp·na·se[páp..] 女 厚紙で作ったつけ鼻.

papp·satt 形《話》満腹した, 腹いっぱいの.

Papp≈schach·tel 女 ボール箱, 厚紙製の箱. ≈**schnee** 男 べた雪. ≈**tel·ler** 男 紙製の皿.

Pap·pus[pápus] 男 -/-, -se〘植〙(キク科植物の)冠毛(→図 Schließfrucht). [*gr.* páppos „Großvater"; ◇Papa[2]]

Pa·pri·ka[páprika·, pá:p..] 男 -s/-[s] **1**〘植〙トウガラシ(唐辛子)〔の実〕,(特に:) アマトウガラシ(甘唐辛子), ピーマン(→図 Gewürz). **2**〘料理〙パプリカ(アマトウガラシを干して粉末にした香辛料): scharf wie ~ sein (→scharf 8 a). [*serb.–ungar.*; <*lat.* piper (→Pfeffer)]

Pa·pri·ka·scho·te[pá(:)prika..] 女〘植〙トウガラシの実,(特に:) ピーマン.

pa·pri·zie·ren[papritsí:rən] 他 (h)《オーストリア》《*et.*[4]》〘料理〙(…に粉末の)パプリカをふりかける;《比》(…に)カラシをきかせる; 辛辣(しんらつ)に言う.

Paps[paps] 男 -/-e《幼児語》=Papa[1]

Papst[pa:pst] 男 -es(-s)/Päpste[pɛ́:pstə] **1**《カトリック》〔ローマ〕教皇, 法王: den ~ wählen 教皇を選挙する | **Er war in Rom und hat den ~ nicht gesehen.**《比》彼はいちばん大事なことを見のがしてしまった〈画竜点睛(がりょうてんせい)を欠いている〉| Wer den ~ zum Vetter hat, kann Kardinal wohl werden.《諺》よい伝(つて)のある者は成功する(教皇を従兄弟(いとこ)に持てば枢機卿(すうきけい)になれるだろう) ‖ zum ~ gekrönt werden 教皇の位につく ‖ päpstlicher als ~ sein (→päpstlich). **2**《比》最高の地位にあるもの, 権力者: ein ~ auf dem Gebiet der Mode モード界の帝王. [*gr.–kirchenlat.* pāpa (→Papa[2])–*mhd.* bābes[t]]

Papst·kro·ne[pá:pst..] 女 教皇冠.

päpst·lich[pɛ́:pstlıç] 形 〔ローマ〕教皇の; 教皇庁の: ein ~*er* Botschafter 教皇大使 | ein ~*er* Erlaß 教皇勅書 | das ~*e* Kreuz 教皇十字架(→図 Kreuz) | der ~*e* Stuhl (ローマ教皇の)聖座 ‖ **~er als ~ sein**《比》(特に道徳面で)必要以上に厳格である.

Papst·tum[pá:psttu:m] 中 -s/ 教皇職, 教皇権; 教皇政治, 教皇制度.

Papst≈wahl 女 教皇選挙. ≈**wür·de** 女 教皇の職位.

Pa·pua[pá:pua·, papú:a·] 男 -[s]/-[s] パプア人(Neuguinea の原住民). [*malai.*]

Pa·pua-Neu·gui·nea[pá:puanɔyginé:a·] 地名 パプア=ニューギニア (Neuguinea 島東半分, Bismarck 諸島などからなり, 1975年英連邦内で独立. 首都はポートモレスビー Port Moresby).

pa·pua·nisch[papuá:nıʃ] 形 パプア人の.

Pa·pua·spra·chen[pá:pua..] 複 パプア諸言語.

Pa·py·ri Papyrus の複数.

Pa·py·rin[papyrí:n] 中 -s/ 硫酸紙.

Pa·py·ro·lo·ge[papyroló:gə] 男 -n/-n (→..loge) パピルス古文書学者.

Pa·py·ro·lo·gie[..logí:] 女 -/ パピルス古文書学.

pa·py·ro·lo·gisch[..ló:gıʃ] 形 パピルス古文書学の.

Pa·py·rus[papý:rus] 男 -/..ri[..ri·] **1** = Papyrusstaude **2** (古代エジプトの)パピルス紙. **3** パピルス古文書. [*gr.* pápyros–*lat.*; ◇Papier]

Pa·py·rus≈rol·le 女 パピルス文書, パピルス巻子(かんす)本. ≈**stau·de** 女〘植〙パピルス, カミガヤツリ(古代の紙の原料).

P

par《フラ ンス語》→*par* acquit, *par* avion, *par* distance, *par* excellence, *par* exemple, *par* force [◇per.., ad..]

par.. →para..

Pa̱r[pa:] 中 -(s)/-s《ゴルフ》パー, 基準打数. [*lat.* pār „gleich (kommend)"–*engl.*; ◇Paar¹, pari, Parität]

para..《名詞などにつける. 母音の前では par.. となる》**1**《「主」に対する「副・従・傍・平行・付加」などを意味する》: *para*llel 平行の | *Para*sit〖生〗寄生者 | *Para*taxe〖言〗並列 | *Para*typus 副次型 ‖ *Par*enthese〖言〗挿入文〈句〉. **2**《「正常・純正」に対する「不正・錯誤・異常・超過・擬似」などを意味する》: *Para*plasie 奇形 | *Para*phrasie〖医・心〗錯誤症 | *Para*noia 偏執症 | *Para*typhus〖医〗パラチフス ‖ *Par*odie パロディー. **3**《「異性体」を意味する》〖化〗パラ…: *Para*verbindung パラ化合物. [*gr.* pará „(da)neben"]

Pa̱·ra¹[pá:ra·] 男 **1** -/-(s)(略 p) パラー(トルコの貨幣〔単位〕; ¹/₄₀₀₀ Pfund). **2** -/-(略 p) パラー(ユーゴスラヴィアの貨幣〔単位〕; ¹/₁₀₀ Dinar). [*pers.* pārah „Stück"–*türk.*–*serbokroat.*]

Pa̱·ra²[–] 男 -s/-s (Fallschirmjäger) 落下傘部隊員. [*fr.* para(chutiste); <para..+*lat.* cadere (→Kadaver)]

Pa·ra·ba̱·se[parabá:zə] 女 -/-n〖劇〗パラバシス(古代ギリシア喜劇で合唱団が面をぬいで観客に作者の意図や政治・社会風刺を歌い語る部分). [*gr.*; <*gr.* para-baínein „hervortreten" (◇Basis)]

Pa·ra̱·bel[pará:bəl] 女 -/-n **1** (人間を主人公とする)寓話(ぐうわ), たとえ話(→Fabel 1);〖聖〗たとえの説話; 比喩(ひゆ). **2**〖数〗放物線(→ 図 Kegel). [*gr.*–*spätlat.* parabola(–*ahd.*); <*gr.* para-bállein „nebeneinander werfen, vergleichen"; ◇Palaver]

Pa·ra·be̱l·lum·pi·sto̱·le[parabɛ́lʊm..] 女 自動装塡(そうてん)ピストル. [<*lat.* parā bellum „bereite den Krieg vor!" (◇parieren²)]

Pa·ra·bio̱·se[parabió:zə] 女 -/-n〖医〗並体結合(シャム双生児の場合など). [<*gr.* bíōsis „Lebensweise" (◇bio.., ..ose)]

Pa·ra·bo̱l·an·ten·ne[parabó:l..] 女 パラボラ=アンテナ.

pa·ra·bo̱·lisch[..bó:lɪʃ] 形 **1** 比喩(ひゆ)的な, 寓話(ぐうわ)的な. **2**〖数〗放物線〔状〕の. [<*gr.* para-bolḗ „Nebeneinanderwerfen" (◇Parabel)]

Pa·ra·bo·lo·i̱d[..boloí:t]¹ 中 -(e)s/-e 放物〔線〕面; 放物面体(→ 図). [<..oid]

Pa·ra·bo̱l·spie·gel[parabó:l..] 男 放物面鏡.

Paraboloid

Pa·ra·ce̱l·sus[paratsɛ́lzʊs] 人名 パラツェルズス, パラケルス(1493–1541; スイスの医学者・自然科学者・哲学者. 本名は Theophrastus Bombastus von Hohenheim).

par ac·quit[parakí] =pour acquit

Pa·ra̱·de[pará:də] 女 -/-n **1 a)** パレード; (Truppenparade) 観兵式, 閲兵式; (Flottenparade) 観艦式; 分列行進: die ～ abnehmen 閲兵する | zur ～ antreten 勢ぞろいする. **b)**《比》満艦飾: in höchster Stattlichkeit und ～ ごてごてと盛装して. **2 a)**《フェンシング・ボクシング》パラード, かわし, 払い, 受け: ***jm.* in die ～ fahren**《話》…と真っ向から衝突する〈やりあう〉. **b)**《比》巧みな答弁. **c)**〖球技〗(ゴールキーパーの)セービング. **3**〖馬術〗馬を止めること. [(*span.*–) *fr.*; <*lat.* parāre (→parieren²); ◇parat]

Pa·ra̱·de≈an·zug 男〖軍〗礼装, 正装. **≈bei·spiel** 中 もっともりっぱな〈すばらしい〉例, 典型的な例. **≈bett** 中 豪華な寝台. **≈flug** 男〖空〗パレード〈儀礼〉飛行.

Pa·ra·de̱is[paradáis]¹ **I** 中 -es/-e《雅》=Paradies 1 **II** 男 -/-er《オーストリア》=Paradeiser

Pa·ra·de̱is·ap·fel 男, **Pa·ra·de̱i·ser**[..zər] 男 -s/-《オーストリア》(Tomate) トマト.

Pa·ra·de̱is≈mark[paradáis..] 中《オーストリア》〖料理〗トマトピューレ. **≈sa·la̱t** 男〖料理〗トマトサラダ. **≈sau·ce**[..zo:sə] 女《オーストリア》〖料理〗トマトソース. **≈sup·pe** 女〖料理〗トマトスープ.

Pa·ra̱·de·marsch[pará:də..] 男〖軍〗分列行進.

Pa·ra·den·ti̱·tis[paradɛntí:tɪs] 女 -/..titiden [..tití:dən] =Parodontitis

ᵛ**Pa·ra·den·to̱·se**[..tó:zə] 女 -/-n =Parodontose

Pa·ra̱·de≈pfe̱rd[pará:də..] 中〖軍〗儀仗(ぎじょう)馬;《比》模範生, 秘蔵っ子; 見本用特選品; 得意芸: *sein* ～ reiten 得意な芸を披露する. **≈platz** 男〖軍〗観兵〈閲兵〉式場. **≈schritt** 男〖軍〗観兵〈閲兵〉式の歩調(足をまっすぐ伸ばし高くあげる). **≈stück** 中, **≈stück·chen** 中 秘蔵品, 取っておきの品; 得意芸, おはこ;《皮肉》見せびらかし用の芸〈作品〉. **≈uni·form** 女 =Paradeanzug

pa·ra·di̱e·ren[paradí:rən] 自 (h) パレードをする, 歩武堂々と行進する;《比》(きちんと並べて)展示されている: mit *et.*³ ～《比》…を見せびらかす, …を誇示する. [*fr.*]

Pa·ra·di̱es[paradí:s]¹ 中 -es/-e **1** (英: *paradise*)《単数で》〖聖〗エデンの園, 楽園;《比》至福の地, 天国, 極楽: ein ～ auf Erden 地上の楽園 | ein ～ für Kinder 子供の天国 |《Das verlorene ～》『失楽園』(Milton の叙事詩) ‖ **das ～ auf Erden haben**《比》きわめて幸福である ‖ die Vertreibung aus dem ～ (Adam と Eva の)楽園追放 | ins ～ kommen 死んで天国へ行く | im ～ sein 死んで天国〈あの世〉にいる | ein ～ wie im ～ 天国にいるようなすばらしい生活 ‖ Die Insel ist ein wahres ～. この島はまさに天国だ. **2 a)**〖建〗(古い教会堂の)玄関ホール(→ 図 Kirche A). **b)**《戯》(Olymp)(劇場の)天井桟敷. [*mpers.* „Umzäunung"–*gr.* parádeisos „(Tier)park"–*kirchenlat.*–*ahd.* paradīs; ◇peri.., Teig]

..paradies[..paradi:s]¹《名詞につけて「…の楽園, …の理想郷」などを意味する中性名詞をつくる》: Kinder*paradies* 子供たちの楽園 | Steuer*paradies* 税金天国.

Pa·ra·di̱es·ap·fel 男 **1** パラダイス(バルカン半島原産のリンゴの一種). **2**《方》(Granatapfel) ザクロの実. **3**《オーストリア》(Tomate) トマト.

pa·ra·di̱e·sisch[..dí:zɪʃ] 形 天国〈極楽〉の〔ような〕; この上なく楽しい, 陶然たる: *sich*⁴ ～ wohl fühlen 陶然とする.

Pa·ra·di̱es≈nuß[..dí:s..] 女〖植〗パラダイスナット(ブラジル産サガリバナ科). **≈vo̱·gel** 男 **1**〖鳥〗フウチョウ(風鳥), ゴクラクチョウ(極楽鳥). **2** der ～〖天〗風鳥(ふうちょう)座.

Pa·ra·dig·ma[paradígma·] 中 -s/..men[..mən] (-ta [..ta·]) **1** (↔Syntagma)〖言〗パラディグマ, 連合体〈系〉, 同系列体系, 語形変化例; 語形変化一覧〔表〕. **2** (Muster) 範例, 模範, 手本. **3** パラダイム, (理論的)枠組. [*gr.*–*spätlat.*; <*gr.* para-deiknýnai „daneben vorzeigen" (◇Deixis); ◇*engl.* paradigm]

pa·ra·dig·ma̱·tisch[..dɪgmá:tɪʃ] 形 **1** 範例〈模範〉の. **2**〖言〗パラディグマに関する, 同系列的な.

pa·ra·do̱x[paradɔ́ks] **I** 形 逆説的な; 矛盾した, 理屈に合わない;《話》すこぶる奇妙な, ばかげた. **II Pa·ra·do̱x** 中 -es/-e =Paradoxon [*gr.* pará-doxos „wider Erwarten"–*lat.*; <*gr.* dóxa „Meinung" (◇dezent)]

Pa·ra̱·do·xa Paradoxon の複数.

pa·ra·do̱·xer·we̱i·se[paradɔ́ksərváizə] 副 逆説的に.

Pa·ra·do·xi̱e[..dɔksí:] 女 -/-n[..ksí:ən] 逆説性, 矛盾背理.

Pa·ra̱·do·xon[pará:dɔksɔn, ..rád..] 中 -s/..xa [..ksa·] 逆説, パラドックス; 矛盾する論; 奇論. [*gr.*(–*spätlat.*)]

Par·af·fi̱n[parafí:n] 中 -s/-e **1** パラフィン, 石蠟(せきろう). **2**《複数で》〖化〗メタン列炭化水素. [<*lat.* parum „zu wenig"+affīnis (→affin)]

par·af·fi·ni̱e·ren[..finí:rən] 他 (h)《*et.*⁴》(…を)パラフィンで処理する, (…に)パラフィンを塗る.

Par·af·fi̱n≈ker·ze[parafí:n..] 女 パラフィンろうそく. **≈ö̱l** 中 流動パラフィン, パラフィンオイル.

Pa·ra·ge·ne̱·se[paragené:zə] 女 -/〖鉱〗共生, 共存.

Pa·ra·geu·si̱e[paragɔʏzí:] 女 -/〖医・心〗錯味〔症〕, 味覚錯誤. [<*gr.* geũsis „Geschmack" (◇kosten¹)]

Pa̱·ra·glei·ter[pá:ra..] 男 **1**〖宇宙〗パラグライダー, 宇宙グライダー. **2**《スポーツ》ハンググライダー, デルタグライダー. [*fr.*–*engl.*; ◇Para²]

Pa·ra·grạf[paragrá:f] 男 -en/-en =Paragraph

Pa·ra·gram·ma·tịs·mus[paragramatísmʊs] 男 -/ 《医》文法錯誤症, 言語障害. [<Grammatik]

Pa·ra·grạph[paragrá:f] 男 -en/-en (法文などの)条項, 項, 個条; (文章の)段落, 節(記号 §): der Wortlaut des ~〔*en*〕 acht 第 8 条の文言 | **den ~**〔*en*〕 **51 haben**《話》頭がおかしい(刑法51条より) ‖ in 〈unter〉 ~ vier 第 4 項に〔おいて〕. [*gr.*－*spätlat.*－*mhd.* paragraf „Buchstabe"; <*gr.* para-gráphein „daneben-schreiben"; 本来は古代ギリシア劇の台本でコーラスの出る部分を示した記号]

Pa·ra·grạ·phen≠rei·ter 男《話》規則ずくめの(偏狭な)人;《軽蔑的に》法律家. **≠rei·te·rei** 女《話》法律〔学〕〈規則〉一点ばり.

pa·ra·grạ·phen·wei·se 副 (→..weise ★)節〈個条〉に分けて.

Pa·ra·grạ·phen·zei·chen 中 節の記号, 節標(§).

Pa·ra·gra·phị̣e[paragrafí:] 女 -/-n[..fí:ən]《医・心》錯書〈字〉症.

pa·ra·gra·phị̣e·ren[..fí:rən] 他 (h) 節〈個条〉に分ける. [<Paragraph]

Pa·ra·guạy[paraguá:i·, páragvaɪ] **I** 地名 パラグアイ(南アメリカ中南部の共和国. 1811年にスペインから独立. 首都は Asunción). **II** der **Pa·ra·guạy** 地名 男 -〔s〕/ パラグアイ(パラグアイを南に流れて Paraná 川に合する川). [*indian.*]

Pa·ra·guạ·yer[paraguá:jər, páragvaɪər] 男 -s/- パラグアイ人.

pa·ra·guạ·yisch[paraguá:jɪʃ, páragvaɪʃ] 形 パラグアイ〔人〕の.

Pa·ra·guạy·tee 男 (Matetee) マテ茶.

Pạ·ra≠gum·mi[pá:ra..] 男, **≠kau·tschuk** 男 -s/ パラゴム. [<Pará (ブラジルの産地名)]

Pạ·ra·kau·tschuk·baum 男《植》パラゴムノキ.

Pa·ra·ki·nẹ·se[parakiné:zə] 女 -/-n《医》失調運動, (筋肉の)運動錯誤症. [<*gr.* kī́nēsis „Bewegung"]

Pa·ra·klẹt[paraklé:t] 男 -〔e〕s/-e; -en/-en 弁護者; 助力者; 慰め手;《単数で》《宗》パラクリト, 助け主(聖霊の呼び名; 聖書: ヨハ14,16他から). [*gr.*－*kirchenlat.*; <*gr.* para-kaleĩn „herbei-rufen"]

Pa·ra·ko·rọl·le[parakorɔ́lə] 女 -/-n (Nebenkrone)《植》副花冠.

Pa·ra·kụ·sis[parakú:zɪs] 女 -/..kusen[..kú:zən]《医・心》錯聴症. [<para..+*gr.* akoúein „hören"]

Pa·ra·la·lị̣e[paralalí:] 女 -/《医・心》錯音症, 発音〈言語〉錯誤. [<*gr.* laliá „Geschwätz"]

Pa·ra·le·xị̣e[paralɛksí:] 女 -/-n[..ksí:ən]《医・心》錯読症. [<*gr.* léxis „Sprechen"]

Pa·ra·li·pọ·me·non[paralipó:menɔn, ..pɔ́m..] 中 -s/ ..na[..na·] **1** 《ふつう複数で》(著作の本文に対する)補遺, 付加事項, 付録. **2** 《複数で》(旧約聖書の)歴代志略. [*gr.*]

Pa·ra·lịp·se[paralípsə] 女 -/-n《修辞》逆言法(ここではふれないと言うことによって逆にそれを強調する表現法). [*gr.*－*spätlat.*; <*gr.* para-leípein „beiseite-lassen"]

par·al·lạk·tisch[paraláktɪʃ] 形 **1**《理》視差の. **2**《写》パララックスの.

Par·al·lạ·xe[..láksə] 女 -/-n **1**《理》視差〔角〕. **2**《写》パララックス(ファインダーの像と写真の像との差). [*gr.*; <para..+*gr.* allássein „verändern" (◇allo..)]

par·al·lẹl[paralé:l] 形 **1** 平行の: ~*e* Linien 平行線 ‖ Die Straße läuft ~ 〔zu〕 dem Fluß. 通りは川と平行に走っている | Die Wege laufen ~ nebeneinander 〈miteinander〉. 道は互いに平行している. **2**《比》同一方向の, 類似の; 平行して同時に行われる: zwei ~*e* Bestrebungen 二つの同一目標を持った努力 | Die beiden Arbeiten laufen ~. 二つの仕事が同時に平行して行われている. [*gr.*－*lat.*]

Par·al·lẹ·le[paralé:lə] 女 -/-n **1** 平行線: zu einer Geraden die ~ ziehen 直線に平行線を一本引く. **2**《比》対比, 対置; 類〔似事〕例, 比較: ***jn.*** 〈***et.***[4]〉 **mit *jm.*** 〈***et.***[3]〉 **in ~ bringen** 〈**setzen** / **stellen**〉 …を…と比較する | zu *et.*[3] ~*n* aufweisen …と類似している | Als ~ dazu möchte ich folgendes erzählen. それと比べるために次のお話をしたい.

Par·al·lẹl·epi·pẹd[paralé:l|epipe:t][1] 中 -〔e〕s/-e, **Par·al·lel·epị·pe·don**[paralelepí(:)pedɔn] 中 -s/ ..da[..da·], ..den[..pipé:dən]《数》平行六面体. [*gr.*; <*gr.* epí-pedon „Ebene" (◇Pedologie)]

Par·al·lẹl≠fall[paralé:l..] 男 類例, よく似た〈同様な〉事例. **≠flach** 中 平行六面体.

par·al·le·li·sị̣e·ren[paralelizí:rən] 他 (h) **1** 平行させる, 並置する. **2** (対置して)比較対照する.

Par·al·le·lịs·mus[..lísmʊs] 男 -/..men[..mən] **1** 平行〔状態〕; 比較, 対比, 対照; 類似, 対似, 相等, 平行現象. **2**《哲》〔物心〕並行論. **3**《修辞》対句法.

Par·al·le·li·tạ̈t[..litɛ́:t] 女 -/ 平行〔性〕.

Par·al·lẹl≠klas·se[paralé:l..] 女 (同学年・同じ授業内容の)併設クラス, 併設学級. **≠kreis** 男《地》緯度圏. **≠li·neal** 中 平行定規. **≠lị·nie**[..niə] 女《数》平行線.

Par·al·le·lo·grạmm[paralelográm] 中 -s/-e《数》平行四辺形. [*gr.*－*spätlat.*; <*gr.* grammḗ „Linie"]

Par·al·lẹl≠pro·jek·tion[paralé:l..] 女《数》平行投影. **≠rei·ßer** 男《工》トースカン, スライダー. **≠schal·tung** 女《電》並列接続, マルチプル配線. **≠schwung** 男《スキー》平行〔クリスチャニア〕回転(→ 図 Ski). **≠stra·ße** 女 並行道路.

Pa·ra·lo·gị̣e[paralogí:] 女 -/-n[..gí:ən] 反理; 錯誤;《医・心》錯考症, 錯答症.

Pa·ra·lo·gịs·mus[..logísmʊs] 男 -/..men[..mən] 誤った推論; 誤謬, 反理;《論》偽推理, 論過. [*gr.*－*spätlat.*]

Pa·ra·lo·gị·stik[..stɪk] 女 -/《論》背理, 誤謬推理.

Pa·ra·lym·pics[paralýmpɪks] 複 国際身体障害者スポーツ大会, パラリンピック. [*engl.*]

Pa·ra·lỵ·se[paralý:zə] 女 -/-n《医》〔完全〕麻痺(ひ): progressive ~ 進行性麻痺症. [*gr.*－*lat.*; <*gr.* paralýein „auf einer Seite lähmen" (◇Lysis)]

pa·ra·ly·sị̣e·ren[..lyzí:rən] 他 (h) 麻痺(ひ)させる;《比》無力にする, 弱体化する.

ᵛ**Pa·rạ·ly·sis**[pará(:)lyzɪs] 女 -/..sen[..ralý:zən] =Paralyse

Pa·ra·lỵ·ti·ker[paralý:tikər] 男 -s/- 〔進行性〕麻痺(ひ)患者.

pa·ra·lỵ·tisch[..lý:tɪʃ; オーストリア:..lýtɪʃ] 形《医》麻痺(ひ)〔性〕の: ein ~*er* Anfall 麻痺性発作.

pa·ra·ma·gnẹ·tisch[paramagné:tɪʃ] 形《理》常磁性の.

Pa·ra·ma·gne·tịs·mus[..magnetísmʊs] 男 -/《理》常磁性.

Pa·ra·mẹnt[paramɛ́nt] 中 -〔e〕s/-e《ふつう複数で》祭式装飾一式; 司祭の祭服(→ 図 Geistliche). [*mlat.*; <*lat.* parāre (→parieren[2])]

Pa·ra·mẹn·tik[..tɪk] 女 -/ 祭式装飾術〈研究〉.

Pa·rạ·me·ter[pará(:)metər] 男 -s/-《数》パラメーター, 媒介変数, 径数, 助変数;《鉱》(結晶の)標軸.

Pa·ra·me·trị·tis[parametrí:tɪs] 女 -/《医》子宮旁(ぼう)〔結合〕組織炎.

pạ·ra·mi·li·tạ̈·risch[pá:ra..] 形 準軍事的な, 軍隊に似た.

Pa·ra·mi·mị̣e[paramimí:] 女 -/《心》表情錯倒. [<Mimus]

Pa·ra·mne·sị̣e[paramnezí:] 女 -/-n[..zí:ən]《医・心》記憶錯誤.

der **Pa·ra·ná**[paraná] 地名 男 -〔s〕/ パラナ(ブラジルに発して南に流れ, Paraguay 川, Uruguay 川と合して La Plata 川となる川). [*indian.*]

Par·äṇe·se[parɛné:zə] 女 -/-n 訓戒, 勧告, 説得, 激励; 教訓の実際的適用. [*gr.*－*spätlat.*; <*gr.* aineĩn „loben"]

par·äṇẹ·tisch[..né:tɪʃ] 形 勧告〈警告〉的な, 激励的な, 教訓的な.

Pạ·rang[pá:raŋ] 男 -s/-s (マライ人が用いる)大型の短刀. [*malai.*]

Pa·ra·nọia[paranɔ́ʏa·] 女 -/《医》パラノイア, 妄想症, 偏執症. [*gr.*; <*gr.* para-noeĩn „miß-verstehen" (◇Noesis)]

P

pa·ra·no·ịd[..noí:t][1] 形 妄想〔性〕の; 妄想〈偏執〉症の.
Pa·ra·nọi·ker[..nó:ikər] 男 -s/- パラノイア患者, 妄想〈偏執〉症患者.
pa·ra·nọ·isch[..nó:ɪʃ] =paranoid
▽**Pa·ra·no·mie̩**[paranomí:] 女 -/-n[..mí:ən] 不法〈違法〉〔行為〕. [<*gr.* pará-nomos „gesetz-widrig"]
Pạ·ra·nuß[pá:ra..] 女〔植〕ブラジルナッツ(サガリバナ科). [<Pará (ブラジルの港町)]
Pa·ra·pẹtt[parapét] 中 -〔e〕s/-s〔建・軍〕パラペット, 胸壁, 胸墻(きょうしょう). [*it.*; ◇parieren², pektoral]
Pa·rạ·phe[pará:fə] 女 -/-n (名前の)頭文字(略式署名用); 飾り書き, 花押(かおう), 書き判. [*spätlat.*–*mfr.* para〔gra〕phe; ◇Paragraph]
pa·ra·phie̩·ren[parafí:rən] 他 (h) 《*et.*⁴》(…に)名前を飾り書きする, 花押(かおう)〈書き判〉を書く; (契約・条約の文書などに代表者として頭文字だけで)署名する. [*fr.*]
Pa·ra·phi·mọ·se[parafimó:zə] 女 -/-n (Spanischer Kragen)〔医〕嵌頓(かんとん)包茎.
Pa·ra·pho·nie̩[parafoní:] 女 -/-n[..ní:ən] **1**〔医〕音声変調, 頭声, きいきい声. **2**〔楽〕パラフォニア(古代ギリシア・中世初期の音楽理論で4度・5度の音程).
Pa·ra·phrạ·se[parafrá:zə] 女 -/-n **1** パラフレーズ,(別の語句による)言い替え; 意訳. **2**〔楽〕パラフレーズ. [*gr.*–*lat.*]
Pa·ra·phra·sie̩[..frazí:] 女 -/〔医・心〕錯語〔症〕.
pa·ra·phra·sie̩·ren[..frazí:rən] 他 (h) パラフレーズする,(別の語句で)言い替える; 意訳する;〔楽〕パラフレーズする.
▽**Pa·ra·phrạst**[..frást] 男 -en/-en 義解者, 釈義者, 意訳者. [*spätlat.*]
Pa·ra·phre·nie̩[parafrení:] 女 -/〔医・心〕偏執症様痴呆(ちほう). [<phreno..]
Pa·ra·phro·sỵ·ne[parafrozý:nə, ..ne·] 女 -/〔医〕熱性譫妄(せんもう), うわごと. [*gr.*; <*gr.* pará-phrōn „unverständig" (◇phreno..)]
Pa·ra·phỵ·se[parafý:zə] 女 -/-n《ふつう複数で》〔植〕側糸, 線状体. [<*gr.* phýsis (→Physis)]
Pa·ra·pla·sie̩[paraplazí:] 女 -/-n[..zí:ən] (Mißbildung) 奇形, 異常発育. [<*gr.* plásis „Bilden"]
Pa·ra·plạs·ma[paraplásma·] 中 -s/..men[..mən]〔生〕パラプラスマ, 副形質.
Pa·ra·ple·gie̩[paraplegí:] 女 -/-n[..gí:ən]〔医〕対麻痺(ついまひ)(下肢の両側麻痺). [*gr.*; <*gr.* plēgḗ „Schlag"]
▽**Pa·ra·pluie**[paraplý:] 男 中 -s/-s (Regenschirm) 雨傘. [*fr.*; <*fr.* pluie „Regen"]
Pa·ra·pọ·dium[parapó:diʊm] 中 -s/..dien[..diən]《ふつう複数で》〔動〕側足,(環形動物の)いぼ足.
Pạr·ap·sis[pá(:)rapsɪs, parápsɪs] 女 -/〔医〕触覚障害.
Pa·ra·psy·cho·lo·gie̩[parapsyçologí:] 女 -/ (心霊現象などを扱う)超心理学, 擬似心理学.
pa·ra·psy·cho·lọ·gisch[..ló:gɪʃ] 形 超〈擬似〉心理学の.
Pa·ra·sạn·ge[parazáŋə] 女 -/-n パラサング(古代ペルシアの距離単位: 約5 km). [*apers.*–*gr.*–*lat.*]
Pa·ra·sị̣t[parazí:t] 男 -en/-en **1** (Schmarotzer)〔生〕寄生生物(寄生動物・寄生植物の総称: →Kommensale, Symbiont). **2** (古代ギリシア喜劇の)居候, 食客, 太鼓持ち. **3**〔地〕寄生火口, 側火口. [*gr.* pará-sītos „Mit-esser"–*lat.*; <*gr.* sītos „Getreide, Speise"]
pa·ra·si·tä̩r[..zitɛ́:r] 形 **1**〔生〕寄生生物の; 寄生生物に原因する: ~*e* Krankheit 寄生虫病. **2** 居候〔根性〕の. [*fr.*]
Pa·ra·sị·ten≠da·sein[parazí:tən..] 中 寄生虫的存在. ≠**le̩·ben** 中 寄生虫的な生活.
pa·ra·sị·tisch[..zí:tɪʃ] 形 寄食する; 寄生する: ~*er* Laut〔言〕寄生音 | eine ~*e* Pflanze〔植〕寄生植物.
Pa·ra·si·tịs·mus[..zitísmʊs] 男 -/〔生〕寄生, 寄生生活(→Kommensalismus, Symbiose).
Pa·ra·si·to·lo·gie̩[..zitologí:] 女 -/ 寄生虫学.
Pa·ra·si·tọ·se[parazitó:zə] 女 -/-n〔医〕寄生虫症.
Pa·ra·sọl[parazó:l, ..zɔ́l] ▽**I** 男 中 -s/-s (Sonnenschirm) 日傘. **II** 男 -s/-e, -s =Parasolpilz [*it.*–*fr.*; ◇parieren², Sol¹]
Pa·ra·sọl·pilz 男〔植〕カラカサタケ(唐傘茸).
Pa·ra·spa·die̩[paraspadí:] 女 -/-n[..dí:ən]〔医〕陰茎側裂, 尿道側面開口. [<*gr.* spān „〔zer〕reißen"]
Par·äs·the·sie̩[parɛstezí:] 女 -/-n[..zí:ən]〔医・心〕感覚異常.
Pa·ra·sym·pa·thi·kus[parazʏmpá:tikʊs] 男 -/〔解〕副交感神経.
pa·ra·sym·pạ·thisch[..tɪʃ] 形 副交感神経の: ~*es* Nervensystem 副交感神経.
pa·rạt[pará:t] 形 いつでも使える状態にある;〔出発〕準備のできた: immer eine Antwort ~ haben 返答に窮することがない | ~ stehen いつでも使えるよう準備されている. [*lat.*; <*lat.* parāre (→parieren²)]
pa·ra·tạk·tisch[paratáktɪʃ] 形 (↔ hypotaktisch)〔言〕並列的な.
Pa·ra·tạ·xe[..táksə] 女 -/-n **1** (↔Hypotaxe)〔言〕(文・文成分などの)並列〔関係〕. **2** =Parataxie [*gr.*; <*gr.* para-tássein „nebeneinander-stellen" (◇Taxis¹)]
Pa·ra·ta·xie̩[..taksí:] 女 -/-n[..sí:ən]〔心〕疎外, 違和.
▽**Pa·rạ·ta·xis**[pará(:)taksɪs] 女 -/..xen[paratáksən] =Parataxe
Pạ·ra·tỵ·phus[pá:raty:fʊs] 男 -/〔医〕パラチフス.
pa·ra·tỵ·pisch[paratý:pɪʃ] 形〔生〕非遺伝性の, 非典型的な.
pa·ra·ve·nö̩s[paravenǿ:s][1] 形〔医〕静脈旁(ぼう)の.
▽**Pa·ra·vent**[paravã́:] 男 中 -s/-s 屏風(びょうぶ), ついたて. [*it.*–*fr.*; ◇parieren², Ventil]
pa·ra·ver·te·brạl[paravɛrtebrá:l] 形〔医〕脊椎(せきつい)旁(ぼう)の.
par avion[paravjɔ̃́]《フランス語》(mit Luftpost) 航空便で(航空郵便物の標記).
Pa·ra·zen·tẹ·se[paratsɛnté:zə] 女 -/-n〔医〕(特に鼓膜の)穿刺(せんし). [*gr.*–*lat.*; <*gr.* kenteīn (→Zentrum)]
pa·ra·zẹn·trisch[paratsɛ́ntrɪʃ] 形〔数〕中心点の周囲の, 中心点を回る.
▽**par·bleu**[parblǿ:] 間 (憤りの気持を表して)ちくしょうめ, あきれたぜ. [*fr.*; <*fr.* par Dieu „bei Gott"]
Pä̩r·chen[pɛ́:rçən] 中 -s/- (Paar¹2の縮小形. 特に:) **1** (若い男女の)カップル, 恋仲の二人連れ. **2** (小家畜の)つがい.
Par·cours[parkú:r] 男 -[-(s)]/-[-s]〔馬術〕障害馬場. [*spätlat.* per-cursus „Durch-laufen"–*fr.*; ◇Kurs]
Pard[part][1] 男 -en/-en (Leopard)〔動〕ヒョウ(豹). [*gr.* párdalis–*lat.*–*ahd.* pardo]
par·dauz[pardáʊts] 間 (物が落ちたりぶつかったり, 人が倒れたりする激しい音)ガチャン, バタン, ドタン, ドシン: *Pardauz*, da flog das Fenster zu. バタンと窓はしまった | *Pardauz*, lag er da. ドタンと彼は倒れ〈落ち〉た. [◇bardauz]
Pạr·del[párdəl] (**Pạr·der**[..dər]) 男 -s/- =Pard
par di·stance[pardistã́:s]《フランス語》(aus der Ferne) 遠くから, 距離を置いて: mit *jm.* ~ verkehren …と形式だけの交際をする. [◇Distanz]
par·don[pardɔ̃́:; オーストリア:..dó:n] **I** (Verzeihung!)《フランス語》(軽い口調で許しを請い)ごめん〔よ〕, 失礼: Oh, ~, ich habe dich wohl getreten! あ ごめんね どうやら君の足を踏んでしまったようだ | *Pardon*, dies ist wohl Ihr Platz? 失礼 これはあなたのお席ですね. **II Par·don** 男 (中) -s/ 容赦, 許し, 寛大; 赦免, 助命: *jn.* um ~ bitten …に許しを請う〈命請いをする〉| *jm.* keinen ~ geben 〈gewähren〉 …を容赦しない ‖ Er kennt keinen 〈kein〉 ~. 彼は容赦ということを知らない. [*fr.*; <*spätlat.* per-dōnāre „ver-geben" (◇Donation)]
▽**par·do·nie̩·ren**[..doní:rən] 他 (h) 容赦する, 助命する.
Par·dụn[pardú:n] 中 -〔e〕s/-s, **Par·dụ·ne**[..nə] 女 -/-n〔海〕後支索, 後方維持索.

Par·en·chym[parɛnçý:m] 中 -s/-e **1**〘解〙実質〔組織〕. **2**〘植〙柔組織. [*gr.* „Daneben-eingegossenes"; ◇para.., en..[1], Chymus]

pa·ren·tal[parɛntá:l] 形〘生〙親〈先祖〉の, 親から遺伝した. [*lat.*; <*lat.* parēns „Erzeuger" (◇Partus)]

Pa·ren·tel[..té:l] 女 -/-en 同祖血族(先祖を含めた一血族全員). [*spätlat.*]

par·en·te·ral[parɛnterá:l] 形〘医〙非経口〔的〕の, 腸管外の: ～*e* Aufnahme 腸管外栄養摂取.

Par·en·the·se[parɛnté:zə] 女 -/-n **1**〘言〙挿入要素〈語句〉(文の途中で挿入される語・句・文など). **2** (挿入要素を示す)括弧, パーレン; ダッシュ: einen Satz in ～ setzen 文を括弧に入れる, 文を括弧〈ダッシュ〉でくくる | **in ～** 括弧に入れて; 《比》ちなみに, ついでに言えば. [*gr.*−*spätlat.*; <*gr.* entithénai „hinein-setzen"]

par·en·the·tisch[..té:tɪʃ] 形 挿入された;〘言〙挿入要素の; 括弧に入れた; 付随的な, 注釈的な: ～*e* Bemerkung ついでの〈注釈的な〉発言.

ᵛ**Pa·re·re**[paré:rə, ..re·] 中 -〔s〕/-〔s〕〘商〙(係争に関しての)第三者の見解表示, 裁定. [*it.* „Meinung"; ◇parieren[1]]

ᵛ**Par·er·gon**[par|ɛ́rgɔn] 中 -s/..ga[..ga·] **1** 《ふつう複数で》付録, 追録. **2** 《複数で》小論文集. [*gr.*−*lat.*]

Pa·re·se[paré:zə] 女 -/-n〘医〙不全麻痺(ﾏﾋ). [*gr.*; <*gr.* par-iénai „vorbei-lassen" (◇Ion)]

pa·re·tisch[..tɪʃ] 形 不全麻痺(ﾏﾋ)の.

par ex·cel·lence[parɛksɛlɑ̃́:s] 《ﾌﾗﾝｽ語》(vorzugsweise) 特に, 際立って, すぐれて; (schlechthin) まさに: ein Reaktionär ～ 反動主義者の最たるもの. [◇Exzellenz]

par ex·emple[parɛgzɑ̃́:pl] 《ﾌﾗﾝｽ語》(zum Beispiel) (略 p. e.) 例えば. [◇Exempel]

ᵛ**par force**[parfɔ́rs] 《ﾌﾗﾝｽ語》**1** (mit Gewalt) 力ずくで, むりやり. **2** (unbedingt) 無条件に.

Par·force≠jagd[parfɔ́rs..] 女 (馬に乗り, 猟犬が狩り立てる)追い猟. ≠**kur** 女 荒療治. ≠**ritt** 男 野外横断〈障害物〉競馬; 《比》強行軍, 難業苦業.

Par·füm[parfý:m] 中 -s/-e, -s (**Par·fum**[..fœ̃:] 中 -s/-s) 香料, 香水; 芳香. [*fr.*; <per..+*lat.* fūmāre „rauchen" (◇Fumarole); ◇*engl.* perfume]

Par·fü·me·rie[parfymərí:] 女 -/-n[..rí:ən] 化粧品〈香水〉店, 化粧品〈香水〉製造〔所〕; 香水.

Par·fü·meur[..mǿ:r, ..mœ́:r] 男 -s/-e 香水製造専門職人, 香水調合師, 調香師, パフューマー. [*fr.*]

Par·füm·fläsch·chen[parfý:m..] 中 香水瓶.

par·fü·mie·ren[parfymí:rən] 他 (h) 《*et.*[4]》(…に)香水を振りかける, (…に)香料を入れる: das Haar 〈ein Taschentuch〉 ～ 髪〈ハンカチーフ〉に香水を振りかける | *parfümiertes* Briefpapier 香水をしみ込ませたレターペーパー ‖ 再帰 *sich*[4] ～ (身体・衣服に)香水をつける. [*fr.*]

Par·füm·la·den[parfý:m..] 男 香水〈化粧品〉店; 《話》香水をぷんぷんさせている女.

Par·hae[pá:haɪ] 地名 渤海(ﾎﾞｯｶｲ), ポーハイ(中国東部, 山東・遼東両半島に囲まれる内海).

pa·ri[pá:ri·] **I** 副 **1**〘商〙(有価証券などが)平価で, 額面価格で: **über** 〈**unter**〉 **～** 額面を越えて〈割って〉| **zu ～** 平価で, 額面価格で. **2** (gleich) 同等に: Die Chancen stehen ～. チャンスは平等にある. **II Pa·ri** 中 -〔s〕/ 〘商〙平価, 額面価格. [*lat.* pār (→Par)−*it.*; ◇Parität; *engl.* par]

Pa·ria[pá:ria·] 男 -s/-s パリア(インド南部の最下層民); (一般に)賤民(ｾﾝﾐﾝ), 下層民; 《比》世間から忌み嫌われさげすまれている人. [*tamil.*−*engl.* pariah; <*tamil.* paṛai „Trommel"; ヒンズー教の祭礼の際, 太鼓たたきは下層民の役目であった]

pa·rie·ren[1][parí:rən] 自 (h) 《話》(gehorchen) 《*jm.* / *et.*[3]》(…の)いうことを聞く, (…に)従順である: *jm.* aufs Wort ～ …の言うとおりにする | ᵛOrder ～ (→Order 1). [*lat.* pārēre „(auf Befehl) erscheinen"]

pa·rie·ren[2][−] 他 (h) **1**〘ｽﾎﾟｰﾂ〙(攻撃を)防ぐ, かわす, 受け流す; 《比》(質問などを)かわす, はぐらかす: einen Hieb ～ (フェンシング・ボクシングで)打ち込みを払う | den Schuß ～〘球技〙(キーパーが)シュートを防ぐ | eine neugierige Frage mit einer scherzhaften Antwort ～ ぶしつけな質問を冗談で受け流す. **2**〘馬術〙(馬を)停止させる, 速度を落とさせる: Er *parierte* 〔das Pferd〕 kurz vor dem Tor. 彼は門のすぐ前で馬を止めた. **3**〘料理〙(肉・魚を)調理する. [1: *lat.* parāre „〔vor〕bereiten"−*it.*; 2: *lat.* parāre−*span.*−*fr.*; <*lat.* parere „gebären"; ◇parat, Parade; *engl.* parry]

Pa·rier·stan·ge[parí:r..] 女〘ﾌｪﾝｼﾝｸﾞ〙(ガード剣の)つば (→ 図 Säbel).

pa·rie·tal[parietá:l] 形 **1**〘植〙(胎座が)側膜〈壁〉の, 子房壁の. **2**〘解〙頭頂〔部〕の; 体壁の. [*spätlat.*; <*lat.* pariēs „Wand"]

Pa·rie·tal≠au·ge[parietá:l..] 中 (Scheitelauge)〘動〙(爬虫(ﾊﾁｭｳ)類の)頭頂眼, 顱頂(ﾛﾁｮｳ)眼. ≠**or·gan** 中 (Scheitelorgan)〘動〙頭頂器, 顱頂器.

ᵛ**Pa·ri·fi·ka·tion**[parifikatsió:n] 女 -/-en 等置, 均衡; 補整. [<*lat.* pār (→Par); ◇pari]

Pa·ri·kurs[pá:ri..] 男〘商〙額面相場, 同相場, 等価, 平価.

Pa·ris[1][pá:rɪs] 人名〘ギ神〙パリス (Troja 王 Priamos の息子で, Kassandra の弟. Aphrodite の助けを得て Sparta の王 Menelaos の妃 Helena を誘拐し, Troja 戦争の原因を作った): der Apfel des ～ パリスのリンゴ; 《比》争いの種, 不和の原因(不和の女神 Eris は, Peleus と Thetis の婚礼の宴に招かれなかったことに腹を立て, 婚礼のよろこびに水を差すために「いちばん美しい女神へ」と記した黄金のリンゴを宴席に投げこんだ. これをめぐって Hera, Athene, Aphrodite 三女神が競い, 審判役を命じられた Paris はこのリンゴを Aphrodite に与えたが, これが Troja 戦争の遠因となった). [*gr.*−*lat.*]

Pa·ris[2][parí:s] 地名 パリ(フランスの首都). [<*lat.* Parīsiī (ガリアの一種族)]

pa·risch[pá:rɪʃ] 形 パロス (Paros) 島の: der ～*e* Marmor パロス島産大理石.

Pa·ri·ser[parí:zər] **I** 男 -s/- **1** パリの人. **2** 《俗》(Kondom) コンドーム. **II** 形《無変化》パリの: die ～ Bluthochzeit (→Bluthochzeit) | die ～ Mode パリの流行〈モード〉.

pa·ri·se·risch[parí:zərɪʃ] 形 パリ〔の人〕の; パリ風の.

Pa·ri·sienne[parizièn] 女 -/ **1**〘織〙パリジェンヌ(金糸・銀糸などをあしらった薄地の絹織物). **2** (1830年の六月革命をたたえる)フランス革命歌. [*fr.* „aus Paris"]

pa·ri·sisch[parí:zɪʃ] 形 パリの.

Pa·ri·sis·mus[parizísmʊs] 男 -/..men[..mən] パリなまり, パリ弁.

Pa·ri·syl·la·ba Parisyllabum の複数.

pa·ri·syl·la·bisch[parizʏlá:bɪʃ] 形〘言〙(ラテン語などの名詞で単複のすべての変化形が)同数音節の.

Pa·ri·syl·la·bum[..zʏ́labʊm] 中 -s/..ba[..ba·]〘言〙(単複のすべての変化形が)同数音節の名詞.

Pa·ri·tät[paritɛ́:t] 女 -/-en《ふつう単数で》**1** (↔Imparität) 同等, 対等; 対等の資格〈権利〉, 同数代表権, 同権;〘宗〙(宗派の)同権: die ～ gewährleisten 〈wahren〉 対等の権利を保証〈維持〉する. **2**〘商〙平価, (外貨または金との)等価; 平衡価格, 平価: die ～ der Mark zum Dollar ドルに対するマルクの為替相場. [*spätlat.*; <*lat.* pār (→Par); ◇pari]

pa·ri·tä·tisch[..tɛ́:tɪʃ] 形 同等の, 対等の, 同権の: ～*e* Mitbestimmung 対等の決定参加 | ～ zusammengesetzt 各派同数の構成の.

Pa·ri≠wech·sel[pá:ri..] 男〘商〙平価手形. ≠**wert** 男〘商〙額面価格, 平価.

Park[park] 男 -s/-s (-e; ｽｲｽ: Pärke[pɛ́rkə]) **1**〔大〕庭園, 公園(→ 図): ein öffentlicher ～ 公園 ‖ eine Villa mit ～ 大庭園つき邸宅 | im ～ spazierengehen 庭園を散歩する | barfuß in den ～ gehen (→barfuß). **2 a**) (会社・団体などの)所有総車両: Der gesamte ～ ist veraltet. 所有車両はすべて買い換え時に来ている. **b**) モータープール;〘軍〙物資集積所. **c**) 施設集合地区: Industrie*park* 工業地区 | Wohn*park* 住宅地区. [*mlat.* parricus

P

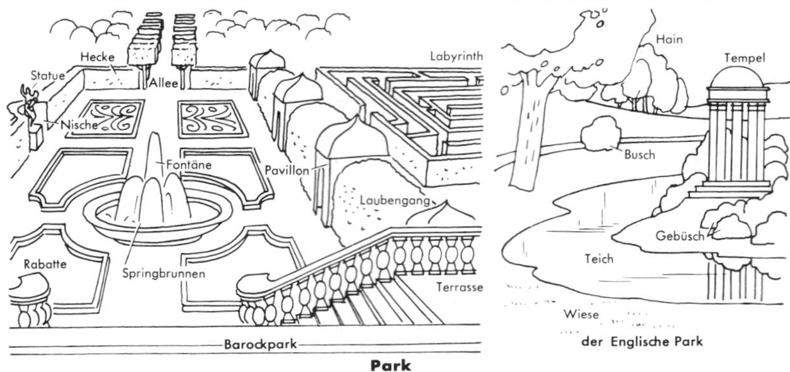

Park

„Gehege“－*fr.* parc〔－*engl.*〕; ◇Pferch, parken〕

Pa̠r·ka[párka·] 男 -〔s〕/-s; 女 -/-s パルカ(頭巾のついたひざまでの長さの〔羊毛の〕アノラック). 〔*eskimo.* „Pelz“－*engl.*〕

Park-and-ride-Sy·ste̲m[pá:kəndráıdzʏste:m] 中 《交通》パーク=アンド=ライド方式. 〔*amerik.*; ＜*engl.* ride „fahren“ (◇reiten); ◇parken〕

Pa̠rk·an·la̲·ge[párk..] 女 公園, 大庭園, 遊園地.

pa̠rk·a̲r·tig 形 公園〈庭園〉ふうの.

Pa̠rk≠ba̲hn 女 (人工衛星・宇宙船の)待機軌道. **≠bucht** 女 (道路の)一時駐車用の張り出し部分.

Pä̠r·ke Park の複数.

pa̠r·ken[párkən] **I** 自 (h) (自動車などが)駐車する; (人が)車を駐車させる: Kann ich hier ～? ここに駐車できますか | *Parken* verboten! 駐車禁止(道路標識の文句).

II 他 (h) (自動車などを)駐車させる: *seinen* Wagen am Straßenrand ～ 車を道端に駐車させる | das Raumschiff im Mondbereich ～ 宇宙船を月の圏内に止めておく. 〔*engl.* park; ◇Park〕

par·ke·ri·si̲e·ren[parkerizí:rən] **I** 他 (h) 《*et.*[4]》《化》(…に)パーカー防錆(ぼうせい)法を施す, パーカライジングする. **II Par·ke·ri·si̲e·ren** 中 -s/ parkerisieren すること. 〔＜Parker (発明者の名)〕

Par·ke̥tt[parkɛ́t] 中 -〔e〕s/-e **1** 《建》寄せ木張りの床: das politische ～ betreten 《比》政界に乗り出す | das ～ bohnern 寄せ木張りの床をみがく ‖ auf dem ～ ausrutschen 《比》得意になっていて失策をやらかす | *sich*[4] auf dem ～ bewegen können 《比》上流社会との交際に慣れている | *et.*[4] 〔**glatt**〕 **aufs ～ legen** 《話》…を苦もなくやってのける | eine kesse 〈heiße〉 Sohle aufs ～ legen (→Sohle 1 b). **2** 《劇》 **a**) (1階正面前方の)平土間席(→ 図 Theater): im ～ sitzen 1階正面席に座る. **b**) 《集合的に》a の観客. **3** 《商》(取引所の)仲買人席; 《集合的に》株式仲買人. 〔*fr.* parquet; ＜*fr.* parc (→Park)〕

Par·ke̥tt·〔fu̲ß·〕bo̲·den 男 寄せ木張りの床.

par·ket·ti̲e·ren[parkɛtí:rən] 他 (h) 《*et.*[4]》《建》(…の)床を寄せ木張りにする; (床などを)寄せ木張りにする: ein *parkettierter* Saal 床が寄せ木張りの広間. 〔*fr.*〕

Par·ke̥tt≠platz[parkɛ́t..] 男 ＝Parkettsitz **≠rei·he** 女 《劇》1階席前方の列. **≠sitz** 男 《劇》1階正面〔上等〕席. **≠sta̲b** 男 寄せ木張り用フローリング材.

Pa̠rk≠ge·bü̲hr[párk..] 女 -/-en 駐車料金. **≠〔ho̲ch·〕haus** 中 パーキングビル, 立体(ビル組み込み式)駐車場.

par·ki̲e·ren[parkí:rən] 《スイ》＝parken

Par·kin·so·ni̥s·mus[parkınzonísmʊs] 男 -/ 《医》パーキンソン症候群. 〔＜J. Parkinson (イギリスの医師, †1824)〕

Pa̠r·kin·son-Krank·heit[párkınzɔn..] 女 -/ 《医》パーキンソン病 (Parkinsonsche Krankheit とも言う).

Pa̠rk·land·schaft[párk..] 女 (小さな草原・小川・灌木(かんぼく)林などのある)公園ふうの風景.

Pa̠rk≠licht 中 パーキング=ライト, 駐車灯. **≠lücke** 女 (駐車中の車の間の)駐車余地.

Par·ko·me̥·ter[parkomé:tər] 中 (男) -s/- ＝Parkuhr

Pa̠rk≠platz[párk..] 男 駐車場; 《空》駐機場, エプロン: ein bewachter ～ 有料駐車場 ‖ einen ～ suchen 駐車場〈駐車できる場所〉をさがす | einen Wagen auf dem ～ abstellen 車を駐車場にとめる. **≠schei·be** 女 (駐車時間制限地区で車内に提示しておく紙製の)駐車開始時刻表示盤(→ 図). **≠stu̲·dium** 中 《話》(大学で)志望学科への入学許可順番待ちの間 他学科で修学すること(→Numerus clausus).

Parkscheibe

≠sün·der 男 《話》駐車違反者. **≠u̲hr** 女 (自動車の)パーキングメーター. **≠ver·bo̲t** 中 **1** (交通規則で)駐車禁止. **2** 《話》駐車禁止区域. 〔＜parken〕

Pa̠rk·ver·bo̲ts≠schild 中 駐車禁止の標識. **≠zo·ne** 女 駐車禁止地区.

Pa̠rk·wäch·ter 男 公園の番人.

Pa̠rk·wär·ter 男 駐車場の管理人.

Par·la·me̥nt[parlamɛ́nt] 中 -〔e〕s/-e **1** 議会, 国会: das ～ auflösen 〈wählen〉 議会を解散する〈国会の総選挙を行う〉 | ein ～ 〔ein〕berufen 議会を召集する ‖ im ～ sitzen 国会議員である | ins ～ gewählt werden 国会議員に選出される. **2** ＝Parlamentsgebäude 〔*afr.* parlement „Unterhaltung“－*engl.* parliament; ＜*afr.* parler (→parlieren)〕

Par·la·men·tä̲r[..mɛntɛ́:r] 男 -s/-e 軍使. 〔*fr.*〕

Par·la·men·tä̲r·flag·ge 女 軍使旗.

Par·la·men·ta̲·ri·er[parlamɛntá:riər] 男 -s/- 国会議員, 代議士. 〔◇*engl.* parliamentarian〕

par·la·men·ta̲·risch[..tá:rıʃ] 形 議会の, 国会の; 議会制度による: die ～*e* Mehrheit 議会多数派 | ～-demokratisch 議会民主制の.

Par·la·men·ta·ri̥s·mus[..tarísmʊs] 男 -/ 議院制; 議会政治.

par·la·men·ti̲e·ren[..tí:rən] 自 (h) **1** 《話》あれこれと交渉する, あちこちかけ合う. ▽**2** 談判する, 討議する. 〔*fr.*〕

Par·la·me̥nts≠ab·ge·ord·ne·te[parlamɛ́nts..] 男 女 国会議員, 代議士. **≠be·richt** 男 議会報告. **≠be·schluß** 男 議会の決議. **≠ge·bäu·de** 中 国会議事堂. **≠me̲hr·heit** 女 議会における多数: die ～ haben 議会の

多数派である. ≂**mit·glied** 中 国会議員. ≂**prä·si·dent** 男 国会議長. ≂**re·de** 女 議会演説. ≂**sit·zung** 女 国会の会議, 国会審議; 国会開会期間. ≂**vor·sit·zen·de** 男 女 国会議長. ≂**wahl** 女《ふつう複数で》国会議員選挙.

par·lan·do[parlándo·] **I** 副 (sprechend)〘楽〙パルランド, 話すように〔歌って〕. **II Par·lan·do** 中 -s/-s, ..di [..di·]〘楽〙パルランド(話すように歌う唱法, およびその唱法で歌う楽曲). [*it.*; ◇ parlieren]

Pär·lein Paar[1] 2 の縮小形(→Pärchen).

par·lie·ren[parlí:rən] 自 (h) **1** おしゃべりする, ぺちゃぺちゃしゃべる. ▽**2** 外国語でおしゃべりする. [*mlat.*−〔*a*〕*fr.* parler〔−*mhd.*〕; < *spätlat.* parabola (→ Parabel); ◇Parole, Parlament, parlando]

Par·ma[párma·] 地名 パルマ(イタリア北部の, 古い歴史をもつ商工業都市). [*etrusk.*−*lat.*]

Par·ma·er[pármaər] 男 -s/- パルマの人.

par·ma·isch[párma·ɪʃ] 形 パルマの.

Par·mä·ne[parmɛ́:nə] 女 -/-n ペアマン(リンゴの一品種). [*mfr.* parmain; ◇ *engl.* pearmain]

Par·me·ni·des[parmé:nɪdɛs] 人名 パルメニデス(前5世紀ごろのギリシアの哲学者). [*gr.*−*lat.*]

Par·me·san[parmezá:n] 男 -〔s〕/ , **Par·me·san·kä·se** 男 -s/ パルメザン〔チーズ〕(しばしば粉チーズにする). [*it.* parmigiano „aus (der Stadt) Parma"−*fr.* parmesan]

der **Par·naß**[parnás] 地名 男 -, ..sses/ パルナッソス(ギリシア中部にある山地. Apollo と Muse たちの住居があったという);《比》文学界, 文壇, 詩壇. [*gr.* Parnāsós−*lat.* Parnā〔s〕sus]

Par·nas·sien[parnasiɛ̃:, ..sjɛ̃] 男 -s/-s〘文芸〙パルナシャン(19世紀後半のフランスの高踏派に属する文学者). [*fr.*]

par·nas·sisch[parnásɪʃ] 形 パルナッソスの;《比》文壇〈詩壇〉の. [*gr.*−*lat.*]

Par·nas·sos[..sɔs] (**Par·nas·sus**[..sʊs]) 男 -/ 〔=Parnaß〕

par·ochi·al[parɔxiá:l] 形 小教区の. [*mlat.*]

Par·ochi·al·kir·che 女〘カトリック〙小教区教会.

Par·ochie[parɔxí:] 女 -/-n[..xí:ən] 小教区. [*mlat.*; < *gr.* pár-oikos „daneben wohnend, Anwohner" (◇para..); ◇ *engl.* parish]

Par·odie[parodí:] 女 -/-n[..dí:ən] **1** パロディー, 戯作, もじり詩文; かえ歌: eine ~ auf *jn.* 〈*et.*[4]〉 schreiben …を茶化す, …のパロディーを書く. **2**〘楽〙パロディー(旋律・構成などを借用する作曲法. 15-16世紀の教会音楽で特に広く行われた). [*gr.*−*fr.*; < para..+*gr.* ōidḗ (→Ode)]

par·odie·ren[parodí:rən] 他 (h)《*et.*[4]》(…を)もじって茶化す, (…の)かえ歌をつくる;《*jn.*》(…の)口まねをしてからかう: *seinen* Lehrer ~ 教師の口まねをしてからかう | eine Mundart ~ 方言を茶化してしゃべる. [*fr.*]

Par·odist[..díst] 男 -en/-en パロディー作者, もじり詩文作家, かえ歌作者. [*fr.*]

par·odi·stisch[..dístɪʃ] 形 パロディー〔ふう〕の, もじり詩文〔ふう〕の, かえ歌ふうの.

Par·odon·ti·tis[parodɔntí:tɪs] 女 -/..titiden [..tití:dən]〘医〙歯周炎. [< para..+odonto..+..itis]

Par·odon·to·se[..tó:zə] 女 -/-n 〘医〙歯周症. [< ..ose]

Par·odos[pá(:)rodɔs] 男 -/- (↔Exodos)〘劇〙パロドス(古代ギリシア劇の合唱隊登場歌). [*gr.* pár-odos „Vorbeigehen"; < para..+..ode[1]]

Pa·ro·le 女 -/-n **1** [paró:lə] **a)** 標語, スローガン, 主張: *et.*[4] als ~ abgeben 〈zur ~ machen〉…をスローガンにかかげる. **b)** (Losungswort)〘軍〙合言葉: die ~ nennen 〈sagen〉合言葉をいう. **2** [parɔ́l] (⑰⑳ Pa·role)《単数で》(↔Langue)〘言〙パロール, 言 (Saussure の用語で個人の具体的な言語運用). [*vulgärlat.*−*fr.*; < *spätlat.* parabola (→Parabel); ◇parlieren]

Pa·role d'hon·neur[parɔldɔnœ́:r] 中 --/ (Ehrenwort) 誓約. [*fr.*; ◇Honneur]

Pa·ro·li[paró:li·] 中《もっぱら次の成句で》*jm.* 〈*et.*[3]〉 ~ **bieten** …に負けずにやり返す〈抵抗する〉| dem Gegner ~ bieten 敵にしっぺ返しをする. [*it.* paroli „Gleiches"−*fr.*; ◇Par]

Par·ömie[parømí:] 女 -/-n[..mí:ən] (古代ギリシアの)諺(ことわざ), 格言. [*gr.*−*spätlat.*; < para..+*gr.* oímē „Lied"]

Par·ömio·lo·gie[..miologí:] 女 -/ 俚諺(りげん)学.

Par·ono·ma·sie[paronomazí:] 女 -/-n[..zí:ən]〘修辞〙掛けことば, 地口, 類音重畳法(例 betrogener Betrüger). [*gr.*−*spätlat.*; < para..+*gr.* ónoma (→Name)]

Par·ony·ma, Par·ony·me Paronymon の複数.

▽**Par·ony·mie**[paronymí:] 女 -/-n[..mí:ən]〘言〙〔同一〕語根語からの派生.

Par·ony·mik[..ný:mɪk] 女 -/〘言〙派生〈同根〉関係研究; 類音語研究. [< ..ik]

par·ony·misch[..ný:mɪʃ] 形〘言〙同根の, 派生関係にある; 派生語の.

▽**Par·ony·mon**[paró:nymɔn] 中 -s/..ma[..ma·], ..me [..roný:mə]〘言〙同根語. [*gr.*; < para..+*gr.* ónyma „Name"]

Pa·ros[pá:rɔs] 地名 パロス(ギリシア南東部, Kykladen 諸島に属する島). [*gr.*−*lat.*]

Par·os·mie[parɔsmí:] 女 -/-n[..mí:ən]〘医・心〙錯嗅(きゅう)症. [< para..+*gr.* osmḗ (→Osmium)]

Par·otis[paró:tɪs] 女 -/..tiden[..rotí:dən] (Ohrspeicheldrüse)〘解〙耳下腺(せん). [< para..+oto..]

Par·oti·tis[parotí:tɪs] 女 -/..titiden[..tití:dən]〘医〙(Ohrspeicheldrüsenentzündung) 耳下腺(せん)炎. [< ..itis]

par·oxys·mal[parɔksʏsmá:l] 形〘医〙発作〔性〕の.

Par·oxys·mus[parɔksʏ́smʊs] 男 -/..men[..mən]〘医〙発作, 激発;〘地〙激動期. [*gr.*; < *gr.* par-oxýnein „schärfen" (◇para.., oxy..)]

Par·oxy·to·non[parɔksý:tonɔn, ..ksý́t..] 中 -s/..na [..na·]〘言〙パロクシトン(ギリシア語でアクセントが最後から2番目の音節にある語). [*gr.*]

▽**Par·ri·ci·da** (▽**Par·ri·zi·da**)[paritsí:da·] 男 -s/-s 父親殺し; 肉親殺し. [*lat.*; < *gr.* pēós „Verwandter" +..zid]

Par·se[párzə] 男 -n/-n パールシー教徒(→Parsismus). [*pers.* Pārsī „Perser"; ◇Persien]

Par·sec[parzɛ́k] 中 -/-〘理〙パーセク(天体の距離を表す長さの単位). [*engl.*; ◇Parallaxe, Sekunde]

Par·si·fal[párzifal] 人名 パルジファル (Wagner の楽劇で用いられた Parzival の別形).

par·sisch[párzɪʃ] 形 パールシー教〔徒〕の.

Par·sis·mus[parzísmʊs] 男 -/ パールシー教(ゾロアスター教の一派: →Parse).

Pars pro to·to[párs pro: tó:to·] 中 ---/〘修辞〙全体の名称に代わる部分〈代表〉名称(例 Nahrung を代表する Brot). [*lat.* „Teil für Ganzes"; ◇Part, total]

part. 略 =**parterre**

Part[part] 男 -s/-s, -e **1** 分け前, 部分: ich für meinen ~ 私としては. **2**〘楽〙(楽曲中の)声部, 分譜;〘劇〙役〔割〕: *seinen* ~ spielen 自分のパートを演奏する. **3** (船舶等の)出資分担: einen bedeutenden ~ übernehmen 出資の大きな部分を引き受ける. [*lat.* pars „Teil"−*afr.*−*mhd.*; ◇Partikel]

Part. 略 **1** =**Par**terre 1 **2** =**Par**tizip

Par·te[pártə] 女 -/-n **1**《オーストリア》=Partezettel **2**《方》=Partei 3 **3** =Part 2 [1: *fr.* (faire) part „Mitteilung (machen)"; ◇Part; 2: *it.* „Partei"; ◇Partei]

Par·tei[partáɪ] 女 -/-en **1** (英: *party*)党, 派, 政党, 派閥, 一派, 一味, 味方;〘スポーツ〙組: eine politische ~ 政党 | sozialistische ~*en* 社会主義諸政党 ‖ **~ sein** 先入観〈偏見〉をもっている, 偏向している | einer ~ angehören ある党に加わっている ‖ eine ~ bilden 〈gründen〉党をつくる | ***js.*** **~** 〈**für** ***jn.*** **~**〉 **ergreifen** 〈**nehmen**〉 …に味方する | gegen *jn.* ~ nehmen …に敵対する ‖ **aus** einer ~ austreten

離党(脱党)する | **bei** der falschen ~ sein 負け組に属している | **in** eine ~ eintreten 入党する | es[4] **mit** beiden *~en* halten 両派に理解がある(うまくやっていく), 二股膏薬(ふたまたごうやく)である | **über den *~en* stehen** 党派を超越している. **2** 〖法〗(契約・訴訟などの)当事者, 利害関係者: die streitenden *~en* 係争者 | die ~ des Beklagten 被告側 ‖ die *~en* zu einem Vergleich bringen 係争者を和解させる ‖ Du bist in dieser Sache ~. この件では君は利害関係者で公平な立場にない | Er ist von deiner ~. 彼は君に味方している. **3** (Mietpartei) (同一建物に居住する)借家人1世帯: In diesem Haus wohnen acht *~en*. この建物には借家人が8世帯いる. [*fr.* partie „(An)teil"–*mhd.* partīe; ◇Partie; *engl.* party]

Par·tei·ak·tiv[partáɪ..] 中 (旧東ドイツで)党活動班. ≈**ap·pa·rat** 男 党機構: den ~ stärken 党機構を強化する. ≈**aus·schluß** 男 党からの追放(除名). ≈**aus·tritt** 男 離党, 脱党. ≈**ba·sis** 女 党の底辺(一般党員など). ≈**be·schluß** 男 党の決定(決議). ≈**bon·ze** 男 政党のボス. ≈**buch** 中 (党員であることを証明する)党員手帳. ≈**chef**[..ʃɛf] 男 党首. ≈**chi·ne·sisch** 中 -(s)/ 《戯》(外部の者にはちんぷんかんぷんで理解できない)党派内で用いられる難解な用語(法). ≈**dis·zi·plin** 女 党規: die ~ verletzen 党規に違反する. ≈**do·ku·ment** 中 (旧東ドイツのドイツ社会主義統一党の)党員登録簿.

Par·tei·en≈de·mo·kra·tie[partáɪən..] 女 政党制民主主義. ≈**raum** 男《ｵｰｽﾄﾘｱ》(官庁の)窓口事務室. ≈**staat** 男 (政党が重要な機能を果たす)政党制国家. ≈**ver·dros·sen·heit** 女 (一般国民の)既成政党に対する嫌気(不信). ≈**ver·kehr** 男《ｵｰｽﾄﾘｱ》(Amtstunden) (官庁の)窓口(受付)業務時間.

Par·tei≈fä·hig·keit 女〖法〗当事者能力. ≈**freund** 男 政党内の仲間, 党友. ≈**füh·rer** 男 党首, 党の指導者, 政党のリーダー. ≈**füh·rung** 女 **1** 党の指導. **2** 党の指導部. ≈**gän·ger** 男 党員, 同調者; 党派心の強い人. ≈**ge·nos·se** 男 **1** (略 Pg.) (特にナチ党の)党員. ▽**2** (一般に)党員. ≈**ge·nos·sin** 女 (略 Pgn.) (特にナチ党の)婦人党員. ≈**herr·schaft** 女 **1** 政党支配. **2** 〖法〗(特に訴訟法で)当事者専断主義. ≈**hoch·schu·le** 女 (旧東ドイツの)党員大学(旧 SED の幹部養成機関).

par·tei·in·tern 形 党内(部)の.

par·tei·isch[partáɪɪʃ] 形 党派的な, 偏った, 不公平な: eine *~e* Entscheidung 党派的な決定 | ein *~es* Urteil 偏った(不公平な)判断 ‖ *sich*[4] ~ verhalten 不公平に振舞う.

Par·tei≈ka·bi·nett 中 (旧東ドイツでドイツ社会主義統一党の)党教育指導センター. ≈**ka·der** 男 (共産党などの)党幹部. ≈**lei·tung** 女 =Parteiführung

par·tei·lich[partáɪlɪç] 形 **1** 党(派)の, 党(派)に関する: *~e* Interessen 党(派)の利害. **2** (旧東ドイツで)党(労働者)の立場に立った, 革命的(進歩的)な: *et.*[4] ~ beurteilen …を労働者の立場に立って判断する. ▽**3** =parteiisch

Par·tei·lich·keit[–kaɪt] 女 -/ **1** parteilich なこと. **2** parteiisch なこと.

Par·tei·li·nie[partáɪli:niə] 女 党の路線(方針).

par·tei·los[..lo:s][1] 形 無党派の, 無所属の, 中立の, 不偏不党の.

Par·tei·lo·sig·keit[..lo:zɪçkaɪt] 女 -/ 無党派, 無所属; 不偏不党.

Par·tei≈mann[partáɪ..] 男 -(e)s/..leute (..männer) 党員(活動家), 党人; 同調者. ≈**mit·glied** 中 党員.

Par·tei·nah·me 女 -/ 味方(すること), 加担: ~ für die Sache des Sozialismus 社会主義の側に立つこと. [<Partei nehmen (→Partei 1)]

Par·tei≈or·gan 中 **1** 党機関, 党執行部. **2** 党機関紙. ≈**po·li·tik** 女 党政治, 党の政策; 党利党略: ~ treiben 党利党略をはかる.

par·tei·po·li·tisch 形 党政治(上)の, 党政策(上)の; 党略上の: aus *~en* Gründen 党利党略から.

Par·tei≈pro·gramm[partáɪ..] 中 党の綱領: ein ~ beschließen 党の綱領を決定する. ≈**schu·le** 女 (旧東ドイツの)党員学校. ≈**se·kre·tär** 男 党書記. ≈**se·kre·ta·riat** 中 党書記局. ≈**spen·de** 女 政党への献金. ≈**spit·ze** 女 **1** 《集合的に》党の首脳部. **2** 《複数で》党の最高幹部たち. ≈**tag** 男 党(中央)大会, 党会議.

▽**Par·tei·ung**[partáɪʊŋ] 女 -/-en (党派の)分裂, 党派形成; 世論の不一致: die ~ überwinden 分裂を克服する.

Par·tei≈ver·samm·lung[partáɪ..] 女 党大会. ≈**volk** 中 -(e)s/ 《集合的に》一般党員. ≈**vor·sit·zen·de** 男 女 党委員長, 党首. ≈**vor·stand** 男 党幹部会(首脳部). ≈**we·sen** 中 -s/ 党組織, 党制度; 党派活動. ≈**zen·tra·le** 女 党本部.

par·terre[partɛ́r] **I** 副 (略 part.) **1** 1階に: **~ gehen** 《話》倒れる, 転倒する | ~ wohnen 1階に住んでいる | Goethestraße 3 ~ links (手紙のあて名で)ゲーテ通り3番地1階左側. **2** 〖劇〗Parterre で. **II Par·terre** 中 -s/-s **1** (略 Part.) 1階, 土間: im ~ wohnen 1階に住む. **2 a)** 〖劇〗(1階中ごろから後方の)平土間席(→ 図 Theater) (→Parkett). **b)** 《集合的に》a の観客. ▽**3** 大花壇. [*fr.* par terre „zu ebener Erde"; ◇Terra]

Par·terre≈lo·ge[partɛ́rlo:ʒə] 女〖劇〗1階仕切り席, 枡(ます)席, 桟敷席. ≈**woh·nung** 女 1階の住居.

Par·te·zet·tel[párta..] 男《ｵｰｽﾄﾘｱ》(Todesanzeige) 死亡通知; 死亡広告. [<Parte 1]

Par·the·no·ge·ne·se[partenogené:zə] 女 -/ (神や英雄の)処女からの誕生; 〖生〗処女(単為)生殖, 無配生殖.

par·the·no·ge·ne·tisch[..gené:tɪʃ] 形〖生〗処女(単為)生殖の. [<*gr.* parthénos „Jungfrau"]

Par·the·no·kar·pie[..karpí:] 女 -/ 〖植〗単為結実. [<*gr.* karpós „Frucht"]

Par·the·non[pártenɔn] 男 -s/ パルテノン(ギリシアの Athen の Akropolis にある女神 Athene の神殿). [*gr.* parthenṓn „Jungfrauengemach"]

Par·ther[pártər] 男 -s/- パルティア人.

Par·thi·en[..tiən] 地名 パルティア(イラン系遊牧民がイラン高原に建てた古代国家(前3世紀−後3世紀). 中国名は安息). [*gr.*–*lat.*]

par·thisch[..tɪʃ] 形 パルティアの.

par·tial[partsiá:l] =partiell

Par·tial≈druck 男 -(e)s/ 〖理〗分圧. ≈**ob·li·ga·tion** 女〖商〗一部社債券. ≈**tö·ne** 複〖楽〗部分音(基音・上音・倍音など).

Par·ti·cell[partitʃɛ́l] 中 -s/-e =Particella

Par·ti·cel·la[partitʃɛ́la·] 女 -/..lle[..tʃɛ́lə] 〖楽〗簡略譜. [*it.*]

Par·tie[partí:] 女 -/-n[..tí:ən] **1** 部分, 個所: die obere ~ des Bildes (des Gesichtes) 絵(顔)の上の部分 | eine ~ vom Stadtzentrum fotografieren 都心部を写真にとる. **2** 〖楽〗分譜; 声部; (歌劇歌手の)役, パート: die ~ der Aida singen アイーダの役を歌う | Die ~ ist für sie geeignet. これは彼女のはまり役だ. **3** (トランプ・ゴルフなどの)一勝負, 一番: eine ~ Schach spielen チェスを一番さす. **4** 〖商〗(取引商品の)一口: eine ~ Zucker kaufen 砂糖一口を買い入れる | Der Preis bei *~n* ist billiger. まとめて買えば値段はもっと安い. **5** 縁組; 配偶者: **eine gute (schlechte) ~ machen** 裕福な(貧しい)相手と結婚する | Er ist eine gute (glänzende) ~. 彼と結婚すれば玉の輿(こし)に乗れる. ▽**6** 遠足, ハイキング; (行楽の)一行: **mit von der ~ sein** 行楽の一行に加わっている; 《話》仲間に加わっている, (自分も)一枚かんでいる. **7** 《ｵｰｽﾄﾘｱ》(労務者などの)班. [*fr.*; <*lat.* partīrī (→partieren); ◇Partei, Party]

Par·tie≈ar·ti·kel[partí:..] 男 =Partieware ≈**füh·rer** 男《ｵｰｽﾄﾘｱ》(Vorarbeiter) (労務者などの)班長, 職長.

par·tiell[partsiɛ́l] 形 部分的な, 局部的な: eine *~e* Sonnenfinsternis 部分日食 | *~e* Lähmung 局部麻痺(まひ). [*spätlat.* partiālis–*fr.*; ◇Part, ..al[1]]

par·ti·en·wei·se[partí:ən..] 副 (→..weise ★)部分的に, 区分(分割)して; 〖商〗一口ずつ, 大口で.

par·tie·ren[partí:rən] 他 (h) ▽**1** (teilen) 区分する; 分配する. **2** 〖楽〗パート(各声部)に分ける. [*lat.* partīrī–*fr.*;

＜*lat.* pars (→Part)]

Pạr·ties Party の複数.

Par·tie̱·wa̱·re[partí:..] 女《商》見切り品, 特価残品.

Par·tị·kel[partí:kəl; ｵｰｽﾄﾘｱ:..tíkəl] **I** 女 -/-n **1**《言》不変化詞(副詞・接続詞・前置詞など語尾変化をもたないもの): eine aufnehmende ～ 応受不変化詞(先行の従属文と主文において相関呼応する. 例 Als er das hörte, *da* sagte er ... それを聞いて彼は…と言った) | Abtönungs*partikel* 心態詞. **2**《ｶﾄﾘｯｸ》**a**) 聖別されたホスチア. **b**) 聖遺物聖体の小片. **II** 中 -s/- (女 -/-n) 小部分, 小片;《理》〔微〕粒子. [*lat.* particula „Teilchen"; ＜*lat.* pars (→Part); ◇Parzelle; *engl.* particle]

par·ti·ku·la̱r[partikulá:r] (**par·ti·ku·lä̱r**[..lɛ́:r]) 形 部分的な, 個々の, 一部だけの, 局部の; 各地方ごとの: ～*e* Interessen 一部の人たちの利害関係. [*spätlat.*]

Par·ti·ku·la̱r[partikulá:r] 男 -s/-e《ｽｲｽ》=Partikülier

Par·ti·ku·la·rịs·mus[partikularísmʊs] 男 -/ 地方分権〈連邦分立〉主義;《軽蔑的に》地域中心主義.

Par·ti·ku·la·rịst[..ríst] 男 -en/-en 地方分権〈連邦分立〉主義者;《ふつう軽蔑的に》地域中心主義者.

par·ti·ku·la·rị·stisch[..rístɪʃ] 形 地方分権〈連邦分立〉主義の;《ふつう軽蔑的に》地域中心主義の.

Par·ti·ku·la̱r·recht[partikulá:r..] 中 (↔Gemeinrecht)《史》地方特別法.

Par·ti·ku·lie̱r[..lí:r] 男 -s/-e (内外航行船の)船主兼船長.

ᐁ**Par·ti·kü·lier**[..kylié:] 男 -s/-s 年金生活者; 私人. [*fr.* particulier]

Par·ti·sa̱n[partizá:n] 男 -s, -en/-en (**Par·ti·sa̱·ne**[1][..nə] 男 -n/-n) パルチザン, ゲリラ隊員. [*it.* partigiano „Parteigänger"−*fr.*; ◇Parte〔i〕]

Par·ti·sa̱·ne[2][partizá:nə] 女 -/-n (15-18世紀に用いられた)両鎌槍(ﾔﾘ), 十文字槍(→図). [*it.* partigiana−*mfr.*]

Klinge

Schaft

Partisane[2]

Par·ti·sa̱·nen·grup·pe 女 ゲリラ隊. ⸗**kampf** 男 ゲリラ戦闘〈闘争〉. ⸗**krieg** 男 ゲリラ戦.

Par·tị·ta[partí:ta·] 女 -/..ten[..tən]《楽》パルティータ(古典組曲の一種). [*it.*]

Par·ti·tio̱n[partitsió:n] 女 -/-en 分割, 区分, 配分;《論》分割法. [*lat.*; ＜*lat.* partīrī (→partieren)]

par·ti·tị·v[..tí:f][1] 形 **1**《言》〔あるものの一〕部分を表示する: ～*er* Artikel (フランス語の)部分冠詞 | ～*er* Genitiv 部分の2格. **2** 区分する, 分割的な. [*mlat.*]

Par·ti·tu̱r[..tú:r] 女 -/-en《楽》総譜, スコア. [*mlat.* −*it.*]

Par·ti·zị̱p[partitsí:p] 中 -s/-ien[..piən] (略 Part.) (Mittelwort)《言》分詞: ～ Präsens / ～ I (読み方: eins) / erstes ～ 現在〈未完了〉分詞 | ～ Perfekt / ～ II (読み方: zwei) / zweites ～ 過去〈完了〉分詞. [*lat.*; ＜*lat.* parti-ceps „teil-nehmend" (◇Part, kapieren); ◇*engl.* participle]

Par·ti·zi·pa·tio̱n[partitsipatsió:n] 女 -/-en (Teilnahme) (管理・経営などへの)関与, 参加. [*spätlat.*]

Par·ti·zi·pa·tio̱ns·ge·schäft 中《商》(損益分担の約束で行う臨時的な)共同計算取引.

Par·ti·zị·pia Partizipium の複数.

par·ti·zi·pia̱l[partitsipiá:l] 形《言》分詞の; 分詞による; 分詞的な. [*lat.*; ◇..al[1]]

Par·ti·zi·pia̱l·bil·dung 女, ⸗**grup·pe** 女 =Partizipialsatz ⸗**kon·struk·tio̱n** 女《言》分詞構文. ⸗**satz** 男《言》分詞句.

Par·ti·zị·pi·en Partizip, Partizipium の複数.

par·ti·zi·pie̱·ren[partitsipí:rən] 自 (h) (teilnehmen)《an *et.*[3]》(…に)参加する; (…に)関与する; (…を)分担する: an einem Geschäft ～ ある事業に関与する | an allem ～ wollen 何にでも一口乗りたがる. [*lat.*]

Par·ti·zị·pium[partitsí:piʊm] 中 -s/..pia[..pia·], ..pien[..piən] =Partizip

Pạrt·ner[pártnər] 男 -s/- (女 **Pạrt·ne·rin**[..nərɪn]-/-nen) (共同の目的を追究する仲間. 例えば:) (会話の)相手; (ダンスの)パートナー; (人生の)伴侶(ﾊﾝﾘｮ), 配偶者; (試合の)相手; (演劇の)相手役; (事業の)共同出資者. [*engl.*; ◇Partition]

Pạrt·ner·schaft[pártnərʃaft] 女 -/-en (Partner であること. 例えば:) (夫婦間の)協力関係; 労働組合の経営参加: eine ～ eingehen 協力関係に入る | auf eine ～ hinarbeiten パートナーシップを目指して努力する | in ～ mit *jm.* arbeiten …と組んで仕事をする.

Pạrt·ner⸗staat 男 (条約機構などの)参加国. ⸗**stadt** 女 姉妹都市. ⸗**su̱·che** 女 相手〈パートナー〉探し. ⸗**tausch** 男 夫婦交換, スワッピング. ⸗**wa̱hl** 女 配偶者選び.

par·tout[partú:] 副《話》(durchaus) 絶対に; どうしても, 是が非でも; てんで: Er will ～ nichts von diesen Plänen wissen. 彼はこの計画には頭っから耳を貸そうとしない. [*fr.* „überall"; ◇total]

Pạr·tus[pártʊs] 男 -/-[..tu:s] (Geburt)《医》分娩(ﾌﾞﾝﾍﾞﾝ), 出産. [*lat.*; ＜*lat.* parere (→parieren[2])]

Pạr·ty[pá:rti·, pá:ti·] 女 -/-s, ..ties[..ti:s] (社交的な)会合, パーティー: eine ～ geben 〈veranstalten〉 パーティーを開く ‖ auf eine ～ gehen パーティーに行く | *jn.* zu einer ～ einladen …をパーティーに招待する. [*fr.* partie (→Partei)−*engl.*; ◇Partie]

Pạr·ty⸗girl[pá:rti.., pá:tɪ..] 中《軽蔑的に》パーティー好きの〔軽薄な〕女の子. ⸗**lö̱·we** 男《皮肉》パーティー〈社交界〉の人気者〈ヒーロー〉.

Par·usie̱[paruzí:] 女 -/《哲》パルウシア, 臨在, 現在;《宗》キリストの再臨. [*gr.*; ＜*gr.* par-eĩnai „dabei sein"; ◇*engl.* parousia]

Par·ve·nü̱(ｵｰｽﾄﾘｱ: **Par·ve·nu**)[parvený:, ..və..] 男 -s/-s (Emporkömmling) 成り上がり者, 成金. [*fr.*; ＜*lat.* pervenīre „hin-kommen" (◇kommen)]

par·ve·nü̱·haft[−haft] 形 成り上がり者〈成金〉ふうの.

Pạr·ze[pártsə] 女 -/-n《ふつう複数で》《ロ神》パルカ(はじめ出産の女神, のち運命の女神. ギリシア神話の Moira に当たる). [*lat.* Parca; ＜*lat.* parere (→parieren[2])]

Par·zẹl·le[partsɛ́lə] 女 -/-n 土地台帳に登記された最小単位の土地; 分割された土地, 筆: ein Grundstück in ～*n* aufteilen 土地を幾つかに分割する. [*vulgärlat.*−*fr.*; ＜*lat.* particula (→Partikel); ◇*engl.* parcel]

par·zel·lie̱·ren[partsɛlí:rən] 他 (h) (土地を)分割〈細分〉する, 分筆する.

Pạr·zi·val[pártsifal] 人名 パルツィファル (Gral を探求する Artus 伝説の騎士で, Wolfram の叙事詩や Wagner の楽劇の素材となった: →Parsifal). [*fr.* perce val „durchdringe das Tal!"; ◇*engl.* Perceval]

Pas[pa] 男 -[-(s)]/-[-s] **1**《ﾀﾞﾝｽ》ステップ. **2**《ﾊﾞﾚｴ》パ: →*Pas* de deux, *Pas* de quatre, *Pas* de trois [*lat.* passus−*fr.*; ◇Passus]

Pas·ca̱l[paskál] **I** 人名 Blaise ～ ブレーズ パスカル(1623-62; フランスの数学者・物理学者・哲学者). **II** 中 -s/- (単位: -/-) パスカル(圧力単位; 記号 Pa).

PASCA̱L[−] 中 -s/《電算》パスカル(プログラミング言語の一つ). [*engl.*; ＜*engl.* primary algorithmic scientific commercial application language]

Pasch[paʃ] 男 -es(-s)/-e, Päsche[pɛ́ʃə] **1** 2個〈3個〉のさいころに同じ目が出ること(→図 Würfel). **2** (ドミノ遊びで)両面とも同じ数の目があるボーン. **3** さいころ遊び. [＜*fr.* passe-dix „überschreite zehn!" (◇passieren)]

Pa̱·scha[1][páʃa·] 男 -s/-s **1 a**) パシャ(トルコ・エジプトでむかし高官に与えられた称号). **b**) 1の称号を持つ人. **2**《話》(特に女に対して)いばり散らす男: zu Hause den ～ spielen 家庭では暴君である. [*türk.*]

Pạs·cha[2][pásça] 中 -s/- =Passah [*gr.*−*kirchenlat.*]

Pä̱·sche Pasch の複数.

pa̱·schen[1][paʃən] 《04》自 (h) さいころを振る; 2個〈3個〉のさいころに同じ目が出る.

pa·schen[2][−] ⦅04⦆ 他 (h) ⦅話⦆ (schmuggeln) 密輸する.

Pa·scher[páʃər] 男 -s/- ⦅話⦆ (Schmuggler) 密輸業者.

Pa·sche·rei[paʃəráı] 女 -/-en ⦅話⦆ (Schmuggelei) 密輸. [＜*Zigeunerspr.* pāš „Teil"]

der **Pas de Ca·lais**[padkalέ] 地名 男 ---/ カレー海峡 (ドーヴァー海峡のフランス語名: →Calais).

Pas de deux[padədǿ(:), paddǿ] 男 ---/--- 〘バレエ〙 二人の踊り, パ=ド=ドゥ. [*fr.* „Schritt für zwei"]

Pas de quatre[..kátr] 男 ---/--- 〘バレエ〙 四人の踊り, パ=ド=カトル. [*fr.* „Schritt für vier"]

Pas de trois[..troá] 男 ---/---- 〘バレエ〙 三人の踊り, パ=ド=トロワ. [*fr.* „Schritt für drei"]

Pa·si·gra·phie[pazigrafí:] 女 -/-n[..fí:ən] (数字・音譜・旗による信号など, 音声に頼らないで概念を伝達できる) 万国〈世界共通〉記号〔体系〕. [＜*gr.* pās „ganz" (◇pan..)]

Pa·so do·ble[pá:zo· dó:blə,− ..le·] 男 --/-- 〘ダンス〙 パソ=ドブル(ラテンアメリカふうの 2 ステップのダンス). [*span.* „Doppel-schritt"; ◇Pas, Double]

Pas·pel[páspəl] 女 -/-n (男 -s/-) 〘服飾〙 パイピング, 縁どり, ブレード. [*fr.* passepoil; ＜*fr.* passer „passieren" +poil „Haar"]

pas·pe·lie·ren[paspəlí:rən] (**pas·peln**[páspəln] ⦅06⦆) 他 (h) (襟などに) パイピングをつける.

Pas·quill[paskvíl] 中 -s/-e 匿名の誹謗(ひぼう)〈風刺〉文書. [*it.* pasquillo; ＜Pasquino (16世紀以降毎年聖マルコの日に匿名のラテン語風刺詩が張りつけられた古代ローマの彫像)]

Pas·quil·lant[paskvılánt] 男 -en/-en Pasquill の筆者, 作者.

Paß[pas] 男 Passes/Pässe[pέsə] **1** (政府機関が発行する) 身分証明書, 通過〈入構〉証; (Reisepaß) 旅券, パスポート: einen ~ beantragen 〈ausstellen〉 旅券を申請〈発行〉する | den ~ vorzeigen 〈kontrollieren〉 パスポートを呈示〈検査〉する ‖ Der ~ läuft am 31. März ab. このパスポートの有効期限は 3 月31日で切れる | Dem Botschafter wurden die *Pässe* zugestellt. ⦅比⦆ 国交断絶の通告がなされた. **2** (特に山間などの) 狭い通過路, 峠道: der Brenner ~ (オーストリア・イタリア間の) ブレンナー峠 | Eng*paß* 隘路(あいろ) ‖ *jm.* freien ~ geben 〈den ~ verlegen〉 …を自由に通す〈通せんぼをする〉. **3** (Zuspiel) 〘球技〙 パス, 送球. **4** 〘狩〙 (ウサギ・キツネなど) 小獣の通り道. **5** (ラクダ・キリンなどが片側の両足を同時に前に出す) 側対歩. **6** (ゴシック時代の杯に水平についている) 目盛り線; 目盛りと目盛りの間の部分. [1: ＜*fr.* passeport „Passierschein"; 2: *fr.* pas; ◇Pas; 3: *engl.* pass; ◇Passus]

pas·sa·bel[pasá:bəl] (..sa·bl..) 形 ⦅話⦆ (leidlich) まずまずの, 我慢できる, 及第点の: ein *passables* Hotel まずまずのホテル | ein *passabler* Vorschlag 受諾できる内容の提案. [*fr.* „gangbar"; ＜*fr.* passer (→passieren)]

Pas·sa·ca·glia[pasakálja·] 女 -/..glien[..ljən] 〘楽〙 パッサカリア(3 拍子のゆるやかな舞曲). [*span.* pasacalle−*it.*; ＜*span.* pasar „passieren"+calle „Gasse"]

Pas·sa·de[pasá:də] 女 -/-n 〘馬術〙 パッサード, 回転歩 (→ ⊠ Schule). [*it.*−*fr.*]

Pas·sa·ge[pasá:ʒə; オーストリア:..sá:ʒ] 女 -/-n[..ʒən] **1** (狭い通路. 例えば:) 有蓋(ゆうがい)街路, アーケード(屋根つき商店街); 2 列の人垣; 海峡: durch die ~ bummeln アーケード商店街をぶらつく | eine ~ bilden 人垣をつくる | das Schiff durch eine enge ~ steuern 狭い海峡通過の操舵(そうだ)をする. **2** 通過; 通行; 〔海外〕渡航; 〘天〙 (子午線の) 通過: die ~ durch den Suezkanal スエズ運河の通航 | eine ~ nach Afrika buchen アフリカ行きの切符を予約する. **3** (講演・文章などのまとまりを持った) 一部分, 章句: ganze ~*n* aus Goethes ⦅Faust⦆ auswendig können ゲーテの『ファウスト』をそっくりそらんじている. **4** 〘楽〙 パッセージ, 経過句. **5** 〘馬術〙 パッサージュ, 調整の歩度 (→ ⊠ Schule). **6** 〘工〙 (製造業などにおける個々の) 工程, 過程. [*fr.*; ＜*fr.* passer (→passieren)]

Pas·sa·gier[pasaʒí:r] 男 -s/-e (特に船・飛行機の) 乗客, 旅客, 旅行者: **ein blinder ~** 無賃乗客, ただ乗りの客; 密航者. [*it.* passeggero, passaggiere; ◇*engl.* passenger]

Pas·sa·gier≠damp·fer[pasaʒí:r..] 男 〔旅〕客船. ≠**flug·zeug** 中 〘空〙 旅客機. ≠**gut** 中 旅客手荷物. ≠**li·ste** 女 旅客〈乗客〉名簿. ≠**schiff** 中 =Passagierdampfer

Pas·sah[pása·] 中 -s/ 〘ユダヤ教〙 **1** 過ぎ越し(エジプトからの脱出を記念する祭り). **2** 過ぎ越しの子羊(1 の日の食卓に供せられる). [*hebr.*]

Pas·sah≠fest[pása..] 中 = Passah 1 ≠**lamm** 中 =Passah 2

Pas·sa·me·zzo[pasamέtso·] 男 -s/..zi[..tsi·] 〘楽〙 パッサメッゾ(16-18世紀イタリアの 2 拍子の舞曲). [*it.*; ◇Pas]

Paß·amt[pás..] 中 =Paßstelle

Pas·sant[pasánt] 男 -en/-en **1** 通行人; 歩行者. **2** (Durchreisender) (通過する) 旅行者. [*fr.*; *fr.* passer (→passieren)+..ant]

Pas·sat[pasá:t] 男 -〔e〕s/-e 貿易風. [*ndl.* passaat (wind) −*ndd.*]

Pas·sat≠strö·mung 女 (貿易風によって形成される) 赤道海流. ≠**wind** 男 =Passat

Pas·sau[pásaʊ] 地名 パッサウ(ドイツ Bayern 州東部の都市). [*lat.* (Castra) Batava „ (Lager) der Bataver" −*ahd.* Pazzouua]

Paß·bild[pás..] 中 旅券用写真.

Paß·bild·au·to·mat 男 旅券用写真スピード撮影装置.

passe[pa:s] ⦅フランス語⦆ (↔manque) パス(ルーレットで19-36の数: → ⊠ Roulett). [＜*fr.* passer „übertreffen"]

pas·sé[pasé:] 形 ⦅付加語的用法なし⦆ ⦅話⦆ 過ぎ去った, 過去の; 古めかしい, 使い古しの: Diese Mode ist ~. このモードはもう古い. [*fr.*; ◇passieren]

Pas·se[pásə] 女 -/-n 〘服飾〙 ヨーク(衣服の肩や腰につける当て布: → ⊠ Geistliche). [＜passen]

Päs·se Paß の複数.

pas·see[pasé:] =passé

pas·sen[pásən] ⦅03⦆ **I** 自 (h) **1 a)** ぴったり合う; ⦅比⦆ 適合〈合致〉する: Der Hut *paßt* mir 〔gut〕. この帽子のサイズは私の頭に〔よく〕合う | Der Anzug *paßt* mir wie angegossen. この服は私にぴったりだ | Der Vergleich *paßt* nicht 〈schlecht〉. その比喩は適切ではない ‖ 〘前置詞と〙 Der Kork *paßt* 〔gut〕 **auf** die Flasche. そのコルク栓はこの瓶にぴったりだ | Die Beschreibung *paßt* auf sie. 彼女はその人相書にそっくり〈ぴったり〉だ | ~ wie die Faust aufs Auge. (→Faust[2] 1) | ~ wie der Igel zum Handtuch 〈zur Türklinke〉 (→Igel 1 a) | Er *paßt* gerade **durch** die Tür. 彼は(太っていて) 戸口がやっと通れるほどだ | Das Auto *paßt* gerade noch **in** die Parklücke. 車は駐車余地にぎりぎりやっと納まる | Das *paßt* mir nicht ins Konzept 〈in den Kram〉. それは私には具合が悪い | Der Schlüssel *paßt* **zum** Schloß. その鍵(かぎ)は錠前〈鍵穴〉に合う | Der Bolzen *paßt* zum 〈durchs / ins〉 Loch. そのボルトは穴にぴったり合う.

b) 似合う, 調和する; ⦅比⦆ ふさわしい: Das *paßt* nicht hierher. それはここにはふさわしくない〈不適当だ〉 | Das *paßt* ihm. ⦅話⦆ まさにあいつのやりそうなことだ ‖ **in** die Welt ~ 世間とうまく折り合う | Die Farbe der Schuhe *paßt* 〔gut〕 **zum** Anzug. その靴の色はその服に〔よく〕合う | 〔gut〕 zueinander ~ (互いに) よく気があう; よく調和する | Ein weicher Mann *paßt* zu einer mütterlichen Frau. 気弱な男は母性的な女とうまく合う.

[V]**c)** 適任である: nicht für 〈in〉 eine Stellung ~ ある職に不適任である | nicht zum Lehrer ~ 教師に向いていない.

2 ⦅*jm.*⦆ (…にとって) 好ましい, 好都合である: Er 〈Sein Benehmen〉 *paßt* mir nicht. 彼〔のやること〕は私には気に入らない | *Paßt* es Ihnen, wenn er morgen kommt?— Nein, morgen *paßt* es mir nicht. 彼があす来てもかまいませんか — いや あすは都合が悪い | Wann *paßt* es Ihnen? —Am Montag 〈Um 15 Uhr〉 *paßt* es mir gut. ご都合のいいのはいつですか — 月曜〈15時〉が都合がいい | Das könn-

te dir so ~. 《話》そうなれば君の思うつぼだろうが(そうは問屋がおろさないよ).
3 《話》《auf *et.*[4]》(…に)注意を払う〈集中する〉; 気をつける: *jm.* **auf** den Dienst ~ …の勤務ぶりに目を光らす | auf den Weg 〈den Kurs〉 ~ 道〈コース〉に気を配る | auf den Kien ~《比》抜け目がない | *Paß* auf die Kinder! 子供らに気を配れ.
4 《オーストリア》(じりじりしながら)待つ, 待ちかまえる.
5 〚トランプ〛パスする; 《比》あきらめる, 手をあげる: zum drittenmal ~ 3回目のパスをする | 〔Ich〕 *passe*! (私は)パスだ ‖ Bei der Frage mußte ich ~. この質問には私は答えられなかった | Da muß ich ~. こうなると私はもうお手上げだ.
6 (英: *pass*) 〚球技〛〔ボールを〕パスする: Der Verteidiger *paßte* zum Stürmer. バックスがフォワードにパスした.
II 他 (h) **1** 《方》(ぴたりと)はめこむ: den Reifen **in** die Felge ~ タイヤをリムにはめこむ.
▽**2** 《ふつう否定詞と》再帰 *sich*[4] nicht ~ よくない, 不適当である | Es *paßt* sich einfach nicht, so über andere zu reden. 他人のことをそんなふうに言うことが そもそも不穏当だ.
III pas·send 現分 形 ぴったり合う, 似合う, 調和する; (geeignet) 適当〈適切〉な, ふさわしい: eine ~*e* Gelegenheit 適当な時機 | ~*e* Worte 適切な言葉 | ein für diese Gelegenheit ~*er* Anzug その場所がらにふさわしい服 | die zum Anzug ~*e* Krawatte tragen 服によく合うネクタイをしめている | Das ist keine ~*e* Entschuldigung. それは場違いの弁解だ ‖ den Mantel ~ machen コートを(体に合うよう)仕立て直す | Haben Sie es nicht ~? (売り子が客に向かって)小銭のお待ち合わせはありませんか, 釣り銭のないようにお支払いください.
[〔*a*〕*fr.* passer (→passieren); ◇*engl.* pass]
Passe·par·tout[paspartúː; スイス: páspartu·] 中 (スイス: 男) -s/-s **1** 厚紙製の取りかえ額縁, 写真用枠. ▽**2** (Hauptschlüssel) 親かぎ, マスター=キー. ▽**3** 通行証; (劇場などの)定期無料入場券. [*fr.* „überall Passendes"]
Passe·poil[paspoál] 男 -s/-s 《オーストリア》 =Paspel [*fr.*]
passe·poi·lie·ren[paspoalíːrən] =paspelieren
Pas·se·rel·le[pasərɛ́lə, ..rɛ́l] 女 -/-n[..lən] 《スイス》 (Fußgängerbrücke) 歩道橋. [*fr.*; ◇passieren]
Paß·form[pás..] 女 **1** =Paß 5 **2** (衣服が)体にぴったり合うこと: ein Anzug in guter ~ 体によく合ったスーツ. [2: <passen]
Paß≈fo·to 中 =Paßbild **≈gang** 男 =Paß 5 **≈gän·ger** 男 Paß 5 で歩く四足獣.
paß·ge·recht 形 ぴったりの(靴・服): ~*e* Schuhe 足にぴったりの靴 | ~*e* Maschinenteile ぴたりと合う〔機械〕部品. [<passen]
Paß·hö·he 女 山間道路の最高地点, 峠.
Pas·sier·ball[pasíːr..] 男 =Passierschlag
pas·sier·bar[pasíːrbaːr] 形 (橋などが)通行〈通過〉可能な, (川が)渡ることができる.
pas·sie·ren[pasíːrən] **I** 自 (s) **1** (geschehen) **a)** (事件・災厄などが)起こる, 生じる, 発生する: Ein Unglück ist *passiert*. 不幸〈事故〉が起こった | Was ist hier *passiert*? ここで何が起こったのか | Es muß etwas ~. 何か手を打つ必要がある. **b)** 《*jm.*》(…の)身に起こる〈降りかかる〉: Was ist Ihnen *passiert*? あなたはどうなさったのですか | wenn mir etwas *passiert* 〈~ sollte〉 私の身に万一のことがあったなら | Das kann jedem 〔mal〕 ~. それはだれにだって起こり得ることだ(それほど気にすることはない) | Das kann auch nur ihm ~. そんな目にあうのは決まってあいつだ, あいつときたらいつもへまばかりやらかす | *jm.* ist etwas Menschliches *passiert* (→menschlich 1).
2 まあまあである: Es *passiert*. 〔それは〕まあまあ我慢できる.
▽**3** 通過する: durch einen Ort ~ 町〈村〉を通る.
▽**4** 《für *et.*[4]》(…として)通用する: für einen rechtschaffenen Mann ~ 正直な男ということで通っている.
II 他 (h) **1** 通過する: eine Brücke ~ 橋を渡る; (舟が)橋の下を通過する | die Grenze ~ 国境を通過する | den Wachtposten ~ 歩哨(ほしょう)地点を通過する | die Zensur ~ 検閲をパスする | *et.*[4] ~ lassen …を通過させる; …を大目に見る, …を許容する | *et.*[4] Revue ~ lassen (→Revue 3) ‖ Diese Ware *passiert* 〔die Grenze〕 zollfrei. この品物は無税で〔国境を〕パスする.
2 〚料理〛裏ごしにかける: gekochte Kartoffeln 〔durch ein Sieb〕 ~ ゆでたジャガイモを裏ごしにかけてマッシュポテトにする.
[*vulgärlat.*–*fr.* passer; ◇Passus, passen]
Pas·sier≈ge·wicht[pasíːr..] 中 〚経〛(貨幣の)通用最軽量目, 最低基準重量(ある貨幣がその通用を認められる最軽量目). **≈schein** 男 **1** 通過許可証, 入構証. **2** 〚経〛通関免状. **≈schlag** 男 〚テニス〛パッシングショット. **≈zet·tel** 男 =Passierschein 2
pas·sim[pásɪm] 副 (書物などの)あちこちに; いたるところに. [*lat.* „ausgebreitet"; <*lat.* pandere (→Passus)]
Pas·sion[pasióːn] 女 -/-en **1** (Leidenschaft) 情熱, 熱情; 強い愛着, 傾倒; 耽溺(たんでき): eine ~ für *et.*[4] haben 《話》…に対して情熱を燃やしている | Das Reiten ist seine ~. 彼が熱をあげているのは乗馬だ. **2 a)** 〚キリスト教〛キリストの受難〔史〕; 《比》受難〈苦難〉〔の物語〕. **b)** 〚美〛キリストの受難図. **c)** 〚楽〛受難曲. [*spätlat.*; <*lat.* patī „leiden"; ◇passiv, Patient]
Pas·sio·nal[pasionáːl] (**Pas·sio·nar**[..náːr]) 中 -s/-e 《ふつう複数で》殉教者〈聖者〉伝説集. [*mlat.*]
pas·sio·na·to[pasionáːto·] 副 (leidenschaftlich) 〚楽〛パッショナート, 情熱的に. [*it.*]
pas·sio·nie·ren[pasioníːrən] ▽**I** 他 (h) 再帰 *sich*[4] 〔für *et.*[4]〕 ~ 〔…に〕感激〈熱中〉する. **II pas·sio·niert** 過分 形 情熱的な; 熱狂的な: ein ~*er* Reiter 乗馬狂. [*fr.*]
Pas·sions≈blu·me[pasióːns..] 女 〚植〛トケイソウ(時計草)属. **≈frucht** 女 《ふつう複数で》〚植〛クダモノトケイソウ(トケイソウ属)の果実, パッションフルーツ. **≈ge·schich·te** 女 (聖書中の)キリスト受難の物語〈記事〉. **≈sonn·tag** 男 der ~ 〚カトリック〛受難の主日(復活祭の2週間前の主日). **≈spiel** 中 キリスト受難劇. **≈weg** 男 (キリストの)十字架の道〔行き〕; 《雅》長い苦難の道. **≈wo·che** 女 (Karwoche) 受難週, 復活祭前の1週間. **≈zeit** 女 ▽**1** 受難節 (Passionssonntag から Karfreitag までの期間). **2** =Fastenzeit 2
pas·siv[pásiːf, ⌣⌣́][1] **I** 形 (↔aktiv) **1** 受け身の, 消極的な, 控え目な: eine ~*e* Natur 消極的な性格〔の人間〕 | ein ~*er* Raucher (同席の喫煙者の煙を吸わされる)受動的喫煙者 | ~*e* Bestechung 〚法〛収賄 | das ~*e* Wahlrecht 〚法〛被選挙権 | ~*er* Widerstand 消極的抵抗 | ein ~*er* Wortschatz 〚言〛(知ってはいても自分から積極的に使うことのできない)消極的語彙(ごい), 認識語彙 ‖ *sich*[4] ~ verhalten 消極的な態度をとる. **2** (passivisch) 〚言〛受動〔態・形〕の. **3** 〚商〛貸方の, 負債の: eine ~*e* Handelsbilanz 輸入超過.
II Pas·siv 中 -s/-e 《ふつう単数で》(↔Aktiv) (Leideform) 〚言〛受動態〈形〉: unpersönliches ~ 非人称受動態〈文〉(自動詞の受動態. 例 Es wurde getanzt. ダンスが行われた) | Zustands*passiv* 状態受動 ‖ das ~ bilden 受動態をつくる ‖ ein Satz im ~ 受動文 | im ~ stehen (文の中で動詞が)受動態になっている.
[*lat.*; <*lat.* patī (→Passion); ◇Patient]
Pas·si·va[pasíːva·] Passivum の複数.
Pas·siv·bür·ger[pásiːf.., pasíːf..] 男 (↔Aktivbürger) 《スイス》選挙権と被選挙権を有さない市民〈国民〉.
Pas·si·ven[pasíːvən] 複 =Passivum 2
Pas·siv≈ge·schäft[pásiːf.., pasíːf..] 中 (↔Aktivgeschäft) 〚商〛受動的業務(銀行の受信業務など). **≈han·del** 男 -s/ (↔Aktivhandel) 受動〈輸入〉貿易.
pas·si·vie·ren[pasivíːrən] 他 (h) **1** (↔aktivieren) 〚簿〛貸方に計上する. **2** 〚化〛(卑金属を)不動態化させる.
pas·si·visch[pasíːvɪʃ, ⌣́⌣⌣] 形 (↔aktivisch) 〚言〛受動〔態・形〕の: ~*e* Formen des Verbs 動詞の受動形 | ein Verb ~ gebrauchen 動詞を受動態で使用する.
Pas·si·vis·mus[pasivísmʊs] 男 -/ **1** 受動性, 消極性. **2** 受動主義, 消極主義.
Pas·si·vi·tät[pasivitɛ́ːt] 女 -/ **1** 受動性, 消極性. **2**

〘化〙(卑金属の)不動態.

Pas·siv≈mas·se[pasí:f.., pasí:f..] ＝Schuldenmasse **≈po·sten** 男〘簿〙貸方項目. **≈rau·chen** 中(↔Aktivrauchen) 受動喫煙(他人の吸うタバコの煙を吸わされること). **≈sal·do** 男〘簿〙貸方〈欠損〉残高. **≈sei·te** 女〘簿〙貸方欄(貸借対照表の右側).

Pas·si·vum[pasí:vʊm] 中 -s/..va[..va·] **1** ＝Passiv **2**《複数で》(↔Aktivum)〘簿〙(貸借対照表の)貸方, 負債, 債務.

Paß·kon·trol·le[pás..] 女 旅券〈身分証明書〉検査〔場〕.

ᐁ**paß·lich**[páslɪç] 形 (passend) 適当〈適切〉な, ふさわしい.

Paß≈num·mer 女 旅券番号. **≈pho·to** 中 ＝Paßbild

paß·recht ＝paßgerecht

Paß≈stel·le 女 (官庁の)旅券課, 旅券交付所. **≈stra·ße** 女 山間の狭い道を通る街道.

Pas·sung[pásʊŋ] 女 -/-en〘工〙(車軸とハブなど, 機械部品の)はめ合わせ, はめ合わせ方.

Pas·sus[pásʊs] 男 -/-[..su:s] **1** (文章中の)章句, 個所: den betreffenden ～ zitieren 当該個所を引用する. ᐁ**2** 出来事, 場合. ᐁ**3** 古代ローマの距離の単位(2歩の長さ). [*lat.* „Schritt"－*mlat.*; ＜*lat.* pandere „ausstrecken"; ◇Pas, pass〔ier〕en]

Paß·we·sen[pás..] 中 -s/ 旅券制度.

Paß·wort 中 -〔e〕s/..wörter **1** (Kennwort) 合言葉, 符丁. **2**〘電算〙パスワード. [＜*engl.* password]

Paß·zwang 男 旅券携帯〈呈示〉義務.

Pa·ste[pástə] 女 -/-n (**Pa·sta**[..ta·] 女 -/..ten[..tən]) **1** (粉状のものをこねて作ったもの. 例えば:) **a)**〘料理〙こね粉, ペースト: eine ～ aus Butter und Nüssen くるみバター. **b)**〘医〙泥膏(でいこう), パスタ〔剤〕: eine ～ auf die Hände streichen 泥膏を手にすりこむ. **c)** (Zahnpasta) ねり歯磨き. ᐁ**2** (宝石・貨幣などの)石膏複製; 模造品. [*gr.*－*spätlat.* pasta－*it.*; ＜*gr.* pássein „streuen"; ◇Pasticcio, pastos]

Pa·stell[pastɛ́l] 中 -〔e〕s/-e **1**《単数で》〘美〙パステル画法: in ～ arbeiten 〈malen〉 パステルで制作する. **2** パステルを使ってかいた絵: ein kleines ～ 小さなパステル画. **3** ＝Pastellfarbe 2 [*it.* pastello〔－*fr.*〕]

Pa·stell·bild 中〘美〙パステル画.

pa·stel·len[pastɛ́lən] 形 **1** パステルで描かれた. **2** パステルで描いたような, パステルトーンの.

Pa·stell·far·be 女 -/-n **1** パステル絵の具: mit ～*n* malen パステルを使って〔絵を〕かく. **2**《ふつう複数で》パステルカラー, パステルトーン.

pa·stell·far·ben 形 パステルカラーの, パステルトーンの.

Pa·stell≈ma·ler 男 パステル画家. **≈ma·le·rei** 女 パステル画〔法〕. **≈stift** 男 パステル.

Pa·sten Pasta, Paste の複数.

Pa·ste·te[pasté:tə] 女 -/-n (⊛**Pa·stet·chen**[..çən], **Pa·stet·lein**[..laɪn] 中 -s/-) **1**〘料理〙**a)** (肉・魚・きのこ・野菜などの入った)パイ: eine mit Gänseleber gefüllte ～ ガチョウのレバー入りパイ. **b)** パテ, テリーヌ: eine ～ aus Zunge タンのテリーヌ. **2**《話》**a) die ganze ～** そこにあるもの全部, 一切合切. **b)** 不愉快な事柄: **Nun 〈Jetzt〉 haben wir die ～.** (予想どおり)困ったことになったぞ. [*spätlat.* pasta－*afr.*－*mndl.* pasteide－*mhd.*; ◇*engl.* pasty]

Pa·ste·ten·kru·ste 女 Pastete 1 a の皮.

Pa·steur[pastœ́:r] 人名 Louis ～ ルイ パストゥール(1822－95; フランスの生化学者で細菌学の創始者).

Pa·steu·ri·sa·tion[pastørizatsió:n] 女 -/-en〘医〙パストゥール殺菌法(パストゥールが開発した低温殺菌法). [*fr.*]

pa·steu·ri·sie·ren[..zí:rən] 他 (h) パストゥール法で殺菌する: Milch ～ 牛乳にパストゥール殺菌法を施す. [*fr.*]

Pa·stic·cio[pastítʃo·] 中 -s/-s, ..cci[..tʃi·] **1**〘楽〙パスティッチョ(いろいろな作曲家の作品の有名な部分をつなぎ合わせて作ったメドレーふうのオペラ・楽曲). **2** (一流絵画の)贋作(がんさく). [*it.*; ＜*spätlat.* pasta (→Paste)]

Pa·stil·le[pastílə] 女 -/-n (Pille)〘医〙錠剤, 口中錠, トローチ剤. [*lat.*; ＜*lat.* pānis (→panieren)]

Pa·sti·nak[pástinak] 男 -s/-e, **Pa·sti·na·ke**[pastiná:kə] 女 -/-n〘植〙パースニップ, アメリカボウフウ(防風). [*lat.* pastināca〔－ *ahd.* pestinac〕; ◇*engl.* parsnip]

Past·milch[pást..] 女《スイ》(パストゥール法による)殺菌牛乳(→pasteurisieren).

Pa·stor[pástər, ..to:r, pastó:r] 男 -s/-en[pastó:rən] (北部: -e[pastó:rə]; 俗: ..töre[..tǿ:rə]) (⊛P.) (⊛**Pa·sto·rin** → 別出)《北部》(Pfarrer) 聖職者;〘新教〙牧師; (地方によってはカトリックの)神父, 司祭. [*lat.* pāstor „Hirt"－ *mlat.* － *mhd.*; ＜*lat.* pāscere „weiden, füttern" (◇Futter[1])]

pa·sto·ral[pastorá:l] 形 **1** (idyllisch) 田園ふうの, 牧歌的な. **2 a)** 牧師〈神父〉に関係した; 牧師〈神父〉職の. **b)** (身ぶり・態度などが牧師のように)重々しい, 荘重な: eine ～*e* Sprechweise 重々しい口調. [*lat.* „hirtenmäßig"]

Pa·sto·ral·brief 男 -〔e〕s/-e《ふつう複数で》〘キリスト教〙牧会書簡(新約聖書のテモテへの第一・第二の手紙とテトスへの手紙).

Pa·sto·ra·le[1][pastorá:lə] 中 -s/-s; 女 -/-n **1**〘楽〙パストラル, 田園ふうの曲, 牧歌. **2**〘劇〙(バロックの)牧人劇. **3**〘美〙牧人画. [*it.*]

Pa·sto·ra·le[2][－] 中 -s/-s (Hirtenstab)〘カトリック〙司教杖(じょう). [*it.*]

Pa·sto·ra·li·en 複 Pastor の所管事項. [*mlat.*]

Pa·sto·ral·theo·lo·gie 女 -/ 〘キリスト教〙司牧神学, 牧会〔神〕学.

Pa·sto·rat[pastorá:t] 中 -〔e〕s/-e **1** 牧師〈神父〉職. **2** 牧師〈司祭〉館. [*mlat.*; ◇..at]

Pa·stö·re Pastor の複数.

Pa·sto·rel·le[pastorɛ́lə] 女 -/-n〘文芸〙パストレル(中世の詩形の一つ. 騎士や若者が羊飼いの娘〈田舎娘〉に求婚する内容の詩). [*it.*]

Pa·sto·ren·toch·ter[pastó:rən..] 女 Pastor の娘: **unter uns *Pastorentöchtern***《話》我々だけの間で, ここだけの話として.

Pa·sto·rin[pastó:rɪn, pástorɪn] 女 -/-nen (Pastor の女性形)《特に北部》女牧師;《話》Pastor の奥さん〈夫人〉.

Pa·stor pri·ma·rius[pástər primá:riʊs] 男 --/-es ..rii[pastó:re:s primá:rii·] (⊛P. prim.) (Oberpfarrer) 〔大聖堂〕主任司祭. [*mlat.*]

pa·stos[pastó:s][1] 形 **1**〘美〙(絵の具を)厚く塗った. **2**〘料理〙濃い液状の, どろどろした. [*it.*; ＜*spätlat.* pasta (→Paste)]

pa·stös[pastǿ:s][1] 形〘医〙パスタ様の, 泥膏(でいこう)状の.

Pa·ta·go·ni·en[patagó:niən] 地名 パタゴニア(南アメリカ Argentinien 南部の波状台地地方). [*span.* patagon „Großpfote"]

Pa·ta·go·ni·er[..niər] 男 -s/- パタゴニアの人.

pa·ta·go·nisch[..nɪʃ] 形 パタゴニアの.

Pa·te[pá:tə] **I** 男 -n/-n (⊛**Pat·chen**[..çən] 中 -s/-) **1 a)** (Taufzeuge) (父母以外の)洗礼立会人, 名親, 代父;《複数で》代親: 〔bei〕 einem Kind ～ stehen 〈sein〉 ある子供の代父になる | **bei *et.*[3] ～ stehen**《話》…に手を貸す, …に影響を及ぼす | ***jm.* die ～*n* sagen**《方》…をきつくしかる. **b)** (旧東ドイツで)社会主義的代父. **c)** (フリーメーソンの)入会保証人. ᐁ**2** ＝Patenkind. **II** 女 -/-n **1** (Patin) **a)** 代母. **b)** (旧東ドイツで)社会主義的代母. ᐁ**2** ＝Patenkind [*lat.* pater (→Pater)－*mlat.*－*mhd.* pade]

Pa·tel·la[patɛ́la·] 女 -/..llen[..lən] (Kniescheibe)〘解〙膝蓋(しつがい)骨. [*lat.* „〔Opfer〕schale"; ＜*lat.* patēre (→Patent)]

Pa·tel·lar·re·flex[patɛlá:r..] 男〘医〙膝蓋腱(しつがいけん)反射.

Pa·ten≈be·trieb[pá:tən..] 男 (旧東ドイツで)協力企業. **≈bri·ga·de** 女 (旧東ドイツで)協力作業班〈グループ〉.

Pa·te·ne[paté:nə] 女 -/-n (Hostienteller)〘キリスト教〙パテナ(ホスチア用の皿). [*gr.* patánē „Schüssel"－*lat.* patina－*mlat.*－*mhd.*; ◇Pfanne; *engl.* paten]

Pa·ten≈ge·schenk[pá:tən..] 中 (洗礼・堅信の際の)名親〈代父・代母〉から代子への贈り物. **≈kind** 中 **1** 代子(洗礼を受ける子供). **2** (旧東ドイツで) **a)** 社会主義的代子. **b)**

《比》代子の立場にある協力機関(企業体と協力関係にある学校など). ≈**on·kel** 男 =Pate I 1 a

Pa·ten·schaft[pá:tənʃaft] 女 -/-en **1** 名親〈代父·代母〉であること: die ~ übernehmen 代父〈代母〉役を引き受ける. **2** (旧東ドイツで)社会主義的協力関係.

Pa·ten·schafts·ver·trag 男 (旧東ドイツで)社会主義的協力関係契約.

Pa·ten≈schu·le 女 (旧東ドイツで企業体に対する)協力学校(→Patenkind 2). ≈**sohn** 男 代子(男). ≈**stel·le** 女 名親〈代父·代母〉の役: bei *jm.* ~ vertreten …の名親をつとめる.

pa·tent[patɛ́nt] 形《話》(感じがよくて)有能な, よくできる; (großartig) すてきな, すごい: ein ~*er* Kerl すごいやつ | ein ~*es* Mädel すてきな女の子 | eine ~*e* Idee グッド=アイディア ‖ Das Mädchen ist sehr ~. その娘はとてもすてきだ | ~ gekleidet 〈angezogen〉 sein すてきな服を着ている.

patent..《話》《名詞につけて「特許〔権〕」を意味するほか口語では「折り紙つきの·すぐれた·すてきな·(強調を表して)ひどい」などを意味する》: *Patent*lösung 最良の解決〔策〕 ‖ *Patent*mädel いかす女の子 ‖ *Patent*esel ひどいとんま.

Pa·tent[patɛ́nt] 中 -[e]s/-e **1 a)** 特許〔権〕, パテント; 特許状; 特許権を持つ発明〔品〕: ein ~ anmelden 特許〔権〕を申請する | *et.*⁴ als ~ 〈zum ~〉 anmelden …の特許を出願する | *jm.* ein ~ erteilen …に特許を与える | ein ~ auf eine Erfindung haben 〈bekommen〉 ある発明〔品〕の特許を持っている〈もらう〉. **b)**《戯》(ある特別のトリックやこつによらなければ動かないもの. 例えば:)(ある人の)専売特許〔品〕; 特技.

2 a) 〘海〙(高級船員·将校の)〔任命〕辞令: das ~ als Kapitän erwerben 船長辞令を得る | Offiziers*patent* 将校辞令. **b)**《スイ》(Erlaubnis〔schein〕) 免許〔状〕, 許可〔書〕: Lehrer*patent* 教員免状.

[*mlat.* (līttera) patēns „offener (Brief)“; < *lat.* patēre „offenstehen“ (◇Faden, Petasos); ◇Patella]

Pa·tent≈amt[patɛ́nt..] 中 特許局, 特許庁. ≈**an·mel·dung** 女 特許出願.

Pa·ten·tan·te[pá:tən..] 女 =Pate II 1 a

Pa·tent≈an·walt[patɛ́nt..] 男 弁理士. ≈**ekel** 中《話》(へどの出そうな)いやなやつ. ≈**er·tei·lung** 女 特許権の付与. ≈**esel** 男《話》ひどいとんま.

pa·tent·fä·hig 形 特許を受けられる, 特許資格のある.

Pa·tent≈ge·bühr 女 特許料. ≈**ge·setz** 中 (略 PG) 特許法.

pa·ten·tie·ren[patɛntí:rən] **I** 他 (h) **1** 《*jm. et.*⁴》(…に…の)特許〔権〕を与える: *sich*³ *et.*⁴ ~ lassen …の特許を受ける〈取る〉. **2** 〘工〙パテンティング〔処理〕を行う.

II pa·ten·tiert 過分 形 特許を受けた: ein ~*er* Artikel 〔専売〕特許品.

Pa·tent≈in·ha·ber[patɛ́nt..] 男 特許権所有者. ≈**kerl** 男《話》(頼みになる)すごくいい男〈やつ〉. ≈**lö·sung** 女 (絶対確実な)最良の解決〔策〕. ≈**mä·del** 中《話》いかす女の子.

Pa·ten·toch·ter[pá:tən..] 女 代子(女).

Pa·tent≈recht[patɛ́nt..] 中 **1** 特許権. **2** 特許法. ≈**re·gi·ster** 中 特許原簿, 特許目録. ≈**re·zept** 中 (治癒疑いなしの) 最良の処方箋(せん). ≈**rol·le** 女 特許権登録簿. ≈**schrift** 女 (特許権申請のための)特許明細書. ≈**schutz** 男 特許権保護. ≈**ver·let·zung** 女 特許権侵害. ≈**ver·schluß** 男 新案特許ストッパー〈スナップ·ファスナー〉.

pater →*pater*, peccavi

Pa·ter[pá:tər] 男 -s/-, ..tres[..tre:s] (略 P., 複数: PP.) 《カトリック》神父, 修道〔会〕司祭. [*lat.* pater „Vater“ −*mlat.*; ◇Vater, Pate, Patron]

ᵛ**Pa·ter·ni·tät**[patɛrnitɛ́:t] 女 -/ (Vaterschaft) 父であること; 父権. [*spätlat.*; < *lat.* paternus „väterlich“]

Pa·ter·no·ster[patərnɔ́stər] **I** 中 -s/- **1** (Vaterunser) 〘キリスト教〙(特にラテン語の)主の祈り, 主禱(とう)文(聖書: マタ6, 9): ein ~ beten 〈sprechen〉 主の祈りをささげる〈唱える〉. **2** (Rosenkranz) 〘カトリック〙ロザリオ. **II** 男 -s/- (ケージが数珠つなぎになった)自動循環式エレベーター, バケットエレベーター(→ 図). [*lat.*]

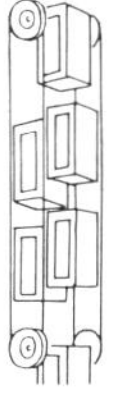
Paternoster

Pa·ter·no·ster≈auf·zug 男 =Paternoster II ≈**erb·se** 女〘植〙トウアズキ(唐小豆)の種子(ロザリオの数珠玉に用いる).

pa·ter, pec·ca·vi[pá:tər pɛká:vi·, ..tɛr −] **I** 《ラテン語》(Vater, ich habe gesündigt) 父よ 私は罪を犯しました(聖書: ルカ15, 18による罪の告白のための祈りの言葉): ~ **sagen** 赦(ゆる)しを請い願う. **II Pa·ter·pec·ca·vi**[pa:tərpɛká:vi·] 中 -/- 罪の告白. [◇pekzieren]

path.. →patho..

Path·er·gie[patɛrgí:] 女 -/-n[..gí:ən] 〘医〙パテルギー, 病的反応. [◇Ergon]

pa·the·tisch[paté:tɪʃ] 形 荘重な, 崇高な, 悲壮な, 激越な; 《今日ではふつう軽蔑的に》もったいぶった, 荘重ぶった, 大仰な: eine ~*e* Geste 悲壮な〈もったいぶった〉身振り | ~ schreiben 大仰な文章を書く. [*gr.*−*spätlat.*]

..pathie[..pati:] 《「病気·治療法·感情」などを意味する女性名詞 (-/-n) をつくる》: Psycho*pathie* 〘医〙精神病質 | Homöo*pathie* 〘医〙同種療法 | Allo*pathie* 〘医〙逆症療法 | A*pathie* 無関心 | Anti*pathie* 反感 | Sym*pathie* 共感. [*gr.*]

patho.. 《名詞·形容詞などにつけて「病気」を意味する. 母音の前では path.. となる: →*Path*ergie》[*gr.*]

pa·tho·gen[patogé:n] 形 〘医〙病原の: ~*e* Bakterien 病原菌.

Pa·tho·ge·ne·se[..gené:zə] 女 -/-n **1** 病因. **2** 病因〈病理〉論.

Pa·tho·graph [..grá:f] 男 -en/-en 病跡学者.

Pa·tho·gra·phie[..grafí:] 女 -/-n[..fí:ən] 病跡学(人間の行動, 特に創作活動の精神病理学的な解明をめざす).

pa·tho·gra·phisch[..grá:fɪʃ] 形 病跡学〔上〕の; 病跡学的な.

Pa·tho·lo·ge[..ló:gə] 男 -n/-n (→..loge) 病理学者.

Pa·tho·lo·gie[..logí:] 女 -/ 〘医〙病理学.

pa·tho·lo·gisch[..ló:gɪʃ] 形 **1** 病理学〔上〕の; 病理学的な: ~*e* Anatomie 病理解剖学. **2** 病的な, 異常な: ~*e* Geburt 異常分娩(ぶんべん) | ~*e* Psychologie 異常心理学 | ~*e* Sexualität 異常性欲 ‖ Sein Geiz ist fast ~. 彼のけちさかげんはほとんど病的だ.

Pa·tho·pho·bie[..fobí:] 女 -/ 〘医〙疾病恐怖〔症〕.

Pa·tho·phy·sio·lo·gie[..fyziologí:] 女 -/ 病態生理学.

pa·tho·phy·sio·lo·gisch[..ló:gɪʃ] 形 病態生理学〔上〕の.

Pa·thos[pá:tɔs] 中 -/ **1** (Leidenschaft) 情熱, 激情; 〘哲〙パトス, 情意, 情念: ~ der Distanz 距離感 (Nietzsche の用語). **2** (ひどく誇張した)荘重さ, 感情の高揚, 激越な調子, 大仰さ: ein falsches 〈hohles〉 ~ 空虚な荘重ぶり ‖ Schillersches ~ シラーばりの大仰さ ‖ *et.*⁴ mit feierlichem 〈großem〉 ~ vorbringen …をひどく大仰に述べたてる. [*gr.*]

Pa·tience[pasiã́:s] 女 -/-n[..sən] 《トランプ》ペイシェンス(ひとりでするトランプ占い): ~*n* 〈eine ~〉 legen ペイシェンスをする. [*lat.* patientia „Erdulden“−*fr.* „Geduld“]

Pa·ti·ens[pá:tsiɛns] 中 -/- (..tienzien[patsiɛ́ntsiən]) (↔Agens) 〘言〙被動者, 被動作主.

Pa·tient[patsiɛ́nt] 男 -en/-en (女 **Pa·tien·tin**[..tɪn] -/-nen) (医師の治療を受けている) 患者: ein schwerkranker ~ 重病患者 | ein schwieriger ~ 扱いにくい患者 ‖ einen ~*en* 〈eine Patientin〉 behandeln 患者を治療する | Der Arzt hat neue ~*en* erhalten. この医者には新しい患者がついた ‖ Ich bin ~ von 〈bei〉 Dr. Hoffmann. 私のかかりつけの医者はホフマン先生です | Operation gelungen, ~ tot. (→Operation 1). [*lat.* patiēns „erduldend“; < *lat.* patī (→Passion); ◇Pönitent, passiv]

Pa·tien·zi·en Patiens の複数.

Pa·tin[pá:tɪn] 女 -/-nen =Pate II 1

Pa·ti·na[pá:tina·; オーストリア: Pátina·] 女 -/ (Edelrost) (銅器

P

などの)青さび;《比》(年を経てにじみ出た)古つや, 蒼然(そうぜん)たる古色: ～ ansetzen 青さびがつく | mit ⟨von⟩ ～ überzogen sein 青さびにおおわれている ‖ Auf diesen Vorstellungen liegt schon die ～ der Geschichte. 《比》このような考えは時代がかっている⟨もう古くさくなっている⟩. [*it.* „Firnis"]

pa·ti·nie·ren[patiníːrən] 他 (h) (…に人工的に)青さびを生じさせる.

Pa·tio[páːtio·] 男 -s/-s 〘建〙 パティオ(スペイン式家屋の石畳やタイル張りにした中庭). [*mlat.*−*span.*]

Pa·tis·se·rie[patɪsəríː] 女 -/-n[..ríːən] **1** (ホテルなどの)製菓部. **2** 《スイ》 **a**) (Feinbäckerei) (上等な)ケーキ類製造所, ケーキ専門店. **b**) (Feingebäck) (オーブンで焼いた)上等なケーキ類.

Pa·tis·sier[patɪsiéː] 男 -s/-s 〔ホテルの〕菓子職人. [*fr.*; <*fr.* pâtisser „Teig anrühren" (◇Paste〔te〕)]

Pa·tois[patoá] 中 -[-(s)]/-[-s] 俚言(りげん), 田舎言葉, お国なまり. [*fr.*; <*afr.* patoier „gestikulieren" (◇Patte)]

Pa·tres Pater の複数.

Pa·tri·arch[patriárç] 男 -en/-en **1 a**) (ユダヤ民族の)太祖(旧約聖書の Abraham, Isaak, Jakob など). **b**) (一般に)族長, 家長. **2 a**) 〘カトリック〙総大司教(称号): der ～ von Rom ローマ総大司教, ローマ教皇. **b**) 〘ギリシア正教会〙総主教(称号). [*gr.*−*kirchenlat.*−*mhd.*; <*gr.* patḗr „Vater" (◇Pater)]

pa·tri·ar·chal[patriarçáːl] =patriarchalisch 2

pa·tri·ar·cha·lisch[..lɪʃ] 形 **1 a**) 家長⟨族長⟩の. **b**) 家長のような, 家長然とした; 家長の威厳を保った⟨誇示した⟩; (高齢の) 畏敬(いけい)すべき: ein ～*es* Alter 尊敬すべき高齢. **2** (↔matriarchalisch) 父権〔制〕の, 家父長制の: eine ～*e* Gesellschaft 父権制社会. [*kirchenlat.*; ◇..al[1]]

Pa·tri·ar·chat[patriarçáːt] 中 (男) -〔e〕s/-e **1 a**) 総大司教⟨総主教⟩職⟨位⟩. **b**) 総大司教⟨総主教⟩区. **2** (↔Matriarchat) 家父長制, 父権制. [*mlat.*; ◇..at]

pa·tri·ar·chisch[patriárçɪʃ] =patriarchalisch 2

pa·tri·mo·nial[patrimoniáːl] 形 **1** 世襲財産の,〔世襲〕領主の. **2** 先祖伝来の. [*spätlat.*; ◇..al[1]]

Pa·tri·mo·nial≈ge·richts·bar·keit 女 〘史〙領主裁判権. **≈staat** 男 〘史〙家産〔制〕国家(中世国家のように世襲領主に支配された国家).

Pa·tri·mo·nium [patrimóːniʊm] 中 -s/..nien[..niən] (ローマ法の)世襲財産⟨領地⟩: ～ Petri[péːtri·] 〘史〙ペテロ世襲領 (Konstantin 大帝贈与の教会領). [*lat.*; <*lat.* pater (→Pater); ◇*engl.* patrimony]

Pa·triot[patrióːt] 男 -en/-en 愛国者: ein begeisterter ⟨glühender⟩ ～ 熱烈な愛国者. [*gr.* patriṓtēs „Landsmann"−*spätlat.*−*fr.*; <*gr.* pátrios „väterlich, vaterländisch" (◇Pater)]

pa·trio·tisch[patrióːtɪʃ] 形 愛国〔心〕の: eine ～*e* Gesinnung 愛国的心情, 愛国心. [*gr.*−*spätlat.*−*fr.*]

Pa·trio·tis·mus[patriotísmʊs] 男 -/ 愛国心. [*fr.*]

Pa·tri·stik[patrístɪk] 女 -/ 教父学(教父の著述の学問的研究). [<..ik]

Pa·tri·sti·ker[patrístikər] 男 -s/- 教父学者.

pa·tri·stisch[patrístɪʃ] 形 教父学〔上〕の.

Pa·tri·ze[patríːtsə] 女 -/-n 〘工・印〙父型(→ ⊠ Matrize A, B).

Pa·tri·ziat[patritsiáːt] 中 -〔e〕s/-e 《ふつう単数で》《集合的に》〘史〙 **1** (古代ローマの)貴族. **2** (中世の)都市貴族. [*mlat.*]

Pa·tri·zi·er[patríːtsiər] 男 -s/- (↔Plebejer) 〘史〙 **1** (古代ローマの)〔商業〕貴族. **2** (中世の)都市貴族, 上層階級の市民(豪商・地主など). [*lat.* patricius; <*lat.* pater (→Pater); ◇*engl.* patrician]

pa·tri·zisch[patríːtsɪʃ] 形 **1** Patrizier の. **2** 名門の, 富裕な.

Pa·tro·klos[páː(ː)troklɔs, ..rɔ.., patróːklɔs], **Pa·tro·klus**[patróːklʊs, páː(ː)troklʊs] 人名 〘ギ神〙パトロクロス (Achill の友人で, その身代わりとなって戦死した). [*gr.*〔−*lat.*〕]

Pa·tro·lo·ge[patrolóːgə] 男 -n/-n (→..loge) =Patristiker [<*gr.* patḗr „Vater" (◇Pater)]

Pa·tro·lo·gie[..logíː] 女 -/ =Patristik

Pa·tron[patróːn] 男 -s/-e (女 **Pa·tro·na**[patróːna·]-/..nä[..nɛ·], **Pa·tro·nin**[..nɪn]-/-nen) **1** (Schutzheiliger) 〘カトリック〙保護〔の〕聖人, 守護聖人(その代願によって職業・教会などが保護される): St. Hubertus ist der ～ der Jäger. 聖フベルトは猟師の守護聖人である. **2** 教会保護者(教会の寄進創立者とその相続人). [▽]**3 a**) (Gönner) (芸術などの)後援者, パトロン. **b**) (Schiffsherr) 船主. **c**) (Handelsherr) 大商人, 豪商. **d**) (宿屋・飲食店などの)主人. **4** 〘史〙(古代ローマの解放された奴隷や平民の)庇護(ひご)者, 保護貴族. **5** 《様態を示す付加語形容詞と》《軽蔑的に》(…の)やつ: ein langweiliger ～ 退屈野郎 | ein widerlicher ～ 鼻もちならぬやつ.
[*lat.* patrōnus−*mhd.*; <*lat.* pater (→Pater)]

Pa·tro·na·ge[patronáːʒə] 女 -/-n 情実人事⟨政治⟩, えこひいき. [*fr.*]

Pa·tro·nanz[patronánts] 女 -/ [▽]**1** =Patronage **2** 《オーストリア》=Patronat 1

Pa·tro·nat[patronáːt] 中 -〔e〕s/-e **1** Patron 2,4の保護権(地位・権限・義務); (一般に)保護, 後援: das ～ für die Festspiele フェスティバルに対する後援 | unter *js.* ～ stehen …の保護⟨後援⟩下にある. **2** 《オーストリア》(催し物の)名誉会長職. [<..at]

Pa·tro·nats·fest 中 (Patrozinium) 〘カトリック〙保護〔の〕聖人⟨守護聖人⟩の祝日.

Pa·tro·ne[patróːnə] 女 -/-n **1 a**) (小銃・ピストルなどの)薬莢(やっきょう), 弾薬筒, 弾(→ ⊠ Geschoß): eine scharfe ⟨blinde⟩ ～ 実包⟨空包⟩ ‖ eine ～ in den Lauf schieben 銃に弾を装塡(そうてん)する | ein mit ～*n* geladenes Gewehr 弾の込められた銃 | bis zur letzten ～ kämpfen 《比》刀折れ矢尽きるまで戦う. **b**) (爆薬などの)薬包. **2** (薬莢状の小さい容器) **a**) 〘写〙(フィルムの)パトローネ. **b**) (インク・墨汁用の)カートリッジ. **3** (旋盤の螺旋(らせん)心軸の)くわえ, チャック. **4** ひな型, 原型; 〘織〙(模様織り用の)織りかた図; 型紙.
[〔*m*〕*lat.* patrōnus (→Patron)−*fr.* patron; ◇Pattern]

Pa·tro·nen≈aus·wer·fer 男 薬莢(やっきょう)排出装置. **≈fül·ler** 男, **≈füll·hal·ter** 男 カートリッジ式万年筆. **≈gurt** 男 (ふつう金属製の)機関銃用弾薬帯(→ ⊠ Maschinengewehr). **≈gür·tel** 男 弾薬帯(→ ⊠ Jagd). **≈hül·se** 女 薬莢. **≈la·ger** 中 (銃・ピストルの)薬室. **≈rah·men** 男 装薬器. **≈si·che·rung** 女 〘電〙筒形ヒューズ. **≈ta·sche** 女 弾入れ, 弾薬盒(ごう).

Pa·tro·nin Patron の女性形.

[▽]**pa·tro·ni·sie·ren**[patronizíːrən] 他 (h) 保護する, 後援する; 奨励する, 助成する.

Pa·tro·ny·mi·kon[patronýːmikɔn] 中 -s/..ka[..ka·] (↔Metronymikon) 父⟨父系祖先⟩の名を採った名(例 Petersen<Peter). [*gr.*〔−*spätlat.*〕; <*gr.* patḗr „Vater" (◇Pater)+ónyma „Name" (◇Name)]

pa·tro·ny·misch[..nýːmɪʃ] 形 父⟨父系祖先⟩の名を採った.

Pa·trouil·le[patrʊ́ljə; オーストリア:..trúːjə, ..trúːl] 女 -/-n **1** (Spähtrupp) 〘軍〙斥候隊, 偵察隊; (警察の)パトロール⟨巡邏(じゅんら)⟩隊; 捜索隊. **2** 偵察, 巡察, 巡邏, パトロール: ～*n* machen 偵察を行う⟨パトロールをする⟩ | auf ～ fahren 偵察⟨パトロール⟩に出る | auf ～ sein 偵察⟨パトロール⟩中である.

Pa·trouil·len·boot[patrʊ́ljən..] 中 巡視艇.

pa·trouil·lie·ren[patrʊljíːrən] 自 (h, s) 〘軍〙(歩哨(ほしょう)・番兵が)哨戒する; (警官が)パトロールする, 巡察する, 巡視する. [*fr.* pat〔r〕ouiller „im Kot herumpatschen"; <*fr.* patte (→Patte); ◇*engl.* patrol]

Pa·tro·zi·nium[patrotsíːniʊm] 中 -s/..nien[..niən] **1** 〘史〙 **a**) (古代ローマの)保護貴族による弁護(→Patron 4). **b**) (中世で国家・都市の権利侵害に対して領民に与えられた)領主の保護. **2** 〘カトリック〙 **a**) (教会に対する保護聖人の)保護〔権〕. **b**) =Patronatsfest [*lat.*; <*lat.* patrōnus (→Patron)]

patsch[patʃ] **I** 間 **1** (水をはねる音)パチャン, バシャン: pitsch, ～ ピチャパチャ | *Patsch*, da lag er in der Pfütze. パシャン(気がつくと)彼は水たまりにはまっていた. **2** (平手・むちで打つ音)ピシャリ: Wenn du nicht brav bist, gibt es ～[,] ～! (幼児に対して)お利口していないとピシャピシャといきますよ. **II Patsch** 男 -es(-s)/-e **1 a)** patsch という音. **b)** 平手〈むち〉打ち. **2** 《幼児語》(Hand) 手. **3** 《話》ぬかるみ. [◇pitsch]

Pat·sche[pátʃə] 女 -/-n **1 a)** パチッとたたく音. **b)** (パチッとたたく道具. 例えば:) ハエたたき, 火たたき, 木剣. **2** 《幼児語》(Hand) 手. **3** 《単数で》(Klemme) 苦境, 窮地: ***jm.* aus der ～ helfen / *jn.* aus der ～ ziehen** …を窮地から助け出す | *sich*⁴ aus der ～ ziehen 窮地を脱する | ***jn.* in die ～ bringen 〈reiten〉** …を窮地に追いこむ | in die ～ kommen 〈geraten〉 苦境に陥る | **in der ～ sein 〈sitzen / stecken〉** 窮地に陥っている. **4** 《南部》 **a)** (Brühe) 肉汁, スープ; (Soße) ソース. **b)** どろ, みかるみ.

pat·schen[pátʃən] 《04》 **I** 自 **1** (h) **a)** (水などが)パチッ〈ジャブジャブ〉と音をたてる: Das Wasser *patscht*. 水がピシャン〈ピシャピシャ〉と音を立てる. **b)** パチッ〈ピシャッ〉と音をたてて打つ〈殴る〉: *jm.* ins Gesicht ～ …の顔をピシャッと打つ | in die Hände ～ 手をたたく, 拍手する. **2** (s) **a)** (水の中などを)ジャブジャブ〈ピシャピシャ〉歩く. **b)** パチッ〈ピシャッ〉と音をたててぶつかる: Der Regen *patschte* gegen die Fensterscheiben. 雨が窓ガラスにバシャバシャあたった. **II** 他 (h) パチッと打つ.

Pat·schen[pɔ́:tʃən, pátʃən] 男 -s/- 《ｵｰｽﾄﾘｱ》 **1** 《ふつう複数で》(Hausschuhe) 屋内靴, 室内ばき: die ～ aufstellen 《話》死ぬ. **2** (Reifenpanne) (車のタイヤの)破損, パンク: *sich*⁴ einen ～ fahren 車を走らせてタイヤがパンクする | Er hat einen ～ im hinteren Rad. 彼の車の後ろのタイヤがパンクしている.

pat·sche·naß[pátʃənás] ＝patschnaß

Patsch·hand[pátʃ..] 女 (小 **Patsch·händ·chen** 中 -s/-) 《幼児語》お手々: Gib mir die ～! お手々ちょうだい, 握手しましょ.

pat·schig[pátʃɪç]² 形 《中部》(ungeschickt) 不器用な.

patsch·naß[pátʃnás] 形 《話》ずぶぬれの, びしょぬれの.

Pat·schu·li[pátʃuli·] 中 -s/-s **1** 〔植〕パチョリ(フィリピン産シソ科植物). **2** ＝Patschuliöl [*tamil.*－*engl.* patchouli－*fr.*]

Pat·schu·li·öl[pátʃuli..] 中 パチョリ香油.

Patsch·wet·ter[pátʃ..] 中 《話》ひどい天気.

patt[pat] **I** 形 《付加語的用法なし》〔ﾁｪｽ〕手詰まりの, ステールメイトの(動けば自分に王手がかかる以外にさし手のない状態. 引き分けとなる): ～ sein 手詰まりである | den König ～ setzen 王を手詰まりにする | *jn.* ～ setzen 《比》…を行き詰まらせる〈お手あげにする〉. **II Patt** 中 -s/-s 〔ﾁｪｽ〕手詰まり, ステールメイト; 《比》(特に政治的・軍事的な)手詰まりの〈動きの取れない〉状態: atomares ～ / Atom*patt* (米ソ間の)核の手詰まり. [*fr.* pat]

Pat·te[pátə] 女 -/-n **1 a)** 〔服飾〕(ポケットの)雨ぶた, フラップ; (そでなどの)折り返し; (比翼仕立てでボタンを隠す)トリミング. **b)** (封筒の)折りぶた. **2** 《北部》(Pfote) (動物の)〔前〕足. [*fr.* patte „Pfote"; ◇Pantine, patrouillieren]

Pat·ten≈ta·sche 女 〔服飾〕雨ぶたつきポケット(→ 図 Anzug). **≈ver·schluß** 男 〔服飾〕比翼〔仕立て〕.

Pat·tern[pɛ́tərn] 中 -s/-s パターン; 〔心〕心理〈思考〉パターン; 〔言〕文型. [*engl.*; < *mlat.* patrōnus (→Patrone)]

pat·tie·ren[patí:rən] 他 (h) 《*et.*⁴》 **1** 〔楽〕(…に)五線を入れる. **2** (rastern) 網目版にする(網目スクリーンを使って印刷する). [< *fr.* patte (→Patte)]

Patt·si·tua·tion[pát..] 女 《比》(特に政治的・軍事的な)手詰まりの〈動きの取れない〉状態.

pat·zen[pátsən] 《02》自 (h) **1** 《話》ぞんざいな〈いいかげんな〉仕事をする; へまをやらかす, 小さなミスを犯す: beim Klavierspiel ～ ピアノの演奏でミスをする. **2** 《ｵｰｽﾄﾘｱ》(klecksen) しみをつける.

Pat·zen[－] 男 -s/- 《ｵｰｽﾄﾘｱ》(Klecks) (インク・絵の具など)の)しみ.

Pat·zer[pátsər] 男 -s/- 《話》 **1** ぞんざいな仕事をする人; よくへまをやらかす人. **2** へま, 小さなミス: Ihm ist ein ～ unterlaufen. 彼はうっかりへま〈ミス〉をやらかした.

Pat·ze·rei[patsəráɪ] 女 -/-en **1** 《話》ぞんざいな〈へまな〉仕事; 間違った〈しくじった〉演奏. **2** 《ｵｰｽﾄﾘｱ》しみをつけること.

pat·zig[pátsɪç]² 形 **1** 無愛想な, つっけんどんな, そっけない; ずうずうしい: eine ～*e* Antwort つっけんどんな〈横柄な〉返事 | ***sich*⁴ ～ machen** 《話》いばる, もったいぶる. **2** 《ｵｰｽﾄﾘｱ》(klebrig) ねばっこい, べとつく. [< Batzen]

Pat·zig·keit[－kaɪt] 女 -/-en **1** 《単数で》patzig 1 なこと. **2** patzig 1 な言動.

Pau·kant[paʊkánt] 男 -en/-en 《話》(学生組合のしきたりにのっとった)決闘者(→Mensur 2).

Pauk≈arzt[páʊk..] 男 《話》決闘に立ち会う医者. **≈bo·den** 男 《話》決闘場.

Pau·ke[páʊkə] 女 -/-n **1** (Kesselpauke) 〔楽〕ティンパニー; (半球形の)太鼓: die ～ schlagen ティンパニーを打つ ‖ **auf die ～ hauen** 《話》はめを外して騒ぐ; 大言壮語する | **mit ～*n* und Trompeten** 《話》鳴り物入りで, にぎやかに | **mit ～*n* und Trompeten durchfallen** 《話》(試験に)ものの見事に落第する | ***jn.* mit ～*n* und Trompeten empfangen** 《話》…を鳴り物入りで〈大げさに〉大歓迎する. **2** 《話》(Strafpredigt) お説教, 叱責(しっせき): *jm.* eine ～ halten …にお説教する | eine ～ kriegen しかられる. [*mhd.*]

pau·ken[páʊkən] **I** 自 (h) **1** ティンパニーをたたく; 太鼓をたたく; 《戯》《auf *et.*³》(…を)がんがん〈どんどん〉たたく: auf dem Klavier ～ ピアノをがんがん鳴らす. **2** 《話》(学生がしきたりにのっとって)決闘する(→Mensur 2). **3** 《話》 **a)** (büffeln) (生徒が)がり勉する. **b)** (教師が)がんがんたたきこむ〈教え込む〉. **II** 他 (h) 《話》猛勉強して習い覚える〈詰め込む〉: Vokabeln 〈Französisch〉 ～ 猛勉強して単語〈フランス語〉を覚え込む.

Pau·ken≈fell 中 **1** ティンパニーの皮. **2** (Trommelfell) 〔解〕鼓膜. **≈höh·le** 女 〔解〕(中耳の)鼓室(→ 図 Ohr). **≈schlag** 男 ティンパニーの響き: mit einem ～ 鳴り物入りで, 大騒ぎで. **≈schlä·gel** ＝ Paukenschlegel **≈schlä·ger** 男 ＝Paukist **≈schle·gel** 男 -s/- 《ふつう複数で》ティンパニーのばち.

Pau·ker[páʊkər] 男 -s/- **1** ＝Paukist **2** 《話》 **a)** 教師(生徒のしりをティンパニーのようにたたくところから). **b)** がり勉学生. **c)** (Repetitor) 補習教師.

Pau·ke·rei[paʊkəráɪ] 女 -/-en 《話》 **1** がり勉, 猛勉強. **2** (Mensur) (学生の)決闘.

Pau·ker≈höh·le[páʊkər..] 女 《話》, **≈stall** 男 《話》教員室.

Pau·kist[paʊkíst] 男 -en/-en ティンパニー奏者.

Paul[paʊl] **I** 男名 パウル: dem Peter nehmen und dem ～ geben (→Peter I). **II** ＝Paulus

Pau·la[páʊla·] 女名 パウラ.

Pau·li Paulus の 2 格.

Pau·li·ne[paʊlí:nə] 女名 パウリーネ.

pau·li·nisch[paʊlí:nɪʃ] 形 聖パウロの: die *Paulinischen* Briefe (新約聖書の)パウロ書簡.

Pau·li·nis·mus[paʊlinísmʊs] 男 -/ 聖パウロの教義.

Pau·lus[páʊlʊs] 人名 《2 格: -,ᵛ..li[..li·]》〔聖〕パウロ, パウロス(初期キリスト教の大伝道者): *Pauli* Bekehrung 聖パウロの回心(カトリックの祝日. 1 月25日) | aus einem Saulus ein ～ 〈zu einem ～〉 werden / vom Saulus zum ～ werden (→Saulus). [*lat.*; < *lat.* pau[l]lus „gering"]

ᵛ**Pau·pe·ris·mus**[paʊperísmʊs] 男 -/ 社会的貧困. [< *lat.* pauper (→power)]

ᵛ**Pau·per·tät**[paʊpɛrtɛ́:t] 女 -/ (Armut) 貧困, 貧乏.

Paus≈back[páʊsbak] 男 -[e]s/-e 《話》ほおのふっくらした人, (特に:) 赤いふっくらしたほおをした子供. **≈backe** 女 -/-n 《ふつう複数で》(特に子供の)赤いふっくらしたほお. [< *frühnhd.* p[f]ausen „pustend atmen"]

paus≈bäckig[..bɛkɪç]² (**≈backig**[..bakɪç]²) 形 ほおのふっくらした: ein ～*es* Gesicht 〈Mädchen〉 ほっぺたが落ちそうにふくらんだ顔〈女の子〉.

P

pau·schal[paʊʃáːl] 形 **1** 合算しての, 総計の; 一切の費用をひっくるめた, 込みの; 概算の: eine ～*e* Summe 概算〔総〕額 ‖ *et.*⁴ ～ berechnen …の総額を計算する | Die Deutschlandreise kostet ～ 10 000 Mark. ドイツ旅行の費用はひっくるめて1万マルクである. **2** (個々の点は問わず)一括した, ひとまとめの; 十把一からげの, 一律の: ein allzu ～*es* Urteil あまりにも十把一からげすぎる判断.

Pau·schal·be·trag 男 総計金額, 総額.

Pau·scha·le[paʊʃáːlə] 女 -/-n (中 -s/..lien[..liən]) **1** 総額, 総計, 全額, 概算額; 一括払い. **2** 十把一からげの判断. [Pausche をラテン語めかした形]

Pau·schal·ge·bühr 女 均一料金; 一括料金.

pau·scha·lie·ren[paʊʃalíːrən] 他 (h) 総計する.

pau·scha·li·sie·ren[..lizíːrən] 他 (h) 一律に〈十把一からげに〉扱う, 一般化する.

Pau·scha·li·tät[..litɛ́ːt] 女 -/ pauschal なこと.

Pau·schal≈kauf[paʊʃáːl..] 男 一括購入. **≈preis** 男 均一価格; 一括値段. **≈quan·tum** 中 総額. **≈rei·se** 女 セット〈パッケージ〉旅行(運賃・宿泊料・食費などの諸費用が込みになって一括払いされる団体旅行). **≈steu·er** 女 総合課税. **≈sum·me** 女 総額, 総計. **≈ur·teil** 中《軽蔑的に》十把一からげの判断. **≈ver·si·che·rung** 女 包括保険. **≈zah·lung** 女 一括払い.

Pau·sche[páʊʃə] 女 -/-n **1** (鞍(くら)の)しりがい(→ ⊛ Sattel). **2**《体操》(鞍馬(あんば)の)ポメル, 取っ手. [<Bausch]

Pau·se¹[páʊzə] 女 -/-n **1** (仕事の一時的な)中止, 中断; 間(ま), 休止, 中休み, 休憩; (授業の間の)休み〈休憩〉時間: eine kurze ～ 少しばかりの休憩 | die kleine 〈große〉 ～ (授業の間の)5分間〈10分間〉の休憩 | 10 Minuten ～ / eine ～ von zehn Minuten 10分の休憩 | eine unfreiwillige ～ (病気などによる)やむを得ない休み〈中断〉| Mittags*pause* 昼休み | Zigaretten*pause* タバコを一服する〔程度の〕短い休憩 ‖ eine ～ einlegen 中休みを置く | **～ haben**《話》だまる, 沈黙する | eine ～ machen (一時)中断する; 中〈ひと〉休みする ‖ ohne ～ 中休みなしの〈に〉| Es klingelt zur ～. (学校などで)休み時間のベルが鳴っている. **2**《劇》**a**) (演技の)間(ま). **b**) 幕あい, 休憩, インターバル. **3**《楽》休〔止〕符: Achtel*pause* 8分休〔止〕符.
[*lat.*－*roman.*－*mhd.*; <*gr.* paúein „beendigen"]

Pau·se²[－] 女 -/-n 透写〈複写〉図; (Lichtpause) 青写真: eine ～ von *et.*³ machen …の写しをとる, …の複写図〈青写真〉をつくる.

pau·sen[páʊzən]¹ ((02)) 他 (h) 《*et.*⁴》透写〈トレース〉する, (…の)青写真をつくる: eine Landkarte ～ 地図をトレースする.

Pau·sen·gym·na·stik[páʊzən..] 女 (会社・工場などでの)休憩時間の体操.

pau·sen·los[..loːs]¹ 形 休みなしの, 絶え間ない: eine ～*e* Arbeit 中休みなしの仕事 | ～*er* Verkehr ひっきりなしの交通 ‖ ～ arbeiten 休みなく働く.

Pau·sen≈pfiff 男《球技》ハーフタイムを知らせるホイッスル. **≈zei·chen** 中 **1**《楽》休止符. **2**《放送》(番組間の)休止のしるし(のメロディーなど).

pau·sie·ren[paʊzíːrən] 自 (h) (一時)中断する; 中休みする, 休憩する: Er *pausierte* einen Augenblick, dann fuhr er fort zu sprechen. 彼は一瞬ことばを途切らせたが またすぐしゃべり続けた. [*spätlat.* pausāre; ◇Pause¹]

Paus·pa·pier[páʊs..] 中 トレーシングペーパー, 透写紙.

Pa·va·ne[paváːnə] 女 -/-n **1**《ダンス》パヴァーヌ(16-17世紀の古典舞踊の一つ). **2**《楽》パヴァーヌの曲. [*it.* pa〔do〕vana－*fr.*; <Padova (→Padua)]

Pa·vian[páːviaːn] 男 -s/-e **1**《動》ヒヒ(狒々). **2**《比》おしゃれ, めかしや; ばか者, 愚か者. [*fr.* babouin－*ndl.* baviaan; ◇ *engl.* baboon]

Pa·vil·lon[pávɪljɔ̃, ..ljɔŋ, pavɪljɔ̃ː; ｵｰｽﾄﾘｱ: pávijɔ̃ː, pavijɔ̃ː, pavɪljóːn] 男 -s/-s **1** パビリオン(テント型の屋根をしたあずまや: → ⊛ Park): ein ～ im chinesischen Stil 中国ふうの園亭 | Musik*pavillon* 野外音楽堂. **2** (博覧会・見本市などの)パビリオン, 展示館: der deutsche ～ auf der Weltausstellung 万国博覧会のドイツ館 | Verkaufs*pavillon* 販売館. **3**《建》パビリオン(病院など大建築の翼). **4** (四角の)大テント, 大天幕. [*lat.* pāpiliō „Schmetterling"－*fr.*; ◇Papillon; *engl.* pavilion]

Pax[pa(ː)ks] 女 -/ **1** (Friede) 平和; 平和のあいさつ. **2**《カトリック》(ミサにおけるあいさつの)主の平和, 平和の接吻(せっぷん). [*lat.*]

Pax Dei[páks déːiˑ] 女 --/-- 《史》神の平和(中世にローマ=カトリック教会の首唱した平和運動で特定の人や財産を侵害しない旨の封建貴族間の平和誓約). [*lat.*]

pax vo·bis·cum[páks vobískʊm, páːks vobíːskʊm]《ラテン語》(Friede sei mit euch!)《カトリック》〔主の〕平和が〔いつも〕みなさんとともに(ミサの際の司祭のことば).

der **Pa·zi·fik**[patsíːfɪk, páːtsifɪk] 地名 男 -s/ (der Pazifische Ozean) 太平洋. [*lat.* pāci-ficus „Frieden stiftend"－*engl.* the Pacific; Magalhães の平穏な航海にちなむ]

ᵛ**Pa·zi·fi·ka·tion**[patsifikatsióːn] 女 -/-en pazifizieren すること.

Pa·zi·fik·kü·ste[patsíːfɪk..] 女 太平洋に面した海岸, 太平洋岸.

Pa·zi·fik-Pakt[patsíːfɪk..] 男 -〔e〕s/ 太平洋条約(1951年オーストラリア・ニュージーランドが米国と結んだ防衛同盟).

pa·zi·fisch[patsíːfɪʃ] 形 太平洋の: ～*e* Inseln 太平洋の諸島 | der *Pazifische* Ozean 太平洋.

Pa·zi·fis·mus[patsifísmʊs] 男 -/ (↔Bellizismus) 平和主義. [*fr.* pacifisme]

Pa·zi·fist[..físt] 男 -en/-en (⊛ **Pa·zi·fi·stin**[..fístɪn] -/-nen) (↔Bellizist) 平和主義者, 平和運動家. [*fr.* pacifiste]

pa·zi·fi·stisch[..fístɪʃ] 形 平和主義〔上〕の; 平和主義「的な.

pa·zi·fi·zie·ren[..fitsíːrən] 他 (h) (beruhigen) 静める, 鎮定する; (befrieden) 平定する; 平和にする; 和解させる. [*lat.*]

ᵛ**Pa·zis·zent**[patsɪstsɛ́nt] 男 -en/-en 契約〈条約〉締結当事者; 調停当事者. [*lat.* pacīscī „übereinkommen"; <*lat.* pangere (→fangen); ◇Pakt]

Pb[peːbéː, blaɪ] 記号 (Plumbum)《化》鉛(＝Blei).

p. c. 略 ＝**pro centum**, Prozent パーセント, 百分比 (記号 %).

PC[peːtséː] 略 男 -〔s〕/-〔s〕＝**Personalcomputer**

PCB[peːtseːbéː] 略 複 ＝**polychlorierte Biphenyle**《化》ポリ塩化ビフェニール(人体に対する毒性が強い).

p. Chr. 〔**n.**〕 略 ＝**post Christum** 〔**natum**〕西暦紀元後.

PCM[peːtseː|ɛ́m] 略《電》パルス符号変調: ～-Verfahren PCM 通信. [*engl.*; <*engl.* *p*ulse *c*ode *m*odulation]

Pd[peːdéː, paláːdiʊm] 記号 (Palladium)《化》パラジウム.

PDS[peːdeː|ɛ́s] 略 女 -/ ＝**Partei des Demokratischen Sozialismus** 民主社会党(前身は旧東ドイツの SED. 1990年の東西ドイツ統一を機に内部改革をして再出発したもの).

p. e. 略 ＝**par exemple**

Pea·nuts[píːnats] 複《俗》(Kleinigkeit) ささいなこと, とるにたらぬつまらぬこと. [*engl.*; *engl.* peanuts „Erdnüsse"]

Pe·bri·ne[pebríːnə] 女 -/ 《農》(カイコの)微粒子病. [*provenzal.* „wie Pfeffer"－*fr.*; <*lat.* piper (→Pfeffer)]

Pe-Ce-Fa·ser[peːtséː..] 女 塩化ビニール系化学繊維. [<Polyvinylchlorid]

Pech[pɛç] 中 -s(-es)/-e **1**《ふつう単数で》(英: *pitch*) ピッチ, 瀝青(れきせい)(コールタール・木タールなどから揮発成分を蒸留した粘性の残りかす): *et.*⁴ mit ～ bestreichen 〈abdichten〉 …にピッチを塗る〈つめる〉‖ schwarz wie ～ (ピッチのように)真っ黒な | **wie ～ und Schwefel zusammenhalten**《話》固く団結している, 少しも結束をくずさない ‖ ～ an den Fingern haben《話》盗癖がある | **～ an den Hosen 〈am Arsch / am Hintern〉 haben**《卑》しりが重い | Wer ～ angreift, besudelt sich.《諺》朱に交われば赤くなる. **2**《単数で》(Unglück) 不運なこと, 災難: großes ～ 大変な災難, 大不

運 ‖ Er hat heute bei ⟨in / mit⟩ allem ~. 彼はきょうは何かにつけて運が悪い | Ich hatte das ~, den Schlüssel zu verlieren. 私は不運にも鍵(かぎ)をなくした ‖ Der Bus ist eben abgefahren, so ein ~! バスはちょうど出たところだ なんたることか. **3** 《ふつう単数で》《南部・オーストリア》(Harz) (特に針葉樹の)樹脂. [*lat.* pix－*ahd.*; ◇pichen; *engl.* pitch]

Pech≠blen·de[pɛ́ç..] 女 〘鉱〙 瀝青(れきせい)ウラン鉱, 閃(せん)ウラン鉱. **≠draht** 男 (靴を縫う)ピッチをしませた太い亜麻糸. **≠fackel** 女 ピッチをしませた松明(たいまつ).

pech·fin·ster 形《話》真っ暗な.

pe·chig[pɛ́çɪç][2] 形 ピッチのような; 真っ黒な, 真っ暗な; ピッチを塗った, ピッチで汚れた; ねばねばした.

Pech≠koh·le 女 瀝青(れきせい)炭. **≠na·se** 女 (敵に煮えたピッチを浴びせるために城壁から張り出した中世の城の)ピッチ口 (→ 図 Burg, Stadttor). **≠nel·ke** 女 〘植〙 ビスカリア, コムギセンノウ属.

pech·⟮ra·ben·⟯schwarz 形《話》漆黒の, 真っ黒な: ein ~*e* Nacht 真っ暗やみ.

Pech≠stein[pɛ́ç..] 男 〘鉱〙 ピッチストーン, 松脂(まつやに)岩. **≠sträh·ne** 女 (↔Glückssträhne) 不運続きの⟨何事もうまくゆかない⟩時期. **≠vo·gel** 男《話》運の悪いやつ.

Pe·dal[pedá:l] 中 -s/-e **1** (自転車・自動車・機械装置などの)ペダル; 〘楽〙 (オルガンの)足鍵盤(けんばん) (→ 図 Orgel); (鍵盤楽器・ハープ・ティンパニーの)ペダル (→ 図 Harfe): das ~ treten ペダルを踏む | ein Ritter des ~*s* (→Ritter 1 a) ‖ den Fuß aufs ~ setzen ペダルに足をのせる, ペダルを踏む | *sich*[4] in die ~*e* legen《話》(力を入れて)自転車をこぐ | das Klavier mit ~ spielen ピアノをペダルを使って弾く. **2** 《話》(Fuß) 足: Zieh mal deine ~*e* ein! 足を引っこめろ. [*lat.* pedālis „zum Fuß gehörig"; ◇Fuß, ..al[1]]

Pe·dal≠har·fe 女 〘楽〙 (18世紀の)ペダル式ハープ, シングルアクション＝ハープ. **≠kla·via·tur** 女 〘楽〙 足鍵盤(けんばん).

Pe·dant[pedánt] 男 -en/-en (女 **Pe·dan·tin**[..tɪn]-/-nen) (Kleinigkeitskrämer) 小事⟨些事(さじ)⟩にこだわる⟨こせこせした⟩人, (やたらに)正確さ⟨厳密さ⟩にこだわる人, うるさ型. [*it.* pedante „Schulmeister"－*fr.*; ◇Pädagoge]

Pe·dan·te·rie[pedantərí:] 女 -/-n[..rí:ən] 《ふつう単数で》小事⟨些事(さじ)⟩にこだわること, 杓子(しゃくし)定規. [*fr.*]

pe·dan·tisch[pedántɪʃ] 形 小事⟨些事(さじ)・正確さ・厳密さ⟩にこだわる, こせこせした, やかましい; 融通のきかぬ: ein ~*er* Beamter 小うるさい役人 | Er ist ~ pünktlich. 彼はひどく時間にうるさい.

Ped·dig·rohr[pɛ́dɪç..] 中 (編み細工用の)籐(とう)の髄. [*ndd.*; ＜*mndd.* pe⟮d⟯dik „Mark"]

Pe·dell[pedɛ́l] 男 -s/-e (オーストリア: -en/-en) (学校の)用務員. [*ahd.* butil, bitil－*mlat.*－*mhd.*; ◇Büttel]

pedes →per *pedes* ⟮apostolorum⟯

[▽]**pe·de·strisch**[pedɛ́strɪʃ] 形 (gewöhnlich) 普通の, 月並みな. [*lat.* pedester „zu Fuß"; ◇Fuß; *engl.* pedestrian]

Pe·di·ca·tio [pediká:tsio·] 女 -/ (Analverkehr) 〘医〙 肛門(こうもん)性交. [*lat.*; ◇Podex]

Pe·di·gree[pɛ́digri·] 男 -s/-s 〘生〙 **1** (Abstammungstafel) (人間の)⟮家⟯系図. **2** (Abstammung) (動物, 特に家畜の)血統. [*mfr.* pié de gru „Fuß des Kranichs"－*engl.*; 系図の線の形を見立てたもの]

Pe·di·kü·re[pediký:rə; オーストリア:..ký:r] 女 -/-n[..rən] **1** 《単数で》(Fußpflege) ペディキュア(足, 特に足指の手入れ: →Maniküre). **2** (Fußpflegerin) (女の)ペディキュア師. [*fr.* pédicure; ＜*lat.* pēs „Fuß" (◇Fuß)＋cūra (→Kur[2])]

pe·di·kü·ren[pediký:rən] 《過分 pedikürt》他 (h) 《*jn.*/*et.*[4]》(…に)ペディキュアをする.

Pe·do·lo·gie[pedologí:] 女 -/ (Bodenkunde) 土壌学.

pe·do·lo·gisch[..ló:gɪʃ] 形 土壌学⟮上⟯の. [＜*gr.* pédon „⟮Erd⟯boden"]

Pe·do·me·ter[pedomé:tər] 中 (男) -s/- (Schrittzähler) 歩数⟮記録⟯計, 万歩計. [＜*lat.* pēs „Fuß"＋..meter]

Peer[pi:r, pɪə] 男 -s/-s (イギリスの)高級貴族; 上院議員. [*lat.* pār (→Par)－*afr.* per－*engl.*; ◇Pair]

Peer-group[pí:rgru:p] 女 -/-s 〘社・心〙 同輩⟨仲間⟩集団. [*engl.*]

Pe·ga·sus[pé:gazʊs] (**Pe·ga·sos**[..zɔs]) **I** 男 -/ 〘ギ神〙 ペガソス(つばさのある神馬: →Hippokrene); (詩文の象徴としての)天馬: **den ~ besteigen ⟨reiten⟩** 《戯》詩作する.

II der Pe·ga·sus (der **Pe·ga·sos**) 男 -/ 〘天〙 ペガサス座. [*gr.*⟮－*lat.*⟯; ＜*gr.* pēgḗ „Quelle"]

Pe·gel[pé:gəl] 男 -s/- **1** (川・湖・海などの)水位計; 水位, 水準. **2** 〘電〙 レベル. [*mndd.*; ◇peilen; *engl.* pail]

Pe·gel·stand 男 (Wasserstand) 水位.

Peg·ma·tit[pɛgmatí:t, ..tít] 男 -s/-e 〘鉱〙 ペグマタイト. [＜*gr.* pēgma „Festgewordenes" (◇Pektin)＋..it[2]]

die **Peg·nitz**[pé:gnɪts] 地名 女 -/ ペーグニツ (Nürnberg の市内を流れ, Main 川に合流する川). [*ahd.* Paginza; ＜*ahd.* bah (◇Bach[1])]

Peg·nitz·or·den 男 -s/ ペーグニツ協会(1644年 Nürnberg に設立された言語協会: →Sprachgesellschaft).

Peies[páɪəs] 複 (東方ユダヤ人の)こめかみに伸ばした巻き毛, びんの毛. [*jidd.*]

Pei·gneur[pɛnjǿ:r] 男 -s/-e (羊毛梳(す)き機械の)櫛(くし)ローラー. [*fr.*; ＜*lat.* pecten „Kamm" (◇Vieh)]

Pei·gnoir[pɛnjoá:r] 男 -s/-s 〘服飾〙 ペニョワール(入浴後や髪をとかすときに着る化粧着). [*fr.*]

Peil·an·ten·ne[páɪl..] 女 〘電〙 方位測定用アンテナ.

pei·len[páɪlən] 他 (h) 〘海〙 (水深・位置・方位などを)測定する: den Standort eines Schiffes ~ 船の位置を測定する ‖ die Lage ~ (→Lage 3) | *et.*[4] über den Daumen ~ (→Daumen 1). [*mndd.* pegelen; ◇Pegel]

Pei·ler[páɪlər] 男 -s/- **1** 水深⟨方位⟩測定器. **2** (水深・方位などの)測定技師.

Peil≠funk[páɪl..] 男 〘電〙 指向電波. **≠ge·rät** 中 水深⟨方位⟩測定装置. **≠kom·paß** 男 〘電〙 方位⟨ラジオ⟩コンパス. **≠lot** 中 水深測鉛. **≠stan·ge** 女 水深測桿(かん). **≠sta·tion** 女 〘電〙 無線方向探知局.

Pei·lung[páɪlʊŋ] 女 -/-en 水深⟨方位⟩測定.

Pein[paɪn] 女 -/-en 《ふつう単数で》苦痛, 苦悩: körperliche ⟨seelische⟩ ~ 肉体的⟨精神的⟩苦痛 | die ewige ~ 〘宗〙 地獄の責め苦 ‖ Das macht mir große ~. それは私を大いに苦しめる. [*gr.* poinḗ „Sühne⟮geld⟯"－*lat.* poena －*mlat.*－*ahd.* pīna; ◇pönal, penibel, verpönen; *engl.* pain]

pei·ni·gen[páɪnɪgən][2] 他 (h) 《*jn.*》 **1** 苦しめる, いじめる, 悩ます: *jn.* bis aufs Blut ⟨bis aufs Mark⟩ ~ (→Blut 2, →Mark[3] 1 b) | *jn.* mit *seinen* Fragen ~ …を質問責めにして苦しめる | Ihn *peinigt* das schlechte Gewissen. 彼は良心のやましさに悩んでいる ‖ *peinigendes* Kopfweh やりきれない頭痛. [▽]**2** (foltern) 拷問にかける.

Pei·ni·ger[..gər] 男 -s/- **1** 苦しめる⟨悩ませる⟩人. [▽]**2** 拷問者.

Pei·ni·gung[..gʊŋ] 女 -/-en **1** 苦しめる⟨悩ます⟩こと. [▽]**2** 拷問.

pein·lich[páɪnlɪç] 形 **1** (unangenehm) いやな, ばつの悪い, 気まずい思いをさせられる: ein ~*es* Gefühl やりきれぬ⟨閉口した⟩気持 | eine ~*e* Lage 窮境, ばつの悪い状態 ‖ Es ist mir sehr ~, aber ich muß Ihnen das mitteilen. 言いにくいことですが あなたにこのことをお伝えしなければなりません ‖ Um der Frage das *Peinliche* zu nehmen, sagte er ... きつい⟨言いにくい⟩質問を和らげるために 彼は…と言った. **2** 《述語的用法なし》綿密すぎる, きちょうめんな, こせこせしている: eine ~*e* Beachtung der Regeln 規則をきちんと守ること | eine ~*e* Überwachung 水ももらさぬ監視 ‖ das Gepäck ~ untersuchen 荷物をこと細かに調べる | ~ sauber sein しみ⟨ちり⟩一つなくきれいである. [▽]**3** 《述語的用法なし》〘法〙 刑事罰⟨刑法⟩の; 拷問を伴う: die ~*e* Gerichtsordnung 〘史〙 (カール五世の)刑事裁判法 ‖ *jn.* ~ befragen …を拷問にかける.

Pein·lich·keit[－kaɪt] 女 -/-en **1** 《単数で》peinlich 1 なこと. **2** peinlich 1 な言動⟨状況⟩.

Peit·sche[páɪtʃə] 女 -/-n むち(鞭): Reit*peitsche* 乗馬用むち ‖ die ~ geben (騎手が馬に)むちをくれる | die ~

schwingen むちを振るう ‖ Die ～ sitzt ihm im Nacken. 《比》彼はさんざん働かされている ‖ **mit** der ～ knallen むちをパチンと鳴らす | das Pferd mit der ～ antreiben 馬にむちを当ててかり立てる | mit Zuckerbrot und ～ (→Zuckerbrot 1). [*westslaw.*; ◇Beil]

peịt·schen[páitʃən] 《04》 **I** 他 (h) 《*jn.* / *et.*^{4}》むち打つ,(…に)むちを当てる; かり立てる; 激しく打つ: ein Pferd ～ 馬にむちを当てる | Zweige *peitschen* mein Gesicht. 小枝が私の顔に激しく当たる | den Ball ～ (卓球で)球をピシッと打つ ‖ von Ehrgeiz *gepeitscht* 名誉欲にかられて | wie von Furien *gepeitscht* (→Furie 1). **II** 自 **1** (s) 激しく当たる: Der Regen *peitscht* gegen 〈an〉 die Fensterscheiben. 雨が窓ガラスをたたく. **2** (h) パタパタ〈ピチピチ〉鳴る: Die Segel *peitschten* im Wind. 帆が風にはためいた.

Peịt·schen≈hieb[páitʃən..] 男 むち打ち. **≈knall** 男 むちの音. **≈lam·pe** 女, **≈leuch·te** 女 (灯柱の上部を湾曲させた)ハイウェー型街路灯. **≈mast** 男 (上部の湾曲した)街灯柱(→ 図 Straße); (上部がともの方に湾曲した)マスト. **≈schnu̲r** 女 -/..schnüre むちひも, むちなわ. **≈stiel** 男 むちの柄. **≈wurm** 男 《動》鞭虫(べんちゅう).

Pe·jo·ra·tio̲n[pejoratsió:n] 女 -/-en (Verschlechterung) **1** 悪化, 下落. **2** 《言》(語義の)悪化, 下落(例 gemein なみの, 下劣な ＜ 共通の; Dirne 売春婦 ＜ 若い娘). [*mlat.*; ＜*lat.* pēior „schlechter“]

pe·jo·ra·ti̲v[pejoratí:f, pé:jorati:f][1] **I** 形 (↔meliorativ) 《言》(語義が)悪化〈下落〉した, 悪化〈下落〉的な; (abwertend)(語・形態などが)軽蔑的な〈悪い〉意味を持つ, 貶称(へんしょう)〈軽蔑〉的な. **II Pe·jo·ra·ti̲v** 中 -s/-e＝Pejorativum

Pe·jo·ra·ti̲·va Pejorativum の複数.

Pe·jo·ra·ti̲v·bil·dung 女 《言》語義を下落させる造語〔法〕(例 Unmensch＜Mensch).

Pe·jo·ra·ti̲·vum[..vʊm] 中 -s/..va[..va·] 《言》貶称(へんしょう)〈蔑称〉形, 貶称〈蔑称〉語(例 frömmeln 信心ぶる ＜fromm 信心深い, Dichterling へぼ詩人 ＜Dichter 詩人).

Pẹ·kan≈nuß[pé:kan..] 女 Pekannußbaum の実.

Pẹ·kan·nuß·baum 男 《植》ペカン(米国南部産クルミ科). [*indian.*－*fr.*]

Pe·kẹ·sche[pekέʃə] 女 -/-n ペケシュ(ひも・モール飾りのついたポーランドの民族衣装; 19世紀以降は学生組合の正装用上着). [*poln.* bekiesza]

Pe·ki·nẹ·se[pekiné:zə] 男 -n/-n **1** ペキニーズ(愛玩(あいがん)犬の一種: → 図). **2** 北京の人.

Pekinese

Pẹ·king[pé:kıŋ] 地名 北京(ペキン)(中華人民共和国の首都).

Pẹ·king≈ko̲hl 男 《植》ハクサイ(白菜). **≈mensch** 男 (Sinanthropus) 《人類》ペキン〈北京〉原人. **≈oper** 女 京劇(中国の代表的な伝統演劇).

Pek·ti̲n[pεktí:n] 中 -s/-e 《化》ペクチン. [＜*gr.* pēktós „festgemacht, geronnen“ (◇fügen, Pakt)＋..in[2]]

pek·to·rạl[pεktorá:l] 形 《医》胸の, 胸部の. [*lat.*; ＜*lat.* pectus „Brust“]

Pek·to·rạ·le[..lə] 中 -〔s〕/-s, ..lien[..liən] **1** (Brustkreuz)(カトリックの高位聖職者が胸に下げる)胸用十字架(→ 図 Bischof). **2** (古代・中世の)胸飾り. [*mlat.*]

Pek·to·rạl·mus·kel 女 (Brustmuskel) 《解》胸筋.

pe·ku·ni·ạ̈r[pεkuniέ:r] 形 金銭上の: *js.* ～*e* Lage …の経済状態〈ふところぐあい〉. [*lat.*－*fr.* pécuniaire; ＜*lat.* pecūnia „Viehstand, Vermögen“ (◇Vieh)]

pek·zi̲e·ren[pεktsí:rən] 他 (h) 《方》(…を)しでかす,(…で)へまをする, どじを踏む. [*lat.* peccāre]

pe·la·giạl[pelagiá:l] **I** ＝pelagisch **II Pe·la·giạl** 中 -s/ **1** 《地》海洋区域. **2** 《生》**a**) 《集合的に》漂泳生物. **b**) (漂泳生物が多く存在する)漂泳区.

Pe·la·giạ·ner[pelagiá:nər] 男 -s/- ペラギウス説の信奉者. [＜Pelagius (5世紀のアイルランド人修道士)]

Pe·la·gia·nịs·mus[..gianísmʊs] 男 -/ 《宗》ペラギウス説〈主義〉(原罪を否定し自由意志を唱える).

pe·lạ·gisch[pelá:gıʃ] 形 **1** 《地》遠洋性の. **2** 《生》漂泳性の. [＜*gr.* pélagos „Meer“ (◇flach)]

Pe·lar·gọ·nie[pelargó:niə] 女 -/-n 《植》ペラルゴニウム, テンジクアオイ(天竺葵)属(園芸家のいうゼラニウム). [*gr.* pelargós „Storch“; 果実がそのくちばしに似ていることから]

Pe·lạs·ger[pelásgər] 男 -s/- 《ふつう複数で》《史》ペラスゴイ(ギリシアの非印欧語系先住民). [*gr.* Pelasgoí－*lat.* Pelasgī]

pe·lạs·gisch[..gıʃ] 形 ペラスゴイの.

pêle-mêle[pεlmέl] **I** 副 (durcheinander) ごちゃごちゃに, 乱雑に. **II Pele·mele**[pεlmέl] 中 -/ **1** ごたまぜ, 混雑. **2** 果物入りバニラクリーム. [*fr.*; ＜*afr.* mesler „mischen“]

Pe·le·rị·ne[pelərí:nə] 女 -/-n 《服飾》ペルリーン(そでのないコート・肩掛け・雨よけ: → 図 Diakonisse). [*fr.*; ＜*kirchenlat.* pelegrīnus (→Pilger)]

Pẹ·leus[pé:lɔʏs] 人名 《ギ神》ペレウス(Achill の父). [*gr.*－*lat.*]

Pe·lị·de[pelí:də] 男 -n/ 《ギ神》ペリデス(Peleus の子の意で, Achill の異名). [*gr.*－*lat.* Pēlīdēs]

Pẹ·li·kan[pé:lika:n, peliká:n; オーストリア: pέlika:n] 男 -s/-e **1** 《鳥》ペリカン(母性愛の象徴). **2** 商標 ペリカン(文房具). [*gr.*－*kirchenlat.*; ＜*gr.* pélekys „Beil“; くちばしの形から]

Pe·li·ka·nọl[pelikanó:l] 中 -s/ 商標 ペリカノール(接着剤).

Pẹ·li·kans·fu̲ß[pé:lika:ns..] 男 《貝》モミジソデボラ.

Pẹl·la·gra[pélagra·] 中 -〔s〕/ 《医》ペラグラ, トウモロコシ紅斑(こうはん). [*gr.* pélla „Haut“ (◇Fell)＋ágrā „Fang“]

Pẹl·le[pélə] 女 -/-n 《北部》**1 a**) (Schale)(ジャガイモ・果物・ソーセージなどの)薄い皮: die ～ abziehen 皮をむく | Kartoffeln in 〈mit〉 der ～ kochen ジャガイモを皮ごと煮る. **b**) 《話》(Haut) 皮膚: ***jm.* auf die ～ rücken** …のすぐ近くまで近寄る; 《話》…にしつこく迫る | ***jm.* auf der ～ sitzen** 〈**liegen**〉 / ***jm.* nicht von der ～ gehen** 〈**rücken**〉 《比》…にうるさくつきまとう. **2** 《話》(Kleidung) 衣服: ～ von der Stange 既製服. [*lat.* pellis „Haut“－*mndd.*; ◇Fell, Pelz]

pẹl·len[pélən] 他 (h) 《北部》(schälen)(ジャガイモ・果物などの)皮をむく: wie aus dem Ei *gepellt* sein (→Ei 1) ‖ 再帰 *sich*^{4} ～ (皮が)むける; 《話》服をぬぐ.

Pẹll·kar·tof·fel[pέl..] 女 皮つきのジャガイモ.

Pe·lo·pị·de[pelopí:də] 男 -n/-n 《ふつう複数で》《ギ神》ペロピダイ(Pelops の子孫, 特に Agamemnon など). [*gr.*]

der **Pe·lo·pon·nẹs**[pelopɔné:s][1] 地名 男 -〔es〕/ (die **Pe·lo·pon·nẹs**[－] 地名 女 -/)ペロポネソス(ギリシア南部の半島). [*gr.* Pelopó-nnēsos „Pelops Insel“－*lat.*]

pe·lo·pon·nẹ·sisch[..né:zıʃ] 形 ペロポネソスの: der *Peloponnesische* Krieg ペロポネソス戦争(前431-前404; 全ギリシアの覇権をめぐり スパルタがアテネに勝った). [*gr.*－*lat.*]

Pẹ·lops[pé:lɔps] 人名 《ギ神》ペロプス(Tantalus の息子で, Pelopide の父祖). [*gr.*－*lat.*]

Pe·lọ·rie[peló:riə] 女 -/-n 《植》ペロリア, 正化(左右相称の花が放射相称になること). [*gr.* pélōr „Ungeheuer“]

Pe·lọ·ta[pelóta·] 女 -/ 《球技》ペロタ(Baske 人のテニスに似た球技). [*afr.*－*span.*; ＜*lat.* pila (→Pille)]

Pe·lo·ton[pelotɔ̃:] 中 -s/-s **1 a**) (銃殺刑などの)刑執行班. $^▽$**b**) 射撃班, 狙撃(そげき)小隊. **2** (自転車競技の)ペロトン(ロードレースでの選手の集団). [*fr.* „Knäuelchen“]

Pe·lọt·te[pelɔ́tə] 女 -/-n 《医》ペロッテ, 圧子(i) 脱腸帯の球状のクッション: → 図 Bruchband; ii) 扇状足のための靴の詰め物).

Pẹl·sei·de[pé:l..] 女 -/ 《織》低品位絹糸. [＜*it.* pelo „Haar“ (◇pflücken)]

Pel·tạst[pεltást] 男 -en/-en 《史》(古代ギリシアの)軽武装の歩兵. [*gr.*; ＜*gr.* péltē „leichter Schild“ (◇Pelle)]

Pe·lụsch·ke[pelʊ́ʃkə] 女 -/-n 《東部》《植》ペルシケ(エンドウの一品種). [*slaw.*]

Pelz[pεlts] 男 -es/-e **1 a**) (衣服などに利用される柔毛のある)毛皮: *et.*^{3} den ～ abziehen …の毛皮をはぐ. **b**) 《単数

で》(加工処理をした)毛皮: *et.*[4] mit ～ besetzen 〈füttern〉…に毛皮をはる〈裏打ちする〉| Wasch mir den ～, aber 〈und〉 mach ihn mir nicht naß!《諺》無理難題(毛皮を洗え でも濡(ぬ)らすなよ). **c**) 毛皮製品(特に毛皮のコート・上着・襟巻きなど): *sich*[4] in *seinen* ～ hüllen 毛皮〔の服〕を着る. **2**《話》(人の)皮膚: ***jm.* den ～ waschen**《話》…をひどく殴る ‖〖前置詞と〗***jm.* eins 〈eine Kugel〉 auf den ～ brennen**《話》…に銃弾を一発くらわせる | ***jm.* eins auf den ～ geben**《話》…に平手打ちを一発くらわせる, …を殴る | ***jm.* auf den ～ rücken**《話》…にしつこく迫る | ***jm.* auf dem ～ sitzen** …にしつこくつきまとう | *sich*[3] die Sonne auf den ～ scheinen lassen 日光浴をする | *jm.* eine Laus in den ～ setzen (→Laus) | *sich*[3] eine Laus in den ～ setzen (→Laus). **3 a**) (果物の)柔毛のある皮. **b**) (牛乳などの表面にできる)薄皮.
[*mlat.*–*ahd.*; ＜*lat.* pellis (→Pelle); ◇*engl.* pilch]

Pẹlz·be·satz[pɛ́lts..] 男 (衣服の)毛皮の〔飾り〕縁.

pẹlz·be·setzt 形 (衣服が)毛皮の〔飾り〕縁をつけた.

pẹl·zen[1][pɛ́ltsən] 形《付加語的》毛皮〔製〕の.

pẹl·zen[2][−]《02》**I** 他 (h) **1**《*et.*[4]》(獣などの)毛皮をはぐ. **2**《話》(verprügeln)《*jn.*》さんざんに殴る. **3**《ｽｲｽ》(aufessen) 食べつくす. **II** 自 (h)《話》(faulenzen) 怠ける, のらくらする.

pẹl·zen[3][−]《02》他 (h)《南部・ｵｰｽﾄﾘｱ》(pfropfen)《*et.*[4]》(…に)接ぎ木をする; 改良する. [*ahd.* pelzōn]

Pẹlz≠fe·ti·schis·mus[pɛ́lts..] 男 毛皮〔製品〕に対するフェチシズム〈淫物(いんぶつ)愛〉. **≠flat·te·rer** 男 (Flattermaki)〖動〗ヒヨケザル(日避猿), コウモリザル(蝙蝠猿). **≠fres·ser** 男〖虫〗食毛(しょくもう)目の昆虫. **≠fut·ter** 中 (服などの)毛皮裏地.

pẹlz·ge·füt·tert 形 毛皮の裏地をつけた.

Pẹlz≠ge·schäft 中 毛皮商店. **≠händ·ler** 男 毛皮商人.

pẹl·zig[pɛ́ltsɪç][2] 形 **1** 毛のはえた, 毛皮でおおわれた; 綿毛〈けば〉でおおわれた; (液体表面に)薄い膜のできた. **2** (唇・口の中が)からからの; (舌に)舌苔(ぜったい)の生じた. **3** 無感覚の, 麻痺(まひ)した. **4** (野菜などが)繊維(筋)の多い, かすかすの; 干からびた.

Pẹlz≠imi·ta·tion[pɛ́lts..] 女 (化学繊維などによる)毛皮のイミテーション. **≠jacke** 女 毛皮の上着. **≠kä·fer** 男〖虫〗カツオブシムシ(鰹節虫)科の昆虫(毛織物の害虫). **≠kap·pe** 女 毛皮の帽子. **≠kra·gen** 男 毛皮の襟〔巻き〕. **≠man·tel** 男 毛皮のコート〈オーバー〉. **≠mot·te** 女〖虫〗イガ(衣蛾). **≠muff** 男〖服飾〗毛皮のマフ. **≠müt·ze** 女 毛皮の帽子.

Pẹlz·nickel ＝Belznickel

Pẹlz≠stie·fel 男 毛皮のブーツ. **≠sto·la** 女〖服飾〗毛皮のストール. **≠tier** 中 (キツネ・ミンクなど毛皮の材料となる)毛皮獣.

Pẹlz·tier≠farm 女 毛皮獣飼育場. **≠jä·ger** 男 毛皮獣専門の猟師. **≠zucht** 女 毛皮獣飼育.

pẹlz·ver·brämt 形 毛皮の縁をつけた.

Pẹlz≠wa·re 女 -/-n《ふつう複数で》毛皮製品, 毛皮類. **≠werk** 中 **1**《単数で》《集合的に》毛皮. **2**〖紋〗(盾面の地模様としての)毛皮模様(→ 図 Wappen b).

Pẹm·mi·kan[pɛ́mika:n] 男 -s/ ペミカン(北米インディアンの牛肉保存食). [*indian.*–*engl.* pemmican]

Pẹm·phi·gus[pɛ́mfigʊs, pɛmfí:gʊs] 男 -/〖医〗天疱瘡(てんぽうそう). [＜*gr.* pémphix „Blase"]

Pẹ·nal·ty[pɛ́nəlti·; ｵｰｽﾄﾘｱ: pɛnálti·] 男 -[s]/-s《ｽﾎﾟｰﾂ》(特にアイスホッケーの)ペナルティ; (Strafstoß) ペナルティキック. [*mlat.*–*engl.*; ＜*lat.* poena (→Pein)]

Pe·na·ten[pená:tən] 複 **1**〖ロ神〗ペナーテース(食料戸棚の神々で, Laren とともに家・国の守り神). **2**《比》住居: zu den ～ zurückkehren 帰宅する. [*lat.*; ＜*lat.* penitus (→penetrieren)]

Pence Penny の複数.

[▽]**Pen·chant**[pãʃã́:] 男 -s/-s (Neigung) 性向, 性癖, 好み. [*fr.*; ＜*fr.* pencher „neigen" (◇Pendel)]

PEN-Club[pɛ́nklʊp] 男 -s/ 国際ペンクラブ(1921年ロンドンに設立). [*engl.* P.E.N.]

Pen·dant[pãdã́:] 中 -s/-s **1** (Gegenstück) 対をなすもの, (対の)片方; 補完物: das ～ zu *et.*[3] bilden 〈sein〉 …と対をなす. [▽]**2**《複数で》(Ohrgehänge) 耳飾り. [*fr.* „Hängendes"]

Pẹn·del[pɛ́ndəl] 中 -s/-〖理〗振り子(固定点または固定軸のまわりで周期運動をする物体); (Uhrpendel) (時計の)振り子: Das ～ schwingt 〈steht still〉. 振り子が揺れる〈とまっている〉. [*mlat.* pendulum; ＜*lat.* pendēre „hängen" (◇Pension)]

Pẹn·del≠ach·se 女〖工〗(自動車のタイヤをはめる)懸垂軸. **≠be·we·gung** 女 振り子運動;《比》行きつ戻りつの移動, 激しい揺れ動き. **≠ku·gel·la·ger** 中〖工〗心合わせボールベアリング. **≠lam·pe** 女 つり下げ電灯.

pẹn·deln[pɛ́ndəln]《06》自 **1** (h) (振り子のように)揺れ動く, 行きつ戻りつする; (揺れながら)垂れている: den Kopf ～ lassen 頭を振る. **2** (s) **a**) (他の町へ)通勤〈通学〉する, 通う: zwischen Köln und Bonn ～ (通勤などで)ケルンとボンの間を往復する. **b**) (列車・バスなどが)折り返し運行する. **3** (h)〖ﾎﾞｸｼﾝｸﾞ〗(相手のパンチをさけるため)上体をウィービングする.

Pẹn·del≠sä·ge[pɛ́ndəl..] 女〖工〗振り子鋸(のこぎり), 往復回転鋸. **≠tür** 女〖建〗(内外どちらにも開く)自在〈自由〉ドア. **≠tür·band** 中 -[e]s/..bänder〖建〗自在〈自由〉蝶番(ちょうつがい). **≠uhr** 女 **1** 振り子時計. **2** die ～〖天〗時計座. **≠ver·kehr** 男 **1** (列車・バスなどの)折り返し運行. **2** ＝Pendelwanderung **≠wan·de·rung** 女 自宅と職場〈学校〉との往復, 通勤, 通学. **≠win·ker** 男 (車の)腕木式方向指示器. **≠zug** 男 (短距離の)折り返し運行列車.

pen·dẹnt[pɛndɛ́nt] 形《ｽｲｽ》(unerledigt) 未解決の, ペンディングの.

Pen·den·tịf[pãdãtí:f] 中 -s/-s〖建〗ペンデンティブ, 穹隅(きゅうぐう)(ドームの四隅にある球面壁体). [*fr.*; ＜*fr.* pendre „hängen"]

Pen·dẹnz[pɛndɛ́nts] 女 -/-en《ｽｲｽ》未解決〈ペンディング〉の案件.

Pẹnd·ler[pɛ́ndlər] 男 -s/- (自宅と職場・学校の間を往復する)通勤〈通学〉者.

Pẹnd·ler·vor·stadt 女 ベッドタウン.

Pen·dü̲·le[pɛndý:lə] (**Pen·du·le**[pãdý:lə]) 女 -/-n (ガラスケースに入っている)振り子式置き時計. [*fr.*]

Pe·nẹ·lo·pe[pené:lope·] 人名〖ギ神〗ペネロペ (Odysseus の妻. 夫が Troja に遠征し, 戦死の偽報がもたらされたとき, 言い寄る求婚者たちに対し, 夫の父の棺衣を織り終われば求婚に応じると称して, 昼間は織って夜にそれをほどいた. 貞女のかがみとされる). [*gr.*; ＜*gr.* pēnos (→Fahne); ◇lepto..]

Pẹ·nes Penis の複数.

[▽]**pe·ne·tra̲·bel**[penetrá:bəl] (..tra·bl..) 形 浸透できる; 貫通可能の. [*lat.*–*fr.*]

pe·ne·trạnt[..tránt] 形 **1** (durchdringend) (不快なにおいなどが)しみ通るような, 鼻をつくような: ein ～*er* Geruch 鼻をつくにおい | ～ nach Fisch riechen 〈schmecken〉 ひどく生臭いにおい〈味〉がする. **2** しつこい, ずうずうしい, 強引な. [*fr.*]

Pe·ne·trạnz[..tránts] 女 -/-en《ふつう単数で》**1** penetrant なこと. **2**〖生〗(遺伝子の)浸透度.

Pe·ne·tra·tion[..tratsió:n] 女 -/-en **1** 浸透; 貫通. **2** (陰茎の)挿入. **3** (Perforation)〖医〗穿孔(せんこう). [*spätlat.*]

pe·ne·tri̲e·ren[..trí:rən] 他 (h) **1**《*et.*[4]》(…に)浸透する; 貫通する: *penetrierende* Wunde〖医〗貫通創. **2**《*jn.*》(…の膣(ちつ)に陰茎を)挿入する. [*lat.*; ＜*lat.* penitus „bis ins Innerste"]

peng[pɛŋ] 間 (物が倒れたり落ちたりする音)バタン, ガチャン; (銃砲を発射する音)パン, バン.

Peng·hu·dao[pə́ŋxúdǎu] ＝Pescadores

Pẹn·gö[pɛ́ŋgø·] 男 -[s]/-s (単位: -/-) ペンゲ(ハンガリーの1925-46年の貨幣単位: →Forint). [*ungar.*; ＜*ungar.* pengeni „klingen"]

pe·ni̲·bel[pení:bəl] (..ni·bl..) 形 **1** (peinlich genau) (過度に)きちょうめんな, 綿密な: in *seiner* Arbeit 〈mit *seiner* Kleidung〉 ～ sein (いやになるほど)仕事〈服装〉がきちんと

している. **2**《方》やっかいな, 具合の悪い, 困った. [*fr.*; <*lat.* poena (→Pein)]

Pe·ni·bi·li·tät[penibilitɛ́:t] 女 -/-en penibel なこと.

Pe·ni·cil·lin[penitsılí:n] 中 -s/-e 〘薬〙ペニシリン: zehntausend Einheiten ~ ペニシリン1万単位. [*engl.*]

Pe·ni·cil·lin·sprit·ze 女〘医〙ペニシリン注射.

Pe·ni·cil·lium[..tsíliʊm] 中 -s/..lien[..liən]〘生〙青かび. [*lat.* „Pinsel"; <*lat.* pēnis (→Penis)]

Pen·in·su·la[penínzula·, pɛn|ín..] 女 -/..suln[..zʊln] (Halbinsel) 半島. [*lat.* paen-īnsula „Fast-Insel"]

pen·in·su·lar[penınzulá:r, pɛn|ın..] 形, **pen·in·su·la·risch**[..lá:rıʃ] 形 半島の(ような).

Pe·nis[pé:nıs] 男 -/-se, Penes[..ne:s] (männliches Glied)〘解〙陰茎, 男根, ペニス. [*lat.* pēnis „Schwanz"; ◇Pinsel²]

Pe·nis·neid 男〘精神分析〙男根〈ペニス〉羨望(せんぼう).

Pe·ni·zil·lin[penitsılí:n] 中 -s/-e =Penicillin

Pen·nal[pɛná:l] 中 -s/-e ᵛ**1**《話》(höhere Schule) 高等学校. **2**《オーストリア》(Federbüchse) ペン入れ, 筆箱. [*mlat.*; <*lat.* penna (→Panasch)]

Pen·nä·ler[pɛnɛ́:lər] 男 -s/-《話》高校生.

pen·nä·ler·haft 形《話》高校生ふうの.

Penn·bru·der[pɛ́n..] 男《話》**1** (Landstreicher) 浮浪者; 放浪者, 無宿者. **2** (Langschläfer) 朝寝坊.

Pen·ne¹[pɛ́nə] 女 -/-n《話》**1** (浮浪者などの)安宿, ねぐら: alte ~ 露天の寝床. **2** 売春婦. [<*jidd.* binjan „Gebäude"; 2: <pennen]

Pen·ne²[–] 女 -/-n《話》学校, (特に:) 高等学校: auf der ~ sein 高校生である | von der ~ fliegen 放校処分になる. [<Pennal]

pen·nen[pɛ́nən] 自 (h)《話》(schlafen) **1** 眠っている; ぼんやりしている: das ganze Wochenende ~ 週末をもっぱら寝て暮らす. **2**《mit *jm.*》(…と)寝る, 同衾(どうきん)する. [<*jidd.* pannai „müßig"]

Pen·ner[pɛ́nər] 男 -s/-《話》**1** =Pennbruder **2** 眠っている〈ぼんやりしている〉人.

Pen·ner·kis·sen 中《話》(浮浪者などの)長髪.

Pen·ni[pɛ́ni·] 男 -(s)/-(s) ペンニス(フィンランドの旧貨幣(単位): $^1/_{100}$ Markka). [*dt.* Pfennig–*finn.*]

Pen·nies Penny の複数.

Penn·syl·va·ni·en[pɛnzılvá:niən] 地名 ペンシルベニア(アメリカ合衆国北東部の州). [<W. Penn (植民地を開いたイギリス人, †1718) + *lat.* silva „Wald"]

penn·syl·va·nisch[..nıʃ] 形 ペンシルベニアの.

Penn·tü·te[pɛ́n..] 女《話》=Penner 2

Pen·ny[pɛ́ni·] 男 -s/Pennies[..ni:s] (単位: -/Pence [pɛns]) (略 p, 古くは: d) ペニー(イギリスの貨幣(単位): $^1/_{100}$ Pfund, 1971年までは$^1/_{240}$ Pfund). [*engl.*; ◇Pfennig]

Pen·sa Pensum の複数.

pen·see[pãsé:] **I** 形《無変化》深紫色の. **II Pen·see** 中 -s/-s (Stiefmütterchen)〘植〙サンシキ(三色)スミレ, パンジー. [*fr.*; <*fr.* penser „denken" (◇Pension); ◇*engl.* pansy]

pen·see·far·big[pãsé:..] =pensee

Pen·sen Pensum の複数.

Pen·sion[pãzió:n, ..sió:n, ..siɔ̃:; オーストリア・スイス: pɛnzió:n] 女 -/-en[..ió:nən] **1** (公務員などの)退職〈遺族〉年金, 恩給: eine ~ beziehen 〈erhalten〉 年金を受ける | von *seiner* ~ leben 年金生活をする. **2**《単数で》年金生活(期間): **in ~ gehen** 年金生活に入る, (年金資格を得て)退職する | *jn.* in ~ schicken …を退職させる. **3 a)** (食事つきの)宿屋, ホテル, ペンション, 民宿; 下宿: die staatliche ~《話》留置(刑務)所 | in einer ~ wohnen ペンション〈下宿〉住まいをする. **b)** =Pensionat **4**《単数で》(旅館などの)賄い; 食事つき料金: ein Zimmer mit voller 〈halber〉 ~ 3食〈2食〉つき1室. [*lat.* pēnsiō „Zahlung"–*fr.*; <*lat.* pendere „(ab)wägen" (◇Pendel, Pfund)]

Pen·sio·när[pãzionɛ́:r, pãsi..; オーストリア・スイス: pɛnzi..] 男 -s/-e (女 **Pen·sio·nä·rin**[..rın]-/-nen) **1 a)** 停年に達した公務員, 退職官吏. **b)** (Rentner) 年金〈恩給〉生活者. **2**《スイス》(Pensionsgast) ペンションの宿泊人. [*fr.* pensionnaire]

Pen·sio·nat[..ná:t] 中 -(e)s/-e (特に女子の)全寮制〈寄宿〉学校. [*fr.* pensionnat]

pen·sio·nie·ren[..ní:rən] 他 (h)《*jn.*》(公務員を)退職させる; (年金資格者を)退職させる: *sich*⁴ ~ lassen (公務員が)退職する; 退職して年金を受ける | *sich*⁴ frühzeitig ~ lassen 停年前に退職する ‖ ein *pensionierter* Beamter (年金のもらえる)退職公務員. [*fr.*]

Pen·sio·nie·rung[..rʊŋ] 女 -/-en 年金つき退職.

Pen·sio·nist[..níst] 男 -en/-en 《南部・オーストリア・スイス》=Pensionär 1

Pen·sions≈al·ter[pãzió:ns.., ..sió:ns.., ..siɔ̃:s..; オーストリア・スイス: pɛnzió:ns..] 中 年金の受けられる〈つく〉年齢. **≈an·spruch** 男 年金請求権〈受給資格〉.

pen·sions·be·rech·tigt 形 年金受給資格のある.

Pen·sions≈be·rech·ti·gung 女 年金受給資格. **≈emp·fän·ger** 男 年金受給者. **≈gast** 男 ペンションの宿泊人〈泊まり客〉. **≈kas·se** 女 年金共済金庫. **≈preis** 男 食事料込み宿泊料金.

pen·sions·reif 形《話》年金(受給)年限に達した.

Pen·sum[pɛ́nzʊm] 中 -s/..sen[..zən], ..sa[..za·] **1** (一定期間に果たすべき)課題, 宿題; 教科単位: *sein* tägliches ~ erledigen 1日分の課題〈教材〉をやり終える. ᵛ**2** (Lehrstoff)〘教〙(ある期限に消化すべき)教材. [*lat.*]

pent.. →penta..

penta..《名詞・形容詞などにつけて「5」を意味する. 母音の前で pent.. となることもある: →*Pent*ode, *Pent*ameron》[*gr.* pénte „fünf"; ◇fünf]

Pen·ta·bonn[pɛ́ntabɔn] 中 -s/《戯》(ドイツの)国防省. [<Pentagon+Bonn]

Pen·ta·de[pɛntá:də] 女 -/-n〘気象〙(気象天候周期としての) 5 日間. [<*gr.* pentás „Fünfzahl" (◇penta..)]

Pen·ta·eder[pɛnta|é:dər] 中 -s/- (Fünfflächner)〘数〙(正)五面体.

Pen·ta·gon 中 -s/-e **1** [pɛntagó:n] (Fünfeck)〘数〙五角形. **2** [pɛ́ntagɔn, pɛntagó:n] das ~ ペンタゴン(五角形に建てられた米国の国防総省ビル);《比》(米国の)国防総省. [*gr.* pentá-gōnos „fünf-eckig"]

pen·ta·go·nal[pɛntagoná:l] 形 (fünfeckig)〘数〙五角形の. [<..al¹]

Pen·ta·gramm[..grám] 中 -s/-e (**Pent·al·pha**[pɛnt(|)álfa·] 中 -/-s) (Drudenfuß) (5線の)星形(民間信仰では魔よけのまじないとされる: → 図). [*gr.*]

Pentagramm (Drudenfuß)

Pent·ame·ron[pɛntá:merɔn] 中 -s/〘文芸〙ペンタメロン(イタリアのバジーレ Basile の物語集で「五日物語」の意). [*it.*; <*gr.* hēmérā „Tag"]

Pen·ta·me·ter[..metər] 男 -s/-〘詩〙5歩格(五つの同一の詩脚または単位韻律からなる詩行). [*gr.*–*lat.*]

Pen·tan[pɛntá:n] 中 -s/-e〘化〙ペンタン. [<..an]

Pent·ar·chie[pɛntarçí:] 女 -/-n[..çí:ən] 五頭政治, (特に1815–60年のヨーロッパにおけるロシア・イギリス・フランス・オーストリア・プロイセンの)五国支配. [*gr.*]

Pen·ta·teuch[pɛntatɔ́ʏç] 男 -s/ モーセ五書(旧約聖書の創世記・出エジプト記・レビ記・民数記・申命記). [*spätgr.*–*kirchenlat.*; <*gr.* teũchos „Zubereitung" (◇taugen)]

Pent·ath·lon[pɛ́nt(|)atlɔn, pɛnt|á:tlɔn] 中 -s/ (古代オリンピックの)五種競技(円盤投げ・短距離競走・走り幅跳び・レスリング・やり投げ). [*gr.*; ◇Athlet]

Pen·ta·to·nik[pɛntató:nık] 女 -/〘楽〙5音音階. [◇Ton²]

Pen·te·ko·ste[pɛntekɔsté:] 女 -/〘宗〙(ユダヤ教の)ペンテコステ, 五旬節(過ぎ越しの祝い後50日目); (キリスト教の)聖霊降臨祭(→ Pfingsten). [*gr.* pentēkosté (hēmérā) „der fünfzigste Tag (nach Ostern)"–*kirchenlat.*; <*gr.* pentḗkonta „fünfzig"; ◇Pfingsten; *engl.* Pentecost]

Pen·te·re[pɛnté:rə] 女 -/-n 五橈(ﾄﾞｳ)列船(古代ギリシア・ローマの5段こぎ座のガレー船). [*gr.*–*spätlat.*; < penta..+*gr.* eréssein „rudern" (◇Ruder)]

Pent·haus[pént..] 中 =Penthouse

Pen·the·si·lea[pɛntezilé:a·] 人名《ギ神》ペンテシレイア(Amazone の女王. Troja を助け, Achill に殺された). [*gr.*–*lat.*]

Pent·house[pénthaʊs][1] 中 -/-s [..zɪz] (高層ビルの)屋上アパート(豪華なものが多い). [*engl.*; < *afr.* apentis „Anbau" (◇Appendix)]

Pent·ode[pɛntó:də] 女 -/-n《電》5極〔真空〕管.

Pen·um·bra[penúmbra·, pɛn|úm..] 女 -/..bren [..brən]《天》(太陽黒点の)半暗部. [< *lat.* paene „fast"]

Pe·nun·ze[penúntsə] 女 -/-n 《ふつう複数で》《話》(Geld) 金(ｶﾈ). [*poln.*]

pen·zen[péntsən]《02》《ｵｰｽﾄﾘｱ》 **I** 他 (h) (*jn.* um *et.*[4]) (…に…を)せがむ. **II** 自 (h) くどくどと〈口うるさく〉小言を言う. [< benzen]

Pep[pɛp] 男 -[s]/ 《話》(Elan) 活気, 活力, 迫力: mit ~ 張り切って | eine Werbung ohne ~ 迫力のない広告〈宣伝〉. [*amerik.*; < *engl.* pepper (→Pfeffer)]

Pe·pe·ro·ni[peperó:ni·] 女 -/- (**Pe·pe·ro·ne**[..nə] 男 -/..ni) 《ふつう複数で》《料理》酢づけトウガラシ. [*it.*; ◇Pfefferoni]

▽**Pe·pi·nie·re**[pepiniέ:rə, ..niέ:rə] 女 -/-n **1** (Baumschule)《林・園》種苗栽培園, 養樹園. **2** (かつてベルリンにあった)軍医学校. [*fr.*; < *fr.* pépin „Obstkern"]

Pe·pi·ta[pepí:ta·] 男 中 -s/-s《服飾》**1**《単数で》千鳥格子の模様. **2** 千鳥格子の布地. [*span.*; Biedermeier 時代の踊り子の名]

Pe·plon[pé(:)plɔn] 中 -s/..plen[..plən], -s , **Pe·plos** [pé(:)plɔs] 男 -/..plen[..plən], - ペプロン, ペプロス(古代ギリシアの女性用上衣). [*gr.*]

Pep·mit·tel[pέp..] 中《話》(Aufputschmittel) 興奮剤, 覚醒(ｶｸｾｲ)剤.

Pep·sin[pɛpsí:n] 中 -s/-e 《生・化》ペプシン. [< *gr.* pépsis „Verdauung"+..in[2]]

Pep·sin·drü·se 女《解》胃液分泌腺(ｾﾝ).

Pep·tid[pɛptí:t][1] 中 -[e]s/-e《生化学》ペプチド(アミノ酸の連なった化合物): Neuro*peptid* 神経ペプチド.

pep·tisch[pέptɪʃ] 形 消化の; 消化を助ける, 消化性の.

Pep·ton[pɛptó:n] 中 -s/-e《生・化》ペプトン. [< *gr.* péssein „kochen"; ◇kochen]

per[1][pɛr] 前《4格支配》**1** (durch, mit) …によって: ~ Anhalter fahren 〈reisen〉 (→Anhalter 1) | *et.*[4] ~ Bahn 〈Schiff〉 befördern …を鉄道〈船〉で輸送する | *et.*[4] ~ (=durch die) Post übermitteln …を郵便で伝える | ~ Daumen (→Daumen 1 a) | mit *jm.* ~ du sein (→du I 1 b) | *et.*[4] ~ Nachnahme schicken …を代金着払いで送る | ~ Saldo (→Saldo) | Herrn Karl Meier, ~ Adresse (㊥p. A.) Herrn 〈Familie〉 Otto Schmidt (手紙のあて名で)オットー シュミット様方カール マイヤー様. **2** (für, pro)《商》…につき: *et.*[4] ~ Kilo 〈Stück〉 verkaufen …をキロ〈1個〉当たりいくらで売る | ~ Monat 月ごとに, 1か月につき. **3**《商》…までに: ~ sofort ただちに, 即刻 | Die Ware ist ~ ersten Mai zu liefern. 品物は5月1日までに納入します. [*lat.*; ◇peri.., ver..]

per[2]《ﾗﾃﾝ語》→*per* aspera ad astra, *per* definitionem, *per* exemplum, *per* fas et nefas, *per* mille, *per* nefas, *per* os, *per* pedes [apostolorum], *per* se

per[3]《ｲﾀﾘｱ語》→*per* cassa, *per* conto, *per* procura, *per* saldo, *per* ultimo

per.. **I**《名詞・形容詞・動詞などにつけて「通って・貫いて・すっかり」などを意味する》: *Per*fektion 完成 | *Per*spektive《美・数》遠近法; 展望 ‖ *per*manent 持続的な | *per*oral《医》経口の | *per*vers (性的に)倒錯した ‖ *per*mutieren 交換する | *per*mittieren 許可する. **II**《化学用語で無機酸およびその塩がある元素を過度にもっていることを意味する》過…: *Per*borat 過硼(ﾎｳ)酸塩 | *Per*chlorsäure 過塩素酸.

per as·pe·ra ad as·tra[pɛr áspera· at ástra·]《ﾗﾃﾝ語》(auf rauhen Wegen zu den Sternen) 苦難の道を経て栄光の星へ. [◇Sporn, astro..]

Per·bo·rat[pɛrborá:t] 中 -[e]s/-e《化》過硼(ﾎｳ)酸塩.

per cas·sa[pɛr kása·]《ｲﾀﾘｱ語》(gegen Barzahlung)《商》現金〈即金〉払いで. [„durch Kasse"]

Perch·ta[pέrçta·] (**Perch·te**[..tə]) 人名《南部》Frau ~《ｹﾞﾙﾏﾝ伝説》ペルヒタおばさん. [*mhd.*]

Perch·ten[pέrçtən] 複《ｹﾞﾙﾏﾝ伝説》《南部》(Frau Perchta に率いられるという)亡霊の群れ.

per con·to[pɛr kɔ́nto·]《ｲﾀﾘｱ語》(auf Rechnung)《商》つけで. [◇Konto]

per de·fi·ni·tio·nem[pɛr definitsió:nɛm]《ﾗﾃﾝ語》(wie es das Wort ausdrückt) その語の意味するように, 語の定義どおりに. [◇Definition]

per·du[pɛrdý:] 形《述語的》《話》(verloren) なくなった, うせた: Das Geld ist ~. お金がない. [*fr.*; < *lat.* perdere „verderben" (◇per.., tun)]

pe·re·ant[pé(:)reant]《ﾗﾃﾝ語》(sie mögen zugrunde gehen)《話》(複数のものを)やっつけろ. [*lat.* per-īre „vergehen" (◇eilen)]

pe·re·at[pé(:)reat] **I**《ﾗﾃﾝ語》(er 〈sie〉 gehe zugrunde)《話》(単数のものを)やっつけろ. **II** **Pe·re·at** 中 -s/-s やっつけろの声: *jm.* ein ~ bringen …をののしる.

▽**Per·em[p]·tion**[perɛm(p)tsió:n] 女 -/-en (Verjährung)《法》〔消滅〕時効; (権利の)消滅. [*spätlat.* peremptiō „Aufhebung"; < *lat.* per-imere „ganz wegnehmen"]

per·em[p]·to·risch[..tó:rɪʃ] 形 (↔dilatorisch)《法》無効にする: eine ~*e* Einrede 永久的〈滅却的〉抗弁.

per·en·nie·rend[perɛní:rənt][1] 形 (ausdauernd) **1** ねばり強い, 根気のある; 頑丈な. **2**《植》多年生の. **3** (川が)一年じゅう水のかれない. [< *lat.* per-ennis „das ganze Jahr hindurch" (◇anno)]

Pe·re·stroi·ka[perɛstrɔ́ʏka·] 女 -/ ペレストロイカ(とくに1980年代の旧ソ連邦社会制度の改革). [*russ.* perestrojka „Umbau"]

per ex·em·plum[pɛr ɛksέmplʊm]《ﾗﾃﾝ語》(zum Beispiel) 例えば. [◇Exempel]

per fas et ne·fas[pɛr fá:s ɛt né:fas]《ﾗﾃﾝ語》(auf jede Weise)(合法・非合法を含めた)あらゆる手段で. [„mit Recht und Unrecht"]

per·fekt[pɛrfέkt] 形 **1** (改善の余地がないほど)完全な, 完璧(ｶﾝﾍﾟｷ)な, 申し分のない: eine ~*e* Hausfrau 申し分のない〈非の打ちどころのない〉主婦 | ein ~*es* Verbrechen 完全犯罪 ‖ ~ Englisch 〈ein ~*es* Englisch〉 sprechen 完璧な英語を話す.

2《話》(もはや変更の余地がないほど)決定的な, 既定の: Das Abkommen ist ~. 協定は締結された〈効力を発した〉| Seine Niederlage war ~. 彼の敗北は決定的だった ‖ den Termin 〈die Verlobung〉 mit *jm.* ~ machen …と期限〈婚約〉を取り決める.

[*lat.*; < *lat.* per-ficere „voll-enden" (◇..fizieren)]

Per·fekt[pέrfɛkt, ⌣⌣́] 中 -[e]s/-e《言》完了〔時称〕(特に現在完了: →Tempus 1).

Per·fek·ta Perfektum の複数.

per·fek·ti·bel[pɛrfɛktí:bəl] (..ti·bl..) 形 完全になし得る, 完成し得る. [*fr.*]

Per·fek·ti·bi·lis·mus[pɛrfɛktibilísmʊs] 男 -/ **1**《史》(啓蒙(ｹｲﾓｳ)主義時代の)完全指向史観. **2**《哲》完全説.

Per·fek·ti·bi·list[..líst] 男 -en/-en 完全指向史観の信奉者.

Per·fek·ti·bi·li·tät[..litέ:t] 女 -/ 完全指向能力, 完成能力. [*mlat.*–*fr.*]

per·fek·ti·bl..[..tí:bl..] →perfektibel

Per·fek·tion[pɛrfɛktsió:n] 女 -/-en **1** (改善の余地がないほどの)完全さ, 完璧(ｶﾝﾍﾟｷ)さ: technische ~ 技術的完璧さ | *et.*[4] mit großer ~ ausführen …を申し分なく遂行する. ▽**2** (法律行為の)発効. [*lat.*–*fr.*]

P

per·fek·tio·nie·ren[pɛrfɛktsioníːrən] 他 (h) 完全にする, 完璧(かんぺき)なもの〈状態〉にする. [*fr.* perfectionner]

Per·fek·tio·nis·mus[..nísmus] 男 -/ **1** (極度の)完全主義, 完璧(かんぺき)主義. **2** =Perfektibilismus

Per·fek·tio·nist[..níst] 男 -en/-en **1** 〖宗〗完全主義者(アメリカの聖書共産主義者など). **2** (極度の)完全主義者, 完璧(かんぺき)主義者.

per·fek·tio·ni·stisch[..nístɪʃ] 形 (極度に)完全主義的な, 完璧(かんぺき)主義的な.

per·fek·tiv[pérfɛktiːf, ◡◡ˊ][1] 形 (↔imperfektiv) 〖言〗完了的な: ~*e* Aktionsart (動詞の)完了相.

per·fek·ti·vie·ren[pɛrfɛktivíːrən] 他 (h) 〖言〗(接辞などにより持続的動詞を)完了〈完結〉[的]動詞にする(例 *ein*schlafen 眠り込む <schlafen 眠っている).

Per·fek·ti·vie·rung[..ruŋ] 女 -/-en perfektivieren すること.

per·fek·ti·visch[pɛrfɛktíːvɪʃ, ˊ◡◡◡] =perfektiv

Per·fek·to·prä·sens[pɛrfɛktopréːzɛns] =Präteritopräsens

Per·fekt·par·ti·zip[pérfɛkt..] 中 (Partizip Perfekt) 〖言〗過去分詞.

Per·fek·tum[pɛrfɛ́ktum] 中 -s/..ta[..taˑ]=Perfekt

per·fid[pɛrfíːt][1] (**per·fi·de**[..də]) 形 陰険な, 底意のある; 不誠実な: ein *perfider* Verrat 卑劣な裏切り. [*lat.*–*fr.*; ◇fidel]

Per·fi·die[pɛrfidíː] 女 -/-n[..díːən] (ᵛ**Per·fi·di·tät**[..ditɛ́ːt] 女 -/-en) **1** 《単数で》perfid なこと. **2** perfid な言動. [*lat.* perfidia–*fr.* perfidie; ◇*engl.* perfidy]

Per·fol[pɛrfóːl] 中 -s/ 商標 ペルフォール(透明ポリエチレン膜). [◇Folie[1]]

Per·fol≈beu·tel 男, **≈tü·te** 女 (旧東ドイツで)ポリ袋.

Per·fo·ra·tion[pɛrforatsióːn] 女 -/-en **1** (切手シートなどの)ミシン目. **2** 〖映・写〗(フィルムの縁の)パーフォレーション, 送り穴. **3** 〖医〗(潰瘍(かいよう)の)穿孔(せんこう).

per·fo·rie·ren[..ríːrən] 他 (h) 《*et.*[4]》(…に)穴をあける, (紙・フィルムに)ミシン目〈パーフォレーション〉をつける: ein *perforiertes* Papier ミシン目をつけた紙. [*lat.* per-forāre „durch-bohren" (◇bohren)]

Per·fo·rier·ma·schi·ne[..ríːr..] 女 穿孔(せんこう)器.

Per·for·manz[pɛrfɔrmánts] 女 -/-en 〖言〗言語運用. [*engl.*; <*engl.* per-form „verrichten" (◇frommen)]

per·for·ma·tiv[..matíːf][1] 形 〖言〗遂行的な: ~*e* Verben 遂行動詞(その動詞を用いての発話が同時に行為の遂行でもあるような動詞. 例 begrüßen, bitten, versprechen, warnen).

per·for·ma·to·risch[..matóːrɪʃ] =performativ

per·ga·me·nisch[pɛrgaméːnɪʃ] 形 ペルガモンの(→Pergamon).

Per·ga·ment[pɛrgamɛ́nt] 中 -[e]s/-e **1** 羊皮紙, パーチメント. **2** 羊皮紙に書いた古文書〈写本〉. [*mlat.*–*mhd.*; <*spätlat.* (charta) Pergamēna „(Papier) aus Pergamon"]

per·ga·ment·ar·tig 形 羊皮紙のような.

Per·ga·ment≈band 男 -[e]s/..bände 羊皮紙本. **≈ein·band** 男 -[e]s/..bände 羊皮紙製本.

per·ga·men·ten[pɛrgamɛ́ntən] 形 **1** 羊皮紙の. **2** 《比》(羊皮紙のように)かさかさした(皮膚など).

per·ga·men·tie·ren[pɛrgamɛntíːrən] 他 (h) (紙を)硫酸処理する, 硫酸紙にする.

Per·ga·ment≈pa·pier[pɛrgamɛ́nt..] 中 **1** 硫酸〈パーチメント〉紙(食品包装などに用いる防水・耐脂性半透明紙). **2** 模造羊皮紙. **≈rol·le** 女 羊皮紙の巻物.

Per·ga·min[pɛrgamíːn] 中 -s/ =Pergamentpapier

Per·ga·mon[pérgamɔn] (**Per·ga·mum**[..mum]) 地名 ペルガモン(トルコ西部の古代都市. ペルガモン王国の首都でヘレニズム文化の中心地). [*gr.* „Burg"(–*lat.*)]

per·ge, per·ge[pérgə pérgə] 《ラテ語》(略 pp.) (fahre fort!) 等々, その他. [◇per..]

Per·go·la[pérgolaˑ] 女 -/..len[..lən] 〖建〗パーゴラ(ツタなどをからませたアーケード・日よけ: →図). [*lat.*–*it.*]

per·hor·res·zie·ren[pɛrhɔrɛstsíːrən] 他 (h) 忌み嫌う. [*lat.*; ◇horrend]

peri.. 《名詞・形容詞などにつけて「周囲・周回」などを意味する》: *Peri*pherie 周囲 | *peri*odisch 周期的な. [*gr.*; ◇per[1]]

Pe·ri[péːriˑ] 男 -s/-s; 女 -/-s 《ふつう複数で》(古代ペルシア伝説の)善の妖精(ようせい). [*awest.*–*pers.*]

Pe·ri·an·der[peri(|)ándər] 人名 ペリアンドロス(前625頃–585頃; ギリシアの僭主(せんしゅ)で七賢人の一人).

Pe·ri·anth[peri(|)ánt] 中 -s/-e (Blütenhülle) 〖植〗花被. [<*gr.* ánthos „Blüte"]

Pe·ri·astron[peri(|)ástrɔn], **Pe·ri·astrum**[..(|)ástrum] 中 -s/..tra[..traˑ], ..tren[..trən] 〖天〗近星点. [<astro..]

Pe·ri·car·dium[perikárdium] 中 -s/..dien[..diən] =Perikardium

pe·ri·cu·lum in mo·ra[períːkulum ɪn móːraˑ] 《ラテ語》(Gefahr ist im Zögern) ぐずぐずするのは危険だ, 善は急げ. [◇Fahr, Mora[2]]

Pe·ri·derm[peridérm] 中 -s/-e 〖植〗周皮. [<*gr.* dérma „Haut"]

Pe·ri·dot[peridóːt, ..dɔ́t] 男 -s/ (Olivin) 〖鉱〗橄欖(かんらん)石. [*fr.*]

Pe·ri·ege·se[peri(|)egéːzə] 女 -/-n (特に古代ギリシアの)名所案内書. [*gr.*; <*gr.* hēgeĩsthai „führen"]

Pe·ri·eget[..(|)egéːt] 男 -en/-en (特に古代ギリシアの)名所案内書の編集者; 名所案内人. [*gr.*]

Pe·ri·gä·um[perigɛ́ːum] 中 -s/..gäen[..gɛ́ːən] (↔Apogäum) (Erdnähe) 〖天〗(月や人工衛星の)近地点. [<geo..; ◇*engl.* perigee]

Pe·ri·gon[perigóːn] 中 -s/-e, **Pe·ri·go·nium**[..góːnium] 中 -s/..nien[..niən] 〖植〗花被. [<*gr.* gonḗ „Erzeugung"]

Pe·ri·hel[..héːl] 中 -s/-e, **Pe·ri·he·lium**[..héːlium] 中 -s/..lien[..liən] (Sonnennähe) 〖天〗近日点. [<*gr.* hḗlios (→Helios)]

Pe·ri·kard[..kárt][1] 中 -[e]s/-e =Perikardium

Pe·ri·kar·di·tis[..kardíːtɪs] 女 -/..tiden[..ditíːdən] (Herzbeutelentzündung) 〖医〗心膜炎.

Pe·ri·kar·dium[..kárdium] 中 -s/..dien[..diən] (Herzbeutel) 〖解〗心膜. [<Kardia]

Pe·ri·karp[..kárp] 中 -[e]s/-e 〖植〗果皮. [<*gr.* karpós „Frucht"]

pe·ri·kle·isch[periklé:ɪʃ] 形 ペリクレス流の; 《大文字で》ペリクレスの.

Pe·ri·kles[péːriklɛs] 人名 ペリクレス(前495頃–429; 古代ギリシアの政治家: →Aspasia). [*gr.*–*lat.*]

Pe·ri·ko·pe[perikóːpə] 女 -/-n **1** 〖宗〗(奉読用の, または説教の基礎として引用される)聖書の一節, 聖書抜抄, ペリコーペ. **2** 〖詩〗詩節群. [*gr.*–*spätlat.* „Abschnitt"; <*gr.* kóptein (→Komma)]

Pe·ri·me·ter[periméːtər, períːmetər] **I** 中 (男) -s/- 〖医〗視野計. **II** 男 -s/- 〖数〗(図形の)周囲の長さ. [*gr.* perí-metros „Umkreis"]

pe·ri·me·trisch[periméːtrɪʃ] 形 〖医〗視野の.

Pe·ri·me·trium[periméːtrium] 中 -s/ 〖解〗子宮外膜. [<*gr.* mḗtrā „Gebärmutter"]

Pe·ri·ne·um[perinéːum] 中 -s/..neen[..néːən] (Damm) 〖解〗会陰(えいん)〔部〕(肛門(こうもん)と陰部の中間部). [*gr.*; <peri..+*gr.* inãn „ausleeren"]

Pe·ri·ode[perióːdə] 女 -/-n **1 a)** (Zeitabschnitt) 時期, 期間, 時代: die ~ der Weimarer Republik 〈von 1919 bis 33〉 ワイマル共和国〈1919年から33年まで〉の時代 |

ein Meisterwerk aus der reifsten ~ 円熟期の傑作. **b)** 〘地〙紀. **2 a)** 周期: die ~ der Erde ⟨der Venus⟩ 地球⟨金星⟩の周期. **b)** 〘原子力〙(原子炉の)ピリオド. **c)** 〘電〙周波, サイクル. **d)** 〘数〙循環節. **e)** (Menstruation) 〘生理〙月経, 生理: Sie hat die ~. いま彼女は月経中である. **3 a)** 〘言〙双対文(均斉のとれた複雑複合文); 《比》美文. **b)** 〘楽〙楽段, 大楽節. [*gr.* perí-odos „Herumgehen"–*lat.*]

Pe·ri·o̱den⸗bau 男 -[e]s/ 〘言〙双対文構造(構成). **⸗sy·ste̱m** 中 〘化〙(元素の)周期系. **⸗um·for·mer** 男 〘電〙周波数変換器.

Pe·ri·o̱dik[perió:dɪk] 女 -/ =Periodizität

Pe·ri·o̱di·kum[..dikʊm] 中 -s/..ka[..ka·] 《ふつう複数で》定期⟨逐次⟩刊行物.

pe·ri·o̱disch[perió:dɪʃ] 形 周期的な; 定期的な: ein ~*er* Dezimalbruch 〘数〙循環小数 | ein ~*er* Komet 〘天〙周期彗星(すいせい) | eine ~*e* Sitzung 定例会議 | das ~*e* System der Elemente 〘化〙元素の周期系. ‖ ~ erscheinende Berichte 定期報告 | Er ist ~ krank. 《比》彼はしょっちゅう病気になる.

pe·ri·odi·si̱e·ren[periodizí:rən] 他 (h) 時期に分ける, 時代区分する.

Pe·ri·odi·zi·tä̱t[..tsité:t] 女 -/ 周期性, 循環, 定期性.

Pe·ri·odon·ti̱·tis[peri(|)odɔntí:tɪs] 女 -/..tiden[..tití:dən] (Wurzelhautentzündung) 〘医〙歯根膜炎, 歯周炎. [<..itis]

Pe·ri·ö̱ke[peri(|)ǿ:kə] 男 -n/-n **1** 〘史〙ペリオイコイ(土地私有権をもち参政権のないスパルタの自由民: →Helot, Spartiat). **2** (↔Antöke) 〘地〙(同緯度の上で)正反対の経度上の地に住む人. [*gr.* perí-oikos „herum-wohnend"; <*gr.* oĩkos „[Wohn]haus"]

Pe·ri·o̱st[peri(|)ɔ́st] 中 -[e]s/-e (Knochenhaut) 〘解〙骨膜. [<osteo..]

pe·ri·osta̱l[peri(|)ɔstá:l] 形 骨膜の.

Pe·ri·osti̱·tis[peri(|)ɔstí:tɪs] 女 -/..tiden[..tití:dən] (Knochenhautentzündung) 〘医〙骨膜炎. [<..itis]

Pe·ri·pa·te̱·ti·ker[peripaté:tikər] 男 -s/- 〘哲〙ペリパトス学派(狭義のアリストテレス学派)の人. [*gr.*–*lat.*; <*gr.* peri-pateĩn „umher-wandeln" (◇Pontus)]

pe·ri·pa·te̱·tisch[..tɪʃ] 形 ペリパトス学派の.

Pe·ri·pe·ti̱e[peripetí:] 女 -/-n[..tí:ən] (Wendepunkt) (特にドラマの)転回点, (筋の)急転回. [*gr.*; <peri..+*gr.* píptein „stürzen"]

pe·ri·phe̱r[perifé:r] 形 **1** (↔zentral) 周辺部の, 外縁⟨周回⟩の; 《比》主要でない, 枝葉末節の: ~*e* Stadtteile 都市周辺部 | ~*e* Fragen 副次的諸問題. **2** 〘医〙末梢(まっしょう)[性]の: das ~*e* Nervensystem 末梢神経系. **3** 〘電算〙周辺装置の.

Pe·ri·phe·ri̱e[..ferí:] 女 -/-n[..rí:ən] **1** 周, 周囲; 周辺部, 外縁; (都市の)周辺部, 郊外: die ~ eines Kreises 円周 ‖ an der ~ wohnen 郊外に住む | Die Frage bleibt an der ~. 《比》その問いは枝葉末節にすぎない. **2** 〘電算〙周辺装置. [*gr.* periphéreia–*spätlat.*; <*gr.* peri-phérein „umher-tragen" (◇..phor)]

ᵛ**pe·ri·phe̱·risch**[..fé:rɪʃ] =peripher

Pe·ri·phra̱·se[perifrá:zə] 女 -/-n 〘修辞〙迂言(うげん)法, 遠回しな言い方. [*gr.*–*lat.*]

pe·ri·phra·si̱e·ren[..frazí:rən] 他 (h) 遠回しに表現する.

pe·ri·phra̱·stisch[..frástɪʃ] 形 遠回しな, 婉曲な.

Pe·ri·sko̱p[peri̇skó:p, ..rɪs..] 中 -s/-e 潜望鏡.

pe·ri·sko̱·pisch[..pɪʃ] 形 潜望鏡のような; 潜望鏡による. [<*gr.* peri-skopeĩn „umher-spähen"]

Pe·ri·sta̱l·tik[peristáltɪk, ..rɪs..] 女 -/ 〘動·医〙蠕動(ぜんどう). [<*gr.* peri-stéllein „rings instand setzen"]

pe·ri·sta̱l·tisch[..tɪʃ] 形 蠕動(ぜんどう)[性]の.

pe·ri·sta̱·tisch[peristá:tɪʃ, ..rɪs..] 形 **1** 〘遺伝〙環境による. ᵛ**2** (ausführlich) 詳細な. [<*gr.* perí-stasis „(äußerer) Um-stand"]

Pe·ri·sty̱l[peristý:l, ..rɪs..] 中 -s/-e 〘建〙(古代ギリシア·ローマの)列柱廊[で囲まれた中庭]. [*gr.*–*lat.*; <*gr.* stỹlos (→Stylit)]

Pe·ri·to·ne̱·um[peritoné:ʊm] 中 -s/..neen[..né:ən] (Bauchfell) 〘解〙腹膜. [*gr.*–*spätlat.*; <*gr.* periteínein „um-spannen" (◇Tonus)]

Pe·ri·to·ni̱·tis[..ní:tɪs] 女 -/..tiden[..nití:dən] (Bauchfellentzündung) 〘医〙腹膜炎. [<..itis]

ᵛ**Per·ju·ra·tio̱n**[pɛrjuratsió:n] 女 -/-en (Meineid) 〘法〙偽証. [<*lat.* per-iūrāre „falsch schwören"]

Per·ka̱l[pɛrká:l] 男 -s/-e ペルカル(下着に用いる綿布). [*pers.* pargālah „Fetzen"–*fr.* percale]

Per·ko·la̱t[pɛrkolá:t] 中 -[e]s/-e 〘薬〙浸剤, 浸液.

Per·ko·la·tio̱n[pɛrkolatsió:n] 女 -/-en **1** 〘化〙浸出⟨浸透⟩法, パーコレーション. **2** 〘地〙浸透. [*lat.*]

Per·ko·la̱·tor[..lá:tɔr, ..to:r] 男 -s/-en[..lató:rən] 〘化〙浸出⟨浸透⟩器, パーコレーター.

per·ko·li̱e·ren[..lí:rən] 他 (h) 〘化〙浸出⟨浸透⟩させる. [*lat.*; <*lat.* cōlāre „durchseihen"]

Per·kus·sio̱n[pɛrkʊsió:n] 女 -/-en **1** (Beklopfen) 〘医〙打診[法]. **2** (Stoß) 衝撃; (銃の)撃発. **3** 〘楽〙 **a)** (ハルモニウムの)リード打撃装置. **b)** パーカッション, 打楽器群. [*lat.*; ◇perkutieren]

Per·kus·sio̱ns⸗ge·wehr 中 (19 世紀の)撃発銃. **⸗ham·mer** 男 〘医〙打診槌(つい). **⸗in·stru·ment** 中 《ふつう複数で》〘楽〙打楽器セット.

per·kus·so̱·risch[pɛrkʊsó:rɪʃ] 形 〘医〙打診[上]の, 打診による.

per·ku·ta̱n[pɛrkutá:n] 形 〘医〙経皮(けいひ)の, 経皮的な.

per·ku·ti̱e·ren[pɛrkutí:rən] 他 (h) (beklopfen) 〘医〙打診する. [*lat.*; <per..+*lat.* quatere „schütteln"; ◇Perkussion; *engl.* percuss]

per·ku·to̱·risch[..tó:rɪʃ] =perkussorisch

Perl[pɛrl] 女 -/ 〘印〙5 ポイント活字.

Pe̱rl⸗boot[pɛ́rl..] 中 (Nautilus) 〘貝〙オウムガイ(鸚鵡貝). **⸗druck** 男 -[e]s/-e 〘印〙5 ポイント活字の印刷.

Pe̱r·le[pɛ́rlə] 女 -/-n **1** 真珠: eine künstliche ~ 人造真珠 | Zucht*perle* 養殖真珠 ‖ ~*n* fischen ⟨züchten⟩ 真珠を採る⟨養殖する⟩ | ~*n* auf eine Schnur reihen 真珠をひもに通す | **~*n* vor die Säue werfen** 《話》豚に真珠を投げ与える, 猫に小判を与える ‖ ***jm.* fällt deswegen keine ~ aus der Krone** 《話》だからといって…の品位に傷がつくわけではない. **2** 《比》 **a)** 珠玉, 貴重な⟨美しい⟩もの: eine ~ der deutschen Dichtung ⟨Baukunst⟩ ドイツ文学⟨建築⟩の至宝. **b)** よく働いてくれる人, (特に:) お手伝いさん: Seine Sekretärin ist eine ~. 彼の秘書嬢は働き者だ. **c)** 《話》ガールフレンド. **3** (真珠状のもの. 例えば:) **a)** 珠; しずく; 泡; 丸薬: die ~*n* des Rosenkranzes ロザリオ⟨数珠⟩の玉 ‖ ~*n* aus Glas herstellen ガラス玉を作る | Der Schweiß stand ihm in ~*n* auf der Stirn. 彼の額には玉の汗が浮いていた. **b)** (動物の)ぶち. **c)** 〘狩〙(シカなどの角の)こぶ. **d)** 《北部》(目の)ものもらい.

[*vulgärlat.*–*ahd.* per[a]la; <*lat.* perna „Hinterkeule" (◇Ferse); ◇*engl.* pearl]

pe̱r·len[1][pɛ́rlən] 自 **1** (h, s) したたる; しずくになる (h, s について: →schwimmen I 1 ☆): Der Regen *perlt* von den Blättern. 雨のしずくが葉からしたたり落ちる | Der Schweiß *perlt* ihm über die Wangen ⟨auf der Stirn⟩. 玉の汗が彼のほおを流れる⟨額に浮いている⟩ | Das Auge *perlt* von Tränen. 目に涙が光っている. **2** (h) (玉を転がすように)美しく響く: Die Akkorde *perlen* aus dem Klavier. ピアノから美しい和音が響く | ein *perlendes* Lachen 玉を転がすような笑い声. **3** (h) (シャンパンなどが)泡立つ: Der Wein *perlt* im Glas. グラスのワインから泡が立ちのぼる. **4** (h) 真珠⟨珠玉⟩で飾る: ein *geperlter* Armring 真珠をはめこんだ腕輪.

pe̱r·len[2][−] 形 《付加語的》真珠製の.

Pe̱r·len⸗au·ge[pɛ́rlən..] 中 (Florfliege) 〘虫〙クサカゲロウ(草蜻蛉). **⸗band** 中 -[e]s/..bänder =Perlenschnur **⸗fi·scher** 男 真珠採取者. **⸗fi·sche·rei** 女 真珠採取[場]. **⸗ket·te** 女 真珠の首飾り⟨ネックレス⟩. **⸗schnu̱r** 女 -/..schnüre ひもに通した真珠; 真珠の首飾り

P

〈ネックレス〉. ⸗**sticke·rei** 女 真珠の縫いとり. ⸗**züch·ter** 男 真珠養殖業者.

Pẹrl⸗gras[pérl..] 中〘植〙コメガヤ(米茅)属. ⸗**grau·pe** 女 -/-n《ふつう複数で》(スープ用の)玉麦. ⸗**hir·se** 女〘植〙パールミレット, トウジンビエ(飼料). ⸗**huhn** 中〘鳥〙ホロホロチョウ.

pẹr·lig[pérlɪç][2] 形 真珠のような〔形の〕.

Per·lịt[pɛrlí:t, ..lít] 男 -s/-e **1**〘鉱〙真珠岩. **2**〘金属〙パーライト. [◇..it²]

Pẹrl⸗kraut[pérl..] 中 =Perlhirse ⸗**mu·schel** 女〘貝〙真珠貝(アコヤガイなど).

Pẹrl·mut·ter[pérlmʊtər, ⌣⌣́⌣] 女 -/ ; 中 -s/ (**Pẹrl·mutt**[pérlmʊt, ⌣⌣́] 中 -s/) (貝殻の内側の)真珠〔質〕層(らでん・ボタンなどの材料). [*mlat.* māter perlārum の翻訳借用; ◇ *engl.* mother-of-pearl]

Pẹrl·mut·ter⸗fal·ter 男〘虫〙(後翅裏面に真珠色の斑紋のある)ヒョウモンチョウ(豹紋蝶)の総称: Großer ~ ギンボシヒョウモン(銀星豹紋蝶). ⸗**griff** 男 真珠層製の柄(え)〈握り〉. ⸗**knopf** 男 貝ボタン.

pẹrl·mut·tern[pérlmʊtərn, ⌣⌣́⌣] 形 **1**《付加語的》真珠層で作った. **2** 真珠層のような; 真珠〔層〕色の.

Pẹrl·mut·ter·wol·ke 女〘気象〙真珠雲.

pẹrl·mutt·far·ben 形 真珠〔層〕色の.

Pẹrl·mutt⸗griff = Perlmuttergriff ⸗**knopf** =Perlmutterknopf

Per·lo·ku·tion[pɛrlokutsió:n] 女 -/-en〘言〙発話〈発語〉媒介行為. [◇ Lokution]

Pẹr·lon[pérlɔn] 中 -s/ 商標 ペルロン(化学繊維). [<per..+Nylon]

Pẹr·lon·strumpf 男 ペルロン製の靴下.

pẹr·lon·ver·stärkt 形 ペルロン加工によって強化された(糸など).

Pẹrl⸗pilz[pérl..] 男〘植〙ガンタケ. ⸗**reis** 男 粒の細かな米. ⸗**schrift** 女 -/ =Perl ⸗**sucht** 女 -/〘畜〙(皮膚に真珠状の結節を生じる)牛の結核.

Per·lu·stra·tion[pɛrlʊstratsió:n] 女 -/-en《ｵｰｽﾄﾘｱ》(容疑者などの)勾留(こうりゅう)尋問, 取り調べ.

per·lu·strie·ren[..strí:rən] 他 (h)《ｵｰｽﾄﾘｱ》《*jn.*》勾留(こうりゅう)尋問する, 取り調べる. [*lat.*]

Pẹrl⸗zwie·bel[pérl..] 女〘植〙ヒメニンニク(姫大蒜); ラッキョウ(辣韮). ⸗**zwirn** 男 固いより糸.

Perm[pɛrm] 中 -s/〘地〙(古生代の)ペルム〈二畳〉紀; ペルム〈二畳〉系. [地名; ◇ *engl.* Permian]

Pẹr·ma·frost·bo·den[pérmafrɔst..] 男〘地〙永久凍土層.

per·ma·nent[pɛrmanént] 形 (dauernd) 永久的な, 持続的な, 不変な: ein ~*er* Ausschuß 常設委員会 | eine ~*e* Gefahr 絶えざる危険 ‖ ~*e* Geldsorgen haben しょっちゅう金に困っている. [*lat.–fr.*; < *lat.* per-manēre „fort-dauern"]

Per·ma·nent⸗farb·stoff 男 (塗料・印刷インキ用の)耐久色素. ⸗**ma·gnet** 男 永久磁石.

Per·ma·nenz[pɛrmanénts] 女 -/ (Dauer) 持続, 不変: **in ~** 永久的に, 恒常的に; 間断なく | eine Krise in ~ 恒常的危機 | Die Sitzung erklärte sich in ~. 会議は(審議終了まで)無休会を宣した. [*mlat.*]

Per·man·ga·nat[pɛrmaŋganá:t] 中 -〔e〕s/-e〘化〙過マンガン酸塩.

per·mea·bel[pɛrmeá:bəl] (..mea·bl..) 形 (↔impermeabel)〘化・生〙浸透〈透過〉性の. [*spätlat.*; < *lat.* permeāre „durch-wandern"]

Per·mea·bi·li·tät[..meabilitέ:t] 女 -/〘化・生〙浸透性, 透過性.

Pẹr·mier[pérmiər] 男 -s/- ペルミ人(ウラル山脈の先住民). [<Perm]

per mịl·le[pɛr mílə] =pro mille

pẹr·misch[pérmɪʃ] 形 **1**〘地〙二畳系の. **2**〘言〙ペルミ人〈語〉の: →deutsch | das *Permische* ペルミ語(フィン=ウゴル語族の言語). [<Perm]

[▽]**Per·mịß**[pɛrmís] 男 ..misses/..misse **1** (Erlaubnis) 許可. **2** (Erlaubnisschein) 許可証. [*lat.*]

[▽]**Per·mis·sion**[pɛrmɪsió:n] 女 -/-en (Erlaubnis) 許可. [*lat.*]

per·mis·siv[pɛrmɪsí:f][1] 形 許容的な, (他人の言動に対して)寛大な, 大目に見る.

Per·mis·si·vi·tät[..mɪsivitέ:t] 女 -/ permissiv なこと.

[▽]**per·mit·tie·ren**[..mɪtí:rən] 他 (h) (erlauben) 許可する. [*lat.*]

per·mu·ta·bel[pɛrmutá:bəl] (..ta·bl..) 形 **1** 交換〈置換〉可能な; 〘言〙(配語上)位置転換可能な. **2**〘数〙順列の. [*spätlat.*]

Per·mu·ta·tion[..mutatsió:n] 女 -/-en **1** 交換, 置き換え; 〘言〙(配語上の)位置転換, 置換. **2**〘数〙順列. [*lat.*]

per·mu·tie·ren[..mutí:rən] 他 (h) 交換〈置換〉する; 〘言〙(配語上)位置転換する. [*lat.*]

Per·nam·buk·holz[pɛrnambú:k..] 中 (Brasilholz)〘植〙ブラジルスオウ(蘇芳). [<Pernambuco (ブラジル東部の州名)]

per nẹ·fas[pɛr né:fa(:)s]《ﾗﾃﾝ語》(auf widerrechtliche Weise) 非合法な手段で.

per·ni·ziös[pɛrnitsiø:s][1] 形 (bösartig) **1** たちの悪い; 悪意のある. **2**〘医〙悪性の: ~*e* Anämie 悪性貧血. [*lat.–fr.* pernicieux; < *lat.* per-niciēs „Verderben" (◇nekro..)]

Pe·rón[perɔ́n] 人名 Juan Domingo ~ フアン ドミンゴ ペロン(1895–1974; Argentinien の軍人・政治家).

Pe·ro·nis·mus[peronísmʊs] 男 -/ ペロン主義.

Pe·ro·nist[..níst] 男 -en/-en ペロン主義者.

pe·ro·ni·stisch[..nístɪʃ] 形 ペロン主義の.

per·oral[pɛr|orá:l] 形〘医〙経口の(→per os).

[▽]**Per·ora·tion**[..|oratsió:n] 女 -/-en **1** とうとうたる弁舌, 大熱弁. **2** 演説の結び. [*lat.*]

[▽]**per·orie·ren**[..|orí:rən] 自 (h) **1** 熱弁をふるう. **2** 演説を結ぶ. [*lat.*]

per os[pɛr ó:s]《ﾗﾃﾝ語》(durch den Mund)〘医〙(薬の使用法で)経口で, 飲み薬として.

Pẹr·oxyd[pér|ɔksy:t, ⌣⌣́][1] 中 -〔e〕s/-e〘化〙過酸化物.

per pe·des 〔**apo·sto·lo·rum**〕[pɛr pé:de:s (apɔstoló:rʊm)]《ﾗﾃﾝ語》《戯》(zu Fuß 〔wie die Apostel〕) 徒歩で.

Per·pe·des-Wa·gen 男《戯》einen ~ fahren 徒歩で行く.

Per·pen·di·kel[pɛrpɛndí:kəl; ｵｰｽﾄﾘｱ: ..díkəl] 男 中 -s/- **1** (Uhrpendel) (時計の)振り子. **2**〘海〙(船舶の)全長(船首・船尾からの両垂線の距離). [▽]**3** 測鉛. [*lat.* „Bleilot"; < *lat.* 〔per〕pendere „abwägen" (◇Pension)]

per·pen·di·ku·lar[..pɛndikulá:r] 形, **per·pen·di·ku·lär**[..lέ:r] 形 (senkrecht) 垂直〈鉛直〉な. [*lat.*]

[▽]**per·pe·tuell**[pɛrpetuέl] ([▽]**per·pe·tuier·lich**[..tuí:rlɪç]) 形 (fortwährend) 継続〈持続〉的な. [*lat.–fr.* perpétuel; < *lat.* per-petuus „durch-gängig"]

Per·pe·tu·um mo·bi·le[pɛrpé:tuʊm mó:bilə] 中 --〔s〕/--〔s〕, ..tua ..lia[..tua· mobí:lia·] **1**〘理〙(理論的に不可能な空想上の)永久運動. **2**〘楽〙無窮動, 常動曲. [*lat.*; <per..+*lat.* petere (→Petition)]

per·plex[pɛrplέks] 形《話》(verblüfft) 唖然(あぜん)とした, あっけにとられた, びっくりした: über *et.*[4] ganz ~ sein …ですっかり面くらっている. [*lat.* „verworren"–*fr.*; ◇Plexus]

Per·ple·xi·tät[..plɛksitέ:t] 女 -/-en 当惑, 困惑, うろたえ; 茫然(ぼうぜん)自失.

per pro·cu·ra[pɛr prokú:ra·]《ｲﾀﾘｱ語》(in Vollmacht) (略 pp., ppa.) (代理人の署名に添えて)全権を委託されて, 代理として. [◇Prokura]

Per·ron[pɛrɔ̃:, ..rɔ́ŋ; ｵｰｽﾄﾘｱ: ..ró:n; ｽｲｽ: pέrɔ̃:] 男 -s/-s **1**《ｽｲｽ》(Bahnsteig) プラットホーム. [▽]**2** (Plattform) (路面電車などの)デッキ, 立席. [*afr.* „großer Stein"–*fr.*; < *lat.* petra „Fels" (◇petro..)]

per sal·do[pɛr záldo·]《ｲﾀﾘｱ語》(zum Ausgleich)〘商〙差引差額として(→Saldo).

per se[pɛr zé:]《ﾗﾃ語》(an sich) それ自体として; (von selbst) おのずから. [„durch sich"]

die **Per·sei·den**[pɛrzeí:dən] 複 〘天〙 ペルセウス座流星群. [*gr.* Perseídēs; ◇Perseus, ..iden]

▽**Per·se·ku·tion**[pɛrzekutsió:n] 女 -/-en (Verfolgung) 追及, 追跡. [*lat.*; < *lat.* per-sequī „ver-folgen"]

Per·sen·ning[pɛrzénɪŋ] 女 -/-e〔n〕, -s 〘海〙 防水シート. [*fr.* préceinte „Umhüllung"−*ndl.*; ◇pro.., Zingulum]

Per·se·pho·ne[pɛrzé:fone·] 人名 〘ギ神〙 ペルセポネ (Hades の妻で死者の国の女王. ラテン語形 Proserpina). [*gr.* −*lat.*]

Per·se·po·lis[pɛrzé:polɪs] 地名 ペルセポリス(古代ペルシア帝国の都). [*gr.*−*lat.*]

Per·ser[pɛ́rzər] 男 -s/- **1** (⊛ **Per·se·rin**[..zərɪn]-/-nen) ペルシア人. **2** =Perserteppich **3** =Perserkatze [◇Persien]

Per·ser≈kai·ser 男 ペルシア皇帝. ≈**kat·ze** 女 ペルシア猫.

der **Per·ser·krieg** 男 -〔e〕s/-e 〘史〙 ペルシア戦争(前492-前479; ペルシアのギリシア侵略によって起こり前後3回にわたった).

Per·ser·tep·pich 男 ペルシアじゅうたん.

Per·seus[pɛ́rzɔʏs] **I** 人名 〘ギ神〙 ペルセウス (Zeus と Danae の子. Medusa を殺して帰る途中 Andromeda を救って妻とした). **II** der **Per·seus** 男 -/ 〘天〙 ペルセウス座(秋に天の川に沿って見える星座). [*gr.*−*lat.*]

▽**Per·se·ve·ranz**[pɛrzeveránts] 女 -/ (Ausdauer) 持続, ねばり. [*lat.*]

Per·se·ve·ra·tion[..ratsió:n] 女 -/-en **1** 〘心〙 固執. **2** 〘医〙 保続〔症〕. [*spätlat.*]

per·se·ve·rie·ren[..rí:rən] 自 (h) **1** 固執する. **2** 〘心〙 (想念などが意識に)反復して現れる. [*lat.*; < *lat.* sevērus (→Severität)]

Per·sia·ner[pɛrziá:nər] 男 -s/- ペルシア子羊の毛皮(コート・帽子などに用いる).

Per·si·en[pɛ́rziən] 地名 ペルシア (Iran の旧称). [*gr.*−*lat.*−*mhd.* Persia; ◇Perser]

Per·si·fla·ge[pɛrziflá:ʒə; ｵｰｽﾄﾘｱ:..flá:ʒ] 女 -/-n[..ʒən] (誇張・皮肉などによる)風刺, ひやかし: eine ～ auf das moderne Leben 現代生活への風刺. [*fr.*; <..age]

per·si·flie·ren[..flí:rən] 他 (h) (誇張・皮肉などによって)風刺する, ひやかす, 皮肉る. [*fr.*; < *fr.* siffler „〔aus〕pfeifen" (◇Sibilant)]

Per·si·ko[pɛ́rziko·] 男 -s/-s ペルシコ(モモ・リンドウなどで香りをつけたリキュール). [*fr.* persicot; < *lat.* Persicus (→Pfirsich)]

Per·sil[pɛrzí:l] 中 -s/ 商標 ペルジール(洗剤). [< Perborat+Silikat]

Per·sil·schein 男 《戯》(政治上の過去に関する)潔白証明書; (忠誠度を保証する)推薦状.

Per·si·mo·ne[pɛrzimó:nə] 女 -/-n **1** 〘植〙 パーシモン(北米産カキ属の木). **2** パーシモンの実. [*indian.*−*engl.*]

Per·si·pan[pɛrzipá:n, ⌣⌣–] 中 (男) -s/-e 〘料理〙 ペルジパーン(アンズ・モモを用いたケーキ). [◇Pfirsich, Marzipan]

per·sisch[pɛ́rzɪʃ] 形 ペルシア〔語〕の: →deutsch ‖ der *Persische* Golf ペルシア湾. [< Persien]

per·si·stent[pɛrzɪstɛ́nt] 形 持続的な, 頑固な. [*lat.* persistere „durch-stehen"]

Per·si·stenz[..tɛ́nts] 女 -/-en **1** 持続; 〘医〙 (病気の)継続〔性〕. ▽**2** ねばり強さ, 根気.

Per·son[pɛrzó:n] 女 -/-en **1 a)** (事物に対しての)人, 人間, 人員: ～*en* mit der Bahn befördern 旅客〈人員〉を鉄道で運ぶ | *Personen* kamen bei dem Unfall nicht zu Schaden. その事故では人的被害はなかった | die Sache über die ～ stellen (人よりも事柄を優先して)事務的に判断する | Man muß die ～ von der Sache trennen. 事柄と人とを切り離して考えねばならない ‖ Der Eintritt kostet eine Mark pro 〈je〉 ～. 入場料は1名1マルクです ‖〘数詞と〙eine Familie von fünf ～*en* 5人家族 | Das Schiff faßt zwanzig ～*en.* その船には20人乗れる | Wir waren sechs ～*en.* 我々は6人だった | Da war keine ～ zu sehen. そこには人っ子ひとり見えなかった.
b) 人柄, 人物; 体つき, 姿: eine stattliche 〈unscheinbare〉 ～ 堂々たる〈見ばえのしない〉人 ‖ Wir dürfen nicht die ～ des Autors in die Erörterung hineinziehen. 我々は著者自身のことはうんぬんしてはならない ‖ Die Freiheit der ～ ist unverletzlich. 〘法〙 人身の自由は不可侵である(ドイツ基本法) | ohne Ansehen der ～ (→ansehen II 4) ‖ ich **für** meine ～ 私個人〈自身〉としては | **in** 〔**eigener**〕 **～** / 《戯》 in höchsteigener ～ 本人自身で | Der Dekan in ～ war anwesend. 学部長みずから出席していた | Er ist die Treue 〈die Ehrlichkeit〉 in ～. 彼は誠実〈率直〉そのものである | *et.*[1] **in einer ～ sein** 一人で…を兼ねている | Er ist Kläger und Richter in einer ～. 彼は原告であると同時に裁判官でもある | *et.*[1] **in ～ sein** …の化身(ｹﾞﾝ)〈権化(ｺﾞﾝｹﾞ)〉である | Er ist Dummheit in ～. 彼はばかそのものだ | klein 〈dick〉 **von ～** sein 小柄〈でぶ〉である | *jn.* von ～ kennen …と面識がある | *jn.* **zur ～ befragen** 〈**vernehmen**〉 〘法〙 …の身上について尋問する. **c)** 〘法〙 人(自然人と法人); 人身: die juristische 〈natürliche〉 ～ 法人〈自然人〉. **d)** (⊘ **Per·sön·chen**[pɛrzø:nçən] 中 -s/-) 女〔の子〕: eine dumme 〈reizende〉 ～ ばかな〈すてきな〉女. **e)** 〘ｷﾘｽﾄ教〙 位格, ペルソナ: die drei göttlichen ～*en* (父・子・聖霊の)三位.
2 (劇・小説などの)〔登場〕人物, 役: die lustige ～ 〘劇〙 道化役 | eine stumme ～ 〘劇〙 (せりふのない)黙役, 端役.
3 《単数で》〘言〙 人称: ein Verb in der ersten 〈zweiten〉 ～ 1〈2〉人称に用いられた動詞 | die angesprochene 〈besprochene〉 ～ 2〈3〉人称.
[*lat.* persōna „Maske"−*mhd.*]

Persona →*Persona* grata, *Persona* gratissima, *Persona* ingrata, *Persona* non grata

Per·so·na gra·ta[pɛrzó:na· grá:ta·] 女 --/ 好ましい〈お気に入りの〉人物; (任地の政府から見て)好ましい外交官.

Per·so·na gra·tis·si·ma[− gratísima·] 女 --/ 最も好ましい〈いちばんお気に入りの〉人物. [*lat.*]

Per·so·na in·gra·ta[− ɪngrá:ta·] 女 --/ 好ましくない〈気に入らぬ〉人物; (任地の政府から見て)好ましからぬ外交官. [*lat.*; < *lat.* grātus „erwünscht" (◇Grazie)]

per·so·nal[pɛrzoná:l] 形 **1** 人としての, 人に関する. **2** =personell **3** 〘言〙 人称〔上〕の. [*spätlat.*; ◇..al[1]]

Per·so·nal[−] 中 -s/ 《集合的に》 **1** 職員, 従業員: das ～ eines Hotels ホテルの従業員 | das fliegende ～ 〘空〙 乗務員 | Die Firma hat ein gut geschultes ～. この商社の従業員は皆よく訓練を積んでいる ‖ das ～ einstellen 〈entlassen〉 従業員を雇い入れる〈解雇する〉. **2** (Dienerschaft) 奉公人, 召使い, 家事使用人(全体). [*mlat.*]

Per·so·nal≈ab·bau 男 -〔e〕s/ 人員削減〈整理〉. ≈**ab·tei·lung** 女 人事部〈課〉. ≈**ak·te** 女 -/-n 人事記録, 身上書. ≈**an·ga·ben** 複 (履歴書などに記入するための)本人の申告事項; 身上調査記載項目. ≈**aus·weis** 男 (国民たることを証する)身分証明書(ドイツでは16歳で発行, 旧東ドイツでは14歳に達した者に発行されていた). ≈**be·ra·ter** 男 (企業などに人材を斡旋する)人事〈人材〉コンサルタント. ≈**be·ra·tung** 女 人材斡旋〔業〕. ≈**be·schrei·bung** 女 (身分証明書・指名手配書などの)人相書. ≈**chef**[..ʃɛf] 男 人事部長〈課長〉.

Per·so·nal·com·pu·ter[pɛrzoná:lkɔmpju:tər, pø:rsənəlkɔmpjú:tər] 男 (略 PC) 〘電算〙 パーソナルコンピューター, パソコン. [*engl.* personal computer]

Per·so·na·le[pɛrzoná:lə] 中 -s/..lien[..liən], ..lia[..lia·] **1** 〘言〙 人称動詞. ▽**2** =Personalie 1

Per·so·nal≈en·dung 女 〘言〙 人称語尾. ≈**form** 女 〘言〙 (動詞の)人称形, 定〔動詞〕形. ≈**fra·ge** 女 人事問題. ≈**ge·sell·schaft** = Personengesellschaft ≈**ho·heit** 女 (↔Gebietshoheit) 〘法〙 対人高権〈主権〉.

Per·so·na·lia Personale の複数.

P

Per·so·na·lie[pɛrzoná:liə] 女 -/-n **1**《複数で》(個人に関する)一身上の事柄(生年月日・住所・職業など): falsche ~*n* angeben 履歴を偽る. **2** 個人的な〈私的な〉事柄. [*spätlat.*; ◇personell]

Per·so·na·li·en[..liən] Personale, Personalie の複数.

per·so·na·li·sie·ren[pɛrzonalizí:rən] 他 (h) 《*et.*[4]》(人間関係・権力などを)個人化する, 個人的なものにする.

Per·so·na·lis·mus[pɛrzonalísmʊs] 男 -/ **1**〔哲〕人格主義. **2**〔宗〕人格神信仰.

Per·so·na·list[..líst] 男 -en/-en〔哲〕人格主義者.

Per·so·na·li·tät[pɛrzonalitɛ́:t] 女 -/-en (Persönlichkeit) 人柄, 人物, 性格.

Per·so·na·li·täts·prin·zip 中 (↔Territorialitätsprinzip)〔法〕属人主義.

▽**per·so·na·li·ter**[pɛrzoná:litər, ..tɛr] 副 (selbst) みずから, 自分で. [*spätlat.*]

Per·so·na·li·ty-show[pə:sənǽlɪtɪʃoʊ] 女 -/《テレビ》ワンマンショー. [*engl.*]

Per·so·nal≈kenn·zei·chen[pɛrzoná:l..] =Personenkennzeichen **≈ko·sten** 複 人件費. **≈kre·dit** 男〔経〕個人信用. **≈man·gel** 男 -s/ 人員〈人手〉不足. **≈pla·nung** 女 人事計画. **≈po·li·tik** 女 人事政策.

per·so·nal·po·li·tisch 形 人事政策〔上〕の.

Per·so·nal≈pro·no·men 中〔言〕人称代名詞. **≈rat** 男 職員協議会. **≈steu·er** 女 (↔Realsteuer) 人税. **≈union** 女 **1**〔政〕人的連合国家, 君合国, 同君連合(同一君主に統治される複数国家). **2** 兼務(同一人がいくつもの職・機能を果たすこと): zwei Funktionen in ~ ausüben ひとりで二つの職務を兼ねる. **≈ver·tre·tung** 女 (公務員の利益を代表する)職員代表〔機関〕. **≈ver·wal·tung** 女 人事管理〔部〕. **≈ver·zeich·nis** 中 職員〈従業員〉名簿. **≈wech·sel** 男 人事異動; (俳優などの)移籍.

Per·so·na non gra·ta[pɛrzó:na· no:n grá:ta·] 女 ---/ =Persona ingrata [*lat.*]

Per·sön·chen Person の縮小形.

per·so·nell[pɛrzonɛ́l] 形 従業員〈職員〉に関する: eine Abteilung ~ verstärken 部局の人員を強化する. [*spätlat.–fr.* personnel; ◇..al[1]]

Per·so·nen≈auf·zug[pɛrzó:nən..] 男 (↔Lastenaufzug) (人の乗る)エレベーター. **≈bahn·hof** 男 旅客駅. **≈be·för·de·rung** 女 旅客運送. **≈be·schrei·bung** 女 経歴書; 人相書; (事典などの) 人物記述. **≈damp·fer** 男 客船. **≈fir·ma** 女〔商〕人名を社名とする会社(→Sachfirma). **≈ge·dächt·nis** 中 人物〔についての〕記憶力(→ Namengedächtnis, Sachgedächtnis). **≈ge·sell·schaft** 女 (↔Kapitalgesellschaft)〔経〕人的会社(中小企業に多い). **≈kenn·zei·chen** 中 国民総番号, 個人別コード番号. **≈kraft·wa·gen** 男 (略 Pkw, PKW) (↔Lastkraftwagen) 乗用自動車. **≈kult** 男 個人崇拝. **≈na·me** 男 人名. **≈re·gi·ster** 中 (Namenregister) 人名索引. **≈scha·den** 男 (↔Sachschaden)〔法〕人的損害: Verkehrsunfälle mit ~ 人身事故を伴う交通事故. **≈schutz** 男 -es/ (↔Objektschutz) (警察・軍隊などによる)対人保護. **≈stand** 男 -〔e〕s/ (Familienstand) (法律上の) 家族内〈戸籍上〉の身分.

Per·so·nen·stands≈ge·setz 中〔法〕戸籍法. **≈re·gi·ster** 中 戸籍.

Per·so·nen≈ver·kehr 男 (↔Güterverkehr) 旅客輸送. **≈ver·si·che·rung** 女 人保険. **≈ver·zeich·nis** 中 人名リスト; 乗客名簿;〔劇〕登場人物表, 配役リスト; 劇団員リスト. **≈waa·ge** 女 体重計, ヘルスメーター. **≈wa·gen** 男 **1** =Personenkraftwagen **2**〔鉄道〕客車. **≈zahl** 女 人数, 人員. **≈zei·chen** 中〔言〕(動詞の)人称変化語尾. **≈zug** 男〔鉄道〕**1** (略 P) (各駅停車の)普通列車. **2** (↔Güterzug) 旅客列車.

Per·so·ni·fi·ka·tion[pɛrzonifikatsió:n] 女 -/-en 人格化, 擬人化; 体現, 具現; 権化, 化身: Neptun ist die ~ des Meeres. ネプトゥヌスは海の化身(海神)である | Er ist die ~ der Aufrichtigkeit. 彼は誠実の化身ともいうべき人だ. [*fr.*]

per·so·ni·fi·zie·ren[..tsí:rən] 他 (h) (vermenschlichen) 《*et.*[4]》(…に)人間の姿を与える, 人格化〈擬人化〉する; 体現〈具現〉する: Er ist die *personifizierte* Geduld. 彼は忍耐の化身ともいうべき人だ.

Per·so·ni·fi·zie·rung[..tsí:rʊŋ] 女 -/-en 人格化, 擬人化; 体現, 具現.

per·sön·lich[pɛrzǿ:nlɪç] 形 **1** 個人的な, 一身上の; 本人の, 自身による: eine ~*e* Ansicht 個人的〈私的〉見解 | *js.* ~*es* Eigentum …の私有財産 | *Persönliches* Erscheinen erwünscht. 本人出頭のこと | mit *jm.* in ~*em* Verkehr stehen …と個人的に交際している ‖ **~ werden** 個人的感情をあらわにする, 個人攻撃をする, 人身攻撃にわたる | ***et.***[4] **~ nehmen 〈auffassen〉** …を(自分に対する)人身攻撃ととる | Diese Kritik darfst du nicht ~ nehmen. この批判を個人攻撃と取ってはいけないよ ‖ Das Gespräch war sehr ~. 会談はたいへん打ち解けたものだった ‖ *jn.* ~ kennen …を個人的に知っている | *Persönlich!* (手紙の上書きなどで)親展 | Er kam ~. 彼本人が来た. **2** 人的な; 対人的な: die ~*e* Souveränität〔法〕対人主権. **3**〔言〕人称の: ein ~*es* Fürwort 人称代名詞. [*mhd.*; ◇Person]

Per·sön·lich·keit[–kaɪt] 女 -/-en **1**《単数で》人格, 人柄, 個性, パーソナリティー: die allseitige Entfaltung der ~ der Kinder 子供たちの人格の多面的展開. **2** 人格の持ち主, 人物: eine wichtige 〈historische〉 ~ 重要〈歴史上の〉人物 | Er ist eine ~. 彼はひとかどの男だ.

Per·sön·lich·keits≈bil·dung 女 人格の形成. **≈recht** 中〔法〕人格権. **≈spal·tung** 女〔心〕人格分裂. **≈wahl** 女〔政〕(政党ではなく候補者個人の名を書く)個人選挙.

Per·sons·be·schrei·bung[pɛrzó:ns..]《オーストリア》=Personenbeschreibung

per·spek·tiv[pɛrspɛktí:f][1] =perspektivisch

Per·spek·tiv[–] 中 -s/-e (小型の)望遠鏡.

Per·spek·ti·ve[pɛrspɛktí:və] 女 -/-n **1**〔美・数〕遠近法, 透視画法(→ 図). **2 a)** 展望, 見通し: Neue ~*n* für die Wirtschaft öffnen sich. 経済上の新しい展望が開ける | Dieser Beruf hat keine ~ mehr. この職業はもう将来性がない. ▽**b)** 遠景, 眺望. **3** 観点, 視点: *et.*[4] aus historischer 〈*seiner* eigenen〉 ~ sehen …を歴史的〈自分自身の〉見地から見る. [*mlat.*; < *lat.* specere (→spähen)]

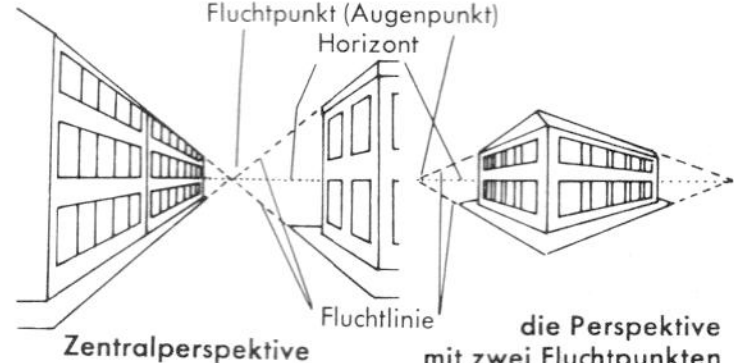

Perspektive

per·spek·ti·visch[..vɪʃ] 形 **1** 遠近法〈透視画法〉の: in ~*er* Verkürzung 遠いものほど〈遠ざかるにつれて〉小さく. **2** 将来を見通した: *et.*[4] ~ planen …の将来計画を立てる.

Per·spek·tiv≈plan[pɛrspɛktí:f..] 男 将来〈長期〉計画. **≈zeit·raum** 男 将来計画期間.

Per·spi·ra·tion[pɛrspiratsió:n] 女 -/ 〔生理〕**1** (Hautatmung) 皮膚呼吸. **2** 発汗, 蒸散. [< *lat.* spīrāre (→Spirans)]

▽**per·sua·die·ren**[pɛrzuadí:rən] 他 (h) (überreden) 説得する. [*lat.*; < *lat.* suāvis „angenehm" (→süß)]

▽**Per·sua·sion**[..zió:n] 女 -/-en 説得. [*lat.*]

▽**Per·ti·nens**[pɛ́rtinɛns] 中 -/..nenzien[pɛrtinɛ́ntsiən], **Per·ti·nenz**[pɛrtinɛ́nts] 女 -/-en **1**《単数で》(Zugehörigkeit) 所属, 付属, 所有. **2** (Zubehör) 付属物;〔法〕従物. [< *lat.* per-tinēre „sich erstrecken, betreffen"]

Per·ti·nenz·da·tiv 男〘言〙所有の与格〈3格〉.
Per·ti·nen·zi·en Pertinens の複数.
Per·tu·ba·tion[pɛrtubatsi̯óːn] 女 -/-en〘医〙卵管通気〔法〕. [*lat.*; ◇Tuba]
Per·tur·ba·tion[pɛrtʊrbatsi̯óːn] 女 -/-en (Störung)〘天〙摂動. [*lat.*; ◇turbieren]
Per·tus·sis[pɛrtʊ́sɪs] 女 -/..tusses[..tʊ́seːs] (Keuchhusten)〘医〙百日ぜき. [*lat.*; ＜*lat.* tussis „Husten"]
Pe·ru[perúː, péːruˑ] 地名 ペルー(南アメリカ西部, 太平洋に面する共和国. 1821年スペインから独立. 首都は Lima).
Pe·rua·ner[peruáːnər] 男 -s/- ペルー人.
pe·rua·nisch[..nɪʃ] 形 ペルー〔人〕の.
Pe·ru·bal·sam[perúː.., péːru..] 男 -s/ (中米産のペルーバルサムから採取される)ペルーバルサム(傷薬).
Pe·rü·cke[perʏ́kə, pɛ..] 女 -/-n **1** (Haarersatz) かつら(17-18世紀には禿頭(とく)の人にかぎらずかつらをかぶることが紳士のシンボルでもあった): eine ～ tragen かつらをかぶっている | *jm.* in die ～ fahren《話》…の髪をつかむ; …をどなりつける; …の正体をあばく | Er ist eine alte ～.《話》彼は昔のことを鼻にかけて威張っている. **2**〘狩〙(野獣の病的な)角(つの)のこぶ. [*fr.* perruque „Haarschopf"; ◇*engl.* peruke]
Pe·rü·cken≠ma·cher 男 かつら製作者〈職人〉 **≠strauch** 男〘植〙コウロボク(黄櫨木)(ウルシ科).
per ul·ti·mo[pɛr ʊ́ltimoˑ]《イタリア語》(am Monatsletzten)〘商〙月末払い(流し)で(→Ultimo).
per·vers[pɛrvɛ́rs][1] 形 **1** (widernatürlich)(特に性的な面で)自然に反する, 異常な, 倒錯した, 変態の. **2**《話》けしからぬ, 節度をわきまえぬ. [*lat.*]
Per·ver·ser·tep·pich[pɛrvɛ́rzər..] 男《話》(ふかふかした)厚手のじゅうたん.
Per·ver·sion[pɛrvɛrzi̯óːn] 女 -/-en (性的)倒錯, 変態: sexuelle ～ 性的倒錯. [*spätlat.*]
Per·ver·si·tät[..zitɛ́ːt] 女 -/-en **1**《単数で》pervers なこと. **2** pervers な言動. [*lat.*]
per·ver·tie·ren[..vɛrtíːrən] **I** 他 (h) 異常にする, 倒錯させる. **II** 自 (s) 異常になる, 倒錯する. **III per·ver·tiert**[..tíːrt] 過分 形 異常な, 倒錯した: ～*e* Lüste 異常快楽. [*lat.*]
Per·ver·tiert·heit[pɛrvɛrtíːrthaɪt] 女 -/-en **1**《単数で》pervertiert なこと. **2** pervertiert な言動.
Per·ver·tie·rung[..rʊŋ] 女 -/-en **1** pervertieren すること. **2** 異常な(倒錯した)こと.
Per·vi·tin[pɛrvitíːn] 中 -s/ 商標 ペルビチン(興奮剤). [＜per..＋*lat.* vīta „Leben"＋..in[2]]
Per·zent[pɛrtsɛ́nt] 中 -[e]s/-e《オーストリア》＝Prozent
per·zen·tuell[..tsɛntuɛ́l]《オーストリア》＝prozentual
per·zep·ti·bel[pɛrtsɛptíːbəl] (..ti·bl..) 形 (↔imperzeptibel) (wahrnehmbar) 知覚しうる. [*spätlat.*]
Per·zep·ti·bi·li·tät[..tsɛptibilitɛ́ːt] 女 -/ **1** 知覚しうること. **2** 知覚能力.
Per·zep·tion[..tsi̯óːn] 女 -/-en **1**〘心〙知覚(→Apperzeption). **2**〘医・生〙(感官による刺激の)感受. [*lat.*]
per·zep·tiv[..tíːf][1] (**per·zep·to·risch**[..tóːrɪʃ]) 形 知覚(感受)に関する; 知覚(感受)による.
▽**Per·zi·pient**[pɛrtsipi̯ɛ́nt] 男 -en/-en (Empfänger) (手形などの)受取人.
per·zi·pie·ren[..píːrən] 他 (h) **1**〘哲・心〙知覚する. **2**〘医・生〙(刺激を)感受する. ▽**3** (金を)受け取る. [*lat.*; ◇kapieren; *engl.* perceive]
Pe·sa·de[pezáːdə] 女 -/-n〘馬術〙ペサード(前脚をひいて後脚で立つ姿勢: → 図 Schule). [*it.* posata „Anhalten" －*fr.*; ＜*spätlat.* pausāre (→pausieren)]
pe·san·te[pezántə] 副 (schwer, wuchtig)〘楽〙ペサンテ, 重々しく. [*it.*; ＜*it.* peso „Gewicht" (◇Peso)]
die **Pes·ca·do·res**[pɛskadóːrɛs] 地名 複 澎湖(ほうこ)列島(台湾海峡にある群島). [*port.* pescador „Fischer"]
Pe·sel[péːzəl] 男 -s/-《北部》(特に Holstein 地方の農家の美しく飾られた)客間. [*mndd.*; ＜*lat.* (balneum) pēnsile „(Badezimmer) mit beheiztem Fußboden" (◇Pendel)]
pe·sen[péːzən][1]《02》自 (s)《話》急いで走る: zum Bahnhof ～ 駅へ走る.
Pe·se·ta[pezéːtaˑ] 女 -/..ten[..tən] (略 Pta) ペセタ(スペインの旧貨幣〔単位〕: 100 Céntimos). [*span.*]
Pe·so[péːzoˑ] 男 -[s]/-[s] ペソ(アルゼンチン・チリ・メキシコ・キューバ・フィリピンなどの貨幣〔単位〕). [*span.* „Gewicht"; ＜*lat.* pēnsum (→Pensum)]
Pes·sar[pɛsáːr] 中 -s/-e〘医〙**1** (Mutterring)(避妊用の)子宮栓, ペッサリー. **2** 膣(ちつ)座剤. [*spätlat.*; ＜*gr.* pessós „Brettspielstein"]
Pes·si·ma Pessimum の複数.
Pes·si·mis·mus[pɛsimísmʊs] 男 -/ (↔Optimismus) 厭世(えんせい)主義, 厭世観, ペシミズム.
Pes·si·mist[..míst] 男 -en/-en 厭世家, 悲観主義者, ペシミスト.
pes·si·mi·stisch[..místɪʃ] 形 厭世主義の, 悲観的な.
Pes·si·mum[pésimʊm] 中 -s/..ma[..maˑ] (↔Optimum)〘生〙(生物が生存するための)最悪の環境条件. [＜*lat.* pessimus „schlechtest"]
Pest[1][pɛst] 女 -/〘医〙ペスト, 黒死病; (Seuche) 疫病,(悪性の)伝染病;《比》(広範囲の)災厄, わざわい: Lungen*pest* 肺ペスト | Rinder*pest*〘畜〙牛疫 ‖ **wie die ～**《話》ひどく, はなはだしく | *jn.* wie die ～ hassen (→hassen I) | *jn.* wie die ～ meiden (→meiden) | wie die ～ 〔am Sabbat〕 stinken (→stinken I 1 a) | faul wie die ～ sein《話》ひどく怠けている | Er arbeitet wie die ～.《話》彼はものすごく働く ‖ Er hat die ～. 彼はペストにかかっている | ***jm.* die ～ an den Hals wünschen**《話》…にわざわいあれと祈る, …の不幸を願う | ***sich***[3] **die ～ an den Hals ärgern**《話》病気になりかねないほどひどく腹を立てる. [*lat.* pēstis; ◇Pestilenz]
Pest[2][pɛst] 地名 ペスト(ハンガリーの首都 Budapest の一部: →Budapest).
Pe·sta·loz·zi[pɛstalɔ́tsiˑ] 人名 Johann Heinrich ～ ヨハン ハインリヒ ペスタロッチ(1746-1827; スイスの教育者).
Pe·sta·loz·zi·dorf[pɛstalɔ́tsi..] 中 ペスタロッチ村(孤児のための教育団地).
pest·ar·tig[pɛ́st..] 形 ペストのような, 疫病性の; 悪臭を放つ.
Pest≠beu·le 女 **1**〘医〙ペスト腺腫(せんしゅ). **2**《比》(表面化した)害毒, 悪徳, 腐敗. **≠fet·zen** 男 -s/-《オーストリア》《話》いやなやつ: *Pestfetzen!* 畜生め. **≠ge·ruch** 男 ペスト臭; ひどい悪臭. **≠hauch** 男 毒気, 瘴気(しょうき); (悪性の)影響.
Pe·sti·lenz[pɛstilɛ́nts] 女 -/-en (Pest) ペスト, 疫病. [*lat.*; ＜*lat.* pēstilēns „Pest bringend"]
pe·sti·lenz·ar·tig 形, **pe·sti·len·zia·lisch**[..lɛntsi̯áːlɪʃ] 形 ペスト〔性〕の; 悪臭を放つ.
Pe·sti·zid[pɛstitsíːt][1] 中 -s/-e 化学殺虫剤, 害虫駆除剤. [＜..zid]
pest·krank[pɛ́st..] 形 ペストにかかった.
Pest≠säu·le 女 ペスト記念塔. **≠wurz** 女〘植〙フキ属〔の根〕(中世に発汗・解熱剤として用いられた).
Pe·tal[petáːl] 中 -s/-en (Kronblatt)〘植〙花弁. [*gr.* pétalon „Blatt"; ◇Petasos]
pe·ta·lo·id[petaloíːt][1] 形〘植〙花弁状の. [＜..oid]
Pe·ta·loi·die[petaloidíː] 女 -/〘植〙(おしべなどの)弁化〔したもの〕.
Pe·tar·de[petárdə] 女 -/-n **1** (むかし城門などの破壊に用いた)爆雷. **2** 爆竹. [*fr.* pétard; ＜*lat.* pēdere (→Podex)]
Pe·ta·sos[péːtazɔs] 男 -/- ペタソス(古代ギリシアのつばの広い帽子). [*gr.*; ＜*gr.* petannýnai „ausbreiten" (◇Faden, Patent)]
Pe·tent[petɛ́nt] 男 -en/-en (Bittsteller) 請願者. [＜*lat.* petere (→Petition)]
Pe·ter[péːtər] **I** 男名 ペーター: ～ der Große (ロシアの)ピョートル大帝(1672-1725) | dem ～ nehmen und dem Paul geben《話》借金を埋めるのにまた新しく借金をする. **II** 男 -s/-《話》(Kerl) やつ, 野郎: ein dummer 〈langweiliger〉 ～ ばか〈退屈〉なやつ ‖ **der Blaue ～**〘海〙(青地に白の正方形の)出帆旗(国際信号旗のP) | **der Schwarze ～**

P

〘ﾄﾗﾝﾌﾟ〙ばば札｜den Schwarzen ～ spielen ばば抜きゲームをする｜*jm.* **den Schwarzen ～ zuschieben 〈zuspielen〉** …にばば札をつかませる;《比》…に罪〈責任〉をかぶせる. [＜Petrus]

..peter[..pe:tər] →..fritze

Pe·ter·männ·chen 中 **1**〘魚〙トラキヌス(とげのあるキスに似た魚で聖ペテロにささげられる). **2** 起き上がりこぼし.

Pe·ters·burg[pé:tərsbʊrk] 地名 Sankt ～ サンクト ペテルブルグ(旧名 Leningrad. 1703–1914年までと旧ソ連邦崩壊後の1991年以降の呼称). [＜Peter der Große (→Peter I)]

Pe·ters·fisch 男〘魚〙マトウダイ(的鯛).

Pe·ter·sil[pé:tərzi:l] 男 -s/ 《ｵｰｽﾄﾘｱ》 ＝Petersilie

Pe·ter·si·lie[petərzí:liə] 女 -/-n〘植〙パセリ, オランダゼリ: Sie pflückt ～.《戯》彼女はダンスの相手〈結婚相手〉が見つからない｜*jm.* ist die ～ verhagelt (→verhageln I). [*gr.*－*lat.*－*mlat.*－*ahd.*; ＜petro..＋*gr.* sélīnon (→Sellerie); ◇*engl.* parsley]

Pe·ters≈kir·che[pé:tərs..] 女 -/ 聖ペテロ寺院(ローマ=カトリックの本山). **≈pfen·nig** 男〘ｶﾄﾘｯｸ〙ペトロ〈教皇〉献金.

Pe·ter·wa·gen[pé:tər..] 男《話》(警察の)パトロールカー. [1946年に英占領軍が Polizei の頭文字 P によって Peter と呼んだことから]

Pe·tit[pətí:] 女 -/〘印〙8 ポイントの活字. [*fr.* „klein"]

Pe·ti·ta Petitum の複数.

Pe·ti·tes·se[pətitɛ́sə] 女 -/-n (Geringfügigkeit) 瑣末(さまつ)な〈取るに足らない〉こと. [*fr.*]

Pe·ti·tion[petitsió:n] 女 -/-en 請願〔書〕, 陳情〔書〕: eine ～ abfassen 請願書を作成する. [*lat.*; ＜*lat.* petere „erstreben, bitten"; ◇Petent, Petitum]

pe·ti·tio·nie·ren[..tsioní:rən] 自 (h) 《um *et.*[4]》(…を)請願する,(…の)請願書を出す.

Pe·ti·tions·recht[petitsió:ns..] 中〘法〙請願権, 陳情の権利.

Pe·ti·tio prin·ci·pii[petí:tsio· prɪntsí:pii·] 女 --/ (Forderung des Beweisgrundes)〘論〙(未証明の命題による推論に対する)論拠請求. [*lat.*; ◇Prinzip]

▽**Pe·ti·tor**[petí:tɔr, ..to:r] 男 -s/-en[..titó:rən]〘法〙**1** 公職志望者. **2** (Privatkläger) 私訴原告. [*lat.*]

pe·ti·to·risch[petitó:rɪʃ] 形《もっぱら次の形で》～*e* Ansprüche〘法〙本権上の請求権.

Pe·tits fours[pətifú:r] 複〘料理〙プティフール(砂糖をかぶせたりクリームを詰めたりした小型のケーキまたはクッキー). [＜*fr.* petit four „kleiner Ofen"; ◇au four]

▽**Pe·ti·tum**[petí:tʊm] 中 -s/..ta[..ta·] (Gesuch) 申請, 出願, 請求. [*lat.*; ◇Petition]

petr.. →petro..

Pe·tra[pé:tra·] 女名 (＜Peter) ペートラ.

Pe·trar·ca[petrárka·] 人名 Francesco ～ フランチェスコ ペトラルカ(1304–74; イタリアの詩人).

Pe·trar·kis·mus[petrarkísmʊs] 男 -/〘文芸〙ペトラルカ流の恋愛詩;《比》きざで月並みな恋愛詩.

Pe·trar·kist[..kíst] 男 -en/-en ペトラルカの亜流詩人.

petre.. →petro..

Pe·tre·fakt[petrefákt] 中 -[e]s/-e, -en (Versteinerung)〘地〙化石. [＜*lat.* facere (→..fizieren)]

Pe·tre·fak·ten·kun·de 女 -/ 化石学.

petri.. →petro..

Pe·tri Petrus の 2 格.

Pe·tri·fi·ka·tion[petrifikatsió:n] 女 -/-en〘地〙石化, 化石化作用.

pe·tri·fi·zie·ren[..tsí:rən] **I** 他 (h)〔化〕石化する. **II** 自 (s)〔化〕石になる.

Pe·tri·jün·ger[pé:tri..] 男《戯》(道楽・スポーツとして)魚釣りをする人 (Petrus の弟子の意).

Pe·tri·scha·le[pé:triʃa:lə] 女 (細菌培養用の)ペトリ皿. [＜R. J. Petri (†1921; ドイツの細菌学者)]

petro..《名詞・形容詞などにつけて「石・岩」を意味する. petre.., petri.. となることもあり: →*Petre*fakt, *petri*fizieren, また母音の前では petr.. となることがある: →*Petrol*eum》[*gr.* pétros „Fels"]

Pe·tro·che·mie[petroçemí:; ｵｰｽﾄﾘｱ・ｽｲｽ: ..ke..] 女 -/ **1** 石油化学. **2** 岩石化学.

Pe·tro·che·mi·ka·lie[..çemiká:liə] 女 -/-n《ふつう複数で》石油化学製品.

pe·tro·che·misch[..çé:mɪʃ] 形 **1** 石油化学〔上〕の. **2** 岩石化学〔上〕の.

Pe·tro·dol·lar[pé:trodɔlar] 男 -[s]/-s《ふつう複数で》オイルダラー(産油国が石油輸出の代金として受け取った外貨).

Pe·tro·ge·ne·se[petrogené:zə] 女 -/-n〘地〙岩石成因論.

Pe·tro·graph[..grá:f] 男 -en/-en〔記載〕岩石学者.

Pe·tro·gra·phie[..grafí:] 女 -/〔記載〕岩石学.

pe·tro·gra·phisch[..grá:fɪʃ] 形〔記載〕岩石学〔上〕の: ～*e* Provinz 岩石区.

Pe·trol[petró:l] 中 -s/ 《ｽｲｽ》＝Petroleum

Pe·trol·äther 男〘化〙石油エーテル.

Pe·tro·le·um[petró:leʊm] 中 -s/ (Erdöl) 石油,(特に:) 灯油. [*mlat.*; ＜petro..＋*lat.* oleum (→Öl)]

Pe·tro·le·um≈ko·cher 男 石油こんろ. **≈lam·pe** 女 石油ランプ. **≈ofen** 男 石油ストーブ. **≈quel·le** 女 油田, 油井.

Pe·tro·leur[petrolø:r] 男 -s/-s (女 **Pe·tro·leu·se** [..lø:zə]-/-n) (1871年のパリ=コミューンの際の)石油放火犯人. [*fr.*]

Pe·tro·lo·ge[petroló:gə] 男 -n/-n (→..loge) 岩石学者.

Pe·tro·lo·gie[..logí:] 女 -/ 岩石学.

Pe·tro·nel·la[petronɛ́la·] 女名 ペトロネラ. [*lat.*]

Pe·trus[pé:trʊs] **I** 男名 ペートゥルス. **II** 人名《2 格 -, Petri[..tri·]》〘聖〙ペテロ, ペトロス(ユダヤ名を Simon といい, 十二使徒の一人.「岩」の意): der erste 〈zweite〉 Brief des ～ (新約聖書の)ペテロの第一〈第二〉の手紙｜*Petri* Kettenfeier〘ｶﾄﾘｯｸ〙聖ペテロの鎖の記念日(8 月 1 日)｜*Petri* Heil! よく釣れますように(釣り仲間のあいさつ. 聖ペテロは漁師であった) ‖ **bei ～ anklopfen**《婉曲に》死ぬ ‖ ***Petrus* meint es gut** 〔mit uns〕.《話》天気は良い〈良くなりそうだ〉｜**wenn ～ mitspielt**《話》もしも天気がよければ. [*gr.*－*lat.*; ◇Peter]

Pet·schaft[pétʃaft] 中 -s/-e 印章, 封印(→ 図 Siegel): *et.*[4] mit einem ～ siegeln 〈schließen〉 …に封印を押す. [*tschech.* pečet－*mhd.*]

pe·tschie·ren[pɛtʃí:rən] 他 (h) 《*et.*[4]》(…に)封印する: ***petschiert* sein**《ｵｰｽﾄﾘｱ》《話》窮地に陥っている, にっちもさっちもいかない.

Pet·ti·coat[pétiko:t] 男 -s/-s 〘服飾〙ペチコート. [*engl.*; ＜*engl.* petty coat „kleiner Rock" (◇Petit)]

Pet·ting[pétɪŋ] 中 -[s]/-s ペッティング(性的愛撫(あいぶ)): ～ machen ペッティングをする. [*amerik.*; ＜*engl.* pet „liebkosen" (◇Petit)]

petto →in *petto*

Pe·tu·nie[petú:niə] 女 -/-n〘植〙ペチュニア, ツクバネアサガオ(衝羽根朝顔). [*fr.* pétunia; ＜*indian.* petyn „Tabak"]

Petz[pɛts] 男 -es/-e (女 **Pet·ze**[1][pétsə]-/-n)《戯》(Bär) クマ(熊): Meister ～ (→Meister 5).

Pet·ze[2][pétsə] 女 -/-n《中部》(Hündin) 雌犬.

Pet·ze[3][－] 女 -/-n《話》＝Petzer

pet·zen[1][pétsən] 《02》自 (h)《話》告げ口する, 密告する.

pet·zen[2][－] 《02》《西部》＝pfetzen

Pet·zer[..tsər] 男 -s/-《話》告げ口をする人, 密告者.

peu à peu[pøapø] 《ﾌﾗﾝｽ語》(nach und nach) 少しずつ, だんだん, しだいに. [＜*lat.* paucus (→poco)]

pe·xie·ren[pɛksí:rən] ＝pekzieren

p. f. 略 ＝pour féliciter

Pf 略 ＝Pfennig

Pfad[pfa:t][1] 男 -es(-s)/-e (小 **Pfäd·chen**[pfɛ́:tçən], **Pfäd·lein**[..laɪn] 中 -s/-) **1** (車などの通れない)小道: ein steiniger 〈überwachsener〉 ～ 石ころだらけの〈草木におおわれた〉小道｜**ein dorniger ～**《比》いばらの道 ‖ **die ausgetretenen ～*e* verlassen**《比》(月並みな方法を捨て)独自の

P

道を歩む | **auf ausgetretenen ~*en* wandeln**《比》月並みな道を歩む | **auf dem ~ der Tugend wandeln**《雅》美徳の小道を歩む(徳にかなった生活を送る) | **krumme ~*e* 〈auf krummen ~*en*〉 wandeln / vom ~ der Tugend abweichen**《雅》人倫を踏みはずす, 正しくないことをする. **2**〘海・空〙(無線航法の)レーン. [*westgerm.*; ◇*engl.* path]

Pfa·der[pfá:dər] 男 -s/- 《スイス》=Pfadfinder 1

Pfad·fin·der[pfá:t..] 男 -s/- **1 a)** ボーイスカウトの隊員, 少年団員. **b)**《複数で》ボーイスカウト, 少年団. **2** (新分野の)開拓者. **3**〘空〙照明弾投下機. [*engl.* path-finder の翻訳借用]

Pfäd·lein Pfad の縮小形.

pfad·los[pfá:tlo:s][1] 形 (山野などが)道のない.

Pfaf·fe[pfáfə] 男 -n/-n (Geistlicher) **1** (聖職者を軽蔑的に)坊主. ▽**2** お坊様, 御坊. [*mgr.*－*mlat.*－*ahd.* pfaffo; <*gr.* páppās (→Papa[2])]

Pfaf·fen≈hüt·chen 中〘植〙セイヨウマユミ(西洋真弓)(僧帽に似た赤い花が咲く). **≈knecht** 男 むやみに僧を尊敬する人, 坊主きちがい.

Pfaf·fen·tum[pfáfəntu:m] 中 -s/ 《軽蔑的に》**1** 坊主がのさばること; 坊主気質. **2**《集合的に》坊主.

pfäf·fisch[pfɛ́fɪʃ] 形《軽蔑的に》**1** 坊主くさい, 信心ぶった; もったいぶった. **2** 坊主支配〈万能〉の.

Pfahl[pfa:l] 男 -[e]s/Pfähle[pfɛ́:lə] (小 **Pfähl·chen**[pfɛ́:lçən] 中 -s/-) **1** 杭(くい), (地面に立てた)棒, ポール, 標柱, 支柱: Grenz*pfahl* 境界標柱 | Laternen*pfahl* 街灯の柱 | **ein ~ im Fleisch[e]** 肉体のとげ(たえず心身を痛ましめるもの, 心労・苦痛の種. 聖書: II コリ12, 7 から) ‖ einen ~ in die Erde einschlagen 地面に杭を打ちこむ | ein paar *Pfähle* zurückstecken《比》要求を引き下げる, 控え目にしておく ‖ **die eigenen vier *Pfähle***《比》自分の家 | **in seinen vier *Pfählen***《比》自分の家〈縄張り〉で. **2**〘紋〙(盾の)縦帯(→ 図 Wappen e): zwei *Pfähle* 2本縦帯. [*lat.* pālus－*germ.*; ◇Paziszent, Palisade; *engl.* pale, pole]

Pfahl≈bau[pfá:l..] 男 -s/-ten (水辺の)杭(くい)上家屋(→ 図). **≈bau·er** 男 -s/- **1** 杭上家屋居住者. **2**《軽蔑的に》俗物. **≈bür·ger** 男 **1**〘史〙(市民権を持つ)市域外市民, 域外農村市民(農民・騎士が多い). **2**《軽蔑的に》俗物.

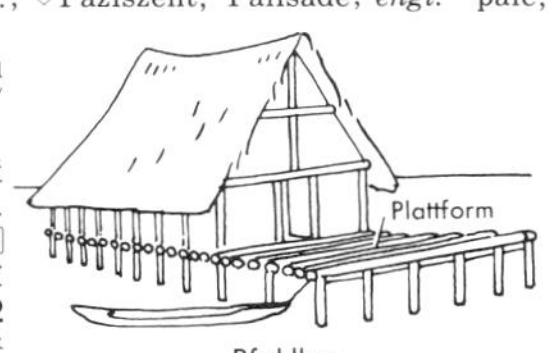

Pfahlbau

Pfähl·chen Pfahl の縮小形.

Pfahl·dorf[pfá:l..] 中 杭(くい)上家屋の集落(→Pfahlbau).

Pfäh·le Pfahl の複数.

pfäh·len[pfɛ́:lən] 他 (h) **1** (果樹などに)支柱をする. **2** (敷地などを)杭(くい)で囲む. **3**《*jn.*》〘史〙くし刺しの刑にする.

Pfahl≈feh[pfá:l..] =Feh 3 **≈gra·ben** 男〘史〙柵濠(さくごう). **≈grün·dung** 女〘土木〙杭(くい)基礎. **≈mu·schel** 女 (Miesmuschel)〘貝〙イガイ(貽貝), ムール貝(岸壁・杭などに着生するところから). **≈ram·me** 女〘土木〙杭打ち機. **≈rohr** 中〘植〙ダンチク(葮竹). **≈rost** 男〘土木〙杭格子(→ 図). **≈stel·le** 女〘紋〙縦帯位置(→ 図 Wappen a).

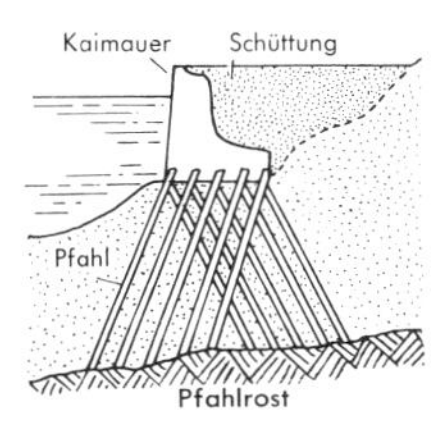

Pfahlrost

Pfäh·lung[pfɛ́:lʊŋ] 女 -/-en **1** (pfählen すること. 例えば:)〘土木〙杭打ち. **2**〘史〙くし刺しの刑.

pfahl·weise[pfá:l..] 副〘紋〙縦帯状に.

Pfahl≈werk 中 **1**〘土木〙杭(くい)打ち工[事]. **2**〘軍〙矢来, 柵(さく). **≈wurm** 男 (Schiffsbohrmuschel)〘貝〙フナクイムシ(船食虫). **≈wur·zel** 女〘植〙直根. **≈zaun** 男 杭による囲い, 柵.

Pfalz[1][pfalts] 女 -/-en〘史〙(中世ドイツの)皇帝〈国王〉の城, 館(やかた). [*mlat.* palitia－*ahd.* phalanza; <*lat.* Palātium (→Palas)]

die Pfalz[2][－] 地名 女 -/ プファルツ(昔の伯爵領で, いまは Rheinland-Pfalz 州の行政区画). [◇*engl.* the Palatinate]

Pfäl·zer[pfɛ́ltsər] **I** 男 -s/- プファルツの人. **II** 形《無変化》プファルツの.

Pfalz≈graf[pfálts..] 男〘史〙宮中伯: **Schulden haben wie ein ~**《比》大きな借金をかかえている. **≈grä·fin** 女〘史〙宮中伯夫人.

pfäl·zisch[pfɛ́ltsɪʃ] 形 プファルツの.

Pfand[pfant][1] 中 -es(-s)/Pfänder[pfɛ́ndər] **1** 担保, 抵当; 借金のかた; 質ぐさ: als 〈zum〉 ~ für *et.*[4] …の担保として | *sein* Wort zum ~ geben 〈setzen〉 言質を与える | *et.*[4] als 〈in〉 ~ nehmen …を担保に取る | *jm. et.*[4] gegen 〈auf〉 ~ leihen 担保を取って…に…を貸す | ein ~ einlösen 〈verfallen lassen〉 質を受け出す〈流す〉 | *Pfänder* spielen (余興などを強制する)罰金遊びをする(→Pfänderspiel). **2** 保証金; (使用ずみの容器を回収するための)預かり金, デポジット: für eine Flasche ~ bezahlen (空き瓶を返せば払い戻しになる)瓶代を支払う. **3**《雅》(Unterpfand) しるし, あかし: ein ~ der Liebe 愛のあかし(子供など). [*ahd.*; ◇*engl.* pawn]

pfänd·bar[pfɛ́ntba:r] 形 担保〈抵当〉となりうる, (担保物件として)差し押え可能な: der ~*e* Teil des Gehaltes 給料の差し押え可能な部分.

Pfand·brief[pfánt..] 男〘商〙担保〈抵当〉証券.

pfän·den[pfɛ́ndən][1]《01》他 (h) **1**《*et.*[4]》(担保物件として)差し押える: [*jm.*] den Lohn ~ [(…の)]賃金を差し押える. **2**《*jn.*》(…の担保物件を)差し押える.

Pfän·der[pfɛ́ndər] **I** 男 -s/-《南部》(Gerichtsvollzieher)〘法〙執達吏, 執行官. **II** Pfand の複数.

Pfän·der·spiel 中 (余興などをすれば担保の品物を返してもらえる)罰金遊び.

Pfand≈fla·sche[pfánt..] 女 デポジットボトル(預かり金を上乗せする回収可能な瓶: →Pfand 2). **≈frei·ga·be** 女〘法〙担保物件の差し押え解除. **≈geld** 中 保証金. **≈gläu·bi·ger** 男〘法〙担保権者; 質権者. **≈haus** 中 (Leihhaus) 質屋: *et.*[4] ins ~ bringen …を質に入れる | Die Uhr geht nach dem ~.《話》この時計は狂っている(質にはいっていたあいだ 巻いてもらえなかったから). **≈kehr** 女 -/〘法〙質物奪還(抵当物件の不当取り戻し).

Pfandl[pfándəl] 中 -s/-[n]《オーストリア》《話》=Pfandhaus

Pfand≈leih·an·stalt 女《オーストリア》=Pfandhaus **≈lei·he** 女 **1**《単数で》質屋業. **2** =Pfandhaus **≈lei·her** 男 質屋営業者. **≈ob·jekt** 中 抵当物件; 質ぐさ. **≈recht** 中〘法〙担保権; 質権. **≈schein** 男 質札. **≈schuld·ner** 男 質入れ債務者.

Pfän·dung[pfɛ́ndʊŋ] 女 -/-en〘法〙差し押え.

Pfän·dungs≈be·fehl 男〘法〙差し押え命令. **≈schutz** 男〘法〙差し押えに対する執行保護(過酷に過ぎる差し押えに対する債務者の保護).

Pfand≈ver·trag[pfánt..] 男〘法〙質契約. **≈zet·tel** 男 =Pfandschein

Pfan·ne[pfánə] 女 -/-n **1** (小 **Pfänn·chen**[pfɛ́nçən], **Pfänn·lein**[..laɪn] 中 -s/-) 平(ひら)なべ, [フライ]パン: Brat*pfanne* フライパン ‖ *et.*[4] in der ~ braten …を平なべで焼く | Eier in die ~ schlagen 卵を割ってフライパンに落とす ‖ ***jn.* in die ~ hauen**《話》…をこっぴどくやっつける; …をさんざんこきおろす | *et.*[4] einmal über die ~ rollen《話》…(仕事など)をさっさと〈いいかげんに〉片づける. **2** (Dachpfanne)〘建〙桟がわら, パンタイルがわら: rote ~*n* auf dem Dach haben《話》赤毛の髪をしている. **3**〘軍〙(旧式火打ち銃の)火薬ざら: ***et.*[4] auf der ~ haben**《話》…(意外なこと・

人を驚かすようなことなど)を用意している; …を企てている(もくろんでいる) | *jn.* auf der ~ haben《話》…をねらっている, …をやっつけようとしている | **einen auf der ~ haben**《卑》酔っぱらっている; 良からぬことをたくらんでいる;《卑》おならをしたい欲求に駆られる | einen auf die ~ setzen《話》一杯やる. **4 a)**〘解〙関節臼(きゅう). **b)**〘工〙(球継ぎ手の)ソケット(→ 図 Gelenk). **c)**〘土木〙(セメントなどの)練り舟. **d)**〘坑〙(選鉱・冶金(やきん)用の)大釜. **e)**〘地〙(南西アフリカの砂漠の)小盆地. [*vulgärlat.*–*germ.*; < *lat.* patina (→Patene); ◇ *engl.* pan]

Pfan·nen≈dach 中 桟がわら(パンタイルがわら)ぶきの屋根. **≈flicker** 男 いかけ(鋳掛)屋. **≈ge·richt** 中〘料理〙平(ひら)なべ(フライパン)料理. **≈schau·fel** 女〘坑〙円ショベル. **≈schmied** 男 なべ製造工. **≈stiel** 男 平なべ(フライパン)の柄.

ᵛ**Pfän·ner**[pfέnər] 男 -s/- 製塩業者.

Pfann·ku·chen[pfán..] 男〘料理〙**1** パンケーキ: Berliner ~ ベルリーナー(揚げパンの一種: → 図 Kuchen) ‖ **wie ein ~ aufgehen**《話》太る, 肥満する; ますます得意になる | platt wie ein ~ sein (→platt I 1). **2**《方》(Omelette)〘料理〙オムレツ.

Pfann·ku·chen·ge·sicht 中《話》まん丸い顔.

Pfänn·lein Pfanne の縮小形.

Pfan·zel[pfántsəl] 中 -s/-《南部》フライパン料理(フリカデルなど). [<Pfanne+Zelte]

Pfarr≈acker[pfár..] 男〔小〕教区所有農地. **≈amt** 中 Pfarrer の地位(職); Pfarrer の居宅(執務室). **≈be·zirk** 男 Pfarrer の管区.

Pfar·re[pfárə] 女 -/-n《方》=Pfarrei [*ahd.* pfarra]

Pfar·rei[pfaráɪ] 女 -/-en **1**〘新教〙(最小単位の)教区;〘カトリック〙(最小単位の)小教区, 聖堂区. **2** =Pfarramt **3** =Pfarrhaus

Pfar·rer[pfárər] 男 -s/-〘新教〙牧師;〘カトリック〙(小教区の)主任司祭: **es wie ~ Krause 〈Nolte / Raßmann / Aßmann〉 machen**《話》自分の思うままに行動する.

Pfar·re·rin[pfárərɪn] 女 -/-nen〘新教〙(地区教会の)女性牧師.

Pfar·rers≈frau[pfárərs..] =Pfarrfrau **≈toch·ter** 女 Pfarrer の娘: **unter uns 〔katholischen〕 *Pfarrerstöchtern***《話》我々だけの間で, ここだけの話として.

Pfarr≈frau[pfár..] 女 Pfarrer の妻. **≈ge·mein·de** 女 **1** Pfarrer 管轄下の教区(小教区). **2**《集合的に》Pfarrer 管轄下の教区(小教区)民. **≈gut** 中 教区(小教区)所有地. **≈haus** 中〘新教〙牧師館;〘カトリック〙(小教区教会の)主任司祭館. **≈hel·fer** 男 牧師(主任司祭)助手. ᵛ**≈herr** 男 =Pfarrer **≈kind** 中 教区(小教区)民. **≈kir·che** 女 (↔Klosterkirche) 教区(小教区)教会. **≈spren·gel** 男 =Pfarrbezirk **≈stel·le** 女 Pfarrer の職〈地位〉. **≈ver·we·ser** 男 代理牧師(司祭). **≈vi·kar** 男〘カトリック〙司祭代理(補佐);〘新教〙牧師試補, 補教師.

Pfau[pfaʊ] 男 -〔e〕s/-en (オーストリア: -en/-e) **1** (英: *peacock*)〘鳥〙クジャク(孔雀): Der ~ schlägt ein Rad. クジャクが尾羽を広げる | eitel 〈stolz〉 wie ein ~ sein (→eitel 1, →stolz 1 b). **2** der ~〘天〙孔雀(くじゃく)座. [*lat.* pāvō–*westgerm.*]

pfau·chen[pfáʊxən]《南部・オーストリア》=fauchen

Pfau·en≈au·ge[pfáʊən..] **1** (クジャクの尾羽の)蛇の目紋様. **2**〘虫〙**a)** (Tagpfauenauge) クジャクチョウ(孔雀蝶). **b)** (Nachtpfauenauge) クジャクヤママユ. **≈fe·der** 女 クジャクの羽. **≈hahn** =Pfauhahn **≈hen·ne** =Pfauhenne **≈rad** 中 広げたクジャクの尾羽. **≈spin·ner** 男〘虫〙ヤママユガ(山繭蛾)科のガ.

Pfau≈hahn[pfáʊ..] 男 クジャクの雄. **≈hen·ne** 女 クジャクの雌.

Pfd. 略 =**Pfund** ポンド.

Pfd. St. 略 =**Pfund Sterling** (貨幣単位として)イギリスポンド(ふつう £Stg と書く).

Pfef·fer[pfέfər] 男 -s/ (種類: -) **1 a)** (英: *pepper*)〘植〙コショウ(胡椒)属: Japanischer ~ サンショウ(山椒) ‖ **hingehen 〈bleiben〉, wo der ~ wächst**《話》どこかへ行ってしまう | Bleib, wo der ~ wächst!《話》どこかへ消えてしまえ | ***jn.* dahin wünschen, wo der ~ wächst**《話》…なんかどこかへ行ってしまえ(いなくなればいい)と願う. **b)**《ふつう単数で》(料理用の)コショウ〔の実〕(→ 図 Gewürz): ganzer ~ 粒(つぶ)コショウ | gemahlener 〈gestoßener〉 ~ ひいたコショウ | schwarzer 〈weißer〉 ~ 黒〈白〉コショウ | roter 〈spanischer / türkischer〉 ~ トウガラシ(唐辛子) ‖ Das ist starker ~.《話》それはひどい(しんらつだ) ‖ ***jm.* ~ in den Arsch blasen**《卑》/ ***jm.* ~ geben 〈in den Hintern pusten** /《話》unters Hemd blasen〉 …を駆りたてる, …をせきたてる | dem Auto ~ geben《話》自動車のアクセルを踏む | **~ im Arsch 〈Hintern〉 haben**《卑》気性が激しい, 活発な性格である; いらいらしている ‖〘前置詞と〙im ~ sitzen《話》途方にくれている | Da liegt der Hase im ~. (→Hase 1 a) | *et.*⁴ mit 〔einer Prise〕 ~ würzen …に〔一つまみの〕コショウを入れて味つけする. **2 ~ und Salz**〘織〙霜降り(模様)(→ 図 Muster) | ein Anzug in ~ und Salz 霜降り柄の背広. [*gr.* péperi–*lat.* piper–*westgerm.*; ◇Paprika, Pfifferling]

Pfef·fer≈fres·ser 男 (Tukan)〘鳥〙オオハシ(巨嘴鳥). **≈ge·schirr** 中《話》(投げつけて壊しても惜しくないような)安物の台所用陶器(→pfeffern I 2 a). **≈gur·ke** 女〘料理〙コショウ入りピクルス.

pfef·fe·rig[pfέfərɪç]² =pfeffrig

Pfef·fer≈korn[pfέfər..] 中 -〔e〕s/..körner コショウの実. **≈kraut** 中〘植〙サツレヤ(シソ科の一属). **≈ku·chen** 男 (Lebkuchen) プフェッファークーヘン(蜂蜜(はちみつ)・香辛料入りケーキ: → 図 Kuchen).

Pfef·fer·ku·chen≈haus 中, **≈häus·chen** 中 (あめなどをあしらい, クリスマスに飾る)家の形の Pfefferkuchen.

Pfef·fer·land 中 コショウの産地(ふつうインドを指す): *jn.* ins ~ wünschen《話》…がどこかへ行けばいい(いなくなればいい)と思う.

Pfef·fer·ling[pfέfərlɪŋ] 男 -s/-e =Pfifferling

Pfef·fer·minz[pfέfərmɪnts, ◡◡◡́] **I** 男 -es/-e =Pfefferminzlikör **II** 中 **1** -es/-e =Pfefferminzplätzchen **2**《無冠詞・無変化で》ハッカの味(香り): nach ~ schmecken 〈riechen〉 ハッカの味(におい)がする.

Pfef·fer·minz≈aro·ma[pfέfərmɪnts.., ◡◡◡́◡–◡] 中 ハッカのかおり. **≈bon·bon**[..bɔŋbɔŋ] 男 中 ハッカ入りドロップ.

Pfef·fer·min·ze[..tsə, ◡◡◡́◡] 女 -/〘植〙セイヨウハッカ(西洋薄荷), ペパーミント.

Pfef·fer·minz≈ge·schmack[pfέfərmɪnts.., ◡◡◡́◡◡] 男 ハッカの味. **≈li·kör** 男 ペパーミント=リキュール. **≈öl** 中 ハッカ油. **≈plätz·chen** 中 ハッカ入りドロップ(錠剤). **≈tee** 男 ハッカ茶.

Pfef·fer·müh·le 女 コショウひき器.

pfef·fern[pfέfərn]《05》**I** 他 (h) **1**《*et.*⁴》(…に)コショウを振りかける, コショウで味つけする;《比》(話などに)薬味をきかせる: zu sehr *gepfeffert* sein コショウがききすぎている. **2**《話》**a)** (激しい勢いで)投げつける: ***jm.* eine ~** …にすごい一発(びんた)をくらわせる | **eine *gepfeffert* bekommen 〈kriegen〉** びんたを一発くらう. **b)**《*jn.*》追い出す; 放校する.

II ge·pfef·fert → 別出

Pfef·fer·nuß 女 (クリスマスなどに食べる)コショウ入りクッキー(→ 図 Kuchen).

Pfef·fe·ro·ni[pfɛfəró:ni·] 男 -/- (**Pfef·fe·ro·ne** [..nə] 男 -/..ni[..ni·], -n)《オーストリア》(Peperone) 酢づけトウガラシ. [*it.* peperone; < *it.* pepe „Pfeffer" (◇Pfeffer)]

Pfef·fer≈sack[pfέfər..] 男 **1** コショウ袋. **2**《話》金持ちの商人, 豪商. **≈schin·ken** 男〘料理〙コショウ入り〔燻製(くんせい)〕ハム. **≈schwamm** 男〘植〙アンズタケ(杏茸). **≈so·ße** 女〘料理〙コショウ入りソース. **≈strauch** 男 コショウの木. **≈streu·er** 男 コショウ振りかけ容器(→ 図 Eßtisch). **≈vo·gel** 男 =Pfefferfresser

pfeff·rig[pfέfrɪç]² (**pfef·fe·rig**[pfέfərɪç]²) 形 コショウのきいた.

ᵛ**Pfeid**[pfaɪt]¹ 女 -/-en《ｵｰｽﾄﾘｱ》(Hemd) シャツ, 下着. [*thrak.*−*gr.* baítē „Fellkleid"−*got.* paida−*ahd.*]

Pfeid·ler[pfáɪtlər] 男 -s/-《ｵｰｽﾄﾘｱ》下着商人.

Pfei·fe[pfáɪfə] 女 -/-n (小 **Pfeif·chen**[..fçən] 中 -s/-) **1 a)** 笛(→ 図): Quer*pfeife* 横笛 ‖ die ~ blasen / auf der ~ blasen 笛を吹く | die ~ im Sack halten《話》黙って〈小さくなって〉いる ‖ **nach** *js.* **~ tanzen**《話》…の言いなりになる. **b)** ホイッスル, 呼び子; 号笛, 汽笛.

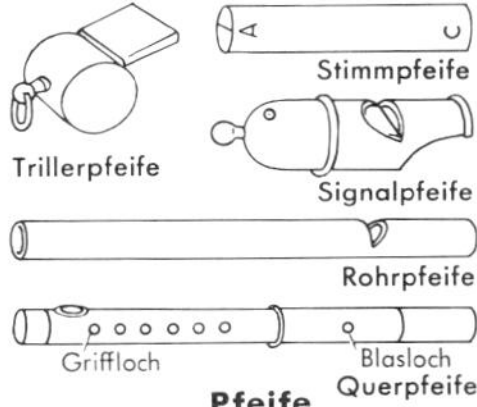

Pfeife

c) (Orgelpfeife)〘楽〙(パイプオルガンの)音管, パイプ(→ 図 Orgel). **2** (Tabakspfeife)(タバコの)パイプ: *sich*³ eine ~ anzünden パイプに火をつける | *seine* ~ rauchen / an *seiner* ~ ziehen パイプをくゆらす | *sich*³ eine ~ stopfen パイプにタバコをつめる ‖ ***jn.* in der ~ rauchen**《話》…をやすやすと意のままにする | Die ~ geht aus. パイプの火が消える. **3** (Glasbläserpfeife)(ガラス吹き工用の)吹管. **4** (アスパラガスなどの)若芽, 若茎. **5**《卑》(Penis) 陰茎, 男根. **6**《話》無能者, 役たたず. [*vulgärlat.*−*germ.*; ◇ *engl.* pipe]

pfei·fen*[pfáɪfən]《108》**pfiff**[pfɪf]/**ge·pfif·fen**; 接II pfiffe **I** 自 (h) **1** 口笛を吹く; 口笛で合図する〈非難を示す〉: laut 〈fröhlich〉 ~ 高々と〈楽しげに〉口笛を吹く | auf zwei Fingern ~ 指を2本使って口笛〈指笛〉を吹く ‖ Am Schluß des Vortrags wurde heftig *gepfiffen.* 講演が終わると激しい非難の口笛が響いた | Das kommt mir wie *gepfiffen.*《話》これは私にはもっけの幸いだ ‖ auf *jn.* 〈*et.*⁴〉 ~《話》…を問題にしない | Ich *pfeife* auf deine Freundschaft. 君の友情なんかくそくらえだ |〔nach〕*jm.* ~ 口笛を吹いて…を呼ぶ. **2** (笛を)吹く; 笛で合図する: auf einer Flöte ~ フルートを吹く | Der Schiedsrichter *pfiff* falsch. 審判は誤ってホイッスルを鳴らした ‖ Er *pfeift* auf 〈aus〉 dem letzten Loch. (→Loch 1) | Er tanzt, wie sie *pfeift.*《話》彼は彼女の言いなりである | Gott sei's getrommelt und *gepfiffen*!《戯》やれやれありがたや. **3** 笛のような音を出す; (風・弾丸などが)ピューピュー鳴る; (ねずみ・小鳥などが)チューチュー〈ピーピー〉鳴く: Der Kessel *pfeift.* (湯がわいて)やかんがピーピー鳴っている | Die Kugeln *pfeifen* um die Hütte. 弾丸が小屋の周りをヒューヒュー飛んでいる | **Jetzt *pfeift*'s 〈*pfeift* der Wind〉 aus einem anderen Loch.**《話》これからはもっと厳しいことになるぞ | Aha, daher pfeift der Wind! (→Wind 1 a) ‖ der *pfeifende* Atem ヒューヒュー鳴る呼吸 | *pfeifende* Geräusche der Lautsprecher 拡声器のピーピーという雑音. **4**《話》白状する, 泥を吐く; 仲間を売る(→II 3).

II 他 (h) **1** 口笛で吹く: eine Melodie 〈einen Schlager〉 ~ メロディー〈流行歌〉を口笛で吹く | ***sich*³ eins ~**《話》口笛を吹く;《戯》知らん顔をする | einen ~《話》一杯ひっかける | ***jm.* was 〈eins〉 ~**《話》…の願いを拒否する | Ich werde dir was ~!《話》君の言うことなどまっぴらごめんだ | Das *pfeifen* die Spatzen von den 〈allen〉 Dächern. (→Spatz 1) | Gott sei's getrommelt und *gepfiffen*! (→Gott). **2** ein Spiel ~〘ｽﾎﾟｰﾂ〙試合の審判をつとめる. **3**《話》《*jm. et.*⁴》(…に秘密などを)口外する, あかす(→I 4): Er hat 〔mir〕 nichts davon *gepfiffen.* 彼は〔私に〕そのことを全く漏らさなかった.

[*lat.* pīpāre „piepen"−*westgerm.*; 擬音; ◇ *engl.* pipe]

Pfei·fen≈be·steck[pfáɪfən..] 中 パイプ用具セット. **≈deckel** 男 (タバコの)パイプのふた. **≈fisch** 男〘魚〙ヤガラ(簳魚). **≈hei·ni** 男《話》**1** (サッカーなどの)審判, レフェリー. **2** 無能者, 役立たず. **≈kopf** 男 **1 a)** パイプのがん首. **b)**《話》パイプ. **2** 無能者, 役立たず. **≈mann** 男 -〔e〕s/..männer = Pfeifenheini 1 **≈put·zer** = Pfeifenreiniger **≈qualm** 男, **≈rauch** 男 パイプの煙. **≈rau·cher** 男 (ふだん)パイプタバコを吸う人. **≈rei·ni·ger** 男 (タバコの)パイプ掃除具, パイプクリーナー. **≈rohr** 中 パイプの管(ｸﾀﾞ). **≈si·gnal** 中 笛〈ホイッスル〉の合図. **≈spit·ze** 女 パイプの吸い口. **≈stop·fer** 男 パイプにタバコを詰める器具. **≈strauch** 男〘植〙バイカウツギ(梅花空木)属. **≈ta·bak** 男 パイプタバコ.

Pfeif·en·te[pfáɪf..] 女〘鳥〙ヒドリガモ(緋鳥鴨).

Pfei·fen≈ton[pfáɪfən..] 男 -〔e〕s/ (オランダパイプ用の)白陶土. **≈werk** 中 (パイプオルガンの)音管装置.

Pfei·fer[pfáɪfər] 男 -s/- **1 a)** 笛を吹く人. ᵛ**b)** 管楽器奏者. **2**《話》密告者, 裏切り者.

Pfei·fe·rei[pfaɪfəráɪ] 女 -/-en 絶えず〈延々と〉 pfeifen すること.

Pfeif≈ha·se[pfáɪf..] 男〘動〙ナキウサギ(啼兎). **≈kes·sel** 男 (湯がわくとピーピー鳴る)笛吹きケトル〈やかん〉. **≈kon·zert** 中《話》(聴衆・観客が不満・非難を示して)いっせいに吹く口笛. **≈si·gnal** 中 口笛の合図. **≈ton** 男 -〔e〕s/..töne 笛の音; ピーピーいう音.

Pfeil[pfaɪl] 男 -〔e〕s/-e **1** 矢: ein vergifteter ~ / Gift*pfeil* 毒矢 | Wurf*pfeil* 投げ矢 | ~*e* der Sonne《比》太陽の光線 ‖ wie ein ~ 矢のように〔速く〕 ‖ den ~ abschießen 〈auflegen〉 矢を放つ〈つがえる〉 | ~*e* des Hasses 〈des Spottes〉 abschnellen《話》憎しみ〈あざけり〉の矢を放つ |〔**alle**〕***seine* ~*e* verschossen haben**《話》刀折れ矢尽き果てる, 万策尽きている | einen ~ umsonst schießen《話》的はずれな悪口〈批判〉を口にする ‖ von Amors ~ getroffen werden (→Amor I). **2 a)** 矢印: in Richtung des ~*es* gehen 矢印の方向に進む. **b)** (Haarpfeil) 矢の形をした髪飾り. **3** der ~〘天〙矢座. [*lat.* pīlum „Wurfspieß"−*westgerm.*; ◇ *engl.* pile]

pfeil·ar·tig[pfáɪl|aːrtɪç]² 形 矢のような.

Pfei·ler[pfáɪlər] 男 -s/- **1 a)**〘建〙(丈夫な)柱, 支柱(→ 図 Gewölbe A);〘工〙台脚: ein eiserner ~ 鉄柱 | die ~ der Brücke 橋脚. **b)**《比》支え, 柱石, よりどころ: die ~ der Ordnung 秩序を支える人々. **2**〘坑〙(支柱代わりに掘り残す)鉱柱; (Kohlepfeiler) 炭柱. [*mlat.*−*ahd.* pfīlāri; < *lat.* pīla „Pfeiler"; ◇ *engl.* pillar]

Pfei·ler·bau 男 -〔e〕s/〘坑〙鉱柱〈炭柱〉式採掘.

Pfeil·flü·gel[pfáɪl..] 男 -s/〘空〙後退翼.

pfeil·för·mig 形 矢の形をした.

pfeil≈ge·ra·de (≈**gra·de**) 形 矢のようにまっすぐな. **≈ge·schwind** 形 矢のように速い.

Pfeil·gift 中 毒矢用の毒.

pfeil·gra·de = pfeilgerade

Pfeil≈hecht 男 (Barrakuda)〘魚〙カマス(魣). **≈hö·he** 女〘建〙(アーチなどの)ライズ, 迫高(迫元と迫頭との垂直距離: → 図 Bogen). **≈kö·cher** 男 箙(ｴﾋﾞﾗ), 矢筒. **≈kraut** 中〘植〙オモダカ(面高)属(矢じりの形をした葉をもつ). **≈naht** 女〘解〙(頭頂骨間の)矢状(ｼｼﾞｮｳ)縫合. **≈re·gen** 男《比》雨あられと降りそそぐ矢. **≈rich·tung** 女 矢印の方向. **≈schaft** 男 矢柄(ﾔｶﾞﾗ)(矢の幹).

pfeil·schnell = pfeilgeschwind

Pfeil≈schuß 男 矢を射ること: einen ~ weit 矢の届く距離の | *jn.* durch einen ~ töten …を一矢で射殺す. **≈schüt·ze** 男 弓の射手. **≈spit·ze** 女 矢の先端, 矢じり. **≈wurm** 男〘動〙ヤムシ(矢虫)〔類〕(毛顎(ﾓｳｶﾞｸ)動物). **≈wurz** 女〘植〙クズウコン(葛鬱金).

pfel·zen[pfɛ́ltsən]《02》《ｵｰｽﾄﾘｱ》= pelzen³

Pfen·nig[pfɛ́nɪç]² 男 -s/-e (単位: -/-) (略 Pf) プフェニヒ, ペニヒ(ユーロ導入以前のドイツの貨幣〔単位〕: $^1/_{100}$ Mark): drei Briefmarken zu zwanzig ~ 20ペニヒ切手3枚 | Die Fahrkarte kostet achtzig ~〔*e*〕. 乗車券は80ペニヒする | In der Sparbüchse habe ich dreißig ~*e*. 私の貯金箱には30ペニヒ入っている ‖ keinen ~ haben / ohne einen ~ sein 一文なしである | **keinen ~ wert sein** 一文の値打ちもない | **für *et.*⁴ keinen ~ geben**《話》…を問題にしない〈無視する〉 | jeden ~ 〔zweimal / dreimal / zehnmal〕 umdrehen (→umdrehen I 1) | Wer den ~ nicht ehrt, ist des Talers nicht wert.《諺》一銭を笑う者はまともな金を持てない, 小事をゆるがせにしては大事は成就しない ‖ **auf den**

~ **sehen** 一銭もむだにしないように気をつける | auf Heller und ~ (→Heller) | *jm.* durch Mark und ~ gehen (→Mark[3] 1 b) | **nicht für fünf ~**《話》まったく…でない | Ich habe nicht für fünf ~ Lust dazu.《話》私はそんなことには全く興味がない | **mit dem ~ rechnen müssen** 一銭一厘もおろそかにできない, 倹約せざるをえない. [*westgerm.*; ◇Penny]

Pfen·nig≠ab·satz [pféniç..] 男《話》(婦人靴の)かかとのきわめて小さいハイヒール. **≠ar·ti·kel** 男 (数ペニヒしかしないような)安い商品.

Pfen·nig·fuch·ser 男 -s/-《話》(Geizhals) けちん坊, 吝嗇(りんしょく)漢. [<fuchsen]

Pfen·nig·fuch·se·rei [pfɛnıçfʊksəráı, ⌣⌣⌣⌣⌣–] 女 -/-en けち, 吝嗇(りんしょく).

pfen·nig·groß [pféniç..] 形 1ペニヒ硬貨ほどの大きさの.

Pfen·nig≠kraut 中〔植〕ヨウシュコナスビ(洋種小茄子). **≠stück** 中 1ペニヒ硬貨. **≠wa·re** 女 =Pfennigartikel

pfen·nig·wei·se 副 (→..weise ★) 1ペニヒずつ; わずかずつ: der Groschen fällt bei *jm.* ~ (→Groschen 2 a).

Pferch [pfɛrç] 男 -[e]s/-e **1** (羊などを夜間入れておく)囲い地; 柵(さく)囲い. ▽**2** 柵囲いの中に入れられた家畜. [*mlat.* parricus (→Park) – *westgerm.*; ◇Paddock]

pfer·chen [pfɛ́rçən] 他 (h) (羊などを)柵(さく)囲いの中に入れる;《比》《*jn.*》(狭い所へ)押しこむ: in jeden Waggon hundert Soldaten ~ それぞれの車両に100人ずつ兵士を詰めこむ.

Pferd [pfe:rt; スイ: pfɛrt][1] 中 -es(-s)/-e **1** (小 **Pferd·chen** → 別出)〔動〕(雌雄の区別なく)ウマ(馬)(→ 図 A, B)(雄馬は Hengst, 雌馬は Stute, 去勢した雄馬は Wallach, 子馬は Fohlen, Füllen, また黒馬は Rappe, 白馬は Schimmel): ein arabisches ~ アラブ種の馬 | ein wildes ~ 野生の馬 | Reiter*pferd* 乗用馬 | Renn*pferd* 競走馬 | Zug*pferd* 輓馬(ばんば) ‖〖1格で〗**wie ein ~ arbeiten** 馬車馬のように働く | Das ~ rennt ⟨wiehert⟩. 馬が走る⟨いななく⟩ | **Das hält ja kein ~ aus.**《話》それは到底がまんできないことだ | **Keine zehn ~e bringen mich dahin ⟨dazu⟩.**《話》どんなことがあっても私はそこへは行かない⟨そんなことはしない⟩ | ***jm.* gehen die ~e durch**《話》…は自制心を失う⟨怒りだす⟩ | **das beste ~ im Stall sein**《話》(あるグループの中で)いちばん優秀な働き手である; (蒐集品のなかで)ぴか一である ‖〖3格で〗dem ~ in die Zügel fallen (走って来る)馬を無理に止めようとする | Überlaß das Denken den ~*en*, die haben den größeren Kopf!《話》そんな考えごとはやめてしまえ, 気にしないことだ ‖〖4格で〗~*e* füttern ⟨züchten⟩ 馬にえさをやる⟨馬を飼育する⟩ | ein ~ reiten ⟨satteln⟩ 馬に乗って行く⟨鞍(くら)をおく⟩ | **die ~e scheu machen**《話》(人の心を)不安におとしいれる⟨ひるませる⟩ | Mach mir nicht die ~*e* scheu! おどかすなよ, 意気沮喪(そそう)させるようなことを言わないでくれ | **das ~ am ⟨beim⟩ Schwanz aufzäumen**《話》物事の手順をあやまる, あべこべなことをする | **die ~e hinter den Wagen spannen**《話》物事の手順を誤る, あべこべなことをする | das ~ vor den falschen Wagen spannen《話》ことの選択を誤る | **mit *jm.* ~e stehlen können**《話》…とは何でも一緒にやれる, …はいつでも頼りになる ‖〖前置詞と〗*sich*[4] **aufs ~** schwingen ひらりと馬にまたがる | **aufs falsche ⟨richtige⟩ ~ setzen**《話》ことの認識(選択・判断・評価)を誤る⟨誤らない⟩ | alles auf ein ~ setzen《話》いちかばちかの冒険をする | **auf dem großen ⟨hohen⟩ ~ sitzen**《話》いばりくさっている | **Immer langsam ⟨sachte⟩ mit den jungen ~en!**《話》そんなに早まるな, そんなにあわてるな | **vom ~** steigen ⟨fallen⟩ 馬から降りる⟨落ちる⟩ | **einen vom ~ erzählen**《話》でまかせの話をする | **vom ~ auf den Esel kommen**《話》落ちぶれる | hoch **zu ~** 馬上ゆたかに.
2 a) 木馬: das Trojanische ~ (→trojanisch). **b)**〔体操〕鞍馬(あんば)(→ 図 C): am ~ turnen 鞍馬体操をする. **3** (Springer)〔チェス〕ナイト. ▽**4** (Reiter)〔軍〕騎兵. [*mlat.* para-verēdus „Postpferd auf Nebenlinien" – *ahd.* pfarifrit; <para..+*spätlat.* verēdus „Postpferd auf Hauptlinien" (◇reiten); ◇*engl.* palfrey]

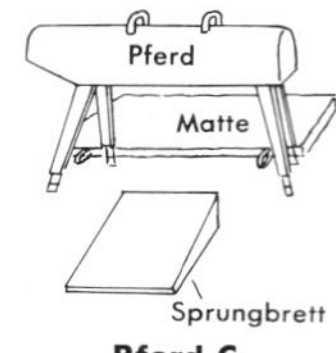

Pferd C

Pferd·chen [pfé:rtçən] 中 -s/- **1** Pferd の縮小形. **2**《話》(ひもに金を貢ぐ)売春婦: einige ~ laufen haben (ひもが)売春婦を数人かかえている.

Pfer·de·ap·fel [pfé:rdə..] 男 馬糞(ふん).

Pfer·de·ar·beit [ˊ⌣⌣ˊ⌣] 女《話》つらい仕事, 苦役.

Pfer·de≠aus·stel·lung [pfé:rdə..] 女 馬の品評会. **≠bahn** 女 馬車鉄道. **≠be·hang** 男 (儀式のときなどの)装飾馬具, 馬飾り. **≠boh·ne** 女 (Saubohne)〔植〕ソラマメ(空豆). **≠brem·se** 女〔虫〕ウマバエ(馬蠅), ウシアブ(牛虻). **≠decke** 女 **1** (毛の粗い)毛布. **2** =Wappendecke **≠dieb** 男 馬どろぼう. **≠drosch·ke** 女 辻(つじ)馬車. **≠egel** 男〔動〕ウマビル(馬蛭). **≠fleisch** 中 馬肉. **≠fuhr·werk** 中〔荷〕馬車. **≠fuß** 男 **1 a)** 馬の足; (馬の足に似た)悪魔〔など〕の足. **b)**《話》馬脚, 底意; (隠れていた)欠点, 不利な点: **einen ~ haben** まずい⟨あやしい⟩点がある | Da schaut der ~ heraus ⟨hervor⟩. / Da kommt der ~ zum Vorschein. そろそろ馬脚があらわれたぞ. **2** (Spitzfuß)〔医〕尖足(せんそく)(足関節がつま先立ちの形に変形した足). **3**〔植〕フキタンポポ. **≠fut·ter** 中 馬糧. **≠ge·biß** 中《話》きわだって大きく長い歯〔並み〕. **≠ge·schirr** 中 馬具. **≠ge·sicht** 中《話》馬づら(馬のように細長い顔). **≠ge·**

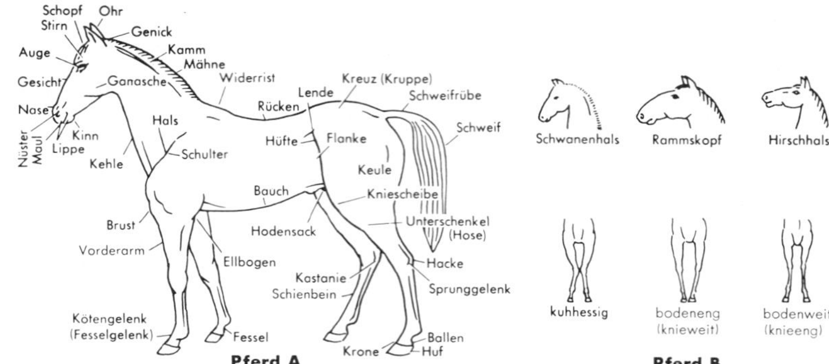

Pferd A

Pferd B

spann 中 **1** (車を引く)一組の馬. **2** 馬をつないだ車, 馬車. **≠haar** 中 馬の毛(尾・たてがみも含む). **≠han·del** 男 -s/ 馬の売買. **≠händ·ler** 男 馬商人, ばくろう. **≠heil·kun·de** 女 (Hippiatrik) 馬〔獣〕医学. **≠hirsch** 男 〘動〙スイロク(水鹿). **≠huf** 男 馬のひづめ. **≠knecht** 男 馬丁. **≠kop·pel** 女 (柵(さく)で囲った)馬の放牧場. **≠kraft** 女 **1** 馬の作業力. ▽**2** =Pferdestärke **≠kun·de** 女 -/ (Hippologie) (馬を研究する)馬学. **≠kur** 女 《話》荒療治(苦痛を伴う治療〔法〕). **≠län·ge** 女 〘競馬〙 1 馬身: dem anderen um zwei *~n* voraus sein 他の馬を 2 馬身抜いている. **≠laus·flie·ge** 女 〘虫〙ウマシラミバエ(馬蝨蠅). **≠markt** 男 馬の売買市場, 馬市. **≠milch** 女 馬乳. **≠mist** 男 馬糞〔の堆肥(たいひ)〕. **≠narr** 男 (馬に目のない)馬マニア. **≠na·tur** 女 《ふつう単数で》《話》馬のような頑健さ〔の持ち主〕. **≠oper** 女 (英: *horse opera*) 〘映〙西部劇. **≠renn·bahn** 女 競馬場〔のコース〕. **≠ren·nen** 中 -s/ 競馬. **≠ret·tich·baum** 男 〘植〙ワサビノキ(山葵木). **≠saat** 女 〘植〙セリ(芹)属. **≠schau** 女 =Pferdeausstellung **≠schlit·ten** 男 馬そり. **≠schwanz** 男 **1** 馬の尾. **2** (英: *ponytail*) ポニーテール(髪型). **≠schwem·me** 女 馬の水飲み場〈洗い場〉. **≠sport** 男 (スポーツとしての)馬術. **≠sprin·ger** 男 〘動〙イツユビトビネズミ(五指跳鼠). **≠stall** 男 馬小屋, 厩舎(きゅうしゃ).

Pfer·de·stär·ke 女 (略 PS) 〘理〙馬力: ein Motor von 30 *~n* 30馬力のエンジン. [*engl.* horse-power (◇Roß[2], potent) の翻訳借用]

Pfer·de≠stau·pe[pfé:*r*də..] 女 〘畜〙馬のジステンパー. **≠strie·gel** 男 馬ブラシ. **≠trän·ke** 女 馬の水飲み場. **≠ver·stand** 男 平易な常識, 俗識. **≠wa·gen** 男 馬車. **≠wech·sel** 男 **1** 駅馬の継ぎ立て〈乗り換え〉. **2** 〘馬術〙馬の交換. **≠zucht** 女 〔種〕馬の飼育〈品種改良〉. **≠züch·ter** 男 馬の飼育者〈品種改良家〉. **≠zun·ge** 女 《方》(Heilbutt) 〘魚〙オヒョウ(大鮃).

Pferd≠sprin·gen[pfé:*r*t..] 中, **≠sprung** 男 〘体操〙跳馬. **≠tur·nen** 中 〘体操〙鞍馬(あんば). **≠wet·te** 女 競馬の賭(かけ).

Pfet·te[pfɛ́tə] 女 -/-n 〘建〙母屋桁(もやげた) (→ 図 Dach C). [*gr.* p〔h〕áthnē „Krippe"–*spätlat.* patena–*roman.*]

Pfet·ten·dach 中 〘建〙母屋組屋根(→ 図 Dach C).

pfet·zen[pfɛ́tsən] 《02》 他 (h) 《南部》(kneifen) つねる, つまむ. [*mhd.*]

pfiff[pfɪf] pfeifen の過去.

Pfiff[–] 男 -〔e〕s/-e **1** (口笛・呼び子・小鳥などの)ピーという音; 〘スポ〙ホイッスル: der ~ einer Lokomotive 機関車の汽笛の音 | Der ~ des Schiedsrichters ertönte. 審判のホイッスルが鳴った. **2** 《話》(人目をひく)ポイント, 魅力: ein Ding mit ~ 人目をひく〈おやっと思わせる〉もの | Der Gürtel gibt dem Kleid den richtigen ~. ベルトをすると そのドレスは見ばえがする. **3** 《話》うまいやり方, こつ: **den ~ kennen 〈loshaben〉** こつを心得ている | mit allen 〔Kniffen und〕 *~en* いろいろな策を用いて. **4** 《オーストリア》プフィフ(ビール・ワインなどの単位: 約$^1/_8$ l).

pfif·fe[pfɪ́fə] pfeifen の接続法 II.

Pfif·fer·ling[pfɪ́fərlɪŋ] 男 -s/-e 〘植〙アンズタケ(杏茸)(食用キノコとして好まれている): **keinen ~ / nicht einen ~** 《話》ぜんぜん〈まったく〉…でない | keinen 〈nicht einen〉 ~ wert sein 《話》なんの値打ちもない | Das geht dich keinen ~ an. 《話》それは君には全く関係がない. [*mhd.*; ◇Pfeffer; 味の類似から]

pfif·fig[pfɪ́fɪç][2] 形 賢い, 抜け目のない, 目から鼻へ抜けるような.

Pfif·fig·keit[–kaɪt] 女 -/ pfiffig なこと.

Pfif·fi·kus[pfɪ́fikʊs] 男 -〔ses〕/-se 《話》賢い〈抜け目のない〉やつ.

Pfingst≠abend[pfíŋst..] 男 聖霊降臨祭の前夜. **≠blu·me** 女 =Pfingstrose

Pfing·sten[pfíŋstən] 中 -/- 《ふつう無冠詞で. 成句では複数扱いのことがあり, 南部・オーストリア・スイスでは複数扱いで定冠詞を伴うことがある》 **1** (キリスト教の)聖霊降臨祭(Ostern 後の第 7 日曜日): zu 〈南部: an〉 ~ 聖霊降臨祭の日に | Frohe 〈Fröhliche〉 ~! 聖霊降臨祭おめでとう | Letztes ~ war es noch kühl. この前の聖霊降臨祭の時はまだ寒かった | *Pfingsten* fällt in diesem Jahr früh 〈spät〉. ことしは聖霊降臨祭の来るのが早い〈遅い〉 | wenn Ostern und ~ zusammenfallen 〈auf einen Tag fallen〉 (→Ostern 1 a). **2** (ユダヤ教の)五旬節, ペンテコステ〔祭〕. [*gr.* pentēkosté (→Pentekoste)–*got.*–*mhd.*]

Pfingst·fest[pfíŋst..] 中 聖霊降臨祭.

pfingst·lich[pfíŋstlɪç] 形 聖霊降臨祭の; 聖霊降臨祭らしい: *~es* Wetter 聖霊降臨祭にふさわしい好天気.

Pfingst·mon·tag 男 聖霊降臨祭の月曜日(第 2 日).

Pfingst≠och·se 男 (花と若枝とで飾りたてて牧場へ放たれる)聖霊降臨祭の牛: **geputzt 〈geschmückt〉 wie ein ~** 《話》えらくめかしこんで. **≠ro·se** 女 〘植〙ボタン(牡丹)属(シャクヤクなど).

Pfingst·sonn·tag 男 聖霊降臨祭の日曜日(第 1 日).

Pfingst≠ver·kehr 男 臨霊降臨祭のころの交通〔混雑〕. **≠wo·che** 女 聖霊降臨祭の週. **≠zeit** 女 聖霊降臨祭の時節.

Pfinz·tag[pfínts..] 男 《南部》(Donnerstag) 木曜日. [*ngr.* pémptē (hēmérā) „fünfter (Tag)"; ◇penta..]

Pfir·sich[pfírzɪç] 男 -s/-e **1** 〘植〙モモ(桃). **2** 桃(果実). [*vulgärlat.* persica–*mhd.*; < *lat.* Persicus „persisch"; ◇Persien, Persiko; *engl.* peach]

Pfir·sich≠baum 男 桃の木. **≠blü·te** 女 桃の花. **≠haut** 女 桃の皮; 《比》きめの細かいピンク色の肌: die ~ abziehen 桃の皮をむく. **≠kern** 男 桃の核〈種(たね)〉.

▽**Pfi·ster**[pfístər] 男 -s/- 《南部》(Bäcker) パン屋. [*lat.* pīstor „Müller"–*ahd.*; < *lat.* pīnsere (→Pistill)]

Pfitz·ner[pfítsnər] 人名 Hans ~ ハンス プフィッツナー(1869–1949; ドイツの作曲家. 作品『パレストリーナ』など).

pflag[pfla:k][1] pflegte (pflegen の過去)の古形.

Pflanz[pflants] 男 -/ 《オーストリア》《話》(Schwindel) 詐欺, ぺてん; ひけらかし, 自慢: ~ reißen えらぶる, 虚勢を張る.

Pflänz·chen[pflɛ́ntsçən] 中 -s/- Pflanze の縮小形; 《話》しつけの悪い〈ぐれた〉若者.

Pflan·ze[pflántsə] 女 -/-n (小 **Pflänz·chen** → 別出, **Pflänz·lein**[pflɛ́ntslaɪn] 中 -s/-) **1** (英: *plant*) (↔ Tier) 植物; 草木: höhere 〈niedere〉 *~n* 高等〈下等〉植物 | insektenfressende 〈fleischfressende〉 *~n* 食虫植物 | tropische 〈einjährige〉 *~n* 熱帯〈一年生〉植物 | Blatt*pflanze* 観葉植物 | Kultur*pflanze* 栽培植物 ‖ Die ~ wächst 〈blüht〉. 植物が生育〈開花〉する | Die ~ welkt 〈geht ein〉. 植物がしおれる〈枯れる〉 ‖ die *~n* gießen 〈begießen〉 植物に水をやる | eine ~ züchten 植物を栽培〈品種改良〉する. **2** 《話》変わり者, ひねくれ野郎: eine echte Berliner ~ 生粋のベルリン子 | Das ist ja eine richtige ~! あいつは全く変なやつだ. [*lat.* planta „Setzling"–*ahd.*; ◇Plan[2], Plantage; *engl.* plant]

Pflanz·ei·sen[pflánts..] 中 〘園〙移植ごて.

Pflan·zel[pflántsəl] 中 -s/- =Pfanzel

pflan·zen[pflántsən] 《02》 他 (h) **1 a)** 植える, 植えこむ: einen Baum ~ 木を植える | Blumen aufs Beet 〈auf dem Beet〉 ~ 花壇に花を植える | *et.*[4] im Garten ~ …を庭に植える | einen Kaktus ~ (→Kaktus 2). **b)** 《比》(考え・気持などを)植えつける: *jm.* den Haß 〈die Nächstenliebe〉 ins Herz ~ …の心に憎悪〈隣人愛〉を植えつける. **2** 《*et.*[4]》《方向を示す語句と》(…を…へ確実に)立てる, 置く: die Fahne auf den Wall ~ 旗を塁壁の上に押し立てる | *jm.* die Faust ins Gesicht ~ 《話》…の顔をげんこで殴る ‖ 再帰 *sich*[4] aufs Sofa 〈in den Sessel〉 ~ 《話》ソファー〈安楽いす〉にどっかと腰を下ろす | *sich*[4] vor *jm.* ~ 《話》…の前に立ちはだかる. **3** 《南部》(pfropfen) 〘園〙接ぎ木する. **4** 《オーストリア》《話》《*jn.*》(…を)からかう, 愚弄(ぐろう)する: *Pflanz* deine Großmutter! 私をからかうのはよせ(からかうならほかの人にしろ).

Pflan·zen≠ana·to·mie[pflántsən..] 女 -/ 植物解剖学. **≠art** 女 植物の種類. **≠asche** 女 草木灰. **≠bau**

男 -[e]s/ 植物栽培. ≈**beet** 中 苗床. ≈**but·ter** 女 植物性油脂, マーガリン. ≈**che·mie** 女 植物化学. ≈**far·be** 女 植物性染料. ≈**fa·ser** 女 植物〔性〕繊維. ≈**fett** 中 植物性油脂〈脂肪〉. ≈**for·ma·tion** 女〘植〙植物群系(群落の分類単位).

pflan·zen·fres·send 形〘動〙草食の.

Pflan·zen≈fres·ser 男〘動〙植食〈草食〉動物. ≈**geo·gra·phie** 女 植物地理学. ≈**ge·sell·schaft** 女〘植〙植物群落〈共同体〉. ≈**gift** 中 植物毒.

pflan·zen·haft 形 植物のような, 植物的な.

Pflan·zen≈heil·kun·de 女 (薬草による)植物療法. ≈**hor·mon** 中〘生〙植物ホルモン. ≈**kä·fer** 男〘虫〙クチキムシ(朽木虫)科の昆虫. ≈**kost** 女 植物性食品〈食料〉. ≈**krank·heit** 女 植物の病気. ≈**kun·de** 女 -/ (Botanik) 植物学. ≈**le·ben** 中 植物の生活: ein ～ führen《比》植物的に生きる, 無為に暮らす. ≈**leh·re** 女 -/ =Pflanzenkunde ≈**mä·her** 男〘鳥〙クサカリドリ(草刈鳥). ≈**mor·pho·lo·gie** 女 植物形態学. ≈**öko·lo·gie** 女 植物生態学. ≈**öl** 中 植物油. ≈**pa·tho·lo·gie** 女 植物病理学. ≈**phy·sio·lo·gie** 女 植物生理学. ≈**reich** 中 -[e]s/ 植物界. ≈**samm·lung** 女 植物採集; 植物標本集. ≈**säu·re** 女〘化〙植物酸. ≈**schäd·ling** 男 植物を害する動植物(特に害虫). ≈**schleim** 男〘化〙植物性粘〔液〕質. ≈**schutz** 男 (病虫害などに対する)植物保護.

Pflan·zen·schutz·mit·tel 中 植物保護薬剤, 農薬.

Pflan·zen≈so·zio·lo·gie[pflántsən..] 女 植物社会学; 植物群落学. ≈**ste·cher** 男〘園〙移植ごて. ≈**sy·stem** 中 植物系統〈分類系〉. ≈**ta·xo·no·mie** 女 植物分類学. ≈**tier** 中 (Phytozoon)〘動〙植物性動物. ≈**vi·rus** 中〘生〙植物ウィルス. ≈**wachs·tum** 中 植物の生長. ≈**welt** 女 -/ 植物界. ≈**wuchs** 男 植物の生長; 植物〈草木〉が繁茂していること.

Pflan·zen·wuchs≈hor·mon 中〘生〙植物生長ホルモン. ≈**stoff** 男〘生〙植物生長物質(植物生長ホルモンの別名).

Pflan·zen≈zucht 女, ≈**züch·tung** 女 植物の栽培〈品種改良・育種〉.

Pflan·zer[pflántsər] 男 -s/- **1 a)** 栽培者; 農場主. **b)** (植民地の)農園所有者, 入植者, 開拓農民. **2**〘園〙苗差し〔棒〕.

Pflanz≈gar·ten[pflánts..] 男〘林〙養樹園, 種苗場. ≈**gut** 中 -[e]s/〘農〙(イモなどの)種(ﾀﾈ)用の収穫物; 種苗. ≈**holz** 中〘園〙苗差し〔棒〕. ≈**kar·tof·fel** 女 種じゃがいも.

Pflänz·lein Pflanze の縮小形(→Pflänzchen).

pflanz·lich[pflántslıç] 形 植物の; 植物性の, 植物質の: ～*es* Fett 〈Eiweiß〉 植物性脂肪〈たんぱく質〉| ～*e* Fasern 植物〔性〕繊維.

Pflänz·ling[pfléntslıŋ] 男 -s/-e **1** 苗, 苗木. **2**《比》教え子, 弟子.

Pflanz≈ma·schi·ne[pflánts..] 女〘農・林〙苗差し機. ≈**reis** 中 さし木用の若枝. ≈**stadt** 女《雅》(古代ギリシアの)植民都市. ≈**stock** 男 -[e]s/..stöcke =Pflanzholz

Pflan·zung[pflántsʊŋ] 女 -/-en **1** (pflanzen すること. 例えば:) 植え付け, 栽培; 植林;《比》樹立, 創設. **2** 植え付け地域, 栽培地, 農場; (熱帯または亜熱帯地方の)大農園; 造林区域.

Pfla·ster[pflástər] 中 -s/- **1 a)** (道路などの)敷き石; 舗装; 舗装した場所, 舗道: ein gutes 〈holpriges〉 ～ りっぱ〈でこぼこ〉な舗装 | Asphalt*pflaster* アスファルト舗装 | Katzenkopf*pflaster* 玉石舗装 | Ziegel*pflaster* 煉瓦(ﾚﾝｶﾞ)舗装 ‖ das ～ aufreißen 〈erneuern〉 舗装をはがす〈し直す〉| ～ legen 舗装する | **～ treten**《話》長時間町なかをぶらつく ‖ Das ～ wurde mir zu heiß.《話》私は身の危険を感じた ‖ **auf dem ～ liegen 〈sitzen〉**《話》失業している | ***jn.* auf das ～ setzen 〈werfen〉**《話》…を解雇する, …をくびにする. **b)**《話》町: **ein heißes ～** 危険の多い町 | **ein teures ～** 生活費の高い町. **2** (小 **Pflä·ster·chen**[pfléstərçən], **Pflä·ster·lein**[..laın] 中 -s/-) (Heftpflaster) 絆創膏(ﾊﾞﾝｿｳｺｳ), 膏薬: ein ～ auf *et.*[4] auflegen 〈aufkleben〉 …に絆創膏をはる | das ～ entfernen 〈erneuern〉 絆創膏を取り除く〈取り替える〉| ～ abreißen 〈herunterreißen〉 絆創膏をはがす ‖ *jm. et.*[4] als ～ 〔auf *seine* Wunde〕 geben《比》…に…を与えて慰める〈なだめる〉| ein ～ bekommen《話》(損害の)補償をもらう; 一発殴られる. **[***gr.* émplastron „Salbe"－*lat.*－*mlat.*－*westgerm.*; ＜*gr.* em-plássein „beschmieren" (◇Plasma); ◇*engl.* plaster**]**

Pfla·ster≈ar·beit 女 舗装工事. ≈**boh·rer** 男 **1**〘土木〙舗装破砕機. **2**《戯》かかとの細くとがったハイヒール.

Pflä·ster·chen Pflaster の縮小形.

Pfla·ste·rer[pflástərər] (南部・ｽｲｽ: **Pflä·ste·rer** [pflé..]) 男 -s/- 舗装作業員〈業者〉.

ᵛ**Pfla·ster·geld**[pflástər..] 中 舗道税.

Pfla·ster·krat·zer 男《話》かかとの細くとがったハイヒール〔の鋲〕.

Pflä·ster·lein Pflaster の縮小形.

Pfla·ster·ma·ler[pflástər..] 男 (歩道などに絵を描いて人に見せる)大道絵かき.

pfla·ster·mü·de 形《話》**1** (町を)歩き回って疲れた, 足が棒になった. **2** 都会生活にあきた〈疲れた〉.

pfla·stern[pflástərn] (南部・ｽｲｽ: **pflä·stern**[pflé..]) 《05》他 (h) **1 a)** (道路などを)舗装する: die Straße 〈den Platz〉 mit Asphalt ～ 街路〈広場〉をアスファルトで舗装する | Der Weg zur Hölle ist mit guten Vorsätzen *gepflastert.* (→Hölle 1). **b)**《比》(衣服に宝石などをごてごてと)飾る. **2**《話》《*et.*[4]》(…に)絆創膏(ﾊﾞﾝｿｳｺｳ)〈膏薬〉をはる. **3**《話》**a)** ***jm.* eine ～** …に一発くらわす. **b)** 砲撃する.

Pfla·ster≈stein[pflástər..] 男 **1** (舗道の)敷き石, 玉石. **2** (白い丸形の)コショウ入りケーキ. ≈**stra·ße** 女 舗装道路. ≈**tre·ter** 男《話》(街頭を)ぶらぶらする人, のらくら者.

Pfla·ste·rung[pflástərʊŋ] (南部・ｽｲｽ: **Pflä·ste·rung** [pflé..]) 女 -/-en **1** 舗装, 舗装工事. **2** 舗装されたもの, 舗装個所, 舗装道路.

Pfla·ster·zie·gel[pflástər..] 男 舗装用煉瓦(ﾚﾝｶﾞ).

Pflatsch[pflatʃ] 男 -[e]s/-e =Pflatschen

pflat·schen[pflátʃən] 《04》自 (h)《南部》**1** (雨が)土砂降りに降る. **2** =platschen **[**＜platschen**]**

Pflat·schen[－] 男 -s/-《南部》**1 a)** (Regenguß) (短時間の)土砂降り. **b)** 大量にこぼれた水〈液〉. **2** (液体による)しみ.

Pflau·me[pfláʊmə] 女 -/-n (小 **Pfläum·chen** [pflɔ́ymçən], **Pfläum·lein**[..laın] 中 -s/-) **1 a)**〘植〙セイヨウスモモ(西洋李), プラム: Die ～*n* blühen. スモモの花が咲く. **b)** セイヨウスモモ, プラム(果実): **Die ersten ～*n* sind madig.**《話》最初のスモモは虫食いだ(トランプ遊びなどで最初に負けた人などを慰めて). **2**《話》不器用者, 能なし. **3**《話》あてこすり, 皮肉な言辞. **4**《卑》(Vagina) 膣(ﾁﾂ), ワギナ. **[***gr.* proũmnon－*lat.* prūnum－*ahd.* pfrūma; ◇Prünelle, Priem; *engl.* plum, prune; 3: ＜pflaumen**]**

pflau·men[pfláʊmən] 自 (h)《話》あてこすりを言う, 皮肉な言辞を弄(ﾛｳ)する. **[***mndd.* plumen „rupfen"; ＜*lat.* plūma (→Flaum[2])**]**

Pflau·men≈baum 男 セイヨウスモモの木. ≈**kern** 男 **1** スモモ〈プラム〉の核. **2**《卑》(Klitoris) 陰核, クリトリス. ≈**ku·chen** 男 スモモ〈プラム〉入りケーキ. ≈**mus** 中〘料理〙スモモ〈プラム〉のムース(→Mus). ≈**pilz** 男〘植〙ヒカゲウラベニタケ(日陰裏紅茸)(食用キノコ). ≈**sä·ge·wes·pe** 女〘虫〙ハバチ(葉蜂)(幼虫がスモモを食べる). ≈**schnaps** 男 スモモ〈プラム〉酒(蒸留酒).

pflau·men·weich 形《軽蔑的に》柔弱な, 無定見な.

Pflau·men≈wick·ler 男〘虫〙ハマキガ(葉巻蛾)(幼虫がスモモを食べる). ≈**zip·fel·fal·ter** 男〘虫〙リンゴシジミ(林檎蜆蝶).

Pfläum·lein Pflaume の縮小形.

Pflaum·schnaps[pfláʊm..] =Pflaumenschnaps

Pfle·ge[pflé:gə] 女 -/ **1** 世話, 保護, 養育: eine aufopfernde 〈liebevolle〉 ～ 献身的な〈愛情のこもった〉世話 | die ～ eines 〈einer〉 Kranken 病人の看護 ‖ ein Kind in ～[4]

geben 子供を里子に出す | ein Kind in ~⁴ nehmen 他人の子供を引き取って〈里子として〉育てる | bei *jm.* in ~³ sein …にめんどうを見てもらっている. **2** 手入れ: die ~ des Gartens 庭の手入れ | die ~ des Haares 〈der Zähne〉 髪〈歯〉の手入れ. **3** 保存; 育成: die ~ von Kulturdenkmälern 歴史的文化財の保護 | die ~ von Kunst und Wissenschaft 芸術と学問の育成.

pfle·ge≠arm 形 (衣服・器械などが) 手入れの楽な〈いらない〉. **≠be·dürf·tig** 形 世話〈保護〉の必要な.

Pfle·ge≠be·foh·le·ne 男 女 《形容詞変化》 被保護〈被扶養〉者; 里子, 預かり子; 受け持ち児童〈患者〉. **≠el·tern** 複 里親, 育ての親 (→Pflegekind). **≠fall** 男 〖法〗 社会福祉事業対象者 (老人・身体障害者など). **≠geld** 中 生活扶助料. **≠heim** 中 社会福祉施設 (老人ホームなど). **≠kenn·zei·chen** 中 (繊維製品につけられた) 手入れ上の注意マーク〈絵表示のラベル〉. **≠kind** 中 〖法〗 里子 (少年福祉法により他の家庭で継続的にまたは1日の一部を定期的に養護される16歳未満の子供: →Pflegeeltern).

pfle·ge·leicht 形 (衣服・器械などが) 手入れの容易な.

Pfle·ge≠mit·tel 中 (家具などの) 手入れ用の薬剤. **≠mut·ter** 女 **1** 里親 (母) (→Pflegekind). **2** 子供を預かっている女, 保母.

pfle·gen⁽*⁾[pflé:gən]¹ 《109》 **pfleg·te** (まれ: pflog [pflo:k]¹, ▽pflag[pfla:k]¹)/**ge·pflegt** (まれ: gepflogen [gəpfló:gən]); 接II pflegte (まれ: pflöge[pflǿ:gə]) **I** 他 (h) **1** 《規則変化》 **a)** 《*jn.*》 (…の) 世話をする, めんどうを見る: ein Kind ~ 子供の世話をする〈めんどうを見る〉 | einen Kranken 〈eine Kranke〉 ~ 病人を看護する | *jn.* hegen und ~ (→hegen 1 b). **b)** 《*et.*⁴》 (…の) 手入れをする, (手入れをして) 美しく保つ; 《比》 (文体を) みがく: den Garten ~ 庭の手入れをする | die Haut ~ 肌の手入れをする | *sein* Äußeres ~ (化粧・服装など) 外見に気を配る | *seinen* Bauch ~ 食い道楽をする ‖ 再帰 *sich*⁴ ~ 外見に心を配る; 健康に留意する, 養生する. **c)** (文化財などを) 保存する; 育成する, 助成する: die Künste und Wissenschaften ~ 学芸を助成する.

2 《*et.*⁴》 (…に) いそしむ, (交際などを) 絶やさない: Unterhaltung ~ 雑談〈おしゃべり〉をする | Ich habe Umgang mit ihm *gepflegt* 〈*gepflogen*〉. 私は彼と交際を続けてきた.

3 《規則変化》 《ふつう現在または過去時称で, zu 不定詞〔句〕と》 (…するのを) 常としている, (…する) 習慣である: wie es zu geschehen 〈zu gehen〉 *pflegt* (世間で) よくあるとおりに | wie man so zu sagen *pflegt* よく言われ〔てい〕るように | Er *pflegte* im Bett zu lesen 〈um 6 Uhr aufzustehen〉. 彼はベッドで本を読む〈6時に起きる〉習慣だった.

▽**II** 自 (h) 《*et.*²》 (…の) 手入れをする; (…に) いそしむ, ふける, 従事する: der Ruhe ~ (→Ruhe 1) | mit *jm.* Rat〔e〕s ~ …と相談する.

III ge·pflegt → 別出

[*westgerm.* „sich einsetzen"; ◇Pflicht; *engl.* play, pledge]

Pfle·ge·per·so·nal[pflé:gə..] 中 《集合的に》 看護要員.

Pfle·ger[pflé:gər] 男 -s/- (女 **Pfle·ge·rin** → 別出) **1** 世話をする〈めんどうを見る〉人, 養育〈保護〉者; (Krankenpfleger) 看護人; (Tierpfleger) (動物園などの) 飼育係. **2** 〖法〗 **a)** (未成年者・身体障害者などの) 保護人. **b)** (財産の) 管理人. **3** (Sekundant) 〖ボクシング〗 セコンド. **4** 《スイス》 (催し物などの) 世話人.

Pfle·ge·rin[..gərın] 女 -/-nen (Pfleger の女性形) **1** 女性飼育係. ▽**2** =Krankenschwester **3** =Kinderpflegerin

pfle·ge·risch[pflé:gərıʃ] 形 世話〈保護〉に関する.

Pfle·ge≠satz 男 (疾病保険の) 入院に対する支給基準額. **≠sohn** 男 男の里子 (→Pflegekind). **≠stel·le** 女 保育所, 託児所. **≠toch·ter** 女 女の里子 (→Pflegekind). **≠va·ter** 男 里親 (父) (→Pflegekind). **≠ver·si·che·rung** 女 (老人介護制度充実のための) 介護保険.

pfleg·lich[pflé:klıç] 形 **1** (sorgsam) 慎重な, 注意深い: die Möbel ~ behandeln 家具を大事に扱う. **2** 《方》 (gewöhnlich) 普通の, いつもの.

Pfleg·ling[pflé:klıŋ] 男 -s/-e **1 a)** 被保護〈被扶養〉者; 里子, 預かり子. **b)** 〖法〗 被保護人 (未成年者・身体障害者など). **2** 育てている動物〈植物〉.

▽**pfleg·sam**[pflé:kza:m] =pfleglich 1

Pfleg·schaft[pflé:kʃaft] 女 -/-en 〖法〗 保護.

Pflicht[pflıçt] 女 -/-en **1** 義務, 責務, 本分; 職務, 職責; 〖法〗 義務: die elterliche 〈kindliche〉 ~ / die ~ der Eltern 〈der Kinder〉 親〈子〉としての義務 | eine selbstverständliche ~ 当然の義務 | tägliche ~*en* 日々の勤め | die ~ zur Überprüfung des Wagens 車の検査義務 | Schul*pflicht* 就学の義務 | Wehr*pflicht* 兵役の義務 ‖ *seine* ~ erfüllen 〈versäumen〉 自分の義務を果たす〈怠る〉 | *jm.* eine ~ auferlegen …に義務を課する | Ich habe die traurige 〈unangenehme〉 ~, Ihnen zu sagen, daß ... 残念ながら私はあなたに…と申さざるをえません | ***seine* ~ und Schuldigkeit tun** 自分の責務を果たす ‖ ***js.* 〔verdammte〕 ~ und Schuldigkeit sein** …の当然の義務〈責務〉である | Es ist seine ~ und Schuldigkeit, hierher zu kommen. 彼は当然ここへ来てしかるべきだ ‖ Ich halte es für meine ~, ihm zu helfen. 私は彼に力をかすのが義務だと思っている | ***jn.* in 〔die〕 ~ nehmen** 《雅》 …に義務を負わせる ‖ Die ~ ruft. 《話》 私は仕事に出かけねばならない | Gleiche Rechte, gleiche ~*en* (→recht II 1). **2** (↔Kür) 〖スポ〗 (体操・フィギュアスケートなどの) 規定演技. **3** 《南部》 =Plicht [*westgerm.*; ◇pflegen; *engl.* plight]

Pflicht≠an·teil[pflíçt..] 男 (義務として課せられる) 分担金. **≠be·such** 男 義務〈儀礼〉的訪問.

pflicht·be·wußt 形 義務〈責任〉感のある, 義理がたい.

Pflicht≠be·wußt·sein 中 義務観念, 責任意識. **≠brief** 男 義務的に書く手紙. **≠ei·fer** 男 義務への熱意, 職務熱心.

pflicht·eif·rig 形 義務感の強い, 職務熱心な.

Pflich·ten·kreis[pflíçtən..] 男 責任範囲.

Pflicht≠er·fül·lung[pflíçt..] 女 -/ 義務〈職務〉の遂行. **≠ex·em·plar** 中 (国立中央図書館などへの納入を義務づけられた) 無償納本. **≠fach** 中 (↔Wahlfach) 必修科目〈教科〉. **≠ge·fühl** 中 -〔e〕s/ 義務感, 責任感. **≠ge·gen·stand** 男 《オーストリア》 =Pflichtfach

pflicht·ge·mäß 形 義務による〈かなった〉; 義務上の, 当然の.

▽**pflich·tig**[pflíçtıç]² 形 (verpflichtet) 義務づけられた, 義務〈責任〉を負った: *jn.* ~ machen …に責任を負わせる.

..pflichtig[..pflıçtıç]² 《名詞・動詞などにつけて「…の義務のある」を意味する形容詞をつくる》: gebühren*pflichtig* 料金〈手数料〉を支払う義務のある | schul*pflichtig* 就学義務のある ‖ melde*pflichtig* 届け出の義務のある.

Pflicht≠lauf[pflíçt..] 男, **≠lau·fen** 中 -s/ (↔Kürlaufen) 〖スケ〗 規定演技. **≠lek·tü·re** 女 義務づけられた読書; 必読の書.

pflicht·mä·ßig =pflichtgemäß

Pflicht≠mensch 男 義務感の旺盛(おうせい)な〈義務に忠実な〉人間. **≠op·ti·mis·mus** 男 (役目柄もたざるを得ない) 義務的な楽観主義. **≠platz** 男 (雇用者に義務づけられた) 身体障害者用ポスト.

pflicht·schul·dig 形 義務上〈儀礼上〉当然の: eine ~*e* Höflichkeit 当然あってしかるべき礼儀正しさ ‖ 〖副詞的に; しばしば最上級の形で〗 *et.*⁴ ~〔*st*〕 tun (儀礼上) …を当然のこととして行う.

Pflicht≠schu·le[pflíçt..] 女 (↔Wahlschule) 義務教育学校〔の総称〕 (Volksschule と Berufsschule). **≠sprung** 男 〖泳〗 規定飛び込み. **≠stun·den·zahl** 女 (Deputat) (教師の) 基準授業時間数. **≠teil** 男 中 〖法〗 遺留分.

pflicht·treu 形 義務に忠実な; 律儀な.

Pflicht≠treue 女 義務への忠実さ, 責任感; 律儀さ. **≠tur·nen** 中 -s/ (↔Kürturnen) 〖体操〗 規定演技. **≠übung** 女 **1** (↔Kürübung) (体操・フィギュアスケートなどの) 規定演技. **2** 《比》 (おざなりの) 義務の遂行, 単に義務的に〈お義理で〉すること. **≠um·tausch** 男 =Zwangsumtausch

P

pflicht·ver·ges·sen 形 義務を忘れた〈怠った〉.
Pflicht≈ver·ges·sen·heit 女 pflichtvergessen なこと.
≈ver·let·zung 女〖法〗義務違反. **≈ver·säum·nis** 中 義務を怠ること; 職務怠慢. **≈ver·si·che·rung** 女 (法律で規定されている)義務〈強制〉保険. **≈ver·tei·di·ger** 男〖法〗国選弁護人. **≈ver·tei·di·gung** 女 国選弁護人による弁護.
pflicht·wid·rig 形 義務に反した.
Pflicht·wid·rig·keit 女 -/ pflichtwidrig なこと.
Pflock[pflɔk] 男 -[e]s/Pflöcke[pflœkə] (⊛ **Pflöck·chen**[..çən], **Pflöck·lein**[..laın] 中 -s/-) **1** (綱などをつなぎとめる短い)杭(くい), 棒ぐい: einen ~ in die Erde schlagen 〈treiben〉 地面に杭を打ちこむ ‖ einen Hund an einen ~ binden 犬を杭につなぐ | Zelte an 〈mit〉 *Pflöcken* befestigen テントを杭に〈で〉固定する ‖ **einen ~ 〈einige *Pflöcke* / ein paar *Pflöcke*〉 zurückstecken**《話》要求の内容を引き下げる, 要求をより控え目にする ‖ Er steht wie ein ~.《話》彼はぼう然とつっ立っている. **2**《卑》(Penis) 陰茎, 男根. [*mhd.*; ◇ *engl.* plug]
pflocken[pflɔ́kən] (**pflöcken**[pflœ́kən]) 他 (h) **1** 杭(くい)〈棒ぐい〉にくくりつける〈つなぎとめる〉. **2** 杭〈棒ぐい〉で固定する.
Pflöck·lein Pflock の縮小形.
pflog[pfloːk][1] pflegte (pflegen の過去)の別形.
pflö·ge[pfløːgə] pflegte (pflegen の接続法 II)の別形.
Pflotsch[pflɔtʃ] 男 -[e]s/《スイ》(Schneematsch) 雪解けのぬかるみ; (一般に道路などの)ぬかるみ. [＜Pflatsch]
Pflücke[pflÝkə] 女 -/-n《南部》(果実・ホップなどの)摘み取り, 収穫.
pflücken[pflÝkən] 他 (h) **1** 摘む, 摘み取る: Äpfel 〈Erdbeeren〉 ~ りんご〈いちご〉を摘む | Tee ~ 茶摘みをする | Lorbeeren ~ (→Lorbeer 2) ‖〖結果を示す 4 格と〗einen Strauß ~ 花を摘んで花束を作る. ᵛ**2** (rupfen) (…の)羽毛をむしる. [*vulgärlat.*－*westgerm.*; ＜*lat.* pilus „Haar"; ◇ Plüsch; *engl.* pluck]
Pflücker[..kər] 男 -s/- **1** (⊛ **Pflücke·rin**[..kərın]-/-nen) (果実・茶・ホップ・綿花などを)摘み取る〈収穫する〉人. **2** 摘み取り器具.
Pflück≈korb[pflÝk..] 男 収穫かご. **≈ma·schi·ne** 女 摘み取り機. **≈sa·lat** 男 (Blattsalat)〖料理〗サラダ用葉菜(チシャ・レタスなど)〔のサラダ〕.
Pflück·sel[pflÝksəl] 中 -s/- 繊維くず.
Pflug[pfluːk][1] 男 -[e]s/Pflüge[pflýːgə] **1** (農耕用の)すき(犂) (→ 図): den ~ führen すきを操る | den ~ vor die Ochse*n* spannen (→Ochse 1) ‖ die Ochsen hinter den ~ spannen (→Ochse 1) | **unter dem ~ sein**《雅》耕地として利用されている | **unter den ~ kommen**《雅》耕地として利用される. **2** (Schneepflug)〖スキ〗プルーク〈全制動〉〔滑降〕. ᵛ**3** プフルーク(地積の単位). [*germ.*; ◇ *engl.* plough, plow]

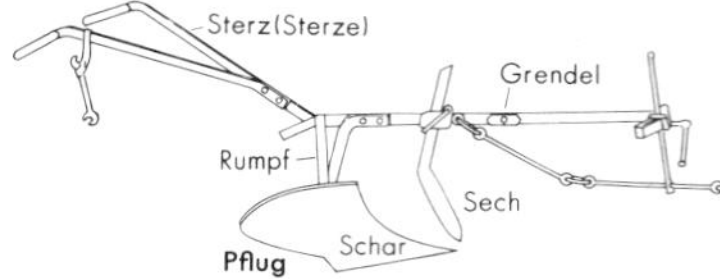

pflüg·bar[pflýːkbaːr] 形 耕作できる, 耕作に適する.
Pflug·bo·gen[pflúːk..] 男〖スキ〗プルークボーゲン, 全制動回転.
Pflü·ge Pflug の複数.
pflü·gen[pflýːgən][1] **I** 他 (h) (畑を)すき(犂)で耕す, すく: den Acker ~ 畑を耕す ‖ die Luft 〈den Sand / das Wasser〉 ~《比》むだ骨をおる | die Wellen ~《雅》(船が)波を切って進む ‖〖結果を示す 4 格と〗Furchen ~ (畑をすいて)うねを作る. **II** 自 (h) **1** すきで耕す; うね作りをする: mit Pferden 〈dem Traktor〉 ~ 馬〈トラクター〉で耕す. **2**〖海〗(いかりが)海底をすべる, ずれ動く.
Pflü·ger[pflýːgər] 男 -s/- すきで耕す人.
Pflug≈mes·ser[pflúːk..] 中〖農〗すきの縦刃〔の先〕. **≈schar** 女 -/-en (方: 中 -[e]s/-e)〖農〗すきの水平刃〔の先〕: Schwerter zu ~*en* machen 剣(つるぎ)を打ちかえてすきとする(戦争をやめて平和を選ぶ. 聖書: イザ 2, 4). **≈sterz** 男 -es/-e〖農〗すきの柄.
Pfort·ader[pfɔ́rt..] 女〖解〗門脈.
Pfor·te[pfɔ́rtə] 女 -/-n (⊛ **Pfört·chen**[pfœ́rtçən], **Pfört·lein**[..laın] 中 -s/-) **1 a)** (比較的小さな)門扉, 門, 戸口, 木戸: eine eiserne ~ 鉄の門 | die ~ zum Park 公園の入口 | Garten*pforte* 庭木戸 ‖ **die enge ~** 狭き門 (聖書: マタイ7,13) | die ~*n* der Hölle《雅》地獄への門 | ᵛdie Hohe ~ (コンスタンチノープルの)王宮; トルコ政府 ‖ ***seine ~ öffnen***《雅》店開きする, 開店〈開場・開園〉する | ***seine ~ schließen***《雅》店じまいする, 閉店〈閉場・閉園〉する | an der ~ des Jenseits stehen《比》たいへん高齢である. **b)** (守衛などのいる)入口: *sich*[4] an der ~ melden 入口の受付に名のりでる(面会の申し込みなど). **2**〖地〗山峡, はざま; (山間の)盆地: die Burgundische ~ ブルゴーニュの谷. **3**〖海〗舷側(げんそく)の開口部(舷門・砲門・オール穴など). [*lat.* porta－*ahd.*; ◇ fahren, Port[ier]]
Pfört·ner[pfœ́rtnər] 男 -s/- **1** (⊛ **Pfört·ne·rin**[..nərın]-/-nen) 門番, 守衛; 受付係. **2**〖解〗幽門. [1: *mhd.*; ◇ Pforte; 2: *gr.* pylōrós (→Pylorus) の翻訳借用]
Pfört·ner≈haus 中 門番小屋; 守衛詰め所. **≈lo·ge** [..loːʒə] 女 守衛室.
Pforz·heim[pfɔ́rtshaım] 地名 プフォルツハイム(ドイツ Baden-Württemberg 州の工業都市). [＜*lat.* portus (→Furt); ◇ Pforte]
Pfo·sten[pfɔ́stən] 男 -s/- (ᵛ**Pfo·ste**[..stə] 女 -/-n) (⊛ **Pföst·chen**[pfœ́stçən], **Pföst·lein**[..laın] 中 -s/-) **1** 支柱; 束柱(つかばしら) (→ 図 Fachwerk): die ~ des Bettes ベッドの脚 | Tür*pfosten* 戸口の側柱 ‖ die Mauer mit einem ~ stützen 塀につっかい棒をする. **2**〖球技〗ゴールポスト: **zwischen den ~ stehen** ゴールキーパーをつとめる. [*lat.* postis－*westgerm.*; ◇ *engl.* post]
Pfo·sten·schuß 男〖球技〗ゴールポストにあたるシュート.
Pfo·te[pfóːtə] 女 -/-n (⊛ **Pföt·chen**[pføːtçən], **Pföt·lein**[..laın] 中 -s/-) **1** (動物の)〔前〕足(特にその先端に近い部分. 前足・後足を区別する場合は, それぞれ Vorderpfote, Hinterpfote という: → 図 Hund): Der Hund gibt ~ 〈*Pfötchen*〉. 犬がお手をする | Die Katze leckt sich[3] die ~*n*. 猫が前足をなめる | Die Katze fällt immer auf die ~. (→Katze 1 a). **2**《話》(Hand) (人間の)手: ***sich***[3] **die 〈alle〉 ~*n* nach *et.*[3] lecken**《話》…が欲しくてたまらない | ***sich***[3] **die ~*n*** 〔an 〈bei〉 *et.*[3]〕 **verbrennen**《話》〔…で〕ひどい目にあう | *sich*[3] die ~*n* waschen 手を洗う | Nimm deine ~*n* weg! 手をどけろ ‖ *jm.* eins **auf** die ~*n* geben (罰として)…の指をたたく | ***jm.* auf die ~*n* klopfen**《話》…をきびしくしかる | ***sich***[3] ***et.***[4] **aus den ~*n* saugen**《話》…をでっちあげる. **3**《話》下手な筆跡: Schreibst du aber eine ~! 君も字が下手だなあ. [*mndd.* pōte; ◇ *engl.* paw]
Pfriem[pfriːm] 男 -[e]s/-e (**Pfrie·me**[pfríːmə] 女 -/-n, **Pfrie·men**[..mən] 男 -s/-) (Ahle)〖工〗(革細工などに用いる)突き錐(きり), 穴あけ針, 目打ち: Hans 〈Meister〉 ~《話》靴屋さん. [*mhd.*; ◇ *engl.* preen]
Pfrie·men≈gin·ster 男〖植〗レダマ(マメ科の低木). **≈gras** 中〖植〗ハネガヤ(羽茅)属. **≈mücke** 女〖虫〗カバエ(蚊蠅)科の昆虫. **≈schwanz** 男 ＝Madenwurm
Pfriem·kraut[pfríːm..] 中 (Ginster)〖植〗ゲニスタ, エニシダ. [*ahd.* phrimma, brimma; ◇ Brom[1]]
Pfril·le[pfrílə] 女 -/-n (Elritze)〖魚〗ヨーロッパウグイ(鯎).
Pfropf[pfrɔpf] 男 -[e]s/-e **1** 詰め物;〖医〗タンポン. **2** (Gefäßpfropf)〖医〗血栓. [*mndd.* prop[pe]; ◇ Pfropfen]
Pfropf·ba·stard[pfrɔ́pf..] 男〖園〗接ぎ木雑種. [＜pfropfen[1]]
Pfröpf·chen Pfropfen の縮小形.

P

Phäo·phy·zee[fɛofytsé:ə] 女 -/-n (Braunalge)《植》褐藻(かっそう)類. [< *gr*. phaíos „dunkel"+phȳkos „Tang"]

Pha·rao[fá:rao·] **I** 男 -s/-nen[faraó:nən] ファラオ(古代エジプト王の称号. 聖書ではパロ). **II** 中 -s/ ファラオ(トランプ賭博(とばく)の一種). [*ägypt*. „großes Haus"－*hebr*.－*gr*.]

Pha·rao·amei·se[fá:rao..] 女《虫》イエヒメアリ(家姫蟻)(小型のアカアリで屋内害虫).

Pha·rao·nen≈grab[faraó:nən..] 中 ファラオの墓. **≈rat·te** 女 (Manguste)《動》マングース. **≈tem·pel** 男 ファラオの神殿.

pha·rao·nisch[..nɪʃ] 形《付加語的》ファラオの.

Pha·ri·sä·er[farizɛ́:ər] 男 -s/- **1** パリサイ派の人(パリサイ派は1世紀ごろのユダヤ教主流派で, 律法に厳格なあまり, とかく形式主義に陥ることが多かった: →Sadduzäer). **2**《比》**a)** (高慢で独善的な)偽善者. **b)** パリサイコーヒー(ホイップしたクリームとラム酒を入れたホットコーヒー). [*aram*. „Abgesonderter"?－*gr*.－*spätlat*.]

pha·ri·sä·er·haft 形 パリサイ派の人のような;《比》独善〈偽善〉的な.

Pha·ri·sä·er·tum[..tu:m] 中 -s/ パリサイふう, パリサイ主義;《比》独善, 偽善.

pha·ri·sä·isch[farizɛ́:ɪʃ] ＝pharisäerhaft

Pha·ri·sä·is·mus[..zɛísmʊs] 男 -/ ＝Pharisäertum

Phar·ma·in·du·strie[fárma..] 女 -/ 薬品産業.

Phar·ma·ka Pharmakon の複数.

pharmako.. 《名詞・形容詞などにつけて「薬剤」を意味する》: *Pharmako*logie 薬理学, 薬物学 | *pharmako*dynamisch 薬力学〔上〕の. [*gr*.]

Phar·ma·ko·dy·na·mik[farmakodyná:mɪk] 女 -/《医》薬力学, 薬動力学.

Phar·ma·ko·gno·sie[..gnozí:] 女 -/《薬》生薬学, 薬物学.

Phar·ma·ko·lo·ge[..ló:gə] 男 -n/-n (→..loge) 薬理〈薬物〉学者.

Phar·ma·ko·lo·gie[..logí:] 女 -/ 薬理学, 薬物学.

phar·ma·ko·lo·gisch[..ló:gɪʃ] 形 薬理的な; 薬理〈薬物〉学〔上〕の: eine ～*e* Wirkung 薬理作用.

Phar·ma·kon[fármakɔn] 中 -s/..ka[..ka·] (Arzneimittel) 薬, 薬剤. [*gr*. phármakon „Heilkraut"]

Phar·ma·ko·pöe[farmakopǿ:; まれ: ..pǿ:ə] 女 -/-n [..pǿ:ən] (Arzneibuch) 薬局方(ほう). [< *gr*. poieĩn „machen" (◇Poem)]

Phar·ma·ko·psy·cho·lo·gie[farmakopsyçologí:, ..kɔp..] 女 -/《心》薬物心理学.

Phar·ma·re·fe·rent[fárma..] 男 -en/-en (Ärztevertreter) 医薬品訪問販売員〈セールスマン〉.

Phar·ma·zeut[farmatsɔ́yt] 男 -en/-en (Apotheker) 薬剤師. [*gr*.]

Phar·ma·zeu·tik[..tsɔ́ytɪk] 女 -/ ＝Pharmazie

Phar·ma·zeu·ti·kum[..tsɔ́ytikʊm] 中 -s/..ka [..ka·] 薬, 薬剤, 薬品.

phar·ma·zeu·tisch[..tɪʃ] 形 薬学〈薬物学・薬剤学〉の; 製薬〈調剤〉の: die ～*e* Industrie 薬品産業.

Phar·ma·zie[..tsí:] 女 -/ (Arzneikunde) 薬学, 薬物学, 薬剤学; 調剤法, 製薬学. [*gr*.－*spätlat*.]

Pha·ro[fá:ro·] 中 -s/ ＝Pharao II [*fr*. pharaon－*engl*. faro]

Pha·ros[fá:rɔs] Pharus のギリシア語形.

Pha·rus[fá:rʊs] **I** 地名 ファロス(古代に Alexandria の近く, Nil 河口にあった小島で, 今日では半島の一部になっている): der Leuchtturm von ～ ファロスの灯台 (Ptolemäer 王朝によって建てられた灯台で, 古代の世界七不思議の一つ). ▽**II** 男 -/-, -se [..sə] (Leuchtturm) 灯台. [*gr*.－*lat*.]

pharyng.. →pharyngo..

Pha·ryn·gal[farʏŋgá:l] 男 -s/-e《言》咽頭(いんとう)音, 咽腔(こう)音(例 [ħ][ʕ]). [<..al[1]]

pha·ryn·ga·li·sie·ren[..galizí:rən] 他 (h)《言》(音声を)咽腔(こう)化する.

Pha·ryn·gal·laut[farʏŋgá:l..] 男 ＝Pharyngal

Pha·ryn·gen Pharynx の複数.

Pha·ryn·gi·tis[farʏŋgí:tɪs] 女 -/..tiden[..gití:dən] (Rachenentzündung)《医》咽頭(いんとう)炎. [<..itis]

pharyngo.. 《名詞・形容詞などにつけて「咽頭(いんとう)」を意味する. 母音の前では pharyng.. となる: →*Pharyng*itis》

Pha·ryn·go·lo·ge[farʏŋgoló:gə] 男 -n/-n (→..loge) 咽頭(いんとう)学者.

Pha·ryn·go·lo·gie[..logí:] 女 -/《医》咽頭(いんとう)学.

Pha·ryn·go·skop[..goskó:p, ..gɔs..] 中 -s/-e《医》咽頭(いんとう)鏡.

Pha·ryn·go·sko·pie[..kopí:] 女 -/-n [..pí:ən]《医》咽頭(いんとう)鏡検査法.

Pha·ryn·go·to·mie[..gotomí:] 女 -/-n [..mí:ən]《医》咽頭(いんとう)切開〔術〕.

Pha·rynx[fá:rʏŋks] 男 -/..ryngen[farʏ́ŋən] (Rachen)《解》咽頭(いんとう). [*gr*. phárygx „Bohrung, Schlund"; ◇bohren]

Pha·se[fá:zə] 女 -/-n **1** (変化・発達などの)段階, 場(ば), 局面,(短い)時期: die anale 〈orale〉 ～《精神分析》肛門(こうもん)〈口唇〉〔愛〕期 | Entwicklungs*phase* 発展〈成長〉段階 ‖ in die letzte 〈entscheidende〉 ～ treten 最終〈決定的〉段階に入る. **2 a)**《理》位相. **b)**《化》相, 状相(物質系の均一な部分): eine feste 〈flüssige / gasförmige〉 ～ 固〈液・気〉相. **c)**《天》(天体の)相, 位相, 象: die ～*n* des Mondes 〈der Venus〉 月〈金星〉の相. [*gr*. phásis „Erscheinung"－*fr*.; < *gr*. phaínesthai (→Phänomen)]

Pha·sen≈ge·schwin·dig·keit 女《理》位相速度(波の速度の一つ). **≈kon·trast·mi·kro·skop** 中 位相差顕微鏡. **≈mes·ser** 男《電》位相計. **≈raum** 男《理》位相空間. **≈schie·ber** 男《電》移相機. **≈span·nung** 女《電》相電圧. **≈ver·schie·bung** 女《理》(散乱波の)位相のずれ;《電》移相.

..phasig[..fa:zɪç][2]《数詞・形容詞などにつけて「…位相の」を意味する形容詞をつくる》: drei*phasig*《電》3相の | mehr*phasig*《電》多相の | gleich*phasig*《理》同位相の.

pha·sisch[fá:zɪʃ] 形 段階的な; 周期的な.

pha·tisch[fá:tɪʃ] 形《言》(意思の伝達ではなく, あいさつなど, 交際の雰囲気づくりのための言語使用を意味する)交感的な: eine ～*e* Funktion (言語の)交感的機能. [*gr*.]

Phei·di·as[faɪdí:as] ＝Phidias

Phe·lo·nium[feló:niʊm] 中 -s/..nien [..niən]《ギリシア正教会》フェロン, 祭袍(ほう)(司祭の着る式服). [*spätgr*. phelónion]

Phen·ace·tin (**Phen·aze·tin**)[fenatsetí:n] 中 -s/《薬》フェナセチン(解熱・鎮痛剤). [<Acetum+..in[2]]

Phe·nol[fenó:l] 中 -s/-e《化》**1**《単数で》フェノール, 石炭酸. **2**《複数で》フェノール類. [*fr*.; < *gr*. phaínein „sichtbar machen" (◇Phänomen)+..ol]

Phe·nol·harz 中《化》フェノール樹脂.

Phe·nol·phta·lein[feno:lftaleí:n, ◡⏊◡◡–] 中《化》フェノールフタレイン.

Phe·nol·säu·re[fenó:l..] 女《化》フェノール酸.

Phe·no·plast[fenoplást] 男 -〔e〕s/-e《ふつう複数で》(Phenolharz)《化》フェノール樹脂. [< *gr*. plastós „geformt"]

Phe·nyl[fený:l] 女 -s/《化》フェニル〔基〕. [<..yl]

Phe·nyl·ke·ton·urie [feny:lketonurí:] 女 -/-n [..rí:ən]《医》フェニールケトン尿〔症〕. [<uro..]

Phe·ro·mon[feromó:n] 中 -s/-e《ふつう複数で》《生化学》フェロモン(動物の組織でつくられ, 腺(せん)を通して体外に出されて, 同種の他個体を刺激する化学物質). [< *gr*. phérein (→..phor)+Hormon]

Phi[fi:] 中 -〔s〕/-s ファイ(ギリシア字母の第21字: Φ, φ). [*gr*.]

Phia·le[fiá:lə] 女 -/-n (古代ギリシアの供物用の)平皿. [*gr*. phiálē; ◇Phiole, Fiale]

Phi·dias[fí:dias] 人名 フェイディアス(前500頃-432頃; 古代ギリシアの彫刻家. Parthenon 神殿の装飾彫刻で有名): der Zeus des ～ フェイディアスのゼウス(古代オリンピアにあったフェイディアス作の Zeus の座像で, 古代の世界七不思議の一つ).

[*gr.* Pheidíās－*lat.*]

phi·dias·sisch[fidiásɪʃ] 形 (彫刻様式などが)フェイディアスふうの.

Phil.. →philo..

..phil[..fiːl]《「…を好む」を意味する形容詞をつくる》: biblio*phil* 書籍を愛好する | hydro*phil*〖化〗親水性の | xeno*phil* 外国〔人〕好きの. [*gr.* phílos „eigen, lieb"]

Phil·an·throp[filantróːp] 男 -en/-en (⊛ **Phil·an·thro·pin**[..pɪn] -/-nen) (↔Misanthrop) (Menschenfreund) 博愛主義者, 慈善家.

Phil·an·thro·pie[..tropíː] 女 -/ 博愛, 慈善心, 慈悲深さ. [*gr.*－*spätlat.*; ◇anthropo..]

Phil·an·thro·pi·nis·mus[..tropinísmʊs] 男 -/〖哲〗(ドイツの教育家バーゼドー J. B. Basedow〔1723-90〕が提唱した自然と自発性を重視する)汎(はん)愛主義教育運動, 汎愛的教育.

Phil·an·thro·pi·nist[..tropiníst] 男 -en/-en Philanthropinismus の信奉者.

phil·an·thro·pisch[..tróːpɪʃ] 形 博愛主義的な, 慈善心のある, 慈悲深い.

Phil·ate·lie[filatelíː] 女 -/ (Briefmarkenkunde)〔郵便〕切手研究; 切手収集. [*fr.*; ＜*gr.* a-téleia „Abgabenfreiheit" (◇a..[1], Zoll[2])]

Phil·ate·list[..líst] 男 -en/-en 切手研究〈収集〉家. [*fr.*]

phil·ate·li·stisch[..lístɪʃ] 形 切手研究〈収集〉に関する.

Phi·le·mon[filéːmɔn] 人名 **1**〖ギ神〗ピレモン (Baucis の夫): ～ und Baucis ピレモンとバウキス(旅人に身を変えた Zeus と Hermes を, 貧しいなか心から歓待した律義な老夫婦. 死の願いがかなえられ夫は柏(かし), 妻は菩提樹(ぼだいじゅ)に変身した). **2**〖聖〗ピレモン, フィレモン(使徒 Paulus の弟子): der Brief des Paulus an ～ (新約聖書の)ピレモン〈フィレモン〉への手紙. [*gr.*－*lat.*; ◇..phil]

Phil·har·mo·nie [fɪlharmoníː, fi(ː)l..] 女 -/-n [..níːən] フィルハーモニー(音楽〔愛好〕協会・管弦楽団・音楽堂などの名として用いられる): Berliner ～ ベルリン=フィルハーモニー〔ホール〕.

Phil·har·mo·ni·ker[..móːnikər; ｵｰｽﾄﾘｱ: ◡◡−◡◡] 男 -s/- **1** フィルハーモニー管弦楽団員. **2**《複数で》フィルハーモニー管弦楽団: Wiener 〈Berliner〉 ～ ウィーン〈ベルリン〉フィルハーモニー管弦楽団.

phil·har·mo·nisch[..móːnɪʃ; ｵｰｽﾄﾘｱ: ◡◡−◡] 形 音楽愛好の; フィルハーモニーの: Londoner *Philharmonisches* Orchester ロンドン=フィルハーモニック交響楽団.

Phil·hel·le·ne[fɪlhɛléːnə, fiːl..] 男 -n/-n **1** ギリシア愛好者, ギリシア〔人〕びいきの人. **2**〖史〗(19世紀初頭の)ギリシア独立運動支持者. [*gr.* phil-éllēn „griechen-freundlich"]

Phil·hel·le·nis·mus[..hɛlenísmʊs] 男 -/ **1** ギリシア愛好, ギリシア〔人〕びいき. **2**〖史〗(19世紀初頭の)ギリシア独立支援運動.

..philie[..filiː]《「…を好むこと」を意味する女性名詞 (-/-n) をつくる》: Biblio*philie* 書籍愛好 | Hämo*philie*〖医〗血友病. [*gr.* philíā „Liebe"; ◇..phil]

Phi·li·ne[filíːnə] 女名 フィリーネ. [*gr.*]

Phil·ipp[fíːlɪp] 男名 フィーリップ. [*gr.* „Pferdefreund"－*lat.*; ＜..phil+hippo..]

Phil·ip·per[filípər] 男 -s/- Philippi の人: der Brief des Paulus an die ～ (新約聖書の)ピリピ人への手紙.

Phil·ip·per·brief 男 -〔e〕s/ (新約聖書の)ピリピ人への手紙.

Phil·ip·pi[filípi·] 地名 ピリピ, フィリピ(古代 Makedonien の都市. Oktavianus が Cäsar の暗殺者たちを破った地): **Bei ～ sehen wir uns wieder!**《雅》このことはいずれ片をつけるからな. [*gr.*－*lat.*; マケドニア王 Philipp にちなむ]

Phil·ip·pi·ka[filípika·] 女 -/..ken [..kən] (痛烈な)攻撃〈弾劾〉演説, (激しい)非難: von *jm.* eine 〔donnernde〕 ～ bekommen …にさんざんどなりつけられる. [*gr.*－*lat.*; ＜Philipp II. (Demosthenes の攻撃演説の対象となったマケドニアの王, †前336)]

Phil·ip·pi·ne[filɪpíːnə] 女名 (＜Philipp) フィリピーネ.

die **Phil·ip·pi·nen**[filɪpíːnən] 地名 複 フィリピン(アジア大陸東南方にある7000余の島からなる共和国. 1946年独立. 首都は Manila): auf den ～ フィリピンで | Ich fliege morgen auf die ～. 私はあす飛行機でフィリピンへ行く. [＜Philipp II. von Spanien]

der **Phil·ip·pi·nen·gra·ben** 地名 男 -s/ フィリピン海溝.

Phil·ip·pi·ner[..nər] 男 -s/- (Filipino) フィリピン人.

phil·ip·pi·nisch[..nɪʃ] 形 フィリピン〔人・語〕の: → deutsch

Phi·li·ster[filístər] 男 -s/- **1**〖史〗ペリシテ人(前12世紀ごろパレスチナに侵入した非セム系民族. ヘブライ人を圧迫したために聖書では悪く言われている). **2**《比》(無教養で小市民的な)俗物, (実利主義的な)凡俗の人. [*hebr.*－*gr.*; ◇Palästina]

Phi·li·ste·rei[filɪstəráɪ] 女 -/-en **1**《単数で》俗物的なこと〈態度〉. **2** 俗物的な言動.

phi·li·ster·haft[filístərhaft] 形 俗物的な, 凡俗の, 実利主義的な.

Phi·li·ste·rium[filɪstéːriʊm] 中 -s/ (大学卒業後の窮屈な)社会人〈小市民〉生活.

Phi·li·ster·tum[filístərtuːm] 中 -s/ 俗物根性, (小市民的な)凡俗さ; 実利主義.

phi·li·strös[filɪstrǿːs][1] ＝philisterhaft [＜..ös]

Phil·lu·me·nie[fɪlumeníː] 女 -/ マッチ箱〔のレッテル〕収集. [＜*lat.* lūmen (→Lumen)]

Phil·lu·me·nist[..níst] 男 -en/-en マッチ箱〔のレッテル〕収集家.

philo.. 《名詞などにつけて「…を愛する人, …の友」を意味する. 母音や h, l の前では phil.. となる: → *Phil*anthrop, *phil*harmonisch, *Phil*lumenie》[*gr.* phílos (→..phil)]

Phi·lo·den·dron[filodɛ́ndrɔn] 男 中 -s/..dren [..drən]〖植〗フィロデンドロン, ビロードカツラ属(サトイモ科のつる性観葉植物). [„Baum-freund"; ＜*gr.* déndron „Baum"]

phi·lo·gyn[filogýːn] 形 (↔misogyn) (frauenfreundlich) 女性に対して好意的な, 女好きの.

Phi·lo·gyn[—] 男 -en/-en (↔Misogyn) (Weiberfreund) 女好きの男. [＜gyn..]

Phi·lo·lo·ge[..lóːgə] 男 -n/-n (→..loge) フィロロジー学者, 文献学者; 文学語学研究者. [*gr.*－*lat.*]

Phi·lo·lo·gie[..logíː] 女 -/-n[..gíːən] フィロロジー, 文献学; 文学語学研究: die deutsche ～ ドイツの文献〈言語〉学; 独語独文学 | die klassische 〈moderne〉 ～ 古典語〈近代語〉フィロロジー. [*gr.*－*lat.*]

phi·lo·lo·gisch[..lóːgɪʃ] 形 フィロロジー〈文献学〉〔上〕の; 文学語学研究の;《比》あまりにも科学的〈精密〉な, きちょうめんすぎる.

Phi·lo·me·la[filoméːla·] 女 -/..len [..lən], **Phi·lo·me·le**[..méːlə, ..le·] 女 -/-n《雅》(Nachtigall)〖鳥〗サヨナキドリ, ナイチンゲール. [*gr.* Philomḗlē (サヨナキドリに変身したアテネの王女)－*lat.*].

Phi·lo·se·mit[filozemíːt] 男 -en/-en ユダヤ〔人〕びいきの人.

Phi·lo·se·mi·tis·mus[..zemitísmʊs] 男 -/ ユダヤ〔人〕びいき.

Phi·lo·soph[filozóːf] 男 -en/-en **1 a)** 哲学者. **b)** 哲人, 賢人. **2**《話》考えごとの好きな人; (俗世を超越した)冥想(めいそう)家. [*gr.*－*lat.*; ◇Sophie]

Phi·lo·so·pha·ster[..zofástər] 男 -s/- 哲学者ぶる人, えせ哲学者. [*spätlat.*; ＜*lat.* ..aster „schein.."]

Phi·lo·so·phem[..zoféːm] 中 -s/-e 哲学的論文; 哲学者の発言, 哲学上の学説. [*gr.*]

Phi·lo·so·phie[..zofíː] 女 -/-n [..fíːən] **1** 哲学: die antike 〈indische〉 ～ 古代〈インド〉哲学 | die idealistische 〈materialistische〉 ～ 観念論〈唯物論〉的哲学 | Existenz*philosophie* 実存哲学 | Rechts*philosophie* 法哲学. **2** (個々人の)人世〈処生〉哲学, 人生〈世界〉観. [*gr.*－*lat.*－*mhd.*]

phi·lo·so·phie·ren[..zofíːrən] 自 (h) 哲学する,(哲学的に)思索する: über *et.*[4] ～ …について哲学〈思索〉する; …について哲学的な考察を述べる.

Phi·lo·so·phi·kum[..zóːfikʊm] 中 -s/..ka [..kaˑ] (ドイツの教員任用国家試験の)哲学の試験.

phi·lo·so·phisch[..zóːfɪʃ] 形 **1** 哲学〔上〕の; 哲学〈哲理〉的な: die ～*e* Fakultät (大学の)文学部 | ein ～*es* System 哲学体系 ‖ ～ denken 哲学的に思考する. **2** 哲学者らしい, 思索的な, 冷静な, 思慮ぶかい: ein ～*er* Mensch 哲学的な人間. **3** 《軽蔑的に》世間離れのした.

Phil·trum[fíltrʊm] 中 -s/..tren [..trən] 《解》人中(にんちゅう)(鼻の下の中央の縦みぞ: → 図 Mund). [*gr.* phíltron „Liebesmittel"–*lat.*; < *gr.* phileĩn „lieben" (◇..phil)]

Phi·mo·se[fimóːzə] 女 -/-n (Vorhautverengung) 《医》包茎. [*gr.*; < *gr.* phīmós „Maulkorb"+..osis]

Phio·le[fióːlə] 女 -/-n 細首瓶, フラスコ. [*gr.* phiálē (→Phiale)–*mlat.* fiola–*ahd.*]

phleb.. →phlebo..

Phle·bi·tis[flebíːtɪs] 女 -/..tiden [..bitíːdən] (Venenentzündung) 《医》静脈炎. [<..itis]

phlebo.. 《名詞などにつけて「静脈」を意味する. 母音の前では phleb.. となる》: *Phlebo*gramm 《医》静脈波曲線 | *Phleb*ektasie 《医》静脈拡張〔症〕. [*gr.* phléps „Ader"; < *gr.* phlȳein „sprudeln"]

Phleg·ma[flέgmaˑ] 中 -s/ (オーストリア: -/) 粘液質; 鈍重, 無気力; 無関心, 鈍感. [*gr.*–*spätlat.*; < *gr.* phlégein „entzünden"; ◇ flagrant, Phlogiston]

Phleg·ma·ti·ker [flɛgmáːtikər] 男 -s/– (話: **Phleg·ma·ti·kus**[..kʊs] 男 -/-se [..sə]) 粘液質の人; 鈍重〈無気力〉な人; 無関心〈鈍感〉な人.

phleg·ma·tisch[..máːtɪʃ; オーストリア: ..mátɪʃ] 形 粘液質の; 鈍重〈無気力〉な; 無関心〈鈍感〉な: ein ～*es* Temperament 粘液質(昔の生理学で考えられた 4 種類の気質の一つ: → Temperament 1 a) | mit ～*er* Langsamkeit 粘液質のゆっくりさで, のろくさと. [*gr.*–*spätlat.*]

Phleg·mo·ne[..móːnə] 女 -/-n 《医》蜂巣(ほうそう)炎, フレグモーネ. [*gr.* phlegmonḗ „Brand, Entzündung"]

phleg·mo·nös[..monǿːs][1] 形 《医》蜂巣(ほうそう)炎〈フレグモーネ〉〔性〕の. [<..ös]

Phlo·em[floéːm] 中 -s/-e (↔Xylem) 《植》篩部(しぶ). [*gr.*]

Phlo·gi·ston[flóːgɪstɔn, flóg..] 中 -s/ 《化》フロギストン, 燃素(酸素が発見される以前, 燃焼のさいに放出されると考えられていた架空の物質). [*gr.*; < *gr.* phlogízein „entzünden"]

Phlox[flɔks] 男 -es/-e; 女 -/-e 《植》キキョウナデシコ(桔梗撫子)属(ハナシノブ科). [*gr.* „Flamme"; ◇ Phlegma]

Phlo·xin[flɔksíːn] 中 -s/ 《化》フロキシン. [<..in[2]]

Phlyk·tä·ne[flʏktέːnə] 女 -/-n 《医》フリクテン(角膜・結膜の水泡). [*gr.* phlýktaina „Blase"; ◇ phlebo..]

Phnom Penh[pnɔmpέn, ∪⌣] =Pnompenh

..phob[..foːp][1] 《「…を恐れる, …をきらう」を意味する形容詞をつくる》: anthropo*phob* 《医》対人恐怖症の | helio*phob* 《生》嫌日性の | xeno*phob* 外国〔人〕ぎらいの. [*gr.* phóbos „Flucht, Scheu"; ◇ *engl.* ..phobe]

Phö·be[fǿːbə, ..beˑ] (**Phoi·be**[fɔ́ʏ..]) **I** 人名 《ギ神》ポイベ(月の女神 Artemis, Diana の呼び名). **II** 女 -/ フェーベ(土星の衛星の一つ). [*gr.*–*lat.*; ◇ Phöbus]

Pho·bie[fobíː] 女 -/-n [..bíːən] 《医・心》恐怖〔症〕.

..phobie[..fobiː] 《「恐怖・嫌悪」を意味する女性名詞 (-/-n) をつくる》: Agora*phobie* 《医・心》広場恐怖〔症〕 | Anthropo*phobie* 《医・心》対人恐怖〔症〕 | Hydro*phobie* 《医》恐水病. [*gr.*; ◇ ..phob]

Phö·bus[fǿːbʊs] (**Phö·bos**[..bɔs]) 人名 《ギ神》ポイボス (Apollo の呼び名の一つ); 《比》太陽, 日輪. [*gr.*–*lat.*; < *gr.* phoĩbos „leuchtend"]

Phoi·be =Phöbe

Pho·ko·me·lie[fokomelíː] 女 -/-n [..líːən] 《医》あざらし肢症, あざらし状奇形, 短肢症. [< *gr.* phṓkē „Robbe" +mélos (→Melos)]

phon[foːn] 記号 (Phon) 《理》フォーン, ホン.

phon.. →phono..

..phon[..foːn] 《「音・声」を意味する中性名詞 (-s/-e), まれに女性名詞 (-/-en) または形容詞をつくる. ..fon とつづることもある》: Grammo*phon* 蓄音機 | Mega*phon* メガホン | Tele*phon* 電話 ‖ Anti*phon* 女 《カトリック》交誦(こうしょう); 中 防音装置 ‖ homo*phon* 《言》同音の; 《楽》ホモフォニーの | poly*phon* 《楽》多声の, ポリフォニーの. [*gr.* phōnḗ „Stimme"]

Phon[foːn] 中 **1** -s/-s (単位: -/-) 《理》フォーン, ホン(音の強度単位; 記号 phon). **2** -s/-e 《言》素音(発話の最小分節単位で未分類のもの).

Phon·asthe·nie[fonasteníː] 女 -/ 《医》音声衰弱〔症〕.

Pho·na·tion[fonatsióːn] 女 -/-en 《医》発声.

Pho·nem[fonéːm] 中 -s/-e **1** 《言》音素. **2** 《複数で》《医》(精神病患者の)音声幻聴. [*gr.*; ◇ ..phon]

Pho·ne·ma·tik[fonemáːtɪk] 女 -/ 音素論; 音韻論.

pho·ne·ma·tisch[..tɪʃ] 形 《言》音素の, 音素に関する: ein ～*es* Verb (→Verb).

Pho·ne·mik[fonéːmɪk] 女 -/ 《言》音素論. [<..ik]

Pho·nem·in·ven·tar[fonéːm..] 中 《言》音素目録.

pho·ne·misch[fonéːmɪʃ] 形 《言》音素の, 音素に関する.

pho·ne·mi·sie·ren[fonemizíːrən] 他 (h) 《言》音素化する.

Pho·nem≠sub·sti·tu·tion[fonéːm..] 女 《言》音素代替(自国語にない外国語の音素を自国語の類似音素で代用すること). **≠sy·stem** 中 《言》音素組織.

Phon·en·do·skop[fonɛndoskóːp, ..dɔs..] 中 -s/-e 《医》拡声聴診器.

Pho·ne·tik[fonéːtɪk] 女 -/ 《言》音声学.

Pho·ne·ti·ker[..tikər] 男 -s/– 音声学者.

pho·ne·tisch[..tɪʃ] 形 音声の; 音声学〔上〕の: eine ～*e* 〔Laut〕schrift 音標文字 | ein ～*es* System 音声体系〈組織〉.

Phon·ia·ter[foniáːtər] 男 -s/– 音声医学の専門家.

Phon·ia·trie[..atríː] 女 -/ 音声医学. [<..iater]

..phonie[..foniː] 《「鳴る〈鳴らせる〉こと・響き」を意味する女性名詞 (-/-n) をつくる. ..fonie とつづることもある》: Homo*phonie* 《楽》ホモフォニー | Poly*phonie* 《楽》多声音楽, ポリフォニー | Sym*phonie* 《楽》交響曲. [*gr.*; ◇ ..phon]

ᵛ**Pho·nik**[fóːnɪk] 女 -/ 《理》音響学. [<..ik]

Phö·ni·ker[fǿníːkər] 男 -s/– =Phönizier

Phö·ni·ki·en[..kiən] =Phönizien

Phö·ni·ki·er[..kiər] 男 -s/– =Phönizier

phö·ni·kisch[..kɪʃ] =phönizisch

pho·nisch[fóːnɪʃ] 形 **1** 音声の; 発音上の: das ～*e* Zentrum 発音中枢. **2** 《理》音響の.

Phö·nix[fǿːnɪks] 男 -〔es〕/-e **1** 《伝説》フェニックス, 不死鳥(エジプト人のあいだに伝えられた霊鳥. 500年ごとにみずから巣に火を放って焼け死に, 新たに生まれ変わるという.「不滅」の象徴): **wie ein ～ aus der Asche erstehen** 〈steigen / aufsteigen / emporsteigen〉 / *sich*[4] wie ein ～ aus der Asche erheben 《雅》不死鳥のように灰の中からよみがえる. **2** der ～ 《天》鳳凰(ほうおう)座. [*gr.*–*lat.*]

Phö·nix·pal·me 女 《植》ナツメヤシ(棗椰子)属, フェニックス.

Phö·ni·zi·en[fǿníːtsiən] 地名 フェニキア(シリア沿岸にフェニキア人が建てた古代都市国家群の総称). [*gr.*–*lat.*]

Phö·ni·zi·er[..tsiər] 男 -s/– フェニキア人(セム族の一派で, 航海・貿易にすぐれていた).

phö·ni·zisch[..tsɪʃ] 形 フェニキア〔人・語〕の: →deutsch | die ～*e* Sprache フェニキア語(セム語族に属する言語で, すでに絶滅している) | die ～*e* Schrift フェニキア文字(古代文字の一種で, 今日のアルファベットはこれに由来する). [◇ punisch]

phono.. 《名詞・形容詞などにつけて「音響・音声」を意味する. 母音の前では phon.. となる: →*Phon*asthenie. fono.. とつづることもある》 [*gr.* phōnḗ (→..phon)]

P

Pho·no·gramm[fonográm] 中 -s/-e 録音, 音波記録.

Pho·no·graph[..grá:f] 男 -en/-en (Edison の発明した) 蠟(ろう)板蓄音機.

▽**Pho·no·gra·phie**[..grafí:] 女 -/-n [..fí:ən] **1** 表音記録術; 表音速記術. **2** 録音.

pho·no·gra·phisch[..grá:fɪʃ] 形 (Phonographie に関する. 例えば:) 表音記録術〔上〕の; 録音〔上〕の.

Pho·no·kof·fer[fó:no..] 男 ポータブルプレーヤー.

Pho·no·la[fonó:la·] 中 -s/-s; 女 -/-s 商標 フォノーラ(半自動ピアノ). [< phono..+Pianola]

Pho·no·lith[fonolí:t, ..lít] 男 -s/-e; -en/-en 〘鉱〙 響岩.

Pho·no·lo·ge[..ló:gə] 男 -n/-n (→..loge) 〘言〙 音韻学者.

Pho·no·lo·gie[..logí:] 女 -/ 〘言〙 音韻論.

pho·no·lo·gisch[..ló:gɪʃ] 形 〘言〙 音韻論〔上〕の: die ~*e* Komponente 音形部門(→Komponente 3) | ein ~*es* System 音韻体系〈組織〉.

Pho·no·me·ter[..mé:tər] 中 (男) -s/- 〘理〙 測音器.

Pho·no·me·trie[..metrí:] 女 -/ 〘言〙 計量音声学.

Pho·no·thek[..té:k] 女 -/-en 音声〈録音〉資料館.

Pho·no·ty·pi·stin[..typístɪn] 女 -/-nen (口述録音を聞きながらタイプを打つ) 女性速記タイピスト. [< Stenotypistin]

Phon·zahl[fó:n..] 女 〘理〙 フォーン〈ホン〉数.

..phor[..fo:r] (「…を担うもの」を意味する男性名詞 (-s/-e) または中性名詞 (-s/-en) をつくる): Chromato*phor* 中 〘動〙 色素細胞; 〘植〙 色素体 | Elektro*phor* 男 〘電〙 電気盆 | Karpo*phor* 男 〘植〙 (散形科植物の) 果柄 | Sema*phor* 中 (男) 腕木式信号機 | Phos*phor* 男 〘化〙 燐光(りんこう)物質 | Thermo*phor* 男 保温器; 伝熱装置. [*gr*.; < *gr*. phérein „tragen" (◇gebären)]

▽**Pho·ro·no·mie**[foronomí:] 女 -/ (Kinematik) 〘理〙 運動学.

Phos·gen[fɔsgé:n] 中 -s/ 〘化〙 ホスゲン, 塩化カルボニル (毒ガスの一種). [*engl*. phosgene; < *gr*. pháos (→photo..)]

Phos·phat[fɔsfá:t] 中 -(e)s/-e 〘化〙 燐(りん)酸塩. [< ..at]

Phos·pha·tid[fɔsfatí:t] 中 -(e)s/-e 〘生化学〙 ホスファチド, 燐(りん)脂質. [< ..id²]

phos·pha·tie·ren[fɔsfatí:rən] 他 (h) **1** 〘化〙 燐(りん)酸塩にする. **2** 〘工〙 燐酸塩で処理する.

Phos·phid[fɔsfí:t]¹ 中 -(e)s/-e 〘化〙 燐(りん)化物. [< ..id²]

Phos·phit[fɔsfí:t, ..fít] 中 -s/-e 〘化〙 亜燐(りん)酸塩.

Phos·phor[fɔ́sfɔr, ..fo:r] 男 -s/-e[fɔsfó:rə] **1** 〘化〙 燐(りん) (非金属固体元素名; 記号 P). **2** 燐光物質, 燐光体. [*gr*. phōs-phóros „licht-tragend" (◇photo..); ◇*engl*. phosphorus]

Phos·phor≈bom·be 女 黄燐(おうりん) 焼夷(しょうい)弾. ≈**dün·ger** 男 燐酸肥料.

Phos·pho·res·zenz[fɔsforɛstsɛ́nts] 女 -/ 〘理〙 燐光(りんこう) (ルミネセンスの一種: →Lumineszenz).

phos·pho·res·zie·ren[..tsí:rən] 自 (h) 燐光(りんこう)を発する.

phos·phor·hal·tig[fɔ́sfɔr..] 形 燐(りん)を含む.

phos·pho·rig[fɔ́sforɪç]² 形 燐(りん)の; 燐を含む: ~*e* Säure 亜燐酸.

Phos·pho·ris·mus[fɔsforísmus] 男 -/..men[..mən] (Phosphorvergiftung) 〘医〙 燐(りん)中毒.

Phos·pho·rit[..rí:t, ..rít] 男 -s/-e 〘鉱〙 燐灰土. [< ..it²]

phos·phor·sau·er[fɔ́sfɔr..] 形 燐(りん)酸の: *phosphorsaures* Salz 燐酸塩.

Phos·phor≈säu·re 女 -/ 〘化〙 燐(りん)酸. ≈**ver·gif·tung** 女 〘医〙 燐中毒. ≈**was·ser·stoff** 男 〘化〙 燐化水素.

Phot[fo:t] 中 -s/- 〘光〙 フォト (照度の単位; 記号 ph).

Pho·tis·mus[fotísmus] 男 -/..men[..mən] 〘医・心〙 フォティズム, 共同的光覚, 幻視. [*gr*.; < *gr*. phōtízein „erleuchten"]

photo.. 《名詞・形容詞などにつけて「光・写真」を意味する. foto.. とつづることもある》 [*gr*. pháos „Licht"; ◇Phaethon, Fanal, Phosphor]

Pho·to[fó:to·] 中 -s/-s (スイ: 女 -/-s); 男 -s/-s =Foto

Pho·to≈al·bum[fó:to..] =Fotoalbum ≈**ap·pa·rat** =Fotoapparat ≈**ar·ti·kel** =Fotoartikel ≈**ate·lier**[..|atelie·] =Fotoatelier

Pho·to·bio·lo·gie[fotobiologí:] 女 -/ 光(ひかり)生物学.

pho·to·bio·lo·gisch[..bioló:gɪʃ] 形 光生物学〔上〕の.

Pho·to·che·mie[..çemí:] 女 -/ 光(ひかり)化学.

Pho·to·che·mi·gra·phie[..çemigrafí:] 女 -/ 〘印〙 写真製版.

pho·to·che·misch[..çé:mɪʃ] 形 光(ひかり)化学〔上〕の: ~*er* Smog 光化学スモッグ | ~*e* Reaktion 〈Katalyse〉 光化学反応〈触媒作用〉.

pho·to·chrom[..kró:m] 形 〘化〙 ホトクロミズムの, 光(ひかり)互変性の. [< chromato..]

Pho·to·chro·mie[..kromí:] 女 -/ 〘化〙 ホトクロミズム, 光(ひかり)互変, 光可逆変色.

Pho·to≈di·ode[fó:to..] 女 -/ 〘電〙 光二極体, フォト=ダイオード. ≈**ef·fekt** 男 〘理〙 光電効果.

pho·to·elek·trisch[foto|eléktrɪʃ] 形 〘理〙 光電の: ein ~*es* Thermometer 光電温度計 | eine ~*e* Zelle 光(ひかり)電池.

Pho·to·elek·tri·zi·tät[..|elɛktritsité:t] 女 光(ひかり)電気.

Pho·to≈elek·tron[fó:to..] 中 光(こう)電子. ≈**ele·ment** 中 光(ひかり)電池.

pho·to·gen[fotogé:n] 形 **1** =fotogen **2** 〘生〙 発光性の.

Pho·to·gramm[..grám] 中 -s/-e (Meßbild) 測量用写真.

Pho·to·gramme·trie (**Pho·to·gramm·me·trie**)[..grametrí:] 女 -/ 写真測量〔術〕.

pho·to·gramme·trisch (**pho·to·gramm·me·trisch**)[..gramé:trɪʃ] 形 写真測量〔上〕の; 写真測量による.

Pho·to·graph[..grá:f] 男 -en/-en =Fotograf

Pho·to·gra·phie[..grafí:] 女 -/-n [..fí:ən] =Fotografie

pho·to·gra·phie·ren[..grafí:rən] =fotografieren

pho·to·gra·phisch[..grá:fɪʃ] =fotografisch

Pho·to·gra·vü·re[..gravý:rə] 女 -/-n =Heliogravüre

Pho·to·ko·pie[..kopí:] 女 -/-n [..pí:ən] =Fotokopie

pho·to·ko·pie·ren[..kopí:rən] =fotokopieren

Pho·to·li·tho·gra·phie[..litografí:] 女 -/ 〘印〙 写真平版.

Pho·to·ly·se[..lý:zə] 女 -/-n 〘生・化〙 光(ひかり)分解.

Pho·to·ma·ton[..mató:n] 中 -s/-e 商標 フォトマトン (自動写真撮影現像機).

pho·to·me·cha·nisch[..meçá:nɪʃ] 形 〘印〙 写真製版〈複写〉の: *et*.⁴ ~ vervielfältigen …を写真複写する.

Pho·to·me·ter[..mé:tər] 中 (男) -s/- 〘理〙 測光器, 光度計.

Pho·to·me·trie[..metrí:] 女 -/ 測光 (光の強さの測定).

pho·to·me·trisch[..mé:trɪʃ] 形 測光〔上〕の.

Pho·to≈mo·dell[fó:to..] =Fotomodell ≈**mon·ta·ge**[..ta:ʒə] =Fotomontage

Pho·ton[fó:tɔn, fotó:n] 中 -s/-en [fotó:nən] 〘理〙 光子.

Pho·to·na·stie[fotonastí:] 女 -/ 〘生〙 (植物の) 光(ひかり)傾性, 傾光性.

Pho·to·nen≈an·trieb[fotó:nən..] 男 〘宇宙〙 光子推進. ≈**trieb·werk** 中 〘宇宙〙 光子ロケットエンジン.

Pho·to·pa·pier[fó:to..] =Fotopapier

Pho·to·pho·bie[fotofobí:] 女 -/-n [..bí:ən] (Lichtscheu) 〘医〙 羞明(しゅうめい), まぶしがり〔症〕.

Phot·op·sie[fotɔpsí:] 女 -/ 〘医〙 光視〔症〕. [< *gr*. ópsis „Sehen"]

Pho·to·satz[fó:to..] =Fotosatz

Pho·to·satz·ge·rät =Fotosatzgerät

Pho·to·sphä·re[fotosfɛ́:rə, ..tɔs..] 女 -/ 〘天〙光球(太陽の表面の白熱光を放つ層).

Pho·to·syn·the·se[fotozʏnté:zə] 女 -/ 〘生・化〙光(ひかり)合成.

pho·to·tak·tisch[..táktɪʃ] 形 〘生〙走光性の.

Pho·to·ta·xis[..táksɪs] 女 -/ ..xen [..táksən]〘生〙走光性. [<*gr.* táxis (→Taxis[1])]

Pho·to·ter·min[fó:to..] =Fototermin

Pho·to·thek[..té:k] 女 -/-en 写真資料館〈室〉, フォト=ライブラリー.

Pho·to·the·ra·pie[..terapí:] 女 -/ 〘医〙光線療法.

pho·to·trop[..tró:p] 形, **pho·to·tro·pisch**[..tró:pɪʃ] 形 〘生〙光(ひかり)屈性の, 屈光性の. [<*gr.* trópos (→Tropus)]

Pho·to·tro·pis·mus[..tropísmʊs] 男 -/ 〘生〙(植物, まれに動物の)光(ひかり)屈性, 屈光性.

▽**Pho·to·ty·pie**[..typí:] 女 -/-n [..pí:ən]〘印〙写真凸版(術). [<*gr.* týpos (→Typus)]

Pho·to·vol·ta·ik[fotovɔltá:ɪk] 女 -/ 〘理〙光(ひかり)起電力; 太陽光発電.

pho·to·vol·ta·isch[..tá:ɪʃ] 形 〘理〙光(ひかり)起電性の: ~*er* Effekt 光起電効果.

Pho·to≈wi·der·stand[fó:to..] 男 〘電〙光(ひかり)抵抗. **≈zel·le** 女 〘理〙**1** 光電管. **2** 光(ひかり)電池.

Pho·to·zin·ko·gra·phie[fototsɪŋkografí:] 女 -/-n [..fí:ən] =Fotozinkografie

Phra·se[frá:zə] 女 -/-n **1 a)** 《軽蔑的に》きまり文句, 月並みな〈中身のない〉言葉: 〔leere〕 **~n dreschen** 《話》ありきたりな文句を並べる, 空言を弄(ろう)する | Das sind alles nur 〔leere〕 ~*n*. それはみな意味もないおしゃべりにすぎない. **b)** 成句, 慣用句, 熟語. **2** 〘楽〙楽句, フレーズ. **3** 〘言〙(文を構成する成分としての)句: Nominal*phrase* 名詞句. [*gr.* phrásis „Ausdruck"−*spätlat.*(−*fr.*)]

Phra·sen·dre·scher 男《話》きまり文句を並べたてる人.

Phra·sen·dre·sche·rei[fra:zəndrɛʃəráɪ] 女 =Phrasendrusch

Phra·sen·drusch[frá:zən..] 男《話》きまり文句を並べること.

phra·sen·haft 形 きまり文句の, 中身の空疎な, ありきたりの.

Phra·sen≈ma·cher 男 -s/- = Phrasendrescher **≈struk·tur** 女 〘言〙(文を構成する単位としての)句構造.

Phra·sen·struk·tur·gram·ma·tik 女 -/ 〘言〙句構造文法.

Phra·seo·lo·gie[frazeologí:] 女 -/-n [..gí:ən] **1** 〘言〙(特定言語集団の)慣用語法, 物の言い方, 言葉づかい. **2** 慣用句研究〈収集〉.

phra·seo·lo·gisch[..ló:gɪʃ] 形 慣用語の; 慣用語法の.

▽**Phra·seur**[frazǿ:r] 男 -s/-e = Phrasendrescher [*fr.*]

phra·sie·ren[frazí:rən] 他 (h) 〘楽〙(旋律を)楽句〈フレーズ〉に区切る.

Phra·sie·rung[..rʊŋ] 女 -/-en 〘楽〙フレージング(旋律を楽句に区切ること).

phren.. →phreno..

Phre·ne·sie[frenezí:] 女 -/ (Wahnsinn) 〘医〙精神錯乱.

phre·ne·tisch[frené:tɪʃ] 形 〘医〙精神錯乱の; 《比》熱狂的な. [*lat.*; ◇frenetisch]

phre·nisch[fré:nɪʃ] 形 〘医〙横隔膜の.

Phre·ni·tis [..ní:tɪs] 女 -/..tiden [..nití:dən] (Zwerchfellentzündung) 〘医〙横隔膜炎. [*gr.*−*spätlat.*; <..itis]

phreno.. 《名詞などにつけて「横隔膜・精神」などを意味する. 母音の前では phren.. となる: →*Phrenesie*, *Phrenitis*》 [*gr.* phrēn „Zwerchfell (als Sitz der Seele)"]

Phre·no·kar·die [frenokardí:] 女 -/-n [..dí:ən] (Herzneurose) 〘医〙心臓神経症. [<Kardia]

Phre·no·lep·sie [frenolɛpsí:] 女 -/-n [..sí:ən] (Zwangsvorstellung) 〘医〙強迫観念.

Phre·no·lo·ge[..ló:gə] 男 -n/-n (→..loge) 骨相学者.

Phre·no·lo·gie[..logí:] 女 -/ 骨相学.

phre·no·lo·gisch[..ló:gɪʃ] 形 骨相学〔上〕の.

Phre·no·pa·thie[..patí:] 女 -/ 〘医〙精神障害.

Phry·ga·ni·de[fryganí:də] 女 -/-n 〘虫〙トビケラ. [<*gr.* phrýganon „Reisig" (◇Fritte)+..iden]

Phry·gi·en[frý:giən] 地名 フリュギア(小アジア中西部にあった古代の国). [*gr.*−*lat.*]

Phry·gi·er[..giər] (**Phry·ger**[..gər]) 男 -s/- フリュギア人.

phry·gisch[..gɪʃ] 形 フリュギアの: eine ~*e* Mütze フリュギア帽(円錐(えんすい)形で頂点が前方にまがっている. フランス革命のときにジャコバン党員がかぶって以来, 自由の象徴: →図) | die ~*e* Tonart / das *Phrygische* 〘楽〙フリュギア旋法, フリギア旋法(中世の教会旋法の一つ).

phrygische Mütze

Phtha·lat[ftalá:t] 中 -〔e〕s/-e 〘化〙フタル酸塩.

Phtha·le·in[ftaleí:n] 中 -s/ 〘化〙フタレイン. [<Naphthalin]

Phthal·säu·re[ftá:l..] 女 〘化〙フタル酸.

Phthi·ria·sis[ftirí:azɪs] 女 -/..sen [..riá:zən] 〘医〙シラミ寄生症. [*gr.*; <*gr.* phtheír „Laus"+..iasis]

Phthi·se[ftí:zə] 女 -/-n =Phthisis

Phthi·seo·pho·bie[ftizeofobí:] 女 -/ 〘医〙結核恐怖〔症〕.

Phthi·si·ker[ftí:zikər] 男 -s/- 結核患者.

Phthi·sis[..zɪs] 女 -/..sen [..zən] 〘医〙**1** 癆(ろう). **2** (Lungentuberkulose) 肺結核〔症〕. [*gr.*; <*gr.* phthínein „hinschwinden"]

pH-Wert[pe:há:..] 男 〘化〙pH 価(→pH).

Phy·ko·lo·gie[fykologí:] 女 -/ (Algenkunde) 藻学, 藻類学. [<*gr.* phȳkos „Tang"]

Phy·ko·my·zet[..mytsé:t] 男 -en/-en (Algenpilz) 〘植〙藻菌類. [<myko..]

Phy·la Phylum の複数.

Phy·lax[fý:laks] 男 -〔es〕/-e (Wächter) 番人(しばしば犬の名に用いる). [*gr.*]

Phy·le[fý:lə] 女 -/-n (古代 Athen の国家組織の基礎をなす)部族州. [*gr.* phȳlḗ „Stamm"; <*gr.* phýein (→Physis)]

phy·le·tisch[fylé:tɪʃ] 形 〘生〙系統の; 系統〔史〕的な: ~*e* Linie 系統.

Phyl·lis[fýlɪs] **I** 人名 〘ギ神〙ピュリス(Thrakien の王女. 帰らぬ夫を待ちあぐねて自殺した). **II** 女名 ピュリス(牧歌でしばしば羊飼いの女の名). [*gr.*−*lat.*]

Phyl·lit[fʏlí:t, fʏlít] 男 -s/-e 〘鉱〙千枚岩. [<..it[2]]

Phyl·lo·kak·tus[fʏlo..] 男 〘植〙ハサボテン. [<*gr.* phýllon „Blatt" (◇Folium)]

Phyl·lo·kla·dium[..klá:diʊm] 中 -s/..dien [..diən] 〘植〙葉状枝. [<*gr.* kládos „Zweig"]

Phyl·lo·po·de[..pó:də] 男 -n/-n 《ふつう複数で》〘動〙葉脚類(ミジンコなど).

Phyl·lo·ta·xis [..táksɪs] 女 -/..xen [..táksən] (Blattstellung) 〘植〙葉序.

Phyl·lo·xe·ra[fʏloksé:ra·] 女 -/..ren [..rən] =Reblaus

Phy·lo·ge·ne·se[fylogené:zə] 女 -/-n =Phylogenie

Phy·lo·ge·ne·tik[..gené:tɪk] 女 -/ 〘生〙系統学.

phy·lo·ge·ne·tisch[..gené:tɪʃ] 形 〘生〙系統発生の; 系統学〔上〕の. [<*gr.* phȳlon „Geschlecht" (◇Phyle)]

Phy·lo·ge·nie[..gení:] 女 -/-n [..ní:ən] 〘生〙系統; 系統発生.

Phy·lum[fý:lʊm] 中 -s/..la [..la·] (Stamm) 〘動・植〙門(もん) (→Stamm 3).

phys.. →physio..

Phys·ia·ter[fyziá:tər] 男 -s/- 〘医〙自然治癒論者.

Phys·ia·trie[fyziatrí:] 女 -/ (Naturheilkunde) 〘医〙自然療法.

Phy·si̱k[fyzíːk, ..zík; ｵｰｽﾄﾘｱ: ..zík] 女 -/ 物理学; (授業科目としての)物理: angewandte 〈theoretische〉 ～ 応用〈理論〉物理学 | Atom*physik* 原子物理学 | Geo*physik* 地球物理学 ‖ ～ studieren (大学で)物理学を学ぶ | Er hat in ～ eine Zwei bekommen. 彼は物理で 2 の評点をもらった (→Note 2). [*gr.*－*lat.* physica „Naturlehre"－*mhd.*]

Phy̱·si·ka Physikum の複数.

phy·si·ka̱·lisch[fyzikáːlɪʃ] 形 **1** 物理学〔上〕の; 物理〔学〕的な: die ～*e* Chemie 物理化学(＝Physikochemie) | ～*e* Geräte 物理学用器械 | eine ～*e* Theorie 物理学的理論 | eine ～*e* Therapie〘医〙物理〔的〕療法, 物療 | ～*e* Vorgänge 物理現象 ‖ eine Krankheit ～ behandeln 病気を物理的に治療する. ▽**2**《付加語的》＝physisch 2

Phy̱·si·ker[fýːzikər] 男 -s/- 物理学者.

Phy·si·ko·che·mie̱[fyzikoçemíː] 女 -/ 物理化学.

Phy·si·ko·che̱·mi·ker[..çéːmikər] 男 物理化学者.

phy·si·ko·che̱·misch[..çéːmɪʃ] 形 物理化学〔上〕の.

phy·si·ko·the·ra·pe̱u·tisch[..terapɔ́ʏtɪʃ] 形〘医〙物理〔的〕療法の.

Phy·si·ko·the·ra·pie̱[..terapíː] 女 -/〘医〙物理〔的〕療法, 物療.

Phy̱·si·kum[fýːzikʊm] 中 -s/..ka [..kaˑ] 医学部前期試験(4 学期終了後に受ける医学基礎課目の試験).

▽**Phy̱·si·kus**[..kʊs] 男 -/-se [..sə] (地方自治体に勤務する)地方医師. [*lat.* „Naturkundiger"; ◇physisch]

physio..《名詞・形容詞などにつけて「自然」を意味する. 母音の前では phys.. となる: →*Physiater*》[*gr.*; ◇Physis]

Phy·sio·geo·gra·phie̱[fyziogeografíː] 女 -/ 自然地理学.

Phy·sio·gno̱m[..gnóːm] 男 -en/-en 骨相〈人相〉学者, 観相家. [*gr.*－*lat.*; ◇Gnomon]

Phy·sio·gno·mie̱[..gnomíː] 女 -/-n [..míːən] **1** 骨相, 人相, 容貌(ようぼう), 顔つき: *sich*[3] *js.* ～ merken …の顔を覚える. **2** (動植物の)形状, 外観, 特徴;《比》(土地・町などの)外面的特徴, 形状, 景観. [*gr.*－*spätlat.*]

Phy·sio·gno̱·mik[..gnóːmɪk] 女 -/ 骨相〈人相〉学.

phy·sio·gno̱·misch[..gnóːmɪʃ] 形 人相〈骨相〉学〔上〕の.

Phy·sio·gno·mi̱st[..gnomíst] 男 -en/-en ＝Physiognom

▽**Phy·sio·gra·phie̱**[..grafíː] 女 -/ **1** 博物誌. **2** ＝Physiogeographie

Phy·sio·kra̱t[..kráːt] 男 -en/-en〘経〙重農主義者, 重農論者.

Phy·sio·kra·tie̱[..kratíː] 女 -/ , **Phy·sio·kra·ti̱s·mus**[..kratísmʊs] 男 -/〘経〙重農主義.

Phy·sio·lo̱·ge[fyzioló:gə] 男 -n/-n (→..loge) 生理学者.

Phy·sio·lo·gie̱[..logíː] 女 -/ 生理学: Arbeits*physiologie* 労働生理学 | Neuro*physiologie* 神経生理学. [*gr.*－*lat.* „Natur-kunde"]

phy·sio·lo̱·gisch[..lóːgɪʃ] 形 生理学〔上〕の; 生理的な: die ～*e* Chemie 生理化学 | ～*e* Kochsalzlösung 生理食塩水.

▽**Phy·sio·no·mie̱**[..nomíː] 女 -/ 自然法学.

Phy·sio·skle·ro̱·se[..skleróːzə] 女 -/〘医〙生理的硬化.

Phy·sio·the·ra·pe̱ut[..terapɔ́ʏt] 男 -en/-en 物理療法家.

Phy·sio·the·ra·pie̱[..terapíː] 女 -/〘医〙物理療法, 理学療法, 物療.

Phy̱·sis[fýːzɪs] 女 -/ 自然〔現象〕, 自然力; 肉体〔的条件〕, 体質: Er hat eine gesunde 〈robuste〉 ～. 彼は生来健康〈頑健〉である. [*gr.*; ＜*gr.* phýein „erzeugen"; ◇phyto..]

phy̱·sisch[fýːzɪʃ] 形 **1** (↔psychisch) 肉体的な; 生理的な: mit ～*er* Gewalt 肉体的暴力をもって | die ～*e* Liebe 性愛 | ein ～*er* Schmerz 肉体的苦痛 | ～*e* Handlungen〘劇〙身体的行動 ‖ ～ stark 〈schwach〉 gebaut sein 頑健〈虚弱〉な体質である. **2**《付加語的》自然の, 物的な: die ～*e* Geographie 自然地理学 | eine ～*e* Landkarte 地形図. [*gr.*－*lat.* physicus; ◇Physikus]

Phy·so·stig·mi̱n[fyzostɪgmíːn, ..zɔs..] 中 -s/〘薬〙フィゾスチグミン. [＜*gr.* phȳsa „Blase〔balg〕"＋Stigma＋..in[2]]

..phy̱t[..fyːt]《「植物」を意味する男性名詞 (-en/-en) をつくる》: Epi*phyt* 着生植物 | Gameto*phyt* 配偶体 | Halo*phyt* 塩生植物 | Hydro*phyt* 水生植物 | Hygro*phyt* 湿生植物 | Sporo*phyt* 胞子体 | Xero*phyt* 乾生植物.

phyto..《名詞・形容詞などにつけて「植物」を意味する》[*gr.* phytón „Gewächs"; ＜*gr.* phýein (→Physis)]

phy·to·ge̱n[fytogéːn] 形 植物起源の; 植物質〈性〉の.

Phy·to·geo·gra·phie̱[..geografíː] 女 -/ 植物地理学.

Phy·to·hor·mo̱n[..hɔrmóːn] 中 -s/-e〘生〙植物ホルモン.

Phy·to·li̱th[..líːt, ..lít] 男 -s/-e (-en/-en)〘鉱〙植物岩; 植物蛋白(たんぱく)石.

Phy·to·lo·gie̱[..logíː] 女 -/ (Botanik) 植物学.

Phy·to·pa·tho·lo·gie̱[..patologíː] 女 -/ 植物病理学.

phy·to·pa·tho·lo̱·gisch[..patolóːgɪʃ] 形 植物病理学〔上〕の.

phy·to·pha̱g[..fáːk][1] 形 (pflanzenfressend)〘動〙草食の.

Phy·to·pha̱·ge[..fáːgə] 男 -n/-n〘動〙草食動物.

Phy·to·pla̱nk·ton[..pláŋktɔn] 中〘生〙植物性プランクトン.

Phy·to·so·zio·lo·gie̱[..zotsiologíː] 女 -/ 植物社会学; 植物群落学.

Phy·to·to·xi̱n[..tɔksíːn] 中 -s/-e〘生〙植物毒素.

Phy·to·tro̱n[..tróːn, fýːtotroːn] 中 -s/-e フィトトロン(温度・湿度・光度の調節できる植物実験施設).

▽**Phy·to·zo̱·on** [..tsóːɔn] 中 -s/ ..zoen [..tsóːən] (Pflanzentier)〘動〙植物性動物(コケムシ・ウミユリ・ウミシダなど). [＜zoo..]

Pi̱[piː] 中 -〔s〕/-s **1** パイ(ギリシア字母の第16字: Π, π). **2**《単数で》〘数〙円周率(記号 π): ～ mal Daumen 〈Schnauze〉《話》ほぼ, およそ; 随意に. [1: *semit.*－*gr.*; 2: ＜*gr.* periphéreia (→Peripherie)]

Pi̱a[píːaˑ] 女名 (＜Pius) ピーア.

Pi̱af·fe[piáfə] 女 -/-n〘馬術〙ピアッフェ(馬の足踏み. 前へ進まないでその場で速足(はやあし)をすること: →図 Schule). [*fr.* „Prahlerei"]

piaf·fie̱·ren[piafíːrən] 自 (h)〘馬術〙ピアッフェを行う.

Pia̱·ni Piano 1 の複数.

Pia·ni̱·no[pianíːnoˑ] 中 -s/-s〘楽〙(小型の)アップライトピアノ. [*it.*]

pia·ni̱s·si·mo[pianísimoˑ] **I** 副 (略 pp) (sehr leise)〘楽〙ピアニッシモ, きわめて弱く. **II Pia·ni̱s·si·mo** 中 -s/-s, ..mi [..miˑ]〘楽〙ピアニッシモ. [*it.*]

pia·nis·si̱s·si·mo[pianɪsísimoˑ] 副 (略 ppp) (äußerst leise)〘楽〙ピアニッシッシモ (pianissimo よりさらに弱く).

Pia·ni̱st[pianíst] 男 -en/-en (女 **Pia·ni̱·stin**[..tɪn]-/-nen) ピアニスト, ピアノ演奏家. [*fr.*]

pia·ni̱·stisch[..nístɪʃ] 形 ピアノ演奏〔技術〕上の.

pia̱·no[piáːnoˑ] 副 (略 p) (leise)〘楽〙ピアノ, 弱く. [*it.*; ＜*lat.* plānus (→plan)]

Pia̱·no[－] 中 **1** -s/-s, ..ni [..niˑ]〘楽〙弱い音での演奏, 弱奏. **2** -s/-s ＝Pianoforte

Pia·no·fo̱r·te[pianofɔ́rtə, ..teˑ] 中 -s/-s＝Hammerklavier [*it.* piano-forte „leise-laut"－*fr.*]

Pia·no̱·la[pianóːlaˑ] 中 -s/-s〘楽〙ピアノラ(自動ピアノの一種). [*it.*]

Pia·ri̱st[piaríst] 男 -en/-en〘ｶﾄﾘｯｸ〙ピアリスト会〈エスコラピオス修道会〉会員. [＜*lat.* pius (→Pietät)]

Pias·sa̱·va[piasáːvaˑ] 女 -/ ..ven [..vən], **Pias·sa̱·ve**[..sáːvə] 女 -/-n ピアサバ(南米産ピアサバヤシの粗い繊維). [*indian.*－*port.*]

Pia̱st[piást] 男 -en/-en ピアスト家(10世紀に始まるポーランド最古の王家)の人.

Pia̱·ster[piástər] 男 -s/- ピアスタ(インドシナ・レバノン・キプ

ロスなどの小額貨幣〔単位〕). [*it.* piastra (d'argento) „Platte (aus Silber)"; ◇Pflaster, Plastron]

Piạz·za[piátsa·] 女 -/..zze [..tsə] (Platz) (イタリアの町の)広場. [*lat.* platēa „Straße"–*it.*; ◇Platz]

Piaz·zẹt·ta[piatsέta·] 中 -/..te (..ten [..tən]) (イタリアの町の)小広場. [*it.*]

Pị·ca[pí:ka·] 女 -/ (タイプライター用の)パイカ活字. [*engl.*]

Pi·ca·dọr (Pi·ka·dọr)[pikadó:r] 男 -s/-es[..dó:rεs] ピカドール(闘牛士の脇役(わきやく)で, 槍(やり)で牛を突いて怒らせる役目を受けもつ: →Matador 1 a). [*span.*; <*span.* picar „stechen" (◇pikieren); ◇pikant, pico..]

Pị·ca·ro[píkaro·] 男 -s/-s (..ri [..ri·])いたずら者. [*span.*]

Pi·cạs·so[pikáso·] 人名 Pablo ~ パブロ ピカソ(1881–1973; スペインの画家).

Pic·ca·dil·ly[pıkədíli·] 地名 ピカデリー(ロンドンの繁華街). [*engl.*]

Pịc·co·lo[píkolo·] **I** 男 -s/-s《オーストリア》 =Pikkolo I **II** 男 中 -s/-s =Pikkoloflöte

Pi·che·lẹi[pıçəláı] 女 -/-en《話》picheln すること.

Pị·che·ler[píçələr] 男 -s/- =Pichler

pi·cheln[píçəln]《06》他 (h)《話》(時間をかけて・ながながと)酒を飲む: einen ~ gehen 一杯やりに行く. [<Pegel]

Pị·chel·stei·ner[píçəlʃtaınər] 男 -s/ , **Pị·chel·stei·ner Flẹisch** 中 --[e]s/ , **Pị·chel·stei·ner Tọpf** 男 --[e]s/ 〖料理〗ピッヒェルシュタイン肉なべ(角切りの牛肉・にんじん・じゃがいもなどの入ったシチュー).

pị·chen[píçən] **I** 他 (h)《方》《*et.*[4]》(…に)ピッチ〈瀝青(れきせい)〉を塗る(→Pech 1). **II** 自 (h)《南部》(ピッチのように)粘着する, ねばねばする. [*mhd.*; ◇Pech]

Pịch·ler[píçlər] 男 -s/- picheln する人.

Pick[1][pık] 男 -s/-e **1**《話》(注射針などで)ちくりと刺すこと, (くちばしなどで)コツコツつつくこと. **2** = Pik[3] [1: <picken[1]] [<picken[2]]

Pick[2][–] 男 -s/ 《オーストリア》《話》(Klebstoff) 接着剤.

Picke[píkə] 女 -/-n〖坑〗ピック, つるはし. [<*mhd.* bicken „stechen"]

Pịckel[1][píkəl] 男 -s/- **1** (Spitzhacke) (先のとがった)つるはし. **2** (Eispickel)〖登山〗〔アイス〕ピッケル. [*mhd.* bickel]

Pịckel[2][–] 男 -s/- 《話》にきび, 吹き出物: einen ~ ausdrücken にきびをつぶす. [<Pocke]

Pịckel·flö̱·te =Pikkoloflöte

Pịckel·hau·be 女 ピッケル=ヘルメット(特にプロイセンの軍隊での尖頂(せんちょう)つき軍帽: → ⊠ Helm). [*mhd.* beckenhūbe; ◇Becken]

Pịckel·he̱·ring 男 **1** 塩漬けニシン. **2**〖劇〗(特に17世紀イギリス喜劇の)道化役. [*engl.* pickleherring; ◇Pickles]

pịcke·lig[píkəlıç][2] (**pịck·lig**[..klıç][2]) 形 にきび〈吹き出物〉だらけの. [<Pickel[2]]

pịckeln[píkəln]《06》他 (h) ピッケル〈つるはし〉でうがつ. [<Pickel[1]]

pịcken[1][píkən] **I** 自 (h) (くちばしで)つつく; コツコツと打つ: am Baum 〈ans Fenster〉 ~ (鳥がくちばしで)木〈窓〉をコツコツつつく | *jm.* in den Finger ~ …の指をトントンとたたく | Die Uhr *pickt*. 時計がチクタク音をたてる. **II** 他 (h) (くちばしで)ついばむ;《話》(指先などとがったもので)つまみ取る, つまみ上げる: Das Huhn *pickt* die Körner. 鶏が穀物をついばむ | *sich*[3] Rosinen aus dem Kuchen ~ (→Rosine). [擬音]

pịcken[2][píkən]《オーストリア》《話》**I** 自 (h) (kleben)《an *et.*[3]》(…に)はりつく, ねばりつく. **II** 他 (h) はりつける: Säckchen ~ (刑務所などで)袋はり作業をする. [<pichen]

pịcken|blei·ben*《21》自 (s)《オーストリア》《話》**1**《an *et.*[3]》(…に)くっついて離れない. **2**《in *et.*[3] / bei *jm.*》(…のところに)へばりついている, 長居する: im Wirtshaus 〈bei einer Freundin〉 ~ いつまでも飲み屋〈彼女のところ〉に腰をすえる.

pịcke·pạcke·vọll[píkəpákəfɔ́l] 形《話》超満員の. [<pecke-voll „voll wie Pökelheringe"]

Pịck·les[píkləs] 複 (特にキュウリの)酢漬け, ピクルス. [*engl.*; <*mndd.* pekel (→Pökel)]

pịck·lig =pickelig

Pịck·nick[píknık] 中 -s/-e, -s ピクニック(遠足をして自然の中で食事をすること): auf einer Wiese ~ machen 〈halten〉 草原でピクニックの弁当を食べる | zum ~ aufs Land fahren 田舎へ(車で)ピクニックに行く. [*fr.* piquenique; ◇*engl.* picnic]

pịck·nicken[píknıkən] 自 (h) (遠足をして)戸外で食事をする.

Pịck·nick≠kof·fer 男 ピクニックケース. **≠korb** 男 ピクニックバスケット.

Pick-up[pık|áp, píkʌp] 男 -s/-s **1** (レコードプレーヤーの)ピックアップ. **2**〖農〗(収穫用機械の)積み〈繰り〉込み装置. [*engl.*; <*engl.* pick up „auf-nehmen" (◇picken[1])]

pico..《単位名につけて「1 兆分の 1 (10^{-12})」を意味する. piko.. と書くこともある. 記号 p》: *Pico*farad / *Piko*farad〖理〗ピコファラッド. [*roman.*; ◇Picador]

Pị·co·bẹl·lo[pí:kobέlo·, pík..] 形《無変化》《話》とてもきれい〈清潔〉な; 文句のつけようのない: ein ~ Wein とびきり上等なワイン. [<*ndd.* pük „erlesen"+*it.* bello „schön"; ◇piekfein]

Pi·cot[pikó:] 男 -s/-s〖服飾〗ピコット, ピコ(布や編物のへりにそって並べたループやレースの飾り). [*fr.*; <*fr.* pic „Picke" (◇Picke)]

Pid·gin[pídʒın] 中 -/ 〖言〗ピジン(異なる 2 言語が接触した際に意志疎通のため極度に単純化されて生じる混成言語: → Kreolsprache). [*engl.*; <*engl.* business (◇Business)]

Pid·gin-Deutsch 中 -[s]/ 〖言〗ピジンドイツ語 (=Gastarbeiterdeutsch).

Pid·gin-Eng·lisch[pídʒın|εŋlıʃ] 中 -[s]/ ピジン英語(英語に中国語・ポルトガル語・マライ語などの混合したもの).

pid·gi·ni·sie̱·ren[pıdʒınizí:rən] 他 (h)〖言〗(ある言語を)ピジン化する.

Pid·gin-Spra·che[pídʒın..] 女 -/-n〖言〗ピジン言語(接触言語の 1 タイプで, コミュニケーションの手段として用いられた母語でない補助言語).

Pie̱·ce[pié:s(ə), piέ:s(ə)] 女 -/-n [..sən]〖楽・劇〗作品. [*gall.*–*vulgärlat.*–*fr.* pièce]

Pie·de·stạl[piedεstá:l] 中 -s/-e 台座, 脚立(→ ⊠ Zirkus);〖建〗(円柱・彫像などをのせる)台, 台石, ペデスタル. [*fr.*; <*it.* piede „Fuß"+stallo „Sitz" (◇Stall)]

Pie̱f·ke[pí:fkə] 男 -s/-s **1**《北部》《軽蔑的に》無教養者, 俗物. **2**《オーストリア》《軽蔑的に》ドイツ〈プロイセン〉野郎.

Piek[pi:k] 女 -/-en〖海〗**1** スパンカー=ガフの先端(→ ⊠ Segel B). **2** 船首〈船尾〉の狭くなった部分. [*engl.* peak]

pie̱·ken[pí:kən] 他 (h)《北部》=piken

pie̱k≠fe̱in[pí:kfáın] 形《話》極上の, とびきり上等の. **≠no̱·bel**(..no·bl..) 形《話》とても上品な; ひどく気前のいい. **≠sau̱·ber** 形《話》とても清潔な. [<*ndd.* pük „erlesen"]

pie̱k·sen[pí:ksən]《02》《北部》=piken

Pie·mọnt[piemɔ́nt] 地名 ピエモント(イタリア北西部のアルプス山麓(さんろく)地帯; イタリア語形 Piemonte). [<*lat.* ad pedes mōntium „am Fuß der Berge"]

Pie·mon·tẹ·se[piemɔnté:zə] 男 -n/-n ピエモントの人.

pie·mon·tẹ·sisch[..zıʃ] (**pie·mọn·tisch**[piemɔ́ntıʃ]) 形 ピエモントの.

piep[pi:p] **I** 間 (ひな鳥やねずみの鳴き声)ピヨ, ピー, チュー: Die jungen Spatzen machen ~〔,〕~. すずめの子がピヨピヨと鳴く | **nicht ~ sagen**《話》一言も発しない | **nicht ~ 〔und nicht papp〕 sagen können**《話》うんともすんとも言えない, すっかりへたばっている; 死んでいる.

II Piep 男 -s/-e《ふつう単数で》**1** piep という鳴き声, 小さな声: **nicht ~ sagen**《話》一言も発しない, 黙りこくっている | Sie sagte keinen ~.《話》彼女は一言も発しなかった | **einen ~ haben**《話》頭がどうかしている | Du hast ja ei-

P

nen ~!《話》君はどうかしているぞ〈頭がおかしいぞ〉| **keinen ~ mehr tun** 〈**machen**〉《話》死んでいる | Er tut 〈macht〉 keinen ~ mehr.《話》彼は死んだ. **2** (ポケットベルなどの)ピーピーいう音.

pie·pe[píːpə] 形, **piep·egal**[píːp|egáːl] 形《述語的》《話》〔全く〕どうでもよい, 全く重要でない: Das ist mir 〔schnurz und〕 ~. それは私にはどうでもいいことだ.

pie·pen[píːpən] 自 (h) **1** (ひな鳥やねずみなどが)ピヨピヨ〈チューチュー〉鳴く: Die jungen Spatzen 〈Mäuse〉 *piepen* im Nest. すずめ〈ねずみ〉の子が巣の中でピヨピヨ〈チューチュー〉鳴く ‖ **zum** ***Piepen*** **sein**《話》噴飯ものである | Da hat sie nicht mehr *gepiept.*《話》そうなると彼女はもはやうんともすんとも言わなかった. **2**《話》(非人称) **a)**《もっぱら次の成句で》: **bei** ***jm.*** ***piept*** **es** …は頭がおかしい | Bei dir *piept's* wohl? 君はちょっと気が変なのじゃないか. **b)**《es piept》(ポケットベルなどが)ピーピー音をたてる.
[*mndd.* pīpen „piep machen"; ◇pfeifen; *engl.* peep]

Pie·pen[píːpən] 複《話》(Geld) お金; マルク: keine ~ haben 無一文である | hundert ~ 100マルク.

Pie·per[píːpər] 男 -s/- **1**〖鳥〗タヒバリ属の一種. **2** 小鳥.

Piep·matz[píːp..] 男《話》**1** (小鳥に対する幼児語, または飼いならされた小鳥に対する愛称として)ピー子ちゃん(→Matz 2): wie ein ~ essen ほんの少ししか食べない | **einen ~ haben**《話》頭がどうかしている. **2** 勲章(特にプロイセンの赤鷲(あかわし)章). **3** (執行吏の)差し押え印.

pieps[piːps] **I** =piep **II** **Pieps** 男 -es/-e =Piep

piep·sen[píːpsən]《02》**I** 自 (h) **1** =piepen **2** かん高い声を出す. **II** 他 (h)《*et.*[4]》(…を)かん高い声で言う〈歌う〉.

Piep·ser[píːpsər] 男 -s/-《話》**1** =Piep **2** ポケットベル.

piep·sig[píːpsɪç][2] 形《話》**1** (声などが)高くて細い. **2** 繊細〈上品〉な. **3** ほんの少量の.

Piep≈ton[píːp..] 男 -〔e〕s/..töne ピーピーいう音. ≈**vo·gel** 男 =Piepmatz

Pier[1][piːr] 男 -s/-s, -e (海: 女 -/-s) 桟橋, 突堤, 埠頭(ふとう). [*mlat.* pera–*engl.*]

Pier[2][—] 男 -〔e〕s/-e 〖動〗《北部》(Köderwurm) タマシキゴカイ(玉敷沙蚕). [*mndd.*]

Pier·cing[píəsɪŋ] 中 -s/ (装身具をつけるために耳・鼻などに)穴をあけること, ピアスすること. [*engl.*]

Pierre[piέːr, pjɛːr] 男名 ピエール. [*fr.*; ◇Peter]

Pierrette

Pier·ret·te[piɛrέtə] 女 -/-n 〖劇〗女ピエロ,(女の)道化役(→図). [*fr.*]

Pier·rot[piɛróː] 男 -s/-s 〖劇〗(特にフランス喜劇の)〔白塗りの〕ピエロ, 道化役(→図). [*fr.* „Peterchen"]

Kalotte
Pompon
Pierrot

pie·sacken[píːzakən] 他 (h)《話》(quälen)《*jn.*》いじめる, 苦しめる, しごく. [*ndd.*: < *ndd.* (ossen)pesek „(Ochsen)ziemer"]

Pie·ta[pietá(ː)] (**Pie·tà**[pĭetá]) 女 -/-s 〖美〗ピエタ(十字架から降ろされたキリストを〔ひざの上に〕抱いて嘆き悲しむ聖母マリアの画像・彫像). [*lat.*–*it.* „Frömmigkeit"]

Pie·tät[pietέːt] 女 -/ (↔Impietät) (宗教的)敬虔(けいけん)さ, 畏敬(いけい),(特に死者に対する)崇敬の念; (親に対する)孝順, (恩人に対する)感恩: keinerlei ~ religiösen Gefühlen gegenüber besitzen 宗教的感情を尊重する気持が全くない. [*lat.*; < *lat.* pius „pflichtgetreu, fromm"; ◇*engl.* pi〔e〕ty]

pie·tät·los[pietέːtloːs][1] 形 敬虔(けいけん)〈畏敬(いけい)〉の念のない, 信仰心のない.

Pie·tät·lo·sig·keit[pietέːtloːzɪçkaɪt] 女 -/ 敬虔(けいけん)の念のないこと〈行動〉, 不敬〔行為〕.

pie·tät·voll[pietέːtfɔl] 形 敬虔(けいけん)な, 畏敬の念のこもった, 篤信の.

Pie·tis·mus[pietísmʊs] 男 -/ 〖宗〗敬虔(けいけん)主義(17世紀末から1730年代まで, ドイツのプロテスタント教会内に強まった一つの傾向で, 心情と愛の活動を重んじる).

Pie·tist[pietíst] 男 -en/-en 〖宗〗敬虔(けいけん)主義者;《軽蔑的に》極端な信心家.

pie·ti·stisch[pietístɪʃ] 形 敬虔(けいけん)主義の, 敬虔主義的な;《軽蔑的に》信心家ぶった.

Pietsch[piːtʃ] 男 -〔e〕s/-e《方》〔大〕酒飲み.

piet·schen[píːtʃən]《04》他 (h)《方》〔仲間と〕大いに酒を飲む: **einen ~** 一杯ひっかける.

Pie·zo·ef·fekt[piéːtso|ɛfɛkt] 男 〖電〗圧電効果. [< *gr.* piézein „drücken"]

pie·zo·elek·trisch[pietso|eléktrɪʃ] 形 〖電〗圧電の: ~*er* Effekt 圧電効果 | ~*e* Konstante 圧電定数 | ~*er* Modul 圧電率.

Pie·zo·elek·tri·zi·tät[pietso|elɛktritsitέːt] 女 -/ 〖電〗圧電気.

Pie·zo·me·ter[pietsoméːtər] 中 (男) -s/- 〖電・理〗ピエゾメーター.

Pie·zo·quarz[piéːtsokvaːrts, pietsokváːrts] 男 -es/-e 圧電性水晶.

piff[pɪf] 間 (銃の発射音)パン, パッ, パチッ: ~, paff〔, puff〕パンパン〔パン〕.

Pi·geon-Eng·lisch[pídʒɪn|ɛŋlɪʃ] =Pidgin-Englisch

Pig·ment[pɪgmɛ́nt] 中 -〔e〕s/-e **1** (細胞液中の)色素. **2** (皮膚・髪・植物の葉などにある微細な)有色粒. **3** 色粉, 顔料. [*lat.* pīgmentum; < *lat.* pingere (→pinxit); ◇Piment]

Pig·men·ta·tion[pɪgmɛntatsióːn] 女 -/-en 染色; 〖生〗色素沈着.

Pig·ment≈bak·te·ri·en[pɪgmɛ́ntbakteːriən] 複 色素バクテリア. ≈**bil·dung** 女 色素形成. ≈**druck** 男 **1**《単数で》〖織〗原液プリント法. **2** **a)**《単数で》(Kohledruck) 〖写〗カーボン印画法. **b)** 〖写〗カーボン印画. ≈**farb·stoff** 男 色素. ≈**fleck** 男 〖医〗色素斑(はん).

pig·men·tie·ren[pɪgmɛntíːrən] **I** 他 (h) (染料を)微細粒にする. **II** 自 (h) 染まる, 染色される. **III** **pig·men·tiert** 過分 形 染料の付着した; 色素粒のある.

Pig·men·tie·rung[..rʊŋ] 女 -/-en 染色, 色素形成; 〖生〗色素沈着.

Pig·ment≈mal[pɪgmɛ́nt..] 中 -〔e〕s/-e 色素性母斑(ぼん), ほくろ. ≈**pa·pier** 中 〖写〗ピグメント紙.

Pi·gno·le[pɪnjóːlə] (オーストリア: **Pi·gno·lie**[pɪnjóːliə, pɪgnóːliə]) 女 -/-n 松の実. [*it.*; < *lat.* pīnus (→Pinie); ◇Pinole]

Pik[1][piːk; オーストリア: pɪk] 男 -s/-e, -s (Bergspitze) 山頂, 峰. [*engl.* peak (→Piek)]

Pik[2][—] 中 -s/-s **1** (図案化した)槍(やり)の穂先. **2** 〖トランプ〗 **a)**《無冠詞で》(Schippen) スペード: *Pik* ist Trumpf. スペードが切り札だ. **b)** -s/- スペードの札; スペードが切り札のゲーム.

★ ハートは Cœur または Herz, ダイヤは Karo または Eckstein, クラブは Treff または Kreuz.

[*fr.* pique (→Pike)]

Pik[3][piːk] 男 -s/-e《話》恨み:〖ふつう次の成句で〗**einen** 〔kleinen / richtigen〕 **~ auf** ***jn.*** **haben** …をひそかに恨んでいる. [*ndd.*]

Pi·ka·dor[pikadóːr] =Picador

pi·kant[pikánt] 形 **1**〖料理〗薬味のよくきいた; 刺激性の, ぴりっとする: eine ~*e* Soße ぴりっとしたソース. **2**《比》しんらつな, 皮肉な, あてつけの; きわどい, いかがわしい: ein ~*er* Witz きわどい小話. **3** 魅力的な: eine ~*e* Brünette 魅力的なブルネットの女. [*fr.* piquant; < *fr.* piquer (→pikieren)]

Pi·kan·te·rie[pikantəríː] 女 -/-n [..ríːən] **1**《単数で》(食物の)刺激性, ぴりっとしていること; (発言・行動などの)しんらつな〈きわどい〉こと. **2** きわどい発言; あてこすり, 皮肉.

pi·ka·rẹsk[pikarɛ́sk] 形, **pi·kạ·risch**[piká:rɪʃ] 形 いたずら者の, 悪漢の: ein ~*er* Roman 悪漢(ピカレスク)小説. [*span.* picaresco; ◇Picaro]

Pịk·as〔**s**〕(**Pịk-As**〔**s**〕)[pí:k|as, –⌣́] 中 《トランプ》 スペードのエース.

Pi·ka·zịs·mus[pikatsísmʊs] 男 -/ ..men [..mən] 〖医〗 **1** (妊婦の)異常食欲亢進(こうしん), 病的飢餓. **2** 異味〈異食〉症(他人の分泌物などに対する病的嗜好(しこう)). [< *lat.* pīca „Elster" (◇Specht); その雑食性から; ◇*engl.* pica]

Pịk≈bu·be[pí:k.., –⌣́⌣] 男 《トランプ》 スペードのジャック. **≈da·me**[また: –⌣́⌣] 女 《トランプ》 スペードの女王〈クイーン〉.

Pị·ke[pí:kə] 女 -/-n **1** 長槍(やり)(中世末期の歩兵の武器): **von der ~ auf dienen** 〈**lernen**〉《話》一兵卒から身を起こす, かけ出しからたたきあげる. ▽**2** =Pik³ [*fr.* pique]

Pi·kee[piké:] 男 (オーストリア: 中) -s/-s 〖織〗 ピケ(太いうね織りの綿布). [*fr.* piqué; < *fr.* piquer (→pikieren)]

Pi·kee·we·ste 女 ピケのチョッキ.

pị·ken[pí:kən] 他 (h) 《話》 チクリと刺す; つつく: *jn.* mit einer Nadel in den Po ~ …の尻を針先で刺す.

Pi·ke·nier[pikəní:r] 男 -s/-e 〖軍〗 槍兵(そうへい)(やりで武装した16-17世紀の歩兵). [◇*fr.* piquier]

Pi·kẹtt[pikɛ́t] 中 -〔e〕s/-e **1** 《スイス》(軍隊・警察・消防の)出動可能部隊; ▽〖軍〗 前哨(ぜんしょう). **2** 《単数で》《トランプ》 ピケット. [*fr.* piquet; ◇*engl.* picket]

pik·fein[pí:kfáɪn] =piekfein

pi·kie·ren[pikí:rən] **I** 他 (h) **1** 〖園〗 (苗木を)移植する. **2** 《*et.*⁴》〖服飾〗 (型をととのえるため…に)裏地をつける, 裏打ちする. **3** 《*jn.*》 (…を)怒らせる, (…の)気を悪くさせる. **II pi·kiert** 過分 形 気を悪くした, 不機嫌な, 立腹した: auf *jn.* ~ sein …に対して怒っている. [*fr.* piquer „stechen"; ◇Picador, pikant, Pike]

Pịk·ko·lo[píkolo·] **I** 男 -s/-s (飲食店の)給仕見習, ボーイ. **II** 中 男 -s/-s **1** =Pikkoloflöte **2** 〖楽〗 小さなコルネット. [*it.* piccolo „klein"]

Pịk·ko·lo·flö·te[píkolo..] 女 〖楽〗 ピッコロ(音域がフルートより1オクターブ高い). [*it.* flauto piccolo]

Pịk·kö·nig[pí:kkø:nɪç, –⌣́⌣]² 男 《トランプ》 スペードの王〈キング〉.

piko.. →pico..

Pi·kör[pikǿ:r] 男 -s/-e 〖狩〗 馬に乗って先駆けをする猟師. [*fr.* piqueur; < *fr.* piquer (→pikieren)]

Pi·krat[pikrá:t] 中 -〔e〕s/-e 〖化〗 ピクリン酸塩. [< ..at]

Pi·krịn·säu·re[pikrí:n..] 女 -/ 〖化〗 ピクリン酸.

Pi·kro·lịth[pikrolí:t, ..lít] 男 -en/-en 〖鉱〗 硬蛇紋岩. [< *gr.* pikrós „schneidend, bitter" (◇Feile)]

pịk·sen[pí:ksən] 《02》 =pieken

Pịk·sie·ben[pí:kzi:bən, –⌣́⌣] 女 《トランプ》 スペードの7: **wie ~ dasitzen** 〈**dastehen**〉《話》 i) 途方にくれている; ii) 無力である, 無視されている | die ~ ziehen 《話》 貧乏くじを引く(トランプゲームのスカートでスペードの7が価値の低い札であることから).

Pịk·te[píktə] 男 -n/-n ピクト人(スコットランドに定住していた古代の一種族). [*spätlat.* Pictī]

Pik·to·gramm[pɪktográm] 中 -s/-e ピクトグラム(国際的に通用する絵文字). [< *lat.* pingere (→pinxit)]

Pi·lar[pilá:r] 男 -en/-en 〖馬術〗 (高等馬術用の)調馬柱. [*span.*; ◇Pile]

Pi·lạ·ster[pilástər] 男 -s/- 〖建〗 柱形(はしらがた), 片蓋(かたふた)〔柱〕, 付柱(つけばしら) (→ 図). [*it.* pilastro–*fr.* pilastre; < *lat.* pīla (→Pfeiler)]

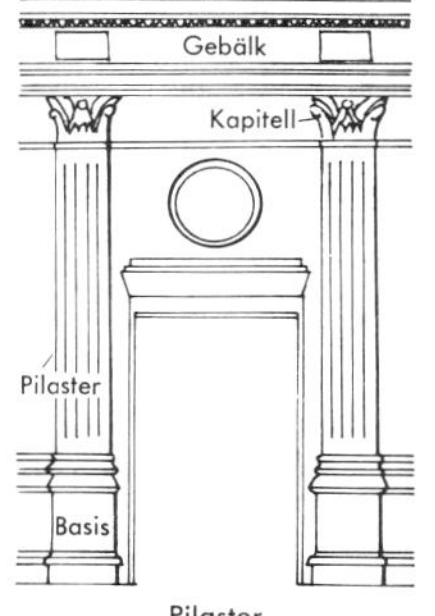

Pilaster

Pi·lạ·tus¹[pilá:tʊs] 人名 Pontius ~ ポンティウス ピラトゥス(サマリアおよびユダヤのローマ総督. 民衆の圧力に屈してキリストに死刑を宣告した. 聖書ではピラト): **von Pontius zu ~ laufen** 《話》(役所の窓口などを)あちこち無駄に走り回る〈たらい回しにされる〉. [*lat.*; < *lat.* pīlum (→Pfeil)]

der **Pi·lạ·tus**²[–] 地名 男 -/ ピラトゥス(スイス中央部, Vierwaldstätter See 西方の石灰岩山塊).

Pile[paɪl] 男 (中) -s/-s (Kernreaktor) 〖原子力〗 原子炉, パイル. [*lat.* pīla (→Pfeiler)–*mfr.*–*engl.* „Haufen"; ◇Pilar]

Pịl·ger[pílgər] 男 -s/- (女 **Pịl·ge·rin**[..gərɪn]-/-nen) 〔聖地〕巡礼者(→ 図). [*lat.* peregrīnus „fremd, Fremder"–*kirchenlat.* pelegrīnus–*ahd.* piligrīm; < per..+agri..; ◇*engl.* pilgrim]

Pilgerflasche (Gurde)
Pilgerstab
Pilger

Pịl·ger≈fahrt 女 巡礼の旅. **≈fla·sche** 女 巡礼用の水筒(→ 図 Pilger).

Pịl·ge·rin Pilger の女性形.

Pịl·ger·mu·schel =Kammuschel

pịl·gern[pílgərn] 《05》 自 (h, s) **1** 〔聖地に〕巡礼する, 詣(もう)でる: nach Mekka ~ メッカへ巡礼する | nach Bayreuth ~ (Wagner 崇拝者が)バイロイト詣でをする. **2** 《話》 のんびり徒歩旅行する.

Pịl·ger·schaft[pílgərʃaft] 女 -/ **1** 巡礼〔の旅〕, 聖地詣で: eine ~ antreten 巡礼に出かける. **2** 巡礼者であること.

Pịl·ger≈schar 女 巡礼者の一団. **≈stab** 男 巡礼者のつえ(→ 図 Pilger). **≈zug** 男 **1** 聖地巡礼特別列車. **2** =Pilgerschar

▽**Pịl·grim**[pílgrɪm] 男 -s/-e =Pilger

pi·lie·ren[pilí:rən] 他 (h) 搗(つ)き砕く, 粉末にする(特にせっけんに香料などを練り込むために). [*fr.*; < *lat.* pīla „Mörser" (◇Pistill)]

Pịl·le[pílə] 女 -/-n **1 a)** 丸薬, 錠剤: ~*n* drehen 丸薬を作る | eine ~ gegen Leibschmerzen 〈zur Beruhigung〉 nehmen 腹痛〈鎮静〉用の丸薬を飲む ‖ **eine** 〔**bittere**〕 **~ schlucken** 《話》 (我慢して)いやな言葉〈事態〉を受け入れる | ***jm.* eine** 〔**bittere**〕 **~ zu schlucken geben** 《話》 …にいやなことを言う; …をいやな目にあわせる | ***jm.* eine bittere ~ versüßen** 〈verzuckern〉 《話》 …に言いにくいことを和らげて言う | Bei ihm helfen keine ~*n.* 《話》 彼には何を言っても〈しても〉無駄だ. **b)** 《単数で》《定冠詞と》 (Antibabypille) 経口避妊薬, ピル: *sich*³ die ~ verschreiben lassen ピルを処方してもらう. **2** 《話》 (Ball) (球技用の)ボール. [*lat.* pilula–*mhd.* pillule; < *lat.* pila „Ball"; ◇*engl.* pill]

Pịl·len≈baum 男 〖植〗 キバナヒメフウチョウ(黄花姫風蝶)(アフリカ産フウチョウソウ科. 種子は駆虫剤の原料となる). **≈dre·her** 男 **1** (Skarabäus) 〖虫〗 タマオシコガネ(玉押黄金虫), フンコロガシ(糞転虫). **2** 《話》 薬屋, 薬剤師. **≈farn** 男 〖植〗 ピルラリア(デンジソウ科の水生シダ植物). **≈kä·fer** 男 〖虫〗 マルトゲムシ(丸棘虫)科の昆虫. **≈knick** 男 (人口統計図表上の)ピル屈曲カーブ(経口避妊薬普及による出産率の急落を示す). **≈schach·tel** 女 丸薬〈錠剤〉一箱.

Pi·lo·kar·pịn[pilokarpí:n] 中 -s/ 〖化〗 ピロカルピン(セリ科のヤボランジの小葉からとれる一種の発汗剤). [< *gr.* pīlos „Filz"+karpós „Frucht"+..in²]

Pi·lọt[piló:t] 男 -en/-en **1** (女 **Pi·lọ·tin**[..tɪn]-/-nen) **a)** (Flugzeugführer) 〖空〗 操縦士, パイロット: Ko*pilot* 副操縦士 | Raum*pilot* 宇宙飛行士. **b)** (自動車競技の)レーサー. ▽**c)** (Lotse) 〖海〗 水先案内人, パイロット. **2** =Pilotfisch **3** 〖織〗 パイロットクロス(水夫の制服などに用いる丈夫

P

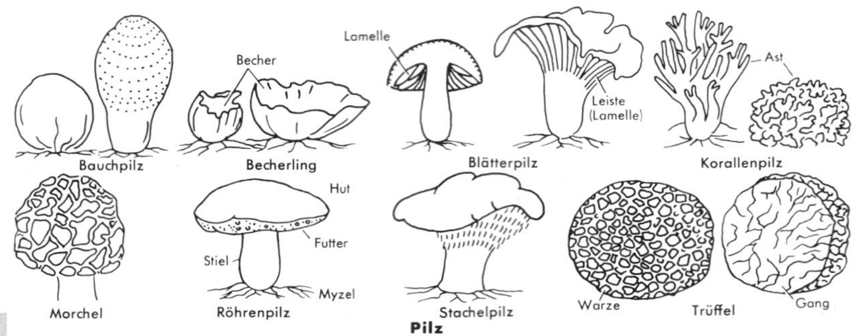

Pilz

な木綿布地). [*mgr.*–*it.*–*fr.* pilote; <*gr.* pēdón „Ruderblatt" (◇..pode)]
Pi·lọt·bal·lon[..balɔŋ] 男〘気象〙測風気球.
Pi·lọ·te[pilóːtə] 女 -/-n〘建〙(基礎工事用の)杭(くい). [*fr.* pilot; <*lat.* pīla (→Pfeiler)]
Pi·lọ·ten⸗ka·bi·ne 女, **⸗kan·zel** 女 (Cockpit)〘空〙操縦士席. **⸗schein** 男〘空〙操縦免許証.
Pi·lọt⸗film 男 (視聴者の反応をテストするためのテレビの)番組見本フィルム, パイロットフィルム. **⸗fisch** 男 (Lotsenfisch)〘魚〙ブリモドキ(鰤擬).
pi·lo·tie·ren[1][pilotíːrən] 自 (h)〘建〙(基礎工事用の)杭(くい)を打ち込む. [*fr.*]
pi·lo·tie·ren[2][―] 他 (h) (飛行機・レーシングカーを)操縦する.
Pi·lọ·tin Pilot 1の女性形.
Pi·lọt⸗pro·jekt[pilóːt..] 中 試験的プロジェクト. **⸗sen·dung** 中 (テレビなどの)実験〈試験〉放送. **⸗stu·die**[..diə] 女 予備〈試験的〉研究. **⸗tọn** 男 -〔e〕s/..töne〘電〙パイロット〔高〕周波.
Pils[pɪls] 中 -/- (<Pils〔e〕ner Bier) ピルゼンビール.
Pịl·sen[pɪ́lzən] 地名 ピルゼン(チェコ Böhmen 地方の工業都市. ビールの産地として有名. チェコ語形プルゼニ Plzeň).
Pịl·se·ner[pɪ́lzənər] (**Pịls·ner**[pɪ́lznər]) **I** 男 -s/- ピルゼンの人. **II** 中 -s/- ピルゼンビール. **III** 形《無変化》ピルゼンの: ～ Bier ピルゼンビール(略 Pils).
Pịls·glas[pɪ́ls..] 中 ピルゼンビール用グラス(→ 図 Glas).
Pilz[pɪlts] 男 -es/-e **1**〘植〙キノコ(茸)(→ 図): ein eßbarer ⟨giftiger⟩ ～ 食用キノコ〈毒キノコ〉| Atom*pilz*《比》(原子爆弾による)きのこ雲 ‖ ～*e* suchen きのこ狩りをする ‖ in die ～*e* gehen《話》隠遁(いんとん)する, 人前に出ない ‖ **wie ～*e* aus der Erde ⟨aus dem Boden / aus dem Erdboden⟩ schießen**《話》(建物などが)雨後の竹の子のようににょきにょき建つ. **2 a)**〘細菌〙真菌類: Faden*pilz* 糸状菌 | krankheitserregende ～*e* 病原菌. **b)**《単数で》《話》(Hautpilz) 皮膚糸状菌.
[*gr.* bōlítēs–*lat.*–*ahd.* buliz; <*gr.* bōlos (→Bolus); ◇*engl.* boletus]
Pịlz⸗an·ker[pɪ́lts..] 男〘海〙マッシュルーム=アンカー(→ 図 Anker). **⸗flie·ge** 女〘虫〙ヒラタアシバエ(扁脚蠅)科の昆虫.
pịlz·för·mig 形 きのこ状の.
Pịlz·ge·flecht 中 (Myzel)〘植〙菌糸体.
pịl·zig[pɪ́ltsɪç][2] 形 きのこ状の; 菌性の, 菌質の.
Pịlz⸗in·fek·tion 女〘医〙真菌〈糸状菌〉感染. **⸗kopf** 男《話》＝Pilzkopffrisur
Pịlz·kopf·fri·sur 女 マッシュルーム=カット(髪型).
Pịlz⸗krank·heit 女〘医〙真菌性疾患, 真菌症. **⸗kun·de** 女 -/ (Mykologie) 菌〔類〕学. **⸗mücke** 女〘虫〙キノコバエ科の昆虫. **⸗tie·re** 複 (Schleimpilz)〘動〙動菌類, 粘菌類.
pịlz·tö·tend 形 (fungizid) 殺真菌性の, 殺黴(さっかび)性の.
Pịlz⸗ver·gif·tung 女〘医〙キノコ中毒. **⸗wol·ke** 女 (核爆発による)きのこ雲.
Pi·me·lọ·se[pimelóːzə] 女 -/ (Fettleibigkeit)〘医〙肥満. [<*gr.* pīmelḗ „Fett" (◇feist)+..ose]
Pi·mẹnt[piméntt] 男 中 -〔e〕s/-e (Nelkenpfeffer) オールスパイス(香辛料), ジャマイカ=ペッパー(西インド諸島産フトモモ科の木の実で, 香辛料に用いる: → 図 Gewürz). [*lat.* pīgmentum (→Pigment)–*mfr.*–*mhd.*]
Pịm·me[pɪ́mə] 女 -/-n《話》(Zigarette) 紙巻きタバコ.
Pịm·mel[pɪ́məl] 男 -s/-《卑》(Penis) 陰茎, 男根, ペニス. [<*ndd.* Pümpel „Stößel im Mörser"; ◇pimpern[2]]
Pim·pe·lẹi[pɪmpəláɪ] 女 -/-en《話》pimpeln すること.
pịm·pe·lig[pɪ́mpəlɪç][2] (**pịmp·lig**[..plɪç][2]) 形《話》めそめそした, めめしい; 病弱〈病気がち〉の.
Pịm·pel·lie·se[pɪ́mpəl..] 女《話》泣き虫の女の子.
pịm·peln[pɪ́mpəln]《06》自 (h)《話》めそめそする; 病弱〈病気がち〉である. [<bimmeln]
Pịm·pel·nuß ＝Pimpernuß
Pịm·per·lin·ge[pɪ́mpərlɪŋə] 複《話》金(かね), 銭(ぜに).
pịm·pern[1][pɪ́mpərn]《05》自 (h)《南部》カチャカチャ〈チャラチャラ〉鳴る, カタカタ音を立てる. [擬音]
pịm·pern[2][―]《05》《卑》**I** 自 (h) 性交する. **II** 他 (h)《*jn.*》(…と)性交する. [<*ndd.* pümpern „stoßen" (◇Pimmel)]
Pim·per·nẹll[pɪmpərnɛ́l] 男 -s/-e (Bibernelle)〘植〙ミツバグサ(三葉草)属. [*spätlat.*]
Pịm·per·nuß[pɪ́mpər..] 女〘植〙ミツバウツギ(三葉空木)属. [<pimpeln]
Pimpf[pɪmpf] 男 -〔e〕s/-e **1**《オーストリア》**a)** がき, ちびっこ. **b)** ひとからまともに扱ってもらえない人間. **2** (ナチ時代の)少年団員. **3**《話》新兵. [<Pumpf „Furz"]
Pim·pi·nẹl·le[pɪmpinɛ́lə] 女 -/-n ＝Pimpernell
pịmp·lig ＝pimpelig
Pi·na·ko·ịd[pinakoíːt][1] 中 -〔e〕s/-e〘鉱〙(結晶体の)卓面. [<*gr.* pínax „Brett"+..oid]
Pi·na·ko·thẹk[pinakotéːk] 女 -/-en **1** 絵画館(ドイツでは特に München の Alte Pinakothek, Neue Pinakothek が有名). **2** 絵画コレクション. [*gr.*–*lat.*]
Pi·nạs·se[pinásə] 女 -/-n〘海〙(大型船舶, 特に軍艦に積載された)舟艇. [*fr.*; <*lat.* pīnus (→Pinie)]
ᐁ**Pin·ce·nez**[pɛ̃s(ə)néː] 中 -[―(s)]/-[―s] (Kneifer) 鼻めがね. [*fr.*; <*fr.* pincer „zwicken" (◇Pinzette)+nez „Nase"]
Pịn·che[pɪ́ntʃə] 女 -/-n (Löwenäffchen)〘動〙シシザル(獅子猿), ライオンタマリン. [*span.*]
Pinch·ef·fekt[pɪ́ntʃ..] 男 (Quetscheffekt)〘理〙圧潰(あっかい)効果. [<*engl.* pinch „pressen"]
Pịn·dar[pɪ́ndar] 人名 ピンダロス(前518–446; 古代ギリシアの詩人). [*gr.*–*lat.*]

pin·da̩·risch[pɪndáːrɪʃ] 形 ピンダロスふうの;《大文字で》ピンダロスの.

Pi̩n·da·ros[píndarɔs] ＝Pindar

Pi·nea̲l≠au·ge[pineáːl..] ＝Scheitelauge **≠drü̲·se** 女〘解〙松果腺〈体〉. **≠or·ga̲n** 中〘解〙松果体.

Pi·ne̲n[pinéːn] 中 -s/-e 〘化〙ピネン. [＜*lat*. pīnus (→Pinie)＋..en[2]]

Pi̩n·ge[píŋə] 女 -/-n ＝Binge

pi̩n·ge·lig[píŋəlɪç][2] (**pi̩ng·lig**[..ŋlɪç][2]) 形《話》こせこせした, 些事(さ)に拘泥する. [＜peinlich]

Pi̩n·ge·lig·keit[-kaɪt] 女 -/ pingelig なこと.

Pi̩ng·pong[pɪ́ŋpɔŋ; オーストリア: ◡◡] 中 -s/ (Tischtennis) ピンポン, 卓球: ～ spielen ピンポンをする. [*engl*.; 擬音]

Pi̩n·gu̲in[píŋguiːn; まれ: ◡◡⊥] 男 -s/-e 〘鳥〙ペンギン.

Pi̩·nie[píːniə] 女 -/-n 〘植〙(南欧・地中海沿岸に産する頂上が傘状の)マツ(松)属の一種: schlank wie eine ～ 松のようにすらりとした | ***jn*. auf die ～ bringen**《話》…をかんかんに怒らせる | **auf der ～ sein**《話》かんかんに怒っている | **Es ist, um auf die ～ zu klettern.**《話》そいつは全く話にならん〈言語道断だ〉. [*lat*. pīnus; ◇*engl*. pine]

Pi̩·ni·en≠kern 男, **≠nuß** 女 マツの種子(食用となる). **≠zap·fen** 男 まつかさ.

pink[1][pɪŋk] **I** 形《無変化; 述語的》淡紅色の, 桃色の, ピンクの. **II Pink**[1] 中 -s/-s 淡紅色, 桃色, ピンク. [*engl*.]

pink[2][—] 間 (ヒワの鳴き声や明るい打撃音)ピン, チン, カチン.

Pink[2][—] 女 -/-en, **Pi̩n·ke**[1][píŋkə] 女 -/-n 〘海〙(かつて北海やバルト海沿岸で用いられた) 3 本マストの帆船. [*mndd*.]

Pi̩n·ke[2][—] 女 -/《話》(Geld) 金(かね), 銭(ぜに). [擬音]

Pi̩n·kel[píŋkəl] 男 -s/-《話》〔つまらぬ〕男, 野郎: ein feiner 〈vornehmer〉 ～ 気どり屋, しゃれ者.

Pi̩n·kel≠becken 中《話》(公衆便所の)小便器. **≠bu̲·de** 女《話》(男性用)公衆便所.

pi̩n·kel·fe̲in 形《話》(vornehm) 上品な; 上品ぶった.

pi̩n·keln[píŋkəln] 《06》自 (h)《話》**1**〔しょぼしょぼと〕小便〈放尿〉する. **2** 非人称《es pinkelt》(パラパラと)小雨が降る. [◇Pipi]

Pi̩n·kel·pau·se 女《話》(行軍などの途中で小用をたすための)短い休憩, 小休止.

pi̩n·ken[píŋkən] 自 (h)《北部》(hämmern)(槌(つち)・ハンマーなどで)トントン打つ, カチンと打つ, 火花を打ち出す; カチカチと鳴る. [擬音]

Pi̩n·ke·pi̩n·ke[píŋkəpíŋkə] 女 -/ ＝Pinke[2]

pi̩nk≠far·ben[píŋk..] 形, **≠ro̲t** 形 淡紅色の, 桃色の, ピンクの.

Pi̩n·ne[pínə] 女 -/-n **1**〘海〙(ヨットなどの)舵柄(だへい). **2** (羅針盤の磁針の)心軸. **3** (Finne)(金づちの)とがった方の先端(→ 図 Hammer). **4**《北部》(小型の)釘(くぎ); 鋲(びょう); 留め針, ピン. [*mndd*.; ◇Finne[2], Pint; *engl*. pin]

pi̩n·nen[pínən] 他 (h) **1**《話》(釘(くぎ)・鋲(びょう)・ピンなどで)留める, 固定する. **2**〘医〙(キュンチャー釘で)固定する.

Pi̩nn·wand[pínvant][1] 女 (鋲(びょう)・ピンなどで留めるに適した柔らかい素材の)掲示板.

Pi·no̩·le[pinóːlə] 女 -/-n 〘工〙(旋盤の心押し台の)主軸, センタースリーブ. [*it*. pi〔g〕nola; ◇Pignole]

Pi̩n·scher[pínʃər] 男 -s/- **1** ピンシャー(ドイツ産テリア犬の一種: → 図). **2**《話》つまらないやつ, けちな野郎.

Pinscher

Pi̩n·sel[1][pínzəl] 男 -s/-《話》**1** 愚か者, ばか者; いやなやつ, 下種(げす)野郎. **2** (自動車の)アクセルレバー〈ペダル〉: **auf den ～ drücken** 〈**treten**〉《話》アクセルを踏む. [＜*ndd*. pin „hölzerner Schuhnagel" (◇Pinne)＋sul „Schusterahle" (◇Säule)]

Pi̩n·sel[2][—] 男 -s/- **1** 筆, 画筆; はけ(刷毛);《比》筆のタッチ, 画法: ein feiner 〈dicker〉 ～ 細い〈太い〉筆 | Haar*pinsel* 毛筆 ‖ *et*.[4] mit leichtem 〈kühnem〉 ～ malen …を軽い〈大胆な〉筆のタッチで描く. **2** (動物の尾・耳などの)毛のふさ. **3**《卑》(Penis) 陰茎, 男根. [*lat*. pēnicillus－*vulgärlat*.－*afr*. pincel－*mhd*.; ＜*lat*. pēnis (→Penis); ◇Penicillium; *engl*. pencil]

Pi̩n·sel·äff·chen 中 (Seidenäffchen)〘動〙キヌザル(絹猿).

Pin·se·le̲i[pɪnzəláɪ] 女 -/-en **1**《単数で》絶えまなく〈長々と〉pinseln すること. **2**《話》下手くそな絵〔を描くこと〕. **3**《話》愚かな行い: eine ～ anstellen ばかげたことをやらかす.

Pi̩n·se·ler[pínzələr] 男 -s/-《話》へっぽこ画家.

Pi̩n·sel≠fü̲h·rung 女 (画家などの)筆の運び方, 筆づかい, 画法. **≠hir·se** 女〘植〙パールミレット, トウジンビエ.

pi̩n·se·lig[pínzəlɪç][2] 形《話》ひどくきちょうめんな〈口やかましい〉.

Pi̩n·sel·kä̲·fer 男〘虫〙トラハナムグリ(虎花潜)亜科の昆虫.

pi̩n·seln[pínzəln] 《06》他 (h) **1**《*et*.[4]》**a)** (絵などを)筆〈はけ〉で描く: ein Bild 〈eine Landschaft〉 ～ 絵〈風景〉を描く. **b)** (文字などを)たんねんに書く: die Hausaufgaben ins Heft ～ 宿題をたんねんにノートに書く. **2**《*et*.[4]》**a)** (…に)はけで色を塗る: einen Zaun grün ～ 垣根を緑色に塗る. **b)** (…に)薬を塗る: eine Wunde mit Jodtinktur ～ 傷口にヨードチンキを塗る. **c)** (…を)筆〈はけ〉を使って化粧する. **3**《卑》(koitieren)《*jn*.》(…と)性交する.

Pi̩n·sel≠schim·mel 男〘植〙アオカビ(青黴)属. **≠stiel** 男 筆の軸, はけの柄. **≠strich** 男 (画家などの)筆のタッチ.

Pint[pɪnt] 男 -s/-e《卑》(Penis) 陰茎, 男根. [*mndd*. „Pflock"; ◇Pinne]

Pi̩n·te[píntə] 女 -/-n **1**《スイス》(Kneipe) 飲み屋, 酒場. **2**《北部》陶製ジョッキ(→ 図). **3** ピンテ(昔の液量単位: 0.9l). [*mlat*. pin〔c〕ta „gemalte Linie"; ◇pinxit; *engl*. pint]

Pinte

Pi̩n·ten·ke̲hr 男 -s/《スイス》(飲み屋から飲み屋への)はしご酒.

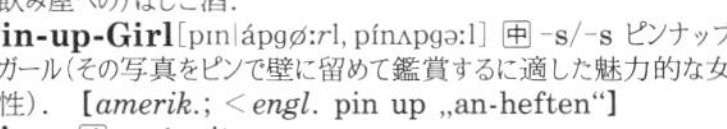

Pin-up-Girl[pɪnʌ́pgøːrl, pínʌpgəːl] 中 -s/-s ピンナップガール(その写真をピンで壁に留めて鑑賞するに適した魅力的な女性). [*amerik*.; ＜*engl*. pin up „an-heften"]

pinx. 略 ＝pinxit

pi̩n·xit[píŋksɪt]《ラテン語》(略 p., pinx., pxt.) (〔er〕 hat 〔es〕 gemalt) (画家の署名にそえて)…これを描く. [＜*lat*. pingere „zeichnen" (◇Feile); ◇Pi〔g〕ment]

Pin·ze̩t·te[pɪntsɛ́tə] 女 -/-n ピンセット. [*fr*. pincette „Zängelchen"; ＜*fr*. pince „Zange" (◇Pincenez)]

der **Pi̩nz·gau**[píntsgaʊ] 地名 男 -〔e〕s/ ピンツガウ(オーストリア Salzburg 州, Salzach 川上流の地方).

Pi̩·on[píːɔn, pióːn] 中 -s/-en [pióːnən]〘理〙π 中間子, パイオン. [＜Pi＋Meson]

Pio·ni̲er[pioníːr] 男 -s/-e **1**〘軍〙工兵. **2** (女 **Pio·ni̲e·rin**[..rɪn]-/-nen) (Wegbereiter) 先駆〈開拓〉者, パイオニア, 草分け. **3** (旧東ドイツで, 6 歳以上14歳未満の少年少女の組織である)ピオニール団のメンバー: Junge ～*e* 少年ピオニール団員. [*afr*. peonier „Fußsoldat"－*fr*. pionnier; ＜*lat*. pēs (◇Fuß); ◇*engl*. pioneer]

Pio·ni̲er≠ak·tiv 女 -s/-s(-e) (旧東ドイツの)ピオニール活動班. **≠ar·beit** 女 **1** 先駆的な仕事, パイオニア的な研究. **2** (旧東ドイツで)ピオニールの作業. **≠ba·tail·lon**[..bataljoːn] 中〘軍〙工兵大隊. **≠freund·schaft** 女 (旧東ドイツの)全校ピオニール団(一つの学校の全ピオニール団員からなる組織). **≠geist** 男 開拓者精神. **≠grup·pe** 女 (旧東ドイツの)クラスピオニール団. **≠la̲·ger** 中 (旧東ドイツの)ピオニール＝キャンプ場. **≠lei·ter** 男 (旧東ドイツの)ピオニール指導者. **≠or·ga·ni·sa·tio̲n** 女 -/ (旧東ドイツの)ピオニール団. **≠ta̲t** 女 先駆的な行為, パイオニア的な仕事. **≠trup·pe** 女〘軍〙工兵〔部〕隊. **≠zeit** 女 草分けの時代, 創成期.

Pip[piːp] 女 -/-en ＝Pipe[1]

Pi̩·pa[píːpa·] 女 -/-s〘楽〙琵琶(びわ). [*chines*.]

Pi·pa·po̩[pipapóː] 中 -s/《しばしば軽蔑的に》(Drum und Dran) (…に)付属〈付随〉するさまざまのもの: ein Auto mit allem ～ いろいろな付属品のついた自動車.

Pi̩·pe[1][píːpə] 女 -/-n **1**《北部》**a)** (Pfeife) (タバコの)パイプ, きせる. **b)** (細長い)酒〈油〉樽(たる). **2**《オーストリア》樽〈水道〉の

P

栓.

Pipe²[paɪp] 中 女 -/-s パイプ(イギリス・アメリカでぶどう酒などの昔の液量単位). [*engl.*; ◇Pfeife]

Pipe·line[páɪplaɪn] 女 -/-s (石油・天然ガスなどの)輸送管路, 導管路, パイプライン: eine ~ bauen ⟨verlegen⟩ パイプラインを敷設する. [*engl.*; ◇Linie]

Pi·pet·te[pipétə] 女 -/-n 〘化〙ピペット(一定量の液体を取って他の容器に移すための器具: → 図 Chemie). [*fr.*; <*fr.* pipe „Pfeife"]

pi·pet·tie·ren[pipɛtíːrən] 他 (h) ピペットで取る⟨移す⟩.

Pi·pi[pipíː] 中 -s/ 《幼児語》おしっこ: **~ machen** おしっこをする. [<pissen]

Pi·pi·fax[pípifaks] 男 -/ 《軽蔑的に》つまらぬ⟨くだらない⟩こと.

Pi·pi·mäd·chen[pipíːmɛːtçən] 中《話》若い⟨世間知らずの⟩女の子.

Pip·pau[pípaʊ] 男 -[e]s/ 〘植〙フタマタタンポポ(二叉蒲公英)属. [*slaw.*-*mndd.*]

Pip·pin[pɪpíːn; ｵｰｽﾄﾘｱ: ⌣−, pípɪn] 人名 ピピン(フランク王国の宮宰や王になったカロリング家の人, 大ピピン, 中ピピン, 小ピピンなど: →Karolinger): ~ der Mittlere 中ピピン(635頃–714; フランク王国アウストラシアの宮宰).

Pips[pɪps] 男 -es/ **1** ピプス(鳥類の病的な舌苔(ぜったい)). **2** 《話》鼻かぜ: **den ~ haben** 〔鼻〕かぜをひいている. [*mndd.*; <*lat.* pītuīta „Schleim"; ◇*engl.* pip]

Pique[piːk] 中 -/-s =Pik² 2

Pi·qué[piké:] **I** 男 (ｵｰｽﾄﾘｱ: 中) -s/-s =Pikee **II** 中 -s/-s ピケー(ダイヤモンドの異物混入度).

Pi·queur[pikǿːr] 男 -s/-e =Pikör

Pi·ran·ha[piránja·] 男 -[s]/-s 〘魚〙ピラニア. [*indian.*-*port.*]

Pi·rat[piráːt] 男 -en/-en (Seeräuber) 海賊: Luft*pirat* 航空機乗っ取り⟨ハイジャック⟩犯人. [*gr.* peirātḗs–*lat.*-*it.*; <*gr.* peirãn „versuchen" (◇Empirie); ◇*engl.* pirate]

Pi·ra·ten≈aus·ga·be 女 (書物の)海賊版. **≈flag·ge** 女 海賊旗.

die **Pi·ra·ten·kü·ste** 地名 女 -/ **1** 海賊海岸, パイレット=コースト(ペルシア湾の南東部, 現在のアラブ首長国連邦の海岸線). **2** Vertragsstaaten の旧俗称.

Pi·ra·ten≈schiff 中 海賊船. **≈sen·der** 男 (非合法の)海賊放送局.

Pi·ra·te·rie[piratəríː] 女 -/-n [..ríːən] 海賊行為; 船舶乗っ取り, シージャック: Luft*piraterie* 航空機乗っ取り, ハイジャック. [*fr.*]

der **Pi·rä·us**[piréːʊs] 地名 男 -/ ピレエフス(ギリシア南部の港湾都市で Athen の外港). [*gr.*-*lat.*]

Pi·ra·ya[piráːja·] 男 -[s]/-s =Piranha

Pi·ro·ge[piróːgə] 女 -/-n ピローグ(インディアンや南洋諸島原住民などの丸木舟: → 図). [*karib.* piragua „ausgehöhlt"–*span.*–*fr.* pirogue]

Piroge

Pi·rog·ge[pirɔ́gə] 女 -/-n 〘料理〙ピローグ, (大型の)ピロシキ(肉・魚・卵・きのこなどを詰めて油であげたロシアふうのパイ). [*russ.*]

Pi·rol[piróːl] 男 -s/-e 〘鳥〙コウライウグイス(高麗鶯). [*mhd.*; 擬音]

Pi·rouet·te[piruɛ́tə] 女 -/-n **1** 〘ﾊﾞﾚｴ・ｽｹｰﾄ〙ピボットターン(つま先で立っての旋回). **2** 〘馬術〙ピルエット(後脚を中心としての旋回: → 図 Schule). [*fr.*]

pi·rouet·tie·ren[piruɛtíːrən] 自 (h) **1** 〘ﾊﾞﾚｴ・ｽｹｰﾄ〙つま先で立って⟨つま先を軸として⟩旋回する, ピボットターンをする. **2** 〘馬術〙後脚を中心として旋回する. [*fr.*]

Pirsch[pɪrʃ] 女 -/ 〘狩〙(用心深く獲物に忍び寄る形での)狩猟: auf die ~ gehen 狩猟に行く.

pir·schen[pírʃən] 《04》 **I** 自 (h, s) 《auf *et.*⁴》〘狩〙(獲物に)用心深く忍び寄る; 《比》そっと忍び寄る: Ich *pirschte* in die Nähe des Hauses. 私はそっとその家の近くに忍び寄った. **II** 他 (h) **1** 《*et.*⁴》(…を)狩り立てる. **2** 《比》再帰 *sich*⁴ ~ そっと忍び寄る. [*afr.* berser–*mhd.* birsen; ◇preschen]

Pirsch≈gang 男, **≈jagd** 女 =Pirsch

Pi·sa[píːza·] 地名 ピサ(イタリア北西部の都市. 斜塔で知られる): der Schiefe Turm von ⟨zu⟩ ~ ピサの斜塔.

Pi·sa·ner[pizáːnər] **I** 男 -s/- ピサの人. **II** 形《無変化》ピサの. [*lai.*]

Pi·sang[píːzaŋ] 男 -s/-e (Banane) 〘植〙バナナ. [*ma-*]

Pi·sang·fa·ser 女 マニラ麻(の繊維).

pi·sa·nisch[pizáːnɪʃ] 形 ピサの(→Pisa).

Pi·sci·na[pɪstsíːna] 女 -/..nen[..nən] **1** (初期キリスト教会の)洗礼盤. **2** (中世の教会の)手洗い盤. [*lat.* „Fischteich"]

Pi·see·bau[pizéː..] 男 -[e]s/ 〘建〙(土塁などの)練り土工法. [<*fr.* piser „stampfen" (◇Pistill)]

Pi·so·lith[pizolíːt, ..lít] 男 -en/-en (Erbsenstein) 〘鉱〙豆石(まめいし). [<*gr.* písos „Erbse"]

pis·pern[píspərn] 《05》 (**pis·peln**[píspəln] 《06》) 自 (h) 《話》(flüstern) 小声で言う, ささやく. [擬音]

Piß[pɪs] 男 Pisses/ =Pisse

Piß≈becken[pís..] 中《卑》(公衆便所の)小便器. **≈bu·de** 女《卑》(男性用の)公衆便所.

Pis·se[písə] 女 -/ 《卑》(Urin) 尿, 小便.

pis·sen[písən] 《03》 自 (h) **1** 《卑》小便をする, 放尿する. **2** 《話》非人称 (es pißt) 雨がざあざあ降る. [*fr.*; 擬音]

Pis·soir[pɪsoáːr] 中 -s/-e, -s (男性用)公衆便所. [*fr.*]

Piß≈ort[pís..] 男《卑》(男性用)公衆便所. **≈pott** 男《卑》(Nachttopf) 室内用便器, おまる.

Pi·sta·zie[pɪstáːtsiə] 女 -/-n **1** 〘植〙ピスタショ, ピスタシオ, ピスタチオ(ウルシ科の木). **2** 1 の種子(食用, またケーキなどの香料としても用いる). [*pers.* pistah–*gr.*–*spätlat.*; ◇*engl.* pistachio]

Pi·sta·zi·en≈baum 男 ピスタショの木. **≈kern** 男, **≈man·del** 女, **≈nuß** 女 =Pistazie 2

Pi·ste[pístə] 女 -/-n **1 a)** (自動車・オートバイ・自転車競走などの)走路, コース. **b)** (スキー競技・リュージュ競技などの)滑走路, コース. **c)** 〘空〙滑走路. **2** (サーカスの円形演技場を取り巻く)囲みの壇(→ 図 Zirkus). [*it.* pesta „gestampfter Weg"–*fr.*; <*it.* pestare „stampfen" (◇Pistill); ◇Piston]

Pi·sten≈sau[pístən..] 女, **≈schwein** 中《軽蔑的に》(他人の迷惑をかまわずに)やたらにスピードを出して滑降するスキーヤー.

Pi·still[pɪstíl] 中 -s/-e **1** 乳棒, すりこぎ(→ 図 Mörser). **2** (Stempel) 〘植〙めしべ, 雌蕊(しずい). [*lat.* pī[stil]lum; <*lat.* pī[n]sere „zerstoßen"; ◇Pfister, pilieren; *engl.* pestle, pistil]

Pi·sto·le¹[pɪstóːlə] 女 -/-n ピストール(17-19世紀のスペイン・フランスなどの金貨). [*fr.*]

Pi·sto·le²[−] 女 -/-n (ᵛ**Pi·stol**[pɪstóːl] 中 -s/-en) **1** ピストル, 拳銃(けんじゅう): die ~ laden ⟨abdrücken⟩ ピストルに弾丸をこめる⟨の引き金を引く⟩ ‖ mit der ~ auf *jn.* schießen ⟨zielen⟩ ピストルで…めがけて撃つ⟨…をねらう⟩ | *jn.* mit vorgehaltener ~ bedrohen ピストルをつきつけて…を脅迫する ‖ ***jm.* die ~ auf die Brust setzen** 《話》…にむりやり決断を迫る | **wie aus der ~ geschossen** 《話》即座に, たちどころに. **2** 〘工〙(ピストル形の)ノズル. [*tschech.* pištal „Pfeife"]

Pi·sto·len≈duell 中 ピストルによる決闘. **≈griff** 男 ピストルの握り. **≈held** =Revolverheld **≈lauf** 男 ピストルの銃身. **≈mün·dung** 女 ピストルの銃口. **≈schuß** 男 ピストル射撃. **≈ta·sche** 女 (ベルトや馬の鞍(くら)につける)拳銃嚢(けんじゅうのう), ホルスター. **≈zwei·kampf** 男 =Pistolenduell

Pi·ston[pɪstɔ̃ː] 中 -s/-s **1 a)** 〘工〙ピストン. **b)** 〘楽〙(金管楽器の)ピストン. **2** (Kornett) 〘楽〙コルネット(→ 図 Blasinstrument). [*it.* pestone „Stampfer"–*fr.*;

＜*it.* pestare（→Piste）]
Pi̯·ta·hanf[píːta..] 男 ピタ麻(中南米産リュウゼツラン属の葉から採れる繊維で, 縄・袋などを作るのに用いられる). [*indian.－span.* pita]
Pi·ta·va̯l[pitavál] 男 -[s]/-s 〘法〙判例集. [＜F. G. de Pitaval (フランスの法学者, †1743)]
Pi̯t·cher[pítʃə] 男 -s/- 〘野球〙投手, ピッチャー. [*engl.*]
Pi̯tch·pine[pítʃpaɪn] 女 -/-s (Sumpfkiefer)〘植〙(北米原産の)ロングリーフパイン. [*engl.*; ◇Pech, Pinie]
Pi·thek·a̯n·thro·pus[pitekántropʊs] 男 -/..pi[..piˑ]〘人類〙(ジャワと中国で発掘された)ピテカントロプス, 直立猿人. [＜*gr.* píthēkos „Affe"＋anthropo..]
pi·the·ko·i̯d [pitekoíːt][1] 形〘人類〙猿人に似た. [＜..oid]
▽**pi·to·ya̯·bel**[pitoajáːbəl](..ya·bl̯..) 形 哀れな, 同情すべき. [*fr.*; ◇Pietät, ..abel]
pitsch[pɪtʃ] 間 (水がはねる音・ぬれた足で歩く音など)ピチャ, パチャ: ～, patsch / *pitsch*patsch ピチャピチャ, パチャパチャ. [◇patsch]
pi̯tsch·na̯ß[pítʃnás] (**pi̯t·sche**[**·pa̯t·sche**]**·na̯ß** [pítʃə(pátʃə)nás]) 形《話》びしょぬれの, ずぶぬれの.
pi̯tsch·pa̯tsch[pítʃpátʃ] 間 →pitsch
pi̯tsch·pa̯tsch·na̯ß (**pi̯tsch·pa̯t·sche·na̯ß**) ＝pitschnaß
Pi̯t·ta·kos[pítakɔs] 人名 ピッタコス(前650頃-前570頃; 古代ギリシアの政治家で七賢人の一人).
pit·to·re̯sk[pɪtorɛ́sk] ＝malerisch 2 [*it.* pittoresco －*fr.* pittoresque; ＜*lat.* pingere (→pinxit); ◇*engl.* picturesque]
più[piúː] 副 (mehr)《他の指示語とともに》〘楽〙ピウ, さらに, いっそう: ～ lento もっと遅く. [*lat.* plūs (→plus)－*it.*]
Pi̯us[píːʊs] 男名 ピーウス(→Pia). [*lat.* pius (→Pietät)]
Pi·vot[pivóː] 男 中 -s/-s 〘工〙ピボット, 旋回支軸. [*fr.*]
Piz[pɪts] 男 -es/-e(-/-) (Bergspitze) 山頂. [*ladin.*]
Pi·za̯r·ro[pitsároˑ, pisá..] 人名 Francisco ～ フランシスコピサロ(1475頃-1541; スペインの探検家で Inka 帝国の征服者).
pizz. 略 ＝pizzicato
Pi̯z·za[pítsaˑ] 女 -/-s, ..zen[..tsən]〘料理〙ピザ〔パイ〕, ピッツァ〔パイ〕. [*it.*]
Pi̯z·za≠bäcker [pítsa..] 男 ピザ〔パイ〕製造業者. **≠bäcke·rei** 女 ＝Pizzeria
Piz·ze·ri̯a[pɪtseríːaˑ] 女 -/-s ピザハウス(ピザパイを食べさせる店). [*it.*]
piz·zi·ca̯·to[pɪtsikáːtoˑ] 副 (略 pizz.)〘楽〙ピチカート(弦楽器で弦を指ではじく奏法)で. [*it.*; ＜*it.* pizzicare „zwicken"]
Pjöng·ja̯ng[pjœŋjáŋ] 地名 平壌, ピョンヤン(朝鮮民主主義人民共和国の首都).
PKO[peːkaː|óː] 略 複 (国連の)平和維持活動. [*engl.*; ＜*engl.* *P*eace *K*eeping *O*perations]
Pkt. 略 ＝**P**un**kt** 点(→Punkt 1); 項〔目〕(→Punkt 3 b).
Pkw(**PKW**)[peːkaːvéː, ⌐－－] 略 男 -[s]/-s(-) ＝**P**ersonen**k**raft**w**agen 乗用車(→Lkw).
PL 記号 (国名略号: →A[2] II 3) ポーランド (Polen).
Pl. (**pl.**) 略 ＝**Pl**ural 複数.
Pla·ce̯·bo[platséːboˑ] 中 -s/-s 〘医〙(有効な作用物質を含まない)擬似薬, プラシーボ. [*lat.* placēbō „ich werde gefallen"]
Pla·ce̯·bo·ef·fekt[platséːbo..] 男〘医〙プラシーボ〔による治療〕効果.
Pla·ce·ment[plasəmɑ̃ː] 中 -s/-s **1**〘商〙**a**) 投資; 融資, 貸し付け. **b**) 販売, 売却, 処分; 売れ行き. ▽**2** ＝Plazierung [*fr.*; ＜*fr.* placer (→placieren)]
Pla̯·cet[pláːtsɛt] 中 -s/-s ＝Plazet
pla·cha̯n·dern[plaxándərn]《05》自 (h)《東部》おしゃべりする.
Pla̯·che[plá(ː)xə] 女 -/-n《ｵｰｽﾄﾘｱ》(Plane)(貨物などの)防水シート; (馬車・うば車などの)ほろ. [＜Blahe]
pla·cie̯·ren[platsíːrən; まれ: plasíːrən] ＝plazieren
Pla·cie̯·rung[..rʊŋ] 女 -/-en ＝Plazierung
Plack[plak] 男 -s/-e, -s《方》労苦, 重労働. [＜Plage]
Pla̯cke[plákə] 女 -/-n ＝Placken
pla̯cken[plákən] 他 (h) **1**《話》《*jn.*》苦労させる; 酷使〈虐待〉する: 再帰 *sich*[4] ～ 苦労する. **2**《北部》つぎを当てる; (ビラなどを)はりつける. [＜plagen]
Pla̯cken[－] 男 -s/-《北部》**1 a**) (Fleck)(衣服などの)しみ, 汚れ. **b**) (Flicken) つぎ当て. ▽**2** ＝Plack [1: *mhd.* placke]
Pla̯cker[plákər] 男 -s/-《北部》**1** 苦労させる人; 虐待者. **2** (衣服などの)しみ, 汚れ. **3** 牛の糞(ふん). **4** (合奏・一斉射撃などでの)出遅れ, 不ぞろい.
Placke·re̯i[plakəráɪ] 女 -/-en《話》苦労, つらい仕事.
Pla̯d·der[pládər] 男 -s/《話》どしゃ降り, 豪雨.
pla̯d·dern[pládərn]《05》自 (h)《北部》**1** 非人称《es pladdert》雨がざあざあ降る, どしゃ降りである. **2** ざあざあ〈ばしゃばしゃ〉音を立てる; (川などを)歩いて渡る: Der Regen *pladdert* aufs Dach 〈gegen die Fensterscheiben〉. 雨が屋根〈窓ガラス〉にざあざあ降りつける. [擬音]
plä·die̯·ren[plɛdíːrən] 自 (h) 《für *et.*[4]》(…を)支持する, (…に)賛成する; 〘法〙弁論する; 論告〔求刑〕する: auf 〈für〉 Freispruch ～ 弁論で無罪を求める | auf 〈für〉 „schuldig" ～「有罪」の論告を行う | für eine Freiheitsstrafe ～ 禁固刑を求刑する. [*fr.* plaider; ＜*lat.* placitum „Gefallen, Meinung" (◇Plazet); ◇*engl.* plead]
Plä·do·yer[plɛdoajéː] 中 -s/-s **1**〘法〙(弁護士の)最終弁論; (検事の)論告. **2**《比》(賛成・反対の)意見表明〔演説〕. [*fr.*]
Pla·fond[plafɔ̃ː; ｵｰｽﾄﾘｱ: ..fóːn] 男 -s/-s **1**《南部・ｵｰｽﾄﾘｱ》(部屋の)天井; 〘劇〙(舞台上の天井をあらわす)吊(つ)り物. **2**〘商〙(信用貸しの)最高限度額. [*fr.*; ◇platt, Fundus]
Pla̯·ge[pláːgə] 女 -/-n **1** 心労, 苦悩; 労苦, 難儀; やっかいごと, しゃくの種: *seine* ～ mit *jm.* 〈*et.*[3]〉 haben …のことで苦労する | Das Unkraut ist im Sommer eine ～. 夏には雑草が生えて閉口だ. **2**《比》神罰(天災・疫病など), 災い. [*lat.* plāga „Schlag"－*kirchenlat.* „Strafe des Himmels"－*mhd.*; ◇fluchen; *engl.* plague]
Pla̯·ge·geist ＝Quälgeist
pla̯·gen[pláːgən][1] 他 (h) **1**《*jn.*》(…の)肉体的苦痛の原因となる, (…を)苦しめる: Mich *plagt* der Hunger 〈die Hitze〉. 私は空腹〈暑さ〉に苦しんでいる | von Kopfschmerzen *geplagt* sein 頭痛で苦しんでいる. **2**《*jn.*》(…に)しつこくせまる, つきまとう, せがむ; (…を)困らせる, 悩ませる: Die Kinder *plagen* die Mutter. 子供たちが母親につきまとって困らせる | Ihn *plagte* die Neugierde. 彼は好奇心を抑えきれなかった ‖ *jn.* mit Fragen 〈Bitten〉 ～ …にしつこく尋ねる〈頼む〉 | *jn.* wegen des Heiratens ～ …に結婚をせまる ‖ 再帰 *sich*[4] mit dem Schnupfen 〈den Kindern〉 ～ 鼻かぜ〈子供ら〉に手をやく. **3** 再帰 *sich*[4] ～ 骨折る, 懸命に働く: *sich*[4] für andere 〈das Geld〉 ～ 他人〈お金〉のためにあくせくする | Ich *plagte* mich den ganzen Tag, den Wagen zu reparieren. 私は丸一日かかってやっと車を修理した.
Pla̯g·ge[plágə] 女 -/-n《北部》〘園〙(植え付け用に切り取った)苗芝. [*mndd.*; ◇Placken 1]
Pla·gia̯t[plagiáːt] 中 -[e]s/-e **1** (論文・小説などの)剽窃(ひょうせつ), 盗作: ein ～ begehen 剽窃する. **2** 剽窃〈盗作〉による作品: Das Buch ist ein eindeutiges ～. この本は明白な盗作だ. [*fr.*; ＜*lat.* plagiārius „Menschenräuber"]
Pla·gia̯·tor[plagiáːtɔr, ..toːr] 男 -s/-en[..giatóːrən] 剽窃(ひょうせつ)者, 盗作者.
pla·gi·ie̯·ren[plagiíːrən] 他 (h) 剽窃(ひょうせつ)〈盗作〉する; (…を)そっくりまねる. [*spätlat.*; ＜*lat.* plagium „Menschenraub"]
Pla·gio·kla̯s[plagiokláːs][1] 男 -es/-e 〘鉱〙斜長石. [＜*gr.* plágios „quer"＋klásis „Bruch" (◇klastisch)]
Plaid[pleːt, pleɪd] 中 (男) -s/-s 〔格子じまの〕旅行用ひざ掛け; (特にスコットランドでマントのように羽織る)格子じまの肩掛け(→ 図 Schotte). [*gäl.－engl.*]

Pla·kat[plaká:t] 中 -[e]s/-e (広告・宣伝用の)ポスター, (公示・広告などの)はり紙, (大型厚地の)ビラ: ～*e* für eine Kundgebung 政治集会を呼びかけるポスター | Wahl*plakat* 選挙用ポスター ‖ ～*e* [an]kleben ⟨anbringen⟩ ポスターをはる. [*fr.* placard－*ndl.*; <*fr.* plaquer „überziehen"(◇Placken 1)]

Pla·kat≈an·kle·ber 男 -s/- ポスターをはる人. **≈an·schlag** 男 (壁などにはった)ポスター, はり紙. **≈far·be** 女 〖美〗ポスターカラー.

pla·ka·tie·ren[plakatí:rən] **I** 自 (h) ポスターをはる: für *et.*[4] ～ …の宣伝ポスターをはる. **II** 他 (h) ポスター⟨はり紙⟩で知らせる, 掲示する; 《比》はでに報道⟨宣伝⟩する.

Pla·ka·tie·rung[..rʊŋ] 女 -/-en plakatieren すること.

pla·ka·tiv[plakatí:f][1] 形 ポスターのような; 広告的な; 宣伝効果の大きい.

Pla·kat≈kle·ber[plaká:t..] 男 (職業として)ポスター⟨広告⟩をはる人. **≈ma·ler** 男 ポスター描き. **≈ma·le·rei** 女 ポスター画, 広告画. **≈säu·le** 女 広告塔⟨柱⟩. **≈schrift** 女 〖印〗広告用活字. **≈trä·ger** 男 広告のプラカードをかかげて歩く人, サンドイッチマン. **≈wand** 女 ポスター用の⟨ポスターをはるための⟩壁, 掲示板. **≈wer·bung** 女 ポスター宣伝.

Pla·ket·te[plakɛ́tə] 女 -/-n 記念牌(はい); 記念バッジ⟨メダル⟩: eine goldene ～ erhalten 金メダルをもらう. [*fr.*; <*fr.* plaque „Platte"]

Pla·ko·der·men[plakodɛ́rmən] 複 (Panzerfisch) 〖魚〗板皮類(絶滅したカブトウオ類の一種). [<*gr.* pláx (→flach)＋Derma]

plan[pla:n] 形 **1** (eben) 平らな: eine ～*e* Fläche 平面 ‖ ～ liegen 平らに置かれている | ～ geschliffen つるつるに磨かれた. **2** (思想などが)表面的な, 平板な, 浅い. ▽**3** 平明な. [*lat.* plānus; ◇platt, Flur, planieren]

Plan[1][pla:n] 男 -[e]s/Pläne[plɛ́:nə] **1** 《雅》平地, 草原, 芝生. **2** 競技場; 〖劇〗(舞台の)前景: **auf dem ～ erscheinen** / **auf den ～ treten** 《比》出現⟨登場⟩する | ***jn.* auf den ～ rufen** 《比》…を呼び出す⟨登場させる⟩ | auf dem ～ sein 《比》その場に居合わせる. **3** 〖狩〗(シカなどの)交尾の場所; 〖美〗(絵の)下地. [*lat.* plānum (→Planum)－*mhd.*; ◇*engl.* plane]

Plan[2][pla:n] 男 -[e]s/Pläne[plɛ́:nə] (▽**Pla·ne**[plá:nə]) (⑪ **Plän·chen**[plɛ́:nçən], **Plän·lein**[..laɪn] 中 -s/-) **1** 意図; プラン, 企画, 計画, 構想; スケジュール, 予定: einen ～ ausführen ⟨entwerfen⟩ 計画を遂行⟨立案⟩する | ***Pläne* schmieden** ⟨wälzen⟩ あれこれ計画を練る | voller *Pläne* stecken アイディアにあふれている; 進取の気性に富んでいる(→stecken II 2) ‖ **auf dem ～ stehen** 計画⟨予定⟩に入っている | **nach ～ laufen** 計画どおりに事が運ぶ. **2** 計画図⟨表⟩; (建物・装置などの)設計図, 図面: der ～ zum neuen Theater 新しい劇場の設計図. **3** (Übersichtskarte)(比較的小地域の)地図: ein ～ von diesem Gebiet この地域の地図 | Stadt*plan* 都市市街図. [*lat.* planta (→plantar)－*fr.*]

Pla·nar[planá:r] 中 -s/-e 〖写〗プラナー=レンズ.

Pla·na·rie[planá:riə] 女 -/-n 〖動〗プラナリア, ウズムシ(扁形(へんけい)動物の一種). [<*spätlat.* plānārius „flach"]

Plan≈auf·ga·be[plá:n..] 女, **≈auf·la·ge** 女 〖経〗(旧東ドイツで)計画目標.

Planche[plã:ʃ] 女 -/-n [..ʃən] フェンシング[試合]場. [*lat.* phalanga (→Planke)－*fr.* „Brett"; ◇*engl.* planch]

Plän·chen Plan[2]の縮小形.

Plan·chet·te[plãʃɛ́t(ə)] 女 -/-n [..tən] **1** コルセットの鯨骨. **2** プランセット, (心霊術用の)自動書記⟨こっくり⟩板. [*fr.* „Brettchen"; ◇Planche, ..ette]

Planck[plaŋk] 人名 Max ～ マックス プランク(1858-1947; ドイツの理論物理学者. 1918年ノーベル物理学賞を受賞): das ～*sche* Strahlungsgesetz 〖理〗プランクの輻射(ふくしゃ)法則.

Plan·dreh·bank[plá:n..] 女 -/..bänke 〖工〗鏡⟨正面⟩旋盤.

plan|dre·hen 他 (h) (旋盤で)面削りする.

Pla·ne[1][plá:nə] 女 -/-n (貨物などの)防水シート; (馬車・うば車などの)ほろ. [*ahd.* blaha (→Blache)]

▽**Pla·ne**[2][plá:nə] Plan の複数.

▽**Plä·ne**[1][plɛ́:nə] 女 -/-n (Ebene) 平地, 平原. [*fr.* plaine; ◇Plan[1]]

Plä·ne[2] Plan の複数.

pla·nen[plá:nən] 他 (h) 計画⟨立案⟩する, 企画⟨設計⟩する; もくろむ, 志す: eine Reise ⟨ein Sportfest⟩ ～ 旅行⟨体育祭⟩の計画を立てる | Die Stadt *plant*, eine Grünanlage zu schaffen. 町[当局]は緑地帯を設ける計画をしている ‖ 〖目的語なしで〗perspektivisch ～ 長期計画を立てる ‖ 〖過去分詞で〗Es verlief alles wie *geplant*. 万事は計画どおり進んだ. [<Plan[2]]

Pla·nen Plane, Planum の複数.

Pla·ner[plá:nər] 男 -s/- 計画⟨立案⟩者, 企画⟨設計⟩者.

Plan·er·fül·lung[plá:n..] 女 〖経〗(旧東ドイツで)計画達成⟨完遂⟩.

pla·ne·risch[plá:nərɪʃ] 形 計画⟨設計⟩上の.

Plä·ne·schmied[plɛ́:nə..] 男 《話》計画好きな人, 計画倒れになりがちな人.

Pla·net[planéːt] 男 -en/-en (↔Fixstern) 〖天〗惑星, 遊星: **der blaue ～** / unser ～ 地球. [*gr.*－*spätlat.*－*mhd.*; <*gr.* planāsthai „umherirren" (◇Plektron, Plankton)]

pla·ne·ta·risch[planetá:rɪʃ] (**pla·ne·tar**[..tá:r]) 形 惑星の, 惑星に関する; 惑星のような; 地球的規模の, グローバルな: ～*e* Nebel 惑星状星雲.

Pla·ne·ta·rium[planetá:riʊm] 中 -s/..rien[..riən] プラネタリウム[を映写する丸天井の建物].

Pla·ne·ten≈bahn[planéːtən..] 女 〖天〗惑星の軌道. **≈ge·trie·be** 中 〖工〗惑星仕掛け歯車, 遊星歯車装置. **≈sy·stem** 中 〖天〗惑星系.

Pla·ne·to·id[planetoí:t][1] 男 -en/-en 〖天〗小惑星: ein künstlicher ～ 人工惑星. [<..oid]

Plan≈film[plá:n..] 男 〖写〗カット⟨シート⟩フィルム(→Rollfilm). **≈frä·ser** 男 〖工〗平面フライス. **≈fräs·ma·schi·ne** 女 〖工〗平面フライス盤. **≈ge·lenk** 中 〖解〗平面関節. [<plan]

plan·ge·mäß[plá:n..] 形 《述語的用法なし》計画どおりの. [<Plan[2]]

pla·nie·ren[planí:rən] 他 (h) 平ら⟨なめらか⟩にする; 地ならしする; 〖工〗平削りする: einen Parkplatz ～ 駐車場の地ならしをする. [*mlat.*－*fr.*; ◇plan]

Pla·nier≈rau·pe[planí:r..] 女 ブルドーザー(→図). **≈schild** 男 ブルドーザーのすき板⟨ショベル⟩.

Planierraupe

Pla·nie·rung[planí:rʊŋ] 女 -/-en (planieren すること. 例えば:) 地ならし, 整地.

Pla·ni·fi·ka·tion[planifikatsió:n] 女 -/-en (市場経済原理に基づく国家の)長期経済計画. [*fr.*; ◇Plan[2]]

Pla·ni·glob[planigló:p][1] 中 -s/-en, **Pla·ni·glo·bium**[..gló:biʊm] 中 -s/..bien[..biən] 〖地〗(地球の)半球平面図; 〖天〗平面天体図, 星座図. [<*lat.* plānus (→plan)＋globus (→Globus)]

Pla·ni·me·ter[planimé:tər] 中 (男) -s/- プラニメーター, 面積計.

Pla·ni·me·trie[..metrí:] 女 -/ 面積測定[法]; 〖数〗平面幾何学.

pla·ni·me·trisch[..mé:trɪʃ] 形 面積測定[上]の; 〖数〗平面幾何学の.

Plan·ke[pláŋkə] 女 -/-n **1** 厚板; (船つき場・溝などの)渡

り板; 〖海〗船板. **2** (工事場などの)板囲い; (Plankenzaun) 〖馬術〗横木(おうぼく)障害. [*gr.* phálagx (→Phalanx)－*lat.* phalanga „Walze"－*roman.*－*mhd.*; ◇Planche; ◇*engl.* plank]

Plän·ke·lei[plɛŋkəlái] 女 -/-en **1** (軽い)口論, 言い合い, 言い争い. ∇**2** 〖軍〗小ぜり合い, 小さな戦闘.

plän·keln[plɛ́ŋkəln] 《06》自 (h) **1** 《mit *jm.*》(…と軽く)口論(言い合い)する, 言い争う; (…を)からかう. ∇**2** 〖軍〗小ぜり合いをする. [*mhd.*; <*mhd.* blenken „hin und her bewegen"]

Plạn·kenn·zif·fer[plá:n..] 女 (旧東ドイツの)経済計画指数.

Plạn·ken·zaun[pláŋkən..] 男 **1** 板囲い, 板べい. **2** 〖馬術〗横木(おうぼく)障害.

Plänk·ler[plɛ́ŋklər] 男 -s/- (plänkeln する人. 例えば:) 〖軍〗小ぜり合いに参加した兵隊.

Plan·kom·mis·sion[plá:n..] 女 (旧東ドイツの)経済企画委員会.

plan≈kon·kav[plá:n..] 形〖理〗平凹の: eine ～*e* Linse 平凹レンズ. **≈kon·vex** 形〖理〗平凸の: eine ～*e* Linse 平凸レンズ.

Plan·ko·sten[plá:n..] 複 計画(予定)費用.

Plạnk·ter[pláŋktər] 男 -s/- プランクトン生物. [*gr.*]

Plạnk·ton[pláŋktɔn] 中 -s/ 《集合的に》〖生〗プランクトン, 浮遊生物: pflanzliches ⟨tierisches⟩ ～ 植物⟨動物⟩プランクトン. [*gr.* plagktós „umherirrend, Herumtreiber"; <*gr.* plázesthai „umherirren" (◇Plektron, Planet)]

plank·tọ·nisch[plaŋktó:nɪʃ] 形 プランクトンの(ような).

Plank·tont[plaŋktɔ́nt] 男 -en/-en (個々の)プランクトン生物. [<*gr.* ón „seiend"]

Plän·lein Plan²の縮小形.

plan·los[plá:nlo:s][1] 形 (↔planvoll) 無計画な, 出たとこ勝負の: ～ umherlaufen あてもなく(ただ漫然と)あちこち走りまわる.

Plan·lo·sig·keit[..lo:zɪçkaɪt] 女 -/ planlos なこと.

plan·mä·ßig 形《述語的用法まれ》計画による, プランどおりの; 計画的(組織的)な: die ～*e* Abfahrt des Busses バスの定時発車 | eine ～*e* Dienststellung 定員内の職(地位) ‖ ～ vorgehen 計画(予定)どおり事を進める.

Plan·mä·ßig·keit 女 -/ planmäßig なこと.

Pla·no·for·mat[plá:no..] 中 〖印〗全(紙)判. [<*lat.* plānus (→plan)]

plan·par·al·lel[plá:n..] 形 平行平面の: eine ～*e* (Glas)platte 〖光〗(平面度測定用の)オプチカルフラット.

Plan≈po·si·tion[plá:n..] 女 (旧東ドイツの)〔経済〕計画項目. **≈preis** 男〖経〗計画(予定)価格. **≈qua·drat** 中 (地図の地名検索用の)碁盤目, 経緯線網. **≈rück·stand** 男 =Planschulden

Plạnsch·becken[plánʃ..] 中 (水遊び用の浅い)子供用プール, 水遊び用の池(→ 図 Bad B).

Plan·schei·be[plá:n..] 女〖工〗面板. [<plan]

plan·schen[plánʃən] 《04》 **I** 自 (h) 水をはねる(ピチャピチャいわせる), 水遊びする: in der Badewanne ～ ふろおけの中でバシャバシャやる | ans Ufer ～ 水をバシャバシャはねながら(歩いて)岸へ上がる. **II** 他 (h) 《話》(酒などに)水を割る. [擬音; <platschen]

Plan≈schie·ßen[plá:n..] 中 -s/ 〖軍〗図上計測射撃. **≈schul·den** 複 (旧東ドイツで)計画未達成(額・量). **≈soll** 中 -[s]/-[s] 計画目標額, 計画達成基準, ノルマ.

Plan·spie·gel[plá:n..] 男〖理〗平面鏡. [<plan]

Plan≈spiel[plá:n..] 中〖軍〗図上作戦(演習). **≈spra·che** 女 =Welthilfssprache **≈stel·le** 女 **1** (予算内で認められた)定員ポスト, 正規定員. **2** (旧東ドイツで, 現場計画に記載されている)計画現場(→Stellenplan 2).

Plan·ta·ge[plantá:ʒə; オーストリア: ..tá:ʒ] 女 -/-n [..ʒən] ((亜)熱帯でゴム・綿花などを栽培する)大農園; 〖経〗大規模農業経営, プランテーション. [*fr.*; <*lat.* plantāre „pflanzen" (◇Pflanze)]

Plan·ta·gen·be·sit·zer[plantá:ʒən..] 男 大農園主.

Plan·ta·ge·net[plæntǽdʒɪnɪt] 男 -[s]/-s プランタジネット家(12世紀半ばから14世紀末まで続いたイギリスの王家)の人. [*fr.*; ◇Pflanze, Ginster]

Plan·ta·gen·wirt·schaft[plantá:ʒən..] 女〖経〗((亜)熱帯特産の農産物を大量に栽培する)大規模農業経営, プランテーション.

plan·tar[plantá:r] 形〖医〗足の裏の. [*spätlat.*; <*lat.* planta „Fußsohle" (◇Pflanze); ◇Plan²]

Plan·trä·ger[plá:n..] 男 (旧東ドイツで)経済計画責任機関.

plant·schen[plántʃən] 《04》 =planschen

Pla·num[plá:nʊm] 中 -s/..nen[..nən] 《ふつう単数で》〖土木〗(道路・線路の)路盤, (建造物の)施工基面. [*lat.* plānum „Fläche"; ◇Plan¹]

Pla·nung[plá:nʊŋ] 女 -/-en **1** 計画策定, 立案; 〖建〗(平面)設計: noch in der ～ sein まだ計画の段階である. **2** 計画案.

Pla·nungs≈ab·tei·lung[plá:nʊŋs..] 女 企画部(課). **≈for·schung** 女 オペレーションズ=リサーチ. **≈sta·dium** 中 計画段階: noch im ～ sein まだ計画段階にある.

plan·voll[plá:n..] 形 (↔planlos) 計画的な, 考えぬいた.

Plan≈vor·lauf 男, **≈vor·sprung** 男 (旧東ドイツで)計画の先行達成.

Plan·wa·gen[plá:n..] 男 ほろ馬車. [<Plane]

Plan·wirt·schaft 女 (↔Marktwirtschaft) 〖経〗計画経済.

plan·zeich·nen 自《もっぱら不定詞で》〖建〗設計図を作る.

Plan≈zeich·ner 男〖建〗設計図製作者, 設計士. **≈zei·ger** 男 (地図上の地点を測る)測図器. **≈ziel** 中 〖経〗計画目標. **≈zif·fer** =Plankennziffer

Plap·pe·rei[plapərái] 女 -/-en《話》おしゃべり.

Plap·pe·rer[plápərər] (**Plapp·rer**[pláprər]) 男 -s/- (⊛ **Plap·pe·rin**[..pərɪn]-/-nen)《話》おしゃべりな(口の軽い)人.

plap·per·haft[plápərhaft] 形《話》おしゃべりな.

Plap·per·haf·tig·keit[..tɪçkaɪt] 女 -/ 《話》おしゃべりなこと, 多弁.

plap·pe·rig[plápərɪç][2] (**plapp·rig**[pláprɪç][2]) =plapperhaft

Plap·pe·rin Plapperer の女性形.

Plap·per≈maul[plápər..] 中《話》おしゃべりな人. **≈mäul·chen** 中《話》**1** おしゃべりな子供. **2** 口.

plap·pern[plápərn] 《05》《話》 **I** 自 (h) (早口に)ぺらぺらしゃべる. **II** 他 (h) 言う, 話す: *Plappere* nicht soviel Unsinn! ばかげたことをそんなにぺちゃくちゃしゃべるな. [擬音]

Plap·per·ta·sche 女 =Plappermaul

Plapp·rer =Plapperer

plapp·rig =plapperig

plär·ren[plɛ́rən] 《話》 **I** 自 (h) (泣き)わめく; (鳥獣が)ギャーギャー鳴く: ein *plärrendes* Kind ワンワン泣いている子供 | Das Radio *plärrt.* ラジオががんがん鳴っている. **II** 他 (h) わめく, がなる: ein Lied ～ 下手な(調子はずれな)歌をわめきちらす. [*mhd.*; 擬音]

Plärr·maul[plɛ́r..] 中《話》泣き虫(な子供).

∇**Plä·san·te·rie**[plɛzantərí:] 女 -/-n[..rí:ən] (Scherz) 冗談, しゃれ. [*fr.* plaisanterie; ◇*engl.* pleasantry]

∇**Plä·sier**[plɛzí:r] 中 -s/-e (オーストリア: -s/-s) (⊘ **Plä·sier·chen**[-çən] 中 -s/-) (Vergnügen) 楽しみ, 娯楽: *sein* ～ an *et.*[3] haben …が好きである, …を楽しいと思う | jedem Tierchen sein *Pläsierchen* (→Tierchen). [*fr.* plaisir; <*lat.* placēre (→Plazet); ◇*engl.* pleasure]

∇**plä·sier·lich**[–lɪç] 形 楽しい, 愉快な, 面白い.

Plas·ma[plásma·] 中 -s/..men[..mən] **1** 〖理〗プラズマ. **2** 〖医〗血漿(けっしょう), リンパ漿. **3** 〖生〗原形質, 細胞質. **4** 〖鉱〗濃緑玉髄. [*gr.*－*spätlat.*; <*gr.* plássein „bilden"; ◇plastisch, Pflaster]

Plas·ma≈bren·ner[plásma..] 男〖理〗プラズマ炉. **≈che·mie** 女 プラズマ化学. **≈phy·sik** 女 プラズマ物理学. **≈sphä·re** 女 -/ 〖理〗プラズマ圏(層). **≈the·ra·pie** 女 -/ 〖医〗血漿(けっしょう)療法. **≈zel·le** 女〖免疫〗プラ

P

ズマ細胞.

Plas·men Plasma の複数.

Plas·mo·dium[plasmó:dium] 中 -s/..dien[..diən] **1** 〖生〗(粘菌類などの)変形体. **2** 〖医〗マラリア原虫〔属〕. [<..oden]

Plas·mon[plasmó:n] 中 -s/ 〖生〗プラスモン(細胞質中の遺伝子の総称).

Plast[plast] 男 -es(-s)/-e (**Pla·ste**[plástə] 女 -/-n) (旧東ドイツで)プラスチック, 合成樹脂: Möbel 〈Spielzeuge〉 aus ~ プラスチック製の家具〈おもちゃ〉.

Pla·stics[plǽstıks] 複 =Plast [*engl.*]

Pla·sti·de[plastí:də] 女 -/-n《ふつう複数で》〖植〗(細胞の)色素体. [<*gr.* plastós „geformt"]

Pla·stik[plástık] **I** 女 -/-en **1** 彫刻品, 塑像: eine ~ aus Bronze 〈Stein〉 ブロンズ〈石〉像. **2** 《ふつう単数で》彫塑術; 《比》具象性, 表現力. **3** 〖医〗形成〔外科〕手術. **II** 中 -s/ =Plast [I: *gr.* plastikḗ－*lat.*－*fr.* plastique; <*gr.* plástēs „Bildner"]

Pla·stik≈be·steck[plástık..] 中 プラスチック製のナイフ・フォーク類. ≈**beu·tel** 男 プラスチック製の袋, ポリ〈ビニール〉袋. ≈**blu·me** 女 プラスチック製の造花. ≈**bom·be** 女 プラスチック爆弾. ≈**ei·mer** 男 プラスチック製のバケツ, ポリバケツ. ≈**ein·band** 男 (書物の)プラスチック装丁; プラスチック表紙.

Pla·sti·ker[plástikər] 男 -s/- (Bildhauer) 彫刻〈彫塑〉家.

Pla·stik≈fla·sche[plástık..] 女 プラスチック製の瓶. ≈**fo·lie**[..fo:liə] 女 プラスチック箔(はく)(ラップ・ビニールフィルムなど). ≈**geld** 中《話》(支払手段としての)クレジットカード: *et.*[4] mit ~ kaufen …をクレジットカードで買う. ≈**helm** 男 プラスチック製のヘルメット. ≈**kar·te** 女 プラスチック製のカード(クレジットカードなど). ≈**müll** 男 プラスチック廃棄物. ≈**sack** 男 プラスチック製の袋, ポリ袋. ≈**spreng·stoff** 男 プラスチック爆薬. ≈**tü·te** 女 =Plastikbeutel ≈**ver·packung** 女 プラスチック包装.

Pla·sti·lin[plastilí:n] 中 -s/ , **Pla·sti·li·na**[..na·] 女 -/ 彫塑用粘土. [<*lat.* linere (→Liniment)]

pla·stisch[plástıʃ] 形 **1** 立体的な; 《比》具象的な: eine ~*e* Musterung 浮き出し模様 | ein ~*er* Film 立体映画 ‖ *et.*[4] ~ erzählen …をまざまざと描写する. **2** 《付加語的》 **a**) 造形〈彫塑〉的な: die ~*e* Kunst 造形美術. **b**) 〖医〗形成外科の: ~*e* Chirurgie 形成外科 | eine ~*e* Operation 形成手術. **3** 可塑的な, 可塑性を持った: ~*e* Materialien 可塑的材料. [*gr.*－*lat.*－*fr.* plastique; <*gr.* plássein (→Plasma)]

Pla·sti·zi·tät[plastitsité:t] 女 -/ **1** 具象性: *et.*[4] mit ~ schildern …をまざまざと描写する. **2** 可塑性; 《比》順応性.

Pla·sti·zi·täts·grad 男 〖心〗可塑度.

Pla·stron[plastrɔ̃:; ｵｰｽﾄﾘｱ:..tro:n] 男 中 -s/-s **1 a**) 〖服飾〗プラストロン(婦人服の胸飾り・男子用の広幅ネクタイ: → 図 Gehrock). **b**) 〖ﾌｪﾝｼﾝｸﾞ〗プラストロン, フェンシング衣. [▽]**2** (鎖かたびらの下に着用した)胸甲. [*it.* piastrone－*fr.*; <*it.* piastra (→Piaster)]

Pla·ta·ne[platá:nə] 女 -/-n 〖植〗プラタナス, スズカケノキ(鈴懸木)属. [*gr.* plátanos－*lat.*; <*gr.* platýs (→platt)]

Pla·ta·nen·al·lee 女 プラタナスの並木道.

Pla·teau[plató:] 中 -s/-s **1** (Tafelland) 〖地〗〔卓状〕高原; 卓状地. **2** 山頂の平坦(へいたん)地. [*fr.*]

Pla·ten[plá:tən] 人名 August 〔Graf〕 von ~ アウグスト フォン プラーテン〔伯爵〕(1796-1835; ドイツの詩人).

pla·te·resk[platerésk] 形 **1** 〖建〗プラテレスコ(スペイン後期ゴシック)様式の. [▽]**2** 飾りたてた, 華麗な. [*span.* plateresco „nach Art des Silberschmieds"; ◇..esk]

Pla·tin[plá:ti:n; ｵｰｽﾄﾘｱ: pla(:)tí:n] 中 -s/ 〖化〗プラチナ, 白金(金属元素名; 記号 Pt). [*span.*; <*span.* plata 〔de ariento〕 „Silber〔platte〕" (◇Platte)]

pla·tin·blond 形 (髪が)プラチナブロンドの〈に染めた〉.

Pla·tin·draht 男 白金線.

Pla·ti·ne[platí:nə] 女 -/-n **1** 〖金属〗シート=バー(薄板用半製品の材料). **2** (編機の)針板. [*fr.*; <*gr.* platýs „platt"]

pla·tin·hal·tig[plá:ti:n..] 形 白金を含む.

pla·ti·nie·ren[platiní:rən] 他 (h) プラチナめっきする, プラチナを張る.

Pla·tin·me·tal·le[plá:ti:n..] 複 白金族元素.

Pla·ti·no·id[platinoí:t][1] 中 -〔e〕s/-e 白金属金属化合物. [<..oid]

Pla·ti·tü·de (**Pla·ti·tu·de**)[platitý:də] 女 -/-n《雅》《軽蔑的に》(Plattheit) 平凡, 陳腐; 月並みな文句〈言い回し〉. [*fr.* platitude; <*fr.* plat (→platt)]

Pla·ton[plá:tɔn] (**Pla·to**[plá:to·]) 人名 プラトン(前427-347; 古代ギリシアの哲学者. 著作『ソクラテスの弁明』『国家』『饗宴(きょうえん)』など). [*gr.*－*lat.*; <*gr.* platýs (→platt)]

Pla·to·ni·ker[plató:nikər] 男 -s/- プラトン学派の人, プラトン主義者; 《比》観念論者.

pla·to·nisch[plató:nıʃ] 形 **1** プラトンふう〈流〉の, プラトン学派の; 《大文字で》プラトンの: *Platonische* Schriften プラトン著作集. **2** 《比》(肉体を離れて)精神的な; 観念的な; 抽象的な: eine ~*e* Liebe プラトニックラブ, (肉欲を離れた)精神的な愛. **3** 《皮肉》口先だけの, 無内容な: eine ~*e* Erklärung リップサービスにすぎない声明.

Pla·to·nis·mus[platonísmus] 男 -/ 〖哲〗プラトン哲学; プラトン学派〔主義〕.

platsch[platʃ] 間 (水に落ちる音, ぬれた物体が床などに当たる音)ピシャン, パシャン: *Platsch*, da lag er in der Pfütze. バシャン〔という音がしたかと思う〕と彼は水たまりにはまっていた | Plitsch ~, plitsch ~. ピチャンパチャン ピチャンパチャン.

plat·schen[plátʃən] 《04》 自 《話》 **1** (h) (水が)ピシャン〈パシャン〉と鳴る, ピシャピシャ〈パシャパシャ〉いう: Das Schiff 〈Das Wasser〉 *platscht* leise. 船〈水〉がかすかに水音を立てている ‖ 非人称 Es hat den ganzen Tag *geplatscht.* 雨が一日じゅうビショビショ降り続いた. **2** (s) (水が)ピシャン〈パシャン〉と当たる; (水に当たって)ピシャン〈パシャン〉と鳴る: Die Wellen *platschen* ans Ufer 〈auf das Deck〉. 波が岸〈甲板〉にピチャピチャ当たる | Er ist ins Wasser *geplatscht.* 彼はボチャンと水に落ちた〈飛びこんだ〉. **3** (h, s) 水遊びをする; 水際をかけまわる: Kinder haben in der Pfütze *geplatscht.* 子供たちは水たまりで水遊びをした.

plät·schen[plɛ́tʃən] 《04》 **I** 自 (s) =platschen 2 **II** 他 (h) (平らに)打ちつぶす: eine *geplätschte* Nase ぺしゃんこの鼻.

plät·schern[plɛ́tʃərn] 《05》 自 **1** (h) (水の中で)パシャパシャする: in der Badewanne ~ 湯舟の中でバシャバシャやる. **2 a**) (h) (水が)ピシャピシャ音を立てる; 《話》ペチャクチャ話す: Am Ufer *plätschern* die Wellen. 岸辺で波の打つ音がする | 〔nur〕 an der Oberfläche ~ 《話》表面的な〈通り一遍の〉ことしか言わない ‖ eine *plätschernde* Unterhaltung 漫然と続けられる会話. **b**) (s) (水が)ピシャピシャ当たる; (小川などが)さらさら〈ちょろちょろ〉流れる, せせらぐ: Der Regen *plätschert* auf das Dach. 雨が屋根にピチャピチャ降る.

platsch·naß[plátʃnás] 《方》=klatschnaß

Platsch·re·gen 《方》=Platzregen

platt[plat] **I** 形 **1** (flach) 平らな, 平べったい: eine ~*e* Brust 〈Nase〉 扁平(へんぺい)な胸〈鼻〉 | auf dem ~*en* Lande wohnen (都会・山国に対して)田舎〈平地〉に住む ‖ *sich*[4] ~ auf den Bauch 〈die Erde〉 legen 腹ばいになる | *et.*[4] ~ schlagen …を平らに打ちのばす ‖ Das Auto hat ~ 〈einen *Platten*〉. 《話》この車はパンクしている | **~ wie eine Briefmarke** 〈**wie eine Flunder** / **wie ein Pfannkuchen**〉 **sein** 《話》せんべいみたいにぺちゃんこである; (思いがけないことで)びっくりしている, あっけにとられている(→3) | Sie ist ~ wie ein 〔Bügel〕brett. 《話》彼女は胸がぺちゃんこだ. **2** (banal) 平凡な, つまらない, 深みのない: ein ~*es* Gespräch 月並みな会話. **3** 《述語的》《話》(verblüfft) あっけにとられた, 驚きあきれた: Er war 〔einfach〕 ~. 彼は〔ただただ〕あっけにとられていた. **4** 《付加語的》(ausgesprochen) あからさまな, はっきりした: Das ist eine ~*e* Verleumdung. それは明白な中傷だ. **II** 副 〖言〗低地ドイツ語で: ~ sprechen 低地ドイツ語で話す. **III Platt** 中 -〔s〕/ (Niederdeutsch) 低地ドイツ語. [*gr.* platýs „breit"－*vulgärlat.*－〔*a*〕*fr.* plat－

mndd.; ◇plan, Fladen, Platz]
Plạ̈tt⸗bol·zen[plέt..] 男 (裁縫用の)こて. **⸗brett** 中 アイロン台(→ 図 bügeln): ein ~ mit zwei Erbsen《話》胸の平べったい女. [<plätten]
Plạ̈tt·chen Platte の縮小形.
plạtt·deutsch[plátdɔʏtʃ] 形 (niederdeutsch) 低地ドイツ語の: →deutsch
Plạt·te[plátə] 女 -/-n (小 **Plạ̈tt·chen**[plέtçən], **Plạ̈tt·lein**[..laın] 中 -s/-) **1** (金属・石・木材などの)板, プレート, ボード, パネル; (机の)甲板; (こんろの)熱板; 板ガラス; 〔ゆか〕タイル, 敷石; 〚写〛乾板; 〚印〛〔原〕版, 金属版; 〚医〛義歯仮床: ~*n* aus Metall 〈Holz〉 金属板〈木の板〉 | Grab*platte* 墓標板 ‖ ~*n* legen ゆかタイルをはる ‖ ***jn.*** 〈***et.***[4]〉 **auf die ~ bannen**《話》…を写真にとる | **nicht auf die ~ kommen**《話》許されないことである, 論外である | eine Wand **mit** hölzernen ~*n* verkleiden 壁に羽目板をはる.
2 (Schallplatte)〔録〕音盤, レコード: eine heiße ~《話》最新流行音楽のレコード | Langspiel*platte* LP レコード | Sprech*platte* 朗読レコード ‖ Schon wieder die alte 〈gleiche〉 ~!《話》そらまた同じ話の繰り返しだ ‖ eine ~ hören 〈spielen〉 レコードを聞く〈かける〉 | die ~ umdrehen レコードを裏返す;《話》話題を変える | **eine andere ~ auflegen** 別のレコードをかける;《話》話題を変える | **eine neue ~ auflegen** 新しいレコードをかける;《話》話題を変える | **Ich kenne die ~!**《話》その話なら〔これからどうなるか〕とうに知ってるよ | Er kennt die richtige ~.《話》彼はうまいやり方を知っている ‖ die ~ abstellen レコードを止める;《話》(途中で)話をやめる ‖ ***et.***[4] **auf der ~ haben**《話》…ができる, …をよく知っている | *et.*[4] auf ~ aufnehmen 〈singen〉 …をレコードに録音する〈歌って吹き込む〉 | *et.*[4] auf die ~ bringen …をもくろむ; …を話題にする.
3 〚料理〛平皿, 盆; 皿に盛った料理: **eine bunte** 〈**kalte**〉 **~** ハム・ソーセージ・チーズなどの盛りあわせ.
4《話》〔はげ〕頭; 剃髪(ていはつ)した頭: ***jm.*** **eins vor die ~ geben** 〈**hauen**〉 …の頭を一発殴る.
5 die ~ putzen《卑》(こっそり)立ち去る, ずらかる | ~ machen《話》授業をさぼる. **6** 〚地〛 **a)** 盤岩. **b)** (平らな)山頂(→ 図 Berg B). **7**《オーストリア》犯罪者〈ギャング〉の一味. **8**《複数で》《話》(Geld) かね, ぜに.
[*mlat.* pla〔t〕ta－*mhd.* plate; <*gr.* platýs (→ platt); ◇*engl.* plate]
Plạ̈t·te[plέtə] 女 -/-n **1**《方》=Plätteisen **2**《南部・オーストリア》平底船. [2: *ahd.*; ◇Platte]
Plat·tei[platáı] 女 -/-en (あて名印刷機の)あて名カード〈プレート〉コレクション. [<Platte+Kartei]
Plạ̈tt·ei·sen[plέt..] 中《北部・中部》(Bügeleisen) アイロン. [<plätten]
plạt·teln[plátəln] 《06》自 (h)《南部》靴踊り (Schuhplattler) のときに手のひらで太もも・ひざ・靴底などを交互にたたく. [<Platte]
plạt·ten[plátən] 《01》他 (h)《方》平らにする; (金属などを)打ちのばす.
plạ̈t·ten[plέtən] 《01》他 (h) **1**《北部・中部》(bügeln)《*et.*[4]》(…に)アイロンをかける: ***geplättet* sein**《話》あっけにとられている. ▽**2** 平らにする. [*mndd.*; ◇platt]
Plạt·ten⸗ab·zug[plátən..] 男 〚印〛ステロ版校正刷り. **⸗al·bum** 中 レコード=アルバム. **⸗ar·chiv** 中 レコード=ライブラリー. **⸗bar** 女 レコード試聴台. **⸗bau** 男 -〔e〕s/-ten (パネル工法による)鉄筋コンクリートプレハブ住宅. **⸗bau·wei·se** 女 〚建〛パネル工法. **⸗co·ver**[..kavər] 中 =Plattenhülle **⸗druck** 男 -〔e〕s/-e ステロ版印刷〈鋳造〉. **⸗fir·ma** 女 レコード会社.
plạt·ten·för·mig[..fœrmıç][2] 形 板状の.
Plạt·ten⸗hal·ter 男 〚写〛(乾板の)取り枠. **⸗har·nisch** 男 プレート=アーマー(鋼板をつないで作ったよろい: → 図 Harnisch). **⸗hül·le** 女 レコード=ジャケット. **⸗in·du·strie** 女 レコード産業. **⸗jockey**[..dʒɔke·, ..ki·] =Diskjockey **⸗kon·den·sa·tor** 男 〚電〛平板コンデンサー. **⸗ku·chen** 男 焼き型 (Blech) ケーキ(→ 図 Kuchen). **⸗la·bel** 中 レコードのラベル, レーベル. **⸗la·den** 男 レコード店. **⸗le·ger** =Fliesenleger **⸗schrank** 男 (レコード=プレーヤー内蔵の)レコード=ボックス.
der **Plạt·ten·see**[plátənze:] 地名 男 -s/ バラトン湖(ハンガリー西部にある, 中部ヨーロッパ最大の湖. ハンガリー語形 Balaton). [*slaw.*]
Plạt·ten⸗spei·cher 男 〚電算〛ディスク記憶〔装置〕. **⸗spie·ler** 男 **1** レコード=プレーヤー. **2**《話》同じことを何度も繰り返し話す人. **⸗tel·ler** 男 (レコード=プレーヤーの)ターンテーブル. **⸗wechs·ler** 男 レコード=オートチェンジャー.
Plạt·ter[plátər] 男 -s/-《話》パンクした〈空気の抜けた〉タイヤ.
Plạ̈t·ter[plέtər] 男 -s/- (女 **Plạ̈t·te·rin**[..tərın]-/-nen)《北部・中部》アイロンかけをする人.
Plạtt·erb·se[plát..] 女 〚植〛レンリソウ(連理草)属(ハマエンドウなど).
plạt·ter·dings[plátərdíŋs] 副《話》(geradezu) 全く, まさしく: Das ist ~ unmöglich. そんなこと どだい不可能だ.
Plät·te·rei[plεtəráı] 女 -/-en《北部・中部》**1**《単数で》〔長々と続く〕アイロンかけ, プレス. **2** (洗濯物などの)プレス屋(店).
Plạ̈t·te·rin Plätter の女性形.
Plạtt·fisch[plát..] 男 〚魚〛カレイ類(ヒラメ・カレイなど).
Plạtt·form[plátfɔrm] 女 **1** 〚鉄道〛(客車・路面電車などの前後部の)デッキ, 立席; 運転席. **2** (仕切って高くした)壇(演壇・教壇・足場など: → 図 Bohrer); 〚劇〛舞台床面. **3** (高い建物・塔などの)展望台(→ 図 Schloß A). **4** (行動・議論などの)出発点, 基盤: eine gemeinsame ~ 〔für die verschiedenen Parteien〕 finden 〔種々の政党の〕共通の基盤を見いだす.
★ 駅のプラットホームは Bahnsteig という.
[*fr.* plate-forme]
Plạtt·fuß 男 **1 a)**《ふつう複数で》〚医〛扁平(へんぺい)足. **b)**《話》パンクした〈空気の抜けた〉タイヤ. **2** 〚海〛折半直(16-18時または18-20時の当直).
plạtt·fü·ßig[..fy:sıç][2] 形 〚医〛扁平足の.
Plạtt·fuß·in·dia·ner 男《話》**1** 扁平足の男. **2** どたぐつ野郎(歩兵・交通巡査など). **3**《軽蔑的に》野郎, やつ.
plạtt·ge·fah·ren 形《話》geistig ~ 頭が働かなくなった, アイディアに乏しい.
Plạtt·hacke 女 唐鍬(とうぐわ)(→ 図 Hacke).
Plạtt·heit[pláthaıt] 女 -/-en **1**《単数で》平坦(へいたん), 扁平(へんぺい);《比》平凡, 陳腐. **2** 月並みな言辞, 平凡〈陳腐〉な言い回し: ~*en* von *sich*[3] geben 新味のないことを言う.
Plạtt·hirsch 男 〚狩〛角のない雄ジカ.
plat·tie·ren[platí:rən] 他 (h) **1**《*et.*[4]》〚工〛(…に)めっきする: Stahl mit Kupfer ~ 鋼に銅めっきする. **2** 〚織〛混紡する: *plattierte* Strümpfe 混紡ストッキング. [<Platte]
Plat·tie·rung[..rʊŋ] 女 -/-en plattieren すること.
plạt·tig[plátıç][2] 形 〚登山〛(岩石が)すべすべした, 手がかりのない.
Plạt·ting[plátıŋ] 女 -/-e 〚海〛(細索をより合わせた)組み索. [*ndl.*]
Plat·ti·tü·de =Platitude
Plạtt⸗kä·fer[plát..] 男 〚虫〛ヒラタムシ(扁虫)科の昆虫. **⸗kopf** 男 **1 a)** 平べったい頭. **b)** =Platte 4 **2**《比》ばか, まぬけ;《話》狂信者. **3 a)** =Platthirsch **b)** 〚動〛頭部の平べったいトカゲの一種.
Plạ̈tt·lein Platte の縮小形.
Plạtt·ler[plátlər] =Schuhplattler [<platteln]
plạtt|ma·chen[plát..] 自 (h)《話》(仕事・授業を)さぼる, なまける.
Plạ̈tt·ma·schi·ne[plέt..] 女《北部・西部》(洗濯物の)プレス機械. [<plätten]
Plạtt·na·sen[plát..] 複 (Breitnasen) 〚動〛広鼻〔猿〕類, オマキザル(尾巻猿)類.
plạtt·na·sig[..na:zıç][2] 形 鼻の低い.
plạtt|schla·gen* 《138》他 (h)《話》**1**《*jn.*》(…を)説き伏せる, 説得する. **2**《*et.*[4]》(事実・情報などを)隠蔽(いんぺい)する, 握りつぶす, もみ消す.
Plạtt·schwanz 男 〚動〛エラブウミヘビ(永良部海蛇).
Plạ̈tt·stahl[plέt..] 男《北部・西部》(旧式アイロンの)熱棒. [<plätten]

P

Plạtt≈stich[plát..] 男〖手芸〗平繍(ひらぬい), フラット=ステッチ. **≈sticke·rei** 女〖手芸〗平繍(ひらぬい)刺繍(ししゅう). **≈wan·ze** 女〖虫〗トコジラミ(床虱)科の昆虫.

Plạ̈tt·wä·sche[plέt..] 女《北部・西部》プレスが必要な〈アイロンがけの終わった〉洗濯物. [<plätten]

platt·wẹg[platvέk] 副 きっぱり(はっきり)と; にべもなく.

Plạtt·wurm[plát..] 男〖動〗扁形(へんけい)動物(渦虫・吸虫・条虫).

Pla·ty·zẹ·pha·lus[platytsé:falʊs] 男 -/..li[..li·], ..phalen[..tsefá:lən] (Flachschädel)〖医〗扁平頭蓋(へんぺいとうがい)体. [<*gr.* platýs (→platt)+kephalo..]

platz[plats] 間 (はじける音, はげしくぶつかる音)パチン, バシン, バタン(→plitz).

Platz[plats] 男 -es/Plätze[plέtsə] (⑪ **Plätz·chen** → 別出, **Plätz·lein**[plέtslaın] 中 -s/-) **1 a**) 広場: der Alexander*platz* in Berlin ベルリンのアレクサンダー広場 ‖ ein Hotel am zentralen ～ der Stadt 市の中央広場に面したホテル | *sich*[4] auf dem ～ versammeln 広場に集合する | Er kam über den ～. 彼は広場を横切ってやって来た. **b**) 〖スポ〗運動(競技)場, グラウンド, コート: *jn.* wegen eines Fouls vom ～ verweisen 〈stellen〉 …を反則のために退場させる. **c**) 〖狩〗(交尾期の雄ジカが争う)林間の空き地.

2 a) 《単数で》(使用できる)場所, 余地: Das Boot bietet zwölf Personen[3] ～. このボートは12人乗れる | Der Schrank braucht viel ～. この戸棚は場所をとる ‖ **～ greifen** 《雅》(悪習などが)広まる, はびこる | ～ für *et.*[4] haben …の余地がある | ～ für *et.*[4] 〔frei〕lassen …の場所をあけておく | *jn.* 〈für *jn.*〉 ～ machen …の場所をあけてやる, …に席を譲る ‖ *Platz* da!《話》そこをどけ(→3 a). **b**) 場所, 居場所; 持ち場; ᵛ陣地: *seinen* ～ gut ausfüllen 職責〈任務〉をりっぱに果たす | *seinen* ～ behaupten 自分の立場を守る;《雅》攻撃を退ける | *seinen* ～ einnehmen〖スポ〗ポジションにつく | **in *et.*[3] keinen ～ finden 〈haben〉**《比》…になじまない ‖ *et.*[4] **an** *seinen* ～ stellen …をもとの〈しかるべき〉場所におく | **am ～〔*e*〕 sein** 適切である〈当を得ている〉 | Er ist der rechte Mann am rechten ～. 彼はまさに適任だ〈所を得ている〉 | **fehl am ～〔*e*〕 sein** 場違いである; (ある場面・状況で)不適当である, ふさわしくない, 当を得ていない | Mitleid 〈Der Vorwurf〉 ist hier fehl am ～. ここでは同情〈その非難〉は場違いだ | **Auf** die *Plätze*, fertig, los!〖スポ〗位置について 用意 ドン | ᵛauf dem ～ bleiben 戦場に果てる, 戦死する | nicht **vom** 〈von *seinem*〉 ～ weichen《比》一歩も譲らない.

3 a) 席, 座席: Fenster*platz* 窓側の座席 | Steh*platz* 立ち席; 立ち見席 ‖ elfte Reihe ～ sieben (劇場などの) 11列 7 番の席 | *jm. seinen* ～ anbieten …に自分の席を提供する | **～ behalten**《雅》座ったままでいる | Bitte, behalten Sie ～! どうぞ席を立たないでください | für *jn.* einen ～ belegen …のために席を取っておく | *sich*[3] einen ～ bestellen 席を予約する | **～ nehmen** / *seinen* ～ einnehmen 席につく, 腰かける | Nehmen Sie bitte ～! どうぞおかけください | den ～ 〈die *Plätze*〉 wechseln 席を交換する ‖ **ein ～ an der Sonne**《比》日の当たる場所(恵まれた地位など) | *sich*[3] einen ～ an der Sonne erobern《比》立身出世する, 繁栄する ‖ *Platz!* (犬に向かって)お座り(→2 a) | Ist dieser ～ noch frei? この席はまだあいていますか. **b**) 席次, 地位: den ersten 〈zweiten〉 ～ belegen 1位〈2位〉を占める | den ersten ～ einnehmen 第1位になる ‖ auf ～ setzen 〈wetten〉〖競馬〗複勝式馬券を買う | ***jn.* auf die *Plätze* verweisen** (スポーツ競技で)…を2位以下に蹴落とす.

ᵛ**4** (Ort)(本拠のある)場所, 地域, 現地: die wichtigsten *Plätze* des Buchhandels 〈für den Buchhandel〉 書籍業の中心地 ‖ das beste Hotel am ～ 当地一番のホテル | *et.*[4] ab ～ 〈vom ～ weg〉 verkaufen〖商〗(倉庫などから)…を直売する.

[*gr.* plateĩa 〔hodós〕 „breiter Weg"–*lat.*–〔*a*〕*fr.* place; <*gr.* platýs (→platt); ◇Piazza, placieren; *engl.* place]

Plạtz≈angst[pláts..] 女 -/ (Agoraphobie)〖医・心〗広場〈臨場〉恐怖症;《話》閉所恐怖症: ～ bekommen《話》(人いきれ・雑踏などで)気分が悪くなる. **≈an·wei·ser** 男 -s/- (⑥ **≈an·wei·se·rin**-/-nen) (劇場などの)座席案内係. **≈be·darf** 男 **1**〖商〗地元〈現地〉需要. **2**〖工〗所要〔床〕面積.

Plätz·chen[plέtsçən] 中 -s/- **1** Platz の縮小形. **2** 平たいビスケット〈クッキー〉(→ ⊠ Kuchen); ボンボン;〖薬〗糖衣錠, トローチ.

Plạt·ze[plátsə] 女 -/ 《方》非常な憤り:〖次の成句で〗**die ～ kriegen** / *sich*[3] **die ～ 〔an den Hals〕 ärgern** 猛烈に怒る | **～ schieben** (怒ったり当惑したりして)顔を真っ赤にする. [<platzen[2]]

Plạ̈t·ze Platz の複数.

Plạt·zel[plátsəl] 中 -s/-〔n〕《オーストリア》(階段の)踊り場.

plạt·zen[1][plátsən] 《02》 他 (h) 《話》 再帰 *sich*[4] ～ 腰をおろす.

plạt·zen[2][–] 《02》 自 (s) **1** 破裂する, はち切れる, はじける; (服の縫い目などが)ほころびる; (タイヤが)パンクする;《話》《vor *et.*[3]》(特定の感情などで)いっぱい〈はち切れんばかり〉である: aus allen 〈sämtlichen〉 Knopflöchern ～ (→Knopfloch) | aus den 〈allen〉 Nähten ～ (→Naht 1) | vor Lachen ～ どっと笑いだす | vor Wut 〈Stolz〉 ～《話》かんかんに怒っている〈得意満面である〉 | Die Bombe ist *geplatzt.* (→Bombe 1) | bei *jm.* ist der Knoten *geplatzt* (→Knoten 1) | *jm. platzt* der Kragen (→Kragen 1) ‖ zum *Platzen* satt sein《話》おなかがいっぱいである | Mir *platzt* die Blase!《話》私はおしっこがもれそうだ | Das Theater war zum *Platzen* voll.《話》劇場は大入り満員だった. **2**《話》(急に)だめになる, つぶれる; (手形・小切手などが)不渡りになる: Der Urlaub 〈Die Verlobung〉 ist *geplatzt.* 休暇〈婚約〉はおじゃんになった | Die Lüge ist *geplatzt.* うそがばれた ‖ ein *geplatzter* Scheck 不渡り小切手. **3**《話》苦境に陥る, おおいに困惑する. **4** (hineinplatzen) 《in *et.*[4]》(…の中へ)突然飛び込む, 入っていく: *jm.* ins Haus ～ (→Haus 2 a). [*mhd.*; 擬音]

plạ̈t·zen[1][plέtsən] 《02》 自 (h) 《中部》ズドンと発射する.

plạ̈t·zen[2][–] 《02》 **I** 自 (h)〖狩〗(シカなど, ひづめをもった動物が)前脚で地面をかく. **II** 他 (h) 《中部》《*et.*[4]》(…に)つぎを当てる.

..plätzer[..plεtsər] 《スイ》 = ..sitzer

Plạtz≈er·spar·nis[pláts..] 女 場所の節約: aus Gründen der ～ スペースの節約上. **≈ge·schäft** 中〖商〗同地〈現場渡し〉取引. **≈hal·ter** 男 **1** (他人のために)座席〈地位〉を確保する人. **2**〖言〗(主文中で副文を指示する)相関詞. **≈hirsch** 男〖狩〗(交尾場で)最強の雄ジカ.

plat·zie·ren[platsí:rən] = plazieren

Plat·zie·rung[..rʊŋ] = Plazierung

..plätzig[..plεtsıç][2] 《スイ》 = ..sitzig

Plạtz≈kar·te[pláts..] 女〖鉄道〗座席指定券. **≈kom·man·dant** 男 《スイ》 (Standortkommandant) 要塞(ようさい)〈駐屯軍〉司令官. **≈kon·zert** 中 野外〔吹奏楽〕演奏会.

Plätz·lein Platz の縮小形(→Plätzchen).

Plạ̈tz·li[plέtsli·] 中 -s/- 《スイ》 (Schnitzel) カツレツ.

Plạtz≈ma·jor[pláts..] 男 《スイ》〖軍〗守備隊長. **≈man·gel** 男 -s/ 〔座〕席不足; 場所〈空間〉の不足. **≈mei·ster** 男 競技場管理人. **≈mie·te** 女 (劇場などの)定期入場料; 会場費〈使用料〉. **≈num·mer** 女 (劇場の)座席番号. **≈ord·ner** 男〖スポ〗競技会会長.

Plạtz·pa·tro·ne 女〖軍〗(訓練用の)空包. [<platzen[2]]

platz·rau·bend 形 場所をとる, 場所ふさぎの.

Plạtz·re·gen 男 (局地的な激しい)にわか雨, 通り雨, 夕立; 集中豪雨. [<platzen[2]]

Plạtz≈rei·sen·de[pláts..] 男 女〖商〗市内〈地区内〉外交販売員. **≈run·de** 女 **1**〖空〗(空港上空の)旋回飛行. **2**〖ゴルフ〗コースの全長. **3**〖陸上〗トラック一周.

plạtz·spa·rend 形 (家具などが)場所をとらない: ein ～*es* Klappbett 場所をとらない折りたたみ式ベッド.

Plạtz≈tritt 男〖ラグビー〗プレースキック. **≈ver·kauf** 男〖商〗地元〈現地〉販売. **≈ver·tre·ter** 男〖商〗地場代理

業者. ≈**ver·weis** 男〘球技〙(反則による)退場命令. ≈**vor·teil** 男 -s/ 〘球技〙ホームグラウンドで競技する有利な立場. ≈**wahl** 女〘球技〙コート〈サイド〉の選択. ≈**wart** 男 =Platzmeister ≈**wech·sel** 男 **1** 〔座〕席の交換;〘球技〙コートチェンジ. **2** (↔Distanzwechsel)〘商〙同地払い手形. ≈**wet·te** 女〘競馬〙複勝式〔賭(か)〕(→Einlaufwette, Siegwette).

Platz·wun·de 女〘医〙裂傷. [<platzen²]

Platz·zif·fer 女〘スポ〙(体操・スケートなどの)得点, 順位点, ポイント.

Plau·de·rei[plaudəráɪ] 女 -/-en **1**《ふつう単数で》おしゃべり, 雑談. **2** (新聞などの)漫筆, 雑文; (ラジオなどでの)軽い座談番組.

Plau·de·rer[pláudərər] 男 -s/- (女 **Plau·de·rin**[..dərɪn]-/-nen) **1** 話じょうずな人; 漫談家. **2**《軽蔑的に》おしゃべりなやつ, (特に:) 他人の秘密をふれ回る人.

plau·der·haft[pláudərhaft] 形 おしゃべりの, 話好きな.

Plau·de·rin Plauderer の女性形.

plau·dern[pláudərn]《05》自 (h) **1** (気楽に)おしゃべりする, 雑談する, しゃべり合う: mit *jm.* von *et.*³ 〈über *et.*⁴〉 ~ …を相手に…についてしゃべる | *jm.* von *et.*³ die Ohren voll ~《話》…に…のことをうんざりするほどしゃべる ‖〘結果を示す語句と〙再帰 *sich*⁴ müde ~ しゃべり疲れる. **2** おしゃべりをして秘密をもらす, 口をすべらす: aus dem Nähkästchen ~ (→Nähkästchen) | aus der Schule ~ (→Schule 3 a). [擬音; ◇pludern]

Plau·der≈stünd·chen 中, ≈**stun·de** 女 雑談の時間. ≈**ta·sche** 女《戯》口の軽い人, (特に:) おしゃべり女. ≈**ton** 男 -〔e〕s/ 雑談口調.

Plaud·rer[pláudrər] 男 -s/- =Plauderer

Plaud·re·rin[..drərɪn] 女 -/-nen =Plauderin

Plausch[plauʃ] 男 -es(-s)/-e《南部・オーストリア・スイス》(気楽な)おしゃべり, 雑談: mit *jm.* einen kleinen ~ halten …と気軽に雑談する.

plau·schen[pláuʃən]《04》自 (h)《南部・オーストリア・スイス》**1** (気楽に)おしゃべり〈雑談〉する. **2** うそをつく; 誇張する. **3** おしゃべりをして秘密をもらす, 口をすべらす. [擬音; ◇plaudern]

plau·si·bel[plauzí:bəl] (..si·bl..) 形 (glaubhaft) もっともらしい, 納得のいきそうな: keinen *plausiblen* Grund für *et.*⁴ haben …のための納得のゆく理由がない | *jm. et.*⁴ ~ machen …に…をなるほどと思わせる. [*lat.*–*fr.* plausible; <*lat.* plaudere „klatschen“ (◇applaudieren)]

plau·stern[pláustərn]《05》《方》=plustern

plauz[plauts] **I** 間《話》(重い物が落ちる・人が倒れる音)ドスン, ドシン: *Plauz*, da lag das Kind auf der Nase. バタンという音がしたかと思うと子供はうつ伏せに倒れていた. **II Plauz** 男 -es/-e《話》plauz という音; (ドシン・バタンと)音をたてて落ちる〈倒れる〉こと: Mit einem ~ flog die Tür zu. ドアがバタンと閉まった.

Plau·ze[pláutsə] 女 -/-n 《話》**1 a**) (Lunge) 肺 ; (Brust) 胸: die ~ ausschreien 声をふり絞って叫ぶ | **es auf der ~ haben** (かぜをひいて)咳(せき)がでる; ぜんそくを患っている. **b**) (Bauch) 腹: die ~ voll haben 満腹している. **2 auf der ~ liegen** 病気である. [*slaw.* „Eingeweide“; ◇pulmonal, Plunze]

plau·zen[pláutsən]《02》《話》**I** 自 **1** (h) ドシン〈バタン〉と音をたてる: mit der Tür ~ ドアをバタンとしめる ‖ 非人称 Es *plauzt.* ドシン〈バタン〉という音がする. **2** (s)《auf *et.*⁴》(…の上に)ドシン〈バタン〉と落ちる〈倒れる〉. **II** 他 (h) (ドアなどを)バタンと閉める.

Play·back[plé:bɛk, –⌣, pléɪbæk] 中 -/-s (録音のあとの)再生, プレーバック. [*engl.*; <*engl.* play back „zurück-spielen“]

Play·boy[plé:bɔy, pléɪbɔɪ] 男 -s/-s プレーボーイ, 遊び人, 道楽者. [*engl.*]

Play·girl[plé:gø:rl, pléɪgə:l] 中 -s/-s **1** プレーガール, 男遊びの好きな女. **2**《話》コールガール. [*engl.*]

Play-off[pleɪɔ́f] 中 -/-〘スポ〙決戦試合, プレーオフ. [*engl.*]

Pla·zen·ta[platsénta·] 女 -/-s, ..ten[..tən] **1** (Mutterkuchen)〘解〙胎盤. **2**〘植〙胎座. [*gr.* plakoũs–*lat.* placenta „Fladen“; <*gr.* pláx (→flach)]

pla·zen·tal[platsɛntá:l] 形, **pla·zen·tar**[..tá:r] 形 胎盤の.

Pla·zen·ta·tier[platsénta..] 中 -〔e〕s/-e《ふつう複数で》〘動〙有胎盤類.

Pla·zen·ten Plazenta の複数.

Pla·zet[plá:tsɛt] 中 -s/-s (Zustimmung) 同意, 認可. [*lat.*; <*lat.* placēre „flach sein, gefallen“; ◇plädieren, Pläsier]

pla·zie·ren[platsí:rən] 他 (h) **1**《*jn.*/*et.*⁴》《場所・方向を示す語句と》(…を…の場所に)配置する, 置く, すえる, 立てる: *jn.* links ~ …を左手に座らせる〈立たせる〉| Polizisten an allen Eingängen ~ 警官をあらゆる入口に配置する ‖ 再帰 *sich*⁴ auf das Sofa 〈am Tisch〉 ~《話》ソファーに腰かける〈食卓につく〉| *sich*⁴ als Dritter 〈unter den ersten fünf〉 ~〘スポ〙3 位〈5 位以内〉に入賞する. **2**〘スポ〙ねらいたがわず打ちこむ: den Ball ins Eck ~ ボールをコーナーに打ちこむ | eine Linke am Kinn ~ (ボクシングで)レフトをあごに決める ‖ ein 〔gut〕 *plazierter* Schuß (相手の受け止められないような)うまくねらったシュート. **3** (anlegen)〘商〙投資する: *sein* Geld auf dem Grundstückmarkt 〈in der Elektronikindustrie〉 ~ 土地マーケット〈エレクトロニクス産業〉に投資する. [*fr.* placer; <*fr.* place (→Platz)]

Pla·zie·rung[..rʊŋ] 女 -/-en **1** (〔sich〕 plazieren すること. 例えば:) 配置; 着席;〘スポ〙入賞. **2**〘スポ〙入賞順位.

Ple·be·jer[plebé:jər] 男 -s/- **1** (↔Patrizier) **a**) (古代ローマの)平民. **b**) (中世の)市民権を持たない無産階級の人. **2**《軽蔑的に》無教養〈粗野〉な人. [*lat.* plēbēius]

ple·be·jisch[plebé:jɪʃ] 形 **1** (古代ローマの)平民の; (中世の)無産階級の. **2**《軽蔑的に》無教養な, 粗野な. [*lat.*]

Ple·bis·zit[plebɪstsí:t] 中 -〔e〕s/-e 国民〈住民〉投票. [*lat.*; <*lat.* scītum „Beschluß“]

ple·bis·zi·tär[..tsité:r] 形 国民〈住民〉投票による. [*fr.*]

Plebs[plɛps, ple:ps] **I** 女 -/ (古代ローマの)プレブス, 平民層. **II** 男 -es/ (オーストリア: 女 -/)《軽蔑的に》粗野な民衆, 愚民. [*lat.*; ◇Plenum, Pöbel]

Plein·air[plɛné:r] 中 -s/-s, **Plein·air·ma·le·rei**[plɛné:rma:ləraɪ, ⌣––⌣⌒] 女〘美〙外光派絵画. [*fr.* plein air „volle Luft“]

ᵛ**Plein·pou·voir**[plɛ̃puvoá:r] 中 -s/ 全権. [*fr.*; ◇plenipotent]

plei·sto·zän[plaɪstotsɛ́:n] **I** 形〘地〙更新〈最新〉世の. **II Plei·sto·zän** 中 -s/〘地〙更新世, 最新世. [<*gr.* pleĩstos „meist“+kainós „neu“]

plei·te[pláɪtə] **I** 形《比較変化なし; 付加語的用法なし》《話》(bankrott) 破産〈倒産〉した: **~ sein** 破産〈倒産〉している; ずらかってしまっている; 全然見込みがない | **~ gehen** 破産〈倒産〉する; ずらかる; 死ぬ | *sich*⁴ ~ machen ずらかる, 逃亡する. **II Plei·te** 女 -/-n《話》破産, 倒産, 無一文; 失敗, 敗北: **~ machen** / **eine ~ schieben**《話》破産〈倒産〉する | Das ist ja eine schöne ~! それは大失策だ | Das Fußballspiel endete mit einer völligen ~ für uns. サッカーは我々の完敗に終わった. [*hebr.*–*jidd.* „Flucht“]

Plei·te·gei·er 男《話》破産〈倒産〉を告げる凶鳥: Der ~ sitzt bei ihm auf dem Dach. / Der ~ kreist 〈schwebt〉 über seinem Haus. 彼は破産〈倒産〉寸前の状態にある.

Plei·te·la·den 男《話》破産〈倒産〉した店.

Plei·tier[plaɪtié:] 男 -s/-s《話》破産〈倒産〉者.

Ple·ja·den[plejá:dən] **I** 複〘ギ神〙プレイアデス (Atlas の 7 人の娘たち: →Atlas¹ I). **II die Ple·ja·den** 複 (Siebengestirn)〘天〙プレアデス星団(牡牛(おうし)座にある散開星団. 和名「すばる」). [*gr.*–*lat.*]

Plek·tron[plɛ́ktrɔn] (**Plek·trum**[..trʊm]) 中 -s/ ..tren[..trən], ..tra[..tra·] (弦楽器の)義甲(ぎこう), つめ, ばち, ピック: mit dem ~ die Gitarre schlagen ピックでギターをかき鳴らす. [*gr.*(–*lat.*); <*gr.* plḗssein „schlagen“ (◇fluchen)]

P

Plẹm·pe[plέmpə] 女 -/-n《話》**1** 水っぽい飲み物(まずい酒・スープなど); ビール. ▽**2** なまくらサーベル.

plẹm·pern[plέmpərn]《05》《方》 **I** 自 (h) のらくら(遊んで)暮らす. **II** 他 (h)《*et.*[4]》(…に)水をかける, 水をはねかす. [<plampen „baumeln"]

plem·plẹm[plɛmplέm] 形《述語的》《話》(verrückt) 頭のおかしい, 気の狂った.

Ple·nar≠saal[plenáːr..] 男 本会議場. **≠sit·zung** 女, **≠ver·samm·lung** 女 全員集会, 総会,(議会の)本会議. **≠vor·trag** 男 (学会・国際会議などの)基調講演, 全体講演.

▽**ple·ni·po·tent**[plenipotέnt] 形〘法〙全権を与えられた〈委任された〉. [*spätlat.*; <*lat.* plēnus (→Plenum)]

▽**Ple·ni·po·tenz**[..poténts] 女 -/〘法〙全権.

Plen·te[plέntə] 女 -/-n《南部》〘料理〙ポレンタ(トウモロコシ粉のかゆ). [<Polenta]

plen·tern[plέntərn]《05》他 (h)〘林〙択伐する: den Wald ～ 森の木を切り透かす. [<Blende]

Plẹ·num[pléːnʊm] 中 -s/ **1** (議会などの)全員. **2** =Plenarsitzung [*lat.* plēnum (cōnsilium) „vollzählige (Versammlung)"−*engl.*; <*lat.* plēnus „voll" (◇voll, pleo.., plus)]

pleo..《名詞・形容詞などにつけて「多数の」を意味する》[*gr.* pléōn „mehr"; ◇poly.., Plenum, Plerem]

Pleo·chro·ịs·mus[pleokroísmʊs] 男 -/〘鉱〙(結晶の)多色性. [<*gr.* chrṓs „Haut〔farbe〕" (◇Chrom)]

pleo·mọrph[..mɔ́rf] =polymorph

Pleo·mor·phịs·mus[..mɔrfísmʊs] 男 -/ =Polymorphismus

Pleo·nạs·mus[..násmʊs] 男 -/..men[..mən]〘言〙冗語〔法〕(無用な類義語句の重複. 例 wieder von neuem またもやあらためて, bereits schon すでにもう). [*gr.*−*spätlat.*; <*gr.* pleonázein „überflüssig sein"]

pleo·nạ·stisch[..nástɪʃ] 形〘言〙冗語〔法〕的な.

Pleon·exie[pleonɛksíː] 女 -/ ▽**1** (Habsucht) 貪欲(どんよく), 貪婪(どんらん). **2**〘心〙発言〈干渉〉癖. [*gr.*; <*gr.* échein (→hektisch)]

Ple·rẹm[pleréːm] 中 -s/-e (↔Kenem)〘言〙(Glossematik で)内容素. [<*gr.* plḗrēs „voll" (◇pleo..)]

Ple·sio·sau·ri·er[pleziozáʊriər] 男 -s/- , **Ple·sio·sau·rus**[..rʊs] 男 -/..rier[..riər]〘古生物〙長頸(ちょうけい)〈首長(くびなが)〉竜〔類〕, プレシオサウルス. [<*gr.* plēsíos „nahe" (◇platt)]

Plethi →Krethi und *Plethi*

Ple·thọ·ra[pletóːraˑ] 女 -/..ren[..rən] (..rae[..rɛˑ])〘医〙液体充満; 多血症. [*gr.* plēthṓrē „Fülle"]

Ple·thys·mo·grạph[pletʏsmográːf] 男 -en/-en〘医〙プレチスモグラフ(肢体・臓器容積測定器). [<*gr.* plēthŷs „Fülle" (◇pleo..)]

Pleu·el[plɔ́ʏəl] 男 -s/- , **Pleu·el·stan·ge** 女〘工〙(ピストンの)連接棒. [<Bleuel]

Pleu·ra[plɔ́ʏraˑ] 女 -/..ren[..rən] (Rippenfell)〘解〙胸膜. [*gr.* pleurá „Seite (des Leibes)"]

Pleu·reu·se[plørǿːzə] 女 -/-n **1** 喪章; (喪服用の)黒ベール; (弔事用便箋(びんせん)の)黒枠. **2** (婦人帽につける)ダチョウの羽根飾り. [*fr.*; <*lat.* plōrāre „laut weinen" (◇fließen)]

Pleu·rị·tis[plɔʏríːtɪs] 女 -/..tiden[..ritíːdən] (Rippenfellentzündung)〘医〙胸膜炎, 肋膜(ろくまく)炎. [<Pleura +..itis]

Plẹ·xi·glas[plέksiglaːs][1] 中 -es/ 商標 プレキシガラス(飛行機の窓などに用いるガラス様プラスチック).

Plẹ·xus[plέksʊs] 男 -/-[..suːs]〘解〙(神経・血管の)叢(そう). [*lat.*; <*lat.* plectere „flechten" (◇flechten)]

Pli[pliː] 男 -s/《方》如才のなさ; (立ち居振舞いの)洗練. [*fr.* „Falte"; ◇pli〔ss〕ieren]

Plicht[plɪçt] 女 -/-en (ヨット・モーターボートなどの屋根のない)運転(操縦)席(→ 図 Jacht). [*spätlat.* plecta „Geflochtene"−*ahd.*; <*lat.* plectere (→Plexus)]

pli̱e·ren[plíːrən] 自 (h)《北部》**1** 薄目をあけて〈目をぱちぱちさせながら〉見る. **2** めそめそ泣く.

pli̱e·rig[plíːrɪç][2] 形 **1**《北部》目を細めた; 泣きはらした. **2**《中部》汚れた; ぬれた.

▽**pli·ie·ren**[pliíːrən] 他 (h) (falten) 折りたたむ; (biegen) 曲げる. [*lat.* plicāre−*fr.* plier; ◇Plexus, Pli; *engl.* ply]

Plị·nius[plíːniʊs] 人名 Gaius ～ Secundus ガイウス プリニウス セクンドゥス(23頃-79; 古代ローマの著述家. 著作『自然誌』など. 甥(おい)の政治家小プリニウスに対し, 大プリニウスとも呼ばれる).

plịn·kern[plíŋkərn]《05》自 (h)《北部》(blinzeln) まばたきする. [*mndd.* plinken; ◇blinken]

Plịn·se[plínzə] 女 -/-n《東部》〘料理〙(中に詰めものをした)パンケーキ; ポテト=パンケーキ. [*slaw.*]

plịn·sen[plínzən][1]《02》自 (h)《北部》(weinen)(特に子供が)かん高い声で泣く, 泣きわめく.

Plịn·the[plíntə] 女 -/-n **1**〘建〙(列柱などの)台脚, 基盤(→ 図 Basis). **2**〘美〙(彫像などの)台座, 台盤(→ 図 Standbild). [*gr.* plínthos „Ziegel"−*lat.*; ◇*engl.* plinth]

Plịn·ze[plíntsə] 女 -/-n =Plinse

plio·zạ̈n[pliotsέːn] **I** 形〘地〙鮮新世の. **II Plio·zạ̈n** 中 -s/〘地〙鮮新世. [<pleo..+*gr.* kainós „neu"]

Plis·se̱e[plɪséː] 中 -s/-s〘服飾〙ひだ(プリーツ)〔をつけた布〕. [*fr.* plissé]

Plis·se̱e·rock 男〘服飾〙プリーツスカート.

plis·si̱e·ren[plɪsíːrən] 他 (h)《*et.*[4]》(…に)ひだ(プリーツ)をつける: ein *Plissiertes* Gesicht《戯》しわだらけの顔. [*fr.*]

plitsch[plɪtʃ] →platsch

plitz[plɪts] 副《ふつう次の形で》～, platz 不意に, 突然; 急に, ぱっと. [擬音]

PLO[peː|ɛl|óː] 女 -/ パレスチナ解放機構. [*engl.*; <*engl.* *P*alestine *L*iberation *O*rganization]

▽**Plọck·wurst**[plɔ́k..] 女《西部》(牛肉・豚肉・ベーコンで作った)保存用ソーセージ.

Plọm·be[plɔ́mbə] 女 -/-n **1** (部屋・容器などの鉛などでできた)封印: eine ～ anbringen 封印する | die ～ entfernen 封印を破る | *et.*[4] mit einer ～ versehen / eine ～ an *et.*[4] machen …に封印する. **2**《話》(虫歯の)充填(じゅうてん)材. [*lat.* plumbum (◇Plumbum)−*fr.*]

Plọm·ben≠rei·ßer 男, **≠zie·her** 男《話》ヌガー; チューインガム.

plom·bi̱e·ren[plɔmbíːrən] 他 (h) **1**《*et.*[4]》(部屋・容器などに)鉛の封印をする: eine Gasuhr ～ ガスのメーターに鉛の封印をする. **2**《話》《*et.*[4]》(歯に)充填(じゅうてん)する: einen Zahn ～ 歯に充填する. [*fr.*]

Plom·bi̱e·rung[..rʊŋ] 女 -/-en **1** 鉛で封印すること. **2**《話》(歯の)充填(じゅうてん).

Plo·si̱v[plozíːf][1] 男 -s/-e, **Plo·si̱v·laut** 男 (Verschlußlaut)〘言〙破裂音, 閉鎖音(例 [p][b][t][d][k][g][ʔ]; 本書では[|]で示す). [<*lat.* plaudere (→plausibel)]

Plot[plɔt] 男 (中) -s/-s (戯曲・映画の)筋書き, 構想, プロット. [*engl.*]

Plo·ti̱n[plotíːn] 人名 プロティノス(205頃-270頃; 古代ローマの哲学者で新プラトン派の祖).

Plọt·te[plɔ́tə] 女 -/-n《話》お粗末な映画〈芝居〉.

▽**Plotz**[plɔts] 男《もっぱら次の形で》auf den ～ 不意に, 突然. [擬音]

Plö̩t·ze[plœ́tsə] 女 -/-n〘魚〙(眼・ひれの赤い)ドウショクウグイ(銅色鯎), アカハラ(→ 図). [*westslaw.*]

Plötze

plọt·zen[plɔ́tsən]《02》自《話》**1** (h) タバコを〔すぱすぱ〕吸う. **2** (s) (木の実が木から)落ちる:〘ふつう過去分詞で〙*geplotzte* Birnen 木から落ち〔て傷つい〕たナシ. [<Plotz]

plö̩tz·lich[plœ́tslɪç] 形 **1** 突然の, 不意の; 急な: ein ～*er* Tod 突然の死 | ein ～*es* Ereignis 突発事件 ‖ *Plötz-*

lich fing es an zu regnen. 突然〈急に〉雨が降りだした | Das kommt mir nun doch zu ～. それは私には全く思いがけなかった. **2**《話》即座に; 素早く: Nur nicht so ～! そうあわてるな〈急ぐな〉| Bitte, etwas 〈ein bißchen〉 ～! 早くしてくれ.

Plötz·lich·keit[–kaɪt] 女 -/-en 突然さ; 突発性; 突発事故.

Plu·der·ho·se[plú:dər..] 女 トランクホーズ, トランクブリーチズ(16-17世紀の, ひざ下でくくったゆるい半ズボン: → 図 Gänsebauch).

plu·de·rig[plú:dərɪç][2] (**plud·rig**[..drɪç][2]) 形 (鳥が)羽を逆立てた; (服が)だぶだぶの. [<plaudern]

plu·dern[plú:dərn] 《05》自 (h) (服などが)だぶだぶする.

plud·rig =pluderig

Plum·bum[plʊ́mbʊm] 中 -s/ (Blei)〘化〙鉛(記号 Pb). [*lat.*; ◇Plombe, Plunger]

Plu·meau[plymó:] 中 -s/-s 小さな羽毛ぶとん(→ 図 Bett). [*fr.*; <*lat.* plūma (→Flaum[2])]

plump[plʊmp] 形 **1** 不格好な, ぶざまな; 無骨な, 不器用な, ぎごちない: ein ～*er* Mensch 不格好な人(→2) | ein ～*es* Dach 〈Bein〉 不細工な屋根〈足〉| Er hat ein ～*es* Benehmen. 彼は身のこなしがぎこちない. **2** 粗野な, 無趣味な; 不作法な, ずうずうしい: ein ～*er* Mensch 不作法な人(→1) | ein ～*er* Witz 場にそぐわないしゃれ, だじゃれ ‖ *sich*[4] *jm.* ～ vertraulich nähern …にいやになれなれしくする. [*mndd.*; 擬音]

Plum·pe[plʊ́mpə] 女 -/-n《東部》=Pumpe

plum·pen[plʊ́mpən]《東部》=pumpen I

Plump·heit[plʊ́mphaɪt] 女 -/-en **1**《単数で》plump なこと. **2** plump な言動.

plumps[plʊmps] **I** 間 (重い物が落ちる・倒れる音)ドシン, バタン: *Plumps*, da fiel er ins Wasser. ドボンという音がしたと思ったら彼は水に落ちていた. **II Plumps** 男 -es/-e《話》plumps という音; (ドシン・バタンと)音をたてて落ちる〈倒れる〉こと: Die beiden Ringer fielen mit einem dumpfen ～ zu Boden. 二人のレスラーはドシンと鈍い音をたてて床に倒れた | Bei dem ～ habe ich mir das Knie aufgeschlagen. ドスンと倒れたとき私はひざをしたたか打ちつけた.

Plumps·abé[plʊ́mps|abe:] 男《話》=Plumpsklo

Plump·sack[plʊ́mp..] 男 **1**《話》太っちょ; ぶきっちょ. **2** 結んだハンカチ:〘もっぱら次の形で〙**der ～ geht** 〔**r**〕**um** ハンカチ回し(子供の遊びの一種).

plump·sen[plʊ́mpsən] 《02》自《話》**1** (s) ドシン〈バタン〉と落ちる〈倒れる〉: ins Wasser ～ ボチャンと水に落ちる. **2** (h) 非人称《es plumpst》ドシン〈バタン〉という音がする.

Plumps≈ka·bü·se[plʊ́mps..] 女, **≈klo** 中, **≈klo·sett** 中《話》くみとり式〈便つぼ式〉便所.

Plum·pud·ding[plʊ́mpʊdɪŋ, plʌ́mpʊ́dɪŋ] 男〘料理〙プラムプディング(干しぶどうなどを入れたイギリスのクリスマス用ケーキ). [*engl.*; ◇Pflaume]

Plun·der[plʊ́ndər] 男 -s/-n **1**《単数で》《話》(使いものにならない)古道具, がらくた; 古着, ぼろ服. **2** =Plundergebäck **3** =Plunderteig [*mndd.*; ◇Plünnen]

Plün·de·rei[plʏndəráɪ] 女 -/-en =Plünderung

Plün·de·rer[plʏ́ndərər] 男 -s/- plündern する人, (特に:)略奪兵.

Plun·der≈ge·bäck[plʊ́ndər..] 中 (酵母を使った)パン菓子の一種. [▽]**≈kam·mer** =Rumpelkammer

plün·dern[plʏ́ndərn] 《05》他 (h) **1**《*et.*[4]》(侵略軍などが町などを)略奪する, 荒らす, (…の中身などを)取りつくす;《話》(…を)からにする: ein Geschäft ～ 店を襲って商品を略奪する | einen Postzug ～ 郵便列車を襲う ‖ Obstbäume ～ 果樹の実を残らず摘み取る | den Weihnachtsbaum ～ クリスマスツリーにつるした菓子をたいらげる | Er hat dieses Buch 〈diesen Schriftsteller〉 *geplündert.*《話》彼はこの本〈作家〉から大量に剽窃(ひょうせつ)した. [▽]**2** =ausplündern [*mhd.*; ◇*engl.* plunder]

Plun·der·teig[plʊ́ndər..] 男〘料理〙デニッシュ生地(発酵生地にバターを折り込んだもの).

Plün·de·rung[plʏ́ndərʊŋ] 女 -/-en (plündern すること. 例えば:) 略奪.

Plun·ger[plándʒər, plʌ́ndʒə] 男 -s/-〘工〙(ピストンの)プランジャー. [*engl.*; <*engl.* plunge „stoßen" (◇Plumbum)]

Plün·nen[plʏ́nən] 複《北部》衣服. [*mndd.*; ◇Plunder]

Plun·ze[plʊ́ntsə] 女 -/-n , **Plun·zen**[..tsən] 女 -/- =Blunze

Plur. 略 =Plural

Plu·ral[plú:ra:l, plurá:l] 男 -s/-e (略 Plur., Pl., pl.) (↔Singular) (Mehrzahl)〘言〙複数〔形〕: Dieses Wort hat verschiedene ～*e.* この語にはさまざまの複数形がある. [*lat.*; ◇plus, ..al[1]]

Plu·ral·en·dung 女〘言〙複数〔形〕語尾.

Plu·ra·les Pluralis の複数.

Plu·ra·les ma·je·sta·tis Pluralis majestatis の複数.

Plu·ra·les mo·de·stiae Pluralis modestiae の複数.

Plu·ra·le·tan·tum[pluraletántʊm] 中 -s/-s, ..liatantum[..lia..] (↔Singularetantum)〘言〙(単数形を欠く)複数〔形〕名詞(例 Leute, Ferien). [<*lat.* tantum „nur" (◇Tand)]

Plu·ra·lis[plurá:lɪs] 男 -/..les[..le:s] =Plural

plu·ra·lisch[plurá:lɪʃ] 形〘言〙複数〔形〕の.

Plu·ra·lis ma·je·sta·tis[plurá:lɪs majɛstá:tɪs] 男 --/..les -[..le:s –]〘言〙尊貴の複数〔形〕(帝王などが ich の代わりに wir を用いること). [*lat.*; ◇Majestät]

Plu·ra·lis mo·de·stiae[– modɛ́stiɛ·] 男 --/..les -[..le:s –]〘言〙謙譲の複数〔形〕(論説などで ich の代わりに wir を用いること). [*lat.*; ◇Modus]

Plu·ra·lis·mus[pluralísmʊs] 男 -/ **1**〘哲〙多元論, 複数主義. **2 a)** 複数グループの併存, 多党化状態. **b)**〘政・社〙多元論: der politische ～ 政治的多元論.

Plu·ra·list[pluralíst] 男 -en/-en〘哲・社・政〙多元論者.

plu·ra·li·stisch[pluralístɪʃ] 形〘哲〙多元論の, 複数主義の; 複数グループ併存の, 多党化した: die ～*e* Staatsauffassung〘社・政〙多元的国家論.

Plu·ra·li·tät[pluralitɛ́:t] 女 -/-en 多元〈多様〉性. [*spätlat.*]

Plu·ral·wahl·recht[plurá:l.., plú:ra:l..] 中〘政〙複数投票〈選挙〉権(不平等選挙制の一種で特権階級は一人で2票ないし3票の投票権を持つ).

plus[plʊs] **I** 副 (↔minus) プラス, 正, (…を)加えて(記号 +): Drei ～ acht ist 〈macht / gibt〉 elf. (数式: 3+8=11) 3 足す 8 は11 | eine Temperatur von ～ zehn Grad 〈zehn Grad ～〉 プラス10度の温度(ふつう+10° と書く) | der Strom von ～ nach minus プラスからマイナスへ流れる電流. **II** 前《2格・3格支配》〘商〙…を加えて: das Kapital ～ der 〈den〉 ersparten Zinsen 累積利子を含めた元金. **III Plus** 中 -/- **1** (Gewinn)〘商〙利益〔額〕, 黒字: *et.*[4] als ～ 〔ver〕buchen …を黒字として計上する; …の利益をあげる | im ～ sein 黒字である. **2**《話》有利な点, プラス〔面〕; プラスの評価.

[*lat.* plūs „mehr"; ◇Plenum, più, Plural]

Plus·be·trag[plʊ́s..] 男〘商〙剰余〈利益〉額, 黒字.

Plüsch[ply:ʃ, plʏʃ] 男 -〔e〕s/ (種類: -e)〘織〙プラッシュ, フラシ天, 毛長ビロード. [*fr.* p〔e〕luche; <*afr.* pelucher „auszupfen" (◇pflücken); ◇*engl.* plush]

Plüsch·kott·chen[plý:ʃkɔtçən, plʏ́ʃ..] 中 -s/-《話》ぬいぐるみのマスコット. [<Maskottchen]

Plüsch≈mö·bel 中 プラッシュ張りの家具(特にソファーなど). **≈tier** 中 ぬいぐるみの動物.

Plus≈pol[plʊ́s..] 男 (↔Minuspol)〘電〙陽極, プラス極. **≈punkt** 男 (↔Minuspunkt) **1** (プラスの)得点. **2** 有利な点, プラス面.

Plus·quam·per·fekt[plʊ́skvampɛrfɛkt, ◡◡◡⏑́] 中 -s/-e (**Plus·quam·per·fek·tum**[plʊskvampɛrfɛ́ktʊm] 中 -s/..ta[..ta·])〘言〙過去完了〔時称〕, 大過去(→Tempus 1). [*spätlat.* „mehr-als-vollendet"]

plụ·stern[plúːstərn]《05》他 (h) **1** (羽毛を)逆立てる: Der Hahn *plustert* die Federn. おんどりが羽毛を逆立てる. **2** 再帰 *sich*⁴ ～ **a**) 羽毛を逆立てる. **b**)《話》いばって(もったいをつけて)言う. [*mndd.* plūsteren „zerzausen"]

Plụs·zei·chen[plʊ́s..] 中《数》正号, 加号, プラス記号.

Plut·ạrch[plutárç] 人名 プルタルコス(46頃-125頃; 古代ローマ時代のギリシアの著述家.『対比列伝(プルターク英雄伝)』で知られる. 英語形プルターク). [*gr.*]

Plụ·to[plúːto·] **I** 人名《ギ神》プルトン(冥界(めいかい)の支配者 Hades の別名. また豊穣(ほうじょう)の神). **II der Plụ·to** 男 -/《天》冥王星(太陽系の準惑星. 1930年に発見). [*gr.* „der Reiche"－*lat.*; ＜*gr.* ploũtos „Reichtum"]

Plu·to·krạt[plutokráːt] 男 -en/-en 金権政治家.

Plu·to·kra·tịe[..kratíː] 女 -/-n[..tíːən] (Geldherrschaft) 金権政治; 富豪(財閥)による支配. [*gr.*]

plu·to·krạ·tisch[..kráːtɪʃ] 形 金権政治の.

Plụ·ton[plúːtɔn] ＝Pluto I

plu·tọ·nisch[plutóːnɪʃ] 形 **1** 冥界(めいかい)の(→Pluto I). **2**《付加語的》《地》深成活動による; 地底の: ～*es* Gestein《地》深成岩.

Plu·to·nịs·mus[plutonɪ́smʊs] 男 -/《地》深成活動.

Plu·tọ·nium[plutóːniʊm] 中 -s/《化》プルトニウム(放射性元素名; 記号 Pu).

Plu·tọ·nium·bom·be 女 プルトニウム原子爆弾.

Plụt·zer[plʊ́tsər] 男 -s/-《オーストリア》**1 a**) (Kürbis) カボチャ(南瓜). **b**)《軽蔑的に》(大きな)頭. **2**《ティロール方言》大失策. [＜Plotz]

Plu·viạ·le[pluviáːlə] 中 -s/-(s)《カトリック》大外衣, 大がっぱ(→ 図 Bischof);《史》戴冠(たいかん)式用マント. [*mlat.*]

Plu·viạl·zeit 女《地》(高緯度地域の氷河期に相応する低緯度地域の)多雨期. [＜*lat.* pluviālis „regnerisch"]

Plu·vio·grạph[pluviográːf] 男 -en/-en, **Plu·vio·mẹ·ter**[..méːtər] 中 (男) -s/-《気象》雨量計. [＜*lat.* pluvia „Regen" (◇fließen)]

Plu·viose[plyvjóːz] 男 -/-s[-]《史》雨月(フランス革命暦の第5月; 1月20日－2月18日に当たる: →Vendemiaire ★). [*fr.*; ＜*lat.* pluvi(ōs)us „regnerisch"]

PLZ[peːǀɛltsɛ́t] 略 女 -/ ＝**Postleitzahl** 郵便番号.

p. m. 略 **1** [peːǀɛ́m]＝**post meridiem 2** ＝**pro mille 3** ＝**post mortem 4** ＝**pro memoria**

Pm[peːǀɛ́m, proméːtiʊm] 記号 (Promethium)《化》プロメチウム.

P. M.[pɛːǀɛ́m] 略 ＝**Pontifex maximus 2**

Pneu[pnɔʏ] 男 -s/-s **1** (＜Pneumatik)《オーストリア・スイス》空気入りタイヤ. **2** (＜Pneumothorax)《話》《医》気胸(術).

Pneụ·ma[pnɔ́ʏma·] 中 -s/《神》神の霊, 聖霊; (古代哲学の)生命原理, 霊, 精神. [*gr.*; ＜*gr.* pneĩn „hauchen"]

Pneu·mạ·tik[pnɔʏmáːtɪk] **I** 男 -s/-s (オーストリア: 女 -/-en) 空気入りタイヤ(略 Pneu). **II** 女 -/-en **1**《単数で》《理》気体(力)学. **2** 空気圧搾機; (パイプオルガンの)送風装置.

pneu·mạ·tisch[pnɔʏmáːtɪʃ] 形 **1** 空気(気体)の; 気体(力)学の: ～*e* Chemie 気体化学. **2** (圧搾)空気による; 空気を含む: eine ～*e* Bremse エアブレーキ | eine ～*e* Kammer (気圧調整用の)気密室 | ein ～*es* Kissen エアクッション(マット); 空気まくら | ein ～*er* Knochen《医・動》含気骨 | die ～*e* Post 気送管郵便 ‖ *et.*⁴ ～ fernbedienen …を圧搾空気で遠隔操作する. **3**《宗》聖霊の; 霊的な, 霊の(人). [*gr.*－*lat.*]

Pneu·ma·to·lỵ·se[pnɔʏmatolýːzə] 女 -/-n《地》(鉱物の)気成作用.

pneumo..《名詞などにつけて「肺・空気」などを意味する》[*gr.* pneúmōn „Lunge"; ◇pulmonal]

Pneu·mo·grạph[pnɔʏmográːf] 男 -en/-en《医》呼吸(運動)記録器.

Pneu·mo·kọk·kus[..kɔ́kʊs] 男 -/..kken[..kən]《医》肺炎(双)球菌.

Pneu·mo·ko·niọ·se[..konióːzə] 女 -/-n (Staublunge)《医》塵肺(じんぱい)症(珪肺(けいはい)など).

Pneu·mo·nịe[pnɔʏmoníː] 女 -/-n[..níːən] (Lungenentzündung)《医》肺炎. [*gr.*]

Pneu·mo·pe·ri·kạrd[pnɔʏmoperikárt][1] 中 -(e)s/《医》心嚢(しんのう)気腫(きしゅ).

Pneu·mo·thọ·rax[..tóːraks] 男 -(es)/-e《ふつう単数で》《医》気胸(術)(略 Pneu).

Pneu·mo·to·mịe[..tomíː] 女 -/《医》肺切開(術).

Pnom·penh[pnɔmpɛ́n, ⌣⌣] 地名 プノンペン (Kambodscha の首都. Phnom Penh ともつづる).

Po̱[1][poː] 男 -s/-s (＜Podex)《話》(Gesäß) 尻(しり)

Po[2][peːǀóː, polóːniʊm] 記号 (Polonium)《化》ポロニウム.

der Po̱[3][poː] 地名 男 -(s)/ ポー(アルプスに発し, アドリア海に注ぐイタリア最大の川). [*lat.* Padus]

P. O.[peːǀóː] 略 ＝**Professor ordinarius** (大学の)正教授.

Pọ·backe[póːbakə] 女 -/-n《ふつう複数で》《話》(Gesäßbacke) 尻(しり)たぶ.

Pö̱·bel[pǿːbəl] 男 -s/《軽蔑的に》賤民(せんみん), 下層民; 暴徒, 暴民. [*lat.* populus „Volk"－*afr.*－*mhd.* povel; ◇Plebs, pop(e)lig, populär; *engl.* people]

Pö·be·lẹi[pøːbəláɪ] 女 -/-en 粗野(乱暴)な振舞い.

pö̱·bel·haft[pǿːbəlhaft] 形 賤民(せんみん)(下層民)のような, 粗野(野卑)な; 暴徒のような, 乱暴な.

Pö̱·bel·herr·schaft 女 -/ 衆愚政治.

pö̱·beln[pǿːbəln]《06》自 (h) 賤民(せんみん)(暴徒)のように振舞う;《über *jn.*》(…について)無礼な言辞を弄する, (…のことを)悪しざまに言う.

Poch[pɔx] 中 男 -(e)s/ ＝Pochspiel

Pọch·brett[pɔ́x..] 中《トランプ》ポーカー盤.

Pọ·che[pɔ́xə] 女 -/《中部》殴打.

pọ·chen[pɔ́xən] **I** 自 (h) **1** (klopfen) **a**) コツコツ(トントン)たたく, ノックする: an die Tür (an der Tür) ～ ドアをノックする | gegen die Wand ～ 壁をコツコツとたたく | *jm.* auf die Schulter ～ …の肩をたたく ‖ 非人称 Es hat *gepocht.* ノックの音がした. **b**) (心臓・血管などが)どきどき鼓動する; (エンジンが)ノッキングする: Ihm *pochte* das Blut in den Schläfen. 彼はこめかみがずきんずきんと脈打った | mit *pochendem* Herzen 心臓をどきどきさせながら. **2**《雅》《auf *et.*⁴》(…を)主張する, (…を)盾にとる; (…を)自慢する: auf *seine* Beziehungen ～ 自分の縁故関係を自慢する | auf *sein* Recht ～ (→recht II 1) | auf *seine* Verdienste ～ 自分の功績を誇る. **3** ポーカーをする(→Poch).

II 他 (h) **1** 打つ, たたく: einen Nagel in die Wand ～ 壁に釘を打ち込む | *jn.* aus dem Schlaf ～ …をたたき起こす. **2**《話》さんざん殴りつける. **3**《坑》(鉱石などを)細かく打ち砕く.

[*mhd.* bochen; 擬音; ◇*engl.* poke]

Pọch≠erz[pɔ́x..] 中《坑》(搗鉱(とうこう)機で砕かれた)砕鉱石. **≠ham·mer** 男 ＝Pochstempel

po·chie·ren[pɔʃíːrən] 他 (h) Eier ～《料理》卵を(酢を加えた)熱湯の中へ落とす, 落とし卵を作る. [*fr.* pocher; ＜*fr.* poche „Tasche"; ◇*engl.* poach]

Pọch≠kä̱·fer[pɔ́x..]《虫》シバンムシ(死番虫)科の昆虫. **≠mü̱h·le** 女 ＝Pochwerk **≠spiel** 中《トランプ》ポーカー. **≠stem·pel** 男《坑》搗鉱(とうこう)機(のきね). **≠werk** 中《坑》砕鉱(搗鉱)機.

Pọcke[pɔ́kə] 女 -/-n **1**《複数で》《医》天然痘, 痘瘡(とうそう), 疱瘡(ほうそう): Kuh*pocken* 牛痘 | Wasser*pocken* 水痘 ‖ *jn.* gegen ～*n* impfen …に天然痘の予防接種をする. **2** (Blatter) (天然痘などによる)膿疱(のうほう), 水疱; あばた. [*mndd.*; ◇Beule; *engl.* pock]

Pọcken≠imp·fung[pɔ́kən..] 女《医》種痘, 天然痘予防接種. **≠laus** 女《虫》フサカイガラムシ(房介殻虫)科の昆虫. **≠nar·be** 女 痘痕(とうこん), あばた.

pọcken·nar·big 形 痘痕(とうこん)(あばた)のある: ein ～*es* Gesicht あばた面(づら).

Pọcken·schutz·imp·fung ＝Pockenimpfung

Pọcken≠vi·rus 中 痘瘡(とうそう)ウイルス. **≠wur·zel** 女《植》土茯苓(どぶくりょう)(サルトリイバラの根茎で, 梅毒の薬となる).

Pocket·book[pɔ́kɪtbʊk] 中 -s/-s (Taschenbuch) ポケット版の本, 小型本. [*engl.*; ◇pochen]

Pock·holz[pɔ́khɔlts] 中 -es/ (Guajakholz) ユソウボク(癒瘡木)材.

pockig[pɔ́kɪç][2] =pockennarbig

po·co[pɔ́ko·, pó:ko·] 副 (ein wenig)《他の指示語とともに》〘楽〙ポーコ, 少し: ～ forte やや強く | ～ a ～ ポーコ=ア=ポーコ, 少しずつ, しだいに. [*lat.* paucus „wenig"-*it.*]

Pod·agra[pó:dagra·] 中 -s/ (Fußgicht)〘医〙足部痛風(特に足指の). [*gr.* pod-ágrā „Fuß-falle"-*lat.*-*mhd.*; <..pode+*gr.* ágrā „Fang"]

pod·agrisch[podá:grɪʃ] 形〘医〙足部痛風の.

..pode[..po:də]《「足」を意味し, 男性名詞 (-n/-n) をつくる》: Okto*pode*〘動〙八腕類(タコ) | Myria*pode*〘動〙多足類(ムカデ・ヤスデなど) | Anti*pode* 対蹠(たいせき)者;〘植〙反足細胞. [*gr.* poús „Fuß"; ◇Fuß]

Po·dest[podέst] 中 (男) -es(-s)/-e **1** (小型の)壇, 舞台; 踏み台; 台座: Sieger*podest* (優勝者のための)表彰台 | Der Dirigent trat auf das ～. 指揮者は指揮台にのぼった. **2**《方》(Treppenabsatz) (階段の)踊り場. [◇Podium]

Po·dex[pó:dεks] 男 -(es)/-e《話》(Gesäß) しり, けつ. [*lat.*; <*lat.* pēdere „furzen" (◇Petarde)]

Po·dium[pó:diʊm] 中 -s/..dien[..diən] 壇(演壇・教壇・指揮台など); 踏み台; (劇場以外の場所に設けられた)舞台: das ～ besteigen / auf das ～ gehen 壇(舞台)にのぼる. [*gr.* pódion „Füßchen"-*lat.*; ◇..pode]

Po·diums≠dis·kus·sion 女, **≠ge·spräch** 中 パネル=ディスカッション.
[<..pode]

Po·do·me·ter[podomé:tər] 中 = Pedometer

Poe[po:, poʊ] 人名 Edgar Allan ～ エドガー アラン ポー(1809-49; アメリカの詩人・小説家. 詩集『大がらす』, 小説『アッシャー家の崩壊』などの作品がある).

Poem[poé:m] 中 -s/-e《ときに皮肉》(Gedicht) 詩, 詩歌, 詩作品. [*gr.*-*lat.*; <*gr.* poieĩn „dichten"]

Poe·sie[poezí:] 女 -/-n[..zí:ən] **1** 詩, 詩文, 詩作品〈芸術〉; 文芸: die konkrete ～ (字くばりなどを図案化した)視覚詩 | die ～ Goethes 〈des 18. Jahrhunderts〉《集合的に》ゲーテ〈18世紀〉の詩. **2**《単数で》詩情, 詩趣. [*gr.*-*lat.*-*fr.*]

Poe·sie·al·bum 中 ささげる詩の記念帳(友人たちが思い出のために詩句や金言を書き入れる).

poe·sie≠los[..lo:s][1] 形 詩情に欠けた, 詩趣のない; 散文的〈現実的〉な. **≠voll**[..fɔl] 形 詩情ゆたかな, 詩趣に富んだ.

Poet[poé:t] 男 -en/-en《ときに皮肉》〔叙情〕詩人. [*gr.*-*lat.* poēta-*mhd.*]

Poe·ta lau·rea·tus[poé:ta· laʊreá:tʊs] 男 --/..tae ..ti[..tε· ..ti·] 桂冠(けいかん)詩人. [*lat.*; ◇Laureat]

Poe·ta·ster[poetástər] 男 -s/- 《軽蔑的に》へぼ詩人. [<*lat.* ..aster „schein.."]

Poe·tik[poé:tɪk] 女 -/-en《ふつう単数で》詩学, 詩論; 作詩法. [<*gr.*-*lat.*]

poe·tisch[poé:tɪʃ] 形 詩〔歌〕の, 詩文学の; 詩的な, 詩情ゆたかな, 詩趣に富んだ: das ～*e* Schaffen 詩作 | ～*e* Lizenz (伝説や史実からの逸脱が許される)詩的〈詩人の〉自由 (=dichterische Freiheit) | eine ～*e* Ader haben《戯》詩人の才能がある. [*gr.*-*lat.*〔-*fr.* poétique〕]

poe·ti·sie·ren[poetizí:rən] 他 (h) 詩化する. [*fr.*]

Poe·to·lo·gie[poetologí:] 女 -/ =Poetik

poe·to·lo·gisch[..ló:gɪʃ] 形 詩学〈詩論〉の; 作詩法上の.

Po·fel[pó:fəl] 男 -s/《南部・オーストリア》**1** (Bafel) **a)** 見切り品, 粗悪品, がらくた. **b)**《単数で》つまらぬおしゃべり. **2** (Schar) 群れ, 集まり.

po·fen[pó:fən] 自 (h)《話》(schlafen) 眠る, 寝る.

Po·fe·se[pofé:zə] 女 -/-n =Pafese

Pogg[pɔk][1] 男 -[e]s/-e, **Pog·ge**[pɔ́gə] 女 -/-n《北部》(Frosch) カエル(蛙); (Kröte) ヒキガエル. [*ndd.*; ◇Pocke]

Po·grom[pogró:m] 男 中 -s/-e (特定の集団に対する〔政治的な〕)迫害: der ～ gegen die Juden ユダヤ人迫害. [*russ.* „wie Donner, Verwüstung"; ◇ab, gram]

Po-hai[pó:haɪ] =Parhae

poi·ki·lo·therm[pɔʏkilotέrm] 形〘動〙変温性の: ein ～*es* Tier 変温〈冷血〉動物. [<*gr.* poikílos „bunt"+thermo..]

Poi·lu[poalý:] 男 -[s]/-s ひげもじゃ野郎(第一次大戦当時のフランス兵の俗称). [*fr.*; <*fr.* poil (→Pol[2])]

Point[poέ:] 男 -s/-s **1** 点; (さいころの)目; 〘トランプ〙(カードの)点. **2**〘商〙刻み, 丁(ちょう)(商品・証券市場での指し値の単位). [*lat.* punctum (→Punkt)-*fr.*]

Poin·te[poέ:tə] 女 -/-n 要点, 眼目; (話の)急所, (しゃれ・笑話などの)落ち: eine ～ richtig bringen うまい山場を設定する | Der Geschichte fehlt die ～. この話には山場がない〈落ちが欠けている〉. [*fr.* „Spitze"]

Pointer

Poin·ter[pɔ́ʏntər] 男 -s/- ポインター(英国産の猟犬の一種: →図). [*engl.*]

poin·tie·ren[poεtí:rən] **I** 他 (h) 鋭く〈先鋭化〉する, 強調する: einen Ausdruck ～ ある表現〈言葉〉を強調する | einen Witz ～ しゃれに落ちをつける. **II** 自 (h) (賭博(とばく)で)かける. **III poin·tiert** 過分 形 強調〈先鋭化〉された; 機知のある, 才気煥発(かんぱつ)な; (しゃれに)落ちのある; (表現などが)要点をおさえた, 的確な. [*fr.*]

Poin·tie·rung[..rʊŋ] 女 -/-en pointieren すること.

Poin·til·lis·mus[poεtijísmʊs, ..tɪlísmʊs] 男 -/〘美〙点描画法, 点態描法; 点描主義. [*fr.* pointillisme]

Poin·til·list[poεtijíst, ..tɪlíst] 男 -en/-en〘美〙点描主義者, 点描派の画家. [*fr.*]

Poise[poá:z(ə)] 中 -/-〘理〙ポアズ(粘度の単位; 記号 P). [*fr.*; <J. L. Poiseuille (フランスの医師, †1869)]

Po·kal[poká:l] 男 -s/-e **1** (特に貴金属でできた高価な)脚つきの酒杯. **2**〘スポーツ〙**a)** 優勝杯〈カップ〉(→図). **b)** 優勝杯争奪戦. [*ägypt.*-*gr.*-*spätlat.*-*it.* boccale]

Po·kal≠end·spiel 中 (カップを争う)優勝決定戦. **≠sie·ger** 男 優勝杯獲得者〈チーム〉. **≠spiel** 中 優勝杯争奪戦.

Pokal

Pö·kel[pǿ:kəl] 男 -s/- (漬け物用の)塩汁. [*mndd.* pekel; ◇Pickles, Pökling]

Pö·kel≠faß 中 漬け物おけ. **≠fleisch** 中 塩漬け肉. **≠he·ring** 男 塩漬けニシン.

pö·keln[pǿ:kəln]《06》他 (h) (魚・肉などを)塩漬けにする. [*ndd.*; ◇*engl.* pickle]

Po·ker[pó:kər] 中 -s/〘トランプ〙ポーカー. [*engl.*]

Po·ker·face[póʊkəfeɪs] 中 -/-s **1** =Pokergesicht **2** ポーカーフェースの〈感情をおもてに表さない〉人. [*engl.*]

Po·ker·ge·sicht[pó:kər..] 中 ポーカーフェース, 何食わぬ顔.

po·kern[pó:kərn]《05》自 (h)〘トランプ〙ポーカーをする;《比》(商売などで)賭(か)をする, 思いきった商売をする.

[▽]**Pök·ling**[pǿ:klɪŋ] 男 -s/-e (Bückling) 燻製(くんせい)ニシン. [<Pökel]

[▽]**po·ku·lie·ren**[pokulí:rən] 自 (h) (zechen) 大いに飲む, 酒盛りをする. [<*lat.* pōculum „Becher"]

po·kurz[pó:kʊrts] 形《話》(スカート・パンティーなどが)おしりの見えるほど短い.

Pol[1][po:l] 男 -s/-e **1**〘地・天〙極: der nördliche ～ / Nord*pol* 北極 | der südliche ～ / Süd*pol* 南極. **2**〘理・電〙極: Magnet*pol* 磁極 | der positive 〈negative〉 ～ 陽〈陰〉極 ‖ einen Draht am positiven 〈negativen〉 ～ anschließen 〔電〕線をプラス〈マイナス〉の極につなぐ. **3**〘数〙極. **4**《比》極〔端〕: die beiden ～*e* 両極端 | **der ruhende ～** 安らぎの中心(激動の中でも平静を保ち周囲から頼られる人) ‖ zwischen zwei ～*en* hin- und herschwanken 両極の間をあちこち揺れ動く. [*gr.* pólos „Drehpunkt"-*lat.*; ◇*engl.* pole]

Pol[2][po:l] 男 -s/-e (ラシャ・ビロードなどの)けばのある表側. [*lat.* pilus (→pflücken)-*fr.* poil „Haar"; ◇Poilu]

Po·lạcke[polákə] 男 -n/-n《軽蔑的に》(Pole) ポーランド人. [*poln.*; ◇Pole〔n〕]

po·lạr[polá:r] **I** 形 **1**〔地・天〕極〔地〕の: die ～*e* Fauna 〈Flora〉極地動物〈植物〉| ～*e* Luftmassen〔気象〕極地〈寒帯〉気団. **2** 対極的な, 相対立した, 正反対の: ～ entgegengesetzt sein 極端に対立している, 正反対である. **II**

Po·lạ·re 女《形容詞変化》〔数〕極線. [*mlat.*; ◇Pol[1]]

Po·lạr≠ach·se 女 **1**〔地〕極地軸. **2**〔数〕原線. ≠**bär** 男 (Eisbär)〔動〕ホッキョクグマ(北極熊), シロクマ(白熊).

Po·lạ·re →polar II

Po·lạr≠eis[polá:r..] 中〔地〕極氷. ≠**ex·pe·di·tion** 女 極地探検. ≠**for·scher** 男 極地研究家. ≠**for·schung** 女 極地研究. ≠**front** 女〔気象〕極〈寒帯〉前線. ≠**fuchs** 男 (Eisfuchs)〔動〕ホッキョクギツネ(北極狐). ≠**ge·biet** 中, ≠**ge·gend** 女 極地方. ≠**hund** 男 北極犬, エスキモー犬.

Po·la·ri·mẹ·ter[polarimé:tər] 中 (男) -s/-〔理〕「偏光計.」

Po·la·ri·sa·tiọn[polarizatsió:n] 女 -/-en **1**〔理〕偏光;〔電〕分極〈偏極〉〔化〕. **2**《比》対極〔化〕.

Po·la·ri·sa·tiọns≠mi·kro·skop 中 偏光顕微鏡. ≠**win·kel** 男〔理〕偏光角.

Po·la·ri·sạ·tor[polarizá:tɔr, ..to:r] 男 -s/-en [..zató:rən]〔理〕偏光子.

po·la·ri·siẹ·ren[polarizí:rən] 他 (h) **1**〔理〕偏光させる;〔電〕分極させる: die *polarisierte* Ladung 分極電荷. **2**《比》再帰 *sich*[4] ～ (しだいに)対極化する.

Po·la·ri·siẹ·rung[..rʊŋ] 女 -/-en〔理〕偏光;〔電〕分極〈偏極〉化;《比》対極化.

Po·la·ri·tạ̈t[polaritɛ́:t] 女 -/-en 両極のあること;〔両〕極性;《比》二元性, 対立関係: die ～ der Geschlechter (男女)両性間の対立〔性〕.

Po·lạr≠kreis[polá:r..] 男〔地〕極圏: der nördliche 〈südliche〉～ 北〈南〉極圏. ≠**kreis·bahn** 女〔天〕極軌道. ≠**licht** 中 -〔e〕s/-er 極光, オーロラ. ≠**meer** 中 北極〈南極〉海. ≠**nacht** 女 極夜; 白夜.

Po·la·ro·ịd[polaroí:t][1] 男 -〔e〕s, -en/-en 商標 ポラロイド(人造偏光板). [*amerik.*; <..oid]

Po·la·ro·ịd≠ka·me·ra 女 商標 ポラロイドカメラ. ≠**ver·fah·ren** 中 -s/〔写〕ポラロイド方式.

der **Po·lạr·stern**[polá:r..] 男 -〔e〕s/〔天〕北極星.

Po·lạr·zo·ne 女〔地〕極地〔帯〕.

Pọl·del[pɔ́ldəl] 男名 (<Leopold) ポルデル.

Pọl·der[pɔ́ldər] 男 -s/- 干拓地(特に Ostfriesland やオランダなどの: → 図 Deich). [〔*m*〕*ndl.*]

Pọl·di[pɔ́ldi·] 女名 男名《南部・オーストリア》(<Leopoldine, Leopolda, Leopold) ポルディ. [<*ahd.* bald „kühn"]

Poldl[pɔ́ldəl] 男名《南部・オーストリア》(<Leopold) ポルドゥル.

Pọ·le[pó:lə] 男 -n/-n (女 **Pọ·lin**[pó:lɪn]-/-nen) ポーランド人(→Polacke). [*slaw.* „Bewohner des Flachlandes"－*mhd.*; ◇Polen]

Po·lẹi[poláɪ] 男 -〔e〕s/-e〔植〕メグサハッカ(目草薄荷), ペニロイヤルハッカ(ハッカ属の一種). [*lat.* pūlēium－*ahd.* pulei]

Po·lẹ·mik[polé:mɪk] 女 -/-en 論争, 論駁(ばく); (学問上の)論戦: eine ～ führen 論争する, 議論を展開する.

Po·lẹ·mi·ker[polé:mikər] 男 -s/- 論争家, 論客.

po·lẹ·misch[polé:mɪʃ] 形 論争〈論戦〉の〔性格をもった〕; 攻撃的な. [*gr.*－*fr.* polémique „kriegerisch, Polemik"; <*gr.* pólemos „Krieg"]

po·le·mi·siẹ·ren[polemizí:rən] 自 (h)《gegen *jn.*》(…と)論争する,(…の説を)論難〈論駁(ばく)〉する.

Po·le·mo·lo·giẹ[polemologí:] 女 -/ (Konfliktforschung) 紛争研究, 紛争学.

pọ·len[pó:lən] 他 (h)《*et.*[4]》〔電〕(…に)極性を与える; (…を)電極に接続する. [<Pol[1]]

Pọ·len[-] **I** 地名 ポーランド(中部ヨーロッパの共和国. 首都は Warschau): *Polen* ist offen.《話》大騒ぎだ | **Noch ist ～ nicht verloren.**《話》まだ望みはある(ヴィビツキ J. Wybicki 作の『ドムブロフスキ行進曲』〔1797〕の冒頭の句). **II** Pole の複数. [„Flachland"; *mhd.* Polān; ◇plan, Pole]

Po·lẹn·ta[polɛ́nta·] 女 -/-s, ..ten[..tən]〔料理〕ポレンタ(イタリアふうのトウモロコシ粥(かゆ)). [*lat.* „Gerstengraupen"－*it.*; ◇Pulver, Pollen, Plente]

Po·lẹn·te[polɛ́ntə] 女 -/《話》(Polizei) さつ, 警察. [<*jidd.* paltin „Burg"]

Po·lẹn·ten Polenta の複数.

Pọl·flä·che[pó:l..] 女〔電〕磁極面.

Po·lị·ce[polí:s(ə)] 女 -/-n[..sən]〔商〕保険証券〈証書〉. [*gr.* apódeixis (→apodiktisch)－*mlat.* apodīxa „Nachweis"－*it.* polizza－*fr.*; ◇ *engl.* policy]

▽**Po·li·ci·nẹl·lo**[politʃinɛ́lo·] 男 -s/..li[..li·]＝Pulcinella

Po·liẹr[polí:r] 男 -s/-e (大工・左官などの)職人頭(がしら), 現場監督. [„Wortführer"; ◇parlieren]

po·liẹ·ren[polí:rən] 他 (h) (なめらかに)みがく, 研磨する;《比》(文章などに)みがきをかける: *et.*[4] blank ～ …をぴかぴかにみがき上げる | *et.*[4] auf Hochglanz ～ (→Hochglanz) | den Boden 〈das Auto〉～ 床〈自動車〉をみがく | *sich*[3] die Schuhe ～ (自分の)靴をみがく | *jm.* die Eier ～ (→Ei 3) | *jm.* die Fresse 〈die Schnauze〉～ (→Fresse 2,→Schnauze 2 b).

[*lat.* polīre－*afr.*－*mhd.*; <apo..＋*lat.* linere (→Liniment); ◇Politesse[2], Politur; *engl.* polish]

Po·liẹ·rer[polí:rər] 男 -s/- 研磨工〈職人〉.

Po·liẹr≠le·der[polí:r..] 中 セーム革, シャモア. ≠**ma·schi·ne** 女〔工〕研磨機. ≠**mit·tel** 中 研磨材; 光沢剤, つや出し. ≠**schei·be** 女〔工〕研磨盤. ≠**wachs** 中 つや出しワックス.

..**polig**[..po:lɪç][2]《数詞・形容詞などにつけて「…〔個〕の極をもつ」を意味する形容詞をつくる》: ein*polig*〔理〕単極の | viel*polig* 多極の. [<Pol[1]]

Pọ·li·klị·nik[pó(:)likli:nɪk, polikli:nɪk] 女 -/-en (総合病院の)外来〔患者用〕診療科; (外来患者専門の)総合病院. [<*gr.* pólis „Stadt"]

Pọ·lin Pole の女性形.

Pọ·lio[pó(:)lio·] 女 -/ ＝Poliomyelitis

Pọ·lio≠impf·stoff[pó(:)lio..] 男 ポリオワクチン. ≠**imp·fung** 女〔医〕ポリオワクチンの予防接種.

Po·lio·mye·lị·tis[poliomyelí:tɪs] 女 -/..litiden [..lití:dən]〔医〕ポリオ, 灰白髄炎, 脊髄(せきずい)性小児麻痺(まひ). [<*gr.* poliós „grau"＋myelós „Knochenmark"＋..itis]

Po·lịt≠bü·ro[polítbyro:] 中 (共産党の)政治局. ≠**dra·ma** 中 政治劇. [*russ.*]

Po·li·tẹs·se[1][politɛ́sə] 女 -/-n (市町村の)駐車違反取り締まり担当官(女性).

[<Polizei＋Hostess]

▽**Po·li·tẹs·se**[2][politɛ́s(ə)] 女 -/-n[..sən] (Höflichkeit) 礼儀正しさ, ていねい〈いんぎん〉〔な態度〕. [*it.* pulitezza－*fr.*; <*lat.* polīre (→polieren)]

po·li·tiẹ·ren[politi:rən] 他 (h)《オーストリア》(polieren) (家具などを)みがく.

Po·li·tịk[politi:k, ..tɪ́k; オーストリア:..tɪ́k] 女 -/-en《ふつう単数で》**1** 政治; 政策; 政略: die innere 〈auswärtige〉～ 対内〈対外〉政策 | die internationale ～ 国際政治 | eine demokratische 〈konservative〉～ 民主〈保守〉政治 | Partei*politik* 党の政治; 党利党略 | eine ～ des europäischen Gleichgewichts 〈der friedlichen Koexistenz〉ヨーロッパの勢力均衡〈平和共存〉政策 | eine ～ der offenen Tür (→Tür) ‖ *sich*[4] für ～ interessieren 政治に関心を抱く | in die ～ eintreten 政界に入る. **2** 策略, 術策, かけひき: ～ machen《話》政治的に振舞う, 術策をめぐらす | eine schlaue ～ treiben 〈verfolgen〉巧妙なかけひきを行う. [*gr.*－*spätlat.*－*fr.* politique; ◇Polizei]

Po·lị·ti·ka Politikum の複数.

Po·li·ti·kạ·ster[politikástər] 男 -s/-《軽蔑的に》素人政治家, 床屋政談家. [<*lat.* ..aster „schein.."]

Po·lị·ti·ker[polí:tikər, ..lít..] 男 -s/- (女 **Po·lị·ti·ke·rin**[..kərɪn]-/-nen) 政治家; 政治力のある人; 策略家, 策士.

po·li·tịk·fä·hig[politíːk.., ..tík..] 形 政治能力のある.
Po·li·tịk·fä·hig·keit 女 政治能力.
Po·lị·ti·kum[políːtikʊm, ..lít..] 中 -s/..ka[..kaˑ] 政治的に重要な事件〈できごと〉: zum ~ werden 政治問題化する.
po·li·tịk·un·fä·hig[politíːk.., ..tík..] 形 政治能力のない.
Po·lị·ti·kus[políːtikʊs, ..lít..] 男 -/-se《戯》政治好きな人, 素人政治家.
Po·li·tịk≈ver·dros·sen·heit[politíːk.., ..tík..] 女 (一般国民の)政治に対する嫌気, 政治不信. **≈wis·sen·schaft** 女 -/ 政治学.
Po·li·tịk·wis·sen·schaft·ler 男 -s/- 政治学者.
po·li·tịk·wis·sen·schaft·lich 形 政治学〔上〕の.
po·lị·tisch[políːtɪʃ, ..lít..; オーストリア:..lít..] **I** 形 **1** 政治〔上〕の, 政治的な; 政策〔上〕の, 政策的な: ~*e* Ansichten 〈Meinungen〉 政見 | ein ~*er* Häftling / ein *Politischer* 政治犯の囚人 | die ~*en* Hintergründe 政治的背景 | eine ~*e* Karte Europas ヨーロッパの政治地図 | die ~*e* Ökonomie 〔政治〕経済学 | ein ~*er* Streik 政治スト | ein ~*es* Verbrechen 政治犯罪 | im ~*en* Leben stehen 政治家として活動している ‖ ~ tätig sein 政治活動をしている | *sich*[4] ~ neutral verhalten 政治的に中立の態度を守る ‖ 〔Ein〕 **~ Lied, 〔ein〕 garstig Lied.** 政治とは汚いもの. **2** (政策的に)賢明な, 適切な, 妥当な: Diese Entscheidung ist nicht ~. この決定は賢明ではない. **3** 政略的な, 策略を弄(ろう)する, 抜け目のない.
II Po·lị·ti·sche 男 女《形容詞変化》《ふつう複数で》政治犯の囚人. [*gr.*－*lat.*－*fr.* politique; ＜*gr.* polítēs „〔Staats〕bürger"]
po·li·ti·sie·ren[politizíːrən] **I** 自 (h) (素人が)政治を論じる, 床屋政談で気炎をあげる, 政治活動をする.
II 他 (h) **1** 《*et.*[4]》(本来非政治的な事柄を)政治問題化する, 政治的に取り扱う. **2** 《*jn.*》(…の)政治的関心をよびさます, (…に)政治教育を施す.
Po·lịt≈of·fi·zier[polít.., políːt..] 男 (旧東ドイツの)政治将校. **≈öko·no·mie** 女 -/ 〔政治〕経済学.
Po·li·to·lọ·ge[politolóːgə] 男 -n/-n (→..loge) 政治学者.
Po·li·to·lo·gie[..logíː] 女 -/ (Politikwissenschaft) 政治学.
po·li·to·lọ·gisch[..lóːgɪʃ] 形 政治学〔上〕の.
Po·lit·rụk[politrʊ́k] 男 -s/-s (旧ソ連の)政治将校. [*russ.*]
Po·lịt≈spen·de[polít..] 女 政治献金. **≈spiel** 中 政治ゲーム. **≈sze·ne** 女《話》政治の世界. **≈tä·ter** 男《話》政治犯の罪人.
Po·li·tur[politúːr] 女 -/-en **1 a)** (みがきをかけて・ワックスなどを塗って出した)つや, 光沢. ᵛ**b)** 《単数で》《比》みがきのかかった〈洗練された〉物腰, 洗練, 上品さ. **2** ＝Poliermittel [*lat.*; ＜*lat.* polīre (→polieren)]
Po·li·zei[politsáɪ] 女 -/-en《ふつう単数で》**1** 警察: Geheim*polizei* 秘密警察 | Militär*polizei* 憲兵隊 ‖ *sich*[4] der ~ stellen 警察に出頭する〈自首する〉| *jn.* der ~ übergeben …を警察に引き渡す | Er ist bei der ~. 彼は警察に勤めている, 彼は警察官だ ‖ dümmer sein, als 〔es〕 die ~ erlaubt (→dumm 1). **2** 《集合的に》警察官, 警官隊: die ~ rufen 〈holen〉 警察を呼ぶ〈連れてくる〉. **3** 警察署, (警察の)派出所, 交番: die ~ verständigen 警察〈交番〉に知らせる | *sich*[4] bei der ~ melden 警察に居所を届け出る〈出頭する〉. [*gr.* polīteíā „Staatsverwaltung"－*lat.*－*mlat.*; ＜*gr.* polítēs (→politisch); ◇ *engl.* police]
Po·li·zei≈ak·tion 女 警察の行動〈活動〉(監視・検問・手入れなど). **≈amt** 中 警察署. **≈auf·sicht** 女 警察による監視, 保護観察. **≈be·am·te** 男 警察官. **≈be·hör·de** 女 警察署. **≈dienst·stel·le** 女 交番,〔巡査〕派出所. **≈di·rek·tion** 女 警察本部. **≈ge·fäng·nis** 中, **≈ge·wahr·sam** 男 (警察の)留置場: in ~ gehalten werden 留置場に留置される. **≈ge·walt** 女 **1** 〔法〕警察権. **2** 《単数で》(個々の場合に行使される)警察の力. **≈griff** 男 (相手が抵抗できぬように両腕を背中に折り曲げる)警察式のつかみ〈握り〉方: *jn.* in den ~ nehmen …の両腕を背中に折り曲げる | *jn.* im ~ abführen 両腕を背中に折り曲げた形で…を連行する(警官などが). **≈hund** 男 警察犬. **≈knüp·pel** 男 警棒. **≈kom·mis·sar** 男 警部. **≈kom·mis·sa·riat** 中 警察署, 警部駐在所. **≈kon·trol·le** 女 警察の検問. **≈kräf·te** 複 (国家権力の行使体としての)警察力.
po·li·zei·lich[politsáɪlɪç] 形《述語的用法なし》警察の; 警察〔の命令〕による: eine ~*e* Erlaubnis 警察の許可 | unter ~*er* Aufsicht 〈Bedeckung〉 警察に監視〈護衛〉されて ‖ *sich*[4] ~ melden 警察に届け出る(転入・転出などを) | ~ verboten sein 警察の命令によって禁止されている.
po·li·zei·no·to·risch[politsáɪ..] 形 (日頃から)警察に目をつけられている.
Po·li·zei≈not·ruf 男 警察緊急電話〔番号〕. **≈po·sten** 男 (警察の)派出所, 交番. **≈prä·si·dent** 男 (大都市の)警察署長; 警視総監; 警察本部長. **≈prä·si·dium** 中 (大都市の)警察署; 警視庁; 警察本部. **≈re·vier** 中 **1** 警察管区. **2** (管轄の)警察署. **≈schu·le** 女 警察学校. **≈spit·zel** 男 警察の密偵〈スパイ〉. **≈staat** 男 警察国家. **≈stra·fe** 女〔法〕警察罰. **≈strei·fe** 女 警察のパトロール〔隊〕. **≈stun·de** 女 (飲食店・風俗営業などの)法定閉店時刻. **≈ver·ord·nung** 女〔法〕警察命令. **≈wa·che** 女 交番,〔巡査〕派出所. **≈wacht·mei·ster** 男 巡査部長. **≈wa·gen** 男 警察の車; パトロールカー. **≈we·sen** 中 -s/ 警察組織〈制度〉.
po·li·zei·wid·rig 形 警察命令違反の; 《戯》許すべからざる, はなはだしい: ~ dumm sein《戯》度し難いばか者である.
Po·li·zist[politsíst] 男 -en/-en (⊛ **Po·li·zi·stin**[..tɪn] -/-nen) 警察官, 警官, 巡査: Verkehrs*polizist* 交通巡査.
Po·liz·ze[polítsə] 女 -/-n《オーストリア》＝Police [*it.*]
Polk[pɔlk] 男 -〔e〕s/-s(-e) ＝Pulk
Pọl·ka[pɔ́lkaˑ] 女 -/-s〔ダンス〕ポルカ (Böhmen 地方で始まった 4 分の 2 拍子の軽快な輪舞); 〔楽〕ポルカ. [*tschech.* „Polin"]
Pọl·klem·me[póːl..] 女 -/-n〔電〕端子.
Pọl·lack[pɔ́lak] 男 -s/-s (Köhler)〔魚〕(北大西洋産の)タラ(鱈)の一種. [*schott.*－*engl.*]
Pọl·len[pɔ́lən] 男 -s/- (Blütenstaub)〔植〕花粉. [*lat.* „〔Mehl〕staub"; ◇Pulver, Polenta]
Pọl·len≈all·er·gie 女〔医〕花粉アレルギー, 花粉症. **≈all·er·gi·ker** 男 花粉アレルギー体質の人. **≈ana·ly·se** 女〔植〕花粉分析(堆積物中の花粉の検定・研究). **≈korn** 中 -〔e〕s/..körner〔植〕花粉粒. **≈sack** 男〔植〕葯室(やくしつ), 花粉室. **≈schlauch** 男〔植〕花粉管. **≈schnup·fen** 男〔医〕花粉症, 花粉性感冒〈鼻炎〉.
Pọl·ler[pɔ́lər] 男 -s/-〔海〕係柱, ボラード(→ 図 Dock). [*lat.* pullus (→Poule)－*afr.* poldre „Balken"－*ndl.* polders]
Pol·lu·tion[pɔlutsióːn] 女 -/-en〔生理〕遺精, 夢精. [*spätlat.*; ＜*lat.* pol-luere „besudeln"]
Pọl·lux[pɔ́lʊks] **I** 人名〔ギ神〕ポルクス(ギリシアの Polydeukes のラテン語形で, Kastor の双生児の兄弟: →Dioskuren): wie Kastor und ~ sein (→Kastor[1] I). **II** der **Pọl·lux** 男 -/〔天〕ポルックス(双子座の星で, 首星の Kastor とともに兄弟星とよばれる).
poln. 略 ＝**polnisch**
pọl·nisch[pɔ́lnɪʃ] 形 (略 poln.) ポーランド〔人・語〕の: →deutsch ‖ der *Polnische* Korridor〔史〕ポーランド回廊(第一次大戦後ポーランド領になった西プロイセンとポーゼン地方) | **eine ~e Wirtschaft**《話》(無秩序・乱脈な)混乱状態 ‖ *sich*[4] ~ verabschieden《話》(パーティーなどから)こっそりぬけ出す(＝*sich*[4] französisch empfehlen) | *sich*[4] ~ verheiraten / ~ zusammenleben《話》同棲(どうせい)する. [＜Pole〔n〕; ◇ *engl.* Polish]
Pọ·lo[1] →Marco Polo
Pọ·lo[2][póːloˑ] 中 -s/〔スポーツ〕ポロ(4 人ずつ組んだ二組で行う騎乗球技). [*tibet.* „Ball"－*engl.*]
Pọ·lo·hemd[póːlo..] 中〔服飾〕ポロシャツ.

Po·lo·nai·se (**Po·lo·nä̲·se**) [polonɛ́:zə; ｵｰｽﾄﾘｱ:..nɛ́:z] 女 -/-n [..zən] 〖ﾀﾞﾝｽ〗ポロネーズ(4分の3拍子のゆるやかなポーランド起源の舞踏); 〖楽〗ポロネーズ. [*fr.* polonais „polnisch"]

Po·lo·nịst [poloníst] 男 -en/-en ポーランド語学〈文学〉者.

Po·lo·nị·stik [..nístɪk] 女 -/ ポーランド語学〈文学〉研究.

Po·lo̲·nium [poló:niʊm] 中 -s/ 〖化〗ポロニウム(放射性元素名; 記号 Po). [発見者の一人 M. Curie の祖国 Polen にちなむ]

Po̲·lo≈schlä̲·ger [pó:lo..] 男 〖ｽﾎﾟｰﾂ〗ポロ用スティック, マレット. ≈**spiel** 中 ポロ競技. ≈**spie·ler** 男 ポロ競技者.

Po̲l≈schu̲h [pó:l..] 男 〖電〗〔磁〕極片(→ 図 Magnet). ≈**stär·ke** 女 〖電〗磁極の強さ.

Pọl·ster [pɔ́lstər] 中 -s/- (ｵｰｽﾄﾘｱ: 男 -s/-, Pölster [pœ́lstər]) **1 a)** (安楽いす・寝いすなどの布・革張りの)詰め物: die ~ eines Sofas neu beziehen ソファーを新しく張り替える | ein ausreichendes finanzielles ~ haben《比》経済的に十分余裕がある. **b)** (洋服の肩などに当てる)パッド. **c)** 《ｵｰｽﾄﾘｱ》(Kissen) クッション, 座ぶとん. **d)** 《話》(Fettpolster) 皮下脂肪. **2** 〖工〗当て物, クッション, ボルスター. **3** 〖植〗**a)** 中褥(ちゅうじょく)(シダ類の前葉体の中央部の厚い個所). **b)** (高山植物・砂漠植物などの)クッション状の団塊. **4** 《話》(いざというときのための)積立金, 準備金. [*germ.* „Aufgeschwollenes"; ◇Balg; *engl.* bolster]

Pọl·ster·bank 女 -/..bänke (詰め物をした)布〈革〉張りの長いす.

Pọl·ste·rer [pɔ́lstərər] 男 -s/- (安楽いすなどの詰め物をする)いす張り職人.

Pọl·ster≈gar·ni·tu̲r [pɔ́lstər..] 女 (詰め物をした)布〈革〉張り家具のセット. ≈**klas·se** 女 (布張りの座席のある昔の)1等客車. ≈**mö·bel** 中 (詰め物をした)布〈革〉張りの家具(安楽いす・寝いすなど).

pọl·stern [pɔ́lstərn] 《05》 他 (h) 《*et.*^{4}》 (…に)詰め物をする, (…に)クッションをつける: einen Sessel mit Schaumgummi ~ いすにフォームラバーの詰め物をする ‖ *gepolsterte* Möbel (詰め物をした)布〈革〉張りの家具(=Polstermöbel) | *gepolsterte* Schultern (洋服の)パッドを入れた肩の部分 | gut *gepolstert* sein《話》太っている; 経済的に余裕がある.

Pọl·ster≈na·gel 男 飾り鋲(びょう). ≈**pflan·ze** 女 〖植〗団塊〈クッション〉植物. ≈**ses·sel** 男 (詰め物をした)布〈革〉張りの安楽いす. ≈**sitz** 男 (詰め物をした)布〈革〉張りの座席. ≈**stu̲hl** 男 =Polstersessel ≈**tü̲r** 女 (詰め物をした)防音ドア.

Pọl·ste·rung [pɔ́lstərʊŋ] 女 -/-en **1** polstern すること. **2** =Polster

Pọl·ster·wat·te [pɔ́lstər..] 女 詰め綿.

Po̲l·su·cher [pó:l..] 男 〖電〗検極器, 極性表示器.

Pọl·ter·a̲bend [pɔ́ltər..] 男 〖民俗〗婚礼前夜の大騒ぎ(→poltern 4).

Pọl·te·rer [pɔ́ltərər] 男 -s/- 《話》がみがみ屋, 口やかまし屋.

Pọl·ter·geist [pɔ́ltər..] 男 -〔e〕s/-er **1** (Klopfgeist) (家のなかでゴトゴト音を立てる)騒霊, ポルターガイスト. **2** 《話》=Polterer

pọl·te·rig [pɔ́ltərɪç]^2 (**pọlt·rig** [..trɪç]^2) 形 **1** ガタガタ〈ゴトゴト・ガラガラ〉と騒がしい. **2** がみがみと口やかましい.

Pọl·ter·kam·mer [pɔ́ltər..] 女 がらくた置き場, 物置〔部屋〕.

pọl·tern [pɔ́ltərn] 《05》 自 (h) **1 a)** ガタガタ〈ゴトゴト・ガラガラ〉と騒がしい音を立てる: an 〈gegen〉 die Tür ~ 戸をドンドンたたく | ein *polterndes* Geräusch ガタガタ〈ガラガラ〉という物音. **b)** 〔非人称〕《es poltert》ガタガタ〈ゴトゴト・ガラガラ〉と音がする(幽霊に関しても用いられる): In der Wohnung über uns *poltert* es. 私たちの上の階のうちでドタドタ音がする. **2** (h, s) ガタガタ〈ゴトゴト・ガラガラ〉と騒がしい音を立てて移動する: Ein Wagen *polterte* über die Brücke. 車はゴトゴトと橋を渡った | Steine haben 〈sind〉 vom Wagen auf die Straße *gepoltert.* 石がゴロゴロと車から街路へころがり落ちた (h, s について: →schwimmen I 1 ☆) ‖ Die Kinder kamen ins Zimmer *gepoltert.* 子供たちが部屋の中にドタドタと入ってきた | die Treppe *polternd* hinuntergehen ドタドタ音をたてながら階段を降りる. **3** がみがみ〔文句を〕言う: eine *polternde* Polemik そうぞうしい論難 | der *polternde* Alte 口やかましい老人. **4** 〖民俗〗(婚礼の前夜に)食器を割るなどして大騒ぎする(悪魔を払い, 結婚を祝福するための古い習慣: →Polterabend). [擬音]

pọlt·rig =polterig

▽**Pol·tron** [pɔltrɔ̃́:] 男 -s/-s (口先だけの)おく病〈ひきょう〉者. [*ait.*–*fr.*; ◇*engl.* poltroon]

Po̲l·wechs·ler [pó:l..] 男 〖電〗転極器.

poly.. (↔mono..) 《名詞・形容詞などにつけて「多数の」を意味する》[*gr.* polýs „viel"; ◇viel, pleo..]

Po·ly·acry̲l·ha̲rz (**Po·ly·akry̲l·ha̲rz**) [poly(|)akrý:l..] 中 〖化〗ポリアクリル樹脂.

Po·ly·ami̲d [poly(|)amí:t]^1 中 -〔e〕s/-e 〖化〗ポリアミド(ナイロンなど合成繊維の材料).

Po·ly·an·dri̲e [poly(|)andrí:] 女 -/ 一妻多夫〔制〕. [<andro..]

po·ly·ạn·drisch [..(|)ándrɪʃ] 形 一妻多夫〔制〕の.

Po·ly·ar·thri̲·tis [poly(|)artrí:tɪs] 女 -/..tiden [..trití:dən] 〖医〗多発〔性〕関節炎.

Po·ly·äthy·le̲n [poly(|)ɛtylé:n] 中 -s/-e 〖化〗ポリエチレン.

Po·ly·chä̲t [polyçɛ́:t] 男 -en/-en, **Po·ly·chä̲·te** [..tə] 女 -/-n 《ふつう複数で》(Vielborster) 〖動〗多毛類(ウロコムシ・ゴカイなどの環形動物). [<*gr.* chaítē „langes Haar"]

po·ly·chro̲m [polykró:m] 形 多色の, 多彩の.

Po·ly·chro·mi̲e [..kromí:] 女 -/-n [..mí:ən] 多色, 多彩. [<*gr.* chrō̃ma „Farbe"]

Po·ly·dak·ty·li̲e [polydaktylí:] 女 -/-n [..lí:ən] 〖医〗多指〈多趾(し)〉〔症〕. [<daktylo..]

Po·ly·deu̲·kes [polydɔ́ʏkɛs] 人名 〖ギ神〗ポリュデウケス(Pollux のギリシア語形).

Po·ly·dip·si̲e [polydɪpsí:] 女 -/ 〖医〗煩渇(はんかつ) 多飲〔症〕, 多渇症. [<*gr.* dípsa „Durst"]

Po·ly·e̲der [poly(|)é:dər] 中 -s/- 〖数〗多面体.

Po·ly·e̲der≈krank·heit 女 -/ (カイコ(蚕)などの)多角体病. ≈**pro·jek·tio̲n** 女 〖測量〗多面体〔投影〕図法.

po·ly·e̲drisch [poly(|)é:drɪʃ] 形 〖数〗多面体の.

Po·ly·em·bryo·ni̲e [poly(|)ɛmbryoní:] 女 -/-n [..ní:ən] 〖生〗多胚(はい)〔形成〕, 多胚現象, 多胚生殖. [<*gr.* émbryon (→Embryo)]

Po·ly·ẹster [poly(|)ɛ́stər] 男 -s/- 〖化〗ポリエステル.

Po·ly·ẹster≈fa̲·ser·stof·fe 複 ポリエステル繊維. ≈**ha̲rz** 中 〖化〗ポリエステル樹脂.

po·ly·fo̲n [polyfó:n] =polyphon

po·ly·fo·ni̲e [..foní:] =polyphonie

po·ly·fo̲·nisch [..fó:nɪʃ] =polyphonisch

po·ly·ga̲m [polygá:m] 形 **1** (↔monogam) 複婚の, 一夫多妻〔制〕の; (まれに)一妻多夫〔制〕の. **2** 〖植〗雑花性の.

Po·ly·ga·mi̲e [..gamí:] 女 -/ **1** (↔Monogamie) 複婚, 一夫多妻〔制〕; (まれに)一妻多夫〔制〕(→Polyandrie). **2** 〖植〗雑花性(同一種が両性花と単性花を共に有すること).

po·ly·ga̲·misch [..gá:mɪʃ] =polygam

Po·ly·ga·mịst [..gamíst] 男 -en/-en 複婚〈多妻〉の人; 一夫多妻主義者.

po·ly·ge̲n [polygé:n] **I** 形 **1** (↔monogen) 〖生〗多元発生の. **2** 多因性の, 多原性の: ein ~*er* Vulkan 〖地〗複成火山. **II Po·ly·ge̲n** 中 -s/-e 〖遺伝〗ポリジーン.

Po·ly·ge·ne̲·se [..gené:zə] 女 -/ 〖生〗多元発生.

po·ly·glọtt [polyglɔ́t] **I** 形 数か国語で書かれた; 数か国語に通じた〈が話せる〉. **II Po·ly·glọt·te**^{1} 男 女 《形容詞変化》(▽**Po·ly·glọtt** 男 -en/-en) 数か国語に通じた〈が話せる〉人. [*gr.*; <*gr.* glō̃tta „Zunge"]

Po·ly·glọt·te^2 女 -/-n 数か国語で書かれた書物; (特に:) 数か国語対訳聖書.

Po·ly·glọt·ten·bi̲·bel 女 数か国語対訳聖書.

Po·ly·go̲n [polygó:n] 中 -s/-e (Vieleck) 〖数〗多角形. [*gr.*]

po·ly·go·nal[..goná:l] 形〘数〙多角〔形〕の.

Po·ly·graph[polygrá:f] 男 -en/-en **1 a)**〘医〙ポリグラフ, 多用途記録計. **b)** (Lügendetektor) うそ発見器. **2** (旧東ドイツで)印刷〈グラフィック〉産業従事者.

Po·ly·gra·phie[..grafí:] 女 -/ **1**〘医〙ポリグラフィー(レントゲン検査の際の連続撮影). **2**《集合的に》(旧東ドイツで)印刷〈グラフィック〉産業.

po·ly·gra·phie·ren[..grafí:rən] 他 (h)《*jn.*》(…を)うそ発見器にかける.

po·ly·gra·phisch[..grá:fɪʃ] 形 印刷〈グラフィック〉産業の.

Po·ly·gy·nie[..gyní:] 女 -/ 一夫多妻〔制〕(→Polygamie). [< *gr.* gynē „Weib"]

Po·ly·hi·stor[polyhístɔr, ..to:r] 男 -s/-en[..hɪstó:rən] 博学の人, 博識〔雑学〕家. [< *gr.* hístōr (→Historie)]

Po·ly·hym·nia[polyhý́mnia·] 人名〘ギ神〙ポリュヒュムニア(賛歌の女神: →Muse). [*gr.* Pol-ýmnia–*lat.*; < *gr.* hýmnos (→Hymne)]

Po·ly·kar·bo·nat[polykarboná:t] 中 -s/-e〘化〙ポリカーボネート(合成樹脂の一種).

po·ly·karp[polykárp] 形, **po·ly·kar·pisch**[..pɪʃ] 形〘植〙多心皮の. [< *gr.* karpós „Frucht"]

Po·ly·kon·den·sa·tion[polykɔndɛnzatsió:n] 女 -/ 〘化〙重縮合.

Po·ly·ma·stie[polymastí:] 女 -/-n[..tí:ən]〘医〙多乳房〔症〕.

ᵛ**Po·ly·ma·thie**[polymatí:] 女 -/ 博学, 博識. [*gr.*; < *gr.* manthánein (→mathematisch)]

po·ly·mer[polymé:r] **I** 形〘化〙重合体の: hoch*polymer* 高重合の. **II Po·ly·mer** 中 -s/-e, **Po·ly·me·re** 中《形容詞変化》〘化〙重合体.

Po·ly·me·re[..mé:rə] 中 -n/-n《ふつう複数で》=Polymer

Po·ly·me·rie[..merí:] 女 -/-n[..rí:ən] **1**〘生〙多同義遺伝子性. **2**〘化〙重合. **3**〘植〙多数性(花弁・おしべなど花器官の多いこと).

Po·ly·me·ri·sat[..merizá:t] 中 -(e)s/-e〘化〙重合体.

Po·ly·me·ri·sa·tion[..zatsió:n] 女 -/-en〘化〙重合.

Po·ly·me·ri·sa·tions·grad 男 -(e)s/〘化〙重合度.

po·ly·me·ri·sie·ren[..zí:rən] 他 (h)〘化〙重合させる: Moleküle ~ 分子を重合させる | *polymerisiertes* Öl 重合油.

Po·ly·me·ter[polymé:tər] 中 (男) -s/- ポリメーター, 毛髪湿度計. [„Vielzweck-meßgerät"]

Po·lym·nia[polý́mnia·] =Polyhymnia

po·ly·morph[polymɔ́rf] 形 (vielgestaltig)〘鉱・生〙多形の. [*gr.*]

Po·ly·mor·phie[..mɔrfí:] 女 -/〘鉱・生〙多形〔性〕.

Po·ly·mor·phis·mus[..mɔrfísmʊs] 男 -/〘生〙多形性.

Po·ly·ne·si·en[polyné:ziən] 地名 ポリネシア(中部太平洋の島々のうち, 180度の経線以東のものの総称. Hawaii, Samoa, Tonga などを含む). [< *gr.* nēsos „Insel"]

Po·ly·ne·si·er[..ziər] 男 -s/- ポリネシア人.

po·ly·ne·sisch[..zɪʃ] 形 ポリネシア〔人・語〕の: →deutsch

Po·ly·neu·ri·tis[polynɔyrí:tɪs] 女 -/..tiden[..rití:dən]〘医〙多発〔性〕神経炎.

po·ly·nom[polynó:m] **I** 形〘数〙多項の. **II Po·ly·nom** 中 -s/-e〘数〙多項式. [< *lat.* nōmen (→Nomen)]

po·ly·no·misch[..nó:mɪʃ] =polynom

Po·lyp[polý:p] 男 -en/-en **1**〘動〙ポリプ(着生生活する刺胞類の基本形). **2**〘医〙ポリープ, 茸腫(じょうしゅ): Magen*polyp* 胃ポリープ. **3**《話》(Polizist) 警官, 巡査. **4**《話》頭足類(イカ・タコなど). [*gr.* polý-pous „viel-füßig"–*lat.*; ◇..pode, Pulpe²]

po·ly·pen·ar·tig 形 (Polyp のような. 例えば:)〘医〙ポリープ状の.

po·ly·phag[polyfá:k][1] 形 (↔monophag)〘動〙雑食〈多食〉性の.

Po·ly·pha·ge[..gə] 男 -n/-n **1**〘動〙雑食性動物. **2**〘医〙多食疾患者.

Po·ly·pha·gie[..fagí:] 女 -/ **1**〘動〙雑食性. **2**〘医〙多食症; 大食性.

Po·ly·phem[polyfé:m] (**Po·ly·phe·mos**[polý(:)femɔs]) 人名〘ギ神〙ポリュペモス (Zyklop たちの一人. Poseidon の子で一眼の巨人. 帰国途上の Odysseus を悩ました). [*gr.*–*lat.*; < *gr.* phḗmē (→Fama)]

po·ly·phon[polyfó:n] 形〘楽〙多声の, ポリフォニーの.

Po·ly·pho·nie[..foní:] 女 -/〘楽〙多声音楽, ポリフォニー. [*gr.*]

po·ly·pho·nisch[..fó:nɪʃ] =polyphon

Po·ly·po·dium[polypó:diʊm] 中 -s/..dien[..diən] (Tüpfelfarn)〘植〙エゾデンダ属. [*gr.*]

po·ly·po·id[polypoí:t][1] 形〘医〙ポリープ状の. [<..oid]

Po·ly·pro·py·len[polypropylé:n] 中 -s/ 〘化〙ポリプロピレン(プロピレンの可塑性重合体).

Po·ly·pto·ton[polý́ptotɔn] 中 -s/..ptota[..ptota·]〘修辞〙同語異形反復(例 *Gleiches* mit *Gleichem* vergelten しっぺ返しをする). [*gr.*; < *gr.* ptōsis „Fall"]

Po·ly·rhyth·mik[polyrý́tmɪk] 女 -/ 〘楽〙ポリリトミック, 複リズム法(異なるリズムを同時に組み合わせること).

Po·ly·sac·cha·rid[polyzaxarí:t][1] 中 -(e)s/-e〘化〙多糖類.

po·ly·sem[polyzé:m] 形, **po·ly·se·man·tisch** [..zemántɪʃ] 形 (↔monosem)〘言〙多義の.

Po·ly·se·mie[polyzemí:] 女 -/ (↔ Monosemie)〘言〙多義〔性〕. [< *gr.* polý-sēmos „vieles bezeichnend" (◇Sem²)]

Po·ly·sper·mie[polyspɛrmí:, ..lʏs..] 女 -/ **1** (↔Monospermie)〘生〙多精, 多精子進入(1個の卵に2個以上の精子が進入すること). **2**〘医〙精液過多〔症〕, 多精液症. [*gr.*; ◇Sperma]

Po·ly·sty·rol[polystyró:l] 中 -s/-e〘化〙ポリスチロール, ポリスチレン.

Po·ly·syl·la·ba Polysyllabum の複数.

po·ly·syl·la·bisch[polyzʏlá:bɪʃ] 形〘言〙多音節の. [*gr.*–*mlat.*; < *gr.* syllabḗ (→Silbe)]

Po·ly·syl·la·bum[..zý́labʊm] 中 -s/..ba[..ba·]〘言〙多音節〔の単〕語.

Po·ly·syn·de·ta Polysyndeton の複数.

po·ly·syn·de·tisch[polyzʏndé:tɪʃ] 形〘修辞〙接続詞をくり返し用いた, 多辞の(例 *und* wiegen *und* tanzen *und* singen dich ein 揺すって踊って歌って寝かしつける).

Po·ly·syn·de·ton[..zý́ndetɔn] 中 -s/..ta[..ta·] (↔ Asyndeton)〘修辞〙接続詞多用〈畳用〉. [*gr.*–*lat.*]

Po·ly·syn·the·se[polyzʏnté:zə] 女 -/-n **1** 複合, 合成. **2**〘言〙多総合, 抱合.

po·ly·syn·the·tisch[..zʏnté:tɪʃ] 形 **1** 多数総合の, 複合〈合成〉の. **2**〘言〙多総合的な, 抱合的な: eine ~*e* Sprache 抱合的言語(アメリカインディアン語・エスキモー語など).

Po·ly·syn·the·tis·mus[..zʏntetísmʊs] 男 -/ 〘言〙多総合, 抱合.

Po·ly·tech·ni·ka, Po·ly·tech·ni·ken Polytechnikum の複数.

Po·ly·tech·ni·ker[polytɛ́çnikər] 男 -s/- Polytechnikum の生徒.

Po·ly·tech·ni·kum[..tɛ́çnikʊm] 中 -s/..ken[..kən], ..ka[..ka·] (昔の)工業専門学校.

po·ly·tech·nisch[..tɛ́çnɪʃ] 形 工業〈技術〉の数部門にまたがる: ~*e* Bildung (旧東ドイツの)総合技術教育 | allgemeinbildende ~*e* Oberschule (旧東ドイツの)一般教育総合技術学校(→POS).

Po·ly·the·is·mus[polyteísmʊs] 男 -/ (↔Monotheismus)〘哲〙多神論; 多神教, 多神信仰.

Po·ly·the·ist[..teíst] 男 -en/-en 多神論者; 多神教徒.

po·ly·thei·stisch[..teístɪʃ] 形 多神論〈教〉の.

po·ly·to·nal[polytoná:l] 形〘楽〙多調の.

Po·ly·to·na·li·tät[..tonalitɛ́:t] 女 -/〘楽〙多調性.

Po·ly·ure·than[poly(|)uretá:n] 中 -s/-e《ふつう複数で》〘化〙ポリウレタン(合成樹脂の一種).

P

Po·ly·uri̱e[poly(|)urí:] 女 -/-n[..rí:ən]〘医〙多尿〔症〕. [＜uro..]

Po·ly·vi·ny̱l·chlo·ri̱d[polyvinýːl..] 中 -〔e〕s/ (略 PVC)〘化〙ポリ塩化ビニール.

po·ly·zẹn·trisch[polytsɛ́ntrɪʃ] 形 中心があちこちにある, 多中心の.

pö̱l·zen[pœ́ltsən]《02》他 (h)《ｵｰｽﾄﾘｱ》板囲いで補強する.「[＜Bolz]」

po·mạ·de[pomá:də] 形《話》**1**《述語的》《*jm.*》重要でない, 無関心な: ***jm.* ～ sein** …にとってはどうでもいいことである. **2**《ふつう副詞的》だらだらした, ゆっくりの: langsam und ～ wandern のんびり歩く. [*slaw.*; ◇pomadig[2]]

Po·mạ·de[−] 女 -/-n **1**〘美容〙ポマード: ～ ins Haar streichen ポマードを髪に塗る. **2** (Lippenpomade)〘薬〙口唇用軟膏(なんこう). [*it.* pomata−*fr.* pommade; ＜*lat.* pōmum (→Pomona)]

Po·mạ·den·hengst 男《話》髪の毛をポマードでてかてかにした男.

po·mạ·dig[1][pomá:dɪç][2] 形 **1** ポマード〔状〕の. **2** ポマードを塗った: ～*es* Haar ポマードを塗りつけた髪. **3**《方》横柄な, 高慢な.

po·mạ·dig[2][−] 形《話》のろい, だらだら〈のんびり〉した; 気のない, 無関心な. [＜pomade]

po·ma·di·si̱e·ren[pomadizí:rən] 他 (h)《*et.*[4]》(…に)ポマードを塗る: das Haar ‹den Kopf› ～ 毛髪にポマードを塗る.

Po·me·rạn·ze[pomərántsə] 女 -/-n **1 a**)〘植〙ダイダイ(橙). **b**) ダイダイ(果実). **2**《話》(Landpomeranze) 田舎娘. [＜*it.* pomo „Apfel" (◇Pomona)＋arancia „bitter" (◇Orange)]

Pọm·mer[1][pɔ́mər] 男 -s/-〘楽〙ポンマー(ボンバルトのドイツ名: →Bomhart). [*mfr.* bombarde; ◇Bombarde]

Pọm·mer[2][−] 男 -n/-n (女 **Pọm·me·rin**[..mərɪn]-/-nen) ポンメルンの人. [＜Pomorane]

pọm·me·risch[pɔ́mərɪʃ] (**pọm·mersch**[pɔ́mərʃ]) 形 ポンメルンの.

Pọm·mern[pɔ́mərn] 地名 ポンメルン(バルト海に面する旧ドイツ領の地方. 第二次大戦後 Oder 川以東がポーランド領, 以西が旧東ドイツ領, ドイツ再統一後は Mecklenburg-Vorpommern 州の一部となった. 英語形 Pomerania).

pọm·mersch ＝pommerisch

Pommes frites[pɔmfrít, ..frít(s)] 複〘料理〙ポテトフライ, フライドポテト. [*fr.*; ＜*lat.* frīgere (→Fritte)]

Po·mo·lọ·ge[pomoló:gə] 男 -n/-n (→..loge) 果樹園芸学者; 果樹栽培家.

Po·mo·lo·gi̱e[..logí:] 女 -/ 果樹園芸学; 果樹栽培法.

po·mo·lọ·gisch[..ló:gɪʃ] 形 果樹園芸学〔上〕の; 果樹栽培〔法〕の.

Po·mọ·na[pomó:na·] 人名〘ロ神〙ポモナ(果実の女神). [*lat.*; ＜*lat.* pōmum „Obst"]

Po·mo·rạ·ne[pomorá:nə] 男 -n/-n ポモラン人(西スラヴ族に属する). [„Küstenbewohner"; ◇Pommer[2]]

Pomp[pɔmp] 男 -〔e〕s/ はなやかさ, 華美, 壮観; けばけばしさ, 見せびらかし, 虚飾: *et.*[4] mit ～ feiern …をはでに祝う. [*gr.* pompḗ „Sendung, Festzug"−*lat.* pompa „Prunk"−*mfr.*−*mhd.*; ＜*gr.* pémpein „senden"; ◇pompös]

Pọm·pa·dour[pɔ́mpadu:r; ｵｰｽﾄﾘｱ: ◡◡⏊] 男 -s/-e (-s)〘服飾〙ポンパドゥール(やわらかな生地で作った昔の女性用手さげ袋). [＜Marquise de Pompadour (フランスの侯爵夫人, †1764)]

Pom·pe·jạ·ner[pɔmpejá:nər] 男 -s/- ポンペイの人.

pom·pe·jạ·nisch[pɔmpejá:nɪʃ] (**pom·pẹ·jisch**[..pé:jɪʃ]) 形 ポンペイの.

Pom·pẹ·ji[pɔmpé:ji·] 地名 ポンペイ(ヴェスヴィオ火山の噴火によって79年に埋没し, 16世紀以後発掘された古代ローマの都市). [*lat.*]

Pom·pẹ·jus[pɔmpé:jʊs] 人名 Magnus Gnaeus Pompeius マグヌス グナエウス ポンペイウス(前106-48; 古代ローマの政治家. 第一次三頭政治に加わり, のち Cäsar と戦って死んだ).

Pọm·pel·mu̱·se[pɔ́mpəlmu:zə, ◡◡⏊◡] 女 -/-n ＝Pampelmuse

pomp·haft[pɔ́mphaft] 形 はでな, きらびやかな, けばけばしい; 見せびらかしの, もったいぶった, 気取った, 大げさな.

Pom·pon[pɔ̃pɔ̃:, pɔmpɔ̃:] 男 -s/-s **1** ポンポン(羽毛・毛糸・リボンなどで作った玉房: → 図 Pierrot). **2**〘園〙ポンポン咲き. [*fr.*]

Pom·pon·da̱h·lie[pɔ̃pɔ̃:da:liə, pɔmpɔ̃:..] 女〘植〙ポンポンダリア.

pom·pö̱s[pɔmpø:s][1] 形 **1** はなやかな, 壮麗な, 華麗な, 豪華な: ein ～*er* Empfang はなやかなレセプション | eine ～*e* Villa 豪壮な邸宅. **2** 見せびらかしの, 大げさな, 気取った. [*spätlat.*−*fr.* pompeux; ＜*lat.* pompa (→Pomp)]

Pö̱n[pø:n] 女 -/-en ＝Pönale 1

[▽]**pö·na̱l**[pøná:l] 形 刑罰の, 刑法上の. [*lat.*; ＜*lat.* poena (→Pein); ◇..al[1]; *engl.* penal]

Pö·na̱·le[pøná:lə] 中 -s/..lien[..liən] (ｵｰｽﾄﾘｱ: -s/-) **1** 刑罰, 罰. **2** 罰金, 科料.

pö·na·li·si̱e·ren[pønalizí:rən] 他 (h) **1** (bestrafen) 処罰する. **2**〘競馬〙(馬に) Pönalität を課する.

Pö·na·li·tä̱t[..tɛ́:t] 女 -/-en〘競馬〙馬に加重などによって課するハンディキャップ. [*mlat.*; ◇*engl.* penalty]

pon·ceau[pɔ̃só:] 形《無変化》真紅の, ひなげし色の. [*fr.* „Klatschmohn"]

Pọn·cho[pɔ́ntʃo·] 男 -s/-s〘服飾〙ポンチョ, 貫頭衣(中央に頭を通す穴のある一枚布の外衣: → 図). [*indian.*−*span.*]

Poncho

Pond[pɔnt] 中 -s/- (単位: -/-) ポンド(物理学・工業などにおける重量単位; 記号 p). [*lat.* pondus „Gewicht"; ＜*lat.* pendēre (→Pendel); ◇Pfund]

pon·de·ra̱·bel[pɔnderá:bəl] (..ra·bl..) 形 (↔imponderabel) 計量〈測定〉できる, 測り得る. [*spätlat.*; ＜*lat.* ponderāre „〔ab〕wägen"; ◇..abel]

Pon·de·ra·bi̱·li·en[pɔnderabí:liən] 複 (↔Imponderabilien) 可量物.

Pon·de·ra·tio̱n[pɔnderatsió:n] 女 -/-en〘美〙(彫像の重みを四肢に)平均して配分すること. [*lat.*]

[▽]**po·ni̱e·ren**[poní:rən] 他 (h) **1**《*jn.*》(客などを)もてなす, (…に)ごちそうする, (…に)おごってやる. **2**〘哲〙仮定する. [*lat.* pōnere „setzen"; ◇apo.., Position]

Pö·ni·tẹnt[pønitɛ́nt] 男 -en/-en〘ｶﾄﾘｯｸ〙贖罪(しょくざい)者, 悔悛(かいしゅん)者. [*lat.* paenitēre „bereuen"; ◇Patient]

Pö·ni·ten·tia̱r[pønitɛntsiá:r] 男 -s/-e〘ｶﾄﾘｯｸ〙聴罪司祭. [*mlat.*; ◇*engl.* penitentiary]

Pö·ni·tẹnz[pønitɛ́nts] 女 -/-en〘ｶﾄﾘｯｸ〙ざんげ, 悔い改め〔の苦行〕. [*mlat.*; ◇*engl.* penitence]

Pọn·te[pɔ́ntə] 女 -/-n **1** (Brücke) 橋. **2** (ライン川の)渡し船. [*lat.* pōns „Pfad, Brücke"−*fr.*; ◇finden, Pontus, Ponton]

Pon·ti·cel·lo[pɔntitʃɛ́lo·] 男 -s/-s (..lli[..li·])〘楽〙(弦楽器の)駒(こま). [*it.* „Brückchen"]

Pọn·ti·fex[pɔ́ntifɛks] 男 -/..tifizes[pɔntí(:)fitse:s] **1** (古代ローマの)大神官. **2**〘ｶﾄﾘｯｸ〙司教; (特にローマの司教である)教皇(→Pontifex maximus 2). [*lat.* „Brückenmacher"; ◇..fizieren]

Pọn·ti·fex mạ·xi·mus[pɔ́ntifɛks máksimʊs] 男 - -/..tifizes ..mi[pɔntí(:)fitse:s máksimi·] **1** (古代ローマの)大神官長. **2**《単数で》(略 P. M.) 最大の司教(ローマ皇帝・教皇の称号). [*lat.*; ◇Maximum]

pon·ti·fi·ka̱l[pɔntifiká:l] 形〘ｶﾄﾘｯｸ〙司教の. [*lat.*]

Pon·ti·fi·ka̱l·amt 中〘ｶﾄﾘｯｸ〙司教盛式ミサ.

Pon·ti·fi·ka̱·li·en[pɔntifiká:liən] 複〘ｶﾄﾘｯｸ〙**1** 司教用の祭服と服飾(司教冠・杖(つえ)など). **2** 祭服飾を身につけた司教による祭式〈儀式〉. [*kirchenlat.*]

Pon·ti·fi·ka̱t[pɔntifiká:t] 中 (男) -〔e〕s/-e〘ｶﾄﾘｯｸ〙**1** 司教〈教皇〉の職位. **2** 司教〈教皇〉職の任期. [*lat.*; ◇..at]

Pon·ti̱·fi·ze̱s Pontifex の複数.

Pon·ti̱·fi·ze̱s mạ·xi·mi Pontifex maximus の複数.

Pon·ti·nisch[pɔntíːnɪʃ] 形 die ～*en* Sümpfe ポンティーネ沼沢地(ローマの南東方にあり, 今日では干拓されている).

pon·tisch[pɔ́ntɪʃ] 形 (黒海沿岸にある)草原地帯の, ステップの. [＜Pontus]

Pon·tius[pɔ́ntsiʊs] →Pilatus[1]

Pon·ton[pɔ̃tɔ̃ː, pɔntɔ̃ː, pɔ́ntɔ̃ˑ; ｵｰｽﾄﾘｱ: pɔntóːn] 男 -s/-s〘海・軍〙(船橋用の)平底ボート, 鉄舟(→ 図 Brücke A). [*lat.*－*fr.*; ＜*lat.* pōns (→Ponte); ◇*engl.* pont〔o〕on]

Pon·ton·brücke[pɔ̃tɔ̃ː..] 女〘海・軍〙船橋, 浮き橋(→ 図 Brücke A).

Pon·tus[pɔ́ntʊs] 地名 ポントゥス(黒海に臨む小アジアの古代国家, のちローマの属州となった). [*gr.*－*lat.*; ＜*gr.* póntos „Pfad, Meer" (◇Ponte)]

der **Pon·tus Eu·xi·nus**[pɔ́ntʊs ɔʏksíːnʊs] 地名 男 --/ ポントゥス=エウクシヌス(黒海 das Schwarze Meer のラテン語名). [*gr.*－*lat.*; ＜*gr.* eú-xe〔i〕nos „gastlich" (◇xeno..)]

Po·ny I[pɔ́niˑ; まれ: póːniˑ] 中 -s/-s ポニー(英国産の小型の馬). II[pɔ́niˑ] 男 -s/-s《ふつう複数で》(女性の額にかかる)切り下げ前髪, おかっぱの前髪; ポニーテール: eine Meise 〈einen Triller〉 unterm ～ haben (→Meise, →Triller). [*engl.*]

Po·ny≈fran·sen[pɔ́ni..] 複, **≈fri·sur** 女 (女性の額にかかる)切り下げ前髪.

Pool[puːl] 男 -s/-s **1**〘経〙プール, 企業連合, 海運〈航空会社〉連合. **2** (ばくちの)賭金. [*fr.* poule (◇Poule)－*engl.*]

Pool·bil·lard[púːlbɪljart][1] 中〘ﾋﾞﾘﾔｰﾄﾞ〙プール, ポケット玉突き.

poo·len[púːlən] 他 (h)〘経〙(資金・利潤を)プールする.

Pop[pɔp] 男 -〔s〕/ **1** ＝Pop-art **2** ＝Popmusik

Po·panz[póːpants] 男 -es/-e **1**《方》(おどし用などに作った)お化けの人形, わら人形. **2**《軽蔑的に》**a)** 意味ありげに〈重要らしく〉仕立て上げられたもの, こけおどし. **b)** 他人の言いなりに動く人. [*slaw.*]

Pop-art[pɔ́p|aːrt] 女 -/〘美〙ポップアート. [*amerik.*; ＜*engl.* popular (◇populär)]

Pop·corn[pɔ́pkɔrn] 中 -s/〘料理〙(ハゼトウモロコシの実を炒(い)って作った)ポップコーン. [*amerik.*; ＜*engl.* pop „knallen"＋corn (→Korn)]

Po·pe[póːpə] 男 -n/-n **1**〘東方正教会〙〔在俗〕司祭. **2**《軽蔑的に》くそ坊主. [*westgerm.*－*russ.* pop; ◇Papa, Papst, Pfaffe]

Po·pel[póːpəl] 男 -s/- **1**《話》(粘液状の)鼻汁. **2**《方》**a)** 洟(はな)たれ小僧. **b)** くだらぬやつ. **3** ＝Popanz

po·pe·lig[póːpəlɪç][2] (**pop·lig**[..plɪçl[2]]) 形《話》**1** 乏しい, わずかな, 貧弱な; 平凡な, つまらぬ: ein ～*es* Trinkgeld わずかばかりのチップ | geschäftsmäßig ～ sein 売れ行きがよくない. **2** (knauserig) ひどくけちな, しみったれた. [＜Pöbel]

Po·pe·lin[popəlíːn; ｵｰｽﾄﾘｱ: poplíːn] 男 -s/-e (**Po·pe·line**[－] 男 -s/-[..líːnə]; 女 -/-)〘織〙ポプリン. [*fr.*]

po·peln[póːpəln]《06》自 (h)《話》鼻くそをほじくる.

Pop·kunst[pɔ́p..] 女 -/ ＝Pop-art

pop·lig ＝popelig

Pop·mu·sik[pɔ́p..] 女 -/〘楽〙ポップ=ミュージック(ビート・ロックなど新しいポピュラー音楽). [＜Pop-art]

Po·po[popóː] 男 -s/-s《話》(Gesäß) 尻(しり). [＜Podex]

pop·pen[pɔ́pən] 自 (h)《卑》(koitieren) 性交する.

Pop·per[pɔ́pər] 男 -s/- ポッパー (Poppers の入っている容器・アンプル).

Pop·pers[pɔ́pərs] 中 -/ ポッパース(亜硝酸アルミから作られる興奮剤). [*engl.*]

pop·pig[pɔ́pɪç][2] 形 ポップアート的な.

Pop≈sän·ger[pɔ́p..] 男 ポップ歌手. **≈sen·der** 男 Popmusik 放送局. **≈song** 男 ポップソング. **≈star** 男 ポップスター. **≈sze·ne** 女 ポップ〔ミュージック〕界.

po·pu·lär[populɛ́ːr] 形 **1** 広く世に知られた, 一般大衆に普及している; 一般に人気のある, 公衆に受けのよい; 大衆に特有な, 俗っぽい: ein ～*er* Politiker 国民によく知られた〈人気のある〉政治家 | ein ～*er* Schlager ポピュラーな流行歌 ‖ *jn.* ～ machen …を有名にする, …の人気〈知名度〉を高める | *sich*[4] überall ～ machen いたるところで名を売る. **2** 大衆向きの, 通俗的な, 平易な: eine ～*e* Darstellungsweise だれにでも分かる記述の仕方. [*lat.*－*fr.*; ＜*lat.* populus (→Pöbel)]

po·pu·la·ri·sie·ren[popularizíːrən] 他 (h) **1** 世間一般に広める, 普及させる, 大衆化する. **2** 一般に理解しやすくする, 大衆向きにする, 通俗化する. [*fr.*]

Po·pu·la·ri·sie·rung[..rʊŋ] 女 -/ popularisieren すること.

Po·pu·la·ri·tät[popularitɛ́ːt] 女 -/ **1** 大衆性, 庶民性, 通俗性; 知名度, 評判, 人気: 〔eine〕 große ～ genießen 広く世間に知られている | an ～ einbüßen 〈gewinnen〉 人気を失う〈増す〉| nach ～ haschen 俗受けをねらう. **2** (一般の人々にとっての)わかりやすさ, 平易さ. [*lat.*－*fr.*]

Po·pu·la·ri·täts·grad 男 知名度, 人気度.

Po·pu·lar≈phi·lo·soph[populáːr..] 男 (啓蒙(けいもう)主義時代の)大衆哲学者. **≈phi·lo·so·phie** 女 (啓蒙主義時代の)大衆哲学.

po·pu·lär·wis·sen·schaft·lich[populɛ́ːr..] 形 通俗科学的な.

Po·pu·la·tion[populatsióːn] 女 -/-en **1**〘生〙個体群. **2**〘天〙星団. **3** (Bevölkerung)《集合的に》(ある地域の)全住民; 住民数, 人口. [*spätlat.*]

Po·pu·lis·mus[populɪ́smʊs] 男 -/ **1**〘文芸〙(特に1930年代にフランス庶民生活の素朴な写実を標榜(ひょうぼう)した)ポピュリズム, 民衆主義. **2**〘政〙(原理・信条の欠落した)大衆扇動〈迎合〉主義, 人気取り政治.

Po·pu·list[populɪ́st] 男 -en/-en **1** ポピュリズム〈民衆主義〉の作家. **2** 大衆扇動〈迎合〉政治家.

po·pu·li·stisch[populɪ́stɪʃ] 形 **1** ポピュリズム〈民衆主義〉の. **2** 大衆扇動〈迎合〉的な, 人気取り政治の.

Po·re[póːrə] 女 -/-n **1**〘解〙孔, (特に:) 汗孔(かんこう), 毛穴: Der Schweiß brach ihm aus allen ～*n*. 彼の全身から汗がふき出した. **2** (岩石などの)細孔. [*gr.* póros „Durchgang"－*spätlat.*; ◇fahren, porös]

Po·ren·ze·pha·lie[porɛntsefalíː] 女 -/-n[..líːən]〘医〙脳空洞〔症〕, 孔脳〔症〕. [＜kephalo..]

po·rig[póːrɪç][2] 形 小穴の多い, 多孔性の.

Pör·kel〔**t**〕[pœ́rkəl(t)] 中 -s/ , **Pör·költ**[pœ́rkœlt] 中 -s/〘料理〙(肉・野菜・とうがらし入りの)ハンガリーふう煮込み料理. [*ungar.*]

Por·ling[pɔ́rlɪŋ] 男 -s/-e〘植〙サルノコシカケ(猿の腰掛)目のキノコ.

Por·no[pɔ́rnoˑ] 男 -s/-s《話》ポルノ(→Pornographie).

Por·no≈film[pɔ́rno..] 男 ポルノ映画. **≈fo·to** 中 ポルノ写真.

Por·no·graph (**Por·no·graf**)[pɔrnográːf] 男 -en/-en ポルノ製作者; ポルノ作家〈画家〉. [*fr.*; ＜*gr.* pórnē „Hure"]

Por·no·gra·phie (**Por·no·gra·fie**)[..grafíː] 女 -/-n[..fíːən] ポルノ〔グラフィー〕(春画・春本・ポルノ写真・ポルノ映画など): ～ verkaufen ポルノを売る. [*fr.*]

por·no·gra·phisch (**por·no·gra·fisch**)[..gráːfɪʃ] 形 ポルノ〔グラフィー〕の: ein ～*er* Film ポルノ映画 | ～*e* Schriften わいせつ文書.

Por·no≈in·du·strie[pɔ́rno..] 女 ポルノ産業. **≈ki·no** 中 ポルノ映画館. **≈la·den** 男 ポルノショップ. **≈li·te·ra·tur** 女 ポルノ文学. **≈ma·ga·zin** 中 ポルノ雑誌.

por·no·phil[pɔrnofíːl] 形 ポルノを愛好する.

Por·no≈ro·man[pɔ́rno..] 男 ポルノ小説. **≈star** 男 ポルノ映画〈ビデオ〉のスター. **≈vi·deo** 中 ポルノビデオ.

po·rös[porǿːs][1] 形 **1** (porig) 小穴の多い, 多孔性の: ～*er* Bimsstein 多孔質の軽石. **2** (水・空気などを)透過する, 透過性の; (水・空気などが)漏る: ein ～*es* Gefäß 〈Hemd〉 水の漏る容器〈通気性のあるシャツ〉| Die Dichtung ist ～. パッキングが不十分だ. [*fr.*; ◇Pore, ..os]

Po·ro·si·tät[porozitɛ́ːt] 女 -/ (porös なこと. 例えば:)

多孔性; 透過性. [*fr.*]

Po̤r·phy̲r[pɔ́rfy:r, ..fʏr, pɔrfý:r; ｵｰｽﾄﾘｱ: ◡⊿] 男 -s/ (種類: -e[pɔrfý:rə]) 〘鉱〙斑岩(はんがん). [*gr.* porphýreos „purpurn"–*mlat.*–*it.* porfiro; <*gr.* porphýrā (→Purpur)]

Por·phy·ri̤t[pɔrfyrí:t, ..rít] 男 -s/-e 〘鉱〙玢岩(ひんがん).

Po̤r·ree[pɔ́re·] 男 -s/-s 〘植〙リーキ, セイヨウネギ(西洋葱)(→ 図). [*lat.* porrum „Lauch"–〔*a*〕*fr.*; ◇Pras]

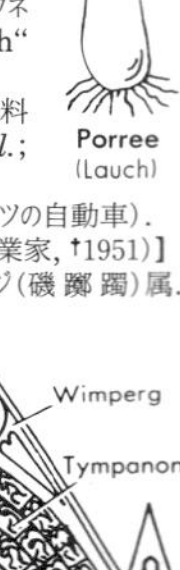

Porree (Lauch)

Po̤r·ridge[pɔ́rɪtʃ, pɔ́rɪdʒ] 男 (中) -s/ 〘料理〙オートミール. [*fr.* potage–*engl.*; <〔*m*〕*fr.* pot (→Pott)]

Po̤r·sche[pɔ́rʃə] 男 -s/-s 商標 ポルシェ(ドイツの自動車). [<F. Porsche (ドイツの自動車設計者・企業家, †1951)]

Porst[pɔrst] 男 -〔e〕s/-e 〘植〙イソツツジ(磯躑躅)属. [*mhd.* bors]

port. 略 = **port**ugiesisch

ᐁ**Port**[pɔrt, pɔ:t] 男 -〔e〕s/-e (Hafen) 港; 《雅》安全な場所: vom sicheren ～ aus zusehen《比》高みの見物をする. [*lat.* portus (→ Portikus)–*afr.*–*mhd.*]

Po̤r·ta·ble[pɔ́rtəbəl] 男 中 -s/-s ポータブルラジオ〈テレビ〉. [*engl.*]

Por·ta̤l[pɔrtá:l] 中 -s/-e **1** (教会・宮殿などの堂々とした)表玄関, 正面入口(→ 図). **2** 〘劇〙舞台フロント. [*mlat.*; <*lat.* porta (→Pforte)]

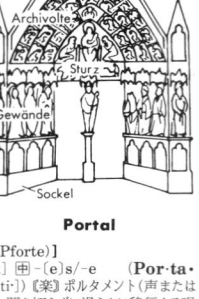

Portal

Por·ta·me̤nt[pɔrtamɛ́nt] 中 -〔e〕s/-e (**Por·ta·me̤n·to**[..to·] 中 -s/..ti[..ti·]) 〘楽〙ポルタメント(声または弦楽器で一つの音から他の音へ間を切らずに滑らかに移行する唱法・奏法). [*it.*; <*lat.* portāre (→portieren)]

die **Po̤r·ta Ni̤·gra**[pɔ́rta· ní:gra·] 女 --/ 《遺跡名》ポルタ=ニグラ (Trier にある, 4 世紀に造られたローマ時代の市門で, ラテン語で「黒い門」の意). [◇Pforte, Neger]

Por·ta·ti̤v[pɔrtatí:f][1] 中 -s/-e 〘楽〙携帯用小オルガン. [*mlat.*; <*lat.* portāre (→portieren)]

por·ta̤·to[pɔrtá:to·] 副 (getragen) 〘楽〙ポルタート(一つ一つの音をごく柔らかく区切りながら滑らかに次の音に移る唱法・奏法). [*it.*]

ᐁ**Porte·chai·se**[pɔrt(ə)ʃɛ́:zə] 女 -/-n (人を運ぶ)かご, 輿(こし). [*fr.*; <*lat.* portāre (→portieren)]

Porte·feuille[pɔrt(ə)fǿ:j] 中 -s/-s **1 a)**《雅》(Brieftasche) 札(さつ)入れ, 紙入れ. ᐁ**b)** (Aktenmappe) 書類カバン, ポートフォリオ. **2** 〘政〙(大臣の)管轄〔範囲〕, 所管事項: ein Minister ohne ～ 無任所大臣 | *sein* ～ niederlegen (大臣が)辞任する. **3** 〘経〙(銀行などの)有価証券現在高. [*fr.*; <*fr.* porter „tragen" +feuille (→Feuilleton)]

Porte·mon·naie[pɔrtmɔné:, ..nɛ́:, ◡◡⊿] 中 -s/-s (Geldbeutel) (小型の)財布, がまぐち, 小銭入れ: ein ledernes ～ 革製の小銭入れ | **ein dickes ～ haben**《話》金持ちである ‖ **tief ins ～ greifen**《話》大金を支払う; 大散財する. [*fr.*; ◇Münze[2]]

Port·epe̲e[pɔrtepé:] 中 -s/-s (士官・下士官の)剣の緒(→ 図): *jm.* aufs ～ treten《比》…の名誉を踏みにじる | *jn.* **beim ～ fassen**《比》…の名誉心に訴える. [*fr.* porte-épée; <*fr.* épée „Degen" (◇Spatha)]

Portepee

Po̤r·ter[pɔ́rtər] 男 (中) -s/- (強い)黒ビール(もとはロンドンなどの市場の人夫が飲んだ). [*engl.* „Lastträger"]

Po̤r·ti Porto の複数.

Por·tier[pɔrtié:] 男 -s/-s (ｵｰｽﾄﾘｱ: [pɔrtí:r]-s/-e) 守衛, 門番; (ホテルの)ドアマン; (アパートなどの)管理人: der stille ～《比》(アパートなどの入口の壁に並んでいる)居住人表札. [*spätlat.* portārius–*fr.*; ◇Port〔al〕]

Por·tie̤·re[pɔrtié:rə, ..tiɛ́:rə] 女 -/-n (戸の代わりに, または装飾用などに戸口に下げる)カーテン, 仕切り幕, とばり. [*fr.*]

Por·tie̤·ren[pɔrtí:rən] 他 (h) 《ｽｲｽ》(選挙の候補者として)指名推薦する. [*lat.* portāre „tragen"–*fr.* porter; ◇Port]

Por·tier·lo̤·ge[pɔrtié:lo:ʒə] 女 (建物の)守衛室, 管理人室.

Po̤r·ti·kus[pɔ́rtikʊs] 男 -/-; 女 -/-[..ku:s], ..ken[..kən] 〘建〙ポルチコ, 柱廊玄関(→ 図 Baukunst). [*lat.*; <*lat.* portus „Eingang" (◇Furt); ◇portieren, Port〔al〕; *engl.* porch, portico]

Por·tio̤n[pɔrtsió:n] 女 -/-en (戯: 小 **Por·tiö̤n·chen**[pɔrtsiǿ:nçən] 中 -s/-) (飲食物の) 1 人前, 割当〔量〕, 分け前; 〘軍〙口糧; 《比》分量: **eiserne ～** 〘軍〙(非常用の)携帯口糧 | eine ～ 〈zwei ～*en*〉 Suppe スープ 1 人前〈2 人前〉 | **eine halbe ～** (飲食物)半人前; 《軽蔑的に》(体格・能力などについて)半人前の人間 | eine reichliche 〈knappe〉 ～ Essen たっぷりした〈貧弱な〉量の料理 1 人前 | eine tüchtige 〈große〉 ～ Geduld《話》非常な忍耐 ‖ in ～*en* = portionsweise [*lat.*; <*lat.* pars (→Part)]

por·tio̤·nen·wei·se = portionsweise

por·tio·nie̤·ren[pɔrtsioní:rən] 他 (h) (飲食物などを人数に応じて)分ける, 割り当てる.

por·tio̤ns·wei·se[pɔrtsió:ns..] 副 (→..weise ★) 1 人前〈一皿〉ずつ, 割り当てで, 少量ずつ.

die **Por·ti·ṳn·ku·la**[pɔrtsiʊ́ŋkula·] 女 -/ ポルツィウンクラ(イタリアの Assisi にある礼拝堂). [*lat.* „Teilchen"]

Po̤rt·land·ze·ment[pɔ́rtlant..] 男 -〔e〕s/ (略 PZ) ポルトランド=セメント(水硬性セメントの一種. ふつうセメントと言えばこれを指すことが多い). [<Portland (イングランドの半島)]

Po̤rt·ma·rie·chen[pɔ́rtmari:çən, ◡◡⊿◡] 中《話》(Portemonnaie) (小型の)財布, 小銭入れ. [<Portemonnaie+Marie „Geld"]

Port·mo·nee[pɔrtmoné:] 中 -s/-s = Portemonnaie

Po̤r·to[pɔ́rto·] 中 -s/-s, ..ti[..ti·] 郵便料金, 郵送料, 郵税: Paket*porto* 小包郵送料 | das ～ für Auslandssendungen 国外郵便料金 ‖ *Porto* zahlt Empfänger. 郵送料は受取人払い. [*it.* „Tragen"; ◇portieren]

Po̤r·to·aus·la̤·gen[pɔ́rto..] 複 郵送費. **~bu̲ch** 中 郵送料金記録簿.

po̤r·to·frei 形 郵送料無料の; 郵便料金別納の. **~pflich·tig** 形 郵送料〈郵便料〉の必要な.

Po̤r·to Ri̤·co[pɔ́rto· rí:ko·] 地名 ポルト=リコ (Puerto Rico の旧名).

Por·trät[pɔrtrɛ́:] 中 -s[-s]/-s[–s]; [..trɛ́:t] 中 -〔e〕s/-e (ᐁ**Por·trait**[..trɛ́:] 中 -s/-s) (Bildnis) 肖像〔画〕, ポートレート(特に半身像); 《比》人物〈性格〉描写: ein fotografisches ～ 肖像写真 | Selbst*porträt* 自画像 ‖ ein ～ von *jm.* machen …の肖像をつくる, …の肖像画を描く〈肖像写真をとる〉 | *jm.* **～ sitzen** …に肖像画を描いてもらう〔ためにすわる〕. [*fr.*; <*lat.* prōtrahere (→protrahieren)]

Por·trät·fo̲·to[pɔrtrɛ́:(t)..] 中 肖像写真. **~fo·to·gra̲f** 男 肖像〈人物〉写真家.

por·trä·tie̤·ren[pɔrtrɛtí:rən] 他 (h) 《*jn.*》(…の)肖像をつくる, (…の)肖像画を描く, 肖像写真をとる; 《比》(…の)人物〈性格〉描写をする. [◇*engl.* portray]

Por·trä·ti̤st[pɔrtrɛtíst] 男 -en/-en 肖像画家, 肖像彫刻家, 人物写真家. [*fr.* portraitiste]

Por·trät·ma̲·ler[pɔrtrɛ́:(t)..] 男 肖像画家. **~pho·to·graph** = Porträtfotograf **~sta̲·tue** 女 肖像彫刻. **~zeich·nung** 女 肖像スケッチ画.

Port Said[pɔ́rt záɪt] 地名 ポート=サイド(エジプト=アラブ共和国, スエズ運河の地中海側入口にある港湾都市). [*engl.*; <Said Pascha (スエズ運河建設時のエジプト君主, †1863)]

Ports·mouth[pɔ́:tsməθ] 地名 **1** ポーツマス(イングランド南部, イギリス海峡に臨む軍港都市). **2** ポーツマス(アメリカ合衆国, ニューハンプシャー州・バージニア州などにある都市). [*engl.*; ◇Port, Mund[1]]

portug. 略 = **portug**iesisch

Por·tu·gal[pɔ́rtugal] 地名 ポルトガル(イベリア半島西端の共和国. 首都は Lissabon). [*mlat.*–*port.*; ◇Port]

Por·tu·gie·se[pɔrtugí:zə] 男 -n/-n (⊗ **Por·tu·gie·sin**[..zɪn]-/-nen) ポルトガル人.

Por·tu·gie·ser[..zər] 男 -s/- **1** 《単数で》(赤ワイン用) ポルトギーザー種のぶどう. **2** ポルトギーザー種のぶどうからつくった赤ワイン.

por·tu·gie·sisch[..zɪʃ] 形 (略 port., portug.) ポルトガル(人・語)の: →deutsch

Por·tu·lak[pɔ́rtulak] 男 -s/-e, -s 〘植〙スベリヒユ(滑莧)属: großblütiger ～ マツバボタン(松葉牡丹). [*lat.*; <*lat.* portula „Pförtchen" (◇Pforte); ◇*engl.* purslane]

Port·wein[pɔ́rtvaɪn] 男 -[e]s/(種類: -e) ポートワイン(ポルトガル産の甘いワイン). [<Porto (ポルトガルの輸出港)]

Por·zel·lan[pɔrtsɛlá:n, ..tsəl..] 中 -s/-e **1** 《単数で》磁器; 陶磁器; 磁器製の食器: das Meißener ～ マイセン磁器 | unechtes ～ 陶器 ‖ eine Vase aus ～ 磁器の花瓶 | Sie ist wie aus ⟨von⟩ ～. 《比》彼女はひどくきゃしゃだ | vom guten ～ essen 上等の磁器の食器で食事をする ‖ ～ brennen ⟨bemalen⟩ 磁器を焼く(に絵付けする) | ～ sammeln 磁器を収集する | **～ zerschlagen** 《比》(慎重さを欠いた言動のために)ぶちこわしになるようなことをする, 無用のトラブルをひき起こす | Mit deiner Äußerung hast du viel ～ zerschlagen. 君の発言のおかげでせっかくのもくろみがすっかりだめになってしまった. **2** 《ふつう複数で》磁器類. [*it.* porcellana „Seemuschel"; <*lat.* porcella „Sau" (◇Ferkel); 形が女性器に似た貝の殻の光沢から; ◇*engl.* porcellain]

Por·zel·lan·email·le[pɔrtsɛlá:n|emaljə, ..tsəl..] 女 ほうろう, 瀬戸引き.

por·zel·la·nen[pɔrtsɛlá:nən, ..tsəl..] 形 《付加語的》 **1** 磁器〔製〕の. **2** (磁器のように)すべすべした, 清らかな, すき通るような; 壊れやすい, デリケートな, もろい.

Por·zel·lan≠er·de 女 (Kaolin) カオリン(陶土の一種). **≠fa·brik** 女 磁器製造工場. **≠ge·schirr** 中 -[e]s/ 磁器製の食器(皿・茶わんなど一式). **≠ho·se** 女 《戯》(兵隊やテニス選手の履く)純白のズボン. **≠ki·ste** 女 陶磁器運搬用の木箱: Vorsicht ist die Mutter der ～. (→Vorsicht). **≠krab·be** 女 〘動〙カニダマシ(蟹騙し). **≠kro·ne** 女 磁器歯冠. **≠la·den** 男 陶磁器店, せともの屋: *sich*[4] wie ein Elefant im ～ benehmen (→Elefant 1). **≠ma·le·rei** 女 磁器画, 絵付け. **≠mar·ke** 女 磁器〔製造所〕マーク. **≠mas·se** 女 磁器用素地. **≠schnecke** 女 〘貝〙コヤスガイ(子安貝), タカラガイ(宝貝). **≠ser·vice**[..zɛrvi:s] 中 磁器製食器(コーヒーカップ)のセット. **≠wa·ren** 複 磁器類.

Pos. 略 = **Pos**ition 〘商〙品目, 項目.

POS[pe:|o:|ɛ́s] 略 女 -/ = allgemeinbildende **p**olytechnische **O**berschule (旧東ドイツの)一般教育総合技術学校(→polytechnisch).

Po·sa·ment[pozamɛ́nt] 中 -[e]s/-en《ふつう複数で》(衣服やいすなどに用いる)縁飾り, 飾りレース, 飾りひも. [*fr.* passement; <*fr.* passer „(Fäden) durchziehen" (◇passieren)]

Po·sa·men·ter[..tər] 男 -s/- =Posamentier

Po·sa·men·te·rie[pozamɛntərí:] 女 -/-n[..rí:ən] (レース・飾りひもなどを扱う)服飾品店, 小間物店; 服飾品工場.

Po·sa·men·tier[..tí:r] 男 -s/-e (レース・飾りひもなどを扱う)服飾雑貨品商, 小間物商; 服飾雑貨品製造職人.

po·sa·men·tie·ren[pozamɛntí:rən] 他 (h) 《*et.*[4]》(…に) Posament をつける, Posament で装飾する.

Po·sa·men·tie·rer[..rər] 男 -s/- =Posamentier

Po·sau·ne[pozáʊnə] 女 -/-n **1** 〘楽〙トロンボーン(→ 図 Blasinstrument): die ～*n* des Jüngsten Gerichts 最後の審判のらっぱ(聖書: Iコリ15,52から) | zur Zeit der letzten ～ 最後の審判のらっぱが鳴り渡るとき(世界の終わりに) ‖ 〔die〕 ～ blasen ⟨spielen⟩ トロンボーンを吹く | blasen ⟨schmettern / einen Lärm machen⟩ wie die ～*n* von Jericho 《戯》(エリコのらっぱを吹き鳴らすように)騒ぎ立てる(聖書: ヨシ6, 4以下) | Ein guter Arzt bedarf keiner ～[2]. 《諺》名医は宣伝する必要がない. **2** 〘楽〙(オルガンの)トロンボーン音栓. **3** 〘貝〙エッチュウバイ(越中蜆). [*lat.* būcina (→Bake)–*afr.*–*mhd.* busūne]

po·sau·nen[pozáʊnən] (過分 posaunt) **I** 自 (h) トロンボーンを奏する, らっぱを吹く; 《比》大騒ぎする. **II** 他 (h) **1** 《話》(自画自賛して)言いふらす, 吹聴する: *et.*[4] in die ⟨alle⟩ Welt ～ …を世間に言いふらす. **2** 大声で言う(告げる).

Po·sau·nen≠blä·ser 男 トロンボーンを吹く人, トロンボーン奏者. **≠en·gel** 男 **1** 〘美〙トロンボーンを吹く天使. **2** 《戯》頬(ほお)がふっくらとした子供.

Po·sau·nist[pozaʊníst] 男 -en/-en トロンボーン奏者.

po·schie·ren[pɔʃí:rən] =pochieren

Po·se[1][pó:zə] 女 -/-n (英: *pose*) (わざとつくった・気取った)姿態, 態度, 身構え, ポーズ; (絵・彫刻・写真などのモデルの)姿勢, ポーズ, 位置: eine ～ einnehmen ⟨annehmen⟩ ポーズをつくる, 気取る, 見せかける | in der ～ eines Denkers 思索する人のポーズで(をとって) | Seine Kunstbegeisterung ist nur eine ～. 彼の芸術愛好は本物ではない. [*fr.*; ◇posieren]

Po·se[2][–] 女 -/-n **1** 《北部》(Feder) **a)** 羽茎; 羽根ペン; (ふとん用の)羽毛. **b)** 《複数で》寝床: Raus aus 〔den〕 ～*n*! 《話》起きろ | nach ～*n* reisen 《話》就寝する. **2** 《方》(Floß) (釣り糸・漁網などの)浮き. [„Schwellende"; *ahd.* phoso–*ndd.*]

Po·sei·don[pozáɪdɔn] 人名 〘ギ神〙ポセイドン(海の神で, ローマ神話の Neptun に当たる). [*gr.*]

Po·se·muckel[po:zəmʊ́kəl, ⏤◡◡◡] 中 -s/ 《無冠詞で》《軽蔑的に》へんぴな寒村, ちっぽけな田舎町: aus ～ kommen 田舎の出身(田舎っぺ)である | in ～ wohnen ⟨leben⟩ 片田舎に住んでいる. [Posen の近くの村の名から]

Po·sen[pó:zən] 地名 ポーゼン(ポーランド中西部の商工業都市. 1945年までドイツ領. ポーランド語形 Poznań).

Po·seur[pozǿ:r] 男 -s/-e 気取り屋, もったいぶる人. [*fr.*]

po·sie·ren[pozí:rən] 自 (h) ある姿勢(態度)をとる; (絵・彫刻・写真などのモデルとして)ポーズをとる; 装って見せる, 気取る: vor der Kamera ～ カメラの前でポーズをとる | Ihr Schmerz ist nicht echt, sondern nur *posiert*. 彼女の苦悩は本物ではなく ただの見せかけだ. [*spätlat.* pausāre (→pausieren)–*fr.*; ◇Pose[1]]

Po·si·tion[pozitsió:n] 女 -/-en **1 a)** 位置, 所在地点; 〘軍〙陣地; 〘天〙星位: die ～ des Schiffes ermitteln ⟨melden⟩ 船の現在位置を確かめる(知らせる). **b)** (特定の)位置, 定位置: in ⟨auf⟩ ～[4] gehen 定位置(ポジション)につく | Der Kreuzer ist in ～[4] gegangen ⟨hat ～ bezogen⟩. 巡洋艦は定位置についた. **c)** (特定の)姿勢, 体位. **2** 地位, 身分, 職, 勤め口: eine führende ⟨leitende⟩ ～ 指導的地位 | eine mächtige ～ haben ⟨bekleiden⟩ 権力の座にある | in gesicherter ⟨hoher⟩ ～ sein 安泰な(高い)地位にある. **3** 立場, 見解; 状況, 局面, 環境: *sich*[4] *jm.* gegenüber in starker ⟨schwacher⟩ ～ befinden …に対して強い(弱い)立場にある | Seine ～ hat sich von Tag zu Tag verschlechtert. 彼のおかれた状況は日に日に悪化した. **4** (略 Pos.) 〘商〙品目, 項目; (予算などの)内訳: die einzelnen ～*en* des Haushaltsplans überprüfen 予算案の個々の項目を検査する. **5** 〘詩〙位置による長音〔節〕(古典韻律で短母音に二つ以上の子音が続く場合). **6** (Affirmation) 肯定, 是認. **7** 〘哲〙措定. [*lat.*; <*lat.* pōnere (→ponieren); ◇Post, Posten[2], Positur]

po·si·tio·nell[pozitsionɛ́l] 形 位置に関する, 位置的な.

Po·si·tions≠astro·no·mie[pozitsió:ns..] 女 〘天〙位置天文学. **≠lam·pe** 女 **1** (自動車の)サイドランプ. **2** 〘海〙

P

航海灯, 舷灯(げんとう).

po·si·tio̱ns·lang 形〘詩〙(音節が)位置によって長い(→ Position 5).

Po·si·tio̱ns≠län·ge 女 = Position 5 **≠licht** 中 -〔e〕s/-er **1**〘海〙航海灯, 舷灯(げんとう)(→ 図 Motorboot). **2**〘空〙位置灯. **≠mel·dung** 女〘海・空〙現在位置の報告. **≠pa·pier** 中 ポジションペーパー(特定の問題についての政府・政党・労働組合などの見解を述べた文書).

po̱·si·ti̱v[pó:ziti:f, pozití:f][1] **I** 形 **1** (↔negativ) **a)** 肯定の, 肯定的な: eine *~e* Antwort erhalten 肯定的回答を得る. **b)** (günstig) 都合のよい, 有利な; 上首尾な: einen *~en* Einfluß auf *jn.* ausüben …に好影響を与える | einen *~en* Vorschlag machen 建設的提案をする. **c)** プラスの, 陽性の;〘医〙(検査に対する反応が)プラス(陽性)の: ein *~es* Bild〘写〙陽画 | eine *~e* Drehung〘数〙正向回転 | eine *~e* Reaktion〘医〙陽性反応 | *~er* Schaden〘法〙積極的損害 | eine *~e* Zahl〘数〙正数 ‖ ~ geladen sein〘理〙陽電気を帯びている. **2 a)** 現実の, 実在的な; 実際的な, 具体的な: *~es* Recht〘法〙実定法 | ein *~es* Wissen haben 実際的知識がある. **b)** 実証的な: *~e* Philosophie 〈Wissenschaft〉 実証哲学〈科学〉. **c)** 積極的な; 明確な, 確固たる: *et.*[4] ~ behaupten …を断固として主張する. **d)**〘カトリック〙信仰のあつい. **II Po̱·si·ti̱v**[1] 男 -s/-e〘言〙(形容詞・副詞の)原級(→Komparativ, Superlativ). **III Po̱·si·ti̱v**[2] 中 -s/-e **1**〘写〙陽画, ポジ. **2**〘楽〙(ペダルのない)小型オルガン.

[*spätlat.* positīvus „gesetzt“〔−*fr.*〕; ◇Position]

Po̱·si·ti̱v≠bi·lanz[pó:ziti:f.., pozití:f..] 女〘商〙黒字決算. **≠bild** 中〘写〙陽画〔の像〕.

Po·si·ti·vi̱s·mus[pozitivísmʊs] 男 -/〘哲〙実証論, 実証主義; 実証哲学.

Po·si·ti·vi̱st[..víst] 男 -en/-en 実証主義〈哲学〉者.

po·si·ti·vi̱·stisch[..vístɪʃ] 形 実証論〈実証主義〉の; 実証主義的な.

Po̱·si·tro̱n[pó:zitro:n] 中 -s/-en[pozitró:nən]〘理〙陽電子, ポジトロン. [◇positiv, Elektron]

Po·si·tu̱r[pozitú:r] 女 -/-en **1** 身構え,(事に備えた)姿勢, ポーズ: ***sich***[4] **in ~ setzen** 〈**stellen** / **werfen**〉 身構える; (気取った)ポーズをとる. **2**《方》(Körperbau) 体格, 体つき. [*lat.*; ◇Position, Postur; *engl.* posture]

Po̱s·se[pɔ́sə] 女 -/-n (<Possenspiel) 道化芝居, 狂言, 茶番劇.

Po̱s·sen[pɔ́sən] 男 -s/-《ふつう複数で》からかい, 悪ふざけ, いたずら: **~ reißen** 〈treiben〉 ふざける, おどける | ***jm.* einen ~ spielen** …をからかう, …にいたずらをする. [*fr.* bosse; ◇Bosse, possierlich; *engl.* boss]

po̱s·sen·haft[pɔ́sənhaft] 形 道化のような, 茶番めいた, おどけた, こっけいな.

Po̱s·sen≠ma·cher 男, **≠rei·ßer** 男 道化師, おどけ者. **≠spiel** 中 =Posse

po̱s·ses·si̱v[pɔ́sɛsi:f, ◡◡⏊][1] **I** 形〘言〙所有の, 所有を表す: *~es* Fürwort 所有〈物主〉代名詞. **II Po̱s·ses·si̱v** 中 -s/-e =Possessivpronomen [*lat.*; <*lat.* possidēre „besitzen“ (◇sitzen)]

Pos·ses·si̱·va Possessivum の複数.

Po̱s·ses·si̱v·pro·no̱·men[また: ◡◡⏊◡—◡] 中〘言〙所有代名詞.

Pos·ses·si̱·vum[pɔsɛsí:vʊm] 中 -s/..va[..va·] =Possessivpronomen

[▽]**pos·si̱·bel**[pɔsí:bəl] (..si·bl..) 形 (↔ impossibel) (möglich) 可能な. [*lat.*; <*lat.* posse „können“; ◇potent]

[▽]**Pos·si·bi·li·tä̱t**[pɔsibilitɛ́:t] 女 -/-en 可能なこと, 可能性. [*lat.*]

pos·si̱er·lich[pɔsí:rlɪç] 形 おどけた, おかしい, ひょうきんな; かわいらしい: ein *~es* Kätzchen かわいい小猫. [<Possen]

post[pɔst]《ラテン語》(nach, hinter) 後ろに, のちに, その後: →*post* Christum 〔natum〕, *post* festum, *post* meridiem, *post* mortem, *post* urbem conditam

post.. (↔prä..)《名詞・形容詞などにつけて「(空間的または時間的に)後の」を意味する》: *Post*skriptum (手紙の)追伸 | *post*palatal〘言〙(子音などが)口蓋(こうがい)の奥の方で発音される | *post*natal〘医〙出生後の. [*lat.*]

Po̱st[pɔst] 女 -/-en **1**《ふつう単数で》**a)** 郵便〔制度・行政〕(シンボルは: → 図 Symbol): bei der ~ arbeiten 〈〔angestellt〕 sein〉 郵便局に勤めている | die Zeitung durch die ~ beziehen 新聞を郵送で購読する | *et.*[4] mit der ~ 〈durch die ~ / per ~〉 schicken …を郵便で送る. **b)** (Postamt) 郵便局: auf der ~ 〔telefonieren〕 郵便局で〔電話をかける〕 | auf die ~ 〈zur ~〉 gehen 郵便局へ行く | ein Paket auf die ~ 〈zur ~〉 bringen 小包を郵便局へ持って行く | ein Paket auf 〈von〉 der ~ 〔ab〕holen 小包を郵便局から取ってくる ‖ Die ~ ist heute geschlossen. きょうは郵便局は閉まっている. **c)** 郵便物: die eingegangene 〈heutige〉 ~ 届いた〈きょうの〉郵便物 ‖ viel ~ bekommen 〈erhalten〉 郵便物をたくさん受け取る | die ~ austragen 〈zustellen〉 郵便物を配達する | die ~ lesen 〈beantworten〉 郵便物を読む〈に返事を書く〉 ‖ mit gleicher ~ (別送の)同便で | *et.*[4] mit getrennter ~ zurückschicken …を別便で返送する ‖ Ist ~ für mich gekommen 〈da〉? 私あての郵便物が来ていますか.

2 a) (Postkutsche) 郵便馬車, 駅馬車: mit der ~ fahren 〈reisen〉 郵便馬車で旅をする | Ohne dich fährt die ~ auch.《話》君がいなくても事は運ぶよ(君は格別重要人物だというわけではない) | Die ~ geht ab!/ Ab geht die ~!《話》人々は去って行く; さあこれでおしまいだ | **Ab die ~!**《話》とっととうせろ. **b)** =Postbus

3 (Nachricht) 知らせ, 消息: gute ~ bringen 吉報をもたらす | *jm.* *~en* zutragen …にニュースを伝える.

4 (新聞・雑誌などの表題) Augsburger ~ アウクスブルク新報.

[*it.* posta „festgesetzter Aufenthaltsort“; ◇Posten[1]]

Po̱st≠ab·la̱·ge[pɔ́st..] 女 **1**《オーストリア・スイス》郵便局支所, 簡易郵便局. **2** (ホテルなどの)仕切りつき郵便物整理棚. **≠agen·tu̱r** 女 =Postablage 1

po·sta̱·lisch[pɔstá:lɪʃ] 形 郵便〔関係〕の, 郵便局の, 郵便による: *~e* Bestimmungen 郵便業務諸規程 | *et.*[4] auf *~em* Weg zustellen …を郵便で届ける. [<..al[1]]

Po·sta·me̱nt[pɔstamɛ́nt] 中 -〔e〕s/-e〘建〙台座, 台脚, 柱のベース. [<*it.* postare „hinstellen“ (◇Posto)]

Po̱st·amt[pɔ́st..] 中 郵便局: auf dem ~ Briefmarken kaufen 郵便局で切手を買う | auf das ~ gehen 郵便局へ行く | ein Paket aufs ~ bringen 小包を郵便局へ持って行く.

Po̱st·amts·vo̱r·ste̱·her 男 郵便局長.

Po̱st≠an·na̱h·me·stem·pel[pɔ́st..] 男 (郵便の)消印, 受付印. **≠an·stalt** 女 郵便局(本局・支局・簡易郵便局までを含めての総称). **≠ant·wort·schein** =Antwortschein **≠an·wei·sung** 女 郵便為替; 郵便為替用紙: eine ~ erhalten 郵便為替を受け取る | eine ~ ausfüllen 郵便為替用紙に記入する. **≠ar·beit** 女《オーストリア》緊急の仕事. **≠auf·trag** 男 **1** 郵便為替. **2** 集金〈現金取立〉郵便, 集金為替. **≠au·to** 中 **1** (郵便物集配用)郵便自動車. **2**《話》=Postbus **≠be·am·te** 男 (女 **≠be·am·tin**) 郵便局員. **≠bank** 女 **1** (郵便の)銀行業務機関. **2** die ~ (ドイツの)国営郵便銀行. **≠be·zug** 男 **1** (新聞・書籍などの)直接郵送購読. **2**〘商〙郵便による注文. **≠bo·te** 男 (Briefträger) 郵便配達人. **≠bus** 男 郵便バス(郵政省が経営する路線バス).

Pö̱st·chen[pœ́stçən] 中 -s/- (Posten[1] 1の縮小形)軽い〈あまり重要でない〉地位, 職; 副業, アルバイト, 兼職.

po̱st Chri̱·stum 〔na̱·tum〕[pɔ́st krístʊm (ná:tʊm)]《ラテン語》(略 p. Chr. 〔n.〕) (nach Christi Geburt) キリスト生誕後に, 西暦紀元後. [◇nativ]

Po̱st·damp·fer[pɔ́st..] 男 =Postschiff

[▽]**post·da·ti̱e·ren**[pɔstdatí:rən] =nachdatieren

Po̱st≠de·bi̱t[pɔ́stdebi:(t)] 男 (新聞の)郵便による配達〈販売〉. **≠dienst** 男 **1** 郵便事務〈業務〉. **2** der ~ (ドイツの)

国営郵便サービス. ≈di·rek·tion 女 (郵便業務の管轄官庁)郵務局, 地方郵政局. ≈di·rek·tor 男 郵政局長.

poste →*poste* restante

Post·ein·lie·fe·rungs·schein[pɔ́st..] 男 郵便物受領証.

post·em·bryo·nal[pɔst|ɛmbryoná:l] 形《医・動》胚期(はいき)以後の, 出生後の.

Po·sten[1][pɔ́stən] 男 -s/- **1** (⑪ **Pöst·chen** → 別出, **Pöst·lein**[pœ́stlaın] 中 -s/-) (職業上の)地位, ポスト, 職〔場〕; 職務, 役目: ein hoher 〈verantwortlicher〉 ~ 高い〈責任のある〉地位 | ein wichtiger ~ 重要なポスト ‖ einen guten ~ haben よい地位についている | den ~ aufgeben 職を辞する(→2 a) | einen ~ ausschreiben ポストを公募する | einen ~ suchen 職を探す | *seinen* ~ verlieren 職を失う ‖ **auf** dem ~ bleiben 職にとどまる(→2 a) | auf dem ~ sein 職務に忠実である, 職責を果たしている(→2 a) | *sich*[4] **um** einen ~ bewerben 求人に応募する | **von** dem ~ zurücktreten 職を退く.

2 a) 《軍》歩哨(ほしょう), 哨所; (一般に, 配置された)場所, 部署, 持ち場: 〚1格で〛Vor dem Eingang steht ein ~. 入口の前に歩哨〈番兵〉が立っている | Vor dem Eingang gehen ~ auf und ab. 入口の前を歩哨が行ったり来たりしている ‖〚4格で〛den ~ aufgeben 部署〈職場〉を放棄する(→1) | die ~ ablösen 哨兵の役目を交代する | ~ aufstellen 歩哨を立てる | ▽**~ fassen** 〈**nehmen**〉 部署につく | **~ schieben**《話》歩哨に立つ(=Posten stehen) | **~ stehen** 歩哨に立つ;《比》警戒する | die ~ verdoppeln 〈verstärken〉 歩哨を倍にする〈強化する〉‖〚前置詞と〛**an** den ~ gehen 部署につく | **auf** dem ~ bleiben 部署を離れない(→1) | **auf dem ~ sein** i) 部署についている; ii)《比》油断なく見張っている; iii)《話》からだの調子がよい, 健康である(→1) | ***sich***[4] **nicht ganz auf dem ~ fühlen**《話》からだが本調子ではない | **auf verlorenem ~ stehen** 〈**kämpfen**〉 成功の見込みのない戦いをする; むだな努力をする; 絶望的な状態にある | auf ~ ziehen 歩哨に立つ, 上番する | **vom** ~ kommen 歩哨から戻る, 下番する. **b)** (Polizeiposten) (警察の)派出所, 交番.

3 《狩》(直径6-8ミリの)大型散弾.

[*lat.* positus (locus) „festgesetzter (Ort)"–*it.* posto; ◇Posten[2], Post〔o〕, postieren; 3: *fr.* poste]

Po·sten[2][pɔ́stən] 男 -s/- 《商》**1** (個々の)勘定科目, 費目, 内訳〔金額〕, 〔記入〕金額: die verschiedenen ~ addieren 個々の金額を加算する | die einzelnen ~ einer Rechnung nachprüfen 勘定書の個々の科目を再検査する. **2** (商品の一定量)一口: ein ~ Fußballschuhe サッカーシューズ一口. [*lat.* posita (summa) „festgesetzte (Summe)" –*it.* posta; ◇Position, Posten[1]]

Po·sten≈dienst 男《軍》歩哨(ほしょう)勤務. ≈**jä·ger** 男 猟官運動をする人, よい地位を得ようと野心を抱く求職者. ≈**ket·te** 女 非常警戒線;《軍》歩哨(ほしょう)線. ≈**stand** 男《軍》監視哨所, 立哨地点.

Po·ster[pɔ́stər, pó:..] 中 (男) -s/- ([póustə]-s/-s) (室内装飾用などの印刷された)ポスター(→Plakat). [*engl.*]

poste re·stante[pɔ́st rɛstã́:t]《フランス語》=postlagernd

Po·ste·rio·ra[posterió:ra·] 複 **1** 後に続くもの, 後に起こる出来事. ▽**2**《戯》(Gesäß) しり, 臀部(でんぶ). [*lat.*; < *lat.* posterus „〔nach〕folgend" (◇post..)]

▽**Po·ste·rio·ri·tät**[pɔsteriorit ɛ́:t] 女 -/ **1** (地位・ランクなどが)下位である〈遅れている・後輩である〉こと. **2** (時間的に)後である〈遅れている・以後である〉こと. [*mlat.*]

▽**Po·ste·ri·tät**[pɔsteritɛ́:t] 女 -/ **1** (Nachkommenschaft)《集合的に》子孫, 後裔(こうえい). **2** (Nachwelt) 後世. [*lat.*–*fr.*]

Post·fach[pɔ́st..] 中 **1** 郵便私書箱. **2** (ホテルなどの)仕切りつき郵便物整理棚.

Post·fach·num·mer 女 (郵便の)私書箱番号.

post fe·stum[pɔst fɛ́stʊm]《ラテン語》(hinterher) 後から, 後で, 遅れて, 後の祭り的に: *et.*[4] ~ legalisieren …を追認する. [*lat.* „nach dem Fest"; ◇Fest]

Post·flug·zeug[pɔ́st..] 中 郵便〔飛行〕機.

post≈frei 形 郵便料金前納〈別納〉〔扱い〕の; 郵税無料の. ≈**frisch** 形《切手》未使用で無傷の.

Post≈ge·bühr 女 郵便料金, 郵税 ≈**ge·heim·nis** 中 郵便の秘密(「信書の秘密」Briefgeheimnis とは異なる; 郵便関係者の守るべき秘密). ≈**geld** 中 **1** =Postgebühr ▽**2** 郵便馬車の乗車賃. ≈**gi·ro** 中 郵便振替. ≈**gi·ro·kon·to** 中 郵便振替口座.

post·gla·zial[pɔstglatsiá:l] 形 (↔präglazial)《地》後氷期の.

post·gra·dual[..graduá:l] 形 大学卒業後の: ~*es* Studium / ~*e* Weiterbildung (旧東ドイツで)大学出の職業人の大学における再研修.

Post≈gut[pɔ́st..] 中 -〔e〕s/ 郵便小荷物. ≈**hal·ter** 男 **1** (多くは兼業の)郵便支局長, 私設郵便局長. ▽**2** (郵便馬車の)宿駅長.

▽**Post·hal·te·rei**[pɔsthaltərái] 女 -/-en 宿駅(郵便馬車の馬をかえたり, 郵便物の積みかえをしたりするところ).

Post·hilfs·stel·le[pɔ́st..] 女 (村落などにある)郵便物取扱所, 郵便支局出張所.

Pos·thi·tis[pɔstí:tıs] 女 -/..ten[..tən], ..tiden[..tití:dən] (Vorhautentzündung)《医》包皮炎. [*gr.* pósthē „Vorhaut"+..itis]

Post≈ho·heit[pɔ́st..] 女 (国家の)郵便事業独占権. ≈**horn** 中 -〔e〕s/..hörner **1** 郵便馬車のらっぱ. **2**《楽》ポストホルン. ≈**hörn·chen** 中 -s/-《虫》モトモンキチョウ(元紋黄蝶).

Post·horn·schnecke 女《貝》ヒラマキガイ(平巻貝)の一種.

post·hum[pɔsthú:m, pɔstú:m] =postum

po·stie·ren[pɔstí:rən] 他 (h) **1** 《*jn.*/*et.*[4]》(…を特定の場所に)配置する, 部署につかせる: Wachen am 〈an den〉 Eingang ~ 番人を入口に立てる | die Kameras vor der 〈die〉 Tribüne ~ カメラを演壇の前に据える. **2** 再帰 *sich*[4] ~ 部署〈地位〉につく: *sich*[4] vor der 〈die〉 Haustür ~ 玄関の前に〔見張りに〕立つ. [*fr.*; < *it.* posto (→Posten[1])]

Po·stil·le[pɔstílə] 女 -/-n **1** (Erbauungsbuch) 信心書; 説教集. **2**《軽蔑的に》(特定のテーマを扱う)特種雑誌〈新聞〉. [*mlat.*; < *lat.* post illa (verba sacrae scrīptūrae) „nach jenen (Worten der Heiligen Schrift)"; 聖書朗読に続く説教の前置きの文句]

Po·stil·lion[pɔstıljó:n, ◡◡–; オーストリア: ◡◡–] 男 -s/-e **1** 郵便馬車の御者. **2** (Wandergelbling)《虫》ダイダイモンキチョウ(橙紋黄蝶). [*it.* postiglione–*fr.*; < *it.* posta (→Post)]

Po·stil·lon d'amour[pɔstijɔ̃damú:r] 男 --/-s-[–] (Liebesbote) (恋文を届ける)恋の使者. [*fr.*]

post·in·du·striell[pɔst|ındʊstriɛ́l] 形《経》脱工業化社会の.

Post≈kar·te[pɔ́st..] 女 **1** 郵便はがき: eine ~ mit Antwort〔karte〕 往復はがき ‖ eine ~ schreiben 〈schicken / senden〉 はがきを書く〈出す〉 | *jm.* auf einer ~ mitteilen …にはがきで知らせる. **2** (Ansichtskarte) 絵はがき: eine ~ vom Kölner Dom ケルン大聖堂の絵はがき | das Japan der ~ *n*《比》理想化〈美化〉された日本. ≈**ka·sten** 男《北部》(Briefkasten)〔郵便〕ポスト; (各戸の)郵便受け. ≈**kut·sche** 女 郵便馬車, 駅馬車(昔, 郵便物や旅客を運んだ乗合馬車). ≈**kut·scher** 男 郵便馬車の御者.

post·la·gernd 形 局留めの: ~*e* Sendungen 局留め便 | einen Brief ~ schicken 局留めで手紙を出す. [*fr.* poste restante (◇Restant) の翻訳借用]

Pöst·lein Posten[1] 1の縮小形(→Pöstchen).

Post·leit·zahl[pɔ́st..] 女 郵便番号(略 PLZ): Köln hat die ~ 5000. ケルンの郵便番号は5000である.

Post·ler[pɔ́stlər] 男 -s/-《南部・オーストリア》《話》郵便局員.

Pöst·ler[pœ́stlər] 男 -s/-《スイス》《話》=Postler

Post·lu·dium[pɔstlú:diʊm] 中 -s/..dien[..diən] **1** (Nachspiel)《楽》後奏曲. **2** 礼拝後に演奏されるオルガン曲. [< post..+Präludium]

Post≈mar·ke[pɔ́st..] 女 (Briefmarke) 郵便切手, 郵券. ▽≈**mei·ster** 男 (特に地方の小さな郵便局, または私設郵便局の)郵便局長; (郵便馬車の)宿駅長.

post me·ri·diem[pɔst merí:diɛm]《ラテン語》(略 p. m.)(nachmittags) 午後[に]. [◇Meridian]

Post·miet·be·häl·ter[pɔ́st..] 男 (旧東ドイツの)賃貸し郵送用コンテナ. [<Miete[3]]

Post≠mi·ni·ster 男 郵政大臣〈長官〉. **≠mi·ni·ste·rium** 中 郵政省.

post·mo·dern[pɔstmodɛ́rn, ⌣⌣⌣] 形《美》ポストモダンの; ポストモダニズムに関する.

Post·mo·der·ne[..nə, ⌣⌣⌣⌣] 女《美》ポストモダニズム.

post·mor·tal[pɔstmɔrtá:l] 形 死後[の].

post mor·tem[pɔst mɔ́rtɛm]《ラテン語》(略 p. m.)(nach dem Tode) 死後[の・に]. [<*lat.* mors (→Mord)]

Post·nach·nah·me[pɔ́st..] 女 代金引換郵便, 郵税受取人払い.

post·na·tal[pɔstnatá:l] 形 (↔pränatal)《医》出生後の. [<*lat.* nātālis (→Natalie)]

post·nu·me·ran·do[pɔstnumerándo·] 副 (↔pränumerando)《商》受領後に, 後払いで: ～ bezahlen 品物受領のうえ料金を支払う. [<*lat.* numerāre „zählen" (◇Numerus)]

Post·nu·me·ra·tion[..numeratsió:n] 女 -/-en (↔Pränumeration) (Nachzahlung)《商》後払い.

[▽]**Po·sto**[pɔ́sto·] 男 位置, 地位: 〘もっぱら次の形で〙～ **fassen** 位置〈部署〉につく, 地位を占める, 持ち場〈部署〉を固める. [*it.* posto (→Posten[1])]

post·ope·ra·tiv[pɔst|opəratí:f, ..pe..][1] 形《医》手術後の, 術後[性]の: ～*e* Schmerzen 術後痛.

Post≠ord·nung[pɔ́st..] 女 郵便法規. **≠pa·ket** 中 郵便小包. **≠pferd** 中 駅馬, 早馬; 駅馬車の馬.

Post·po·si·tion[pɔstpozitsió:n] 女 -/-en **1**《言》後置, 後位. **2** (↔Präposition)《言》後置詞, 後置された前置詞(例 der Kirche *gegenüber* 教会に向かい合って). **3**《医》(臓器の)後転位.

Post≠re·gal[pɔ́st..] 中 郵便事業独占権(現在は国家にある). [▽]**≠rei·ter** 男 (騎馬の)郵便配達人, 早打ち. **≠sa·che** 女 **1** 郵便物. **2**《郵》料金前納郵便物. **≠sack** 男 郵袋, 郵便行嚢(こう). **≠schaff·ner** 男 (下級の)郵便局員, 郵便集配人. **≠schal·ter** 男 郵便局の窓口.

Post·scheck 男 郵便[振替]為替, 郵便小切手.

Post·scheck≠amt 中 (略 PSchA)[郵便]振替為替局. **≠kon·to** 中 (略 PSchKto)[郵便]振替口座: die Rechnung über *sein* ～ bezahlen 勘定を振替為替で支払う. **≠ver·kehr** 男 [郵便]振替為替支払流通〈取引〉.

Post≠schiff[pɔ́st..] 中 (郵便物運搬および乗り合い用の)郵便船. **≠schließ·fach** =Postfach **≠sen·dung** 女 郵送[物], 郵便物.

Post·skript[pɔst-skrípt] 中 -[e]s/-e (オーストリア: **Post·skrip·tum**[..tʊm] 中 -s/..ta[..ta·]) (略 PS) (Nachschrift) (手紙の)追伸, 二伸. [*lat.*]

Post≠spar·kas·se[pɔ́st..] 女 郵便貯金[局]. **≠sta·tion** 女 [▽]**1** 宿駅, 郵便馬車の駅. **2** 郵政省営バスの停留所. **≠stem·pel** 男 郵便スタンプ, 消印. **≠tag** 男 (へんぴな地方の)郵便集配日. **≠ta·rif** 男 郵便料金表.

post·ter·tiär[pɔsttɛrtsiɛ́:r] 形《地》第三紀層後の, 第三系後の.

post·trau·ma·tisch[..traʊmá:tɪʃ] 形《医》外傷後の; トラウマ〈精神的外傷〉後の: ～*e* Kopfschmerzen 外傷後頭痛.

Post·über·wei·sung[pɔ́st..] 女 郵便振替.

Po·stu·lant[pɔstulánt] 男 -en/-en [▽]**1** (Bewerber) 志願者. **2**《カトリック》修道志願者.

Po·stu·lat[..lá:t] 中 -[e]s/-e **1** (必要不可欠の)要請, (根本的)前提. **2**《哲・数》要請, 公準. **3**《カトリック》修道志願者の修練期〈試験期間〉. [*lat.*]

po·stu·lie·ren[..lí:rən] 他 (h) (不可欠の条件として)要求〈要請〉する, 前提する. [*lat.*; <*lat.* pōscere (→forschen); ◇*engl.* postulate]

po·stum[pɔstú:m] 形 死後の, 死後に生まれた〈発表された・贈られた〉: eine ～*e* Ehrung 没後に贈られた賛辞〈賞賛〉| ～*e* Werke 遺作 ‖ einen Titel ～ verleihen 死後に称号を与える. [*lat.*; ◇post..]

Po·stu·mus[pɔ́stumʊs] 男 -/..mi[..mi·] 父の死後に生まれた息子;《法》遺腹の子.

Po·stur[pɔstú:r] 女 -/-en《スイス》(Statur) 体格, 体つき. [<Positur]

post ur·bem con·di·tam[pɔst ʊ́rbɛm kɔ́nditam]《ラテン語》(略 p. u. c.) ローマ建国紀元. [„nach der Gründung der Stadt (Rom)"; ◇urban]

Post·ver·ba·le[pɔstvɛrbá:lə] 中 -[s]/..lia[..lia·] =Nomen postverbale

Post≠ver·bin·dung[pɔ́st..] 女 (郵便自動車・郵便船・郵便馬車などによる)郵便連絡. **≠ver·kehr** 男 郵便物の往来, 郵便業務; 郵便馬車〈バス〉の便. **≠ver·wal·tung** 女 郵便行政; 郵政業務管理[局], 郵政局. **≠wa·gen** 男 **1 a)** (郵便物集配用)郵便自動車. **b)**《鉄道》郵便車. **2** =Postkutsche

post·wen·dend 副 折り返し[の便で]: *jm.* auf *et.*[4] ～ antworten …にすぐ…の返事を出す | *jm.* ～ schreiben …に折り返し返事を書く.

Post≠wert·sen·dung 女 価格表記郵便物. **≠wert·zei·chen** 中 郵券, 郵便切手. **≠we·sen** 中 -s/ 郵便制度, 郵便業務, 郵便事業. **≠wurf·sen·dung** 女 (宣伝用印刷物などの)ダイレクトメール[による託送]. **≠zei·chen** 中 郵便の消印. **≠zen·sur** 女 郵便検閲. **≠zug** 男《鉄道》郵便列車. **≠zu·stel·lung** 女 郵便配達. **≠zwang** 男《法》郵便強制(行政側から言えば郵便事業独占権; 利用者側から言えば郵送の義務, すなわち郵便物は必ず国家の郵政機関によって送達しなければならないという義務).

Po·tem·kin[potɛ́mki:n, pɔtjɔ́mki:n] 人名 Grigorij Alexandrowitsch ～ グリゴリー アレクサンドロヴィッチ ポチョムキン(1739-91; ロシアの将軍・政治家).

Po·tem·kinsch[potɛ́mki:nʃ, pɔtjɔ́mki:nʃ] 形 ポチョムキンの: **～e Dörfer** ポチョムキンの村(ポチョムキンが土地の繁栄を見せかけるためにクリム半島に急造した村の故事から,「欺瞞(ぎまん)・見せかけ」の意味に用いる) | Das sind alles nur ～*e* Dörfer. これらはすべて全くの見かけ倒しにすぎない.

po·tent[potɛ́nt] 形 **1** 能力〈財力〉のある, 大きな影響力を持った: künstlerisch erstaunlich ～ sein 芸術的に驚くべき能力を持っている | ～*e* Kunden 金持ちの顧客. **2** (↔impotent)《医》(男性が)性的能力のある, 生殖力〈性交能力〉のある. [*lat.*; <*lat.* posse (→possibel)]

Po·ten·tat[potɛntá:t] 男 -en/-en《しばしば軽蔑的に》支配者, 権力者, 君主. [*lat.*]

po·ten·tial[potɛntsiá:l] **I** 形 **1** (↔aktual) 可能性をもった〈秘めた〉, 潜在的可能性のある. **2**《言》可能法の. **II Po·ten·tial** 中 -s/-e **1** 潜勢力, 潜在能力, 可能性. **2**《理》ポテンシャル: kinetisches ～ 運動ポテンシャル. **3**《電》電位. [*spätlat.*]

..potential[..potɛntsia:l]《名詞につけて「潜在的な…」を意味する中性名詞をつくる》: Arbeitskräfte*potential* 潜在的労働力 | Gewalt*potential* 潜在する暴力 | Wähler*potential* 潜在的な票田.

Po·ten·tial≠dif·fe·renz 女, **≠ge·fäl·le** 中《電》電位差.

Po·ten·tia·lis[potɛntsiá:lɪs] 男 -/..les[..le:s] (Möglichkeitsform)《言》可能法(接続法の用法の一つ).

Po·ten·tia·li·tät[potɛntsialitɛ́:t] 女 -/ (↔Aktualität) 実現しうる可能性, 潜在的可能性.

po·ten·tiell[potɛntsiɛ́l] 形 (↔aktual) (現実の存在ではなく, 可能性として)あり得る, 素地として持っている, 考えられる, 可能な; 潜在的な: ～*e* Begabungen erwecken (素質の中にひそむ)才能をよびおこす | ～*e* Energie《理》位置のエネルギー ‖ Er war ～ ein Verbrecher. 彼には犯罪者の素質があった. [*spätlat.* potentiālis－*fr.*]

Po·ten·tio·me·ter[potɛntsiomé:tər] 中 (男) -s/-《電》電位差計, ポテンシオメーター, 分圧計.

Po·ten·tio·me·trie[..metrí:] 女 -/-n[..rí:ən]《化》電位差分析, 電位差滴定.

Po·tenz[potɛ́nts] 女 -/-en **1** 能力, 力; 力を持った人: geistige ～ 精神[的能]力 | künstlerische ～ 芸術的能

力 | die wirtschaftliche ~ eines Landes ある国の経済力 | Er ist die ~. 彼が指導者〈権力者〉だ. **2**《単数で》(↔Impotenz)(男性の)性的能力, 生殖〈性交〉能力. **3**〘医〙(薬品の)希釈度. **4 a)**〘数〙冪(べき), 累乗: eine Zahl in die dritte ~ erheben ある数を3乗する | Die dritte ~ zu 〈von〉 zwei ist acht. 2の3乗は8 ‖ in ~《話》極度の, はなはだしい | Blödsinn in 〔höchster〕 ~ 極度にばかげたこと. **b)**《複数で》《話》女性の豊かな胸. **5**〘哲〙展相, 勢位. [*lat.*; ◇ *engl.* potency]

Po·tẹnz≈angst 女 (性交を前にしての男性の)不能恐怖.

≈ex·po·nent 男〘数〙累乗の指数.

po·ten·zi̱al[potɛntsiá:l] =potential

po·ten·zi̱ell[..tsiɛ́l] =potentiell

po·ten·zi̱e·ren[potɛntsí:rən] 他 (h) **1** 増大させる, 強める, 高める: 再帰 *sich*[4] ~ 増大する, 高まる. **2**〘数〙累乗する: eine Zahl mit 3 ~ ある数を3乗する. **3**〘医〙**a)** (同種療法で薬剤を)希釈する. **b)** (薬品の)効能を強める.

Po·tẹnz≈mit·tel[potɛ́nts..] 中 精力剤. **≈protz** 男《軽蔑的に》自分の性的能力を誇示する男. **≈rei·he** 女〘数〙冪(べき)級数. **≈schwä·che** 女 (男性の)性的能力の弱さ.

po·tẹnz·stei·gernd 形 (男性の)生殖〈性交〉能力を増大させる: ein ~*es* Mittel 強精剤.

ᵛPo·te·ri̱e[potərí:] 女 -/-s(-n[..rí:ən]) 陶器類, せともの; 製陶所; 製陶法. [*fr.*; <〔*m*〕*fr.* pot (→Pott)]

Pọt·pour·ri[pɔ́tpʊri·; オーストリア: pɔtpʊrí:] 中 -s/-s **1**〘楽〙接続曲, ポップーリ, メドレー曲. **2** 混合物, ごたまぜ: ein ~ von Meinungen てんでんばらばらのさまざまな意見. [*fr.*; *span.* olla podrida (→Olla podrida) の翻訳借用]

Pọts·dam[pɔ́tsdam] 地名 ポツダム(ドイツ Brandenburg 州, ベルリン郊外の工業都市で, ポツダム会談の開催地. Schloß Sanssouci がある. 軽蔑的に Potsdorf ということがある). [*slaw.*]

Pọts·da·mer[..mər] **I** 男 -s/- ポツダムの人. **II** 形《無変化》ポツダムの: das ~ Abkommen ポツダム協定(1945年ポツダムで, 米英ソ三国首脳のあいだに, ドイツの戦後処理に関して結ばれた).

Pott[pɔt] 男 -〔e〕s/Pötte[pœ́tə]《話》《北部》**1 a)** (Topf) つぼ, 深なべ; 杯, グラス. **b)** (Nachttopf) 室内用便器, おまる: **zu ~**〔*e*〕 **kommen**《話》(事が)うまく運ぶ,(課題などを)成しとげる. **2** 船; 汽船. [*spätlat.* pō〔t〕tus „Trinkbecher"−*mfr.* pot−*mndl.*−*mndd.* pot]

Pọtt·asche[pɔ́t|aʃə] 女 -/〘化〙(木炭から得る)不純な炭酸カリウム; 苛性(かせい)カリ; カリウム. [*ndd.*; 木灰を深なべで煮るという製法から; ◇ *engl.* potash]

Pö̤t·te Pott の複数.

Pọtt≈fisch[pɔ́t..] 男〘動〙マッコウクジラ(抹香鯨). **≈lo̱t** 中 -〔e〕s/〘鉱〙石墨, 黒鉛, グラファイト.

Pọtt·sau 女《話》不潔なやつ; 下品な〈下卑た〉やつ. [<Pott „Abfalleimer"]

Pọtt·wa̱l 男 =Pottfisch

potz[pɔts] 間《ふつう **potz Blitz, potz Donnerwetter, potz Wetter**, potztausend などの形で》(驚き・ののしりなどの気持を表して)おやまあ, これはこれは; ちくしょう, ちぇっ, いまいましい: *Potz* Blitz, da bist du ja schon wieder! おやまあ君はもうまた〔帰って〕来たのかい | *Potz* Donner〔wetter〕, das habe ich aber jetzt satt! ええい いまいましい もううんざりしたぞ. [<Gott+..s[1]]

pọtz·ta̱u·send[pɔ́tstáʊzənt] 間 →potz

Pou·drẹt·te[pudrɛ́tə] 女 -/〘農〙人糞(じんぷん)加工肥料. [*fr.*; <*fr.* poudre (→Puder)]

Pou·lard[pulá:r] 中 -s/-s, **Pou·lạr·de**[..lárdə] 女 -/-n 〔去勢され〕肥育された若鶏. [*fr.*]

Poule[pu:l(ə)] 女 -/-n[pú:lən] **1** 賭博(とばく)の賭金(かけきん). **2** =Poolbillard [*fr.*; <*lat.* pullus „Tierjunge"; ◇Pool]

Pou·let[pulé:] 中 -s/-s〘料理〙若鶏. [*fr.*; ◇Fohlen, pueril; *engl.* pullet]

pour ac·quit[purakí]《フランス語》(als erhalten) 領収済み.

pour fé·li·ci·ter[purfelisité]《フランス語》(略 p. f.)(um Glück zu wünschen)《ふつう略語の形で名刺などに添え書きして》祝意を表して, おめでとう. [◇Felix]

pour le mé·rite[purləmerít]《フランス語》(für das Verdienst) 勲功のために, 勲功により: der Orden ~ / der *Pour le Mérite* 〔プロイセン〕勲功章. [◇Meritum]

ᵛPour·par·ler[pʊrparlé:] 中 -s/-s 外交交渉, 予備会談〈討議〉. [*fr.* „um zu reden"; ◇parlieren]

Pous·sạ·de[pusá:də, pʊs..] (**ᵛPous·sạ·ge**[pusá:ʒə, pʊs..]) 女 -/-n《話》**1** (若い人たち, 特に生徒の)恋愛関係, 色恋ざた. **2**《軽蔑的に》恋人, いろ.

pous·si̱e·ren[pusí:rən, pʊs..] **I** 自 (h)《話》《mit *jm.*》(…と)色恋をする, いちゃつく,(女性に)言い寄る, 求愛する. **II** 他 (h)《*jn.*》(…に)お世辞を言う, 取り入る, へつらう: *seinen* Chef ~ 上役にへつらう〈へつらって愛顧を得ようとする〉. [*lat.* pulsāre (→pulsieren)−*fr.*; ◇ *engl.* push]

Pous·si̱er≈stän·gel 男, **≈sten·gel** 男《戯》女たらし, プレーボーイ.

po̱·wer[pó:vər](pow·r..) 形《方》(armselig) 貧しい, みじめな, 気の毒な: eine *pow*〔*e*〕*re* Gegend 貧しい地方. [*lat.* pauper−*fr.* pauvre; ◇poco; *engl.* poor]

Po·wer[páʊər, páʊə] 女 -/ 力, 能力, パワー: ~ haben パワーがある. [*engl.*]

po·wern[páʊərn]《05》**I** 自 (h) 力〈能力〉を発揮する, 全力を尽くす; 圧倒的なパワーがある. **II** 他 (h)《*jn.*/ *et.*[4]》(…を)全力を尽くして支援〈援助・助成〉する.

Po·wer·play[páʊəpleɪ] 中 -〔s〕/ 〘アイスホッケー〙パワープレー(敵のゴールへの集中攻撃). [*engl.*]

Pọ·widl(**Pọ·wi·del**)[pɔ́vidəl, pó:vi..] 男 -s/-《オーストリア》(Pflaumenmus)〘料理〙スモモ〈プラム〉のムース. [*tschech.*]

Poz·nań[pɔ́znan, ..naĭn] 地名 ポズナニ(→Posen).

Poz·z〔u〕o·lạn·ẹr·de[pɔts(u)olá:n|e:rdə] 女〘地〙プッゾラナ(水蒸気などにより溶岩の変質した火山灰). [*it.* pozzolana; <Pozzuoli (Vesuv に近い海港; ◇Pfütze)]

pp 略 =pianissimo〘楽〙ピアニッシモ, きわめて弱く.

pp.[1] 略 =**perge, perge** 等々.

pp.[2][pe:pé:] (**ppa.**[pe:pe:|á:]) 略 =**per procura** 代理で.

PP. 略 =Patres (→Pater).

P. P.[pe:pé:] 略 =**praemissis praemittendis** (回覧文書などのあて先に添えて)敬称略. [„nach Vorausschickung des Vorauszuschickenden"; ◇Prämisse]

ppa.[pe:pe:|á:] =pp.[2]

Ppbd. 略 =**Pappband** 厚紙〈板紙〉装丁の本.

ppp 略 =pianississimo〘楽〙ピアニッシッシモ (pp よりさらに弱く).

P. prim. 略 =**Pastor primarius** 〔大聖堂〕主任司祭.

Pr[pe:|ɛ́r, prazeodý:m] 記号 (Praseodym)〘化〙プラセオジム.

PR[pe:|ɛ́r] 略 =**Public Relations** 広報活動, ピーアール.

prä.. (↔post..)《名詞・形容詞・動詞などにつけて「(空間的または時間的に)前に」を意味する》: *Prä*position〘言〙前置詞 | *Prä*historie 先史時代 | *prä*natal〘医〙出生前の | *prä*figieren〘言〙前つづりをつける. [*lat.* prae „vor"; ◇per[1]]

Prä̱[prɛ:] 中 -s/《話》(Vorrang) 優位, 優先〔権〕; (Vorteil) 有利: **ein ~**〔vor *jm.*〕 **haben** 〔…より〕優位である,〔…より〕優勢である | Sie hat ein ~ ihm gegenüber. 彼女は彼に対して有利である.

Prä·ạm·bel[prɛámbəl] 女 -/-n **1 a)** (特に条約・法律・証書などの)前文, 序, 緒言: die ~ der Verfassung 憲法の前文. **b)**《話》くだくだしい前置き〈前口上〉: ~*n* machen 〈halten〉《話》前置きをくどくど述べる, 回りくどい言い方をする | Halt hier keine ~*n*! ここじゃ長たらしい前置きは無用だ(くどくど言わずに本題に入れ). **2**〘楽〙(15-16世紀のリュート曲・オルガン曲などの)前奏曲. [*mlat.* prae-ambulum; <*lat.* ambulāre (→ambulant); ◇ *engl.* preamble]

Prä·ben·dạr[prɛbɛndá:r] 男 -s/-e〘カトリック〙教会禄(ろく)の受給者. [*mlat.*; ◇ *engl.* prebendary]

Prä·bẹn·de[prɛbɛ́ndə] 女 -/-n(Pfründe)〘カトリック〙教会禄(ろく). [*spätlat.* praebenda „Darzureichendes"; <*lat.* praebēre „darreichen" (◇prä.., habil)]

P

PR-Ab·tei·lung[pe:|ɛ́r..] 女 広報〈宣伝〉部.

Pra̱·cher[práxər] 男 -s/- 《北部》〔しつこい〕乞食(こじき).

pra̱·chern[práxərn] 《05》 自 (h) 《北部》 **1** しつこくねだる, 乞食をする; けちけちする. **2** いばる, 大言壮語する. [*mndd.*]

pracht.. 《名詞につけて「豪華」を意味するが, 口語ではまた「すてきな(人)」を意味する》: *Pracht*bau 豪華建築〔物〕| *Pracht*junge すてきな男の子.

Pracht[praxt] 女 -/-en, Prächte[prɛ́çtə] 《ふつう単数で》 **1** 華麗, 壮麗, きらびやかさ, 絢爛(けんらん)たる美しさ; 豪華, 豪奢(ごうしゃ), 贅(ぜい)をつくした美しさ; 光彩; 虚飾, 見せかけの美しさ: die ~ einer Barockkirche バロック教会の豪華絢爛たる美しさ | die ~ des Sonnenuntergangs 日没の壮麗な眺め | die kalte ~ der Kirche 教会の冷たい壮麗さ | Diese Räume sind nur kalte ~. 《話》これらの部屋は豪華なだけで住み心地が悪い | große 〈verschwenderische〉 ~ entfalten 華やかな光景〈豪奢な生活〉を繰り広げる ‖ Die Tulpen stehen in voller ~. チューリップが目もあやに咲きにおっている | ein Raum von unvergleichlicher 〈einmaliger〉 ~ 壮麗この上ない部屋. **2** 《話》見事なもの〈こと〉, すてきなもの〈こと〉: **eine wahre ~ sein** 《話》実にすばらしい〈見事な〉ことである, 全くうれしいことである | Es war eine wahre ~, wie er Klavier spielte. 彼のピアノの演奏は本当にすばらしかった | Es war eine ~ zu hören, wie sie ihn abblitzen ließ. 彼女が彼にひじ鉄をくらわしたと聞いて胸のすく思いだった | daß es 〔nur so〕 eine ~ ist ただただ驚嘆するばかりに, ものの見事に, めざましく, すばらしく | Sie ließ ihn abblitzen, daß es eine ~ war. 彼女は彼にものの見事にひじ鉄をくらわした | Unser Kind gedeiht, daß es eine ~ ist. うちの子は目を見張るばかりにすくすくと成長している.
[*ahd.* praht „Lärm"; ◇brechen]

Pra̱cht≈aus·ga·be[práxt..] 女 (書籍の)豪華版. **≈bau** 男 -〔e〕s/-ten 豪華建築〔物〕. **≈ben·gel** 男 《話》すてきな若者〈男の子〉. **≈bur·sche** 男 《話》すてきな〈申し分のない〉若者.

Prä̱ch·te Pracht の複数.

Pra̱cht≈ex·em·pla̱r[práxt..] 中 《話》(同種のものの中での)特別りっぱなもの, 豪華なサンプル: ein 〔wahres〕 ~ von einem Schmetterling 実に見事なチョウ | wahre ~*e* von Kindern 《戯》この上なくすてきな子供たち. **≈fink** 男 〘鳥〙カエデチョウ(楓鳥).

prä̱ch·tig[prɛ́çtıç][2] 形 **1** (施設・部屋・衣装などが)華麗な, 壮麗な, 豪華な, 豪奢(ごうしゃ)な, きらびやかな: ein ~*er* Palast 豪壮な宮殿 | ~*e* Kleider 豪華な〈絢爛(けんらん)たる〉衣装 ‖ Das Zimmer war ~ eingerichtet. その部屋の設備は豪華なものだった. **2** すぐれた, りっぱな, すばらしい, すてきな, 見事な: ein ~*er* Kerl すてきな〈申し分のない〉やつ, 好漢 | eine ~*e* Arbeit すばらしい仕事 | ~*es* Wetter すばしらい天気 | Rom ist eine ~*e* Stadt. ローマはすばらしい都市だ ‖ Das ist ja ~! そいつはすてきだ ‖ Das hast du ~ gemacht! それを君は見事にやってのけたね | Wir verstehen uns ~. 私たちは互いに完全に理解し合っている.

Pra̱cht≈jun·ge[práxt..] 男 《話》すてきな〈申し分のない〉男の子. **≈kä̱·fer** 男 〘虫〙 **1** タマムシ(玉虫). **2** タマムシ科の昆虫. **≈kerl** 男 《話》すてきな〈申し分のない〉やつ, 好漢. **≈lie·be** 女 はで好き, ぜいたく好み.

pracht·lie·bend 形 はで好きの, ぜいたく好みの.

Pracht≈li̱·lie[..liə] 女 〘植〙カノコユリ(鹿子百合). **≈mäd·chen** 中, **≈mä̱·del** 中 《話》申し分のない女の子, すてきな娘. **≈mensch** 男 《話》すてきな〈申し分のない〉人, すばらしい人. **≈nel·ke** 女 〘植〙エゾカワラナデシコ(蝦夷河原撫子). **≈schar·te** 女 〘植〙キリンギク(麒麟菊)属. **≈schin·ken** 男 《話》派手なばかりで芸術味の乏しい描写〈演技〉; 芸術的価値の低い超大作〈スペクタクル〉映画. **≈stra·ße** 女 (豪華な大建築などが建ち並んだ)華麗な大通り. **≈stück** 中 **1** =Prachtexemplar **2** =Prachtmensch

pracht·voll =prächtig

Pracht≈weib 中 《話》すてきな〈申し分のない〉女. **≈zim·mer** 中 豪華な部屋.

pra̱cken[prákən] 他 (h) 《オーストリア》《話》 **1** (schlagen) 打つ, たたく. **2** (einpauken) むりやり教え込む, たたき込む.

Pra̱cker[prákər] 男 -s/- 《オーストリア》《話》 **1** (Teppichklopfer) じゅうたんたたき棒. **2** (Schlag) 殴打, 一撃: *jm.* ein paar ~ geben …に二三発くらわす. [<brechen]

Prä·de·sti·na·tio̱n[prɛdɛstinatsió:n] 女 -/ **1** (Vorherbestimmung) 予定, 先定. **2** 〘神〙(神による救いの)予定; (特に Calvin 派が説いた)救いの予定説. [*kirchenlat.*]

Prä·de·sti·na·tio̱ns·le̱h·re 女 -/ 〘神〙(特に Calvin 派が説いた)救いの予定説.

prä·de·sti·nie̱·ren[prɛdɛstiní:rən] 他 (h) **1** 《*jn.* für *et.*[4] 〈zu *et.*[3]〉》(…に…を)あらかじめ定める, (宿命的に)予定する, 運命づける, (…に…の)宿命を負わせる: für *et.*[4] 〈zu *et.*[3]〉 *prädestiniert* sein あらかじめ…に定められている, …を運命づけられている, …の宿命を負わされている; …の天分に恵まれている. **2** 〘神〙(神が救いを)予定する. [*lat.*]

Prä·de·ter·mi·na·tio̱n[prɛdetɛrminatsió:n] 女 -/ あらかじめ定められていること.

Prä·di·ka̱nt[prɛdikánt] 男 -en/-en 説教師〈家〉, (特にプロテスタントの)副牧師. [*mlat.*]

Prä·di·ka̱n·ten·or·den 男 -s/ (Dominikanerorden) 〘カトリック〙ドミニコ会.

Prä·di·ka̱t[prɛdiká:t] 中 -〔e〕s/-e **1** 評価, 評点: das Examen mit 〔dem〕 ~ „sehr gut" bestehen 「最優秀」の成績で試験に合格する ‖ Qualitätswein mit ~ (→Qualitätswein). **2** (Titel) 称号, 尊称, 肩書: das ~ „Erlaucht" 「閣下」の尊称 | *jn.* mit einem ~ titulieren …に貴族の称号 (von など)をつけて呼ぶ. **3 a)** (Satzaussage) 〘言〙(文の)述語, 述部: Subjekt und ~ eines Satzes 文の主語と述語. **b)** 〘論〙賓辞(ひんじ) (→Subjekt 3 b): Subjekt und ~ 主辞と賓辞 | die Quantifikation des ~*s* 賓辞の量化. [*lat.*; <*lat.* praedicāre (→prädizieren)]

Prä·di·ka̱·ten·lo̱·gik 女 -/ 述語論理学.

Prä·di·ka·tio̱n[prɛdikatsió:n] 女 -/ 〘言〙叙述, 陳述. [*lat.*]

prä·di·ka·ti̱v[prɛdikatí:f][1] **I** 形 (↔ attributiv) 〘言〙述語〈述部〉的な: ein ~*es* Adjektiv 述語形容詞.
II Prä·di·ka·ti̱v 中 -s/-e **1** 〘言〙述語内容語〈詞〉, 述語名詞〈形容詞〉. **2** =Prädikat 3

Prä·di·ka·ti̱·va Prädikativum の複数.

Prä·di·ka·ti̱v·satz 男 〘言〙述語〔内容語〕文〈節〉.

Prä·di·ka·ti̱·vum[..tí:vʊm] 中 -s/..va[..va·] =Prädikativ 1

Prä·di·ka̱t·satz[prɛdiká:t..] =Prädikativsatz

Prä·di·ka̱ts≈ex·a̱·men 中 良 (befriedigend) 以上の成績で合格した試験. **≈klam·mer** 女 =eine verbale Klammer (→Klammer 2 c). **≈no̱·men** 中 〘言〙述語名詞類〈語〉(述語内容語の名詞・形容詞); 述語名詞. **≈teil** 男 〘言〙述語部分(定動詞と一体となって述語を構成する部分. 例 Er wird bald *kommen*. / Die Sonne geht im Osten *auf*.). **≈wein** 男 (ドイツの)上物ワイン.

ᵛ**Prä·di·lek·tio̱n**[prɛdilɛktsió:n] 女 -/-en (Vorliebe) 偏愛, ひいき. [<*lat.* dīligere „lieben"]

prä·dis·po·nie̱·ren[prɛdısponí:rən] 他 (h) **1** 予定する, 前もって決めておく. **2** 《*jn.*》(…に)素因〈素質〉を与える; (…を病気に)かかりやすくする, 感染しやすくする: Er ist für eine Krankheit *prädisponiert*. 彼は病気にかかりやすい.

Prä·dis·po·si·tio̱n[..dıspozitsió:n] 女 -/-en 〘医〙(病気の)素因(病気になりやすい性状); 疾病素質.

prä·di·zie̱·ren[prɛditsí:rən] **I** 他 (h) **1** (aussagen) 述べる, 論述する, 陳述する. **2** 《*et.*[4]》(…の)称号を与える; (…の)属性を付与する. **3** 〘論〙賓述(ひんじゅつ)する. **II prä·di·zie̱·rend** 現分 形 ~*es* Verb 〘言〙述語動詞(述語内容語と結びつく動詞. 例 Er *ist* Arzt.). **III prä·di·zie̱rt** 過分 形 称号〈肩書〉のある; 評判の: Das ist gut ~. それは好評を得ている. [*lat.* prae-dicāre „öffentlich ausrufen"; ◇predigen, Prädikat; *engl.* predicate, preach]

Prä·do·mi·na·tio̱n[prɛdominatsió:n] 女 -/ 優位〔を占めること〕, 優越, 優勢.

prä·do·mi·nie·ren[..dominí:rən] 自 (h) (vorherrschen) 優位を占める, 優勢である, 重きをなす, 幅をきかす.

Prae·cep·tor Ger·ma·niae[prɛtsɛ́ptɔr gɛrmá:niɛ·] 《ラテ語》(Lehrmeister Deutschlands) ドイツの教師(大学者, 例えば Melanchthon の尊称). [◇Präzeptor]

Prae·sens hi·sto·ri·cum[pré:zɛns hɪstó:rikʊm] 中 --/..sentia ..ca[prɛzɛ́ntsia· ..ka·] (historisches Präsens) 〘言〙 歴史的〈叙事的〉現在(過去の事象を生き生きと描写する現在時称). [*lat.*; ◇Präsens, Historie]

Prä·exi·stenz[prɛ|ɛksɪstɛ́nts] 女 -/ **1** 〘哲・宗〙 霊魂先在(肉体と結合する以前の霊魂の存在). **2** 〘キリスト教〙(ロゴスとしての)キリストの先在. **3** 〘キリスト教〙(天地創造以前の表象としての)世界の先在.

Prä·fa·tion[prɛfatsió:n] 女 -/-en 〘カトリック〙(ミサの)叙唱. [*lat.*–*mlat.*; < *lat.* prae-fārī „voraus sagen“ (◇Fabel); ◇*engl.* preface]

Prä·fekt[prɛfɛ́kt] 男 -en/-en **1** 〘史〙(古代ローマの)長官, 総督. **2** (フランス・イタリアの)知事, 地方長官. **3** 〘カトリック〙(教皇庁の)聖省長官; (イエズス会経営の大学の)大学学事長. **4 a)** (学校合唱団の指揮をとる)上級生. **b)** (生徒自治寮で下級生を監督する)監督生徒, 生徒舎監. [*lat.*; < *lat.* praeficere „vor-setzen“]

Prä·fek·tur[prɛfɛktú:r] 女 -/-en **1** Präfekt 1, 2, 3の職, 官舎. **2** Präfekt 1, 2, 3の管理地区(古代ローマの道(ᵟ); フランス・イタリアの県; カトリックの知牧区). ☆日本の県もこれにならって Präfektur と表現することが多い. [*lat.*; ◇..fizieren, ..ur]

Prä·fe·ren·tial·zoll[prɛfɛrɛntsiá:l..] = Präferenzzoll[<..al[1]]

Prä·fe·renz[prɛfɛrɛ́nts] 女 -/-en **1**《単数で》**a)** (Vorzug) 他よりも好むこと, 好み; 優位, 優先: Was ist Ihre ~? あなたはどれを優先させますか. **b)** 〘経〙(貿易・関税などの)特恵. **2** (Trumpffarbe) 〘トランプ〙 切り札. [*fr.* préférence; < *lat.* praeferre „vorziehen“ (◇Prälat)]

Prä·fe·renz·zoll 男 〘経〙 特恵関税.

prä·fi·gie·ren[prɛfigí:rən] 他 (h) 《*et.*[4]》〘言〙(…に)前つづり〈接頭辞〉をつける. [*lat.*; < *lat.* fīgere (→fix)]

Prä·fix[prɛfíks, pré:fɪks] 中 -es/-e (↔Suffix) (Vorsilbe) 〘言〙 前つづり, 接頭辞(㊞ er.., ur.., ver..). [*lat.*]

Prä·fix·bil·dung 女 〘言〙 **1** 接頭辞形成. **2** 接頭辞形成語(特に非分離動詞. ㊞ erkennen, verstehen; Urwald).

Prä·fi·xo·id[prɛfɪksoí:t][1] 中 -[e]s/-e (Halbpräfix) 〘言〙 擬似接頭辞(語と同じ形をしているが, 意味変化を起こして単独では使われず, 接頭辞的に使われるもの. ㊞ *blut*arm たいへん貧しい, *stock*dunkel まっ暗な). [<..oid]

Prä·for·ma·tion[prɛfɔrmatsió:n] 女 -/-en (↔Epigenese) 〘生〙(個体発生上の)前成〔説〕.

Prä·for·ma·tions·theo·rie 女 -/ 〘生〙 前成説.

prä·for·mie·ren[prɛfɔrmí:rən] 他 (h) 〘生〙(個体の形態・構造を)前成する. [*lat.*]

Prag[pra:k] 地名 プラーク, プラハ(チェコ共和国の首都. チェコ語形 Praha). [*slaw.*; ◇*engl.* Prague]

Prä·ge[pré:gə] 女 -/-n **1** = Prägeanstalt **2** 鋳貨, 貨幣.

Prä·ge≠an·stalt 女 造幣局, 貨幣鋳造所. **≠bild** 中 (貨幣などの)打ち出し像, 極印(ᵗᵕ). **≠druck** 男 -[e]s/ 〘印〙 浮き出し印刷(印刷と同時に文字や模様を浮き出させる). **≠ei·sen** 中 = Prägestempel **≠form** 女 **1** (貨幣などの)鋳型, 母型. **2** 《比》(記憶に)刻み込まれた跡, 極印, 印象.

prä·gen[pré:gən][1] 他 (h) **1 a)** 《*et.*[4]》(模様などを)型押しする, 型付けする, 刻印する; 〘工〙 エンボスする, 打ち出す: *et.*[4] auf ⟨in⟩ *et.*[4] ~ …を…の上⟨中⟩に刻印する(→aufprägen, einprägen) | einen Namen auf eine Medaille ~ 名前をメダルに刻印する | ein Ring mit dem in Malachit *geprägten* Familienwappen 孔雀(ᵏᵘ)石に刻み込んだ家紋つき指輪 | Der Abdruck des Fußes war deutlich in den Sand *geprägt*. 足の跡がくっきりと砂の上に残っていた. **b)** 《*sich*[3] *et.*[4]》《比》(…を心に)刻み込む; 〘心〙(行動学で)刻印づける: *sich*[3] *et.*[4] ins Herz ⟨Gedächtnis⟩ ~ …を肝に銘じる | Das hat sich[4] mir tief ins Herz ⟨Gedächtnis⟩ *geprägt*. それは私の心⟨記憶⟩に深く刻み込まれた. **2** (貨幣を)鋳造する: Münzen ~ 貨幣を鋳造する | Silber 〔zu Münzen〕 ~ 銀貨を鋳造する. **3** 《*et.*[4]/*jn.*》(…に)影響⟨特徴⟩を与える, (…を)形成する: Die gotischen Giebel *prägen* das Antlitz der Stadt. ゴシックの破風(ᵇᵃ)が町の特色ある相貌(ᵗᵒᵘ)をつくりあげている | Diese Jahre haben seinen Charakter *geprägt*. これらの歳月が彼の性格をつくりあげたのだ. **4** (言葉などを)はじめて⟨新しく⟩造る: neue Wörter ⟨Begriffe⟩ ~ 新語⟨新しい概念⟩をつくる. [*ahd.*; ◇brechen]

Prä·ge≠ort[pré:gə..] 男 -[e]s/-e 貨幣鋳造地. **≠pres·se** 女 **1** 打印機, 刻印機. **2** 〘印〙 浮き出し印刷機.

Pra·ger[prá:gər] **I** 男 -s/- プラーク⟨プラハ⟩の人(→Prag). **II** 形《無変化》プラーク⟨プラハ⟩の: der ~ Frühling プラハの春(1968年のチェコスロヴァキアの自由化運動).

Prä·ger[pré:gər] 男 -s/- 打印工; 造幣工, 貨幣鋳造工.

Prä·ge≠stem·pel[pré:gə..] 男 打ち型; 型押し⟨刻印⟩機; 鍛造打ち型: ein ~ für Buchtitel auf Einbänden 表紙の書名用型押し機. **≠stock** 男 -[e]s/..stöcke **1** 貨幣鋳造機. **2** 刻印機, 打印機.

prä·gla·zial[prɛglatsiá:l] 形 (↔postglazial) 〘地〙 前氷河期の.

Prag·ma·tik[pragmá:tɪk; オーストリア: ..mátɪk] 女 -/-en **1 a)** 実務知識. **b)** 《オーストリア》(Dienstordnung) 官吏⟨公務員⟩服務規程. **2** 《単数で》〘言〙 語用論, 言語実用論(言語使用者の言語使用に関する研究).

Prag·ma·ti·ker[..tikər] 男 -s/- 実際的⟨実務的⟩な人, 実用主義者.

prag·ma·tisch[pragmá:tɪʃ; オーストリア: ..mátɪʃ] **1** 実際的な, 事務的な, 実務的な; 実用的な: eine ~*e* Betrachtungsweise 実用的なものの見方⟨教え方⟩ | ~ erfahren sein 実務に通じている. **2** 実用主義的な: ~*e* Geschichtsschreibung 実用主義的⟨教訓的⟩歴史記述, 事件原因究明史述法. **3** 〘史〙 国事⟨内政⟩の: *Pragmatische* Sanktion 〘史〙 国事詔書⟨詔勅⟩, 国本勅諚(ᶜʰᵒᵏᵘ)(カール六世が1713年に発布したハープスブルク家の基本家法など). **4** 〘言〙 語用論〔上〕の. [*gr.*–*lat.*; < *gr.* prāgma „Tun“; ◇praktisch]

prag·ma·ti·sie·ren[pragmatizí:rən] 他 (h) 《オーストリア》(公務員を)本採用する.

Prag·ma·ti·sie·rung[..rʊŋ] 女 -/-en 《オーストリア》(公務員の)本採用.

Prag·ma·tis·mus[pragmatísmʊs] 男 -/ **1** 〘哲〙 実用主義, プラグマティズム. **2** 実用主義的歴史記述, 事件原因究明史述法.

Prag·ma·tist[..tíst] 男 -en/-en 実用主義⟨プラグマティズム⟩の信奉者.

prä·gnant[prɛgnánt] 形 **1** (表現が)簡潔にして含蓄に富む⟨意味深長な⟩, 簡にして要を得た, 簡明的確な: kurz und ~ 簡にして要を得た⟨得て⟩ | ~ und sachlich 簡明直截(ᶜʰᵒᵏᵘˢᵉᵗˢᵘ)な⟨に⟩. **2** (schwanger) 〘医〙 妊娠した. [*lat.* praegnāns „schwanger“–*fr.* prégnant; ◇imprägnieren]

Prä·gnanz[prɛgnánts] 女 -/ **1** (表現が)簡潔で的確な⟨含蓄の多い⟩こと: die ~ des Ausdrucks 表現の簡明的確さ | das Gesetz der ~ 〘心〙 プレグナンツ⟨簡潔性⟩の法則. **2** (Schwangerschaft) 〘医〙 妊娠. [◇*engl.* pregnancy]

Prä·gung[pré:gʊŋ] 女 -/-en **1** 《単数で》(prägen すること. 例えば:) (貨幣の)鋳造; 〘心〙(行動学で)刻印づけ. **2** (prägen されたもの. 例えば:) 鋳造物; (貨幣の)極印(ᵍᵒᵏᵘ); 打ち出し模様; 刻銘. **3** (Gepräge) 特色, 特徴, 独自性; 型, タイプ: eine Demokratie schweizerischer ~ スイス型の民主主義 | ein Bauernhaus schwedischer ~ スウェーデンふうの農家 | ein Mensch von eigener ~ 独特な性格をもった人. **4** (新しくつくられた)表現: Dieses Wort ist eine neue ~. これは新語だ.

Prä·hi·sto·rie[prɛhɪstó:riə, pré:hɪsto:riə; オーストリア: ⏗◡⏤◡◡] 女 -/ (Vorgeschichte) **1** 有史以前の時代, 先史時代. **2** 先史時代史, 史前学, 先史学.

Prä·hi·sto·ri·ker[..tó:rikər, pré:hɪsto:..; オーストリア: ⏗◡⏤◡◡] 男 -s/- 先史学者.

prä·hi·sto·risch[..tó:rɪʃ, prέ:hɪsto:..; ｵｰｽ ﾄﾘｱ: ⌐∪−∪] 形 (vorgeschichtlich) 有史以前の, 先史時代の.

prah·len[prá:lən] 自 (h) いばる, 自慢する, 誇示する, ひけらかす, 見せびらかす: mit *et.*[3] 〔gegen *jn.*/ vor *jm.*〕 ～ …を〔…に〕見せびらかす〈誇示する〉| Er hat eine Schwäche, mit seinem Können zu ～. 彼には自分の能力をひけらかす悪い癖がある ‖ Das ist *geprahlt*. 《話》それは話がうますぎる | Beschissen wäre noch *geprahlt*. (→beschissen II). [„brüllen"; 擬音]

Prah·ler[prá:lər] 男 -s/- 自慢する人, 大言壮語する人, いばり屋, ひけらかす人, ほら吹き.

Prah·le·rei[pra:lərái] 女 -/-en 自慢, 大言壮語, ひけらかし, 見せびらかし.

prah·le·risch[prá:lərɪʃ] 形 自慢する〈たらたらの〉, 大言壮語の〔好きな〕, 話の大きな, 大ぶろしきの, ひけらかしの: ein ～*er* Mensch ほら吹き, 自慢屋 | eine ～*e* Rede halten ひけらかしの大演説をぶつ, 大ぶろしきを広げる ‖ *et.*[4] ～ erzählen …をひけらかして〈いばって〉語る.

Prahl·hans[prá:l..] 男 《話》自慢屋, いばり屋, ほら吹き〔の男〕.

Prahl·sucht 女 -/ 自慢癖〈好き〉, いばり癖.

prahl·süch·tig 形 自慢〈いばり〉癖のある, 自慢好きの.

Prahm[pra:m] 男 -〔e〕s/-e (Prähme[prέ:mə]) **1** 平底船, はしけ. **2** 《北部》(Seilfähre) ロープ式渡し船. [*tschech.* prám－*mndd.*; ◇*engl.* pram]

Prai·rial[prɛriál] 男 -〔s〕/-s 《史》草月, 牧月(ぼくげつ) (フランス革命暦の第 9 月; 5 月20日- 6 月18日に当たる: →Vendemiaire ★). [*fr.*; ＜*fr.* prairie (→Prärie)]

P

Prä·ju·diz[prɛjudí:ts] 中 -es/-e, -ien[..tsiən] **1** 《法》**a**) (裁判上の)先例, 判例; 先例となる判決. ▽**b**) (法規を無視したために生じる)不利益, 損害. **2** (Vorurteil) 偏見, 先入主, 先入観. [*lat.*]

prä·ju·di·ziell[..juditsiέl] 形 《法》判例となる〔べき〕. [*spätlat.*－*fr.*; ◇..al[1]]

prä·ju·di·zie·ren[..juditsí:rən] 他 (h) **1** (決定・判定などを)先取りする, 先決する. **2** 不利にする, 損害を与える: *präjudizierter* Wechsel 《商》損傷〈引受拒絶〉手形. [*lat.*]

Prä·ju·diz·recht[..judí:ts..] 中 《法》判例法.

prä·kam·brisch[prɛkámbrɪʃ] 形 《地》先カンブリア界の; 先カンブリア時代の.

Prä·kam·brium[..kámbriʊm] 中 -s/ 《地》先カンブリア界; 先カンブリア時代.

prä·kan·ze·rös[prɛkantserǿ:s][1] 形 《医》癌(がん)発生以前の, 前癌(ぜんがん)〔状態〕の.

Prä·kan·ze·ro·se[..ró:zə] 女 -/ 《医》前癌状態.

prä·kar·bo·nisch[prɛkarbó:nɪʃ] 形 《地》石炭紀前の.

▽**Prä·kau·tion**[prɛkaʊtsió:n] 女 -/-en (Vorsicht) 用心, 警戒; (Vorkehrung) 予防〔策〕. [*spätlat.*]

▽**prä·ka·vie·ren**[..kaví:rən] 自 (h) 用心する, 警戒する; 予防する. [*lat.*; ＜*lat.* cavēre (→Kavent)]

prä·klu·die·ren[prɛkludí:rən] 他 (h) **1** 排除する, 除去する. **2** 《法》除斥宣告する. [*lat.*; ＜*lat.* claudere (→Klause)]

Prä·klu·sion[..kluzió:n] 女 -/-en **1** 排除, 除去. **2** 《法》除斥. [*lat.*]

prä·klu·siv[..kluzí:f][1] 形 排除の; 除斥の.

Prä·klu·siv·frist 女 《法》除斥期間.

Prä·ko·ni·sa·tion[prɛkonizatsió:n] 女 -/-en 《カトリック》(枢機卿(けい)会議における司教任命に関する)教皇告示.

prä·ko·ni·sie·ren[..konizí:rən] 他 (h) 《カトリック》(教皇が新任司教を)公表する. [*mlat.*; ＜*lat.* praecō „Herold"]

Pra·krit[prá:krɪt] 中 -s/ 《集合的に》プラクリット(前500頃-後1000頃に標準語の Sanskrit と並び用いられたインド中部の諸方言). [*sanskr.* prā-kṛta „vor-gemacht, gemein"]

prakt. Arzt 略 =praktischer **Arzt** (全科担当の)開業医.

prak·ti·fi·zie·ren[praktifitsí:rən] 他 (h) 実地に応用する, 実用化する; 実現〈実行〉する.

Prak·tik[práktɪk] 女 -/-en **1 a**) 実施方法, 取り扱い方, 操作法, 処置法: eine neue ～ anwenden 新しいやり方を用いる. **b**) 《ふつう複数で》策略, 術策, 奸策(かんさく), 手練手管: dunkle ～ 悪だくみ. **2** (15-17世紀, 農事・天気予測法・星占いなどを記した)農事暦, 百姓暦. [*gr.*－*mlat.*; ◇praktisch]

Prak·ti·ka Praktikum の複数.

prak·ti·ka·bel[praktiká:bəl] (..ka·bl..) 形 **1** (↔impraktikabel) 実施〈実行〉可能の; 実際に使える; 実用的な, 有用な, 機能的な, 有効な, 役にたつ: ein *praktikabler* Plan 実行可能な計画 | *et.*[4] ～ anwenden …を有効に用いる. **2** 《劇》(舞台装置が絵に描いたのではない)実物の; 使用〈通行〉可能な: eine *praktikable* Tür (背景に描いたのではなく実際に通れる)実物のドア. [*mlat.*－*fr.* praticable]

Prak·ti·kant[praktikánt] 男 -en/-en (⊛ **Prak·ti·kan·tin**[..tɪn]-/-nen) **1** 〔実施〕見習生; 試補: Er arbeitet als ～ in einer Apotheke. 彼は薬局で見習いとして働いている. **2** (大学の)実習学生. [*mlat.*; ◇praktizieren]

Prak·ti·ken Praktik, Praktikum の複数.

Prak·ti·ker[práktikər] 男 -s/- **1** (↔Theoretiker) 実地経験のある人; 実務に明るい人, 実務家, 実際家: Er ist ein alter ～. 《話》彼は老練の士だ | Er gehört zu den ～*n* der Raumfahrt. 彼は宇宙飛行の体験者の一人だ. **2** 《話》(praktischer Arzt) (全科診療の)開業医.

Prak·ti·kum[práktikʊm] 中 -s/..ka[..ka·] (..ken[..kən]) (工場などにおける学生の)実習; (大学内における)演習: ein dreimonatiges ～ als Ingenieur absolvieren 〈machen〉 技術者としての 3 か月間の実習を修了する | ein chemisches 〈physikalisches〉 ～ 化学〈物理学〉演習 ‖ am ～ teilnehmen 実習〈演習〉に参加する | im ～ sein 実習中である.

Prak·ti·kus[práktikʊs] 男 -/-se[..sə] **1** 《戯》なんでも屋, よろず物知り屋. **2** =Praktiker

prak·tisch[práktɪʃ] 形 **1** (↔theoretisch) 実際的な, 実践的な; 実地の: die ～*e* Ausbildung 実地訓練〈教育〉| ein ～*es* Beispiel 実例 | ～*e* Erfahrungen sammeln 〈haben〉 実地の経験を積む〈もっている〉| ein ～*es* Jahr 1 年間の職業実習 | im ～*en* Leben 実生活で〔は〕| ～*e* Psychologie 実践心理学 | eine ～*e* Übung 実習, 演習 | ～*e* Vernunft 《哲》実践理性 | einen ～*en* Verstand haben 実際的な頭の持ち主である ‖ eine Theorie ～ anwenden 理論を実地に応用する. **2** ～*er* Arzt (略 prakt. Arzt) (全科担当の)開業医, 一般医, 全科医. **3** (↔unpraktisch) 実際の役に立つ, 実用的な, 便利な: eine ～*e* Einrichtung 便利な設備 | ～*e* Hinweise 実際的な〈有益な〉指示 ‖ Dieses Werkzeug ist sehr ～. この道具はとても便利だ ‖ etwas *Praktisches* schenken 実用的なものを贈る. **4** (↔unpraktisch) (人が)実務的な, 手際よい: ein ～*er* Mensch 実務型の人間 ‖ ～ denken 実際的〈現実的〉な考え方をする | Er ist in allem sehr ～. 彼は何事もてきぱき処理する. **5** (tatsächlich) 実際の, ほんとうの: ～*e* Erfolge 実際の成果 ‖ 《副詞的に》*Praktisch* gibt es das gar nicht. 実際にはそれは全く存在しない | Das ist ～ wertlos. 現実の問題としてそれはなんの価値もない, それは無価値も同然だ. [*gr.*－*spätlat.*; ＜*gr.* prā́ssein „tun"; ◇pragmatisch, Praxis; ◇*engl.* practical]

prak·ti·zie·ren[praktitsí:rən] **I** 自 (h) **1** (医者・弁護士・税理士などが)実務にたずさわる, 開業している, (特に医者が)診察する: Dr. X *praktiziert* nur vormittags 〈in mehreren Kliniken〉. X 博士は午前中だけ診療する〈いくつかの病院で診療にあたっている〉‖ ein *praktizierender* Arzt 診療医 | ein frei *praktizierender* Arzt 開業医. **2** 《ｵｰｽﾄﾘｱ》実習する. **II** 他 (h) **1** (方法・法律などを)実地に適用する: ein *praktizierender* Katholik (教会の行事などに積極的に参加する)実践的なカトリック教徒. **2** 《話》(扱いにくいものをある場所へ)巧みに移す: eine Fernsehantenne auf das Dach ～ テレビのアンテナをうまく屋根へ取りつける | den Koffer in das Gepäcknetz ～ トランクをひょいと網棚へのっける | *jm.* *et.*[4] in die Tasche 〈aus der Tasche〉 ～ …をひょいと…のポケットへ入れる〈ポケットからぬき取る〉. [*mlat.*; ◇*engl.*

practice]

Prak·ti·zịs·mus[..tsísmʊs] 男 -/ (旧東ドイツで)(理論やイデオロギーの基盤をなおざりにした)実務偏重〔主義〕.

Prak·ti·zịst[..tsíst] 男 -en/-en (旧東ドイツで)実務偏重〔主義〕者.

prak·ti·zị·stisch[..tsístɪʃ] 形 (旧東ドイツで)実務偏重〔主義〕の.

Prä·lạt[prɛlá:t] 男 -en/-en **1** 《キリスト教》高位聖職者(カトリックの司教・大修道院長・新教の監督長など). **2** 果皮入りリキュール. [*mlat.*–*mhd.*; <*lat.* praeferre (→Präferenz)]

Prä·la·tụr[prɛlatú:r] 女 -/-en Prälat 1の職位(職域). [*mlat.*; ◇..ur; *engl.* prelature]

▽**Prä·le·gạt**[prɛlegá:t] 中 -[e]s/-e (Vorausvermächtnis)《法》先受遺贈. [<*lat.* lēgāre (→legieren)^{1}]

prä·li·mi·nạr[prɛliminá:r] 形 (einleitend) 予備的な; (vorläufig) 仮の, 暫定的な, 一時的な. [<*lat.* līmen „Schwelle"; ◇*engl.* preliminary]

Prä·li·mi·nạr·frie·den 男 仮平和条約.

Prä·li·mi·nạ·ri·en[prɛliminá:riən] 複 (外交上の)予備会談〈折衝〉.

Pra·lị·ne[pralí:nə] 女 -/-n プラリーヌ(アーモンド・クリーム・リキュールなどをチョコレートで包んだボンボンの類). [*fr.* „gebrannte Mandel"; <Plessis-Praslin (フランスの軍人, 考案したコックの雇い主; †1675)]

Pra·li·né (**Pra·li·nẹe**)[praliné:] 中 -s/-s《オーストリア・スイス》=Praline

Prä·lin·gui·stik[prɛlɪŋguístɪk] 女 -/ (↔Metalinguistik)《言》前段言語学(音響音声学をさす).

prall[pral] 形 **1** (はちきれそうに)ふくらんだ, ぴんと張りつめた, ぱんぱんに張った: ~*e* Backen まるまると太った〈ふくらませた〉ほお | ein ~*es* Bett スプリングのきいたベッド | ~*e* Muskeln 隆々たる筋肉 | ein ~*er* Sack 中身がいっぱい詰まった袋 | ein ~*es* Segel (風を受けて)ぱんぱんに張った帆 | ein ~*es* Lachen《比》(無遠慮な)高笑い ‖ Der Sack ist ~. 袋はいっぱい詰まっている ‖ die Backen ~ aufblasen ほおをいっぱいにふくらませる | eine ~ anliegende Hose (脚の線に)ぴっちり合ったズボン | Ihr Pullover saß ~ am Körper./ Der Pullover umschloß sie ~. 彼女のプルオーバーは体にぴったりはりついていた | Der Raum war ~ gefüllt mit Menschen. その部屋は人々でぎっしり詰まっていた. **2** 《ふつう述語的用法なし》まともに〈強烈に〉照りつける, 直射の: in der ~*en* Sonne 焼けつく直射日光を浴びて, 炎天下に | *Prall* brannte die Sonne auf das Pflaster 〔nieder〕. じりじりと太陽が舗道に照りつけた.

Prall[pral] 男 -[e]s/-e (はげしい)ぶつかり〔の音〕, 衝撃, 衝突; はね返り: der ~ der Hagelkörner あられのパチパチぶつかる音 | der ~ der Wellen 打ち当たる波の音.

prạl·len[prálən] 自 **1** (s) 《gegen *jn.* 〈*et.*^{4}〉/ an *et.*^{4}/ auf *jn.* 〈*et.*^{4}〉》(…に)はげしくぶつかる, 衝突する; (ボールなどが…に当たって)はね返る: Der Ball *prallte* gegen 〈an〉 den Pfosten. ボールが柱に当たっ〔てはね返っ〕た | Bei einem Verkehrsunfall ist er mit dem Kopf gegen die Windschutzscheibe *geprallt*. 交通事故のさい彼は頭をいやというほどフロントガラスにぶつけた | Der Güterzug ist auf einen abgestellten Zug *geprallt*. 貨物列車は止めてあった列車に突っ込んだ. **2** (h) 《auf *et.*^{4}》(太陽が…の上に)はげしく照りつける. [*mhd.* prellen; ◇prellen]

Prall·heit[prálhaɪt] 女 -/ prall なこと.

Prall≈kraft 女 弾力. **≈luft·schiff** → Prallluftschiff **≈schuß** =Prellschuß **≈tril·ler** 男《楽》プラルトリラー, 上方回音, 逆回音(→ 図 Note).

Prạlluft·schiff (**Prạll·luft·schiff**)[prállʊft..] 中 (↔Starrluftschiff)《空》軟式飛行船.

prạll·vọll[prálfɔ́l] 形 (袋などが)はちきれそうにふくらんだ, ぱんぱんに張った; (部屋などが人で)いっぱいになった: Mein Terminkalender ist ~. 私の日程用のメモ帳は予定でぎっしり詰まっている.

Prạll·win·kel[prál..] 男 反射角.

Prä·lụ·di·en Präludium の複数.

prä·lu·dịe·ren[prɛludí:rən] 自 (h) 《楽》(即興的に)前奏する. [*lat.*; <*lat.* lūdere (→Ludus)]

Prä·lụ·dium[prɛlú:diʊm] 中 -s/..dien[..diən] **1** 《楽》(主に即興的な)前奏曲, プレリュード. **2** 《比》(ある出来事の)前触れ, 前兆; 序論, 序言; 序幕. [*mlat.*]

prä·ma·tụr[prɛmatú:r] 形《医》**1** (frühreif) 早熟の. **2** (vorzeitig) 早すぎる, 早期の. [*lat.*; ◇*engl.* premature]

Prä·ma·tu·ri·tạ̈t[prɛmaturitɛ́:t] 女 -/《医》早熟.

Prä·me·di·ka·tiọn[prɛmedikatsió:n] 女 -/-en《医》前投薬. [*lat.*]

Prä·me·di·ta·tiọn[prɛmeditatsió:n] 女 -/-en 事前の熟慮. [*lat.*]

prä·me·di·tịe·ren[..medití:rən] 他 (h) あらかじめ熟慮する: ein *prämeditiertes* Verbrechen 計画的犯行. [*lat.*]

Prä·men·struạl[..mɛnstruá:l] 形《生理》月経前の. [*lat.*; ◇Menses]

Prä·mie[prɛ́:miə] 女 -/-n **1 a)** (好成績に対する)賞, 賞金, 賞品, 特別賞与, 報奨金, 奨励金; 《スポーツ》(競技の)賞: Export-~ 輸出奨励金 ‖ eine ~ auf *et.*^{4} aussetzen …に賞〔金〕をかける | eine ~ auszahlen 〈bekommen / erhalten〉 賞〔金〕を出す〈もらう〉. **b)** (旧東ドイツで, 生産業績をノルマ以上達成した者への)〔業績〕報奨金: Schicht*prämie* 夜勤手当. **2** (富くじの)割増金, プレミアム; 特別配当金. **3** (Versicherungsprämie) 保険料: Einmal-~ 全額一回払い保険料. **4** 《商》(差金取引の)違約金. [*lat.* praemium „Vorausgenommenes, Lohn"; <prä..+*lat.* emere „nehmen"; ◇*engl.* premium]

Prạ̈·mi·en·an·lei·he 女 プレミアム付き債券(公債・社債).

prạ̈·mi·en·be·gün·stigt 形 報奨金付きの: ~*es* Sparen 報奨金付き貯蓄.

Prạ̈·mi·en≈fonds[..fɔ̃:] 男 (旧東ドイツで)報奨金. **≈ge·schäft** 中《商》選択〈差金〉取引(解約金を払えば契約解除できる定期取引). **≈re·ser·ve** 女 保険料積立金. **≈re·ser·ve·fonds**[..fɔ̃:] 男 保険料積立準備金. **≈satz** 男 保険料率. **≈schein** 男 割増金付き債券〈証書〉. **≈si·lo** 男《話》(豪壮な)保険会社のビル. **≈spa·ren** 中 報奨金付き貯蓄. **≈sy·stẹm** 中 能率報酬制度, 報奨金制度.

prä·mịe·ren[prɛmí:rən] =prämiieren

Prä·mịe·rung[..rʊŋ] 女 -/-en =Prämiierung

prä·mi·ịe·ren[prɛmií:rən] 他 (h) 《*jn.*/ *et.*^{4}》(…に)賞〔金〕を与える, 報奨〈奨励〉金を出す; (…に賞を与えて)表彰する: *jn.* 〈*et.*^{4}〉 mit *et.*^{3} ~ …に…の賞を与える. [*spätlat.*]

Prä·mi·ịe·rung[..rʊŋ] 女 -/-en prämiieren すること: *jn.* zur ~ vorschlagen …を表彰するよう提案〈推挙〉する.

Prä·mịs·se[prɛmísə] 女 -/-n **1** (Voraussetzung) 前提, 前提〈必要〉条件; 仮定. **2** 《論》前提. [<*lat.* praemittere „voraus-schicken" (◇Messe^{1})]

Prä·mo·lạr[prɛmolá:r] 男 -s/-en (kleiner Backenzahn)《解》小臼歯(きゅうし)(→ 図 Gebiß).

Prä·mon·stra·tẹn·ser[prɛmɔnstratɛ́nzər] 男 -s/- 《カトリック》プレモントレ〔修道参事〕会(1120年, フランスのプレモントレに聖ノルベルトゥスが創立)会員. [*mlat.*; Prémontré [premɔ̃tré] の古名から]

prä·mor·bịd[prɛmɔrbí:t]^{1} 形《医》発病前の, 病前の. [*lat.*]

prä·mor·tạl[..mɔrtá:l] 形《医》死直前の, 臨終の. [*lat.*]

prä·na·tạl[prɛnatá:l] 形 (↔postnatal)《医》出生前の. [<*lat.* nātālis (→Natalie)]

prạn·gen[práŋən] 自 (h) **1 a)** きらびやか〈華やか〉で人目を引く, 絢爛(けんらん)豪華である; 光り輝く: Auf den Wiesen *prangen* bunte Blumen. 《雅》野には色とりどりの花が咲きにおっている | In der Mitte des Zimmers *prangte* der Weihnachtsbaum. 部屋の中央にはクリスマスツリーが華やかに飾られていた. **b)** 《戯》目だつ, 際だつ: Auf dem Hemd *prangte* ein großer Tintenfleck. シャツには見事に大きなインクのしみがついていた. **2** 《方》(prahlen) 《mit *et.*^{3} 〈*jn.*〉

P

〔vor *jm.*〕》(…を〔…に〕)見せびらかす, 誇示する, ひけらかす. **3** 《海》すべての〈できるだけ多くの〉帆を張る. [*mhd.*; ◇Prunk]

Pran·ger[práŋər] 男 -s/- (Schandpfahl)(木または石でできた, 中世の刑罰用)さらし柱: ***jn.* an den ～ stellen** …をさらし柱につなぐ, …をさらしものにする | *jn.* 〈*et.*⁴〉 an den ～ stellen《比》…をさらしものにする, …を公然と非難する, …を公衆の面前で侮辱する | **an den ～ kommen** さらしものになる | **am ～ stehen** さらしものになっている. [*mndd.* prenger–*mhd.*; < *mndd.* prangen „drücken"]

Pran·ke[práŋkə] 女 -/-n **1 a)** (猛獣の)前足. **b)** 《戯》(人間の)でかい手. **2** 《狩》(犬・野獣の)足 (Lauf の下部). [*gall.*–*spätlat.* branca–*mhd.*; ◇Branche]

Prä·no·men[prɛnó:mən, ..mɛn] 中 -s/..mina[..mina·] (Vorname)(古代ローマ人の姓に冠する)第一名(例 キケロ *Marcus* Tullius Cicero の第一名はマルクス: →Agnomen, Kognomen, Nomen gentile). [*lat.*]

▽**prä·no·tie·ren**[prɛnotí:rən] 他 (h) (vormerken) あらかじめ記入して〈書き留めて〉おく.

prä·nu·me·ran·do[prɛnumerándo·] 副 (↔ postnumerando)《商》前金で, 前払いで.

Prä·nu·me·ra·tion[prɛnumeratsió:n] 女 -/-en (↔ Postnumeration)(Vorauszahlung)《商》前払い.

Prä·nu·me·ra·tions·kauf 男 《商》代金前払いによる購入〈買い入れ〉.

prä·nu·me·rie·ren[prɛnumerí:rən] 自 他 (h) (vorauszahlen) 前払いする, 前金で払う: auf *et.*⁴ ～ …を前払いで予約する.

▽**Prä·ok·ku·pa·tion**[prɛ|ɔkupatsió:n] 女 -/-en **1** (Vorwegnahme) 先取り, 先取(せんしゅ). **2** (Voreingenommenheit) 先入観, 先入主, 偏見. [*lat.*]

▽**prä·ok·ku·pie·ren**[prɛ|ɔkupí:rən] **I** 他 (h) **1** (zuvorkommen)《(*jn.*)》(…に)先んずる;《(*et.*⁴)》(…を)先取りする. **2** 《(*jn.*)》(…に)先入観〈主〉を抱かせる.

II prä·ok·ku·piert 過分 形 **1** 先取りされた. **2** 先入観〈主〉にとらわれた, 偏見をもった. **3** 他に心を奪われた, 放心状態の, ぼんやりした. [*lat.*]

prä·ope·ra·tiv[prɛ|ɔpəratí:f, ..pe..][1] 形 《医》手術前の, 術前の.

Prä·pa·rand[prɛparánt][1] 男 -en/-en ▽**1** 予備校生; (特に:) 教員養成所受験〔準備〕者. **2** 《方》堅信準備授業を受けはじめて一年目の者.

Prä·pa·rat[prɛpará:t] 中 -〔e〕s/-e **1** 調製〈調合〉品, 調製, 調剤: ein medizinisches ～ 調合薬品, 薬剤 | Vitamin*präparat* ビタミン剤. **2** 《医》標本;《生》顕微鏡標本, プレパラート: ein ～ herstellen 〈anfertigen〉 標本をつくる. [*lat.*]

Prä·pa·ra·tion[prɛparatsió:n] 女 -/-en ▽**1** (Vorbereitung) 準備, 用意, 支度; (特に授業の)予習, 下調べ. **2** 調製; 標本の作製. [*lat.*]

prä·pa·ra·tiv[..paratí:f][1] 形 調製の, 調製に関する; 標本〔作製〕に関する.

Prä·pa·ra·tor [..pará:tɔr, ..to:r] 男 -s/-en [..rató:rən] 標本作製者. [*spätlat.*]

▽**prä·pa·ra·to·risch**[..parató:rɪʃ] 形 準備的な; (vorläufig) 一時的な, 暫定的な. [*mlat.*]

prä·pa·rie·ren[prɛparí:rən] 他 (h) **1 a)** 《生・医》(人体や動植物の)標本をつくる: einen Vogel ～ 鳥の標本をつくる. **b)** 《(*et.*⁴)》《医》(…の)解剖実習をする: Muskeln ～ 筋肉の解剖実習をする. **2 a)** (vorbereiten)《(*et.*⁴)》(…の)準備をする,(特に:)(…の)予習をする, 下調べをする: Latein ～ ラテン語〔のテキスト〕を予習する | eine Rede ～ 講演の準備をする. **b)** 再帰 *sich*⁴ ～ 準備する,(授業や試験の)準備をする, 下調べをする: *sich*⁴ auf 〈für〉 den Unterricht ～ 授業の予習をする. **c)** 《話》《(*jn.*)》(証人などに偽証をさせるために)あらかじめ言いふくめておく. **d)** 《話》《(*et.*⁴)》(さいころなどに)あらかじめ細工を施しておく. **3** 《(*et.*⁴)》《写》感光性を与える: *präpariertes* Papier 感光紙. [*lat.* praeparāre „vor-bereiten"; ◇parieren[2]; *engl.* prepare]

Prä·pa·rier≈lu·pe[prɛparí:r..] 女 標本作製用ルーペ. **≈mes·ser** 中 標本作製用メス.

▽**Prä·pon·de·ranz**[prɛpɔnderánts] 女 -/ (Übergewicht)(特に国力などの)優位, 優勢. [*fr.*]

▽**prä·pon·de·rie·ren**[..pɔnderí:rən] 自 (h) (überwiegen) 優位を占める, 優勢である. [*lat.*; < *lat.* ponderāre (→ponderabel)]

prä·po·nie·ren[prɛponí:rən] 他 (h) 前に置く. [*lat.* prae-pōnere „vorsetzen"]

Prä·po·si·ti Präpositus の複数.

Prä·po·si·tion[prɛpozitsió:n] 女 -/-en (→Postposition)(Verhältniswort)《言》前置詞. [*lat.*]

prä·po·si·tio·nal[prɛpozitsioná:l] 形 《言》前置詞の〈つきの〉, 前置詞格の: ～*es* Attribut 前置詞つき付加語 | ～*es* Objekt 前置詞格目的語.

Prä·po·si·tio·nal≈ka·sus 男 《言》(屈折格に対して)前置詞格(→Flexionskasus). **≈ob·jekt** 中 《言》前置詞格目的語. **≈phra·se** 女 《言》前置詞句.

Prä·po·si·tur[prɛpozitú:r] 女 -/-en Präpositus の地位〈職〉. [*mlat.*]

Prä·po·si·tus[..pó:zitʊs] 男 -/-, ..ti[..ti·] **1** (Vorgesetzter) 長〔官〕. **2** (Propst) **a)** 《カトリック》司教座教会首席司祭; 修道院長代理. **b)** 《新教》監督教区長. [*lat.*]

prä·po·tent[prɛpotɛ́nt] 形 ▽**1** (übermächtig) 優勢な, 優越した. **2** 《オーストリア》押しつけがましい, あつかましい; 思い上がった, 尊大な: ein ～*er* Kerl ずうずうしいやつ. [*lat.*]

▽**Prä·po·tenz**[prɛpotɛ́nts] 女 -/ (Übermacht) 優勢, 優位. [*lat.*]

Prä·pu·tium[prɛpú:tsiʊm] 中 -s/..tien[..tsiən] (Vorhaut)《解》(陰茎の)包皮. [*lat.*; ◇ *engl.* prepuce]

Prä·raf·fae·lit[prɛrafaelí:t] 男 -en/-en 《美》(イギリスの)ラファエル前派 (Raffael 以前の芸術を範とする19世紀の芸術運動)の画家. [< ..it[3]]

Prä·rie[prɛrí:] 女 -/-n[..rí:ən] (北米ミシシッピー流域の)大草原. [*fr.* prairie; < *lat.* prātum „Wiese"; ◇Prairial]

Prä·rie≈au·ster 女 《料理》プレーリーオイスター(ブランデー・ウースターソース・卵の黄味・オイル・パプリカなどからなる混合飲料). **≈hund** 男 《動》(北米大草原に群居する)プレーリードッグ. **≈wolf** 男 (Kojote)《動》コヨーテ.

Prä·ro·ga·tiv[prɛrogatí:f][1] 中 -s/-e, **Prä·ro·ga·ti·ve**[..və] 女 -/-n ▽**1** (Vorrecht) 特権, 優先権. **2** 《史》君主の大権(会議解散・法の制定・恩赦など). [*lat.*; < *lat.* rogāre (→Rogation)]

Pras[pra:s][1] 男 -es/-e, **Pra·sem**[prá:zəm] 男 -s/-〔e〕《鉱》緑石英. [*lat.*; < *gr.* prá〔s〕son „Lauch"; ◇Porree; *engl.* prase]

Prä·sens[prɛ́:zɛns] 中 -/..sentia[prɛzɛ́ntsia·], ..senzien[prɛzɛ́ntsiən]《言》現在〔時称〕(→Tempus 1): aktuelles ～ 現時現在(現に生起・進行中の事象を表現する) | generelles 〈atemporales〉 ～ 普遍的〈無時間的〉現在(普遍妥当的な事象を表現する) | historisches 〈erzählendes〉 ～ 歴史的〈叙事的〉現在(＝Praesens historicum) | szenisches ～ 場景現在(過去時称の文脈中で, ある場面にスポットを当てる表現) | zukünftiges ～ 予定現在(例 Ich komme morgen. 私はあした参ります) | das Partizip ～ von „kommen" kommen の現在分詞. [*lat.*; ◇ *engl.* present]

Prä·sens≈form 女 《言》(動詞の)現在形. **≈par·ti·zip** 中 《言》現在分詞.

prä·sent[prɛzɛ́nt] 形 **1** 《ふつう述語的》(↔absent)(anwesend)(その場に)居合わせている, 出席している; (vorhanden) 現存する, 存在する: *et.*⁴ ～ haben i)…を手もとに持って〈持ち合わせて〉いる; …を在庫として持っている; ii)…を記憶して〈覚えて〉いる | Er ist überall ～. 彼はどこにでも姿を見せる. **2** (geistesgegenwärtig) 沈着な, 機転のきく. [*lat.*; < *lat.* prae-esse „vorn sein" (◇Essenz); ◇Präsenz]

Prä·sent[ー] 中 -〔e〕s/-e (Geschenk)(小さな)贈り物, 進物, 心づけ, プレゼント: *jm.* ein ～ machen …に〔ちょっとした〕贈り物をする | *jm.* *et.*⁴ zum ～ 〈als ～⁴〉 geben …に…を贈り物として与える. [*mfr.* présent–*mhd.*]

prä·sen·ta·bel[prɛzɛntá:bəl] (..ta·bl..) 形 (外見・風

采(ふう)の)りっぱな, 人前に出せる, 見栄えのする, 堂々とした. [*fr.* présentable „darbietbar"; ◇präsentieren]

Prä·sen·tant[prɛzɛntánt] 男 -en/-en (文書の)呈示者,(特に:)〘商〙手形呈示人.

Prä·sen·ta·ta Präsentatum の複数.

Prä·sen·ta·tion[prɛzɛntatsió:n] 女 -/-en **1 a)** (文書の)呈示, 提出. **b)** 〘商〙手形の呈示. **2** (ある官職への)推挙〈発議・提案〉〔権〕. [*spätlat.*–*fr.*]

Prä·sen·ta·tions·recht 中 -〔e〕s/ **1** (ある官職への)発議〈推挙〉権. **2** 〘カトリック〙(国王・貴族・市民の)聖職者推薦権.

▽**Prä·sen·ta·tum**[prɛzɛntá:tʊm] 中 -s/-s, ..ta[..ta·] 提出日.

Prä·sen·tia Präsens の複数.

prä·sen·tie·ren[prɛzɛntí:rən] 他 (h) **1** 《*jm. et.*⁴》 **a)** (…に…を)提供する, さし出す, 献ずる, 進呈する: *jm.* *sein* Buch ~ …に自著を進呈する | *jm.* Konfekt 〈ein Glas Wein〉 ~ …に菓子〈1杯のワイン〉をすすめる | *jm.* die Visitenkarte ~ …に名刺を差し出す | *jm.* die Rechnung 〔für *et.*⁴〕 ~ (→Rechnung 1 a). **b)** 〘商〙(…に手形を)呈示する: *jm.* einen Wechsel ~ …に手形を呈示する.

2 a) 再帰 *sich*⁴ 〔*jm.*〕 ~ 〔…の前に〕姿を見せる | Du *präsentierst* dich 〔uns〕 ja in einem sonderbaren Aufzug. 君は風変わりな格好をしてきたね | Sie *präsentierte* sich ihnen mit ihrem Bräutigam. 彼女は新郎と一緒に彼らの前に現れた. **b)** 《*jn.* *jm.*》(…を…に)引き合わせる,(…を…のところへ)連れて行く〈来る〉: Ich werde Ihnen bis morgen den Täter ~. 《戯》あしたまでに犯人をあなたにお目どおりさせますよ. **c)** 《*jn.*》(…をある官職に)推挙する.

3 〘軍〙ささげ銃(つつ)をする: Achtung, *präsentiert* das Gewehr! 気をつけ ささげ銃〔号令〕‖〘目的語なしで〙Der Posten *präsentierte*. 歩哨(ほしょう)がささげ銃〔の礼〕をした. [*spätlat.*–*fr.* présenter–*mhd.*; ◇präsent; *engl.* present]

Prä·sen·tier≠marsch[prɛzɛntí:r..] 男 〘軍〙閲兵行進〔曲〕. ≠**tel·ler** 男 (名刺・手紙などをのせて差し出す)盆: *et.*⁴ auf dem ~ überreichen …を盆にのせて渡す ‖〘ふつう次の成句で〙〔wie〕 **auf dem ~ sitzen** 《話》衆人環視の的になっている | Hier am Fenster sitzt man ja so auf dem ~. 《比》この窓辺にいると皆に見られてしまう | für *jn.* auf dem ~ sitzen …にとって恰好(かっこう)の獲物である | *sich*⁴ auf den ~ setzen 《比》衆人環視の的になる | wie auf dem ~ vor *jm.* liegen 《比》…にすぐ見えるようになっている.

prä·sen·tisch[prɛzɛ́ntɪʃ] 形 〘言〙現在〔時称〕の.

Prä·senz[prɛzɛ́nts] 女 -/ **1** (Gegenwart) 現在, 現存; (Anwesenheit) (その場に)居合わせていること, 出席, 列席; 存在. **2** 現員数; 現有兵力. [*lat.*–*fr.* présence; ◇präsent]

Prä·senz≠bi·blio·thek 女 (↔Ausleihbibliothek) 館内閲覧制図書館. ≠**die·ner** 男 《オーストリア》〘軍〙現役兵. ≠**dienst** 男 《オーストリア》(Militärdienst) 〘軍〙兵役.

Prä·sen·zi·en Präsens の複数.

Prä·senz≠li·ste[prɛzɛ́nts..] 女 出席者名簿: *sich*⁴ in die ~ eintragen 出席簿に記名する. ≠**pflicht** 女 その場に居合わせる義務, 出席〈立ち会い〉の義務. ≠**stär·ke** 女 〘軍〙現有兵力.

Pra·seo·dym[prazeodý:m] 中 -s/ 〘化〙プラセオジム(希土類元素名; 記号 Pr). [<*gr.* prá〔s〕son (→Pras)+dídymos „doppelt"]

Prä·ser[prɛ́:zər] 男 -s/- 《俗》=Präservativ

Prä·ser·va·tiv[prezɛrvatí:f]¹ 中 -s/-e(-s) (男性用)避妊〈性病予防〉用具, コンドーム: ein ~ benutzen 〈anlegen〉 避妊具を使用する〈つける〉. [*fr.* préservatif]

Prä·ser·ve[prezɛ́rvə] 女 -/-n 《ふつう複数で》(乾燥野菜など半無菌状態の)半保存食. [*engl.* preserve]

▽**prä·ser·vie·ren**[prezɛrví:rən] 他 (h) **1** 予防する, 防護する. **2** 保存する. [*spätlat.*–*mlat.*; <*lat.* servāre „beobachten"]

Prä·ses [prɛ́:zɛs] 男 -/..sides[..zide:s], ..siden [prezí:dən] **1** 〘カトリック〙(教会の諸団体の)会長, 指導司祭. **2** 〘新教〙教会会議の議長; 教会の総代. [*lat.* „schützend"]

Prä·si·de[prɛzí:də] 男 -n/-n (女 **Prä·si·din**[..dɪn]-/-nen) **1** Präsidium 2 の一員. **2** 《話》学生コンパ (Kommers) の司会者.

Prä·si·den Präses, Präside の複数.

Prä·si·dent[prɛzidɛ́nt] 男 -en/-en (女 **Prä·si·den·tin**[..tɪn]-/-nen) **1** 大統領: der ~ der Bundesrepublik Deutschland ドイツ連邦共和国大統領. **2** (Vorsitzender) 議長; (中央官庁・公社など重要機関の)長, 長官, 総裁; (団体・会社などの)会長, 会頭, 理事長: der ~ des Bundestages 連邦議会議長 | der ~ des Obersten Gerichts (旧東ドイツの)最高裁判所長官 | der ~ des Bundesrechnungshofs 連邦会計検査院長 | Gerichts*präsident* 裁判長 | Polizei*präsident* 警視総監, 警察本部長. **3** 座長, 司会者. [*lat.*–*fr.* président]

Prä·si·den·ten·wahl[prɛzidɛ́ntən..] 女 **1** 大統領選挙. **2** 議長〈総裁・会長〉選挙; 座長選出.

Prä·si·dent·schaft[prɛzidɛ́nt-ʃaft] 女 -/ Präsident の職務〈任期〉.

Prä·si·dent·schafts·kan·di·dat 男 Präsident の候補者.

Prä·si·des Präses の複数.

prä·si·dial[prɛzidiá:l] 形 Präsident 〈Präsidium〉に関する〈の〉. [*spätlat.*]

Prä·si·dial≠de·mo·kra·tie 女 〘政〙大統領制民主主義. ≠**ge·walt** 女 〘政〙大統領の権力〈権能〉. ≠**ka·bi·nett** 中 〘政〙大統領任命内閣. ≠**kanz·lei** 女 ドイツ帝国大統領官房(1934–45). ≠**rat** 男 裁判官人事委員会. ≠**sy·stem** 中 〘政〙大統領制的体制〈組織〉.

Prä·si·di·en Präsidium の複数.

prä·si·die·ren[prɛzidí:rən] 自 (h) (スイス: 他 (h)) 《*et.*³ /スイス: *et.*⁴》(…の)議長〈会長・委員長〉をつとめる,(会を)主宰〈司会〉する: dem Parlament (スイス: das Parlament) ~ 議会の議長をつとめる | dem Verein ~ 会長をつとめる. [*lat.* praesidēre „vorn-sitzen, schützen"–*fr.* présider; ◇sitzen]

Prä·si·din[prɛzí:dɪn] 女 -/-nen Präside の女性形.

Prä·si·dium[prɛzí:diʊm] 中 -s/..dien[..diən] **1** 《単数で》(Vorsitz) 議長の地位: das ~ übernehmen 〈abgeben〉 議長を引き受ける〈辞任する〉. **2** 議長団, 幹部会; (裁判所の)総務部: das ~ der Rechtsanwaltskammer 弁護士連合会幹部会 | das ~ des Bundestages 連邦議会議長団 | *jn.* ins ~ wählen …を議長〈幹部〉に選出する | ein neues ~ wählen 新しい議長団〈幹部会〉を選ぶ. **3** (Polizeipräsidium) (大都市の)警察署; 警視庁; 警察本部. [*lat.* praesidium „Schutz〔mittel〕"]

Prä·skle·ro·se[prɛskleró:zə] 女 -/-n 〘医〙前硬化症.

prä·skri·bie·ren[prɛskribí:rən] 他 (h) **1** 規定する, 定める; 命令〈指示〉する. ▽**2** 《*et.*⁴》〘法〙(…の)時効を宣告する. [*lat.*; <*lat.* scrībere (→schreiben)]

Prä·skrip·tion[prɛskrɪptsió:n] 女 -/-en **1** (Vorschrift) 規定, 規則; 指示, 命令, 指令. ▽**2** (Verjährung) 〘法〙時効. [*lat.*]

prä·skrip·tiv[..skrɪptí:f]¹ 形 (↔deskriptiv) (normativ) 〘言〙規範的な.

Praß[pras] 男 Prasses/ ▽**1** (Plunder) (使いものにならない)古道具, がらくた; 古着, ぼろ. **2** 《南部》 **a)** (Kummer) 苦悩, 悲しみ. **b)** (Zorn) 怒り. [*mndd.*; ◇prassen]

pras·seln[prásəln] 《06》 自 **1** (h) (火・あぶらなどが)パチパチ〈ジージー〉と音をたてる: Das Feuer im Ofen *prasselt*. 暖炉の火がパチパチ音をたてている | Fett hat in der Pfanne *geprasselt*. 脂がフライパンの中でジージーと音をたてて焼けた. **2** (s) 《auf 〈gegen〉 *et.*⁴》(あられ・雨などが…に)音をたてて降りかかる; 《比》《auf 〈gegen〉 *jn.*》(質問・罵声(ばせい)などが)さかんに浴びせかけられる; (太陽などが)じりじり照りつける: Die Hagelkörner sind aufs Dach 〈gegen die Fensterscheiben〉 *geprasselt*. あられがパラパラと屋根〈窓ガラス〉に音をたてて降った | Vorwürfe *prasselten* auf ihn 〔nieder〕. ごうごうたる非難の雨が彼の上に降り注いだ ‖ *prasselnder* Beifall 《話》鳴りわたる拍手. [*mhd.*; <*ahd.* brastōn „krachen"; ◇bresten]

P

pras·sen[prásən] ⦅03⦆ 自 (h) ぜいたくざんまいの生活をする. [*mndd.* brassen „lärmen"; 擬音]

Pras·ser[prásər] 男 -s/- ぜいたくざんまいに暮らす人.

Pras·se·rei[prasəráɪ] 女 -/-en ぜいたくざんまいの生活.

prä·sta·bi·lie·ren[prɛstabilí:rən] ▽**I** 他 (h) あらかじめ(前もって)決定する, 予定する. **II prä·sta·bi·liert** 過分 形 予定された: ～*e* Harmonie〘哲〙(Leibniz の)予定調和.

▽**Prä·stan·dum**[prɛstándʊm] 中 -s/..da[..da·] **1** 義務の遂行(履行). **2** (Abgabe) 租税, 公課. [*lat.*]

▽**Prä·stanz**[prɛstánts] 女 -/-en (Leistungsfähigkeit)〔作業〕能力, 性能; 効率. [*lat.*]

▽**Prä·sta·tion**[prɛstatsió:n] 女 -/-en (Leistung) 実行, 履行, 遂行. [*lat.*]

▽**prä·stie·ren**[prɛstí:rən] 他 (h) **1** (leisten) 実行する, 履行する, 遂行する, 果たす. **2** 保証する. [*lat.* prae-stāre „voran-stehen, gewähren" (◇stehen); ◇*engl.* prest]

prä·su·mie·ren[prɛzumí:rən] 他 (h) **1** (annehmen)〘哲・法〙推定する; 仮定する, 前提とする; 先取りする, 見越す. **2**〘話〙(argwöhnen) 邪推する. [*lat.*; ＜sub..＋*lat.* emere „nehmen"; ◇*engl.* presume]

Prä·sum·tion[prɛzʊmtsió:n] 女 -/-en〘哲・法〙推定; 仮定, 前提; 先取り. [*lat.* praesūmptiō]

prä·sum·tiv[prɛzʊmtí:f][1] 形〘哲・法〙推定上の; 仮定の; 先取りされた. [*spätlat.*; ◇*engl.* presumptive]

prä·sup·po·nie·ren[prɛzuponí:rən] 他 (h) あらかじめ仮定する, 暗黙裏に前提する, 当然のこととして予期する.

Prä·sup·po·si·tion[..zʊpozitsió:n] 女 -/-en **1** (あらかじめの)仮定, 予想; (暗黙裏の)前提, 要件. **2**〘言〙(意味論で)前提.

Prä·ten·dent[prɛtɛndɛ́nt] 男 -en/-en (地位・役職などを)要求する人; (特に:) 帝位(王位)要求者. [*fr.*]

prä·ten·die·ren[prɛtɛndí:rən] **I** 自 (h)〘雅〙⦅auf *et.*[4]⦆ (…を)要求する: auf eine Stellung ～ ある地位を要求する. **II** 他 (h)〘雅〙**1** (beanspruchen) 要求する. **2** (behaupten) 主張する, 言いはる. [*lat.* prae-tendere „vorstrecken"－*mlat.*－*fr.* prétendre]

Prä·ten·tion[prɛtɛntsió:n] 女 -/-en **1** (Anspruch) 要求, 請求. **2** (Anmaßung) 思い上がり, 尊大, 傲慢(ごう). [*mlat.*〔－*fr.*〕]

prä·ten·tiös[prɛtɛntsiǿ:s][1] 形 気負った, 尊大な, 傲慢(ごう)な, 自信満々の(たっぷりの); 高望みの: ein ～*er* Stil 気負った文体(文章) | Seine Ansprüche sind ein wenig zu ～. 彼の要求はいささかぜいたくだ(高望みすぎる). [*fr.* prétentieux; ◇*engl.* pretentious]

der **Pra·ter**[prá:tər] 地名 男 -s/ プラーター(ウィーンの遊園地のある公園). [＜*it.* prato „Wiese" (◇Prärie)]

Prä·te·rita Präteritum の複数.

prä·te·ri·tal[prɛteritá:l] 形〘言〙過去〔時称〕の.

Prä·ter·ito·prä·sens[prɛteritoprɛ́:zɛns] 中 -/..sentia[..prɛzɛ́ntsia·], ..senzien[..prɛzɛ́ntsiən]〘言〙過去現在動詞(元来の過去形を今日では現在形に用いる動詞. 例 wissen, können, vermögen).

Prä·te·ri·tum[prɛté:ritʊm, ..tér..] 中 -s/..ta[..ta·]〘言〙過去〔時称〕(→Tempus 1). [*lat.*; ＜*lat.* praeter-īre „vorüber-gehen" (◇prä.., eilen); ◇*engl.* preterit]

prä·ter·prop·ter[prɛ́:tərprɔ́ptər, ..tɛrprɔ́ptɛr] 副 (ungefähr) ほぼ, 約, およそ. [＜*lat.* propter „nahe"]

Prä·text[prɛtɛ́kst, prɛ́:tɛkst] 男 -es/-e (Vorwand) 口実, 言いわけ, 逃げ口上. [*lat.*; ＜prae-texere „vorn anweben, vorwenden"; ◇*engl.* pretext]

Prä·tor[prɛ́:tɔr, ..to:r] 男 -s/-en[prɛtó:rən]〘史〙**1** (古代ローマの)法〔務〕官(執政官の次位にあり, 司法・行政をつかさどる). **2** (Konsul) (古代共和制ローマの)コンスル, 執政官. [*lat.*; ＜*lat.* prae-īre „voran-gehen" (◇prä.., eilen)]

Prä·to·ria·ner[prɛtoriá:nər] 男 -s/- (古代ローマの)近衛(この)兵, 親衛隊員. [*lat.*]

Prä·tur[prɛtú:r] 女 -/-en Prätor の職(任期). [*lat.*]

Prat·ze[prátsə] 女 -/-n **1** (Pranke) (猛獣の)前足. **2**〘戯〙(人間の)ごつい手. [*it.* braccio (→Bratsche)]

Prau[prau] 女 -/-e (マライ地方の)アウトリガーつき小帆船, プラウ船. [*malai.* perahu „Boot"]

prä·va·lent[prɛvalɛ́nt] 形 (überlegend) 優勢な; 優越した. [*lat.*]

Prä·va·lenz[prɛvalɛ́nts] 女 -/ 優勢; 優越. [*spät-lat.*]

prä·va·lie·ren[prɛvalí:rən] 自 (h) (vorherrschen) 支配的である, 優勢(有力)である. [*lat.*; ◇*engl.* prevail]

prä·ve·nie·ren[prɛvení:rən] 自 (h) **1** (zuvorkommen) 先んじる, 先手を打つ, 先制する. **2** (病気を)予防する; 予告する. [*lat.*－*fr.* prévenir; ＜*lat.* venīre (→kommen); ◇*engl.* prevent]

Prä·ve·ni·re[prɛvení:rə, ..re·] 中 -〔s〕/ 先んじること, 先制: *jm.* das ～ spielen …の機先を制する, …を出し抜く, …に対して先手をうつ.

Prä·ven·tion[prɛvɛntsió:n] 女 -/-en 予防, 防止;〘医〙(病気の)予防;〘法〙(処罰・保護・善導などによる犯罪の)予防. [*spätlat.*]

prä·ven·tiv[prɛvɛntí:f][1] 形 (vorbeugend) 予防的な: eine ～*e* Maßnahme 予防措置.

Prä·ven·tiv≈imp·fung 女〘医〙予防接種. **≈krieg** 男 予防戦争. **≈maß·nah·me** 女 予防措置, 予防策. **≈me·di·zin** 女 予防医学. **≈mit·tel** 中 **1** 予防手段, 予防策. **2**〘医〙予防薬; (特に:) 避妊薬(方法). **≈ver·kehr** 男 避妊手段を講じて行う性交.

Prä·verb[prɛvɛ́rp][1] 中 -s/-ien[..biən]〘言〙分離動詞の前つづり.

Pra·xen Praxis の複数.

Pra·xis[práksɪs] 女 -/Praxen[práksən] ⦅ふつう単数で⦆ **1** 実際, 実地〔の応用〕; 実行, 実践: in 〔der〕 ～ 実際〔上〕は(＝in praxi);〘工〙作動して | *et.*[4] in die ～ umsetzen …を実行に移す | die Kluft zwischen Theorie und ～ 理論と実際との間のギャップ. **2** 実務経験, キャリア: ein Mann mit viel ～ 実務経験の豊富な男 | die zwanzigjährige ～ als Flugzeugführer (航空機の)操縦士としての20年の経験 | keine ～ haben 実務経験がない. **3** (Praktik) 実施方法, 取り扱い法: eine neue ～ 新しいやり方. **4 a)** (医師・弁護士などの)業務, 実務, 診療(執務)〔時間〕: eine ～ als Anwalt eröffnen 弁護士を開業する | Heute ist keine ～. 本日休診(休業) | Ich habe heute von 10 bis 12 Uhr ～. きょうは10時から12時まで診療(執務)します. **b)** (医者・弁護士などの)活動範囲, 顧客層: eine große ～ haben お得意(患者・依頼人)が多い. **c)** 診療所, 診察室; (弁護士の)事務所: zu einem Arzt in die ～ kommen 医者の診療を受けに来る(行く). [*gr.*－*mlat.*; ＜*gr.* prássein (→praktisch)]

pra·xis≈be·zo·gen[práksɪs..] 形 実際(実地)に即した: eine ～*e* Ausbildung 実地に即した職業教育. **≈fern** 形 実際(実地)から離れた. **≈orien·tiert** 形 実地(実践)を指向した.

Prä·ze·dens[prɛtsé:dɛns] 中 -/..denzien[..tsedɛ́ntsiən] 先例, 前例. [*lat.* prae-cēdere „voran-gehen"; ◇zedieren, Präzession; *engl.* precedent]

Prä·ze·denz[prɛtsedɛ́nts] 女 -/-en **1** (Vortritt) (順位の)優先〔権〕, 上位, 上席. **2**〘カトリック〙席順.

Prä·ze·denz·fall 男 (規範となる)先例, 前例; (先例となる)初めてのケース: ein ～ für *et.*[4] …に対する先例 | einen ～ schaffen (最初の)先例をつくる | Die Sache darf nicht zum ～ werden. これが前例となってはならない.

Prä·ze·den·zi·en Präzedens の複数.

prä·ze·denz·los[..lo:s][1] 形 先例のない.

Prä·ze·denz·strei·tig·keit 女 席順(席次)争い.

▽**Prä·zep·tor**[prɛtsɛ́ptɔr, ..to:r] 男 -s/-en[..tsɛptó:rən] (Lehrer) 教師; (Hauslehrer) 家庭教師. [*lat.*; ＜*lat.* praecipere „voraus-nehmen, lehren" (◇kapieren); ◇*engl.* preceptor]

Prä·zes·sion[prɛtsɛsió:n] 女 -/-en〘天〙(地球の)歳差運動. [*spätlat.*; ＜*lat.* prae-cēdere (→Präzedens)]

▽**Prä·zi·pi·tat**[prɛtsipitá:t] 中 -(e)s/-e 〘化〙 **1** (Niederschlag) 沈殿物. **2** 降汞(こう): rotes ～ 赤降汞(赤色酸化水銀).

Prä·zi·pi·ta·tion[prɛtsipitatsió:n] 女 -/-en 〘化〙 沈殿, 沈降. [*spätlat.*]

Prä·zi·pi·tat·sal·be[prɛtsipitá:t..] 女 〘薬〙 降汞(こう)軟膏(なこう).

prä·zi·pi·tie·ren[prɛtsipití:rən] 他 (h) 〘化〙 沈殿(沈降)させる. [*lat.*; <*lat.* prae-ceps „mit dem Kopf voran, kopfüber" (◇Haupt); ◇*engl.* precipitate)]

Prä·zi·pi·tin[prɛtsipití:n] 中 -s/-e 〘生〙 沈降素(可溶性の抗原分子と結合して, 不溶性の抗原抗体複合体となって沈降する抗体).

prä·zis[prɛtsí:s][1] 形 (genau) 明確な, 的確な, 正確な; 精密な; ぴったりの; 簡明な: eine ～*e* Angabe 〈Auskunft〉 正確な申告〈情報〉| eine ～*e* Diagnose 的確な診断 ‖ Die Definition ist sehr ～. 定義は非常に明確である ‖ ～ auf alle Fragen antworten すべての質問に対して正確に答える | ～ arbeiten きちょうめんな〈精密な〉仕事をする | 4 Uhr ～ 4時かっきり | ～ um 13 Uhr 正13時に. [*lat.* praecīsus „abschüssig"–*fr.* précis; <*lat.* prae-cīdere „vorn abschneiden" (◇..zid); ◇*engl.* precise]

prä·zi·se[..zə] ＝präzis

prä·zi·sie·ren[prɛtsizí:rən] 他 (h) いっそう明確〈正確・精密〉に規定する; 簡明に述べる〈説明する〉: einen Begriff ～ ある概念を厳密に規定する | *seinen* Standpunkt ～ 自分の立場を明確に示す. [*fr.* préciser]

Prä·zi·sion[prɛtsizió:n] 女 -/ 明確, 的確, 正確; 精密さ, 精細さ; 簡明: mit der ～ eines Uhrwerks 時計仕掛けのように精密に. [*fr.* précision]

Prä·zi·sions·ar·beit 女 精密〈綿密〉な仕事; 精密機械作業. ≈**ge·rät** 中, ≈**in·stru·ment** 中 精密機器. ≈**ma·schi·ne** 女 精密機械. ≈**meß·ge·rät** 中 精密測定機器. ≈**uhr** 女 精密時計. ≈**waa·ge** 女 精密天秤(てんびん). ≈**waf·fe** 女 精密兵器.

Pre·del·la[predɛ́la·] 女 -/-s(..len[..lən]) (**Pre·del·le**[..lə] 女 -/-n) 〘宗・美〙 (祭壇上の)飾り台, プレデラ(→ 図 Altar A, B). [*it.*(–*fr.*); ◇Brett]

pre·di·gen[pré:dɪgən][2] **I** 自 (h) **1** (司祭・牧師が)説教をする, 伝道する; 説法する, 法を説く: langweilig 〈über eine Bibelstelle〉 ～ 退屈な〈聖書のある個所について〉説教をする | tauben Ohren ～ (→Ohr 1). **2** (長々と)訓戒を垂れる, お説教する: mit tausend Zungen ～ (→Zunge 1 a). **II** 他 (h) 説教する, (福音を)説く; 説き勧める, 勧告する: das Wort Gottes ～ 神のことばを伝える | Buße 〈Mut〉 ～ 悔い改める〈勇気をもつ〉ようにと説く | (*jm.*) Moral ～ (→Moral 1 a) | *jm.* Toleranz ～ …に寛容を説く. [*lat.* praedicāre (→prädizieren)–*kirchenlat.*–*ahd.*]

Pre·di·ger[pré:dɪgər] 男 -s/- **1** 説教者(司祭・牧師など. 新教では職名として用いられることもある); 〘聖〙 伝道者: der ～ in der Wüste 〘聖〙 荒野の説教者(洗礼者ヨハネ) | **ein ～ in der Wüste** 《比》 世に容(い)れられない警告者 | der ～ Salomo 〘聖〙 伝道者ソロモン; (旧約聖書の)伝道の書 ‖ ein guter 〈schlechter〉 ～ sein 説教が上手〈下手〉である. **2** 《話》 (長々と)訓戒を垂れる人.

Pre·di·ger≈or·den 男 (Dominikanerorden) 〘カトリック〙 ドミニコ会. ≈**se·mi·nar** 中 (新教の)神学校.

Pre·digt[pré:dɪçt] 女 -/-en **1** 説教; 説法: die Berg*predigt* 〘聖〙 (キリストの)山上の垂訓 ‖ eine ～ halten 説教をする | in die ～ 〈zur ～〉 gehen (教会へ)説教を聞きにゆく | Kurze ～, lange Wurst. 《諺》 説教は短くソーセージは長いに限る. **2** 《話》 お説教, 長口舌の小言: *jm.* eine lange ～ halten …に長々と訓戒を垂れる.

▽**Pre·digt·stuhl** 男 (Kanzel) 説教壇.

prei·en[práɪən] 他 (h) 〘海〙 (他の船に)大声で呼びかける. [*lat.* precārī „bitten"–*afr.*–*mengl.*–*ndl.* praaien]

Preis[praɪs][1] 男 -es/-e **1** (英: *price*) 価格, 値段; 代価; 物価, 市価: hohe 〈teure〉 ～*e* 高い値段 | niedrige 〈billige〉 ～*e* 安い値段 | ein gepfefferter 〈gesalzener〉 ～ ばか高い値段 | ein stolzer ～ (品質に応じた)高い値段 | der ～ eines Artikels 〈für einen Artikel〉 ある商品の価格 | ein ～ von DM 100 100マルクの価格 | Fahr*preis* 旅客運賃 | Fest*preis* 定価 | Richt*preis* 標準価格 ‖ ～*e* auszeichnen 《話》 値札をつける | die ～*e* drücken (安売りをして)値をくずす | die ～*e* erhöhen 〈senken〉 値上げ〈値下げ〉する | einen ～ festsetzen 値段を決める, 定価をつける | die ～*e* hochtreiben 〈in die Höhe treiben〉 値をつり上げる | einen angemessenen 〈günstigen〉 ～ haben (商品などが)適正な〈格安の〉価格である | *jm.* einen besonderen ～ machen …のために特別に値引きをする | einen unerhörten 〈unverschämten〉 ～ verlangen 法外な値段を要求する ‖ Die ～*e* liegen hoch 〈niedrig〉. 物価が高い〈低い〉| Die ～*e* steigen 〈sinken〉. 物価が上がる〈下がる〉| Die ～*e* stürzen 〈schnellen empor〉. 物価が暴落〈暴騰〉する | Wie hoch ist der ～? 〔値段は〕いくらですか | Dafür zahle ich jeden ～. それを手に入れるためならお金はいくらでも払います | Wie der ～, so die Ware. 《諺》 安かろう悪かろう.
‖〘前置詞と〙 Ich sehe nicht **auf** den ～. 私にとって値段は問題ではない | **im ～** sinken 〈zurückgehen〉 (…の)値が下がる | **hoch** 〈**gut**〉 **im ～ stehen** 値段が高い | im ～ steigen (…の)値が上がる | **mit** dem ～ heruntergehen 〈hochgehen〉 (商人が)値段を下げる〈上げる〉| **um jeden ～** どんな値段でも〔いいから〕, 値段をかまわずに; 《比》 いかなる犠牲を払っても, 是が非でも | **um keinen ～** / um jeden 〈allen〉 ～ nicht 《比》 断じて…しない | auch um den ～ *seiner* Gesundheit 〈*seines* eigenen Lebens〉 自分の健康〈生命〉を犠牲にしても | *et.*[4] **unterm** 〈unter 〔dem〕〉 ～ verkaufen …を定価以下で売る | Rabatt 〈eine Ermäßigung〉 **vom** ～ abziehen 値引きする | *et.*[4] **zu** einem günstigen ～ 〈zum halben ～〉 erstehen …を有利な価格で〈半値で〉手に入れる.

2 (英: *prize*) 賞, 賞品, 賞金: der erste 〈zweite〉 ～ 1 〈2〉等賞 | Nobel*preis* ノーベル賞 ‖ einen ～ bekommen 〈machen〉 賞をもらう | einen ～ erhalten 受賞する | einen ～ gewinnen 賞を獲得する | *jm.* den ～ geben 〈verleihen / zuerkennen〉 …に賞を与える〈授与する〉| einen ～ ausschreiben 懸賞募集をする | einen ～ auf den Kopf eines Täters setzen 犯人の首に懸賞金をかける ‖〘前置詞と〙 *jn.* **mit** einem ～ auszeichnen …に賞を与えて顕彰する | *sich*[4] **um** einen ～ bewerben 懸賞に応募する | um den ～ kämpfen 賞を争う ‖ **Ohne Fleiß kein ～.** 《諺》 努力なくして成功なし.

3 《単数で》《雅》 (Lob) 賞賛, 賛美: *jm.* Lob und ～ singen …をほめたたえる | Gott sei ～ und Dank! 神に栄光あれ.

[*lat.* pretium–*afr.* pris–*mhd.*; ◇Prix, preisen, preziös]

Preis≈ab·schlag[práɪs..] 男 値引き, 減価. ≈**ab·spra·che** 女 (業者による)価格の申し合わせ, 価格についての談合. ≈**an·ga·be** 女 価格表示. ≈**an·stieg** 男 値上がり. ≈**auf·ga·be** 女 懸賞問題〈課題〉. ≈**auf·schlag** 男 価格の割り増し: ein ～ von 20% 20パーセントの割り増し. ≈**aus·schrei·ben** 中 懸賞募集. ≈**be·we·gung** 女 価格〈物価〉の変動. ≈**bil·dung** 女 価格〈物価〉形成. ≈**bin·dung** 女 〘経〙 (統制・協定などによる)価格固定〈維持〉: ～ der zweiten Hand 再販価格固定〈維持〉. ≈**bre·cher** 男 協定価格破り(人).

Prei·se[práɪzə] 女 -/-n 《南部》 細ひも, 帯; ふち飾り, 笹(ささ)べり. [*mhd.* brīse; <*mhd.* brīsen „einschnüren"]

Prei·sel·bee·re[práɪzəl..] 女 〘植〙 コケモモ(苔桃)(→ 図).

Preis·emp·feh·lung [práɪs..] 女 〘商〙 (メーカーがすすめる)指定小売価格.

prei·sen*[práɪzən][1] 《110》 **pries**[pri:s][1]/ **ge·prie·sen**; 接II priese 他 (h) (英: *praise*) 《雅》 (loben) ほめる, たたえる, 賞

Preiselbeere

P

賛〈賛美・称揚〉する: Gott ~ 神をたたえる | *jn.* **glücklich ~** …を幸福〈幸運〉であると言う | Du kannst dich glücklich ~. 君は運がいいよ | *jn.* als guten Lehrer ~ …をりっぱな教師であるとほめそやす ‖ 再帰 Er *pries* sich[4] als guten Piloten 〈[V]als guter Pilot〉. 彼は優秀なパイロットだと自賛した ‖ eine *gepriesene* Schönheit 有名な美人. [*spätlat.* pretiāre „hochschätzen"–*afr.*–*mhd.*; ◇Preis]

Preis⸗ent·wick·lung[práɪs..] 女〘経〙価格の趨勢(すうせい), トレンド. **⸗er·hö·hung** 女 値上げ; 価格〈物価〉上昇. **⸗er·mä·ßi·gung** 女 価格割引, 値引き. **⸗fra·ge** 女 **1 a)** 懸賞問題. **b)**《話》やっかいな〈デリケートな〉問題. **2** 価格の問題. **⸗frei·ga·be** 女 価格の自由化.

Preis·ga·be[práɪsga:bə] 女 -/ (preisgeben すること. 例えば:) **1** 放棄, 断念: unter ~ von *et.*[3] …を放棄〈断念〉して. **2** (秘密を)漏らすこと.

preis|ge·ben* [práɪsge:bən][1] 《52》 他 (h) **1 a)** 《*jn.* 〈*et.*[4]〉 *et.*[3]》(…を…に)ゆだねる, まかせる, さらす: *jn.* dem Gelächter 〈der Lächerlichkeit〉 ~ …を笑い者にする | die Bevölkerung dem Elend 〈dem Hunger〉 ~ 住民を不幸〈飢餓〉にさらす. **b)** 再帰 *sich*[4] *jm.* ~ …に身をまかせる, …に肌を許す | *sich*[4] *et.*[3] ~ …に身をさらす. **2** 《*jn.*》(…を)見捨てる, 犠牲にする; 《*et.*[4]》(…を)放棄〈断念〉する, 投げ捨てる; (秘密などを)漏らす: *seine* Leute ~ 部下を見放す〈見殺しにする〉| *seine* Grundsätze ~ 自己の主義主張を放棄する | die Namen der Komplicen ~ 共犯者の名前を明かす. [*fr.* donner 〔en〕 prise „zur Beute hingeben" (◇Prise) の翻訳借用]

preis·ge·bun·den[práɪs..] 形〘経〙価格が固定された.

Preis·ge·bung[..ge:bʊŋ] 女 -/ 〔sich〕 preisgeben すること.

Preis·ge·fü·ge[práɪs..] 中〘経〙(市場にあらわれる)価格関係〈構造〉.

preis·ge·krönt 形 賞を授けられた, 受賞した: ein ~*er* Film 受賞映画.

Preis⸗ge·richt 中 (受賞者選考のための)審査委員会. **⸗ge·sang** 男 賛歌, 頌歌(しょうか). **⸗gren·ze** 女 価格の限界(上限と下限).

preis·gün·stig 形 格安の, 買い得な.

Preis⸗in·dex 男〘経〙物価指数. **⸗kar·tell** 中〘経〙価格カルテル. **⸗klas·se** 女 価格等級. **⸗kon·trol·le** 女 価格統制. **⸗kon·ven·tion** 女 価格協定. **⸗krieg** 男 価格〔引き下げ〕戦争.

preis|krö·nen **I** 他《もっぱら受動態で》Er 〈Das Bild〉 ist *preisgekrönt* worden. 彼〈その絵〉は受賞した.

II **preis·ge·krönt** → 別出

Preis⸗ku·rant 男《ｵｰｽﾄﾘｱ》=Preisliste **⸗la·ge** 女 価格の程度: ein Hotel der mittleren ~ 中ぐらいの料金のホテル | Haben Sie noch andere Stoffe in dieser ~? まだ他にこのぐらいの値段の生地はありますか. **⸗la·wi·ne** 女 とめどない物価の上昇〈値上がり〉.

preis·lich[práɪslɪç] 形 価格上の, 価格に関する: in ~*er* Hinsicht 価格の点で.

Preis⸗lied 中 **1**〘文芸〙(ゲルマン文学の)頌歌(しょうか); 《比》(Loblied) 賛歌. [V]**2** (歌試合の)懸賞歌. **⸗li·ste** 女 価格〈定価〉表; 相場表. **⸗nach·laß** 男〘商〙値引き, 割引. **⸗ni·veau**[..nivo:] 中 価格〈物価〉水準. **⸗no·tie·rung** 女 (↔Mengennotierung)〘商〙(単位外貨額に対する)自国貨の為替相場額. **⸗po·li·tik** 女 価格〈物価〉政策. **⸗rät·sel** 中 懸賞クイズ. **⸗rich·ter** 男 (受賞者選考の)審査員. **⸗rück·gang** 男 価格の下落. **⸗sche·re** 女〘経〙〔はさみ状〕価格差: Die ~ öffnet 〈schließt〉 sich. 価格差が開く〈小さくなる〉. **⸗schie·ßen** 中 射撃コンクール; 〘ｻｯｶｰ〙(賞をかけて行う)シュート合戦. **⸗schild** 中 -〔e〕s/-er 定価票, 値札. **⸗schla·ger** 男《話》格安の品. **⸗schrift** 女 懸賞〈受賞〉論文. **⸗schwan·kung** 女 価格〈物価〉の変動. **⸗sen·kung** 女 価格の引き下げ, 値下げ.

preis·sta·bil 形 価格〈物価〉の安定した.

Preis⸗sta·bi·li·tät 女 価格〈物価〉の安定. **⸗stei·ge·rung** 女 物価の騰貴〈上昇〉, 値上がり. **⸗stei·ge·rungs·ra·te** 女 物価上昇率. **⸗stopp** 男 価格ストップ〈凍結〉. **⸗sturz** 男 物価の下落〈暴落〉. **⸗ta·fel** 女 価格〈定価〉表. **⸗trä·ger** 男 受賞者.

preis·trei·bend[práɪstraɪbənt][1] 形 価格をつり上げる.

Preis·trei·ber 男 価格をつり上げる人〈要因〉; 〘商〙(投機の)強気筋.

Preis·trei·be·rei[praɪstraɪbəráɪ] 女 -/-en 価格のつり上げ.

Preis⸗über·wa·chung[práɪs..] 女 物価監視. **⸗un·ter·bie·tung** 女 (競争者より)安値で提供すること; ダンピング. **⸗un·ter·schied** 男 価格差. **⸗ver·zeich·nis** 中 価格〈定価〉表. **⸗werk** 中 (↔Lohnwerk) 代価仕事(手工業者が手持ち材料でする仕事).

preis·wert 形 (比較的値も安く, 品質もよい)買い得の.

Preis·wu·cher 男 (不当利得を目的とした)価格つり上げ行為.

preis·wür·dig 形 [V]**1** =preiswert **2** 《雅》ほめるに値する.

Preis·zu·schlag 男 =Preisaufschlag

pre·kär[prekɛ́:r] 形《副詞的用法なし》(状況・事態について)判断のしにくい, 処理の難しい, やっかいな, 困難な: ein ~*er* Fall やっかいなケース | eine ~*e* Lage 難しい〈微妙な〉状況. [*lat.* precārius „erbettelt"–*fr.* précaire; < *lat.* precēs „Bitte" (◇Frage); ◇preien; *engl.* precarious]

Prell·bock[prɛ́l..] 男 **1**〘鉄道〙(線路終点の)車止め(→ 図 Bahnhof A). **2** 《話》すべての責任を一身にひっかぶる人.

prel·len[prɛ́lən] **I** 自 (s) **1 a)** 《auf 〈gegen〉 *et.*[4]》(…に)突き当たる, ぶつかる, 衝突する. **b)** 《von *et.*[3]》(…にぶつかって)はね返る. **2** 《方》突進する, 疾走する.

II 他 (h) **1 a)** 突き当てる, ぶつける: *sich*[3] das Knie ~ ひざをぶつける ‖ 再帰 *sich*[4] ~ ぶつかる; 体をぶつける ‖ wie ein *geprellter* Frosch (→Frosch 1). **b)** 〘球技〙(球を)バウンドさせる. **2 a)** 《*jn.*》(…を)だます, あざむく: *jn.* um *et.*[4] ~ …から…をだまし取る〈詐取する〉| Füchse ~ (→Fuchs 1 a) ‖ *sich*[4] von *jm.* ~ lassen …にだまされる. **b)** 《*et.*[4]》(…を)ごまかす: die Zeche ~ (→Zeche 1). [V]**3** einen Fuchs ~ i) 〘狩〙キツネを胴上げする(キツネ狩りの際とらえたキツネを広げた布にのせて何度もほうり上げて殺すという古い風習); ii) 《話》(上級生が)新入生をいじめる. [*mhd.*; ◇prallen]

Prel·ler[prɛ́lər] 男 -s/- **1** 強い衝撃, はげしいショック. **2** 《話》詐欺漢; 無銭飲食者. **3** =Prellschuß

Prel·le·rei[prɛləráɪ] 女 -/-en 詐欺; 無銭飲食, 食い〈飲み〉逃げ.

Prell⸗schuß[prɛ́l..] 男 **1**〘軍〙跳弾(はねだま). **2**〘医〙反跳射創. **⸗stein** 男 (車の衝突防止用に家の角・門・入口などに設けた)縁(ち)石, 防衝石(→ 図 Haus A).

Prel·lung[prɛ́lʊŋ] 女 -/-en〘医〙(打撃・衝撃による)内出血を伴う損傷, 打撲傷.

Pré·lude[prelý(:)d, ..lý:t] 中 -s[-]/-s[-] =Präludium 1 [*fr.*]

Pre·mier[prəmié:, pre..] 男 -s/-s =Premierminister

Pre·mie·re[prəmié:rə, pre.., ..miɛ́:rə; ｵｰｽﾄﾘｱ:..miɛ́:r] 女 -/-n[..rən] (Erstaufführung) (芝居・音楽などの)初演; (公演の)初日; (映画の)封切り: Der Film hat morgen ~. その映画はあす封切られる. [*fr.*; < *lat.* prīmārius (→Primarius); ◇primär]

Pre·mie·ren⸗abend 男 (演劇の)初演の夜〔の催し〕. **⸗be·su·cher** 男 (演劇の)初演観客; 封切り映画の観客. **⸗ki·no** 中 (映画の)封切り館. **⸗ti·ger** 男《話》初演マニア(初演には必ず出かける人).

Pre·mier⸗leut·nant[prəmié:.., pre..] 男 (Oberleutnant) 陸軍中尉(1899年まで). **⸗mi·ni·ster** 男 総理大臣, 首相(→Ministerpräsident).

Pres·by·opie[prɛsby(|)opí:] 女 -/ (Alterssichtigkeit)〘医〙老視, 老眼.

Pres·by·ter[prɛ́sbytər, ..tɛr] 男 -s/- **1**〘宗〙(古代キリスト教会で)長老. **2** (Priester)〘ｶﾄﾘｯｸ〙司祭. **3**〘新教〙(長老派の)長老. [*gr.* presbýteros „älter"–*kirchenlat.*; < *gr.* présbys „alt"; ◇Priester]

pres·by·te·ri·al[prɛsbyteriá:l] 形〘新教〙長老会の; 長老会派の; 長老制の. [< ..al[1]]

Pres·by·te·ri·al·ver·fas·sung 女 -/〘新教〙長老制度; 長老会体制.

Pres·by·te·ri̤a·ner[prɛsbyteriá:nər] 男 -s/- 〘新教〙長老制主義者; 長老会派の人; 長老会会員.

pres·by·te·ri̤a·nisch[..nɪʃ] 形 〘新教〙長老制の; 長老会派の.

Pres·by·te̤·rium[prɛsbyté:riʊm] 中 -s/..rien[..riən] **1** 〘新教〙 **a**) 長老会, 教会管理委員会. **b**) 長老会(教会管理委員会)会議室. **2** 〘カトリック〙 **a**) 司祭職; 司祭団; 司祭館. **b**) 教会内陣(司祭席). [*gr.–kirchenlat.*]

pre̤·schen[préʃən] (04) 自 (s) 《話》疾走(疾駆)する, 大急ぎで走る. [*ndd.*; <pirschen]

Pre·se̤n·ning[prezénɪŋ] 女 -/-e[n], -s ＝Persenning

preß[prɛs] 形 つぎ目のない, 密着した: ～ an ～ 〘建〙(モルタルなしで)ぴっちり合った. [<pressen]

pres·sa̤nt[prɛsánt] 形 《南部・オーストリア・スイス》(dringlich) さし迫った, 急を要する, 緊急の: eine ～*e* Angelegenheit 緊急の用件 | Ich habe es ～. 私は急いでいる. [*fr.*; <*fr.* presser (→pressieren)]

Pre̤ß·burg[présbʊrk] 地名 プレスブルク(スロヴァキアの首都. スロヴァキア語形ブラティスラヴァ Bratislava). [„(Herzog) Wratislaws Burg"; ◇Breslau]

Pre̤s·se[présə] 女 -/-n **1 a**) 《単数で》《ふつう定冠詞をつけて》(英: *press*)《集合的に》新聞雑誌; 報道機関, 報道界; 報道記者連中, 報道陣: die ausländische 〈einheimische〉 ～ 外国〈国内〉の新聞雑誌 | Lokal*presse* 地方新聞 | Sport*presse* スポーツ新聞〈雑誌〉‖ die Freiheit der ～ 出版〈言論〉の自由 | die Leute von der ～ 報道関係の人々 ‖ wie die gestrige ～ berichtet 昨日の新聞報道によれば ‖ *et.*⁴ der ～³ mitteilen …を報道関係[者]に知らせる | der ～³ ein Interview geben 記者会見をする ‖ Sein Name ist in die ～ gekommen. 彼の名前が新聞に出た | Er ist von der ～. 彼は報道関係の仕事をしている〈ジャーナリストだ〉. **b**) 新聞雑誌の論評: eine schlechte ～ bekommen 新聞でたたかれる.

2 (pressen する機械. 例えば:) **a**) 加圧〈圧縮〉機; 圧搾機, 搾り機: eine hydraulische ～ 水圧プレス | eine ～ für Karosserien 車体用プレス | Saft*presse* 液汁〈果汁〉搾り器, ジューサー ‖ Trauben in 〈mit〉 der ～ zu Saft verarbeiten 圧搾機でブドウの果汁を取る ‖ in die ～ geraten 《比》苦境に陥る | *jn.* in die ～ nehmen 《比》…の金をしぼり取る. **b**) (Druckpresse) 印刷機: Die Zeitung hat gerade die ～ verlassen. / Die Zeitung kommt frisch aus der ～. この新聞は印刷されたばかりである | das Manuskript in die ～ geben 原稿を印刷にまわす. **c**) 〘テニス〙プレス(ラケットを使わないときにたわみを防ぐため固定する枠).

3 《軽蔑的に》(私立の)学習塾, 補習学校.

[1: *fr.*; 2: *mlat.* pressa „Druck"–*ahd.*; ◇pressen]

Pre̤s·se≈agen·tu̱r[présə..] 女 〔新聞〕通信社. **≈amt** 中 (政府の)新聞情報局; (官庁の)広報室. **≈be·richt** 男 新聞報道. **≈bü·ro̱** 中 〔新聞〕通信社. **≈chef**[..ʃɛf] 男 新聞情報局長; 広報室長. **≈dienst** 男 (定期刊行の)広報〔誌〕. **≈er·klä·rung** 女 報道関係者への説明〈声明〉. **≈feld·zu̱g** 男 ＝Pressekampagne **≈fo·to·gra̱f** 男 新聞社〈雑誌社〉のカメラマン, 報道写真家. **≈fo·to·gra·fie** 女 報道写真. **≈frei·heit** 女 -/ 〘法〙出版〈報道・言論〉の自由. **≈ge·setz** 中 出版法, 新聞条例.

Pre̤ß·eis[prés..] 中 (Trockeneis) ドライアイス.

Pre̤s·se≈kam·pa·gne[présəkampanјə] 女 プレスキャンペーン. **≈ko̱·dex** 男 出版〈言論〉人の行動規範, 出版倫理綱領. **≈kon·fe·renz** 女 〔新聞〕記者会見. **≈mann** 男 -[e]s/..leute 《話》新聞記者, 報道関係者. **≈mel·dung** 女 〔新聞〕報道, ニュース; 新聞記事.

pre̤s·sen[présən] (03) 他 (h) **1** (英: *press*) **a**) 《*et.*⁴》(一定の力を加えて…を)押す, 圧する, 加圧する, プレスする; 圧搾〈圧縮〉する; しめつける: eine Blume [in einem Buch] ～ 花を[本にはさんで]押し花にする | Bücher ～ (製本の際)本に加圧する | Obst ～ 果物をしぼる(果汁を得るために) ‖ *pressende* Angst 〈Verzweiflung〉 胸をしめつけるような不安〈絶望〉| mit *gepreßtem* Herzen 重い気持で | mit *gepreßter* Stimme こわばった声で. **b**) 《*et.*⁴》圧して(…を)作る: Briketts ～ (粉炭を圧縮して)ブリケットを作る | eine Karosserie ～ プレスして車体を作る | den Saft aus der Zitrone ～ レモンの汁をしぼる | hohe Steuern aus dem Volk ～ 民衆から重税をしぼり取る.

2 《*jn.*/*et.*⁴》《方向を示す語句と》(…を…へ)押しつける, 詰めこむ; 抱きしめる: die Stirn an die Fensterscheibe ～ ひたいを窓ガラスに押しあてる | *jn.* an *sich*⁴ 〈an *seine* Brust〉 ～ …を強く抱きしめる | den Saft durch ein Tuch ～ 果汁を布でこす | die Kleider in den Koffer ～ 衣服をトランクに詰めこむ | beide Hände vor das Gesicht ～ 両手を顔に押しあてる ‖ 再帰 *sich*⁴ an die Wand ～ 壁にへばりつく | *sich*⁴ auf den Boden ～ 床〈地面〉に身を伏せる | *sich*⁴ in den Wagen ～ 車の中に無理に体を押しこむ ‖ Der Raum war *gepreßt* voll. その部屋は人でぎゅうぎゅう詰めだった | Die Menschen standen *gepreßt* am Straßenrand. 人々は道端にひしめきあって立っていた.

3 《*jn.*》(…を)強要〈強制〉する: *jn.* zum Kriegsdienst ～ …を強制的に兵役につかせる.

4 《*et.*⁴》(表現・字句などを)こじつけて解釈する.

5 〔Segel〕 ～ 〘海〙できるだけ多くの帆を張る.

ᵛ**6** 《*jn.*》(民衆などを)圧迫〈抑圧・弾圧〉する, 搾取する.

[*lat.–ahd.*; <*lat.* premere „drücken"; ◇Presse, pressieren]

Pre̤s·se·or·ga̱n[présə..] 中 (官庁・政党などの)機関紙〈誌〉.

Pre̤s·ser[présər] 男 -s/- **1** pressen する人. **2** pressen する道具.

Pre̤s·se≈recht[présə..] 中 出版法. **≈re·fe·rent** 男 (官庁・企業などの)広報担当者. **≈schau** 女 (ラジオ・テレビで行う)新聞論評. **≈spre·cher** 男 (官庁・企業などの)広報係, スポークスマン; 新聞報道官. **≈stel·le** 女 (官庁・企業などの)広報室. **≈stim·me** 女 -/-n《ふつう複数で》新聞雑誌の論評. **≈tri·bü·ne** 女 記者席. **≈ver·tre̤·ter** 男 新聞雑誌の取材記者. **≈we̱·sen** 中 -s/ 《集合的に》新聞雑誌; 出版〈新聞〉界; ジャーナリズム. **≈zen·su̱r** 女 -/ 出版〈新聞〉の検閲. **≈zen·trum** 中 プレスセンター.

Preß·frei·heit[prés..] ＝Pressefreiheit

Pre̤ß≈glanz 男 (つや出し機による)プレス光沢. **≈gla̱s** 中 -es/..gläser (液状ガラスを圧搾して作る)プレスガラス[器]. **≈guß** 男 プレス鋳造, ダイカスト. **≈he̱·fe** 女 圧搾酵母. **≈holz** 中 圧縮材. [<pressen]

pres·si̱e·ren[prɛsí:rən] 《南部・オーストリア・スイス》 **I** 自 (h) **1** 《しばしば非人称的に》さし迫っている, 切迫している, 急を要する: Es 〈Die Sache〉 *pressiert* nicht so. それ〈この件〉はさほど急ぐことではない | Damit *pressiert* es mir sehr. それは私にとってきわめて緊急事だ. **2** 急ぐ: *Pressieren* wir! 急ごう.

II 他 (h) 《*jn.*》せき立てる, 急がせる: Ich bin sehr *pressiert*. 私はとても急いでいる.

[*lat.–fr.* presser „pressen"; ◇pressant]

Pres·sio̱n[prɛsió:n] 女 -/-en 圧迫; 強制, 強要: auf *jn.* eine ～ ausüben …に圧力をかける. [*lat.–fr.*]

Pres·sio̱ns·grup·pe 女 (政治的な)圧力団体.

Pre̤ß≈ko̱h·le[prés..] 女 圧搾炭(練炭・たどん・ブリケットなど). **≈kopf** 男 -[e]s/ 〘料理〙(豚または子牛の皮つきの頭を材料にした)ゼラチン状ソーセージ.

Pre̤ß·ling[préslɪŋ] 男 -s/-e **1** プレス加工品(圧縮材・圧搾炭など). **2** 搾糟(かす), 圧搾甜菜(てんさい)パルプ.

Pre̤ß·luft 女 -/ 圧搾空気.

Pre̤ß·luft≈bo̱h·rer 男 〘工〙圧搾空気ドリル. **≈fla·sche** 女 (金属製の)圧搾空気瓶〈ボンベ〉. **≈ham·mer** 男 〘工〙圧搾空気ハンマー, エアハンマー.

Pre̤ß≈mas·se 女 可塑材料(合成樹脂などの). **≈sack** 男 -[e]s/ ＝Preßkopf **≈spa̱n** 男 **1** 圧搾板紙. **2** 〘電〙プレスボード. **≈stoff** 男 -[e]s/-e 《ふつう複数で》可塑性物質, プラスチック.

Pre̤s·sung[présʊŋ] 女 -/ (pressen すること. 例えば:) 加圧, プレス; 圧搾, 圧縮; 強要, 強制; 圧迫, 圧制.

Pre̤ß≈ver·gol·dung[prés..] 女 〘製本〙金箔押し. **≈we̱·hen** 複 〘医〙共圧陣痛. **≈wurst** 女 ＝Preßkopf

Pre̤·sti Presto の複数.

Pre·sti̤·ge[prɛstí:ʒ(ə)] 中 -s/ 信望, 声望; 威信, 面目: *sein* soziales ～ wahren 〈verlieren〉 社会的な威信を保つ

〈失う〉| ～ bei *jm.* besitzen …の信望を集めている | ～〈an ～³〉 gewinnen 信望を博する, 面目を施す. [*spätlat.–fr.* préstige „Blendwerk"]

Pre·sti·ge≠fra·ge 女 威信〈面目〉にかかわる問題. **≠ver·lust** 男 威信〈面目〉の失墜.

pre·stis·si·mo[prɛstísimo·] **I** 副 (äußerst schnell) 《楽》プレスティッシモ, きわめて急速に. **II Pre·stis·si·mo** 中 -s/-s, ..mi[..mi·] 《楽》prestissimo の〔テンポの〕楽曲〈楽章〉. [*it.*]

pre·sto[présto·] **I** 副 (schnell) 《楽》プレスト, 急速に. **II Pre·sto** 中 -s/-s, ..ti[..ti·] 《楽》presto の〔テンポの〕楽曲〈楽章〉. [*lat.* prae-stō „vor-liegend, zugegen"–*spätlat.–it.*]

Prêt-à-por·ter[prɛtapɔrté:] 中 -s/-s 《服飾》高級既製服, プレタポルテ. [*fr.* „fertig zum Tragen"]

pre·ti·ös[pretsiǿ:s] ＝preziös

Pre·tio·se[pretsió:zə] 女 -/-n 《ふつう複数で》装飾品, 装身具. [＜*lat.* pretiōsus (→preziös)]

Preus·sag[prɔ́ʏsak] 略 ＝ **Preußische Bergwerks- und Hütten-Aktiengesellschaft** プロイサク(ドイツの石油・石炭製品・非鉄金属製品製造会社).

Preu·ße[prɔ́ʏsə] 男 -n/-n **1** (⊛ **Preu·ßin**[prɔ́ʏsɪn]-/-nen) プロイセン〈プロシア〉人: **So schnell schießen die ～*n* nicht.** 《話》そんなに早くはことは運ばない, あわててはだめだ. **2** 《複数で》《話》軍隊; 兵役: zu den ～*n* müssen 軍隊に入らなければならない ‖〖無冠詞で; 語尾 -s をつけて〗bei ～*ns* 軍隊で〔は〕. [*apreuß.* Prusis–*ahd.* Pruzzi; ◇ *litau.* prut „Meer, Teich"]

Preu·ßen[prɔ́ʏsən] 地名 プロイセン, プロシア(1701年に王国として成立し,1871年のドイツ統一まで続いた. 統一後はドイツ帝国の一支邦, 第一次大戦後はドイツ共和国内の自治権をもつ自由国, ナチ時代には一行政区画となり, 第二次大戦後は連合国のドイツ管理理事会から解消を命じられ,1947年以後, 地方名としても存在しない. 英語形 Prussia).

Preu·ßen·ge·mü·se 中《話》(Kartoffel) じゃがいも.

Preu·ßen·tum[prɔ́ʏsəntu:m] 中 -s/ プロイセン主義; プロイセン人気質.

Preu·ßin Preuße の女性形.

preu·ßisch[prɔ́ʏsɪʃ] 形 **1** プロイセン〈プロシア〉〔人・語〕の; プロイセン〈プロシア〉的な: →deutsch **2** 《ふつう軽蔑的に》ひどく厳格な; 粗野な; 高慢な.

Preu·ßisch·blau 中 プロシア〈ベルリン〉青(濃紺顔料).

pre·ziös[pretsiǿ:s]¹ 形 **1** (geziert) 気取った, とりすました, わざとらしい, 不自然な: ein ～*er* Stil 気取った文体. ᵛ**2** (kostbar) 貴重な, 高価な. [*lat.* pretiōsus–*fr.* précieux; ＜*lat.* pretium (→Preis); ◇ *engl.* precious]

Pre·zio·se[pretsió:zə] 女 -/-n＝Pretiose

Pre·zio·si·tät[pretsiozité:t] 女 -/ preziös なこと.

Pria·mos[prí:amɔs] (**Pria·mus**[..mʊs]) 人名《ギ神》プリアモス (Troja 戦争のときの Troja 王で Hektor, Kassandra, Paris などの父. Troja 陥落の際, 殺された). [*gr.* 〔–*lat.*〕]

pria·pe·isch[priapé:ɪʃ] (**pria·pisch**[priá:pɪʃ]) 形 好色の, 淫蕩(いんとう)な; 卑猥(ひわい)な, 猥褻(わいせつ)な.

Pria·pis·mus[priapísmʊs] 男 -/ 《医》(陰茎の)持続勃起(ぼっき)〔症〕, 陰茎強直〔症〕.

Pria·pus[priá:pʊs] 人名《ギ神》プリアポス(豊穣(ほうじょう)の神). [*gr.–lat.*]

prick[prɪk]《北部》**I** 形 厳密な, 鮮明な. **II Prick** 男 -〔e〕s/-e (Punkt) 点: auf den ～ 細部にいたるまで厳密に | ohne ～ und Prack きわめてあいまいに. [◇ prickeln]

Pricke[príkə] 女 -/-n **1** (Neunauge) 《魚》ヤツメウナギ(八目鰻). **2** 《海》浅水〈浅瀬〉標識(→ 図 Seezeichen). [1: *mndd.*; 2: *mndd.* „Spitze"; ◇ pricken]

Prickel[príkəl] 男 -s/- **1** (ちくちくする)刺激. **2** (ぞくぞくするような)興奮.

pricke·lig[príkəlɪç]² (**prick·lig**[príklɪç]²) 形 **1** ちくちくする. **2** (期待・好奇心などで)ぞくぞくする.

prickeln[príkəln] 《06》 **I** 自 (h) **1** (刺すように)ちくちく〈ひりひり〉する; 《比》(期待・好奇心などで)ぞくぞくする: Eisiger Wind *prickelt* auf der Haut. 氷のような風が肌を刺す | Der Sekt *prickelt* auf der Zunge. シャンペンがちくちく舌を刺激する | In ihm *prickelte* ein Argwohn. 彼の心中で疑念がうずいた ‖ ein *prickelnder* Schmerz ちくちく〈ひりひり〉する痛み | einen *prickelnden* Reiz verspüren ぞくぞくするような刺激を覚える. **2** (炭酸・シャンペンなどが)さっと泡立つ. **II** 他 (h) 《*jn.*》(…を)刺激する. [*mndd.*; ◇prick]

Prickel·was·ser 中 -s/..wässer 《話》(Mineralwasser) ミネラルウォーター; (Sekt) シャンペン.

pricken[príkən] 他 (h) **1** 刺す, 穴をあける. **2** 《海》(水路に)浅水〈浅瀬〉標識をつける. [*mndd.*]

prick·lig ＝prickelig

Priel[pri:l] 男 -〔e〕s/-e (干潟内の)細い水流(→ 図 Küste). [*ndd.*]

Priem[pri:m] 男 -〔e〕s/-e (Kautabak) かみタバコ; (一つまみの)かみタバコ. [*lat.* prūnum (→Pflaume)–*ndl.* pruim; 色・形の類似から]

prie·men[prí:mən] 自 (h) かみタバコをかむ.

Priem·ta·bak 男 かみタバコ.

pries[pri:s]¹ preisen の過去.

prie·se[prí:zə] preisen の接続法 II.

Prie·se[prí:zə] 女 -/-n《南部》＝Preise

Prieß·nitz[prí:snɪts] 人名 Vincenz ～ ヴィンツェンツ プリースニッツ(1799-1851; ドイツの治療師で近代水治療法の祖).

Prieß·nitz·um·schlag 男《医》プリースニッツ罨法.

Prie·ster[prí:stər] 男 -s/- (⊛ **Prie·ste·rin**[..stərɪn]-/-nen) **1 a**) (一般に)聖職者, 祭司, 僧侶(そうりょ), 神官. **b**) 《カトリック》司祭: zum ～ geweiht werden 司祭に叙階される. **2** 《比》奉仕者, 使徒: ～ der Wahrheit 真理の擁護者(真理に仕える人) | ～ der Venus ビーナスの使徒(性愛こそ最高のものとする人). [*kirchenlat.* presbyter (◇Presbyter)–*roman.–ahd.*; ◇ *engl.* priest]

Prie·ster≠amt 中 僧〈司祭〉職. **≠ge·wand** 中 聖職者の法衣, 祭服, 僧衣. **≠herr·schaft** 女 **1** 僧侶階級による支配, 僧侶政治. **2** 聖職位階制度.

Prie·ste·rin Priester の女性形.

prie·ster·lich[prí:stərlɪç] 形 聖職者〈僧侶・司祭〉の〔ような〕; 《比》おごそかな, 荘重な, いかめしい; もったいぶった.

Prie·ster·rock 男 法衣, 僧服, 司祭服.

Prie·ster·schaft[prí:stərʃaft] 女 -/ **1** 僧職〔にあること〕, 僧侶の身分. **2** 《集合的に》僧侶, 僧侶階級, 僧門.

Prie·ster·se·mi·nar 中 《カトリック》(司祭を養成する)神学校.

Prie·ster·tum[prí:stərtu:m] 中 -s/ **1 a**) Priester 1 の職〈身分・地位〉. **b**) 《集合的に》聖職者; 《カトリック》司祭〔団〕: ～ der Gläubigen 《新教》信徒皆祭司〔主義〕. **2** 僧侶気質, 坊主根性; 僧侶らしい〈いかめしい〉態度.

Prie·ster·wei·he 女 《カトリック》司祭叙階〔式〕: die ～ empfangen 司祭叙階を受ける.

Prim[pri:m] 女 -/-en **1** 《フェンシング》プリム(剣の交差ポジションの第１の構え). **2** ＝Prime 1 **3** 《カトリック》(聖務日課の)第１時課(朝の祈禱(きとう)). [*lat.* prīma „die erste"]

Prim. 略 ＝**Primarius** 2, 3

pri·ma[prí:ma·] **I** 形《無変化》**1** 《話》(ausgezeichnet) すばらしい, すてきな: eine ～ Aussicht すばらしい眺め | Er ist ein ～ Kerl. 彼はすてきなやつだ ‖ Wie war es im Urlaub?–*Prima!* 休暇はどうだった–すばらしかったよ ‖ Der Wein schmeckt ～. このワインはとてもおいしい | Es geht mir ～. 私はとっても元気だ | Das hast du ～ gemacht. とても上手にできたね. **2** (略 pa.) (erstklassig) 《商》第一級〈最高〉の〔品質の〕: ～ Ware 一級品, 極上品. **II** 《イタリア語》→ a *prima* vista

[*it.* „die erste"; ＜*lat.* prīmus (→Primus)]

Pri·ma[prí:ma·] **I** 女 -/..men[..mən] **1 a**) ９年制ギムナジウムの最上級(第８, ９学年〔の組〕). **b**) 《オーストリア》ギムナジウムの最下級(第１学年〔の組〕).

☆ ギムナジウムの９学年の伝統的な呼称は上から数えるので日本とは逆の順序で次のようになる. Oberprima 第９学年(原義: １学年上級), Unterprima 第８学年(原義: １

学年下級), Obersekunda 第 7 学年(原義: 2 学年上級), Untersekunda 第 6 学年(原義: 2 学年下級), Obertertia 第 5 学年(原義: 3 学年上級), Untertertia 第 4 学年(原義: 3 学年下級), Quarta 第 3 学年(原義: 4 学年), Quinta 第 2 学年(原義: 5 学年), Sexta 第 1 学年(原義: 6 学年).
2 (クラスの)首席の女子生徒(男子は Primus).
II 男 -s/-s＝Primawechsel

Pri·ma·bal·le·ri·na[primabaleríːna·] 女 -/..nen[..nən] プリマ〈主役〉バレリーナ. [*it.*]

Pri·ma·don·na[primadɔ́na·] 女 -/..nen[..nən] **1** (オペラの)主役女性歌手, プリマドンナ. **2** 《話》ちやほやされる〈甘やかされる〉のになれた人: Unser Chef ist eine eigenwillige ~, die keine Kritik verträgt. うちのボスはどんな批判も我慢できないわがまま者だ. [*it.* prima donna „erste Dame“]

Pri·ma·ge[primáːʒə] 女 -/-n (Primgeld)〖商〗(荷主が船長に支払う)謝礼金, 特別報酬金. [*engl.–fr.*]

Pri·ma·ma·le·rei[príːma..] 女〖美〗(油絵の)プリマ描き(→alla prima).

Pri·ma·ner[primáːnər] 男 -s/- (⊛ **Pri·ma·ne·rin**[..nərın]-/-nen) ギムナジウムの Prima の生徒.

pri·ma·präch·tig[príːmaprɛ́çtıç][2] 形《話》(vorzüglich) とてもすばらしい.

pri·ma≈pri·ma 形《無変化》《話》ものすごくすばらしい. **≈pri·mis·si·ma** 形《無変化》《話》断然すばらしい, 最高にすばらしい.

Pri·ma·qua·li·tät 女《ｵｰｽﾄﾘｱ》最上等, 特級〔品〕, 最高〔品質〕

Pri·mar[primáːr] 男 -s/-e＝Primararzt

pri·mär[primɛ́ːr] 形 **1** (↔sekundär) 第 1 の, 最初の, 第 1 次〈期〉の; 第 1 位の; 一次的な, 第一義的な, 主要な; 本源的な: der ~*e* Eindruck von *et.*[3] …〔について〕の第一印象 | ~*er* Alkohol〖化〗第一アルコール | ~*e* Geschlechtsmerkmale〖生〗一次性徴 | ~*e* Spule〖電〗一次コイル | das ~*e* Stadium der Syphilis〖医〗梅毒の第 1 期 ‖ Die Untersuchung befaßt sich ~ mit diesem Problem. この調査はまず第一に〈優先的に〉この問題を取り扱う | Er ist ~ Schriftsteller und erst in zweiter Linie Arzt. 彼は第一にまず作家であり 医者は第二だ. **2**〖地〗初生の. [*lat.* prīmārius–*fr.* primaire; ◇ *engl.* primary]

Pri·mar·arzt[primáːr..] 男《ｵｰｽﾄﾘｱ》(Chefarzt)(病院の)主任医師; (各科の)医長.

Pri·mär·ener·gie[primɛ́ːr..] 女〖工〗一次エネルギー(石炭・石油・天然ガスなど).

Pri·ma·rius[primáːriʊs] 男 -/..rien[..riən] **1** (Primgeiger)〖楽〗(オーケストラ・弦楽四重奏団などの)第 1 ヴァイオリン奏者. **2** (略 Prim.) **a**)《ｶﾄﾘｯｸ》主任司祭. **b**)〖新教〗主席牧師. **3** (略 Prim.)《ｵｰｽﾄﾘｱ》＝Primararzt [*lat.* prīmārius „zu den Ersten gehörig“; < *lat.* prīmus (→Primus)]

Pri·mär≈krebs[primɛ́ːr..] 男〖医〗原発癌(ｶﾞﾝ). **≈li·te·ra·tur** 女 (特に文学作品の)原典〔資料〕, 一次文献(→Sekundärliteratur).

Pri·mar·schu·le[primáːr..] 女 ᵛ**1** (Volksschule に相当する 7 ないし 9 学年制の)小学校. **2** 《ｽｲｽ》小学校(州により異なるが, 3-6年修了後 Sekundarschule へ進む).

Pri·mär≈strah·lung[primɛ́ːr..] 女〖理〗一次宇宙線. **≈strom** 男〖電〗一次電流. **≈tu·mor** 男〖医〗原発腫瘍(ｼｭﾖｳ). **≈um·laut** 男〖言〗第一次変母音〈ウムラウト〉(→ Umlaut). **≈wick·lung** 女〖電〗一次コイル. **≈wur·zel** 女〖植〗主根.

Pri·mas[príːmas] 男 -/-se (..maten[primáːtən]) **1** 《ｶﾄﾘｯｸ》首席大司教. **2** (Zigeunerprimas) ジプシー楽団の指揮者〈リーダー〉. [*spätlat.*; 2: *ungar.*]

Pri·ma≈sor·te[príːma..] 女 ＝ Primaqualität **≈sprit** 男 高純度〔エチル〕アルコール.

Pri·mat[1][primáːt] 男 中 -〔e〕s/-e **1** (Vorrang) 優位, 優先: der 〈das〉 ~ der Naturwissenschaften vor den Geisteswissenschaften 精神科学に対する自然科学の優位 | den ~ besitzen 〈haben〉 優位を占めている. **2** 《ｶﾄﾘｯｸ》教皇首位権. **3** (Erstgeburtsrecht)〖法〗長子〔相続〕権. [*lat.*; < *lat.* prīmus (→Primus)]

Pri·mat[2][–] 男 -en/-en《ふつう複数で》(Herrentier)〖動〗霊長類. [*spätlat.*]

Pri·ma·ten Primas, Primat[2]の複数.

Pri·ma·to·lo·ge[primatolóːgə] 男 -n/-n (→..loge) 霊長類〔動物〕学者.

Pri·ma·to·lo·gie[..logíː] 女 -/ 霊長類〔動物〕学.

pri·ma vi·sta[príːma· vísta·] ＝a prima vista

Pri·ma≈wa·re[príːma..] 女〖商〗一級品, 極上品(→prima 2). **≈wech·sel** 男〖商〗一号手形.

Pri·me[príːmə] 女 -/-n **1**〖楽〗1 度〔音程〕. **2**〖印〗**a**) プリーメ(印刷全紙第 1 枚目の折り記号). **b**) (プリーメのついた)印刷全紙の第 1 ページ. [*lat.* prīma (→Prim)]

Pri·mel[príːməl] 女 -/-n〖植〗サクラソウ(桜草)属, プリムラ: **wie eine ~ eingehen**《話》(とり返せぬほど)大損〈大敗〉する. [*mlat.* prīmula (vēris) „erste (des Frühlings)“; < *lat.* prīmus (→Primus)]

Pri·mel·topf 男 サクラソウ〈プリムラ〉の鉢: **wie ein ~ grinsen** 〈**strahlen**〉 ばかみたいににたにた笑う〈顔じゅうに笑みをたたえる〉| **wie ein ~** (＝wie eine Primel) **eingehen** (とり返せぬほど)大損〈大敗〉する.

Pri·men Prim, Prima, Prime の複数.

Prim≈gei·ger[príːm..] 男 ＝Primarius 1 **≈geld** 中 ＝Primage

Pri·mi Primus の複数.

Pri·mi in·ter pa·res Primus inter pares の複数.

Pri·mi·pa·ra[primíːpara·] 女 -/..paren[..mipáːrən]〖医〗初産婦. [< *lat.* parere (→parieren[2])]

pri·mis·si·ma[primísima·] 形《無変化》《話》とてもすばらしい. [<prima]

Pri·mi·tial·op·fer[primitsiáːl..] 中〖人類〗初物(ﾊﾂﾓﾉ)(神に捧げる最初の獲物・収穫物など). [*lat.*; ◇Primiz]

pri·mi·tiv[primitíːf][1] 形 **1 a**) 原始の, 原始時代の, 未開〔状態〕の: ~*e* Völker 原始〈未開〉民族(＝Naturvölker) | die *Primitiven* 未開人 | ~*es* Denken〖心〗原始心性. **b**) 原初の, 本源の, 根元の: *sich*[4] in den ~*sten* Anfängen befinden 最も初期の段階にある. **2 a**) 原始的な; 素朴な, 単純な, 簡単な; 簡素な, 質朴な: eine ~*e* Lebensweise 簡素な暮らし方 | eine ~*e* Weltanschauung 素朴な世界観 | ein ~*es* Werkzeug 簡単な道具 ‖ ein ~ eingerichtetes Zimmer 設備のひどく乏しい部屋 | ~ leben 原始的な生活をする. **b**) 《軽蔑的に》(精神的・文化的に)未発達の, 低級な, 幼稚きわまる: ein ~*er* Mensch 幼稚な人 | eine ~*e* Ausdrucksweise 幼稚な表現法. [*lat.–fr.* primitif; ◇Primus]

Pri·mi·ti·vis·mus[primitivísmʊs] 男 -/ 〖美〗原初〔主義〕

Pri·mi·ti·vi·tät[primitivitɛ́ːt] 女 -/ primitiv なこと.

Pri·mi·tiv·ling[..tíːflıŋ] 男 -s/-e《話》幼稚な人, ひどく単純な人.

Pri·miz[primíːts, ..míts] 女 -/-en 《ｶﾄﾘｯｸ》新司祭の初ミサ. [*lat.* prīm-itiae „Erstlinge“; < *lat.* īre „gehen“]

Pri·mo·ge·ni·tur[primogenitúːr] 女 -/-en〖法〗(特に封建制下の)長男子相続〔制〕. [*mlat.*; < *lat.* gīgnere (→Genus)]

prim·stens[príːmstəns] 副《話》とても〈最高に〉すばらしく. [<prima]

Pri·mus[príːmʊs] 男 -/..mi[..mi·], -se (クラスの)首席の男子生徒(女子は Prima). [*lat.* prīmus „erster“; ◇prä.., primär, Prim〔el〕, Prior]

Pri·mus in·ter pa·res[príːmʊs íntər páːreːs, – íntɛr páːrɛs] 男 - - -/Primi - -[..mi· – –] (der erste unter Ranggleichen) 同輩中の第一人者〈最古参〉. [*lat.*; ◇Par]

Prim·zahl[príːm..] 女〖数〗素数.

Prin·te[príntə] 女 -/-n《ふつう複数で》〖料理〗プリンテ(クリスマス用の香料入りクッキー). [*ndl.* prent „Abdruck“; < *lat.* premere (→pressen); 聖像の形に押し抜いたことから]

Prịn·ter[príntər] 男 -s/- **1**〘写〙印画焼き付け機, プリンター. **2**〘電算〙印字装置, プリンター. [*engl.*]

Prịnt·mẹ·dien[prínt..] 複 (新聞・雑誌・パンフレットなどの)印刷メディア.

Prinz[prɪnts] 男 -en/-en (⑪ **Prịnz·chen**[príntsçən] 中 -s/-) 王子, 皇子, 親王; 公, 公子: Kron*prinz* 皇太子 | ~ der Niederlande オランダ王国の王子 | der ~ von Wales ウェールズ公(イギリス皇太子) | die Siege ~ Eugens 〈des ~*en* Eugen〉/ ~ Eugens Siege (オーストリアの)オイゲン公の勝利 ‖ wie ein kleiner ~ herausgeputzt sein 王子さまみたいに着飾っている. [*lat.* prīn-ceps „erster, Erster" (◇Primus, kapieren)–*afr.* prince–*mhd.*; ◇*engl.* prince]

Prin·zẹß[prɪntsɛ́s] 女 -/..zessen[..sən], **Prin·zẹs·sin**[..tsɛ́sɪn] 女 -/-nen **1** 王女, 皇女, 内親王; 親王妃, 公女: **eine ~ auf der Erbse**《話》ひどく敏感な〔取り扱いのむずかしい〕人 (Andersen の童話から) | die Prinzessin der Nacht〘植〙夜の王女(セレニセレウスの俗名. つる性のサボテンで, 夜間に月下美人に似た大型の花を咲かせる). **2** ＝Karnevalprinzessin [*fr.* princesse; <..esse]

Prin·zẹß·kleid 中〘服飾〙プリンセス＝ドレス(ウエストラインで切り替え線のない, 体にぴったりしたワンピース).

Prịnz·ge·mahl[prínts..] 男 女王の夫君.

Prin·zịp[prɪntsí:p] 中 -s/-ien[..piən] (自然科学では多く: -e) 原理, 原則, 根本法則; 主義, 信条, 根本方針: ein demokratisches ~ 民主主義的原則 | das ~ der Gewaltenteilung 三権分立の原則 | ~*e* der Mechanik 力学の原理 | das ~ der Nichteinmischung 不干渉主義 | Majoritäts*prinzip* 多数決原理 | Relativitäts*prinzip*〘理〙相対性原理 ‖ ein ~ aufstellen 〈befolgen〉ある原則を立てる〈に従う〉| *seinen* ~*ien*³ treu bleiben 自分の主義を忠実に守る | Er hat 〔seine〕 ~*ien.* 彼は主義の人である | ein ~ zu Tode reiten 〈hetzen〉《話》ある主義を振りまわしすべて台無しにしてしまう ‖〘前置詞と〙**an** einem ~ festhalten ある原則〈主義〉に固執する | **auf** einem ~ beharren ある原則〈主義〉を墨守する | auf einem ~ herumreiten《話》ある主義〈主張〉を何度でも繰り返す | Diese Maschine beruht auf einem sehr einfachen ~. この機械は至極単純な原理に基づいている | **aus ~**(客観的な理由からではなく)原則に従って, 主義として | **im ~** 原則的には, 根本においては | **nach** einem ~ handeln 原則〈主義〉に従って行動する | ein Mensch **von** 〈**mit**〉 ~*ien* 主義の人 | von *seinem* ~ abgehen 主張を曲げる | *sich*³ *et.*⁴ **zum** ~ machen …を自分の主義〈信条〉とする.
[*lat.* prīncipium „Anfang"; <*lat.* prīnceps (→Prinz); ◇*engl.* principle]

Prin·zi·pạl[prɪntsipá:l] ▽**I** 男 -s/-e (⑳ **Prin·zi·pạ·lin**[..lɪn]-/-nen) **1** (Geschäftsinhaber) 営業〈経営〉主, 店主. **2** (Lehrherr) 親方, 師匠. **3** (劇団の)団長, 座長. **II** 中 -s/-e〘楽〙プリンシパル(パイプオルガンの主要ストップ).
[*lat.* prīncipālis „erster"; ◇..al¹]

▽**prin·zi·pạ·li·ter**[prɪntsipá:litər, ..tɛr] 副 (vor allem) なかんずく, とりわけ, まず第一に. [*lat.*]

prin·zi·piẹll[prɪntsipiɛ́l] 形 (grundsätzlich) 原則的〈原理的〉な, 主義〔上〕の; 根本的な: eine ~*e* Frage 原則上の問題 | ein ~*er* Unterschied 原則上の差異, 根本的な相違 ‖ ~ 〔genommen〕 原則的には; 根本において, つまるところ | Ich bin ~ dagegen 〈dafür〉. 私は根本的にそれに反対〈賛成〉だ ‖ im *Prinzipiellen* 原則的な点で〔は〕. [<..ell]

Prin·zị·pi·en Prinzip の複数.

Prin·zị·pi·en·fra·ge[prɪntsí:piən..] 女 主義〈原則〉上の問題.

prin·zị·pien·los[prɪntsí:piənlo:s]¹ 形 原則のない,「無原則の.」

Prin·zị·pien·lo·sig·keit[..lo:zɪçkaɪt] 女 -/ 無原則.

Prin·zị·pien≠rei·ter 男《話》主義〈原則〉をやたらに振り回す人, 杓子(しゃく)定規の空理空論家. ≠**rei·te·rei**[また: ◡–◡◡–◡⏊] 女 主義〈原則〉を振り回すこと. ≠**streit** 男 主義上の争い.

prin·zị·pien·treu 形 原則〈主義〉に忠実な.

Prin·zị·pien·treue 女 prinzipientreu なこと.

prin·zi·pị·pel[prɪntsipí:pəl] 副《話》(prinzipiell) 原則上, 原則的に.

prinz·lich[príntslɪç] 形 **1**《付加語的》王子の; 王子としての. **2** 王子のような, 貴公子ふうの.

Prịnz·re·gent 男 摂政宮(せっしょうのみや).

Prior[prí:ɔr, ..o:r] 男 -s/-en[prió:rən] (⑳ **Prio·rin** → 別出)〘カトリック〙**1** 修道会総〔副〕会長. **2** (ベネディクト会の)修道院〔副院〕長. **3** (ドミニコ会の)管区長. [*lat.* prior „vorderer"–*mlat.*–*mhd.*; ◇prä.., Primus]

Prio·rạt[priorá:t] 中 -〔e〕s/-e **1** Prior の職〈地位〉. **2** (ベネディクト会の)修道分院. [*mlat.*; ◇..at]

Prio·rin[prió:rɪn, prí:ɔrɪn] 女 -/-nen (Prior の女性形)〘カトリック〙女子修道院〔副院〕長.

Prio·ri·tät[prioritɛ́:t] 女 -/-en **1** (Vorrang) 先位, 上位, 優位; 優先権, 先取特権: *jm.* 〔die〕 ~ einräumen 〈zuerkennen〉…に優位をゆずる〈認める〉. **2**《単数で》(時間的に)先であること, 先行;〘哲〙先在性. **3**《複数で》〘商〙優先株. **4**《複数で》(Rangfolge)〔優先〕順位: ~*en* bestimmen 〈festlegen/setzen〉優先順位を定める. [*mlat.*–*fr.* priorité]

Prio·ri·täts≠ak·tie[..|aktsiə] 女 -/-n《ふつう複数で》(Vorzugsaktie)〘商〙優先株. ≠**ob·li·ga·tion** 女 -/-en《ふつう単数で》〘商〙優先債券; 担保付き社債.

Prịs·chen[prí:sçən] 中 -s/- (Prise 2 の縮小形) (嗅(か)ぎタバコ・塩などの)ほんのひとつまみ: ein ~ Rat benötigen《比》ほんのちょっぴり助言が必要である.

Prị·se[prí:zə] 女 -/-n **1**〘法〙捕獲物(交戦国の軍艦が海上で拿捕(だ)し獲得する物件. 敵国の船舶やその積み荷など);《比》(Beute) 獲物, 分捕り品: ein Schiff als ~ beschlagnahmen 船を拿捕する. **2** (⑪ **Prịs·chen** → 別出, **Prịs·lein**[prí:slaɪn] 中 -s/-) (嗅(か)ぎタバコなどの)ひとつまみ(→ ⑳ Maß);《比》ほんのちょっぴり: eine ~ Zucker 〈Salz〉ひとつまみの砂糖〈塩〉| eine ~ schnupfen 嗅ぎタバコをひとつまみ〈一服〉嗅ぐ ‖ eine ~ Ironie 少しばかりの皮肉.
[*fr.*; <*lat.* prehendere „ergreifen" (◇prä..); ◇*engl.* prize]

Prị·sen≠geld[prí:zən..] 中 -〔e〕s/-er《ふつう複数で》〘法〙捕獲〔賞〕金(捕獲物を売却して得た金の一部で捕獲者に分配される). ≠**ge·richt** 中〘法〙捕獲審検所. ≠**kom·man·do** 中〘海〙拿捕(だ)船回航員. ≠**recht** 中〘法〙捕獲権.

Prịs·lein Prise 2 の縮小形(→Prischen).

Prịs·ma[prísma·] 中 -s/..men[..mən] **1**〘理〙プリズム. **2**〘数〙角柱. **3**〘鉱〙(結晶の)柱(ちゅう)〔面〕. [*gr.*–*spätlat.*; <*gr.* prí〔z〕ein „sägen"; ◇*engl.* prism]

pris·mạ·tisch[prɪsmá:tɪʃ] 形 **1**〘理〙プリズムの; プリズムで分解した: ~*es* Astrolabium プリズム＝アストロラーブ(昔の天体観測器の一種) | ~*e* Farben 〈Grundfarben〉(スペクトルの)七原色. **2**〘数〙角柱の. **3**〘鉱〙(結晶が)柱状の.

Pris·ma·to·ịd[..matoí:t]¹ 中 -〔e〕s/-e〘数〙擬角柱; 角錐(すい)台. [<..oid]

Prịs·men Prisma の複数.

Prịs·men·glas[prísmən..] 中 -es/..gläser プリズム双眼鏡.

Prịt·sche[prítʃə] 女 -/-n **1 a)** (Narrenpritsche) (道化師の)打ちべら(細い板を重ね合わせた一種の拍子木: → ⑳): mit einer ~ klappern 打ちべらを鳴らす. **b)** (粘土などをならす)木べら, 打ちべら. **2** (Holzpritsche) 板張りの寝台(→ ⑳). **3** トラックの荷台(側板を下に折り返して開ける). **4** (レース用の)そりの腰掛け板〈御者台〉. **5**《スイス》(小さな水門のある)灌漑(かん)溝. **6**《軽蔑的に》(Prostituierte)

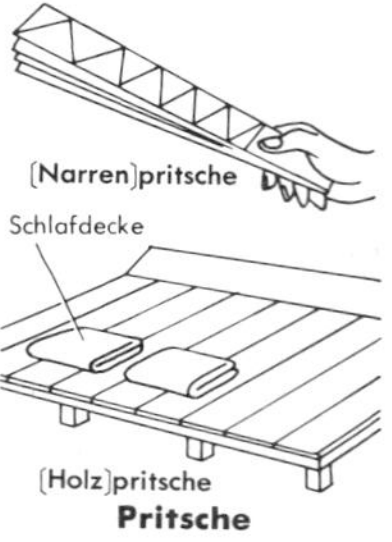

Pritsche

売春婦. [*ahd.* britissa „Bretterverschlag“; ◇Brett]

prit·schen[prítʃən]《04》他 (h)《方》〔打ちべらで〕パチパチとたたく.

Prit·schen≠mei·ster 男 (射撃祭などの催しで打ちべらをもって万事を取りしきる世話役の)道化師. **≠wa·gen** 男 (荷台の側板が開くようになった)トラック.

Pritsch·mei·ster[prítʃ..] =Pritschenmeister

Prit·sta·bel[prítstabəl] 男 -s/-《東部》漁場監視人. [*russ.*]

pri·vat[privá:t] 形 (↔öffentlich) **1** 個人の, 個人にかかわる, 私の; 私的な, 個人的な: ~*e* Angelegenheiten 私事, 私用 | eine ~*e* Rechnung 個人勘定 | das ~*e* Leben 私生活 ‖ in die ~*e* Sphäre eindringen プライベートな領域に押し入る | Das ist meine ganz ~*e* Meinung. これは私の全く個人的な意見だ. **2** (vertraulich) 内々の, 内密の: ein ~*es* Gespräch プライベートな〈内々の〉話 | *jm.* *et.*[4] ~ mitteilen …に…を内々に伝える. **3** (familiär) 親密な, 家庭的な: die ~*e* Atmosphäre 打ちとけた〈家庭的な〉雰囲気 ‖ ~ miteinander verkehren 親しくつき合う | *jn.* ~ unterbringen …を(ホテルでなく)個人のうちに泊める. **4** 自家用の, 私用の: ein ~*er* Eingang 〈Weg〉 勝手口〈私道〉| ein ~*er* Raum (ホテルなどの)私室(ドアに „Privat“ という標札をかかげてある) | das ~*e* Recht 〘法〙私法. **5** 非公開の, 非公式の: eine ~*e* Vorstellung 非公開の上演. **6** 私営の, 私立の, 私設の, 私有の; 私費の, 自費の: das ~*e* Eigentum 私有財産 | eine ~*e* Schule 私立学校 | die ~*e* Wirtschaft 私経済 ‖ *et.*[4] ~ 〈**an *Privat***〉 verkaufen 〘商〙…を私費購入者に売る | **von *Privat*** (販売会社からではなく)個人の売り手から. [*lat.*; < *lat.* prīvāre „berauben, befreien“; ◇Privileg; *engl.* private]

Pri·vat≠ab·ma·chung[privá:t..] 女 示談, 私的協定, 内済. **≠adres·se** 女 私的なあて名, 自宅の住所. **≠an·ge·le·gen·heit** 女 私事, 私用, プライバシー. **≠bahn** 女 私有鉄道, 私鉄. **≠bank** 女 -/-en 私営銀行, 民間銀行. **≠be·sitz** 男 私有; 私有物, 私有財産: *sich*[4] in ~ befinden (物・土地などが公有ではなく)私有〔の状態〕である. **≠brief** 男 (↔Geschäftsbrief) 私信. **≠de·tek·tiv** 男 私立探偵. **≠do·zent** 男 (正規のポストをもたない)大学の私講師. **≠druck** 男 -〔e〕s/-e 〘印〙私家版. **≠ei·gen·tum** 中 =Privatbesitz **≠ein·kom·men** 中 個人所得〈収入〉. **≠fern·se·hen** 中 民間テレビ. **≠flug·zeug** 中 自家用機. **≠ge·brauch** 男 -〔e〕s/ 私用, 自家用: Dieses Auto ist für meinen ~. この自動車は私の自家用車だ. **≠ge·heim·nis** 中 個人〈プライバシー〉の秘密. **≠ge·lehr·te** 男 女 民間〈町〉の学者, 在野の学識者. **≠ge·schäft** 中 個人経営の商店. **≠ge·spräch** 中 私的な会話; (特に:) 私用通話. **≠hand** 女 -/ 私有〔状態〕: 〘ふつう次の形で〙 *et.*[4] aus 〈von〉 ~ kaufen (商売人を通さずに)…を私的に買う | *sich*[4] in ~ befinden (物・土地などが)私有されている.

Pri·va·tier[privatié:] 男 -s/-s (女 **Pri·va·tie·re**[..tié:rə, ..tiɛ́:rə]-/-n) 私人; (Rentner) 金利〈年金〉生活者.

pri·va·tim[privá:tɪm] 副 私的に, 内々で, 非公式に; 内密に, 二人きりで; お忍びで: *jm.* *et.*[4] ~ sagen …に…を内々に話す. [*lat.*]

Pri·vat≠in·itia·ti·ve[privá:t|initsia..] 女 個人的イニシアチブ, 個人の自発的企画. **≠in·ter·es·se** 中 私的〈個人的〉利害; 個人の利益, 私利.

Pri·va·tion[privatsió:n] 女 -/-en [V]**1** (Beraubung) 略奪; 剝奪(はくだつ); (Verlust) 喪失. **2** 欠性, 欠如, 欠質. [*lat.*]

pri·va·ti·sie·ren[privatizí:rən] **I** 自 (h) (定職なしで)私人として生活する; 金利で生活する. **II** 他 (h) (↔entprivatisieren, verstaatlichen) (国営企業などを)私有化〈民営化〉する, 個人所有へ移行させる: ein Unternehmen ~ 企業を民営化する ‖ 再帰 *sich*[4] ~《戯》隠遁(いんとん)する.

Pri·va·ti·sie·rung[..zí:rʊŋ] 女 -/-en (privatisieren すること. 特に:) 私有化, 民営化.

pri·va·tis·si·me[privatísime·] 副 ごく内輪で, 全く私的〈個人的〉に, ごく内密に; 全く二人だけで. [*lat.*]

Pri·va·tis·si·mum[privatísimʊm] 中 -s/..ma [..ma·] **1** (↔Publikum) ごく少数者のための講義: ein ~ halten 〈lesen〉 ごく少人数のための講義をする. **2**《戯》個人的なお説教, きついお灸(きゅう): *jm.* ein ~ geben …にお説教をする.

Pri·va·tist[privatíst] 男 -en/-en (女 **Pri·va·ti·stin**[..tístɪn]-/-nen)《オーストリア》通学せずに自宅で卒業資格取得のための勉強をしている生徒.

pri·va·tiv[privatí:f][1] 形 **1** 〘言〙欠如を示す, 欠〔如〕性の, 欠性語の: ~*e* Affixe 欠如を示す接辞(例 un.., ..los). **2** 〘哲〙否定的な. [*lat.*]

Pri·va·tiv[−] 中 -s/-e (**Pri·va·ti·vum**[..tí:vʊm] 中 -s/..va[..va·]) 〘言〙欠性語(性状・実体・行為などの欠如を表す. 例 leer からの, fehlen 欠けている, schweigen 黙っている).

Pri·vat≠ki·no[privá:t..] 中《話》(Traum) 夢. **≠kla·ge** 女 〘法〙私訴. **≠klä·ger** 男 〘法〙私訴原告. **≠kli·nik** 女 私立病院, 民間病院. **≠le·ben** 中 -s/ 私生活: in *js.* ~ eingreifen …の私生活に干渉する | *sich*[4] ins ~ zurückziehen 私人の生活に戻る, (公職から)引退する. **≠leh·rer** 男 個人教授を授ける教師: bei einem ~ Klavierunterricht haben ある教師のもとでピアノの個人教授を受けている. **≠mann** 男 -〔e〕s/..leute (..männer) **1** =Privatperson **2** 無職の人; 金利生活者. **≠ma·schi·ne** 女 〘空〙自家用機. **≠pa·tient** 男 私費〈私保険〉の患者. **≠per·son** 女 私人; 一般人: als ~ handeln 私人として行動する | Das Museum gehört einer ~. その博物館はある個人の所有だ. **≠recht** 中 -〔e〕s/ 〘法〙私法.

pri·vat·recht·lich 形 〘法〙私法〔上〕の.

Pri·vat≠sa·che[privá:t..] 女 私事, 個人的な事柄, プライバシー: *sich*[4] in 〔*js.*〕 ~*n*[4] mischen 〔…の〕プライベートなことに介入する. **≠scha·tul·le** 女 (王侯などの)御手許(おてもと)金, 内帑(ないど)金. **≠schu·le** 女 私立学校. **≠se·kre·tär** 男 (女 **≠se·kre·tä·rin**) 個人〈私設〉秘書. **≠sphä·re** 女 個人的な〈プライバシーの〉領域. **≠stun·de** 女 個人教授, (家庭教師などによる)補習教授: ~*n* geben 〈nehmen〉 個人教授をする〈受ける〉. **≠un·ter·neh·men** 中 私〈個人〉企業. **≠un·ter·richt** 男 =Privatstunde **≠ver·mö·gen** 中 個人資産; 私有財産. **≠ver·si·che·rung** 女 (個人契約による)私保険. **≠wa·gen** 男 自家用車. **≠wald** 男 私有林. **≠weg** 男 私道. **≠wirt·schaft** 女 私経済. **≠woh·nung** 女 (特に医師・商人などの)私宅: *jn.* in *seiner* ~ aufsuchen …をその私宅〈私邸〉に訪ねる. **≠zim·mer** 中 私室.

Pri·vi·leg[privilé:k][1] 中 -〔e〕s/-ien[..lé:giən], -e [..gə] 特権, 特典; 特別の恩恵〈優遇〉: die ~*ien* des Adels 貴族の特権 | Altar*privileg* 〘カトリック〙祭壇特権 ‖ ~*ien* anerkennen 〈abschaffen〉 特権を認める〈廃止する〉| ein ~ haben 特権を持っている ‖ Er genießt das ~, um 10 Uhr ins Büro zu kommen. 彼は10時出勤という特典を与えられている. [*lat.* prīvilēgium−*mhd.*; < *lat.* prīvus „einzeln“ (◇privat)+lēx (→Lex)]

Pri·vi·le·gi·en Privileg, Privilegium の複数.

pri·vi·le·gie·ren[privilegí:rən] **I** 他 (h)《*jn.*》(…に)特権〈特典〉を与える. **II pri·vi·le·giert** 過分 形 特権〈特典〉を与えられた, 特権を有する: eine ~*e* Klasse 特権階級. [*mlat.*]

Pri·vi·le·gie·rung[..gí:rʊŋ] 女 -/-en privilegieren すること.

Pri·vi·le·gium[privilé:giʊm] 中 -s/..gien[..giən] =Privileg

Prix[pri:] 男 -[-(s)]/-[-s] (Preis) 賞: →Grand *Prix* [*lat.* pretium (→Preis)−*fr.*]

PR-Mann[pe:|ɛ́r..] 男 -〔e〕s/..leute《話》広報係.

pro[pro:] **I** 前《4格支配》**1** (↔kontra) (für) …のために, …に賛成して. **2** (je, für) …ごとに, …につき: 5 Mark ~ Person 一人あたり5マルク | dreimal ~ Woche 週に3回. **II**《ラテン語》→*pro* centum, *pro* domo, *pro* forma, *pro*

loco, *pro* memoria, *pro* mille, *pro* nihilo, *pro* patria, *pro* rata〔parte〕, *pro* rata temporis, *pro* tempore
III 副 (↔kontra) 賛成して: Er ist ～. 彼は賛成している.
IV Pro[1] 中 -s/ (Für) **1** 賛成, 同意. **2** 長所, 利点: das ～ und Kontra einer Sache ある事柄の利害得失 | das ～ und〔das〕Kontra〔gegeneinander〕abwägen 損得〈利害得失〉を勘案する. [*lat.* prō „vor, für"; ◇ver..]

pro..《名詞・形容詞・動詞などにつけて》**1**《「前に・先へ」を意味する》: *Pro*log プロローグ, 前口上 | *pro*gressiv 進歩的な | *pro*phezeien 予言する. **2**《「…のために, …に代わって」を意味する》: *Pro*tektion 後援, 愛顧 | *Pro*nomen〘言〙代名詞 | *pro*deutsch ドイツびいきの. **3**《「…との関係」を意味する》: *Pro*portion 割合, 比例〔関係〕. [*lat.*]

Pro[2][pro:] 女 -/-s (＜Prostituierte)《話》売春婦.

pro·ba·bel[probá:bəl] (..ba·bl..) 形 (wahrscheinlich) ありそうな, 本当らしい, 信じられる; 賛成〈承認〉できる: ein *probables* Ergebnis 納得のゆく結果. [*lat.*－*fr.* probable; ◇..abel]

Pro·ba·bi·lis·mus[probabilísmus] 男 -/ **1**〘哲〙蓋然(がいぜん)論. **2**〘カトリック〙蓋然説.

Pro·ba·bi·li·tät[..bilitɛ́:t] 女 -/-en **1** ありそうな〈本当らしい〉こと;〘哲〙蓋然(がいぜん)性; 蓋然量. **2**〘数〙確率. [*lat.*]

pro·ba·bl..[probá:bl..] →probabel

Pro·band[probánt][1] 男 -en/-en **1** 検査・調査などの対象となる人, 被検査〈被調査〉者. **2 a)** 系図で血統の証明される人(特に貴族). **b)**〘医〙発端者(遺伝疾患の遺伝形式を推定しようとする際, その調査の発端となった人). [*lat.*; ◇probieren]

pro·bat[probá:t] 形 (erprobt) 試験ずみの, 大丈夫な, 保証つきの; 確かな効きめのある, 確実な: ein ～*es* Mittel gegen〈für〉den Husten よく効く咳(せき)どめの薬. [*lat.*]

Pröb·chen[prǿ:pçən] 中 -s/- (Probe の縮小形. 例えば:) ちょっとした検査, 小テスト, 小実験; 簡単なけいこ.

Pro·be[pró:bə] 女 -/-n (⊘ **Pröb·chen** → 別出) **1** 検査, 試験, テスト, 試し, 試み, 試練; 吟味, 検討; 監査, 検算; 実験, 試作〔品〕;〘医〙検査〔材料〕;〘化〙試験〔分析〕, 試料, 試薬;〘金属〙試金;〘心〙検査: Blut*probe*〘医〙血液検査 | Harn*probe*〘医〙尿検査 | Liebes*probe* 愛の試練 | Zerreiß*probe*〘工〙張力試験, 引っ張り強さテスト ‖〘4格で〙**die ～ aufs Exempel machen** (主張などが正しいかどうか)具体例に適用して検証する〈試してみる〉| die ～ auf eine Rechnung machen 勘定の検算をする | die ～ mit *et.*[3] anstellen〈vornehmen〉…をテストする | die ～ bestehen テストに合格する | Es gilt die ～! やってみなきゃあ ‖〘前置詞と〙***jn.*** 〈***et.***[4]〉 **auf die ～ stellen** …を試す | *js.* Geduld auf eine harte ～ stellen (怒らせるようなことをして)…の忍耐にきびしい試練を課する | *jn.* auf ～ einstellen …を試験的に採用する | **bei〈in〉**einer ～ gut bestehen よい成績で試験にパスする | *et.*[4] **zur** ～ kaufen …を試験的に買ってみる.
2 証拠, あかし, 実証: eine ～ von Ausdauer geben 根気のよいことを実証する | eine ～ *seines* Könnens liefern〈ablegen〉自分の能力のあかしをたてる〈を実地に示す〉.
3 見本, 標本, サンプル: eine ～ vom Stoff 布地のサンプル | Waren*probe* 商品見本 ‖ *et.*[4] nach ～ kaufen …を見本を見て買う | Ich lege Ihnen eine ～ zur Ansicht bei. 御高覧用にサンプルを同封します.
4〘劇〙試演, 下稽古(けいこ), リハーサル: General*probe* 舞台稽古, ゲネプロ | ～*n* spielen〈abhalten〉試演を行う. [*mlat.*; ◇*engl.* proof]

Pro·be≠ab·druck[pró:bə..] 男, **≠ab·zug** 男〘印〙試し刷り, 校正刷り;〘写〙試し焼き. **≠ar·beit** 女 **1** 試作品, 見本. **2**〘劇〙稽古(けいこ). **3** 試験〔課題〕. **≠ar·beits·ver·hält·nis** 中〘法〙試験雇用関係. **≠auf·nah·me** 女 **1** スクリーンテスト; テストレコーディング. **2** 試験的に撮影〈録音〉したもの. **≠be·la·stung** 女〘工〙試験〈実験〉荷重. **≠bo·gen** 男〘印〙(全紙の)試し刷り,(新聞の)見本刷り. **≠boh·rung** 女 試験的ボーリング, 試掘. **≠druck** 男 -〔e〕s/-e〘印〙試し刷り. **≠ehe** 女 (結婚まえの)試験的同棲(どうせい)〔生活〕. **≠ex·em·plar** 中 (無料の)見本品.

pro·be|fah·ren* 《37》《ふつう不定詞・過去分詞で》**I** 自 (s) 試運転をする. **II** 他 (h)《*et.*[4]》(…を)試運転する,(…に)試乗する.

Pro·be·fahrt 女 試運転, 試乗.

pro·be·fest 形 検査に合格した, 試験ずみの, 保証つきの.

pro·be|flie·gen* 《45》《不定詞・過去分詞で》**I** 自 (s) 試験飛行をする. **II** 他 (h)《*et.*[4]》(…の)試験飛行をする.

Pro·be≠flug 男 試験飛行. **≠jahr** 中 (1年の)見習〈試補〉期間, 仮採用期間: ein ～ absolvieren (1年の)見習期間をパスする. **≠lauf** 男 **1** (機械・車などの)試運転. **2** (走者の)試走, 足ならし. **≠leh·rer** 男《オーストリア》(正式任用前の)見習教師.

pro·ben[pró:bən][1] 他 (h) **1** (演劇・音楽などの)稽古(けいこ)をする, リハーサルをする: die Rolle〈das Lied〉～ その役〈歌〉の稽古をする. [v]**2** ＝probieren [*lat.* probāre (→probieren)－*mhd.*]

Pro·be≠num·mer[pró:bə..] 女 (新聞・雑誌の)見本号. **≠schuß** 男 試射, 試し撃ち. **≠sei·te** 女〘印〙組み〈刷り〉見本ページ. **≠sen·dung** 女 見本送付; 送付試供品.

pro·be|sin·gen*[pró:bəzɪŋən]《168》自 他 (h)《不定詞・過去分詞で》(オーディションなどで)ためしに歌う.

Pro·be≠spiel 中 **1**〘スポーツ〙(選手・チームなどの実力を知るための)テスト演技〈試合〉. **2**〘楽・劇〙(オーディションなどでの)テスト演奏〈演技〉. **≠stück** 中 **1** 見本, 試供品. **2**〘化〙試験片.

pro·be·wei·se 副 (→..weise ★) 試みに, 試しに, 試験的に; 見本として: *jn.* ～ einstellen …を見習いとして雇う.

Pro·be·zeit 女 **1** 見習〈試補〉期間, 仮採用期間. **2**《スイス》＝Bewährungsfrist

pro·bie·ren[probí:rən] 他 (h) **1 a)** (versuchen) 試みる, 試す, 試しにやって〈使って〉みる; (kosten) 食べて〈飲んで〉みる, 試食〈試飲〉する: eine schwierige Übung ～ むずかしい練習をやってみる | den Wein ～ ワインを試飲する | Laß mich mal ～, ob der Motor anspringt. エンジンがかかるかどうか私にやらせてごらん | ***Probieren* geht über Studieren.**《諺》人には添ってみよ 馬には乗ってみよ(実地訓練は机上の学習にまさる). **b)** (anprobieren)(衣服・靴などを)試着してみる: das neue Kleid ～ 新しいドレスを着てみる. **c)**《話》(proben)(演劇・音楽などを)ためしに演じてみる.
2〘金属〙試金する;〘鉱〙分析する.
[*lat.* probāre－*mhd.*; ◇prüfen, proben]

Pro·bier≠glas[probí:r..] 中 -es/..gläser **1** 試験管. **2** 試飲用グラス. **≠kunst** 女 -/〘金属〙試金. **≠stein** 男 試金石. **≠stu·be** 女 (特にワインを試飲させる)居酒屋. **≠tie·gel** 男〘金属〙試金るつぼ.

Pro·bi·tät[probitɛ́:t] 女 -/ 正直, 実直, 誠実. [*lat.*; ＜*lat.* pro-bus „hervor-stehend, tüchtig"]

Pro·blem[probléːm] 中 -s/-e **1** (解決すべき〔困難な〕)問題, 課題: ein aktuelles〈brennendes〉～ 時事〈緊急の〉問題 | ein politisches〈technisches〉～ 政治的〈技術的〉問題 | ein ungelöstes ～ 未解決の問題 | Arbeitslosen*problem* 失業者問題 | Rassen*problem* 人種問題 ‖ ein ～ aufwerfen 問題を投げかける | ein ～ lösen 問題を解決する | **～*e* wälzen** 問題を解決しようとあれこれ苦しむ ‖ vor einem ～ stehen ある問題に直面する | zum ～ werden (むずかしい)問題になる, 手に負えなくなってくる ‖ Das ist kein ～. それは問題でない〈いとも簡単だ〉| Das ist nicht mein ～. それは私にはかかわりのないことだ. **2**《複数で》むずかしい問題, 困難: mit *et.*[3] ～*e* haben …のことで困っている, …に問題がある | Sie hat ～*e* mit ihrem Freund. 彼女はボーイフレンドのことで悩んでいる. [*gr.*－*lat.*; ＜*gr.* pro-bállein „vorwerfen" (◇Balliste)]

problem..《名詞につけて「問題の多い, 問題をはらんだ, 困難な問題をかかえた」などを意味する》: *Problem*kind 問題児 | *Problem*schule 問題の多い学校.

Pro·ble·ma·tik[problemá:tɪk] 女 -/ 問題性;《集合的に》(特定の事柄に関するさまざまな)問題: an die ～ des Themas herangehen そのテーマの問題性に迫る.

pro·ble·ma·tisch[..tɪʃ] 形 問題のある, 問題をはらんだ,

疑問点の多い; 不確かな, 疑わしい: ein ～*er* Charakter 問題のある性格. [*gr.*－*spätlat.*]

pro·ble·ma·ti·sie·ren[..tizí:rən] 他 (h) 問題視する; 問題として提示する.

pro·blem·be·wußt[problé:m..] 形 問題を意識した, 問題意識のある.

Pro·blem≈be·wußt·sein 中 問題意識. ≈**fall** 男 問題の〈問題をはらんだ〉ケース. ≈**fa·mi·lie** 女 問題のある家族. ≈**film** 男 問題作の〈問題提起の〉映画. ≈**kind** 中 問題児.

pro·blem·los[..lo:s][1] 形 問題のない.

Pro·blem·lö·sung 女 〘心〙問題解決; (一般に)問題の解決.

pro·blem·orien·tiert[..|oriɛnti:rt] 形 特定の問題に合わせた; 〘電算〙問題むきの.

Pro·blem·schü·ler 男 問題のある生徒.

Pro·blem·stel·lung 女 問題提起.

Pro·blem≈stück 中 〘劇〙問題劇. ≈**vier·tel** 中 (困難な社会問題を抱える)問題地区〈地域〉.

▽**Probst**[pro:pst] 男 -es/Pröbste[prø:pstə] ＝Propst

Pro·ce·de·re[protsé:dərə] 中 -/- 手続き, 手順, やり方. [＜*lat.* prōcēdere (→prozedieren)]

▽**pro cen·tum**[pro: tsɛ́ntʊm] 《ラテ語》(略 p. c.) (Prozent) パーセント, 百分比〈率〉(記号 %). [„für hundert“; ◇Cent]

Pro·de·kan[pró:deka:n] 男 -s/-e 学部長代理; 前学部長.

Pro·di·ga·li·tät[prodigalitɛ́:t] 女 -/ (Verschwendung) 浪費; 浪費癖. [*spätlat.*; ＜*lat.* prōd-igere „hervortreiben, verschwenden“ (◇pro.., agieren)]

pro do·mo[pro: dó(:)mo·] 《ラテ語》自分〈私利〉のために: ～ sprechen 自分の利益〈立場〉を守るために発言する. [„für das (eigene) Haus“; ◇Dom[1]]

Pro·drom[prodró:m] 中 -s/-e, **Pro·dro·mal·sym·ptom**[prodromá:l..] 中 -s/-e 〘医〙(発病の)前駆症〔状〕, 前徴.

▽**Pro·dro·mus**[pró(:)dromʊs] 男 -/..men[prodró:mən] (Vorwort) 序言, 前書き. [*gr.* pró-dromos „vorauslaufend“－*lat.*]

Pro·dukt[prodʊ́kt] 中 -[e]s/-e **1** (Erzeugnis) 産物, 生産品; 製作物, 製品; (一般に)所産, 作品: chemische 〈maschinelle〉 ～*e* 化学〈機械による〉製品 | Agrar*produkt* 農産物 | Industrie*produkt* 工業製品 | Milch*produkt* 乳製品 ‖ Der Mensch ist das ～ seiner Umwelt. 人間はその環境の所産である. **2** 〘数〙積: Das ～ aus 〈von〉 drei mal fünf ist fünfzehn. 3 かける 5 は15である. [*lat.*]

Pro·duk·ten≈bör·se 女 (特に農産物の)物産取引所. ≈**han·del** 男 (特に農産物の)物産取引. ≈**markt** 男 (特に農産物の)物産交換市場.

Pro·dukt≈fa·mi·lie 女 ＝ Produktlinie ≈**haf·tungs·ge·setz** 中 製造物責任法.

Pro·duk·tion[prodʊktsió:n] 女 -/-en **1 a)** 生産, 産出; 製造, 製作; 制作, 創作; 収穫, 収益; 〘鉱〙採掘〔高〕: die industrielle ～ 工業生産 | Jahres*produktion* 年産〔額・高〕 | Massen*produktion* 大量生産 ‖ die Steigerung 〈die Senkung〉 der ～ 生産の増加〈減少〉 | die ～ von *et.*[3] aufnehmen 〈einstellen〉 …の生産を開始〈停止〉する ‖ in ～ gehen 生産される | Die Ware ist nicht mehr in ～. その商品はもう生産されていない. **b)** 生産物, 製造品; 作品: die literarische ～ 文学作品 | Die gesamte ～ wurde an einem Tag verkauft. 全製品が 1 日で売り切れた. **2** 《話》生産部門; 製作所: in der ～ arbeiten 生産部門で働く. **3** (サーカス芸人などの)出し物, レパートリー. [*lat.*－*fr.*]

Pro·duk·tions≈an·la·ge 女 生産施設. ≈**ap·pa·rat** 男 生産機構. ≈**aus·fall** 男 生産の欠落〈中断〉. ≈**bri·ga·de** 女 (旧東ドイツの)生産作業班〈グループ〉. ≈**fonds**[..fɔ̃:] 男 (旧東ドイツの)生産基金. ≈**ge·nos·sen·schaft** 女 (略 PG) (旧東ドイツの)生産協同組合. ≈**gü·ter** 複 〘経〙生産財. ≈**ka·pa·zi·tät** 女 生産能力. ≈**kon·trol·le** 女 生産管理. ≈**ko·sten** 複 生産〈製作〉費. ≈**lei·tung** 女 生産指導〔部〕. ≈**men·ge** 女 産出量, 生産高. ≈**me·tho·de** 女 生産方法. ≈**mit·tel** 中 -s/- 《ふつう複数で》〘経〙生産手段. ≈**pro·zeß** 男 〘経〙生産過程. ≈**spiel** 中 〘心〙創出的遊び(感官に対する刺激をみずからつくりだす感官の試し遊び). ≈**tech·nik** 女 生産技術.

pro·duk·tions·tech·nisch 形 生産技術〔上〕の.

Pro·duk·tions≈ver·fah·ren 中 〘経〙生産方式. ≈**ver·hält·nis·se** 複 〘経〙生産関係. ≈**ver·pflich·tung** 女 (旧東ドイツの)〔自発的〕生産義務. ≈**ver·wal·tung** 女 生産管理〔部〕. ≈**zu·wachs** 男 生産の増大. ≈**zweig** 男 生産部門.

pro·duk·tiv[prodʊktí:f][1] 形 **1** 生産的な; 創造的な, 創作的な; 多産の, 収穫〈収益〉の多い, 豊饒(ほうじょう)な: ein ～*er* Mensch 創造的人間 | ～*e* Kritik (新たな論議を巻きおこすような種類の)生産的な批評 | das ～*e* Denken 〘心〙生産的思考 ‖ ～ arbeiten 生産的〈創造的〉な仕事をする. **2** 〘医〙増殖性の. **3** 〘言〙造語上生産的な, 造語能力の大きい: ～*e* Suffixe 生産的な接尾辞. [*spätlat.*－*fr.* productif]

Pro·duk·ti·vi·tät[prodʊktivitɛ́:t] 女 -/ 生産性, 生産力〔のあること〕, 生産的なこと; 創造力; 多産〔性〕, 多作; 多収穫, 多収益: die geistige ～ 知的創造力 | die Erhöhung 〈die Senkung〉 der ～ 生産力の上昇〈減退〉.

Pro·dukt·li·nie 女 **1** 製品ライン(特定企業によって生産される一連の関連商品). **2** 生産ライン(生産工程における特定の流れ作業).

Pro·du·zent[produtsɛ́nt] 男 -en/-en **1** (↔Konsument) **a)** (Erzeuger) 生産者. **b)** 〘生〙(食物連鎖における)生産者. **2** (Hersteller) 製造者, 製作〈制作〉者: der ～ von Arzneimitteln 医薬品製造者 | der ～ von Pornofilmen ポルノ映画の制作者.

pro·du·zie·ren[produtsí:rən] 他 (h) **1** 生産する, 産出する; 製造する, 製作〈制作〉する: Waren 〈Stahl〉 ～ 商品〈鋼鉄〉を製造する. **2 a)** 〘劇〙制作する, プロデュースする. **b)** 〘楽〙演奏する. **3** 《話》する, やって見せる: eine Verbeugung ～ おじぎをする | einen Unsinn ～ ばかなことをしでかす. **4** 再帰 *sich*[4] ～ (注目をひきつつ)登場する, ことさらに自分の能力を見せつける, スタンドプレーをする. **5** 《スイス》(vorzeigen) 出して見せる, 前に置く. [*lat.* prō-dūcere „vor-führen“ (◇Duc); ◇*engl.* produce]

Prof[prɔf] **I** 男 -s/-s (＜Professor) 《学生語》教授. **II** 女 -/-s (＜Professorin) 女性教授.

Prof. 略 ＝**Professor**

pro·fan[profá:n] 形 **1** 《付加語的》(宗教的ではなく)世俗の, 世俗的な: ～*e* Bauten 世俗的な目的のための建築物. **2** 《話》卑俗な, ありきたりの, 平凡な: eine ～*e* Äußerung ありきたりの発言 | eine ～*e* Redensart 俗っぽい言いまわし ‖ ～ denken ありふれた考え方をする. [*lat.*; ＜*lat.* fānum „Tempel“ (◇fanatisch)]

Pro·fa·na·tion[profanatsió:n] 女 -/-en＝Profanierung [*spätlat.*]

Pro·fan·bau[profá:n..] 男 -[e]s/-ten (↔Sakralbau) (宗教用・礼拝用でない)世俗用建築物.

pro·fa·nie·ren[profaní:rən] 他 (h) 《*et.*[4]》(宗教的な事物を)世俗化する; (…の)神聖を汚す, 冒瀆(ぼうとく)する. [*lat.*]

Pro·fa·nie·rung[..rʊŋ] 女 -/-en profanieren すること.

Pro·fa·ni·tät[profanitɛ́:t] 女 -/ (profan なこと. 例えば:) 世俗性. [*spätlat.*]

Pro·feß[profɛ́s] **I** 女 -/..fesse 〘カトリック〙修道誓願〔式〕: ～ tun 〈ablegen〉 修道を誓う, 修道院に入る. **II** 男 ..fessen/..fessen 〘カトリック〙誓願修道士. [*mlat.*]

Pro·fes·sion[profɛsió:n] 女 -/-en **1** 《オーストリア》(Beruf) 職業; (Gewerbe) 生業, 営業; 天職: eine zwielichtige ～ いかがわしいなりわい ‖ ein Lehrer von ～ 根っからの教師, 教師になるために生まれてきたような人間 | Welche ～ übt er aus? 彼はどんな職業についているのか. **2** (強い愛着をもつ)趣味, 道楽. [*lat.*－*fr.*; ＜*lat.* pro-fitērī „offen bekennen“ (◇fatieren)]

pro·fes·sio·nal[profɛsioná:l] ＝professionell

P

Pro·fes·sio·nal[–] 男 -s/-e ([profέʃənəl, prə..] 男 -s/-s) = Profi [*engl.*]

pro·fes·sio·na·li·sie·ren[profɛsionalizí:rən] 他 (h) 《*et.*⁴》(…を)職業化する, (…を)プロとして行う.

Pro·fes·sio·na·lis·mus[profɛsionalísmʊs] 男 -/ **1** スポーツを職業とすること; (一般的に)ある仕事を職業とすること. **2** 職業気質, プロ根性.

Pro·fes·sio·na·li·tät[profɛsionalitέ:t] 女 -/ プロであること; プロ気質, プロ根性.

pro·fes·sio·nell[profɛsionέl] 形 《付加語的》職業的な, 本職の, 専門の: ein ~*er* Killer プロの殺し屋 | ~*er* Sport プロスポーツ ‖ der 〈die〉 *Professionelle* プロ. [*fr.*]

Pro·fes·sio·nist[..níst] 男 -en/-en 《ｵｰｽﾄﾘｱ》(Fachmann) 専門家.

Pro·fes·sor[profέsɔr, ..so:r] 男 -s/-en[..fɛsó:rən] (略 Prof.) (女 **Pro·fes·so·rin** → 別出) **1** プロフェッサー(大学教師・功労のあった学者・芸術家などに与えられる称号); Professor の称号の持ち主, 教授: *jn.* mit ~ anreden …に「教授」と呼びかける ‖ ordentlicher ~ (略 o. P., o. Prof.) (講座主任の)正教授 | außerordentlicher ~ (略 ao. Prof., a. o. Prof.) (講座主任でない)助教授, 員外教授 | außerplanmäßiger ~ (略 apl. Prof.) (講座とは無関係の)員外教授 | ein emeritierter ~ 退職教授 | ein zerstreuter ~ 《戯》(ほかのことを考えていて)気の散った〈心ここにあらずといった〉人 ‖ ~ für Botanik an der Universität Leipzig ライプツィヒ大学の植物学の教授 | als ~ für Germanistik an die Bonner Universität berufen werden ドイツ文学〈語学〉の教授としてボン大学に招かれる. **2** 《ｵｰｽﾄﾘｱ》ギムナジウムの教師〔の称号〕. [*lat.*]

pro·fes·so·ral[profɛsorá:l] 形 **1** 教授の; 教授らしい. **2** 《軽蔑的に》教授然とした; 学者ぶった; 学者ばかの, 世事にうとい. [◇ *engl.* professorial]

Pro·fes·so·ren·schaft[profɛsó:rənʃaft] 女 -/ (大学の)教授団, 教授陣.

Pro·fes·so·ren·ti·tel 男 教授の称号.

Pro·fes·so·rin[profɛsó:rɪn, ..fέsorɪn] 女 -/-nen **1** (Professor の女性形) 女性教授. ▽**2** 教授夫人.

Pro·fes·sors·frau[profέsɔrs..] 女 《話》教授夫人.

Pro·fes·sur[profɛsú:r] 女 -/-en 教授の職〈地位〉; 講座: die ~ für Neuere Geschichte 近世・近代史の講座 | eine ~ innehaben 〈bekommen〉 教授の職にいる〈つく〉.

Pro·fi[pró:fi·] 男 -s/-s (＜Professional) **1** (↔Amateur) 職業〈プロ〉選手, プロ＝スポーツマン. **2** 《比》(一般に)プロ.

Pro·fi≈bo·xen[pró:fi..] 中 -s/ プロボクシング. **≈bo·xer** 男 プロボクサー.

pro·fi·ciat[profí:tsiat] 《ﾗﾃﾝ語》(wohl bekomm's!) (食事の前)どうぞ召し上がれ; (乾杯のとき)ご健康を祝して. [◇Profit]

Pro·fi≈fuß·ball[pró:fi..] 男 プロサッカー. **≈fuß·bal·ler** 男 プロサッカーの選手. **≈gol·fer** 男 プロゴルファー.

pro·fi·haft 形 プロの, プロの選手らしい.

Pro·fil[profí:l] 中 -s/-e **1 a)** (人・彫像などの)側面; (特に顔の)横から見た形, 横顔, プロフィール: Sie hat ein schönes ~. 彼女は横顔が美しい | *jn.* im ~ fotografieren 〈malen〉 …の横顔を写真にとる〈絵にかく〉. **b)** 《比》(輪郭のはっきりした)性格, 個性: das politische ~ dieses Landes この国の政治的側面 ‖ Der Verlag hat kein ~ 〈ein klares ~〉. この出版社にはこれといった特色がない〈はっきりした特色がある〉 | einer Rolle³ ~ geben (役者が)ある役にはっきりした個性〈性格〉を与える | ein Mann von ~ ひとかどの〈ちょっとした〉男. **2** 《工》側面〔図〕, 横断面〔図〕; 《地》(地層の)断面図. **3** 《工》(特定の断面を持った)成形物: T-~-Stahl T 形鋼. **4** (タイヤ・靴底などの)刻み目, 溝(→ 図 Reifen): Die Vorderreifen haben kein ~ mehr. 前輪のタイヤはもうすっかりすりへっている. [*it.*－*fr.*; ＜*it.* profilare „umreißen" (◇pro, Filet)]

Pro·fil≈bild[profí:l..] 中 側面〈半面〉像, 横顔の写真〈肖像画〉(→ 図 Bildnis). **≈ei·sen** 中 ＝Profilstahl

pro·fi·lie·ren[profilí:rən] **I** 他 (h) **1** 《*et.*⁴》《工》(ゴムなどに)溝〈刻み目〉をつける. **2** 《比》《*et.*⁴》(…に)特色をあたえる, はっきりした輪郭をあたえる: einen Beruf neu ~ ある職業に新生面をひらく. **3** 再帰 *sich*⁴ ~ i) (一定の活動分野で)自分の特色を明確に示す, 能力を発揮して認められる, 名を成す; ii) プロフィールとして浮かびあがる〈きわ立つ〉. **II pro·fi·liert** 過分 形 **1** 溝〈刻み目〉をつけた: ~*er* Gummi 溝の入ったゴム. **2** 特色のある, 個性的な, 目だつ: eine ~*e* Persönlichkeit 特異な人物 | eine ~*e* Zeitung はっきりした編集方針を持った新聞. [*fr.*]

Pro·fi·lie·rung[..rʊŋ] 女 -/-en profilieren すること.

pro·fil·los[profí:llo:s][1] 形 **1** これといった特色のない, 個性のない. **2** (タイヤ・靴底などが)溝〈刻み目〉のない.

Pro·fil≈neu·ro·se[profí:l..] 女 《話》功名心〈イメージ〉ノイローゼ(人に認められたい, 名を成したいという病的なあせり). **≈stahl** 男 《工》形鋼(かたこう).

Pro·fi≈spie·ler[pró:fi..] 男 プロの選手. **≈sport** 男 プロスポーツ. **≈sport·ler** 男 プロのスポーツ選手.

Pro·fit[profí:t, ..fít; ｵｰｽﾄﾘｱ・ｽｲｽ: ..fít] 男 -[e]s/-e (小 **Pro·fit·chen** → 別出) 益, 得; 利益, 利潤, もうけ: ein hoher ~ 高利潤 | ein kleiner ~ わずかな利益 ‖ aus *et.*³ ~ ziehen …で得をする〈もうける〉 | aus *et.*³ ~ schlagen 《話》…で得をする〈もうける〉 ‖ *et.*⁴ mit ~ verkaufen 利ざやを取って…を売る | ohne ~ arbeiten ただ働きをする. [*lat.*－*mfr.*－*mndl.* －*mndd.*; ＜*lat.* prō-ficere „vorwärts-kommen" (◇pro, ..fizieren)]

pro·fi·ta·bel[profitá:bəl] (..ta·bl..) 形 有利な, もうかる: ein *profitables* Geschäft もうかる商売 | Maschinen ~ einsetzen 機械を採算に合うような形で投入する. [*fr.*; ◇..abel]

Pro·fit·chen[profí:tçən, ..fít..] 中 -s/- **1** (Profit の縮小形) わずかの利益. **2** (ろうそくを節約するため)ろうそくの燃え残りを立てる道具.

Pro·fit·den·ken[profí:t.., profít..] 中 利益優先の考え方.

Pro·fi·ten·nis[pró:fi..] 中 プロのテニス.

Pro·fit·gier[profí:t.., profít..] 女 《軽蔑的に》利潤欲.

pro·fit·gie·rig 形 利潤追求に汲々(きゅうきゅう)とした, 欲の皮のつっぱった.

pro·fi·tie·ren[profití:rən] **I** 自 (h) 得をする, 利益を得る, もうける: von *et.*³ ~ …で利益を得る〈得をする〉 | Bei diesem Prozeß *profitierte* nur der Anwalt. この訴訟でもうけたのは弁護士だけだった. **II** 他 (h) 《bei *et.*³ *et.*⁴》(…で…を)利益として手に入れる. [*fr.*]

Pro·fit≈jä·ger[profí:t.., ..fít..] 男, **≈ma·cher** 男 利潤〈利益〉の追求しか考えない人間, がりがり亡者. **≈ra·te** 女 《経》利潤率. **≈stre·ben** 中 《軽蔑的に》利潤追求. **≈wirt·schaft** 女 《経》利潤追求経済.

pro for·ma[pro: fórma·] 《ﾗﾃﾝ語》(der Form wegen) 〔単に〕形式上, 体裁上: *et.*⁴ 〔nur〕 ~ tun 形式を整えるため〔だけ〕に…をする | Das ist nur ~. それはただ形式上だけのことだ.

Pro·for·ma≈rech·nung[profórma..] 女 《商》仮計算〔書〕; 見積もり計算〔書〕. **≈wech·sel** 男 《商》融通手形, 仮手形.

Pro·fos[profó:s][1] 男 -es/-e; -en/-en (**Pro·foß**[..fɔ́s] 男 ..fosses/..fosse; ..fossen/..fossen) 《史》(16-17世紀の軍隊における)検察〈法務〉官; (囚人の看視にあたる)下士官. [*spätlat.* prōpos〔i〕tus (→Propst)－*afr.* prévost－*mndl.* provoost]

pro·fund[profʊ́nt][1] 形 **1** 深遠な; 根本的な, 徹底した: ~*e* Kenntnisse 該博な知識 | ein ~*es* Glück 至福 ‖ etwas *Profundes* sagen 〔何か〕深遠なことをしゃべる. **2** 《医》深部の, 深在性の.
[*lat.* pro-fundus „abwärts nach dem Boden, tief"－*fr.* profond; ◇Fundus; *engl.* profound]

Pro·fun·dal[profʊndá:l] 中 -s/ 《地》湖底平原.

Pro·fun·di·tät[..ditέ:t] 女 -/ profund なこと.

pro·fus[profú:s][1] 形 (発汗・出血などが)大量の, おびただしい. [*lat.*; ＜*lat.* pro-fundere „hin-gießen, vergeuden" (◇Fusion)]

Pro·ge·nie[prógeni:] 女 -/ (↔Prognathie)〖医〗下顎(かがく)前突症. [< *gr.* génys (→Kinn)]

Pro·ge·ni·tur[progenitú:r] 女 -/-en (Nachkommenschaft) 子孫, 後裔(こうえい).
[< *lat.* 〔prō〕gīgnere „〔er〕zeugen"]

Pro·ge·ste·ron[progɛsteró:n] 中 -s/ 〖薬〗プロゲステロン(黄体ホルモンの一種). [< *lat.* gestāre „tragen"+stereo..]

Pro·gna·thie[prognatí:] 女 -/ (↔Progenie)〖医〗上顎(じょうがく)前突症. [< *gr.* gnáthos (→Ganasche)]

Pro·gno·se[prognó:zə] 女 -/-n **1** (学問的な根拠のある)予想, 予測;〖気象〗(天気の)予報: eine optimistische ~ stellen 楽観的な予想を立てる. **2**〖医〗予後: die ~ des Arztes abwarten 医師の診断が下るまで待つ. [*gr.—spätlat.*]

Pro·gno·stik[prognɔ́stɪk] 女 -/ **1** 予言学; 運勢判断, 占い. **2**〖医〗予後学; 予後判定〈診定〉.

Pro·gno·sti·ka, Pro·gno·sti·ken Prognostikon, Prognostikum の複数.

Pro·gno·sti·ker[..stikər] 男 -s/- 予言者; 占い師.

Pro·gno·sti·kon[..kɔn] (**Pro·gno·sti·kum**[..kʊm]) 中 -s/..ken[..kən], ..ka[..ka·] (Vorzeichen) 前兆, 予兆, 徴候. [*gr.*〔*—lat.*〕]

pro·gno·stisch[prognɔ́stɪʃ] 形 将来の経過を見通した; 前兆〈予兆〉的な. [*gr.—mlat.*]

pro·gno·sti·zie·ren[prognɔstitsí:rən] 他 自 (h) **1** 予測する, 予想する, 予知する. **2**〖医〗予後判定〈診定〉をする. [*mlat.*]

Pro·gramm[prográm] 中 -s/-e **1** (放送・映画・音楽会などの)番組, プログラム, 曲目; (会議・祭典などの)項目予定, 式次第: das ~ der Woche 今週の番組 | das erste ~ (ドイツのテレビなどで)第1放送 ‖ das ~ zusammenstellen プログラムを編成する ‖ *et.*[4] auf das ~ setzen …を番組に入れる | **auf dem ~ stehen** 番組に入っている(→3) | *et.*[4] aus dem ~ streichen …を番組から削る. **2** (演劇・映画・音楽会などの)番組表, プログラム: ein ~ kaufen プログラムを買う | *Programm* gewünscht? (プログラム売り子が)プログラムはいかが. **3** 行動計画〔書〕, 予定〔表〕, プラン: Hast du für heute schon ein ~? 君はきょうの予定はもう決まっているのかい ‖ Das steht nicht auf meinem ~.《話》それは私のプラン〈計算〉には入っていない(→1) | Das paßt nicht in mein ~.《話》それは私には都合が悪い | **nach ~** 予定どおりに. **4** (政党などの)基本政策, 政綱, 綱領: das kulturelle ~ der Bundesregierung 連邦政府の基本文化政策 ‖ ein ~ ausarbeiten 綱領を練り上げる. **5**〖電算〗プログラム: dem Computer ein ~ eingeben 電算機にプログラムをインプットする | das ~ zu einem Problem schreiben ある問題を解くためのプログラムを作る. **6** (自動機械の)〔スイッチ〕切り替え段階〈順序〉: Diese Waschmaschine besitzt drei ~*e*. この洗濯機は3段切り替えになっている. **7**〖商〗シリーズ: das neue ~ ausstellen (商品の)新シリーズを展示する.
[*gr.—spätlat.*]

programmä·ßig (**pro·gramm·mä·ßig**) [prográmmɛ:sɪç][2]《話》=programmgemäß

pro·gram·ma·tisch[programá:tɪʃ] 形 **1** プログラムどおりの; 綱領に則した: eine ~*e* Erklärung 綱領に忠実な宣言. **2** 綱領宣言的な, 目的設定的な: ein ~*er* Artikel 綱領的な論説.

Pro·gramm≠ent·wicke·lung[prográm..] 女〖電算〗プログラム開発. **≠fol·ge** 女 =Programm 1

pro·gramm·ge·mäß 形 プログラムどおりの; 予定どおりの: ~ ablaufen 〈eintreffen〉 予定どおりに経過〈到着〉する.

pro·gram·mie·ren[programí:rən] 他 (h) **1** 《*et.*[4]》(…についての)プログラムを作成する, (…を)プログラムに組む: Seine Niederlage ist schon *programmiert*.《比》彼の敗北は必至である. **2**〖電算〗プログラム化する: ein mathematisches Problem ~ 数学の問題をプログラム化する | die Arbeit eines Rechenautomaten ~ コンピューター用のプログラムを作る ‖ ein *programmierter* Unterricht プログラム学習.

Pro·gram·mie·rer[..mí:rər] 男 -s/- (⊛ **Pro·gram·mie·re·rin**[..mí:rərɪn] -/-nen)〖電算〗プログラム作成者, プログラマー.

Pro·gram·mier·spra·che[..mí:r..] 女〖電算〗プログラミング言語.

Pro·gram·mie·rung[..mí:rʊŋ] 女 -/-en〖電算〗プログラミング.

Pro·gramm≠ki·no[prográm..] 中 (商業ベースに乗らない映画などを上映する)プログラム映画館. **≠knopf** 男 (テレビなどの)選局ボタン.

pro·gramm·mä·ßig《話》=programmgemäß

Pro·gramm≠mu·sik =Programmusik **≠ro·si·ne** 女《話》(ラジオ・テレビなどの)つまらない番組中の見〈聞き〉ごたえのある部分. **≠steue·rung** 女〖電算〗プログラムによる機械の自動制御.

Programmu·sik[prográmmuzi:k] 女〖楽〗標題音楽.

Pro·gramm·vor·schau 女 (テレビ・映画などの)番組予告, 次週〈次回〉上映映画紹介.

Pro·greß[progrés] 男 ..sses/..sse 前進, 進行, 進歩.

Pro·gres·sion[progrɛsió:n] 女 -/-en **1** 前進, 進歩. **2** (税法上の)累進: die ~ der Steuersätze 税率の累進, 累進税率. **3** (mathematische Reihe)〖数〗数列.
[*lat.*; < *lat.* prō-gredī „vorschreiten" (◇Grad)]

Pro·gres·sis·mus[progrɛsísmʊs] 男 -/〔極端な〕進歩論, 進歩主義.

Pro·gres·sist[progrɛsíst] 男 -en/-en **1** 進歩主義者. **2** 革新系政党の党員. [*fr.*]

pro·gres·siv[progrɛsí:f, pró:grɛsi:f][1] 形 **1** 進歩的な, 進歩主義の: ein ~*er* Mensch 進歩思想の持ち主 | ~*e* Kräfte 進歩勢力. **2 a)** 漸進的な; 段階〈累進〉的な: ~*e* Steuersätze 累進税率. **b)** (↔regressiv) 進行性の: ~*e* Assimilation〖言〗進行同化(→Assimilation) | eine ~*e* Form〖言〗進行形 | ~*e* Paralyse〖医〗進行性麻痺(まひ). [*fr.* progressif]

Pro·gres·siv·steu·er 女 累進税.

Pro·gym·na·sium[pró:gʏmna:ziʊm] 中 -s/..sien[..ziən] (9年制のふつうの Gymnasium に対し, 上級の3学年を欠いた) 6年制のギムナジウム.

▽**pro·hi·bie·ren**[prohibí:rən] 他 (h) (verbieten) 禁じる, 禁止する; (verhindern) 妨げる, 阻止する. [*lat.*; < *lat.* habēre (→habil)]

Pro·hi·bi·tion[prohibitsió:n] 女 -/-en ▽**1** 禁止; 阻止, 妨害. **2** 《単数で》(Alkoholverbot) (国家による)酒類製造販売禁止. [*lat.*〔*—engl.*〕]

Pro·hi·bi·tio·nist[..hibitsioníst] 男 -en/-en 酒類製造販売禁止論者〈主義者〉. [*engl.*]

pro·hi·bi·tiv[..hibití:f][1] 形 禁止〈妨害〉的な.

Pro·hi·bi·tiv≠sy·stem 中〖経〗禁止制(関税その他の障壁による輸出入の規制). **≠zoll** 男 保護〈禁止〉関税.

pro·hi·bi·to·risch[..hibitó:rɪʃ] =prohibitiv [*lat.*]

▽**Pro·hi·bi·to·rium**[..hibitó:riʊm] 中 -s/..rien[..riən]〖経〗(一定品目の)輸出入禁止〔令〕.

Pro·jekt[projɛ́kt] 中 -〔e〕s/-e 計画, 企画, プロジェクト: ein grandioses ~ 壮大なプロジェクト | die ~*e* zur Erschließung des Weltalls 宇宙開発計画 ‖ ein ~ ausarbeiten 計画を練り上げる. [*lat.*]

Pro·jek·te〔n〕·ma·cher 男 (年がら年じゅう企画をたてはいるもののあまり成果のあがらない)企画屋, 山師.

Pro·jekt·grup·pe 女 プロジェクト=チーム.

pro·jek·tie·ren[projɛktí:rən] 他 (h) **1** 計画〈企画〉する, 構想〈設計〉する. **2**〖数〗投影する, 射影する.

Pro·jek·til[projɛktí:l] 中 -s/-e **1** 発射体(ロケット・ミサイル・宇宙船など). ▽**2**〖軍〗銃弾. [*fr.* projectile]

Pro·jek·tion[projɛktsió:n] 女 -/-en **1** 投射, 投影; 投影図. **2**〖数〗射影. **3**〖地〗投影法, 投射図法. **4 a)**〖映〗映写, 投写. **b)**〖劇〗(舞台への)幻灯投影. **5**〖テレビ〗送像. [*lat.*]

Pro·jek·tions≠ap·pa·rat 男, **≠ge·rät** 中 =Projektor **≠lam·pe** 女 プロジェクター用電球. **≠me·tho·de** 女〖心〗投射〈投影〉法, 投射検査法. **≠wand** 女

(Bildwand) 映写幕, 銀幕, スクリーン.

pro·jek·tiv[projɛktíːf][1] 形 〘数〙 射影の, 射影による: ~*e* Geometrie 射影幾何学.

Pro·jekt≠lei·ter[projɛ́kt..] 男 プロジェクトの責任者〈リーダー〉. **≠me·tho·de** 女 〘教〙 構案法, プロジェクト=メソッド.

Pro·jek·tor[projɛ́ktɔr, ..toːr] 男 -s/-en[..jɛktóːrən] 映写機, 投影機, プロジェクター.

pro·ji·zie·ren[projitsíːrən] 他 (h) **1** 投射〈投影〉する; 投影図を描く; 〘映〙 映写する: Dias auf eine Leinwand ~ スライドをスクリーンに映写する | menschliche Eigenschaften in das Tier ~ 人間の性質を動物に投影する, 動物を擬人化して描く(寓話(ぐうわ)などで). **2** 設計〈製図〉する. **3** 〘数〙 射影する. [*lat.*; < *lat.* iacere „werfen"]

pro·ke·phal[prokeféːl] 形 (↔akephal) 〘詩〙 前頭音節を有する, 頭音節に弱音節を先行させている. [< kephalo..]

Pro·kla·ma·tion[proklamatsióːn] 女 -/-en (proklamieren すること. 例えば:) 告示, 布告, 宣言: eine ~ erlassen 布告を発する. [*spätlat.*–*fr.*]

pro·kla·mie·ren[..klamíːrən] 他 (h) 告示〈布告〉する, 宣言する: den Frieden ~ 平和を宣言する | ein Gesetz ~ 法律を発布する. [*lat.*; < *lat.* clāmāre (→Claim); ◇ *engl.* proclaim]

Pro·kla·mie·rung[..ruŋ] 女 -/-en = Proklamation

Pro·kli·se[proklíːzə] 女 -/-n, **Pro·kli·sis** [próːklizɪs, prók..] 女 -/..sen[proklíːzən] (↔Enklise) 〘言〙 後接(アクセントのない語が直後の語の一部のように発音されること. 例 's Mädchen[smɛ́ːtçən] < das Mädchen). [< *gr.* proklī́nein „vorwärts-neigen"]

Pro·kli·ti·kon[proklíːtikɔn, prɔklít..] 中 -s/..ka [..kaˑ] 〘言〙 後接語.

pro·kli·tisch[proklíːtɪʃ; オーストリア:..klítɪʃ] 形 〘言〙 後接的 「な.」

Pro·ko·fjew[prokɔ́fjɛf] 人名 Sergei ~ セルゲイ プロコフィエフ(1891–1953; ロシア・ソ連の作曲家).

Pro·kon·sul[prokɔ́nzʊl, próːkɔn..] 男 -s/-n 〘史〙 (古代ローマで執政官の権限を与えられた) 総督, 将軍. [*lat.*]

Pro·kon·su·lat[prokɔnzuláːt, próːkɔnzulaːt] 中 -[e]s/-e Prokonsul の職〈地位〉. [*lat.*; ◇ ..at]

Pro·kop[prokóːp] (**Pro·ko·pius**[prokóː(ː)piʊs]) 人名 プロコピオス(5世紀末–565; ビザンチン帝国の歴史家).

Pro-Kopf≠-Ein·kom·men[prokɔ́pf..] 中 (国民・住民などの) 一人あたりの収入, 平均所得額. **≠-Pro·duk·tion** 女 (国民・住民などの) 一人あたりの生産高〈額〉.

Pro·ko·pius = Prokop

Pro·kru·stes[prokrʊ́stɛs] 人名 〘ギ神〙 プロクルステス(メガラ Megara から Athen への途中に出没した盗賊で, 旅人を自分のベッドに寝かせ, 体がベッドより短ければ引きのばし, 長ければはみ出た部分を切り落として殺した). [*gr.* „Strecker"–*lat.*; < *gr.* kroúein „stoßen"]

Pro·kru·stes·bett 中 《比》 無理やりに合わせようとする定まった型: *et.*[4] in ein ~ zwängen …をむりやり型にはめる.

Prokt·al·gie[prɔktalgíː] 女 -/-n[..gíːən] 〘医〙 直腸〔神経〕痛. [< *gr.* prōktós „Steiß"]

Prok·ti·tis[prɔktíːtɪs] 女 -/..titiden[..titíːdən] (Mastdarmentzündung) 〘医〙 直腸炎. [< ..itis]

Prok·to·lo·ge[prɔktolóːgə] 男 -n/-n (→..loge) 直腸〈肛門〉病学者.

Prok·to·lo·gie[..logíː] 女 -/ 〘医〙 直腸〈肛門〉病学.

prok·to·lo·gisch[..lóːgɪʃ] 形 直腸〈肛門〉病学〔上〕の.

Prok·to·pla·stik[prɔkto..] 女 -/-en 〘医〙 人工直腸〈肛門〉形成術.

Prok·to·skop 中 -s/-e 〘医〙 直腸鏡.

Prok·to·sta·se[prɔktostáːzə] 女 -/-n 〘医〙 直腸麻痺性便秘.

Pro·ku·ra[prokúːraˑ] 女 -/..ren[..rən] 〘商〙 代理, 代行, 委託; 業務代理権: in 〈per〉 ~ 代理で, 委任により | *jm.* ~ geben 〈erteilen〉 …に代理権を与える. [*it.* procura]

Pro·ku·ra·tion[prokuratsióːn] 女 -/-en 〘商〙 代理, 代行, 委任. [*lat.*; < *lat.* prō-cūrāre „besorgen" (◇kurieren)]

Pro·ku·ra·tor[prokuráːtɔr, ..toːr] 男 -s/-en [..ratóːrən] **1** 〘史〙 プロクラトル(古代ローマの属州総督; ベネチア共和国の最高官吏; 中世ドイツ法廷での王侯の利益代理人; フランス帝政期の検察官). **2** 〘カトリック〙 (修道院の) 管財人. [▽]**3** = Prokurist [*lat.* (–*it.*)]

Pro·ku·ren Prokura の複数.

Pro·ku·rist[..kuríst] 男 -en/-en 〘商〙 支配人, 業務代理人.

der **Pro·kyon**[próː(ː)kyɔn] 男 -[s]/ 〘天〙 プロキオン(小犬座の首星). [*gr.*–*lat.*; < *gr.* kýōn (→kynisch)]

Pröl[prøːl] 男 -s/ 《北部》 (Lumpenzeug) がらくた, くず物.

pro·la·bie·ren[prolabíːrən] 自 (h, s) (vorfallen) 〘医〙 (内臓器官などが正常な位置から) 脱出する, 脱垂する. [*lat.* „vorwärts-gleiten"; ◇ labil]

Pro·laps[proláps, próːlaps] 男 -es/-e, **Pro·lap·sus**[prolápsʊs] 男 -/-[..suːs] (Vorfall) 〘医〙 脱〔症〕, 脱出〔症〕. [*spätlat.*]

Pro·le·go·me·non[prolegó(ː)menɔn, ..gɔ́m..] 中 -s/..na[..menaˑ] 《ふつう複数で》 (論文などの) 序言, 緒言, 前置き, 前書き; 序論, 序説. [*gr.*; < *gr.* pro-légein „vorher-sagen" (◇Logos); ◇Prolog]

Pro·lep·se[prolɛ́psə] 女 -/-n, **Pro·lep·sis**[próː(ː)lepsɪs, prolɛ́p.., proléːp..] 女 -/..sen[..sən] (先取りすること. 例えば:) **1** 〘修辞〙 予弁法; 〘言〙 予期的賓辞(ひんじ)用法. **2** 〘医〙 前発作, 前駆徴候. [*gr.*–*spätlat.*; < *gr.* prolambánein „vorweg-nehmen" (◇..lepsie)]

pro·lep·tisch[prolɛ́ptɪʃ] 形 先取りの, 先取り的な. [*gr.*]

Pro·let[proléːt] 男 -en/-en **1** 《話》 = Proletarier 1 **2** 《軽蔑的に》 粗野な〈がさつな〉人間, 田舎者.

Pro·le·ta·riat[proletariáːt] 中 -[e]s/-e 《ふつう単数で》 **1** プロレタリアート, 無産階級. **2** 〘史〙 (古代ローマの) 最下層民階級. [*fr.*; ◇ ..at]

Pro·le·ta·ri·er[proletáːriər] 男 -s/- **1** プロレタリア, 無産者. **2** 〘史〙 (古代ローマの) 最下層民. [*lat.*; < *lat.* prōlēs „Nachkomme" (◇Alumnus)]

Pro·le·ta·ri·er≠bank 女 -/-en 《話》 (Pfandhaus) 質店. **≠sekt** 男 《話》 (Mineralwasser) ミネラル=ウォーター.

pro·le·ta·risch[proletáːrɪʃ] 形 プロレタリアの, 無産者の: die ~*e* Revolution プロレタリア革命.

pro·le·ta·ri·sie·ren[proletarizíːrən] 他 (h) プロレタリア〈無産〉化する.

Pro·le·ten≠bag·ger[proléːtən..] 男 《話》 **1** (Paternoster) バケット=コンベヤーのエレベーター. **2** (Rolltreppe) エスカレーター. **≠but·ter** 女 《話》 (Margarine) マーガリン. **≠fo·rel·le** 女 《話》 (Hering) ニシン(鰊). **≠-Ri·vie·ra** [..vieːraˑ] 女 《話》 (ウィーン市内の) ドナウ河畔. **≠si·lo** 男 (中) 《話》 (低所得者の) 高層アパート.

Pro·li[próːliˑ] 男 -s/-s = Prolo

Pro·li·fe·ra·tion 女 -/-en **1** [proliferatsióːn] **a)** 〘医〙 繁殖, 増殖. **b)** 〘植〙 貫生(かんせい). **2** [proʊlɪfəréɪʃən] 〘政〙 核拡散. [< *lat.* prōlēs (→Proletarier) + ferre „tragen"; 2: *fr.*–*engl.*]

Pro·li·fe·ra·tions·sta·dium[proliferatsióːns..] 中 〘医〙 増殖期.

pro·li·fe·ra·tiv[proliferatíːf][1] 形 〘医〙 繁殖性の: ~*e* Entzündung 繁殖〔性〕炎.

pro·li·fe·rie·ren[..feríːrən] 自 (h) 〘医〙 繁殖する, 増殖する.

[▽]**Pro·li·fi·ka·tion**[..fikatsióːn] 女 -/-en = Proliferation 1

[▽]**pro·lix**[prolíks] 形 (ausführlich) 詳細な; (weitschweifig) 冗長な. [*lat.*; < *lat.* liquēre (→liquid)]

Pro·lo[próːloˑ] 男 -s/-s 《話》 = Prolet 2

[▽]**pro lo·co**[proː ló(ː)koˑ] 《ラテン語》 (an Stelle) (…の) 代わりに.

Pro·log[prolóːk][1] 男 -[e]s/-e (↔Epilog) **1** (文芸作品などの) プロローグ, 序編, 序章, 序詞, 序詩. **2** 〘劇〙 プロローグ,

序幕, 序景, 序曲; 前口上. **3** 《比》序幕的な事件〈できごと〉. [*gr.－lat.－mhd.*; ◇Prolegomenon; *engl.* prolog〔ue〕]

Pro·lon·ga·tion[prolɔŋgatsió:n] 女 -/-en (prolongieren すること. 例えば:) **1** 〖商〗(支払いの)猶予, 延期; (手形などの)書き換え, 更新. **2** 《オーストリア》(催し物などの期間の)延期. [*spätlat.*]

Pro·lon·ga·tions≈ge·bühr 女 -/-en 《ふつう複数で》〖商〗延期手数料, 書き換え料, 繰越〔逆〕日歩. **≈ge·schäft** 中〖商〗繰り延べ取引.

pro·lon·gie·ren[prolɔŋgí:rən] 他 (h) **1** 〖商〗(支払いを)猶予〈延期〉する; (手形を)書き換える, 更新する: einen Wechsel ～ 手形の支払期限を猶予する. **2** 《オーストリア》(催し物などの期間を)延長する: einen Film 〈die Spielzeit eines Films〉 ～ 映画の上映期間をのばす. [*spätlat.*; < *lat.* longus (→lang)]

Pro·lon·gie·rung[..ruŋ] 女 -/-en prolongieren すること.

pro me·mo·ria[pro: memó:ria·] 《ラテン語》(略 p. m.) (zum Gedächtnis) 記憶のために, 覚えとして; (…の)記念〈思い出〉のために, (…を)記念して. [◇Memoire]

ᐁ**Pro·me·mo·ria**[promemó:ria·] 中 -s/..rien[..riən], -s **1** メモ, 備忘録. **2** 追悼録, 銘文.

Pro·me·na·de[promənáːdə] 女 -/-n **1** (保養地などにある緑地帯つきの)遊歩〈散歩〉道: auf der ～ spazierengehen プロムナードを散歩する. **2** 《雅》(遊歩道などでの)散歩, 逍遥(しょうよう): eine ～ machen 遊歩道を散策する. [*fr.*]

Pro·me·na·den≈deck 中 (1等船客用の)遊歩甲板 (→ 図 Schiff A). **≈kon·zert** 中 野外演奏会, プロムナード=コンサート. **≈mi·schung** 女《話》雑種犬, 駄犬.

pro·me·nie·ren[promənί:rən] 自 (s, h) 《雅》散歩する, 逍遥(しょうよう)する. [*spätlat.－fr.*; < *lat.* minārī „〔an〕drohen" (◇montan); ◇prominent]

Pro·mes·se[promέsə] 女 -/-n (文書による)約束, 契約書; 〖商〗約束手形; 仮株券. [*fr.*; < *lat.* prōmittere (→Promittent); ◇*engl.* promise]

pro·me·the·isch[prometé:ɪʃ] 形 プロメテウスのような.

Pro·me·theus[promé:tɔʏs] 人名 《ギ神》プロメテウス (Titan 族の一人. 人間に火を与えたかどで Zeus の怒りを買い, Kaukasus 山に鎖でつながれて, ワシに肝臓をついばまれたが, のち Herkules に救われた). [*gr.－lat.*; < *gr.* pro-mēthḗs „vorsorglich"]

Pro·me·thium[promé:tiʊm] 中 -s/ 〖化〗プロメチウム (希土類元素名; 記号 Pm).

Pro·mi[pró:mi·] 男 -s/-s 《話》(<Prominente) 名士, 有名人.

pro mil·le[pro: mílə,－míle·] 《ラテン語》(略 p. m.) (pro tausend) 千につき, 千ごとに. [◇milli..]

Pro·mil·le[promílə, ..le·] 中 -〔s〕/- **1** 1000分の1; 千分率, パーミル: 1,8 ～ Blutalkohol 〈Alkohol im Blut〉 haben 血液中のアルコールが1.8パーミルである. **2** 《複数で》《話》血液中のアルコール〔濃度〕: Ich fahre nur ohne ～. 私はぜったいに飲酒運転をしない.

Pro·mil·le≈-Bre·cher[promílə..] 男, **≈-Brem·se** 女《話》血液中のアルコール濃度を下げると称する飲料.

pro·mil·le≈ge·füllt 形, **≈ge·la·den** 形《話》酔っぱらった.

Pro·mil·le≈gren·ze 女 (自動車運転者の)血液中のアルコール濃度の上限(ドイツでは0,8 Promille 以上は飲酒運転になる). **≈-Pil·le** 女 ＝Promille-Brecher **≈satz** 男 千分率, パーミル. **≈sün·der** 男《話》酒気をおびた運転者, 酔っぱらいドライバー. **≈-Ver·nich·ter** 男 ＝Promille-Brecher

Pro·mil·lio·när[promɪlionέːr] 男 -s/-e 《話》酔っぱらいドライバー.

pro·mi·nent[prominέnt] **I** 形 **1** (人について)傑出〈卓越〉した; 有名な, 著名な; 権威のある, 重きをなす, 影響力を持った: ～*e* Persönlichkeiten 名士連中, 一流人士 | ein ～*er* Chirurg 有名な外科医. **2** (事柄が)重要な: von ～*er* Bedeutung sein 重要な意味をもっている. **II Pro·mi·nen·te** 男 女 《形容詞変化》名士, 有名人, トップクラスの人: nur mit ～*n* verkehren お偉方としか付き合わない. [*lat.* prōminēre „hervor-ragen"; ◇promenieren]

Pro·mi·nen·ten≈ab·stei·ge 女, **≈her·ber·ge** 女《話》豪華〈超一流〉ホテル. **≈li·mo·na·de** 女《話》(Sekt) シャンペン.

Pro·mi·nenz[prominέnts] 女 -/-en **1** 《単数で》《集合的に》名士連, 大家たち, トップクラス: Polit*prominenz* 著名な政治家たち, 政界のお偉方 | Die ganze ～ von Film und Fernsehen war erschienen. 映画ならびにテレビ界のお偉方は全部顔を見せていた. **2** (Prominente) 名士, 有名人: Er ist eine ～ geworden. 彼はいまや大家の一人だ. **3** 《単数で》重要性: die ～ der Frage 問題の重要性. [*spätlat.*]

pro·mis·cue[promískue·] 副 **1** 雑然と, 入り乱れて. **2** 乱交〈乱婚〉状態で. [*lat.* prōmīscuus „gemischt"; < *lat.* miscēre (→mischen)]

pro·misk[promísk] ＝promiskuitiv

Pro·mis·kui·tät[promɪskuitέːt] 女 -/ **1** 混合, 混淆(こんこう). **2** 乱交, 性的無規律.

pro·mis·kui·tiv[..kuitíːf][1] (**pro·mis·kuos**[..kuóːs][1], **pro·mis·kuös**[..kuǿːs][1]) 形 (人が)性的に無規律な, 誰とでも性交する, 乱交の.

ᐁ**pro·mis·so·risch**[promɪsóːrɪʃ] 形 (versprechend) 〖法〗確約を与える, 同意的な: ein ～*er* Eid 陳述前の宣誓. [*mlat.*]

ᐁ**Pro·mit·tent**[promɪtέnt] 男 -en/-en 〖法〗約束をする〈約束をした〉人, 契約者. [< *lat.* prō-mittere „hervorschicken, versprechen" (◇Promesse)]

Pro·mo·ter[promóːtər] 男 -s/- (スポーツ競技・興行などの)主催者, 興行師, プロモーター. [*engl.*]

Pro·mo·tion[1][promotsióːn] 女 -/-en **1** ドクターの学位を授与する〈獲得する〉こと. **2** 《オーストリア》ドクターの学位授与式.

Pro·mo·tion[2][prəmóuʃən] 女 -/ 〖商〗販売促進; 宣伝, 広告. [*spätlat.－engl.*]

Pro·mo·tions·recht[promotsióːns..] 中 -〔e〕s/ (大学・学部などの)ドクター学位授与権.

pro·mo·vie·ren[promovíːrən] **I** 自 (h) ドクターの学位を請求〈獲得〉する, 博士〔請求〕論文を書く: bei Prof. N 〈an der Universität M〉 ～ N 教授のもとで〈M 大学で〉ドクターの学位を取る. **II** 他 (h) 《*jn.*》(…に)ドクターの学位を授与する: *jn.* zum Doktor der Medizin ～ …に医学博士号を与える. [*lat.* prō-movēre „vor-rücken"]

prompt[prɔmpt] **I** 形 敏速〈機敏〉な, すばやい, 間髪を入れぬ, 即座の: eine ～*e* Antwort 即答 ‖ *et.*[4] ～ erledigen …を即座に片づける | ～ reagieren すばやい反応を示す. **II** 副 **1** →I **2** 《話》予想どおり, やっぱり, まんまと: ～ auf eine Falle hereinfallen まんまと罠(わな)にはまる.
[*lat.* „hervorgenommen, sichtbar"－*fr.*; < pro..＋*lat.* emere „nehmen"]

Prompt·heit[prɔ́mpthaɪt] 女 -/ 敏速〈機敏〉さ.

Pro·mul·ga·tion[promʊlgatsióːn] 女 -/-en (法令などの)発布, 公布, 公示, 公表. [*spätlat.*]

pro·mul·gie·ren[..mʊlgíːrən] 他 (h) (法令などを)発布〈公布〉する, 公示〈公表〉する. [*lat.*]

pro ni·hi·lo[pro: ní(ː)hilo·] 《ラテン語》(für nichts) むだに, 無益に.

Pro·no·men[pronóːmən, ..mɛn] 中 -s/- (..mina [..mina·]) (Fürwort) 〖言〗代名詞: Indefinit*pronomen* 不定代名詞 | Personal*pronomen* 人称代名詞. [*lat.*]

pro·no·mi·nal[pronominá:l] 形〖言〗代名詞の; 代名詞的な: die ～*e* Deklination des Adjektivs 形容詞の強変化(→nominal 1) | *et.*[4] ～ ausdrücken …を代名詞によって表現する. [*spätlat.*]

Pro·no·mi·nal≈ad·jek·tiv 中〖言〗代名詞的形容詞 (alle, einige などの不定数詞). **≈ad·verb** 中〖言〗代名詞的副詞 (da, hier, wo が前置詞と結合した形で, 前置詞＋代名詞に相当する機能をもつ語. 例 daran, hierauf, womit).

ᐁ**pro·non·cie·ren**[pronɔ̃síːrən] **I** 他 (h) **1** 明瞭(めいりょう)に〈アクセントを置いて〉発音する; 強調する. **2** 公言〈宣言〉する.

P

II pro·non·ciert 過分 形 明瞭な, はっきりした; 断固たる, 旗幟(き)鮮明な: ein Wort ～ aussprechen ある単語を明確に発音する | *sich*[4] ～ weigern, *et.*[4] zu tun …することをきっぱり拒否する.
[*lat.* prō-nūntiāre „〔öffentlich〕 aussprechen"－*fr.* prononcer; ＜*lat.* nūntius (→Nuntius)]

Pro·nun·zia·m〔i〕en·to[pronʊntsiam(i)ɛ́nto·] 中 -s/-s **1** 革命への呼びかけ. **2** 軍事クーデター. [*span.*]

Pro·ömium[pro|ǿ:miʊm] 中 -s/..mien[..miən] (古代の著述などの)前置き, 序言. [*gr.*－*lat.*; ＜*gr.* oímē „Lied〔erkreis〕"]

Pro·pä·deu·tik[propɛdɔ́ʏtɪk] 女 -/-en **1** 《単数で》手ほどき, 入門〈準備〉教育. **2** 入門書. [＜*gr.* pro-paideúein „vorher unterrichten" (◇pädo..)]

pro·pä·deu·tisch[..tɪʃ] 形 手ほどきの, 入門〈準備〉教育的な; 予備知識的な: ein ～*er* Kurs 入門講座.

Pro·pa·gan·da[propagánda·] 女 -/ **1** (特定の思想, 特に政治的主張のための組織的・積極的・徹底的な)宣伝〔活動〕, プロパガンダ: für *et.*[4] ～ machen 〈treiben〉 …のために宣伝活動をする, …を宣伝する | Das ist doch alles nur ～! 《話》そんなことはみんなうそっぱちに決まっているさ. **2** (Werbung) (商業上の)広告, 宣伝. [＜*kirchenlat.* congregatio de propaganda fide „päpstliche Instanz zur Verbreitung des Glaubens"]

Pro·pa·gan·da≈film[propagánda..] 男 宣伝映画. **≈kam·pa·gne**[..kampanjə] 女 宣伝キャンペーン. **≈krieg** 男 宣伝戦争. **≈ma·te·rial** 中 宣伝資料. **≈mi·ni·ster** 男 (特にナチ政権の)〔国民啓発〕宣伝相. **≈mi·ni·ste·rium** 中 (特にナチ政権の)〔国民啓発〕宣伝省. **≈schlacht** 女 宣伝合戦. **≈tä·tig·keit** 女 宣伝活動.

Pro·pa·gan·dist[propagandíst] 男 -en/-en **1 a)** (政治的主張・思想などの)宣伝者, 吹聴者. **b)** (旧東ドイツ社会主義統一党の)宣伝担当者. **2** (企業の)広告〈宣伝〉係.

pro·pa·gan·di·stisch[..dístɪʃ] 形 宣伝〔活動〕の, 宣伝色の濃厚な.

Pro·pa·ga·tion[propagatsió:n] 女 -/-en **1** (Vermehrung) 《生》増殖. **2** 《理》(電波の)伝播(ぱ). [*lat.*]

pro·pa·gie·ren[propagí:rən] 他 (h) 《*et.*[4]》宣伝する, (…のために)宣伝活動をする: eine Meinung ～ ある意見を説いて回る | den Weltfrieden ～ 世界平和のための宣伝活動をする. [*lat.* propāgāre „fortpflanzen"; ◇fangen, pfropfen[1]]

Pro·pan[propá:n] 中 -s/ 《化》プロパン. [＜Propylen＋Methan]

Pro·pan·gas 中 プロパンガス.

Pro·pan·gas·fla·sche 女 プロパンガス用ボンベ.

Pro·par·oxy·to·non[proparɔksý:tonɔn, ..roksý(:)t..] 中 -s/..tona[..na·] 《言》プロパロクシトノン(ギリシア語で語尾から第3音節に鋭いアクセントのある語: →Oxytonon, Paroxytonon). [*gr.*]

pro pa·tria[pro: pá(:)tria·] 《ラテ語》(für das Vaterland) 祖国のために. [◇Pater]

Pro·pel·ler[propɛ́lər] 男 -s/- **1** (航空機などの)推進装置, プロペラ. **2** (Schiffsschraube) (船舶の)螺旋(らせん)推進器, スクリュー〔プロペラ〕.
[*engl.*; ＜*lat.* prō-pellere „vorstoßen" (◇Puls); ◇Propulsion]

Pro·pel·ler≈an·trieb 男 プロペラ推進〔装置〕. **≈flü·gel** 男 プロペラの羽根. **≈flug·zeug** 中, **≈ma·schi·ne** 女 《空》プロペラ機. **≈schlit·ten** 男 (エンジンつきの)プロペラそり. **≈tur·bi·ne** 女 **1** 《土木》プロペラ水車. **2** 《空》ターボプロップ.

pro·per[prɔ́pər] (pro·p〔e〕·r..) 形 (外見・衣服・仕事などが)清潔な, きちんとした, さっぱりした: eine ～*e* Arbeit きちんとした仕事 | ein ～*es* Aussehen きちんとした外見 | ein ～*es* Mädchen 小ざっぱりした女の子 | ein ～*es* Städtchen 〈Zimmer〉 小ぎれいな町〈部屋〉‖ ～ gekleidet sein きちんとした身なりである. [*lat.* proprius „eigen"－*fr.* propre; ◇pro, privat]

Pro·per≈ge·schäft 中, **≈han·del** 男 -s/ 《経》自営商業.

Pro·phet[profé:t] 男 -en/-en **1** (⊛ **Pro·phe·tin**[..tɪn]-/-nen) 《宗》預言者; (一般に)予言者, 警告(警世)者: der ～ 《イスラム教》マホメット(→Mohammed) | der ～ Jesaja 預言者イザヤ; (旧約聖書の)イザヤ書 ‖ beim Barte des ～*en* schwören (→Bart 1) ‖ Der ～ gilt nichts in seinem Vaterlande. 《諺》預言者は故郷に入れられぬ(聖書: マタ13, 57; ルカ4,24から) | Ich bin doch kein ～. 《話》私だって何もかも知っているわけじゃない ‖ Wie kommt Saul unter die ～*en*? (→Saul 2) | Wenn der Berg nicht zum ～*en* kommt, muß der ～ zum Berg〔e〕 kommen. (→Berg 1 a). **2** 《ふつう複数で》(旧約聖書の)預言書.
[*gr.*－*spätlat.*－*mhd.*; ＜*gr.* phánai „sagen" (◇Bann)]

Pro·phe·ten·ga·be 女 -/ 予言の才, 予知能力.

Pro·phe·tie[profetí:] 女 -/-n[..tí:ən] 《宗》(預言者による)預言; (一般に)予言, 警告: die warnenden ～*n* 警告的予言, 警世の言葉. [*gr.*－*spätlat.*－*mhd.*]

Pro·phe·tin Prophet の女性形.

pro·phe·tisch[profé:tɪʃ] 形 **1** 預言者の: die ～*en* Bücher des Alten Testaments 旧約聖書の預言書. **2** 予言的な, 警告的な. [*gr.*－*spätlat.*－*mhd.*]

pro·phe·zei·en[profetsáɪən] 《過分 prophezeit》他 (h) 予言する, 予告する, 警告する: *jm.* ein Unglück ～ …に不幸を予言〈警告〉する | *jm.* eine große Zukunft ～ …にはすばらしい将来性があると予言する | gutes 〈schlechtes〉 Wetter ～ 《話》好天気〈悪天候〉を予報する. [*mhd.*]

Pro·phe·zei·ung[..tsáɪʊŋ] 女 -/-en 予言, 予告, 予報.

Pro·phy·lak·ti·kum[profyláktikʊm] 中 -s/..ka[..ka·] 《医》予防薬, 予防剤: ein ～ gegen Grippe 流感の予防薬.

pro·phy·lak·tisch[..tɪʃ] 形 **1** (vorbeugend) 予防の: eine ～*e* Impfung gegen Grippe 流感の予防接種 | ～*e* Maßnahmen gegen die Luftverschmutzung 大気汚染に対する防止措置 ‖ ～ wirken 予防効果がある | gegen eine Krankheit ～ vorgehen 病気に対して予防処置を講じる. **2** 《副詞的に》《話》(vorsichtshalber) 用心のために.
[*gr.*; ＜*gr.* 〔pro〕phylássein „bewachen"]

Pro·phy·la·xe[profyláksə] 女 -/-n (Vorbeugung) 《医》(特定の疾患に対する)予防〔法〕.

Pro·po·lis[pró:polɪs] 女 -/ 蜂蠟(はちろう), プロポリス(ミツバチの唾液がある種の樹液と混ざってできる物質で, 古くから民間薬として用いられている). [*gr.* „Vorwachs"]

▽**Pro·po·nent**[proponɛ́nt] 男 -en/-en **1** 提案者. **2** (Antragsteller) 申請人, 出願者.

pro·po·nie·ren[proponí:rən] 他 (h) ▽**1** (vorschlagen) 提案〈提議〉する; 申請〈出願〉する. **2** 《スイス》(候補者として)推薦する. [*lat.* prōpōnere „öffentlich hinstellen"; ◇Propositio]

die **Pro·pon·tis**[propɔ́ntɪs] 地名 女 -/ プロポンティス (Marmarameer の古代ギリシア語名). [„Vor-meer"; *gr.*－*lat.*; ＜*gr.* póntos (→Pontus)]

Pro·por·tion[propɔrtsió:n] 女 -/-en **1 a)** 割合, 比〔率〕; (↔Disproportion) (Ebenmaß) つりあい, 均整: in den ～*en* richtig 〈falsch〉 sein 割合が正確である〈間違っている〉. **b)** (人体の)比例〔関係〕, プロポーション: gute ～*en* haben / von guten ～*en* sein 《話》いいプロポーション〈均整のとれた容姿〉をしている. **c)** 《単数で》＝Proportioniertheit **2** 《数》比例: in umgekehrter ～ stehen 反比例する | Das Produkt der Außenglieder einer ～ ist gleich dem Produkt der Innenglieder. 比例の外項の積は内項の積と等しい. [*lat.*]

pro·por·tio·nal[propɔrtsioná:l] 形 **1** つりあいのとれた, 比例した: ～*e* Konjunktion 《言》相関接続詞(⊛ je … desto …). **2** 《数》比例の: ～*er* Satz 比例係数 | a ist direkt 〈indirekt / umgekehrt〉 ～ zu b. a は b に正〈反〉比例している | a und b sind indirekt 〈umgekehrt〉 ～ zueinander. a と b は反比例している. [*spätlat.*; ◇..al[1]]

Pro·por·tio·na·le[..lə] 女 -/-n〘数〙比例項: mittlere ~ 比例中項.
Pro·por·tio·na·li·tät[proportsionalitɛ́:t] 女 -/-en 比例, つりあい, 均整. [*spätlat.*]
Pro·por·tio·na·li·täts·fak·tor 男〘数〙比例因数.
Pro·por·tio·nal≠satz[proportsioná:l..] 男〘言〙比例文(例 Je ärmer man ist, desto großzügiger ist man.). **≠wahl** 女《オースト・スイ》(Verhältniswahl) 比例代表制選挙.
pro·por·tio·nell[..nɛ́l] 形《オースト・スイ》Proporz 2 に応じた. [*spätlat.–fr.*; ◇..al[1]]
pro·por·tio·niert[proportsioní:rt] 形 つりあった, 均整のとれた: gut ~ sein つりあい〈均整〉がよくとれている | ein gut ~*er* Körper 均整のとれた身体.
Pro·por·tio·niert·heit[–haɪt] 女 -/ proportioniert なこと.
Pro·por·tions·glei·chung[proportsió:ns..] 女〘数〙比例方程式.
Pro·porz[propórts] 男 -es/-e《オースト・スイ》**1** =Proportionalwahl **2** (得票数による) 議席〈役職〉の比例配分.
Pro·porz·wahl《オースト・スイ》=Proportionalwahl
Pro·po·si·tio[propozí:tsio·] 女 -/-nes[..pozitsió:ne:s]〘論〙前提, 命題: ~ major[má:jɔr]〘論〙(三段論法の)大前提 | ~ minor[mí:nɔr]〘論〙(三段論法の)小前提. [*lat.*; <*lat.* prōpōnere (→proponieren)]
Pro·po·si·tion[propozitsió:n] 女 -/-en **1 a**)〘論〙命題. **b**)〘言〙命題(文の基本的な陳述内容). **2**〘競馬〙(レースの)全条件〔の発表〕. ▽**3** (Vorschlag) 提案, 提議; (Antrag) 申請, 出願.
pro·po·si·tio·nal[..pozitsioná:l] 形 命題に関する.
Pro·po·si·tio·nes Propositio の複数.
prop·pen·voll[prɔ́pənfɔl] 形《話》(gepfropft voll) すし詰めの, ぎゅうぎゅう詰めの: ein ~*er* Koffer 中身のぎっしり詰まったトランク | Der Bus ist ~. バスはすし詰めだ. [<*mndd.* proppe (→Pfropf)]
Pro·prä·tor[proprɛ́:tɔr, ..to:r] 男 -s/-en[..prɛtó:rən]〘史〙(古代ローマの)前法務官, 属州〈地方〉総督 (Prätor をつとめた人が任命された). [*lat.*]
Pro·pre·tät[propərtɛ́:t] 女 -/《方》(Sauberkeit) 清潔さ. [*fr.* propreté; <*fr.* propre (→proper)]
▽**Pro·prie·tär**[proprietɛ́:r] 男 -s/-e (Eigentümer) 所有者; 地主; 家主. [*spätlat.–fr.* propriétaire]
▽**Pro·prie·tät**[..tɛ́:t] 女 -/-en **1** (Eigentum) 所有物. **2** (Eigentumsrecht) 所有権. [*lat.–fr.* propriété]
Propst[pro:pst] 男 -〔e〕s/Pröpste[prǿ:pstə] **1**《カトリック》司教座教会首席司祭; 修道院長代理. **2** (女 **Pröp·stin**[prǿ:pstɪn]-/-nen)〘新教〙監督教区長. [*spätlat.* prōpos〔i〕tus–*ahd.*; ◇Präpositus, Profos; *engl.* provost]
Prop·stei[pro:pstáɪ] 女 -/-en Propst の職〈管区・住宅〉. [<..ei]
Pröp·stin Propst 2の女性形.
Pro·pul·sion[propulzió:n] 女 -/-en〘医〙(パーキンソン病患者の)前方突進; 前方咬合(こう). [<*lat.* prōpellere (→Propeller)]
pro·pul·siv[propulzí:f][1] 形〘医〙前方突進〔性〕の.
Pro·pusk[pró:pusk, prɔ́p.., propúsk] 男 -s/-e (Passierschein) 通行許可証; (Ausweis) (身分・資格などの) 証明書. [*russ.*]
Pro·pyl[propý:l] 中 -s/〘化〙プロピル(プロパンの1価基). [<pro..+*gr.* pī́ōn „fett" (◇feist)+..yl]
Pro·py·lä·en[propylɛ́:ən] 複〘建〙**1** プロピュライオン(古代ギリシアの神殿などに通じる門, 例えば Athen の Akropolis の列柱つき城門). **2** (一般に)列柱門. [*gr.–lat.*; <*gr.* pýlē „Tor〔flügel〕"]
Pro·pyl·al·ko·hol[propý:l..] 男〘化〙プロピルアルコール.
Pro·py·len[propylé:n] 中 -s/〘化〙プロピレン.
pro ra·ta 〔par·te〕[pro: rá:ta· (pártə)]《ラテン語》(dem Verhältnis entsprechend) …に比例〈案分〉して; …に準じて.
pro ra·ta tem·po·ris[– – tɛ́mporɪs]《ラテン語》(略 p. r. t.) (dem Zeitablauf entsprechend) 時間の経過に応じて. [◇Rate, Tempus]
Pro·rek·tor[pró:rɛktɔr, ..to:r, ⏑⏑⏑] 男 -s/-en[pró:rɛkto:rən, ⏑⏑⏑⏑] 学長代理; 前学長.
Pro·rek·to·rat[..rɛktora:t, ⏑⏑⏑⏑] 中 -〔e〕s/-e **1** Prorektor の職〈任期〉. **2** 学長代理事務局〈執務室〉. [<..at]
Pro·ro·ga·tion[prorogatsió:n] 女 -/-en ▽**1 a**) 延期. **b**) (期間・任期などの)延長. **2**〘法〙(民事訴訟の訴訟当事者による)管轄の合意. [*lat.*]
▽**pro·ro·ga·tiv**[..rogatí:f][1] 形 **1** 延期の. **2** (期間・任期などの) 延長の.
pro·ro·gie·ren[..rogí:rən] ▽**I** 他 (h) **1** 延期する. **2** (期間・任期などを)延長する. **II** 自 (h)〘法〙(訴訟当事者間で)裁判管轄権について合意する. [*lat.*]
Pro·sa[pró:za·] 女 -/ **1** (英: *prose*) 散文; 散文作品: Poesie und ~ 韻文と散文 | in ~ schreiben 散文で書く. **2**《雅》散文的な〈詩的でない〉こと, 無味乾燥: die ~ des Alltags 日常生活の味気なさ. **3** -/..sen[..zən] (Sequenz) (中世教会歌の)続誦(ぞくしょう). [*lat.–ahd.*; <pro..+*lat.* vertere (→vertieren[2])]
Pro·sa≠dich·tung[pró:za..] 女 散文〔体〕文学. **≠ge·dicht** 中 散文詩.
Pro·sai·ker[prozá:ikər] 男 -s/- **1** =Prosaist **2**《雅》散文的な〈無味乾燥な〉人.
pro·sa·isch[prozá:ɪʃ] 形 **1** 散文の; 散文による: eine ~*e* Übersetzung 散文による翻訳, 散文訳. **2**《比》散文的な, 詩的でない, 無味乾燥な: ein ~*er* Mensch 散文的な人間.
Pro·sa·ist[prozaíst] 男 -en/-en 散文作家.
Pro·sa≠schrift·stel·ler[pró:za..] 男 散文作家. **≠werk** 中 散文作品.
Pro·sek·tor[pró:zɛktɔr, ..to:r, ⏑⏑⏑] 男 -s/-en[pró:zɛkto:rən, ⏑⏑⏑⏑] ▽**1** (大学の解剖教室の)解剖標本係. **2** (病院の)病理解剖係主任. [*spätlat.*; <*lat.* prōsecāre „vorn abschneiden"]
Pro·sek·tur[prozɛktú:r] 女 -/-en (病院の)病理解剖室.
Pro·se·ku·tion[prozekutsió:n] 女 -/-en (Verfolgung)〘法〙訴追. [*mlat.*]
▽**Pro·se·ku·tor**[prozekú:tɔr, ..to:r] 男 -s/-en[..kutó:rən]〘法〙訴追者, (訴追者としての) 検事. [*mlat.*; <*lat.* prō-sequī „begleiten, verfolgen"]
Pro·se·lyt[prozelý:t] 男 -en/-en〘史〙ユダヤ教に改宗した異邦人; 新改宗者; (一般に)意見〈所信〉を変えた〔ばかりの〕人: **~*en* machen** 熱心に改宗〈折伏(しゃくぶく)〉運動をする. [*gr.–kirchenlat.*; <*gr.* prós „zudem"+eltheĩn „kommen"]
Pro·se·ly·ten≠ma·cher 男 熱心に改宗〈転向〉を勧める人, 折伏(しゃくぶく)師. **≠ma·che·rei**[また: ⏑⏑–⏑⏑⏑⏑] 女 -/ 熱心な改宗活動, 折伏(しゃくぶく).
Pro·se·mi·nar[pró:zemina:r] 中 -s/-e (大学での)初級ゼミナール (Hauptseminar の前段階).
Pro·sen Prosa 3の複数.
Pro·ser·pi·na[prozɛ́rpina·] 人名〘ロ神〙プロセルピナ (Persephone のラテン語形). [*gr.–etrusk.–lat.*]
pro·sit[pró:zɪt; オースト: prozít] **I** 間 (乾杯のとき・新年のあいさつなどで)乾杯; 健康を祝して; おめでとう; (くしゃみをした人に)お大事に: ~ Mahlzeit! (→Mahlzeit) | ~ Neujahr! (→Neujahr) | *Prosit* allerseits! 皆さんおめでとう〈乾杯〉| **Na denn 〈dann〉 ~!**《話》それじゃあ いささかやっかいなことになるぞ. **II Pro·sit** 中 -s/-s 乾杯〈おめでとう〉というかけ声〈あいさつ〉: *jm.* ein ~ zurufen (大きな声で)…に乾杯〈おめでとう〉と言う | Ein ~ der Hausfrau! こちらの奥さんの健康を祝して. [*lat.* „es möge nützen"; <*lat.* prōd-esse „nützen" (◇pro, Essenz); ◇prüde]
pro·skri·bie·ren[proskribí:rən, prɔs..] 他 (h) (ächten) (*jn.*) (政敵などを公示によって)追放する: der 〈die〉 *Proskribierte* 追放された人. [*lat.*; ◇schreiben]

Pro·skrip·tion[proskrɪptsióːn, prɔs..] 女 -/-en **1** (Ächtung)(特に政敵の)追放. **2** 〘史〙(古代ローマで追放されるべき政敵の)名簿公示, プロスクリプチオ. [*lat.*]

Pro·skrip·tions·li·ste 女 (追放されるべき人物の)ブラックリスト: auf der ～ stehen ブラックリストに載っている.

Pros·ky·ne·se[prɔskynéːzə] 女 -/-n 〘カトリック〙跪拝(きはい). [*gr.*; < *gr.* prós „zudem"+kyneĩn „küssen"]

Pros·odie[prozodíː] 女 -/-n[..díːən] (▽**Pros·odik**[..zóːdɪk] 女 -/-en) **1** (古典韻律学における)音調論(音節の長短を扱う). **2** 〘言〙音調論(発話の強勢・抑揚・音調など音律律動を扱う). [*gr.* prosōidíā; < *gr.* pros-ōidós „hinzusingend" (◇Ode)]

pros·odisch[prozóːdɪʃ] 形 Prosodie の(に関する).

Pros·op·al·gie[prozopalgíː] 女 -/-n[..gíːən] (Gesichtsschmerz) 〘医〙顔面痛, 顔面(三叉(さんさ))神経痛.

Pros·opo·ple·gie[prozopoplegíː] 女 -/-n[..gíːən] (Gesichtslähmung) 〘医〙顔面筋麻痺(まひ).

Pros·opo·pöie[prozopopøíː] 女 -/-n[..pøíːən] (Personifikation) 〘修辞〙擬人法. [*gr.*–*lat.*; < *gr.* prósōpon „Gesicht, Person" (◇..opie)+poieĩn „machen"]

Pro·spekt[prospɛ́kt, prɔs..] 男 (オーストリア: 男 中) -[e]s/-e **1** (宣伝用の)パンフレット, 内容説明書, 案内書; 趣意書; 一覧[表]; (Preisliste) 価格表: ～*e* über Elektrogeräte 電気器具のカタログ | Reise*prospekt* 旅行パンフレット | Werbe*prospekt* 宣伝用パンフレット ‖ *sich*³ ～*e* vom Bodensee ⟨für einen Personenwagen⟩ schicken lassen ボーデン湖の観光パンフレット⟨乗用車の説明書⟩を取り寄せる. **2 a**) (絵・銅版画などによる都市の道路・建物などの)全景⟨概観⟩図. **b**) 〘劇〙(舞台の)背景図, ドロップ(→ 図 Bühne). ▽**c**) 眺望, 見晴らし. **3** (Orgelprospekt) 〘楽〙(パイプオルガンの)前面管. [*lat.*; < *lat.* prō-spicere „in die Ferne hinsehen" (◇spähen)]

pro·spek·tie·ren[prospɛktíːrən, prɔs..] 他 (h) (鉱山・油田などを)調査する, 採鉱する, 試掘する.

pro·spek·tiv[prospɛktíːf, prɔs..][1] 形 予期された; 見込みのある. [*spätlat.*]

Pro·spek·tor[prospɛ́ktɔr, prɔs.., ..toːr] 男 -s/-en [..spɛktóːrən] (鉱山・油田などを)調査する人, 探鉱者, 試掘者. [*engl.*]

pro·spe·rie·ren[prosperíːrən, prɔs..] 自 (h) (特に経済的に)繁栄する, 成功する. [*lat.*–*fr.*; < *lat.* prōsperus „günstig"]

Pro·spe·ri·tät[prosperitɛ́ːt, prɔs..] 女 -/ 繁栄, 隆盛: die wirtschaftliche ～ 経済的繁栄 | Der ～ folgte die Krise. 好況の後に恐慌がきた. [*lat.*–*fr.*]

Pro·sper·mie[prospɛrmíː, prɔs..] 女 -/-n[..míːən] 〘医〙[精液]早漏(そうろう). [< Sperma]

prost[proːst; スイス: —, prɔst] ＝prosit

Pro·sta·ta[prɔ́stata·] 女 -/..tae[..tɛ·] (Vorsteherdrüse) 〘解〙前立腺(せん): vergrößerte ～ 肥大した前立腺. [*gr.* pro-státēs „Vor-steher" (◇stehen)]

Pro·sta·ta≈hy·per·tro·phie[prɔ́stata..] 女 〘医〙前立腺(せん)肥大[症]. **≈kar·zi·nom** 中, **≈krebs** 男 〘医〙前立腺癌(がん).

Pro·stat·ek·to·mie[prostatɛktomíː, prɔs..] 女 -/-n [..míːən] 〘医〙前立腺(せん)切除[術].

Pro·sta·ti·ker[prostáːtikər] 男 -s/- 前立腺(せん)肥大[症]患者.

Pro·sta·ti·tis[prostatíːtɪs, prɔs..] 女 -/..titiden [..titíːdən] 〘医〙前立腺(せん)炎. [< ..itis]

Pro·ste·mahl·zeit[próːstə..] 女《話》(拒否の言葉)結構, まっぴらごめん: Dann ～! そうなれば万事休すだ.

Prö·ster·chen[prǿːstərçən] **I** 中 -s/- ＝Prosit **II prö·ster·chen** 間《話》乾杯, 健康を祝して: ～ machen お互いに健康を祝して乾杯する.

pro·sti·tu·ieren[prostituíːrən, prɔs..] **I** 他 (h) **1** 低俗な目的に用いる; (品位・才能などを)けがす: von *jm.* *prostituiert* werden …に利用されて品格を落とす ‖ 再帰 *sich*⁴ [als Künstler] ～ [芸術家として]節を曲げる. **2** 再帰 *sich*⁴ ～ (ふつう女性が)売春する, 淫売(いんばい)をする. **II Pro·sti·tu·ier·te**[..tuíːrtə] 男 女《形容詞変化》売春を業とする者(略 Pro): eine ～ 売春婦, 娼婦(しょうふ) | ein ～*r* 男娼. [*lat.*(–*fr.*); ◇statuieren]

Pro·sti·tu·tion[..tsióːn] 女 -/ 売春, 売淫(ばいいん); 《比》節操を売ること: ～ [be]treiben / der ～ nachgehen 売春を行う. [*spätlat.*–*fr.*]

pro·sti·tu·tiv[..tíːf][1] 形 売春の, 売淫(ばいいん)の.

Pro·stra·tion[prostratsióːn, prɔs..] 女 -/-en **1** ひれ伏すこと, 平伏; 〘カトリック〙(叙階式のときなどの)伏礼, 跪拝(きはい). **2** 〘医〙疲憊(ひはい), 脱力, へばり. [*spätlat.*; < *lat.* [prō]-sternere „hin-strecken" (◇streuen)]

Pro·sty·los[prɔ́stylɔs] 男 -/..loi[..lɔʏ] 〘建〙前柱廊式, プロスタイル(ギリシア神殿の一様式). [*gr.*–*lat.*; < *gr.* stȳlos (→Stylit)]

Pro·sze·nium[prostsé:niʊm, prɔs..] 中 -s/..nien [..niən] 〘劇〙(古代ギリシア・ローマ劇場の)前舞台, プロスケニウム; (近代劇場の)舞台の額縁, プロセニアム. [*lat.*; < *gr.* skēnḗ (→Szene)]

Pro·sze·niums≈lo·ge[..loːʒə] 女 前桟敷(前舞台左右のボックス席). **≈man·tel** 男 〘劇〙プロセニアム＝アーチ, 舞台額縁.

prot.. →proto..

prot. 略 ＝protestantisch

Prot·ac·ti·nium[protaktíːniʊm] 中 -s/ ＝Protaktinium

Prot·ago·nist[protagoníst] 男 -en/-en 〘劇〙(古代ギリシア劇の)第一俳優(主役と演出家を兼ねる); 《比》(主義などのため)先頭に立って戦う人, 闘士, 主唱者; 立役者, 主役(→Deuteragonist, Tritagonist). [*gr.*]

Prot·ak·ti·nium[protaktíːniʊm] 中 -s/ 〘化〙プロトアクチニウム(放射性金属元素名; 記号 Pa).

Prot·an·drie[protandríː] 女 -/ (↔Protogynie) 〘生〙雄性先熟. [< andro..]

prot·an·drisch[protándrɪʃ] 形 (↔ protogyn) 〘生〙雄性先熟の.

Prot·an·opie[protanopíː] 女 -/ 〘医〙第一色盲, 赤色盲. [< a..[1]+..opie]

Pro·ta·sis[pró(ː)tazɪs] 女 -/..tasen[protáːzən] **1** (↔Apodosis) (Vordersatz) 〘言〙前置⟨前提⟩文; (特に:) 条件節. **2** 〘劇〙(三幕物の戯曲の)序幕. [*gr.*; < *gr.* proteínein „vor-strecken" (◇Tonus)]

Pro·te·gé[proteʒéː] 男 -s/-s (Schützling) (有力者に)ひいきにされて⟨引き立てられて⟩いる人, 子分. [*fr.*]

pro·te·gie·ren[proteʒíːrən] 他 (h) 《*jn.*/*et.*⁴》(有力な地位を利用して…を)引き立てる, 目をかける, ひいきにする; 保護⟨後援⟩する: von *jm.* *protegiert* werden …に目をかけ⟨引き立て⟩られる | Die Regierung *protegierte* die inländischen Firmen. 政府は自国の商社を保護した. [*lat.* prōtegere „vorn-[be]decken" (◇decken)–*fr.*; ◇ *engl.* protect]

Pro·te·id[proteíːt][1] 中 -[e]s/-e 〘生化学〙(金属・燐酸(りんさん)や有機化学物が結合した)複合タンパク質. [< Protein +..id[2]]

Pro·te·in[proteíːn] 中 -s/-e (Eiweiß) 〘生化学〙タンパク質: Muskel*protein* 筋肉タンパク質. [< proto..+ ..in[2]]

pro·te·isch[protéːɪʃ] 形 (Proteus のように)変幻自在の, 千変万化する; 変わりやすい. [< Proteus]

Pro·tek·tion[protɛktsióːn] 女 -/-en《ふつう単数で》ひいき, 愛顧, 引き立て, 後援; 保護, 庇護(ひご): *js.* ～ genießen / unter *js.* ～³ stehen …のひいき⟨保護⟩を受けている. [*spätlat.*–*fr.* protection; < *lat.* prōtegere (→protegieren)]

Pro·tek·tio·nis·mus[protɛktsionísmʊs] 男 -/ 〘経〙保護[関税]主義⟨論⟩.

Pro·tek·tio·nist[..níst] 男 -en/-en 保護[関税]主義者⟨論者⟩.

pro·tek·tio·ni·stisch[..nístɪʃ] 形 保護[関税]主義の: ～*e* Wirtschaftspolitik 保護[関税]政策.

Pro·tek·tor[protέktɔr, ..to:r] 男 -s/-en[..tεktó:rən] **1 a**) 保護(庇護(ひご))者, 後援者, パトロン. **b**) 名誉会長(総裁). **2** 〘国際法〙保護供与国. **3** 〘工〙(自動車のタイヤの)踏み面, トレッド. [*spätlat.*]

Pro·tek·to·rat[..tεktorá:t] 中 -(e)s/-e **1** 保護, 後援: unter dem ～ des Hofrats X 宮中顧問官 X の後援のもとに. **2 a**) (国際間の)保護関係(統治). **b**) 保護領(国): die früheren englischen ～*e* in Afrika アフリカにおける旧英国保護領. **3** 名誉会長(総裁)職. [＜..at]

pro tem·po·re[pro: tέmpore·] 《ラテ語》(略 p. t.) (für jetzt) 当分, さしあたり, いまのところ. [◇Tempus]

Pro·te·ro·zoi·kum[proterotsó:ikum] 中 -s/ 〘地〙原生代.

Pro·test[protέst] 男 -es(-s)/-e **1** 抗議, 異議の申し立て: ein scharfer (heftiger) ～ 激しい抗議 ‖ gegen *jn.* ～ erheben (einlegen) …に対して抗議を申し入れる, …に異議を申し立てる ‖ *et.*[4] aus ～ tun 抗議のために…をする | unter ～ den Saal verlassen 異議を表明して会場から退席する. **2** 〘商〙(手形などの)拒絶証書: ohne ～ (略 o. P.) 拒絶証書免除(手形) | einen Wechsel zu ～ gehen lassen 手形の拒絶証書を作成する. [2: *it.* protesto]

Pro·test·ak·tion 女 抗議行動.

Pro·te·stant[protεstánt] 男 -en/-en (女 **Pro·te·stan·tin**[..tın]-/-nen) **1** 〘宗〙プロテスタント, 新教徒. **2** 抗議する人.

pro·te·stan·tisch[..tıʃ] 形 (略 prot.) プロテスタンティズムの, 新教の; プロテスタント(新教徒)の: die ～*en* Kirchen プロテスタント諸教会 | die ～*e* Ethik プロテスタント的倫理.

Pro·te·stan·tis·mus[..tεstantísmus] 男 -/ 〘宗〙プロテスタンティズム; 《集合的に》プロテスタント教会(ルター教会・改革派教会などがこれに属し, カトリック教会・東方正教会以外の新教全部の総称).

Pro·test≈be·we·gung[protέst..] 女 抗議(反対)運動. **≈brief** 男 抗議状, 抗議書. **≈de·mon·stra·tion** 女 抗議(反対)デモ. **≈er·klä·rung** 女 抗議(反対)声明.

pro·te·stie·ren[protεstí:rən] **I** 自 (h) 《gegen *jn.* (*et.*[4])》(…に)抗議する, 異議(不服)を申し立てる: gegen eine ungerechte Behandlung (heftig) ～ 不当な取り扱いに対して(激しく)抗議する | Ich *protestiere*! 私は不服だ, 異議あり. **II** 他 (h) 〘商〙(手形などの)支払い(引き受け)を拒絶する, 拒絶証書を作成する.

[*lat.* prō-tēstārī „öffentlich bezeugen"–*fr.*]

Pro·test·kund·ge·bung[protέst..] 女 抗議デモ(集会).

Pro·test·ler[protέstlər] 男 -s/- 《しばしば軽蔑的に》抗議する(異議を申し立てる)人.

Pro·test≈no·te 女 (外交文書としての)抗議の覚書. **≈re·so·lu·tion** 女 抗議決議(文). **≈sän·ger** 男 プロテストソングの歌手. **≈schrei·ben** 中 ＝Protestbrief **≈song** 男 (体制批判の)プロテストソング. **≈streik** 男 抗議スト. **≈ver·samm·lung** 女 抗議集会. **≈wel·le** 女 波状的な抗議.

Pro·teus[pró:tɔys] **I** 人名 〘ギ神〙プロテウス(変身の能力を有する海の老人). **II** 男 -/- **1** 《比》変わり身の早い(移り気な)人. **2 a**) 〘動〙(Grottenolm) プロテウス, オルム, ホライモリ(洞井守). **b**) 〘細菌〙プロテウス属(腸内細菌の一). [*gr.*–*lat.*; ◇proto..]

Pro·thal·lium[protálium] 中 -s/..llien[..liən] 〘植〙(シダ類の)前葉体.

Pro·the·se[proté:zə] 女 -/-n **1** 〘医〙人工補装具(補整器), 補綴(ほてつ), プロテーゼ(特に義肢・義歯・義眼など): Bein*prothese* 義足 | Zahn*prothese* 義歯 ‖ Er trägt am rechten Arm eine ～. 彼は右腕に義手をつけている. **2** 〘言〙語頭音添加(例ラテン語 spiritus に対するフランス語 *e*sprit). [1: *gr.* prós-thesis „Hinzu-setzen"; 2: *gr.* pró-thesis „Vorsatz"]

Pro·the·tik[..té:tık] 女 -/ 〘医〙補装具学, 補綴学.

pro·the·tisch[proté:tıʃ] 形 **1** 〘医〙人工補整器の, 補綴(ほてつ)の. **2** 〘言〙語頭添加音の.

Pro·tist[protíst] 男 -en/-en 〘生〙原(生)生物. [*gr.* prṓtistos „allererster"]

proto.. 《名詞・形容詞などにつけて「第一の・最初の・原始の・主要な」などを意味する. 母音の前ではふつう prot.. となる: → *Prot*anopie》[*gr.* prōtos „erster"; ◇Fürst]

pro·to·gen[protogé:n] 形 〘地〙初生の.

pro·to·gyn[..gý:n] 形 (↔protandrisch) 〘生〙雌性先熟の. [＜gyn..]

Pro·to·gy·nie[..gyní:] 女 -/ (↔Protandrie) 〘生〙雌性先熟.

Pro·to·koll[protokɔ́l] 中 -s/-e **1** (会議の)記録, 議事録; 〘法〙(裁判所・警察の)調書; 〘政〙議定書: ein ～ aufnehmen (aufsetzen) 記録をとる, 調書を作成する | (das) ～ führen 記録係をつとめる ‖ *et.*[4] **zu ～ geben** (▽bringen) …を記録(調書)用に供述する | *et.*[4] **zu ～ nehmen** / *et.*[4] in ein ～ aufnehmen …を記録(調書に作成)する | Aus dem ～ geht hervor, daß ... 記録(調書)から…が明らかとなる. **2** 《単数で》〘政〙外交儀礼(慣例): der Chef des ～*s* (外務省の)儀典課長. **3** 《方》(Strafmandat) 道路交通違反処罰(罰金支払い)命令(書). [„vorgeleimtes Blatt"; *mgr.*–*mlat.*; ＜*gr.* kólla (→Kolla)]

Pro·to·kol·lant[..kɔlánt] 男 -en/-en (会議の)記録係; 調書作成者.

pro·to·kol·la·risch[..kɔlá:rıʃ] 形 **1** 調書上の(による); 記録による(どおりの): ein ～*er* Beweis 調書(記録)上の証拠 | *et.*[4] ～ festhalten …を調書(記録)にとどめる. **2** 外交儀礼(慣例)の.

Pro·to·koll≈auf·nah·me[protokɔ́l..] 女 議事録(調書)の作成. **≈chef**[..ʃεf] 男 (外務省の)儀典課長. **≈füh·rer** 男 調書作成者; (会議の)記録係.

pro·to·kol·lie·ren[protokɔlí:rən] **I** 他 (h) 調書にとる; (議事などを)記録する, 議事録に載せる: eine Vernehmung (eine Aussage) sorgfältig ～ 事情聴取(発言)の内容を正確に記録にとどめる | *protokolliert* werden 記録される; 調書にとられる. **II** 自 (h) 調書を作成する; 議事録(記録)をとる. [*mlat.*]

Pro·ton[pró:tɔn] 中 -s/-en[protó:nən] **1** 〘化〙陽子, プロトン(記号 p). **2** →*Proton* Pseudos [＜*gr.* prōtos (→proto..)]

Pro·to·nen≈be·schleu·ni·ger[protó:nən..] 男 〘理〙陽子加速器. **≈mi·kro·skop** 中 陽子顕微鏡. **≈syn·chro·tron** 中 〘理〙陽子シンクロトロン.

Pro·ton pseu·dos[pró:tɔn psɔ́ydɔs] 中 --/ 〘論〙プロトン=プセウドス(虚偽の結論が導き出される原因となる虚偽の前提). [*gr.*; ◇proto.., pseudo..]

Pro·to·plas·ma[protoplásma·] 中 -s/ 〘生〙原形質.

Pro·to·typ[pró:toty:p, prototý:p] 男 -s/-en **1** 原型; 典型, 模範: Er ist der ～ eines Spießbürgers. 彼は俗物の典型だ. **2** 〘印〙初刷. **3** 〘工〙(航空機・車両・機械などの)原型(機), 試作モデル. **4** (Normalmaß) 〘理〙原器. [*gr.* prōtó-typos „ursprünglich"]

Pro·to·ty·pe[prototý:pə] 女 -/-n ＝Prototyp 2

pro·to·ty·pisch[..tý:pıʃ] 形 原型の, 模範の; 典型の.

Pro·to·zo·on[..tsó:ɔn] 中 -s/..zoen[..tsó:ən] 《ふつう複数で》(↔Metazoon) 〘動〙原生動物, 原虫. [＜zoo..]

pro·tra·hie·ren[protrahí:rən] 他 (h) (verzögern) 〘医〙長びかせる, 遅延(遷延)させる: *protrahierter* Typhus 〘医〙遅延性チフス. [*lat.* prō-trahere „hervor-ziehen"; ◇*engl.* protract]

Pro·tu·be·ranz[protuberánts] 女 -/-en **1** 《ふつう複数で》〘天〙(太陽の)紅炎. **2** 〘医〙隆起. [＜*spätlat.* prōtūberāre „hervor-schwellen" (◇Tuberkel)]

Protz[prɔts] 男 -es/-e; -en/-en **1** 《話》(Prahler) 自慢する人, いばり屋: ein neureicher ～ 金力を鼻にかけるにわか成金. **2** 《単数で》いばりぐせ, 思い上がり. **3** 《南部》(Kröte) ヒキガエル(蟇蛙). [＜*mhd.* brozzen „sprossen"]

Prot·ze[prɔ́tsə] 女 -/-n 〘軍〙前車(火砲牽引(けんいん)用の2輪の車両). [*spätlat.* birotium –*it.*; ＜bi..＋*lat.* rota (→Rad)]

prot·zen[prɔ́tsən] 《02》自 (h) (prahlen) 自慢する, いばる; 誇らしげに見せびらかす: mit *seinem* Geld (*seiner* Bil-

dung〉～ 金〈教養〉を鼻にかける. ［＜Protz］
prọt·zen·haft[..haft] 形 (金・力などを)鼻にかけている, いばりくさった.
Prọt·zen·tum[..tu:m] 中 -s/ いばること, 思い上がり, 傲慢(ごう まん).
Prot·ze·reị[prɔtsərάı] 女 -/-en いばること, 思い上がった振舞い, ひけらかし.
prọt·zig[prɔ́tsıç][2] 形 金に物をいわせた, 成金趣味の; やたらに壮大〈豪華〉な; こけおどしの: ein ～*er* Wagen 金ぴかの〈こけおどしの〉車.
ᐁ**Prọtz·ka·sten**[1][prɔ́ts..] 男 (馬で引く砲車の)前車箱(弾薬などを収める). ［＜Protze］
Prọtz≈ka·sten[2] 男《話》**1** 豪壮な家. **2** ＝Protzmobil ≈**mo·bịl** 中 -s/-e《話》豪華な〈これ見よがしの〉大型自動車. ≈**schrank** 男《話》(ホームバーなどを組み込んだ)豪華なサイドボード. ≈**tü̱·chel·chen** 中 -s/-《話》(胸ポケットの)飾りハンカチ.
Proust[pru(:)st] 人名 Marcel ～ マルセル プルースト(1871-1922; フランスの小説家. 作品『失われた時を求めて』など).
Prov. 略 ＝Provinz 州, 省.
die **Pro·vence**[prɔvά:s] 地名 女 -/ プロヴァンス(フランス南東部地方の古名). ［*lat.*－*fr.*; ◇Provinz］
Pro·ven·cer·ö̱l[provά:sər|ø:l] 中 プロヴァンス産純良オリーブ油.
Pro·ve·niẹnz[proveniɛ́nts] 女 -/-en (Herkunft) 由来, 起源, 出所: Waren ausländischer ～ 外国産の商品 | Weine französischer ～ フランス産のワイン. ［＜*lat.* prōvenīre „hervor-kommen" (◇kommen)］
Pro·ven·zạ·le[provɛntsά:lə, ..sά:lə, prɔvãsά:lə] 男 -n/-n プロヴァンス人. ［＜Provence］
pro·ven·zạ·lisch[..lıʃ] 形 プロヴァンス〔人・語〕の: → deutsch
ᐁ**Pro·vẹrb**[provɛ́rp][1] 中 -s/-en (Sprichwort) 諺(ことわざ), 格言. ［*lat.* prō-verbium］
ᐁ**pro·ver·biạl**[provɛrbiά:l] 形, ᐁ**pro·ver·biạ·lisch** [..lıʃ] 形, ᐁ**pro·ver·biẹll**[..biɛ́l] 形 諺(ことわざ)〈格言〉ふうの. ［*lat.* prōverbiālis; ◇..al[1]］
ᐁ**Pro·vẹr·bium**[provɛ́rbiʊm] 中 -s/..bien[..biən] ＝Proverb
Pro·viạnt[proviánt; スイス:..fiánt] 男 -s/-e《ふつう単数で》**1** (準備・備蓄された)食糧;〘軍〙糧食: *jn.* mit ～ versorgen …に食糧を供給する. **2** 携帯食糧, 弁当;〘軍〙口糧: ～ für drei Tage 〈für die Reise〉 mitnehmen 3日分〈旅行用〉の食糧を携行する. ［*spätlat.* praebenda (→Präbende) －*it.* provianda］
Pro·viạnt·amt 中〘軍〙糧食部〈局〉.
ᐁ**pro·vian·tie̱·ren**[proviantí:rən] ＝verproviantieren
Pro·viạnt≈korb[proviánt..] 男 弁当かご. ≈**last** 女〘海〙(船内の)食糧庫. ≈**mei·ster** 男〘軍〙糧食係下士官;〘海〙糧食係主任. ≈**wa̱·gen** 男〘軍〙糧食補給車. ≈**we̱·sen** 中 -s/〘軍〙糧食補給, 給養業務.
ᐁ**pro·vi·den·tiẹll**[providɛntsiɛ́l] 形 天命〈神の摂理〉による. ［*fr.*］
ᐁ**Pro·vi·dẹnz**[providɛ́nts] 女 -/-en (Vorsehung) 天命, 神の摂理; 先見の明. ［*lat.*; ◇Provision］
Pro·vi·der[prəvάidər] 男 -s/-〘電算〙プロバイダー(インターネットへの接続サービス提供者). ［*engl.*］
Pro·vịnz[provínts; スイス:..fínts] 女 -/-en **1** (略 Prov.) (大きな) 行政区域, 州, 省, 県;〘カトリック〙教会管区; 修道会管区;〘史〙(古代ローマでイタリア以外の)属州;《比》分野, 領域: die ehemalige preußische ～ Pommern かつてプロイセンの一州だったポンメルン. **2**《単数で》《しばしば軽蔑的に》(大都市に対する)田舎, 地方;《比》水準の低いもの: aus der ～ kommen 田舎出である | in der ～ leben 田舎暮らしをする ‖ eine finsterste 〈hinterste〉 ～ 僻遠(へきえん)の地 | Die Aufführung ist ～. この上演は水準が低い. ［*lat.* prōvincia „Herrschaft〔sbereich〕"］
Pro·vịnz≈be·wo̱h·ner 男 地方〈田舎〉の住民; 田舎者. ≈**blatt** 中 地方新聞. ≈**bü̱h·ne** 女 ＝Provinztheater

pro·vin·ziạl[provıntsiά:l] **I** 形 **1** 州〈省・県〉の;〘史〙属州の. ᐁ**2** ＝provinziell **II Pro·vin·ziạl** 男 -s/-e〘カトリック〙(修道会の)管区長. ［＜..al[1]］
ᐁ**Pro·vin·ziạ·le**[..lə] 男 -n/-n ＝Provinzler
Pro·vin·zia·lịs·mus[provıntsialísmʊs] 男 -/..men [..mən] **1**〘言〙方言〔的語法〕; お国なまり. **2**《単数で》田舎者根性; やぼな〈田舎くさい〉振舞い.
Pro·vin·ziạl·stän·de[provıntsiά:l..] 複〘史〙地方三部会.
pro·vin·ziẹll[provıntsiɛ́l] 形 **1** 田舎の; 田舎じみた; 遅れた, 古くさい. **2** 方言の, 方言的な. ［＜..ell］
Pro·vịnz·ler[províntslər] 男 -s/-《軽蔑的に》田舎者.
pro·vịnz·le·risch[..lərıʃ] 形 **1** 田舎者の, 田舎くさい. **2** 田園〈農村〉ふうの, ひなびた.
Pro·vịnz≈nest[provínts..] 中《軽蔑的に》片田舎のちっぽけな町〈村〉. ≈**on·kel** 男 ＝Provinzler ≈**stadt** 女 地方都市. ≈**thea̱·ter** 中 **1** 地方劇場. **2** 田舎芝居; 田舎劇場.
Pro·vi·siọn[provizió:n] 女 -/-en **1**〘商〙〔仲介・販売〕手数料, 口銭, 歩合; 利益配当: eine ～ von zehn Prozent erhalten 10パーセントの手数料をもらう | auf ～ arbeiten 口銭制〈歩合制〉で働く. **2**〘カトリック〙叙任. ［*lat.* prōvīsiō „Vorher-sehen"－*it.* provvisione; ◇Providenz］
Pro·vi·siọns·ba·sis 女〘商〙〔仲介〕手数料の基準〈ベース〉:〘ふつう次の成句で〙auf ～ 口銭制で.
pro·vi·siọns·frei 形 手数料のいらない.
Pro·vi·siọns·rei·sen·de 男 女〘商〙歩合制外交〈出張〉販売員; 歩合制セールスマン.
Pro·vị·sor[proví:zɔr, ..zo:r] 男 -s/-en[..vizó:rən] **1**〘オーストリア〙教区臨時管理者. ᐁ**2** (開業免許をもつ)薬局勤務の薬剤師. ［*lat.* prō-vīsor „Voraus-seher"］
Pro·vi·so̱·ri·en Provisorium の複数.
pro·vi·so̱·risch[provizó:rıʃ] 形 暫定的な, 臨時の, 一時しのぎの: eine ～*e* Brücke 仮橋(かりばし)| eine ～*e* Regierung 臨時政府 ‖ *et.*[4] ～ reparieren …を応急修理する.
Pro·vi·so̱·rium[..riʊm] 中 -s/..rien[..riən] 暫定〈応急〉措置; 暫定制度〈取り決め〉, 過渡的〈臨時〉規則; 応急施設.
Pro̱·vit·ami̱n[pró:vitami:n, provitamí:n] 中 -s/-e〘生化学〙プロビタミン(ビタミン前駆体).
pro·vo·kạnt[provokánt] ＝provokatorisch
Pro·vo·ka·teur[..vokatø:r] 男 -s/-e 煽動(せんどう)者, 挑発者. ［*lat.*－*fr.*; ◇..or］
Pro·vo·ka·tiọn[..vokatsió:n] 女 -/-en **1** (Herausforderung) 挑発, 刺激: eine militärische 〈politische〉 ～ 軍事的〈政治的〉挑発. **2**〘医〙誘発, 惹起(じゃっき). ［*lat.*］
pro·vo·ka·tị̄v[..tí:f][1] 形, **pro·vo·ka·to̱·risch** [..tó:rıʃ] 形 挑発〈煽動(せんどう)〉的な.
pro·vo·zie̱·ren[provotsí:rən] 他 (h) **1**《*et.*[4]》(…を)〔意図的に〕誘発する, ひき起こす: Widerstand 〈eine Diskussion〉 ～ 抵抗〈議論〉を誘発する | ein Unglück ～ 不幸を招く. **2**《*jn.*》(…を)挑発する: *jn.* zu *et.*[3] ～ …を挑発して…させる, …を怒らせて…をするようにしむける | *sich*[4] nicht ～ lassen 挑発に乗らない ‖ in *provozierendem* Ton ひとを怒らせるような口調で. **3**〘医〙(治療目的で症状を)起こさせる. ［*lat.*］
Pro·vo·zie̱·rung[..rʊŋ] 女 -/-en ＝Provokation
pro·xi·mạl[prɔksimά:l] 形 (↔distal)〘解〙中枢に近い, 近位の. ［＜*lat.* proximus „nächster"＋..al[1]］
Pro·zẹ·de·re[protsé:dərə] 中 -/- ＝Procedere
ᐁ**pro·ze·die̱·ren**[..tsedí:rən] 自 (h) (verfahren) 手続き〈処理〉を進める. ［*lat.* prō-cēdere „vorwärts-schreiten"; ◇Prozeß; *engl.* proceed］
Pro·ze·du̱r[protsedú:r] 女 -/-en (めんどうな)手続き, 手順, 処置: *jn.* einer verwickelten ～ unterziehen …に込みいった手続きを踏ませる | eine ～ der medizinischen Untersuchungen über *sich*[4] ergehen lassen 我慢して一連の医学的検査を受ける. ［＜..ur］
Pro·zẹnt[protsɛ́nt] 中 -〔e〕s/-e **1** (単位: -/-) パーセント, 百分比〈率〉(略 p. c., v. H., vH; 記号 %): 43 ～ Alko-

hol enthalten 43パーセントのアルコール分を含む | drei ～ Zinsen gewähren 3パーセントの利子を保証する | 60 ～ der Stimmen erhalten 投票の60パーセントを獲得する | Nur 40 ～ der Studenten waren anwesend. 学生の40パーセントしか出席していなかった | Nur 10 ～ haben ⟨hat⟩ zugestimmt. 全体の10パーセントしか賛成しなかった ‖〘前置詞と〙 *et.*[4] in ～*en* berechnen ⟨ausdrücken⟩ …をパーセントで計算する⟨表す⟩ | eine Mehrwertsteuer von 15 ～ 15パーセントの付加価値税 | Zu wieviel ～? 何パーセントの割合ですか | Zu 50 ～ hast du recht. 君の言い分は半分正しい | Der Plan wurde zu ⟨mit⟩ 60 ～ erfüllt. 計画は60パーセント達成された.

2《複数で; 数詞を伴わずに》《話》(一定のパーセントの)利潤; 歩合: ～*e* für eine Arbeit bekommen 仕事の歩合をもらう | ～*e* geben 歩合を保証する; 割り引く.

[*it.* per cento „für hundert"; ◇ *engl.* percent]

..prozentig[..protsɛntıç][2]《数詞・形容詞などにつけて「…パーセントの」を意味する形容詞をつくる》: vierzig*prozentig* 40パーセントの | hundert*prozentig* 100パーセントの; 完全な | hoch*prozentig* パーセンテージの高い.

pro·zen·tisch[protsɛ́ntıʃ] ＝prozentual

Pro·zent≈rech·nung[protsɛ́nt..] 女《数》百分算; 〘商〙利息計算. **≈satz** 男 パーセンテージ, 百分率: ein hoher ⟨niedriger⟩ ～ 高い⟨低い⟩パーセンテージ.

pro·zen·tu·al[protsɛntuá:l] 形《述語的用法なし》パーセント⟨百分率⟩による: eine ～*e* Beteiligung am Gewinn パーセント計算で利益にあずかる⟨あずからせる⟩こと | der ～*e* Anteil von Frauen in *et.*[3] …において女性の占めるパーセンテージ ‖ *et.*[4] ～ anrechnen …を百分率で計算する.

▽**pro·zen·tua·li·ter**[..litər, ..litɛr] 副 パーセント⟨百分率⟩によって.

pro·zen·tuell[protsɛntuɛ́l]《オーストリア》＝prozentual

Pro·zent≈wert[protsɛ́nt..] 男 パーセンテージで表した数値. **≈zahl** 女 パーセンテージで表した数. **≈zei·chen** 中 パーセント⟨百分率⟩記号(%).

Pro·zeß[protsɛ́s] 男 ..zesses/..zesse **1**〘法〙訴訟〔審理〕, 裁判ざた: gegen *jn.* einen ～ anstrengen ⟨führen / anhängig machen⟩ …を相手どって訴訟を起こす | **jm. den ～ machen** …を告訴する | **kurzen ～ mit *et.*[3] machen**《話》…をあっさり片づける | **kurzen ～ mit *jm.* machen**《話》…をじゃけんに扱う; …をあっさり殺す | einen ～ gewinnen ⟨verlieren⟩ 勝訴⟨敗訴⟩する ‖ mit *jm.* im ～ liegen …と係争中である | Es kam zum ～. その件は裁判ざたになった. **2** 経過, 過程, 進行: ein chemischer ⟨historischer⟩ ～ 化学的⟨歴史的⟩プロセス | den ～ der Fäulnis beschleunigen 腐敗の進行を速める. [*lat.* prō-cēssus „Fortschritt"－*mlat.*－*mhd.*; ◇ prozedieren]

Pro·zeß≈ak·te[protsɛ́s..] 女 訴訟書類⟨関係調書⟩. **≈be·voll·mäch·tig·te** 男 女《形容詞変化》〘法〙訴訟代理人(特に: 弁護士).

pro·zeß·fä·hig 形〘法〙訴訟能力のある.

Pro·zeß≈fä·hig·keit 女〘法〙訴訟能力. **≈füh·rung** 女〘法〙審理の遂行. **≈ge·gen·stand** 男〘法〙訴訟事件⟨案件⟩. **≈geg·ner** 男〘法〙訴訟相手. **≈hand·lung** 女〘法〙訴訟行為.

pro·zeß·hin·dernd 形〘法〙訴訟を阻止する: eine ～*e* Einrede 訴訟阻止の抗弁.

Pro·zeß·hin·der·nis 中〘法〙訴訟障害.

pro·zes·sie·ren[protsɛsí:rən] **I** 自 (h)《gegen *jn.* / mit *jm.*》(…を相手どって)訴訟を起こす;《um *et.*[4] / wegen *et.*[2]》(…のことで)訴訟を起こす. ▽**II** 他 (h) (verklagen)《*jn.*》(…を)告訴する.

Pro·zes·sion[protsɛsió:n] 女 -/-en (祝祭・葬送などの)行列〔行進〕: an der ～ teilnehmen / mit der ～ gehen 行列に加わる. [*lat.* prō-cēssiō „Vor-rücken"－*kirchenlat.*]

Pro·zes·sions·spin·ner 男〘虫〙オビガ(帯蛾)科のガ.

Pro·zeß≈ko·sten[protsɛ́s..] 複〘法〙訴訟費用(弁護料を含む). **≈lei·tung** 女〘法〙訴訟指揮.

Pro·zes·sor[protsɛ́sɔr, ..so:r] 男 -s/-en[..tsɛsó:rən]〘電子工学〙プロセッサー(コンピューターなどの演算処理装置).

Pro·zeß≈ord·nung 女〘法〙訴訟規則. **≈par·tei** 女〘法〙訴訟当事者. **≈pro·zeß** 男〘法〙付随訴訟. **≈recht** 中〘法〙訴訟法.

pro·zes·sual[protsɛsuá:l] 形 **1**〘法〙訴訟に関する⟨基づく⟩. **2** 経過⟨過程⟩に関する.

pro·zeß·un·fä·hig[protsɛ́s..] 形〘法〙訴訟能力のない.

Pro·zeß≈ver·fah·ren 中〘法〙訴訟手続き. **≈ver·tre·ter** 男〘法〙訴訟代理人(特に: 弁護士). **≈voll·macht** 女〘法〙訴訟代理権. **≈vor·aus·set·zung** 女〘法〙訴訟要件.

p. r. t. 略 ＝pro rata temporis

prü·de[prý:də] 形 (性的なことを)極端に恥ずかしがる, おつにすました. [*spätlat.* prōde „nützlich"－*fr.* prude; ＜*lat.* prōdesse (→prosit); ◇ *engl.* prow, proud]

Pru·del[prú:dəl] 男 -s/-《東部》**1** (Fehler) 失策, しくじり. **2** (Wallung) 沸騰.

Pru·de·lei[pru:dəlái] 女 -/-en《東部》(Pfuscherei) 不細工な仕事, できそこない.

pru·deln[prú:dəln]《06》自 (h)《東部》**1** 不細工(ぞんざい)な仕事をする. **2** 沸騰する, 泡立つ. [2: ＜brodeln]

Prü·de·rie[pry:dərí:] 女 -/-n[..rí:ən] prüde なこと. [*fr.*; ＜*fr.* prude (→prüde)]

Prüf≈au·to·mat[prý:f..] 男〘工〙(製品などの)自動テスト装置. **≈be·richt** 男 検査報告書, 検査票.

prü·fen[prý:fən] **I** 他 (h) **1**《*jn.* / *et.*[4]》試す, 試験⟨検査⟩する, 吟味⟨査定⟩する: die Qualität ⟨die Sicherheit⟩ des Materials ～ 材料の品質⟨安全性⟩をテストする | den Reisepaß ～ 旅券を調べる | den Geschmack einer Speise ～ 食物の味見をする | *et.*[4] auf *seine* Richtigkeit ⟨*seine* Echtheit⟩ ～ …が正しいか⟨本物か⟩どうか調べる | *jn.* auf Herz und Nieren ～ …の心を徹底的にためす(聖書: 詩7, 10から) | *jn.* in Deutsch[3] ⟨Mathematik[3]⟩ ～ …にドイツ語⟨数学⟩の試験をする | *jn.* mündlich ⟨schriftlich⟩ ～ …に口述⟨筆記⟩試験をする ‖ 再帰 *sich*[4] ～ 自省する ‖ *jn.* *prüfend* ⟨mit *prüfenden* Blicken⟩ ansehen …をじろじろと見る. **2**《雅》《*jn.*》(…に)試練を課す: Er ist vom Schicksal hart *geprüft*. 彼は運命の厳しい試練を経ている.

II ge·prüft → 別出

[*lat.* probāre (→probieren)－*roman.*－*mhd.*; ◇ *engl.* prove]

Prü·fer[prý:fər] 男 -s/- 検査係⟨員⟩; 試験官.

Prüf≈feld 中〘工〙検査場. **≈gang** 男〘工〙検査工程. **≈ge·rät** 中〘工〙検査器. **≈glas** 中 -es/..gläser〘化〙試験管.

Prüf·ling[prý:flıŋ] 男 -s/-e 受験者.

Prüf≈ma·schi·ne 女〘工〙検査機械⟨装置⟩. **≈mu·ster** 中〘工〙検査見本. **≈norm** 女〘工〙検査基準. **≈stand** 男〘工〙試験台. **≈stein** 男 試金石: Das ist ein ～ für seine Tüchtigkeit. それは彼の能力の試金石だ.

Prü·fung[prý:fuŋ] 女 -/-en **1** 試験, 検査, 吟味, 査定: eine mündliche ⟨schriftliche⟩ ～ 口述⟨筆記⟩試験 | nach sorgfältiger ～ 綿密な検査をして | die ～ der Tragfähigkeit〘工〙負荷試験 | die ～ auf Elastizität 柔軟性テスト | die ～ in Latein ⟨Mathematik⟩ ラテン語⟨数学⟩の試験 ‖ eine ～ abhalten 試験を行う | eine ～ ablegen 試験を受ける | eine ～ bestehen 試験に合格する | *sich*[4] der ～ unterziehen 受験する ‖ *sich*[4] **auf** eine ～ vorbereiten 受験準備をする | **bei** ⟨**in**⟩ einer ～ durchfallen / **durch** eine ～ fallen 試験に落第する | *sich*[4] **für** eine ～ ⟨**zur** ～⟩ anmelden 受験を申し込む. **2**《雅》試練: 〔schwere〕 ～*en* durchmachen 〔重大な〕試練に耐え抜く.

Prü·fungs≈angst 女 試験に対する不安, 試験恐怖症. **≈an·trag** 男〘法〙審査請求. **≈ar·beit** 女 試験答案: eine ～ schreiben 試験の答案を書く. **≈auf·ga·be** 女 試験問題. **≈aus·schuß** 男 ＝Prüfungskommission **≈er·geb·nis** 中〘教〙試験の結果;〘工〙検査結果. **≈fra·ge** 女 試験問題. **≈ge·bühr** 女 受験料. **≈kan·di·dat** 男 試験応募者, 受験者. **≈kom·mis·sion** 女 (国家試験などの)試験〔実施〕委員会. **≈ord·nung** 女 試

験〔実施〕規定. **≠ver·fah·ren** 中〘教〙試験実施の方法〈手順〉; 〘法〙審査手続き. **≠zeug·nis** 中 試験成績, 合格証明書; 免許証.

Prüf·ver·fah·ren[prý:f..] 中 検査方法〈手続き〉.

Prü·gel[prý:gəl] 男 -s/- **1**《複数で》殴ること, 殴打: ~ bekommen 〈beziehen / 話: kriegen〉 殴られる | eine Tracht ~ (→Tracht 3). **2**《南部》(Stock) 棒, 杖(つえ): mit einem ~ bewaffnet sein 棒を武器にして持っている. [◇Brücke]

Prü·ge·lei[pry:gəlái] 女 -/-en 殴り合い.

Prü·gel≠jun·ge[prý:gəl..] 男, **≠kna·be** 男《話》他人の身代わりに罰を受ける人; ᵛ王侯の子弟に代わって体罰を受ける役の少年: den ~*n* für *jn.* abgeben …に代わって罰を受ける役をする | zum ~*n* für *jn.* gemacht werden …の代わりに罰を受ける, …のしりぬぐい役にされる.

prü·geln[prý:gəln]《06》他 (h) (棒などで)殴る; 体罰を加える: *jn.* aus dem Lokal ~ …をレストランからたたき出す | *jm.* mit einem Stock windelweich ~《話》…をさんざん打ちのめす ‖ 再帰 *sich*[4] mit *jm.* ~ …と殴り合う.

Prü·gel·stra·fe 女 殴打の罰, 棒刑.

Prü·nel·le[prynέlə] 女 -/-n (核を取り去った)干しスモモ. [*fr.* prunelle; < *lat.* prūnum (→Pflaume)]

Prunk[prʊŋk] 男 -[e]s/ 豪華, 華麗, 華美: *et.*[4] mit ~ ausstatten …を豪奢(ごうしゃ)に飾り立てる. [*mndd.*; ◇prangen]

Prunk·bett[prʊ́ŋk..] 中 (王侯などの)装飾寝台.

prun·ken[prʊ́ŋkən] 自 (h) **1** 華麗〈豪華〉である: in Gold ~ 金ぴかである | ein *prunkendes* Fest 華やかな祝祭. **2**《mit *et.*[3]》(…を)誇示する, ひけらかす. [*mndd.*]

Prunk≠ge·mach[prʊ́ŋk..] 中 (宮殿などの)豪華な部屋, 貴賓室. **≠ge·wand** 中 絢爛(けんらん)たる衣服, 盛装.

prunk·haft 形 華美〈豪華〉な, きらびやか〈デラックス〉な.

prunk≠lie·bend 形 派手〈ぜいたく〉好きな. **≠los** [..lo:s][1] 形 華美でない, 質素な, じみな.

Prunk≠mo·bil 中 -s/-e《話》豪華な大型自動車. **≠saal** 男 (王宮などの)豪華な広間. **≠stück** 中 豪華品, 自慢の品物, (展覧会などでの)呼び物: ein ~ von einem Wagen 素敵な車 | Du bist mein ~!《戯》お前は私の宝物だ(自慢の息子など). **≠sucht** 女 -/ 派手〈ぜいたく〉好き.

prunk·süch·tig 形 派手〈ぜいたく〉好きな.

prunk·voll 形 豪華〈華麗〉な.

Prunk≠wa·gen 男 豪華な車. **≠win·de** 女〘植〙サツマイモ(薩摩芋)属(グンバイヒルガオなど). **≠zim·mer** 中 豪華な部屋.

Pru·ri·gi·nes Prurigo の複数.

pru·ri·gi·nös[pruriginǿ:s][1] 形〘医〙掻痒(そうよう)〈かゆみ〉性の. [*spätlat.*; ◇..os]

Pru·ri·go[prurí:go·] 男 -s/-s; 女 -/..gines[..gine:s] (Juckflechte)〘医〙痒疹(ようしん). [*lat.*]

Pru·ri·tus[prurí:tʊs] 男 -/〘医〙かゆみ〔症〕, 掻痒(そうよう)〔症〕. [*lat.*; < *lat.* prūrīre „jucken" (◇frieren)]

pru·schen[prú:ʃən]《04》《北部》= prusten

pru·sten[prú:stən]《01》**I** 自 (h) 激しく息を吐く, はあはあ〈ふうふう〉いう: durch die Nase ~ くしゃみをする | ins Taschentuch ~ ハンカチを鼻〈口〉に当ててくしゃみする | vor Lachen ~ 爆笑する ‖ *prustend* anrennen 息をはずませて走り寄る. **II** 他 (h)《*et.*[4]》(…を)激しい息とともに吹きとばす. [*mndd.*; 擬音]

prut·zeln[prʊ́tsəln]《06》= brutzeln

PS[pe:|έs] 略 **1** = **Pferdestärke** **2** = **Postskriptum**

Psalm[psalm] 男 -s/-en **1** (旧約聖書の詩篇中の個々の)詩, 聖歌(→Psalter 1): die ~*en* Davids ダビデの詩篇. **2** 詩篇曲, 賛美歌. [*gr.* psalmós „Harfenspiel" – *kirchenlat.* – *ahd.*; < *gr.* psállein „zupfen" (◇fühlen)]

Psal·men·dich·ter[psálmən..] 男, **Psal·mist**[psalmíst] 男 -en/-en **1** (旧約聖書の)詩篇作者(特にダビデ). **2** 詩篇曲〈賛美歌〉作曲者.

Psalm·odie[psalmodí:] 女 -/-n[..dí:ən] (旧約聖書の)詩篇詠唱. [*gr.* – *kirchenlat.* – *mhd.*; ◇Ode]

psalm·odie·ren[psalmodí:rən] 自 (h) (旧約聖書の)詩篇を頌読(しょうどく)する. [◇*engl.* psalmodize]

psalm·odisch[psalmó:dɪʃ] 形 詩篇頌読(しょうどく)ふうの.

Psal·ter[psáltər] 男 -s/- **1** (旧約聖書の)詩篇〔の書〕. **2**〘楽〙プサルテリウム(中世のツィター型撥弦(はつげん)楽器). **3** = Blättermagen [*gr.* – *lat.*〔– *ahd.*〕]

PSchA 略 = **Postscheckamt**

PSchKto 略 = **Postscheckkonto**

pseud.. →pseudo..

Pseud·an·thium[psɔʏdántiʊm] 中 -s/..tien[..tiən] (Scheinblüte)〘植物〙偽花(ぎか)(花序が1個の花に似たもの).

Pseud·epi·gra·phen[psɔʏdepigrá:fən] 複 **1**〔旧約〕聖書偽典, 偽経書. **2** (原作者の名を誤り伝えられた)偽書.

pseudo..《名詞・形容詞などにつけて「仮の・偽の」などを意味する. 母音の前では pseud.. となることもある》[*gr.*]

Pseu·do·de·menz[psɔʏdodeménts] 女 -/〘心〙仮性痴呆(ちほう).

Pseu·do·graph[psɔʏdográ:f] 男 -en/-en 偽文書製作者.

pseu·do·morph[psɔʏdomɔ́rf] 形〘鉱〙仮像〈仮晶〉の.

Pseu·do·mor·pho·se[..mɔrfó:zə] 女 -/-n〘鉱〙仮像, 仮晶.

Pseu·do·myo·pie[psɔ́ʏdomyopi:] 女 -/〘医〙仮性近視.

pseud·onym[psɔʏdonýːm] **I** 形 仮名〈偽名〉の, 筆名〈雅号〉による. **II Pseud·onym** 中 -s/-e 仮名, 偽名, 変名; (特に著作者の)筆名, 雅号, ペンネーム: *et.*[4] unter dem ~ N veröffentlichen …を N という仮名〈筆名〉で公刊する. [*gr.*; < *gr.* ónyma „Name"]

Pseu·do·po·dium[psɔʏdopó:diʊm] 中 -s/..dien [..diən]〘生〙(アメーバなどの)仮足, 偽足.

Pseu·do≠psy·cho·lo·gie[psɔ́ʏdo..] 女 -/〘心〙偽心理学. **≠schwan·ger·schaft** 女〘医〙偽妊娠, 想像妊娠. **≠wis·sen·schaft** 女 えせ科学〈学問〉.

pseu·do·wis·sen·schaft·lich 形 えせ科学的〔な〕.

Psi[psi:] 中 -[s]/-s プシー(ギリシア字母の第23字: Ψ, ψ). [*gr.*]

Psit·ta·ko·se[psɪtakó:zə] 女 -/-n (Papageienkrankheit)〘医〙オウム病. [< *lat.* psittacus (→Sittich) + ..ose]

Pso·ria·sis[psorí:azɪs] 女 -/..sen[..riá:zən] (Schuppenflechte)〘医〙乾癬(かんせん). [*gr.* psṓrā „Krätze" + ..iasis]

pst[pst] 間 **1** (黙れ・静かに・謹聴などの気持を表して)シーッ: mit dem Zeigefinger „*Pst*" machen (唇に)人さし指をあてて「シーッ」と言う ‖ *Pst*, der Kleine schläft! シッ 坊やが眠ってるんだから. **2** (給仕などを呼ぶときの声)おい, ちょっと.

PSV[pe:|ɛsfáʊ] 略 = **Psychologische Verteidigung** (→psychologisch 1).

PSV-Trup·pe[pe:|ɛsfáʊ..] 女 (ドイツ国防軍の)心理作戦部隊.

psych.. →psycho..

Psych·ago·ge[psyçagó:gə] 男 -n/-n (女 **Psych·ago·gin**[..gɪn]-/-nen)〘医〙精神教育〈指導〉医.

Psych·ago·gik[..gɪk] 女 -/〘医〙精神教育〈指導〉療法.

Psych·ago·gin Psychagoge の女性形.

Psych·asthe·nie[psyçastení:] 女 -/〘医〙精神衰弱〔症〕.

Psy·che I [psý:çə, ..çe·] 人名〘ギ神〙プシュケ(魂を擬人化した美しい王女. Amor との恋物語はローマの作家アプレイウスの『黄金のろば』によって知られる). **II** [psý:çə] 女 -/-n **1** (Seele) 魂, 精神; 心理, 気持〔のあや〕; (個人・グループ・民族に特有の)物の考え方: die ~ der Frau 女性の心理. **2**《オーストリア》(Frisiertoilette) (鏡つきの)化粧台. [*gr.* psȳché „Leben, Seele"; < *gr.* psȳ́chein „hauchen"; ◇psycho..]

psy·che·de·lisch[psyçedé:lɪʃ] 形 サイケデリックな, 幻覚的な: ~*e* Drogen 幻覚剤 | ~*e* Farben サイケ調の色彩. [*amerik.* psychedelic; < *gr.* dēlos „offenbar"]

Psych·ia·ter[psyçiá:tər] 男 -s/- 精神病〈科〉医.

Psych·ia·trie[psyçiatríː] 女 -/-n[..ríːən] **1**《単数で》精神医学. **2** 精神病院,(病院の)精神科.

psych·ia·trie·ren[psyçiatríːrən] 他 (h)《ｵｰｽﾄﾘｱ》《*jn.*》精神医学的に診察する, 精神鑑定する.

Psych·ia·trie·rung[..ruŋ] 女 -/-en 精神鑑定.

psych·ia·trisch[psyçiáːtrɪʃ] 形 精神病〔学〕の: eine ~*e* Abteilung 精神科〈病棟〉| ein ~*es* Gutachten einholen 精神鑑定を受ける.

psy·chisch[psýːçɪʃ] 形 (↔physisch) 心的な, 精神に関する: ~*e* Krankheiten 精神病 | ~*e* Spannung 〈Sättigung〉《心》心的緊張〈飽和〉. **[*gr.*]**

psycho..《名詞・形容詞などにつけて「心・精神」を意味する. 母音の前では psych.. となることもある: →*Psych*asthenie》 **[*gr.* psȳchḗ (→Psyche)]**

Psy·cho[psýːço·] 男 -s/-s《話》心理〈推理〉小説.

Psy·cho·ana·ly·se[psyço|analýːzə, psýːço|analyːzə] 女 -/ 精神分析〔学〕.

psy·cho·ana·lysie·ren[psyço|analyzíːrən] 他 (h) 《*jn.*》(…を)精神分析する,(…に)精神分析の治療を施す.

Psy·cho·ana·ly·ti·ker[..|analýːtikər, psýːço|analyː..] 男 -s/- 精神分析学者, 精神分析医.

psy·cho·ana·ly·tisch[..tɪʃ, psýːço|analyː..] 形 精神分析〔学〕の.

Psy·cho·bio·lo·gie[psyçobiologíː] 女 -/ 精神生物学.

Psy·cho·dia·gno·stik[psyçodiagnɔ́stɪk] 女 -/ 精神診断〔法〕.

Psy·cho·dra·ma[psyçodráːma·, psýːçodraːma·] 中 -s/..men[..mən]《心》(精神病治療のための)サイコドラマ; (一般に)心理劇.

Psy·cho·fol·ter[psýːçofɔltər] 女 心理的拷問.

psy·cho·gen[psyçogéːn] 形《医・心》心因性の: ~*e* Krankheiten 〈Reaktionen〉 心因〔性〕疾患〈反応〉.

Psy·cho·ge·ne·se[..genéːzə] 女 -/-n, **Psy·cho·ge·ne·sis**[..géː(ː)nezɪs, ..gén..] 女 -/..sen[..genéːzən]《心》精神発生学.

Psy·cho·ge·ni·tät[..genitɛ́ːt] 女 -/-en《心・医》心因性.

Psy·cho·gramm[psyçográm] 中 -s/-e《心》心誌.

Psy·cho·graph[psyçográːf] 男 -en/-en《心》ウィジャ(心霊術で霊界との交流に用いられる占い板).

Psy·cho·gra·phie[..grafíː] 女 -/《心》心誌法.

Psy·cho·hy·gie·ne[psyçohygiéːnə] 女 -/ 精神衛生〔学〕.

Psy·cho·id[psyçoíːt][1] 中 -〔e〕s/《心》サイコイド, 類精神.

Psy·cho·krieg[psýːçokriːk][1] 男 -s/-e 心理戦争, 神経戦.

Psy·cho·lin·gui·stik [psyçolɪŋguístɪk, psýːçolɪŋguɪstɪk] 女 -/ 心理言語学.

Psy·cho·lo·ge[psyçolóːgə] 男 -n/-n (→..loge) 心理学者: Er ist ein guter 〈schlechter〉 ~.《話》彼は人の心理を読むのがうまい〈下手だ〉.

Psy·cho·lo·gie[..logíː] 女 -/ **1**《心》心理学: experimentelle 〈klinische〉~ 実験〈臨床〉心理学 | Tiefen*psychologie* 深層心理学. **2** 心理洞察. **3**《話》心理〔状態〕.

psy·cho·lo·gisch[..lóːgɪʃ] 形 **1** 心理学〔上〕の; 心理的な: eine ~*e* Belastung 心理的〈精神的〉負担 | die ~*e* Kampfführung《軍》心理作戦 | die ~*e* Verteidigung (略 PSV)(ドイツ国防軍の)心理的防衛作戦. **2**《話》心理的に巧妙な.

psy·cho·lo·gi·sie·ren[..logizíːrən] 他 (h) 心理学的に研究〈記述〉する.

Psy·cho·lo·gis·mus[..logísmʊs] 男 -/《哲》心理主義.

Psy·cho·man·tie[psyçomantíː] 女 -/(Nekromantie) 交霊〈霊媒〉術. **[*gr.*; <*gr.* manteíā „Weissagung"]**

Psy·cho·me·trie[psyçometríː] 女 -/ **1**《心》計量心理学. **2** (接触により対象の性質などを感知する)神秘力.

psy·cho·me·trisch[..méːtrɪʃ] 形 計量心理学〔上〕の.

Psy·cho·neu·ro·se[psyçonɔyróːzə] 女 -/-n 精神神経症.

Psy·cho·path[psyçopáːt] 男 -en/-en (女 **Psy·cho·pa·thin**[..tɪn]-/-nen) 精神病質者.

Psy·cho·pa·thie[..patíː] 女 -/ 精神病質.

psy·cho·pa·thisch[..páːtɪʃ] 形 精神病質の.

Psy·cho·pa·tho·lo·gie[..patologíː] 女 -/ 精神病理学.

psy·cho·pa·tho·lo·gisch[..patolóːgɪʃ] 形 精神病理学〔上〕の.

Psy·cho·phar·ma·ka Psychopharmakon の複数.

Psy·cho·phar·ma·ko·lo·gie[psyçofarmakologíː] 女 -/ 精神薬理学.

Psy·cho·phar·ma·kon[..fármakɔn] 中 -s/..ka[..ka·]《医》向精神薬(睡眠剤・鎮静剤・幻覚剤など).

Psy·cho·phy·sik[psyçofyzíːk, ..zík] 女 -/ 精神物理学.

psy·cho·phy·si·ka·lisch[..fyzikáːlɪʃ] 形, **psy·cho·phy·sisch**[..fýːzɪʃ] 形 精神物理〔学〕の; 物心両面の.

Psy·cho·se[psyçóːzə] 女 -/-n **1** (Geisteskrankheit) 精神病. **2** (一時的に起こる)異常な精神〈心理〉状態: Angst*psychose* (極度の)精神不安 | Massen*psychose* 群集〔異常〕心理. **[<psycho..+..ose]**

Psy·cho·so·ma·tik[psyçozomáːtɪk] 女 -/ 精神身体医学. **[<Soma]**

psy·cho·so·ma·tisch[..zomáːtɪʃ] 形 心身の, 精神身体〔医学〕の: eine ~*e* Krankheit 心身症 | ~*e* Störungen 心身障害.

Psy·cho·tech·nik[psyçotɛ́çnɪk] 女 -/《心》精神技術〈工学〉;《劇》心理描写技法.

psy·cho·tech·nisch[..tɛ́çnɪʃ] 形 精神技術〈工学〉の.

Psy·cho·ter·ror[psýːçotɛrɔr, ..roːr] 男 -s/ 心理テロ.

Psy·cho·test[psýːçotɛst] 男 -〔e〕s/-e 心理テスト.

Psy·cho·the·ra·peut[psyçoterapɔ́ʏt] 男 -en/-en (女 **Psy·cho·the·ra·peu·tin** -/-nen) 精神療法医.

Psy·cho·the·ra·peu·tik[..terapɔ́ʏtɪk] 女 -/ 精神治療法〈学〉.

psy·cho·the·ra·peu·tisch[..terapɔ́ʏtɪʃ] 形 精神療法〔上〕の.

Psy·cho·the·ra·pie[..terapíː] 女 -/ 精神〈心理〉療法.

Psy·cho·ti·ker[psyçóːtikər] 男 -s/- 精神病患者, 精神異常者.

psy·cho·tisch[psyçóːtɪʃ] 形 精神病の. **[<Psychose]**

Psy·cho·trau·ma[psyçotráʊma·] 中《心》精神的外傷, トラウマ.

Psy·chro·me·ter[psyçroméːtər, psʏkro..] 中 (男) -s/-《気象》湿度計. **[<*gr.* psȳchrós „kalt"; ◇Psyche]**

Psy·chro·phyt[..fýːt] 男 -en/-en《ふつう複数で》《植》寒地植物. **[<..phyt]**

p. t.[peːtéː] 略 =**pro tempore**

Pt[peːtéː, pláːtiːn] 記号 (Platin)《化》白金.

Pta 略 =**Peseta**

Pte·ri·do·phyt[pteridofýːt] 男 -en/-en《ふつう複数で》(Farnpflanze)《植》シダ(羊歯)植物. **[<..phyt]**

Pte·ro·dak·ty·lus[pterodáktylʊs] 男 -/..tylen[..daktýːlən]《古生物》プテロダクチルス(翼竜目に属するスズメくらいの大きさの古代生物). **[<*gr.* pterón (→Feder)+daktylo..]**

Pte·ro·po·de[pteropóːdə] 男 -n/-n《ふつう複数で》《貝》翼足類.

Pte·ro·sau·ri·er[pterozáʊriər] 男 -s/-《古生物》翼竜〔類〕.

Pto·le·mä·er[ptolemɛ́ːər] 男 -s/- プトレマイオス家の人(プトレマイオス家は前 4 世紀に始まるエジプトの王家).

pto·le·mä·isch[..mɛ́ːɪʃ] 形 プトレマイオスの: das ~*e* Weltsystem プトレマイオスの宇宙体系(天動説).

Pto·le·mä·us[ptolemɛ́ːʊs] (**Pto·le·mä·os**[..mɛ́ːɔs]) 人名 ~ Klaudios プトレマイオス クラウディオス(95頃-160頃; ギリシアの天文学者・数学者・地理学者. 天動説を

P

唱えた). [*gr.*〔−*lat.*〕]

Pto·ma·in[ptomaíːn] 中 -s/-e 《化》プトマイン. [<*gr.* ptõma „Leichnam"+..in²]

Ptọ·se[ptóːzə] 女 -/-n, **Ptọ·sis**[ptóːzɪs] 女 -/..sen [..zən] 《医》下垂; 眼瞼下垂: Magen*ptose* 胃下垂. [*gr.* ptõsis „Fall"]

Ptya·lin[ptyalíːn] 中 -s/ 《化》プティアリン(唾液(だえき)アミラーゼ). [<*gr.* ptýalon „Speichel" (◇speien)+..in²]

Pu[peːǀúː, plutóːniʊm] 記号 (Plutonium)《化》プルトニウム.

Pub[pap, pʌp] 中(男) -s/-s パブ(英国特有の大衆的酒場). [*engl.*]

pu·be·ral[puberáːl] =pubertär

pu·ber·tär[pubɛrtέːr] 形 思春期〔性〕の, 思春期に特有の.

Pu·ber·tät[pubɛrtέːt] 女 -/ 思春期, 性的成熟〈破瓜(はか)〉期, 年ごろ. [*lat.*; < *lat.* pūbēs „mannbar" (◇pueril)]

Pu·ber·täts≈jah·re 複 =Pubertätszeit ≈**kri·se** 女 思春期危機. ≈**pickel** 男 (青春のシンボルとしての)にきび. ≈**zeit** 女 思春期.

pu·ber·tie·ren[pubɛrtíːrən] 自 (h) 思春期にある.

Pụ·bes[púːbɛs] 女 -/- 《解》 **1** (Schamgegend) 恥部, 陰部. **2** (Schambehaarung) 恥毛, 陰毛. [*lat.*]

Pu·bes·zenz[pubɛstsέnts] 女 -/ 性的成熟, 思春期に達すること. [< *lat.* pūbēscere „mannbar werden"]

pụ·bisch[púːbɪʃ] 形 恥部〈陰部〉の; 恥毛〈陰毛〉の.

pụ·bli·ce[púːblitse·] 副 (öffentlich) 公に, 公開して. [*lat.*; < *lat.* pūblicus (→publik)]

Pu·blị·ci·ty[pʌblísəti·] 女 -/ **1** 世間に名を知られていること: ein Mann von ~ 有名人. **2** 広告, 宣伝: für die ~ einer Veranstaltung sorgen ある催しの宣伝を引き受ける. [*mlat.*−*fr.* publicité (→Publizität)−*engl.*]

pu·bli·city·wirk·sam[pʌblísəti..] 形 宣伝効果のある.

Pu·blic Re·la·tions[pʌ́blɪk rɪléɪʃənz] 複 (略 PR) 広報〔活動〕, ピーアール: ~ betreiben ピーアールをする. [*engl.* „öffentliche Beziehungen"]

Pu·blic-Re·la·tions-Ab·tei·lung[pʌ́blɪk-rɪléɪʃənz..] 女 広報部〈課〉.

pu·blik[publíːk, py..; オーストリア:..blík] 形《述語的》一般に知られた, 公然の; 公の, 公開の: *et.*⁴ **~ machen** …を公開する | **~ sein** 一般に知られている ‖ Die Geschichte 〈Der Skandal〉 ist rasch ~ geworden. その話〈スキャンダル〉はあっという間に広まった. [*lat.* pūblicus−*fr.*]

Pụ·bli·ka Publikum の複数.

Pu·bli·ka·tion[publikatsióːn] 女 -/-en **1** 公にすること, 発表, 公表; 出版, 刊行: die ~ eines Romans 〈einer Abhandlung〉 ある小説〈論文〉の公刊. **2** 出版物, 刊行物: eine wissenschaftliche ~ 学術刊行物. [*lat.*−*spätlat.* −*fr.*]

Pu·bli·ka·tions·ver·bot 中 公刊〈出版〉禁止.

Pụ·bli·kum[púːblikʊm] 中 -s/..ka[..ka·], ..ken [..kən] **1**《単数で》聴衆, 観客, 読者; 公衆, 世間;《話》話をよく聞いてくれる人: vor einem großen 〈kleinen〉 ~ sprechen 大勢の〈わずかの〉聴衆の前で話す ‖ Seine Bücher haben ein breites ~. 彼の本は多くの読者をもっている | Er braucht immer ein ~.《戯》彼はいつも多くの人に注目されないと気がすまない〈スタンドプレーをしたがる〉 ‖ In diesem Hotel verkehrt gutes ~. このホテルは客だねがいい. **2** (↔Privatissimum) (大学の)公開講座. [*mlat.*]

Pụ·bli·kums≈er·folg 男 **1** 聴衆〈観客・読者〉に対する成功. **2** 大当たりをねらった作品. ≈**ge·schmack** 男 聴衆〈観客・読者〉の好み. ≈**lieb·ling** 男 聴衆〈観客・読者〉の人気者〈アイドル〉(歌手・スポーツ選手・俳優など). ≈**ma·gnet** 中 聴衆〈観客・読者〉を惹きつけるもの, 人気の的. ≈**stück** 中《劇》当たり狂言, 人気芝居.

pụ·bli·kums·wirk·sam 形 聴衆〈観客・読者〉に受ける, 大当たりをねらった.

pu·bli·zie·ren[publitsíːrən] 他 (h) 出版〈刊行〉する, (論文・文学作品などを)発表する: die Bücher von Rilke ~ リルケの本を出版する | einen Roman 〈eine wissenschaftliche Arbeit〉 in deutscher Sprache ~ 小説〈学術論文〉をドイツ語で発表する. [*lat.*]

Pu·bli·zịst[publitsíst] 男 -en/-en **1** ジャーナリスト, 記者, 時事評論家. **2** 新聞学者; 新聞学専攻の学生.

Pu·bli·zị·stik[publitsístɪk] 女 -/ **1** 新聞学, 情報学. **2** ジャーナリズム. ᵛ**3** 公法学.

pu·bli·zị·stisch[..tsístɪʃ] 形 **1** 新聞雑誌の, ジャーナリズム〈ジャーナリスト〉の. **2** 新聞学の, 情報学の.

Pu·bli·zi·tät[publitsitέːt] 女 -/ 一般に知られていること, 周知, 公然; 公開. [*mlat.*−*fr.* publicité]

p. u. c. 略 =post urbem conditam ローマ建国紀元.

Puc·ci·ni[pʊtʃíːni·, puttʃíːni·] 人名 Giacomo ~ ジャコモ プッチーニ(1858-1924; イタリアの作曲家. 作品『トスカ』『蝶々(ちょうちょう)夫人』など).

Puck[pʊk, pʌk] 男 -s/-s **1** いたずら好きの小妖精(ようせい);《比》いたずらっ子. **2** 《アイスホッケー》パック. [*engl.*]

puckern[pʊ́kərn]《05》自 (h)《話》どきどきする, コツコツいう: Mein Herz *puckert*. 私は心臓がどきどきする ‖ 非人称 Es *puckert* in der Wunde. 傷がうずく. [*ndd.* pucken; ◇pochen]

Pud[puːt] 中 -/- プート(ロシアの昔の重量単位). [*lat.* pondus (→Pond)−*russ.*]

Pud·del·ei·sen[pʊ́dəl..] 中《金属》錬鉄.

pud·deln¹[pʊ́dəln]《06》他 (h)《金属》(パドル炉で溶鉄を)攪錬(かくれん)する, パドルする. [*engl.* puddle]

pud·deln²[−]《06》《南西部》 **I** 他 (h)《*et.*⁴》(…に)下肥をやる. **II** 自 (h) 水をバシャバシャ〈ピチャピチャ〉はねる. [<pudeln]

Pud·del≈ofen[pʊ́dəl..] 男《金属》パドル炉, 攪錬(かくれん)炉. ≈**stahl** 男《金属》錬鋼.

Pud·ding[pʊ́dɪŋ] 男 -s/-e, -s **1**《料理》プディング, プリン(卵・牛乳を蒸し固めたカスタード=プディングのほか, 肉・魚・野菜・パン・米飯などを用いた各種の料理用プディングがある): den ~ stürzen プリンを型から取り出す | **~ in den Armen 〈Beinen〉 haben**《話》腕〈足〉が弱い | **auf den ~ hauen**《話》強く抗議する, 激しく苦情を申し立てる ‖ Er ist hart wie ~.《話》彼はすぐ人の言いなりになる. **2**《話》 **a)** (女性の)おっぱい. **b)** 中身のない芝居. [*engl.*]

Pud·ding≈aka·de·mie 女《戯》女子職業学校, 家政学校. ≈**pul·ver** 中《料理》プディングパウダー.

Pụ·del¹[púːdəl] 男 -s/《話》=Pedell

Pụ·del²[−] 男 -s/- **1** プードル, むく犬: **wie ein begossener ~** (ぐしょぬれのむく犬のように)しょんぼりと, 途方に暮れて | des ~*s* Kern (→Kern 1 a). **2** (九柱戯の)投げ損じ; 失策, 失敗: einen ~ machen ミスをやらかす. **3**《方》=Pudelmütze [◇*engl.* poodle]

Pụ·del≈hau·be 女《オーストリア》=Pudelmütze ≈**hund** 男 プードル, むく犬. ≈**müt·ze** 女《話》(毛糸編みの, てっぺんに毛糸の玉などのついた)スキー〈スケート〉帽, 正ちゃん帽.

pụ·deln[púːdəln]《06》 **I** 自 (h) **1** 犬かき泳ぎをする, パチャパチャ泳ぐ. **2** しくじる, (九柱戯などで)当てそこなう, ねらいが外れる. **II** 他 (h)《*jn.*》いじめる, 冷遇する. [擬音; ◇buddeln, puddeln; *engl.* puddle]

pụ·del≈nackt 形《話》すっぱだかの. ≈**när·risch** 形《方》ひどくおどけた, ふざけきった, やんちゃきわまる. ≈**naß** 形《話》ずぶぬれの, びしょびしょの. ≈**wohl** 形《話》ひどく気分のよい: Ich fühle mich ~. 私はきわめて快適な気分だ〈元気そのものだ〉.

Pụ·der[púːdər] 男 (話: 中) -s/- (美容・医療用の)粉末, パウダー; 粉おしろい;《医》散薬; (昔, 髪やかつらにふりかけた)髪粉: Kinder*puder* ベビーパウダー | Rasier*puder* (電気かみそりを使う前に肌に塗る)シェービングパウダー ‖ ~ auftragen おしろいをつける | ~ ins Haar streuen 髪の毛に髪粉をふりかける. [*lat.* pulvis (→Pulver)−*fr.* poudre; ◇*engl.* powder]

Pụ·der·do·se 女 おしろい入れ, コンパクト.

pụ·de·rig[púːdərɪç]² (**pud·rig**[..drɪç]²) 形 粉おしろいのような, 粉状の; 粉だらけの.

pụ·dern[púːdərn]《05》他 (h) **1**《*et.*⁴》(…に)粉〈パウダ

ー〉をふりかける: das Gesicht ～ 顔におしろいをつける | das Haar ～ 髪に髪粉をふる | die Wunde ～〔ただれ〕傷に粉薬〈パウダー〉をつける | das Baby ～ 赤ん坊の体にベビーパウダーをふる ‖ mit dem Klammerbeutel *gepudert* sein (→Klammerbeutel). **2** 再帰 *sich*[4] ～ おしろいで化粧する.

Pu·der≈qua·ste 女 おしろい刷毛, パフ. **≈zucker** 男 粉砂糖, パウダーシュガー.

pud·rig ＝puderig

Pue·blo[puéːbloˑ] 男 -s/-s プエブロ(北米南西部のインディアンの集落). [*span.* „Dorf, Volk"; <*lat.* populus „Volk"]

Pue·blo·in·dia·ner 男 -s/- プエブロインディアン.

pue·ril[pueríːl] 形 子供らしい; 子供らしさのぬけない, 子供じみた; 《医》小児〔型〕の: eine ～*e* Schwärmerei 子供じみた熱狂. [*lat.*; <*lat.* puer „Kind"; ◇pädo.., Poulet, Pubertät]

Pue·ri·lis·mus[puerilísmus] 男 -/ 《医》小児症, 幼稚症.

Pue·ri·li·tät[..litέːt] 女 -/ pueril なこと, 幼稚. [*lat.*]

Puer·pe·ral·fie·ber[puεrperáːl..] 中 (Kindbettfieber)《医》産褥(さんじょく)熱. [<*lat.* puer-pera „Wöchnerin" (◇parieren[2])]

Puer·to·ri·ca·ner[puεrtorikáːnər] 男 -s/- プエルトリコ人.

puer·to·ri·ca·nisch[..nıʃ] 形 プエルトリコの.

Puer·to Ri·co[puέrtoˑ ríːkoˑ] 地名 プエルトリコ(大アンティル諸島に属する島で, アメリカ合衆国の自治領). [*span.* „reicher Hafen"; ◇Port]

puff[puf] **I** 間 (小さな爆発音, 蒸気を吐き出す音)プッ, パッ, シュッ: piff, paff,～《幼児語》(銃の発射音)パンパンパン | ～, ～ i) (汽車の音)シュッシュッポッポ; ii) (ストーブの燃える音など)シューシュー. **II Puff 1** 男 -[e]s/Püffe[pʏ́fə] (-e) 《話》puff という音; (こぶし・ひじなどで)トンと打つ〈突く〉こと: *jm.* einen ～ in den Rücken geben …の背中をトン〈ピシャリ〉とたたく | **einen ～ 〈einige *Püffe*〉 vertragen können** 少々のことには動じない, 神経が太い. **2** 男 **a)** -[e]s/-e (ふんわりとふくらんだもの. 例えば:) (衣服の)ふくらみ, パフスリーブ; クッションスツール. **b)** -[e]s/-e, -s (Wäschepuff)〔クッションスツールを兼ねる〕洗濯物入れ. **3** 中 -[e]s/ プフ遊び(西洋すごろくの一種). **4** 男 (中) -s/-s《話》(Bordell) 売春宿, 娼家(しょうか).

Puff≈är·mel[púf..] 男 パフスリーブ, 袋袖(そで). **≈boh·ne** 女《植》ソラマメ(空豆).

Puf·fe[púfə] 女 -/-n (衣服の) ふくらみ, パフ〔スリーブ〕.

Püf·fe Puff 1の複数.

puf·fen[púfən] **I** 他 (h) **1**《話》ピシャリ〈ポカリ〉と打つ, 平手打ち〈げんこつ〉をくらわす, ドンと突く〈押しやる〉: *jn.* derb 〈kameradschaftlich〉 ins Kreuz ～ …の腰を乱暴に〈親しみをこめて〉たたく | *jn.* mit dem Ellbogen in die Seite ～ ひじで…のわき腹をつつく ‖ Zu allem muß man ihn ～. 彼はしりをたたかれなきゃなんにもしない. **2**《話》パチッ〈ズドン〉と射撃する, (煙・蒸気などを)プッと噴き出す: *gepuffter* Mais ポップコーン | schwarzen Qualm in die Luft ～ シューシューと黒煙を空中に噴き出す. **3** (髪・衣服などに)ふくらみをつける: *gepuffte* Ärmel パフスリーブ. **II** 自《話》**1** (h) puff という音をたてる, パンと爆発する. **2** (s) puff という音をたてながら動く〈前進する〉.

Puf·fer[púfər] 男 -s/- **1**《鉄道・電》バッファー, 緩衝器, 緩衝装置; 《化・医》緩衝液〈剤〉. **2**《料理》ポテトパンケーキ. **3**《話》ピストル. [◇*engl.* buffer]

Puf·fer≈bat·te·rie 女 緩衝蓄電池. **≈lö·sung** 女《化》緩衝液. **≈spei·cher** 男《電算》バッファー(緩衝記憶装置). **≈staat** 男 緩衝国. **≈zo·ne** 女《政》緩衝地帯.

puf·fig[púfıç][2] 形 (衣服の)ふくらみ〈パフ〉のある.

Puff≈mais[púf..] 男 ポップコーン. **≈mut·ter** 女《話》(売春宿の)おかみ, マダム. **≈ot·ter** 女《動》クサリヘビの一種(怒ると体をふくらませる南アフリカ産の毒ヘビ).

Puff·puff[púfpuf] 男 -s/-s《幼児語》シュシュポポ(汽車).

Puff·spiel 中 プフ遊び(西洋すごろくの一種).

puh[puː] 間 **1** (不快な驚き・嫌悪・軽蔑などの気持を表して)ヒャー, ウヘー: *Puh*, eine Schlange! ヒャー蛇だ | *Puh*, ist das heute heiß! ワーきょうは暑いなあ. **2** (安堵(あんど)の気持を表して)ホッ, やれやれ: *Puh*, das hätten wir geschafft! やれやれ やっとやってのけたぞ. [◇buh]

puh·len[púːlən] ＝pulen

pu·ken[púːkən] 他 (h)《北部》ほじくる, つっつく, ひっかく.

Pu·ker[púːkər] (**Pü·ker**[pýːkər]) 男 -s/-《北部》(しんちゅうの)鋲(びょう), 円頭くぎ.

Pül·cher[pʏ́lçər] 男 -s/-《ｵｰｽﾄﾘｱ》ごろつき, ならずもの, 浮浪者. [<Pilger]

Pul·ci·nel·la[pultʃinέlaˑ] 男 -[s]/..le[..lə]《劇》プルチネッラ(イタリア喜劇の道化役); 《比》大食でずる賢い召使い. [*it.*; <*lat.* pullus „Hühnchen" (◇Poulet); ◇Punch[1]; *engl.* punchinello]

pu·len[púːlən] **I** 自 (h)《北部》《話》ほじる; つまむ, むしる: in der Nase ～ 鼻の穴をほじる | an der Baumrinde ～ 樹皮をむしる. **II** 他 (h)《北部》《話》《*et.*[4]》(…を)ほじって〈つまんで〉除去する: Fleischreste aus den Zähnen ～ 歯に詰まった肉をほじくり出す. [*mndd.*; ◇pullen[1]]

Pulk[pulk] 男 -[e]s/-s(-e) **1**《軍》(軍用車両・戦車などの)部隊; (飛行機の)編隊. **2 a)** (一般に)集団: im ～ 集団で, 群れをなして. **b)** (Hauptfeld)《ｽﾎﾟ》(長距離競走などの)走者の集団. [*germ.*－*slaw.*; ◇Volk]

Pull[pul] 男 -s/-s《ｺﾞﾙﾌ》プル(途中から左へ切れる球). [*engl.*; ◇pullen[1]]

Pul·le[púlə] 女 -/-n《話》(特に酒類の)瓶: eine ～ Wein 一瓶のワイン | schnelle ～ 強い酒の入った瓶; 速効性の興奮剤 ‖ ein 〔kräftiger / tüchtiger〕 Schluck aus der ～ (→Schluck 1). [*ndd.*; <Ampulle]

pul·len[1][púlən] **I** 自 (h) **1**《海》漕(こ)ぐ. **2** (馬が)突進する. **3**《ｺﾞﾙﾌ》プルを打つ. **II** 他 (h)《海》漕いで運ぶ. [*engl.* pull „ziehen"; ◇pulen]

pul·len[2][–] 自 (h)《話》小便する. [*ndd.*; 擬音]

Pul·li[púliˑ] 男 -s/-s《話》＝Pullover 1

Pull·man[púlman, ..mən] 男 -s/-s ＝Pullmanwagen

Pull·man·kap·pe 女《ｵｰｽﾄﾘｱ》(Baskenmütze) ベレー帽.

Pull·man·wa·gen 男《鉄道》プルマンカー(寝台車の一種). [*amerik.*; <G. M. Pullman (アメリカ人考案者, †1897)]

Pull·over[puló:vər, pul|ó:..] 男 -s/- **1**《服飾》(頭からかぶる)プルオーバー, セーター(→ 図): *sich*[3] einen ～ überziehen プルオーバーを着る. **2**《話》いかす女の子. [*engl.*; <*engl.* pull over „über-ziehen" (◇pullen[1])]

Pull·un·der[pulúndər, pul|ún..] 男 -s/-《服飾》プルアンダー(袖なしのプルオーバー). [ドイツ製英語]

Hose
Pullover
(Pulli)

pul·mo·nal[pulmonáːl] 形《医》肺の. [<*lat.* pulmō „Lunge"; ◇pneumo.., Plauze; *engl.* pulmonary]

Pulp[pulp] 男 -s/-en ＝Pulpe[1] 2 [*lat.*－*fr.*－*engl.*]

Pul·pa[púlpaˑ] 女 -/..pae[..pεˑ] **1**《解》髄; (Zahnmark) 歯髄. **2**《薬》果漿(かしょう), 果泥. **3**《植》果肉, 果髄. [*lat.*; ◇pulpös]

Pul·pa·höh·le[púlpa..] 女《解》歯髄腔(こう).

Pul·pe[1][púlpə] 女 -/-n **1** Pulpa 1 **2** (ジャム製造用に加工した)果肉. [*lat.*－*fr.*]

Pul·pe[2][–] 男 -n/-n《動》タコ(蛸)類(特にイイダコ・マダコなど). [*gr.* polýpous (→Polyp)]

Pül·pe[pʏ́lpə] 女 -/-n **1** (飼料用)ジャガイモの繊維かす. **2** ＝Pulpe[1] 2 [*lat.*－*fr.* pulpe; ◇Pulpa]

Pul·pi·tis[pulpíːtıs] 女 -/..tiden[..pitíːdən] (Zahnmarkentzündung)《医》歯髄炎. [<..itis]

pul·pös[pulpǿːs][1] 形 **1** 肉質の, 多肉の. **2** 髄のある, 髄のような. [*spätlat.*; ◇Pulpa, ..os]

Pul·que[púlkə] 男 -[s]/ 竜舌蘭(りゅうぜつらん)酒(メキシコ産リューゼツランの樹液からつくる). [*aztek.*－*span.*]

P

Puls[pʊls][1] 男 -es/-e **1** 〘生理〙 **a)** 脈, 脈拍;《比》脈動, 生気: ein aussetzender ⟨unregelmäßiger⟩ ~ 結滞⟨不整⟩脈 | ein schwacher ⟨beschleunigter⟩ ~ 弱脈⟨頻脈⟩ | der ~ der Großstadt 大都会の鼓動 ‖ ***jm.* den ~ fühlen** / ***jm.* auf den ~ fühlen** i) …の脈をとる⟨みる⟩; ii)《話》…の意向をさぐる; …が正気かどうかを確かめる | mit fliegenden *~en*《雅》非常に興奮して ‖ Der ~ geht ruhig ⟨schnell⟩. 脈がゆっくりしている⟨早い⟩ | Der ~ pocht ⟨schlägt⟩. 脈が打つ | Der ~ stieg auf 130. 脈が〔1分間〕130に上がった. **b)** (脈をみるところ. 特に:) 手首の内側: *js.* ~ fassen (脈をとるために)…の手首をつかむ.
2 〘電・通信〙 パルス.
[*lat.* pulsus „Stoß"–*mlat.*–*mhd.*; ◇ *engl.* pulse]

Pụls·ader[púls..] 女 (Arterie) 〘解〙 動脈: *sich*[3] die ~ aufschneiden (自殺のために) 動脈を切る.

Pul·sa̱r[pʊlzá:r] 男 -s/-e《ふつう複数で》〘天〙 パルサー (1967年に発見された宇宙線の放射源). [*engl.*; < *engl.* pulsate (→pulsieren) + ..ar; ◇ Quasar]

Pul·sa·ti̱l·la[pʊlzatíla·] 女 -/ (Kuhschelle) 〘植〙 オキナグサ(翁草)属. [< *lat.* pulsāre (→pulsieren)]

Pul·sa·tio̱n[pʊlzatsió:n] 女 -/-en 〘医〙 拍動, 脈動. [*lat.*]

Pụls·be·schleu·ni·gung[púls..] 女 〘医〙 頻拍.

pu̱l·sen[púlzən][1] 《02》 **I** 自 (h) 脈打つ, 拍動する;《比》躍動する: Das Blut ⟨Die Ader⟩ *pulst.* 血⟨血管⟩が脈打つ | Das Leben *pulst*. 生命が鼓動⟨躍動⟩する. **II** 他 (h) 《*jn.*》〘医〙 (…の) 脈をはかる.

Pu̱ls·fre·quenz[púls..] 女 〘医〙 (1分間の) 脈拍数.

pul·si̱e·ren[pʊlzí:rən] **I** 自 (h) = pulsen **II pul·si̱e·rend** 現分 形 脈打っている, 拍動している;《比》躍動している, 活気のある: *~er* Gleichstrom 〘電〙 脈動直流 | ein *~er* Schmerz ずきずきする痛み | das *~e* Leben 脈打つ生命. [*lat.* pulsāre „stoßen"; < *lat.* pellere (→ Puls)]

Pul·sio̱n[pʊlzió:n] 女 -/-en 拍動, 鼓動; 衝撃, 振動.

Pul·so·me̱·ter[pʊlzomé:tər] 中 -s/- 〘工〙 だるまポンプ, 真空ポンプ. [< *lat.* pulsus (→Puls)]

Pu̱l·so·trieb·werk[púlzo..] 中 〘空〙 パルスジェットエンジン.

Pu̱ls≈schla̱g[púls..] 男 〘医〙 脈拍, 拍動, 鼓動: den ~ messen 脈をはかる | der ~ der Stadt《比》都市の脈動. **≈wär·mer** 男 **1** (Müffchen) 〘服飾〙 (保温用の) 手首おおい, マフィティー (→ 図 Wärmer). **2**《話》腕時計. **≈za̱hl** 女 脈拍数.

Pult[pʊlt] 中 -[e]s/-e **1** (上板が手前に傾斜した) 机, 斜面机, 見台; 〘宗〙 (教会の) 聖書台 (→ 図): Dirigenten*pult* 指揮者用譜面台 | Lese*pult* 書見台 | Noten*pult* 譜面台 | Schalt*pult* 制御盤⟨卓⟩. **2** 〘軍〙 傾斜被覆壕(ごう). [*lat.* pulpitum „Brettergerüst"–*mhd.* pulpit; ◇ *engl.* pulpit]

Pu̱lt·dach[púlt..] 中 〘建〙 片流れ屋根, 差し掛け屋根 (→ 図 Dach B).

Pu̱l·ver[púlfər, ..vər] 中 -s/- (小 **Pül·ver·chen** → 別出) **1** 粉, 粉末; 〘医〙 粉薬, 散薬: Schlaf*pulver* (粉末の) 睡眠薬 | ein ~ gegen Kopfschmerzen einnehmen ⟨verordnen⟩ (粉末の) 頭痛薬を服用⟨処方⟩する ‖ *et.*[4] zu ~ verreiben …をすりつぶして粉にする. **2** 火薬; 発射薬: ~ und Blei 弾薬 | ein Schuß ~ 弾丸1発分の火薬 | keinen Schuß ~ wert sein (→Schuß 1 a) ‖ **das ~ 〔auch〕 nicht 〔gerade〕 erfunden haben**《話》とくに頭がいいわけではない | Er kann kein ~ riechen.《話》彼はおくびょうだ | Er hat schon ~ gerochen.《話》彼は実戦⟨実地⟩の経験がある | ***sein* ~ trocken halten**《話》戦いに備えている | ***sein* ~ verschossen haben**《話》力を出し尽くしている; 万策尽きている. **3**《単数で》《話》(Geld) 金(かね), ぜに: loses ~ 小ぜに. [*lat.* pulvis „Staub"–*mlat.*–*mhd.*; ◇ Pollen, Puder]

pu̱l·ver·a̱r·tig 形 粉末状の.

Pü̱l·ver·chen[pýlfərçən, ..vər..] 中 -s/- 《話》 (Pulver の縮小形) **1** 《ふつう複数で》(強制的に飲まされる, あるいは役にも立たない) 粉薬. **2** 一服の毒薬.

Pu̱l·ver≈dampf[púlfər.., ..vər..] 男 硝煙, 砲煙. **≈fa·brik** 女 火薬製造所, 火薬工場. **≈faß** 中 火薬樽(だる) (→ 図 Stück): **einem ~ gleichen**《比》一触即発の状態にある ‖ **auf dem ⟨einem⟩ ~ sitzen**《比》(今にも爆発しそうな) 危険なところにいる | die Lunte ans ~ legen (→Lunte 1) | 〔mit *et.*[3]〕 den Funken ins ~ werfen ⟨schleudern⟩ (→Funke 1 a) | Das war der Funke im ~.《比》それが大騒動のきっかけだった. **≈fla·sche** 女 粉末⟨火薬⟩瓶. **≈form** 女 粉末状: Kaffee in ~ 粉末⟨インスタント⟩コーヒー. **≈ga̱s** 中 = Pulverdampf **≈horn** 中 (牛の角で作った) 火薬筒.

pu̱l·ve·rig[púlfərıç, ..vərıç][2] (**pu̱lv·rig**[púlfrıç, ..vrıç][2]) 形 粉末〔状〕の; 粉だらけの.

Pul·ve·ri·sa̱·tor[pʊlverizá:tɔr, ..to:r] 男 -s/-en [..zató:rən] 粉砕機, 製粉機.

pul·ve·ri·si̱e·ren[..zí:rən] 他 (h) 粉にする, 粉末化する; 粉々に砕く;《比》粉砕する: *pulverisierte* Milch 粉ミルク. [*spätlat.*–*fr.*]

Pu̱l·ver≈kaf·fee[púlfər.., ..vər..] 男 粉末⟨インスタント⟩コーヒー. **≈kam·mer** 女 **1** (艦船・要塞(ようさい)の) 火薬庫. ▽**2** (鉄砲の) 薬室. **≈la̱·dung** 女 火薬装塡(そうてん); 装薬. **≈ma·ga·zi̱n** 中 (艦船・要塞の) 火薬庫. **≈me·tall·ur·gie** 女 -/ 〘金属〙 粉末冶金(やきん). ▽**≈mü̱h·le** 女 = Pulverfabrik

pu̱l·vern[púlfərn, ..vərn] 《05》 **I** 他 (h) = pulverisieren **II** 自 (h) 《話》 **1** 《方向を示す語句と》(…に向かって) 射撃する. **2** 《in *et.*[4]》(…のために) お金を投入する, 浪費する.

Pu̱l·ver≈schnee 男 粉雪. **≈schorf** 男 〘農〙 (ジャガイモの) 斑点(はんてん)病.

pu̱l·ver·trocken 形 からからに乾燥した.

Pu̱l·ver≈turm 男 (昔の塔状の) 火薬庫. **≈ver·schwö̱·rung** 女 〘史〙 火薬陰謀事件 (1605年, ガイ フォークスを首領とするカトリック教徒によるイギリス王ジェームズ一世爆殺未遂事件).

pu̱lv·rig = pulverig

Pu̱·ma[pú:ma·] 男 -s/-s 〘動〙 ピューマ, アメリカシシ(獅子) (南北アメリカ大陸に分布するネコ科の動物). [*peruan.*]

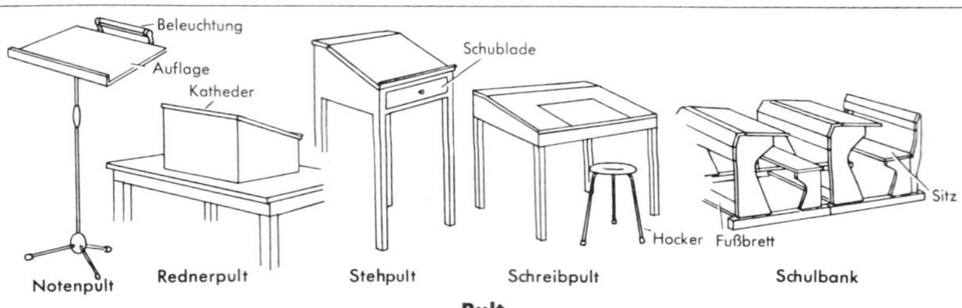

Pult

P

Hubpumpe Flügelpumpe Mammutpumpe Zahnradpumpe

Pumpe

Pụm·mel[pʊ́məl] 男 -s/- (小 **Pụm·mel·chen**[–çən] 中 -s/-) 《話》太っちょの〔かわいい〕女〈娘〉. [*ndd.*; ◇Pumpe 2]

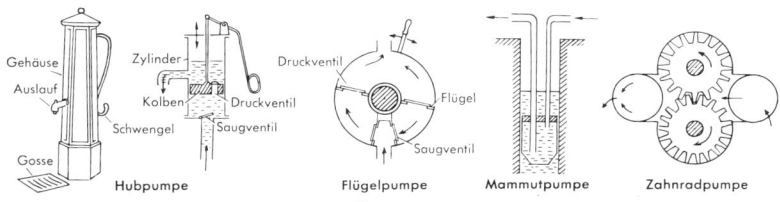

pụm·me·lig[pʊ́məlɪç][2] (**pụmm·lig**[pʊ́mlɪç][2]) 形 《話》太っちょの, ずんぐりした: ein ~*es* Mädchen ころころと太った〔かわいい〕娘.

Pump[pʊmp] 男 -s/ **1** 《話》金を借りること, 借金: 〔bei *jm.*〕 einen ~ aufnehmen 〔…に〕借金をする ‖ **auf ~** 借金して; 掛けで | *et.*[4] auf ~ kaufen …を掛けで買う | auf ~ leben 借金生活をする | *et.*[4] auf ~ nehmen …を借りる. ▽**2** (落下・打撃などの)ドシン〈ドタン〉という音. [1: <pumpen I 2; 2: 擬音]

Pụmp·brun·nen[pʊ́mp..] 男 ポンプ井戸.

Pụm·pe[pʊ́mpə] 女 -/-n **1** ポンプ(→ 図): eine elektrische ~ 電動ポンプ. **2** 《話》(Herz) 心臓. **3** 《話》(麻薬用の)注射器. [*mndl.* pompe–*mndd.*; 擬音; ◇*engl.* pump]

pụm·pen[pʊ́mpən] **I** 他 (h) **1** 《しばしば方向を示す語句と》ポンプでくむ〈吸う〉: Wasser in einen Eimer 〈aus dem Keller〉 ~ ポンプでバケツに水をくむ〈地下室から水をくみ出す〉 | Luft in den Reifen ~ タイヤにポンプで空気を入れる ‖ Geld in ein Projekt ~ 《比》あるプロジェクトに金を注ぎ込む. **2** 《話》 **a)** 借りる: *sich*[3] bei *jm.* 〈von *jm.*〉 Geld ~ …から金を借りる | Ich habe mir von ihm 20 Mark 〈seinen Schirm〉 *gepumpt*. 私は彼から20マルク〈傘〉を借りた. **b)** 《*jm. et.*[4]》(…に…を)貸す; 掛けで売る: Kannst du mir dein Fahrrad ~? 君の自転車を貸してくれないか. **II** 自 (h) **1** ポンプとして作動する; ポンプのように上下に波打つ. **2** 〚スポ〛《話》腕立て伏せをする. [I 1: <Pumpe; I 2: *rotw.* pompen]

Pụm·pen≈haus[pʊ́mpən..] 中 ポンプ小屋. ≈**hei·mer** 男 -s/- 《戯》井戸水, 飲料水 (..heimer というワインの銘柄をもじったもの). ≈**ka·sten** 男 ポンプの水槽. ≈**kol·ben** 男 ポンプピストン. ≈**schwen·gel** 男, ≈**stan·ge** 女 ポンプの柄. ≈**werk** 中 ポンプ装置.

Pụm·pe·rer[pʊ́mpərər] 男 -s/- 《オーストリア》=Pump 2

pụm·perl·ge·sụnd[pʊ́mpərlgəzʊ́nt][1] 形 《オーストリア》(kerngesund) しんそこから丈夫〈健康〉な.

pụm·pern[pʊ́mpərn] 《05》 自 (h) 《南部・オーストリア》(激しく)ドンドンたたく; ドシン〈ガタン〉と音をたてる: an die Tür ~ ドアをドンドンたたく | Sein Herz *pumperte* vor Angst 〈Aufregung〉. 彼の心臓は不安〈興奮〉のあまりどきどきした. [擬音]

Pụm·per·nickel[pʊ́mpərnɪkəl] 男 -s/- プンパーニッケル(ライ麦製の黒パン). [<pumpern „furzen"]

Pụmp·ho̱·se[pʊ́mp..] 女 〚服飾〛プラス=フォアーズ; ニッカー〔ボッカー〕ズ. [<*ndd.* pump „Gepränge" (◇Pomp)]

Pumps[pœmps] 男 -/- 《ふつう複数で》〚服飾〛パンプス(留め金やひものない婦人靴). [*engl.*]

Pụmp·spei·cher·werk[pʊ́mp..] 中 揚水発電所.

Pụmp≈sta·tio̱n 女 ポンプ場, 水くみ場. ≈**werk** =Pumpenwerk

pums[pʊms] 間 (にぶい落下音)ドシン, ドタン, ズシン.

Punch[1][pantʃ] 男 -〔e〕s/-s **1** ポンチ, 道化役, こっけいな男(本来は Punch and Judy という人形芝居の, 小柄でかぎ鼻の主人公). **2** 《単数で》パンチ誌(1841年に創刊されたイギリスの風刺漫画雑誌). [*engl.*; <Pulcinella]

Punch[2][pantʃ] 男 -s/-s 〚ボクシング〛パンチ. [*engl.*]

Pun·ching≈ball[pántʃɪŋbal, ..bɔːl] 男, ≈**bir·ne** 女 〚ボクシング〛パンチングボール.

pụnc·tum pụnc·ti[pʊ́ŋktʊm pʊ́ŋktiˑ] 《ラテン語》重要な点, 問題点(→in puncto puncti). [„Punkt des Punktes"]

pụnc·tum sa̱·liens[– záːliɛns] 《ラテン語》要点, 主眼点. [„springender Punkt"; ◇Salto]

Pụn·gel[pʊ́ŋəl] 中 -s/- 《北部》(Bündel) 束, 包み.

Pu̱·ni·er[púːniər] 男 -s/- カルタゴ人 (Karthager のラテン語名). [*lat.* Poenus; ◇phönizisch]

pu̱·nisch[púːnɪʃ] 形 カルタゴ〔人〕の; 古代カルタゴ語の: →deutsch ‖ *Punischer* Apfel 〚植〛ザクロ(石榴) (=Granatapfel) | ~*e* Treue 《反語》不信, 裏切り | die *Punischen* Kriege 〚史〛ポエニ戦役(3回にわたるローマとカルタゴの戦争). [*lat.*; ◇*engl.* Punic]

Pun·jab[pʌndʒáːb] 地名 =Pandschab

Punk[paŋk] 男 -〔s〕/-s **1** 《ふつう無冠詞単数で》パンク(1970年代後半に英国で起こったパンク=ロックの音楽の流れをくむ若者たちの反体制的な風俗現象). **2** パンク族の若者. [*engl.*]

Pun·ker[páŋkər] 男 -s/- =Punk 2

pun·kig[páŋkɪç][2] 形 パンク族の〔ような〕.

punkt[pʊŋkt] 《オーストリア・スイス》→Punkt 5 ☆

Punkt[pʊŋkt] 男 -es(-s)/-e **1** (小 **Pünkt·chen** → 別出, **Pünkt·lein**[pʏ́ŋktlaɪn] 中 -s/-) (略 Pkt.) **a)** (英: *point*) (形としての)点, ぽち; (さいころの)目; 〚服飾〛水玉〔模様〕; 《比》微細なもの: 〔bis〕 auf den ~ genau sein 《比》とてもきちょうめんである | ein blauer Stoff 〈ein blaues Kleid〉 mit weißen ~*en* 青地に白い水玉の布地〈服〉 ‖ **der ~ auf dem i** i の上の点; 《比》最後の仕上げ, 最後に残った一仕事 | **den ~ auf das i setzen** i〔という文字〕の上の点を打つ; 《比》最後の仕上げをする ‖ Die Erde ist nur ein ~ im Weltall. 地球は宇宙の中では(微細な)点にすぎない. **b)** 〚言〛終止符, ピリオド (.): **auf ~ und Komma** 《話》細部にいたるまで, とことんまで | **ohne ~ und Komma reden** 《比》たて続け〈のべつ幕なし〉にしゃべる ‖ einen ~ setzen 〈machen〉 ピリオドを打つ | Nun mach 〔aber〕〔mal〕 einen ~! 《比》もうやめろ, たくさんだ ‖ ***Punkt*, Schluß und Streusand darüber!** 《話》過去のことは水に流そう〈もう無かったことにしよう〉 | Schluß, ~! 《話》もう終わりにしようぜ. **c)** (↔Strich) (モールス符号の)短点: Das A besteht aus ~ und Strich. (モールス信号で) A はトンツーで表す. **d)** 〚楽〛(音符の)付点: eine Viertelnote mit einem ~ 付点4分音符 | der ~ über 〈unter〉 der Note スタッカート. **e)** 〚数〛(数字と数字の間に打つ)かけ算符号(例 2·3= 6). **f)** 〚テレビ〛ドット(カラーブラウン管の光点).

2 (位置としての)点: **a)** 場所, 地点, 時点; 《比》個所, 部分; 段階; 立場: eine Gerade von ~ A nach ~ B 〚数〛点 A から点 B に向かう直線(直線 AB) | die ~*e* A und B miteinander verbinden 2 点 A と B を(線で)結ぶ | Die Flüssigkeit erreicht den ~, an dem sie gefriert. 液体が凝固点に達する ‖ Jetzt ist der ~ erreicht, wo 〈an dem〉 meine Geduld zu Ende ist. もう私の忍耐も限度に来た ‖ **An** diesem ~ wollen wir das Gespräch beenden. ここで対話を打ち切りにしよう | Ich bin jetzt an 〈**auf**〉

P

dem ~, wo ich nicht mehr weiter kann. 私はもうこれ以上は続けられない | die Aufmerksamkeit auf einen ~ richten 〈lenken〉 一点に注意を向ける | Er war auf dem ~ zu gehen. 彼はまさに行こうとしているところだった | *sich*[4] **in** einem ~ schneiden 〖数〗一点で交わる ‖〖形容詞と〗**ein dunkler ~** 暗部, いかがわしい点 | *jn.* in einem empfindlichen ~ treffen 《比》…の痛い所をつく | der höchste ~ (山などの)最高地点;《比》最高潮 | **ein neuralgischer ~** 《比》弱点, 頭の痛い点, 問題の多い箇所 | **ein schwacher 〈wunder〉 ~** 弱点, 急所 | einen wunden ~ berühren 《比》痛い所〈傷口〉に触れる | **der springende ~** 《比》問題の核心, 肝心かなめの点 | der tote ~ 〖工〗死点;《比》(そこから先は進展不可能になる)壁, 暗礁; 疲労の極点 | ein trigonometrischer ~ 〖測量〗三角点. **b**) 〖ボクシング〗(急所とされる)あご先.

3 a) 〔論〕点, 問題〔点〕: der strittige ~ 争点, 問題点 ‖ *et.*[4] **auf den ~ bringen** …を明確に述べる | **auf den ~ kommen** 要点〈肝心な点〉に言及する | auf einen kitzligen ~ zu sprechen kommen 微妙な問題に触れる | in vielen ~*en* einer Meinung 〈verschiedener Ansicht〉 sein 多くの点で意見が一致する〈見解を異にする〉 | Im ~ der Ehre ist er sehr empfindlich. 名誉という点に関しては彼はきわめて神経質である | *sich*[4] über einen ~ einigen ある点について合意する | **zum ~ kommen** 要点〈肝心な点〉に言及する ‖ einen ~ berühren 〈besprechen〉 ある点に触れる〈を論じる〉. **b**) (略 Pkt.) 項〔目〕, 個条: ~ drei der Tagesordnung 議事日程の第 3 点, 第 3 号議案 | ~ 3 und 4 des Vertrages 契約の第 3 項および第 4 項 ‖ ~ für ~ 一項目ずつ, 逐条(審議する);《比》一つ一つ, 逐一, 細目にわたって(説明する); 完全に(履行する) | *jn.* in allen ~*en* von der Anklage freisprechen 〖法〗訴因のすべてについて…を無罪と判決する.

4 a) 評点, 得点, 点数; 〖スポ〗ポイント: 〔bei *et.*[3]〕 **auf** 228 ~*e* kommen 〔…(ゲームなど)で〕228点取る | **mit** 10 zu 6 ~*en* gewinnen 10対 6 で勝つ | mit 26 ~*en* siegen 〈Sieger werden〉 26点取って勝つ | der Sieg 〈die Niederlage〉 **nach** ~*en* (ボクシングなどで)判定勝ち〈負け〉| nach ~*en* führen 〈vorn liegen〉 点数でリードする | *jn.* nach ~*en* schlagen 〈besiegen〉 (ボクシングなどで)…を判定で破る | *et.*[4] nach ~*en* bewerten …を点数で評価する ‖ bei *et.*[3] 228 ~*e* erreichen 〈erzielen〉 …(ゲームなど)で228点をあげる | ~*e* sammeln 点数をかせぐ;《比》点かせぎをする | Der Treffer 〈Der Fehlwurf〉 zählt drei ~*e*. 当たりの得点〈失投による失点〉は 3 点だ. **b**) (単位: -/-) (略 p) 〖印〗ポイント: eine Sechs-~-Schrift 6 ポイント活字 | 2 ~ Zwischenraum 2 ポイント〔分〕の空き | Ein typographischer ~ ist 0,3759 mm. 活字の 1 ポイントは0. 3759ミリである.

5 《単数で》正(…時): ~ 15 〔Uhr〕 きっかり15時に | *Punkt* 8 〔Uhr〕 fuhr der Zug ab. 正 8 時に列車は発車した.

☆ スイス・オーストリアでは小文字を用いる: *punkt* 15 Uhr きっかり15時に.

[*lat.* punctum „Stich“–*spätlat.*–*mhd.*; < *lat.* pungere „stechen“; ◇Point]

Punk·ta Punktum の複数.

Punk·tal·glas[pʊŋktá:l..] 中 -es/..gläser 〖理〗プンクタールレンズ, 点像〈正確〉レンズ;《複数で》プンクタール眼鏡.

Punk·ta·tion[pʊŋktatsió:n] 女 -/-en **1** 協約草案; 仮契約. **2** 〖言〗母音点法(ヘブライ語などのセム語で字母の上または下に点を打って母音の印とすること).

Punkt≠au·ge[pʊ́ŋkt..] 中 (節足動物の)単眼. **≠ball** 男 **1** 〖ボクシング〗小型パンチングボール. **2** 〖ビリヤード〗第二的球(まとだま)(→Stoßball).

Pünkt·chen[pʏ́ŋktçən] 中 -s/- (Punkt の縮小形)小さな点: Da fehlt 〔aber auch〕 nicht das ~ auf dem i! 《比》これには毛ほどの手落ちもない.

Pünkt·chen·kra·wat·te 女 水玉模様のネクタイ.

punk·ten[pʊ́ŋktən] 《01》 **I** 他 (h) 《*et.*[4]》 (…に)点を打つ. **II** 自 (h) 〖スポ〗点をとる〈かせぐ〉. **III ge·punk·tet** → 別出

Punkt·feu·er 中 〖軍〗集中射撃, 集中砲火.

punkt≠för·mig[pʊ́ŋktfœrmıç][2] 形 点状の. **≠frei** 形 (配給切符の)点数外の. **≠gleich** 形 〖スポ〗同点の.

punk·tie·ren[pʊŋktí:rən] 他 (h) **1** 〖医〗穿刺(せんし)する: Der Patient 〈Die Leber〉 wurde *punktiert*. 患者は〈肝臓が〉穿刺された. **2** 点線で描く: eine *punktierte* Linie 点線 | den Umriß des Hauses ~ 家の輪郭を点線で描く. **3** 《*et.*[4]》 (…に)水玉模様をつける: ein *punktiertes* Tuch 水玉模様の布. **4** 〖楽〗(音符に)付点をつける: eine *punktierte* Viertelnote 付点 4 分音符 | Das A ist *punktiert*. A 音(イの音)には付点がついている. [*mlat.*; ◇Punkt]

Punk·tier≠kunst[pʊŋktí:r..] 女 点卜(ぼく)術(地面または紙に打った点を見て占う術). **≠ma·nier** 女 〖美〗(銅版画の)点刻〈点描〉法. **≠na·del** 女 〖医〗穿刺(せんし)針. **≠rad** 中, **≠räd·chen** 中 〖製図・服飾〗ルレット.

Punk·tie·rung[pʊŋktí:rʊŋ] 女 -/-en 点を打つこと; 句読法; 〖化〗斑点(はんてん)〔試験〕.

Punk·tion[pʊŋktsió:n] 女 -/-en 〖医〗穿刺(せんし)〔法〕. [*lat.*; ◇Punze]

Punk·tions·ka·nü·le 女 〖医〗穿刺(せんし)針.

Punkt·lan·dung[pʊ́ŋkt..] 女 〖宇宙〗精密着陸.

Pünkt·lein Punkt の縮小形(→Pünktchen).

pünkt·lich[pʏ́ŋktlıç] 形 **1** 時間どおりの, 時間を厳守する, 時間に遅れない: ein ~*es* Erscheinen 時間どおりに姿を現すこと | ein ~*er* Mensch 時間の正確な人 ‖ ~ um 12 Uhr 正12時に | ~ auf die Minute 分まで正確に, 1 分もたがわず | **~ wie die Maurer** きちんと時間どおりに, 時間厳守で ‖ ~ ankommen 時間どおりに到着する ‖ Der Zug ist wieder nicht ~. 列車はまたもやダイヤが乱れている. ▽**2** (gewissenhaft) きちょうめんな, 正確な, 厳密な: *et.*[4] ~ erledigen …をきちょうめんに処理する. [< Punkt 5]

Pünkt·lich·keit[–kaıt] 女 -/ 時間厳守, きちょうめん, 正確: mit großer ~ きわめて正確に, 時間厳守で.

Punkt≠li·nie[pʊ́ŋktli:niə] 女 点線. **≠nie·der·la·ge** 女 (ボクシングなどの)判定負け.

▽**punk·to**[pʊ́ŋkto·] 前 《2 格支配》 (betreffs) …の点に関して〔は〕: ~ gottloser Reden 冒瀆(ぼうとく)的言辞のゆえに ‖ 〖冠詞・形容詞を伴わない単数名詞は無変化で〗~ Urlaub 休暇の件で | ~ Geld 金銭上の問題で. [< in puncto]

Punkt≠rich·ter[pʊ́ŋkt..] 男 (ボクシング・レスリング・体操・フィギュアスケートなどの競技で採点をとる)競技審判員, ジャッジ. **≠rol·ler** 男 (ゴム製の)マッサージ用ローラー, 吸引ローラー; (銅版印刷用)ルーレット; 《戯》(警官の持つ)ゴムのこん棒. **≠schrift** 女 (盲人用の)点字〔印刷物〕.

..punktschrift[..pʊŋkt-ʃrıft] 〖印〗《数詞につけて「…ポイント活字」を意味する女性名詞 (-/-en) をつくる》: Sechs*punktschrift* 6 ポイント活字.

★ 基準として 6, 7, 8, 9, 10ポイントの大きさがあり, 他にこれの 2 分の 1 や 2 倍, 4 倍の大きさのものなどがある.

punkt·schwei·ßen [pʊ́ŋkt..] 《過分 punktgeschweißt》他 (h) 《もっぱら不定詞・過去分詞で》点溶接する.

Punkt≠schwei·ßung 女 点溶接. **≠sieg** 男 (ボクシングなどの)判定勝ち. **≠sie·ger** 男 (ボクシングなどの)判定による勝者. **≠spiel** 中 〖スポ〗(点数制による)競技, 試合: Die Mannschaft gewann das ~ mit 2: 0. そのチームは 2 対 0 で勝った. **≠sy·stem** 中 **1** 〖印〗ポイント方式. **2** 〖スポ〗点数制. **3** (食料・衣料品など統制物資配給の)点数制度.

▽**Punk·tua·li·tät**[pʊŋktualitɛ́:t] 女 -/ 厳密, 正確; きちょうめんなこと.

punk·tuell[pʊŋktuɛ́l] 形 **1** 個々の〔点に関する〕, いちいち詳しい, 逐一の. **2** ~*e* Musik 〖楽〗点描音楽. **3** (↔durativ) 〖言〗(動詞の相・動作態様が)瞬間〈完了〉的な, 点結的な. [*mlat.* punctuālis]

Punk·tum[pʊ́ŋktʊm] 中 -s/..ta[..ta·] 終止符; 《今日ではふつう間投詞として》終わり, そこまで: *Punktum!* / 〔Und〕 damit ~! そこまで, それまで,〔それ以上〕文句を言うな | *Punktum* und Streusand darauf! もうこれっきりにしよう. [*lat.* punctum (→Punkt)]

Punk·tur[pʊŋktú:r] 女 -/-en 〖医〗穿刺(せんし)〔法〕. [*spätlat.*]

Punk·tu̱r·zan·ge 女〘医〙穿刺(せんし)用鉗子(かんし).

pu̱nkt·wei·se[pʊ́ŋkt..] 副 (→..weise ★)いちいち〔詳細に〕, 遂一, 個々に.

Pu̱nkt≈we̱r·tung 女 (特にスポーツで)点数による評価. **≈za̱hl** 女 (特にスポーツ・競技などで)点数, スコア.

Pu̱nsch[pʊnʃ] 男 -es(-s)/-e (Pünsche[pʏ́nʃə])パンチ, ポンチ, ポンス(アラク酒またはラム酒・レモン・香料・砂糖・茶または水の五つを混ぜて作る飲料. 熱して飲む): einen starken ⟨kräftigen⟩ ~ brauen 強いパンチを[混ぜて]作る. [*Hindi* pāñč „fünf" (◇fünf) − *engl.* punch]

Pu̱nsch·bow·le[pʊ́nʃbo:lə] 女 **1** パンチ⟨ポンス⟩鉢. **2** =Punsch

Pü̱n·sche Punsch の複数.

Pünt[pʏnt] 中 -s/-e〘海〙索の先端;《スイス》垣で囲んだ土地, 〔集団〕家庭農園. [◇Beunde]

Pu̱nz·ar·beit[pʊ́nts..] 女 (金属の)たがね加工, 打刻細工.

Pu̱n·ze[pʊ́ntsə] 女 -/-n, **Pu̱n·zen**[pʊ́ntsən] 男 -s/- 〘工〙打印⟨刻印⟩器; 打ち抜きたがね;《オーストリア》(金などの純度を示す)極印.

[*it.* punzone; ◇Punktion; *engl.* punch[eon]]

pu̱n·zen[pʊ́ntsən]《02》 (**pun·zi̱e·ren**[pʊntsí:rən]) 他 (h) (たがねで)打ち抜く, 極印する(金属・皮などに); (金・銀の純度を示す)極印を打つ.

Pu̱p[pu:p] 男 -[e]s/-e《話》(大きな音の)おなら: einen ~ lassen (音をたてて)おならをする | **einen ~ im Gehirn ⟨im Hirn⟩ haben** 頭がおかしい. [擬音]

pu̱·pen[pú:pən] 自 (h)《話》(大きな音の)おならをする. [*mndd.*]

pu̱·pig[pú:pɪç][2] 形《話》つまらぬ, 値うちの少ない: ein ~*es* Geschenk つまらぬ贈り物.

pu·pil·la̱r[pupɪlá:*r*] 形 **1**〘解〙瞳孔(どうこう)の. **2** =pupillarisch

pu·pil·la̱·risch[pupɪlá:rɪʃ] 形〘法〙被後見人の, 後見上の: ~ sicher 〔投資して〕安全確実な. [*lat.*]

Pu·pi̱l·le[1][pupílə] 女 -/-n〘解〙瞳孔(どうこう), ひとみ;《話》目: Genuß für die ~《話》目の保養 ‖ **~*n* machen**《話》びっくりして目を丸くする | **eine ~ riskieren**《話》盗み見をする | ***sich*[3] die ~[*n*] verstauchen**《話》読みづらい字を無理して読む ‖ ***et.*[4] in die falsche ~ kriegen**《話》…を誤解する. [*lat.* pūpilla „Püppchen, Waise, Mündel"; < *lat.* pūpa (→Puppe); 自分の姿が相手のひとみの中に小さな人形のように映ることから; ◇ *engl.* pupil]

[▽]**Pu·pi̱l·le**[2][pupílə] 男 -n/-n〘法〙被後見人, 未成年者. [*lat.*; ◇ *engl.* pupil]

Pu·pi̱l·len≈er·wei·te·rung 女〘医〙散瞳(さんどう), 瞳孔散大. **≈ver·en·gung** 女〘医〙縮瞳, 瞳孔縮小.

Pu·pi̱n·spu̱·le[pupí:n..] 女〘電〙装荷コイル. [<M. Pupin (アメリカの物理学者, †1935)]

pu·pi·pa̱r[pupipá:*r*] 形〘虫〙蛹産(ようさん)性の. [< *lat.* pūpa (→Puppe) + parere (→parieren[2])]

Pü̱pp·chen[pʏ́pçən] 中 -s/- (Puppe の縮小形) **1** 小さい人形. **2** =Puppe 1 b: mein liebes, kleines ~ 私のかわいい人 | ein verzogenes ~ 甘やかされた美[少]女.

Pu̱p·pe[pʊ́pə] 女 -/-n (⑪ **Pü̱pp·chen** → 別出, **Pü̱pp·lein**[pʏ́plaɪn] 中 -s/-) **1 a)** 人形(子供の玩具(がんぐ)): mit der ~ spielen お人形遊びをする | eine ~ aus Zelluloid セルロイド製の人形. **b)**《話》かわい子ちゃん; (Freundin) かわいい人, 恋人;《軽蔑的に》(Dämchen) めかしこんだ女, かわいい[だけで中身のない]女, 白痴美人: Sie ist eine tolle ⟨nette⟩ ~. 彼女はすてきな⟨かわいい⟩女の子だ | eine launische ~ 気の変わりやすい[美しい]女. **c)** (人形芝居の)繰り人形, 指人形;《比》自己主張のない人, 傀儡(かいらい)(特に高位の人間が他の操るままになっているさま): die ~*n* führen 人形を操る | die ~*n* mit Hilfe der Finger tanzen lassen 操り人形を指で踊らせる | **die ~*n* tanzen lassen**《話》 i) (コネを利用して)人を意のままに操る; ii) 大いにはしゃぐ, はめをはずす ‖ Die ~*n* tanzen ⟨sind am Tanzen⟩.《話》激しい口論⟨けんか⟩が起こっている | Der König war nur eine ~. その王はただの傀儡であった. **d)** マネキン人形; (仕立て用の)人台, ボディー(→ 図).

2 (Chrysalide)〘虫〙蛹(さなぎ): Die Raupe wird zur ~. 幼虫が蛹になる.

3 (Hocke)〘農〙禾堆(かたい)(穀物の刈り束の山): Getreide in ~*n* setzen 穀物を積んで山にする.

4《話》《次の成句で》**bis in die ~*n*** いつまでも, 際限なく; 夜更けまで | ***jm.* über die ~*n* gehen** …を怒らせる⟨激怒させる⟩.

[*lat.* pūpa „Mädchen, Puppe" − *spätlat.*; ◇Pupille; *engl.* pupa, puppet]

Puppe (Büste)

Pu̱p·pen·ge·sicht[pʊ́pən..] 中 人形の顔; (きれいなだけで表情に乏しい)人形のような顔.

pu̱p·pen·haft 形 人形のような, 人形のようにかわいい; 人形のようにぎくしゃくした⟨表情に乏しい⟩.

Pu̱p·pen≈haus 中 人形の家, ままごと用の家;《戯》ひどく小さな(かわいらしい)家. **≈hül·le** 女〘虫〙蛹包(ようほう), 〔蛹(さなぎ)の入っている〕繭. **≈hül·se** 女〘虫〙蛹の抜殻. **≈kind** 中 (人形遊びで)赤ん坊⟨子供⟩になっている人形. **≈kra̱m** 男 おもちゃ屋; 人形類, おもちゃ類. **≈kü·che** 女 ままごと用の台所;《戯》ひどく小さな台所. **≈mut·ter** 女 人形の母親気取りの女の子. **≈räu·ber** 男〘虫〙オサムシ(歩行虫)の一種(チョウの幼虫や蛹を食べる). **≈spiel** 中 **1** 操り人形芝居, マリオネット. **2** =Puppentheater 1 **≈spie·ler** 男 人形使い. **≈sta̱·dium** 中〘虫〙蛹(よう)期. **≈stu·be** 女 人形の部屋, ままごと用の部屋. **≈thea̱·ter** 中 **1** 操り人形芝居⟨マリオネット⟩用の劇場. **2** =Puppenspiel 1 **≈wa̱·gen** 男 人形の⟨ままごと用の⟩乳母車.

pu̱p·pern[pʊ́pərn]《05》自 (h)《話》打ち震える, 激しく鼓動する: vor Angst ⟨Freude⟩ ~ 不安⟨喜び⟩に[胸が]どきどきする. [擬音]

pu̱p·pig[pʊ́pɪç][2] 形《話》**1** かわいい, きれいな. **2** 容易な, 簡単な. [<Puppe]

Pü̱pp·lein Puppe の縮小形(→Püppchen).

Pu̱ps[pu:ps] 男 -es/-e =Pup

pu̱p·sen[pú:psən]《02》=pupen

pu̱r[pu:*r*] 形 まじり気のない, 純粋な: aus ~*em* Gold 純金〔製〕の | ~*er* Unsinn 全くばかげたこと | ~*er* Zufall 全くの偶然 | *et.*[4] aus ~*em* Egoismus tun …を全くのエゴイズムから行う ‖ Whisky ~ trinken ウィスキーを生(き)のままで⟨ストレートで⟩飲む. [*lat.* pūrus „rein"; ◇pyro..; *engl.* pure]

Pü·re̱e[pyré:] 中 -s/-s〘料理〙ピューレ(野菜・ジャガイモなどを煮て裏ごしにしたもの). [*fr.* purée; < *afr.* purer „reinigen, sieben"]

Pu̱r·gans[pʊ́rgans] 中 -/..ganzien[pʊrgántsiən], ..gantia[pʊrgántsia·] ([▽]**Pur·ga̱nz**[pʊrgánts] 女 -/-en)〘医〙瀉下(しゃか)剤.

[▽]**Pur·ga·tio̱n**[pʊrgatsió:n] 女 -/-en **1** カタルシス, 浄化〔作用〕. **2**〘医〙通痢, 瀉下(しゃか). **3**〘法〙嫌疑の消滅. [*lat.*]

Pur·ga·ti̱v[pʊrgatí:f][1] 中 -s/-e, **Pur·ga·ti̱·vum**[..tí:vʊm] 中 -s/..va[..tí:va·] =Purgans

Pur·ga·to̱·rium[pʊrgató:riʊm] 中 -s/ (Fegefeuer)《カトリック》煉獄(れんごく). [*mlat.*]

pur·gi̱e·ren[pʊrgí:rən] **I** 他 (h)《*et.*[4]》(…の不純物・異物を)除去する, (…を)清める: einen Text ~ 文章を推敲(すいこう)する. **II** 自 (h)〘医〙通痢する, くだす. [*lat.* pūrgāre „reinigen" (◇pur, agieren) − *mhd.*; ◇ *engl.* purge]

Pur·gi̱er≈kör·ner[pʊrgí:*r*..] 複 ハズの種子(猛毒であるが峻(しゅん)下剤として用いられる). **≈kro̱·ton** 男〘植〙ハズ(巴豆). **≈mit·tel** 中〘医〙下剤.

pü·ri̱e·ren[pyrí:rən] 他 (h)〘料理〙ピューレにする(→Püree).

Pu·ri·fi·ka·tio̱n[purifikatsió:n] 女 -/-en《カトリック》(特に聖体拝領後の)聖杯の清め. [*lat.*]

pu·ri·fi·zi̱e·ren[..fitsí:rən] 他 (h) 清める, 洗い⟨はらい⟩清める; 精製する. [*lat.*; < *lat.* pūrus (→pur)]

Pu·ri̱m[purí:m, pú:rɪm] 中 -s/《ユダヤ教》プリム祝日(聖書: エズ 9). [*hebr.* „Lose"]

Pu·ri̱n[purí:n] 中 -s/-e〘化・生化学〙プリン. [◇pur,

P

Urin]

Pu·ri̱n≠ba·se[purí:n..] 女〘生化学〙プリン塩基. **≠kör·per** 男〘生化学〙プリン体.

Pu·ri̱s·mus[purísmʊs] 男 -/ **1**〘言〙(外来語などを排斥する)言語純粋主義; 言語浄化運動. **2**〘美〙純粋主義.

Pu·ri̱st[puríst] 男 -en/-en **1** (言語の)純粋〈浄化〉主義者. **2**〘美〙純粋主義者. [*fr.*]

pu·ri̱·stisch[purístɪʃ] 形 **1** (言語の)純粋〈浄化〉主義の. **2**〘美〙純粋主義の.

Pu·ri·ta̱·ner[puritá:nər] 男 -s/-〘キリスト教〙清教徒, ピューリタン;《比》(極度に生活態度を厳正・簡素に保とうとする)品行方正な人, つましい人. [*engl.* puritan]

pu·ri·ta̱·nisch[puritá:nɪʃ] 形 清教徒の, 清教徒的な;《比》(極度に)品行方正な; (極度に)つましい, 厳格な.

Pu·ri·ta·ni̱s·mus[puritanísmʊs] 男 -/ 清教主義;《比》(極度の)道徳的厳格. [*engl.*]

ᵛ**Pu·ri·tä̱t**[puritɛ́:t] 女 -/ (道徳的)純潔, 清浄, 無垢(く), 品行方正. [*spätlat.*; <*lat.* pūrus (→pur)]

Pu̱r·peln[púrpəln] 複《中部》〘医〙風疹(ふうしん), 紅疹, はしか.

Pu̱r·pur[púrpʊr] 男 -s/ **1** (紫がかった)濃紅色, 深紅色, 緋(ひ)色, 青紫色素: der glühende ~ des Abendhimmels 夕焼け空の燃えるような紅色. **2** (王・枢機卿(すうきけい)の着る)緋衣, 紫衣;《比》帝位, 王位, 高位聖職者の位: den ~ tragen 緋衣を着ている, 支配者〈枢機卿〉である | nach dem ~ streben 支配者たらんとする. [*gr.* porphýrā „Purpur〔schnecke〕"－*lat.* purpura－*ahd.*; ◇Porphyr; *engl.* purpure, purple]

pu̱r·pur≠far·ben 形, **≠far·big** 形 (紫がかった)濃い赤の, 深紅色の, 緋(ひ)色の.

Pur·pu·ri̱n[pʊrpurí:n] 中 -s/ 〘化〙プルプリン. [<..in²]

Pu̱r·pur·man·tel[púrpʊr..] 男 緋(ひ)の衣(支配者・高位聖職者の).

pu̱r·purn[púrpʊrn] 形 (紫がかった)濃い赤の, 深紅色の.

Pu̱r·pur·prunk·win·de[púrpʊr..] 女〘植〙マルバアサガオ.

pu̱r·pur·ro̱t 形 深紅色の, 緋(ひ)色の.

Pu̱r·pur≠rö̱·te 女 深紅色, 緋(ひ)色. **≠schnecke** 女〘貝〙アクキガイ(悪鬼貝)科の貝類(ヨーロッパチヂミボラ・テツボラなど. 深紅色の染料がとれる).

pu̱r·ren[púrən] **I** 自 (h)《北部》**1**《in *et.*³》(…を)つつき回す, かき回す, ほじくる. **2** ブンブンいう. **II** 他 (h) **1**〘海〙(当直交代のために)起こす. **2**《北部》なぶる, からかう, 悩ます; かり立てる. [*mndd.*]

pu·ru·le̱nt[purulɛ́nt] 形〘医〙化膿(のう)性の. [*lat.*; <*lat.* pūs „Eiter" (◇faul); ◇pyogen]

Pu·ru·le̱nz[purulɛ́nts] 女 -/-en〘医〙化膿(のう). [*spätlat.*]

Pu̱r·zel[púrtsəl] 男 -s/-《話》おちびちゃん(小さくて, かわいくて, ひょうきんな子供). [<purzeln; ◇Bürzel]

Pü̱r·zel[pýrtsəl] 男 -s/-〘狩〙(イノシシなどの短い)しっぽ.

Pu̱r·zel·baum[púrtsəl..] 男 とんぼ返り: einen ~ machen 〈schlagen / schießen〉 とんぼ返りをする, とんぼを切る. [<purzeln+bäumen]

Pu̱r·zel·mann 男 -〔e〕s/..männer (Stehaufmännchen) 起き上がり小法師(こぼし).

pu̱r·zeln[púrtsəln] 《06》自 (s) (ほとんど一回転するほど)転ぶ, 転げ落ちる, ひっくり返る: in den Schnee 〈aus dem Bett〉 ~ 雪の中へ〈ベッドから〉転げ落ちる. [<borzen; ◇Bürzel]

Pu·sa̱n[puzán, ..sán] 地名 釜山, プサン(韓国東南端の港湾都市).

Pu̱·schel[pʊ́ʃəl] 男 -s/- (女 -/-n)《北部》**1** =Püschel **2** おはこ, 道楽.

Pü̱·schel[pýʃəl] 男 -s/-《中部》(Quaste) **1** ふさ〔飾り〕. **2** 刷毛(はけ); パフ. [<Büschel]

pu̱·sche·lig[pʊ́ʃəlɪç]² 形 ふさふさした, 綿毛のように柔らかい.

pu̱·schen[pʊ́ʃən] 《04》自 (h) **1** 急激に上昇する, 活況を呈する. **2**《話》(音をたてて)小便する. [1: <pushen; 2: 擬音]

Pu̱sch·ki̱n[pʊ́ʃki:n] 人名 Aleksandr ~ アレクサンドル プーシキン(1799–1837; ロシアの詩人で, 近代ロシア文学の確立者. 作品『エフゲーニー オネーギン』など).

Push·ball[pʊ́ʃbɔ:l] 男 -s/ 〘球技〙プッシュボール. [*engl.*]

pu·shen[pʊ́ʃən] 自 (h) **1**《話》麻薬の密売をする. **2**《話》(商品を)むりやり売り込む, 派手な宣伝によって売り込む. **3**〘ゴルフ〙プッシュする(ボールを左右いずれかへ飛ばしすぎる). [*lat.* pulsāre (→pulsieren)－*afr.*－*engl.*]

Pu·sher[pʊ́ʃər] 男 -s/-《話》(pushen する人. 例えば:)麻薬密売人. [*amerik.*]

Pu̱s·sel[pʊ́səl] 男 -s/-, **Pu̱s·sel·chen**[-çən] 中 -s/- (小児・小動物の愛称として)おちびちゃん, かわい子ちゃん.

pu̱s·se·lig[pʊ́səlɪç]² (**puß·lig**[..slɪç]²) 形《北部》**1** 忍耐(根気)のいる: eine ~*e* Arbeit 根気仕事. **2** 些細(ささい)なことにこだわる, 重箱の隅をほじるような, 綿密すぎる: Er ist ~. 彼は綿密すぎる〈綿密すぎて仕事がおそい〉.

pu̱s·seln[pʊ́səln] 《06》自 (h)《話》(のろのろと・悠々と)つまらない仕事に念を入れる: den ganzen Tag an *seinem* Auto ~ 一日じゅう自分の車をいじくり回す. [*ndd.*]

pus·si̱e·ren[pʊsí:rən, pʊ..] =poussieren

puß·lig =pusselig

Pu̱ß·ta[pʊ́sta·] 女 -/..ten[..tən] プスタ(ハンガリーの草原・放牧地). [*ungar.* puszta „öde"]

Pu̱·ste[pú:stə] 女 -/ **1**《話》(Atem) 息, 呼吸;《比》力, 金, 財力: keine ~ mehr haben 息が切れている; 力〈金〉が続かなくなっている | *jm.* **geht die ~ aus** …の息が切れる; …の力〈金〉が続かなくなる | Die ~ ging ihm beim Laufen 〈bei den vielen Prüfungen〉 aus. 彼は走って息が切れた〈多くの試験で力つきた〉| Das alte Auto verliert schnell die ~. この古自動車はすぐ馬力が落ちる ‖ aus der 〈außer〉 ~ sein 息を切らしている. **2**《話》ピストル, 短銃. [*mndd.*; ◇pusten]

Pu̱·ste≠blu̱·me 女《幼児語》(花が終わって綿毛状になった)タンポポ. **≠ku̱·chen**《間投詞的に》(期待とは大きくかけ離れているという気持を表して)がっかりだ, くだらない, ばかばかしい; とんでもない, ごめんだよ: Ich habe gedacht, es klappt, aber ~! Alles ging schief. うまくゆくと僕は思っていたのだが とんでもない すべては失敗だった.

Pu̱·stel[pʊ́stəl] 女 -/-n〘医〙プステル, 膿疱(のうほう), 膿疱疹(しん). [*lat.* pūstula „Bläschen"; ◇pusten; *engl.* pustule]

pu̱·sten[pú:stən; スイス: −, pʊ́stən] 《01》《話》**I** 自 (h) **1** (息を)吹きかける; (風などが)強く吹く: auf das Essen ~ (さますために)食べ物をふうふう吹く | durch die Nase ~ 鼻から〔強く〕息を吐き出す | in einen Ball 〔Luft〕 ~ ボールに空気を吹き込む | in die Hände ~ (あたためるために)手にはあはあ息を吹きかける | ins Feuer 〈in den Ofen〉 ~ (火勢を強めるために)火〈ストーブ〉に息を吹きかける ‖ Der Wind 〈Der Ofen〉 *pustet*. 風がヒューヒュー吹く〈ストーブがごうごう燃える〉‖ auf *et.*⁴ ~《比》…を鼻であしらう(軽視する). **2** 息を切らせる, あえぐ: Nach dem Wettlauf hat er sehr *gepustet*. 競走のあとで彼はたいそう息を切らしていた. **3** (電波を)出す, 発信する.

II 他 (h) 吹き入れる; 吹きとばす; 吹き出す: den Staub von den Büchern ~ 本のほこりを吹きとばす | *jm.* **was** 〈**eins**〉 **~**《比》…の願いを退ける | den Rauch ~ 煙をふき出す〈上げる〉| *jm.* ein Loch in den Schädel ~ …の頭に弾丸を撃ち込む.

[*mndd.*; 擬音]

Pu̱·ste·ro̱hr[pú:stə..] 中 **1** (吹き矢を発射するための)吹き筒. **2**《話》(おもちゃの)吹き筒(紙の弾丸などをつめる); (飲酒ドライバーの)アルコールテスト用の管.

pu·stu·lö̱s[pʊstulø:s]¹ 形〘医〙膿疱(のうほう)の. [<*lat.* pūstula (→Pustel)+..ös]

put[pʊt] 間《ふつう put, put とくり返して》(鶏などを呼ぶ声)トト, ココ.

pu·ta·ti̱v[putatí:f]¹ 形〘法〙(法律的に)誤想の, 錯覚の. [*spätlat.*; <*lat.* putāre „beschneiden, schätzen, vermuten“ (◇pur)]

Pu·ta·tịv≈ẹhe 女 〖法〗 誤想(推定)婚姻. **≈nọt·wẹhr** 女 〖法〗 誤想〔正当〕防衛.

Pụ·te[pú:tə] 女 -/-n **1** (Truthenne) (雌の)七面鳥. **2** 《軽蔑的に》女〔の子〕: Dumme ~! ばか女め | eine eingebildete ~ うぬぼれ女. [<put]

Pụ·ter[pú:tər] 男 -s/- (Truthahn) (雄の)七面鳥.

pụ·ter·rọt 形 (怒った七面鳥の肉垂(にくすい)のように)真っ赤な: vor Zorn ~ werden 怒りで真っ赤になる.

Pụt≈hahn[pú:t..] 男 《幼児語》おんどり. **≈hen·ne** 女 《幼児語》めんどり. **≈huhn** 中 《幼児語》にわとり.

Put·pụt (**Putt·pụtt**)[pʊtpót] 中 -s/-〔s〕 **1** (鶏などを呼ぶ声)トト, ココ. **2** 《幼児語》トト, ココ(鶏のこと: →put).

Pu·tre·fak·tiọn[putrefaktsió:n] 女 -/-en, **Pu·tres·zẹnz**[putrɛstsɛ́nts] 女 -/-en 〖医〗 腐敗; 腐敗症.

pu·tres·ziẹ·ren[putrɛstsí:rən] **I** 自 (s) 腐敗する, 分解する. **II** 他 (h) 腐敗させる, 分解させる. [*lat.*; < *lat.* puter „faul“ (◇purulent)]

Putsch[pʊtʃ] 男 -es(-s)/-e **1** (政権奪取を目的とする)反乱, 暴動: einen ~ unterdrücken 〈zerschlagen〉 反乱を鎮圧(粉砕)する. **2** 《スイ》衝突; (こぶしなどによる)一撃. [*schweiz.*; 擬音]

pụt·schen[pʊ́tʃən] 《04》 自 (h) 反乱〈暴動〉を起こす; 煽動(せんどう)〔的言辞を弄(ろう)〕する.

Put·schịst[pʊtʃíst] 男 -en/-en 反乱〈暴動〉を起こす者.

Putt[pʊt] 男 -〔s〕/-s 〖ゴルフ〗 パット. [*engl.*]

Pütt[pʏt] 男 -s/-s, -e 《話》(Bergwerk) 鉱山; 炭坑. [◇Pütze]

Pụt·te[pʊ́tə] 女 -/-n **1** 〖美〗(裸の, しばしば翼をもった小さな)天使像, 童子像. **2** 〖服飾〗(15-18歳くらいの)少女〔の大きさ〕. [*lat.*–*it.* putto; ◇pueril]

pụt·ten[pʊ́tən] 《01》 **I** 他 (h) 〖ゴルフ〗(ボールを)パットする, パターで打つ. **II** 自 (h) 〖ゴルフ〗パットを打つ. [*engl.* put〔t〕]

Pụt·ten Putte, Putto の複数.

Pụt·ter[pʊ́tər] 男 -s/- 〖ゴルフ〗パット用クラブ, パター. [*engl.*; ◇putten]

Pụtt≈hahn[pʊ́t..] =Puthahn **≈hen·ne** =Puthenne **≈huhn** =Puthuhn

Pụt·ti Putto の複数.

Pụ̈t·ting[pʏ́tɪŋ] 女 -/-s; 中 -s/-s 《ふつう複数で》〖海〗(帆船の)チェーンプレート. [*ndl.*]

pụ̈tt·je·rig[pʏ́tjərɪç][2] 形 《北部》小事にこだわる, せかせかした, うるさい; ペダンチックな.

Pụt·to[pʊ́to·] 男 -s/Putti[..ti·], Putten[..tən] =Putte

Putt·pụtt =Putput

Putz[1][pʊts] 男 -es/-e **1** 《中部》小さい子供. **2** 《南部》(Kobold) 小妖精(ようせい). [◇Butz[2]]

Putz[2][–] 男 -es/ **1** 〖建〗化粧塗り, しっくい〈モルタル・プラスター〉〔塗り〕(→ 図 Haus A): eine Wand mit ~ bewerfen 壁をしっくい〈モルタル・プラスター〉で化粧塗りする | Der ~ bröckelt von den Wänden 〔ab〕. 壁の化粧塗りがはがれる ‖ **auf den ~ hauen** 《話》 i) いばる, 大言壮語する; ii) はしゃいで〈浮かれて〉いる, 悪乗りする; 大盤振舞いをする. **2** 《話》(わざとらしい派手な)けんか, 口論: **~ machen** i) けんかを始める; 乱暴狼藉(ろうぜき)をはたらく; ii) (つまらぬことで)大さわぎする. [▽]**3** (特に婦人服・婦人帽の)アクセサリー, 装身具; (装飾品・装身具で飾りたてた)晴れ着: festtäglicher ~ 祝日用の装身具〈晴れ着〉| in stattlichem ~ 盛装して. [<putzen]

Pütz[pʏts] 女 -/-en =Pütze

Pụtz≈ar·beit[pʊ́ts..] 女 〖建〗化粧塗り, しっくい〈モルタル・プラスター〉塗り. **≈ar·ti·kel** 男 (女性用)装身具; (リボン・レースなどのついた) 婦人帽.

Pụ̈t·ze[pʏ́tsə] 女 -/-n (Eimer) 〖海〗バケツ, 手桶(ておけ). [*lat.* puteus (→Pfütze)–*mndl.*; ◇Pütt]

Pụtz·ei·mer[pʊ́ts..] 男 掃除用バケツ.

pụt·zen[pʊ́tsən] 《02》 他 (h) **1 a)** (磨いたり, こすったりして)きれいにする: das Fenster 〈die Schuhe〉 ~ 窓〔ガラス〕〈靴〉を磨いてきれいにする | 〔*sich*[3]〕 die Brille 〈die Zähne〉 ~ 眼鏡〈歯〉を磨く | 〔die〕 Klinken ~ (→Klinke 1) ‖ 再帰 *sich*[4] ~ (猫などが)身体をなめてきれいにする. **b)** (不用な部分を除去して)きれいにする: Gemüse 〈Salat〉 ~ 野菜〈サラダ菜〉を〔不用部分をとって〕こしらえる | die Kerze 〈das Licht〉 ~ ろうそく〈ランプ〉の芯(しん)の燃えかすを取り除いてきれいにする | das Zimmer 〈die Küche〉 ~ 《南部》部屋〈台所〉を掃除する | die Kleidung ~ 《オーストリア》服にブラシをかける; 服をクリーニングする ‖ *sich*[3] die Nase ~ 鼻をかむ | den Teller blank ~ 皿をぴかぴかにきれいにする; 《話》(食物を)一つのこらず平らげる. **2** 飾る, 飾りたてる; おめかしさせる: ein Kind 〔zum Fest〕 ~ 〔お祭りのために〕子供におめかしさせる | den Weihnachtsbaum ~ クリスマス=ツリーに飾りつけをする ‖ festlich *geputzte* Menschen 晴れ着を着てめかしこんだ人々 | *geputzt* wie ein Pfingstochse (→Pfingstochse) ‖ 再帰 *sich*[4] ~ 化粧する | Du hast dich aber heute *geputzt*! 君はきょうはまたずいぶんとめかしこんだものだなあ ‖ Der Schmuck *putzt* 〔das Kleid〕 sehr. その装身具は〔ドレスの〕よい飾りになる. **3** 〖建〗しっくい〈モルタル〉で上塗りする: das Haus ~ 家にしっくい〈モルタル〉を塗る.

Pụt·zen[pʊ́tsən] 男 -s/- **1** (リンゴなどの)芯(しん); (だんご状の)塊, こぶ. **2** 〖印〗(印刷物の)しみ. [<Butz[2]]

Pụt·zer[pʊ́tsər] 男 -s/- **1** (靴・窓ガラス・機械などを)磨く人, 掃除夫. **2** 〖建〗左官, 壁大工. [▽]**3** 〖軍〗将校の当番兵.

Put·ze·rẹi[pʊtsəráɪ] 女 -/-en (面倒な)掃除〔仕事〕; 《オーストリア》クリーニング屋; 〖工〗鋳銑機.

Pụtz≈frau[pʊ́ts..] 女 (通いの)掃除婦, 家政婦, 家事手伝いの女. **≈ge·schäft** 中 婦人帽子店; 装身具店. **≈händ·ler** 男 婦人帽子商; 装身具商.

pụt·zig[pʊ́tsɪç][2] 形 小さくてかわいい, 愛くるしい; 奇妙な, おかしい, こっけいな: ein ~*es* kleines Mädchen 愛くるしくてかわいい少女 | mit der ~*en* Wichtigkeit こっけいなくらいのもったいぶりようで. [*ndd.* „koboldhaft“; <Butz[2]]

Pụtz≈ko·lon·ne[pʊ́ts..] 女 清掃隊, 清掃団. **≈kram** 男 アクセサリー. **≈la·den** 男 婦人帽子店, (女性用)装身具店. **≈lap·pen** 男 ぞうきん, (窓・靴などを)磨く布. **≈le·der** 中 (窓などを磨くための)セーム革. **≈lei·ste** 女 (窓の)飾り縁. **≈ma·che·rin** 女 婦人帽製作者(女). **≈mit·tel** 中 磨き粉, クレンザー; 洗浄剤; 研磨材.

pụtz·mụn·ter 形 《話》ひどく元気〈陽気〉な.

Pụtz≈pul·ver[pʊ́ts..] 中 磨き粉. **≈sche·re** 女 (ろうそくの)芯(しん)切りばさみ. **≈stein** 男 (金属研磨用の)バス砥石(といし). **≈sucht** 女 -/ (極度の)おしゃれ癖.

pụtz·süch·tig 形 (極度に)おしゃれな.

Pụtz≈teu·fel 男 《話》(やたらに)化粧好きの女; ひどくきれい好きな女, 掃除魔; 極度の化粧〈掃除〉癖: den ~ haben / vom ~ besessen sein (やたらと)化粧好きである; 掃除魔である. **≈tisch** 男 化粧台. **≈tuch** 中 -〔e〕s/..tücher ぞうきん, ふきん. **≈wa·ren** 複 (服・帽子などにつける女性用)装身具類, アクセサリー. **≈wol·le** 女 (機械掃除用の)くず綿糸. **≈zeug** 中 -〔e〕s/ (薬剤・布きれなど)掃除〈手入れ〉道具.

Puz[pʊts] 男 -es/-e =Putz[1]

puz·zeln[pázəln, pásəln] 《06》 自 (h) Puzzle を解く.

Puz·zle[pázəl, pásəl, pʌzl] 中 -s/-s ジグソウパズル.

Puz·zle·fal·ter[pázəl.., pásəl..] 男 (Würfelfalter) 〖虫〗チャマダラセセリ属のチョウ: Gemeiner ~ ヒメチャマダラセセリ(姫茶斑挵蝶).

Puzz·ler[pázlər] 男 -s/- Puzzle を解く人. [*engl.*]

Puz·zle·spiel[pázəl.., pásəl..] 中 =Puzzle

Puz·zo·lạn·ẹr·de[pʊtsolá:n..] =Pozz〔u〕olanerde

PVC[pe:faʊtsé:] 略 =Polyvinylchlorid

pxt. 略 =pinxit

Py·ämi̩e[pyɛmí:] 女 -/-n[..mí:ən] 〖医〗膿血(のうけつ)症. [<*gr.* pýon (→pyogen)]

Pye·lị·tis[pyelí:tɪs] 女 -/..tiden[..lití:dən] (Nierenbeckenentzündung) 〖医〗腎盂(じんう)炎. [<*gr.* pýelos „Trog“+..itis]

Pye·lo·ne·phrị·tis[pyelonefrí:tɪs] 女 -/..tiden [..frití:dən] 〖医〗腎盂(じんう)腎炎.

Pyg·mä̩e[pʏgmɛ́:ə] 男 -n/-n ピグミー(アフリカ・東南アジア・Melanesien などに住む小びと人種); 《比》小びと, 侏儒(しゅじゅ). [*gr.*–*lat.*; <*gr.* pygmḗ „Faust“; ◇*engl.*

P

pygmy]

pyg·mä·en·haft 形 ピグミー〈小びと〉のような, 矮小(わいしょう)な.

Pyg·mä·en·männ·chen ＝Zwergmännchen

pyg·mä·isch[pʏgmɛ́:ɪʃ] ＝pygmäenhaft

Pyg·ma·lion[pʏgmá:liɔn] 人名《ギ神》ピュグマリオン(Zypern の王. 象牙(ぞうげ)の女人像に恋し, Aphrodite に請うて像に生命を与えてもらい, 妻とした). [*gr.*－*lat.*]

Py·ja·ma[py(d)ʒá:ma·, pi(d)ʒá:ma·, pyjá:ma·] 男 (オースト·スイス: 中) -s/-s パジャマ, 寝間着. [*Hindi* pāe-jāma „Beinkleid"－*engl.*]

Py·kni·ker[pʏ́knikər] 男 -s/- 《医》肥満型の〈ずんぐりした〉人. [＜*gr.* pyknós „dicht〔gedrängt〕"]

py·knisch[pʏ́knɪʃ] 形《医》肥満型の, 太り型の: ein ～*er* Typ 肥満体型, 太り型.

Py·kno·me·ter[pyknomé:tər] 中 (男) -s/- 《理》比重瓶.

Py·la·des[pý:ladɛs] 人名《ギ神》ピュラデス (Orest の親友). [*gr.*－*lat.*]

Py·lon[pyló:n] 男 -en/-en, **Py·lo·ne**[pyló:nə] 女 -/-n **1** 《建》パイロン(古代エジプトの神殿・宮殿の正門の截頭(せっとう)角錐(かくすい)形の塔状建造物), 塔門. **2** (つり橋の)橋柱, 橋門. **3** 《空》**a**) パイロン(燃料タンク・ミサイルなどを取り付けるための支柱). **b**) 航路目標塔. [*gr.*]

Py·lo·rus[pyló:rʊs] 男 -/..ren[..rən] 《解》幽門. [*gr.* pylōrós „〔Tor〕hüter"－*spätlat.*; ◇Pförtner 2]

Py·lo·rus·ver·en·ge·rung 女《医》幽門狭窄(きょうさく)〔症〕.

pyo·gen[pyogé:n] 形《医》化膿(かのう)〔性〕の, 膿原の, 醸膿性の. [＜*gr.* pýon „Eiter" (◇purulent)]

Pyong·yang[phjɔŋjáŋ] 地名 ＝Pjöngjang

Pyor·rhö〔**e**〕[pyɔrǿ:, pyorǿ:] 女 -/-n[..rǿ:ən] 《医》膿漏(のうろう). [＜*gr.* rhoē „Fließen"]

pyor·rho·isch[pyɔró:ɪʃ, pyor..] 形 膿漏(のうろう)性の.

pyr.. →pyro..

py·ra·mi·dal[pyramidá:l] 形 ピラミッド形の, 角錐(かくすい)形の;《話》すごい, 巨大な, 圧倒的な, とてつもない. [*spätlat.*]

Py·ra·mi·de[pyramí:də; スイ: pira..] 女 -/-n **1** (古代エジプトの)ピラミッド, 金字塔. **2** (ピラミッド形・角錐(かくすい)形のもの. 例えば:) (サーカスなどの)人間ピラミッド;《数》角錐;《解》錐体, 錐状体;《軍》叉銃(さじゅう): eine ～ von Konservenbüchsen ピラミッド形に積み上げた缶詰 | die Gewehre in ～*n* setzen 叉銃する. [*ägypt.*－*gr.* pȳramís－*lat.*]

Py·ra·mi·den·bahn 女《解》錐体(すいたい)路(大脳皮質から発する運動神経の主要経路).

py·ra·mi·den·för·mig 形 ピラミッド形の, 角錐(かくすい)〔状〕の.

Py·ra·mi·den≈pap·pel 女《植》セイヨウハコヤナギ(西洋箱柳). **≈stumpf** 男《数》角錐(かくすい)台.

Py·ra·mi·don[pyramidó:n] 中 -s/ 商標 ピラミドン(解熱・鎮痛剤). [＜pyro..＋amino..]

die **Py·re·nä·en**[pyrenɛ́:ən] 地名 複 ピレネー(スペインとフランスとの国境に横たわる山脈. 最高峰3404 m). [*lat.*; ◇*kelt.* byrin „steiles Gebirge"; *engl.* Pyrenees]

die **Py·re·nä·en·halb·in·sel** 地名 女 -/ ピレネー半島(イベリア半島の別名: →iberisch).

py·re·nä·isch[pyrenɛ́:ɪʃ] 形 ピレネーの.

Py·re·thrum[pyré:trʊm, pý:re..] 中 -s/..thra[..tra·] 《植》ジョチュウギク(除虫菊). [*gr.*; ＜*gr.* pyretós „Fieber" (◇pyro..); ◇Bertram[2]]

Pyr·exie[pyrɛksí:] 女 -/-n[..ksí:ən] 《医》発熱.

Py·ri·mi·din[pyrimidí:n] 中 -s/-e 《化》ピリミジン.

Py·rit[pyrí:t, ..rít; オースト: ..rít] 男 -s/-e 《鉱》黄鉄鉱. [＜pyro..＋..it[2]]

Pyr·mont[pʏrmɔ́nt, pɪr.., ⌣⌣] 地名 ピルモント(ドイツ Niedersachsen 州の温泉地). [*fr.* Pierre-mont „Petri Berg 〈Burg〉"]

pyro.. 《名詞・形容詞などにつけて「火・熱」を意味する. 母音の前では pyr.. となる: →*Pyrexie*》[*gr.* pȳ̃r „Feuer"; ◇pur]

Py·ro·gal·lol[pyrogaló:l] 中 -s/, **Py·ro·gal·lus·säu·re**[pyrogálʊs..] 女 -/ 《化》ピロガロール, 焦性没食子(もっしょくし)酸.

py·ro·gen[pyrogé:n] 形《医》発熱性の, 熱による;《鉱》高熱〔溶解〕によって生じた.

py·ro·kla·stisch[pyroklástɪʃ] 形《地》火砕岩の, 火成砕屑(さいせつ)岩の: ein ～*er* Strom 火砕流.

Py·ro·kla·stit[pyroklastí:t] 男 -s/-e 《地》火砕岩, 火成砕屑(さいせつ)岩.

Py·ro·ly·se[pyrolý:zə] 女 -/-n 《化》熱分解.

Py·ro·ma·ne[pyromá:nə] 男 -n/-n 《心・医》放火狂, 放火症患者.

Py·ro·ma·nie[..maní:] 女 -/ 《心・医》放火癖, 放火症.

py·ro·ma·nisch[..má:nɪʃ] 形 放火癖のある, 放火狂の.

Py·ro·man·tie[..mantí:] 女 -/ (古代の)火占い〔術〕.

Py·ro·me·ter[pyromé:tər] 中 (男) -s/- 《理》ピロ〈パイロ〉メーター, 高温計, 検熱器.

Pyr·op[pyró:p] 男 -〔e〕s/-e (Granatstein) 《鉱》石榴(ざくろ)石. [*gr.* pyr-ōpós „feuer-äugig"－*lat.* pyrōpus „Goldbronze"]

py·ro·phor[pyrofó:r] 形 自然発火性の, 自燃性の.

Py·ro·tech·nik[pyrotɛ́çnɪk] 女 -/ 花火製造術, 煙火術, 火工術.

Py·ro·tech·ni·ker[..nikər] 男 -s/- 花火製造業者, 花火師.

py·ro·tech·nisch[..nɪʃ] 形 花火製造〔術〕の, 煙火術の.

Py·ro·xen[pyrɔksé:n] 男 -s/-e《ふつう複数で》(Augit) 《鉱》輝石. [＜xeno..]

Pyr·rhus[pʏ́rʊs] 人名 ピュロス(前319-272; 古代ギリシア, エペイロス Epilus の王. しばしばローマ軍を破ったが, 味方の死傷者の数が多く, 必ずしも成果はあがらなかった). [*gr.*－*lat.*]

Pyr·rhus·sieg 男 ピュロスの勝利(あまりにも大きすぎる犠牲を払って得た, 損害の大きすぎる勝利).

Pyr·rol[pyró:l] 中 -s/ 《化》ピロール. [＜*gr.* pyrrhós „feuerfarben" (◇pyro..)＋..ol]

Py·tha·go·rä·er[pytagorɛ́:ər] 男 -s/-《オースト》＝Pythagoreer

py·tha·go·rä·isch[..rɛ́:ɪʃ]《オースト》＝Pythagoreisch

Py·tha·go·ras[pytá:goras] 人名 ピュタゴラス(前582頃-497頃; 古代ギリシアの数学者・哲学者). [*gr.*－*lat.*]

Py·tha·go·re·er[pytagoré:ər] 男 -s/- ピュタゴラス学派の人.

py·tha·go·re·isch[..ré:ɪʃ] 形 ピュタゴラス学派〈学説〉の;《大文字で》ピュタゴラスの: ～*er* Lehrsatz《数》ピュタゴラスの定理 | *Pythagoreische* Philosophie ピュタゴラスの哲学.

Py·thia[pý:tia·] **I** 人名《ギ神》ピュティア (Delphi の Apollo の女司祭). **II** 女 -/..thien[..tiən] 巫女(みこ), 女預言者. [*gr.*－*lat.*]

Py·thien[pý:tiən] **I** Pythia IIの複数. **II** 複 ＝die Pythischen Spiele (→pythisch).

py·thisch[pý:tɪʃ] 形 (orakelhaft) なぞめいた, 神秘的な, あいまいな;《大文字で》ピュティアの: *Pythisches* Orakel ピュティアによるアポロンの神託 | die *Pythischen* Spiele ピュティア競技祭(古代ギリシアで Apollo の祭りとして Delphi で行われた国家的大祭の一つ. Pythien ともいう).

Py·thon[pý:tɔn] 男 -s/-s, -en[pytó:nən] **1**《単数で》《ギ神》ピュトン (Delphi にいた大蛇で, Apollo に殺された). **2 a**) 大蛇. **b**) 《動》ニシキヘビ(錦蛇). [*gr.*－*lat.*]

Py·thon·schlan·ge 女 ＝Python 2

Py·xis[pʏ́ksɪs] 女 -/..xiden[pʏksí:dən], ..xides[pʏ́ksidɛ:s] 《カト》聖体容器. [*gr.* pyxís „Büchse"－*lat.*; ＜*gr.* pýxos (→Buchs); ◇Büchse]

PZ 略 ＝Portlandzement

Q

q¹[ku:; ｵｰｽﾄﾘｱ: ke:], **Q**¹[–] 中 -/- (→a¹, A¹ ★) ドイツ語のアルファベットの第17字(子音字): →a¹, A¹ 1 | *Q* wie Quelle (通話略語) Quelle の Q〔の字〕(国際通話では *Q* wie Quebec).

q² 記号 **1** [kvadrá:t; まれ: ku:] (Quadrat) 平方, 2 乗. **2** [kvɪntá:l; まれ: ku:] (Quintal) キンタール. **3** 《ｵｰｽﾄﾘｱ・ｽｲｽ》 (Zentner) ツェントナー.

Q²[ku:] 中 -/- (höchste Qualität) (旧東ドイツの品質保証マーク) 最優秀〈特級〉品: *et.*³ das ～ verleihen …に最優秀マークを与える.

Q. b. A.[ku:be:|á:] 略 =**Q**ualitätswein mit **b**estimmtem **A**nbaugebiet 生産地指定上級ワイン.

ᵛ**qcm**[kvadrá:ttsɛntime:tər, tsɛntimé:tər hó:x tsváɪ] =cm²

ᵛ**qdm**[kvadrá:tdetsime:tər, detsimé:tər hó:x tsváɪ] =dm²

q. e. d. 略 =**q**uod **e**rat **d**emonstrandum 証明されるべきであったこと, 以上証明済み (Euklid の用語). [◇demonstrieren]

Q-Fie·ber[kú:..] 中 -s/ 〘医〙 Q(ｷｭｰ)熱. [＜*engl.* query „Frage" (◇Quästor)]

Qi·dan[tɕìdān] =Kitan

Qin[tɕín] =Chin

Qin·dar[kíndar] 男 -[s]/-ka[kɪndárka·] キンダル (Albanien の貨幣〔単位〕: ¹/₁₀₀ Lek). [*lat.* centēnārius (→Zentenar) – *alban.*; ◇Zentner, Quintal; *engl.* qintar]

Qing[tɕīŋ] =Ching

Qing·dao[tɕīŋxǎŭ] =Tsingtau

Qing·hai[tɕīŋxǎĭ] =Tsinghai

ᵛ**qkm**[kvadrá:tkilome:tər, kilomé:tər hó:x tsváɪ] =km²

ᵛ**qm**[kvadrá:tme:tər, mé:tər hó:x tsváɪ] =m²

ᵛ**qmm**[kvadrá:tmɪlime:tər, mɪlimé:tər hó:x tsváɪ] =mm²

QS. 略 =**Q**uecksilber**s**äule 水銀柱.

qu. 略 =**qu**ästioniert 〘法〙 問題になっている, 審議中の, 当該の.

qua[kva:] **I** 前 《ふつう無語尾の名詞と》 (mittels) …によって; (gemäß) …に従って, …に応じて: ～ Befugnis 権能により | ～ Wille 意思によって〈従って〉. **II** 接 (als) …として: ein Gemälde ～ Kunstwerk 芸術作品としての絵画. [*lat.*]

Quab·be[kvábə] 女 -/-n 《北部》 (脂肪などの) ぶよぶよした塊.

ᵛ**Quab·bel**[kvábəl] 女 -/-n; 男 -s/- **1** 《北部》 ぶよぶよした塊. **2** (Gelee) 〘料理〙 ゼリー. [*mndd.*]

quab·be·lig[..lɪç]² =quabblig

quab·beln[kvábəln] 《06》 自 (h) 《北部》 **1** (プディングなどが) ぶよぶよ〈ふにゃふにゃ〉している. **2** (湿地などが) どろどろのぬかるみになっている. [擬音; ◇〔sch〕wabbeln]

quabb·lig[kvábləç]² (**quab·big**[kvábɪç]²) 形 《北部》 **1** (プディングなどが) ぶよぶよ〈ふにゃふにゃ〉した. **2** (湿地などが) どろどろにぬかった.

Quacke·lei[kvakəláɪ] 女 -/-en 《方》 **1** (ぺちゃくちゃした) くだらないおしゃべり; (ぶつぶついう) 絶え間のないぐち〈小言〉. **2** にえきらない態度. **3** くだらぬもの, がらくた.

Quackel≈frit·ze[kvákəlfrɪtsə] 男 -n/-n =Quackler ≈**lie·se**[..li:zə] 女 -/-n 《方》 おしゃべり女; 口やかましい女.

quackeln[kvákəln] 《06》 自 (h) 《方》 **1** ぺちゃくちゃとくだらないおしゃべりをする. **2** 口やかましく小言を言う. **3** (watscheln) よたよた歩く. [＜quaken]

Quack·ler[kváklər] 男 -s/- 《方》 **1** ぺちゃくちゃとくだらぬおしゃべりをする人, おしゃべり. **2** 口やかましく小言を言う人, 小言幸兵衛.

Quack·sal·ber[kvákzalbər] 男 -s/- 《軽蔑的に》 (Kurpfuscher) もぐり〈無免許〉の医者; やぶ医者. [*ndl.*; ＜*ndl.* kwaken „prahlen" (◇quaken)＋zalven „salben" (salben); ◇*engl.* quacksalver]

Quack·sal·be·rei[kvakzalbəráɪ] 女 -/ 《軽蔑的に》 いんちき治療.

quack·sal·bern[kvákzalbərn] 《05》 自 (h) いんちき治療をする.

Quad·del[kvádəl] 女 -/-n **1** 《北部》 (虫の刺したあとの) 腫(は)れ, 虫さされ. **2** 〘医〙 じんましん, 膨疹(ぼうしん); 丘疹, 丘斑(はん). [„Anschwellung"; *ahd.* quedilla „Pustel" – *ndd.*]

Quad·del·ab·sorp·tions·zeit 女 〘医〙 丘斑吸収時間.

Qua·de[kvá:də] 男 -n/-n クァディ人 (古代西ゲルマン族の一種族). [*gr.* – *lat.* Quadī]

Qua·der[kvá:dər] 男 -s/- (ｵｰｽﾄﾘｱ: -n); 女 -/-n **1** 〘建〙 角石(かくいし); (角柱形の) 切り石 (→ 図 Baustoff). **2** 〘数〙 直方体, 直六面体. [*mlat.* quadrus (lapis) „viereckiger (Stein)" – *mhd.*; ＜*lat.* quadrum „Viereck" (◇quadri..); ◇Kader]

Qua·der≈bau 男 -[e]s/-ten **1** 《単数で》 切り石建築. **2** 切り石建造物. ≈**stein** 男 〘建〙 角石(かくいし).

quadr.. →quadri..

Qua·dra·ge·se[kvadragé:zə], **Qua·dra·ge·si·ma** [..gé:zima·] 女 -/ (Fastenzeit) 〘ｶﾄﾘｯｸ〙 四旬節 (→Quinquagesima). [*mlat.*; ＜*lat.* quadrāgintā „vierzig"]

ᵛ**Qua·dran·gel**[kvadráŋəl] 中 -s/- =Viereck [*spätlat.*; ＜quadri..＋*lat.* angulus (→angular); ◇Quadrat]

Qua·drant[kvadránt] 男 -en/-en **1** 〘数〙 **a)** 四分円. **b)** 四分円弧. **c)** 象限(しょうげん). **2** 〘天・海〙 四分儀, 象限儀. [*lat.*]

Qua·drat[kvadrá:t] **I** 中 -[e]s/-e **1 a)** 正方形, 真四角; 方陣: **magisches ～** 魔法陣 (碁盤型のます目に数字を入れたもので, 縦・横・対角線の数の和が等しい). **b)** (四方を街路に区切られた) 方形地〔区〕. **2** 〘数〙 2 乗, 平方 (記号 q): fünf im 〈zum〉 ～ 5 の 2 乗 (数字で 5 ²と書けば fünf hoch zwei とも読む) | Das ～ von 7 ist 49. (数字: 7 ²＝49) 7 の 2 乗は49 | eine Zahl ins ～ 〈zum ～〉 erheben ある数を 2 乗する ‖ **im ～** 《話》 特別の, きわめつきの | Pech 〈Glück〉 im ～ haben 《話》 めっぽう運が悪い〈よい〉 | ein Esel im ～ sein 《話》 間抜けのとんまである | **im ～ springen** 《話》 激怒して我を忘れる | **zum ～** 特別の, きわめつきの | Das ist Blödsinn zum ～. それはお話にもならぬばかげたことだ. ᵛ**3** (Auflösungszeichen) 〘楽〙 本位記号, ナチュラル (♮). **4** 〘天〙 (太陽と惑星の) 90度の黄経の差 (→Quadratur 2).

II 中 -[e]s/-en (-e); 男 -en/-en 〘印〙 クワタ (字間の込め物の一種): ein M-～ 全角クワタ (M字幅の込め物). [*lat.*; ＜*lat.* quadrāre (→quadrieren)]

Qua·drat≈de·zi·me·ter[kvadrá:t..] 男 (中) 平方デシメートル (記号 dm²). ≈**fuß** 男 平方フィート.

qua·dra·tisch[kvadrá:tɪʃ] 形 **1** 正方形の: ～ sein / von ～*er* Form sein 正方形である. **2** 〘数〙 2 乗の; 2 次の: ～*e* Gleichung 二次方程式.

Qua·drat≈ki·lo·me·ter 男 (中) 平方キロメートル (記号 km²). ≈**lat·schen** 複 《戯》 〔ばかでかい〕どた靴; ばかでかい足. ≈**mei·le** 女 平方マイル. ≈**me·ter** 男 (中) 平方メー

トル(記号 m^2): Der Garten ist 1 000 ~ groß. この庭は1000平方メートルある. ≈**mil·li·me·ter** 男 (中) 平方ミリメートル(記号 mm^2). ≈**schä·del** 男《戯》角ばったでかい頭, 福助あたま;《軽蔑的に》強情っぱり, がんこ者.

Qua·dra·tur[kvadratú:r] 女 -/-en **1**〖数〗求積法: **die ~ des Kreises ⟨des Zirkels⟩** 円積法(円と等積の正方形を作れという歴史的に有名な作図不能問題);《比》解けない問題, 不可能な課題 | Das bedeutet ⟨ist⟩ die ~ des Kreises.《比》それは不可能なことをせよというのに等しい. **2** (Geviertschein)〖天〗矩象(くしょう)(太陽と惑星の黄経の差が90度になること). [*spätlat.*]

Qua·drat≈wur·zel[kvadrá:t..] 女〖数〗平方根: die ~ aus 25 ziehen 25の平方根を求める | Die ~ aus 25 ist 5.(数式: $\sqrt{25}=5$) 25の平方根は5. ≈**zahl** 女〖数〗2乗数, 平方数: die ~ von drei 3の2乗数. ≈**zen·ti·me·ter** 男 (中) 平方センチメートル(記号 cm^2). ≈**zoll** 男 平方インチ.

quadri..《名詞・形容詞などにつけて「4」を意味する. ときに quadru.. となり, また母音の前では quadr.. となる: →*Quadru*pede, *Quadr*angel》[*lat.*; <*lat.* quattuor „vier" (◇vier)]

qua·drie·ren[kvadrí:rən] 他 (h) **1**〖数〗2乗する, 平方する. **2 a)** 正方形をつくる; 方眼をつくる. **b)**〖紋〗(盾を)方眼状に分割する; (多くの紋章を)盾に方眼状に組み込む. **3**〖建〗(壁などを)切り石積みもどき⟨模造⟩にする. [*lat.* quadrāre „viereckig machen"; ◇Quader, Quadrat, Karree; *engl.* quadrate]

Qua·dri·ga[kvadrí:ga·] 女 -/..gen[..gən] カドリガ(古代ギリシア・ローマの4頭立て二輪馬車で, 競技・凱旋(がいせん)式に用いられ, しばしば戦勝記念碑などの題材になった: →図). [*lat.*; <quadri..+*lat.* iugum (→Jugulum)]

Quadriga

Qua·dril·le[k(v)adríljə; オーストリア: kadríl, ..drí:j] 女 -/-n [..dríljən; オーストリア:..drílən, ..drí:jən] カドリユ(4組で踊るコントラ=ダンス): *sich*^{4} zur ~ aufstellen カドリユを組む. [*span.* cuadrilla „Gruppe von vier Reitern"–*fr.*; <*lat.* quadrum (→Quader)]

Qua·dril·li·ar·de[kvadrıliárdə] 女 -/ Quadrillion の1000倍(10^{27}).

Qua·dril·lion[kvadrılió:n] 女 -/-en Million の4乗(10^{24}). [*fr.*; <quadri..+Million]

Qua·dri·nom[kvadrinó:m] 中 -s/-e〖数〗4項式.

Qua·dri·re·me[kvadriré:mə] 女 -/-n 四橈(じょう)列船(古代ギリシア・ローマの4段こぎ座のガレー船). [*lat.*; <*lat.* rēmus (→Riemen^2)]

Qua·dri·vium[kvadrí:viʊm] 中 -s/ 四学科(中世の大学の教養七学科のうち上位の四科: 算術・幾何学・天文学・音楽: →frei I 1 b, Trivium). [*lat.* „Vierweg"–*spätlat.*; ◇via]

qua·dro[kvá(:)dro·] **I** 形《付加語的用法なし》《話》=quadrophon **II Qua·dro** 中 -s/《話》=Quadrophonie: *et.*^{4} in ~ aufnehmen …を4チャンネル方式で録音する.

qua·dro·phon (**qua·dro·fon**)[kvadrofó:n] 形 (録音再生の) 4チャンネル方式の: eine ~*e* Aufnahme 4チャンネル方式録音 | Die Wiedergabe ist ~. この録音再生は4チャンネル方式による ‖ *et.*^{4} ~ wiedergeben …を4チャンネル方式で再生する.

Qua·dro·pho·nie (**Qua·dro·fo·nie**)[..foní:] 女 -/ 4チャンネル方式の録音再生. [<quadri..]

quadru.. →quadri..

$^\nabla$**Qua·dru·ma·ne**[kvadrumá:nə] 男 -n/-n《ふつう複数で》(Vierhänder) 四手獣(サルの古称). [<*lat.* manus (→Manual)]

$^\nabla$**Qua·dru·pe·de**[..pé:də] 男 -n/-n《ふつう複数で》(Vierfüßer) 四足獣(四足の脊椎(せきつい)動物の古称). [*lat.*; <*lat.* pēs „Fuß" (◇Fuß)]

Qua·dru·pel[kvadrú:pəl] **I** 中 -s/- 四重⟨4倍⟩〔の数・量〕;〖数〗四重対, 四つ組. **II** 男 (中) -s/- (昔の)スペインの金貨. [I: *lat.*–*fr.* quadruple; ◇doppelt; II: *span.*; ◇Dublone]

Qua·dru·pel·al·lianz 女 四国同盟.

Quai[ke:, kɛ:] 男 中 -s/-s **1**《スイ》=Kai^2 **2** 河岸⟨海岸⟩通り. [*fr.*; ◇Kai^2]

der **Quai d'Or·say**[kedɔrsɛ́] 地名 男 --/ ケドルセ(パリのセーヌ川南岸オルセー河岸にある街路. この街路にある「フランス外務省」をさすこともある). [*fr.*]

quak[kva:k] 間 (カエル・アヒルなどの鳴き声) クワーク, ガアガア.

Quä·ke[kvɛ́:kə] 女 -/-n =Hasenquäke

qua·ken[kvá:kən] 自 (h) **1** (カエル・アヒルなどが) ガアガア鳴く. **2**《話》(単調に)キイキイ声で話す; (くだらぬことを)ギャアギャアしゃべる: Aus dem Radio ertönte eine *quakende* Stimme. ラジオからキイキイ声が響いていた | Sie *quakt* zuviel. 彼女はギャアギャアしゃべりすぎる.

quä·ken[kvɛ́:kən] 自 (h)《話》(赤んぼうなどが) ギャアギャア泣き叫ぶ; キイキイ声で話す: eine *quäkende* Stimme キイキイ声.

Quä·ker[kvɛ́:kər] 男 -s/- (女 **Quä·ke·rin**[..kərın]-/-nen)〖宗〗クエーカー派(形式的な儀式を否定するプロテスタントの一派で, フレンド派の俗称)の人. [*engl.* Quaker; <*engl.* quake „zittern"]

Quä·ker·tum[−tu:m] 中 -s/ **1** クエーカー教〔の教義〕. **2**《集合的に》クエーカー教徒.

Qual[kva:l] 女 -/-en **1**《ふつう複数で》(激しく持続的でさいなむような肉体的・精神的)苦痛; 苦悶(くもん), 苦悩, 懊悩(おうのう): die ~*en* des Gewissens ⟨des Durstes⟩ 良心の呵責(かしゃく)⟨渇きの苦しみ⟩ | die ~*en* des Kranken 病人の苦痛 ‖ Die Nachricht bereitete ⟨machte⟩ ihm ~〔*en*〕. その知らせは彼に苦痛をもたらした | ~*en* ertragen ⟨ausstehen⟩ 苦痛を耐え忍ぶ | Er litt höllische ~*en*. 彼は地獄の苦しみをなめた | *js.* ~〔*en*〕 mildern ⟨steigern⟩ …の苦痛を和らげる⟨増大させる⟩ | unter großen ~*en* sterben 非常に苦しんで死ぬ, 悶死する | *jn.* von *seinen* ~*en* befreien ⟨erlösen⟩ …をその苦しみから解放してやる. **2**《単数で》(人を苦しめる)責め苦, 呵責; 苦難, 苦しい試練: **die ~ der Wahl**《戯》(選択の自由に伴う)選択の苦しみ ‖ Es ist〔mir〕eine ~, das mit ansehen zu müssen. それを黙って見ていなければならないというのは〔私にとって〕責め苦だ | Wer die Wahl hat, hat die ~. / Wahl macht ~. (→Wahl 1) ‖ Das Warten wurde ihm ⟨für ihn⟩ zur ~. 待つことは彼にとって責め苦となった | Er machte mir den Aufenthalt zur ~. 彼のせいで私の滞在はひどくつらくなった.

quä·len[kvɛ́:lən] **I** 他 (h) **1 a)**《*jn.*》(…にひどい)肉体的苦痛を与える,(肉体的に…を)苦しめる, 痛めつける, 責めさいなむ; (動物を)いじめる: *jn.* bis aufs Blut ⟨bis aufs Mark⟩ ~ (→Blut 2, →Mark^3 1 b) | *jn.* zu Tode ~ …を死ぬほど苦しめる, …をなぶり殺しにする | Die Kopfschmerzen *quälten* ihn sehr. 頭痛が彼をひどく苦しめた | vom Rheuma *gequält* im Bett liegen リューマチに苦しめられて寝ている | Man *quälte* ihn mit glühenden Zangen. 彼は灼熱(しゃくねつ)したペンチで責められ⟨拷問され⟩た | *seine* Geige ~《戯》ヴァイオリンをギーギーかき鳴らす ‖ 再帰 *sich*^{4} ~ (肉体的に)苦しむ | Der Kranke *quälte* sich die ganze Nacht. 病人は一晩じゅう苦しんだ.

b)《*jn.*》(…にひどい)精神的苦痛を与える,(…に深い精神的動揺・不安を与えて)苦しめる,(…を)煩悶(はんもん)させる, 苦悩に陥れる: Die Einsamkeit *quälte* ihn. 孤独が彼を苦しめた | Es *quälte* ihn die Frage, wie es weitergehen soll. この先いったいどうなるのだろうかという問いに彼はさいなまれた | Man hat ihn mit ⟨durch⟩ Drohungen *gequält*. 彼は脅迫に悩まされた.

2 a)《*jn.*》(うるさく迫って・せがんで…を)困らせる, 悩ませる,

閉口させる, てこずらせる, うるさがらせる: Das Kind *quälte* die Mutter so lange, bis seine Bitte erfüllt wurde. 子供は自分の言うとおりになるまで母親にうるさくだだをこねた ‖ *jn.* mit Vorwürfen ～ …にさんざん非難を浴びせる | *jn.* mit Eifersucht ～ …を嫉妬(しっと)で苦しめる | Das Kind *quälte* die Mutter 〔mit der Bitte〕, ihm eine Puppe zu schenken 〈, sie möchte ihm eine Puppe schenken〉. 子供は人形をくれとうるさくせがんで母親を困らせた. **b)** 再帰 *sich*[4] 〔mit *et.*[3]〕 ～ 〔…を相手に〕悪戦苦闘〈苦心さんたん〉する | *sich*[4] mit einem ungezogenen Kind sehr ～ しつけの悪い子供にさんざんてこずる | Er hat sich anfangs sehr ～ müssen. 最初のうちは彼もずいぶん苦労が多かった | Er *quält* sich redlich, um vorwärtszukommen. 彼は出世をしようと営々辛苦している | *sich*[4] sehr um das Geld ～ 金のために非常に苦労する ‖〖場所を示す語句と〗*sich*[4] durch den hohen Schnee 〈die Fachliteratur〉 ～ 苦心さんたんして深い雪の中を進む〈専門文献を読破していく〉| Das Auto *quälte* sich über den Berg. 自動車は悪戦苦闘して山を越えた.

II quä·lend 現分 形 (肉体的・精神的に)ひどく苦しい, 責めさいなまれるような: eine ～*e* Erinnerung 悪夢のような思い出 | Es entstand eine ～*e* Gesprächspause. 会話がとぎれて何とも気まずい沈黙が生じた | ～*en* Hunger haben 死にそうにひもじい ‖〖述語的に〗Das lange Warten ist ～. 長いこと待つのはほんとにつらい ‖〖副詞的に〗Er kommt ～ langsam auf mich zu. 彼はじりじりするほどゆっくりと私に近づいて来る.

III ge·quält → 別出

[„stechen"; *ahd.* quellan; ◇killen[2], Kilt[2]; *engl.* quell]

Quä·ler[kvέ:lər] 男 -s/- (quälen する人. 例えば:) 動物虐待者; (うるさくせがんで)困らせる〈うんざりさせる〉人.

Quä·le·rei[kvɛ:ləráɪ] 女 -/-en **1** (肉体的にたえず)苦しめる〈いじめる〉こと, 責めさいなむ〈痛めつける〉こと, 虐待: ～*en* geduldig ertragen 虐待を耐え忍ぶ | Hunde dauernd an die Kette zu legen ist eine ～. 犬をしょっちゅう鎖につないでおくことは一種の虐待だ. **2** 精神的苦痛, 心労, 心痛; やっかい; (特に:)(うるさくせがんで)苦し〈悩〉ませること: Es war ihm eine ～, an das furchtbare Ereignis zu denken. あの恐ろしい出来事を思い出すことは 彼にとって精神的苦痛であった | Ungezogene Kinder sind für alle eine ～. しつけの悪い子供というものは だれにとってもやっかいな存在だ. **3** つらい労働, 苦役: die ～ mit dem Steineschleppen 石を引きずって運ぶという重労働 | Das Waschen ist für die alte Frau eine ～. 洗濯はその年とった女にはつらい仕事だ.

quä·le·risch[kvέ:lərɪʃ] 形 (肉体的・精神的に)ひどく苦しい, 責めさいなむような: ～*e* Gedanken 苦痛にみちた想念.

Quäl·geist[kvέ:l..] 男 -es/-er 苦しめる〈悩ます〉人, (特に:)(うるさくせがんで)困らせる子供, だだっ子.

Qua·li·fi·ka·tion[kvalifikatsió:n] 女 -/-en **1** 資格付与〈認定〉, 格付け; 〔価値〕判定, 評価; 〖法〗法性決定: Der Film erfuhr eine günstige ～. その映画は好評だった. **2** (付与された)資格〔証明〕; 能力, 適格性, 適性; 〖スポ〗出場資格: die ～ für *et.*[4] haben 〈besitzen〉 …の資格を有する | die ～ für die Meisterschaft erringen 選手権試合への出場資格を獲得する. **3** 〖スポ〗予選: die ～ gewinnen / in der ～ gewinnen 予選を勝ち抜く. [*mlat.*–*fr.*]

Qua·li·fi·ka·tions≠kampf 男 〖スポ〗(大会などへの)出場資格取得のための予選. **≠ni·veau**[..nivo:] 中 -s/ (旧東ドイツで)職業教育の程度〈水準〉: das ～ erhöhen 職業教育の水準を高める. **≠spiel** 中 〖スポ〗(大会などへの)出場資格取得のための予選試合.

qua·li·fi·zie·ren[kvalifitsí:rən] **I** 他 (h) **1 a)** (英: *qualify*) 《*jn.*》 (訓練・経験・天分などが…に)資格〈能力・適性〉を付与する; 適格にする, 適させる: *jn.* **als** *et.*[4] ～ …に…として資格を与える, …を…として適格にする | *jn.* **für** *et.*[4] 〈**zu** *et.*[3]〉 ～ …を…に対して適格にする | Seine langjährige praktische Erfahrung *qualifiziert* ihn zu diesem Posten 〈für diesen Posten〉. 長年の実務経験から彼はこの職場にうってつけだ.

b) 《*jn.* 〈*et.*[4]〉 als *et.*[4]》 (専門家〔の鑑定〕などが…を…と)判定〈認定〉する; 格付けをする: *jn.* **als** begabten Sänger ～ …を天分のある歌手と評価〈判定〉する | *et.*[4] als minderwertig 〈minderwertiges Produkt〉 ～ …を品質劣等〈粗悪品〉と判定する | Der Sachverständige 〈Das Gutachten〉 *qualifizierte* die Tat nicht als Mord, sondern als Totschlag. 専門家〈鑑定〉によってその犯行は謀殺ではなく故殺と判定された.

2 再帰 *sich*[4] für *et.*[4] 〈zu *et.*[3]〉 ～ …の資格〔証明〕をとる; 〖スポ〗参加資格を得る | *sich*[4] für die Olympischen Spiele 〈die Teilnahme an der Olympiade〉 ～ オリンピック大会出場の資格を得る | Er hat sich zum Facharbeiter *qualifiziert*. 彼は熟練労働者〈熟練工〉としての資格をとった.

II qua·li·fi·ziert 過分 形《副詞的用法なし》 **1** (訓練・経験などによって)資格〈能力〉を付与された, 有資格の, 適格な; 特に有能〈有用〉な; (sachverständig) 専門的知識〈技能〉をもった: eine ～*e* Arbeit i) 特定の資格を必要とする仕事; ii) 専門家の手になるりっぱな仕事 | ein ～*er* Arbeiter 熟練労働者 | ein ～*er* Mitarbeiter 有能な協力者 ‖ für *et.*[4] 〈zu *et.*[3]〉 ～ sein …に適格である, …に対する適性をもっている. **2** 〖法〗特別の, 制限つきの; 情状〈要件〉加重の; 〖商〗制限〈条件〉つきの; 変態的な: ～*e* Annahme 〖商〗(手形の)制限引き受け | ～*e* Gründung 〖商〗(株式会社の)変態設立 | ～*e* Mehrheit 〖法〗特別の多数(投票有権者の単なる過半数ではなく, 3 分の 2 とか 4 分の 3 とかの特定の多数) | ～*e* Straftat 〖法〗要件加重犯行(構成要件上ふつうより厳しく処罰される) | ein ～*es* Verbrechen 〖法〗情状加重罪.

[*mlat.*; < *lat.* quālis (→Qualität)]

Qua·li·fi·zie·rung[..ruŋ] 女 -/-en 資格付与〈認定〉, 判定.

Qua·li·tät[kvalitέ:t] 女 -/-en **1** (↔Quantität) **a)** 質, 性質; 品質, 品種; すぐれた品質のもの, 優良品(→Q[2]): *Qualität*, nicht Quantität. 量ではなくて質 | Diese Ware ist erste 〈zweite〉 ～. この品は 1 級〈2 級〉品だ ‖ ～ kaufen 質〔のいい品〕を買う ‖ auf ～ achten 〈sehen〉 質を重視する | Der Name dieser Firma bürgt für ～. このブランド〈銘柄〉が品質を保証する | Waren von guter ～ 上質の品々. **b)** 〖哲〗質. **2** 《ふつう複数で》(人の)すぐれた性質, 特質, 資質: ein Mann mit künstlerischen ～*en* 芸術的資質のある男 | Er hat seine ～*en*. 彼は彼なりにすぐれた素質〈いいところ〉をもっている. **3** (Klangfarbe) 〖理・楽・言〗音色. **4** 〖チェス〗(他の駒(こま)に対する)性能: die ～ gewinnen 駒を交換して得をする, 駒得をする.

[*lat.*; < *lat.* quālis „wie beschaffen?" (◇qua, qualifizieren)]

qua·li·ta·tiv[kvalitatí:f, ◡◡◡–][1] 形《比較変化なし》 (↔quantitativ) 性質〔上〕の; 品質上の, 質的な; 〖言〗音質〈音色〉の; 〖化〗定性の: ～*e* Analyse 〖化〗定性分析 | *et.*[4] ～ verbessern …の品質を改良する. [*mlat.*]

Qua·li·täts≠ar·beit[kvalitέ:ts..] 女 優良製作, 優秀〈精巧〉な細工; 優良品. **≠er·zeug·nis** 中 高級〔作〕品. **≠kon·trol·le** 女 (製品の)品質管理〈検査〉. **≠merk·mal** 中 (製品の)品質を決める特性. **≠mu·ster** 中 品質見本. **≠prü·fung** 女 (製品の)品質検査. **≠ver·bes·se·rung** 女 品質改善〈向上〉. **≠ver·min·de·rung** 女 質の低下. **≠wa·re** 女 優良〈高級〉品. **≠wein** 男 品質優良なワイン, (地域別の)上級ワイン(等級名としては Tafelwein の上に位する): ～ mit Prädikat 品質優秀な肩書付きワイン(最上位の等級品: →Kabinett, Spätlese, Auslese, Beerenauslese, Trockenbeerenauslese) | ～ mit bestimmtem Anbaugebiet (略 Q. b. A.) 生産地指定上級ワイン. **≠wett·be·werb** 男 品質コンテスト.

▽**Quall**[kval] 男 -〔e〕s/-e こんこんとわき出る泉; (多量の水の)噴出, 噴水. [<quellen]

Qual·le[kválə] 女 -/-n (Meduse) 〖動〗クラゲ(水母). [*ndd.*]

Qualm[kvalm] 男 -〔e〕s/ **1 a)** (dicker Rauch) もうもうたる煙, 濃煙: Die Lokomotive macht viel ～. 機関車がもくもくと煙を吐いている. **b)** 《北部・中部》(Rauch) 煙. **c)** 《南部》(Dunst) 蒸気; もや: ***jm.* ～ vormachen** 《話》…にありもしないことを信じさせようとする. **2** 《話》 **a)** 不和, いざこざ: es ist ～ in der Küche (→Küche 1) | 〔**viel**〕 **～ ma-**

chen《話》大げさに言う, 仰々しく大騒ぎする | Mach nicht so viel ~! そんなにがたがた〈大騒ぎ〉するな. **b)** (Täuschung) 煙に巻くこと, まやかし, ごまかし: *jm.* ~ vormachen …を煙に巻く.

[*mndd.* qual〔le〕m „Hervorquellendes"; ◇quellen]

qual·men[kválmən] **I** 自 (h) **1** もうもうと煙を出す; (ストーブなどが)けむる, くすぶる: Die Lokomotive *qualmt*. 機関車がもくもくと煙を吐いている | es *qualmt* in der Küche (→Küche 1) | Bie ihm *qualmt*'s. 《話》彼はかんかんになって怒っている. **2**《話》(しきりに)タバコをふかす〈くゆらす〉: wie ein Schlot ~ (→Schlot). **3**《話》くだらぬことをしゃべる; (schwindeln) 人を煙に巻く.

II 他 (h)《話》(タバコを)ふかす: eine Zigarre ~ 葉巻をくゆらす | eine Pfeife ~ パイプをふかす | Er *qualmt* täglich 40 Zigaretten. 彼は日に40本タバコを煙にする〈吸う〉.

Qual·mer[kválmər] 男 -s/-《話》ヘビースモーカー.

qual·mig[kválmɪç][2] 形 もうもうと煙が立ちこめた; 煙のような, もうもうとした.

Qual·ster[kválstər] 男 -s/- (ふつう単数で)《北部》(Auswurf) 痰, 喀痰. [*mndd.*]

qual·ste·rig[kválstərɪç][2] ＝qualstrig

qual·stern[kválstərn]《05》自 (h)《北部》痰を吐く.

qual·strig[..strɪç][2] 形《北部》痰のような, 痰状の.

qual·voll[kvá:l..] 形 苦痛の多い, 苦悩に満ちた, せつない: Es ist ~, das anzusehen. それを見るのはとてもつらい.

Quan·del[kvándəl] 男 -s/- 炭焼きがまの中央のシャハト〈煙出し〉.

Quant[kvant] 中 -s/-en〘理〙量子: Energie*quant* エネルギー量子 | Licht*quant* 光量子.

Quan·ta Quantum の複数.

Quänt·chen[kvέntçən] ＝Quentchen

quan·teln[kvántəln]《06》自 (h)〘理〙量子化する.

Quan·ten Quant, Quantum の複数.

Quan·ten≠bio·lo·gie[kvántən..] 女〘生〙量子生物学. **≠che·mie** 女 量子化学. **≠elek·tro·dy·na·mik** 女〘理〙量子電気力学. **≠elek·tro·nik** 女 量子エレクトロニクス. **≠feld·theo·rie** 女〘理〙量子場論. **≠me·cha·nik** 女 量子力学. **≠phy·sik** 女 量子物理学. **≠sprung** 男〘理〙量子飛躍. **≠theo·rie** 女 -/ 量子論.

Quan·ti·fi·ka·tion[kvantifikatsió:n] 女 -/-en (quantifizieren すること. 例えば:) 定量化;〘論〙〔限〕量化: das Objekt der ~ 限量化の対象となる個体.

Quan·ti·fi·ka·tor[..ká:tɔr, ..to:r] 男 -s/-en [..kató:rən] ＝Quantor

quan·ti·fi·zie·ren[..tsí:rən] 他 (h) **1**〘論〙(自由変項を〔限〕量記号で)限量化する, 量を明示する(→Quantor): eine *quantifizierte* Variable 限量化された変項 | Über Individuen wird *quantifiziert*. 個体について限量化される, 限量化の対象は個体である. **2**〘言〙(冠詞・数量形容詞などの限量語によって名詞〔句〕の)数量を定める〈明示する〉. **3** (性質などを)数量で表現する, 定量化する. [*mlat.*]

Quan·ti·tät[kvantitέ:t] 女 -/-en **1** (↔Qualität) **a)** (Menge) 量, 分量, 数量: in großer ~ 大量に, たくさん | von *et.*[3] eine größere ~ kaufen …を相当量〈数〉購入する. **b)**〘理・哲〙量. **2**〘言〙(音の)長さ;〘詩〙音節の量(音節を発音するのに要する継続時間): die ~ der Vokale 母音の長さ. [*lat.*]

quan·ti·ta·tiv[kvantitatí:f, ◡◡◡–][1] 形《比較変化なし》(↔qualitativ) 量に関する, 量の, 量的な;〘言〙音量〈長短〉の;〘化〙定量の: ~*e* Analyse〘化〙定量分析 | ein ~*er* Unterschied 量的な差. [*mlat.*]

Quan·ti·té né·gli·geable [kãtité: neglizá:bəl, kãtitenegliʒábl] 女 --/ 取るに足らないわずかの量. [*fr.*; ◇negligieren]

quan·ti·tie·ren[kvantití:rən] 他 (h)〘詩〙(詩句の音節を)長短ではかる, 韻脚に分ける: *quantitierender* Rhythmus (音節の)長短リズム.

Quan·tor[kvántɔr, ..to:r] 男 -s/-en [kvantó:rən] (英: *quantifier*)〘論〙〔限〕量記号(例 ∀, ∃);〘言〙(冠詞・数量形容詞などの名詞〔句〕の数量を表す)限量語: der Bereich des ~*s*〔限〕量記号の作用域.

Quan·tum[kvántum] 中 -s/..ten[..tən] (..ta[..ta·]) 量, 数量, 額; 定量: ein großes 〈kleines〉 ~ Gift 多量〈少量〉の毒物 | ein gehöriges ~ Alkohol 適量のアルコール | ein ziemliches ~ 〔von〕 Bosheit かなりの悪意. [*lat.*; ◇ *lat.* quantus „wie groß?" (◇qua)]

Quap·pe[kvápə] 女 -/-n **1** (Kaulquappe) オタマジャクシ. **2** (Aalquappe)〘魚〙カワメンタイ(タラ科). [*mndd.*; ◇quabbeln]

Qua·ran·tä·ne[karantέ:nə, karãt..; 《オーストリア》: kvaran..] 女 -/-n 検疫, (防疫のための)隔離; 検疫停船(元来期間は40日であった); (Blockade) (政治的な)隔離封鎖: eine sechswöchige ~ 6週間の検疫停船〈隔離〉| ~ halten 検疫を行う | die ~ aufheben 検疫を終了する | *jn.* 〈*et.*[4]〉 der ~[3] unterwerfen / *jn.* 〈*et.*[4]〉 in ~[4] legen / *jn.* 〈*et.*[4]〉 unter ~[4] stellen …を検疫〔隔離〕する | Die Besatzung des Schiffes kam in ~[4]. その船の乗組員は検疫隔離された | Das Schiff liegt in ~[3]. その船は検疫〔停船〕中である | unter ~[3] stehen 検疫〔隔離〕中である | über *jn.* 〈*et.*[4]〉 ~ verhängen …(乗客・船・場所など)に検疫〔隔離・停船〕を命じる | über ein Land die militärische ~ verhängen ある国を軍事的に封鎖する. [*fr.* quarantaine; ＜*lat.* quadrāgintā (→Quadragesima); ◇*engl.* quarantine]

Qua·ran·tä·ne≠flag·ge 女 (検疫停船中の船が掲げる黄色の)検疫旗. **≠sta·tion** 女 -/-en (港などの)検疫所; (病院の)検疫科.

Quarg[kvark] 男 -s/ ＝Quark[1] 1

Quar·gel[kvárgəl] (**Quär·gel**[kvέrgəl]) 男 中 -s/-《オーストリア》(小型で円く臭気の強い)くさいチーズ.

Quark[1][kvark] 男 -s/ **1 a)** 凝乳, カード(チーズの原料): Kartoffeln mit ~ 凝乳をかけたじゃがいも. **b)** カッテージチーズ. **2**《話》(Quatsch) つまらぬこと, くだらぬこと: *seine* Nase in jeden ~ stecken (自分に関係のないつまらぬことにでも)なんでもかんでも首をつっこむ | *sich*[4] über jeden ~ aufregen ささいなことでもかっとなる | *sich*[4] um jeden ~ kümmern どんなつまらぬことをも気にかける | ~ reden ばかげたことを話す | So ein ~! なんてくだらぬことだ | Fang doch nicht schon wieder von dem alten ~ an! もうとっくに済んだことを蒸し返すのはよしたまえ ‖ **einen ~** 全然…ない(＝gar nichts) | Das geht dich einen ~ an! それは君の知ったことか | Davon verstehst du einen ~! それについて君は何一つ分かっちゃいない. [*westslaw.*]

Quark[2][kwɔ:k] 中 -s/-s〘理〙クォーク, 半端電荷粒子(宇宙のあらゆる物質の基礎とされる素粒子). [*engl.*－*amerik.*]

quar·kig[kvárkɪç][2] 形 凝乳状の, どろどろした.

Quark≠kä·se[kvárk..] 男 凝乳チーズ. **≠ku·chen** 男 チーズケーキ. **≠spei·se** 女 (凝乳を用いた)〔デザート〕料理.

Quar·re[kvárə] 女 -/-n《北部》ギャアギャア泣きわめく子; ギャアギャア不平を鳴らす女.

quar·ren[kvárən] 自 (h)《北部》**1** (子供が)ギャアギャア泣きわめく; ギャアギャア不平を鳴らす. **2** (quaken) (カエルが)ガアガア鳴く. [*ahd.* queran „seufzen"－*mndd.*]

quar·rig[kvárɪç][2] 形《北部》よくギャアギャア泣く, 泣き虫の; ギャアギャア不平を鳴らす.

Quart[kvart] **I** 女 -/-en **1**〘フェンシング〙カルト(剣の交差ポジションの第4の構え). **2** ＝Quarte **II** 中 -s/-e **1**《単数で》〘印〙〔全紙〕四つ折り判, クォート(記号 4°): in ~ クォート〈四つ折り〉判で. **2** クワルト(昔のバイエルン・プロイセンの液量単位). [*lat.* quārtus „vierter"; ◇quadri..]

Quar·ta[kvárta·] 女 -/..ten[..tən] **1** 9年制ギムナジウムの第3学年(→Prima I 1 ☆). **2**《オーストリア》ギムナジウムの第4学年.

Quar·tal[kvartá:l] 中 -s/-e (Vierteljahr) 四半期, 1季, 3か月: im zweiten 〈letzten〉 ~ 第2四半期〈最終季〉に.

[v]**quar·ta·li·ter**[kvartá:litər, ..tɛr] 副 ＝ vierteljährlich

Quar·tal〔s〕≠ab·schluß[kvartá:l(s)..] 男〘商〙四半期決算. **≠en·de** 中〘商〙四半期末, 季末. **≠plan** 男〘経〙(旧東ドイツで)四半期計画. **≠säu·fer** 男《話》

＝Dipsomane

quar·tal〔s〕·wei·se 副 (→..weise ★)〘商〙四半期ごとに, 季ごとに.

Quar·ta·ner[kvartá:nər] 男 -s/- (女 **Quar·ta·ne·rin**[..nərın]-/-nen) ギムナジウムの Quarta の生徒.

Quar·tan·fie·ber 中 -s/〘医〙四日熱. [*lat.* quārtāna]

quar·tär[kvartɛ́:r] **I** 形 **1** 4 番目の, 第 4 期〈次・位〉の: ～*e* Verbindungen〘化〙第 4 基化合物. **2**〘地〙第四紀の. **II Quar·tär** 中 -s/〘地〙第四紀.

Quart·band[kvárt..] 男 四つ折り判の本.

Quar·te[kvártə] 女 -/-n〘楽〙4 度〔音程〕.

Quar·ten Quart, Quarta, Quarte の複数.

Quar·ter·deck[kvártər..] 中 船尾甲板. [*engl.*; ＜*engl.* quarter (→Quartier)]

Quar·tett[kvartɛ́t] 中 -〔e〕s/-e **1 a)**〘楽〙四重奏〈唱〉〔曲〕; 四重奏〈唱〉団: Streich*quartett* 弦楽四重奏曲〈団〉. **b)**《話》4 人組. **2**〘トランプ〙四つ組; カルテットゲーム. **3**〘詩〙クワルテット(ソネットの前半の 4 詩行からなる詩節: →Terzett 3). [*it.* quartetto; ＜*lat.* quārtus (→Quart)]

Quart·for·mat[kvárt..] 中 ＝Quart II 1

Quar·tier[kvartí:r] 中 -s/-e **1** 宿泊所, 宿所, 宿;〘軍〙(一時的な)宿舎, 仮兵舎〈営舎〉: ein neues ～ beziehen 新しい宿所に移る | ein ～ haben 泊まるところがある | **～ machen**〘軍〙(部隊の)宿舎を用意する, 設営する | **für** *jn.* **～ machen** …のために宿を世話する | **bei** *jm.* **～ nehmen** …のところに泊まる〈宿をとる〉|〔ein〕～ suchen 宿を探す ‖ die Kompanie in die ～*e* einweisen 中隊を宿営させる〈に宿舎を割り当てる〉| zum Bauern ins ～ kommen 農家に宿営する | *jn.* ins ～ nehmen …を泊める |〔in der Schule〕**in ～ liegen**〔学校に〕宿営している. **2**《オーストリア・スイス》(Stadtviertel) 市区.

[*lat.* quārtārius „Viertel"(－*afr.*－*mhd.*); ＜*lat.* quārtus (→Quart); ◇*engl.* quarter]

quar·tie·ren[kvartí:rən] 他 (h) 宿泊〈宿営〉させる.

Quar·tier≈ma·cher[kvartí:r..] 男〘軍〙設営係. **≈mei·ster** 男〘軍〙**1** (参謀本部付き)設営係将校. **2** 設営係. **≈schein** 男〘軍〙宿泊票.

▽**Quar·to**[kvárto·] 中 -/ ＝Quart II 1

Quart·sext·ak·kord[kvartzɛ́kst..] 男〘楽〙四六の和音.

Quarz[kva:rts; オーストリア: kvarts] 男 -es/-e〘鉱〙石英. [*mhd.*; ◇*engl.* quartz]

Quarz≈fa·den[kvá:rts..] 男, **≈fa·ser** 女〘電〙石英繊維. **≈fil·ter** 男〘電〙石英〈結晶〉フィルター. **≈glas** 中 -es/ 石英ガラス.

quar·zig[kvá:rtsıç][2] 形 石英〔質〕の.

Quar·zit[kvartsí:t, ..tsít] 男 -s/-e〘鉱〙珪岩(けいがん).

Quarz≈kri·stall[kvá:rts..] 男 水晶結晶体(振動子などに用いられる). **≈lam·pe** 女 石英〔水銀〕灯. **≈steue·rung** 女〘電〙水晶制御. **≈uhr** 女 水晶時計.

Quas[kva:s][1] 男 -es/-e《中部》(Schmaus) ごちそう, 宴会(特に Pfingsten に催されるビールの会). [*westslaw.*－*mndd.*; ◇Kwaß; *engl.* quass]

Qua·sar[kvazá:r] 男 -s/-e〘天〙恒星状星雲, 準星. [*amerik.*; ＜*engl.* *quasi*-*stellar* object]

qua·si[kvá:zi·] 副 いわば, ほとんど, さながら, あたかも: Sie sind ～ verlobt. いわば彼らは婚約しているも同然だ | Wir kamen ～ gleichzeitig. 我々はほとんど同時に到着した. [*lat.* qua-si „wie wenn"; ◇qua, Qualität]

quasi..《形容詞・名詞につけて「ほとんど…に近い〔もの〕, さながら…のような〔もの〕」を意味する》: *quasi*automatisch ほぼ自動的な | *quasi*religiös ほとんど宗教的な ‖ *Quasi*synonym ほぼ同義語に近いもの.

Qua·si≈be·dürf·nis[kvá:zi..] 中〘心〙準要求〈欲求〉. **≈de·likt** 中 (ローマ法で)準不法行為.

Qua·si·mo·do·ge·ni·ti[kvazimodogé:niti·] 複《無冠詞・無変化》〘キリスト教〙白衣の主日. [*lat.* „wie (die) eben geborenen (Kinder)"; 入祭文の冒頭句]

Qua·si≈par·ti·kel[kvá:zi..] 女〘理〙準粒子. **≈po·lar·kreis·bahn** 女〘天〙準極軌道.

Quas·se·lei[kvasəlái] 女 -/-en《話》(のべつ幕なしの)おしゃべり.

Quas·sel·frit·ze[kvásəl..] 男 -n/-n《話》おしゃべり「野郎.」

quas·seln[kvásəln]《06》**I** 自 (h)《話》《mit *jm.*》(…と)くだらぬおしゃべりをする; (つまらぬことを)ぺちゃくちゃしゃべる: Sie *quasselte* dauernd. 彼女はのべつ幕なしにしゃべった. **II** 他 (h)《話》しゃべる: Du sollst nicht solchen Unsinn 〈solch dummes Zeug〉 ～. そんなばかげたことをしゃべるな. [*ndd.*; ＜*mndd.* dwās „töricht" (◇Dunst, dösig)]

Quas·sel≈strip·pe[kvásəl..] 女 **1**《戯》電話〔機〕: an die ～ kommen 電話口に出る | an der ～ hängen 長電話をかけている. **2**《軽蔑的に》ぺちゃぺちゃ長話をしてはた迷惑な人, おしゃべり. **≈was·ser** 中《もっぱら次の成句で》**～ getrunken haben**《話》おしゃべり水を飲んでしまった, のべつ幕なしにしゃべる, きわめて饒舌(じょうぜつ)である.

Quast[kvast] 男 -es (-s)/-e《北部》**1 a)** (小枝などの)束. **b)** 刷毛(はけ). **2** ＝Quaste 1 a [*germ.* „Laubbüschel"]

Qua·ste[kvástə] 女 -/-n **1 a)** ふさ〔飾り〕(→ 図 Fes): ein Vorhang 〈eine Tischdecke〉 mit ～*n* ふさのついたカーテン〈テーブルクロス〉. **b)** ふさ飾り状のもの(髪など). **2**《北部》＝Quast 1 b

Qua·sten·flos·ser[kvástən..] 男 -s/-〘魚〙総鰭(そうき)類(→Latimeria).

qua·stig[kvástıç][2] 形 ふさ飾りのついた.

Quä·stion[kvɛstió:n] 女 -/-en〘哲〙(論争などの)争点, 論点. [*lat.* „Untersuchung"; ◇*engl.* question]

quä·stio·niert[..stioní:rt] 形 (略 qu.) (fraglich)〘法〙問題になっている, 審議中の, 当該の.

Quä·stor[kvɛ́(:)stɔr, ..to:r] 男 -s/-en[kvɛstó:rən] **1** (古代ローマの)財務官. **2 a)** (大学の)会計課長. **b)**《スイス》(Kassierer) (組合の)会計係. [*lat.*; ＜*lat.* quaerere „suchen"]

Quä·stur[kvɛstú:r] 女 -/-en **1** Quästor の職. **2** (大学の)会計課. [*lat.*]

Qua·tem·ber[kvatɛ́mbər] 男 -s/-〘カトリック〙四季の斎日(四季のはじめに祈禱(きとう)と断食を行う). [*mlat.* quattuor tempora „vier Zeiten"; ◇quadri.., Tempus]

qua·ter·När[kvatɛrnɛ́:r] 形 第 4 の, 第 4 次〈期〉の; 第 4 位の. [*lat.*]

Qua·ter·ne[kvatɛ́rnə] 女 -/-n (Viertreffer) (Lotto の) 4 本組み合わせ当たりナンバー(→Ambe 1, →Terne, →Quinterne). [*it.*; ＜*lat.* quaternī „je vier" (◇quadri..)]

quatsch[1][kvatʃ] 間 ばかなことだ, 大まちがいだ, 何を言うんだ, ナンセンス.

quatsch[2][－] 間 (ぬかるみなどを歩く音)ピシャ, バシャッ, バチャッ. [＜quatschen[2]]

Quatsch[1][－] 男 -〔e〕s/《話》くだらぬこと, ばかげたこと; たわごと, むだ口: ～ reden 〈verzapfen〉 ばかげたことを話す | Ach ～! なんだ くだらない | Mach nicht solchen ～! そんなくだらぬことはするな | ***Quatsch* mit Soße!** (相手の主張をしりぞけて)〔全く〕ばかばかしい〈くだらん〉, とんでもない ‖ *et.*[4] aus ～ sagen …を冗談に言う.

[＜quatschen[1]]

Quatsch[2][－] 男 -〔e〕s/《北部・オーストリア》(Matsch) (街路の)ぬかるみ; どろどろのもの: *et.*[4] zu ～ zerdrücken …をどろどろ〈ぐちゃぐちゃ〉に押しつぶす. [＜quatschen[2]]

Quatsch·bu·de 女《軽蔑的に》(Parlament) 議会.

quat·schen[1][kvátʃən]《04》**I** 自 (h)《話》**1** ぺちゃくちゃとくだらぬことをしゃべる. **2**《mit *jm.*》(…と)楽しくおしゃべりをする: Auf der Treppe *quatscht* sie mit der Nachbarin. 階段で彼女はお隣の奥さんとおしゃべりしている. **3** (秘密のことについて)しゃべってしまう: Darüber wird zu niemand *gequatscht*! このことはだれにもしゃべらないこと. **II** 他 (h)《話》(くだらぬことを)しゃべる: dummes Zeug ～ ばかげたことをぺちゃくちゃしゃべる | Opern ～ (→Oper 1) | Quatsch keine Serpentinen! (→Serpentine 2). [*ndd.*;

＜*mndd.* quat „schlecht" (◇Kot)]

quạt·schen²[–] ⦅04⦆ 自 (h) ⦅北部⦆ ピシャッ(バシャッ)と音をたてる, バチャバチャ音をたてながら歩く. 【擬音】

Quat·sche·rei[kvatʃəráɪ] 女 -/-en ⦅話⦆ **1 a)** つまらぬことをぺちゃくちゃとしゃべること, くだらぬおしゃべり. **b)** 自由気ままな楽しいおしゃべり. **2** (Verleumdung) 名誉毀損(きそん), 中傷, 悪口.

quạt·schig¹[kvátʃɪç]² 形 ⦅話⦆ ばかげた, たわけた. [＜Quatsch¹]

quạt·schig² [–] 形 ⦅北部・オーストリア⦆ ぬかるみの. [＜Quatsch²]

Quạtsch·kopf[kvátʃ..] 男 ⦅話⦆ くだらぬおしゃべりをする人, おしゃべり〔屋〕.

quạtsch·naß[kvátʃnás] 形 ⦅話⦆ (靴・服などが) ずぶぬれの, びしょ(ぐしょ)ぬれの; (morastig) 泥だらけの: ～ werden びしょびしょになる, ぬれねずみになる. [＜quatschen²]

Que·bec[kwɪbɛ́k] (**Que·bẹck**[kvebɛ́k]) 地名 ケベック (カナダ東部の州および州都). [*indian.*]

Quẹcke[kvɛ́kə] 女 -/-n 〚植〛 カモジグサ属 (→ 図). [*mndd.* kweken; ◇quick; *engl.* quitch〔grass〕]

Quecke

Quẹck·sil·ber[kvɛ́k..] 中 〚化〛 水銀 (記号 Hg): **～ im Leib ⟨im Hintern⟩ haben** ⦅話⦆ ひどく落ちつきがない, いつもそわそわしている | Er ist ein rechtes ⟨reines / richtiges⟩ ～. ⦅話⦆ 彼は水銀みたいにちっともじっとしていない. [*ahd.*; *mlat.* argentum vīvum (◇vif) の翻訳借用; ◇*engl.* quicksilver]

Quẹck·sil·ber≈ba·ro·me·ter 中 (男) 水銀気圧計. **≈dampf** 男 水銀蒸気. **≈dampf·lam·pe** 女 水銀灯.

quẹck·sil·ber≈hal·tig[..haltɪç]² (オーストリア: **≈häl·tig**[..hɛltɪç]²) 形 水銀を含んだ.

quẹck·sil·be·rig ＝quecksilbrig

Quẹck·sil·ber≈lam·pe 女 水銀灯. **≈le·gie·rung** 女 〚化〛 アマルガム. **≈ma·no·me·ter** 中 (男) 〚理〛 水銀圧力計.

quẹck·sil·bern 形 水銀の, 水銀を含んだ.

Quẹck·sil·ber≈sal·be 女 水銀軟膏(なんこう). **≈säu·le** 女 (略 QS.) 水銀柱. **≈ther·mo·me·ter** 中 (男) 水銀温度計. **≈ver·gif·tung** 女 水銀中毒.

quẹck·silb·rig[kvɛ́kzɪlbrɪç]² (**quẹck·sil·be·rig**[..bərɪç]²) 形 ⦅話⦆ (子供などが) じっとしていない, ちょこちょこ動き回る, ちっとも落ちつかない.

Queen[kwi:n] 女 -/-s **1** 英国女王. **2** (ある集団の) 花形, 女王. **3** ⦅話⦆ (男の同性愛者の) 女役. [*engl.*; ◇gyn..]

Quell[kvɛl] 男 -[e]s/-e ⦅ふつう単数で⦆ ⦅雅⦆ (Quelle) 泉; わき水; ⦅比⦆ 泉, 源泉: der ～ der Freude ⟨aller Weisheit⟩ ⦅比⦆ 喜び⟨あらゆる知恵⟩の泉.

Quẹll·au·ge[kvɛ́l..] 中 -s/-n ⦅ふつう複数で⦆ ⦅方⦆ とび出た目, 出目. [＜quellen]

Quẹl·le[kvɛ́lə] 女 -/-n (小 **Quẹll·chen**[kvɛ́lçən] 中 -s/-) **1 a)** 泉; 泉水, わき水, 清水(しみず); わき井戸; (河川の) 源, 水源, 源泉; 〚医〛 湧泉(ゆうせん): die ～*n* des Rheins ライン川の水源 | die ～ der Jugend 若さ⟨青春⟩の泉 (若さを保つ伝説の泉) (→2 a) | unterirdische ～*n* 地下水源 | eine kalte ～ 冷泉 | eine warme ⟨heiße⟩ ～ 温泉 ‖ Die ～ springt ⟨fließt⟩ aus dem Felsen. 岩の間から清水がわき出る⟨流れ出る⟩ | Die ～ ist versiegt. 泉はかれてしまった ‖ eine ～ einfassen 泉⟨わき水⟩に囲いをする | neue ～*n* erschließen 新しい井戸⟨水源⟩を開発する (→b, 2 a, 2 b) ‖ **an** der ～ sitzen 泉のほとりに座っている (→2 b) | *sich*⁴ an einer ～ waschen 泉で体を洗う | **aus** einer ～ trinken 泉⟨湧泉⟩の水を飲む | aus einer ～ Wasser schöpfen 泉から水をくむ | **von** der ～ bis zur Mündung 源から河口まで.

☆ Quelle と Brunnen: Quelle は自然の「わき水」「泉」を指し, Brunnen は本来は Quelle と同義であるが, 今日では主として人工的な「井戸」「噴水」を指す.

b) (Ölquelle) 油井: neue ～*n* erschließen 新しい油井を開発する (→a, 2 a, 2 b).

c) (Lichtquelle) 光源.

2 ⦅比⦆ **a)** (Ursprung) 根源, 起源, 源泉, 源; もと, 種(たね), 原因: ～ der Angst ⟨der Gefahr⟩ 不安⟨危険⟩の種 | Er war eine stete ～ der Heiterkeit. 彼はいつも周囲に笑いをまきちらしていた, 彼はいつも笑いの渦の中心であった | die ～ der Jugend ⦅比⦆ 若さのもと (→ 1 a) | Die ～ dieser Kunst liegt in der Antike. この芸術の起源は古典古代にさかのぼる | Das ist die ～ allen ⟨alles⟩ Übels. これが諸悪の根源だ | Die Ölvorkommen sind die ～*n* des Wohlstandes in diesem Land. この国の富裕の源泉をなしているのは石油の産出だ ‖ neue ～*n* erschließen 新しい資源⟨財源⟩を開発する (→ b, 1 a, 1 b) ‖ Sein Vermögen stammte aus dunklen ～*n*. 彼の財産はいかがわしい所から出ていた.

b) 供給源, (情報などの) 出所, 情報源, 現地; (物品などの) 産地, 製造⟨生産⟩元; (物品などを入手する) 手づる, ルート; 金づる: neue ～*n* erschließen 新しいルートを開拓する (→a, 1 a, 1 b) | die ～ der Information feststellen 情報の出所をつきとめる | Er hat ⟨weiß⟩ eine gute ～ für Eier. 彼は卵を手に入れるいいルートを知っている ‖ *et.*⁴ **an** der ～ erfahren …をその現地⟨現場⟩で知る | *et.*⁴ an der ～ kaufen …を産地⟨製造元⟩から直接買う | Wenn Sie Näheres wissen wollen, sind Sie hier an der richtigen ～. 詳しいことをお知りになりたいのでしたら ここでお聞きになるのがよろしいですよ | **an der ～ sitzen** (情報・物品などの) 供給源の近くにいる⟨に近い⟩, 情報⟨物品⟩を直接に入手できる〔位置・立場にある〕 (→1 a) | eine Information **aus** erster ⟨guter⟩ ～ bekommen 情報を直接内部から⟨有力筋から⟩入手する | *et.*⁴ aus sicherer ～ haben ⟨erfahren⟩ …を確かな筋から入手している⟨聞く⟩ | Aus welcher ～ haben Sie das 〔gehört〕? それ⟨その情報⟩はどこから〔お聞きになったの〕ですか | *seine* Information aus trüben ～*n* schöpfen いかがわしいところから情報を得る | **über** geheime ～*n* verfügen 秘密の情報源⟨手づる⟩をもっている | *et.*⁴ frisch **von** der ～ haben (情報などを) 直接に入手している.

c) 原典, 出典, 文献, 資料: historische ～*n* 史料 | eine Aufstellung der zitierten ～*n* 引用文献⟨出典⟩一覧〔表〕 | nach den ～*n* 典拠⟨資料⟩に基づいて ‖ Die sprachlichen ～*n* fließen in dieser Zeit noch spärlich. 言語資料となるものは この時代にはまだ乏しい.

quẹl·len⁽*⁾[kvɛ́lən] ⦅111⦆ **quoll**[kvɔl] / **ge·quọl·len**; 現 *du* quillst[kvɪlst], *er* quillt; 命 quill; 接II quölle[kvœ́lə] **I** 自 (s, まれに h) ⦅不規則変化⦆ **1** ⦅方向を示す語句と⦆ **a)** (液体・気体に類するものが…から) わき出る, 流れ出る, あふれ出る: Blut *quillt* **aus** der Wunde ⟨der Nase⟩. 傷口⟨鼻⟩から血が流れ出る | Aus dem Zimmer *quellen* Flammen. 部屋から炎がめらめらと出てくる | Die Tränen *quollen* ihr aus den Augen. 涙が彼女の目からあふれ出た | Musik *quillt* aus dem Radio. ラジオから音楽が流れてくる | Ein Wunsch ⟨Ein Gedanke⟩ *quillt* aus den Tiefen des Unbewußten. ⦅雅⦆ ある願望⟨想念⟩が無意識の深層からわき上がってくる | Rauch ist **durch** die Ritzen *gequollen*. 煙がすき間からもうもうと漏れ出てきた | Eine große Menschenmenge *quoll* durch das Tor ⟨aus der Seitenstraße⟩. 大群衆が門⟨横町⟩から流れ出てきた | Der Brei *quillt* **über** den Rand des Topfes. かゆが鍋(なべ)の縁からあふれ⟨こぼれ⟩出る ‖ *quellende* Harztropfen したたる樹脂 | ᵛein *quellender* Wald 泉のわく森.

b) (身体の器官・肉などが…から) はみ出る, とび⟨浮き⟩出る; ふくれ⟨はれ⟩〔上が〕る, 盛り上がる: **Aus** seinen Schläfen *quollen* dicke Adern. 彼のこめかみには太い血管が浮き出ていた | Vor Zorn *quollen* ihm 〔fast〕 die Augen aus den Höhlen ⟨dem Kopf⟩. 怒りのあまり彼は目の玉がとび出さんばかりだった | Der Nacken *quoll* ihm **über** den Kragen. 彼はうなじがカラーからあふれるように盛り上がっていた | Im Sumpf *quollen* Blasen. 沼からは気泡がぶくぶく上がっていた ‖ das *quellende* Fleisch ihrer Hüfte 彼女のヒップのは

ち切れんばかりの肉.

c) 《比》《in *et.*³》(…に)起源を有する, 由来する.

2 (固いものが水気などを吸って)ふくれる, ふやける: Der Grieß *quillt* noch. ひき割り麦はまだ十分にふくれていない | Das Holz ist durch die Feuchtigkeit *gequollen*. 木材は湿気のためにふくらんでしまった | Ihm *quoll* vor Ärger 〈Ekel〉 der Bissen im Mund. 《比》彼は腹がたって〈不愉快さのあまり〉(口の中の)食物がまずくなった(口中でふやけた) ‖ die Erbsen ～ lassen グリンピースを(水に浸して)ふくらませる | Linsen müssen eine Stunde ～. レンズ豆は1時間水につけてふくれさせなければならない ‖ Weizenschrot mit kaltem Wasser zum *Quellen* ansetzen ふくらませるためにひき割り小麦を冷水につける ‖ der *quellende* Frühling 《比》たけてくる春 ‖ *gequollenes* Holz (湿気で)ふくらんだ木材.

II 他 (h) **1** 《規則変化》 **a**) (穀物などを水に浸して)ふくらませる, ふやかす, やわらかくする, もどす: Sie hat Reis *gequellt*. 彼女は米を水につけてふやかした | Erbsen müssen vor dem Kochen eine Nacht *gequellt* werden. グリンピースは料理をする前に一晩水につけておかなければならない ‖ *gequellter* Stockfisch 水につけてもどした棒鱈(だら). **b**) 《方》(gar kochen) やわらかくなるまで煮る〈ゆでる〉.

ᵛ**2** 《不規則変化》《雅》(泉などが水を)わき出させる: wie ein Born sein Wasser *quillt* 泉がこんこんと清水(しみず)を湧出(ゆうしゅつ)するように.

[„herabträufeln"; *ahd.*; ◇Qualm, Quall〔e〕]

Quẹl·len≠an·ga·be[kvɛ́lən..] 女 -/-n 《ふつう複数で》 引用書目, 参考文献一覧; 出典〈引用〉指示, 出所明示. **≠for·schung** 女 史料〈出典〉研究. **≠kri·tik** 女 (文献学的な)資料〈出典〉批判. **≠ma·te·rial** 中 (研究の)原資料. **≠nach·weis** 男 ＝Quellenangabe **≠steu·er** 女 源泉課税. **≠stu·dium** 中 ＝Quellenforschung **≠ver·zeich·nis** 中 引用書目〈使用文献〉一覧表.

Quẹl·ler[kvɛ́lər] 男 -s/- 〘植〙アッケシソウ(厚岸草)属. [<quellen]

Quẹll≠fest·aus·rü·stung[kvɛ́l..] 女 〘織〙防水〈防縮〉加工. **≠fluß** 男 源流. **≠ge·biet** 中 水源地. **≠moos** 中 〘植〙クロカワゴケ. **≠nym·phe** 女 〘ギ神〙泉の精.

Quẹl·lung[kvɛ́lʊŋ] 女 -/ (液体を吸収して)膨張すること, ふやけること; 〘化〙膨潤(ぼうじゅん), 膨化, バルキング.

Quẹll≠was·ser[kvɛ́l..] 中 -s/- 泉の水, わき水. **≠wol·ke** 女 (Kumulus) 〘気象〙積雲.

Quẹn·del[kvɛ́ndəl] 男 -s/- 〘植〙ジャコウソウ(麝香草)(香辛料に用いられる). [*gr.* konílē－*lat.* cunīla－*ahd.*]

Quen·ge·lẹi[kvɛŋəláɪ] 女 -/-en 《話》絶えず quengeln すること: Hör auf mit der ewigen ～! いつまでもだだをこねるのはおやめ | Man hört nur ～*en* von dir. 君の泣きごとばかり聞かされる.

quẹn·ge·lig[kvɛ́ŋəlɪç]² (**quẹng·lig**[..ŋlɪç]²) 形 《話》だだをこねる, ぐずる(子供); 泣きごとを並べる, ぐちっぽい, すぐ不平を鳴らす, 小言の多い.

quẹn·geln[kvɛ́ŋəln] 《06》 自 (h) 《話》(特に子供が泣き声で)だだをこねる, うるさくおねだりする; ぐずる; 泣きごとを並べる, ぐちをこぼす; がみがみいう: Hör jetzt endlich auf zu ～! もういい加減にだだをこねるのはおよし. [< *mhd.* twengen (→zwängen)]

Quẹng·ler[kvɛ́ŋlər] 男 -s/- (◎ **Quẹng·le·rin**[..lərɪn] -/-nen) 《話》よく泣きごと〈不平不満〉を並べたてる人, 不平家.

quẹng·lig ＝quengelig

Quent[kvɛnt] 中 -〔e〕s/-e (単位: -/-) クヴェント(ドイツの昔の重量〔単位〕; 古くは ¹/₄ Lot＝3. 65g, 1858年以降は ¹/₁₀ Lot＝1. 67g). [*mhd.*; < *lat.* quīntus (→Quinta); 本来は1 Lot の5分の1]

ᵛ**Quẹnt·chen**[kvɛ́ntçən] 中 -s/- 《比》ごく少量: ein 〔kleines〕 ～ ほんの少々 | An der Suppe fehlt noch ein ～ Salz. このスープには もうちょっぴり塩が足りない.

quẹnt·chen·wei·se 副 (→..weise ★)ほんの少しずつ, ちびりちびりと〔量をふやして〕.

quer[kve:r] **I** 副 (↔längs) 《運動を表して》(まっすぐに・斜めに)横切って, 横断して, 横に; 《状態を表して》〔斜め〕横に, 横向きに, 筋交いに: ～ durch den Garten (→Garten) | ～ durch das Zimmer gehen 部屋を〔斜めに〕横切る(ただし: →quergehen) | ～ über den Fluß fahren 川を〔斜めに〕横断する ‖ *jn.* ～ anblicken (不信の気持をもって)…を横目で見る | einen Spargel ～ essen können (→Spargel 1 b) | das Blatt ～ legen 紙を(長辺が左右方向に来るように)横に置く(ただし: →querlegen) | Der Balken schwamm ～. 丸太は(川の流れに対して)横向きになって浮流していた | *sich*⁴ ～ setzen (鞍(くら)などの上に)横向きに座る | Das Auto stand ～ vor der Einfahrt 〈zur Fahrbahn〉. 自動車は車の出入口の前に〈車線に対して〉横向きに止めてあった | den Tisch ～ stellen テーブルを横向き〈斜め〉におく | Der Vogel trug den Strohhalm ～ 〔im Schnabel〕. 鳥は麦わらを〔くちばしに〕横にくわえていた | die Balken ～ übereinanderlegen 丸太を交差するよう〈互い違い〉に重ねる ‖ dieser schöne ～ gestreifte Stoff このきれいな 横に縞(しま)の入った生地 | Dieser Stoff ist ～ gestreift. この生地は横縞だ(→quergestreift) ‖ kreuz und quer (→Kreuz III).

☆ 動詞と用いる場合はときに分離の前つづりとみなされる.

II 形 **1** 《比較変化なし; ふつう付加語的》横向きの, 斜めの, 筋交いの: ～*e* Falten (額などの)横じわ | Er zog einen ～*en* Strich über das Papier. 彼は紙に横に線を引いた. **2** 《比》ひねくれた, ねじけた, つむじ曲がりの, 一風変わった: unvermutet ～*e* Frage stellen だし抜けに変な質問をする | eine ～*e* Logik haben 奇妙な論理の持ち主である | ～*e* Vorstellungen von der Welt haben 世の中に対して一風変わった考えをもっている ‖〘述語的に〙Der Alte ist ～ im Kopf. あの老人は頭が少しいかれているんだ.

[< *mhd.* twerch „schräg" (◇zwerch)]

Quẹr≠ach·se[kvé:r..] 女 (↔Längsachse) 横〈左右〉軸. **≠bahn·steig** 男 プラットホーム〔のあいだをつなぐ〕連絡路, コンコース. **≠bal·ken** 男 **1** 〘建〙〔横〕桁(けた); 根太; (土止め用のせき板を支える)ジョイスト. **2** 〘工〙横すべり案内, 横送り台. **3** ＝Balken 2 e **≠baum** 男 **1** 〘建〙横梁(はり). **2** 〘体操〙横木. **≠be·hang** 男 (カーテンの)バランス(→図 Gardine). ᵛ**≠bin·den** 男 蝶ネクタイ. **≠den·ker** 男 つむじ曲りの人, 一般の風潮に逆らった考えの持ち主.

quer·dụrch[kve:rdʊ́rç] 副 〔まん中を〕横切って, 真横に突っ切って; 斜めに: ～ gehen 横切っていく | *et.*⁴ ～ lesen 〈reißen〉 …を斜めに読みとばす〈引き裂く〉.

Quẹ·re[kvé:rə] 女 -/ 斜め, 横: 〘ふつう次の成句で〙der ～ nach / ᵛnach der ～ 斜めに, はすに, 横に | *et.*⁴ der ～ nach durchsägen …をのこぎりで横に切断する | den Stoff der ～ nach 〈in der ～〉 nehmen 布地を横に使う | ᵛdie Kreuz und 〔die〕 ～ / in die Kreuz und 〔in die〕 ～ (→Kreuz II) | ***jm.* in die ～ kommen** 〈**geraten** / **laufen**〉 《話》 i) …にばったり出会う; ii) …の行く手をさえぎる; iii) …を妨害する, …の邪魔をする, …のすることを(不意に邪魔して)だめにする | Dem Autofahrer ist ein Fußgänger in die ～ gekommen. 《話》自動車〈ドライバー〉の行く手を歩行者がさえぎった | Leider ist mir Besuch in die ～ gekommen. 《話》あいにく来客のために仕事が妨げられた | Wenn mir nichts in die ～ kommt, bin ich morgen mit der Arbeit fertig. 《話》もし何も邪魔が入らなければ あしたは仕事がすんでいるよ ‖ ᵛ*jm.* der ～² gehen 〈kommen〉 …にとってうまくいかない | ᵛEs geht mir heute alles der ～. 私はきょう何もかもうまくいかない | ᵛDas kam mir sehr der ～. それは私にはひどく具合の悪いことになった.

Quẹr·ein·stei·ger[kvé:r..] ＝Seiteneinsteiger

Que·rẹ·le[kveré:lə] 女 -/-n 《ふつう複数で》争い, けんか, 葛藤(かっとう). [*lat.*; < *lat.* querī „〔be〕klagen"; ◇querulieren; *engl.* quarrel]

quẹ·ren[kvé:rən] 他 (h) 横切る, 横断する: einen Platz 〈eine Straße〉 ～ 広場〈通り〉を横切る | Vorsicht beim *Queren* der Straße! 道路の横断には注意.

Quẹr·fa·den[kvé:r..] 男 **1** (↔Längsfaden) 〘織〙緯糸. **2** 〘紋〙極細の横帯(→図 Wappen e).

quer·feld·ẹin[kve:rfɛlt|áɪn] 副 (道によらず)野原を横切って: ～ gehen (道によらず)田野を横断する. [< quer in das Feld hinein]

Quẹr·feld·ẹin≠lauf 男 〘スポ〙クロスカントリーレース, 断

Q

郊競走. ≈**strecke** 女〘ｽﾎﾟｰﾂ〙クロスカントリーコース.

Quer≈flö·te[kvé:r..] 女 -/-n〘楽〙横笛,〔コンサート〕フルート. ≈**for·mat** 中〘印〙横長判: ein Buch im ～ 横長本. ≈**fort·satz** 男〘解〙(椎骨(ついこつ)の)横突起. ≈**fra·ge** 女 (質問の途中でさしはさまれた)妨害質問. ≈**gang** 男〘登山〙斜登降. ≈**ge·fäl·le** 中 (道路の)横断勾配(こうばい).

quer|ge·hen* ⟪53⟫ 自 (s)《話》(mißraten) 失敗する,不調に終わる,裏目に出る(ただし: →quer I): Gestern ist mir alles *quergegangen*. きのうは私は何もかもうまくゆかなかった.

quer·ge·streift 形《付加語的》横じま〈横紋(おうもん)〉の〔ある〕(→ 図 Muster): ～*e* Muskeln〘解〙横紋筋.

Quer·holz 中 =Querbalken 1

quer|kom·men*[kvé:r..] ⟪80⟫ 自 (s)《話》《*jm.*》(…の)意に逆らう,邪魔をする: Der will bloß jedem ～. あいつはだれにでも逆らってみたいだけなのだ | wenn ihm jemand ⟨eine Kleinigkeit⟩ *querkommt* だれか〈ちょっとしたこと〉のために彼の思いどおりにならないと.

Quer·kopf 男《話》つむじ〈へそ〉曲がり,ひねくれ者,あまのじゃく.

quer·köp·fig[..kœpfıç][2] 形《話》つむじ曲がりの,ひねくれた,あまのじゃくの.

Quer≈la·ge 女〘医〙(胎児の)横位;〘空〙(旋回時における機体の)横傾斜,バンク. ≈**lat·te** 女 **1** 横木,横枝. **2** (サッカー・ハンドボールなどのゴールの)クロスバー.

quer|le·gen 他 (h)《話》再帰 *sich*[4] ～ (計画・意図をくじくため)邪魔だてする,ごてる,四の五の言って反対する,手こずらせる(ただし: →quer I): Ich habe beschlossen, mich nicht länger *querzulegen* und dem Vorschlag zuzustimmen. 私はもうこれ以上ごてないでその提案に賛成することにした.

quer|lie·gen* ⟪93⟫ 自 (h)《話》《mit *jm.*》(…と)意見を異にする.

Quer≈li·nie[kvé:rli:niə] 女 斜線. ≈**pfei·fe** 女〘楽〙横笛(指孔7個の小型の Querflöte で,主として鼓笛隊に用いられる: → 図 Blasinstrument). ≈**rip·pe** 女 (牛の)肩三角肉(→ 図 Rind). ≈**rip·pen·stück** 中 (牛の)バラ肉(→ 図 Rind). ≈**ru·der** 中〘空〙補助翼(→ 図 Flugzeug). ≈**sack** 男 (肩の前後にかける)ナップサック(二つの袋を結合したもので,両端を閉じ中央に口がある). ≈**schä·del** 男《話》つむじ曲りの人,ひねくれ者.

quer|schie·ßen* ⟪135⟫ 自 (h)《話》横やりを入れる,邪魔をする: *jm.* ～ …の計画〈意図〉をぶち壊す,…の邪魔をする.

Quer·schiff 中〘建〙(教会堂の)翼廊,袖廊(しゅうろう),トランセプト(十字形教会堂の左右の翼部: → 図 Kirche A).

quer·schiffs 副 (↔längsschiffs)〘海〙船の縦方向と直角に.

Quer≈schin·del[kvé:r..] 女〘紋〙横長の小長方形(→ 図 Wappen e). ≈**schlag** 男〘坑〙立入坑道. ≈**schlä·ger** 男 跳飛弾,跳ね返った弾丸;《話》つむじ曲がりな人. ≈**schnitt** 男 **1 a**) (↔Längsschnitt) 横断面〔図〕: von *et.*[3] einen ～ zeichnen …の横断面を描く. **b**)《比》(全体の構成・特徴などを示す)断面,側面,縮図,概観,展望: einen ～ durch *et.*[4] geben ⟨bieten / zeigen⟩ …の〔代表的な〕一面を示す | einen ～ durch die Geschichte der Neuzeit geben 近代史の断面を示す〈展望を与える〉. **2**〘医〙横断,横切開.

quer·schnitt〔**s**〕**·ge·lähmt** 形〘医〙横断麻痺(まひ)の.

Quer·schnitt〔**s**〕**·läh·mung** 女 -/〘医〙横断麻痺.

quer|schrei·ben*[kvé:r..] ⟪152⟫ 他 (h)《*et.*[4]》(手形などに)サイン〈署名〉する,(手形などを)引き受ける.

Quer≈schuß 男《比》横やり,邪魔だて. ≈**stra·ße** 女 (ほかの通り,特に大通りに交差する)横の道路〈通り〉: die zweite ～ links 2番目の十字路を左へ | in der nächsten ～ 次の横町に. ≈**streck·stütz** 男〘体操〙(平行棒などでの)縦向き腕立て支持(→ 図). ≈**strei·fen** 男 横じま,横すじ. ≈**strich** 男 横線,斜線: einen ～ durch *et.*[4] machen《比》…を挫折(ざせつ)させる〈妨害する〉. ≈**sum·me** 女〘数〙数の各桁(けた)の数字の和: Die ～ von ⟨aus⟩ 432 ist 9. 432の桁数字の和は9. ≈**tal** 中 (↔Längstal)〘地〙横谷. ≈**trei·ber** 男《話》(他人の計画などを絶えず妨害する)ぶち壊し屋.

Quer-streckstütz

Quer·trei·be·rei[kve:rtraıbəráı] 女 -/-en《話》(他人の計画などのひっきりなしの)妨害,邪魔,ぶち壊し.

quer·über[..|ý:bər] 副 **1** 斜め向かい側に,はす向かいに. **2** 斜めに横切って〔向こうへ〕.

Que·ru·lant[kverulánt] 男 -en/-en **1** 苦情屋,不平家,いつも文句ばかりつける人;告訴好き. **2**〘医〙好訴者(→Querulantenwahn). [*mlat.*]

Que·ru·lan·ten·wahn 男〘医〙好訴妄想(権利が侵害されたと誤信して執拗(しつよう)に訴訟を試みようとする一種の被害妄想).

que·ru·la·to·risch[kverulató:rıʃ] 形 苦情〈不平〉の多い;けんか好きの.

que·ru·lie·ren[kverulí:rən] 自 (h) しょっちゅう苦情を訴える,小言ばかり言う,不平を鳴らす;(権利が侵害されたと誤信して)しつこく訴訟を繰り返す. [*mlat.*; < *lat.* querulus „klagend" (◇Querele)]

Quer≈ver·bin·dung[kvé:r..] 女 **1** 横の連絡. **2 a**)〘化〙交差結合. **b**)〘電〙交差接続. ≈**wel·le** 女 (Transversalwelle)〘電〙横波.

Quer·ze·tin[kvɛrtsetí:n] 中 -s/〘化〙クエルセチン(カシの樹皮などから採る). [< *lat.* quercētum „Eichenwald"]

Quer·zi·tron[..tsitró:n] 中 -s/〘化〙ケルシトロン(カシの樹皮から採る黄色染料). [< *lat.* quercus (→Kork) + Zitrone]

Que·se[kvé:zə] 女 -/-n《北部》**1** (Schwiele)(皮膚の)たこ;〔血〕まめ. **2**〘動〙コエヌルス,共尾虫 (Quesenbandwurm の幼虫で羊の回旋症をひき起こす). [*mndd.*; ◇quetschen]

que·sen[kvé:zən][1] ⟪02⟫《北部》=quengeln

Que·sen·band·wurm 男〘動〙(犬の腸に寄生する)テニア科条虫(テニア=コエヌルス).

que·sig[kvé:zıç][2] 形《北部》**1** (quengelig) 不平たらたらの,文句の多い. **2** (羊などが)回旋症にかかった.

Quet·sche[1][kvétʃə] 女 -/-n《中部・南部》=Zwetsche

Quet·sche[2][−] 女 -/-n **1 a**)《方》圧搾機,つぶし〈しぼり〉機,圧砕機;〘理〙スクイザー(高温高圧発生装置);〘染〙膠泥(こうでい)ならし: Kartoffel*quetsche* ジャガイモつぶし機. **b**)《比》(Klemme) 窮地,板ばさみ: in der ⟨einer⟩ ～ sein 苦境にある,板ばさみになっている | in die ⟨eine⟩ ～ kommen ⟨geraten⟩ 苦境に陥る,板ばさみになる | aus der ⟨einer⟩ ～ kommen 苦境を脱する. **2**《軽蔑的に》狭くちっぽけな店;ささやかな商売;小さな場所〈村・町〉;小さな農場: an jeder ～ どんな小さなところにも.

Quetsch·ef·fekt[kvétʃ..] 男〘理〙圧潰(あっかい)効果.

quet·schen[kvétʃən] ⟪04⟫ 他 (h) **1** 〔押し〕つぶす;(果物などを)〔つぶして〕しぼる,圧搾する: Kartoffeln ～ ジャガイモをつぶす | Trauben ～ ぶどうをしぼる | *et.*[4] zu Brei ～ …をつぶしてかゆ〈どろどろ〉にする. **2**《方向を示す語句と》**a**) (ぺちゃんこになるくらい)ぎゅうぎゅう押しつける: *jn.* an die Wand ～ …を壁にぎゅうぎゅう押しつける | die Nase an ⟨gegen⟩ die Fensterscheibe ～ 鼻を窓ガラスに押しつけてぺしゃんこにする. **b**) 再帰 *sich*[4] in ⟨hinter⟩ *et.*[4] ～ …の中〈後ろ〉へぎゅうぎゅう体を押し入れる | *sich*[4] aus dem Saal ～ 押し合いへし合いしながら広間から出てくる | *sich*[4] durch die Menge ～ もみくちゃになりながら人ごみの中へ押し入る | Er *quetschte* sich in die volle Bahn. 彼はぎゅうぎゅう詰めの電車の中にぐいぐいと押し入った. **3**《*jm. et.*[4]》(強く押しつけたり締めつけたりして…の身体部分に)挫傷(ざしょう)〈打撲傷〉を負わせる: *sich*[3] den Finger in der Tür ～ ドアに指をはさんでけがをする ‖ 再帰 *sich*[4] ～ 挫傷〈打撲傷〉を負う ‖ Bei dem Unfall wurde mein Arm ⟨mir der Arm⟩ *gequetscht*. 事故で私は腕に打撲傷を負った. [*mhd.*; ◇kassieren[1]; *engl.* quash]

Quet·scher[kvétʃər] 男 -s/- **1** 貨幣鋳造機;〘染〙膠泥(こうでい)ならし. **2**〘ビリヤード〙(クッションの近くにある的球(まとだま)からの)引き球. **3**〘医〙圧挫鉗子(かんし).

Quetsch≈fal·te[kvétʃ..] 女〘服飾〙ボックスプリーツ.

≠**hahn** 男〘理〙(測定器具などの)挟み留め(クリップ・スクリューコック・ピンチコックなど). ≠**kar·tof·feln** 複《方》＝Kartoffelpüree ≠**kom·mo·de** 女《戯》(Ziehharmonika) アコーデオン.

Quet·schung[kvέtʃʊŋ] 女 -/-en (quetschen すること. 例えば:) **1**〘理〙(鋼の)圧しつぶし. **2**〘地〙(岩漿(がんしょう)の結晶分化作用の)絞り出し. **3** 打ち身, 打撲傷; (Kontusion)〘医〙挫傷(ざしょう): eine ~ erleiden 挫傷〈打撲傷〉を負う, 打ち身をする.

Quetsch·wun·de 女〘医〙挫創(ざそう).

Queue[kø:] **I** 中 (オーストリア: 男) -s/-s〘ビリヤード〙キュー, 玉突き棒(→ ⓐ Billard). **II** 女 -/-s **a**) (待っている人の)長い列: 〔eine〕~ bilden 〈machen〉 長蛇の列をつくる | ~ stehen 長い列ができている(＝Schlange stehen). ▽**b**) (↔Tete)〘軍〙(隊列の)後尾. [*fr.*; < *lat.* cauda (→Coda)]

qui[1] 《フランス語》→*qui* s'excuse, s'accuse, *qui* vivra, verra

qui[2] 《ラテン語》→*qui* tacet, consentire videtur

quick[kvɪk] 形《北部》元気な, はつらつとした, 活発な. [*germ.* „lebendig"－*mndd.* quik; ◇zoo.., bio.., vif, keck]

Quick·born[kvík..] 男 **1**《雅》こんこんとわき出る泉. **2** (Jungbrunnen)〘伝説〙(浴びると若返るという)青春の泉.

quicken[kvíkən] 他 (h)〘化〙アマルガム化する.

Quick·erz[kvík..] 中〘化〙水銀鉱.

Quickies Quicky の複数形.

quick·le·ben·dig 形 元気はつらつとした, ぴんぴんした.

Quick≠sand 男〘化〙流砂, 浮砂. ≠**was·ser** 中 -s/〘化〙第二水銀塩の溶液(電気めっき用).

Quicky[kvíki·] 男 -s[..ki:s]/ Quickies[..ki:s]《俗》ちょんの間(ま)のセックス. [*engl.*]

▽**Qui·dam**[kví:dam] 男 -/ だれかある人, だれそれ, なにがし. [*lat.* „ein gewissener"]

Quid·pro·quo[kvɪtprokvó:] 中 -s/-s (事物の)取り違え, 誤解(→Quiproquo). [*lat.* „etwas für etwas"]

quiek[kvi:k] 間 (子豚・ネズミなどの高くかぼそい鳴き声)キー, キュー, チュー.

quie·ken[kví:kən](話: **quiek·sen**[kví:ksən]《02》) 自 (h) **1** (子豚が)キーキー鳴く; (ネズミが)チューチュー鳴く;《比》(子供や女の子が)キャーキャー〈キャッキャッ〉かん高い声をあげる: vor Schrecken 〈Vergnügen〉 ~ こわがってキャーッキャーッと悲鳴をあげる〈喜んでキャッキャッと笑う〉| **zum *Quieken* sein**《話》ひどくこっけいである, お笑い草である. **2** (楽器が)キーキー鳴る; (戸などが)ギーギーきしむ. [*ndd.*]

Quiek·ser[kví:ksər] 男 -s/-《話》キーキー〈チューチュー〉いうかん高い音〈声〉.

Quie·tis·mus[kvietísmʊs] 男 -/ 静寂主義(特に17世紀の宗教的神秘主義). [< *lat.* quiētus (→quitt)]

Quie·tist[kvietíst] 男 -en/-en 静寂主義者.

Quie·tiv[kvietí:f][1] 中 -s/-e (Beruhigungsmittel) 鎮静剤.

quiet·schen[kví:tʃən]《04》自 (h) **1** (戸・ブレーキなどが)キーキーきしむ. **2**《話》(quieken) (子供などが)キーキー声をあげる: vor Vergnügen 〈Schreck〉 ~ 喜んで〈こわがって〉キャッキャッと言う ‖ zum *Quietschen* **sein** ひどくこっけいである, お笑い草である. [<quieksen]

quietsch≠fi·del[kví:tʃ..] 形 きわめて陽気な. ≠**ge·sund** 形《話》きわめて健康な. ≠**le·ben·dig** 形《話》きわめて活発な, 元気一杯の. ≠**naß** 形《話》びしょぬれの, ずぶぬれの. ≠**ver·gnügt** 形《話》とても楽しい〈陽気な〉: ~*e* Kinder ひどく楽しげな子供たち | ~ spielen とても楽しく遊ぶ, 喜々として戯れる.

quill[kvɪl] quellen の命令法単数.

quillst[..st] quellen の現在 2 人称単数.

quillt[..t] quellen の現在 3 人称単数.

Quilt[kvɪlt] 男 -s/-s〘繊維〙キルト. [*engl.*]

quil·ten[kvíltən]《01》他 (h)《*et.*[4]》(…に)キルティングする.

quin·ke·lie·ren[kvɪŋkəlí:rən] 自 (h) **1**《北部》(tirilieren) (ヒバリなどが)ピーチクパーチクさえずる, 歓呼するように楽しげに歌う. **2**《話》言いのがれをする. [*mlat.* quīntāre „in Quinten singen"－*ndd.*; < *mlat.* quīnta (→Quinte)]

Quin·qua·ge·si·ma[kvɪŋkvagé:zima·] 女 -/ 〘カトリック〙五旬節の主日(復活祭前50日目. Quadragesima の前の日曜日). [*mlat.*; < *lat.* quīnquāgintā „fünfzig"]

Quin·que·re·me[kvɪŋkveré:mə] 女 -/-n ＝Pentere [< *lat.* quīnque „fünf"＋rēmus (→Riemen[2])]

Quin·quil·lion[kvɪŋkvɪlió:n] 女 -/-en＝Quintillion

Quint[kvɪnt] 女 -/-en **1**〘フェンシング〙キント(剣の交差ポジションの第 5 の構え). **2** ＝Quinte

Quin·ta[kvínta·] 女 -/..ten[..tən] **1** 9 年制ギムナジウムの第 2 学年(→Prima I 1 ☆). **2**《オーストリア》ギムナジウムの第 5 学年. [*lat.* quīntus „fünfter"]

Quin·tal[kvɪntá:l] 男 -s/-e (単位: -/-) キンタール(ロマン系諸国ならびに中南米諸国の重量単位: 1 Zentner; 記号 q). [*lat.*－*arab.* qintār－*mlat.*－*roman.*; ◇Qindar]

Quin·ta·ner[kvɪntá:nər] 男 -s/- (女 **Quin·ta·ne·rin**[..nərɪn]-/-nen) ギムナジウムの Quinta の生徒.

Quin·te[kvíntə] 女 -/-n〘楽〙5 度〔音程〕; (ヴァイオリンの) E 線: Da ist mir die ~ gesprungen.《話》それで私は堪忍袋の緒が切れた. [*mlat.* quīnta (vōx) „fünfter (Ton)"]

Quin·ten Quint, Quinta, Quinte の複数.

Quin·ten·zir·kel 男〘楽〙5 度圏.

Quin·ter·ne[kvɪntέrnə] 女 -/-n (Fünftreffer) (Lotto の) 5 本組み合わせ当たりナンバー(→Ambe 1, →Terne, →Quaterne). [< *span.*]

Quint·es·senz[kvínt(|)ɛsɛnts, kvɪntɛsέnts] 女 -/-en **1** (発言内容・問題などの)本質〔的な重要な点〕, 核心, エッセンス, エキス. **2** (Ergebnis) 結果, 帰結, 結論: die ~ der langen Diskussion 長い討論の結果. [*mlat.* quīnta essentia „fünftes Wesen"; *gr.* pemptḗ ousíā の翻訳借用]

Quin·tett[kvɪntέt] 中 -〔e〕s/-e **1**〘楽〙**a**) 五重奏〈唱〉曲: Klarinetten*quintett* クラリネット五重奏曲. **b**) 五重奏〈唱〉団. **2**《話》5 人組. [*it.* quintetto]

Quin·ti·lian[kvɪntiliá:n] (**Quin·ti·lia·nus**[..nʊs]) 人名 Marcus Fabius ~ マルクス ファビウス クインティリアヌス(35頃-95頃; ローマの修辞学者).

Quin·til·li·ar·de[kvɪntɪliárdə] 女 -/-n Quintillion の 1000倍(10^{33}).

Quin·til·lion[kvɪntɪlió:n] 女 -/-en Million の 5 乗 (10^{33}). [< *lat.* quīntus „fünfter"＋Million]

Quin·to·le[kvɪntó:lə] 女 -/-n〘楽〙5 連〔音〕符. [< *lat.* quīnque (→fünf)＋Triole]

Quin·tu·pel[kvɪntú:pəl] 中 -s/-〘数〙五重対, 五つ組. [*spätlat.* quīntu-plex „fünf-fältig"]

Qui·pro·quo[kviprokvó:] 中 -s/-s (喜劇で)人違い; (Mißverständnis) 取り違え, 誤解(→Quidproquo). [*lat.* „jemand für jemanden"]

Qui·pu[k(v)ípu·] 中 -〔s〕/-〔s〕(Knotenschrift) キープ(インカ帝国の結縄(けつじょう)文字: → ⓐ Schrift). [*indian.* „Knoten"]

der **Qui·ri·nal**[kvirinά:l] 地名 男 -s/ **1** クイリナリス(ローマ七丘の一つ). **2** クイリナーレ(1の丘の上にあり,1870年以後, 王宮. 1948年以後, 大統領官邸. 転じて「イタリア政府」の意味にも用いられる).

Qui·ri·nus[kvirí:nʊs] 人名〘ロ神〙クイリヌス(軍神. のち Romulus と同一視され, Quirinal に神殿がある). [*lat.*]

Quirl[kvɪrl] 男 -〔e〕s/-e **1 a**)〘料理〙泡立て器; 攪拌(かくはん)棒: *et.*[4] mit einem ~ verrühren …を泡立て器でよくかきまぜる. **b**)《戯》(Ventilator) 換気装置; 換気扇, 扇風機. **c**)《話》(Propeller)〘空〙プロペラ. **2**《戯》ちょこちょこ〈せかせか〉とよく動き回る人(特に子供): Du bist ein richtiger ~. 君はほんとに落ち着かない人〈子〉だね. **3** (Wirtel)〘植〙輪生体(葉の輪生している節). [*germ.* „Rührstock"; ◇turbieren]

quir·len[kvírlən] **I** 他 (h) (泡立て器・攪拌(かくはん)棒で)かき回す〈まぜる〉: ein Ei in die Milch ~ 卵 1 個を牛乳によくかきまぜる. **II** 自 (h) (水が)渦を巻く;《比》(怒りや欲望など

が)渦巻く: eine *quirlende* Menschenmenge 渦巻く群衆.

quirl·för·mig 形〘植〙輪生の.

quir·lig[..lıç]² 形 **1**《話》少しもじっとしていない, 落ち着きのない(子供など); 活発な, よく動く; 活気のある, にぎやかな(人通りなど). **2**〘植〙輪生の.

qui s'ex·cuse, s'ac·cuse[kisɛkský:z saký:z]《フランス語》(wer sich entschuldigt, klagt sich an) 言いわけは後ろめたさのしるし. [◇ex..¹, ad.., Causa]

Quis·ling[kvíslıŋ] **I** 人名 Vidkun ~ ヴィドクン クヴィスリング(1887-1945; ノルウェーの政治家. ナチのノルウェー侵略に協力). **II** 男 -s/-e《比》(Kollaborateur)(敵・占領軍などへの)協力者; (Verräter) 裏切り者.

Quis·qui·li·en[kvıskví:liən] 複 つまらぬこと, 些細(ささい)な事柄. [*lat.*]

qui ta·cet, con·sen·ti·re vi·de·tur[kví: tá:tsɛt kɔnzɛntí:re· vidé:tʊr]《ラテン語》(wer schweigt, scheint zuzustimmen) 沈黙は同意とみなされる. [◇konsentieren]

Qui·to[kí:to·] 地名 キート(南米エクアドル共和国の首都).

quitt[kvıt] 形《比較変化なし; 述語的》《話》**1** (英: *quit*[*s*]) 貸し借りのない, 清算された; かかわり合いのない, 片づいた: **mit *jm.* ~ sein**《話》…との関係が片づいている, …に対して貸し借りがない; …と絶交している ‖ **mit *jm.* ~ werden**《話》…と話がつく, …との間を清算する; …と絶交する | Jetzt sind wir [miteinander] ~. これで私たちはお互い貸し借りなしだ | Ich möchte möglichst schnell mit ihm ~ werden. 私はできるだけ早く彼との間を清算したい(彼と手を切りたい).

2 (ledig)《*et.*⁴ / ᵛ*et.*²》(…から)免れて, すませて; 失って: *et.*⁴ 〈*jn.*〉 ~ sein / ᵛ*et.*² 〈*js.*〉 ~ sein i) …から免れている; ii) …を失っている | *et.*⁴ 〈ᵛ*et.*²〉 ~ werden i) …から免れる; ii) …を失う | Ich bin froh, daß ich diese Arbeit 〈diesen Mann〉 endlich ~ bin. 私はやっとこの仕事から解放されて(この男と手が切れて)うれしい ‖ eine Schuld 〈eine Gunst〉 ~ machen 借金を返済する(好意に返礼する).

[*lat.* quiētus „ruhig“–*afr.* quite „ledig“–*mhd.* quīt; <*lat.* quiēscere „ruhen“ (◇Weile); ◇Quietismus; *engl.* quit, quiet]

Quit·te[kvítə; オーストリア: kítə] 女 -/-n **1**〘植〙マルメロ: Japanische ~ ボケ(木瓜). **2** マルメロの実(ゼリー・ジャムなどの原料になる). [*vulgärlat.* quidōnea–*ahd.* qitina; <*gr.* Kydṓnion mēlon „Apfel von Kydōníā (Kreta 島の古都)“; ◇<Kütte¹; *engl.* quince]

quit·ten·gelb[kvítəngɛlp]¹ 形 マルメロ色(マルメロの実のような鮮やかな淡黄色)の.

Quit·ten·kä·se 男《オーストリア》(固い)マルメロ=ジャム.

quit·tie·ren[kvıtí:rən] 他 (h) **1**《*et.*⁴》(…に)領収書を出す, 受領のサインをする, 領収した旨を[証書で]証明する: den Empfang des Geldes ~ その金の受領書を書く | eine Rechnung ~ 勘定書に領収のサインをする ‖〘目的語なしで〙auf der Rückseite [der Rechnung] ~ [勘定書の]裏面に領収済みと書く | Er hat über 100 Mark *quittiert*. 彼は100マルクの受取を書いた | Würden Sie bitte ~? 受領証を書いていただけませんか ‖ über eine Niederlage ~《比》敗北を認める(耐え忍ぶ). **2**《比》《*et.*⁴ mit *et.*³》(…に対して…によって)むくいる, 返報する: die Vorwürfe mit einem Lächeln ~ 微笑でもって非難にこたえる. ᵛ**3**《しばしば目的語なしで》(aufgeben)(職を)やめる, 辞職する: [den Dienst] ~ 辞職する, 退官(退役)する. [<quitt]

Quit·tung[kvítʊŋ] 女 -/-en **1** 領収書(証), 受取[証書], レシート: *jm.* eine ~ über 1 000 Mark ausstellen 〈schreiben〉 …に1000マルクの領収書を出す(書く) | für 〈über〉 *et.*⁴ eine ~ ausschreiben …に対して領収書を出す | *jm. et.*⁴ [nur] gegen ~ geben …に…を受領証と引き換えに渡す | eine ~ unterschreiben 領収証(受取)にサインする. **2**《比》(Folge) 応報, 報い: Die ~ bleibt nicht aus. やはりただではすまない(手痛い報いがある)もんだ | Das ist die ~ 〈Da hast du die ~〉 für dein Benehmen. これが君の振舞いに対するお返しだ.

Quit·tungs≠block 男 -[e]s/-s 領収書用紙の一とじ(冊子). **≠buch** 中 受取帳, 領収書(受領証)つづり込み簿. **≠for·mu·lar** 中 領収書の用紙(書式). **≠mar·ke** 女, **≠stem·pel** 男 収入印紙.

Qui·vive[kiví:f, ..ví:v(ə)] 中 -/- (Werda)〘軍〙だれか(歩哨(ほしょう)の誰何(すいか)のことば):〘ふつう次の成句で〙**auf dem ~ sein**《話》警戒(用心)している | Bei dieser Arbeit muß man auf dem ~ sein. この仕事は細心の注意が必要だ. [*fr.* „wer lebt (da)?“]

qui vi·vra, ver·ra[kivivrá vɛrá]《フランス語》時がたてばわかる. [*fr.* „wer leben wird, wird (es) sehen“]

Quiz[kvıs] 中 -/- (新聞・雑誌・テレビ・ラジオなどの)クイズ[番組]: ein ~ machen 〈veranstalten〉 クイズの催しを行う | an einem ~ im Fernsehen teilnehmen テレビのクイズ番組に出る. [*amerik.*]

Quiz≠ma·ster[kvís..] 男 クイズ[番組]の司会者. **≠sen·dung** 女〘放送〙クイズ番組.

quiz·zen[kvísən]《02》**I** 自 (h)《話》(クイズの司会者が)質問する, クイズを出す. **II** 他 (h)《話》《*et.*⁴》(クイズで…を)答える, (…の) 解答を出す.

Quod·li·bet[kvɔ́tlibɛt] 中 -s/-s ᵛ**1** (Durcheinander) ごたまぜ. **2**〘楽〙(16-18世紀の)混成曲, クオドリベット(異種の歌詞とメロディーを同時に歌うこっけいな歌曲). **3**〘トランプ〙クオドリベット(3-5人でするゲーム). [*lat.* „was beliebt“; ◇lieb]

quoll[kvɔl] quellen の過去.

quöl·le[kvœlə] quellen の接続法 II.

Quo·rum[kvó:rʊm] 中 -s/..ren[..rən]《ふつう単数で》《南部・スイス》(議決に必要な)定足数. [*lat.* „derer“; 裁定の冒頭の語として用いられた]

quot《ラテン語》→*quot* homines, tot sententiae

Quo·ta·tion[kvotatsió:n] 女 -/-en〘商〙相場づけ.

Quo·te[kvó:tə] 女 -/-n (英: *quota*) **1** 分け前, 割り当て, 持ち分, 配当額, 分担額: die ~ beim Lotto ロット(富くじ)の配当額. **2** (全体に対する)割合, 比率: die ~ der Arbeitslosen / Arbeitslosen*quote* 失業率 | Unfall*quote* 事故発生率. [*mlat.*; <*lat.* quota pars „der wievielte Teil?“; ◇Kote¹]

Quo·ten≠ak·tie[..tsiə] 女〘商〙比例株. **≠re·ge·lung** 女 (特に役職などを占める男女の比率についての)割合(比率)に関する規定, クオータ制. **≠rück·ver·si·che·rung** 女〘商〙割合再保険, 比例による再保険.

quot ho·mi·nes, tot sen·ten·tiae[kvɔ́t hó:mine:s tɔ́t zɛntɛ́ntsiɛ·]《ラテン語》(so viele Menschen, so viele Meinungen) 大勢寄れば考えもさまざま, 十人十色. [◇Homo¹, Sentenz]

Quo·tient[kvotsiɛ́nt] 男 -en/-en **1**〘数〙商. **2** ($^3/_5$, a: b のような)除法表現; (除法表現による)指数: Intelligenz*quotient* 知能指数. [*lat.* quotiē[n]s „wie oft?“; <*lat.* quot „wie viele?“]

quo·tie·ren[..tí:rən] 他 (h) (angeben)〘商〙(相場を)つける, (値を)さす, 言う, つける; (価格を)見積もる, 評価する.

Quo·tie·rung[..tí:rʊŋ] 女 -/-en quotieren すること.

quo·ti·sie·ren[..tizí:rən] 他 (h) 分け前(割り当て)に従って分配する, 配当する; 案分する.

Quo·ti·sie·rung[..zí:rʊŋ] 女 -/-en quotisieren すること.

quo va·dis[kvó: vá:dıs]《ラテン語》(wohin gehst du)〘主よ〙あなたはどこへ行かれるのですか(聖書: ヨハ13,36);《比》どうなることだろう(不安・疑惑の表現).

Qu Yuan[tɕýỳǽn] = Chü Yüan

q. v. 略 **1** = quantum vis[kvántʊm ví:s]〘医〙(処方箋(せん)で)任意量. **2** = quod videas[kvɔ́t ví:dea:s], quod vide[– ví:de·] それを見よ, 参照せよ. [1: <*lat.* vīs „du willst“ (◇Velleität)]

R

r[1][ɛr], **R**[1][−] 中 -/- (→a[1], A[1] ★)ドイツ語のアルファベットの第18字(子音字): →a[1], A[1] 1 | *R* wie Richard (通話略語) Richard の R〔の字〕(国際通話では *R* wie Roma).

r[2] 記号 **1** [rœ́ntgən] (Röntgen)〘理〙レントゲン. **2** [rá:diʊs] (Radius)〘数〙半径. **3** [rékto· fó:lio·] (↔v) (recto folio) 表ページに: 10[r] 10丁〈枚目〉表ページ.

r. 略 **1** = rechts (↔l.) 右に. **2** = rund 約.

R[2] **I** 記号 **1** (国名略号: →A[2] II 3) ルーマニア (Rumänien). **2** [rətá:r] (↔A) (Retard) (時計の調速盤で)遅. **3** [ré:omy:r] (Reaumur)〘理〙列氏: 15°*R* 列氏15度. **4** = r[2] 1 **5** = r[2] 2

II 略 **1** = Rabatt〘商〙値引き. **2** = 《ラテ語》rarus (切手・コインなどのカタログで) 希少.

R. 略 **1** = Regiment 1 **2** = recipe

Ra[ɛr|á:, rá:diʊm] 記号 (Radium)〘化〙ラジウム.

Raa[ra:] 女 -/-en = Rah

Raa·be[rá:bə] 人名 Wilhelm ~ ヴィルヘルム ラーベ(1831–1910; ドイツの小説家. 作品『すずめ横町年代記』など).

ra·ban·tern[rabántərn] 《05》自 (h), **ra·ban·zen** [..tsən] 《02》自 (h) 《北部・西部》(仕事で)かけ回っている, 忙しい.

Ra·batt[rabát] 男 -〔e〕s/-e **1** (略 R)〘商〙値引き, 割引; 割り戻し, リベート: *jm.* ~ geben 〈gewähren〉 …に割引して売る | 10% ~ auf alle Waren! 全品1割引き | Radios mit 2 Mark ~! ラジオ2マルク引き. **2** 《話》減刑. [*it.* rabatto; < re..+ad..+*lat.* ba〔t〕tuere (→Batterie); ◇ *engl.* rebate]

Ra·bat·te[rabátə] 女 -/-n **1** 〘園〙縁どり花壇 (→ 図 Park). ᵛ**2** 〘服飾〙(そで・襟などの)折り返し部分; 縁飾り. **3** 《北部》よだれ掛け. [*fr.* rabat〔− *ndl.* rabat〕; < *fr.* rabattre „umschlagen"; ◇ *engl.* rabat〔o〕]

Ra·bat·ten·tre·ter 男 《話》大きな足〈靴〉.

ra·bat·tie·ren[rabatí:rən] 他 (h) (*jm. et.*[4])〘商〙(…に…を)値引きする, 値引きして売る: *et.*[4] mit 20 Prozent ~ …を2割引きする.

Ra·batt·mar·ke[rabát..] 女 (一定数集めると商品を割引で買える)割引サービス券.

Ra·batz[rabáts] 男 -es/ 《話》**1** 大騒ぎ, やかましい音, 喧噪(けんそう): ~ machen 大騒ぎする(→2). **2** 声高の〈激しい〉抗議: ~ machen 大声で抗議する(→1). [*poln.* rabać „hauen"]

Ra·batz·ma·cher 男 《話》悶着(もんちゃく)〈ごたごた〉を起こす人, 不穏分子.

Ra·bau[rabáʊ] 男 -s/-e; -en/-en 《西部》**1** ラバウ(青リンゴの一種). **2** = Rabauke

Ra·bau·ke[rabáʊkə] 男 -n/-n 《話》乱暴な若者, (若い)ごろつき, 暴れん坊. [*afr.* ribaud − *ndl.* rabaut, rabauw; < *afr.* riber „sich wüst aufführen" (◇ reiben)]

Rab·bi[rábi·] 男 -〔s〕/-nen[rabí:nən] (-s) **1** 《単数で》ラビ, 先生, 師(ユダヤ教の教師・学者に対する尊称で, 単独または名前にそえて呼びかけに用いる). **2** ラビ〔の称号をもつ者〕(→ Rabbiner). [*hebr.* rabb-ī „mein Lehrer" − *gr.* − *kirchenlat.*]

Rab·bi·nat[rabiná:t] 中 -〔e〕s/-e ラビの職〈身分〉.

Rab·bi·nen Rabbi の複数.

Rab·bi·ner[rabí:nər] 男 -s/- ラビ(ユダヤ教の律法学者・聖職者). [*mlat.* rabbinus]

rab·bi·nisch[rabí:nɪʃ] 形 ラビの; ラビに関する; ラビのような: die ~*e* Sprache ラビ語(後期ヘブライ語).

Räb·chen[ré:pçən] 中 -s/- **1** Rabe の縮小形. **2** 《話》いたずらっ子, きかん坊.

Ra·be[rá:bə] 男 -n/-n (小 **Räb·chen** → 別出, **Räb·lein**[ré:plaɪn] 中 -s/-) **1** 〘鳥〙(大形の)カラス(鳥) (→ Krähe): Kolk*rabe* ワタリガラス(渡鴉) | Der ~ krächzt 〈kreischt〉. カラスがカアカア鳴く | **ein weißer** ~ 《比》白いカラス(例外中の例外, 世にもまれな物〈事〉) ‖ **schwarz wie ein** ~ 〈**wie die** ~***n***〉《比》真っ黒な(→rabenschwarz); 《戯》(子供が)ひどくよごれた | wie ein ~ stehlen 〈klauen〉 (→stehlen 1, →klauen I) | gierig wie die ~*n* schlingen 《比》がつがつ〈むさぼり〉食う ‖ einen ~*n* baden 〈waschen〉《比》むだなことをする. **2 a)** 大烏(おおがらす)紋章〔のついた貨幣〕. **b)** der ~〘天〙烏(からす)座. **c)** 〘史〙(武器としての)とび口. **3 a)** (Karpfen)〘魚〙コイ(鯉). **b)** 〘動〙エスカルゴ(食用カタツムリ).
[*germ.* „Krächzer"; 擬音; ◇ krähen, schreien, Rachen, Rappe[2]; *engl.* raven; *gr.* kórax „Rabe"]

Ra·belais[rablé] 人名 François ~ フランソワ ラブレー (1494頃–1553頃; フランスの人文学者・物語作者. 作品『ガルガンチュアとパンタグリュエル』など).

ra·ben[rá:bən][1] 他 (h) 《話》(stehlen) 盗む. [< Rabe]

Ra·ben≠aas[rá:bən..] 中 《軽蔑的に》下劣なやつ〈あま〉, すれっからし, あばずれ. ≠**bein** 中 〘解〙烏啄(うたく)骨. ≠**bra·ten** 男 = Rabenaas ≠**el·tern** 複 《軽蔑的に》(子に)愛情のない〈冷酷な〉親, 鬼のような親(→Rabenmutter). ≠**haar** 中 真っ黒な髪. ≠**krä·he** 女 〘鳥〙ハシボソガラス(嘴細鴉). ≠**mut·ter** 女 《軽蔑的に》愛情のない〈冷酷な〉母, 鬼のような母親(カラスはひなの面倒をみないという俗信による).

Ra·ben·schlacht[rá:bən..] 女 -/ 〘文芸〙ラヴェンナの戦い (Ravenna における Dietrich von Bern の戦いを描いたドイツの中世叙事詩).

Ra·ben·schna·bel·fort·satz[rá:bən..] 男 〘解〙烏口(うこう)突起.

ra·ben·schwarz 形 《副詞的用法なし》真っ黒な; 真っ暗な(→kohlrabenschwarz): ~*es* Haar 漆黒(しっこく)の髪 | eine ~*e* Nacht 真っ暗な夜.

Ra·ben≠sohn 男 《軽蔑的に》愛情のない〈冷酷な〉息子. ≠**stein** 男 〔絞首〕刑場(カラスは死肉を食べる鳥とされているので). ≠**toch·ter** 女 《軽蔑的に》愛情のない〈冷酷な〉娘. ≠**va·ter** 男 《軽蔑的に》愛情のない〈冷酷な〉父, 鬼のような父親(→Rabenmutter). ≠**vieh** 中 《軽蔑的に》野郎, 畜生. ≠**vo·gel** 男 〘鳥〙カラス科の鳥 (Dohle, Elster, Krähe, Rabe など).

ra·biat[rabiá:t] 形 **1 a)** 荒っぽい, 粗暴な. **b)** 狂暴な, 怒り狂った: *jn.* ~ machen …を憤激させる. **2** 断固たる, きびしい: eine ~*e* Maßnahme きびしい措置. [*mlat.*; ◇ Rage; *engl.* rabid]

Ra·biat·heit[−haɪt] 女 -/ rabiat なこと.

Ra·bies[rá:biɛs] 女 -/ (Tollwut)〘医〙狂犬病, 恐水病. [*lat.* rabiēs]

Ra·bitz·wand[rá:bɪts..] 女 〘建〙ラービッツ壁(鉄筋モルタルの薄手の間仕切り壁). [< K. Rabitz (ドイツの建築業者)]

Räb·lein Rabe の縮小形(→Räbchen).

Ra·bu·list[rabulíst] 男 -en/-en 《軽蔑的に》悪徳弁護士, 三百代言. [< *lat.* rabula „Schreier" (◇ Rumor)]

Ra·bu·li·stik[rabulístɪk] 女 -/-en (**Ra·bu·li·ste·rei**[rabulɪstəráɪ] 女 -/-en) 《ふつう単数で》(三百代言的な)言いくるめ, こじつけ.

ra·bu·li·stisch[..lístɪʃ] 形 三百代言的な, こじつけの.

R

Ra·bu·se[rabúːzə] 女 -/ =Rapuse

Ra·che[ráxə; ｵｰｽﾄﾘｱ･ｽｲｽ: –, ráːxə] 女 -/ 復讐(ふくしゅう), 仕返し, 報復: eine blutige ⟨grausame⟩ ～ 血なまぐさい⟨残酷な⟩復讐 | **die ～ des kleinen Mannes**《話》(歯の立たない相手にチャンスをとらえて行う)弱者の仕返し ‖ ～ brüten 復讐心を抱いている | *seine* ～ kühlen ⟨stillen⟩ (自分の)復讐心をおさえる | **an** *jm.* 〔für *et.*⁴〕 **～ nehmen** ⟨üben⟩ …に…の復讐をする | ～ schnauben 復讐心に燃えている | ～ schwören 復讐を誓う ‖ **auf ～**⁴ sinnen 復讐をもくろむ | *et.*⁴ **aus ～** tun 仕返しに…をする | **nach** ～ dürsten 復讐心に燃えている | nach ～ ⟨**um ～**⟩ schreien 復讐を叫ぶ ‖ ***Rache* ist süß!** /《戯》***Rache* ist Blutwurst!** (おどし文句として)仕返ししてやるぞ. [*ahd.*; ◇rächen]

Ra·che≈akt[ráxə..] 男 仕返しの行為, 復讐(ふくしゅう)行為. **≈durst** 男 (激しい)復讐心.

ra·che≈dür·stend 形, **≈dur·stig** 形 復讐(ふくしゅう)心に燃えている.

Ra·che≈en·gel 男 復讐(ふくしゅう)の天使. **≈göt·tin** 女 復讐の女神(ギリシア神話では Erinnyen, Eumeniden; ローマ神話では Furien).

Ra·chel[ráxəl] =Rahel II

Ra·chen[ráxən] 男 -s/- **1** (Pharynx)《解》咽頭(いんとう); (一般に)口の奥, のど: eine Entzündung des ～*s* haben のど(咽頭)に炎症を起こしている. **2** (猛獣などの)〔大きく開いた〕口;《話》(人間の)口〔の中〕: den ～ aufreißen 大口をあく;《比》大きなことを言う | *jm.* **den ～** 〔mit *et.*³〕 **stopfen**《軽蔑的に》…を〔…で〕満腹⟨満足⟩させる | **den ～ nicht voll genug kriegen können**《話》欲が深い, 飽くことをしらない | Halt den ～!《話》黙れ ‖ *jm.* *et.*⁴ **aus dem ～ reißen**《話》…から…を強奪する | dem Brand *et.*⁴ aus dem ～ reißen …を間一髪で火災から救う | *jn.* aus dem ～ des Todes befreien …を死地から脱出させる | *jm.* *et.*⁴ **in den ～ werfen** ⟨**schmeißen**⟩《話》(なだめるために)…に…をくれてやる | *et.*⁴ in den falschen ～ kriegen《話》…を曲解して憤慨する. **3**《比》(人をのみこみそうな)深淵: die ～ der Hölle 地獄の淵(ふち). [*westgerm.*; ◇Rabe]

rä·chen⁽*⁾[réçən; ｵｰｽﾄﾘｱ･ｽｲｽ: –, rέːç..]《112》**räch·te**[réçtə]/**ge·rächt** (戯: gerochen[gərɔ́xən]) 他 (h) **1** (*jn./et.*⁴) (…の)かたきを討つ, 報復⟨仕返し⟩をする: den ermordeten Freund ⟨den Tod des Freundes⟩ **an** *jm.* ～ …に対して殺された友⟨友の死⟩のあだを討つ.

2 a) 再帰 *sich*⁴ ～ 復讐(ふくしゅう)する, 仕返しをする: *sich*⁴ an *jm.* für eine Beleidigung ⟨wegen einer Beleidigung⟩ ～ …に侮辱のうらみを晴らす. **b)** 再帰 *sich*⁴ ～《事物を主語として》報いが来る, たたる: Die Sauferei *rächte* sich an seinem Magen. 暴飲が彼の胃を悪くした | Mein Leichtsinn *rächte* sich bitter. 私は軽率さのためにひどい目にあった.

[*germ.* „vertreiben, verfolgen"; ◇urgieren, Rhagade; *engl.* wreak]

Ra·chen≈ab·strich[ráxən..] 男《医》咽頭(いんとう)粘膜採取〔検査〕. **≈blüt·ler** 男 ゴマノハグサ(胡麻葉草)科の植物. **≈bräu·ne** 女《話》(Diphtherie) ジフテリア. **≈ent·zün·dung** 女《医》咽頭(いんとう)炎. **≈höh·le** 女《解》咽頭腔(くう), 咽腔. **≈ka·tarrh**[..katar] 男《医》咽頭カタル. **≈krebs** 男《医》咽頭(いんとう)癌. **≈laut** 男《言》咽腔(いんこう)音. **≈leh·re** 女《工》内径ゲージ. **≈man·del** 女《医》咽頭扁桃(へんとう). **≈put·zer** 男《戯》(のどがひりひりする)強い酒; 安ぶどう酒; 安タバコ. **≈raum** 男 =Rachenhöhle **≈rei·ßer** 男《話》強いブランデー. **≈wä·sche** 女《話》酒盛り.

Ra·che·plan[ráxə..] 男 復讐(ふくしゅう)計画.

Rä·cher[réçər] 男 -s/- (⊛ **Rä·che·rin**[..çərın]-/-nen) 復讐(ふくしゅう)者, 報復者: der ～ des Ermordeten ⟨des Mordes⟩ 殺された人⟨殺人⟩の仕返しをする人.

ra·che·schnau·bend[ráxə..] 形 復讐心に燃えている.

Rach≈gier[ráx..] 女, **≈gier·de** 女 復讐心; 執念深さ.

rach·gie·rig 形 復讐心に燃えている, 執念深い.

Ra·chi·tis[raxíːtıs] 女 -/ 《医》佝僂(くる)病: ～ haben / an ～ leiden 佝僂病にかかっている. [*gr.*–*engl.*; <*gr.* rháchis „Rückgrat"+..itis]

ra·chi·tisch[raxíːtıʃ] 形《医》佝僂(くる)病の; 佝僂病による: ein ～*es* Kind 佝僂病の子供 | Er ist ～. 彼は佝僂病にかかっている.

Rach·ma·ni·now[raxmáːninɔf] 人名 Sergei ～ セルゲィ ラフマニノフ⟨ラハマーニノフ⟩(1873-1943; ロシアの作曲家・ピアニスト).

Rach·sucht[ráx..] 女 -/ =Rachgier

rach·süch·tig =rachgierig

Ra·chull[raxúl] 男 -s/-e 《東部》貪欲(どんよく)な人. [*slaw.*]

Ra·cine[rasíːn, ..sín] 人名 Jean Baptiste ～ ジャン バティスト ラシーヌ(1639-99; フランスの古典劇詩人. 作品『アンドロマック』など).

Rack[rak] 中 -s/-e《海》(マストの)帆げた留め金. [*ndd.*]

Racke[rákə] 女 -/-n《鳥》ニシブッポウソウ(仏法僧). [擬音]

Rackel·huhn[rákəl..] 中《狩》オオライチョウ(大雷鳥)とクロライチョウ(黒雷鳥)の雑種.

rackeln[rákəln]《06》自 (h) **1**《南部》(krächzen)(カラスなどが)カアカア⟨ガアガア⟩鳴く. **2**《狩》(交尾期のライチョウが)相手を呼ぶ.

Rackel·wild 中 =Rackelhuhn

racken[rákən] 自 (h)《北部》貧乏暮らしをする, あくせく働く. [*mndd.* raken „scharren"; ◇Rechen]

Racker[rákər] 男 -s/-《話》いたずらっ子. [*mndd.* „Abdecker"]

rackern[rákərn]《05》自 (h)《話》懸命に⟨あくせく⟩働く: 再帰 *sich*⁴ für Kinder zum Tode ～ 子供たちのために命がけで働く.

Racket¹[rέkət, rakέt] 中 -s/-s (Tennisschläger)(テニスの)ラケット. [*it.*–*fr.* raquette–*engl.*; <*arab.* rāha „Handfläche"]

Racket²[rέkət] 中 -s/-s (特にアメリカの)ギャング団, ゆすりの一味. [*engl.* „Krach"]

Rad[raːt]¹ 中 -es (-s)/ Räder[rέːdər] (⊘ **Räd·chen** → 別出, **Räd·lein**[rέːtlaın] 中 -s/-) **1 a)** (乗り物の)車輪 (→ 図): das vordere ⟨hintere⟩ ～ 前⟨後⟩輪 | Ersatz*rad* 予備車輪 ‖ **das fünfte ～ am Wagen sein**《話》(グループ内で)役立たずの⟨いてもいなくてもいい⟩人である, 余計者⟨無用の長物⟩である ‖ Das schlimmste ～ 〔am Karren〕 knarrt am meisten.《諺》能なしの口たたき(最も悪い車輪が最もきしむ) | Die *Räder* des Autos rollten ⟨gingen⟩ über ihn hinweg. 彼は自動車の車輪の下敷きになった | Ihm ist ein ～ ab.《話》彼はかんかんに怒っている ‖ Der Wagen läuft auf drei *Rädern*. その車は３輪である | **unter die *Räder* kommen** ⟨**geraten**⟩ 車輪の下敷きになる, ひかれる;《話》落ちぶれる, 堕落する. **b)** (家具などの)キャスター, 脚輪.

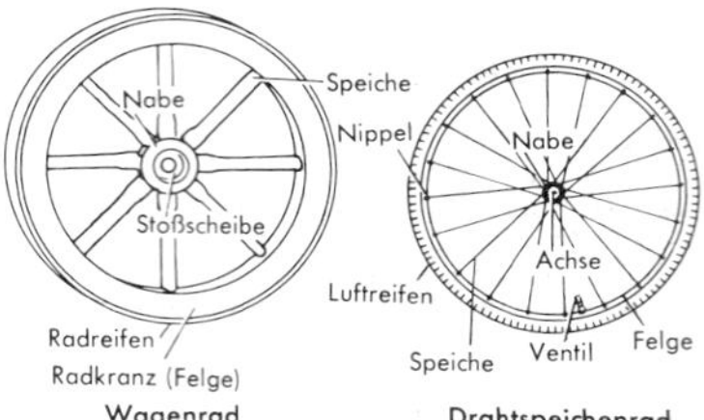

Rad

2 (車輪状のもの. 例えば:) **a)** つむぎ車, 糸〔繰り〕車; 歯車, みぞ車, はずみ車; (タービンの)羽根車, 水車; (外車船の)外車; 舵(だ)輪, 円形ハンドル; 輪状に開く花火; (クジャクなどの)広げた尾羽;《比》有為転変, 浮沈: des Glückes ～《雅》運命の車の輪(→Glücksrad 1) | **das ～ der Geschichte zurückdrehen** 歴史の歯車を逆転させる | Das ～ der Ge-

R

schichte läßt sich nicht zurückdrehen.（変転する）歴史の流れはもとに戻すことができない｜Das ～ der Zeit hält niemand auf.《諺》時の歯車はだれも止めることができない｜**nur** 〈**bloß**〉 **ein ～** 〈**ein *Rädchen***〉 **im Getriebe sein**《比》（機構の中で）微々たる力しかない｜**bei *jm.* ist ein ～** 〈**ein *Rädchen***〉 **locker** / **bei *jm.* fehlt ein ～** 〈**ein *Rädchen***〉《話》…は少し頭がおかしい‖ **ein *Rad* abhaben**《話》少し頭がおかしい｜〔**ein**〕 **～ schlagen**（クジャクなどが）尾羽を広げる（→radschlagen 1）‖ am ～ der Geschichte drehen 歴史を動かして行く｜in die *Räder* der Maschine geraten 〈kommen〉 機械〔の歯車〕に巻きこまれる｜dem Schicksal ins ～ greifen 運命の歯車を止めようとする. **b)** 〖史〗（車裂き用の）刑車: ***jn.* aufs ～ binden** 〈**flechten**〉 …を刑車にしばりつける, …を車裂きの刑に処する｜*jn.* zum ～ verurteilen …に車裂きの刑を宣告する. **c)** 〖体操〗側方倒立回転:〔ein〕 ～ schlagen 〖体操〗側方倒立回転をする（→radschlagen 2）. **d)** 輪状花（→ 図 Blütenform）.

3 (Fahrrad) 自転車: Er fährt gern ～. 彼は自転車に乗るのが好きだ（→radfahren）‖ *sich*^{4} auf *sein* ～ setzen 自転車に乗る｜mit 〈auf〉 dem ～ fahren 自転車に乗って行く｜vom 〈aufs〉 ～ steigen 自転車を降りる〈に乗る〉. [*ahd.*; ◇rasch; *lat.* rota „Rad"]

Rạd⸗ab·stand[rá:t..] 男 =Radstand **⸗ach·se** 女 車軸. **⸗an·trieb** 男 **1** 〖工〗車輪駆動. ᵛ**2** 〖海〗外輪式推進装置.

Ra·da̲r[radá:r, rá:da:r; ｵｰｽﾄﾘｱ: ⌣－] 男 中 -s/-e 〖電子工学〗 **1** 《単数で》電波探知〔法〕: den Standort eines Flugzeugs durch ～ 〈mittels ～s〉 feststellen 飛行機の位置を電波探知によって確認する. **2** レーダー, 電波探知機: *et.*^{4} durch ein ～ verfolgen 〈messen〉 …をレーダーで追跡〈測定〉する｜mit ～ ausgerüstet sein レーダーを装備している. [*amerik.*; ＜*engl.* *ra*dio *d*etecting *a*nd *r*anging]

Ra·da̲r⸗an·la·ge 女 レーダー施設〈設備〉. **⸗an·ten·ne** 女 レーダー用アンテナ. **⸗astro·no·mie** 女 レーダー天文学. **⸗bild·schirm** 男 レーダースクリーン. **⸗bug** 男 〖空〗（機首の）レーダードーム（→ 図 Flugzeug）. **⸗echo** 中 レーダーエコー（レーダースクリーンに現れる捕捉物体の反応）. **⸗fal·le** 女《話》（スピード違反取り締まりのためのレーダーを用いた警察の）ねずみ取り. **⸗ge·rät** 中 レーダー装置. **⸗kup·pel** 女 =Radom **⸗me·teo·ro·lo·gie** 女 レーダー気象学. **⸗na·se** 女 =Radom **⸗netz** 中 レーダー網. **⸗or·tung** 女, **⸗pei·lung** 女 レーダーによる位置測定. **⸗schirm** 男 レーダースクリーン.

ra·da̲r·si·cher 形 レーダーに映らない.

Ra·da̲r⸗sta·tion 女 レーダー基地. **⸗stö·rung** 女 レーダー妨害. **⸗tech·ni·ker** 男 レーダー技師. **⸗wel·le** 女 レーダー電波.

Ra·da̲u[radáu] 男 -s/《話》(Lärm) 騒ぎ, 騒音, 喧噪(けんそう); (やかましい)不満〈抗議〉の声: ～ machen 〈schlagen〉 騒ぐ; 不満の声をあげる. [*berlinisch*; ＜ 擬音?]

Ra·da̲u⸗blatt 中《話》（煽動(せんどう)的な）赤新聞. **⸗bru·der** 男《話》不穏〈反抗〉分子, 暴徒.

Rạd·auf·hän·gung[rá:t..] 女 -/ （自動車の）車輪懸架〔法〕.

Ra·da̲u⸗ka·sten[radáu..] 男《話》ラジオセット. **⸗ki·no** 中《話》（どたばた映画などを上映する）低級な映画館. **⸗ki·ste** 女《話》ラジオセット; ジュークボックス. **⸗ko·mö·die**[..diə] 女《俗》どたばた喜劇. **⸗lo·kal** 中《話》（よくけんかなどの起こる）暴力酒場. **⸗ma·cher** 男 =Radaubruder

Rạd⸗aus·flug[rá:t..] 男 サイクリング. **⸗ball** 男 **1** 《単数で》〖球技〗自転車ポロ. **2** 自転車ポロ用のボール.

Rạd·ball·spiel 中 自転車ポロ〔の試合〕.

Rạd·ber[rá:tbɛr] 女 -/-en《中部》(Schubkarre) 手押し車. [*mhd.* radebere; ◇Räderbahre]

Rạd·brem·se[rá:t..] 女 車輪ブレーキ（→ 図 Bremse A）.

Rạd·bruch[rá:tbrux] 人名 Gustav ～ グスタフ ラートブルッフ（1878-1949; ドイツの法哲学者・刑法学者・政治家）.

Rạ̈d·chen[rɛ́:tçən] 中 -s/-（Räderchen[rɛ́:dərçən]）（Rad の縮小形. 特に:）**1** （家具の）キャスター. **2** 小さい歯車;（拍車の）歯車: **ein ～ zuviel haben**《話》頭が少々おかしい｜**nur** 〈**bloß**〉 **ein ～ im Getriebe sein**（→Rad 2 a）｜**bei *jm.* ist ein ～ locker** / **bei *jm.* fehlt ein ～**（→Rad 2 a）. **3** 〖料理・服飾〗ルレット, 点線歯車.

Raddrehen

Rạd⸗damp·fer[rá:t..] 男 〖海〗外車船, 外輪船. **⸗dre·hen** 中 -s/ 〖体操〗側方倒立回転（→ 図）.

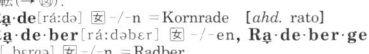

Rạ·de[rá:də] 女 -/-n =Kornrade [*ahd.* rato]

Rạ·de·ber[rá:dəbɛr] 女 -/-en, **Rạ·de·ber·ge**[..bɛrgə] 女 -/-n =Radber

rạ·de·bre·chen[rá:dəbrɛçən]《過分 geradebrecht》自 他 (h)（外国語を）つかえつかえ〈片言まじりに〉話す;（自信のないことを）しどろもどろに話す: Deutsch 〈in Deutsch〉 ～ 片言のドイツ語を話す. [*mhd.* „rädern"; ◇Rad, brechen]

Rạ·de·hacke[rá:də..]《東部》=Rodehacke

Rạ·de·krank·heit 女 〖農〗（線虫による小麦の）芯(しん)枯れ病.

rạ·deln[rá:dəln]《06》自 (s)《南部》(radfahren) 自転車で走る, 自転車に乗って行く, サイクリングする. [＜Rad]

rạ̈·deln[rɛ́:dəln]《06》他 (h) **1** 〖服飾〗（布に）ルレットで線を引く〈型を写す〉. **2** 〖料理〗ルレットでぎざぎざをつける〈ぎざぎざに切る〉. [＜Rädchen]

Rạ̈·dels·füh·rer[rɛ́:dəlsfy:rər] 男（暴動などの）首謀者, 首魁(しゅかい). [＜Rädlein „kreisförmige Formation einer Schar (von Landesknechten)"]

Rạ̈·der Rad の複数.

Rạ̈·der·bah·re[rɛ́:dər..] 女 〖医〗（病室間などの）患者運搬車, ストレッチャー（→ 図 Bahre）.

Rạ̈·der·chen Radchen の複数.

Rạ̈·der⸗fahr·zeug[rɛ́:dər..] 中（車輪のついた）乗り物. **⸗ge·ras·sel** 中 車の通る音. **⸗ge·trie·be** 中 歯車装置.

..rạ̈derig[..rɛ:dərɪç]^2（**..rạ̈drig**[..drɪç]^2）《数詞などにつけて「…個の車輪をもつ」を意味する形容詞をつくる》: vier*räderig* / vier*rädrig* 4 輪の.

Rạ̈·der·ka·sten[rɛ́:dər..] 男 〖工〗歯車箱, ギアボックス（→ 図 Drehbank）.

Rạ̈·der·ket·ten·fahr·zeug 中 キャタピラ駆動車.

rạ̈·dern[rɛ́:dərn]《05》**I** 他 (h) 〖史〗車輪の刑（罪人を地上に横たえた車輪に縛り付け, その上に突起のついた別の車輪を落下させて, 四肢の骨を砕く刑）に処する. **II ge·rạ̈·dert** → 別出

Rạ̈·der⸗spur 女 わだち, 車輪の跡. **⸗tier** 中 -〔e〕s/-e, **⸗tier·chen** 中 -s/-《ふつう複数で》〖動〗輪虫類（クルマムシ・ワムシ）. **⸗werk** 中 **1** 歯車〈車輪〉装置. **2** 《比》（複雑な）からくり, 仕掛け.

Ra·dẹtz·ky[radɛ́tski·] **I** 人名 Joseph Graf ～ von Radetz ヨーゼフ ラデツキー フォン ラデツ伯（1766-1858; オーストリアの名将）. **II** 男 -s/-《ｵｰｽﾄﾘｱ》《話》(Radiergummi) 消しゴム.

rạd|fah·ren*[rá:tfa:rən]《37》自 (s, h) **1** 自転車で走る, 自転車に乗って行く, サイクリングする. **2** 《話》（身をかがめてペダルを踏むところから）上にはぺこぺこし下にはいばる.

★ ふつう Rad fahren と 2 語に書く.

Rạd·fah·rer 男 -s/-（女 **Rạd·fah·re·rin** -/-nen）**1** 自転車に乗る人. **2** 《話》上にはぺこぺこし下にはいばる人.

Rạd·fahr·sport 男 自転車〈サイクリング〉スポーツ.

Rạd·fahrt[rá:tfa:rt] 女 サイクリング, 自転車旅行: eine ～ machen サイクリングをする.

Rạd·fahr·weg 男 自転車専用道.

Rạd⸗fel·ge 女（車輪の）リム. **⸗fen·ster** 中 〖建〗車輪窓, バラ窓.

rạd·för·mig[..fœrmɪç]^2 形 車輪状の.

Rạd⸗ge·stell 中 **1** 車輪のフレーム. **2** 〖鉄道〗輪軸, ボギー台枠. **⸗gür·tel** 男 〖軍〗（砲車の）鉄タイヤ.

Rạ·di[rá:di·] 男 -s/-《南部・ｵｰｽﾄﾘｱ》(Rettich) 〖植〗ダイコン

R

(大根): **einen ~ kriegen**《話》とっちめられる, お目玉をくう.

ra·dial[radiá:l] 形 **1** 放射状の, 輻射(ふくしゃ)形の: ~ verlaufende Straßen 放射状に走っている道路. **2**〘数〙半径の. **3**〘解〙橈骨(とうこつ)の. [< *lat.* radius (→Radius)+..al[1]]

Ra·dial·bohr·ma·schi·ne 女〘工〙ラジアル=ボール盤.

Ra·dia·le[radiá:lə] 女 -/-n = Radiallinie

Ra·dial≠ge·schwin·dig·keit 女〘天〙視線速度. **≠kraft** 女〘理〙向心力. **≠li·nie**[..niə] 女《オーストリア》(市の中心から周辺部へ向かう)放射状道路(市街電車路線). **≠sym·me·trie** 女〘動〙放射相称. **≠sy·stem** 中(道路などの)放射型. **≠tur·bi·ne** 女〘工〙半径流タービン.

Ra·diant[radiánt] 男 -en/-en **1**〘天〙(流星の)輻射(ふくしゃ)点. **2**〘数〙ラジアン, 弧度(長さが半径に等しい弧の中心角). [*lat.* radiāre „strahlen"]

ra·diär[radiɛ́:r] 形 放射状の. [*fr.*]

Ra·dia·tion[radiatsió:n] 女 -/-en〘理〙放射, 輻射(ふくしゃ). [*lat.*]

Ra·dia·tor[radiá:tɔr, ..to:r] 男 -s/-en[..ató:rən] (↔ Konvektor) 放射暖房装置, 放熱器, ラジエーター.

Ra·di·ces Radix の複数.

Ra·di·en Radius の複数.

ra·die·ren[radí:rən] **I** 他 (h) エッチングする: eine Szene ~ ある場面のエッチングを作る | eine *radierte* Landschaft 風景のエッチング. **II** 自 (h) 削り〈こすり〉落とす; 消しゴムで消す: an einem Wort 〈in einem Heft〉 ~ ある語を〈ノートに書いたものを〉消す. [*lat.* rādere „kratzen"; ◇rasieren]

Ra·die·rer[radí:rər] 男 -s/- エッチング工, 腐食銅版「画師.」

Ra·dier≠gum·mi[radí:r..] 男 消しゴム. **≠kunst** 女 -/ エッチング, 腐食銅版画技法. **≠mes·ser** 中 字消しナイフ. **≠na·del** 女 エッチング針.

Ra·die·rung[radí:ruŋ] 女 -/-en **1**《単数で》エッチング, 腐食銅版画技法, 腐刻. **2** 腐食銅版画, 腐刻画.

Ra·dies·chen[radí:sçən] 中 -s/-〘植〙ハツカダイコン(二十日大根): ***sich***[3] **die ~ von unten ansehen** 〈**besehen** / **betrachten**〉《話》(死んで)墓の下に眠っている | Wenn du mich verrätst, kannst du dir die ~ von unten wachsen sehen!《話》君が私を裏切ったらぶち殺してやるぞ. [*fr.* radis; ◇Rettich; *engl.* radish]

ra·di·kal[radiká:l] **I** 形 **1 a)** (gründlich) 根底からの, 徹底的な, 完全な; (rücksichtslos) 遠慮会釈ない, 断固たる: eine ~*e* Änderung 根本的〈徹底的〉改変 | ~*e* Maßnahmen 断固たる〈厳しい〉処置 ‖ Er ist in allem sehr ~. 彼はなにごとにおいてもきわめて厳格だ ‖ *et.*[4] ~ ablehnen …をきっぱり拒否する | *et.*[4] ~ beseitigen …を根こそぎ除去する. **b)**〘医〙根治的な. **2** 過激な, 急進的な; 極端な: links*radikal* 極左の | rechts*radikal* 極右の ‖ ~*e* Gruppen 過激派グループ | eine ~*e* Politik 過激な政策 ‖ eine ~ rechtsgerichtete Partei 極右政党 ‖ Diese Partei ist ~. この政党は急進的だ. **3 a)**〘植〙根から生じる. **b)**〘数〙根(こん)の. **II Ra·di·kal** 中 -s/-e **1**〘化〙基, 根. **2** (漢字の)部首. **III Ra·di·ka·le** 男 女《形容詞変化》過激〈急進〉派の人. [*spätlat.* rādīcālis „bewurzelt"–*fr.* radical; < *lat.* rādīx (→Radix)]

Ra·di·kal·de·mo·kra·tie [radiká:l..] 女 (1970年代に西欧諸国で台頭した)急進民主主義.

ra·di·kal·de·mo·kra·tisch 形 急進民主主義の, 急進民主主義的な.

Ra·di·ka·len·er·laß[radiká:lən..] 男 (旧西ドイツ時代に公布された, 過激主義者の公職への就職禁止などを定めた)過激派条令.

Ra·di·ka·lin·ski[radikalínski·] 男 -s/-s《軽蔑的に》過激な〈ラジカルな〉人, 過激主義者, 過激〈急進〉派の人.

ra·di·ka·li·sie·ren[radikalizí:rən] 他 (h) 《*jn./et.*[4]》過激化させる, 急進的にする: die Jugend ~ 若者たちを急進的にさせる ‖ 再帰 *sich*[4] ~ 過激化する, 急進的になる.

Ra·di·ka·li·sie·rung[..ruŋ] 女 -/-en [sich] radikalisieren すること.

Ra·di·ka·lis·mus[radikalísmus] 男 -/..men[..mən]《ふつう単数で》過激主義, 急進主義.

Ra·di·ka·list[radikalíst] 男 -en/-en (⊛ **Ra·di·ka·li·stin**[..stın]-/-nen) 過激〈急進〉派の人.

ra·di·ka·li·stisch[..lístıʃ] 形 過激〈急進〉主義的な.

Ra·di·ka·li·tät[radikalitɛ́:t] 女 -/ radikal なこと.

Ra·di·kal≠kur[radiká:l..] 女 **1**〘医〙根治療法. **2**《比》荒療治. **≠mit·tel** 中 **1** 根治薬. **2**《比》非常手段. **≠so·zia·list** 男 急進的社会主義者. **≠zei·chen** 中 (漢字の)部首(偏・旁(つくり)・冠・足の類).

Ra·di·kand[radikánt][1] 男 -en/-en〘数〙被開方〈開平・開立〉数. [< *lat.* rādīcāre (→radizieren)]

Ra·dio[rá:dio·] 中 -s/-s **1**《単数で》ラジオ〈無線〉放送(官庁では Rundfunk を用いる): ~ hören ラジオを聞く | *et.*[4] im ~ hören 〈übertragen〉 …をラジオで聞く〈中継する〉. **2** (南部・スイス 中 男) (Radiogerät) ラジオ受信機: Auto*radio* カーラジオ | Koffer*radio* 携帯〈ポータブル〉ラジオ ‖ das ~ abschalten 〈einschalten〉 ラジオを消す〈つける〉 ‖ das ~ leiser 〈lauter〉 stellen ラジオの音を小さく〈大きく〉する ‖ Das ~ läuft 〈spielt〉 den ganzen Tag. 一日じゅうラジオが鳴っている. **3**《無冠詞で》(特定の)ラジオ放送局: Hier ist ~ Bremen. / Hier spricht ~ Bremen. こちらはラジオ=ブレーメン〈ブレーメン放送局〉です. [*amerik.*; < *lat.* radius (→ Radius)]

radio..《名詞・形容詞などにつけて「放射・電波」などを意味「する」》

ra·dio·ak·tiv[radio|aktí:f][1] 形〘理〙放射能のある, 放射性の: ein ~*es* Isotop 放射性同位元素, ラジオアイソトープ | ~*e* Quelle〘医〙放射能泉 | ~*e* Stoffe 放射性物質 ‖ ein ~ verseuchtes Gebiet 放射能に汚染された地域.

Ra·dio·ak·ti·vi·tät[..|aktivitɛ́:t] 女 -/〘理〙放射能: die ~ messen 放射能を測定する.

Ra·dio≠an·ten·ne[rá:dio..] 女 ラジオのアンテナ. **≠ap·pa·rat** 男 ラジオ受信機.

Ra·dio·astro·no·mie[radio|astronomí:] 女 -/ 電波天文学.

Ra·dio·bio·lo·gie[..biologí:] 女 -/ 放射線生物学.

Ra·dio·che·mie[..çemí:] 女 -/ 放射化学.

Ra·dio·ele·ment[..|elemɛ́nt] 中 -[e]s/-e〘化〙放射性元素.

ra·dio·gen[radiogé:n] 形 **1**〘理〙放射線崩壊による. **2**《話》(声などが)ラジオ向きの.

Ra·dio·ge·rät[rá:dio..] 中 ラジオ受信機.

Ra·dio·gramm[radiográm] 中 -s/-e **1** (Röntgenogramm) レントゲン写真. ᵛ**2** (Funktelegramm) 無線電信.

Ra·dio·gra·phie[..grafí:] 女 -/ レントゲン写真術.

Ra·dio·hö·rer[rá:dio..] 男 ラジオ聴取者.

Ra·dio·in·di·ka·tor[radio|ındiká:tɔr, ..to:r] 男 -s/-en[..kató:rən] 放射性指示薬.

Ra·dio·iso·top[..|izotó:p] 中 -s/-e〘理〙放射性同位元素, ラジオアイソトープ.

Ra·dio·jod≠test[radiojó:t..] 男 -[e]s/-s, -e〘医〙ラジオヨードテスト. **≠the·ra·pie** 女〘医〙ラジオヨード療法.

Ra·dio·koh·len·stoff[radiokó:lən..] 男 -[e]s/〘化〙放射性炭素.

Ra·dio·kom·paß[rá:dio..] 男 ラジオコンパス.

Ra·dio·la·rie[radiolá:riə] 女 -/-n《ふつう複数で》〘動〙放射〈放散〉虫. [< *spätlat.* radiolus „kleiner Radius"]

Ra·dio·lo·ge[radioló:gə] 男 -n/-n (→..loge) 放射「線〔医〕学者.」

Ra·dio·lo·gie[..logí:] 女 -/〘医〙放射線〔医〕学.

ra·dio·lo·gisch[ló:gıʃ] 形 放射線〔医〕学〔上〕の.

Ra·dio·me·teo·ro·lo·gie[..meteorologí:] 女 -/ 電波気象学.

Ra·dio·me·ter[..mé:tər] 中 (男) -s/- ラジオメーター, 放射〈光量〉計.

Ra·dio·mu·sik[rá:dio..] 女 ラジオ音楽.

Ra·dio·nu·klid[radionuklí:t][1] 中〘理〙放射性核種.

Ra·dio≠pei·ler[rá:dio..] 男 無線方位測定器. **≠pro·gramm** 中 ラジオ番組〈プログラム〉. **≠quel·le** 女〘天〙宇宙線源. **≠re·cor·der** 男 -s/- ラジオカセット〔テープ〕レコーダー, ラジカセ. **≠röh·re** 女 ラジオ用真空管. **≠sen·der**

男 ラジオ放送局. ≈**sen·dung** 女 **1** ラジオ放送. **2** ラジオ放送番組. ≈**son·de** 女《気象》(高層の気象観測用の)ラジオゾンデ. ≈**sta·tion** 女 ラジオ放送局. ≈**stern** 男《天》電波〈ラジオ〉星. ≈**steue·rung** 女 無線操縦. ≈**strah·lung** 女《天》宇宙線.

Ra·diot[radió:t] 男 -en/-en《戯》**1** ラジオファン〈マニア〉. **2** (テレビがなくラジオしか持たない)時代遅れの人. [<Radio +Idiot]

Ra·dio·tech·nik[rá:dio..] 女 -/ 無線〈ラジオ〉工学.

Ra·dio·te·le·gra·phie (**Ra·dio·te·le·gra·fie**) [radiotelegrafí:, rá:diotelegrafi:] 女 -/ 無線電信.

Ra·dio·te·le·pho·nie (**Ra·dio·te·le·fo·nie**)[radiotelefoní:, rá:diotelefoni:] 女 -/-n[..ní:ən, ..ni:ən] 無線電話.

Ra·dio·te·le·skop[..teleskó:p, rá:diotelesko:p] 中 -s/-e 電波望遠鏡.

Ra·dio·the·ra·pie[..terapí:, rá:dioterapi:] 女 -/《医》放射線療法.

Ra·dio≈tru·he[rá:dio..] 女 (大型の)据え置き型ラジオ. ≈**wecker** 男 ラジオ兼用目覚まし時計. ≈**wel·le** 女 電波. ≈**zeit** 女 正確な時刻.

Ra·dium[rá:diʊm] 中 -s/《化》ラジウム(放射性金属元素名; ㊀ Ra): *et.*[4] mit ~ bestrahlen …にラジウムを照射する.

Ra·dium≈be·hand·lung 女《医》ラジウム療法. ≈**be·strah·lung** 女 ラジウム照射. [V]≈**ema·na·tion** 女 -/ (Radon)《化》ラジウムエマネーション.

ra·dium·hal·tig 形 ラジウムを含む.

Ra·dium·the·ra·pie 女 -/《医》ラジウム療法.

Ra·dius[rá:diʊs] 男 -/..dien[..diən] **1**《数》半径(㊀ r, R): ein Kreis mit einem ~ von 3 cm 半径 3 センチの円. **2** (Aktionsradius) 行動半径, 活動範囲; (航空機・艦船などの)航続距離: einen engen 〈weiten〉 ~ haben《比》視野が狭い〈広い〉. **3** (Speiche)《解》橈骨(とうこつ). [*lat.* radius „Stab, Speiche, Strahl"; ◇ Radix, radial, Radio]

Ra·dius·vek·tor 男《数》動径.

Ra·dix[rá:dɪks] 女 -/..dizes (..dices) [radí:tse:s] (Wurzel) **1**《植》根. **2**《解》(神経・歯・髪などの)根(こん). [*lat.* rādīx; ◇ Wurz(el), Radius, radikal, Rettich]

ra·di·zie·ren[raditsí:rən] 他 (h)《*et.*[4]》《数》(数値の)根(こん)を求める, (…を)開方する. [*lat.* rādīcāre „Wurzel schlagen"]

Rad≈kap·pe[rá:t..] 女 (自動車の)ホイールキャップ(→ ⊠ Kraftwagen). ≈**ka·sten** 男 **1** 歯車箱. **2** 車輪カバー. ≈**kranz** 男 (車輪の)リム(→ ⊠ Rad). ≈**län·ge** 女 (自転車競技で) 1 車長.

Räd·lein Rad の縮小形(→Rädchen).

Rad·len·ker[rá:t..] 男《鉄道》護輪器, ガイド〈保護〉レール(→ ⊠ Weiche).

Rad·ler[rá:dlər] 男 -s/- (⊛ **Rad·le·rin**[..lərɪn]-/-nen)《南部》**1** (Radfahrer) 自転車に乗る人. **2** =Radlermaß

Rad·ler·maß 女《南部》レモネードで薄めたビール.

Rad≈li·nie[rá:tli:niə] 女《数》サイクロイド, 擺線(はいせん). ≈**ma·cher** 男 (Stellmacher) 車大工. ≈**man·tel** 男 **1** (自転車のチューブの外側の)ゴムタイヤ. **2** (自転車に乗るときの)合羽(かっぱ), マント, ケープ. ≈**mei·ster·schaft** 女 自転車競技選手権. ≈**na·be** 女 (車輪と車軸とを固定する)こしき, ハブ.

Ra·dom[radó:m] (**Ra·dome**[réɪdoʊm]) 中 -s/-s (Radarkuppel) レーダードーム(レーダー装置やアンテナなどの防水・防塵(ぼうじん)用の覆い). [*engl.* radome; ◇ Radar, Dom[2]]

Ra·don[rá:dɔn, radó:n] 中 -s/《化》ラドン(放射性希ガス元素名; ㊀ Rn). [<Radium]

[V]**Ra·do·ta·ge**[radotá:ʒə] 女 -/-n むだ口, むだ話. [*fr.*]

[V]**Ra·do·teur**[radotǿ:r] 男 -s/-e むだ口をたたく人.

[V]**ra·do·tie·ren**[radotí:rən] 自 (h) むだ口をたたく, (たあいなく)おしゃべりする. [*fr.* radoter]

Rad≈po·lo[rá:t..] 中《球技》自転車ポロ. ≈**pro·fi** 男 プロの自転車競技選手; 競輪選手. ≈**rei·fen** 男 (車輪の)タイヤ. ≈**renn·bahn** 女 自転車競技場(のコース). ≈**ren·nen** 中 -s/ 自転車競走. ≈**renn·fah·rer** 男 自転車競技の選手.

..rädrig =..räderig

Rad·satz[rá:t..] 男 (1本の車軸についた)一対の車輪.

Ra·dscha[rá(:)dʒa·] 男 -s/-s ラージャ(インド・マレーなどの世襲王侯の称号). [*sanskr.*–*Hindi*–*engl.* raja(h); ◇ Rex]

Rad≈schau·fel[rá:t..] 女 **1** (水車の)水受け, バケット. **2**《海》(外車船の)外車翼. ≈**schei·be** 女《工》板状輪心.

rad|schla·gen*[rá:t-ʃla:gən][1]《138》**I** 自 (h) **1** (クジャクが)尾羽を広げる. **2**《体操》側方倒立転回をする.

★ ふつう Rad schlagen と2語に書く.

II Rad·schla·gen 中 -s/《体操》側方倒立転回(→ ⊠).

Radschlagen

Rad≈schlep·per 男 (ゴムタイヤ付きの)牽引(けんいん)車, トラクター. [V]≈**schloß** 中 (16世紀に発明された銃の)歯車式点火装置. ≈**schuh** 男 (車輪の)ブレーキ, 車輪止め. ≈**spei·che** 女 (車輪の)スポーク, 輻(や). ≈**sper·re** 女 車輪止め. ≈**sport** 男 自転車競技; サイクリング. ≈**sport·ler** 男 自転車競技〈サイクリング〉をする人. ≈**spur** 女 **1** 車輪の跡, わだち. **2 a)** (自動車の)ゲージ. **b)**《鉄道》軌間. ≈**stand** 男 軸間距離, 軸距, ホイールベース(→ ⊠ Achse). ≈**sturz** 男 (自動車の車軸の)キャンバー, 上開き. ≈**tour**[..tu:r] 女 サイクリング(旅行).

Ra·du·la[rá:dula·] 女 -/..lae[..lɛ·] (Reibzunge)《動》歯舌(カタツムリなど軟体動物のキチン質の小さな歯のついた舌).

Rad≈wech·sel[rá:t..] 男 車輪交換. ≈**weg** 男 自転車専用道. ≈**wel·le** 女《工》導輪桿(かん)(→ ⊠ Schaufel). ≈**zahn** 男 (歯車の)歯.

RAF[1][ɛr|a:|ɛ́f] 略 女 -/ =**Rote-Armee-Fraktion**

R. A. F. (**RAF**[2])[á:reɪɛ́f] 女 -/ 英国〈英連邦〉空軍. [*engl.*; <*engl.* Royal Air Force]

Räf[rɛ:f] 中 -s/-e《スイス》=Reff[1], Reff[2]

Raf·fael[ráfae:l, ..faɛl] 人名 ラファエル (Raffaello のドイツ語慣用形). [◇ Raphael]

Raf·fae·lisch[rafaé:lɪʃ] 形 ラファエロの: die ~*e* Madonna ラファエロ作の聖母像.

Raf·fael·lo[rafaɛ́lo·] 人名 ~ Sanzio ラファエロ サンツィオ(1483-1520; イタリア=ルネサンスの代表的画家の一人). [*it.*]

Raf·fel[ráfəl] 女 -/-n《方》**1 a)** (Reibeisen)《料理》おろし金(がね). **b)** (麻などの)すき櫛(ぐし). **c)** (木の実をしごき取る)実かき具. **2 a)** (Klapper) 鳴子; がらがら. **b)**《比》おしゃべり〈がみがみ〉ばばあ. **3** (袋状の)定置網. **4 a)** (シカなどで門歯の代わりをする上あごの)たこ状の歯ぐき. **b)**《軽蔑的に》歯をむき出したみにくい大きな口.

Raf·fel·ei·sen 中《方》(Reibeisen)《料理》おろし金.

raf·feln[ráfəln]《06》《方》**I** 他 (h) **1**《*et.*[4]》(果物・野菜などを)(おろし金で)おろす; すく, しごく. **2**《比》《*jn.*》こきおろす. **II** 自 (h) **1** ガラガラ鳴る. **2** (悪口などを)しゃべる. [*mhd.*; ◇ raffen]

raf·fen[ráfən] 他 (h) **1** さっとつかむ〈取る〉, ひったくる: *et.*[4] an *sich*[4] ~ …をさっと引き〈たぐり〉寄せる | *et.*[4] in den Koffer ~ …をトランクにたくしこむ ‖ das Heu ~《農》干し草を束ねる. **2** (金銭などを)強欲にためこむ〈かき集める〉. **3** (服のすそなどを)つまむ, はしょる, からげる; ひだを寄せる: Vorhänge ~ カーテンを絞る | das Segel ~《海》縮帆する ‖ mit *gerafftem* Rock im Wasser waten スカートをたくし上げて水を渡る. **4** (作品などを)要約する, 縮約する: einen Aufsatz ~ 作文を要約する | ein *gerafftes* Einleitungskapitel 圧縮された序章. **5**《俗》(verstehen) 理解する, わかる: Das *rafft* er nicht. これは彼には理解できないよ. [*mhd.*; ◇ raspeln]

Raf·fer[ráfər] 男 -s/-《話》(がつがつためこむ)強欲な人.

R

Raf·fer·tum[−tu:m] 中 -s/ 《話》強欲.
Raff≠gar·di·ne[ráf..] 女 絞りカーテン(→ 図 Gardine).
≠gier 女《話》強欲.
raff·gie·rig 形《話》欲の深い, 強欲な.
raf·fig[ráfɪç]² 《方》= raffgierig

Raf·fi·na·de[rafiná:də] 女 -/-n, **Raf·fi·na·de·zucker** 男 精製した砂糖, 精白糖.
Raf·fi·na·ge[rafiná:ʒə] 女 -/-n (Verfeinerung) 精製. [*fr.*; <..age]
Raf·fi·nat[rafiná:t] 中 -[e]s/-e 精製品.
Raf·fi·na·tion[rafinatsió:n] 女 -/-en (特に石油・砂糖などの)精製.
Raf·fi·ne·ment[rafinəmã́:, ..máŋ, rafɪnmã́:] 中 -s/-s (ｽｲｽ: [..nəmɛ́nt]-s/-e) **1** 洗練, あか抜け, 巧緻(ｺｳﾁ): mit großem ~ reden 非常に洗練された話し方をする. **2**《単数で》= Raffinesse 1 ᵛ**3** = Raffination [*fr.*]
Raf·fi·ne·rie[rafinərí:] 女 -/-n[..rí:ən](精製工場. 特に:)(Ölraffinerie) 精油所; (Zuckerraffinerie) 精糖所; 精鉄所. [*fr.*]
Raf·fi·nes·se[rafinɛ́sə] 女 -/-n **1**《単数で》抜け目なさ, ずるがしこさ: ein mit ~ geplanter Betrug 抜け目なく計画された詐欺. **2** = Raffinement 1 **3**《ふつう複数で》(最新の技術による)精巧な設備⟨付属品⟩: eine Wohnung mit allen ~*n* 豪華な現代的設備の完備した住まい | Das Auto ist mit allen technischen ~*n* ausgestattet. この自動車はすべての技術の粋を集めて作られている.
Raf·fi·neur[rafinø:r] 男 -s/-e 〚工〛パルプリファイナー. [*fr.*; <..eur]
raf·fi·nie·ren[rafiní:rən] **I** 他 (h) (砂糖・石油などを)精製する; (鉱石から金属を)精錬する. **II raf·fi·niert** → 別出 [*fr.*; <*fr.* fin (→fein); ◇*engl.* refine]
Raf·fi·nier≠ofen[rafiní:r..] 男 〚金属〛精製炉.
≠stahl 男 精錬鋼.
raf·fi·niert[rafiní:rt] **I** raffinieren の過去分詞. **II** 形 **1** 洗練された, あか抜けした; 技巧的な, 精妙な, 凝った, 手のこんだ: ~*er* Luxus 過飾, 凝った贅沢(ｾﾞｲﾀｸ) | Sie ist ~ gekleidet. 彼女は服装が凝っている. **2** (durchtrieben) 抜け目のない, ずるがしこい; 打算的な: ein ~*er* Bursche ずるがしこい若者 | ein ~*er* Plan 綿密に練り上げられた計画.
Raf·fi·niert·heit[−haɪt] 女 -/-en **1**《単数で》raffiniert なこと. **2** raffiniert な言動.
Raf·fi·no·se[rafinó:zə] 女 -/ 〚化〛ラフィノーゼ.

Raff·ke[ráfkə] 男 -s/-s《軽蔑的に》(教養のない)成り上がり者, にわか成金; 貪欲(ﾄﾞﾝﾖｸ)な人. [<raffen]
Raf·fung[ráfʊŋ] 女 -/-en (raffen すること. 特に:)(衣服などの)ひだ寄せ, ギャザー[寄せ]; 《比》要約, 縮約.
Raff≠vor·hang 男 **1** = Raffgardine **2** 引き幕(→ 図 Bühne).
≠zahn 男 **1**《話》**a**) (上唇からはみ出している)門歯. **b**) (野獣の)きば. **2**《軽蔑的に》強欲な人.

ra·fra·chie·ren[rafrɛʃí:rən] 他 (h) (abschrecken) 〚料理〛(煮沸したあと水で)急激に冷やす. [*fr.*]
Raft[ra:ft] 中 -s/-s (流木で生じた)浮き島. [*engl.* „Floß"]
Ra·ge[rá:ʒə; ｵｰｽﾄﾘｱ: ra:ʒ] 女 -/ **1**《話》(Wut) 憤激, 激怒: *jn.* in ~ bringen ⟨versetzen⟩ …を激怒させる, …をかっとさせる | in ~ geraten ⟨kommen⟩ 激怒する, かっとなる | *sich*⁴ in ~ reden 話しているうちに憤激してくる | in ~ sein 激怒している. **2** 気ぜわしさ: **in der ~**《話》気ぜわしさのあまり | *et.*⁴ in der ~ vergessen 急いでいて…を忘れる. [*fr.*; <*lat.* rabiēs (→Rabies)]
ra·gen[rá:gən]¹ 自 (h) そびえる, 突出する; 《比》ひいでる: **aus** dem Wasser ~ 水面からそびえ立つ | **in** den Himmel ⟨**zum** Himmel⟩ ~ 空高くそびえる | Die Landzunge *ragt* weit in den See. その岬は湖の中へはるかに突き出ている. [*mhd.*]
Ra·gio·ne[radʒó:nə] 女 -/-n《ｽｲｽ》〚商〛登記⟨登録⟩ずみの商会. [*it.*; <*lat.* ratiō (→Ratio)]
Ra·gio·nen·buch[radʒó:nən..] 中《ｽｲｽ》商業登記簿.
Ra·glan[rágla(:)n, réglən, rǽglən] 男 -s/-s 〚服飾〛**1** ラグラン=コート. **2**《単数で》ラグラン型. [*engl.*; <Lord Raglan (イギリスの将軍, †1855)]
Ra·glan≠är·mel 男 -s/-《ふつう複数で》〚服飾〛ラグランそで.
≠man·tel 男 〚服飾〛ラグラン=コート.
≠schnitt 男 -[e]s/ 〚服飾〛ラグラン型裁断: ein Kleid in ~ ラグランそでの服.

Rag·na·rök[rágnarœk] 女 -/ 〚北欧神〛ラグナレク(神々が怪物どもと戦って敗れたのちの神々⟨世界⟩の没落). [*anord.* „Götter·schicksal"]
Ra·gout[ragú:] 中 -s/-s **1** 〚料理〛ラグー(数種類の肉や野菜を強い香辛料入りのソースで煮込んだフランスふうのシチュー): ein ~ aus Rindfleisch ビーフシチュー. **2**《比》ごたまぜ. [*fr.* ragoût „Appetit·anregendes"; ◇re.., ad.., Gout]
Ra·goût fin (**Ra·gout fin**)[ragufɛ̃́] 中 - -/-s -s [−] 〚料理〛ラグー=ファン(コキーユふうのラグー). [*fr.*; ◇fein]
Rag·time[rǽgtaɪm, rɛ́k..] 男 -/ 〚楽〛ラグタイム(初期のジャズの一種). [*amerik.*]
Rag·wurz[rá:kvʊrts] 女 -/ 〚植〛オフリス(ラン科の一属).
Rah[ra:] 女 -/-en, **Ra·he**[rá:ə] 女 -/-n 〚海〛(横帆用の)ヤード(→ 図 Kutter). [*mndd.* rā; ◇regen, Reck]
Ra·hel[rá:ɛl] **I** 女名 ラーエル. **II** 人名 〚聖〛ラケル (Jakob の妻. Vulgata では Rachel). [*hebr.* „Mutterschaf"]
Rahm[ra:m] 男 -s(-es)/ 《南部・ｵｰｽﾄﾘｱ・ｽｲｽ》(Sahne) 乳脂, クリーム: geschlagener ~/Schlag*rahm* 泡立てた生クリーム ‖ ~ in den Kaffee gießen コーヒーにクリームを入れる | **den ~ abschöpfen**《比》いちばんよい部分を先取りする. [*westgerm.*]
Rähm[rɛ:m] 男 -[e]s/-e 〚建〛(屋根組みの)敷桁(ｼｷｹﾞﾀ)(→ 図 Dach A). [<Rahmen]
Rahm≠ap·fel[rá:m..] 男 **1** 〚植〛(西インド諸島原産の)バンレイシ(蕃茘枝). **2** バンレイシの実.
≠but·ter 女 クリーム[入り]バター.
Rähm·chen Rahmen の縮小形.
rah·men¹[rá:mən] 他 (h) Milch ~ ミルクからクリームを取る. [<Rahm]
rah·men²[−] 他 (h) 枠⟨額縁⟩に入れる: ein Porträt ~ 肖像画を額にはめる ‖ ein in Gold *gerahmtes* Bild 金縁の額に入った絵画 | Der Platz war von hohen Häusern *gerahmt.*《比》広場は高いビルに囲まれていた.
Rah·men[rá:mən] 男 -s/- (⑪ **Rähm·chen**[rɛ́:mçən], **Rähm·lein**[..laɪn] 中 -s/-) **1 a**) 枠, 縁(ﾌﾁ); 額縁: ein Bild aus dem ~ nehmen 絵を枠⟨額縁⟩からはずす. **b**) 〚服飾〛刺しゅう枠: die Stickerei in den ~ [ein]spannen 刺しゅうを枠にはめる. **c**) 〚建〛(戸・窓の)かまち, 枠. **d**) 〚建〛(建造物の)骨組み, ラーメン. **e**) 〚工〛台枠, フレーム. **f**) (自動車などの)シャシー, 車台. **g**) (靴の底革と甲との)継ぎ目革, 細革.
2《比》枠組み, 骨子, 大綱(ﾀｲｺｳ); 限界, 範囲; (大まかな)限定: **den ~ sprengen** (特定の)枠からはみ出す, 殻⟨枠⟩を破る | den ~ des alten Weltbildes sprengen 古い世界像の殻を破る | Die Behandlung dieser Frage würde den ~ des Aufsatzes sprengen. この問題を扱うことはこの論文の枠を越えるだろう | *et.*³ einen feierlichen ~ geben …に荘厳な雰囲気を添える ‖ **aus dem ~ fallen** / **nicht in den ~ passen** (ありきたりの)枠にはまらない, 型破り⟨非凡⟩である | **im ~ bleiben** / ***sich*⁴ im ~ halten**《話》(通常の)枠を越えない | *et.*⁴ in engem ⟨großem⟩ ~ diskutieren …を狭い⟨広い⟩範囲で論じる | im ~ des Möglichen 可能な範囲で. **3 a**) (小説などの筋が展開される)背景, 舞台, 状況. **b**) 〚文芸〛(Rahmenerzählung の)枠.
[*ahd.* rama „Stütze"; ◇Rand]
Rah·men≠an·ten·ne[rá:mən..] 女 〚電〛枠型⟨コイル⟩アンテナ.
≠bau 男 -s/- **1** 〚建〛ラーメン構造. **2** 〚言〛枠構造(ドイツ語特有の文構造で, 定動詞と定動詞以外の述語部分, また従属接続詞と定動詞が形作る前後の枠組み. 例: Er *hat* das Buch *gelesen.* / *als* er nach Hause *kam*).
≠be·din·gung 女 大枠の⟨枠づけとなる⟩条件.
≠bil·dung 女 〚言〛**1** 枠構成. **2** = Rahmenbau 2
≠er·zäh·lung 女, **≠ge·schich·te** 女 〚文芸〛(いくつかの物

語をはめこんである)枠物語. ≈**ge·setz** 中〘法〙(大綱だけを定め, 細目は他の立法にゆだねた)外郭法律. ≈**hand·lung** 女〘文芸〙(小説などで他の筋を包みこむ)枠の筋. ≈**kon·struk·tion** 女 =Rahmenbau 2 ≈**plan** 男 概括的計画. ≈**richt·li·nie**[..niə] 女 -/-n《ふつう複数で》大綱的〈概括的〉方針. ≈**rohr** 中 (自転車の)シャシーパイプ. ≈**schuh** 男 (底革と甲との間に)継ぎ目革〈細革〉を張った靴. ≈**sticke·rei** 女 枠を使う刺しゅう. ≈**su·cher** 男〘写〙枠型ファインダー. ≈**ta·rif** =Manteltarif ≈**ta·rif·ver·trag** =Manteltarifvertrag ≈**the·ma** 中 枠組みとなるテーマ. ≈**ver·trag** 男 (原則だけを定めた)外郭契約〈条約〉.

rah·mig[rá:mɪç][2] 形《南部》(sahnig) **1** クリームをたっぷり含んだ. **2** クリーム状の.

Rahm·kä·se 男《南部》クリームチーズ.

Rähm·lein Rahmen の縮小形.

rahn[ra:n] 形《西部》(schlank) ほっそりした; (schmächtig) かぼそい. [*mhd.*; ◇rank]

Rah·ne[rá:nə] 女 -/-n《南部》〘植〙(細長い)アカカブ.

Rah≈schiff[rá:..] 中〘海〙横帆船. ≈**se·gel** 中〘海〙横帆.

Raid[re:t, reɪd] 男 -s/-s〘軍〙(短期間の)軍事行動; 奇襲攻撃. [*angelsächs.* rād „Ritt"–*engl.*; ◇reiten]

Rai·fe[ráɪfə] 女 -/-n〘動〙(昆虫の)尾突起. [◇Riffel]

Raiff·ei·sen[ráɪf|aɪzən] 人名 Friedrich Wilhelm ~ フリードリヒ ヴィルヘルム ライフアイゼン(1818–88; ドイツの農業組合指導者).

Raiff·ei·sen≈bank 女 -/-en〔ライフアイゼン〕農業信用金庫. ≈**ver·ein** 男〔ライフアイゼン〕農業信用組合.

Rai·gras[ráɪgra:s][1] 中 -es/ (Lolch)〘植〙ホソムギ. [*engl.* raygrass]

▽**Rail·le·rie**[rajərí:] 女 -/-n[..rí:ən](嘲笑(ちょう)的な)冗談, からかい; 嘲笑, 冷やかし, 皮肉. [*fr.*; < *fr.* railler „spotten"]

Rai·mund[ráɪmʊnt] 男名 ライムント. [< *ahd.* ragin „Rat"+munt „Schutz" (◇Munt)]

Rain[raɪn] 男 -〔e〕s/-e **1** (田畑を区切る)あぜ(畔)〔道〕, くろ. **2**《南部·スイ》(Abhang) 斜面, 坂. [*mhd.* rein]

rai·nen[ráɪnən] ▽**I** 他 (h) (田畑に)境界をつける, 区切る. **II** 自 (h)《南部》an *jn.* ~ …と田畑を隣り合わせに持っている.

Rai·ner[ráɪnər] 男名 ライナー. [< *ahd.* ragin „Rat"+heri „Heer" (◇Heer)]

Rain·farn[ráɪn..] 男〘植〙ヨモギギク. [*ahd.* rein〔e〕fano „Grenz-fahne"; 葉が羊歯(しだ)に似ていることからの俗解]

▽**Rai·nung**[ráɪnʊŋ] 女 -/-en (田畑を)区切ること.

Rain·wei·de 女〘植〙イボタノキ属の一種.

Rai·son[rɛzɔ̃:] 女 -/ =Räson

rai·son d'être[rɛzɔ̃dɛ́tr]《フランス語》(Daseinsberechtigung) 存在理由. [< *lat.* esse (→Essenz)]

Rait[raɪt] 女 -/-en《オーストリア》(Arbeitslohn) 労働賃金, 労賃.

Rai·ze[ráɪtsə] 男 -n/-n ギリシア正教を奉じるセルビア人. [< Ras (Serbien の古都)]

Ra·ja〔h〕[rá:ja·] 男 -s/-s =Radscha

Ra·jin[rá:jɪn] 地名 =Nadschin

ra·jo·len[rajó:lən] =rigolen

Ra·ke[rá:kə] 女 -/-n =Racke

Ra·kel[rá:kəl] 女 -/-n〘印〙(凹版ローラーの凸部のインクをこすり取る)ドクター〔ブレード〕. [*fr.* racle; ◇radieren]

Rä·kel[rɛ́:kəl] 男 -s/- =Rekel

rä·keln[rɛ́:kəln]《06》=rekeln

Ra·kel·tief·druck[rá:kəl..] 男 -〔e〕s/-e (Rakel を用いる)凹版印刷(→Rakel).

ra·ken[rá:kən] 自 (h)《北部》引っかく; かき回す: in der Schublade ~ 引き出しの中をかき回す.

Ra·ke·te[raké:tə] 女 -/-n **1** 打ち上げ〈ロケット〉花火; (花火による)のろし: eine ~ abbrennen 花火を上げる | wie eine ~ 電光石火に, 目にも留まらぬ速さで. **2** ロケット;〘軍〙ミサイル: eine atomare ~ 核ミサイル | eine mehrstufige 〈kosmische〉 ~ 多段式〈宇宙〉ロケット | eine interkontinentale ballistische ~ 大陸間弾道ミサイル〈弾〉(=Interkontinentalrakete) | Mittelstrecken*rakete* 中距離ミサイル ‖ eine ~ abfeuern 〈abschießen〉 ミサイルを発射する | eine ~ in den Weltraum schießen ロケットを宇宙に打ち上げる ‖ *et.*[4] mit ~*n* beschießen …にミサイル攻撃を加える ‖ Die ~ startete zum Mond. ロケットは月に向かってスタート〈発進〉した. **3**〘海〙救命索発射器.
[*it.* rocchetta; < *it.* rocca „Spinnrocken" (◇Rocken); ◇*engl.* rocket]

Ra·ke·ten·ab·schuß 男 ロケット〈ミサイル〉発射.

Ra·ke·ten·ab·schuß≈ba·sis 女 ミサイル発射基地. ≈**ram·pe** 女 ロケット〈ミサイル〉発射台.

Ra·ke·ten·ab·wehr 女〘軍〙対ミサイル防衛, ミサイル迎撃.

Ra·ke·ten·ab·wehr≈ra·ke·te 女〘軍〙ミサイル迎撃〈対ミサイル〉用ミサイル. ≈**sy·stem** 中〘軍〙対ミサイル防衛システム.

Ra·ke·ten≈an·griff 男〘軍〙ミサイル攻撃. ≈**an·trieb** 男 ロケット推進. ≈**ba·sis** 女〘軍〙ミサイル基地. ≈**flug·zeug** 中 ロケット推進飛行機. ≈**for·scher** 男 ロケット研究者. ≈**for·schung** 女 ロケット研究. ≈**ge·schoß** 中〘軍〙ロケット弾, ミサイル. ≈**ge·schütz** 中〘軍〙ミサイル砲.

ra·ke·ten·ge·trie·ben 形 ロケット推進の.

ra·ke·ten·haft 形 ロケット〈花火〉のような: ein ~*er* Aufstieg 急速な昇進〈出世〉.

Ra·ke·ten≈kreu·zer 男〘軍〙ミサイル〔積載〕巡洋艦. ≈**leit·sy·stem** 中〘軍〙ミサイル誘導システム. ≈**ram·pe** 女 ロケット〈ミサイル〉発射台. ≈**satz** 男 複合ロケット. ≈**schub** 男 ロケット推力. ≈**son·de** 女 観測用ロケット. ≈**start** 男〘空〙ロケット発進. ≈**stütz·punkt** 男 =Raketenbasis ≈**trä·ger** 男〘軍〙ミサイル装備艦〈飛行機〉. ≈**treib·stoff** 男 ロケット燃料. ≈**trieb·werk** 中 ロケットエンジン. ≈**waf·fe** 女〘軍〙ミサイル兵器. ≈**wa·gen** 男 ロケット車. ≈**wer·fer** 男〘軍〙ロケット砲. ≈**zeit·al·ter** 中 ロケット時代. ≈**zer·stö·rer** 男〘軍〙ミサイル〔積載〕駆逐艦.

Ra·kett[rakɛ́t] 中 -〔e〕s/-e, -s =Racket[1]

Ralf[ralf] 男名 ラルフ. [◇Rat, Wolf[3]]

Ral·le[rálə] 女 -/-n〘鳥〙クイナ(水鶏). [*fr.* râle; 擬音; ◇*engl.* rail]

Ral·len≈kra·nich 男〘鳥〙ツルモドキ(鶴擬). ≈**schlüp·fer** 男〘鳥〙オタテドリ(尾立鳥).

ral·len·tan·do[ralɛntándo·] 副 (langsamer werdend)〘楽〙ラレンタンド, だんだんおそく. [*it.*; < *it.* rallentare „verlangsamen" (◇re.., ad.., lento)]

▽**ral·li·ie·ren**[ralií:rən] 他 (h)〘軍〙(四散した部隊を)再集結させる. [*fr.*; ◇re.., alliieren; *engl.* rally]

Ral·lye[ráli·, rɛ́li·, ralí:] 女 -/-s (スイ: 中 -s/-s) ラリー(長距離自動車レース). [*engl.*]

Ral·lye·fah·rer[ráli..] 男 ラリー競技参加者.

Ram[ra:m] 男 -〔e〕s/《オーストリア》(特に子供の顔にこびりついた)汚れ. [*mhd.* rām „Schmutz"]

RAM[ram] 中 -〔s〕/-〔s〕〘電子工学〙ラム, ランダムアクセス〈随時書き込み読み出し〉メモリー(随時に情報の書き込みや読み出しを行うための集積回路). [*engl.* random access memory]

Ra·ma·dan[ramadá:n] 男 -〔s〕/ ラマダン(イスラム暦の9月で断食の月). [*arab.*; ramadan „der heiße Monat"]

Ra·man·ef·fekt[rá:man..] 男 -〔e〕s/〘理〙ラーマン効果. [< Ch. V. Raman (インドの物理学者, †1970)]

Ra·ma·san[ramazá:n] 男 -〔s〕/ =Ramadan

▽**ra·mas·sie·ren**[ramasí:rən] **I** 他 (h) (zusammenraffen) かき集める. **II ra·mas·siert** 過分 形《方》(gedrungen) (体格が)ずんぐりした. [*fr.* ramasser; < *lat.* māssa (→Masse)]

Ra·ma·su·ri[ramazú:ri·] 女 -/ 《南部·オーストリア》《話》**1** (Wirbel) 混乱, 大騒ぎ. **2** 大掃除. [*rumän.*]

Ram·baß[rámbas] 男 -/《話》すっぱいワイン. [*fr.* rames basses „niedrige Stangen"; ◇Rappes]

Ram·bo[rámbo·] 男 -s/-s《話》ランボー(元来はアメリカ映画の主人公の名前. 傍若無人に自分の意志を押し通す筋骨たくましい粗暴な男の代名詞).

ram·bo·haft[rámbohaft] 形《話》ランボー的な, 傍若無人な.

Ram·bouil·let·schaf[rãbujé:ʃa:f] 中 (上質の羊毛で知られる)ランブイエ羊. [<Rambouillet (フランスの都市)]

Ra·mie[ramí:] 女 -/-n[..mí:ən] **1**〘植〙ラミー. **2** =Ramiefaser [*malai.* rāmi–*engl.*]

Ra·mie·fa·ser 女 ラミーの繊維.

Ramm[ram] 男 -[e]s/-e **1** =Rammsporn **2**〘畜〙(牛・馬などの)ひざの脱臼(だっきゅう). **3**《南部》(Widder) 雄羊. **4**〘坑〙ラム(打撃によって炭層をくずす採炭機). [*westgerm.* „Widder"; ◇ *engl.* ram]

Rammaschi·ne[rámmaʃi:nə] 女〘土木〙くい打ち機.

Ramm≈bär[rám..] 男 -s/-e[n] =Ramme **≈bock** 男 **1**《南部》(Widder) 雄羊. **2**〘史〙(攻城戦の際に大勢で水平に揺り動かして城壁を破壊する巨大な)突き棒. **3** =Ramme **≈bug** 男〘史〙衝角のついた船首(→Rammsporn).

ramm·dö·sig[rámdø:zıç][2] 形《話》**1** (benommen) 頭のぼうっとした, もうろうとした. **2** (dumm) ばかな, 愚かな.

Ram·me[rámə] 女 -/-n〘土木〙くい打ちハンマー, ラム(→図); (地固め用の)たこ: an der ~ arbeiten くい打ち〈地固め〉する.

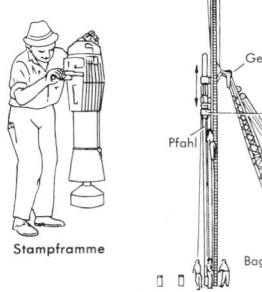

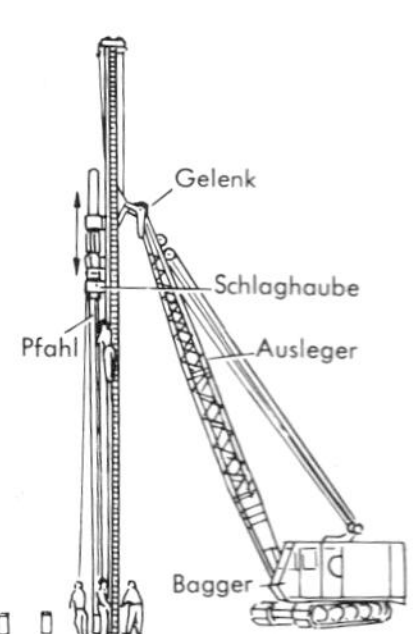

Ramme

Ram·mel[ráməl] **I** 男 -s/-《方》雄羊;《比》まぬけ, 田舎者. ▽**II** 女 -/-n =Ramme

Ram·me·lei[raməlái] 女 -/-en rammeln すること.

ram·me·lig[ráməlıç][2] 形〘狩〙交尾期の.

ram·meln[ráməln]《06》**I** 他 (h) **1** ぐいぐい押し込む: einen Pfahl in die Erde ~ くいを地面に打ち込む ‖ ***gerammelt* voll sein**《話》ぎっしり詰まっている, ぎゅうぎゅう詰めである | Der Saal ist *gerammelt* voll. 広間には人々がぎっしり詰めかけている. **2 a)** 再帰 *sich*[4] ~ (特に子供が)とっ組み合ってころげ回る, ぶつかり合う, 押し合いへし合いする. **b)** 再帰 *sich*[4] an *et.*[3] ~ …にぶつかる〈突き当たる〉| *sich*[4] an der Tür ~ ドアにぶつかる. **II** 自 (h) **1**《an *et.*[3]》(ドアなどを開けようと)ガタガタさせる〈ゆさぶる〉: am Fenster ~ 窓を激しくゆさぶる. **2 a)**〘狩〙(ウサギなどが) 交尾する. **b)**《卑》(koitieren) 性交する. **3 a)** (特に子供が)とっ組み合ってころげ回る. **b)**《an *et.*[4]》(…に) 突き当たる: an die Tür ~ ドアにぶつかる.

ram·men[rámən] 他 (h) **1** (くいなどを)打ち込む; (地面を)つき固める: eine Eisenröhre in die Erde ~ 鉄パイプを地面に打ち込む. **2 a)** 激しく突く; 衝突してこわす: ein Schiff ~ (昔の軍艦が)敵の船に衝角を突き当てる(→Rammsporn) | den Wagen 〈den Fahrer〉 ~ 衝突して車をこわす〈運転者をけがさせる〉. **b)**〘坑〙砕き採炭する: *rammende* Gewinnung 砕き採炭, ラム採炭.

Ramm≈ham·mer[rám..] 男 (Bär)〘土木〙(くい打ち機の)落とし槌(つち). **≈klotz** 男 =Ramme

Ramm·ler[ráml*ə*r] 男 -s/- **1**〘狩〙(特にウサギの)雄. **2**《卑》(Penis) 陰茎, 男根.

Ramm·ma·schi·ne =Rammaschine

Ramms≈kopf[ráms..] 男 雄羊型馬首(鼻梁(びりょう)が Rammsnase 型をした馬頭: →図 Pferd B). **≈na·se** 女 (馬の)盛り上がった鼻すじ. [<Ramm 3]

Ramm·sporn[rám..] 男 (敵の船腹を突き破るため船首に装着する)衝角(→rammen 2 a).

Ra·mo·na[ramó:na·] 女名 ラモーナ. [*span.*; ◇Raimund]

Ram·pe[rámpə] 女 -/-n **1** (スロープになった道, 傾斜路. 特に:) **a)** (高速道路の)ランプ〔ウェー〕. **b)** (建物の)車寄せの斜道(→図 Schloß A). **c)**〘鉄道〙(斜面になった)荷役ホーム. **d)**〘登山〙傾斜した岩棚. **e)** (ロケット・ミサイルなどの)発射台. **2**〘劇〙舞台ばな(→図 Theater): an 〈vor〉 die ~ treten 舞台ばなに出て来る | **über die ~ kommen 〈gehen〉**《話》人気を博する, 成功を収める. [*fr.*; <*fr.* ramper „klettern" (◇rümpfen); ◇ *engl.* ramp]

Ram·pen≈fie·ber 中 (大勢の前での)気おくれ. **≈licht** 中 -[e]s/-er〘劇〙**1** フットライト, 脚光: **im ~ der Öffentlichkeit stehen** 世の脚光を浴びている, 世間の注目を集めている | **das ~ scheuen** 世の脚光を浴びることを恐れる, (大勢の)人前に出たがらない. **2** フットライトの光源.

Ram·pes[rámpəs] 男 -/ =Rambaß

ram·po·nie·ren[ramponí:rən] **I** 他 (h)《話》ひどく破損させる, 傷だらけにする. **II ram·po·niert** 過分 形 **1** ひどくいたんだ, 傷だらけ〈ぼろぼろ〉の. **2**《比》傷ついた; 落ちぶれた: das ~*e* Ansehen des Staates 国家の傷ついた威信 | Er sah ziemlich ~ aus. 彼はかなり落ちぶれた様子だった. [*afr.* ramposner–*mndl.*–*ndd.*; ◇Rampe]

Ramsch[1][ramʃ] 男 -[e]s/-e《ふつう単数で》**1**《話》(売れ残りの)見切り品, 投げ売り〈特売〉品; 安物, がらくた: *et.*[4] im ~ kaufen …を(安値で)ごっそり買う. **2**《集合的に》ぞっき本. [*fr.* ramas; <*fr.* ramasser (→ramassieren)]

Ramsch[2][–] 男 -[e]s/-e (Rämsche[rέmʃə]) **1**〘トランプ〙(スカートで)ラムシュ(だれも親になり手がないときに, 切り札を決めずに, 得点のいちばん多い者を負けとする遊び方). ▽**2** (決闘の原因となる)学生間の争い. [1: <Ramsch[1]]

Ramsch·bu·de 女《話》見切り品〈安物〉店; 量販店.

Räm·sche Ramsch[2]の複数.

ram·schen[1][rámʃən]《04》他 (h)《話》(見切り品などを安値で)買いあさる.

ram·schen[2][–]《04》自 (h) **1**〘トランプ〙ラムシュをして遊ぶ. ▽**2** (学生が)決闘をいどむ.

Ram·scher[rámʃ*ə*r] 男 -s/-《話》(見切り品などの)買い付け屋.

Ramsch≈händ·ler 男 (女 **≈händ·le·rin**)《話》見切り品〈安物〉商人. **≈la·den** 男 =Ramschbude **≈markt** 男 ぞっき本市場. **≈ver·kauf** 男《話》(見切り品の)投げ売り. **≈wa·re** 女《話》見切り品, (投げ売りの)特価品.

ramsch·wei·se 副 (→..weise ★)《話》見切り特価で; まとめて安値で.

ran (**'ran**)[ran] 副《話》**1** =heran **2**《間投詞的に》さあ(催促・激励の声): Alle ~ an die Arbeit 〈ans Werk〉! さあ みんな仕事にかかろう | Immer 〈Nur〉 ~! さあ どんどんやれ, おい 急げ.

ran.. (**'ran..**)《話》=heran..

Ran[ra:n]〘北欧神〙ラン (Ägir の妻で海の女王).

Ranch[rεntʃ, ra:ntʃ] 女 -/-[e]s (米国西部の)牧場, 農場. [*span.* rancho „Hütte"–*amerik.*; ◇rangieren]

Ran·cher[rέntʃ*ə*r, rá:ntʃ*ə*r] 男 -s/-[s] (米国西部の)牧場〈農場〉主. [*amerik.*]

Rand[rant][1] 男 -es(-s)/Ränder[rέnd*ə*r] (小 **Ränd·chen**[rέntçən] 中 -s/-, Ränderchen; **Ränd·lein**[..laın] 中 -s/-, Ränderlein) **1** 縁(ふち), へり, 周縁, 周辺, 端, きわ;《比》限界: der breite ~ des Hutes 帽子の幅広の縁 | Stadt*rand* 町のはずれ | Weg*rand* 道ばた, 路傍 ‖ Das Glas hat einen goldenen 〈scharfen〉 ~. このグラスは縁が金色だ

〈鋭い〉‖〖前置詞と〗eine Hütte **am ~** des Baches 〈des Weges〉 小川のほとり〈道ばた〉の小屋 | am ~ der Stadt 〈des Waldes〉 wohnen 町はずれ〈森のはずれ〉に住んでいる | mit *seiner* Geduld am *~e* sein《比》忍耐しきれなくなっている | *et.*[4] 〔nur〕 am *~e* miterleben《比》…のときに(当事者としてでなく)たまたま居合わせる | **am ~ des Grabes stehen**(弔問客が)墓穴のふちに立つ;《比》(病気・老齢などで)死にかけている | am *~e* *seiner* Kraft 〔angelangt〕 sein《比》自分の力が尽きかけている | am *~e* des Verderbens stehen《比》破滅しかかっている | Das war manchmal am *~e* der Erträglichkeit. それはしばしば我慢の限度ぎりぎりの状況だった | *jn.* an den ~ des Untergangs bringen 〈treiben〉《比》…を破滅の一歩前まで追いやる | an den ~ der Verzweiflung geraten《比》絶望しかける | ***jn.* an den ~ des Grabes bringen**《雅》…の生命を危うくする | **außer ~ und Band geraten 〈sein〉** / ᵛaus ~ und Band geraten 〈sein〉《比》(有頂天になって)羽目をはずす〈はずしている〉| das Glas **bis** an den ~ 〈bis zum ~〉 füllen グラスになみなみと満たす | ein Briefbogen 〈ein Umschlag〉 **mit** schwarzem ~ 黒枠の便箋(びんせん)〈封筒〉| Die Milch quoll beim Kochen **über** den ~. ミルクが煮こぼれた | *et.*[4] **zu** *~e* bringen《比》…を完成〈完遂〉する | **mit *et.*[3] zu *~e* kommen**《比》…をうまく処理〈解決〉する | **mit *jm.* zu *~e* kommen**《比》…とうまく折り合う, …と仲良くする.

2 欄外, 余白: drei Zentimeter 〈fünf Anschläge〉 ~ lassen 3センチ〈タイプ5字分〉の余白をとっておく ‖ *et.*[4] **am** *~e* bemerken《比》…をついでに述べる | am *~e* bemerkt ついでに言えば | Das liegt nur am *~e* 〈kommt nur am *~e* zur Sprache〉.《比》それは副次的なことだ〈ついでに言われただけだ〉| Das versteht sich doch am *~e*.《比》それは言うまでもない〈分かりきったことだ〉| *et.*[4] an den ~ schreiben 〈**auf** dem ~ notieren〉 …を欄外にしるす〈メモしておく〉.

3 (輪状の痕跡(こんせき)としての)しみ, 汚れ; (目のふちの)くま: einen ~ auf dem Kleid hinterlassen 服にしみを残す | den Schmutz ohne ~ entfernen 汚れを跡形もなく取り除く | dunkle *Ränder* um die Augen 〈unter den Augen〉 目のまわり〈下〉の黒っぽいくま.

4《卑》(Mund) 口: einen großen ~ haben 口はばったい | den 〈*seinen*〉 ~ halten 口をつぐむ, 沈黙する | **einen großen ~ riskieren** 大口をたたく, 大言壮語する.

5《南部》(Anprall) 激突, 衝突; (Anlauf) 突進.

[*germ.* „(stützendes) Gestell“; ◇Rahmen, Ranft]

ᵛ**Ran·dal**[randá:l] 男 -s/-e =Randale

Ran·da·le[..lə] 女 -/《話》(Lärm) ばか騒ぎ; 乱暴狼藉(ろうぜき): 〖ふつう次の形で〗~ machen ばか騒ぎする; 乱暴狼藉をはたらく. [<Rand „Lauf“ (◇rinnen)+Skandal]

ran·da·lie·ren[randalí:rən] 自 (h) ばか騒ぎする; 乱暴狼藉(ろうぜき)をはたらく, 暴れ回る.

Ran·da·lie·rer[..rər] 男 -s/- randalieren する人.

Rand≈aus·gleich[ránt..] 男 (タイプライターで打つ際に)行末をそろえること〈装置〉. **≈aus·lö·sung** 女 (タイプライターの)マージンリリース. **≈beet** 中 **1** (Rabatte) 縁どり花壇. **2** =Angewende I **≈be·mer·kung** 女 **1** 欄外の注〈書き込み〉, 傍注. **2** (談話中の)注釈. **≈be·völ·ke·rung** 女 周辺住民; 周辺地域の人口. **≈be·zirk** 男 =Randgebiet

Rän·dchen Rand の縮小形.

Ran·de[rándə] 女 -/-n =Rahne

Rand·ein·stel·ler[ránt..] =Randsteller

Rän·del[réndəl] 中 -s/-, **Rän·del·ei·sen** 中〖工〗(ぎざぎざを付ける)ルレット.

rän·deln[réndəln]《06》他 (h) (貨幣などに)ぎざぎざを付ける.

Rän·del≈rad 中 = Rändeleisen **≈schrau·be** 女〖工〗頭にぎざぎざを付けたねじ.

Rän·der Rand の複数.

Rän·der·chen Rändchen (Rand の縮小形)の複数.

Rand·er·eig·nis[ránt..] 中 周辺事象, 付随事件.

..ränderig[..rɛndərɪç][2] =..randig

Rän·der·lein Rändlein (Rand の縮小形)の複数.

rän·dern[réndərn]《05》他 (h) **1**《*et.*[4]》(…に)縁(ふち)を付ける. **2** =rändeln

Rand≈er·schei·nung[ránt..] 女 周辺〈付随〉現象. **≈fas·sung** 女 (車輪の)枠, リム. **≈fi·gur** 女 (Nebenfigur) わき役(の人). **≈fra·ge** 女 周辺の〈瑣末(さまつ)な〉問題. **≈ge·biet** 中 **1** 周辺地域; (国の)辺境. **2** (学問の)周辺分野.

rand·ge·näht 形 (靴について)細革を縫いつけた.

Rand≈glos·se 女 =Randbemerkung **≈grup·pe** 女〖社〗周辺集団(劣悪な環境や価値観の矛盾のために社会的に疎外された集団).

..randig[..randɪç][2]《形容詞などにつけて「…の縁(ふち)のついた」を意味する形容詞をつくる》: breit*randig* 縁の広い | scharf*randig* 縁のとがった.

Rand·la·ge[ránt..] 女 周辺.

Ränd·lein Rand の縮小形.

Rand·lei·ste[ránt..] 女 **1**〖建〗(ギリシア神殿の登り蛇腹(じゃばら)の上にある雨樋状の)小縁(こぶち). **2**〖印〗花形, ボーダー, わく.

rand·los[rántlo:s][1] 形 縁(ふち)のない: eine *~e* Brille / eine Brille mit *~en* Gläsern 縁なし眼鏡.

Rand≈lö·ser[ránt..] 男 (タイプライターの)マージンリリースキー. **≈meer** 中〖地〗縁海. **≈mo·rä·ne** 女〖地〗(氷河の)側堆石(そくたいせき). **≈no·tiz** 女 欄外の注〈書き込み〉, 傍注. **≈pro·blem** 中 副次的な〈枝葉の〉問題.

..rändrig[..rɛndrɪç][2] =..randig

Rand≈schär·fe[ránt..] 女〖写〗周辺部の鮮明度. **≈schrift** 女 (メダル・貨幣などの)周回の銘文. **≈sied·lung** 女 郊外の住宅地. **≈staat** 男 辺境国; 周辺〈衛星〉国. **≈stein** 男 (道路の)へり石. **≈stel·ler** 男 (タイプライターの)マージンストップ(→ ⊠ Schreibmaschine). **≈stel·lung** 女 **1** わき役の地位. **2**〖軍〗(戦線の)突出部. **≈strei·fen** 男 (高速道路などの)側帯(運転者に側方の余裕を確保させるために車道に接続して設けられた帯状部分). **≈tief** 中〖気象〗低気圧の外縁(張り出し部分). **≈ver·zie·rung** 女 **1** 縁飾り. **2**〖印〗(書物のページの)花形, ボーダー; 飾り.

rand·voll 形 **1** 縁までいっぱいの: ~ von Notizen sein 余白いっぱいに書き込みがしてある | ~ von Zorn sein 怒りであふれんばかりである ‖ ein ~ gefülltes Glas なみなみと注がれたコップ. **2**《話》泥酔した.

Rand≈wan·ze 女〖虫〗ヘリカメムシ(縁亀虫)科の昆虫. **≈zeich·nung** 女〖印〗欄外の装飾画〈さし絵〉. **≈zo·ne** 女 =Randgebiet

Ranft[ranft] 男 -[e]s/Ränfte[rέnftə] (小 **Ränft·chen**[rέnftçən] 中 -s/-) パンの耳〈皮〉, パンの切れ端; 堅いパンの塊. [*ahd.* ramft; ◇Rand]

rang[raŋ] ringen[2], ringen[3]の過去.

Rang[raŋ] 男 -es(-s)/Ränge[rέŋə] **1 a)** (社会的・職業上の)地位, 身分, 位階, 官等, 席次, 序列: ~ und Titel 位階称号 ‖ einen hohen 〈niederen〉 ~ in der Armee bekleiden 軍人として高い〈低い〉地位にある | den ~ über 〈unter〉 *jm.* haben …より高い〈低い〉地位にある | den ~ eines Botschafters haben / im ~ eines Botschafters sein 〈stehen〉 大使の位にある | mit *jm.* den gleichen ~ haben …と同等の地位にある | **alles, was ~ und Namen hat** 地位あり名声あるすべての人, すべての名士 | *jm.* den ~ streitig machen …とその地位を争う〈張り合う〉| *jm.* einen ~ verleihen …に地位を授ける ‖ *jm.* unmittelbar **im** ~ folgen …のすぐ下〈次〉の地位にある | dem *~e* **nach** sitzen 席次順に座っている | ein Mann **ohne** ~ und Namen どこのだれとも分からぬ〈全く無名の〉男 | ein Name **von ~** und Klang 聞こえのいい名前; 名声のある人 | Herren von ~ und Stand 貴顕の方々 | die Leute von ~ und Vermögen 富貴な人々 | **zu ~ und Würden 〈Ehren〉 kommen** 顕職につく. ᵛ**b)** (Dienstgrad)〖軍〗階級.

2《ふつう単数で》(価値・意義などの)等級, 格, 水準, 質; 重要さ, 偉さ: ein Hotel dritten *~es* 三流のホテル | **ersten *~es*** 第一級の, きわめて重要な | ein Problem ersten *~es* 特に重要な問題 ‖ ***jm.* den ~ ablaufen** …に先んじる, …を出し抜く〈しのぐ〉(本来は: *jm.* den Rank ablaufen …を曲が

R

り角で出し抜く）‖ hoch im ～〔*e*〕 stehen 高い評価を受けている | ein Dichter von 〔hohem〕 ～〈vom ～ Goethes〉 第一級〈ゲーテ級〉の詩人 | von ～ sein 重要である; 著名である; 第一級である.

3 a）（富くじなどの）等級: im ersten 〈zweiten〉 ～ gewinnen 1等〈2等〉に当たる | Im dritten ～ entfallen an 1 760 Gewinner je 65 Mark. 3等の当選者1760名で配当金は各65マルクだった. **b**）〘スポ〙 ランキング: Der Schwimmer hat sich auf den fünften ～ vorgearbeitet. その泳者はランキング5位までのし上がった.

4 a）〘劇〙 階上席（→ 図 Theater）: erster ～ 2階正面桟敷席〈特別席〉| ein Platz im 〈auf dem〉 zweiten ～ 3階の席 | ein Theater mit drei *Rängen* 4階席まである劇場 | vor leeren 〈überfüllten〉 *Rängen* spielen がらあき〈超満員〉の客席を前にして演じる. **b**）〘スポ〙（競技場の）スタンド.

［*afr.* renc „Kreis“－*fr.*; ◇ Ring; *engl.* rank］

Rang∠ab·zei·chen［ráŋ..］ 中 階級章. **∠äl·te·ste** 男 女 最古参者, 最高先任者. **∠än·de·rung** 女〘法〙 順位の変更.

Ran·ge［ráŋə］ 女 -/-n（オーストリア: 男 -n/-n） **1** いたずら小僧, 腕白坊主, 悪童; おてんば. ᵛ**2**（Sau） 雌豚. ［◇ rangeln］

rän·ge［réŋə］ ringen², ringen³ の接続法 II.

Rän·ge Rang の複数.

ran|ge·hen*［ránge:ən］《53》 自 (s)《話》 **1**（herangehen）《an *et.*⁴》（…に）近寄って行く. **2**（目標に向かって）ずんずん進む, どんどんやる: ～ wie Blücher（→Blücher）| ～ wie Hektor an die Buletten（→Hektor I）.

ran·geln［ráŋəln］《06》 **I** 自 (h)《話》 とっ組み合い〈つかみ合い〉をする: um *et.*⁴ ～ …を手に入れようとしてつかみ合いをする; …をめぐって奪い合いをする. **II** 他 (h) 再帰 *sich*⁴ ～ 背のびをする: *sich*⁴ auf dem Sofa ～ ソファーに手足をのばす.
［＜rangen „sich hin und her wenden“（◇ Rank, Range）］

Rang∠er·hö·hung［ráŋ..］ 女 昇進, 昇級, 進級. **∠fol·ge** 女 階級順, 序列, 順位.

rang∠gleich 形 序列〈等級〉の同じな, 同等の. **∠höchst** 形 最高位〈高級〉の. **∠hö·her** 形 より高位〈高級〉の.

Ran·gier·bahn·hof［rãʒíːr.., raŋʒíːr..; オーストリア: ran..］ 男〘鉄道〙 操車場.

ran·gie·ren［rãʒíːrən, raŋ..; オーストリア: ran..］ **I** 他 (h) **1**〘鉄道〙（車両を）入れ替える, 仕分け線に入れる; 操車〈車両編成〉する: den Zug auf ein totes Gleis ～ 列車を引込線に入れる | Die Wagen werden 〈Der Zug wird〉 *rangiert*. 操車が行われる. **2**《話》 整頓(せいとん)〈配列〉する.
II 自 (h) **1**《場所を示す語句と》（…の）地位にある,（…の）順位にいる;（…に）位置すると見なされる: an erster Stelle ～ 第1位である | vor 〈hinter〉 *jm.* ～ …より上〈下〉の順位を占めている ‖ Knöpfe *rangieren* unter Kurzwaren. ボタンは小間物の一つである. **2**〘鉄道〙 操車される.
［*fr.*; ◇ Rang, arrangieren; *engl.* range］

Ran·gie·rer［..ʒíːrər］ 男 -s/-〘鉄道〙 操車係, 構内作業係.

Ran·gier∠gleis［..ʒíːr..］ 中〘鉄道〙 仕分け線. **∠lo·ko·mo·ti·ve** 女〘鉄道〙 入れ替え機関車. **∠mei·ster** 男〘鉄道〙 操車係長, 構内主任.

..rangig［..raŋɪç］²《序数・形容詞などにつけて「…の序列の」を意味する形容詞をつくる》: erst*rangig* 第一級の | gleich*rangig* 地位〈等級〉の等しい | vor*rangig* 上位〈優位〉の.

Rang∠klas·se［ráŋ..］ 女 階級, 官等, 位階; 等級. **∠li·ste** 女 **1**（階級別）将校〈高級官僚〉名簿. **2**〘スポ〙 ランキングリスト, 順位表, 番付. **∠lo·ge**［..ʒə］ 女〘劇〙 階上桟敷席.

rang·mä·ßig［ráŋmɛːsɪç］² 形 階級〈等級〉による, 等級順の.

Rang∠ord·nung 女 順位, 序列. **∠platz** 男〘劇〙 階上席. **∠streit** 男 -〔e〕s/-e, **∠strei·tig·keit** 女 -/-en《ふつう複数で》 順位〈序列〉争い. **∠stu·fe** 女 位階, 階級, 席次: *jn.* um eine ～ höher befördern …を1階級昇進させる.

Ran·gun［raŋgúːn］ 地名 ラングーン（ミャンマー連邦社会主義共和国の首都. 現在のヤンゴン. 英語形 Rangoon）. ［*birman.* Yangon „Kriegsende“－*engl.*］

Rang·ver·lust［ráŋ..］ 男 地位の下落, 左遷.

ran|hal·ten*［rán..］《65》 他 (h)《話》 再帰 *sich*⁴ ～ 急ぐ（＝sich beeilen）; せっせと働く; がつがつ食う〈かっ込む〉.

rank［raŋk］ 形 **1**《雅》（特に若い人について）ほっそりとした, すらりと背ののびた; しなやかな, 蔓(つる)のような: eine ～*e* Gestalt ほっそりとした体格 | ein ～*er* Jüngling すらりとした若者 ‖ **～ und schlank** ほっそりとしてしなやかな, すらりとした | Das Mädchen war ～ und schlank. その少女はすんなりとしていた. **2**〘海〙（重心が高すぎて）少し傾いた, 転覆しやすい. ［*germ.* „aufgerichtet“－*mndd.*; ◇ recht］

Rank［－］ 男 -〔e〕s/Ränke［réŋkə］ **1**《ふつう複数で》 奸計(かんけい), たくらみ, 策略, 陰謀: ***Ränke* schmieden** 〈**spinnen**〉 陰謀をめぐらす | auf *Ränke* sinnen 陰謀をたくらむ | Er ist voller List und *Ränke*. 彼は権謀術数にたけている. **2**《スイ》 **a**）（Kurve）（道の）湾曲部, カーブ. **b**）（Abhang）傾斜面, 山腹. **c**）《比》（Kniff）（仕事などの）こつ; 術策, 解決策: den 〔rechten〕 ～ finden うまい解決策を見つける, 窮地を脱する. ［*mhd.* ranc „schnelle drehende Bewegung“; ◇ renken, ranzen, rangeln］

Ran·ke¹［－］ 人名 Leopold von ～ レーオポルト フォン ランケ（1795－1886; ドイツの歴史家. 主著『世界史』）.

Ran·ke²［ráŋkə］ 女 -/-n〘植〙 蔓(つる), 巻鬚(まきひげ). ［*ahd.*］

Rän·ke Rank の複数.

Rän·ke·lei［rɛŋkəláɪ］ 女 -/-en ränkeln すること.

rän·keln［réŋkəln］《06》 自 (h) **1**《スイ》 あれこれ口実を探す, 言いのがれをする. ᵛ**2** ＝rangeln

ran·ken［ráŋkən］ **I** 他 (h) 再帰 *sich*⁴ ～ 蔓(つる)で巻きつく;《比》からみつく, まといつく: Efeu *rankt* sich um den Baum. 蔦(つた)が樹木に巻きつく | Um die alte Burg *ranken* sich viele Sagen.《比》その古い城には多くの伝説がまつわりついていた. **II** 自 **1** (h) 蔓を出す. **2** (s) 蔓で巻きつく.
［＜Ranke¹］

Ran·ken［－］ 男 -s/-《方》（特に堅いパンの）塊. ［＜Runken］

ran·ken·ar·tig 形〘植〙 蔓(つる)〈巻鬚(まきひげ)〉状の.

Rankenband

Ran·ken∠band 中 -〔e〕s/..bänder〘美〙（飾り縁(ふち)の）蔓草(つるくさ)模様（→ 図）. **∠fü·ßer**（**∠füß·ler**） 男 -s/-〘動〙 蔓脚(まんきゃく)類（カメノテ・フジツボなど着生生活する甲殻類）. **∠ge·wächs** 中〘植〙 巻鬚(まきひげ)植物. **∠werk** 中 -〔e〕s/ 〘建〙 唐草模様, 渦巻模様（柱頭・家具などの）.

Rän·ke∠schmied［réŋkə..］ 男 陰謀家, 奸計(かんけい)を弄(ろう)する人, 策士. **∠spiel** 中 策略〈奸計〉〔をめぐらすこと〕.

rän·ke∠süch·tig 形 策略〈陰謀〉好きの, 権謀術数にたけた, ずるがしこい. **∠voll** 形 陰謀たくましき, 術策だらけの.

ran·kig［ráŋkɪç］² 形 蔓(つる)のある, 蔓状の; 蔓でからむ, からみついてくる. ［＜Ranke¹］

ran|klot·zen［rán..］《02》 自 (h)《話》 **1** 懸命に仕事をする; 猛勉する. **2**《an *jn.*》（…に）言い寄る.

Ran·kü·ne［raŋkýːnə］ 女 -/-n（Groll）（心に秘めた）恨み, 遺恨, 怨恨(えんこん); 執念, 復讐(ふくしゅう)心; 陰謀, 奸策(かんさく), 奸計. ［*spätlat.* rancor－*mlat.*－*fr.* rancune; ＜*lat.* rancēns（→ranzig¹）; ◇ *engl.* ranco〔u〕r］

ran∠|las·sen*［rán..］《88》 他 (h)《話》 **1** ＝heranlassen **2**《*jn.*》（…に）やってみさせる（実力を示すチャンスを与える）. **∠|ma·chen** ＝ heranmachen **∠|müs·sen***《103》 ＝heranmüssen

rann［ran］ rinnen の過去.

rän·ne［rénə］ rinnen の接続法 II.

ran|neh·men*［ránne:mən］《話》 ＝herannehmen

rann·te［rántə］ rennen の過去.

ran|schmei·ßen*［rán..］《145》 他 (h)《話》 再帰 *sich*⁴ an *jn.* ～ …にコネをつけようと近づく.

Ran·schmei·ßer 男 -s/-《話》 おべっかつかい, ご機嫌をとる人.

ran·schmei·ße·risch 形《話》こびへつらった, ぺこぺこした.

Ra̱·nu·la[rá:nula·] 女 -/ (Froschgeschwulst)〘医〙がま腫(しゅ)(舌下にできるはれもの).

Ra·nu̱n·kel[ranúŋkəl] 女 -/-n =Hahnenfuß [*lat.* rānunculus „Fröschlein"; < *lat.* rāna „Frosch"]

Ra·nu̱n·kel·strauch 男 (Kerrie)〘植〙ヤマブキ(山吹).

Rä̱nz·chen Ranzen の縮小形.

Rä̱n·zel[rɛ́ntsəl] 中 (北部: 男) -s/-《方》旅嚢(りょのう): *sein* ~ schnüren 〈packen〉《比》旅支度をする; (荷物をまとめて)仕事場を立ち去る. [*mndd.*]

ra̱n·zen[rántsən] (02) 自 (h) **1**〘狩〙(キツネなどが)さかりがついている, 発情している; 交尾する. **2**《話》無愛想に話す, がみがみ言う. **3**《南部》**a)** (力くらべに)組み打ちをする, つかみ合いをする. **b)** あちこち動き回る, 騒ぎ回る. [< *mhd.* ranken „hin und her bewegen" (◇Rank)]

Ra̱n·zen[rántsən] 男 -s/- (⑪ **Rä̱nz·chen**[rɛ́ntsçən], **Rä̱nz·lein**[..laın] 中 -s/-) **1 a)** (Schulranzen) ランドセル(→ 図): einen ~ auf dem Rücken tragen ランドセルを背負っている | Hefte und Bücher in den ~ packen 〈stecken〉 ノートと本をランドセルに入れる. **b)** (Rucksack) リュックサック; (Tornister) 背嚢(はいのう). **2**《話》太鼓腹; 胃袋: *sich*³ den ~ vollschlagen 腹いっぱい食べる | *sich*³ einen hübschen ~ zulegen 見事な太鼓腹になる. **3**《話》(Rücken) 背, 背中: ***jm.* den ~ voll hauen**《話》…を打ちのめす | **den ~ voll kriegen**《話》打ちのめされる ‖ ***jm.* eins auf den ~ geben**《話》…に一発くらわす | **eins auf den ~ kriegen**《話》一発くらう.

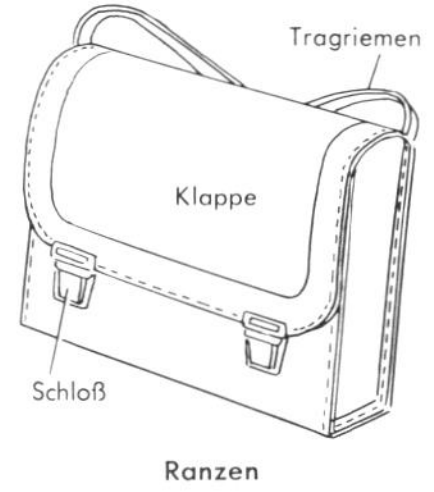

Ranzen

Ra̱n·zer[rántsər] 男 -s/-《話》きびしい叱責(しっせき), 大目玉: einen ~ bekommen 大目玉をくらう, ひどくしかられる.

Ran·zi·di·tä̱t[rantsiditɛ́:t] 女 -/ 腐敗臭, 悪臭.

ra̱n·zig¹[rántsıç]² 形 (英: *rancid*) 油脂の腐った; (腐った油脂のような)悪臭のある, 脂くさい: ~*e* Butter 新鮮でない〔においのする〕バター. [*lat.*－*fr.* rance－*ndd.* rans〔t〕ig; < *lat.* rancēns „stinkend" (◇Ranküne)]

ra̱n·zig²[–] 形 (brünstig) さかりのついた, 交尾〈発情〉期の. [< ranzen]

ᵛ**Ran·zio̱n**[rantsió:n] 女 -/-en (Lösegeld) (捕虜・拿捕(だほ)された船舶などの)贖(あがな)い金, 身代金. [*lat.* redemptiō－*fr.* rançon－*mndd.* ranzūn; < *lat.* red-imere „los-kaufen"; ◇Redemptorist; *engl.* ransom]

ᵛ**ran·zio·ni̱e·ren**[rantsioní:rən] 他 (h) 《*jn.* / *et.*⁴》 (捕虜・拿捕(だほ)された船舶などを)贖(あがな)い金を払って請け戻す.

Rä̱nz·lein Ranzen の縮小形.

Ra̱nz·zeit[ránts..] 女〘狩〙交尾期, 発情期. [< ranzen]

Raoul[raú:l, raúl] 男名 ラウール, ラウル. [*fr.*; ◇Ralf]

Rap[rɛp, ræp] 男 -〔s〕/-s ラップ〔ミュージック〕(ディスコ=ビートにのってしゃべりまくるように歌う黒人音楽). [*engl.*－*amerik.*]

Ra·pa̱l·lo·ver·trag[rapálo..] 男 -〔e〕s/ 〘史〙ラパロ条約(1922年イタリア北西部の都市ラパロで結ばれた独ソ修好条約).

Ra̱p·fen[rápfən] 男 -s/- 〘魚〙ラプフェン(ヨーロッパ産のコイの一種).

Ra̱·phael[rá:fae:l, ..faɛl] **I** 男名 ラファエル. **II** 人名〘聖〙ラファエル(大天使の一人). [*hebr.* „Gott heilt"; ◇Raffael]

Ra̱·phia[rá(:)fia·] 女 -/..phien[..fiən] **1**〘植〙ラフィアヤシ(アフリカ産ヤシ科の一属). **2** ラフィア繊維(刺しゅうなどに用いる). [*polynes.*; ◇ *engl.* raffia]

Ra·phi̱·de[rafí:də] 女 -/-n《ふつう複数で》〘植〙針状結晶, 針晶. [< *gr.* rhaphís „Nadel" (◇Rhapsode)]

Ra̱·phi·en Raphia の複数.

ra·pi̱·de[rapí:də] (南部・オーストリア: **ra·pi̱d**[rapí:t][1]) 形 (英: *rapid*) 急速な, 迅速な, すばやい: das *rapide* Wachstum der Bevölkerung 人口の急速な増加 | in einem *rapiden* Tempo 急速なテンポで ‖ Die Lage hat sich ~ verschlechtert. 情勢は急激に悪化した. [*lat.* rapidus „reißend"－*fr.*; < *lat.* rapere (→Raptus)]

Ra·pi·di·tä̱t[rapiditɛ́:t] 女 -/ rapide なこと. [*fr.*]

ra̱·pi·do[rá:pido·] 副 (sehr schnell)〘楽〙急速に. [*it.*]

Ra·pi̱er[rapí:r] 中 -s/-e (細身の)剣; 〘フェンシング〙ラピエール (→ 図 Degen). [*fr.* rapière; ◇Rapp]

Rapp[rap] 男 -s/-e《方》実を摘み取られたブドウの房; ブドウの果柄(かへい). [*fr.* râpe－*mhd.* rappe; ◇Raspe; *engl.* rape]

Ra̱p·pe¹[rápə] 女 -/-n《南部》=Rapp

Ra̱p·pe²[–] 男 -n/-n **1** 黒馬, あお(→Pferd 1): auf Schusters ~*n* 〔reiten〕 (→Schuster 1 a). **2**《南部》(Rabe) カラス(烏). [*mhd.*; ◇Rabe, Rappen]

Ra̱p·pel[rápəl] 男 -s/-《話》気まぐれ; 妄想; 発作的な怒り: einen ~ haben 頭がちょっと変である | einen ~ kriegen 気まぐれを起こす; 気が触れる; 突然怒り出す.

ra̱p·pe·lig[rápəlıç]² (**ra̱pp·lig**[..plıç]²) 形《話》(ちょっと)気の触れた; わけが分からなくなった; いら立っている.

Ra̱p·pel≈ka·sten[rápəl..] 男《話》**1** ガタゴトと走る乗り物. **2** 精神病院. **3** ラジオ. **≈kopf** 男《軽蔑的に》かんしゃく持ち, 怒りっぽい人; 強情者, 石頭.

ra̱p·pel≈köp·fig[..kœpfıç]² 形, **≈köp·fisch**[..kœpfıʃ] 形《軽蔑的に》激しやすい; 強情な.

ra̱p·peln[rápəln] (06)《話》**I** 自 **1** (h, s) (klappern) ガラガラ〈カタカタ〉鳴る, ガタガタ〈ゴトゴト〉音をたてる (h, s について: →rattern ★): Der Sturm *rappelt* an der Tür. あらしでドアがガタガタいっている | Der Zug ist über die Weiche *gerappelt*. 列車はポイントの上をガタガタ音を立てて通過した. **2** (h) 非人称 Es *rappelt* an der Tür. ドアがガタガタいっている | **bei *jm.* rappelt es** …は頭が少々おかしい | Bei dir *rappelt* es wohl?《比》君はちょっと頭がおかしいんじゃないのか. **3** (h)《オーストリア》気が狂っている, 妄想をいだく. **4** (h)《方》《幼児語》おしっこをする.

II 他 (h) 再帰 *sich*⁴ ~ i) 苦労して体を動かす, じたばたする; ii) 起きあがる; (病状などが)回復する: *sich*⁴ wieder in die Höhe ~ (健康・経済状態を)持ちなおす.

III ge·ra̱p·pelt → 別出

[*mndd.* rapen „klopfen"; ◇ *engl.* rap]

Ra̱p·pen[rápən] 男 -s/- (略 Rp.) ラッペン(スイスの貨幣〔単位〕: $^1/_{100}$ Franken). [*mhd.*; ◇Rappe²; 貨幣に刻印されたワシの像を嘲笑(ちょうしょう)的にカラスに見立てたことから]

Ra̱p·per[rɛ́pər, rǽpə] 男 -s/- ラップ〔ミュージック〕歌手(→Rap).

Ra̱p·pes[rápəs] 男 -/ (Tresterwein) 二番しぼりのぶどう酒. [< Rambaß + *mhd.* rappe (→Rapp)]

ra̱pp·lig =rappelig

Rap·po̱rt[rapɔ́rt] 男 -〔e〕s/-e **1** (職務上の)報告; (営業に関する)報告書: einen ~ schreiben 〈vorlegen〉 報告書を書く〈提出する〉. **2**〘軍〙報告, 申告: 〔*jm.*〕 ~⁴ erstatten 〔…に〕報告する | zum ~ erscheinen (譴責(けんせき)を受けるために)上官のところへ出頭する | *jn.* zum ~ vorladen …を(譴責のために)呼びつける. **3 a)** 〔相互〕関係. **b)**〘心〙(催眠術における術者と被術者のあいだの)ラッポール, 疎通性, 交感. **4**〘織〙循環, レピート(一定間隔で現れる同じ模様の繰り返し). [*fr.*]

rap·por·ti̱e·ren[rapɔrtí:rən] **I** 他 (h) **1**《〔*jm.*〕 *et.*⁴》(〔…に〕…を)報告する:〘しばしば 4 格の目的語なしで〙*jn.* ~ …に報告する. **2** 持って帰る. **3** 関係する, 関連がある. **4**〘商〙(金額などの記載を)他の帳簿に移す. **II** 自 (h) **1** 報告する(→ I 1). **2** (模様などが)繰り返し現れる. [*fr.* rapporter „wiederbringen"; ◇re.., apportieren]

Rapp·schim·mel[ráp..] 男 -s/- 頭頂部の髪の〔まだ〕黒い白馬.

raps[raps] 間 (すばやく奪い取る・食いつく・引き裂く動作を表して)さっ, ぱくり, びりっ: Und ～, hatte ihm der Hund das Brot weggeschnappt. 犬は彼からさっとパンをくわえ取った | rips, ～ (→rips).

Raps[−] 男 -es/ (種類: -e) **1** 〘植〙 セイヨウアブラナ(西洋油菜): die Samen des ～*es* 菜種(なたね). **2** 菜種. [*ndd.* rap-sād „Rüben-saat"; ◇Rübe, Saat; *engl.* rape〔seed〕]

Raps⸗acker[ráps..] 男 セイヨウアブラナの畑, 菜の花畑. **⸗blü·te** 女 菜の花.

rap·schen[rápʃən] 《04》 他 (h), **rap·sen**[rápsən] 《02》 他 (h) 《北部》 **1** (軽く)打つ, 殴る. **2** (雑草などを)ひっこ抜く. **3** ひったくる, 持ってゆく, 盗む. [< *ndd.* rapen „raffen"; ◇raffen]

Raps⸗feld[ráps..] 中 = Rapsacker ⸗〔**glanz·**〕**kä·fer** 男 〘虫〙 チビケシキスイ(矮芥子木吸虫)(アブラナの害虫). ⸗**ku·chen** 男 菜種のしぼりかすを固めたもの(家畜の飼料として用いる). ⸗**öl** 中 (Rüböl) 菜種油, 種(たね)油. ⸗**sa·men** 男 菜種. ⸗**weiß·ling** 男 〘虫〙 エゾスジグロシロチョウ(蝦夷条黒白蝶).

Rap·tus[ráptʊs] 男 **1** -/-[..tu:s] 《ふつう複数で》 **a)** 〘医〙 ラプツス, 発作暴行. **b)** 《話》 = Rappel ᵛ**2** -/-se 略奪, 誘拐. [*lat.*; < *lat.* rapere „raffen"]

Ra·pünz·chen[rapʏ́ntsçən] 中 -s/-, **Ra·pun·ze**[rapʊ́ntsə] 女 -/-n, **Ra·pun·zel**[rapʊ́ntsəl] 女 -/-n 《ふつう複数で》 (Feldsalat) 〘植〙 ノヂシャ(野萵苣), サラダ菜. [*mlat.* rapuncium; < *lat.* rādīx (→Radix)]

Ra·pun·zel·sa·lat 男 〘料理〙 ノヂシャのサラダ.

Ra·pu·se[rapú:zə] (**Ra·pu·sche**[..ʃə]) 女 -/ 《中部》 **1** **a)** (Raub) 奪取, 略奪: ***et.***⁴ **in die ～ geben** 《話》 …を略奪にゆだねる; …を放棄する | *et.*⁴ in die ～ werfen …を投げ捨てる. **b)** (Beute) 《集合的に》 獲物. **2** 混乱, ごちゃ混ぜ: **in die ～ gehen 〈kommen〉** 《話》 (混乱の中で)なくなる. **3** 《単数で》 トランプ遊びの一種.

rar[ra:r] 形 (英: *rare*) 〔世にも〕まれな, 珍しい; 珍重される, 貴重な; たまの; まばらな: ein ～*er* Artikel 珍品 | ein ～*es* Exemplar 希覯(きこう)本 | ein ～*er* Vogel 《話》 珍客; 変人 ‖ **～ wie Maurerschweiß** 《話》 とても珍しい(左官屋は怠け者でめったに汗をかかないという民間の言い伝えから) ‖ Freunde in der Not sind ～. 困っているときに助けてくれる友人はまれである | ***sich***⁴ **～ machen** 《話》 i) (残念ながら)めったに姿を見せない; ii) (女性が)なかなか口説きにのってくれない | Du hast dich in der letzten Zeit recht ～ gemacht. 君は最近さっぱり姿を見せてくれなかったね ‖ Das Konzert war ～ besetzt. 《話》 音楽会はがら空きだった. [*lat.* rārus „locker, dünn〔stehend〕"−*fr.* rare; ◇Eremit; *engl.* rare]

Ra·ra Rarum の複数.

Ra·ri·tät[raritɛ́:t] 女 -/-en **1** 《単数で》 rar なこと; 希少価値. **2** (希少価値のある)珍品; 希覯(きこう)本: Diese Sondermarke ist eine große ～. この特殊切手はたいへんな珍品である | Seine Bibliothek birgt viele ～*en*. 彼の蔵書には希覯本がたくさん含まれている. [*lat.*]

Ra·ri·tä·ten⸗ka·bi·nett[raritɛ́:tən..] 中 珍品陳列室. ⸗**samm·ler** 男 珍品収集家. ⸗**samm·lung** 女 珍品の収集〈コレクション〉.

Ra·rum[rá:rʊm] 中 -s/..ra[..ra·] 《ふつう複数で》 (希少価値のある)珍品, (特に:) 希覯(きこう)本. [*lat.*]

ra·sant[razánt] 形 **1** (ボールや弾丸の飛ぶ軌道について)水平に近い, ライナーのような. **2** 《話》 非常に速い, 電光石火の; 猛烈〈強烈〉な: eine ～*e* Entwicklung 急速な発展 | ein ～*er* Spurt 猛烈なスパート | eine ～*e* Beschleunigung haben (自動車が)抜群の加速性能を持っている ‖ ～ in die Kurve gehen ものすごいスピードでカーブを切る | Die Bevölkerung nimmt ～ zu. 人口が急速に増加する. **3** 《話》 (個性的で)魅力のある, すてきな, チャーミングな; いかす; パンチのきいた: eine ～*e* Frau すてきな女性 | ein ～*er* Schlager ぐっとくるような流行歌 ‖ Sie ist einfach ～. 彼女は文句なしに魅力的だ. [*fr.*; < *fr.* raser (→rasieren)]

Ra·sanz[razánts] 女 -/ rasant なこと: mit ～ 《話》 非常な速さで, 猛烈なスピードで | eine Frau von seltener ～ まれにみるチャーミングな女性.

ra·sau·nen[razáʊnən] 自 (h) 《話》 騒ぐ, 大声をあげる; ガタガタ〈ゴトゴト〉やかましい音をたてる.

Ra·sau·ner[..nər] 男 -s/- 《話》 騒ぐ〈大声をあげる〉人; がみがみ屋.

rasch[raʃ] 形 **1** (英: *rash*) (schnell, geschwind) はやい, 迅速な; 敏捷(びんしょう)な, すばしこい: mit ～*en* Schritten 足ばやに | in ～*er* Folge 次から次へと, ぞくぞく | ～*e* Fortschritte machen 急速の進歩をとげる ‖ so ～ wie 〈als〉 möglich できるだけはやく | ～ essen そそくさと食事をする | ～ machen 急ぐ | *sich*⁴ ～ umkleiden さっと着がえる | Ein bißchen ～, bitte! すみませんがちょっと急いでください | mit *et*³ ～ bei der Hand sein (→Hand 1) ‖ Ich bin ～*er* damit fertig geworden, als ich dachte. 私は思ったよりはやくそれを片づけた | ～*est* 《オーストリア》 = raschestens **2** 即座の, 間髪を入れぬ; 性急な, 軽はずみな: eine Frau von ～*en* Entschlüssen てきぱきした女性 | eine ～*e* Antwort geben 即答する; 軽率な返事をする | eine ～*e* Zunge 〈話: ein ～*es* Mundwerk〉 haben 早口である; おしゃべりである ‖ Wer ～ gibt, gibt doppelt. 《諺》 即座の援助は2倍もありがたい. **3** 理解の早い, 機転のきく: ein ～*er* Kopf 《話》 頭の回転のはやい人. [*westgerm.*; ◇Rad, gerade²; *engl.* rash]

Rasch[raʃ] 男 -〔e〕s/-e 〘織〙 ラッシュ(綾(あや)織りにしたウーステッドの一種). [< Arras (フランスの都市名)]

Ra·schel·ma·schi·ne[ráʃəl..] 女 〘織〙 ラッセル経編み機, ダブル=リブ. [< E. Rachel (フランスの女優, †1858)]

ra·scheln[ráʃəln] 《06》 自 **1** (h) ガサガサ音をたてる; カサカサ〈カサコソ〉いう: Die Blätter *rascheln* im Wind. 木の葉がカサカサと風に鳴っている | Er hat mit der Zeitung *geraschelt*. 彼は新聞をガサガサいわせた ‖ 〈非人称〉 Es hat an der Tür *geraschelt*. ドアのところでガサガサ音がした. **2** (s) ガサガサ音をたてながら動く: Die Schlange ist durch das Laub davon *geraschelt*. 蛇は木の葉を分けてカサコソと逃げていった. [擬音; ◇rischeln, ruscheln]

ra·schen¹[ráʃən] 《04》 《中部》 = rasseln

ra·schen²[−] 《04》 **I** 自 **1** (s) 急いで〈あわてて〉行く. **2** (h) 《中部》 (パン粉が発酵して)ふくれあがる. **II** 他 (h) **1** 手早くひっつかんで持ち去る. **2** 《スイス》 (足場の悪い斜面の干し草を)刈る.

ra·sche·stens[ráʃəstəns] 副 **1** できるだけ早く. **2** 早く「とも.」

rasch·fü·ßig[ráʃ..] 形 (flink) 足の速い, 敏捷(びんしょう)な.

Rasch·heit[ráʃhaɪt] 女 -/ rasch なこと.

rasch·le·big 形 すぐに消えてしまう, はかない, つかの間の: eine ～*e* Mode いっときの〈短命な〉流行. [< leben]

ra·sen[rá:zən]¹ 《02》 **I** 自 **1** (h) (怒り・苦痛などのために)狂ったように振舞う, 暴れ〔まわ〕る, 半狂乱になる, たけり立つ, 逆上する, 我を忘れる, 血迷う; 《比》 (天候などが)荒れ狂う: wie ein wildes Tier ～ 野獣のようにたけり狂う ‖ im Fieber ～ 熱にうかされる | im Wahnsinn ～ 狂って暴れまわる | vor Beifall ～ 熱狂的に拍手かっさいする | vor Begeisterung ～ 熱狂する | vor Eifersucht 〈Liebe〉 ～ 嫉妬(しっと)〈恋〉に狂う | vor Wut 〈Zorn〉 ～ 怒り狂う, 激怒する ‖ Mir *rast* der Kopf. 私は頭がかっかする | Der Krieg 〈Der Terror〉 *rast*. 戦争〈テロ〉が荒れ狂う | Der Sturm 〈Das Feuer〉 hat *gerast*. あらしが荒れ狂った〈火〔事〕が猛威をふるった〉.

2 (s) (英: *race*) 《話》 疾走〈疾駆〉する, 驀進(ばくしん)する, 暴走する, めちゃくちゃに飛ばす: 〔wie〕 wild 〈unsinnig〉 ～ 狂ったように〈ばかみたいに〉疾走する | mit 150 Kilometer Geschwindigkeit ～ 時速150キロでぶっ飛ばす | von dannen ～ 猛スピードで走り去る | Er ist *gerast*, um noch den Zug zu erreichen. 彼は列車に間に合うように猛スピードで走って来た ‖ **an 〈gegen〉** einen Baum ～ (車などが)木に激突する | Das Auto ist 〈Er ist mit seinem Auto〉 gegen eine Litfaßsäule *gerast*. 自動車は〈彼は車を運転して〉広告柱に激突した | Das Blut *raste* wie wild **durch** seinen Körper. 血は狂ったように彼の体内をかけめぐった | Die Nachricht *raste* in Windeseile durch die ganze Stadt. そのニュー

スはあっという間に町じゅうに広まった | Ein Sturm *rast* **über** das Land. あらしが国をかけ抜けていく | **von** einer Sitzung in die andere ~ 会議を次々と飛び回る ‖ Sein Herz *raste*. 《比》彼の心臓は激しく鼓動した〈高鳴った〉| Die Zeit *rast*. 《比》時が急速に過ぎる, 光陰矢のごとし.

II Rạ·sen^1 中 -s/ rasen すること: *jn.* zum ~ bringen …を半狂乱の状態に陥らせる, …をひどく怒らせる.

III rạ·send 現分 形 **1 a)** 狂ったような,〔半〕狂乱の, 狂暴な, たけり立った, 逆上した: *jn.* ~ machen …の気を狂わせる, …をむしゃくしゃさせる | Seine Gleichgültigkeit macht mich noch ~. 彼のひとごとであるかのような態度〔に〕は頭に来そうだ | Ich könnte vor Ungeduld ~ werden. 私はいらいらして今にも気が狂いそうだ(→Rasendwerden) ‖ *sich*^{4} wie ~ gebärden 狂ったように振舞う ‖ wie die *Rasenden* kämpfen 狂った〔者の〕ように戦う. **b)** 非常に激しい, 激烈な, 猛烈な: ~*er* Beifall あらしのような〈熱狂的な〉拍手かっさい | ~*en* Hunger haben 猛烈に腹がへっている | ~*e* Kopfschmerzen haben ひどい頭痛がする | in ~*er* Wut 〈Erregung〉 davonstürzen 激怒して〈ものすごく興奮して〉走り去る ‖ ~ applaudieren 熱狂的に拍手かっさいする. **c)** 《副詞的》《話》ひどく, ものすごく: ~ eifersüchtig 〈verliebt〉 sein 猛烈に嫉妬(しっと)している〈ほれている〉| ~ neugierig sein 知りたくてうずうずしている | *sich*^{4} ~ freuen 狂喜する | Ich hätte es ~ gern gewußt. 私はそれが知りたくてたまらないのですが.

2 《ふつう付加語的》疾走するような, 猛スピードの, ものすごく速い: ein Walzer in ~*em* Tempo ものすごく速いテンポのワルツ | In ~*er* Fahrt fuhren wir den Berg hinunter. 猛烈なスピードで飛ばして我々は山を下りていった

[*germ.*; ◇rinnen; *engl.* race]

Rạ·sen^2[rá:zən] 男 -s/- **1 a)** 芝; 芝生: ein gepflegter 〈kurzer〉 ~ 手入れされた〈短く刈られた〉芝生 | Kunststoff*rasen* 人工芝 ‖ einen ~ anlegen 芝を植える | ~ säen 芝の種をまく | Bitte den ~ nicht betreten! 芝生に足を踏み入れないでください(公園などの立て札の文句) | den ~ schneiden 〈pflegen〉 芝生を刈る〈手入れする〉‖ *sich*^{3} den ~ von unten ansehen 《戯》死んでいる, 墓の中に入っている | **unterm** 〈**unter dem**〉〔**grünen**〕 **~ ruhen** 《雅》草葉の陰に眠っている, 死んでいる | ***jn.*** **unter den ~ bringen** 《婉曲に》(病気などが)…を死なせる ‖ ***jn.*** **deckt der grüne** 〈**kühle**〉 **~.** 《雅》…は地下に〈草葉の陰に〉眠っている. **b)** 〔スポ〕(芝生を植えた球技用の)競技場, フィールド: *sich*^{3} auf dem ~ begegnen (両チームが)フィールドで相まみえる. **c)** 〔紋〕(盾の下部の)芝地図形. **2** (Erdoberfläche) 〔坑〕地表. [*mhd.* rase; ◇Wrasen]

Rạ·sen≈bank 女 -/..bänke 芝生の腰かけ(芝を積みあげて作ったベンチ, あるいは芝生におおわれたベンチ状の盛り土). **≈blei·che** 女 **1** 日光漂白(布などを芝生で天日にさらすこと). **2** 日光漂白をする場所, 日光漂白用芝生. **≈decke** 女 (地をおおう)芝生.

Rạ·send·wer·den[rá:zənt..] 中 《もっぱら zum Rasendwerden の形で》Es ist zum ~. まったく頭に来るよ.

Rạ·sen≈ei·sen·erz[rá:zən..] 中, **≈ei·sen·stein** 男 〔鉱〕沼鉄鉱. **≈hockey**[..hɔki·, ..ke·] 中 〔スポ〕フィールド=ホッケー. **≈läu·fer** 男 〔坑〕地上から浅いところにある短い鉱脈. **≈mä·hen** 中 -s/ 芝刈り. **≈mä·her** 男, **≈mäh·ma·schị·ne** 女 芝刈り機(→ 図). **≈mei·ster** 男 (Abdecker) 皮はぎ人, 獣皮加工業者(芝生の上などで仕事をしたことにちなむ). **≈platz** 男 **1** 芝地, 草地. **2** 〔テニス〕ローン〔グラス〕コート. **≈sche·re** 女 (芝生の)縁(ふち)刈り〈刈り込み〉ばさみ. **≈spiel** 中 -〔e〕s/-e《ふつう複数で》〔スポ〕(サッカー・ホッケー・ゴルフなど)芝生でする競技(の総称). **≈sport** 男 **1** (芝生の上で行われる)陸上競技. **2** =Rasenspiel **≈spreng·an·la·ge** 女, **≈spren·ger** 男 芝生用散水器, ローン〈芝生用〉スプリンクラー. **≈ste·cher** 男 (芝生を短冊形に切り取る)芝掘り器. **≈stück** 中 切り芝(短冊形に切り取った芝生). **≈ten·nis** 中 ローンテニス. **≈tep·pich** 男 《雅》(じゅうたんを敷きつめたような)芝生.

Rasenmäher

Ra·ser^1[réizə] 男 -s/- 〔理〕レーザー(可干渉性レントゲン線の発生強化器). [*amerik.*; <*engl.* ratio *a*mplification by *s*timulated *e*mission of *r*adiation; ◇Laser]

Rạ·ser^2[rá:zər] 男 -s/- 《話》(自動車・オートバイなどの)暴走者.

Ra·se·rẹi[ra:zəráɪ] 女 -/-en **1** 《単数で》半狂乱になる〈逆上する〉こと, たけり立つ〈激怒する〉こと: über *et.*^{4} in ~ geraten …のことで我を忘れる | *jn.* zur ~ treiben 〈bringen〉 …をかんかんに怒らせる | *jn.* 〈*et.*^{4}〉 bis zur ~ lieben …を気が狂いそうになるほど好いている. **2** (自動車・オートバイなどでの)疾走; 暴走: Die ~ führt zu Verkehrsunfällen. むちゃなスピードは交通事故のもとである. [<rasen]

$^\triangledown$**Ra·seur**[razø:r] 男 -s/-e (Barbier) 理髪師, 床屋. [*fr.*]

Ra·sie̱r≈ap·pa·rat[razí:r..] 男 安全かみそり: ein elektrischer ~ 電気かみそり. **≈creme**[..kre:m, ..krɛ:m] 女 =Rasierkrem

ra·sie̱·ren[razí:rən] 他 (h) **1 a)** 《*jn.*》(…の)ひげを剃(そ)る: *sich*^{4} ~ lassen 〔自分の〕ひげ〈顔〉を剃ってもらう | **Einen Augenblick, Sie werden gleich** ***rasiert*****!** 《話》(床屋に限らず一般的に客に対して)少々お待ちください. すぐあなたの番ですから | ***jn.*** **kalt ~** 《話》…を叱責する〈たしなめる〉‖ ein frisch *rasiertes* Kinn 剃りたてのあご ‖ *sich*^{4} ~ (自分で)ひげを剃る | *sich*^{4} elektrisch ~ 電気かみそりでひげを剃る | Hast du dich schon *rasiert*? ひげ剃りはもう終わったのかい. **b)** 《*jm. et.*^{4}》(…の…を)剃り落とす: *jm.* den Bart 〈*sich*^{3} die Haare an den Beinen〉 ~ …のひげ〈自分のすね毛〉を剃り落とす. **c)** 《*jm. et.*^{4}》(…の…から)毛を剃り落とす: *jm.* den Kopf ~ …の頭を剃る | *sich*^{3} die Beine ~ 自分のすね毛を剃る ‖〔結果を示す語を 4 格にして〕*jm.* 〈*sich*^{3}〉 eine Glatze ~ …の〈自分の〉頭をそってつるつるにする. **2** 《話》《*jn.*》(…の)金を〔ゆすり〕取る; (…を)だます, ぺてんにかける. **3** 《比》《*et.*^{4}》(剃り落としたように)きれいさっぱり除去する, 完全に破壊する, 取り壊す, 破壊して平らにしてしまう, なぎ倒す: Das Gebäude wurde von Bomben fast gänzlich *rasiert*. そのビルは爆弾でほとんど完全に吹き飛ばされた. [*fr.* raser−*ndl.* raseren; <*lat.* rādere (→radieren); ◇Rasur, rasant; *engl.* raze]

Ra·sie̱·rer[razí:rər] 男 -s/- **1** 《話》(elektrischer Rasierapparat) 電気かみそり. $^\triangledown$**2** 理髪師.

Ra·sie̱r≈klin·ge[razí:r..] 女 〔安全〕かみそりの刃: eine neue ~ einlegen (安全かみそりに)新しい刃を差し込む | scharf wie eine ~ sein (→scharf 8 a). **≈krẹm** 女 シェービング〈ひげそり〉クリーム. **≈lo̱·ge**[..lo:ʒə] 女 《戯》(映画館などの)最前列のいちばん安い席. **≈mes·ser** 中 かみそり(→ 図 Messer): scharf wie ein ~ sein (→scharf 8). **≈pin·sel** 男 ひげそりブラシ. **≈scha̱·le** 女 ひげそり用泡だて皿. **≈schaum** 男 ひげそりクリーム〈せっけん〉の泡. **≈sei·fe** 女 ひげそり用せっけん. **≈ses·sel** 男, **≈sitz** 男 =Rasierloge **≈spie·gel** 男 ひげそり用の凹面鏡. **≈stuhl·platz** 男 =Rasierloge **≈was·ser** 中 -s/- (..wässer) **1** アフター〈プレ〉シェーブ=ローション. **2** ひげそりのための湯. **≈zeug** 中 ひげそり道具〈用品〉.

rạ·sig[rá:zɪç]^2 形 芝の生えた, 芝生でおおわれた. [<Rasen^2]

Ra·sị·tis[razí:tɪs] 女 -/ 《話》(自動車・オートバイなどでやたらにスピードを出す)スピード病, スピード狂. [<rasen+..itis]

$^\triangledown$**Rä·son**[rɛzɔ̃:] 女 -/ (Vernunft) 分別, 思慮: 〔もっぱら次の成句で〕**~ annehmen** 分別を取り戻す, 正気に立ち返る ‖ ***jn.*** **zur ~ bringen** / ***jm.*** **~ beibringen** …に道理をわきまえさせる | zur ~ kommen (思慮を失った人が)良識を取り戻す; 分別くさくなる. [*lat.* ratiō (→Ratio)−*fr.*; ◇*engl.* reason]

rä·so·nạ·bel[rɛzoná:bəl] (..na·bl..) 形 理性的な, 分別をわきまえた; 道理にかなった, 合目的的な. [*fr.* raisonnable]

$^\triangledown$**Rä·so·neur**[rɛzonø:r] 男 -s/-e 知ったかぶりをする人; へ理屈屋, 一言居士; 不平家. [*fr.* raisonneur]

R

rä·so·nie·ren[rɛzoníːrən] 自 (h) **1** 《über *et.*⁴》 **a)** 《ふつう皮肉》(…について)多弁を弄(ろう)する, くだくだしく説明する, へ理屈を並べる. ▽**b)** (…について)理路整然と論じる〈考える〉. **2** 《話》くどくどと不平不満を並べる; がみがみ言う, 大声でののしる. [*fr.* raisonner]

▽**Rä·son·ne·ment**[rɛzɔn(ə)mã́ː] 中 -s/-s **1** 理性的判断; 推理; 熟慮. **2** へ理屈. [*fr.*]

Ras·pe[ráspə] 女 -/-n **1** (Raspel)(目のあらい)やすり. **2** 〔畜〕馬足発疹(ほっしん)病. **3** 〔貝〕巻貝の一種.

Ras·pel[ráspəl] **I** 女 -/-n **1 a)** (目のあらい)やすり(→ 図 Feile). **b)** 〔料理〕おろし金(がね). **2** 《北部》(Klapper) がらがら(幼児のおもちゃ). **II** 男 -s/- 《ふつう複数で》 **a)** (やすりをかけたときの)削りくず. **b)** 〔料理〕(ケーキなどにふりかけるチョコレートなどの)細片.

ras·peln[ráspəln] 《06》 **I** 他 (h) 《*et.*⁴》 **a)** (…に)やすりをかける. **b)** (…を)おろし金で細かくする: Äpfel ～ リンゴをおろす | Süßholz ～ (→Süßholz). **II** 自 (h) ゴシゴシ〈カサカサ〉という音をたてる. [*ahd.* raspōn „raffen"; ◇raffen, Rapp; *engl.* rasp]

Ras·pel·spä·ne 複 (やすりによる)削りくず.

Ras·pu·tin[rásputiːn, raspúːtiːn] 人名 Grigori ～ グリゴーリ ラスプーチン(1871頃-1916; ロシアの聖職者. ニコライ二世と皇后の信用を得て政治に関与し, 怪僧と称された).

raß[raːs] 形, **räß**[rɛːs] 形 《南部・オーストリア・スイス》 **1** 薬味のよくきいた, ぴりりとする; 《比》毒舌の, わさびのきいた: ein ～*er* Witz パンチのきいた笑話. **2** (風が)身を切るような. **3** (犬が)かみつく癖のある; (馬が)癖の悪い. **4** (特に女性が)奮然とした; 怒りっぽい, すぐかみつく; ぶあいそうな, ぶっきらぼうな. **5** (ジョークなどが)卑猥(ひわい)な. [*ahd.* rāzi „reißend"]

Ras·se[rásə] 女 -/-n **1** (英: *race*) (Menschenrasse) 人種, 種族: die gelbe 〈schwarze / weiße〉 ～ 黄色〈黒色・白色〉人種 ‖ Niemand darf wegen seiner ～ benachteiligt werden. だれも人種上の理由で差別されてはならない. **2** 〔動〕品種 (Art の下位区分): eine reine ～ 純粋〈純血〉種 | eine gekreuzte ～ 混血種 ‖ zwei ～*n* kreuzen 二つの品種を交配する | eine neue ～ züchten (品種改良によって)新しい品種を作る ‖ in reiner ～ sein (動物が)純血種である | Das liegt in der ～. それは親ゆずりだ ‖ Was für eine ～ ist das Pferd? 《話》この馬はどういう品種ですか. **3** 《話》優秀な遺伝的素質; 純〔血〕種: **～ haben** / **～ sein** / **von ～ sein** i) (馬について)血統がよい, 純血種である; 癇(かん)が強い; ii) (特に女性について)〔美人で〕才気煥発(かんぱつ)である; iii) (一般に)すぐれている, 卓越している | eine Frau von 〈mit〉 ～ 才女. [*it.* razza–*fr.* race; ◇*engl.* race]

ras·se≈be·wußt 形 人種〈民族〉意識の強い. **≈echt** 形 純血種の, 血統の正しい.

Ras·se≈hund 男 純血種の〈血統の正しい〉犬. **≈kat·ze** 女 純血種の〈血統の正しい〉猫.

Ras·sel[rásəl] 女 -/-n (ガラガラ・リンリン・ジージーという)金属性のかたい音を出す道具〈楽器〉; (Klapper) 鳴子; (玩具(がんぐ)の)がらがら.

Ras·sel·ban·de 女 《話》陽気で騒々しい子供たちの一団.

Ras·se·lei[rasəláɪ] 女 -/ ひっきりなしに rasseln すること〈音〉.

Ras·sel·ge·räusch[rásəl..] 中 〔医〕(肺部聴診の際の)水泡音, ラッセル音, ラ音: feuchtes 〈trockenes〉 ～ 湿性〈乾性〉ラ音 | knisterndes ～ 捻髪(ねんぱつ)音.

ras·seln[rásəln] 《06》 自 **1** (h) **a)** (ガラガラ・リンリン・ジージーという)金属性のかたい音をたてる, ガチャガチャいわせる: Der Wecker 〈Das Telefon〉 *rasselte*. 目ざまし〈電話〉が鳴った | mit dem Säbel ～ (→Säbel 1) ‖ Sein Atem geht so *rasselnd*. 彼の呼吸はひどくゼーゼーいっている. **b)** 〔医〕水泡音〈ラッセル音〉を発する: ein *rasselndes* Nebengeräusch 水泡音, ラッセル音(→Rasselgeräusch). **2** (s) ガラガラ〈ガチャガチャ〉音をたてて歩く〈動く〉: durchs Examen 〈durch die Prüfung〉 ～ 《話》試験に落第する. [*mhd.* razze〔l〕n „toben"; 擬音; ◇rattern; *engl.* rattle]

Ras·sen≈ab·son·de·rung[rásən..] 女 人種分離〔政策〕, アパルトヘイト. **≈be·wußt·sein** 中 人種〈民族〉意識, 自分が所属する人種を誇りに思う気持. **≈dis·kri·mi·nie·rung** 女 人種差別. **≈fa·na·ti·ker** 男 熱狂的な人種差別主義者. **≈fra·ge** 女 -/ 人種問題. **≈haß** 男 人種間の憎悪〈反感〉. **≈hy·gie·ne** 女 (Eugenik) 優生学, 民族衛生.

ras·sen·hy·gie·nisch 形 優生学〈民族衛生〉上の.

Ras·sen≈ideo·lo·ge 男 (→..loge) 人種差別賛成論者, 差別主義者. **≈ideo·lo·gie** 女 人種イデオロギー, 他人種〈民族〉排撃主義, 差別主義. **≈kampf** 男 人種間の闘争〈抗争〉. **≈kon·flikt** 男 人種間の摩擦〈紛争〉. **≈kra·wall** 男 《ふつう複数で》人種暴動〈騒乱〉. **≈kreu·zung** 女 混血, 品種混交. **≈kun·de** 女 -/ 人種〈民族〉学. **≈kund·ler** 男 -s/- 人種〈民族〉学者. **≈merk·mal** 中 -s/-e **1** 人種的特徴. **2** 《ふつう複数で》〔生〕人種形質. **≈mi·schung** 女 =Rassenkreuzung **≈po·li·tik** 女 人種〈民族〉政策. **≈pro·blem** 中 = Rassenfrage **≈schran·ke** 女 -/-n 《ふつう複数で》人種〈民族〉間の障壁. **≈stolz** 男 人種〈民族〉的誇り. **≈theo·rie** 女 人種〈民族〉理論. **≈tren·nung** 女 人種の隔離. **≈un·ru·hen** 複 人種間の騒乱〈不穏な状態〉. **≈un·ter·schied** 男 人種〈品種〉間の相違. **≈ver·mi·schung** 女 =Rassenkreuzung

ras·sen·ver·wandt 形 人種的に近い関係にある.

Ras·sen≈vor·ur·teil 中 (他の人種に対する)人種的偏見. **≈wahn** 男 (しかるべき理由もなく特定の人種が他の人種よりすぐれているとする)人種的優越妄想, 狂信的人種差別〔観〕. **≈zucht·vieh** =Rassevieh

Ras·se·pferd[rásə..] 中 純血種の馬.

ras·se·rein 形 純粋〈純血〉種の.

Ras·se≈rein·heit 女 -/ 人種〈品種〉の純潔〈純粋〉性. **≈vieh** 中 純血種の家畜. **≈weib** 中 《話》才気煥発(かんぱつ)な〈個性の強い〉女性.

ras·sig[rásɪç]² 形 **1** (馬などが)血統のよい, 純血種の; 癇(かん)の強い. **2** 《話》〔美人で〕才気煥発(かんぱつ)の; きわだった, 独特の魅力のある, すぐれた, いかす; いきな, しゃれた: ein ～*es* Gesicht 個性的な美しい顔 | eine ～*e* Schönheit 才気煥発な美人 | ein ～*er* Sportwagen しゃれた〈流行の最先端をゆく〉スポーツカー ‖ ein ～ aussehender Junge きわだった顔立ちの少年 ‖ Die junge Dame war sehr ～. その若い女性は才気にあふれてなかなか魅力的だった. **3** (ワインが)芳醇(ほうじゅん)な; (香水が)芳香〈香気〉のある.

ras·sisch[rásɪʃ] 形 人種〈民族〉的な, 人種〈民族〉に関する: ～*e* Merkmale 人種的特徴 | aus ～*en* Gründen 人種上の理由で ‖ ein ～ Verfolgter 人種上の理由で迫害されている人間.

Ras·sis·mus[rasísmʊs] 男 -/ (人種・民族の)純血主義; 人種差別主義〔的態度〕.

Ras·sist[rasíst] 男 -en/-en (人種・民族の)純血主義者.

ras·si·stisch[rasístɪʃ] 形 純血主義の, 人種差別の.

Rast[rast] 女 -/-en **1** (仕事・旅行・行軍などにはさむ)休息, 休憩, 中休み, 休止: eine kurze ～ machen 〈halten〉 しばらく休憩する, 小休止をとる | auf der Fahrt einen Tag ～ einlegen 旅程に1日の休養日をいれる | **weder ～ noch Ruh haben** 《雅》休むことも憩うこともない ‖ **ohne ～ und Ruh** 《雅》少しも休まず, 倦(う)まずたゆまず ‖ Erst Last, dann ～. (→Last 1). **2 a)** 休憩所, 宿場. **b)** 《南部》宿駅間の距離. **3** 〔工〕高炉の炉腹(→ 図 Hochofen). **4** 〔工〕固定装置, ノッチ, 切りかき. [*germ.*; ◇Ruhe; *engl.* rest]

Ra·ste[rástə] 女 -/-n **1** 〔工〕固定装置, 動き止め. **2** (理髪台・診療台などの)足のせ台.

Ra·stel[rástəl] 中 -s/- **1** 《オーストリア》(針金でつくった)編み細工, 格子(植木鉢などの下敷きなどに用いられる); (Sieb) 篩(ふるい). **2** 《南部》(Messerbänkchen) ナイフ置き. [*mlat.* rāstellus „Netzgeflecht"–*it.* rastello; <*lat.* rāster (→Raster)]

▽**Ra·stel·bin·der** 男 《オーストリア》(Siebmacher) 篩(ふるい)作り職人; (Kesselflicker) (行商の)鋳掛け屋.

ra·sten[rástən] 《01》 自 (h) **1** 休息〈休憩〉する, 小休止をとる: nicht ruhen und 〔nicht〕 ～ / weder ruhen noch ～ (→ruhen 1 a) | **Wer** *rastet*, **der rostet.** / *Rast'* **ich, so rost' ich.** 《諺》休めばからだにさびがつく. **2** 〔スポ〕相手がな

くて勝ち残る, 不戦勝をする. **3**〘料理〙ねかしておく: Der Teig muß eine Stunde ~. その〔パン〕生地は1時間ねかしておかねばならない. [*ahd.*]

Ra·ster[rástər] **I** 男 -s/- **1**〘印〙網目(あみ)スクリーン;《比》(分類のための)概念的枠組み; 思考パターン. **2**〘写〙しぼり. **II** 中(男) -s/-〘テレビ〙ラスター, 走査パターン. [*lat.* rāster „Hacke"–*mlat.*; < *lat.* rādere (→radieren); ◇Rastral, Rastel]

Ra·ster≠ät·zung 女〘印〙網〔目〕版. **≠bild** 中 =Raster II **≠druck** 男 -〔e〕s/-e〘印〙網版印刷. **≠fahn·dung** 女 (コンピューターに入力された個人データの活用による) 網目スクリーン犯罪捜査. **≠mi·kro·skop** 中 走査型電子顕微鏡.

ra·stern[rástərn]《05》他 (h) **1**〘印〙網どりする. **2**〘写〙(カメラなどに) 網目スクリーンを装着する. **3**〘テレビ〙走査する.

Ra·ste·rung[..tərʊŋ] 女 -/-en **1**〘テレビ〙走査. **2** (レンズ・テレビなどの) 鮮明度.

Rast≠gä·rung[rást..] 女〘醸〙緩慢〈不完全〉発酵. **≠haus** 中 休憩所; (高速道路の) レストハウス, ドライブイン.

rast·los[rástlo:s][1] 形 **1** 休まない, 不断の, 倦(う)むことのない, 根気づよい, たゆまぬ: *Rastlose* Liebe 休みなき恋 (Goethe) | in ~*er* Arbeit たゆまず働いて ‖ Er ist ~ tätig. 彼は休まず〈倦まず〉活動している. **2** 落ち着きのない, そわそわした: ein ~*er* Blick 落ち着かないまなざし.

Rast·lo·sig·keit[..lo:zɪçkaɪt] 女 -/ rastlos なこと.

Rast≠ort 男 -〔e〕s/-e 休憩所, 休息地. **≠platz** 男 **1** 休憩地. **2** (高速道路の) 休憩所, サービスエリア.

Ra·stral[rastrá:l] 中 -s/-e〘楽〙(楽譜用の) 五線ペン (→ 図). [◇Raster]

ra·strie·ren[rastrí:rən] 他 (h) **1** 《*et.*[4]》(…に) Rastral で五線を引く. **2**《オーストリア》(karieren)《*et.*[4]》(…に) 格子〈碁盤〉じま模様をつける.

Rastral

Rast≠stät·te[rást..] 女 = Rasthaus **≠tag** 男 休日, (特に旅行中の) 休息日. **≠vor·rich·tung** 女〘工〙動き止め.

Ra·sur[razú:r] 女 -/-en **1** 剃(そ)ること, ひげそり〔あと〕: nasse ~ せっけんとかみそりによるひげそり | trockene 〈elektrische〉 ~ 電気かみそりによるひげそり. **2 a)** (文書の一部の) 削除, 消去; (消しゴムなどで) 消すこと. **b)** (消しゴムなどで) 消したあと. [*spätlat.*; < *lat.* rādere (→radieren); ◇rasieren]

Rat[ra:t] 男 -〔e〕s/Räte[rɛ́:tə] **1 a)** -〔e〕s/-schläge [rá:tʃlɛ:gə]《ふつう単数で》助言; 忠告, 勧告, アドバイス; 提言, 提案, 意見: ein fachmännischer ~ 専門家の意見 | ein wohlmeinender ~ 好意的な忠告 ‖〘主語として〙Mein ~ ist 〔der〕, daß ... 私の助言〈提案〉は…ということだ | Dein ~ hat mir geholfen 〈genützt〉. 君の助言が私には役に立った | Der Alten ~, der Jungen Tat macht Krummes grad.《諺》年寄りの忠告と若者の実行は曲がったものもぴんとのばせる ‖〘述語として〙Das war ein schlechter ~. それは悪い〈まずい〉助言であった ‖〘4格の目的語として〙einen ~ 〔von *jm.*〕 annehmen 〔…の〕忠告を入れる | *js.* ~ brauchen …の助言を必要とする | *jm.* *seinen* ~ geben 〈雅: erteilen〉 …に助言を与える, …に忠告する | Wenn ich dir einen ~ geben darf, so ... もし私が君に忠告してもよければ…, 老婆心までに忠告させていただくなら… | *sich*[3] bei *jm.* ~ holen / bei *jm.* ~ suchen …の助言を求める, …に相談する | Guten ~ soll man nicht auf alle Märkte tragen.《諺》良い助言は安売りするものではない | *js.* 〈jeden〉 ~ verschmähen …の忠告を〈どんな忠告をも〉はねつける ‖〘3格の目的語として〙einem ~ folgen ある忠告に従う ‖〘前置詞と〙**auf** *js.* ~ 〈*Ratschläge*〉 hören …の忠告に耳を傾ける | auf 〔den〕 ~ des Arztes hin 医者の忠告に従って | **gegen** den ~ der Eltern handeln 両親の意見に逆らって行動する, 両親の忠告にそむく | *jm.* **mit** *seinem* ~ helfen …に助言を与えて力になってやる | **mit ~ und Tat** 助言や行為で, あらゆる方法で (援助する場合など) | *jm.* mit ~ und Tat beistehen …を全面的に支援する, あらゆる助力を惜しまない | **nach** *js.* ~ handeln …の助言〈忠告〉に従って行動する | *jn.* **um** ~ bitten 〈fragen〉 …に助言を求める.

b)《単数で》(困難などから脱却するための) 良い考え〈知恵〉, 名案; 方策, 手段; 抜け道: Da bleibt kein anderer ~. ほかに名案はない | **Da ist guter ~ teuer.** どうもいい知恵も浮かばない, さあ困ったことになった | Da läßt sich schon ~ schaffen. なんとかいい知恵も浮かぶさ, それはどうにかなるさ | ***sich*[3] keinen ~ mehr wissen** 万策つきる, もう打つ手がない | Er weiß jederzeit 〈in allen Dingen〉 ~. 彼はいつでも〈どんなことに対しても〉何か名案がある | Auch diesmal wird wieder ~ werden. 今度もまたなんとかいい手があるだろうよ ‖ Kommt Zeit, kommt ~. (→Zeit 5) | ***Rat* nach Tat kommt zu spät.**《諺》愚者のあと思案, 下種(げす)のあと知恵 (実行してからの名案では遅すぎる) | **Guter ~ kommt über Nacht.**《諺》一晩寝ればいい知恵も浮かぶ ‖ ohne ~ und Hilfe dastehen 途方にくれて〈なすすべもなく〉立っている.

2 a)《単数で》相談, 協議, 検討:〘ふつう慣用的表現で〙mit *jm.* über *et.*[4] **~ halten** /《雅》mit *jm.* über *et.*[4] **~** 〈[▽]**~*s***〉 **pflegen** / mit *jm.* über *et.*[4] **zu ~*e* gehen** …と…について相談〈協議〉する | **mit *sich*[3]** 〔**selbst**〕 **~ halten** / **mit *sich*[3]** 〔**selbst**〕 **zu ~*e* gehen** 自分でよく考えてみる | **zu ~*e* sitzen**《雅》鳩首(きゅうしゅ)協議する | ***jn.* zu ~**〔*e*〕 **ziehen** …の意見を聞く | einen Fachmann 〈ein Wörterbuch〉 zu ~〔*e*〕 ziehen 専門家の意見をきく〈辞書を調べてみる〉. [▽]**b)**《単数で》(Ratschluß) 決議, 決定; 決意: Gottes ~ 神の御心(みこころ).

3 a) 協議会, 評議会 (特に旧東ドイツなどの地方行政機関としての), 理事会, 委員会: der ~ des Bezirks 〈des Kreises〉 (旧東ドイツの) 県〈郡〉評議会 | der engere 〈weitere〉 ~ 小〈拡大一般〉委員会 | der Große ~ (スイスの) カントン〈州〉議会 | der Hohe ~ (古代ユダヤの) サンヘドリン議会, 最高法院 | der Pädagogische ~ (旧東ドイツの学校における) 教育会議 | der wissenschaftliche ~ 学術会議 (→5 b) ‖ der ~ für Gegenseitige Wirtschaftshilfe (略 RGW) (共産圏の) 経済相互援助協議会, コメコン | Bundes*rat* (ドイツの) 連邦参議院 | Staats*rat* (旧東ドイツの) 国家評議会 ‖ eine Tagung des ~*s* 評議会の会議〈会期〉| Der ~ der Stadt hat beschlossen, eine neue Schule zu bauen. 市議会は新しい学校を建てることを決議した ‖ den ~ einberufen 〈aufheben〉 協議会を召集〈解散〉する ‖ **aus** dem ~ kommen 評議会をやめ〔させられ〕る | **im** ~ sitzen 評議会のメンバーである | in den ~ gehen 評議会のメンバーになる; 評議会に出席する | *jm.* in den ~ wählen 〈berufen〉 …を評議員に選ぶ〈任命する〉. **b)**〘史〙(中世都市の) 市参事会. **c)**《ふつう複数で》〘史〙(プロレタリアート独裁を目指す) 革命評議会, レーテ (→Sowjet 3): Alle Macht den *Räten*! すべての権力を革命評議会へ.

4 [▽]**a)** (女 **Rä·tin** → 別出) 評議員, 委員, 理事: Er ist ~ geworden. 彼は評議員になった | Er wurde zum ~ gewählt 〈berufen〉. 彼は評議員に選ば〈任命さ〉れた. **b)** (Ratsherren, Ratsmannen という複数形も用いられた)〘史〙(中世都市の) 市参事会員: Wenn die *Räte* 〈die *Ratsherren*〉 vom Rathaus kommen, sind sie klüger als zuvor.《諺》下種(げす)のあと知恵 (市参事会員は市役所を出てから賢くなる).

5 (女 **Rä·tin** → 別出) [▽]**a)**《単数で》《称号として》顧問官, 評議員: Herr 〈Frau〉 ~ 顧問官殿〈夫人〉(→Rätin 1) ‖ Geheimer ~ 枢密顧問官 (→geheim 1) | Geistlicher ~ (→geistlich 1). **b)**《今日ではふつう複合名詞の形で, 公務員上級職名を表して》(…) 事務官, (…) 教諭: Ministerial*rat* 上級事務官 | Studien*rat* ギムナジウム〈高等学校〉正教諭 ‖ akademischer 〈wissenschaftlicher〉 ~ (→akademisch 1, wissenschaftlich).

[▽]**6**《単数で》(Vorrat) 貯蔵, 蓄え: *et.*[4] zu ~*e* halten …を節約する, …を節約して使う.

[*germ.* „Mittel zum Lebensunterhalt"; ◇raten, Gerät, Vorrat]

rät[rɛ:t] raten の現在3人称単数.

Rät[rɛ:t] 中 -〔e〕s/〘地〙コイパー (上畳統) の最上層. [< Rätikon]

Ra·te[rá:tə] 女 -/-n **1** 分割払い, 賦払い; (1回分の) 分割

払い金: eine monatliche ～ / Monats*rate* 月賦〔金〕‖ die ～*n* pünktlich zahlen 期限どおりに賦金を支払う ‖ *et.*^{4} **auf ～*n*^{3}** kaufen …を分割払いで買う｜*et.*^{4} **in** vier ～*n*^{3} bezahlen 4回の分割で…の支払いをする｜**in ～*n* sprechen**《戯》どもりながら話す｜**mit** einer ～ im Rückstand 〈Verzug〉 sein 分割払いを滞納している‖ Am 1. April wird die zweite ～ fällig. 4月1日で2回目の分割払いの期限がくる. **2** 割合, 率, 歩合: die ～ der Sterblichkeit 死亡率｜Analphabeten*rate* 文盲率｜Kriminalitäts*rate* 犯罪〔発生〕率｜Wachstums*rate*〔経済〕成長率.

［*mlat.* rata (pars) „berechneter (Teil)"－*it.* rata; ＜*lat.* rērī (→Ratio); ◇Ration, raten; *engl.* rate］

Rä̤·te Rat の複数.

ra̤·ten*[rá:tən]《113》**riet**[ri:t] / **ge·ra̤·ten**; ㊪ *du* rätst[rɛ:tst], *er* rät; ㊫ riete

I 自 (h) **1 a)**《*jm.*》(…に)助言〈忠告〉をする: *jm.* gut 〈übel〉 ～ …によい〈悪い〉助言を与える｜Laß das bleiben, ich *rate* dir gut. それはよしておけ 悪いことは言わないから｜*jm.* zum Besten ～ …のためを思って忠告する｜Da kann ich dir nur schwer ～. その点については(私は君に)何とも助言しかねる｜Ich *rate* Ihnen, gehen Sie! 私はあなたに忠告〈警告〉します もう〔出て〕行きなさい; もう〔出て〕行きなさい そのほうが身のためですよ｜Er *riet* ihr in einer schwierigen Angelegenheit. 彼はある難しい問題で彼女に助言をしてやった｜***sich*^{3} nicht zu ～〔noch zu helfen〕wissen** 途方にくれている‖ Damit ist mir nicht *geraten.* それでは私は一向に助からない‖ *Raten* ist leichter als helfen. 助言は助力よりもやさしい‖〖zu raten sein の形で〗Ihm ist nicht zu ～ und helfen. 彼には助言も助力もできない, 彼はもう救いようがない〈処置なしだ〉｜Geschehenen Dingen ist nicht zu ～. 起きたことはもうしようがない｜**Wem nicht zu ～ ist, dem ist 〔auch〕 nicht zu helfen.**《諺》人の言うことを聞かないものは助けようがない‖ *sich*^{3} ～ lassen 助言に耳をかす｜*sich*^{3} nicht ～ lassen 助言に耳をかさない｜Laß dir im guten ～. おとなしく〈怒らずに〉人の忠告を聞けよ. **b)**《*jm.* zu *et.*^{3}》(…に…するように)すすめる, 忠告〈勧告〉する(→II 1): *jm.* zur Vorsicht 〈zu einer Kur〉 ～ 用心するように〈療養を〉…に勧める｜Man hat ihm zu diesem Arzt *geraten.* 彼はこの医者にみてもらうよう勧められた｜Ich *rate* dir zu einer dunklen Farbe. 君には黒っぽい色のものがよいと思うよ‖ Wozu *rätst* du mir? i) 君は私がどうしたらよいと思うか; ii) 君はなんのために私に忠告するのか‖ Der Bauer *riet* mir 〔dazu〕, Tomaten zu kaufen. その農夫は私にトマトを買うように勧めた.

2 a)《an *et.*^{3}》(…についてあれこれ)推測する(→II 2): an einem Rätsel ～ なぞを解こうとあれこれ推測する〈考える〉. **b)**《方》《auf *et.*^{4}》(…であることを)言い当てる, 推察する, (…ではないかと)推測する(→II 2).

▽**3**《ふつう規則変化》相談〈協議〉する:〖もっぱら次の成句で〗～ und taten (方策を)協議し実行に移す.

II 他 (h) **1**《〔*jm.*〕 *et.*^{4}》(〔…に〕…を)勧める, 勧告する; うながす(→I 1 b): Er *riet* mir Geduld. 彼は私に辛抱するよう勧めた｜Die Verhältnisse *raten* es. 情勢から見てそれが至当である｜Ich *rate* Ihnen dringend, das Angebot anzunehmen. その申し出を受け入れられることを私は是が非でも〈強く〉お勧めします｜Was *rätst* du mir? 君は私に何〔をすること〕を勧めるのか, 君は私がどうしたらいいと思うか｜Das laß dir *geraten* sein. / Das möchte 〈will〉 ich dir *geraten* haben. 言っておくがそうしたほうが身のためですよ｜Es ist nicht *geraten,* das jetzt zu tun. それを今するのは得策ではない(→geraten^{2} II 2).

2 (erraten)《*et.*^{4}》(…を)推測する; (推測して…を)〔言い〕当てる, 解く: die richtigen Wörter 〈Zahlen〉 ～ (パズルなどで正解の)語〈数〉を当てる｜Er hat das Rätsel *geraten.* 彼はなぞを解いた｜ein Rätsel zu ～ 〔auf〕geben (解かせるために)なぞを出す｜Das *rät* niemand. それはだれにも分かる〈当てられ〉まい, 当たったらえらいよ｜*Rate* doch einmal, wie das Spiel ausgegangen ist. 勝負がどうなったか まあ当ててごらん｜Das ist nur alles *geraten.* それはみんな当てずっぽうだ｜*Geraten!* 当たり, 正解 ‖〖目的語なしで〗gut ～ よく当てる, 勘がいい｜richtig 〈falsch〉 ～ 言い当てる〈はずれる・当たらない〉｜hin und her ～ あれこれ推測〈憶測〉する｜*Rate* doch mal! まあ当ててごらん｜**Dreimal darfst du ～!** i) 君は3回までのうちに当てればいい; ii)《話》わかりきっている〈きまっている〉じゃないか.

III ge·ra̤·ten → 別出 geraten^{2}

［*germ.* „zurechtlegen"; ◇Rede, Rat〔io〕; *engl.* read］

Ra̤·ten≠be·trag[rá:tən..] 男 賦払い〈分割払い〉金額. **≠ge·schäft** 中 賦払い〈分割払い〉販売, 割賦取引〈販売〉. **≠kauf** 男 賦払い〈分割払い〉購入, 割賦購買.

ra̤·ten·wei·se 副 (→..weise ★)賦払い〈分割払い〉で;《話》切れ切れに, 少しずつばらばらに: *et.*^{4} ～ bezahlen …の代金を分割払いで支払う｜*seinen* Urlaub ～ nehmen《話》休暇を少しずつ分けて取る‖〖付加語的に〗eine ～ Tilgung von Schulden 借金の分割返済.

Ra̤·ten·zah·lung 女 賦払い, 分割払い; 分割払いの1回分, 賦払い金: *et.*^{4} auf ～ kaufen …を賦払いで買う｜mit der vierten ～ im Rückstand sein 4回目の賦払い金が滞っている.

Ra̤·ten·zah·lungs·plan 男 分割払い販売〈購入〉法.

Ra̤·ter[rá:tər] 男 -s/- **1** なぞを解く人, 予測する人, 予言者. **2** (Ratgeber) 助言者, 相談相手.

Rä̤·ter[rɛ́:tər] 男 -s/- ラエティア人, レティア人(→Rätien).

Rä̤·te≠re·gie·rung[rɛ́:tə..] 女 (共産圏諸国の)評議会〔による〕政府; 旧ソビエト政府. **≠re·pu·bli̤k** 女 **1** 評議会制共和国, 旧ソビエト共和国. **2** Bayerische ～《史》バイエルン共和国(1919年のドイツ革命ののち2週間存続した).

Ra̤·te·spiel[rá:tə..] 中 当てっこ遊び, なぞなぞ.

Ra̤t≠ge·ber[rá:t..] 男 **1** (⊛ **≠ge·be·rin** -/-nen) 助言者, 相談相手, 顧問: **ein schlechter 〈kein guter〉 ～ sein** (決心・行動などの)助言者としては不適当である｜Die Angst ist ein schlechter ～. 不安にかられて決心したりするとろくなことはない. **2** 入門書, 案内書. **≠haus** 中 市役所, 市庁舎, 市公会堂; 町村役場: zum ～ 〈aufs ～〉 gehen 市役所に行く｜*jn.* ins ～ wählen …を市参事会員に選出する.

Ra̤·the·nau[rá:tənaʊ] 人名 Walther ～ ヴァルター ラーテナウ(1867-1922; ドイツの実業家・政治家. 1922年外相となり, 反動派に暗殺された).

Rä̤·ti·en[rɛ́:tsiən] 地名 ラエティア, レティア(古代ローマの属州で, 今日のスイスの Graubünden: →Räter). ［*lat.* Raetia］

Ra·ti·fi·ka·tio̤n[ratifikatsió:n] 女 -/-en (当事国による国際条約の)批准. ［*mlat.*］

Ra·ti·fi·ka·tio̤ns·u̲r·kun·de 女 批准書.

ra·ti·fi·zi̤e·ren[ratifitsí:rən] 他 (h) (国際条約をそれぞれの当事国が)批准する: einen Staatsvertrag ～ 条約を批准する. ［*mlat.*; ＜*lat.* ratus „berechnet"; ◇Ratio］

Ra·ti·fi·zi̤e·rung[..ruŋ] 女 -/-en ＝Ratifikation

der **Rä̤·ti·kon**[rɛ́:tikɔn] 地名 男 -s/ (das **Rä̤·ti·kon** [－] 地名 中 -〔s〕/) レーティコン(オーストリアとスイスの国境にある, 東アルプスの一部をなす山塊). ［＜Rätien］

Rä̤·tin[rɛ́:tɪn] 女 -/-nen (Rat 4 a, 5の女性形. 例えば:) ▽**1**《称号として》顧問官夫人: Frau ～ 顧問官夫人(→Rat 5 a). **2**《複合名詞の形で公務員上級職名を表して》Studien*rätin* ギムナジウム〈高等学校〉(女性)正教諭.

Ra·ti·né[ratiné:] 男 -s/-s《織》ラティネ(表毛の縮れた毛織物の一種).

ra·ti·ni̤e·ren[ratiní:rən] 他 (h) (毛織物の)表毛を縮らせる, 毛ばだてる. ［*fr.*; ＜*lat.* rādere (→radieren)］

Ra̤·tio[rá:tsio·] 女 -/ **1** (Vernunft)《哲》理性; 知性, 思考, 分別, 熟慮. **2** 道理, 条理; 打算, 計算: *sich*^{4} von der ～ bestimmen lassen 理にかなった〈冷静な〉身の処し方をする. **3** 存在理由, 根拠. ［*lat.* ratiō; ＜*lat.* rērī „〔be〕rechnen"; ◇Rede, raten, Räson］

Ra·tio̤n[ratsió:n] 女 -/-en 分配〈割当・配給〉量; (特に軍隊での)1日分の割当食料: **eiserne ～**《軍》(非常用の)携帯口糧｜*jn.* auf halbe ～ setzen《話》…への〔食事の〕割当量をへらす. ［*mlat.* ratiō „berechneter Anteil"－*fr.*; ◇Rate］

ra·tio·na̤l[ratsioná:l] 形《比較変化なし》(↔irrational⟩ **1** 合理的な, 道理にかなった, 論拠のある, 計算された; 理性的な: das ~*e* Denken ⟨Handeln⟩ 合理的思考⟨行動⟩ ‖ ~ denken ⟨handeln⟩ 合理的に考える⟨行動する⟩. **2** 〖数〗有理の: eine ~*e* Zahl 〖数〗有理数. [*lat.*; ◇..al[1]]

Ra·tio·na·le[..lə] 中 -[s]/..lia[..lia·], -s 〘カトリック〙ラチオナレ(司祭服の胸牌(きょうはい)).

Ra·tio·na·li·sa·tor[ratsionalizá:tɔr, ..to:r] 男 -s/-en[..zató:rən] (旧東ドイツで)合理化貢献者.

ra·tio·na·li·sie·ren[..zí:rən] 他 (h) **1** 合理化する: die Arbeit ~ 仕事の効率を高める | das Unternehmen ~ 企業を合理化する ‖〖目的語なしで〗Die Firma hat mit Erfolg *rationalisiert.* 会社は合理化に成功した. **2** (行為・動機などをむりに)正当化する, 理屈づけする.

Ra·tio·na·li·sie·rung[..rʊŋ] 女 -/-en rationalisieren すること.

Ra·tio·na·li·sie·rungs≠fach·mann 男〖経〗能率専門家. ≠**kar·tell** 中〖経〗合理化カルテル. ≠**maß·nah·me** 女 -/-n《ふつう複数で》合理化方策.

Ra·tio·na·lis·mus[ratsionalísmʊs] 男 -/ 〖哲〗合理論⟨主義⟩, 理性論⟨主義⟩(形而(けいじ)上学・認識論・神学などの分野において).

Ra·tio·na·list[..líst] 男 -en/-en 合理主義者, 理性「論者.」

ra·tio·na·li·stisch[..lístɪʃ] 形 **1** 〖哲〗合理論⟨主義⟩の; 理性論⟨主義⟩的な. **2** (rational) 合理的な, 理性的な.

Ra·tio·na·li·tät[..litɛ́:t] 女 -/ (rational なこと. 例えば:) 合理性.

ra·tio·nell[ratsionɛ́l] 形 **1** 効率のよい, 能率的な, 経済的な, 倹約の: eine ~*e* Arbeitsweise 能率的な仕事のやり方. **2** 合理的な, 道理⟨目的⟩にかなった, 筋道の立った. [*lat.*–*fr.* rationnel; ◇rational]

ra·tio·nen·wei·se[ratsió:nən..] 副 (→..weise ★) (rationsweise) 割り当てで, 配給〔制〕で, 定量ずつ.

ra·tio·nie·ren[ratsioní:rən] 他 (h) **1** (生活必需品を定量ずつ)分配する, 配給する, 配給制にする: In der Kriegszeit war Fleisch *rationiert.* 戦争中 肉は配給制だった. **2** 合理的⟨近代的⟩に設備する. [*fr.* rationner]

Ra·tio·nie·rung[..rʊŋ] 女 -/-en (生活必需品の)分配, 配分,〔統制〕配給.

Ra·tio·nie·rungs·sy·stem 中 (生活必需品の)割当制, 配給制.

ra·tions·wei·se[ratsió:ns..] = rationenweise

rä·tisch[rɛ́:tɪʃ] 形 ラエティア⟨レティア⟩〔人〕の: die *Rätischen* Alpen レートアルプス (Rätien 地方のアルプス).

▽**rät·lich**[rɛ́:tlɪç] = ratsam 1

rat·los[rá:tlo:s][1] 形 どうしたらいいか分からない, 途方にくれた, 困りきった: ein ~*es* Gesicht machen 困りきった顔をする | ~ dastehen 途方にくれて突っ立っている.

Rat·lo·sig·keit[..lo:zɪçkaɪt] 女 -/ ratlos なこと.

Rä·to·ro·ma·ne[rɛtoromá:nə, rɛ́:toroma:nə] 男 -n/-n レトロマン人(スイスの山岳地帯 Rätien に住むロマン系民族).

rä·to·ro·ma·nisch[..nɪʃ, rɛ́:toroma:nɪʃ] 形 レトロマン人の; レトロマンス語の: das *Rätoromanische* / die ~*e* Sprache レトロマンス語(スイス南東部および Tirol で話される言語で, スイスの国語の一つ. Romantsch, Ladinisch, Furlanisch の方言群に分けられる).

rat·sam[rá:tza:m] 形 **1** 《述語的》勧めるに値する, 得策の, 有利な, 賢明な, 経済的な: *et.*[4] für ~ halten …を得策と思う | Es ist nicht ~, ihm zu widersprechen. 彼に反対するのは感心しない. ▽**2** 忠告してくれる, 助言的な.

Rats·be·schluß[rá:ts..] 男 評議会⟨参事会⟩決議, 市会決議.

ratsch[ratʃ] 間 (布・紙などを裂く音)ビリッ, バリッ: *Ratsch*, war das Hemd zerrissen. ビリッとシャツが裂けた | Ritsch, ~! ビリビリッ ‖ *et.*[4] mit einem *Ratsch* zerreißen …をバリッと音をたてて引き裂く.

Ratsch[ra:tʃ] 男 中 -[e]s/-e《南部・オーストリア》(Schwatz) 雑談, おしゃべり. [<ratschen[2]]

Rat·sche[rá:tʃə] (**Rät·sche**[rɛ́:tʃə]) 女 -/-n **1** 《南部・オーストリア》**a)** (Rassel) 鳴子; (玩具(がんぐ)の)がらがら. **b)** 《話》おしゃべり女. **2** 〖工〗爪車(つめぐるま), ラチェット, 制動歯車. **3** 《方》亜麻ほぐし機.

rat·schen[1][rátʃən] ⦅04⦆ **I** 自 (h) ビリッ⟨バリッ⟩と音をたてる. **II** 他 (h) 《方》再帰 *sich*[4] ~ 皮膚に裂き傷をつくる.

rat·schen[2][rá:tʃən] (**rät·schen**[rɛ́:tʃən]) ⦅04⦆ 自 (h) **1** 《南部・オーストリア》**a)** がらがら鳴る, がらがらを鳴らして遊ぶ. **b)** 《話》べちゃべちゃしゃべる, とめどなく話す. **2** 《方》亜麻をしごく. [*mhd.* ratzen „klappern“; 擬音; ◇rasseln, rattern]

Rat·schlag[rá:t-ʃla:k][1] 男 -[e]s/..schläge **1** 忠告, 助言, 勧告: *jm.* gute *Ratschläge* geben ⟨erteilen⟩ …にいい忠告を与える | *js.* ~[4] befolgen ⟨nicht beachten⟩ …の忠告に従う⟨を無視する⟩. ▽**2** (Beratung) 相談, 協議.

Rat·schlä·ge Rat 1 a, Ratschlag の複数.

rat·schla·gen[rá:t-ʃla:gən][1] 《過 ratschlagte; 過分 geratschlagt》自 (h) 《mit *jm.* über *et.*[4]》(…と…について)協議する, 相談する. [*ahd.* „den Beratungskreis schlagen (=abgrenzen)“]

Rat·schluß[rá:t-ʃlʊs] 男 **1** 協議の結果としての判定, 決議, 決定. **2** 《単数で》神意: nach Gottes unerforschlichem ~ (死亡通知で)人間にはうかがい知れぬ神様の思召(おぼしめし)により.

Rats·die·ner[rá:ts..] 男 市庁用務員, 市役所の給仕.

Rät·sel[rɛ́:tsəl] 中 -s/- **1** なぞ(謎), なぞなぞ, クイズ, 判じ物⟨絵⟩, 字⟨絵⟩解き; 《比》難題: das ~ der Sphinx スピンクスのなぞ(→Sphinx I 1) | Bilder*rätsel* 判じ絵 | Kreuzwort*rätsel* クロスワードパズル ‖ der Schlüssel zu einem ~ なぞを解くかぎ | ***jm.* ~ ⟨ein ~⟩ aufgeben** …になぞ⟨難題⟩をかける | Sein Verhalten gab uns einige ~ auf. 彼の行動は私たちにはいささか不可解であった | ein ~ lösen なぞ⟨難題⟩を解決する | das ~ raten なぞに頭をひねる, なぞを当てる. **2** 不可解なもの, 秘密めいたこと; 神秘: die ~ des Weltraumes 宇宙のなぞ⟨神秘⟩ ‖ **in ~*n* reden ⟨sprechen⟩** なぞめいた話し方をする | **vor einem ~ stehen** 不可思議なことに直面している ‖ ***jm.* ein ~ sein ⟨bleiben⟩** …にとって不可解である⟨のままである⟩ | Das ⟨Dieser Mensch⟩ ist mir ein ~. それ⟨この人物⟩は私にはわけが分からない.
[<raten; ◇*engl.* riddle]

Rät·sel≠auf·ga·be[rɛ́:tsəl..] 女 なぞかけ, なぞなぞ, クイズ. ≠**ecke** 女 (新聞などの)クイズ=コーナー. ≠**fra·ge** 女 なぞ解きの問い⟨問題⟩.

rät·sel·haft 形 なぞのような, なぞめいた; あいまいな, 不明瞭な; わけの分からない, 不可解な; 不可思議な, 説明のつかない, 神秘的な: eine ~*e* Geschichte なぞめいた⟨不可解な⟩出来事 | mit einem ~*en* Lächeln 神秘的な微笑をたたえて ‖ Es ist mir ~, wie so etwas geschehen konnte. どうしてそんなことが起こったのか私には分からない.

rät·seln[rɛ́:tsəln] ⦅06⦆ 自 (h) **1** (なぞを解こうと)頭をひねる, あれこれ考える; (判断しようと)考え悩む, 心を砕く; 憶測する: an einem Wort ~ ある言葉の意味についていろいろ考える | Er *rätselt* lange ⟨fortwährend⟩, wie es geschehen konnte. どうしてそうなったのか彼は長いこと⟨絶え間なく⟩考えている. ▽**2** なぞをかける; なぞめいた⟨あいまいな⟩話し方をする.

Rät·sel≠ra·ten 中 -s/ **1** なぞ解き, なぞなぞ〔遊び〕. **2** 《比》憶測, あて推量. ≠**wap·pen** 中〖紋〗彩色違反紋章.

Rats≠herr[rá:ts..] 男〖史〗(中世都市の)市参事会員(→Rat 4 b). ≠**kel·ler** 男 市庁舎 (Rathaus) の地下レストラン. ▽≠**mann** 男 -[e]s/-en =Ratsherr ≠**saal** 男 大会議室, 市会会議室. ▽≠**schrei·ber** 男 市役所書記. ≠**sit·zung** 女 (評議会・参事会・市会などの)会議. ▽≠**stu·be** 女〔市庁舎の〕会議室.

rätst[rɛ:tst] raten の現在 2 人称単数.

rat·su·chend[rá:tzu:xənt][1] 形 助言を求めている.

Rats·ver·samm·lung[rá:ts..] 女 =Ratssitzung

Rat·te[rátə] 女 -/-n **1 a)** (英: *rat*)〖動〗ネズミ(鼠), イエ⟨ドブ⟩ネズミ, クマネズミ, ラット (Maus より大型のネズミ): Haus*ratte* クマネズミ | Land*ratte* 《比》丘ねずみ, 陸のやつ(海員の, 陸に住む人に対する蔑称) ‖ frech wie eine ~ (ネズミのように)人をこばかにした | wie eine ~ schlafen (→schlafen I 1 a ①) | **auf die ~ spannen** 《話》こまかく気を配って見張る | die ~*n* aus den Löchern jagen 《比》

R

犯人を隠れがから引き出す ‖ Eine ~ huscht durch den Keller. ネズミが地下室をちょろちょろ走り回る | **Die ~n verlassen das sinkende Schiff.**《諺》人は望みのない仕事からは逃げ出す(ネズミは沈む船から逃げる). **b**)《話》いやなやつ: Diese miese ~ hat mich verraten. へどの出そうなあのネズミめがおれを裏切りやがった. **c**)《話》何かを夢中になってする人: Lese*ratte* 読書狂 | Wasser*ratte* 泳ぎの好きな人. **2**《話》(ボウリングの)失投. **3**《中部・北部》(Laune) 気まぐれ, 移り気, むら気.

[*germ.*; ◇Ratz²; *engl.* rat]

Rat·ten≈fal·le[rátən..] 女 **1** ねずみ取り: eine ~ aufstellen ねずみ取りを仕掛ける. **2**《話》あやしげな酒場. **≈fän·ger** 男 **1** ネズミを取る人;《比》単純なトリックで(甘言を弄して)人を集める人, 民衆をかどわかす者(笛を吹いてネズミを集め, つぎには子供たちを集めて連れ去った der Rattenfänger von Hameln「ハーメルンのねずみ取り」の伝説にちなむ): ein demagogischer ~ 民衆を煽動(せんどう)しかどわかす者. **2**〘動〙ラットテリヤ(ねずみ取りに適したドイツ産テリア犬の一種). **≈gift** 中〘薬〙ねこいらず, 殺鼠(さっそ)剤, 砒(ひ)毒.

rat·ten·kahl =ratzekahl

Rat·ten≈kö·nig 男 **1**(狭い巣の中に一緒にいたために尾がこんがらかってしまった)数匹のネズミの子. **2**《比》(解けがたい)もつれ, 紛糾: ein ~ von Prozessen こんがらかった一連の訴訟事件. **3** 大ねずみ;《比》悪魔. **≈nest** 中 ネズミの巣. **≈schwanz** 男 **1** ネズミの尾. **2 a**)《戯》細い編み髪, お下げ. **b**)《話》小さなやすり棒. **3** =Rattenkönig **≈ver·gif·ter** 男《話》(ネズミが飲むと死ぬほどの)きつい酒. **≈ver·til·gung** 女 ネズミ駆除.

Rät·ter[rɛ́tər] 男 -s/- (女 -/-n)〘坑〙レッタ, 選鉱用ふるい(石炭とボタの形状の差を利用してふるい分ける選別機).

[< *ahd.* redan „sieben"]

rat·tern[rátərn]《05》自 (h, s) ガタガタ鳴る, ガラガラ音をたてて回る: Die Maschine *rattert.* 機械がガタガタ音をたてている.

★ sein によって完了形をつくるのはふつう移動の意味で用いられる場合に限る(→schwimmen I 1 ☆): Der Karren ist über das Pflaster *gerattert.* 手押し車が石だたみの上をガタガタ音をたてて通っていった.

[*ndd.*; 擬音; ◇ratschen, rasseln]

rät·tern[rɛ́tərn]《05》他 (h)〘坑〙(レッタで)ふるいにかける, 選鉱する(→Rätter).

▽**Ratt·ler**[rátlər] 男 -s/- =Rattenfänger 2

Ratz¹[ra(:)ts] 男 -es/-e《話》裂け目, 破れ, 傷: ein ~ im Ärmel そでのかぎ裂き | ein ~ auf dem Arm 腕のひっかき傷. [< ritzen]

Ratz²[rats] 男 -es/-e **1**《南部》**a**) =Ratte **b**)(Hamster) ハムスター. **2**《話》(Siebenschläfer) ヤマネ(山鼠): wie ein ~ schlafen (→schlafen I 1 a ①). **3** (Iltis)〘狩〙ケナガイタチ(毛長鼬). [*ahd.* ratza; ◇Ratte]

Rat·ze¹[rátsə] 女 -/-n《話》=Ratte 1

Rat·ze²[−] 男 -s/-[s] (南部: -r) =Ratzefumm

Rat·ze≈fumm[rátsəfʊm] 男 -s/-s(-e), **≈fum·mel** [..fʊməl] 男 -s/-《話》(Radiergummi) 消しゴム.

[< radieren+fummeln]

rat·ze·kahl[rátsəká:l] ▽**I** 形《比較変化なし》**1**(生まれたてのネズミのように)毛のない, まるはげの: Er ist ~. 彼はつるつるにはげている. **2** (leer) 何もない, からっぽの. **II** 副《話》すっかり, 全く: alles ~ auffressen ひとつ残らず食べてしまう | *jm.* die Haare ~ scheren …の髪をすっかり剃(そ)り上げる.

[< radikal]

Rät·zel[rɛ́tsəl] 中 -s/- **1**(左右の切れ目なく)つながった眉(まゆ). **2** 左右の眉が真ん中でつながっている人.

rat·zen¹[rá(:)tsən]《02》《方》**I** 自 (h) かき傷(裂け目)をつくる: Das Kind *ratzte* an der Wand. 子供が壁にかき傷をつけた. **II** 他 (h) 再帰 *sich*⁴ ⟨*sich*³ *et.*⁴⟩ ~ 体に(体の…に)ひっかき傷をつくる. [< ritzen]

rat·zen²[rátsən]《02》自 (h)《話》[ぐっすり]眠る.

[< Ratz²]

rat·ze·putz[rátsəpʊts]《方》=ratzekahl II

rau[raʊ] =rauh

Raub[raʊp]¹ 男 -es(-s)/ **1** 奪う(奪われる)こと, 奪取, 略奪, 強奪, ひったくり; 誘拐; 搾取, 横領, 盗用;〘法〙強奪(強盗)罪:〘1格で〙Kindes*raub* / der ~ eines Kindes 幼児誘拐 | Straßen*raub* 追いはぎ | süßer ~ 甘いいただきもの(ぬすみキッス) ‖ einen ~ an *jm.* begehen ⟨verüben⟩ …に強盗をはたらく ‖ auf ~⁴ ausgehen 略奪しに出かける | auf den ~ bauen〘坑〙乱掘する | im ~e 急いで | *sich*⁴ vom ~ nähren 強盗をして暮らしている | *jm.* zum ~ fallen …の餌食(えじき)となる | *jm. et.*⁴ zum ~ geben …に…を犠牲としてささげる. **2** 略奪品, 獲物; 餌食, 犠牲: den ~ unter *sich*³ teilen 獲物を仲間で山分けする ‖ **ein ~ der Flammen werden**《雅》炎の餌食(えじき)になる, 燃えつきる | Das Kind ist ein ~ der Wellen geworden. 子供は波にさらわれた. [*westgerm.* „Entrissenes"; ◇Ruptur, raufen Robe, Räuber; *engl.* rob, reave]

Raub·an·fall[ráʊp..] 男 略奪のための襲撃.

Rau≈bank[ráʊbaŋk] =Rauhbank **≈bauz** =Rauhbauz

rau·bau·zig =rauhbauzig

Raub≈bau 男 -[e]s/ **1**〘農〙乱作, 地力酷使. **2**〘坑〙乱掘. **3**(一般に)乱用, 酷使: der ~ am Wald 森林の乱伐 | **an ⟨mit⟩ *et.*³ ~ treiben**《比》…を酷使(浪費)する | an ⟨mit⟩ *seiner* Gesundheit ~ treiben 健康のことを考えず体を酷使する. **≈druck** 男 -[e]s/-e (著作権を無視した)不法出版; 海賊版. **≈ehe** 女 略奪婚.

Rau·bein[ráʊ..] =Rauhbein

rau·bei·nig[..nɪç] =rauhbeinig

rau·ben[ráʊbən]¹ **I** 他 (h) **1**《(*jm. et.*⁴)》**a**)(…から…を)奪う, 奪い取る, 強奪(強盗)する, 略奪(奪取)する, ひったくる, 取りあげる, 巻きあげる; (動物が獲物を)とる: *jm.* Geld ⟨die Wertsachen⟩ ~ …から金(貴重品)を奪う | *jm.* alle Ruhe ~ …の平静さを完全に失なわせる | *jm.* den Schlaf ~ (→Schlaf I 1) | *jm.* die Ehre ~ …をはずかしめる | einem Mädchen einen Kuß ~ 女の子にむりやりキスする | Die Mauer *raubt* uns die Aussicht. 壁のために見晴らしがきかない | Dieser Unfall *raubte* ihm das Augenlicht.《雅》この事故で彼は目が見えなくなった | Diese Nachricht hat ihr die letzte Fassung *geraubt.*《雅》この知らせを聞いて彼女はすっかり取り乱してしまった ‖ Der Einbrecher hat den ganzen Schmuck *geraubt.* 強盗が押し入って宝石類をすっかりかっさらって行った | Der Hund *raubte* ein Huhn. 犬が鶏をさらった. ▽**b**)(…のために…を)奪う.

▽**2**《(*jn.*)》**a**)(entführen) 誘拐する, さらう: ein Kind ~ 子供を誘拐する. **b**)(…のものを)奪う.

3〘坑〙(採掘の終わった鉱坑から坑木を)はずす.

II 自 (h) 強盗(略奪)をはたらく; (動物が)獲物をとる: ~ und morden 強盗殺人をする.

Räu·ber[rɔ́ʏbər] 男 -s/- **1** 盗賊, 強盗, 追いはぎ; 強奪者, 略奪者, 誘拐者: ein gefährlicher ⟨maskierter⟩ ~ 危険な(覆面をした)強盗 | der ~ meiner Ehre わが名誉を奪う者 | Bank*räuber* 銀行強盗犯 | See*räuber* 海賊 ‖ **~ und Gendarm** ⟨方: Polizei⟩ spielen どろぼうごっこをする(子供の遊び) | von ~n überfallen werden 強盗に襲われる | **unter die ~ fallen ⟨geraten⟩** 強盗に襲われる;《比》食いものにされる(聖書: ルカ10, 30から). **2** (↔Beute)〘生〙捕食者. [*ahd.*; ◇rauben]

Räu·ber≈ban·de 女 盗賊(強盗)団; やくざの一団. **≈braut** 女 盗賊の情婦.

Räu·be·rei[rɔʏbəráɪ] 女 -/-en 略奪, 強奪; 追いはぎ.

Räu·ber≈ge·schich·te[rɔ́ʏbər..] 女 **1** 盗賊物語. **2**《話》荒唐無稽(むけい)の作り話: Erzähl uns keine ~n! 夢みたいな(非常識な)話はよせ. **≈haupt·mann** 男 盗賊の首領(かしら). **≈höh·le** 女 盗賊の巣窟(そうくつ): Das Zimmer sieht aus wie eine ~. この部屋は雑然としてまるで盗賊の巣窟のようだ.

räu·be·risch[rɔ́ʏbərɪʃ] 形 **1** 強盗の; 強盗による: ein ~er Diebstahl 強奪;〘法〙強盗的窃盗 | eine ~e Erpressung〘法〙強盗的恐喝. **2** 強奪的な, 略奪を好む, 貪欲な.

räu·bern[rɔ́ʏbərn]《05》**I** 自 (h)《話》強盗を働く, 盗

みをする: in der Speisekammer ～ 食料貯蔵室から食料を盗む. **II** 他 (h)《話》(ausrauben)《*et.*[4]》(…の中身を)略奪〈強奪〉する: einen Laden ～ 店の品物を強奪する | den Kühlschrank ～ 冷蔵庫の中身をごっそり失敬する.

Räu·ber≈pi·sto·le[rɔ́ʏbər..] 女《話》= Räubergeschichte **≈ro·man** 男〘文芸〙盗賊小説; (特に18世紀に流行した)義賊物語. **≈zi·vil** 中《話》(いいかげんな・うす汚れた)ふだん着.

Raub≈fisch [ráup..] 男 (↔Friedfisch) 肉食魚. **≈flie·ge** 女〘虫〙ムシヒキアブ(虫引虻)科の昆虫. **≈ge·sin·del** 中 盗賊団〔の一味〕. **≈gier** 女 (動物が他動物を殺して食う)食肉欲; 略奪欲.

raub·gie·rig 形 **1** 略奪〈強奪〉欲の強い, 強欲な. **2** (動物が)食肉欲旺盛(おうせい)な.

Raub≈gut 中 略奪品. **≈kä·fer** 男〘虫〙ハネカクシ(隠翅虫)科の昆虫. **≈ko·pie** 女 無断〈海賊版〉コピー. **≈ko·pie·rer** 男 無断でコピーをする人. **≈krieg** 男《軽蔑的に》略奪戦争, 侵略戦争.

Rau·blatt·ge·wächs =Rauhblattgewächs

Raub≈lust 女 -/ =Raubgier **≈mord** 男 強盗殺人. **≈mör·der** 男 強盗殺人犯. **≈mö·we** 女〘鳥〙トウゾクカモメ(盗賊鷗)の一種. **≈nest** 中 盗賊の巣窟(そうくつ). **≈rit·ter** 男〘史〙盗賊騎士(窮乏して追いはぎを働いた中世後期の騎士).

Raub·rit·ter·tum 中 -s/《集合的に》〘史〙盗賊騎士.

Raub≈schiff 中 海賊船. **≈schloß** 中 盗賊騎士の城, 野武士の館. **≈see·schwal·be** 女〘鳥〙オニアジサシ(鬼鰺刺). **≈spin·ne** 女〘動〙キシダグモ. **≈staat** 男 侵略国, 盗賊国家. **≈sucht** 女 -/ 強奪欲.

raub·süch·tig 形 強奪欲の強い, 強欲な.

Raub·tier 中 肉食獣, 猛獣.

Raub·tier≈füt·te·rung 女 **1** (動物園・サーカスなどで)猛獣にえさを与えること. **2**《戯》(食欲旺盛(おうせい)な人たちのための)食事. **≈git·ter** 中 猛獣用安全柵(さく) (→ 図 Zirkus). **≈kä·fig** 男 猛獣用の檻(おり).

Raub≈über·fall 男 略奪のための襲撃, 強盗の襲撃: einen ～ verüben 〈machen〉 強奪のために襲う. **≈vo·gel** 男 猛禽(もうきん)〔類〕, 肉食鳥. **≈wan·ze** 女〘虫〙サシガメ(刺亀虫)科の昆虫. **≈wild** 中〘狩〙野性の猛獣〈猛禽〉, 食用獣に害を加える狩猟鳥獣(→Nutzwild). **≈zeug** 中 -[e]s/ 狩猟の対象にならない害鳥獣(からす・のら犬・のら猫など). **≈zug** 男 略奪行, (集団による)強奪行為.

rauch[raux] 形 **1**《副詞的用法なし》(毛皮に関して)長い毛の密生した; 毛並みのよい. **2**《中部》=rauh [<rauh]

Rauch[raux] 男 -es(-s)/ **1** (英: *smoke*) 煙, 煤煙(ばいえん), 硝煙: der ～ der Zigarette 〈des Ofens〉 タバコ〈ストーブ〉の煙 | dicker 〈erstickender〉 ～ もうもうたる〈息のつまるような〉煙 | Pfeifen*rauch* パイプの煙 ‖ den ～ einatmen 〈ausblasen〉 (タバコの)煙を吸いこむ〈吐き出す〉 | den ～ in Ringen ausstoßen (タバコの)煙を輪をつくって吐き出す | starken ～ entwickeln おびただしい煙を出す ‖ Der ～ beißt 〔mir / mich〕 in die Augen 〈in den Augen〉. 煙が〔私の〕目にしみる | Der ～ steigt aus dem Kamin 〈dem Schornstein〉 auf. 煙が煙突から立ちのぼる | Es ist ～ in der Küche. (→Küche 1) | Hinter ihm steigt ein ～ auf.《比》彼は大ぼら吹きだ | **Kein ～ ohne Flamme.** / **Ohne Feuer auch kein ～.**《諺》火のないところに煙は立たぬ ‖〘前置詞と〙Würste **in** den ～ hängen ソーセージを燻製(くんせい)にする | **in ～** 〔**und Flammen**〕 **aufgehen** 煙となって消えうせる, 完全に消失する, 灰燼(かいじん)に帰する | Das Haus ging in ～ und Flammen auf. 火事で家は焼けてしまった | **in ～ aufgehen** / ***sich***[4] **in ～ auflösen**《比》水泡に帰する, はかなく消える, 雲散霧消する | Alle unsere Pläne haben sich in ～ aufgelöst. 我々のプランはすべてだめになってしまった | **nach** ～ riechen きなくさい; タバコくさい | nach ～ schmecken こげた味がする | Schwaden **von** ～ もうもうたる煙 | **vor** ～ nicht atmen können 煙で息ができない ‖ Das Zimmer ist voll〔er〕 ～. 部屋には煙がいっぱい立ちこめている.

2《話》(Dampf) 湯気, 蒸気; もや, 霧.

3《比》消えゆくもの, はかないもの, 無内容なもの: Schall und ～ sein (→Schall) | Name ist Schall und ～. (→Name 1).

4《方》**a**) (Rauchfang) 煙突; (Herd) かまど; 炉, いろり. **b**) (Haushalt) 家政; 世帯.

[*germ.*; ◇riechen; *engl.* reek]

Rauch≈ab·zug[ráux..] 男 煙出し, 煙突. **≈be·kämp·fung** 女 嫌煙運動. **≈be·lä·sti·gung** 女 スモッグによる迷惑, 煙害. **≈bom·be** 女 発煙弾. **≈de·tek·tor** 男 煙探知器.

rauch·dicht 形 防煙の, 煙を通さない.

Rau·che[ráuxə] 女 -/-n《話》(Tabak) タバコ.

räu·cheln[rɔ́ʏçəln] 《06》自 (h) 煙〈煤煙(ばいえん)・硝煙〉のにおいがする.

rau·chen[ráuxən] **I** 自 (h) **1 a**) 煙を出す, 煙る, いぶる; (煙が)立ちこめる;《比》(騒動が)くすぶり出す, (雲行きが)怪しい: Das Feuer 〈Der Ofen〉 *raucht.* 火〈暖炉〉が煙っている | Der Vulkan *raucht.* 火山が噴煙を上げている ‖ Mir *raucht* der Kopf vom vielen Lesen. 私は本を読み過ぎて頭が痛くなった | Wovon soll mein Schornstein ～? 私は何をして食って〈暮らして〉ゆけばいいのか | Er *raucht* vor Zorn. 彼は頭から湯気を立てて怒っている ‖ (非人称) Im Keller *raucht* es. 地下室が煙っている | Es *raucht* in der Küche. (→Küche 1) | Gleich *raucht*'s.《話》すぐにも雷がくるぞ | Sonst *raucht*'s.《話》さもないとただではおかないぞ | Er arbeitet, daß es nur so *raucht.* / Er arbeitet, bis ihm der Kopf *rauchte.*《話》彼は〔頭がふらふらになるほど〕がむしゃらに働いている ‖ *rauchende* Säure〘化〙発煙酸. **b**)《話》湯気が立つ, 蒸気が立ちのぼる: Warme Speise *raucht.* 温かい料理が湯気を立てている | Der Nebel *raucht* in den Tälern. 霧が谷間からわいている.

2 タバコを吸う, 喫煙する: Er trinkt nicht und *raucht* nicht. 彼は酒もタバコもやらない | kalt ～ 火をつけずにタバコをくわえている | stark ～ ヘビースモーカーである ‖ aus der Pfeife ～ パイプをくゆらす | in kleinen Zügen ～ (深く吸い込まずに)タバコをふかす | wie ein Schlot ～ (→Schlot 1) ‖ Kette ～《話》たて続けにタバコを吸う.

II 他 (h) **1** (タバコを)吸う, のむ, ふかす: Pfeife ～ パイプをくゆらす | eine Zigarre 〈eine Zigarette〉 ～ 葉巻〈紙巻きタバコ〉を吸う | **keinen guten ～**《話》きげんが悪い.

2 (räuchern) (肉・魚などを)いぶす, 燻製(くんせい)にする.

III Rau·chen 中 -s/ 喫煙: *sich*[3] das ～ abgewöhnen 〈angewöhnen〉 タバコを吸う習慣をやめる〈覚える〉 | *Rauchen* verboten! 禁煙, タバコはご遠慮ください.

rauch·ent·wickelnd[ráux..] 形 発煙性の, 煙を出す.

Rauch≈ent·wick·ler 男 発煙物. **≈ent·wick·lung** 女 煙の発生〈形成〉, 発煙.

Rau·cher[ráuxər] 男 -s/- (↔Nichtraucher) **1** (女 **Rau·che·rin**[..xərın] -/-nen) タバコを吸う人, 喫煙者, スモーカー: Er ist ein starker ～. 彼はヘビースモーカーだ. **2** (Raucherabteil) (列車の)喫煙車室:〘無冠詞で〙Hier ist ～. ここは喫煙車室です.

Räu·cher·aal[rɔ́ʏçər..] 男 燻製(くんせい)うなぎ. [<räuchern]

Rau·cher≈ab·teil [ráuxər..] 中 =Raucher 2 **≈bein** 男〘医〙(過度の喫煙常習者に特有の)脚部の血管狭窄(きょうさく). **≈ecke** 女 喫煙コーナー.

Räu·cher≈es·sig[rɔ́ʏçər..] 男 芳香酢. **≈faß** 中 提げ〈つり〉香炉. **≈fisch** 男 燻製(くんせい)の魚. **≈fleisch** 中 燻製肉. **≈he·ring** 男 燻製ニシン.

Rau·cher·hu·sten[ráuxər..] 男 喫煙者特有の〔慢性の〕せき(咳).

räu·che·rig[rɔ́ʏçərıç][2] 形 煙がいっぱいの, けむい, 息のつまる; いぶった, くすぶった, すすけた; 煙のにおいのする, きなくさい: eine ～*e* Küche けむたい〈すすけた〉台所. [<Rauch]

Räu·che·rin Raucher 1 の女性形.

Räu·cher≈kam·mer[rɔ́ʏçər..] 女 燻製(くんせい)室. **≈ker·ze** 女 薫香ろうそく, 薫香錠.

Rau·cher·krebs[ráuxər..] 男 -es/ 喫煙者に見られる肺癌(はいがん).

Räu·cher·lachs[rɔ́ʏçər..] 男 燻製(くんせい)のサケ(鮭), スモ

R

ークサーモン.

Rau·cher·lun·ge[ráuxər..] 女 喫煙者特有のニコチン・タールで汚れた肺.

Räu·cher·mit·tel[rɔ́ʏçər..] 中 燻蒸(くんじょう)剤.

rau·chern[ráuxərn] ⦅05⦆ 他 (h) ⦅話⦆ 非人称 ⦅es raucht *jn.* / *jn.* raucht (es)⦆ (…が)タバコを吸いたがる: Mich *rauchert.* 私はタバコが吸いたい.

räu·chern[rɔ́ʏçərn] ⦅05⦆ **I** 他 (h) **1** (肉・魚などを)いぶす, 燻製(くんせい)にする: Käse ⟨Wurst⟩ ～ チーズ⟨ソーセージ⟩を燻製にする | *geräucherter* Hering ⟨Schinken⟩ 燻製ニシン⟨ハム⟩ ‖ Laß dich ～! ⦅話⦆ こっちへ来るな. **2** (古く見せるためにアンモニア蒸気を吹きつけて材木などを)暗色にする. **3** (部屋などを)燻蒸消毒する; (香などを)たきこめる. **II** 自 (h) **1** ⦅mit *et.*³⦆ (…を)たく, 燃やす: in der Kirche mit Weihrauch ～ 教会の中で香をたきこめる. **2** ⦅*jm.*⦆ (…のために)香をたく; ⦅比⦆ (…の)機嫌をとる. **III Ge·räu·cher·te** → 別出
[*mhd.* röuchen „rauchen"; ◇Rauch]

Räu·cher≠pfan·ne[rɔ́ʏçər..] 女 香炉. ≠**pul·ver** 中 薫香粉, 粉末香. ≠**schin·ken** 男 燻製(くんせい)ハム. ≠**speck** 男 (特に豚の)脂身の燻製, 燻製ベーコン. ≠**stäb·chen** 中 線香.

Räu·che·rung[rɔ́ʏçərʊŋ] 女 -/-en räuchern すること.

Rau·cher·wa·gen[ráuxər..] 男 (列車の)喫煙者用車両.

Räu·cher≠wa·ren [rɔ́ʏçər..] 複 燻製(くんせい)品. ≠**werk** 中 -(e)s/ 香(こう), 香料.

Rauch≠er·zeu·ger[ráux..] 男 発煙物. ≠**fah·ne** 女 (特に汽車・汽船などの)長くたなびく煙. ≠**fang** 男 **1** レンジフード: Schinken in den ～ hängen (燻製(くんせい)にするため)ハムを煙道につるす | Das kannst du in den ～ schreiben. ⦅比⦆ それはもうなくなった(ご破算だ)と思ってあきらめよ. **2** ⦅オーストリア⦆ (Schornstein) 煙突.

Rauch·fang·keh·rer 男 ⦅オーストリア⦆ (Schornsteinfeger) 煙突掃除夫.

rauch≠far·ben 形, ≠**far·big** 形 煙色の, 濃い灰色の, 青灰色の.

Rauch≠faß 中 提げ(つり)香炉. ≠**fleisch** 中 燻製肉.

rauch·frei =rauchlos

Rauch·gas 中 -es/-e ⦅ふつう複数で⦆ 煙ガス, 煙突排気ガス: die ～*e* der Fabriken 工場の煤煙(ばいえん).

Rauch·gas·vor·wär·mer 男 〘工〙 煙道ガス予熱器.

Rauch·ge·schoß 中 〘軍〙 発煙砲弾.

rauch·ge·schwärzt 形 煙ですすけた, くろずんだ.

Rauch·glas 中 すすガラス, 煙り⟨すす色⟩ガラス, 曇りガラス.

rau·chig[ráuxɪç]² 形 **1 a)** 煙がいっぱいの; けむたい, きなくさい: ein ～*es* Café タバコの煙がもうもうとした喫茶店. **b)** 煙でくろずんだ, すすけた: ein ～*er* Kessel すすだらけのやかん. **2** 曇った, 煙色の, 暗灰色の. **3** しわがれ声の, ざらざら声の.

Rauch≠kam·mer[ráux..] 女 **1** (蒸気機関車の)煙室. **2** 〘化〙 燻煙(くんえん)室. ≠**kol·ben** 男 ⦅話⦆ マドロスパイプ.

rauch·los[ráuxlo:s]¹ 形 (rauchfrei) 無煙(性)の.

Rauch·mas·ke 女 (消防士などの)防煙マスク.

Rauch·mel·de≠kap·sel 女 〘軍〙 発煙筒. ≠**pa·tro·ne** 女 〘軍〙 (特に飛行機から投下する信号用の)発煙弾.

Rauch·mel·der 男 煙報知器.

Rauch·näch·te[ráux..] 複 die ～ 〘民俗〙 十二夜(12月25日の降誕祭から1月6日の公現日までの12夜で, 悪魔が跳梁(ちょうりょう)するという: die Rauhnächte, die Zwölf Nächte, die Zwölfnächte などともいう). [<rauch]

Rauch≠ofen[ráux..] 男 (空港の)発煙筒. ≠**op·fer** 中 〘宗〙 **1** (Brandopfer) (古代ユダヤ教における)燔祭(はんさい). **2** 香煙祭; 献香. ≠**pa·tro·ne** 女 〘軍〙 発煙弾. ≠**pau·se** 女 タバコを一服する(程度の)休憩(時間). ≠**pfan·ne** = Räucherpfanne ≠**pla·ge** 女 煙害, 煙の公害. ≠**pul·ver** =Räucherpulver ≠**quarz** 男 (Rauchtopas) 〘鉱〙 煙水晶. ≠**ra·ke·te** 女 発煙ロケット. ≠**sa·lon**[..zalɔ̃:] 男 (ホテルなどの)喫煙室, 談話室. ≠**säu·le** 女 煙の柱, まっすぐ立ちのぼる濃い煙. ≠**schie·ber** 男 (暖炉・かまどなどの)燃焼調節弁. ≠**schirm** 男 〘軍〙 煙幕: mit einem ～ einhüllen 煙幕で包みかくす.

rauch·schwach 形 煙をあまり出さない, 発煙量の少ない.

Rauch≠schwa·den 男 もうもうとした⟨大量の⟩煙. ≠**schwal·be** 女 〘鳥〙 ツバメ(燕).

rauch·schwarz 形 すすのように黒い.

Rauch≠ser·vice[..zɛrvi:s] 中 (灰皿・タバコケース・ライター・盆などからなる)喫煙セット, たばこ盆. ≠**si·gnal** 中 煙による合図, のろし. ≠**spur·ge·schoß** 中 〘軍〙 発煙曳痕(えいこん)弾. ≠**ta·bak** 男 (かぎタバコなどに対して普通の)タバコ. ≠**thea·ter** 中 ⦅話⦆ (いかめしい劇場ではなく)客席でタバコを吸ってもいい芝居小屋, 三文劇場, キャバレーふう寄席. ≠**tisch** 男 喫煙用テーブル, スモーキングテーブル(灰皿セットなどをのせる小卓). ≠**to·pas** 男 (Rauchquarz) 〘鉱〙 煙水晶. ≠**uten·si·li·en** 複 喫煙道具. ≠**ver·bot** 中 喫煙禁止, 禁煙. ≠**ver·bren·nung** 女 〘化〙 完全燃焼, 消煙. ≠**ver·gif·tung** 女 煙中毒. ≠**ver·zeh·rer** 男 (室内空気清浄化のための)吸煙⟨消煙⟩装置. ≠**vor·hang** 男 **1** 煙の幕, たれこめた煙. **2** 〘軍〙 煙幕.

Rauch·wacke =Rauhwacke

Rauch·wand 女 〘軍〙 煙幕.

Rauch·wa·re 女 -/-n ⦅ふつう複数で⦆ (Pelzware) 毛皮製品, 毛皮類.

Rauch·wa·ren 複 ⦅話⦆ タバコ類.

Rauch·wa·ren≠zu·rich·ter 男 毛皮職人. ≠**zu·rich·te·rei**[..tsu:rɪçtəraɪ] 女 -/-en **1** ⦅単数で⦆ 毛皮加工(業). **2** 毛皮加工場.

Rauch·werk 中 -(e)s/ (Pelzwerk) ⦅集合的に⦆ 毛皮.

Rauch≠wol·ke 女 煙雲, もうもうたる煙. ≠**zei·chen** 中 発煙シグナル, のろし. ≠**zim·mer** 中 喫煙室.

Rau·de[ráudə] 女 -/-n, **Räu·de**[rɔ́ʏdə] 女 -/-n **1** (特に家畜の)疥癬(かいせん), かさぶた. **2** (Schorf) (植物の)瘡痂(そうか)⟨かさ⟩病. [*germ.*]

räu·dig[rɔ́ʏdɪç]² 形 (特に家畜が)疥癬(かいせん)にかかっている, かさぶただらけの: ～ am Kopf sein 頭のところに疥癬ができている ‖ eine ～*e* Katze 皮膚病にかかっている汚らしい猫 | *jn.* wie einen ～*en* Hund wegjagen ⦅比⦆ …を手を触れるのもけがらわしいもののように追い払う | Er ist ein ～*es* Schaf. ⦅比⦆ 彼のおかげでまわりのもの全部が悪に染まってしまう | Ein ～*es* Schaf steckt die ganze Herde an. ⦅諺⦆ 一人の悪徳は全員を毒する(疥癬にかかっている羊が1匹いると群れ全体が感染する).

Raue[ráuə] 女 -/-n ⦅中部⦆ (Leichenschmaus) 葬儀の後の会食. [<Reue]

rau·en[ráuən] =rauhen

rauf (**'rauf**)[rauf] ⦅話⦆ **1** =herauf **2** =hinauf
★ 動詞と用いる場合は分離の前つづりともみなされる.

Rauf≠bold[ráufbɔlt]¹ 男 -(e)s/-e ⦅話⦆ 乱暴者, 暴れん坊, けんかっ早い男. $^{\triangledown}$≠**de·gen** 男 =Raufbold

Rau·fe[ráufə] 女 -/-n **1** (Futterraufe) (家畜や野獣のための)飼葉(かいば)格子, 飼料棚. **2** 〘織〙 亜麻梳櫛(すきぐし).

rau·fen[ráufən] **I** 他 (h) **1 a)** むしる, むしり取る, もぎ離す, 引っこ抜く: *jn.* ～ …の髪をつかんで引っ張る | *sich*³ die Haare ⟨den Bart⟩ ～ 髪⟨ひげ⟩をかきむしる; ⦅比⦆ (絶望・恐怖のあまり)なすすべを知らない, おろおろする, すっかり途方に暮れている. **b)** (亜麻などを)しごく, 櫛(くし)でけずる. **2** 再帰 *sich*⁴ mit *jm.* ～ ⦅話⦆ …と取っ組み合いのけんかをする; ⦅比⦆ …と戦う(争う) | Die Burschen *raufen* sich. 若者たちはつかみ合いのけんかをしている.
II 自 (h) 取っ組み合いのけんかをする, 殴り合いをする: mit *jm.* ～ …とけんかをする | Die Hunde *raufen* um einen Knochen. 犬は一本の骨を奪い合ってけんかしている | Er *rauft* gern. 彼はけんかっ早い.
[*germ.* „reißen"; ◇rupfen¹, Raub, rauh; *engl.* rip]

Rau·fer[ráufər] 男 -s/- **1** けんか好きの人, 暴れん坊. **2** けんかぐせのある犬.

Rau·fe·rei[raufəráɪ] 女 -/-en つかみ合い, 殴り合い, けんか: eine schlimme ～ mit *jm.* haben …とひどいつかみ合い⟨殴り合い⟩をやる.

Rauf≠han·del[ráuf..] 男 (Rauferei) つかみ合い, 殴り合い: mit *jm.* in einen ～ geraten …と殴り合いになる. ≠**held** 男 けんかに強い人; がき大将. ≠**lust** 女 -/ けんか好

き〔なこと〕, 闘争心.
rauf·lu·stig 形 けんか好きの, 闘争心の強い.
Rau·frost[ráʊ..] ＝Rauhfrost
Rau·fuß·huhn[ráʊ..] ＝Rauhfußhuhn
rau·fü·ßig ＝rauhfüßig
Rau·fuß·kauz ＝Rauhfußkauz
Rau·fut·ter ＝Rauhfutter
Rau·graf[ráʊgra:f] 男〘史〙ラウグラーフ, 荒地伯(中世において上部ライン地方の荒地を領有していた諸侯の称号). [*mhd.* rū[h]-grāve „Graf in rauhem Land"; ◇rauh]
rauh[raʊ] 形 **1** (英: *rough*) 平らでない, ざらざらした, 起伏の多い; とがった, 粗い; 粗毛の, もじゃもじゃの; 舌を刺す, すっぱい: ~*es* Papier ざら紙 | ein ~*er* Weg でこぼこ道 | ~*es* Brot 黒パン | eine ~*e* Zunge ざらざらした舌 | die ~*e* Seite (毛皮の)毛の生えている方の側 | eine ~*e* See〘海〙波立つ海 ‖ die ~*e* Seite herauskehren《比》わざとぶっきらぼうな態度をとる | Bei ihm steckt ein süßer ⟨weicher⟩ Kern unter der ~*en* Schale.《話》彼は外見は荒っぽいが心根は優しい人間だ | In einer ~*en* Schale steckt oft ein guter ⟨weicher⟩ Kern.《諺》見かけの荒っぽい人はしばしば優しい心をもっている(ざらざらした殻の中にしばしばやわらかい実が入っている) ‖ Der Stoff fühlt sich ~ an. この生地は手ざわりが粗い.
2 きびしい, 荒れた, 荒涼たる, 殺風景な; 荒天の, 荒れ模様の: ein ~*es* Gebirge けわしい山〔脈〕| ein ~*es* Klima きびしい気候 | ein ~*er* Winter 厳冬 | eine ~*e* Jahreszeit 天候の悪い季節 | die ~*e* Wirklichkeit《比》きびしい現実.
3 (声について)かれ気味の, しわがれた; (音について)調子はずれの, 耳ざわりな: eine ~*e* Stimme bekommen 声がかれる | Er hat den ~*en* Hals ⟨eine ~*e* Kehle⟩. 彼はのどを痛めている.
4 a) 粗暴⟨粗野⟩な, 不作法⟨無愛想⟩な, ぶしつけ⟨無礼⟩な; 不親切な, 思いやりのない, 酷薄な: *jn.* ~ behandeln …を頭ごなしにあしらう | *et.*[4] mit ~*er* Hand anfassen …を手荒に扱う ‖ Der Ton hier ist ~, aber herzlich! ここでは万事口調こそ荒っぽいが真情がこもっている. **b)**〘スポ〙(プレーが)ラフな: ein ~*es* Spiel liefern / ~ spielen ラフなプレーをする.
5 (roh) 加工していない, なまの; 仕上げをしていない, 未完成の: ~*e* Eier 生卵 | ~*es* Eisen 粗鋼 | ~*er* Stoff 未加工の生地 | eine ~*e* Arbeit あら仕上げ | *et.*[4] aus dem *Rauhen* anfertigen あら仕上げのものを素材にして…を完成する.
6《話》《次の成句で》in ~*en* Mengen (→Menge 1 b).
[*westgerm.* „ausgerupft"; ◇raufen, rauch; *engl.* rough]
rau·haa·rig[ráʊ..] ＝rauhhaarig
Rauh·bank[ráʊ..] 女 -/..bänke (Langhobel) (指物師が使う)長鉋(ながかんな) (→ 図 Hobel).
Rauh·bauz[ráʊbaʊts] 男 -es/-e《話》乱暴者, 粗野な人. [◇Rabauke]
rauh·bau·zig[..tsɪç][2] 形 粗野な, がさつな.
Rauh·bein 中 **1**《話》〔根は善良な〕乱暴者, 無頼漢. **2**〘球技〙ラフなプレーをする人.
rauh·bei·nig 形 **1**《話》乱暴な, がさつな. **2**〘球技〙プレーのラフな. [＜*engl.* raw-boned „klapperdürr" (◇roh)]
Rauh·bei·nig·keit 女 -/ rauhbeinig なこと.
Rauh·blatt·ge·wächs 中 -es/-e《ふつう複数で》〘植〙ムラサキ科植物.
Rau·he[ráʊə] 女 -/〘狩〙(水鳥の)羽がわり; 換羽期.
Rau·heit[ráʊhaɪt] 女 -/-en《ふつう単数で》(rauh なこと. 例えば:) **1** 平らでないこと, 凹凸のあること. **2** (声について)しわがれていること; (音について)調子はずれ. **3** (天候などの)荒い⟨きびしい⟩こと. **4** 粗野⟨粗暴⟩な態度; 不作法⟨無愛想⟩な言動.
rau·hen[ráʊən] **I** 他 (h) **1** ざらざらにする; (布などの表面を)けば立てる. **2** 再帰 *sich*[4] ~ i) (毛などが)逆立つ; ii) (鳥の羽などが)抜けかわる. **II** 自 (h) ＝*sich*[4] rauhen
Rauh·frost[ráʊ..] 男 ＝Rauhreif
Rauh·fuß·huhn 中〘鳥〙ライチョウ(雷鳥).
rauh·fü·ßig 形 (鳥が)足のつめ付近まで毛の生えている.
Rauh·fuß·kauz 男〘鳥〙キンメフクロウ(金目梟).
Rauh·fut·ter 中 (家畜の飼料としての)干し草(わら).
rauh·haa·rig 形 (毛皮などが)毛のこわい, あら毛⟨剛毛⟩の.
Rauh·hai[ráʊhaɪ] 男〘魚〙ジンベエザメ(甚兵衛鮫).
Rau·hig·keit[ráʊɪçkaɪt] 女 -/-en《ふつう単数で》《雅》＝Rauheit
Rauh≠ka·nin·chen[ráʊ..] 中〘動〙アラゲウサギ(荒毛兎). **≠näch·te**《南部・オーストリア》＝Rauchnächte **≠putz** 男〘建〙粗面塗り. **≠reif** 男 -[e]s/ 霧氷, 樹氷.
Rauh·reif·bil·dung 女 霧氷⟨樹氷⟩形成.
Rauh≠wacke 女〘鉱〙白雲岩. **≠wa·ren** 複, **≠werk** 中 **1** けば立てた織物. **2**《南部》(Rauchware) 毛皮製品, 毛皮類.
Rau·ig·keit[ráʊ..] ＝Rauhigkeit
Räuk[rɔʏk] 女 -/-e《北部》面倒を見ること, 世話をすること.
Rau·ka·nin·chen[ráʊ..] ＝Rauhkaninchen
Rau·ke[ráʊkə] 女 -/-n〘植〙カキネガラシ(垣根芥子)属. [*lat.* ērūca–*roman.*; ◇*engl.* rocket]
räu·ken[rɔ́ʏkən] 他 (h)《北部》(*jn.*) (…の)面倒を見る, 世話をする, (…に)手を貸す.
raum[raʊm] 形〘海〙**1** 広い, ひろびろとした: die ~*e* See 公海. **2** (風が)後ろからの; (風向きが)有利な: ~*er* Wind 追い風 | ~*e* See haben 波が後からおしよせてくる. [*germ.* „geräumig"–*mndd.*; ◇Raum, geraum]
Raum[raʊm] 男 -es(-s)/Räume[rɔ́ʏmə] (小 **Räum·chen**[rɔ́ʏmçən], **Räum·lein**[..laɪn] 中 -s/-) **1 a)** 空間: der dreidimensionale ⟨euklidische⟩ ~〘数〙三次元⟨ユークリッド⟩空間 | ein luftleerer ~ 真空〔空間〕| ~ und Zeit 空間と時間 ‖ durch einen weiten ~ getrennt sein 遠く隔たっている. **b)**《雅》空, 天空: hoch oben im ~ 空中はるかに. **c)** (Weltraum) 宇宙〔空間〕: die [unendlichen] *Räume* des Weltalls 宇宙の〔果てしない〕ひろがり | eine Rakete in den ~ schießen ロケットを宇宙へ発射する.
2 a)《単数で》場所: auf engem ~ zusammenleben 狭いところで一緒に暮らす | viel ~ brauchen 広い場所を必要とする | wenig ~ einnehmen 場所を取らない | *jm.* ~ geben …のために場所をあける. **b)**《比》余地, 余裕: *et.*[3] **~ geben**《雅》…に活動の余地を与える | einer Bitte ~ geben ある頼みを聞きいれる | *seinem* Zweifel keinen ~ geben 自分の心にきざした疑念を無視する | ~ für *et.*[4] haben ⟨lassen⟩ …のための余地がある⟨を残す⟩ | ~ für *et.*[4] schaffen …のための余地を作る | Hier ist kein ~ für Scherze. 冗談を言っている場合ではない | Sie hat keinen ~ für Geselligkeit. 彼女には社交などにかかずらっている心の余裕はない | Zu langem Überlegen blieb kein ~. 長く考えている余裕はなかった. **c)** (Gebiet) 地域; 領域, …界: der geistige ~ 精神の領域 | der osteuropäische ~ 東欧地域 | der ~ [um] München ミュンヒェン〔周辺〕地域. **d)** (Rauminhalt) (立体などの)容量, 容積: der umbaute ~〘建〙建築容積(壁と屋根の外面と最下階床上面に囲まれた容積).
3 a) (英: *room*) 部屋, 室: ein großer ⟨gemütlicher⟩ ~ 大きい⟨感じのいい⟩部屋 | ein unterirdischer ~ 地下室 | die oberen *Räume* des Hauses 階上の部屋 | ein ~ zum Arbeiten / Arbeits*raum* 仕事部屋, 作業室 ‖ Unsere Wohnung hat nur zwei *Räume*. うちの住居には部屋が二つしかない ‖ [noch] **im ~ stehen**《比》(問題などが)懸案となっている, 未解決である; まだ余韻をひびかせている | **im ~ stehen bleiben**《比》(問題などが)未解決のままである | *et.*[4] **im ~ stehen lassen**《比》…(問題など)を未解決のまま放置する | *et.*[4] **in den ~ stellen** …を討議に付する. **b)** (Schiffsraum)〘海〙船倉.
4 (Zeitraum) (一定の長さの)時間, 期間: im ~*e* von weniger Jahrtausenden 二三千年のうちに.
[*germ.*; ◇raum, räumen; *engl.* room]
Raum≠aku·stik[ráʊm..] 女 (講堂・劇場などの)音響効果: eine ausgezeichnete ~ haben すばらしい音響効果である. **≠ana·ly·se** 女〘化〙容量分析. **≠an·ga·be** 女〘言〙場所の添加語. **≠an·zug** 男 宇宙服. **≠ba·sis** 女 宇宙基地. **≠be·leuch·tungs·stär·ke** 女〘建〙室内

R

照度. ≈**be·stim·mung** 女〖化〗測容. ≈**bild** 中〖光〗立体像.
Raum·bild≈ge·rät 中 (Stereoskop) 立体鏡, 立体写真装置, ステレオスコープ. ≈**ka·me·ra** 女 (Stereokamera) 立体〈ステレオ〉カメラ.
Raum·che·mie[ráʊm..] 女 (Stereochemie) 立体「化学」.
Räum·chen Raum の縮小形.
Raum≈deckung[ráʊm..] 女〖球技〗ゾーン=ディフェンス. ≈**dich·te** 女〖理〗体積密度.
Räu·me Raum の複数.
Raum·ein·heit[ráʊm..] 女〖化〗容積単位.
räu·men[rɔ́ʏmən] **I** 他 (h) **1** 《*et.*[4]》(建物・場所などを)引き払う, 明け渡す, 立ちのく;〖軍〗撤退(撤収)する: die Wohnung ～ 住居を引き払う | den Saal ～ 広間を離れる, 広間から出て行く(→3 a) | die Stadt ～ (占領軍などが)町から撤収する(→3 a) | das Feld ～ (→Feld 2) | eine Festung ～ 要塞(ようさい)を撤退する | eine Stellung ～ ある地位を(やむをえず)退く ‖ Sie mußten ihre Plätze ～, als die Besitzer der Eintrittskarten kamen. 入場券をもった人たちが来たとき彼らは座っていた席を空けなければならなかった | Das Zimmer soll bis zum 1. Dezember *geräumt* werden. その部屋は12月1日までに明け渡さなければならない ‖〖目的語なしで〗Die Truppen mußten ～. 部隊は撤退しなければならなかった.
2 《*et.*[4]》《しばしば方向を示す語句と》(…を…に)〔取り〕片づける; (…を…から)取り除く, 取り出す: Minen ～ 地雷〈機雷〉を除去する, 掃海する | den Schnee ～ 除雪する | die Bücher beiseite ～ 本を〔わきへ〕片づける ‖〖前置詞と〗*et.*[4] **an** eine andere Stelle ～ …を別の場所に片づける | Wäsche **aus** dem Schrank ～ 戸棚から洗濯物〈下着〉を取り出す | *et.*[4] aus dem Weg ～ (→Weg 1) | *jn.* aus dem Weg ～ (→Weg 1) | das Geschirr **in** die Küche 〈**vom** Tisch〉 ～ 食器を台所に〈テーブルから〉片づける | die Möbel in ein anderes Zimmer ～ 家具を別の部屋に移す | *et.*[4] **zur** Seite 〈auf die Seite〉 ～ …を取りのける〈取り片づける〉.
3 《*et.*[4]》**a**) (…の)中身を空ける; (戸棚などの)物を全部取り出す; (建物・場所などの)住居を立ちのかせる: ein Feld 〔von der Furche〕 ～ 〔うねあいから〕畑の作物を全部取り入れる | die vom Einsturz bedrohten Häuser ～ 倒壊しそうな建物の住人を立ちのかせる | die Kiste ～ 木箱の中身を全部取り出す | den Saal ～ 広間の人々を出す(→1) | die Stadt ～ 町の人々を全部疎開させる(→1) | Man *räumt* die Straße. 道路の交通が遮断される | Die Polizei *räumte* die Straßen von den Demonstranten. 警察は路上のデモ隊を排除した | ein 〔Waren〕lager ～〖商〗在庫品を整理〈一掃〉する, 蔵払いする.
b) (河川などを)きれいにする, 清掃する, さらう: die Aschengrube ～ 灰落としの灰を取る | einen Gully ～ 下水溝をさらう | Der Gehweg muß von Schnee *geräumt* und gestreut werden. 歩道の除雪をし塩をまかなければならない.
4 《方》再帰 *sich*[4] ～ 立ち去る, 遠ざかる: *Räum* dich! あっちへ行ってくれ.
II 自 (h) **1 a**) 《*mit et.*[3]》(…を)一掃する, すっかり片づける: mit den Waren ～〖商〗在庫品を整理〈一掃〉する. **b**) 《方》片づけものをする, 整理する, きちんとする: Ich muß den ganzen Tag ～. 私は一日じゅう片づけものをしなければならない.
2 →I 1 [*ahd.*; ◇Raum]
Räu·mer[rɔ́ʏmər] 男 -s/- **1 a**) räumen する人. **b**) =Möbelräumer **2** =Räumfahrzeug
Raum≈er·gän·zung[ráʊm..] 女〖言〗場所の補足語. ≈**er·spar·nis** 女 空間〈場所〉の節約. ≈**fäh·re** 女 宇宙往復船, スペースシャトル. ≈**fah·rer** 男 (Astronaut, Kosmonaut) 宇宙飛行士. ≈**fahrt** 女 -/ 宇宙飛行: eine bemannte ～ 有人宇宙飛行.
Raum·fahrt≈in·du·strie 女 宇宙航空産業. ≈**me·di·zin** 女 宇宙医学. ≈**tech·nik** 女 -/ 宇宙航空工学.
Raum·fahr·zeug 中 宇宙旅行用の乗り物, 宇宙船.
Räum·fahr·zeug[rɔ́ʏm..] 中 除雪車.
Raum≈far·ben[ráʊm..] 複〖心〗空間色. ≈**film** 男 立体映画. ≈**flie·ger** 男 =Raumfahrer ≈**flug** 男 宇宙飛行. ≈**flug·kör·per** 男 宇宙飛行物体.
Raum·flug≈me·di·zin 女 宇宙医学. ≈**tech·nik** 女 -/ 宇宙工学.
Raum≈for·schung 女 -/ **1** 宇宙研究. **2** 宇宙飛行関係の研究. ≈**geo·me·trie** 女〖数〗立体〈空間〉幾何学. ≈**ge·stal·ter** 男 室内装飾〈インテリア〉デザイナー. ≈**ge·stal·tung** 女 室内設計, インテリアデザイン: ein Entwurfsbüro für ～ 室内設計〈インテリアコンサルタント〉事務所. ≈**ge·winn** 男 **1** =Raumersparnis **2**〖スポーツ〗(サッカーなどで)敵陣内への進出. ≈**git·ter** 中〖理〗(結晶の)空間格子. ≈**helm** 男 (宇宙服の)宇宙帽.
räu·mig[rɔ́ʏmɪç][2]《雅》=geräumig
..räumig[..rɔʏmɪç][2] **1** 《数詞・形容詞などにつけて「部屋が…の」を意味する形容詞をつくる》: drei*räumig* 部屋が三つある | groß*räumig* (住居が)大きい部屋からできている. **2** 《形容詞につけて「…の地域の」を意味する形容詞をつくる》: groß*räumig* 広域におよぶ.
Raum≈in·halt[ráʊm..] 男 **1** (Volumen)〖数〗体積, 容積, 容量. **2** 積載量. ≈**ka·bi·ne** 女 宇宙船のキャビン(宇宙飛行士の居住空間). ≈**kap·sel** 女 宇宙カプセル(宇宙船の船室部分). ≈**klang** 男 立体〈ステレオ〉音響. ≈**kli·ma** 中〖医〗(温度・湿度などを総合した)室内気候: ein behagliches ～ 快適な室内環境.
raum·krank 形 宇宙病にかかった.
Raum≈krank·heit 女 宇宙病. ≈**krüm·mung** 女〖数〗空間曲率, 曲率テンソル. ≈**kunst** 女 -/ 室内装飾〔術〕, インテリアデザイン. ≈**kur·ve** 女〖数〗空間曲線. ≈**la·bor** 中 宇宙実験室, スペースラブ. ≈**la·de·git·ter** 中〖電〗空間電荷格子. ≈**la·dung** 女〖電〗空間電荷. ≈**lee·re** 女 (Vakuum)〖理〗真空. ≈**leh·re** 女 -/ (Geometrie)(特に小学校で)幾何.
Räum·lein Raum の縮小形.
Raum·leuch·te[ráʊm..] 女 室内灯.
räum·lich[rɔ́ʏmlɪç] 形 **1** 空間〈場所〉に関した, 空間的: ～ beengt sein 狭い家〈場所〉に住んでいる | Die ～*en* Verhältnisse unserer Wohnung lassen eine Feier großen Stils nicht zu. 広さの点から言って我々の家は大がかりなお祝いには向いていない. **2** 立体的な, ステレオの: eine ～*e* Wirkung 立体的な効果 | ～*e* Ausdehnung〖理〗体膨脹 | ～*e* Kugelfunktionen〖数〗体球関数.
Räum·lich·keit[‒kaɪt] 女 -/-en **1**《単数で》空間性, 広がり. **2**《複数で》部屋. **3**〖理〗比容〔積〕.
raum·los[ráʊmlo:s][1] 形 空間を占めていない; 非物質的な; 茫漠(ぼうばく)たる, つかまえどころのない.
Raum≈man·gel 男 場所〈空間〉の不足, スペース不足. ≈**maß** 中〖数〗容積単位. ≈**me·di·zin** 女 宇宙医学. ≈**mes·sung** 女〖数〗体積測定, 求積法. ≈**me·ter** 男 中 (略 rm) (↔Festmeter) (Ster)〖林〗ラウムメートル, ステール(積み重ねた木材の相互間隙(かんげき)を含む空間の体積単位: 1立方メートル: → 図). ≈**müll** 男 宇宙ごみ. ≈**not** 女 =Raummangel ≈**ord·nung** 女 = Raumplanung ≈**pfle·ge·rin** 女 (Putzfrau)(通いの)掃除婦, 家政婦, 家事手伝いの女.

Raummeter (Ster)

Räum·pflug[rɔ́ʏm..] 男〖土木〗ブルドーザー; スクレーパー. [＜räumen]
Raum≈pi·lot[ráʊm..] 男 =Raumfahrer ≈**pla·nung** 女 (総合的な)地域開発〔利用〕計画. ≈**raf·fer** 男《話》(Teleobjektiv) 望遠レンズ. ≈**schiff** 中 宇宙船: ein bemanntes ～ 有人宇宙船 | ein ～ starten 宇宙船を発射する | ein ～ in eine Flugbahn zum Mars bringen 宇宙船を火星への軌道にのせる. ≈**schiffahrt** (≈**schiff·fahrt**) 女 宇宙〔船による〕飛行. ≈**schwel·le** 女〖心・動〗空間閾(いき). ≈**sinn** 男 -〔e〕s/ **1** (Ortssinn) 場所〈土地・方向〉に関する感覚. **2** 空〔間〕感覚. ≈**son·de** 女 宇宙空間探査機〈探測器〉, 宇宙ゾンデ.

R

raum·spa·rend 形 場所の節約になる, 場所をふさがない.
Raum≈sta·tion 女 宇宙ステーション. **≈strahl** 男〘理〙宇宙線. **≈strah·lung** 女〘理〙宇宙線放射〈入射〉.
Räum·te[rɔ́ʏmtə] 女 -/-n〘海〙**1**（積み荷用の）空き船倉. ▽**2** 公海. ［*mndd.*; ◇raum］
Raum≈tei·ler[ráʊm..] 男 間仕切り用戸棚〈書架〉. **≈tem·pe·ra·tur** 女 室内温度, 室温. **≈ton** 男 -[e]s/..töne **1** =Raumklang **2** 室内の色調, 部屋の色彩ムード. **3**〘心〙空間音. **≈ton·ne** 女〘海〙容積トン.
Räu·mung[rɔ́ʏmʊŋ] 女 -/-en（räumen すること. 例えば:）**1** 除去, 取り片づけ. **2 a)** 掃除, 清掃. **b)**〘軍〙掃海. **3** 明け渡し, 立ち退き. **4**〘軍〙撤退, 撤収.
Räu·mungs≈aus·ver·kauf 男 在庫一掃セール. **≈be·fehl** 男〘法〙（家屋・土地などの）明け渡し命令. **≈frist** 女〘法〙（家屋・土地などの）明け渡し猶予期間. **≈ge·biet** 中〘軍〙撤退地域. **≈kla·ge** 女〘法〙（土地・家屋などの）明け渡しの訴え. **≈schlag** 男〘林〙（徹底的な）残木の伐採. **≈ter·min** 男〘法〙（家屋・土地などの）明け渡し期限. **≈ver·kauf** 男〘商〙蔵払い, バーゲンセール.
Raum≈ver·tei·lung[ráʊm..] 女 **1** 部屋の区分, 空間利用のレイアウト. **2**〘印〙割り付け. **≈waf·fe** 女 宇宙兵器. **≈wahr·neh·mung** 女〘心・動〙空間認識, 空間知覚. **≈wel·le** 女 **1**〘電〙空間波. **2**〘地〙（地震の）実体波.
raum·zeit·lich[..lɪç] 形〘理〙四次元空間の.
Raum-Zeit-Welt 女 -/〘理〙時空世界, 四次元空間.
Raum·zel·le[ráʊm..] 女（旧東ドイツで）〘建〙プレハブユニット（浴室・台所など）.
Rau·näch·te[ráʊ..] =《南部・ｵｰｽﾄﾘｱ》Rauchnächte
rau·nen[ráʊnən]《雅》**I** 他 (h) ささやく; (murmeln) つぶやく: *jm. et.*⁴ ins Ohr ～ …に…をそっと耳打ちする. **II** 自 (h)《über *et.*⁴ / von *et.*³》（…について）ひそひそ話をする. ［*ahd.*; ◇Rune; *engl.* round］
raun·zen[ráʊntsən]《02》自 (h) **1**《南部》(nörgeln) 文句〈けち〉ばかりつける, 絶えず不平を鳴らす, ぶうぶう言う. **2** =ranzen 2
Raun·zer[..tsɐr] 男 -s/-《南部》不平家, 口やかましい人.
Raun·ze·rei[raʊntsəráɪ] 女 -/-en《南部》（しきりに）不平を鳴らすこと.
raun·ze·risch[ráʊntsərɪʃ] 形《南部》, **raun·zig**[ráʊntsɪç]² 形《南部》不平がましい, 口やかましい, 小言の多い.
Rau·pe[ráʊpə] 女 -/-n（⊘ **Räup·chen**[rɔ́ʏpçən], **Räup·lein**[..laɪn] 中 -s/-）**1**（昆虫の）幼虫, いも虫, 毛虫: Seiden*raupe* カイコ（蚕）‖ Die ～ verwandelt sich in die Puppe, aus der dann der Schmetterling hervorgeht. 幼虫は蛹（さなぎ）に変わり その蛹からチョウが出てくる | Die ～*n* haben sich eingesponnen 〈verpuppt〉. 幼虫がまゆを作った〈蛹になった〉‖ wie eine neunköpfige ～ fressen 〈essen〉《話》がつがつ食べる. **2**《複数で》《比》気まぐれな思いつき, 奇妙な考え: **～*n* im Kopf haben**《話》頭が変である | ***jm.* ～*n* in den Kopf setzen**《話》…におかしな考えを吹きこむ. **3**（いも虫状のもの. 例えば:）**a)** (Planierraupe) ブルドーザー. **b)** =Raupenkette **c)**（将官用の）肩章. **d)**（19世紀後半のバイエルン軍の鉄かぶとに用いられた）馬毛飾り（→ 図 Helm）.
rau·pen[ráʊpən] 他 (h)《方》《*et.*⁴》（…から）毛虫〔のかたまり〕を駆除する.
Rau·pen≈an·trieb 男 無限軌道〈カタピラー〉駆動. **≈band** 中 -[e]s/..bänder =Raupenkette **≈fahr·zeug** 中 無限軌道〈カタピラー〉車. **≈flie·ge** 女〘虫〙ヤドリバエ（寄生蠅）科の昆虫. **≈fraß** 男 毛虫による害, 毛虫に食われること.
rau·pen·gän·gig 形 **1** 毛虫〈いも虫〉のような動きかたをする. **2** 無限軌道をつけた, カタピラーで走る.
Rau·pen≈helm 男（19世紀後半のバイエルン軍の）馬毛飾りのついた鉄かぶと（→ 図 Helm）. **≈ket·te** 女 (Gleiskette) 無限軌道, カタピラー. **≈kraft·wa·gen** 男 無限軌道〈カタピラー〉駆動トラック. **≈leim** 男 毛虫駆除用の黐（もち）. **≈le·sen** 中 -s/ 毛虫取り, 毛虫駆除. **≈nest** 中 毛虫の巣, 毛虫のかたまり. **≈samm·lung** 女 チョウの幼虫の収集〈標本〉: Das fehlt mir [gerade] noch in meiner ～.《話》そんなことまで起こるなんて〔なんていうことだ〕. **≈schlep·per** 男 無限軌道〈カタピラー〉トラクター.
rau·pig[ráʊpɪç]² 形 毛虫がいっぱいついた, 毛虫だらけの.
Räup·lein Raupe の縮小形.
Rau·putz[ráʊ..] =Rauhputz
Rau·reif =Rauhreif
Rau·reif·bil·dung =Rauhreifbildung
raus (**'raus**)[raʊs] 副《話》**1** (heraus)（こちらの）外へ: Nun mal ～ mit der Sprache! さあいいかげんに口をきいたらどうだ. **2** (hinaus) 外へ（出て行って）: ～ aufs Meer 沖へ向かって | *Raus* mit euch!（お前たち）とっとと出てゆけ | Rin 〈Rein〉 in die Kartoffeln, ～ aus den Kartoffeln. (→Kartoffel 1 b).
★ 動詞と用いる場合は分離の前つづりともみなされる.
Rausch[raʊʃ] 男 -es(-s)/Räusche[rɔ́ʏʃə] **1**（⊘ **Räusch·chen** → 別出, **Räusch·lein**[rɔ́ʏʃlaɪn] 中 -s/-)（酒・麻薬などによる）酔い, 酩酊（めいてい）; 忘我, 恍惚（こうこつ）: ein leichter 〈schwerer〉 ～ ほろ〈深〉酔い | ein ordentlicher 〈gehöriger〉 ～《話》したたかな酔い | ein ～ durch Bier 〈Wein〉 ビール〈ワイン〉による酔い ‖ *seinen* ～ ausschlafen 一眠りして酔いをさます | *sich*³ einen ～ antrinken 〈ansaufen〉《話》酒を飲んで酔う | einen ～ haben 酔っている | *sich*³ einen ～ holen 酔っぱらう ‖ im ～ 酔っぱらって, 酔いにまかせて. **2** 陶酔, 有頂天, 熱狂, 興奮: der ～ der Geschwindigkeit スピードのとりこになること ‖ **im ～ der Liebe** 恋に夢中になって | Er hat im ersten ～ gesagt, daß ... 彼はつい有頂天になって…と言ってしまった.
rausch·arm[ráʊʃ..] 形〘電〙ノイズ〈雑音〉の少ない.
Rausch≈bee·re 女〘植〙クロマメノキ（黒豆木）. **≈brand** 男 -[e]s/〘畜〙（牛や羊の）鳴疽（めいそ）, 症候性炭疽.
Räusch·chen[rɔ́ʏʃçən] 中 -s/-（Rausch の縮小形）《話》ほろ酔い, 一杯機嫌.
Räu·sche Rausch の複数.
Rau·sche·bart[ráʊʃəba:rt] 男《戯》**1** (Vollbart)（ほおひげ・あごひげ・口ひげなどをすべて含む）総ひげ, 顔一面のひげ. **2** 顔一面にひげのある人, ひげづら男.
rau·schen[ráʊʃən]《04》自 **1** (h) ザワザワ（サラサラ）という音をたてる; かしましい音〈とどろき〉を発する: Der Wind 〈Der Bach〉 *rauscht.* 風がザワザワ〈小川がサラサラ〉音をたてている | Das Seidenkleid *rauschte.* 絹のドレスが衣（きぬ）ずれの音をたてていた | Es *rauscht* in den Ohren. 耳鳴りがする | Es *rauscht* im Lautsprecher. マイクに雑音が入る ‖ *rauschender* Beifall どよめくような拍手 | ein *rauschendes* Finale 華々しいフィナーレ | ein *rauschendes* Fest《話》陽気な祭り. **2** (s) ザワザワという音をたてながら動く, サラサラと流れる; 轟音（ごうおん）をたてて過ぎ去る: Ein Flugzeug war über den Platz *gerauscht.* 飛行機が轟音とともに広場の上空を飛び去った. **3** (s)《話》《場所を示す語句と》（人の注意をひくように）音をたてて歩く: Sie ist aus dem Zimmer *gerauscht.* 彼女は（憤然として）その部屋から出て行った. **4** (h)（鳥獣について）さかりがついている. ［*westgerm.*; 擬音］
Rau·scher[ráʊʃɐr] 男 -s/-《方》発酵中のモスト〈ぶどう汁〉.
Rausch≈fak·tor 男〘電〙雑音指数. **≈gas** =Lachgas
Rausch·gelb[ráʊʃ..] 中 -s/〘鉱〙雄黄, 硫黄（黄色染料用）. ［＜*it.* rosso „rot" (◇rot)］
Rausch·gift[ráʊʃ..] 中 麻薬;〘医〙麻酔薬, 麻酔剤: mit ～ handeln 麻薬の取引をする.
Rausch·gift≈be·kämp·fung 女 麻薬撲滅〈取り締まり〉. **≈fahn·der** 男 麻薬捜査〈取締〉官. **≈han·del** 男 -s/（非合法な）麻薬取引, 麻薬密売〔買〕. **≈händ·ler** 男 麻薬密売業者, 麻薬の売人. **≈kri·mi·na·li·tät** 女 麻薬犯罪. **≈schie·ber** 男 麻薬密売〈密輸〉業者. **≈schmug·gel** 男 麻薬密輸. **≈schmugg·ler** 男 麻薬密輸業者. **≈sucht** 女 -/ 麻薬中毒.
rausch·gift·süch·tig 形 麻薬中毒の.
Rausch·gift·sze·ne 女 麻薬中毒者や麻薬密売者などの世界（→Szene 3）.

R

Rausch·gold 中 (Flittergold) 模造金箔(きん).
rausch·haft[ráuʃhaft] 形 酔ったような, 陶酔した, 夢見ごこちの.
Räusch·lein Rausch の縮小形(→Räuschchen).
Rausch≠mit·tel[ráuʃ..] 中 麻酔剤. **≠nar·ko·se** 女 〖医〗微麻酔, 迷朦(めいもう)麻酔. **≠sil·ber** 中 (洋銀で作った)模造銀箔(ぎん). **≠tat** 女 〖法〗酩酊(めいてい)の上での行為〈犯行〉. **≠zeit** 女 (イノシシや豚の)交尾期.
Rau·se[ráuzə] 女 -/-n 狭い水路, ごく小さな小川. [<Runse]
räus·pern[rɔ́ʏspərn] 《05》 **I** 他 (h) 再帰 *sich*[4] ～ 咳(せき)ばらいをする(痰(たん)をとるため・相手の注意をひくため・困惑をかくすためなどに): *sich*[4] nervös ～ いら立って咳ばらいをする. **II** 自 (h) = *sich*[4] räuspern [*mhd.* riuspern „im Halse kratzen"; ◇raufen]
Raus≠re·der[ráus..] (**≠re·de·rer**) 男 《戯》(押し売りなども撃退できる戸口の)インターホン. **≠rei·ßer** 男 《話》(窮境から救ってくれる)棚ぼた式の幸運, 天佑(てんゆう).
raus|schmei·ßen* 《145》 他 (h) 《話》 **1** 《*et.*[4]》外へ投げ出す, ほっぽり出す: das Geld 〔zum Fenster〕 ～ 《比》金を浪費する. **2** 《*jn.*》外へほうり出す; 追放〈除名〉する; 解雇する: *jn.* achtkantig ～ (→achtkantig).
Raus·schmei·ßer 男 -s/- 《話》 **1** (酒場・レストランなどで好ましくない客を追い出すために雇われている)用心棒. **2** (舞踏会やレストランなどでの)最終のダンス〔曲〕.
Raus·schmiß 男 《話》 rausschmeißen すること.
raus|wer·fen 《209》 = rausschmeißen
Raus·wurf 男 = Rausschmiß
Rau·te[1][ráutə] 女 -/-n 〖植〗ヘンルーダ〔属〕. [*lat.* rūta −*ahd.*; ◇*engl.* rue]
Rau·te[2][−] 女 -/-n **1** (Rhombus) 菱形(ひしがた); 〔連続〕菱形模様. **2** (ダイヤモンドの)ローズカット. **3** 《方》ダイヤ. **4** 〖紋〗菱形紋(→ 図 Wappen e): durchbohrte ～ 中丸抜き菱形. [*mhd.*]
Rau·ten≠an·ten·ne 女 〖電〗ロンビックアンテナ, 菱形(ひしがた)空中線. **≠bau·er** 男 -n(-s)/-n, **≠bu·be** 男 《方》(Karobube) 〖トランプ〗ダイヤのジャック. **≠farn** 男 〖植〗ヒメハナワラビ(姫花蕨)属. **≠flä·che** 女 (カットグラス・宝石などの)菱形面, 切り子面.
rau·ten·för·mig 形 菱形(ひしがた)の, 斜方形の: ein ～*es* Wappen (女性用の)菱形紋章.
Rau·ten·ge·wäch·se 複 〖植〗ミカン科ヘンルーダ属.
Rau·ten≠glas 中 菱形(ひしがた)模様の〔窓〕ガラス. **≠gru·be** 女 〖解〗(延髄底の)菱形窩(か).
Rau·ten·kranz 男 〖紋〗(上部に葉花冠をあしらった緑色の)斜め飾り帯.
Rau·ten·mu·ster 中 菱形(ひしがた)模様(→ 図 Muster).
Rau·ten·öl 中 ヘンルーダ油(薬用香油の一種).
rau·ten·wei·se 副 (→..weise ★)菱形(ひしがた)に.
Rau≠wacke [ráu..] = Rauhwacke **≠wa·ren** = Rauhwaren **≠werk** = Rauhwerk
[▽]**ra·va·gie·ren**[ravaʒí:rən] 他 (h) 荒らす, 荒廃させる, 略奪する. [*fr.*; <*lat.* rapere (→Raptus)]
Ra·vel[ravɛ́l] 人名 Maurice ～ モーリス ラヴェル(1875-1937; フランスの作曲家. 作品『ダフニスとクロエ』『ボレロ』など).
Ra·ven·na[ravɛ́na·] 地名 ラヴェンナ(イタリア中北部の都市): die Schlacht bei ～ ラヴェンナの戦い(→Rabenschlacht).
Ra·vio·li[ravió:li·] 複 〖料理〗ラヴィオーリ(肉などを小麦粉の皮で包んだもの). [*it.* „Rübchen"; <*lat.* rāpum (→Rübe)]
Rayé[rɛjé:] 男 -〔s〕/-s 〖織〗細縞(ほそじま)入りの織物. [*fr.*; <*fr.* rayer „streifen"]
Ray·gras[rái..] = Raigras
Ray·on[1][rɛjɔ̃:] 男 中 -/ = Reyon
Ray·on[2][−; オーストリア: rajó:n] 男 -s/-s **1** (Abteilung) (デパートなどの)…部〈売り場〉. **2** 《オーストリア・スイス》(Bereich) 範囲, 区域; (Bezirk) 〔行政〕区, 管轄区; [▽]地域, 地帯. [*fr.* „Honigwabe"]
Ray·on·chef[rɛjɔ̃:ʃɛf] 男 (デパートの)売り場主任, …部長.
rayo·nie·ren[rɛjoní:rən; オーストリア: rajo..] 他 (h) **1** 《オーストリア》地区に分ける; (公的に食料品などを)分配する. **2** 〖測量〗(平板測地図に)記入する.
Ray·ons·in·spek·tor[rajó:ns..] 男 《オーストリア》(管轄区の)主任警部.
ra·ze·misch[ratsé:mɪʃ] 形 〖化〗ラセミの, ラセミ化合物の: ～*e* Verbindungen ラセミ化合物.
ra·ze·mos[ratsemó:s][1] 形, **ra·ze·mös**[..mø:s][1] 形 **1** 〖植〗総状花序をつけた, 総状花序の. **2** 〖化〗ぶどう状の. [*lat.*; <*lat.* racēmus „Traube〔nkamm〕"]
Raz·zia[rátsia·] 女 -/..zzien[..tsiən] (-s) 警察の手入れ: eine ～ veranstalten (警察が)手入れをする | eine ～ auf *et.*[4] machen (警察が)…の手入れをする. [*fr.*; <*arab.* ghāzwa „Kriegszug"]
Rb[ɛrbé:, rubí:dium] 記号 (Rubidium) 〖化〗ルビジウム.
RB[ɛrbé:] 略 = Radio Bremen ブレーメン放送.
Rbl (**Rbl.**) 略 = Rubel
rd. 略 = rund 概数…, 約….
re[re:] 《イタリア語》〖楽〗レ(階名唱法で, 長音階の第 2 音).
re.. 《動詞などにつけて「復・反・再」などを意味する》: *re*agieren 反応する | *re*duzieren 還元する | *re*flektieren 反射する ‖ *Re*aktion 反応 | *Re*duktion 還元 ‖ *re*aktionär 反動的な | *re*flexiv 〖言〗再帰的な. [*lat.*]
Re[1][re:] 中 -s/-s 〖トランプ〗(スカートで)レー(子が親に対して勝てると予想したときには Kontra と言うが, それでも親は勝てると予想できれば Re と言い, 親が予想どおり勝てば得点は 4 倍になり, 負ければ失点が 4 倍になる): ～ bieten レーと言う; 《比》対抗手〈逆手〉を打つ.
Re[2][ɛr|é:, ré:nium] 記号 (Rhenium) 〖化〗レニウム.
Re. 略 = Rupie
Rea·gens[re(|)á:gɛns, reagɛ́ns] 中 -/..genzien [reagɛ́ntsiən], ..gentia[..gɛ́ntsia·] 〖化〗試薬.
Rea·genz[reagɛ́nts] **I** 中 -es/..genzien[..tsiən] = Reagens [▽]**II** 女 -/ 〖化〗反応.
Rea·genz·glas 中 -es/..gläser 〖化〗試験管(→ 図 Chemie).
Rea·genz·glas≠ba·by[..be:bi·] 中 試験管ベビー. **≠kul·tur** 女 試験管培養.
Rea·gen·zi·en Reagens, Reagenz I の複数.
Rea·genz·pa·pier 中 〖化〗〔リトマス〕試験紙.
rea·gi·bel[reagí:bəl] (..gi·bl..) 形 感じやすい, 敏感な, 反応しやすい.
rea·gie·ren[reagí:rən] 自 (h) **1** 《auf *et.*[4]》(特に外部からの刺激に)反応する, こたえる, 感じる: schnell 〈heftig〉 ～ すばやく〈激しく〉反応する | **auf eine Frage** ～ 問いに答える | auf einen Brief ～ 手紙に返事を書く | auf die Anspielung 〔mit einem Lächeln〕 ～ あてこすりに〔微笑で〕こたえる | auf das Waschmittel mit Ausschlag ～ 洗剤にかぶれて湿疹(しっしん)ができる ‖ Er hat sauer auf das Ansinnen *reagiert.* 《話》彼はその無理な要求にしぶしぶ従った〈遠まわしにことわった〉. **2** 〖化〗反応する: sauer 〈basisch / alkalisch〉 ～ 酸性〈塩基性・アルカリ性〉の反応を示す | Das Lackmuspapier hat rot 〈blau〉 *reagiert.* リトマス試験紙は赤く〈青く〉反応した. [<re..; ◇*engl.* react]
Reak·tanz[reaktánts] 女 -/-en 〖電〗リアクタンス.
Reak·tion[reaktsió:n] 女 -/-en **1 a**) 反応, 反響, 反動, 効果; 〖化・心・生理〗反応, 反作用: eine schnelle 〈heftige〉 ～ 敏速な〈激しい〉反応 | eine chemische 〈basische〉 ～ 化学〈アルカリ〉反応 | eine vitale 〈allergische〉 ～ 生活〈アレルギー〉反応 | die ～ der Presse auf das Attentat テロ行為に対する各新聞の反響 ‖ Beim Rosten von Eisen vollzieht sich eine ～ 〈läuft eine ～ ab / findet eine ～ statt〉. 鉄がさびる際には〔化学〕反応が起こっている. **b**) 〖生〗逆作用(生態学上の). **2** (特に政治的な意味で進歩的傾向に対する)反動, 保守; 《集合的に》〔保守〕反動派〔の人々〕: die ～ schlagen 保守反動を撃つ | den Kampf gegen die ～ führen 保守反動と戦う. [<re..]
reak·tio·när[reaktsionɛ́:r] **I** 形 反動的な, 反動派の, 保守〔主義〕の, (時代に)逆行する: ein ～*er* Politiker 反動政治家 | ein ～*es* Regime 反動政体 ‖ Er ist ～. 彼は保

守反動だ. **II Reak·tio·när** 男 -s/-e 反動的な(反動派の)人, 保守主義者. [*fr.* réactionnaire]

Reak·tions≈an·trieb[reaktsió:ns..] 男〘空〙反動推進, ジェット推進. **≈bil·dung** 女〘心〙反動形成.

reak·tions·fä·hig 形 反応力のある,〘化〙反応性の.

Reak·tions≈fä·hig·keit 女 -/ 反応〔能〕力, 反応性. **≈ge·schwin·dig·keit** 女 反応速度. **≈mit·tel** 中〘化〙試薬, 試剤. **≈mo·tor** 男 **1**〘電〙反作用電動機. **2** =Reaktionstriebwerk

reak·tions≈schnell 形 反応〔速度〕の速い. **≈trä·ge** 形〘化〙不活性の.

Reak·tions≈trieb·werk 中〘工〙反動推進装置. **≈ver·lauf** 男 反応経過. **≈ver·mö·gen** 中 -s/ 反応能力. **≈wär·me** 女〘化〙〔定圧〕反応熱(→Wärmetönung). **≈weg** 男 反応距離(運転者が危険に反応してブレーキを踏むまでの走行距離). **≈zeit** 女〘心〙反応時間.

reak·tiv[reaktí:f][1] 形 反応的な, 反応する, 反応性の; 反作用〈反応〉として現れる.

reak·ti·vie·ren[reaktiví:rən, re|ak..] 他 (h) 再び活動させる, 再び活性化する; 復職させる, 現役にもどす; 再開する;〘化〙再活性化する: einen General ～ (退職していた)将軍を現役復帰させる | Die Krankheit wurde durch eine Grippe *reaktiviert.* インフルエンザのため治りかけた病気が再び悪化した. [*fr.*]

Reak·ti·vie·rung[..ruŋ] 女 -/-en (reaktivieren すること. 例えば:) 現役復帰, 復職; 再開;〘化〙再活性化.

Reak·ti·vi·tät[reaktivitɛ́:t] 女 -/-en〘化〙反応性, 反応度.

Reak·tor[reáktɔr, ..to:r] 男 -s/-en[reaktó:rən] **1**〘原子力〙原子炉: Brut*reaktor* 増殖炉. **2**〘化〙反応装置(窯). [*engl.*; < *engl.* react (→reagieren)]

real[reá:l] 形 **1** 実体のある, 物的な, 物質の: *sein* Geld in ～*en* Objekten anlegen お金を物にかえる. **2** (↔ideal, imaginär) 実際の, 実際的な; (↔irreal) 現実の, 現実的な; 実在の: die ～*e* Welt 現実世界 | ～*e* Pläne 現実的な〈実現可能の〉諸計画 | ～*e* Gase〘化〙実存気体. **3** (↔nominal) 実質的な;〘経〙実質の: die ～*en* Einkommen〘経〙実質所得. [*spätlat.*; ◇Res, ..al[1], reell]

Real[1][–] 男 -s/(ｽﾍﾟｲﾝ:)-es, (ﾎﾟﾙﾄｶﾞﾙ:)Reis[raɪs] レアル(昔のスペイン・ポルトガルの銀貨). [*lat.* rēgālis (→royal)–*span.*]

Real[2][–] 中 -〔e〕s/-e《方》(Regal) 書架, 書棚; 書類棚; 商品棚.

Real≈akt[reá:l..] 男〘法〙事実行為. **≈de·fi·ni·tion** 女 (↔Nominaldefinition)〘哲〙実質的定義. **≈ein·kom·men** 中 (↔Nominaleinkommen)〘経〙実質所得. **≈en·zy·klo·pä·die** 女 (Sachwörterbuch) 百科事典.

Real·gar[realgá:r] 男 -s/-e〘鉱〙鶏冠石. [*arab.* rahj al-ghār „Pulver der Höhle"–*fr.*]

Real≈ge·sell·schaft[reá:l..] =Kapitalgesellschaft **≈gym·na·sium** 中 実科ギムナジウム(古典語ではなく近代語または数学や自然科学に重点を置く高等学校).

Rea·li·en[reá:liən] 複 **1** 事実, 実体. **2** 専門知識. **3** 自然科学; 精密科学. [*mlat.*; ◇real]

Real≈in·dex[reá:l..] 男 (Sachverzeichnis) 事項索引. **≈in·ju·rie**[..ɪnju:riə] 女〘法〙(殴打など有形の攻撃を加えてする)暴力行為.

Rea·li·sa·tion[realizatsió:n] 女 -/-en 実現, 現実化;〘商〙換金, 現金化, 売却. [*fr.*]

rea·li·sier·bar[realizí:rba:r] 形 実現可能な(計画など);〘商〙(売って)換金可能の, 売り物になる.

Rea·li·sier·bar·keit[–kaɪt] 女 -/ realisierbar なこと.

rea·li·sie·ren[realizí:rən] 他 (h) **1** (verwirklichen) (希望・計画などを)実現する, 現実化する, 実行する: einen Plan 〈eine Idee〉 ～ 計画〈理念〉を実現する. **2** (begreifen) 理解する, さとる: eine Gefahr ～ 危険性に気づく. **3**〘商〙換金する,(現金で)売却する. **4**〘言〙発音する: die Endsilbe e ～ 語尾の e を発音する. [*fr.*; 2: *engl.* realize; ◇real]

Rea·li·sie·rung[..ruŋ] 女 -/-en《ふつう単数で》実現, 現実化, 実行;〘商〙換金,(現金での)売却.

Rea·lis·mus[realísmʊs] 男 -/ **1** (↔Idealismus) 現実主義, 実利主義, リアリズム. **2**〘文芸・美〙(特に19世紀中葉の)写実主義, リアリズム. **3** (↔Nominalismus)〘哲〙実在論, 実念論.

Rea·list[realíst] 男 -en/-en (⊛ **Rea·li·stin**[..tɪn]-/-nen) (↔Idealist) 現実主義者, 実利主義者;〘文芸・美〙写実主義の作家・芸術家;〘哲〙実在論者.

Rea·li·stik[realístɪk] 女 -/ 写実性.

rea·li·stisch[realístɪʃ] 形 (↔idealistisch) 現実的, 現実に忠実な; 実際的, 実利主義的; 写実的, 写実主義の, リアリズムの;〘哲〙実在〈実念〉論の: *et.*[4] ganz ～ darstellen 〈betrachten〉 …を非常にリアルに描く〈きわめて現実的に見つめる〉.

Rea·li·tät[realitɛ́:t] 女 -/-en **1** 現実〔性〕, 真実〔性〕, 事実, 実在, 実体: die objektive ～ 客観的事実〔の世界〕| virtuelle ～ (略 VR) (コンピューターによる)仮想現実〔感〕, バーチャルリアリティー. **2**《複数で》《ｵｰｽﾄﾘｱ》地所, 土地. [*mlat.*–*fr.* réalité; ◇real]

Rea·li·tät·angst 女〘心〙(神経症的不安に対して)現実不安, 正常不安.

Rea·li·tä·ten·händ·ler 男《ｵｰｽﾄﾘｱ》不動産取引業者.

rea·li·täts≈fern 形 現実を遊離した, 現実離れした, 現実にうとい. **≈nah** 形 現実に即した.

Rea·li·täts≈sinn 男 -〔e〕s/ 現実感覚. **≈ver·lust** 男 現実〔感覚〕の喪失.

rea·li·ter[reá:litər, ..tɛr] 副 実は, 実際は. [*spätlat.*]

Real≈ka·pi·tal[reá:l..] 中〘経〙現実資本(商品資本と生産資本). **≈ka·ta·log** 男 (図書館の)分類目録, 件名目録. **≈kon·kur·renz** 女 (↔Idealkonkurrenz)〘法〙実質的競合. **≈kon·trakt** 男 =Realvertrag **≈kre·dit** 男〘商〙対物信用, 不動産信用. **≈last** 女 -/-en《ふつう複数で》〘法〙物的負担. **≈le·xi·kon** 中 (ある分野に関する)事典. **≈lohn** 男 (↔Nominallohn) 実質賃金.

Rea·lo[reá:lo·] 男 -s/-s《話》=Realpolitiker

Real≈ob·li·ga·tion 女〘法〙抵当証券〈債券〉. **≈po·li·tik** 女 現実〔主義〕的政策, 現実政策. **≈po·li·ti·ker** 男 現実〔主義〕的政治家. **≈recht** 中〘法〙物的権利. **≈schu·le** 女 **1** (ドイツの)実業中等学校 (Grundschule の 4 学年修了後に進学する 6 年制の実業学校. 卒業によって中等教育終了資格 Mittlere Reife を得る). **2** =Realgymnasium **≈schü·ler** 男 Realschule の生徒. **≈steu·er** 女 -/-n《ふつう複数で》(↔Personalsteuer) 物税. **≈teil** 男〘数〙(複素数の)実〔数〕部〔分〕.

Real-Time-Sy·stem[ríəltáɪm..] 中 -s/〘電算〙リアルタイム処理システム.

Real≈union 女〘政〙物上連合. **≈ver·trag** 男〘法〙要物契約(当事者の合意のほかに, 目的物件の給付を効力発生の要件とする契約). **≈wert** 男 実価. **≈wör·ter·buch** 中 =Reallexikon

Re·ani·ma·tion[re|animatsió:n] 女 -/-en (Wiederbelebung)〘医〙蘇生〔法〕.

Re·as·se·ku·ranz[re|asekuránts] 女 -/-en (Rückversicherung)〘経〙再保険.

re·as·su·mie·ren[re|asumí:rən] 他 (h)〘法〙(手続き・審理などを)再開する.

Re·as·sump·tion[re|asʊmptsió:n] 女 -/-en〘法〙(手続き・審理などの)再開.

[∇]**Reat**[reá:t] 中 男 -〔e〕s/-e〘法〙**1** (Straftat) 違反行為, 犯行. **2** (Anklagezustand) 被告としての身分〈状態〉. [*lat.* reātus; < *lat.* reus „Angeklagter"; ◇real]

Reau·mur[ré:omy:r] 男 -/- (略 R) (温度計の)列氏〔目盛り〕.

Réau·mur[reomý:r] 人名 René de ～ ルネ ド レオミュール(1683-1757; フランスの科学者. 列氏温度計を考案した).

Reb·bach[rɛ́bax] 男 -s/《話》(特にあくどい手段による)かせぎ,(ぼろ)もうけ. [*hebr.*–*jidd.* re〔i〕bach]

Reb≈bau[ré:p..] 男 -〔e〕s/ ぶどう栽培. **≈berg** 男 ぶどう園〈畑〉, ぶどう山. [< Rebe]

R

Reb·bes[rɛ́bəs] 男 -/ ＝Rebbach
Re·be[réːbə] 女 -/-n **1** (Weinrebe)〘植〙ブドウ(葡萄)〔の木〕(→ 図 Weinstock). **2** 《雅》(Wein) ぶどう酒, ワイン. [*ahd.*]
Re·bek·ka[rebɛ́kaˑ] **I** 女名 レベッカ. **II** 人名〘聖〙リベカ, リブカ (Isaak の妻). [*hebr.－gr.－spätlat.*]
Re·bell[rebɛ́l] 男 -en/-en 反乱者, 反逆者, 暴徒. [*lat.* re-bellis „den Krieg erneuernd"－*fr.*; ＜*lat.* bellum „Krieg"]
re·bel·lie·ren[rebɛlíːrən] 自 (h) **1** 《gegen *jn.* 〈*et.*⁴〉》(…に)反抗して騒ぎを起こす, 反乱〈暴動〉を起こす; 《比》いらだつ: gegen den Befehl des Königs ～ 王の命令に反逆する. **2** 《比》(胃などが)調子が狂う: *js.* Magen *rebelliert* (→Magen) | Die Nerven *rebellierten* zuweilen. 神経がときどきいらだった.
Re·bel·lion[rebɛlióːn] 女 -/-en 反乱, 暴動, 反抗: die ～ unterdrücken 〈niederschlagen〉 反乱を抑圧〈鎮圧〉する | Die ～ brach aus. 反乱が起こった. [*lat.*]
re·bel·lisch[rebɛ́lɪʃ] 形 **1** 反抗〈反逆〉的な, 反乱〈暴動〉を起こした〈起こす〉; 煽動(せんどう)的な: die ～*en* Bauern 反抗的な〈暴動を起こした〉農民たち | eine ～*e* Gesinnung 反逆的〈反抗的〉志向 | ein ～*er* Ton 煽動的な調子 ‖ ～ werden 反抗的になる; 謀反を起こす | *js.* Magen wird ～ (→Magen). **2** 《話》(unruhig) (気持が)動揺した, 落ち着かない: *jn.* ～ machen …の気持を動揺させる, …を驚かせる.
re·beln[réːbəln] 《06》 **I** 他 (h) **1** 《南部・オーストリア》(漿果(しょうか)を)摘みとる: Trauben ～ ぶどうを摘みとる. **2** 《南部》(指で)すりつぶして粉にする: *gerebelter* Majoran〘料理〙粉末マヨラナ. **II Ge·re·bel·te** → 別出 [＜reiben]
Re·ben≠au·ge[réːbən..] 中 ぶどうの芽. ≠**blatt** 中 ぶどうの葉. ≠**blut** 中《雅》〔赤〕ワイン. ≠**ge·län·der** 中 ぶどう棚. ≠**mes·ser** 中 ぶどう摘み用ナイフ. ≠**saft** 男 -〔e〕s/ 《雅》(Wein) ワイン. ≠**ste·cher** 男 ＝Rüsselkäfer
re·ben·um·spon·nen 形 ぶどう畑に囲まれた; ぶどうづるのからんだ. [＜umspinnen]
Reb·huhn[rɛ́phuːn, réːp..; オーストリア: ⌐－] 中〘鳥〙ヨーロッパヤマウズラ(山鶉). [*ahd.* rep〔a〕-huon; ◇*ahd.* erph (→Erpel)]
Reb≠land[réːp..] 中 -〔e〕s/ ぶどう栽培地, ぶどう山〈畑〉. ≠**laus** 女〘虫〙ブドウネアブラムシ(ぶどうにつく害虫).
Reb·ling[réːplɪŋ] 男 -s/-e ぶどうの若枝. [＜Rebe]
Reb≠stecken[réːp..] 男 ぶどうの支柱. ≠**stock** 男 -〔e〕s/..stöcke ぶどうの木.
Re·bus[réːbʊs] 男 中 -/-se (Bilderrätsel) 判じ絵. [*fr.* rébus (de Picardie); 1600年ごろフランスのピカルディー地方の学生が町の出来事について書いた戯画的判じ絵の標題 dē rēbus quae geruntur „über Dinge, die sich abspielen" から]
re·bus sic stan·ti·bus[réːbʊs zíːk stántibʊs] 《ラテン語》(bei dieser Sachlage) このような状況下では. [＜*lat.* rēs „Dinge"＋sīc „so"＋stāns „stehend"]
Rec. 略 ＝recipe
Re·cei·ver[risíːvər] 男 -s/- **1** 〘電〙レシーバー(アンプとチューナーの合体したもの). **2** 〘工〙(複合蒸気機関の)受容器. **3** (Rückschläger) (テニス・卓球・バドミントンなどの)レシーバー. [*engl.*; ＜*engl.* receive (→rezipieren)]
Re·chaud[reʃóː] 男 中 -s/-s ホットプレート(食卓に置いて, 食器や食物がさめないようにする道具). [*fr.*; ◇re.., echauffieren]
re·chen[rɛ́çən] 《01》 他 (h) 《南部・中部》(harken) (道などを)熊手(くまで)で掃き清める〈掃除する〉; (地面などを)レーキでかきならす; 熊手でかき集める: Heu 〔auf einen Haufen〕 ～ 干し草を熊手でかき集め〔て積みあげ〕る | Die Wege des Parks waren sorgfältig *gerecht.* 公園の道は念入りに熊手で掃き清められていた.
Re·chen[－] 男 -s/- 《南部・中部》 **1** (Harke) 熊手, 熊手ぐわ, レーキ(→ 図). **2** (熊手形のもの. 例えば:) (Kleiderrechen) (横に並んだ)衣服〈帽子〉掛け(→ 図); (Wasserrechen) 〘土木〙(水路などの)ちりよけ格子(→ 図). [*ahd.* rehho; ◇*engl.* rake]

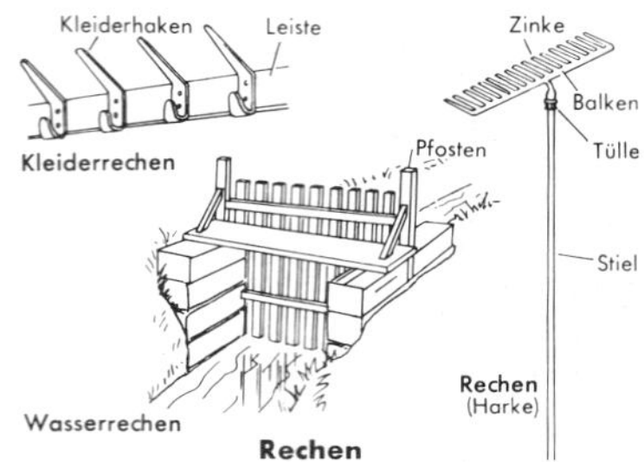

Rechen

Re·chen≠an·la·ge[rɛ́çən..] 女 計算装置: elektronische ～ 電算機, コンピューター. ≠**art** 女 計算法. ≠**auf·ga·be** 女 計算問題, 算数の宿題. ≠**au·to·mat** 男 自動計算機, 電子計算機. ≠**brett** 中 そろばん. ≠**buch** 中 算数の教科書.
ᵛ**Re·che·nei**[rɛçənáɪ] 女 -/-en 経理課, 会計監査室.
Re·chen≠ex·em·pel[rɛ́çən..] 中 ＝Rechenaufgabe ≠**feh·ler** 男 計算の誤り. ≠**ge·rät** 中 計算器. ≠**grö·ße** 女〘電算〙演算数, オペランド. ≠**heft** 中 算数のノート〈帳面〉. ≠**kam·mer** 女 経理課〔事務室〕, 会計監査室〈委員会〉. ≠**knecht** 男 計算〔早見〕表. ≠**kniff** 男 計算早わかり(暗算をする際に助けとなるようなさまざまのヒント・トリックなど). ≠**kunst** 女 算術, 算数. ≠**künst·ler** 男 計算(暗算)の達人. ≠**leh·rer** 男 算数の先生. ≠**ma·schi·ne** 女 計算機: eine elektronische ～ 電子計算機, 電算機. ≠**mei·ster** 男 計算〈暗算〉の達人; 算数の先生. ≠**pfen·nig** 男 (計算の補助・練習のために用いる)模造貨幣; (トランプなどの得点を数える)チップ, 得点札.
Re·chen·schaft[rɛ́çənʃaft] 女 -/ 釈明, 弁明: 〔für *et.*⁴〕 ***jn.* zur ～ ziehen** 〔…に関して〕…の釈明を求める〈責任を問う〉‖ 〔vor〕 *jm.* über *et.*⁴ **～ ablegen** / *jm.* über *et.*⁴ **～ geben** …に対して…の釈明をする | von *jm.* ～ 〔über *et.*⁴〕 fordern 〈verlangen〉 …に〔…についての〕釈明を求める | ***jm.* 〔für *et.*⁴〕 ～ schulden 〈schuldig sein〉** 〔…に関して〕…に釈明しなければならない | *sich*⁴ der ～ entziehen 釈明〈責任〉を回避する. [＜rechnen]
Re·chen·schafts·be·richt 男〘経〙事業報告〔書〕, 決算報告〔書〕: den ～ geben 決算〈事業〉報告をする.
re·chen·schafts·pflich·tig 形 事業〈活動・決算〉報告をする法的義務を有する.
Re·chen≠schei·be[rɛ́çən..] 女 円盤〔型〕計算尺. ≠**schie·ber** 男 計算尺(→ 図).

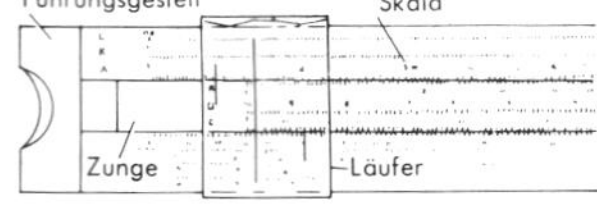

Rechenschieber

Re·chen·stiel 男 熊手の柄. [＜Rechen]
Re·chen≠stun·de 女 算数の時間〈授業〉. ≠**ta·bel·le** 女 計算〔早見〕表. ≠**ta·fel** 女 計算用の石板〈黒板〉; 九九の表. ≠**un·ter·richt** 男 算数の授業. ≠**zen·trum** 中 〔電子〕計算〔機〕センター: Deutsches ～ (Darmstadt にあるドイツの)国立計算機センター. [＜rechnen]
Re·cher·che[reʃɛ́rʃə, rəʃ..] 女 -/-n 《ふつう複数で》探究, 探索, 調査: ～*n* anstellen 調査〈探索〉する. [*fr.*]
Re·cher·cheur[..ʃɛrʃǿːr] 男 -s/-e 探索者, 調査人.
re·cher·chie·ren[reʃɛrʃíːrən, rəʃ..] 他 (h) 探究〈調査〉する: den Mord ～ 殺人事件の捜査をする ‖〘目的語なしで〙 bei der Polizei ～ 警察で捜査する. [*fr.*; ＜re..＋*fr.* chercher „suchen"; ◇zirkum.., Research, Ricer-

car]

ᵛ**Rech·nei**[rɛçnáɪ] 女 -/-en＝Rechenei

rech·nen[réçnən]《01》 **I** 自 (h) **1 a)** (英: *reckon*) 計算する, 計算で解く: falsch ～ 計算違いをする | richtig ～ 正しく計算する | schriftlich 〈im Kopf〉 ～ 筆算〈暗算〉する | mit Logarithmen ～ 対数を使って計算する | mit der Rechenmaschine 〈dem Rechenschieber〉 ～ 計算機〈計算尺〉で計算する | nach 〈in〉 Lichtjahren ～ 光年で計算する ‖ ～ lernen 算数を学ぶ ‖ Das *Rechnen* fällt ihm schwer. 彼は計算〈算数〉に弱い | Wir haben heute *Rechnen*. きょうは算数〔の時間〕がある.

b) 細かく計算する; 比較考量する; (家計を)やりくりする: mit jedem Pfennig ～ 1ペニヒもおろそかにしない〈けちけちする・切りつめる〉 | Sie *rechnet* sehr. 彼女はとても細かい〈しぶい〉 | Sie kann gut 〈nicht〉 ～. 彼女は計算がじょうずだ〈できない〉, 彼女はやりくりがじょうず〈へた〉だ | Sie versteht 〈weiß〉 zu ～. 彼女はやりくりがうまい ‖〖現在分詞で〗Er ist ein klug *rechnender* Kopf 〈Mensch〉. 彼は〔何事も〕抜け目なく計算する人間だ.

2 a) 《auf *et.*⁴ 〈*jn.*〉 / mit *et.*³ 〈*jm.*〉》 (…を)当てにする, 頼る, 頼りにする: auf *js.* Hilfe⁴ 〈mit *js.* Hilfe³〉 ～ …の援助を当てにする | Auf diese Leute 〈Mit diesen Leuten〉 ist nicht zu ～. この連中は当てに〈頼りに〉ならない ‖〖daß 副文と〗Er *rechnet* 〔darauf / damit〕, daß sie pünktlich kommt. 彼は彼女が時間どおりに来ると信じている.

b) 《mit *et.*³ 〈*jm.*〉》 (…を)覚悟する, 予想する, (…が起こる・来ることを)考慮に入れる: mit allem 〈dem Schlimmsten〉 ～ あらゆる〈最悪の〉事態を覚悟する | mit den Tatsachen ～ 事実を考慮に入れる〈直視する〉 | Mit diesem Zwischenfall habe ich nicht *gerechnet*. この事故は予想外だった | Mit ihm 〈seinem Kommen〉 habe ich nicht *gerechnet*. 彼のこと〈彼が来ること〉は計算に入れていなかった.

3 《zu *et.*³》 (…の一つに)数えられる, (…に)属する: Er *rechnet* zu den besten Kollegen. 彼は最良の同僚の一人だ | Das Schwimmen *rechnet* zu den gesündesten Sportarten. 水泳は最も健康なスポーツ種目の一つだ | Das *rechnet* nicht. それは数に入らない.

II 他 (h) **1** 計算する, 計算問題を解く: eine Aufgabe 〈eine Gleichung〉 ～ 問題〈方程式〉を計算する(→I 1 a).

2 算定する, 見積もる, 評価する: pro Person 40 DM ～ 一人当たり40マルクを見込む | Für den Rückweg müssen wir zwei Stunden ～. 帰路に2時間かかると見込まなければならない | Ich *rechne* das Kind nicht voll. 私は子供を一人前と数えていない ‖〖過去分詞で〗alles in allem *gerechnet* 何もかもひっくるめて, 全部で | ein〔e〕s ins 〈fürs〉 and〔e〕re *gerechnet* 一つ一つ勘定して, 何もかも入れて; 差引勘定して | ein〔e〕s zum and〔e〕ren *gerechnet* 足して〈加えて〉計算すると | gut 〈hoch〉 *gerechnet* 多く見積もって | 〈niedrig / knapp〉 *gerechnet* 少なく見積もって | vom 1. April *gerechnet* 4月1日から起算〈計算〉して ‖〖zu 不定詞で〗nach seinen Briefen zu ～ 彼の手紙から判断して ‖〖目的語なしで〗zuviel ～ 高く見積もり〈評価し〉すぎる | gegeneinander ～ (貸借などを)相互に対照する, 差引勘定する.

3 a) (…を)計算〈勘定〉に入れる, 算入する: Die Reise kostet 500 DM, das Taschengeld nicht *gerechnet*. 旅行は小遣い銭を別にして500マルクかかる. **b)** 《*jn.* 〈*et.*⁴〉 zu *jm.* 〈*et.*³〉 / *jn.* 〈*et.*⁴〉 unter *jn.* 〈*et.*⁴〉》 (…を…〔の一人〈一つ〉〕に)数える, (…を…と)見なす: Ich *rechne* ihn zu meinen besten Mitarbeitern 〈unter meine besten Mitarbeiter〉. 私は彼を私の最上の協力者の一人と見なしている | *sich*³ *et.*⁴ zur 〈als〉 Ehre ～ …を名誉と思う. **c)** 《*et.*⁴ 〈*jn.*〉 für *et.*⁴ 〈*jn.*〉》 (…を…と)見なす: Ich wurde damals noch für ein Kind *gerechnet*. 私は当時まだ子供扱いされていた | *et.*⁴ für nichts ～ …を無視する.

[*westgerm.* „in Ordnung bringen"; ◇recht, geruhen, Rechenschaft; *engl.* reckon]

Rech·ner[réçnər] 男 -s/- **1** (㊛ **Rech·ne·rin**[..nərɪn] -/-nen) **a)** 計算する人, 計算の〔よく〕できる人; 会計係: ein guter 〈schlechter〉 ～ 計算のうまい〈へたな〉人. **b)** 打算家, 勘定高い人: ein kühler ～ 冷徹な打算家. **2** (Rechenmaschine) 計算機: ein elektronischer ～ 電子計算機, 電算機 | Taschen*rechner* ポケット電卓.

Rech·ne·rei[rɛçnəráɪ] 女 -/-en《話》**1**《単数で》(長たらしい・面倒な)計算: Das ist aber eine 〔komplizierte〕 ～! この計算はたいへん厄介だぞ. **2** 計算結果: Ihre ～*en* steckten voller Fehler. 彼らの計算は間違いだらけであった.

Rech·ne·rin Rechner の女性形.

rech·ne·risch[réçnərɪʃ] 形 **1** 計算による, 計算上の, 計算に関する: die Höhe der ～ festgelegten Schadensumme 算定損害総額 | ～*e* Fähigkeit 計算能力 | rein ～ gesehen 純粋に計算の上からだけ見れば. **2** 打算的な, 勘定高い: eine ～*e* Frau 勘定高い〈打算的な〉女 | kühl und ～ 冷たくて打算的な.

Rech·nung[réçnʊŋ] 女 -/-en **1 a)** 計算書, 請求書, 勘定〔書〕, 付け, 代金;《商》送り状, インボイス; 借り〔方〕: getrennte ～ 割り勘 | eine hohe 〈niedrige〉 ～ 高い〈安い〉勘定 | eine unbezahlte 〈offene〉 ～ 未払い〈未決済〉の勘定 | die ～ für die Reparatur 修理代の計算〔書〕 ‖〖主語として〗Die ～ beträgt 〈macht〉 50 Mark. 勘定は50マルクになる | Die ～ liegt bei. 請求書が添えて〈同封して〉ある ‖〖4格で〗Herr Ober, die ～ bitte! ボーイさんお勘定をお願いします | eine ～ 〔aus〕schreiben 〈ausstellen / machen〉 請求書を作る | ***jm.* eine ～ aufmachen**《話》…に勘定書を突きつける, …に借りを返してもらう | Ich werde dir schon eine hübsche ～ aufmachen. いまに見ていろ. そのうちきっと仕返しをしてやるからな | **die ～ ohne den Wirt machen**《話》思惑〈見込み〉違いをする | die ～ bezahlen 〈begleichen〉 勘定を払う | 〔**mit *jm.*〕 eine 〔alte〕 ～ begleichen**《比》〔…にむかしの〕借りを返す, 〔…に〕仕返しをする | über *et.*⁴ ～ legen …に要した費用の使途明細書を提示する;《比》…について釈明する | ***jm.* die ～ 〔für *et.*⁴〕 präsentieren** …に〔の…〕勘定書きを突きつける;《比》…に〔…の〕責任をとらせる | die ～ quittieren 勘定書に領収の印を押す〈サインをする〉 | *jm.* die ～ schicken …に請求書を送る | eine ～ in die Esse 〈den Schornstein〉 schreiben《比》勘定を棒引きにする | eine ～ verlangen 〈〔an〕fordern〉 計算書を請求する ‖〖前置詞と〗*et.*⁴ **auf** ～ kaufen …を(現金払いでなく)掛け〈付け〉で買う | auf ～ arbeiten (固定給でなく)出来高払いで働く | auf die ～ schreiben 〈setzen〉 請求書につける | **auf *js.* ～ gehen 〈kommen〉** …の勘定になる;《比》…の責任である | ***et.*⁴ auf *seine* ～ nehmen** …の結果に責任をもつ | **auf 〈für〉 eigene ～** (費用など)自己負担で;《比》(危険など)自己の責任において | *et.*⁴ **für** fremde ～ kaufen …を他人の勘定で買う | für eigene ～ wirtschaften 自前の経営をする | *et.*⁴ **gegen** ～ bestellen …を着払いで注文する | *jm.* *et.*⁴ **in** ～ stellen 〈bringen〉 …の勘定に…をつける | **laut** beiliegender ～ 同封の請求書により. **b)** 貸借勘定; 貸借関係, 取引関係: die laufende ～ 当座勘定 ‖ eine ～ führen 収支を記入する, 帳簿をつける | eine ～ schließen 口座を閉じる, 取引をやめる | mit *jm.* in ～ stehen …と取引がある. **c)** 《ｽｲｽ》決算, 会計報告;《比》釈明, 弁明: über *et.*⁴ ～ 〔ab〕legen …について会計報告をする; …について釈明する. **d)** 《ｽﾎﾟ》スコア, 得点.

2 計算〔問題〕;《比》目算, 思惑, 見込み: eine schwierige 〈einfache〉 ～ 難しい〈やさしい〉計算〔問題〕 ‖ ***js.* ～ geht auf**《比》…の思惑どおりに事が運ぶ | Die ～ ging glatt auf. まんまと計算どおりに事が運んだ | Seine ～ ging leider nicht auf. 彼の目算は残念ながらはずれてしまった ‖ *js.* ～ verderben / *jm.* die ～ verderben …の計画〈もくろみ〉をおじゃんにする | *seine* ～ bei *et.*³ finden …で損はしない; …について目算どおりになる | auf *seine* ～ kommen もとを取る; 期待どおりにいく | *jm.* einen Strich durch die ～ machen …の計画〈もくろみ〉をつぶす | nach meiner ～ 私の計算〈目算〉では.

3 顧慮, 考慮:〖ふつう次の形で〗***et.*³ ～ tragen** …を顧慮する | ***et.*⁴ in ～ stellen 〈setzen / ziehen〉** …を考慮に入れる.

Rech·nungs≠ab·gren·zung[réçnʊŋs..] 女《簿》勘定区分. **≠ab·le·gung** 女 計算書〈請求書〉作成; 決算〈清算〉〔書〕, 営業報告〔書〕. **≠ab·schluß** 男 〔年度末〕決算: den ～ vornehmen 〔年度末〕決算を行う. **≠amt** 中

R

会計検査院. ⸗**art** 女 計算法: die vier ~*en* (加減乗除の)四則 | drei höhere ~*en* 三つの高等演算(開方・累乗・対数計算の演算). ⸗**aus·zug** 男 勘定摘要書. ⸗**be·leg** 男 (領収書・支払票などの)計算証拠書類. ⸗**be·trag** 男〘商〙請求金額, 代金, 送り状金額. ⸗**buch** 中 **1** 会計〔帳〕簿. **2**《ｽｲｽ》(Rechenbuch) 算数教科書. ⸗**füh·rer** 男 会計係, 簿記係. ⸗**füh·rung** 女 簿記, 会計. ⸗**hof** 男 会計検査院: Bundes*rechnungshof* (ドイツの)連邦会計検査院 | Landes*rechnungshof* (ドイツ各州の)州会計検査院. ⸗**jahr** 中 会計年度. ⸗**kam·mer** 女 = Rechnungshof ⸗**le·gung** 女 決算; 計算書作成; 営業報告〔書作成〕. ⸗**ma·schi·ne** 女《ｽｲｽ》= Rechenmaschine ⸗**po·sten** 男 計算書項目. ⸗**prü·fer** 男 会計検査人, 会計監査役. ⸗**prü·fung** 女 会計検査, 会計監査. ⸗**rat** 男 中級会計〔事務〕官. ⸗**re·vi·sor** 男 会計監査人, 会計監査役. ⸗**stel·le** 女 会計〔監査〕部; 会計検査院. ⸗**we·sen** 中 -s/ 会計制度; 会計〈簿記〉事務.

recht[rɛçt] **I** 形 **1 a**) (英: *right*) (↔unrecht) (richtig) (状況などに照らして)正しい, ちょうどよい, 適切〈適当〉な, 当を得た:〘付加語的に〙der ~*e* Mann für diese Aufgabe この仕事にうってつけの男 | die ~*e* Frau für *jn.* …にふさわしい女性〈妻〉| im ~*en* Alter 〈in der ~*en* Stimmung〉 für *et.*[4] sein …するのにちょうどよい年齢である〈気分になっている〉| am ~*en* Platz stehen ちょうどいいところにいる, 適材適所である | stets das ~*e* Wort finden 常に適切な言葉を見つける | zur ~*en* Zeit 〈im ~*en* Augenblick〉 kommen ちょうどよい時に来る;《反語》よりによってと言いたい(具合の悪い)時にやってくる | Wer nicht kommt zur ~*en* Zeit, der muß essen, was übrigbleibt.《諺》早いもの勝ち(遅れて来るものは残り物を食べなければならない) ‖〘副詞的に〙Du kommst 〔mir〕 eben 〈gerade〉 ~. 君はちょうどいい時に来てくれた;《反語》君には用はないんだ | Komme ich 〔Ihnen〕 ~? お邪魔じゃないですか | Sie kommen zu jeder Zeit ~. あなたはいつでも歓迎です ‖〘名詞化して〙Du bist 〔mir〕 der *Rechte*. 君はまさにうってつけの人間だ;《反語》君じゃとても無理だ | Da bist du 〔bei mir〕 an den *Rechten* gekommen 〈geraten〉!《反語》〔私のところへ来るなんて〕君はまたおかど違いのところに飛びこんだもんだ | Er hat mit seinem Geschenk das *Rechte* getroffen. 彼は贈り物にちょうどいいものを選んだ(贈り物は大成功だった).

b) (事実などに照らして)正しい, 間違っていない:〘付加語的に〙der ~*e* Bruder 実の兄弟 | die ~*e* Ehefrau 正妻 | der ~*e* Gebrauch des Artikels 冠詞の正しい使い方 | der ~*e* Weg (ある目的地に行く)正しい道 | am ~*en* Ort あるべき場所に | auf der ~*en* Spur sein《比》正しい手がかりをつかんでいる, 正しい方向に進んでいる | die Dinge auf das ~*e* Maß führen 行き過ぎを是正する | die Dinge 〈das Kind〉 beim ~*en* Namen nennen《比》歯にきぬを着せずに物を言う | *et.*[4] beim ~*en* Zipfel 〈am ~*en* Ende〉 anfassen《比》…を正しいやり方で始める, …を器用に手がける | wieder ins ~*e* Gleis kommen 再び〔正しい〕軌道に乗る | *et.*[4] 〈*jn.*〉 ins ~*e* Licht setzen 〈stellen〉 …の長所をできるだけ際立たせる | Das geht nicht mit ~*en* Dingen zu. どうも様子がおかしい〈うさんくさい〉| von der ~*en* Bahn abweichen 正しい道を踏みはずす ‖〘述語的に〙So ist es ~. / *Recht* so! / Ganz ~! そのとおり, それ〈これ〉で結構 | Es ist ~ so! それでよろしい; (金を払ったときに)おつりはいらないよ ‖〘副詞的に〙wenn ich mich ~ entsinne, … 私の記憶違いでなければ… | wenn ich ~ unterrichtet bin, … 私の聞いたところ〈情報〉に間違いがなければ… | wenn ich Sie ~ verstanden habe, … (あなたのおっしゃったことについて)私の理解が間違っていなければ〈私の聞き違いでなかったのなら〉… | Habe ich ~ gehört? / Ich denke, ich höre nicht ~. 私の聞き違いではないだろうか(とても信じられない) | Sehe ich ~? 私の見間違いではないだろうか(夢ではないだろうか) | Komme ich hier ~ zum Bahnhof? 駅へ行く道はこれでいいんですか | Verstehen Sie mich ~! 私の言うことを(変なふうに)誤解なさらないでください ‖〘名詞化して〙**nach dem *Rechten* sehen** 万事きちんとしているかどうか確かめる〈目を光らせる〉| Er tut immer das *Rechte*. 彼のやることはいつも間違いない〈そつがない〉.

c) (本来あるべき姿に照らして)正しい, 本当の, 真の, まともな: der ~*e* Glaube (キリスト教の)正しい信仰 ‖〘否定詞と付加語的に〙keinen ~*en* Erfolg haben 本当に成功したとは言えない | keine ~*e* Lust zu *et.*[3] haben どうも…する気にならない | *sich*[3] keine ~*e* Vorstellung davon haben それについてはっきりしたイメージがつかめない, それがどんなものか見当もつかない ‖〘否定詞と副詞的に〙nicht ~ gescheit sein どうも少し頭がおかしい | nicht ~ glauben können どうも信じられない | daraus nicht ~ klug werden それがどういうこと〈もの〉なのかよく分からない | Ich weiß nicht ~, ob ich es tun soll. そうすべきかどうか私にはよく分からない ‖〘**erst recht** の形で〙erst ~ 〔nicht〕 いよいよもって〔…でない〕; (意地になって)なおのこと〔…しない〕| Wenn du dagegen bist, dann bin ich erst ~ dafür. もし君がそれに反対なら いよいよもって私は賛成だ | Jetzt tut er es erst ~. 彼は今やますます〔意地になって〕本格的にやり始める | So kannst du es erst ~ nicht. そんな風では君はますますやりにくくなる〈できなくなる〉よ ‖〘**recht eigentlich** の形で〙~ eigentlich《雅》まさしく | Das war ~ eigentlich sein Geschmack. それはまさしく〈いかにも〉彼の好みだった ‖〘名詞化して〙Er hält sich[4] für etwas *Rechtes*. 彼は自分を大した人物だと思っている | Das half ihm auch etwas *Rechtes*.《反語》それは彼には何の助けにもならなかった | Aus dem Jungen wird nichts *Rechtes*. その男の子は将来ろくなものになるまい | Er hat nichts *Rechtes* gelernt. 彼はまともな職を身につけていない〈手に職がない〉| Es ist nichts *Rechtes* damit. それはろくなもんじゃない.

d) (道徳律・規範などに照らして)正しい, 正当な:〘述語的に〙Das ist ja ~ und schön, aber … それはたいへん結構なことだが しかし… | nur 〈nicht mehr als〉 ~ und billig sein きわめて正当である, 当然しごくである | Es ist nur 〈nicht mehr als〉 ~ und billig, daß ich das tue. それを私がするのはごく当たり前のことだ | Was dem einen ~ ist, ist dem andern billig.《諺》道理に二つはない(君にとって正しいなら私にとっても正しいはずだ) | Es war nicht ~ von ihr, so zu sprechen. そんな言い方をしたのは彼女が悪かった | Alles, was ~ ist, aber das geht zu weit. それはたいへん結構だと言いたいが〔いくらなんでも〕ちょっと行き過ぎだ | Er versteht seine Arbeit, alles, was ~ ist. 彼は仕事ができる これだけは認めざるを得ない ‖〘副詞的に〙~ handeln 〈leben〉 正しい行い〈生活〉をする ‖ schlecht und ~ / ~ und schlecht (→schlecht 7 a) | mehr schlecht als ~ (→schlecht 4 a) ‖ Das geschieht ihm ~. 彼は天罰てきめんだ | Tue ~ und scheue niemand.《諺》行い正しければ恐れるものなし(正しいことを行ってだれをも恐れるな).

e)《*jm.*》(…から見て)正しい, (…にとって)都合〈具合〉のいい, 快い:〘述語的に〙Das ist mir ganz 〈gar nicht〉 ~. 私はそれで結構です〈それでは私にはたいへん不都合です〉| Wenn es Ihnen ~ ist, möchte ich Sie am Montag besuchen. もしご都合がよければ 月曜日にお訪ねしたいのですが ‖ Mir ist heute gar nicht ~. i) きょうは私は都合が悪い; ii) きょうは私は気分がすぐれない ‖ es[4] *jm.* ~ machen …の都合のいい〈気にいる〉ようにする | Allen kann man nicht ~ machen. 皆の都合のいいようになど出来るものではない | Ihm ist nichts ~ zu machen. 彼を満足させることは不可能だ ‖ Allen Leuten ~ getan, ist eine Kunst, die niemand kann.《諺》万人を満足させることなど何人にもできぬわざだ.

2《付加語的》(↔link) **a**) 右の, 右側の, 右手の;〘ｽﾎﾟ〙ライトの;〘ﾎﾞｸｼﾝｸﾞ〙右手による;〘紋〙向かって左側の: der ~*e* Arm 右腕 | der ~*e* Außenstürmer (サッカーなどで)ライトウイング | die ~*e* Brust 〈Tasche〉 右の胸〈ポケット〉| die ~*e* Hand 右手 | *js.* ~*e* Hand (→Hand 1) | ~*er* Hand[2] / zur ~*en* Hand (→Hand 4) | an 〈zu〉 der ~*en* Seite sitzen 右側に座る | das ~*e* Ufer (下流に向かって)右岸 ‖ den Gegner mit einem ~*en* Haken treffen〘ﾎﾞｸｼﾝｸﾞ〙相手に右フックを浴びせる.

b) (思想的・政治的に)右寄りの, 右派の, 右翼〔系〕の: ~*e* Abgeordnete 右派の議員たち | der ~*e* Flügel der Partei 党の右派 | eine ~*e* Zeitung 右寄り〈右翼系〉の新聞.

c) (布地などが)表側の, 外側の, 上側の;〘編物〙表編みの:

~*e* Maschen 表編みの編み目 | die ~*e* Seite des Stoffes 〈der Münze〉 生地〈貨幣〉の表側.
d）〖数〗直角の: ein ~*er* Winkel 直角 ‖〖名詞化して〗der *Rechte* 直角.
e）《合成語の形で》senk*recht* 垂直の | waage*recht* 水平の.
3《単に程度を示して》**a**）《付加語的》相当の, かなりの, なかなかの: eine ~*e* Belastung 相当の負担 | eine ~*e* Freude たいへん喜ばしいこと | ein ~*er* Narr 全くの愚か者 | *sich*[3] ~*e* Mühe geben 相当骨を折る | Er ist noch ein ~*es* Kind. 彼はまだほんの子供だ.
b）《副詞的》かなり, 結構, 相当に: Sein Aufsatz ist ~ gut. 彼の作文はなかなかいい | Ich finde sie ~ hübsch. 私は彼女は結構美人だと思う | Er war damit ~ zufrieden. 彼はそれで十分満足していた | Wie geht es Ihnen?—Danke, ~ gut. 調子はいかがですか — ありがとう 悪くありませんよ.
☆ recht は一般に sehr よりも幾分程度が弱く ganz よりも強いとされるが, ときに強くアクセントをもって発音され「非常に」の意を表すことがある: Ich danke Ihnen ~ herzlich. あなたに心からお礼申し上げます.
★ recht haben などの慣用的表現: 慣用的に小文字で recht と書かれたが, 本来は名詞である: →II 2 b
II Recht 中 -[e]s/-e **1** 権利, 権限, 権能: Bürger*recht* 公民〈市民〉権 | Wahl*recht* 選挙権 | das ~ des Herzens《比》憧憬(しょうけい) | das ~ auf Arbeit 労働権 | das ~ zur Erhebung von Steuern 徴税権 | ~*e* und Pflichten aus einem Vertrag 契約により生じる権利義務 | **Gleiche ~*e*, gleiche Pflichten.**《諺》権利が同じなら義務も同じ(権利にはそれ相応の義務が伴う) ‖〖形容詞と〗angestammtes ~ 生得権 | ausschließliches ~ auf *et.*[4] …に対する独占権 | unabdingbares ~ 奪うことのできない権利, 既得権 ‖ Das ist sein gutes ~. それは彼の当然の権利だ ‖〖4格で〗*js.* ~*e* antasten 〈anfechten〉 …の権利を侵害する | ein ~ ausüben 権利を行使する | *jm.* ein ~ geben 〈nehmen〉 …に権利を与える〈…から権利を奪う〉| ein ~ auf *et.*[4] haben …に対する権利を有する | *sich*[3] das ~ zu *et.*[3] nehmen 〈anmaßen〉 …する権利を勝手にわがものとする, ずうずうしく…する | *sein* ~ suchen 自己の権利を追求する | *jm.* das ~ verleihen …に権利を付与する | *js.* ~*e* wahrnehmen …の権利を守る ‖ Wer gibt dir das ~, das zu behaupten? だれがそんなことを言っていいと言ったんだ, 君にそんなことを言う権利はない | Ich nehme mir das ~, meine eigene Meinung zu vertreten. 勝手ながら私見を述べさせていただきます | Der müde Körper verlangt sein ~. 疲れた体はその権利(睡眠など)を要求している | Wo nichts ist, hat [selbst] der Kaiser sein ~ verloren.《諺》ない袖(そで)は振れない(何もないところでは皇帝といえども何の権利も持ちようがない) | Alle ~*e* vorbehalten. (書物の奥付などで)版権所有 ‖〖前置詞と〗**auf** *seinem* ~ bestehen / **auf** *sein* **~ pochen** 自分の権利を主張して譲らない | **in** die ~*e* treten 権利を受け継ぐ | **von** *seinem* ~ Gebrauch machen 自己の権利を行使する | **zu** *seinem* **~ kommen** 相応の権利を認められる | Mein Magen muß zu seinem ~ kommen. 私の胃袋のことも考えてやらなきゃならない(空腹を満たしてやらねばならない) | *jm.* zu *seinem* ~ verhelfen …を助けてその権利を得させてやる.
2《単数で》(↔Unrecht) **a**）正しいこと, 公正〈正当〉なこと, 道理, 正義: ~ und Unrecht 正邪, 当否 | Das ~ war auf seiner Seite. / Er hatte das ~ auf seiner Seite. 道理は彼の方にあった | Ihm muß ~ werden. 彼は公正な〈正当な〉扱いを受けるべきだ | Ihm geschah ~. 彼は正当な扱いを受けた, そうなるのは彼にとって当然であった | Was ~ ist, muß ~ bleiben.《諺》正しいことはあくまで正しい | *sich*[3] selbst ~ verschaffen (法律の力を借りずに)みずから正義を実現する, 私的制裁を加える ‖〖前置詞と〗**im** ~ sein (人が)もっともである, 正しい | **mit** ~ 当然, もっともなことに | mit gutem 〈vollem / allem〉 ~ まことに当然のことながら, しごくもっとも | mit Fug und ~ (→Fug) | **ohne** ~ 不当にも | **zu** ~ 当然, もっともな〈正当な〉ことに | zu ~ bestehen 正当〈合法・有効〉である. **b**）《特定の動詞と慣用的表現をつくり, ふつう小文字で書かれてきた》***recht* behalten** 正しいと認められている | Du willst stets *recht* behalten. 君はいつでも自分の方が正しいと言い張るんだね | ***recht* bekommen** 〈erhalten〉 正しいと認められる | ***jm. recht* geben** …を正しいと認める〈判断する〉| ***recht* haben** 正しい | Habe ich nun *recht* oder nicht? どうだ僕の言ったとおりだろう | ***recht* daran tun**《zu 不定詞〔句〕と》…するのは正しい | Sie tat ~ daran, die Teilnahme abzusagen. 彼女が参加を断ったのは正しかった | Daran tust du *recht*. 君のそのやり方は正しい.
3《ふつう単数で》法, 法律, 掟(おきて); 《雅》判決, 裁判: das bürgerliche ~ 民法 | das deutsche 〈römische〉 ~ ドイツ〈ローマ〉法 | formelles ~ 手続法 | materielles ~ 実体法 | gemeines ~ 普通法, 慣習法 | das internationale ~ 国際法 | kirchliches ~ 教会法 | das menschliche 〈göttliche〉 ~ 人間〈神〉の掟 | das öffentliche ~ 公法 | positives ~ 実定法 | ungeschriebenes ~ 不文法 | geschriebenes ~ 成文法 | Natur*recht* 自然法 | Privat*recht* 私法 | Straf*recht* 刑法 | auf dem Boden des ~*es* stehen《雅》合法的に行う ‖〖4格で〗das ~ anwenden 法を適用する | das ~ beugen 法をまげる | das ~ brechen 〈verletzen〉 法を犯す | das ~ mit Füßen treten 法をふみにじる | **~ sprechen**《雅》判決を下す ‖〖前置詞と〗*et.*[4] **für ~** befinden 〈erkennen〉 …を合法的であると認める | **gegen** 〈**wider**〉 das ~ handeln 法に違反する | **nach** geltendem ~ 現行法では〈により〉| nach ~ und Gewissen 法と良心に照らして | **von ~*s* wegen** 法によって, 法に従って; 《比》当然, 本来 ‖ Gnade **vor** 〈für〉 ~ ergehen lassen 大目に見る, 寛大に振舞う | Gewalt geht vor ~.《諺》無理が通れば道理がひっこむ.
4《複数で》(Rechtswissenschaft) 法〔律〕学: Doktor beider ~*e*〖史〗(世俗法と教会法の)両法の博士 | Student der ~*e* 法律〈法科〉学生 | die ~*e* studieren 法律を学ぶ.
III Rẹch·te《形容詞変化》**1** 女 **a**）右手; 右側; 〖ボクシング〗右〔手によるパンチ〕: *et.*[4] in der ~*n* halten …を右手に持つ | *jn.* mit der ~*n* treffen …に右パンチを命中させる | *jm.* zur ~*n* sitzen …の右側に座っている ‖ mit der Linken nehmen, was die ~ gibt (→Linke 1 a). **b**）右派, 右翼〔の党派〕: die gemäßigte 〈äußerste〉 ~ 中道右派〈極右派〉| zur ~*n* gehören / der ~*n* angehören 右翼系である.
2 男 女 **a**）右派〈右翼〉の人, 右翼系議員. **b**）適当な人, うってつけの人, ふさわしい人(→I 1 a).
3 中 うってつけのもの, 適切なこと〈もの〉; 正しいこと; まともなもの, 大したもの〈こと〉(→I 1 a b c).
4 男〖数〗直角(→I 2 d).
[*germ.* „gerade〔gerichtet〕“; ◇recken, richten, richtig, rechnen; *engl.* right; *lat.* rēctus „gerade“]

Rẹcht·eck[rέçt|ɛk] 中 -s/-e 長方形, 矩形(くけい).
rẹcht·eckig[rέçt|ɛkıç][2] 形 長方形の, 矩形(くけい)の.
Rẹch·te·hạnd·re·gel[rɛçtəhánt.., ◡◡◡–◡] 女 -/ 〖理〗(磁場の誘導電流に関するフレミングの)右手の法則.
[<recht]
rẹch·ten[réçtən]《01》《雅》**I** 自 (h) **1**《mit *jm.* 〔über *et.*[4]〕》(…と〔…について〕)口論する,(…を〔…のことで〕) 非難する: mit *jm.* über die Erziehung der Kinder ~ 子供たちの教育について…と議論を戦わせる〈…を非難する〉. **2**《mit *jm.* um *et.*[4]》(…を相手に…について)自己の権利を主張する,(…を相手どって…のことで)訴訟を起こす: Er hat mit *seinem* Bruder um ein Erbstück *gerechtet*. 彼は兄〈弟〉と相続動産をめぐって争いを起こした. **II** 他 (h)《*jn.*》(…を)非難する, 裁く. [*ahd.*; ◇Recht]
rẹch·tens[réçtəns] **I** 副 正当に, 当然, 本来; 合法的に. **II Rẹch·tens**《もっぱら次の形で》**~ sein** 適法である, 合法的である | Es ist ~, daß ... …は当然だ〈理にかなっている・合法的だ〉| Das ist bei uns ~. それがわが国では法にかなったことでございます (Schiller) | *et.*[4] **für ~ halten** 〈**erachten**〉 …を当然〈合法的〉と見なす. [<recht III 3(古い2格形が固定したもの)]
rẹch·ter·seits[réçtərzáıts, ◡◡–] 副 (↔linkerseits) 右手に, 右側に: Das Haus ~ ist ein Museum. 右側の建

物は博物館だ.

recht·fer·ti·gen[rέçtfɛrtɪgən][2]《(過分) gerechtfertigt》 他 (h) **1 a)**《*et.*[4] 〔mit *et.*[3]〕》(行為・主張などを〔…によって〕) 正当化する, (…の) 正当性を理由づける〈証明する〉; 弁明〈弁護〉する: Er *rechtfertigte* sein Verhalten. 彼は自分の振舞いを弁明した〈の正当性を主張した〉| Du hast mein Vertrauen *gerechtfertigt*. 君は私の信頼にこたえてくれた | Sein Benehmen ist durch nichts zu ~. 彼の行為は何としても許し難い ‖ eine *gerechtfertigte* Handlungsweise 正当な〈もっともな〉やり方. **b)**《*jn.*》〘聖〙(神が罪人(ﾂﾐﾋﾞﾄ)を) 義と認める, 義認する. **2** (再帰) *sich*[4] ~ **a)** 身のあかしを立てる, 嫌疑をはらす, 弁明する: *sich*[4] vor *jm.* ~ …の前で釈明する | Er braucht sich nicht zu ~. 彼は弁明する必要はない. **b)** 正当化される: Sein Vorgehen *rechtfertigt* sich aus der Tatsache, daß ... 彼の行動は…の事実から考えて正当である. [*mhd.*; < *mhd.* rehtvertig „rechtmäßig"]

Recht·fer·ti·gung[..gʊŋ] 女 -/-en (rechtfertigen すること. 例えば:) 正当化, 正当性の理由づけ〈証明〉; 〘聖〙義認 (神が罪ある人間を義とすること); 弁明, 釈明, 申しひらき: Sein Verhalten bedarf einer ~. 彼の行為は弁明の必要がある | Kannst du etwas zu deiner ~ sagen 〈vorbringen〉? 君は自分の正当性を主張〈弁明〉できるかい.

Recht·fer·ti·gungs·grund 男 弁明の根拠〈理由〉; 〘法〙違法性阻却事由.

recht·gläu·big 形 〘宗〙正統信仰の, 正教の; 教義を厳格に守る. [*spätlat.* ortho-doxus (◇orthodox) の翻訳借用]

Recht·gläu·big·keit 女 -/ 〘宗〙(厳格に教義を保守する) 正統信仰.

Recht·ha·ber[rέçtha:bər] 男 -s/- 常に自説を正しいと主張する人, 頑固に自己の立場に固執する人, 独善家.

Recht·ha·be·rei[rɛçtha:bəráɪ] 女 -/ 常に自説〈自己の立場〉を正しいと主張すること, 独善, 頑固, ひとりよがり.

recht·ha·be·risch[rέçtha:bərɪʃ] 形 常に自説が正しいと主張する, 頑固に自己の立場に固執する, 独善的な: ein ~*er* Mensch 独善的な〈ひとりよがりな〉人 | Er ist sehr ~. 彼はひどく独善的だ. [< recht haben (→Recht 2 b)]

recht·läu·fig 形 右回りの.

Recht·lau·tung 女 〘言〙正しい発音法, 正音学.

recht·lich[rέçtlɪç] 形《述語的用法なし》**1** 法的な, 法律上の, 合法的な: einen ~*en* Anspruch auf *et.*[4] haben …に対して法的要求権がある | ~*e* Mittel anwenden 法的手段に訴える ‖ Das ist ~ nicht zulässig, aber menschlich verständlich. それは法的には許されないが人間的には理解できる. ▽**2** (rechtschaffen) 正直な, 誠実な, きちんとした: eine ~*e* Frau 誠実な〈正直な〉女性 | ~ handeln 〈denken〉 誠実に行動する〈考える〉.

Recht·lich·keit[−kaɪt] 女 -/ (rechtlich なこと. 例えば:) 合法性; 誠実さ, 正直.

recht·los[rέçtlo:s][1] 形 法的な権利を持たない; 法律の保護を受けない; 法の支配のない, 無法の: die ~*e* Stellung der Sklaven 奴隷たちの法的権利〈保護〉を持たない地位 | ein ~*er* Zustand 無法状態.

Recht·lo·sig·keit[..lo:zɪçkaɪt] 女 -/ rechtlos なこと.

recht·mä·ßig 形 法にかなった, 適法〈合法〉の; 正当な.

Recht·mä·ßig·keit 女 -/ rechtmäßig なこと.

rechts[rɛçts] (↔links) **I** 副 **1** (略 r.) 右に, 右側に; 〘紋〙向かって左側に: von ~ her 右〔側〕から | nach ~ hin 右〔側〕へ | ~ vom Theater 劇場の右側に | ~ von *jm.* gehen …の右側を歩く | Augen ~! 〘軍〙頭(ｶｼﾗ)右(号令) ‖ 〔nach〕 ~ abbiegen (道路を) 右に曲がる, 右折する | ~ fahren 〈überholen〉 右側通行〈右側追い越し〉をする | Das Museum lassen wir ~ liegen. 博物館を右手に見ながら進む | **nicht mehr wissen, wo 〈was〉 ~ und links ist** 右も左も分からなくなってしまう | **weder ~ noch links schauen** / **weder links noch ~ schauen** わき目もふらずに進む. **2** 右翼〔的〕に, 保守的に: ~ stehen 〈eingestellt sein〉 右翼的である, 右翼的な考えをもっている | ganz ~ orientiert sein きわめて保守的である. **3 a)** 表側に: *et.*[4] 〔von〕 ~ bügeln …に表側からアイロンをかける. **b)** 〘編物〙表編みで (→ 図 Gewirke): ~ stricken 表編みする.

II 前《2格支配》…の右側に: ~ des Rheins ライン川の (下流に向かって) 右岸に.

Rechts·ab·bie·ger[rέçts..] 男 -s/- 右折車. [< rechts]

Rechts≠an·ge·le·gen·heit[rέçts..] 女 -/-en《ふつう複数で》法律問題, 司法事件. ≠**an·spruch** 男 権利の主張; 法律上の請求権. ≠**an·walt** 男 (女 ≠an·wäl·tin) 弁護士 (19世紀末に Advokat に代わる正式の職名となった): *sich*[3] einen ~ nehmen 弁護士を雇う〈頼む〉.

Rechts·an·walt·schaft 女 -/ **1** 弁護士業. **2**《集合的に》弁護士.

Rechts·an·walts·kam·mer 女 弁護士会.

Rechts≠an·wen·dung 女 法の適用. ≠**auf·fas·sung** 女 法解釈. ≠**aus·kunft** 女 法律上の助言, 法律相談: *Rechtsauskünfte* geben 〈einholen〉 法律相談にのってやる〈のってもらう〉.

Rechts·aus·kunfts·stel·le 女 法律相談所.

Rechts≠aus·la·ge 女 〘ボクシング〙右ガード. ≠**aus·le·ger** 男 右ガードをとる〈左ききの〉ボクサー.

Rechts≠aus·le·gung 女 法律解釈. ≠**aus·schuß** 男 法務委員会.

Rechts·au·ßen[rɛçts|áʊsən] 男 -/- **1** 〘サッカー・ホッケー〙ライトウイング: ~ spielen ライトウイングとしてプレーする. **2**《話》極右派の人. [< rechts]

Rechts≠be·fug·nis[rέçts..] 女 〘法〙(裁判所など法的機関の) 機能, 権限. ≠**be·helf** 男 (上訴などの) 法的救済〔手続き〕. ≠**bei·stand** 男 法律顧問, 法律上の相談役〈補助者〉; 弁護人. ≠**be·leh·rung** 女 法律上の指示. ≠**be·ra·tung** 女 法律相談. ≠**be·schwer·de** 女 〘法〙法律違反を理由とする抗告. ≠**beu·gung** 女 故意の法律歪曲(ﾜｲｷｮｸ)〈乱用〉. ≠**blind·heit** 女 〘法〙法に対する盲目 (不法の意識なしに不法行為をすること). ≠**bre·cher** 男 法を犯すもの, 犯罪者. ≠**bruch** 男 法律違反. ≠**buch** 中 〘史〙(中世の) 法書 (私人の著した法律書. Sachsenspiegel, Schwabenspiegel など).

rechts·bün·dig[rέçtsbʏndɪç][2] 形 (テキストなどの各行が) 右ぞろえの.

recht·schaf·fen[rέçt-ʃafən] 形 **1** 正直な, まじめな, 誠実な, きちんとした: ein ~*er* Mensch 正直な〈きちんとした〉人 | *jm.* ~ dienen …に誠実に仕える. **2**《付加語的》《話》大した, 非常な: einen ~*en* Hunger haben ひどく腹がすいている ‖ ~ müde sein くたくたに疲れている, 眠くてふらふらだ. [< recht geschaffen (◇schaffen[1])]

Recht·schaf·fen·heit[−haɪt] 女 -/ (rechtschaffen なこと. 例えば:) 正直, 誠実, 公正.

Recht·schreib·buch 中, **Recht·schrei·be·buch** 中 正書法教本〈辞典〉.

recht|schrei·ben[rέçt-ʃraɪbən][1] **I** 自《もっぱら不定詞で》正書法に従って書く. **II Recht·schrei·ben** 中 -s/ rechtschreiben すること.

Recht·schreib·feh·ler 男 正書法上の誤り.

recht·schreib·lich[rέçt-ʃraɪplɪç] 形 正書法の.

Recht·schreib·re·form 女 正書法の改革.

Recht·schrei·bung[rέçt-ʃraɪbʊŋ] 女 -/-en **1** (Orthographie) 正書法, 正字法. **2** =Rechtschreibbuch [*lat.* ortho-graphia (◇Orthographie) の翻訳借用]

Recht·schrei·bungs·re·form =Rechtschreibreform

Rechts·drall[rέçts..] 男 **1** (銃の) 右腔綫(ｺｳｾﾝ). **2**《話》(政治家などの) 右寄り, 右傾, 保守偏向. [< rechts]

rechts·dre·hend 形 **1** 右回りの. **2** (dextrogyr) 〘理〙右旋性の.

Rechts·dre·hung 女 右回り, 右旋回.

Rechts·ein·wand 男 〘法〙抗弁, 異議〔申し立て〕.

recht·sei·tig =rechtsseitig

Rechts·emp·fin·den 中 (政治的・道徳的などの) 正・不正を識別する感覚, 正義感.

Recht·ser[rέçtsər] 男 -s/-《話》(Rechtshänder) 右ききの人. [< recht]

rẹchts·er·fah·ren[rέçts..] 形 法律に精通した.
rẹchts·ex·trem 形 極右の.
Rẹchts≠ex·tre·mis·mus 男 極右主義〈思想〉. **≠ex·tre·mist** 男 極右主義者.
rẹchts·ex·tre·mi·stisch 形 極右主義〈思想〉の.
rẹchts·fä·hig[rέçtsfɛːɪç]² 形 法律上の権能をもつ, 権利能力のある: ~*er* Verein 社団法人 | ~*e* Stiftung 財団法人.
Rẹchts≠fä·hig·keit[−kaɪt] 女 -/ 〘法〙権利能力. **≠fall** 男 法律事件.
rẹchts·fäl·lig 形 法律事件の: ~ werden 法律事件になる, 法廷に持ち込まれる.
Rẹchts≠fol·ge 女〘法〙法律〔上の〕効果. **≠form** 女 -/〘法〙(法律の定めた)方式, 法形式. **≠fra·ge** 女 法律問題. **≠gang**¹ 男 -〔e〕s/〘法〙訴訟〔手続き〕.
Rẹchts·gang² 男〘工〙右巻き, 右回り.
rẹchts·gän·gig 形〘工〙右巻きの, 右回りの: eine ~*e* Schraube 右ねじ.
Rẹchts≠ge·fühl 中 -〔e〕s/ = Rechtsempfinden ▽**≠ge·lehr·sam·keit** 女 法律学, 法律知識.
rẹchts·ge·lehrt I 形 法律学を学んだ, 法律知識のある. II **Rẹchts·ge·lehr·te** 男 女《形容詞変化》法〔律〕学者.
rẹchts·ge·rich·tet 形 (政治的に)右寄りの.
Rẹchts≠ge·schäft 中 法律行為. **≠ge·schich·te** 女 法制史, 法史学.
Rẹchts·ge·win·de 中〘工〙右ねじ山.
Rẹchts≠grund 男 法的根拠, 権原. **≠grund·la·ge** 女 法的基礎, 法律的基盤. **≠grund·satz** 男 法原理.
rẹchts·gül·tig 形 法律上有効な.
Rẹchts·gül·tig·keit 女 -/ (rechtsgültig なこと. 例えば:) 法的有効性, 合法性.
Rẹchts·gut 中 法益 (法律が保護している利益).
Rẹchts·gut·ach·ten 中〔法的〕鑑定.
Rẹchts·ha·ken 男〘ボクシング〙右フック.
Rẹchts·han·del 男 -s/..händel《ふつう複数で》訴訟, 係争.
Rẹchts·hän·der[rέçtshɛndər] 男 -s/- (女 **Rẹchts·hän·de·rin**[..hɛdərɪn]-/-nen) 右ききの人.
rẹchts·hän·dig[..dɪç]² 形 右ききの.
Rẹchts·hän·dig·keit[..kaɪt] 女 -/ 右きき.
Rẹchts·hand·lung 女 法的行為.
rẹchts·hän·gig 形 係争中の,〔訴訟〕係属中の.
Rẹchts·hän·gig·keit 女 -/〘法〙訴訟の係属.
rẹchts≠her[rέçtsheːr] 副 右から. **≠her·um**[..hɛrʊm] 副 右回りに, 右へ回って: *sich*⁴ ~ drehen 右回りに回転する.
Rẹchts·hil·fe 女 -/〘法〙法律上の共助.
rẹchts·hin[rέçtshɪn] 副 右へ向かって, 右方へ.
Rẹchts·hi·sto·ri·ker 男 法律史学者, 法制史家.
Rechts·ịn·nen[rɛçts|ínən] 男 -/- (↔ Linksinnen)〘サッカー〙ライトインナー.
Rẹchts≠in·sti·tut[rέçts..] 中 **1** 法律研究所. **2** (日常生活において)法律で定められた諸制度(結婚・財産など). **≠irr·tum** 男〘法〙法律の錯誤. **≠kir·che** 女〘カトリック〙法的教会. **≠kraft** 女 -/〘法〙確定力, 既判力.
rẹchts·kräf·tig 形 法律上の効力のある, 確定力のある: ~*es* Urteil 確定判決.
Rẹchts·kur·ve 女 右カーブ.
Rẹchts·la·ge 女 法律的に見た事態, 法的状況.
rẹchts≠la·stig 形 右側に荷重のかかった, 右に傾いた. **≠läu·fig** 形 **1** =rechtsgängig **2** (文字の並べ方について)左から右に向かって書かれた, 左書きの.
Rẹchts·leh·re 女 -/ =Rechtswissenschaft
Rẹchts·len·ker 男 右ハンドルの自動車.
Rẹchts≠man·gel 男〘法〙権利の瑕疵(かし). **≠me·di·zin** 女 -/ 法医学. **≠me·di·zi·ner** 男 法医学者.
rẹchts·me·di·zi·nisch 形 法医学〔上〕の.
Rẹchts≠miß·brauch 男 権利乱用. **≠mit·tel** 中 法律上の手段;〘法〙上訴.
Rẹchts·mit·tel·be·leh·rung 女 上訴〔の可能性〕を教示すること.
Rẹchts≠nach·fol·ge 女 権利〈義務〉を受け継ぐこと, 権利〈義務〉の継承. **≠nach·fol·ger** 男 権利〈義務〉継承者. **≠norm** 女 法規範. **≠ord·nung** 女 法秩序.
rẹchts·orien·tiert[..|oriɛntiːrt] =rechtsgerichtet
Rẹchts·par·tei 女 右翼政党.
Rẹchts≠per·son 女 法人. **≠per·sön·lich·keit** 女 法人. **≠pfle·ge** 女 -/ 司法. **≠pfle·ger** 男 司法補助官. **≠phi·lo·so·phie** 女 法哲学. **≠po·si·ti·vis·mus** 男 法実証主義.
Rẹcht·spre·chung[rέçt..] 女 -/-en〘法〙裁判; 司法. [＜Recht sprechen (→Recht 3)]
rẹchts·ra·di·kal[rέçts..] I 形 極右の. II **Rẹchts·ra·di·ka·le** 男 女《形容詞変化》極右〔思想〕の人.
Rẹchts≠ra·di·ka·lis·mus 男 極右主義〈思想〉. **≠re·gie·rung** 女 右翼的な〈右寄りの〉政府.
rẹchts·rhei·nisch[rέçtsraɪnɪʃ] 形 ライン川右岸の.
Rẹchts·ruck 男《話》(選挙での)右派の進出; (政府・党内などの) 右傾化.
rẹchts·rum[rέçtsrʊm] 副《話》=rechtsherum
Rẹchts≠sa·che 女 法律問題, 司法事件. **≠satz** 男 法規, 法的命題. **≠schu·le** 女 **1** (古代・中世の)法学所, 法律学校. **2** (法学の)学派. **≠schutz** 男 法律上の保護, 権利保護.
rẹchts·sei·tig[rέçtszaɪtɪç]² 形 右側〈右方〉の: ~ gelähmt sein 右半身が麻痺(まひ)している.
Rẹchts≠si·cher·heit 女 -/〘法〙法的安定性. **≠so·zio·lo·gie** 女 法社会学. **≠spra·che** 女 法律〔用〕語. **≠sprich·wort** 中 法〔律に関する〕格言, 法諺(ほうげん). **≠spruch** 男 (裁判所の)判決. **≠staat** 男 法治国家. **≠streit** 男 法律上の争い, 係争. **≠ti·tel** 男〘法〙権原(行為を正当化する法律上の原因).
Rẹchts·trend 男 右傾化の傾向〈趨勢〉.
rẹchts·ụf·rig[..|uːfrɪç]² 形 (川などの)右岸の.
rechts·ụm[rɛçts|ʊ́m, ⌣⌣] 副 右へ回って, 右回りに: *Rechtsum* kehrt! 右向け右(号令).
rẹchts≠un·gül·tig[rέçts..] 形 法律上無効の. **≠un·wirk·sam** 形 法的に無効の. **≠ver·bind·lich** 形 法的拘束力のある.
Rẹchts≠ver·dre·her 男《話》法をまげる人; いかさま〈いんちき〉弁護士. **≠ver·dre·hung** 女 法律の曲解. **≠ver·fah·ren** 中 訴訟手続き. **≠ver·fas·sung** 女 法律制度, 法制. **≠ver·hält·nis** 中 法〔律〕関係.
Rẹchts·ver·kehr¹ 男 右側通行.
Rẹchts≠ver·kehr² 男 (国際間の)司法・法律関係の交流〈交渉〉. **≠ver·let·zung** 女 法の侵害, 違法〔行為〕. **≠ver·lust** 男 権利の喪失. **≠ver·ord·nung** 女 (↔ Verwaltungsverordnung)〘法〙法規命令. **≠ver·stoß** 男 法の抵触, 法律違反. **≠ver·tre·ter** 男 (法律問題における)代理人(弁護士・法律顧問など). **≠vor·be·halt** 男〘法〙権利の留保. **≠weg** 男 裁判上の方法, 出訴への途(みち): den ~ beschreiten 〈einschlagen / gehen〉 法律上の手段に訴える, 訴訟を起こす | *et.*⁴ auf dem ~ entscheiden …の黒白を法的手段によって決する.
Rẹchts·wen·dung 女 右方への転回〈方向転換〉.
Rẹchts·we·sen 中 -s/ 法律制度, 法制.
rẹchts·wid·rig 形 違法の.
Rẹchts·wid·rig·keit 女 違法〔性〕.
rẹchts·wirk·sam 形 法的に有効な.
Rẹchts≠wirk·sam·keit 女 法的有効性. **≠wis·sen·schaft** 女 -/ 法学, 法律学.
rẹchts·wis·sen·schaft·lich 形 法〔律〕学上の〈的な〉.
Rẹchts·wohl·tat 女 法律上の恩典.
rẹcht≠win·ke·lig[rέçt..] 形, **≠wink·lig** 形〘数〙直角の.
rẹcht·zei·tig 形 時宜を得た, 時機を失しない, 遅すぎない, 間に合った; 早目の: ~ bremsen 適時に〈まだ間に合ううちに〉ブレーキをかける | ~ kommen 定刻に〈早目に〉来る | Um ~*es* Erscheinen wird gebeten. 定刻にご出席〈ご出頭〉ください.
re·ci·pe[réːtsipe·]《ラテン語》(略 Rec., Rp., R.) (nimm!)〘医〙(処方箋(せん)の指示で)服用〈処方〉せよ. [◇rezipie-

ren]
Re·ci·tal[rɪsáɪtəl] 中 -s/-s 独奏〈独唱・独演〉会, リサイタル. [*engl.*]
Ré·ci·tal[resitál] 中 -s/-s =Recital [*fr.*]
re·ci·tan·do[retʃitándo·] 副 (rezitierend)〘楽〙叙唱ふうに, 語るように. [*it.*; ◇rezitieren]
Reck[rɛk] 中 -[e]s/-e, -s〘体操〙鉄棒: Übungen am ~ 鉄棒の練習. [*mndd.*; ◇Rah[e]]
Recke[rɛ́kə] 男 -n/-n《雅》(特に中世騎士物語の)英雄, 戦士, 勇者. [*ahd.* recch[e]o „Verbannter"; ◇rächen, Garçon; *engl.* wretch]
recken[rɛ́kən] 他 (h) **1** (まっすぐに)伸ばす, 延ばす: die Glieder 〈eine Hand〉 ~ 手足〈片手〉をのばす | den Hals ~ 首をのばす | die Faust ~ こぶしをふり上げる | Eisen ~ (ハンマー・ローラーなどで)鉄を延ばす〈圧延する〉| Wäsche ~ 洗濯物をぴんと伸ばす ‖ 再帰 *sich*[4] ~ 身体を伸ばす, 伸びをする, (つま先立って)背伸びする. **2**《北部》〘海〙ひっぱる: ein Schiff ~ 舟を曳航(えいこう)する. [*germ.*; ◇recht]
recken·haft[rɛ́kənhaft] 形 英雄的な, 大胆な, 勇猛果敢な.
Reckol·der[rɛ́kɔldər] 男 -s/-《方》(Wacholder)〘植〙ビャクシン属. [*ahd.* reckalter]
Reck≠stan·ge[rɛ́k..] 女〘体操〙鉄棒(のバー). **≠tur·nen** 中 鉄棒体操.
Re·clam[ré:klam, rɛ́k..] 人名 Anton Philipp ~ アントン フィーリップ レークラム(1807-1895; ドイツの出版業者): ~*s* Universal-Bibliothek レクラム文庫(1839年創刊).
Re·clam·bänd·chen 中 レクラム文庫.
Re·cor·der[rekɔ́rdər] 男 -s/- 記録装置; (とくに)テープレコーダー: Video*recorder* ビデオレコーダー. [*engl.*: ◇Rekord]
rec·te[rɛ́ktə] 副 正しく, よく, 正当に, 有効に. [*lat.* rēctus (→recht)]
rec·to fo·lio[rɛ́kt· fó:lio·]《ラテン語》(↔verso folio) 紙の表(おもて)に, 表ページに(記号 r; 例 10[r]).
Rec·tor ma·gni·fi·cen·tis·si·mus[rɛ́ktɔr magnifitsɛntísimʊs] 男 -s -/-es ..mi[rɛktó:re:s ..mi·]〘史〙(大学学長を兼ねた領主・君主の称号として)学長兼任君主.
Rec·tor ma·gni·fi·cus[rɛ́ktɔr magní(:)fikʊs] 男 -s-/-es ..fici[rɛktó:re:s ..fitsi·](称号として)〘大学〙学長. [*lat.*; ◇Rektor, Magnus]
re·cy·cel·bar[risáɪkəlba:r] 形 再生利用〈リサイクル〉可能の.
re·cy·celn[risáɪkəln]《06》他 (h) (廃品などを)再生利用する, リサイクルする: Altpapier ~ 故紙を再生利用する ‖ *recyceltes* Papier 再生紙. [*engl.*]
Re·cy·cling[risáɪklɪŋ] 中 -s/ リサイクリング, 再生利用. [*engl.*]
Re·cy·cling·pa·pier[risáɪklɪŋ..] 中 再生紙.
Re·dak·teur[redaktǿ:r] 男 -s/-e (女 **Re·dak·teu·rin**[..tǿ:rɪn]-/-nen) (新聞・雑誌などの)編集者, 編集部員: Chef*redakteur* 編集長, 主筆. [*fr.*; <..eur]
Re·dak·tion[redaktsió:n] 女 -/-en **1**《単数で》編集(事務). **2** 編集部〈局〉. **3**《集合的に》編集部〈局〉員. [*fr.*; <*lat.* redigere (→redigieren)]
re·dak·tio·nell[redaktsionɛ́l] 形 編集上の, 編集部〈編集者〉の(手による): die ~*e* Kürzung eines Manuskripts 原稿を編集者〈部〉が短くすること | ~*e* Arbeiten 編集(事務).
Re·dak·tions≠schluß[redaktsió:ns..] 男 **1** 編集(事務)の終了. **2** (原稿)の締め切り, 期限. **≠sit·zung** 女 編集会議.
Re·dak·tor[redáktɔr, ..to:r] 男 -s/-en[..daktó:rən] **1** (特に学術出版物の)編集者. **2**《スイ》=Redakteur
Re·dak·tri·ce[redaktrí:sə; オース: トリア:..trí:s] 女 -/-n[..sən] =Redakteurin [*fr.*]
▽**Red·di·tion**[rɛditsió:n] 女 -/-en (Rückgabe) 返還. [<*lat.* red-dere „zurück-geben" (◇Dativ)]
Re·de[ré:də] 女 -/-n **1** 講演, 演説, 談話, スピーチ: eine akademische ~ 学術講演 | eine hetzerische ~ アジ演説 | eine öffentliche ~ 公式〈公開〉の(席での)談話 | Tisch*rede* テーブルスピーチ | Wahl*rede* 選挙演説 ‖ eine ~ ausarbeiten 〈drucken lassen / in Druck geben〉 演説(の原稿)を練り上げる〈印刷に付する〉| eine ~ halten 演説する | eine ~ schwingen《話》演説をぶつ | **große ~*n* schwingen**《話》大口をたたく | die ~ frei halten 草稿なしで講演する | *seine* ~ [mit *et.*[3]] schließen 演説を(…で)結ぶ.
2《ふつう単数で》**a**) 発言, 話すこと: ~ und Gegenrede 発言と(それに対する)反論, 話のやりとり ‖ bei *seiner* ~ bleiben《比》考えを変えない; 発言を取り消さない | in der ~ steckenbleiben 話の途中でつかえる | ***jm.* in die ~ fallen** …の話をさえぎる ‖ *jm.* die ~ verbieten …の発言を禁じる | ***jm.* die ~ verschlagen**《比》…を口もきけぬほどあきれ返らせる ‖ **nicht der ~ wert sein** 言う〈とる〉に足りない. **b**) 弁明, 釈明: ***jn.* zur ~ stellen**《比》…を問い詰める, …に(…のことで)釈明を求める ‖ ***jm.* über *et.*[4] ~ [und Antwort] stehen**《比》…に…について釈明する. **c**) 雄弁, 弁舌: die Gabe der ~ besitzen 〈haben〉 能弁である | die Kunst der ~ beherrschen 弁舌がたくみである.
3 a)《ふつう単数で》話題, 話のたね: **in ~ stehen** 話に出ている; (いま(なお))問題になっている ‖ die ~ auf *jn.* 〈*et.*[4]〉 bringen …を話題にする ‖ Die ~ kam auf ihn. 話が彼のことになった | Es war von der Schule die ~. 学校のことが話し合われた | Wovon ist die ~? なんの話だ | **von *et.*[3] kann keine 〈nicht die〉 ~ sein** …は問題にならない. **b**) うわさ, とりざた: der ~ nach うわさでは ‖ **es geht die ~, daß ...** …というわさが流れている | Die ~ wollte nicht verstummen. とりざたは いっこう〈なかなか〉やまなかった. **c**)《ふつう複数で》言葉, 言いぐさ: **große ~*n* führen 〈schwingen〉**《比》大口をたたく | lose 〈lockere〉 ~*n* führen《比》軽率な口をきく | *jn.* mit schönen 〈leeren〉 ~*n* hinhalten《比》うまい〈口先だけの〉ことを言って…を釣っておく | seine ständige 〈stehende〉 ~ 彼の口ぐせ ‖ nichts auf die ~*n* der Leute geben / *sich*[4] nicht um die ~*n* der Leute kümmern 世間の言いぐさなど気にかけない | Höre nicht auf seine ~! 彼の言うことに耳を貸すな | Was sind das für ~*n*! なんたる言いぐさだ ‖ Das ist [doch] [schon] immer 〈lange〉 meine ~. / Meine ~! だから言わないことじゃないんだ(私がいつも〈前から〉言ってることじゃないか) | Was ist langer ~ kurzer Sinn? 要するにどういうことなんだ.
4《ふつう単数で》**a**) 話し方, 文体: in gebundener 〈ungebundener〉 ~ schreiben 韻文〈散文〉で書く | in gehobener 〈freier〉 ~ sprechen 高尚〈自由〉な話し方をする. **b**)〘言〙説話, 話法: erlebte ~ 体験説話〈話法〉| direkte ~ 直接説話〈話法〉| indirekte ~ 間接説話〈話法〉. **c**) (↔Sprache)〘言〙言, 発話, パロル(→Parole II).
[„Gefügtes"; *ahd.*; ◇Arm, gerade[1], raten, redlich]
Re·de≠blü·te[ré:də..] 女 詞華(しか), 美辞麗句;《比》大げさで滑稽(こっけい)な言いまわし. **≠dau·er** 女 (議会での)演説(の持続)時間. **≠duell** 中 論争. **≠fi·gur** 女〘言〙修辞的表現(法)(例 Chiasmus 交差法, Metapher 隠喩(いんゆ), 暗喩). **≠fluß** 男《ふつう単数で》よどみない弁舌, 能弁, 多弁. **≠frei·heit** 女 -/ 言論の自由. **≠ga·be** 女 -/ 弁舌の才.
re·de·ge·wandt 形 弁の立つ, 口達者な, 弁舌さわやかな.
Re·de≠ge·wandt·heit 女 (redegewandt なこと. 例えば:) 能弁. **≠kunst** 女 -/ **1** たくみな弁舌, 雄弁術. **2** (Rhetorik) 修辞学. **≠künst·ler** 男 **1** 弁舌のさわやかな人, 雄弁家. **2** 修辞法の達人.
re·de·lu·stig 形 話好きな, おしゃべりの.
Re·de·ma·nu·skript 中 演説〈スピーチ〉の草稿.
Red·emp·to·rist[redɛmptoríst] 男 -en/-en〘カトリック〙レデンプトール会(1732年創立)会員. [<*kirchenlat.* redemptor „Erlöser" (◇Ranzion)]
re·den[ré:dən][1]《01》**I** 自 (h) (英: *talk*)《mit *jm.* über *et.*[4] 〈von *et.*[3]〉》(…と…について)話す, 語る, しゃべる, 論じる, 演説〈講演〉する: frei ~ 自由〈率直〉に話す; 原稿を離れて〈なしで〉話す | mit *jm.* deutsch ~ (→deutsch I 2) | gut 〈schlecht〉 von *jm.* ~ / gut 〈schlecht〉 über *jn.* ~ …のことをよく〈悪く〉言う, …のことをほめる〈けなす〉| Du hast gut 〈leicht〉 [darüber / davon] ~!《比》君は(局外者だ

から)気楽になんでも言えるのさ | lange ⟨lang und breit⟩ ～ 長々と話す | laut ⟨leise⟩ ～ 大声⟨小声⟩で話す | 〔mit *jm.*〕 offen ～ 〔…と〕率直に話す | ununterbrochen ⟨in einem fort⟩ ～ たて続けにしゃべりまくる | Die Leute *reden* viel. 世間の口はうるさいものだ | Es wird viel *geredet*. 世間はいろいろ言っている | **wie ein Buch ⟨ein Wasserfall⟩ ～** べらべらと⟨果てしなく⟩しゃべりまくる | Du *redest*, wie du's verstehst!《比》君は大いにしゃべるが なんにも分かっちゃいないんだ(黙っていろ) | Hier kann man ～, wie einem der Schnabel gewachsen ist.《比》ここならなんの気がねもなしに話せる.

‖〘前置詞句と〙*jm.* **aus** der Seele ～《比》…の言いたいことを代弁する | **gegen** eine Mauer ～ (→Mauer 1) | *jm.* **ins** Gewissen ～ (→Gewissen 1) | in den Wind ～ (→Wind 1 a) | **mit** den Händen ～ 手を使って⟨手話術で⟩話す;《比》身振りたっぷりに話す | mit Händen und Füßen ～《比》さかんに身振り手振りを入れて話す | mit *sich*³ selbst ～ ひとりごとを言う | mit *jm.* zu ～ haben …に話す⟨言ってやる⟩ことがある | Darüber ist mit ihm nicht zu ～. このことは彼と話しても仕方がない⟨彼では話〔相手〕にならない⟩ | Mit dir *rede* ich nicht mehr! 君とはもう口をきかんぞ | *jm.* nach dem Mund ⟨dem Maul⟩ ～ (→Mund 1, →Maul 2) | unter vier Augen ～《比》二人だけで(内密に)話す | frisch ⟨frei⟩ von der Leber weg ～ (→Leber 1) | 〔**viel**〕 **von** ***sich***³ **～ machen** 〔大いに〕世間を騒がす⟨の話題をにぎわす⟩ | *Rede* 〔mir〕 nicht davon! その話はやめてくれ, 私は聞く耳を持たぬ | Du kannst von Glück ～, daß ... …〔だ〕とは君は幸運と言うべきだ | **vor** Schreck nicht ～ können 驚きのあまり口もきけない | Musik *redet* **zum** Herzen.《比》音楽はひとの心情に語りかける.

‖〘lassen と〙das Schwert ～ lassen《比》剣に物を言わせる, 剣をふるう | Laß doch die Leute ～! 他人にはなんとでも言わせておけ, 世間のうわさなど気にするな | Laß ihn doch zu Ende ～! 彼の言うことを終わりまで聞け | So lasse ich nicht mit mir ～. 私にそんな口のきき方は許さないぞ | **mit** ***sich***³ **～ lassen** 話し合いに応じる用意がある | Er läßt mit sich ～. / Mit ihm läßt sich ～. 彼は話が分かる; 彼とは話し合う余地がある | Darüber läßt sich 〔schon eher〕 ～. それなら話が分かる⟨話し合う余地がある⟩.

‖〘結果を示す語句と〙*sich*³ den Mund fusselig ～ (→Mund¹ 1) | *sich*⁴ heiser ～ しゃべって声をからす | *sich*⁴ heiß ⟨warm⟩ ～ / *sich*³ den Kopf heiß ～ / *sich*⁴ in Hitze ⟨Feuer⟩ ～ 話しているうちに(思わず)興奮してしまう | *sich*⁴ zornig ～ / *sich*⁴ in Wut ⟨Zorn⟩ ～ 話しているうちにしだいに激昂(げっこう)する | *sich*⁴ um den Hals ～ (→Hals 1 a) | *jm.* Löcher ⟨ein Loch⟩ in den Bauch ～ (→Loch 1) | *sich*³ eine Anzeige ⟨einen Prozeß⟩ an den Hals ～ 話したことのために名誉毀損(きそん)で告発される | *sich*³ die Zunge aus dem Hals ～ (→Zunge 1 a) | *jm. et.*⁴ aus dem Kopf ⟨aus dem Sinn⟩ ～ …を説得して…(考えなど)を捨てさせる | *sich*³ *et.*⁴ von der Seele ⟨vom Herzen⟩ ～ …(悩みなど)を打ち明け〔て心が軽くな〕る ‖〘名詞として〙〔viel〕 *Redens* von *et.*³ machen …のことで〔ひどく〕騒ぎたてる | *jn.* zum *Reden* bringen …を促して話させる | ***Reden*** **ist Silber, Schweigen ist Gold.**《諺》雄弁は銀 沈黙は金 | *Reden* und Tun ist zweierlei. 口で言うのと実際に行うのとは別のことだ ‖〘現在分詞で〙*redende* Künste 修辞法, 雄弁術; 言葉の芸術, 文学 | deutlich *redende* Beweise ⟨Zeugnisse⟩ 明白な証拠⟨証言⟩.

II 他 (h) 言う, 話す, 語る, しゃべる: Unsinn ⟨Blech / Kohl / Quatsch / dummes Zeug⟩ ～ くだらないことをしゃべる | die Wahrheit ～ 本当のことを話す | große Töne ⟨Worte⟩ ～《比》大口をたたく | kein ⟨nicht ein⟩ Wort ～ / keine Silbe ～ 一言も口をきかない | *et.*³ ⟨*jm.*⟩ das Wort ～《雅》…を弁護する, …のためにとりなす | ein offenes Wort mit *jm.* ～ …と率直に話し合う | 〔mit *jm.*〕 Fraktur ～ (→Fraktur 1) | 〔noch〕 ein Wörtchen ⟨ein Wort⟩ mit *jm.* zu ～ haben …に言うことがある | Gutes ⟨Schlechtes⟩ von *jm.* ～ / Gutes ⟨Schlechtes⟩ über *jn.* ～ …のことをよく⟨悪く⟩言う, …のことをほめる⟨けなす⟩ | Leblose Dinge *reden* oft eine stumme Sprache.《比》無生物もときに無言の言葉を語る | Darüber könnte man Bände ～.《比》それは話せば長いことになる.

[*ahd.*; ◇Rede]

Re̱·dens·art[ré:dəns|a:rt] 女 **1** (しばしば用いられ, 固定した)言い回し; 慣用句, 成句: eine alte ⟨alltägliche⟩ ～ 昔からの⟨ごく日常的な⟩慣用句 | eine sprichwörtliche ～ 諺ふうの慣用句 | eine lateinische ～ ラテン語の成句. **2**《ふつう複数で》きまり文句; お世辞: leere ⟨bloße⟩ ～*en* machen 内容空疎なきまり文句を並べる. [*fr.* façon de parler (◇Façon, parlieren) の翻訳借用]

Re̱·de·recht 中 発言権.

Re̱·de·re̱i[re:dəráɪ] 女 -/-en (うるさい・無駄な)おしゃべり, 饒舌(じょうぜつ).

Re·de·ri̱·tis[re(:)dərí:tɪs] 女 -/《戯》多言⟨多弁⟩症, おしゃべり病. [＜..itis]

re̱·de·scheu[ré:də..] 形 口数の少ない, 無口な, 口べたな.

Re̱·de≠schrei·ber 男 演説草稿の起草者. **≠schrift** 女 (極度に省略された)討論記録用速記. **≠schwall** 男 -〔e〕s/ (早口の興奮した)おしゃべり,(大げさな)多弁. **≠schwulst** 男 大げさな表現⟨言葉⟩, 大言壮語. **≠stro̱m** 男 よどみない弁舌, 能弁, 多弁. **≠ta·lent** 中 弁舌の才. **≠teil** 男 **1** (Wortart)〘言〙品詞. ▽**2** = Satzteil **≠ü̱bung** 女 話術・朗唱術・表現法の練習. **≠ver·bo̱t** 中 演説⟨講演⟩禁止〔令〕; 箝口(かんこう)令. **≠wei·se** 女 話し方, 話しぶり, 口調; 言い回し. **≠wen·dung** 女 言い回し, 語法, 表現法; 慣用句(俗語的表現・諺・よく知られた引用句などさまざまな語法の総称). **≠wett·be·werb** 男 弁論大会, スピーチコンテスト.

re·di·gie̱·ren[redigí:rən] 他 (h) (編集者として)原稿を整理〔して印刷に回せるように〕する; (新聞・雑誌などの)編集をする, 編集長⟨主筆⟩をつとめる: einen Artikel ～ 記事を整理⟨編集⟩する | eine Zeitschrift ～ 雑誌の編集をする⟨編集長である⟩. [*lat.* red-igere „zurück-treiben"–*fr.*; ◇re.., agieren, Redaktion; *engl.* redact]

Re·din·gote[redɛ̃gɔ́t, rəd..] 女 -/-n[..tən]〘服飾〙ルダンゴト(男子用コート, 女子用としてはコートふうのドレス). [*engl.* riding coat „Reitmantel"–*fr.*; ◇reiten]

▽**Re̱d·in·te·gra·tio̱n**[re:t|ɪntegratsió:n, rɛt..] 女 -/-en 再建, 再興, 復旧. [*lat.*; ＜re..]

Re·dis·ko̱nt[redɪskɔ́nt] 男 -〔e〕s/-e〘商〙(手形の)再割引.

re·dis·kon·ti̱e·ren[redɪskɔntí:rən] 他 (h)〘商〙(手形を)再割引する.

Re·dis·kon·ti̱e·rung[..rʊŋ] 女 -/-en (手形の)再割引.

re·di·vi̱·vus[redivi:vʊs] 形 (wiedererstanden) よみがえった, 生きかえった, 復活した; 再生の. [*lat.*]

re̱d·lich[ré:tlɪç] 形 **1** 正直な, まじめな, 誠実な, 健気(けなげ)な, 信頼⟨尊敬⟩できる: ein ～*er* Mensch 誠実⟨実直⟩な人 | eine ～*e* Bestrebung 尊敬に値する⟨まじめな⟩努力 | ein ～*es* Herz まじめな⟨誠実な⟩心〔の持ち主〕. **2**《話》非常な, 大きな: ～*en* Hunger haben 大いに空腹である | *sich*⁴ ～ bemühen 大いに骨を折る. [„wie man es verantworten kann"; *ahd.*; ◇Rede]

Re̱d·lich·keit[–kaɪt] 女 -/ (redlich なこと. 例えば:) 正直, 誠実, 実直.

Re̱d·ner[ré:dnər] -s/- (⊗ **Re̱d·ne·rin**[..nərɪn]-/-nen) **1** 講演⟨演説⟩をする人, 弁士. **2** 能弁⟨雄弁⟩な人: Er ist kein ⟨ein großer⟩ ～. 彼は話しべただ⟨非常に弁が立つ⟩.

Re̱d·ner≠bü̱h·ne 女 演壇: die ～ besteigen 演壇にのぼる, 講演をする. **≠ga̱·be** 女 -/ 弁舌の才, 話術の巧みさ.

Re̱d·ne·rin Redner の女性形.

re̱d·ne·risch[ré:dnərɪʃ] 形 演説家としての, 雄弁な;〘言〙修辞〔学〕上の: eine ～*e* Begabung 演説家としての才.

Re̱d·ner≠li·ste[ré:dnər..] 女 (ある集会で)講演⟨演説⟩をする人の名簿: *jn.* in die ～ eintragen …を講演者のリストにのせる. **≠pult** 中 演台(演壇のテーブル: → ⊛ Pult): ans ⟨hinter das⟩ ～ treten 演壇に立つ.

Re·dou·te[redú:tə, rə..; オーストリア: redú:t] 女 -/-n[..tən] **1**《オーストリア》(Maskenball) 仮装舞踏会. **2** 舞踏会場, 宴会用の

R

広間. **3**〖軍〗角面堡(ほ), 方形堡. [*it.* ridotto „Zufluchtsort"−*fr.*; ◇reduzieren; *engl.* redoubt]

Re·dres·se·ment[redrɛs(ə)mã:] 中 -s/-s〖医〗(脱臼(だっきゅう)・骨折・脚部奇形・歯などの)整復〈矯正〉〔術〕. [*fr.*]

re·dres·sie·ren[redrɛsí:rən] 他 (h) ▽**1** 修復する, もとへ戻す. **2**〖医〗(脱臼(だっきゅう)・骨折・脚部奇形・歯などを)整復〈矯正〉する. [*fr.*]

red·se·lig[ré:tze:lıç][2] 形 話好きな, おしゃべりな, 口数の多い. [<Rede]

Red·se·lig·keit[−kaıt] 女 -/ (redselig なこと. 例えば:) 饒舌(じょうぜつ), 話好き.

Re·duk·tion[redʊktsió:n] 女 -/-en **1** (価格・収入・支出・人員・重量・速度などの)制限, 削減, 縮小, 減少, 低下; (機構などの)簡素化. **2** (Zurückführung)〖論〗還元法. **3**〖化〗還元. **4**〖生〗還元, 退縮, 退化. **5**〖数〗還元算, 約分, 換算. **6**〖言〗(母音の)弱化, 消滅. **7**〖カトリック〗**a)** (Laisierung)(聖職者の)還俗(げんぞく). **b)**《ふつう複数で》(17・18世紀にイエズス会によって開拓された)南米インディアンの村落〈居留地〉. [*lat.*; ◇reduzieren]

Re·duk·tions≈ge·trie·be 中〖工〗減速装置, 減速歯車. **≈mit·tel** 中〖化〗還元剤. **≈ofen** 男〖金属〗還元炉. **≈tei·lung** 女 (細胞の)減数〈還元〉分裂. **≈ver·fah·ren** 中〖心〗還元法. **≈zir·kel** 男〖工〗比例コンパス.

red·un·dant[redʊndánt] 形 (ある情報・表現の中で)余分〈過剰〉な, 重複の, 冗長な;〖言〗余剰的な. [*lat.*]

Red·un·danz[..dánts] 女 -/-en (情報・表現の中の)余分, 過剰, (余計な)重複;〖言〗余剰性;〖電算〗冗長性. [*lat.*; <re..+*lat.* unda (→Undine)]

Re·du·pli·ka·tion[reduplikatsió:n] 女 -/-en〖言〗〔語頭音節〕重複〈反復〉, 畳音(i)ゴート語などにおいて過去時称をつくるため語頭の音節を反復すること. 例 ゴート語の haitan (heißen) に対する haihait (hieß); ii) 幼児語などである音節を重複〈反復〉して語をつくること. 例 Wauwau; Mama).

re·du·pli·zie·ren[..duplitsí:rən] 他 (h)〖言〗〔語頭の音節を〕反復する: *reduplizierendes* Verb〔語頭音節〕重複〈反復〉動詞. [*spätlat.*]

re·du·zi·bel[redutsí:bəl](..zi·bl..) 形 (↔irreduzibel) 修復〈還元〉し得る;〖数〗可約の. [◇*engl.* reducible]

re·du·zie·ren[redutsí:rən] 他 (h) **1**《auf *et.*[4]》(…に)制限する, 限定する; 軽減する, 低下させる; (zurückführen) 還元する: *et.*[4] auf ein Minimum 〈die Hälfte〉 ~ …を最小限〈半数〉に減らす | der *reduzierte* Zustand 制限された状態, 貧窮状態. **2**〖化〗還元する. **3**〖数〗簡約〈約分〉する. **4**〖言〗母音を弱化する. [*lat.* re-dūcere „zurück-ziehen"; ◇ziehen[2]]

Re·du·zie·rung[..rʊŋ] 女 -/-en (reduzieren すること. 例えば:) 制限, 削減, 軽減, 低下; 還元; 簡約.

Re·du·zier≈ven·til[redutsí:*r*..] 中〖工〗減圧弁. **≈walz·werk** 中〖工〗絞り圧延機.

Ree·de[ré:də] 女 -/-n〖海〗(沖合いの)停泊地, (港外の)投錨(とうびょう)地: auf 〔der〕 ~ liegen 沖合い〈港外〉に停泊している | auf der ~ ankern 沖合い〈港外〉に投錨する. [*mndd.*; ◇bereit]

Ree·der[ré:dər] 男 -s/- 〔個人〕船主. [*mndd.*]

Ree·de·rei[re:dəráı] 女 -/-en 船舶〈海運〉業, 船会社.

Ree·de·rei≈be·trieb 男 船舶業, 海運業. **≈flag·ge** 女〖海〗社旗, 船主旗.

re·ell[reɛ́l] 形 **1** (↔unreell) 正直な, まともな; 手がたい, 堅実な, 信頼できる: ein ~*er* Mensch まっとうな人 | eine ~*e* Firma 手がたい〈しっかりした〉会社. **2**《話》たっぷりした, 上等な: ~*e* Speisen りっぱな〈満足のゆく〉食事 | eine ~*e* Erbschaft ばく大な遺産 ‖ Das ist endlich mal was *Reelles*! ようやくまともな話〈こと〉になったな. **3** 本当の, 実際の, 現実の: ~*e* Aussichten 現実的な見通し ‖ Das ist ~ begründet. それには実際的な根拠がある. **4** (↔virtuell) ~*es* Bild〖理〗実像. **5** (↔imaginär) ~*e* Zahlen〖数〗実数. [*spätlat.*−*fr.* réel; ◇real]

Re·el·li·tät[reɛlitɛ́:t] 女 -/-en《ふつう単数で》(reell 1 なこと. 例えば:) 正直, 堅実, 公正, 信用できること.

Reep[re:p] 中 -〔e〕s/-e〖海〗索, ロープ. [*mndd.*; ◇Reif[1]]

Ree·per[ré:pər] 男 -s/- ロープ〈索〉をつくる人. [*mndd.*]

Ree·per·bahn **I** 女 -/-en 索つくりの仕事場, ロープ製造所. **II** die **Ree·per·bahn** 地名 女 -/ レーパーバーン (Hamburg の歓楽街).

Ree·pe·rei[re:pəráı] 女 -/-en 索〈ロープ〉の製造業〈所〉.

Reep·schlä·ger[ré:p..] 男 =Reeper

Reet[re:t] 中 -s/《北部》(Ried)〖植〗ヨシ(葦)属. [*mndd.*]

Reet·dach[ré:t..] 中 (北ドイツの農家などに見られる)ヨシぶきの屋根.

Ref. 略 =Referendar

REFA[ré:fa·] 略 男 -/ **1** = **Reichsausschuß für Arbeitszeitermittlung** 帝国労働時間調査委員会(1936年まで). **2** =**Reichsausschuß für Arbeitsstudien** 帝国労働〔条件〕調査委員会(1945年まで; 1948年から Verband für Arbeitsstudien「労働条件調査連盟」の略称として用いられる).

REFA-Fach·mann[ré:fa..] 男 -〔e〕s/..leute (..männer) 労働条件調査員.

Re·fak·tie[refáktsiə] 女 -/-n〖商〗(傷物や欠陥商品などの)値引き. [*lat.* re-fectiō−*ndl.*]

re·fak·tie·ren[refaktí:rən] 他 (h)〖商〗(傷物や欠陥商品などを)値引きする.

REFA-Tech·nik[ré:fa..] 女 労働条件調査技術.

Re·fek·to·rium[refɛktó:riʊm] 中 -s/..rien[..riən]〖カトリック〗(修道院・神学校などの)食堂. [*mlat.*; <*lat.* reficere „wieder machen, erquicken" (◇..fizieren)]

Re·fe·rat[referá:t] 中 -〔e〕s/-e **1** 研究〈調査〉報告, (専門家の)小講演, (学生がゼミナールで行う)研究発表; (新刊書などの)批評: ein ~ über *et.*[4] halten 〈schriftlich einreichen〉 …について研究〈調査〉報告を口頭でする〈文書で提出する〉. **2** (官庁の)課, 専門部局: Presse*referat* 広報課. [*lat.* „(er) möge berichten"]

Re·fe·ree[refərí:; オーストリア: ..ré:] 男 -s/-s (Schiedsrichter)〖スポーツ〗レフェリー, 審判員. [*engl.*]

Re·fe·ren·da Referendum の複数.

Re·fe·ren·dar[referɛndá:*r*] 男 -s/-e (女 **Re·fe·ren·da·rin**[..dá:rın]-/-nen) (略 Ref.) 試補見習(第1次の国家試験に合格し, Assessor になるための見習期間中の上級公務員採用候補者). [*mlat.*]

Re·fe·ren·dum[referɛ́ndʊm] 中 -s/..den[..dən], ..da[..da·] 国民投票, 国民〈住民〉表決: ein ~ abhalten 国民投票〈表決〉を行う. [*lat.* „zu Berichtendes"]

Re·fe·rent[referɛ́nt] 男 -en/-en **1** (女 **Re·fe·ren·tin**[..tın]-/-nen) **a)** 研究〈調査〉報告者; (学会などでの)報告〈講演〉者; (新刊書などの)評者. **b)** (官庁・企業などの)専門部局担当者, 係官: Presse*referent* 広報担当者.
2 (Denotat)〖言〗指示対象, 被表示物(言語記号の表示する言語外対象).

Re·fe·renz[referɛ́nts] 女 -/-en **1**《ふつう複数で》(ある人の人物・業績などについての)情報; 紹介〔状〕, 推薦〔状〕: ~*en* erteilen 紹介状〈推薦〉を与える | ~*en* beifügen (応募などに際して)推薦状をそえる | über erstklassige ~*en* verfügen 第一級の推薦状〈人物証明〉を持っている. **2** 照会先(ある人についての情報を提供しうる人物・機関);〖商〗信用照会先: *jn.* als ~ angeben 〈nennen〉 …を照会先に指名する. **3**〖言〗(言語記号の)指示〈表示〉作用. [*fr.* référence „Bericht"]

re·fe·rie·ren[referí:rən] **I** 自 (h) **a)**《über *et.*[4]》(…について)研究〈調査〉報告をする; (…について短い)講演〈研究発表〉をする. **b)**《auf *et.*[4]》(語が対象などを)指示する(→Referenz 3). **II** 他 (h)《*et.*[4]》= I [*lat.* re-ferre „zurück-tragen"−*fr.* référer; ◇Relation]

Reff[1][rɛf] 中 -〔e〕s/-e《軽蔑的に》(やせこけた)老婆, オールドミス, ばばあ. [*ahd.* href „〔Mutter〕schoß"; ◇Körper]

Reff[2][−] 中 -〔e〕s/-e (Rückentrage) 背負いかご. [*ahd.* ref]

R

Reff[3][−] 中 -(e)s/-s〘海〙縮帆装置. [*ndd.*; ◇*engl.* reef]

ref·fen[rɛ́fən] 他 (h)〘海〙(帆を)縮める.

re·fi·nan·zie·ren[refinantsí:rən] 他 (h)〘商〙リファイナンスをする.

Re·fi·nan·zie·rung[..ruŋ] 女 -/-en〘商〙リファイナンス(国外の輸出業者が振り出した手形を受け取った輸入業者が, 別に同額の手形を振り出し, これを国際金融の中心地の銀行で割り引いてもらうという方式).

Re·fla·tion[reflatsió:n] 女 -/-en〘経〙通貨再膨脹, リフレーション. [*engl.*; <Inflation]

re·fla·tio·när[..tsionɛ́:r] 形 通貨再膨脹〈リフレーション〉の.

Re·flek·tant[reflɛktánt] 男 -en/-en **1** 買い気のある人, 買い手. **2** 応募者, 志願者.

re·flek·tie·ren[reflɛktí:rən] **I** 他 (h) **1**《*et.*[4]》(…を)反射する; 照り返す; はね返す, 逆戻りさせる;《比》(…を)反映する, 映し出す: Der Spiegel *reflektiert* das Licht. 鏡が光を反射する | Dieser Roman *reflektiert* die gesellschaftlichen Verhältnisse von damals. この小説は当時の社会的状況を反映している ‖ 再帰 *sich*[4] ~ (…が)反映する, 映し出されている. **2**《*et.*[4]》(…について)熟考する, 反省する(→ II 1). **II** 自 (h) **1**《über *et.*[4]》(…について)熟考する, 反省する: über ein Problem ~ ある問題について熟考する. **2**《auf *et.*[4]》(…を)手に入れようとする, (…に)目をつける;〘商〙(…に)買い気がある: auf einen Posten ~ あるポストをねらう. **III re·flek·tiert**[..tí:rt] 過分 形 熟考された, 十分に考慮された. [*lat.* re-flectere „um-wenden"]

Re·flek·tiert·heit[..haɪt] 女 -/ reflektiert なこと.

Re·flek·tor[reflɛ́ktɔr, ..to:r] 男 -s/-en[..flɛktó:rən] **1** 反射鏡; 反射望遠鏡; 反射器. **2**〘原子力〙(原子炉の)反射体. **3**〘電〙反射電極.

re·flek·to·risch[reflɛktó:rɪʃ] 形 反射する, 反射性の, 反射(作用)による.

Re·flex[reflɛ́ks] 男 -es/-e **1** (光・熱の)反射;《比》反映, 映像. **2**〘生理〙(神経・腱(けん)などの)反射(作用): bedingter ~ 条件反射 | Haut*reflex* 皮膚反射. [*fr.*]

re·flex·ar·tig[reflɛ́ks|a:rtɪç][2] 形 反射的な.

Re·flex≈be·we·gung 女〘生理〙反射運動. **≈hand·lung** 女 反射的行動.

Re·fle·xion[reflɛksió:n] 女 -/-en **1 a)**〘理〙(光・熱などの)反射. **b)** (一般に)反射; 反映. **2** 反省, 沈思, 熟考: ~*en* über *et.*[4] anstellen …に関して省察〈反省〉を加える. [*spätlat.*−*fr.*]

Re·fle·xions≈ne·bel 男〘天〙反射星雲. **≈ver·mö·gen** 中 -s/〘理〙反射率. **≈win·kel** 男〘理〙反射角.

re·fle·xiv[reflɛksí:f][1] **I** 形 (rückbezüglich)〘言〙再帰的な: ein ~*es* Pronomen 再帰代名詞 | ein ~*es* Verb 再帰動詞. **II Re·fle·xiv** 中 -s/-e **1** =Reflexivpronomen **2**〘言〙再帰動詞(例 sich bewegen, sich freuen).

Re·fle·xi·va Reflexivum の複数.

Re·fle·xiv·pro·no·men[reflɛksí:f..] 中 (**Re·fle·xi·vum**[reflɛksí:vum] 中 -s/..va[..va·])〘言〙再帰代名詞(例 sich).

Re·flex·ka·me·ra[reflɛ́ks..] 女〘写〙レフレックスカメラ.

re·flex·mä·ßig[reflɛ́ksmɛ:sɪç][2] 形 反射的な.

Re·form[refɔ́rm] 女 -/-en 改革, 改造, 改良, 改正; 刷新, 革新: eine soziale ~ 社会改革 | eine ~ an Haupt und Gliedern 徹底的な改革 | Boden*reform* 土地〈農地〉改革 | Schul*reform* 学制改革 ‖ eine ~ in Angriff nehmen 改革に着手する. [*fr.* réforme]

reform. 略 =**reformiert**

Re·for·ma·tion[refɔrmatsió:n] 女 -/-en **1**《単数で》〘史〙宗教改革. **2** reformieren すること. [*lat.*]

Re·for·ma·tions≈fest 中, **≈tag** 男〘新教〙宗教改革記念日(10月31日). **≈zeit** 女 -/ 宗教改革の時代.

Re·for·ma·tor [refɔrmá:tɔr, ..to:r] 男 -s/-en [..mató:rən] **1**〘史〙宗教改革者(特に Luther, Calvin, Zwingli など). **2** (一般に)改革者. [*lat.*]

re·for·ma·to·risch[refɔrmató:rɪʃ] 形 **1** 宗教改革の. **2** 改革の, 改良〈改善〉の.

re·form·be·dürf·tig[refɔ́rm..] 形 改革〈改良〉を必要とする.

Re·form≈be·stre·bung 女 -/-en《ふつう複数で》改革のための努力. **≈be·we·gung** 女 改革運動. **≈büh·ne** 女 (新式の)改良舞台.

Re·for·mer[refɔ́rmər] 男 -s/- 改革者; 改革〈改正〉論者. [*engl.*]

re·form·fä·hig[refɔ́rm..] 形 (自己)改革の能力のある.

Re·form·fä·hig·keit 女 reformfähig なこと.

re·form·freu·dig 形 改革意欲のある, 改革〈改良〉を厭(いと)わない.

Re·form≈gast·stät·te 女 健康食〈自然食〉を供する飲食店(→Reformkost). **≈haus** 中 健康食〈自然食〉専門店(→Reformkost).

re·for·mie·ren[refɔrmí:rən] **I** 他 (h) 改革する, 改良〈改正・改善〉する; 革新〈刷新〉する: das Strafrecht ~ 刑法を改正する | das Hochschulwesen ~ 大学制度を改革する. **II re·for·miert** 過分 形 (略 reform.) **1** 改革〈改良〉された. **2**〘キリスト教〙改革派の, カルヴァン派の: die ~*e* Kirche (カルヴァン派の)改革派教会. **III Re·for·mier·te** 男 女《形容詞変化》(カルヴァン派の)改革派教会の信徒. [*lat.* refōrmāre „um-gestalten"]

Re·for·mie·rung[..ruŋ] 女 -/-en reformieren すること.

Re·for·mis·mus[..mísmus] 男 -/ (社会)改良主義.

Re·for·mist[..míst] 男 -en/-en (社会)改良主義者.

re·for·mi·stisch[..místɪʃ] 形 (社会)改良主義の.

Re·form≈ka·tho·li·zis·mus[refɔ́rm..] 男 (19世紀末から20世紀初めの)カトリック刷新運動. **≈klei·dung** 女 (20世紀初めに流行した)改良服(腰を締めつけない婦人服). **≈kom·mu·nis·mus** 男 (ソ連式の体制を排し, それぞれの国情に適合した独自性を主張する)改良〈修正〉共産主義. **≈kon·zil** 中〘史〙(15-16世紀のカトリックの)改革公会議. **≈kost** 女 -/ (菜食中心の, ビタミン・無機質・微量元素などに富む)健康〈自然〉食(→Reformhaus). **≈kurs** 男 改革路線. **≈maß·nah·me** 女 改革〈改良〉措置. **≈päd·ago·gik** 女 (学校)教育改革論(教育・学校・授業それぞれの改革運動の総称). **≈plan** 男 改革案. **≈so·zia·lis·mus** 男 改良〈修正〉社会主義.

re·frai·chie·ren[refrɛʃí:rən] =rafraichieren

Re·frain[rəfrɛ̃:, re..] 男 -s/-s (Kehrreim)(詩・楽曲の各節末の)折り返し, 畳句(じょうく), リフレイン;《比》何度も繰り返される言い回し: Der Polizeibeamte sagte seinen ~. 警官はまたしても例の文句を繰り返した. [*fr.* „Rück-prall"]

re·frak·tär[refraktɛ́:r] 形 **1** (widerspenstig) 反抗的な, 強情な. **2**〘医〙不応の, 不反応性の: ~*e* Phase 不応期. [*lat.*]

Re·frak·tär·sta·dium 中 -s/〘医〙不応期.

Re·frak·tion[refraktsió:n] 女 -/-en **1** (Brechung)〘理〙(光・音波など進行波の)屈折. **2** (目の)屈折. **3**〘天〙大気差. [*spätlat.*]

Re·frak·tions≈ano·ma·lie 女〘医〙(目の)屈折異常. **≈mes·ser** 男 =Refraktometer **≈win·kel** 男〘理〙屈折角.

Re·frak·to·me·ter[refraktomé:tər] 中 (男) -s/- **1**〘理〙(屈折率を測定する)屈折計. **2**〘医〙(目の)屈折率測定器.

Re·frak·tor [refráktɔr, ..to:r] 男 -s/-en[..fraktó:rən] 屈折望遠鏡.

re·frak·tu·rie·ren[refrakturí:rən] 他 (h)〘医〙(骨折部の癒合を矯正するために)再骨折する. [◇Fraktur]

Re·frak·tu·rie·rung[..ruŋ] 女 -/-en〘医〙再骨折(術).

Re·fri·ge·ra·tion[refrigeratsió:n] 女 -/-en (Abkühlung)〘医〙冷却, 冷凍; 冷却治療法. [*lat.*; ◇frigid]

Re·fri·ge·ra·tions·an·ästhe·sie 女〘医〙冷凍麻酔(法).

Re·fri·ge·ra·tor[..rá:tɔr, ..to:r] 男 -s/-en

[..ratóːrən] 冷凍機, 冷却〈冷凍〉装置.

Re·fu·gié[refyʒiéː] 男 -s/-s **1** 亡命者. **2**〖史〗(16-17世紀にフランスから亡命した)ユグノー. [*fr.*; ◇ *engl.* refugee]

Re·fu̱·gium[refúːgiʊm] 中 -s/..gien[..giən] (Zufluchtsort) 避難所, 隠れ家. [*lat.*; < *lat.* 〔re〕fugere „fliehen" (◇Fuge[1])]

re·fun·di̱e·ren[refʊndíːrən] 他 (h)《ｵｰｽﾄﾘｱ》(zurückzahlen) 払い戻す, 返済する; 償還する. [*lat.* re-fundere „zurück-gießen"]

[▽]**Re·fus** ([▽]**Re·füs**)[rəfýː, re..] 男 -[-(s)]/-[-s] (Ablehnung) 拒絶, 拒否. [*fr.*; ◇ *engl.* refusal]

[▽]**re·fü·si̱e·ren**[rəfyzíːrən, re..] 他 (h) (ablehnen) 拒絶〈拒否〉する. [*fr.* refuser; ◇ *engl.* refuse]

[▽]**Re·fu·si̱on**[refuzióːn] 女 -/-en (Zurückgabe) 返還. [*spätlat.*; < *lat.* refundere (→refundieren)]

[▽]**Re·fu·ta·ti̱on**[refutatsióːn] 女 -/-en **1** (Widerlegung) 否定, 反駁(ﾊﾝﾊﾞｸ). **2**〖史〗(中世の封建社会で, 封主に対する封臣の) 義務の破棄. [*lat.*; < *lat.* re-fūtāre „zurück-schlagen"]

reg. 略 = **registered 1**

Reg. 略 = **Regiment 1**

Re·ga̱l[1][regáːl] 中 -s/-e **1** 書架, 書棚, 本棚; 書類棚; 商品棚: ein Buch in 〈auf〉 das ～ einstellen 本を書棚にしまう | Akten aus dem ～ 〔heraus〕stellen 書類を棚から取り出す. **2**〖印〗植字台.

Re·ga̱l[2][–] 中 -s/-e〖楽〗**1** リーガル, レガール(ポータティヴ=オルガンの一種). [▽]**2**《集合的に》リーガルの音栓. [*fr.* régale]

Re·ga̱l[3][–] 中 -s/-ien[..liən] (**Re·ga̱·le**[..lə] 中 -s/..lien[..liən])《ふつう複数で》〖史〗レガーリエン, 皇帝権, 国王大権, 収益特権(関税徴収権・鋳貨権・狩猟権など). [*mlat.* rēgāle „Königsrecht"; < *lat.* rēgālis (→royal)]

Re·ga̱l·brett 中 (書棚・商品棚の横に掛けわたした) 棚板.

[▽]**re·ga·li̱e·ren**[regalíːrən] 他 (h) **1**《*jn.*》大いに歓待する; (…に) 贈り物をする. **2** 再帰 *sich*[4] an *et.*[3] ～ …を(味わって) 楽しむ. [*fr.*; <re..+*afr.* gale (→galant)]

[▽]**Re·ga·li·tä̱t**[regalitɛ́ːt] 女 -/-en (国家の) 収益権請求. [*mlat.*; < *mlat.* rēgāle (→Regal[3])]

Re·ga̱l·wand[regáːl..] 女 (壁全体をおおう) ユニット式の書棚〈商品棚〉.

Re·ga̱t·ta[regáta·] 女 -/..tten[..tən] レガッタ, ボート〈ヨット〉レース. [*it.*]

Re·ga̱t·ta·strecke[regáta..] 女 レガッタ=コース.

Reg.-Bez. 略 = **Regierungsbezirk**

re̱·ge[réːgə] 形 活発な, 活動的な, 元気な, 活気のある, さかんな: eine ～ Phantasie 活発な〈生き生きした〉空想 | einen ～*n* Geist haben 精神が若々しい | um ～ Beteiligung bitten 積極的な参加を請う | Es herrschte 〔ein〕 ～*r* Verkehr. 人通りがにぎやかだった, 交通がはげしかった ‖ 〔körperlich und geistig〕 noch sehr ～ sein 〔肉体的にも精神的にも〕まだまだ若々しい〈はつらつとしている〉 | ～ werden《比》(感情が) きざす, 強まる ‖ ～ phantasieren 生き生きと空想を走らせる | ～ besucht werden 客の入りがいい. [<regen]

Re̱·gel[réːgəl] 女 -/-n **1** (英: *rule*) **a)** 規則, 規定, きまり, ルール;〖宗〗(修道生活などの) 規則: die ～*n* der Grammatik 文法の規則 | **die Goldene ～** 黄金律(聖書: マタ7, 12から) | Anstands*regeln* 礼儀作法 | die ～*n* eines Spiels / Spiel*regeln* ゲームのルール | die ～*n* des Verkehrs / Verkehrs*regeln* 交通規則〈法規〉‖ *sich*[4] 〔streng〕 an die ～ halten 〔厳格に〕規則を守る〈に従う〉 | gegen die ～ verstoßen 規則に違反する | gegen die ～ sein 反則〈ルール違反〉である | nach der ～ leben 規則的な生活をする;〖宗〗規則を守〔って生活す〕る | **nach allen ～*n* der Kunst**《比》極めて適切に, 完璧(ｶﾝﾍﾟｷ)に, 抜かりなく;《話》徹底的に ‖ die ～ befolgen 〈beachten〉 規則を守る | die ～ verletzen 〈übertreten〉 規則に違反する〈を破る〉 | die ～ außer acht lassen 規則を無視する | eine ～ 〔auf *et.*[4]〕 anwenden 〔…に〕規則を適用する | eine ～ 〔für *et.*[4]〕 aufstellen 〔…に関する〕規則を立てる ‖ **Keine ～ ohne Ausnahme.**《諺》例外のない規則はない | Ausnahmen bestätigen die ～. (→Ausnahme 1). **b)**《単数で》習慣, 通例: **in der ～ / in aller ～** 通例〔は〕, ふつう | *sich*[3] *et.*[4] zur ～ machen …を習慣にする, きまって…をする | zur ～ werden 習慣〈癖〉になる.

2 (Menstruation)〖生理〗月経: die monatliche ～ 月経 ‖ die ～ bekommen 〈haben〉 月経になる〈がある〉 ‖ Die ～ bleibt aus 〈setzt ein〉. 月経が止まる〈始まる〉.

[*lat.* rēgula „Richtholz"–*mlat.* rēgula „Ordensregel"–*ahd.*; < *lat.* regere (→regieren); ◇regulär; *engl.* rule]

Re̱·gel≈an·las·ser[réːgəl..] 男〖電〗制御〈加減〉始動器. **≈aus·fü̱h·rung** 女〖工〗標準型〈設計〉.

re̱·gel·bar[réːgəlbaːr] 形 調整〈調節・加減・制御〉できる: ～*e* Verstärkerröhre〖電〗可変増幅管 | ～*er* Widerstand〖電〗加減抵抗器.

Re̱·gel·blu̱·tung 女 (Menstruation)〖生理〗月経,

Re̱·gel·de·tri̱[reːgəldetríː] 女 -/〖数〗三数法. [*lat.* rēgula dē tribus (numerīs) „Regel von den drei (Zahlen)"]

Re̱·gel≈fall[réːgəl..] 男 -〔e〕s/ 通常の事例, ごくふつうの場合〈ケース〉. **≈ge·trie·be** 中 (Wechselgetriebe) (自動車の) 変速装置: stufenloses ～ 無段変速機.

re̱·gel·haft 形 規則どおりの, 一定の規則に従った.

Re̱·gel≈kreis 男〖工〗制御系. **≈lo̱hn** 男 通常の賃金.

re̱·gel·lo̱s[..loːs][1] 形 規則のない, 不規則な; 無秩序な: ein ～*es* Leben 不規則な生活 | in ～er Flucht davonlaufen 算を乱して敗走する.

Re̱·gel·lo·sig·keit[..loːzɪçkaɪt] 女 -/ regellos なこと.

re̱·gel·mä·ßig[..mɛːsɪç][2] 形 **1** 規則どおりの; 規準に従った; 規則的な, 規則正しい; 秩序ある, 均斉〈調和〉のとれた, 整然とした: ein ～*es* Gesicht 目鼻だちの整った〈調和のとれた〉顔 | ein ～*es* Leben 規則的な生活 | ein ～*es* Polyeder〖数〗正多面体 | ～*e* Verben〖言〗規則変化動詞 ‖ Der Puls ist ～. 脈拍は整調である. **2** 規則正しく反復する, 定期的な, 定例の; いつもの: ～*e* Mahlzeiten 規則正しい食事 | in ～*en* Abständen 周期的に ‖ Er ißt ～ um 12 Uhr. 彼はいつも〈規則正しく〉12時に食事をとる.

Re̱·gel·mä·ßig·keit[..kaɪt] 女 -/ regelmäßig なこと: die ～ der Mahlzeiten 食事時間の規則正しさ ‖ **in schöner ～**《皮肉》繰り返し繰り返し, 〔しつこく〕何度も何度も.

re̱·geln[réːgəln]《06》他 (h) 規制〈整理〉する, 制御〈調整〉する: *seine* Schulden ～ 借金の片をつける | die Raumtemperatur ～ 室内の温度を調節する | den Verkehr ～ 交通整理をする ‖ 再帰 *sich*[4] 〔von selbst〕 ～ おのずと整理される〈片がつく〉 | Das wird sich von selbst ～. それはおのずから片がつくだろう ‖ ein *geregeltes* Leben きちょうめんな〈規則正しい〉生活 | in *geregelten* Verhältnissen leben 規則正しい生活を送る.

re̱·gel·recht[réːgəlrɛçt] 形 **1** 正規の, 規則どおりの, 本式の, 本格的の. **2**《話》正真正銘の, 全くの; 徹底的な: Das war ein ～*er* Reinfall. あれには全く落胆させられた, あれは全く期待はずれであった ‖ Er hat ～ versagt. 彼はまるでだめであった | Sie ist ～ unverschämt. 彼女は全く恥知らずだ.

Re̱·gel≈schal·ter[réːgəl..] 男〖電〗調整〈制御〉スイッチ. **≈schal·tung** 女〖電〗制御回路. **≈span·nung** 女〖電〗自動音量調節電圧. **≈sta̱b** 男〖原子力〗(原子炉の) 制御棒. **≈stel·lung** 女〖電〗(交換機の) 平常位置. **≈stu·di·en·zeit** 女 (大学の) 在学制限年数. **≈sy·ste̱m** 中 調節〈制御〉システム. **≈trans·for·ma̱·tor** 男〖電〗可変比変圧器.

Re̱·ge·lung[réːgəlʊŋ] (**Re̱g·lung**[..glʊŋ]) 女 -/-en **1** (regeln すること. 例えば:) 規制, 取り締まり, 整理; 制御, 調節, 調整: die ～ des Verkehrs 交通規制〈整理〉 | Geburten*regelung* 受胎調節 | Temperatur*regelung* 温度調節. **2** 規定: Sonder*regelung* 特別〈例外〉規定 | Diese ～ tritt ab März in Kraft. この規定は3月から発効する.

Re̱·ge·lungs·tech·nik 女 -/ 制御工学.

Re̤·gel≈ven·ti̲l[ré:gəl..] 中〘工〙制御(調整・調節・加減)弁. ≈**ver·stoß** 男〘スポ〙反則; (一般に)規則違反. ≈**vo̲r·rich·tung** 女 制御装置.

re̤·gel·wi̲d·rig 形 規則違反の, 規則に反した; 〘スポ〙反則の.

Re̤·gel·wi̲d·rig·keit 女 -/-en regelwidrig なこと.

re̤·gen[ré:gən][1] 他 (h) **1**《雅》(手足などを)動かす: keinen Finger ~《比》横の物を縦にもしない | Er konnte kein Glied ~. 彼は身動きできなかった | fleißig die Hände ~ 勤勉に働く. **2 a)** 再帰 *sich*[4] ~ 動く; 活動する, 働く: Er saß und *regte* sich nicht. 彼は座ってじっとしていた | Kein Blatt *regte* sich. 木の葉ひとつ動かなかった | Sich *regen* bringt Glück ⟨Segen⟩.《諺》よく働く者には福が来る(神の恵みがある). **b)**《比》再帰 *sich*[4] ~ (感情などが)動きだす, 呼び起こされる: Eine Hoffnung ⟨Ein Zweifel⟩ *regte* sich in mir. 希望⟨疑惑⟩が私の心に芽ばえた. [*mhd.*; ◇Rahe, rege]

Re̤·gen[ré:gən] 男 -s/- **1** (英: *rain*) 雨: ein feiner ~ 霧雨 | ein anhaltender ~ / Dauer*regen* 長雨 | saurer ⟨Saurer⟩ ~ (大気汚染による)酸性雨 | Schnee*regen* みぞれ | **ein warmer ~**《話》めぐみの雨(特に金銭面での) ‖ bei strömendem ~ 土砂降りのなかを | Der ~ hört auf ⟨läßt nach⟩. 雨がやむ⟨小やみになる⟩ | Es wird bald ~ geben. まもなく雨になるだろう | Es fielen 20 mm ~. 雨量は20ミリに達した ‖ ***jn.* im ~ stehen lassen**《話》(苦境にある)…を見殺しにする | **vom ⟨aus dem⟩ ~ in die Traufe kommen**《比》小難をのがれて大難に出会う | Auf ~ folgt Sonnenschein.《諺》苦あれば楽あり. **2** 雨のように降るもの: ein ~ von Kugeln 雨あられのような弾丸 | Konfetti*regen* 紙ふぶき. [*germ.*; ◇regnen; *engl.* rain]

Re̤·gen·an·la̲·ge 女 (農業用・舞台消火用の)雨状灌水(かんすい)装置.

re̤·gen·arm 形 (↔regenreich) 雨量の少ない.

Re̤·gen·bö̲ 女 雨を伴った突風.

Re̤·gen·bo̲·gen 男 虹(にじ): Ein ~ zeigt sich. 虹が出る⟨現れる⟩ | Über den Himmel spannt sich ein ~. 空に虹がかかる. [*ahd.*; ◇*engl.* rainbow]

Re̤·gen·bo̲·gen·far·be 女 -/-n《ふつう複数で》虹色(にじいろ); 玉虫色: in allen ~*n* schillern 虹の七色⟨さまざまの色⟩に輝く.

re̤·gen·bo̲·gen≈far·ben 形, ≈**far·big** 形 虹色の.

Re̤·gen·bo̲·gen≈fo·rel·le 女〘魚〙ニジマス(虹鱒). ≈**haut** 女 (Iris)〘解〙(目の)虹彩(こうさい).

Re̤·gen·bo̲·gen·haut·ent·zün·dung 女 (Iritis)〘医〙虹彩(こうさい)炎.

Re̤·gen·bo̲·gen·pres·se 女 -/《集合的に》(けばけばしい色刷りの)娯楽週刊誌.

Re̤·gen·cape[ré:gənke:p] 中〘服飾〙雨よけの防水ケープ.

Ré·gence[reʒɑ̃́:s] 女 -/〘美〙レジャンス様式(オルレアン公フィリップがルイ十五世の摂政時代のフランスの芸術様式: → 図 Stilmöbel). [*fr.* „Herrschaft"; ◇Regent]

Re̤·gen·dach[ré:gən..] 中 **1** (雨よけの)ひさし. **2**《話》(Regenschirm) 雨傘.

re̤·gen·dicht 形 雨の通らない, 防水の.

Re·ge·ne·ra̲t[regenerá:t] 中 -[e]s/-e (ゴムの弾力を取り戻すための)再生剤.

Re·ge·ne·ra̲t·gum·mi 中 男 -s/ 再生ゴム.

Re·ge·ne·ra·tio̲n[regeneratsió:n] 女 -/-en **1** 再生, 再建; 更新, 刷新, 改新. **2**〘生〙(個体の一部分の)再生. **3**〘電〙再生. **4**〘化〙再生, 回生; 回収. [*spätlat.*−*fr.*]

Re·ge·ne·ra·tio̲ns·fä̲·hig·keit 女 -/ 再生能力.

re·ge·ne·ra·ti̲v[regenerati:f][1] 形 再生の.

Re·ge·ne·ra·ti̲v·feue·rung 女〘工〙(再生炉による)蓄熱式加熱.

Re·ge·ne·ra̲·tor[regenerá:tɔr, ..to:r] 男 -s/-en [..rató:rən] (再生炉の)熱回収装置; 蓄熱室.

re·ge·ne·ra·to̲·risch[regeneratό:rɪʃ] = regenerativ

re·ge·ne·ri̲e·ren[regenerí:rən] 他 (h) **1** (erneuern)《*et.*[4]》(…を)更新する, 修復⟨改装・復元⟩する, 再生⟨回復⟩する: *seine* Gesundheit ~ 健康を回復する ‖ 再帰 *sich*[4] ~ (…が)再生⟨回復⟩する | *sich*[4] durch sportliche Betätigung ~ スポーツをして体力を回復する. **2** 再帰 *sich*[4] ~〘生〙(個体の一部が)再生する: Der Schwanz der Eidechse *regeneriert* sich. トカゲの尾が再生する. **3**〘化〙再生⟨回生⟩する; 回収する. [*lat.*−*fr.*]

Re·ge·ne·ri̲e·rung[..rʊŋ] 女 -/ regenerieren すること.

Re̤·gen≈fall[ré:gən..] 男 -[e]s/..fälle《ふつう複数で》降雨. ≈**faß** 中 天水おけ(→ 図 Bauernhof).

re̤·gen≈fest = regendicht ≈**frei** 形 雨の降らない: ein ~*er* Tag 雨の降らない日.

Re̤·gen·front 女〘気象〙雨を伴う前線.

re̤·gen·glatt 形 (道路などが)雨でつるつるした, 雨ですべりやすい.

Re̤·gen≈guß 男 (短時間の)土砂降り. ≈**haut** 女 (ビニール・油布などの)レインコート. ≈**hu̲t** 男 レインハット. ≈**ja̲hr** 中 雨の多い年.

re̤·gen·lo̲s[ré:gənlo:s][1] 形 雨の降らない.

Re̤·gen≈ma·cher 男 -s/-〘民俗〙(未開民族などで日照りの際に雨を呼ぶ)雨ごい師. ≈**man·tel** 男 レインコート. ≈**ma·schi̲·ne** 女〘劇・放送〙雨の擬音装置. ≈**men·ge** 女 雨量, 降水量. ≈**mes·ser** 男 雨量計. ≈**mes·sung** 女 雨量測定. ≈**mo̲·nat** 男 雨の多い月. ≈**pe·ri·o̲de** 女 雨季. ≈**pfei·fer** 男〘鳥〙チドリ(千鳥). ≈**pfüt·ze** 女 雨水の水たまり. ≈**pla̲·ne** 女《オーストリア》(トラックなどの荷台に張る)防水シート; (馬車などの)雨よけのほろ.

re̤·gen·reich 形 (↔regenarm) 雨量の多い.

Re̤·gen·rin·ne 女 雨樋(あまどい).

Re̤·gens[ré:gɛns] 男 -/..gentes[regέnte:s], ..genten [regέntən] **1**〘カトリック〙(神学校の)校長; (神学生寮の)寮長. **2** →*Regens* chori [*spätlat.*; ◇Regent]

Re̤·gens·burg[ré:gənsbʊrk] 地名 レーゲンスブルク(ドイツ南部 Bayern 州のレーゲン Regen 川と Donau 川の合流地点にある古都, 商工業都市). [*lat.* Castra Regina−*ahd.*]

Re̤·gens·bur·ger[ré:gənsbʊrgər] **I** 男 -s/- レーゲンスブルクの人. **II** 女 -/-/ レーゲンスブルク=ソーセージ. **III** 形《無変化》レーゲンスブルクの.

Re̤·gen≈schat·ten[ré:gən..] 男〘気象〙雨のかげ(山かげなどの雨の少ないところ). ≈**schau·er** 男 にわか雨, 驟雨(しゅうう). ≈**schirm** 男 雨傘, こうもり[傘]: den ~ aufspannen ⟨schließen⟩ 雨傘を開く⟨閉じる⟩ | den ~ mitnehmen 傘を持参する ‖ **gespannt wie ein ~ sein**《話》好奇心でいっぱいである.

Re̤·gen·schirm·stän·der 男 傘立て.

Re̤·gens cho̲·ri[ré:gɛns kó:ri·] 男 --/..gentes - [regέnte:s −] (Chorleiter)〘カトリック〙(教会の)聖歌隊の指揮者. [*lat.*]

Re̤·gen·schrei·ber 男 = Regenmesser

re̤·gen≈schwan·ger[ré:gən..] 形, ≈**schwe̲r** 形 **1** 雨をはらんだ: ~*e* Wolken 雨をはらんだ雲. **2** (土などが)雨水を含んだ: auf ~*er* Bahn 雨で柔らかくなったコースで.

Re̤·gen·sturm 男 雨あらし, 吹き降り.

Re·ge̤nt[regέnt] 男 -en/-en (女 **Re·ge̤n·tin**[..tɪn]-/-nen) **1** 元首, 君主. **2** 摂政: Prinz*regent* 摂政の宮. [*spätlat.* regēns; < *lat.* regere (→regieren)]

Re̤·gen·tag[ré:gən..] 男 **1** 雨天の日. **2**〘気象〙降雨⟨降水⟩日(1日の降水量が 0.1 mm 以上の日).

Re·ge̤n·ten, Re·ge̤n·tes Regens の複数.

Re·ge̤n·tes cho̲·ri Regens chori の複数.

Re·ge̤n·tin Regent の女性形.

Re̤·gen≈ton·ne[ré:gən..] 女 天水おけ. ≈**trop·fen** 男 雨のしずく, 雨滴, 雨だれ.

Re·ge̤nt·schaft[regέnt-ʃaft] 女 -/-en **1** 摂政政治. **2** 摂政職: die ~ antreten 摂政の任に就く. **3** 摂政期間.

Re̤·gen≈um·hang[ré:gən..] 男 雨合羽(あまがっぱ). ≈**vo̲·gel** 男 = Regenpfeifer ≈**wald** 男 熱帯雨林. ≈**wand** 女 厚い層をなす雨雲, 雨雲の壁. ≈**was·ser** 中 -s/ 雨水. ≈**wet·ter** 中 -s/ 雨天: bei ~ 雨天の際に | **ein Gesicht wie drei ⟨sieben / zehn⟩ Tage ~ machen / wie drei ⟨sieben / zehn⟩ Tage ~ aussehen**

R

《話》仏頂づらをしている. ⸗**wol·ke** [女] 雨雲: heranziehende ~*n* 迫ってくる雨雲. ⸗**wurm** [男]〘動〙ミミズ. ⸗**zeit** [女] (↔Trockenzeit) (熱帯・亜熱帯地方の)雨季, 雨期.

Re·ger[réːgər] [人名] Max ~ マックス レーガー(1873-1916; ドイツの作曲家).

Re·ges Rex の複数.

Re·ge·sten[regέstən] [複] 時代順文書目録; 記録文書摘要. [*spätlat.* regesta „Eingetragene"; < *lat.* re-gerere „zurück-tragen" (◇gerieren); ◇Register]

Reg·gae[rέgeɪ] [男] -[s]/ レゲエ(ジャマイカに由来する新しいラテン音楽). [*engl.*]

Re·gie[reʒíː] [女] -/ **1** (Spielleitung) (劇などの)演出; (映画などの)監督: die künstlerischen Absichten der ~ 演出〔家〕の芸術的意図 | unter der ~ von *jm.* …の演出〈監督〉のもとに ‖ **~ führen** 演出〈監督〉をする;《比》(事件の黒幕として陰で)演出する | Bei diesem Fernsehspiel 〈dieser Affäre〉 führte Herr Schmidt ~. このテレビドラマはシュミット氏が演出した〈この事件はシュミット氏が陰で演出したものだった〉| Wer hatte bei dieser Aufführung die ~? この上演はだれが演出したのか. **2** (Verwaltung) 管理; (特に国家などによる)管理, 国営, 公営: städtische ~ 市営 ‖ *et.*[4] in eigene ~ nehmen …を自分で管理する, …を自営する | **in eigener ~**《話》独力で, 自分の責任で. **3**《オーストリア》政府専売: Tabak*regie* タバコ専売. [*fr.* régie „Verwaltung"; < *lat.* regere (→regieren); ◇Regisseur]

Re·gie⸗an·wei·sung[reʒíː..] [女]〘劇〙(台本の)ト書き. ⸗**as·si·stent** [男] 演出助手, 助監督. ⸗**as·si·stenz** [女] 演出の協力〈助力〉. ⸗**be·trieb** [男] 国営〈公営〉企業. ⸗**fahr·kar·te** [女]《オーストリア》(鉄道職員の)割引乗車券. ⸗**feh·ler** [男] 演出〈監督・管理〉ミス: Beim Empfang des Königs ist dem Protokollchef ein kleiner ~ unterlaufen. 国王奉迎のことで儀典課長はちょっとしたミスをやらかした. ⸗**kar·te** = Regiefahrkarte ⸗**ko·sten** [複]〘会計〙総経費, 経常費; 管理費.

re·gier·bar[regíːrbaːr] [形] 統治〈支配〉できる: ein leicht ~*es* Volk 統治しやすい国民.

Re·gier·bar·keit[–kaɪt] [女] -/ regierbar なこと.

re·gie·ren[regíːrən] **I** [他] (h) **1** 統治する, 支配する: einen Staat 〈ein Volk〉 ~ 国家〈人民〉を統治する | Geld *regiert* die Welt. (→Geld 1). **2**〘言〙(動詞・前置詞などが特定の格を)支配する(→Rektion): Diese Präposition *regiert* den Dativ. この前置詞は3格を支配する. ▽**3** 意のままに操る, 操縦する, 制御する: eine Maschine ~ 機械を使いこなす | ein Pferd ~ 馬を御する.

II [自] (h) (国などを)統治する, 支配する: mit Gewalt ~ 力ずくで支配する | mit eiserner Rute ~ (→Rute 1) | über ein Land ~ 国を治める, 国に君臨する | Friedrich der Große *regierte* von 1740 bis 1786. フリードリヒ大王は1740年から1786年まで在位した | Frieden *regiert* in diesem Land. この国は天下太平である | Hier *regiert* die Korruption.《比》ここでは道徳的腐敗がはびこっている | mit eisernem Zepter ~ (→Zepter) ‖ der *Regierende* Bürgermeister von Berlin ベルリン市長 | die Willkür *der Regierenden* 支配者たちの専横.

[*lat.* regere „geraderichten"–*mhd.*; ◇recht, Regel, Regent, Regime, Region, Rektion, Rex; *engl.* reign]

Re·gie·rer[regíːrər] [男] -s/-《軽蔑的に》統治者, 支配者.

Re·gie·rung[regíːrʊŋ] [女] -/-en **1**《単数で》統治, 支配; 政治, 行政; 統治権, 政権: die ~ antreten 政権の座につく | die ~ übernehmen 政権を引き受ける ‖ an der ~ sein 政権の座にある | unter der ~[3] 〈während der ~[2]〉 Ludwigs XIV. ルイ十四世の治下に. **2** 統治機関, 政府; 内閣: die ~ Adenauer アーデナウアー内閣 | die französische ~ フランス政府 | Landes*regierung* 州政府 ‖ eine ~ bilden 組閣する | in die ~ eintreten 入閣する | Die ~ ist zurückgetreten. 内閣が退陣した. **3**《話》親; 両親.

Re·gie·rungs⸗ab·kom·men [中] 政府間協定. ⸗**akt** [男]〘法〙統治行為. ⸗**an·lei·he** [女] 政府発行債. ⸗**an·tritt** [男] **1** 政権の座につくこと. **2** (首相・閣僚などの)就任. ⸗**bank** [女] -/..bänke (議院の)政府閣僚のひな壇. ⸗**be·am·te** [男] (◎ ⸗be·am·tin) (政府任命の)官吏, 行政官. ⸗**be·schluß** [男] 政府〔による〕決定. ⸗**be·zirk** [男] (略 Reg.-Bez.) 行政区域; 県 (Land と Kreis の中間の行政区画で, ドイツの Baden-Württemberg, Bayern, Hessen, Niedersachsen, Nordrhein-Westfalen および Rheinland-Pfalz 州におかれている). ⸗**bil·dung** [女] 組閣. ⸗**blatt** [中]《話》政府新聞, 官報. ⸗**chef**[..ʃɛf] [男] 内閣首班, 首相. ⸗**di·rek·tor** [男] 行政長官. ⸗**ebe·ne** [女] 政府のレベル: Verhandlungen auf ~ 政府レベルの交渉. ⸗**ehe** [女]《話》(Koalition) (政権をとるための政党の)連立. ⸗**er·klä·rung** [女] 政府声明.

re·gie·rungs⸗fä·hig [形] (政党が)政権を担当する能力のある; (議席数から見て)政権をとる力のある. ⸗**feind·lich** [形] 反政府的な.

Re·gie·rungs·form [女] 統治形式, 政治形態, 政体.

re·gie·rungs·freund·lich [形] 政府支持の.

Re·gie·rungs⸗ge·bäu·de [中] 政庁の建物, 庁舎. ⸗**ge·walt** [女] 政治権力; 政権. ⸗**ko·ali·tion** [女] 連立政府. ⸗**krei·se** [複] 政府筋: in 〈aus〉 ~*n* 政府筋で〈から〉. ⸗**mann·schaft** [女]《話》全閣僚, 内閣. ⸗**ma·schi·ne** [女] 政府専用機.

re·gie·rungs·nah [形] 政府筋に近い.

Re·gie·rungs⸗par·tei [女] (↔Oppositionspartei) 与党. ⸗**po·li·tik** [女] **1** 統治政策. **2** 政府の政策. ⸗**prä·si·dent** [男] 行政区長官; 県知事 (Regierungsbezirk の長官). ⸗**pro·gramm** [男] (政府の)施政方針, 基本政策. ⸗**rat** [男] -[e]s/..räte (略 Reg.-Rat) 参事官.

re·gie·rungs·sei·tig [形] 政府側の.

Re·gie·rungs⸗sitz [男] 中央官庁; 政府所在地, 首府, 首都. ⸗**spre·cher** [男] 政府の広報担当者〈スポークスマン〉. ⸗**stel·le** [女] 政府機関.

re·gie·rungs·treu [形] 政府に忠実な, 政府支持の: ~*e* Truppen 政府軍.

Re·gie·rungs⸗um·bil·dung [女] 内閣〈政府〉改造. ⸗**ver·ord·nung** [女]〘法〙政令. ⸗**ver·tre·ter** [男] 政府代表. ⸗**vier·tel**[..fɪrtəl] [中] 中央官庁街. ⸗**vor·la·ge** [女] 政府案. ⸗**wech·sel** [男] 政権交代. ⸗**zeit** [女] 治世, 統治〈施政〉期間.

Re·gime[reʒíːm] [中] -s/-[reʒíːmə] (-s) **1** 政体, 政権: ein faschistisches 〈kommunistisches〉 ~ ファシズム〈共産主義〉政権 | das herrschende ~ stürzen 現在支配している政権を倒す. ▽**2** (System) 体系, 組織; 秩序. ▽**3** 食養生〈食餌(しょくじ)療法〉の指示. [*lat.* regimen „Lenkung" –*fr.* régime; < *lat.* regere (→regieren)]

Re·gime·kri·ti·ker[reʒíːm..] [男] (特に全体主義国家における)反政府分子, 不平分子.

Re·gi·ment[regimέnt] [中] **1** -[e]s/-er (略 R., Reg., Regt., Rgt.)〘軍〙連隊: Artillerie*regiment* 砲兵連隊 | Infanterie*regiment* 歩兵連隊 ‖ das ~ führen 連隊を指揮する | beim ~ Nr. 82 dienen 第82連隊勤務である ‖ ein ganzes ~《戯》多数. **2** -s/-e《ふつう単数で》統治, 支配: **das ~ führen** 実権を握る, 決定権をもつ | Die Mutter führt im Hause das ~. 母が家で実権を握っている | **ein strenges ~ führen** きわめて厳格である | Der Winter führt ein strenges ~.《雅》きびしい冬が支配している. [*spätlat.*]

re·gi·men·ter·wei·se [副] (→..weise ★) 幾連隊も.

Re·gi·ments⸗ab·schnitt [男] 連隊〔扇形〕戦区. ⸗**arzt** [男] 連隊付き軍医. ⸗**fah·ne** [女] 連隊旗. ⸗**ka·pel·le** [女] 連隊付き軍楽隊. ⸗**kom·man·dant** [男]《スイス》連隊長. ⸗**kom·man·deur**[..kɔmandøːr] [男] 連隊長. ▽⸗**mu·sik** [女] **1** = Regimentskapelle **2** 軍隊音楽, 行進曲. ⸗**stab** [男] 連隊本部.

Re·gi·na[regíːna·] [女名] レギーナ. [*lat.* „Königin"; ◇Rex]

Re·gi·ne[regíːnə] [女名] レギーネ.

Re·gio·lekt[regiolέkt] [男] -[e]s/-e〘言〙地域語(純粋に地理的観点からみた方言). [<Region+Dialekt]

R

Re·gion[regió:n] 女 -/-en **1** 地域, 地帯, 地方; 海域; (大気の)層圏; (Bereich) 領域, 領分, 分野; 《戯》(家などの)部分: die tropischen ~*en* 熱帯地方 | die ~ des ewigen Schnees 万年雪に閉ざされた地域 ‖ Die Welt der Kunst ist für ihn eine unbekannte ~. 《雅》芸術の世界は彼にとっては未知の世界である | Er marschierte in die hinteren ~*en* des Hauses, wo früher die Küche gewesen war. 《戯》彼はかつて台所のあった家の奥の方へ進んで行った | **in höheren ~*en* schweben** 《戯》現実〈浮世〉離れしている. **2** 〘生〙(動植物の分布についての)区, 帯: die alpine ~ 高山動物〈植物〉帯. **3** 〘解〙(身体・器官の)部〔分〕, 野, 領域: prämotorische ~ (大脳の)前運動野.
[*lat.* regiō „Richtung"; < *lat.* regere (→regieren)]

re·gio·nal[regioná:l] 形 **1** 特定地方〈地域〉の, 一地方〈地域〉の, 地方〈地域〉的な, 局地的な; 地方の, 地域の: ~*e* Nachrichten ローカルニュース | eine ~*e* Sendung ローカル放送 ‖ Das ist ~ verschieden. それは地域によって差がある. **2** =regionär [*spätlat.*; ◇..al[1]]

Re·gio·nal≈aus·ga·be 女 (新聞などの)地方版. **≈blatt** 中 地方新聞, 地方紙. **≈for·schung** 女 地域研究.

Re·gio·na·lis·mus[regionalísmus] 男 -/ **1** 〘政〙地方主義. **2** 〘文芸〙(19世紀末から20世紀初めにかけての)地方主義〔運動〕, 地方芸術運動.

Re·gio·na·list[..líst] 男 -en/-en Regionalismus を信奉する人.

Re·gio·nal≈nach·rich·ten[regioná:l..] 複 〘放送〙ローカルニュース. **≈pres·se** 女 -/ 《集合的に》地方新聞, 地方紙. **≈sen·dung** 女 〘放送〙ローカル放送. **≈ta·gung** 女 地方大会. **≈wahl** 女 地方選挙.

re·gio·när[regionɛ́:r] 形 〘医〙局所の, 所属部の, 一定部位の: ~*e* Lymphdrüse 所属リンパ節.

Re·gis·seur[reʒisǿ:r] 男 -s/-e **1** (Spielleiter) 演出家, 舞台監督; (映画の)監督; (ラジオ・テレビ番組の)ディレクター. **2** 《比》(特にサッカーの)ゲームメーカー.
[*fr.*; ◇Regie, ..eur]

Re·gi·ster[regístər] 中 -s/- **1** (Verzeichnis) **a)** (公的な)記録簿, 登録簿; (Standesregister) 戸籍簿: das ~ des Standesamtes 戸籍簿 | Straf*register* 刑罰登録簿 ‖ ein ~ über *et.*[4] führen (公的に)…に関する記録をつける | *et.*[4] ins ~ eintragen …を記録〈戸籍〉簿に記入する ‖ ins alte ~ kommen 《話》年をとる | **altes ~** 《話》老人 | **langes ~** 《話》のっぽ. **b)** (書物などの)索引, インデックス: Namen*register* 人名索引 | Sach*register* 件名〈事項〉索引 ‖ ein ~ anfertigen 〈zusammenstellen〉 索引を作る. **c)** (Daumenregister) (辞書・電話帳など分厚い本を検索しやすくするため前小口に切りこんだり刷りこんだりしたアルファベット順などの)インデックス, つめ〔かけ〕; (カード集などの検索用の)耳.
2 〘楽〙 **a)** (〔パイプ〕オルガンなどの)音栓〔群〕(→ 図 Orgel): die ~ ziehen 音栓を引く | **alle ~ ziehen 〈spielen lassen〉** 《比》全力をあげる, あらゆる手をつくす | **andere ~ ziehen** 《比》より強い〈きつい〉調子で説得する. **b)** 声区.
3 〘印〙(印刷物の)見当(けんとう): ~ halten 見当を合わせる.
[*spätlat.* regesta (→Regesten) − *mlat.* − *mhd.*]

Re·gi·ster·band 男 (全集などの)索引の巻, 別冊索引.

re·gi·stered[rédʒistəd] 《英語》 **1** (略 reg.) (eingetragen) (商標・会社などが)登録〈登記〉された; (patentiert) 特許を受けた. **2** (eingeschrieben) (郵便物が)書留の.

Re·gi·ster≈füh·rer[regístər..] 男 登録〈登記〉係; 記録〈記帳〉係. **≈ge·büh·ren** 複 登録手数料, 登記料. **≈mark** 女 -/- 登録マルク. **≈pfand** 中 〘法〙登録質. **≈ton·ne** 女 (略 RT) 〘海〙登録トン数(1RT=2.83m³). **≈zug** 男 〘楽〙(オルガンなどの)音栓(→ 図 Orgel).

▽**Re·gi·stra·tor**[registrá:tor, ..to:r] 男 -s/-en[..strató:rən] **1** 登録〈登記〉官; 文書係. **2** (Ordner) 書類とじ, ファイル.

Re·gi·stra·tur[registratú:r] 女 -/-en **1** 登録, 登記. **2 a)** 記録〈文書〉保管室. **b)** (記録・文書の)保管戸棚, 書類棚. ▽**c)** 記録所; 登記所. **3** 《集合的に》〘楽〙(オルガンなどの)音栓; 音栓配合.

Re·gi·strier≈ap·pa·rat[registrí:r..] 男 〘工〙記録〔計〕器, カウンター. **≈bal·lon**[..balɔŋ] 男 気象探測気球.

re·gi·strie·ren[registrí:rən] **I** 他 (h) **1** 登録する, 登記する, 記帳する, 記録する: *registriert* werden 〈sein〉 登録される〈されている〉. **2** (記録計器が自動的に)記録する, 自記する: die Beleuchtungsstärke ~ 照度を記録する ‖〘目的語なしで〙Die Kasse *registriert* automatisch. レジスターは自動的にカウントする. **3** 《比》《*et.*[4]》心〈目〉にとめる, 気づく, 感づく; 承知する, 知る; (事実として)確認する: Sie *registrierte* lediglich die Tatsache, äußerte aber keine Meinung dazu. 彼女はその事実を確認しただけでそれに対して意見は述べなかった. **II** 自 (h) (オルガンなどの)音栓を引く, レジストレーションする. [*mlat.*; ◇ *engl.* registrate, register]

Re·gi·strier≈ge·rät[registrí:r..] 中 =Registrierapparat **≈kas·se** 女 自動金銭登録器, レジスター.

Re·gi·strie·rung[registrí:ruŋ] 女 -/-en registrieren すること.

Re·gle·ment[regləmã́:, rɛgləmã́; スイス: rɛgləmɛ́nt] 中 -s/-s (スイス: -e) (Vorschrift) 規定, 規則; (官吏の)服務規程, 業務規程; 〘軍〙勤務令; 〘スポーツ〙競技規則. [*fr.*; ◇regulieren]

re·gle·men·ta·risch[reglemɛntá:riʃ] 形 服務〈業務〉規程に従った; 規定〈規則〉どおりの.

re·gle·men·tie·ren[reglemɛntí:rən] 他 (h) 規則で取り締まる, 規制する: die Prostitution ~ 売春を取り締まる | Damals wurde die Wissenschaft stark *reglementiert.* 当時は学問がきびしく規制された.

Re·gle·men·tie·rung[..ruŋ] 女 -/-en (官庁の)規制, 取り締まり; (特に:) 売春取り締まり〔条令〕.

re·gle·ment≈mä·ßig[regləmã́:mɛ:siç][2] 形 規則〈規程〉に応じた; 規定どおりの. **≈wid·rig** 形 規則〈規程〉に反する; 規定違反の.

Reg·ler[ré:glər] 男 -s/- 〘工〙調整〈調節〉器: Druck*regler* 圧力調節器 | Geschwindigkeits*regler* 調速器 | Spannungs*regler* 電圧調整器 | Temperatur*regler* 温度調節器 ‖ den ~ richtig einstellen 調節器を正しく合わせる. [<regeln]

Reg·ler≈bü·gel·ei·sen 中 (話: ≈**ei·sen** 中) (温度調節器つき)自動アイロン. **≈ge·trie·be** 中 調整〈調節〉装置. **≈knopf** 男 調節ボタン. **≈wi·der·stand** 男 加減〈調整・可変〉抵抗.

Re·glet·te[reglɛ́tə] 女 -/-n 〘印〙インテル(活字行間をあけるために入れる薄い鉛板). [*fr.*; < *lat.* rēgula (→Regel); ◇ *engl.* reglet]

reg·los[ré:klo:s][1] 形 (regungslos) 〔じっと〕動かない, 身動きしない: eine ~*e* Wasserfläche 静まりかえった水面 ‖ ~ dastehen 身じろぎもせず立っている. [<regen]

Reg·lo·sig·keit[..lo:ziçkait] 女 -/ reglos なこと.

Reg·lung =Regelung

reg·nen[ré:gnən] 《01》 自 (h) 〔非人称〕《es regnet》雨が降る〈降っている〉: Es *regnet* heftig 〈in Strömen〉. 雨がはげしく〈ざあざあ〉降る | Heute hat es viel *geregnet.* きょうは雨がたくさん降った | Es hört auf 〈fängt an〉 zu ~. 雨がやむ〈降りだす〉 | Bei dem *regnet*'s durchs Dach. (→Dach 1) ‖〘様態・内容を示す 4 格と〙Es *regnet* Bindfäden 〈Strippen〉. (→Bindfaden, →Strippe 1) | Es *regnet* Schusterjungen. (→Schusterjunge 1) | Es *regnete* Vorwürfe. 非難ごうごうであった ‖〘人称動詞として〙Der Himmel *regnet.* 空から雨が降ってくる | Konfetti *regnet.* 紙ふぶきが舞う.
[*ahd.*; ◇Regen]

Reg·ner[ré:gnər] 男 -s/- 散水器, 散水装置.

reg·ne·risch[ré:gnəriʃ] 形 《副詞的用法なし》雨がちの, よく雨の降る; 雨の降りそうな, 雨模様の.

Reg.-Rat 略 =**Regierungsrat** 参事官.

re·gre·die·ren[regredí:rən] 自 (h) 〘法〙償還を請求する.

Re·greß[regrɛ́s] 男 ..gresses/..gresse **1** (Rückgriff) 〘法〙(手形・小切手の所持人による)遡求(そきゅう), 償還請求: auf 〈gegen〉 *jn.* ~ nehmen …に償還を請求する | ohne ~ 遡求排除で. **2** 〘論〙後退, 逆進. [*lat.*; < *lat.* re-gredī

„zurück-schreiten“ (◇Grad)]

Re·greß·an·spruch 男〘法〙遡求(そきゅう)請求権, 償還請求権.

Re·gres·sat[regrεsáːt] 男 -en/-en 遡求(そきゅう)義務者.

Re·greß·for·de·rung[regrέs..] 女〘法〙遡求(そきゅう)〈償還〉請求.

Re·gres·sion[regrεsióːn] 女 -/-en **1** 逆行, 後退. **2 a**)〘生〙退行, 退化. **b**)〘医・心〙退行. **3**〘地〙海退. **4**〘工〙回帰. [*lat.*]

re·gres·siv[regrεsíːf][1] 形 **1** (↔progressiv) 後退する, 逆行の: ～*e* Assimilation〘言〙逆行同化(→Assimilation). **2**〘論〙後退的な, 逆進的な: ～*er* Beweis 後退的論証. **3**〘法〙遡求(そきゅう)的な. **4 a**)〘生〙退行的な. **b**)〘医〙退行性の.

Re·gres·siv·at·trak·tion 女〘言〙逆行牽引(けんいん)〈同化〉(ギリシア語・ラテン語で先行詞の格が関係代名詞の格に引きつけられること).

Re·greß≈kla·ge[regrέs..] 女〘法〙償還請求の訴訟. ≈**neh·mer** 男〘法〙償還請求者. ≈**pflicht** 女〘法〙遡求(そきゅう)義務.

re·greß·pflich·tig 形〘法〙遡求(そきゅう)義務のある: *jn.* ～ machen …を遡求義務者にする.

Re·greß·recht 中 =Regreßanspruch

reg·sam[réːkzaːm] 形 活動的な, 活発な, 活気のある, きびきびした: ein ～*er* Mensch 活動的な(きびきびした)人 | einen ～*en* Geist haben 生き生きとした精神の持ち主である ‖ Der Greis ist geistig noch sehr ～. あの老人は頭の働きがまだなかなか活発だ. [＜regen]

Reg·sam·keit[-kaɪt] 女 -/ regsam なこと.

Regt. 略 =**Regiment** 1

Re·gu·lar[reguláːr] 男 -s/-e〘カトリック〙(盛式誓願修道会の正規の)修道士, 律修士. [*mlat.*]

re·gu·lär[regulέːr] 形 **1** (↔irregulär) **a**) 規定どおりの, 規則的な; 定例の; 正規の; (gewöhnlich) 普通の, 平常の, 通常の: ～*e* Sitzung 定例会議 | ～*e* Truppen 正規軍 ‖ *et.*[4] ～ kaufen …を正価で(割引でなく)買う. **b**)〘数〙正〔規〕の: ～*e* Dublette〘数〙正規二重項 | ～*er* Vielflächner 正多面体. **c**) (結晶が)等軸の: ～*es* System (結晶の)等軸晶系. **2**《述語的用法なし》《話》(regelrecht) 正真正銘の, 全くの, 徹底的な: ein ～*er* Schock 全くの(文字どおりの)ショック. [*spätlat.*; ＜*lat.* rēgula (→Regel)]

Re·gu·la·re[reguláːrə] 男 -n/-n =Regular

Re·gu·lar·geist·li·che[reguláːr..] 男 = Regularkleriker

Re·gu·la·ri·tät[regularitέːt] 女 -/-en (↔Irregularität) (Regelmäßigkeit) 規則的であること; 適正であること; 《ふつう複数で》〘言〙慣用〈規則〉的現象.

Re·gu·lar·kle·ri·ker[reguláːr..] 男 -s/-〘カトリック〙律修聖職者.

Re·gu·la·tion[regulatsióːn] 女 -/-en 調節, 調整: die hormonale ～〘生〙ホルモンによる調節.

re·gu·la·tiv[regulatíːf][1] **I** 形 規定する, 規制的な. **II** **Re·gu·la·tiv** 中 -s/-e **1** 規定, 規程, 条例. **2** 調節〈調整〉するもの.

Re·gu·la·tor[reguláːtɔr, ..toːr] 男 -s/-en[..latóːrən] **1** 調整〈規制〉するもの; 〘工〙調整〈調節〉機, (特に:) 振り子調速機(→図). ▽**2 a**) (Pendeluhr) 振り子時計. **b**) (Pendel) 振り子.

Gelenk
Muffe
Gestänge

Regulator

Re·gu·li Regulus の複数.

re·gu·lier·bar[regulíːrbaːr] 形 regulieren できる.

re·gu·lie·ren[regulíːrən] 他 (h) **1** 調節する, 調整する, 加減する; 矯正する: die Geschwindigkeit 〈die Temperatur〉 ～ 速度〈温度〉を調節する | eine Uhr ～ 時計を調整する | die Zähne ～ 歯を矯正する. **2**〘土木〙(河川を)改修する; (河道を)まっすぐにする, 整える. **3** 規制する: *regulierter* Chorherr〘カトリック〙修道参事会員. **4**〘商〙清算〈決算〉する; 補償する, 〔賠償〕調停する: den Unfallschaden ～ (保険などが)事故の損害を補償する. [*spätlat.*－*mhd.*; ＜*lat.* rēgula (→Regel); ◇*engl.* regulate]

Re·gu·lier≈hahn 男 調節コック. ≈**he·bel** 男 調節レバー. ≈**schrau·be** 女 調節ねじ.

Re·gu·lie·rung[regulíːrʊŋ] 女 -/-en regulieren すること: die ～ der Uhr 〈der Wassermenge〉 時計〈水量〉の調整 | Preis*regulierung* 価格規制〈統制〉.

Re·gu·lier≈ven·til 中 調整〈加減〉弁. ≈**wi·der·stand** 男〘電〙可変〈加減〉抵抗.

Re·gu·lus[réːgulʊs] 男 -/-se (..li[..liˑ]) **1** -/-se〘金属〙レギュラス, マット, 鈹(かわ), 融塊(溶鉱炉などに沈殿する金属塊). **2** der ～〘天〙レグルス(獅子(し)座の首星). **3** (Goldhähnchen)〘鳥〙キクイタダキ(菊戴).
[〔*m*〕*lat.*; ＜*lat.* rēx (→Rex)]

Re·gung[réːgʊŋ] 女 -/-en **1** (感情の)動き: eine plötzliche ～ des Mitleids fühlen 突然同情の気持がわいてくるのを感じる | Er folgte einer ～ seines Herzens 〈des Gewissens〉. 彼は心のおもむくままに〈良心の命ずるところに〉従った. **2** 《ふつう複数で》(Bestrebung) 運動, 活動: alle revolutionären ～*en* unterdrücken すべての革命運動を弾圧する. **3** 《雅》(Bewegung) 動き, 身動き: ohne jede ～ sitzen 身動きもせずじっと座っている.

re·gungs·los[réːgʊŋsloːs][1] 形〔じっと〕動かない, 身動きしない: ～ wie eine Statue 立像のように身動きもしない | ～ liegen 〈dastehen〉 身動きもせず横たわっている〈つっ立っている〉.

Re·gungs·lo·sig·keit[..loːzɪçkaɪt] 女 -/ regungslos なこと.

Reh[reː] 中 -〔e〕s/-e〘動〙ノロ(獐), ノロジカ(獐鹿)(シカの一種: →図): schlank 〈scheu〉 wie ein ～ ノロジカのようにすらりとした〈おずおずした〉. [„Scheckiges“; *germ.*; ◇*engl.* roe]

Reh (Rehbock)

Re·ha·bi·li·tand[rehabilitánt][1] 男 -en/-en 社会復帰訓練〈リハビリテーション〉を受けている心身障害者. [*mlat.*; ＜..and]

Re·ha·bi·li·ta·tion[..tatsióːn] 女 -/-en **1** 復権, 復職, 復位; 名誉回復. **2**〘医〙リハビリテーション, 更生〔訓練〕, 社会復帰. [*mlat.*〔－*engl.*〕]

Re·ha·bi·li·ta·tions·zen·trum 中 (社会復帰訓練用の)リハビリテーションセンター.

re·ha·bi·li·ta·tiv[rehabilitatíːf][1] 形 社会復帰訓練の, リハビリテーションのための.

re·ha·bi·li·tie·ren[..tíːrən] 他 (h) 《*jn.*》 **1** (…を)復権〈復職・復位〉させる, (…の)汚名をそそぐ, (…の)名誉を回復させる: 再帰 *sich*[4] ～ 自分の名誉を回復する, 復権する. **2** (病人・心身障害者などを)社会復帰させる. [1: *mlat.*－*fr.*; 2: *engl.* rehabilitate]

Re·ha·bi·li·tie·rung[..rʊŋ] 女 -/-en 〔sich〕 rehabilitieren すること.

Re·haut[rəóː] 男 -s/-s〘美〙画面の明るく引き立っているところ. [*fr.*; ◇haussieren]

Reh≈bein[réː..] 中〘畜〙(馬の)飛節外腫(しゅ). ≈**blatt** 中〘料理〙ノロ〈ノロジカ〉の肩肉. ≈**bock** 男 ノロの雄, リーボック(→図 Reh). ≈**bra·ten** 男〘料理〙ノロ〈ノロジカ〉のロースト〈焼き肉〉.

reh·braun 形 ノロジカ色(赤味をおびた淡褐色)の.

Re·he[réːə] 女 -/ 〘畜〙(馬の)蹄葉(ていよう)炎. [„Steifheit“; *mhd.*]

reh≈far·ben[réː..], ≈**far·big** =rehbraun

Reh≈geiß 女 ノロの雌. ≈**jun·ge** 中《オーストリア》ノロの子. ≈**kalb** 中 ノロの子. ≈**keu·le** 女〘料理〙ノロ〈ノロジカ〉のもも肉. ≈**kitz** 中 =Rehkalb ≈**le·der** 中 ノロ〈ノロジカ〉の

皮.

Reh·len·den·bra·ten 男〘料理〙ノロ〈ノロジカ〉の腰肉「ロースト.」

Reh·ling[ré:lɪŋ] 男 -s/-e (Pfifferling)〘植〙アンズタケ(杏茸)(食用キノコ).

Reh≈pilz 男〘植〙シシタケ(猪茸)(食用キノコ). **≈po·sten** 男 鹿弾(しかだま)(シカ用の大粒の散弾). **≈rücken** 男〘料理〙ノロ〈ノロジカ〉の背肉. **≈wild** 中〘狩〙ノロ, ノロジカ: einige Dutzend Stück ～ 数十頭のノロ | eine Jagd auf ～ ノロジカ狩り. **≈zie·ge** 女 ノロの雌.

Rei·bach[ráɪbax] 男 -s/ ＝Rebbach

Reib·ah·le[ráɪp|a:lə] 女〘工〙リーマー(金属にあけた穴を拡大する工具).

Rei·be[ráɪbə] 女 -/-n《話》＝Reibeisen

Rei·be·brett 中 (左官の用いる)みがき板.

reib·echt[ráɪp..] 形 耐摩擦性の, こすってもはげない.

Reib·ei·sen 中《方》(Raspel) **1** (目のあらい)やすり. **2**〘料理〙おろし金(がね).

Rei·be≈kä·se[ráɪbə..] 男 **1** 粉末チーズ. **2** 粉末用チーズ. **≈keu·le** ＝Reibkeule

Rei·be·ku·chen (**Reib·ku·chen**[ráɪp..]) 男《西部》〘料理〙(Kartoffelpfannkuchen) ジャガイモのパンケーキ.

Rei·be≈lap·pen[ráɪbə..] 男 ふきん, ぞうきん. **≈laut** 男 (Frikativ)〘言〙摩擦音. **≈müh·le** 女 ひき臼(うす).

rei·ben*[ráɪbən][1]《114》**rieb**[ri:p][1] / **ge·rie·ben**; 接II riebe **I** 他 (h) **1 a)** (英: *rub*)《*et.*[4]》(体の部分を)こする, 摩擦する; (痛む所などを)さする, マッサージする: *jm.* den Rücken mit einem Handtuch ～ …の背中をタオルでこする | *jm.* die Schläfen mit Kölnischwasser ～ …のこめかみにオーデコロンをすりこむ | mit allen Salben *gerieben* sein (→Salbe) | *jm. et.*[4] unter die Nase ～ (→Nase 1 a) ‖ *sich*[3] die Augen〔mit der Hand〕～ (眠気をさますために・夢かとばかり驚いて)目を〔手で〕こする | *sich*[3] die Hände ～ (→Hand 1) | *sich*[3] die Stirn ～ ひたいをこすって考えこむ ‖ 再帰 *sich*[4] mit dem Handtuch ～ タオルで体を摩擦する | *sich*[4] am Fuß wund ～ 靴ずれができる. **b)**《物を主語にして》《*jn.*》〔こ〕すれて(…に)痛みを与える, すりむき傷をつくる: Der Kragen *reibt* mich. 私はカラーがこすれて痛い | Das Halsband *reibt* den Hund am Hals. 首輪がすれて犬が痛がる ‖〘目的語なしで〙Der Kragen *reibt*〔am Hals〕. カラーがすれて痛い | Der Schuh *reibt*〔an der Ferse〕. 靴ずれで〔かかとが〕痛い.

2 a) こすってきれいにする, ぬぐう, 磨く: Bohrlöcher〔mit der Reibahle〕～〘工〙くり穴をリーマーで仕上げる | das Messer〈die Schuhe〉〔blank〕～ ナイフ〈靴〉を〔ぴかぴかに〕磨く | den Tisch mit dem Lappen〔sauber〕～ テーブルをふきんで〔きれいに〕ふきあげる. **b)** (洗濯物を)もむ: beim Waschen den Stoff stark〈kräftig〉～ 洗濯の際に布地をきつくもむ ‖〘目的語なしで〙Nicht ～! (衣料品の品質表示で)もみ洗い不可.

3 a) こする, 擦る: die Tusche ～ 墨をする | das Zündholz an der Streichfläche ～ マッチをする | Das Pferd *rieb* den Kopf an seiner Schulter. 馬は彼の肩にくびをすりつけた ‖ 再帰 *sich*[4] an *jm.* ～《比》…と不和になる〈折り合えない〉| *sich*[4] an〈mit〉der Welt ～《比》世間と摩擦を生じる. **b)**《*jm. et.*[4]》(…に…を)こすりつける: ***jm.* eine ～**《話》…に(平手打ちを)一発見舞う | *jm. et.*[4] unter die Nase ～ (→Nase 1 a).

4 (おろし金(がね)などで)すりおろす, すりつぶす: *et.*[4] zu Pulver ～ …をすって粉末にする ‖ Äpfel〈Käse〉～ リンゴ〈チーズ〉をすりおろす | Kartoffeln ～ ジャガイモをすりつぶす ‖ 再帰 *sich*[4] an dem Reibeisen〔wund〕～ (誤って)おろし金で手をすりむく ‖ *geriebener* Käse 粉末チーズ | *geriebene* Semmel パン粉.

5 (こすって)ぬぐい去る: einen Fleck aus dem Kleid ～ 服のしみをこすり取る ‖ *sich*[3] den Schlaf aus den Augen ～ (→Schlaf I 1).

II 自 (h)《卑》(onanieren) オナニーをする, 手淫(しゅいん)〈自慰行為〉をする.

III ge·rie·ben → 別出 [*ahd.*; ◇werfen; *engl.* rub]

Rei·be·plätz·chen[ráɪbə..] 中《北西部》＝Reibekuchen

Rei·ber[ráɪbər] 男 -s/- **1** ＝Reibahle **2**〘印〙インクローラー, 湿しローラー. ▽**3** (風呂(ふろ)の)あかすり人, 三助.

Rei·ber·druck 男 -〔e〕s/-e (手刷りの)石版印刷.

Rei·be·rei[raɪbəráɪ] 女 -/-en **1**《ふつう複数で》不和, 反目, 摩擦, あつれき: mit *jm.* zu ～*en* kommen …といざこざを起こす. **2**《卑》(Onanie) オナニー, 手淫(しゅいん).

Reib≈fe·stig·keit[ráɪp..] 女 耐摩擦性. **≈flä·che** 女 **1** (マッチの)横付け, 摩擦面. **2**〘工〙こすれ面. **≈ger·stel** 中 -s/《オーストリア》〘料理〙(スープの浮き実にする)ねり粉玉. **≈ge·trie·be** 中〘工〙摩擦駆動; 摩擦車. **≈holz** 中 **1** つや出し木, こすり木. **2** マッチ. **3** (船側・車輪などの)緩衝木材. **≈keu·le** 女 **1** こすり木. **2** (薬などをすりつぶす)乳棒. **≈ku·chen** ＝Reibekuchen **≈ma·schi·ne** 女 肉ひき器. **≈rad** 中〘工〙摩擦車. **≈scha·le** 女 (薬などをすりつぶす)乳鉢(にゅうばち).

reib|schlei·fen 他《もっぱら不定詞で》(läppen)(金属製品を)研磨する.

Reib·sel[ráɪpsəl] 中 -s/- すりつぶした粉末.

Reib·tuch 中 -〔e〕s/..tücher《オーストリア》(Scheuertuch) ぞうきん.

Rei·bung[ráɪbʊŋ] 女 -/-en **1** こすること, 摩擦; 研磨, 磨き; 磨滅, 磨耗; 粉末にすること, すりつぶし, 粉砕: kinetische〈ruhende〉～〘理〙運動〈静止〉摩擦. **2** ＝Reiberei 1

Rei·bungs≈bahn 女〘鉄道〙(車輪とレールとの間の摩擦を利用した)粘着式鉄道. **≈brem·se** 女〘工〙摩擦ブレーキ. **≈elek·tri·zi·tät** 女〘理〙摩擦電気. **≈flä·che** 女 **1** 摩擦面. **2**《話》あつれき〈いざこざ〉のもと: ～*n* bieten《比》いざこざの原因をつくる. **≈ko·ef·fi·zient**[..tsiɛnt] 男〘理〙摩擦係数. **≈kupp·lung** 女〘工〙摩擦継ぎ手, 摩擦クラッチ.

rei·bungs·los[ráɪbʊŋslo:s][1] 形 摩擦のない;《比》支障〈妨害〉のない: ～ vonstatten gehen (事が)円滑に運ぶ.

Rei·bungs≈punkt 男 不和〈軋轢(あつれき)〉の種. **≈rad** 中〘工〙摩擦車. **≈ver·lust** 男〘工〙摩擦損失, 磨耗, 磨損. **≈wär·me** 女〘理〙摩擦熱. **≈wi·der·stand** 男〘工〙〔表面〕摩擦抵抗; 接触雑音. **≈win·kel** 男〘理〙摩擦角. **≈zahl** 女 ＝Reibungskoeffizient

Reib≈wun·de[ráɪp..] 女 すり傷. **≈zünd·hölz·chen** 中 摩擦マッチ(固い物体にこすっただけで発火するマッチ). **≈zun·ge** 女 (Radula)〘動〙歯舌.

reich[raɪç] **I** 形 **1** (英: *rich*)(↔arm) 金持ちの, 裕福な, 富裕な, 富んだ: stein*reich* 大金持ちの ‖ ein ～*er* Mann 金持ちの男 | ein ～*es* Land 富める国 | ein Sohn aus ～*em* Haus 金持ちの息子 ‖〔über Nacht〕～ werden〔一夜にして〕金持ちになる ‖ Er hat ～ geheiratet. 彼は金持ちの女と結婚した ‖〘名詞的に〙arm und ～ 貧乏人も金持ちも(→arm 1 a). **2** (内容の)豊かな, 豊富な, おびただしい, たくさんの, たっぷりした; 豪華な, みごとな: eine ～*e* Bibliothek 蔵書の充実した図書館 | ～*e* Bodenschätze 豊かな地下資源 | ～*e* Erfahrungen 豊かな経験 | eine ～*e* Ernte 豊作 | ～*e* Kleider 豪華な衣服 | ein ～*er* Reim〘詩〙豊韻, 二重韻(＝Doppelreim; →Reim 1) ‖ ～*e* Frucht〈Früchte〉tragen (→Frucht 2 a) | in ～*em* Maße おびただしく, 豊かに ‖ **an *et.*[3] ～ sein** …に富んでいる, …が多い | ～ an Eiweiß〈Vitaminen〉sein たんぱく質〈ビタミン〉に富んでいる | Das Jahr war ～ an Ereignissen. この年は事件が多かった ‖ *jn.* ～ belohnen …にたっぷり報酬を与える | ein ～ begabter Junge 天分豊かな少年 | ～ verziert sein 豊かに装飾されている.

II Rei·che 男 女《形容詞変化》金持ち, 裕福な人: die ～*n* 富裕な人々.

[*germ.* „fürstlich"; ◇Rex; *engl.* rich]

..reich[..raɪç]《名詞につけて「…の豊かな, …の多い」などを意味する形容詞をつくる》: berg*reich* 山の多い | erfolg*reich* 大成功の | farben*reich* 色彩豊かな | kinder*reich* 子供の多い | umfang*reich* 範囲の広い; 膨大な | verkehrs*reich* 交通量の多い | verlust*reich* 損失の大きい | zahl*reich* 多数の.

Reich[raɪç] 中 -es(-s)/-e **1** (諸領域を統合する上位の統

治体としての)国, 国家, 邦(→Staat 1 a, Land 5); 王国, 帝国; ドイツ〔国〕: das Deutsche ~〘史〙ドイツ帝国(1871-1918); ドイツ国(1919-45; ワイマル共和国およびナチ時代ドイツの正式の国名) | das Dritte ~ (ナチの)第三帝国(1933-45) | das Römische ~〘史〙ローマ帝国 | das Heilige Römische ~〔Deutscher Nation〕〘史〙〔ドイツ国民の〕神聖ローマ帝国(962-1806) ‖ das ~ Gottes〘宗〙神の国 | das ~ Karls des Großen〘史〙カール大帝〈シャルルマーニュ〉の国, フランク王国 | das ~ der Mitte《比》中国(=China) | das ~ der Perser〘史〙ペルシア帝国 ‖ das Himmel*reich* / das himmlische ~〘宗〙天国 | **das ~ der Schatten 〈der Toten〉** 死者たち〈黄泉(よみ)〉の国, 冥界(めいかい) ‖ die Entstehung 〈der Zerfall〉 eines ~*es* ある国の成立〈崩壊〉‖ ins ~ der Schatten hinabsteigen《雅》死ぬ | ***et.***^{4} **heim ins ~ holen**《話》…を〔不法に〕手に入れる〈わがものにする〉.

2 a) (一般に特定の)世界, 領域, 支配圏: das ~ der Frau 主婦の城(台所) | das ~ der Töne 音楽界 | das ~ der Träume 〈der Phantasie〉 夢〈空想〉の世界 | das ~ der Wissenschaft 科学界 ‖ **ins ~ der Fabel gehören** つくり話〈デマ〉である | ***et.***^{4} **ins ~ der Fabel verbannen 〈verweisen〉** …をまともに信じない, …をほんとうにしない. **b)**〘動・植〙界(かい)(Stamm の上の区分で, 生物分類の最高の階級, ふつう動物界と植物界に大別される): Pflanzen*reich* 植物界 | Tier*reich* 動物界.

[*germ.*; ◇*engl.* bishopric]

reich≈be·bil·dert[ráiç..] 形 (本・雑誌などが)さし絵〈写真〉の多い. **≈be·gabt** 形 天分豊かな, 豊かな才能のある. **≈be·gü·tert** 形 金持ちの, 富裕な, 財産家の. **≈blü·hend** 形〘園〙多花性の.

Rei·che →reich II

rei·chen[ráiçən] **I** 自 (h) **1 a)** (英: *reach*)《方向を示す語句と》(距離・長さ・高さ・深さなどが…まで)とどく, 達する, 延びている: *jm.* **bis an** die 〈bis zur〉 Schulter ~ …の肩まで届く | Das Wasser *reicht* ihm bis an den 〈bis zum〉 Hals. 水は彼の首まで達する;《比》彼はたいへんな窮地に追いこまれている | Das Grundstück *reicht* bis an den Wald. 地所は森まで延びて〈続いて〉いる | Die Zweige des Baumes *reichen* 〔**bis**〕 **in** den Hof des Nachbarn. 木の枝は隣家の庭へ延びている ‖ Die Schnur *reicht* bis hierher. ひもはここまで届く | Die Leiter *reicht* nicht. はしごは届かない | Das Geschütz *reicht* nicht so weit. 砲弾はそんなには飛ばない | Sein Einfluß *reicht* sehr weit. 彼の勢力は広範囲にわたる | soweit das Auge *reicht* (→Auge 1) | Soweit der Himmel *reicht*, sieht man nur Wasser. どこもかしこも〈どこまでも〉ただ一面の水である.

b) (ausreichen)《für *et.*^{4} / zu *et.*^{3}》(…に)足りる, 十分である; (…の時間)もつ: Das Brot hat **für** zwei Personen 〈für drei Tage〉 *gereicht.* パンは2人分〈3日分〉足りた | Der Stoff *reicht* **zu** einem Rock. その布地はスカートを1着つくるには十分だ | Das Geld *reicht* nicht zum Leben. この金では生活できない ‖ Es *reicht* mit dem Geld nicht **bis** zum Monatsende. この金では月末までやりくりできない.

c) (数・量が)足りる, 間に合う, 十分である; (auskommen) やりくりがつく: Der Vorrat *reicht* noch lange. 蓄えはまだまだもつ | Drei Tage *reichen* nicht. 3日では足りない | hinten und vorn〔e〕 nicht ~ / nicht hin und nicht her ~ (→hinten, →hin 1 d) ‖ 非人称 ***jm. reicht* es** …の忍耐が限度に達する, …が辛抱しきれなくなる | Das *reicht* 〔mir〕! / Mir *reicht*'s! / Jetzt *reicht* es mir aber! / Nun *reicht* es aber! もうたくさん〈うんざり〉だ.

2《nach *jm.* 〈*et.*^{3}〉》(…に)手をのばす.

II 他 (h)《*jm. et.*^{4}》(…に…を)さし出す, 手渡す, 取ってやる; 提供する, 与える: dem Säugling die Brust ~ 乳児に乳房をふくませる | *jm.* die Hand ~ …に(あいさつ・和解・援助の)手をさしのべる | *sich*^{3} 〈einander〉 die Hand ~ können (→Hand 1) | *jm.* die Hand zur Ehe 〈fürs Leben〉 ~《比》…に結婚を約束する | *jm.* die Wange 〈den Mund〉 zum Kuß ~ …にほお〈口〉をさし出してキスをさせる | *jm.* Hilfe 〈Trost〉 ~《比》…に援助〈なぐさめ〉を与える | *jm.* nicht das Wasser ~ können (→Wasser 1) | Würden Sie mir bitte das Salz ~? 恐縮ですが塩をとっていただけませんか | Hier wird nichts *gereicht.*《北部》(こじきなどに向かって)ここには〔くれてやるようなものは〕なんにもないよ.

[*westgerm.* „sich erstrecken"; ◇Bereich; *engl.* reach]

die **Rei·chen·au**[ráiçənau] 地名 女 -/ ライヒェナウ(Bodensee 最大の島. 9-11世紀のドイツ文化の中心の一つとなった修道院があった). [◇reich, Aue^1]

reich·ge·schmückt[ráiç..] 形 装飾の豊富な, 飾りの多い, 飾り立てられた.

reich·hal·tig 形《副詞的用法なし》内容豊富な, 中身がたっぷりの: eine ~*e* Sammlung 内容豊かなコレクション | eine ~*e* Speisekarte 品数の豊富なメニュー.

Reich·hal·tig·keit 女 -/ reichhaltig なこと.

reich·il·lu·striert 形 (図書・雑誌などが)さし絵〈写真〉の多い.

reich·lich[ráiçlıç] 形 **1** たっぷりした, おびただしい, 十分な, 相当の, 豊富な, 余るほどの; かなりの, 非常な; ゆったりとした, 余裕のある: ein ~*es* Trinkgeld 〈Geschenk〉 十分なチップ〈プレゼント〉 | ein gutes und ~*es* Essen おいしくてたっぷりとしたごちそう | Er hat sein ~*es* Auskommen. 彼はぜんぜん困らぬ暮らしをしている ‖ ~ gerechnet オーバー気味に計算して | Es ist 〔noch〕 ~ Platz. 席は〔まだ〕十分にある ‖ Der Mantel ist noch ~. そのコートはまだゆったりしている(窮屈にはなっていない) | Das ist etwas ~.《話》それはちょっとひどい, それではあんまりだ. **2**《数量を示す語句と》(…を)上まわった, (…)以上の: ~ hundert Mark 〈zwei Kilogramm〉 たっぷり100マルク〈2キログラム〉 | nach einem ~*en* Jahr / nach ~ einem Jahr たっぷり1年〔以上〕ものちに. **3**《副詞的》《話》かなり, 相当に: eine ~ geschmacklose Geschichte ひどく趣味の悪い話 | Der Film war ~ langweilig. その映画はまことに退屈だった | Er kam ~ spät. 彼は大幅に遅刻した.

Reichs≈acht[ráiçs..] 女〘史〙(神聖ローマ帝国皇帝の宣告する)国外追放. **≈adel** 男〘史〙〔ドイツ〕帝国直属貴族. **≈ad·ler** 男 -s/〘史〙(1945年までの)ドイツ〔帝〕国鷲(わし)紋章. **≈amt** 中〘史〙〔ドイツ〕帝国〔最高〕行政官庁(1871-1918). **≈an·ge·hö·rig·keit** 女 (1945年までの)ドイツ国籍. **≈an·walt** 男〘史〙ドイツ〔帝〕国最高裁検事. **≈an·zei·ger** 男〘史〙(1945年までの)ドイツ〔帝〕国官報(国籍喪失・死亡宣告の公告, 法律の理由書等が記載された: →Reichsgesetzblatt). **≈ap·fel** 男 -s/〘史〙帝国宝珠(ほうじゅ)(ドイツ帝国における帝権・帝位の象徴とされた十字架つき宝珠: →図). **≈ar·beits·dienst**[また: ⌣⌣⌣–⌣] 男 -〔e〕s/〘史〙(ナチ時代の)国家勤労奉仕隊〈制度〉. **≈ar·chiv** 中 -s/〘史〙国立中央公文書館(1919年設立). **≈ar·mee** 女 -/〘史〙(神聖ローマ帝国の)帝国陸軍.

Reichsapfel

Reichs·au·to·bahn[raiçs|áuto..] 女〘史〙全ドイツ高速自動車道路(ナチ時代の名称).

Reichs≈bahn[ráiçs..] 女 -/ Deutsche ~ (略 DR) (1920-45および旧東ドイツの)ドイツ国有鉄道. **≈bank** 女 -/〘史〙ドイツ〔帝〕国国立銀行(1876-1945). **≈ban·ner** 中 -s/ das ~ Schwarz-Rot-Gold〘史〙ドイツ国旗党(ワイマル共和制擁護を目的に1924年設立,1933年ナチによって解散). **≈de·pu·ta·tions·haupt·schluß** 男 ..sses/〘史〙(1803年 Regensburg における)ドイツ帝国代表者会議主要決議. **≈deut·sche** 男 女〘史〙本国ドイツ人(ワイマル共和国およびナチ時代に外国居住ドイツ国籍者 Auslandsdeutsche や他国籍ドイツ人 Volksdeutsche と区別して用いられた呼称). **≈dorf** 中〘史〙(皇帝直轄領の)帝国直属村.

reichs·frei =reichsunmittelbar

Reichs≈frei·heit 女 -/ =Reichsunmittelbarkeit **≈frei·herr** 男〘史〙〔ドイツ〕帝国男爵. **≈ge·biet** 中 -〔e〕s/ (1945年までの)ドイツ〔帝〕国領土. **≈ge·richt** 中 -〔e〕s/〘史〙ドイツ〔帝〕国最高裁判所(1879-1945). **≈ge·setz·blatt** 中 (1945年までの)ドイツ〔帝〕国官報(条約・法律・法規命令などが記載された: →Reichsanzeiger). **≈gren·ze** 女 (1945年までの)ドイツ〔帝〕国の国境. **≈haupt·stadt**[また: ⌣⌣–⌣] 女 -/ (1945年までの)ドイツ

〔帝〕国首都 (Berlin). ≈**in·si·gni·en** 複〘史〙ドイツ帝国の帝権〈帝位〉の表章(王冠・王笏(しゃく)・宝剣・宝珠など).

Reichs·kam·mer·ge·richt[raıçskámər..] 中 -〔e〕s/ 〘史〙帝国最高法院(ウィーンの帝国宮内法院 Reichshofrat と並ぶ神聖ローマ帝国の最高裁判所; 1495-1806).

Reichs≈kanz·lei[ráıçs..] 女 -/ 〘史〙ドイツ〔帝〕国宰相官房. ≈**kanz·ler** 男〘史〙〔ドイツ〕帝国宰相(1871-1918); ドイツ国首相(1919-33; 1934年以降は大統領権限を合わせもつ独裁的な国家元首であった). ≈**klein·odi·en** [..klaıno:diən] 複 = Reichsinsignien ≈**kon·kor·dat** 中 -〔e〕s/ 〘史〙〔ドイツ〕国家政教協約(ドイツ国内でのカトリック教会の法的地位に関してドイツ帝国と教皇の間で1933年に結ばれた条約). ≈**mark** 女 -/- (略 RM) ライヒスマルク(1924年から1948年までのドイツの貨幣単位; 100 Reichspfennig: →Mark[1]). ≈**mi·ni·ster** 男〘史〙(1919-1945年の)ドイツ国国務大臣.

reichs·mit·tel·bar[ráıçsmıtəlba:r, ⌐◡◡–] 形 (↔reichsunmittelbar)〘史〙(1806年までの)〔神聖ローマ〕帝国非直轄の, 領邦直属の.

Reichs≈pfen·nig 男 (略 Rpf) ライヒスプフェニヒ(1924年から1948年までのドイツの貨幣単位; $^{1}/_{100}$ Reichsmark: →Pfennig). ≈**post** 女 -/ 〘史〙ドイツ国国営郵便(1924-45). ≈**prä·si·dent** 男〘史〙ドイツ国大統領(1919-34). ≈**rat** 男 -〔e〕s/ 〘史〙**1** ドイツ国参議〔院〕(1919-34). **2**〔オーストリア〕帝国国会(1867-1918). ≈**re·gie·rung** 女〘史〙ドイツ〔帝〕国政府(1919-45; また1871-1918). ≈**rit·ter** 男〘史〙(1806年までの)〔ドイツ〕帝国直属騎士. ≈**säckel** 中《話》(Staatskasse) 国庫. ≈**stadt** 女〘史〙(1806年までの)〔ドイツ〕帝国直属都市: eine freie ~ 自由帝国都市. ≈**stän·de** 複〘史〙帝国等族(1806年までの旧ドイツ帝国議会を構成する諸身分, すなわち諸侯・直属都市・高位聖職者). ≈**stand·schaft** 女 -/ 〘史〙(1806年までの)旧ドイツ帝国議会での議席〈発言権〉. ≈**statt·hal·ter** 男〘史〙国家地方長官(1935-45). ≈**stra·ße** 女 ドイツ国国道(広域交通用の道路; ナチ時代の名称). ≈**tag** 男〘史〙(1806年までの, また1871年から1945年までの)ドイツ〔帝〕国議会〈国会〉; 国会議事堂.

Reichs·tags≈ab·ge·ord·ne·te 男 ドイツ〔帝〕国議会〈国会〉議員. ≈**brand** 男 -〔e〕s/ 〘史〙国会議事堂放火事件(1933年2月27日夜に発生, ナチ政権は共産党弾圧の口実とした).

Reichs·ta·ler 男〘史〙ライヒスターレル貨(1566年から18世紀まで主としてドイツで用いられた銀貨: →Taler 1).

reichs·un·mit·tel·bar[ráıçs|ʊnmıtəlba:r, ⌐◡◡◡–] 形 (↔reichsmittelbar)〘史〙(1806年までの)〔神聖ローマ〕帝国直轄の.

Reichs≈un·mit·tel·bar·keit[また: ⌐◡◡◡––] 女 -/ reichsunmittelbar なこと. ≈**ver·fas·sung** 女〘史〙ドイツ〔帝〕国憲法. ≈**ver·we·ser** 男 (≈**vi·kar** 男)〘史〙(神聖ローマ帝国での)摂政; (1848年の)帝国臨時元首. ≈**vogt** 男〘史〙(1806年までのドイツ帝国直属都市に駐在する)皇帝代官. ≈**wehr** 女 -/ 〘史〙ドイツ国国防軍(1919年から1935年までの, ワイマル共和国時代の陸海軍の総称: →Wehrmacht 2).

Reich·tum[ráıçtu:m] 男 -s/..tümer[..ty:mər] **1**《単数で》(↔Armut) **a**) 富, 富裕: *js.* persönlicher 〈unermeßlicher〉 ~ …の個人の〈莫大(ばく)な〉富 ‖ ~ besitzen 富裕である | ~ erwerben 富を手に入れる ‖ im ~ schwimmen 大金持ちである | rasch zu ~ kommen たちまち金持ちになる. **b**) 豊かさ, 豊富, おびただしさ: Ausdrucks*reichtum* 表現の豊かさ〈多様さ〉| der ~ tiefer Gedanken in seinen Werken 彼の作品にあふれる深い思想 | ~ an Bodenschätzen 〈Ideen〉 地下資源〈アイディア〉の豊かさ. **2**《複数で》財貨, 財産, 資産; 資源: die *Reichtümer* der Erde 地下資源 ‖ *Reichtümer* anhäufen 〈vergeuden〉 財産を蓄積〈浪費〉する | Damit sind keine *Reichtümer* zu erwerben.《話》それはなんの稼ぎにもならない.
[*ahd.*; ◇reich]

reich·ver·ziert 形《付加語的》装飾豊かな, 飾りの多い, 飾り立てられた.

Reich·wei·te 女 **1**〔手で〕届く距離〈範囲〉, 到達距離〈範囲〉: die ~ eines Senders 放送局のサービスエリア | die ~ der Stimme 声の届く範囲 ‖ außerhalb ~ 手の届かない〈力の及ばない〉ところに | in ~ sein 手の届く範囲にある | *et.*[4] in ~[4] legen …を手の届くところに置く | eine Entscheidung von großer ~ 広く影響を及ぼす重大な決定. **2 a**) (銃砲などの)射程: die ~ eines Geschützes 砲の射程〈着弾範囲〉. **b**)〘空〙航続距離. **c**)〘理〙(荷電粒子の)飛程.
[<reichen]

reif[raıf] 形 **1 a**) (英: *ripe*) (果物・穀物などが)熟した, うれた; (チーズ・ワインなどが)熟成した, 食べ〈飲み〉ごろの; (はれ物などが)化膿(のう)しきった: ~*e* Äpfel 〈Erdbeeren〉 うれたリンゴ〈イチゴ〉| ein ~*er* Cognac 熟成したコニャック ‖ die ~*e* Frucht pflücken《比》(骨折らずに)成果をわがものとする | Das Ergebnis fiel ihm als ~*e* Frucht in den Schoß.《比》成果は(向こうから)彼の手に転がりこんだ ‖ ~ werden 熟する, うれる; 熟成する | Die Kirschen werden im Juni ~. さくらんぼは6月に熟する. **b**)《für *et.*[4]》(…への)機の熟した, (…の)準備の整った(→..reif): abbruch*reif* / ~ für den Abbruch (建物などが)取り壊しの時期に達した | druck*reif* (原稿などが)すぐ印刷に回せる ‖ ~ fürs Krankenhaus sein (人が病気などで)入院の必要がある | ~ für die Insel sein (→Insel 1) | Die Zeit ist ~ für Neuerung. 改革の機運が熟している | Ich bin ~ für den Urlaub. 私は(もう参ってしまって)休暇が必要だ ‖ Der Kerl ist ~.《話》やつは年貢の納め時だ.

2 (動物・人間が)十分に成長〈成熟〉した; 男〈女・娘〉ざかりの; (思想・判断・仕事などが)円熟した: früh*reif* 早熟の ‖ eine ~*e* Eizelle 成熟した卵細胞 | ~*e* Gedanken 〈Leistungen〉 円熟した思想 | eine ~*e* Leistung (→Leistung 1) | ein ~*er* Mensch (心身共に)熟した人間 | ~*er* Verstand 経験豊かな分別 | ein Mann in ~*eren* Jahren あぶらののった年齢の男 | die ~*ere* Jugend《戯》若手中年, 若い気でいる中年〔層〕‖ Er ist für diese Aufgabe noch nicht ~. 彼はこの任務を引き受けるには未熟すぎる.
[*westgerm.* „abpflückbar"; ◇reihen[1]; *engl.* ripe]

..reif《名詞・動詞などにつけて「…の機の熟した, …の準備の整った, …に値する」などを意味する形容詞をつくる》: abbruch*reif* (建物などが老朽化して)取り壊しの時期に達した | krankenhaus*reif* (人が)入院〔加療〕の必要のある | unterschrift*reif* (契約文書などが)署名を待つばかりの ‖ bau*reif* (地所などが)建設作業を待つばかりの.

Reif[1][raıf] 男 -〔e〕s/-e《雅》**1** (装身具としての)輪, (特に:) 腕輪, 指輪; (Diadem) (輪形の)頭飾り: *jm.* einen goldenen ~ an den Finger stecken …の指に金の指輪をはめてやる(特に婚約・結婚のとき) | einen ~ am Arm tragen 腕輪をはめている. **2** = Reifen 1 [„abgerissener Streifen"; *ahd.* „Seil"; ◇Reep; *engl.* rope]

Reif[2][–] 男 -〔e〕s/ **1** 霜: starker ~ ひどい霜 | Früh*reif* 朝霜 ‖ Heute ist ~ gefallen. きょうは霜が降りた | Auf seine Freude fiel ein ~.《比》彼の喜びには暗い影がさした ‖ Der Boden ist mit ~ bedeckt 〈von ~ überzogen〉. 大地は一面の霜である. **2**〘狩〙(アルプスカモシカのたてがみの)白色の先端.
[„Abstreifbares"; *ahd.*; ◇*engl.* rime]

Reif·bil·dung[ráıf..] 女〘工〙(冷凍機などの)着霜.

Rei·fe[ráıfə] 女 -/ **1** (果物・穀物などの)成熟; (チーズ・ワインなどの)熟成; (動物・人間の)成熟; (一般に)円熟, 熟達: die ~ des Obstes 果物の成熟 | die körperliche 〈geistige〉 ~ 肉体的〈精神的〉成熟 | Geschlechts*reife* 性〔的〕成熟 ‖ *et.*[4] zur ~ bringen …を成熟〈熟成〉させる | zur ~ kommen 成熟〈熟成〉する. **2** (…の)資格: mittlere ~ 中等教育修了資格 | Hochschul*reife* 大学入学資格.
[<reif]

Rei·fe·grad 男 成熟〈熟成〉度.

rei·feln[ráıfəln]《06》**I** 他 (h)〘製革〙(かばん・ベルトなど革製品に)装飾用のへりの線をつける. **II** 自 (h)《スイス》輪回しをする, 輪回しをして遊ぶ. [I: <riefeln; II: <Reifen]

rei·fen[1][ráıfən] **I** 自 (s) **1** (果物・穀物などが)熟する, う

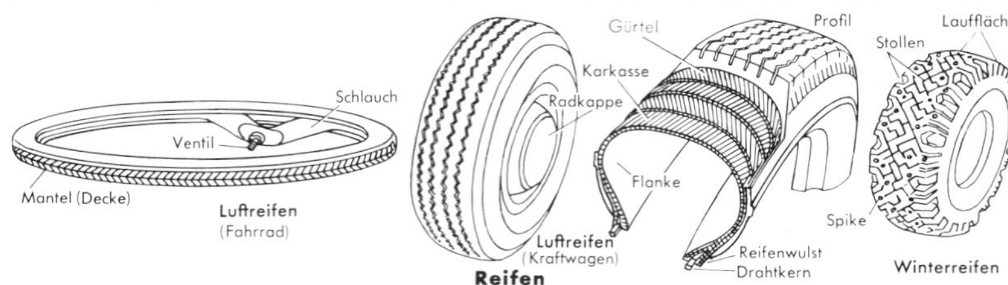

Reifen

れる; (はれ物が)化膿(かのう)しきる: In diesem Jahr *reifen* die Äpfel früh ⟨spät⟩. 今年はリンゴの成熟が早い⟨遅い⟩. **2** (人間が肉体的または精神的に)成熟⟨円熟⟩する; (時機が)熟する: Das Kind ist früh *gereift.* その子供は早熟である | die Idee ⟨den Plan⟩ ~ lassen アイディア⟨計画⟩を熟させる | zur Frau ⟨zum Mann⟩ ~ 一人前の女⟨男⟩に成長する | Die Ahnung *reifte* 〔in〕 ihr langsam zur Gewißheit. 漠とした予感が彼女の心の中でしだいに確信へと固まっていった ‖ ein *gereifter* Mann 経験を積んだ一人前の男.

II 他 (h) 《雅》 **1** 熟させる: Die Sonne *reift* die Trauben. 日光がぶどうを熟させる. **2** 《*jn.*》 成熟⟨円熟⟩させる.

[*ahd.*; ◇reif; *engl.* ripen]

rei·fen[2] [ráɪfən] 自 (h) 非人称 《es reift》 霜が降りる: Heute nacht hat es *gereift.* 昨夜霜が降りた. [<Reif[2]]

rei·fen[3] [–] 他 (h) 《*et.*[4]》 (たる・おけなどに)輪(たが)をはめる: das Faß ~ たるにたがをはめる.

Rei·fen [ráɪfən] 男 -s/- **1** (やや大きな)輪; (Faßreifen) (たるなどの)たが(→ 図 Faß); 〘体操〙 輪: ein eiserner ⟨hölzerner⟩ ~ 鉄の⟨木製の⟩輪 | Spiel*reifen* 遊戯用の輪 ‖ den ~ schlagen ⟨treiben⟩ 輪回しをする(→Reifenspiel). **2** (Radreifen) (車輪の)タイヤ(→ 図): ein schlauchloser ⟨abgefahrener⟩ ~ チューブレス⟨すりへった⟩タイヤ | Winter*reifen* スノータイヤ ‖ den ~ wechseln タイヤを交換する | Ich muß die hinteren ~ besichtigen. 《話》 私は(車から降りて)便所へ行きたい | einen heißen ~ fahren 《話》 猛烈なスピードで車を走らせる ‖ Der ~ ist geplatzt. タイヤがパンクした. **3** = Reif[1] 1 [<Reif[1]]

Rei·fen≠decke 女 = Reifenmantel ≠**de·fekt** 男 タイヤの欠陥⟨故障⟩. ≠**druck** 男 -〔e〕s/..drücke タイヤ〔空気〕圧. ≠**druck·mes·ser** 男 (中) タイヤ空気圧計. ≠**flick·zeug** 中 タイヤ修繕用具. ≠**he·ber** 男 〘工〙 (自動車の)タイヤレバー⟨ジャッキ⟩. ≠**man·tel** 男 タイヤカバー(チューブを包む外側). ≠**mon·ta·ge·he·bel** [..mɔntaːʒə..] 男 = Reifenheber ≠**pan·ne** 女 タイヤの破損, パンク.

Rei·fen·plat·zer 男 -s/- 《話》 タイヤのパンク. [<platzen[2]]

Rei·fen≠pro·fil 中 〘工〙 タイヤトレッドの彫り. ≠**prü·fer** 男 〘工〙 タイヤ空気圧力計. ≠**pum·pe** 女 タイヤ空気ポンプ. ≠**scha·den** 男 タイヤの破損⟨損傷⟩. ≠**schlauch** 男 タイヤチューブ. ≠**spiel** 中 輪回し⟨輪ころがし⟩遊び(→ 図). ≠**spur** 女 タイヤの跡, わだち. ≠**vul·ka·ni·sie·rung** 女 (薬品と熱による)タイヤ修理. ≠**wand** 女 タイヤの側面⟨サイドウォール⟩. ≠**wech·sel** 男 タイヤ交換. ≠**wulst** 男 (女) 〘工〙 タイヤビード(→ 図 Reifen).

Reifenspiel

Rei·fe≠prü·fung [ráɪfə..] 女 (Abitur) 高校卒業⟨大学入学⟩資格試験: die ~ bestehen 高校卒業資格試験にパスする. ≠**tei·lung** 女 〘生〙 (生殖細胞の)成熟分裂, 減数分裂. ≠**zeit** 女 **1** 成熟⟨熟成⟩期. **2** (Pubertät) 思春期. ≠**zeug·nis** 中 高校卒業証書(大学入学資格証にもなる).

reif·lich [ráɪflɪç] 形 《述語的用法なし》 じっくりと心をこめた, 念入りの, 詳しく考えた: nach ~*er* Erwägung じっくり考えた結果 | *sich*[3] *et.*[4] ~ überlegen …を熟慮する. [<reif]

Reif·pilz [ráɪf..] 男 〘植〙 ショウゲンジ(性賢寺)(食用キノコ). [<Reif[2]]

Reif·rock 男 〘服飾〙 (昔の女性の)張り骨入りのスカート, フープスカート(→ 図). [<Reif[1]]

Reifrock

Rei·fung [ráɪfʊŋ] 女 -/ 成熟; 熟成.

Rei·gen [ráɪgən] 男 -s/- **1** 輪舞, 輪踊り; フォークダンス: den ~ führen 輪舞のリードをする | im ~ tanzen 輪になって踊る. **2** 《比》 (出来事などの)連続: ein ~ von Visiten 次々と続く訪問 ‖ **den ~ eröffnen** ⟨**anführen**⟩ 《雅》 先頭に立つ, 皮切りをする | **den ~ schließen** ⟨**beschließen**⟩ 《雅》 殿(しんがり)をつとめる.

[*afr.* raie „Tanz"–*mhd.* rei〔g〕e]

Rei·gen≠schwim·men 中 水中バレエ, シンクロナイズドスイミング. ≠**tanz** 男 輪舞, 輪踊り.

Reih [raɪ] →Reihe 1

Rei·he [ráɪə] 女 -/-n **1** 列, 並び; 行列, 隊列: eine lockere ⟨lückenlose⟩ ~ 間隔のゆるやかな⟨ぎっしり詰まった⟩列 | eine ~ Häuser 一並びの家 | eine ~ hoher Bäume ⟨まれ: hohe Bäume⟩ 一列に並んだ高い樹木 | eine ~ blitzender Perlen ⟨まれ: blitzende Perlen⟩ 一連の輝く真珠 ‖ ~ drei, 〔Platz〕 Nr. elf (劇場などの座席番号で) 3 列の11番〔の席〕 ‖ am Anfang ⟨Schluß⟩ der ~ stehen 列の先頭⟨末尾⟩に立っている | *sich*[4] der ~[3] anschließen 列に加わる | **bunte ~ machen** 男女が交互に並んで座る ‖ 〘前置詞と〙 *et.*[4] **auf die ~ bringen** ⟨**kriegen**⟩ 《話》 …(やっかいな用件など)を片づける | **aus der ~ tanzen** 《話》 (行動を共にせずに)自分だけ勝手な振舞いをする | **in bunter ~ sitzen** 男女が交互に並んで座っている | **in der ersten ~ sitzen** 最前列に座っている; 《比》 いちばん優遇されている, もっともチャンスにめぐまれている | in langer ~ anstehen (店や窓口の前に)長い列を作って並んでいる | in ~*n* antreten 整列する | *sich*[4] in zwei ~*n* aufstellen 2 列に整列する | in ~*n* zu dreien 3 列縦隊で | in ~*n* marschieren 隊列を組んで行進する | **in einer ~ mit *jm.* stehen** 《比》 …と肩を並べる⟨…に匹敵する⟩存在である, …と同等である | **nicht in der ~ sein** 《話》 調子がよくない, 気分がすぐれない | nicht alle in der ~ haben 《話》 頭がおかしい | in die ~ treten 列を作る, 整列する | ***sich*[4] in eine ~ mit *jm.* stellen** 《比》 …と肩を並べる, …に匹敵する | Mit diesem Werk hat er sich in die erste ~ der zeitgenössischen Dichter gestellt. この作品によって彼は同時代の作家たちのトップの座を占めた | ***jn.* in die ~ bringen** 《話》 …をふたたび元気⟨健康⟩にさせる | ***et.*[4] in die ~ bringen** 《話》 …を元どおりにする, …を修復⟨修繕⟩する | 〔**wieder**〕 **in die ~ kommen** 《話》 ふたたび元気⟨健康⟩になる; 元どおりになる; 修復される | **in Reih und Glied** (並び方などが)きちんと, 整然と | in *Reih* und Glied aufgestellt sein 整然と並べられている ‖ Die ~*n* lichteten sich. (退席する人が増えて)空席があちこちに目立ってきた | Die ~*n* der älteren Generation lichten sich. 《比》 年上の世代の人たちが(死亡して)次第に姿を消して行く.

2 a) 系列, 連続, 一続き, 一連, 一組; 相当数, 多数: eine ~ wichtiger Begebenheiten ⟨chemischer Versuche⟩ 一連の重要事件⟨化学実験⟩ | seit einer ~ von Jahren 何年も前から ‖ Er stellte eine ~ von Fragen. 彼はかなりの

数の質問をした | Eine ganze ~ von Verwandten kam. 多数の親類がやって来た | Eine ganze ~ Bücher stand 〈standen〉 auf dem Regal. 書棚には本がたくさん並んでいた ‖ eine ~ eröffnen 〈schließen〉(一連の事柄の) 皮切り〈しめくくり〉をする. **b**) (刊行物などの) 双書, シリーズ: eine belletristische 〈populärwissenschaftliche〉 ~ 文学〈通俗科学〉双書 | Sein Buch erscheint in dieser ~. 彼の本はこのシリーズの一巻として出版される.

3 《単数で》 順序, 順番: Die ~ ist an mir. 今度は私の番だ | Die ~ ist nun an dir, ihm zu schreiben. 今度は君が彼に手紙を書く番だ | Die ~ kam endlich an mich. やっと私の番になった ‖ 〖前置詞と〗 **an der ~ sein** 番にあたっている | Jetzt bist du an der ~. 今度は君の番だ | **an die ~ kommen** 自分の番になる, 順番が自分に回ってくる | Wann komme ich an die ~? いつ私の番が回ってくるのか | *sich*[4] streng an die ~ halten きちんと順番を守る | **aus der ~ kommen** 《話》 混乱する, 気持が乱れる | **aus der ~ sein** 《話》 混乱している, 気持が乱れている | **außer der ~** 順番の枠外で, とび入りで | Er wurde außer der ~ behandelt. 彼は順番を待たずに特別に治療を受けた | **der ~ nach** / **nach der ~** 順番に従って, 順々に | Er begrüßte die Anwesenden der ~ nach. 彼はそこにいる人たちに順々に挨拶(あいさつ)をした | Immer der ~ nach! 順番をちゃんと守ってください | **um die ~** 順々に, 次々に(→reihum).

4 《複数で》 戦列, 陣営; 〖スポ〗 チーム: den Verräter in den eigenen ~*n* haben 仲間〈身内〉から裏切り者を出す | in die ~*n* der Widerstandsbewegung eintreten レジスタンスの戦列に加わる.

5 a) 〖数〗 級数: eine arithmetische 〈geometrische〉 ~ 等差〈等比〉級数. **b**) 〖楽〗 (特に12音音楽での) 音列. **c**) (Ordnung) 〖動・植〗 目(もく). **d**) 〖電〗 直列.

rei·hen[1][ráɪən] 他 (h) **1** 《雅》 **a**) (aufreihen) (一列に) 並べる, 並ばせる; (糸やひもに) 通して並べる: Perlen auf eine Schnur ~ 真珠をひもに通す | einen Fehler an den andern ~ 失敗を重ねる ‖ 再帰 *sich*[4] ~ (一列に) 並ぶ; 連なる, 続く | *sich*[4] nach der Größe ~ 背の順に並ぶ | Ein Unglück *reihte* sich ans andere. 不幸が一つまた一つと続いた. **b**) (einreihen) 列に入れる, 組み入れる. **2** 《また: 過去 rieh; 過分 geriehen》 (anreihen) 〖服飾〗 粗く縫う, 仮縫いする; しつけをする: den Saum an den Rock ~ 縁飾りをスカートに(仮縫いで)つける. [*ahd.* rīhan „auf einen Faden ziehen"; ◇reif, Riege; *engl.* row; *gr.* ereíkein „zerreißen"]

rei·hen[2][–] 自 (h) 〖狩〗 (交尾期に数羽の雄ガモが一羽の雌ガモの) あとを追う.

▽**Rei·hen**[1][ráɪən] 男 -s/- =Reigen

Rei·hen[2][–] 男 -s/- 《南部》 (Fußrücken) 足の甲. [*ahd.* rīho „Kniekehle"; ◇Rist]

Rei·hen≠ab·wurf 男 〖軍〗 (爆弾の) 連続投下. **≠an·ord·nung** 女 〖工〗 タンデム〈直列〉連結. **≠bau** 男 -[e]s/-ten 〖建〗 (同じ型の建物を一列に並べて建てる) 列状建築. **≠bau·wei·se** 女 〖建〗 列状建築法. **≠bild** 中 〖写〗 (航空撮影による) モザイク; 連続写真. **≠dorf** 中 (↔Runddorf) 列状村落, 街村(日本の街道町のように道路ぞいの家並みからなる村落). **≠fa·bri·ka·tion** 女, **≠fer·ti·gung** 女 流れ作業式生産, 大量生産. **≠fol·ge** 女 順序, 序列, 順番: in alphabetischer ~ アルファベット順に | in umgekehrter ~ 逆の順番で ‖ die ~ einhalten 順を守る. **≠haus** 中 〖建〗 (同じ型の住宅が一列に並ぶ) 列状住宅. **≠her·stel·lung** 女 =Reihenfabrikation **≠mo·tor** 男 〖工〗 並列〈列形〉機関. **≠num·mer** 女 通し番号. **≠schal·tung** 女 〖電〗 直列接続.

Rei·hen·schluß·mo·tor 男 〖工〗 直巻電動機.

Rei·hen·tanz =Reigentanz

Rei·hen·un·ter·su·chung 女 〖医〗 集団検診.

rei·hen·wei·se 副 (→..weise ★) 並んで, 列をつくって; 順番に; 次々に: Solche Beispiele könnte ich noch ~ anführen. このような例はまだいくらでも列挙することができる ‖ die ~*n* Straßenlichter 街灯の列.

Rei·hen·zahl 女 〖数〗 級数.

Rei·her[ráɪər] 男 -s/- 〖鳥〗 アオサギ(青鷺); (一般的に) サギ: **wie ein ~ kotzen** 《話》 ゲエゲエ吐く. [*germ.* „Krächzer"; 擬音; ◇schreien; *engl.* heron]

Rei·her≠bei·ze 女 (タカを使っての) アオサギ猟. **≠busch** 男 アオサギの羽根束(帽子などの装飾). **≠en·te** 女 〖鳥〗 キンクロハジロ(金黒羽白) (ガンカモ科). **≠fal·ke** 男 アオサギ猟に使うタカ. **≠fe·der** 女 アオサギの羽根(帽子などの装飾). **≠jagd** 女 =Reiherbeize

rei·hern[ráɪərn] 《05》 自 (h) 《話》 ゲエゲエ吐く.

Rei·her·schna·bel 男 〖植〗 オランダフウロ(風露)属.

Reih·garn[ráɪ..] 中 とじ糸. [<reihen[1]]

..reihig[..raɪɪç][2] 《数詞・形容詞などにつけて「…列の」を意味する形容詞をつくる》: zwei*reihig* / doppel*reihig* 2 列の.

Reih·stich[ráɪ..] 男 〖服飾〗 仮縫い〔の縫い目〕.

reih·um[raɪ|ʊm] 副 順々に, 次々に, ぐるっと: *et.*[4] ~ gehen lassen …を順に回す.

Rei·hung[ráɪʊŋ] 女 -/-en reihen[1]すること.

Reih·zeit[ráɪ..] 女 (野ガモの) 交尾期. [<reihen[2]]

Reim[raɪm] 男 -es(-s)/-e **1** (英: *rhyme, rime*) 〖詩〗 〔押(おう)〕韻; (特に:) (Endreim) 脚韻: ein männlicher 〈stumpfer / einsilbiger〉 ~ 男性韻(強音のある末尾音節相互の韻. 例 ged*acht*: verm*acht*. ただし中世詩に関しては stumpfer Reim というと行末の Takt が空白のものを指す) | ein weiblicher 〈klingender / zweisilbiger〉 ~ 女性韻(強音節+弱音節からなる末尾 2 音節相互の韻. 例 kl*ingen*: s*ingen*. ただし中世詩に関しては klingender Reim というと, 行末から第 2 Takt の主揚音のある長音節および最後の Takt の副揚音のある短音節 (.. | ⏑́ | × ∧ |) が押韻することを指す) | ein gleitender 〈schleifender / dreisilbiger〉 ~ 滑走韻, ダクチュロス脚韻(強音節+弱音節+弱音節からなる末尾 3 音節相互の韻. 例 kl*ingende*: s*ingende*) | ein identischer ~ 同語韻(同一語相互の韻) | ein erweiterter 〈mehrsilbiger〉 ~ 拡張韻(強音のある音節 2 個以上を含む 3 音節以上からなる脚韻. 例 S*onne* sch*einen*: N*onne* w*einen*) | ein reicher ~ 豊韻, 二重韻(=Doppelreim; 本来の韻のほかに同語韻が付加されたもの. 例 m*ein* W*eg*: d*ein* W*eg*) | ein rührender ~ 同音韻(強音節のはじめの子音も含めて完全な同音相互の韻. 例 er*laubt*: be*laubt*) | Stab*reim* 頭韻(強音のある音節の最初の子音相互の押韻. 例 *W*inter: *W*onne) | ein umschließender 〈umarmender〉 ~ 包韻, 抱擁韻 (J*ahr*: W*ort*: *Ort*: g*ar* のように ab ba の形にはさみこむ押韻) | ein gepaarter ~ 対韻(=Paarreim; 相前後する 2 行ずつの押韻) | ein gehäufter ~ 重韻(=Haufenreim; 同一の韻が続いたもの) | ein durchgehender ~ 一貫韻 | ein gekreuzter ~ 交〔差〕韻(=Kreuzreim; J*ahr*: *Ort*: g*ar*: W*ort* のように ab ab の形で交差する韻) | ein geschweifter ~ 付加尾韻(=Schweifreim; J*ahr*: g*ar*: kl*ein*; *Ort*: W*ort*: her*ein* のように aab ccb の形で 1 番目と 2 番目の対韻に 3 番目の対韻が分かれてつけられたもの) | ein verschränkter ~ 組み合わせ韻 (abc abc または abc bac の形の押韻) | ein unterbrochener ~ 断続韻(韻をふんだ詩中に韻をふまない詩行を交えたもの) | ein verschlungener ~ 錯韻(=Tiradenreim; aba cbc の形の押韻) | ein reiner ~ 純粋韻(強音のある母音とそれに続く音が完全に同音であるもの) | ein unreiner ~ 不純韻(韻をふんでいる母音が相互に完全に同じではないもの. 例 T*ür*: v*ier*).

‖〖4 格で〗 ~*e* bilden 韻をふませる, 押韻させる | ~*e* drechseln 苦労して押韻させる; 《比》 内容のないつまらない詩をつくる | **~*e* schmieden** 〔へたな〕詩をつくる | einen ~ auf „Mensch" suchen Mensch という語に押韻する語を探す | ***sich***[3] **einen ~ auf *et.***[4] **machen** 〔**können**〕 《話》 …が理解できる | Auf dieses Wort kann ich keinen ~ finden 〈machen〉. 《比》 私にはこの語の意味がさっぱり分からない | Kannst du dir darauf einen ~ machen? 君はそれが理解できるか ‖ 〖前置詞と〗 zwei Zeilen durch den ~ binden 2 行を韻で結ぶ, 2 行相互に韻をふませる | ein Glückwunsch in ~*en* 韻文形式の祝辞 | *et.*[4] in ~*e* bringen …に韻をふませる | im ~〔*e*〕 stehen 韻をふんでいる.

R

2 a) =Reimvers **b)** =Reimspruch
[*afränk.*–*afr.*–*mhd.* rīm; ◇Rede, Ritus; *engl.* rhyme, rime; *gr.* arithmós „Zahl"]

Rei·mar[ráimar] 男名 ライマル. [<*got.* ragin „Rat"+*ahd.* mären „rühmen"]

Reim≈art[ráım..] 女 韻の種類. **≈chro·nik** 女 (中世の)韻文形式の年代記. **≈dich·tung** 女 韻をふんだ詩.

rei·men[ráımən] **I** 他 (h) 《*et.*[4] auf *et.*[4]》(…を…に)韻をふませる〈合わせる〉, 押韻させる; 《比》調子〈つじつま〉を合わせる: „Flut" auf „Blut" ～ Flut で Blut に韻をふませる | Er kann gut 〈schlecht〉 ～. 彼は韻をふませるのがうまい〈へただ〉(詩作のさいに) ‖ 再帰 *sich*[4] 〔auf *et.*[4]〕 ～ 〔…と〕韻をふんでいる,〔…と〕韻が合う | *sich*[4] mit *et.*[3] ～ 《比》…と一致〈調和〉する | Das *reimt* sich nicht. それは韻〈つじつま〉が合わない | „Sang" *reimt* sich auf „Klang". Sang と Klang は韻が合っている | *Reim'* dich, oder ich fresse dich! 《話》なにがなんでも韻を合わせろ(無理強い). **II** 自 (h) **1** 韻をふんでいる; 《比》つじつまが合っている: Das *reimt* nicht. それは韻〈つじつま〉が合わない. **2** 詩作する: Er *reimt* schlecht. 彼はへたな詩をつくる. **III ge·reimt** → 別出

Rei·mer[ráımər] 男 -s/- ▽**1** 詩人. **2** 《軽蔑的に》へぼ詩人.

Rei·me·rei[raımərái] 女 -/-en 《軽蔑的に》 **1** へぼ詩, 駄句〔を作ること〕. **2** へたな押韻.

Rei·mer·ling[ráımərlıŋ] 男 -s/-e, **Rei·me·schmied**[ráımə..] 男 《軽蔑的に》へぼ詩人.

Reim≈kunst[ráım..] 女 押韻法. **≈le·xi·kon** 中 =Reimwörterbuch

reim·los[..lo:s][1] 形 韻をふんでいない, 無韻の: ein ～*es* Gedicht 無韻詩.

Reim·paar 中 韻を合わせた〈対韻の〉2 行.

Reim·paar·dich·tung 女 2 行ずつ韻を合わせた〈対韻の〉詩.

Re·im·plan·ta·tion[reımplantatsió:n] 女 -/-en (Wiedereinpflanzung) 《医》再移植〔術〕.

Reim·pro·sa[ráım..] 女 韻を文体上のあやとして用いた散文.

Reims[raıms, rɛ̃:s] 地名 ランス(フランス北東部の商工業都市. 大聖堂で有名).

Reim·schmied[ráım..] =Reimeschmied

Reim·sel[ráımzəl] 中 -s/- =Reimerei

Reim≈sil·be 女 韻をふんだ音節. **≈spruch** 女 韻をふんだ格言〈箴言(しんげん)〉詩.

Rei·mund[ráımʊnt] 男名 (<Raimund) ライムント.

Reim·vers[ráım..] 男 韻をふんだ詩行.

reim·wei·se 副 (→..weise ★) 韻をふんで.

Reim≈wort 中 -[e]s/..wörter 押韻した語. **≈wör·ter·buch** 中 押韻辞典.

rein[1][raın] **I** 形 **1 a)** 純粋な, まじりけ〈まぜ物〉のない, まがい物でない: ～*er* Alkohol 純粋アルコール | ～*e* Butter 純良バター | eine ～*e* Flugzeit von drei Stunden 正味 3 時間の飛行時間 | ～*er* Gewinn 純益 | ～*es* Gold 純金 | ～*es* Silber 純銀 | von ～*er* Rasse sein (動物が)純血種である | ein ～*er* Reim 純粋韻(→Reim 1) | die ～*e* Wahrheit sagen ありのままの真実を告げる(→3 a) | ～*es* Wasser まじり物のない水 | ein Diamant von ～*stem* 〈vom ～*sten*〉 Wasser 《比》(光沢が)最上級のダイヤモンド | ein Demokrat ～*sten* Wassers 〈von ～*stem* Wasser〉 《比》生粋の民主主義者 | ～*er* Wein 純粋のワイン | *jm.* ～*en* Wein einschenken 《比》…にありのままを〈隠しだてせずに〉知らせる | ein Pullover aus ～*er* Wolle 純毛のプルオーバー ‖ ～ golden sein 純金〔製〕である | einen Stoff chemisch ～ herstellen ある元素を化学的に純粋に精製する. **b)** (言葉に)なまり〈癖〉のない: eine ～*e* Aussprache haben 発音になまりがない | ein ～*es* Deutsch sprechen (なまりや癖のない)きれいなドイツ語を話す. **c)** (音程が)正確な: einen ～*en* Ton 〈eine ～*e* Stimmung〉 haben (楽器が)正しく調律されている | ～ singen 正確な音程で歌う. **d)** 《付加語的》(応用面を顧慮しない)純粋理論の, 純正な: ～*e* Physik 理論物理学 | 《Kritik der ～*en* Vernunft》『純粋理性批判』(Kant の主著の一つ).

2 a) (sauber) きれいな, 清潔な, 汚れていない; 澄みきった: ～*es* Blau 澄みきった青 | ein ～*es* Gewissen haben 《比》良心にやましいところがない | 〔eine〕 ～*e* Haut 〈einen ～*en* Teint〉 haben (しみやにきびがなくて)肌〈顔の肌〉がきれいである | ～*e* Hände haben (→Hand 1) | ～*en* Mund halten (→Mund 1) | 〔mit *et.*[3]〕 ～*en* Tisch machen (→Tisch 1) | 〔*sich*[3]〕 ～*e* Wäsche anziehen 清潔な肌着を着る | eine ～*e* Weste haben (→Weste 1) ‖ ～ Deck machen 《海》甲板を掃除する | *Rein* Schiff! 《海》船内掃除せよ ‖ die Wohnung ～ halten 〈machen〉 住居を清潔に保つ〈する〉 | *sich*[4] 〈*seinen* Körper〉 ～ halten 身体を清潔に保つ | *sich*[3] *sein* Haus ～ halten 《比》家名をけがさない | Die Luft ist ～. (→Luft 1) ‖ 《名詞的に》 **mit *et.***[3] **im ～*en* sein** …についてきちんと片〈決着〉がついている; …がはっきりわかっている | **mit *jm.* im ～*en* sein** …と話し合いがついている | ***et.***[4] **ins ～*e* schreiben** …を清書する | ***et.***[4] **ins ～*e* bringen** …(問題など)を整理する〈片づける〉 | **mit *et.***[3] **ins ～*e* kommen** …について片〈決着〉がつく | **mit *jm.* ins ～*e* kommen** …と話し合いがつく | mit *sich*[3] 〔selbst〕 ins ～*e* kommen 自分で得心する, 自分自身に納得がいく.

b) (unschuldig) けがれのない, 清らかな: eine ～*e* Jungfrau けがれを知らぬ処女 | ～*e* Liebe 清純な愛 | ～*e* Tiere 《宗》(食べてよいとされる)清浄な獣 ‖ ▽～ von Schuld sein 潔白である ‖ ▽《2 格と》～ aller Befleckung 〈alles Wandels〉 sein 何ひとつ汚れ〈欠点〉がない ‖ ▽～ werden 《宗》業病が癒(い)える.

3 a) 《述語的用法なし》(…以外の何物でもない)全くの: aus ～*er* Dummheit 〈Gutmütigkeit〉 全くの愚かさ〈気のよさ〉から | ～*e* Erfindung sein 全くの虚構である | ～*es* Glück sein 幸運以外のなにものでもない | der ～*ste* Glückspilz 〈Geizkragen〉 sein まさに幸運児〈しみったれ〉の見本である | eine ～*e* Komödie sein 全くの茶番である | die ～*ste* Lotterie sein (→Lotterie) | eine ～*e* Null sein (→null III 1 c) | Das Kind ist der ～*e* Vater. 子供はまるで父親そっくりだ | ～*er* Unsinn sein ナンセンスそのものである | die ～*e* Wahrheit sagen ありのままの真実を告げる(→1 a) | ein ～*es* 〈das ～*ste*〉 Wunder sein まさに奇跡である | ～*er* Zufall sein 全くの偶然である ‖ ～ aus Neugierde 好奇心そのものから | ～ durch Zufall 全く偶然に | eine ～ private 〈persönliche〉 Angelegenheit 全く私的〈個人的〉な問題 | vom ～ juristischen Standpunkt aus 純粋に法律的立場から | ～ unmöglich sein まるきり不可能である | ～ verrückt 〈toll〉 auf *et.*[4] sein …に無我夢中である | ～ weg von *jm.* sein 《話》…にすっかりいかれている ‖ *et.*[4] ～ vergessen …をきれいに忘れる | *et.*[4] ～ aus der Luft greifen / *sich*[3] *et.*[4] ～ aus den Fingern sagen …を(一から十まで)完全にでっちあげる | Du weißt aber auch ～ gar nichts. 君ときたらまるきり何も知らないんだな | Es ist ～ gar nichts mehr mit ihm anzufangen. 彼はもう手のつけようがない.

b) 《副詞的》《方》(fast) ほとんど: Man könnte ～ glauben, daß ... ほとんど…と思えるほどだ.

4 《ス゛イス》(fein) 細かくすりつぶした.

II Rei·ne[1] **1** 男 女 《形容詞変化》けがれのない人, 純潔な人: die ～ 処女マリア. **2** 女 -/ 《雅》純粋さ; 清らかさ, 清純, 純潔: in meines Busens ～ わが胸の清らかなところに.
[*germ.* „gesiebt"; ◇scheren[1], Krise; *lat.* crībrum „Sieb"]

rein[2] (**'rein**)[raın] 《話》 **1** =herein **2** =hinein
★ 動詞と用いる場合は分離の前つづりともみなされる.

Rein[raın] 女 -/-en 《南部・オーストリア》《話》平たいなべ. [*ahd.* rīna]

Rein≈be·stand[ráın..] 男 《林》単一種林. **≈be·trag** 男 =Reinertrag

rein·blau 形 澄みきった青色の.

Reindl (**Rein·del**)[ráındəl] 中 -s/-〔n〕 《オーストリア》小さい平なべ. [Rein の縮小形]

Rei·ne[1] →rein[1] II

Rei·ne[2][ráınə] 女 -/-n 《南部》ふちの高いフライパン.

Rei·necke[ráınəkə] 人名 Carl ～ カルル ライネッケ(1824–1910; ドイツの作曲家・ピアニスト・指揮者).

Rei·ne·clau·de[rɛːnəkló:də] 女 -/-n ＝Reneklode
Rein≈ein·kom·men[ráɪn..] 中, **≈ein·künf·te** 複, **≈ein·nah·me** 女 純(実質)収入, 純(実質)所得.
Rei·ne·ke Fuchs[ráɪnəkə fúks] 男 --/ 〘文芸〙ライネケぎつね(中世ヨーロッパに広まった動物叙事詩の主人公. また, Goethe の叙事詩の題名). [＜*ndd.* Reineke (◇Reinhard)]
Rein·ele·ment[ráɪn..] 中 〘化〙(同位元素をもたない)純元素.
Rei·ne·ma·che·frau[ráɪnəmaxə..] 女 (通いの)掃除婦.
Rei·ne·ma·chen 中 -s/ 掃除, 清掃; 《話》粛清: großes ~ 大掃除.
Rei·ner[ráɪnər] 男名 (＜Rainer) ライナー.
rein·er·big[ráɪn|ɛrbɪç][2] 形 (homozygot) 〘生〙(遺伝子が)同型(ホモ)接合の. [＜Erbe II]
Rein≈er·hal·tung 女 ＝Reinhaltung **≈er·lös** 男 ＝Reinertrag **≈er·trag** 男 純〔収〕益, 実利益.
Rei·net·te[rɛnɛ́tə] 女 -/-n ＝Renette
rei·ne·weg[ráɪnəvɛ́k, ⌐◡◡] 副 《話》ぜんぜん, まるっきり, 全く; まさに, まさしく: Er hat uns ~ nichts übriggelassen. 彼は私たちに全く何も残してくれなかった. [＜rein[1] I 3]
Rein·fall[ráɪnfal] 男 -[e]s/..fälle[..fɛlə] 《話》期待はずれ, 失望, 幻滅: Der Film war ein ~. その映画は全く期待はずれだった | Mit dem Mann haben wir einen tüchtigen ~ erlebt. あの男のことでは我々はひどくがっかりさせられた.
rein|fal·len* 《38》 自 (s) 《話》(hereinfallen) **1** 落ちる, 落ちこむ. **2** (計略などに)ひっかかる, だまされる: auf einen Schwindel〔schön〕~ ぺてんに〔まんまと〕ひっかかる.
Re·in·fek·tion[re|ɪnfɛktsió:n] 女 -/-en 〘医〙再感染.
Re·in·fu·sion[re|ɪnfuzió:n] 女 -/-en 〘医〙返血〔法〕.
Rein·ge·schmeck·te[ráɪn..] 男 女 《形容詞変化》《南部》(Hereingeschmeckte) (移住して来た)よそ者.
Rein≈ge·wicht 中 正味重量. **≈ge·winn** 男 純益.
rein|hal·ten*[ráɪnhaltən] 《65》 他 (h) 純粋(純潔)に保つ, 清潔にしておく: das〔eigene〕Nest ~ (→Nest 1 b).
Rein·hal·tung[..tʊŋ] 女 -/ reinhalten すること.
Rein·hard[ráɪnhart] 男名 ラインハルト. [＜*got.* ragin „Rat"＋*ahd.* harti „hart" (◇hart)]
Rein·hardt[−] 人名 Max ~ マックス ラインハルト(1873-1943; オーストリアの舞台演出家).
Rein·heit[ráɪnhaɪt] 女 -/ (rein なこと. 例えば:) 純粋さ, まじりけのなさ; 清潔, 清澄, きれいさ; 清純, 純潔, きよらかさ; (音程の)正確さ; 〘化〙純度: die ~ der Aussprache 発音の美しさ(なまりのなさ) | die ~ des Charakters 性格の純粋さ ‖ Er betonte die ~ seiner Absichten. 彼は自分の意図が純粋であることを強調した.
Rein·heits·grad 男 〘化〙純度; 〘医〙清浄度.
Rein·hold[ráɪnhɔlt] 男名 ラインホルト. [＜*got.* ragin „Rat"＋*ahd.* waltan „walten" (◇walten)]
rei·ni·gen[ráɪnɪgən][2] 他 (h) **1 a)** きれいにする, 清める; 清掃(掃除)する; 洗う, すすぐ; 〔ドライ〕クリーニングする; 磨く; (液体などを)澄ます, 浄化(純化)する; 〘医〙消毒する: Abgase 〈Abwässer〉 ~ 排気ガス(汚水)を浄化する | *sich*[3] die Hände ~ 手を洗う | den Mantel〔chemisch〕~ lassen コートをドライクリーニングに出す | die Straße ~ 道路を清掃する | die Wunde ~ 傷口を消毒する ‖ ein *reinigendes* Gewitter 《比》(山積した問題などを)一気に吹きとばす出来事 | Der Angeklagte ist von jedem Verdacht *gereinigt.* 被告のあらゆる嫌疑は晴れた ‖ den Mantel zum *Reinigen* geben コートをクリーニングに出す. **b)** 再帰 *sich*[4] ~ 体を洗い清める, 身を清める; 身のあかしを立てる: *sich*[4] von Kopf bis Fuß ~ 頭のてっぺんから足の先まで体を洗い清める | *sich*[4] von Schuld 〈einem Verdacht〉 ~ 自分の無実をあかす(嫌疑を晴らす).
2 a) 〘化〙精留する. **b)** 〘金属〙精錬する.
[*mhd.*; ◇rein[1]]
Rei·ni·ger[ráɪnɪgər] 男 -s/- (reinigen する器具. 例えば:) 掃除用具, 掃除器; 洗浄器; 〘化〙清浄器: Flaschen*reiniger* びん洗浄器.
Rei·ni·gung[ráɪnɪgʊŋ] 女 -/-en **1** (reinigen すること. 例えば:) 清掃, 掃除; 洗浄; 浄化, 純化; クリーニング; 〘金属〙精錬, 精製; 〘化〙精留; 〘医〙消毒; 〘宗〙斎戒(さいかい)沐浴(もくよく), みそぎ: chemische ~ ドライクリーニング | monatliche ~ 月経 | Straßen*reinigung* 道路清掃 | Wagen*reinigung* 洗車 | Mariä ~ 〘カトリック〙聖母マリアのお清めの祝日.
2 洗濯(クリーニング)店: einen Anzug in die ~ geben 背広をクリーニングに出す.
Rei·ni·gungs≈an·stalt 女 洗濯(クリーニング)店. **≈ap·pa·rat** 男 (液体・ガスなどの)浄化装置. **≈ben·zin** 中 (衣服などの汚れを取る)ベンジン. **≈creme**[..kre:m] 女 ＝Reinigungskrem **≈eid** 男 〘法〙無罪の宣誓. **≈krem** 女 (話: 男) 洗顔(クレンジング)クリーム. **≈lap·pen** 男 ほこり拭(ふ)き, ダストクロス. **≈milch** 女 洗顔乳液. **≈mit·tel** 中 洗剤, 洗浄剤, しみ抜き.
Re·in·kar·na·tion[re|ɪnkarnatsió:n] 女 -/-en 〘宗〙(魂の)再生, 再来; 輪廻(りんね); 化身(けしん), 生まれかわり.
Rein≈kul·tur[ráɪn..] 女 (菌の)純〔粋〕培養: in ~ 純粋培養された; 《ふつう軽蔑的に》正真正銘の | Dummheit in ~ ばかそのもの | Konservatismus in ~ 保守主義の権化(ごんげ). **≈laut** 男 《オーストリア》(Monophthong) 〘言〙単母音.
rein|le·gen[ráɪn..] 他 (h) 《話》＝hereinlegen
rein·lei·nen 形 純麻の.
rein·lich[ráɪnlɪç] 形 **1** きれい好きな, 潔癖な. **2** 清潔な, きれいな, さっぱり(きちんと)した: ein ~*es* Mädchen 〈Zimmer〉 小ざっぱりした少女(部屋). **3** 明確な, はっきりした: eine ~*e* Scheidung beider Begriffe 両概念の明確な区別.
Rein·lich·keit[−kaɪt] 女 -/ (reinlich なこと. 例えば:) きれい好き; 小ぎれいさ, 清潔さ; 明確さ.
Rein·ma·che·frau[ráɪnmaxə..] ＝Reinemachefrau
Rein·ma·chen ＝Reinemachen
Rein·mar von Ha·ge·nau[ráɪnmar fɔn há:gənaʊ] 人名 ラインマル フォン ハーゲナウ(?-1210頃; 中世ドイツの宮廷叙情詩人, Reinmar der Alte とも呼ばれる). [◇Reimar]
Rein·nickel[ráɪn..] 中 〘鉱〙純ニッケル.
rein·ras·sig 形 (動物が)純粋種の, 純血種の.
Rein·schiff[raɪnʃɪ́f] 中 -s/ 〘海〙(船の)大掃除.
Rein·schrift [ráɪn..] 女 清書, 浄書.
rein·schrift·lich 形 清書の, 浄書した.
rein·sei·den 形 純絹の.
Rein·stoff 男 〘化〙純物質.
Re·in·te·gra·tion[re|ɪntegratsió:n] 女 -/-en reintegrieren すること.
re·in·te·grie·ren[re|ɪntegrí:rən] 他 (h) 《*jn.*》(前科者・麻薬患者などを)社会復帰させる. [*lat.*]
Rein·ver·mö·gen 中 (債務を差し引いた)純資産.
rein|wa·schen* 《201》 他 (h) **1** 《*jn.*》(…の)罪の嫌疑をはらす: 再帰 *sich*[4] ~ 身のあかしを立てる(潔白を証明する): *sich*[4] von dem Verdacht ~ 身にふりかかった疑いが事実無根であることを明らかにする. **2** Geld ~ (不正な)金を浄化する(→Geldwäsche).
rein·weg[ráɪnvɛ́k, ⌐◡] ＝reineweg
rein·wol·len 形 純毛の.
Rein·zucht 女 **1** (Inzucht) 〘生〙純交配, 近親交配, 同系交配. **2** 純粋(純血)種の飼育, 純粋培養.
Reis[1] Real[1]の複数.
Reis[2][raɪs][1] 中 -es/-er (小 **Reis·chen**[ráɪsçən] 中 -s/-, Reiserchen[ráɪzərçən], **Reis·lein**[..laɪn] 中 -s/-) **1 a)** (木の)小枝: ein neues ~ am alten Stamm 老木の若枝; 《比》古い家系に生まれた若者. **b)** 《複数で》(Reisig) (折った・折れて地面に落ちた)木の小枝, 柴(しば), 粗朶(そだ): ein Bündel ~*er* 一束の柴 | Viel ~*er* machen einen Besen. 《諺》ちりも積もれば山となる(柴木も集めればほうきになる).
2 a) (Schößling) (木の)若枝; (苗植え用の)若木. **b)** (Pfropfreis) 〘園〙接ぎ枝, 接ぎ穂: das ~ auf den wilden Stamm pfropfen 野生木の幹に接ぎ穂をする.
[*germ.* „sich Schüttelndes"; ◇Rispe, Krepp, Reisig; *lat.* crīnis „Haar"]
Reis[3][raɪs][1] 男 -es/(種類: -e) **1** 〘植〙イネ(稲): ~ anbauen イネを栽培する. **2** 米: polierter ~ 精白米 | unge-

schälter ～ もみつきの米 ‖ ～ kochen 米を煮る; ご飯をたく | Scheiße mit ～! (→Scheiße 2). [*gr.* óryza－*lat.*－*mlat.* rīsus－*mhd.* rīs; ◇*engl.* rice]

Reis≠auf·lauf [ráɪs..] 男 《料理》ライスプディング. ≠**bau** 男 -〔e〕s/ 稲作, 米作.

▽**Reis·be·sen** [ráɪs..] =Reisigbesen

Reis≠brannt·wein 男 焼酎(しょうちゅう). ≠**brei** 男 米がゆ.

▽**Reis·bün·del** =Reisigbündel 1

Reis·chen Reis²の縮小形.

Rei·se [ráɪzə] 女 -/-n **1** 旅, 旅行; 遠い行程〈道のり〉, 旅路: eine kurze 〈lange〉 ～ 短い〈長い〉旅 | eine dienstliche 〈geschäftliche〉 ～ 公用〈商用〉旅行 | Auslands*reise* 外国旅行 | Auto*reise* 自動車旅行 | Forschungs*reise* 研究旅行 | Hochzeits*reise* 新婚旅行 ‖ eine ～ durch ganz Japan 日本全国旅行 | eine ～ ins Ausland 外国旅行 | eine ～ ins Jenseits 死出の旅 | eine ～ nach Übersee 海外旅行 | eine ～ um die Welt 世界一周旅行 | eine ～ mit der Eisenbahn 鉄道旅行 | eine ～ im Flugzeug 空の旅 | eine ～ zu Fuß 徒歩旅行 | eine ～ zu Schiff 船旅 | eine ～ zur See 水路の旅, 航海.

‖〖前置詞と〗**auf ～*n* sein** 旅行中である | *jn.* auf einer ～ begleiten …の旅のお伴をする | **auf die ～ gehen** / **auf ～*n* gehen** / *sich*⁴ **auf die ～ machen** 〈begeben〉 旅に出る, 旅立つ | auf die große 〈letzte〉 ～ gehen 《比》死出の旅に出る | *jn.* **auf die ～ schicken** 〖スポ〗(レースで)…をスタートさせる; 〖球技〗…にロングパスをする | **von** der ～ zurückkommen 旅から帰って来る | *jm.* Glück **zur** ～ wünschen …の道中の無事を祈る, …に道中ご無事でとあいさつする | Vorbereitungen zur ～ treffen 旅支度をする ‖〖1格で〗Wohin geht die ～? どちらへお出かけですか | Wir wissen nicht, wohin die ～ geht. 《話》事の成りゆきは我々には分からない | Wie war die ～? 旅行はいかがでしたか | Das ist ja eine richtige 〈ganze〉 ～ bis zu euch. 《話》君たちのところへ行くのは全く遠いね ‖〖4格で〗die ～ antreten 旅に出る | ***seine*** 〔**letzte**〕 **～ antreten** 《婉曲に》死出の旅路にのぼる | eine ～ planen 〈vorbereiten〉 旅行の計画をたてる〈準備をする〉 | die ～ unterbrechen 旅行を中断する | Machen Sie dieses Jahr keine ～? 今年は旅行にはいらっしゃらないのですか | Wenn jemand eine ～ tut, so kann er was erzählen. 旅をすれば話題ができる.

2 トリップ(麻薬などによる陶酔感・幻覚症状).

▽**3** 軍旅, 征旅, 軍役.

[*ahd.*; ＜*ahd.* rīsan „steigen, fallen"; ◇rinnen, rieseln; *engl.* rise]

Rei·se≠an·den·ken [ráɪzə..] 中 旅の記念〔品〕〈スーベニア〉. ≠**an·zug** 男 旅行服. ≠**apo·the·ke** 女 旅行〈携帯〉用救急薬品〔箱〕. ≠**ar·ti·kel** 男 旅行用品. ≠**be·darf** 男 旅行用品. ≠**be·glei·ter** 男 (⊛ ≠**be·glei·te·rin**) **1** 旅の同伴者〈道づれ〉. **2** (団体旅行の)添乗員. ≠**be·kannt·schaft** 女 **1** 旅で知り合った間柄. **2** 旅で得た知人. ≠**be·richt** 男 旅行報告. ≠**be·schrei·bung** 女 旅行記〈談〉, 紀行文. ≠**buch** 中 **1** 旅行案内書. **2** (本として出版された)旅行記. ≠**buch·han·del** 男 -s/ 書籍行商, 書籍外交販売(セールスマンが旅行して注文をとり, あとから書籍を郵送する商法). ≠**bü·ro** 中 旅行社. ≠**bus** 男 長距離旅行用バス. ≠**decke** 女 旅行用ひざ掛け. ≠**diä·ten** 複 =Reisespesen ≠**di·plo·ma·tie** 女 訪問外交. ≠**ein·drücke** 複 旅の印象. ≠**er·in·ne·rung** 女 旅の思い出; 旅の記念品. ≠**er·laub·nis** 女 旅行許可.

rei·se·fer·tig 形 旅支度のできた, いつでも旅立てる.

Rei·se≠fie·ber 中 -s/ 《話》旅行前のわくわくした興奮状態. ≠**film** 男 紀行映画. ≠**flug** 男 遊覧〈周遊〉飛行. ≠**flug·hö·he** 女 〖空〗(旅客機などの)巡航飛行高度. ≠**füh·rer** 男 **1** (⊛ ≠**füh·re·rin**) 旅行案内人〈ガイド〉. **2** 旅行案内書〈ガイドブック〉. ≠**ge·fähr·te** 男 (⊛ ≠**ge·fähr·tin**) =Reisebegleiter ≠**geld** 中 -〔e〕s/-er **1** 旅費. **2** 《複数で》=Reisespesen ≠**ge·neh·mi·gung** 女 旅行許可. ≠**ge·päck** 中 旅行手荷物.

Rei·se·ge·päck·ver·si·che·rung 女 旅行〔用〕手荷物保険.

Rei·se≠ge·schwin·dig·keit 女 〖海・空〗表定〈巡航〉速度. ≠**ge·sell·schaft** 女 **1** 旅行団, 団体旅行の一行. **2** 《単数で》旅での同伴〈道づれ〉. ≠**ge·wer·be** 中 路上営業(行商人・大道商人・辻音楽師などの). ≠**grup·pe** 女 =Reisegesellschaft 1 ≠**hand·buch** 中 =Reiseführer 2 ≠**ka·der** 男 《集合的に》(旧東ドイツで)西側の外国へ旅行する特権を享受する党幹部. ≠**kis·sen** 中 旅行用〔空気〕枕. ≠**kleid** 中 旅行服. ≠**klei·dung** 女 旅行用の服装. ≠**kof·fer** 男 旅行用トランク〈スーツケース〉. ≠**korb** 男 旅行用バスケット. ≠**ko·sten** 複 旅費.

Rei·se·ko·sten·zu·schuß 男 旅費補助, 出張手当.

Rei·se≠krank·heit 女 旅行病(乗り物酔い・船酔いなど). ≠**kre·dit·brief** 男 =Reisescheck ≠**land** 中 -〔e〕s/..länder 観光の対象となる国. ≠**lei·ter** 男 (⊛ ≠**lei·te·rin**) 団体旅行の責任者〈世話人〉. ≠**lek·tü·re** 女 旅行用の読み物. ≠**lust** 女 -/ 旅をしたいという気持, 漂泊の思い: Die ～ packt mich in diesen Tagen. このごろ私は旅に出たくてしようがない.

rei·se·lu·stig 形 旅行好きの.

Rei·se≠mar·schall 男 《戯》(団体旅行の)世話人, 添乗員(元来は昔の王侯の旅の責任者). ≠**ma·schi·ne** =Reiseschreibmaschine ≠**müt·ze** 女 旅行帽, 鳥打ち帽(→ 図 Mütze).

rei·sen [ráɪzən]¹ 《02》 **I** 自 (s) **1 a)** 旅をする, 旅行する: allein ～ 一人旅をする | dienstlich ～ 公用で旅行する, 出張する | inkognito ～ お忍びで旅をする ‖〖前置詞と〗**an** die See 〈**aufs** Land〉 ～ 海辺〈田舎〉へ旅行する | auf eine Masche ～ (→Masche¹) | auf die dumme 〈krumme〉 Tour ～ (→Tour 4) | **in** die Ferien 〈den Urlaub〉 ～ 休暇旅行に出る | ins Gebirge 〈in die Berge〉 ～ 山へ旅行する | in Gesellschaft 〈mit einer Reisegesellschaft〉 ～ 団体旅行をする | **mit** der Eisenbahn 〈dem Flugzeug / dem Schiff〉 ～ 鉄道〈飛行機・船〉で旅行する | **nach** Italien 〈Übersee〉 ～ イタリア〈海外〉へ旅行する | **per** Anhalter ～ ヒッチハイクをする | **zur** Erholung 〈zum Vergnügen〉 ～ 保養〈慰安〉旅行をする ‖ Ich *reise* gern 〔allein〕. 私は〔ひとり〕旅が好きだ | Wir *reisen* morgen. 我々はあす旅に出る | Ich bin durch die ganze Welt *gereist*. 私は世界じゅうを旅行した | Er ist in seinem Leben viel *gereist*. 彼は一生のあいだ多くの旅をした ‖〖結果を示す語句と〗再帰 *sich*⁴ müde ～ 旅行して疲れる ‖ 再帰・非人称 Es *reist* sich bequem mit dem Schiff. 船旅は快適である. **b)** (渡り鳥が)渡る. **c)** (天体が)運行する. **2** (広い地域に)行商する, 出張〈外交〉販売をする; 〖劇〗巡演〈旅興行〉する: in Stoffen 〈Seife〉 ～ 生地〈せっけん〉を売り歩く | ein *reisender* Vertreter 外交販売員, セールスマン.

II 他 (h) 《スイ》(時計などを)調整する.

III Rei·sen 中 -s/ 旅〔すること〕: *Reisen* bildet. 《諺》かわいい子には旅をさせよ(旅は人間をつくる).

IV Rei·sen·de 男 女 《形容詞変化》**1** 旅行者, 旅人; 旅客, 乗客. **2** 行商人; 出張〈外交〉販売員, セールスマン: ein ～*r* in Stoffen 〈Knöpfen〉 生地〈ボタン〉の行商人.

V ge·reist → 別出 [*ahd.*; ◇Reise]

Rei·se≠ne·ces·saire [ráɪzənesɛsɛːr] 中 (洗面具などの入った)旅行用小間物ケース. ≠**om·ni·bus** 男 =Reisebus ≠**on·kel** 男 《戯》旅好きの男. ≠**pa·pie·re** 複 旅行に必要な携帯書類(旅券・査証・予防接種証明書など). ≠**paß** 男 (Paß) 旅券, パスポート: den ～ ausstellen 〈vorzeigen〉 旅券を発行する〈呈示する〉 | Der ～ ist abgelaufen. その旅券は有効期間が過ぎた. ≠**plan** 男 旅行計画. ≠**pro·spekt** 男 旅行パンフレット〈案内書〉.

Rei·ser Reis²の複数.

Rei·ser·be·sen [ráɪzər..] =Reisbesen

Rei·ser·chen Reischen (Reis²の縮小形)の複数.

Rei·se·rei [raɪzəráɪ] 女 -/-en 絶えず旅をすること, 度重なってわずらわしい旅行. [＜reisen]

rei·sern [ráɪzərn] 《05》 自 (h) 〖狩〗(猟犬が野獣の触れた)枝の臭跡をかぎ出す. [＜Reis²]

Reis·ern·te [ráɪs..] 女 米の収穫, 稲刈り.

Rei·se≠rou·te [ráɪzəruːtə] 女 旅行コース. ≠**sack** 男

(特に船員などの)旅行袋, 旅嚢(りょのう). ⸗**sai·son**[..zɛzɔ̃ː] [女] 旅行シーズン. ⸗**scheck** [男] 旅行者用小切手, トラベラーズ=チェック. ⸗**schil·de·rung** [女] ＝Reisebeschreibung ⸗**schreib·ma·schi·ne** [女] ポータブルタイプライター. ⸗**spe·sen** [複] (出張旅行などに支給される)旅費. ⸗**ta·ge·buch** [中] 旅日記. ⸗**tan·te** [女] 《戯》旅好きの女. ⸗**ta·sche** [女] 旅行かばん〈スーツケース〉. ⸗**un·ter·neh·men** [中] 旅行社. ⸗**ver·kehr** [男] 旅行者の交通〈往来〉: Es herrscht reger 〈starker〉 ～. 旅客の動きが活発である. ⸗**vor·be·rei·tung** [女] -/-en《ふつう複数で》旅行の準備, 旅支度. ⸗**wa·gen** [男] 旅行用〔大型〕自動車. ⸗**wecker** [男] 旅行〔携帯〕用目ざまし時計, トラベラーウォッチ. ⸗**weg** [男] 旅路, 旅行ルート: Unser ～ führt über Bonn. 私たちの旅行の道筋はボンを経由している. ⸗**wet·ter** [中] 旅行日和. ⸗**zeit** [女] **1** 旅行シーズン. **2** (目的地に到着するまでの)旅の所要時間. ⸗**ziel** [中] 旅行の目的地〈行き先〉: am ～ ankommen 旅の目的地に着く.

Reis⸗feld[ráis..] [中] 稲田, 米作田. ⸗**fleisch** [中] 米と肉とを用いた料理. ⸗**ge·richt** [中] 米料理.

▽**Reis·holz** [中] -es/ ＝Reisig

▽**rei·sig**[ráɪzɪç][2] **I** [形] **1** (中世の兵士が)出征準備のととのった; 〔騎馬〕武装をした. **2** 戦闘的な, 好戦的な. **II Rei·si·ge** [男]《形容詞変化》(特に中世の)騎馬武者. [*mhd.*; ◇Reise 3]

Rei·sig[ráɪzɪç] [中] -s/《集合的に》(折った・折れて地面に落ちた)木の小枝, 柴(しば), 粗朶(そだ)(→ 図 Holz A): im Wald ～ sammeln 森で粗朶を集める〈柴を刈る〉. [*mhd.*; ◇Reis[2]]

Rei·sig⸗be·sen [男] 柴(しば)〈粗朶(そだ)〉ぼうき(→ 図 Besen). ⸗**bün·del** [中] **1** 柴〈粗朶〉の束. **2** 〖工〗積み地金.

Rei·si·ge →reisig II

Rei·sig⸗feu·er [中] 柴(しば)〈粗朶(そだ)〉を燃やした火. ⸗**holz** [中] -es/ ＝Reisig

Reis⸗kä·fer[ráis..] [男] 〖虫〗コクゾウ(穀象虫)(米穀の大害虫). ⸗**korn** [中] -〔e〕s/..körner 米粒. ⸗**kör·per** [男] 〖医〗米粒〔状小〕体. ⸗**kul·tur** [女] 〖農〗米作.

Reis⸗lauf[ráislaʊf] [男] -〔e〕s/ , ⸗**lau·fen** [中] -s/ 〖史〗(中世で)傭兵(ようへい)になること. ⸗**läu·fer** [男] 〖史〗(中世の)傭兵. [<Reise 3]

Reis·lein Reis[2]の縮小形.

Reis⸗mehl[ráɪs..] [中] 米粉, しんこ. ⸗**öl** [中] 米ぬか油. ⸗**pa·pier** [中] 蓪草(つうそう)紙, ライスペーパー.

Reis·pa·pier·baum [男] 〖植〗カミヤツデ(紙八手)(中国産ウコギ科の木で, 髄からライスペーパーを作る).

Reis⸗pflan·ze [女] 〖植〗イネ(稲). ⸗**pu·der** [男] ＝Reismehl

Reiß·ah·le[ráɪs..] [女] 〖工〗線引き錐(きり). [<reißen]

Reiß·aus[raɪs|áʊs] [男]《話》《もっぱら次の成句で》～ **nehmen** 逃げ出す, ずらかる. [<ausreißen]

Reiß⸗bahn[ráɪs..] [女] (気球などのガス抜き用の)引き裂き弁. ⸗**blei** [中] (Graphit) 黒鉛, 石墨. ⸗**brett** [中] 製図板(→ 図): *et.*[4] am 〈auf dem〉 ～ entwerfen《比》(非現実的に)…の机上プランを作る.

Reiß·brett·stift [男] ＝Reißzwecke

Zeichenmaschine

Reißbrett
(Zeichenbrett)

Reis⸗schleim[ráɪs..] [男] 〖料理〗重湯. ⸗**schnaps** [男] 焼酎(しょうちゅう).

rei·ßen*[ráɪsən] 《115》 **riß**[rɪs]/**ge·ris·sen**; (接II) **risse**

I [他] (h) **1 a)** 〔ひき〕裂く,〔ひき〕ちぎる,(びりびり)破る; (猛獣などが他の動物を)襲ってえじきにする〈食い殺す〉(→**reißend** 2): Er *riß* den Brief in Stücke. 彼は手紙をずたずたにひき裂いた | einen Mantel in Fetzen ～ コートをびりびりに破る | den Stoff nach dem Faden ～ 布地を糸目にそってひき裂く | Ich habe mir an einem Nagel die Hand blutig *gerissen*. 私はくぎで手にひっかき傷を作って血が出た ‖ Ich könnte 〈würde〉 ihn am liebsten in Stücke ～.《比》私は彼を八つ裂きにしてやりたいくらいだ | Ich könnte mich in Stücke ～.《話》(自分の過失に)我ながらまったく腹立たしい思いだ | Verzweiflung *reißt* ihn.《比》絶望が彼の心をさいなむ ‖ Das Packpapier läßt sich schlecht ～. この包装紙はなかなか破れない ‖ Der Wolf hat ein Schaf *gerissen*. オオカミが羊を襲っ〔て食い殺し〕た ‖ (非人称) Es *reißt* mich in allen Gliedern. 体じゅうがひりひり痛む.

b) (再帰) *sich*[4] ～ 裂傷を負う, ひっかき傷をこしらえる: 〖傷の部位を示す an *et.*[3] と〗Ich habe mich am Finger *gerissen*. 私は指にひっかき傷をつくった |〖傷の原因を示す an *et.*[3] と〗Ich habe mich an einem Dorn 〔an der Hand〕 *gerissen*. 私はとげで〔手に〕ひっかき傷をこしらえた ‖ *sich*[4] *gerissen* kriegen ぶん殴られる, ひっぱたかれる.

c) 《結果を示す 4 格の名詞と》(ひっかいて傷を)負わせる,(ひき裂いて裂け目・穴などを)つくる, あける: Ich habe mir am Fuß 〔am Stacheldraht〕 eine Wunde *gerissen*. 私は足に〔有刺鉄線で〕裂傷を負った ‖ Der Hund *riß* ihm ein Loch in die Hose. 犬が彼のズボンをひき裂いて穴をあけた | Er hat sich[3] ein Loch in den Strumpf *gerissen*. 彼は靴下にかぎ裂きをこしらえた | Die Reise *riß* ein großes Loch in seine Ersparnisse.《比》旅行で彼の貯金は大分減った | Sein Tod *riß* eine Lücke in die Familie.《比》彼の死は家族にぽっかり穴をあけた | Die Bombe hat einen Trichter in den Boden *gerissen*. 爆弾は地面をえぐってすりばち状の弾痕(だんこん)をつくった ‖ *jm.* eine ～《オーストリア》《話》…(の横面)にしたたか平手打ちをくらわす ‖〖目的語なしで〗ins Geld ～《話》(やたらに)金をくう, 大金がかかる, 値がはる.

2 a) 《*jn.*》(強引に・ぐい〔ぐい〕と)引っぱる, 引っぱって行く〈来る〉, 拉(らっ)し去る〈来る〉, ひっさらう;《比》(…の心を)引きつける: *jn.* an den Haaren ～ i) …の髪の毛を(ぐいぐい)引っぱる; ii) …の髪の毛をつかんで(強引に)引っぱって行く〈来る〉| Er *riß* sie durch die dichte Menge. 彼は人込みをぬって彼女を引き立てて行った〈来た〉| Jeder Sekundenschlag *reißt* uns dem Sterbebett näher. 一秒ごとに我々は死の床に近づいて行く ‖ *jn.* bis zum Entzücken ～ うっとりするほど…を魅了する ‖ (非人称) Es *riß* mich, loszuschlagen. 僕は殴りつけたくて うずうずした.

b) 《離脱点「…から」を示す前置詞 aus または von を伴って; ふつう aus は「…の内部から」, von は「…の表面から」を示す》① 《*et.*[4] aus 〈von〉 *et.*[3]》(…を引っぱって…から)ちぎり〈もぎ・はぎ〉取る,(…を…から)ひっこ抜く, ひったくる: Er hat ein Blatt **aus** dem Buch *gerissen*. 彼はその本から 1 ページはぎ〈やぶり〉取った | Unkraut aus der Erde ～ 地面から雑草をひっこ抜く | *jm. et.*[4] aus der Hand 〈den Händen〉 ～ …の手から…をもぎ取る | *jm.* aus den Händen *gerissen* werden《比》(商品が)…の店から瞬く間に売り切れてしまう | *jm.* einen Zahn aus dem Munde ～ …の口から歯をひき抜く | *jm. et.*[4] aus dem Rachen ～ (→Rachen 2) | *sich*[3] das Schwert aus der Scheide ～ さっと鞘(さや)から刀を抜く〈刀の鞘をはらう〉| einen Nagel aus der Wand ～ 壁からくぎを抜き取る | *jm. et.*[4] aus den Zähnen ～ (→Zahn 1) | Aus dem Zusammenhang *gerissen*, ist der Satz unverständlich. 文脈から切り離しては 文は意味がとれない ‖ einen Zweig **vom** Baum ～ 木から小枝を 1 本折り取る〈へし折る〉| *jm.* die Larve 〈die Maske〉 vom Gesicht ～ (→Larve 2 a, →Maske 1 b) | *sich*[3] das Schwert von der Hüfte ～ 腰から刀を引き抜く | Ein Windstoß *riß* mir den Hut vom Kopf. 一陣の突風のために私はかぶっていた帽子を吹きとばされた | Sie *riß* sich[3] die Kleider vom Leibe. 彼女は身につけていた衣類をさっと脱ぎすてた | *jm.* einen Knopf vom Mantel ～ …のコートのボタンを一つもぎ取る | *jm.* den Schleier vom Gesicht ～ (→Schleier 2) | die Tapete von der Wand ～ 壁から壁紙〈壁布〉をはぎ取る.

② 《*jn.* aus *et.*[3] / *jn.* von *et.*[3] 〈*jm.*〉》(…を…から)引き離す, ひき〔ずり〕出す, 救い出す, ひき起こす: Er *riß* das Kind aus den Armen der Mutter. 彼は母親の腕から子供を奪い取った | *jn.* aus Morpheus' Armen ～ (→Morpheus) | *jn.* aus *seinen* Gedanken 〈Träumen / Illusionen〉 ～ …の物思い〈夢・幻想〉を破る | Niemand kann sich[3]

R

es aus dem Herzen ～. だれもそれを忘れてしまうことはできない | *jn.* aus allen Himmeln 〈Wolken〉 ～ (→Himmel 2,→Wolke 1) | *jn.* aus der Not 〈der Verlegenheit〉 ～ …を苦境〈困惑〉から救い出す | *jn.* aus dem Schlaf ～ …が眠っているのをたたき起こす ‖ *jm.* den Kopf vom Rumpf ～ …の首を胴からひきちぎる | Er *riß* sie von meiner Seite. 彼は彼女を私のそばから引き離した ‖ 再帰 *sich*⁴ von *jm.* 〈aus *js.* Armen〉 ～ …〔の腕〕から身をもぎ離す | Der Hund hat sich von der Kette *gerissen*. 犬は鎖をふり切った.

c) 《*jn.* um *et.*⁴》(…から…を)だまし取る.

d) 《*jn.* / *et.*⁴》《方向を示す語句と》(…を…へ)〔強引に〕ひきよせる, ひき入れる, ひき上げる, 拉(ら)し去る: *jn.* an *seine* Brust ～ …を胸に(激しく)抱きしめる | *jn.* **an** *sich*⁴ ～ i) …を自分のほうへ引っぱりよせる〈抱きしめる〉; ii) 《比》…を強奪する, …をわがものにする; …を独占する | Ich habe sie an mich *gerissen*. 私は彼女を激しく抱きしめた〈引っぱりよせた〉 | Jeder strebt, sie an sich⁴ zu ～. だれもが彼女を自分のものにしようと躍起だ | den Erfolg an *sich*⁴ ～ 功を独占する | die Führung an *sich*⁴ ～ 指導権を掌握する | Er will immer das Gespräch 〈das Wort〉 an sich⁴ ～. 彼はいつも自分で話を牛耳りたがる | den Thron an *sich*⁴ ～ 王位を奪う〈手中にする〉 | *jn.* in *seine* Arme ～ …を腕に(激しく)抱きしめる | *jn.* in die Höhe 〈die Tiefe〉 ～ …をひっぱり上げる〈深みへ引きずりこむ〉 | Sein Leichtsinn hat ihn ins Verderben *gerissen*. 彼の軽率な性格は彼を破滅に引きずりこんだ | **hin und her *gerissen* werden** i) あっちへ引っぱられ こっちへ引っぱられする; ii) 《比》とつおいつ思い迷う, 決心をつけかねる; (性質が)優柔不断である ‖ *jn.* 〈*et.*⁴〉 **mit** *sich*³ ～ / *jn.* 〈*et.*⁴〉 mit ～ …を(自分と)一緒に引っぱって行く, …をさらって〈強引につれて〉行く | Er wird uns noch mit ins Unglück ～. 彼はそのうち自分もろとも私たちをも不幸に陥れるだろう | Sie *riß* ihn mit sich in den Abgrund. 彼女は彼をも一緒に奈落(ならく)へ引きずりこんだ | *sich*³ *et.*⁴ unter den Nagel ～ (→Nagel 2) | *jn.* zum Boden 〈zur Erde〉 ～ …を引き〔ずり〕倒す | *jn.* 〈*et.*⁴〉 mit *sich*³ zu Boden ～ …を(自分と)一緒に引き〔ずり〕倒す.

☆ 古くは, 例えば Luther などでは, an *sich*⁴ ～ の代わりに zu *sich*³ ～ が使われた.

e) 《離脱点または方向を示す語句を省いて》① 〘陸上〙(障害物競走でハードルを・〔棒〕高跳びでバーを)ひっかける: 〔die Latte〕 bei zwei Metern ～ 2メートルでバーをひっかける.

② 〘重量挙〙(重量を)一気に挙げる, スナッチする: Er *riß* 200 kg. 彼は200キログラムをスナッチした.

3 a) (zupfen) 〘楽〙(ハープ・ツィターなどの弦を)爪(つめ)弾く. **b)** (zeichnen) (スケッチ・見取り図などを)描く, 図面を引く; (銅板画などの線を)引く. **c)** 《ふつう複数形を目的語として》 Possen ～ (→Possen) | Reime ～ 詩句をひねり出す, 即興詩をつくる | Witze ～ (→Witz 2) | Zoten ～ (→Zote).

4 a) (kastrieren) 去勢する: einen Hengst ～ 雄馬を去勢する. **b)** Federn ～ (鳥の翼の)毛をむしり取る. **c)** den Acker ～ 畑を(初めて)鋤(す)きかえす〈耕す〉.

5 a) 再帰 *sich*⁴ um *et.*⁴ ～ …を求めて群がる〈押しよせる・殺到する〉, 争って…を求める, (われがちに)…を奪いあう, …に夢中になる〈のぼせ上がる〉 | Sie *rissen* sich alle um die Eintrittskarten. 彼らはみんな入場券を争って求めた | Die jungen Männer *reißen* sich um sie. 若者たちは彼女に夢中だ, 彼女は若者たちのアイドルだ | Ich *reiße* mich nicht darum. 《話》私はそんなことには興味がない. **b)** 再帰 *sich*⁴ am Riemen ～ (→Riemen¹ 1). ᵛ**c)** 再帰 *sich*⁴ ～ 走る, かける, 急ぐ. ᵛ**d)** 再帰 *sich*⁴ mit *jm.* ～ …と殴りあいをする〈格闘する〉.

II 自 **1** (s) **a)** (ぷっつり)切れる, (ぴりっと)裂ける, (びりびりっと)破ける; (いきなり)中断〈中絶〉する, とぎれる: Der Bindfaden 〈Das Seil〉 ist *gerissen*. 結びひも〈ロープ〉がぷっつり切れた | Mir ist endlich die Geduld 〈話: der Geduldsfaden〉 *gerissen*. 私もとうとう堪忍袋の緒が切れた | Ich dachte, das Herz müßte mir ～. 心臓が今にも張り裂けるんじゃないかと私は思った | bei *jm.* ist der Knoten *gerissen* (→Knoten 1) | Der Nebel *reißt*. 霧が急に晴れる〈上がる〉 | Das Papier *reißt* leicht. この紙はすぐ破ける | Mitten im Konzert *riß* eine Saite seiner Geige. 演奏の最中彼のヴァイオリンの弦が一本ぷつっと切れた | wenn alle Stricke 〈Stränge〉 *reißen* 《比》万策つきたら | Die Telefonverbindung ist plötzlich *gerissen*. 通話が急に切れた. **b)** 《mit *jm.*》(…と)縁を切る, 絶交する.

2 (h) 《an *et.*³》(勢いよく・強引に…を)引っぱる: an der Klingel〔schnur〕 ～ 呼びりんの引きひもをひっぱる | an der Leine 〈der Kette〉 ～ (犬などが)引きひも〈鎖〉を(ぐいぐい)引っぱる | Der Lärm *riß* ihm an den Nerven. 《比》その騒ぎは彼をいらいらさせた〈彼の神経を痛めつけた〉.

3 (s) ᵛ**a)** (激しい勢いで)走る, かける(→I 5 c): Der Bach *reißt* durch den Wald. 小川は森を貫流している ‖ nach *et.*³ ～ …を追い求める ‖ *gerissen* kommen 走ってくる. **b)** 非人称 《es reißt *jm.* in *et.*³》(…の…が)(ひきつるように)痛む: Es *reißt* mir 〈Mir *reißt*'s〉 in allen Gliedern. (病気で, 特にリューマチで)私は全身の節々が痛む(→Reißmatismus).

III Rei·ßen 中 -s/ **1** (リューマチなどの)ひきつるような(節々の)痛み: das ～ im Bein haben リューマチで足が痛む. **2** (reißen すること. 特に:)(重量挙げの)スナッチ.

IV rei·ßend 現分 形 **1** (流れなどが)はげしい; 《比》急速な; (売れ行きが)飛ぶような: mit *～er* Schnelligkeit 〈Geschwindigkeit〉 飛ぶような速さで | *～e* Fortschritte machen 急速に進歩する | *～en* Absatz finden / ～ abgehen 飛ぶように売れる | *et.*⁴ ～ absetzen 〈loswerden〉 …(商品)を急速に売りつくす. **2** (動物が)肉食の: *～e* Tiere 猛獣. **3** ひきつるような(リューマチの痛み).

V ge·ris·sen → 別出

[*germ.* „ritzen"; ◇Riß, reizen, ritzen; *engl.* write]

Rei·ßer[ráɪsər] 男 -s/- **1** 《話》(飛ぶように売れる)人気商品, ヒット曲〈映画〉, 当たり狂言; 俗受け〔だけ〕をねらった作品. **2** (reißen する人. 特に:) やたらと服にかぎ裂きを作る人; 《北部》(Wucherer) 暴利をむさぼる人. **3** (reißen する道具. 例えば:) 布をほぐして繊維を再生する機械.

rei·ße·risch[ráɪsərɪʃ] 形 《付加語的》 **1** (作品などが)俗受けする; (広告が)どぎつい. **2** (wucherisch) 暴利をむさぼる, いんちきな.

Reiß·fe·der[ráɪs..] 女 製図用ペン, 烏口(からすぐち).

reiß·fest 形 **1** (糸・布地などが)耐裂性の, 切れ〈裂け〉にくい. **2** 〘工〙抗張力のある.

Reiß≠fe·stig·keit 女 -/ (reißfest なこと. 例えば:) 耐裂性; 〘工〙抗張力, 引っ張り強度. **≠ha·ken** 男 〘林〙(伐採すべき樹木に目印をつけるための)鉤(かぎ)ナイフ. **≠koh·le** 女 木炭筆. **≠län·ge** 女 ちぎれの長さ(繊維・紙などがその自重によって切れる長さ. 強靭(きょうじん)さの単位となる). **≠lei·ne** 女 (パラシュートの)開き綱; (飛行船・気球などの)引き裂き弁索 (→ 図 Ballon). **≠li·nie**[..niə] 女 ミシン目の切り取り線.

Reiß·ma·tis·mus[raɪsmatɪ́smʊs] 男 -/..men [..mən] 《話》 = Rheumatismus

Reiß≠na·del[ráɪs..] 女 〘工〙罫(け)書き針. **≠na·gel** 男 = Reißzwecke **≠schie·ne** 女 (製図用の) T 定規. **≠spinn·stoff** 男 再生紡糸.

Reis≠stär·ke[ráɪs..] 女 米の澱粉(でんぷん). **≠stroh** 中 稲わら. **≠sup·pe** 女 〘料理〙米入りスープ, ライススープ.

Reiß·ver·schluß[ráɪs..] 男 〔スライド〕ファスナー, ジッパー, チャック: den ～ öffnen 〈schließen〉 ファスナーを開ける〈閉める〉 | Der ～ klemmt 〈verhakt sich〉. ファスナーが(途中でひっかかって)動かない. [<reißen]

Reiß·ver·schluß·ta·sche 女 ファスナー付きかばん〈バッグ〉.

Reiß≠wolf 男 (紙・布などを細かく切り刻む)細断機, 破砕機, シュレッダー. **≠wol·le** 女 = Reißspinnstoff **≠zahn** 男 (食肉獣の)裂肉歯. **≠zeug** 中 製図用具. **≠zir·kel** 男 製図用コンパス. **≠zwecke** 女 製図用ピン, 画鋲(がびょう).

Rei·ste¹[ráɪstə] 女 -/-n = Riste

Rei·ste²[–] 女 -/-n 《南部・スイス》(木材搬出用の)すべり道.

rei·sten[ráɪstən] 《01》 他 (h) 《南部・スイス》(伐採した木材を)すべり道を使って搬出する. [<Riese²]

Reis·ver·ede·lung[ráɪs..] 女 (果樹の)接ぎ木(による改良).

Reis·was·ser·stuhl 男 -[e]s/ 〘医〙米のとぎ汁状下痢便(コレラ患者などに見られる水様便).

Reis·wein 男 (米を原料とした)酒, 日本酒.

Reit≈an·zug[ráɪt..] 男 乗馬服(→ 図). **≈bahn** 女 (馬術練習・調教用の)馬場; (サーカスの)曲馬場.

reit·bar[ráɪtba:r] 形 **1** (馬に関して)騎乗できる: ein ~*es* Pferd 乗用馬. **2** (道が)騎乗して通行できる.

Reit·dreß 男 =Reitanzug

Jacke
Reithose
Reitstiefel
Reitanzug

Rei·tel[ráɪtəl] 男 -s/- 《中部》 **1** 回転棒, 締め棒. **2** 挺子(てこ). [*mhd.*; < *ahd.* rīdan „drehen" (◇werfen, Riste)]

Rei·tel·holz 中 《中部》 =Reitel

rei·teln[ráɪtəln] ⦅06⦆ 他 (h) (荷造り縄などを)締め棒で締める.

rei·ten*[ráɪtən] ⦅116⦆ **ritt**[rɪt] / **ge·rit·ten**; 接II ritte

I 自 **1** (s, h) (英: *ride*) (馬・ロバその他の動物に)乗る, 乗って行く, 騎乗〈騎行〉する(→ 図); 《比》(馬乗りに)またがる; 〘海〙(船が波のために)前後に揺れる〈もまれる〉: auf einem Pferd 〈einem Esel / einem Kamel〉 ~ 馬〈ロバ・ラクダ〉に乗って行く | auf einem Besen ~ (魔女が空を飛ぶ際に)ほうきにまたがる | auf *jm.* ~ …の上に馬乗りになる〈またがる〉; 《話》…と騎乗位で交接する | *jn.* auf *seinen* Schultern ~ lassen …を肩車に乗せる ‖ auf die Jagd 〈durch den Wald / nach Hause〉 ~ 馬に乗って狩猟に行く〈森を通り抜ける・帰宅する〉| im Galopp 〈Schritt / Trab〉 ~ 駆歩(かけあし)〈常歩(なみあし)・速歩(はやあし)〉で馬を進める | vor Anker ~ 〘海〙(船が)波にゆられながら停泊している ‖ Ich bin drei Stunden durch den Wald *geritten*. 私は森のなかを3時間馬で進んだ | Er ist heute einen anderen Weg *geritten*. 彼はきょうは別な道を馬で進んだ | Er hat 〈ist〉 früher viel *geritten*. 彼は昔はよく馬に乗った (h, s について: →schwimmen I 1 ☆) | Er hat 〈ist〉 schon mehrere Rennen 〈Turniere〉 *geritten*. 彼はすでに何度も競馬レース〈馬術トーナメント〉に出場したことがある ‖〘様態・結果などを示す4格と〙Galopp 〈Schritt / Trab〉 ~ 駆歩(かけあし)〈常歩(なみあし)・速歩(はやあし)〉で馬を進める | [die] Hohe Schule ~ 高等馬術をする | eine Attacke gegen *jn.* ~ 《比》…を攻撃する ‖〘結果を示す語句と: →II 2〙*jn.* über den Haufen 〈zu Boden〉 ~ (走ってきた馬が)…を突き倒す | *sich*³ das Gesäß wund ~ 乗馬で尻(しり)をいためる | *sich*³ Schwielen ~ 乗馬だこを作る ‖ 再帰 *sich*⁴ müde ~ 馬に乗り疲れる ‖ 再帰・非人称 Bei diesem Wetter *reitet* es sich schlecht. この天気では馬乗りも楽でない ‖〘分詞で〙ein *reitender* Bote 騎馬の使者 | *geritten* kommen 馬に乗ってやってくる. **2** (h) 《南部》(モグラなどが)土を掘る. **3** (h) 《南部》(つるりと)すべる.

II 他 (h) **1** (馬・ロバその他の動物に)乗る, 騎乗する; 《比》(…に馬乗りに)またがる; (雄の牛などが…と)交尾する; 《*jn.*》(悪魔などが…に)乗り移っている: einen Schimmel 〈ein Kamel〉 ~ 白馬〈ラクダ〉に乗る | den Amtsschimmel ~ (→Amtsschimmel) | den Pegasus ~ (→Pegasus II) | *sein* Steckenpferd ~ (→Steckenpferd 2) | *seine* Prinzipien ~ 《話》自分の主義を振りまわす | krumme Touren ~ (→Tour 4) | *jn.* reitet der Teufel (→Teufel 1).

2 《場所・結果などを示す語句と》(馬などを騎乗・騎行によって…へ)行かせる; (…の状態に)ならせる: das Pferd auf die Weide 〈in die Schwemme〉 ~ 馬を草場〈水浴び場〉へ連れて行く(騎行して) | *jn.* in die Patsche 〈die Tinte〉 ~ 《話》…を困らせる, …を窮地に追い込む ‖ das Pferd müde ~ (馬に乗って)馬を走り疲れさせる | das Pferd zuschanden ~ 馬を乗りつぶす(→I 1).

III Rei·ten 中 -s/ (reiten すること. 例えば:) 騎乗, 騎行; 馬術: Unterricht im ~ 馬術の授業〈レッスン〉.

[*germ.* „sich fortbewegen"; ◇rinnen, bereit, Ritt[er²]; *engl.* ride]

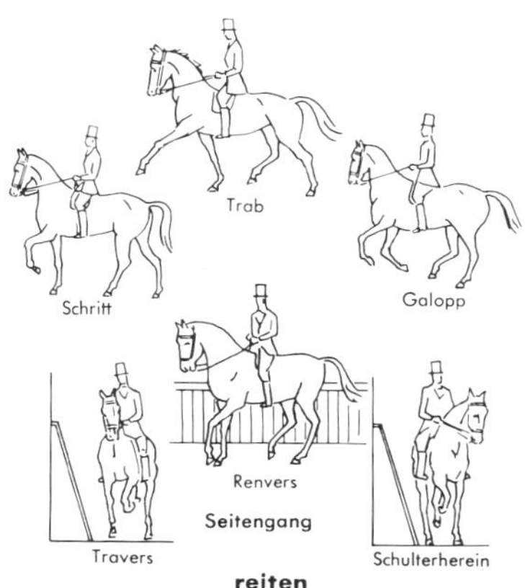

reiten

Rei·ter¹[ráɪtər] 男 -s/- **1** (⊛ **Rei·te·rin**[..tərɪn]-/-nen) (reiten する人. 例えば:) **a)** (馬などの)乗り手, 騎手; 馬術家: ein guter 〈schlechter〉 ~ 馬術の上手な〈下手な〉人 | Renn*reiter* 競馬の騎手〈ジョッキー〉‖ die Apokalyptischen ~ (→apokalyptisch 1) | der Blaue ~ 〘美〙青騎士(1911年に München で結成された表現主義画家の団体) | Roß und ~ nennen (→Roß² 1) **b)** 〘軍〙騎兵: ein leichter 〈schwerer〉 ~ 軽〈重〉騎兵. **2** 《複数で》 **spanische ~** (有刺鉄線を巻きつけた)移動用防御柵(さく). **3** 騎乗分銅, ライダー(精密測定用天秤(てんびん)の補助分銅). **4** 台架. **5** (索引カード箱の)見出し用付票, ラベル.

Rei·ter²[ráɪtər] 女 -/-n 《南部》(目のあらい)穀物用ふるい(篩). [*ahd.* rīt[e]ra; ◇rein¹; *engl.* riddle]

Rei·ter≈an·griff 男, **≈at·tacke** 女 騎兵攻撃. **≈auf·zug** 男 騎馬行列, 騎兵隊パレード.

Rei·te·rei[raɪtəráɪ] 女 -/-en **1** 《単数で》[絶えず]reiten すること. **2** 《集合的に》騎兵; 〘軍〙騎兵隊: die leichte 〈schwere〉 ~ 軽〈重〉騎兵隊.

Rei·ter·ge·fecht[ráɪtər..] 中 騎兵戦.

Rei·te·rin Reiter¹の女性形.

rei·ter·lich[ráɪtərlɪç] 形 Reiter¹[として]の.

rei·tern[ráɪtərn] ⦅05⦆ 他 (h) 《オーストリア》ふるいにかける, ふるう.

Rei·ter·re·gi·ment[ráɪtər..] 中 騎兵連隊.

Rei·ters·mann 男 -s/..männer, ..leute=Reiter¹ 1

Rei·ter≈spra·che 女 馬術[専門]用語. **≈stand·bild** 中, **≈sta·tue** 女 騎馬像. **≈stück** 中, **≈stück·chen** 中 馬術の演技〈芸当〉; 《比》冒険的行為, 曲芸的行為.

Rei·te·rung[ráɪtərʊŋ] 女 -/-en 《オーストリア》reitern すること.

Rei·ter·ver·ein[ráɪtər..] 男 馬術協会〈団体〉.

Reit≈ger·te[ráɪt..] 女 乗馬用むち. **≈gurt** 男 (馬の)腹帯. **≈ho·se** 女 乗馬ズボン(→ 図 Reitanzug). **≈jacke** 女, **≈jackett**[..ʒakɛt] 中 乗馬用上着. **≈jagd** 女 騎乗による狩猟. **≈kleid** 中 (婦人用)乗馬服. **≈klei·dung** 女 《集合的に》乗馬服. **≈knecht** 男 厩務員. **≈kno·chen** 男 〘医〙乗馬骨, 騎乗骨(化骨性筋炎の一種). **≈kunst** 女 馬術. **≈leh·rer** 男 馬術教師. **≈peit·sche** 女 乗馬用むち. **≈pferd** 中 乗用馬(→Wagenpferd, Zugpferd); 《話》売春婦. **≈prü·fung** 女 乗馬試験; (馬の)騎乗テスト. **≈sat·tel** 男 乗馬用の鞍(くら). **≈schu·le** 女 **1** 乗馬学校, 馬術教習所. **2** 《南部・スイス》(Karussel) メリーゴーラウンド. **≈sitz** 男 (両足でまたがった正常の)乗馬姿勢; 〘体操〙(平行棒で両脚をひろげての)馬乗りの姿勢. **≈sport** 男 乗馬スポーツ(馬術など). **≈stall** 男 **1** 乗用馬用の厩舎(きゅうしゃ). **2** 《話》(Bordell) 娼家(しょうか). **≈stie·fel** 男 乗馬用長靴(→ 図 Reitanzug). **≈stock** 男 -[e]s/..stöcke **1** 〘工〙(旋盤の)心押し台(→ 図 Dreh-

R

bank). **2** 乗馬用むち棒. ≠**stun·de** 女 馬術〈乗馬〉の時間〈授業〉. ≠**tier** 中 騎乗用の動物(馬・ロバ・ラクダなど). ≠**tur·nier** 中 馬術競技. ≠**un·ter·richt** 男 馬術教授, 乗馬の授業. ≠**ver·ein** 男 馬術協会〈団体〉, 乗馬クラブ. ≠**wech·sel** 男〘商〙騎乗〈融通〉手形. ≠**weg** 男 (森の中・道路わきなどの)乗馬道. ≠**zeug** 中 -[e]s/《集合的に》乗馬用具.

Reiz[raɪts] 男 -es/-e **1** 刺激: ein chemischer 〈mechanischer〉 ~ 化学的〈機械的〉な刺激 | Brech*reiz* 吐き気 | Sinnen*reiz* 官能の刺激 ‖ auf einen ~ reagieren 刺激に対して反応する | Ich habe einen ~ zum Husten. 私は咳(せき)が出そうだ. **2** 魅力: ein unwiderstehlicher ~ 抗しがたい魅力 | die weiblichen ~*e* 女性の[性的な]魅力 | der ~ des Unbekannten 〈des Verbotenen〉 未知な〈禁じられた〉ものの魅力 ‖ von großem ~ sein 大いに魅力がある | Das hat jeden ~ für mich verloren. このことには私はもはやなんの興味ももっていない.

reiz·bar[ráɪtsbaːr] 形 刺激に対して敏感な〈感じやすい〉; (人が)神経過敏な, 怒りっぽい.

Reiz·bar·keit[–kaɪt] 女 -/ reizbar なこと.

Reiz≠be·hand·lung = Reizkörperbehandlung ≠**be·we·gung** 女〘植〙刺激運動. ≠**bla·se** 女〘医〙過敏膀胱(ぼうこう), 膀胱神経症.

reiz≠emp·fäng·lich 形, ≠**emp·find·lich** 形 刺激に対して敏感な〈感じやすい〉.

rei·zen[ráɪtsən]《02》**I** 他 (h) **1 a)** (神経・器官などを)刺激する, (…に)刺激を与える: die Schleimhäute ~ 粘膜を刺激する | Der Rauch *reizt* zum Husten. 煙が咳(せき)をさそう(のどを刺激して). **b)** (気持・欲望を)刺激する, そそる: den Appetit 〈den Gaumen〉 ~ 食欲をそそる | *js.* Begierde 〈Neugier〉 ~ …の欲望〈好奇心〉をそそる | *js.* Zorn 〈*jn.* zum Zorn〉 ~ …を怒らせる. **2** 《*jn.*》 **a)** (…の気持・欲望を)刺激する, そそる: Ihn *reizte* die Aufgabe. 彼はこの任務に心をひかれた | Es *reizt* mich, ihn zu ärgern. 私は彼を怒らせてやりたい. **b)** (…の感情を)刺激する, いら立たせる, 怒らせる: Du darfst ihn nicht unnötig ~. 彼を不必要に怒らせてはいけない | *jn.* bis aufs Blut 〈[bis] zur Weißglut〉 ~ (→Blut 2, →Weißglut). **3** 〘トランプ〙(スカートで)ビッドする(せり値を宣言する親になる権利を競(せ)る). **4** 〘狩〙(呼び声で獲物を)おびき寄せる.

II rei·zend 現分 形 魅力的な, チャーミングな, すばらしい: ein ~*es* Mädchen 魅力的な〈かわいい〉女の子 | der ~*ste* Mensch, dem ich je begegnet bin 今までに会った中で最もすばらしい人物 ‖ Das ist ~ von Ihnen. これはご親切にどうも ‖ Das ist ja eine ~*e* Bescherung. 《反語》いやはや全く結構なことさ.

III ge·reizt → 別出

[*germ.* „reißen machen"; ◇reißen]

Reiz≠fi·gur[ráɪts..] 女 相手をかっとさせる〈憎まれ役の〉人物. ≠**gas** 中 刺激性ガス. ≠**haar** 中〘生・心〙(刺激閾(いき)を調べるために使われる)刺激毛. ≠**ho·den** 男〘医〙睾丸(こうがん)痛. ≠**hu·sten** 男〘医〙刺激性咳嗽(がいそう), 乾性咳(せき), 空咳(からせき).

Reiz·ker[ráɪtskər] 男 -s/-〘植〙チチタケ(乳茸)属のキノコ. [*slaw.* „Rötlicher"; ◇rot; 乳液が赤いことから]

Reiz≠kli·ma[ráɪts..] 中 (↔Schonklima)〘地〙(寒暖の差のはなはだしい)刺激性気候. ≠**kör·per** 男〘医〙刺激体.

Reiz·kör·per≠be·hand·lung 女, ≠**the·ra·pie** 女〘医〙刺激[体]療法.

Reiz·lei·tung 女〘生〙刺激〈興奮〉伝導.

Reiz·lei·tungs·sy·stem 中〘生〙刺激〈興奮〉伝導系.

Reiz·li·mes 男〘生・心〙刺激閾(いき)値.

reiz·lin·dernd 形 刺激をやわらげる: ein ~*es* Mittel〘医〙保庇(ほひ)剤.

reiz·los[ráɪtsloːs][1] 形 **1 a)** 魅力のない, 興味をひかない, 面白くない: eine ~*e* Frau 魅力のない女. **b)** (飲食物が)味気のない, 気のぬけた. **2** 無刺激性の.

Reiz·lo·sig·keit[..loːzɪçkaɪt] 女 -/ reizlos なこと.

Reiz·mit·tel 中 刺激薬, 刺激〈興奮〉剤;《比》誘惑手段; 誘因.

▽**reiz·sam**[ráɪtszaːm] =reizbar

▽**Reiz·sam·keit**[–kaɪt] 女 -/ reizsam なこと.

Reiz≠schwel·le 女〘生・心〙刺激閾(いき)(刺激作用に対する生体の反応の限界). ≠**stoff** 男 刺激物質. ≠**the·ma** 中 刺激的な〈人々を興奮させる〉テーマ. ≠**the·ra·pie** =Reizkörpertherapie ≠**über·flu·tung** 女 -/〘心〙刺激の洪水, 刺激過剰.

Rei·zung[ráɪtsʊŋ] 女 -/-en **1** reizen すること. **2**〘医〙刺激性炎症.

reiz·voll[ráɪtsfɔl] 形 魅力〈魅惑〉的な, 魅力たっぷりの: eine ~*e* Aufgabe 魅力的な課題, やりがいのある任務.

Reiz≠wä·sche 女 -/《話》《集合的に》**1** 刺激的な〈官能をそそる〉下着. **2** 女性用下着. ≠**wort** 中 -[e]s/..wörter〘心〙刺激語; 刺激的な〈人々を興奮させる〉言葉.

Re·jek·tion[rejɛktsióːn] 女 -/-en (Abweisung) **1**〘法〙棄却, 却下. **2**〘医〙(移植などの際の)拒絶反応. [*lat.*]

Re·jek·to·rium[rejɛktóːriʊm] 中 -s/..rien[..riən]〘法〙棄却判決.

re·ji·zie·ren[rejitsíːrən] 他 (h) (abweisen)〘法〙棄却〈却下〉する. [*lat.* rē-icere „zurück-werfen"; ◇*engl.* reject]

Re·ka·pi·tu·la·tion[rekapitulatsióːn] 女 -/-en **1** 要旨の再述, 総括的約言. **2**〘生〙(生物の)反復発生. [*spätlat.*]

re·ka·pi·tu·lie·ren[..líːrən] 他 (h) (…の要旨を)再述する, (総括的に)約言する. [*spätlat.*]

Re·kel[réːkəl] 男 -s/-《北部》(Flegel) 粗野な男〈若者〉, (だらしなく手足を投げ出す)不作法者. [*mndd.*]

Re·ke·lei[reːkəláɪ] 女 -/-en sich rekeln すること.

re·keln[réːkəln]《06》他 (h) **1** 再帰 *sich*[4] ~ (不作法に・だらしなく)手足を投げ出す, 寝そべる; (目覚めたときなどに)体を伸ばす. **2** *seine* Glieder ~ (不作法に・だらしなく)手足を伸ばす〈投げ出す〉.

Re·kla·mant[reklamánt] 男 -en/-en reklamieren する人.

Re·kla·ma·tion[reklamatsióːn] 女 -/-en (reklamieren すること. 例えば:) 異議の申し立て; 苦情, クレーム; (権利の)請求; 返還要求: ~ wegen beschädigter Ware 品物が破損しているとのクレーム. [*lat.*]

Re·kla·ma·tions≠frist 女〘法〙異議申し立て期間. ≠**recht** 中 異議申し立ての権利.

Re·kla·me[rekláːmə; オーストリア: ..kláːm] 女 -/-n[..mən] **1** (Anpreisung) (誇大なあくどい)宣伝, 広告(今日では「広告・宣伝」のふつうの意味では Werbung が用いられる): eine marktschreierische ~ 誇大広告 | Fernseh*reklame* テレビのコマーシャル | Leucht*reklame* ネオンサイン ‖ für *jn.* 〈*et.*[4]〉 ~ machen …の宣伝をする, …を吹聴(ふいちょう)する | mit *et.*[3] 〈*jm.*〉 ~ machen …を自慢する. **2**《話》宣伝ビラ; 宣伝用パンフレット; 宣伝映画. [*fr.* „Ins-Gedächtnis-Zurückrufen"]

Re·kla·me≠ar·ti·kel 男 宣伝用無料サービス商品, 宣伝用試供品. ≠**chef**[..ʃɛf] 男 広告〈宣伝〉主任. ≠**ef·fekt** 男 宣伝効果. ≠**fach·mann** 男 -[e]s/..leute (..männer) 広告専門家. ≠**feld·zug** 男 広告〈宣伝〉キャンペーン. ≠**film** 男 広告〈宣伝〉用映画, コマーシャルフィルム. ≠**flä·che** 女 広告〈宣伝〉ポスター掲示板. ≠**gän·ger** 男 =Reklameläufer

re·kla·me·haft 形《ふつう軽蔑的に》広告〈宣伝〉めいた.

Re·kla·me≠ko·sten 複 広告〈宣伝〉費. ≠**läu·fer** 男 (街頭で宣伝用のプラカードなどを持ち歩く)広告マン, サンドイッチマン.

Re·kla·me·ma·che·rei[rekla:məmaxəráɪ] 女 -/《話》(うんざりするほどの)宣伝.

Re·kla·me≠mit·tel[rekláːmə..] 中 広告〈宣伝〉手段, 広告〈宣伝〉媒体. ≠**pla·kat** 中 広告〈宣伝〉用ポスター. ≠**preis** =Werbepreis ≠**pro·spekt** 男 広告〈宣伝〉用パンフレット. ≠**psy·cho·lo·gie** 女 =Werbepsychologie ≠**rum·mel** 男《話》鳴り物入りの宣伝, 誇大広告; (政治的な)売名宣伝. ≠**säu·le** 女 (Litfaßsäule) 広告柱. ≠**schild** 中 広告板, 宣伝用看板〈プラカード〉.

R

≈**schön·heit** 女 入念に化粧した〔整っているが表情の乏しい〕美女. ≈**sei·te** 女 (新聞・雑誌などの)広告ページ. ≈**sen·dung** 女 **1** (ラジオ・テレビの)広告〈宣伝〉放送, コマーシャル. **2** 広告郵便物, ダイレクトメール. ≈**ta·fel** 女 =Reklameschild ≈**trom·mel** 女 宣伝太鼓:〖もっぱら次の成句で〗**die ~ rühren 〈schlagen〉**(鳴り物入りで)大いに宣伝する. ▽≈**we·sen** 中 (Werbung) 広告, 宣伝. ≈**zeich·ner** 男 広告図案家. ≈**zet·tel** 男 広告〈宣伝〉ビラ.

re·kla·mie·ren[reklamí:rən] **I** 他 (h) **1** (不良商品や期待・約束に反する行為などに)苦情を申し立てる,(損害賠償を請求するなどして)クレームをつける: eine beschädigte Sendung ~ 破損して送られてきた貨物〈郵便物〉にクレームをつける. **2** (権利などを)請求する; (…の返還を)要求する. **II** 自 (h) 《gegen *et.*[4]》(…に対して)異議を申し立てる: gegen eine Entscheidung ~ 決定に異議を申し立てる. [*lat.* re-clāmāre „dagegen schreien"; ◇Claim; *engl.* reclaim]

Re·kla·mie·rung[..ruŋ] 女 -/-en reklamieren すること.

Re·ko·gni·tion[rekɔgnitsió:n] 女 -/-en 〖法〗(原本であることの)認証; (本人であることの)認知. [*lat.*]

re·ko·gnos·zie·ren[rekɔgnɔstsí:rən] 他 (h) **1** 〖軍〗偵察する; 探り出す, 突きとめる. **2** 〖法〗(原本であることを)認証する; (本人であることを)認知する. [*lat.*]

Re·kom·bi·na·tion[rekɔmbinatsió:n] 女 -/-en **1** 〖理〗(電離した原子の)再結合. **2** 〖遺伝〗〔遺伝子または DNA〕組み換え.

Re·kom·man·da·tion[rekɔmandatsió:n] 女 -/-en ▽**1** 推薦, 推挙. **2** 《オースト》(Einschreiben)〖郵〗書留. [*fr.*]

▽**Re·kom·man·da·tions·schrei·ben** 中 推薦状.

re·kom·man·die·ren[rekɔmandí:rən] 他 (h) 《オースト》**1** (empfehlen) 推薦〈推挙〉する. **2** (einschreiben)〖郵〗書留にする: ein *rekommandierter* Brief 書留の手紙 | *et.*[4] *rekommandiert* absenden …を書留で出す. [*fr.*; ◇ *engl.* recommend]

Re·kom·pens[rekɔmpέns][1] 女 -/-en, **Re·kom·pen·sa·tion**[..kɔmpεnzatsió:n] 女 -/-en 補償, 賠償.

re·kom·pen·sie·ren[..zí:rən] 他 (h) 《*et.*[4]》補償する, (…の)賠償を払う. [*spätlat.*]

re·kon·stru·ie·ren[rekɔnstruí:rən] 他 (h) (wiederherstellen) **1** 再建する, 復元する; 再構成する; 再現する: einen Unfall ~ (調査の目的で)事故を再現する. **2** (旧東ドイツで, 生産手段・施設などを最新の水準に)再生〈更新〉する. [*fr.*]

Re·kon·struk·tion[rekɔnstruktsió:n] 女 -/-en **1 a)** (rekonstruieren すること. 例えば:) 再建, 復元; 再構成; 再現. **b)** 再建物, 復元物. **2** (旧東ドイツで, 生産手段・施設などの)再生, 更新.

re·kon·va·les·zent[rekɔnvalεstsέnt] **I** 形 (genesend) 病気回復期にある. **II Re·kon·va·les·zent** 男 -en/-en (◎ **Re·kon·va·les·zen·tin**[..tın]-/-nen)〖医〗病気回復期にある人. [*spätlat.*]

Re·kon·va·les·zenz[..tsέnts] 女 -/ 〖医〗(病気からの)回復〔期〕.

re·kon·va·les·zie·ren[..tsí:rən] 自 (s) (genesen) (病気から)回復する. [*spätlat.*]

Re·kon·zi·lia·tion[rekɔntsiliatsió:n] 女 -/-en〖カトリック〗**1** (教会との)和解,(破門された者の)教会への復帰. **2** (汚された教会・墓地などの)神聖回復, 復聖. [*lat.*; <*lat.* re-conciliāre „wieder-vereinigen" (◇konziliant)]

Re·kord[rekɔ́rt][1] 男 -〔e〕s/-e〖スポ〗〔最高〕記録, レコード; (一般的に)最高記録: ein olympischer ~ オリンピック記録 | Welt*rekord* 世界記録 ‖ einen neuen ~ aufstellen 新記録を樹立する | einen ~ brechen 〈verbessern〉 記録を破る〈更新する〉 | einen ~ halten 〈innehaben〉 記録を保持する | einen ~ einstellen 〈egalisieren〉 タイ記録を出す | einen ~ heben 〈schwimmen〉 重量挙げ〈水泳〉で最高記録を出す | Er ist ~ gelaufen 〈geschwommen〉. 彼は競走〈競泳〉で新記録を作った | Die Hitze überstieg alle ~*e*. 暑さは過去の記録をすべて破るほどの厳しさだった ‖ Ich habe richtigen 〈ordentlichen〉 ~ davor. 《話》私はそれがとても恐ろしい. [*engl.*; <*lat.* re-cordārī „wieder beherzigen" (◇Cœur)]

rekord.. 《名詞につけて「記録的な・最高の」などを意味する》: *Rekord*hitze 記録的な暑さ | *Rekord*summe 記録的な総額.

Re·kord≈be·such[rekɔ́rt..] 男 記録的な数の入場〈参列〉〔者〕. ≈**bre·cher** 男 記録を破る〈破った〉人.

Re·kor·der[rekɔ́rdər] =Recorder

Re·kord≈ern·te[rekɔ́rt..] 女 記録的な収穫〈豊作〉. ≈**flug** 男 新記録樹立飛行. ≈**hal·ter** 男 (◎ ≈**hal·te·rin**), ≈**in·ha·ber** 男 (◎ ≈**in·ha·be·rin**) 記録保持者.

Re·kord·ler[rekɔ́rtlər] 男 -s/- (◎ **Re·kord·le·rin**[..lərın]-/-nen)《話》新記録樹立者.

Re·kord≈mar·ke 女 〔最高〕記録: eine ~ erreichen 記録を達成する. ≈**sprit·ze** 女 商標〖医〗レコード注射器. ≈**um·satz** 男 記録的な売れ行き〈売上高〉. ≈**ver·such** 男 記録樹立への試み, 記録への挑戦. ≈**zahl** 女 記録的な数字. ≈**zeit** 女 記録時間〈タイム〉: in einer neuen ~ laufen 〈schwimmen〉 新記録タイムで走る〈泳ぐ〉 | in ~ 《比》記録的な速さで.

▽**Re·krea·tion**[rekreatsió:n] 女 -/-en (Erholung) レクリエーション, 元気回復, 休養. [*lat.*]

▽**re·kre·ie·ren**[..kreí:rən] 他 (h) 《*jn.*》(…の)元気を回復させる,(…の)気分を爽快(そうかい)にする: 再帰 *sich*[4] ~ 再び元気になる, 元気を回復する. [*lat.*]

▽**Re·kri·mi·na·tion**[rekriminatsió:n] 女 -/-en (Gegenklage)〖法〗反訴.

▽**re·kri·mi·nie·ren**[rekrimininí:rən] 他 (h)〖法〗反訴する. [<*lat.* crīmen (→kriminal)]

Re·krut[rekrú:t; オースト: ..krút] 男 -en/-en (◎ **Re·kru·tin**[..tın]-/-nen)〖軍〗初年兵, 新兵;《比》(Neuling) 新参者, 新米: ~*en* ausbilden 〈ausheben〉 新兵を教育〈徴募〉する. [*fr.* recrue; <*lat.* re-crēscere „wieder wachsen" (◇crescendo)]

Re·kru·ten≈aus·bil·der 男 初年兵教官. ≈**aus·bil·dung** 女 初年兵教育. ≈**aus·he·bung** 女 新兵徴募, 徴兵. ≈**schlei·fer** 男《話》(初年兵訓練係の)鬼下士官.

Re·kru·ten·schlei·fe·rei[rekru:tənʃlaıfəráı] 女《話》初年兵しごき.

re·kru·tie·ren[rekrutí:rən] 他 (h) **1** 〖軍〗(新兵を)徴募する;《比》(従業員などを)募集採用する; (人材を)リクルートする. **2** 再帰 *sich*[4] aus *et.*[3] ~ (成員が)…から構成されている | Die Mannschaft *rekrutiert* sich aus Spitzenspielern. このチームはトップクラスの選手で編成されている. [*fr.*; ◇ *engl.* recruit]

Re·kru·tie·rung[..ruŋ] 女 -/-en rekrutieren すること.

Re·kru·tin Rekrut の女性形.

Rek·ta Rektum の複数.

Rek·ta≈in·dos·sa·ment[rέkta|ındɔsamεnt] 中〖商〗裏書禁止証書. ≈**klau·sel** 女〖商〗裏書禁止文句. [<*lat.* rēctā 〔viā〕 „gerades-wegs" (◇recht)]

rek·tal[rεktá:l] 形〖解〗直腸の; 直腸による: ~*e* Untersuchung 直腸検査 ‖ die Temperatur ~ messen 体温を直腸部で測定する. [<Rektum+..al[1]]

Rek·tal≈her·nie[..niə] 女〖医〗直腸ヘルニア. ≈**nar·ko·se** 女〖医〗直腸麻酔. ≈**spe·ku·lum** 中〖医〗直腸鏡. ≈**tem·pe·ra·tur** 女 直腸で測定した体温.

rekt·an·gu·lär[rεktaŋgulέ:r] 形〖数〗**1** (rechteckig) 長方形の. **2** (rechtwinkelig) 直角の. [<*lat.* rēctus „gerade"+angulus (→angular)]

Rek·ta·pa·pier[rέkta..] 中〖商〗記名証券. [<*lat.* rēctā 〔viā〕 „geraden-wegs" (◇recht)]

Rek·ta·scheck[rέkta..] 男〖商〗記名〈裏書禁止〉小切手.

Rekt·as·zen·sion[rεktastsεnzió:n] 女 -/-en〖天〗赤経. [*lat.* āscēnsiō rēcta „gerades Aufsteigen"]

Rek·ta·wech·sel[rέkta..] 男〖商〗記名〈裏書禁止〉手形.

R

Rek·ti·fi·ka·tion[rɛktifikatsió:n] 女 -/-en **1**〘化〙精留. **2**〘数〙(曲線の)求長法. ▽**3** 訂正, 修正.

Rek·ti·fi·ka·tions≈ap·pa·rat 男〘化〙精留器〈装置〉. **≈ko·lon·ne** 女〘化〙精留塔.

Rek·ti·fi·zier·an·la·ge[rɛktifitsí:r..] 女〘化〙精留装置.

rek·ti·fi·zie·ren[rɛktifitsí:rən] 他 (h) **1**〘化〙精留する. **2**〘数〙(曲線の)長さを求める. ▽**3** 訂正する, 修正する. [*mlat.*; < *lat.* rēctus (→recht)]

Rek·tion[rɛktsió:n] 女 -/-en〘言〙(動詞・前置詞などの)格支配. [*lat.*; < *lat.* regere (→regieren)]

Rek·to[rɛ́kto·] 中 -s/-s (↔Verso) (紙の)表(おもて)側, 表ページ. [< recto folio]

Rek·tor[rɛ́ktɔr, ..to:r] 男 -s/-en[rɛktó:rən] (⊛ **Rek·to·rin**[rɛktó:rɪn, rɛ́ktorɪn]-/-nen) **1** (大学の)学長. **2** (諸学校の)校長. **3**〘カトリック〙(教会諸施設の)長, 主管者. [(m)*lat.*; < *lat.* regere (→regieren)]

Rek·to·rat[rɛktorá:t] 中 -(e)s/-e **1** Rektor の職〈任期・権限〉. **2** Rektor の事務局. [*mlat.*; ◇..at]

Rek·to·rats·re·de 女 学長就任演説.

Rek·to·ren·kon·fe·renz[rɛktó:rən..] 女 学長会議: Westdeutsche ~ (略 WRK) (1990年再統一前の)西ドイツ学長会議.

Rek·to·rin Rektor の女性形.

Rek·to·skop[rɛktoskó:p, ..tɔs..] 中 -s/-e (Mastdarmspiegel)〘医〙直腸鏡.

Rek·to·sko·pie[rɛktoskopí:, ..tɔs..] 女 -/-n [..kopí:ən]〘医〙直腸鏡検査〔法〕.

Rek·to·ze·le[..tsé:lə] 女 -/-n (Mastdarmvorfall)〘医〙直腸脱〈ヘルニア〉.

Rek·tum[rɛ́ktʊm] 中 -s/..ta[..ta·] (Mastdarm)〘解〙直腸. [< *lat.* rēctum (intestīnum) „gerader (Darm)" (◇recht)]

Re·ku·pe·ra·tor[rekuperá:tɔr, ..to:r] 男 -s/-en [..rató:rən]〘金属〙復熱装置, 復熱器, レキュペレータ. [*lat.*; < *lat.* re-cuperāre „wieder-erlangen" (◇kapieren)]

re·kur·rent[rekʊrɛ́nt] =rekursiv

re·kur·rie·ren[rekʊrí:rən] 自 (h) **1** 《auf *et.*[4]》(…に)立ち戻る; さかのぼる; (…に)関連づける. **2**〘法〙異議を申し立てる; 抗告する; 上訴〈控訴〉する. [*lat.*]

Re·kurs[rekʊ́rs][1] 男 -es/-e **1** 立ち戻る〈さかのぼる〉こと; 関連づけること: auf *et.*[4] ~ nehmen …に立ち戻る; …に関連づける. **2**〘法〙異議申し立て; 抗告; 上訴, 控訴: ~ einlegen 〈erheben〉 異議を申し立てる; 上告する. [*lat.* recursus „Rück-lauf"–*fr.* recours]

Re·kur·sion[rekʊrzió:n] 女 -/-en〘数〙帰納. [*spätlat.*]

Re·kur·sions·for·mel 女〘数〙回帰公式, 漸化式.

re·kur·siv[rekʊrzí:f][1] 形 **1** 帰納的な: eine ~*e* Funktion 帰納的関数. **2**〘言〙(生成文法で)回帰的〈繰り返し的〉な. [2: *amerik.* recursive]

Re·kur·si·vi·tät[..zivitɛ́:t] 女 -/ rekursiv なこと.

Re·lais[rəlɛ́:] 中 -[–(s)]/-[–s] **1 a)** 中継, リレー. **b)**〘電〙リレー, 継電器. ▽**2 a)** 駅馬の交代. **b)** =Relaisstation 2 ▽**3**〘軍〙(命令・情報伝達のための)逓伝(ていでん)騎馬隊. [*fr.*; < *afr.* re-laier „zurück-lassen" (◇laxieren); ◇*engl.* relay, relax]

▽**Re·lais·pferd**[rəlɛ́:..] 中 駅馬.

Re·lais≈röh·re[rəlɛ́:..] 女〘電〙リレー放電管. **≈sa·tel·lit** 男 リレー衛星. **≈schal·tung** 女〘電〙リレー開閉〔方式〕. **≈schrank** 男〘電〙継電器箱. **≈sta·tion** 女 **1** (通信・放送などの)中継局. ▽**2** 駅馬の交代場所. **≈steue·rung** 女〘電〙リレー=コントロール. **≈wäh·ler** 男〘電〙リレー=セレクター.

Re·laps[reláps] 男 -es/-e (Rückfall)〘医〙再発. [< *lat.* re-lābī „zurück-gleiten" (◇labil)]

Re·la·tion[relatsió:n] 女 -/-en **1 a)** (Beziehung) 関係, 関連: die ~ zwischen Inhalt und Form 内容と形式の関係 | logische ~*en* 論理的諸関係 ‖ zwei Dinge zueinander in ~ setzen 二つの事物を互いに関係づける | mit *jm.* in ~ stehen …と〔縁故〕関係がある | Der Preis steht in keiner ~ zur Qualität der Ware. この価格は商品の品質とは関係がない. **b)**〘数〙関係. **2** (Bericht) 報告: eine ~ einreichen 報告書を提出する. [*lat.*; < *lat.* referre (→referieren)]

re·la·tio·nal[relatsioná:l] 形 関係の; 関係を示す.

Re·la·tions≈be·griff[relatsió:ns..] 男〘論〙関係概念. **≈lo·gik** 女〘論〙関係論理学.

re·la·tiv[relatí:f, ré:lati:f][1] **I** 形 **1** 《ふつう付加語的》(bezüglich) 関係する; 関係を示す: ein ~*es* Fürwort 関係代名詞. **2** 《ふつう付加語的》(↔absolut) (verhältnismäßig) 比較しての, 比較的な; 相対的な; (bedingt) 制限〈限定〉された, 条件つきの: eine ~*e* Mehrheit 比較多数 | ein ~*er* Wert 相対的価値 | ~*es* Gehör〘楽〙相対音感 | Schönheit und Häßlichkeit sind ~*e* Begriffe. 美とか醜とかは相対的な概念にすぎない. **3** 《形容詞を修飾する副詞として》比較的, わりあいに: Der Gewinn war ~ gering. 利益は比較的少なかった | Es ist ~ gut gegangen. まずまずの首尾だった. **II Re·la·tiv** 中 -s/-e = Relativum [*spätlat.*–*fr.*]

Re·la·ti·va Relativum の複数.

Re·la·tiv≈ad·verb 中〘言〙関係副詞. **≈be·we·gung** 女〘理〙相対運動. **≈ge·schwin·dig·keit** 女〘理〙相対速度.

re·la·ti·vie·ren[relativí:rən] 他 (h) 相対的なものにする, 相対化する.

Re·la·ti·vie·rung[..rʊŋ] 女 -/-en 相対化.

Re·la·ti·vis·mus[relativísmʊs] 男 -/〘哲〙相対論, 相対主義.

Re·la·ti·vist[..víst] 男 -en/-en〘哲〙相対論者, 相対主義者.

re·la·ti·vi·stisch[..vístɪʃ] 形 **1**〘哲〙相対論の, 相対主義の. **2**〘理〙相対性理論の〈による〉: ~*e* Dynamik 相対論的力学.

Re·la·ti·vi·tät[relativitɛ́:t] 女 -/-en《ふつう単数で》**1** (互いに)関係があること, 関係をもっていること, 相互関連性: die historische ~ der Erscheinungen 現象相互の歴史的関連性. **2** 相対性, 被制約性: die ~ der Begriffe „gut" und „böse" 善悪両概念の相対性.

Re·la·ti·vi·täts≈prin·zip 中〘理〙相対性原理. **≈theo·rie** 女 -/〘理〙(Einstein の唱えた)相対性理論.

Re·la·tiv≈pro·no·men[relatí:f..] 中〘言〙関係代名詞. **≈satz** 男〘言〙関係文.

Re·la·ti·vum[relatí:vʊm] 中 -s/..va[..va·]〘言〙関係詞(関係代名詞と関係副詞の総称).

Re·la·xans[reláksans] 中 -/..antia[..laksántsia·], ..anzien[..laksántsiən]〘医〙弛緩(しかん)薬.

Re·la·xa·tion[relaksatsió:n] 女 -/ **1**〘医〙(筋肉などの)弛緩(しかん). **2**〘理・化〙緩和(平衡状態への漸近). [*lat.*]

Re·la·xa·tions·me·tho·de 女〘数・理〙緩和法.

re·la·xen[rilɛ́ksən] 《02》自 (h) くつろぐ, 息ぬきをする, リラックスする. [*engl.*]

Re·le·ga·tion[relegatsió:n] 女 -/-en (学校からの学生の)追放, 放校〔処分〕. [*lat.*]

re·le·gie·ren[..gí:rən] 他 (h) (学生を学校から)追放する, 放校処分にする. [*lat.*]

re·le·vant[relevánt] 形 (↔irrelevant) (当面の問題に)関連した, (特定の視点や関連から見て)有意味な, 重要〈重大〉な: Dieser Punkt ist für unser Thema nicht ~. この点は我々のテーマには関係がない.

Re·le·vanz[relevánts] 女 -/ (relevant なこと. 例えば:) 関連性, 有意性, 重要〈重大〉性.

▽**Re·le·va·tion**[relevatsió:n] 女 -/-en (義務・負担・拘束からの)解放. [*lat.*; < *lat.* levis (→leicht); ◇Relief]

Re·li[ré:li·, réli·] 女 -/《無冠詞で》(< Religion)《話》(授業科目の)宗教; 宗教の授業〔時間〕: →Bio

Re·lia·bi·li·tät[reliabilitɛ́:t] 女 -/〘心〙(実験などの)信頼性. [*engl.* reliability; ◇ligieren]

Re·lief[reliɛ́f] 中 -s/-s, -e **1**〘美〙浮き彫り〔の作品〕, レリ

ーフ: ein in Stein gehauenes ～ 石に刻みこんだレリーフ ‖ aus einer Marmorplatte ein ～ herausarbeiten 大理石板から浮き彫りを作る | *et.*³ ～ geben 〈verleihen〉《比》…を浮き彫りにする, …を際立たせる, …を引き立たせる. **2** 〘地〙 **a**) (地表の)起伏, 高低. **b**) (起伏を表示した)地表〈海底〉の模型. [*fr.*; ◇re.., Levade]

Re·lie̲f⸗bild 中 浮き彫りの作品, レリーフ. ⸗**druck** 男 -[e]s/-e 〘印〙 凸版; 浮き出し印刷, 型押し印刷(本の表紙などの). ⸗**ener·gie** 女 〘地〙 起伏量. ⸗**glo̲·bus** 男 立体地球儀. ⸗**kar·te** 女 〘地〙 起伏量図, 立体地図. ⸗**um·ke̲hr** 女 (Inversion) 〘地〙 逆転.

Re·li·gio̲n[religió:n] 女 -/-en **1 a**) (特定の)宗教; 宗派: die buddhistische 〈christliche〉 ～ 仏教〈キリスト教〉. **b**) 《単数で》宗教心, 信仰[心]: Er hat keine ～. 彼には信仰心がない | Die Vaterlandsliebe ist seine ～. 祖国への愛が彼にとっては信仰なのだ. **2** 《無冠詞単数で》(学校での)宗教の授業. [*lat.* religiō „Gottesfurcht"]

Re·li·gio̲ns⸗be·kennt·nis 中 (特定の宗教への)信仰告白. ⸗**bu̲ch** 中 宗教教育の教科書. ⸗**frei·heit** 女 -/ 宗教〈信教〉の自由. ⸗**frie·de** 男 宗教戦争後の平和条約; 〘史〙(特に1532年 Nürnberg,1555年 Augsburg の)宗教和議. ⸗**ge·mein·schaft** 女 宗教〈宗派〉の共同体. ⸗**ge·schich·te** 女 宗教史. ⸗**ge·sell·schaft** 女 宗教団体. ⸗**krieg** 男 宗教戦争. ⸗**le̲h·re** 女 **1** 宗教学. **2** 宗教の教義. **3** 《単数で》(学校での)宗教の授業. ⸗**le̲h·rer** 男 宗教[教育]の先生.

re·li·gio̲ns·lo̲s[religió:nslo:s]¹ 形 宗教をもたない, 無宗教〈無信仰〉の.

Re·li·gio̲ns·lo̲·sig·keit[..lo:zıçkaıt] 女 -/ religionslos なこと.

Re·li·gio̲ns⸗phi·lo·so·phie 女 -/ 宗教哲学. ⸗**psy·cho·lo·gie** 女 -/ 宗教心理学. ⸗**so·zio·lo·gie** 女 -/ 宗教社会学. ⸗**stif·ter** 男 宗教の創設者, 教祖, 開祖. ⸗**streit** 男 宗教上の争い; 宗教論争. ⸗**stun·de** 女 宗教の時間〈授業〉. ⸗**übung** 女 宗教の実践, 礼拝, 勤行(ごんぎょう). ⸗**un·ter·richt** 男 宗教の授業. ⸗**ver·bre·chen** 中, ⸗**ver·ge̲·hen** 中 宗教上の犯罪. ⸗**wech·sel** 男 宗教〈宗派〉の変更, 改宗. ⸗**wis·sen·schaft** 女 -/ 宗教学. ⸗**wis·sen·schaft·ler** 男 宗教学者. ⸗**zu·ge·hö̲·rig·keit** 女 宗教上の所属. ⸗**zwang** 男 -[e]s/ 宗教の強制, 信教の束縛.

re·li·giö̲s[religiǿ:s]¹ 形 **1** 宗教[上]の, 宗教に関する, 宗教的な: ～*e* Bewegungen 宗教運動 | ein ～*es* Vorurteil 宗教的偏見. **2** (↔irreligiös) 宗教心のあつい, 信心深い, 敬虔(けいけん)な: ein ～*er* Mensch 信仰心のあつい人間. **3** 修道会の: die ～*e* Regel 修道会戒律. [*lat.*–*fr.* religieux; ◇..os]

Re·li·gio̲·se[religió:zə] 男 女 《形容詞変化》〘カトリック〙 修道者. [*mlat.*]

Re·li·gio·si·tä̲t[religiozité:t] 女 -/ religiös なこと. [*spätlat.*]

re·li·gio·so[relidʒó:zo·] 副 (andächtig) 〘楽〙 レリジョーソ, 敬虔(けいけん)に. [*it.*]

Re·li̥kt[relíkt] 中 -[e]s/-e (Überbleibsel) (過去の時代からの)遺物, 残存物, なごり; 〘生〙 遺存種; 〘言〙(前代または死滅言語からの)遺存語〈形〉: Diese Pflanze ist ein glaziales ～. この植物は氷河期から残存したものだ. [<*lat.* [re]linquere „zurück-lassen" (◇leihen); ◇Reliquie]

ᵛ**Re·li̥k·ten**[relíktən] 複 遺族; 遺産.

Re·li̥k·ten⸗fau·na 女 〘生〙(ある地域の)残存動物群. ⸗**flo̲·ra** 女 〘生〙(ある地域の)遺存的な植生〈植物群〉.

Re·li̥kt⸗form[relíkt..] 女 〘言〙 遺存〈残存〉形 (→Relikt). ⸗**wort** 中 -[e]s/..wörter 〘言〙 遺存〈残存〉語(→Relikt).

Re̲·ling[ré:lıŋ] 女 -/-s, -e 《ふつう単数で》〘海〙 (船の)手すり(→ 図 Motorboot). [*ndd.*; <*mndd.* regel „Riegel"; ◇Riegel]

Re·li·quia̲r[relikviá:r] 中 -s/-e 聖遺物匣(こう) (聖遺物のための容器: → 図). [*mlat.*; ◇ *engl.* reliquary]

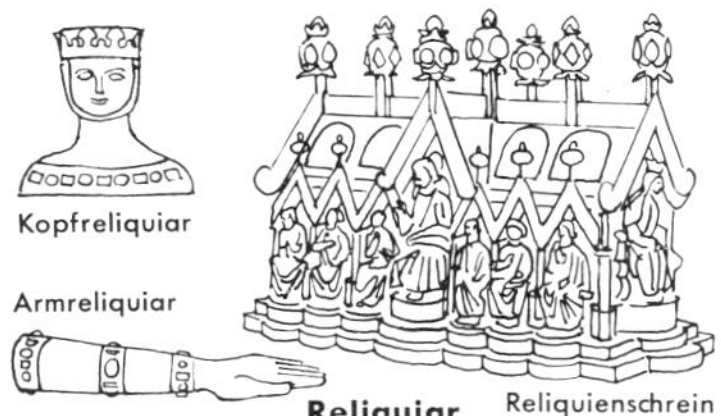

Re·li̥·quie[relí:kviə] 女 -/-n 〘カトリック〙 聖遺物(聖人の遺体・遺骨・遺品など). [[*kirchen*] *lat.*–*mhd.*; ◇Relikt]

Re·li̥·qui·en⸗be·häl·ter 男 =Reliquiar ⸗**käst·chen** 中 聖遺物入れの小箱. ⸗**kult** 男 聖遺物崇拝. ⸗**schrein** 男 (厨子(ずし)形の)聖遺物匣(こう)(→ 図 Reliquiar).

Re·luk·tḁnz[reluktánts] 女 -/-en 〘理〙 リラクタンス, 磁気抵抗. [*engl.* reluctance; <*lat.* re-luctārī „dagegen ringen" (◇Lauch)]

Re·lu·xa·tio̥n[reluksatsió:n] 女 -/-en 〘医〙 再脱臼. [*lat.*]

Rem[rɛm, re:m] 中 -[s]/-[s] (単位: -/-) 〘理〙 レム(放射線人体当量の単位; 記号 rem). [*engl.*; <*engl.* *r*oentgen *e*quivalent in *m*an]

Re̥·ma·gen[ré:ma:gən] 地名 レーマーゲン(ドイツ Rheinland-Pfalz 州, Rhein 川左岸の工業都市. 1945年 3 月 7 日アメリカ軍がこの地点ではじめて Rhein 川を渡った). [*lat.* Rigomagum; <*kelt.* rīg „König"+magos „Feld"]

Re·make[riméık, rí:meık] 中 -s/-s (映画・脚本などの) 改作版, 新版. [*engl.*; ◇machen]

re·ma·ne̥nt[remanɛ́nt] 形 (zurückbleibend) 残留した: ～*e* Verformung 〘理〙 残留〈永久〉ひずみ. [*lat.* re-manēre „zurück-bleiben"]

Re·ma·ne̥nz[remanɛ́nts] 女 -/ 残留, 残存: magnetische ～ 〘理〙 残留磁化.

Re·ma·ne̥nz·span·nung 女 〘電〙 残留電圧.

Re·marque[rəmárk] 人名 Erich Maria ～ エーリヒ マリーア レマルク(1898-1970; ドイツの作家. ナチに追われて1939年アメリカに渡る. 作品『西部戦線異状なし』『凱旋門』など).

Re·marque·druck[rəmárkdrʊk, rem..] 男 -[e]s/-e (銅版画・エッチングなどの)縁印付き初刷り. [<*fr.* remarque „Anmerkung" (◇markieren)]

Re·ma·su̲·ri[remazú:ri·] 女 -/ =Ramasuri

Rem·bours[rãbú:r] 男 -[-(s)]/-[-s] 〘商〙(外国貿易で銀行の仲介による)弁済, 償還, 清算, 支払い. [*fr.* remboursement]

rem·bour·sie̲·ren[rãburzí:rən] 他 (h) 〘商〙(銀行の仲介によって)弁済〈償還〉する, 清算する, 支払う. [*fr.*; <re..+en..²+*mlat.* bursa (→Burse)]

Rem·bours·kre·di̥t[rãbú:r..] 男 〘商〙(外国貿易上の)手形信用, 償還信用.

Re̥m·brandt[rɛ́mbrant] 人名 ～ van Rijn レンブラント ファン レイン(1606-69; オランダの画家. 作品『夜警』など).

Re·me̥·dia, Re·me̥·di·en Remedium の複数.

re·me·die̲·ren[remedí:rən] 他 (h) **1** (欠陥などを)除去する. **2** (heilen) 〘医〙 治療する. [*spätlat.*]

Re·me̥·dium[remé:diʊm] 中 -s/..dien[..diən], ..dia[..dia·] **1** (Heilmittel) 〘医〙 治療薬. **2** 〘貨幣〙 公差(貨幣中の貴金属含有量の). [*lat.*; <*lat.* medērī (→Medikus); ◇ *engl.* remedy]

Re·me·du̲r[remedú:r] 女 -/-en **1** (欠陥などの)除去. **2** 〘医〙 治療. [◇remedieren]

Re·mi̥·gius[remí:giʊs] 男名 レミーギウス: der heilige ～ 聖レミーギウス (Chlodwig の洗礼者). [*lat.*]

Re·mi·grḁnt[remigránt] 男 -en/-en, **Re·mi·grie̲r·te**[..grí:rtə] 男 女 《形容詞変化》(亡命・国外移住などから

R

の)帰国者(→Emigrant). [◇Migration]

re·mi·li·ta·ri·sie·ren[remilitarizí:rən] 他 (h) 再軍備する.

Re·mi·li·ta·ri·sie·rung[..ruŋ] 女 -/ 再軍備.

Re·mi·nis·zenz[reminɪstsɛ́nts] 女 -/-en **1** (…を)思い出させるもの; 思い出, 追憶: eine ～ an die Kindheit 子供のころを思い出させるもの. **2** (…を)連想させるもの; 類似〔性〕, 近似. **3** 《楽》(オペレッタの)テーマ旋律. [*spätlat.*]

Re·mi·nis·ze·re[reminístsərə, ..tsere·] 《無冠詞・無変化》《キリスト教》四旬節第2の主日(復活祭前の第5日曜). [*lat.* reminīscere „gedenke!"; < *lat.* meminī „sich erinnern" (◇mental)]

re·mis[rəmí:] **I** 形《スポーツ・チェス》引き分けの, 勝負なしの: Das Spiel ist ～. 勝負なしだ | Die Partie endete ～. (チェスの)試合は引き分けに終わった. **II Re·mis** 中 -[-(s)]/-[-s], -en[-zən]《スポーツ・チェス》引き分け, 無勝負. [*fr.* „zurückgestellt"]

Re·mi·se[rəmí:zə] 女 -/-n ▽**1** [また: re..] 物置, 倉庫, 納屋; 車庫, 馬車置き場. **2** [また: re..] (小さな獣のための)保護繁殖区域. **3** 《チェス》引き分け. [*fr.*]

Re·mis·sion[remɪsió:n] 女 -/-en **1** (欠陥本などの)返品, 返本. **2** 《医》(病状などの)〔一時的〕減少, 寛解(かんかい), 軽快. **3** 《理》拡散反射. [*lat.*]

Re·mit·ten·de[remɪtɛ́ndə] 女 -/-n 《ふつう複数で》(書店から出版社への)返却本, 返本.

Re·mit·tent[remɪtɛ́nt] 男 -en/-en (手形・小切手の)受取人.

re·mit·tie·ren[remɪtí:rən] **I** 他 (h) (欠陥本などを出版社へ)返品〈返本〉する. **II** 自 (h) 《医》(病状が)〔一時的に〕減少する, 寛解(かんかい)する: *remittierendes* Fieber 弛張(しちょう)熱. [*lat.*; < *lat.* mittere (→Messe[1])]

Rem·mi·dem·mi[rɛ́midɛ́mi·] 中 -s/ 《話》派手な騒ぎ, どたばた; にぎわい.

Re·mon·strant[remɔnstránt] 男 -en/-en 《キリスト教》抗議書派の信者(アルミニウス説の信者のこと: →Arminianismus).

Re·mon·stra·tion[remɔnstratsió:n] 女 -/-en 抗議, 異議申し立て. [*mlat.*]

re·mon·strie·ren[..strí:rən] 自 (h) 抗議する, 異議を申し立てる. [*mlat.*; ◇Monstranz]

Re·mon·ta·ge[remɔntá:ʒə, ..mɔ̃t..] 女 -/-n **1** (解体・撤去した)工場設備の再組み立て. **2** (時計部品の)組み立て.

re·mon·tant[remɔntánt, ..mɔ̃t..] 形 《植》返り咲きの, 二度咲きの. [*fr.*]

Re·mon·tant·ro·se 女 二度咲きのバラ.

Re·mon·te[remɔ́ntə, remɔ̃́:tə] 女 -/-n **1** (昔の軍隊で)軍馬の補充. **2** =Remontepferd [*fr.*]

Re·mon·te·pferd 中 (昔の軍隊で)新馬, 補充馬.

re·mon·tie·ren[remɔntí:rən, ..mɔ̃t..] 自 (h) **1** (昔の軍隊で)軍馬を補充する. **2** 《植》二度咲きする, 返り咲く. [*fr.*; ◇*engl.* remount]

Re·mon·tie·rung[..ruŋ] 女 -/-en (remontieren すること. 例えば:)(昔の軍隊で)軍馬の補充.

Re·mon·toir[remɔ̃toá:r] 中 -/ **1** (時計の)竜頭(りゅうず). **2** =Remontoiruhr [*fr.*]

Re·mon·toir·uhr[remɔ̃toá:r..] 女 竜頭巻きの時計.

re·mor·kie·ren[remɔrkí:rən] =remorquieren

Re·mor·queur (**Re·mor·kör**)[remɔrkǿ:r] 男 -s/-e《オーストリア》小型の蒸気引き船. [*fr.*; <..eur]

re·mor·quie·ren[remɔrkí:rən] 他 (h) 《オーストリア》(引き船で)曳航(えいこう)する. [*vulgärlat.*–*it.*–*fr.*; < *lat.* remulcum „Schlepptau"]

▽**Re·mo·tion**[remotsió:n] 女 -/-en 罷免, 解任, 排除. [*lat.*]

Re·mou·la·de[remulá:də] 女 -/-n 《料理》レムラード(マヨネーズに香辛料を加え辛味をきかせたもの). [*fr.*]

Re·mou·la·den·so·ße 女 レムラードソース.

Rem·pe·lei[rɛmpəlái] 女 -/-en rempeln すること.

rem·peln[rɛ́mpəln] 《06》他 (h) 《話》肩やひじでわざと突く〈押しのける〉; 《サッカー》ショルダーチャージをする. [< Rämpel „Klotz"]

▽**rem·pla·cie·ren**[rãplasí:rən] 他 (h) 《*jn.*》(…の)代理を立てる, 補充する. [*fr.*; < re..+en..[2]]

Remp·ler[rɛ́mplər] 男 -s/- **1** (肩やひじでの)押し, 突き; 《サッカー》ショルダーチャージ. **2** rempeln する人.

Rem〔p〕·ter[rɛ́m(p)tər] 男 -s/- = Refektorium [*mlat.*–*mndd.* rem〔e〕ter]

Re·mu·ne·ra·tion[remuneratsió:n] 女 -/-en ▽**1** 賠償, 補償, 報酬. **2** 《オーストリア》(期末手当・ボーナスなどの)特別〈臨時〉給与. [*lat.*]

re·mu·ne·rie·ren[..munerí:rən] 他 (h) **1** 《*jn.*》(…に)弁償〈補償〉する, 報いる, 報酬を与える. **2** 《オーストリア》《*jn.*》(…に)特別〈臨時〉給与を支給する. [*lat.*; < *lat.* mūnerārī „schenken" (◇Munifizenz)]

Re·mus[ré:mʊs] 人名 《ロ神》レムス(→ Romulus). [*lat.*]

Ren[1][rɛn, re:n] 中 -s/-s[rɛns], -e[ré:nə] (Rentier) 《動》トナカイ(馴鹿). [*skand.*; ◇Rind; *engl.* reindeer]

Ren[2][re:n] 男 -s/-es (Niere) 《医》腎臓(じんぞう), 腎. [*lat.*]

Re·nais·sance[rənɛsã́:s] 女 -/-n[..sən] **1** 《史》ルネサンス, 文芸復興〔期〕(→ 図 Baukunst, Stilmöbel): die großen Meister der italienischen ～ イタリア=ルネサンスの巨匠たち. **2** (伝統・風俗などの)再生, 復古, 復活: die ～ der Mode um die Jahrhundertwende 世紀の変わり目ごろのモードの再興. [*fr.*; < *lat.* re-nāscī „wiedergeboren werden" (◇naszierend)]

Re·nais·sance≠bau[rənɛsã́:s..] 男 -〔e〕s/-ten ルネサンス建築. ≠**ma·ler** 男 ルネサンス時代の画家. ≠**ma·le·rei** 女 ルネサンス絵画. ≠**mensch** 男 (たくましい生活力と芸術的天分をもった)ルネサンス人. ≠**mu·sik** 女 ルネサンス音楽. ≠**stil** 男 -〔e〕s/ ルネサンス様式. ≠**zeit** 女 -/ ルネサンス時代.

re·nal[rená:l] 形 《医》腎(じん)〔臓〕の; 腎性の. [*spätlat.*; ◇Ren[2]]

Re·na·te[rená:tə] 女名 レナーテ.

Re·na·tus[rená:tʊs] 男名 レナートゥス. [*lat.* re-nātus „wieder-geboren"; ◇Renaissance]

Ren·con·tre[rãkɔ̃́:tər, ..trə] 中 -s/-s =Renkontre

Ren·dant[rɛndánt] 男 -en/-en 経理担当者, 出納(すいとう)責任者; 《キリスト教》教会経理者. [*fr.*]

Ren·de·ment[rãdəmã́:] 中 -s/-s (原料からの製品の)収量, 歩止まり. [*fr.*; < *lat.* reddere (→Rente)]

Ren·dez·vous[rãdevú:, rã́:devu·] 中 -[..vú:(s), rã́:devu·, ..vu:s]/-[..vú:s, rã́:devu:s] **1** (Stelldichein) (恋人同士などの)待ち合わせ, 逢瀬(おうせ), あいびき, ランデブー, デート: ein ～ verabreden デート〈あいびき〉の約束をする | zu einem ～ gehen ランデブーに行く | *sich*[3] mit *jm.* ein ～ geben …と密会する; 《比》…と会合する. **2** (宇宙船などの)会合, ランデブー. [*fr.* rendez-vous „begeben Sie sich!"]

Ren·dez·vous·ma·nö·ver[rãdevú:manø:vər] 中 (宇宙船の)ランデブー計画.

Ren·di·te[rɛndí:tə] 女 -/-n 《経》(投下資本の)利回り; (有価証券などの)利子率. [*it.*]

Ren·di·ten·haus 中 《スイス》(Mietshaus) 貸家, アパート, マンション.

Re·né[rəné(:)] 男名 ルネ. [*fr.*; ◇Renatus]

Re·ne·gat[renegá:t] 男 -en/-en 背教者, (特にキリスト教からイスラム教への)改宗者; 《比》(宗教・思想・政治などの)転向者; 変節者. [*fr.*; < *mlat.* negāre „verleugnen"; ◇*engl.* renegade]

Re·ne·ga·ten·tum[..gá:təntu:m] 中 -s/ Renegat 的な言動.

Re·ne·ga·tion[..gatsió:n] 女 -/-en 背教, 改宗; 転向, 変節.

Re·ne·klo·de[re:nəkló:də, rɛ:nə..] 女 -/-n **1** 《植》レーヌクロード(セイヨウスモモの一品種). **2** レーヌクロードの実. [*fr.* reine Claude „Königin Claude"; < Claude (フランス王フランソワ一世(†1547)の王妃); ◇Regina]

Re·net·te[renɛ́tə, rɛn..] 女 -/-n 《植》レネット(リンゴの一品種). [*fr.* reinette]

Ren·for·cé[rãfɔrsé:] 男 中 -s/-s ランフォルセ(肌着やシーツ用の綿布の一種). [*fr.* „verstärkt"; ◇re.., en..[2], forcieren]

re·ni·tent[renitɛ́nt] 形 反抗的な, 強情な, 手に負えない: eine ~*e* Haltung einnehmen 反抗的な態度をとる. [*lat.*−*fr.*; < *lat.* nītī „sich stemmen" (◇neigen)]

Re·ni·tenz[renitɛ́nts] 女 -/ 反抗的な態度, 強情. [*fr.* rénitence]

Ren·ke[rɛ́ŋkə] 女 -/-n 〘魚〙レンケン(マスの一種. Felchen と同じ). [*ahd.* rīn-anko; ◇Rhein, Anke[2]; 脂肪に富むことから]

▽**ren·ken**[rɛ́ŋkən] 他 (h) (特に手足の関節を)回しながらあちこち動かす, ねじる, ひねる, よじる.
★ 今日では ausrenken, einrenken, verrenken などの形で用いられることが多い.
[*ahd.*; ◇wringen, Rank; *engl.* wrench]

Ren·ken[−] 男 -s/- =Renke

Ren·kon·tre[rãkɔ̃:tər, ..trə] 中 -s/-s (敵同士の)遭遇, 衝突. [*fr.* rencontre; ◇re.., en..[2], kontra]

Renn≈ar·beit[rɛ́n..] 女 〘金属〙直接製鉄. ≈**au·to** 中 =Rennwagen ≈**bahn** 女 (自動車・自転車・馬などの)競走路〈コース〉, サーキット. ≈**boot** 中 競走用モーターボート, 競漕(きょうそう)艇.

ren·nen(*)[rɛ́nən] ⟨117⟩ **rann·te**[rántə] (まれ: rennte) /**ge·rannt** (▽gerennt); 接II rennte **I** 自 (s) **1 a)** (英: *run*) 走る, 駆ける, 疾走する, 突進する, 駆けつける; 〘スポ〙競走する, レースに参加する, 出走する: schnell ~ 速く走る | in großen Sätzen ~ 大股(また)に跳んで走る | um die Wette ~ 競走する | Meine Uhr *rennt* wieder. ⟪話⟫ 私の時計はまた進んでいる ‖ 〘方向を示す前置詞句と〙mit dem Kopf an ⟨gegen⟩ die Wand ~ 走って壁に頭をぶつける | mit dem Kopf durch die Wand ~ wollen (→Kopf 1) | gegen *jn.* ⟨*et.*[4]⟩ ~ 走って…にぶつかる | ins Unglück ⟨Verderben⟩ ~ ⟪比⟫ 不幸〈破滅〉に向かって突き進む | dauernd ins Kino ~ ⟪話⟫ 何かにつけて映画館に入りびたる | *jm.* in die Arme ~ ⟪比⟫ …に偶然出会う | Er ist wie ein Wiesel über den Platz *gerannt*. 彼はイタチのようにすばしこく広場を横切って走った | bei jeder Kleinigkeit ⟨wegen jeder Kleinigkeit⟩ zum Arzt ~ ⟪話⟫ ほんのちょっとした病気でもすぐに医者のところへかけつける ‖ atemlos *gerannt* kommen 息せき切ってかけつける.
b) (h) ⟪結果を示す語句と⟫ 〔*sich*[3]〕 die Füße wund ~ 走りすぎて足をいためる | *sich*[3] die Zunge aus dem Hals ~ (→Zunge 1 a) | *sich*[3] ein Loch in den Kopf ~ (走っていて)ぶつかって頭にけがをする | *jn.* ⟨*et.*[4]⟩ über den Haufen ~ (→Haufen 1 a) | *jn.* zu Boden ~ (走りながらぶつかって)…を突き倒す ‖ 再帰 *sich*[4] müde ~ 走り疲れる.
2 〘狩〙(雌のキツネが)発情している.
II 他 (h) **1** ⟪*jm. et.*[4]⟫ (…に刃物などを)はずみをつけて突き刺す: *jm.* das Messer in die Brust ~ …の胸にナイフを突き刺す. **2** 〘金属〙(鉄を)直接製鉄する(→Rennarbeit).
III Ren·nen 中 -s/- (rennen すること. 特に:) 〘スポ〙(人・馬・車・船などの)競走, レース: Auto*rennen* 自動車競走, オート〈カー〉レース | Pferde*rennen* 競馬 | **ein totes ~** (勝敗を判定できない)引き分けのレース | ein ~ mit Hindernissen 障害レース ‖ ein ~ abhalten ⟨veranstalten⟩ レースを開催する | das ~ aufgeben (途中で)レースを捨てる | das ~ gewinnen ⟨verlieren⟩ レースに勝つ〈負ける〉| **das ~ machen** ⟪話⟫ レースで優勝する; ⟪比⟫ 成功する | ein ~ laufen ⟨fahren/reiten⟩ レースに出る ‖ **an** einem ~ teilnehmen / *sich*[4] an einem ~ beteiligen レースに参加する | **aus dem** ~ sein 成功の見込みが全くない | *jn.* aus dem ~ werfen …を押しのけて勝つ, …を凌駕(りょうが)する | gut **im** ~ liegen レースで上位に立つ; ⟪比⟫ 十分成功の見込みがある ‖ **Das ~ ist** 〔**bereits**〕 **gelaufen.** レースは終わっている; ⟪話⟫ 事はもう決着がついている, すでに手遅れである.
[*germ.*; ◇rinnen]

Ren·ner[rɛ́nər] 男 -s/- **1** 優秀な〈駿足(しゅんそく)の〉競走馬. **2** ⟪話⟫ 売れ行きのよい〈人気のある〉商品; 評判のいい公演〈演技〉.

Ren·ne·rei[rɛnəráɪ] 女 -/-en ⟪話⟫ やたらと走り回ること, 奔命に疲れること.

Renn·fah·rer[rɛ́n..] 男 (自動車・自転車・オートバイなどの)レーサー.

Renn·fah·rer·sup·pe 女 ⟪話⟫ 水っぽい〈腹の足しにならない〉スープ, インスタント〈缶詰〉スープ.

Renn≈feu·er 中 〘金属〙直接製鉄法の塊鉄炉. ≈**flie·ge** 女 〘虫〙ノミバエ(蚤蠅)科の昆虫. ≈**for·mel** 女 〘スポ〙(オートレースでの)競走車の規格: eine neue ~ beschließen 新しい競走車規格を策定する. ≈**jacht** 女 競走用ヨット. ≈**lei·tung** 女 レースの管理運営(監視); レースの管理運営グループ(監視団). ≈**len·ker** 男 (自転車の)競走用ハンドル〔バー〕. ≈**ma·schi·ne** 女 競走用オートバイ〈自転車〉. ≈**maus** 女 〘動〙アレチネズミ(荒地鼠). ≈**mon·teur** [..tø:r] 男 (オートレースの)メカニック, 機械修理工. ≈**pferd** 中 競走馬: ein ~ des kleinen Mannes ⟪話⟫ 伝書ばと. ≈**platz** 男 競輪〈競馬〉場, スピード=レース場. ≈**rad** 中 競走用自転車. ≈**rei·ter** 男 競馬騎手, ジョッキー. ≈**ro·del** 男 〘スポ〙リュージュ(→ ⊛ Schlitten). ≈**schlit·ten** 男 競走用そり, ボブスレー. ≈**schuh** 男 ランニング用スパイク, スパイク=シューズ. ≈**se·gel·jol·le** 女 (センターボードつきの)競技用ヨット(→ ⊛ Jacht). ≈**sport** 男 競走スポーツ(競馬・競輪・オートレースなど). ≈**stall** 男 **1 a)** (競走馬の)厩舎(きゅうしゃ). **b)** ⟪集合的に⟫ (厩舎所属の)競走馬. **2** オートレーサー〈自転車競技選手〉のチーム. ≈**strecke** 女 競走距離, 競走区間.

renn·te[rɛ́ntə] rennen の接続法 II; rannte (rennen の過去)の別形.

Renn·tier[rɛ́n..] 中 =Ren[1] (Rentier[1]の誤記).

Renn≈ver·an·stal·tung 女 (競馬・自転車レースなどの)スピード競技〔の開催〕. ≈**ver·fah·ren** 中 =Rennarbeit ≈**vo·gel** 男 〘鳥〙スナバシリ(砂走). ≈**wa·gen** 男 競走用自動車, レーシングカー; (子供用の)ゴーカート; (古代の)競走用馬車. ≈**wet·te** 女 競馬の賭(かけ): eine ~ abschließen 競馬の賭をする. ≈**wolf** 男 (片足を滑走部にのせ, 別の足で大地をけってすべらせる)人力そりの一種.

Re·noir[rənoá:r, ..nwá:r] 人名 Auguste ~ オーギュスト ルノアール(1841-1919; フランスの印象派の画家).

▽**Re·nom·ma·ge**[renɔmá:ʒə] 女 -/-n (Prahlerei) 自慢, 大言壮語. [<..age]

Re·nom·mee[renɔmé:] 中 -s/-s **1** (Leumund, Ruf) 評判: ein gutes ⟨zweifelhaftes⟩ ~ haben 評判がよい〈芳しくない〉. **2** よい評判, 名声, 声望: Das Hotel hat ~. そのホテルは名声が高い〈一流と見なされている〉. [*fr.* renommée]

re·nom·mie·ren[renɔmí:rən] **I** 自 (h) ⟪mit *et.*[3]⟫ (…を)自慢する, 大言壮語する: mit *seinem* Wissen ~ 知識をひけらかす. **II re·nom·miert** 過分 形 評判のよい, 名声の高い: ein ~*er* Arzt 名声の高い医者 | Dieses Hotel ist international ~. このホテルは国際的に名前を知られている. [*fr.* re-nommer „wieder ernennen"; ◇nominieren]

Re·nom·mier≈lust 女 -/ 名誉欲, 大言壮語癖(へき). ≈**stück** 中 (一枚看板となるような)特にすぐれたもの.

Re·nom·mist[renɔmíst] 男 -en/-en 自慢屋, 大言壮語する人.

Re·nom·mi·ste·rei[renɔmɪstəráɪ] 女 -/-en 自慢, 大言壮語.

Re·non·ce[rənɔ̃:s(ə), re..] 女 -/-n[..sən] **1** (Fehlfarbe) 〘トランプ〙切り札でない組み札; 手持ちでない組み札. **2** ⟪話⟫ (Fuchs) (学生組合の)新入生. [*fr.*]

▽**re·non·cie·ren**[rənɔ̃sí:rən, re..] 他 (h) (verzichten) 断念する, 放棄する. [*fr.*; ◇renunzieren; *engl.* renounce]

Re·no·va·tion[renovatsió:n] 女 -/-en ⟪スイ⟫ = Renovierung [*lat.*]

re·no·vie·ren[renoví:rən] 他 (h) (建築物などを)修繕〈修理〉する, 修復する. [*lat.*]

Re·no·vie·rung[..ruŋ] 女 -/-en (建築物などの)修繕, 修理, 修復.

▽**Ren·sei·gne·ment**[rãsɛnjəmã:] 中 -s/-s (Auskunft)

情報. [*fr.*; ◇re.., en..², signieren]

ren·tạ·bel[rɛntáːbəl] (..ta·bl..) 形 利子を生む; (商売などが)採算の合う, 利潤のあがる, もうかる; 《比》(仕事・労力などが)割に合う, やりがいのある. [<..abel]

Ren·ta·bi·li·tạ̈t[rɛntabilitɛ́ːt] 女 -/ (rentabel なこと. 例えば:) 採算性, 経済性, 有利性; 収益〈利潤〉率.

Ren·ta·bi·li·tạ̈ts≈gren·ze 女 収益〈利潤〉限界. **≈rech·nung** 女 収益〈利潤〉〔の見積もり〕計算.

ren·tạ·bl..[rɛntáːbl..] →rentabel

Rẹnt·amt[rɛ́nt..] 中 (昔の領主の)財務管理の役所; (大学などの)経理課.

Rẹn·te[rɛ́ntə] 女 -/-n **1** 年金, 恩給, 定期金: eine ewige 〈lebenslängliche〉 ~ 終身年金 | dynamische 〈dynamisierte〉 ~ 年金自動スライド制 ‖ eine ~ bekommen 年金をもらう | *jm.* eine ~ zahlen …に年金を支払う ‖ **auf** 〈**in**〉 **~ gehen** 《話》年金生活にはいる | **auf** 〈**in**〉 **~ sein** 《話》年金生活者である. **2** (財産・投資などによる)金利(利子・地代・家賃・小作料など): Grund*rente* 地代 | von ~*n* leben 金利で生活する.

[*afr.*−*mhd.*; <*lat.* red-dere „zurück-geben" (◇Dativ); ◇Rendement, rentieren; *engl.* rent]

Ren·tẹi[rɛntáɪ] 女 -/-en =Rentamt

Rẹn·ten≈al·ter[rɛ́ntən..] 中 年金をもらえる年齢. **≈an·lei·he** 女 (償還期限のない)国債, 公債. **≈an·pas·sung** 女 (物価の変動に応じた)年金〈定期金〉の適正化. **≈an·spruch** 男 年金〈定期金〉請求権. **≈bank** 女 -/-en **1** (1850年プロイセンに設立された) 地代〔償還〕銀行, 定期金銀行. **2** (第一次大戦後の通貨安定のために設立された)レンテン〔マルク発券〕銀行(→Rentenmark). **3** (1949年旧西ドイツに設立された)農林金庫. **≈ba·sis** 女 (特に不動産取引で)年金〈定期金〉支払いのベース: *et.*⁴ auf ~ kaufen 〈verkaufen〉 …の代価を定期金支払い方式で買う〈売る〉. **≈be·mes·sungs·grund·la·ge** 女 (年金保険で)年金〈定期金〉算定基礎.

rẹn·ten·be·rech·tigt 形 年金をもらう資格のある.

Rẹn·ten≈brief 男 **1** 定期金〈地代〉証書. **2** 《史》(地方銀行の発行する)レンテン証券〈銀行券〉. **≈emp·fän·ger** 男 年金受領者. **≈kon·ku·bi·nat** 中 (女が前夫の年金を続けて受けるため正式の結婚をしない)年金同棲(どうせい). **≈mark** 女 -/- 《史》レンテンマルク(1923年インフレ克服のためにレンテン銀行から発行された銀行券: →Rentenbank 2). **≈markt** 男 公社債市場. **≈pa·pier** 中 年金証書; 公債証書.

rẹn·ten·pflich·tig 形 年金支払い義務のある.

Rẹn·ten≈schein 男 =Rentenbrief **≈schuld** 女 定期土地債務. **≈ver·si·che·rung** 女 年金保険. **≈zạh·lung** 女 年金支払い.

Rẹn·tier¹[rɛ́ntiːr, réːn..] 中 =Ren¹

ᐁ**Ren·tier**²[rɛntiéː] 男 -s/-s (女 ᐁ**Ren·tiẹ·re**[..tiéːrə, ..tiɛ́ːrə]-/-n) =Rentner [*fr.*]

ren·tiẹ·ren[rɛntíːrən] 他 (h) 再帰 *sich*⁴ ~ 利子を生む; (商売などが)採算が合う, 利潤があがる, もうかる; 《比》(仕事・労力などが)割に合う, やりがいがある: Deine Anstrengungen haben sich *rentiert.* 君の努力は報いられた. [*mhd.* renten; ◇Rente]

Rẹn·tier·flech·te[rɛ́ntiːr.., réːn..] 女 《植》ハナゴケ(花苔)(ツンドラ地帯の地衣類で, トナカイの食草). [<Rentier¹]

ren·tiẹr·lich[rɛntíːrlɪç] =rentabel

Rẹnt≈kam·mer[rɛ́nt..] 女 =Rentamt **≈mei·ster** 男 (大学などの)経理課長.

Rẹnt·ner[rɛ́ntnər] 男 -s/- (女 **Rẹnt·ne·rin**[..nərɪn]-/-nen) **1** 年金〈恩給〉生活者. **2** 金利生活者.

Re·nu·me·ra·tiọn[renumeratsióːn] 女 -/-en (Rückzahlung) 払い戻し, 返済.

re·nu·me·riẹ·ren[renumeríːrən] 他 (h) 払い戻す, 返済する. [*lat.*]

Re·nun·tia·tiọn (**Re·nun·zia·tiọn**)[renʊntsiatsióːn] 女 -/-en (Verzicht) 断念, 放棄; (君主の)譲位, 退位. [*lat.*]

re·nun·ziẹ·ren[renʊntsíːrən] 他 (h) 断念する, 放棄する. [*lat.*; <*lat.* nūntius (→Nuntius)]

Ren·vers[rɑ̃vɛ́ːr] 中 -[-(s)]/-[-s] 《馬術》ランバー(横歩(おうほ)の一種: → ⊛ reiten). [<*fr.* ren-verser „umkehren"; ◇re.., Envers]

Re·ok·ku·pa·tiọn[re|ɔkupatsióːn] 女 -/-en (Wiederbesetzung) 再占領.

re·ok·ku·piẹ·ren[..píːrən] 他 (h) 再び占領する.

Re·or·ga·ni·sa·tiọn[re|ɔrganizatsióːn] 女 -/-en 《ふつう単数で》再編成, 再組織, 編成〈組織〉替え, 改組, 改造. [*fr.*]

Re·or·ga·ni·sạ·tor [..záːtɔr, ..toːr] 男 -s/-en [..zatóːrən] reorganisieren する人.

re·or·ga·ni·siẹ·ren[..zíːrən] 他 (h) 再編成〈再組織〉する, 編成〈組織〉替えする, 改組〈改造〉する. [*fr.*]

Re·or·ga·ni·siẹ·rung[..rʊŋ] 女 -/-en 《ふつう単数で》 =Reorganisation

rep. 略 **1** =**repetatur** **2** =**repartiert** (出資額に応じて)分配〈配当〉された.

Rep[rɛp] 男 -s/-s, -se 《ふつう複数で》《話》=Republikaner 3)

Rep. 略 **1** =**Reparatur** 修理, 修繕. **2** =**Republik** 共和国. **3** =**Repertoire** レパートリー.

re·pa·rạ·bel[reparáːbəl] (..ra·bl..) 形 (↔ irreparabel) 修理〈修繕〉可能な: ein *reparabler* Knochenbruch 修復可能な骨折. [*lat.*]

Re·pa·ra·tiọn[reparatsióːn] 女 -/-en **1 a)** 《生・医》(組織・細胞などの)修復. ᐁ**b)** =Reparatur **2** 《ふつう複数で》(敗戦国に課せられる)賠償〔金〕: ~*en* auferlegen 〈zahlen〉 賠償を課する〈支払う〉. [*spätlat.*〔−*fr.*〕]

Re·pa·ra·tiọns≈ab·kom·men 中 賠償協定. **≈an·spruch** 男 賠償請求権. **≈aus·schuß** 男 賠償〔確定〕委員会. **≈kom·mis·siọn** 女 賠償〔監視〕委員会. **≈lei·stung** 女 賠償行為. **≈zạh·lung** 女 賠償〔金〕の支払い.

Re·pa·ra·tụr[reparatúːr] 女 -/-en (略 Rep.) 修理, 修繕, 修復, 復旧, 改修: *et.*⁴ zur ~ geben …を修理〈修繕〉に出す. [*mlat.*]

re·pa·ra·tụr≈be·dürf·tig 形 修理〈修繕〉の必要な. **≈fä·hig** 形 修理〈修繕〉可能な.

Re·pa·ra·tụr≈ka·sten 男 修理用具箱. **≈ko·sten** 複 修理〈修繕〉費, 修復〈復旧〉費用. **≈werk·statt** 女, **≈werk·stät·te** 女 修理〈整備〉工場.

re·pa·riẹ·ren[reparíːrən] 他 (h) 修理〈修繕〉する, 修復〈復旧・改修〉する: die Uhr 〈einen Schaden〉 ~ 時計〈破損個所〉を修理する | *et.*⁴ notdürftig ~ …を応急修理する. [*lat.*; <*lat.* parāre (→parieren²); ◇*engl.* repair]

re·par·tiẹ·ren[repartíːrən] 他 (h) (費用を)割り当てる; (有価証券などを出資額に応じて)分配〈配当〉する. [*fr.*]

Re·par·ti·tiọn[repartitsióːn] 女 -/-en (費用などの)割り当て; (有価証券などの)分配, 配当. [*fr.*]

re·pas·siẹ·ren[repasíːrən, rəp..] 他 (h) **1** 調べなおす, 再調査〈再吟味〉する. **2** (ストッキングなどの線状のほころび・伝線〔病〕を)かがる(→Laufmasche). [*fr.*]

Re·pas·siẹ·re·rin[..rərɪn] 女 -/-nen (ストッキングの)伝線〔病〕修理工(女).

Re·pa·triạnt[repatriánt] 男 -en/-en 本国被送還者.

re·pa·tri·iẹ·ren[repatriíːrən] 他 (h) **1** (捕虜・亡命者などを)本国へ送還する. **2** (国籍喪失者に)再び国籍を与える. [*spätlat.*; <*lat.* patria „Vaterland" (◇Pater); ◇*engl.* repatriate]

Re·pa·tri·iẹ·rung[..rʊŋ] 女 -/-en repatriieren すること.

Re·pẹl·lent[rɪpɛ́lənt] 男 -s/-s 《ふつう複数で》**1** 《医》忌避薬, リペレント. **2** 防虫薬. [*engl.*; <*lat.* re-pellere „zurück-stoßen" (◇Puls); ◇Repuls]

Re·per·kus·siọn[repɛrkusióːn] 女 -/-en **1** 反跳, はねかえり; 反響. **2** 《楽》**a)** (教会旋法での)反復音, テノール. **b)** (18世紀のフーガ論で)主題の展開. [*lat.*]

Re·per·toire[repɛrtoáːr] 中 -s/-s (略 Rep.) 《劇・楽》レパートリー, 演目: über ein großes ~ verfügen 幅広いレパートリーをもつ. [*spätlat.* repertōrium−*fr.*]

Re·per·toire≈stück[repɛrtoáːr..] 中 レパートリー演目, 得意の〈人気のある〉出し物. **≈thea·ter** 中 (座付きの劇団がレパートリー演目を日変わりで上演する)レパートリー劇場.

Re·per·to·rium[repɛrtóːriʊm] 中 -s/..rien[..riən] **1** 目録, 一覧表; 便覧, 参考書. ᵛ**2** = Repertoire [*spätlat.* „Fundstätte"; < *lat.* re-perīre „wieder-finden"]

re·pe·ta·tur[repetáːtʊr] 《ラテ語》(略 rep.) (es werde wiederholt) 〖薬〗(医師の処方箋(せん)で)繰り返せ.

Re·pe·tent[repetɛ́nt] 男 -en/-en **1** (同じ学級への)留年生, 落第生. ᵛ**2** = Repetitor

re·pe·tie·ren[repetíːrən] **I** 他 (h) (wiederholen) 繰り返す, 反復する; 繰り返し学習する, 復習する. **II** 自 (h) (生徒が同じ学級に)留年する. [*lat.*; < *lat.* petere (→Petition); ◇ *engl.* repeat]

Re·pe·tier≈ge·wehr 中 自動連発銃. **≈uhr** 女 時鐘付き懐中時計.

re·pe·ti·tio est ma·ter stu·dio·rum[repetíːtsio· ɛ́st máːtər studióːrʊm] 《ラテ語》反復は学習の母. [„Wiederholung ist die Mutter der Studien"]

Re·pe·ti·tion[repetitsióːn] 女 -/-en 繰り返し, 反復; 復習. [*lat.*]

re·pe·ti·tiv[..tíːf][1] 形 繰り返しの, 反復性の.

Re·pe·ti·tor[repetíːtɔr, ..toːr] 男 -s/-en[..titóːrən] 補習教師. [*spätlat.*]

Re·pe·ti·to·rium[repetitóːriʊm] 中 -s/..rien[..riən] **1** 補習〈復習〉授業. **2** 復習書, 補習用教材.

Re·plan·ta·tion[replantatsióːn] 女 -/-en = Reimplantation

Re·pli·ca[réːplika] 女 -/-s **1** 〖楽〗リピート, 繰り返し. **2** (クラシックカーなどの)レプリカ. [*it.* replica „Wiederholung"]

Re·plik[replíːk; オース: ..plík] 女 -/-en **1** (口頭または文書による)答弁, 返答. **2** 〖法〗再抗弁(→Einrede). **3** 〖美〗(原作者自身による)模写, 模作. [〔*m*〕*lat.*]

Re·pli·kat[replikáːt] 中 -〔e〕s/-e 〖美〗模写, 模作.

Re·pli·ka·tion[..katsióːn] 女 -/-en 〖遺伝〗(遺伝物質の)〔自己〕複製. [*lat.*]

re·pli·zie·ren[replitsíːrən] 自 (h) **1** 《auf *et.*[4]》(…に)答弁〈返答〉する. **2** 〖法〗再抗弁する. **3** 〖美〗(原作者自身が)模写〈模作〉をつくる. [*lat.* re-plicāre „auf-rollen"; ◇ pliieren; *engl.* replicate, reply]

re·po·ni·bel[reponíːbəl] (..ni·bl..) 形 〖医〗整復〈還納〉可能な.

re·po·nie·ren[reponíːrən] 他 (h) **1** 〖医〗(脱臼(だっきゅう)・ヘルニアなどを)整復〈還納〉する. ᵛ**2** (書類などを)ファイルする. [*lat.*; ◇ Reposition]

Re·port[repɔ́rt] 男 -〔e〕s/-e **1** 報告〔書〕, レポート. **2** (↔ Deport) 〖商〗(繰り延べ取引に際しての相場の)値上がり; (繰り延べ取引の相手から支払われるべき)差額. [〔*a*〕*fr.*〔– *engl.*〕; < *lat.* re-portāre „zurück-bringen" (◇ portieren); ◇ Rapport]

Re·por·ta·ge[repɔrtáːʒə; オース: ..táːʒ] 女 -/-n[..ʒən] 報告〈報道・探訪〉記事, ルポルタージュ: eine ~ schreiben ルポルタージュを書く. [*fr.*; < ..age]

Re·por·ta·ge·film[repɔrtáːʒə..] 男 ルポルタージュ映画.

re·por·ta·ge·haft[repɔrtáːʒə..] 形 ルポルタージュふうの.

Re·por·ter[repɔ́rtər] 男 -s/- (女 **Re·por·te·rin**[..tərɪn] -/-nen) (新聞・テレビ・ラジオなどの)報道〈取材〉記者, 報道〈通信〉員, レポーター: Fernseh*reporter* テレビのリポーター | Sport*reporter* スポーツ記者. [*engl.*]

Re·port·ge·schäft 中 〖商〗繰り延べ取引.

Re·po·si·tion[repozitsióːn] 女 -/-en 〖医〗(脱臼(だっきゅう)・ヘルニアなどの)整復, 還納. [*spätlat.*; ◇ reponieren]

ᵛ**Re·po·si·to·rium**[repozitóːriʊm] 中 -s/..rien[..riən] 書架; 書類〔整理〕戸棚. [*lat.*]

re·prä·sen·ta·bel[reprɛzɛntáːbəl] (..ta·bl..) 形 身分や地位を代表するにふさわしい, りっぱな, 堂々とした. [*fr.*]

Re·prä·sen·tant[reprɛzɛntánt] 男 -en/-en (女 **Re·prä·sen·tan·tin**[..tɪn] -/-nen) **1** (特定の立場・領域・階層・グループなどの)代表者, 代表的人物; 代理人, 代弁者. **2** (Abgeordnete) 議員, 代議士. [*fr.*]

Re·prä·sen·tan·ten·haus 中 下院, 衆議院.

Re·prä·sen·tanz[reprɛzɛntánts] 女 -/-en (特定の立場・領域・階層・グループなどの)代表, 代理; 〖商〗業務代理.

Re·prä·sen·ta·tion[reprɛzɛntatsióːn] 女 -/-en **1** repräsentieren すること. **2** 代理機関, 代表機関. **3** (りっぱな)風采(ふうさい). **4** 〖劇〗上演. [*lat.*–*fr.*]

Re·prä·sen·ta·tions≈auf·wen·dung 女 -/-en《ふつう複数で》, **≈gel·der** 複, **≈ko·sten** 複 交際〈社交〉費.

re·prä·sen·ta·tiv[reprɛzɛntatíːf][1] 形 **1 a)** (特定の立場・領域・階層・グループなどを)代表する; 代表的な: eine ~*e* Umfrage 代表調査(→Repräsentativerhebung) | für *et.*[4] ~ sein …を代表するものである. **b)** 代表制の, 代議制の: eine ~*e* Demokratie 代表〈間接〉民主制. **2** 身分や地位を代表するにふさわしい, りっぱな, 堂々とした. [*fr.* représentatif]

Re·prä·sen·ta·tiv≈be·fra·gung 女 = Repräsentativerhebung **≈de·mo·kra·tie** 女 代表〈間接〉民主制. **≈er·he·bung** 女 (各層の意見を代表すると思われる人々に対する)代表調査. **≈ge·walt** 女 (元首などの)国家代表権. **≈sy·stem** 中, **≈ver·fas·sung** 女 代議制度.

re·prä·sen·tie·ren[reprɛzɛntíːrən] **I** 他 (h) **1** (vertreten) (特定の立場・領域・階層・グループなど〔の利益〕を)代表する: eine Firma 〈den Standpunkt der Regierung〉 ~ 会社〈政府の立場〉を代表する. **2** (darstellen) (…を)あらわす, (…で)ある: einen Wert von 2 000 DM ~ 2000マルクの価値〈値うち〉がある. **3** 〖劇〗上演する. **II** 自 (h) (公的・社交的な場面で)身分や地位を代表するにふさわしい振舞い〈暮らし〉をする, 堂々とした態度をとる. [*lat.* repraesentāre „vergegenwärtigen"]

Re·pres·sa·lie[reprɛsáːliə] 女 -/-n《ふつう複数で》報復〈対抗〉措置; 圧力〈抑圧〉手段: ~*n* ergreifen 〈anwenden〉 報復手段をとる. [*mlat.* reprē〔n〕sālia „gewaltsame Zurücknahme"; < *lat.* re-prehendere „zurück-halten" (◇ Prise); ◇ Reprise; *engl.* reprisal]

Re·pres·sion[reprɛsióːn] 女 -/-en **1** 抑止, 阻止; 抑圧, 鎮圧, 弾圧. **2** (Verdrängung) 〖心〗抑圧. [*spätlat.*; < *lat.* re-primere „zurück-drängen"]

re·pres·siv[reprɛsíːf][1] 形 抑止〈阻止〉する; 抑圧〈弾圧〉的な: eine ~*e* Erziehung 抑圧的な(上から抑えつける)教育. [*fr.* répressif] [[*lat.*–*fr.*]]

ᵛ**Re·pri·man·de**[reprimándə] 女 -/-n 非難, 叱責.

Re·print[reprínt, ríːprínt] 男 -s/-s リプリント〔版〕, 翻刻〔本〕. [*engl.*; < *lat.* premere (→pressen)]

Re·pri·se[repríːzə] 女 -/-n **1 a)** くり返し, 反復. **b)** 〖楽〗(ソナタ形式などでの)再現部. **c)** 〖劇〗再演; 〖映〗再上映. **d)** (レコードの)再録音. **2** 〖経〗(相場の)回復. **3** 〖法〗(拿捕(だほ)された物件・船舶の)奪還. **4** (Nachhieb) 〖フェンシング〗(一度攻撃したあとの)再攻撃. [*fr.*; < *lat.* reprehendere (→Repressalie)]

re·pri·va·ti·sie·ren[reprivatizíːrən] 他 (h) (国有化した企業などを)私有に戻す, 再私有化する.

Re·pri·va·ti·sie·rung[..rʊŋ] 女 -/-en 再私有化.

Re·pro[réːpro·, répro·] 女 -/-s; 中 -s/-s (< Reproduktion) 複製〔品〕.

Re·pro·auf·nah·me[ré(ː)pro..] 女 複製写真.

Re·pro·ba·tion[reprobatsióːn] 女 -/-en **1** 《単数で》〖キリスト教〗永劫(えいごう)罰. ᵛ**2** 〖法〗拒否, 却下. [*spätlat.*]

ᵛ**re·pro·bie·ren**[..bíːrən] 他 (h) 〖法〗拒否〈却下〉する.

Re·pro·duk·tion[reprodʊktsióːn] 女 -/-en **1** 再生, 再現; 〖心〗再生. **2 a)** 模写; 複写; 翻刻. **b)** 複製〔品〕, 模写〈複写〉物, 復刻本. **3** 〖経〗再生産. **4** (Fortpflanzung) 〖生〗繁殖, 生殖. [◇ Repro]

Re·pro·duk·tions≈ka·me·ra 女 複写用カメラ. **≈tech·nik** 女 複製技術.

re·pro·duk·tiv[reprodʊktíːf][1] 形 **1** 再生〈再現〉の. **2** 模写〈複写〉の; 模写〈複写〉による. **3** 〖生〗繁殖の, 生殖の.

re·pro·du·zie·ren[reprodutsíːrən] 他 (h) **1** 再生〈再現〉する; 〖心〗再生する: eine *reproduzierte* Empfindung

R

再生感覚. **2** 模写する; 複写する; 翻刻する. **3** 〘経〙再生産する: *et.*⁴ erweitert ~ …を拡大再生産する. **4** 再帰 *sich*⁴ ~ 〘生〙繁殖する.

Re·pro·gra·phịe[reprografí:] 女 -/-n[..fí:ən] 複写〔法〕(写真複写・電子コピー・マイクロコピーなどの総称).

Rẹ·pro·ka·me·ra[ré(:)pro..] ＝Reproduktionskamera

Reps¹[rɛps] 男 -es/ (種類: -e) 《南部・オーストリア》(Raps) 菜種.

Reps²[−] Rep の複数.

Rep·tịl[rɛptí:l] 中 -s/-ien[..liən] (-e) (Kriechtier) 〘動〙爬虫(はちゅう)類. [*kirchenlat.*−*fr.*; ＜*lat.* rēpere „kriechen"]

Rep·tị·li·en·fonds[rɛptí:liənfɔ̃:] 男《話》爬虫(はちゅう)類基金(政府の機密費. 政敵を葬るための新聞買収資金を暗示した Bismarck の言葉に由来).

rep·tị·lisch[rɛptí:lɪʃ] 形 爬虫(はちゅう)類の(ような).

Re·pu·blịk[republí:k, ..blík; オーストリア:..lík] 女 -/-en (略 Rep.) 共和国; 共和制〈政体〉: die Weimarer ~ 〘史〙ワイマル共和国 | Volks*republik* 人民共和国. [*lat.* rēs pūblica „öffentliche Sache"−*fr.* république; ◇Res, publik]

Re·pu·bli·kạ·ner[republiká:nər] 男 -s/- **1** 共和制論者〈主義者〉. **2** (特に米国の)共和党員. **3** (1983年に旧西ドイツで創設された保守党最右翼の)共和党の党員.

re·pu·bli·kạ·nisch[..nɪʃ] 形 共和制〈政体〉の; 共和制支持の: die ~*e* Staatsform 共和政体 | die *Republikanische* Partei (特に米国の)共和党.

Re·pu·bli·ka·nịs·mus[..publikanísmus] 男 -/ 共和〔制〕主義.

Re·pu·blịk·flucht[republí:k..] 女 (旧東ドイツで)旧西ドイツ〈資本主義圏〉への逃亡〔行為〕.

Re·pu·dia·tiọn[repudiatsió:n] 女 -/-en ▽**1** 〘法〙(遺贈などの)拒否, 拒絶. **2** 〘経〙(債務履行の)拒否; (国債などの)支払い拒否. [*lat.*; ＜*lat.* re-pudiāre „zurück-weisen"]

▽**Re·pụls**[repúls]¹ 男 -es/-e (請願などの)拒否, 却下. [*lat.*; ＜*lat.* repellere (→Repellent)]

Re·pul·siọn[repulzió:n] 女 -/-en 〘工〙斥力(せきりょく). [*spätlat.*−*fr.*]

re·pul·sịv[repulzí:f]¹ 形 はね返す, 反発的な: ~*e* Kraft 〘理〙斥力(＝Abstoßungskraft).

Re·pụn·ze[repúntsə] 女 -/-n (貴金属含有量の)極印.

re·pun·zịe·ren[..puntsí:rən] 他 (h) 《*et.*⁴》(…に貴金属含有量の)極印を打つ.

Re·pu·ta·tiọn[reputatsió:n] 女 -/ (世間の)評価, 評判; (特に:) よい評判, 声望, 信望, 名声: eine gute ~ haben 世間の評判がいい, 声望がある | *seine* ~ verlieren 評判を落とす, 声望を失う. [*lat.*−*fr.*; ＜*lat.* re-putāre „berechnen" (◇putativ)]

▽**re·pu·tịer·lich**[reputí:rlɪç] 形 評判のよい, 声望のある; 尊敬すべき, りっぱな.

Rẹ·quiem[ré:kviɛm] 中 -s/-s (オーストリア:..quien[..kviən]) **1** 〘カトリック〙レクイエム, 死者ミサ. **2** 〘楽〙鎮魂曲. [鎮魂ミサの入祭文の最初の語; ＜*lat.* 〔re〕quiēs „Ruhe" (◇Weile)]

re·quiẹs·cat in pạ·ce[rekviέskat ɪn pá:tsə, −−..tse·] 《ラテン語》(略 R. I. P., RIP) 魂の安らかに憩われんことを(墓碑銘・死亡広告などに用いる). [＜*lat.* 〔re〕quiēscere „ruhen"＋pāx „Friede" (◇Pax)]

re·qui·rịe·ren[rekvirí:rən] 他 (h) **1** 〘軍〙(物資・資材・糧食などを)徴発する. ▽**2** 《*et.*⁴》〘法〙(他の裁判所や役所に)助力〈救済〉を要請する. [*lat.* re-quīrere „wieder aufsuchen"; ◇Quästor]

Re·qui·rịe·rung[..ruŋ] 女 -/-en requirieren すること.

Re·qui·sịt[rekvizí:t] 中 -〔e〕s/-en **1** 《ふつう複数で》〘劇〙小道具. **2** 付属部品, (必要な)道具, 必需品.

Re·qui·sị·te[..zí:tə] 女 -/-n 〘劇〙**1** ＝Requisitenkammer **2** 小道具管理部.

Re·qui·sị·ten·kam·mer 女〘劇〙小道具置き場.

Re·qui·si·teur[rekvizitø:r] 男 -s/-e 〘劇〙小道具係.

Re·qui·si·tiọn[rekvizitsió:n] 女 -/-en **1** 〘軍〙(物資・資材・糧食などの)徴発: *et.*⁴ in ~ setzen …を徴発する. ▽**2** 〘法〙(他の裁判所や役所への)助力〈救済〉の要請. [*mlat.*; ◇requirieren]

Rẹs[re:s] 女 -/-(Sache) **1** もの; こと; 対象, 事物: →*Res* cogitans, *Res* extensa **2** 〘法〙物件; 事項: →*Res* judicata [*lat.*; ◇real]

resch[rɛʃ] 形《南部・オーストリア》**1** (knusperig) かりかりによく焼きあがった. **2** 元気はつらつとした, ぴちぴちした. [*mhd.*; ◇rösch]

Rẹs cọ·gi·tans[ré:s kó:gitans] 女 --/ 〘哲〙考える〈思惟(しい)する〉もの(精神・意識: →Res extensa). [*lat.*; ＜*lat.* cōgitāre „denken"]

Re·search[rɪsə́:tʃ] 中 -〔s〕/-s (Forschung) 研究, 調査; (特に:) 市場調査, 世論調査. [*engl.*; ◇recherchieren]

Re·sear·cher[rɪsə́:tʃə] 男 -s/- (市場調査・世論調査などの)調査員.

Re·sẹ·da[rezé:da·] 女 -/..den, -s 〘植〙モクセイソウ(木犀草)属. [*lat.* resēdā]

re·sẹ·da·far·ben 形 モクセイソウ色の, 灰緑色の.

Re·sẹ·da·weiß·ling 男〘虫〙チョウセンシロチョウ(朝鮮白蝶).

Re·sẹ·de[rezé:də] 女 -/-n ＝Reseda

Re·sek·tiọn[rezɛktsió:n] 女 -/-en 〘医〙切除〔術〕. [*spätlat.*; ◇resezieren]

Re·sek·tiọns≠mes·ser 中〘医〙切除刀. **≠the·ra·pie** 女〘医〙切除療法. **≠zan·ge** 女〘医〙切除鉗子(かんし).

Re·sek·to·skọp[rezɛktoskó:p] 中 -s/-e 〘医〙切除用内視鏡.

Re·ser·vạ·ge[rezɛrvá:ʒə] 女 -/ 〘染〙防染剤.

re·ser·vạt[rezɛrvá:t] **I** 形《オーストリア》職務上の機密に属する. **II Re·ser·vạt** 中 -〔e〕s/-e **1** (Rechtsvorbehalt) 〘法〙権利の留保. **2 a)** (自然や野生動物などの)保護区. **b)** (インディアンなどの)特別居留地. [*lat.* reservātus „aufbewahrt"]

Re·ser·vạt·fall 男〘カトリック〙(教皇・司教への)留保事項.

Re·ser·vạ·tio men·tạ·lis[rezɛrvá:tsio· mɛntá:lɪs] 女 --/-nes ..les[..vatsió:ne:s ..le:s] (Mentalreservation) 〘法〙心裡(しんり)留保. [*nlat.*; ◇mental]

Re·ser·va·tiọn[rezɛrvatsió:n] 女 -/-en ＝Reservat 1, 2 b [*spätlat.*〔−*mfr.*−*engl.*〕]

Re·ser·vạt·recht[rezɛrvá:t..] 中〘法〙留保〈特別〉権.

Re·sẹr·ve[rezέrvə] 女 -/-n **1** 蓄え, 控え, 予備, 備蓄; 予備〈貯蔵・備蓄〉品; 〘商〙準備〈積立〉金, 予備費: die ~*n* an Lebensmitteln 食料品の蓄え | eine eiserne ~ (ふだんは絶対に手をつけない)非常用の蓄え | **offene ~*n*** (帳簿に載せられた)正規の予備〈準備〉金 | **stille ~*n*** (帳簿に載せない)隠れた予備〈準備〉金; 《話》非常用の隠し金 ‖ *seine* ~*n* angreifen 〈verbrauchen〉蓄えに手をつける〈を遣い果たす〉| ***et.*⁴ in ~ haben 〈halten〉** …を〔非常用に〕蓄えておく. **2 a)** 〘軍〙予備軍, 予備役: Leutnant der ~ (略 d. R.) 予備〔役〕少尉 | in die ~ versetzt werden 予備役に編入される | die ~*n* einsetzen 〈in den Kampf werfen〉予備軍を投入する. **b)** 〘スポーツ〙補欠チーム. **3** 《単数で》控え目な〈打ち解けない〉態度: *sich*³ starke ~ auferlegen ごく控え目な態度をとる ‖ aus *seiner* ~ heraustreten 打ち解ける | *jn.* aus der ~ locken (挑発的な質問などによって)…の本音をはかせようとする. [*fr.*]

Re·sẹr·ve≠an·ker 男〘海〙予備アンカー. **≠ar·mee** 女〘軍〙予備軍: die industrielle ~ 《比》産業予備軍. **≠bank** 女 -/..bänke 《ふつう単数で》〘スポーツ〙交代要員用ベンチ. **≠druck** 男 -〔e〕s/-e 〘染〙(本捺染(なっせん)に入る前の)防染捺染. **≠fonds**[..fɔ̃:] 男 予備基金, 予備費, 準備金. **≠ka·pi·tạl** 中 準備資本〈資金〉. **≠mann** 男 -〔e〕s/..männer, ..leute **1** 予備〈代わり〉の人; 補欠要員. **2** ＝Reservist **≠mann·schaft** 女〘スポーツ〙補欠チーム. **≠of·fi·zier** 男〘軍〙予備〔役〕将校, 予備士官. **≠rad** 中 予備車輪. **≠rei·fen** 男 予備〈スペア〉タイヤ. **≠schlüs·sel** 男 予備の鍵, スペアキー. **≠spie·ler** 男〘スポーツ〙補欠選手.

≈stück 中 **1** 予備品. **2** =Reserveteil **≈tank** 男 (燃料の)補助タンク. **≈teil** 中 男 予備部品. **≈trup·pe** 女 -/-n《ふつう複数で》〖軍〗予備軍; 予備部隊.

re·ser·vie·ren[rezɛrví:rən] **I** 他 (h) 残して〈とって〉おく, しまって〈保存して〉おく: *jm.* einen Tisch ~ (レストランで)…のためにテーブルをあけておく | für Kunden Waren ~ 顧客のために品物を取っておく | *et.*[4] ~ lassen …(ホテルの部屋・切符など)を予約する. **II re·ser·viert** 過分 形 **1** 控え目の, 打ち解けない, 冷ややかな: *sich*[4] ~ verhalten 控え目〈冷淡〉な態度をとる. **2** 予約済みの: ein ~*er* Platz 予約席. [*lat.*–*fr.*]

Re·ser·viert·heit[..ví:rthaɪt] 女 -/ reserviert 1 なこと.

Re·ser·vie·rung[..ví:rʊŋ] 女 -/-en reservieren すること.

Re·ser·vist[rezɛrvíst] 男 -en/-en **1** 予備役軍人, 予備兵. **2**《話》=Reservespieler

Re·ser·voir[rezɛrvoá:r] 中 -s/-e **1** 貯水槽〈タンク〉, 貯水池. **2** 蓄え, ストック: ein großes ~ an Rohstoffen おびただしい原料の蓄え. [*fr.*]

Res ex·ten·sa[ré:s ɛksténza·] 女 --/ 〖哲〗広がりをもつもの(物質・身体: →Res cogitans). [*lat.*; ◇Extension]

re·se·zie·ren[rezetsí:rən] 他 (h) 〖医〗切除する. [*lat.*; ◇Resektion]

Re·si[ré:zi·] 女名 レーズィ (Theresia, Therese の南部・オーストリア形).

Re·si·dent[rezidént] 男 -en/-en **1** (Statthalter) (植民地の)総督. ▽**2** 弁理公使. [*mlat.*–*fr.*]

Re·si·dent·schaft[–ʃaft] 女 -/-en **1** Resident の職〈地位〉. **2** Resident の公館.

Re·si·denz[rezidénts] 女 -/-en **1** (国家元首・王侯・高位聖職者などの)居所, 居城. **2** 都(みやこ), 首都. **3** 大使〈公使〉の公邸; (公式訪問中の)外国政府高官の宿舎. [*mlat.*]

Re·si·denz≈pflicht 女 **1** (官公吏・聖職者などの)勤務地〈公舎〉居住の義務. **2** (弁護士の)事務所設置義務. **≈stadt** 女 **1** 都(君主の Residenz のある町). **2**〖史〗居城都市. **≈thea·ter** 中 Residenzstadt にある劇場.

re·si·die·ren[rezidí:rən] 自 (h) (国家元首・王侯・高位聖職者などが)住む, 居住する. [*lat.* re-sidēre „sitzen bleiben"; < *lat.* sedēre (→sitzen); ◇Residuum]

re·si·du·al[reziduá:l] 形〖医〗残留〔性〕の, 残存〔性〕の. [<..al[1]]

Re·si·du·al≈ab·szeß 男 〖医〗残留膿瘍(のうよう). **≈harn** 男, **≈urin** 男〖医〗残尿.

Re·si·du·um[rezí:duʊm] 中 -s/..duen[..duən] **1** (Rest) 残り, 残留物, 残滓(ざんし). **2**〖医〗残留症. **3**〖化〗残渣(ざんさ). [*lat.*; < *lat.* residere (→residieren)]

Re·si·gna·tion[rezɪgnatsió:n] 女 -/-en あきらめ, 断念, 諦念(ていねん); 〖宗〗(神意に対する)忍従. [*mlat.*]

re·si·gna·tiv[rezɪgnatí:f][1] 形 あきらめの, 諦念(ていねん)的な.

re·si·gnie·ren[rezɪgní:rən] 自 (h) あきらめる, 断念する: vorschnell ~ あきらめが早すぎる | vor dem Schicksal ~ これも運命と覚悟をきめる ‖ mit *resignierter* Miene あきらめた〈覚悟をきめた〉顔つきで. [*lat.* re-sīgnāre „entsiegeln"]

Re·si·nat[reziná:t] 中 -〔e〕s/-e 〖化〗樹脂酸塩. [< *lat.* rēsīna „Harz"+..at]

Ré·si·stance[rezistã́:s] 女 -/ (第二次大戦中のドイツ軍占領下のフランスにおける)抵抗運動, レジスタンス. [*fr.*]

re·si·stent[rezɪstént] 形 抵抗力のある; 〖生・医〗抵抗性の, 耐性の: hitze*resistent* 耐熱性の | kälte*resistent* 耐寒性の ‖ gegen *et.*[4] 〈gegenüber *et.*[3]〉 ~ sein …に対して抵抗力がある. [*lat.*]

Re·si·stenz[rezɪsténts] 女 -/-en 抵抗; 抵抗力, 耐久力; 〖生・医〗抵抗性, 耐性: die passive ~ 消極的抵抗 | ~ gegen Arzneimittel (生物の)薬剤耐性 | ~ gegenüber Krankheiten 病気に対する抵抗力. [*spätlat.*]

re·si·stie·ren[rezɪstí:rən] 自 (h) 抵抗する; 耐える; 抵抗力〈耐性〉をもっている. [*lat.*]

Res ju·di·ca·ta[ré:s judiká:ta·] 女 --/ 〖法〗(判決によってすでに確定した)既判〈既決〉事項. [*lat.*; ◇judizieren]

▽**re·skri·bie·ren**[reskribí:rən, rɛs..] 自 (h) 文書で回答〈通達〉する. [*lat.*; < *lat.* scrībere (→schreiben)]

Re·skript[reskrípt, rɛs..] 中 -〔e〕s/-e **1** 文書による回答〈通達〉, 訓令文書. **2**〖カトリック〗(質問書・請願書に対する教皇の)答書. [〔*m*〕*lat.*]

re·so·lut[rezolú:t] 形 (entschlossen) 果断〈果敢〉な, 思い切った, 決然〈断固〉とした. [*lat.*]

Re·so·lut·heit[–haɪt] 女 -/-en《ふつう単数で》resolut なこと.

Re·so·lu·tion[rezolutsió:n] 女 -/-en **1 a)** 決議: eine ~ fassen 決議をする | eine ~ einbringen 〈verabschieden〉 決議を提出〈可決〉する. **b)** (文書としての)決議文: eine ~ überreichen 決議文を手渡す. **2**〖医〗(炎症などの)消散. [*lat.*–*fr.*]

Re·sol·ven·te[rezɔlvéntə] 女 -/-n〖数〗分解方程式.

re·sol·vie·ren[rezɔlví:rən] 他 (h)《*et.*[4]》▽**1** (beschließen)《*et.*[4]》(…を)決議する; (…について)決議をする. **2**〖数〗(ある数の)分解方程式を立てる. [*lat.* re-solvere „wieder auflösen"]

Re·so·nanz[rezonánts] 女 -/-en **1**〖理〗共鳴, 共振. **2**《比》(他人の考え・行動などに対する)共鳴, 共感, 反響: bei *jm.* ~ finden …の共感を得る | Die ~ auf diesen Vorschlag war gleich Null. この提案に対する反響はゼロに等しかった. [*spätlat.*–*fr.* résonance]

Re·so·nanz≈bo·den 男〖楽〗共鳴板. **≈fre·quenz** 女〖理〗共鳴振動数. **≈ka·sten** 男〖楽〗共鳴箱(ギター・ヴァイオリンなどの胴部). **≈kreis** 男〖電〗共振〈振動〉回路. **≈sai·te** 女〖楽〗共鳴弦. **≈theo·rie** 女 共鳴説(聴覚に関する Helmholtz の学説).

Re·so·na·tor [rezoná:tɔr, ..to:r] 男 -s/-en [..nató:rən] **1**〖理〗共鳴器, 共振器. **2**〖楽〗共鳴器.

re·so·na·to·risch[..nató:rɪʃ] 形 共鳴〈共振〉の; 共鳴〈共振〉による.

re·so·nie·ren[rezoní:rən] 自 (h) (mitschwingen) 共鳴〈共振〉する. [*lat.* re-sonāre „wider-hallen" (◇Sonant)]

Re·sor·bens[rezɔ́rbəns] 中 -/..bentia[..zɔrbɛ́ntsia·], ..bentien[..bɛ́ntsiən]〖医〗吸収薬, 吸収剤.

re·sor·bie·ren[rezɔrbí:rən] 他 (h) 吸収する: Nahrungsstoffe ~ 養分を吸収する | *et.*[4] über die Haut ~ …を皮膚をとおして吸収する. [*lat.* re-sorbēre „zurückschlürfen"]

Re·sorp·tion[rezɔrptsió:n] 女 -/-en 吸収.

re·so·zia·li·sie·ren[rezotsializí:rən] 他 (h)《*jn.*》(病人・犯罪者などを)社会復帰させる.

Re·so·zia·li·sie·rung[..rʊŋ] 女 -/-en 社会復帰.

resp. 略 =**respektive**

Re·spekt[respékt, rɛs.., rɛʃp..] 男 -〔e〕s/ **1** 敬意, 尊敬〔の念〕: vor *jm.* ~ haben …に対して尊敬の念をいだく;《話》…を畏(おそ)れる | *jm.* ~ einflößen …に尊敬の気持を起こさせる | *jm.* ~ erweisen 〈zollen〉 …に敬意をはらう | *sich*[3] 〔bei *jm.*〕 ~ verschaffen 〔…に〕自分の権威を認めさせる ‖ **mit ~ zu sagen** 失礼な言い方かもしれないが, あえてきついことを言わせてもらえば. **2** =Respektrand [*lat.* re-spectus „Rück-sicht"–*fr.*; ◇spähen]

re·spek·ta·bel[respɛktá:bəl, rɛs..] (..ta·bl..) 形 **1** 尊敬に値する, 敬意を表すべき, りっぱな: eine *respektable* Leistung りっぱな仕事〈業績〉| eine *respektable* Persönlichkeit 尊敬すべき人物. **2** 尊重すべき, 正当なものと認めるに値する: *respektable* Gründe für *et.*[4] haben …に対するしかるべき理由をもっている. **3** (数量に関して)かなりの, 相当な: ein Baum von *respektabler* Größe かなりの大きさの樹木. [*fr.* respectable]

▽**Re·spek·ta·bi·li·tät**[respɛktabilitɛ́:t, rɛs..] 女 -/ respektabel なこと.

Re·spekt·blatt[respékt.., rɛs..] 中〖製本〗(書物などの巻頭の白紙の)遊び紙(→ ⓖ Buch).

re·spekt·ein·flö·ßend 形 尊敬〈畏敬〉の念を起こさせる.

re·spek·tie·ren[respɛktí:rən, rɛs.., rɛʃp..] 他 (h) **1 a)**《*jn.*/*et.*[4]》尊敬する, (…に)敬意をいだく: die Eltern ~

R

両親を敬う. **b**)《*et.*[4]》尊重する, 正当なものと認める, 顧慮〈配慮〉する: *js.* Meinung 〈Wunsch〉 ～ …の意見〈希望〉を尊重する | Gesetze ～ 法律を尊重する, 法に従う. **2** einen Wechsel ～〘商〙手形を引き受ける〈支払う〉. [*lat.* re-spectāre „zurückblicken"－*fr.*]

[▽]**re·spek·tier·lich**[..tíːrlɪç] ＝respektabel

[▽]**re·spek·tiv**[respɛktíːf, rɛs..][1] 形《ふつう付加語的》(jeweilig) そのつどの, その時その時の.

re·spek·ti·ve[..və] 副 (略 resp.) (beziehungsweise) または, もしくは, ないしは. [*mlat.*]

re·spekt·los[respɛ́ktloːs, rɛs..][1] 形 尊敬の念をいだかない, 無遠慮〈ぶしつけ〉な, 失礼な.

Re·spekt·lo·sig·keit[..loːzɪçkaɪt] 女 -/-en respektlos なこと.

Re·spekt·rand 男 (書類・手紙・本のページ・銅版画などの) 縁(ふち)の余白.

Re·spekts·per·son 女 尊敬すべき〈りっぱな〉人物; 名士.

Re·spekt·tag 男 -[e]s/-e《ふつう複数で》〘商〙恩恵日 (手形の支払い猶予期間).

re·spekt≠voll 形 尊敬の念に満ちた; うやうやしい, いんぎんな, 丁重な. **≠wid·rig** 形 失礼〈無礼〉な, 無遠慮〈ぶしつけ〉な: ein ～*es* Verhalten 敬意を失した態度.

Re·spekt·wid·rig·keit 女 -/-en respektwidrig なこと.

re·spi·ra·bel[respiráːbəl, rɛs..] (..ra·bl..) 形 (↔irrespirabel) 呼吸可能な, 呼吸に適した. [*mlat.*]

Re·spi·ra·tion[respiratsióːn, rɛs..] 女 -/ 呼吸. [*lat.*]

Re·spi·ra·tions·ap·pa·rat 男 ＝Respirator

Re·spi·ra·tor[respiráːtɔr, rɛs.., ..toːr] 男 -s/-en [..ratóːrən]〘医〙呼吸マスク, 人工呼吸器.

re·spi·ra·to·risch[..ratóːrɪʃ] 形 呼吸の, 呼吸による.

re·spi·rie·ren[respiríːrən, rɛs..] 自 (h) (atmen) 呼吸する. [*lat.*; <*lat.* spīrāre (→Spirans)]

Re·spi·ro[respíːroˑ, rɛs..] 男 -[s]/〘商〙支払い猶予. [*it.*]

Re·spi·ro·tag[..spíːro..] ＝Respekttag

Re·spit[rɛspít] 男 -[s]/ ＝ Respiro [*afr.*; ◇Respekt]

re·spon·die·ren[respondíːrən, rɛs..] 他 (h) [▽]**1**《*jm.*》(…に) 答える, 返答する. **2**《*jm.*》(祈禱(きとう)・合唱などで…に) 応唱する. [*lat.*; <*lat.* spondēre (→Sponsalien)]

Re·spons[respɔ́ns, rɛs..][1] 男 -es/-e《auf *et.*[4]》(…に対する) 反応.

[▽]**re·spon·sa·bel**[respɔnzáːbəl, rɛs..] (..sa·bl..) 形 (↔irresponsabel) (verantwortlich) 責任のある, 責任を負うべき. [*fr.*]

Re·spon·sion[respɔnzióːn, rɛs..] 女 -/-en **1**〘詩〙(作品の各部分の形式と意味のあいだの) 対応. **2**〘修辞〙(自問に対する) 自答. [*lat.*]

Re·spon·so·rium[respɔnzóːriʊm, rɛs..] 中 -s/..rien [..riən]〘宗・楽〙レスポンソリウム (先唱者と合唱隊, あるいは合唱隊と会衆のあいだの応唱). [*kirchenlat.*－*mlat.*]

Res·sen·ti·ment[rɛsãtimáː, rə.., rɛsaŋtimáŋ] 中 -s/-s ルサンチマン (無自覚的な恨み・ねたみ・反感などの総称). [*fr.*; <re..]

Res·sort[rɛsóːr] 中 -s/-s **1** 管轄[範囲], 所管事項, 権限: Das gehört seinem ～. それは彼の所轄だ | Das ist nicht mein ～. / Das fällt nicht in mein ～. それは私の管轄外だ (私は関知しない). **2** (一定の管轄・所管事項を持った) 部局, 部, 課: ein ～ leiten ある部局の長である | ～*s* zusammenlegen 部局を統合する. [*fr.*; <re..+*fr.* sortir „hinausgehen"; ◇*engl.* resort]

Res·sort·chef[rɛsóːr..] 男 (部・局・課などの) 長.

res·sor·tie·ren[rɛsɔrtíːrən] 自 (h) 管轄下にある, 所管に属する: bei *jm.* ～ …の管轄に属している. [*fr.*]

Res·sort·lei·ter[rɛsóːr..] 男 ＝Ressortchef

res·sort·mä·ßig[rɛsóːr..] 形 管轄〈権限〉上の.

Res·sort·mi·ni·ster[rɛsóːr..] 男 管轄〈所管〉大臣.

Res·sour·ce[rɛsúrs(ə)] 女 -/-n [..sən]《ふつう複数で》**1** [天然]資源: natürliche ～*n* 天然資源 | neue ～*n* erschließen あらたな資源を開発する. **2** 資金, 財源: Meine ～*n* sind erschöpft. 私の資金は底をついた. [*fr.*; <*lat.* resurgere (→Resurrektion); ◇*engl.* resource]

Rest[rɛst] 男 -es(-s)/-e (商: -er; スイ: -en) (小 **Rest·chen**[rɛ́stçən], **Rest·lein**[..laɪn] 中 -s/-) **1** (英: *rest*) 残り, 残余; 残部, 残高, 残金;《比》なごり: ein ～ an *et.*[3] …の残り〈残余〉, 残った〈余った〉… | die ～*e* vom Mittagessen 昼食の食べ残し | **die irdischen 〈sterblichen〉 ～*e***《雅》遺骸(いがい), なきがら | **der ～ der Welt 〈der Menschheit〉**《話》ほかの人たち, 他の連中 | **der [letzte] ～ vom Schützenfest**《話》最後に残ったもの ‖ den ～ des Weges zu Fuß zurücklegen 残りの道のりを徒歩でゆく | ～*er* verkaufen〘商〙売れ残りの品物をさばく ‖ ***jm.* 〈*et.*[3]〉 den ～ geben**《話》…にとどめを刺す, …を完膚なきまでにやっつける | Die Hitzewelle hat den ohnehin verkümmerten Pflanzen noch den ～ gegeben. 熱波のためにただでさえ枯死寸前にあった植物は完全にやられてしまった | ***sich*[3] den ～ holen**《話》重い病気にかかる, 重態に陥る ‖ **Der ～ ist Schweigen.** あとはもう何も言わぬ (Hamlet の言葉).
2〘数〙余り, 剰余: ohne ～ aufgehen 完全に割り切れる | 7 durch 2 ergibt 3, ～ 1. 7割る2は3余り1.
3 (Radikal)〘化〙[残]基.
[*it.* resto; <*lat.* restāre (→restieren); ◇*engl.* rest]

Re·stant[rɛstánt] 男 -en/-en **1** 支払い未済者, 滞納者. **2** 残品, 売れ残り品. **3**《ふつう複数で》未回収の債権〈貸金〉; 未済商用証書.

Re·stan·ten·li·ste 女 支払い未済者〈滞納者〉名簿.

Re·stanz[rɛstánts] 女 -/-en《スイ》＝Restbetrag

Rest·auf·la·ge[rɛ́st..] 女 (書籍の版の) 残り部数, 残部.

Re·stau·rant[rɛstorã́ː, ..ráŋ] 中 -s/-s レストラン, 料理〈飲食〉店, 食堂: ein chinesisches 〈italienisches〉 ～ 中国〈イタリア〉料理店 | ein erstklassiges ～ 一流レストラン ‖ im ～ essen レストランで食事をする | ins ～ gehen (食事をしに) レストランに行く. [*fr.*]

Re·stau·ra·teur[rɛstoratǿːr] 男 -s/-e (Gastwirt) (レストラン・飲食店などの) 経営者, 主人, 亭主. [*spätlat.*－*fr.*]

Re·stau·ra·tion[1][rɛstoratsióːn] 女 -/-en 《オーストリア》＝Restaurant

Re·stau·ra·tion[2][restaʊratsióːn, rɛs..] 女 -/-en **1** (美術品・建造物などの) 修復, 補修, 復元: die ～ des alten Rathauses 旧市庁舎の修復. **2** (旧体制の) 復活, 復古; (旧支配者の家統の) 再興, 王位復活, 王政復古 (ドイツでは特に1814-15年のウィーン会議から1848年の3月革命までの時期を指すことが多い): die Meiji-～ 明治維新. [*spätlat.*]

Re·stau·ra·tions≠ar·beit 女 修復〈補修〉作業. **≠po·li·tik** 女 復古政策.

re·stau·ra·tiv[restaʊratíːf, rɛs..][1] 形 旧体制復活を目ざした, 復古的な.

Re·stau·ra·tor[restaʊráːtɔr, ..toːr, rɛs..] 男 -s/-en [..ratóːrən] (美術品などの) 修復技術者. [*spätlat.*]

re·stau·rie·ren[restaʊríːrən, rɛs..] 他 (h) **1** (美術品などを) 修復〈補修〉する. **2** (旧体制を) 復活させる; (旧支配者の家統を) 再興する. [▽]**3** 再帰 *sich*[4] ～ 元気を回復する, (再び) 元気づく. [*lat.*－*fr.*; ◇Steuer; *engl.* restore]

Re·stau·rie·rung[..rʊŋ] 女 -/-en restaurieren すること.

Rest≠berg[rɛ́st..] 男〘地〙残丘, モナドノック (Härtling 1 と Fernling の総称). **≠be·stand** 男 (在庫品などの) 残部, 残高. **≠be·trag** 男 残額, 残高.

Rest·chen Rest の縮小形.

Re·ster·ver·kauf[rɛ́stər..] (**Re·ste·ver·kauf** [rɛ́stə..]) 男〘商〙残品売り出し.

Rest≠for·de·rung 女〘商〙残余債権. **≠harn** 男〘医〙残尿.

[▽]**re·stie·ren**[rɛstíːrən] 自 (h) **1** 残って〈余って〉いる. **2** 債務を負っている, 支払いを残している. [*lat.* re-stāre „zurück-bleiben"; <*lat.* stāre (→stehen)]

re·sti·tu·ie·ren[restituíːrən, rɛs..] 他 (h)〘生〙復旧〈再

生〉する; 〘法〙原状に復帰させる. [*lat.*; ◇statuieren]

Re·sti·tu·tion[restitutsió:n, rɛs..] 女 -/-en 原状回復, 復旧, 復元; 〘生〙復旧, 補充, 再生; 〘法〙〔原状〕回復; 賠償, 補償; (元の所有者への)返還, 返済; 復位, 復職.

Re·sti·tu·tions·kla·ge 女 〘法〙〔原状〕回復の訴え.

Rest≈kauf·geld[rέst..] 中 〘商〙仕入れ残金. **≈la·ger** 中 〘商〙売れ残りの在庫〈残品〉; (破産者の)残余商品.

Rest·lein Rest の縮小形.

rest·lich[rέstlɪç] 形 《付加語的》残りの, 余りの: die ~*e* Summe 残額 | Die ~*en* Arbeiten erledige ich morgen. 残った仕事はあす片づける.

rest·los[rέstlo:s][1] 形 《ふつう副詞的》残りのない, 全部の, 完全な: *sein* Geld ~ ausgeben 持ち金を残らず遣い果たす | ~ zufrieden sein すっかり満足している.

Rest≈luft 女 〘医〙残気(息を吐いたあとも肺の中に残っている空気). **≈ma·gne·tis·mus** 男 =Remanenz **≈po·sten** 男 **1** 残品, 売れ残り品. **2** 残金, 残額.

Re·strik·tion[restrɪktsió:n, rɛs..] 女 -/-en **1** 制限, 限定; 保留. **2** 〘経〙〔財政〕引き締め; (通貨の)収縮. [*lat.*]

re·strik·tiv[restrɪktí:f, rɛs..][1] 形 (↔extensiv) 制限〈限定〉的な: eine ~*e* Finanzpolitik 緊縮型財政政策.

re·strin·gie·ren[restrɪŋgí:rən, rɛs..] 他 (h) **1** 制限〈限定〉する: die Produktion ~ 生産を制限する. **2** 〘経〙(通貨を)収縮する. [*lat.* re-stringere „zurück-binden"; ◇*engl.* restrain, restrict]

Rest·ri·si·ko[rέst..] 中 (可能なかぎりの安全策を講じたあとの)残されたリスク.

re·struk·tu·rie·ren[reʃtrʊkturí:rən, ..st..] 他 (h) 《*et.*[4]》(…の)構造を手直しする, 再構成する; (企業などを)再構築〈リストラ〉する.

Re·struk·tu·rie·rung[reʃtrʊkturí:rʊŋ, ..st..] 女 -/-en (restrukturieren すること. とくに:)(企業などの)再構築, リストラ〔クチャリング〕.

Rest≈stick·stoff[rέst..] 男 〘化・医〙残余〈非蛋白(たんぱく)性〉窒素. **≈stra·fe** 女 残りの刑期. **≈strah·len** 複 〘理〙残留〈残存〉線. **≈sum·me** 女 残額, 残金. **≈ur·laub** 男 (取得する権利のある)残りの休暇. **≈wi·der·stand** 男 〘理〙残留抵抗. **≈zah·lung** 女 〘商〙残金支払い.

Re·sul·tan·te[rezʊltántə] 女 -/-n 〘数・理〙合成; ベクトルの和, 合力. [*fr.*]

Re·sul·tat[rezʊltá:t] 中 -[e]s/-e (Ergebnis) 結果, 成果; 〘数〙(計算した結果の)答え: End*resultat* 最終結果 | das genaue ~ der Wahlen 選挙の詳細な結果 ‖ ein gutes 〈glänzendes〉 ~ erreichen よい〈輝かしい〉成果をあげる | keine ~*e* bringen / ohne ~ bleiben なんの成果も得られずに終わる. [*mlat.*−*fr.*]

re·sul·ta·tiv[rezʊltatí:f][1] 形 〘言〙(動詞の相・動作態様が)結果的な, 結果相の: ein ~*es* Verb 結果動詞(例 erschlagen＜schlagen).

re·sul·tat·los[rezʊltá:tlo:s][1] 形 成果のあがらない, 徒労の.

re·sul·tie·ren[rezʊltí:rən] **I** 自 (h) **1** 《aus *et.*[3]》(…から)結果として生じる: Daraus *resultiert*, daß er der Täter ist 〈sein muß〉. そのことから彼が犯人だ〈に違いない〉という結論が出る. **2** 《in *et.*[3]》(…という)結果に終わる. **II Re·sul·tie·ren·de** 女 《形容詞変化》=Resultante [*lat.* resultāre „zurück-springen"−*mlat.*−*fr.* résulter]

Re·sü·mee(ｵｰｽﾄﾘｱ・ｽｲｽ: **Re·su·mé**)[rezymé:] 中 -s/-s **1** (Zusammenfassung) レジュメ, 要約, 概要, 要旨: das ~ von einem Vortrag 講演の要約 | ein ~ in deutscher Sprache 〔論文の〕ドイツ語によるレジュメ. **2** (Fazit) (総括的な)結果, 結論: **das ~ ziehen** 総括する, 要点をおさえる | Das ~ seiner Ausführungen war, daß ... 彼の論述の要点は…ということだった. [*fr.* résumé]

re·sü·mie·ren[rezymí:rən] 他 (h) 《*et.*[4]》要約〈約説〉する, (…の)要旨〈概要〉を述べる. [*lat.* re-sūmere „wieder 〔an〕nehmen"−*fr.* résumer; ◇*engl.* resume]

Re·sur·rek·tion[rezʊrɛktsió:n] 女 -/-en (Auferstehung) 〘宗〙(死者の)復活. [*kirchenlat.*; ＜*lat.* re-surgere „wieder aufstehen" (◇sub.., regieren); ◇Risorgimento, Ressource]

re·szin·die·ren[restsɪndí:rən, rɛs..] 他 (h) 《*et.*[4]》廃止〈撤回〉する, 取り消す, 破棄する, (…の)無効を宣告する. [*lat.*]

Re·szis·sion[restsɪsió:n, rɛs..] 女 -/-en 廃止, 撤回, 取り消し, 破棄, 無効宣告. [*mlat.*]

Re·ta·bel[retá:bəl] 中 -s/- (教会の)祭壇背後の飾り壁 (→ 図 Altar B). [*span.*−*fr.* retable; ＜retro..＋*lat.* tabula (→Tafel)]

[▽]**re·ta·blie·ren**[retablí:rən] 他 (h) **1** (wiederherstellen) 再建〈復旧〉する. **2** 《*jn.*》復位〈復職〉させる. [*fr.*; ◇etablieren; *engl.* reestablish]

[▽]**Re·ta·blis·se·ment**[retablɪs(ə)mã́:] 中 -s/-s 再建, 復旧; 復位, 復職. [*fr.*]

Re·take[rí:téɪk, ⌐–, rité:k] 中 -[s]/-s 《ふつう複数で》〘映〙撮り直し, 再撮影. [*engl.*; ＜*engl.* take „nehmen"]

[▽]**Re·ta·lia·tion**[retaliatsió:n] 女 -/-en (相手と同一の手段による)仕返し, 報復. [＜*lat.* tālis (→Talion)]

Re·tard[rətá:r] 男 -s/ (↔Avance) (時計の調速盤で)遅(記号 R). [*fr.*]

[▽]**Re·tar·dat**[retardá:t] 中 -[e]s/-e 〘商〙(支払いの)遅滞, 延引. [*lat.* retardātus „verzögert"]

Re·tar·da·tion[retardatsió:n] 女 -/-en **1** (Verzögerung) 遅滞, 遅延; (肉体的・精神的)発育の遅れ. **2** 〘理〙減速〔度〕. **3** 〘楽〙掛留(けいりゅう). [*lat.*−*fr.*]

re·tar·die·ren[retardí:rən] **I** 他 (h) 遅らせる, 遅滞〈遅延〉させる; 妨げる, 阻止する: psychisch *retardiert* sein 精神的発育が遅れている. [▽]**II** 自 (h) (時計が)遅れる. [*lat.*−*fr.*; ＜*lat.* tardus (→tardando)]

Re·ten·tion[retɛntsió:n] 女 -/-en **1** 保持, 保存. **2** 〘医〙**a)** 鬱滞(うったい), 停滞, 滞留. **b)** (骨折部整復後の)固定; (歯科矯正の)保定. **3** 〘心〙(記憶の)保持, 記憶力. **4** 〘法〙留置. [*lat.*; ＜*lat.* tenēre (→Tenor[1])]

Re·ten·tions·recht 中 -[e]s/ 〘法〙留置権.

Re·ti·ku·la Retikulum の複数.

re·ti·ku·lar[retikulá:r] 形, **re·ti·ku·lär**[retikulέ:r] 形, **re·ti·ku·liert**[retikulí:rt] 形 網状の; 〘生〙細網状の: ~*es* Gewebe 〘生〙細網組織.

Re·ti·ku·lum[retí:kulʊm] 中 -s/..la[..la·] **1** 〘生〙細網組織, 網状構造. **2** =Netzmagen [*lat.*; ＜*lat.* rēte „Netz" (◇rar); ◇Ridikül]

Re·ti·na[ré:tina·] 女 -/-e[..nɛ·] (Netzhaut) 〘解〙網膜. [*mlat.*]

Re·ti·ni·tis[retiní:tɪs] 女 -/..tiden[..nití:dən] (Netzhautentzündung) 〘医〙網膜炎. [＜..itis]

Re·ti·ra·de[retirá:də] 女 -/-n **1** (Abort) 便所. [▽]**2** (Rückzug) 退却, 撤退. [*fr.*]

re·ti·rie·ren[retirí:rən] 自 (h, s) **1** 《戯》便所に行く. [▽]**2** 退却する, 撤退する. [*fr.*]

Re·tor·sion[retɔrzió:n] 女 -/-en 〘法〙報復〔措置〕.

Re·tor·te[retɔ́rtə] 女 -/-n 〘化〙レトルト(→ 図 Chemie): **aus der ~** 《話》人工的に作られた | aus der ~ kommen 《話》人造品〈代用品〉である | Diese Lebensmittel sind 〈kommen〉 aus der ~. これらの食品は合成品だ(自然食品ではない). [*mlat.* retorta „Zurückgedrehte"; ＜*lat.* torquēre (→torquieren)]

Re·tor·ten≈ba·by[..be:bi·] 中 《話》試験管ベビー. **≈koh·le** 女 〘化〙レトルト炭素. **≈pro·dukt** 中 《しばしば軽蔑的に》試験管の産物, 人造品.

Re·tou·che[rətʊ́ʃ(ə)] 女 -/-n[..ʃən] =Retusche

re·tou·chie·ren[retʊʃí:rən, rə..] =retuschieren

re·tour[retú:r] 《ｵｰｽﾄﾘｱ》 **I** 副 (zurück) 後ろへ, 戻って. **II Re·tour** 女 -/-en **1** =Retourkarte **2** 《ふつう複数で》=Retoursendung [▽]**3** 《単数で》帰路; 帰り荷. [*fr.*]

Re·tour·bil·lett[retú:rbɪljɛt] 中 《ｽｲｽ》=Retourkarte

Re·tou·re[retú:rə] 女 -/-n 《ふつう複数で》《ｵｰｽﾄﾘｱ》=Retoursendung

Re·tour≈fahr·kar·te[retú:r..] 《ｵｰｽﾄﾘｱ》=Retourkar-

R

te ≈**kampf** 男《ｵｰｽﾄﾘｱ》＝Retourmatch ≈**kar·te** 女 (Rückfahrkarte)《ｵｰｽﾄﾘｱ》往復乗車〈乗船〉券. ≈**kut·sche** 女《話》(相手の侮辱・非難などに対する)言い返し,(売り言葉に対する)買い言葉, しっぺ返し: mit einer ～ reagieren しっぺ返しをする ≈**match**[..mɛtʃ] 中《ｵｰｽﾄﾘｱ》(Rückspiel)《ｽﾎﾟ》(2回戦試合の)第2試合.

re·tour·nie·ren[returníːrən] 他 (h)《ｵｰｽﾄﾘｱ》(zurückschicken) 送り返す, 返送する;《ﾃﾆｽ》(相手の球を)打ち返す, 返球〈リターン〉する. [*fr.*; ＜*lat.* tornāre (→turnen); ◇Return]

Re·tour≈sen·dung[retúːr..] 女《ｵｰｽﾄﾘｱ》返送〔品〕. ≈**spiel** 中《ｵｰｽﾄﾘｱ》＝Retourmatch

ᐁ**Re·trai·te**[rətrɛ́ːt(ə)] 女 -/-n[..tən] **1** (Rückzug)《軍》退却, 撤退. **2** (騎兵隊の)帰営号音. [*fr.*]

Re·trak·tion[retraktsióːn] 女 -/-en《医》退縮, 後退. [*spätlat.*; ＜*lat.* re-trahere „zurück-ziehen"]

ᐁ**Re·tri·bu·tion**[retributsióːn] 女 -/-en **1** 報復, 復讐(ふくしゅう). **2** 返却, 返済. **3** 賠償〔金〕, 弁償〔額〕. [*kirchenlat.*－*fr.*; ＜*lat.* re-tribuere „zurück-geben" (◇Tribut)]

retro..《名詞・形容詞・動詞などにつけて「後方へ・後に戻って」などを意味する》[*lat.*; ＜re..; ◇durch]

ᐁ**re·tro·da·tie·ren**[retrodatíːrən] ＝zurückdatieren

Re·tro·flex[retroflɛ́ks] 男 -es/-e《言》反転音, そり舌音(舌先をそらせて裏面を歯茎に向けて調音される. 子音では[ʈ][ʈ][ɖ][ɳ]; また英語 bird のアメリカ式発音[bəːɹd] における[ɹ]).

Re·tro·fle·xion[..flɛksióːn] 女 -/-en《医》後屈.

re·tro·grad[retrográːt][1] 形 (rückläufig) 後退する; 退行〈逆行〉性の: eine ～*e* Ableitung 〈Bildung〉《言》逆成語,(特に:) 逆成名詞(→Nomen postverbale). [*spätlat.*; ＜*lat.* gradī (→Grad)]

re·tro·spek·tiv[retrospɛktíːf, ..rɔs..][1] 形 回顧的な, 回想ふうの. [＜*lat.* specere (→spähen)]

Re·tro·spek·ti·ve[..və] 女 -/-n **1** (Rückschau) 回顧, 回想. **2** 回顧展.

Re·tro·ver·sio·fle·xion[retrovɛrzioflɛksióːn] 女 -/-en《医》(子宮の)後傾後屈〔症〕.

Re·tro·ver·sion[..vɛrzióːn] 女 -/-en **1**《医》後傾〔症〕. **2** (原語への)再翻訳.

re·tro·ver·tie·ren[..vɛrtíːrən] 他 (h) **1** 後ろへ傾ける〈曲げる〉. **2** (原語に)再翻訳する. [*spätlat.*]

Re·tro·vi·rus[réːtroviːrʊs, retrovíːrʊs] 男《細菌》レトロウイルス(RNA 遺伝子と逆転写酵素をあわせもつウイルス).

re·tro·ze·die·ren[retrotsedíːrən] 他 (h) ᐁ**1** 返還〈還付〉する. **2** (rückversichern)《*jn.*》(…に)再保険をかける.

Re·tro·zes·sion[..tsɛsióːn] 女 -/-en ᐁ**1** 返還, 還付. **2** 再保険.

rett·bar[rɛ́tbaːr] 形 救助し得る, 助かる見込みのある.

ret·ten[rɛ́tən]《01》他 (h) **1** 救う, 救助する; 救出〈救護〉する; 無事に保つ, 維持する: *jn.* aus der Gefahr ～ …を危険から救い出す | *jn.* vor dem Ertrinken ～ 溺(おぼ)れかかっている…を救助する ‖ das 〈*sein*〉 Gesicht ～ (→Gesicht 1 c) | *seine* 〔eigene〕 Haut ～ (→Haut 1 a) | *jm.* das Leben ～ …の生命を救う | das nackte Leben ～ 命からがら逃げる, 命だけは助かる | Wir sind *gerettet.* 私たちは〔命が〕助かった | Der Frieden 〈Seine Ehre〉 war noch einmal *gerettet.* 平和〈彼の体面〉はまたしても辛うじて保たれた | **nicht mehr zu ～ sein** もはや救いようがない;《話》完全にいかれている | Bist du noch zu ～?《話》君は全く救いようがない〈どうかしているよ〉‖《目的語なしで》Der Torwart *rettete* mit einer Parade.《ｻｯｶｰ》ゴールキーパーがセービングでゴールをはばんだ ‖ ein *rettender* Gedanke (行きづまりを解決する)うまい考え | Du bist mein *rettender* Engel. 君は私の救いの神だ | nach dem *rettenden* Strohhalm greifen (→Strohhalm 1). **2** 再帰 *sich*[4] ～ (自分で)わが身を救う; 避難〈脱出〉する: *sich*[4] auf das Dach ～ 屋根の上へ避難する | *sich*[4] aus dem Feuer ～ 火中から脱出する | *sich*[4] ins Ziel ～ 相手を振り切ってゴールインする | Der alte Brauch hat sich in unsere Zeit ～ können. この古来の慣習は我々の時代にまで生き残った | *sich*[4] **vor** *jm.* 〈*et.*[3]〉 **nicht** 〔**mehr**〕 **～ können** 〈**zu ～ wissen**〉〔もはや〕…からのがれるすべを知らない | ***Rette* sich, wer kann!** 逃げられる者は逃げろ, めいめい自分で自分の身を守れ. [*westgerm.*; ◇*engl.* redd]

Ret·ter[rɛ́tər] 男 -s/- (⊗ **Ret·te·rin**[..tərɪn]-/-nen) 救い手, 救助者: ein ～ in der Not 救いの神.

Ret·tich[rɛ́tɪç] 男 -〔e〕s/-e《植》ダイコン(大根). [*lat.* rādīx (→Radix)－*ahd.*; ◇Radieschen]

rett·los[rɛ́tloːs][1] ＝rettungslos

Ret·tung[rɛ́tʊŋ] 女 -/-en **1** 救助, 救出, 救護; 避難, 脱出: *jm.* ～ bringen …を救助する | Für ihn gibt es keine ～ mehr. 彼はもはや助かる見込みはない ‖ ***js.* letzte ～ sein**《話》…にとっての最後の救い手〈望みの綱〉である. **2**《ｵｰｽﾄﾘｱ》**a)** (Rettungsdienst) 救助隊, 救護班. **b)** (Rettungswagen) 救急車.

Ret·tungs≈ak·tion 女 救助措置〈作業〉, 救援活動. ≈**an·ker** 男 **1**《海》予備〈非常用〉大錨(おおいかり). **2**《比》(困難の際の)頼みの綱. ≈**ar·bei·ten** 複 救助作業. ≈**bo·je** 女 救命ブイ. ≈**boot** 中 **1** (船に備え付けの)救命ボート. **2** (水難救助用の)救助艇. ≈**dienst** 男 **1** 救助活動〈処置〉. **2** 救助隊, 救護班. ≈**floß** 中 救命いかだ(→ 図 Motorboot). ≈**ge·rät** 中 救命〔用〕具. ≈**gür·tel** 男 救命帯. ≈**hub·schrau·ber** 男 救急ヘリコプター. ≈**in·sel** 女《海》(自動的に空気が入ってふくらむように作られた合成物質製の)大型救命いかだ(→ 図). ≈**ko·lon·ne** 女, ≈**kom·man·do** 中 ＝ Rettungsmannschaft ≈**lei·ne** 女 救命索.

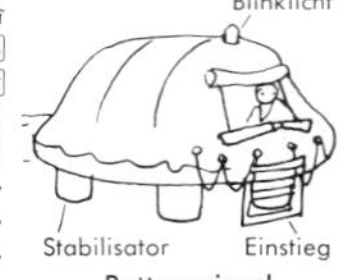

Rettungsinsel

ret·tungs·los[rɛ́tʊŋsloːs][1] **I** 形 助かる見込みのない, 絶望的な: Wir sind ～ verfahren. 私たちはどうにも動きがとれない〈収拾がつかない〉状況にある. **II** 副 **1** →I **2**《話》どうしようもなく, すっかり: in *jn.* ～ verliebt sein …にぞっこん惚(ほ)れこんでしまっている.

Ret·tungs≈mann·schaft 女 救助隊. ≈**me·dail·le**[..medaljə] 女 人命救助章〈メダル〉. ≈**mit·tel** 中 救助手段; 救助方法. ≈**ring** 男 救命浮輪. ≈**schwim·men** 中 -s/ 人命救助泳法. ≈**schwim·mer** 男 (救助泳法の訓練を受けた)水難救助員. ≈**sta·tion** 女, ≈**stel·le** 女 救護所, 救助隊〈救護班〉詰め所. ≈**trupp** 男 救助隊. ≈**wa·che** 女 ＝Rettungsstation ≈**wa·gen** 男 救急車. ≈**werk** 中 ＝Rettungsaktion ≈**we·sen** 中 -s/ (総称的に)救助体制, 救護制度. ≈**we·ste** 女 救命胴衣. ≈**zil·le** 女《ｵｰｽﾄﾘｱ》＝Rettungsboot

Re·turn[ritǿːrn, ritœ́rn, rɪtə́ːn] 男 -s/-s (Rückschlag)《球技》返球, リターン. [*engl.*; ◇retournieren]

Re·tu·sche[retúʃə, ..túːʃə] 女 -/-n **1** (写真などの)修整: an *et.*[3] eine ～ vornehmen …を修整する | ohne ～*n* 無修整のままで;《比》歯に衣(きぬ)を着せず, ありのままに. **2** 修整個所. [*fr.*]

Re·tu·scheur[retʊʃǿːr, ..tuʃ..] 男 -s/-e (写真などの)修整技術者. [*fr.*; ＜..eur]

re·tu·schie·ren[retʊʃíːrən, ..tuʃ..] 他 (h) (写真などを)修整する. [*fr.* retoucher; ◇touchieren]

Reu[rɔʏ] →Reue

reuch[rɔʏç] riech〔e〕(riechen の命令形)の古形.

Reuch·lia·ner[rɔʏçliáːnər] 男 -s/- ロイヒリン派の人.

Reuch·lin[rɔ́ʏçliːn] 人名 Johann ～ ヨハン ロイヒリーン(1455–1522; ドイツの人文主義者).

reuchst[rɔʏçst] riechst (riechen の現在2人称単数)の古形.

reucht[rɔʏçt] riecht (riechen の現在3人称単数)の古形.

Reue[rɔ́ʏə] 女 -/ 後悔, 悔恨, 悔悟; 悔い改め, 改悛(かいしゅん): lebhafte 〈tiefe〉 ～ 激しい〈深い〉悔悟の念 | tätige ～《法》行為による悔悟(→tätig 3) ‖ über *et.*[4] ～ fühlen 〈empfinden / verspüren〉 …を後悔する | keine ～ zeigen 改悛の情を示さない ‖ von *Reu* und Leid gepeinigt《雅》悔

恨の念にさいなまれて | Der Wahn ist kurz, die *Reu* ist lang. (→ Wahn 1). [*westgerm.* „seelischer Schmerz"; ◇reuen]

Reue·ge·fühl 中《雅》後悔の念, 改悛(かいしゅん)の情.

Reu·el[rɔ́ʏəl] 男 -s/-《スイス》(Kater) 雄猫. [<röhren]

reue·los[rɔ́ʏəlo:s][1] 形 後悔の念〈改悛の情〉の見えない.

reu·en[rɔ́ʏən] 他 (h) **1**《*jn.*》(…を)後悔させる,(…に)悔恨の念を起こさせる: Mein Verhalten *reut* mich. 私は自分の行動が悔やまれる | Sein Geld *reute* ihn. 彼は金を遣ったことを悔いた | Es *reut* sie, ihn beleidigt zu haben. 彼女は彼を侮辱したことを後悔している | Jung gefreit, 〔hat〕 nie *gereut*. (→jung I 1). ▽**2** 非人称《es reut *jn. et.*[2]》(…が…を)後悔する, 悔やむ: Es *reut* mich dieser Tat[2]. 私はこの行為を後悔している. [*westgerm.*; ◇Reue; *engl.* rue]

Reue·trä·ne[rɔ́ʏə..] 女 -/-n《ふつう複数で》後悔の涙.

reue·voll[rɔ́ʏəfɔl] 形 深く後悔している, 改悛(かいしゅん)の情いちじるしい.

Reu≈ge·fühl[rɔ́ʏ..] =Reuegefühl **≈geld** 中 **1**〘法〙違約金, 解約金. **2**〘競馬〙(出走取り消しで馬主が支払う)賠償金.

reu·ig[rɔ́ʏɪç][2] 形《雅》後悔している, 改悛(かいしゅん)の情をいだいた: ein ～*er* Sünder 罪を悔いている罪びと.

Reu·kauf[rɔ́ʏ..] 男〘商〙違約金付き売買.

reu·los =reuelos

reu·mü·tig[rɔ́ʏmy:tɪç][2] 形 後悔している, 改悛(かいしゅん)の情をいだいた: *sich*[4] ～ zeigen 改悛の情を示す.

▽**Re·union**[1][re(|)yniɔ̃́:] 女 -/-s (オーストリア: -en[..nió:nən]) 社交的な集会, パーティー; (特に保養地での)社交舞踏会, ダンスパーティー. [*fr.*]

▽**Re·union**[2][re|unió:n] 女 -/-en (Wiedervereinigung) **1** 再合同, 再合併. **2**《複数で》〘史〙レユニヨン(ルイ十四世がアルザス=ロレーヌにおいて行った強制的併合政策). [*fr.*]

Re·unions·kam·mern[re|unió:ns..] 複 レユニヨン特別裁判所 (Reunionen に法的根拠を与えた). [*fr.* chambres de réunion の翻訳借用]

Reu·se[rɔ́ʏzə] 女 -/-n **1** (Fischreuse) (魚を捕る)筌(うえ): ～*n* stellen 筌を仕掛ける | *et.*[4] in ～*n* fangen …を筌で捕らえる. **2** (Vogelreuse) 鳥わな. [*germ.* „aus Rohr Geflochtenes"; ◇Rohr]

Reu·sen≈an·ten·ne 女〘電〙かご形空中線, ケージアンテナ. **≈fi·sche·rei** 女 筌(うえ)漁業.

▽**Reu·ße**[rɔ́ʏsə] 男 -n/-n =Russe[1]

re·üs·sie·ren[re|ʏsí:rən] 自 (h) 成功を収める; 目的を達成する: als Opernsänger ～ オペラ歌手として成功する. [*it.* ri-uscire „wieder-hinausgehen"–*fr.* réussir; <*lat.* exīre (→exit)]

Reu·te[rɔ́ʏtə] 女 -/-n《南部》**1 a)** (Rodung) 開墾. **b)** (Rodeland) 開墾地. **2 a)** 根掘りぐわ, つるはし. **b)** 鋤(すき)の柄. **c)** =Reuter[1] 2 [◇..reuth]

reu·ten[rɔ́ʏtən] 《01》《南部・オーストリア・スイス》=roden [*ahd.*; ◇raufen, Raub]

Reu·ter[1][rɔ́ʏtər] 男 -s/-〘農〙**1** 干し草掛け. **2** (鋤(すき)の刃の)土落とし棒.

Reu·ter[2][–] 人名 Fritz ～ フリッツ ロイター(1810–74; 低地ドイツ語を用いて作品を書いたドイツの作家).

Reu·ters[rɔ́ʏtərs] 中 -s/ ロイター通信社(1851年ロンドンに開設されたイギリスの有力通信社. 正式名称は Reuters Limited). [<P. J. von Reuter (ドイツ生まれの創設者, †1899)]

..reuth[..rɔʏt]《本来は「開墾地」を意味し, 地名に見られる. ..rode, ..ried という形もある》: Bay*reuth* | Wernige*rode* [◇Reute]

Rev. 略 =Reverend

Re·vak·zi·na·tion [revaktsinatsió:n] 女 -/-en (Wiederimpfung)〘医〙再接種, 反復接種.

re·vak·zi·nie·ren[revaktsiní:rən] 他 (h)《*jn.*》〘医〙(…に)再〈反復〉接種する.

re·va·lie·ren[revalí:rən] **I** 自 (h) 出費分を回収する. **II** 他 (h) (decken)〘商〙補償する, 償う; 弁済する.

Re·va·lie·rung[..rʊŋ] 女 -/-en (Deckung)〘商〙補償, 代償, 賠償; (負債の)弁済, 補塡(ほてん).

re·va·lo·ri·sie·ren[revalorizí:rən] 他 (h) 価値を復元する: die Währung ～ 通貨価値を復元する.

Re·va·lo·ri·sie·rung[..rʊŋ] 女 -/-en 〔通貨〕価値の復元.

Re·val·va·tion[revalvatsió:n] 女 -/-en (Aufwertung)〘経〙平価切り上げ.

re·val·vie·ren[revalví:rən] 他 (h) (aufwerten)《*et.*[4]》(貨幣などの)価値を再評価する, 切り上げる: die Währung ～ 平価を切り上げる.

Re·van·che[revɑ̃́:ʃ(ə), ..váŋʃə; オーストリア: revɑ̃́:ʃ] 女 -/-n [..ʃən] **1** (Vergeltung) 返報; 報復, 仕返し, 復讐(ふくしゅう). **2**〘スポ〙**a)** 雪辱のチャンス: *jm.* ～ geben …に雪辱のチャンスを与える. **b)** 雪辱戦; リターンマッチ. **3**《戯》お返し: Als ～ für seine Hilfe lud sie ihn zu einem Abendessen ein. 手伝ってもらったお礼に彼女は彼を夕食に招待した. [*fr.*]

Re·van·che≈kampf[revɑ̃́:ʃ(ə)..] 男〘スポ〙雪辱戦; リターンマッチ. **≈krieg** 男 報復戦争. **≈par·tie** 女 =Revanchekampf **≈po·li·tik** 女 (失地回復などを要求する)報復政策. **≈spiel** 中 =Revanchekampf

re·van·chie·ren[revɑ̃ʃí:rən, ..vaŋʃ..] 他 (h) **1 a)** 再帰 *sich*[4] für *et.*[4] ～ …の仕返しをする, …に対して報復〈復讐(ふくしゅう)〉する | *sich*[4] für eine Beleidigung ～ 侮辱された仕返しをする. **b)** 再帰 *sich*[4] ～ (スポーツで)雪辱をとげる: *sich*[4] mit einem 5: 2-Sieg 〈durch einen 5: 2-Sieg〉 ～ 5対2で勝って雪辱する. **2** 再帰 *sich*[4] für *et.*[4] ～ …(好意・贈り物など)に対してお返しをする〈返礼する〉| *sich*[4] für eine Einladung ～ 招待のお返しをする. [*fr.* revancher; ◇vindizieren]

Re·van·chis·mus[revɑ̃ʃísmʊs, ..vaŋʃ..] 男 -/ (政治上の)報復主義. [*russ.*]

Re·van·chist[..ʃíst] 男 -en/-en 報復主義者.

re·van·chi·stisch[..ʃístɪʃ] 形 報復主義的な.

▽**Re·veil·le**[revέ(:)jə, ..vέljə] 女 -/-n (Weckruf)〘軍〙起床ラッパ. [*fr.*; <re..+*lat.* vigilāre (→vigilieren)]

Re·ve·nue[rəvəný:] 女 -/-n[..ný:ən]《ふつう複数で》**1** 資本利子. ▽**2** (Einkommen) 収入, 所得. [*fr.* revenu; <*lat.* re-venīre „zurück-kommen"]

Re·ver·be·ra·tion[reverbəratsió:n, ..be..] 女 -/-en (Rückstrahlung) 反射. [*spätlat.*]

re·ver·be·rie·ren[reverbərí:rən] 他 (h) (zurückstrahlen) 反射する. [*lat.*; <*lat.* verber (→Verbene)]

Re·ver·be·rier·ofen[reverbərí:r..] 男 反射炉.

Re·ve·rend[rέvərənt, ..rənd] 男 -/ (略 Rev.) (英語圏の聖職者に対する尊称として)敬愛する師〈神父〉. [*lat.*–*engl.*; <*lat.* 〔re〕verērī „sich scheuen" (◇wahren)]

Re·ve·renz[reverέnts] 女 -/-en **1** (Ehrerbietung) 深い敬意, 尊敬の念: *jm. seine* 〈die〉 ～ erweisen …に敬意を表する. **2** 敬礼, お辞儀: *seine* ～ machen お辞儀をする.

Re·ve·rie[rɛvərí:, re..] 女 -/-n[..rí:ən] (Träumerei)〘楽〙夢想曲. [*fr.*; <*fr.* rêver „träumen"]

Re·vers[1][revέrs][1] 男 -es/-e〘商〙対証, 返り証: einen ～ ausstellen 相互契約書を振り出す. [*mlat.* reversum „umgekehrtes Schreiben"]

Re·vers[2][revé:r, ..vέ:r, rə..] 中 (オーストリア: 男) -[–(s)]/-[–s] (Rockaufschlag) (上衣・コートなどの)折り返し, ラペル (→ 図 Kostüm). [*fr.*]

Re·vers[3][revέrs[1], revé:r, ..vέ:r, rəvέ:r] 男 -es [revέrzəs], -[..vé:r(s), ..vέ:r(s)]/-e[revέrzə], -[..vé:rs, ..vέ:rs] (↔Avers) (貨幣・メダルなどの)裏面 (→ 図 Münze). [*fr.*]

re·ver·si·bel[reverzí:bəl] (..si·bl..) 形 (↔irreversibel) (umkehrbar) 逆にできる, 裏返し可能な; (変化したものを)原状に復しうる;〘理〙可逆の: eine *reversible* Änderung 〈Reaktion〉 可逆変化〈反応〉.

Re·ver·si·bi·li·tät[reverzibilitέ:t] 女 -/ (reversibel

R

なこと. 例えば:) 可逆性.

Re·ver·si·bi·li·tä̱ts·prin·zip 中〘理〙可逆性原理.

re·ver·sị·bl..[revɛrzí:bl..] →reversibel

Re·ver·sị·ble[revɛrzí:bəl] **I** 男 -s/-s〘服飾〙リバーシブル(裏表両面使える布地). **II** 中 -s/-s〘服飾〙裏表兼用の服, リバーシブル〔コート〕. [*engl.*]

Re·ver·sie̱r·wal·ze[revɛrzí:r..] 女〘工〙可逆圧延機〈ローラー〉. [< *fr.* reverser „umkehren"]

Re·ver·sio̱n[revɛrzió:n] 女 -/-en (Umkehrung) 逆戻り; 裏返し; 反転, 逆転. [*lat.*]

Re·vi·dẹnt[revidɛ́nt] 男 -en/-en **1 a)** 検閲者; 校閲者. ▽**b)** (Revisor) 監査役, 会計検査官. **2**〘法〙上告人. **3**《オースト》検査官(官職名).

re·vi·die̱·ren[revidí:rən] 他 (h) **1 a)** 検査する, 監査する; 検閲する; 点検する: die Geschäftsbücher ~ 営業用帳簿を検査する | Der Koffer wurde beim Zoll *revidiert.* そのトランクは税関で検査された. **b)**〘印〙最終校正〈念校〉をする. **2** (検討ののち)変更する, 修正する; (テキストを)校訂する: die Meinung ~ 意見を改める | die Politik ~ 政策を修正する ‖ die zweite *revidierte* Auflage 改訂第2版. [*mlat.*; < *lat.* vidēre (→vide); ◇Revision, Revue; *engl.* revise]

Re·vie̱r[reví:r; スイス: refí:r] 中 -s/-e **1** (特定の)〔担当〕区域, 地区. **2 a)**〘坑〙採鉱地区, 鉱区; 炭田地区. **b)** (Forstrevier)〘林〙営林区; (Jagdrevier)〘狩〙猟区. **c)**〘動〙(特定の動物の)生息〈発生〉区域. **d)** (Polizeirevier) 警察管区; (管轄の)警察署. **e)**〘郵〙配達区域. **f)**〘軍〙(軽症者を収容する)営内病室; (兵営・野営地内での部隊の)配置場所. **g)** 河口の航行可能区域. **h)**《話》活動分野, 受け持ち区域, 縄張り, 専門分野〈領域〉. [*vulgärlat.* rīpāria „am Ufer Befindliches" − *afr.* rivière − *mndl.* − *mhd.*; < *lat.* rīpa „Ufer"; ◇ *engl.* river]

Re·vie̱r·dienst 男〘軍〙病室勤務; 軽勤務.

re·vie̱·ren[reví:rən] 自 (h) **1**〘林〙(山林監視人が)区域をパトロールする. **2**〘狩〙(猟犬が)猟区で獲物を探す; (猟師が)猟区を見て回る.

Re·vie̱r·förs·ter[reví:r..; スイス: refí:r..] 男 山林監視人.

re·vie̱r·krank 形〘軍〙営内病室で治療中の, 入室している: ein *Revierkranker* 入室者.

Re·vie̱r≠stu̱·be 女〘軍〙営内病室(→Revier 2 f). **≠stun·de** 女〘軍〙患者呼集〔時間〕.

Re·view[rivjú:] 女 -/-s (Rundschau) 展望(しばしば評論誌名として用いられる: →Revue 2 b). [*afr.*−*engl.*; ◇Revue]

▽**Re·vin·di·ka·tio̱n**[revɪndikatsió:n] 女 -/-en (Zurückforderung) 返還請求.

▽**re·vin·di·zie̱·ren**[..tsí:rən] 他 (h)《*et.*⁴》(…の)返還〈還付〉を請求する.

Re·vi·re·ment[revirəmã́:, revɪrmã́:; オースト:..virmã́] 中 -s/-s **1** (Umbesetzung) (官吏, 特に外交官の)配置転換, 更迭; (内閣の)改造. **2**〘商〙(債権者と債務者間の)相殺; 差引勘定. [*fr.*; < re..+*fr.* virer „wenden" (◇vibrieren)]

re·vi·sị·bel[revizí:bəl] (..si·bl..) 形〘法〙法的手段によって取り消し〈修正〉可能な.

Re·vi·sio̱n[revizió:n] 女 -/-en **1 a)** (帳簿などの)検査, 監査; 検閲; 点検: eine ~ der Kasse 〈der Bibliothek〉 vornehmen 会計の検査〈蔵書の点検〉を行う. **b)**〘印〙最終校正, 念校. **2** (見解・政策などの)変更, 修正: Die Regierung nahm eine ~ ihrer Außenpolitik vor. 政府は外交政策を修正した. **3**〘法〙上告: ~ einlegen 上告する | die ~ verwerfen 上告を却下する. [*mlat.*; ◇revidieren]

Re·vi·sio·nịs·mus[revizionísmʊs] 男 -/ **1** (法律・条約などの)修正論, 改正論; 修正主義, 改正主義. **2** (マルクス主義に対する)修正社会主義.

Re·vi·sio·nịst[..níst] 男 -en/-en 修正〈改正〉論者; 修正主義者.

re·vi·sio·nị·stisch[..nístɪʃ] 形 修正〈改正〉論の; 修正主義の, 修正主義的な.

Re·vi·sio̱ns≠an·trag[revizió:ns..] 男〘法〙上告申し立て. **≠be·klag·te** 男 女〘法〙被上告人. **≠bo̱·gen** 男〘印〙最終校正刷り. **≠ge·richt** 中 上告裁判所. **≠kom·mis·sio̱n** 女 (旧東ドイツで, ドイツ社会主義統一党の)監督委員会.

Re·vị·sor[reví:zɔr, ..zo:r] 男 -s/-en[..vizó:rən] **1** 検査役, 検閲者; 検査官, 監査役: Bücher*revisor* 帳簿監査人, 会計検査官. **2**〘印〙(最終校正を担当する)熟練校正者.

Re·vi·val[rɪváɪvəl] 中 -s/-s (習慣などの)復活, 再流行, リバイバル. [*engl.*]

Re·vo·ka·tio̱n[revokatsió:n] 女 -/-en (Widerruf) 取り消し, 撤回. [*lat.*; ◇revozieren]

Re·vọl·te[revɔ́ltə] 女 -/-n **1** (Aufruhr) 反乱, 暴動. **2** (Empörung) 憤激, 激昂(げっこう). [*fr.*]

re·vol·tie̱·ren[revɔltí:rən] 自 (h)《gegen *jn.* 〈*et.*⁴〉》(…に対して)反乱〈暴動〉を起こす; (…に)反抗する: gegen den Befehl ~ 命令に反抗する | Mein Magen *revoltierte* gegen zu kalte Speisen. 《比》食物が冷たすぎて私は胃がおかしくなった. [*it.* rivoltare − *fr.*; < *lat.* re-volvere „zurück-wälzen" (◇volta); ◇Revolver]

Re·vo·lu·tio̱n[revolutsió:n] 女 -/-en **1 a)** (政治上の)革命: die Französische ~〘史〙フランス革命(1789−99) | Februar*revolution*〘史〙二月革命(1848) | Oktober*revolution*〘史〙十月革命(1917) ‖ eine ~ niederschlagen 革命を鎮圧する | Eine ~ brach aus. 革命が勃発(ぼっぱつ)した. **b)** 革命的な変化〈変革〉, 革新: die industrielle 〈technische〉 ~ 産業〈技術〉革命 | die sexuelle ~ 性革命 | eine ~ der Mode 流行の革命. **2** (Umlauf)〘天〙(天体の)公転(→Rotation 2). **3**〘地〙変革(造山運動). **4**〘トランプ〙(スカートで)レヴォルツィオーン(親が自分に不利な札をスカートに伏せてある札と交換せず, 自分の手札を子に広げて見せ, 子には子同士の手札の交換を許した上で, 親が1点も得なければ親の勝ちという遊び方. 得点は一般に92点).

[*spätlat.* re-volūtio „Zurück-wälzen" − *fr.*]

re·vo·lu·tio·nä̱r[revolutsionɛ́:r] **I** 形 **1** 革命の, 革命に関する: ~*e* Ideen 革命思想 | ein ~*er* Kämpfer 革命の闘士. **2** 革命的な: eine ~*e* Erfindung 〈Entdeckung〉 革命的な発明〈発見〉. **II Re·vo·lu·tio·nä̱r** 男 -s/-e 革命家, 革命党員; 革命論者, 革命主義者.

[*fr.* révolutionnaire]

re·vo·lu·tio·nie̱·ren[revolutsioní:rən] **I** 他 (h) **1** 《*et.*⁴》(…に)革命〈大変革〉をもたらす: Die Erfindung dieser Maschine hat unsere Technik *revolutioniert.* この機械の発明は我々の技術に根本的な変革をもたらした | eine *revolutionierende* Inszenierung 革命的な新演出. **2** 《*jn.*》(…を)革命に導く: die Massen ~ 大衆を革命に導く. **II** 自 (h) 革命〈反乱〉を起こす: Das Volk *revolutionierte* gegen die Krone. 人民は君主に反抗して革命を起こした. [*fr.* révolutionner]

Re·vo·lu·tio̱ns≠aus·schuß[revolutsió:ns..] 男 革命委員会. **≠fü̱h·rer** 男 革命の指導者. **≠ge·richt** 中 革命政府による裁判, 革命法廷. **≠ka·len·der** 男〘史〙フランス革命暦(→Vendemiaire ★). **≠ko·mi·tee** 中 =Revolutionsausschuß **≠lied** 中 革命歌. **≠ra̱t** 男 -[e]s/..räte 革命評議会(革命途上にある国家の最高政治機関). **≠re·gie·rung** 女 革命政府. **≠tri·bu·na̱l** 中 革命〔中に設けられた〕法廷.

Re·vo·lu̱z·zer[revolʊ́tsər] 男 -s/-《軽蔑的に》口先だけの革命家, 革命家気取りの人間, えせ革命家. [*it.* rivoluzionario]

Re·vọl·ver[revɔ́lvər] 男 -s/- **1** リボルバー, 回転式〔連発〕拳銃(けんじゅう): den ~ laden 拳銃に弾丸をこめる. **2**〘工〙タレット, レボルバー. [*engl.*; < *engl.* revolve „drehen" (◇revoltieren)]

Re·vọl·ver≠blatt 中 (センセーションやスキャンダルをねらう)赤新聞. **≠dre̱h·bank** 女 -/..bänke〘工〙タレット旋盤. **≠dre̱·her** 男 タレット旋盤工. **≠held** 男《話》やたらに拳銃(けんじゅう)を発射する英雄気取りの男. **≠ka·no̱·ne** 女〘軍〙小速射砲. **≠ki·no** 中《話》拳銃映画〈西部劇〉上映館. **≠kopf** 男 **1**〘工〙タレット刃物台, タレットヘッド. **2**

〘写〙レンズタレット. ≈**loch·zan·ge** 女〘工〙回転穿孔(せんこう)パンチ(→ 図 Zange). ≈**pres·se** 女 =Revolverblatt ≈**schnau·ze** 女《話》**1** (連発拳銃のようにまくしたてる)とめどもないおしゃべり; 厚かましい話しぶり. **2** ずうずうしいおしゃべり屋. ≈**trom·mel** 女 リボルバー〈回転式拳銃〉の回転弾倉.

re·vo·zie·ren[revotsí:rən] 他 (h) (主張・前言などを)取り消す, 撤回する; (告訴を)取り下げる. [*lat.*; ◇ *engl.* revoke]

Re·vue (ᵛ**Re·vüe**)[rəvý:, re..] 女 -/-n[..vý:ən] **1**〘劇〙レビュー. **2 a)** 評論雑誌, 総合雑誌: eine literarische ~ 文芸評論誌. **b)** (誌名として) (…)展望(→Review). **3** ᵛ閲兵:〘今日ではもっぱら次の成句で〙*et.*⁴ **~ passieren lassen**《比》…(事件の経過など)を次々に思い浮かべる. [*fr.*; < *fr.* re-voir „wieder-sehen" (◇revidieren); ◇Review]

Re·vue≈büh·ne[rəvý:..] 女 レビュー劇場. ≈**film** 男 レビュー映画. ≈**girl**[..gø:rl] 中 レビューガール. ≈**kör·per** 男《話》(レビューガールのような)美しい体.

Rex[rɛks, re:ks] 男 **1** -/Reges[ré:ge:s] (König) (古代ローマの)国王;《単数で》(称号として)王. **2** -/-e《ふつう単数で》《話》(Rektor) 校長. [*lat.* rēx; < *lat.* regere (→regieren); ◇royal]

Rex≈ap·pa·rat[rɛ́ks..] 男《オーストリア》商標 レックスなべ(果物・野菜・肉などを貯蔵するための煮沸消毒器). ≈**glas** 中 -es/..gläser《オーストリア》商標 レックス瓶(瓶詰用の貯蔵瓶). [◇einrexen]

Reyk·ja·vik[ráıkjavi:k, ..vık] 地名 レイキャビク(アイスランド共和国の首都. 漁港・温泉都市としても有名). [*isländ.*]

Rey·on[rɛjɔ̃:, ..jɔ́ŋ] 男 中 -/ 〘織〙人造絹糸, レーヨン. [*fr.* rayonne−*engl.* rayon; < *lat.* radius (→Radius); その光沢から]

Re·zen·sent[retsɛnzɛ́nt] 男 -en/-en (書物・映画・演劇・放送などの)批評者; 書評者, 劇評者.

re·zen·sie·ren[retsɛnzí:rən] 他 (h) (besprechen) 批評〈評論〉する: ein Buch ~ 書評する | einen Film ~ 映画を批評する. [*lat.*]

Re·zen·sion[retsɛnzió:n] 女 -/-en **1** (Besprechung) (書物・映画・演劇・放送などに関する)批評, 評論: Buch*rezension* 書評 | Theater*rezension* 劇評. **2** 校訂. [*lat.*; ◇ *engl.* recension]

Re·zen·sions≈ex·em·plar 中, ≈**stück** 中 書評用贈呈本.

re·zent[retsɛ́nt] 形 **1** 新しい; 新鮮な. **2** 現存する, 現在生き〔残っ〕ている. **3**《方》(食物が)辛い; 酸っぱい. [*lat.* recēns „frisch"; ◇ *engl.* recent]

Re·ze·pis·se[retsepísə; オーストリア:..pís] 中 -〔s〕/- (オーストリア: 女 -/-n[..sən]) (Empfangsbescheinigung) 受領証;〘郵〙書留受領証, 配達証明書. [*lat.* recēpisse „erhalten haben"]

Re·zept[retsɛ́pt] 中 -〔e〕s/-e **1 a)**〘医〙処方〔箋(せん)〕: ein ~ ausschreiben 〈ausstellen〉 処方を書く〈処方箋を出す〉. **b)**〘料理〙調理法, レシピ: nach ~ kochen 調理法どおりに料理する. **2**《比》解決〈打開〉策, 対策, 方法: ein gutes ~ gegen Langweile 〈Mißmut〉 退屈しのぎ〈うさ晴らし〉の特効薬. [*mlat.*; ◇ *engl.* receipt]

Re·zep·ta·ku·lum[retsɛptá:kulʊm] 中 -s/..la[..la·] (Blütenboden)〘植〙花托(かたく), 花床. [*lat.* receptāculum „Behälter"; < *lat.* receptāre „oft bei sich aufnehmen"]

Re·zept≈block[retsɛ́pt..] 男 -〔e〕s/-s, ..blöcke 処方用箋(せん)〔の一冊〕. ≈**buch** 中 調理書. ≈**for·mel** 女〘薬〙処方例.

re·zept·frei 形 (薬について)処方箋(せん)不要の, 処方箋なしでも入手できる.

re·zep·tie·ren[retsɛptí:rən] 他 (h) (薬を)処方する: ein Medikament ~ 薬を処方する.

Re·zep·tier·kunst 女 -/ 処方術.

Re·zep·tion[retsɛptsió:n] 女 -/-en **1** (Übernahme) 引き受け; 受け継ぎ;〘法〙(ローマ法の)継受. **2** (Aufnahme) **a)** 受け入れ. **b)** (文化・芸術作品などの)受容. **c)** (新入生の学生組合への)入会許可. **3** (Empfang) (ホテルの)受付, フロント. [*lat.*; < *lat.* recipere (→rezipieren); ◇ *engl.* reception]

Re·zep·tions·spiel 中〘心〙受動的遊び(与えられた刺激を受動的に受け入れる感官の試し遊び).

re·zep·tiv[retsɛptí:f]¹ 形 **1** 受容的な, 受け身の. **2** 敏感な, 感受性に富んだ. 「性.」

Re·zep·ti·vi·tät[retsɛptivitɛ́:t] 女 -/ 受容性; 感受

Re·zep·tor[retsɛ́ptɔr, ..to:r] 男 -s/-en[..tsɛptó:rən] **1**《ふつう複数で》(↔Effektor)〘生・医〙受容器, 受容体, レセプター. ᵛ**2** 受取人; 徴税官. [*lat.*]

Re·zept·pflicht[retsɛ́pt..] 女 (特定の薬の販売に際して)医師の処方箋の提示を求める義務.

re·zept·pflich·tig 形 (薬について)処方箋(せん)の必要な, 処方箋なしでは入手できない.

Re·zep·tur[retsɛptú:r] 女 -/-en **1 a)** 処方箋(せん)による調剤〈薬の調合〉. **b)** (薬局の)調剤室. ᵛ**2** 徴税〈収税〉人.

Re·zept·zwang[retsɛ́pt..] 男 処方義務(薬品売買に際し医師の処方箋(せん)の提示が義務づけられていること).

ᵛ**Re·zeß**[retsɛ́s] 男 ..zesses/..zesse (Auseinandersetzung) **1** (債権者などの)話し合い, 示談. **2**〘法〙(相続者間の)財産分割. [*lat.* re-cēssus „Rück-gang"; ◇zedieren]

Re·zes·sion[retsɛsió:n] 女 -/-en〘経〙景気後退,(一時的な)不景気. [*lat.*−*amerik.* recession]

re·zes·siv[retsɛsí:f]¹ 形 (↔dominant)〘生〙劣性の: ~*e* Allele 劣性対立遺伝子.

re·zi·div[retsidí:f]¹ **I** 形〘医〙再発の. **II Re·zi·div** 中 -s/-e (Rückfall)〘医〙(病気の)再発. [*lat.* re-cidīvus „rück-fällig"; < *lat.* cadere (→Kadaver)]

re·zi·di·vie·ren[retsidiví:rən] 自 (h)〘医〙(病気が)再発する.

Re·zi·pient[retsipiɛ́nt] 男 -en/-en **1** (コミュニケーション理論で文章や芸術作品の)受容者, 受信人, 読者, 聞き手, 鑑賞者. **2**〘理〙排気鐘(しょう).

re·zi·pie·ren[retsipí:rən] 他 (h) (aufnehmen) 受けいれる, 受容する; (übernehmen) 引き受ける, 受け継ぐ,〘法〙継受する. [*lat.* re-cipere „zurück-nehmen"; < *lat.* capere (→kapieren); ◇Rezeption; *engl.* receive]

re·zi·prok[retsipró:k] 形 **1** (gegenseitig) 相互の; 相関的な; 互恵の: ~*es* Pronomen〘言〙相互代名詞. **2 a)**〘数〙相反の, 逆の: ein ~*er* Wert 逆数 | ~*e* Zahlen 相互に逆数関係にある数. **b)**〘生〙相反の: ~*e* Kreuzung 相反〈相互〉交雑. [*lat.* reci-procus „rückwärts und vorwärts gewandt" (◇re.., pro); ◇ *engl.* reciprocal]

Re·zi·prok·wert 男〘数〙逆数.

Re·zi·pro·zi·tät[retsiprotsitɛ́:t] 女 -/ **1** 相互関係〈作用〉. **2**〘経〙互恵主義. [*fr.* réciprocité]

Re·zi·tal[retsitá:l] 中 -s/-s =Recital

re·zi·tan·do[retsitándo·] =recitando

Re·zi·ta·tion[retsitatsió:n] 女 -/-en (詩歌などの)朗読, 朗唱; 朗吟, 吟詠, 吟唱. [*lat.*]

Re·zi·ta·tions·ton 男 -〔e〕s/..töne 叙唱調.

Re·zi·ta·tiv[retsitatí:f]¹ 中 -s/-e〘楽〙(オペラ・オラトリオなどの)叙唱(鍵盤(けんばん)楽器のみの伴奏によるものを Secco, 管弦楽によって伴奏されるものを Accompagnato と呼ぶ). [*it.* recitativo]

Re·zi·ta·tor[retsitá:tɔr, ..to:r] 男 -s/-en[..tató:rən] (詩歌などの)朗読〈朗詠・吟詠〉者. [*lat.*]

re·zi·tie·ren[retsití:rən] 他 (h) (詩歌などを)朗読する, 朗詠〈朗吟〉する. [*lat.*; ◇ *engl.* recite]

rf. 略 =**rinforzando**

R-Flucht[ɛ́rflʊxt] 女 -/ =Republik-flucht

rfz. 略 =**rinforzando**

R-Ge·spräch[ɛ́r..] 中 料金受信人払い通話. [< Rückfrage]

Rgt. 略 =**Regiment** 連隊.

RGW[ɛrge:vé:] 略 = **Rat für Gegenseitige Wirt-**

schaftshilfe (旧東ドイツで)(共産圏の)経済相互援助協議会, コメコン(→COMECON).

rh 略 =**Rh**esusfaktor negativ (→Rhesusfaktor).

Rh **I** [ɛrhá:, ró:diʊm] 記号 (Rhodium) 〘化〙ロジウム. **II** 略 =**Rh**esusfaktor positiv (→Rhesusfaktor).

Rha·bar·ber[1] [rabárbər] 男 -s/ 〘植〙ダイオウ(大黄)〔属〕(根茎を緩下剤・健胃剤に用いる). [*it.* rabarbaro; <*gr.* bárbaros (→Barbar); ◇*engl.* rhubarb]

Rha·bar·ber[2] [–] 中 -s/ 〘劇〙(群衆のつぶやき)がやがや, ざわざわ, ぶつぶつ: ~, ~ murmeln がやがやぶつぶつつぶやく. [擬音]

Rha·bar·ber≠ex·trakt 男 〘薬〙大黄(だいおう)エキス(緩下剤). ≠**kom·pott** 中 〘料理〙大黄のコンポート(葉柄の砂糖煮). ≠**tink·tur** 女 〘薬〙大黄チンキ(健胃剤).

rhab·do·idisch [rapdoí:dɪʃ] 形 (stabförmig) 〘医・植〙棒状の. [<..id[1]]

Rhab·dom [rapdó:m] 中 -s/-e 〘解〙小桿(かん)(網膜の桿状体と錐(すい)状体). [<*gr.* rhábdos „Stab"]

Rha·chis [ráxɪs] 女 -/ 〘植〙(複葉の)羽軸. [*gr.* rháchis „Rückgrat"]

Rha·chi·tis [raxí:tɪs] 女 -/ =Rachitis

rha·chi·tisch [..tɪʃ] =rachitisch

Rha·da·man·thys [radamántʏs] 人名 〘ギ神〙ラダマンテュス (Europa の息子. 死後冥府(めいふ)の判官となった).

Rha·ga·de [ragá:də] 女 -/-n《ふつう複数で》〘医〙(皮膚の)亀裂(きれつ), ひび, あかぎれ. [*gr.*; <*gr.* rhēgnýnai „(zer)reißen" (◇rächen)]

Rhap·so·de [rapsó:də, rapz..] 男 -n/-n **1** (古代ギリシアの)吟遊詩人. **2** (近代の)狂詩曲〈狂想詩〉作者, ラプソディスト. [*gr.*; <*gr.* rháptein „(zusammen)nähen"+ōidḗ (→Ode)]

Rhap·so·die [rapsodí:, rapz..] 女 -/-n [..dí:ən] **1** (古代ギリシアの吟遊詩人によって朗吟される)叙事詩, 吟唱叙事詩〔の一節〕. **2 a)** 狂想詩. **b)** 〘楽〙ラプソディー, 狂詩〈狂想〉曲:《die Ungarische ~》『ハンガリー狂詩曲』. [*gr.*–*lat.*]

rhap·so·disch [rapsó:dɪʃ, rapz..] 形 **1 a)** Rhapsodie の, Rhapsodie に関する. **b)** Rhapsodie ふうの. **2**《比》きれぎれの, 断片的な; 支離滅裂な.

Rhä·ti·en [rɛ́:tsiən] =Rätien

Rhä·ti·kon [rɛ́:tikɔn] 男 -s/ (中 -〔s〕/) =Rätikon

Rhea [ré:a·] 人名 〘ギ神〙レア, レイア (Kronos の妻. Zeus など神々を産んだ).

der **Rhein** [raɪn] 地名 男 -〔e〕s/ ライン(スイスに発し, ドイツ・オランダを流れて北海に注ぐ川. 全長1320km. 沿岸に古城が多く伝説に富む):〔der〕Vater ~ 父なるライン(ドイツの最も重要な川)| am ~ ライン河畔で‖ Wasser in den ~ tragen (→Wasser 1) | Bis dahin fließt noch viel Wasser den ~ hinunter. (→Wasser 2).
[*kelt.* „Fluß"–*germ.*; ◇Rhenus; *engl.* Rhine]

rhein≠ab〔**·wärts**〕[raɪn|áp(vɛrts)] 副 ライン川を下って. ≠**auf**〔**·wärts**〕[..|áuf(vɛrts)] 副 ライン川を上って.

Rhein·bund [ráɪn..] 男 -〔e〕s/ 〘史〙ライン同盟(1806年 Napoleon の保護下につくられた西および南ドイツ諸領邦国の連邦. ライン連邦ともいい, Napoleon の没落後解体).

der **Rhein·fall** 地名 男 -〔e〕s/ ライン瀑布(ばくふ)(スイスの Schaffhausen の近くにある Rhein 川の滝. 落差24m).

rhein·frän·kisch 形 ラインフランケン〔方言〕の: → deutsch

der **Rhein·gau** [ráɪngaʊ] 地名 男 -〔e〕s/ ラインガウ(ドイツ Rheinland-Pfalz 州 Wiesbaden 西方の Rhein 右岸にある丘陵地で, ぶどうの生産地): im ~ ラインガウで.

das **Rhein·gold** 中 -〔e〕s/ 〘楽〙『ラインの黄金』(Wagner の『ニーベルンゲンの指輪』4 部作のうち第 1 番目の楽劇).

Rhein·graf 男 Rheingau〔を領有した〕伯爵.

der **Rhein-Her·ne-Ka·nal** [ráɪnhɛ́rnəkana:l] 地名 男 -s/ ライン=ヘルネ運河.

Rhein·hes·sen [ráɪnhɛsən] 地名 ラインヘッセン(もとはヘッセン自由国の Rhein 左岸地方であったが, 第二次大戦後はドイツの Rheinland-Pfalz 州に属する).

rhei·nisch [ráɪnɪʃ] 形 ラインの: das *Rheinische* Schiefergebirge (→Schiefergebirge).

das **Rhein·land** [ráɪnlant][1] 地名 中 -〔e〕s/ (略 Rhld.) ラインラント(1946年までは Preußen の州で Rheinprovinz と呼ばれたが, それ以後はドイツの Nordrhein-Westfalen 州と Rheinland-Pfalz 州に分かれた): im ~ ラインラントで.

die **Rhein·lan·de** 複 ライン〔沿岸〕地方.

Rhein·län·der [..lɛndər] 男 -s/- **1** (女 **Rhein·län·de·rin** [..dərɪn]-/-nen) ラインラントの人. **2** ラインポルカ(4 分の 2 拍子の輪舞).

rhein·län·disch [..lɛndɪʃ] 形 ラインラントの.

Rhein·land-Pfalz [ráɪnlantpfálts] 地名 ラインラント=プファルツ(第二次大戦後に成立したドイツ中西部の州. 州都は Mainz).

der **Rhein-Main-Do·nau-Groß·schiffahrts·weg** (..**schiff·fahrts..**) 地名 男 -〔e〕s/ ライン=マイン=ドナウ運河 (Rhein 川と Donau 川を結ぶ).

der **Rhein-Mar·ne-Ka·nal** [ráɪnmárnəkana:l] 地名 男 -s/ ライン=マルヌ運河.

die **Rhein·pfalz** [ráɪnpfalts] 地名 女 -/ ラインプファルツ(かつての伯爵領で, 現在は Rheinland-Pfalz 州に属する).

die **Rhein·pro·vinz** [..provɪnts] 地名 女 -/ ライン州(旧プロイセンの最西部の州: →Rheinland).

der **Rhein-Rho·ne-Ka·nal** [ráɪnró:nəkana:l] 地名 男 -s/ ライン=ローヌ運河.

Rhein·schiffahrt (..**schiff·fahrt**) 女 ライン川の水運; ライン川の船旅〈遊覧船旅行〉.

der **Rhein·sei·ten·ka·nal** [raɪnzáɪtən..] 地名 男 -s/ ライン側設運河(一部はフランス領を通りながら Basel と Straßburg を結ぶ Elsaß 地方の運河. フランス名はアルザス大運河 Grand Canal d'Alsace).

Rhein·wein [ráɪn..] 男 ラインワイン (Rhein 川流域で産するワインで, ふつう茶色の瓶に詰める).

Rhe·ma [ré:ma·] 中 -s/-ta [..ta·] (↔Thema) 〘言〙レーマ, 展題, 評言(文の提題 Thema についての新規の情報を提供する部分). [*gr.* rhēma „Gesprochenes"; <*gr.* eírein „sagen" (◇Wort); ◇Rhetor]

rhe·na·nisch [rená:nɪʃ] =rheinisch

Rhe·nium [ré:niʊm] 中 -s/ 〘化〙レニウム(希金属元素名; 記号 Re). [発見者 W. Noddack (†1960)の妻が Rhein 地方出身だったことから]

der **Rhe·nus** [ré:nʊs] 地名 男 -/ レーヌス (Rhein のラテン語形). [*lat.*]

rheo..《名詞・形容詞などにつけて「流れ」を意味する》[*gr.* rhéos „Fluß"; ◇Strom, Ria, Rheumatismus]

Rheo·kar·dio·gra·phie [reokardiografí:] 女 -/ 〘医〙レオカルジオグラフィー(心拍動により人体の電気伝導性の変化を記録する法).

Rheo·lo·gie [reologí:] 女 -/ 〘理〙レオロジー, 流動〈流〉「性」学.

rheo·phil [reofí:l] 形 〘生〙好流性の(好んで水流中にすむ), 流水に育つ.

Rheo·stat [reostá:t, reɔs..] 男 -〔e〕s/-e (-en/-en) 〘電〙加減抵抗器. [<*gr.* statós „gestellt"]

Rheo·ta·xis [reotáksɪs] 女 -/..xen [..ksən] 〘生〙流れ走性, 水流走性.

Rheo·tro·pis·mus [reotropísmʊs] 男 -/ 〘生〙水流屈性, 屈流性.

Rhe·sus≠af·fe [ré:zʊs..] 男 〘動〙アカゲザル(赤毛猿). ≠**fak·tor** 男 -s/ 〘生理〙リーサス因子, Rh 因子(赤血球にある抗原. はじめアカゲザルで発見された): ~ positiv (略 Rh) Rh プラス〈陽性〉因子 | ~ negativ (略 rh) Rh マイナス〈陰性〉因子. [<*lat.* Rhēsus (トラキア王の名)]

Rhe·tor [ré:tɔr, ..to:r] 男 -s/-en [retó:rən] (古代ギリシアの)雄弁〈弁論〉術教師; 雄弁家. [*gr.*–*lat.*; ◇Rhema]

Rhe·to·rik [retó:rɪk] 女 -/ **1** 修辞学, 修辞法, レトリック. **2** (Redekunst) 雄弁術. [*gr.* rhētorikē (téchnē) „rhetorische (Kunst)"–*lat.* rhetorica (ars)]

Rhe·to·ri·ker [retó:rikər] 男 -s/- 修辞学者; 雄弁家.

rhe·to·risch [retó:rɪʃ] 形 **1 a)** 修辞学〈法〉〔上〕の; 修辞的な: ~*e* Figuren 修辞学的表現形式, 修辞の彩(あや)| eine

〜*e* Frage 修辞疑問. **b**) 雄弁術〔上〕の: eine 〜*e* Begabung 弁舌の才. **2** (文体・言葉づかいが)華麗な, 美辞麗句を連ねた; 誇張された, おおげさな. [*gr.*−*lat.*; <*gr.* rhḗtor „Rhetor"]

Rheu·ma[rɔ́ʏma·] 中 -s/ (<Rheumatismus)《話》リューマチ: an 〜³ leiden リューマチを患っている.

Rheu·ma·ti·ker[rɔʏmá:tikər] 男 -s/- リューマチ患者.

rheu·ma·tisch[rɔʏmá:tɪʃ] 形《医》リューマチ性の: 〜*e* Arthritis リューマチ性関節炎 | 〔ein〕〜*es* Fieber リューマチ熱. [*gr.*−*spätlat.*]

Rheu·ma·tis·mus[rɔʏmatísmus] 男 -/..men[..mən]《医》リューマチ(㊧ Rheuma): akuter 〈chronischer〉 〜 急性〈慢性〉リューマチ | Gelenk*rheumatismus* 関節リューマチ ‖ an 〜³ erkranken リューマチにかかる | **〜 zwischen Daumen und Zeigefinger haben**《話》けちである | anhänglich wie 〜 sein (→anhänglich). [*gr.*−*spätlat.*; <*gr.* rheũma „Fließen" (◇rheo..)]

Rheu·ma·to·lo·ge[rɔʏmatoló:gə] 男 -n/-n (→..loge)《医》リューマチ専門医.

Rheu·ma·wä·sche[rɔ́ʏma..] 女 リューマチ患者用下着.

Rhe·xis[rɛ́ksɪs, ré:ksɪs] 女 -/Rhexes[rɛ́kse:s, ré:kse:s] (Zerreißung)《医》(臓器・血管の)破裂. [*gr.* rhẽxis „das Zerreißen"]

Rh-Fak·tor[ɛrhá:..] =Rhesusfaktor

rhin.. →rhino..

Rhin·al·gie[rinalgí:] 女 -/-n[..gí:ən]《医》鼻痛.

Rhi·ni·tis[riní:tɪs] 女 -/..tiden[..nití:dən]《医》鼻炎, 鼻カタル: allergische 〈atrophische〉 〜 アレルギー性〈萎縮(いしゅく)性〉鼻炎. [<..itis]

rhino..《名詞などにつけて「鼻」を意味する. 母音の前では rhin.. となる: →*Rhin*algie》[*gr.* rhī́s „Nase"]

Rhi·no·lo·gie[rinologí:] 女 -/ (Nasenheilkunde)《医》鼻科学.

Rhi·no·pla·stik[rinoplástɪk] 女 -/-en《医》鼻形成〔術〕, 隆鼻術.

Rhi·no·skop[rinoskó:p, rinɔs..] 中 -s/-e (Nasenspiegel)《医》鼻鏡.

Rhi·no·sko·pie[rinoskopí:, rinɔs..] 女 -/-n[..pí:ən]《医》鼻鏡検査〔法〕.

Rhi·no·ze·ros[rinó:tserɔs] 中 -, -ses/-se **1** (Nashorn)《動》サイ(犀). **2**《話》(Dummkopf) まぬけ, のろま(Rindvieh+Roß の類音から): Du bist das größte 〜 auf Gottes Erdboden. 君は世界一の大ばか者だ. [*gr.*−*lat.*−*mhd.*; ◇kerato..]

rhizo..《名詞などにつけて「根」を意味する》[*gr.* rhíza „Wurzel"]

Rhi·zoid[ritsoí:t]¹ 中 -〔e〕s/-e《植》仮根. [<..oid]

Rhi·zom[ritsó:m] 中 -s/-e (**Rhi·zo·ma**[..ma·] 中 -s/-ta[..mata·]) (Wurzelstock)《植》根茎. [*gr.* rhízōma „Eingewurzeltes"]

Rhi·zo·pho·re[ritsofó:rə] 女 -/-n《ふつう複数で》《植》ヤエヤマヒルギ(八重山漂木)属(代表的なマングローブ植物). [<..phor]

Rhi·zo·po·de[ritsopó:də] 男 -n/-n《ふつう複数で》(Wurzelfüßer)《動》根足虫(アメーバ類の原生動物).

Rhld. 略 =**Rheinland**

Rho[ro:] 中 -〔s〕/-s ロー(ギリシア字母の第17字: Ρ, ρ). [*gr.*]

Rhod·amin[rodamí:n] 中 -s/-e《ふつう複数で》《化》ローダミン(赤色染料). [<*gr.* rhódon (→Rose)]

Rho·dan[rodá:n] 中 -s/《化》ロダン.

Rho·de·län·der[ró:dəlɛndər] 男 -s/- ロードアイランドレッド(アメリカ産のニワトリの品種). [<*engl.* Rhode Island (アメリカ北東部の州; ◇Rhodos)]

Rho·de·si·en[rodé:ziən] 地名 ローデシア(今日の Sambia および Simbabwe). [*engl.* Rhodesia; <C. J. Rhodes (英国生まれの南アフリカ共和国の政治家, †1902)]

Rho·de·si·er[rodé:ziər] 男 -s/- ローデシア人.

rho·de·sisch[..zɪʃ] 形 ローデシアの.

rho·di·nie·ren[rodiní:rən] 他 (h)《*et.*⁴》(…に)ロジウムめっきをほどこす.

Rho·dium[ró:dium] 中 -s/《化》ロジウム(白金属元素名; 記号 Rh). [<*gr.* rhódon (→Rose); その塩類の水溶液がばら色になることから]

Rho·do·den·dron[rododɛ́ndrɔn] 男 中 -s/..dren[..drən]《植》シャクナゲ(石楠花)〈ツツジ〉属. [*gr.*−*lat.*; <*gr.* déndron „Baum"]

Rho·dos[ró:dɔs, rɔ́dɔs] (**Rho·dus**[ró:dus]) 地名 ロードス(エーゲ海南東部にあるギリシア領の島. 1923年までイタリア領, 1945年までトルコ領): der Koloß von 〜 (→Koloß 1). [*gr.*〔−*lat.*〕; ◇*engl.* Rhodes]

Rhom·ben Rhombus の複数.

Rhom·ben·do·de·ka·eder[rɔ́mbəndodeka|é:dər] 中 -s/-《数》斜方十二面体.

rhom·bisch[rɔ́mbɪʃ] 形 ひし形の, 菱(りょう)形の, 斜方形の: ein 〜*es* Prisma 斜方柱 | das 〜*e* System 斜方晶系.

Rhom·bo·eder[rɔmbo|é:dər] 中 -s/-《数》菱(りょう)面体, 斜方六面体.

Rhom·bo·id[rɔmboí:t]¹ 中 -〔e〕s/-e《数》偏菱(へんりょう)形, 長斜方形. [<..oid]

Rhom·bus[rɔ́mbus] 男 -/..ben[..bən]《数》菱(りょう)形, 斜方形. [*gr.* rhómbos „Kreisel"−*lat.*; <*gr.* rhémbein „drehen" (◇würgen)]

die **Rhön**[rø:n] 地名 女 -/ レーン (Hessen 州と Bayern 州の境に横たわる山地. 最高峰で標高950m).

Rhon·chus[rɔ́nçus] 男 -/ (Rasselgeräusch)《医》(肺部聴診の際の)水泡音, ラッセル音, ラ音. [*gr.*−*lat.*]

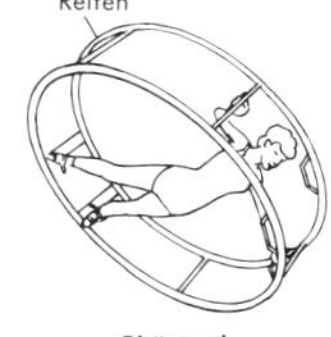

Rhönrad

die **Rho·ne**[ró:nə] 地名 女 -/ ローヌ(フランス南東部を南に流れて地中海に注ぐ川. フランス語形 Rhône). [*lat.* Rhodanus]

das **Rho·ne·tal** (das **Rhône·tal**[ró:n..]) 地名 中 -〔e〕s/ ローヌ渓谷.

Rhön·rad[rǿ:nra:t]¹ 中《スポ》フープ(回転運動具の一種: → 図).

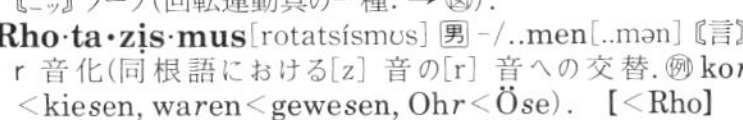

Rho·ta·zis·mus[rotatsísmus] 男 -/..men[..mən]《言》r 音化(同根語における[z] 音の[r] 音への交替. 例 kor<kiesen, wa*r*en<gewesen, Oh*r*<Öse). [<Rho]

Rhyn·cho·te[rʏnçó:tə] 男 -n/-n《ふつう複数で》(Schnabelkerfe)《虫》有吻(ゆうふん)目, 半翅(はんし)類. [<*gr.* rhýgchos „Schnauze"]

Rhyth·men Rhythmus の複数.

Rhyth·mik[rʏ́tmɪk] 女 -/ **1** リズム法〈論〉, 律動学. **2** (rhythmische Gymnastik)《体育》リトミック, リズム体操.

Rhyth·mi·ker[rʏ́tmikər] 男 -s/- **1** 律動学者. **2** リズム〈律動・節奏〉を重視する音楽家〈作曲家〉.

rhyth·misch[rʏ́tmɪʃ] 形 **1** リズムのある, リズミカルな, 律動的な: 〜*e* Bewegungen リズミカルな動き〈運動〉| 〜*e* Gymnastik リズム体操 ‖ *sich*⁴ 〜 bewegen リズミカルに動く. **2** リズム〈律動・節奏〉の, リズムに関する: 〜*e* Erziehung《楽》リズム教育 | 〜*es* Gefühl haben リズム感がある. [*gr.*−*lat.*]

rhyth·mi·sie·ren[rʏtmizí:rən] 他 (h)《*et.*⁴》(…に)リズムをつける, 律動させる.

Rhyth·mus[rʏ́tmus] 男 -/..men[..mən] **1**《詩・楽》リズム, 律動, 節奏: ein schneller 〜 速いリズム | der 〜 eines Gedichtes 詩のリズム. **2** (一般に)周期的反復, 周期〈循環〉運動: der 〜 des Lebens 生活のリズム | der 〜 der Jahreszeiten 四季の規則的な移り変わり. [*gr.*−*lat.* 〔−*ahd.* ritmus〕; ◇rheo..; *engl.* rhythm]

Rhyth·mus≠ge·fühl 中 リズム感. **≠grup·pe** 女 (ジャズバンドなどの)リズムセクション.

Ria[rí:a·] 女 -/-s《地》リアス(鋸歯(きょし)状の湾・海岸). [*span.*; <*lat.* rīvus „Bach" (◇rheo..)]

Ria·kü·ste[rí:a..] 女《地》リアス〔式〕海岸.

Rial[riá:l] 男 -/-〔s〕(略 Rl) リアル(イランの貨幣〔単位〕: 100 Dinar). [*span.* real−*arab.* riyāl−*pers.*; ◇Real¹]

Ria·lo[riá:lo·] 中《話》(ののしりの言葉で)でっかいけつの穴, くそったれ. [<riesen..+Arschloch]

RIAS[rí:as] 略 男 -/ =**Rundfunk im amerikanischen Sektor**〔von Berlin〕〔ベルリン〕アメリカ占領地区放送, リアス放送(旧西ベルリンのアメリカ駐留軍が管理した放送会社).

Rias·kü·ste[rí:as..] =Riaküste

rib·beln[ríbəln]《06》**I** 他 (h)《北部》**1** (親指と人さし指の間で)しごく, こす〔って擦り切れさせ〕る; (aufrauhen) こすってけば立てる: 再帰 *sich*[4] ~ けば立つ. **2** (riffeln)(亜麻を)扱(こ)く. **II** 自 (h) **1**《北部》(毛織物などの)毛がほぐれる. **2**《オーストリア》(ぞうきんなどで)こする. [<reiben]

Rib·ben·trop[ríbəntrɔp] 人名 Joachim von ~ ヨアヒム フォン リッベントロップ(1893-1946; ナチ=ドイツの政治家で外務大臣).

Ri·bi·sel[rí:bi:zəl] 女 -/-n《オーストリア》(Johannisbeere)〘植〙スグリ(須具利)属. [*arab.* rībās−*mlat.* rībēs−*it.* ribes]

Ri·bi·sel≠kom·pott 中《オーストリア》スグリのコンポート(砂糖煮). **≠mar·me·la·de** 女《オーストリア》スグリのジャム. **≠saft** 男《オーストリア》スグリジュース. **≠stau·de** 女, **≠strauch** 男《オーストリア》スグリの木. **≠wein** 男《オーストリア》スグリ酒.

Ri·bo·fla·vin[riboflaví:n] 中 -s/-e〘生化学〙リボフラビン. [<*lat.* flāvus „gelb"+..in²]

Ri·bo·nu·kle·in·säu·re[..nukleí:n..] 女〘生化学〙リボ核酸(記号 RNS).

Ri·bo·se[ribó:zə] 女 -/-n〘生化学〙リボース.

Ri·bo·som[ribozó:m] 中 -s/-en《ふつう複数で》〘生化学〙リボゾーム(細胞質に含まれ, たんぱく質とリボ核酸からなる微小粒子). [<..som]

Ri·bua·ri·er[ribuá:riər] 男 -s/- =Ripuarier

ri·bua·risch[..rɪʃ] =ripuarisch

Ri·car·da[rikárda·] 女名 (<Richard) リカルダ.

Ri·cer·car[ritʃɛrká:r] 中 -s/-e, **Ri·cer·ca·re**[..rə] 中 -s/..ri[..ri·]〘楽〙リチェルカーレ (Fuge の前身). [*it.* „wieder-suchen"; ◇recherchieren]

..rich[..rɪç] →..erich

Ri·chard[ríçart] 男名 リヒャルト. [*engl.*; <*ahd.* rīhhi „mächtig" (◇reich)+harti „hart" (◇hart)]

Ri·char·da[rɪçárda·] 女名 リヒャルダ.

Ri·che·lieu[ríʃəliø·, rɪʃəliø:] 人名 Duc de ~ デュク ド リシュリュー(1585-1642; フランスの枢機卿(すうきけい)・政治家. ルイ十三世に仕えて実権をにぎった).

Ri·che·lieu·sticke·rei[ríʃəliø..] 女 リシュリュー刺繡(ししゅう)(白地刺繡の一種).

Richt≠an·ten·ne[ríçt..] 女〘電〙指向性空中線, ビームアンテナ. **≠ba·ke** 女〘海〙指向性〔無線〕標識. **≠bal·ken** 男〘建〙直線梁(ばり). **≠baum** 男〘建〙(棟上げ式の際, 棟につけられる)飾り木. **≠beil** 中 **1** (死刑執行人の)首切り斧(おの). **2** (刃の湾曲した)丸斧(→ 図 Beil). **≠blei** 中 測鉛. **≠block** 男 -〔e〕s/..blöcke 首切り台, 断頭台. ▽**≠büh·ne** 女 (Schafott) 処刑台, 断頭台. **≠cha·rak·te·ri·stik** 女, **≠dia·gramm** 中〘電〙〔空中線〕指向性図. [<richten]

Rich·te[ríçtə] 女 -/《方》まっすぐな方向;《比》正しい位置〈状態〉: **aus** der ~ kommen まっすぐな方向から外れる;《比》混乱に陥る | *et.*[4] **in** die ~ bringen …をまっすぐにする;《比》…をきちんと整える | *jn.* wieder in die ~ bringen《比》…を正常〈正気〉にもどす. [*ahd.*; ◇recht]

rich·ten[ríçtən]《01》**I** 他 (h) **1**《方向を示す語句と》**a)** (…を…へ)向ける: einen Aufruf **an** *jn.* ~ …に呼びかける; …向けのアピールを発する | eine Bitte 〈eine Aufforderung〉 an *jn.* ~ …にある依頼〈要求〉をする | eine Frage 〈die Rede / das Wort〉 an *jn.* ~ …に質問する〈話しかける〉| An wen ist der Brief *gerichtet*? その手紙はだれあてか | *seine* Aufmerksamkeit **auf** *et.*[4] ~ …に注意を向ける | *sein* Augenmerk auf *jn.* 〈*et.*[4]〉 ~ (→Augenmerk) | den Blick 〈die Augen〉 auf *et.*[4] ~ …に目を向ける | *seine* Gedanken 〈*seinen* Sinn〉 auf *et.*[4] ~ …のことに思いをこらす, …に熱心になる | die Kamera 〈den Scheinwerfer〉 auf *et.*[4] ~ …にカメラ〈投光器〉を向ける | *sein* Streben 〈*seine* Wünsche〉 auf *et.*[4] ~ …を一心に追求する〈願う〉| die Waffe auf 〈**gegen**〉 *jn.* ~ …に武器を突きつける | den Blick gegen den Himmel 〈**in** die Ferne〉 ~ 空〈遠方〉を見やる | *seine* Schritte 〈*seinen* Weg〉 **nach** der Stadt ~ 町へ向かって進む | Seine Augen sind nach der Tür *gerichtet*. 彼の目はドアに注がれている | den Kurs nach Norden 〈**zum** Hafen〉 ~ 針路を北〈港〉へ向ける | *jn.* 〈*et.*[4]〉 zugrunde ~ (→zugrunde 1).

b) 再帰 *sich*[4] an 〈auf〉 *et.*[4] ~ (呼びかけ・視線などが)…に向けられる, …のほうを向く, …を目指す | Der Angriff *richtete* sich auf ein Dorf. 攻撃の矛先はある村に向けられた | Sein ganzes Streben *richtet* sich auf ein einziges Ziel. 彼のすべての努力はただ一つの目標を目指している ‖ Gegen wen *richtet* sich dein Verdacht? 君はだれに嫌疑をかけているのか | Das Schiff *richtet* sich nach Ost. 船は東に向かう.

2 (正しく)調整〈セット〉する;〘工〙(曲がった・ゆがんだものを)まっすぐに直す; (銃砲・レンズなどの)照準を合わせる;〘狩〙(わなを)仕掛ける: die Antenne ~ アンテナを電波の方向に合わせる | einen Draht 〔gerade〕 ~ (曲がった)針金を〔まっすぐに〕打ちのばす | ein Fernrohr ~ 望遠鏡の照準〈ピント〉を合わせる | die Segel 〔nach dem Wind〕 ~ 帆を風向きに合わせる | die Uhr nach der Bahnhofsuhr ~ 時計を駅の時計に合わせる ‖ 再帰 *sich*[4] ~ 整列する | *Richtet* euch!〘軍〙整列, 右〈前〉へならえ(号令) | *sich*[4] nach *jm.* 〈*et.*[3]〉 ~ …を範とする, …にならう; …の都合に合わせる | *sich*[4] nach der Mode ~ 流行を追う | *sich*[4] nach *js.* Vorbild ~ …を手本にする | *sich*[4] nach den Vorschriften ~ 規定に従う | Das *richtet* sich nach dem Wetter. それは天候次第だ ‖〘過去分詞で〙in Reih und Glied *gerichtet* sein (きちんと)整列している.

3 (食卓・寝床などを)ととのえる; (壊れたものを)修復する; (乱れた服装などを)つくろう: die Betten 〈das Zimmer〉 〔für die Gäste〕 ~ 〔来客用に〕ベッド〈部屋〉をしつらえる | *jm.* das Essen ~ …のために食事を用意する | *sich*[3] die Haare ~ 髪をととのえる | ein Schiff ~ 船の出航準備をととのえる | den Tisch 〈die Tafel〉 〔zum Essen〕 ~ 食卓の用意をする ‖ 再帰 *sich*[4] ~ 身づくろいする, 身支度をととのえる | *sich*[4] auf *et.*[4] ~《南部》…に対して心の準備をする | *sich*[4] für die Nacht 〈zum Schlafen〉 ~ 寝る支度をする | *sich*[4] in *et.*[4] ~《北部》…(境遇など)に順応する ‖〘過去分詞で〙Sie ist noch nicht aufs Heiraten *gerichtet*.《南部》彼女はまだ結婚のことなど念頭にない | Alles war für seinen Empfang *gerichtet*. すべての用意は彼を迎えるためだった.

4 (aufrichten) 立てる, 起こす;《(*et.*[4])》〘建〙(…の)棟上げをする: ein Gebäude ~ 建物の棟上げをする | den Kopf in die Höhe ~ 頭をあげる, 顔を起こす | einen Mast 〔in die Höhe〕 ~ マストを立てる ‖ 再帰 *sich*[4] in die Höhe ~ 体を起こす, 立ち上がる ‖〘過去分詞で〙Das Haus stand *gerichtet*. その家は棟上げがすんでいた.

5 《(*jn.*)》 **a)** 裁く: *jn.* nach dem Gesetz ~ …を法律に照らして裁く. **b)**《雅》(hinrichten) 死刑にする, 処刑する: 再帰 *sich*[4] selbst ~ 自決する.

II 自 (h)《雅》《(über *jn.* 〈*et.*[4]〉)》(…について)裁く, 判決を下す, 裁判する: gerecht 〈unparteiisch〉 über *et.*[4] ~ …を公平に裁く | Besser schlichten als ~. (→schlichten 1).

III ge·rich·tet → 別出

[*germ.* „geradmachen"; ◇recht, Gericht¹]

Rich·ter[ríçtər] 男 -s/- **1 a)** 裁判官, 判事(→ 図): ein ~ auf Probe〘法〙試用された裁判官 | Familien*richter* 家庭裁判所判事 | Untersuchungs*richter* 予審判事 ‖ *jn.* zum ~ ernennen …を裁判官に任命する | *jn.* vor den ~ bringen 〈話: schleppen〉 …を裁判ざたにまきこむ ‖ Wo kein Kläger ist, da ist auch kein ~.(→Kläger). **b)** 裁く人, 審判者〈人〉: der höchste 〈ewige〉 ~ 至

Richter

高〈永遠〉の審判者(神) | Schieds*richter* (スポーツの)審判員, レフェリー ‖ *sich*⁴ dem irdischen ～ entziehen《雅》みずから命を絶つ | vor dem letzten ～ stehen《雅》死ぬ(最後の審判者の前に立っている) | *sich*⁴ zum ～ über *et.*⁴ 〈*jn.*〉 aufwerfen《比》…のことをくそみそに言う. **c)** 〖史〗(古代ユダヤの)士師(し): das Buch der ～ (旧約聖書の)士師記. **2** 〖軍〗(砲の)照準手. **3** (Gleichrichter)〖電〗整流器.

Rich·ter≈amt[ríçtər..] 中 -[e]s/ 裁判官〈判事〉の職〔権〕. **≈ge·setz** 中〖法〗裁判官法. **≈kol·le·gium** 中 裁判官〈判事〉団.

rich·ter·lich[ríçtərlıç] 形 裁判官の〈による〉; 裁判〔所〕の〈による〉, 司法の: eine ～*e* Entscheidung 裁判による決定〈裁定〉| die ～*e* Gewalt 司法権 | ein ～*es* Urteil 判決 ‖ Er wurde ～ vernommen. 彼は裁判官に尋問された.

Rich·ter·schaft[ríçtərʃaft] 女 -/-en《ふつう単数で》《集合的に》裁判官, 判事.

Rich·ter-Ska·la[ríçtərska:la·] 女 リヒター=スケール(地震の大きさを示すスケール. マグニチュードと同じ). [◇C. F. Richter (米国の地震学者. 1900-85)]

Rich·ter≈spruch 男 判決. **≈stand** 男 -[e]s/ **1** 裁判官の身分〈地位〉. **2**《集合的に》裁判官, 判事. **≈stuhl** 男 -[e]s/ (裁判官の職の象徴としての)裁判官のいす, 法官席: auf dem ～ sitzen 判事の職にある | *sich*⁴ vor dem ～ verantworten 法廷で弁明する〈裁きを受ける〉| vor Gottes ～ treten《雅》神の裁きの庭へ出る; 死ぬ.

Richt≈fall[ríçt..] 男〖言〗支配格. **≈feh·ler** 男 照準〈方向〉誤差. **≈fern·rohr** 中 照準望遠鏡. **≈fest** 中〖建〗(新築家屋の)上棟式, 棟(むね)上げ, 建前(たてまえ). **≈feu·er** 中 (船や飛行機のための)誘導信号火. **≈funk** 男〖電〗指向性無線. **≈funk·ba·ke** 女〖電〗指向性ラジオビーコン〈無線標識〉. **≈ge·rät** 中〖工〗位置ぎめ装置. **≈ge·schwin·dig·keit** 女 (特にアウトバーンでの)標準〈指導〉速度. [＜richten]

Richt·ho·fen[ríçtho:fən] 人名 Ferdinand Freiherr von ～ フェルディナント フライヘル フォン リヒトホーフェン(1833-1905; ドイツの地理学者. 著作『中国』など).

Richt·holz[ríçt..] 中 ＝Richtscheit

rich·tig[ríçtıç]² **I** 形 **1** (↔falsch) 正しい, 正確な; 正当な; (passend) 適当な, 適切な: eine ～*e* Antwort 当を得た返事 | gerade im ～*en* Augenblick kommen ちょうどいい時にやって来る | eine ～*e* Aussprache 〈Übersetzung〉正確な発音〈翻訳〉| *et.*⁴ am ～*en* Ende anfassen《比》…に正しく対処する | eine ～*e* Erkenntnis 〈Auffassung〉正しい認識〈解釈〉| im ～*en* Fahrwasser sein (→Fahrwasser) | *et.*⁴ ins ～*e* Licht rücken《比》…の実態を明らかにする | eine ～*e* Lösung 正しい解決, 正解 | der ～*e* Mann am ～*en* Platz sein (適材適所で)うってつけの男である | das ～*e* Maß i) 正しいます目; ii)《比》適度, 中庸 | aufs ～*e* Pferd setzen (→Pferd 1) | den ～*en* Ton treffen《比》適切な表現をする | auf dem ～*en* Weg[e] sein 道を間違えていない;《比》方法を誤っていない | den ～*en* Zeitpunkt verpassen 好機をのがす ‖〖述語的に〗*et.*⁴ ～ [be]finden / *et.*⁴ für ～ halten …を妥当〈得策〉と思う | Die Rechnung ist ～. その計算は正しい | So ist's ～!《話》そのとおりだ, そうだとも;《皮肉》おあいにくさま.

‖〖名詞的に〗Das ist das ～*e*. これこそまさに私の言いたい〈望む〉ところだ | Es ist das ～*e* 〈～*ste*〉, sofort zu gehen. すぐに行くのがいい〈いちばんいい〉| Ich halte es für das ～*ste*, wenn wir gehen. 私たちが行く〈立ち去る〉のがいちばんいいと私は思う ‖ [gerade] der *Richtige* [für *et.*⁴] sein […に]うってつけの男である | Du bist mir gerade der 〈die〉 *Richtige*!《皮肉》お前は全くしようのないやつだ | Wenn erst der *Richtige* kommt, wird sie sich schon verlieben.《話》これという男性があらわれさえすれば彼女だってきっと恋のとりこになるさ | an den *Richtigen* geraten 〈kommen〉うまい相手を見つける ‖ das *Richtige* tun なすべきことの選択を誤らない | das *Richtige* treffen《比》ぴたりと的を射当てる, 図星を指す | Das *Richtige* liegt in der Mitte.《諺》中道を歩めば間違いがない | auf das *Richtige* kommen ほんとうのことを当てる〈知る〉.

2 (echt) ほんとうの, 実の, 本物の, 真の〔意味の〕, 正真の; 本式の, 本格〈典型〉的な, 正式の; れっきとした, まともな: ein ～*er* Beruf まともな職業 | ein ～*er* Deutscher 生粋のドイツ人 | Hier geht es nicht mit ～*en* Dingen zu. ここはなんだかうさんくさい(あやしいことが起こりそうだ) | ein ～*er* Fachmann ほんとうの専門家 | eine ～*e* Frau 真の〈女性らしい〉女性 | seine ～*e* Frau 彼の正〔式の〕妻 | ein ～*er* Freund 真の友人 | ～*es* Geld 〈Haar〉本物のかね〈毛髪〉| ein ～*es* Kind 全くの子供 | sein ～*es* Kind 彼の実子 | Du bist ein ～*er* Mann! 君は男らしい男だ | seine ～*e* Mutter 彼の実母 | der ～*e* Name 実名 | das Kind 〈die Dinge〉 beim ～*en* Namen nennen《比》歯にきぬを着せずに物を言う | keinen ～*en* Winter haben 冬らしい冬を経験しない ‖ ～ sein《話》まともである, (性格的に)しっかりしている; すばらしい | Der Junge ist ～!《話》こいつはいいやつだ | **nicht ganz ～ [im Kopf / im Oberstübchen] sein**《話》頭がまともでない〈少々おかしい〉| Mit 〈Bei〉 ihm ist es nicht ganz ～.《話》彼は少々頭がおかしい | Zwischen ihnen ist etwas nicht [ganz] ～.《話》彼らの間はしっくりいっていない | Hier ist es nicht [ganz] ～.《話》ここはなんだかうさんくさい(あやしいことが起こりそうだ) ‖ etwas *Richtiges* lernen まともに教育を受ける, まともなことを習う | nichts *Richtiges* können まともなことは何ひとつできない.

3《間投詞的に》*Richtig* ! よろしい, そのとおり, よしきた, 承知した.

II 副 **1** 正しく, 正確に; 正当に; 適切に, 適当に: ～ liegen 正しい場所〈適所〉にある(ただし: →richtigliegen) | *et.*⁴ ～ machen …のやり方を誤らない(ただし: →richtigmachen) | *et.*⁴ ～ schreiben 〈aussprechen〉…(語など)を正しく書く〈発音する〉| *et.*⁴ ～ stellen …を正しい場所に置く(ただし: →richtigstellen) | *jn.* ～ verstehen …〔のいうこと〕を正しく理解する | die Tür ～ zumachen ドアをきちんと閉める | ～*er* gesagt もっと正確に言えば | Die Uhr geht ～. この時計は合っている | Du kommst gerade ～! 君はちょうどいい時に来たよ | Sitzt das Kleid ～? このドレスはちゃんと体に合っていますか.

2 ほんとうに, 本式に; まともに: *sich*⁴ ～ erkälten 本格的にかぜをひく | Wie heißt er ～? 彼はほんとうの名前はなんというのですか.

3《話》**a)** まったく, ほんとに, すごく; (tatsächlich) 実際, はたして: ～ zornig sein ほんとに〈ひどく〉腹を立てている | *sich*⁴ ～ freuen 〈schämen〉ひどく喜ぶ〈恥ずかしがる〉| Es ist ～ gemütlich bei euch. お宅はほんとに居心地がいい | *Richtig* gelacht hat er! 彼は笑ったのなんのって. **b)**《und richtig の形で》そして事実, はたして, 案のじょう: Ich warne ihn, und ～, er läßt sich betrügen. 私が警告するはしから彼はだまされてしまう | Er hatte versprochen, pünktlich hier zu sein, und ～, als es zehn schlug, trat er ein. 彼は時間どおりにここへ来ると約束したんだが はたして10時きっかりに彼が入って来た.

[*ahd.*; ◇recht]

Rich·tig≈be·fin·den[ríçtıç..] 中, **≈be·fund** 男〖商〗確認, 照合: nach ～ (正しいということが)確認されしだい, 照合の上で.

rich·tig·ge·hend 形 **1** (時計が)正確な, 合っている: eine ～*e* Uhr 正確な時計. **2**《話》(echt) 本物の, 正真正銘の, 本当の: ein ～*er* Löwe (剝製(はくせい)ではない)本物の〈生きている〉ライオン ‖ *sich*⁴ ～ blamieren 赤恥をかく | Er wurde ～ böse. 彼はほんとに怒った.

Rich·tig·keit[ríçtıçkaıt] 女 -/ 正しさ, 正確〈的確〉さ; 正当, 公正: die ～ der Aussprache 発音の正確さ | die ～ einer Abschrift beglaubigen 謄本が正しいことを認証する | an der ～ von *et.*³ zweifeln …が正しいかどうか疑う | *et.*⁴ auf *seine* ～ prüfen …が正しいかどうか調べる ‖ ***et.*¹ hat seine ～ / mit *et.*³ hat es seine ～** …は正しい〈合っている〉| Mit dieser Rechnung hat es seine ～. この計算は正確だ | Es muß alles seine ～ haben. 万事定められたとおりにきちんと事が運ばなくてはならない.

rich·tig≈|lie·gen*[ríçtıçli:gən]¹《93》自 (h)《話》間

R

違っていない, 人々の期待にそっている(ただし: richtig liegen →richtig II 1): Mit dem Plan liegt er richtig. 彼のその方針は間違っていない. ⸗|**ma·chen** 他 (h)《話》きちんと処理する, 清算する(ただし: richtig machen →richtig II 1): die Rechnung ~ 勘定を払う. ⸗|**stel·len** 他 (h) 正す, 直す, 訂正する(ただし: richtig stellen →richtig II 1): den Irrtum ~ 誤りを正す.

Rich·tig·stel·lung 女 -/-en 訂正, 修正.

Richt⸗ka·no·nier[ríçt..] 男《軍》(大砲の)照準手. ⸗**kraft** 女《理》(振り子などをもとの出発点に戻す)復元力. ⸗**kranz** 男 **1**《建》(上棟式の)飾り花輪(棟木の上につける). **2**《話》=Richtkreis ⸗**kreis** 男《測量》コリメーター, 方向分画機. ⸗**kro·ne** 女 =Richtkranz 1 ⸗**lat·te** 女 =Richtscheit ⸗**li·nie**[..li:niə] 女 -/-n **1**《ふつう複数で》方針,〔指導〕要綱, 基準, 原則: die ~*n* der Politik 政綱, 施政方針 | die ~*n* einhalten 方針〈要綱〉を守る. **2**《工》準線. ⸗**lot** 中 下げ振り; 垂線. ⸗**ma·schi·ne** 女《工》くせ取り機. ⸗**maß** 中 標準寸法;《建》公称寸法;《比》(Maßstab) 基準, 尺度. ⸗**mi·kro·phon** 中《電》指向性マイク. ⸗**plat·te** 女《工》すり合わせ〈腰入れ〉定盤. ⸗**platz** 男 (野外の)刑場. ⸗**preis** 男 (↔Festpreis)《経》**1** (官庁や業者間で決めた)標準価格, 適正価格; (生産者の)希望価格. **2** 暫定価格. ⸗**punkt** 男 (銃砲の)照準点. ⸗**satz** 男 (官庁などで定められた)基準率. ⸗**scheit** 中 直(ちょく)定規. ⸗**schmaus** 男 建前〈棟上げ祝い・上棟式〉の宴会〔のごちそう〕. ⸗**schnur** 女 -/-en **1**《建》水糸(みずいと), 墨なわ; 下げ振り糸. **2**《比》規準, 規範; 指針, 規矩(きく)準縄(じゅんじょう): *jm.* als ~ 〈zur ~〉 dienen …にとって規範となる. ⸗**schüt·ze** 男《軍》照準〔砲〕手. ⸗**schwert** 中 (処刑用の)首切り刀. ⸗**seil** 中《鉄道》架線調整スパン. ⸗**sen·dung** 女《電》指向送信. ⸗**statt** 女, ⸗**stät·te** 女 刑場. ⸗**strahl·an·ten·ne** 女, ⸗**strah·ler** 男《電》ビームアンテナ. ⸗**strecke** 女《坑》走向坑道. [<richten]

Rich·tung[ríçtʊŋ] 女 -/-en **1 a)** 方向, 方角, 向き; (Fahrtrichtung) (乗り物の)進行方向, 進路, 針路; (Verlauf) (道・川などの)延び, 方向, 道筋: Flug*richtung* 飛行方向 | Himmels*richtung* 方位 | Wind*richtung* 風向き ‖ die ~ ändern 〈wechseln〉 進路を変える | *et.*[3] eine bestimmte ~ geben …に一定の方向を与える | eine andere ~ nehmen 別の方向〈進路〉をとる | die ~ verlieren 方向を見失う | die ~ nach Norden einschlagen 進路を北にとって進む | *jm.* die ~ zeigen 〈weisen〉 …に方向を指示する ‖ **aus** allen ~*en* 四方八方から | 〔**in**〕 Richtung 〔auf〕 Berlin 進路をベルリンへ向けて | in gerader ~ 一直線に, まっすぐに | in nördlicher ~ 〈in nördliche ~〉 fliegen 北へ向かって飛ぶ | In ~[3] des Dorfes hörte man Hundegebell. 村の方向でしきりに犬のほえるのが聞こえた | in 〔der〕 ~ auf das Dorf 〈nach dem Dorf〉 zu その村の方向へ | der Zug 〔in〕 ~ Berlin ベルリン行き列車. **b)**《比》方面, 観点: in dieser ~ この点で | in jeder ~ あらゆる点において, どの点でも | in keiner ~ 決して…ない | **nach** allen ~*en* 四方八方へ | nach keiner ~ hin 決して…ない.

2《比》(芸術・学問・政治などの)傾向, 流れ, 趨勢(すうせい), 成りゆき; 流派; 主義, 見解: eine politische ~ 政治的傾向; 政治上の見解 | eine neue ~ in der Philosophie 哲学における新しい傾向.

3《軍》整列: ~ halten 列を整然と保つ | So stimmt die ~.《話》それでぴったり〈オーケー〉だ.

4 =Richtfest

rich·tung·ge·bend[ríçtʊŋ..] 形 方向〈方針〉を与える, 基準的な.

Rich·tungs⸗än·de·rung 女 方向転換, 進路変更. ⸗**an·zei·ge** 女 方向指示. ⸗**an·zei·ger** 男 **1** (Winker) (自動車の)方向指示器. **2**《工》勾配(こうばい)標. **3**《鉄道》行先案内板. ⸗**emp·fang** 男《電》指向受信. ⸗**fin·der** 男《電》方位測定機. ⸗**hö·rer** 男 (対空用の)聴音〔探知〕機. ⸗**kampf** 男 (政党内などでの)路線闘争. ⸗**kör·per** 男《動》極体, 極細胞, 方向体. ⸗**li·nie** [..li:niə] 女 方向線.

rich·tungs·los[ríçtʊŋslo:s][1] 形 **1** 無方向の: ~ umherlaufen あてもなくあちこち走り回る. **2** (人が)無定見の, 無方針の.

Rich·tungs⸗pfeil 男 (方向を示す)矢〔印〕; (路面に描かれた)指定方向外進行禁止標識(→ 図 Straße). ⸗**schild** 中 (バスなどの)行先標示板. ⸗**su·cher** 男《電》方向探知機, 方位測定機.

rich·tung·wei·send 形 方向〈方針〉を示す, 指導的な, 指標となる.

Richt⸗waa·ge[ríçt..] 女 (Wasserwaage)《工》水準器. ⸗**weg** 男 (徒歩での)近道: einen ~ nehmen 〈benutzen〉 近道をとる. ⸗**wert** 男 指標〈基準〉となる数値; 基準値〈価格〉. ⸗**zahl** 女《経営》(部門・規模別に算出された)適正〈標準〉数値. ⸗**zei·chen** 中《交通》案内標識. [<richten]

Rick[rɪk] 中 -〔e〕s/-e, -s **1**《中部》**a)** (Stange) 棒, さお; 暖炉の棒. **b)** 柵(さく), まがき, 矢来(やらい). **c)** (Gestell) 台, 台架. **2**《馬術》(障害物飛越用の)横木, 柵木: Doppel~ 二重障害横木. [*mhd.*; ◇reihen[1]]

Ricke[ríkə] 女 -/-n《動》ノロ〈ノロジカ〉の雌(→Reh).

Rickert[ríkərt] 人名 Heinrich ~ ハインリヒ リッケルト(リッカート)(1863–1936; ドイツの哲学者).

Rickett·si·en[rɪkɛ́tsiən] 複《細菌》リケッチア(発疹(ほっしん)チフスなどの病原体). [<H. T. Ricketts (アメリカの細菌学者, †1910)]

ri·di·kül[ridiký:l] 形 (lächerlich) 笑うべき, こっけいな; ばかげた, 愚かしい: ein ~*er* Einfall 愚にもつかぬ思いつき. [*lat.* rīdiculus–*fr.* ridicule; <*lat.* rīdēre „lachen"]

▽**Ri·di·kül**[–] 男 中 -s/-e, -s (手芸用の)手提げ袋. [*lat.* rēticulum „Netzchen"–*fr.* réticule; ◇Retikulum]

rieb[ri:p][1] reiben の過去.

rie·be[rí:bə] reiben の接続法 II.

▽**riech·bar**[rí:çba:r] 形 かぐことのできる, においのある.

Riech·be·sen 男《話》(Blumenstrauß) 花束.

rie·chen*[rí:çən]《118》**roch**[rɔx]/**ge·ro·chen;** 現 *du* riechst (▽reuchst[rɔʏçst]), *er* riecht (▽reucht); 命 riech〔e〕 (▽reuch); 接II **röche**[rœ́çə]

I 自 (h) **1 a)** ①《様態を示す語句と》(…の)においがする: gut ~ いい香りがする | schlecht ~ 臭い | faul 〈übel〉 ~ 腐った〈いやな〉においがする | frisch 〈süßlich〉 ~ すがすがしい〈甘い〉香りがする | stark 〈scharf〉 ~ においが強い〈きつい〉 | 〔wie〕 angebrannt ~ 焦げ臭いにおいがする | Die Blumen *rochen* betäubend. 花はしびれるようなにおいを放っていた, 花の香りがしびれるようであった | Das Angebot *riecht* faul.《話》この申し出は何かくさい ‖ ein modrig *riechender* Kellerraum かび臭い地下室(→III). ②《nach *et.*[3]》(…の)においがする;《比》(…の)気配がする, 様子である: Dein Atem *riecht* nach Knoblauch. 君の息はニンニク臭い | Deine Kleidung *riecht* nach Zigarettenrauch. 君の服はタバコの煙のにおいがする ‖ Das *riecht* mir aber sehr nach Sensationshascherei. 私にはそれはいかにも人気取りとしか見えない ‖ 非人称 Es *riecht* nach Gas 〈Fisch〉. ガス〈魚〉臭い | Im Zimmer *riecht* es nach Kaffee. 部屋にはコーヒーの香りが漂っている | Es *riecht* nach Krieg. 戦争になりそうな気配だ, きな臭くなってきた.

b) においを放つ; 臭い, 香りがする: Die Blume *riecht* nicht. この花は香りがない | Der Käse *riecht*. このチーズはにおう | Der Kaffee *riecht* nicht mehr. このコーヒーはもう香りが消えている | Das Fleisch begann zu ~. この肉は〔腐って〕においはじめた | Er *riecht* aus dem Munde 〈Hals〉. / Sein Atem *riecht*. 彼は口が臭い ‖ 非人称 Es *riecht* aus der Schleuse. 下水溝からにおいがする.

★ riechen はすべてのにおいに用いられ, duften は芳香に, stinken は悪臭に用いられる.

2 鼻を近づける, 嗅(か)ぐ, 嗅いでみる: an einer Blume ~ 花のにおいを嗅ぐ | *Riech* mal an mir! ちょっと私のにおいを嗅いでごらん | Du darfst mal 〔dran〕 ~.《比》拝ますだけは拝ましてやる(しかしやるわけにはいかない) | Da kannst du dran ~.《比》(いま言ったことが間違っているかどうか)まあよく考えてみ

てくれ | Der Neue hat gerade mal an der Sache *gerochen.* 《比》あの新入りはやっと少し様子がのみこめたというところだ | Er hat in den Flaschenhals *gerochen.* 彼は瓶の中のにおいを嗅いだ | Er hat kaum in den Betrieb *gerochen* und will schon alles besser wissen. 《比》彼は職場ではやほやの新入りのくせにもう何でも知ったかぶりをする.
3 (wittern) 嗅ぎつける, 嗅ぎわける: Der Hund *riecht* außerordentlich fein. 〔この〕犬は嗅覚(きゅうかく)が異常に鋭い. ᵛ**4** 《方》(rauchen) 煙〈蒸気〉を出す.
II 他 (h) **1** 《意志的行為として》《*et.*⁴》(…〔のにおい〕を)嗅ぐ: den Duft der Blume ~ / die Blume ~ 花の香りを嗅ぐ | Der Hund *roch* das Fleisch. 犬はその肉のにおいを嗅いだ | Ich *rieche* das Parfüm gern. 私はこの香水のにおいが好きだ ‖ ***jn.* 〈*et.*⁴〉 nicht ~ können** 《話》…が大嫌いである(→2) | Knoblauch nicht ~ können ニンニクのにおいが大嫌いである | Er kann kein Pulver ~. 《比》彼は(火薬のにおいに逃げ出す兵隊のように)おく病者だ.
2 《意志的行為としてではなく》《*et.*⁴》(…の)においを感じる, (…の)においに気がつく; 《比》嗅ぎつける, さとる, 感づく: Er hat zuerst das Gas 〈das Feuer〉 *gerochen.* 彼が最初にガスの〈ものが燃える〉においに気がついた | *Riechst* du die See? 磯(いそ)の香りがしないかい ‖ Lunte 〈den Braten / den Speck〉 ~ (→Lunte 1, →Braten, →Speck 1 a) | Ich hatte eure Absicht längst *gerochen.* 君たちの魂胆は私にはとうに分かっていた | Er muß die Gefahr direkt *gerochen* haben. まさしく彼は身の危険を感じ取ったにちがいない | Er *roch* überall Spione. 彼は人を見るとスパイだと思った | ***et.*⁴ nicht ~ können** 《話》…をあらかじめ知ることができない, …を予想〈予感〉できない(→1) | Das kann ich doch nicht ~. 私がそんなことに気づくわけがないだろう.
III rie·chend 現分 形 (強い)においのする; (腐って)におう: 〖ふつう様態を示す形容詞と結合して〗schwach*riechend* (香水などが)においの弱い | übel*riechend* においの悪い, 臭い.
[*germ.* „dunsten"; ◇Rauch, Geruch]

Rie·cher[ríːçər] 男 -s/- **1** 《話》(Nase) 鼻; 《比》嗅覚(きゅうかく), 勘, 予感: **einen guten 〈feinen〉 ~ haben / den richtigen ~ haben** 《話》勘が鋭い | Das sagt mir mein ~. 《話》私は何となくそんな気がする | Steck deinen ~ nicht in alles! 《比》そう何にでも首をつっこむんじゃない. **2** 《比》(Schnüffler) やたらに嗅(か)ぎ回る〈せんさく好きな〉人.

Riech≠fläsch·chen[ríːç..] 中 (芳香塩入りの)気つけ薬瓶. **≠kis·sen** 中 におい袋. **≠kol·ben** 男 《話》(Nase) 鼻. **≠mit·tel** 中 〖医〗嗅薬(きゅうやく). **≠nerv** 男 〖解〗嗅(きゅう)神経. **≠or·gan** 中 〖解〗嗅覚器. **≠pro·be** 女 においテスト. **≠salz** 中 芳香塩, かぎ薬(失神・頭痛などに用いた炭酸アンモニウム主剤の気つけ薬). **≠stoff** 男 (合成)香料. **≠werk·zeug** 中 =Riechorgan

..ried[..riːt] →..reuth

Ried¹[riːt]¹ 中 -(e)s/-e **1** 〖植〗ヨシ(葦)属. **2** (ヨシなどの生えた)沼地, 沼沢地, 湿地. [*westgerm.* „Schwankendes"; ◇*engl.* reed]

Ried²[−] 女 -/-en 《オーストリア》ぶどう畑〈山〉の斜面. [*mhd.*; < *mhd.* rieten „ausrotten"]

Ried·bock[ríːt..] 男 〖動〗(アフリカ産の)カモシカ, リードバック. [< Ried¹]

Rie·de[ríːdə] 女 -/-n =Ried²

Ried·gras[ríːt..] 中 **1** (Segge) 〖植〗スゲ(菅)属. **2** =Riedgrasgewächs [< Ried¹]

Ried·gras·ge·wächs 中 〖植〗カヤツリグサ(蚊帳吊草)科植物.

rief[riːf] rufen の過去.

rie·fe[ríːfə] rufen の接続法 II.

Rie·fe[ríːfə] 女 -/-n (石・金属・木材・板チョコなどの)溝, 刻み目, 筋目, 条溝. [*ndd.*]

rie·feln[ríːfəln] 《06》 他 (h) 《*et.*⁴》(…に)溝〈刻み目〉をつける, 筋目を入れる: *geriefelte* Butterkugel 表面にぎざぎざの入ったボールバター.

Rie·fe·lung[..fəlʊŋ] 女 -/-en **1** riefeln すること. **2** (riefeln してできたもの. 例えば:) 筋目〔のついた個所〕.

rie·fen¹[ríːfən] =riefeln

rie·fen²[−] rufen の過去 1・3 人称複数.

rie·fig[ríːfɪç]² 形 溝のある, 刻み目〈筋目〉のついた. [< Riefe]

Rie·ge[ríːgə] 女 -/-n **1** 〖体操〗組, チーム. **2** 《北部・中部》 **a)** 穀物乾燥室. **b)** (スカートの)ひだ. [*mndd.* rīge „Reihe"; ◇reihen¹]

Rie·gel[ríːgəl] 男 -s/- **1 a)** 閂(かんぬき), さし錠: ein breiter 〈schwerer〉 ~ 幅の広い〈ずっしりとした〉閂 | der ~ an der Tür 〈am Fenster〉 扉〈窓〉の閂 ‖ den ~ an der Tür vorlegen ドアに閂をかける | den ~ vorschieben 〈aufschieben〉 閂をさす〈あける〉 | ***jm.* 〈*et.*³〉 einen ~ vorschieben** …を阻止する, …に待ったをかける ‖ hinter Schloß und ~ (→Schloß 2) | unter Schloß und ~ (→Schloß 2 a). **b)** (錠の)ボルト(→ 図 Schloß B). **c)** 〖軍・スポーツ〗厳重な防御〔線〕: den ~ durchbrechen 防御線を突破する. **2 a)** 横桁(げた), 横桟, 梁(はり)(→ 図 Fachwerk). **b)** (衣類・帽子などをかける)横木. **3** (同じ大きさに切れ目の入った)棒状のもの: ein ~ Seife 〈Schokolade〉 1本の棒せっけん〈棒チョコレート〉. **4** 〖服飾〗ベルト通し; (コートなどの)取り付けベルト; ボタンホールステッチ. **5** 〖狩〗(野獣の道となる)山の背, 尾根. **6** 《南部》 **a)** みみずばれ. **b)** 肩甲骨の前部. **7** 《卑》(Penis) 陰茎, 男根. [*ahd.* rigil „Querholz"; ◇Reling]

Rie·gel·bau[ríːgəl..] 《スイス》 =Fachwerkbau

Rie·gel·hau·be 女 (Bayern 地方の)刺繍(ししゅう)のある婦人礼帽(→ 図 Haube). [< *ahd.* riccula „Band"]

Rie·gel≠haus 《スイス》 = Fachwerkhaus **≠holz** 中 閂(かんぬき)用の横木, 木製の閂.

rie·geln[ríːgəln] 《06》 他 (h) **1** 《スイス》(verriegeln) 《*et.*⁴》(…に)閂(かんぬき)をかける〈下ろす〉. **2** 〖馬術〗(交互に手綱を引いて馬を)一定の姿勢に保つ.

Rie·gel≠schloß 中 閂(かんぬき)錠. **≠stel·lung** 女 〖軍〗防御線〈陣〉. **≠wand** 女 木骨壁. **≠werk** =Fachwerk

Rie·gen·füh·rer[ríːgən..] 男 〖体操〗チームリーダー.

rie·gen·wei·se 副 (→..weise ★) 〖体操〗組になって.

rieh[riː] reihte (reihen¹の過去)の別形.

Rie·mann[ríːman] 人名 Georg Friedrich Bernhard ~ ゲオルク フリードリヒ ベルンハルト リーマン(1826-66; ドイツの数学者. リーマン幾何学その他のすぐれた業績を残した).

Riem·chen[ríːmçən] 中 -s/- **1** Riemen¹の縮小形. **2** 〖建〗細型れんが(→ 図 Baustoff).

Rie·men¹[ríːmən] 男 -s/- (小 **Riem·chen** → 別出) **1** (革・合成繊維などでできた丈夫な)ひも, 帯, バンド, ベルト; (帽子の)あごひも(→ 図 Mütze): Barbier*riemen* 革砥(かわど) | Schuh*riemen* 靴ひも | Treib*riemen* 〖工〗動輪ベルト ‖ **den ~ enger schnallen** ベルトをきつくする, 《話》財布のひもを締める, 切り詰めた生活をする | ***sich*⁴ am ~ reißen** 《話》ふんどしを締めなおす, がんばる | Wenn du es zum Ende führen willst, so mußt du dich ganz schön am ~ それを成しとげるつもりなら 君は大いにがんばらなければいけない | Jetzt reiß dich am ~ und hör auf zu heulen! さあ元気を出して 泣きわめくのはやめろ | den Koffer mit einem ~ verschnüren トランクを革ひもでしばる | **Aus fremder Haut ist gut 〈leicht〉 ~ schneiden.** 《話》ひとのふんどしで相撲をとるのはたやすい. **2 a)** 〖建〗幅のせまい床板(→ 図 Fußboden). **b)** 幅のせまい地所. **c)** (細長く組んだ)新聞記事. **3** 《卑》(Penis) 陰茎, 男根.
[*westgerm.* „abgerissener Streifen"; ◇raufen]

Rie·men²[ríːmən] 男 -s/-(Ruder) (一本を両手でこぐ)櫂(かい), オール(→ 図) (→ Skull): ***sich*⁴ in die ~ legen** 力いっぱいこぐ, 力漕(りきそう)する; 《話》精いっぱい仕事に取り組む. [*lat.* rēmus−*ahd.*; ◇Ruder]

Griff Schaft Blatt
Riemen²(Ruder)

Rie·men≠an·trieb[ríːmən..] 男 〖工〗ベルト伝動〈仕掛け〉. **≠aus·rü·cker** 男 〖工〗ベルト寄せ. **≠blu·me** 女 〖植〗 **1** マツグミ(松胡頽子)属(ヤドリギ科). **2** トキワマンサク(常葉満作).

Rie·men·boot 中 〖ボート〗両手で1本のオールをこぐボート.

Rie·men≠durch·hang 男 〖工〗ベルトのたるみ〈たわみ〉.

R

⸗**fisch** 男〘魚〙リュウグウノツカイ(竜宮使). ⸗**fuß·bo·den** =Stabfußboden

Rie·men·ga·bel 女 (Dolle)〘ボート〙オール受け, 櫂座.

Rie·men⸗loch·zan·ge 女〘工〙ベルトパンチ. ⸗**par·kett** 中〘建〙杉綾〈矢筈〉模様の床. ⸗**schei·be** 女〘工〙ベルト車, 調帯車(→ 図 Treibriemen).

Rie·men·schnei·der[ríːmənʃnaɪdər] 人名 Tilman ~ ティルマン リーメンシュナイダー(1460-1531; ドイツの後期ゴシックの木彫家).

Rie·men⸗trieb =Riemenantrieb ⸗**werk** 中 革ひも細工. ⸗**wurm** 男〘動〙サナダムシ(真田虫). ⸗**zeug** 中《集合的に》(例えば馬具など, ある道具を構成している)革ひもの全体. ⸗**zun·ge** 女〘植〙ヒマントグロッスム(ラン科の野草).

Rie·mer[ríːmər] 男 -s/-《南部》(Sattler) **1** 鞍〈馬具〉職人. **2** 皮革職人.

Ries[riːs][1] 中 -es/-e (単位: -/-) **1** (紙の)ロール; 連(紙の取引単位で20帖すなわち500枚に相当): zwei ~ Papier 2 連の紙. **2**《集合的に》〘スイス〙(九柱戯の) 9 本の柱. [*arab.* rizma „Bündel"–*mlat.* risma–*mhd.*; ◇ *engl.* ream]

Rie·se[1][ríːzə] 男 -n/-n **1** (⊛ **Rie·sin** → 別出)(伝説・神話などの)巨人;《比》大男; 巨大なもの(建物・施設・山・動植物など): ein ~ an Gelehrsamkeit 該博な知識の持ち主 | **ein abgebrochener ~**《戯》小男; (大学の)中途退学者 | Baum*riese*《雅》巨木. **2** =Riesenstern **3** =Riesenfelge **4**《話》(Tausendmarkschein) 千マルク紙幣. [*ahd.* riso; ◇riesig]

Rie·se[2][–] 女 -/-n (木材搬出用の)すべり道. [*mhd.* rise; < *ahd.* rīsan (→Reise); ◇rieseln]

Rie·se[3][–] 女 -/-n (13-14世紀の, 目と鼻以外をすべておおった)婦人帽(→ 図 Haube). [*ahd.* rīsa „Schleier"]

Rie·se[4][–] 人名 Adam ~ アーダム リーゼ(1492-1559; ドイツの算術教師): ein eiserner ~《話》計算器, 電卓 | **nach Adam ~**《話》正確に計算して.

Rie·sel[ríːzəl] 男 -s/-《南部》**1** (雨などが)しとしと降ること; (水が)さらさら流れること. **2** あられ; 霧雨. **3** (Gänsehaut)鳥肌; 寒気, ぞっとする気持. **4 a)** (Sommersprosse) そばかす. **b)** (Hautausschlag) 発疹.

Rie·sel⸗an·la·ge 女 下水灌漑設備. ⸗**feld** 中, ⸗**gut** 中 下水灌漑農場(土中を流れるうちに浄化された下水を利用した耕地. 大都市周辺に多い).

rie·seln[ríːzəln] ⟨06⟩ 自 (h, s) さらさら〈ちょろちょろ〉流れ〔落ち〕る (h, s について: →schwimmen I 1 ☆): Ein Bach *rieselt*. 小川がさらさら流れる | Der Regen 〈Der Schnee〉 *rieselt*. 雨がしとしと〈雪がさらさらと〉降る | Tränen *rieseln* über die Wangen. 涙が頬を伝って流れる ‖ Ein Schauder *rieselte* ihm über den Rücken. 彼は背筋がぞっとした | bei *jm.* *rieselt* schon der Kalk (→Kalk 1 a). [*mhd.*; < *ahd.* rīsan (→Reise); ◇Riese[2]]

Rie·sel⸗re·gen 男〔小〕ぬか雨, 霧雨. ⸗**turm** 男〘工〙スクラッバー. ⸗**was·ser** 中 -s/..wässer 灌漑水.

riesen..《名詞などにつけて「巨人の・巨大な」を意味するが, 口語ではまた「非常な・ものすごい」などを意味し, ふつうアクセントは同時に基礎語にもおかれる》: *Riesen*stadt 巨大都市 | *Riesen*fehler 大変な間違い, ひどいミス. [<Riese[1]]

Rie·sen⸗angst[ríːzən|áŋst] 女《話》非常な不安. ⸗**an·stren·gung** 女《話》非常な骨折り〈苦労〉. ⸗**ar·beit** 女《話》大事業; 膨大な著作. ⸗**arsch·loch** 中《卑》大まぬけ, 大ばか.

Rie·sen⸗bau[また: ⌐◡⌐] 男 -〔e〕s/-ten 巨大な建造物. ⸗**bock** 男 (Heldbock)〘虫〙カミキリムシ(髪切虫). ⸗**bo·fist** 男〘植〙ノウタケ(脳茸). ⸗**da·me** 女 (昔, 年の市の呼び物になった)大女.

Rie·sen⸗dumm·heit 女《話》大失策. ⸗**ech·se** 女〘古生物〙恐竜〔類〕. ⸗**er·folg** 男《話》大成功〈成果〉.

Rie·sen⸗faul·tier[ríːzən..] 中〘古生物〙オオナマケモノ(大樹懶). ⸗**fel·ge** 女〘体操〙(鉄棒の)大車輪(→ 図). ⸗**flug·beut·ler** 男〘動〙フクロムササビ(袋鼯鼠). ⸗**flug·zeug** 中〘空〙巨人機, 超大型機.

das **Rie·sen·ge·bir·ge**[ríːzəŋgəbɪrgə] 地名 中 -s/ リーゼンゲビルゲ (Sudeten 山地の一部をなす山地で最高峰1603m).

Rie·sen⸗ge·schlecht 中 (伝説・神話の)巨人族. ⸗**ge·stalt** 女 巨体, 巨軀. ⸗**ge·winn** 男《話》巨額の利益.

Riesenfelge

rie·sen·groß 形《話》巨大な.

Rie·sen⸗grö·ße 女《話》巨大さ. ⸗**gür·tel·tier** 中〘動〙オオアルマジロ.

rie·sen·haft 形 **1** 巨人のような; 巨大な: ein ~*er* Berg 〈Mann〉 巨大な山〈並はずれた大男〉. **2** 非常な, 法外な: eine ~*e* Anstrengung たいへんな苦労〔仕事〕.

Rie·sen·haf·tig·keit[..tɪçkaɪt] 女 -/ riesenhaft なこと.

Rie·sen⸗hai 男〘魚〙ウバザメ(姥鮫). ⸗**hirsch** 男 **1**〘古生物〙オオツノシカ(大角鹿). **2**《話》巨大なシカ.

Rie·sen·hun·ger 男《話》非常な空腹.

Rie·sen⸗hya·zin·the 女〘植〙ガルトニア, ツリガネオモト(釣鐘万年青). ⸗**kä·fer** 男〘虫〙カブトムシ(兜虫)亜科の昆虫. ⸗**ka·mel** 中《話》大ばか(まぬけ)〔者〕. ⸗**kän·gu·ru**〔h〕[..kɛŋguru·] 中〘動〙オオカンガルー. ⸗**knö·te·rich** 男〘植〙オオイタドリ(大虎杖). ⸗**kon·zern** 男 巨大な〈超大型の〉コンツェルン. ⸗**krach** 男《話》**1** ものすごい音, 大騒音. **2** 大げんか; 大騒動. ⸗**kraft**[また: ⌐◡⌐] 女 巨大な力, 大力, 怪力. ⸗**kür·bis** 男〘植〙クリカボチャ(栗南瓜). ⸗**läu·fer** 男 -s/-〘動〙オオムカデ(大百足). ⸗**loch** 中《話》巨大な穴;《比》(赤字の意味での)大穴. ⸗**mam·mut·baum** 男〘植〙セコイアデンドロン(米国カリフォルニア産の巨大な針葉樹). ⸗**mu·schel** 女〘貝〙シャコガイ(硨磲貝). ⸗**ot·ter** 男〘動〙オオカワウソ(大獺). ⸗**rad** 中 (遊園地などの)大観覧車(→ 図 Rummelplatz): ~ 〈mit dem ~〉 fahren 大観覧車に乗る. ⸗**ral·le** 女 (Rallenkranich)〘鳥〙ツルモドキ(鶴擬). ⸗**roß**[また: ⌐◡⌐] 中 -es/..rösser《話》大ばか(まぬけ)〔者〕. ⸗**sa·la·man·der** 男〘動〙オオサンショウウオ(大山椒魚). ⸗**schlan·ge** 女 大蛇, うわばみ, おろち. ⸗**schna·ke** 女〘虫〙ガガンボ(大蚊)科の昆虫.

Rie·sen·schritt 男 -〔e〕s/-e《ふつう複数で》《話》大またの歩み.

Rie·sen⸗schwung 男 =Riesenfelge ⸗**sla·lom** 男〘スキー〙大回転競技.

Rie·sen·spaß 男《話》すごくすてきな楽しみ〈冗談〉.

rie·sen·stark 形《話》非常に強い, 大力の.

Rie·sen⸗stär·ke[ríːzən..] 女《話》非常な強さ, 怪力. ⸗**stern** 男〘天〙巨星.

Rie·sen·sum·me 女《話》巨額.

Rie·sen⸗tan·ker[ríːzən..] 男《話》マンモス=タンカー. ⸗**topf** 男〘地〙甌穴, ポットホール(滝つぼの底などにできる穴で, その形を「巨人の鍋」に見たてたもの). ⸗**tor·lauf** 男 =Riesenslalom ⸗**un·ter·neh·men** 中《話》巨大企業. ⸗**was·ser·wan·ze** 女〘虫〙タガメ(田亀)科の昆虫. ⸗**wel·le** 女 =Riesenfelge ⸗**werk** 中 =Riesenarbeit ⸗**wuchs** 男〘医〙巨大発育〔症〕, 巨人症.

rie·sig[ríːzɪç][2] 形 巨大な;《話》非常な, 法外な, 途方もない: ein ~*es* Gebäude 巨大な建物 | eine ~*e* Summe ばく大な額 | einen ~*en* Durst haben のどがひどく渇いている ‖ *sich*[4] ~ freuen 大喜びする | Das ist ~ interessant. それはすごくおもしろい.

Rie·sig·keit[–kaɪt] 女 -/ riesig なこと.

Rie·sin[ríːzɪn] 女 -/-nen (Riese[1]の女性形)(伝説・神話などの)女の巨人;《比》大女.

rie·sisch[ríːzɪʃ] 形 巨人〔族〕の.

Ries·ling[ríːslɪŋ] 男 -〔e〕s/-e **1**《単数で》(白ワイン用の)

リースリング種のぶどう．**2** リースリング種のぶどうからつくった白ワイン．

Rie·ster[1][ríːstər] 男 -s/-《南部》(Pflugsterz) すきの柄．［*ahd.* riostra; ◇reuten］

Rie·ster[2][–] 男 -s/- (靴の)つぎ革: einen ～ aufsetzen つぎ革をあてる．

rie·stern [ríːstərn]《05》他 (h)《*et.*[4]》(…に)つぎ革をあてる．

ries·wei·se[ríːs..] 副 (→..weise ★)(紙を)連(れん)単位で(→Ries 1).

riet[riːt] raten の過去．

Riet[–] 中 -[e]s/-e, **Riet·blatt**[ríːt..] 中《織》筬(おさ)．［<Ried[1]］

rie·te[ríːtə] raten の接続法 II.

das **Rif**[riːf] 地名 中 -s/ リフ(モロッコ北部の山脈)．［*arab.*］

der **Rif·at·las**[ríːf..] 地名 男 -/ リフ山地．

Riff[1][rɪf] 中 -[e]s/-e 岩礁, 暗礁, 浅瀬;《地》礁, リーフ(→ 図 Küste): Das Schiff lief auf ein ～. 船が座礁した．［*anord.* rif „Rippe"–*mndd.* rif; ◇Rippe; *engl.* reef］

Riff[2][–] 男 -[e]s/-s《楽》リフ(ジャズ音楽で伴奏の一部として反復される短い楽節)．［*engl.*］

Rif·fel[rífəl] 女 -/-n **1** 麻櫛(くし), 亜麻こき．**2** (物体表面の)波状起伏, うねり．**3**《南部・オーストリア》のこぎり形の山の背．［*ahd.* „Säge"; ◇*engl.* ripple］

Rif·fel·blech 中 生子(なまこ)板ブリキ, 波〈しま〉板ブリキ．

rif·feln[rífəln]《06》他 (h)《*et.*[4]》**1** (麻を)こく, すく．**2** (…に)波形の起伏をつける．

Rif·fe·lung[..fəlʊŋ] 女 -/-en **1** 麻こき．**2** 波形起伏(しま目)〔をつけること〕．

Riff·ko·ral·le[ríf..] 女 造礁サンゴ．

▽**Ri·fiot**[rifióːt] 男 -en/-en ＝Rifkabyle

Rif·ka·by·le[ríːfkabyːlə] 男 -n/-n リフ族 (Rif に住む Berber)．［<*arab.* qabīla „Stamm"］

Ri·ga[ríːga·] 地名 リガ(ラトヴィア共和国の首都)．

Ri·ga·er[ríːgaər] **I** 男 -s/- リガの人．**II** 形《無変化》リガの: die ～ Bucht リガ湾．

ri·ga·isch[ríːga·ɪʃ] 形 リガの: der *Rigaische* Meerbusen リガ湾．

der **Ri·gel**[ríːgəl] 男 -/《天》リゲル(オリオン座の首星)．［*arab.* rijl „Fuß"］

Rigg[rɪk] 中 -s/-s , **Rig·gung**[rígʊŋ] 女 -/-en (Takelung)《海》索具装備．［*engl.* rigging; <*engl.* rig „auftakeln"］

der **Ri·gi**[ríːgi·] 地名 男 -[s]/ (die **Ri·gi**[–] 地名 女 -/)リーギー(スイス Vierwaldstätter See と Zuger See の間にある山塊．最高峰は1798m)．

ri·gid[rigíːt][1] 形, **ri·gi·de**[rigíːdə] 形 **1** (steif) 硬い, 硬直した, こわばった．**2** (streng) きびしい, 厳格な; がんこな．［*lat.*; <*lat.* rigēre „starr sein"; ◇rigoros］

Ri·gi·di·tät[rigiditɛ́ːt] 女 -/ (rigid なこと．例えば:) 硬直, こわばり;《理》(固体の)硬さ;《医》硬直, 強直: ～ der Muskulatur 筋強直．［*lat.*］

Ri·go·le[rigóːlə] 女 -/-n 溝, 排水溝．［*lat.* rēgula–*mndl.* regel–*fr.*］

ri·go·len[rigóːlən]《過分 rigolt》他 (h) (田畑を)深くすく, 掘り返す．［*fr.*］

Ri·gol·pflug 男《農》深鋤(ふかすき)．

Ri·gor[ríːgɔr] 男 -s/《医》硬直; 死体〈死後〉硬直．

Ri·go·ris·mus[rigorísmʊs] 男 -/ **1**《哲》リゴリズム, 厳粛〈厳格〉主義: ethischer ～ 倫理的厳粛〈厳格〉主義．**2** 厳格さ, 徹底性, 仮借〈容赦〉なさ: ein übertriebener ～ 過度の厳格さ．

Ri·go·rist[rigoríst] 男 -en/-en **1** リゴリズムの信奉者, 厳粛〈厳格〉主義者．**2** 厳格な考え方をする〈行動をとる〉人．

ri·go·ri·stisch[rigorístɪʃ] 形 **1**《哲》リゴリズムの, 厳粛〈厳格〉主義の．**2** 厳格な, 仮借〈容赦〉ない．

ri·go·ros[rigoróːs][1] 形 (streng) 厳格な, きびしい; (unerbittlich) 過酷な, 仮借〈容赦〉ない, 徹底的な: eine ～*e* Bestrafung きびしい処罰 | ～*e* Vorsicht 徹底した慎重さ ‖ *et.*[4] ～ ablehnen …を徹底的に拒否する．［*mlat.*–*fr.* rigoureux; <*lat.* rigor „Starrheit"; ◇rigid］

Ri·go·ro·sa, Ri·go·ro·sen Rigorosum の複数．

Ri·go·ro·si·tät[rigorozitɛ́ːt] 女 -/ (rigoros なこと．例えば:) 厳格さ, 仮借なさ, 徹底性．

Ri·go·ro·sum[rigoróːzʊm] 中 -s/..sa[..za·], ..sen[..zən] (Doktor の学位取得のための)口述試験．

Rig·we·da[rɪkvéːda·] 男 -[s]/ リグヴェーダ(前1000年ごろに成立した古代インドのバラモン教の聖典の一つ．ヴェーダの中の最も古く重要な部分: →Weda)．［*sanskr.*］

Ri·kam·bio[rikámbio·] 男 -s/..bien[..biən] (Rückwechsel)《商》逆〈戻り〉手形．［*it.*; ◇re.., Kambium］

▽**Ri·ko·schett**[rikɔʃɛ́t] 中 -s/-e, -s **1** (弾丸の)はね返り, はねとび, 跳射．**2** はね弾．［*fr.* ricochet］

▽**ri·ko·schet·tie·ren**[rikɔʃɛtíːrən] 自 (h) (弾丸が)はねとぶ, 跳射する．

▽**Ri·ko·schett·schuß**[rikɔʃɛ́t..] 男 跳射; はね．

Rik·scha[ríkʃa·] 女 -/-s 人力車．［*japan.*–*engl.* ricksha］

Riks·mål[ríːksmoːl] 中 -[s]/ リクスモール (Bokmål の古称)．［*norw.* „Reichs-sprache"; ◇Reich］

Ril·ke[rílkə] 人名 Rainer Maria ～ ライナー マリーア リルケ(1875-1926; オーストリアの詩人．作品『ドゥイノの悲歌』『マルテの手記』など)．

Ril·le[rílə] 女 -/-n **1** 〔細〕溝, 刻み目: ～*n* in ein Brett schneiden 板に刻み目を入れる．**2** (Falte) (皮膚の)しわ．**3**《農》(うねの間の)くぼみ．**4**《卑》(Vagina) 膣(ちつ), ワギナ．［*ndd.*; <*mndd.* rīde „Bach" (◇rinnen)］

ril·len[rílən] 他 (h)《*et.*[4]》(…に)溝〈刻み目〉をつける: eine *gerillte* Haut しわだらけの皮膚．

Ril·len≈glas 中 -es/..gläser (瓶詰用の)ねじ蓋(ぶた)瓶．**≈pflug** 男《農》溝つけ機．**≈saat** 女《農》(種の)筋まき．

ril·lig[rílɪç][2] 形 溝〈刻み目〉のある．

Rim·baud[rɛ̃bó(ː)] 人名 Arthur ～ アルテュール ランボー(1854-91; フランス象徴派の詩人．作品『酔いどれ船』『地獄の季節』など)．

Ri·mes·sa[rimɛ́sa·] 女 -/..sen[..sən]《フェンシング》カウンター＝リポスト (Riposte を外してからの突き返し: →Riposte)．［*it.*］

Ri·mes·se[rimɛ́sə] 女 -/-n《商》〔為替〕送金; 送金為替, 為替手形．［*it.* rimessa］

Ri·mes·sen Rimessa, Rimesse の複数．

Ri·mes·sen·wech·sel 男《商》送金手形, 為替．

rin[rɪn] 副《話》**1** ＝hinein: *Rin* in die Kartoffeln, raus aus den Kartoffeln. (→Kartoffel 1 b) | *Rin* ins Vergnügen! (→Vergnügen 2)．**2** ＝herein: [Immer] ～ in die gute Stube! (→Stube 1 a)．

Ri·nal·do Ri·nal·di·ni[rináldo· rinaldíːni·] 人名 リナルド リナルディーニ(ドイツの作家ヴルピウス Chr. A. Vulpius〔1762-1827〕の同名の盗賊小説〔1798年作〕の主人公)．［*it.*; ◇Reinhold］

Rind[rɪnt][1] 中 -es(-s)/-er **1** (雌雄の区別なく)ウシ(牛)(雄牛は Stier または Bulle, 雌牛は Kuh, 去勢した雄牛は Ochs[e], 子牛は Kalb): ～*er* füttern 牛にえさをやる | ～*er*

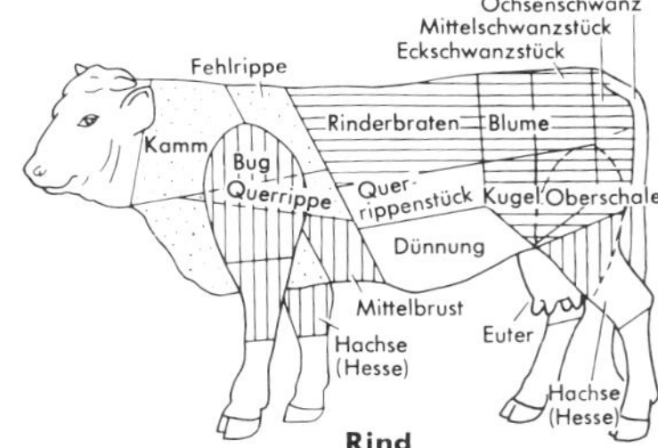

Rind

R

züchten 牛を飼育する ‖ den Wagen vor die ~*er* spannen (→Wagen 1 a) ‖ Die ~*er* brüllen ⟨grasen⟩. 牛が鳴く⟨草を食べる⟩. **2** 〘動〙(野牛・ヤクなども含めて)ウシ類.
[*westgerm.* „Horntier“; ◇kerato.., Hirn, Ren[1]]

Rin·de[ríndə] 女 -/-n **1** 樹皮(→ 図 Baum B): eine rauhe ⟨rissige⟩ ~ des Baumes ざらざらの⟨裂け目のある⟩樹皮 ‖ die ~ ablösen ⟨abschälen⟩ 樹皮をはぐ | *js.* Namen in die ~ des Lindenbaumes schneiden ⟨einritzen⟩ …の名を菩提(ぼだい)樹の樹皮に刻みこむ | die harte ~ des Zorns um das Herz des Vaters lösen 《比》父の心を閉ざしている怒りの気持を解きほぐす. **2** (堅い外皮. 例えば:)(パン・チーズなどの)皮, 耳(→ 図 Brot): Brot*rinde* パンの耳. **3** 〘解〙皮質: die ~ des Großhirns 大脳皮質.
[*westgerm.* „Abgerissenes“; ◇ *engl.* rind]

Rin·den⸗boot 中 (原始人の)樹皮で作った舟. **⸗kä·fer** 男〘虫〙ホソカタムシ(細堅虫)科の昆虫. **⸗laus** 女〘虫〙オオアブラムシ(大蚜虫)科の昆虫. **⸗wan·ze** 女〘虫〙ヒラタカメムシ(扁亀虫)科の昆虫.

Rin·der⸗bra·ten[ríndər..] 男〘料理〙**1** 牛の焼き肉, ローストビーフ. **2** (牛の)ロース肉(→ 図 Rind). **⸗brem·se** 女〘虫〙ウシバエ(牛蝿), アブ(虻). **⸗brust** 女〘料理〙牛の胸肉. **⸗fett** 中 牛脂. **⸗fi·let**[..file:] 中〘料理〙牛のヒレ肉. **⸗gu·lasch** 中 (男)〘料理〙牛肉入りグーラシュ. **⸗her·de** 女 牛の群れ. **⸗hirt** 男 牛飼い.

rin·de·rig[ríndərıç][2] 形 (brünstig)(雌牛について)さかりのついた.

Rin·der⸗le·ber[ríndər..] 女〘料理〙牛のレバー. **⸗len·de** 女〘料理〙牛の腰肉. **⸗ma·la·ria** 女〘畜〙牛マラリア(別名: テキサス熱: →Texasfieber).

rin·dern[ríndərn]《05》自 (h)(雌牛が)さかりがついている, 発情している.

Rin·der⸗pest 女〘畜〙牛疫. **⸗rou·la·de**[..rula:də] 女〘料理〙牛肉薄切り巻き, ルーラード. **⸗stück** 中〘料理〙牛肉. **⸗talg** 男 牛脂. **⸗wahn** 男, **⸗wahn·sinn** 男《話》狂牛病. **⸗zun·ge** 女 **1**〘料理〙牛の舌, タン. **2** (Hirschzunge)〘植〙コタニワタリ(小谷渡)属(シダ類).

Rind·fleisch[rínt..] 中 牛肉.

rin·dig[ríndıç][2] 形 **1** 樹皮⟨外皮⟩のある. **2** 樹皮⟨外皮⟩のような, 樹皮のようにひびの入った. [<Rinde]

Rind·le·der[rínt..] =Rindsleder

Rinds⸗bra·ten《南部・オーストリア》= Rinderbraten **⸗brust**《南部・オーストリア》=Rinderbrust **⸗fett**《南部・オーストリア》= Rinderfett **⸗gu·lasch**《南部・オーストリア》= Rindergulasch **⸗le·ber**《南部・オーストリア》=Rinderleber **⸗le·der** 中 牛皮.

rinds·le·dern 形《付加語的》牛皮製の.

Rinds⸗len·de《南部・オーストリア》= Rinderlende **⸗rou·la·de**[..rula:də]《南部・オーストリア》= Rinderroulade **⸗schmalz** 中《南部・オーストリア》(Butterschmalz) 純乳脂肪. **⸗stück**《南部・オーストリア》= Rinderstück **⸗talg**《南部・オーストリア》=Rindertalg

Rind·sup·pe 女《オーストリア》(Fleischbrühe)〘料理〙肉汁, ブイヨン.

Rinds⸗vö·gerl[..fø:gərl] 中 -s/-《オーストリア》= Rinderroulade **⸗zun·ge**《南部・オーストリア》=Rinderzunge

Rind·vieh 中 -[e]s/..viecher[..fi:çər] **1**《単数で》《集合的に》ウシ(牛). **2**《軽蔑的に》ばか, とんま: ein intelligentes ~ 世間知らずの大学者.

Rind·vieh·saft 男《話》(Milch) 牛乳.

rinf. 略 =rinforzando

rin·for·zan·do[rınfɔrtsándo·]《イタリア語》(略 rf., rfz., rinf.) (verstärkend)〘楽〙リンフォルツァンド, (ある音を)急に強く. [<*it.* rinforzare „wieder verstärken“]

ring[rıŋ] 形《南部・スイス》楽な, 容易な, 骨の折れない: ein ~*er* Fußboden 汚れの落ちやすい床(ゆか)| Fahren ist ~*er* als laufen. 歩くよりは車に乗るほうが楽だ. [*ahd.* ringi „leicht“; ◇gering; *gr.* rhímpha „leicht“]

Ring[rıŋ] 男 -es(-s)/-e (小 **Rin·gel·chen**[ríŋəlçən], **Ring·lein**[ríŋlaın] 中 -s/-) **1 a)** (英: *ring*)輪, 環: ein ~ aus Holz ⟨Gummi⟩ 木製の⟨ゴム製の⟩輪 | ein ~ durch die Nase (牛などの)鼻輪 | ein eiserner ~ als Türklopfer 鉄の輪のノッカー | Arm*ring* 腕輪 | Gummi*ring* 輪ゴム | Herd*ring* リング状五徳(ごとく) | Ohr*ring* 耳輪 | Servietten*ring* ナプキンリング | Schlüssel*ring* 鍵(かぎ)束のリング, キーホルダー ‖ Laß dir einen ~ durch die Nase ziehen! 《話》冗談じゃないぜ, ばかも休み休み言え | Die Schlüssel sind an einem ~. 鍵は束ねて金属の輪にはめられている. **b)** (Fingerring) 指輪(→ 図): ein goldener ~ 金の指輪 | ein ~ mit einem Stein 宝石つきの指輪 ‖ **[mit *jm.*] die ~*e* tauschen ⟨wechseln⟩** [...と]指輪の交換をする, [...と]結婚する | einen ~ [am Finger] tragen 指輪をはめている | [*sich*[3]] einen ~ an ⟨auf⟩ den Finger stecken 指輪を指にはめる | einen ~ vom Finger [ab]ziehen 指輪を指からぬく | Sie hat ihm seinen ~ zurückgegeben. 彼女は彼と離婚した⟨彼との婚約を解消した⟩. **c)**《複数で》(Schaukelringe)〘体操〙つり輪: an den ~*en* turnen つり輪体操をする.

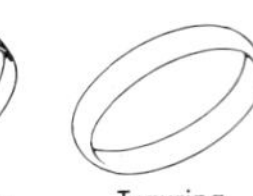

Ring

2 a) 輪状のもの, 環状のもの: konzentrische ~*e*〘紋〙同心円図形 ‖ Zwiebeln in ~*e* schneiden たまねぎを輪切りにする | beim Spielen einen ~ bilden 遊戯で輪を作る | ~*e* [in die Luft] blasen タバコの煙の輪を吐き出す | schwarze ~*e* um die Augen haben 目のまわりが黒ずんでいる ‖ einen ~ um *jn.* schließen …をぐるりと取り囲む | ein ~ aus starrenden Menschen じっと見つめる人の輪. **b)** 環状道路; 環状鉄道, 環状線; 環状都市: am ~ wohnen (都心の)環状道路沿いに住んでいる | innerhalb eines ~*s* liegen 環状道路の内側に位置している. **c)** (Boxring)《ボクシング》リング: den ~ betreten (選手が)リングにあがる ‖ ein Platz am ~ リングサイド席 | **in den ~ klettern ⟨steigen⟩** (選手が)リングにあがる;《話》討論⟨論争⟩に加わる | den Hut in den ~ werfen (→Hut[1] 1) | *Ring* frei zur letzten Runde! 最終ラウンド開始(審判の合図). **d)** (Jahresring)(樹木の)年輪. **e)** (射撃の標的に描かれた)輪; (土星などの)環; (水面に描き出される)波紋の輪. **f)**〘理〙原子環;〘虫〙環節;〘数〙環(かん).

3 循環, 一巡: der ~ der vier Jahreszeiten《雅》四季の循環 | Der ~ der Untersuchung hat sich geschlossen. 一連の検査⟨調査⟩が完了した.

4 (一定の目的のもとに集まった)サークル, グループ; 愛好会; 徒党, 一味;〘経〙企業連合(トラスト・カルテル・コンツェルンなど): Schmuggler*ring* 密輸組織 ‖ einen ~ bilden ⟨organisieren⟩ グループを形成⟨組織⟩する | einem ~ beitreten グループに加入⟨加盟⟩する.
[*germ.*; ◇Zirkus, Rang, Runge[2]; *engl.* ring]

ring·ar·tig[ríŋ..] 形 環状の, 輪状の.

Ring⸗arzt 男《ボクシング》(リングサイドに控えている)コミッションドクター. **⸗bahn** 女〘鉄道〙環状⟨循環⟩鉄道. **⸗bil·dung** 女〘理〙(原子環の)環形成. **⸗buch** 中 ルーズリーフ式ノート. **⸗ecke** 女 (ボクシングなどの)リングのコーナー.

Rin·gel[ríŋəl] 男 -s/- (輪状・環状に巻いた[小さな]もの. 例えば:) **1** (タバコの煙が空中に描く)輪; 巻き毛; 巻きパン. **2** (昆虫・甲殻類の)環節(→ 図 Hummer). [*ahd.*; ◇Ring]

Rin·gel·blu·me 女〘植〙キンセンカ(金盞花)属.

Rin·gel·chen Ring の縮小形.

Rin·gel⸗ech·se 女〘動〙アンフィスベーナ科(主に熱帯地方の土中にすむミミズ形のトカゲ). **⸗gans** 女〘鳥〙(北極地方に生息する)シジュウカラガン(四十雀雁). **⸗haar** 中 巻き毛, ちぢれ毛.

rin·ge·lig[ríŋəlıç][2] =ringlig

Rịn·gel·locke 女 =Ringelhaar
rịn·geln[rɪ́ŋəln]《06》 **I** 他 (h) **1**《*et.*^{4}》(巻いて)輪状〈環状〉にする, 巻く; (…に)輪〔形〕をつける: Der Hund *ringelt* seinen Schwanz. 犬がしっぽを巻く | Schweine ~ (土を掘らないよう)豚の鼻に輪を通す ‖ *geringelte* Löckchen 巻いたちぢれ毛 | ein blau und weiß *geringelter* Pullover 青と白の横縞(よこじま)の入ったプルオーバー. **2** 再帰 *sich*^{4} ~ 輪〔状〕になる; 巻く; 巻きつく: Die Schlange hat sich *geringelt.* 蛇がとぐろを巻いた. **3**《*et.*^{4}》《園》(花つきを促したり繁殖のために…の樹皮を)環状にはぐ. **II** 自 (h)《雅》= *sich*^{4} ringeln
Rịn·gel·nat·ter 女《動》ユウダ(遊蛇)属のヘビ(ヨーロッパ・北アフリカ・中央アジアにすむヤマカガシに似た蛇).
Rịn·gel·piez[..pi:ts] 男 -[es]/-e《話》ダンスパーティー: **~ mit Anfassen** ダンスパーティー | einen schönen ~ veranstalten 楽しいダンスパーティーを開く. [◇ *apoln.* pieć „singen"]

Ringelreihen

Rịn·gel≠rei·gen 男, **≠rei·hen** 男 輪舞(→ 図): ~ tanzen 輪になって踊る. **≠rei·ten** 中, **≠ren·nen** 中 = Ringelstechen
≠rob·be 女《動》フイリアザラシ. **≠schwanz** 男, **≠schwänz·chen** 中 (犬や豚などの)巻き尾. **≠söck·chen** 中, **≠socke** 女 (はでな)横縞(よこじま)のソックス. **≠spiel** 中《オーストリア》(Karussell) メリーゴーランド. **≠spin·ner** 男《虫》オビカレハ(帯枯葉蛾). **≠ste·chen** 中 -s/ 輪突き(馬を駆けさせながら, つるされた輪を馬上からやりで突く中世の競技. 今も農村に残っている). **≠tanz** 男 = Ringelreigen
≠tau·be 女 (Holztaube)《鳥》モリバト;《話》珍品, 希少価値のあるもの. **≠wal·ze** 女《農》(一種の)鎮圧ローラー(ローラー本体が鉄の輪からできている). **≠wurm** 男《動》環形動物(ミミズ・ゴカイ・ヒルなど).
rịn·gen[1][rɪ́ŋən] =ringeln
rịn·gen[2]*[−]《119》 **rang**[raŋ]/**ge·rụn·gen**[gərʊ́ŋən]; 接II **ränge**[rɛ́ŋə] 他 (h)(鐘を)つく, 鳴らす. [*ndd.*; ◇ *engl.* ring]
rịn·gen[3]*[rɪ́ŋən]《119》 **rang**[raŋ]/**ge·rụn·gen**[gərʊ́ŋən]; 接II **ränge**[rɛ́ŋə]
I 自 (h) **1** (素手で)戦う, 格闘する, もみ合う; レスリング〈相撲〉をする: mit *jm.* 〈gegen *jn.*〉 …と〈…を相手に〉格闘する ‖〖同族目的語としての4格と〗einen Kampf ~ 格闘をする ‖〖結果を示す語句と〗*sich*^{3} die Hände wund ~ 格闘して手にけがをする | *jn.* zu Boden ~ 格闘で…を投げ倒す〈地面に押えつける〉. **2**《雅》奮闘する, 非常な苦労をする: Zweifel *ringen* in seiner Seele. 疑いが彼の心を引き裂いている ‖ **mit** *et.*^{3} ~ …に取り組む, …のことで苦心する | mit dem Tod[e] ~ (→Tod 2) | mit den Tränen ~ かろうじて涙を抑える, 今にも泣き出さんばかりである | mit *sich*^{3} ~ 自分の心と戦う | **nach** *et.*^{3} ~ …を手に入れようと努力する | nach Atem ~ あえぐ | nach Worten ~ 適当な言葉を求めて呻吟(しんぎん)する | **um** *et.*^{4} ~ …を手に入れようと努力する | mit *jm.* um die Palme des Sieges ~ …を相手に勝利の栄冠をせり合う ‖ ein schwer *ringender* Mensch たいへんな努力家.
II 他 (h) **1 a)** 絞る, ねじる: die Hände ~ (悲嘆・絶望・懇願などで)両手をよじる | mit *gerungenen* Händen / hände*ringend* 両手をよじりながら | *jm. et.*^{4} aus der Hand ~ …の手から…をひったくる〈もぎとる〉. **b)**《中部》(wringen)(洗濯物などを)絞る. **2 a)** 再帰 *sich*^{4} ~ 体をくねらせる, 身をよじる: *sich*^{4} wie ein Wurm ~ うじ虫のようにのたうち回る. **b)**《雅》再帰 *sich*^{4} aus 〈von〉 *et.*^{3} ~ …からようやく出てくる | Ein Seufzer *ringt* sich aus seiner Brust. 彼の胸からふっとため息がもれる. **3** →I 1
III Rịn·gen 中 -s/ (ringen すること. 例えば:)(武器を用いない)格闘; レスリング; 相撲;《比》奮闘, 努力: das erbitterte ~ um Freiheit und Unabhängigkeit 自由と独立を求めての熾烈(しれつ)な戦い.
[*ahd.* 〔h〕ringan „sich im Kreise bewegen"; ◇Ring]
Rịn·ger[rɪ́ŋər] 男 -s/- (ringen³する人. 例えば:) 格闘者, レスラー, 力士: ein ~ im freien 〈im griechisch-römischen〉 Stil フリースタイル〈グレコ=ローマンスタイル〉のレスラー | ~ aller Gewichtsklassen あらゆる重量階級のレスリング選手.
rịn·ge·risch[rɪ́ŋərɪʃ] 形 格闘の; レスリングの.
Rịn·ger·lö·sung[rɪ́ŋər..] 女《医》リンガー溶液, リンゲル液. [< S. Ringer (英国の医師, †1910)]
Rịn·ger·mat·te =Ringmatte
Rịn·ge·wech·sel[rɪ́ŋə..] =Ringwechsel
Rịng·fe·der[rɪ́ŋ..] 女《工》輪ばね.
Rịng·fin·ger 男 薬指, 無名指, 第4指(→ 図 Hand).
rịng·för·mig 形 環状の, 輪状の: ein ~*er* Türklopfer 輪の形をしたドア=ノッカー | eine ~*e* Sonnenfinsternis《天》金環食 | eine ~*e* Verbindung《化》環状化合物.
Rịng·fuchs 男《話》《ボクシング》老練なボクサー.
rịng·gläu·big 形《スイス》(leichtgläubig) 信じやすい, だまされやすい. [< ring]
Rịng·gra·ben 男 (城の)環状堀.
rịng·hö·rig 形《スイス》(hellhörig)(壁・ドアなどが)音を遮断しない, 音が筒ぬけの. [< ring]
Rịng≠kampf[rɪ́ŋ..] 男 (レスリング・相撲など)格闘技;《話》(Balgerei) 取っ組みあい〔のけんか〕. **≠kämp·fer** 男 (レスラー・力士など)格闘技を行う人. **≠käst·chen** 中 指輪入れ, 指輪筥(ばこ). **≠knor·pel** 男《解》(喉頭(こうとう)の)輪状軟骨. **≠kra·gen** 男 **1** (中世の騎士の)よろいののど当て. **2 a)** (18世紀のプロイセンなどの)将校徽章(きしょう). **b)** (第二次世界大戦までのドイツ軍における)旗手〈憲兵〉徽章.
rịng·lei·big 形《スイス》(schmächtig)(体格が)かぼそい, きゃしゃな. [< ring]
Rịng·lein Ring の縮小形.
rịng·lig[rɪ́ŋlɪç][2] (ᵛ**rịng·licht**[..lɪçt]) 形 環状〈輪状〉の; 環〈輪〉のついた; 巻いた, (毛髪が)巻き毛の; (目の前が)ぐるぐる回っている. [< Ringel]
Rin·glọt·te[rɪŋglɔ́tə] 女 -/-n《オーストリア》= Reneklode
Rịng≠mat·te[rɪ́ŋ..] 女 (レスリングの)マット. **≠mau·er** 女 (城塞(じょうさい)や都市の)環状囲壁〈周壁〉. **≠mus·kel** 男《解》輪状筋(括約筋など). **≠ofen** 男 (れんが・石灰などを製造するための)環状がま, キルン. **≠pan·zer** 男 (Kettenpanzer)(中世の)鎖かたびら. **≠platz** 男 **1** (古代の)格闘競技場. **2** (ボクシングなどの)リングサイドの観客席. **≠rei·ten** 中, **≠ren·nen** 中 = Ringelstechen **≠rich·ter** 男 (ボクシング・レスリングなどの)審判, レフェリー.
rịng·rich·tern[rɪ́ŋrɪçtərn]《05》 自 (h)《ふつう不定詞で》(ボクシング・レスリングなどで)審判〈レフェリー〉をつとめる.
rings[rɪŋs] 副 環状に, 取り囲んで, ぐるりと; 四方八方, まわりじゅういたるところ:〖ふつう前置詞句と〗~ um den Garten 庭の周囲に | Die Kinder standen ~ um ihren Lehrer. 子供たちは先生を取りまいて立っていた | *sich*^{4} ~ im Kreis umsehen ぐるりと四方を見回す.
Rịng≠schei·be[rɪ́ŋ..] 女 (輪形の線の入った)標的, まと. **≠schließ·mus·kel** 女《解》括約筋. **≠schlüs·sel** 男《工》閉口スパナ(→ 図 Schraube B). **≠seil** 中《ふつう複数で》(ボクシングなどの)リングのロープ. **≠sen·dung** 女 (テレビ・ラジオの)ネットワーク.
rịngs·her·ụm[rɪŋshɛrʊ́m] 副 環状にぐるりと; まわりを取りかこんで: ~ blicken あたりを見回す | ein Park mit einer Hecke ~ まわりをぐるりと生け垣に囲まれた公園 | *Ringsherum* gab es nichts als Wälder. 周囲は森ばかりだった.
Rịng≠ste·chen[rɪ́ŋ..] =Ringelstechen **≠stra·ße** 女 環状道路. **≠stuhl** 男 (ラウンド間の休憩タイムにコーナーに置かれる)ボクサー用のいす.
rịngs≠ụm[rɪŋs|ʊ́m], **≠um·hẹr**[..|ʊmhé:r] =ringsherum
Rịng≠tausch[rɪ́ŋ..] 男 (3人以上の当事者間での)順繰り交換. **≠ten·nis** 中 輪投げ遊び, リング=テニス. **≠ver·bin·dung** 女《化》環状化合物. **≠wall** 男 (古代の)環状とりで〈防塁〉. **≠wech·sel** 男 (結婚式の際の)指輪の交換.

Rink[rɪŋk] 男 -en/-en, **Rịn·ke**[ríŋkə] 女 -/-n《方》(Schnalle) 締め金, 留め金; 輪形の取っ手. [*ahd.* rinka; ◇Ring]

rịn·keln[ríŋkəln]《06》他 (h)《方》締め金でしめる, 留め金でとめる.

Rịn·ken[ríŋkən] 男 -s/- =Rink

Rịn·ne[rínə] 女 -/-n (小 **Rịnn·chen**[rínçən], **Rịnn·lein**[..laɪn] 中 -s/-) **1** (水を通すための細長いくぼみ. 例えば:) 溝; 下水溝, 導水路; (Regenrinne) 雨樋(あまどい). **2** (溝状のもの. 例えば:) (Fahrrinne) 水路, 澪(みお); 皺(しわ); 〖地〗海隙(かいげき), 細溝; 〖工〗条溝; 〖建〗側溝. **3** 〖気象〗気圧の谷. **4** (Rönne)〖狩〗(猛禽(もうきん)用の)捕獲網. [*ahd.* rinna; ◇rinnen]

Rịnn·ei·sen[rín..] 中〖建〗樋(とい)受け金物(→ 図 Dach A).

rịn·nen*[rínən]《120》 **rann**[ran]/**ge·rọn·nen**[gərɔ́nən]; 接II **ränne** [rɛ́nə](まれ: rönne[rœ́nə]) 自 (s, h) **1 a**) (液体または液体に類したものが, ゆっくり・少しずつ・継続的に) 流れる, したたる, しみ出る: Der Regen *rinnt*. 雨がしとしと降る | Blut *rann* in einem dünnen Faden aus der Wunde. 傷口から血が一条の細い糸となってしたたった | Adeliges Blut *rinnt* in seinen Adern.《比》彼の体には高貴の血が流れている | Sand durch die Finger ～ lassen 砂を指の間からさらさらと落とす | *jm. rinnt* das Geld durch die Finger (→Geld 1) | Die Zeit *rinnt* 〔dahin〕.《雅》時は止まることなくすぎ去ってゆく. **b**) (感情などが全身に) 走る, 伝わる: Ein Gefühl der Angst *rann* durch seine Adern. 不安の思いが彼の全身を駆けめぐった ‖ 非人称 Es *rann* ihr eiskalt über den Rücken. 彼女は背筋の凍る思いがした. **c**) (人間や動物が) 走る. **d**)《南部》(シカなどが) 泳ぐ; (船やいかだが) 水に流される. **2** (たる・壁などが) 水気を通す; 漏る: Der Eimer *rinnt*. このバケツは漏る | Die Wände *rinnen*. この壁は湿気が出る.

[*germ.*; ◇Orient, irre, rennen, Reise; *engl.* run]

Rịn·nen·bü̱·gel[rínən..] 男 =Rinneisen

Rịnn·lein Rinne の縮小形.

Rịnn·sa̱l[rínza:l] 中 -〔e〕s/-e (静かに・ちょろちょろ) 流れている水〈液体〉; 小川, 細流: Ein ～ rinnt von der Felswand. その岩壁からは水が一筋ちょろちょろ流れている | Der Schweiß floß in ～*en* von ihrer Stirn. 彼女の額からは幾筋もの汗が流れていた. [<rinnen]

Rịnn·sel[rínzəl] 中 -s/-《雅》=Rinnsal: das ～ eines Kindersingens《比》かぼそい子供の歌声.

Rịnn·stein [rín..] 男 **1** (Gosse) (道路わきの) 溝, 側溝, 下水溝, どぶ;《比》汚辱, (道徳的) 腐敗: **aus dem ～ auflesen** …をどん底生活から救いあげる | **im ～ enden 〈landen〉** 落ちぶれる, 落魄(らくはく)する. **2** (Bordstein) (歩道の) 縁石. [<Rinne]

Ri̱o de̱ Ja·nei·ro[rí:o· de: ʒané:ro·] 地名 リオ デ ジャネイロ(ブラジル南東部の港湾都市で, 1960年まで同国の首都であった). [*port.* „Fluß von Januar"]

Ri̱o de la Pla̱·ta[rí:o· de laplá:ta·] 地名 男 ----/ ラプラタ川(南米大陸南部を流れる川). [*span.* „Fluß von Silber"]

R. I. P. (**RIP**)[ɛr|i:pé:] 略 =**requiescat in pace**

Ri·pọ·ste[ripɔ́stə] 女 -/-n〖フェンシング〗リポスト, 返し突き(→ Rimessa). [*it.*]

Rịpp·chen[rípçən] 中 -s/- **1** Rippe の縮小形. **2** 〖料理〗(特に豚の) 骨付きあばら肉.

Rịp·pe[rípə] 女 -/-n (小 **Rịpp·chen** → 別出) **1** (英: *rib*) 〖解〗肋骨(ろっこつ), あばら骨(→ 図 Mensch C): die echten ～*n* 真肋(しんろく)| die falschen ～*n* 仮肋 ‖ *sich*³ eine ～ brechen 肋骨を 1 本折る〈骨折する〉| **bei** *jm.* **kann man alle 〈die〉 ～*n* 〔unter der Haut〕 zählen**《話》…は骨と皮ばかりにやせている ‖〖前置詞と〗**nichts auf den ～*n* haben**《話》がりがりにやせている | *jm. et.*⁴ **aus den ～*n* leiern**《話》…から…(金銭など)を強引に巻き上げる | 〔*sich*³〕 *et.*⁴ **nicht aus den ～*n* schlagen 〈schneiden〉 können** / 〔*sich*³〕 *et.*⁴ **nicht aus den ～*n* 〈durch die ～*n*〉 schwitzen können**《話》…のための金がどうしても都合できない | einen **hinter** die ～*n* plätschern《話》酒を一杯飲む | *jn.* 〈*jm.*〉 **in** die ～*n* stoßen / 《話》*jm.* eins in die ～*n* geben (警告・激励などのために) …の横腹をつつく | nichts in 〈**zwischen**〉 den ～*n* haben《話》空腹である | *et.*⁴ zwischen die ～*n* kriegen《話》…を食べる. **2** 〖植〗(葉の) 葉脈に伴う隆起(→ 図 Blatt). **3 a**) 〖工〗肋材, リブ, フレーム. **b**) 〖建〗(天井の) 格縁(ごうぶち) (→ 図 Gewölbe A). **c**) (暖房具などの) グリル. [*germ.* „Dach"; ◇Rafe, Riff¹; *engl.* rib; *gr.* eréphein „wölben"]

Rịp·pel·mar·ken[rípəl..] 複〖地〗リップルマーク, 砂紋, 漣痕(れんこん) (波や風の作用で砂の上にできる波形の模様). [◇*engl.* ripple mark]

rịp·peln[rípəln]《06》他 (h) **1**《方》再帰 *sich*⁴ ～ 動く, わずかに身体を動かす: *sich*⁴ nicht ～ und rühren じっと動かずにいる. **2**《北部》再帰 *sich*⁴ ～ 急ぐ. [<rappeln]

rịp·pen[rípən] ᵛ**I** 他 (h) 《*et.*⁴》(…に) 肋骨(ろっこつ)〈肋骨状のもの〉をつける. **II ge·rịppt** → 別出

Rịp·pen≠at·mung 女〖医〗肋骨(ろっこつ)〔筋〕呼吸, 胸式呼吸. **≠be·zug** 男《話》**1** 軍服の上着. **2** 身体にぴったり合った背広の上着. **≠bo̱·gen** 男〖解〗肋骨弓. **≠bra̱·ten** 男〖料理〗リブ〈骨付きあばら肉〉ロースト. **≠bruch** 男〖医〗肋骨骨折. **≠farn** 男〖植〗ヒリュウシダ(飛竜羊歯)属. **≠fell** 中〖解〗胸膜, 肋膜(ろくまく).

Rịp·pen·fell·ent·zün·dung 女〖医〗胸膜炎, 肋膜炎.

Rịp·pen≠ge·schö̱pf 中 女, 女性; 妻 (Eva が Adam のあばら骨からつくられたことから. 聖書: 創 2,21-22). **≠knor·pel** 男〖解〗肋(ろく)軟骨(→ 図 Mensch C). **≠kö̱·ni·gin** 女 = Rippengeschöpf **≠kü̱h·ler** 男〖工〗フィン付き冷却器. **≠qual·le** 女 -/-n《ふつう複数で》(Ktenophore)〖動〗有櫛(ゆうしつ)動物(クシクラゲ類). **≠ro̱hr·kü̱h·ler** 男〖工〗フィン付き管放熱器. **≠samt** 男〖織〗コーデュロイ, コールテン. **≠schmerz** 男〖医〗肋骨痛.

Rịp·pen·speer 男 中 -〔e〕s/〖料理〗(豚の) 骨付きあばら肉. [*mndd.* ribbe-sper „Bratspieß"]

Rịp·pen≠stoß 男 (警告・激励などのために) 横腹をつつくこと: *jm.* einen ～ geben 〈verpassen / versetzen〉 …の横腹をつつく | von *jm.* einen ～ 〔verpaßt〕 kriegen 〈bekommen〉 …に横腹をつつかれる | *sich*⁴ mit *Rippenstößen* durch die Menge drängen 人ごみの中をひじで押し分けながら進む. **≠stück** 中〖料理〗(豚の) 肩ロース肉(→ 図 Schwein).

Rịp·pe·speer =Rippenspeer

Rịpp≠samt[ríp..] =Rippensamt **≠speer** =Rippenspeer

rips[rɪps] 間《ふつう rips, raps[⌣⌣] の形で》(反復的にすばやくちぎったり, 裂いたり, かみ取ったりする場合の擬声語) ビリビリッ, パッパッ; パクパク, バリバリ.

Rips[rɪps] 男 -es/-e〖織〗畝(うね)織り, あぜ織り. [*engl.* ribs „Rippen"; ◇Rippe]

rịps·raps[rípsraps, ⌣⌣] 間 =rips, raps (→rips).

Ri·pua̱·ri·er[ripuá:riər] 男 -s/- リプアーリ族(4-5世紀に Rhein 河畔, 特に Köln 周辺に住んでいたフランク族の一支族)〔の人〕.

ri·pua̱·risch[ripuá:rɪʃ] 形 リプアーリ語の; リプアーリ方言(Eifel 山脈から Aachen, Düsseldorf にいたる地域の方言)の: →deutsch

ri̱·ra̱·rutsch[rí:rá:rʊ́tʃ] 間《幼児語》(軽やかにすべったり馬車で行ったりするときの音) ツルツルツル, スルスルスル: *Rirarutsch*, wir fahren mit der Kutsch'. シャンシャンシャン 僕らは馬車で行くんだよ. [◇rutschen]

Ri·sa·lịt[rizalí:t; オーストリア: ..lít] 男 -s/-e〖建〗リザリートエプロン(建物前面の突出部: → 図 Schloß A). [*it.* risalto]

rị·scheln[ríʃəln]《06》自 (h)《方》(木の葉や藪(やぶ)などが) カサカサ〈コソコソ〉音をたてる. [<rascheln]

Ri·si·bị·si[rizibí:zi] 中 -〔s〕/- =Risi-Pisi

Rị·si·ko[rí:ziko·] 中 -s/-s, ..ken[..kən] (オーストリア: Risken [rískən]) (損害や損失をこうむる) 恐れ, 危険, リスク; 危険率, 危険度; 冒険, 投機, 賭(かけ): auf eigenes ～ 自己の危険負

R

担において | ein großes ~ eingehen 大きな危険を冒す | **das ~ laufen** 危険を冒す | das ~ auf *sich*⁴ nehmen 万一の場合の危険を自分が引き受ける | Diese Sache ist kein ~. この件は失敗の恐れはない. [*it.* ris〔i〕co „Klippe"; < *gr.* rhíza (→rhizo..); ◇ *engl.* risk]

Ri·si·ko·fak·tor[rí:ziko..] 男 危険要因〈因子〉.

ri·si·ko≠frei 形 危険のない. **≠freu·dig** 形 好んで危険に挑む, 危険を恐れない.

Ri·si·ko≠ge·burt 女 (母子の生命の危険を伴う)リスク分娩. **≠ge·sell·schaft** 女 (環境破壊・社会不安などの)危険要因をはらむ社会. **≠grup·pe** 女 (病気の感染など)危険度の高いグループ.

ri·si·ko·los 形 危険のない.

Ri·si·ko≠ma·na·ge·ment 中 危険管理, リスクマネジメント. **≠po·ten·tial** 中 危険の可能性, 潜在的な危険. **≠prä·mie**[..prɛ:miə] 女 《経》危険割増金.

ri·si·ko·reich 形 危険の多い.

Ri·si·ko·ver·tei·lung 女 《経》危険分配.

Ri·si-Pi·si[rizipí:zi·] 複 (ｵｰｽﾄﾘｱ: **Ri·si·pi·si**[−] 中 -〔s〕/-《ふつう複数で》)《料理》米とエンドウ豆で作るベネチアふう料理. [*it.*; < *it.* riso „Reis" (◇Reis³)+piselli „Erbsen" (◇Pisolith)]

ris·kant[rɪskánt] 形 損害〈損失〉をこうむる恐れのある, 危険な, 冒険的な; 向こうみずの, 大胆な: ein ~*es* Unternehmen 危険な企て | ein ebenso lohnendes wie ~*es* Geschäft うまみもある代わり危険も大きい商売〈仕事〉‖ Diese Politik ist sehr ~. この政策は大きな危険をはらんでいる ‖ ~ in 〈um〉 die Kurve gehen (車で)大胆にカーブを切る | ~ leben 危険な生活を送る. [*fr.* risquant]

Ris·ken Risiko の複数.

ris·kie·ren[rɪskí:rən] 他 (h) **1** (生命・名誉などを)かける, 危険にさらす: alles ~ すべてをかける | *sein* Leben ~ 生命の危険を冒す | *seinen* Hals 〈Kopf und Kragen〉 ~ (→Hals 1 a,→Kopf 1) | nichts ~ wollen《比》石橋をたたいて渡る. **2** (危険をかえりみず)敢行する, あえてする: einen Einwand ~ あえて反対意見をのべる ‖ ein Auge 〈einen Blick / eine Pupille〉 ~ (→Auge 1,→Blick 1, →Pupille) | ein 〔zaghaftes〕 Lächeln ~ おずおずと微笑する〈作り笑いをする〉 | eine 〔dicke / große〕 Lippe 〈einen großen Rand〉 ~ (→Lippe 1, →Rand 4). **3** 《*et.*⁴》(…の)危険を冒す, (…になることを)覚悟する, (…の)危険を承知の上である: einen Unfall ~ 事故を招く危険を冒す | Wer betrunken ein Auto fährt, *riskiert* seinen Tod. 酔っぱらって自動車を運転する人は死んでも文句は言えない. [*fr.* risquer; ◇Risiko]

Ri·skon·to[rɪskɔ́nto·] 男 中 -s/-s (..ti[..ti·]) =Skonto

Ri·skon·tro[rɪskɔ́ntro·] 中 -s/..tri[..tri·] 《商》決済, 清算; 在荷明細書, 商品在高帳. [*it.*; < re..+*it.* scontrare „aufeinandertreffen" (◇kontra)]

ri·so·lu·to[rizolú:to·] 副 (entschlossen) 《楽》リソルート, きっぱりと, 決然と. [*it.*; ◇resolut]

Ri·sor·gi·men·to[rizɔrdʒiménto·] 中 -〔s〕/ 《史》リソルジメント, 再興運動(19世紀イタリアの統一運動). [*it.*; < *lat.* resurgere (→Resurrektion)]

Ri·sot·to[rizɔ́to·] 男 -〔s〕/-s (ｵｰｽﾄﾘｱ: 中 -s/-〔s〕)《料理》リゾット(イタリアふう米料理の一種). [*it.*; < *it.* riso „Reis"]

Ris·pe[rɪ́spə] 女 -/-n 《植》円錐(すい)花序(→ 図 Blütenstand). [*mhd.* „Gesträuch"; ◇Reis², Krepp]

Ris·pen≠fal·ter[rɪ́spən..] 男 (Braunauge) 《虫》マエラチャイロジャノメ(茶色蛇目蝶). **≠farn** 男 《植》ゼンマイ(薇)属. **≠gras** 中 《植》イチゴツナギ(莓繋)属(スズメノカタビラ・イチゴツナギなど). **≠hir·se** 女 《植》キビ(黍).

ris·pig[rɪ́spɪç]² 形 円錐(すい)花序からなる; 円錐花序ふうの.

riß[rɪs] reißen の過去.

Riß[rɪs] 男 ..sses/..sse **1 a**) 割れ目, 裂け目, 亀裂(きれつ); (戸などの)すき間: ein kleiner ~ im Glas グラスの中の小さなひび | ein ~ im Papier 紙の破れ目 ‖ einen ~ flicken 〈verkitten〉 裂け目を繕う〈塗りつぶす〉 | *Risse* bekommen i) 割れ目ができる, ひびが入る(→b); ii) 《方》ぶん殴られる ‖ In der Wand sind tiefe *Risse*. 壁に深い亀裂〈クラック〉ができている. **b**) 《比》精神的打撃; へだたり, 断絶; 対立, 不和: *jm.* einen ~ geben …をひどく悲しませる, …にショックを与える | Ihre Freundschaft bekam einen ~. 彼らの友情にひびが入った | Ein tiefer ~ klafft zwischen unseren Anschauungen. 我われの物の考え方のあいだには深い断絶がある. **2** (reißen すること. 例えば:) 切れる〈裂ける・破ける〉こと; 割れること, 亀裂が生じること: der ~ des Seils ザイルが切れること | Muskel*riß* 《医》筋断裂. **3 a**) (Projektion) 《建・工》投影図; 設計図面: die *Risse* des neuen Opernhauses zeichnen 〈anfertigen〉 新しいオペラハウスの投影図を描く〈仕上げる〉 | den ~ zusammenrollen 設計図をくるくると巻く. **b**) (Anriß) 《工》(罫書(けがき)による)下図, 下絵. **4** 《狩》猛獣に倒された獲物. ▽**5** 迫りくる災厄: für *et.*⁴ vor den ~ treten 身を挺(てい)して…を災厄から守る. [*germ.*; ◇reißen, Ritz; *engl.* writ]

Riß·bil·dung[rís..] 女 《金属》(金属の)割れ.

ris·se[rísə] reißen の接続法 II.

riß·fest[rís..] 形 (reißfest) (糸・布地などが)耐裂性の, 切れ〈裂け〉にくい.

ris·sig[rísɪç]² 形 裂け目〈ひび〉の入った, ひび割れた: der ~*e* Erdboden ひび割れた土地 | ~*e* Lippen 荒れた唇 ‖ ~ werden ひび割れる; (手などが)荒れる | Ihre Hände sind sehr ~. 彼女の手はひどく荒れている.

Riß·wun·de[rís..] 女 《医》裂創(れっそう).

Rist[rɪst] 男 -es(-s)/-e **1 a**) (Fußrücken) 足の甲(→ 図 Mensch A). **b**) (Handrücken) 手の甲. **2** =Widerrist [*germ.* „Dreher"; ◇Wurm, wricken, Reihen²; *engl.* wrist]

Ri·ste[rístə] 女 -/-n 《織》(梳(す)く前の)亜麻の繊維束. [*ahd.* rīsta; < *ahd.* rīdan (→Reitel)]

Rist·griff[ríst..] 男 (↔Kammgriff) 《体操》(鉄棒などの)順手(じゅんて)〔握り〕(→ 図 Turngriff).

ri·stor·nie·ren[rɪstɔrní:rən] 他 (h) **1** 《簿》誤って記帳した項目をもとへ返す. **2** (保険・契約などを手数料を取って)解除〈解約〉する. [*it.* ristornare „zurückwenden"]

Ri·stor·no[rɪstɔ́rno·] 男 中 -s/-s (保険契約などの)解除. [*it.*]

Ri·stret·to[rɪstréto·] 中 -s/-s, ..tti[..ti·] 短い引用, 摘要. [*it.*; ◇restringieren]

rit. 略 **1** =**rit**ardando **2** =**rit**enuto

ritard. 略 =**ritard**ando

ri·tar·dan·do[ritardándo·] **I** 副 (略 rit., ritard.) (langsamer werdend) 《楽》リタルダンド, だんだん遅く, しだいにテンポをゆるめて. **II Ri·tar·dan·do** 中 -s/-s, ..di[..di·] 《楽》ritardando の〔テンポの〕楽曲〈楽章〉. [*it.*; ◇retardieren]

ri·te[rí:tə] 副 **1** (宗教上の)儀式にのっとって, 格式を守って, 慣習どおりに. **2** (ドクター試験について)可の成績で: mit ~ promovieren 可の成績(合格点の最下位)でドクターの学位を得る. [*lat.*; ◇Ritus]

riten. 略 =**riten**uto

Ri·ten Ritus の複数.

Ri·ten·kon·gre·ga·tion[rí:tən..] 女 《ｶﾄﾘｯｸ》礼部省(ローマの聖省の一つ).

ri·te·nu·to[ritenú:to·] **I** 副 (略 rit., riten.) (im Tempo zurückgehalten) 《楽》リテヌート, 〔すぐに〕速度をおとして. **II Ri·te·nu·to** 中 -s/-s, ..ti[..ti·] 《楽》ritenuto の〔テンポの〕楽曲〈楽章〉. [*it.*; < re..+*lat.* tenēre (→Tenor¹)]

Ri·tor·nell[ritɔrnɛ́l] 中 -s/-e **1** 《楽》リトルネルロ(特に17-18世紀のオペラなどでアリアの前奏・間奏・後奏として反復される器楽部分). **2** 《詩》リトルネル, 三行詩節(第1行・第3行が韻を踏み, 第2行は押韻しない). [*it.* ritornello „Refrain"; ◇retournieren]

Ri·trat·te[ritrátə] 女 -/-n (Rückwechsel) 《商》戻り手形, 逆手形. [*it.* ritratta; ◇Retraite]

ritsch[rɪtʃ] 間 **1** (布・紙などを裂く音)ビリッ, バリッ: ~, ratsch[ビリビリ] ビリビリ, バリバリ ‖ *Ritsch*, da war der Zopf abgeschnitten. バサッと お下げ髪の房は切られた. **2** (すばや

い動き・突発的なことを表して)さっ, しゅっ: Guck, das geht ~, ratsch! 見てみろよ あっという間だ.

Rịt·sche[rítʃə] 女 -/-n **1**《東部》(Fußbank) 足〔のせ〕台. **2**《ｵｰｽﾄﾘｱ》水路, 運河.

ritsch·ratsch[rítʃratʃ, ◡◡] 間 =ritsch, ratsch (→ ritsch).

ritt[rɪt] reiten の過去.

Ritt[rɪt] 男 -es(-s)/-e (reiten すること. 特に:) 乗馬; 馬による遠出〈旅行〉, 騎馬行, 騎行: ein anstrengender ~ 骨の折れる騎馬行 | **ein ~ über den Bodensee**《比》危険を知らずに敢行する企て (Schwab の物語詩《Der Reiter und der Bodensee》より) ‖ einen ~ machen 〈unternehmen〉 遠乗りをする〈企てる〉 ‖ **auf einen ~ / in einem ~**《話》いっぺんに, ひと息に, 一気に | die Schokolade auf einen ~ aufessen《話》チョコレートを一口で平らげる.

rịt·te[rítə] reiten の接続法 II.

Rịt·tel[rítəl] 女 -/《北部》(Reisig) 柴(しば), 粗朶(そだ).

Rịt·ten[rítən] 男 -s/-《南部》(Fieber) 熱 ; 熱病. [*germ.* „Schüttelfrost"]

Rịt·ter[1][rítər] 人名 Carl ~ カルル リッター(1779-1859; ドイツの地理学者. 著作『一般比較地理学』など).

Rịt·ter[2][–] 男 -s/- **1 a)**〘史〙(中世の騎士階級を構成する)騎士(→Ritterschaft): ein tapferer ~ 勇敢な騎士 | ein fahrender ~ 遍歴の騎士 ‖ *jn.* zum ~ schlagen …に刀礼を施して騎士の位を授ける(→Ritterschlag) ‖ **ein irrender ~**《比》(冒険を求めて)放浪〈流浪〉する者(「遍歴の騎士」を意味するフランス語 chevalier errant から) | **ein ~ ohne Furcht und Tadel**《比》騎士の模範; 男の中の男 | **ein ~ von der traurigen Gestalt**《比》しょぼくれた男(もとサンチョ パンサがドン キホーテを評した言葉) | **ein ~ von der Feder**《戯》文士 | ein ~ von der Nadel《戯》仕立屋 | ein ~ der Landstraße《戯》長距離トラックの運転手 | **ein ~ des Pedals**《戯》自転車乗り, 自転車競走〈競輪〉選手. **b)** 騎士団〈騎士修道会〉のメンバー(→Ritterorden): die ~ des Deutschen Ordens ドイツ騎士団の騎士たち. **2**《比》勇者, 優越者; ナイト(女性にやさしい保護者): an *jm.* ~ werden wollen …に自分のほうが強いことを思い知らせてやろうとする | ~ einer Dame sein ある女性のナイトをつとめる | als ~ für *jn.* auftreten …の保護者として登場する. **3** 高位の勲章を持っている人: ~ des Pour le mérite プール=ル=メリット勲章受章者. **4** (第一次世界大戦までのバイエルンおよびオーストリアの)騎士 (Freiherr, Baron の下の貴族の称号). **5**《複数で》**arme ~**〘料理〙パンをミルクにひたしたあと焼いたケーキ | arme ~ backen《比》かつかつの生活をする. **6** 射撃大会での準優勝者. **7 a)** (Edelfalter)〘虫〙アゲハチョウ(揚羽蝶)科のチョウ. **b)** (Saibling)〘魚〙カワマス(河鱒). [*mndl.* riddere–*mhd.*; *afr.* chevalier (→Chevalier) の翻訳借用; ◇reiten, Reiter[1]]

Rịt·ter≠aka·de·mie[rítər..] 女 (16-18世紀の)貴族子弟のための学校. **≠auf·stand** 男〘史〙騎士戦争(1522-23年の Franz von Sickingen らの西南ドイツ騎士の反乱). **≠burg** 女 騎士の城郭〈居城〉.

rịt·ter·bür·tig[..bʏrtɪç][2] 形 騎士の生まれの.

Rịt·ter≠dach 中〘建〙急勾配(こうばい)屋根. **≠dich·tung** 女 (中世の)〔宮廷〕騎士文学. **≠dienst** 男 **1** (中世の)騎士としてのつとめ〈奉仕〉. **2** 女性に対する慇懃(いんぎん), ギャラントリー: *jm. seine* ~*e* aufdrängen …に親切を押し売りする, 押しつけがましく…の世話を焼く. **≠gut** 中〘史〙騎士領, 騎士農場.

Rịt·ter·guts·be·sit·zer 男 騎士領の領主.

Rịt·ter≠kampf 男, **≠kampf·spiel** 中 (Turnier) 騎士の馬上試合〈武芸競技〉. **≠kreuz** 中 **1** (騎士団のメンバーがもらう)騎士十字功労章. **2** 騎士十字勲章(ナチ時代の鉄十字勲章の一つ).

Rịt·ter·kreuz·trä·ger 男 騎士十字勲章の受章者〈佩用(はいよう)者〉.

rịt·ter·lich[rítərlɪç] 形 **1** 騎士の, 騎士階級の: das ~*e* Leben 騎士生活. **2** 騎士にふさわしい, 騎士道にかなった; 高尚な心ばえの, 義侠(ぎきょう)心のある; (女性に対して)いんぎんな; フェアな: ein ~*es* Benehmen 気高い振舞い | ein ~*er* Charakter 高潔な人柄 ‖ ~ kämpfen 正々堂々と戦う | einer Dame[3] ~ *seinen* Platz anbieten 女性をいたわって席をゆずる.

Rịt·ter·lich·keit[–kaɪt] 女 -/-en ritterlich なこと.

Rịt·ter·ling[rítərlɪŋ] 男 -s/-e〘植〙キシメジ(黄占地)属(キノコ): violetter ~ ムラサキシメジ(紫占地).

Rịt·ter≠or·den 男〘史〙(十字軍を機に各地で成立した)〔宗教〕騎士団, 騎士修道会. **≠ro·man** 男〘文芸〙(中世末期以降の)騎士小説, 騎士物語. **≠rü·stung** 女 騎士の具足. **≠saal** 男 騎士の間(城砦(じょうさい)内の大広間).

Rịt·ter·schaft[rítərʃaft] 女 -/ **1** 騎士であること; 騎士の身分. **2**《集合的に》騎士, 騎士階級.

Rịt·ter≠schlag 男〘史〙刀礼(刀で肩を軽く打って騎士の位を授ける騎士叙任式). **≠schloß** 中 騎士の館(やかた). **≠sitz** 男 騎士の居城; 騎士の領地.

ᵛ**Rịt·ters·mann**[rítərs..] 男 -[e]s/..leute =Ritter[2] 1

Rịt·ter≠spiel 中 **1** =Ritterkampfspiel **2**〘文芸〙(中世騎士の生活を素材にした)騎士劇. **≠sporn** 男 **1 a)** 騎士の拍車. **b)**《戯》雄鶏(おんどり)のけづめ. **2** -[e]s/-e〘植〙ヒエンソウ(飛燕草)〔属〕. **≠stand** 男 騎士の身分; 騎士階級: *jn.* in den ~ erheben …を騎士に取り立てる.

Rịt·ter·tum[rítərtu:m] 中 -s/ **1** 騎士制度; 騎士社会; 騎士文化, 騎士道. **2**《集合的に》騎士, 騎士階級.

Rịt·ter≠we·sen 中 -s/ (騎士生活の総体. 例えば:) 騎士制度; 騎士社会; 騎士生活. **≠zeit** 女 -/ 騎士〔道〕時代.

rịt·tig[rítɪç][2] 形 (reitbar) 乗りならされた(馬): ein Pferd ~ machen 馬を乗りならす.

rịtt·lings[rítlɪŋs] 副 馬乗りに, またがって: *sich*[4] ~ auf *et.*[4] setzen …に馬乗りになる.

ᵛ**Rịtt·mei·ster**[rít..] 男〘軍〙騎兵大尉.

ri·tuạl[rituá:l] **I** =rituell **II Ri·tuạl** 中 -s/-e, -ien [..liən] **1** (宗教上・習俗上の)儀式, 典礼. **2**〘ｶﾄﾘｯｸ〙典礼儀式書. [*lat.*]

Ri·tuạl·buch 中 儀典〈典礼〉書;〘ｶﾄﾘｯｸ〙典礼儀式書.

Ri·tuạ·le Ro·mạ·num [rituá:lə romá:nʊm, ..le· –] 中 --/〘ｶﾄﾘｯｸ〙ローマ典礼儀式書. [*lat.*; ◇Rom]

Ri·tuạl·ge·setz 中 儀式〈典礼〉に関する規則.

Ri·tuạ·li·en Ritual の複数.

ri·tua·li·sie̱·ren[ritualizí:rən] 他 (h) 儀式化する.

Ri·tua·lịs·mus[ritualísmʊs] 男 -/ 儀式偏重主義.

Ri·tua·lịst[..líst] 男 -en/-en 儀式偏重主義者.

Ri·tuạl·mord[rituá:l..] 男 儀式殺人(人身御供(ひとみごくう)・人柱など).

ri·tuẹll[rituɛ́l] 形 儀式〈典礼〉〔上〕の, 祭儀的な. [*lat.*–*fr.*; ◇..al[1]]

Ri̱·tus[rí:tʊs] 男 -/..ten[..tən] (宗教上・習俗上の)儀式; 儀式形式, 典礼様式: nach einem bestimmten ~ 特定の儀式に従って. [*lat.*; ◇Reim; *engl.* rite]

Ritz[rɪts] 男 -es/-e **1** (なめらかな表面にできた)掻(か)き傷, ひび. **2** =Ritze [*mhd.*; ◇Riß]

Rịt·ze[rítsə] 女 -/-n **1** 割れ目, 裂け目, 亀裂(きれつ), すき間: die ~*n* verstopfen 割れ目〈すき間〉をふさぐ ‖ Ihm schaute die Angst aus allen ~*n*. 彼が不安を抱いている様子がありありと見てとれた | durch die ~*n* gucken すき間を通してのぞく. **2**《卑》(Vagina) 膣(ちつ), ワギナ.

Rịt·zel[rítsəl] 中 -s/-〘工〙小歯車, ピニオン.

Rịt·zel·wel·le 女〘工〙ピニオン軸.

rịt·zen[rítsən] 《02》他 (h) **1**《*et.*[4]》(…の表面に)掻(か)き傷をつける; (…に)ひび〈割れ目〉を入れる: *jm.* die Haut ~ …の皮膚を傷つける ‖ 再帰 *sich*[4] an einer Glasscherbe ~ ガラスの破片でけがをする. **2**《*et.*[4]》(…を)刻みつける, 彫り込む: *seinen* Namen in die Rinde ~ 樹皮に自分の名前を刻み込む | *sich*[3] *et.*[4] unter den Nagel ~ (→Nagel 2). **3**《話》(erledigen) うまく処理する〈片づける〉: Die Sache ist *geritzt*. (→Sache 1 a). [*ahd.*; ◇reißen, reizen]

Rịt·zer[rítsər] 男 -s/-《話》=Ritzwunde

rịt·zig[rítsɪç][2] 形 割れ目〈裂け目〉のある, 亀裂(きれつ)を生じた, ひび割れた, すき間のあいた.

Rịtz≠mes·ser[ríts..] 中〘医〙柳葉針. **≠wun·de** 女 掻(か)き傷, 切り傷.

R

Ri·va̱·le[rivá:lə] 男 -n/-n (▽**Ri·va̱l**[rivá:l] 男 -s/-e; -en/-en) (女 **Ri·va̱·lin**[..lın]-/-nen) 競争相手, 敵手, ライバル: ein ebenbürtiger ~ 好敵手 | *seine* ~*n* aus dem Felde schlagen ライバルたちを退ける. [*lat.*－*fr.* rival; < *lat.* rīvus (→Ria)]

ri·va·li·si̱e·ren[rivalizí:rən] 自 (h) 《mit *jm.* um *et.*[4]》(…と…を手に入れようとして)競争する, 張り合う. [*fr.*]

Ri·va·li·tä̱t[..tέ:t] 女 -/-en 対抗関係, 競争, 張り合い. [*fr.*]

die **Ri·vi̱e·ra**[riviέ:ra·] 地名 女 -/..ren[..rən] 《ふつう単数で》リビエラ(イタリア北西部の地中海岸で, 観光・保養地として有名). [*it.* „Küstenland"; ◇Revier]

Ri·zi̱n[ritsí:n] 中 -s/ 《化》リシン.

Ri̱·zi·nus[rí:tsinus; ｵｰｽﾄﾘｱ: ritsí:nus] 男 -/-, -se **1** 《植》トウゴマ(唐胡麻), ヒマ(蓖麻). **2** ＝Rizinusöl [*lat.*; ◇ *engl.* ricinus]

Ri̱·zi·nus·ö̱l 中 ヒマシ(蓖麻子)油.

r.-k.[εrká:] 略 《ｵｰｽﾄﾘｱ》＝**römisch-katholisch**

RK[－] 略 中 -/ ＝**Rotes Kreuz** 赤十字〔社〕.

Rl 略 ＝**Rial**

rm 略 ＝**Raummeter**

RM 略 女 -/ ＝**Reichsmark**

Rn[εr|έn, rá:dɔn, radó:n] 記号 (Radon) 《化》ラドン.

RNS[εr|εn|έs] 記号 (Ribonukleinsäure) 《生化学》リボ核酸.

Road·ster[ró:tstər, róudstə] 男 -s/- ロードスター(二三人乗りの幌(ほろ)付き自動車). [*engl.*; < *engl.* road „Straße" (◇reiten)]

Roast·beef[ró:stbi:f, rɔ́st..] 中 -s/-s 《料理》ローストビーフ. [*engl.*; ◇rösten, Beefsteak]

Ro̱b·be[rɔ́bə] 女 -/-n 《動》鰭脚(ききゃく)類(アザラシ・オットセイ・アシカ・セイウチなど). [*ndd.*]

ro̱b·ben[rɔ́bən][1] 自 (h,s) (オットセイのように両ひじを使って)匍匐(ほふく)前進する(h, s について: →schwimmen I 1 ☆).

Ro̱b·ben≈fang 男 アザラシ(海豹)猟. **≈fän·ger** 男 アザラシ猟の猟師. **≈fell** 中 アザラシの皮. **≈schla̱g** 男 (撲殺による)アザラシ猟. **≈schlä̱·ger** 男 (撲殺による)アザラシ猟の猟師.

Ro̱b·ber[rɔ́bər] 男 -s/- ＝Rubber[2]

Ro̱·be[ró:bə] 女 -/-n **1** 《服飾》(女性用のすその長い)夜会服, ローブ=デコルテ. **2** (裁判官・弁護士・聖職者などの)職服, 長服, ローブ. **3** 長くゆったりした服. [*afränk.*－*fr.* „〔erbeutetes〕 Kleid"; ◇Raub]

Ro̱·bert[ró:bεrt] 男名 (<Ruprecht) ローベルト.

Ro·bes·pierre[rɔbεspjέ:r] 人名 Maximilien de ~ マクシミリアン ド ロベスピエール(1758-94; フランスの革命家).

Ro·bi̱·nie[robí:niə] 女 -/-n 《植》ハリエンジュ(針槐)属(ニセアカシアなど). [<J. Robin (フランスの植物学者, †1629)]

Ro·bin·so·na̱·de[1][robınzoná:də] 女 -/-n 《ｻｯｶｰ》フルリングス=セーブ. [<J. Robinson (英国のサッカー選手, †1949)]

Ro·bin·so·na̱·de[2][－] 女 -/-n 《文芸》ロビンソン クルーソー (Defoe の小説)ふうの物語; 《比》難破者の冒険〔談〕.

Ro̱·bin·son Cru̱·soe[ró:bınzɔn krú:zo·] 人名 ロビンソン クルーソー(英国の作家 Defoe の小説〔1719年作〕の主人公).

Ro̱·bin·son·spiel·platz[ró:bınzɔn..] ＝Abenteuerspielplatz

▽**Ro̱·bot**[rɔ́bɔt] 女 -/-en (男 -〔e〕s/-e) (Frondienst) (領主に対する農民の)賦役. [*tschech.* robota; ◇Arbeit]

ro̱·bo·ten[rɔ́bɔtən, robɔ́..] 《01》《過分 gerobotet [gərɔ́bɔtət], robotet[robɔ́tət]》自 (h) **1** 《話》あくせく働く, 重労働する. ▽**2** 賦役に服する.

Ro̱·bo·ter[rɔ́bɔtər, robɔ́..] 男 -s/- **1** (Maschinenmensch) ロボット, 人造人間: Industrie*roboter* 産業用ロボット ‖ wie ein ~ arbeiten ロボットのようにひたすら〈機械的に〉働く | Er ist nichts weiter als ein ~. 彼は他人の命令どおりに動くロボットにすぎない. ▽**2** (Fronarbeiter) 賦役を行う人.

ro̱·bo·ter·haft[rɔ́bɔtərhaft] 形 ロボットのような(ぎごちない動作など).

ro·bo·te·ri·si̱e·ren[rɔbɔtərizí:rən] (**ro·bo·ti·si̱e·ren**[..tizí:rən]) 他 (h) (ロボットを使って)自動化する.

Ro·bu·ri̱t[roburí:t, ..rít] 男 -s/ 《化》ロブライト(採鉱用爆薬). [< *lat.* rōbur „Hartholz, Stärke"]

ro·bu̱st[robύst] 形 **1** (人が)強健〈強壮〉な, 強靭(きょうじん)な, たくましい; 荒々しい, 粗野〈乱暴〉な: eine ~*e* Frau たくましく強靭な女性 | eine ~*e* Natur haben 生来頑健である. **2** (物の造り方が)がっしりした, がんじょうな: Schulranzen müssen ~ sein. ランドセルは作りがじょうぶでなければならない | Die Möbel sind ~ gebaut. この家具はがんじょうに作られている. [*lat.*]

Ro·bu̱st·heit[－haıt] 女 -/ robust なこと.

Rocaille

Ro·caille[roká:j] 中 (女) -/-s 《美》ロカイユ(ロココ様式の貝殻状装飾: →図). [*fr.* „Geröll"; < *fr.* roc „Felsen" (◇Rocks); ◇Rokoko]

roch[rɔx] riechen の過去.

Roch[－] 男 -s/-e 《アラビア神》ロック(巨大な怪鳥). [*arab.*]

Ro·cha̱·de[rɔxá:də, rɔʃá:də] 女 -/-n 《チェス》キャスリング(キングをルークで守ること): die ~ machen 〈ausführen〉 キャスリングする. [<rochieren＋..ade]

▽**Ro̱·che**[rɔ́xə] 男 -n〔s〕/-n ＝Rochen

rö̱·che[rœ́çə] riechen の接続法 II.

rö̱·cheln[rœ́çəln] 《06》自 (h) (臨終の際などに)のどをゼイゼイ〈ゴロゴロ〉鳴らす, 息苦しそうにあえぐ. [*mhd.*; < *ahd.* rohōn „brüllen"; 擬音]

Ro̱·chen[rɔ́xən] 男 -s/- 《魚》エイ(鱏). [*mndd.* ruche; ◇ *engl.* roach]

Ro·chett[rɔʃέt] 中 -s/-s 《カトリック》ロシェトゥム(高位聖職者が着用するレースの縁飾り付き短白衣). [*fr.* rochet; ◇Rock[1]]

ro·chi̱e·ren[rɔxí:rən, rɔʃí:rən] 自 (h) 《チェス》キャスリングする. [< *afr.* roc „Schachturm"; ◇ *engl.* rook]

Ro̱·chus[rɔ́xus] 男 -/ 《話》《もっぱら次の成句で》**auf** *jn.* **einen ~ haben** …を恨んでいる, …に腹を立てている | **aus ~** 腹立ちまぎれに, かっとなって. [*jidd.* roges „Zorn"]

Rock[1][rɔk] 男 -es(-s)/Röcke[rœ́kə] (小 **Rö̱ck·chen**[rœ́kçən], **Rö̱ck·lein**[..laın] 中 -s/-) **1 a)** (女性用の)スカート; (ドレスなどの)スカート(腰から下の部分): ein kurzer 〈langer〉 ~ 短い〈長い〉スカート | Mini*rock* ミニスカート ‖ den ~ anziehen 〈ausziehen〉 スカートをはく〈脱ぐ〉 ‖ *sich*[4] an den ~ der Mutter hängen (子供が)母親にまとわりつく | **hinter jedem ~ hersein** 〈**herlaufen**〉《話》女と見れば尻(しり)を追う. **b)** 《スイス》婦人服. **2** 《方》(Jacke) (男子用の)上着: Geh*rock* フロックコート | Waffen*rock* 軍服の上着 ‖ den ~ anziehen 〈überziehen〉 上着を着る | Das Hemd ist mir näher als der ~. (→Hemd). **3 a)** 勤務用の服, 制服: der schwarze ~ des Geistlichen 聖職者の黒衣. ▽**b) der bunte ~** (軍人の)制服 | **den bunten ~ anziehen** 〈**ausziehen**〉 軍人になる〈をやめる〉 | ***seinen* ~ ausziehen müssen** (軍人が)退官〈退役〉をよぎなくされる | **des Königs** 〈**des Kaisers**〉 **~ tragen** 軍服を着ている, 軍人である. [*westgerm.* „Gespinst"; ◇Rocken]

Rock[2][rɔk] 男 -〔s〕/-〔s〕 **1** ＝Rockmusik **2** ＝Rock and Roll

Ro̱ck and Ro̱ll[rɔ́k εnt rɔ́l, －－ ró:l, rɔ́kənrɔ́l, ..ró:l] 男 ---/---〔s〕 《楽》ロックンロール, ロック. [*amerik.* „wiegen und rollen"; ◇rocken, rollen]

Ro̱ck·auf·schla̱g[rɔ́k..] 男 上着の襟の折り返し, ラペル.

Ro̱ck·band[rɔ́k..] 女 -/-s ロックバンド.

Rö̱ck·chen Rock[1]の縮小形.

Rö̱cke Rock[1]の複数.

ro̱cken[rɔ́kən] 自 (h) ロックを演奏する; ロックで踊る. [*amerik.* rock; ◇rücken, Rocker]

Ro̱cken[－] 男 -s/- **1 a)** (紡ぎ車の)糸巻き棒: manches auf dem ~ haben 《比》いろいろすること〈償うべきこと〉がある.

b) 紡ぎ部屋. **2** 干し草台. **3** (Roggen) ライ麦. [*germ.*; ◇Rock[1]; *engl.* rock]

Rọcken≈bol·le[rɔ́kənbɔlə] 女 -/-n =Rokambole

^▽^**≈stu̱·be** 女 紡ぎ部屋.

Rọcker[rɔ́kər] 男 -s/- (革ジャンパーやオートバイなどを愛用する)硬派の(暴力的な)若者, 暴走族の若者. [*engl.*; ◇rocken]

Rọck≈fal·te[rɔ́k..] 女 スカートのひだ. **≈fut·ter** 中 上着〈スカート〉の裏地.

Rọck·kon·zert[rɔ́k..] 中 ロックコンサート.

Rọck≈kra·gen 男 上着の襟. **≈län·ge** 女 スカートの長さ.

Rö̱ck·lein Rock[1]の縮小形.

Rọck·mu·si̱k 女 ロック=ミュージック.

Rọck'n'Rọll[rɔ́kənrɔ́l, ..rɔ́:l] 男 -/-(s) =Rock and Roll

Rọck·rol·le[rɔ́k..] 女《劇》**1** 男優の演じる女役. **2** (男優の演じる)女装の男役.

Rocks[rɔks] 複 フルーツボンボン(キャンデーの一種). [*engl.*; <*engl.* rock „Felsen"]

Rọck·sän·ger[rɔ́k..] 男 ロック歌手.

Rọck≈scho̱ß[rɔ́k..] 男 上着のすそ: mit wehenden 〈fliegenden〉 *Rockschößen*《比》上着のすそをひるがえして, 足早に, 大急ぎで | **an *js.* *Rockschößen* 〈*sich*[4] *jm.* an die *Rockschöße*〉 hängen**《話》…につきまとう, …から独立できない. **≈span·ner** 男 スカートハンガー. **≈zip·fel** 男 上着のたれ〈端〉: *jn.* am ～ halten 上着の端をつかんで…を引きとめる | **an *js.* ～ hängen** / *jm.* am ～ hängen《話》…につきまとう, …から独立できない.

..ro̱de[..ro:də] →..reuth

Ro̱·de·hacke[ró:də..] 女 開墾用つるはし. [<roden]

Ro̱·del[1][ró:dəl] 男 -s/Rödel[rǿ:dəl]《南部・スイス》**1** (Schriftrolle)(文書の)巻物. **2** (Liste) 目録, リスト. [<Rotulus]

Ro̱·del[2][–] **I** 男 -s/-《南部》=Rodelschlitten **II** 女 -/-n《オーストリア》**1** (子供用の)小型そり. **2** (Rassel)(玩具(がんぐ)の)がらがら.

Ro̱·de·land[ró:də..] 中 -(e)s/ 開墾地. [<roden]

Ro̱·del≈bahn[ró:dəl..] 女 そり〈リュージュ〉の滑走路. **≈fahrt** 女 そり〈リュージュ〉での滑走.

ro̱·deln[ró:dəln]《06》自 (h, s) そり〈リュージュ〉で滑走する (h, s について: →schwimmen I 1 ☆).

Ro̱·del·schlit·ten 男 **1** (小型の)そり, トボガンそり(→ 図 Schlitten). **2** (Rennrodel)《スポーツ》リュージュ.

Ro̱·de·ma·schi̱·ne[ró:də..] 女 (ジャガイモなどの)掘り上げ機.

ro̱·den[ró:dən][1]《01》他 (h) **1** (荒地・森林などを)開墾する; (樹木を)伐採して根を掘り起こす. **2** (大根・ジャガイモなどを)掘り上げる, 収穫する: Kartoffeln ～ ジャガイモを掘る. [*mndd.*; ◇reuten, rotten[3]]

Ro·de̱o[rodé:o·] 男 (中) -s/-s ロデオ(カウボーイが荒馬を乗りこなす競技会). [*span.*−*engl.*; <*span.* rodear „zusammentreiben" (◇Rad)]

Ro̱·de·rich[ró:dərıç] 男名 ローデリヒ. [<*ahd.* hruod.. „Ruhm"+rīhhi „reich" (◇reich)]

Ro·din[rɔdɛ̃́(:)] 人名 Auguste ～ オーギュスト ロダン(1840–1917; フランスの彫刻家. 作品『地獄の門』『カレーの市民』など).

Ro̱d·ler[ró:dlər] 男 -s/- そり〈リュージュ〉の滑走者. [<rodeln]

^▽^**Ro·do·mon·ta̱·de**[rodomɔntá:də] 女 -/-n 大ぼら, 大言壮語. [*it.*−*fr.*; <*it.* Rodo-monte (15-16世紀イタリアの騎士物語の登場人物;「山を移す者」を意味する名; ◇montan)]

^▽^**ro·do·mon·ti̱e̱·ren**[..tí:rən] 自 (h) (prahlen) ほらを吹く, 大言壮語する.

Ro·don·ku̱·chen[rodɔ̃́:..]《西部》=Napfkuchen [<*fr.* raton „Käsekuchen"]

Ro̱·dung[ró:dʊŋ] 女 -/-en **1** roden すること. **2** =Rodeland

Ro·ga̱·te[rogá:tə]《無冠詞・無変化》《カトリック》「求めよ」の主日(復活祭のあとの第5日曜日). [*lat.* „bittet!"; 入祭文の冒頭語; 聖書: ヨハ16,24による]

^▽^**Ro·ga·tio̱n**[rogatsió:n] 女 -/-en (Fürbitte) 他人に代わっての願い, とりなし. [*lat.*; <*lat.* rogāre „(be)fragen, bitten" (◇regieren)]

Ro·ga·tio̱·nes[..tsió:ne:s] 複《カトリック》(キリスト昇天日に先立つ三日間の)祈願行列. [*mlat.*]

Ro̱·gen[ró:gən] 男 -s/- (Fischrogen)(魚の)はらこ(腹子). [*germ.*; ◇*engl.* roe]

Ro̱·ge·ner[ró:gənər] (**Ro̱g·ner**[ró:gnər]) 男 -s/- (↔Milchner)(子もちの)雌魚.

Ro̱·gen·stein 男《地》魚卵状〈鮞(じ)状〉岩.

Rọg·gen[rɔ́gən] 男 -s/ (種類: -)《植》ライムギ属(→ 図). [*germ.*; ◇*engl.* rye]

Rọg·gen≈bro̱t 中 ライ麦パン. **≈feld** 中 ライ麦畑. **≈me̱hl** 中 ライ麦粉. **≈ro̱·se** 女《植》ムギセンノウ(麦仙翁).

Roggen

Ro̱g·ner =Rogener

ro̱h[ro:] 形 **1** (食品が)調理されてない, 生(なま)の: ein ～*es* Ei 生卵 | *jn.* 〈*et.*[4]〉 wie ein ～*es* Ei behandeln (→Ei 1) | ～*es* Fleisch 生肉(→3) | ～*er* Schinken 生ハム ‖ *et.*[4] ～ essen …を生で食べる. **2 a**) 自然〈原料〉のままの, 未加工〈未処理・未精製〉の: ～*es* Erz 原鉱 | ～*es* Leder (なめしていない)生皮(なまかわ). **b**) 荒削りの, 大ざっぱの: ein ～*er* Entwurf 大体の計画; 素案 | nach ～*er* Schätzung ざっと見積もったところでは ‖ im ～*en* fertig sein 大体できあがっている ‖ ～ geschätzt 大ざっぱに見積もれば | ein ～ behauener Stein 荒削りしただけの石. **3** 皮膚のむけた, 血をしたたらせている, 生傷の: ～*es* Fleisch (皮膚がはがれて)むき出しになった肉(→1). **4** 粗野(粗暴)な; 野蛮(残酷)な; 未熟な, 生硬な, 洗練されてない; 生々しい, 露骨な: mit ～*er* Gewalt 腕ずくで | ein ～*er* Mensch 粗野な人 | ein ～*es* Pferd (未調教の)荒馬 | ～*e* Worte 荒っぽい言葉 ‖ *sich*[4] ～ benehmen 粗暴な振舞いをする ‖ Er ist sehr ～. 彼はひどく粗野だ. [*germ.* „blutig"; ◇krud; *engl.* raw; *gr.* kréas „Fleisch"]

Ro̱h≈ar·beit[ró:..] 女《金属》鉱石溶錬. **≈bau** 男 -(e)s/-ten (壁・屋根・天井などだけできて, 外装・内装の仕上がっていない)粗造りの建築(物)(→ 図 Haus A): im ～《比》荒削りのままで. **≈baum·wol·le** 女 原綿. **≈bi·lanz** 女《簿》総決算, 試算表. **≈block** 男 -(e)s/..blöcke《工》鋳塊, インゴット. **≈da·ten** 複 (未処理の)生のデータ. **≈dia·mant** 男 ダイヤモンドの原石. **≈ein·na̱h·me** 女 総収入, 粗収入. **≈ei·sen** 中 銑鉄.

Ro̱·heit[ró:haıt] 女 -/-en **1**《単数で》(roh なこと. 特に:) 粗野, 粗暴, 残酷. **2** 粗野(粗暴・残酷)な言動.

Ro̱·heits·de·likt 中《法》粗暴犯罪, 暴力行為.

Ro̱h≈er·trag[ró:..] 男 総収益. **≈e̱rz** 中 原鉱石, 粗鉱. **≈er·zeug·nis** 中 =Rohprodukt **≈fas·sung** 女 (細部に手を加える前の)生(なま)の〈荒削りのままの〉稿本. **≈film** 男 生フィルム. **≈ge·mü·se** 中 生野菜. **≈ge·wicht** 中 (加工品の)未加工状態の重量. **≈gum·mi** 中 男 生ゴム.

Ro̱h·heit[ró:haıt] =Roheit

Ro̱h≈kost 女 生の食べ物(特に果物や野菜). **≈köst·ler** 男 -s/- Rohkost の常食者. **≈le̱·der** 中 (なめしてない)生皮(なまかわ).

Ro̱h·ling[ró:lıŋ] 男 -s/-e **1** 粗暴な人, 乱暴者. **2**《工》未加工鋳造品.

Ro̱h≈ma·nu·skript[ró:..] 中 (細部に手を加える前の)生の〈荒削りのままの〉原稿. **≈ma·te·ria̱l** 中 =Rohstoff **≈me·tall** 中 粗製〈未精錬〉金属. **≈milch** 女 原乳. **≈ö̱l** 中 原油. **≈pro·dukt** 中 粗製品; 原料(品); 天産品.

Ro̱hr[ro:r] 中 -(e)s/-e **1 a**)《植》ヨシ(葦)(→ 図 Schilf); タケ類(ダンチクなどの総称): Schilf*rohr* ヨシ ‖ **ein schwankendes ～ im Wind sein / wie ein ～ im Wind schwanken**《雅》風にそよぐアシのようである, 優柔不断である. **b**)《単数で》(Röhricht) ヨシ〈アシ〉の茂み: Wer im ～ sitzt, hat gut Pfeifen schneiden.《諺》環境に恵

まれればよい仕事ができるのは当然だ(アシの茂みのなかに座っている者はたやすく葦笛を作ることができる). **2** (Peddigrohr) 籐(とう)の髄: ein Stuhl aus ~ 籐いす | **ein spanisches ~** 籐; 籐のつえ〈むち〉. **3** (小 **Röhr·chen**[rǿːrçən], **Röhr·lein**[..laɪn] 中 -s/-) **a**) 管, パイプ, 筒(→ 図); 導管; 管〈円筒〉状のもの: ein ~ aus Blei 〈Eisen〉 鉛〈鉄〉管 | Gasleitungs*rohr* ガス管 | Heiz*rohr* ボイラー管 ‖ ~*e* verlegen 導管を敷設する | wie ein ~ saufen《話》底なしに酒を飲む. **b**) (Geschützrohr) 砲身(→ 図 Geschütz); (Gewehrlauf) 銃身: aus allen ~*en* feuern 〈schießen〉 すべての砲門から発射する(軍艦などが) | *et.*[4] auf dem ~ haben《話》…(復讐など)をもくろむ | ***jn.* auf dem ~ haben** …にねらいをつける; …に対してよからぬことをもくろむ(→5 a) ‖ **voll**〔**es**〕 **~**《話》全力をつくして; 全速力で, フルスピードで. **c**)《話》ビール〈ワイン〉瓶: ein ~ anbrechen ビール〈ワイン〉瓶〔の栓〕をあける. **4**《南部・オーストリア》(Backröhre) 天火, オーブン. **5 a**)《卑》(Penis) 陰茎, 男根: **ein ~ verlegen** 性交する | ***sich*[3] das ~ verbiegen** 性病をうつされる ‖ *jn.* auf dem ~ haben …のことを考えて欲情をおぼえる(→3 b). **b**) (Vagina) 膣(ちつ), ワギナ. [*ahd.* rōr; ◇Reuse, Röhre]

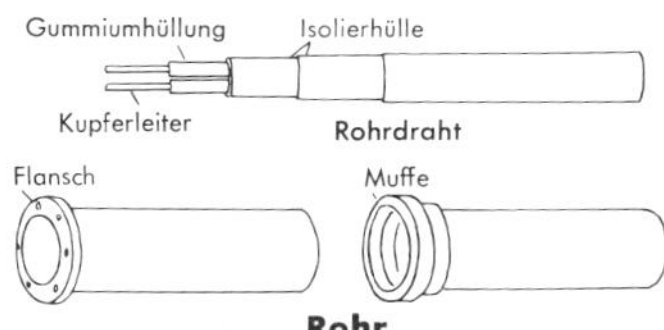

Rohr

Rohr⸗am·mer[róːr..] 女《鳥》オオジュリン(大寿林)(ホオジロの一種). ⸗**an·schluß** 男《工》管継ぎ手. ⸗**blatt** 中《楽》(管楽器の)簧(した), リード. ⸗**brem·se** 女《軍》(砲身の)反動制御装置(→ 図 Geschütz). ⸗**bruch** 男 (ガス・水道などの)導管の破裂. ⸗**brun·nen** 男 管〈掘り抜き〉井戸.

Röhr·chen Rohr, Röhre の縮小形.

Rohr·dach[róːr..] 中 アシぶき屋根.

Rohr·dom·mel[..dɔməl] 女 -/-n《鳥》サンカノゴイ(山家五位)(サギ科の鳥). [*ahd.* rōre-dumbil; 後半は擬音]

Rohr·draht 男《電》(被覆管入りの)ケーブル(→ 図 Rohr).

Röh·re[rǿːrə] 女 -/-n (小 **Röhr·chen**[rǿːrçən], **Röhr·lein**[..laɪn] 中 -s/-) **1** 管, パイプ, 筒; 管状のもの: eine gläserne ~ ガラス管 | kommunizierende ~*n*《理》連通管 | Speise*röhre*《解》食道 ‖ **in die ~ gucken** 〈**sehen**〉《話》(分け前にあずかれずに)指をくわえて見ている(→2 b). **2 a**) 真空管, 電子管: eine Braunsche ~ ブラウン管 | Fünfpol*röhre* 5極管 ‖ ein Radio mit 6 ~*n* 6球のラジオ | eine ~ auswechseln 真空管を取り替える. **b**)《話》(Fernsehgerät) テレビ受像機: **in die ~ gucken**《話》テレビを見る(→1) | den ganzen Abend vor der ~ sitzen 一晩じゅうテレビの前に座っている. **3** (Backröhre) 天火, オーブン: *et.*[4] in der ~ backen …を天火に入れて焼く. **4**《狩》(キツネ・タヌキなどの巣に通じる)〔地下の〕通路. **5** (Kronröhre)《植》(花冠の)筒状部; 筒状花(→ 図 Blütenform). **6** =Rohr 5 [*ahd.* rō〔r〕ra; ◇Rohr]

roh·ren[1][róːrən] 形《付加語的》籐(とう)で編んだ, 籐細工の.

röh·ren[rǿːrən] (**roh·ren**[2][róːrən]) 自 (h) (シカが交尾期に)鳴く. [*westgerm.*; 擬音; ◇röcheln; *engl.* roar]

Röh·ren⸗blitz[rǿːrən..] 男《写》ストロボ〈エレクトロニック〉フラッシュ. ⸗**blitz·ge·rät** 中《写》ストロボ装置. ⸗**blü·te** 女《植》筒状〈管状〉花. ⸗**fas·sung** 女 真空管ソケット.

röh·ren·för·mig 形 管状の.

Röh·ren⸗ge·we·be 中《生》管状組織. ⸗**gleich·rich·ter** 男 真空管整流器. ⸗**kleid** 中《話》筒形の婦人服. ⸗**kno·chen** 男《解》管状骨. ⸗**lam·pe** 女 管形電灯(蛍光灯など). ⸗**lauch** 男《植》ネギ(葱). ⸗**laus** 女《虫》アブラムシ(蚜虫)科の昆虫. ⸗**lei·tung** =Rohrleitung

Röh·ren⸗maul 中, ⸗**mäu·ler** 男《魚》カミソリウオ(剃刀魚). [<Maul]

Röh·ren⸗na·se 女《動》テングコウモリ(天狗蝙蝠). ⸗**pilz** 男 -es/-e《ふつう複数で》《植》アミタケ(網茸)科のキノコ(→ 図 Pilz). ⸗**qual·len** 複《動》管水母(くらげ)類. ⸗**rau·schen** 中 真空管雑音. ⸗**schwamm** 男 =Röhrenpilz ⸗**schild·laus** 女《虫》ハカマカイガラムシ(袴介殻虫)亜科の昆虫. ⸗**sockel** 男 真空管の口金. ⸗**ver·stär·ker** 男 真空管増幅器. ⸗**wurm** 男《動》定在(ていざい)類, 管住類(ツバサゴカイなどの管棲多毛類).

Rohr⸗flö·te[róːr..] 女《楽》(オルガンの)唇管(フルート音栓の一つ). ⸗**ge·flecht** 中 籐(とう)細工. ⸗**glanz·gras** 中《植》クサヨシ(草葦).

Röh·richt[rǿːrɪçt] 中 -s/-e ヨシ〈アシ〉の茂み(→ 図). [*ahd.*; ◇Rohr]

röh·rig[rǿːrɪç][2] 形 管状の.

Röhricht

Rohr·kol·ben [róːr..] 男《植》ガマ(蒲)属(→ 図 Röhricht).

Rohr·kol·ben·hir·se 女《植》パールミレット, トウジンビエ.

Rohr⸗kre·pie·rer 男《軍》砲身〈銃身〉内早発〔弾〕. ⸗**le·ger** 男 配管工.

Röhr·lein Rohr, Röhre の縮小形.

Rohr·lei·tung[róːr..] 女 配管〔系〕, 管路.

Röhr·ling[rǿːrlɪŋ] 男 -s/-e =Röhrenpilz

Rohr⸗mat·te[róːr..] 女 ヨシ〈アシ〉製のござ. ⸗**muf·fe** 女《工》管継ぎ手. ⸗**müh·le** 女《工》チューブミル. ⸗**mün·dung** 女 銃口, 砲口. ⸗**netz** 中 配管網, 管路. ⸗**pfei·fe** 女 葦笛(あしぶえ)(→ 図 Pfeife). ⸗**post** 女 気送郵便. ⸗**reit·gras** 中《植》ノガリヤス. ⸗**rück·lauf** 男 -〔e〕s/《軍》(弾丸発射の衝撃による)砲身後退. ⸗**rück·lauf·brem·se** =Rohrbremse ⸗**rüß·ler** 男 (Rüsselspringer)《動》ハネジネズミ(跳地鼠). ⸗**sän·ger** 男《鳥》ヨシキリ(葦切). ⸗**schel·le** 女《工》管おさえ〈ささえ〉. ⸗**schlan·ge** 女《工》コイル状管. ⸗**schlüs·sel** 男《工》プラグレンチ(→ 図 Schraube B). ⸗**schraub·stock** 男 -〔e〕s/..stöcke 管〈パイプ〉万力. ⸗**spatz** 男《鳥》オオヨシキリ(大葦切): **wie ein ~ schimpfen**《話》いきり立ってののしりわめく, 悪口雑言の限りをつくす | frech wie ein ~ (→ frech 1). ⸗**stock** 男 -〔e〕s/..stöcke 籐(とう)のつえ〈むち〉. ⸗**stuhl** 男 籐いす.

Rohr·vor·ho·ler 男 -s/-《軍》(砲身の)復座機〈装置〉(→ 図 Geschütz). [<holen]

Rohr⸗wei·he 女《鳥》チュウヒ(沢鵟)(ワシタカ科の鳥). ⸗**zan·ge** 女《工》パイプレンチ(→ 図 Zange). ⸗**zucker** 男 (Saccharose)《化》蔗糖(しょとう), サッカロース.

Roh·sei·de[róː..] 女 生糸, ローシルク.

roh·sei·den 形《付加語的》生糸〈ローシルク〉製の.

Roh⸗stahl 男 生(せい)鋼鉄, 粗鋼. ⸗**stoff** 男 原料; 原料〈未製〉品: ~*e* exportieren 〈importieren〉 原料を輸出〈輸入〉する | ~*e* liefern 〈verarbeiten〉 原料を供給〈加工〉する.

roh·stoff·arm 形 (国などが)原料に乏しい.

Roh·stoff·man·gel 男 -s/ 原料不足.

roh·stoff·reich 形 (国などが)原料の豊富な.

Roh·stoff⸗ver·ar·bei·tung 女 -/ 原料加工. ⸗**ver·ein** 男 原料購買組合.

Roh⸗zucker 男 粗糖. ⸗**zu·stand** 男 -〔e〕s/ 未加工状態.

ro·jen[róːjən]《01》(《過》rojete; 《過分》gerojet) **I** 自 (h, s)《北部》(rudern)《海》(櫂(かい)・オールで)船をこぐ. **II** 他 (h) (船を)こぐ. [*mndd.*; ◇Ruder; *engl.* row]

Ro·kam·bo·le[rokambóːlə] 女 -/-n《植》ヒメニンニク(姫大蒜). [*nhd.* Rockenbolle—*fr.* rocambole]

Ro·ko·ko[rɔ́kokoˑ, rokɔ́koˑ; オーストリア: rɔkɔkóː] 中 -〔s〕/ ロ

ココ様式(バロックの終わりごろから18世紀中ごろまで, フランスを中心にヨーロッパに流行した芸術様式: → 図 Baukunst, Stilmöbel). [*fr.* rococo; ◇Rocaille]

Ro·ko·ko≈ma·le·rei[rɔ́koko..] 女 ロココ絵画. **≈mö·bel** 中 -s/- (ふつう複数で) ロココ様式の家具(→ 図 Stilmöbel). **≈mu·sik** 女 (18世紀中ごろの) ロココ音楽. **≈pe·rücke** 女 ロココふうのかつら(→ 図 Haar A). **≈stil** 男 ロココ様式.

Ro·land[ró:lant][1] **I** 男名 ローラント. **II 1** 人名 ローラント(カール大帝に仕えた伝説的勇将: →Rolandslied). **2** 男 -s/-e = Roland〔s〕säule [*ahd.*; < *ahd.* hruod.. „Ruhm"+..nand „kühn" (◇Ferdinand)]

Ro·lands·lied[ró:lants..] 中 -〔e〕s/ ロランの歌(1100年ごろ書かれたフランス最古の英雄叙事詩. 原題は La Chanson de Roland で, ドイツ語訳は1135年ごろ).

Ro·land〔s〕·säu·le 女 ローラントの立像〈柱像〉(北ドイツの諸都市の広場に見られる剣を手にした騎士の立像. 市場権・司法権の象徴といわれる. 特に Bremen のものが有名).

Rolf[rɔlf] 男名 (< Rudolf) ロルフ.

Rolla·den[rɔ́lla:dən] 男 -s/..läden, - 巻き上げブラインド〈シャッター〉(→ 図). [< rollen]

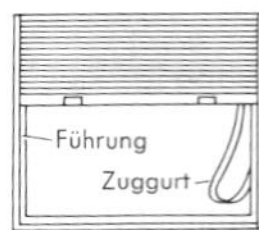

Rolladen

Rol·land[rɔlɑ̃́(:)] 人名 Romain ~ ロマン ロラン(1866-1944; フランスの作家. 1915年ノーベル文学賞を受賞. 作品『ジャン クリストフ』など).

Roll≈as·sel[rɔ́l..] 女 (Kugelassel) 〘動〙 ダンゴムシ(団子虫). **≈bahn** 女 **1** 〘空〙 滑走路; 誘導路. **2** (工場・建築現場などの) トロッコ用軌道. **≈bal·ken** 男 《ｵｰｽﾄﾘｱ》 = Rolladen **≈bett** 中 脚輪つきのベッド. **≈bra·ten** 男 〘料理〙 肉のロール巻きロースト. **≈brücke** 女 = Rollsteg [< rollen]

Röll·chen[rœ́lçən] 中 -s/- **1** Rolle の縮小形. ▽**2** 《ふつう複数で》〘服飾〙 巻きカフス(上着のそで口から差し込む厚紙製のカフス).

Röll·chen·fries 男 〘建〙 円筒模様フリーズ(→ 図 Fries).

Rol·le[rɔ́lə] 女 -/-n (⑪ **Röll·chen** → 別出) **1** 丸く巻いてあるもの(紙・糸・針金など: → 図 Garn); 円筒状に包装してあるもの(ビスケット・ドロップ・硬貨・糸など): eine ~ Geldstücke 〈Toilettenpapier〉 一巻きの硬貨〈トイレットペーパー〉 | Garn*rolle* (円筒形の) 糸巻き | Schrift*rolle* 書巻, 巻物.

2 記録文書(元来は巻いて保管された); 目録, 名簿, リスト; 〘海〙 部署割当表: die ~ für Gebrauchsmuster 〘法〙 実用新案登録簿 | Patent*rolle* 特許原簿.

3 a) (家具などの) 脚輪, キャスター: ein Tisch auf ~*n*³ キャスターつきのテーブル. **b)** 滑車(→ 図 Talje): über ~*n*⁴ laufen (ロープなどが) 滑車の上をすべる. **c)** (重いものを動かすための) ころ.

4 円筒形の回転物(ローラー・円棒など): Wäsch*rolle* (洗濯物の) 仕上げローラー ‖ die Wäsche in die ~ 〈zur ~〉 geben 洗濯物を仕上げローラーにかける | ***jn.* durch die ~ drehen** 《話》 …をこっぴどくやっつける, …をひどい目にあわせる.

5 〘劇・映〙 役(元来はせりふを書いた巻物); 《比》 役割, 役目: die ~ eines Liebhabers 〈des Hamlet〉 恋人〈ハムレット〉の役 | Haupt*rolle* 主役 | Neben*rolle* わき役 ‖ *seine* ~ lernen (脚本で) 自分の役柄を勉強する | ***seine* ~ ausgespielt haben** もう過去の人〈物〉になってしまっている | Die Dampflokomotive hat ihre ~ ausgespielt. / Die ~ der Dampflokomotive ist ausgespielt. 蒸気機関車の時代はもう終わった | eine entscheidende 〈führende〉 ~ spielen 決定的〈指導的〉役割を演じる | eine große ~ spielen 重要な役割を演じる | 〔gern〕 eine 〔große〕 ~ spielen mögen 〈wollen〉 脚光を浴びたがる | eine untergeordnete 〈keine nennenswerte〉 ~ spielen あまり重要でない | **keine ~ spielen** 重要でない, 問題にならない | Geld spielt bei ihm keine ~. 彼には金は問題ではない(彼は大金持ちだ) | Es spielt für ihn keine ~, ob ... 彼にとって…かどうかはたいしたこと〈問題〉ではない | *seine* ~ gut spielen 首尾よく役割を果たす | eine ~ übernehmen ある役を引き受ける | die ~*n* verteilen 役を割り振る, 配役する; 役割〈任務〉を割り振る ‖ **aus der ~ fallen** (ひんしゅくを買うような) へまをやらかす | ***sich*⁴ in *seine* ~ finden** 《雅》 自分の役割〈境遇〉に甘んじる | ***sich*³ in *seiner* ~ gefallen** 《雅》 自分の役柄〈地位〉に得意になる | Ich gefalle mir gar nicht in der ~ als Mittler. 私は仲介者の役には我ながらうんざりしている | ***sich*⁴ in *js.* ~⁴ versetzen 〔können〕** …の立場に身を置いて考える〔ことができる〕 | *sich*⁴ mit der ~ des Zuschauers begnügen 傍観者の地位に甘んじる.

6 a) 〘体操〙 回転: eine ~ vorwärts 〈rückwärts〉 前〈後〉転. **b)** 〘空〙 (機体の) 横転: ~*n* drehen (機体を) 横転させる. **c)** 〘自転車競技〙 (ペースメーカーの乗るオートバイの後部に取りつけられた風防用の) 回転式ローラー(→Schrittmacher 1): **von der ~ kommen** 〈sein〉 《話》 (自分だけが) 取り残される〈されている〉, 好機を失する〈失ってしまっている〉.

7 = Rollwagen

[*mlat.* rotulus (→Rotulus) – *afr.* ro〔l〕le – *mhd.*; ◇Rodel¹, rollen; *engl.* role, roll]

Rol·lei·flex[rɔ́laɪflɛks] 女 -/- 商標 ローライフレックス(ドイツの Rollei 社製のカメラ).

rol·len[rɔ́lən] **I** 自 **1** (s) 転がる, 回転しながら進む; (列車・滑走路上の飛行機などが) ゆっくり進行する; (波が) 押し寄せる: Der Würfel *rollt.* さいころが転がる | Der Ball ist auf die Straße 〈unter den Tisch〉 *gerollt.* ボールが路上に〈机の下に〉転がった | Köpfe *rollen.* (→Kopf 1) | Der Rubel *rollt.* (→Rubel) | Tränen *rollten* ihr über die Wangen. 涙がぽろぽろと彼女の頬(ほお)を伝って流れた | In seinen Adern *rollt* feuriges 〈heißes〉 Blut. 彼の血管には熱い血が流れている | Der Wagen *rollte* rasselnd über die Brücke. 車はガラガラ音をたてて橋を渡っていった | Ein Brecher *rollte* über das Deck. 激浪が甲板を洗った | Die Sache *rollt* schon. この件はすでに動きはじめている ‖ ein *rollender* Angriff 波状攻撃 | *rollendes* Material 〘鉄道〙 車両.

2 (h) 〘海〙 (船が) 横揺れ〈ローリング〉する.

3 (h) ゴロゴロ鳴る, とどろく(雷鳴・砲声・海鳴りなど).

4 (h) mit den Augen ~ 目をぎょろつかせる(→II 3).

II 他 (h) **1** 転がす: *et.*⁴ zur Seite ~ …をわきへ転がす | das Faß in den Keller ~ たるを転がして地下室へ入れる ‖ 再帰 *sich*⁴ ~ 転がる, ごろりと横になる. **2** 巻く: Papier 〈einen Teppich〉 ~ 紙〈じゅうたん〉を巻く ‖ 再帰 *sich*⁴ ~ 巻いた状態になる | Die Schlange *rollt* sich. 蛇がとぐろを巻く | Das Haar *rollt* sich. 髪が巻き毛になる | Der Teppich hat sich an den Rändern *gerollt.* じゅうたんは縁がめくれてしまった. **3** (ぐるりと) 回す: die Augen ~ 目をぎょろぎょろさせる(→I 4) | den Kopf ~ 頭をぐるっと回す. **4** (洗濯物に) 仕上げローラーをかける. **5** (こね粉などを) 麺棒(めんぼう)でのばす. **6** 〘言〙 (舌先・のどびこなどの) ふるえ音で発音する: das R ~ R をふるえ音で発音する ‖ *gerollter* Laut ふるえ音, 顫動(せんどう)音 (= Schwinglaut).

III Rol·len 中 -s/ rollen すること: das ~ der Geschütze 殷々(いんいん)たる砲声 ‖ **ins ~ kommen** 《話》 転がりはじめる; 《比》 (事柄・事態が) 進行しはじめる, 発足する | Die Kugel kommt ins ~. (→Kugel 1 a) | Die Lawine kommt ins ~. 雪崩がはじまる | Der Stein kommt ins ~. (→Stein 1 a) | ***et.*⁴ ins ~ bringen** 《話》 …(事柄・事態など)を進行させるきっかけとなる, …を発足させる | einen Skandal ins ~ bringen スキャンダルをあばくきっかけとなる | den Stein ins ~ bringen (→Stein 1 a) | Bettwäsche **zum** ~ bringen (洗濯した) ベッド=シーツを仕上げローラーにかける.

[*vulgärlat.* – *afr.* ro〔l〕ler – *mhd.*; ◇Rolle; *engl.* roll]

Rol·len≈be·set·zung[rɔ́lən..] 女 〘劇・映〙 配役, キャスティング. **≈ex·er·zie·ren** 中 -s/ 〘海〙 部署訓練. **≈fach** 中 〘劇・映〙 (一定の) 役柄: *js.* ~ …に適した役柄〈芸域〉.

rol·len·för·mig 形 巻物〈円筒〉状の.

Rol·len≈hal·ter 男 〔トイレット〕ペーパーホルダー, 巻紙かけ. **≈ket·te** 女 〘工〙 ローラーチェーン(→ 図 Kette). **≈la·ger**

中〘工〙転がり軸受け. **≈spiel** 中〘心〙役割遊び. **≈stu·dium** 中〘劇・映〙役柄の研究. **≈ta·bak** 男 ねじり巻きタバコ(かみタバコの一種). **≈tausch** 男 役割交換. **≈ver·tei·lung** 女 **1** = Rollenbesetzung **2**〘社〙(社会集団内における)役割分担. **≈zug** 男 滑車装置, 複滑車.

Rol·ler[rɔ́lər] 男 -s/- **1 a)** スクーター(子供の遊戯用の二輪車). **b)** (Motorroller) スクーター(小型オートバイの一種). **2**〘鳥〙ローラーカナリア. **3** (大波の)うねり.

Rol·ler·brett 中 スケートボード.

rol·lern[rɔ́lərn]《05》自 (h, s)《話》(子供が)スクーターに乗って遊ぶ; スクーターで行く (h, s について: →schwimmen I 1 ☆).

Roll≈feld[rɔ́l..] 中〘空〙離着陸場, 滑走路. **≈film** 男〘写〙ロールフィルム(→Planfilm). **≈fuhr**[..fuːr] 女 -/-en (鉄道駅からのトラックによる)貨物運送.

Roll·fuhr≈dienst 男 トラック運送〔業〕. **≈mann** 男 -〔e〕s/..männer, ..leute = Rollkutscher **≈un·ter·neh·men** 中 トラック運送業〈会社〉.

Roll≈geld[rɔ́l..] 中 **1** トラック集配運送料. **2**《話》チップ, サービス料. **≈gers·te** 女《南部・オーストリア》脱穀した大麦. **≈gut** 中 トラック運送貨物. **≈holz** 中 麺棒(めんぼう).

Rol·li[rɔ́liˑ] 男 -s/-s《話》= Rollkragenpullover

Roll≈ja·lou·sie[..ʒaluziː] 女 巻き上げブラインド. **≈ka·sten** 男《オーストリア》= Rollschrank **≈kom·man·do** 中 (軍隊・警察などの)機動襲撃班(特に市民に対するテロ行為や刑務所内での囚人制裁を目的とする). **≈kra·gen** 男〘服飾〙タートルネック, とっくり襟.

Roll·kra·gen·pull·over 男〘服飾〙タートルネック=セーター.

Roll≈kunst·lauf 男 フィギュア=ローラースケート. **≈kut·scher** 男 荷馬車の御者. **≈la·den** = Rolladen **≈loch** = Rolloch **≈mops** 男〘料理〙ロールモップス(塩漬けニシンの半身を調理加工して巻いたもの).

Rol·lo[rɔ́loˑ; オーストリア: rɔlóː] 中 -s/-s = Rouleau

Rolloch[rɔ́llɔx] 中〘坑〙坑井, 落とし〔穴〕, シュート. [<rollen]

Roll≈schin·ken[rɔ́l..] 男〘料理〙巻きハム, ボンレスハム. **≈schrank** 男 巻き込みシャッターつき戸棚. **≈schuh** 男 ローラースケート靴: ～ laufen ローラースケートをする.

Roll·schuh≈bahn 女 ローラースケートリンク. **≈läu·fer** 男 ローラースケーター. **≈sport** 男 ローラースケート.

Roll≈sitz 男 (競漕(きょうそう)用ボートの)スライディング=シート(→ 図 Boot C). **≈sport** = Rollschuhsport **≈steg** 男〘海〙(桟橋と船の甲板を結ぶ船客昇降用の)脚輪つき渡り板. **≈stuhl** 男 脚輪つきのいす,(特に: 病人・身体障害者用の)車いす: ein zusammenklappbarer ～ 折りたたみ式車いす | an den ～ gebunden 〈gefesselt〉 sein 車いすなしではいられぬ状態である.

Roll·stuhl·fah·rer 男 車いす常用者.

roll·stuhl·ge·recht 形 (建物・部屋などが)車いすごと乗り入れることのできる.

Roll≈ta·bak = Rollentabak **≈trep·pe** 女 エスカレーター: auf der ～ hinabfahren 〈hinauffahren〉 エスカレーターで降りる〈上がる〉. **≈vor·hang** 男 = Rolljalousie **≈wa·gen** 男 貨物運送用トラック; (平台の)荷馬車. **≈wand** 女 巻きついたて(→ 図 Setzwand). **≈wä·sche** 女 -/ 仕上げローラーにかけるべき洗濯物. **≈weg** 男 = Rollbahn 1 **≈werk** 中〘美〙(ルネサンス後期の)巻き込み装飾(→ 図). **≈wi·der·stand** 男〘工〙転がり抵抗; (路面の)走行抵抗.

Rollwerk

Rom[1][roːm] 地名 ローマ(古代ローマ; イタリア共和国の首都で, der Vatikan の所在地. イタリア語形 Roma: →Romulus): ～, die Ewige Stadt 永遠の都ローマ ‖ ***Rom* ist 〔auch〕 nicht an 〈in〉 einem Tage erbaut worden.**《諺》ローマは一日にして成らず ‖ **Zustände wie im alten ～**《話》(古代ローマ末期のような)お話にならないひどい状態 | Er war in ～ und hat nicht den Papst gesehen. (→Papst 1) | Alle Wege führen nach ～. (→Weg 1) | Auf diesem Messer kann man nach ～ reiten. (→Messer[2] 1). [*lat.* „Stromstadt"; ◇Strom, Roman〔e〕, römisch]

Rom[2][roːm] 男 -/Roma[..maˑ] (非ドイツ系の)ジプシー(→Sinto). [*sanskr.*–*Zigeunerspr.*]

ROM[rɔm] 中 -〔s〕/-〔s〕(Festwertspeicher)〘電算〙ロム, リードオンリー〈読み出し専用〉メモリー(もっぱら情報の読み出しを行うための集積回路). [*engl.* read only memory]

Ro·ma[róːmaˑ] Rom[2]の複数形.

Ro·ma·dur[rɔ́maduːr, róː..; オーストリア: romadúːr] 男 -〔s〕/-s (ピレネー山地で羊・ヤギの乳から作る)ロマドゥール=チーズ. [*fr.*]

die **Ro·ma·gna**[románjaˑ] 女 -/〘史〙ロマニャ(イタリア北東部の, かつての教皇領. 中心都市 Ravenna).

Ro·man[1][romáːn] 男 -s/-e〘文芸〙〔長編〕小説, ロマン; 伝奇的な〈波瀾(はらん)に富んだ〉物語: ein historischer 〈psychologischer〉 ～ 歴史〈心理〉小説 | Bildungs*roman* 教養小説 | ein ～ in Versen 韻文小説 | ein ～ in Fortsetzungen (新聞などの)連載小説 ‖ einen ganzen 〈langen〉 ～ erzählen《比》長話をする | Erzähl mir keine 〔langen〕 ～*e*! 作り話はやめろ; 手短に話せ | einen ～ schreiben 小説を書く ‖ Sein Leben war ein einziger 〈wahrer〉 ～. 彼の一生はきわめて波瀾に富んでいた. [*fr.*; <*lat.* Rōmānus (→Romane)]

Ro·man[2][róːman] 男名 ローマン.

Ro·man·cier[romãsiéː] 男 -s/-s, **Ro·man·dich·ter**[romáːn..] 男 = Romanschreiber [*fr.* romancier]

Ro·ma·ne[romáːnə] 男 -n/-n (女 **Ro·ma·nin**[..nɪn]-/-nen) ロマン人(イタリア語・ポルトガル語・スペイン語・フランス語・ルーマニア語など, ロマン〔ス〕語を話す民族の一員). [*lat.* Rōmānus „römisch"–*mlat.*; ◇Rom]

ro·man·haft[romáːnhaft] 形 **1** 小説ふうの. **2** 小説めいた, 伝奇的な, 荒唐無稽(こうとうむけい)な.

Ro·man·held 男 小説の主人公.

Ro·ma·ni[rɔ́maniˑ, romáːniˑ] 中 -〔s〕/ (Zigeunersprache) ロマーニー語, ジプシー語. [*Zigeunerspr.* rom „Mann, Mensch" <*sanskr.* doma (→Dom[4])]

Ro·ma·nik[romáːnɪk] 女 -/ ロマネスク様式(12世紀にヨーロッパで流行した芸術様式).

Ro·ma·nin Romane の女性形.

ro·ma·nisch[..nɪʃ] 形 **1** ロマン人の; ロマン〔ス〕語の: →deutsch | die ～*en* Sprachen ロマン〔ス〕諸語(イタリア語・ポルトガル語・スペイン語・フランス語など, ラテン語に由来する近代諸語). **2** ロマネスク様式の(→ 図 Stilmöbel): eine ～*e* Kirche ロマネスク様式の教会(→ 図 Baukunst). [<Romane]

ro·ma·ni·sie·ren[romanizíːrən] 他 (h) **1** ローマ化する, ローマふうにする(→Rom). **2** ロマン〔ス〕語化する, ロマン〔ス〕語ふうにする(→romanisch 1).

Ro·ma·nis·mus[romanísmʊs] 男 -/..men[..mən] **1**〘言〙ロマン〔ス〕語法(特に他言語におけるロマン〔ス〕語ふうの慣用語法). **2**〘美〙ロマニスム(イタリア=ルネサンスの影響下にある16世紀オランダの画風). **3**《ふつう軽蔑的に》ローマ主義(ローマ=カトリック教一辺倒の傾向).

Ro·ma·nist[romaníst] 男 -en/-en **1** ロマン〔ス〕語学〈文学〉研究者. **2** ローマ法学者〈研究者〉.

Ro·ma·ni·stik[romanístɪk] 女 -/ **1** ロマン〔ス〕語学〈文学〉〔研究〕. **2** ローマ法研究.

ro·ma·ni·stisch[..tɪʃ] 形 Romanistik の〈に関する〉.

Ro·man≈le·ser[romáːn..] 男 小説の読者. **≈li·te·ra·tur** 女 小説文学.

Ro·ma·now[romáːnɔf] 人名 ロマノフ家の人(ロシアのロマノフ王朝は1613年に始まり,1917年のロシア革命まで続いた).

ro·mansch[románʃ]《スイス》= romantsch

Ro·man≈schrei·ber[romáːn..] 男, **≈schrift·stel·ler** 男 長編小説作家, 小説家.

Ro·man·tik[romántɪk] 女 -/ **1** ロマン派, ロマン主義(啓蒙(けいもう)主義・古典主義に対抗して,18世紀末から19世紀前半にかけてヨーロッパの文学・美術・音楽の領域で展開された運動で, 感

R

情の優位を主張する): die Musik der ～ ロマン派の音楽. **2** 空想的〈ロマンチック〉な傾向, ロマンチシズム.

Ro·man·ti·ker[..tikər] 男 -s/- **1** ロマン主義者, ロマン派の作家〈芸術家〉. **2** ロマンチックな人, 空想〈夢想〉家.

ro·man·tisch[..tɪʃ] 形 **1** ロマン派〈主義〉の: die ～*e* Schule ロマン派. **2** ロマンチックな, 空想〈夢想〉的な; 情緒に満ちた, 夢幻的な: ein ～*er* Mensch ロマンチックな人 | eine ～*e* Landschaft 詩趣に富む風景 | die *Romantische* Straße ロマンチック街道 (Würzburg と Füssen とを結ぶ街道で, 昔の姿をとどめる古い都市など観光名所に富む). [*fr.* romantique „romanhaft"; ◇Roman]

ro·man·ti·sie·ren[romantizí:rən] 他 (h) 《*et.*[4]》(…に)ロマンチックな性格を与える; 美化〈理想化〉する.

ro·mantsch[romántʃ] 形 ロマンシュ語の(→rätoromanisch): →deutsch [*rätoroman.*; ＜*lat.* Rōmānus (→Romane); ◇*engl.* Romans(c)h]

Ro·man·ze[romántsə] 女 -/-n **1** 〘文芸〙ロマンス(14世紀にスペインで始められた物語詩). **2** 〘楽〙ロマンス(甘美な旋律を主体とする声楽・器楽曲). **3** 《比》(恋愛などの)ロマンス: eine heimliche ～ mit *jm.* …とのひそかな愛のロマンス. [*aprovenzal.*–*span.* romance–*fr.*; ◇Roman]

Ro·man·ze·ro[romantsé:ro·] 男 -s/-s (スペインの)ロマンス〈物語詩〉集. [*span.* romancero]

ro·maun(t)sch[romáʊn(t)ʃ] ＝romantsch

Ro·meo[ró:meo·] 男名 ロメオ:《～ und Julia》『ロミオとジュリエット』(Shakespeare の悲劇 „Romeo and Juliet" のドイツ語形). [*it.*; ◇Bartholomäus]

Rö·mer[1][rø:mər] 男 -s/- レーマー(大型ワイングラスの一種: → 図 Glas). [*ndl.*; ＜*ndl.* roemen „rühmen" (◇Ruhm)]

Rö·mer[2][–] 男 -s/- **1** (女 **Rö·me·rin**[..mərɪn]-/-nen) **a)** ローマ(イタリアの首都)市民. **b)** 古代ローマの人, ローマ人(→図): der Brief des Paulus an die ～ (新約聖書の)ローマ人への手紙. **2** der ～ レーマー (Frankfurt am Main の古い市庁舎. 神聖ローマ帝国皇帝の選挙が行われた). [*ahd.*; ◇Rom]

Römer[2]

Rö·mer≈brief 男 -(e)s/ (新約聖書の)ローマ人への手紙. ≈**reich** 中 -(e)s/ ローマ帝国. ≈**stra·ße** 女 〘史〙ローマ街道.

Rom≈fah·rer[ró:m..] 男 ローマへの旅行者〈巡礼者〉. ≈**fahrt** 女 ローマ旅行〈巡礼〉.

Ro·mi[ró:mi·] 女名 (＜Rosemarie) ローミ.

rö·misch[rø:mɪʃ] 形 ローマの; 古代ローマ人の: das ～*e* Recht ローマ法 | das *Römische* Reich ローマ帝国 | das Heilige *Römische* Reich Deutscher Nation 〘史〙神聖ローマ帝国(962年から1806年まで続いたドイツ帝国の呼び名) | ～*e* Ziffern 〈Zahlen〉 ローマ数字(→付録). [*ahd.*; ◇Rom]

rö·misch-ka·tho·lisch[rø:mɪʃkató:lɪʃ] 形 (略 röm.-kath.; ｵｰｽﾄﾘｱ: r.-k.) ローマ＝カトリックの: die ～*e* Kirche 〘宗〙ローマ＝カトリック教会(ローマ教皇を頂点とする教団).

röm.-kath.[rœmkat] 略 ＝römisch-katholisch

Röm·ling[rø:mlɪŋ] 男 -(e)s/-e 《軽蔑的に》ローマ崇拝者(カトリック主義信奉者をさす).

Rom·mé (**Rom·mee**)[rɔmé:, rɔ́me·] 中 -s/-s 〘ﾄﾗﾝﾌﾟ〙ラミー. [*engl.* rummy をフランス語めかした形]

Rom·mel[rɔ́məl] 人名 Erwin ～ エルヴィン ロメル(1891-1944; ドイツの軍人. 第二次大戦に戦車部隊をひきいてアフリカで活躍したが, Hitler 暗殺計画に関与して自殺に追い込まれた).

ro·montsch[romɔ́ntʃ] ＝romantsch

Ro·mu·lus[ró:mulʊs] 人名 ロムルス(ローマの伝説上の建設者で, その初代の王. Remus と双生児の兄弟). [*lat.*]

Ron·de[rɔ́ndə, rɔ̃:də] 女 -/-n **1** 〘軍〙 **a)** 巡回, 巡視, パトロール. **b)** 巡邏(じゅんら)将校. **2** 《単数で》円字書法. **3** 〘金属〙円形プレス粗材. [*fr.*]

Ron·deau[rɔ̃dó:; ｵｰｽﾄﾘｱ: rɔndó:] 中 -s/-s **1 a)** 〘詩〙ロンドー(フランスの定型詩の一種). **b)** ＝Rondo 2 **2** 《ｵｰｽﾄﾘｱ》 ＝Rondell 1 [*fr.* „Kreischen"; ＜*lat.* rotundus (→Rotunde)]

Ron·dell[rɔndɛ́l] 中 -s/-e **1** 円形花壇; 円形広場; 円形の散歩道. **2** (要塞(ようさい)の)円塔(→図 Burg). [*fr.* rondelle „runde Scheibe"]

Ron·do[rɔ́ndo·] 中 -s/-s 〘楽〙 **1** ロンド(主題がたびたび反復される器楽曲). **2** (Rondeau) ロンドー(独唱の楽句と合唱のリフレインとが交代に繰り返される中世・ルネサンスの声楽曲(の形式)). [*fr.* rondeau–*it.*]

Ron·ga·lit[rɔŋgalí:t, ..lít] 男 -s/ 〘化〙ロンガリット.

rön·ne[rœ́nə] ränne (rinnen の接続法 II)の別形.

Rön·ne[–] 女 -/-n 〘狩〙(猛禽(もうきん)用の)捕獲網. [*ndd.*; ◇Rinne]

rönt·gen[rœ́ntgən[1], rœ́n(t)çən] 《過分 geröntgt [gərœ́ntkt, ..rœ́n(t)çt]》他 (h) 《*et.*[4] / *jn.*》(…に)レントゲン線をかける〈照射する〉, (…を)レントゲン線で調べる〈透視する・検査する〉, (…の)レントゲン写真を撮る; 《比》鋭く観察する: *sich*[3] den Magen ～ lassen 胃のレントゲン検査を受ける | Das Gemälde wurde *geröntgt.* その絵はレントゲンで調査された | Er wurde *geröntgt.* 彼はレントゲン検査を受けた.

Rönt·gen[rœ́ntgən] **I** 人名 Wilhelm Conrad ～ ヴィルヘルム コンラート レントゲン(1845-1923; ドイツの物理学者. X 線を発見し,1901年最初のノーベル物理学賞を受賞).
II 中 -/- レントゲン(X 線の曝射(ばくしゃ)線量の単位; 記号 R, r).

Rönt·gen≈ap·pa·rat 男 レントゲン装置. ≈**arzt** 男 放射線医. ≈**astro·no·mie** 女 -/ X 線天文学. ≈**auf·nah·me** 女 **1** X 線〈レントゲン〉撮影(法). **2** X 線〈レントゲン〉写真. ≈**au·ge** 中 -s/-n 《ふつう複数で》《戯》～*n* machen 突き刺すような〈鋭い〉目で見る. ≈**be·hand·lung** 女 X 線〈レントゲン〉治療. ≈**be·strah·lung** 女 X 線〈レントゲン〉照射. ≈**bild** 中 レントゲン像, X 線写真. ≈**bur·ster**[..bə:stər] 男 -s/- 〘天〙X 線バースト源. ≈**dia·gno·se** 女 X 線〈レントゲン〉診断. ≈**dia·gno·stik** 女 X 線〈レントゲン〉診断学(法). ≈**durch·leuch·tung** 女 X 線〈レントゲン〉透視. ≈**film** 男 X 線フィルム. ≈**fo·to·gra·fie** 女 **1** 《単数で》X 線〈レントゲン〉撮影(法). **2** X 線〈レントゲン〉写真. ≈**him·mels·ob·jekt** 中 〘天〙X 線天体.

rönt·ge·ni·sie·ren[rœntgenizí:rən] 《ｵｰｽﾄﾘｱ》＝röntgen

Rönt·gen≈kar·zi·nom[rœ́ntgən..] 中 〘医〙X 線癌(がん). ≈**ka·ter** 男 〘医〙X 線宿酔(しゅくすい). ≈**kun·de** 女 -/ ＝Röntgenologie ≈**mi·kro·skop** 中 X 線顕微鏡.

Rönt·ge·no·gramm[rœntgenográm] 中 -s/-e ＝Röntgenaufnahme

Rönt·ge·no·gra·phie[..grafí:] 女 -/ レントゲン〈X 線〉検査(特に工作材料などの).

rönt·ge·no·gra·phisch[..grá:fɪʃ] 形 レントゲン〈X 線〉検査の, レントゲン〈X 線〉検査による.

Rönt·ge·no·lo·ge[..ló:gə] 男 -n/-n (→..loge) レントゲン〈放射線〉専門医.

Rönt·ge·no·lo·gie[..logí:] 女 -/ レントゲン〈放射線〉医学.

rönt·ge·no·lo·gisch[..ló:gɪʃ] 形 レントゲン〈放射線〉医学(上)の.

Rönt·gen≈pho·to·gra·phie[rœ́ntgən..] 女 ＝Röntgenfotografie ≈**quel·le** 女 〘天〙X 線源. ≈**rei·hen·un·ter·su·chung** 女 X 線〈レントゲン〉集団検診. ≈**röh·re** 女 X 線〈レントゲン〉管. ≈**schicht·auf·nah·me** 女 **1** X 線〈レントゲン〉断層撮影(法). **2** X 線〈レントゲン〉断層写真. ≈**schirm** 男 蛍光スクリーン. ≈**spek·tral·ana·ly·se** 女 〘理〙X 線分光分析. ≈**spek·trum** 中 〘理〙X 線スペクトル. ≈**spe·zia·list** 男 ＝Röntgenologe ≈**strah·len** 複 〘理〙レントゲン線, X 線. ≈**struk·tur·ana·ly·se** 女 〘理〙(結晶構造などの) X 線構造解析.

≈**the·ra·pie** 女 X 線〈レントゲン〉療法. ≈**tie·fen·be·strah·lung** 女 X 線〈レントゲン〉深部照射. ≈**un·ter·su·chung** 女 X 線〈レントゲン〉検査.

Roof[ro:f] 男 中 -〔e〕s/-s 〘海〙ローフ(帆船の甲板上の寝室). [*mndd.* rof „Schutzdach"; ◇ *engl.* roof]

Roo·ming-in[ru:mɪŋín] 中 -〔s〕/ (病院における産後の)母子同室育児. [*amerik.*; ◇ Raum]

Roo·se·velt[ró:zəvɛlt, róuzvɛlt] 人名 Franklin Delano ～ フランクリン デラノー ルーズベルト(1882-1945; アメリカ合衆国第32代大統領).

Roque·fort[rɔkfó:r, ⌣́−] 男 -s/-s, **Roque·fort·kä·se**[−kɛ:zə] 男 ロクフォール=チーズ(かびで熟成した半硬質チーズ). [＜Roquefort (南フランスの地名)]

rö·ren[rø:rən] ＝röhren

Ror·schach[ró:rʃax, rɔ́rʃax] 人名 Hermann ～ ヘルマン ロールシャハ(1884-1922; スイスの精神病医. ロールシャッハ=テストを考案).

Ror·schach-Test (**Ror·schach·test**) 男 〘心〙ロールシャッハ=テスト(人格診断テストの一種).

ro·sa[ró:za·] **I** 形《無変化》**1** バラ色の, 淡紅色の, ピンクの: eine ～ Bluse ピンク色のブラウス | ein ～ Kleid ピンクのドレス | *et.*[4] durch eine ～ Brille sehen 〈betrachten〉(→Brille 1) ‖ ***et.***[4] **～ sehen**《比》…をバラ色に見る, …を楽観する. **2**《婉曲的に》同性愛の, ホモの. **II Ro·sa**[1] 中 -s/- (話: -s) バラ色, 淡紅色, ピンク: helles ～ 明るいピンク色. [*lat.* rosa (→Rose)]

Ro·sa[2][ró:za·] 女名 ローザ(また語源を異にする Rosalinde, Rosamunde, Roswitha などの短縮形としても). [*lat.*−*it.*]

ro·sa≈far·ben[ró:za..] 形, ≈**far·big** 形 バラ色の, 淡紅色の.

Ro·sa·lie[rozá:liə] 女名 (＜Rosa[2]) ロザーリエ.

Ro·sa·lin·de[rozalíndə] 女名 ロザリンデ. [＜*ahd.* hruod.. „Ruhm"＋linta „Schild (aus Lindenholz)"]

Ro·sa·mun·de[rozamúndə] 女名 ロザムンデ. [*ahd.*; ◇Munt]

Ros·ani·lin[rozanilí:n] 中 -s/ 〘化〙ローズアニリン(赤色染料).

Ro·sa·rium[rozá:rium] 中 -s/..rien[..riən] **1** (Rosengarten) バラ園. **2** (Rosenkranz) 〘カトリック〙**a**) ロザリオ(祈禱(きとう)用の数珠). **b**) ロザリオ〔を繰りながら〕の祈り. [*lat.*〔−*mlat.*〕; ＜*lat.* rosa (→Rose)]

ro·sa·rot[ró:za..] 形 バラ色の, 淡紅色の: *et.*[4] durch eine ～*e* Brille sehen 〈betrachten〉(→Brille 1).

Ro·sa·ze·en[rozatsé:ən] 複 (Rosengewächse) 〘植〙バラ科. [*lat.*]

rösch[rø:ʃ] 形 **1**《南部》＝resch **2** 〘坑〙粗砕きの, 粒の粗い. [*ahd.*; ◇rasch]

Rö·sche[rø:ʃə, rœ́ʃə] 女 -/-n 〘坑〙(通気・排水などのための)回り坑道, 副坑道. [＜*mhd.* rösch „abschüssig"]

Rös·chen[rø:sçən] **I** Rose の縮小形: Blumenkohl*röschen* カリフラワーの球(たま) | Rosenkohl*röschen* メキャベツの球. **II** 女名 (＜Rosa[2]) レースヒェン.

Ro·se[ró:zə] 女 -/-n (⊛ **Rös·chen** → 別出, **Rös·lein**[rø:slaɪn] 中 -s/-) **1** 〘植〙バラ〔の花〕: eine rote ～ 赤いバラ(美や愛の象徴とされる) | eine späte ～ 遅咲きのバラ | eine wilde ～ 野バラ | eine kletternde ～ / Kletter*rose* 蔓(つる)バラ | chinesische ～ コウシン(庚申)バラ | gefüllte ～ 〘紋〙紅白のバラ | Goldene ～ 〘カトリック〙金製ばら章(ローマ教皇が四旬節の第 4 日曜日にこれを祝別して教皇庁に対する功労者に贈る) ‖ *jm.* ～*n* schenken …にバラの花束を贈る | Geduld bringt ～*n*. (→Geduld) ‖ 〔**nicht**〕 **auf ～*n* gebettet sein**《比》安楽に暮らしている〔わけではない〕(バラの臥所(ふしど)に横たわっている〔わけではない〕) | unter der ～ reden《比》他人にはけっして漏らさぬという条件で話す(古代ギリシア・ローマではバラが口の堅さと愛のシンボルとされた) ‖ **Keine ～ ohne Dornen.**《諺》とげのないバラはない, 楽あれば苦あり. **2** (バラの花の形をしたもの. 例えば:) **a**) (Fensterrose) 〘建〙バラ窓, 円花(まるはな)窓. **b**) 〘狩〙(シカの角の)根元周辺のぎざぎざ. **c**) (Windrose) (羅針盤の)羅牌(らはい), コンパスカード. **d**) ローズ形(宝石をバラ形にカットしたもの). **e**) 〘楽〙(ギターなどの)響き口. **3** (バラ色をしたもの. 例えば:) **a**) (Wundrose) 〘医〙創傷(そうしょう)丹毒. **b**) 牛の腰肉〈ロース〉. **c**) (野鳥の目の上にある)赤い斑点(はんてん).
[*lat.* rosa−*ahd.*; ◇rosa; *gr.* rhódon „Rose"]

ro·sé[rozé:] **I** 形《無変化》＝rosa **II Ro·sé 1** 中 -〔s〕/-〔s〕バラ色. **2** 男 -s/-s ＝Roséwein [*fr.*]

Ro·see·wein[rozé:..] ＝Roséwein

Ro·se·ma·rie[ró:zəmari:, −⌣⌣⌣́] 女名 ローゼマリー.

Ro·sen≈ap·fel[ró:zən..] 男 **1 a**) 〘植〙フトモモ(蒲桃), ホトウ. **b**) フトモモ〈ホトウ〉の果実. **2** 野バラにつく五倍子(ふし). ≈**beet** 中 バラの花壇. ≈**blatt** 中 バラの花弁〈花びら〉. ≈**busch** 男 バラの茂み. ≈**dorn** 男 バラのとげ. ≈**duft** 男 バラの香り. ≈**es·sig** 男 薔薇醋(しょうびさく)(酢にバラの花びらを漬けたもの. 頭痛薬などに用いる).

ro·sen≈far·ben 形, ≈**far·big** 形 バラ色の, 淡紅色の.

Ro·sen·fen·ster 中 〘建〙バラ窓, 円花(まるはな)窓.

ro·sen≈fin·ge·rig 形, ≈**fing·rig** 形《雅》バラ色の指をもった: die ～*e* Göttin 〈Morgenröte〉あけぼの, 朝焼け.

der **Ro·sen·gar·ten**[1][ró:zəngartən] 地名 男 -s/ ローゼンガルテン(イタリア北部, Dolomiten の一部をなす山系. イタリア語形 Catinaccio).

Ro·sen≈gar·ten[2] 男 バラ園. ≈**ge·wäch·se** 複 (Rosazeen) 〘植〙バラ科. ≈**hecke** 女 バラの生け垣. ≈**hoch·zeit** 女《話》薔薇(ばら)婚式(結婚して10年目の祝い). ≈**holz** 中 **1** アニバ(ブラジル産クスノキ科)の木材(香油の原料となる). **2** シタン(紫檀), ローズウッド(マメ科ダルベルギア属の木材). ≈**kä·fer** 男 〘虫〙シラホシハナムグリ(白星花潜)類(バラの害虫). ≈**ka·va·lier** 男《Der ～》『ばらの騎士』(Richard Strauss のオペラ). ≈**klee** 男 〘植〙ベニバナツメクサ(紅花爪草). ≈**knos·pe** 女 バラのつぼみ. ≈**kohl** 男 -〔e〕s/ 〘植〙メキャベツ, コモチカンラン(子持甘藍)(→ 図 Kohl) (→Röschen I).

Ro·sen·kranz [ró:zənkrants] 男 **1** バラの花輪〈花冠〉. **2** 〘カトリック〙 **a**) ロザリオ(祈禱(きとう)用の数珠: → 図). **b**) ロザリオの祈り(ロザリオを繰りながら特に主の祈りとアヴェ=マリアを唱える): einen ～ beten ロザリオの祈りを唱える. [*mlat.* rosārium (◇Rosarium) の翻訳]

Rosenkranz

Ro·sen·kreu·zer 男 -s/- 〘史〙ばら十字会〔員〕(17-18世紀ごろヨーロッパにあった密教的秘密結社〔の会員〕). [＜Chr. Rosenkreuz (創立者, †1484)]

Ro·sen≈krie·ge 複 〘史〙ばら戦争(イギリスの大貴族ヨーク家とランカスター家の間で王位継承をめぐって行われた戦い〔1455-85〕. ヨーク家は白バラ, ランカスター家は赤バラの記章をつけたのでこの名がある). ≈**lor·beer** 男 (Oleander) 〘植〙セイヨウキョウチクトウ(西洋夾竹桃). ▽≈**mo·nat** (▽≈**mond**) 男 (Juni) バラの月(6 月の別名).

Ro·sen·mon·tag[ro:zənmó:nta:k, ⌣́⌣−−][1] 男 ばらの月曜日(元来は Rasenmontag「狂騒の月曜日」がなまったもので, 懺悔(ざんげ)火曜日の前日. 謝肉祭の中心日). [＜rosen „rasen" (◇rasen)]

Ro·sen·mon·tags·zug 男 ばらの月曜日の〔仮装〕行列.

Ro·sen≈moos[ró:zən..] 中 〘植〙カサゴケ(傘苔). ≈**öl** 中 バラ〈ローズ〉油(摘みたてのバラの花から蒸気蒸留法で採取する芳香油). ≈**quarz** 男 〘鉱〙薔薇(ばら)石英.

ro·sen·rot 形 バラのように赤い, バラ色の: alles durch eine ～*e* Brille 〈alles in ～*em* Licht〉 sehen《比》すべてをバラ色に見る, 楽天家である.

Ro·sen≈stock 男 -〔e〕s/..stöcke バラの木. ≈**strauß** 男 -es/..sträuße バラの花束. ≈**was·ser** 中 -s/ (バラ油で香りをつけた)バラ香水. ≈**wurz** 女 〘植〙イワベンケイ(岩弁慶). ≈**zeit** 女 -/ バラの季節(開花期);《比》青春時代. ≈**zucht** 女 バラの栽培. ≈**züch·ter** 男 バラ栽培者.

Ro·seo·la[rozé:ola·] 女 -/..len[rozeó:lən], **Ro·seo·le**[rozeó:lə] 女 -/-n 〘医〙バラ疹(しん), 紅疹. [＜*lat.* ro-

R

seus „rosig“ (◇Rose)]

Ro·se·sches Me·tall[ró:zəʃəs ..] 中〘化〙ローゼ合金(鉛と錫(すず)よりなる). [<V. Rose (ドイツの化学者, †1771)]

Ro·set·te[1][rozɛ́tə] 女 -/-n (バラの花の形をしたもの. 例えば:) **1 a)**〘美〙ロゼット(バラ形装飾). **b)**〘建〙バラ窓, 円花(まるはな)窓. **2 a)** バラ結びのリボン〈バッジ〉. **b)** ローズ形(宝石をバラ形にカットしたもの). **3**《卑》(After) 肛門(こうもん), 菊座: ein komisches Gefühl in der ~ 〈um die ~〉 haben 便意を催す; いやな予感がする. [*fr.*; < *lat.* rosa (→Rose)]

Ro·sette[2][rozɛ́t(ə)] 地名 ロゼッタ(エジプト=アラブ共和国, ナイル川の河口に近い商業都市ラシード Raschid のこと. 1799年この北東方で Rosettenstein が発見された). [*arab.*]

Ro·set·ten·stein[rozɛ́tən..] 男 der ~ ロゼッタ石(1799年 Rosette[2] 付近で発見された古代の石碑. エジプト象形文字解読のかぎとなった).

Ro·sé·wein[rozé:..] 男 (Schillerwein) ロゼ〔ワイン〕(発酵の中途で果皮を除去してつくる淡紅色のぶどう酒).

Ro·si[ró:zi·] 女名 (<Rosa[2]) ローズィ.

ro·sig[ró:zɪç][2] 形 **1** バラ色の, 淡紅色の: ein ~*es* Gesicht ピンクの肌色をした顔. **2**《比》バラ色の, 希望に満ちた, 明るい, 楽観的な: alles durch eine ~*e* Brille sehen すべてを楽観的に見る | in ~*er* Laune sein 上機嫌である | *et.*[4] in ~*em* Licht sehen (→Licht 1) ‖ Die Lage ist nicht gerade ~. 事態は必ずしも明るくない. [*mhd.*; ◇Rose]

Ro·si·nan·te[rozinántə] 女 -/-n **1**《単数で》ロシナンテ(Don Quichotte の乗ったやせ馬の名). **2**《戯》老いぼれ馬, やくざ馬. [*span.* rocin „Klepper“+ante..]

Ro·si·ne[rozí:nə] 女 -/-n 干しぶどう;《比》特にいいもの, 最上のもの: ein Kuchen mit ~*n* 干しぶどう入りのケーキ ‖ 〔**große**〕 **~*n* im Kopf haben**《話》遠大な計画を抱いている | ***sich***[3] **die** 〔**besten** / **dicksten** / **größten**〕 **~*n* aus dem Kuchen picken** 〈**klauben**〉 / **die** 〔**besten** / **dicksten** / **größten**〕 **~*n* herauspicken** 〈**herausklauben**〉《話》いちばんよいところだけを自分が取ってしまう. [*afr.*–*mndd.* rosīn〔e〕; < *lat.* racēmus (→razemos); ◇*engl.* raisin]

Ro·si·nen≠bom·ber 男《ベルリン》(1948–49年のベルリン封鎖の際に食糧輸送にあたった米・英軍の)輸送機. **≠brot** 中 ぶどうパン. **≠ku·chen** 男 干しぶどう入りのケーキ. **≠wein** 男 干しぶどうワイン(干しぶどうからつくったワインに似た飲み物).

Rosl[ró:zəl] 女名 (<Rosa[2]) ローズル.

Rös·lein Rose の縮小形.

Ros·ma·rin[ró:smari:n, rɔsmarí:n, ro:s..] 男 -s/〘植〙ローズマリー, マンネンロウ(迷迭香)(香油の原料となり, 貞操や記憶の象徴とされる). [*lat.* rōs-marīnus; < *lat.* rōs „Tau“; ◇Marine; *engl.* rosemary]

Ros·ma·rin·öl 中 ローズマリー油.

Roß[1][ro:s] 中 -es/-e《中部》(Wabe) はちの巣, 蜂房(ほうぼう). [*ahd.* rāza]

Roß[2][rɔs] 中 (⑥ **Röß·chen**[rœ́sçən], **Röß·lein**[..laɪn] 中 -s/-) **1** Rosses / Rosse《雅》(血筋のいい)馬, (特に:) 乗用馬: **~ und Reiter nennen**《比》はっきりと名指す, ずばりと指摘する ‖ **auf dem hohen ~ sitzen**《話》いばっている, 傲慢(ごうまん)である | ***sich***[4] **aufs hohe ~ setzen**《話》いばる, 思いあがる | **von *seinem* hohen ~ herunterkommen** 〈**heruntersteigen**〉《話》傲慢な態度を悔い改める | **hoch zu ~** 馬上ゆたかに, 馬に乗って. **2** Rosses / Rösser[rœ́sər] **a)**《南部・オーストリア・スイス》(Pferd) 馬: ***jm.* wie einem kranken** 〈**lahmen**〉 **~ zureden** / in *jn.* wie in ein krankes 〈lahmes〉 ~ hineinreden …に口を酸っぱくして言い聞かせる. **b)**《話》(Dummkopf) ばか, 愚か者: So ein ~! なんてばかなやつだ | Du bist das größte ~ auf Gottes Erdboden. 君は世界一の大ばかだ. **c)** (馬のように)頑丈な人間. [*germ.*; ◇*engl.* horse]

Roß≠ap·fel[rɔ́s..] 男《話》馬糞(ばふん). **≠arzt** 男 ᵛ**1** (軍隊の)獣医. **2**《話》荒療治をする医者. **≠brei·ten** 複〘気象〙中緯度高圧帯.

Röß·chen Roß[2]の縮小形.

Ros·se Roß[2] 1 の複数.

Ro·ße[ró:sə] 女 -/-n《中部》=Roß[1]

Rös·sel[rœ́səl] 中 -s/- **1** (Springer)〘チェス〙ナイト. **2**《南部》Roß[2] の縮小形.

Rös·sel·sprung 男 **1** (チェスの)ナイト跳び(四方八方への桂馬跳び). **2** 桂馬跳びパズル.

ros·sen[rɔ́sən]《02》自 (h) (雌馬が)さかりがついている, 発情している.

Rös·ser Roß[2] 2 の複数.

Roß≠fei·ge[rɔ́s..] 女〘植〙オプンチア(ウチワサボテン属)の果実. **≠gras** 中〘植〙シラケガヤ(白毛萱)属. **≠haar** 中 馬の毛(たてがみや尾の).

Roß·haar≠fül·lung 女 (クッションなどの)馬毛の詰め物. **≠ma·trat·ze** 女 馬毛のふとん〈マットレス〉.

Roß≠händ·ler 男 馬商人, 博労(ばくろう). **≠har·nisch** 男 馬よろい(→ 図 Harnisch).

ros·sig[rɔ́sɪç][2] 形 (雌馬が)発情して〈さかりがついて〉いる.

Ros·si·ni[rɔsí:ni·] 人名 Gioacchino ~ ジョアキノ ロッシーニ(1792–1868; イタリアの作曲家. 作品『セビーリャの理髪師』など).

Roß≠kä·fer[rɔ́s..] 男 (Mistkäfer)〘虫〙センチコガネ(雪隠黄金虫). **≠kamm** 男 **1** 馬ぐし. **2**《軽蔑的に》馬商人, 博労(ばくろう). **≠ka·sta·nie**[..niə] 女〘植〙トチノキ(橡)属(マロニエなど). **≠kur** 女《話》荒療治(苦痛を伴う治療〔法〕).

Röß·lein Roß[2] の縮小形.

Röß·li·spiel[rœ́sli..] 中《スイス》(Karussell) 回転木馬, メリーゴーラウンド.

Roß≠markt[rɔ́s..] 男 馬市. **≠schläch·ter** 男 馬の畜殺人. **≠schweif** 男 馬のしっぽ; 兜(かぶと)の羽根飾り. **≠stirn** 女 (馬よろいの)馬甲(→ 図 Harnisch).

Roß·stirn·schild 男〘紋〙(聖職者用の)馬頭形紋章盾.

Roß·täu·scher 男 ᵛ**1** =Roßhändler **2**《軽蔑的に》抜け目のない〈こすっからい〉商人.

Rost[1][rɔst; スイス: ro:st] 男 -es(-s)/-e **1** (炉の)火格子, (ストーブ・ボイラーの)火床; (肉・魚などを焼く)焼き網, グリル: *et.*[4] auf dem ~ braten …をグリルで焼く | durch den ~ fallen《話》(ふるいにかけられて)落ちる, 選にもれる, 落第する. **2** (格子・すのこ状のもの. 例えば:) **a)** (ベッドのマットレスを支える)すのこ式ボトム; (浴室の)すのこ板; (マンホールなどの)格子ぶた; (靴ぬぐい用の)格子板. **b)** (Pfahlrost)〘土木〙杭(くい)格子. [*ahd.*]

Rost[2][rɔst] 男 -es(-s)/ **1** (金属の)さび(錆): Edel*rost* (銅器などの)青さび ‖ ~ ansetzen (鉄などが)さびる | den ~ von *et.*[3] entfernen / *et.*[4] von 〈vom〉 ~ befreien …のさびを落とす | ***jm.* den ~ heruntermachen** 〈runtermachen〉《話》…をどやしつける ‖ von 〈vom〉 ~ zerfressen さびに腐食されて | *et.*[4] vor ~ schützen …にさびがつかないようにする, …がさびつくのを防ぐ ‖ *Rost* setzt sich an 〈bildet sich〉. さびる, さびが出る | *Rost* frißt Eisen, Sorge den Menschen.《諺》さびは鉄を 心痛は人をむしばむ. **2**〘農・園芸〙さび病〔菌〕: den ~ haben さび病にかかっている. [*germ.*; ◇rot, rosten; *engl.* rust]

Rost·an·satz[rɔ́st..] 男 さびの付着, さびつき.

rost·be·stän·dig 形 さびにくい, さびない.

Rost·bra·ten[rɔ́st..] 男 焼き〈あぶり〉肉, ロースト.

Rost·bra·te·rei[rɔstbra:tərái] 女 グリル食堂.

rost·braun[rɔ́st..] 形 赤さび色〈赤褐色〉の.

Röst·brot[rø:st.., rœ́st..] 中 トーストにしたパン(→Toast).

Rö·ste[rø:stə, rœ́stə] 女 -/-n **1** (rösten すること. 特に:)〘金属〙焙焼(ばいしょう), 仮焼(かしょう). **2** (rösten するための器具・設備. 例えば:) **a)**〘金属〙焙焼〈仮焼〉設備. **b)**〘農〙(亜麻の)浸漬(しんし)槽.

ro·sten[rɔ́stən]《01》自 (s, h) さ(錆)びる: leicht ~ さびやすい | *sein* Talent ~ lassen 才能をさびつかせる | Alte Liebe *rostet* nicht. (→Liebe 1 a) | Wer rastet, der *rostet.* / Rast' ich, so *rost'* ich. (→rasten 1). [*ahd.*; ◇Rost[2]]

rö·sten[rø:stən, rœ́stən]《01》 **I** 他 (h) **1** (油も水も入れずに)焼く, あぶる, いる: *geröstetes* Brot トーストパン ‖ Fleisch ~ 肉を焼く〈あぶる〉| Kaffee ~ コーヒー〔豆〕をいる ‖

*sich*⁴ in der Sonne ~ lassen《戯》太陽で肌を焼く. **2**〖金属〗(鉱石を)焙焼(ばいしょう)〈仮焼(かしょう)〉する. **3** (繊維を採取するために亜麻を)水に漬けて腐らせる. **II Ge・rö・ste・te** → 別出
[I 1, 2: *ahd.*; ◇Rost¹; *engl.* roast; 3: *germ.* „faulen machen"; ◇rotten¹; *engl.* ret]

Rö・ster[rø:stər, rœs..] 男 -s/- **1** (rösten するための器具. 特に:) (Toaster) トースター. **2**《オーストリア》〖料理〗(ニワトコ・スモモなどの)コンポート, 砂糖煮.

Rö・ste・rei[rø:stəráɪ, rœs..] 女 -/-en (rösten するための事業・工場. 例えば:) コーヒー工場; 焙焼(ばいしょう)〈仮焼〉工場.

rost≠far・ben[rɔ́st..] 形, **≠far・big** 形 さび色の.

Rost≠fleck 男, **≠flecken** 男 さびのしみ, (布などについた)鉄さび.

rost・fleckig 形 さびのしみついた, 鉄さびのついた.

Rost・fraß[rɔ́st..] 男 さびによる腐食.

rost・frei 形 **1** さびない, 不銹(ふしゅう)性の: ~*er* Stahl 不銹鋼, ステンレス鋼. **2** さびのない.

röst・frisch[rø:st.., rœst..] 形 焼きたての, いりたての.

Rö・sti[rø:sti·] 女 -/《スイス》=Röstkartoffeln

ro・stig[rɔ́stɪç]² 形 **1 a)** さびた, さびついた: eine ~*e* Kette さびついた鎖 | ~*e* Nägel さび釘(くぎ) | eine ~*e* Stimme《比》しわがれ声 ‖ ~ werden さびる, さびつく. **b)** さびを含んだ(水など). **2**〖農・園芸〗さび病にかかった.

Röst≠kaf・fee[rø:st.., rœst..] 男 いったコーヒー〔豆〕. **≠kar・tof・feln** 複〖料理〗フライド=ポテト. **≠ka・sta・ni・en** 複 焼き栗(くり).

Rost≠krank・heit[rɔ́st..] 女 =Rost² 2 **≠lau・be** 女《戯》さびたおんぼろ自動車.

Röst・mais[rø:st.., rœst..] 男 ポップコーン. [<rösten]

Ro・stock[rɔ́stɔk] 地名 ロストック(ドイツ北部, ヴァルノー Warnow 川がバルト海に注ぐ河口にある港湾工業都市).
[*slaw.* rostoku „Gabelung des Flusses"]

Röst≠ofen[rø:st.., rœst..] 男〖金属〗焙焼(ばいしょう)〈仮焼(かしょう)〉炉. **≠pfan・ne** 女 フライパン. [<rösten]

Rost・pilz[rɔ́st..] 男 -es/-e《ふつう複数で》〖植〗サビ菌類.

Ro・stra[rɔ́stra·] 女 -/..stren[..strən] (古代ローマの, 捕獲した軍艦の船嘴(せんし)で飾られた)船嘴演壇. [*lat.* rōstrum „〔Schiffs〕schnabel"; < *lat.* rōdere „〔be〕nagen" (◇radieren); ◇Rüssel]

rost・rot[rɔ́st..] =rostbraun

Rost・schutz 男 さび止め, 防蝕(ぼうしょく).

Rost・schutz≠far・be 女 さび止め〈防蝕(ぼうしょく)〉塗料. **≠mit・tel** 中 さび止め剤, 防蝕剤.

Rö・stung[rø:stʊŋ, rœs..] 女 -/-en rösten すること.

Rost・ver・fah・ren[rɔ́st..] 中〖金属〗焙焼〈仮焼〉法.

Ro・swi・tha[rɔsví:ta·] 女名 ロスヴィータ(別形: Hroswitha). [< *ahd.* hruod.. „Ruhm" + *asächs.* swīth〔i〕 „stark" (◇geschwind)]

rot[ro:t] **rö・ter**[rø:tər] (roter) / **rö・test** (rotest) **I** 形 **1** (英: *red*) 赤い, 赤色の; 赤銅色の, 赤褐色の, 火炎色の, きつね色の: blut*rot* 血のように赤い | dunkel*rot* 深紅の | blau*rot* すみれ色の(=violett) | ein blau-~*es* Tuch 青と赤の2色の縞(しま)模様の布 ‖ ~*e* Augen 赤い目(充血して・泣いて) | ~*e* Backen 〈Wangen〉 赤い頬(ほお) | ~*es* Blut 赤い血 | der ~*e* Faden (→Faden 1 a) | ~*e* Farbe 赤色 | ein ~*es* Gesicht 赤い顔 | ~*es* Haar 赤毛〔の髪〕 | *jm.* den ~*en* Hahn aufs Dach setzen《比》…の家に放火する | keinen ~*en* Heller besitzen 〈haben〉《話》無一文である | keinen ~*en* Heller wert sein《話》なんの価値もない | eine ~*e* Katze 赤褐色〈きつね色〉の猫 | einen ~*en* Kopf bekommen 顔を赤くする(当惑・恥ずかしさ・怒りなどで) | das *Rote* Kreuz (→Kreuz I 2 a) | ~*es* Licht (交通信号の)赤〔信号〕 | ~*e* Lippen 赤い唇 | das *Rote* Meer 紅海 | eine ~*e* Nase 赤鼻(酒飲みなどの) | die ~*e* Rasse 赤銅色人種(インディアン) | eine ~*e* Rose 赤いバラ | ~*e* Rübe 赤カブ | ~*e* Tinte 赤インク | wie ein ~*es* Tuch auf *jn.* wirken / für *jn.* ein ~*es* Tuch sein (→Tuch 2) | ~*er* Wein 赤ワイン | ~*e* Zahlen (→Zahl 1) ‖ **~ werden** (恥ずかしさ・当惑などから)赤くなる | Sie wurde ganz 〈über und über〉 ~. 彼女は顔を真っ赤にした | *et.*⁴ ~ färben …を赤く染める | *sich*³ die Augen ~ weinen 目を真っ赤に泣きはらす | einen Fehler ~ anstreichen 誤りの個所に赤線を引く | *sich*³ *et.*⁴ ~ anstreichen《比》…を特に記憶にとどめる | **Heute ~, morgen tot.**《諺》きょうは紅顔あすは白骨 | ~ sehen《話》=rotsehen
2 (政治的・思想的に)あかの, 左翼の, 社会〈共産〉主義の: die *Rote* Armee 赤軍 | die *Rote* Garde 紅衛兵 | die ~*e* Gefahr 赤禍(赤化思想や赤色革命に対する恐怖から生まれた表現) | ~*e* Literatur 左翼文学 | die ~*e* Revolution 赤色革命 ‖ Er ist ~ angehaucht. 彼は左翼がかっている | Er ist ~ 〈ein *Roter*〉. 彼はあかだ.
II Rot 中 -s/- (話: -s) **1** 赤〔色〕; (交通信号の)赤, 赤信号: ein schreiendes ~ どぎつい〈けばけばしい〉赤色 | Die Ampel steht auf ~. 信号は赤だ | Bei ~ darf man nicht über die Straße gehen. 信号が赤のときは道路を横断してはいけない | *sich*⁴ in ~ kleiden 赤い服を着る. **2**〖美容〗(頬・唇につける)紅, ルージュ: ~ auflegen (頬・唇などに)紅をさす, ルージュを塗る. **3** (ドイツ式トランプの)ハート, 赤札.
III Ro・te《形容詞変化》**1** 中 赤色. **2** 男 女《話》左翼主義者, 社会〈共産〉主義者, あか.
[*idg.*; ◇Rubin, Rost²; *engl.* red; *lat.* ruber „rot"]

Röt[rø:t] 中 -〔e〕s/〖地〗レート層 (Buntsandstein の最上部).

Ro・ta[ró:ta·] 女 -/ =Rota Romana

Ro・tal・ge[ró:t..] 女 -/-n《ふつう複数で》〖植〗紅藻類.

Ro・tang[ró:taŋ] (**Ro・tan**[..tan]) 男 -s/(種類: -e)〖植〗トウ(籐). [*malai.* rōtan; ◇ *engl.* rattan]

Ro・tan〔g〕・pal・me 女 =Rotang

Ro・ta・ri・er[rotá:riər] 男 -s/- ロータリークラブの会員. [<Rotary Club]

ro・ta・risch[..tá:rɪʃ] 形 ロータリークラブの.

Ro・tar・mist[ró:t..] 男 -en/-en 赤軍兵士. [<Rote Armee (→rot I 2) + ..ist]

Ro・ta Ro・ma・na[ró:ta· romá:na·] 女 --/《カトリック》(ローマ教皇庁の)控訴院. [*kirchenlat.* „römisches Rad"; 環状に並んだ裁判官席から]

Ro・ta・ry Club[ró:tari· klúp] 男 --/ ロータリークラブ. [< *engl.* rotary „rotierend"]

Ro・ta・tion[rotatsió:n] 女 -/-en **1** (Drehung) 回転: die ~ beschleunigen 回転速度を速める. **2**〖天〗(天体の)自転(→Revolution 2). **3** (Fruchtfolge)〖農〗輪作. **4 a)**〖球技〗(選手のポジションの)循環交代, ローテーション. **b)** (一般に)輪番, 循環交代, ローテーション. [*lat.*; < *lat.* rotāre (→rotieren)]

Ro・ta・tions≠ach・se 女 回転軸. **≠druck** 男 -〔e〕s/ 輪転式印刷. **≠druck・ma・schi・ne** =Rotationsmaschine **≠el・lip・so・id** 中〖数〗回転楕円(だえん)面. **≠flä・che** 女 回転面.

Ro・ta・tions・kol・ben・mo・tor 男 (Wankelmotor)〖工〗ロータリー=エンジン.

Ro・ta・tions≠ma・schi・ne 女, **≠pres・se** 女〖印〗輪転機.

Ro・ta・to・ri・en[rotató:riən] 複 (Rädertiere)〖動〗輪虫類(クルマムシ・ワムシなど).

Rot・au・ge[ró:t..] 中 (Plötze)〖魚〗ドウショク(銅色)ウグイ〔の一種〕.

rot≠backig[ró:tbakɪç]² (**≠bäckig**[..bɛkɪç]²) 形 頬(ほお)の赤い, 血色のよい, 紅顔の.

Rot・bart 男 赤ひげ〔の人〕: Kaiser ~〖史〗赤ひげ皇帝(フリードリヒ一世 Barbarossa〔1122-90〕のあだ名).

rot・bär・tig 形 赤ひげの.

Rot・blei・erz 中〖鉱〗紅鉛鉱.

rot≠blond 形 赤みがかったブロンド〈金髪〉の. **≠braun** 形 赤褐色の.

Rot・bruch 男〖金属〗(金属材料の)高温〈赤熱〉脆(ぜい)性.

rot・brü・chig 形 高温〈赤熱〉脆(ぜい)性の.

Rot・bu・che 女〖植〗ヨーロッパブナ.

das **Rot・chi・na** 中 -s/ 赤色中国(中華人民共和国の俗称).

Rot・dorn 男 -〔e〕s/-e〖植〗ヒトシベサンザシ(山査子).

Ro·te →rot III

Rö·te[rø:tə] 女 -/-n《単数で》赤さ, 赤み, くれない: die ~ des Abendhimmels 夕焼け | die ~ der Scham 恥じらいからの赤面 ‖ Die ~ stieg ⟨schoß⟩ ihm ins Gesicht. 彼の顔がさっと赤くなった(当惑・恥ずかしさ・怒りなどで) | Am Morgenhimmel zeigt sich die erste ~. 朝空にあけぼのの色がさしそめる.

Ro·te-Ar·mee-Frak·tion[ro:tə|armé:..] 女 -/ (略 RAF) (旧西ドイツ以来の)赤軍派.

Rot≠ei·sen·erz[ró:t..] 中〘鉱〙赤鉄鉱. **≠ei·sen·ocker** 男〘鉱〙代赭(たいしゃ)石. **≠ei·sen·stein** 男〘鉱〙赤鉄鉱.

Ro·te-Kreuz-Schwe·ster[ro:təkrɔ́yts..] 女 -/-n《ふつう Rote の部分は形容詞として変化する》=Rotkreuzschwester

Rö·tel[rø:təl] 男 -s/- **1**〘鉱〙代赭(たいしゃ)石. **2** =Rötelstift [*ahd.* rōtil-stein; ◇rot; *engl.* ruddle]

Rö·teln[rø:təln] 複〘医〙風疹(ふうしん). [<rot]

Rö·tel·stift 男 赤鉛筆; 赤チョーク.

rö·ten[rø:tən]《01》他 (h) **1**《雅》赤くする, 赤く染める: Scham *rötete* sein Gesicht. 恥じらいが彼の顔を赤く染め〔てい〕た | *gerötete* Augen 血走った目. **2** 再帰 *sich*[4] ~ 赤くなる, 赤らむ: *sich*[4] vor Scham ~ 恥ずかしさで赤面する. [*ahd.*; ◇rot]

Ro·ten-Kreuz-Schwe·ster → Rote-Kreuz-Schwester
rö·ter rot の比較級.
rö·test rot の最上級.

Rot≠fil·ter[ró:t..] 男 (中)〘写〙赤色フィルター. **≠fink** 男〘鳥〙ウソ(鷽)〔の一種〕. **≠fo·rel·le** 女〘魚〙カワマス(河鱒). **≠fuchs** 男 **1 a)** アカギツネ(赤狐). **b)** アカギツネの毛皮. **2** 栗毛(くりげ)の馬. **3**《軽蔑的に》赤毛の人間. **≠gar·dist** 男 (中国の)紅衛兵. ▽**≠ger·ber** 男 (Lohgerber) 皮なめし工.

rot·glü·hend 形 真っ赤に焼けた, 赤熱した.

Rot·glut 女 赤熱.

Rot·grün·blind·heit[ro:tgrý:n.., ⌐‿‿⌐] 女〘医〙赤緑色盲.

rot·grun·dig[ró:t..] 形 (織物などについて)赤い下地の, 地色が赤い.

Rot≠gül·dig·erz (**≠gül·tig·erz**) 中〘鉱〙濃紅銀鉱. [<gültig „teuer"]

Rot·guß 男 (亜鉛分の少ない)赤色黄銅⟨真鍮(しんちゅう)⟩.

rot·haa·rig[ró:tha:rɪç][2] 形 赤毛の. [<rotes Haar]

Rot·haut 女《話》赤い肌(アメリカ=インディアンのこと). [*engl.* red-skin (◇schinden) の翻訳借用]

Ro·then·burg ob der Tau·ber[ró:tənbʊrk ɔp der táubər] 地名 ローテンブルク オブ デア タウバー (Bayern 州北西部, Tauber の河畔にあり, 中世のおもかげを残す古い都市). [◇rot, ob[2] 2]

Rot≠hirsch[ró:t..] 男〘動〙アカシカ(赤鹿). **≠holz** 中 **1**〘植〙セコイア. **2** コカ属の木材. **3** スオウ(蘇芳)の心材(赤色染料の原料). **4** (針葉樹の)あて(枝の下側に生じる赤褐色の木部).

Roth·schild[ró:t-ʃɪlt] 人名 Mayer Amschel ~ マイアー アムシェル ロートシルト(1743-1812; ヨーロッパのユダヤ系大金融資本家. ロスチャイルド家の始祖).

ro·tie·ren[rotí:rən] 自 (h, s) **1** 回転する: ein Rasenmäher mit *rotierenden* Messern 回転刃式芝刈り機. **2**〘天〙(天体が)自転する. **3**〘球技〙ローテーション(ポジションの交代)をする. **4**《話》(興奮して)あたふた⟨おろおろ⟩する. [*lat.* rotāre; <*lat.* rota (→Rad); ◇Rotation]

Rot≠ka·bis[ró:t..] 男《スイ》=Rotkohl **≠käpp·chen** 中 **1** 赤ずきん〔ちゃん〕(Grimm の童話に出てくる少女のあだ名). **2**《話》フランス兵. **≠kap·pe** 女〘植〙キンチャヤマイグチ(山猪口)(食用きのこの一種). **≠kehl·chen** 中 -s/-〘鳥〙〔ヨーロッパ〕コマドリ(駒鳥). **≠klee** 男〘植〙ムラサキツメクサ(紫爪草). **≠kohl** 男〘植〙ムラサキキャベツ(→ 図 Kohl). **≠kopf** 男《話》赤毛の人. **≠kraut** 中 -〔e〕s/ =Rotkohl

Rot·kreuz≠flag·ge[ro:tkrɔ́yts..] 女 赤十字旗(参考 das Rote Kreuz 赤十字〔社〕). **≠schwe·ster** 女 赤十字看護婦(参考 das Rote Kreuz 赤十字〔社〕).

Rot·kup·fer·erz[ró:t..] 中〘鉱〙赤銅鉱.

Rot·lauf[ró:tlauf] 男 -〔e〕s/ **1**〘医〙丹毒. **2**〘畜〙豚丹毒. [<*ahd.* louft „Schale, Rinde"; *gr.* erysí-pelas (◇Erysipelas) の翻訳借用]

röt·lich[rø:tlɪç] 形 赤みがかった, 赤っぽい, 赤らんだ: ins *Rötliche* spielend 赤みを帯びた.

Rot·licht[ró:t..] 中 -〔e〕s/ **1** (治療用・写真現像用などの)赤色光線. **2** 赤ランプの光. **3**《話》赤⟨危険⟩信号.

Rot·licht≠be·hand·lung 女〘医〙赤色光線療法. **≠sün·der** 男《戯》赤信号無視の交通違反者. **≠vier·tel** 中 (酒場・売春宿などの密集する)紅灯の巷(ちまた).

Rot·lie·gen·de[ró:tli:gəndə] 中《形容詞変化》〘地〙(古生代ペルム紀の)赤底統. [<liegen]

Röt·ling[rø:tlɪŋ] 男 -s/-e〘植〙イッポンシメジ(一本占地)属.

Rot≠luchs[ró:t..] 男〘動〙アカオオヤマネコ(赤大山猫), ボブキャット. **≠mi·lan** 男〘鳥〙アカトビ(赤鳶).

rot≠na·sig (**≠nä·sig**) 形 鼻の赤い, 赤鼻の.

Ro·tor[ró:tɔr, ..to:r] 男 -s/-en[rotó:rən] **1** (↔Stator)〘電〙回転子. **2**〘空〙(ヘリコプター・ジェットエンジンなどの)回転翼. **3**〘海〙(円筒船の)円筒, ロートル. [*engl.* ro〔ta〕tor; <*lat.* rotāre (→rotieren)]

Ro·tor≠an·ten·ne 女 回転式アンテナ. **≠flug·zeug** 中 回転翼式飛行機(ヘリコプターなど).

..rotorig[..roto:rɪç][2]《数詞につけて「…の数の回転翼を備えた」を意味する形容詞をつくる》: zwei*rotorig* 2 個の回転翼をもつ(ヘリコプター).

Ro·tor·schiff[ró:tɔr..] 中 円筒⟨ロートル⟩船(甲板に直立した円筒の回転による気流の変化を推進力とする).

Ro·traud[ró:traut] 女名 ロートラウト. [<*ahd.* hruod.. „Ruhm"+..trud „Kraft"]

Rot·rücken≠maus[ró:t..] 女〘動〙ヤチネズミ(谷地鼠). **≠wür·ger** 男 =Neuntöter

Rot≠schen·kel 男〘鳥〙アカアシシギ(赤足鷸). **≠schim·mel** 男 (白に淡褐色の混じった)あし毛の馬. **≠schwanz** 男, **≠schwänz·chen** 中〘鳥〙ジョウビタキ(常鶲)〔属〕. **≠schwin·gel** 男〘植〙オオウシノケグサ(大牛毛草).

rot|se·hen*[ró:tze:ən]《164》自 (h)《話》(赤い布で興奮した闘牛の牛のように)かっとなる, 腹を立てる.

Rot·spieß·glanz 男〘鉱〙紅安鉱.

Rot·spon[ró:t-ʃpo:n] 男 -〔e〕s/-e《北部》赤ワイン. [<*mndd.* spōn „Span"; 防腐用に Span を入れたことから]

Rot≠stift 男 赤鉛筆: **den ~ ansetzen**《比》予算⟨支出の計画⟩を削減する | **dem ~ zum Opfer fallen**《比》(予算の項目などが節約のために)削られる. **≠tan·ne** 女〘植〙ドイツトウヒ(唐檜).

Rot·te[1][rɔ́tə] 女 -/-n **1**《しばしば軽蔑的に》群れ, 集団, 徒党: eine ~ von Dieben 泥棒の一味 | die ~ Korah (→Korah). **2 a)**〘鉄道〙(線路工事などの)作業班. **b)**〘林〙伐採班. **3**〘狩〙(オオカミ・イノシシなどの)群れ. **4**〘軍〙**a)** (2 機の飛行機からなる)飛行小隊; (2 隻の艦船からなる)戦隊. **b)** 隊列. [*mlat.* ru〔p〕ta–*afr.* rote–*mhd.*; <*lat.* rumpere (→Ruptur); Route]

Rot·te[2][–] 女 -/-n《北部》(Röste) (亜麻の)浸漬(しんし)槽.

rot·ten[1][rɔ́tən]《01》《北部》**I** 他 (h) (rösten) (亜麻などを)水につけて腐らせる. **II** 自 (s, h) (modern) 腐る, 朽ちる, かびる. [*mndd.*; ◇rottig; *engl.* rot〔ten〕]

▽**rot·ten**[2][–]《01》他 (h) **1** (人々を)集める; 隊⟨組⟩に編成する. **2** 再帰 *sich*[4] ~ 集まる, 群がる; 隊⟨組⟩をなす. [*mhd.*; ◇Rotte[1]]

▽**rot·ten**[3][–]《01》=ausrotten

Rot·ten≠füh·rer 男 (Rotte[1]のリーダー. 例えば:)〘鉄道〙線路工手長. **≠mei·ster** 男〘鉄道〙線路工手長.

rot·ten·wei·se 副 (→..weise ★) 群れ⟨隊⟩をなして, 一団となって;〘軍〙隊列を組んで; 各隊ごとに.

Rot·ter·dam[rɔtərdám, ⌐‿‿] 地名 ロッテルダム(オランダ

西部, ロッテ川の河口にある河港都市で大貿易港). [<Rottendam (◇die Rotte (川の名), Damm)]

Rot·ter·da·mer[rɔtərdámər, ∠◡◡◡◡] **I** 男 -s/- ロッテルダムの人. **II** 形《無変化》ロッテルダムの.

Rot·tier[ró:t..] 中 (Hirschkuh) 雌ジカ.

rot·tig[rɔ́tɪç][2] 形《北部》(moderig) 腐敗した, 朽ちた, かびくさい. [◇rotten[1]]

▽**Rott·mei·ster**[rɔ́t..] 男 組頭;〘軍〙伍長(ごちょう). [<Rotte[1]]

Rott·wei·ler[rɔ́tvaɪlər] 男 -s/- ロットワイラー(南ドイツ, ロットヴァイル Rottweil 産の牧羊〈警察〉犬: → 図).

Rottweiler

▽**Ro·tu·lus**[ró:tulʊs] 男 -/..li [..li·] **1** 文書〈書類〉の束; 文書目録. **2**〘劇〙配役. [*mlat.*; <*lat.* rota (→Rad); ◇Rodel[1], Rolle]

Ro·tun·de[rotʊ́ndə] 女 -/-n **1**〘建〙**a**) ロトンダ(丸屋根のある円形建築)(→ 図). **b**) ロトンダ(丸天井のある円形広間). ▽**2** (円形の)公衆便所. [*mhd.*; <*lat.* rotundus „rund"]

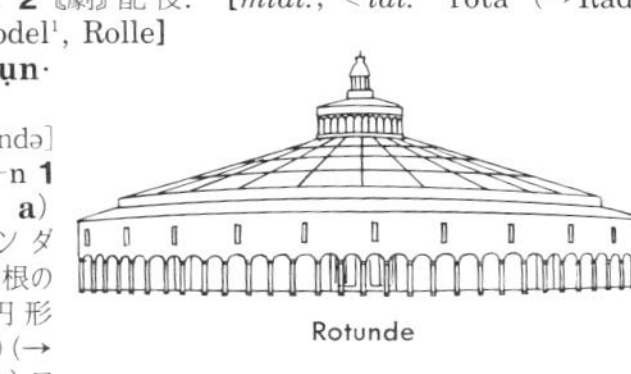

Rotunde

Rö·tung[rǿ:tʊŋ] 女 -/-en 〔sich〕 röten すること.

Rot·ver·schie·bung[ró:t..] 女〘理〙(スペクトル線の波長の)赤方偏移.

rot·wan·gig[ró:tvaŋɪç][2]《雅》=rotbäckig

Rot·wein 男 赤ワイン, 赤ぶどう酒.

Rot·wein·glas 中 -es/..gläser 赤ワイン用グラス(→ 図 Glas).

rot·welsch[ró:tvɛlʃ] **I** 形 Rotwelsch の.
II Rot·welsch 中 -〔es〕/ 盗賊〈悪党〉仲間の隠語.
III Rot·wel·sche 中《形容詞変化》=Rotwelsch
[*mhd.*; <*rotw.* rot „falsch"]

Rot≈wild 中〘狩〙〔アカ〕シカ. **≈wurst** 女《方》(Blutwurst) ブラッドソーセージ.

Rotz[rɔts] 男 -es/ **1 a**)《卑》(Nasenschleim) 鼻汁: *sich*[3] den ~ abwischen 鼻汁をふきとる | Der ~ läuft von der Nase. 鼻汁が鼻からたれ〔てい〕る ‖ frech wie ~ 〔am Ärmel〕 (→frech I 1) | wie Graf ~ 〔von der Backe〕 (→Graf 1) | **~ und Wasser heulen**《話》(子供が)わんわん泣きわめく ‖ **der ganze ~**《卑》一切合財(がっさい). **b**)《方》(Augenbutter) 目やに. **2 a**)〘医〙鼻疽(びそ). **b**)〘畜〙(馬・ロバなど奇蹄(きてい)類の)鼻疽. [*ahd.*; <*ahd.* 〔h〕rūzan „schnarchen"; 擬音]

Rotz≈ben·gel[rɔ́ts..] 男 =Rotzjunge **≈brem·se** 女《話》口ひげ. **≈bu·be** 男《南部・オーストリア》=Rotzjunge

rot·zen[rɔ́tsən]《02》自 (h)《卑》**1** (音を立てて)鼻をかむ〈すする〉. **2** (鼻・のどを鳴らして)たん〈つば〉を吐く. **3** (ejakulieren) 射精する.

Rot·zer[rɔ́tsər] 男 -s/- =Rotzjunge

Rotz·fah·ne 女《卑》鼻ふき, ハンカチ.

rotz·frech[また: ∠◡] 形《軽蔑的に》小生意気な.

rot·zig[rɔ́tsɪç][2] 形 **1 a**)《卑》鼻水をたらした; 鼻汁にまみれた. **b**)《話》生意気な, 突っぱった: *sich*[4] ~ benehmen 生意気な態度をとる. **2**〘畜〙鼻疽(びそ)にかかった.

Rot·zink·erz[ró:t..] 中〘鉱〙紅亜鉛鉱.

Rotz≈jun·ge[rɔ́ts..] 男《話》鼻たれ〈生意気〉小僧. **≈ko·cher** 男《話》(タバコの)パイプ. **≈krank·heit** 女 =Rotz 2 **≈lap·pen** 男 =Rotzfahne **≈löf·fel** 男 =Rotzjunge **≈na·se** 女 **1**《卑》鼻汁をたらした〈鼻汁で汚れた〉鼻. **2**《軽蔑的に》=Rotzjunge

rotz·nä·sig =rotzig 1

Rot·zun·ge[ró:t..] 女〘魚〙アカシタビラメ(赤舌平目).

▽**Roué**[rué:] 男 -s/-s (紳士ふうの)女たらし, 放蕩(ほうとう)児. [*fr.* „gerädert"; <*lat.* rota (→Rad)]

Rouen[ruɑ̃:, rwɑ̃] 地名 ルアン(フランス北部, Seine 川の下流に臨む河港都市). [*lat.* Rotomagus]

Rouge[rú:ʒ(ə), ru:ʃ] 中 -s/-s **1**〘美容〙ルージュ(頬紅(ほおべに)・口紅など): ~ auflegen 〈auftragen〉 紅をさす. **2** (↔ Noir) (ルーレット=テーブルの)ルージュ, 赤〔の数字〕. [*fr.* „rot"; <*lat.* rubeus (→Rubin)]

Rouge et noir (**Rouge-et-noir**)[ru:ʒenoá:r, ruʒenwá:r] 中 -‐-/〘トランプ〙赤と黒(賭博(とばく)の一種で, 赤と黒の菱形(ひしがた)模様のあるテーブルで行う). [*fr.*; ◇Neger]

Rou·la·de[rulá:də] 女 -/-n **1**〘料理〙牛肉のロール巻き(ベーコン・玉ねぎなどを薄く切った牛肉で巻いて煮た料理). **2**〘楽〙ルラード. [*fr.*]

Rou·leau[ruló:] 中 -s/-s 巻き上げブラインド: das ~ hochziehen 〈herunterlassen〉 ブラインドを上げる〈おろす〉. [*fr.*; <*afr.* ro〔l〕le (→Rolle)]

Rou·lett[rulɛ́t] 中 -〔e〕s/-e, -s, **Rou·lette**[rulɛ́t(ə)] 中 -s/-s **1 a**) (賭博(とばく)用の)ルーレット(→ 図). **b**) ルーレット賭博: **russisches ~**(→russisch). **2** (洋裁・銅版画などで材料に点線の印をつける)ルレット, 点線器. [*fr.* roulette]

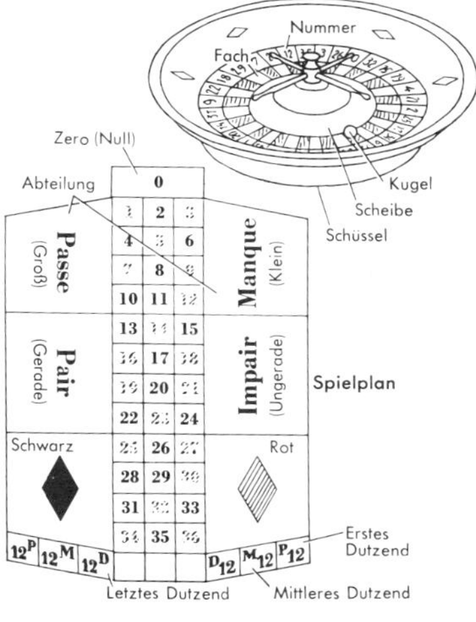

Roulett

Rou·lettisch[rulɛ́ttɪʃ] (**Rou·lett·tisch**) 男 ルーレット台.

rou·lie·ren[rulí:rən] 自 (h) ▽**1** (umlaufen) 回転する; 循環する; 手から手へ渡る. ▽**2** 交代で仕事をする〈休む〉. **3**《スイス》〘服飾〙(布端を)巻き込む. [*afr.* ro〔l〕ler (→rollen)−*fr.* rouler]

Round-table-Kon·fe·renz[raʊnttéːbəlkɔnferɛnts, ráʊndtéɪbl..] 女 (席順による格差のない)円卓会議, 対等者同士の会談. [<*engl.* round table (◇rund, Tafel)]

round-the-clock[raʊndðəklɔ́k, ∠◡∠]《英語》終日, 朝から晩まで, 夜も昼も. [◇Glocke]

Rous·seau[rusó:] 人名 Jean-Jacques ~ ジャン=ジャック ルソー(1712‐78; フランスの思想家.「自然に帰れ」と説き, 時代に大きな影響を与えた. 著作『エミール』『告白録』など).

Rou·te[rú:tə; オーストリア: −, rɔ́tə] 女 -/-n ルート, コース, 進路: Reise*route* 旅行コース ‖ die kürzeste ~ einschlagen 〈fliegen〉 最短ルートをとる〈飛ぶ〉 | *seine* ~ ändern 〈einhalten〉 進路を変更する〈そのまま維持する〉 ‖ ein Dampfer ohne feste ～ 不定期航路の船. [*vulgärlat.* (via) rupta „gebahnter (Weg)"－*fr.*; ◇Ruptur, Rotte[1]]

Rou·ti·ne[rutí:nə] 女 -/ **1 a)** 熟練, 練達, 習熟,(長年の)経験: große ～ haben 非常に熟達している | über〔eine〕langjährige ～ verfügen 長年にわたる経験を積んでいる | Ihm fehlt die ～. 彼には経験が欠けている. **b)**《ふつう軽蔑的に》機械的にすらすら運ぶ手順, 単なる慣れによる熟達: nach ～ schmecken てきぱきとしてはいるがいかにもおざなりな感じがする | zur〔reinen〕～ werden〔すっかり〕マンネリ化する,〔全く〕型どおりに(機械的に)行われる. **c)** 型どおりの仕事, ルーチンワーク. **2**〘海〙(乗船勤務用の)時間の割りふり. [*fr.* „Wegerfahrung"]

Rou·ti·ne≠an·ge·le·gen·heit[rutí:nə..] 女 型にはまった日常的なこと. ≠**ar·beit** 女 きまりきった仕事, 型にはまった作業: ～*en* durch Maschinen ausführen lassen 型どおりの仕事を機械にやらせる.

rou·ti·ne≠haft[rutí:nə..] 形 きまりきった, 型どおりの, とおり一遍の: *et.*[4] ～ ausführen …を決まった手順どおりにやってのける. ≠**mä·ßig** 形 型にはまった, 十年一日のごとき, 定例の: eine ～*e* Sitzung 定例会議 | eine ～*e* Überprüfung 定期検査 | Alles verlief ～. すべては型どおりに過ぎて行った.

Rou·ti·ne≠sa·che[rutí:nə..] 女 **1** ＝Routineangelegenheit **2** (Übungssache)(長年の)経験の問題: Das ist alles ～. それは全く習練の問題だ. ≠**sit·zung** 女 (新しい議題などあまりない)定例会議, 定期協議. ≠**un·ter·su·chung** 女 定例検査, 定期検診.

Rou·ti·nier[rutinié:] 男 -s/-s **1** 熟練者, ベテラン. **2**《軽蔑的に》腕がたつだけの人間. [*fr.*]

rou·ti·niert[rutiní:ɐt] 形 熟練した, 経験を積んだ, 老練な; すれからしの, 老獪(ろうかい)な; 使い古した, 紋切り型の(言葉).

R

Row·dy[ráudi·] 男 -s/-s, ..dies[..di:s] 乱暴狼藉(ろうぜき)をはたらく者, 無法者, 無頼漢, 与太者. [*amerik.*]

row·dy·haft[ráudihaft] 形 無頼漢めいた, 与太者ふうの.

Row·dy·tum[ráuditu:m] 中 -s/ (若者たちの)乱暴狼籍(ろうぜき), 無法〈暴力〉行為.

Ro·wohlt[ró:vɔlt] 人名 Ernst ～ エルンスト ローヴォルト(1887-1960; ドイツの出版業者. 1908年ローヴォルト社を創立, 第二次大戦後ハンブルクで廉価な新書本を刊行).

roy·al[roajá:l] 形 **1** 王の, 王に関係した. **2** 王に忠誠な, 王制を支持する. [*lat.* rēgālis－*fr.*; ＜*lat.* rēx (→Rex)]

Roya·lis·mus[roajalísmus] 男 -/ 王に忠誠であること, 王党主義, 王制支持. [*fr.* royalisme]

Roya·list[..líst] 男 -en/-en 王に忠誠な人, 王制支持者. [*fr.*]

roya·li·stisch[..lístɪʃ] 形 王党主義の, 王制を支持する.

Rp 略 ＝Rupiah

Rp. 略 **1** ＝recipe **2** ＝Rappen

RP (**R. P.**)[ɛrpé:] 略 ＝**réponse payée** (電報で)返信料つき(→Rückantwort 2).

Rpf 略 ＝**Reichspfennig**

r. r. 略 ＝**reservatis reservandis** 保留すべきものを保留して, しかるべき留保つきで. [◇reservieren]

Rs 略 ＝Rupien (→Rupie)

RSFSR[ɛr|ɛs|ɛf|ɛs|ɛ́r] 略 女 -/ ＝**Russische Sozialistische Föderative Sowjetrepublik** ロシア社会主義連邦ソビエト共和国 (Russische Föderation の旧称; 1917-91).

R. S. V. P.[ɛr|ɛsfaupé:] 略 ＝**répondez, s'il vous plaît** (招待状などの出欠に関して)ご返事を請う(→R. V. S. V. P., u. A. w. g.). [*fr.*; ◇respondieren, Plazet]

RT[ɛrté:] 略 ＝**Registertonne**

RTL[ɛrte:ɛ́l] 略 ＝**Radio Télé Luxembourg** ルクセンブルク=ラジオテレビ放送.

Ru[ɛr|ú:, rutéːnium] 記号 (Ruthenium)〘化〙ルテニウム.

Ruan·da[ruánda·] ＝Rwanda

rubato →tempo *rubato*

Ru·ba·to[rubá:to·] 中 -s/-s, ..ti[..ti·]〘楽〙〔テンポ〕ルバート.

rub·be·lig[rúbəlɪç][2] (**rubb·lig**[..blɪç][2]) 形《北部》**1** 表面の粗い, ざらざらした. **2**《比》(ゴトゴト・ガタガタと)騒々しい.

rub·beln[rúbəln]《06》《北部》**I** 他 (h) ごしごしこする: Wäsche auf dem Waschbrett ～ 洗濯物を洗濯板の上でこする. **II** 自 (h) ごしごしこする: mit *et.*[3] über *et.*[4] ～ …で…の上をこする.
[＜*ndd.* rubben „reiben"; ◇rupfen[1]; *engl.* rub]

Rub·ber[1][rábər, rʌ́bə] 男 -s/ (Kautschuk) 生ゴム, 弾性ゴム. [*engl.*; ＜*engl.* rub „reiben"]

Rub·ber[2][−] 男 -s/- (Robber)〘トランプ〙(ブリッジなどの) 3番勝負, ラバー. [*engl.*]

rubb·lig ＝rubbelig

Rü·be[rý:bə] 女 -/-n (⊘ **Rüb·chen**[rý:pçən] 中 -s/-) **1**〘植〙カブ(蕪)類; テンサイ(甜菜)類(→ 図); カブ〈テンサイ〉類のまるい根: **gelbe ～**《南部》ニンジン(人参)(＝Mohrrübe) | **rote ～** 赤かぶ, ビート | **weiße ～** かぶら(→ 図 Rübe) | Zucker*rübe* サトウダイコン(砂糖大根), ビート ‖ wie Kraut und ～*n*〔durcheinander〕(→Kraut 1) | ***jm. Rübchen* schaben**《話》(右手の人さし指で左手の人さし指を削るしぐさで)…をからかう〈愚弄する〉. **2**《話》**a)** 役たたず, ごくつぶし; 放埒(ほうらつ)者; 腕白小僧, おてんば: eine freche ～ 生意気なやつ. **b)** (Kopf)(人の)頭: **eins auf die ～ bekommen**〈**kriegen**〉《話》脳天に一発くらう | ***jm.* eins auf die ～ geben**〈**hauen**〉《話》…の脳天をぽかりとやる | *jm.* die ～ abhacken …の首をきり落とす. **c)**〔団子〕鼻. **d)** (古い大型の)懐中時計. **3** (Schweifrübe) 馬の尾の付け根. [*germ.*; ◇Raps; *lat.* rāpum „Rübe"]

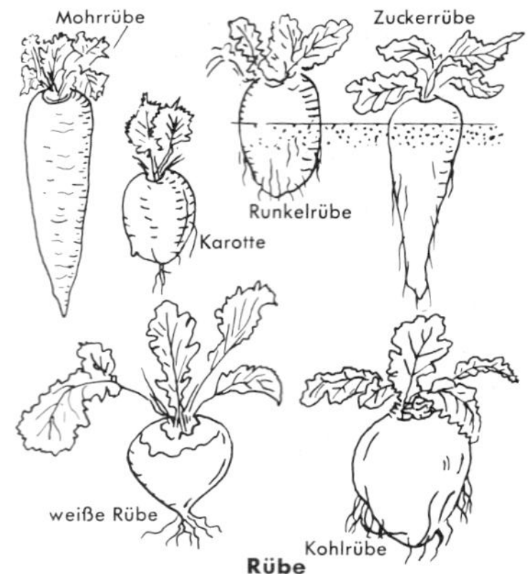

Rübe

Ru·bel[rú:bəl] 男 -s/- (略 Rbl, Rbl.) ルーブル(ロシア連邦の貨幣〔単位〕: 100 Kopeken): **Der ～ rollt.**《話》右から左へ金(かね)〈大金〉が動く. [*russ.* „abgehauenes Stück"; ＜*russ.* rubit „abhauen"; ◇*engl.* ruble]

Rü·ben≠acker[rý:bən..] 男 ＝Rübenfeld ≠**äl·chen** 中 (Zystenälchen)〘虫〙シストセンチュウ(線虫). ≠**feld** 中 カブ(蕪)〈テンサイ(甜菜)〉畑.

rü·ben·för·mig 形 カブ〈テンサイ〉の形をした.

Rü·ben≠he·ber 男 カブ〈テンサイ〉を掘り起こす道具. ≠**kraut** 中 -〔e〕s/ ＝Rübensaft

Ru·bens[rú:bəns] 人名 Peter Paul ～ ペーター パウル ルーベンス(1577-1640; フランドルの画家で, バロック絵画の代表的作家の一人).

Rü·ben≠saft[rý:bən..] 男 テンサイの汁を濃縮して作った食用シロップ (Brotaufstrich の一種). ≠**schild·kä·fer** 男〘虫〙カメノコハムシ(亀子葉虫). ≠**senf** 男〘植〙カラシナ(芥子菜). ≠**si·rup** 男 -s/ ＝Rübensaft ≠**weiß·ling** 男 (Kohlweißling)〘虫〙モンシロチョウ(紋白蝶). ≠**zucker** 男 甜菜糖.

rü·ber (**'rü·ber**)[rý:bər]《話》**1** ＝herüber **2** ＝hinüber

★ 動詞と用いる場合は分離の前つづりともみなされる.

Rü·be·zahl[rý:bətsa:l] 人名〘民俗〙リューベツァール（Riesengebirge の山の精で, 坑夫や修道僧などの姿をとって現れ, 旅人をからかう）. [„Rüben-schwanz"; ◇Zagel]

Ru·bi·dium[rubí:diʊm] 中 -s/ ルビジウム(金属元素名; 記号 Rb). [< *lat.* rubidus „dunkelrot" (◇rot)]

der **Ru·bi·kon**[rú:bikɔn] 地名 男 -〔s〕/ ルビコン(イタリア中部を東流して Adria 海に注ぐ小さな川. 前49年 Cäsar が元老院の命にそむいて渡河し, Pompejus を破った): **den ~ überschreiten**《比》ルビコン川を渡る(重大な決断を下す). [*lat.*]

Ru·bin[rubí:n] 男 -s/-e **1**〘鉱〙ルビー, 紅玉: ein echter ⟨synthetischer⟩ ~ 本物の⟨合成⟩ルビー | einen Ring mit einem ~〔am Finger〕tragen ルビーの指輪をはめている. **2** (時計の軸受けに用いる)人造宝石: eine Uhr mit 17 ~*en* 17石の時計. [*mlat.*－*mhd.*; < *lat.* rubeus „rot" (◇rot); ◇*engl.* ruby]

ru·bin≈far·ben 形, **≈far·big** 形 ルビー色の, 真紅の.

Ru·bin·glas 中 -es/ ルビー色の鉛ガラス.

ru·bin·rot 形 ルビー色の, 真紅の.

Rüb≈kohl[rý:p..] 男《ｽｲｽ》(Kohlrabi)〘植〙カブハボタン(蕪葉牡丹), クキ⟨キュウケイ⟩カンラン(甘藍), コールラビ. **≈öl** 中 菜種油. [< Rübe]

∇**Ru·bra**, ∇**Ru·bren** Rubrum の複数.

Ru·brik[rubrí:k; ｵｰｽﾄﾘｱ:..brík] 女 -/-en **1 a)**〔朱書された〕表題, 題目; 欄, 段, 章, 節;〔分類〕項目, 見出し, 部門, 部類: Die Nachricht stand in ⟨unter⟩ der ~ „Vermischtes". そのニュースは雑報欄に出ていた. **b)**〘法〙(判決文の)赤欄(当事者の氏名などを書く欄). **2**〘ｶﾄﾘｯｸ〙典礼注記, ルブリク(典礼書などに朱書された指示);〘新教〙礼拝規則. [*lat.* rubrīca „Rötel"－*mhd.*]

ru·bri·zie·ren[rubritsí:rən] 他 (h) **1**《*et.*⁴》(…に)〔朱書で〕表題⟨見出し⟩をつける. **2**《*jn.* / *et.*⁴》(見出しをつけて)項目に分ける, 分類する. [*mlat.* rubrīcāre „rot schreiben"]

∇**Ru·brum**[rú:brʊm] 中 -s/..bra[..bra·], ..bren[..brən] **1** ＝Rubrik 1 **2** (文書や書類の)簡単な梗概(ｺｳｶﾞｲ). **3**〘法〙判決文の見出し. [*lat.* „Rotes"; < *lat.* ruber (→rot)]

Rüb·sa·me〔n〕[rý:pza:mə(n)] 男, **Rüb·sen**[rý:psən] 男 -s/ 〘植〙アブラナ(油菜). [< Rübe; ◇Raps²]

Ruch[ru:x, rʊx] 男 -〔e〕s/Rüche[rý:çə, rʏ́çə]《ふつう単数で》《雅》**1** (Geruch) におい, 芳香: der ~ der Rose バラの香り. **2** (かんばしくない)評判: Er steht im ~ der Bestechlichkeit. 彼はわいろがきくという評判だ. [*mhd.*; ◇riechen]

ruch·bar[rú:xba:*r*, rʊ́x..] 形《述語的》《雅》(悪い意味で)評判の, 有名な:〖ふつう次の成句で〗~ werden 評判になる, 知れ渡る | *et.*⁴ ~ machen …の評判を広める, …をすっぱ抜く. [< *mndd.* ruchte „Ruf" (◇Ruf)]

Ruch·bar·keit[－kaɪt] 女 -/ ruchbar なこと: in allgemeiner ~ sein 広く一般に知れ渡っている.

Rü·che Ruch の複数.

Ruch·gras[rʊ́xgra:s]¹ 中〘植〙ハルガヤ(春茅).

ruch·los[rú:xlo:s, rʊ́x..]¹ 形《雅》神を恐れぬ, 極悪非道な; 破廉恥な, 卑劣な: ~*e* Menschen 不逞(ﾌﾃｲ)のやから | eine ~*e* Tat 天を恐れぬ所業. [*mhd.*; < *mhd.* ruoch〔e〕 „Sorge" (◇geruhen); ◇*engl.* reckless]

Ruch·lo·sig·keit[..lo:zɪçkaɪt] 女 -/-en **1**《単数で》ruchlos なこと: mit kalter ~ handeln 冷酷非道に振舞う. **2** ruchlos な言動.

∇**rucht·bar**[rʊ́xtba:*r*, rú:xt..] ＝ruchbar

ruck[rʊk] 間 (重い物を持ち上げる・動かすときの掛け声, または突然の速い動きを表して)よいしょ, どっこい; さっ, ぱっ, しゅっ: Hau ⟨Ho⟩ ~! よいしょ ‖ **~, zuck**《話》さっさと, あっという間に, 一瞬のうちに; よいさ ほらさ, それ どっこい | Sie hatte ~, zuck die Arbeit erledigt. 彼女はあっという間に仕事を終えてしまっていた. [< rucken¹]

Ruck[rʊk] 男 -〔e〕s/-e (急に引っ張ったり押されたりすることによって起こる)瞬間的な運動, 動き: ein ~ am Zügel 手綱をぱっと引っ張ること ‖ *jm.* einen〔inneren〕~ geben …にショックを与える | ***sich***³〔**innerlich**〕**einen ~ geben**《話》気をとりなおす;《話》(いやいやながら)ある決心をする, 腰をあげる | *et.*³ einen ~ geben …を推進する, …にはっぱをかける ‖ Ein ~, dann setzte sich der Zug in Bewegung. ガタンと音がしたかと思うとやがて列車は動きだした | Die Wahlen ergaben einen leichten ~ nach links.《比》選挙の結果はわずかながら左翼陣営が勢力を伸ばした ‖ **in einem ~**《話》ひと息に, 中断せずに | **mit einem ~**《話》急に, 突然 | **mit ~ und Zuck**《話》迅速に, どんどん, スムーズに. [*germ.*; ◇rücken]

rück.. **1**《名詞・動詞などにつけて「もとへ戻って」を意味する. つねにアクセントをもつ》: *Rück*tritt 退職, 辞職 | *Rück*weg 帰路 ‖ *rück*gängig 後戻りの | *rück*bezüglich〘言〙再帰的な ‖ *rück*erstatten 払い戻す | *rück*fragen 再度問い合わせる.

☆ i) →zurück..★

ii) rück.. を前つづりとする動詞はふつう不定詞・過去分詞でのみ用いられる.

2《名詞などにつけて「背面・背後」を意味する》: *Rück*seite 裏面 | *Rück*ansicht 後ろ側 ‖ *rück*seitig 裏面の | *rück*lings あおむけに; 後ろへ | *rück*wärts 後ろへ. [< zurück]

Rück[rʏk] 中 -〔e〕s/-e, -s ＝Rick

Rück≈an·sicht[rʏ́k..] 女 後ろ側, 背面. **≈ant·wort** 女 **1** (文書・電報による問い合わせに対する)返答, 回答. **2**〘郵〙料金先払い⟨支払済⟩返信: ein Telegramm mit ~ 返信料つき電報 | ~ bezahlt (電報で)返信料つき(→RP).

Rück·ant·wort·〔post·〕kar·te 女〘郵〙往復はがき.

ruck·ar·tig[rʊ́k..] 形 ぐいぐい⟨ぴくぴくっ⟩とした感じの(動き・運動); 不意の, 突然の: Die Schlange gleitet ~ durch das Gras. 蛇が草むらをすいすいっと滑るようにはってゆく ‖ ~ stehenbleiben 突然立ち止まる.

Rück≈aus·fuhr[rʏ́k..] 女〘商〙再輸出. **≈äu·ße·rung** 女 (文書・電報による問い合わせに対する)回答, 意見の表明.

Rück·äu·ße·rungs·kar·te 女 (アンケートなどの)回答用カード, 回答用紙.

Rück≈bank 女 (自動車などの)後部座席. **≈bau** 男 -〔e〕s/ (↔Vorbau)〘坑〙後退式採掘, 戻り払(ﾊﾞﾗｲ). **≈be·ru·fung** 女 召還. **≈be·we·gung** 女 後退⟨逆行⟩運動;〘工〙(ピストンなどの)戻り行程.

rück·be·züg·lich 形 (reflexiv)〘言〙再帰の, 再帰的な: ein ~*es* Fürwort 再帰代名詞(＝Reflexivpronomen).

Rück≈bil·dung 女 **1**《単数で》**a)**〘生〙退化. **b)**〘医〙(症候の)消退, 退行. **c)**〘言〙逆成(ある語を派生語と考えてそれから逆に基礎語をつくること. 例 Ausland<Ausländer; Eigensinn<eigensinnig). **2**〘言〙逆成語. [◇zurückbilden]

∇**Rück·bleib·sel**[..blaɪpsəl] 中 -s/- 残り, 残り物;〘商〙残余, 残金.

Rück·blen·de 女〘映〙カットバック, フラッシュバック.

rück|blen·den《01》他 (h)《不定詞・過去分詞で》(映画・文学作品などで)カットバック⟨フラッシュバック⟩する.

Rück≈blen·dung 女 ＝Rückblende **≈blick** 男 過去を振り返ること, 回顧: ~ halten 回顧する | einen ~ auf *et.*⁴ werfen …を回顧する.

rück·blickend 形 過去を振り返って見る, 回顧的な: *Rückblickend* kann man das gewiß sagen. あとから考えればたしかにそう言える.

Rück·blick≈schei·be 女 (自動車の)後部窓, リアウインドー. **≈spie·gel** 男 (自動車の)バックミラー.

rück|bu·chen[rʏ́kbu:xən] 他 (h)《不定詞・過去分詞で》〘商〙(帳簿の誤記を反対記入によって)訂正する.

Rück≈bu·chung 女 (Storno)〘商〙誤記訂正, 対消. **≈bür·ge** 男〘商〙償還〔義務を負う〕保証人, 副保証人. **≈bürg·schaft** 女〘商〙償還保証, 副保証.

rück|da·tie·ren 他 (h)《不定詞・過去分詞で》(↔vordatieren)〘商〙(実際の日より)前の日付にする.

Rück≈da·tie·rung 女 (rückdatieren すること)前日付. **≈dis·kont** 男〘商〙再割引.

R

rück|dis·kon·tie·ren 他 (h)《不定詞・過去分詞で》〘商〙再割引する.

Rück⸗dis·kon·tie·rung 女, **⸗dis·kon·to** =Rückdiskont

rucke·di·gu[rʊkədigúː, ⏑⏑⏑⏑́] 間 (ハトの鳴き声)クークー. [◇rucken^2]

ruckeln[rʊ́kəln]《06》自 (h)《方》**1** 軽くぴくんと動く〈揺れる〉. **2**《an et.^{3}》(…を)軽くぴくんと動かす〈引っ張る〉.

rucken^1[rʊ́kən] 自 (h) **1** (急に引っ張ったり押されたりして)がくん〈ぴくん〉と動く: Der Zug *ruckte* und blieb stehen. 列車はがくんと一揺れしたかと思うと停止した ‖ 非人称 Es *ruckt* und zuckt durch den Körper. 体じゅうがぴくぴくけいれんする. **2**《an et.^{3}》(…を)がくん〈ぴくん〉と動かす〈引っ張る〉: am Bremshebel ～ ブレーキレバーをぐいと引く | Der Hund *ruckt* an der Leine. 犬が引き綱をぐいぐいと引く. [<Ruck]

rucken^2[–] 自 (h) (rucksen) (ハトが)クークー鳴く. [◇ruckedigu]

rücken[rʏ́kən] **I** 他 (h) **1** (ぐいと押して)ずらす,〔引き〕寄せる; (時計の針などを)動かす: den Hut ～ (軽いあいさつとして)帽子をちょっと浮かす ‖ den Tisch an die Wand 〈in die Ecke〉 ～ 机を壁際〈すみ〉に寄せる | den Schrank zur Seite 〈von der Wand〉 ～ 戸棚をわきへ〈壁から〉ずらす | den Liegestuhl in die Sonne ～ 寝いすを日なたに押しやる ‖ *sich*^{3} die Mütze in die Stirn ～ 帽子を目深に引き下げる | die Mütze über das Ohr ～ 帽子を〔片側の耳がかくれるほど〕わきへずらす | den Zeiger der Uhr ～ 時計の針を動かす | den König ～〘チェス〙キングを動かす | *jm. et.*^{4} aus den Zähnen 〈den Fängen〉 ～《比》…の手から…をひっさらう | Holz ～〘林〙(伐採した)材木を(近くの置き場まで)運ぶ.
2《*et.*^{4} in *et.*^{4}》(…をある状態に)持ちこむ: *et.*^{4} in den Vordergrund 〈den Mittelpunkt〉 ～ …を前面に押し出す, …を目立たせる | *et.*^{4} ins rechte 〈in ein schiefes〉 Licht ～ …を正しく〈ゆがめて〉描き出す ‖ 再帰 *sich*^{4} ins rechte Licht ～ (できるだけよく見せかけて)自分を売りこむ.
II 自 **1** (h)《an 〈mit〉 *et.*^{3}》(…をちょっと)動かす, ずらす; (…を)いじくる, ひねくる(→I 1): am Zeiger der Uhr ～ 時計の針を動かす | am Hut ～ (軽いあいさつとして)帽子をちょっとずらす | an *seiner* Krawatte ～ ネクタイを直す; (落ち着きのない態度で)しきりとネクタイをいじる ‖ Die Zuhörer *rückten* mit den Stühlen. 聴衆はしきりといすをがたつかせた | Daran ist nicht zu ～.《話》これは動かせない〈変えられない〉.
2 (s) **a**)《ふつう方向を示す語句と》(…へ小刻みに)動く, 移動する, 寄る; (部隊などが…へ)移動する: näher ～ (空間的・時間的に)近づく, 接近する | höher ～《比》(地位が)あがる, 昇進する | mit *seinem* Stuhl **an** *js.* Seite^4 ～ いすごと…のそばにずり寄る | an *js.* Stelle^4 ～《比》…のあとを襲ってその地位につく | mit dem König **auf** das schwarze Feld ～〘チェス〙キングを黒ますへと進める | *jm.* auf den Balg ～ (→Balg 3) | *jm.* auf die Bude ～ (→Bude 2) | *jm.* auf den Leib 〈zu Leibe〉 ～ (→Leib 1) | *jm.* auf den Pelz 〈die Pelle〉 ～ (→Pelz 2, →Pelle 1 b) | **ins** Feld 〈an die Front〉 ～ (軍隊が)前線に向かう, 進撃する | in die Quartiere ～〘軍〙宿営する | in weite Ferne ～《比》(計画〔の実現〕が)はるか遠のく | in greifbare Nähe ～《比》すぐ近い将来に迫る | ins Blickfeld ～ / in den Mittelpunkt ～《比》注目を浴びる | in den Hintergrund 〈den Vordergrund〉 ～ (→Hintergrund, →Vordergrund) | in die erste Reihe der Experten ～ 一流エキスパートの仲間入りをする | nach rechts 〈links〉 ～ 右〈左〉へ寄る | nicht **von** der Stelle ～ その場を動かない | **zur** Seite ～ わきへ寄る | *et.*^{3} zu Leibe ～ (→Leib 1) ‖ Können Sie bitte etwas ～? もう少しつめて〔席をあけて〕いただけませんか | Der Uhrzeiger *rückt* um eine Minute 〈auf 〔die〕 zwölf〉. 時計の針が1分ぶんだけ動く〈動いて12時をさす〉. **b**) ①《話》立ち去る, 退散する: *Rückst* du nun endlich? どうだ そろそろ退散してくれるかい. ② ずらかる, 逐電する.
[*germ.*; ◇Ruck; *engl.* rock]

Rücken[rʏ́kən] 男 -s/- **1** (人間の)背, 背中; 背面: ein breiter 〈schmaler〉 ～ 幅の広い〈狭い〉背中 | ein hohler ～ (ひどい)猫背 | **der verlängerte ～**《婉曲に》おしり | auf *seinen* verlängerten ～ fallen しりもちをつく ‖〖4格で〗**einen breiten ～ haben**《比》(批判などに対して)びくともしない, 我慢強い | **einen krummen ～ machen** 背をこごめる;《比》ぺこぺこする, 卑屈に振舞う | **vor *jm.* den ～ beugen**《雅》…に屈服する | ***jm.* den ～ beugen**《比》…を屈服させる | ***jm.* den ～ decken 〈freihalten〉**《比》(特定の件で)…を支援〈援護〉する | ***jm.* den ～ stärken 〈steifen〉**《話》…を支援する, …を激励する | *sich*^{3} den ～ decken《比》攻撃に備える, 防御を固める | **den ～ freihaben**《比》制約されずに行動できる | ***sich*^{3} den ～ freihalten**《比》逃げ道を作っておく | den ～ steif halten《比》抵抗する, 屈しない | ***jm.* 〈*et.*^{3}〉 den ～ kehren 〈wenden〉** …に背を向ける;《比》…を見限る | *jm.* den ～ zeigen《比》…に対してよそよそしい態度をとる ‖ *jm.* 〈*jn.*〉 juckt der ～ (→jucken II) | wo der ～ aufhört, einen ehrlichen Namen zu führen《話》おしり〔に〕(背中と呼ばれる部分がおしまいになるところの意) ‖〖前置詞と〗**～ an ～** stehen 背中あわせに立っている | **auf** dem ～ liegen あおむけに横たわっている;《比》のらくらしている | auf dem ～ schwimmen 背泳ぎで泳ぐ | *et.*^{4} auf dem ～ haben …を背負っている | viele Lebensjahre auf dem ～ haben 年をくっている | *jm.* die Hände auf dem ～ zusammenschnüren …を後ろ手にしばる | ***et.*^{4} auf *js.* ～ austragen** …を…の犠牲のもとに行う, …のつけを…に回す | auf den ～ fallen あおむけに倒れる | **beinahe 〈fast〉 auf den ～ fallen** ひっくり返らんばかりに驚く | *jn.* auf den ～ legen …をあおむけに寝かせる;《比》…を完全に参らせる | Auf seinen ～ geht viel.《比》彼は我慢強い | **hinter *js.* ～** …の背後で;《比》…の知らないところで | ***jn.* 〈*et.*^{4}〉 im ～ haben** …の支援を受けている | nichts im ～ haben 何ひとつ後ろだてを持っていない | den Wind 〈die Sonne〉 im ～ haben 追い風を背に受けている〈逆光である〉 | ***jm.* in den ～ fallen** …の背後を襲う;《比》…の虚をつく, 突然…を裏切る | *jm.* einen Stoß in den ～ geben …の背中を小突く〈ひと突きする〉 | *jn.* **mit** dem ～ ansehen …をわざと無視する | **mit dem ～ an der Wand 〈zur Wand〉**《比》i) 絶対安全〈有利〉な立場に立って; ii) 絶体絶命の窮地に立たされて, 背水の陣で | **mit dem ～ an die Wand kommen**《話》防御体制を固める, 有利な立場に立つ | ***jm.* läuft es 〔eiskalt / heiß und kalt〕 über den ～** …は背筋が冷たくなる, …はぞっとする.
2 a) (動物の)背, 背中; 背肉; (毛皮獣の)背皮: *sich*^{4} auf den ～ des Pferdes schwingen 馬の背中に跳び乗る. **b**)〘料理〙背肉: Kalbs*rücken* 子牛の背肉.
3 (背中や背面に似たもの. 例えば:) **a**) 手〈足〉の甲; 鼻梁(びりょう)(→ 図 Nase); 本の背(→ 図 Buch); いすの背. **b**) 山の背, 尾根;〘地〙海嶺(かいれい): der Südpazifische ～ 南太平洋海嶺. **c**) (刃物の)峰(→ 図 Messer); (畑の)畝; (海や川の)表面, 水面; (家屋などの)背面, 裏側; (アーチの)外輪, 拱背(きょうはい)(→ 図 Bogen).
4《ふつう無冠詞単数で》(Rückenschwimmen)〘泳〙背泳: Sieger über 200 m ～ 200メートル背泳の優勝者.
5〘軍〙後尾〈背面〉部隊, 後衛.
[*germ.* „Krümmung"; ◇Ring, zurück; *engl.* ridge]

Rücken⸗aus·schnitt[rʏ́kən..] 男 (婦人服・セーターなどの)背部の襟ぐり. **⸗brei·te** 女〘服飾〙背幅. **⸗dar·re** 女 = Rückenmark〔s〕schwindsucht **⸗deckung** 女〘軍〙背面援護;《比》後援, 後ろだて: ～ bei *jm.* finden …が後ろだてになってくれている | *sich*^{3} 〔eine〕 ～ verschaffen 背面からの攻撃に備える; 後ろだてを確保する. **⸗flos·se** 女 (魚の)背びれ. **⸗flug** 男〘空〙背面飛行.

rücken·frei 形 背あきになった(婦人服).

Rücken⸗kraul 中, **⸗kraul·schwim·men** 中《ふつう無冠詞で》〘泳〙背泳. **⸗la·ge** 女 あおむけの姿勢, 背臥(はいが)位: die ～ einnehmen あおむけの姿勢をとる. **⸗leh·ne** 女 (いすの)背, (ベッドの可動式)背もたれ. **⸗mark** 中〘解〙脊髄(せきずい)(→ 図 Gehirn).

Rücken·mark〔s〕⸗an·äs·the·sie 女〘医〙脊髄(せきずい)麻酔法. **⸗dar·re** 女 =Rückenmark〔s〕schwindsucht **⸗ent·zün·dung** 女〘医〙脊髄炎. **⸗läh·**

R

mung 女〘医〙脊髄麻痺(ᵐᵃʰⁱ). ⸗**nerv** 男〘解〙脊髄神経. ⸗**schwind·sucht** 女 (Tabes) 〘医〙脊髄癆(ろう). ⸗**ver·let·zung** 女〘医〙脊髄損傷.

Rụcken⸗mus·kel[rʏ́kən..] 男 -s/-n《ふつう複数で》〘解〙背筋(はいきん): breiter ～ 闊(かつ)背筋. ⸗**num·mer** 女〘スポ〙(ユニホームの背番号). ⸗**rie·men** 男 (馬具の)背革(→ ⊠ Geschirr). ⸗**schild** 男 -[e]s/-e (カメなどの)背甲, 甲ら. ⸗**schmerz** 男 -es/-en《ふつう複数で》背の痛み. ⸗**schwim·men** 中 -s/〘泳〙背泳. ⸗**schwim·mer** 男〘虫〙マツモムシ(松藻虫)(背を下にして泳ぐ). ⸗**stär·kung** 女 = Rückendeckung ⸗**stück** 中 **1**〘料理〙(豚などの)背ロース肉(→ ⊠ Schwein). **2** (よろいの)背甲(→ ⊠ Harnisch).

Rụ̈ck·ent·leh·nung[rʏ́k..] 女〘言〙逆借用[語], 借還[語](以前に外国語に借用され, 別の意味・形態で再び母国語に借用されること. ⊛ Balkon バルコニー < フランス語: balcon < イタリア語: balcone<Balken 角材). [<rück..]

Rụcken⸗tra·ge[rʏ́kən..] 女 背負いかご, 背負い枠. ⸗**trag·korb** 男 背負いかご. ⸗**wind** 男 背後からの風, 追い風: mit ～ segeln 追い風を受けて帆走する | den Aufsatz mit ～ schreiben《話》ひとに手伝ってもらって(学校の)作文を書く. ⸗**wir·bel** 男〘解〙脊椎(せきつい).

Rụ̈ck·er·bit·tung[rʏ́k..] 女 返却請求: unter ～ (⊛ u. R.) (閲覧後の)返却を願って | Wir senden Ihnen die anliegenden Papiere unter ～. 同封にてお送りする書類は用済みのあとご返却ください. [◇zurückerbitten]

Rụ̈ck⸗er·in·ne·rung 女 回想, 追憶, 追想. ⸗**er·obe·rung** 女 **1** 征服し返すこと, 奪還. **2** 奪還したもの.

rụ̈ck|er·stat·ten《01》他 (h)《不定詞・過去分詞で》《*jm. et.*[4]》(…に…を)払い戻す, 返済する; 償還(還付)する.

Rụ̈ck·er·stat·tung 女 払い戻し, 返済; 償還, 還付.

Rụ̈ckert[rʏ́kərt] 人名 Friedrich ～ フリードリヒ リュッケルト(1788-1866; ドイツの詩人・東洋学者).

Rụ̈ck⸗fahr·kar·te[rʏ́k..] 女, ⸗**fahr·schein** 男 往復乗車(乗船)券. [◇zurückfahren]

Rụ̈ck·fahr·schein·wer·fer 男 (自動車などの)後退灯.

Rụ̈ck·fahrt 女 (↔Hinfahrt) (乗り物での)帰路, 帰り.

Rụ̈ck·fall[rʏ́kfal] 男 **1 a)** (もとの悪い状態への)逆戻り: ein ～ in alte Gewohnheiten 古い習慣への逆戻り. **b)**〘医〙(病気の)再発, ぶり返し: einen ～ bekommen (erleiden) (病気が)再発する, ぶり返す. **c)**〘法〙累犯: Diebstahl im ～ 窃盗の累犯. **2**〘商〙(財産の旧所有者への)復帰, 帰属.

Rụ̈ck·fall·fie·ber 中 -s/〘医〙回帰熱.

rụ̈ck·fäl·lig[rʏ́kfɛlɪç][2] **I** 形 **1** 逆戻りの: ～ werden 旧習に戻る. **2**〘医〙再発の: ein ～*er* Lungenkranker 肺結核が再発した患者. **3**〘法〙**a)** 累犯の: ein ～*er* Dieb 累犯の窃盗犯人. **b)** 復帰(帰属)すべき: ～*e* Güter (旧所有者に)帰属すべき財貨(財産).

II Rụ̈ck·fäl·li·ge 男 女《形容詞変化》〘法〙累犯者.
[*lat.* re-cidīvus (→rezidiv) の翻訳借用]

Rụ̈ck·fall⸗kri·mi·na·li·tät 女〘法〙累犯[犯罪]. ⸗**tä·ter** 男〘法〙累犯者: ein vielfach vorbestrafter ～ 何回も前科のある犯[罪]人.

Rụ̈ck·fen·ster 中 (Heckfenster) (自動車の)後部窓, リアウインドー.

Rụ̈ck·flug 男 (↔Hinflug) 帰り(帰路)の飛行.
[◇zurückfliegen]

Rụ̈ck·flug·ticket 中 往復航空券.

Rụ̈ck·fluß 男 逆流, 還流. [◇zurückfließen]

Rụ̈ck·for·de·rung 女 返還(取り戻し)請求.
[◇zurückfordern]

Rụ̈ck⸗fracht 女 **1** 帰り荷. **2** 帰航運送料, 戻り貨物運賃. ⸗**fra·ge** 女 (当事者間ですでに話し合ったことについての)再度の問い合わせ, 再照会: eine ～ stellen 再度問い合わせる.

rụ̈ck⸗|fra·gen[rʏ́k..] 自 (h)《不定詞・過去分詞で》(当事者間ですでに話し合ったことについて)再度問い合わせる, 再照会する: beim Sekretariat ～ 秘書室に再度問い合わせる. ⸗|**füh·ren** 他 (h)《不定詞・過去分詞で》元へ戻す, 復帰させる;〘政〙(本国へ)送還する;〘経〙(貨物などを)返送する.

Rụ̈ck⸗füh·rung 女〘政〙(捕虜などの)[本国]送還;〘経〙(貨物などの)返送;〘電〙リサイクル. ⸗**ga·be** 女 -/ (zurückgeben すること. 例えば:) **1** 返却, 返還. **2**〘球技〙(サッカーなどでの)バックパス.

Rụ̈ck·gang[rʏ́kgaŋ] 男 **1 a)** 帰還, 回帰; 後退. **b)**〘天〙逆行運動(惑星が天球上を東から西へ向かって運行すること). **c)**〘工〙(ピストンの)戻り運動, 帰り行程. **2** 退化; 衰退, 減退; 減少; (価格などの)下落: der ～ der Bevölkerung 人口の減少 | der ～ des Geschäftsumsatzes 売り上げの減退 | der ～ der Preise 物価の下落 | der ～ der Temperatur (des Wasserstandes) 気温(水位)の下降.
[◇zurückgehen]

rụ̈ck·gän·gig[rʏ́kgɛŋɪç][2] 形 後戻りの; 逆行する; 退行(退化)的; 下落する(価格など); 減退(減少)する: eine ～*e* Entwicklung 衰退, 退行 ‖ *et.*[4] **～ machen** …を取り消す | ～ werden 取り消される.

Rụ̈ck·gän·gig·ma·chung 女 -/-en (契約の)解除; (婚約の)解消.

Rụ̈ck·ge·bäu·de 中 裏手(後部)の建物.

rụ̈ck·ge·bil·det 形 **1** (zurückgebildet) (器官などについて)退化(萎縮(いしゅく))した, 変性した, 成長の止まった. **2** (retrograd)〘言〙逆成された(→Rückbildung 1 c).

Rụ̈ck·geld·ge·ber 男 釣り銭器.

Rụ̈ck⸗ge·wäh·rung 女〘商〙返還, 返付; 戻り税. ⸗**ge·win·nung** 女 -/ 取り戻し, 回収;〘工〙回生, 回復; (Urbarmachung)〘農〙開墾. ⸗**glie·de·rung** 女 (領土の)再合併, 再編入.

Rụ̈ck·grat[rʏ́kgraːt] 中 -[e]s/-e **1** 背骨;〘解〙脊柱(せきちゅう), 脊椎(せきつい): *sich*[3] das ～ (*sich*[4] am ～) verletzen 背骨をいためる. **2**《比》大黒柱, 基盤; 不屈の精神[力], 気骨, 気概, バックボーン: das ～ des Staates 国家の柱石 | ein Mann ohne ～ 気骨のない男 ‖ *jm.* **das ～ brechen** …の意志をくじく; …を経済的に破滅させる | **～ haben (zeigen)** 不屈の気骨がある(を示す) | *jm.* **das ～ stärken (steifen)**《話》…を支援する, …を激励する. [<Rücken; *lat.* spīna dorsī (◇Spina, dorsal) の翻訳借用]

rụ̈ck·grat·los[-loːs][1] 形 気骨(いくじ)のない, 女々しい: ein ～*er* Mensch 腰のすわっていない人間.

Rụ̈ck·grat[s]·ver·krüm·mung 女〘医〙脊椎(せきつい)湾曲.

Rụ̈ck·griff 男 (zurückgreifen すること. 例えば:) **1** 立ち戻り, 復活: ein ～ auf alte Baustile 古い建築様式に立ち戻ること. **2** (Regreß)〘法〙(手形・小切手の所持人による)遡求(そきゅう), 償還請求.

Rụ̈ck·halt[1] 男 -[e]s/-e《ふつう単数で》《雅》支え, 支援, 後援, 後ろだて: bei (an) *jm.* moralischen ～ haben …を精神的後ろだてとしている | Durch seinen Onkel hat er finanziellen ～. 彼はおじから経済的な援助を得ている.
[<Rücken]

Rụ̈ck·halt[2] 男 -[e]s/ (Vorbehalt) 留保, 条件: **ohne ～** 遠慮(腹蔵)なく; 無条件に | *et.*[4] ohne ～ aussprechen 歯に衣(きぬ)きせず…を口に出す | ohne ～ mit *jm.* sprechen …と腹蔵なく語り合う. [◇zurückhalten]

rụ̈ck·häl·tig 形 用心深い, 打ち解けない.

rụ̈ck·halt·los 形 遠慮(腹蔵)のない; 隠しだてしない; 無条件の: *jm.* ～ vertrauen …に全幅の信頼を寄せる | einen Kampf ～ führen あらゆる手段をつくして戦い抜く.

Rụ̈ck·halt·lo·sig·keit 女 -/ rückhaltlos なこと: mit ～ für die Wahrheit eintreten 無条件で真理の側に立つ.

Rụ̈ck·hand[rʏ́khant] 女 -/ (↔Vorhand) (テニス・卓球などの)バックハンド[ストローク], 逆手打ち: beidhändige ～ 両手打ちバックハンド.

Rụ̈ck·hand⸗griff[rʏ́khant..] 男 バックハンド=グリップ. ⸗**schlag** 男 バックハンド=ストローク.

Rụ̈ck⸗in·dos·sa·ment[rʏ́k..] 中〘商〙(手形の)戻り裏書. ⸗**kampf** 男 **1**〘ボク〙リターンマッチ. **2** = Rückspiel

Rụ̈ck·kauf 男〘商〙買い戻し, 請け戻し; (保険契約の)払込金返戻(へんれい), 解約. [◇zurückkaufen]

Rụ̈ck·kaufs⸗recht 中〘商〙買い戻し権. ⸗**wert** 男

R

買い〈請け〉戻し価値; (保険の) 解約返戻(へんれい)(金), 還付額.

Rụ̈ck≠kehr[rʏ́kke:r] 女 -/ (zurückkehren すること. 例えば:) 帰還; 復帰: die ～ in die Heimat 故郷への帰還 | die ～ in das politische Leben 〈in die Wirtschaft〉 政界〈経済界〉への復帰. **≠keh·rer**[..ke:rər] 男 **1** (旅行・休暇先などから) 帰ってくる人. **2** (第二次世界大戦後の, 外地・戦地からの) 帰国者, 引き揚げ者; 復員者.

rụ̈ck|kop·peln 《06》 他 (h) 《不定詞・過去分詞で》 〘サイバネティクス〙 フィードバック〈帰還〉させる.

Rụ̈ck≠kopp·lung (≠**kop·pe·lung**) 女 (Feedback) **1** 〘理〙 フィードバック, 帰還 (出力の一部または全部を入力に戻して出力を増大または減少させること). **2** 〘サイバネティクス〙 フィードバック, 自己調節〈制御〉. **≠kunft** 女 -/ 《雅》 (zurückkommen すること. 例えば:) 帰着, 帰還. **≠la̲·dung** 女 帰り荷, 帰船貨物. **≠la̲·ge** 女 -/-n **1** (不時に備えるための) 準備金, 積立金: eine kleine ～ auf der Bank haben ささやかな額の預金口座を銀行に持っている. **2** 〘商〙 (企業の) 積立金, 準備金: eine gesetzliche 〈stille〉 ～ 法定〈秘密〉準備金 | auf ～*n* zurückgreifen 積立金に手をつける. **3** (↔ Vorlage) 〘スキー〙 後傾姿勢.

Rụ̈ck·lauf 男 **1 a)** 逆戻り, 後退; 逆流, 還流. **b)** (火器発射時の) はね返り. **c)** 〘工〙 (ピストンの) 逆作動. **d)** 〘天〙 (天体の) 逆行. **e)** (フィルム・テープなどの) 巻き戻し. **2** 〘建〙 リターン=パイプ, 帰り管. [◇zurücklaufen]

Rụ̈ck·läu·fer 男 〘郵〙 配達不能〈回送〉郵便物.

rụ̈ck·läu·fig[rʏ́klɔʏfɪç][2] 形 **1** 後退する, 逆戻りの; 回帰〔性〕の: ein ～*er* Konsum 消費の減退 | eine ～*e* Sendung 回送〈配達不能〉郵便 | ein ～*er* Verband 8 字形に巻いた包帯 | ein ～*es* Wörterbuch (各見出し語を語尾から逆読みしたときのアルファベット順に配列した) 逆配列辞典. **2** 〘天〙 逆行の: die ～*e* Bewegung 逆行運動. **3** 〘商〙 (値が) 下向きの.

Rụ̈ck·le̲h·ne =Rückenlehne

Rụ̈ck≠lei·tung 女 **1** 〘電〙 帰路, 帰線, 帰電線. **2** 〘鉄道〙 帰線. **≠leuch·te** 女, **≠licht** 中 -〔e〕s/-er 尾灯, テールランプ (→ 図 Kraftrad). **≠lie·fe·rung** 女 〘商〙 返還, 返戻(へんれい).

rụ̈ck·lings[rʏ́klɪŋs] 副 **1** あおむけに; 後ろへ, 後ろざまに; 背中を前にして; 後ろから: ～ liegen あおむけに横たわっている | ～ auf den Boden fallen あおむけに床に倒れる | ～ auf dem Pferd sitzen 後ろ向きに馬に乗っている | *jn.* ～ angreifen …を背後から襲う. **2** (↔vorlings) 〘体操〙 体操器具を背にして. [*ahd.*; ◇Rücken]

Rụ̈ck·marsch 男 (↔Hinmarsch) (Rückzug) 〘軍〙 退却; (軍隊・徒歩旅行団などの) 帰還: Die Truppe befindet sich auf dem ～ in die Quartiere. 部隊は帰営〔行軍〕中である. [◇zurückmarschieren]

Rụ̈ck·na̲h·me[rʏ́kna:mə] 女 -/-n 《ふつう単数で》 取り下げ, 取り消し, 撤回; (欠陥商品などの) 引き取り, 回収: die ～ einer Klage 訴えの取り下げ. [◇zurücknehmen]

Rụ̈ck·por·to 中 返信〈返送〉料: ein Brief mit ～ 返信料つきの手紙.

Rụ̈ck·prall 男 (ボール・弾丸などの) はね返り. [◇zurückprallen]

Rụ̈ck≠prä̲·mie [..prɛ:miə] 女 〘商〙 後差金(きん). **≠rech·nung** 女 -/-en (手形の) 償還請求〔書〕, 遡求(そきゅう) 計算〔書〕.

rụ̈ck|re·for·mie·ren 他 (h) 《不定詞・過去分詞で》 改革を逆戻り〈後退〉させる.

Rụ̈ck·rei·se[rʏ́k..] 女 (↔Hinreise) (Heimreise) 帰りの旅, (旅の) 帰途: auf der ～ sein 帰途にある | Hin- und *Rückreise* (→Hinreise). [◇zurückreisen]

Rụ̈ck·ru̲f 男 **1** 呼び戻し, 召還. **2** (欠陥商品などの) 回収; リコール. **3** (相手からの電話に対する) 折り返しの電話: um ～ bitten 折り返し電話をくれと頼む. [◇zurückrufen]

Rụck·sack[rʊ́kzak] 男 リュックサック: einen ～ tragen 〈packen〉 リュックサックを背負っている〈に荷を詰める〉 | *et.*[4] in den ～ tun …をリュックサックに詰める ‖ ein ～ voll Probleme 《話》 リュックサックいっぱい〈ひとかかえ・山ほど〉の問題. [＜*mhd.* ruck〔e〕„Rücken" (◇Rücken)]

Rụck·sack≠deut·sche 男 女 《話》 (リュックサック一つでやってきた) 新移住ドイツ人, 疎開ドイツ人. **≠Jäck·chen** 中 《話》 (背部がふくらんだ) 婦人用ジャケット. **≠rücken** 男 《話》 (Rucksack-Jäckchen の) ふくらんだ背部. **≠tou·rist** 男 リュックサック一つの旅行者. **≠u̲r·lau·ber** 男 リュックサック一つの休暇旅行者.

Rụ̈ck·schau[rʏ́k..] 女 -/ (Rückblick) 回顧: eine ～ auf *et.*[4] halten …を回顧する. [◇zurückschauen]

Rụ̈ck≠schei·be =Rückblickscheibe **≠schein** 男 〘郵〙 (小包・書留便などの受取人が出す) 受領〈配達〉証明書.

Rụ̈ck·schla̲g 男 **1 a)** 反動; はね返り. **b)** 〘球技〙 返球, リターン. **c)** (鉄砲の) 後座, 反衝. **2 a)** (突然の) 暗転, 悪化. **b)** (Rückfall) (病気の) 再発, ぶり返し. **3** (Atavismus) 〘生〙 先祖がえり. **4 a)** 〘坑〙 戻り爆発. **b)** 〘工〙 斥力. **c)** 〘化〙 (火炎の) 後退. **5** 《スイス》 (↔Vorschlag) 不足額, 欠損, 赤字.

Rụ̈ck·schlä̲·ger 男 (テニス・卓球・バドミントンなどの) レシーバー. [◇zurückschlagen]

Rụ̈ck·schla̲g·ven·ti̲l 中 〘工〙 チェック〈逆止め・戻り止め〉弁.

Rụ̈ck·schluß 男 (結果から原因を求める) 帰納的推理, 逆推論: aus *et.*[3] auf *et.*[4] *Rückschlüsse* ziehen …から…を逆推理する.

Rụ̈ck·schrei·ben 中 -s/- (文書による) 返信, 返書, 返事の手紙. [◇zurückschreiben]

Rụ̈ck≠schritt 男 《比》 (↔Fortschritt) 後退, 退歩; 反動. **≠schritt·ler**[..lər] 男 -s/- (Reaktionär) 反動的な人.

rụ̈ck·schritt·lich 形 反動的な.

Rụ̈ck·schwung 男 **1** 〘体操〙 (平行棒などで) 後ろ振り (→ 図). **2** 〘ゴルフ〙 バックスイング.

Rückschwung

Rụ̈ck·sei·te[rʏ́kzaɪtə] 女 (↔Vorderseite) (Kehrseite) 裏面, 背面, 裏側; 後ろ側; 裏ページ: die ～ des Hauses 家の裏手 | die ～ des Blattes 葉〈1 枚の紙〉の裏側 ‖ auf der ～ 裏面に | auf die ～ schreiben 裏面に書く | Siehe ～! 裏面参照.

rụ̈ck·sei·tig[..zaɪtɪç][2] 形 裏面〈背面〉の.

rụ̈ck·seits[..zaɪts] 副 裏面〈背面〉に.

rụck·sen[rʊ́ksən] 《02》 自 (h) (rucken) (ハトが) クークー鳴く. [＜rucken[2]]

Rụ̈ck·sen·dung[rʏ́k..] 女 (郵便物の) 返送: die ～ eines Paketes 小包の返送. [◇zurücksenden]

Rụ̈ck·sicht[rʏ́kzɪçt] 女 -/-en **1** 《単数で》 思いやり, 配慮, 気くばり, 斟酌(しんしゃく), 留意: keine ～ kennen 思いやりがない | **auf *jn.* 〈*et.*[4]〉 ～ nehmen** …のことを思いやる, …をいたわる, …に気をくばる ‖ aus 〈in / mit〉 ～ auf *jn.* 〈*et.*[4]〉 …のことを考えて, …を思いやって | ohne ～ auf *jn.* 〈*et.*[4]〉 …を顧みず, …のことをかまわず | **ohne ～ auf Verluste** 《話》 なにがなんでも, ぜがひでも, がむしゃらに (=um jeden Preis). **2** 《複数で》 (事情に応じた) 考慮, 事由: **aus** finanziellen ～*en* 財政的事由により ‖ 〘しばしば複合語で〙 **aus** Gesundheits*rücksichten* 健康上の理由で | aus Familien*rücksichten* 家庭の事情を考慮して | aus Standes*rücksichten* 社会的地位に対する配慮のため. **3** 《単数で》 (車のバックミラーなどで) うしろを見ること, 後方の見通し. [2: *lat.* re-spectus (→Respekt) の翻訳借用]

rụ̈ck·sicht·lich[-lɪç] 前 《2 格支配》 《官》 (mit Rücksicht auf) …を考慮して; …に関して, …の点で: ～ seiner Fähigkeiten 彼の能力を考慮して〈に関して〉.

Rụ̈ck·sicht·na̲h·me[..na:mə] 女 -/ 考慮, 配慮, 留意. [＜Rücksicht nehmen (→Rücksicht 1)]

rụ̈ck·sichts·lo̲s[rʏ́kzɪçtslo:s][1] 形 (他人に対する) 顧慮のない, 遠慮会釈のない; 無遠慮な, 傍若無人の, 粗暴な, わがまま勝手な; 思いやりのない, 容赦のない: ein ～*es* Benehmen 傍若無人の振舞い | eine ～*e* Kritik 〈Strenge〉 情け容赦のない批判〈きびしさ〉 ‖ gegen *jn.* ～ sein …に対して情け容赦ない〈きびしい〉 ‖ *jn.* ～ ausnutzen …を容赦なく食い物にする | ～ fahren 荒っぽい〈無謀な〉運転をする.

R

Rück·sichts·lo·sig·keit[..lo:zɪçkaɪt] 女 -/ rücksichtslos なこと: die ～ des Egoisten 利己主義者のわがまま勝手 | die ～ der Polemik 論駁(ろんばく)の仮借なききびしさ.
rück·sichts·voll 形 思いやりのある, 配慮(気くばり)に満ちた: gegen *jn.* ⟨*jm.* gegenüber⟩ ～ sein …に対して思いやりがある | *jn.* ～ behandeln …を思いやりをもって扱う.

Rück≠sitz[rʏ́k..] 男 **1** (↔Vordersitz) (自動車などの)後部座席: im ⟨auf dem⟩ ～ des Wagens sitzen 車の後部の座席に座っている. **2** (進行方向に向かって)後ろ向きの座席. **≠spie·gel** 男 (自動車などの)バックミラー: ein sich[4] näherndes Auto im ～ erkennen バックミラーの中に近づいてくる自動車を認める. **≠spiel** 中 〘スポ〙 (2回戦試合の)第2試合(→Hinspiel). **≠spra·che** 女 (未解決の問題を解明するための)話し合い, 相談, 協議; 商議: nach ⟨laut⟩ ～ mit *jm.* …との話し合いにより | **mit *jm.* ～ halten ⟨nehmen⟩** 《官》…と話し合う, …と協議する.
rück|spu·len[rʏ́kʃpu:lən] 他 (h) 《不定詞・過去分詞で》(フィルム・テープなどを)巻き戻す.
Rück·spul·kur·bel 女 〘写〙 フィルム巻き戻しクランク.

Rück·stand[rʏ́kʃtant][1] 男 -[e]s/..stände[..ʃtɛndə] **1 a)** 遅滞, 遅延, 遅れ, 滞り; (スポーツで競争相手からの)遅れ: gegen *jn.* den ～ aufholen …に追いつく ‖ mit *et.*[3] im ～ sein …が遅滞している | mit der Arbeit ⟨der Zahlung⟩ im ～ sein 仕事⟨支払い⟩が滞っている | mit *et.*[3] in ～ kommen ⟨geraten⟩ …が遅滞する. **b)** 《複数で》未払い残金, 未回収金, 延滞額, 未済債務: *Rückstände* eintreiben ⟨bezahlen⟩ 未払い金を取りたてる⟨支払う⟩. **2** 残りかす, 残滓(ざんし); 〘坑〙 残留物, 〘化〙 (蒸留釜(がま)の)釜残り. **3** (動植物などに含まれる, 環境汚染による有害物質の)残留物.
rück·stän·dig[rʏ́kʃtɛndɪç][2] 形 **1** 進歩⟨開発⟩の遅れた; 時代遅れの; 流行遅れの, 古くさい: ein wirtschaftlich ～*es* Land 経済開発の遅れた国 | Seine Ansichten darüber sind sehr ～. それについての彼の考えはひどく古くさい⟨時代遅れだ⟩. **2** 遅滞した, 滞っている; 未払いの: ～*e* Forderungen 延滞金 | ～*e* Miete 未払いの家賃 ‖ mit 50 DM ～ sein 50マルク未払いである.
Rück·stän·dig·keit[–kaɪt] 女 -/ rückständig なこと: wirtschaftliche ～ 経済的な立ち遅れ.

Rück≠stau[rʏ́k..] 男 **1** (本流の洪水のために生じる)支流の逆流. **2** (交通渋滞で)一つ手前の交差点をこえて車が数珠つなぎとなること. **≠stel·lung** 女 **1** 〘商〙 (貸方項目として計上される)引当金. **2** 〘工〙 戻り運動. **≠stoß** 男 **1** 〘理〙 反跳. **2 a)** (発射後の火器の)反動, 後座, 反衝. **b)** 〘宇宙〙 (噴射による)反動[推進], リアクション.
Rück·stoß≠an·trieb 男 [ロケット式の噴射]反動推進. **≠brem·se** =Rohrbremse **≠dämp·fer** 男 〘軍〙 反動⟨後座⟩緩衝装置.
rück·stoß≠frei 形, **≠los** 形 〘理〙 反跳のない; (火器などが)無反動の.
Rück·stoß-Trieb·werk 中 〘空〙 反動推進エンジン.

Rück≠strah·ler[rʏ́k..] 男 -s/- (自動車・自転車などの)後部反射板⟨鏡⟩, キャッツアイ(→ 図 Fahrrad). **≠strah·lung** 女 -/-en (光などの)反射. [◇zurückstrahlen]
Rück·strom 男 -[e]s/ **1** (流れ・人の群れなどが元の場所へ)流れ戻る⟨逆流する⟩こと. **2** 〘工〙 還流. **3** 〘電〙 逆電流. [◇zurückströmen]
Rück·stu·fung 女 (給料などを)下の級位⟨号俸⟩に下げること: eine ～ des Lohnes 賃金のレベルダウン. [◇zurückstufen]

Rück≠ta·ste 女 -/-n (タイプライターの)バックスペーサー; (テープレコーダーの)巻き戻し用のキー. **≠trans·port** 男 逆輸送. **≠trat·te** 女 戻り⟨逆⟩為替手形.
Rück·tritt 男 **1** 辞職, 辞任: *seinen* ～ erklären 辞意を表明する | ～ nehmen 《雅》辞職する | die Regierung zum ～ zwingen 内閣を退陣に追い込む. **2** (契約などから一方的に)手を引くこと; 〘法〙 (契約の)解除: der ～ von einem Vertrag 契約の解除. **3** (自転車のペダルの)逆踏み. [◇zurücktreten]
Rück·tritt·brem·se 女 (自転車の)コースターブレーキ, 逆踏みブレーキ.
Rück·tritts≠al·ter 中 退職年齢, 停年. **≠er·klä·rung** 女 辞任表明; 〘法〙 契約解除の表示. **≠ge·such** 中 辞職⟨退職⟩願い, 辞表: *sein* ～ einreichen 辞表を提出する. **≠ko·sten** 複 キャンセル料. **≠recht** 中 〘法〙 (契約の)解除権.

rück|über·set·zen[rʏ́k..] ⦅02⦆ 他 (h) 《不定詞・過去分詞で》(翻訳を)元の言語に訳し戻す.
Rück·über·set·zung 女 rückübersetzen すること.
Rück·um·laut 男 〘言〙 逆ウムラウト(㊀ brennen と brannte の間に見られる e と a の母音交替).
rück|ver·gü·ten[rʏ́kfɛrgy:tən] ⦅01⦆ (⦅過分⦆ rückvergütet) 他 (h) 《不定詞・過去分詞で》(利益や支払金の一部を)払い戻す, リベートとして支払う.
Rück·ver·gü·tung[..tʊŋ] 女 払い戻し, リベート.
Rück·ver·si·che·rer[rʏ́kfɛrzɪçərər] 男 再保険者: Er ist ein alter ～. 《話》彼は常に石橋をたたいて渡る男だ.
rück·ver·si·chern[rʏ́kfɛrzɪçərn] ⦅05⦆ (⦅過分⦆ rückversichert) 他 (h) 《不定詞・過去分詞で》 **1** 《*jn.*》(…を)再保険に加入させる, (…に)再保険をかける: ⦅再帰⦆ *sich*[4] ～ 再保険に加入する. **2** 背後を安全に固める; 両方の側に対して身を守る, 二またかけて身の保全をはかる.
Rück·ver·si·che·rung[..çərʊŋ] 女 **1** 再保険. **2** rückversichern 2 すること.
Rück·ver·si·che·rungs·ver·trag 男 -[e]s/ 〘史〙 再保障⟨再保険⟩条約(1887年ドイツとロシアの間で結ばれた秘密中立条約).

Rück·wand[rʏ́k..] 女 **1** 後ろの壁. **2** (日めくり暦の)台紙.
Rück≠wan·de·rer (**≠wand·rer**) 男 -s/- (Remigrant) (亡命・国外移住などからの)帰国者.
rück·wär·tig[rʏ́kvɛrtɪç][2] 形 後方の, 後ろの, 背後の; 〘軍〙 (戦線の)後方の: die ～*e* Seite 背面 | die ～*en* Dienste 後方勤務[の部隊・施設] | die ～*en* Verbindungen abschneiden 後方連絡を断つ. [＜Rücken]
rück·wärts[rʏ́kvɛrts] 副 **1** (↔vorwärts) 後ろへ向かって, 後方へ, 戻って; (時間的に)逆に, 後戻りして: ～ gehen 後ずさりする, 後ろへ戻る, 後退する(ただし: →rückwärtsgehen) | fünf Schritte ～ machen ⟨tun⟩ 5歩あとへ戻る | Das bedeutet einen Schritt ～. 《比》それは一歩後退を意味する | *sich*[4] ～ wenden (後ろを)ふりかえる, ふりむく | weder vorwärts noch ～ können にっちもさっちもいかない, 進退きわまっている | *et.*[4] vorwärts und ～ aufsagen können (→vorwärts) ‖ die Zeit ～ laufen lassen 時間を逆戻りさせる ‖ **～ essen** 《話》食物をもどす⟨吐く⟩. **2** 《南部・オーストリア》(hinten) 後ろに: ～ am Hause 家の後ろに.
Rück·wärts≠drall 男 〘球技〙 バックスピン, 逆回転. **≠gang** 男 **1** 逆戻り, 後退, 逆転; 〘工〙 逆進速, 逆作動. **2** (自動車などの)後退⟨バック⟩ギア.
rück·wärts|ge·hen* ⦅53⦆ 自 (s) 退歩する, 悪化する, 不振になる, 落ち目になる, 衰える(ただし: rückwärts gehen →rückwärts 1): ⦅非人称⦆ Mit seinem Geschäft ⟨seiner Gesundheit⟩ ist es *rückwärtsgegangen*. 彼の商売が不振になった⟨彼は健康が衰えていった⟩.
Rück·wärts≠sal·to 男 〘体操〙 後方宙返り⟨空中転回⟩. **≠sprung** 男 〘泳〙 後ろ飛び.

Rück≠wech·sel[rʏ́k..] 男 戻り手形, 逆為替. **≠weg** 男 帰り道, 帰路, 家路: den ～ antreten 帰途につく | auf dem ～ 帰り道で, 帰る途中で.
ruck·wei·se[rʊ́kvaɪzə] 副 (→..weise ★) ぐっぐっと, ぐいぐいと, がたんと; (stoßweise) 断続的に: *sich*[4] ～ bewegen (車などが)ぐっ⟨がくん⟩と動く | **Bei dir kommt's wohl ～?** 《話》君は頭でもいかれたんじゃないか.
Rück·wen·dung[rʏ́k..] 女 (後ろを)ふりかえる⟨ふりむく⟩こと, 反転; 回帰. [◇zurückwenden]
rück·wir·kend[rʏ́kvɪrkənt][1] 形 〘法〙 遡及(そきゅう)力をもつ, 遡及的な; 〘心〙 逆行の: ～*e* Kraft 〘法〙 遡及効 | ～*e* Hemmung 〘心〙 逆行抑制 ‖ *Rückwirkend* vom 1. Januar an haben wir eine Gehaltserhöhung erhalten. 1月1日にさかのぼって我々はベースアップ⟨昇給⟩になった. [◇zurückwirken]
Rück·wir·kung 女 -/-en 反応, 反作用; 〘法〙 遡及

R

(そきゅう)効(→zurückwirken): die ~ der Aufwertung auf den Export 平価切り上げの輸出に対する影響 | eine Gehaltserhöhung mit ~ bis zu drei Monaten 過去3か月にさかのぼるベースアップ〈昇給〉.

rück·zahl·bar 形 (ローンなどが)返済〈償還・払い戻し〉できる.

Rück·zah·lung 女 (借金などの)返済; 〘商〙(株式・公債などの)払い戻し, 償還: Die ~ erfolgt in monatlichen Raten. 月払いで返済される. [◇zurückzahlen]

Rück·zah·lungs⸗be·din·gung 女 返済〈償還・払い戻し〉条件. **⸗ter·min** 男 返済〈還償・払い戻し〉期限.

Rück·zie·her 男 -s/- **1 a)** (計画・取り決め・約束などの部分的な)取りやめ, 撤回: **einen ~ machen** 〔計画を〕手控える, 引き下がる, 引っこむ, 譲歩する, 前言を取り消す; 弁解する, わびる. **b)** 《卑》中絶性交. **2** (Fallrückzieher) 〘サッカー〙オーバーヘッドキック. **3** 〘解〙収縮筋. [◇zurückziehen]

rück·zie·lend 形 (reflexiv) 〘言〙再帰的な.

Rück·zoll 男 戻り〈返還〉関税.

Rück·zoll·gü·ter 複 戻り関税証明貨物.

ruck, zuck [rʊ́ktsʊ́k, ◡◡́] →ruck

Rück·zug [rʏ́ktsu:k][1] 男 **1** 後退; 〘軍〙退却, 撤退: den ~ antreten 〈decken〉 退却を開始する〈援護する〉 | einen fluchtartigen ~ antreten 《比》逃げるように大急ぎで姿を消す ‖ auf dem ~ 退却中に. **2** 帰りの列車. [1: <zurückziehen; 2: <Zug[1]]

Rück·zugs⸗ge·biet 中 (原始民族などの)後退〔残存〕地域. **⸗ge·fecht** 中 退却を援護するための戦闘.

Rück·zün·dung 女 〘電〙(水銀整流器などの)逆弧, アークバック.

rüd [ry:t][1] 《オーストリア》 = rüde

rü·de [rý:də] 形 (roh) 粗野な, 不作法な, 下品な: ein ~r Kerl 不作法なやつ | ein ~s Benehmen 粗暴な振舞い | ein ~r Jargon 卑俗な隠語 ‖ *jn.* ~ beschimpfen …を口ぎたなくののしる. [*lat.* rudis „roh" – *fr.* rude; ◇Rudiment]

Rü·de [rý:də] 男 -n/-n **1** (イヌ・オオカミ・キツネなどの)雄. **2** 〘狩〙(特にイノシシ狩りの)猟犬. [*ahd.*]

Ru·del [rú:dəl] 中 -s/- **1** (シカ・オオカミ・カモシカなどの)群れ; 《比》(Schar) (人・車の)群れ, 一団: Ein ~ Wölfe heulte 〈heulten〉. 一群のオオカミが遠ぼえした | ein ~ Radfahrer 〈von Radfahrern〉 自転車乗りの一団 | ein ~ Autos 一団の自動車 | Sie hat ein ganzes ~ Kinder. 彼女はたいへんな子だくさんだ ‖ im ~ 群れをなして, 一団となって | in ~n いくつもの群れをつくって. **2** 《中部》= Ruder

Ru·del·bums 男 -es/ 《卑》乱交, 集団性交.

ru·deln [rú:dəln] 《06》 **I** 他 (h) 再帰 *sich*[4] ~ (シカ・オオカミなどが)群れをなす. **II** 自 (h) 《卑》乱交〈集団性交〉する.

ru·del·wei·se 副 (→..weise ★) (シカ・オオカミなどが)群れをなして; 《比》(人間が)一団となって, かたまって.

Ru·der [rú:dər] 中 -s/- **1 a)** (Steuer) (船の)舵(かじ), 操舵(そうだ)輪; 《比》支配〈主導〉権: das ~ führen 舵をとる; 《比》(…の)舵とりをする | das ~ halten 舵をとっている | das ~ der Regierung führen 〈halten〉 政権を担当する ‖ **am ~ sein** 〈**sitzen**〉 《話》権力の座にある, 政権を握っている | ***jn.* ans ~ bringen** 《話》…を権力の座につける | **ans ~ kommen** 〈**gelangen**〉 《話》権力の座につく, 政権をとる | Das Schiff ist **aus dem ~ gelaufen**. 船は舵がきかなくなった | **aus dem ~** 〈**aus den ~n**〉 **laufen** (船が)舵がきかなくなる; 《話》制御〈コントロール〉がきかなくなる. **b)** (飛行機の)方向舵, ラダー: Höhen*ruder* 昇降舵 | Seiten*ruder* 方向舵. **2** (ボートの)櫂(かい), オール(→ 図 Riemen): die ~ auslegen 〈einziehen〉 (舷側(げんそく)から)オールを出す〈引っこめる〉 ‖ ***sich*[4] in die ~ legen** 力いっぱい漕(こ)ぐ, 力漕(りきそう)する; 《話》精いっぱい仕事に取り組む. **3** 〘狩〙(水鳥の)足.
[*westgerm.*; ◇rojen, Riemen[2]; *gr.* eréssein „rudern"; *engl.* rudder]

Ru·der⸗bank [rú:dər..] 女 -/..bänke 漕手(そうしゅ)席, スウォート. **⸗blatt** 中 ラダーブレード; オールブレード. **⸗boot** 中 ボート, 漕艇(そうてい). **⸗dol·le** 女 (ボートの)オール受け, 櫂(かい)掛け, 櫂座.

Ru·de·rer [rú:dərər] (**Rud·rer** [..drər]) 男 -s/- (女 **Ru·de·rin** [..dərɪn], **Rud·re·rin** [..drərɪn] -/-nen) こぎ手, 漕手(そうしゅ), オーズマン.

Ru·der⸗fahrt [rú:dər..] 女 船こぎ〔遊び〕. **⸗fuß** 男 (水鳥などの)水かきのある足. **⸗fü·ßer** 男 -s/- 〘動〙 **1** 全蹼(ぜんぼく)目の鳥, ペリカン〔類の鳥〕. **2** = Ruderfußkrebs **⸗fuß·krebs** 男 (Kopepode) 〘動〙橈脚(とうきゃく)類(水生の微小甲殻類). **⸗gän·ger** 男 -s/- 舵(かじ)取り手, 舵手(だしゅ). **⸗haus** 中 〘海〙操舵室(→ 図 Schiff A).

..ruderig [..ru:dərɪç][2] (**..rudrig** [..drɪç][2]) 《数詞などにつけて「…本のオール〈櫂(かい)〉を備えた」を意味する形容詞をつくる》: zwei*ruderig* / zwei*rudrig* 2本オールの | acht*ruderig* / acht*rudrig* 8本オールの.

Ru·de·rin Ruderer の女性形.

Ru·der⸗klam·pe [rú:dər..] 女 (ボートの)オール受け, 櫂(かい)掛け. **⸗klub** 男 漕艇(そうてい)クラブ, ボート部.

ru·dern [rú:dərn] 《05》 **I** 自 (h, s) (英: *row*) (櫂(かい)・オールで)船をこぐ, ボートをこいで行く; 水をかく: gegen die Strömung ~ 流れにさからってこぐ | Wir sind gestern über den See *gerudert*. 私たちはきのう湖をこぎ渡った | Ich habe 〈bin〉 früher gern *gerudert*. 私は昔はよくボートをこいだものだ (h, s について: →schwimmen I 1 ☆) ‖ mit den Armen ~ (泳ぐ際に)腕で水をかく; (歩く際に)泳ぐように腕を振る | Die Enten *rudern* mit den Füßen, die Fische 〔*rudern*〕 mit den Flossen und dem Schwanz. あひるは足で水をかき 魚はひれと尾とを動かして泳ぐ | Unser Verein *rudert* gegen Germania RC. 私たちのクラブはゲルマニアボートクラブと競漕(きょうそう)する ‖ 〘結果を示す語句と〙 Sie haben eine neue Bestzeit *gerudert*. (ボート競技で)彼らは記録を更新した.
II 他 (h) (船を)こぐ, こいで動かす: Ich habe das Boot ans andere Ufer *gerudert*. 私はボートを向こう岸までこいだ.

Ru·der⸗pin·ne [rú:dər..] 女 (ヨットの)舵柄(だへい), かじつか(→ 図 Jacht). **⸗re·gat·ta** 女 ボートレース, レガッタ. **⸗schaft** 男 **1** ラダーポスト, かじ柱. **2** オールのシャンク. **⸗schau·fel** 女 オール(櫂(かい))のブレード. **⸗schlag** 男 (オールの)一こぎ, 一かき, ストローク. **⸗schlan·ge** 女 〘動〙ウミヘビ(海蛇). **⸗schnecke** 女 (Pteropode) 〘貝〙翼足類(クジラや遊泳魚類の重要食物). **⸗sport** 男 漕艇(そうてい), ボート〔競技〕. **⸗stan·ge** 女 **1** = Ruderpinne **2** オール〔のさお〕. **⸗ver·ein** 男 = Ruderklub **⸗wan·ze** 女 〘虫〙ミズムシ(水虫)科, コバンムシ(小判虫)科など水生昆虫の総称.

Rü·des·heim am Rhein [rý:dəshaɪm am ráɪn] 地名 リューデスハイム アム ライン(ドイツ Hessen 州の Rhein 川に臨む都市). [*ahd.* hruod.. „Ruhm" に由来する人名から]

Rü·des·hei·mer [rý:dəshaɪmər] **I** 男 -s/- **1** リューデスハイムの人. **2** リューデスハイム産のワイン. **II** 形 《無変化》リューデスハイムの.

Ru·di [rú:di·] 男名 (<Rudolf) ルーディ.

Rü·di·ger [rý:digər, ..dɪ.., ..digɛr] 男名 リューディガー.
[*ahd.* Hruodi-gēr „Ruhmes-speer〔träger〕"; ◇Ger]

Ru·di·ment [rudimɛ́nt] 中 -[e]s/-e **1** (Rest) 残り〔もの〕; 残骸(ざんがい). **2** 〘生〙 **a)** (Anlage) 原基. **b)** 痕跡(こんせき)〈退化〉器官. ^{v}**3** 《複数で》基礎〔知識〕, 初歩. [*lat.* rudīmentum „erste Probe"; <*lat.* rudis (→rüde)]

ru·di·men·tär [rudimɛntɛ́:r] 形 **1** 痕跡(こんせき)の, 退化した: ~e Organe 〘生〙痕跡〈退化〉器官. **2** 《スイス》ごくわずかばかりの, 僅少の: nur ~e Kenntnisse haben ごくわずかな知識しかもたない. [*fr.* rudimentaire]

Ru·di·men·tär·or·gan 中 〘生〙痕跡〈退化〉器官.

Ru·dolf [rú:dɔlf] 男名 ルードルフ(短縮形: Rolf). [<*ahd.* hruod.. „Ruhm" + wolf (◇Wolf[3])]

Ru·dolf-Stei·ner-Schu·le [ru:dɔlfʃtáɪnər..] 女 ルードルフ=シュタイナー学園(→Waldorfschule).

Ru·dolf von Ems [rú:dɔlf fɔn ɛms] 人名 ルードルフ フォン エムス(?-1250頃; 中世ドイツの叙事詩人. 作品『善人ゲールハルト』『世界年代記』など).

Rud·rer = Ruderer

Rud·re·rin Ruderer の女性形.

..rudrig = ..ruderig

Ruf[ru:f] 男 -[e]s/-e **1 a)** 叫び[声]; (カッコウ・フクロウ・カラスなどの)鳴き声: anerkennende ~*e* 賛成の叫び声 | der ~ der Eule フクロウの鳴き声 | Schlacht*ruf* (合戦を前にしての)鬨(とき)の声 ‖ einen ~ ausstoßen 叫び声をあげる. **b)** 呼び声, 叫び: der ~ einer Glocke 鐘〈ベル〉の合図 | der ~ nach Hilfe 助けを求める叫び | auf den ~ [hin] 呼び声に応じて. **c)** 《単数で》(Aufruf) 呼びかけ, 要請, アピール, 訴え: der ~ nach Frieden 〈Gerechtigkeit〉 平和〈正義〉を求める声 | der ~ zu den Waffen 武器を取れとの叫び ‖ dem ~ des Gewissens folgen 良心の声に従う.

2 (Berufung) 招聘(しょうへい), 招き; 勧誘; (有名な芸術家への)契約申し込み: einen ~ an die neue Universität erhalten 〈annehmen〉 新しい大学からの招聘を受ける〈受諾する〉.

3 a) 《単数で》(Leumund) 評判; 名声: *sich*³ einen großen ~ erwerben 名声をかちとる | einen guten ~ genießen / *sich*⁴ eines guten ~*es* erfreuen 《雅》好評〈名声〉を博している | einen schlechten 〈guten〉 ~ haben 評判が悪い〈良い〉 ‖ *jn.* 〈*sich*⁴〉 in einen üblen ~ bringen …の評判を落とさせる〈自分の評判を悪くする〉 | in einen üblen ~ kommen 評判が悪くなる | im ~[*e*] des Hochmuts 〈eines Denunzianten〉 stehen 《雅》高慢〈密告者〉だと取りざたされている | Er kam in den ~, ein Denunziant zu sein. 彼は密告者だという評判がたった | ein Künstler **von** ~ 令名ある芸術家 ‖ Er ist besser als sein ~. (実物の)彼は世間の評判よりましだ. ᵛ**b)** (Gerücht) 風評, うわさ: der ~ des Krieges 戦のうわさ.

4 《単数で》(Telefonnummer) 電話番号, 呼び出し番号: Ruf: 44 28 51 電話442851番.

[*germ.*; ◇rufen, Gerücht, ruchbar]

Ru̥·fe¹[rú:fə] 女 -/-n 《南部》(Schorf) かさぶた, 痂皮(かひ). [*ahd.* hruf; < *ahd.* riob „aussätzig"]

Ru̥·fe²[−] (**Rü̥·fe**[rý:fə]) 女 -/-n 《スイ》 **1** (Erdrutsch) 地滑り, 山崩れ. **2** (Sturzbach) 激流, 急流. [*lat.* ruīna (→Ruine) − *ladin.* rovina]

ru̥·fen⁽*⁾[rú:fən] 《121》 **rief**[ri:f] (ᵛrufte) / **ge·ru̥·fen** (ᵛgeruft); 接II riefe **I** 自 (h) **1 a)** 叫ぶ; 大声で言う; (カッコウ・ツルなどが)鳴く: „Hallo!" *rief* er. 「ハロー」と彼は叫んだ | Der Kuckuck 〈Die Eule〉 *ruft*. カッコウ〈フクロウ〉が鳴いている. **b)** 再帰 《結果を示す語句と》 *sich*⁴ heiser ~ 叫んで声をからす. **c)** 非人称 Aus dem Zimmer *ruft* es: „Herein!" 部屋の中から「どうぞ」という声がする. **2** 呼ぶ; 呼び寄せる: **nach** *jm.* ~ / 《南西部》 über *jn.* ~ / 《南部・スイ》 *jm.* ~ …を呼ぶ | nach dem Kellner 〈der Bedienung〉 ~ ボーイ〈サービス係・売り子〉を呼ぶ | **um** Hilfe 〈nach Hilfe〉 ~ 助けを呼ぶ | Die Glocke *ruft* **zum** Unterricht. 授業開始の鐘が鳴っている ‖ Die Berge *rufen*. 《比》山が呼ぶ〈誘う〉 | Die Pflicht *ruft*. 義務としてしなくてはならないことがある | Der Tod *ruft*. 《雅》お迎えが来ている ‖ Der Vorschlag *rief* einer heftigen Opposition. 《スイ》その提案は猛烈な反対を招いた ‖ 〘話の内容を表す語句と〙 Sie *rief* mir, ich solle kommen! 彼女は私に来てほしいと大声で言った.

II 他 (h) **1** (声を出して)呼ぶ, 呼び寄せる; (電話などをかけて…に)来てもらう: den Arzt 〈die Polizei / ein Taxi〉 ~ 医者〈警察・タクシー〉を呼ぶ | *jn.* ~ lassen …を呼ばせる〈呼んでもらう〉 | [*jm.*] **wie *gerufen* kommen** [...のところに]ちょうどよい時に来る | Er kam wie *gerufen*. 彼はちょうどよい時に来た | Wichtige Arbeiten *riefen* ihn nach Berlin. 大事な仕事があって彼はベルリンへ行かなければならなかった | Gott hat den Kranken zu sich *gerufen*. 神は病人をみもとに召したもうた | Der Arzt wurde ans Krankenbett *gerufen*. 医者が病床に呼び寄せられた ‖ *jn.* **auf** den Plan ~ (→Plan¹ 2) | *jm. et.*⁴ **ins** Gedächtnis ~ …に…を思い起こさせる | *sich*³ *et.*⁴ ins Gedächtnis ~ …を思い出す | *et.*⁴ ins Leben ~ (→Leben 1) | *jn.* wieder ins Leben ~ …を蘇生(そせい)させる, …の息を吹き返させる | *jn.* **zu** Hilfe ~ 助けを求めて…を呼ぶ | *jn.* zur Ordnung ~ …に規則に従う〈規則違反をしない〉ように呼びかける | *jn.* zu den Waffen ~ …に武器を取れと叫ぶ. **2** (…を)叫ぶ, 大声で告げる: Hilfe ~ 助けを求めて叫ぶ | Der Wächter *ruft* die Stunden. 夜警が時刻を告げ知らせる. **3** 《*jn.*》(…の)名を呼ぶ (nennen); (…を…と)呼ぶ: *jn.* bei *seinem* Spitznamen ~ …をあだ名で呼ぶ | Ich heiße Johannes, aber man *ruft* mich Hans. 私はヨハネスという名だが 人にはハンスと呼ばれている. **4** (anrufen) (…に)電話をかける, (…を)呼び出す: *jn.* 〈das Fernamt〉 ~ …に〈市外電話交換局に〉電話する.

[*germ.*; 擬音; ◇Kerygma, Ruf, Ruhm; *engl.* roup]

Ru̥·fer[rú:fər] 男 -s/- **1 a)** 叫ぶ〈呼ぶ〉人; 《比》(Anführer) (戦いなどの)指揮者, リーダー: der ~ in der Wüste 〘聖〙荒野に呼ばわる者(洗礼者ヨハネ) | **ein ~ in der Wüste** 《比》いたずらに叫んで〈警告して〉いる人 | ein einsamer ~ (だれも耳を傾ける者もない)孤独な警告者. ᵛ**b)** 競売人. **2** 警鐘; 呼び鈴; メガフォン.

Ru̥f·fall 男 (Vokativ) 〘言〙呼格.

Rü̥f·fel[rýfəl] 男 -s/- **1** 《話》(上司などからの厳しい)叱責(しっせき), おしかり, お目玉: Er hat einen ~ bekommen. 彼はお目玉をくらった. **2** 《中部》 = Riffel

rü̥f·feln[rýfəln] 《06》 他 (h) 《話》《*jn.*》 厳しくしかりつける, (…に)大目玉をくらわせる: Der Kellner wurde wegen der langsamen Bedienung *gerüffelt*. ボーイはサービスが遅くて大目玉をくった. [*ndd.*; ◇*ndd.* Ruffel „Rauhhobel"]

Rüff·ler[rýflər] 男 -s/- 《話》 rüffeln する人.

Ru̥f·mord[rú:f..] 男 (相手を社会的に葬るための)中傷, 人身攻撃.

ru̥f·mor·den 《01》 《過分 gerufmordet》 他 (h) 《話》 《*jn.*》 (中傷により…の)社会的生命を絶つ, 名声を失墜させる.

Ru̥f≠mör·der 男 (Verleumder) 中傷者. **≠na·me** 男 (Vorname) (姓に対する)[呼び]名. **≠num·mer** 女 (Telefonnummer) 電話番号; (電話の)呼び出し番号: Er ist unter der ~ 1 58 02 zu erreichen. 彼のところは15802番の電話で連絡できます. **≠säu·le** 女 (道路わきなどの)[公衆]電話ポール(→ 図 Autobahn). **≠stro̥m** 男 〘電〙信号電流. **≠wei·te** 女 -/ 声の届く距離: in ~ 呼べば聞こえるところに. **≠zei·chen** 中 **1** (Sendezeichen) (放送局・電話の)コール=サイン, 呼び出し符号. **2** 《オーストリア》 (Ausrufezeichen) 〘言〙感嘆符 (!).

Rug·by[rákbi·, rʌ́gbi·] 中 -[s]/ 《スポーツ》ラグビー. [*engl.*; この球技を始めた学校の所在地, イングランド中部の都市名]

Rü̥·ge[rý:gə] 女 -/-n **1** (Tadel) 叱責(しっせき), とがめ: eine ~ bekommen 〈erhalten〉 叱責される | *jm.* eine ~ erteilen …を叱責する. ᵛ**2 a)** (Anklage) 告訴, 告発. **b)** (Bestrafung) 処罰.

Rü̥·ge·ge·richt 中 (19世紀以前の)下級〈即決〉裁判所.

rü̥·gen[rý:gən]¹ 他 (h) **1** (tadeln) しかる, とがめる, 叱責(しっせき)する: *jn.* 〈*js.* Verhalten〉 ~ …をしかる | in ***rügendem*** Ton なじるような口調で. ᵛ**2** (bestrafen) 処罰する. [*germ.* „anklagen"; ◇*engl.* be-wray]

Rü̥·gen[rý:gən] 地名 リューゲン (Mecklenburg-Vorpommern 州にあるドイツ最大のバルト海上の島). [<Rugier]

Rü̥·ge·ner[..gənər] **I** 男 -s/- リューゲンの人. **II** 形 《無変化》リューゲンの.

rü̥·gensch[rý:gənʃ] 形 リューゲンの.

rü̥·gens·wert[rý:gəns..] 形 叱責(しっせき)に値する, けしからぬ.

Ru̥·gi·er[rú:giər] 男 -s/- ルーギ人(古代東ゲルマンの一種族). [*germ.* „Roggenbauer" − *lat.* Rugiī; ◇Roggen]

rü̥·gisch[rý:gɪʃ] = rügensch

Ru̥h[ru:] →Ruhe 1

Ru̥h·bett[rú:..] 《スイ》 = Ruhebett

Ru̥·he[rú:ə] 女 -/ **1** (英: *rest*) (労働などのあとの)休息, いこい; 休養, 静養; (睡眠による)休息; (死後の)安息: ~ nach der Arbeit 仕事のあとの休息 | absolute 〈unbedingte〉 ~ 〘医〙絶対安静 ‖ Er braucht ~. / 《雅》Er bedarf ~². 彼には休息が必要だ | **die ewige ~ finden** 《雅》永眠する, とわの眠りにつく | Er gönnt sich³ keine ~. 彼は少しも休まない | Nun hat die arme 〈liebe〉 Seele endlich ~! 《話》これでやっと望みがかなった | weder Rast noch *Ruh* haben (→Rast 1) | Störe nicht die ~ der Toten! 死者たちの安らぎを妨げるな | [Ich wünsche Ihnen eine] angenehme ~. (就寝しようとする人に向かって)ごゆっくりお休みなさい ‖ **der ~² pflegen** 《雅》憩う, 休息する ‖ **in die ewige ~**

eingehen 《雅》永眠する, とわの眠りにつく | *sich*[4] **nach ~** sehnen / nach ~ verlangen いこいを求める | **ohne** Rast und *Ruh* (→Rast 1) | **zur ~** gehen 就寝する; 《雅》永眠する | *sich*[4] zur ~ legen 〈begeben〉 就寝する | **zur ewigen ~ eingehen** 《雅》永眠する, とわの眠りにつく | ***jn.* zur letzten ~ betten** 〈**bringen**〉《雅》…を埋葬する | ***jn.* zur letzten ~ begleiten** 〈**geleiten**〉《雅》…の葬儀に参列する | ***sich*[4] zur ~ setzen** 《比》(年をとって)引退〈隠居〉する, 年金生活に入る ‖ Stete ~ macht müde Beine. 《諺》休んでばかりいると足がなまる.

2 静止〔状態〕, 停止: ein Körper in ~ 〘理〙静止体 | Das Pendel befindet sich in ~. 振り子が止まっている | zur ~ kommen (動いていたものが)止まる.

3 静けさ, 静寂; 静粛, 沈黙: die ~ des Friedhofs 墓地の静けさ | **~ vor dem Sturm** あらしの前の静けさ | nächtliche 〈sonntägliche〉 ~ 夜〈日曜日〉の静けさ | Im Haus herrschte vollkommene 〈absolute〉 ~. 家の中はしいんと静まりかえっていた | ***Ruhe* im Karton** 〈**im Kuhstall** / **im Unterhaus**〉**!** 《話》静かにしろ ‖ **~ geben** 〈**halten**〉 静かにする | Wollt ihr mal ~ geben 〈halten〉! / *Ruhe*, bitte! 静かにしてくれないか | Die Kinder gaben keine ~. (欲しいものをせがんで)子供たちはいつまでも黙ろうとしなかった ‖ *jn.* zur ~ verweisen …をしかって黙らせる〈静かにさせる〉.

4 平穏, 平安; 安隠, 安心; (精神的な)安らぎ, 平静, 冷静, 落ちつき: ~ und Ordnung 安寧秩序 ‖ die 〈*seine*〉 ~ bewahren 平静を保つ | vor *jm.* 〈*et.*[3]〉 ~ haben …に悩まされない, …から解放されている | ***jm. seine* ~ lassen** 《話》…の邪魔をしない | ***jm.* keine ~ lassen** …に一刻の安らぎも与えない; …にしつこく付きまとう | die 〈*seine*〉 ~ verlieren 平静を失う | **die ~ weghaben** 《話》平然としている, 冷静そのものである ‖ **die ~ selbst sein** 冷静そのものである | ***Ruhe* ist die erste Bürgerpflicht!** 平静こそ市民の第一の義務(1806年 Preußen 軍が Napoleon に敗れたときベルリンの知事シューレンブルク Schulenburg の発した布告の中の一句) | Nur die ~ kann es bringen 〈machen〉! 落ちつかなくてはだめだ ‖ 〖前置詞と〗 ***jn.* aus der ~ bringen** …をうろたえさせる | Er läßt sich durch nichts aus der ~ bringen. 彼は何があっても決してうろたえない | **in ~** ゆっくり〈じっくり〉と, 落ちついて | Ich will es mir **in aller ~** überlegen. 私はこのことをじっくり腰をすえて考えてみよう | ***jn.* 〔mit *et.*[3]〕 in ~ lassen** 《話》…を〔…のことで〕邪魔しない | Laß mich in ~! 私のことはかまわないで〈ほっておいて〉くれ | in ~ und Frieden leben 平安無事に暮らす | ***et.*[4] mit** stoischer ~ 〈mit ~ und Gleichmut〉 ertragen …を泰然と耐えしのぶ | Immer mit der ~! 《話》何が起こってもうろたえるな | ein Mann **von** großer ~ 泰然自若たる男.

[*germ.*; ◇Rast; *gr.* erōeĩn „ruhen"]

Ru·he≠bak·te·rie[rúːəbakteːriə] 女 -/-n, **≠bak·te·rium** 中 -s/..rien (ふつう複数で)〘細菌〙静止菌. **≠bank** 女 -/..bänke **1** 休息用ベンチ. **2** =Ruhebett

ru·he·be·dürf·tig 形 休息の必要な: Er fühlte sich ~. 彼は疲れを感じた.

Ru·he≠bett 中 **1** 寝いす, 長いす, ソファー. **2** =Ruhestätte **≠ener·gie** 女〘理〙静止エネルギー. **≠ge·halt** 中 (官公吏の)年金.

Ru·he·ge·halts·emp·fän·ger 男 年金受領者.

Ru·he≠geld 中 (勤労者保険の)年金. **≠ge·nuß** 男 《(オーストリア)》=Ruhegehalt **≠hal·tung** 女〘体操〙休息姿勢. **≠jahr** =Sabbatjahr **≠kis·sen** 中 まくら: Ein gutes Gewissen ist ein sanftes ~. (→Gewissen 1) **≠kon·takt** 男〘電〙定位接点; バック接点. **≠la·ge** 女 **1** 静止〈休止〉状態; 定位置. **2** 〘医〙安静位.

ru·he·los[rúːəloːs][1] 形 やすらぎのない; 落ちつきのない; 不安な.

Ru·he·lo·sig·keit[..loːzɪçkaɪt] 女 -/ ruhelos なこと.

ru·hen[rúːən] 自 (h) **1 a)** (仕事・労働などの後で)休む, 休息する, くつろぐ, 憩う; 休養〈静養〉する; 睡眠をとって休息する; (死後)草葉のかげに憩う, 永眠する: auf dem Sofa 〈nach der Arbeit〉 ~ ソファーの上で〈仕事の後で〉休息する | an der Brust der Mutter ~ (子供が)母親の胸に抱かれて憩う | den Körper 〈die müden Glieder〉 ~ lassen 体〈疲れた手足〉を休める(ただし: →ruhenlassen) | Nach getaner Arbeit ist gut *ruhn*. (→Arbeit 1 a) ‖ Er *ruhte* nicht 〔eher〕, bis er seine Idee verwirklicht hatte. 彼は自分のアイディアを実現するまで休まなかった〈がんばり続けた〉| **nicht ~ und** 〔**nicht**〕 **rasten** / **weder ~ noch rasten** (ある目的を達成するまで)片時も休まない ‖ Ich wünsche wohl 〈gut〉 zu ~! 《雅》(就寝しようとする人に向かって)ごゆっくりお休みなさい | Wie haben Sie *geruht*? よくお休みになれましたか | im Grabe 〈auf dem Friedhof〉 ~ 墓のなか〈墓地〉に眠る | in fremder Erde ~ 異郷の土地に眠る | unterm 〈unter dem〉 〔grünen〕 Rasen ~ (→Rasen[2] 1 a) | Hier *ruht* 〔in Gott / in Frieden〕 X (墓碑銘として) X ここに〔安らかに〕眠る | *Ruhe* sanft! (墓碑銘として)安らかに眠れ | Laß die Toten ~! 死んだ人のことはとやかく言うな ‖ 再帰・非人称 Auf diesem Sofa *ruht* es sich gut. このソファーは座り心地がよい〈体が休まる〉.

b) 静止〈停止〉している; 活動を停止している; 失効中である; 未決定〈未解決〉である; 〘法〙(訴訟手続きなどが)休止する: Der Acker *ruht*. この畑は休耕中である | Während des Streiks *ruht* die Arbeit. ストライキ中は仕事は停止される | Die See *ruht*. 海は平穏である | An Feiertagen *ruht* der Verkehr in der Stadtmitte fast völlig. 休日には都心部の交通はほぼ完全に静止する | Der Vertrag *ruht* vorübergehend. 契約は一時的に無効である | Die Waffen *ruhen*. 戦いはやんだ, 目下停戦中である ‖ eine *ruhende* Klage 〘法〙休止中の訴訟 | der *ruhende* Pol (→Pol[1] 4) | *ruhende* Reibung 〘理〙静止摩擦.

2 《場所を示す語句と》(…に)置いてある, 置かれている, のっている; (義務・責任・疑い・呪(のろ)いなどが…に)かかっている: Seine Hand *ruhte* auf ihrem Arm. 彼の手は彼女の腕の上に置かれていた | Sein Blick *ruhte* auf ihr. 彼のまなざしは彼女に注がれていた | Die Akten *ruhen* im Tresor. 書類は金庫に入っている | Unser Schicksal *ruht* in seinen Händen. 我々の運命は彼の手のなかにある | Die ganze Verantwortung *ruhte* auf ihm 〈seinen Schultern〉. 全責任は彼〈彼の双肩〉にかかっていた | Auf ihm *ruht* der Verdacht, daß ... 彼には…という嫌疑がかかっている.

ru·hen|las·sen*[rúːənlasən] 《88》《過分 ruhen〔ge〕-lassen: →lassen I ★ ii》他 (h) 《*et.*[4]》そのままにしておく, 未解決〈未決定〉のままに放置する(ただし: ruhen lassen → ruhen 1 a): Wir haben den Streit *ruhen*〔*ge*〕*lassen*. 我々はこの争いを未決着のままにしておいた.

Ru·he≠pau·se[rúːə..] 女 **1** 休憩〔時間〕. **2** 《スポーツ》タイム(試合休止). **≠platz** 男 休息の場所. **≠po·sten** 男 閑職. **≠po·ten·tial** 中〘電〙静止電位. **≠punkt** 男 いこい〈休息〉の場所〈時期〉. **≠raum** 男 休息〈休憩〉室.

ru·he·se·lig (**ruh·se·lig**) 《雅》=ruhevoll

Ru·he≠sitz 男 **1** 座って休息する場所(腰かけ・ベンチなど). **2** (退職後の)隠栖(いんせい)の地. **≠span·nung** 女〘電〙静止電圧. **≠stand** 男 -〔e〕s/ 退職〈退官・退役〉の身分: in den ~ gehen / in den ~ treten 退職〈退官・退役〉する | *jn.* in den ~ versetzen …を退職〈退官・退役〉させる | ein Beamter im ~ (略 i. R.) 退職官吏.

Ru·he·ständ·ler[..ʃtɛntlər] 男 -s/- 退職官吏, 退役軍人, 年金生活者.

Ru·he≠statt 女, **≠stät·te** 女《雅》いこいの場所; 《比》墓. **≠stel·lung** 女 **1 a)** 休息の姿勢. **b)** 〘軍〙休めの姿勢. **2** 静止位置, 定位置. **≠stif·ter** 男 調停〈仲裁〉者.

ru·he·stö·rend 形 安息〈平和・治安〉を乱すような.

Ru·he≠stö·rer 男 安息〈平和・治安〉を乱す人. **≠stö·rung** 女 (安息・平和・治安を乱すこと. 例えば:) 安眠妨害, 治安攪乱(かくらん). **≠strom** 男 (↔Arbeitsstrom) 〘電〙零入力電流; 保持電流. **≠stun·de** 女 いこい〈休息〉の時間. **≠tag** 男 休日, 休業日.

ru·he·voll 形 安らぎに満ちた, 十分に落ちついた.

Ru·he≠zeit 女 いこい〈休息〉の時間〈時期〉. **≠zu·stand** 男 静止〈休止〉状態.

ru·hig[rúːɪç][2] **I** 形 **1** (騒がしくなく)静かな, 静寂な, 閑静な; 穏やかな, 平穏な, 安らかな; 静止〈停止〉した, じっとして動か

ない; (商況などが) 不活発の: ein ～es Kind おとなしい子供 | eine ～e Gegend 閑静な地域 | ein ～er Posten 閑職 | eine ～e Wohnung 静かな住居 | ～es Wetter 穏やかな天気 ‖ ein ～es Leben führen 安らかな生活を送る | ～e Tage verbringen 静かな〈穏やかな〉日々を過ごす | eine ～e Kugel schieben (→Kugel 1 a) | Die Sitzung nahm einen ～en Verlauf. 会議は穏やか〈スムーズ〉に進行した | Seitdem hatte er keine ～e Minute mehr. それ以来彼は片時も気の休まることがなかった ‖ Dieses Hotel ist sehr ～. このホテルはとても静かだ | Der See ist ～. 湖は穏やかだ | Willst du endlich ～ sein! いいかげんに静かにしろ ‖ Der Motor läuft ～. エンジンが静かに回転する.

2 落ちついた, 平静〈冷静〉な, (気持が) 安らかな, 平気な: ein ～er Beamter sein (→Beamte) | ～es Blut bewahren (→Blut 2) | 〔Nur〕 ～ Blut! (→Blut 2) | ein ～es Gewissen haben (→Gewissen 1) | ein ～er Mensch 落ちついた〈冷静な〉人間 | mit ～er Stimme 落ちついた声で ‖ Sei ～, es passiert nichts! 心配するな 何も起こりはしないから ‖ *sich*[4] ～ verhalten 冷静に振舞う; おとなしくする | einer Gefahr ～ ins Auge blicken 〈sehen〉 冷静に危険を直視する | Sie sahen ～ zu, wie der Junge geprügelt wurde. 彼らは少年が殴られるのを平気で見ていた.

II 副 **1** →I **2** 《話し手の気持の投影として》安んじて, 心配せずに, かまわずに: Du kannst ～ mitkommen. 君も一緒に来てちっともかまわないぜ | Kommen Sie ～ herein! ご遠慮なくお入りください.

［*mhd.*; ◇Ruhe］

ru̥·hig|stel·len[rú:ıçʃtɛlən] 他 (h) **1** 〖医〗(骨折した手足などを動かぬように) 固定する (ただし: ruhig stellen 静かに置く: →ruhig I 1): einen gebrochenen 〈verstauchten〉 Arm ～ 骨折〈捻挫(ねんざ)〉した腕を固定する. **2** 《*jn.*》(鎮静剤・精神安定剤などを投与して…の気持ちを) 落ち着かせる.

Ru̥·hig·stel·lung[..lʊŋ] 女 -/ 〖医〗固定.

Ru̥hm[ru:m] 男 -〔e〕s/ **1** 名声, 栄誉, ほまれ, 栄光; ▽(Rühmen) 賞賛: echter 〈wahrer〉 ～ 真の名声 | falscher 〈eitler〉 ～ 虚名 | großer 〈hoher〉 ～ 大きな〈高い〉名声 | künstlerischer 〈literarischer〉 ～ 芸術家としての〈文学的〉名声 ‖ *Ruhm* und Ehre den Freiheitskämpfern! 自由の戦士に栄光あれ | *jm.* ～ 〔ein〕bringen …に名声をもたらす | mit *et.*[3] ～ ernten 〈erwerben / gewinnen〉 …で名声を得る | *seinen* ～ genießen 名声に浴する | *seinen* ～ überleben 生き長らえてせっかくの名声を台なしにする ‖ Der ～ erlischt 〈verblaßt〉. 名声が消える〈色あせる〉 ‖ auf dem Gipfel *seines* ～*es* anlangen 栄光のきわみに達する ‖ ***sich***[4] **mit ～ bekleckern** 《戯》(身に余るほどの) 名声に浴する | *sich*[4] nicht 〔gerade〕 mit ～ bekleckert haben 《皮肉》〔かならずしも〕ごりっぱとはいかなかった (全然だめだった) | **zu ～** und Ehre〔n〕 gelangen 〈kommen〉 栄誉を受けるようになる | *jm.* zum ～〔e〕 gereichen …の名誉となる. **2** (Prahlerei) 自慢, ひけらかし: ohne ～ zu melden 自慢するわけではないけれど. ［„Geschrei“; *ahd.*; ◇rufen］

Rü̥h·mann[rý:man] 人名 Heinz ～ ハインツ リューマン (1902-94; ドイツの映画俳優).

ru̥hm·be·deckt[rú:m..] 形 名声の高い, 名誉に輝く: ～ heimkehren 故郷に錦(にしき)を飾る.

Ru̥hm≠be·gier 女 -/, **≠be·gier·de** 女 -/ 名誉欲, 功名心.

ru̥hm≠be·gie·rig 形 名誉欲〈功名心〉のある. **≠be·kränzt** =ruhmbedeckt

rü̥h·men[rý:mən] **I** 他 (h) **1** 賞賛する, ほめたたえる: einen Künstler ～ ある芸術家をほめる | *js.* Fleiß ～ / an *jm.* *seinen* Fleiß ～ …の勤勉さを賞賛する | *jn.* als gerecht 〈gerechten Menschen〉 ～ …を公正な人だとほめそやす | *jn.* wegen *seiner* Tapferkeit ～ …の勇敢さを賞賛する | *jn.* 〈*et.*[4]〉 laut 〈hoch / in alle Himmel〉 ～ …を大いにほめそやす ‖ *jn.* 〈*et.*[4]〉 *rühmend* hervorheben 〈erwähnen〉 …をほめそやす.

2 再帰 *sich*[4] *et.*[2] ～ …を自慢する | *sich*[4] *seines* Erfolgs ～ 自分の成功を自慢する | Das Hotel kann sich einer guten Küche ～. このホテルは料理が自慢できる | Ohne mich zu ～ 〈～ zu wollen〉, darf ich 〔wohl〕 sagen, daß ... 自慢するわけではありませんが…と申し上げることができると思います.

II Rü̥h·men 中 -s/ rühmen すること: viel ～*s* von *jm.* 〈*et.*[3]〉 machen …をぎょうぎょうしくほめ立てる | Ich habe nichts getan, was des ～*s* wert wäre. 私は賞賛されるほどのことは何もしていない.

rü̥h·mens·wert[rý:mənsvɛ:rt] 形 賞賛に値する, ほむべき: eine ～e Tat 賞賛に値する行為.

Ru̥h·mes≠blatt[rú:məs..] 中 栄光のページ〔に記されるべき事績〕: ein ～ der deutschen Geschichte ドイツ史の栄光の1ページ ‖ 〔für *jn.*〕 **kein ～ sein** 〔…にとって〕名誉なことではない | Das war nicht gerade ein ～. 《皮肉》特にごりっぱというわけではなかったね. **≠ge·mü̥·se** 中 《戯》月桂冠. **≠hal·le** 女 栄誉の殿堂. **≠ta̱g** 男 栄(は)ある日. **≠ta̱t** 女 名誉ある行為〈事績〉.

rü̥hm·lich[rý:mlıç] 形 (lobenswert) 賞賛すべき, 名誉ある, りっぱな, あっぱれな: ein ～es Ende 有終の美 | eine ～e Rolle spielen 見事な役割を演じる; 《皮肉》みじめな役割を演じる ‖ *sich*[4] ～ auszeichnen (他にぬきんでて) 栄光〈賞賛〉をかちとる.

Rü̥hm·lich·keit[–kaıt] 女 -/ rühmlich なこと.

ru̥hm·lo̱s[rú:mlo:s][1] 形 功名のない, 無名の, 世に知られていない.

Ru̥hm·lo̱·sig·keit[..lo:zıçkaıt] 女 -/ ruhmlos なこと.

ru̥hm·re̱·dig[rú:mre:dıç][2] 形 自慢したがる, ほらふきの: ein ～er Angeber 自慢たらたらのほらふき. ［<rum-retig „sich Ruhm bereitend“ (◇bereit)］

ru̥hm·reich =ruhmvoll

Ru̥hm·sucht 女 -/ 名誉欲, 功名心.

ru̥hm≠süch·tig 形 名誉欲〈功名心〉の強い. **≠voll** 形 名誉ある, 光栄の: ein ～er Held 〈Kampf〉 誉れ高き英雄〈闘い〉. **≠wür·dig** =rühmenswert

ruhn[ru:n] =ruhen

Ru̥hr[1][ru:r] 女 -/-en 《ふつう単数で》(Dysenterie) 〖医〗痢病, 赤痢: echte ～ 真性赤痢 | rote ～ 赤痢 | weiße ～ 白痢 | Amöben*ruhr* アメーバ赤痢. ［*ahd.* „heftige Bewegung“; ◇rühren, Aufruhr］

die **Ru̥hr**[2][ru:r] 地名 女 -/ ルール (ルール工業地帯を流れる Rhein 川の支流).

Ru̥hr·amö̱·be[rú:r..] 女 〖動〗赤痢アメーバ (アメーバ赤痢の病原虫).

Rü̥hr·ap·pa·ra̱t[rý:r..] 男 攪拌(かくはん)器, ミキサー.

Ru̥hr·be·set·zung[rú:r..] 女 -/ 〖史〗(フランス軍による) Ruhrgebiet の占領 (1923-25).

Rü̥hr·ei[rý:r|aı] 中 〖料理〗スクランブルド=エッグ, 洋風いり卵.

rü̥h·ren[rý:rən] **I** 他 (h) **1** (bewegen) (手足などを) 動かす: die Arme 〈die Hände〉 ～ 腕〈手〉を動かす | die Glieder ～ 手足〈体〉を動かす | keinen Finger 〈keine Hand〉 ～ (→Finger 1, →Hand 1) | fleißig die Hände ～ 《比》せっせと〈勤勉に〉働く ‖ 再帰 *sich*[4] ～ 動く, 身動きする; 《比》働く, 活動する, 努力する | ***sich***[4] **nicht ～ können** (窮屈で・苦痛のために) 身動きができない; 《話》(仕事に追われて・金がなくて) 身動きがとれない | *sich*[4] nicht von der Stelle 〈vom Fleck / vom Platz〉 ～ その場を動かない; (驚いて) その場に立ちすくむ | Kein Lüftchen *rührte* sich. そよとの風さえ起こらなかった | Sein Gewissen *rührte* sich. 彼の良心がうずいた | *Rührt* euch! 休め (気をつけの姿勢でいる者への号令).

2 a) 《*et.*[4]》かきまぜる〈まわす〉, 攪拌(かくはん)する; こねまわす, ねり合わせる: die Suppe ～ スープをかきまわす | Teig 〈Mörtel〉 ～ ねり粉〈モルタル〉をこねる | Farben mit Wasser ～ 絵の具を水でとく ‖ *gerührt* sein wie Apfelmus (→Apfelmus). **b)** 《*et.*[4] in *et.*[4]》〖料理〗(…を…の中へ) かきまぜながら加える: Eier in die Suppe ～ スープに卵をかきまぜながら加える.

3 a) (berühren) 《*et.*[4]》(…に) 触れる, さわる: Ein Windhauch *rührte* seine Stirn. そよ風が彼のひたいに触れた. **b)** 《*jn.*》(落雷・卒中の発作などが…を) 打ちのめす: Der Schlag hat ihn *gerührt*. 彼は卒中に襲われた | wie vom Donner 〈vom Schlag〉 *gerührt* (→Donner, →Schlag 5). **c)**

R

《雅》(楽器を)打ち(かき)鳴らす: die Harfe ～ ハープを奏でる | die Trommel ～ 太鼓を打ち鳴らす | die Trommel für *jn.* 〈*et.*[4]〉 ～ (→Trommel 1) | die Reklametrommel 〈die Werbetrommel〉 ～ (→Reklametrommel, → Werbetrommel).

4 《*jn.*》感動させる; (…の)心を動揺させる: *jn.* zu Tränen ～ …を涙の出るほど感動させる | Es *rührte* ihn nicht, daß man über ihn schimpfte. 彼はくそみそに言われても平気だった ‖ Er ist sehr 〈tief〉 *gerührt*. 彼はいたく〈深く〉感動している | *gerührt* sein wie Apfelmus (→Apfelmus).

II 自 (h) **1** 《in *et.*[3]》(…を)かきまぜる〈まわす〉, 攪拌する: 〔mit dem Löffel〕 im Tee 〈in der Suppe〉 ～ 〔スプーンで〕紅茶〈スープ〉をかきまわす.

2 《雅》《an *et.*[4]》(…に)〔手を〕触れる, さわる; 《比》(…に)言及する: Man darf nicht an diese Gegenstände ～. これらの品物に手を触れてはならない ‖ an eine alte Wunde 〈den Kern der Angelegenheit〉 ～ 《比》古傷〈問題の核心〉に触れる | Wir wollen nicht mehr an die Sache 〈der Sache〉 ～. この件にはもう触れないことにしよう | Sein Leid *rührte* mir ans Herz. 彼の苦しみを知って私は心から同情した.

3 (herrühren) 由来する: Der Lärm *rührt* von der Baustelle. 騒音の源は工事現場だ | Seine schlechte Laune *rührt* daher, daß er im Spiel Geld verloren hat. 彼が不機嫌なのは ばくちで金をすってしまったためだ.

III Rüh·ren 中 -s/ rühren すること: die Suppe unter ständigem ～ aufkochen lassen スープをかきまぜながら煮立たせる | **ein menschliches ～ fühlen 〈verspüren〉** 《婉曲に》便意〈尿意〉をもよおす.

IV rüh·rend 現分 形 **1** 感動的な, 人の心を打つ, 涙ぐましい: ein ～*er* Anblick 感動的な〈ほろりとさせる〉光景 | eine ～*e* Geschichte 涙ぐましい話 ‖ Das ist aber ～ von Ihnen. これはまたご親切にどうも ‖ Sie sorgt ～ 〈in ～*er* Weise〉 für ihn. 彼女は涙ぐましいほど献身的に彼の世話をしている. **2** ein ～*er* Reim 〔詩〕同音韻(→Reim 1).

[*germ.* „bewegen"; ◇Krasis, Ruhr[1]]

Rühr·fet·zen [rý:r..] 男 《話》(映画・芝居などの)お涙ちょうだいもの.

das **Ruhr·ge·biet** [rú:r..] 地名 中 -[e]s/ ルール地帯(ドイツ北西部にあり, 鉄鋼業を中心とするヨーロッパ最大の工業地帯).

▽**rühr·haft** [rý:rhaft] 形 感動しやすい, 涙もろい.

rüh·rig [rý:rɪç][2] 形 活動〈行動〉的な, 積極的な, 活発〈元気〉な, 生き生き〈きびきび〉した, 熱心な: ein ～*er* Kaufmann 活動的な商人 | eine ～*e* politische Tätigkeit 活発な政治活動 | ein ～*es* Unternehmen 活発に動いている事業 ‖ bis ins hohe Alter ～ bleiben 高齢にいたるもなお かくしゃくとしている | *sich*[4] ～ an 〈bei〉 *et.*[3] beteiligen 積極的に…に参加する.

Rüh·rig·keit [–kaɪt] 女 -/ (rührig なこと. 例えば:) 活動性, 活発さ. [<rühren]

Rühr≠kel·le [rý:r..] 女 = Rührlöffel ≠**ki·ste** 女 《話》お涙ちょうだい映画.

ruhr·krank [rú:r..] 形 赤痢にかかった.

Ruhr·kraut 中 〔植〕ハハコグサ(母子草)属(下痢止めに用いる).

Rühr≠löf·fel [rý:r..] 男 (なべのスープなどをまぜる)攪拌(かくはん)スプーン(→ ⊛ Löffel). ≠**ma·schi·ne** 女 攪拌(かくはん)機.

Rühr·mich·nicht·an [rý:rmɪçnɪçt|an] 中 -/- 〔植〕キツリフネ(果実に触れると裂開して種子をはじき飛ばす); 《話》感じやすい人: ein Fräulein 〈ein Kräutlein〉 ～ 《話》内気で気の弱い女の子. [<anrühren]

Ruhr·pott [rú:rpɔt] 男 -s/-e, -s 《話》ルール〔密集〕地帯(→Ruhr[2]). [<Pütt „Bergwerk" (◇Pfütze)]

▽**rühr·sam** [rý:rza:m] = rührselig

rühr·se·lig [rý:rze:lɪç][2] 形 (人について)感動しやすい, 涙もろい, 感傷的な; (映画・芝居・話などについて)お涙ちょうだいの, センチメンタルな: ein ～*er* Mensch 涙もろい人 | ein ～*er* Film お涙ちょうだいの映画 ‖ *et.*[4] ～ vortragen …を涙を誘うような調子で朗読する.

Rühr·se·lig·keit [–kaɪt] 女 -/ rührselig なこと.

Rühr≠stück [rý:r..] 中 感傷劇, 泣かせる芝居, お涙ちょうだいもの(特に結局はハッピーエンドとなる啓蒙(けいもう)時代の演劇). ≠**teig** 男 (小麦粉にバター・卵・砂糖などをこね合わせた)ケーキ種: aus ～ einen Kuchen backen ケーキ種を焼いてケーキをつくる. ≠**trom·mel** 女 〔楽〕中太鼓.

Rüh·rung [rý:rʊŋ] 女 -/-en **1** 《単数で》感動, 感激, 同情: ～ empfinden 〈erwecken〉 感動する〈を呼ぶ〉 | von tiefer ～ erfaßt werden 深く心を動かされる | Eine freudige ～ hat mich übermannt 〈überwältigt〉. うれしい感動が私の心を圧倒した | Vor ～ kamen ihr die Tränen. 感動のあまり彼女の目には涙が浮かんだ. **2** rühren すること.

Rühr·werk [rý:r..] 中 〔ケーキ種などの〕攪拌(かくはん)装置.

▽**ruh·sam** [rú:za:m] = geruhsam

ruh·se·lig = ruheselig

Ruin [ruí:n] 男 -s/ (Zusammenbruch) 崩壊, 没落, 衰亡, 破滅; 破産: ein finanzieller ～ 財政の破局 ‖ den ～ von *et.*[3] verhüten …の破滅を阻止する | vor dem ～ stehen 没落〈破産〉しかけている | Das Land 〈Dieses Unternehmen〉 geht dem ～ entgegen. 国〈この事業〉は崩壊しかけている.

Rui·ne [ruí:nə] 女 -/-n 廃墟(はいきょ), 崩れ落ちた建物〈屋敷〉, 崩れた古城; 《比》廃人, 敗残者: eine ausgebrannte 〈verfallene〉 ～ 全焼した〈朽ちはてた〉廃墟 ‖ eine ～ abbrechen 〈abtragen〉 廃墟を取り壊す〈取りのける〉 ‖ Tote aus den ～*n* bergen 死者を廃墟〈焼け跡〉から掘り出す | Die ganze Stadt liegt in ～*n*. その町はすっかり廃墟と化している ‖ Er ist nur noch eine ～. 彼はもう全くの廃人だ | Von hinten Blondine, von vorne ～. (→Blondine). [*lat.* ruīna „Sturz"–*fr.*; <*lat.* ruere „stürzen"; ◇Rufe[2]; *engl.* ruin]

rui·nen·haft [ruí:nənhaft] 形 廃墟のような, 荒れはてた.

rui·nie·ren [ruiní:rən] 他 (h) **1** (zerstören) めちゃめちゃに破壊する, 荒廃させる, だめ〈台なし〉にする; 破産させる: *seine* Gesundheit ～ 体をすっかりだめにする | *seine* Stimme ～ 声をつぶす | Seine Spielleidenschaft hat ihn *ruiniert*. 彼は賭事(かけごと)に身を持ち崩した ‖ Er ist *ruiniert*. 彼は落ちぶれてしまった(財産・社会的地位などを失ってしまった) | ein *ruinierter* Mensch 敗残者, 廃人; 破産者. **2** 再帰 *sich*[4] ～ めちゃめちゃに壊れる, 滅びる, 荒れはてる; 破産する: *sich*[4] gesundheitlich ～ 体をだめにする. [*mlat.*–*fr.*]

rui·nös [ruinø:s][1] 形 破滅〈破産〉をもたらす, 破壊的な; 倒壊しそうな. [*lat.*–*fr.* ruineux; ◇..os]

Ru·län·der [rú:lɛndər] 男 -s/- **1** 《単数で》(白ワイン用)ルーレンダー種のぶどう. **2** ルーレンダー種のぶどうからつくった白ワイン.

Rülps [rʏlps] 男 -es/-e 《話》**1** げっぷ, おくび. **2** (Flegel) 粗野な男〈若者〉, 不作法者.

rülp·sen [rʏ́lpsən] 《02》 **I** 自 (h) 《話》げっぷする, おくびを出す: laut ～ 大きなげっぷをする. **II** 他 (h) 《話》げっぷをしながら表現する: *seine* Befriedigung ～ 満足そうにげっぷする. [擬音]

Rülp·ser [rʏ́lpsər] 男 -s/- 《話》**1** = Rülps 1 **2** げっぷする人, 下品なやつ.

Rülps≠kir·schen [rʏ́lps..] 複 《戯》(Radieschen) ハツカダイコン(二十日大根). ≠**li·mo·na·de** 女 《戯》レモンソーダ水. ≠**was·ser** 中 -s/..wässer 《戯》炭酸水, ミネラルウォーター.

rum (**'rum**) [rʊm] 副 《話》**1** = herum **2** (vorbei) 過ぎて, 終わって: Das Jahr war schnell ～. その年はあっというまに終わった. **3** 《次の成句で》**～ wie 'num sein** どっちみち同じことである.

★ 動詞と用いる場合は分離の前つづりともみなされる.

Rum [rʊm; オーストリア・スイス: ru:m] 男 -s/-s ラム〔酒〕. [*engl.*]

Ru·mä·ne [rumɛ́:nə] 男 -n/-n (⊛ **Ru·mä·nin** [..nɪn]-/-nen) ルーマニア人.

Ru·mä·ni·en [rumɛ́:niən] 地名 ルーマニア(東ヨーロッパにあり, 首都は Bukarest). [*rumän.*; <*lat.* Rōmānus (→Romane)]

ru·mä·nisch [rumɛ́:nɪʃ] 形 ルーマニア〔語〕の: →deutsch

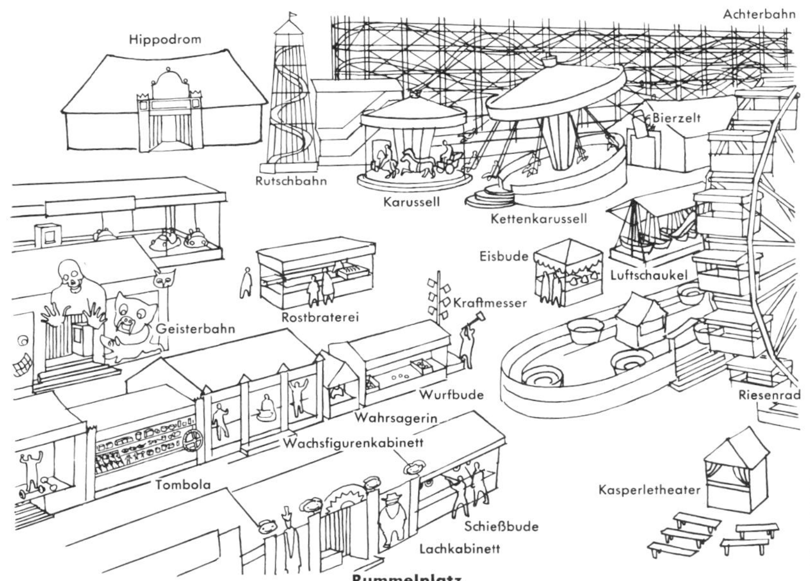

Rummelplatz

Rụm·ba[rʊ́mba·] 女 -/-s; 男 -s/-s ルンバ(キューバにはじまる 4 分の 4 拍子のダンス). [*kuban.*; < *span.* rumbo „Herausforderung"]

Rụm·mel[1][rʊ́məl] 男 -s/- 《トランプ》(Pikett 遊びで)手にいちばん多くある色の札.

Rụm·mel[2][−] 男 -s/ 《話》 **1 a**) お祭り騒ぎ, にぎわい, 人出, 雑踏; ごたごた, くだらぬこと: der ~ des Jahrmarktes 年の市の雑踏 | ein toller 〈wilder〉 ~ 狂乱 ‖ Der ~ legt sich. 騒ぎがおさまる ‖ **den ~ kennen**《話》事情を理解している | Den ~ kenne 〈verstehe〉 ich. 《話》その事情はわかってるよ. **b**) 《北部》(Jahrmarkt) 年の市, 縁日; 雑踏の場所: auf den ~ gehen 年の市〈雑踏の場〉に行く. **2** がらくた: den ganzen ~ kaufen 一切がっさい買う | im ~ kaufen まとめて〈一山で〉買う.

rụm·meln[rʊ́məln] 《06》 自 (h) 《方》 騒ぐ, ガタガタと騒音をたてる: Der Lastwagen *rummelt*. トラックがガタガタ音をたてる | Das Gewitter *rummelt*. 雷がゴロゴロ鳴る ‖ 非人称 Es *rummelt* in der Ferne. 遠くで騒ぎが聞こえる. [*mhd.*; 擬音; ◇rumpeln; *engl.* rumble]

Rụm·mel·platz 男 (年の市・縁日などの)〔移動〕遊園地 (→ 図).

Rum·my[rœ́mi·, rʌ́mi·] 中 -s/-s 《オーストリア》 = Rommé

Ru·mọr[rumó:*r*] 男 -s/ ▽**1** (Lärm) 騒ぎ, 騒音, 混乱. **2** (Geräusch) 〘医〙 雑音. [*lat.*−*mlat.*; ◇Rabulist]

ru·mọ·ren[rumó:rən] 《過分 rumort》 自 (h) (lärmen) 騒ぐ, 騒音をたてる; (腹が)ゴロゴロ鳴る; (頭が)がんがんする: Die Katze *rumort* auf dem Dachboden. 猫が屋根裏で騒いでいる ‖ 非人称 In diesem Land *rumort* es. この国は政情が不穏だ | Es *rumorte* ihm im Magen. 彼はおなかがゴロゴロ鳴った.

Rụm·pel[rʊ́mpəl] **I** 男 -s/ 《南部・中部》 **1** (Gerumpel) (馬車などが)ガタガタ鳴ること〈音〉. **2** (Gerümpel) がらくた. **II** 女 -/-n 《南部・中部》 (Waschbrett) 洗濯板.

Rụm·pel≈bu̲·de 女 《話》 ちらかった部屋. ≈**geist** 男 〘民俗〙 家の中を騒ぎまわる妖精(ようせい).

rụm·pe·lig[rʊ́mpəlɪç][2] (**rụmp·lig**[..plɪç][2]) 形 ガタガタ〈ゴロゴロ〉音をたてる; (holperig) (道などが)でこぼこの: ein ~*er* Weg でこぼこ道 | ein ~*er* Wagen がたがたの車.

Rụm·pel≈kam·mer 女 《話》 がらくた置き場; ちらかった部屋: Das gehört in die ~. これはもうお払い箱だ. ≈**ka·sten** 男 《話》 (古くなってがたぴししているもの. 例えば:) ぼろ車, がた馬車; 古ピアノ; ぼろ家. ≈**met·te** 女 《話》 受難週 (Karwoche) の最後の 3 日に行われるミサ.

rụm·peln[rʊ́mpəln] 《06》 **I** 自 (h, s) **1** 《話》 ガタガタ〈ゴロゴロ〉音をたてる, ガラガラと走る (h, s について: →rattern ★): Die Maschine 〈Der Donner〉 *rumpelt*. 機械がガタガタ〈雷がゴロゴロ〉いう | Der Wagen hat den ganzen Weg tüchtig *gerumpelt*. 車は途中しきりにガタガタ鳴った | Der Wagen ist vom Bahnhof bis zum Gasthof *gerumpelt*. 車は駅から宿屋までガタガタと走った ‖ 非人称 Es *rumpelt*. (雷・腹などが)ゴロゴロいう. **2** (豚が) 交尾する. **II** 他 (h) 《話》 ごしごし洗う.

[I: *mhd.*; ◇rummeln; II: ◇rümpfen]

Rụm·pel·stilz·chen[rʊ́mpəlʃtɪltsçən] 中 -s/ ルンペルシュティルツヒェン(童話に出てくる意地悪な小人). [< Stülz „Hinkender"]

Rumpf[rʊmpf] 男 -[e]s/Rümpfe[rʏ́mpfə] **1** (人間や動物の)胴, 胴体: Kopf, ~ und Glieder 頭と胴と手足 ‖ Der Kopf sitzt auf dem ~. 首は胴の上についている | *Rumpf* beugt, streckt! 〘体操〙 上体を曲げ のばせ. **2** (船・飛行機の)胴体〔部〕, ボディー: Schiffs*rumpf* 船腹. **3** 《方》 ミツバチの巣箱. [*mhd.*; ◇*engl.* rump]

Rụmpf·beu·ge[rʊ́mpf..] 女 〘体操〙 (上体の)前屈; 後屈; 側屈.

Rụ̈mp·fe Rumpf の複数.

rụ̈mp·fen[rʏ́mpfən] 他 (h) 《*et.*[4]》 (顔の一部を)ゆがめてしわを寄せる, しかめる: den Mund 〈die Lippen〉 ~ (軽蔑・不満などを表して) 口をゆがめる | die Nase ~ 鼻にしわを寄せる |

R

über *jn.* 〈*et.*^{4}〉 die Nase ~ (→Nase 1 a). [*mhd.*; ＜*ahd.* 〔h〕rimpfan „zusammenziehen"; ◇Runzel, schrumpfen; *engl.* rimple]

Rumpf≠par·la·ment[rύmpf..] 中《史》残部〈残余〉議会(1648年の英国議会ならびに1849年のドイツ議会の蔑称; 少数議員だけで審議した). **≠stück** 中 =Rumpsteak

rump·lig =rumpelig

Rump·steak[rύmpste:k] 中 -s/-s《料理》(牛の)しり肉のステーキ, ランプステーキ. [*engl.*; ◇Rumpf]

Rum≠topf[rύm..] 男 ラム酒漬け用のつぼ〔に入った果実〕. **≠ver·schnitt** 男 (他のアルコール飲料を混ぜた)ラム酒.

Run[ran, rʌn] 男 -s/-s **1** (Ansturm) 突進, 殺到: der ~ auf *et.*^{4} …を求めての殺到. **2**《商》(銀行の)取りつけ; (市場への)買い殺到. [*engl.*; ＜*engl.* run (→rinnen)]

rund[rʊnt]^1 **I** 形 **1** まるい, 円形〈球形〉の, 輪状〈環状〉の: eine ~*e* Klammer 丸括弧, 小括弧, パーレン(( )) | eine ~*e* Säule 円柱 | eine ~*e* Scheibe 円板 | ein ~*er* Tisch 円いテーブル, 円卓 ‖ am ~*en* Tisch (→Tisch 1) | ~*e* Augen machen (驚いて)目を丸くする ‖ Der Ring 〈Die Erde〉 ist ~. 〔指〕輪〈地球〉はまるい | Durch die Frisur wirkt ihr Gesicht ~*er*. 髪をセットしたので彼女の顔は前よりも丸く見える ‖ **Das ist mir zu ~** 〔für meinen eckigen Kopf〕.《話》それは私には理解できない. **2** まるまる〈ふっくら〉した; 肉づきのよい, 太り気味の: ~*e* Arme まるまるした腕 | ~*e* Backen ふっくらした頬(ほお) | ein ~*er* Klang 朗々とした響き ‖ dick und ~ werden まるまる太る | *sich*^{4} dick und ~ essen たくさん食べてまるまる太る. **3 a)** まろやかな, 完全な, まとまりのある, 調和のとれた: *et.*^{4} ~ machen …を仕上げる | Der Wein schmeckt ~. このワインはまろやかな味わいである. **b)**《話》(↔unrund) (エンジンの回転などが)円滑な, なめらかな: Der Motor läuft ~. このエンジンは回転がなめらかだ | Bei uns läuft alles ~.《比》私たちはすべてうまくいっている. **c)**《話》すばらしい, すてきな: Das ist eine ~*e* Sache! そいつはすばらしい. **4** (klar) きっぱり〈はっきり〉した, 率直な: ein ~*es* Nein きっぱりした「ノー」‖ ~ abschlagen きっぱり断る. **5** (略 rd.) 端数のない, (数について100とか1000というふうに)きれいにそろった; (端数をなくした)概数の, 端数を切り捨てた〈くりあげた〉, 約, ほぼ; たっぷり: die ~*e* Summe von 1 500 Mark 1500マルクというきれいにそろった金額 | Der Anzug kostet ~ 300 Mark. その服はざっと300マルクだ | ein ~*er* Geburtstag (10日,20日,30日など) 0 で終る誕生日.

II 副 **1** →I **2** ひとまわりして: ~ um die Welt fliegen 世界一周飛行をする | ~ um die Uhr (→Uhr 1) | **Es geht ~.**《話》(ぐるぐる回る回転木馬のように)忙しい, あわただしい, にぎやかだ, 盛況だ(ただし: →rundgehen).

[*lat.* rotundus (→Rotunde)－*afr.* ront－*mhd.*; ◇*engl.* round]

Rund[rʊnt]^1 中 -〔e〕s/-e《ふつう単数で》円形〈球形〉のもの, 輪状〈環状〉のもの; 周辺, 周囲: das ~ der Erde 地球 | das ~ des Himmels 天空 | das Erden*rund*《雅》地球, 全世界 ‖ im ~ ぐるりに; 辺りに. [*fr.* rond]

Run·da[rύnda·] 中 -s/-s《中部》酒宴で歌う歌. [Runde をラテン語めかした形]

Rund·an·ten·ne[rύnt..] 女《電》全方向性〈無指向性〉アンテナ.

rund·bäckig[rύntbɛkɪç]^2 形 頬(ほお)のふっくらした. [＜Backe]

Rund≠bank 女 -/..bänke (木のまわりなどに造られた)輪状のベンチ. **≠bau** 男 -〔e〕s/-ten《建》(平面図が)円形の建物, トロス(ローマのパンテオンなど). **≠bild** 中 **1**〔長〕円形の絵. **2** パノラマ. **≠blick** 男 **1** 四方の展望(ながめ), 全景: einen weiten 〈herrlichen〉 ~ genießen 広い〈すばらしい〉眺望を楽しむ. **2** (辺りを)見回すこと.

Rund·blick·fern·rohr 中 パノラマ望遠鏡.

Rund·bo·gen 男《建》半円アーチ(→図 Bogen).

Rund·bo·gen≠fries 男《建》半円アーチ模様フリーズ(→図 Fries). **≠stil** 男 -〔e〕s/《建》半円アーチ様式(19世紀の折衷主義的建築様式).

Rund≠bren·ner 男《工》ラウンドバーナー, 円灯口, アルガンド灯. **≠brief** 男 **1** (公的な)回状, 通達, 告示. **2** (私的な)回し状, 回覧文. **≠brot** 中 (大型の)丸形パン(→図 Brot). **≠dorf** 中 (↔Reihendorf) (Rundling) 環状村落(広場などを中心に環状に発達した村落).

Run·de[rύndə] 女 -/-n **1 a)** (Kreis) 車座の〈輪になった〉人々, (小人数の)一団, グループ: eine fröhliche ~ (テーブルなどを囲んだ)楽しい仲間〈一座〉| in der ~ der Gelehrten sitzen 学者たちに囲まれて〈まじって〉座っている. **b)** (酒などの)一座の人々に行きわたる量: eine ~ Bier ausgeben 〈spenden / stiften / 俗: schmeißen〉 (その場の人たちに)ビールをおごる. **2** (Umkreis) 周辺, 近傍: Kein Baum war in der ~. その辺りには木は生えていなかった | weit in die ~ schauen 遠くまで辺りを見渡す. **3** (Rundgang) 巡回, 巡視, パトロール: eine ~ durch den Garten machen 庭を一めぐりする | *seine* ~ machen パトロールする | **die ~ machen** 一巡する; (うわさ・流行などが)広く伝わる | drei ~*n* im 〈auf dem〉 Karussell fahren 回転木馬に乗って 3 回まわる. **4**《スポ》 **a)** (トラックの)一周, ラップ; (ボクシングなどの)ラウンド; (ゴルフ・トランプなどの)一勝負, 一ラウンド, 回: die erste 〈letzte〉 ~ 第 1〈最終〉ラウンド ‖ eine ~ 〈*seine* ~*n*〉 drehen トラックを一周する〈ぐるぐる回る〉| eine ~ Golf spielen ゴルフをワンラウンドする ‖ ***et.*^{4} über die ~〔*n*〕 bringen**《比》…(困難なこと)をうまく切り抜ける | ***jn.* über die ~〔*n*〕 bringen / *jm.* über die ~*n* helfen**《比》…を助けて(困難なことを)切り抜けさせる | **über die ~*n* kommen**《比》難関を切り抜ける. **b)** (Spielrunde) 総当たり〈リーグ〉戦.

$^{\triangledown}$Rün·de[rýndə] 女 -/ まるいこと;《比》完成.

Rund·ei·sen[rύnt..] 中《工》**1** 鉄棒ローラー. **2** 丸のみ.

Run·dell[rʊndέl] 中 -s/-e =Rondell

run·den[rύndən]^1 ($^{\triangledown}$**rün·den**[rýndən]^1) 《01》他 (h) **1** まるくする, 円形〈球形〉にする; 仕上げる, 完成する: die Lippen ~ 唇をまるくする ‖ 再帰 *sich*^{4} ~ まるくなる, 円形〈球形〉になる; 仕上がる, 完成〈調和〉したものとなる, 円熟する | Der Mond *rundet* sich zur vollen Scheibe. 月が満ちてまんまるになる | Das Bild *rundet* sich. 絵ができあがる | Ein Jahr *rundet* sich. 1 年がたつ. **2**《言》(平口の母音を)円唇音化する, 唇を丸めて発音する(例 [œ]＜[ɛ]).

Rund·er·laß[rύnt..] 男 回章, 回覧公報.

rund|er·neu·ern 《05》他 (h) 《ふつう不定詞・過去分詞で》einen Reifen ~ タイヤに溝をつけなおす | ein *runderneuerter* Reifen 溝をつけなおしたタイヤ.

Rund≠fä·cher 男 うちわ. **≠fahr·kar·te** 女 周遊券. **≠fahrt** 女 **1** (車・船による)一周, 一巡, 周遊旅行, 遊覧: eine ~ durch die Stadt machen (乗り物で)町を一回りする. **2** (回転木馬などの)一回り.

Rund·fahrt·wa·gen 男 遊覧自動車, 観光バス.

Rund≠fei·le 女《工》丸やすり. **≠fen·ster** 中 丸い窓. **≠flug** 男 (都市や一定地域の上を回る)一周飛行, 空の遊覧. **≠fra·ge** 女 アンケート.

Rund·funk[rύntfʊŋk] 男 -s/ (Radio) **1** ラジオ放送(ラジオとテレビの総称として用いることもある): den ~ einschalten 〈anstellen〉 ラジオのスイッチを入れる | den ~ ausschalten 〈abstellen〉 ラジオのスイッチを切る ‖ *et.*^{4} durch ~ verbreiten 〈übertragen〉 …をラジオで知らせる〈放送する〉| *et.*^{4} 〈*jn.*〉 im ~ hören …の放送をラジオで聞く | im ~ 〈über den ~〉 sprechen ラジオで話す | Im ~ gibt es heute ein Sinfoniekonzert. ラジオできょうシンフォニーコンサートがある | Das Fußballspiel wird im 〈vom〉 ~ übertragen. そのサッカーの試合はラジオで放送される ‖ Der ~ bringt Nachrichten. ラジオがニュースを放送する | Der ~ ist gestört. ラジオが混信している.

2 (特定の)〔ラジオ〕放送局: der Norddeutsche ~ 北ドイツ放送〔局〕‖ beim ~ arbeiten 〈angestellt sein〉 ラジオ放送局で働く〈に勤めている〉| Hier ist der Berliner ~. こちらはベルリン放送です.

Rund·funk≠an·sa·ger 男 ラジオアナウンサー. **≠an·spra·che** 女 ラジオによる演説〈あいさつ〉. **≠an·stalt** 女 〔ラジオ〕放送局. **≠ap·pa·rat** =Radioapparat **≠auf·nah·me·raum** 男 ラジオスタジオ. **≠aus·lands·kor·re·spon·dent** 男 放送海外通信〈特派〉員. **≠aus·rü·stung** 女 放送受信設備. **≠emp·fän·ger** 男 ラジオ受信機. **≠ent·stö·rungs·dienst** 男 電波障害排除係

R

〈活動〉. ⸗**ge·bühr** 女 -/-en《ふつう複数で》ラジオ受信〈聴取〉料. ⸗**ge·rät** 中 ラジオ受信機. ⸗**ge·sell·schaft** 女 放送会社. ⸗**hö·rer** 男 ラジオ聴取者. ⸗**lei·tung** 女〘電〙放送回線. ⸗**netz** 中 ラジオ放送網〈ネットワーク〉. ⸗**pro·gramm** 中 ラジオ番組. ⸗**re·kla·me** 女 ラジオ広告. ⸗**röh·re** 女 ラジオ真空管. ⸗**sen·der** 男 ラジオ放送局. ⸗**sen·de·raum** 男 ラジオ放送室. ⸗**sen·dung** 女 ラジオ放送. ⸗**spre·cher** 男 ラジオアナウンサー. ⸗**sta·tion** 女 ラジオ放送局. ⸗**stö·run·gen** 複 (ラジオ放送の)空中障害〔による雑音・混信〕. ⸗**tech·nik** 女 -/ 放送技術, 無線工学. ⸗**tech·ni·ker** 男 ラジオ技術者. ⸗**teil·neh·mer** 男 ラジオ聴取契約者. ⸗**über·tra·gung** 女 ラジオ〔中継〕放送. ⸗**vor·trag** 男 ラジオ講演. ⸗**wel·le** 女〘電〙放送波. ⸗**wel·len·län·ge** 女 ラジオ放送の波長. ⸗**wer·bung** 女 ラジオ広告〈コマーシャル〉.

Rund·gang[rʊ́nt..] 男 **1** 一周, (徒歩による)一巡; (Ronde)〘軍〙巡回, 巡視, パトロール: einen ~ durch das Haus machen 建物を一巡する. **2**〘建〙回廊.

rund|ge·hen*《53》自 (s) **1** 巡回する, パトロールする. **2** めぐる, 回る: Die Geschichte ist schon überall *rundgegangen.*《話》この話はもう至るところに伝わっている. **3** Es *geht rund.* (→rund II 2).

Rund⸗ge·mäl·de 中 パノラマ. ⸗**ge·sang** 男〘楽〙輪唱. ⸗**ge·spräch** 中 円卓会談. ⸗**gie·bel** 男〘建〙〔半〕円形破風(→ 図 Giebel).

Rund·heit[rʊ́nthaɪt] 女 -/ まるいこと, まるみ; (人柄の)円満.

rund⸗her·aus[rʊ́nthɛráʊs] 副 (offen) 率直に, かくそうとせず, ずけずけと: *et.*[4] ~ sagen 〈bekennen〉 …を率直に言う〈告白する〉. ⸗**her·um**[..hɛrʊ́m] 副 **1** 周囲に〈で〉, ぐるっと; ぐるぐると: ~ schauen ぐるりを見回す. **2** 全く, すっかり: ~ naß werden ずぶ濡れになる.

Rund⸗holz 中 **1** 丸太, 丸材. **2** (Nudelholz) 麺棒. ⸗**ho·ri·zont** 男〘劇〙半円形ホリゾント(→ 図 Bühne).

run·die·ren[rʊndíːrən] 他 (h) (宝石などを)磨く, 丸くする. [runden をロマンス語めかした形]

Rund·klam·mer[rʊ́nt..] 女 丸括弧, 小括弧, パーレン.

rund|kom·men*[rʊ́nt..]《80》自 (s)《話》《もっぱら次の成句で》mit dem Geld ~ 金が足りる.

Rund·kopf 男 -〔e〕s/..köpfe **1** 丸い頭〔の人〕. **2**《複数で》〘史〙議会派, 円頂党(1642-60年のイギリスのピューリタン革命当時, 王党に敵対した一派; 頭髪を短く刈っていた).

Rund·kopf·schrau·be 女〘工〙丸押え〈丸頭〉ねじ.

Rund·lauf 男 **1** (Kreislauf) 循環, 回転. **2** (遊園地の)回転ぶらんこ(→ 図).

Rundlauf

rund·lich[rʊ́ntlɪç] 形 まるみをおびた, ほぼ円形〈球形〉の; (ふつう女性について)ふっくらした, 丸ぽちゃの, 肉のついた, 太り気味の(婉曲に dick の代わりに使われることも多い): eine ~*e* Blondine ふっくらした金髪女性 | ein ~*es* Kinn ふっくらとしたあご ‖ einen Edelstein ~ schleifen 宝石を丸く磨く | Sie wird immer ~*er*. 彼女はますます肉づきがよくなってくる.

Rund·lich·keit[−kaɪt] 女 -/ (rundlich なこと. 例えば:) まるみ, 小太り: Sie neigt zur ~. 彼女は太り気味だ.

Rund·ling[rʊ́ntlɪŋ] 男 -s/-e = Runddorf

Rund·mäu·ler 複〘魚〙円口類. [< Maul]

Rund⸗pin·sel 男〘美〙丸筆. ⸗**rei·se** 女 周遊〈回遊〉旅行.

Rund·rei·se⸗bil·let[..bɪljɛt] 中, ⸗**kar·te** 女 周遊〈回遊〉券.

Rund·schä·del 男〘解〙円形頭蓋(とうがい)体, 円頭体.

rund·schä·de·lig[..ʃɛːdəlɪç][2] 形〘解〙円形頭蓋(とうがい)体の, 円頭体の.

Rund⸗schau[rʊ́nt-ʃaʊ] 女 ぐるりをながめること, 見回すこと, 展望(新聞・雑誌・放送番組などの題名にもよく使われる): eine herrliche ~ über die weite Ebene 広い平野が周囲にひらけたすばらしい眺望 | die Neue ~ ノイエ=ルントシャウ(ドイツの文学評論雑誌名). ⸗**schild** 男 -〔e〕s/-e (騎士の)円盾. ⸗**schlei·fen** 中〘工〙トラバース研削, 円筒研削. ⸗**schrei·ben** 中 = Rundbrief 1 ⸗**schrift** 女 まるく太い書体(一種の装飾字体). ⸗**spruch** 男 -〔e〕s/《(スイ)》= Rundfunk ⸗**stab** 男〘建〙(特にローマ様式の)浮き彫り円柱飾り. ⸗**stahl** 男〘工〙丸鋼.

Rund·stirn·mot·te 女〘虫〙ハマキモドキガ(擬葉巻蛾)科のガ.

Rund·strahl·an·ten·ne 女〘電〙全方向性〈無指向性〉アンテナ.

Rund·strecke 女 **1** (土地などの)周囲の長さ, 回りの距離. **2** (道路の)環状部; (走路の)カーブ部分.

Rund·strick·ma·schi·ne 女〘服飾〙丸編み機.

Rund⸗stück 中 **1**《北部》(Brötchen) 丸いコッペパン. **2** 円形花壇〈芝生〉. ⸗**stuhl** 男〘服飾〙丸編み機. ⸗**teil** 男 中 = Rondell

Rund·tisch·kon·fe·renz = Round-table-Konferenz

rund⸗um[rʊ́nt|ʊ́m] 副 周囲に〈で〉, ぐるりに: *Rundum* quakten nur die Frösche. ぐるりにはカエルの鳴き声があるのみであった. ⸗**um·her**[..|ʊmhéːr] = rundherum 1

Rund·um⸗schlag[rʊ́nt|ʊ́m..] 男 あらゆる方面に向かっての打撃〈攻撃〉. ⸗**sicht** 女 周囲への眺望, 四方への視界.

Run·dung[rʊ́ndʊŋ] 女 -/-en **1** まるみ, ふくらみ, 円〈球〉形, アーチ形; まるみをつけること, 円〈球〉形にすること: die weiblichen 〈sanften〉 ~*en* des Körpers 肉体の女性的な〈やわらかな〉ふくらみ. **2** 仕上げ, 完成; 円熟. **3**〘言〙**a)** 円唇音化(例 [o] < [e]). **b)** 円唇〔母〕音(例 [o] [u] [ø] [y]).

rund·weg[rʊ́ntvɛ́k] 副 あからさまに, 率直に, もたもたせずに: *et.*[4] ~ ablehnen 〈verneinen〉 …をはっきり拒絶〈否定〉する | ~ sagen, daß ... …と率直に言う.

Rund·zan·ge 女 円先やっとこ〈ペンチ〉(→ 図 Zange).

Ru·ne[rúːnə] 女 -/-n **1** ルーネ〈ルーン〉文字(古代のゲルマン文字: → 図). **2**《比》神秘的な文字, 解読不能の記号. [*germ.* „Geheimnis"; ◇ raunen]

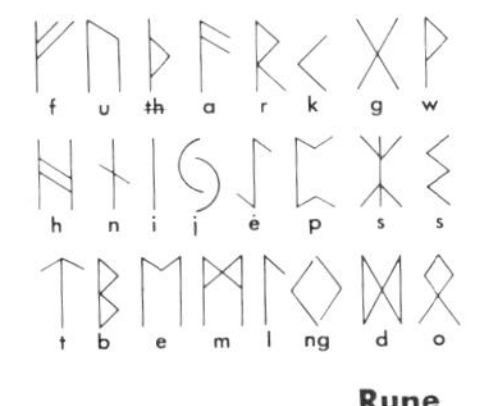

Rune

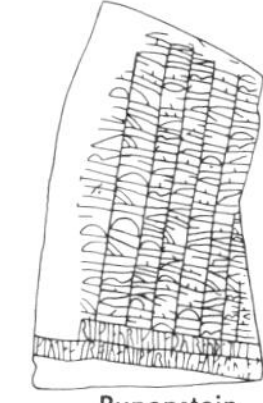
Runenstein

Ru·nen⸗al·pha·bet 中 ルーネ〈ルーン〉字母. ⸗**in·schrift** 女 ルーネ〈ルーン〉文字の碑文. ⸗**schrift** 女 ルーネ〈ルーン〉文字〔で書かれたもの〕. ⸗**stab** 男 ルーネ〈ルーン〉文字が彫ってある棒. ⸗**stein** 男 ルーネ〈ルーン〉文字〔の書かれた〕石碑(→ 図 Rune).

Run·ge[1][rʊ́ŋə] 人名 Philipp Otto ~ フィリップ オット ルンゲ(1777-1810; ドイツの画家でロマン派の代表者).

Run·ge[2][−] 女 -/-n (荷車・無蓋(むがい)貨車などの両側の)柵柱(さくちゅう). [*germ.* „Rundholz"; ◇ Ring; *engl.* rung]

Run·gen·wa·gen 男〘鉄道〙柵柱(さくちゅう)つき貨車, 長物車(→ 図).

Rungenwagen

Run·kel[rʊ́ŋkəl] 女 -/-n **1**《(オーストリア・スイス)》= Runkelrübe **2**《北部》= Runken

Run·kel⸗flie·ge 女〘虫〙アカザモグリハナバエ(藜潜花蠅). ⸗**rü·be** 女 飼料用ビート(→ 図 Rübe).

R

Rụn·ken[rúŋkən] 男 -s/-《中部》パンの大きな塊. [◇Ranken]
Runks[rʊŋks] 男 -es/-e **1**《話》**a**) 無骨者, 不作法者. **b**) (特にサッカーの)ラフプレーをする選手. **2**《中部》=Runken
rụnk·sen[rúŋksən]《02》自 (h)《話》不作法(粗野)なことをする; (特にサッカーで)ラフプレーをする.
Ru·no·lọ·ge[runoló:gə] 男 -n/-n (→..loge) ルーネ〈ルーン〉文字学者. [<Rune]
Runs[rʊns][1] 男 -es/-e, **Rụn·se**[rúnzə] 女 -/-n《南部・スイス・オーストリア》ルンゼ(山腹を走る岩溝. ときに渓流となる). [*ahd.*; ◇rinnen]
rụn·ter (**'rụn·ter**)[rúntər]《話》**1** = herunter **2** =hinunter
★ 動詞と用いる場合は分離の前つづりともみなされる.
Rụn·zel[rúntsəl] 女 -/-n《ふつう複数で》(特に肌の)しわ; (果物の皮などの)しわ; ひだ: ein Gesicht voller ~*n* しわだらけの顔 ‖ ~*n* bekommen しわができる | ~n glätten しわをのばす | ***jm.* die ~*n* ausbügeln**《話》…の顔を殴る. [*ahd.* runza〔la〕; ◇Kurve, rümpfen]
rụn·ze·lig[rúntsəlɪç][2] (**rụnz·lig**[..tslɪç][2]) 形 しわ(ひだ)の多い, しわだらけの: ein ~*es* Gesicht しわだらけの顔 | ein ~*er* Stamm ひだの多い幹.
Rụn·zel·kitt[rúntsəl..] 男《話》おしろい.
rụn·zeln[rúntsəln]《06》他 (h) **1**《*et.*[4]》(…に)しわを寄せる; しわをつける, (…を)しわにする: die Brauen ~ まゆをひそめる | die Stirn ~ 額にしわを寄せる | Sie *runzelte* die Stirn über ihn 〈die Störung〉. 彼女は彼(その妨害)に対して額にしわを寄せて不快を示した ‖ mit *gerunzelter* Stirn 額にしわを寄せて. **2** 再帰 *sich*[4] ~ しわが寄る; ひだができる: Die Haut *runzelt* sich. 皮膚にしわができる.
rụnz·lig =runzelig
Ruod·lieb[rú:ɔtli:p] 人名 ルーオトリープ(11世紀半ば中世ラテン語によるドイツの騎士物語. またその主人公の騎士の名). [*ahd.* Hruod-līb „des Ruhmes Sohn"; <*ahd.* līb „Nachkomme" (◇Leib)]
Rü̦·pel[rý:pəl] 男 -s/- 不作法者, がさつな若者.
Rü·pe·lei[ry:pəláɪ] 女 -/-en 粗野〔な振舞い〕, 不作法〔な態度〕.
rü̦·pel·haft[rý:pəlhaft] 形 粗野な, 不作法な, がさつな: ein ~*er* Mensch 不作法者 | *sich*[4] ~ gegen *jn.* betragen …に対して乱暴な態度をとる.
Rü̦·pel·haf·tig·keit[..tɪçkaɪt] 女 -/-en **1**《単数で》rüpelhaft なこと. **2** rüpelhaft な言動.
Rụ·pert[rú:pɛrt] 男名 (<Ruprecht) ルーペルト.
rụp·fen[1][rúpfən] **I** 他 (h) **1** むしり取る, 引きむしる; 引っぱって取る, 引き抜く: die Blätter vom Stiel ~ 葉を葉柄からむしり取る | Gras 〈das Fell〉 ~ 草〈毛皮〉をむしり取る. **2** (…の)羽毛をむしる: Enten ~ カモの羽毛をむしる | wie ein *gerupftes* Huhn 羽をむしり取られた鶏のように ‖ mit *jm.* 〔noch〕 ein Hühnchen zu ~ haben (→Hühnchen). **3**《*jn.* an *et.*[3]》(…の…を)強く引っぱる: *jn.* an den Haaren 〈am Haar〉 ~ …の髪の毛を引っぱる. **4**《話》《*jn.*》(…から)しこたま金銭を巻きあげる. **II** 自 (h) **1**《an *et.*[3]》(…を)むしり取る, ひっぱって取る: Das Pferd *rupfte* still am Gras. 馬が静かに草をはんでいた. **2**《話》ガリガリ〈ザラザラ〉音をたてる: Die Kupplung *rupfte*. クラッチがガリガリときしんだ. [*ahd.*; ◇raufen, rubbeln, ruppig]
rụp·fen[2][−] 形《付加語的》ジュート〈黄麻(おうま)〉製の.
Rụp·fen[−] 男 -s/(種類: -), **Rụp·fen·lein·wand** 女 (壁布・袋などに用いる)ジュート〈黄麻(おうま)〉粗布.
Rụ·piah[rú:pia·] 女 -/- (略 Rp) ルピア(インドネシアの貨幣〔単位〕: 100 Sen). [*Hindi−indones.*]
Rụ·pie[rú:piə] 女 -/-n (略 Re., 複数: Rs) ルピー(インド・パキスタン・スリランカ・ネパールなどの貨幣〔単位〕). [*sanskr.* rūpya „Silber"−*Hindi*; ◇*engl.* rupee]
rụp·pig[rúpɪç][2] 形 **1** (言動の)粗野な, 不作法な, 乱暴な, 野卑な: ein ~*es* Benehmen 不作法な態度 | ~ antworten 荒っぽく〈つっけんどんに〉答える. **2** (struppig) (毛などが)乱れた, ぼさぼさした; みすぼらしい, ぼろになった: ein herrenloser Hund mit ~*em* Fell ぼさぼさと毛の乱れたのら犬. [*ndd.* „gerupft"; <*ndd.* ruppen „ausreißen" (◇rupfen[1])]
Rụp·pig·keit[−kaɪt] 女 -/-en **1**《単数で》ruppig なこと. **2** ruppig な言動.
Rụpp·sack[rúp..] 男《話》不作法者, 乱暴者, 狼藉(ろうぜき)者.
Rụ·precht[rú:prɛçt] 男名 ループレヒト(別形: Rupert, Robert): Knecht ~ (−−〔e〕s/−−e)〖民俗〗従者ループレヒト(聖ニコラウスまたは幼児キリストの従者. 聖ニコラウス自身を指すこともある: →Nikolaus II). [<*ahd.* hruod.. „Ruhm"+..bert]
Rụ·prechts·kraut 中〖植〗ヒメフウロ(姫風露).
Rup·tụr[rʊptú:r] 女 -/-en **1** (Zerreißung)〖医〗(器官の)裂, 破裂, 断裂, 裂傷. **2**〖地〗(岩石の)断裂. [*spätlat.*; <*lat.* rumpere „〔zer〕brechen" (◇Raub); ◇Rotte[1], Route]
die **Rur**[ru:r] 地名 女 -/ ルール (Maas 川の支流). [◇Ruhr[2]]
▽**ru·rạl**[rurá:l] 形 (ländlich) 田舎ふうの, 百姓ふうの. [*spätlat.*; <*lat.* rūs „Land" (◇Raum)]
die **Rus**[ru:s, rʊs; rusj] 地名 女 -/ オロシア (Rußland の古称). [*anord.* „Rudermänner"−*aruss.*; ◇Russe[1], Ruthene]
Rusch[rʊʃ] 男 -〔e〕s/-e《北部》(Binse)〖植〗イグサ(藺草)属: durch 〈über〉 ~ und Busch 葦(あし)の原ややぶを踏みわけて;《比》苦難をこえて. [*mndd.*; ◇*engl.* rush]
Rü̦·sche[rý:ʃə] 女 -/-n (婦人服や下着などの)ひだ飾り, ルーシュ: ein Nachtkleid mit ~*n* besetzen 寝間着にひだ飾りをつける. [*kelt.*−*mlat.* rūsca „Rinde"−*fr.* ruche „Bienenkorb"]
Rụ·schel[rúʃəl] 女 -/-n; 男 -s/-《話》だらしない人; ぞんざいな仕事をする人.
rụ·sche·lig[rúʃəlɪç][2] (**rụsch·lig**[..ʃlɪç][2]) 形《話》だらしない, ぞんざいな; 荒っぽい.
rụ·scheln[rúʃəln]《06》自 (h)《話》**1** 不始末である, だらしなくしている. **2** ぞんざいな仕事をする. [<rascheln]
rü̦·schen[rý:ʃən]《04》他 (h) ひだ飾りをつける. [<Rüsche]
rụsch·lig =ruschelig
Rush[rʌʃ] 男 -s/-s **1**〖スポーツ〗(走者・競走馬などが急に全力をあげて速度を早める)スパート. **2** (一般に)突進, 殺到; (経済などの)興隆, 好況, 景気上昇. **3** (麻薬による)快感. [*engl.* rush „stürmen"]
Rush-hour[rʌ́ʃaʊə] 女 -/-s (Stoßzeit) ラッシュアワー. [*engl.*; ◇hora]
russ. 略 =**russisch**
Ruß[ru:s] 男 -es/-e《ふつう単数で》**1** 煤(すす); カーボンブラック: ein von ~ geschwärzter Kamin 煤で黒くなった暖炉 | ein mit 〈von〉 ~ verschmiertes Gesicht 煤で汚れた顔 | Der Kamin ist 〈sitzt〉 voll〔er〕 ~. 暖炉は煤でいっぱいだ. **2**《話》くだくだしい長話: **einen** 〔**langen**〕 **~ machen** 手数をかける; 長話をする | Mach keinen ~! 手数をかけないで〈かまわないで〉くれ; 長話はやめてくれ. **3**《南部》**a**) (子豚の)疥癬(かいせん). **b**) (植物の)さび病. [*ahd.*; ◇rußen]
Rụs·se[1][rúsə] 男 -n/-n (女 **Rụs·sin**[rúsɪn]-/-nen) ロシア人: ***jm.* einen ~*n* aufbinden**《話》…をだます | scharf wie tausend ~*n* sein (→ scharf 8 a). [*aruss.* Rus (◇Rus)−*mgr.*−*mlat.*−*ahd.*]
Rụs·se[2][−] 男 -n/-n《方》(Schabe) ゴキブリ.
Rü̦s·sel[rýsəl] 男 -s/- **1** (豚などの)突き出た鼻〔づら〕; (象などの)長い鼻. **2**《話》**a**) (Nase) (人間の)鼻. **b**) (Mund) (人間の)口. **3**《卑》(Penis) 陰茎, 男根. **4** (Saugrüssel)〖動〗(昆虫の)吻(ふん), 吻管. [*ahd.*; <*ahd.* ruozzen „wühlen"; ◇Rostra; *engl.* root]
rü̦s·sel·ạr·tig 形 長い鼻状の: der ~*e* Schlauch an der Gasmaske 防毒面〈ガスマスク〉の象の鼻のようなホース.
Rü̦s·sel·egel 男〖動〗吻蛭(ふんびる)類.
rü̦s·sel·för·mig[..fœrmɪç][2] 形 (豚・象などの鼻のような) 長い鼻の形をした.
rü̦s·se·lig[rýsəlɪç][2] (**rü̦ß·lig**[..slɪç][2]) 形 長鼻〈吻(ふん)〉

のある.

Rüs·sel·kä·fer 男〘虫〙 **1** ゾウムシ(象虫). **2** ゾウムシ科の昆虫.

Russell[rʌsl] 人名 Bertrand ～ バートランド ラッセル(1872-1970; イギリスの哲学者. 1950年にノーベル文学賞を受賞).

Rüs·sel≠schei·be [rýsəl..] 女 (豚などの)鼻先. **≠sprin·ger** 男〘動〙ハネジネズミ(跳地鼠). **≠tie·re** 複〘動〙長鼻類(目)〔の動物〕.

ru·ßen[rú:sən]《02》 **I** 自 (h) 煤(すす)を出す: Der Ofen *rußt*. ストーブから煤が出る. **II** 他 (h) 煤だらけにする. [*mhd.*; ◇Ruß]

Rus·sen·fel·ge[rúsən..] 女〘体操〙背面車輪.

Ruß≠fleck[rú:s..] 男 煤(すす)のしみ(汚れ). **≠flocke** 女 煤の塊.

ru·ßig[rú:sıç][2] 形 **1** すすけた, 煤(すす)で汚れた. **2** (麦などが)黒穂病にかかった.

Rus·sin Russe[1]の女性形.

rus·sisch[rúsıʃ] 形 ロシアの; ロシア語の: →deutsch ‖ ～*es* Bad ロシアふう蒸しぶろ | ～*e* Eier〘料理〙ロシアふう卵サラダ | ～*es* Roulett ロシアンルーレット(弾丸が1個だけ入っている拳銃の輪胴を回しながら, 順番に銃口を頭に当てて引き金を引く危険なゲーム) ‖ der *Russisch*-Japanische Krieg〘史〙日露戦争(1904-05) | das ～*e* Kreuz ロシア十字架(→図 Kreuz) | der *Russisch*-Türkische Krieg〘史〙ロシア・トルコ戦争(1877-78) | *Russische* Föderation ロシア連邦 | *Russische* Sozialistische Föderative Sowjetrepublik (略 RSFSR) ロシア社会主義連邦ソビエト共和国.

Ruß·ki[rúski·] 男 -〔s〕/-〔s〕《話》ロシア人.

Ruß≠koh·le[rú:s..] 女 煤(すす)炭. **≠köpf·chen** 中〘鳥〙ボタンインコ(牡丹鸚哥).

Ruß·land[ruslant] 地名 ロシア(1917年の革命までのロシア帝国, 旧ソビエト連邦, 現ロシア連邦の俗称: →UdSSR). [＜Russe[1]]

Ruß·land·deut·sche 男 女《形容詞変化》ロシアに移住したドイツ人, ドイツ系ロシア人.

Rüß·ler[rýslər] 男 -s/- ＝Rüsselkäfer

rüß·lig ＝rüsselig

ruß·schwarz[rú:s..] 形 煤(すす)のように黒い; 煤で黒くなった.

Rüst≠an·ker[rýst..] 男〘海〙(非常用の)予備大アンカー. **≠baum** 男〘建〙足場の組み立て用丸太. **≠bock** 男〘建〙架台, うま. [＜rüsten]

Rü·ste[1][rýstə] 女 -/《雅》憩い:〘もっぱら次の形で〙Die Sonne geht zur ～. 日が没する | Das Jahr geht zur ～. 年が暮れる. [*mndd.*; ◇Rast]

Rü·ste[2][-] 女 -/-n〘海〙(鎖などを固定するための)静索留用舷側(げんそく)板. [＜rüsten]

rü·sten[rýstən]《01》 **I** 他 (h) **1** (vorbereiten) 準備する, 用意する; 装備する: das Bett ～ ベッドをととのえる | das Essen 〈die Tafel〉 ～ 食事の準備をする | ein Haus ～ 家を建てる足場を組む. **2** 再帰 *sich*[4] für *et.*[4] 〈zu *et.*[3]〉 ～ …の準備をする, …を用意する | *sich*[4] für die Reise 〈alle Fälle〉 ～ 旅行の準備をする〈あらゆる場合のために備える〉 | *sich*[4] zur Abreise 〈zum Aufbruch〉 ～ 出発の準備をする | Die Stadt *rüstet* sich, den Präsidenten zu empfangen. 市は大統領を迎える準備をする ‖ Ich bin für die Prüfung gut *gerüstet*. 私は試験の準備が十分できている. **3** 《スイス》 **a)** 《*jn.*》美しく装う, 飾り立てる. **b)** 《*et.*[4]》(野菜などを)調理用に準備する.

II 自 (h) 準備する; 軍備をととのえる: zum Krieg 〈für den Krieg〉 ～ 戦争の準備をする | Die Großmächte *rüsteten* um die Wette. 列強は競って軍備を拡張した.

[*westgerm.* „schmücken"; ◇Gerüst, rüstig]

Rü·ster[1][rýstər] 男 -s/-〘空〙機体整備員.

Rü·ster[2][rý:stər, rýs..] 女 -/-n **1**〘植〙ニレ(楡)属の一種. **2** ＝Rüsternholz [＜*mhd.* rust „Ulme"; ◇Teer]

Rü·ster·holz ＝Rüsternholz

rü·stern[rý:stərn, rýs..] 形《付加語的》ニレ〔材〕の.

Rü·stern·holz 中 -es/ ニレ材.

Rüst≠ge·wicht[rýst..] 中〘空〙構造重量. **≠haus** 中 ＝Rüstkammer **≠holz** 中 ＝Rüstbaum

rü·stig[rýstıç][2] 形 **1** (特に高齢者について)達者な, 壮健な, 丈夫な; かくしゃくとしている: Er ist für sein Alter noch sehr ～. 彼は年の割にはまだ壮健だ. **2** (kraftvoll) 元気な, 活発な: ～ arbeiten ばりばり働く. ▽**3** (gerüstet) 準備(軍備)のととのった. [*ahd.* hrustīg „geschmückt"; ◇rüsten]

Rü·stig·keit[-kaıt] 女 -/ rüstig なこと.

Ru·sti·ka[rústika·] 女 -/〘建〙ルスティカ, 粗面積み.

ru·sti·kal[rustiká:l] 形 **1** (ländlich) 田舎ふうの, ひなびた, 野趣のある; 農民ふうの(素朴でたくましい): ～*e* Speisen 田舎料理. **2** 無骨な, 粗野な, 荒削りの: ein ～*er* Bursche 粗野な若者. [*mlat.*; ◇..al[1]]

Ru·sti·ka·li·tät[..kalitɛ́:t] 女 -/ rustikal なこと.

▽**Ru·sti·kus**[rústikus] 男 -/-se[..sə], ..stizi[..stitsi·] 野人, 無骨者. [*lat.* rūsticus „ländlich"; ＜*lat.* rūs (→rural)]

▽**Ru·sti·zi·tät**[rustitsitɛ́:t] 女 -/ ＝Rustikalität

Rüst≠kam·mer[rýst..] 女 兵器庫. **≠ma·te·rial** 中 足場用材. **≠mei·ster** 男 (傭兵(ようへい)隊などの)兵器係長. **≠stan·ge** 女 ＝Rüstbaum **≠tag** 男 -〔e〕s/-e **1**〘ユダヤ教〙安息日 (Sabbat) の準備の日(金曜日). **2**《複数で》＝Rüstzeit 1

Rü·stung[rýstuŋ] 女 -/-en **1** 軍備, 武装: eine atomare 〈nukleare〉 ～ 核武装 ‖ der Wettlauf der ～*en* 軍備競争 | die ～ beschränken 軍備を縮小する | riesige Summen für die ～ ausgeben 〈in die ～ stecken〉 ばく大な金を軍備に支出する〈軍備に注ぎこむ〉. **2 a)** 甲冑(かっちゅう), 武具. **b)** 甲冑を装うこと, 武具を身につけること, 武装. **3** 準備. **4** (Gerüst)〘建〙足場.

Rü·stungs≠ab·bau 男 軍備削減. **≠amt** 中 軍需省〈局〉. **≠auf·trag** 男 軍需委託〈注文〉. **≠be·gren·zung** 女, **≠be·schrän·kung** 女 軍備制限〈抑制〉. **≠be·trieb** 男 軍需産業経営; 軍需工場. **≠bud·get** [..bydʒe:] 中, **≠etat**[..leta:] 男 軍備予算. **≠fa·brik** 女 軍需工場. **≠fir·ma** 女 軍需会社. **≠in·du·strie** 女 兵器〈軍需〉産業. **≠kon·trol·le** 女 (国際間の)軍備管理, アームズコントロール. **≠ma·te·rial** 中 軍需物資. **≠tech·no·lo·gie** 女 (兵器製造に関する)軍事技術. **≠werk** 中 軍需工場. **≠wett·lauf** 男 軍拡競争. **≠zen·trum** 中 軍需生産の中心地.

Rüst·zeit[rýst..] 女 **1**〘新教〙共同修養期間. **2** (仕事の)準備期間〈時間〉.

Rüst·zeug 中 -〔e〕s/ **1**《比》(ある仕事に必要な)知識, 技能: *sich*[3] das ～ für *seinen* Beruf erwerben 職業に必要な知識を修得する | Ihm fehlt noch das nötige ～ hierfür. 彼にはなおこれに必要な知識が欠けている. **2** 武具; (特定の)道具〔一式〕: In dem Koffer ist wohl dein ganzes ～?《戯》多分このトランクの中に君の七つ道具が納まっているのだろう.

Ru·te[rú:tə] 女 -/-n **1** (柳などの細く長い)枝; (処罰用の)枝のむち(多くは葉を落とした数本の枝を束ねたもの);《比》権力, 支配: Weiden*rute* 柳の枝〔のむち〕‖ der Weihnachtsmann mit Sack und ～ 袋とむちをもったサンタクロース(ドイツの一部では12月6日に Knecht Ruprecht が現れ, 良い子には贈り物を与え, 悪い子は小枝のむちで打つとされている: →Ruprecht) ‖ ***sich***[3] **〔selbst〕 eine ～ aufbinden** / ***sich***[3] **eine ～ auf den Rücken binden** 厄介事を背負いこむ | die ～ zu spüren bekommen 〔むちで〕こらしめを受ける | *jm.* die ～ 〔zu kosten〕 geben …を〔むちで〕こらしめる ‖ **mit eiserner ～ regieren** きびしく〈容赦なく〉統治する | *sich*[4] unter *js.* ～ beugen …〔の支配〕に屈従する ‖ Wer die ～ spart, verzieht das Kind.《諺》かわいい子には旅をさせよ(こらしめを惜しむものは子供を甘やかす). **2 a)** (Angelrute) 釣りざお; 鳥さしざお. **b)** (Wünschelrute) 占い棒: mit der ～ gehen 占い棒で水脈〈鉱脈〉をさぐる. **3 a)** (動物の)陰茎. **b)**《卑》(Penis) 陰茎, 男根. **c)**〘狩〙(犬・キツネ・オオカミ・リスなどの)尾(→図 Hund). **4** ルーテ(昔の長さの単位で, 時代・地方により異なり, 2.87-4.67m; また畑の地積単位でもあった). **5**《オーストリア》(Schneebesen)〘料理〙泡立て器.

[*westgerm.*; ◇*engl.* r〔o〕od]

R

Ru·ten·be·sen[rú:tən..] 男 枝ぼうき. **≠bün·del** 中 **1** 小枝の束(⚇). **2** (Faszes) ファスケス, 束桿(⚇)(→ 図 Faszes). **≠gän·ger** 男 (Wünschelrutengänger) 占い棒をもって水脈〈鉱脈〉を探る人. **≠se·gel** 中 〖海〗三角帆.

Ruth[ru:t] **I** 女名 ルート. **II** 人名 〖聖〗ルツ, ルト(旧約聖書ルツ記の女主人公): das Buch ～ (旧約聖書の)ルツ記. [*hebr.*]

Ru·the·ne[ruté:nə] 男 -n/-n ルテニア人 (Galizien, Ungarn, Bukowina などの一部に住む Ukraine 人の一種族). [*mlat.*; ◇Rus]

ru·the·nisch[ruté:nɪʃ] 形 ルテニア人の.

Ru·the·nium[ruté:niʊm] 中 -s/ ルテニウム(白金族金属元素名; 記号 Ru).

Ru·til[rutí:l] 男 -s/-e 〖鉱〗ルーティル, 金紅石. [*lat.* rutilus „rötlich"; < *lat.* ruber (→rot)]

Ru·ti·ne[rutí:nə] 女 -/-n ＝Routine

ru·ti·niert[rutiní:rt] ＝routiniert

Rüt·li·schwur[rý:tlɪʃvu:r] 男 -[e]s/ 〖史〗リュートリの誓約(スイスのリュートリにおける1291年の暴君打倒の伝説的な誓約).

rutsch[rʊtʃ] 間 (滑る音)ツルリ, スルリ.

Rutsch[－] 男 -es(-e)/-e **1** 滑ること; (Bergrutsch) 山崩れ, がけ崩れ; (Erdrutsch) 地すべり. **2** 《話》滑るような〈するりとした〉動き; 小旅行, 遠足: **in einem ～** / **auf einen ～** 一跳びに, 一またぎで, 一気に, あっという間に(行く) | in einem ～ bis Wien durchfahren (途中のどこにも滞在せず)一気にウィーンまで行く | einen ～ an die See 〈ins Gebirge〉 machen ちょいと海〈山〉へ遠足をする ‖ **guten ～!** 《話》(旅行者に対して)道中ご無事で | **guten ～ ins neue Jahr!** (年末のあいさつとして)良いお年を.

Rutsch·bahn[rʊ́tʃ..] 女 **1 a**) (遊び用の)滑り台: Wasser*rutschbahn* ウォーターシュート. **b**) (氷上の)滑走路. **2** ＝Rutsche 1 a

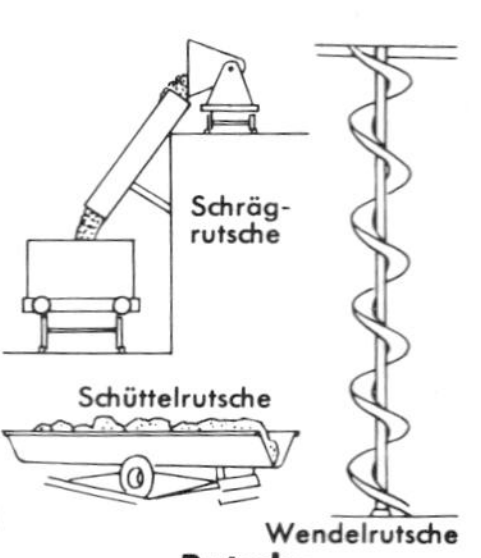

Rutsche

Rut·sche[rʊ́tʃə] 女 -/-n **1 a**) (石炭・貨物などを下へ滑り落とす)シュート(→ 図); 材木滑送路. **b**) 《話》(Schlitterbahn) (そり用の)滑走路; (Rodelbahn) リュージュ滑走路. **c**) 《話》(Pferdeschlitten) 馬ぞり. **2** 《南部》＝Fußbank

rut·schen[rʊ́tʃən] 《04》 自 (s) **1** (ツルリと)滑る, 体をすべらせる; 滑ってはずれる, ずれる; (車などが)スリップする, 滑りやすい, 固定して〈はまって〉いない; 滑るように〈なめらかに〉進む; 《話》わきへ動く, (席を)つめる: **auf** dem Schnee ～ (足・車輪が)雪道で滑る | vor *jm.* auf dem Bauch ～ (→Bauch 1 a) | auf den Knien ～ ひざをついて進む | vor *jm.* auf den Knien ～ (→Knie 1 a) | Die Tasse ist mir **aus** der Hand *gerutscht.* コーヒーカップが私の手から滑り落ちた | **im** Schlamm ～ ぬかるみで足を滑らす | *jm. rutscht* das Herz in die Hose[n] (→Herz 1 a) | **über** die vereiste Fahrbahn ～ (自動車が)凍結した路上でスリップする | **vom** Stuhl ～ いすから滑り落ちる〈おりる〉| Er *rutschte* **zur** Seite. 彼はすっとわきへ寄った ‖ *et.*⁴ ～ lassen …をすべらせる; 《話》…をわざと怠る〈しないでおく〉‖ Die Brille *rutscht.* 眼鏡がずり落ちる | Das Essen will nicht ～. 《話》食物がどうにものどを通らない | Der Riemen *rutscht.* 〖工〗ベルトがスリップしている〈きちんとはまっていない〉| Die Sache *rutscht.* 事はどんどんはかどる | Der Teppich *rutscht.* じゅうたんがずれる | Kannst du ein wenig ～? 《話》ちょっとつめてくれないか | Das *rutscht* noch! 《話》まだこれくらいは腹にはいりますよ ‖ Er ist ins *Rutschen* gekommen. 《話》彼は落ち目だ.

2 《話》ちょっとした旅行をする; ちょっと立ち寄る: zum Wochenende aufs Land ～ 週末にちょっと田舎へ行く.

Rut·sche·pe·ter[rʊtʃəpé:tər] 男 -s/- 《オーストリア》(少しもじっとしていられない)活発な子供.

Rut·scher[rʊ́tʃər] 男 -s/- **1** ガロップ(4分の2拍子の急速円舞). **2** 《話》**a**) 滑走; 滑ること, 足を滑らすこと. **b**) 《オーストリア》(Rutsch) ちょっとした旅行, 小旅行; (Abstecher) (旅行途中の)寄り道.

rutsch·fest[rʊ́tʃ..] 形 滑り止めを施した, 滑らない: ein ～*er* Fußbodenbelag 滑らない床張り.

Rutsch·ge·fahr 女 スリップの危険.

rut·schig[rʊ́tʃɪç]² 形 (道・地面・靴などが)つるつる滑る.

Rutsch≠na·gel[rʊ́tʃ..] 男 (家具の下につける)滑り鋲(びょう). **≠par·tie** 女 《話》**1** (滑り台などの)滑り降り, 滑降; (氷の上・床・路上などでの)スリップ: eine ～ machen (意図的に)滑る, 滑り降りる; (あやまって)滑る, 足を滑らす. **2** 《話》**a**) 小旅行, 遠足. **b**) 雪どけの中のドライブ.

rutsch·si·cher 形 (自動車のタイヤが)滑らない, 滑り止めを施した.

Rutsch·tuch 中 -[e]s/..tücher (消防用)脱出シュート.

Rut·te[rʊ́tə] 女 -/-n (Aalraupe) 〖魚〗カワメンタイ. [*lat.* rubēta „Kröte"－*mhd.*; < *lat.* ruber (→rot)]

Rüt·tel·be·ton[rʏ́təlbetɔŋ] 男 〖土木〗振動打ちコンクリート.

rüt·teln[rʏ́təln] 《06》 **I** 他 (h) **1 a**) 揺する, 揺り動かす: *jn.* an den Schultern ～ …の肩を揺する | *jn.* aus dem Schlaf ～ …を揺り起こす. **b**) (sieben) ふるいにかける: Getreide ～ 穀物をふるい分ける. ᵛ**2** (glätten) (手袋の縫い目を)平らにする.

II 自 **1** (h) 揺する; 揺れる, 動揺する: **an** *et.*³ ～ …を揺さぶる; 《比》…の根底を揺さぶる | an der Tür 〈einem Baum〉 ～ ドア〈木〉を揺さぶる | an Prinzipien³ ～ 原理を揺さぶる〈くつがえそうとする〉| **an** *et.*³ **ist nicht zu ～** [**und zu deuteln**] …はもはや変えることができない〈いまさらどうにもならない〉| Daran läßt sich nicht ～. / Daran ist nicht 〈gibt es nichts〉 zu ～. それは変えるわけにはいかない | An dem Vertrag kann nicht *gerüttelt* werden. その契約は変更できない ‖ Der Wagen hat auf der schlechten Straße sehr *gerüttelt.* 車は悪い道で激しく揺れた. **2** (s) 揺れながら進む: Der Wagen ist über das Kopfsteinpflaster *gerüttelt.* 車は舗石の上をガタガタ揺れながら進んで行った | Er *rüttelte* im Omnibus nach Berlin. 彼はバスに揺られてベルリンに行った. **3** (h) 〖狩〗(ワシ・タカなどが獲物をねらって激しく羽ばたきながら)空中に浮かんでいる.

III ge·rüt·telt → 別出

[*mhd.*; < *mhd.* rütten „erschüttern"; ◇zerrütten]

Rütt·ler[rʏ́tlər] 男 -s/- 〖土木〗振動機, バイブレーター.

Rütt·stroh[rʏ́t-ʃtro:] 中 (敷わら用の)折れた短いわら.

der **Ru·wer**[rú:vər] 地名 男 -s/ ルーヴァー (Mosel 川の支流. 沿岸はぶどう栽培が盛ん). [*lat.* Erubris]

R.V.S.V.P.[ɛrfaʊ|ɛsfaʊpé:] 略 ＝**répondez vite, s'il vous plaît** (招待状などの出欠に関して)すみやかにご返事を請う(→R. S. V. P., →u. A. w. g.).

Rwan·da[ruánda·] 地名 ルワンダ(中央アフリカ内陸部の共和国. 1962年ベルギーの信託統治領から独立. 首都はキガリ Kigali. ドイツ語形 Ruanda).

Rwan·d[**a·**]**er**[ruánd(a)ər] 男 -s/- ルワンダ人.

rwan·d[**a·**]**isch**[ruánd(a·)ɪʃ] 形 ルワンダの.

RWE[ɛrve:|é:] 略 中 -/ ＝**Rheinisch-Westfälisches Elektrizitätswerk** エル＝ヴェー＝エー(ドイツにある電力・石炭・ガス・化学製品などの生産会社名).

R

S

s[1][ɛs], **S**[1][–] 中 -/- ドイツ語のアルファベットの第19字(子音字): →a[1], A[1] 1 | *S* wie Samuel (通話略語) Samuel の S(の字)(国際通話では *S* wie Santiago) | Schluß-*s* 語末〈音節末〉の s (Fraktur では初音・中音の ſ に対して s を用いる. 例 ſeſen: lesen—las: las, Muskel: Muskel).

s[2] **I** [zekúndə] 記号 (Sekunde) 秒(数字の右肩につける: 6^h 10^{min} 8^s 6時10分8秒).

II 略 =Shilling シリング(イギリスの貨幣単位).

s. 略 **1** =sieh(e) **2** =sächlich 中性の. **3** =《ラテン語》sine …なしに. **4** =südlich 1

..s[1][..s] **1**《名詞・形容詞などにつけて副詞などをつくる》: vormittags 午前中に | sommers 夏には | nachts 夜に | anfangs 始めに | falls もし…の場合には ‖ flugs すばやく | mittels …によって ‖ geradewegs まっすぐに | keineswegs 決して…でない | großenteils 大半は | gleichfalls 同様に | allerorts いたる所で | beiderseits 両方とも; …の両側に ‖ bereits すでに | besonders 特に | links 左側に | öfters ときおり | stets 常に ‖ eilends 急いで | vergebens むだに | unversehens 突然.

2《..ens の形で序数・形容詞の最上級などにつけて副詞をつくる》: erst*ens* 第一に | zweit*ens* 第二に ‖ höchst*ens* せいぜい | meist*ens* たいてい | spätest*ens* おそくとも.

..s[2] →..'s

..'s **1**《話》《詩》=es[1](例 gibt'*s*, wird'*s*, nehm'*s*). **2**《南部》=es[2], ös

★ アポストロフィは省略されることがある: gibts

S[2] **I** 記号 **1** [ɛs, ʃvé:fəl](Sulfur)《化》硫黄(=Schwefel). **2** [zí:məns](Siemens)《電》ジーメンス. **3** (国名略号: →A[2] II 3)スウェーデン (Schweden).

II 略 **1** =Süd(en) 南. **2** =Schilling シリング(オーストリアの貨幣単位).

S. 略 **1 a)** =Seite (数字の前で)…ページ(目): *S.* 55 55ページ. **b)** =Seite(n)(数字の後で)…ページ(複数には SS. も用いられる): 200 *S.* (総ページ数) 200ページ. **2** =San, Sant', Santa, Santo, São 聖…. **3** =Seine (高位高官の称号の前につけて間接的呼びかけとして): *S.* Majestät 陛下 | *S.* Exzellenz 閣下.

sa[za, sa] 間《狩》(猟犬を励ます声)さあ, そら. [*afr.* ça „hier(her)!"–*mhd.*]

s. a. 略 **1** =siehe auch ...! …も見よ(参照せよ). **2** =sine anno

Sa. 略 **1** =Samstag, Sonnabend 土曜日. **2** =Sachsen ザクセン. **3** =Summa 総計.

SA[ɛs|á:] 略 女 -/ =Sturmabteilung (ナチの)突撃隊.

Saal[za:l] 男 -(e)s/Säle[zέ:lə] (小 **Säl·chen**[zέ:lçən] 中 -s/-) **1 a)** 広間, ホール; (劇場の)客席: ein großer ~ 大広間, 大ホール | Hör*saal* (大学の)教室 | Konzert*saal* 演奏会場 | Kranken*saal* (病院の)大病室 | Speise*saal* 食堂 | Tanz*saal* ダンスホール ‖ einen ~ mieten 広間〈ホール〉を借りる. **b)** ホール〈会場〉に集まっている人々. **2**《東部》(Flur) 玄関の間. [*germ.* „Einraumhaus"; ◇Geselle, Salon]

die **Saa·le**[zá:lə] 地名 女 -/ ザーレ (Elbe 川の支流). [<*germ.* sal (◇Salz)]

Saal≈licht[zá:l..] 中 -(e)s/-er (劇場の)客席あかり. ≈**ord·ner** 男 会場整理〈警備〉係. ≈**schlacht** 女 ホール〈会場〉での殴りあい(特に政治集会などでの). ≈**schutz** 男 -es/《集合的に》(集会の)会場整理〈警備〉員. ≈**toch·ter** 女《スイス》(Kellnerin)(レストランなどの)ウェートレス, 給仕女.

Saa·nen[zá:nən] 地名 ザーネン(スイス Bern 州の都市. フランス語形 Gessenay). [<die Saane (Aare 川の支流)]

Saa·nen·kä·se 男 ザーネン産チーズ.

die **Saar**[za:r] 地名 女 -/ ザール (Mosel 川の支流). [*idg.* „Fluß"]

Saar·brü̱cken[za:rbrýkən] 地名 ザールブリュッケン(ドイツ Saarland 州の州都). [◇Brücke]

Saar·brü̱cker[za:rbrýkər] **I** 男 -s/- ザールブリュッケンの人. **II** 形《無変化》ザールブリュッケンの.

das **Saar·ge·biet**[zá:r..] 地名 中 -(e)s/ ザール地方.

das **Saar·land**[zá:rlant][1] 地名 中 -(e)s/ ザールラント(ドイツ南西部の州. 1920年から1935年まで国際管理下にあり, 35年ドイツに帰属, Saargebiet と称された. 第二次大戦後はフランスの管轄下に入り,1957年旧西ドイツに復帰した. 州都は Saarbrücken).

saar·län·disch[..lɛndɪʃ] 形 ザールラントの: *Saarländischer* Rundfunk (略 SR) ザールラント放送 (Saarbrücken に本拠を置くドイツの放送会社).

Saat[za:t] 女 -/-en **1**《単数で》種(た)まき, 播種(はしゅ): frühe 〈späte〉 ~ 早〈遅〉まき | mit der ~ beginnen 種まきを始める. **2**《ふつう単数で》《集合的に》種, 種子; 球根; 種芋; 種苗: die ~ bestellen 〈in die Erde bringen〉 種をまく, 球根を植える ‖ Die ~ geht auf. 種〈球根〉が発芽する;《比》(行為の)結果が現れる | Wie die ~, so die Ernte.《諺》因果応報 ‖ Aus der ~ des Hasses kann nichts Gutes hervorgehen.《比》憎しみからはよい結果は生まれない | Ohne ~, keine Ernte. (→Ernte). **3** 発芽した種〈球根〉, 苗: Die ~ steht gut. 苗の発育状況は良好だ. [*germ.*; ◇säen, Samen; *engl.* seed]

Saat·beet[zá:t..] 中 苗床.

Saat·beiz·mit·tel 中 (種の)発芽促進剤.

Saat≈be·stel·lung 女 種まき, 播種(はしゅ). ≈**boh·ne** 女 種インゲン. ≈**dot·ter** 男《植》アマナズナ.

Saa·ten≈pfle·ge[zá:tən..] 女 -/ 播種(はしゅ)後の手入れ(施肥・除草など). ≈**stand** 男 -(e)s/ 苗の発育状況, 作柄.

Saat≈erb·se[zá:t..] 女《植》エンドウ(豌豆). ≈**eu·le** 女《虫》ヨトウガ(夜盗蛾)(野菜の害虫). ≈**feld** 中 播種(はしゅ)用の耕地; 種のまいてある〈苗の生育中の〉耕地. ≈**gans** 女《鳥》ヒシクイ(ガンの一種). ≈**ger·ste** 女《植》オオムギ(大麦). ≈**ge·trei·de** 中 =Saatkorn ≈**gut** 中 -(e)s/ =Saat 2 ≈**kar·tof·fel** 女 種じゃがいも, 種芋, 親芋. ≈**korn** 中 -(e)s/..körner 播種用穀粒, 穀種. ≈**krä·he** 女《鳥》ミヤマガラス(深山鴉). ≈**schnell·kä·fer** 男 (Schnellkäfer)《虫》ムナボソコメツキムシ(胸細米搗虫). ≈**wei·zen** 男《植》コムギ(小麦). ≈**zeit** 女 種まきの時期, 播種期. ≈**zucht** 女 種苗栽培.

Sa·ba[zá:ba·] 地名 シバ(今日の Jemen 地方で, 古代王国があった): die Königin von ~ シバの女王 (Salomo をたずね, その知恵をためした. 聖書: I 王10, 1 以下). [*hebr.*; ◇*engl.* Sheba]

Sa·ba·dill[zabadíl] 男 -s/-en, **Sa·ba·dil·le**[..lə] 女 -/-n《植》サバジラ(メキシコ産のユリ科植物). [*span.* cebadilla „kleine Gerste"–*fr.*; <*lat.* cibus „Nahrung"]

Sa·ba·dill·sa·men 男 サバジラ子(し)(サバジラの種子. Veratrin を含み薬用となる).

Sa·bä·er[zabέ:ər] 男 -s/- シバ人(南アラビアの古代民族: →Saba).

Sab·bat[zábat] 男 -s/-e (ユダヤ教の)安息日(金曜日の晩から土曜日の晩までの間. キリスト教の日曜日に当たる).

S

[*hebr.* „Ruhetag"－*gr.* sábbaton－*lat.*〔－*mhd.*〕; ◇Schabbes, Samstag; *engl.* Sabbath]

Sab·ba·ta·ri·er[zabatá:riər] 男 -s/-, **Sab·ba·tist**[..tíst] 男 -en/-en (キリスト教の)安息日派の人(土曜日を安息日とする).

Sab·ba·ti·cal[sabǽtıkəl] 中 -s/-s サバティカル(大学教員などに与えられる 1 年間の研究休暇).

Sab·bat≠jahr[zábat..] 中 **1** (古代ユダヤ人の, 7 年ごとに耕作を休む)安息の年. **2** ＝Sabbatical ≠**ru·he** 女 (ユダヤ教の)安息日の憩い. ≠**schän·der** 男 (ユダヤ教の)安息日を守らぬ人. ≠**schän·dung** 女 (ユダヤ教の)安息日を守らぬこと. ≠**stil·le** 女 ＝Sabbatruhe

Sab·bel[zábəl] 男 -s/《北部》**1** (Mund) 口: den ～ halten《話》口を閉ざす, 黙る. **2** ＝Sabber

Sab·bel·lätz·chen ＝Sabberlätzchen

sab·beln[zábəln]《06》《北部》＝sabbern

Sab·ber[zábər] 男 -s/《話》よだれ.

Sab·be·rei[zabərái] 女 -/-en《話》**1** よだれを垂らすこと. **2** くだらぬおしゃべり.

Sab·ber≠läpp·chen[zábər..] 中, ≠**lap·pen** 男, ≠**lätz·chen** 中《話》よだれ掛け.

sab·bern[zábərn]《05》自 (h)《話》**1** よだれを垂らす. **2** くだらぬおしゃべりをする. [*mndd.* sabben; ◇Saft]

Sä·bel[zɛ́:bəl] 男 -s/- **1** サーベル, 軍刀(→ 図): ein blanker ～ 抜き身のサーベル ‖ den ～ ziehen サーベルを抜く | *jn.* auf ～ fordern …にサーベルによる決闘をいどむ | **mit dem ～ rasseln** サーベルをがちゃつかせる;《比》刀をちらつかせて(武力で)おどかす. **2** (Fechtsäbel)《フェンシング》サーブル(→ 図). [*ungar.* szablya „Schneide"－*poln.* szabla; ◇*engl.* saber]

Säbel

Sä·bel≠an·ti·lo·pe 女《動》シロオリックス(ウシ科). ≠**bei·ne** 複《戯》**1** サーベル脚(横から見てサーベル状に後方に湾曲した脚). **2** O 脚(外側に湾曲した脚).

sä·bel·bei·nig 形 サーベル脚の; O 脚の.

Sä·bel≠duell 中 サーベルによる決闘. ≠**fech·ten** 中 -s/《フェンシング》サーブル競技.

sä·bel·för·mig[zɛ́:bəlfœrmıç][2] 形 サーベルの形をした.

Sä·bel≠ge·henk 中 サーベルの剣帯. ≠**ge·ras·sel** 中 サーベルをがちゃつかせること;《比》武力によるおどし. ≠**griff** 男 サーベルの柄(つか). ≠**herr·schaft** 女 武力による支配, 武断政治. ≠**hieb** 男 サーベルによる打撃(刀傷). ≠**ki·ste** 女《話》＝Säbelduell ≠**klin·ge** 女 サーベルの刃. ≠**korb** 男 -〔e〕s/..körbe ＝Korb 2 b

sä·beln[zɛ́:bəln]《06》自 他 (h)《話》(包丁・ナイフなどで)不器用な手つきで切る: *sich*[3] in den Finger ～ (刃物を不器用に扱って)指を傷つける.

Sä·bel≠ras·seln 中 -s/ ＝Säbelgerassel ≠**raß·ler**[..raslər] 男 -s/- やたらに好戦的〈威嚇的〉な態度をとる人. ≠**re·gi·ment** 中 ＝Säbelherrschaft ≠**schei·de** 女 サーベルの鞘(さや). ≠**schnäb·ler** 男 -s/-《鳥》ソリハシセイタカシギ(反嘴丈高鷸). ≠**zwei·kampf** 男 ＝Säbelduell

Sa·be·na (**SABENA**)[zabé:na·] 女 -/ サベナ＝ベルギー航空. [*fr.*; ＜*fr.* *S*ociété *A*nonyme *B*elge d'*E*xploitation de la *N*avigation *A*érienne]

Sa·bi·ne[zabí:nə] 女名 ザビーネ. [*lat.*]

Sa·bi·ner[zabí:nər] 男 -s/- (⊛ **Sa·bi·ne·rin**[..nərın] -/-nen)《史》サビニ人(古代のイタリア中部山岳地方の部族).

sa·bi·nisch[zabí:nıʃ] 形 サビニ人の. [*lat.*]

Sa·bot[sabó:, za..] 男 -〔s〕/-s サボ(特にフランス・ベルギーなどの農民のはく木靴). [*mfr.* çabot－*fr.*]

Sa·bo·ta·ge [zabotá:ʒə; オーストリア: ..tá:ʒ] 女 -/-n [..ʒən] 妨害〈破壊〉工作, 怠業, サボタージュ: ～ begehen 〈treiben〉破壊工作を行う, サボタージュをする. [*fr.*]

Sa·bo·ta·ge≠ab·wehr[zabotá:ʒə..] 女 妨害〈怠業〉阻止. ≠**akt** 男 妨害〈破壊〉行為, 怠業〈サボタージュ〉行為. ≠**trupp** 男 妨害〈破壊〉工作班. ≠**trup·pe** 女 妨害〈破壊〉工作部隊.

Sa·bo·teur[zabotø:r] 男 -s/-e (⊛ **Sa·bo·teu·rin**[..tø:rın]-/-nen) 妨害〈破壊〉行為者, サボタージュをする人, 怠業者. [*fr.*]

sa·bo·tie·ren[zabotí:rən] 他 (h) 妨害〈サボタージュ〉する: einen Plan ～ 計画の実施を妨害する. [*fr.* saboter „ohne Sorgfalt arbeiten"]

Sa·bra[zá:bra·] 女 -/-s Sabre の女性形.

Sa·bre[zá:brə] 男 -s/-s (イスラエルへの移住民に対して)イスラエル生まれの人, 土着のイスラエル人.

Sa·bul[zá:bʊl] 男 -s/-〔n〕《オーストリア》＝Säbel

Sac·cha·ra·se[zaxará:zə] 女 -/《化》サッカラーゼ, 蔗糖(しょとう)酵素. [＜*mlat.* saccharum „Zucker" (◇Zucker)＋..ase]

Sac·cha·rat[..rá:t] 中 -〔e〕s/-e《化》サッカラート, 糖酸塩(蔗糖(しょとう)とアルカリ土金属との水酸化物). [＜..at]

Sac·cha·rid[..rí:t][1] 中 -s/-e《ふつう複数で》《化》サッカリド, 単糖類. [＜..id[2]]

Sac·cha·ri·me·ter[zaxarimé:tər] 中 (男) -s/- 検糖〈糖量〉計.

Sac·cha·ri·me·trie[..metrí:] 女 -/ 検糖計法.

Sac·cha·rin[zaxarí:n] 中 -s/《化》サッカリン(人工甘味料として用いる). [＜..in[2]]

Sac·cha·ro·se[..ró:zə] 女 -/ (Rohrzucker)《化》サッカロース, 蔗糖(しょとう).

Sa·cha·lin[zaxalí:n] 地名 サハリン(ロシア領の島. 第二次大戦まで, その南半部が日本領で, 樺太(からふと)と呼ばれた).

Sa·cha·lin·knö·te·rich 男《植》オオイタドリ.

Sach≠an·ga·be[zάx..] 女 事実の陳述〈報告〉. ≠**an·la·ge** 女 -/-n《ふつう複数で》《経》物的資産, 固定資産(土地・家屋・機械など). [＜Sache]

Sach·an·la·ge·ver·mö·gen 中《経》固定資産.

Sa·cha·ra·se[zaxará:zə] 女 -/ ＝Saccharase

Sa·cha·rat[..rá:t] 中 -〔e〕s/-e ＝Saccharat

Sa·cha·rid[..rí:t][1] 中 -s/-e ＝Saccharid

Sa·cha·ri·me·ter[zaxarimé:tər] 中 (男) -s/- ＝Saccharimeter

Sa·cha·ri·me·trie[..metrí:] 女 -/ ＝Saccharimetrie

Sa·cha·rin[zaxarí:n] 中 -s/ ＝Saccharin

Sa·char·ja[zaxárja·] ＝Zacharias II

Sa·cha·ro·se[zaxaró:zə] 女 -/ ＝Saccharose

Sach≠be·ar·bei·ter[zάx..] 男 (一定の仕事を受け持っている)担当官, 係員. ≠**be·fug·nis** 女 -/ ＝Sachlegitimation ≠**be·gün·sti·gung** 女《法》(犯人に対する)対物援助; (私法で)現物受益. ≠**be·schä·di·gung** 女 (故意の)物件毀損(きそん). [＜Sache]

sach·be·zo·gen 形 事柄に関連した, 事実に即した.

Sach≠be·zü·ge 複 現物給与. ≠**buch** 中 (特定の分野・対象に関する啓蒙(けいもう)的な)案内書, 実用書: ein ～ über Elektrizität 電気に関する本. ≠**dar·stel·lung** 女 ＝Sachangabe

sach·dien·lich 形 役にたつ, 有用な, 有益な, 適切な: *jn.* um ～*e* Informationen 〈Hinweise〉 bitten …に有益な情報〈指示〉を求める | *et.*[4] ～ verwenden …を有効に利用する.

Sach·ding·wort 中 (Konkretum)《言》具象名詞.

Sa·che[zάxə] 女 -/-n (⊛ **Säch·el·chen** → 別出, **Säch·lein**[zέçlaın] 中 -s/-) **1** (事柄を表して) **a)** ① (Angelegenheit) 事, 事柄; 事件; 事態, 事情; 事実;〔案〕件, 用件; 問題: eine abgekartete ～ (人を陥れるため)しめし合わせて仕組まれたわな, 陰謀; 八百長 | eine alltägliche ～ 日常茶飯事 | eine bedenkliche ～ ゆゆしいこと | eine beschlossene ～ (もはや変更の許されない)決まった事, 既定の事柄 | eine dumme ～ ばかなこと〈事件〉(→b) | keine leichte ～ 容易ではないこと, なかなかの難物 | Das Faschingsfest war eine runde ～.《話》謝肉祭は大成功だった｜eine wichtige 〈unbedeutende〉 ～ 重要な〈取るにたらない〉こと｜Geld*sache* 金銭問題｜Geschmacks*sache* 趣味〈好み〉の問題｜Privat*sache* 私事‖Das ist 〔eine〕 ～ des Taktes 〈des Vertrauens〉. それはたしなみ〈信用〉の問題だ.

‖〖2格で〗der Hergang 〈der Ausgang〉 der ～ 事の次第〈結末〉｜den Kern einer ～ treffen 事柄の核心をつく｜nach Lage der ～ 事態が事態なので, こういう事情なので, 現状では｜Das liegt in der Natur der ～. それは事の性質上やむをえない｜Das ist nicht der Sinn der ～. それは目的にはずれている〈かなっていない〉, それは見当ちがいだ, それが事の目的〈ねらい・趣旨〉ではない‖**unverrichteter ～**《オーストリア・スイス》なすところなく, 目的を果たさずに(＝unverrichtetersache).

‖〖主語として〗Die ～ hat sich[4] aufgeklärt. 事の真相は判明した｜Diese ～ ist erledigt. この問題は片づいた｜Die ～ hat folgende Bewandtnis. これには次のような事情がある｜Jede ～ hat zwei Seiten. 物事にはすべて両面がある｜Die ～ hat geklappt.《話》事〈それ〉はうまくいった｜Die ～ macht sich[4]. 事はうまく〈順調に〉いっている｜**Die ～ ist geritzt.**《話》その件は万事オーケーだ｜**Die ～ ist die, daß** ... 実はこういうことなんだな つまり…｜Die ～ steht gut 〈schlecht〉. 事態はいい〈よくない〉｜So steht also die ～! これが実情〈現状〉です; なるほどそういうことになっているのか〈これが実際か〉｜Wenn die ～*n* so stehen 〈liegen〉, dann ... 事態がこういことになっているのであれば それならば…; 現状では…｜So wie ihre ～*n* jetzt stehen 〈liegen〉, haben sie nicht viel Aussicht auf Erfolg. 現状では彼らに成功の望みはあまりない.

‖〖述語として〗Das ist deine ～. それは君の〔解決すべき〕問題だ｜Das ist nicht deine ～. それは君の知ったことじゃない｜Lügen ist nicht seine ～. 彼はうそをつくような人ではない｜**nicht jedermanns ～ sein** だれにでもできる〈好まれる〉ことではない｜Moderne Musik ist nicht jedermanns ～. 現代音楽はだれにでも分かるというものではない｜Das ist eine andere ～. それはまた別問題だ｜Das ist eine ～ für sich. i) それはまた別問題だ; ii) それは特別のことだ, それはありきたりのことではない, それには特別の事情がある｜Das ist **so eine ～**.《話》それはなかなか難しいこと〈やっかいな問題〉だ, それは一概にどちらともいえない｜Mit seinem Plan ist es so eine ～. 彼の計画にはいろいろ難点がある｜〔Das ist〕 ～! (→②)｜Das ist **eine runde ～**!《話》そいつはすばらしい〈大成功だ〉.

‖〖4格で〗die ～ richtig 〈verkehrt〉 anfassen 事を正しい〈あべこべの〉順序で始める｜die ～ ganz anders ansehen 事態をまったく違った目で見る｜die ～ auf sich beruhen lassen 事をそのままに〔放置〕しておく｜die ～ gehen lassen, wie sie will 事を成り行きにまかせる｜Das macht die ～ nur noch schlimmer. それでは事態はいっそう悪くなるばかりだ｜Ich machte seine ～ zu meiner eigenen. 私は親身になって彼の面倒をみた｜ganze ～ machen《話》中途半端なことをしない, 徹底的にやる｜**mit *jm.* gemeinsame ～ machen** …と協力する; …と組む〈結託する〉｜eine ～ schwer 〈leicht〉 nehmen 事を重大に〈軽く〉考える｜die ～ über die Person stellen《比》事務的に判断〈処理〉する｜Ich muß mir die ～ noch einmal überlegen. そのことを私はもう一度よく考えてみなければならない｜eine ～ vorbringen 用件〈問題〉を持ち出す〈切り出す〉(→c)｜eine große ～ vorhaben 大がかりなことをもくろむ.

‖〖3格で〗einer ～ nachgehen 事件を追及〈調査〉する｜Ich traue der ～ nicht. 私はそのことを信用しない‖einer ～ gewachsen sein 事柄〈問題〉を処理する能力がある.

‖〖2格の目的語として〗*sich*[4] einer ～ annehmen 事柄〈用件〉を引き受ける‖〔***sich***[3]〕 ***seiner*** **～ gewiß 〈sicher〉 sein** 自分の考え〈言動〉に自信がある｜Ich bin 〔mir〕 meiner ～ gewiß 〈sicher〉. この件について私には自信がある.

‖〖前置詞と〗Das ist das Gute **an** der ～. それが〔そのことの〕いい点だよ, そこがいいのさ, それがみそだ｜Es ist nichts Wahres an der ～. それはみんなでたらめだ｜Ihm liegt nichts mehr an der ～. そのことは彼にはもはやなんの興味もない｜***sich***[4] **an die ～ machen** 仕事にとりかかる｜Er kam **auf** die ～ zu sprechen. 彼はそのこと〈問題〉にふれた｜*sich*[4] geschickt **aus** der ～ heraushalten 巧みに局外に立つ｜**bei der ～ sein**《話》余念がない, 一心不乱である(→④)｜nicht ganz bei der ～ sein《話》心ここにない, うわの空である｜Bei solchen ～*n* muß man sehr vorsichtig sein. こういう事柄〈問題〉の場合には非常に慎重にことに当たらなければならない｜Was wird bei der ganzen ～ herauskommen? そんなこと〈大騒ぎ〉をして結局どんな結果が得られるのか｜Wer steckt **hinter** der ～? だれが陰で糸を引いているのか〈黒幕なのか〉｜**in** eigener ～ 自分自身〔の利益〕に関すること〈自分の用件〉について; 自分の〔利益の〕ために｜In eigener ～ kann niemand Richter sein.《諺》自分自身のことはなかなか分からないものだ｜in einer ～ klarsehen 事柄の本質を見ぬく｜Misch dich nicht in ～*n*, die dich nichts angehen! 自分に関係のないことには口を出さないでくれ｜In dieser ～ möchte ich nichts unternehmen. この件には私はいっさい手を出したくない｜in ～*n* 〔der〕 Mode 流行に関することで｜In ～*n* des Geschmacks läßt sich nicht streiten.《諺》蓼(たで)食う虫も好き好き, 各人各様, 好き好きは人の勝手｜Sie unternahmen einen Werbefeldzug in ～*n* der modernen Küchengeräte. 彼らは近代的厨房(ちゅうぼう)器具についての宣伝キャンペーンを行った｜Ich will nichts mehr **mit** der ～ zu tun haben. 私はそのことにはもういっさいかかわりを持ちたくない｜Es ist **um** seine ～ nicht gut bestellt. 彼はどうもうまくいっていない｜Es geht um die ～, nicht um die Person. いま問題になっているのは事柄であって人ではない｜Er versteht 〈weiß〉 nichts **von** der ～. 彼はこの事柄の本質が全く分かっていない｜Das ist meine Ansicht von der ～. これがこの件についての私の見解だ｜Du mußt die Person von der ～ trennen. 君は事柄と人とを切り離して考えなければならない｜**Zu** dieser ～ äußere ich mich nicht. この件についてはノーコメントです(→c)｜**zur ～ gehen**《話》(とくにスポーツで) 決然と事に当たる, 容赦なく攻め立てる｜Er tut das aus Liebe zur ～. 彼は〔事柄そのものが〕好きだからやっているのだ.

② 《話》すばらしい〈すごい〉こと: 〖慣用的表現で述語として〗Das ist 〔'ne〕 ～!/Das ist ～ 〔mit Ei〕! そいつはすごい〈すばらしい〉｜Wie findest du das?—*Sache!* これどう思う —すごいじゃないか｜Das war ～, wie er ... 彼が…する様子はすばらし〈すご〉かった.

③ 《単数で》《ふつう2格または形容詞と》(理想・目標となるような)事柄, (理想的な)こと, (…の)理想, 目的, ため: *seine* ganze Kraft der ～ der Arbeiter 〈des Friedens〉 widmen 全力を労働者〈平和〉のためにささげる｜Er sah die ～ der Freiheit in Gefahr. 彼は自由の理想が危機にひんしているのを見てとった‖für eine gerechte 〈gute〉 ～ kämpfen 正義のために戦う｜Er stellte sich in den Dienst dieser großen ～. 彼はこの大いなる目的のために奉仕〈尽力〉した｜Er hat es um der 〔guten〕 ～ willen getan. 彼は(私利私欲のためでなく)それがよいことだからやったのだ｜Er hat unsere 〈die gemeinsame〉 ～ verraten. 彼は我々〈みんな〉の理想を裏切った.

④ 《単数で》(話などの)中心となる事柄, 本題, 要点, 核心, テーマ: Er kann nie **bei** der ～ bleiben. 彼はいつも話が横にそれる(→①)｜Das gehört der ～ **nach** nicht hierher. それは内容からいってここで扱われるべき事柄〈テーマ〉ではない｜Das gehört nicht **zur** ～. それは〔問題・本題には〕関係のないことだ｜den Einwand als nicht zur ～ gehörig ablehnen その異議を問題に関係のない〈的はずれの〉ものとして退ける｜**zur ～ kommen** 本題に入る; 《話》肝心な用件〈仕事〉に取りかかる｜Er kam 〔in seiner Rede〕 sofort zur ～. 彼は〔話の中で〕すぐに核心にふれてきた〈本題に入った〉｜Kommen Sie endlich zur ～! いいかげんに本題〈用件〉に入ってくださいよ｜Nun zur ～. さて本題に入りましょう｜Zur ～! (議会などで)本題にかえれ, それは論外(→c)｜**nichts zur ～ tun** ここで問題になっていることとはなんの関係もない｜Von wem ich es weiß, tut nichts zur ～. 私がそれをだれから聞いたかはどうでもいいことだ‖**～ sein**《話》肝心な事柄である｜Du mußt ihm zeigen, was ～ ist. 君は彼に肝心なことは何かを教えてやらなければいけない.

⑤ 《単数で》《ふつう所有代名詞または2格と》(…の)なすべき

こと〈仕事〉, つとめ, 義務, 責務, 本分: *seine* ～ gut 〈schlecht〉 machen 自分の責務をよく果たす〈果たさない〉| *seine* ～ verstehen 仕事がよくできる | Das ist deine ～! (→①) | Die Gartenarbeit ist allein meine ～. 庭仕事はもっぱら私の仕事だ ‖ Es ist ～ der Behörden, das zu entscheiden. それを決めるのは官庁の仕事だ.

b) 《複数で》《否定的または反語的言いまわしの中で具体的な言動を指して》《話》(どうかと思われる)言動, 言いぐさ, 振舞い, 行い: Von der weiß ich ～*n*. あの女についてはいろいろ〔よからぬこと・うわさを〕知って〈聞いて〉いるんだよ ‖ 〖驚き・あきれなどの表現で〗Was sind 〔denn〕 das wieder für ～*n*! これはまた何ということだ〈何というざまだ〉| Das sind keine ～*n*! それはいけないよ, それはないよ | Das sind ja nette ～*n*! 《反語》そりゃまた結構な言いぐさじゃないか, よくもそんなことが言えたものだ; それはまた何ということだ, 全くあきれたね | Ihr richtet ～*n* an! 君たちもとんだことをやってくれるねえ | *Sachen* gibt's〔, die gibt's gar nicht〕! こんなことってあるだろうか, これはどうなっているのだろう, 驚いた〈びっくりした〉ねえ | Mach 〔keine〕 ～*n*! (信じられないことなどに対して)またそんなうそを, 冗談も休み休み言え, そのうそほんと, びっくりしたなあ | Mach keine 〔dummen〕 ～*n*! ばかなことをするな(→a ①) | Also, du machst vielleicht ～*n*! いやはや 君もとんだことをやってくれるなあ, 君というやつにもあきれたよ.

c) (Rechtssache)〚法〛法律問題, 司法事件; 事案, 件(→2 b): Mord*sache* 殺人事件 | Straf*sache* 刑事事件 | Zivil*sache* 民事事件 ‖ Die ～ schwebt. / Die ～ ist in der Schwebe. i)〚法〛この件はまだ係争中である; ii) この件はまだ未決定である ‖ eine ～ aufrufen 当事者を入廷させる | eine ～ 〔vor Gericht〕 bringen / eine ～ 〔bei Gericht〕 anhängig machen あることで訴訟を起こす, ある件を裁判ざたにする | eine ～ führen 訴訟の理由を申し立てる | eine ～ gewinnen 〈verlieren〉 訴訟に勝つ〈負ける〉, 勝訴〈敗訴〉する | *seine* ～ vorbringen 自分の立場〈言い分〉を述べる(→a ①) ‖ **in der ～ 〈in ～*n*〉** X gegen Y X の Y に対する件において(～*n* は単数 3 格の古い形) | unsere Ermittlungen in ～*n* Müller gegen Meyer ミュラーのマイヤーに対する訴訟における我々の調査〔結果〕| *sich*[4] **zur ～** äußern 事件の本案〈その件〉について述べる(→a ①, ④) | einen Zeugen zur ～ vernehmen その件について証人を尋問する.

2 《複数で》《ふつう形容詞・所有代名詞などと》(物を表して)

a) ① 物, 品物; 持ち物, 所持品, 身の回り〈手回り〉品, 所有物; (特に:) 衣類, 家財道具: alte ～*n* 古着, 古い家財道具; 骨董(こっとう)品 | *seine* sieben ～*n* 七つ道具; 持ち物全部(→Siebensachen) | wertvolle ～*n* 貴重な品々 ‖ *seine* besten ～*n* anhaben いちばんいい服を着ている | warme ～*n* mitnehmen 暖かい衣類を持って行く | Wo hast du meine ～*n* hingelegt? 私の持ち物はどこへおいたのか | nur auffällige ～*n* tragen 派手なものしか着ない | Hast du deine ～*n* weggeräumt? 君は自分の持ち物を片づけたか | Er kann seine ～*n* nicht zusammenhalten. 彼は持ち物をいつも散り散りにしてしまう ‖ Wem gehören diese ～*n*? これはだれのもの〈所持品〉ですか ‖ *jn.* aus *seinen* ～*n* helfen …が服を脱ぐのを手伝ってやる | in *seinen* ～*n* schlafen 服を着たまま寝る.

② (建築・音楽・文学などの)作品: nur moderne ～*n* bauen 現代的なものしか建てない | Der Pianist spielt nur bekannte 〈alte〉 ～*n*. このピアニストはよく知られた〈古い〉曲しか弾かない | eigene ～*n* vortragen 自作を朗読する ‖ scharfe ～*n* 《話》きわどい読み物(→③).

③ (ある種の)飲食物: geistreiche 〈harte〉 ～*n* 《戯》強い酒 | lange ～*n* (時間をかけて飲む)ロング=ドリンクス | scharfe ～*n* i) 《話》強い酒; ii) 辛いもの(→②) | süße ～*n* 甘いもの | trockene ～*n* アルコール抜きの食事 | weiße ～*n* 《話》非アルコール飲料(清涼飲料・牛乳類) | Es gab feine ～*n* zum Abendbrot. 夕食にはごちそうが出た.

b) 〚法〛物件(→1 c): **bewegliche 〈unbewegliche〉 ～*n*** 動産〈不動産〉| verbrauchbare ～*n* 消費財 | vertretbare 〈fungible〉 ～*n* 代替物(穀物・油などのように, 数・量・重さによって取引される物品).

3 (用便・性行為・性器・精液など, 直接言いにくいものを指して) あれ, もの(→Ding 1 d): die ～ in die Hand nehmen und sehen, wie sie ausläuft 《俗》小便をする.

4 《ふつう数詞を伴って複数で》《話》(自動車などについて…の)時速〔で〕: 〔mit〕 100 ～*n* fahren 時速100キロでとばす | mit 120 ～*n* an einen Baum rasen 時速120キロで木に激突する | Wieviel ～*n* hat er drauf gehabt? 彼は何キロ出していたんだ.

[*germ.* „Rechtssache"; ◇suchen; *engl.* sake]

Sach·ein·la·ge[záx..] 囡〚経〛(会社設立などの際の)現物出資.

Sä·chel·chen[zέçəlçən] 中 -s/- (Sache の縮小形) **1** 《ふつう複数で》小さな〈こまごました〉物, 持ち物(→Sache 2 a ①); (贈り物になるような)きれいな小物, 小さなかわいい装飾品: die paar ～, die auf dem Tisch stehen テーブルの上のこまごました物 | In der Vitrine standen reizende ～. 陳列ケースにはかわいい小物が並んでいた. **2** 《話》(人の身に起こりうる)いかがわしい〈きわどい〉事件; つまらぬ〈面倒な〉こと: Ja, das sind so ～! そうなんだ よくあるいかがわしい事件なんだ.

Sa·chen·recht[záxən..] 中 -〔e〕s/ 〚法〛物権; 物権法.

Sach·ent·schei·dung[záx..] 囡〚法〛本案の裁定〈決定〉; 本案判決.

Sa·cherln[záxərln] 複 《(オーストリア)》= Sächelchen

Sa·cher·tor·te[záxər..] 囡〚料理〛ザッハートルテ(チョコレートケーキの一種). [＜F. Sacher (ウィーンの料理人・ホテル経営者, †1907)]

Sach≠fir·ma[záx..] 囡〚商〛製品や業種を示す社名を持つ会社(→Personenfirma). **≠fra·ge** 囡 -/-n **1** 《ふつう複数で》(人事問題ではなく)事柄〈事項〉に関する問題. **2** (Ergänzungsfrage)〚言〛補足疑問. **≠füh·rer** 男 (Geschäftsführer) 業務執行人, 支配人; 〔業務〕代理人; (Sachwalter) 代弁人. **≠ge·biet** 中 専門分野. **≠ge·dächt·nis** 中 事物〔についての〕記憶力(→Namengedächtnis, Personengedächtnis).

sach·ge·mäß 形 事柄〈事実〉に即した, 実際的な; 目的にかなった, 適切な: eine ～*e* Entscheidung fällen 実情に即した〈適切な〉決定を下す. [＜Sache]

Sach≠grün·dung 囡〚商〛現物出資による会社設立. **≠grup·pe** 囡〚言〛事項群(語彙(ごい)分類の基準として森羅万象をいくつかに分類整理したもの). **≠ka·pi·tal** 中〚経〛物的資本. **≠ka·ta·log** 男 (図書の)件名〈事項別〉目録. **≠ken·ner** 男 専門家, エキスパート, 通(つう). **≠kennt·nis** 囡《ふつう単数で》専門的知識: eine umfassende ～ auf einem Gebiet haben ある分野に深い造詣(ぞうけい)がある | **von keinerlei ～ getrübt sein / von jeglicher ～ ungetrübt sein** 《戯》専門的知識の裏付けがまったくない. **≠kon·to** 中〚商〛現物〈物的〉勘定. **≠kreis** 男 《(オーストリア)》= Sachgruppe **≠kun·de** 囡 -/ **1** = Sachkenntnis **2** = Sachkundenunterricht

Sach·kun·de〔n〕·un·ter·richt 男 (小学校の教科としての)一般社会〔の授業〕(生物・地理・歴史・交通安全・性教育などを含む).

sach·kun·dig 形 専門的知識のある: ein ～*es* Urteil 専門的判断 | der 〈die〉 *Sachkundige* 専門家.

Sach≠la·ge 囡 -/ 事情, 事態; 状態, 状況; 実情, 現状: bei der gegenwärtigen ～ 現状では. **≠le·gi·ti·ma·tion** 囡〚法〛当事者適格.

Säch·lein Sache の縮小形(→Sächelchen).

Sach·lei·stung[záx..] 囡 -/-en 《ふつう複数で》現物給付.

Sach·lei·stungs·pflicht 囡 (緊急事態において市民が国家に対して負う)現物給付の義務(土地その他の国家への提供など).

Sach·le·xi·kon 中 事典.

sach·lich[záxlıç] 形 **1** 《述語的用法なし》事柄〈事実〉に関する, 事柄〈事実〉に即した〈基づいた〉; 具体的な; 実質的な; 本質的な; 重要な: wesentliche ～*e* Aufschlüsse über ein Gebiet ある分野の主要な事柄についての知識〈情報〉| ～*e* Erläuterungen 事実に即した注釈 | aus ～*en* Gründen 事の性質上やむをえず, 技術〈事務〉的な理由から | ein ～*er*

S

Irrtum 事実についての誤り | Zwischen diesen beiden Meinungen besteht ein ~er Unterschied. この二つの意見には実質的な違いがある ‖〖副詞的に〗~ falsch 〈richtig〉 sein 事実について誤りがある〈ない〉 | Sein wissenschaftlicher Aufsatz ist ~ gut fundiert. 彼の学術論文にはしっかりした事実の裏づけがある | Rein ~ ist dagegen nichts einzuwenden. 事柄自体としてはそれに反対する理由は全くない ‖〖名詞化して〗Hier geht es um *Sachliches*, nicht um Persönliches. いま問題になっているのは事柄であって個人ではない.

2 (objektiv) 客観的な, 公平な, 私情をまじえない, 偏見にとらわれない; 事務的な:〖付加語的に〗eine ~*e* Aussprache haben 虚心坦懐(きょしんたんかい)に話し合う | ein ~*er* Bericht 客観的な報告 | eine ~*e* Kritik 客観的な批判 | ein ~*er* Mensch 私情を表に出さない〈事務的な〉人 | *et.*[4] in einem ~*en* Ton 〈mit einer ~*en* Stimme〉 sagen …を事務的な口調で言う | ein ~*es* Urteil 公平な判決〈判定〉 ‖〖述語的に〗Du mußt ~ bleiben. 君は感情〈主観〉的になってはいけない ‖〖副詞的に〗*sich*[4] zu *et.*[3] ~ äußern …について公平〈客観的〉な意見を述べる | *et.*[4] ~ darstellen …を客観的に描く | ~ diskutieren 感情的にならないで〈客観的に〉議論する.

3 (デザイン・造りなどが) 実際的な, 実用本位の, 即物的な: ein Arbeitszimmer mit ~*er* Atmosphäre 実用本位といった感じ〈ムード〉の仕事部屋 | ~*e* Möbel 〈Kleider〉(あまり装飾のない) 実用的な家具〈衣服〉 | Dieser Maler 〈Komponist〉 hat einen ~*en* Stil. この画家〈作曲家〉は飾り気のない作風の持ち主だ.

4 〖法〗物〔件〕に関する, 不動産の(→sächlich 2): ~*e* Zuständigkeit 事物管轄.

säch·lich[zɛ́çlɪç] 形 **1** (略 s.) (neutral)〖言〗中性の (→männlich, weiblich): das ~*e* Geschlecht 中性(→Neutrum 1) | ein Substantiv mit ~*em* Geschlecht 中性名詞 | „Kind" ist ein ~*es* Hauptwort. Kind は中性名詞である | männliche, weibliche und ~*e* Substantive 男性・女性および中性名詞 ‖ Das Geschlechtswort „das" ist ~. 冠詞 das は中性である ‖ Manche Substantive werden männlich und ~ gebraucht. 名詞の中には男性にも中性にも用いられるものがある.

2 物的な, 施設〈設備〉に関する: die Kosten der ~*en* Unterhaltung 設備維持費 | die personellen und ~*en* Verwaltungskosten 管理〈行政〉に要する人件費および設備〔物件〕費 | die ~*en* Voraussetzungen des naturwissenschaftlichen Schulunterrichts 理科授業のための設備上の前提条件.

Sach·lich·keit[záxlɪçkaɪt] 女 -/-en《ふつう単数で》(sachlich なこと. 特に:) (Objektivität) 客観性, 公平〈公正〉さ, 不偏不党性; 即物性: mit strengster ~ entscheiden きわめて公正な態度で決定する | nach reiner ~ streben 純粋な客観性をめざす | ein Mensch von unbestechlicher ~ 何ものにも曲げられない公正な精神の持ち主 | Er ist wegen seiner ~ überall beliebt. 彼はえこひいきをしないのでどこへいっても好かれる〈評判がいい〉 ‖ die Neue ~ 新即物主義(表現主義への反動として1925年ごろからドイツに起こった芸術運動).

Sach≠man·gel[záx..] 男 -s/..mängel《ふつう複数で》〖法〗物の瑕疵(かし). **≠preis** 男 (↔Geldpreis) 賞品. **≠re·gi·ster** 中 件名〈事項〉索引(→Namenregister).

Sachs[1][zaks] 人名 **1** Hans ~ ハンス ザックス(1494-1576; Nürnberg の靴屋の親方で詩人). **2** Nelly ~ ネリー ザックス(1891-1970; ドイツの女流詩人. 1966年ノーベル賞受賞).

Sachs[2][−] 男 -es/-e (古代ゲルマンの)短刀. [*ahd.* sahs; ◇Säge, Messer[2], Sachse; *engl.* sax]

Sach·scha·den[záx..] 男 (↔Personenschaden)〖法〗物的損害, 物損: der ~ bei dem Autounfall 自動車事故のさいの物的損害 | Es entstand ein ~ von insgesamt 3 000 Mark. 合計3000マルクの物損が生じた. [<Sache]

Sach·scha·den·er·satz 男 物的〈財物上の〉損害の補償.

Sach·se[záksə] 男 -n/-n (女 **Säch·sin**[zɛ́ksɪn]-/-nen) **1** ザクセン人(ドイツ北西部に住んでいたゲルマンの一部族で, その一部はイギリスに渡った). **2** Sachsen の人. [*ahd.*; ◇Sachs[2]; *engl.* Saxon]

säch·seln[zɛ́ksəln]《06》自 (h) ザクセン方言〈なまり〉で話す.

Sach·sen[záksən] 地名 (略 Sa.) ザクセン(ドイツ中東部の州. 州都は Dresden. 近世におけるザクセン選帝侯国の中核部分を成した. 19世紀はじめナポレオンのもとで王国となったが, ウィーン会議で領土の北半をプロイセンに譲り, のち旧ドイツ国の一州となった. 1952年に州は解体して数地区に分割されたが, 1990年の再統一によって再び連邦の一州となった).

Sach·sen-An·halt[záksən|ánhalt] 地名 ザクセン=アンハルト(ドイツ中部の州. ウィーン会議でプロイセンに譲られた Sachsen の北半とプロイセンの一部が合体して, プロイセン王国のザクセン州となり, 1946年これと Anhalt が合体してザクセン=アンハルト州を形成したが, 1952年にいったん解体の後, 1990年の再統一で再び連邦の一州となった. 州都は Magdeburg).

Sach·sen≠gän·ger 男 (かつてポーランドから砂糖収穫のためにザクセンに来た)季節労働者. **≠spie·gel** 男 -s/〖史〗ザクセンシュピーゲル, ザクセン法鑑(ザクセンの騎士 Eike von Repgow が著したドイツ中世の最も重要な法書で, 1215-35年に成立).

Säch·sin Sachse の女性形.

säch·sisch[zɛ́ksɪʃ] 形 **1** ザクセンの; ザクセン方言の: →deutsch | im *Sächsischen* ザクセン方言で; ザクセン〔地方〕で | die *Sächsische* Schweiz ザクセン=スイス (Elbsandsteingebirge の一部. 風景がスイスに似ているところからこの称がある). **2** (angelsächsisch) アングロサクソン語(古英語)の: ~*er* Genitiv〖言〗サクソン属格(前置された 2 格付加語. 例 *des Vaters* Segen 父親の祝福).

Sach·spen·de[záx..] 女 現物寄付. [<Sache]

sacht[zaxt] **I** 形 (英: *soft*) (音・動きなどが) 静かな, 穏やかな, 柔らかな, かすかな(→sanft): ein ~*es* Geräusch かすかな物音 | ein ~*er* Windhauch 柔らかな微風 | ein ~*es* Streicheln 静かになでること ‖ *et.*[4] mit ~*en* Händen berühren〔両手で〕…にそっとふれる | *sich*[4] *jm.* mit ~*en* Schritten nähern …にそっと〈足音をしのばせて〉近づく ‖〖述語的に〗Ihre Bewegungen waren ganz ~. 彼女の身のこなしは全くもの静かであった ‖〖副詞的に〗*et.*[4] ~ anfassen 〈streicheln〉 …にそっとふれる〈を静かになでる〉 | *sich*[4] ~ entfernen こっそり立ち去る | ~ die Treppe hinaufgehen 静かに階段をのぼる | ~ die Tür öffnen 〈an die Tür klopfen〉 ドアをそっとあける〈ノックする〉 | Der Fluß rauschte ~. 川はかすかに音をたてながら流れ〔てい〕た | Ihr Atem ging ~. 彼女の息は静かであった.

II 副 **1** →I **2 a)** (allmählich) しだいに, 徐々に, ゆるやかに: ein ~ ansteigendes Gelände ゆるやかな上りになっている地形 | Der Weg führt ~ bergan. 道はゆるい上りになっている | Das Interesse der Leser an diesem Ereignis erlahmte ~. この事件に対する読者の興味はしだいに衰えていった. **b)** ゆっくりと; ゆったりと, のんびりと: Der Zug fuhr ~ weiter. 列車はのんびりと走り続けた ‖ Wer ~ fährt, kommt auch an.《諺》ゆっくり行っても目的地には着く.
[*mndd.*; ◇sanft; *engl.* soft]

sach·te[záxtə] **I** =sacht I **II** 副《話》**1** →sacht II 1 **2 a)** そっと, 慎重に; ゆっくりと, あわてずに, 落ち着いて: Er ging ~ zu Werke. 彼は慎重に仕事に取りかかった ‖〖注意・いましめの言葉として〗*Sachte*, ~! / Immer ~! / Nur 〔man〕 ~! さあ あわてないで〈ゆっくり・慎重に・そっと〉 | Immer ~ mit den jungen Pferden! (→Pferd 1). **b)** そろそろ, ぼつぼつ, おいおい, そのうち: Es wird so ~ Zeit zum Aufbruch. そろそろ出発の時が近づいてきた | Er wollte sich so ganz ~ eine neue Wohnung suchen. 彼はゆっくり時間をかけて〈気長に〉新しい家を探すつもりであった.

Sach≠ver·halt[záxfɛrhalt] 男 -〔e〕s/-e 事情, 事態, 実情, 実態: den wahren ~ 〔auf〕klären 〈erkennen〉 真相を解明する〈認識する〉 | *jm.* den ~ darlegen 〈mitteilen〉 …に事情を説明する〈知らせる〉 | dem 〔wirklichen〕 ~ nicht entsprechen 実情に合わない. **≠ver·mö·gen** 中 物的財産, 固定資産. **≠ver·si·che·rung** 女 物(ぶつ)保険.

S

⸗**ver·stand** 男 (Sachkenntnis) 専門的知識; 造詣(ぞうけい): keinen ~ haben ⟨besitzen⟩ 専門的知識を持っていない | über großen ~ verfügen 専門知識が豊富である. [< Sache]

sach·ver·stän·dig **I** 形 (sachkundig) 専門的知識をもった; (ある分野に)精通した, その道に通じた, 造詣(ぞうけい)の深い: Das Publikum war sehr ~. 聴衆⟨観客⟩は通(つう)ばかりだった. **II** **Sach·ver·stän·di·ge** 男 女《形容詞変化》(ある分野の)専門家; 通(つう); 〘法〙鑑定人: ein ~*r* für Uhren 時計鑑定家.

Sach·ver·stän·di·gen·gut·ach·ten 中 (専門家の)鑑定〔書〕.

Sach⸗ver·zeich·nis 中 内容目録, 商品目録; 事項索引. ⸗**wal·ter** 男 -s/- **1**《雅》弁護人; 代弁者: *sich*⁴ für *et.*⁴ zum ~ machen …を弁護する. **2** 〘法〙管財人; 和議実行監督人. ⸗**wei·ser** 男 =Sachregister ⸗**wert** 男 -〔e〕s/-e **1**《単数で》(Realwert) 実価, 実物⟨実質⟩価値: der ~ eines Hauses ⟨einer Münze⟩ 家の実価⟨貨幣の素材価値⟩. **2**《ふつう複数で》(Wertobjekt) 有価物件, 値打ちのある品物. ⸗**wis·sen** 中 専門的知識. ⸗**wör·ter·buch** (ある分野に関する)事典: ~ der Geschichte ⟨der Literatur⟩ 歴史⟨文学⟩事典. ⸗**zwang** 男 -〔e〕s/ ..zwänge《ふつう複数で》ことがらの性質⟨外部の事情⟩による強制, 止むを得ない事情.

Sack[zak] 男 -es(-s)/Säcke[zɛ́kə]《単位としてはときに無変化》(⊘ **Säck·chen**[zɛ́kçən], **Säck·lein**[..laɪn] 中 -s/-) **1** (粗布(あらぬの)などの大型の)袋: ein voller ⟨leerer⟩ ~ 中身のつまった⟨空の⟩袋 | ein offener ⟨zugebundener⟩ ~ 口の開いた⟨閉じられた⟩袋 | Kohlen*sack* 石炭袋 | Papier*sack* 紙製の袋 | Ruck*sack* リュックサック ‖ ein ~ Weizen 小麦一袋 | der Preis eines ~*es* Weizen ⟨eines ~ Weizens⟩ 小麦一袋の値段 | drei ~ ⟨*Säcke*⟩ Mehl メリケン粉三袋 | drei *Säcke* mit Kartoffeln じゃがいもの入った袋3個 | mit 20 *Säcken* brasilianischem Kaffee ⟨雅: brasilianischen Kaffees⟩ ブラジル=コーヒー20袋とともに ‖ einen ~ flicken ⟨ausbessern⟩ 袋を繕う | einen ~ füllen ⟨vollmachen⟩ 袋をいっぱいにする | einen ~ ausschütten ⟨leeren⟩ 袋を空にする | einen ~ zubinden ⟨aufbinden⟩ 袋の口を締める⟨開く⟩ | einen schweren ~ tragen ⟨schleppen⟩ 重い袋をかつぐ⟨引きずって運ぶ⟩ ‖ *et.*⁴ in einen ~ stopfen ⟨stecken⟩ …を袋の中に詰める.

‖〘成句で〙ein ~ 〔voll〕《話》たくさん, どっさり, いっぱい | ein ~ 〔voll〕 Fragen ⟨Arbeit⟩ mitbringen たくさんの質問⟨仕事⟩を持ちこむ | *jm.* einen ~ voller Lügen auftischen …の前にうそ八百を並べたてる | Er kam mit einem 〔großen〕 ~ voll Neuigkeiten.《話》彼は珍しいニュースをしこたま仕入れてやってきた | ***Sack* Zement!** = sackzement ‖ grob **wie** ein ~《話》ひどく粗野な(= sackgrob) | wie ein ~ schlafen (→schlafen I 1 a ①) | Er fiel um wie ein 〔nasser〕 ~.《話》彼はへたへたとくずおれた | Er ist wie ein umgekehrter ~.《話》彼は〔考えが〕すっかり変わった⟨節を変えた⟩ | **voll wie ein ~ sein**《話》ぐでんぐでんに酔っぱらっている | Hier ist es dunkel ⟨finster⟩ wie in einem ~.《話》ここはまるで〔袋の中みたいに〕真っ暗だ | **wie ein ⟨zehn⟩ ~ Seife angeben**《話》大ぼらを吹く, さかんにひけらかす ‖〘4格で〙***jm.* den ~ abbinden**《話》…の計画を台なしにする | **den ~ kriegen**《話》お払い箱になる, くびになる | lieber einen ~ 〔voll〕 Flöhe hüten als ... (→Floh 1 a) | **den ~ schlagen und den Esel meinen** 敵は本能寺にあり(袋をたたいているが実はロバをたたくのが目的) | **den ~ zubinden**《話》事を完全になしとげる | Der ~ ist noch nicht zugebunden. 事はまだ済んではいない ‖〘前置詞と〙die Katze **aus** dem ~ lassen (→Katze 1 a) | ***jn.* ⟨*et.*⁴⟩ im ~ haben**《話》…を征服している⟨掌中に収めている・確保している⟩ | die Katze im ~ kaufen (→Katze 1 a) | in einem ~ endigen (道が)袋小路になっている | **in den ~ hauen**《話》(荷物をまとめて)逃げ出す, ずらかる; 仕事をほうり出す, 職を捨てる | ***jn.* in den ~ stecken**《話》 i) …にまさる, …を打ち負かす(中世のレスリングの一種で勝者が敗者を袋に入れたことから); ii) …をだます⟨まるめこむ⟩ | In Schachspielen steckt er jeden Partner in den ~. チェスでは彼はどんな相手にも負けない | **mit ~ und Pack** 家財道具を一切がっさいもって ‖ Ein leerer ~ steht nicht aufrecht.《諺》ない袖(そで)は振れぬ(からっぽの袋は立たない) | **Hast du daheim *Säcke* an ⟨vor⟩ den Türen 〔hängen〕?**《戯》君はドアもきちんと閉められないのか, ドアを閉めたらどうだ(お前のうちではドアのかわりに袋がぶら下げてあってドアを閉めることを知らないのか).

2《雅》粗布(あらぬの)〔の服〕: in ~³ und Asche Buße tun 粗布をまとい灰をかぶって悔い改める(聖書: マタ11,21他) | **in ~ und Asche gehen** 悔い改める, 罪の償いをする.

3《話》**a**) 体型に合わない不格好な服. **b**) サックドレス.

4《南部・オーストリア・スイス》(Tasche) ポケット: ***et.*⁴ aus dem eigenen ~ bezahlen** 自腹を切って…の代金を支払う | keinen Pfennig im ~ haben 懐中に一文ももたない | die Faust im ~ machen (→Faust² 1) | 〔**für *et.*⁴**〕 **tief in den ~ langen** 〔…のために〕大金を支払う | in den eigenen ~ wirtschaften 私腹をこやす.

5 **a**) 目の下の皮膚のたるみ: Unter seinen Augen hängen *Säcke*. 彼の目の下には〔皮膚がたるんで〕袋が垂れている. **b**) (Tränensack) 涙嚢(るいのう).

6 **a**)《卑》(Hodensack) 陰嚢: ***jm.* auf den ~ fallen ⟨gehen⟩** …の厄介者になる | ***jm.* auf den ~ husten ⟨niesen / treten⟩**《話》 i) …をどなりつける, しかりとばす; ii) …を猛烈に鍛える, …をしごく | **eins auf den ~ kriegen** どやしつけられる; さんざんに殴られる; 敗北を喫する. **b**)《話》(Gaspedal) アクセル〔ペダル〕: auf den ~ treten (自動車の)アクセルを踏む(スピードをあげる).

7 (ののしり語として) (Kerl) やつ, 野郎; 腰抜け, インポ: Blöder ⟨Fauler⟩ ~! このばか⟨ぐうたら⟩野郎.

[*semit.*－*gr.* sá〔k〕kos－*lat.*－*germ.*; ◇Sakko; *engl.* sac〔k〕]

Sack·af·fe[zák..] 男 (ののしり語として) えて公.

sack·ar·tig 形 袋状の, 嚢(のう)状の.

Sack⸗bahn·hof =Kopfbahnhof ⸗**band** 中 -〔e〕s/..bänder 袋をとじるひも.

Säck·chen Sack の縮小形.

Säcke Sack の複数.

Säckel[zɛ́kəl] 男 -s/-《南部・オーストリア》**1 a**) 小袋. **b**) (Geldbeutel) 財布: ***sich*³ den ~ füllen**《話》金をためこむ ‖ **tief in den ~ greifen müssen** 金をしこたま払わなければならない | genügend ⟨viel⟩ im ~ haben 金をどっさり持っている | **in den eigenen ~ arbeiten ⟨wirtschaften⟩**《話》不当な手段で利益を得る, 私腹をこやす. ▽**c**) (Kasse) 金庫; 会計. **2** (Hosentasche) ズボンのポケット. **3**《話》とんまな男.

Säckel·mei·ster 男《南部》(Schatzmeister) (協会などの)会計主任, 出納係.

säckeln[zɛ́kəln] ⟨06⟩ 他 (h)《方》袋に詰めこむ.

Säckel·wart 男 =Säckelmeister

sacken¹[zákən] 他 (h) **1** 袋に詰める⟨入れる⟩: Getreide ~ 穀物を袋に詰める | *gesackte* Ware 袋詰めの品. **2**《北部》再帰 *sich*⁴ ~ 袋状になる⟨ふくらむ⟩; (雲が)むくむくとわきあがる; (ねり粉などが)塊になる.

sacken²[－] 自 (s) **1** (人が)倒れこむ, くずおれる; (土地・建物などが)沈下する; (船が)沈む; 〘空〙失速〔着陸〕する, (乱気流などで)異常降下する: auf das Bett ⟨in den Sessel⟩ ~ ベッド⟨安楽いす⟩に倒れる | in die Knie ⟨nach vorn⟩ ~ ひざをついて⟨前方へ⟩倒れる | immer tiefer ~ ますます深く沈む. **2** (衣類などが)だらりと垂れ下がる; (皮膚などが)たるむ. [*mndd.*; ◇sinken; *engl.* sag]

säcken[zɛ́kən] 他 (h) ⟨*jn.*⟩ (尊属殺人に対する昔の刑罰で)袋に入れて水死させる. [< Sack]

sacker·lot[zakərló:t] 間《話》(驚き・怒りの叫び) おやまあ, これはしたり; ちぇっ, ちくしょう. [< *fr.* sacré nom (de Dieu) „heiliger Name (Gottes)"]

Sacker⸗lo·ter[..ló:tər, ⏑⏑⏊⏑], (⸗**lö·ter**[..lǿ:tər, ⏑⏑⏊⏑]) 男 -s/-《話》とんでもないやつ.

sacker·ment[zakərmɛ́nt] =sackerlot

Sacker·men·ter[..tər] 男 -s/- =Sackerloter

S

[<Sakrament]

Sack≂fal·te[zák..] 女 (衣服のだらしない)しわ. **≂flug** 男 〘空〙失速. [<sacken²]

Sack·flug·ge·schwin·dig·keit 女 〘空〙失速速度.

sack·för·mig[zákfœrmɪç]² 形 袋状の; 嚢(のう)状の.

Sack≂garn 中 ズック糸. **≂gas·se** 女 袋小路; 《比》窮境, 行きづまり, デッドロック: in eine ～ geraten 行きづまる, 進退きわまる | in einer ～ stecken にっちもさっちもいかなくなっている | *sich*⁴ in eine ～ verrennen 窮地にはまりこんで脱け出せない | Er sucht verzweifelt einen Ausweg aus der ～. 彼は必死に窮地を脱しようとしている. **≂gleis** 中 〘鉄道〙突っ込み線.

sack·grob 形 《話》ひどく粗野〈不作法〉な: ein ～*er* Mensch ひどくがさつ〈不作法〉な人 | *jn.* ～ schimpfen …をひどく荒々しくののしる.

Sack≂hüp·fen 中 -s/ 袋競走, サックレース (袋に腰まで体を入れ両足跳びで競走する子供の遊戯: →図): ～ machen サックレースをする.

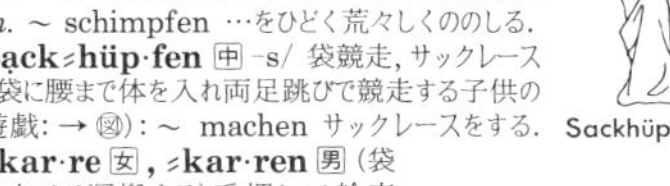
Sackhüpfen

≂kar·re 女, **≂kar·ren** 男 (袋を立てて運搬する)手押し二輪車 (→図).

Sack·kief·ler[zákki:flər] 男 -s/- 〘虫〙内顎(ないがく)類.

Sack≂kleid 中 サックドレス. **≂kof·fer** 男 ボストンバッグ.

Sack·lan·dung[zák..] 女 〘空〙失速〈平落とし〉着陸. [<sacken²]

Sackkarre (Stechkarre)

Sack·lau·fen[zák..] 中 -s/ ＝Sackhüpfen

Säck·lein Sack の縮小形.

sack·lei·nen[zák..] 形 《付加語的》ズック製の.

Sack≂lei·nen 中, **≂lein·wand** 女 袋地, ズック, 粗麻地: eine Schürze aus ～ 粗麻地の前掛け.

Säck·ler[zɛ́klər] 男 -s/- **1** 《南部》革かばん製造工; 革服仕立て職人. **2** 《オーストリア》＝Säckelmeister

Sack≂mot·te[zák..] 女 (Futteralmotte) 〘虫〙ツツミノガ(筒蓑蛾)科のガ. **≂na·del** 女 (ズック布などを縫うための)大針. **≂nie·re** 女 〘医〙嚢胞腎(のうほうじん), 腎嚢腫(じんのうしゅ). **≂pfei·fe** 女 (Dudelsack) 〘楽〙バッグパイプ. **≂pfei·fer** 男 〘楽〙バッグパイプ奏者. **≂spin·ner** 男 〘虫〙ミノガ(蓑蛾)科のガ. **≂stra·ße** 女 (↔Durchgangsstraße) 行きどまりの街路. **≂trä·ger** 男 **1** 袋かつぎ人夫. **2** ミノムシ(蓑虫)(ミノガの幼虫). **≂tuch** 中 **1** -[e]s/-e (Sackleinen) ズック, 袋地. **2** -[e]s/..tücher 《南部・オーストリア》(Taschentuch) ハンカチ.

sack·wei·se[zákvaɪzə] 副 (→..weise ★)袋入りで, 袋に詰めて: drei*sackweise* 三袋に詰めて〈分けて〉.

sack·ze·ment[zaktsemɛ́nt] 間 《話》(ののしり・のろいの叫び)ちくしょう, ちぇっ, ええい(いまいましい). [<Sakrament]

Sack·zwirn[zák..] 男 袋縫製用の[粗い]より糸.

Sad·du·zä·er[zadutsɛ́:ər] 男 -s/- 《ふつう複数で》サドカイ人(びと) (Pharisäer と対立したユダヤ教の一派). [*hebr.*–*spätgr.*–*spätlat.*]

Sade[sad, za:d] 人名 Marquis de ～ マルキ ド サド, サド侯爵(1740–1814; フランスの作家: →Sadismus).

Sa·de·baum[zá:dəbaʊm] 男 〘植〙サビナ(ヒノキ科ビャクシン属の常緑低木). [*lat.* herba Sabīna „Kraut der Sabiner"]

Sa·dis·mus[zadísmʊs] 男 -/..men[..mən] **1** 《単数で》(↔Masochismus) サディズム, 加虐性愛(→Sade); (一般に)残酷好き. **2** 加虐的な言動, 残酷な行為. [*fr.* sadisme]

Sa·dist[zadíst] 男 -en/-en (女 **Sa·di·stin**[..tɪn]-/-nen) サディスト; 残酷好きな人.

sa·di·stisch[zadístɪʃ] 形 サディズムの, 加虐性愛の; (一般に)他人をいじめることを好む, 残酷な.

Sa·do[zá:do·] 男 -s/-s 《話》＝Sadist

Sa·do·ma·so[zá:domá:zo·] 男 -/ 《話》＝Sadomasochismus

Sa·do·ma·so·chis·mus[zadomazɔxísmʊs] 男 -/..men[..mən] サドマゾヒズム, 加虐被虐性愛(略 SM).

sa·do·ma·so·chi·stisch[..xístɪʃ] 形 サドマゾヒズムの, 加虐被虐性愛の.

Sä·e·mann[zɛ́:əman] 男 -[e]s/..männer (..leute) ＝Sämann

sä·en[zɛ́:ən] **I** 他 (h) (…の)種をまく; 《比》(他人の間の不和・不信などの)原因をひそかに作り出す: Weizen 〈Mohrrüben〉 ～ 小麦〈にんじんの種〉をまく | Haß 〈Eifersucht〉 ～ 《比》憎しみ〈しっと〉の種をまく ‖ **Wer Wind *sät*, wird Sturm ernten.** 《諺》身から出たさび(風をまくものは嵐(あらし)を刈り入れるだろう. 聖書: ホセ 8, 7 から; 参考 Wie die Saat, so die Ernte. 因果応報) ‖ **wie *gesät*** 《比》(種をまいたように)たくさん, ぎっしりと | **dünn *gesät* sein** 《比》まばら〈まれ〉である | Spezialisten auf diesem Gebiet sind dünn *gesät*. この分野の専門家は寥々(りょうりょう)たるものである. **II Sä·en** 中 -s/ 種をまくこと, 種まき. [*idg.*; ◇Saat, Samen, Seite; *lat.* serere „säen"; *engl.* sow]

Sä·er[zɛ́:ər] 男 -s/- 種をまく人.

Sa·fa·ri[zafá:ri·] 女 -/-s サファリ(東アフリカなどでの狩猟旅行; アフリカ観光の団体旅行): Foto*safari* カメラサファリ | auf ～ gehen サファリ〈狩猟旅行〉に行く. [*arab.*; <*arab.* safar „Reise"]

Sa·fa·ri·park[zafá:ri..] 男 (猛獣を放し飼いにしてある)サファリパーク.

Safe[ze:f, seɪf] 男 中 -s/-s 〔安全〕金庫; (銀行の)金庫室: ein Testament im ～ aufbewahren 遺言状を金庫にしまっておく | Kostbarkeiten im ～ deponieren 貴重品を銀行の金庫に預ける. [*engl.*; <*lat.* salvus (→salve)]

Safe·knacker[zé:f.., séɪf..] 男 (英: *safecracker*) 《話》金庫破り.

Sa·fer Sex[séɪfə sɛ́ks] 男 --[e]s/ 《ふつう無冠詞で》(エイズ感染予防のための)より安全なセックス〔の仕方〕. [*engl.* „sicherer Sex"]

Saf·fian[záfian, ..fia:n] 男 -s/ ＝Marokkoleder [*pers.*–*turkotatar.*–*russ.*; <*pers.* sacht „hart"]

Saf·fian≂ein·band 男 モロッコ革装丁. **≂le·der** 中 ＝Saffian

Sa·flor (**Saf·flor**)[zafló:r] 男 -s/-e 〘植〙ベニバナ(紅花)属. [*arab.*–*it.* asf[i]ori; ◇*engl.* safflower]

Saf·lor·gelb 中 -s/ サフロール黄(ベニバナの黄色色素).

Sa·fran[záfran, ..fra:n] 男 -s/-e **1** 〘植〙サフラン; 薬用サフラン. **2** (サフランの花柱から採った)黄色色素; サフラン香料. [*arab.*–*afr.*–*mhd.*; ◇*engl.* saffron]

sa·fran·gelb 形 サフラン色の, まっ黄色な; サフランの黄色色素で染めた.

Sa·fra·nin[zafraní:n] 男 -s/-e 〘化〙サフラニン(赤色のタール色素). [<..in²]

Saft[zaft] 男 -es(-s)/Säfte[zɛ́ftə] (小 **Säft·chen** → 別出, **Säft·lein**[zɛ́ftlaɪn] 中 -s/-) **1** (動植物の組織内部に存在する液体. 例えば:) 樹液; (野菜・果物などの)ジュース; 体液: der ～ der Äpfel / Apfel*saft* リンゴジュース | der ～ der Reben 《雅》ぶどう酒 | Frucht*saft* 果汁 | Trauben*saft* グレープジュース ‖ einen ～ [zu]bereiten ジュースを作る | den ～ einer Zitrone auspressen レモンの汁をしぼる ‖ Der Baum hat noch zu viel ～, um geschlagen zu werden. この木は切り倒すにはまだ樹液が多すぎる | ein Mensch voll gesunder *Säfte* 《比》健康ではち切れんばかりの人 | Er ist voller ～. 彼はエネルギッシュだ | Er hat keinen ～ in Knochen. 彼は元気〈生気〉がない | schlechte 〈kranke〉 *Säfte* [im Körper] haben 病気である | Die Wiesen stehen in vollem ～. 野原は緑にあふれている | **ohne ～ und Kraft** 《話》気の抜けた, 生彩のない. **2 a)** (Fleischsaft) 〘料理〙肉汁: Fleisch im eigenen ～ braten 〈schmoren〉 肉をそれ自身のあぶらで焼く | **im eigenen ～ schmoren** 《話》(願い・関心事などに関して)人々から相手にされない, かまってもらえない | ***jn.* im** 〈in ***seinem***〉 **eigenen ～ schmoren lassen** 《話》…を[自業自得の]苦境の中に置いたまま放置する, …に手を貸さずに傍観する. **b)** 《オーストリア》(Soße) 〘料理〙ソース. **3** 《話》燃料, 動力源(ガソリン・オイル・電気・電力・ガスなど): Auf der Leitung ist kein ～. こ

の電線には電気が来ていない. **4** 《卑》(Sperma) 精液.
[*westgerm.*; ◇ *lat.* sapa „Mostsirup“; *engl.* sap]

Saft≈arsch[záft..] 男 《話》期待を裏切った人; 腰ぬけ, いくじなし. **≈bir·ne** 女 特に果汁の多いナシ.

Säft·chen[zɛ́ftçən] 中 -s/- (Saft の縮小形. 特に:) 水薬; (水薬の苦味をうすめるための)シロップ: ein ～ bereiten 〈einnehmen〉〔水〕薬を作る〈飲む〉| *jm. et.*⁴ in einem ～ beibringen 《比》…に…(いやなこと)を穏やかな形で伝える.

Säf·te Saft の複数.

säf·teln[zɛ́ftəln] 《06》自 (h) 《話》汁〈汁状のもの〉が出る, 汁を出す.

saf·ten[záftən] 《01》 **I** 他 (h) 果汁をしぼる. **II** 自 (h) 果汁が出る.

Säf·te·ver·lust[zɛ́ftə..] 男 〘医〙乏水(ぼうすい).

Saft·fa·sten[záft..] 中 =Saftkur

saft·grün 形 青々とした, 新鮮な緑色の.

Saft·hei·ni 男 =Saftarsch

saf·tig[záftɪç]² 形 **1** 液汁〈汁気〉の多い; みずみずしい: eine ～*e* Birne 果汁の多いナシ | ～*es* Obst みずみずしい果物 | eine ～*e* Wiese 緑の草の生いしげる野原 ‖ Das Steak ist zart und ～. このステーキはやわらかく汁気がたっぷりある. **2** 《話》 **a)** 強烈な, したたかな; (値段の)非常に高い: eine ～*e* Ohrfeige 強烈なびんた | eine ～*e* Rechnung 相当な額の勘定書 ‖ ～ die Meinung sagen ずけずけ意見を述べる. **b)** 卑猥(ひわい)な, 淫猥(いんわい)な: ～*e* Dinge 〈Witze〉 erzählen きわどい話をする〈卑猥な冗談を言う〉.

Saf·tig·keit[–kaɪt] 女 -/-en **1** 《単数で》(saftig なこと. 例えば:) 汁気の多いこと; みずみずしさ. **2** 《話》卑猥な言葉.

Saft≈kä·fer[záft..] 男 〘虫〙デオムシ(出尾虫)科の昆虫. **≈kur** 女 〘医〙ジュース療法. **≈la·den** 男 《話》 **1** レストラン; バー. **2** 放漫経営の店〈企業〉.

Säft·lein Saft の縮小形(→Säftchen).

saft·los[záftloːs]¹ 形 液汁〈汁気〉のない, 干からびた; 《比》活気のない, 気の抜けた: ***saft- und kraftlos*** 全く生彩を欠いた.

Saft≈oran·ge[záft|orãːʒə] 女 特に果汁の多いオレンジ. **≈pres·se** 女 液汁〈果汁〉搾り器, ジューサー.

saft·reich 形 液汁〈汁気〉の多い.

Saft·sack 男 《卑》野郎, やつ(男性に対する罵言(ばげん)).

Saft·schlür·fer·mot·te 女 〘虫〙モグリホソガ(潜矮蛾)科のガ.

Saft·tag 男 Saftkur を行う日.

saft·voll =saftreich

Sa·ga[zá(ː)ga·] 女 -/-s 〘文芸〙サガ(12世紀から14世紀にかけて北ヨーロッパ, 特にアイスランドで発達した散文物語).
[*anord.*; ◇sagen, Sage]

▽**Sa·ga·zi·tät**[zagatsitɛ́ːt] 女 -/ (Scharfsinn) 明敏さ, 敏感さ, 賢明さ. [*lat.*; < *lat.* sagāx „scharfsinnig“ (◇suchen)]

sag·bar[záːkbaːr] 形 言葉で表現しうる; 口に出せる.

Sa·ge[záːgə] 女 -/-n **1** 口碑, 伝説; 説話: eine alte 〈deutsche〉 ～ 古い〈ドイツの〉伝説 ‖ ～*n* aufzeichnen 〈sammeln〉 伝説を記録する〈収集する〉| wie die ～ berichtet 〈erzählt〉 伝説の物語るところによれば. **2** 《話》(Gerücht) うわさ, 風評; 作り話: **es geht die ～, daß** … …というわさだ | Das ist doch wohl eine ～. それはきっと作り話だろう. [*westgerm.* „Gesagtes“; ◇sagen, Saga]

Sä·ge[zɛ́ːgə] 女 -/-n **1** のこぎり(→ 図); のこぎり状のもの: Laub*säge* 糸のこぎり | **die Singende ～** 〘楽〙歌うのこぎり(のこぎりの背の部分を弓で引いて音を出す楽器) ‖ eine ～ schärfen 〈schränken〉 のこぎりの目立てをする. **2** 《南部・オーストリア》(Sägewerk) 製材所: in einer ～ arbeiten 製材所で働く. [*ahd.*; ◇Sense, Segel, Segge; *engl.* saw]

Sä·ge·ar·bei·ter 男 《オーストリア》=Sägewerker

sä·ge·ar·tig 形 のこぎりのような, のこぎり状の.

Sä·ge≈be·sit·zer[zɛ́ːgə..] 《オーストリア》=Sägewerksbesitzer **≈blatt** 中 鋸刃(のこば)(のこぎりの歯のついた鋼板: → 図 Säge). **≈block** 男 -〔e〕s/..blöcke 製材用丸太. **≈bock** 男 **1** 鋸挽(のこびき)台. **2** 〘虫〙セイヨウノコギリカミキリ(西

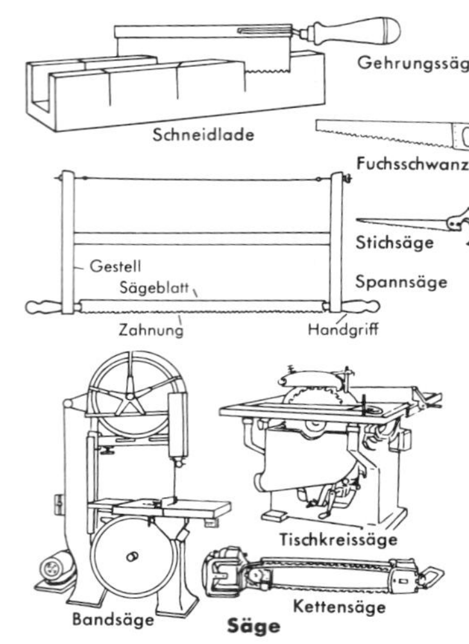

Säge

洋鋸髪切虫). **≈dach** 中 〘建〙のこぎり屋根(→ 図 Dach B). **≈fisch** 男 〘魚〙ノコギリエイ(鋸鱝).

sä·ge·för·mig[..fœrmɪç]² 形 のこぎり形〈状〉の.

Sä·ge≈gat·ter 中, **≈ge·stell** 中 のこぎりの刃をはめるフレーム. **≈hai** 男 〘魚〙ノコギリザメ(鋸鮫). **≈holz** 中 製材用木材. **≈ma·schi·ne** 女 機械鋸(のこ). **≈mehl** 中 のこ〔ぎり〕くず, おがくず: ～ im Kopf haben 《話》頭がからっぽである, ばかである. **≈mei·ster** 男 製材所の監督; 《オーストリア》製材業種の親方. **≈mes·ser** 中 のこぎり刃ナイフ〈包丁〉(→ 図 Messer). **≈müh·le** 女 =Sägewerk **≈mus·kel** 女 〘解〙側鋸(きょ)筋.

sa·gen[záːgən]¹ **I** 他 (h) **1 a)** ① (英: *say*) 《〔zu *jm.*〕 *et.*⁴》(〔…に〕…を)〔口に出して〕言う,〔言葉で〕言い表す, 口にする, 述べる; 《*jm. et.*⁴》(…に…を)伝える, 告げる, 知らせる, 話す: 〘副詞〔句〕と〙 *et.*⁴ sehr bestimmt ～ きわめてきっぱりした口調で…を言う, …をはっきり断言する | Das hast du gut *gesagt*. それは名言だ, それは言い得て妙だ | *et.*⁴ hundertmal ～ …を何百回となく〈口がすっぱくなるほど〉言う | Das darf man nicht laut ～. それは大きな声では言えない | Ich habe 〔dir〕 das schon immer *gesagt*. 私は君にいつもそう言っていただろう | Das *sagst* du so, aber so einfach ist es nicht. 君はそう言うけど そんな簡単なものじゃないんだ | Das kann ich vorher nicht ～. そんなことは私にあらかじめ分かるわけがない〔から言えない〕 ‖ Wie *sagt* man das auf deutsch? それはドイツ語ではなんと言いますか | *et.*⁴ auf 〔gut〕 deutsch ～ …をきちんとしたドイツ語で言う; 《比》…をはっきり〈あけすけに〉言う | *et.*⁴ aus Bosheit ～ 意地悪〈悪意〉で…を言う | *et.*⁴ durch die Blume ～ (→Blume 1 a) | *et.*⁴ im guten ～ …を好意から言う, …を穏便に〈けんか腰でなく〉言う | *et.*⁴ im Scherz ～ …を冗談で言う | *jm. et.*⁴ ins Gesicht ～ (→Gesicht 1 a) | *jm. et.*⁴ ins Ohr ～ …に…を耳打ちする | *et.*⁴ vor *sich*⁴ hin ～ …とひとりごとを言う.
‖〘4格の名詞と〙*jm.* Bescheid ～ (→Bescheid 1) | *jm.* Dank ～ …に謝意を述べる〈お礼を言う〉| Sie haben uns ihre Gründe *gesagt*. 彼らは我々にその理由を明かしてくれた | *jm.* Komplimente 〈Sticheleien〉 ～ …にお世辞〈いやみ〉を言う | *seine* Meinung ～ 自分の意見を述べる | *jm.* die 〈*seine*〉 Meinung ～ (→Meinung 1 a) | *jm. seinen* Namen ～ …に自分の名前を告げる | *jm.* die volle Wahrheit ～ …にありのままを言う | kein Wort ～ 一言も言わない.

‖〖4格の代名詞と〗Sie *sagen* es. i）(相手の言葉を受けて)おっしゃるとおりです; ii）彼らがそう言っている, そう言っているのは彼らだ | Ich *sage* es so, wie es ist. 私はありのままを言う | *Sag* es nur, wenn du mich brauchst. 用があるときはどしどし言ってくれたまえ | Wer kann das mir ～? だれかそれを私に教えてくれないかね | So geht das nicht, das kann ich dir ～. (警告を発して)これだけははっきり言っておくが これじゃまずいよ | Es fiel mir nicht leicht, 〔das〕 kann ich dir ～. (念を押して)それは容易じゃなかったよ ほんとに | Was hast du eben *gesagt*? いま君はなんと言ったかね | Hat er etwas zu dir *gesagt*? 彼は君に何か言ったかい | So etwas *sagt* man nicht. / Das *sagt* man nicht. そんなことは言ってはいけない, そんなことは言わないものだ | Ich will dir mal was ～. 君にちょっと言っておきたいことがある | Ich *sage* gar nichts mehr. 私はもう何も言わない | mit wenig Worten viel ～ わずかの言葉で多くを語る.

‖〖zu sagen haben などの形で〗〔*jm.*〕 **nichts 〈etwas〉 zu ～ haben** i）〔…に〕話すことは何もない〈ちょっと話すことがある〉; ii）(作品などが)〔…に〕訴えかけるものが何もない〈何かある〉; iii）→②; iv）→2 b | Er hatte wirklich etwas zu ～. 彼の話は無内容ではなかった ‖ Er weiß **auf** alles etwas zu ～. 彼が返答に窮するというような事柄はない, 彼は何事に対しても一家言をもっている | **Dagegen** ist nichts zu ～. それにはなんら異論を差しはさむべき余地はない(→2 a) | **Darüber** wäre viel zu ～. それについては言うべきこと〈異論〉が大いにある(→2 a).

‖〖不定代名詞などを目的語として〗Es *sagt* mir etwas. そいつは私の心に訴えるものがある, こいつはちょっといける話だ | Da**von** hat er nichts *gesagt*. それについては彼は何も言わなかった | Sie hat da**zu** nichts *gesagt*. 彼女はそれに対してはなんの意見も言わなかった | Was *sagst* du dazu? 君はこれをどう思うかね | Was werden die Leute dazu ～? 世間の人はこれに対してなんというだろうか | Was soll man dazu ～? さあ〔それに対しては〕なんと言えばよいのでしょうか, さあそれにはなんとも言いようがないですねえ.

‖〖事物を主語として〗Was *sagt* dein Gefühl? 君の感じではどうだ | Seine Miene hat deutlich das Gegenteil *gesagt*. 彼の顔は明らかにそれとは反対のことを物語っていた | *Sagt* dir der Name etwas? 君はこの名前に心当たりはあるかい | Die Urkunde *sagt* darüber nichts. 記録〈文書〉にはその点については何も書いてない | Das müßte ihm sein eigener Verstand ～. そんなこと彼は自分の頭で考えれば分かるのに.

‖〖直接説話または間接説話で〗Er *sagte* zu mir: „Ich kann nicht kommen.“/ „Ich kann nicht kommen“, *sagte* er zu mir. / „Ich kann“, *sagte* er zu mir, „nicht kommen.“ 彼は私に言った:「私は行け〈来られ〉ません」| Er *sagte* mir, daß er nicht kommen könne 〈kann〉. / Er *sagte* mir, er könne nicht kommen. 彼は私に来られないと言った | Er *sagte*: „Ich konnte nicht kommen.“ 彼は言った:「私は行け〈来られ〉なかった」| Er *sagte*, daß er nicht habe kommen können. 彼は行け〈来られ〉なかったと言った ‖ Goethe sagt 〔in diesem Zusammenhang〕: ... ゲーテは〔この点に関して〕…と言っている.

‖〖発言内容を表す語句と〗*jm.* guten Tag 〈gute Nacht〉 ～ …にこんにちは〈おやすみなさい〉とあいさつする | Sie *sagten sich*^{3} 〈einander〉 Lebewohl. 彼らはお互いにお達者でと言いあった | *et.*^{3} Valet ～《比》…におさらばする, …と縁を切る ‖ ja 〈nein〉 ～ うん〈いや〉と言う | zu allem ja und amen ～ なんでも同意〈承知〉してしまう, 唯々諾々(いいだくだく)としている | Er kann nicht nein ～. 彼はいやとはいえない性分だ | Da *sage* ich nicht nein. それなら私にもぜひやらせて〈参加させて〉ください ‖ Sie *sagen* du zueinander. 彼らはお互いに(Sie ではなく) du で呼び合っている(→duzen) ‖ Sie war verzweifelt — verzweifelt, *sage* ich dir. 彼女は絶望していた — いいですか 絶望していたんですよ.

‖〖副文を目的語として〗Ich habe dir ehrlich *gesagt*, was ich davon halte. それについてどう思っているか私は君に正直に話した | Ich kann dir nicht ～ 〈Es ist nicht zu ～〉, wie ich mich darüber freue. それが私にとってどんなにうれしいことか 言葉では言い表せない.

‖〖man を主語として〗Man *sagt*, daß er krank sei. 彼は病気だという話〈うわさ〉だ | Er hat richtig gehandelt, was man auch 〔darüber〕 ～ mag. 人がなんと言おうと 彼のやったことは正しい.

‖〖副文で〗was ich noch ～ wollte ええと〈ところで〉〔なんと言おうと思っていたんだっけ〕| Aber wenn ich es dir *sage*! (私がそう言っているのだから)ぜったい間違いないったら | Was ich dir jetzt *sage*, mußt du für dich behalten. 私がこれから君に伝える内容はだれにも言ってはいけないよ | Wer A *sagt*, muß auch B ～. 《諺》乗りかかった船(A と言ったものは B とも言わなければならない).

‖〖目的語なしで〗Ich habe nur so *gesagt*. 私はただちょっとそう言ってみただけだ | Ich müßte lügen, wenn ich anders *sagte*. そうでないと言えばうそになるだろう | *Sagen* Sie, wenn es genug ist. (酒を注ぐときなど)十分ならもういいとおっしゃってください ‖〖挿入文の形で〗wie ich schon *sagte* 前にも言った〈述べた〉ように | wie man zu ～ pflegt / wie man so schön *sagt* よく言うように, よく言うじゃないか | **sage und schreibe** 驚くなかれ, なんと | Er hat dafür〔,〕 sage und schreibe〔,〕 zwanzig Mark verlangt. 《話》彼はその代金として 驚くなかれ〈なんと・ほんとに〉20マルク請求した | Ich komme, ***sagen* wir** 〔**mal**〕, am Mittwoch. 私は そうですねえ水曜日に参ります | Er hat Glück gehabt, wenn ich so ～ darf. こう言っていいかどうか知らないけど 彼は運がよかったんだ | Sie hat so etwas — wie soll ich ～. なんと言ったらいいか分からないが 彼女にはそういうところがある.

‖〖分詞構文で〗ehrlich *gesagt* 正直に言って | gelinde *gesagt* 婉曲(えんきょく)〈控えめ〉に言って | kurz *gesagt* 簡単に言うと | nebenbei *gesagt* ついでに言うと | im Vertrauen *gesagt* 打ちあけて言えば, 内密の話だが | unter uns *gesagt* ここだけの話だが | **wie *gesagt*** すでに言った〈述べた〉ように ‖ 〔Wie〕 *gesagt*, 〔so〕 getan. 言うがはやいか〔言ったとおりに〕実行した.

‖〖zu 不定詞〔句〕で〗Das ist, mit Verlaub zu ～, eine Gemeinheit. それは こう言ってはなんだが〈失礼ながら〉卑劣な行いだ | Ich habe nicht viel gegessen, **um nicht zu ～**, gar nichts. 私はなんにも食べなかったとは言わないまでも たくさんは食べなかった | Es geht ihm gesundheitlich schlecht, um nicht zu ～, miserabel. 彼の健康状態は悲惨とは言わぬまでもわるい ‖ das mindeste zu ～ 最小限に言っても, 少なくとも | um es offen zu ～ 率直に言って(→sozusagen).

‖〖修辞的疑問文で〗Habe ich's nicht *gesagt*?/Wer *sagt*'s denn? 言わんことじゃないだろう | Wem *sagst* du das! そんなこと だれに向かって言っているんだい(僕こそいちばんよく知っているんだぜ) | Wie *sage* ich's meinem Kinde? どう言えば分かりやすいかなあ | Wer kann ～, was geschehen wird? 何が起こるか だれに分かるものか(だれにも分かりはしない) ‖ Darüber bin ich sehr erstaunt, 〔**ach**〕 **was *sage* ich** 〈was ich *sage*〉, entrüstet. 私はそれには非常に驚いた いやそれどころか憤慨さえしている.

‖〖感嘆文で〗Was Sie nicht *sagen*! まさか ご冗談でしょう.

‖〖不定詞で他の動詞と〗Ich habe ihn ～ hören, daß ... 彼が…と言うのを私は聞いた ‖ *jm.* 〔durch *jn.*〕 *et.*^{4} ～ lassen …に〔…を通じて〕…を伝えてもらう〈ことづける〉| **ich habe mir ～ lassen, daß ...** 私は…という話を聞いた | Ich habe mir ～ lassen, daß es sich^4 so verhält. そういう事情であることを私は聞いている(→②).

‖〖命令形で〗*Sag*, wer du bist. あんたはだれかね | *Sag* mal, kennst du ihn? ところで 彼を知っているのか | Nun *sage* bloß, du gehst nicht mit? 君は一緒に行かないというんじゃないだろうね(→2 a).

‖〖受動で〗Damit ist viel 〈nichts〉 *gesagt*. それは意味深長だ〈なんの意味もない〉(→2 a) | Das ist wirklich genug *gesagt*. それはほんとに言いすぎだ | Das ist leicht 〈bald〉 *gesagt*. それは口で言うのはやさしい | Das ist leichter *gesagt* als getan. 《諺》言うは易(やす)く行うは難し | Das mußte einmal *gesagt* werden. それは一度はだれかが言わなければならないことだった | **nicht *gesagt* sein** 〔まだ〕はっきりそうと決まったわけではない | Es ist noch nicht *gesagt*, daß er heute kommt. 彼がきょう来るとはまだ決まっていない ‖ Ich habe es, zu meiner Schande sei es *gesagt*, ganz vergessen. 恥ずかしいことながら白状すると 私はそれをすっかり忘れていた.

‖〖過去分詞を名詞化して〗Das *Gesagte* bleibt unter uns. いま言ったことはここだけの話だぞ | Es bezieht *sich*⁴ auf das oben *Gesagte*. それは前に述べたことと関係している | Aus dem *Gesagten* folgt ... 以上述べたことから出てくる結論〈結果〉は…である | Ich nehme von dem *Gesagten* nichts zurück. 私は自分の〔いまの〕発言をいささかなりとも撤回する気はない.

② (あれこれ)指図〈勧告〉する, 命じる: 〖**zu sagen haben** の形で〗Er hat in der Firma viel 〈nichts〉 zu ~.《話》彼は会社では大いに発言権がある〈ぜんぜん発言権がない〉| Du hast mir gar nichts 〈nicht das Geringste〉 zu ~.(私は)君になぜ指図されるいわれはこれっぽっちもない(→①, 2 b) ‖〖***sich*³ *et.*⁴ sagen lassen** の形で〗*sich*³ nichts ~ lassen ひとの言うことを聞かない, 頑固である | ***sich*³ von *jm.* nichts ~ lassen** …に指図されない, …の言うことを聞かない | Du mußt dir auch einmal etwas ~ lassen. 君も時にはひとの言うことも聞かなくちゃ | Laß dir das *gesagt* sein! よく肝に銘じておけ, 拳々服膺(けんけんふくよう)しろ ‖ ***sich*³ *et.*⁴ nicht zweimal ~ lassen** …を二度と言わせない, 待ってましたとばかりに…にとびつく(→①) ‖〖名詞として〗das *Sagen* haben 発言権〈実権〉を有する | Bei den Müllers hat die Schwiegermutter das *Sagen*. ミュラー家ではしゅうとめが実権をにぎっている(→III).

b) 再帰 ***sich*³ *et.*⁴ ~** …をみずからに言って聞かせる, …を心の中で考える〈熟慮する〉| Hast du dir das nicht schon längst *gesagt*? それはもうとっくに分かっていたことじゃないのか | Du mußt dir doch selbst ~, daß es so nicht geht. このままじゃどうにもならないことは 君は自分で分かってくれなくては.

2《しばしば話法の助動詞と》《*et.*⁴》**a**) (meinen) (意見・主張として)言う, 述べる, 主張する: Was wollen Sie damit ~? それはどういう意味だね | Wer will etwas ~? どなたか発言を希望なさるかたは | Das will ich mit meiner Bemerkung nicht ~ 〈*gesagt* haben〉. 私〔の言葉〕はそんなつもりで言っている〈言った〉のではない | Wenn es sich⁴ so verhält, will ich nichts *gesagt* haben. そういうことなら私の発言はなかったことにしよう | Ich möchte fast ~, dieses Bild gefällt mir besser. どちらかというと こちらの絵の方を取りたいくらいだ | Ich kann dasselbe von mir ~. 私の場合もそうでした; 私もあなたと全く同意見です | Wie du nur so etwas ~ kannst! よくもそんなことが言えたものだ | Er ist ehrlich, das kann ich nicht anders ~. 彼は正直だ としか言いようがない | Da kann er ~, was er will, wir glauben ihm nichts. 何を言おうと彼の勝手だが 彼の言うことなんぞ我々は信じやしない | Da soll noch einer ~ 〈Nun *sage* noch einer〉, daß hier nichts los sei. これで何ごともなかったという御仁(ごじん)がいるならお目にかかりたい(→1 a ①) | Das läßt sich⁴ ohne Übertreibung ~. 誇張なしにそう言える ‖ Ich *sage* nicht, daß er es böswillig getan hat. 彼が悪意があってやったと私は言うつもりはない | Es ist nicht zuviel *gesagt*, daß ... …と言っても過言ではない(→1 a ①) | Sie *sagen* es. あなたのおっしゃるとおりです(あなたはそれを自分で言っているではないか, というニュアンスをこめて) | Das *sagen* Sie! それはあなたのご意見です(私はそうは思いません) | *Sagen* Sie das nicht! それをおっしゃられては困ります; それはちょっと待ってくださいよ | um nicht zu ~ (→1 a ①).

b)《ふつう不定代名詞を目的語として》(bedeuten) 意味する, 表す; (…の)重要性を有する: ..., das will ~ …はすなわち ‖ Sein Gesicht *sagte* alles. 彼の顔つきがすべてを物語っていた(→1 a ①) | Dieses Lob *sagt* gar nichts. この賞賛は内容がない, こんな賞賛には何の意味もない | Seine Zustimmung allein will noch wenig ~. 彼が賛成しただけではまだどうということはない | Dieser kleine Fehler hat nichts zu ~. この小さな過ちなんかまるで問題にならない(→1 a ①) | Was will das schon ~? これに何ほどの意味があるというのか, こんなのは物の数ではあるまい.

3 (aufsagen) (詩などを)朗読する, 暗唱する.

II 自 (h)《〔*jm.*〕 von *et.*³》(〔…に〕…について)話す; 語る:〖今日では次の成句で〗von Glück ~ können 幸せ〈恵まれている〉と思わねばならない | Bei seiner Unvorsichtigkeit konnte er wirklich noch von Glück ~, daß es so gut ausgegangen war. 彼の不注意を考えれば こんな好結果に終わったことを彼は幸いとしなければならなかった ‖ von der Liebe singen und ~《雅》愛〈恋〉について歌いかつ語る.

III Sa̱·gen 中 -s/ sagen すること: **das ~ haben** 発言〈決定〉権をもつ(→I 1 a ②).

★ 発言・発話を意味する動詞のうち, sagen は reden, sprechen と異なり, 発話行為を発言内容とのかかわりにおいてとらえ, したがって, それを表す目的語を伴うのが原則である.

[*idg.*; ◇sehen, Saga, Sage; *engl.* say]

sä̱·gen[zɛ́:gən][1] **I** 他 (h) 鋸(のこぎり)でひく〈切る〉; 鋸でひいて作る; (鋸をひくような)不器用な切りかたをする: Holz ~ (→Holz 1 a) | den Baumstamm in mehrere Teile ~ 丸太を鋸で幾つもの部分に切る | Balken ~ (原木を鋸でひいて)角材を作る | Fleisch ~ 肉をゴシゴシ切る. **II** 自 (h) **1** 鋸を使って仕事をする; 鋸で切るような音をたてる: auf der Geige ~ ヴァイオリンをキイキイ弾く. **2**《戯》(schnarchen) いびきをかく: die ganze Nacht ~ 一晩じゅういびきをかく. **III ge·sägt** → 別出 [*ahd.*; ◇Säge]

Sa̱·gen≈bu̱ch[zá:gən..] 中 伝説集. **≈dich·tung** 女 -/ 伝説文学. **≈for·scher** 男 伝説研究家. **≈for·schung** 女 伝説研究.

sa̱·gen·haft[zá:gənhaft] **I** 形 **1** 伝説〈口碑〉上の; 伝説的な: ein ~*er* Held 伝説上の英雄 | Goethe, der ~*e* Greis 伝説的な人物となった老ゲーテ. **2**《話》考えられないほどの, 信じがたい: ein ~*er* Reichtum 気が遠くなるほどのばく大な富 | ~*en* Blödsinn machen とんでもないへまをやらかす. **II** 副《話》《形容詞を修飾して》非常に, 途方もなく: ~ teuer べらぼうに高価な | Sie kann ~ gut kochen. 彼女はものすごく料理がうまい.

Sa̱·gen≈kreis 男 伝説圏. **≈kun·de** 女 -/ 伝説学, 伝説研究.

sa̱·gen·reich 形 伝説に恵まれた, たくさん伝説が残っている(地方).

Sa̱·gen·schatz 男《雅》(文化財として残された豊かな)「伝説〔群〕.」

sa̱·gen≈um·wit·tert 形, **≈um·wo̱·ben** 形《雅》(古城・土地などが)伝説に包まれた.

Sa̱·gen·zeit 女 伝説〈有史以前〉の時代. [<Sage]

Sä̱·ger[zɛ́:gər] 男 -s/- **1** 木挽(こびき)職人. **2**〖鳥〗アイサ(秋沙).

Sä̱·ge·ra̱h·men[zɛ́:gə..] 男 =Sägegatter

Sä̱·ge·re̱i[zɛ:gəráɪ] 女 -/-en **1**《話》**a**) ゴシゴシ鋸(のこ)をひくこと. **b**) ゴウゴウいびきをかくこと. **2**《スイ》=Sägewerk

Sä̱·ge≈schnitt[zɛ́:gə..] 男〖紋〗鋸歯(きょし)状分割〔線〕. **≈spä·ne** 複 (Sägemehl) おがくず, のこくず. **≈werk** 中 製材所, 製材工場. **≈wer·ker** 男 製材工.

Sä̱·ge·werks≈ar·bei·ter 男 =Sägewerker **≈be·sit·zer** 男 製材工場主.

Sä̱·ge·za̱hn 男 鋸(のこ)の歯.

sä̱·ge·za̱hn·ar·tig 形 鋸(のこ)の歯状の.

Sä̱·ge·za̱hn·stro̱m 男〖電〗鋸波(のこぎり)状電流.

sa·git·ta̱l[zagɪtá:l] 形 **1**〖解〗矢(し)状の. **2**〖理〗球欠(きゅうけつ)的な. [<*lat.* sagitta „Pfeil"+..al[1]]

Sa·git·ta̱l≈e̱·be·ne 女 **1**〖解〗矢(し)状面(矢状縫合に平行な面);〖生〗矢状面(正中面に平行な面). **2**〖理〗球欠(きゅうけつ)的平面, 球欠面. **≈strahl** 男〖理〗球欠光線.

Sa̱·go[zá:go·] 男 (オーストリア: 中) -s/ (サゴヤシから採った)サゴ〔でんぷん〕. [*malai.*–*engl.*]

Sa̱·go≈baum[zá:go..] 男, **≈pal·me** 女〖植〗サゴヤシ「(沙穀椰子).」

Sag·wort[zá:k..] 中 -〔e〕s/..wörter〖修辞〗諺(ことわざ), もじり(諺・格言などの引用と, それと裏腹な行為の描写からなる. 例 Was sich liebt, das neckt sich, sagte die Katze und fraß die Maus. ほれた同士はじゃれ合う と言って猫はネズミを食べた: →necken). [<sagen]

sah[za:] sehen の過去.

die **Sa·ha̱·ra**[zahá:ra·, zá:hara·] 地名 女 -/ サハラ(北アフリカにある世界最大の砂漠). [*arab.* „Wüste"]

sä·he[zɛ́:ə] sehen の接続法 II.

▽**Sa·hib**[zá:hɪp] 男 -[s]/-s (Herr) 旦那(だんな)(インド・ペルシアでのヨーロッパ人男性に対する敬称). [*arab.*-*Hindi*]

Sah·ne[zá:nə] 女 -/ **1** (Rahm) 乳脂, クリーム: saure ~ サワー=クリーム | geschlagene ~ / Schlag*sahne* 泡立てた生クリーム | **erste** 〈**allererste**〉 **~ sein** 《話》一級品である, すばらしい〈特上の〉ものである ‖ Kaffee mit ~ クリーム入りコーヒー | Erdbeeren mit ~ クリームをかけたイチゴ ‖ die ~ schlagen クリームを泡立てる. **2** 牛乳のうわずみ: die ~ abschöpfen 牛乳のうわずみをすくい取る. **3** 《卑》(Sperma) 精液. [*roman.*-*mndl.* sāne]

Sah·ne≠bai·ser[zá:nəbɛze:] 中 《料理》クリーム入りメレンゲ. **≠bon·bon**[..bɔŋbɔŋ] 男 中 クリームボンボン. **≠but·ter** 女 純良バター. **≠eis** 中 純良アイスクリーム. **≠gie·ßer** 男 (卓上の)クリーム入れ〈ピッチャー〉, クリーマー(→ 図 Kaffeetisch). **≠känn·chen** 中 = Sahnegießer **≠kä·se** 男 クリームチーズ.

Sah·nen≠bai·ser [zá:nənbɛze:] =Sahnebaiser **≠gie·ßer** = Sahnegießer **≠kä·se** = Sahnekäse **≠schnit·te** =Sahneschnitte **≠tor·te** =Sahnetorte

Sah·ne≠schnit·te 女 クリーム入りパフペースト. **≠tor·te** 女 クリームケーキ.

sah·nig[zá:nɪç][2] 形 **1** クリームをたっぷり含んだ. **2** クリーム状の.

Saib·ling[záiplɪŋ] 男 -s/-e 《魚》カワマス(河鱒). [<Salm[1]]

Sai·gon[záigɔn, –⌣] 地名 サイゴン(1975年までヴェトナム共和国の首都. Ho Chi Minh 市の中心地区).

Saint[1][sənt] (略 St.) (英米系の人名およびそれに由来する地名などに冠して)聖[なる]: ~ Paul[səntpɔ́:l] 聖パウロ. [*engl.*]

Saint[2][sɛ̃(t)] (略 St) (フランス系の男性名およびそれに由来する地名などに冠して)聖[なる]: ~-Bernard[sɛ̃bɛrná:r] 聖ベルナール. [*fr.*; <*lat.* sanctus (→Sankt)]

Sainte[sɛ̃t] (略 Ste) (フランス系の女性名およびそれに由来する地名などに冠して)聖[なる]: ~-Claire[sɛ̃tklɛ́:r] 聖クレール | ~-Hélène[sɛ̃telɛ́n] セントヘレナ島. [*fr.*]

Saint Lu·cia[səntlú:ʃə] 地名 セントルシア(中米, 西インド諸島の一部で1979年英連邦内で独立. 首都カストリーズ Castries).

Saint-Saëns[sɛ̃sɑ̃́:s] 人名 Camille ~ カミーユ サン=サーンス(1835-1921; フランスの作曲家).

Saint-Si·mo·nis·mus[sɛ̃simonísmʊs, zɛ̃..] 男 -/ サン=シモン主義(初期社会主義の一形態). [*fr.*; <de Saint-Simon (フランスの社会思想家, †1825)]

Saint Vin·cent und die Gre·na·dien [səntvínsənt ʊnt di: grená:diən] 地名 セントヴィンセントおよびグレナディーン諸島(中米, 西インド諸島の一部で1979年英連邦内で独立. 首都キングスタウン Kingstown).

Sai·son[zɛzɔ̃́:, sɛzɔ̃́(:), zɛzɔ́ŋ] 女 -/-s (オーストリア: -en [zɛzó:nən]) **1 a**) (…の)時節, 時季, 季節, シーズン; 最盛期; (作物などの)出回り期: die ~ für Reisen / Reise*saison* 旅行のシーズン | die ~ für Spargel アスパラガスの出回り期 | Hoch*saison* シーズンの最盛期 ‖ Die ~ hat gerade begonnen. シーズンは開幕したばかりである ‖ Außerhalb der ~ ist es hier sehr still. [観光]シーズンを除くと ここはとても静かである | Nach der ~ beginnt der Schlußverkauf. シーズンが終わると季末セールが始まる ‖ **~ haben** 《話》需要が多い, よく売れる. **b**) 《劇・楽》シーズン(演劇・オペラ・音楽会などが催されている期間. 秋から翌年初夏まで): Der Schauspieler bleibt noch eine ~ in Köln. この俳優はもうひとシーズン ケルンにいる. ▽**2** (Jahreszeit) (春夏秋冬の)季節. [*lat.* satiō „Säen"-*fr.*; <*lat.* serere (→säen); ◇*engl.* season]

sai·son·ab·hän·gig[zɛzɔ̃́:..] =saisonbedingt

sai·so·nal[zɛzoná:l] 形 シーズンの, 季節的な: ~ bedingt 季節〈シーズン〉に左右される. [<..al[1]]

Sai·son≠ar·beit[zɛzɔ̃́:..] 女 季節労働. **≠ar·bei·ter** 男 季節労働者. **≠ar·ti·kel** 男 (ある時季に限って売れる)季節[商]品. **≠aus·ver·kauf** 男 季末大売り出し.

sai·son·be·dingt[zɛzɔ̃́:..] 形 季節〈シーズン〉に左右される: ~*e* Lebensmittel 季節食品.

Sai·son≠be·schäf·ti·gung[zɛzɔ̃́:..] 女 季節的雇用. **≠be·trieb** 男 **1** (1年のうち)一定のシーズンだけ営業する商店(企業). **2** (1年のうち)一定の季節だけに集中する[営業上の]にぎわい. **≠er·öff·nung** 女 シーズンの開幕.

sai·son·ge·recht[zɛzɔ̃́:..] 形 シーズンに合った, 季節向きの: eine ~*e* Speisekarte シーズン向きのメニュー.

Sai·son≠ge·wer·be[zɛzɔ̃́:..] 中 季節的に変動のある企業分野(農業・建設業など). **≠gockel** 男 《話》(避暑地などで金をもらって有閑マダムのお相手をつとめる)臨時の若いつばめ. **≠krank·heit** 女 (特定の時季に流行する)季節病. **≠krip·pe** 女 (旧東ドイツで, 農繁期など特別の季節に開設される)臨時託児所.

sai·son·mä·ßig[zɛzɔ̃́:..] =saisongerecht

Sai·son·schluß[zɛzɔ̃́:..] 男 季節の終わり.

Sai·son·schluß·ver·kauf[zɛzɔ̃́:..] = Saisonausverkauf

Sai·son≠schwan·kung[zɛzɔ̃́:..] 女 (労働力などの)季節的変動. **≠ta·rif** 男 (鉄道などの)季節割引運賃[表].

sai·son·üb·lich[zɛzɔ̃́:..] 形 特定のシーズンにきまって現れる, 季節特有の.

Sai·son≠wan·de·rung[zɛzɔ̃́:..] 女 (労働人口の)季節的移動. **≠wa·ren** 複 季節商品, シーズン物.

sai·son·wei·se[zɛzɔ̃́:..] 副 (→..weise ★)ひとシーズン[の間], 季節的に: ~ arbeiten シーズン単位で〈季節労働者として〉働く.

Sai·te[záitə] 女 -/-n **1** 《楽》弦(→ 図 Geige); 《比》(心の)琴線: die ~*n* einer Geige 〈eines Klaviers〉 ヴァイオリン〈ピアノ〉の弦 ‖ eine neue ~ aufziehen 〈spannen〉 新しい弦を張る | neue ~*n* auf die Geige ziehen ヴァイオリンに新しい弦を張る | mit dem Bogen [über] die ~*n* streichen 弦を弓でひく | eine leere ~ spielen 《楽》開放弦を弾く ‖ in die ~*n* der Harfe greifen ハープの弦に手をかける ‖ **verwandte ~*n* in *jm.* aufklingen lassen** 《雅》…に共感を呼び起こす | eine ~ bei *jm.* anschlagen 《雅》…の心の琴線にふれる | eine neue ~ anschlagen 《比》新機軸を出す | **andere** 〈**strengere**〉 **~*n* aufziehen** 《話》今までよりきびしい態度に出る〈措置をとる〉 | mildere ~*n* aufziehen 《話》態度を和らげる | **in *jm.* eine verwandte ~ klingen lassen** 〈**zum Klingen bringen**〉 …の共感を呼び起こす. **2** (テニス・バドミントンのラケットの)ガット. [*ahd.*; ◇Seil]

Sai·ten≠be·span·nung 女 (ラケットの)ガットを張った〈ボールを打つ〉面. **≠be·zug** 男 《楽》弦を張ること; (楽器に張った)一組の弦. **≠hal·ter** 男 《楽》(弦楽器の)緒止め板(→ 図 Geige). **≠in·stru·ment** 中 弦楽器. **≠klang** 男 《雅》《楽》弦音, 弦のひびき. **≠sin·nes·or·gan** 中 -s/-e 《ふつう複数で》=Chordotonalorgan **≠spiel** 中 《雅》弦楽器演奏. **≠wurm** 男 《動》ハリガネムシ(針金虫).

..saitig[..zaitɪç][2] 《楽》《数詞などにつけて「…の弦のある」を意味する形容詞をつくる》: fünf*saitig* 5弦の | kreuz*saitig* (ピアノの)弦が交差して張ってある.

Sait·ling[záitlɪŋ] 男 -[e]s/-e (腸弦製造用の)羊の腸.

Sa·ke[zá:kə] 男 -/ (Reiswein) 酒, 日本酒. [*japan.*]

Sa·ker·men·ter[zakərméntər] 男 -s/- =Sakramenter

Sak·ko[záko·; オーストリア: zakó:, sa..; スイス: sakó:] 男 中 (オーストリア: 中) -s/-s 《服飾》ザッコ(背広の[替え]上着: → 図 Anzug). [Sack „Jackett" をイタリア語めかした形]

Sak·ko·an·zug[záko..] 男 《服飾》Sakko の背広上下.

sa·kra[zákra·] 間 《南部》=Sakrament 2

sa·kral[zakrá:l] 形 **1** 《宗》礼拝〈神事〉に関する, 宗教上の, 《比》荘厳な, 厳粛な: die ~*e* Kunst 宗教芸術. **2** 《解》仙骨[部]の. [<*lat.* sacer „heilig"+..al[1]; ◇Sigrist]

Sa·kral·bau 男 -[e]s/-ten (↔Profanbau) 宗教用建築物; 神殿, 礼拝堂.

Sa·kra·ment[zakramént] 中 -[e]s/-e **1** 《キリスト教》秘跡, 礼典(カトリックでは洗礼・堅信・聖餐(せいさん)・告解・終油・叙階・結婚の七秘跡, 新教では洗礼・聖餐の二礼典); 秘跡〈礼典〉を授ける儀式; 秘跡〈礼典〉を象徴する品(例えば聖餅(せいへい))な

S

ど): an den ～*en* teilnehmen 秘跡〈礼典〉にあずかる | ein ～ empfangen 〈austeilen〉 秘跡〈礼典〉〔を象徴する品〕を受ける〈授ける〉. **2**《間投詞的に》《卑》(ののしり・のろいの叫び) ちくしょう, ちぇっ, ええい(いまいましい): **～ nochmal!** くそ いまいましい | Himmel, Herrgott, ～! (→Himmel 3). [*lat.* sacrāmentum „Weihe"–*kirchenlat.*–*mhd.*]

sa·kra·men·tal[zakramεntá:l] 形 《キリスト教》 秘跡〈礼典〉の, 秘跡〈礼典〉に関する; 《比》 神聖な. [*mlat.*; ◇..al[1]]

Sa·kra·men·ta·li·en[..liən] 複 《カトリック》 準秘跡(例えば聖水祝別式, 聖水など). [*mlat.*]

Sa·kra·men·ter[zakraméntər] 男 -s/- **1** 《俗》 いやなやつ; 気にかかるやつ. **2** 《複数で》 ならず者, 無頼の徒.

Sa·kra·men·tie·rer[..mεntí:rər] 男 -s/- 《キリスト教》 (ルター派が異端とした) 聖餐(せいさん)におけるキリスト臨在否定論者.

sa·kra·ment·lich[..méntlıç] ＝sakramental

Sa·kra·ments·häus·chen 中 《カトリック》 聖体安置塔.

ᵛ**sa·krie·ren**[zakrí:rən] 他 (h) 神聖化する, 清める. [*lat.* sacrāre; < *lat.* sacer (→sakral)]

Sa·kri·fi·zium[zakrifí:tsiυm] 中 -s/..zien[..tsiən] 《カトリック》 犠牲, 供養, 犠祭. [*lat.*; < *lat.* sacrum „Heiliges"+..fizieren; ◇ *engl.* sacrifice]

Sa·kri·leg[zakrilé:k][1] 中 -s/-e, **Sa·kri·le·gium** [..lé:giυm] 中 -s/..gien[..giən] 《宗》 瀆聖(とくせい); 《比》 侮辱, 冒瀆(ぼうとく): ein ～ begehen 瀆聖行為〈けしからぬ振舞い〉をする. [*lat.*; < *lat.* legere „stehlen" (◇Lektion)]

sa·krisch[zákrıʃ] 《南部》《話》 **I** 形 不愉快な, いまいましい. **II** 副 非常に: Es ist ～ heiß. すごく暑い. [< Sakrament]

Sa·kri·stan[zakrıstá:n] 男 -s/-e 《カトリック》 聖具室〈香部屋〉係.

Sa·kri·stei[zakrıstáı] 女 -/-en 《宗》 聖具室, 香部屋. [*mlat.*〔–*mhd.*〕; < *lat.* sacer (→sakral)]

sa·kro·sankt[zakrozáŋkt] 形 神聖な, 犯すべからざる, 至聖の. [*lat.*; < *lat.* sacrum „Heiliges"]

Sä·ku·la Säkulum の複数.

sä·ku·lar[zεkulá:r] 形 **1** 百年ごとの, 百年に一度の; 百年間つづく; 《比》 時間を超越した, 不滅の; 並外れた: *sein ～es* Jubiläum begehen 百年〔記念〕祭をする | von ～*er* Bedeutung sein たいへんな意味を持っている. **2** 世俗の. [*lat.* 〔–*mlat.*〕; ◇ *engl.* secular]

Sä·ku·lar·fei·er 女 (Hundertjahrfeier) 百年〔記念〕祭.

Sä·ku·la·ri·sa·tion[zεkularizatsió:n] 女 -/-en 世俗化; (教会財産の) 世俗〈国有〉化. [*fr.*]

sä·ku·la·ri·sie·ren[..zí:rən] 他 (h) 世俗化する; (教会財産を) 世俗〈国有〉化する. [*fr.*]

Sä·ku·la·ri·sie·rung[..rυŋ] 女 -/-en ＝Säkularisation

ᵛ**Sä·ku·lum**[zέ:kulυm] 中 -s/..la[..la·] **1** (Jahrhundert) 百年, 一世紀. **2** (Zeitalter) 時代. **3** 《俗》 世界. [*lat.*; ◇säen]

..sal[..za:l] 《動詞, まれに名詞・形容詞につけて「…の状態, …する・されたもの」などを意味する中性名詞 (-〔e〕s/-e) または女性名詞 (-/-e) をつくる: →..sel》: Lab*sal* 中 慰安 | Rinn*sal* 中 細流 | Wirr*sal* 中 混乱 | Scheu*sal* 中 化け物 | Schick*sal* 中 運命 ‖ Drang*sal* 女 窮迫 | Müh*sal* 女 辛酸 ‖ Trüb*sal* 女 悲しみ. [*ahd.*; ◇..selig[2]]

Sa·la·din[zá:ladi:n] 人名 サラディン(1138-93; エジプトの王. Jerusalem を占領し第 3 回十字軍と戦った).

Sa·lam 〔**alei·kum**〕[zalá:m (aláıkυm)] 《アラビア語》 (Friede 〔über euch〕!) なんじらの上に平安あれ(イスラム教徒のあいさつの言葉). [◇Islam; *engl.* salaam]

Sa·la·man·ca[zalamáŋka·] 地名 サラマンカ(スペイン中西部の都市. スペイン最古の大学がある).

Sa·la·man·der[zalamándər] 男 -s/- **1** 《動》 サンショウウオ(山椒魚), サラマンダー. **2** 《伝説》 サラマンダー, 火蛇(火の精とされる): 〔auf *jn.*〕 **den 〈einen〉 ～ reiben** 《話》〔…に敬意を表して〕乾杯する(学生組合での作法. 指揮者の音頭により一斉にグラスでテーブルをこすり, そのグラスを両耳や鼻に当てたあと乾杯し, たたきつけるようにテーブルに置く). [*gr.*–*lat.*–*mhd.*]

Sa·la·mi[zalá:mi·] 女 -/-〔s〕(スイス: 男 -s/-) ＝Salamiwurst [*it.* salame „Salzfleisch"; < *lat.* sāl (→Saline)]

Sa·la·mi·ni·er[zalamí:niər] 男 -s/- サラミスの人.

Sa·la·mis[zá:lamıs] 地名 サラミス(アテネの南西にあるギリシアの島. 前480年にサラミス湾でギリシアとペルシアの間に海戦が行われ, ギリシアが大勝した). [*gr.*–*lat.*]

Sa·la·mi≠tak·tik[zalá:mi..] 女 《話》 サラミ戦術(要求や侵害を小出しにして相手にそれを受け入れさせ, 結局は本来の〔政治的〕目的を達成する戦法). **≠wurst** 女 サラミソーセージ.

Sa·lan·ga·ne[zalaŋgá:nə] 女 -/-n 《鳥》 アナツバメ(穴燕) (中国料理に用いられる巣を作るツバメ). [*malai.*]

Sa·lär[zalέ:r] 中 -s/-e 《スイス》 (Gehalt) 給与, 俸給; (Lohn) 賃金, 労賃. [*lat.* salārium „Salzdeputat"–*fr.* salaire; < *lat.* sāl (→Saline); ◇ *engl.* salary]

sa·la·rie·ren[zalarí:rən] 他 (h) 《スイス》《*jn.*》 (…に) 給与〈賃金〉を払う: eine gut *salarierte* Stellung いい給料がもらえるポスト. [*mlat.*–*fr.*]

Sa·lat[zalá:t] 男 -〔e〕s/-e **1** 《植》 チシャ, サラダ菜, レタス: den ～ waschen 〈lesen〉 サラダ菜を洗う〈摘む〉. **2** 《料理》 サラダ: italienischer ～ イタリア風の〔肉入り〕サラダ | Gemüse*salat* 野菜サラダ | Kartoffel*salat* ポテトサラダ ‖ den ～ zubereiten 〈rühren〉 サラダを作る〈まぜる〉 | wie ein Storch im ～ sein 《戯》 しゃちこばっている. **3** 《話》 混乱; 不愉快な不意打ち: Das ist ja ein schöner ～. まるでめちゃくちゃじゃないか | **Da 〈Jetzt〉 haben wir den ～.** ちくしょう いやなことになりやがった | **～ machen** (ささいなことで) 興奮する | Mach keinen ～! そんなに大騒ぎするな ‖ **der ganze ～** 《軽蔑的に》 全部. [*it.* 〔in〕salata „eingesalzene Speise"; ◇saline; *engl.* salad]

Sa·lat≠be·steck 中 サラダ用サーバー(サラダをまぜたり取り分けたりするための大型フォークとスプーン: → ⊠ Besteck). **≠blatt** 中 サラダ菜の葉. **≠häup·tel** 中 《オーストリア》 ＝Salatkopf

ᵛ**Sa·la·tie·re**[zalatié:rə, ..tiέ:rə] 女 -/-n ＝ Salatschüssel 1 [*fr.* saladier; < *fr.* salade „Salat"]

Sa·lat≠kopf[zalá:t..] 男 チシャ〈サラダ菜〉の〔結〕球. **≠öl** 中 サラダ油, サラダオイル. **≠pflan·ze** 女 サラダ用野菜. **≠plat·te** 女 **1** (大皿に入れて供される) 盛り合わせサラダ. **2** サラダ用の大皿. **≠schüs·sel** 女 **1** サラダボウル(→ ⊠ Schüssel). **2** 《話》 ドイツ=サッカー選手権のトロフィー. **≠so·ße** 女 サラダ用ソース(ドレッシング・マリナードなど). **≠stau·de** 女 《植》 チシャ, レタス. **≠zi·cho·rie**[..riə] 女 《植》 キクニガナ(菊苦菜), チコリ.

Sal·ba·der[zalbá:dər] 男 -s/- 《話》 (もったいぶった) 饒舌(じょうぜつ)家, むだ口屋.

Sal·ba·de·rei[zalba:dəráı] 女 -/-en 《話》 (もったいぶった) 饒舌, むだ口.

sal·ba·dern[zalbá:dərn] 《05》 (過分 salbadert) 自 (h) 《話》 (もったいぶって) くだらぬおしゃべりをする, むだ口をたたく.

Sal·band[zá:lbant][1] 中 -〔e〕s/..bänder[..bεndər] **1** 《織》 織物の耳. **2** 《地》 粘皮(ねばかわ), 鎺肌(ひばだ) (鉱脈と母岩との境界面). [*mhd.* selb-ende „eigenes Ende"]

Sal·be[zálbə] 女 -/-n 《薬》 軟膏(なんこう), 塗り薬: ～*n* rühren 〈zubereiten〉 軟膏をまぜる〈作る〉 | *sich*[4] mit ～ einreiben 軟膏を自分の体にすり込む | 〔eine〕 ～ auf die Wunde streichen 軟膏を傷の上に塗布する | **mit allen ～*n* geschmiert 〈gerieben〉 sein** 《話》 すれっからしである. [*westgerm.*; ◇salben; *engl.* salve; *gr.* élpos „Öl"]

Sal·bei[zálbaı, ⌣ー; オーストリア: ⌣ー] 男 -s/ ; 女 -/ **1** 《植》 サルビア(シソ科サルビア属). **2** セージ(1 の葉から作る香辛料). [*mlat.*–*ahd.*; < *lat.* salvus (→salve); ◇ *engl.* salvia]

sal·ben[zálbən][1] **I** 他 (h) **1 a)** 《雅》《*jn.* / *et.*[4]》 (…に) 香油〈軟膏(なんこう)〉を塗る; 《カトリック》 (聖油を注いで) 聖別する: das Haar ～ 髪の毛に油を塗る | die Hände ～ 手に軟膏を塗る(→2) | *jn.* 〈再帰 *sich*[4]〉 mit Öl ～ …の〈自分の〉体に香油を塗る | *jn.* zum König 〈Priester〉 ～ 塗油をほどこして…を王位につける〈司祭に叙階する〉 | *jm.* die wunden Schultern ～ …の傷ついた肩に軟膏を塗る | Und sie *salbten* viel

Kranke mit Öl und machten sie gesund. そして彼らはたくさんの病人に油を塗り 彼らの病気を治した(聖書: マコ 6, 13) | Sie hat meinen Leib im voraus *gesalbt* zu meinem Begräbnis. 彼女は私の体に(防腐処置として)油を注いで あらかじめ埋葬の用意をしてくれた(聖書マコ14, 8). **b)**《南部》(車・靴などに)油をさす. **2**《話》《*jn.*》(…に)鼻ぐすりをかがす, わいろをおくる; (…を)だます: *jm.* die Hände ～ …を買収する(→1). **II ge·sạlbt** → 別出 [*germ.*; ◇Salbe]

Sal·ben·büch·se[zálbən..] 女 香油入れ, 軟膏(なんこう)缶.

Salb·ling[zálplɪŋ] 男 -s/-e =Saibling

Salb·öl[zálp..] 中 **1**《カトリック》(塗油式の)聖油. **2**《話》わいろ, 鼻ぐすり. [＜salben]

▽**Sal·buch**[zá:l..] 中 (Grundbuch) 土地台帳. [*mhd.*; ＜*ahd.* sala „Übergabe"; ◇*engl.* sale]

Sal·bung[zálbʊŋ] 女 -/-en (salben すること. 例えば:) 香油〈軟膏(なんこう)〉の塗付; 《カトリック》塗油〔式〕: mit ～ sprechen 《比》もったいぶった口をきく.

sal·bungs·voll 形《軽蔑的に》ひどくもったいぶった: ～ reden もったいぶって話す.

Säl·chen Saal の縮小形.

Sal·chow[zálço·] 男 -s/-s《スケート》サルコー(ジャンプの一種). [＜U. Salchow (スウェーデンのフィギュアアイススケート選手, †1949)]

Sal·den, Sal·di Saldo の複数.

sal·die·ren[zaldí:rən] 他 (h)《商》**1** 決算〈清算〉する; (勘定を)支払う: einen Gewinn ～ 決算して利益を算出する | ein Konto ～ 貸借勘定の決算をする | eine Rechnung 〈eine Schuld〉 ～ 勘定〈借金〉を支払う | *et.*[4] durch Gegenrechnung ～ …を差引勘定〈相殺〉する ‖ 再帰 *sich*[4] ～ 相殺〈帳消し〉になる. **2**《オーストリア》支払いを確認する: eine Rechnung ～ 計算〈請求〉書どおりの支払い〈領収〉を証する | dankend *saldiert* 正に領収いたしました. [*it.*]

Sal·die·rung[..rʊŋ] 女 -/-en《商》決算, 清算.

Sal·do[záldo·] 男 -s/..den[..dən] (..di[..di·], -s)《商》残高, 差額; 差引残高: ein ～ zu Ihren Lasten 〈unseren Gunsten〉 貴殿の負債となるべき〈当方の受け取るべき〉残高 | **per** ～ 残高に基づき;《話》結局のところ | im ～ bleiben 〈sein〉 まだ借りになっている | einen ～ ausgleichen 清算する. [*it.* „fester Bestandteil"; ＜*lat.* solidus (→solid)]

Sal·do≠be·trag[záldo..] 男《商》残高. **≠kon·to** 中《商》差引勘定, 清算〔額〕. **≠über·trag** 男, **≠vor·trag** 男《商》残高繰越. **≠wech·sel** 男《商》残高清算手形.

Sä·le Saal の複数.

Sa·lem 〔**alei·kum**〕[zá:lɛm (aláɪkʊm)] = Salam 〔aleikum〕

Sa·lep[zá:lɛp] 男 -s/-s《植》サレップ(ラン科植物の塊根を乾燥したもの). [*arab.* „Hoden des Fuchses"]

Sa·le·sia·ner[zaleziá:nər] 男 -s/-《カトリック》サレジオ会(1841年創立)会員. [＜Sales (この会の保護聖人, Genf の司教, †1622)]

Sa·let·tel (**Sa·lettl**)[zalɛ́təl] 中 -s/-〔n〕《南部・オーストリア》(Laube) 園亭, あずまや, 亭(ちん). [*it.* saletta; ＜*it.* sala (→Salon)]

Sä·leu·te Sämann の複数.

Sa·li·cyl[zalitsý:l] 中 -s/ =Salizyl

Sa·li·er[1][zá:liər] 複 (古代ローマの Mars 礼拝のために設置された12人からなる)祭司団(毎年 3 月に舞踊行列を行った). [*lat.* Saliī; ＜*lat.* salīre (→Salto)]

Sa·li·er[2][zá:liər] 男 -s/- **1** ザリエル家(中世ドイツの王朝, 1024-1125)の人. **2** サリ族(フランク族の一支族).

Sa·lie·ri[saliɛ́:ri·] 人名 Antonio ～ アントニオ サリエーリ (1750-1825; イタリアの作曲家).

Sa·li·ne[zalí:nə] 女 -/-n 製塩所; 塩田. [*lat.*; ＜*lat.* sāl „Salz"; ◇Salz, Salär, Salami, Salat]

Sa·li·nen·salz 中 製塩所〈塩田〉製の塩.

sa·li·nisch[zalí:nɪʃ] 形 塩を含んだ, 含塩の; 塩〔類〕の.

sa·lisch[1][zá:lɪʃ] 形 **1** ザリエル家の. **2** サリ族の: ～*e* Franken サリ=フランク族 | das *Salische* Gesetz〔史〕サリカ法典. [＜Salier[2]]

sa·lisch[2][−] 形《化》桂礬(けいばん)質の.

Sa·li·zyl[zalitsý:l] 中 -s/, **Sa·li·zyl·säu·re** 女 -/《化》サリチル酸. [＜*lat.* salix „Weide" (◇Salweide) ＋..yl]

Sal≠kan·te[zá:lkantə] 女, **≠lei·ste** 女《織》織り耳, へり地. [Salband を Sal-Band と解しての造語]

Sal·ly[1][záli·, sǽli·] 女名 (＜Sara, Rosalie) ザリー. [*engl.*]

Sal·ly[2][záli·] 男名 (＜Salomon) ザリー.

Salm[1][zalm] 男 -〔e〕s/-e《方》(Lachs)《魚》サケ(鮭). [*lat.*−*ahd.* salmo; ◇*engl.* salmon]

Salm[2][−] 男 -s/-e《ふつう単数で》《話》(Gerede) まわりくどいおしゃべり: **einen langen ～ machen** 〈reden〉《話》長話をする. [*mndd.*; ◇Psalm]

Sal·miak[zalmiák; オーストリア: ◡◡◡] 男 (中) -s/《化》塩化アンモニウム, 硇砂(どうしゃ). [*lat.* sāl Armeniacum „armenisches Salz"−*mlat.* sāl Armoniacum 〔−*nlat.* sāl ammōniacus (◇Salz, Ammoniak)〕]

Sal·miak≠ele·ment 中《化》ルクランシェ電池. **≠geist** 男 -〔e〕s/ アンモニア水. **≠pa·stil·le** 女《薬》塩化アンモニウム錠剤.

Salm·ler[zálmlər] 男 -s/-《魚》カラシン〔科の魚〕(コイ類).

Sälm·ling[zɛ́lmlɪŋ] 男 -s/-e = Saibling [＜Salm[1]]

Sal·mo·nel·len[zalmonɛ́lən] 複《細菌》サルモネラ菌. [＜D. E. Salmon (アメリカの細菌学者, †1914)]

Sal·mo·nel·lo·se[zalmonɛló:zə] 女 -/-n《医》サルモネラ症.

Sa·lo·me[zá:lome·, zalóme·] **I** 女名 ザーロメ, ザロメ. **II** 人名 サロメ(i) イエスに従った女たちの一人. 聖書: マコ15,40; ii) 1 世紀前期のユダヤの支配者ヘロデス アンティパス Herodes Antipas の後妻ヘロディアス Herodias の娘. ヘロデスの前で舞い, 賞として洗礼者 Johannes の首を所望した). [*aram.*−*gr.*−*spätlat.*]

Sa·lo·mo[zá:lomo·] 人名《2 格 -s, ..monis[zalomó:nɪs]》《聖》ソロモン, シェロモ (David の息子で, 紀元前10世紀の Israel の王. 知恵と栄華によって有名): das Hohelied ～*s* 〈*Salomonis*〉(旧約聖書の)雅歌 | der Prediger ～ 伝道者ソロモン; (旧約聖書の)伝道の書, コヘレト(→Koheleth) | die Sprüche ～*s* 〈*Salomonis*〉(旧約聖書の)箴言(しんげん) | weise wie ～ ソロモンのように知恵のある(I王 4 ,29以下から) | Er hat ～*s* Pantoffeln geerbt.《比》彼は知恵者だ〔とうぬぼれている〕. [*hebr.*; ◇Salam; *engl.* Solomon]

Sa·lo·mon[zá:lomɔn] **I** 男名 ザーロモン. **II** 人名《聖》ソロモン(→Salomo).

die **Sa·lo·mon·in·seln**[zá:lomɔn|ɪnzəln] 地名 複 ソロモン諸島(太平洋の南西部にあり,1978年英連邦内で独立. 首都はホニアラ Honiara). [◇*engl.* Solomon Islands]

Sa·lo·mo·nis Salomo の 2 格.

sa·lo·mo·nisch[zalomó:nɪʃ] 形 ソロモンのような;《比》賢明な;《大文字で》ソロモンの: ein ～*es* Urteil 名判決, 大岡裁き(聖書: I王 3 ,16以下) | das *Salomonische* Reich ソロモン王国.

Sa·lo·mon〔**s**〕**·sie·gel**[zá:lomɔn(s)..] 中 -s/- (gemeine Weißwurz)《植》アマドコロ(甘野老).

Sa·lon[zalɔ̃:, ..lɔ̃ŋ, salɔ̃(:); オーストリア: zaló:n, sa..] 男 -s/-s **1** 客間, 応接間, お座敷. **2** (ホテル・船・飛行機などの)特別室, サロン. **3 a)** 美容院; 理髪店: Friseur*salon* 理髪店 | Kosmetik*salon* 美容院. **b)** ファッションの店, 婦人服店. **4** (美術品などの)展示室: Auto*salon* 自動車展示室. **5** サロン(18-19世紀に貴婦人を中心に生まれた芸術愛好家たちの集い). [*it.*−*fr.*; ＜*it.* sala „Saal"; ◇Saal, Salettel]

Sa·lon≠bol·sche·wik[zalɔ̃:..] 男, **≠bol·sche·wist** 男 (口先だけで実践の伴わない)客間過激主義者. **≠da·me** 女《劇》(優雅で聡明(そうめい)でときに術策にたけた)社交界の貴婦人役.

sa·lon·fä·hig[zalɔ̃:..] 形 上流社会〈社交界〉にふさわしい〈通用する〉: ein ～*es* Gespräch 〈Benehmen〉 上流社会にふさわしい会話〈振舞い〉.

S

Sa·lon≈flie·ger[zalɔ̃ː..] 男 机上飛行家, 飛ばない飛行家(飛行理論家). **≈held** 男《軽蔑的に》社交界の人気男(花形).

Sa·lo·ni·ki[zaloníːki·] 地名 サロニキ (Thessaloniki の「俗称」).

Sa·lon≈kom·mu·nist[zalɔ̃ː..] 男 (理論だけの)客間(お座敷)共産主義者. **≈lö·we** 男 =Salonheld **≈mu·sik** 女 (軽い娯楽的な)サロン音楽. **≈pat·sche** 女 -/-n《ふつう複数で》《話》(Hausschuh) 室内靴(ばき); 短靴. **≈schlan·ge** 女 社交界のバンプ(妖婦(ようふ)). **≈schlei·cher** 男 -s/-《ふつう複数で》《話》ゴム底の靴. **≈stück** 中《劇》サロン(社交)劇. **≈tre·ter** 男 -s/-《ふつう複数で》《話》(Halbschuh) 短靴. **≈wa·gen** 男《鉄道》パーラーカー, デラックス客車.

sa·lopp[zalɔ́p] 形 **1** (態度・言葉づかいなどが)形式ばらない, 無造作な, むとんじゃくな; ぞんざいな, くずれた: eine ～*e* Ausdrucksweise くずれた表現の仕方(言い回し) | ein ～*es* Benehmen なげやりな態度. **2** (服装などが)きちんとしていない, ラフな, 楽な, だらしない: ～*e* Kleidung ラフな(だらしない)服装 | Er ist immer ～ gekleidet. 彼はいつもラフな身なりをしている. [*fr.* salope「[*gr.*–*lat.*]」]

Sal·pe[zálpə] 女 -/-n 《動》サルパ(被嚢(ひのう)動物).

Sal·pe·ter[zalpéːtər] 男 -s/ 《化》硝石(硝酸カリウムの鉱物名). [*lat.* sāl petrae „Salz von Stein" (◇Salz, petro..)–*mlat.*–*mhd.*]

Sal·pe·ter≈äther 男 硝酸エーテル. **≈bil·dung** 女 硝化. **≈er·de** 女 硝酸土. ᵛ**≈gru·be** 女 硝石坑.

sal·pe·ter·hal·tig 形 硝石を含む.

sal·pe·te·rig =salpetrig

ᵛ**Sal·pe·ter·plan·ta·ge**[..taːʒə] 女 硝田.

sal·pe·ter·sau·er 形 硝酸の: *salpetersaures* Kali 硝石 | *salpetersaures* Salz 硝酸塩.

Sal·pe·ter·säu·re 女 -/ 硝酸.

sal·pet·rig[zalpéːtrɪç][2] (**sal·pe·te·rig**[..tərɪç][2]) 形 硝石の, 亜硝酸の: ～*e* Säure 亜硝酸.

Sal·pin·gen Salpinx の複数.

Sal·pin·gi·tis[zalpɪŋgíːtɪs] 女 -/..gitiden[..gitíːdən] (Eileiterentzündung)《医》卵管炎. [＜..itis]

Sal·pinx[zálpɪŋks] 女 -/..pingen[zalpíŋən] **1** (古代ギリシアの)軍用トランペット. **2**《解》**a**) (Eileiter)〔輸〕卵管. **b**) (Ohrtrompete) 耳管, 欧氏管. [*gr.*]

Sal·se[zálzə] 女 -/-n **1**《地》泥火山, 泥丘. **2** ジャム(の一種). ᵛ**3** (塩辛い)肉汁, ソース. [*vulgärlat.* salsa „Brühe"–*roman.*; ＜*lat.* salsus „gesalzen"; ◇Saline, Sauce]

Salt, SALT[sɔːlt] 略 =Strategic Arms Limitation Talks (1969年から米ソ間で始められた)戦略兵器制限交渉.

Sal·ta[zálta·] 中 -s/ サルタ(二人が各15個の駒(こま)で遊ぶ将棋の一種). [*lat.* saltāre „tanzen"]

Sal·ta·rel·lo[zaltaréloˑ] 男 -s/..relli[..rέli·]《楽》サルタレロ(イタリアの 8 分の 3 ないし 8 分の 6 拍子の速く激しい舞曲). [*it.* „Hüpftanz"]

Sal·ta·to[zaltáːto·] 中 -s/-s, ..ti[..ti·]《楽》サルタート(弦楽器で非常に速い走句に用いられる弓をはずませて弾く奏法). [*it.* „gehüpft"]

Sal·to[zálto·] 男 -s/-s, ..ti[..ti·] **1** 宙返り, とんぼ返り;《体操》宙返り;《泳》〔後方一回〕宙返り飛び: einen doppelten (dreifachen) ～ machen 2 回(3 回)宙返りをする. **2** (Looping)《空》宙返り. **3** =Salto mortale [*lat.* saltus „Sprung"–*it.*; ＜*lat.* salīre „springen" (◇Salier[1])]

Sal·to mor·ta·le[– mɔrtáːlə, – ..le·] 男 --/-- (..ti ..li[..ti· ..li·]) (サーカスや体操の)〔3 回転〕宙返り;《比》命知らずの(無鉄砲な)企て, 危険を顧みぬ暴挙, 危険な離れわざ: mit einem gedanklichen ～ 強引に思想的な急転回をやってのけて, 思想上の宙返りともいうべき離れわざを演じて. [*it.* „tödlicher Sprung"; ◇Mortalität]

Sal·to·wen·de[zálto..] 女《泳》クイック=ターン.

Sa·lu·bri·tät[zalubritέːt] 女 -/ 《医》**1** (空気などが)健康によいこと, 衛生的なこと. **2** (体の)健康〔な状態〕. [*lat.*; ＜*lat.* salūbris „gesund" (◇salve)]

sa·lus po·pu·li su·pre·ma lex [záːlʊs póːpuli· zupréːma· lέks]《ラテ語》(das Wohl des Volkes 〔ist〕 das oberste Gesetz) 民の栄えこそ(為政者にとっての)最高のおきて (Cicero). [◇Pöbel, Supremat]

Sa·lut[zalúːt] 男 -〔e〕s/-e **1**《軍》(礼砲による)表敬, あいさつ: ～ schießen 礼砲を発射する | 21 Schuß ～ abfeuern 21発の礼砲を発射する | *jn.* mit einem ～ von 21 Schüssen (Schuß) empfangen …を21発の礼砲で迎える. **2** サリュート(旧ソ連の軌道科学ステーション). [*lat.* salūs „Wohlbefinden"–*fr.*; ＜*lat.* salvus (→salve)]

ᵛ**Sa·lu·ta·tion**[zalutatsió:n] 女 -/-en 儀式的な表敬(歓迎). [*lat.*]

sa·lu·tie·ren[zalutíːrən] 自 (h)《〔vor〕 *jm.*》(…に対して)敬礼をする; 礼砲を発射する. [*lat.*]

Sa·lu·tist[zalutíst] 男 -en/-en 救世軍兵士(→Heilsarmee).

Sa·lut·schuß[zalúːt..] 男 ..schusses/..schüsse《ふつう複数で》礼砲〔の発射〕: *Salutschüsse* abgeben (abfeuern) 礼砲を発射する.

salva《ラテ語》→*salva* venia

Sal·va·dor[zalvadóːr] 地名 **1** エルサルヴァドル(→El Salvador). **2** サルヴァドル(ブラジルのバイア Bahia 州の州都. 旧名 Bahia).

Sal·va·do·ria·ner[..doriáːnər] 男 -s/- **1** エルサルヴァドルの人. **2** サルヴァドルの人.

sal·va·do·ria·nisch[..doriáːnɪʃ] 形 **1** エルサルヴァドル〔人〕の. **2** サルヴァドルの.

Salv·ar·san[zalvarzáːn] 中 -s/ 商標 サルバルサン(梅毒治療薬). [＜*lat.* salvus „unverletzt"+Arsenik]

ᵛ**Sal·va·tion**[zalvatsió:n] 女 -/-en (Rettung) 救助, 救済;《宗》救い, 救世; (Verteidigung) 防御. [*spätlat.*]

Sal·va·tion Army[sælvéɪʃən áːmi·] 女 --/ (Heilsarmee) 救世軍. [*engl.*; ◇Armee]

Sal·va·tor[zalváːtɔr, ..toːr] **I** 男 -s/-en[..vatóːrən] **1**《単数で》(Heiland)《宗》救い主. ᵛ**2** 救助者, 救済者. **II** 中 男 -s/ 商標 ザルヴァートル (Bayern 産の強いビール). [〔*kirchen*〕*lat.*]

ᵛ**sal·va ve·nia**[zálva· véːnia·]《ラテ語》(略 s. v.) 失礼ながら, お許しを願って〔申しあげると〕. [„mit Vorbehalt der Verzeihung"]

sal·ve[zálve·] 間 (出会いのあいさつの言葉)ご機嫌うるわしゅう, こんにちは; ようこそ, いらっしゃい. [*lat.* salvēre „gesund sein"; ＜*lat.* salvus „unverletzt"; ◇Safe, Salbei]

Sal·ve[zálvə] 女 -/-n **1** 一斉射撃, 斉射; (一斉射撃による)礼砲, 祝砲;《海》片舷(げん)砲斉射: eine ～ abgeben (schießen) 一斉射撃する,(一斉に)礼砲を撃つ. **2**《比》一斉の拍手(喝采(かっさい)); (一度に)どっと笑うこと, 哄笑(こうしょう): eine ～ des Beifalls 万雷(やんや)の喝采. [*fr.*; ◇Salut]

Sal·ven·feu·er 中《ふつう単数で》(特に軍艦の礼砲としての)一斉射撃, 斉射.

ᵛ**sal·vie·ren**[zalvíːrən] 他 (h) (retten) 救う, 救助する: 再帰 *sich*[4] ～ 救われる; 自分の容疑を晴らす, 罪を免れる. [*spätlat.*]

sal·vo er·ro·re[zálvo· εróːrə, – ..re·]《ラテ語》(略 s. e.) 過失を留保して. [◇Erratum]

sal·vo er·ro·re et omis·sio·ne[– ..rə εt omɪsióːnə, – ..re· – ..ne·]《ラテ語》(略 s. e. e. o., s. e. et o.) 過失と省略とを留保して. [◇Omission]

sal·vo ju·re[zálvo· júːrə, – ..re·]《ラテ語》(略 s. j.)《法》権利をそこなうことなく. [„das Recht unverletzt"; ◇Jus[1]]

ᵛ**sal·vo ti·tu·lo**[– tíːtulo·]《ラテ語》(略 S. T.)《法》正式の称号は略して; 権限をそこなうことなく. [„mit Vorbehalt des (richtigen) Titels"; ◇Titel]

Sal·wei·de[záː l..] 女 -/-n《植》バッコヤナギ(跋扈柳), ヤマネコヤナギ(山猫柳). [*ahd.*; ＜*ahd.* sal〔a〕ha „〔Sal〕weide" (◇Salizyl)]

Salz[zalts] 中 -es/-e **1**《単数で》(英: *salt*) **a**) 塩;

S

(Kochsalz) 食塩: Meer*salz* / See*salz* 海塩 | Stein*salz* 岩塩 ‖ eine Prise ~ ひとつかみの塩 ‖ ~ sieden 塩を精製する, 製塩する | Fisch in ~ legen 魚を塩づけにする | ~ in die Suppe 〈an die Speise〉 tun《話》塩をスープに入れる〈料理にふりかける〉‖ ~ und Brot 塩とパン(生活必需品) | *Salz* und Brot macht 〔die〕 Wangen rot.《諺》簡素な食事は健康のもと(塩とパンはほおを赤くする) | Pfeffer und ~ (→Pfeffer 2) ‖〖成句で〗mit *jm.* einen Scheffel ~ gegessen haben …と長いこと一緒に暮らしている〈懇意にしている〉| ***jm.* nicht das ~ in der Suppe gönnen**《話》…によからぬ感情を抱いている | **nicht das ~ zum Brot 〈zur Suppe〉 haben**《話》ひどく生活に困っている | **weder ~ noch Schmalz haben**《話》およそ無内容である, 全く精彩を欠いている(→b) | **~ auf die Wunde 〈in die Wunde〉 streuen** (苦境にある・悲しんでいる人などを)さらに痛めつける | **~ ins Meer tragen** むだなことをする(=Eulen nach Athen tragen: →Eule 1 a) | bei *jm.* einen Schinken **im ~** 〔liegen〕 haben (→Schinken 2) | im ~ liegen 苦境にある | bei *jm.* noch etwas im ~ liegen haben …に文句がある | *jn.* ins ~ hauen …を中傷する | **mit** einem Körnchen ~ (話などを聞くのに)大いに割引〈加減〉して | *jn.* mit scharfem ~ reiben …を非難する.

b)《比》(物に生気を与える)ぴりっとした味; 風味, 面白味: das ~ der Erde 地の塩(聖書: マタ5,13); 世の師表 ‖ **attisches ~** 味のある〈気の利いた〉しゃれ | das ~ der Ironie 〈der Weisheit〉 しんらつな皮肉〈わさびのきいた機知〉| Die Rede hat weder ~ noch Schmalz. / Die Rede ist ohne jedes ~. その演説にはまるで中身〈内容〉がない, その演説は全く精彩がない.

2〖化〗塩(えん); 《複数で》塩類: basisches ~ 塩基性塩 | saures ~ 酸性塩.

[*idg.* „Schmutziggraues"; ◇halo.., Saline, Sole, Sülze; *engl.* salt]

die **Salz·ach**[záltsax] 地名 女 -/ ザルツァハ (Inn 川の支流で, Salzburg の市中を流れる). [◇Salz, Ache]

salz⸗arm[zálts..] 形 塩分の少ない. **⸗ar·tig** 形 塩のような, 塩に似た; 〖化〗塩(えん)型の.

Salz⸗bad 中 塩〔水〕浴(治療用). **⸗berg·bau** 男 岩塩鉱業. **⸗berg·werk** 中 岩塩鉱山. **⸗bil·der** 男, **⸗bild·ner** 男 (Halogen) 〖化〗造塩元素, ハロゲン. **⸗bil·dung** 女 〖化〗造塩, 塩化. **⸗bo·den** 男 塩類土壌. **⸗bre·zel** 女 塩ブレーツェル(粒状の塩をふりかけた8の字形ビスケット). **⸗brü·he** 女 (Salzlake) (食品保存用の)塩水. **⸗brun·nen** 男 塩泉. **⸗büch·se** 女 (食卓用)塩入れ.

Salz·burg[záltsburk] 地名 ザルツブルク(オーストリアの州およびその州都). [<Salzach]

Salz·bur·ger[..burgər] **I** 男 -s/- ザルツブルクの人. **II** 形《無変化》ザルツブルクの: ~ Festspiele ザルツブルク音楽祭(毎年夏開催される).

sal·zen(*)[záltsən]《122》**salz·te / ge·sal·zen** (まれ: gesalzt) **I** 他 (h) **1**《*et.*[4]》(…に)塩を加える, 塩味をつける; (…を)塩づけにする: die Suppe ~ スープに塩味をつける. **2**《比》《*et.*[4]》(会話などに)精彩〈生気〉を与える, (会話などを)ぴりっとさせる: eine Rede ~ 話に薬味をきかせる. **II ge·sal·zen** → 別出

ᐁ**Säl·zer**[zɛ́ltsər] 男 -s/- 製塩業者; 塩商人; 塩づけ食品製造者.

Salz⸗faß[zálts..] 中 **1 a)** (塩づけ用の)塩だる(おけ). **b)** =Salzfäßchen 1 **2** =Salzfäßchen 2 **⸗fäß·chen** 中 **1** (食卓用のたる形の)塩入れ. **2**《戯》くびと鎖骨のあいだのくぼみ. **⸗fleisch** 中 塩づけ肉. **⸗flie·ge** 女 〖虫〗ミギワバエ(水岸蠅)科の昆虫. **⸗gar·ten** 男 塩田. **⸗ge·halt** 男 塩分. **⸗geist** 男 -〔e〕s/ 〖化〗塩酸. **⸗ge·schmack** 男 塩味, 塩気(しおけ). **⸗gru·be** 女 〔岩〕塩坑. **⸗gur·ke** 女 塩づけキュウリ.

salz·hal·tig 形 塩分を含んだ, 塩気のある.

Salz⸗han·del 男 塩販売業. **⸗he·ring** 男 塩〔づけ〕ニシン(鰊).

sal·zig[záltsıç][2] 形 **1** =salzhaltig **2** 塩辛い, しょっぱい: ~*es* Essen 塩辛い食物 | einen ~*en* Geschmack haben 塩辛い〔味がする〕.

Sal·zig·keit[-kaıt] 女 -/ 塩味, 塩辛さ.

das **Salz·kam·mer·gut**[záltskamərgu:t] 地名 中 -s/ ザルツカマーグート(オーストリアの Oberösterreich, Salzburg, Steiermark 3州にまたがる山岳と湖沼に富む地方).

Salz⸗kar·tof·feln 複〖料理〗粉ふきイモ(皮をむいた塩ゆでジャガイモ). **⸗knap·pe** 男 製塩工. **⸗korn** 中 -〔e〕s/ ..körner 塩粒. **⸗ko·te** 女 =Salzsiederei 1 **⸗kraut** 中 〖植〗オカヒジキ(陸鹿尾菜)属(海岸や塩湖などに生える). **⸗la·ger** 中 岩塩層. **⸗la·ger·stät·te** 女 〖地〗岩塩鉱床. **⸗la·ke** 女, **⸗lau·ge** 女 (食品保存用の)塩水. **⸗lecke** 女 **1**〖狩〗野獣が塩をなめに集まる場所(塩湖など). **2** (混砂粘土と塩を混合した)含塩飼料.

salz·los[záltslo:s][1] 形 塩の入っていない, 無塩の: ~*e* Kost 塩ぬきの食物〈食事〉.

Salz⸗lö·sung 女 塩溶液. **⸗mie·re** 女 〖植〗ハマハコベ属. **⸗napf** 男 (**⸗näpf·chen** 中) **1** (食卓用)塩つぼ. **2** =Salzfäßchen 2 **⸗nie·der·schlag** 男 〖化〗塩沈積物. **⸗pfan·ne** 女 **1** 水が蒸発して塩のたまった浅い窪地(くぼ)や塩湖(例えばサハラ砂漠のセブハ Sebha). ᐁ**2** (製塩用の)釜(かま), 塩がま. **⸗pflan·ze** 女 (Halophyt)〖植〗塩生植物. **⸗quel·le** 女 塩泉.

salz·sau·er 形〖化〗塩酸の.

Salz⸗säu·le 女 塩の柱, 柱状の塩: Und Lots Weib sah hinter sich und ward zur ~. ロトの妻は後ろを顧みたので塩の柱となった(聖書: 創19,26) | **zur ~ erstarren**《戯》びっくり仰天して立ちすくむ. **⸗säu·re** 女 〖化〗塩酸. **⸗schup·pen·mie·re** 女 〖植〗シオツメクサ. **⸗see** 男 塩湖(えんこ), 鹹(かん)〔水〕湖. **⸗sie·der** 男 製塩工〈業者〉. **⸗sie·de·rei** 女 **1** 製塩所〈場〉. **2** 製塩業. **⸗so·le** 女 (塩分の多い製塩用)塩水; 塩泉. **⸗stan·ge** 女 ソールトスティック(塩とキャラウェーをふりかけた棒状のクッキーでビールなどのつまみにする). **⸗stan·gel**[..ʃtaŋəl] (**⸗stan·gerl**[..ʃtaŋərl]) 中 -s/-〔n〕《オーストリア》=Salzstange

Salz·stan·gerl·ab·satz 男 -es/..absätze《ふつう複数で》《戯》ハイヒールの高く細いかかと.

Salz⸗steu·er 女 塩〔消費〕税. **⸗stock** 男 〖地〗岩塩岩株(がんしゅ). **⸗streu·er** 男 ふりかけ用の塩入れ(→ 図 Eßtisch). **⸗was·ser** 中 -s/..wässer **1 a)**《単数で》(料理用の)塩水, 食塩水. **b)** (↔Süßwasser) 塩水, 海水. **c)** =Salzlake **2** 塩泉. **⸗werk** 中 製塩所; 塩田; 岩塩坑. **⸗zoll** 男 塩〔輸出入〕関税.

..sam[..za:m]《形容詞をつくる》**1**《動詞につけて「…する・される性質の」を意味する》: grau*sam* ぞっとする | bered*sam* 雄弁な | schweig*sam* 無口な | aufmerk*sam* 注意深い | unbeug*sam* 不屈の | einpräg*sam* 記憶に残りやすい. **2**《名詞につけて「…のある」を意味する》: betrieb*sam* 活発な | müh*sam* 難儀な | gewalt*sam* むりやりの | sitt*sam* 礼儀正しい. **3**《形容詞・数詞などにつけて「…の傾向の」を意味する》: lang*sam* のろのろした | selt*sam* 奇妙な | satt*sam* うんざりするほど | gemein*sam* 共通の | gleich*sam* いわば | ein*sam* 孤独な. [*germ.*; ◇homo.., Simili, samt; *engl.* same, ..some]

Sam[za:m, sæm] 男名 サム: Uncle ~ [ʌ́ŋkl sǽm]《戯》サムおじさん (U. S. Am. のもじりで, 典型的アメリカ人のこと). [*engl.*; ◇Samuel]

SA-Mann[ɛs|á:..] 男 -〔e〕s/..männer ナチ突撃隊員(→SA).

Sä·mann[zɛ́:man] 男 -〔e〕s/..männer (..leute)《雅》種をまく人. [<säen]

Sa·ma·ria[zamarí:a·, zamá:ria·] 地名 サマリア(パレスチナ中部の歴史的地方および前722年に滅んだ北王国イスラエルの首都名). [*hebr.* „Warte"–*gr.*–*lat.*]

Sa·ma·ri·ta·ner[zamaritá:nər] 男 -s/- サマリアの人 (→Samariter 1).

sa·ma·ri·ta·nisch[..nıʃ] 形 サマリア〔人〕の. [*spätlat.*]

Sa·ma·ri·ter[zamarí:tər, ..rítər] 男 -s/- **1** (Samaritaner) サマリアの人: der Barmherzige ~ よきサマリア人(びと)(盗賊に衣服を奪われ傷を負わされた旅人を介抱したサマリア人; 聖書: ルカ10,33以下) | **ein barmherziger ~**《比》苦境〈病床〉にある人にすすんで救いの手をさしのべる人. **2**《スイス》

S

=Sanitäter [*gr.*]

Sa·ma·ri·ter·dienst 男《雅》(貧困者・病人などへの)奉仕〈ボランティア〉活動.

Sa·ma·ri·ter·tum[..tu:m] 中 -s/ (聖書のよきサマリア人にみられるような)献身的奉仕, ボランティア精神.

Sa·ma·rium[zamá:riʊm] 中 -s/ 〘化〙サマリウム(希土類元素名; 記号 Sm). [*fr.*; <W. J. v. Samarski (のちにこの元素が発見された鉱物の発見者, ロシアの鉱山技官, †1870)]

Sa·mar·kand[zamarkánt] 地名 サマルカンド(ウズベキスタン共和国東部の都市で, 古代から交易上の要地であった). [*iran.*]

Sä·ma·schi·ne[zɛ́:..] 女〘農〙種まき機. [<säen]

Sam·ba[1][sámba·] 女 -/-s =Zamba

Sam·ba[2][zámba·] 女 -/-s (話・オーストリア: 男 -s/-s) サンバ(ブラジルの4分の2あるいは4分の4拍子の陽気な舞曲). [*afrikan.–port.*]

Sam·ba·socken[zámba..] 複《話》派手な横縞(よこじま)模様の靴下.

der **Sam·be·si**[zambé:zi·] 地名 男 -(s)/ ザンベジ(アフリカ南部を東流し, Mosambik でインド洋に注ぐ川. 英語形 Zambezi). [*afrikan.* „großer Fluß"]

Sam·bia[zámbia·] 地名 ザンビア(アフリカ南部の共和国. 1964年独立. 首都はルサカ Lusaka. 英語形 Zambia).

Sam·bi·er[zámbiər] 男 -s/- ザンビア人.

sam·bisch[zámbɪʃ] 形 ザンビアの.

Sa·me[zá:mə] 男 2格 -ns, 3格 -n, 4格 -n, 複数 -n《雅》=Samen 1

Sa·men[zá:mən] 男 -s/- **1**〘植〙種, 種子: ~ streuen 〈aussäen〉 種をまく | in ~ schießen (花から)種子になる | Der ~ keimt 〈geht auf〉. 種が発芽する. **2**《単数で》**a)** (Sperma) (人間・動物の)精液: Der ~ ergießt sich. 射精する. **b)**〘魚〙白子(しらこ). **3**《単数で》〘聖〙子孫, 後裔(こうえい). **4**《単数で》《比》根源, 発生源, 原因: der ~ der Zwietracht 〈des Hasses〉 不和〈憎しみ〉の種 | den ~ für eine zukünftige Entwicklung legen 将来の発展の基礎を置く. [*ahd.* sāmo; ◇säen, Semen, Saat]

Sa·men≈an·la·ge 女〘植〙胚珠(はいしゅ). **≈bank** 女 -/-en〘医〙精液銀行. **≈bau** 男 -(e)s/〘農・園〙種子をとるための栽培. **≈baum** 男〘園〙(種子をとるための)母樹. **≈bil·dung** 女〘植〙種子形成;〘生〙精子〈精虫〉形成. **≈bläs·chen** 中, **≈bla·se** 女〘解〙精嚢(せいのう). **≈drü·se** 女〘解〙精巣(せいそう). **≈er·guß** 男 (Ejakulation)〘生理〙射精: ein nächtlicher 〈vorzeitiger〉 ~ 夢精〈早漏〉. **≈fa·den** 男 (Spermium)〘生〙精子. **≈farn** 男〘植〙(古生代・中生代の)ソテツシダ(蘇鉄羊歯)類. **≈fa·ser** 女 種子繊維(綿など). **≈fluß** 男 ..flusses/〘医〙精液漏. **≈flüs·sig·keit** 女〘生〙精液. **≈gang** 男 =Samenleiter **≈han·del** 男 種物商売〈交易〉. **≈händ·ler** 男 種物商人. **≈hand·lung** 女 種物商. **≈hü·gel** 男〘解〙精丘. **≈hül·le** 女〘植〙種皮. **≈kä·fer** 男〘虫〙マメゾウムシ(豆象虫)科の昆虫. **≈ka·näl·chen** 中〘解〙精細管. **≈kap·sel** 女〘植〙(種を包んでいる)莢(さや), 蒴(さく). **≈kern** 男 **1** 堅い表皮でおおわれた種子: die ~*e* vom Kürbis in die Erde stecken かぼちゃの種を土にまく. **2**〘生〙精子核. **≈korn** 中 -(e)s/..körner **1**〘植〙種用の穀物, 穀種. **2**〘化〙結晶母粒. **≈lei·ter** 男〘解〙〔輸〕精管. **≈man·tel** 男〘植〙仮種皮. **≈pflan·ze** 女 (↔Sporenpflanze)〘植〙種子〈顕花〉植物. **≈scha·le** 女〘植〙種皮. **≈schu·le** 女〘農・園〙苗床, 苗栽培園. **≈spen·der** 男 (精液銀行のための)精液提供者. **≈strang** 男〘解〙精索.

Sa·men·strang·ent·zün·dung 女〘医〙精索炎.

Sa·men·tier〔·chen〕 中〘生〙精子, 精虫.

sa·men·tra·gend 形 **1**〘植〙実を結ぶ, 種子を生じる;〘生〙精子を生じる. **2**〘生〙輸精の, 精子を運ぶ.

Sa·men≈trä·ger 男 **1** 種をとるための植物. **2**〘生〙精包, 精球. **≈über·tra·gung** 女 人工授精. **≈ver·hal·tung** 女〘医〙無射精. **≈zel·le** 女〘生〙精子〔細胞〕, 精虫. **≈zwie·bel** 女〘園〙種用球根.

Sä·me·rei[zɛ:mərái] 女 -/-en **1**《ふつう複数で》《集合的に》種子, 種物, 穀種: ~*en* züchten 〈gewinnen〉 種を育成〈採取〉する. **2** 種物商.

Sa·miel[zá:mie:l, ..miɛl] 男 -s/ ザーミエル(ドイツ民話・ユダヤ伝説などに出てくる悪魔). [*aram.* „Gift Gottes"]

..samig[..za:mɪç][2]〘植〙《数詞・形容詞などにつけて「…〔個〕の種子をもつ」を意味する形容詞をつくる》: ein*samig* 単種子の | viel*samig* 多種子の | nackt*samig* 裸子〔植物〕の | bedeckt*samig* 被子〔植物〕の. [<Samen]

sä·mig[zɛ́:mɪç][2] 形《北部》蜜(みつ)のような, どろりとした, ねばねばの, 粘液質の, 煮つまった, 濃い: ~*er* Schleim 粘液 | die Suppe ~ machen スープにとろ味をつける. [*ndd.*; ◇Seim]

sa·misch[zá:mɪʃ] 形 サモス島の(→Samos).

sä·misch[zɛ́:mɪʃ] 形 **1** 油でなめした; 手ざわりの柔らかい. **2** 小麦〈淡黄〉色の.

Sä·misch≈ger·ber 男 (セーム革の)皮なめし職人. **≈le·der** 中 セーム革(ヤギ・ヒツジ・カモシカなどの手ざわりの柔らかい淡黄色のなめし革).

Sa·mis·dat[zamɪsdát] 男 -/-s (とくに旧ソ連における発禁書などの)自費〈秘密〉出版; 地下出版物. [*russ.*]

Sam·land[zá:mlant] 地名 ザームラント(ロシア連邦西端バルト海に面する海岸地方: 旧ドイツ領東プロイセンの一部).

Sam·län·der[..lɛndər] 男 -s/- ザームラントの人.

sam·län·disch[..lɛndɪʃ] 形 ザームラントの.

Säm·ling[zɛ́:mlɪŋ] 男 -s/-e **1** 実生(みしょう)の草木, 実ばえ. **2** 苗木, 若木. [<Samen]

Sam·ma·ri·ne·se[zamariné:zə] 男 -n/-n 《オーストリア》=Sanmarinese

Sam·mel≈ak·tion[zámәl..] 女 募金運動, 資金〈救援物資〉カンパ運動. **≈al·bum** 中 収集ファイル, スクラップブック. **≈an·schluß** 男 (電話の)共同加入線. **≈auf·trag** 男〘商〙**1** (小売商から卸商への)一括注文. **2** (いくつかの口座への)一括振り込み. **≈band** 男 (一人または多くの著者の作品を1冊に集めた)著作集; 論集; 合本. **≈bat·te·rie** 女 蓄電池. **≈becken** 中 (自然に)水の流れ集まるところ; (人工的につくられた)貯水タンク, 用水槽;《比》集結するところ, たまり場: ein ~ anlegen 貯水槽を設ける | Der See ist ein ~ für seine zahlreichen Zuflüsse. その湖は多くの流水の集まるところである | ein ~ für radikale Elemente 過激分子の巣窟(そうくつ). **≈bee·re** 女〘植〙聚果(じゅか)(キイチゴなど小漿果(しょうか)の集合したもの). **≈be·griff** 男 集合概念, 総称. **≈be·häl·ter** 男 液体を集めておく容器;〘工〙ストレージ〈貯水〉タンク, ため, (自動車の)潤滑油だめ. **≈be·stel·lung** 女 一括注文, 団体購入. **≈be·zeich·nung** 女 総称. **≈büch·se** 女 募金〈献金〉箱. **≈bu·chung** 女〘簿〙複式記入, 複式記帳法. **≈de·pot**[..depo:] 中 (↔Streifbanddepot) (所有者の異なる有価証券類の)混合〈混蔵〉寄託〔所〕, 一括保管〔所〕. **≈elek·tro·de** 女〘電〙コレクター, 集電極. **≈fahr·schein** 男 団体乗車〈乗船〉券; 回数券. **≈fleiß** 男 (ものを)集める情熱, (切手・資料などの)収集意欲. **≈frucht** 女〘植〙集合〈複合〉果, 多花果(→図). **≈ge·biet** 中 **1**〘地〙流域; (特に貯水池や川の)集水区域. **2** (切手・資料などの)収集分野. **≈ge·fäß** 中 =Sammelbehälter **≈ge·spräch** 中 (3か所以上の電話がつながる)会議通話. **≈gut** 中〘鉄道〙小口混載扱い. **≈hei·zung** 女 集中暖房〔方式装置〕, セントラルヒーティング. **≈ka·sten** 男 (九柱戯・ボウリングなどの)ボールラック. **≈la·dung** 女〘鉄道〙共同積載〔システム〕, 混載; 混載貨物. **≈la·ger** 中 集結地点; 中央キャンプ. **≈lei·tung** 女 (ガス・水道などの)共同管; (電気の)共同線;〘工〙マニホルド, 集合管. **≈lin·se** 女 (↔Zerstreuungslinse)〘光〙収束〈集光〉レンズ, 凸レンズ. **≈li·ste** 女 募金者および募金額一覧表, 奉加帳. **≈map·pe** 女 **1** 書類とじ, 紙挟み, ファイル. **2** 標本帳; 切手アルバム.

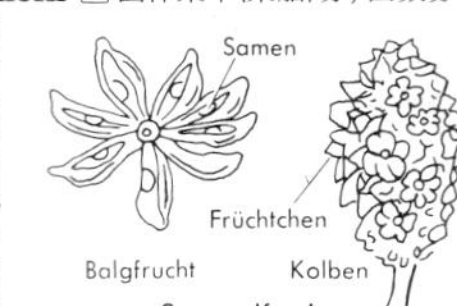

Sammelfrucht

sạm·meln[záməln]《06》 **I** 他 (h) **1 a)** ① (同類のものを)集める, 寄せ(拾い)集める, 収集する; 摘み集める, 採集する; (四散している作品などを)集成する, 集録する: *et.*[4] ～ gehen …を集めにいく ‖〖名詞と〗Abfälle ～ 廃物を集める | Aphorismen ～ und herausgeben 箴言(しんげん)を集めて出版する | Belege ～ 例証を集める | Heidelbeeren 〈Pilze〉 ～ コケモモ〈きのこ〉採りをする | Holz ～ 薪(たきぎ)を〔拾い〕集める | Informationen ～ 情報を収集する | Material für eine Abhandlung ～ 論文のための資料を集める | Unterschriften zur 〈für〉 Ächtung der Atomwaffen ～ 核兵器禁止の署名を集める | Vorräte für den Winter ～ (動物などが)冬にそなえて食物を集める(→b ①) ‖〖過去分詞で〗die *gesammelten* Werke eines Dichters ある詩人の全集 | Die Aufsätze sind *gesammelt* erschienen. 論文は(本の形に)集めて出版された. ② (趣味として)収集する: Autogramme 〈Briefmarken〉 ～ サイン〈切手〉を収集する. ③ (慈善のために…を)集める, 募る: Geld 〈Kleider〉 〔für die Armen〕 ～ 〔貧しい人たちのために〕金〈衣服〉を集める ‖〖目的語なしで〗für das Rote Kreuz ～ 赤十字のための募金を行う.
b) ① (財貨などを)〔集め〕ためる, ためこむ, 蓄える: das Regenwasser in einem Eimer ～ 雨水をバケツにためる | viel Geld 〈viele Schätze〉 ～ 多くの金〈財宝〉をためこむ | feurige Kohlen auf *js.* Haupt ～ (→Kohle 1 a). ② (経験などを)積む, 蓄積〈集積〉する: Kenntnisse 〈Erfahrungen〉 ～ 知識を豊かにする〈経験を積む〉| neue Kräfte ～ 新しい力を蓄える. ③ 再帰 *sich*[4] ～ (物などが)集まる, たまる;〖理〗収束する: Es hat sich genug Regenwasser *gesammelt.* 十分な量の雨水がたまった | Die Lichtstrahlen *sammeln* sich im Brennpunkt der Linse. 光線はレンズの焦点に収束する | Bäche *sammeln* sich in 〈zu〉 einem Fluß. 小川が集まって川となる.
c) ① (人材などを周囲に)集める: *seine* Anhänger 〈Schüler〉 um *sich*[4] ～ 子分〈弟子〉を周囲に集める | Kunden ～ (商売の)お得意さんをふやす. ② (部隊などを)集結させる, 集合させる: Nach der Schlacht *sammelte* der Feldherr seine Truppen. 戦闘が終わると総指揮官は部隊を集結させた ‖ **zum *Sammeln* blasen** (軍隊・狩猟などで)集合のらっぱを吹く. ③ 再帰 *sich*[4] ～ (人が少しずつ・三々五々)集まる (→versammeln 1): Eine Menschenmenge *sammelte* sich am Ort des Unfalls. 大勢の人が事故現場に集まった | Nachdem die Demonstranten sich *gesammelt* hatten, zogen sie vor die Botschaft. デモ隊は集結し終わると大使館の前へ押しかけた.
2 a) (精神を)集中する: *seine* Gedanken ～ 考えを集中する. **b)** 再帰 *sich*[4] ～ i) 考え〈注意〉を集中する; ii) 心を落ち着ける, 平静を取り戻す, 気を取り直す: *sich*[4] zu einer Arbeit ～ ある仕事のために考えを集中する | Ich kann mich heute gar nicht ～. 私はきょうは気が散って〈落ちつかなくて〉しようがない.
II ge·sạm·melt → 別出
[*ahd.* samanōn; ◇〔ge〕samt, sanft]

Sạm·mel⸗na·me[záməl..] 男 (Kollektivum)〖言〗集合名詞(例 Volk 人民, Gebirge 山脈, 山なみ). **⸗num·mer** 女 (電話の)代表番号. **⸗paß** 男 団体旅券. **⸗platz** 男 **1** 集合場所;〖軍〗集結地点. **2** 集積場所. **⸗punkt** 男 **1** (人々の)群がる場所, 集合地点. **2** (物資の)集積場, 保管所. **3**《比》焦点, 中心〈集中〉点. **⸗ruf** 男〖軍〗集合命令, 集合らっぱ. **⸗schie·ne** 女〖電〗(強力電流用の)母線. **⸗spie·gel** 男 凹面鏡. **⸗stel·le** 女 **1** 集合〈集結〉場所. **2** 集荷場, (物資の)集散地.

Sam·mel·sụ·rium[zaməlzú:riʊm] 中 -s/..rien [..riən]《俗》(Mischmasch) ごたまぜ, よせ集め; ごった返し, 混雑: ein ～ von vielen, alten Möbelstücken たくさんの古い家具の寄せ集め. [*ndd.* sammel-sūr をラテン語めかした形; ◇sauer]

Sạm·mel⸗tag[záməl..] 男 収集日; 募金日. **⸗tel·ler** 男 募金皿. **⸗trans·port** 男 (子供・難民・家畜などの)集団輸送; (貨物の)一括輸送. **⸗über·wei·sung** 女〖商〗(複数口座への)一括振り込み. **⸗un·ter·kunft** 女 共同〈集団〉宿舎. **⸗werk** 中 (ふつう一つのテーマのもとに集められた, さまざまな著者の)作品〈論文〉集. **⸗wut** 女 収集熱〈欲〉.

^▽^**Sạm·met**[zámət] 男 -s/-e ＝Samt

Sạmm·ler[zámlər] 男 -s/- **1** (女 **Sạmm·le·rin**[..lərɪn] -/-nen) (集める人. 例えば:) 収集家; 蓄財家; 集金人, 募金者: ein begeisterter ～ von Münzen 熱心な貨幣〈コイン〉収集家 | Briefmarken*sammler* 切手収集家. **2**〖電〗蓄電池. **3**〖工〗液留, 受留器, タンク; 管寄せ, 母管. **4**〖土木〗排水溝, 承水路, 集水渠(きょ). **5**〖印〗自動植字機の活字受け器. **6** ＝Sammelauftrag

Sạmm·ler⸗bat·te·rie 女〖電〗蓄電池. **⸗fleiß** 男 (熱心な)収集努力, 収集熱.

Sạmm·le·rin Sammler の女性形.

Sạmm·ler⸗kraft·wa·gen 男〖工〗蓄電池車. **⸗la·de·ein·rich·tung** 女〖電〗充電装置. **⸗zel·le** 女〖電〗蓄電池.

Sạmm·lung[zámlʊŋ] 女 -/-en **1** (集めること. 例えば:) 収集; 蓄積; 募金: Die 〔öffentliche〕 ～ für das Rote Kreuz findet morgen statt. 赤十字のための〔一般〕募金があす行われる | Die ～ ergab 〈brachte〉 30 000 DM. 募金は3万マルクになった. **2** (集められたもの. 例えば:) 収集品, コレクション, 所蔵品; 作品〈論文〉集, 選集: eine kostbare 〈dürftige〉 ～ 高価〈貧弱〉なコレクション | eine private ～ von Gemälden 絵画の個人コレクション | eine ～ von Gedichten 詩集 | Das fehlt noch in meiner ～.《比》私はまだそれは持っていない, 私はそれがぜひほしい | **Der 〈Die〉 fehlt mir noch in meiner ～!**《話》(来てほしくない相手の来訪などのさいに反語的に)うれしいやつが来てくれたものだ. **3** (集められている場所. 例えば:) 収集室, 収集品陳列場; 美術〈博物〉館: die städtische Kunst*sammlung* besuchen 市立美術館に行く | Die ～ ist nur vormittags geöffnet. その美術〈博物〉館は午前だけ開かれている. **4**《比》(精神の)集中, 統一, 平静; 沈思: keine Zeit zur 〔inneren〕 ～ haben 気持の落ち着く暇がない.

Sam·nị·ter[zamní:tər] 男 -s/- サムニウム人(中部イタリアに住んでいた古代の種族).

Sa·mọa[zamó:a·] 地名 サモア(南太平洋にある諸島. 東サモアはアメリカの信託統治領で Amerikanisch-Samoa と呼ばれる. また西サモアは1962年に英連邦内で独立. 首都はアピア Apia). [鳥名に由来]
die **Sa·mọa·in·seln**[zamó:a|ɪnzəln] 地名 複 サモア「諸島」
Sa·moạ·ner[zamoá:nər] 男 -s/- サモア人.
sa·moạ·nisch[..nɪʃ] 形 サモア〔人・語〕の: →deutsch
Sa·mọa-West[zamó:a vɛst] 地名 ＝Westsamoa

Sa·mo·jẹ·de[zamojé:də] 男 -n/-n サモエード族〔の人〕(シベリア北西部に住み, Ural 語族に属するサモエード語を話す諸種族の総称). [*russ.*; ◇*engl.* Samoyed]
sa·mo·jẹ·disch[..dɪʃ] 形 サモエード族の; サモエード〈サモディー〉語(ウラル語族の一つ)の: →deutsch

Sạ·mos[zá:mɔs] **I** 地名 サモス(エーゲ海南東部にあるギリシア領の島. die Sporaden のなかの一つ). **II** 男 -/- サモス産ワイン. [*gr.*－*lat.*; ◇samisch]

Sạ·mos·wein 男 ＝Samos II

Sa·mo·wạr[zamová:r, samo..; オース・スイ トリア・ス: sámova:r] 男 -s/-e サモワール(ロシアの真鍮(しんちゅう)製湯わかし器: →図). [*russ.* „Selbstkocher"; ◇..sam; *engl.* samovar]

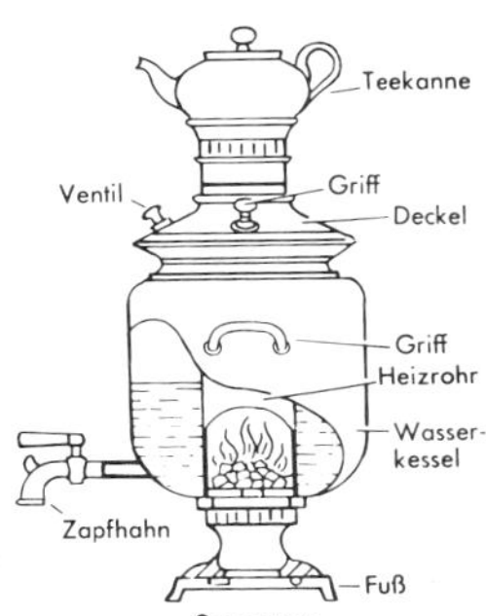

Samowar

Sạm·pan[zámpan] 男 -s/-s サンパン(三板)

S

(中国のはしけ). [*chines.*]

Sam·son[zámzɔn] **I** 男名 ザムゾン. **II** 人名〘聖〙サムソン, シムション(→Simson II).

Sams·tag[zámsta:k][1] 男 -(e)s/-e (略 Sa.)《主としてライン地方・南部で》(Sonnabend) 土曜日: →Dienstag | der lange ~ (閉店法が改正される以前, 土曜日の午後の商店の営業が法的に規制されていたときにふつうは月に1度, クリスマス前などには数週間にわたって例外的に午後も店を開けることが許された)長い土曜日 | Kar*samstag* 聖土曜日(復活祭前の土曜日). [*ahd.* sambaztac; <*gr.* sábbaton (→Sabbat)]

Sams·tag·abend[zamsta:k|á:bənt, ⌣–⌣][1] 男 土曜日の晩〈夕方〉: →Sonntagabend

sams·tä·gig[zámstɛ:gɪç][2] 形《付加語的》土曜日の〈に催される〉: →dienstägig

sams·täg·lich[..tɛ:klɪç] 形《述語的用法なし》毎土曜日の〈に催される〉: →dienstäglich

sams·tags[..ta:ks] 副 〔毎〕土曜日に: →dienstags

samt[zamt] **I** 副《もっぱら次の形で》**~ und sonders** 例外なく, ことごとく, 残らず | Die Parkplätze sind ~ und sonders überfüllt. 駐車場はどこもかしこも車で溢れている | Wir beteiligten uns ~ und sonders an der Demonstration. 私たちは一人残らずデモに参加した. **II** 前《3格支配》…と一緒に, …ともども: eine Blume ~ Wurzeln 根のついた〔まま引き抜いた〕草花 | ~ Weib und Kind ins Ausland gehen 妻子を引きつれて外国へ行く | Er ist ~ dem Gepäck gut hier angekommen. 彼は荷物ともども無事当地に到着した.

[*germ.*; ◇..sam, zusammen, sammeln, sämtlich]

Samt[zamt] 男 -es(-s)/-e ビロード: eine Haut wie ~ ビロードのような滑らかな肌 | **in ~ und Seide**《比》上等な衣服を身につけて, 晴れ着姿で. [*mlat.* samitum–*afr.*–*mhd.*; <hexa..+*gr.* mítos „Faden"]

samt·ar·tig[zámt|a:rtɪç][2] 形 ビロードのような.

Samt≈au·ge 中《雅》ビロードのように輝く黒いひとみ. **≈band** 中 -(e)s/..bänder ビロードのリボン. **≈blu·me** 女〘植〙**1** スカビオーサ, セイヨウマツムシソウ(西洋松虫草). **2** (Studentenblume) センジュギク(千寿菊)属.

sam·ten[zámtən] 形《付加語的》**1** ビロード〔製〕の: ein ~*es* Kissen ビロードのクッション. **2** =samtig

Samt·en·te 女〘鳥〙ビロードキンクロ(天鵞絨金黒).

Samt·ge·mein·de[zámt..] 女 (特に Niedersachsen の)連合市町村 (Gemeindeverband の一つ). [<samt]

Samt·hand·schuh 男 ビロードの手袋: *jn.* **mit ~en anfassen**《比》…を腫(は)れものにでもさわるように扱う(→Samtpfötchen).

sam·tig[zámtɪç][2] 形 **1** ビロードのような: eine ~*e* Haut すべすべした肌. **2** 低くて柔らかい(声).

Samt·kleid[zámt..] 中 ビロードのドレス.

sämt·lich[zɛ́mtlɪç]《不定数詞》**1**《付加語的; 変化についてはふつう dieser に準ずる》全部〈全体〉の, あらゆる, (例外なしに)すべての: 〘単数で〙~*es* vorhandene Geld 有り金全部 | mit ~*em* schweren 〈まれ: schwer*em*〉Gepäck 重い手荷物の全部とともに ‖〘複数で: 2格ではしばしば, 1・4格ではときに後続の形容詞が強変化する〙Goethes ~*e* Werke ゲーテ全集 | ~*e* anwesenden 〈anwesend*e*〉Leute 居合わせたすべての人びと | die Kleidung ~*er* Gefangener 〈Gefangen*en*〉捕虜全員の衣服.

☆ sämtlich と gesamt の違い: sämtlich は無冠詞の複数名詞と, gesamt は定冠詞を伴う単数の集合名詞と用いられることが多い: *sämtliche* Verwandte 親族全員 | die *gesamte* Verwandtschaft 親族全員.

2 全部〈全員〉そろって, 全員〔で〕: Die Mitglieder sind ~ erschienen. メンバーは全員姿を見せている | Ich habe Ihre Aufträge ~ erledigt. あなたから頼まれた仕事はすべて片づけました ‖〘最上級で〙~*st*《話》ことごとく, すっかり. [*mhd.* same(n)tlich; ◇samt]

Samt·pföt·chen[zámt..] 中 (猫などの)ビロードのような足;《戯》幼児の柔らかい手: ~ machen《話》猫をかぶる ‖ wie auf ~ gehen 足音をしのばせて歩く | *jn.* **mit ~ anfassen**《比》…を腫(は)れものにでもさわるように扱う(→Samthandschuh).

samt≈schwarz 形 漆黒の. **≈weich** 形 ビロードのようにやわらかい.

Sa·muel[zá:mue:l, ..muɛl] **I** 男名 ザームエール, ザムエル. **II** 人名〘聖〙サムエル, シェムエル(紀元前11世紀後半に活動したイスラエル最後の士師で最初の預言者): das Buch ~ (旧約聖書の)サムエル記. [*hebr.*]

Sa·mum[zá:mʊm, zamú:m] 男 -s/-s, -e (北アフリカ・アラビアなどの砂漠におこる)熱風による砂あらし, シムーム, シムーン. [*arab.* „Giftwind"; ◇ *engl.* simoom, simoon]

Sa·mu·rai[zamurái] 男 -(s)/-(s) さむらい, 武士. [*japan.*]

San[san, sam, saŋ](略 **S.**)(子音で始まるイタリア・スペインの男性名に冠して. ただしイタリアの場合は St, Sp, スペインの場合は Do, To に始まる語を除く)聖〔なる〕(→Sant', Santa, Santi, Santo): ~ Bernardo[sambɛrnárdo·] 聖ベルナルド | ~ Giovanni[sandʒovánni·] 聖ジョヴァンニ. [<Santo]

Sa·na[zá:na·, zaná:] 地名 サヌア, サナー(北 Jemen の首都).

Sa·na·to·rium[zanató:riʊm] 中 -s/..rien[..riən] 療養所, サナトリウム. [<*lat.* sānāre (→sanieren)]

Sanc·ta Se·des[záŋkta· zé:dɛs] 女 --/〘カトリック〙聖座, 聖庁;《比》教皇権. [*lat.*; <*lat.* sēdēs „Stuhl" (◇Sessel)]

sanc·ta sim·pli·ci·tas[– zɪmplí:tsitas]《ラテン語》(heilige Einfalt)(愚行を前にしての怒りの叫び)何という無邪気さ, 何と愚かなことを〔お前はするのか〕. [◇Simplizität]

Sanc·tus[záŋktʊs] 中 -/-〘カトリック〙(ミサの一部, sanctus「聖なるかな」で始まる)感謝の賛歌. [*lat.*; <*lat.* sancīre „heiligen" (◇sakral)]

Sand[zant][1] 男 **1** -es(-s)/ (種類: -e)(英: *sand*)《集合的に》砂; 磨き砂: feiner 〈grober〉 ~ 細かい〈粗い〉砂 | der ~ des Meeres 〈der Wüste〉海〈砂漠〉の砂 ‖ ~ graben 〈streuen〉砂を掘る〈まく〉‖ im ~ bleiben (自動車などが)砂地に車輪をとられて前進しない | die Straße mit ~ bestreuen 道路に砂をまく | die Schrift mit ~ bestreuen 書いた文書に砂をまいてインクを乾かす | *et.*[4] mit ~ putzen 〈scheuern〉…を砂で磨く | **wie ~ am Meer** (浜の真砂(まさご)のように)無数に(聖書: 創22,17などから) ‖ ~ in den Augen haben《比》目が重い, 眠い(→Sandmann) | *jm.* **~ in die Augen streuen**《話》…の目をごまかす, …をだます | *jm.* **~ ins Getriebe streuen 〈werfen〉**《話》…のじゃまをする, …を苦しめる | Irgendwo ist **~ im Getriebe**.《比》どこか〔わからないところ〕に障害がある ‖ **auf ~ gebaut sein**《比》砂上の楼閣である | *jn.* **auf 〔den〕 ~ setzen**《比》…に土俵の砂をなめさせる, …の戦意を喪失させる | *et.*[4] **in den ~ setzen**《話》…をだいなしにする | **im ~(*e*) verlaufen**《話》(水が)砂の中に吸い込まれて消えてしまう;《比》失敗に終わる, 水泡に帰する | den Kopf in den ~ stecken (→Kopf 1).

2 -es(-s)/-e, Sände[zɛ́ndə](Sandbank) 砂州: auf 〔einen〕 ~ geraten (船が)浅瀬に乗り上げる;《比》(仕事・計画などが)暗礁に乗り上げる.

[*germ.*; ◇ *engl.* sand; *gr.* ámathos „Sand"]

Sand·aal[zánt..] 男 (Sandspierling)〘魚〙イカナゴ(玉筋魚).

San·da·le[zandá:lə] 女 -/-n《ふつう複数で》サンダル. [*gr.*–*lat.*; <*gr.* sándalon „Sandale"]

San·da·let·te[zandalɛ́tə] 女 -/-n《ふつう複数で》(婦人用の〔かかとの高くて〕軽い)サンダル. [<..ette]

San·da·rak[zándarak] 男 -s/ サンダラック(テトラクリニスの樹脂). [*gr.*–*lat.*]

San·da·rak·baum 男〘植〙テトラクリニス(北アフリカおよびスペイン産のヒノキ科の木で, 樹脂は塗料・紙の光沢材に用いる).

sand·ar·tig[zánt..] 形 砂状の, 砂のような.

Sand≈bad 中 砂浴, 砂ぶろ; (鳥などの)砂浴び. **≈bahn** 女〘スポ〙(砂や土で固めたモーターレース用の)ダート〔コース〕.

Sand·bahn·ren·nen 中 (オートバイの)ダートコース=レー

ス.

Sand≠bank 女 -/..bänke〔海底〕砂州(す)(→ 図 Küste): auf eine ～ geraten (船が)浅瀬に乗り上げる〈座礁する〉. **≠bie·ne** 女 -/-n〖虫〗ヒメハナバチ(姫花蜂)科のハチ. **≠blatt** 中 (タバコの)砂葉(下から 2 番目の砂によごれた葉で, 品質は最高と言われ, 葉巻に用いられる). **≠bo·den** 男 砂地; 砂質土.

Sand·büchs·baum 男〖植〗サルノトウナス(中南米産トウダイグサ科の木で, むかし乾燥した果実を Sandbüchse として用いた).

Sand≠büch·se 女 (インク乾燥用のまき砂を入れる)砂箱. **≠burg** =Strandburg **≠dorn** 男 -〔e〕s/-e〖植〗ヒッポファエ(グミ科の一属で, 浜辺などに生える有刺低木). **≠dü·ne** 女 砂丘.

Sän·de Sand の複数.

San·del≠baum[zándəl..] 男 ビャクダン(白檀)〔の木〕. **≠holz** 中 ビャクダン材: ostindisches ～〖植〗ビャクダン(インドネシア産ビャクダン科) | rotes ～〖植〗コーキ(インド産マメ科). **≠holz·öl** =Sandelöl [*it.* sandalo „Sandelbaum"; ◇ *engl.* sandalwood〔oil〕]

san·deln[zándəln]《06》 **I** 他 (h) **1** (…の表面に)砂を吹きつけて研磨する: Holz ～ 砂噴射機処理で木材の相を浮き出させる. ᵛ**2** =sanden **II** 自 (h) **1**《スイ》砂遊びをする. **2**《話》(女が)客引きをする.

San·del·öl 中 ビャクダン油(香り高く香水やせっけんに用いられる).

san·den[zándən][1]《01》他 (h)《方》《*et.*[4]》(…に)砂をかける〈まく〉.

San·der[zándər] 男 -s/- =Zander

San·der·ling[zándərlɪŋ] 男 -s/-e〖鳥〗ミユビシギ(三趾鷸).

sand≠far·ben[zánt..] 形, **≠far·big** 形 砂色の, 黄褐色〈ベージュ〉の.

Sand≠faß 中 (インク乾燥用のまき砂を入れる)砂つぼ. **≠floh** 男 **1**〖虫〗スナノミ(砂蚤)科の昆虫. **2**《戯》歩兵. **≠flug·huhn** 中〖鳥〗サケイ(沙鶏). **≠form** 女〖工〗(鋳造用の)砂型. **≠ge·blä·se** =Sandstrahlgebläse **≠grä·ber** 男〖動〗デバネズミ. **≠grieß** 男 粒の粗い砂, 粗砂. **≠gru·be** 女 採砂場. **≠guß** 男〖工〗砂型鋳造. **≠ha·fer** 男〖植〗カラスムギ(烏麦)属の一種. **≠ha·se** 男 **1**《話》(九柱戯での)投げそこない: einen ～*n* schieben 投げそこなう. **2**《戯》歩兵. **≠hau·fen** 男 盛り〔上げた〕砂.

San·dhi[zándiˑ] 中 -/〖言〗連声(れんじょう)(文中にある語の語頭音または語末音が, 隣接する語の語末音または語頭音の影響によって変化もしくは消失する現象). [*sanskr.*; ◇ ..sam, tun]

Sand≠ho·se[zánt..] 女 (旋風による)砂柱, 砂竜巻(たつまき). **≠hü·gel** 男 砂丘, 砂山.

san·dig[zándɪç][2] 形 砂を含んだ, 砂質の; 砂状の, 砂のような; 砂のついた, 砂だらけの: ～*er* Boden 砂地.

San·di·nist[zandiníst] 男 -en/-en サンディニスタ (Nicaragua の民族解放戦線のメンバー). [< A. C. Sandino (Nicaragua の革命指導者, †1934)]

Sand≠kä·fer[zánt..] 男〖虫〗**1** ハンミョウ(斑猫). **2** ハンミョウ科の昆虫. **≠ka·sten** 男, **≠ki·ste** 女 (子供がその中で遊ぶための)砂箱, 砂場;〖軍〗(机上演習用の)砂盤. **≠koh·le** 女〖鉱〗(生成年代の比較的新しい)非粘結炭, さえ物. **≠korn** 中 -〔e〕s/..körner (小 **≠körn·chen** 中) 砂粒. **≠kraut** 中〖植〗ノミノツヅリ(蚤綴)属. **≠krebs** 男〖動〗クダヒゲガニ(管鬚蟹). **≠ku·chen** 男 パウンドケーキ. **≠läu·fer** 男 =Sandkäfer **≠lauf·kä·fer** =Sandkäfer

Sand·ler[zándlər] 男 -s/-《オーストリア》**1** 宿なし, 浮浪者. **2** 能なし, 役立たず. [< *mhd.* seine „träge"]

Sand·le·rin[zándlərɪn] 女 -/-nen《話》魅力的な客引き女.

Sand≠mann[zánt..] 男 -〔e〕s/ (小 **≠männ·chen** 中 -s/)〖伝説〗(子供たちの目に砂をまいて眠らせるという)砂男;《比》眠気: Der ～ kommt 〈ist da〉. 眠くなってきた. **≠meer** 中 砂の海(見渡すかぎり続く砂原). **≠mu·schel** 女 (Klaffmuschel)〖貝〗オオノガイ(大野貝). **≠ot·ter** 女〖動〗クサリヘビ(鎖蛇)の一種(南ヨーロッパの乾燥した砂地に生息). **≠pa·pier** 中 サンドペーパー, 紙やすり. **≠pflan·ze** 女 砂生植物. **≠pier** =Pier[2] **≠pilz** 男〖植〗イグチ(猪口)属のキノコ. **≠platz** 男《テニス》クレーコート. **≠ras·sel·ot·ter** =Sandotter **≠sack** 男 **1** 砂袋, 砂嚢(のう) (→ 図 Ballon). **2**《ボクシング》サンドバッグ.

Sand·sack·bar·ri·ka·de 女 砂嚢(のう)〔を積み上げた〕バリケード.

Sand≠schicht 女 砂層. **≠schliff** 男 (岩石の)漂砂で磨かれた表面. **≠spier·ling** 男〖魚〗イカナゴ(玉筋魚). **≠stein** 男〖地〗砂岩.

sand·strah·len《過分 gesandstrahlt, sandgestrahlt》他 (h)《ふつう不定詞・過去分詞で》(砂を吹きつけて機械的に)研磨〈掃除〉する, 砂(すな)噴射機にかける.

Sand·strahl·ge·blä·se 中 (金属・石・壁などの表面を研磨したり, ざらざらをつけたりするための)砂吹きつけ機, 砂(すな)噴射機.

Sand≠strand 男 砂浜. **≠sturm** 男 砂あらし.

sand·te[zántə] senden の過去.

Sand≠tor·te[zánt..] 女 =Sandkuchen **≠ufer** 中 砂岸, 砂浜. **≠uhr** 女 砂時計.

Sand·uhr≠ma·gen 男〖医〗(砂時計状に中央部のくびれた)砂時計胃. **≠struk·tur** 女〖鉱〗(結晶の)砂時計構造.

Sand≠we·be 女 =Sandwehe **≠weg** 男 砂道. ᵛ**≠we·he** 女 (風に吹き寄せられた)砂の吹きだまり. **≠wes·pe** 女〖虫〗ジガバチ(似我蜂)科の昆虫.

Sand·wich [zɛ́ntvɪtʃ, sɛ́nt..] 男 中 -〔e〕s(-)/-〔e〕s〔-(ɪ)s〕(-e)〖料理〗サンドイッチ. [*engl.*; 18世紀イングランドの Sandwich 伯の考案とされる; ◇ Sand]

Sand·wich≠bau·wei·se[zɛ́ntvɪtʃ..] 女〖工〗(航空機製作の際の)サンドイッチ式組み立て法. **≠man**[..mən] 男 -s/..men[..mən], **≠mann**[..man] 男 -s/..männer[..mɛnər] (街頭宣伝の)サンドイッチマン. **≠struk·tur** 女〖理〗(分子の)サンドイッチ構造. **≠wecken** 男《オーストリア》長くて平たい白パン.

Sand·wü·ste[zánt..] 女 **1** 砂漠. **2** (↔Steinwüste)〖地〗砂(すな)砂漠.

san·fo·ri·sie·ren[zanforizíːrən] 他 (h) (織物などを)サンフォライズする(熱処理によってあらかじめ収縮させて防縮効果をもたせる). [*engl.* sanforize; < Sanford L. Cluett (アメリカ人考案者, †1968)]

San Fran·zis·ko[zanfrantsískoˑ] 地名 サンフランシスコ(アメリカ合衆国, カリフォルニア州の太平洋岸にある港湾都市. 英語形 San Francisco. 俗に Frisco とも呼ばれる). [*span.*; ◇ (der heilige) Franziskus]

sanft[zanft] **I** 形 **1 a)** (英: *soft*) (五感に与える印象の)柔らかく〈滑らかで〉快適な, ソフトな, どぎつくない, けばけばしく〈けたたましく〉ない: eine ～*e* Beleuchtung やわらかな照明 | ein ～*er* Blick やさしいまなざし | ～*er* Duft von Rosen ばらの淡い香り | ～*e* Gesichtszüge やさしい顔だち | eine ～*e* Haut 滑らかな肌 | ～*e* Musik ソフト〈静か〉な音楽 | ein ～*es* Rot 落ちついた赤 | Ein gutes Gewissen ist ein ～*es* Ruhekissen. (→Gewissen 1) | ～*es* Säuseln des Windes 風のそよぎ ‖ Ihre Stimme war 〈klang〉 ～. 彼女の声はやさしかった.

b) (↔grob) (人柄などが)柔和な, 温和な, 穏やかな, おとなしい, もの柔らかな, やさしい, 気だてのいい, 善良な: ein ～*es* Mädchen 気だてのやさしい娘 | ～*e* Worte やさしい言葉 ‖〖述語的に〗～ wie ein Lamm sein 小羊のように柔和である | Das Pferd ist ganz ～. その馬はまったくおとなしい | Seine Worte waren nicht gerade ～. 彼の言葉は相当きつかった ‖〖副詞的に〗～ lächeln 柔和な微笑をたたえる(→2 a).

2 a) (動き・力・勢い・傾斜などの)穏やかな, 弱く快適な, 激しく〈手荒く〉ない, 静かな, かすかな, なだらかな: eine ～*e* Berührung そっとふれること | eine ～*e* Bewegung 静かな動き | eine ～*e* Erhebung なだらかな丘陵 | auf die ～*e* 〔Tour〕《話》(意識して)穏やかに, おもねるような調子で | *jn.* mit ～*er* Gewalt zur Tür hinausschieben …をやさしくしかし断固として戸口から押し出す | *et.*[4] mit ～*er* Hand

S

⟨~*en* Händen⟩ berühren …にそっと手でふれる | *et.*[4] mit ~*em* Nachdruck ⟨Vorwurf⟩ sagen 穏やかにしかしきっぱりと⟨かすかな非難をこめて⟩…と言う | Der Zorn machte ~*eren* Regungen Platz. 怒りもややおさまり少し興奮している程度になった | ein ~*er* Wind やわらかい風 | ein ~*er* Regen 静かな雨 | einen ~*en* Zwang ⟨Druck⟩ ausüben やんわりと強制する⟨圧力をかける⟩ ‖〖副詞的に〗Die Straße beginnt ~ anzusteigen. 道路はゆるやかな上りになりはじめる | *et.*[4] ~ ausdrücken …を穏やかな言葉で言う | *jn.* ~ behandeln i) …にそっと手当てをする; ii)《比》…をやさしく扱う | ~ erröten かすかに赤面する | *Sanft* führte sie ihn zur Treppe. そっと⟨やさしく⟩彼女は彼を階段の方へ導いていった | mit *jm.* ~ umgehen …をやさしく⟨いたわりの気持をもって⟩扱う | ~ gewundene Wege ゆるやかにうねる道 ‖〖名詞化して〗*et.*[4] auf die *Sanfte* versuchen《話》…を穏健なやり方で⟨ソフトムードで⟩やってみる.

b) (ruhig) (眠りなど) 安らかな, 平安な: ein ~*er* Schlaf 安らかな眠り ‖ ~ 〔und selig〕 schlafen 安らかに眠る | Er ist ~ entschlafen.《雅》彼は大往生であった | Ruhe ~! (墓碑銘などで) 安らかに眠れ.

II Sạnf·te 女《形容詞変化》《話》ソフトなやり方:〖ふつう次の形で〗**auf die ~** 穏やかなやり方で, ソフトムード⟨タッチ⟩で (=auf die sanfte Tour).

[*westgerm.* „zusammen“; ◇sammeln, sacht; *engl.* soft]

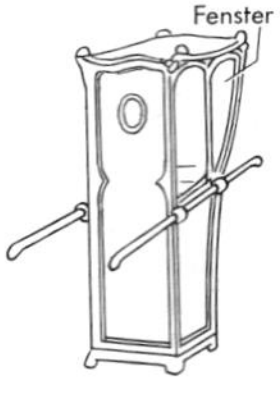

Sặnf·te[zɛ́nftə] 女 -/-n **1** 輿(こし), いす駕籠(かご) (→ 図): eine ~ tragen 輿をかつぐ, 駕籠をかく. ▽**2** = Sanftheit [*ahd.* samftī „Ruhe“; ◇sanft]

Fenster

Sänfte

Sặnf·ten·trạ̈·ger 男 駕籠(かご)かき.

sạnft·ge·kurvt[zánft..] 形《話》(特に女性の) 体の曲線のなだらかな (グラマーでない).

Sạnft·heit[zánfthaɪt] 女 -/-en《ふつう単数で》(sanft なこと. 例えば:) 柔らかさ, 柔和; 温和, 気だてのよさ; 静穏: die ~ des Tones ⟨des Charakters⟩ 音の柔らかさ⟨気だてのやさしさ⟩.

sặnf·ti·gen[zɛ́nftɪgən][2] 他 (h)《雅》(besänftigen) 《*jn.* / *et.*[4]》(…の気持などを) しずめる, なだめる, 和らげる, なごませる: den Schmerz ⟨das Leid⟩ ~ 痛み⟨苦しみ⟩をしずめる | Die Musik *sänftigte* ihn ⟨sein Gemüt⟩. 音楽が彼の心⟨気持⟩をしずめた ‖ 再帰 *sich*[4] ~ しずまる, 和らぐ, なごむ. [*mhd.*; ◇sanft]

sặnf·tig·lich[zɛ́nftɪklɪç]《雅》= sanft

Sạnft·mut[zánftmu:t] 女 -/ 柔和, 温和, 温順, 柔順, 気だてのやさしさ: in aller ~ きわめて柔順に | mit ~ おとなしく | von großer ~ sein 非常に柔順である⟨おとなしい⟩ ‖ Ihr ganzes Wesen ist ~. 彼女は全身これやさしさだ.

sạnft·mü̱·tig[zánftmy:tɪç][2] 形 柔和な, 温和な, おとなしい, もの柔らかな, やさしい, 気だてのいい: ein ~*es* Kamel おとなしいラクダ ‖ mit *jm.* ~ umgehen …をやさしく⟨いたわるように⟩扱う.

sang[zaŋ] singen の過去.

Sang[zaŋ] 男 -〔e〕s/Sänge[zɛ́ŋə] **1**《単数で》歌うこと: 〖ふつう次の形で〗**mit ~ und Klang** ▽i) 鳴り物入りで, 大騒ぎして; ii)《話》あからさまに, まごうかたなく (=eindeutig) | mit ~ und Klang durch das Examen fallen《話》ものの見事に試験に失敗する ‖ **ohne ~ und Klang** 目立たぬように, ひっそりと (→sanglos) | ohne ~ und Klang verschwinden《話》人目もひかず⟨こっそりと⟩姿を消す. **2** (Gesang) 歌. [*germ.*; ◇singen, Song[1], Sänger]

sạng·ba̱r[záŋba:r] 形 歌える; 歌に適した, 歌いやすい; 調子⟨メロディー⟩の美しい.

Sạn·ge[záŋə] 女 -/-n《南部》(Ährenbüschel) 穂の束. [*ahd.*]

sặn·ge[zɛ́ŋə] singen の接続法 II.

Sặn·ge Sang の複数.

Sặn·ger[zɛ́ŋər] 男 -s/- (女 **Sặn·ge·rin** → 別出) **1** 歌い手, 歌手, 声楽家; 合唱団⟨聖歌隊⟩員;《比》鳴禽(めいきん), さえずる鳥: die 〔gefiederten〕 ~ des Waldes《比》森にさえずる小鳥たち | Opern*sänger* オペラ歌手 ‖ Ich bin kein ~. 私は歌がへただ. **2**《雅》歌いたたえる人, 賛美者: ein ~ der Liebe ⟨der Freiheit⟩ 愛⟨自由⟩の賛美者 | Da〔rüber〕 schweigt des ~*s* Höflichkeit. (→Höflichkeit 1). ▽**3** (Dichter) 詩人, 歌人; (中世の) 楽人: ein fahrender ~ 遍歴楽人, 吟遊詩人. [*ahd.*; ◇Sang]

Sặn·ger≈bü̱h·ne 女 (教会の) 聖歌隊席. **≈bund** 男 合唱団連合. **≈cho̱r**[..ko:r] 男 合唱団; (教会の) 聖歌隊. **≈fest** 中 合唱〔団〕祭.

Sặn·ge·rin[zɛ́ŋərɪn] 女 -/-nen (Sänger の女性形) 女の歌い手, 女性歌手, 女流声楽家; (オペラの) 歌姫.

Sặn·ger·krieg[zɛ́ŋər..] 男 (中世の Minnesänger たちの) 歌合戦: der ~ auf der Wartburg ヴァルトブルク城における歌合戦.

Sặn·ger·schaft[zɛ́ŋərʃaft] 女 -/-en《ふつう単数で》《集合的に》合唱団員.

Sạn·ges≈bru̱·der[záŋəs..] 男 (男子の) 合唱団員, 合唱友の会⟨合唱サークル⟩会員. **≈freu·de** 女 -/ 歌う喜び⟨楽しみ⟩.

sạn·ges≈freu·dig 形, **≈fro̱h** 形 歌うことの好きな. **≈kun·dig** 形 歌唱法に通じた.

Sạn·ges·lust 女 -/ 歌う喜び⟨楽しみ⟩.

sạn·ges·lu·stig 形 歌うことの好きな.

sạng·lich[záŋlɪç] 形 歌いやすい; 歌いたくなるような, 歌曲になるような.

sạng·lo̱s[záŋlo:s][1] 形 **1** 音楽の入らない. **2**《もっぱら次の形で》***sang-* und klang*los*** そっと, 気づかれずに.

San·gu̱i·ni·ker[zaŋguí:nikər] 男 -s/- 多血質の人; 快活な人, 楽天家, 感激屋.

san·gu̱i·nisch[..nɪʃ] 形 多血質の; 快活な, 楽天的な, 陽気な: ein ~*er* Mensch 陽気な人, 楽天家 | ein ~*es* Temperament 多血質 (昔の生理学で考えられた 4 種類の気質の一つ: →Temperament 1 a).

san·gui·no·lẹnt[zaŋguinolɛ́nt] 形〖医〗(尿などが) 血液様の. [*lat.* sanguineus „blutig“; < *lat.* sanguis „Blut“]

Sạ·ni[záni·] 男 -s/-s (< Sanitäter)《俗》衛生⟨看護⟩兵.

sa·ni̱e·ren[zaní:rən] 他 (h) **1 a**) 《*et.*[4]》(生活環境などを) 衛生的に〔改善〕する; 《*jn.*》(特に性病に対して…に) 予防処置⟨消毒⟩を施す. **b**) 〖医〗(病巣を) 除去する; (傷や歯などを) 治す. **2** (都市の街区などを) 改造⟨再開発⟩する, 近代化する. **3 a**) (企業などを) 〔財政的に〕立て直す, 健全化する, 再建する, 立ち直らせる: die Landwirtschaft ~ 農業を立て直す | die Bauern ~ 農民を立ち直らせる. **b**) 再帰 *sich*[4] ~ 〔財政的に〕立ち直る; 《軽蔑的に》(疑わしいやり方で) もうける, 私腹を肥やす.

[*lat.* sānāre „heilen“; < *lat.* sānus „gesund“]

Sa·ni̱e·rung[..ruŋ] 女 -/-en (sanieren すること. 例えば:) **1** (都市の街区などの) 改造, 再開発, 近代化; (環境の) 衛生化. **2** (虫歯の) 治療; 防疫. **3** 〔財政的〕立て直し, 健全化.

Sa·ni̱e·rungs≈ge·biet 中 (都市などの) 再開発地域. **≈maß·na̱h·me** 女 -/-n《ふつう複数で》〔財政〕立て直し措置; 整備⟨健全化・再開発⟩措置. **≈mit·tel** 中〖医〗(特に性病の) 予防薬⟨具⟩. **≈pla̱n** 男〔財政〕立て直しプラン; (都市の街区などの) 再開発計画. **≈vier·tel**[..fɪrtəl] 中 環境整備地区, 衛生モデル地区.

sa·ni·tä̱r[zanitɛ́:r] 形 **1** 衛生設備 (便所・浴室・シャワーなど) に関する: ~*e* Artikel 衛生用品. **2** (gesundheitlich) 健康⟨衛生⟩上の. [*fr.* sanitaire]

Sa·ni·tä̱r≈an·la·gen 複 衛生設備 (便所・浴室など). **≈be·reich** 男 -〔e〕s/ 衛生〔産業〕分野. **≈ein·rich·tun·gen** 複 = Sanitäranlagen

sa·ni·ta̱·risch[zanitá:rɪʃ]《スイ》= sanitär

Sa·ni·tä̱r≈ke·ra̱·mik[zanitɛ́:r..] 女 -/ 衛生陶器 (便所・洗面器・浴槽など). **≈raum** 男 (家屋の) 衛生室 (便所・浴室などの部分).

Sa·ni·tät[zanitɛ́:t] 女 -/-en **1**《単数で》健康〈衛生〉〔状態〕; 保健. **2**《ｵｰｽﾄﾘｱ・ｽｲｽ》**a)**《単数で》〖軍〗衛生〈保健〉業務; 救護, 看護. **b)**〖軍〗衛生隊〈班〉. **c)** (Krankenwagen) 救急車. 【*lat.*】

Sa·ni·tä·ter[zanitɛ́:tər] 男 -s/- **1** 応急手当てを施す人, 救護員, 看護人. **2**〖軍〗保健〈看護〉兵 (㊙ Sani).

Sa·ni·täts≈ar·ti·kel 男 保健用品, 医療品. **≈au·to** 中 救急車. **≈be·darf** 男 医療〔必需〕品. **≈be·hör·de** 女 保健所, 公衆衛生局. **≈dienst** 男《ふつう単数で》保健〈医療〉〔業務〕;〖軍〗医務. **≈flug·zeug** 中〖空〗患者輸送機. **≈hund** 男 救助犬;〖軍〗看護犬. **≈ka·sten** 男〔家庭〕救急箱, 携帯医療箱. **≈ko·lon·ne** 女 (赤十字社所属の)救護〈医療〉班. **≈kom·pa·nie** 女〖軍〗衛生中隊. **≈korps**[..ko:r] 中〖軍〗衛生部〈隊〉. **≈kraft·wa·gen** 男〖軍〗救急車(㊙ Sanka, Sankra). **≈of·fi·zier** 男 軍医, 衛生部士官〈将校〉. **≈per·so·nal** 中〖軍〗衛生部員, 医務局員. **≈po·li·zei** 女 (Gesundheitspolizei) 保健警察. **≈rat** 男 -〔e〕s/..räte (㊕ San.-Rat, SR) **1** 衛生顧問官〈功労医〉(特に外来診療に尽力した医師・歯科医の名誉称号. ドイツでは1918年に廃止). **2**《ｵｰｽﾄﾘｱ》保健局評議員. **≈raum** 男 (学校・企業などの)保健〈休養〉室. **≈sol·dat** 男〖軍〗衛生〈看護〉兵. **≈ta·sche** 女 救急かばん. **≈trup·pe** 女 = Sanitätskorps **≈wa·che** 女 (駅・空港などの)救急包帯所, 救護所. **≈wa·gen** 男 救急車. **≈we·sen** 中 -s/ 公衆衛生制度, 医療制度〈業務・施設〉;〖軍〗衛生班. **≈zelt** 中 (野外に設けられた)テント張りの救護所. **≈zug** 男 病院列車, 傷病者輸送列車.

San José[zanxozé:, saŋxosé] 地名 サン ホセ(コスタリカ共和国の首都). 【*span.*; ◇Joseph】

sank[zaŋk] sinken の過去.

San·ka[záŋka·] (**San·kra**[..kra·]) 男 -s/-s (＜Sanitätskraftwagen)〖軍〗救急車.

sän·ke[zɛ́ŋkə] sinken の接続法 II.

San·kra = Sanka

Sankt[zaŋkt] (㊕ St.) (人名およびそれに由来する地名などに冠して)聖〔なる〕: ～ Peter 聖ペテロ〔聖堂〕| ～-Elisabeth-Kirche 聖エリーザベト教会. 【*lat.* sanctus „geheiligt“–*ahd.*; ◇Sanctus, Santo; *engl.* Saint】

der **Sankt Bern·hard**[zaŋkt bɛ́rnhart] 地名 男 --〔s〕/ ザンクト ベルンハルト(スイス・イタリア・フランス3国の国境にあるアルプス越えの峠で, 大小の二つがある): der Große ～ 大ザンクト ベルンハルト(スイスとイタリアを結ぶ峠. 標高2469m; ここに修道院がある: →Bernhardiner 2) | der Kleine ～ 小ザンクト ベルンハルト(フランスとイタリアを結ぶ峠. 標高2188m). 【＜Bernhard von Menthon (登山家の保護聖人, †1008); ◇*engl.* St. Bernard】

Sankt-Elms-Feu·er[zaŋkt|ɛ́lms..] 中 聖エルモの火(塔やマストの先端などの放電現象). 【＜Elmo (航海の保護聖人, †303); ◇Erasmus; *engl.* St. Elmo's fire】

Sankt Gal·len[zaŋkt gálən] 地名 ザンクト ガレン(スイス北東部の州およびその州都. 9-11世紀のドイツ語圏文化の中心地の一つで, 7世紀初頭に聖 Gallus が建てた聖堂がもとになって発展した有名な修道院がある).

Sankt Gal·le·ner[zaŋkt gálənər] (ｽｲｽ: **Sankt Gal·ler**[zaŋkt gálər]) **I** 男 -s/- ザンクト ガレンの人. **II** 形《無変化》ザンクト ガレンの.

der **Sankt Gott·hard**[zaŋkt gɔ́thart] 地名 男 --〔s〕/ ザンクト ゴットハルト(スイス中部にあるアルプス越えの峠. 標高2108m): der *Sankt-Gotthard*-Paß ザンクト=ゴットハルト峠.

Sankt He·le·na[zaŋkt hé:lena·] 地名 セント ヘレナ(アフリカの西方, 大西洋上にあるイギリス領の島. ナポレオンが流されて1821年にこの地で死んだ. 英語形 St. Helena).

Sank·tion[zaŋktsió:n] 女 -/-en **1**《雅》是認, 賛成;〖法〗承認, 認可, 裁可: Pragmatische ～ 国事勅書(→pragmatisch 3) | dem Gesetz 〔die〕 ～ erteilen 法律を承認する〈発効させる〉. **2**《ふつう複数で》**a)** (国際法上の義務不履行などに対する)制裁〔処置〕, 処罰: wirtschaftliche ～*en* 経済制裁. **b)**〖法〗制裁規定, 賞罰条項. 【*lat.*–*fr.*; ＜*lat.* sancīre (→Sanctus)】

sank·tio·nie·ren[zaŋktsioní:rən] 他 (h) **1** 是認〈公認〉する;〖法〗裁可〈承認〉する, (法令を)発効させる. **2** 制裁〈処罰〉を加える. 【*fr.*】

Sank·tio·nie·rung[..ruŋ] 女 -/-en sanktionieren すること.

Sank·tions·mit·tel[zaŋktsió:ns..] 中 制裁手段.

Sank·tis·si·mum[zaŋktísimum] 中 -s/〖ｶﾄﾘｯｸ〗聖体. 【*kirchenlat.* „Allerheiligstes“】

der **Sankt-Lo·renz-Strom**[zaŋktló:rɛnts..] 地名 男 -〔e〕s/ セント=ローレンス川(カナダとアメリカ合衆国の国境を北東に流れてセント=ローレンス湾に注ぐ. 英語形 St. Lawrence). 【＜Laurentius (3世紀ローマの殉教者); その祝日8月10日に発見された】

Sankt-Mi·chae·lis-Tag [zaŋktmıçaé:lıs..] 男 -〔e〕s/ = Michaeli

Sankt Mo·ritz[zaŋkt mó:rıts, – moríts] 地名 サン モリッツ(スイス Graubünden 州にある観光・保養地). 【＜Mauritius (3世紀にこの地で殉教した聖人の名)】

Sankt-Nim·mer·leins-Tag[zaŋktnímərlaıns..] 男 -〔e〕s/《戯》来ることのない〈永久に来ない〉日: **am ～** 決して…することがない | Du bekommst das Buch am ～. きみはその本を絶対に返してもらえないよ | *et.*[4] **auf den ～** 〈**bis zum ～**〉 verschieben …を無期延期する.

Sankt Pau·li[zaŋkt páuli·] 地名 ザンクト パウリ (Hamburg の市区で, 有名な国際的歓楽街 Reeperbahn がある).

Sankt Pe·ters·burg[zaŋkt pé:tərsburk] 地名 サンクト ペテルブルグ(ロシア連邦の都市. 1924-91年は Leningrad と呼ばれた).

Sankt Pöl·ten[zaŋkt pœ́ltən] 地名 ザンクト ペルテン(オーストリア東部の工業都市で Niederösterreich の州都). 【＜Hippolyt (3世紀のギリシアの教父・殉教者)】

Sank·tua·rium[zaŋktuá:rium] 中 -s/..rien[..riən] (**Sank·tuar**[zaŋktuá:r] 中 -s/-e)〖ｶﾄﾘｯｸ〗至聖所; 教会の内陣; 聖遺物箱〈匣(ｺｳ)〉〔の保管場所〕. 【*spätlat.*】

Sank·tus[záŋktus] 中 -/- = Sanctus

San·ma·ri·ne·se[zanmariné:zə] 男 -n/-n サン マリノ人.

san·ma·ri·ne·sisch[..zıʃ] 形 サン マリノ〔人〕の.

San Ma·ri·no[zan marí:no·] 地名 サン マリノ(イタリア東部にある小共和国, およびその首都). 【*it.*; ＜Marinus (4世紀の聖人)】

sann[zan] sinnen の過去.

sän·ne[zɛ́nə] sinnen の接続法 II.

San.-Rat 略 = **Sanitätsrat**

San Sal·va·dor[zan zalvadó:r] 地名 サン サルヴァドル(エルサルヴァドル共和国の首都). 【*span.*; ◇Salvator】

Sans·cu·lot·te[sãskylɔ́t(ə)] 男 -n/-n[..tən] (女 -/-n) 過激共和派, サンキュロット(フランス革命当時, 貴族の流行であった Culotte をはかないで長ズボンを着用した共和派を貴族が軽蔑的にこう呼んだ). 【*fr.*; ＜*fr.* sans „ohne“ (◇sine)】

San·se·vie·ria[zanzevié:ria·] 女 -/..rien[..riən]〖植〗チトセラン, サンセヴィエリア(アジア・アフリカ産のユリ科の観賞植物で, 葉から繊維をとる). 【＜San Severo 侯(イタリアの学者, †1771)】

▽**sans gêne**[sãʒɛ́n]《ﾌﾗﾝｽ語》(ungezwungen) 随意に, 気ままに, 遠慮〈気がね〉なく. 【◇sine, genieren】

San·si·bar[zánziba:r, ⌣⌣⌐] 地名 ザンジバル(アフリカ東海岸タンザニアの東部の島. 1963年独立し,1964年 Tanganjika と連合してタンザニア連合共和国となった).

Sans·krit[zánskrıt; ｵｰｽﾄﾘｱ: ⌣⌐] 中 -s/ サンスクリット, 梵語(ﾎﾞﾝｺﾞ). 【*sanskr.* sanskrta „zusammengefügt“; ◇..sam, Karma】

sans·kri·tisch[zanskrí:tıʃ, ..krítıʃ] 形 サンスクリット〈梵語(ﾎﾞﾝｺﾞ)〉の.

Sans·kri·tist[zanskritíst] 男 -en/-en サンスクリット〈梵語(ﾎﾞﾝｺﾞ)〉学者.

Sans·sou·ci[zã:susi·, zãsusí:, sãsusí]《宮殿名》Schloß ～ サンスーシ宮, 無憂宮(ドイツ Potsdam にあり, かつてフリードリヒ大王の離宮であった). 【*fr.* „ohne Sorge“; ◇sine, sollizitieren】

Sant’[sant..] (㊕ S.) (母音で始まるイタリアの男女名に冠して)

聖〔なる〕(→San, Santa, Santo): ～ Agata 聖アーガタ | ～ Antonio 聖アントニオ. [*it.*]

San·ta[sánta·] (略 ｲﾀﾘｱ: S., ｽﾍﾟｲﾝ･ﾎﾟﾙﾄｶﾞﾙ: Sta.) (子音で始まるイタリア・スペイン・ポルトガルの女性名に冠して) 聖〔なる〕(→San, Sant', Sante): ～ Maria 聖マリア.

San·te[sánte·] (略 SS.) (複数のイタリア女性名に冠して) 聖〔なる〕(→Sant', Santa): ～ Maria e Maddalena 聖マリアとマグダレーナ. [*it.*]

San·ti[sánti·] (略 SS.) (複数のイタリア男性名に冠して) 聖〔なる〕(→San, Sant', Santo): ～ Pietro e Paolo 聖ピエトロとパオロ. [*it.*]

Sant·ia·go de Chi·le[zantiá:go· de tʃí:le·] 地名 サンチアゴ デ チリ(チリ共和国の首都). [＜*span.* San Diage „der heilige Jakobus"]

Sant·ia·go de Com·po·ste·la[– – kɔmpɔstéla·] 地名 サンチアゴ デ コンポステラ(スペイン北西部の都市. スペインの保護聖人使徒 Jakobus の墓所があり, 巡礼地として有名). [＜*lat.* Campus Stēllae „Stern-feld"; 星に導かれて聖ヤコブの遺体の在所がわかったという伝説から]

San·to[zánto·, sánto·] (略 S.) (Sp, St で始まるイタリア男性名, Do, To で始まるスペインの男性名および母音で始まるポルトガル男性名に冠して) 聖〔なる〕(→San, Sant', Santi): (ｲﾀﾘｱ:) ～ Stefano 聖ステファーノ | (ｽﾍﾟｲﾝ:) ～ Domingo 聖ドミンゴ | (ﾎﾟﾙﾄｶﾞﾙ:) ～ Antão 聖アンタノ. [*lat.* sanctus (→Sankt)]

San·to Do·min·go[zánto· domíŋgo·] 地名 サント ドミンゴ(ドミニカ共和国の首都: → dominikanisch 2). [*span.*; ◇Dominikus]

San·to·nin[zantoní:n] 中 -s/ 《化》 サントニン(駆虫剤として用いられる). [＜*lat.* Santonī (古代ケルトの種族名)]

São[sɐ̃ŭ] 形 (略 S.) (子音で始まるポルトガル男性名に冠して) 聖〔なる〕(→Santo, Santa): →*São* Paulo [*port.*]

die **Saône**[so:n] 地名 女 -/ ソーヌ (Rhone 川の支流).

São Pau·lo[zá:o· páulo·, sɐ̃ŭmpáŭlu·] 地名 サン パウロ(ブラジルの州およびその州都). [*port.* „der heilige Paulus"]

São To·mé und Prín·ci·pe[sɐ̃ŭntumɛ́ ʊnt prĩsipə] 地名 サントメ=プリンシペ(アフリカ西部, 大西洋上の民主共和国. 1975年ポルトガルから独立. 首都サントメ São Tomé).

sa·pe·re au·de[zá:pərə áudə, zá(:)pere· áude·] 《ﾗﾃﾝ語》 (wage es, weise zu sein) 自分の理性を働かせる勇気をもて(Horatius の言葉; 啓蒙(けいもう)主義の標語).

Sa·phir[zá:fɪr, ..fi:r, zafí:r; ｵｰｽﾄﾘｱ: ⌣⌐, sa..] 男 -s/-e **1** 《鉱》 サファイア, 青玉. **2** =Saphirnadel [*hebr.* sappīr–*gr.* sáppheiros–*spätlat.* sa〔p〕phīrus–*mhd.*; ◇*engl.* sapphire]

Sa·phir≈bee·re 女 《植》 サワフタギ(沢蓋木). **≈na·del** 女 (レコード用の)サファイア針. **≈spat** 男 《鉱》 藍晶(らんしょう)石.

sa·pien·ti sat[zapiɛ́nti· zát] 《ﾗﾃﾝ語》 知者に注釈は不要. [*lat.* „dem Weisen (ist es) genug"; ◇satt]

Sa·pi·ne[zapí:nə] 女 -/-n 《ｵｰｽﾄﾘｱ》《林》 きこり用とび口. [*fr.*; ＜*fr.* sapin „Tanne"]

Sa·po·nin[zaponí:n] 中 -s/-e 《化》 サポニン(種々の植物から抽出され, せっけんのように泡立つ配糖体). [＜*lat.* sāpō „Seife" (◇Seife)+..in²]

Sap·pan·holz[zápanhɔlts] 中 -es/ 《植》 スオウ(蘇芳)の心材(インド産マメ科で, 赤色染料の原料となる).

Sap·pe[zápə] 女 -/-n 《軍》 (敵陣に迫るための)対壕(たいごう), 坑道: ～*n* anlegen 対壕を掘る. [*fr.* sape; ＜it. zappa „Hacke"; ◇*engl.* sap]

Sap·pel[zápəl] 男 -s/- 《ｵｰｽﾄﾘｱ》 =Sapine

Sap·pen≈kopf[zápən..] 男 《軍》 対壕(たいごう)の先端(→Sappe). **≈po·sten** 男 《軍》 対壕内の聴音哨(しょう).

sap·per·lot[zapərló:t] (**sap·per·ment**[..mɛ́nt]) 間 《方》 (驚き・怒りの叫び)おやまあ, これはしたり; ちぇっ, ちくしょう. [＜sackerlot]

Sap·peur[zapǿ:r] 男 -s/-e 《軍》 対壕(たいごう)掘進兵. [*fr.* sapeur; ◇Sappe, ..or; *engl.* sapper]

sap·phisch[zápfɪʃ, záfɪʃ] 形 サッフォふうの: ～*e* Liebe (女性の)同性愛 | ～*e* Strophe 《詩》 サッフォ詩節.

Sap·phis·mus[zapfísmʊs, zafí..] 男 -/ (女性の)同性愛.

Sap·pho[zápfo·, záfo·; ｵｰｽﾄﾘｱ: zápfo·] 人名 サッフォ(紀元前 7 世紀のギリシアの女流詩人. Lesbos 島の生まれ). [*gr.*–*lat.*]

ᵛ**sa·pri·sti**[zaprísti·] 間 《話》 (ののしり・のろいの叫び)ちぇっ, ちくしょう. [*fr.* sacristi; ◇Sakristei]

sapro.. 《名詞・形容詞などにつけて「腐敗」を意味する》 [*gr.* saprós „faul"; ◇Sepsis]

Sa·pro·bie[zapró:biə] 女 -/-n 《ふつう複数で》《生》 腐食生物, 腐生者. [＜bio..; ◇*engl.* saprobe]

sa·pro·gen[zaprogé:n] 形 腐敗を起こす.

Sa·pro·pel[..pé:l] 中 -s/-e 《地》 腐泥. [＜*gr.* pēlós „Lehm"]

Sa·pro·pha·ge[..fá:gə] 男 -n/-n 《生》 腐生動物, 腐食生物.

Sa·pro·pha·gie[..fagí:] 女 -/ 《生》 腐生.

sa·pro·phil[..fí:l] 形 《生》 腐食〈腐生〉の, 腐敗物を食べて生きている.

Sa·pro·phyt[..fý:t] 男 -en/-en **1** 《生》 腐生〈死体寄生〉植物. **2** 《医》 非痛原菌, 腐生菌.

Sa·ra[zá:ra·] **I** 女名 ザーラ. **II** 人名 《聖》 サラ (Abraham の異母妹で妻). [*hebr.* „Fürstin"]

Sa·ra·ban·de[zarabándə] 女 -/-n **1** 《ﾀﾞﾝｽ》 サラバンド(スペインの舞踊から発達し17–18世紀にフランスで流行した 4 分の 3 拍子の優雅な社交ダンス). **2** 《楽》 サラバンド(古典組曲の一楽章). [*arab.*–*span.* zarabanda–*fr.*]

Sa·ra·fan[zarafá:n] 男 -s/-e 《服飾》 サラファン(ロシアの袖(そで)のない特に女性用の民族衣装). [*pers.*–*russ.*]

Sa·ra·je·vo[zarajé:vo·] 地名 サライェヴォ, サラエボ (Bosnien-Herzegowina 東部の都市. 1914年 6 月28日ここでオーストリアの皇太子が暗殺され, 第一次世界大戦の導火線となった).

Sa·ra·sa·te[sarasáte·, sarasá:tə] 人名 Pablo de ～ パブロ デ サラサーテ(1844–1908; スペインのヴァイオリニスト・作曲家).

Sa·ra·ze·ne[zaratsé:nə] 男 -n/-n (女 **Sa·ra·ze·nin** [..nɪn]-/-nen) サラセン人(中世にはアラブ人一般の, のちにイスラム教徒の呼称). [*spätgr.*–*spätlat.*; ◇*engl.* Saracen]

sa·ra·ze·nisch[..nɪʃ] 形 サラセン人の.

Sar·da·na·pal[zardanapá:l] 人名 サルダナパロス(紀元前 7 世紀の Assyrien 王 Assurbanipal のギリシア語名).

Sar·de[zárdə] 男 -n/-n サルディニアの人. [◇Sardinien]

Sar·del·le[zardɛ́lə] 女 -/-n 《魚》 (主として地中海に産する)カタクチイワシ(片口鰯), アンチョビー. [*it.* sardella; ＜*lat.* sarda „Hering" (◇Sardine)]

Sar·del·len≈but·ter 女 《料理》 アンチョビー=バター(イワシをすりつぶして味をつけたバター). **≈pa·ste** 女 《料理》 アンチョビー=ペースト.

Sar·der[zárdər] 男 -s/- 《鉱》 紅玉髄. [*gr.* sárdi〔n〕-os–*lat.*; ＜*gr.* Sárdies (Lydien の首都); ◇*engl.* sard〔ine〕]

Sar·di·ne[zardí:nə] 女 -/-n 《魚》 イワシ(鰯): **wie die ～*n* 〔in der Büchse〕** (缶詰の中のイワシのように)ぎゅう詰めになって. [*spätlat.*–*it.* sardina; ◇Sardelle]

Sar·di·nen≈büch·se 女 (ふつう油づけの)イワシの缶詰: wie in einer ～ 《話》 (缶詰イワシのように)すし詰めで(乗り物・海水浴場などについて). **≈öl** 中 イワシ油.

Sar·di·ni·en[zardí:niən] 地名 サルディニア(イタリア自治州のひとつ. シチリア島に次ぐ地中海第 2 の大きさの島. イタリア語形 Sardegna). [*lat.*; ◇Sarde]

Sar·di·ni·er[..niər] 男 -s/- サルディニアの人.

sar·di·nisch[..nɪʃ] (**sar·disch**[zárdɪʃ]) 形 サルディニア〔人・語〕の: →deutsch

sar·do·nisch[zardó:nɪʃ] 形 痙攣(けいれん)するような, ひきつった(笑い); 冷笑的な, あざ笑うような: ～*es* Lachen (→lachen II). [*gr.*–*lat.*]

Sard·onyx[zardó:nʏks] 男 -〔es〕/-e 《鉱》 紅縞(べにしま)瑪瑙(めのう). [*gr.*–*lat.*; ◇Sarder]

Sarg[zark][1] 男 -[e]s/ Särge[zέrɡə](⑪ **Särg·lein**[zέrklaın] 中 -s/-) 棺(おけ), ひつぎ(→ 図): ein einfacher 〈prunkvoller〉 ~ 簡素な〈豪華な〉ひつぎ | ein schwimmender ~《比》沈没しそうな船 | ein fliegender ~《比》墜落しそうな飛行機 ‖ den ~ schließen 〈hinabgleiten lassen〉 棺おけを閉じる〈土中におろす〉 | Du kannst dir schon deinen ~ machen lassen. 君は自分の棺おけをもう用意したほうがいいぜ(命がないぞ) ‖ Immer ran an den ~ und mitgeweint!《比》いつも他の連中のやるとおりにやっておけ | den Toten in den ~ legen 〈betten〉 死者を棺におさめる | *sich*[4] im ~ umdrehen《比》(棺おけの死者もじっとしていられないくらい)ひどく不満である〈腹をたてている〉 ‖ ein Nagel zu *js.* ~ sein (→Nagel 1). [*vulgärlat.–ahd.*; <*gr.* sarkophágos (→Sarkophag)]

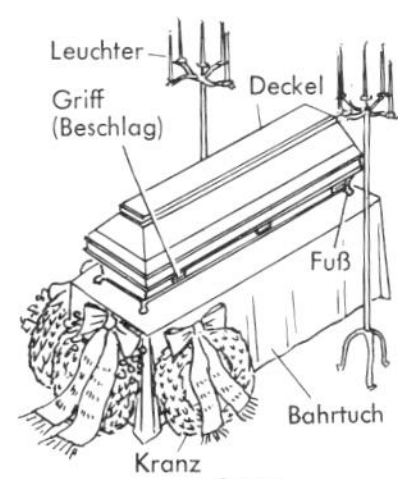

Sarg

Sarg·deckel[zárk..] 男 棺の蓋(ふた).

Sär·ge Sarg の複数.

Särg·lein Sarg の縮小形.

Sarg≠na·gel 男 **1** 棺の蓋(ふた)を打ちつける釘(くぎ). **2**《戯》(健康に有害な)紙巻きタバコ. **≠trä·ger** 男 (葬列の)棺〈ひつぎ〉を担う人. **≠tuch** 中 -[e]s/..tücher (ビロード・ラシャの)棺のおおい布, 棺衣.

Sa·ri[zá:ri·] 男 -[s]/-s《服飾》サリー(インドのヒンズー教徒の女性が着用する巻衣型の外衣). [*sanskr.–Hindi*]

Sa·rin[zarí:n] 中 -s/《化》サリン(毒性の強い神経ガス).

Sar·kas·mus[zarkásmʊs] 男 -/..men[..mən] **1**《ふつう単数で》(痛烈な)嘲罵(ちょうば), 非難, 嘲笑; あてこすり, いやみ, 皮肉: In seiner Stimme schwang ~. 彼の声にはあざけりの響きがあった. **2** 嘲罵〈いやみ〉の表現: Wegen seiner beißenden *Sarkasmen* ist er unbeliebt. 彼はきついあてこすりをやるので好かれていない. [*gr.–spätlat.*; <*gr.* sarkázein „zerfleischen“]

sar·ka·stisch[zarkástıʃ] 形 辛辣(しんらつ)な, 痛烈な; 皮肉な, いやみたっぷりの, あざけるような: ein ~*er* Mensch 〈Scherz〉 辛辣な人〈冗談〉 | *et.*[4] in ~*em* Ton sagen …を皮肉〈いやみ〉な調子で言う.

▽**Sar·ko·de**[zarkó:də] 女 -/-n (Protoplasma)《生》サルコード, 原形質. [*gr.* sarkṓdēs „fleischig“–*fr.* sarcode; <*gr.* sárx „Fleisch“+..oid]

sar·ko·id[zarkoí:t][1] 形《医》肉腫(にくしゅ)様の.

Sar·kom[zarkó:m] 中 -s/-e, **Sar·ko·ma**[zarkó:ma·] 中 -s/-ta[..ta·] (Fleischgeschwulst)《医》肉腫(にくしゅ). [*gr.*; ◇..om]

sar·ko·ma·tös[zarkomatǿ:s][1] 形 肉腫(にくしゅ)[性]の.

Sar·ko·ma·to·se[zarkomató:zə] 女 -/《医》[汎発(はんぱつ)性]肉腫(にくしゅ)症. [<..ose]

Sar·ko·phag[zarkofá:k][1] 男 -s/-e (大理石などによる豪華な)石棺. [*gr.* sarko-phágos (líthos) „fleischfressender Stein (腐朽分解を早めるとされた棺石)“–*lat.*; ◇Sarg]

Sar·ma·te[zarmá:tə] 男 -n/-n サルマート人(前6–前4世紀ごろ Don 川と Ural 川の間で遊牧し, 後1世紀ごろまで黒海北岸地方で活躍した騎馬民族). [*gr.–lat.*]

Sa·rong[zá:rɔŋ] 男 -[s]/-s サロン(マライ人など東南アジアの男女が腰に巻くスカート状の腰衣). [*malai.*]

Sar·raß[záras] 男..rasses/..rasse 重い軍刀, 広刃の刀. [*poln.* za raz „für den Hieb“]

Sar·sa·pa·ril·le[zarzaparílə] 女 -/-n《薬》サルサパリラ, サルサ根(サルトリイバラ属の根茎で, 利尿・発汗・浄血剤として用いる). [*span.*; <*span.* zarza „Busch“+parra „Rebe“]

Sar·se·nett[zarzənέt] 男 -[e]s/-e《織》サースネット(特に裏地として用いられる, 目の細かな, 光沢のある木綿地). [*mfr.* sarzinet–*engl.*; ◇Sarazene]

Sar·to·rius[zartó:riʊs] 男 -/..rien[..riən]《解》縫工(ほうこう)筋. [<*lat.* sartor „Flicker“]

Sartre[sartr, sártrə] 人名 Jean-Paul ~ ジャン=ポール サルトル(1905–80; フランスの哲学者・作家. 著作は哲学論文『存在と無』, 長編『自由への道』など).

SAS[zas, ɛs|a:|έs] 女 -/ スカンジナビア航空. [*engl.*; <*engl.* *S*candinavian *A*irlines *S*ystem; ◇Skandinavien]

Sa·scha[záʃa·] 男名 女名 サシャ. [*russ.*; ◇Alexander, Alexandra]

▽**sä·sie·ren**[zεzí:rən] 他 (h) つかむ, 捕らえる; 差し押える. [*fr.* saisir; ◇setzen; *engl.* seize]

saß[za:s] sitzen の過去.

▽**Saß**[zas] 男 Sassen[zásən]/Sassen = Sasse[2]

Sas·sa·fras[zásafras] 男 -/- **1**《植》サッサフラス(北米産クスノキ科の落葉樹). **2** サッサフラスの木材片(香料・薬用). [*span.–fr.*]

Sas·sa·fras·öl 中 サッサフラス油(香料・薬品・飲料用の芳香油).

Sas·sa·pa·ril·le[zasaparílə] 女 -/-n = Sarsaparille

Sas·se[1][zásə] 女 -/-n《狩》うさぎの隠れ場. [<*ndd.* sassen „sich niederlassen“]

▽**Sas·se**[2][–] 男 -n/-n **1** (Freisasse) (封建制下での)自由農. **2** 定住者, 居住者(特に低地ザクセンの); 小作人. [*ahd.*; ◇sitzen]

sä·ße[zέ:sə] sitzen の接続法 II.

▽**säs·sig**[zέsıç][2] 形 (ansässig) 居住〈定住〉している, 在住の.

Sa·tan[zá:tan] 男 -s/-e (**Sa·ta·nas**[..nas] 男 -/-se) **1**《単数で》(Teufel) 悪魔, 魔王, サタン: Hol dich der ~! / Der ~ soll dich holen! お前なんかくたばっちまえ | Beim 〈Zum〉 ~! ちくしょうめ. **2** 悪魔のような人間: ein leibhaftiger ~ 悪魔の化身のようなやつ. [*hebr.* „Widersacher“–*gr.–kirchenlat.–ahd.*]

Sa·ta·nie[zataní:] 女 -/ 悪魔〈サタン〉のような残酷さ.

sa·ta·nisch[zatá:nıʃ] 形 悪魔〈サタン〉の[ような]; 極悪の, 残酷な: ~*e* Grausamkeit 悪魔のような残酷さ.

Sa·ta·nis·mus[zatanísmʊs] 男 -/《宗》悪魔崇拝;《文芸》悪魔主義.

Sa·ta·no·rium[zatanó:riʊm] 中 -s/..rien[..riən]《戯》= Sanatorium

Sa·tans≠bra·ten[zá:tans..] 男《話》悪魔に食われるようなやつ, 海千山千のしたたか者, 悪者, 悪漢. **≠kerl** 男, **≠kno·chen** 男《話》悪魔; 悪者, したたか者, 不遜(ふそん)〈厚顔〉なやつ. **≠pilz** 男《植》ウラベニイグチ(裏紅猪口). **≠tücke** 女 悪魔の知恵; 陰険な策謀, 奸計(かんけい); 悪意.

Sa·tel·lit[zatεlí:t, ..lít; オーストリア:..lít] 男 -en/-en **1 a)**《天》衛星: Der Mond ist ein ~ der Erde. 月は地球の衛星である. **b)** 人工衛星: ein künstlicher ~ 人工衛星 | ein militärischer 〈wissenschaftlicher〉 ~ 軍事〈科学〉衛星 | Nachrichten*satellit* 通信衛星 ‖ einen ~*en* starten 人工衛星を打ち上げる | den ~*en* auf *seine* Umlaufbahn bringen 人工衛星を軌道に乗せる ‖ eine Übertragung über ~*en* 衛星中継. **2** (他国の勢力下にある)衛星国; (大都市を取り巻く)衛星都市. **3** 親衛兵;《軽蔑的に》お供, 取り巻き, 追従者, 腰ぎんちゃく. [*etrusk.–lat.* satelles „Trabant“–*fr.* satellite]

Sa·tel·li·ten≠ab·schuß 男 人工衛星の打ち上げ. **≠an·ten·ne** 女 衛星通信〈放送〉用アンテナ. **≠bahn** 女 衛星の軌道. **≠bild** 中, **≠fern·se·hen** 中 衛星[中継]テレビ. **≠fo·to** (**≠pho·to**) 中 衛星写真. **≠pro·gramm** 中 (テレビの)衛星放送番組. **≠schüs·sel** 女《話》衛星放送受信用皿型アンテナ. **≠sen·dung** 女 (テレビの)衛星放送. **≠staat** 男 衛星国. **≠stadt** 女 衛星都市. **≠te·le·fon** 中 (通信衛星を利用する)衛星電話. **≠über·tra·gung** 女 (テレビなどの)衛星中継.

Sa·tel·lit·lan·cier·ra·ke·te[zatεlí:tlɑ̃si:r..] 女 衛星打ち上げロケット. [<lancieren]

Sa·tem·spra·chen[zá:tεm.., zátεm..] 複 (↔Kentumsprachen)《言》サテム諸語(インド=ヨーロッパ語圏東部の諸言

語で共通基語の閉鎖音[k] が歯擦音[s][ʃ] に発達したもの).
[< *awest.* satem „hundert" (◇hundert)]

sa̤·ter·län·disch[zá:tərlɛndɪʃ] 形 〘言〙ザーターラント語〈東フリジア語〉の. [<Saterland (Oldenburg 西方の地域)]

Sa̤·ter·tag[zá:tər..] 男《北部》(Sonnabend) 土曜日. [*mndd.*; *lat.* Sātūrnī diēs „Saturns Tag" の翻訳借用; ◇Saturnus; *engl.* Saturday]

Sa·tie[satí] 人名 Erik ~ エリク サティ(1866-1925; フランスの作曲家).

Sa·tin[zatɛ̃:, zatɛ́ŋ, satɛ̃:] 男 -s/-s 〘織〙サテン, しゅす. [*arab.* (atlas) zaitūnī „(Atlas) aus Zaitun (中国の輸出港のアラビア名)" − *span.* aceituni − *afr.* − *mhd.*]

Sa·ti·na̤·ge[zatiná:ʒə] 女 -/-n (紙・布地などの)つや出し加工. [*fr.*]

sa·ti·nie̤·ren[zatiní:rən] 他 (h) (紙・布地などを)カレンダ〈光沢機〉にかける, つや出しする. [*fr.*]

Sa·ti·nie̤r·ma·schi̤·ne 女 (紙・布地などの)つや出し機, カレンダ.

Sa·tin·pa·pier[zatɛ̃:..] 中 光沢紙, コート紙.

Sa·ti̤·re[zatí:rə] 女 -/-n **1**《単数で》〘文芸〙風刺詩〈文〉, 風刺文学. **2** 皮肉, 風刺: eine beißende ~ auf 〈gegen〉 das Königshaus 王家に対する辛辣(しんらつ)な風刺. [*lat.*; < *lat.* (lanx) satura „mit allerlei Früchten gefüllte Schüssel, Gemengsel"; ◇saturieren]

Sa·ti̤·ren·dich·ter 男 風刺作家〈詩人〉.

Sa·ti̤·ri·ker[zatí:rikər] 男 -s/- **1** 風刺作家〈詩人〉. **2** 風刺家, 皮肉屋. [*spätlat.* satiricus]

sa·ti̤·risch[zatí:rɪʃ] 形 風刺的な, 皮肉〈あてこすり〉の; 辛辣(しんらつ)な: ein ~*es* Gedicht 〈Lustspiel〉 風刺詩〈喜劇〉| ein ~ gefärbter Bericht 皮肉な調子のある報告.

Sa·tis·fak·tio̤n[zatɪsfaktsió:n] 女 -/-en《ふつう単数で》(特に決闘や公式陳謝による)名誉回復, 弁償; 〘宗〙(罪の)償い: von *jm.* ~ fordern …に対し弁償〈謝罪〉を要求する | *jm.* ~ geben …との決闘に応じる; …に償いをする. [*lat.*; < *lat.* satisfacere „genug-tun" (◇satt)]

sa·tis·fak·tio̤ns·fä̤·hig 形 決闘に応じる〈を求める〉権利のある; 弁償をする〈求める〉権利のある.

Sa·tra̤p[zatrá:p] 男 -en/-en (古代ペルシアの)サトラップ, 地方長官; 悪代官, 暴虐な役人. [*pers.* − *gr.* − *lat.*]

Sa·tra·pi̤e[zatrapí:] 女 -/-n[..pí:ən] Satrap の統治〔領〕. [*gr.* − *lat.*]

Sat·su·ma I[zatsú:ma·] 女 -/-s **1** 〘植〙〔ウンシュウ(温州)〕ミカン(蜜柑). **2** 〔ウンシュウ〕ミカンの果実. **II**[zátsuma·] 中 -〔s〕/ 薩摩(さつま)焼(磁器の名称の一つとしてヨーロッパでは不正確な用いられ方をしている). [*japan.*]

satt[zat] 形 **1 a)** (↔hungrig) 満腹した, 腹いっぱいの, くちい; 《比》満ち足りた, 満足〈堪能(たんのう)〉した: voll und ~ 腹いっぱいの ‖〘付加語的に〙ein ~*er* Magen 〈Leib〉 満腹 | Die ~*en* Gäste lehnten sich⁴ zufrieden zurück. 満腹した客たちは満ち足りて後ろによりかかった | Das ~*e* Gefühl kommt nach. 《戯》満腹感はあとからくる ‖〘述語的に〙~ sein 〈werden〉 腹いっぱいである〈になる〉(→2) | Bist du schon ~? 君はもうおなかいっぱいか | von *et.*³ ~ werden …で満腹する〈腹いっぱいになる〉| Ich wurde von der Portion nicht ~. 私はその量では満腹しなかった | Davon wird man weder ~ noch froh. これではとても腹のたしにはならない | Wenn die Maus ~ ist, schmeckt das Mehl bitter. 《諺》満腹すれば美食もまずい(ねずみも満腹すれば小麦粉を苦く感じる) | Diese Speise macht schnell ~. これを食べるとすぐに腹がくちくなる | Man kann ihn nicht ~ kriegen 〈bekommen〉. / Er ist nicht ~ zu kriegen 〈bekommen〉. 彼を満足させることは難しい(→2) ‖〘再帰代名詞とともに結果を示す語句として〙*sich*⁴ 〔an *et.*³〕 ~ trinken 〔…を〕腹いっぱい飲む | Ich möchte mich wieder einmal so richtig ~ an Erdbeeren essen. またイチゴを腹いっぱい食べたいものだ | *sich*⁴ ~ schlafen たっぷり睡眠をとる | ***sich*⁴ an *et.*³ nicht ~ hören 〈sehen〉 können** …を何度聞いても〈見ても〉聞きあきる〈見あきる〉ことがない | An Mozart kann ich mich nicht ~ hören. モーツァルトの音楽は何度聞いてもあきない. **b)** 十分な, たっぷりの: ~ Brot 〈Milch〉 haben《方》たっぷりパン〈牛乳〉がある | ein ~*er* Schuß 完全命中弾 ‖ ~ und genug 十二分な, あり余るほどの | nicht ~ zu essen haben 十分には食べるものがない | ~ zu lesen 〈tun〉 haben 読む〈する〉ことがたくさんある. **c)** 〘化〙飽和した.

2《*jn.* 〈*et.*⁴〉/雅: *js.* 〈*et.*²〉》(…に)あきあき〈うんざり〉した, もういや気がさしている: ***jn.* 〈*et.*⁴〉 ~ haben / *js.* 〈*et.*²〉 ~ sein** …にあきあき〈うんざり〉している | Nun habe ich aber deine ewigen Ausreden ~! 君の相も変わらぬ言いのがれは聞きあきた | Ich hatte ihn herzlich ~. 私は彼に心底うんざりしていた | Sie war seine ewigen Nörgeleien ~. 彼女は彼が絶えずぶつぶつ不平ばかり言うのに あきあきしていた | Zwei Jahre nach der Hochzeit hatten sie sich⁴ endgültig ~. 結婚後 2 年にして二人はお互いがつくづくいやになった | ***et.*⁴ ~ bekommen 〈kriegen〉** …に〔しだいに〕あきあきしてくる, …が〔しだいに〕いやになってくる(→1 a) ‖〘zu 不定詞〔句〕と〙Ich habe 〈bin〉 es⁴ ~, ihn immer wieder zu ermahnen. 彼にしょっちゅう注意を与えねばならないことに 私はうんざりしてきた | Sie wurde nicht ~, ihn zu loben. 彼女は彼を称賛して倦(う)むことをしらなかった(→1 a).

3 自己満足的な, ひとり満足している, ひとり悦に入っている, やにさがった, 得意げな: ein ~*es* Lächeln 〈Leben〉 やにさがったにやにや笑い〈満足しきった生活〉| der ~*e* Philister 自己満足した俗物 | ~*e* Sicherheit ひとりよがりな自信.

4 a) (色彩が)濃厚な, 鮮明な, みずみずしい: ein ~*es* Grün 濃い〈鮮やかな〉緑 | ~*e* Töne 鮮やかな色調 | ~*es* Laub《雅》緑したたる木の葉 ‖ *satt*rot 濃赤色の | das ~ leuchtende Abendlicht 暖かい色調で輝く夕映えの光 | die Farben ~ auftragen 塗料をこってり〈ぶあつく〉ぬる. **b)** 《話》いかす, かっこいい, すごい.

5《副詞的》《スイ》(eng) (衣服などが)ぴっちりと(密着して): ein ~ anliegender Pullover ぴっちりしたセーター.
[*germ.* „gesättigt"; ◇saturieren; *lat.* sat〔is〕 „genug"; *engl.* sad]

sa̤tt·blau[zát..] 形 濃青色の.

Sa̤tt·dampf 男 〘化〙飽和蒸気.

Sa̤t·te[zátə] 女 -/-n《北部》(酸乳をつくる平たい)牛乳鉢. [< *ndd.* setten „setzen" (◇setzen)]

Sa̤t·tel[zátəl] 男 -s/Sättel[zɛ́təl] (⑩ **Sät·tel·chen**[zɛ́təlçən] 中 -s/-) **1** (英: *saddle*) **a)** (馬の)鞍(くら) (→図): den ~ auflegen 鞍をつける ‖ aus dem ~ steigen 〈fallen〉 鞍から降りる〈落ちる〉| ***jn.* aus dem ~ heben 〈werfen〉** …を馬から突き落とす; 《比》…を失脚させる, …の地位〈名誉〉を奪う | ***jn.* in den ~ heben 〈helfen〉** …を助けて馬に乗せる; 《比》…を助けて特定の職〈地位〉につけてやる | **fest im ~ sitzen** しっかりと鞍にまたがっている; 《比》(地位などが)ゆるがない, 安泰である | ***sich*⁴ im ~ halten** しっかりと鞍にまたがっている; 《比》自分の説〈地位〉を固守する | *sich*⁴ in 〈auf〉 den ~ schwingen ひらりと馬にとびのる | **in allen *Sätteln* gerecht sein** 何をやっても有能である | Er ist in allen *Sätteln* 〈まれ: in alle Sättel〉 gerecht. 《比》彼は何をやっても有能だ | Er ist mit dem ~ wie verwachsen. 彼は乗馬

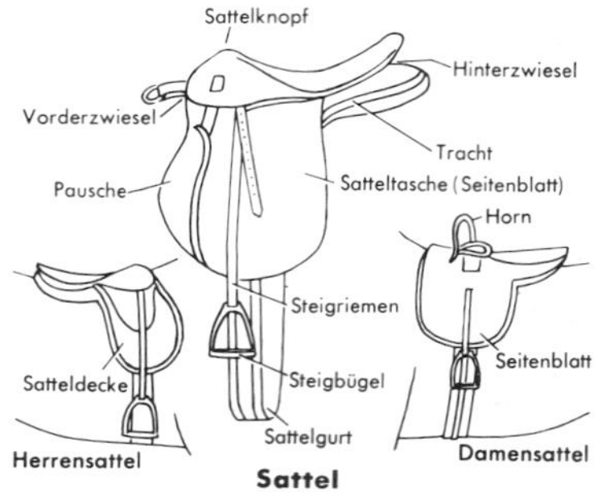

Sattel

の名手だ. **b)** (自転車などの)サドル(→ 図 Fahrrad).
2 (鞍のような形をしたもの. 例えば:) **a)** 〘体操〙(鞍馬(あんば)の)鞍部. **b)** (Nasensattel) 〘解〙鼻鞍(びあん). **c)** 〘楽〙(弦楽器の)上駒(かみごま), 糸枕(→ 図 Geige). **d)** 〘建〙サドル, くつずり; 遣方(やりかた), 横桁(よこげた)(→ 図 Fachwerk). **e)** 〘地〙(山の)鞍部, 背斜(→ 図 Berg A). **f)** 〘気象〙鞍状等圧線. [*germ.*; ◇sitzen; *engl.* saddle]

Sạt·tel≈bein 中〘解〙鞍状(あんじょう)骨. **≈bo·gen** 男 鞍頭(くらがしら).
Sät·tel·chen Sattel の縮小形.
Sạt·tel≈dach[zátəl..] 中〘建〙切妻屋根(→ 図 Dach B). **≈decke** 女 (鞍(くら)の下にあてる)鞍敷き, 鞍下毛布(→ 図 Sattel). **≈druck** 男 -[e]s/ (馬の)鞍ずれ.
sạt·tel≈fer·tig 形 鞍(くら)をつける用意のできた, すぐに乗れる(馬). **≈fest** 形 しっかりと鞍にまたがった, 乗馬のうまい; 《比》(学問領域などに)精通した; ゆるがぬ, 安泰の; 失敗のない; しっかりした: ein ~*er* Prüfling よく準備のできている受験生 | Er ist in Geographie nicht ~. 彼の地理の知識はあぶなっかしい. **≈för·mig** 形 鞍形の.
Sạt·tel≈ge·lenk 中〘解〙鞍(あん)関節. **≈gurt** 男 (馬の)腹帯(→ 図 Sattel). **≈holz** 中〘建・土木〙ボルスタ, 肘木(ひじき) 台持木(だいもちぎ). **≈kis·sen** 中 鞍(くら)のクッション. **≈knopf** 男 鞍の前橋, 鞍頭(くらがしら)(→ 図 Sattel). **≈mu·schel** 女〘貝〙ナミマガシワガイ(波間柏貝).
sạt·teln[zátəln] 《06》 他 (h) (…の上に)鞍(くら)を置く: ein Pferd ~ 馬に鞍を置く ‖ 再帰 *sich*^{4} für *et.*^{4} ~ 《比》…の準備〈用意〉をする | Er ist für die Prüfung *gesattelt.* 彼は試験の準備ができている.
Sạt·tel≈na·se 女〘医〙(梅毒・ボクシングなどで鼻骨の陥没した)鞍鼻(あんび). **≈pferd** 中 (↔Handpferd) 鞍馬(あんば)(2頭立て馬車で御者用の左側の馬). **≈platz** 男〘馬術〙(馬に鞍をつけ騎手が乗る)囲い地, パドック, 騎乗場, 装鞍(そうあん)所. **≈pol·ster** 中 =Sattelkissen **≈rie·men** 男 鞍用革帯. **≈schlep·per** 男〘工〙セミトレーラー〔用牽引(けんいん)車〕(→ 図).

Sattelschlepper

Sạt·tel·schlep·per·an·hän·ger 男〘工〙セミトレーラー.
Sạt·tel≈stück 中〘料理〙(羊・牛の)鞍下(くらした)肉. **≈ta·sche** 女 **1** (鞍の両側にさげる)鞍袋(→ 図 Sattel). **2** (自転車のサドルに付いている)サドルバッグ, 道具袋.
Sạt·te·lung[zátəlʊŋ] (**Sạtt·lung**[zátlʊŋ]) 女 -/-en 〘馬術〙装鞍(そうあん)〔法〕.
Sạt·tel·zeug 中《集合的に》〘馬術〙鞍具(あんぐ).
sạtt≈gelb[zát..] 形 濃黄色の. **≈grün** 形 濃緑色の.
Sạtt·heit[záthaɪt] 女 -/ (satt なこと. 例えば:) 満腹, 満足, 飽和; (満ち足りた)倦怠(けんたい), けだるさ; (色の)濃厚さ.
sặt·ti·gen[zɛ́tɪgən]^2 **I** 他 (h) **1** 《*jn.*》満腹〈満足〉させる, 満ち足りさせる: Dieses Essen *sättigt* [mich] nicht. この食物はいくら食べても腹いっぱいにならない | Ich fühle mich *gesättigt.* 私は満腹だ | Ich habe seinen Wissensdrang nicht ~ können. 《比》私は彼の知識欲を満たしてやることができなかった ‖ 再帰 *sich*^{4} an 〈mit / von〉 *et.*^{3} ~ …を食べて満腹する ‖ **mit** 〈**von**〉 *et.*^{3} ***gesättigt* sein** …に満ち溢れている. **2** 《*et.*^{4}》いっぱいにする; 〘化〙飽和〈中和〉させる: eine Säure 〈eine Lösung〉 ~ 〘化〙酸を中和〈溶液を飽和〉させる ‖ *gesättigte* Farbe 原色 | Der Markt ist *gesättigt.* 〘経〙市場は飽和状態である. **II sặt·ti·gend** 現分 形 満腹〈満足〉させるような, たっぷりとした: Das Essen ist sehr ~. その食物は大いに満腹させる.
Sặt·ti·gung[zɛ́tɪgʊŋ] 女 -/-en (sättigen すること. 例えば:) **1** 満腹, 満足, 飽食: keine ~ verspüren 満腹感がない | die ~ des Ehrgeizes 名誉欲の充足. **2** 〘化〙飽和, 中和.
Sặt·ti·gungs≈druck 男 -[e]s/..drücke 〘化〙飽和圧. **≈grad** 男〘化〙飽和度. **≈punkt** 男〘化〙飽和点, 中和点.
Sạtt·ler[zátlər] 男 -s/- **1** 鞍(くら)〈馬具〉職人. **2** 皮革職人. [*ahd.*; ◇satteln]
Sạtt·le·rei[zatləráɪ] 女 -/-en **1** 《単数で》鞍(くら)〈馬具〉作り; 皮革加工〔業〕. **2** 鞍屋, 馬具製造所; 皮革加工所, 革具製造所.
Sạtt·ler≈hand·werk[zátlər..] 中 馬具〈革具〉製造〔業〕. **≈mei·ster** 男 馬具〈皮革〉屋の親方; マイスターの資格をもつ馬具屋. **≈na·del** 女 馬具用縫い針(→ 図 Nadel). **≈wa·ren** 複 馬具類; 皮革製品. **≈werk·statt** 女 =Sattlerei 2
Sạtt·lung =Sattelung
sạtt·rot[zát..] 形 濃赤色の.
sạtt·sam[zátza:m] 副 《しばしば軽蔑的に》うんざりするほど, 余るくらい, 十二分に: eine ~ bekannte Parole いやになるくらいありきたりのスローガン | Diese Frage ist schon ~ besprochen. この問題はもう十二分に論議されている.
Sä·tuch[zɛ́:..] 中 -[e]s/..tücher 〘農〙種入れ袋. [<säen]
Sa·tu·ra·tion[zaturatsió:n] 女 -/ (Sättigung) 〘化〙飽和〔状態〕, 中和. [*spätlat.*]
sa·tu·rie·ren[zaturí:rən] **I** 他 (h) (sättigen) **1** 〘化〙飽和〈中和〉させる. **2** 《*jn.*》満足させる, (…の)要求を満たす. **II sa·tu·riert** 過分 形 満ち足りた, (向上心をもたず, 現状に)満足し切った: das ~*e* Bürgertum 満ち足りた市民階級. [*lat.*; < *lat.* satur „satt" (◇satt)]
Sa·tu·riert·heit[..haɪt] 女 -/ saturiert なこと.
Sa·tụrn[zatʊ́rn] **I** =Saturnus **II der Sa·tụrn** 男 -s/ 〘天〙土星: der Ring des ~*s* 土星の輪. ᵛ**III** 中 -s/ (Blei) 鉛. **IV** 女 -/-s =Saturnrakete
Sa·tur·na·li·en[zaturná:liən] 複 サトゥルヌス祭(古代ローマの民衆祭で, 12月17日から1週間続く). [*lat.*]
sa·tụr·nisch[zatʊ́rnɪʃ] 形 **1** サトゥルヌスの: ~*er* Vers 〘詩〙サトゥルヌス詩句(古代ローマの6揚格詩). **2** (uralt) 太古の, きわめて古い; 巨大かつ恐ろしい: das *Saturnische* Zeitalter (古代の伝説的な)黄金時代.
Sa·tụrn·ra·ke·te 女 サターン(米国の大型ロケット).
Sa·tụr·nus[zatʊ́rnʊs] 人名〘ロ神〙サトゥルヌス(農耕の神. ギリシア神話の Kronos と同一視される). [*lat.*]
Sạ·tyr[zá:tʏr] 男 -s, -n/-n (-e) 《ふつう複数で》**1** 〘ギ神〙サテュロス(快楽を好む山野の精で, ヤギの足をもち Dionysos の従者). **2** 《比》好色漢. [*gr.–lat.*]
sạ·tyr·ar·tig 形 サテュロスのような; 《比》好色の.
Sa·ty·ria·sis[zatyrí:azɪs] 女 -/ (↔Nymphomanie) 〘医〙(男性の)性欲異常亢進(こうしん), 男子色情〔症〕. [<..iasis]
Sạ·tyr·spiel[zá:tʏr..] 中 サテュロス劇(古代ギリシアで悲劇の後に演じられた一種の茶番狂言で, サテュロス姿の合唱団が登場する).
Satz[zats] 男 -es/Sätze[zɛ́tsə] (小 **Sätz·chen**[zɛ́tsçən], **Sätz·lein**[..laɪn] 中 -s/-) **1 a)** 〘言〙(テキスト・談話の最小の単位としての)文, 文章; (一文からなる)発話, 発言: Haupt*satz* 主文 | Neben*satz* 副文 | ein selbständiger 〈abhängiger〉 ~ 独立〈従属〉文 | ein einfacher 〈zusammengesetzter〉 ~ 単一〈複合〉文 | ein eingeschobener ~ 挿入文 | ein eingliedriger 〈zweigliedriger〉 ~ 一項〈(主語・述語からなる)二項〉文 | ein erweiterter ~ (構造上必要不可欠な成分以外の語・句を付け加えた)拡張文 | ein untergeordneter 〈nebengeordneter〉 ~ 従属〈並列〉文 | ein verschachtelter ~ (副文がいくつもあるような)箱入り文 | ein vollständiger ~ (定動詞のそなわった)完全な文 | der voranstehende 〈nachfolgende〉 ~ 先行〈後続〉文 | zusammengezogene *Sätze* (共通成分を省略した)縮約文 ‖ 〘主語として〙Dieser ~ ist falsch. この文は間違っている | Dieser ~ ist mir nur so herausgerutscht. これはつい口がすべって言ってしまったことだ ‖ 〘4格で〙*Sätze* bilden 〈konstruieren〉 文を作る〈構成する〉 | einen ~ korrigie-

S

ren 〈verbessern〉 文を直す(→3 b) | einen ~ zerlegen 〈zergliedern〉 文を(その成分・最小単位に)分節する | *sich*³ alle *Sätze* vorher zurechtlegen 言いたいことをすべて前もって文章にまとめておく ‖〖前置詞と〗**~ für ~** 一文一文(忠実に), 一文ももらさずに | einen Text ~ für ~ übersetzen テキスト〈原文〉を一文一文忠実に翻訳する | mitten **im ~** stocken 言葉なかばにして絶句する | in abgerissenen *Sätzen* reden 支離滅裂な話し方をする | im ganzen ~ antworten (片言でなく)きちんとした文の体裁を整えた答え方をする | *seine* Gedanken in *Sätze* bringen 自分の考えを文章で表す. **b**) (条文の)段 (Absatz の下位分類): Absatz 2, ~3 第 2 項第 3 段.

2〖理・数〗定理, 法則;〖論〗命題, 律; 信条, 教義, 主義: der ~ von der Erhaltung der Energie エネルギー保存の法則 | der ~ des Pythagoras ピタゴラスの定理 | der ~ vom Widerspruch 〈zufriedenen Grund〉 矛盾〈充足理由〉律 ‖ einen ~ aufstellen 命題を立てる, 教義を定める | einen ~ verkünden 教えを告げる ‖ Dieser ~ ist noch zu beweisen. この定理はまだ証明されねばならない.

3〖印〗**a**)《ふつう単数で》植字, (工程としての)組み版: Maschinen*satz* 機械植字 ‖ Das Buch befindet sich jetzt **im** 〈in〉 ~. 本はいま組み版中だ | ein Manuskript in 〔den〕 〈**zum**〉 ~ geben 原稿を組みにまわす | Das Werk geht in 〔den〕 〈zum〉 ~. 作品は組みにまわされる. **b**) (組まれた)組み版: ein Abzug des *~es* 校正刷り | den ~ stehenlassen 〈korrigieren〉 組み版をそのままにしておく〈校正する〉(→1) | Es sind Fehler im ~. 誤植がある.

4〖楽〗**a**) 楽章; 楽節: der zweite ~ des Klavierkonzerts ピアノ協奏曲第 2 楽章 | Eine Sinfonie hat gewöhnlich vier *Sätze*. 交響曲はふつう 4 楽章から成る. **b**)《ふつう単数で》楽曲(の旋律的・和声的)作法: ein polyphoner ~ 多声的楽曲 | den Choral in einem vierstimmigen ~ singen コラールを四声部で合唱する.

5〖球技〗(ゲームの)セット: ein Spiel von drei Gewinn*sätzen* 3 セット先取のゲーム | den ersten ~ gewinnen 第 1 セットに勝つ | den zweiten ~ verlieren 〈abgeben müssen〉 第 2 セットに負ける | Der zweite ~ im Herreneinzel ging an den Titelverteidiger. 男子シングルスの第 2 セットはタイトル防衛者が制した ‖ in drei *Sätzen* gewinnen セットカウント 3 対 0 で勝つ.

6《ふつう単数で》**a**) (道具などの)一式, 一組, 一そろい, 一セット: ein ~ Briefmarken 1 シートの切手 | ein ~ Reifen (車の) 1 台分のタイヤ ‖ Dieser ~ ist nicht vollständig. このセットは完全ではない〈欠けたところがある〉. **b**)〖工〗(溶鉱炉などの鉱石の)一回の装入量, 一かま分, バッチ: ein ~ Erz 一回分の鉱石. **c**) (Wurf)〖狩〗一腹〈ひとかえり〉〔の子〕; (放流される)一腹の幼魚: ein ~ Hasen 一腹の子うさぎ | ein ~ Karpfen コイの一腹の稚魚.

7 (定められた・協定された)〔定〕額, 〔定〕率, レート, 定価;《比》定量, 適量;《比》限度: Zins*satz* 利率 | einen hohen ~ berechnen 〈vereinbaren〉 高い率を算定〈協定〉する | Wir haben einen bestimmten ~ an Reisespesen. 私たちは旅費を規定の率で支給される | Die Zinsen werden zu einem ~ von 3 Prozent berechnet. 利子は 3 パーセントの率で計算される ‖ der normale ~ für ein Einzelzimmer in diesem Hotel このホテルのシングルルームの基準価格 | Mein ~ ist 10 Zigaretten pro Tag. 私のタバコは日に10本のきまりだ.

8 (Niederschlag) 沈殿〔物〕, おり: der ~ des Weines ワインのおり | den ~ aus der Tasse spülen カップの底のかすを洗い流す | Dieser Pulverkaffee hinterläßt keinen ~. このインスタントコーヒーにはかすが残らない.

9 (Sprung) 跳躍: einen großen ~ über einen Graben machen 溝を大きくとび越える | Mach 'nen ~!《話》失せろ ‖ **mit** einem ~ zur Seite springen 横にぴょんととびのく | die Stufen der Treppe mit 〈in〉 einem einzigen ~ nehmen 階段をひとまたぎで昇る〈降りる〉 | Mit 〈In〉 drei *Sätzen* war er an der Tür. 彼は 3 歩とんだらもうドアのところにいた.

10 (Einsatz) 賭(㋕)〔金〕.

[*mhd.* saz „Setzen, Gesetztes"; ◇setzen]

Satz≠ad·jek·ti̱v[záts..] 中〖言〗文成分形容詞(独立の文成分でない付加語的形容詞に対して, 述語形容詞および動詞を修飾する副詞的形容詞をいう). **≠ad·verb** 中〖言〗文副詞, 話法の副詞(陳述内容に対する話し手の判断・評価などを示す副詞. ㊞ vielleicht, hoffentlich). **≠ak·zent** 男〖言〗(文中における意味の重要性に応じて与えられる, 語の)文アクセント. **≠an·wei·sung** 女〖印〗組み版〈植字〉上の指定. **≠äqui·va·lent** 中〖言〗文相当語〈句〉. **≠a̱rt** 女〖言〗文の種類(平叙文・命令文・疑問文など). **≠aus·sa̱·ge** 女 (Prädikat)〖言〗述語. **≠ball** 男〖球技〗セットポイント. **≠band** 中 -〔e〕s/..bänder = Kopula 1 **≠bau** 男 -〔e〕s/ 文の構造〈構成〉.

Sa̱tz·bau≠mu·ster 中, **≠pla̱n** 男〖言〗基本文型.

Sa̱tz≠be·to̱·nung 女 =Satzakzent **≠bil·dung** 女 文の構成〈構造〉. **≠bo̱·gen** 男 =Satzspannung

Sätz·chen Satz の縮小形.

Sät·ze Satz の複数.

Sa̱tz≠er·gän·zung[záts..] 女 (Objekt)〖言〗目的語. **≠fe̱h·ler** 男〖印〗(組み版工程での)誤植. **≠feld** 中〖言〗文域(文の定動詞と文末に置かれた不定形や前つづりとの間にはさまれた部分). **≠fü̱·gung** 女 =Satzbau **≠ge·fü̱·ge** 中 (↔Satzverbindung)〖言〗複合文, 付結文(主文と一つ以上の副文・不定詞句・分詞句などが結合したもの). **≠ge̱·gen·stand** 男 (Subjekt)〖言〗主語. **≠glied** 中〖言〗文〔の〕成分, 文肢(主語・目的語・状況語など).

Sa̱tz·glied≠kon·junk·tio̱n 女〖言〗文成分接続詞(文〔節〕でなく文成分を結合する. 比較の als; wie など). **≠teil** 男〖言〗文成分〈文肢〉の構成部分(付加語など).

Sa̱tz·ha̱·se 男〖狩〗(子をはらんでいる)雌のノウサギ(→Satz 6 c).

..sätzig[..zɛtsɪç]²〖楽〗《数詞につけて「…楽章の, …楽章からなる」を意味する形容詞をつくる》: drei*sätzig* 3 楽章の〈からなる〉. [<Satz 4]

Sa̱tz≠klam·mer[záts..] 女 =Satzrahmen **≠kon·struk·tio̱n** 女〖言〗文の構造. **≠ko·sten** 複〖印〗組み版費, 植字費. **≠le̱h·re** 女 -/ **1** (Syntax)〖言〗統語論, 文章論, シンタクス. **2**〖楽〗楽曲作法(和声法・対位法・旋律法・リズム論などの総称).

Sätz·lein Satz の縮小形.

Sa̱tz≠me·lo·die 女《ふつう単数で》〖言〗文〈発話〉の抑揚. **≠mo·dell** 中 =Satzbauplan **≠mo̱·dus** 男 =Satzart **≠na̱·me** 男〖言〗文約名(〔命令〕文を縮約した形の姓・異名・動植物名など. ㊞ Springinsfeld, Vergißmeinnicht). **≠ne·ga·tio̱n** 女 (↔Sondernegation)〖言〗全文否定. **≠pe·ri·o̱·de** 女〖言〗複雑複合文, 双対文. **≠plan** =Satzbauplan **≠ra̱h·men** 男〖言〗(文の定動詞と文末に置かれた不定形や前つづりからなる)文の枠. ▽**≠rei·he** 女 = Satzverbindung **≠sche̱·ma** 中 = Satzbauplan **≠span·nung** 女〖言〗文の音調弧〈曲線〉(文が談話の単位たることのイントネーション面での表れ). **≠spie·gel** 男〖印〗(ページの)印刷部分, 組み版面. ▽**≠teil** 男 =Satzglied **≠ty̱p** 男, **≠ty̱·pus** 男〖言〗文型, 文タイプ.

Sa̱t·zung[zátsʊŋ] 女 -/-en 規約, 会則;〖法〗定款; 法令; 条令;〖宗〗教義: die ~ (=Charta) der Vereinten Nationen 国連憲章 | eine ~ aufstellen 規約をつくる. [*mhd.*; ◇setzen]

Sa̱t·zungs·än·de·rung 女 規約〈定款〉変更.

sa̱t·zungs≠ge·mäß 形 規約〈定款〉にのっとった, 規約〈定款〉どおりの. **≠wi̱d·rig** 形 規約〈定款〉に反した.

Sa̱tz≠ver·bin·dung[záts..] 女 (↔Satzgefüge)〖言〗重文, 対結文(主文を並列したもの): eine adversative ~ 逆接〈反意・相反〉的重文 | eine disjunktive ~ 選言〈離接〉的重文 | eine kausale 〈kopulative〉 ~ 因由〈連結〉的重文. **≠ver·nei·nung** 女 =Satznegation **≠vo̱r·la̱·ge** 女〖印〗(印刷にまわす)原稿.

sa̱tz·wei·se 副 (→..weise ★) **1** 文ごとに, 一文ずつ, 一つ一つの文に: einen Text ~ zergliedern テキストを一つ一つの文に分ける. **2** とびはねて, 跳躍して; とびとびに.

Sa̱tz≠wort 中 -〔e〕s/..wörter〖言〗**1** 文代用語. **2** 文

状語(文がそのまま語に転化したもの. ㊀ Vergißmeinnicht <Vergiß mein〔er〕 nicht! 私を忘れるな). ≈**zei·chen** 中 (Interpunktion)〘言〙句読点. ≈**zeit** 女〘狩〙(野獣の)繁殖期, 分娩(ぶんべん)期. ≈**zu·sam·men·hang** 男〘言〙文脈, コンテクスト.

Sau[zaʊ] 女 -/Säue[zɔ́ʏə](-en) **1** 雌豚(→Schwein 1; なおしばしば低級・無価値・不潔なものの象徴とされる): eine tragende ⟨trächtige⟩ ~ はらんだ雌豚 | wie die ~《方》激しく | **wie eine gesengte ~**《卑》i) 一目散に, 大あわてで; (不安のあまり)猛スピードで; ii) へたくそに, まずいやり方で | wie eine 〔an〕gestochene ~ schreien ⟨bluten⟩ (→bluten, schreien I) | mit *jm.* die *Säue* hüten《話》…と同類⟨同等⟩である | **die ~ rauslassen**《卑》(日頃のつつしみを忘れて)はめを外す ‖〘前置詞と〙**unter aller ~ sein**《卑》あまりにひどすぎる, 使いものにならない | vor die *Säue* gehen《話》おちぶれる | Perlen vor die *Säue* werfen (→Perle 1) | ***jn.*** ⟨***et.***⁴⟩ **zur ~ machen**《卑》…を激しくしかる⟨ひどい扱いをして壊してしまう⟩ | Ich werd' zur ~!《卑》これはたまげた. **2** -/-en (Wildschwein)〘狩〙イノシシ(猪): Jagd auf ~*en* イノシシ狩り | die wilde ~ spielen《卑》激怒する, がみがみしかる; 暴れ狂う. **3**《卑》野郎, やつ; 不潔な⟨だらしない⟩人; 自堕落な女: eine dumme ⟨freche⟩ ~ ばか⟨なまいき⟩なやつ | So eine ~! なんて汚らしいやつだ | **keine ~** だれも…ない(=niemand). **4**《話》〔インクの〕しみ. **5**《話》(Glück) 幸運; (トランプの)エース: ~ haben えらく運がよい. **6**《話》(Fehler) へま, ミス. **7** (かまど・煙突などの)炭がら, すす.
[*germ.*; ◇Hyäne, Schwein; *lat.* sūs „Schwein"; *engl.* sow**]**

sau..《名詞・形容詞などにつけて「豚」を意味するほか, 口語では「いやな・ひどい」などを意味し, ふつうアクセントは同時に基礎語にもおかれる》: *Sau*wetter 非常に悪い天気 | *sau*kalt ひどく寒い | *sau*dumm ひどく愚かな.

Sau·aas[záʊ..] 中《軽蔑的に》げす野郎, ならずもの, ごろつき.

Sau·ar·beit 女《話》**1** 面倒な⟨骨の折れる⟩仕事; 汚い仕事. **2** ぞんざいな仕事, ひどい出来栄え〔の仕事〕.

Sau≈ban·de 女 薄汚いならず者たち, ひどいげす野郎ども, 愚連隊. ≈**bär** 男《南部》(Eber) 雄豚; 雄イノシシ.

sau·ber[záʊbər](..b〔e〕·r..) 形 **1** 汚れのない, 清潔な, きれいな, 洗いたての: ~*e* Wäsche ⟨Kleider⟩ 清潔な下着⟨衣服⟩ | ~*e* Hände ⟨Finger⟩ きれいに洗った手⟨指⟩ | ein ~*es* Glas きれいなコップ | eine ~*e* Straße ⟨Stadt⟩ 清潔な街路⟨都市⟩ | eine ~*e* Leinwand しみ一つないスクリーン;《比》不道徳な点のない映画 | eine ~*e* Bombe 放射能の危険のない爆弾 ‖ ~*e* Hände haben (→Hand 1) | eine ~*e* Weste haben (→Weste 1) ‖ *sich*⁴ ⟨*seinen* Körper⟩ ~ halten 身体を清潔に保つ | Die Luft ist ~. (→Luft 1) ‖ Sie ist ~ gekleidet. 彼女はさっぱりした服装をしている.
2 (仕事などが)念入りな, きちんとした, 正確な, ミスのない: eine ~*e* Arbeit 念入りな仕事 | eine ~*e* Schrift きれいな字 | ein ~*er* Schlag〘球技〙クリーン=ヒット, きれいな⟨正確な⟩一打 | ein ~*es* Deutsch sprechen ⟨schreiben⟩ きれいなドイツ語を話す⟨書く⟩ ‖ ~ arbeiten ⟨schreiben⟩ きちんとした仕事をする⟨字を書く⟩ | ein ~ gebundenes Buch ていねいに製本された書物 | die Kante ~ feilen 角⟨へり⟩にていねいにやすりをかける | Sein Haar ist ~ gescheitelt. 彼の髪はきちんと分けてある.
3 a) (道徳的に)文句のない, きちんとした, まじめな, フェアな: ein ~*er* Mensch ⟨Charakter⟩ 清廉潔白な人⟨性格⟩ | eine ~*e* Haltung ⟨Gesinnung⟩ フェアな態度⟨物の考え方⟩ | ein ~*es* Spiel フェアプレー ‖ Seine Vergangenheit ist nicht ganz ~. 彼の過去には少し後ろ暗いところがある. **b)**《反語》不道徳な, 不純な, ひどい: Das sind ja ~*e* Geschichten! これはまたひどい話だ | Du bist mir ja ein ~*er* Freund ⟨Bursche⟩! 君も相当ひどいやつだ.
4《南部・オーストリア・スイス》(女の子などが)品よくきれいな, かわいらしい; あかぬけた: ein ~*es* Mädchen かわいい⟨シックな⟩女の子.
5《南部・オーストリア・スイス》《話》**a)**《程度の高さを強調して》相当の, かなりの, すごい: ein ~*es* Häufchen Geld かなりの〔量の〕お金 | Das Flugzeug hat eine ~*e* Höhe erreicht. 飛行機は相当の高度に達した ‖ *jn.* ~ betrügen …を手ひどくだます | Das hat ~ hingehauen. それはまんまと大成功をおさめた | Er hat mich ~ reingelegt. 彼は見事に私に一杯くわせた. **b)** すてきな, 結構な: Das ist ~! そいつはすてき⟨結構⟩だ | *Sauber*, ~! すてきすてき ‖ Dort läßt es sich ~ leben. あそこは暮らしいい.
[*lat.* sōbrius „nicht trunken"－*westgerm.*; ◇*engl.* sober**]**

sau·ber|hal·ten*[záʊbərhaltən]《65》他 (h) **1** 清潔にしておく, 整然と保つ: Sie *hält* die Wohnung *sauber*. 彼女は住まいをいつもきれいにしている | Das große Haus ist nicht leicht *sauberzuhalten*. 大きな家をいつもきれいにしておくことは容易ではない. **2** 再帰 *sich*⁴ ~ i) 身ぎれいにしている; ii) (道徳的に)潔白⟨純潔⟩を保つ.

Sau·ber·hal·tung[..tʊŋ] 女 -/ sauberhalten すること.

Sau·ber·keit[záʊbərkaɪt] 女 -/ (sauber なこと. 例えば:) 清潔, 整然; (仕事などの)入念, ていねい; (人柄などの)清廉: die ~ der Straße ⟨der Arbeit⟩ 街路の清潔さ⟨仕事の正確さ⟩ | die ~ des Charakters 性格の清廉 ‖ Bei ihr herrscht Ordnung und ~. 彼女〔のところ〕は万事きちんとして清潔である | Es blinkt ⟨glänzt⟩ alles vor ~. 何もかも磨きあげられてぴかぴか光っている.

säu·ber·lich[zɔ́ʏbərlɪç] 形《述語的用法なし》**1** きちんとした, 正確な, 念入りな: eine ~*e* Schrift きちんとした字 ‖ *et.*⁴ ~ zeichnen ⟨ausschneiden⟩ …をていねいに描く⟨切り抜く⟩ | ein ~ verschnürtes Paket きちんと紐(ひも)をかけた小包 ‖ fein ~ きわめて入念に | *et.*⁴ fein ~ abschreiben …をきわめて念入りに書き写す | fein ~ verpackt sein 十分慎重に包装されている. **2** (道徳的に)清らかに, 清く正しく: ein ~*es* Leben 清廉潔白な人生 ‖ Es ist nicht alles ~ zugegangen. 事は万事きれいに⟨正々堂々と⟩行われたわけではない.

sau·ber|ma·chen[záʊbərmaxən] 他 (h) きれいにする, 汚れを落とす, 掃除する: ein Zimmer ~ 部屋の掃除をする | ein Baby ~ 赤ん坊の体を洗う | einen Anzug ~ 洋服の汚れを落とす ‖〘目的語なしで〙Wir müssen noch ~. 我々はまだ掃除をしなければならない ‖ 再帰 *sich*⁴ ~ 体をきれいにする: 身なりを整える.

Sau·ber·mann[záʊbər..] 男 -〔e〕s/..männer《戯》**1** 極端にきれい好きな人, 潔癖家. **2** 清廉潔白な人: der ~ der Politik 清潔な政治家. **3** 身なりや態度のきちんとした人. **[**洗剤広告の人物 Frau Saubermann のもじり**]**

säu·bern[zɔ́ʏbərn]《05》他 (h) **1**《(*et.*⁴/*jn.*)》(…の)汚れをとる, (…を)きれいにする, 掃除する: den Boden ⟨das Geschirr⟩ ~ 床⟨食器⟩をきれいにする | die Brille mit dem Taschentuch ~ 眼鏡をハンカチでふく | die Schuhe mit einer Bürste ~ 靴の汚れをブラシでとる | *sich*³ die Fingernägel ~ 指のつめをきれいにする ‖ *jn.* ⟨*sich*⁴⟩ vom Schmutz ~ …の⟨自分の⟩体の汚れを落とす. **2**《(*et.*⁴ von *et.*³)》(…に取りついている…を)取り除く, 排除⟨駆除⟩する; 粛清する;〘軍〙掃討する: ein Beet von Unkraut ⟨Obstbäume von Raupen⟩ ~ 苗床の雑草⟨果樹の毛虫⟩を駆除する | ein Land von Feinden ⟨eine Stadt von Verbrechern⟩ ~ 国内の敵⟨都市の犯罪者⟩を一掃する ‖ Der Saal wurde von Demonstranten *gesäubert*. ホールのデモ隊は排除された | Man hat die Partei *gesäubert*. 党の異分子は粛清された. **3**〘服飾〙(布の端などをほつれないよう)かがる, 始末する, ロックする: die Schnittkanten ~ ⟨布の⟩裁ち目をロックする.

Säu·be·rung[zɔ́ʏbərʊŋ] 女 -/-en **1** 清潔⟨きれい⟩にすること, 清掃, 掃除. **2** (障害物・有害物の)除去, 駆除, 排除; (政党などの)粛清;〘軍〙掃討: eine blutige ~ 血の粛清 | ethnische ~ 民族浄化.

Säu·be·rungs≈ak·tion 女 (警察または国家などによる有害分子の)追放作戦, 粛清運動;〘軍〙掃討作戦. ≈**un·ter·neh·men** 中〘軍〙掃討作戦; 敗残兵狩り.

sau≈blöd[záʊbløːt][1] 形《話》ひどく間抜けな, ひどくばかげた, ひどく愚かな; くそ面白くもない, 不愉快な: ein ~*er* Fehler ひどくばかげた間違い | ein ~*es* Wetter すこぶる悪い天気. ≈**blö·de**[..bløːdə] =saublöd

Sau·boh·ne 女〘植〙ソラマメ(空豆).

saub·r..[záʊbr..] →sauber

Sau·bruch[záʊ..] 男〘狩〙イノシシに荒らされた場所.

S

Sau·ce[zó:sə; ｵｰｽﾄﾘｱ: zo:s] 女 -/-n[..sən] **1** 〘料理〙ソース(→Soße 1). **2** 《話》汚水,(泥水などの)はね, どろんこ;《比》不愉快な〈ばかばかしい〉こと, 苦境. [*vulgärlat.* salsa (→Salse) – *fr.*]

Sau·cier[zosié:] 男 -s/-s ソース作り専門の料理人. [*fr.*]

Sau·ciẹ·re[zosié:rə, ..sié:rə] 女 -/-n (舟形の)ソース〈たれ〉入れ(→ ⊛ Eßtisch). [*fr.*]

sau·cie·ren[zosí:rən] 他 (h) (soßen) ソースに浸す: Tabak ～ タバコの葉を香料液に浸して加香する. [*fr.*]

Sau·cis·chen[zosí:sçən] 中 -s/- (Würstchen) (ふつう子牛の肉の)小さなソーセージ. [< *fr.* saucisse „Wurst"; ◇ *engl.* sausage]

Sau̱·di[záʊdi·] 男 -[s]/-[s] サウジ〔アラビア〕人.

Sau·di·a̱·ra·ber[zaʊdi|á:rabər, ..|árabər, záʊdi|a(:)ra..] 男 -s/- サウジアラビア人.

Sau·di-Ara̱·bi·en[zaʊdi|ará:biən, ⏊◡◡–◡◡] 地名 サウジアラビア(アラビア半島の大半を占める王国. 首都はリヤド Riad, また Rijad). [< Saud (国王の名, †1969)]

sau·di·ara̱·bisch[..|ará:bɪʃ, ⏊◡◡–◡] 形 サウジアラビアの.

sau̱·disch[záʊdɪʃ] 形 サウジ〔アラビア〕の.

Sau̱⸗di·stel[záʊ..] = Gänsedistel ⸗**dreck** 男《話》**1** ひどい汚れ. **2** 《比》ひどくくだらないもの.

sau̱·dụmm 形《話》ひどく愚かな; ひどく不愉快な; 非常に情けない: ein ～*er* Kerl とんま野郎 | eine ～*e* Geschichte 〈Angelegenheit〉 ひどく不愉快な話〈用件〉.

Säu̱e Sau の複数.

sau̱·en[záʊən] **I** 自 (h) **1** (豚が)子を産む. **2** 《話》猥談(わいだん)をする, 卑猥なことをする; 汚い仕事をする. **II** 他 (h) 《話》《*et.*[4]》汚す,(…に)しみをつける.

sau̱·er[záʊər] (sau·r..) **I** 形 **1 a)** (英: *sour*) (↔süß) すっぱい, 酸味のある; (ワインなどが)しぶ味のある, 辛口の: *saure* Äpfel 〈Trauben / Bonbons〉 すっぱいりんご〈ぶどう・ドロップ〉 | *saurer* Wein しぶ味のある〈辛口の〉ワイン ‖ ～ schmecken すっぱい味がする, 酸味がある | ein Gericht ～ zubereiten 〈kochen〉 料理をすっぱい味つけにする ‖ in den *sauren* Apfel beißen 〔müssen〕 (→Apfel 1 b) | Ihm sind die Trauben zu ～. 《比》彼は欲しいものが手に入らない〔ので負け惜しみを言う〕 | *jm.* ～ aufstoßen / es kommt *jm.* ～ hoch …は胸やけがする(→3). **b)** 酢漬けの: *saure* Gurken キュウリのピクルス | *saure* Heringe 酢漬けのニシン | Kürbis ～ einkochen カボチャの酢漬けを作る | Pflaumen ～ einlegen スモモを酢漬けにする. **c)** すっぱくなっ〔て腐っ〕た, 酸敗した, 酸敗して凝固した: *saure* Milch 酸敗した牛乳, 酸乳, 凝乳 | Das Essen ist ～ geworden. 食物が腐っ〔てすっぱくなっ〕た | bei *jm.* ist die Milch ～. (→Milch 1 a) ‖ Es riecht ～. すっぱいにおいがする;《比》いやな感じ〈予感〉がする. **d)** 〘化〙酸性の;〘農〙酸度の高い; 湿度の高い, 沼沢性の: *saure* Salze 〈Gesteine〉 酸性塩〈岩〉 | *saure* Farbstoffe 酸性染料 | *saurer* Boden 酸性土 | *saures* Gras 〈Futter〉 (えさとして適さない)湿地の牧草〈飼料〉 | *saurer* 〈*Saurer*〉 Regen (大気汚染による)酸性雨 | *saurer* Wind 曇天のしめったいやな風 | ～ reagieren 酸性反応を示す(→2).

2 不機嫌な, 腹をたてた, 苦りきった; いやな: ein *saures* Gesicht 〈eine *saure* Miene〉 machen 不機嫌な顔をする | *saure* Bemerkungen fallenlassen 不興げな言葉をもらす | ～ reagieren 不機嫌な反応をする, 拒否的な態度に出る(→1 d) ‖ auf *jn.* 〈*et.*[4]〉 ～ sein …に腹をたてている | **～ wie eine unreife Zitrone sein** 《話》きわめて不機嫌である | Ich bin heute ～. 《話》私はきょうは不機嫌だ | Er war 〈wurde〉 ～, als er es hörte. 彼はそれを聞くとむっとした.

3 骨の折れる, つらい, 困難な, やっかいな, 不快な: eine *saure* Arbeit 〈Pflicht〉 つらい仕事〈義務〉 | *saure* Tage haben つらい日々を過ごす | mit *saurer* Mühe 大いに骨を折って ‖ Das Brot ist mir zu ～. 日々の糧を求めることが私にはとても苦しい | Das Geld habe ich mir ～ verdient 〈erworben〉. この金はとても苦労してかせいだものだ | Der Abschied wird mir ～. / Der Abschied kommt mich ～ an. 私は別れがとてもつらい ‖ *jm.* das Leben ～ machen …の人生をみじめな〈生活をつらい〉ものにする | ***sich***[3] ***et.***[4] **～ werden lassen** …のために大いに苦労する〈骨を折る〉 ‖ *jm.* ～ aufstoßen (→aufstoßen II 2 b) (→1 a).

4 《話》(エンジンなどが)えんこした; (特にスポーツなどで)くたばった, 力つきた, 落後した: Das Auto 〈Die Kiste〉 ist ～. 車がえんこしてしまった | Der Läufer wurde restlos ～. 走者は完全にへたばってしまった.

5 a) 《北部》(grün) (木材が)まだ青い, 生の, 乾いていない. **b)** 《南部》(salzig) 塩辛い.

II Sau̱·er 中 -s/ **1** 《方》〘料理〙 **a)** (ウサギ・ガチョウなどの首・足・内臓などの)煮込み料理. **b)** = Schwarzsauer **2** 《南部》凝乳, 乳漿(にゅうしょう). **3** 《北部》(Essig) 酢. **4** 《方》酵母, パン種. **5** 〘印〙前金を取ってまだ片がついていない仕事.

III Sau̱·re[záʊrə] 中《形容詞変化》**1** すっぱいもの. **2** 《話》(ひどい)打撃, 打擲(ちょうちゃく): ***jm.* ～*s* geben** …をぶん殴る,(ボクシングなどで)…に一発くらわせる;〘軍〙…に砲火を浴びせる;《比》…をやっつける | **～*s* kriegen** ぶん殴られる.

[*germ.*; ◇ säuern, Säure; *engl.* sour]

Sau̱·er⸗amp·fer[záʊər..] 〘植〙スイバ(酸葉)属(スカンポなど). ⸗**bra·ten** 男〘料理〙ザウアーブラーテン(酢または赤ワインに漬けて蒸した牛肉の料理).

Sau̱·er·bruch[záʊərbrʊx] 人名 Ernst Ferdinand ～ エルンスト フェルディナント ザウアーブルッフ(1875-1951; ドイツの外科医).

Sau̱·er⸗brun·nen 男 炭酸泉. ⸗**dorn** 男 -[e]s/-e 〘植〙メギ(目木)属.

Saue·re̱i[zaʊəráɪ] 女 -/-en《話》**1** 《ふつう単数で》汚さ, 不潔, 乱雑; 汚物: Was ist das für eine ～ auf dem Tisch? 机の上のその乱雑さはなんだ | Feg die ～ weg! その汚い物〈汚物〉を〔掃いて〕片づけろ. **2** ひどい〈卑劣な・恥知らずな〉行為〈こと〉; ひどい〈いいかげんな・ぞんざいな〉仕事: Verdammte 〈Verfluchte〉 ～! なんてひどいことだ, くそいまいましい | Seine Pläne sind eine ～. 彼の計画は全くひどい〈ずさんだ〉. **3** 卑猥(ひわい)〈猥褻(わいせつ)〉なこと, 猥談: Er hat ～*en* erzählt. 彼は卑猥な話をした. [< Sau]

Sau̱·er⸗fut·ter[záʊər..] 中〘畜〙(サイロの中で発酵・貯蔵された)牧草. ⸗**gra̱s** 中 -es/ 〘植〙カヤツリグサ科の植物. ⸗**gru̱·be** 女〘畜〙(家畜飼料の Sauerfutter を作る)酸化坑(こう)サイロ. ⸗**kir·sche** 女〘植〙セイヨウスミノミザクラ(酸果サクランボの木・果実). ⸗**klee** 男〘植〙カタバミ(酢漿草)属. ⸗**klee·salz** 中〘化〙酸性蓚酸(しゅうさん)カリウム. ⸗**ko̱hl** 男 -[e]s/ , ⸗**kraut** 中 -[e]s/ **1** 〘料理〙ザウアークラウト(発酵させた塩漬けキャベツ). **2** 《話》もじゃもじゃのひげ; ひげをそっていない顔.

das **Sau̱·er·land**[záʊərlant][1] 地名 中 -[e]s/ ザウアーラント(別称 Süderland. ドイツ中西部 Nordrhein-Westfalen 州の Ruhr 川と Sieg 川の丘陵地. 軽工業が発達している). [*mndd.* sūr-lant „Südland (von Westfalen)"; ◇ Süd]

säu̱·er·lich[zɔ́ʏərlɪç] 形 **1 a)** やや酸味のある, ややすっぱい; (ワインなどが)辛口の: eine ～*e* Apfelsorte やや酸味のあるリンゴの品種. **b)** やや酸敗した〔ようなにおいの〕: Die Milch riecht schon ～. この牛乳はもうすえたようなにおいがしている. **c)** 〘化〙酸性がかった.

2 《比》不快そうな, 不興げな, 少しばかりうんざりしたような, 苦々しげな, しぶい: ein ～*es* Gesicht machen 不機嫌そうな〈しぶい〉顔をする ‖ ～ lächeln 冷たい〈無理に作ったような〉微笑を浮かべる | *et.*[4] ～ sagen 不快〈不機嫌〉そうに言う.

Säu̱·er·ling[zɔ́ʏərlɪŋ] 男 -s/-e **1** 炭酸泉. **2** 〘植〙マルバギシギシ(丸葉羊蹄). **3** すっぱいリンゴ; 酸味のきいた辛口のワイン.

Sau̱·er·milch[záʊər..] 女 凝乳, 発酵乳.

▽**sau̱·ern**[záʊərn] 《05》 = säuern II

säu̱·ern[zɔ́ʏərn] 《05》 **I** 他 (h) **1 a)** (…を)発酵させ〔て保存がきくようにす〕る: *gesäuertes* Weißkraut 発酵させてすっぱくしたキャベツ. **b)** パン種で発酵させる. **2** 《*et.*[4]》〘料理〙(…に)酢をふりかける, 酸味をつける: den Salat ～ サラダに酢をふりかける. **3** 〘化〙酸性にする, 酸化する. **II** 自 (h, s) 発酵してすっぱくなる; 酸敗する: Die Suppe hat 〈ist〉 *gesäuert*. スープは腐ってすっぱくなってしまった.

Säu̱·er·nis[zɔ́ʏərnɪs] 女 -/ 《雅》**1** すっぱい味, 酸味. **2**

S

不快感, 不機嫌. [◇sauer]

Sau·er⸗quel·le[záuər..] 女 炭酸泉. **⸗sack** 男〘植〙トゲバンレイシ(熱帯アメリカ産バンレイシ属の果物). **⸗salz** 中 -es/ 〘化〙酸性蓚酸(しゅうさん)カリウム. **⸗stoff** 男 -〔e〕s/ 〘化〙酸素(記号 O): *et.*⁴ mit ～ verbinden …を酸化させる; …に酸素を結合させる.

Sau·er·stoff⸗ap·pa·rat 男 = Sauerstoffgerät **⸗bad** 中 (治療用の)酸素ぶろ〈浴〉, 酸素水浴. **⸗fla·sche** = Sauerstofflasche **⸗gas** 中 酸素ガス. **⸗ge·halt** 男 酸素含有量. **⸗ge·rät** 中 酸素吸入装置, 人工呼吸器, 救命器.

sau·er·stoff·hal·tig 形 酸素を含む.

Sau·er·stoffla·sche 女 酸素ボンベ.

Sau·er·stoff⸗man·gel 男 -s/ 酸素欠乏. **⸗mas·ke** 女 酸素マスク. **⸗trä·ger** 男 **1** 〘医・化〙酸素担体, 酸素逓伝体. **2** (ロケットの)酸素タンク. **⸗ver·bin·dung** 女〘化〙酸化物. **⸗zelt** 中〘医〙酸素テント.

sau·er·süß[záuərzy:s, ⌣⌣⌣] 形 甘ずっぱい;《比》うれしいような腹立たしいような, 気むずかしいような優しいような: ～*es* Lächeln 微苦笑.

Sau·er⸗teig 男 -〔e〕s/ **1** パン種, 酵母: den Teig durch ～ zum Gären bringen パン種によって練り粉を発酵させる〈ふくらませる〉. **2**《比》(物事の生じる)種, 原因. **⸗topf** 男《話》気むずかし屋, 不平屋.

sau·er·töp·fisch[..tœpfɪʃ] 形《話》不機嫌な, 不平たらたらの, 仏頂面の.

Säue·rung[zɔ́ʏərʊŋ] 女 -/-en《ふつう単数で》(乳酸菌による)発酵;〘化〙酸性化, 酸化.

Sau·er·was·ser[záuər..] 中 -s/..wässer 炭酸泉.

Sauf·abend[záuf..] 男《話》〔大〕酒宴. [＜saufen]

Sau·fang[záu..]〘狩〙(イノシシを生け捕りにする)落とし戸つきの囲い.

Sauf⸗aus[záuf|aus] 男 -/-《話》(習慣的な)大酒飲み: **Bruder ～** 飲んだくれ. **⸗bold**[..bɔlt][1] 男 -〔e〕s/-e《話》(習慣的な)大酒飲み. **⸗bru·der** 男《話》酒仲間, 飲み仲間; 大酒飲み. [＜saufen]

Sau·fe·der[záu..] 女〘狩〙イノシシ狩りに用いる槍(やり).

sau·fen*[záufən]《123》 **soff**[zɔf]/**ge·sof·fen**; *du* säufst[zɔʏfst], *er* säuft; 接II söffe[zœfə]

I 他 (h) **1** (動物が水などを)飲む: Das Vieh *säuft* 〔Wasser〕. 家畜が水を飲む | dem Pferd 〔einen Eimer Wasser〕 zu ～ geben 馬に〔バケツ1杯の〕水を飲ませる.

2 (人間が酒・水などを)〔がぶがぶ〕飲む: ein Glas Bier ～ ビールを1杯飲む | Er *soff* literweise Wasser. 彼は水を何リットルもがぶ飲みした | *Sauf* endlich deine Medizin! さあ さっさとその薬を飲んでしまえ | Du mußt ja Tinte *gesoffen* haben.《軽蔑的に》君 頭がどうかしてるんじゃないのか ‖ **einen ～** 酒を飲む | *sich*³ **einen ～** (うさばらしに)酔っぱらう. **II** 自 (h)《話》飲んだくれる, 酒びたりである: Er hat 〔die ganze Nacht〕 *gesoffen*. 彼は〔一晩じゅう〕飲んだくれていた | **wie ein Bürstenbinder 〈ein Loch / ein Schlauch / eine Senke〉 ～**《話》底なしの大酒を飲む ‖〘結果を示す語句と〙Er *säuft* alle unter den Tisch. 彼は皆を酔いつぶしてしまう〈だれよりも酒が強い〉‖ 再帰 *sich*⁴ arm 〈krank / zu Tode〉 ～ 酒びたりで貧乏になる〈病気になる・死ぬ〉. [*germ.*; ◇saugen, seufzen, Suppe, Suff; *engl.* sup]

Säu·fer[zɔ́ʏfər] 男 -s/- (⇔ **Säu·fe·rin**[zɔ́ʏfərɪn]-/-nen)《話》(習慣的な)大酒飲み, のんだくれ, アルコール中毒者.

Sau·fe·rei[zaufəráɪ] 女 -/-en《話》**1**《単数で》(習慣的)大酒, 暴飲. **2** 酒宴, 酒盛り. **3**《集合的に》アルコール飲料.

Säu·fer⸗na·se[zɔ́ʏfər..] 女 (酒飲みの)赤鼻. **⸗wahn** 男, **⸗wahn·sinn** 男 (Delirium tremens)〘医〙飲酒家譫妄(せんもう), 振顫(しんせん)譫妄.

Sauf⸗ge·la·ge[záuf..] 中 酒宴, 酒盛り. **⸗kum·pan** 男 飲み仲間. **⸗or·gie**[..|ɔrgiə] 女 暴飲の酒盛り.

Sau·fraß[záu..] 男《話》ひどい食事〈食物〉.

sau·frech 形《話》ひどくあつかましい, 厚顔無恥な.

Sauf·sack[záuf..] 男《話》大酒飲み.

säufst[zɔʏfst] saufen の現在2人称単数.

säuft[zɔʏft] saufen の現在3人称単数.

Sauf·tour[záuftu:r] 女《話》**1** はしご酒. **2** (ときどき起こってくる)酒を飲みたい気持.

Saug·ader[záuk..] 女〘解〙リンパ管. [＜saugen]

Säug·am·me[zɔ́ʏk..] 女 乳母. [＜säugen]

Saug·bag·ger[záuk..] 男〘土木〙吸い上げ式浚渫(しゅんせつ)機, 吸引ノズル付き浚渫船, ポンプ船.

sau·gen(*)[záugən][1]《124》**sog**[zo:k][1](まれ: saugte) / **ge·so·gen** (まれ: gesaugt); 接II söge[zǿ:gə](まれ: saugte)

I 他 (h) **1**《*et.*⁴ aus *et.*³》(…を…から)吸う, 吸い込む, 吸収する: Milch aus der Brust 〈der Flasche〉 ～ 乳を乳房〈瓶〉から吸う | Honig aus den Blüten ～ 蜜(みつ)を花から吸う | Die Wurzeln *saugen* die Feuchtigkeit aus dem Boden. 根は大地から水分を吸い上げる | neue Kraft aus dem Erlebnis ～ 体験から新たな活力を得る ‖ *jm.* das Mark aus den Knochen ～《比》…の骨の髄までしゃぶる | *sich*³ *et.*⁴ aus den Fingern 〈aus den Pfoten〉 ～ (→Finger 1, →Pfote 2) | Diese Behauptung hat er sich aus den Fingern *gesogen* 〈*gesaugt*〉. 彼のこの言い分はまるで根拠のないものだ. **2** 深く息を吸う: die frische Luft durch die Nase ～ 新鮮な空気を鼻から吸い込む | den Zigarettenrauch in *seine* Lungen ～ タバコの煙を肺に吸い込む. **3** とり入れる, わがものとする: Mit Begeisterung *saugte* er jedes Wort des Lehrers in sich. 彼は熱心に教師の一言一言を吸収した | *et.*⁴ mit der Muttermilch in *sich*⁴ *gesogen* haben …に子供の時から慣れ親しんでいる. **4**《規則変化》(…を)掃除機できれいにする, (ほこりなどを)吸いとる: einen Teppich ～ (掃除機で)じゅうたんのほこりを吸いとる | mit dem Staubsauger Staub ～ 掃除機でほこりを吸いとる. **5** 再帰 *sich*⁴ voll 〈satt〉 ～ 吸えるだけ吸い込む | Der Schwamm hatte sich voll Wasser *gesogen*. スポンジは水をたっぷり吸いこんでいた | Die Tinte hat sich in das Tischtuch *gesaugt*. インクがテーブルクロスに吸いとられた. ▽**6** =säugen

II 自 (h)《an *et.*³》(…を)吸う, しゃぶる: an der Flasche 〈der Mutterbrust〉 ～ 瓶〈母親の乳〉を吸う | an der Pfeife 〈der Zigarette〉 ～ パイプ〈タバコ〉を吸う | an den Hungerpfoten ～ (→Hungerpfote).

[*germ.*; ◇saufen, Sog, suckeln; *lat.* sūgere „saugen"; *engl.* suck]

säu·gen[zɔ́ʏgən][1] 他 (h)《*jn.*》(…に)授乳する, (…を)自分の乳で育てる: Die Kuh *säugt* das Kalb. 雌牛が子牛に乳を吸わせる. [*germ.*; ◇saugen]

Sau·ger[záugər] 男 -s/- **1 a)** (哺乳(ほにゅう)瓶などの)乳首. **b)** (乳児用の)おしゃぶり. **2** (吸引用の器具・道具. 例えば:) サイフォン管, ピペット; (Staubsauger) 電気掃除機.

Säu·ger[zɔ́ʏgər] 男 -s/- =Säugetier

Sau·ger·fla·sche[záugər..] =Saugflasche

Säu·ge·tier[zɔ́ʏgə..] 中〘動〙哺乳(ほにゅう)動物, 哺乳類.

Säu·ge·zeit[záugə..] 女 哺乳(ほにゅう)〈授乳〉期〔間〕.

saug·fä·hig[záukfɛ:ɪç][2] 形 (saugen できる. 特に:) 吸湿性の; 吸収性の; (乳児などが)乳を吸える.

Saug⸗fä·hig·keit 女 -/ (saugen できること. 特に:) 〘理〙吸収性; (乳児などの)乳を吸う力. **⸗fer·kel** 中〘畜〙(まだ乳離れしていない)子豚. **⸗fla·sche** 女 **1** (乳児用の)哺乳(ほにゅう)瓶. **2**〘医〙吸引瓶. **3**〘化〙濾過(ろか)瓶. **⸗füß·chen** 中〘動〙管足. **⸗glas** 中 -es/..gläser, **⸗glocke** 女〘医〙吸角, 放血器, 瀉血(しゃけつ)器;〘化〙濾過(ろか)瓶. **⸗he·ber** 男〘理・工〙サイフォン, ピペット, 吸液器; (蓄電池の)比重計. **⸗hub** 男〘工〙(エンジンなどの)吸気〈吸い込み〉行程. **⸗lei·tung** 女〘工〙吸入〈吸い込み〉管, 導液管, 吸い上げホース.

Säug·ling[zɔ́ʏklɪŋ] 男 -s/-e (特に満1歳までの)乳児, 乳飲み子, 赤ん坊, ゼロ歳児; 乳離れしていない動物の子;《比》初心者: wie ein satter ～《比》満ち足りた様子で | Er ist im Tennisspielen noch ein ～.《比》彼はテニスではまだほんの初心者だ. [＜saugen]

Säug·lings⸗al·ter 中 乳児期. **⸗aus·stat·tung** 女

乳児用品一式. ≈**er·näh·rung** 女 乳児哺育(ほいく). ≈**für·sor·ge** 女 乳児福祉〔事業・施設〕. ≈**heim** 中 乳児院, 乳児〈ゼロ歳児〉保育施設. ≈**nah·rung** 女 乳児〔栄養〕食. ≈**pfle·ge** 女 乳児保育. ≈**schwe·ster** 女 乳児保育〔を専門とする〕看護婦. ≈**sterb·lich·keit** 女 -/ 乳児死亡率.

Sau·glück[záuglʏk] 中《話》とてつもない幸運〈つき〉.

Saug≈ma·gen[záuk..] 男〔虫〕吸胃. ≈**napf** 男, ≈**näpf·chen** 中〔動〕吸盤. ≈**pa·pier** 中 吸い取り紙. ≈**pfrop·fen** 男 **1** (哺乳(ほにゅう)瓶の)乳首. **2** (乳児用の)おしゃぶり. ≈**pum·pe** 女 **1**〔工〕吸い上げポンプ. **2**〔医〕吸引ポンプ. [＜saugen]

sau·grob[zaugró:p][1] 形《話》ひどく粗野な, ひどくぞんざいな.

Saug≈rohr[záuk..] 中〔工〕吸い込み〈吸い上げ〉管(→ 図 Brunnen);〔理〕ピペット. ≈**rüs·sel** 男〔動〕(昆虫の)吻(ふん), 吻管, 吸吻. [＜saugen]

sau·gut[zaugú:t] 形《話》すごくいい, すてきな.

Saug≈ven·til[záuk..] 中〔工〕吸い込み弁, 吸入弁, 吸気弁(→ 図 Pumpe). ≈**wurm** 男〔動〕吸虫類. ≈**zug** 男〔工〕誘引通風. [＜saugen]

Sau≈hatz[záu..] 女〔狩〕(犬を使う)イノシシ狩り. ≈**hau·fen** 男《話》烏合(うごう)の衆, 無秩序でだらしのないやつら〈連中〉. ≈**hirt** 男 豚飼い, 豚番. ≈**hund** 男 **1**〔狩〕イノシシ狩り用の猟犬. **2**《軽蔑的に》げす野郎. ≈**igel**《卑》＝Schweinigel

sau·igeln《06》＝schweinigeln

säu·isch[zɔʏɪʃ] 形《話》**1** ひどく汚い, 不潔な; 不作法な; 猥雑(わいざつ)な: ein ～*es* Benehmen 不作法な態度 | ～ schreiben 汚らしい字を書く. **2**《程度の高さを示して》ひどい, ものすごい: eine ～*e* Kälte ひどい寒さ | Mein Knie tut mir ～ weh. 私はひざがひどく痛い.

Sau·jagd[záu..] 女〔狩〕イノシシ狩り.

sau·kalt 形《話》ひどく寒い〈冷たい〉.

Sau·käl·te 女 -/《話》ひどい寒さ〈冷たさ〉.

Sau≈kerl 男《話》不潔〈不道徳〉なやつ, げす野郎. ≈**ko·ben** 男 豚小屋.

S

Saul[zaul] 人名 **1** サウル, サウロス(紀元前11世紀に在位した Israel 最初の王). **2** サウル(＝Saulus 2): **Wie kommt ～ unter die Propheten?**《話》どうしてこんな変わり者がまぎれ込んだのかしら, この男はなんとも変わったやつだ(聖書: Iサム10,11–12,8より). [*hebr.* „der Erbetene"]

Sau·la·che[záu..] 女〔狩〕ぬた〈のた〉場(イノシシの泥浴地).

Säu·le[zɔʏlə] 女 -/-n (⊕ **Säul·chen**[zɔʏlçən] 中 -s/-) **1** 柱, 円柱; 支柱: eine dorische 〈ionische / korinthische / romanische〉 ～ ドーリス式〈イオニア式・コリント式・ロマネスク式〉円柱(→ 図) ‖ eine ～ aufstellen 〈aufrichten / errichten〉 柱を建てる | rund 〈fest / stark〉 wie eine ～ 〔円〕柱のように円い〈しっかりした・強靭(きょうじん)な〉 | Beine wie ～*n* 柱のようにがっしりした脚 | wie eine ～ dastehen 柱のように〔じっと動かず〕直立している | **die ～*n* des Herkules** ヘラクレスの柱(ジブラルタル海峡の両岸の二つの岩山. 転じて海峡をも指す) | die ～*n* des Himmelbettes 天蓋(てんがい)つき寝台の支柱. **2**《比》大黒柱, 支え, 重鎮: eine ～ der Wissenschaft 学界の担い手 | die tragenden ～*n* der Mannschaft チームを支える柱 | die tragenden ～*n* des Vorschlags 提案の要(かなめ)となる点. **3** (隊列を組んで進む)行列, 縦列, 縦隊: Heer*säule*〔軍〕隊列 | Marsch*säule* 行列 ‖ in mehreren ～*n* marschieren 〈heranrücken〉 何列にもなって行進する〈押し寄せる〉. **4**《比》(柱状のもの) **a)** Anschlag*säule* 広告柱 | Bild*säule* 彫像, 立像 | Gedenk*säule* 記念柱〔像〕 | Zapf*säule* (ガソリンスタンドの柱状の)計量給油器. **b)** Feuer*säule* 火柱 | Quicksilber*säule* 水銀柱 | Wasser*säule* 水柱. **5**〔数〕柱体, 角柱, 多角柱;〔電・理〕パイル: die voltaische 〈galvanische〉 ～ ボルタのパイル. **6**《北部・中部》(製靴工の用いる)突き錐(ぎり), 縫い錐. [*ahd.*; 6: ◇Saum[1]]

Sau·le·ben[záu..] 中《話》ひどい〈貧しい・不潔な〉暮らし.

Säu·len·ab·schluß[zɔʏlən..] 男 (Kapitell)〔建〕柱頭, キャピタル.

säu·len·ar·tig 形〔円〕柱状の.

Säu·len·bau 男 -〔e〕s/-ten〔建〕**1**《単数で》〔円・角〕柱構造. **2**〔円・角〕柱建築物.

säu·len·för·mig[..fœrmɪç][2] 形〔円〕柱状の, 柱形の.

Säu·len≈fuß 男〔建〕柱脚, 柱礎, 柱基. ≈**gang** 男〔建〕柱廊, 周廊, コロネード. ≈**hal·le** 女〔建〕柱廊広間(柱をめぐらした広間: → 図 Baukunst). ≈**haupt** 中 ＝Säulenabschluß ≈**hei·li·ge** 男 (Stylit)〔宗〕柱頭行者〈廃墟(はいきょ)などの柱の上に静座して苦行を行い, また説教などをした修道士. 5世紀ごろシリア・パレスチナ・メソポタミアなどに多く見られた). ≈**hof** 男 ＝Säulenhalle ≈**knauf** 男, ≈**knopf** 男 ＝Säulenabschluß ≈**ord·nung** 女〔建〕〔古代寺院建築の〕円〈角〉柱様式, 柱式, オーダー, 柱の配置のプロポーション. ≈**plat·te** 女〔建〕**1** (円柱・角柱の下の四角い)台座, 柱礎, プリンス. **2** (柱頭の最上部を形成する正方形の)頂板, アバクス. **3** (家具類の)台輪, (部屋の内壁の)幅木. ≈**rei·he** 女 列柱. ≈**schaft** 男〔建〕柱身, シャフト(柱頭と柱脚の中間の部分). ≈**stel·lung** 女 柱の配置〈配列〉. ≈**stumpf** 男 (破壊され, または倒壊して)柱頭部を失った円〈角〉柱基部. ≈**wei·te** 女〔建〕柱間(はしらま); 柱間割(はしらまわり).

..säulig[..zɔʏlɪç][2]《数詞につけて「…〔本〕の柱をもつ」を意味する形容詞をつくる》: acht*säulig* 8本の柱のある.

Sau·lus[záulus] 人名 **1** ＝Saul 1 **2** サウル(はじめキリスト教徒を迫害していたが, 改宗して使徒となった Paulus のヘブライ名): **aus einem ～ ein Paulus 〈zu einem Paulus〉 werden / vom ～ zum Paulus werden**《比》攻撃の急先鋒であったのが一転して熱心な支持者になる; 自分の意見〈態度〉をすっかり変える, まるで人が変わったようになる(聖書: 使9).

Saum[1][zaum] 男 -〔e〕s / Säume[zɔʏmə] (⊕ **Säum·chen**[zɔʏmçən], **Säum·lein**[..laɪn] 中 -s/-) **1 a)** (衣服の)裾(すそ), 折り返し, 縁どり: den ～ nähen 〈heften / umschlagen〉 裾を縫う〈とめる・折り返す〉 | Der ～ ist aufgegangen 〈abgerissen〉. 裾がほころびている | den ～ des Kleides berühren 〈küssen〉(恭順の表現として相手の)衣服の裾に手を触れる〈接吻(せっぷん)する〉. **b)** (布地の)耳, へり. **2** (Rand)(一般的に)ふち, へり: der ～ des Waldes 森の縁 | ein leuchtender ～ am Horizont 地平線に沿って光る筋. **3**〔建〕シーム, 平縁(ひらぶち). **4**〔紋〕(盾の)細い縁どり(→ 図 Wappen e). [*germ.*; ◇Hymen[1], säumen[3]; *lat.* suere „nähen"; *engl.* seam]

[▽]**Saum**[2][zaum] 男 -〔e〕s/Säume[zɔʏmə] (ラバなどに乗せる)積み荷. [*gr.* ságma „Aufgepacktes"–*vulgärlat.*–*ahd.*; ＜*gr.* sáttein „bepacken"]

Sau·ma·gen[záu..] 男 **1**〔料理〕豚の胃袋に詰め物をした料理. **2**《話》大食漢; 汚らわしい〈猥雑(わいざつ)な〉やつ.

Säule

sau·mä·ßig 形《話》**1** はなはだしい, たいへんな: ein ～*es* Glück 望外の幸福 ‖ ～ frieren ひどく寒い | ～ schlechtes Wetter ひどい悪天候. **2** ひどく悪い: ～*es* Wetter ひどい天気 | ～ bezahlt werden ほんの少額しか払ってもらえない.

Säum·chen Saum[1]の縮小形.

Säu·me Saum の複数.

▽**säu·men**[1][zɔ́ʏmən] (▽**sau·men**[záʊmən]) 他 (h) (荷物を)ラバなどに積んで運ぶ; (荷物を積んだラバなどを)引いて行く. [＜Saum[2]]

säu·men[2][zɔ́ʏmən] 自 (h) (zögern) ぐずぐずする, ためらう; (sich verspäten) 遅れる: *Säume* nicht! ぐずぐずするな, さっさとやれ | ohne zu ～ / ohne *Säumen* 時を移さず, 即刻. [*mhd.*; ◇säumig, Säumnis, Saumsal]

säu·men[3][−] 他 (h) **1 a)** 〘服飾〙(…に)裾(すそ)を付ける, (…の)裾を縫う, 縁どりをする: ein Tischtuch ～ テーブルクロスの縁どりをする. **b)** 〘木工〙(…の)縁をけずりおとす: Bretter ～ 板の角にかんなをかける. **2** (並木などが…の)縁に立ち並ぶ, 境界をつくる, (…を)縁どる: Pappeln *säumen* die Allee. ポプラ並木が街路を縁どっている | Fachwerkhäuser *säumten* den Marktplatz. 木組み建築の家々が広場のまわりに立ち並んでいた. [＜Saum[1]]

Sau·mensch[záʊ..] 中 -[e]s/-er《軽蔑的に》汚らしい女; あばずれ女; 娼婦(→Mensch II).

▽**Säu·mer**[1][zɔ́ʏmər] 男 -s/- **1** ＝Saumtier **2** (ラバなどで)荷を運ぶ人, 馬方. [＜säumen[1]]

Säu·mer[2][−] 男 -s/- (säumen[2]する人. 例えば:) のろま, 決断のにぶい人; 遅刻常習者; (税金などの)延滞者.

Säu·mer[3][−] 男 -s/- (ミシンに取り付ける)縁縫い器.

Saum·esel [záʊm..] 男 (Maulesel) 〘動〙ラバ. [＜Saum[2]]

Saum·farn 男〘植〙イノモトソウ属. [＜Saum[1]]

säu·mig[zɔ́ʏmɪç][2] 形 (期限に)遅れた; ぐずぐずした, ためらった; なげやりな; のんきな: ein ～*er* Zahler 支払いの悪い人 | Er ist ～ mit der Arbeit. 彼は仕事が遅い. [*ahd.*; ◇säumen[2]]

Säu·mig·keit[−kaɪt] 女 -/ (säumig なこと. 例えば:) 遅滞, ぐず, ためらい, のんき.

Säum·lein Saum[1]の縮小形.

Saum·naht[záʊm..] 女 縁〈へり・すそ〉の縫い目.

Säum·nis[zɔ́ʏmnɪs] 女 -/-se; 中 -ses/-se **1** 逡巡(しゅんじゅん), 遅滞. **2** (Versäumnis)〘法〙懈怠(けたい); 出頭不履行. [*mhd.*; ◇säumen[2]]

Säum·nis·zu·schlag 男 (税金の)滞納追徴金, 延納料.

Saum≈pfad[záʊm..] 男 (特にロバ・ラバなどが荷を運ぶための)狭い山道, 馬道. ≈**pferd** 中 荷馬, 駄馬. [＜Saum[2]]

Saum·qual·le 女〘動〙ヒドロゾア[類](腔腸(こうちょう)動物). [＜Saum[1]]

▽**Saum·sal**[záʊmza:l] 女 -/-e; 中 -[e]s/-e (Säumigkeit) なげやり, 怠慢, 遅滞. [*mhd.*; ◇säumen[2], saumselig]

Saum·sat·tel[záʊm..] 男 荷鞍(にぐら). [＜Saum[2]]

saum·se·lig[záʊmze:lɪç][2] 形 怠惰な, なげやりな, ぐずな, のろのろした: ein ～*er* Mensch 怠惰な人間 | ～ arbeiten ぐずぐずとだらしなく仕事をする. [*mhd.*; ◇Saumsal]

Saum·se·lig·keit[−kaɪt] 女 -/ 怠情, 怠慢, なげやり; ぐず, 遅滞, だらだらしたこと.

Saum·stich[záʊm..] 男〘服飾〙ヘム=ステッチ, まつり縫い. [＜Saum[1]]

Saum≈tier 中 (特に狭い山道で使う)荷運び用の動物(ラバ・ロバなど). ≈**weg** 男 ＝Saumpfad [＜Saum[2]]

Sau·na[záʊna·] 女 -/-s, ..nen[..nən] **1** サウナ浴(フィンランドふうの熱気浴). **2** サウナ[の施設], サウナぶろ: in die ～ gehen サウナに行く. [*finn.*]

Sau·na·bad[záʊna..] 中 ＝Sauna

sau·nen[záʊnən] 自 (h) サウナに行く, サウナぶろに入る.

Sau·nest[záʊ..] 中《話》不潔〈不愉快〉な場所.

sau·nie·ren[zaʊní:rən] ＝saunen

sau·r.. →sauer

Sau·re →sauer III

Säu·re[zɔ́ʏrə] 女 -/-n **1**《単数で》酸味, すっぱさ: die ～ des Weins 〈der Früchte〉 ワイン〈果物〉の酸味. **2**〘化〙酸: eine ätzende ～ 腐食酸 | eine scharfe 〈starke〉 ～ 強酸 | eine schwache ～ 弱酸 | einbasige 〈zweibasige / mehrbasige〉 ～ 一〈二・多〉塩基酸 | Kohlen*säure* 炭酸 | Schwefel*säure* 硫酸 ‖ *Säure* ätzt Metall. / *Säure* greift Metall an. 酸は金属を腐食させる | zu viel ～ [im Magen] haben 胃酸過多である. [*ahd.*; ◇sauer]

Säu·re≈an·zug 男 耐酸服. ≈**bal·lon**[..balɔŋ] 男〘化〙カルボイ, 耐酸瓶(酸を入れる容器).

säu·re≈be·stän·dig ＝säurefest ≈**bil·dend** 形〘化〙酸を生ずる, 酸性化する, 酸敗する.

Säu·re·bild·ner 男〘化〙造酸物. ≈**bil·dung** 女〘化〙造酸.

säu·re≈fest 形 耐酸[性]の, 酸に強い〈冒されない〉. ≈**frei** 形 酸を含まない, 無酸性の.

Säu·re·grad 男〘化〙酸度,〈油脂の〉酸率.

Sau·re·gur·ken·zeit[zaʊrəgʊ́rkən..] 女《戯》(商売・政治などの)夏枯れ時(酢漬けキュウリを作る時期と同じであるところから).

★ 単数 2・3 格に Saurengurkenzeit, 複数に Saurengurkenzeiten の別形がある.

säu·re·hal·tig[zɔ́ʏrə..] 形〘化〙酸を含む.

Säu·re·kopf 男《話》LSD 常用者.

säu·re·lös·lich 形〘化〙酸で溶解する.

Säu·re≈man·gel 男 -s/ (胃酸などの)酸欠乏. ≈**mes·ser** 男〘化〙アシジメーター, 酸定量器, 酸比重計, フロート.

Sau·ren·gur·ken·zeit →Sauregurkenzeit

Säu·re≈rest[zɔ́ʏrə..] 男〘化〙酸根, 酸残基. ≈**über·schuß** 男..sses/ 酸過多. ≈**ver·gif·tung** 女〘医〙酸中毒[症]. ≈**wecker** 男 (発酵バターを作るために加える)乳酸菌.

säu·re·wid·rig 形 制酸性の, 酸を中和する.

Sau·ri·er[záʊriər] 男 -s/-〘古生物〙恐竜[類]. [*gr.* saũros „Eidechse"]

▽**säu·rig**[zɔ́ʏrɪç][2] 形 酸性の; 酸味のある, すっぱい. [＜Säure]

Sau·ro·lith[zaʊrolí:t, ..lít] 男 -en/-en 恐竜の化石.

Sau·ro·po·de[..pó:də] 男 -n/-n〘古生物〙竜脚類[の動物](草食恐竜の総称). [＜*gr.* saũros (→Saurier)]

Sau·rü·de[záʊ..] 男〘狩〙イノシシ狩りの猟犬.

Saus[zaʊs][1] 男 -es/ ざわめき, どよめき: in einem 〈im〉 ～ 大急ぎで, あっという間に | **in ～ und Braus leben** 豪勢な〈ぜいたく三昧(ざんまい)な〉暮らしをする.

sau·schlecht[záʊʃlɛ́çt] 形《話》ひどく不快な: ein ～*es* Gewissen 極度の良心のやましさ | Mir ist ～. 私はひどく気分が悪い.

Sau·se[záʊzə] 女 -/-n《話》(酒がたっぷり出る)宴会; はしご酒, 飲み歩き.

säu·seln[zɔ́ʏzəln]《06》**I** 自 (h) (風・木の葉などが)そよいで音をたてる, ざわめく; (音楽などが)かすかに響いてくる: Der Wind *säuselt* in den Blättern 〈den Zweigen〉. 風が木の葉〈枝〉にそよぐ | Die Bäume *säuseln*. 木々がザワザワと音をたてる ‖ 《非人称》 Es *säuselt* in den Zweigen. 小枝がサラサラと鳴る. **II** 他 (h) ささやく; ぼそぼそしゃべる: Er *säuselte* ihr einige Worte ins Ohr. 彼は彼女の耳に二言三言ささやいた | mit *säuselnder* Stimme ささやくような〈低い〉声で.

sau·sen[záʊzən][1]《02》自 **1** (h) (ザワザワ・ゴーゴー・ブンブン・ビューンなどと)低いうなりをあげる: Der Wind 〈Das Meer〉 *saust*. 風がビュービューと音をたてる〈海鳴りがする〉| Die Ohren *sausen* 〈Der Kopf *saust*〉 mir. / 《非人称》 Es *saust* mir in den Ohren 〈im Kopf〉. 私は耳鳴りがする〈頭ががんがんする〉| *jm.* *saust* der Frack (→Frack). **2** (s) うなりをあげて通りすぎる〈進む〉;《話》大急ぎで行く: Das Auto ist um die Ecke *gesaust*. 自動車はうなりをあげて角を曲がった | Die Lawine *saust* in die Tiefe. 雪崩が轟音(ごうおん)とともに谷へ落ちる | Er ließ die Peitsche auf den Rücken des Pferdes ～. 彼はぴしりと馬の背に一鞭(べん)あてた | auf die Straße ～《話》路上にとび出す | Er ist durchs Examen *gesaust*. 彼は試験に落ちた | zur Tür ～ ドアに向かって突進する ‖ **einen ～ lassen**《卑》一発放屁(ほうひ)する | ***et.***[4] **～ las-**

S

sen《話》…をあきらめる, …をやめにする | ein Konzert ~ lassen 演奏会に行くチャンスをみすみすのがす | *jn.* **~ lassen**《話》…とのつながりを断ち切る〈あきらめる〉. **3** (h)《南部》(ワインが)盛んに発酵する. [*ahd.*; 擬音]

Sau·ser[záʊzər] 男 -s/- **1**《南部・オーストリア・スイス》**a)** 発酵中のワイン. **b)** 飲み歩く〈回る〉こと: einen ~ machen 酒盛りをする. **2**《話》(凧(たこ)に取り付ける)うなり.

Sau·se≈schritt[záʊzə..] 男《もっぱら次の成句で》im ~ 急ぎ足で, 大急ぎで, 猛スピードで(ヴィルヘルム ブッシュの作品『ユールヒェン』に由来する表現: →Busch[1]). **≈wind** 男《戯》非常に活発な〈落ち着きのない〉人(特に子供).

Säus·ler[zɔ́ʏzlər] 男 -s/- ささやく人, 小声の人.

Saus·sure[sosýːr] 人名 Ferdinand de ~ フェルディナン ド ソシュール(1857-1913; スイスの言語学者. 弟子たちの編纂(へんさん)した『一般言語学講義』がある).

Sau·stall[záʊ..] 男 **1** 豚小屋, 豚舎;《話》(豚小屋のような)ひどい〈不潔な〉住居. **2**《話》(特に会社・工場・研究所などの)乱脈, 無秩序, だらしなさ, 放漫〔経営〕.

Sau·ternes[sotɛ́rn] 男 -/- (フランスの)ソテルヌ産白ワイン. [*fr.*; 産地名]

sau·tie·ren[zotíːrən] 他 (h)〘料理〙(肉などを)ソテーにする, さっといためる. [*fr.* sauter „(in der Pfanne) springen machen"]

Sau≈tod[záʊ..] 男〘植〙ウスバアカザ(薄葉藜). **≈trog** 男 豚の飼料桶(おけ).

Sauve·garde[zoːfgárt[1], zovgárd(ə)] 女 -/-n[..dən] ▽**1** 護衛兵. **2** (Schutzbrief)〘史〙(君主・国家が特定の個人に与える)保護状. [*fr.*; ◇salve]

Sau≈wet·ter[záʊ..] 中《話》ひどい悪天候. **≈wirt·schaft** 女《話》(会社などの)放漫〔財政〕, 乱脈〔経営〕, 無秩序, だらしなさ.

sau·wohl[záʊvóːl] 形《話》きわめて快適な〈快い〉: Mir ist ~. 私はものすごく快調だ.

Sau·wut 女《話》激怒, ものすごい不機嫌.

Sa·va·la·di[zavaláːdiˑ] 女 -/- =Zervelatwurst [◇*engl.* saveloy]

Sa·van·ne[zavánə] 女 -/-n〘地〙サバンナ(アフリカなどの低木の散在する熱帯草原). [*karib.*–*span.* zavana]

Sa·voir-vi·vre[savwarvíːvr(ə)] 中 -/ 処世術, 世渡りのうまさ, 世才. [*fr.* „zu leben wissen"]

Sa·vo·na·ro·la[zavonaróːlaˑ] 人名 Girolamo ~ ジロラモ サヴォナローラ(1452-98; イタリアの宗教改革者. 一時 Florenz の独裁者となったが, 失脚して処刑された).

Sa·vo·yar·de[zavojárdə] 男 -n/-n サヴォアの人. [*fr.*]

Sa·voy·en[zavɔ́ʏən] 地名 サヴォア(フランス南東部, イタリアとの国境地方. フランス語形 La Savoie).

Sa·voy·er[zavɔ́ʏər] **I** 男 -s/- =Savoyarde **II** 形《無変化》サヴォアの.

Sa·voy·er·kohl 男 -〔e〕s/ (Wirsingkohl)〘植〙チリメンタマナ(縮緬玉菜).

sa·voy·isch[zavɔ́ʏɪʃ] 形 サヴォアの.

Sä·wet·ter[zɛ́ː..] 中 種まき日和. [<säen]

Sax·horn[záks..] 中 -〔e〕s/..hörner〘楽〙サクソルン, サックスホーン. [<A. Sax (→Saxophon)]

Sa·xi·fra·ga[zaksíːfragaˑ] 女 -/..gen[..ksifráːgən] (Steinbrech)〘植〙ユキノシタ〔属の植物〕. [*spätlat.*; <*lat.* saxi-fragus „Felsen zerbrechend" (◇sezieren, fragil); 結石の薬とされた]

Sa·xo·ne[zaksóːnə] 男 -n/-n (Sachse)〔古代〕ザクセン人. [*spätlat.*; ◇Sachse]

Sa·xo·phon[zaksofóːn] 中 -s/-e〘楽〙サクソフォン, サックス(→ 図 Blasinstrument). [<A. Sax (ベルギーの楽器製作者. †1894)]

Sa·xo·pho·nist[..foníst] 男 -en/-en サクソフォン奏者.

Sä·zeit[zɛ́ː..] 女 種まき時, 播種(はしゅ)期. [<säen]

▽**sa·zer·do·tal**[zatsɛrdotáːl] 形 (priesterlich) 司祭の, 司祭にふさわしい. [*lat.*; <*lat.* sacer-dōs „Priester" (◇sakral, Dos) +..al[1]]

Sa·zer·do·tium[..dóːtsiʊm] 中 -s/ **1** 司祭職; 司祭の身分. **2**〘史〙(帝権に対し)教皇権. [*lat.*]

sb[ʃtɪlp, st..] 記号 (Stilb)〘理〙スチルブ(輝度の単位).

s. b. 略 =schwer bekloppt 〈bestußt〉《俗》いかれた, 狂った.

Sb[ɛsbéː, antimóːn] 記号 (Stibium)〘化〙アンチモン (=Antimon).

S-Bahn[ɛ́s..] 女 (<Schnellbahn, Stadtbahn) 都市〔高速〕鉄道(都市と郊外を結ぶ線や市内環状線など).

★ ふつう Schnellbahn, Stadtbahn のような完全形ではなく, この短縮形を用いる.

S-Bahn·hof 男 S-Bahn の駅. [<S-Bahn+Bahnhof]

SBB[ɛsbeːbéː; スイス: ɛsbebéː] 略 複 = Schweizerische Bundesbahnen スイス連邦鉄道.

▽**Sbir·re**[sbírə] 男 -n/-n (昔のイタリアの)巡査, 警官. [*it.*; ◇Burnus]

SB≈-La·den[ɛsbéː..] 男 セルフサービスの店. **≈-Markt** 男 スーパーマーケット. [<Selbstbedienung]

S-Boot[ɛ́sboːt] 中 =Schnellboot 2

s. Br. 略 =südliche〔r〕Breite 南緯(…度).

sc. 略 **1** =scilicet すなわち. **2** =sculpsit (彫刻家が署名に添えて)…これを彫れり.

Sc[ɛstséː, skándiʊm] 記号 (Scandium)〘化〙スカンジウム.

Sca·bies[skáːbiɛs] 女 -/ =Skabies

die **Sca·la**[skáːlaˑ] 女 -/ スカラ座(イタリアの Mailand にある歌劇場). [*it.*; ◇Skala]

Scan·dium[skándiʊm] 中 -s/〘化〙スカンジウム(希土類元素名; 記号 Sc). [<*nlat.* Scandia „Skandinavien"; スカンジナビア半島の鉱物中に発見された]

scan·nen[skɛ́nən] 他 (h)《*et.*[4]》(スキャナーで)走査する, スキャンする. [*engl.* scan]

Scan·ner[skɛ́nər] 男 -s/- **1**〘医〙走査装置, スキャナー(映像診断装置の一つ). **2**〘印〙スキャナー(コンピューターを用いた写真製版装置).

Scan·ning[skɛ́nɪŋ] 中 -〔s〕/-s 走査, スキャニング.

Sca·pa Flow[skáːpaˑ flóː] 地名 スカパ フロー(スコットランド北部, オークニー Orkney 諸島中にある湾で, イギリス海軍の根拠地). [*engl.*]

Scar·lat·ti[skarlátti] 人名 **1** Alessandro ~ アレサンドロ スカルラッティ(1659-1725; イタリアの作曲家). **2** Domenico ~ ドメニコ スカルラッティ(1685-1757; イタリアのチェンバロ奏者・作曲家).

sch[1][ɛstseːháː], **Sch**[−] 中 -/- エスツェーハー(古高ドイツ語の sc が13世紀以降 sch と書かれ, 発音も[sk][sx]を経て, [ʃ]となった): *Sch* wie Schule (通話略語) Schule の Sch.

★ フランス語系の ch はしばしば sch に書き換えられる. 例 scharmant<charmant, Schofför<Chauffeur

sch[2][ʃ(ː)] 間 **1** (非難の声, 静かにという制止を表す声)シーッ(やめろ, うそつけ; だまれ, 静かに). **2** (動物を追い払う声)シッ(あちらへ行け).

..sch[..ʃ] →..isch ★ iii

Schab·bes[ʃábəs] 男 -/-(Sabbat)(ユダヤ教の)安息日. [*hebr.*–*jidd.*]

Scha·be[1][ʃáːbə] 女 -/-n **1** (Kakerlak)〘虫〙ゴキブリ(蜚蠊): die ~*n* vertilgen ゴキブリを退治する. **2**《南部》(Motte)〘虫〙小ガ, イガ(衣蛾). **3**《南部》(Krätze)〘医〙疥癬(かいせん). [*mhd.*; ◇schaben, Schwabe[1]; 3: ◇Skabies, schäbig; *engl.* scab]

Scha·be[2][−] 女 -/-n =Schaber

Schä·be[ʃɛ́ːbə] 女 -/-n (繊維として利用できない)亜麻の木質部. [*mndd.*; ◇Scheibe[1]; *engl.* shive]

Scha·be·fleisch[ʃáːbə..] 中 (牛の)ひき肉, 削り肉.

Schab·ei·sen[ʃáːp..] 中 削る〈こする〉道具(きさげ・スクレーパーなど).

Scha·be·mes·ser[ʃáːbə..] 中 削り刀, そぎ取り用ナイフ.

scha·ben[ʃáːbən][1] 他 (h) **1**《*et.*[4]》(…〔の表面〕を)ひっかく, はがす, 削り取る, そぎ落とす; 薄く刻む, 薄切りにする: Kartoffeln 〈Mohrrüben〉 ~ じゃがいも〈にんじん〉の皮をそぐ | das Fleisch vom Knochen ~ 肉を骨からそぎ取る | *jm.* Rübchen ~ (→Rübe 1). **2**〔*sich*[4]〕an *et.*[3] ~〔体を〕…でこする. **3**《戯》(rasieren) ひげをそる: *sich*[3] den Bart ~ /

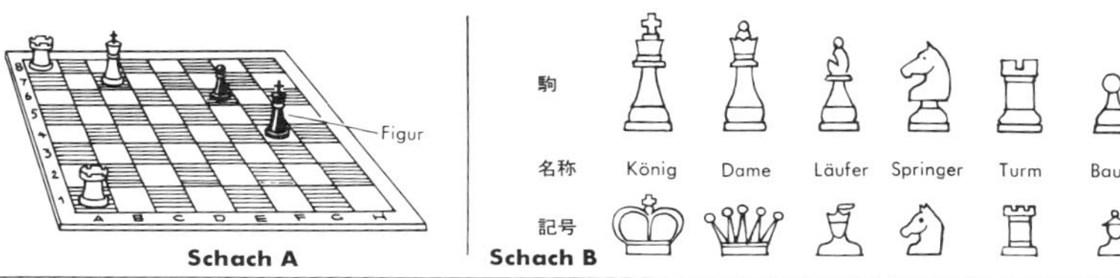

Schach A　Schach B

再帰 *sich*[4] ～ (自分で)ひげをそる. **4** 〘美〙(メゾティント凹版で銅板につけたきずを)削る, つぶす. **5** 《話》再帰 *sich*[4] ～ 怒る. [*germ.*; ◇schaffen[1], Schaft[1], Schuppe, schäbig; *lat.* scabere „kratzen“; *engl.* shave]

Schạ·ben·gift 中 ゴキブリ駆除剤.

Schạ·ber[ʃáːbər] 男 -s/- 削り(そぎ)取る道具; きさげ, スクレーパー(→ 図 gravieren).

Schạ·ber·nack[ʃáːbərnak] 男 -[e]s/-e **1** いたずら, からかい, 悪ふざけ: ～ treiben ⟨machen⟩ いたずらをする | *jm.* einen ～ spielen ⟨antun⟩ …をからかう. **2** いたずら小僧. [*mhd.*]

Schạb≠hals[ʃáːp..] 男 《南部》(Geizhals) けちんぼう. **≠họ·bel** 男 〘工〙 なんきん鉋(→ 図 Hobel). [< schaben]

schä̤·big[ʃɛ́ːbɪç][2] 形 **1** 見すぼらしい, 見ばえのしない; 使い古しの; (衣服などが)すり切れた: ～ angezogen sein 見すぼらしい服装をしている | ein ～*er* Rest 《話》ごくわずかの残余. **2** 《話》いやしい, 卑劣な: *sich*[4] *jm.* gegenüber ～ benehmen …に対して卑劣なまね⟨ひどい仕打ち⟩をする. **3** 《話》けちな, しみったれの: *sich*[4] ～ zeigen けちけちする, しみったれる. **4** 《南部》(krätzig) 疥癬(かいせん)にかかった. [*mhd.* schebic „räudig“; ◇Schabe[1] 3; *engl.* shabby]

Schä̤·big·keit[−kaɪt] 女 -/ schäbig なこと.

Schạb·kunst[ʃáːp..] 女 -/ (Mezzotinto) 〘美〙 メゾティント(銅版画彫刻法の一種). [< schaben]

Scha·blọ·ne[ʃablóːnə] 女 -/-n **1** (文字・模様などの部分を切り抜いてある)型紙, 型板, ステンシル; 謄写用原紙: nach der ～ 型どおりに. **2** 《比》(月並みな)型, 定式: Er denkt nur in ～*n*. 彼は型にはまった考え方しかしない. [*mndd.* schampelīon, schaplūn]

Scha·blọ·nen≠den·ken 中 -s/ 型にはまった考え方. **≠druck** 男 -[e]s/-e 〘印〙 ステンシル印刷(謄写版やシルクスクリーン印刷など).

scha·blọ·nen≠haft 形, **≠mä̤·ßig** 形 型どおりの, 型にはまった, 月並みな, 千編一律の.

scha·blo·nie̤·ren[ʃabloníːrən] (**scha·blo·ni·sie̤·ren**[..nizíːrən]) 他 (h) **1** 型紙⟨型板⟩を用いて作る. **2** 《比》型どおりに取り扱う: die Menschen ～ 人間を型にはめる.

Schạb≠ma·nier[ʃáːp..] 女 -/ ＝Schabkunst **≠mes·ser** ＝Schabemesser

Scha·bọt·te[ʃabɔ́tə] 女 -/-n (機械ハンマー用の)金敷台. [*fr.*]

Scha·brạcke[ʃabrákə] 女 -/-n **1** (美しい織物などで作った)鞍(くら)敷き, 鞍覆い, 装飾馬衣(→ 図). **2** (カーテンの)バランス(→ 図 Gardine). **3** 《話》おいぼれ馬; おいぼれ女; がらくた. [*türk.*－*ungar.*; ◇ *engl.* shabrack]

Schabrunke　Schabracke　Schabracke

Scha·brạcken·hyä̤·ne 女 (Streifenhyäne) 〘動〙 シマハイエナの一種(南アフリカ産).

Scha·brụn·ke[ʃabrúŋkə] 女 -/-n (鞍(くら)に取り付けられたピストル用ポケットの)飾り覆い(→ 図 Schabracke).

Schạb·sel[ʃáːpsəl] 中 -s/- 削りくず, やすりくず.

Schạb≠zie·ger (**≠zi·ger**)[..tsiːgər] 男 -s/- (スイス産の球形に固めた)薬味入りチーズ. [< schaben]

Schach[ʃax] 中 -s/-s **1** 《単数で》(英: *chess*) チェス, 西洋将棋(→ 図): ewiges ～ 千日手 ‖ ～ spielen チェスをする, 将棋を指す | mit *jm.* eine Partie ～ spielen …とチェスを一番指す. **2** (チェスの)王手: [dem König] ～ bieten 王手をかける, チェックメイトにする | ***jm.*** ⟨***et.***[3]⟩ **～ bieten** 《雅》…の動きを阻止する, …の活動を封じる | ein ～ decken 王手を防ぐ ‖ aus dem ～ ziehen 王手からのがれる | im ～ stehen 王手をかけられている | ***jn.*** ⟨***et.***[4]⟩ **in ～ halten** / ***jn.*** ⟨***et.***[4]⟩ **im ～ halten** 《比》…を牽制(けんせい)する, …の活動を封じる | eine Epidemie in ～ halten 疫病を封じ込める ‖ ～ durch Abzug あき王手 | *Schach* [dem König]! (相手に対する警告として)王手 | ***Schach* und matt!** 詰みだ. **3** チェスのセット(駒(こま)と盤). **4** 〘紋〙 チェック模様. [*mhd.*; < *arab.* šāh māt (→schachmatt); ◇ *engl.* check]

Schạch≠auf·ga̤·be[ʃáx..] 女 (新聞などに出る)チェスの問題. **≠blu̱·me** 女 〘植〙 バイモ属(クロユリなど). **≠brett** 中 **1** チェス⟨将棋⟩盤. **2** 市松模様(→ 図 Muster). **3** (Damenbrett) 〘虫〙 シロジャノメ(白蛇の目蝶).

schạch·brett·a̱r·tig 形 碁盤目状の, 市松模様の.

Schạch·brett≠blu̱·me 女 〘植〙 チェッカードリリー(バイモ属). **≠mu·ster** 中 ＝Schachbrett 2

Schạ·chen[ʃáxən] 男 -s/- **1** 《南部・オーストリア・スイス》(小さな)森; 森の一部⟨名残⟩. **2** 《スイス》低地; (河川の)沿岸地域.

Schạ·cher[ʃáxər] 男 -s/ (暴利をむさぼる)あくどい商い, 悪徳商法; (少しでも利益を得るために)値切る交渉をすること: mit *et.*[3] ～ treiben …であくどい商いをする⟨暴利をむさぼる⟩. [*hebr.* „Erwerb“; ◇schachern]

Schä̤·cher[ʃɛ́çər; オーストリア・スイス: ʃɛ́ːçər] 男 -s/- 盗賊, 人殺し(特にキリストとともに処刑された二人の犯罪人を指す; 聖書: ルカ23, 39参照): die ～ am Kreuz (キリストとともに)十字架にかけられた盗賊たち | ein armer ～ 《比》みじめなやつ. [*ahd.*; < *ahd.* scāh „Raub“]

Scha·che·re̱i[ʃaxəráɪ] 女 -/-en schachern すること.

Schạ·che·rer[ʃáxərər] 男 -s/- schachern する人.

schạ·chern[ʃáxərn] 《05》自 (h) あくどい商いをする, 暴利をむさぼる; (少しでも利益を得るために)値切る: mit *jm.* um *et.*[4] ～ …を手に入れる⟨まけさせる⟩ために…と交渉する. [*hebr.*－*rotw.*; ◇Schacher]

Schạch≠feld[ʃáx..] 中 チェス盤の目. **≠fi·gu̱r** 女 チェス⟨将棋⟩の駒(こま).

schạch·mạtt[ʃáxmát, ⌣⌣] 形 《述語的》《チェス》王手詰めとなった, 負けた; 《比》力尽きた, 疲れ切った: Dein König ist ⟨Du bist⟩ ～. 君の王様は⟨君は⟩詰んだよ | ***jn.* ～ setzen** (チェスで)…を負かす; 《比》…の活動を封じる | Ich bin ganz ～. 私はへとへとだ. [*arab.* šāh māt „König tot“ (◇Schah)－*roman.*－*mhd.*; ◇ *engl.* checkmate]

Schạch≠mei·ster 男 チェスの選手権保持者⟨チャンピオン⟩. **≠mei·ster·schaft** 女 チェス選手権. **≠par·tie** 女 チェスの手合わせ⟨対局⟩. **≠spiel** 中 **1** チェス, 西洋将棋; チェスの手合わせ⟨対局⟩. **2** チェスのセット(駒(こま)と盤). **≠spie·ler** 男 チェスをする人, チェスの選手⟨棋士⟩.

Schacht[ʃaxt] 男 -[e]s/Schächte[ʃɛ́çtə] **1 a)** (特定の目的のために作られた上下に貫通した空間. 例えば:) 竪穴(たてあな), 吹き抜き: ein runder ⟨rechteckiger⟩ ～ 円形⟨方形⟩竪穴 | der ～ für den Brunnen 井戸[用]の竪穴 | der ～ für den Fahrstuhl エレベーターシャフト ‖ einen ～ graben ⟨ausheben⟩ 竪穴を掘る. **b)** (↔Stollen) 〘坑〙 立坑(たてこう): Luft*schacht* 通気立坑 | Schurf*schacht* 採鉱立坑 ‖ in den ~ fahren (昇降機で)立坑に入る. **2** 〘金属〙(高炉の)シャフト(円筒形の本体). **3** 《北部》(Stiefelschaft) (長靴の)胴部. **4** 《北部》(Stock) 棒; (Rute) さお; 釣りざお. **5** 《単数で》《北部》(Prügel) 殴打: ~ kriegen 殴られる. [*mndd.*; ◇Schaft[1]; *engl.* shaft]

Schacht≈be·trieb[ʃáxt..] 男 〘坑〙立坑(たてこう)式採掘. **≈brun·nen** 男 削井〈掘り抜き〉井戸(→ ⊛ Brunnen). **≈büh·ne** 中 〘坑〙立坑釣り足場.

Schäch·te Schacht の複数.

Schacht·ein·fahrt 女 〘坑〙立坑入口, 坑口.

Schach·tel[ʃáxtəl] 女 -/-n (⑪ **Schäch·tel·chen**[ʃɛ́çtəlçən], **Schäch·te·lein**[ʃɛ́çtəlaɪn], **Schächt·lein**[..tlaɪn] 中 -s/-) **1** (ボール紙・薄板などで作った蓋(ふた)つきの, あまり丈夫ではない)箱(→ ⊛ Gefäß): eine ~ Zigaretten タバコ一箱 | Streichholz*schachtel* マッチ箱. **2** 《軽蔑的に》eine alte ~ ばあさん, ばばあ. [*it.* scatola; ◇Schatulle]

Schach·tel≈be·tei·li·gung 女 〘経〙(4 分の 1 以上の)持ち株による他会社への関与. **≈di·vi·den·de** 女 〘経〙持ち株〔利益〕配当.

Schäch·te·lein Schachtel の縮小形.

Schach·tel·ge·sell·schaft[ʃáxtəl..] 女 〘経〙(他の会社が 4 分の 1 以上の株を所有している)従属会社, 子会社, 系列会社.

Schach·tel·halm 男 〘植〙トクサ属. [<Schacht]

Schach·tel·ma·cher 男 箱製造人, 箱職人.

schach·teln[ʃáxtəln] 《06》他 (h) (一方を他方の中に)組み込む: Sätze ~ 〘言〙箱入り文をつくる.

Schach·tel≈pri·vi·leg 中 〘経〙持ち株減税特典. **≈satz** 男 〘言〙(副文の重畳した)箱入り文.

schach·ten[ʃáxtən] 《01》自 (h) 〘坑〙立坑(たてこう)を掘る.

schäch·ten[ʃɛ́çtən] 《01》他 (h) (ユダヤ教の典礼に従い頸(けい)動脈を切って)畜殺する. [*hebr.*]

Schäch·ter[..tər] 男 -s/- 畜殺者.

Schacht≈för·de·rung[ʃáxt..] 女 〘坑〙立坑(たてこう)巻き上げ, 立坑運搬. **≈ge·bäu·de** 中 〘坑〙立坑上屋. **≈ge·rüst** 中 〘坑〙立坑(巻き上げ)やぐら. **≈hut** 男 〘坑〙坑内帽(→ ⊛ Bergmann).

Schächt·lein Schachtel の縮小形.

Schacht≈mei·ster[ʃáxt..] 男 坑員の長. **≈ofen** 男 〘金属〙高炉, 直立炉; 溶銑炉, キューポラ. **≈turm** 男 〘坑〙立坑(たてこう)塔, 立坑やぐら.

Schäch·tung[ʃɛ́çtʊŋ] 女 -/-en schächten すること.

Schach≈tur·nier[ʃáx..] 中 チェスの試合〈対局〉. **≈uhr** 女 〘チェス〙対局時計, チェスクロック(対局者を個別に計時するため文字盤が二つある). **≈zug** 男 **1** 〘チェス〙駒(こま)の動き. **2** 《比》駆け引き, てだて, 方策: ein kluger 〈geschickter〉 ~ 賢明〈巧み〉な方策. [*aram.–jidd.*]

Schad·chen[ʃáːtçən] 男 中 -s/- 《卑》(Kuppler) 仲人.

scha·de[ʃáːdə] 形 《述語的》残念な; 気の毒な; 惜しい, もったいない: Es ist 〔sehr〕 ~, daß du nicht kommen kannst. 君が来られないとは残念〔至極〕だ | Ich kann nicht kommen.— 〔Das ist aber〕 ~! 私は来られない〈行けない〉—〔それはまた〕残念 | Wie 〈Zu〉 ~! 残念だなあ ‖ 〘**zu scha·de** の形で〙Für diese Arbeit ist der Anzug zu ~. この仕事にこの服ではもったいない | Die goldene Uhr ist zu ~ zum Wegwerfen. この金時計は手離すには惜しい | Ich bin mir für keine Arbeit zu ~. 私はどんな仕事でも喜んでやるつもりだ | Dafür 〈Dazu〉 bin ich mir zu ~. 私はそこまで落ちてはいない ‖ 〘**schade um** *jn.* 〈*et.*[4]〉 の形で〙〔Es ist〕 ~ um ihn. i) 彼は気の毒だ; ii) 彼を失ったのは惜しい〈残念なことだ〉| Um den ist es nicht ~. i) あいつはいい気味だ; ii) あいつなんかちっとも惜しくない | 〔Es ist〕 ~ um die Zeit, die ich darauf verwendet habe. 私はそれに費やした時間がもったいない.

[<*mhd.* schade sīn „schädlich sein" (◇Schaden)]

▽**Scha·de**[ʃáːdə] Schaden の単数 1 格の別形.

Schä·del[ʃɛ́ːdəl] 男 -s/- 〘解〙頭蓋(とうがい, ずがい)〔骨〕, 頭骨(→ ⊛); 《比》(Kopf) 頭: Toten*schädel* どくろ, されこうべ ‖ **einen dicken 〈harten〉 ~ haben** 《比》頭が固い, 頑固である | **einen hohlen ~ haben** 《比》頭が空っぽである | *jm.*

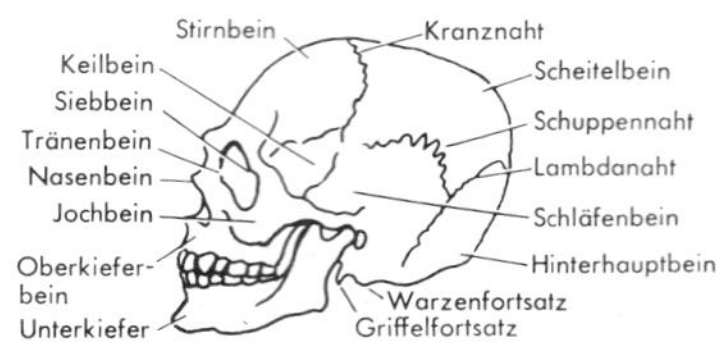

Schädel

den ~ einschlagen …を殴り殺す(頭を割って) | *jm.* eins auf den ~ 〈über den ~〉 geben …の頭に一発くらわせる | ***sich***[3] **den ~ einrennen** 《比》強情を張ってひどい目にあう ‖ **mit dem ~ durch die Wand** 〔**laufen** 〈**rennen**〉〕 **wollen** 《話》(困難を無視して)強引に意図を達成しようとする. [*mhd.*]

Schä·del·ba·sis 女 〘解〙頭蓋(ずがい)底.

Schä·del·ba·sis·bruch 男 〘医〙頭蓋(ずがい)底骨折.

Schä·del≈boh·rer 男 〘医〙穿頭(せんとう)器. **≈bruch** 男 〘医〙頭蓋(ずがい)骨折. **≈dach** 中, **≈decke** 女 〘解〙頭蓋冠〈円蓋〉. **≈frak·tur** 女 〘医〙頭蓋(ずがい)骨折. **≈haut** 女 〘解〙頭骨骨膜. **≈höh·le** 女 〘解〙頭蓋腔(こう). **≈in·dex** 男 〘人類〙頭骨指数, 頭蓋係数. **≈kno·chen** 男 頭蓋骨. **≈leh·re** 女 -/ (Kraniologie) 〘医・人類〙頭蓋学.

Schä·del·lo·se 複 《形容詞変化》〘動〙頭索類(ナメクジウオなど). [<..los]

Schä·del≈mes·sung 女 〘医・人類〙頭蓋(ずがい)計測. **≈naht** 女 〘解〙頭蓋〔骨〕縫合〈縫線〉. **≈öff·nung** 女 〘医〙頭蓋(ずがい)開口〔術〕, 開頭術. **≈stät·te** 女 ゴルゴタの丘(キリスト磔刑(たっけい)の地: →Golgatha); 《比》刑場.

scha·den[ʃáːdən][1] 《01》自 (h) 《*jm.* / *et.*[3]》(…を)害する, そこなう, 傷つける, (…の)損〈不利益〉になる: Das viele Rauchen *schadet* dir 〈deiner Gesundheit〉. タバコの吸いすぎは君の健康に悪い | Du *schadest* dir damit nur selbst. そんなことをすれば君自身の損になるだけだ | Ein kleiner Spaziergang *schadet* Ihnen nicht. 少しぐらい散歩をしたほうがあなたにはいい | Das *schadet* ihm nichts. 《話》彼にはそれがちょうどいいんだ〈身から出たさびというものだ〉‖ 〘目的語なしで〙Vorsicht 〈Zuviel〉 kann nie ~. 用心して〈多すぎて〉困るということは決してない | Blinder Eifer *schadet* nur. 《諺》むやみやたらな熱中は害になるだけ | Es *schadet* nicht, ihn zu benachrichtigen. 彼に知らせても損にはなるまい〈かまわないだろう〉| Das *schadet* nichts. 《話》それはどうということはない | Was *schadet* das? 《話》それがどうだというんだ.

Scha·den[ʃáːdən] 男 -s/Schäden[ʃɛ́ːdən] **1** 〔損〕害, 被害; 毀損(きそん), 破損: ein materieller 〈immaterieller〉 ~ 物質〈精神〉的損害 | Personen*schaden* 人的損害, 死傷者 | Sach*schaden* 物的損害 | Wasser*schaden* 水害 | *Schäden* größeren Ausmaßes 相当の被害 | leichte *Schäden* **an** Gebäuden 建物の軽微な被害 ‖ 〘主語として〙Der ~ beträgt 〈beläuft sich auf〉 300 DM. 損害は300マルクに達する | Es entstanden unübersehbare 〈nur geringe〉 *Schäden*. 計り知れないほどの〈軽微な〉損害が生じた | *Schaden* erwächst aus ihm 〈geschieht durch ihn〉. 損害が生じたのは彼のせいだ ‖ 〘4 格で〙große *Schäden* anrichten 大損害をもたらす | großen ~ anrichten 大きな害を与える | den ~ beheben 破損〈損傷〉を復旧する | als ich mir den ~ besah 被害〈損害〉をよくよく見たとき; 《比》後からよく考えてみたとき | einen großen ~ erleiden 大損害を被る | die *Schäden* feststellen 〈〔ab〕schätzen〉 損害額を算定する〈見積もる〉| Da haben wir den ~. 恐れていた結果になった, それ見たことか, 言わんことではない | **Wer den ~ hat, braucht für den Spott nicht zu sorgen.** 《諺》失敗すれば必ず嘲笑(ちょうしょう)される(失敗した人は自分から嘲笑を求める必要はない) | ~ leiden そこなわれる, いたむ | **an** *et.*[3] **~ nehmen** 《雅》…をそこなう, …に関して害をこうむる | den ~ tragen 損害を負担する | einen ~ verhüten 損害を未然に防ぐ | 〔einen〕 ~ verursachen 損害をもたらす | den ~ wie-

S

dergutmachen 損害を賠償する | *jm.* ⟨*et.*³⟩ großen ~ zufügen …に大損害を与える; 《比》…を非常にそこなう(→2) ‖ **Durch** ~ wird man klug. 《諺》艱難(かんなん)なんじを玉にす(損をすることによって賢くなる) | **für** den ganzen ~ aufkommen ⟨haften⟩ 損害の全額を補償する | *jn.* **in** ~ stürzen …に損害を被らせる | **zum** ~ auch noch den Spott haben 《比》踏んだりけったりの目にあう, 泣きっ面に蜂(はち)である(損をした上に笑われる).

2 《単数で》(Nachteil) 不利〔益〕, 損: Du kannst es ruhig zugeben, ohne daß dir daraus ein ~ erwächst. 君はそれを認めてもいいんだよ. そのために不利益を被ることはないから(→1) ‖〘述語として〙Es ist **für** dich ein ~. / Es ist dein ~. それは君の損⟨不利〔益〕⟩になる | Es ist kein ~ für ihn, wenn er … 彼が…しても彼の損にはならない | Es ist dein eigener ~, wenn du … 君が…すれば 君の損になるだけだ | **es soll** *js.* **~** ⟨▽*Schade*⟩ **nicht sein** / *js.* **~ soll's nicht sein** …には損をさせない, …には悪いようにはしない ‖〘4格の目的語として〙den ~ haben 損をする | Davon hat er weder ~ noch Nutzen ⟨mehr ~ als Nutzen⟩. それにより彼は損もしなければ得もしない⟨得するよりも損をする⟩ ‖〘前置詞と〙*et.*⁴ **mit** ~ verkaufen …を損をして⟨元を割って⟩売る | Ab ⟨Fort / Weg⟩ mit ~! 《話》(損をしてもいいから)捨ててしまえ, やめてしまえ | **zu** *js.* ~ …にとって損なことには | zum ~ ausschlagen 《雅》損になる | zu ~ kommen 《雅》損をする(→3) | *jm.* zum ~ gereichen 《雅》…の損になる.

3 (身体の〔不治の〕)損傷, 傷, 障害, 欠陥: innere *Schäden* 内傷, 内部疾患 | offene *Schäden* 外傷 | Bandscheiben*schaden* 椎間板(ついかんばん)障害 | Umwelt*schaden* 公害 ‖ bei einem Unfall einen ~ am Bein davontragen ⟨erleiden⟩ 事故のさい足にけがをする | *sich*³ beim Turnen 〔einen〕 ~ tun 体操のときにけがをする | *sich*³ einen ~ an der Wirbelsäule zuziehen 脊柱(せきちゅう)にけがをする ‖ ~ nehmen 体をいためる⟨健康をそこなう⟩ | ohne an *seiner* Seele ~ zu nehmen 心に傷を負うことなしに ‖ **zu ~ kommen** 体をいためる, けがをする(→2) | Diese Belastung kann zu schweren *Schäden* führen. この無理な負担は重い障害のもとになるかもしれない.

[*germ.*; ◇schade, schädigen, schädlich; *engl.* scathe]

Scha·den·er·satz[ʃáːdən..] 男 損害賠償, 補償, 弁償: ~ fordern ⟨ablehnen / verweigern⟩ 補償を要求する⟨拒否する⟩ | *jm.* ~ leisten …に弁償をする | *jn.* auf ~ verklagen …に対して損害賠償の訴えを起こす.

Scha·den·er·satz≠an·spruch 男 補償⟨損害賠償⟩請求権. **≠for·de·rung** 女 補償⟨損害賠償⟩の請求. **≠kla·ge** 女 補償⟨損害賠償⟩請求の訴え. **≠pflicht** 女 補償⟨損害賠償⟩の義務.

Scha·den·feu·er 中 (被害の大きい)火災.

Scha·den·frei·heits·ra·batt 男 (自動車保険料の)無事故割引.

Scha·den·freu·de 女 -/ 他人の不幸⟨失敗⟩を喜ぶ気持, いい気味だという気持, 毀傷(きしょう)の喜び: ~ empfinden 意地悪な喜び⟨ざまをみろという気持⟩を感じる.

scha·den·froh 形 他人の不幸⟨失敗⟩を喜ぶ: ~ grinsen いい気味だと思ってにやにやする | Ich fühlte die ~*en* Blicke der andern. 私は私の不幸⟨失敗⟩を喜ぶ他人の視線を感じ〔てい〕た.

Scha·dens·er·satz =Schadenersatz

Scha·den≠stel·le 女 破損個所. **≠ver·hü·tung** 女 損害⟨破損・被害⟩防止. **≠ver·si·che·rung** 女 損害保険.

schad·haft[ʃáːthaft] 形 破損した, いたんだ; 欠陥のある, きず物の: ~*e* Schuhe いたんだ靴 | ~*e* Stellen ausbessern 破損個所を修理する. [*ahd.*; ◇Schaden]

Schad·haf·tig·keit[..tıçkaıt] 女 -/ schadhaft なこと.

schä·di·gen[ʃɛ́ːdıgən]² **I** 他 (h) (…に)〔損〕害を与える; 害する, 傷つける, そこなう: *js.* Gesundheit ~ …の健康をそこねる | *js.* Ruf ~ …の評判を傷つける ‖ auf *et.*⁴ einen *schädigenden* Einfluß haben …に対して悪い⟨有害な⟩影響を与える. **II Ge·schä·dig·te** → 別出 [*mhd.*; ◇Schaden]

Schä·di·ger[..gər] 男 -s/- schädigen する人.

Schä·di·gung[..gʊŋ] 女 -/-en (schädigen する・されること. たとえば:) 傷害, 破損, 毀損(きそん), 侵害.

Schad·in·sekt[ʃáːt..] 中 (↔Nutzinsekt) 害虫.

schäd·lich[ʃɛ́ːtlıç] 形 (↔nützlich) 害を与える, 有害な: ~*e* Insekten 害虫 | ein ~*er* Stoff 有害物質 | für *jn.* ~*e* Folgen haben …にとって不利な結果をもたらす ‖ für die Gesundheit ~ sein 健康に害がある. [*mhd.*; ◇Schaden]

Schäd·lich·keit[–kaıt] 女 -/ schädlich なこと.

Schäd·ling[ʃɛ́ːtlıŋ] 男 -s/-e (↔Nützling) 有害生物(害虫・害鳥・害獣・有害植物など); 《比》有害な人間.

Schäd·lings·be·kämp·fung 女 -/ 有害生物の防除⟨駆除⟩, (特に:) 害虫防除⟨駆除⟩.

Schäd·lings·be·kämp·fungs·mit·tel 中 有害生物駆除剤, 殺虫剤.

schad·los[ʃáːtloːs]¹ 形 損害のない: ~ ausgehen ⟨davonkommen⟩ 損害を被らずに切り抜ける ‖〘ふつう次の成句で〙*sich*⁴ **an** *jm.* 〔**für** *et.*⁴〕 **~ halten** …に〔…の〕損害を補償させる, …にしりぬぐいをさせる | *sich*⁴ **an** *et.*³ 〔**für** *et.*⁴〕 **~ halten** …で〔…の〕埋め合わせをする | *jn.* **für** *et.*⁴ **~ halten** …に…の損害を補償する.

Schad·los·hal·tung 女 -/ 補償, 損害賠償.

Scha·dor[ʃadóːr] =Tschador

Schad≠spin·ner 男 (Trägspinner) 〘虫〙ドクガ(毒蛾)科のガ. **≠stoff** 男 有害物質.

Schaf[ʃaːf] 中 -〔e〕s/-e (⊕ **Schäf·chen** → 別出, **Schäf·lein**[ʃɛ́ːflaın] 中 -s/-) **1** 〘動〙ヒツジ(羊): **das schwarze ~** 《比》(集団の中での)異端者⟨変わり者⟩ | **ein verlorenes ~** 《比》迷える羊(正道を踏みはずした人. 聖書: 詩119,176; マタ18,12から) ‖ ~*e* halten ⟨hüten⟩ 羊を飼う⟨羊の番をする⟩ | ~*e* scheren 羊の毛を刈る ‖ die Böcke von den ~*en* ⟨die ~*e* von den Böcken⟩ scheiden ⟨trennen⟩ (→Bock 1 a) | Wer sich zum ~*e* macht, den fressen die Wölfe. 《諺》人が良すぎると悪人につけこまれる ‖ Die ~*e* blöken. 羊がメエメエ鳴く | Ein räudiges ~ steckt die ganze Herde an. 《諺》一人の悪徳は全員を毒する(疥癬(かいせん)にかかっている羊が1匹いると群れ全体が感染する) **2** 《比》まぬけ, お人よし. [*westgerm.*; ◇*engl.* sheep]

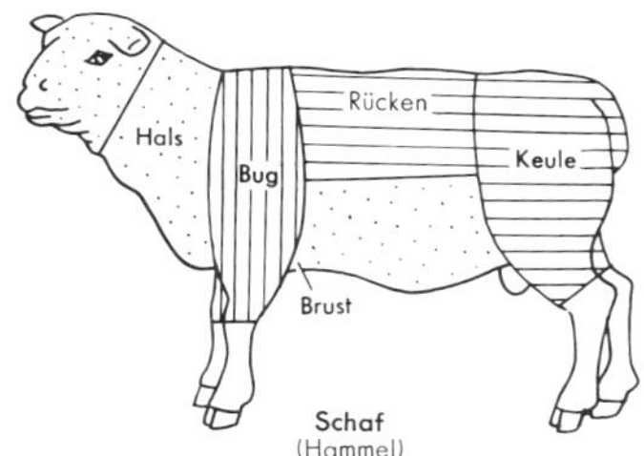

Schaf
(Hammel)

Schaf≠blat·tern[ʃáːf..] 複 《方》(Windpocken) 〘医〙水痘(すいとう), 水疱瘡(ぼうそう). **≠bock** 男 雄ヒツジ. **≠cham·pi·gnon**[..ʃampınjɔŋ] 男 〘植〙シロオオハラタケ.

Schäf·chen[ʃɛ́ːfçən] 中 -s/- (Schaf の縮小形) **1** 小羊: *sein* **~ ins trockene bringen** / *sein* **~ scheren** 《話》(他人の犠牲において)自分の経済的利益だけは確保する⟨してある⟩, 産を成す. **2** 《比》まぬけ, お人よし; 《愛称的に》かわいこちゃん. **3** 《ふつう複数で》《比》小羊たち(牧師にとっての信徒たち・教師にとっての教え子たち). **4** 《ふつう複数で》=Schäfchenwolke

Schäf·chen·wol·ke 女 -/-n 《ふつう複数で》ひつじ雲, 絹積雲.

Schaf·eger·ling[ʃáːf..] 男 〘植〙シロオオハラタケ.

Schä·fer[ʃɛ́ːfər] 男 -s/- (⊛ **Schä·fe·rin**[..fərın]-/-nen) **1** (Schafhirt) 羊飼い, 牧羊者. **2** 《比》牧師. [*mhd.*; ◇Schaf]

S

Schä·fer·dich·tung 女 牧人〈田園〉文学.

Schä·fe·rei[ʃɛːfəráɪ] 女 -/-en **1** 牧羊場. **2** 《単数で》牧羊〔業〕.

Schä·fer≈ge·dicht[ʃɛ́ːfər..] 中 牧歌, 田園詩. **≈hund** 男 牧羊犬: ein deutscher ~ シェパード (→ 図) | ein schottischer ~ コリー. **≈hüt·te** 女 羊飼いの小屋.

Schäferhund

Schä·fe·rin Schäfer の女性形.

Schä·fer≈kar·ren 男 羊飼いの車(移動式の住居小屋). **≈pfei·fe** 女 (Hirtenflöte) 牧笛. **≈poe·sie** 女 =Schäferdichtung **≈ro·man** 男 牧人〈田園〉小説. **≈spiel** 中 牧人〈田園〉劇. **≈stab** 男 羊飼いのつえ.

Schä·fer≈stünd·chen 中 (**≈stun·de** 女)《比》(恋人同士の)愛のひととき, つかの間の逢瀬(おうせ). [*fr.* heure du berger (< *lat.* vervēx „Hammel") の翻訳借用]

Schaff[ʃaf] 中 -〔e〕s/-e (小 **Schäff·chen**[ʃɛ́fçən], **Schäff·lein**[..laɪn] 中 -s/-) **1 a)** 《南部・オーストリア》(Bottich) 桶(おけ), たらい. **b)** 《南部・西部》(Schrank) 戸棚. **2** =Scheffel[2] 1 [„Ausgehöhltes"; *ahd.*; ◇schaffen[1], Scheffel[2], Schoppen]

schaf·fe[ʃáfə] 副《話》すばらしく.

Schaf·fe[−] 女 -/《話》〔すばらしい〕できばえ: eine dufte ~ 上でき〔のこと〕| eine spitze 〈saure / trübe〉 ~ すばらしい〈ぱっとしない〉できばえ. [< schaffen[1]]

Schaf·fel[ʃáfəl] 中 -s/-〔n〕《南部・オーストリア》〔小さい〕桶(おけ)〈たらい〉. [< Schaff]

Schaf·fell[ʃáːffɛl] 中 羊の毛皮.

schaf·fen[1]*[ʃáfən]《125》 **schuf**[ʃuːf]/**ge·schaf·fen**; 接II schüfe[ʃýːfə] **I** 他 (h) **1** (新しいものを)造り〈生み〉出す, 創造する, 創作する, 創始〈創設〉する: ein Kunstwerk 〈eine neue Theorie〉 ~ 芸術作品〈新しい理論〉を生み出す | nach einem Vorbild *geschaffen* werden 手本に基づいて作られる ‖ Gott *schuf* den Menschen. 神は人間を創(つく)りたもうた | Er stand da, wie ihn Gott *geschaffen* hatte. 彼は生まれたままの姿で(素裸で)そこに立っていた.

2 《規則変化のこともある》(条件・状態などを)〔なんとか〕作り〈生み〉だす, 生ぜしめる, もたらす: Abhilfe ~ 救済策を講じる | eine gute Atmosphäre ~ よい雰囲気を作り出す | Grundlagen 〈gute Voraussetzungen〉 für *et.*[4] ~ …のための土台〈よい前提条件〉を作る | einen Präzedenzfall 〈eine vollendete Tatsache〉 ~ 先例〈既成事実〉を作る | Ruhe 〈Ordnung〉 ~ 平安〈秩序〉をもたらす | Unruhe ~ 騒ぎ〈動揺〉をひき起こす | Verbindungen ~ 関係〈コネ〉をつける ‖ Wir müssen mehr Platz 〈Raum〉 ~, um alles unterzubringen. すべてを格納するためにはもっと場所を作り出さなければならない | Zu diesem Zweck mußten einige neue Stellen *geschaffen* werden. この目的のためには新しいポストをいくつか設ける必要があった ‖ *sich*[3] Feinde 〈Freunde〉 ~ 敵〈味方〉を作る | *sich*[3] Gehör ~ 他人に言い分を聞いてもらう | Ich habe mir ein großes Vermögen *geschaffen* 〈*geschafft*〉. 私はばく大な財産を築いた | Er weiß immer Rat zu ~. 彼はどんな場合でもなんとか切り抜けるすべを心得ている.

II Schaf·fen 中 -s/ **1** (schaffen すること. 例えば:) 創造, 創作: das dichterische ~ 詩作 | der Prozeß des künstlerischen ~*s* 芸術創造のプロセス | Freude am ~ 創造〈創作〉の喜び | mitten im ~ 創作のさなかに. **2** (創作された)作品.

III schaf·fend 現分 形 造り〈生み〉だす, 創造的な, 創造〈創作〉力のある: der ~*e* Geist 創造的な精神 | ein intuitiv ~*er* Künstler 直観的に創作する芸術家.

IV ge·schaf·fen → 別出

[„schnitzen"; *germ.*; ◇schaben, Schaff, Schöffe, Geschöpf, Geschäft; *engl.* shape]

schaf·fen[2][ʃáfən] **I** 他 (h) **1 a)** 《*et.*[4]》(仕事・目標などを〔一定の期限内に〕)成しとげる, やってのける, 成就〈達成〉する: Er kann seine Arbeit allein nicht mehr ~. 彼は仕事をひとりではもはや(期限内に)片づけることができない | Bis heute abend *schaffe* ich es 〔gerade〕. 今晩までには〔なんとか〕間に合う | die Prüfung ~《話》試験に合格する | den zweiten Platz ~ (競技などで) 2 位に食い込む | Ich *schaffe* die Suppe nicht mehr.《話》私はスープを飲みきれない | Ich muß mich beeilen, damit ich den Zug *schaffe*. 列車に間に合うように急がなければならない | Das *schafft* er nie! それは彼には永久にできっこないさ | Heute habe ich viel 〈wenig〉 *geschafft*. きょうはうんと能率があがった〈あまり能率があがらなかった〉 ‖ Er hat es *geschafft*, daß sein Vorschlag einstimmig angenommen wurde. 彼は彼の提案を満場一致で採択させることに成功した | Ich *schaffe* es nicht, die Arbeit bis heute abend fertigzustellen. この仕事を今晩までに仕上げることは私にはできない.

b) 《*jn.*》うまく扱う, 御してゆく: Er *schafft* die Jungen nicht. 彼にはあの男の子たちは手に負えない.

c) 《話》《*jn.*》へとへとにさせる, くたばらせる, すっかり消耗させる: Die Hitze hat mich *geschafft*. この暑さにはすっかりまいった | Der *schafft* jeden mit seiner Fragerei. あいつの質問攻めにはだれもが閉口する ‖ Heute bin ich *geschafft*. きょうはへとへとだ ‖ 再帰 *sich*[4] ~ 力を出しきってくたくたになる | Er *schaffte* sich auf dem Schlagzeug. 彼は力つきるまで打楽器を打ちまくった.

2 a) 《方向を示す語句と》(…へ) 運ぶ, もってゆく; (…から) 運び去る, 取り除く: *et.*[4] ins Haus 〈aus dem Haus〉 ~ …を家の中に運び込む〈家から運び出す〉| einen Kranken ins Krankenhaus ~ 病人を病院へ連れてゆく | die Kinder ins Bett ~ 子供たちを寝かせる | Briefe 〈Pakete〉 zur Post ~ 手紙〈小包〉を郵便局にもってゆく ‖ *et.*[4] beiseite 〈auf die Seite〉 ~ …をひそかに持ち去る; …(証拠など)を隠滅する | *jn.* beiseite ~《話》…を消す〈殺す〉| *et.*[4] aus der Welt ~ 《話》…を片づける, …を始末〈解決〉する | *sich*[3] *jn.* 〈*et.*[4]〉 vom Hals ~《話》…をやっかい払いする.

▽**b)** 《*jm. et.*[4] 〈*jn.*〉》(…に…を探し出して) もって〈連れて〉くる, 工面〈世話〉する: *Schafft* Wein! ワインをもってこい.

3 《南部・オーストリア》《*jm. et.*[4]》(…に…を) 命じる: Er tut alles, was man ihm *schafft*. 彼は言われたことはなんでもやる.

4 《不規則変化のこともある》→schaffen[1] I 2

II 自 (h) **1 a)** 《南部・オーストリア・スイス》(arbeiten) 働く, 仕事をする: rastlos 〈von morgens bis abends〉 ~ 休む間もなく〈朝から晩まで〉働く | auf dem Feld 〈bei der Post〉 ~ 野良〈郵便局〉で働く ‖ am 〈beim〉 *Schaffen* sein 働いている, 仕事をしている | Frohes *Schaffen*!《戯》(しばしば皮肉な調子で) ご苦労さん(楽しく働きたまえ) ‖〖結果を示す語句と〗Ich habe mir die Hände wund *geschafft*. 私は働きすぎて両手を痛めてしまった(まめができるなど) ‖ 再帰 *sich*[4] krank ~ (=arbeiten) 働きすぎて病気になる ‖ 再帰・非人称 Mit der Maschine *schafft* es sich leichter. この機械を使うと仕事がずっと楽だ.

b) 《もっぱら zu 不定詞で》なす, 行う, 従事する, 活動する, 忙しそうに働く: ***jm.* zu ~ machen** …を困らせる, …を苦しめる〈悩ませる〉| Die ungewohnte Arbeit machte mir anfangs sehr zu ~. 慣れない仕事のために私は最初のうちは大変だった | Die Hitze 〈Der Magen〉 machte ihm 〔schwer〕 zu ~. 暑さ〈胃の不調〉が彼を〔ひどく〕苦しめた ‖ ***sich*[3] zu ~ machen** (必要もないのに) 何かごそごそやって〈いじくりまわして〉いる, 何やら忙しそうにする | Was machst du dir an meinem Schreibtisch zu ~? 私の机のところで何をごそごそやっているんだ ‖ **mit *jm.* 〈*et.*[3]〉 etwas zu ~ haben** …とかかわりがある | Mit ihm 〈dieser Angelegenheit〉 habe ich nichts zu ~. 彼〈この件〉とは私はなんのかかわりももっていない | Das hat damit nichts zu ~. それとこれとは別だ | Was hast du mit ihr zu ~? 君は彼女と何のかかわりがあるんだ.

2 はかどる, 進捗する: Die Arbeit *schafft*. 仕事がはかどる.

3 〖海〗食事をする〈済ませる〉.

III ge·schafft → 別出

Schaf·fens≈drang[ʃáfəns..] 男 -〔e〕s/ 創造意欲〈衝動〉, 創作欲. **≈freu·de** 女 -/ 創造〈創作〉の喜び; 創造〈創作〉意欲.

schaf·fens·freu·dig 形 創造〈創作〉の喜びを感じている; 創造〈創作〉意欲のある.

Schaf·fens≈freu·dig·keit 女 -/ =Schaffensfreu-

S

de ≈**kraft** 女 -/ 創造力, 創作力. ≈**lust** 女 -/ =Schaffensfreude

schaf·fens·lu·stig =schaffensfreudig

Schaf·fens≈pe·ri·ode 女, ≈**zeit** 女 (芸術家の)創作〔活動〕期〈時代〉.

Schaf·fer[ʃáfər] 男 -s/- **1**《南部》(schaffen² II 1 a する人. 例えば:) 働き手, 労働者. **2**〘海〙(船の)食糧管理責任者, 主計長. ᵛ**3**《南部・オーストリア》(大農場などの)管理人.

Schaf·fe·rei[ʃafəráɪ] 女 -/-en **1**〘海〙(船の)食糧貯蔵庫. **2**《単数で》あくせく働くこと.

Schaff·hau·sen[ʃafháʊzən] 地名 シャフハウゼン(スイス北端の州およびその州都. 近くに Rhein 川の有名な滝がある). [◇Schaf]

Schaff·hau·ser[..háʊzər] **I** 男 -s/- シャフハウゼンの人. **II** 形《無変化》シャフハウゼンの.

schaff·hau·se·risch[..háʊzərɪʃ] 形 シャフハウゼンの.

schaf·fig[ʃáfɪç]² 形《南部・スイス》(arbeitsam) よく働く, 労働意欲のある, 勤勉な. [<schaffen² II]

Schäff·lein Schaff の縮小形.

Schaf·fleisch[ʃá:f..] 中 羊肉.

Schäff·ler[ʃɛ́flər] 男 -s/-《南部・オーストリア》(Böttcher) 桶(おけ)屋. [<Schaff]

Schäff·ler·tanz 男 (ミュンヒェンの桶(おけ)屋組合の伝統的な)桶屋踊り.

Schaff·ner[ʃáfnər] 男 -s/- (⊛ **Schaff·ne·rin**[..nərɪn] -/-nen) **1** (鉄道・バスなどの)車掌. ᵛ**2** 管理人, 監督. [*mhd.*; ◇schaffen² I 3]

ᵛ**Schaff·ne·rei**[ʃafnəráɪ] 女 -/-en 管理人の職〈住居〉.

Schaff·ne·rin Schaffner の女性形.

schaff·ner·los[ʃáfnərlo:s]¹ 形 (電車・バスなどについて) 車掌のいない: Diese Linie ist 〈verkehrt〉 ~. この線は車掌が乗っていない.

Schaf·fung[ʃáfʊŋ] 女 -/ schaffen¹すること.

Schaf≈gar·be[ʃá:f..] 女〘植〙セイヨウノコギリソウ(西洋鋸草). ≈**ge·blök** 中 羊の鳴き声. ≈**haut** 女 (Amnion)〘解〙羊膜. ≈**her·de** 女 羊の群れ. ≈**hirt** 男 羊飼い, 牧羊者. ≈**hür·de** 女 牧羊場の柵(さく).

scha·fig[ʃá:fɪç]² 形 **1** 羊のような. **2**《話》まぬけ〈とんま〉な.

Scha·fi·it[ʃafií:t] 男 -en/-en シャーフィイー派(イスラムの法学派の一つ)の人. [<Schafii (創始者, †820)+..it³]

Schaf≈käl·te[ʃá:f..] 女 羊毛刈りの時期(6月中旬)の寒さ〔のぶり返し〕. ≈**kä·se** =Schafskäse ≈**ko·ben** 男 羊小屋. ≈**kopf** 男 **1** =Schafskopf **2**《単数で》羊頭ゲーム(古いトランプ遊びの一種). ≈**laus·flie·ge** 女〘虫〙ヒツジシラミバエ(羊虱蠅). ≈**le·der** 中 羊皮: wie ~ ausreißen (→ausreißen II 2).

Schaf·le·der·ein·band 男 (書物の)羊皮装丁.

schaf·le·dern 形《付加語的》羊皮製の.

Schäf·lein Schaf の縮小形(→Schäfchen).

Schaf≈mil·be 女 =Schaflausfliege ≈**milch** 女 羊の乳. ≈**mist** 男 羊の糞(ふん)〔の堆肥(たいひ)〕.

Scha·fott[ʃafɔ́t] 中 -〔e〕s/-e 処刑台, 断頭台: das ~ besteigen 断頭台に上る ‖ auf dem ~ enden 断頭台の露と消える | *jn.* aufs ~ bringen …を断頭台に送る. [*afr.* chafaud „Gerüst"−*mndl.*; ◇Katafalk; *engl.* scaffold]

Schaf≈pelz[ʃá:f..] 男 羊の毛皮. ≈**pocken** 複 =Schafblattern ≈**que·se** 女 =Drehwurm ≈**rotz** 男 -es/〘畜〙ヒツジコレラ. ≈**sche·re** 女 羊毛刈り用のはさみ. ≈**sche·rer** 男 羊の毛を刈る人. ≈**schur** 女 羊毛刈り. ≈**schwin·gel** 男〘植〙ウシノケグサ(牛毛草)(牧草).

schafs·däm·lich 形《話》まぬけ〈とんま〉な.

Schafs≈esel 男《話》まぬけ, とんま. ≈**fell** 中 羊の毛皮: ein Wolf im ~ (→Wolf³ 1 a). ≈**kä·se** 男 羊乳製チーズ. ≈**kleid** 中《比》《もっぱら次の形で》ein Wolf im ~ (→Wolf³ 1 a).

Schafs·kopf 男 **1** 羊の頭. **2**《話》(Dummkopf) まぬけ, とんま. **3**《単数で》=Schafkopf 2

schafs·köp·fig 形《話》まぬけ〈とんま〉な.

Schafs≈milch =Schafmilch ≈**na·se** 女 **1** 羊の鼻. **2**《話》まぬけ, とんま. ≈**pelz** 男 羊の毛皮: ein Wolf im ~ (→Wolf³ 1 a).

Schaf·stall 男 羊小屋.

..schaft[..ʃaft]《女性名詞 (-/-en) をつくる》**1**《名詞・形容詞・動詞につけて「人」を意味する集合名詞をつくる》: Leser*schaft* 読者 | Kund*schaft* 顧客 | Ärzte*schaft* 医師 | Nachbar*schaft* 隣人 | Verwandt*schaft* 親族 | Nachkommen*schaft* 子, 子孫.

2《名詞・形容詞につけて「組織・まとまり・領域」などを意味する》: Gesell*schaft* 社会; 団体; 会社 | Genossen*schaft* 同業〈協同〉組合 | Körper*schaft* 団体; 法人 | Hundert*schaft* 百人隊 | Land*schaft* 地方; 風景 | Ort*schaft* 村落 | Gemein*schaft* 共同体.

3《名詞・形容詞・動詞につけて「関係・状態・地位・職・行為」などを意味する》: Freund*schaft* 友情; 友好関係 | Brüder*schaft* 兄弟〔のような〕関係 | Nachbar*schaft* 隣近所 | Knecht*schaft* 奴隷的状態 | Meister*schaft* 熟練; チャンピオンの座 | Staatsbürger*schaft* 国籍 | Präsidenten*schaft* 大統領職 | Bot*schaft* 大使館 | Schwanger*schaft* 妊娠状態 | Bereit*schaft* 用意のあること | Bekannt*schaft* 知り合いであること | Verwandt*schaft* 親戚(しんせき)関係 | Bürg*schaft* 保証 | Wander*schaft* 旅, 遍歴 | Herr*schaft* 支配 | Gefangen*schaft* 捕虜の境遇 | Leiden*schaft* 情熱 | Wissen*schaft* 科学.

4《名詞・形容詞・動詞につけて「もの」を意味する集合名詞をつくる》: Bot*schaft* 知らせ, 通告;〘政〙教書 | Erb*schaft* 遺産 | Gerät*schaft* 用具一式 | Brief*schaften* 郵便物 | Graf*schaft* 伯爵領 | Eigen*schaft* 特性 | Bar*schaft* 有り金 | Liegen*schaft* 不動産 | Hinterlassen*schaft* 遺産 | Machen*schaft* 陰謀 | Errungen*schaft* 獲得物.

[*ahd.* scaf „Geschöpf, Beschaffenheit"; ◇schaffen¹; *engl.* ..ship, ..scape]

Schaft¹[ʃaft] 男 -es(-s)/Schäfte[ʃɛ́ftə] (⊘ **Schäft·chen**[ʃɛ́ftçən], **Schäft·lein**[..laɪn] 中 -s/-) **1 a)** (道具・武器などの)〔細長い〕柄: der ~ einer Fahne 旗ざお | der ~ eines Meißels のみの柄 | der ~ eines Speeres やりの柄 (→ 図 Speer) | der ~ eines Pfeils 矢柄(やがら). **b)** (銃の)銃床(→ 図 Luftgewehr). **c)** (いかりの)シャンク(→ 図 Anker). **d)** (針・くぎなどの)軸(→ 図 Schraube A). **2** (長靴・靴下の)胴(→ 図 Strumpf); 靴甲(底革以外の部分): Stiefel mit engen 〈weiten〉 *Schäften* 胴回りの細い〈太い〉長靴. **3 a)**〘建〙柱身, シャフト(柱頭・柱脚の間の部分: → 図 Säule). **b)** (鉄塔などの)柱身部. **4 a)**〘鳥〙羽軸(→ 図 Feder). **b)**〘園〙(先端の花の部分まで葉のない)花茎. **c)**〘林〙(根元から枝までの)樹幹. **5** (織機の)綜絖(そうこう)枠(→ 図 Webstuhl). **6**《卑》(Penis) 陰茎, 男根. [*germ.*; ◇schaben, Zepter, Schacht; *engl.* shaft]

Schaft²[ʃaft] 男 -es(-s) / Schäfte[ʃɛ́ftə]《南部・スイス》(Schrank) 戸棚; (Regal)(特に:) 書架, 書棚. [<Schaff]

Schäft·chen Schaft¹の縮小形.

Schäf·te Schaft の複数.

schäf·ten[ʃɛ́ftən]《01》他 (h) **1**《*et.*⁴》(…に) 柄(え)〈銃床〉を付ける. **2**〘園〙接ぎ木する. **3**《方》《*jn.*》(棒で) 殴る.

Schaft·frä·ser[ʃáft..] 男〘工〙エンドミル(→ 図 Fräser).

Schäft·lein Schaft¹の縮小形.

Schaft·lei·sten 男 (形くずれ防止のための)長靴用靴型.

Schaf·trift[ʃá:f..] 女 =Schafweide

Schaft·stie·fel[ʃáft..] 男 (胴部の長い)長靴.

Schaf≈wei·de[ʃá:f..] 女 羊の放牧場, 牧羊地. ≈**wol·le** 女 羊毛. ≈**zecke** 女 =Schaflausfliege ≈**zucht** 女 羊の飼育. ≈**züch·ter** 男 羊の飼育業者.

Schah[ʃa:] 男 -s/-s シャー(イラン・ペルシアの国王・皇帝の尊称). [*pers.* „König"; ◇Schach; *engl.* shah]

Scha·kal[ʃaká:l, ʃá:ka:l] 男 -s/-e (英: *jackal*)〘動〙ジャッカル. [*sanskr.*−*pers.*〔−*türk.*〕]

Scha·ke[ʃá:kə] 女 -/-n〘海〙〔錨鎖(びょうさ)の〕鎖環.

Schä·kel[ʃɛ́:kəl] 男 -s/-〘工・海〙(錨鎖(びょうさ)をつなぐ)シャックル, 鉄枷(てかせ)(→ 図 Anker). [*ndd.*]

S

schä·keln[ʃɛ́ːkəln] 《06》 他 (h) 〖工・海〗(鎖を)シャックルでつなぐ.

Schä·ker[ʃɛ́ːkər] 男 -s/- (女 **Schä·ke·rin**[ʃɛ́ːkərɪn] -/-nen)《話》好んで schäkern する人.

Schä·ke·rei[ʃɛːkəráɪ] 女 -/-en《話》からかい, おふざけ, いたずら; (男女間の)いちゃつき. [＜*jidd.* chek „Busen"]

schä·kern[ʃɛ́ːkərn] 《05》 自 (h)《話》《mit *jm.*》(…を)からかう, (…と)ふざける; (…と)いちゃつく.

schal[ʃaːl] 形 (飲料が)気の抜けた; (スープなどが)味の足りない, 風味のない; 《比》空虚な, つまらぬ, 味気ない: ～*es* Bier 気の抜けたビール | ein ～*er* Witz わさびのきかないしゃれ. [„ausgetrocknet"; *mndd.*; ◇Skelett; *engl.* shallow]

Schal[ʃaːl] 男 -s/-s(-e) (小 **Schäl·chen**[ʃɛ́ːlçən] 中 -s/-) **1** 襟巻き, マフラー, ネッカチーフ; ショール, 肩掛け: einen ～ um den Hals binden 〈um die Schultern legen〉 マフラーを首に巻く〈ショールを肩にかける〉. **2** ＝Übergardine [*pers.*〔－*engl.* shawl〕]

Schäl[ʃɛːl] 男名 シェール(元来は Schieler の意: →Tünnes). [◇scheel]

Schäl·blat·tern[ʃɛ́ːlblatərn] 複 ＝Pemphigus

Schal·brett[ʃáːl..] 中〖建〗**1** 背板(せいた) (〔片面に〕樹皮面をもつ板材). **2** (コンクリート用型枠の)堰板(せきいた). [＜Schale[2]]

Schäl·chen Schal, Schale の縮小形.

Scha·le[1][ʃáːlə] 女 -/-n (小 **Schäl·chen**[ʃɛ́ːlçən] 中 -s/-) **1 a)** (深めの)皿, (平たい)鉢(→ 図): Blumen*schale* (花いけの)水盤 | Obst*schale* 果物鉢 ‖ die ～ des Spottes 〈des Zorns〉 über *jm.* 〈*jn.*〉 ausgießen《雅》…をさんざんあざける〈…に怒りをぶつける〉. **b)** 〖化〗シャーレ. **c)** (Waagschale) 秤皿(はかりざら). **2** 《南部・オーストリア》(Tasse) 茶わん, カップ: eine ～ Kaffee コーヒー 1 杯. **3** (Kaltschale)〖料理〗冷製果実スープ. [*ahd.* scāla „Trinkschale"; ◇Schild]

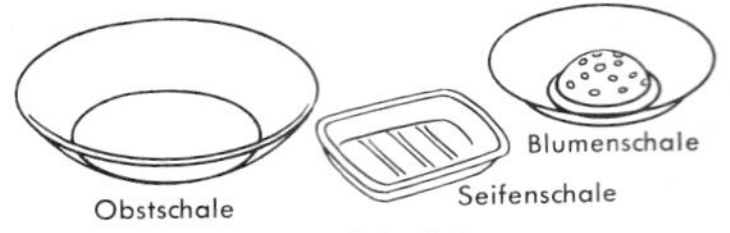

Schale[1]

Scha·le[2][－] 女 -/-n (小 **Schäl·chen**[ʃɛ́ːlçən] 中 -s/-) **1 a)** (果物の)外皮; (果実・穀類などの)皮(→ 図 Scheinfrucht); (豆類などの)さや; (堅果・卵・貝などの)殻: die ～*n* der Bananen 〈der Kartoffeln〉 バナナ〈じゃがいも〉の皮 | Eier*schale* 卵の殻 | Elektronen*schale*〖理〗電子殻 | Muschel*schale* 貝殻 ‖ die ～ abziehen 〈entfernen〉 皮をむく〈取り除く〉 | In einer rauhen ～ steckt oft ein guter Kern. (→Kern 1 a) | Je bitterer die ～, umso süßer der Kern.《諺》皮が苦いほど実が甘い. **b)** (カニなどの)甲殻; (カメの)甲〔羅〕. **c)** 《方》(Rinde) 樹皮; (パン・チーズなどの)皮, 耳. **d)** (書物の)表紙. **2** 《比》覆い, 〔よそいきの〕衣服; 外面, 外観: 〔fein / gut〕 **in ～ sein**《話》すてきな服装をしている | ***sich***[4] **in ～ werfen** 〈**schmeißen**〉《話》とっておきの服を着る, めかし込む | Er hat eine rauhe ～. 彼は外見が取っつきにくい. **3** ＝Schalbrett **4** 《複数で》〖狩〗(シカ・イノシシなどの)ひづめ(→ 図 Hirsch). **5** (馬などの)趾骨瘤(しこつりゅう). **6** しんたま(牛の後脚のつけ根の部分の肉). **7** (宝石の彫形で)凹カボコン形. **8** 〖建〗曲面板, シェル. [*ahd.* scala; ◇Schelf〔e〕; *engl.* shell, scale, shale]

schä·len[ʃɛ́ːlən] 他 (h) **1** 《*et.*[4]》(皮などを)むく; (…の)皮〈外皮・樹皮〉をむく, 殻〈さや〉を取り除く; (野獣が…の)樹皮をはがして食べる: die Pelle von den Kartoffeln ～ じゃがいもの皮をむく ‖ eine Banane ～ バナナの皮をむく | gekochte Eier 〔aus der Schale〕 ～ ゆで卵の殻をむく | *jn.* aus den Kleidern ～《話》…の衣服を脱がせる | wie aus dem Ei *geschält* sein (→Ei 1) ‖ 再帰 *sich*[4] ～ (皮が)むける; (…の)皮がむけて中身が現れる | Die Haut auf seinem Rücken *schälte* sich. / Sein Rücken *schälte* sich. (日焼けしたあとなどで)彼の背中の皮がむけた | Diese Mandarinen *schälen* sich leicht. このミカンは皮がむきやすい | Er *schälte* sich auf der Nase. 彼は鼻の皮がむけた | Er *schälte* sich aus dem Mantel.《話》彼はコートを脱いだ. **2** 〖農〗(畑を)浅く耕す.

Scha·len≈au·ge[ʃáːlən..] 中〖動〗(ヒザラガイ類の)殻眼. **≈bau** 男 -〔e〕s/-ten〖建〗殻〈シェル〉構造物. **≈guß** 男〖金属〗冷硬鋳物.

scha·len·hart 形〖金属〗冷硬の.

Scha·len≈haut 女〖動〗卵殻膜. **≈kreuz** 中 (風速計の)十字形風杯(→ 図 Wind). **≈mo·dell** 中〖理〗(原子の)殻膜型. **≈obst** 中〖植〗堅果(クリ・クルミのように皮の堅い果実の総称). **≈schild·laus** 女〖虫〗カタカイガラムシ(堅介殻虫)亜科の昆虫. **≈tier** 中〖動〗甲殻類. **≈wild** 中〖狩〗ひづめをもつ野獣(シカ・イノシシなど).

Schal·heit[ʃáːlhaɪt] 女 -/ schal なこと.

Schäl·hengst[ʃɛ́ːl..] 男 種馬. [＜*ahd.* scelo „Zuchthengst"; ◇beschälen]

Schal·holz[ʃáːl..] 中 -es/ ＝Schalbrett

Schalk[ʃalk] 男 -〔e〕s/-e, Schälke[ʃɛ́lkə] **1** いたずら〈ひょうきん〉者, ふざけ好き, 道化者: Du 〔kleiner〕 ～! こいつめ | ***jm.* sitzt der ～ im Nacken** …はいたずら〈ひょうきん〉者である | Der ～ schaut 〈guckt / sieht〉 ihr aus den Augen. 彼女はいたずらっぽい目をしている ‖ **den ～ im Nacken haben** いたずら〈ひょうきん〉者である. ᵛ**2** 陰険な人, 悪者. [*germ.* „Knecht"; ◇Marschall]

Schal·ke[ʃálkə] 女 -/-n〖海〗ハッチカバー, 昇降口覆い. [*mndd.*]

Schäl·ke Schalk の複数.

schal·ken[ʃálkən] 他 (h)〖海〗(ハッチなどを)閉じる.

schalk·haft[ʃálkhaft] 形 いたずらっぽい, 茶目な, おどけた: ～ lächeln いたずらっぽい微笑を浮かべる.

Schalk·haf·tig·keit[..tɪçkaɪt] (**Schalk·heit**[ʃálkhaɪt]) 女 -/-en **1** 《単数で》schalkhaft なこと. **2** schalkhaft な言動.

Schal·kra·gen[ʃáːl..] 男〖服飾〗ショール＝カラー, へちま襟.

Schalks≈au·ge[ʃálks..] 中 いたずらっぽい〈おどけた〉目〔つき〕. ᵛ**≈knecht** 男《軽蔑的に》悪い僕(しもべ) (聖書: マタ18, 32から). ᵛ**≈narr** 男 **1** (Hofnarr) 宮廷の道化師. **2** ＝Schalk

Schall[ʃal] 男 -〔e〕s/-e, Schälle[ʃɛ́lə]《ふつう単数で》音, 音響, 響き: ein dumpfer 〈heller〉 ～ にぶい〈さえた〉音 ‖ mit lautem ～ 大きな音を立てて; 大声で | die Lehre vom ～ 音響学 ‖ Der ～ pflanzt sich fort. 音は伝播(でんぱ)する | **leerer ～ sein**《比》無意味なたわごとである | **～ und Rauch sein**《比》はかない〈むなしい〉ものである | Name ist ～ und Rauch. (→Name 1). [*ahd.*; ＜*ahd.* scellan „tönen" (◇hell); ◇Schelle[2]]

schall·ab·sor·bie·rend[ʃál..] 形 吸音性の: ～*es* Material 吸音材.

Schall≈ar·chiv ＝Lautarchiv **≈auf·nah·me** 女 録音. **≈auf·nah·me·ge·rät** 中 録音機〈装置〉. **≈bar·rie·re**[..barieːrə, ..riɛːrə] 女 ＝Schallmauer **≈be·cher** 男〖楽〗(金管楽器の)開口部, 朝顔. **≈becken** 中〖楽〗シンバル. **≈bo·den** 男〖楽〗(弦楽器の)共鳴板. **≈che·mie** 女 音響化学.

schall·däm·mend ＝schalldämpfend

Schall·däm·mung 女 ＝Schalldämpfung

schall·dämp·fend 形 消音〈遮音・防音〉の.

Schall≈dämp·fer 男 消音器〈装置〉, サイレンサー; (自動車・オートバイなどの)マフラー(→ 図 Kraftrad); (楽器の)弱音器. **≈dämp·fung** 女 消音, 遮音, 防音. **≈deckel** 男 (教会の説教壇上方に取り付けられた)反響天蓋(てんがい).

schall·dicht 形 防音〈遮音〉性の: eine ～*e* Wand 防音壁.

Schall≈do·se 女 (ごく初期の蓄音機の)サウンドボックス. **≈druck** 男 -〔e〕s/..drücke〖理〗音圧.

Schäl·le[1][ʃɛ́lə] 女 -/-n《スイス》(Kuhglocke) 牛の鈴, カウベル.

Schäl·le[2] Schall の複数.

Schalleh·re[ʃállɛ:rə] 女 -/ 音響学.

schal·len(*)[ʃálən] ⟪126⟫ **schall·te** (まれ: scholl [ʃɔl])/**ge·schallt** (ᵛgeschollen); 接II schallte (まれ: schölle[ʃœlə]) 自 (h) 鳴る, 響く, 鳴り響く; 反響する, こだまする; 〚狩〛(野獣が自分の存在を知らせるために)鳴く: Seine Stimme *schallte* durchs Haus. 彼の声は家じゅう響きわたった | Ihr Gesang *schallt* mir noch in den Ohren. 彼女の歌声がまだ耳に残っている ‖ 非人称 Es *schallt* sehr in diesem Saal. このホールは音がとてもよく響く | Er schlug die Tür ins Schloß, daß es nur so *schallte.* 彼はドアをバターンと閉めた ‖〚現在分詞で〛*schallender* Beifall あらしのような喝采(かっさい) | *schallendes* Gelächter 高笑い, 爆笑 | *jm.* eine *schallende* Ohrfeige geben …にパチーンと平手打ちをくわせる.

schal·lern[ʃálərn] ⟪05⟫ ⟪話⟫ **I** 自 (h) 大声で歌う. **II** 他 (h) ***jm.* eine ～** ⟪話⟫ …に平手打ちを一発くらわす | **eine *geschallert* bekommen ⟨kriegen⟩** ⟪話⟫ 平手打ちを一発くらう.

Schal·lern[−] 男 -s/- (15-16世紀ごろの)騎兵用鉄かぶと(→ 図 Helm).

Schall≠fän·ger[ʃál..] 男 〔補聴器用の〕マイクロホン. **≠feld** 中 〚理〛音場. **≠fül·le** 女 = Sonorität **≠ge·schwin·dig·keit** 女 音速.

schall·iso·liert[ʃál|izoli:rt] 形 遮音された.

Schall≠ka·sten 男, **≠kör·per** 男 (弦楽器の)共鳴胴(→ 図 Balalaika). **≠leh·re** = Schallehre **≠loch** = Schalloch **≠mau·er** 女 -/ 音速の壁(障壁), サウンドバリアー: die ～ durchbrechen 音速の壁を突破する.

Schall·meß·trupp 男 〚軍〛音源探知班.

Schall·mes·sung 女 〚軍〛(銃声などの)音源測定.

Schalloch[ʃállɔx] 中 (音の響き出る口. 例えば:) 鐘楼の窓; (弦楽器共鳴体の)響孔, f 字孔(→ 図 Geige).

schal·los[ʃá:llo:s][1] 形 外皮(さや・殻)のない. [< Schale[2]]

Schall·pe·gel[ʃál..] 男 騒音レベル.

Schall·pe·gel·mes·ser 男 騒音計.

Schall·plat·te 女 〔録〕音盤, レコード: eine ～ von Mozart ⟨Dietrich Fischer-Dieskau⟩ モーツァルト(ディートリヒ・フィッシャー=ディースカウの吹き込んだ)レコード ‖ eine ～ abspielen ⟨auflegen⟩ レコードをかける(セットする) | *sich*³ eine ～ anhören レコードを聞く | ～*n* hören レコード音楽を聞く ‖ *et.*⁴ auf ～*n* aufnehmen …をレコードに吹き込む(録音する) | ein Musikstück auf ～ haben ある曲のレコードを持っている.

Schall·plat·ten≠al·bum 中 レコード=アルバム. **≠ar·chiv** 中 レコード=ライブラリー. **≠auf·nah·me** 女 レコード録音(吹き込み). **≠fir·ma** 女 レコード会社. **≠hül·le** 女 レコード=ジャケット. **≠in·du·strie** 女 レコード産業. **≠mu·sik** 女 レコード音楽. **≠spie·ler** 男 レコードプレーヤー.

Schall≠quel·le[ʃál..] 女 音源. **≠rohr** 中 = Schalltrichter

schall·schluckend 形 吸音の(はたらきをする): ein ～*er* Stoff 吸音材.

Schall·schluck·plat·te 女 〚建〛吸音板.

Schall·schutz 男 防音; 騒音防止.

Schall·schutz·wand 女 防音壁.

Schall≠si·gnal 中 音響信号. **≠spek·trum** 中 〚理〛音響スペクトル. **≠stär·ke** 女 音の強さ.

schall·tot 形 音響のない: ein ～*er* Raum (吸音材を張りめぐらした)無響室.

Schall≠trich·ter 男 **1** = Schallbecher **2** メガホン; らっぱ状の拡声器. **≠ver·stär·kung** 女 音響増幅. **≠wel·le** 女 -/-n (ふつう複数で) 〚理〛音波. **≠wi·der·stand** 男 〚理〛音響抵抗. **≠wie·der·ga·be** 女 音〔響〕の再生. **≠wir·kung** 女 音響効果. **≠wort** 中 -〔e〕s/..wörter (↔Bildwort) 〚言〛擬音語(例 Kuckuck, piepen).

Schalm[ʃalm] 男 -〔e〕s/-e 〚林〛(木の幹に斧(おの)でつけた)目印. [„Abgeschnittenes"; ◇ Schale[1]]

Schäl·ma·schi·ne[ʃɛ:l..] 女 脱穀機; (果物・ジャガイモなどの)皮むき機. [< schälen]

Schal·mei[ʃalmáɪ] 女 -/-en 〚楽〛 **1** シャルマイ, カラムス(チャルメラに似た原始的な複簧(ふくこう)木管楽器: → 図). **2** (パイプオルガンの)シャルマイ音栓. [*spätlat.* calamellus „Röhrchen" − *afr.* − *mhd.*; < *gr.* kálamos (→ Kalamus); ◇ *engl.* shawm]

Schalmei

Schal·mei·blä·ser 男 シャルマイ(カラムス)を吹く人.

ᵛ**schal·mei·en**[ʃalmáɪən] 自 (h) シャルマイ(カラムス)を吹く.

schal·men[ʃálmən] 他 (h) 〚林〛 ⟪*et.*⁴⟫ (…に)斧(おの)で目印をつける.

Schäl·mes·ser[ʃɛ:l..] 中 皮むきナイフ. [< schälen]

Schal·obst[ʃá:l..] = Schalenobst

Scha·lot·te[ʃalɔ́tə] 女 -/-n 〚植〛シャロット, エシャロット(ワケギやアサツキに似たネギ属の野菜). [*fr.* échalotte; < *lat.* caepa Ascalōnia „Zwiebel aus Askalon (古代パレスチナの港町)" (◇ Zipolle); ◇ *engl.* scallion, shallot]

schalt[ʃalt] schelten の過去.

Schalt≠an·la·ge[ʃált..] 女 〚電〛開閉(切り替え)装置. **≠au·to·ma·tik** 女 (自動車の)オートマチック=トランスミッション, ノークラッチ〔機構〕. **≠bild** 中 〚電〛(器具・機械などの)回路(配線)図. **≠brett** 中 〚電〛配電盤; 制御盤.

Schal·te[ʃáltə] 女 -/-n (南部) **1 a)** (Brett) 板. **b)** (Stange) 棒, 竿(さお). **c)** (Ruder) 櫂(かい). **2** (Fährboot) 渡し舟, フェリーボート. [*ahd.*; ◇ schalten]

schäl·te[ʃɛ́ltə] schölte (schelten の接続法 II)の古形.

schal·ten[ʃáltən] ⟪01⟫ **I** 他 (h) **1** ⟪*et.*⁴ auf *et.*⁴⟫ (スイッチなどの操作によって…を…に)切り替える, 接続する; (ギア・変速装置を)切り替える: die Ampel auf Grün ⟨Rot⟩ ～ 信号を青(赤)に切り替える | das elektrische Gerät auf „Ein" ～ 電気器具のスイッチを「入」に切り替える | ein Kraftwerk aufs Netz ⟨ans Netz⟩ ～ 発電所を電力網に接続する. **2** 再帰 *sich*⁴ leicht ⟨schlecht⟩ ～ ギアが入りやすい(にくい) | Dieser Wagen *schaltet* sich gut ⟨leicht⟩. この車はギアの切り替えが容易だ ‖〚目的語なしで〛An diesem Hebel muß man ～. 切り替えにはこのレバーを使わなければならない. ᵛ**3** (流れにさからって船を)あやつる, 操縦する; ⟪比⟫ (一般に)導く, 支配(管理)する.

II 自 (h) **1** (ギア・変速装置を)切り替える: vom dritten in ⟨auf⟩ den vierten Gang ～ 第3段から第4段に切り替える | auf Höchstgeschwindigkeit ～ (ギアを)トップに入れる | auf privat ～ ⟪話⟫ 個人的な話題に話を移す | auf Sparflamme ～ (→Sparflamme) | auf stur ～ (→ stur 1). **2** ⟪話⟫ (頭の切り替えによって)理解する, 反応する: falsch ～ 勘違いする, 誤解する | Er *schaltet* schnell ⟨langsam⟩. 彼は頭の回転が早い(遅い). **3** (意のままに)振舞う, 処置をする: mit *et.*³ frei ⟨nach Gutdünken⟩ ～ …を自由に(自分がいいと思うように)処理する ‖ **～ und walten** (自由に・好きなように)振舞う | In der Küche kann sie nach Belieben ～ und walten. 台所では彼女は自分の思いどおりに取りしきることができる | *jn.* ～ und walten lassen, wie er will …に思いのままにやらせる(存分に腕をふるわせる).

[*ahd.* scaltan „stoßen"; ◇ Schild, Schalte]

Schal·ter[ʃáltər] 男 -s/- **1** (電気器具の)スイッチ, 開閉(遮断)器(→ 図); (ガス器具の)点火(調節)ダイヤル: den ～ andrehen ⟨ausdrehen⟩ スイッチを入れる(切る) | den ～ ⟨am ～⟩ drehen スイッチをひねる | auf den

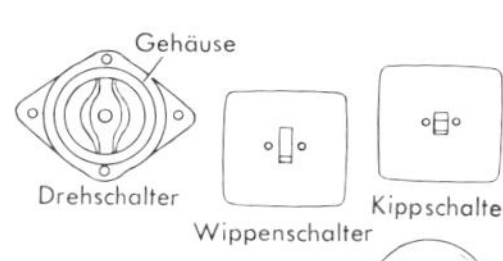

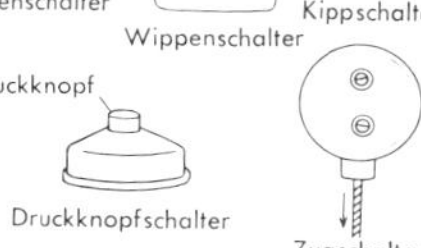

Schalter

S

～ drücken スイッチを押す ‖ der ～ an einer Waschmaschine 電気洗濯機のスイッチ. **2** (役所・銀行などの)窓口, カウンター; (駅の)出札口; (劇場の)切符売り場: Der ～ ist vorübergehend geschlossen. 窓口事務は一時中止している ‖ den ～ öffnen 〈schließen〉 窓口を開ける〈閉める〉 | Briefmarken 〈Fahrkarten〉 am ～ kaufen 切手〈乗車券〉を窓口で買う | *jm.* ein Formular durch den ～ reichen …に用紙を窓口から手渡す.

Schal·ter≠be·am·te 男 (㊛ ≠**be·am·tin**) 窓口係; (駅の)出札係. ≠**dienst** 男 窓口の勤務. ≠**fen·ster** 中 カウンター〈窓口〉の窓. ≠**hal·le** 女 (駅・郵便局などの)窓口〈出札口〉の並んでいるホール. ≠**raum** 男 (役所・郵便局などの)窓口の並んでいる部屋. ≠**stun·den** 複 窓口〔事務〕受付時間, 窓口発売時間.

Schalt≠ge·trie·be[ʃált..] 中 変速連動装置; (自動車の)変速機, ギア. ≠**he·bel** 男 **1** 〘電〙 開閉〈スイッチ〉レバー. **2** (自動車の)変速レバー.

Schal·tier[ʃá:l..] =Schalentier

Schalt≠jahr[ʃált..] 中 (↔Gemeinjahr) 閏(うる)年: **alle ～e ein〔mal〕** 《話》ごくまれに. ≠**ka·sten** 男 〘電〙 配電盤ボックス. ≠**knüp·pel** 男 (自動車の)フロア=シフトの変速レバー. ≠**kreis** 男 〘電〙 回路: ein integrierter ～ 集積回路, IC. ≠**pau·se** 女 〘放送〙 (他局や中継現場などへつなぐための電波送出の)切り替え中断; 《比》(頭の切り替えがうまくゆかないための)精神散漫, 頭のぼんやりした状態. ≠**plan** 男 〘電〙 配線図. ≠**pult** 中 〘電〙 制御盤〈卓〉, コントロール=デスク. ≠**satz** 男 〘言〙 挿入文. ≠**sche·ma** 中 =Schaltbild ≠**schrank** 男 〘電〙 配電盤戸棚. ≠**stel·le** 女 (決定的影響力を持つ)枢要な地位. ≠**ta·fel** 女 =Schaltbrett ≠**tag** 男 閏(うる)日 (2月29日). ≠**tisch** 男 =Schaltpult ≠**uhr** 女 タイムスイッチ, 自動タイマー.

Schal·tung[ʃáltʊŋ] 女 -/-en **1** 《単数で》 schalten すること. **2** =Schaltgetriebe **3** 〘電〙 結線, 回路; 配線図: eine integrierte ～ 集積回路, IC.

Schalt·vor·rich·tung 女 (schalten するための装置・器具など. 例えば:) スイッチ; 開閉装置; 変速装置.

Scha·lung[ʃá:lʊŋ] 女 -/-en 板張り; 〘建〙 堰板(せきいた) (コンクリートを打ち込む際に使う型枠). [◇Schale²]

Schä·lung[ʃɛ́:lʊŋ] 女 -/-en schälen すること.

Scha·lup·pe[ʃalʊ́pə] 女 -/-n 〘海〙 **1** スループ型帆船(北海・バルト海の沿岸での貨物輸送に用いられる: → 図). **2** (大型船舶搭載の)短艇, ランチ. [*ndl.* sloep－*fr.* chaloupe; ◇Schlupf, Sloop; *engl.* shallop]

Schaluppe

Scham[ʃa:m] 女 -/ **1 a)** (英: *shame*) 羞恥(しゅうち), 恥ずかしさ; 羞恥心, 恥じらい, はにかみ: falsche ～ 場ちがい〈無用〉の羞恥心 | ohne ～ 恥ずかしげ〈臆面(おくめん)〉もなく ‖ ～ empfinden 〈fühlen〉 恥ずかしく思う | ～ erregen 羞恥心を呼び起こす | keine ～ haben 羞恥心をもたない | alle ～ ablegen 〈abtun / abwerfen〉 羞恥心をすべてかなぐり捨てる ‖ aus ～ nicht zum Arzt gehen 恥ずかしいので医者へ行かない | vor ～ rot werden 恥ずかしさに顔を赤らめる | Ich hätte vor ～ vergehen 〈in die Erde versinken〉 können. 私は穴があったら入りたいほど恥ずかしかった. **b)** (Schamröte) (恥ずかしさからくる)顔の赤み: Ihr stieg die ～ ins Gesicht. 彼女は恥ずかしさのあまり顔を赤らめた. **2** 《雅》(Schamgegend) 恥部, 陰部: die ～ bedecken 〈verhüllen〉 局部を隠す. **3** 《南部》(Scheu) 物おじ, 臆病, 内気. [*germ.*; ◇Schande; *engl.* shame]

Scha·ma·de[ʃamá:də] 女 -/-n (太鼓またはらっぱによる)降伏表明信号: ～ schlagen 〈blasen〉 《比》屈服する. [*fr.* chamade; ＜*lat.* clāmāre (→Claim)]

Scha·ma·ne[ʃamá:nə] 男 -n/-n 〘宗〙 シャーマン, 巫術(ふじゅつ)師(神がかりの状態で神霊と意志疎通する宗教的指導者). [*sanskr.*－*tungus.*; ◇*engl.* shaman]

Scha·ma·nis·mus[ʃamanísmʊs] 男 -/ 〘宗〙 シャーマニズム(シャーマンを中心とする原始宗教).

Scham≠be·haa·rung[ʃá:m..] 女 = Schamhaar ≠**bein** 中 〘解〙 恥骨(→ 図 Mensch C).

Scham·bein≠bo·gen 男 〘解〙 恥骨弓. ≠**fu·ge** 女 〘解〙 恥骨結合(→ 図 Mensch C).

Scham≠berg 男 〘解〙 恥丘, 陰阜(いんぷ). ≠**bo·gen** =Schambeinbogen

schä·men[ʃɛ́:mən] 他 (h) 再帰 *sich*⁴ ～ 恥じる, 恥ずかしく思う: Ich *schäme* mich, ihn mißverstanden zu haben 〈daß ich ihn mißverstanden habe〉. 私は彼を誤解したことを恥ずかしく思っている | *Schäme* dich! 恥ずかしく思いなさい, 恥を知れ | *sich*⁴ die Augen aus dem Kopf ～ (→Auge 1) | *sich*⁴ zu Tode 〈bis in die Seele hinein〉 ～ 死ぬほど〈心の底まで〉恥ずかしい思いをする ‖ *sich*⁴ *js.* 〈*et.*²〉 ～ / *sich*⁴ für *jn.* 〈*et.*⁴〉 ～ / *sich*⁴ über *jn.* 〈*et.*⁴〉 ～ / *sich*⁴ wegen *js.* 〈*et.*²〉 ～ …のことで恥ずかしく思う | *sich*⁴ *seiner* Nacktheit ～ 自分が裸でいることを恥ずかしく思う | Ich *schämte* mich meiner Tat 〈wegen meiner Tat〉. 私は自分のしたことが恥ずかしかった ‖ *sich*⁴ vor *jm.* ～ …に対して恥じる | Ich *schäme* mich vor mir selbst. 私は自分自身に対して恥ずかしい.

scham·fi·len[ʃamfí:lən] 《過分 schamfilt》 他 (h) 〘海〙 (ロープなどを)こする; (こすって)磨損させる. [*ndd.*; ◇schimpfieren]

Scham≠frist[ʃá:m..] 女 (一定の時が経過して, 世間に対して)恥ずかしさを感じなくて済むまでの期間. ≠**fu·ge** =Schambeinfuge ≠**ge·fühl** 中 恥ずかしいと思う気持, 羞恥(しゅうち)心: kein ～ haben 羞恥心をもたない | *js.* ～ verletzen …に羞恥を覚えさせる. ≠**ge·gend** 女 恥部, 陰部. ≠**glied** 中 (Penis) 陰茎, 男根. ≠**gren·ze** 女 羞恥心の限界. ≠**haar** 中 恥毛, 陰毛(→ 図 Mensch A).

scham·haft[ʃá:mhaft] 形 恥ずかしがる, はにかんだ; 内気な: ～ die Augen senken 恥ずかしそうに目を伏せる.

Scham·haf·tig·keit[..tɪçkaɪt] 女 -/ schamhaft なこと.

Scham·hü·gel[ʃá:m..] 男 =Schamberg

schä·mig[ʃɛ́:mɪç]² 《南部》 =schamhaft

Schä·mig·keit[-kaɪt] 女 -/ schämig なこと.

Scham≠laus[ʃá:m..] 女 (Filzlaus) 〘虫〙 ケジラミ(毛虱). ≠**lip·pe** 女 -/-n 《ふつう複数で》 (Labium) 〘解〙 陰唇: die großen 〈kleinen〉 ～n 大〈小〉陰唇.

scham·los[ʃá:mlo:s]¹ 形 恥知らずな, 破廉恥な; 厚かましい, ずうずうしい; みだら〈卑猥(ひわい)〉な: ～*e* Ausbeutung 臆面(おくめん)もない搾取 | ein ～*er* Film いかがわしい映画 | ～*e* Gebärden わいせつな振舞い ‖ Seine Forderungen waren geradezu ～. 彼の要求はきわめてずうずうしいものだった ‖ ～ dreist ひどくずうずうしい | ～ lügen 恥ずかしげもなくうそをつく.

Scham·lo·sig·keit[..lo:zɪçkaɪt] 女 -/-en schamlos なこと.

Scha·mott¹[ʃamɔ́t] 男 -s/ 《軽蔑的に》がらくた.

Scha·mot·te[ʃamɔ́tə] 女 -/ (オーストリア: **Scha·mott**² [ʃamɔ́t] 男 -s/) 耐火粘土, シャモット.

Scha·mot·te≠stein 男, ≠**zie·gel** 男 耐火〈シャモット〉れんが.

scha·mot·tie·ren[ʃamɔtí:rən] 他 (h) 《オーストリア》 耐火〈シャモット〉れんがで外装する.

scham·po·nie·ren[ʃamponí:rən] (**scham·pu·en** [ʃampú:ən]) =schampunieren

Scham·pun[ʃampú:n] 中 -s/ (洗髪用の)シャンプー: die Haare mit ～ waschen 髪をシャンプーで洗う. [*engl.* shampoo; ＜*Hindi* chāmpnā „pressen"]

scham·pu·nie·ren[ʃampuní:rən] 他 (h) (髪を)シャンプーで洗う; (車などを)洗剤で洗う: einen Teppich mit dem Mittel ～ じゅうたんを洗剤で洗う.

Scham·pus[ʃámpʊs] 男 -/ 《話》 (Champagner) シャンパン.

Scham·rit·ze[ʃá:m..] 女 =Schamspalte

scham·rot 形 (恥ずかしくて)赤面した: ～ werden (恥ずかしくて)顔を赤らめる.

Scham≠rö·te 女 -/ (恥ずかしさなどからくる)顔の赤み. ≠**spal·te** 女 〘解〙 陰裂, 陰門. ≠**tei·le** 複 〘解〙 恥部, 陰部. ≠**zweig** 男 〘美〙 (裸体画の)恥部を覆う木の枝.

schand·bar[ʃántbaːr] 形 **1** 恥ずべき, 不名誉〈不面目〉な: ～*e* Heuchelei あさましいごまずり | ein ～*es* Verhalten 恥ずべき〈みっともない〉態度 ‖ Seine Gleichgültigkeit gegenüber seiner Familie ist geradezu ～. 家族に対する彼の無関心さは全く言語道断だ ‖ *sich*⁴ ～ benehmen 恥知らずな態度をとる; 醜態を演じる. **2 a)** 《話》ひどい, いやな, 不快きわまる, 劣悪な: Heute ist ～*es* Wetter. きょうはひどい天気だ. **b)** 《副詞的》《話》ひどく, いやに, ものすごく, めちゃくちゃに, べらぼうに: ～ teuer sein (値段が)法外〈めちゃくちゃ〉に高い | *sich*⁴ über *et.*⁴ ～ ärgern …にめっぽう腹を立てる.

Schand≈blatt 中《話》悪徳新聞, 赤新聞. **≈brief** 男《話》(卑劣な)中傷の手紙. ᵛ**≈bu·be** 男 = Schandkerl

Schan·de[ʃándə] 女 -/-n《ふつう単数で》恥, 恥辱; 不名誉, 不面目, 面汚し; 醜態: Pfui, ～! / Schimpf und ～! (→Schimpf 1) | Schmach und ～ über dich! (→Schmach) ‖〚述語として〛Das ist eine große ～. それはたいへんな恥〈汚辱〉だ | Er ist eine ～ für seine Familie. 彼は家族の面汚しだ | Arbeit 〈Armut〉 ist keine ～. (→Arbeit 1 a, →Armut 1 a) | Es ist eine 〔wahre / einzige〕 ～, daß er euch nicht geholfen hat. 彼が君たちを助けなかったとは〔実に〕言語道断だ | Es ist eine 〔Sünde und〕 ～, wie er sich verhalten hat. 彼の態度はあまりにもひどい | Das ist doch keine ～, wenn man sich mal betrinkt. たまに酔っぱらったからといってどうということはないだろう ‖〚4格で〛über *jn.* ～ bringen / *jm.* ～ bringen 〈machen〉 …の名を汚す, …の顔に泥を塗る | ～ auf *sich*⁴ laden みずからに恥を招く | *js.* ～ auf *sich*⁴ nehmen …の恥〈不名誉〉の責めを負う | Mach mir keine ～! (しばしば冗談めかして)私に恥をかかさないでくれよ | Der Horcher 〈Der Lauscher〉 an der Wand hört seine eigene *Schand'*. (→Horcher, →Lauscher 1) ‖〚前置詞と〛ᵛ**in** ～ geraten 面目を失う, 恥辱を受ける; 凌辱(りょうじょく)される | *jn.* in ～ bringen《雅》…をはずかしめる; (少女などを)凌辱する | **mit** ～ abziehen 恥をかいて引きさがる | mit Schimpf und ～ (→Schimpf 1) | *jn.* **vor** ～³ bewahren …を恥辱から守る | aus Angst vor der ～ 恥〈不名誉〉をおそれて | **Zu** meiner ～ muß ich gestehen, daß ... 恥ずかしいことではあるが私は…を認めざるをえない | für *jn.* eine ～ sein / 《雅》*jm.* zur ～ gereichen …にとって恥〈不名誉〉になる | zu ～*n* 壊れて, だめになって(＝zuschanden).
[*germ.*; ◇Scham, schänden]

Schan≈deck[ʃán..] 中 (**≈deckel** 男)〘海〙舷縁(げんえん), ふなべり. [＜schampen „schonen“]

ᵛ**schan·de·hal·ber**[ʃándə..] ＝schandenhalber

schän·den[ʃɛ́ndən][1] 《01》他 (h) **1 a)** 《雅》(entehren)《*jn.* / *et.*⁴》(…〔の名誉など〕を)汚す, はずかしめる, 侮辱する: das Ansehen 〈den Namen〉 *seiner* Familie ～ 一家の名を汚す ‖〚目的語なしで〛Arbeit 〈Armut〉 *schändet* nicht. (→Arbeit 1 a, →Armut 1 a) | Es *schändet* nicht, zuzugeben. 白状することは恥ではない. ᵛ**b)** 《*jn.*》(…に)罪人の烙印(らくいん)を押す. **2** 《*jn.*》(少女などを)凌辱(りょうじょく)する: eine Leiche ～ 屍姦(しかん)する. **3** (entweihen)《*et.*⁴》(…の)神聖を汚す; (聖物などを)冒瀆(ぼうとく)する: ein Grab 〈ein Denkmal〉 ～ 墓〈記念碑〉を汚す ‖ den Sabbat ～ 安息日の掟(おきて)を破る. **4** (verunstalten)《*et.*⁴》(…の形・美観を)そこなう, (…を)醜く〈みっともなく〉する: Eine häßliche Narbe *schändet* ihr Gesicht. 醜い傷あとが彼女の顔をそこなっている | Der Müllabladeplatz *schändet* den ganzen Ort. ごみ捨て場のためにこの場所〈村・町〉全体の美観も台なしだ.
[*ahd.*; ◇Schande]

ᵛ**schan·den·hal·ber**[ʃándənhalbər] 副《南部・オーストリア・スイス》(anstandshalber) 体面〈礼儀〉上: ～ wegschauen 礼儀上目をそらす.

Schän·der[ʃɛ́ndər] 男 -s/- (schänden する人. 例えば:) 名誉〈神聖〉を汚す人, 冒瀆(ぼうとく)者; 婦女暴行者.

Schand≈fleck[ʃánt..] 男《auf *et.*³》(…についている)しみ, 汚れ;《比》汚点, きず, 不名誉, 面汚し, 名折れ: *et.*⁴ als ～ empfinden …を汚点と感じる | Er ist der ～ seiner Familie. 彼は一家の面汚しだ. **≈geld** 中《話》**1** 悪銭, きたない金. **2** 法外な安値〈高値〉: für ein ～ 二束三文で, ほんの涙金で. **≈kerl** 男《話》下種(げす)野郎, ろくでなし. **≈le·ben** 中《話》破廉恥な生活. [＜Schande]

schänd·lich[ʃɛ́ntlıç] 形 **1** 恥ずべき, 不名誉〈不面目〉な; 低劣な, 下劣な: ～*e* Absichten 〈Taten〉 卑しい魂胆〈所業〉 | ein ～*er* Mensch 下劣な人間, 下種(げす) | ein ～*es* Ende nehmen みっともない結果に終わる; 不名誉な最期をとげる | ein ～*es* Leben führen 破廉恥な生活を送る | *sich*⁴ ～*en* Lüsten ergeben 恥ずべき快楽にふける | ein ～*es* Maul 〈Mundwerk〉 haben《話》中傷〈誹謗(ひぼう)〉をこととする ‖ Es ist ～, wie du ihn behandelst. 君の彼に対する態度は言語道断だ ‖ *sich*⁴ ～ benehmen 恥ずべき態度をとる; 醜態を演じる | *jn.* ～ betrügen …を卑劣にも欺く | Er hat ～ gelogen. 彼は卑劣なうそをついた; 彼は大うそをついた(→2 b).
2 《話》**a)** ひどい, いやな, 不快きわまる, 劣悪な: Heute ist ～*es* Wetter. きょうはひどい天気だ | Sie mußten für einen ～*en* Lohn arbeiten. 彼らはひどい低賃金で働かなければならなかった. **b)** 《副詞的》ひどく, いやに, ものすごく, めちゃくちゃに, べらぼうに: Das Kleid war ～ teuer. そのドレスはめちゃくちゃに高かった | Das ärgert mich ～. それには私は無性に腹が立つ.

Schänd·lich·keit[–kaıt] 女 -/-en (schändlich なこと. 例えば:) 破廉恥, 恥ずべき〈卑劣な〉所業: ～*en* begehen 恥ずべき〈けしからん〉所業に及ぶ.

Schand≈lied[ʃánt..] 中《話》猥歌(わいか), 春歌. **≈mal** 中 -〔e〕s/-e (..mäler) (むかし罪人に押された)烙印(らくいん);《雅》汚点, 汚名: *jm.* ein ～ aufbrennen …に烙印を押す. **≈maul** 中《話》中傷〈誹謗(ひぼう)〉〔の才〕; 中傷〈誹謗〉家: Sie hat ein schlimmes ～. / Sie ist ein schlimmes ～. 彼女はひどい中傷家だ. **≈pfahl** 男 (Pranger) (中世の刑罰用の)さらし柱: *jn.* an den ～ stellen …をさらし柱につなぐ, …をさらしものにする. **≈preis** 男《話》法外な安値〈高値〉. **≈säu·le** 女 ＝Schandpfahl **≈schnau·ze** 女《話》中傷〈誹謗〉〔の才〕. **≈schrift** 女 中傷〈誹毀(ひき)〉文, 怪文書. **≈tat** 女 恥ずべき〈忌まわしい〉行為, 悪行: **zu jeder ～ 〈zu allen ～*en*〉 bereit sein** i) どんな破廉恥なことでもやりかねない; ii) 《戯》いたずらならなんだってやる.

Schän·dung[ʃɛ́ndʊŋ] 女 -/-en (schänden すること. 例えば:) 侮辱, 冒瀆(ぼうとく); 暴行, 凌辱(りょうじょく); 毀損(きそん): Grab*schändung* 墳墓の冒瀆.

Schand≈ver·trag[ʃánt..] 男 屈辱的条約〈契約〉. **≈weib** 中《話》下劣な女. **≈zei·chen** 中 ＝Schandmal
[＜Schande]

Schang[ʃaŋ]《王朝名》商(しょう) (中国の古代王朝. 殷(いん)ともいう; ?-前1100頃): die ～-Dynastie 商王朝.

Schang·hai[ʃáŋhaı, ⌣–́] 地名 上海(シャンハイ) (中国, 華東地区北部の中央政府直轄都市).

schang·hai·en[ʃaŋháıən, ⌣́–⌣] 《過分 schanghait》他 (h) 《*jn.*》〘海〙(誘拐などして)むりやり船員に雇い入れる.

Schan·hai·kuan[ʃánhaıkŭan] 地名 山海関, シャンハイコワン (中国, 河北 Hopeh 省東端の都市. 旧名臨楡 Linjü).

Scha·ni[ʃáːniˑ] 男 -s/-《オーストリア》《話》**1** 下働きの少年, 小僧, でっち; (酒場の)ボーイ. **2** 《親友への呼びかけで》君, おまえ.
[＜Jean]

Schank[ʃaŋk] **I** 男 -〔e〕s/Schänke[ʃɛ́ŋkə] ᵛ**1** 《単数で》《オーストリア》(Ausschank) 酒類の小売り. **2** ＝Schankraum **3** 《西部》(Schrank) 戸棚. **II** 女 -/-en 《オーストリア》**1** ＝Schankraum **2** ＝Schanktisch [*mhd.* schanc „Schenkgefäß“; ◇schenken]

Schank·bier[ʃáŋk..] 中 (カウンターで樽(たる)から直接注ぎ入れる)生ビール.

Schän·ke[1] Schank Iの複数.

Schän·ke[2][ʃɛ́ŋkə] 女 -/-n ＝Schenke

Schan·ker[ʃáŋkər] 男 -s/-〘医〙下疳(げかん) (性病の一種): harter ～ 硬性下疳(梅毒の第1期) | weicher ～ 軟性下疳. [*lat.* cancer (→kankrös)－*fr.* chancre]

Schank (Schänk) ≈er·laub·nis[ʃáŋk.., ʃɛ́ŋk..] 女, **≈ge·rech·tig·keit** 女, **≈kon·zes·sion** 女 酒類小売免許. **≈mäd·chen** 中 酒場〈バー〉の給仕女. **≈raum** 男, **≈stu·be** 女 酒場, バー. **≈tisch** 男 (酒場・バーなどの)カウンター. **≈wirt** 男 居酒屋〈飲み屋〉の主人. **≈wirt·**

S

schaft 女 居酒屋, 飲み屋.

Schan·si[ʃánzi] 地名 山西, シャンシー(中国, 華北地区北西部の省で, 省都は太原 Taijüan, また Taiyuan).

Schan·tung[ʃántʊŋ] 地名 山東, シャントン(中国, 華北地区東部の省で, 省都は済南 Tsinan, また Jinan).

Schan·tung·sei·de[ʃántʊŋ..] 女 〘織〙山東絹.

Schanz≠ar·beit[ʃánts..] 女 -/-en《ふつう複数で》〘軍〙土工作業, 塹壕(ざんごう)工事. **≠bau** 男 -[e]s/ 〘軍〙堡塁(ほうるい)〈防塁〉構築. **≠be·klei·dung** 女 =Schanzkleid **≠deck** 中 〘海〙(軍艦の)船尾甲板. [<Schanze[2]]

Schan·ze[1][ʃántsə] 女 幸運, まぐれ当たり:〘もっぱら次の成句で〙*sein* Leben [für *jn.* 〈*et.*[4]〉] in die ～ schlagen (→leben III 1). [*vulgärlat.*–*afr.* cheance–*mhd.*; ◇Chance]

Schan·ze[2][–] 女 -/-n **1** 〘軍〙堡塁(ほうるい), 防塁, とりで: eine ～ errichten 堡塁を築く | die ～ stürmen とりでを攻略する. **2** (Sprungschanze)〘スキ〙ジャンプ台, シャンツェ: über die ～ gehen ジャンプ台からジャンプする. **3** =Schanzdeck

schan·zen[ʃántsən]《02》自 (h) 〘軍〙堡塁(ほうるい)〈防塁〉を築く, 塹壕(ざんごう)を掘る;《比》あくせく働く, 苦しい仕事をする.

Schan·zen≠re·kord 男 〘スキ〙(特定のシャンツェでの)ジャンプ最長不倒記録. **≠tisch** 男 〘スキ〙(シャンツェの助走路の終点の)踏み切り台.

Schan·zer[ʃántsər] 男 -s/- schanzen する人.

Schanz≠ge·rät 中 =Schanzzeug **≠kleid** 中 〘海〙舷牆(げんしょう), ブルワーク(→ 図 Schiff A). **≠pfahl** 男 〘軍〙防柵(さく)用の杭(くい). **≠werk** 中 〘軍〙防塁. **≠zeug** 中 〘軍〙土工用具(シャベル・くわ・おのなど).

Scha·pel[ʃáːpəl] 中 -s/- **1** (中世の)花冠状頭飾り, 装飾用頭帯(→ 図 Surcot). **2**《南部》(Brautkrone) 花嫁の冠. [*afr.* chapel–*mhd.*; <*spätlat.* cappa (→Kappe); ◇Chapeau, Kapelle]

Schapf[ʃapf] 男 -[e]s/-e, **Schap·fe**[ʃápfə] 女 -/-n《南部・スイス》ひしゃく, くみ桶(おけ). [<Schaff]

Schapp[ʃap] 男 中 -s/-s **1**《北部》(Schrank) 戸棚. **2** 〘海〙衣類〈私物〉箱. **3** 〘工芸〙(観音開きの)戸棚.

Schap·pe[ʃápə] 女 -/-n **1** 〘坑〙削岩機, 地錐(ちすい). **2** くず絹糸; くず絹糸の織物. [<schappen „schaben" (◇schaben)]

Schap·pel[ʃápəl] 中 -s/- =Schapel

Schap·pe·sei·de[ʃápə..] 女 =Schappe 2

Schar[1][ʃaːr] 女 -/-en (人間や動物の)群れ, 大勢, 多数: eine ～ Kinder 〈von Kindern〉 子供たちの一団 | eine große ～ Schwalben ツバメの大群 | Engel*schar* 天使の群れ ‖ in ～*en* 群れをなして | **in ganzen** 〈**hellen**〉 **～*en*** 大量に, 多数. [„Abschnitt"; *ahd.*; ◇scheren[1]; *engl.* share]

Schar[2][–] 女 -/-en (中 -[e]s/-e) (Pflugschar) 犂(すき)の水平刃(→ 図 Pflug). [*westgerm.*; ◇Schere; *engl.* share]

Scha·ra·de[ʃaráːdə] 女 -/-n (ジェスチャーによる)言葉〈つづり〉当てゲーム. [*provenzal.*–*fr.* charade; 擬音]

Schär·baum[ʃɛ́ːr..] 男 〘織〙(織機の)経糸巻きつけ用ローラー, ワープビーム. [<schären]

Schar·be[ʃárbə] 女 -/-n **1** (Kormoran)〘鳥〙ウ(鵜). **2**《北部》〘魚〙カレイ(鰈)の一種. [„Krächzer"; *ahd.*]

▽**Schar·bock**[ʃáːrbɔk] 男 -[e]s/ (Skorbut)〘医〙壊血病. [*mndl.*–*mndd.* schorbuk; ◇Skorbut]

Schar·bocks·kraut 中 -[e]s/ 〘植〙ラヌンクルス=フィカリア(キンポウゲ属の一種).

Schä·re[ʃɛ́ːrə] 女 -/-n《ふつう複数で》〘地〙(北欧の海岸に見られる)岩礁島(→ 図 Küste). [*nord.* „Abgeschnittenes"; ◇scheren[1]; *engl.* shore]

scha·ren[ʃáːrən] 他 (h) 群がらせる, 集める: die Jugend um *sich*[4] ～ 若い人たちを自分のまわりに集める ‖ 再帰 *sich*[4] [um *jn.*] ～ […のまわりに]群がる〈集まる〉. [*ahd.*; ◇Schar[1]]

schä·ren[ʃɛ́ːrən] 他 (h) Kettfäden ～〘織〙経糸を(織機に)巻きつける. [<scheren[1]]

Schä·ren≠kreu·zer 男 (岩礁に富む海域で用いられる)快速ヨット. **≠kü·ste** 女 岩礁〔島〕に富む海岸(→ 図 Küste).

scha·ren·wei·se[ʃáːrən..] 副 (→..weise ★)群れをなして. [<Schar[1]]

scharf[ʃarf] **schär·fer**[ʃɛ́rfər]/**schärfst** 形 **1** (英: *sharp*) (↔stumpf) (刃物などが)鋭い, 鋭利な, 切れ味のよい; (形状が)鋭角の, 先のとがった, (切れこみの)深い: ein ～*es* Messer 鋭利なナイフ | ein Messer mit ～*er* Schneide 刃の鋭いナイフ | ～*e* Zähne 鋭い歯 | ～*e* Kanten (家具などの)角ばったへり | eine ～*e* Kurve 急なカーブ | eine ～*e* Biegung 〈Wendung〉 machen (道などが)急角度に曲がる | eine ～*e* Klinge führen 〈schlagen〉 (→Klinge 1 b) ‖ ein Messer ～ 〈*schärfer*〉 machen《話》ナイフを研ぐ(なお: →scharfmachen) | Das Messer schneidet ～. このナイフは切れ味がよい ‖ **Allzu ～ macht schartig.**《諺》あまりに鋭い刃はこぼれやすい.

2 a) (感覚的に)刺激性の強い, 刺すような, 鋭い, きつい; (味が)舌を刺すような, ぴりりとする; (においが)鼻をつくような, つーんとする; (音が)耳をつんざくような, けたたましい, 甲高い; 〘言〙鋭音の; (光が)まぶしい; (寒気が)身を切る〈肌を刺す〉ような; (酸・アルカリ液などが)腐食性の強い; (酒が)アルコール分の強い: ein ～*er* Geruch 〈Geschmack〉 刺すようなにおい〈ぴりりとする味〉| eine ～*e* Soße 辛いソース | ein ～*er* Wind 肌を刺す冷たい風 | ～*e* Getränke /《話》～*e* Sachen きつい(アルコール度の高い)飲み物 | ～*es* s《オースト》エスツェット(ß)(の呼称) ‖ ～ quietschen けたたましい音を立ててきしむ | Die Speise ist zu ～ gewürzt. この料理はスパイスがききすぎている.

b)《話》(性的に)刺激的な, 強烈な, 官能的な; 好色の; (服装などが)大胆な: ein ～*er* Bikini 刺激的なビキニ | eine ～*e* Musik 強烈な音楽 | ～*e* Sachen 刺激的な〈卑猥(ひわい)な〉話 | ein ～*es* Weib 官能的な女(→8 a) ‖ ～ angezogen sein (露出度の大きい)大胆な服装をしている.

3 a) (対人的に)きびしい, 激しい, 痛烈〈辛辣(しんらつ)〉な, 容赦〈仮借〉ない: eine ～*e* Kritik 辛辣な批評, きびしい批判 | ～*er* Spott 痛烈なあざけり | ein ～*er* Verweis きびしい叱責(しっせき)| in einem ～*en* Ton 辛辣な口調で | eine ～*e* Zunge haben (→Zunge 1 a) | gegen *et.*[4] *schärfsten* Protest erheben 〈einlegen〉 …に対して激しく抗議する ‖ *jn.* ～ angreifen 〈tadeln〉 …を激しく攻撃〈非難〉する | *jn.* ～ bewachen …をきびしく監視する ‖ Das ist ein ganz *Scharfer.* あれは少しも容赦をしないやつだ(警官・役人について).

b) (事柄が)激烈〈熾烈(しれつ)〉な, 激しい; きつい, ひどい, 強度〈過度〉の; (事柄に対して)熱心な, 身を入れた: eine ～*e* Einbuße 手ひどい損失 | ein ～*er* Kampf 激闘 | *schärfsten* Widerstand leisten 激しく抵抗する ‖ ～ arbeiten ばりばり働く〈仕事をする〉| ～ trinken しこたま酒を飲む | ～ gebratenes Fleisch かりかりに焼いた肉 | *et.*[4] ～ bügeln …にきつくアイロンをかける.

c) 速い, 急速な; 急激な, 突然の: ～ bremsen 急ブレーキをかける | ～ laufen 疾走する | einen Ball ～ werfen 球にスピードをつけて投げる.

4 (知覚能力・洞察力・思考力などが)鋭い, 鋭敏な; 明晰(めいせき)〈聡明(そうめい)〉な, 頭の切れる; 明確な, 厳密〈精密〉な: ～*e* Augen 〈ein ～*es* Gehör〉 haben 目〈耳〉が鋭い | *et.*[4] mit ～*em* Blick durchschauen 鋭い目で…を見抜く | einen ～*en* Kopf 〈Verstand〉 haben 頭脳明晰である, 頭が切れる | ein ～*es* Fernglas 〈Mikroskop〉 精度の高い望遠鏡〈顕微鏡〉| ein Mann von ～*er* Intelligenz 知性の鋭い男 ‖ ～ aufpassen (注意力を集中して)よく注意する | ～ nachdenken (精神力を集中して)よく考える | ～ kalkulieren 精密に計算する | *et.*[4] ～ unterscheiden …を厳密に区別する ‖ ～ nach Süden 正確に南に向かって | ～ an *jm.* vorbei …のかたわらすれすれに.

5 (映像・輪郭・区分などが)はっきり〈くっきり〉した, 鮮明な; (目鼻立ちが)線の鋭い, 彫りの深い, (顔つきの)とがった: eine ～*e* Aufnahme 鮮明な写真 | ～*e* Konturen 〈Umrisse〉 くっきりした輪郭 | eine ～*e* Nase とがった鼻 ‖ die Kamera ～ einstellen カメラのピントをはっきり合わせる | Sein Gesicht war sehr ～ geschnitten. 彼の顔はきわめて彫りが深かった | Der Turm hob sich ～ vom Horizont ab. 塔の輪郭が

地平線からくっきりと際立って見えた.
6 (↔blind) (銃・砲・爆弾が) 実包の, 実弾の: ~*e* Munition 実弾 | ~*e* Schüsse 実弾射撃 | Das Gewehr ist ~ geladen. この銃には実弾がこめてある ‖ ~ schießen 実弾を撃つ;《話》容赦をしない.
7 (犬が) かみつく癖のある: ein ~*er* Hund 猛犬.
8《話》**a**) (geil) 好色な, 欲情に燃えた: ein ~*es* Weib 好色な女 (→2 b) ‖ *jn.* ~ machen …の欲情を駆り立てる | **~ wie Nachbars Lumpi ⟨wie Paprika / wie eine Rasierklinge / wie tausend Russen⟩ sein**《卑》欲情に駆られている.
b)《述語的》《auf *jn.* ⟨*et.*[4]⟩》(…を) 熱望⟨渇望⟩した, (…に) 執心の: **auf *jn.* ⟨*et.*[4]⟩ ~ sein** …を欲しがっている, …にご執心である | Er ist ~ auf Geld ⟨auf dich⟩. 彼は金を⟨君を⟩欲しがっている | Er ist ~ hinter dem Erbe her. 彼は遺産をねらっている.
9《(オーストリア)》es[4] ~ auf *jn.* haben …にひそかに敵意を抱く.
[*germ.* „schneidend"; ◇scheren[1], schürfen, schrappen; ◇*engl.* sharp]

Scharf[ʃarf] 中 -[e]s/-e 板⟨桁(けた)材⟩の先端のとんがり; 船底両端のすぼまり[度].

Scharf≠ab·stim·mung[ʃárf..] 女 (受信機の) 精密同調. **≠blick** 男 -[e]s/ 鋭い眼力, 炯眼(けいがん); 鋭い洞察⟨理解⟩力.

scharf·blickend 形 炯眼(けいがん)な.

Schar·fe[ʃárfə] 男 -n/-n =Scharf

Schär·fe[ʃɛ́rfə] 女 -/-n **1**《単数で》scharf なこと: die ~ der Klinge ⟨des Messers⟩ prüfen 刃⟨ナイフ⟩の切れ味をためす ‖ die ~ des Essigs 酢のすっぱさ | die ~ des Senfs からしの辛さ | die ~ des Windes 身にしみる風の冷たさ ‖ die ~ einer Kritik 批判のきびしさ, 批評の辛辣(しんらつ)さ | mit ungewohnter ~ antworten いつになく鋭い⟨きびしい⟩口調で答える ‖ die ~ des Kampfes 戦いの激しさ⟨熾烈(しれつ)さ⟩ ‖ die ~ des Gehörs ⟨des Gedächtnisses⟩ 耳⟨記憶力⟩の確かさ | die ~ des Verstandes 頭脳の明晰(めいせき)さ | die ~ eines Fernrohrs 望遠鏡の精度 ‖ die ~ der Umrisse 輪郭の鮮明さ | ein Foto mit gestochener ~ きわめて鮮明な写真. **2**《複数で》(言葉・性格などの) かど, とげ.

scharf·eckig[ʃárf..] 形 かどのとがった.

Scharf·ein·stel·lung 女《写》(カメラなどの) 焦点調節, ピント合わせ: automatische ~ 自動焦点調節.

schär·fen[ʃɛ́rfən] 他 (h) **1 a**) (刃物を) 研ぐ: eine Axt ⟨ein Messer⟩ ~ 斧(おの)⟨ナイフ⟩を研ぐ. **b**)《比》研ぎすます, 鋭くする, 鋭敏⟨敏感⟩にする: die Sinne ~ 感覚を研ぎすます | das Sprachgefühl ~ 語感を鋭くする ‖ 再帰 *sich*[4] ~ 鋭く⟨鋭敏に⟩なる | Sein Blick für die Schönheit hat sich allmählich *geschärft.* 美に対する彼の鑑識眼はしだいに鋭くなってきた. **2** (銃・砲・爆弾に) 信管をつける, 装薬する. **3** (皮革のへりを) 薄くそぐ. **4**《卑》(盗品を) 隠匿(故買(こばい))する.

Schär·fen·tie·fe 女《光・写》(レンズの) 焦点深度.

schär·fer scharf の比較級.

Schär·fer[ʃɛ́rfər] 男 -s/-《卑》(Hehler) (盗品の) 隠匿者, 故買(こばい)人.

scharf≠ge·baut[ʃárf..] 形《海》(船体が細長く) へさきの突き出た, クリッパー型の. **≠ge·la·den** 形 (銃などが) 実弾⟨実包⟩の装塡(そうてん)された. **≠kan·tig** 形 かど⟨ふち⟩の角ばった;《比》輪郭のくっきりした.

scharf|ma·chen 他 (h)《話》**1**《*jn.* gegen *jn.*》(犬などを…に対して) けしかける. **2**《*jn.*》そそのかす, 煽動(せんどう)する.

Scharf·ma·cher 男 -s/-《話》**1**《軽蔑的に》煽動(せんどう)者, アジテーター. **2** (女性をひきつける) 性的魅力に富む男.

Scharf·ma·che·rei[ʃarfmaxəráɪ] 女 -/-en《ふつう単数で》《話》煽動(せんどう), アジ[テーション].

Scharf≠rich·ter[ʃárf..] 男 (Henker) 死刑執行人. **≠schie·ßen** 中 -s/ 実弾射撃. **≠schüt·ze** 男 (照準望遠鏡つきの銃をもった腕利きの) 狙撃(そげき)手⟨兵⟩, スナイパー. **≠sicht** 女 -/ =Scharfblick

scharf·sich·tig 形 目⟨視力⟩のいい;《比》炯眼(けいがん)の, 明敏な.

Scharf·sich·tig·keit 女 -/ scharfsichtig なこと.

Scharf·sinn 男 -[e]s/ 鋭い洞察⟨理解⟩力, 明敏さ.

scharf·sin·nig 形 洞察⟨理解⟩力の鋭い, 頭の切れる: eine ~*e* Deutung 切れ味の鋭い解釈.

schärfst scharf の最上級.

Schär·fung[ʃɛ́rfʊŋ] 女 -/ schärfen すること.

scharf≠zackig[ʃárf..] 形 ぎざぎざの鋭い. **≠zah·nig** 形 鋭い歯をもった. **≠zün·gig** 形 毒舌家の, 口の悪い.

Scha·ria[ʃarí:aˑ] 女 -/ (Scheria)《イスラム教》シャリーア, イスラム法. [*arab.* „heiliges Gesetz"]

Schar·lach[ʃárlax] 男 -s/-e **1**《ふつう単数で》**a**) 緋色(ひいろ), 深紅色. **b**) 緋色⟨深紅色⟩の服地. **2**《単数で》《医》猩紅(しょうこう)熱: ~ bekommen 猩紅熱にかかる. [*mlat.* scarlātum–*mhd.*; ◇*engl.* scarlet]

Schar·lach≠aus·schlag 男《医》猩紅(しょうこう)熱発疹(ほっしん)⟨粟粒(ぞくりゅう)疹⟩. **≠ei·che** 女 (Kermeseiche)《植》ケルメスカシ(樫).

schar·la·chen[ʃárlaxən]《雅》=scharlachrot

Schar·lach·far·be 女 緋色(ひいろ), 深紅色.

schar·lach≠far·ben, ≠far·big =scharlachrot

Schar·lach≠fie·ber 中 -s/《話》= Scharlach 2 **≠frie·sel** 男 中 =Scharlachausschlag

schar·lach·rot 形 緋色(ひいろ)の, 深紅色の.

Schar·la·tan[ʃárlatan, ʃarlatá:n] 男 -s/-e《軽蔑的に》山師, いかさま師. [*it.* ciarlatano–*fr.* charlatan; <*it.* ciarlare „schwatzen"+cerretano „Marktschreier (本来は薬の行商で知られたイタリア中部の Cerreto の村人)"]

Schar·la·ta·ne·rie[ʃarlatanərí:] 女 -/-n[..rí:ən],

Schar·la·ta·nis·mus[..nísmʊs] 男 -/..men[..mən] **1**《単数で》いかさま. **2** いかさまな言動.

Scharm[ʃarm] 男 -s/ =Charme

schar·mant[ʃarmánt] =charmant

[▽]**schar·mie·ren**[ʃarmí:rən] 他 (h) (bezaubern) 魅惑⟨魅了⟩する. [*fr.* charmer; ◇*engl.* charm]

Schar·müt·zel[ʃarmʏ́tsəl] 中 -s/- [▽]**1** 小さな戦闘, 小ぜり合い. **2**《比》口論, いざこざ. [*it.*–*mhd.*; ◇schirmen, Skaramuz; *engl.* skirmish]

schar·müt·zeln[..tsəln]《06》自 (h) 小ぜり合いをする.

[▽]**schar·mut·zie·ren**[ʃarmʊtsí:rən] 自 (h)《mit *jm.*》(…と) いちゃつく, (…に) 言い寄る, 色目をつかう.

Scharn[ʃarn] 男 -[e]s/-e《北部》(肉屋・パン屋などの) 販売所, 売り台. [<Schranne; ◇Schirn]

Schar·nier[ʃarní:r] 中 -s/-e **1 a**) (ドアなどの) 蝶番(ちょうつがい), ヒンジ. **b**) (ペンチ・はさみなどの) 支点 (→ 図 Schere). **2** (蝶番状のもの. 例えば:) **a**)《動》(斧足(ふそく)類・腕足(わんそく)類などの2枚の殻を開閉する) ヒンジ. **b**)《地》(褶曲(しゅうきょく)の) ヒンジ. [*fr.* charnière; <*lat.* cardō (→kardinal)]

Schar·nier·band 中 -[e]s/..bänder《工》ヒンジフレーム, そで形蝶番(ちょうつがい) (→ 図 Band).

schar·nie·ren[ʃarní:rən] 他 (h)《*et.*[4]》(…に) 蝶番(ちょうつがい)⟨ヒンジ⟩を付ける.

Schar·nier≠ge·lenk 中 **1** 蝶番(ちょうつがい), ヒンジ. **2**《解》蝶番関節. **≠stift** 男 蝶番⟨継ぎ手⟩ピン. **≠ven·til** 中 蝶番弁.

Schär·pe[ʃɛ́rpə] 女 -/-n **1**《服飾》エシャルプ, ボールドリック (肩から腰にかけて斜めにかける広幅の飾り帯); (ドレスの) サッシュ, 飾り帯 (→図). **2**《軍》(軍服の肩から腰にかける) 肩帯, 懸章; 綬(じゅ)[肩章] (→図).
[*fr.* écharpe „Armbinde"; <*lat.* scirpus „Binse"; ◇*engl.* scrip, scarf]

Schärpe

[▽]**Schar·pie**[ʃarpí:] 女 -/《医》(包帯用の) リント布. [*fr.* charpie; <*lat.* carpere „pflücken"; ◇scheren[1]]

Schär·rah·men[ʃɛ́:r..] 男《織》経糸巻き枠台, 整経(せいけい)台. [<schären]

Schar·re[ʃárə] 女 -/-n かき削る⟨こそぎ落とす⟩器具, 削り具.

Scharr·ei·sen[ʃár..] 中 (鉄製の) かき削る⟨こそぎ落とす⟩器具.

schar·ren[ʃárən] **I** 自 (h) **1 a**) (動物が地面などを) ガ

S

リガリ掻(か)く, 掻きあさる; (授業中に学生が不満の意を表明するために) 足で床をすり鳴らす: an der Tür ~ (犬が) ドアをガリガリ掻く | mit den Hufen ~ (馬がいらだって) 地面をひづめで掻く | Die Hühner *scharren* im Boden nach Würmern. 鶏が地面を掻いて虫をあさる | Im Hörsaal wurde *gescharrt* und gepfiffen. 教室は床をする音や口笛で騒然となった. **b**) 《話》 金を掻き集める. **2** 《南部》《話》 **a**) しゃがれ声で言う〈話す〉. **b**) せきばらいする.

II 他 (h) **1** (地面を) 掻く; (穴を) 掻いて掘る: ein Loch 〔in die Erde〕 ~ 地面に穴を掘る | den Boden 〔mit den Hufen〕 ~ (馬が) 地面を〔ひづめで〕掻く. **2 a**) 《*et.*[4]》《方向を示す語句と》 (…を…へ足や道具で) ガリガリ掻いて移す〈集める〉: das Laub auf einen Haufen ~ 木の葉を山と掻き集める | *et.*[4] aus dem Boden ~ …を地面から掻いて掘り出す | einen Knochen in den Sand ~ (犬が) 砂を掘って骨を埋める〈隠す〉 | Harz von den Baumstämmen ~ 幹から樹脂を掻き落とす. **b**) 《話》 (金を) しこたま掻き集める.

[*mhd.*; < *ahd.* scerran „schaben"; ◇schurren]

Schar·ren[ʃárən] 男 -s/- 《北部》 = Scharn

Schar·rer[ʃárər] 男 -s/- **1** = Scharre **2** (scharren する人. 例えば:) **a**) (教室の床をすり鳴らす) 不満な学生. **b**) 金をためこむ人, 守銭奴.

Scharr·fuß[ʃár..] = Kratzfuß

Schar·rier·ei·sen[ʃarí:r|aɪzən] 中 (石工用の) 広刃のみ.

schar·rie·ren[ʃarí:rən] 他 (h) (石の表に) 溝を刻み込む. [< *fr.* charrue „Pflug" (◇Karren[1])]

Schar·schmied[ʃá:r..] 男 犂(すき)の刃専門の鍛冶(かじ)屋〈工〉. [< Schar[2]]

Schar·te[ʃártə] 女 -/-n **1** 刃こぼれ: ~*n* bekommen (刃物が) 刃こぼれする | **eine ~ 〔wieder〕 auswetzen** 刃こぼれを研ぎ直す; 《比》 過失を償う, 失敗を取り返す. **2 a**) ぎざぎざ, 刻み目, 割れ〈裂け〉目, 切れ込み. **b**) (山の峰と峰の中間に切れ込んだ) 短い鞍部(あんぶ) (→ 図 Berg A). **c**) (↔Zinne) (城壁上の) 鋸壁(きょへき)の狭間(はざま) (→ 図). **d**) (Hasenscharte) 口唇裂, 兎唇(としん), みつくち. [*mhd.*; < *ahd.* scart „zerhauen" (◇scheren[1]); ◇*engl.* shard]

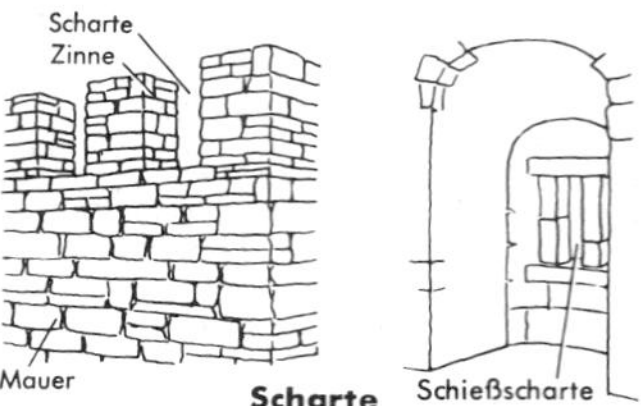

Scharte

Schar·te·ke[ʃarté:kə] 女 -/-n 《軽蔑的に》 **1 a**) ぼろぼろになった駄本, くだらぬ古本. **b**) (Plunder) がらくた. **2** 年増, ばばあ; オールドミス. [*mndd.* scarte〔ke〕 „Urkunde"]

schar·tig[ʃártɪç][2] 形 **1** 刃の欠けた, 刃こぼれのある: ein ~*es* Messer 刃のこぼれたナイフ | Allzu scharf macht ~. (→ scharf 1). **2** ぎざぎざの, 刻み目〈割れ目・裂け目・切れ込み〉のある. [*mhd.*; ◇Scharte]

Scha·rung[ʃá:rʊŋ] 女 -/-en 〔地〕 (山脈の) 対曲. [< Schar[2]]

Schar≈wa·che[ʃá:r..] 女 (昔の城壁などの) 見張り役の一団. ≈**wacht·turm** 男 (城壁付属の) 望楼, 見張り塔, 物見櫓(やぐら) (→ 図 Burg). [< Schar[1]]

Schar·wen·zel[ʃarvέntsəl] 男 -s/- **1** (Bube) 〔トランプ〕 (ドイツ式トランプの) ジャック. **2** 《軽蔑的に》 まめまめしく仕える人, おべっか使い, ごますり. **3** 〔狩〕 射損じ, 的はずれ. [*tschech.* červenec „Herzbube"; < *tschech.* červený „rot"]

schar·wen·zeln[ʃarvέntsəln] 《06》 《過分 scharwenzelt》 自 (s, h) 《軽蔑的に》 《um *jn.* / vor *jm.*》 (…に) まめまめしく仕える, こびへつらう, (せっせと…の) ご機嫌をとる.

Schar·werk[ʃá:r..] 中 (Frondienst) **1** 〔史〕 賦役. **2** 《方》 苦役. [*mhd.*; ◇Schar[1]]

schar·wer·ken 自 (h) 《方》 苦役をつとめる.

Schar·wer·ker 男 《方》 **1** 苦役をつとめる人. **2** 〔農〕 日雇い人夫.

Schas[ʃa:s] 男 -/- 《南部・オーストリア》《話》 (Furz) 屁(へ): ~ mit Quasteln くだらない〈ばかばかしい〉こと. [< Scheiße]

Schasch·lik[ʃáʃlɪk, ⌣⌣́] 男 中 -s/-s 〔料理〕 シャシリック, シシカバブ (羊肉のくし焼き). [*turkotatar.* „Bratspieß" − *russ.*]

schas·sen[ʃásən] 《03》 他 (h) **1** 《話》 放校処分にする; 免職にする, くびにする: Er ist *geschaßt* worden. 彼は退学〈くび〉になった. **2** 《方》 (ergreifen) 捕らえる, つかまえる. [*fr.* chasser „jagen"; ◇*engl.* chase]

schas·sie·ren[ʃasí:rən] 自 (h) 〔ダンス〕 シャッセ (すべり足) のステップを踏む (→Chassé). [< *fr.* chassé „gleitender Schritt"]

schat·ten[ʃátən] 《01》 自 (h) 《雅》 (樹木などが) 日陰を与えてくれる; 《über *jm.* 〈*et.*[3]〉》 (…の上に) 影を落とす: Tragik *schattet* über ihr. 彼女のうえには悲劇の影がさしている.

Schat·ten[−] 男 -s/- **1 a**) (英: *shadow*) (光をさえぎる人や物体の形をうつす) 影, 影法師 (→ 図): die ~ der Bäume 〈der Häuser〉 木々〈家々〉の影 ‖ 〔4 格で〕 *seinen* 〔eigenen〕 ~ fliehen 自分の影におびえる, ひどくこわがる | Mach 〔mir〕 keinen ~! 陰になるからどいてくれ | den ~ für den Körper nehmen 影を実体と見誤る | lange ~ werfen (夕日を受けて人や物体が) 長い影を落とす ‖ 〔1 格で〕 Abends werden die ~ länger. 夕方には影が長くなる | wie ein ~ aussehen 見る影もなくやつれ果てている | *jm.* **wie ein ~ folgen** …に影のごとくよりそう, …から片時も離れようとしない; …にうるさくつきまとう | 〔**nur noch**〕 **der** 〈**ein**〉 **~ *seiner* selbst sein** やつれ果てて見る影もない ‖ 〔前置詞と〕 **in *js.* ~ stehen** …の陰に隠れてその存在が目立たない〈かすんでいる〉 | **mit** *seinem* 〔eigenen〕 ~ fechten 居もしない敵と戦う, ひとり相撲を取る | *sich*[4] mit *seinem* 〔eigenen〕 ~ zanken 自己嫌悪に陥っている | **nach** dem ~ greifen むなしい努力をする; 欲ばりすぎて元も子もなくす | nach *seinem* 〔eigenen〕 ~ springen 〈nachlaufen〉 無意味なことをする | **über *seinen* 〔eigenen〕 ~ springen** 柄にもないことをする, むなしい努力をする | **nicht über *seinen* 〔eigenen〕 ~ springen können** 自分の本性を変えることができない | **um den ~ eines Esels streiten** つまらぬことのために訴訟をおこす | *jn.* unter die ~ *seiner* Flügel nehmen …をかばう〈庇護(ひご)する〉 | ***sich*[4] vor *seinem* 〔eigenen〕 ~ fürchten** 自分の影におびえる, ひどくこわがる.

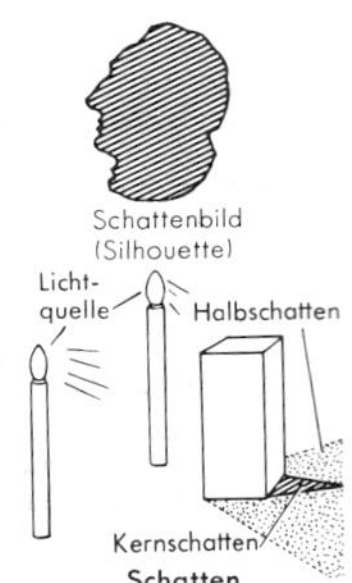

Schatten

b) 《単数で》 (英: *shade*) (光のささない) 陰, 物陰, 日陰; 《比》 (目立たない) 陰の部分: ein kühler ~ 涼しい物陰 | den ~ aufsuchen 日陰を探す | ~ geben 〈spenden〉 陰を作る | Wo Licht ist, 〔da〕 ist auch ~. (→Licht 1) ‖ 〔前置詞と〕 *jn.* **an** ~ legen 《方》 …を獄に入れる | 30 Grad **im** ~ 日陰での気温30度 | im ~ kühler Denkungsart 《雅》 冷静に考えると | im ~ sitzen 日陰に座っている | im ~ 〔des Daseins〕 leben ひっそりと生活を送る | *sich*[4] bei *et.*[3] im ~ halten …(討論など) に際して表面に立たない | Im ~ ist es kühl. 日陰は涼しい | aus der Sonne in den ~ gehen 日なたを出て日陰に入る | *jn.* in den ~ drängen …を (脚光を浴びる地位から) 追い落とす | ***jn.* 〈*et.*[4]〉 in den ~ stellen** …をはるかに凌駕(りょうが)する, …を顔色なからしめる | Diese Leistung stellt alles 〔bisher〕 Dagewesene in den ~. この業績は従来の水準をはるかに抜きん出ている.

2 a) (人や物体の輪郭としての) 影; 《比》 幻影, まぼろし: Ein ~ taucht aus dem Dunkel auf. 人影が暗がりから浮かび出る | Ein ~ huscht 〈fliegt〉 am Fenster vorbei. 何か

の影が窓辺をかすめる ‖ **einem ～ nachjagen** / nach einem ～ jagen 幻影を追い求める, 不可能事にむなしい努力をする. **b**) 死者の霊: das Reich der ～ (→Reich 1) | ins Reich der ～ hinabsteigen (→Reich 1).

3 《比》(不幸・疑惑などの)暗い影, かげり, 汚点; 予兆, 前ぶれ; (かすかな)気配, 手がかり: die ～ der Vergangenheit 過去の暗い影 ‖ **einen** ⟨*seinen*⟩ **～ auf** *et.*[4] **werfen** …の上に暗い影を投げかける | Das wirft einen ～ auf seine Vergangenheit ⟨seinen Charakter⟩. このことは彼の前歴⟨性格⟩に疑問を投じる | Die Lüge wirft einen ～ auf ihre Freundschaft. そのうそが彼らの友情を曇らせる一因となる | ***seine* ～ vorauswerfen** あらかじめ徴候を示す, 暗雲を投げかける ‖ Ein ～ fällt auf sein Glück ⟨seine Freude⟩. 彼の幸福⟨喜び⟩にかげりがさす | Einige ～ liegen auf seiner Vergangenheit. 彼の前歴には二, 三気になる点がある | Der ～ des Todes lag auf ihm. 彼には死の影が迫っていた | Ein ～ fliegt ⟨huscht⟩ über sein Gesicht. / Ein ～ überfliegt ⟨überzieht⟩ sein Gesicht. 彼の表情がふっと曇る | Ein ～ von Angst flog ⟨huschte⟩ über sein Gesicht. かすかな不安の色が彼の表情をかすめた | Der ～ eines Verdachtes kam auf. かすかな疑念がきざした ‖〘否定文で〙Auch **nicht der** 〔**leiseste**〕 **～** des Verdachtes fiel auf ihn. 彼には一片の嫌疑もかからなかった | Dafür ist 〔auch〕 nicht der ～ eines Beweises zu erbringen. それについては証拠のかけらすら持ち出せない | Nie gab es auch nur den ～ einer Unstimmigkeit zwischen ihnen. 彼らの間にはいまだかつて不和の気配さえなかった ‖〘前置詞と〙**um** einen ～ ほんの気持ちだけ, かすかに.

4 a) 暗い⟨黒ずんだ⟩部分(レントゲン写真に写った病巣の影・目のふちの青黒いくま・生えかかったひげなど): einen ～ auf der Lunge haben 肺に一つ影がある | 〔dunkle〕 ～ unter den ⟨um die⟩ Augen haben 目の下⟨まわり⟩に〔黒ずんだ〕くまができている | Auf seiner Oberlippe zeigt sich ein ～. 彼の鼻の下に黒いものが生えかけている. **b**) 〘次の成句で〙**einen ～ haben** 《話》頭がおかしい.

[*idg.*; ◇ *engl.* shade, shadow; *gr.* skótos „Dunkel"]

Schạt·ten≈baum[ʃátən..] 男 (↔Sonnenbaum) 〘植〙陰樹(条件陰生植物である樹種). **≈bild** 中 (Silhouette) **1** 影像, シルエット. **2** 影絵, 切り抜き絵(→ ⑱ Schatten). **≈blatt** 中 (↔ Sonnenblatt) 〘植〙陰葉. **≈blüm·chen** 中, **≈blu·me** 女 〘植〙マイヅルソウ(舞鶴草)属. **≈bo·xen** 中 -s/ 〘ボクシング〙シャドーボクシング. **≈brett** 中 (日よけ用の)覆い板. **≈da·sein** 中 影のような存在: **ein ～ führen** ⟨**fristen**⟩ ひっそりと暮らす, 喜びのないみじめな生活を送る | aus dem ⟨*seinem*⟩ ～ heraustreten みじめな生活から抜け出る, 人の注目を集めるようになる. **≈far·be** 女 〘紋〙図形〔の一部〕をおおう彩色.

schạt·ten·frei 形 影を持たない: eine ～*e* Lampe (医療用などの)無影灯.

Schạt·ten≈fürst 男 死者の国⟨冥府(めいふ)⟩の王. **≈ge·bung** 女 〘美〙描影法.

schạt·ten·haft[ʃátənhaft] 形 影のような, 影のようにぼんやりした; 漠然とした, あいまいな: ein ～*es* Dasein ⟨Leben⟩ führen ひっそり暮らす | nur eine ～*e* Vorstellung von *et.*[3] haben …についておぼろげな観念しか持っていない.

Schạt·ten≈holz 中 〘林〙あまり日照を必要としない樹木. **≈hut** 男 (つばの広い)日よけ帽. **≈ka·bi·nett** 中 影の内閣, シャドーキャビネット(政権をとったときに閣僚になれるような野党の有力者グループ). **≈kai·ser** 男 (実権のない)名ばかりの皇帝. **≈kö·nig** 男 (実権のない)名ばかりの王. **≈leu·te** Schattenmann の複数.

schạt·ten·lie·bend 形 (植物などが)〔日〕陰を好む.

schạt·ten·los[ʃátənlo:s][1] 形 **1** 影を持たない. **2** 日陰⟨木陰⟩のない.

Schạt·ten·lo·sig·keit[..lo:zıçkaıt] 女 -/ schattenlos なこと.

Schạt·ten≈mann 男 -〔e〕s/..leute 目立たない人物, 影の薄い存在. **≈mat·te** 女 (日よけ用の)よしず, わらむしろ. **≈mo·rel·le** 女 **1** 〘植〙スミノミザクラ(酸果桜桃). **2** スミノミザクラの実. **≈pflan·ze** 女 (↔Sonnenpflanze) 〘植〙陰生植物.

schạt·ten·reich 形 日陰⟨木陰⟩の多い.

Schạt·ten≈reich 中 -〔e〕s/ (Totenreich) 死者の国, 冥界(めいかい). **≈rei·ßer** 男 影絵⟨切り抜き絵⟩師. **≈riß** 男 ..sses/..sse = Schattenbild 2 **≈sei·te** 女 (↔Lichtseite, Sonnenseite) 光の当たらない側; 《比》暗い面, 暗黒面, 裏面; 短所: Alles hat seine Licht- und *Schattenseiten.* 何事にも表と裏がある | auf der ～ 〔des Lebens〕 stehen 不遇の生活⟨人生⟩を送る, めぐまれない境遇にある.

schạt·ten≈sei·tig 形 《付加語的》《オーストリア》Schattenseite にある. **≈spen·dend** 形 《雅》(樹木などが)日陰を与えてくれる.

Schạt·ten≈spen·der 男 日陰を与えてくれるもの; 日よけとして使われるもの. **≈spiel** 中 -〔e〕s/-e **1 a**) 《単数で》影絵芝居. **b**) 影絵芝居の脚本. **c**) 《ふつう複数で》影絵. **2** 〘美〙光と影のコントラスト. **≈stab** 男 (日時計の)投影棒. **≈thea·ter** 中 -s/ 影絵芝居. **≈vo·gel** 男 〘鳥〙シュモクドリ(撞木鳥)(アフリカ産). **≈wirt·schaft** 女 (統計・税制などで把握されていない)陰の⟨闇の⟩経済〔活動〕.

schat·tie·ren[ʃatí:rən] 他 (h) **1** (*et.*[4]) (…に)影⟨陰影⟩をつける; (色などに)明暗⟨濃淡⟩の差をつける; 《比》ニュアンスをつける: eine mundartlich *schattierte* Sprache 訛(なま)りを帯びた言葉. **2** (*et.*[4]) 〘園〙(強い日光に対して植物を)陰でおおう, (…のために)日よけをする.

Schat·tie·rung[..rʊŋ] 女 -/-en **1** 《単数で》schattieren すること. **2** 明暗⟨濃淡⟩の度, 色あい, 色調; ニュアンス, 微差: *js.* Charakter bis in die letzte ～ kennen …の性格をすみずみまで知り尽くしている | mit einer leisen ～ von Spott いささかのあざけりをまじえて | 〔um〕 eine ～ zu hell sein ほんのこころもち明るすぎる ‖ Die Presse aller ～*en* verurteilte das Abkommen. あらゆる傾向の新聞がこぞってその協定を非とした.

schạt·tig[ʃátıç][2] 形 影の多い; 陰になった, 日陰の; 暗い; 影を投げる, 陰をつくる: ～*e* Kühle 日陰の涼しさ | eine ～*e* Veranda 日陰になっているベランダ | eine ～*e* Bank suchen (公園などで)日陰⟨木陰⟩のベンチを探す ‖ Hier ist es ～. ここは日陰になっている.

Schạtt·sei·te[ʃát..] 《オーストリア・スイス》 = Schattenseite

schạtt·sei·tig 《オーストリア・スイス》 = schattenseitig

Scha·tụl·le[ʃatʊ́lə] 女 -/-n **1** (鍵(かぎ)のついた小さな)宝石箱, 貴重品入れ: eine alte ～ 《話》ばあさん. ▽**2** (Privatschatulle) (王侯などの)御手許(おてもと)金, 内帑(ないど)金.

[*mlat.* scatula „〔Geld〕schrein"; ◇ Schachtel]

Schatz[ʃats] 男 -es/Schätze[ʃɛ́tsə] **1** (人知れず埋もれている, または収集蓄積された)宝, 宝物, 財宝; 富, 財産; 〘法〙埋蔵物: der ～ der Nibelungen ニーベルンゲンの宝(→Nibelungen) | die *Schätze* des Bodens ⟨des Meers⟩ 地下⟨海洋⟩資源 | ein ～ von ⟨an⟩ Erfahrungen 豊富な知識, 知識の宝庫 | ein reicher ～ an impressionistischen Gemälden 印象派絵画の一大コレクション ‖ einen ～ vergraben ⟨ausgraben⟩ 宝を埋める⟨掘り出す⟩ | nach *Schätzen* graben 宝探しをする | viele *Schätze* erwerben ばく大な富を手に入れる | Für alle *Schätze* der Welt gebe ich das nicht her. たとえ何をもらっても私はこれを手放さない. **2** 大事にしているもの, 宝, 宝物: Der Sohn ist ihr größter ～. 息子は彼女にとって最大の宝である. **3** (小 **Schätz·chen** [ʃɛ́tsçən], **Schätz·lein**[..laın] 中 -s/-) **a**) 最愛の人; 恋人, 愛人. **b**) 最愛の⟨かわいい⟩子. **c**) 愛すべき⟨親切な・好感の持てる⟩人. **4** 《複数で》= Schatzanweisung [*germ.*]

Schạtz≈amt[ʃáts..] 中 **1** 財務⟨管財⟩局. **2** 大蔵省. **≈an·wei·sung** 女 -/-en 《ふつう複数で》国庫証券.

▽**schạtz·bar**[ʃátsba:r] 形 課税し得る. [<schatzen]

schạ̈tz·bar[ʃɛ́tsba:r] 形 **1** 評価⟨見積もり⟩可能な. **2** 尊重⟨尊敬⟩すべき; 価値のある, 貴重な, たいせつな: ein ～*er* Freund 畏友(いゆう). [<schätzen]

Schạ̈tz·bar·keit[–kaıt] 女 -/ schätzbar なこと.

Schạ̈tz·chen Schatz の縮小形.

Schạ̈t·ze Schatz の複数.

▽**schạt·zen**[ʃátsən] 《02》 他 (h) (課税のため財産などを)評価

する; (besteuern) (…に) 課税する. [*ahd.*; ◇Schatz]

schä̩t·zen[ʃɛ́tsən] 《02》 他 (h) **1 a**) (数量・価値・能力などについて) 見積もる, 評価する; (taxieren) (…の価値・価格を) 査定する: *js.* Alter ～ …の年齢を推定する | ein Haus 〈ein Grundstück〉 ～ 家屋〈土地〉の価格を評価する | den Wert von *et.*³ ～ / *et.*⁴ nach *seinem* Wert ～ …の価値を評価〈査定〉する ‖ *et.*⁴ hoch 〈niedrig〉 ～ …を高く〈低く〉評価する | *js.* Fähigkeiten zu gering ～ …の能力を過小評価する | Das scheint mir zu gering *geschätzt.* 私はその見積もりは低すぎるように思う | Es wird, gering *geschätzt,* 100 DM gekostet haben. 費用は低く見積もっても100マルクはかかっただろう | Grob *geschätzt,* dürfte es 〔an〕 dreißig Meter sein. ざっと見積もって〔ほぼ〕30メートルであろう ‖ *jn.* 〈*js.* Alter〉 **auf** fünfzig 〔Jahre〕 ～ …の年齢を50歳と踏む | die Entfernung auf 100 m ～ 距離を100メートルと踏む | den Schaden 〈das Vermögen〉 auf zirka 20 000 DM ～ 損害額〈財産〉を約２万マルクと査定する | *jn.* 〔für〕 älter 〈jünger〉 ～ …を(実際より)年上〈年下〉だと思う | Wie alt *schätzt* du ihn? 君は彼を何歳と思うか | Wie hoch 〈breit〉 *schätzt* du die Kiste? 君はこの木箱の高さ〈幅〉をどれくらいだと思うか. **b**) 〖聖〗(住民の) 人口調査をする: Es begab sich aber zu der Zeit, daß ein Gebot von dem Kaiser Augustus ausging, daß alle Welt *geschätzt* würde. ところでそのころ全世界の人口を調査すべしという命令がアウグストゥス皇帝から出た(ルカ２, １).

2 《見積もりの意味が薄れて》(…と) 見なす, (…であると) 思う: 〔*sich*³〕 *et.*⁴ zur 〈als eine〉 Ehre ～ …を名誉に思う ‖ Ich *schätze,* daß die Arbeit in einer Woche beendet sein wird. 私は作業は１週間で終わると思う | Wann, *schätzt* du, wird er hier sein? 彼はいつここに着くと君は思うか | Wie wir *schätzen,* hat er die Röteln. 我々の見るところでは彼は風疹にかかっている ‖ 再帰 *sich*⁴ **glücklich** ～《雅》自分を幸せだと思う, うれしく思う, 喜ぶ | Ich *schätze* mich glücklich, Sie kennengelernt zu haben. あなたとお近づきになれてうれしく存じます | Ich würde mich glücklich ～, wenn ... もしも…ならば幸甚に存じます.

3 (hochschätzen) 高く評価する, 尊重する, 重んじる: *jn.* 〈*et.*⁴〉 sehr ～ …を高く評価する | *jn.* 〈*et.*⁴〉 nicht sonderlich ～ …をあまり高く買わない | gutes Benehmen ～ 行儀〈しつけ〉を重視する | einen guten Wein ～ よいワインを好む ‖ ***et.*⁴ zu ～ wissen** …のありがたさが分かる | Ich weiß seinen Rat zu ～. 私には彼の助言のありがたさが分かっている | Er weiß sein Glück nicht zu ～. 彼には自分の幸せのありがたみが分かっていない | Du hast ihn nie so recht zu ～ gewußt. 君は彼の値うちが本当には分からずじまいだった ‖ ein *geschätzter* Mitarbeiter 仲間に尊重されている〈評判のよい〉協力者 | Meine sehr *geschätzten* Damen und Herren! (スピーチの冒頭で) 敬愛するお集まりの皆様 | Ihr *geschätztes* Schreiben 〖商〗貴簡.

schä̩t·zen|ler·nen[ʃɛ́tsən..] 他 (h) (…の) 価値に気づく, 尊重するようになる: Mit der Zeit habe ich ihn 〈seine Fähigkeiten〉 sehr *schätzengelernt.* 時がたつにつれて私は彼〈彼の才能〉をきわめて高く評価するようになった.

schä̩t·zens≠we̲rt 形, **≠wür·dig** 形 尊重〈高く評価〉すべき, 貴重な, りっぱな.

Schä̩t·zer[ʃɛ́tsər] 男 -s/- (schätzen する人. 特に:) (Taxator) 価格査定人.

Scha̩tz≠fund[ʃáts..] 男 **1** 〖法〗埋蔵物発見. **2** 宝物の発見; (発見・発掘された) 宝物. **≠grä·ber** 男 (埋蔵された) 宝を探す人.

Schatz·grä·be·re̲i[ʃatsgrɛːbəráɪ] 女 -/ 宝探し.

Scha̩tz≠haus[ʃáts..] 中 (古代ギリシアの神殿などの) 宝物庫. **≠kam·mer** 女 **1** 〖史〗(王侯の) 宝蔵; 《比》(地下資源などの) 宝庫. **2** (イギリスの) 大蔵省. **≠kanz·ler** 男 (イギリスの) 大蔵大臣. **≠ka·sten** 男 (⑩ **≠käst·chen, ≠käst·lein** 中) 宝石箱, 貴重品入れ.

Schä̩tz·lein Schatz の縮小形.

Scha̩tz≠mei·ster[ʃáts..] 男 **1** (⊛ **≠mei·ste·rin**) 会計主任, 財務委員〈理事〉. **2** 〖史〗内帑(ないど)管理官, 王室会計主任; (イギリスの) 大蔵大臣 (1612年まで).

ᵛ**scha̩tz·pflich·tig** 形 (abgabenpflichtig) 納税義務のある.

Schä̩tz·preis[ʃɛ́ts..] 男 査定〈評価〉価格; 見積もり価格. [＜schätzen]

Scha̩tz≠schein[ʃáts..] 男 (短期の) 国庫証券〈手形〉. **≠su̲·cher** 男 宝を探す人.

Scha̩t·zung[ʃátsʊŋ] 女 -/-en ᵛ**1** schatzen すること. **2** 《スイ》(公的な) 査定.

Schä̩t·zung[ʃɛ́tsʊŋ] 女 -/-en (schätzen すること. 例えば:) **1** 見積もり, 評価; (価値・価格の) 査定: eine grobe ～ 大まかな見積もり, 概算 | die ～ des Einkommens 〈des Nachlasses〉 収入〈遺産〉の査定. **2** 高い評価, 尊重, 重視: *js.* ～ genießen …に尊重〈敬愛〉されている | *sich*⁴ allgemeiner ～ 〔er〕freuen《雅》広く尊重〈敬愛〉されている.

Schä̩t·zungs·ge·bü̲hr 女 査定料.

schä̩t·zungs·wei·se 副 おおよその見積もりによれば, おおよそ, ほぼ.

Scha̩tz·wech·sel[ʃáts..] 男 短期国庫手形.

Schä̩tz·we̲rt[ʃɛ́ts..] 男 査定〈評価〉価値. [＜schätzen]

schau[ʃaʊ] 形《話》(ausgezeichnet) すてきな, すごい: ein ～*er* Film すてきな映画. [＜Schau 1 c]

Schau[ʃaʊ] 女 -/-en《ふつう単数で》**1** (見せること) **a**) 展示, 展覧: **zur ～ stehen** 展示〈陳列〉してある ‖ ***et.*⁴ zur ～ stellen** i) …を展示〈陳列〉する; ii) …をあからさまに見せる〈見せびらかす〉 | Waren zur ～ stellen 商品を展示〈陳列〉する | *seine* Mißstimmung unverholen zur ～ stellen 不快感を露骨にあらわす ‖ ***et.*⁴ zur ～ tragen** i) …を見せつける〈見せびらかす・誇示する〉; ii) …を装う, …と見せかける | einen kostbaren Schmuck zur ～ tragen 高価な装飾品を見せびらかす | gemachte Ruhe zur ～ tragen つとめて平静を装う. **b**) 展示会, 展覧会: eine landwirtschaftliche ～ 農業展示会 | Gebrauchtwagen*schau* 中古車展示〔会〕 ‖ *et.*⁴ auf einer ～ zeigen …を展覧会〈展示会〉で陳列する. **c**) (Show) 見せ物, ショー; 〔すばらしい〕見もの: Ein-Mann-～ ワンマンショー | Moden*schau* モード〈ファッション〉ショー ‖ **eine 〈die große〉 ～ abziehen**《話》自分を誇示する, (人目をひくために) 大騒ぎを演じる | **Mach keine ～!**《話》気どるなよ | ***jm.* die ～ stehlen**《話》…から予期された成果を横取りする, …のお株を奪う, …を出し抜く ‖ **auf ～ machen**《話》派手に振舞う | **einen auf ～ machen**《話》自慢する, えらぶる ‖ **die 〈eine〉 ～ sein**《若者語》すてきである, いかす | Der Film war eine ～ 〈die ～〉! その映画はすばらしかった | Dein großer Bruder ist eine einmalige ～. 君の兄貴ってまったくいかすね.

2 (見ること) **a**) 《複合名詞の形で》(Besichtigung) 視察, 検閲: Heer*schau* 閲兵〔式〕 | Leichen*schau* 検死 | Vogel*schau* 鳥瞰(ちょうかん). **b**) 《雅》(Gesichtspunkt) 観点, 視点: aus historischer ～ 〔heraus〕 歴史的観点から | *et.*⁴ in ganz neuer ～ darstellen …を全く新しい視点から叙述する. **c**) 《雅》見方, とらえ方: eine philosophische ～ 哲学的な見方〈とらえ方〉. [*mhd.*; ◇schauen]

Schaub[ʃaʊp][1] 男 -〔e〕s/Schäube[ʃɔ́ʏbə] (単位: -/-) 《南部・オーストリア・スイス》(Garbe) (穀物の) 束(たば); わら束. [„Zusammengeschobenes"; *ahd.*; ◇schieben, Schober, Scho〔p〕f; *engl.* sheaf]

schau̲·bar[ʃáʊbaːr] 形 目で知覚する〈とらえる〉ことができる, 目に見える, 可視の; 《比》理解できる.

Schau̲·bar·keit[–kaɪt] 女 -/ schaubar なこと.

Schau̲·be[ʃáʊbə] 女 -/-n 〖服飾〗シャウベ (15–16世紀のドイツのゆったりした男子用の長上着, しばしば毛皮の襟をつけた: → 図). [*it.* giuppa (→Joppe)]

Schaube

Schäu̲·be Schaub の複数.

Schau̲·be·gier·de[ʃáʊ..] 女 見たいという欲望.

schau̲·be·gie·rig 形 見たいという欲望に駆られた, 物見高い, 好奇心の強い.

S

ᐁ**Schau·ben≈dach**[ʃáubən..] 中 (Strohdach) わらぶき屋根. ≈**hut** 男 (Strohhut) 麦わら帽子.
[<Schaub]

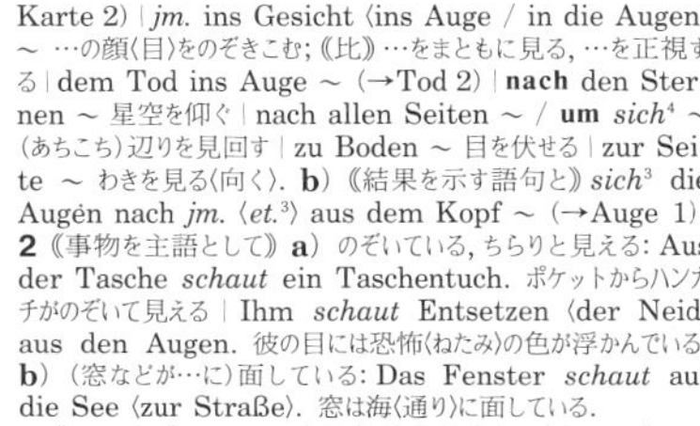

Schäublein

Schau·bild[ʃáu..] 中 **1** (Diagramm) 図表, ダイヤグラム. **2** (Diorama) ジオラマ, 立体模型.

Schäub·lein[ʃɔ́yplaɪn] 中 -s/- 〘服飾〙ショイプライン(16世紀のドイツの婦人用上着: → 図). [<Schaube]

Schau≈box[ʃáu..] 女《話》(Fernsehgerät) テレビ受像機. ≈**brot** 中 -[e]s/-e《ふつう複数で》〘ユダヤ教〙供えの〔種なし〕パン. ≈**bu·de** 女 (年の市などの) 見せ物小屋.

Schau·bu·den·be·sit·zer 男 (年の市などの) 見せ物師, 興行師.

Schau≈büh·ne 女 ᐁ**1** (Theater) 舞台, 劇場. **2** die ～ シャウ=ビューネ座(ベルリンの劇場・劇団). ≈**burg** 女《北部》劇場; (映画館の名前として)シネマ, 館, 座. ≈**bu·sen** 男《話》(これ見よがしの) 豊満な胸, 堂々たるバスト.

Schau·der[ʃáudər] 男 -s/- (寒さのための) 身震い, 寒け, 悪寒(おかん); (恐怖・畏怖(いふ)などによる) 嫌悪; 戦慄(せんりつ), おののき: Wonne*schauder* 歓喜のおののき ‖ Die Kälte trieb ihm kalte ～ durch die Glieder. 寒さのために彼は全身がぞくぞくした ‖ Ein ～ ergriff ihn. 彼は恐怖〈畏怖の念〉にとらえられた | Ein ～ fuhr 〈lief〉 ihm über den Rücken. 戦慄が彼の背すじを走った.

schau·der·bar[-ba:r]《戯》=schauderhaft

schau·der·er·re·gend 形 ぞっとする〈身の毛のよだつ〉ような: ein ～*er* Anblick 身の毛もよだつ光景.

Schau·der·ge·schich·te =Schauergeschichte

schau·der·haft[ʃáudərhaft] 形 **1** ぞっとする〈身の毛のよだつ〉ような, おそろしい: ein ～*es* Verbrechen おそるべき犯罪. **2**《話》不快なほどの; ひどい, ものすごい: eine ～*e* Hitze 〈Kälte〉 すさまじい暑さ〈寒さ〉 | ein ～*es* Wetter ひどい悪天候 | ein ～*es* Deutsch sprechen ひどくまずいドイツ語を話す ‖ Es ist ～ kalt. おそろしく寒い | Der Kaffee hat ～ geschmeckt. コーヒーはすごくまずかった | Ich mußte ～ lange warten. 私はえらく長く待たされた.

schau·dern[ʃáudərn]《05》(schauern) **I** 自 (h) **1** (英: *shudder*) (寒さ・恐怖・畏怖(いふ)・嫌悪などで突然) 身ぶるいする, わななく, ぞっとする: vor Kälte ～ 寒くて身ぶるいする | vor Angst ～ 不安におののく | *jn.* ～ lassen 〈machen〉 …を身ぶるいさせる, …をぞっとさせる ‖ Ein *Schaudern* erfaßte 〈ergriff / packte〉 ihn. 突然彼は戦慄(せんりつ)に襲われた ‖ *sich*⁴ *schaudernd* abwenden ぞっとして顔をそむける. **2** 非人称《es schaudert *jm.* / *jm.* schaudert》=II

II 他 (h) 非人称《es schaudert *jn.* / *jn.* schaudert》(…が寒さ・恐怖・畏怖・嫌悪などで) 身ぶるいする, ぞっとする: Mich *schaudert* bei dem Gedanken daran. そのことを考えると私は身の毛のよだつ思いがする | Es *schauderte* ihn, als er in den Abgrund sah. 断崖(だんがい)から下をのぞいたとき彼はぞっとした. [*ndd.*; ◇schuddern; *engl.* shudder]

schau·de·rös[ʃaudərø:s]¹《戯》=schauderhaft

schau·der·voll[ʃáudərfɔl] 形《雅》(schaudererregend) 恐怖にみちた, ぞっとする〈身の毛のよだつ〉ような, おそろしい: eine ～*e* Finsternis 身の毛もよだつ暗やみ.

Schau·ef·fekt[ʃáu..] 男 視覚的効果.

schau·en[ʃáuən] **I** 自 (h)《特に南部・オーストリア・スイス》**1** (sehen) **a)**《方向を示す語句と》(…に) 視線を向ける, (…の方を) 見る, 眺める; (gucken) のぞく: hin und her ～ あちこち見る, きょろきょろする | überall, wohin man *schaut* 見渡す限り〔どこもかしこも〕‖ **auf** die Uhr ～ 時計を見る | *jm.* auf die Finger ～ (→Finger 1) | **aus** dem Fenster ～ 窓から外を眺める | **durch** das Schlüsselloch ～ かぎ穴からのぞく | **hinter** die Kulissen ～ (→Kulisse 1) | **in** den Spiegel ～ 鏡を見る | Der Mond *schaut* ins Zimmer. 月光が部屋に差し込む | zu tief ins Glas geschaut haben (→Glas 2) | besorgt 〈optimistisch〉 in die Zukunft ～《比》将来を憂慮〈楽観〉する | *jm.* in die Karten ～ (→Karte 2) | *jm.* ins Gesicht 〈ins Auge / in die Augen〉 ～ …の顔〈目〉をのぞきこむ;《比》…をまともに見る, …を正視する | dem Tod ins Auge ～ (→Tod 2) | **nach** den Sternen ～ 星空を仰ぐ | nach allen Seiten ～ / **um** *sich*⁴ ～ (あちこち) 辺りを見回す | zu Boden ～ 目を伏せる | zur Seite ～ わきを見る〈向く〉. **b)**《結果を示す語句と》*sich*³ die Augen nach *jm.* 〈*et.*³〉 aus dem Kopf ～ (→Auge 1).

2《事物を主語として》**a)** のぞいている, ちらりと見える: Aus der Tasche *schaut* ein Taschentuch. ポケットからハンカチがのぞいて見える | Ihm *schaut* Entsetzen 〈der Neid〉 aus den Augen. 彼の目には恐怖〈ねたみ〉の色が浮かんでいる. **b)** (窓などが…に) 面している: Das Fenster *schaut* auf die See 〈zur Straße〉. 窓は海〈通り〉に面している.

3《auf *et.*⁴》(…に) 注意を向ける, 留意〈配慮〉する;《nach *et.*³》(…に) 気を配る, (…の) 面倒を見る: **auf** Sauberkeit ～ 清潔に留意する | **nach** dem Rechten ～ 万事きちんとしているかどうか確かめる〈目を光らせる〉| nach dem Kranken ～ 病人の面倒を見る ‖〘daß 副文, zu 不定詞〔句〕などと〙*Schau*, daß 〈wie〉 du damit fertig wirst! なんとか処理してみたまえ | Ich muß ～, den Zug nicht zu versäumen. 私は列車に遅れないようにしなければならない.

4《様態を示す語句と》(…の) 目つきをしている, 表情を浮かべる: böse 〈ärgerlich〉 ～ 不機嫌な顔つきをしている | traurig 〈vergnügt〉 ～ 悲しげな〈うれしそうな〉表情を見せる | Seine Augen *schauen* kalt 〈streng / unsicher〉. 彼の目つきは冷たい〈厳しい・落ちつかない〉| Der Himmel *schaut* finster.《比》空模様が険悪だ.

5 (aussehen)《*jm.* ähnlich schauen などの形で》外観が(…に) 似て見える; (いかにも…) らしい: Sie *schaut* ihrer Mutter ähnlich. 彼女は顔かたちが母親似だ | Das *schaut* ihm ähnlich. それはいかにも彼らしい〈彼のやりそうなことだ〉.

6 目をむく, びっくりする: Da wird er aber ～! 彼はきっとびっくりするよ | Gelt, da *schaust* 〔du〕! (君は) びっくりすると請け合いだ.

7《schau, schauen Sie の形で間投詞的に》ほらね; やあ, おや, まあ; ええと: ***schau, schau!*** おやおや, これはこれは | *Schau* 〔mal〕, so mußt du das machen! ほらね こういうふうにやらなくっちゃ | *Schau*, Franz, sei vernünftig! ねえフランツ ばかなこと〔をするの〕はおやめ | *Schauen* Sie, das ist doch folgendermaßen ... ええとですね それはつまりこんな具合なんですが….

II 他 (h) **1**《南部・オーストリア》**a)** (意図的行為として) 見る, 眺める, 観察する: Bilder ～ 絵画を鑑賞する | Ich habe den ganzen Abend Fernsehen *geschaut.* 私は一晩じゅうテレビを見ていた. **b)** (意図的行為としてではなく) 見る, 目にする: das Licht der Sonne ～ (暗い室内などから解放されて) 陽光の下に出る; 日の目を見る. **2**《雅》(抽象的・精神的存在を) 視覚的〈直観的〉にとらえる, 観ずる: Gottes Antlitz ～ 神〔の顔〕を(まのあたりに) 見る | die Unendlichkeit ～ 無限を具象的に思い描く | die Zukunft ～ 未来を脳裏に描く.
[*westgerm.*; ◇Kavent, schön; *engl.* show]

Schau·er¹[ʃáuər] 男 -s/- (⊗ **Schaue·rin**[..ərɪn] -/-nen)《雅》(schauen する人. 例えば:) 観察者; 見物人; 検査人; (未来を) 予見する人.

Schau·er²[-] 男 中 -s/-《方》**1** (Schuppen) 物置小屋, 納屋. **2** (Schutzdach) (雨露・風などを防ぐための) ひさし.
[*ahd.* scūr; ◇obskur, Scheune]

Schau·er³[-] 男 -s/- =Schauermann

Schau·er⁴[-] 男 -s/- **1** (短時間に降る激しい雨・あられ・雪など. 特に:) にわか雨, 夕立, 驟雨(しゅう): ein heftiger 〈kurzer〉 ～ 激しい〈短い〉にわか雨 | Hagel*schauer* (短時間の) ひょう | ein ～ von Tränen 〈Vorwürfen〉《雅》涙〈非難〉の雨 ‖ in einen ～ geraten 夕立にあう | Der Wetterbericht hat gewittrige ～ angesagt. 天気予報は雷を伴うにわか雨を予報した. **2** =Schauder [*germ.*; ◇*engl.* shower; *lat.* caurus „Nordwestwind"]

schau·er·ar·tig[ʃáuər..] 形 にわか雨のような, 驟雨(しゅう)状の.

Schau·er≈bild 中 身の毛のよだつ光景. ≈**dra·ma** 中 ぞっとする〈身の毛もよだつ〉ようなドラマ, 怪談劇.

schau·er·er·re·gend =schaudererregend

Schau·er·ge·schich·te 女 -/-n **1** 身の毛もよだつ〈おそろしい〉話, 怪談. **2**《ふつう複数で》《軽蔑的に》ひどく迷信的な話.

schaue·rig =schaurig

Schaue·rin Schauer[1]の女性形.

Schau·er·leu·te Schauermann の複数.

schau·er·lich[ʃáuərlɪç] 形 **1** ぞっとする〈身の毛のよだつ〉ような, おそろしい, 不気味な: ein ～*es* Verbrechen 身の毛もよだつ〈むごたらしい〉犯罪 ‖ Der Wind heult ～. 風がおそろしいばかりにうなっている. **2**《話》不快なほどの; ものすごい, ひどい: ein ～*er* Geschmack ひどい悪趣味 | ～*e* Zahnschmerzen ひどい歯痛 ‖ Er hat ～ gespielt. 彼の演技〈演奏〉はひどくまずかった | Es ist ～ kalt. おそろしく寒い.

Schau·er·lich·keit[−kaɪt] 女 -/-en《ふつう単数で》schauerlich なこと.

Schau·er·mann[ʃáuərman] 男 -[e]s/..leute (Hafenarbeiter)〖海〗港湾労働者, 沖仲仕, 波止場人足. [*ndl.*; < *ndl.* sjouwen „hart arbeiten"]

Schau·er·mär·chen 中 -s/-《ふつう複数で》=Schauergeschichte 2

schau·ern[ʃáuərn]《05》**I** 自 (h) **1** 非人称《es schauert》(雨・あられ・雪などが短時間激しく降る. 特に:) にわか雨〈驟雨(しゅうう)〉が降る. **2** (schaudern) **a)** (寒さ・恐怖・畏怖(いふ)・嫌悪などで突然)身ぶるいする, わななく, ぞっとする: vor Kälte 〈Schrecken〉 ～ 寒くて〈おそろしくて〉わなわなふるえる | *jn.* ～ lassen 〈machen〉 …を身ぶるいさせる, …をぞっとさせる ‖ Ein eiskaltes *Schauern* ging 〈lief〉 durch meine Glieder. 私の体じゅうを戦慄(せんりつ)が走った. **b)** 非人称《es schauert *jm.* / *jm.* schauert》=II **II** 他 (h) 非人称《es schauert *jn.* / *jn.* schauert》(寒さ・恐怖・畏怖・嫌悪などで…が) 身ぶるいする, ぞっとする: Mich *schauert*, wenn ich so etwas sehe. 私はそんなものを見ると身の毛がよだつ | Es *schauerte* ihn vor Kälte. 彼は寒くて身ぶるいした.

Schau·er≈nacht[ʃáuər..] 女 恐怖の夜. **≈re·gen** 男 にわか雨, 驟雨(しゅうう). **≈ro·man** 男 ぞっとする〈身の毛のよだつ〉ような小説, 怪談小説. **≈stück** 中 ぞっとする〈身の毛のよだつ〉ような〔文学〕作品.

schau·er·voll[ʃáuərfɔl]《雅》=schaudervoll

Schau·er·wet·ter 中 にわか雨の多い天候.

Schau·fel[ʃáufəl] 女 -/-n **1 a)** シャベル, ショベル, スコップ (→ 図): Kohlen*schaufel* 石炭用スコップ | ein paar ～n 〔voll〕 Kohlen シャベル二三杯の石炭 ‖ *et.*[4] auf die ～ nehmen …をシャベルですくいあげる | Schnee mit ～ und Besen beseitigen シャベルとほうきで除雪する. **b)** (Kehrichtschaufel) ちり取り, ごみ取り. **2** (シャベル状のもの. 例えば:) **a)** (水車の)バケット, 水受け〔板〕; (タービンなどの)羽根; (コンベヤーなどの)バケット; (オールの)ブレード, 水かき; (スキーの)先端部. **b)**〖狩〗(シカの角の先端の)掌状部(→ 図 Geweih); (雷鳥の)尾羽; (羊・牛などの)門歯. **c)**《スイ》(Pik)〖トランプ〗スペード. **d)**《話》(指の)長いつめ. [*germ.*; ◇schieben, Schippe; *engl.* shovel]

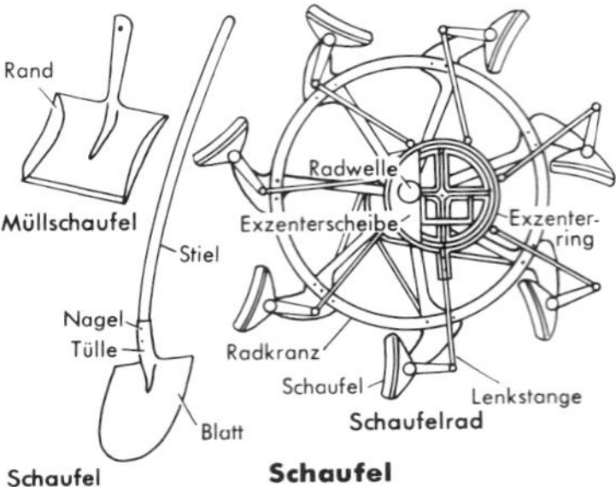

Schaufel

Schau·fel≈bag·ger =Schaufelradbagger **≈blatt** 中 シャベル〈スコップ〉の刃(平たい部分).

Schäu·fe·le[ʃɔ́yfələ] 中 -s/-《南部》(ハム・ベーコン用の)豚の肩肉の燻製(くんせい)〈塩漬け〉.

schau·fel·för·mig[ʃáufəlfœrmɪç][2] 形 シャベル状の.

Schau·fel·ge·weih 中 (シカの)掌状角.

schau·fe·lig[ʃáufəlɪç][2] (**schauf·lig**[..flɪç][2]) =schaufelförmig

Schau·fel·la·der[ʃáufəl..] 男〖土木〗(掘削した土砂などを搬出する)トラクターショベル, ショベルローダー.

schau·feln[ʃáufəln]《06》**I** 他 (h) **1** (砂・穀物などを) シャベル〈スコップ〉ですくう: Schnee ～ スコップで雪かきをする | Kartoffeln in Säcke[4] ～ じゃがいもをシャベルで袋へ入れる | Kohlen in den Keller ～ 石炭をシャベルで地下室へ投げ入れる. **2** (穴・みぞ・通路などを)シャベル〈スコップ〉で掘る: ein Loch ～ シャベルで穴を掘る | einen Weg durch den Schnee ～ シャベルで雪の中に道をつける | *sich*[3] selbst *sein* eigenes Grab ～ (→Grab). **3**〖サッカー〗(ボールを下からすくうように)シュートする. **II** 自 **1** (h) シャベル〈スコップ〉を使う: Die Kinder *schaufelten* mit ihren Schippen im Sand. 子供たちはシャベルで砂遊びをし〔てい〕た. **2** (s) (外車船が)外車で進む.

Schau·fel·rad 中〖工〗(タービンなどの)〔円板〕羽根車, ランナー(→ 図 Schaufel);〖海〗(外車船の)外車.

Schau·fel·rad≈bag·ger 男〖工〗バケットホイール=エキスカベーター. **≈damp·fer** 男 外車船, 外輪船.

Schau·fel≈stiel 男 シャベル〈スコップ〉の柄(え). **≈zahn** 男 (羊・牛などの)門歯.

Schau·fen·ster[ʃáu..] 中 **1** (商店・デパートなどの)陳列窓, ショーウインドー: *sich*[3] die ～ ansehen / die ～ betrachten ショーウインドーをのぞく | das ～ dekorieren ショーウインドーを飾る | *et.*[4] im ～ ausstellen …をショーウインドーに飾る〈展示する〉| im ～ liegen 〈stehen〉 (商品などが)ショーウインドーに展示されている. **2**《話》**a)** (胸のあらわになる)ローネック〔ドレス〕. **b)** 望遠鏡; オペラグラス; めがね; サングラス.

Schau·fen·ster≈aus·la·ge 女 ショーウインドーの展示品. **≈bum·mel** 男 ウインドー=ショッピング: einen ～ machen ウインドー=ショッピングをする. **≈de·ko·ra·teur** [..tøːr] 男 ショーウインドー飾り付け専門家. **≈de·ko·ra·tion** 女 ウインドー=ドレッシング, ショーウインドーの飾り付け. **≈dis·play** 中 ショーウインドーの展示. **≈ein·bruch** 男 ショーウインドー破り. **≈ge·stal·ter** 男 =Schaufensterdekorateur **≈ge·stal·tung** 女 =Schaufensterdekoration **≈pup·pe** 女 ショーウインドーのマネキン人形. **≈re·kla·me** 女 ショーウインドー広告. **≈wett·be·werb** 男 ショーウインドー飾り付けコンテスト.

Schauf·ler[ʃáuflər] 男 -s/- **1** シャベルを用いる人〈労務者〉. **2**〖狩〗掌状角のあるシカ. [<Schaufel]

Schau·flie·gen[ʃáu..] 中 -s/ =Schauflug

schauf·lig =schaufelig

Schau≈flug[ʃáu..] 男 模範演技飛行; 航空ショー. **≈ge·prän·ge** 中《雅》(効果をねらった)豪華さ. **≈ge·rüst** 中 組み立て桟敷, 仮設観覧〈見物〉席. **≈ge·schäft** 中 -[e]s/ (Showgeschäft) ショービジネス. **≈haus** 中 **1** (身元不明者の)死体公示所. **2**《南部》(Leichenhalle) 霊安室, 霊柩(れいきゅう)安置室. **≈kampf** 男 模範試合, エキジビションマッチ. **≈ka·sten** 男 (ガラス張りの)展示ケース, 陳列箱〈棚〉.

Schau·kel[ʃáukəl] 女 -/-n **1** ぶらんこ: die ～ anstoßen ぶらんこを押して動かす | das Kind auf die ～ setzen 子供をぶらんこに乗せる | *sich*[4] auf die ～ setzen ぶらんこに腰を下ろす. **2**《方》(Wippe) シーソー〔台〕. [*ndd.*; ◇schocken[1]]

Schau·kel≈be·we·gung 女 左右〈前後〉の揺れ. **≈brett** 中 ぶらんこの腰掛け板.

Schau·ke·lei[ʃaukəlái] 女 -/-n《ふつう単数で》(間断なく)揺れる〈体を揺り動かす〉こと, (不快な)絶え間のない揺れ.

schau·ke·lig[ʃáukəlɪç][2] (**schauk·lig**[..klɪç][2]) 形 (ぶらんこのように) 揺れる; (いすなどが) ぐらぐら〈がたがた〉する.

schau·keln[ʃáukəln]《06》**I** 自 **1** (h) (前後・左右に) 揺れる, 揺れ動く; (人が) 体を揺り動かす; ぶらんこをする: an den Ringen 〈auf der Schaukel〉 ～ つり輪にぶらさがって〈ぶらんこに乗って〉体を揺り動かす | im 〈mit dem〉 Schaukelstuhl ～ ロッキングチェアに座って体を前後に揺する | Kinder *schaukeln* gern. 子供たちはぶらんこが好きだ | Das Boot *schaukelt* auf den Wellen. ボートは波のまにまに揺れている | Er hat ganz schön *geschaukelt.* 《話》彼はしたたか酔っぱらった(ひどい千鳥足だった) ‖ mit *schaukelnden* Hüften 腰をふりながら. **2** (s) 《方向を示す語句と》揺れながら進む: Wir sind mit der alten Straßenbahn durch die Stadt *geschaukelt.* 私たちは古びた市電でガタガタと町を通っていった.

II 他 (h) **1** (前後・左右に)揺り動かす, 揺する; 揺り動かしながら進む: das Baby 〈die Wiege〉 ～ 赤ん坊〈ゆりかご〉を揺する | das Kind auf den Knien ～ 子供をひざの上で揺する | Wir werden das Kind schon ～. (→Kind) ‖ Das Flugzeug hat uns sicher durch das Unwetter *geschaukelt.* 飛行機は荒天を突いて揺れながらも私たちを安全に運んだ ‖ 再帰 *sich*[4] ～ 体を揺り動かす; 揺れる, 揺れ動く. **2** 《話》(事柄を)うまくさばく, たくみに処理する.

Schau·kel≈pferd[ʃáʊkəl..] 中 揺り木馬: ein Gemüt wie ein ～ haben (→Gemüt 1). **≈po·li·tik** 女 -/ 日和見政策: eine ～ betreiben 日和見政策を行う. **≈reck** 中 (Trapez) (体操・曲芸用の)〔空中〕ぶらんこ(→ 図 Zirkus). **≈rin·ge** 複 《体操》つり輪. **≈stuhl** 男 揺りいす, ロッキングチェア. **≈was·ser** 中 -s/..wässer 《話》(Schnaps) (千鳥足の原因となる)火酒.

Schauk·ler[ʃáʊklər] 男 -s/- (schaukeln する人. 例えば:) ぶらんこをする人; 《比》日和見主義者.

schauk·lig =schaukelig

Schau≈lauf[ʃáʊ..] 男, **≈lau·fen** 中 -s/ (フィギュアスケートなどの)模範演技. **≈loch** 中 (タンク・溶鉱炉などの)のぞき穴. **≈lust** 女 -/ 見たいという気持, 物見高さ, 好奇心: Die ～ trieb viele an die Unfallstelle. やじ馬根性で大ぜいの人たちが事故の現場に集まった.

schau·lu·stig **I** 形 見たいという気持に駆られた, 物見高い, 好奇心の強い. **II** **Schau·lu·sti·ge** 男 女 《形容詞変化》物見高い人, やじ馬.

Schaum[ʃaʊm] 男 -〔e〕s/Schäume[ʃɔ́ʏmə] **1** (攪拌(かくはん)・沸騰・発酵などによって生じる)泡(あわ), あぶく; (Geifer) (口から吹き出る)泡つばき: der ～ des Bieres / Bier*schaum* ビールの泡 | der ～ der Seife / Seifen*schaum* せっけんの泡 ‖ den ～ von Bier abtrinken ビールの泡をすする | **～ schlagen** i) 泡を立てる; ii) 《話》ほらを吹く, 大言壮語する | Eier 〈Eiweiß〉 zu ～ schlagen 卵〈卵白〉を泡立てる ‖ Auf der Oberfläche entsteht 〈bildet sich〉 ～. 表面に泡が生じる | Der ～ verschwindet 〈zergeht〉. 泡が消える | Der ～ trat ihm vor den Mund 〈auf die Lippen〉. (激怒のあまり)彼は泡を吹いた | Dem Pferd flog der ～ ums Maul. 馬は口のまわりに泡を飛ばした. **2** 泡のようにはかない〈むなしい〉もの, 泡沫(ほうまつ): Alles ist nur ～. すべてはむなしい | Träume sind *Schäume.* (→Traum 2 a) | Seine Hoffnung wurde zu ～. 彼の望みははかなく消えた. [*germ.* „Bedeckendes"; ◇Scheune; *engl.* scum, skim]

schaum·ar·tig[ʃáʊm..] 形 泡のような, 泡状の.

Schaum·bad 中 泡ぶろ〔での入浴〕; 泡立て溶剤.

schaum·be·deckt 形 泡に覆われた, 泡だらけの.

Schaum≈be·ton[ʃáʊmbetɔŋ] 男 《土木》気泡〈多孔質〉コンクリート. **≈bla·se** 女 気泡, あぶく.

Schäu·me Schaum の複数.

schäu·men[ʃɔ́ʏmən] **I** 自 **1** (h) 泡立つ, 泡が生じる: Das Bier *schäumt.* ビールが泡立つ | Die Brandung *schäumte.* 打ち寄せる波がしぶきをあげた | Die Seife *schäumt* gut. このせっけんは泡立ちがいい ‖ eine stark *schäumende* Seife 非常に泡立ちのいいせっけん | Die Milch kochte *schäumend* über. ミルクが泡立ってふきこぼれた. **2** (h) 《雅》(興奮して)口から泡を吹く; 激怒〈激昂(げっこう)〉する: vor Wut ～ 口から泡を吹くほど激怒する | Sie *schäumte* vor Glück. 《比》彼女はうれしくてうれしくて夢中だった. **3** (s) 泡立って流れる: Der Fluß ist über die Ufer *geschäumt.* 川の水は怒濤(どとう)のように岸からあふれ出た.

II 他 (h) **1** 《工》(…に)気泡を生じさせる, 発泡させる. **2** (abschäumen) 《*et.*[4]》(…の)泡〈浮きかす〉をすくい取る.

Schaum≈feu·er·lö·scher[ʃáʊm..] = Schaumlöscher **≈ge·bäck** 中 《料理》メレンゲ(卵白を泡立てて軽焼きにしたケーキ).

schaum≈ge·bo·ren 形 泡から生まれた: die *Schaumgeborene* 海の泡から生まれた女性 (Aphrodite の異名). **≈ge·bremst** 形 抑泡〔性〕の: ein ～*es* Waschmittel (洗濯機用の)抑泡洗剤.

Schaum≈glas 中 -es/ 《工》(断熱・防音用の)泡〈多泡〉ガラス. **≈gold** 中 オランダ金(銅と亜鉛の合金). **≈gum·mi** 男 -s/-〔s〕多泡性ゴム, スポンジゴム, フォームラバー.

Schaum·gum·mi·ma·trat·ze 女 フォームラバー=マットレス.

schau·mig[ʃáʊmɪç][2] 形 泡立つ, 泡だらけの; 泡でできた; 泡のような: die ～*e* See 泡立つ海 | Butter ～ rühren バターを泡立つまでかきまぜる.

Schaum≈kamm 男 泡立つ波がしら. **≈kel·le** 女 **1** (スープなどの)泡〈浮きかす〉をすくう道具, 網じゃくし(→ 図 Kelle). **2** 《話》 **a**) (駅の運転掛主任の)円板つき信号棒. **b**) (交通係警官の)停止合図棒. **≈ket·te** 女 (馬の)くつわ鎖. **≈kopf** 男 =Schaumkamm **≈kraut** 中 《植》タネツケバナ属. **≈kro·ne** 女 **1** =Schaumkamm **2** (グラス・ジョッキなどにつがれたビールの)盛りあがった泡. **≈löf·fel** 男 **1** (スープなどの)泡〈浮きかす〉をすくう道具, 網じゃくし(→ 図 Löffel): Fleischbrühe mit dem ～ abschäumen 肉汁の浮きかすを網じゃくしですくい取る | ***et.***[4] **mit dem ～ gegessen haben** 《話》…をもっていない | Er hat Anstand 〈Bildung〉 mit dem ～ gegessen. 彼にはエチケット〈教養〉がない. **2** 《話》(駅の運転掛主任の)信号棒.

schaum·los[ʃáʊmlo:s][1] 形 泡の立たない; (ビールなどが)気の抜けた.

Schaum≈lö·scher 男, **≈lösch·ge·rät** 中 泡〈発泡〉消化器. **≈schlä·ger** 男 **1** (Schneebesen) 《料理》泡立て器. **2** 《話》はったり屋, ほら吹き.

Schaum·schlä·ge·rei[ʃaʊmʃlɛ:gəráɪ] 女 -/-en 《話》はったり, ほら, 大言壮語.

Schaum≈stoff[ʃáʊm..] 男 (絶縁用・詰め物用などの)フォームプラスチック. **≈tep·pich** 男 《空》フォームカーペット(緊急着陸時の摩擦をやわらげるために滑走路につくる泡沫(ほうまつ)層).

Schau·mün·ze[ʃáʊ..] 女 記念牌(はい), 記念メダル.

Schaum·wein[ʃáʊm..] 男 **1** 発泡ワイン. **2** (Sekt) シャンペン, シャンパン. [*fr.* vin mousseux (◇Mousseux) の翻訳借用]

Schaum≈zi·ka·de 女, **≈zir·pe** 女 《虫》アワフキムシ(泡吹虫)科の昆虫.

Schau≈num·mer[ʃáʊ..] 女 《比》妙技, 離れ技, スタント. **≈packung** 女 (ショーウインドーなどに展示する中身のない)飾り用の包装商品; 《話》美しい衣服. **≈platz** 男 (あることが行われる)場所, (犯行・事故などの)現場; (Bühne) 舞台: der ～ des Romans その小説の舞台 | die *Schauplätze* der Revolution 革命の舞台 ‖ *seinen* ～ wechseln 活動の場を替える | vom ～ abtreten 公職を退く; 《雅》世を去る. **≈pro·zeß** 男 (見せしめのための)公開裁判. **≈raum** 男 (商品などの)陳列室, ショールーム.

schau·rig[ʃáʊrɪç][2] 形 **1** ぞっとする〈身の毛もよだつ〉ような, おそろしい, 不気味な: ein ～*er* Anblick 見るもおそろしい光景. **2** 《話》不快なほどの; ものすごい, ひどい: ein ～*es* Deutsch sprechen ひどいドイツ語を話す | einen ～*en* Lärm machen ひどい騒音を立てる ‖ Das Gewitter war ～ schön. 雷雨はものすごかった | Ich habe mich ～ gelangweilt. 私はおそろしく退屈した. [<Schauer[4]]

Schau·rig·keit[-kaɪt] 女 -/ schaurig なこと.

schau·rig·schön[ʃáʊrɪçʃø:n] 形 恐ろしくもあり素敵でもある; 《しばしば皮肉》すごく美しい〈楽しい〉.

Schau·sei·te[ʃáʊ..] 女 (建物・布地などの)表側(おもて) (ふつう人に見せる側); (本・新聞などの)右ページ: *jm. seine* ～ zukehren 《比》…に自分のプラス面を見せる.

Schau·spiel[ʃáʊʃpi:l] 中 -〔e〕s/-e **1 a**) (一般に)劇, 演劇, 芝居: ein historisches 〈revolutionäres〉 ～ 歴史〈革命〉劇 | ein klassisches 〈modernes〉 ～ 古典〈近代〉劇 ‖

ein ～ schreiben 〈aufführen / inszenieren〉 劇を書く〈上演する・演出する〉. **b**) 〖文芸〗 シャウシュピール(厳粛な内容ではあるが, 悲劇とは違ってハッピーエンドに終わる戯曲). **2** 《ふつう単数で》 (Anblick) 光景, 見もの: ein herrliches ～ すばらしい光景〈見もの〉 ‖ ein ～ für 〔die〕 Götter (→Gott) | ***jm.* kein ～ geben** …の見せ物になるような〔はしたない〕ことをしない | Er wollte den Leuten kein ～ geben. 彼は人々の見せ物になりたくはなかった.

Schau·spiel≠dich·ter 男 劇〈戯曲〉作家, 脚本作家. **≠dich·tung** 女 戯曲文学, 劇文学.

Schau·spie·ler[ʃáuʃpi:lər] 男 -s/- (女 **Schau·spie·le·rin** → 別出) **1** 俳優, 役者: Film*schauspieler* 映画俳優 ‖ Er ist ～ 〈ein genialer ～〉. 彼は俳優〈天才的な役者〉だ | ～ werden 俳優になる. **2** 《比》 お芝居〈人をだますこと〉のうまい人, 役者: Er ist ein schlechter ～. 彼はすぐ正体〈本心〉をさらけ出してしまう.

Schau·spie·le·rei[ʃauʃpi:lərái] 女 -/ 《話》 **1** 役者稼業. **2** お芝居, 見せかけ, 気取り: Das ist doch alles nur ～. それはすべてお芝居にすぎないよ.

Schau·spie·le·rin[ʃáuʃpi:lərın] 女 -/-nen (Schauspieler の女性形) 女優.

schau·spie·le·risch[..lərıʃ] 形 **1** 俳優〈役者〉としての; 演技〔上〕の: eine ～*e* Begabung 役者〈演技〉の才. **2** 見せかけの, 芝居がかった, ねこかぶりの.

schau·spie·lern[..ʃpi:lərn] 《05》 自 (h) **1** (しろうとが) 俳優〈役者〉として舞台に立つ,〔へたな〕芝居をする. **2** 《軽蔑的に》 お芝居をする, ふりをする, 装う: Er hat gern *geschauspielert.* 彼はよくひと芝居打った.

Schau·spiel≠haus 中 劇場. **≠kunst** 女 -/ 演劇〔芸〕術; (芝居の)芸. **≠mu·sik** 女 劇〈舞台〉音楽. **≠schu·le** 女 演劇学校, 俳優養成所. **≠schü·ler** 男 演劇学校〈俳優養成所〉の生徒.

Schau·sport[ʃáu..] 男 《話》 テレビ鑑賞(番組終了までテレビを見続けること).

schau|ste·hen*[ʃáuʃte:ən] 《182》 自 (h) 《ふつう不定詞で》 (宣伝のために) 展示〈陳列〉されている.

★ 不定詞以外は zur Schau stehen を用いるが 過分 schaugestanden, (zu 不定詞:) schauzustehen も用いられる.

schau|stel·len[ʃáuʃtɛlən] 他 (h) 《ふつう不定詞で》 展示する, 陳列する.

★ 不定詞以外は zur Schau stellen を用いるが 過分 schaugestellt, (zu 不定詞:) schauzustellen も用いられる.

Schau·stel·ler[..ʃtɛlər] 男 -s/- 展示者, 出品者; (特に年の市などの) 興行師, 見せ物師.

Schau·stel·lung 女 -/-en 陳列, 展示; 展示会; (特に年の市などの) 見せ物.

Schau≠stück[ʃáu..] 中 **1 a**) 陳列品, 出品物. **b**) 見るに値するもの, 一見の価値あるもの. **2** ＝Schauspiel 1 **≠ta·fel** 女 案内板, 展示板; 一覧表; 図表. **≠tanz** 男 ダンスの模範演技〔の催し〕.

Schau·te[ʃáutə] 男 -n/-n 《話》 ＝Schote² I

schau|tra·gen*[ʃáutra:gən] 《191》 他 (h) 《ふつう不定詞で》 見せびらかす, 誇示する.

★ 不定詞以外は zur Schau tragen を用いるが 過分 schaugetragen, (zu 不定詞:) schauzutragen も用いられる.

Schau≠tur·nen 中 -s/ 体操の模範演技〔の催し〕. **≠vi·tri·ne** 女 (ガラス張りの) 陳列箱〈棚〉.

Sche·becke[ʃebɛ́kə] 女 -/-n (17-18世紀ごろ地中海で使用された) 3 本マストの小型帆船. [*arab.*－*it.*－*fr.* chebec; ◇*engl.* xebec]

Schech[ʃe:ç, ʃɛç] 男 -s/-e ＝Scheich

Scheck[1][ʃɛk] 男 -s/-s(-e) 小切手, チェック: ein offener 〈durchkreuzter〉 ～ 普通〈横線〉小切手 | ein ungedeckter ～ 不渡り小切手 | ein ～ über 500 Mark 額面500マルクの小切手 | Post*scheck* 郵便為替〈小切手〉 | Reise*scheck* 旅行者小切手, トラベラーズチェック ‖ einen ～ ausstellen 〈einlösen〉 小切手を振り出す〈現金化する〉 | einen ～ sperren 小切手の支払いを停止する ‖ *et.*⁴ mit einem ～ bezahlen …を小切手で支払う. [*engl.* check]

Scheck[2][ʃɛk] 男 -en/-en ＝Schecke[1] I

Scheck≠aus·stel·ler[ʃɛ́k..] 男 小切手振出人. **≠be·trug** 男 小切手詐欺. **≠be·trü·ger** 男 にせ小切手の発行者, 小切手詐欺の犯人. ▽**≠buch** 中 ＝Scheckheft

Scheck·buch≠di·plo·ma·tie 女 (外国に資金援助をばらまく) 小切手帳外交. **≠jour·na·lis·mus** 男 (センセーショナルな情報を入手するために莫大な金を支払う) 小切手帳ジャーナリズム.

Scheck·bür·ge 男 小切手の保証人.

Schecke[1][ʃɛ́kə] **I** 男 -n/-n 斑(まだら)のある雄の家畜(特に雄馬・雄牛). **II** 女 -/-n 斑のある雌の家畜(特に雌馬・雌牛). [*mhd.* schecke „scheckig"; ◇Schach]

Schecke[2][－] 女 -/-n 〖服飾〗 シェッケ (14-15世紀のドイツの男子用上着: → 図). [◇Jacke]

Gugel

Schecke

Strumpfhose

Schecke[2]

Scheckel[ʃɛ́kəl] 男 -s/- 《南部》 (Peitsche) 鞭(むち).

Schecken·fal·ter[ʃɛ́kən..] 男 〖虫〗 ヒョウモンモドキ(擬豹紋蝶)属のチョウ: Gemeiner ～ コヒョウモンモドキ(擬小豹紋蝶).

Scheck≠fä·hig·keit[ʃɛ́k..] 女 小切手能力(小切手により債務を負担する能力). **≠fäl·scher** 男 小切手偽造者. **≠fäl·schung** 女 小切手偽造. **≠heft** 中 小切手帳.

scheckig[ʃɛ́kıç][2] 形 斑(まだら)の, ぶちの: ein ～*es* Pferd 〈Kaninchen〉 斑の馬〈ウサギ〉 | bekannt sein wie ein ～*er* Hund (→Hund 1 a) ‖ Das Kleid ist mir zu ～. このドレスは私には模様が派手すぎる ‖ ***sich***⁴ **～ lachen** 《話》 大笑いする. [＜Schecke[1]]

Scheck≠in·ha·ber[ʃɛ́k..] 男 小切手所持〈持参〉人. **≠kar·te** 女 **1** 小切手担保証〈カード〉. **2** キャッシュカード. **≠schwin·del** 男 小切手詐欺. **≠sper·re** 女 小切手支払い停止. **≠ver·kehr** 男 小切手取引.

Scheck·vieh 中 -〔e〕s/ 斑(まだら)のある家畜.

Sched≠bau[ʃɛ́t..] 男 -〔e〕s/-ten 〖建〗 (平屋の) のこぎり屋根の建物. **≠dach** 中 (Sägedach) 〖建〗 のこぎり屋根. [＜*engl.* shed „Hütte" (◇Schatten)]

scheel[ʃe:l] 形 斜視〈やぶにらみ〉の; 《比》 (目つきや顔つきが) 横目で見るような, 軽蔑的な, ねたみ深い, うたぐり深い: *jn.* mit ～*en* Augen 〈Blicken〉 ansehen / *jn.* ～ ansehen …を軽蔑的な〈ねたましそうな・うたぐり深そうな〉目つきで見る | ～*e* Gesichter machen ねたましそうな〈うたぐり深そうな〉顔をする. [„schief"; *mndd.*; ◇schielen; *gr.* skoliós „krumm"]

scheel≠äu·gig[ʃé:l..] 形, **≠blickend** 形 《付加語的》 斜視〈やぶにらみ〉の; 《比》 軽蔑的な〈ねたましげな・うたぐり深い〉目つきの.

Schee·lit[ʃelí:t, ..lít] 男 -s/-e 〖鉱〗 灰重石. [＜K. W. Scheele (スウェーデンの化学者, †1786) ＋..it[2]]

Scheel·sucht[ʃé:l..] 女 -/ ねたみ, 羨望(せんぼう).

scheel·süch·tig 形 ねたましげな, 羨望(せんぼう)に満ちた.

Sche·fe[ʃé:fə] 女 -/-n 《南部》 ＝Schote[1]

Schef·fel[1][ʃɛ́fəl] 人名 Joseph Victor von ～ ヨーゼフ ヴィクトル フォン シェッフェル(1826-86; ドイツの詩人・小説家. 作品は詩『ゼッキンゲンのらっぱ手』, 歴史小説『エッケハルト』など).

Schef·fel[2][－] 男 -s/- **1** (むかし穀物を量るために用いた円筒状の大きな) 升(ます): **in 〔vollen〕 ～*n*** 《比》 大量に, たくさん | Geld in ～*n* einheimsen 金をしこたまもうける | Es gießt 〔wie〕 mit ～*n* 〔vom Himmel〕. 雨がどしゃ降りだ | *sein* Licht unter den ～ stellen (→Licht 2 b). **2** シェッフェル(穀物を量る昔の単位. 小は30リットルから大は300リットルまでさまざまであった). **3** シェッフェル(昔の耕地面積の単位. 1 シェッフェルの穀粒がまけるだけの広さ). [*ahd.*; ◇Schaff]

schef·feln[ʃɛ́fəln] 《06》 **I** 他 (h) **1** 《話》 大量にかき集める, どっさり手に入れる: Geld ～ 金をがっぽりもうける. ▽**2** 升で量る; 升で量って積み上げる. ▽**II** 自 (h) (穀物が) 実りがよい, 収穫が大きい.

S

schef·fel·wei·se 副 (→..weise ★) **1** 大量に: ～ Geld ausgeben 金を湯水のように遣う. ▽**2** 升で〔量って〕.

Sche·he·ra·za·de[ʃeherazáːdə] (**Sche·he·re·za·de**[..rezáːdə]) 人名 シェヘラザード(『千一夜物語』の作中の語り手とされる王妃). [*pers.* „von edlem Antlitz"]

scheib[ʃaɪp]^1 《中部》= schief

Scheib·band[ʃáɪp..] 中 -[e]s/..bänder 《南部》(荷車を引くための)胸革.

Scheib·chen Scheibe^{1}の縮小形.

scheib·chen·wei·se 副 (→..weise ★) 小円板の形で; 輪切りにして; 《話》少しずつ.

Schei·be^1[ʃáɪbə] 女 -/-n (小 **Scheib·chen**[ʃáɪpçən] 中 -s/-) **1 a)** (さまざまの種類の)〔円〕板状のもの: eine metallene ～ 金属板 | eine ～ aus Holz 木製の〔円〕板 | Band*scheibe* 《解》椎(つい)間板 | Dreh*scheibe* 回転盤; 《鉄道》転車台; (陶工用の)ろくろ | Sonnen*scheibe* 日輪. **b)** (食物などの切り取った)薄片: eine ～ Brot 〈Wurst〉 一切れのパン〈ソーセージ〉‖ *et.*^{4} in ～*n* schneiden …を薄く切り分ける〈輪切りにする・スライスする〉| ***sich***^{3} **von *jm.* 〈*et.*^{3}〉 eine ～ abschneiden** 《話》…をいいお手本にする | Davon kannst du dir eine ～ abschneiden. それは君のいいお手本になるよ. **c)** (Glasscheibe) ガラス板: Fenster*scheibe* 窓ガラス | Windschutz*scheibe* 風防ガラス,(自動車の)フロントガラス ‖ eine ～ einschlagen 窓ガラスをたたき割る. **d)** (Schießscheibe)(弓術や射撃の)標的: auf die ～ 〈nach der ～〉 schießen 標的をねらって射る. **e)** (Riemenscheibe) 《工》ベルト車; (Dichtungsscheibe) 《工》パッキンリング; (Wurfscheibe) 《陸上》(投擲(とうてき)用の)円盤; 《話》(Schallplatte) レコード. **f)** (Spiegel) 《狩》(特にシカの臀(でん)部の)白斑(はん). **g)** (Baumscheibe)(果樹の)根もとの円形に除草した地面. **h)** 《宗・美》円形光背(→ 図 Heiligenschein). **i)** 《紋》円形図形: Byzantiner ～ 金色の円形. **2** 《婉曲に》= Scheiße 2
[*germ.*; ◇ Schiene, Schiefer, Schäbe]

Schei·be^2[–] 女 -/-n (Kegelkugel) 《スポーツ》(九柱戯の)球.

schei·ben$^{(*)}$[ʃáɪbən]^1 《128》 **schob**[ʃoːp]^1, **scheib·te** / **ge·scho·ben, ge·scheibt**; 接II schöbe[ʃǿːbə], scheibte 他 (h) 《南部・オーストリア》転がす; (kegelschieben) 九柱戯をする. [< schieben]

schei·ben·ar·tig 形 円板状の.

Schei·ben⸗brem·se 女 円板式制動装置, ディスクブレーキ. ⸗**brot** 中 輪切りにした〈スライスしてある〉パン. ⸗**eg·ge** 女 ディスクハロー(凹形円板状の刃で土を砕く農機具). ⸗**ent·fro·ster** 男 (自動車の)フロントガラスの霜取り装置〈デフロスター〉.

schei·ben·för·mig 形 円板状の.

Schei·ben⸗frä·ser 男 《工》側フライス(→ 図 Fräser). ⸗**gar·di·ne** 女 (窓などの)ガラス面だけのカーテン(→ 図 Gardine). ⸗**glas** 中 -es/..gläser 板ガラス. ⸗**han·tel** 女 《スポーツ》バーベル. ⸗**ho·nig** 男 **1** (巣をスライスした)天然蜂蜜(はちみつ). **2** 《婉曲に》= Scheiße 2 ⸗**klei·ster** 男 **1** 窓ガラスのパテ(接合剤). **2** 《話》= Scheiße 2 ⸗**kupp·lung** 女 《工》円板式連動装置, ディスククラッチ. ⸗**qual·len** 複 《動》ハチクラゲ(鉢水母)類. ⸗**rad** 中 《工》(特に自動車の)円板車輪, ディスクホイール. ⸗**röh·re** 女 《電》板極管. ⸗**schie·ßen** 中 -s/ 射的を使っての射撃. ⸗**schüt·ze** 男 Scheibenschießen の射手. ⸗**wasch·an·la·ge** 女, ⸗**wa·scher** 男 (自動車のフロントガラスの)ウインドーウォッシャー.

schei·ben·wei·se 副 (→..weise ★) 円板の形で; 輪切りにして.

Schei·ben·wi·scher 男 (自動車などのフロントガラスの)ワイパー(→ 図 Kraftwagen).

Schei·ben·züng·ler[..tsʏŋlər] 男 -s/- 《動》スズガエル(ヨーロッパ西南部, アフリカ西北部にすむ). [< Zunge]

schei·big[ʃáɪbɪç]^2 = scheibenartig

Scheib·tru·he[ʃáɪp..] 女 《南部・オーストリア》(Schubkarren) 手押し車. [< scheiben]

Scheich[ʃaɪç] 男 -s/-e, -s **1 a)** (アラブ諸国で)首長, 族長; 家長; (イスラム教の)教主; 主任説教師. **b)** 《単数で》シャイフ, シェイク(アラブ諸国で特定の指導的地位にある人の称号). **2** 《話》**a)** ボーイフレンド, 愛人. **b)** 色男, 女にもてる男. [*arab.*; ◇ *engl.* sheik[h]]

Scheich·tum[ʃáɪçtuːm] 中 -s/..tümer[..tyːmər] (Scheich 1 a の支配地. 例えば:) 首長国.

scheid·bar[ʃáɪtbaːr] 形 scheiden できる.

Scheide[ʃáɪdə] 女 -/-n **1 a)** (刀の)鞘(さや): *et.*^{4} aus der ～ ziehen 〈in die ～ stecken〉 …を鞘から抜く〈鞘におさめる〉| das 〈*sein*〉 Schwert in die ～ stecken (→Schwert 1). **b)** (Blattscheide) 《植》葉鞘(ようしょう). **2** (Vagina) 《解》膣(ちつ), ワギナ. **3** (Grenzscheide) 境目, 境界: Wasser*scheide* 分水界〈嶺(れい)〉| die ～ zwischen Leben und Tod 生きるか死ぬかの分かれ目 ‖ an der ～ *seines* Lebens stehen 人生の岐路に立つ. **4** 《中部》(Scheitel)(頭髪の)分け目. **5** = Scheideanstalt [*germ.*; ◇ scheiden; *engl.* sheath]

Schei·de⸗an·stalt[ʃáɪdə..] 女 (金・銀・白金などの)精錬所. ⸗**brief** 男 **1** 別れの手紙. ▽**2** 離縁状, 離婚関係書類. ⸗**erz** 中 《坑》精鉱. ⸗**geld** 中 -[e]s/ = Scheidemünze ⸗**gren·ze** 女 境目, 境界. ⸗**gruß** 男 別れのあいさつ. ⸗**kun·de** 女 -/ , ⸗**kunst** 女 -/ **1** (Markscheidekunst) 鉱山測量術. ▽**2** (Chemie) 化学. ⸗**li·nie**[..niə] 女 境界〈分界〉線. ⸗**mau·er** 女 隔壁. ▽⸗**mei·ster** 男 (Schiedsmann) 仲裁人, 調停者. ▽⸗**mün·ze** 女 (金属価値以上の額面価格をもつ)小額貨幣, 信用貨幣.

schei·den*[ʃáɪdən]^1 《129》 **schied**[ʃiːt]^1 / **ge·schie·den**; 接II schiede **I** 他 (h) **1** (裁判所が婚姻を)解消させる,(夫婦を)離婚させる: die Ehe ～ 婚姻関係を解消させる | die Eheleute ～ 夫婦を離婚させる | *sich*^{4} 〔von *jm.*〕 ～ lassen 〔…と〕離婚する ‖ Er ist schuldig *geschieden*. 彼は自分の責任で(彼のほうが悪くて)離婚したのだ.

2 a) 《*jn.* 〈*et.*^{4}〉 in *et.*^{4}》(…を…に)分ける, 区分する, 区切る; 《*jn.* 〈*et.*^{4}〉 von *jm.* 〈*et.*^{3}〉》(…を…と)区別する; 選別する, より分ける: *jn.* 〈*et.*^{4}〉 **in** Gruppen^4 ～ …をグループに分ける | Erze 〔**von** taubem Gestein〕 ～ 鉱石を〔鉱物を含まない岩石から〕選別する, 選鉱する | die Spreu vom Weizen ～ (→Spreu) | die Schafe von den Böcken ～ (→Schaf 1) | das Echte vom Falschen nicht ～ können 本物とにせ物の区別〈見分け〉ができない | Die Alpen *scheiden* Italien von Mitteleuropa. アルプスがイタリアを中部ヨーロッパから隔てている | Ihre unterschiedliche Erziehung *scheidet* die beiden. 受けた教育の違いが両者の仲たがいの原因だ ‖ 再帰 *sich*^{4} ～ 分かれる, 区別される | *sich*^{4} in Gruppen^4 ～ グループに分かれる | In dieser Frage *scheiden* sich die Meinungen. この問題で人々の意見が分かれる | Hier *scheiden* sich die Geister. (→Geist 1 b ①) | Hier *scheiden* sich unsere Wege. ここで私たちの道は分かれる(私たちが行動をともにできるのはここまでだ). **b)** 《化》(成分・化合物などを)分離する, 分析する. **c)** 再帰 *sich*^{4} von *jm.* ～ …と別れる.

II 自 (s) 《雅》別れる; 去る, 辞去する; 死ぬ: aus dem Amt 〈dem Dienst〉 ～ 退職する | aus dem Leben 〈der Welt〉 ～ / von hinnen ～ この世を去る | freiwillig aus dem Leben ～ (→leben III 1) | von der Heimat ～ 故郷を去る | im guten 〈als Freunde〉 〔voneinander〕 ～ なごやかに〈友人として〉別れる | in Frieden ～ 安らかに死ぬ ‖ die *scheidende* Sonne 沈みゆく太陽 | das *scheidende* Jahr 去りゆく年 ‖ *Scheiden* bringt Leiden. / *Scheiden* tut weh. 《諺》別れはつらいもの. **III ge·schie·den** → 別出
[*germ.*; ◇ schizo.., scheißen, Scheit, Schicht, Schiene, Schiff; *engl.* shed]

Schei·den⸗aus·fluß[ʃáɪdən..] 男 《医》膣(ちつ)帯下(こしけ), 膣分泌物. ⸗**ein·gang** 男 《解》膣口. ⸗**ent·zün·dung** 女 (Kolpitis) 《医》膣炎. ⸗**flo·ra** 女 《医》膣桿(かん)菌, 膣菌群落. ⸗**krampf** 男 (Vaginismus) 《医》膣痙(けい)(局所知覚過敏による膣のけいれん). ⸗**mu·schel** 女 《貝》マテガイ(馬刀貝)(→ 図 Muschel). ⸗**schna·bel** 男 《鳥》サヤハシチドリ(鞘嘴千鳥). ⸗**spe·ku·lum** 中, ⸗**spie·gel** 男 (Kolposkop) 《医》膣鏡, コルポスコープ. ⸗**vor·fall** 男 《医》膣脱〔出症〕. ⸗**wand** 女 《解》膣壁

(ちつべき).

Schei·de·punkt[ʃáidə..] 男 分岐点;《比》岐路, 別れ道.

Schei·der[ʃáidər] 男 -s/- **1** (Separator)〖工〗セパレーター, 分離器; 選別機. ▽**2** (scheiden する人. 例えば:) 仲介〈調停〉者;〖坑〗選鉱作業者.

Schei·de≠stun·de[ʃáidə..] 女 別れの時. **≠trich·ter** 男〖化〗分液漏斗(ろうと). **≠wand** 女 隔壁;〖理・解〗隔膜: Nasen*scheidewand*〖解〗鼻中隔. **≠was·ser** 中 -s/ (Salpetersäure)〖化〗硝酸, 分金液. **≠weg** 男 岐路, 別れ道: **am ~ stehen** 岐路に立つ, 決断を迫られる.

▽**Schei·ding**[ʃáidıŋ] 男 -s/-e《ふつう単数で》(September) 9月. [„Sommer und Herbst Scheidender"]

Schei·dung[ʃáidʊŋ] 女 -/-en (scheiden すること. 例えば:) **a**) 離別; (Ehescheidung) 離婚: die ~ einreichen 離婚届を出す | in eine ~ einwilligen 離婚に同意する | in ~ leben (夫婦が)別居生活をする. **b**) 区分, 区別; 選別: eine strenge ~ 峻別(しゅんべつ) | 〔zwischen Freund und Feind〕 eine ~ machen 〈treffen〉〔敵味方を〕区別する. **c**) 〖坑〗選鉱. **d**) 〖化〗分離〈分析〉法.

Schei·dungs≠an·walt 男 離婚問題専門の弁護士. **≠ge·setz** 中 離婚法. **≠grund** 男 離婚の理由. **≠kind** 中 両親が離婚した子供. **≠kla·ge** 女 離婚の訴え. **≠pro·zeß** 男 離婚訴訟. **≠ra·te** 女 離婚率. **≠ur·teil** 中 離婚判決. **≠ver·trag** 男 離婚契約. **≠wai·se** 女 両親の離婚による孤児〈みなしご〉.

Scheik[ʃaık] 男 -s/-e, -s = Scheich 1

Schein[ʃaın] 男 -〔e〕s/-e **1**《単数で》(英: *shine*) **a**) 光, 輝き, 明かり; 光沢, つや: der ~ der Lampe 〈der Kerze〉 ランプ〈ろうそく〉の光 | der grelle ~ der Sonne まぶしい日光 | Mond*schein* 月光, 月明 | Wider*schein* 反映, 照り返し ‖ einen ~ auf *et.*⁴ werfen …の上に光を投げかける | beim ~ einer Kerze lesen ろうそくの明かりのもとで読書する. **b**)《比》ほんのかすか, ごく微量: ein zarter ~ von Röte ほんのりとした赤み |〔**um**〕 **einen ~** ほんのわずかだけ | Ihr Gesicht wurde einen ~ blasser. 彼女の顔色はちょっぴり青ざめた.

2《単数で》外見, 外観, 見〔せ〕かけ, うわべ, 体裁;〖哲〗仮象: ~ und Sein 外見と実体;〖哲〗仮象と実在 | Sein Erfolg ist nur ~. 彼の成功は外見だけだ | **Der ~ trügt.**《諺》外見はあてにはならぬ; 人は見かけによらぬ | Der ~ spricht gegen ihn. 情勢は彼に不利に見える ‖ den äußeren ~ retten 体裁〈うわべ〉をとりつくろう | den ~ aufrechterhalten / **den ~ wahren** 体裁をつくろう; あくまで(…のように)見せかける | den ~ der Legalität wahren 合法性を装う | Er gab *sich*³ den ~ eines Ehrenmannes. 彼は紳士を装っていた | *sich*⁴ durch den ~ täuschen 〈blenden〉 lassen 外見にだまされる ‖ dem ~〔*e*〕 nach 外見にしたがって; 外見上, 見たところ | **zum ~** 見せかけだけ | Er tat nur zum ~ so. 彼はただそんなふりをしただけだ.

3 証明書, 証書; 許可〈通行〉証, 認定書; 受領証; くじ札; 切符: Fahr*schein* 乗車〈乗船〉券 | Führer*schein* 運転免許証 | Toten*schein* 死亡証明書 ‖ einen ~ ausstellen 〈vorzeigen〉 証明書を発行〈提示〉する | einen ~ lösen 切符を買う.

4 (Geldschein) 紙幣, 札(さつ): ein falscher ~ 偽造紙幣, にせ札 | Zehnmark*schein* 10マルク紙幣 | ein großer 〈kleiner〉 ~《話》高額〈小額〉紙幣 ‖ ~*e* naß machen (→ naß I 1).

[*westgerm.*; ◇scheinen; *engl.* shine]

Schein≠ama·teur[ʃáin|amatøːr] 男〖スポーツ〗にせアマチュア選手. **≠an·griff** 男 見せかけの〈陽動作戦による〉攻撃;〖スポーツ〗フェイント. **≠ar·gu·ment** 中 にせの論証, 詭弁(きべん).

schein·bar[ʃáinbaːr] **I** 形《比較変化なし》外見上の, うわべ〈見せかけ〉だけの, 表向きの: ~*e* Gründe 表向きの理由 | ein ~*er* Widerspruch 一見矛盾しているように思えるもの ‖ die ~*e* Bahn〖天〗視軌道 | eine ~*e* Bewegung〖天〗視運動 | die ~*e* Größe〖天・測量〗見かけの大きさ ‖ mit ~*er* Ruhe 〈Gelassenheit〉 うわべは平静を装って | Sein Interesse war nur ~. 彼の興味〈関心〉は見せかけだけのものにすぎなかった.

II 副 **1** 外見上は, うわべ〈見かけ〉は(→I): Sie ist nur ~ gesund. 彼女は健康そうに見えるだけだ | Er blieb nur ~ ruhig. 彼はうわべだけは冷静さを保っていた. **2**《陳述内容の現実度に対する話し手の判断・評価を示して》(anscheinend) 見たところ〈どうやら〉〔…らしい〕: *Scheinbar* kommt er heute nicht mehr. どうやら彼はきょうはもう来ないらしい.

☆ 元来は 2 は誤用であるが, 今日ではしばしば用いられる.

Schein≠bee·re[ʃáın..] 女〖植〗シラタマノキ(白玉木)属. **≠be·we·gung** 女〖心〗仮現運動;〖医〗偽視運動. **≠be·weis** 男 まやかしの証明, 詭弁(きべん). **≠bild** 中 虚像, 幻影, まぼろし. **≠bin·se** 女〖植〗ホタルイ(蛍藺)属. **≠blü·te** 女 **1**〖植〗偽花(ぎか)(花序が1個の花に似たもの). **2** 見せかけの繁栄, 空景気. **≠bock** 男〖虫〗カミキリモドキ(擬天牛)科の昆虫. **≠da·sein** 中 見せかけだけの存在; むなしい〈虚妄の〉存在. **≠dol·de** 女 (Trugdolde)〖植〗多散花序.

Schei·ne[ʃáınə] 女 -/-n《話》(Lampe) 明かり, ランプ.

Schein·ehe 女 見せかけ〈いつわり〉の婚姻, 偽装結婚.

schei·nen(*)[ʃáınən]《130》**schien**[ʃiːn] (方: scheinte) / **ge·schie·nen** (方: gescheint); 接II schiene (方: scheinte) 自 (h) **1** (英: *shine*) (光を発して・光を反映して) 光る, 輝く, 照る; 光って〈輝いて〉見える: Die Sonne *scheint* 〔hell〕. 太陽が〔明るく〕照る〈輝く〉 | Der Mond hat die ganze Nacht *geschienen*. 月が一晩じゅう照っていた | Das Metall muß in der Sonne ~. この金属は日に当たると光るにちがいない ‖ Die Sonne *scheint* durchs Fenster. 日光が窓越しにさしこむ.

2 (英: *seem*)《ふつう zu 不定詞〔句〕と》(…であるように)見える, (…)らしい: Er *schien* zu schlafen. 彼は眠っているようだった | Die Lösung *scheint* zu stimmen. この解答は合っているようだ ‖ Er *scheint* mir der rechte Mann dafür 〔zu sein〕. 私には彼がそれにうってつけの男のように思われる | Er *schien* glücklich 〔zu sein〕. 彼は幸福そうだった | Er ist nicht so glücklich, wie er 〔zu sein〕 *scheint*. 彼は見かけほど幸福ではない | Er ist älter, als er *scheint*. 彼は見かけよりも年をとっている ‖ Viel *scheint* da nicht los gewesen zu sein. たいしたことはなかったらしい ‖ 非人称 Es *scheint*, daß du dich geirrt hast. どうやら君は思い違いをしたようだ | Er ist reicher, als es *scheint*. 彼は見かけよりも金持ちだ | **wie es *scheint*** /《南部・スイス》***scheint's*** 見たところ, どうやら | Wie es *scheint*, ist er noch nicht da. どうやら彼はまだ来ていないらしい | Wie mir *scheint*, hat er das alles erfunden. / Er hat das alles erfunden, *scheint* mir. すべては彼の作り話のように私には思える | Er kommt, *scheint*'s, erst morgen. どうやら彼は明日でないと来ないらしい | Uns will 〔es〕 ~, daß ... 我々にはどうしても…であると思われる.

[*germ.*; ◇Szene, Schemen², schier²; *engl.* shine]

Schein≠fir·ma[ʃáın..] 女 架空会社. **≠frie·de** 見せかけ〈うわべだけ〉の平和.

schein·fromm = scheinheilig

Schein≠frucht 女〖植〗偽果(ぎか), 仮果(→ 図). **≠füß·chen** 中〖動〗(アメーバ細胞の)仮足, 偽足, 虚足. **≠ge·fecht** 中 (作戦上の)見せかけの戦闘. **≠geiß·bart** 男〖植〗チダケサシ(乳茸刺)属(ユキノシタ科).

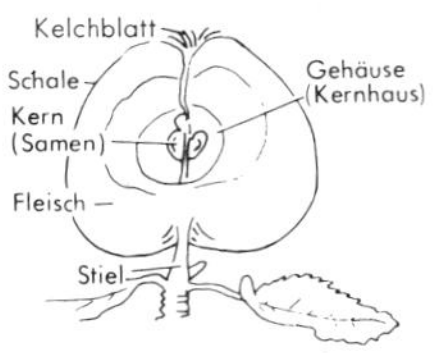

Scheinfrucht

≠ge·schäft 中 空(から)〈偽装〉取引;〖法〗虚偽行為. **≠ge·sell·schaft** 女 = Scheinfirma **≠ge·winn** 男〖経〗名目利益. **≠grund** 男 うわべの理由, 架空の口実. **≠ha·sel** 女〖植〗トサミズキ(土佐水木)属.

schein·hei·lig[ʃáinhaılıç]² **I** 形 信心ぶった, 偽善的な: ein ~*es* Gesicht 何くわぬ顔. **II Schein·hei·li·ge** 男 女《形容詞変化》信心ぶる人, 偽善者.

Schein≠hei·lig·keit[-kaıt] 女 -/ scheinheilig なこと. **≠hei·rat** 女 偽装結婚.

schei·nig[ʃáɪnɪç]² 形《南部》(grell)(光などが)まばゆい, ぎらぎらする.

Schein≠kauf[ʃáɪn..] 男 偽装購入. **≠kauf·mann** 男 (↔Vollkaufmann)〘法〙外観上の商人. **≠kö·nig** 男 名目だけの国王, 傀儡(かいらい)王. **≠krank·heit** 女〘医〙詐病. **≠lei·stung** 女〘電〙皮相電力. **≠leit·wert** 男 (Admittanz)〘電〙アドミタンス. **≠lö·sung** 女 見かけ〈見せかけ〉だけの解決. **≠ma·nö·ver** 中 (相手を欺くための)陽動〈牽制(けんせい)〉作戦. **≠quit·te** 女〘植〙ボケ(木瓜)属: Japanische ～ ボケ(木瓜). **≠rüß·ler** 男〘虫〙キノカワムシ(木皮虫)科の昆虫. **≠schwan·ger·schaft** 女〘医〙偽妊娠, 想像妊娠. **≠tod** 男 仮死〔状態〕.

schein≠tot 形 **1** 仮死〔状態〕の. **2**《話》すごく年をとった: zwischen achtzig und ～ sein (→achtzig). **≠träch·tig** 形 見かけだけ妊娠した, 偽妊娠の.

Schein≠träch·tig·keit 女 (動物の)偽妊娠. **≠ver·kauf** 男 偽装売却, 空(から)売り. **≠ver·lust** 男 名目損失. **≠ver·trag** 男 見せかけの契約, 空(から)〈偽装〉契約. **≠welt** 女 仮象の世界. **≠wer·fer** 男 **1** 投光装置(サーチライト・スポットライト・乗り物の前照灯・後退灯などの総称): Nebel*scheinwerfer* 霧灯, フォグランプ | Such*scheinwerfer* 探照灯, サーチライト ‖ den ～ abblenden (自動車の)前照灯〈ヘッドライト〉を減光する | mit ～*n* den Himmel absuchen サーチライトで空を探照する. **2**《話》札びらを切る人.

Schein·wer·fer·licht 中 Scheinwerfer の光.

Schein·wi·der·stand 男 見せかけの抵抗;〘電〙皮相抵抗, インピーダンス.

scheiß..《話》《名詞・形容詞などにつけて「いやな・不快な・非常な」を意味する》

Scheiß[ʃaɪs] 男 -/《話》つまらぬ〈くだらぬ〉こと: Mach keinen ～! ばかなまねはよせ.

Scheiß≠angst[ʃáɪs..] 女《話》非常な不安. **≠ar·beit** 女《話》いやな仕事. **≠ding** 中《話》無価値〈役立たず〉のもの. **≠dreck** 男《話》**1** (Kot) 汚物, 糞(ふん). **2** (Dreck)《**einen Scheißdreck** の形で》全く(…で)ない: Das geht dich einen ～ an. それは君にはまるっきり関係のないことだ.

Schei·ße[ʃáɪsə] 女 -/《卑》**1** (Kot) 糞便(ふんべん), くそ: ～ fahren (畑へ)糞を運ぶ(肥料として) | **～ im Blut haben**《卑》たいへん臆病(おくびょう)である | **～ im Gehirn 〈im Kopf〉 haben**《卑》たいへんばかである ‖ ***jm.* steht die ～ bis zum Hals**《卑》…は身動きがとれない状況にある ‖ ***jn.* aus der ～ ziehen**《卑》…を困難な立場から助け出す | **aus der 〔größten〕 ～ 〔heraus〕 sein**《卑》最悪の事態を切り抜けてしまっている | ***jn.* durch die ～ ziehen**《卑》…をくそみそに言う〈けなす〉| **in der ～ sitzen 〈stecken〉**《卑》困難な立場にある | in ～ treten (うっかりして)糞を踏みつける | ***jn.* 〈*et.*⁴〉 mit ～ bewerfen**《卑》…を中傷する. **2** いやな〈不快な〉こと; くだらぬ〈つまらぬ〉もの: Der Roman ist ～. この小説はつまらぬしろものだ | Es ist alles ～. すべてくそくらえだ ‖ ～ bauen ひどいへまをやらかす; ばかなまねをする ‖〘間投詞的に〙Verdammte ～! くそったれめが; くそいまいましい | ***Scheiße* mit Reis!** / ***Scheiße* im Trompetenrohr!** くそっ, いまいましい.

scheiß·egal[ʃáɪs|egá:l] 形《述語的》《話》全くどうでもよい: Das ist mir ～. そんなことはくそくらえだ.

schei·ßen*[ʃáɪsən] ⟨131⟩ **schiß**[ʃɪs] / **ge·schis·sen**; 接II schisse 自 (h)《卑》**1** 糞(ふん)をする, くそを垂れる: auf *jn.* 〈*et.*⁴〉 ～ …を全く気にかけない, …を全く相手にしない | Ich *scheiße* auf seine Ratschläge. 彼の忠告なんかくそくらえだ | ***Scheiß* drauf!** そんなこと知るもんか ‖ vor Angst in die Hose ～ 恐怖のあまりズボンの中に糞を垂れる; 非常な恐怖を抱く | Dir hat man wohl ins Gehirn *geschissen*. 君は頭がおかしいんじゃないか ‖ wie ein Waldesel ～ (→Waldesel) ‖〘etwas, eins などを目的語として〙***jm.* etwas 〈was〉 ～** …の願いをかなえてやる気が全くない | ***jm.* eins ～** …を相手にしない〈無視する〉‖ Das ist gekotzt wie *geschissen*. そんなことはどうでもいい. **2** 放屁(ほうひ)する, おならをする. [*germ.* „ausscheiden"; ◇scheiden; *engl.* shit]

Schei·ßer[ʃáɪsər] 男 -s/-《卑》= Scheißkerl

Schei·ße·rei[ʃaɪsəráɪ] 女 -/《卑》**1** 排便. **2** 下痢: die ～ haben 下痢をしている | die ～ kriegen 下痢をおこす.

Schei·ße·ri·tis[ʃaɪsərí:tɪs] 女 -/《話》下痢. [＜..itis]

scheiß·freund·lich[ʃáɪsfrɔ́ʏntlɪç] 形《話》いやに〈むやみと〉親切な; 親切めかした, おためごかしの.

Scheiß·haus 中《卑》**1** (Abort) 便所. **2** おんぼろ家.

Scheiß·haus≠pa·ro·le 女《卑》ひどいうわさ. **≠witz** 男《卑》ひどいジョーク.

Scheiß·kerl 男《卑》くそったれ野郎, ろくでなし; まぬけ, とんま.

scheiß·vor·nehm 形《話》いやに〈ばかに〉上品な.

Scheiß·wet·ter 中《話》いやな〈いまいましい〉天気.

Scheit[ʃaɪt] 中 -〔e〕s/-e (ｵｰｽﾄﾘｱ・ｽｲｽ: -er) **1 a)** (太い木を割って作った)まき, たきぎ(→ 図 Holz A): Holz in ～*e* hacken 木を割ってまきにする | ein paar ～*e* 〔Holz〕 aufs Feuer legen まきを数本火の上にくべる. ▽**b)** 《ふつう複数で》(Trümmer) 破片; (特に難破船の)残骸(ざんがい). **2**《東部》(Spaten) 鋤(すき). [*germ.*; ◇scheiden, Ski]

Schei·tel[ʃáɪtəl] 男 -s/- **1** (頭髪の)分け目: den ～ ziehen 髪を分ける | den ～ rechts 〈in der Mitte〉 tragen 髪を右で〈まん中で〉分けている | ***jm.* den ～ mit der Axt ziehen**《話》…を打ち殺す. **2 a)** 頭のてっぺん, 頭頂〔部〕(→ 図 Mensch B): ein kahler ～ はげ頭 | den ～ senken 頭(こうべ)を垂れる | *et.*⁴ auf dem ～ tragen …を頭にのせる ‖ **vom ～ bis zur Sohle** 頭のてっぺんから足のつま先まで;《話》徹頭徹尾, すっかり | ein Gentleman vom ～ bis zur Sohle《話》完璧な紳士. **b)**《雅》頭髪: ein blonder 〈ergrauter〉 ～ ブロンドの〈白くなった〉髪の毛. **3 a)** てっぺんの部分, 最高地点, 頂点;《比》絶頂; 最盛期: der ～ des Berges 山のいただき | der ～ einer Kurve 曲線の頂点 ‖ Die Sonne steht im ～ ihrer Bahn. 太陽は中天にかかっている | *seinen* ～ erreichen (…が)その頂点〈最盛期〉に達する. **b)** (Zenit)〘天〙天頂. **c)**〘地〙頂(→ 図 Berg A). **d)**〘植〙(茎や根の)頂端. **e)** (地震波の)最深点. [*ahd.*; ◇scheiden]

Schei·tel≠ab·stand 男〘天〙天頂距離. **≠au·ge** 中 (Parietalauge)〘動〙頭頂眼, 顱頂(ろちょう)眼. **≠bein** 中〘解〙頭頂骨(→ 図 Schädel).

Schei·tel·bein·la·ge 女〘医〙(胎児の)頭頂位.

Schei·tel≠fak·tor 男〘電〙波高率. **≠ge·burt** 女〘医〙頭頂位分娩(ぶんべん). **≠hö·he** 女 **1** (高地などの)最頂部, 最高地点. **2** (弾道の)頂点. **≠käpp·chen** 中 頭蓋(ずがい)帽, スカルキャップ(カトリックの聖職者やユダヤ正教の信者がかぶる頭頂のみをおおう小さな帽子). **≠kreis** 男 (Vertikalkreis)〘天〙高度圏, 垂直圏, 鉛直圏. **≠la·ge** = Scheitelbeinlage **≠li·nie**[..niə] 女 鉛直線. **≠me·ri·stem** 中〘植〙頂端分裂組織.

schei·teln[ʃáɪtəln] ⟨06⟩ 他 (h) (頭髪に)分け目をつける: *jm.* 〈*sich*³〉 das Haar ～ …の〈自分の〉髪を分ける | das Haar in der Mitte 〈an der Seite〉 ～ 髪をまん中〈横のほう〉で分ける.

Schei·tel≠naht 女〘解〙冠状縫合. **≠or·gan** 中 (Parietalorgan)〘動〙頭頂器, 顱頂(ろちょう)器. **≠punkt** 男 **1** 最高地点, 頂点. **2** (Zenit)〘天〙天頂.

▽**schei·tel·recht** 形 (senkrecht) 垂直の.

Schei·tel≠span·nung 女〘電〙ピーク電圧. **≠wert** 男 (Amplitude)〘理〙振幅;〘電〙波高値. **≠win·kel** 男〘数〙対頂角;〘天〙天頂角. **≠zel·le** 女〘植〙頂端細胞.

schei·ten[ʃáɪtən] ⟨01⟩ 他 (h)《ｽｲｽ》(まき用の木を)割る.

Schei·ter·hau·fen[ʃáɪtər..] 男 (火葬・火あぶり用の)まきの山: *jn.* zum ～ verurteilen …に火あぶりの刑を宣告する.

schei·tern[ʃáɪtərn] ⟨05⟩ 自 (s) **1** (企図・計画などが)挫折(ざせつ)する, 失敗する, 不成功に終わる; 無〈水泡〉に帰する, だめになる; (人が)失敗〈破滅〉する: Er ist im Leben 〈mit seinem Plan〉 *gescheitert*. 彼は人生に破れた〈計画に失敗した〉| Die japanische Mannschaft *scheiterte* an England mit 3:5 (読み方: drei zu fünf). 日本チームは英国に3対5で敗れた | Der Versuch ist *gescheitert*. その試みは失敗に終わった | Alle seine Hoffnungen sind *gescheitert*. 彼の希望はすべて裏切られた ‖ Er ist eine *gescheiterte* Existenz. 彼は人生の敗残者だ ‖ das *Scheitern* der Revolution 革命の失敗 | Das Unternehmen war von vornherein zum *Scheitern* verurteilt. この企ては始めか

S

ら失敗すべき運命にあった. **2** (船が)難破する, 擱座(かくざ)〈座礁〉する: an den Felsen ～ 岩礁に衝突して難破する | auf einer Sandbank ～ 浅瀬に乗り上げる.

Schẹit·holz[ʃáɪt..] 中 まき, たきぎ.

schẹit·recht 形〘建〙直線かつ水平の: ～*er* Bogen フラットアーチ.

Schẹ·kel[ʃéːkəl] 男 -s/- ＝Sekel

Schelch[ʃɛlç] 男 中 -[e]s/-e《西部》(中型の)川船. [*ahd.*; ◇Schalte]

die **Schẹl·de**[ʃɛ́ldə] 地名 女 -/ シェルデ, スヘルデ(ベルギーを流れ, オランダで北海に注ぐ川. フランス語形 Escaut). [◇*angelsächs.* sceald „seicht" (◇*engl.* shoal)]

Schelf[ʃɛlf] 男 中 -s/-e (Festland[s]sockel)〘地〙大陸棚. [*engl.* shelf]

Schẹl·fe[ʃɛ́lfə] 女 -/-n《南部》(Schale)(果実の)外皮; (豆類などの)さや. [*ahd.*; ◇Schild]

schẹl·fen[ʃɛ́lfən] ＝schilfern

schẹl·fe·rig[ʃɛ́lfərɪç][2] ＝schilferig

schẹl·fern[ʃɛ́lfərn]《05》＝schilfern

Schẹl·lack[ʃɛ́lak] 男 -[e]s/-e シェラック(カイガラムシの分泌する樹脂状物質で, ワニスや電気絶縁材の原料): Schallplatten aus ～ シェラック製のレコード. [*ndl.*; <*ndl.* schel „Schuppe"; ◇*engl.* schellac]

Schẹl·le[1][ʃɛ́lə] 女 -/-n **1**《ふつう複数で》手錠; 足かせ(→ 図 Handfessel): Hand*schellen* 手錠 | Fuß*schellen* 足かせ | *jm.* die ～*n* anlegen …に手錠をかける. **2** (電線・導管などの)固定金具, 止め輪, ブラケット: Die elektrische Leitung war mit ～*n* an der Wand befestigt. 電気のコードはブラケットで壁に固定してあった. [<Schale[2]]

Schẹl·le[2][−] 女 -/-n **1** 鈴, りん; (小さい)鐘: *et.*[4] mit der ～ verkünden 鈴を鳴らして…を知らせる | eine klingende ～ sein《比》(美辞麗句を並べるばかりで)無内容である | der Katze[3] die ～ umhängen (→Katze 1 a). **2**〘方〙(Klingel)(戸口などの)呼びりん, ベル: die ～ läuten 〈ziehen〉呼びりんを鳴らす | **～*n* kloppen**《話》(子供などが悪ふざけをして)他人の玄関の呼びりんを鳴らしてから逃げ去る. **3**《無冠詞複数で》(ドイツ式トランプの)ダイヤ. **4**《話》(Maulschelle)(横つらへの)平手打ち: *jm.* eine ～ geben …にびんたをくらわす. [*ahd.*; <*ahd.* scellan (→Schall); ◇schelten]

schẹl·len[ʃɛ́lən] 自 (h) **1**《方》(klingeln)(鈴・呼びりん・ベルなどが)鳴る: Eine Glocke 〈Eine Klingel〉 *schellt*. 鈴〈呼びりん〉が鳴る ‖ 非人称 Es *schellt*. 鈴〈ベル〉が鳴る | Jetzt hat es *geschellt*!《話》もうたくさんだ, もう我慢がならない | Es hat bei ihm *geschellt*.《話》彼はやっと理解した. **2** 鈴〈呼びりん・ベル〉を鳴らす: an der Haustür ～ 玄関のベルを鳴らす | nach der Bedienung ～ (レストランで)給仕を呼ぶために鈴〈ベル〉を鳴らす.

Schẹl·len[ʃɛ́lən] 中 -/- ＝Schelle[2] 3

Schẹl·len≈baum 男〘楽〙トルコクレセント(T 字形の棒先に鈴をつけた楽器. 軍楽隊などで用いる). **≈blu·me** 女〘植〙ツリガネニンジン(釣鐘人参)属. **≈ge·klin·gel** 中, **≈ge·läut** 中, **≈ge·läu·te** 中 鈴〈呼びりん〉の音. **≈kap·pe** 女 鈴つき帽子(道化師のかぶる鈴のついた三角帽). **≈knopf** 男《方》ベル〈呼びりん〉の押しボタン. **≈kö·nig** 男 (ドイツ式トランプの)ダイヤのキング: *jn.* 〈*et.*[4]〉 **über den ～ loben**《話》…をほめちぎる〈べたぼめする〉. **≈schlit·ten** 男 鈴つき〈鈴をつけた馬の引く〉そり.

Schẹll·en·te[ʃɛ́l..] 女〘鳥〙ホオジロガモ(頬白鴨).

Schẹl·len≈tracht[ʃɛ́lən..] 女〘服飾〙(15世紀に流行した)鈴を飾りつけた衣装(→ 図). **≈trom·mel** 女〘楽〙タンバリン.

Schellentracht

Schẹll·fisch[ʃɛ́l..] 男〘魚〙(北大西洋産の)タラ(鱈)の一種(身が層状にはげる). [*mndd.*; <*mndd.* schelle „Schale" (◇Schale[2])]

Schẹll·fisch·au·gen 複《話》(タラのように)飛び出した大きな目, びっくりまなこ.

Schẹll·ham·mer[ʃɛ́l..] 男 鋲(びょう)打ち〈砕石用〉ハンマー. [<Schelle[2]]

Schẹl·ling[ʃɛ́lɪŋ] 人名 Friedrich Wilhelm von ～ フリードリヒ ヴィルヘルム フォン シェリング(1775-1854; ドイツの哲学者. 著作『人間的自由の本質』など).

Schẹll≈kraut[ʃɛ́l..] 中 -[e]s/ , **≈wurz** 女 (Schöllkraut)〘植〙クサノオウ(草黄)(ツバメが南から戻るころ咲く). [<*gr.* chelīdṓn „Schwalbe" (◇gellen)]

Schelm[ʃɛlm] 男 -[e]s/-e (⊛ **Schẹl·min**[ʃɛ́lmɪn]-/-nen) **1** (Spaßvogel)《ときには愛称として》いたずら〈ひょうきん〉者, 道化: Du kleiner ～! (子供に向かって)このいたずらっ子め | ***jm.* sitzt der ～ im Nacken** …はいたずら〈ひょうきん〉者である | Der ～ sieht ihm aus den Augen. 彼はいかにもいたずらっぽい目つきをしている ‖ **den ～ im Nacken haben** いたずら〈ひょうきん〉者である. ᵛ**2** 悪者, ごろつき, ぺてん師, すれっからし: ein arger ～ ひどい悪党 | der arme ～ 哀れなやつ ‖ **auf einen ～ anderthalbe setzen**《比》毒を制するに毒をもってする(一人の悪者に一人半の悪者で対抗する) | Nur ein ～ gibt mehr, als er hat.《諺》身分不相応なことはしないほうがよい(自分が持っている以上のものを与えるのは悪人だけである). [*ahd.* scalmo „Aas, Seuche"]

Schẹl·men≈ge·schich·te[ʃɛ́lmən..] 女 ＝ Schelmenroman **≈ge·sicht** 中 いたずらっぽい顔. **≈ro·man** 男〘文芸〙(16-17世紀の)悪漢小説, ピカレスクふう小説. **≈streich** 男, **≈stück** 中 **1** いたずら. ᵛ**2** (Betrug) 詐欺, ぺてん.

Schel·me·rẹi[ʃɛlməráɪ] 女 -/-en **1** いたずら: mit *jm.* ～ treiben …にいたずらをしかける | einen Hang zur ～ haben 茶目っ気がある. ᵛ**2** 詐欺, ぺてん.

Schẹl·min Schelm の女性形.

schẹl·misch[ʃɛ́lmɪʃ] 形 **1** いたずらっぽい, 茶目な, やんちゃの. ᵛ**2** 詐欺師的な, 性悪の.

Schẹl·te[ʃɛ́ltə] 女 -/-n《ふつう単数で》《雅》小言, 叱責(しっせき): ～ von *jm.* bekommen …に小言を食う〈しかられる〉.

schẹl·ten*[ʃɛ́ltən]《132》**schalt**[ʃalt] (ᵛscholt[ʃɔlt]) / **ge·schọl·ten;** 現 *du* schiltst[ʃɪltst], *er* schilt; 命 schilt (ᵛschelte); 接II schölte[ʃœ́ltə] (ᵛschälte[ʃɛ́ltə])

I 他 (h)《雅》**1** (tadeln)《*jn.*/*et.*[4]》しかる, 叱責(しっせき)する; 非難する, ののしる: *js.* Betragen ～ …の行状をとがめる | Sie hat ihn wegen seines Zuspätkommens *gescholten*. / Sie hat ihn *gescholten*, weil er zu spät kam. 彼女は彼が遅刻したので彼をしかった | vom Lehrer *gescholten* werden 先生にしかられる ‖ wie ein *gescholtenes* Kind dastehen しかられた子供のようにしょんぼり立っている. **2** 《*jn.* / *et.*[4] のほかにさらに 4 格または様態を示す語句を伴って》(…を…と)ののしる: Sie *schalt* ihn dumm 〈einen Dummkopf〉. 彼女は彼をばかとののしった. **II** 自 (h) しかる, 叱責する; 非難する, ののしる, なじる: auf *jn.* 〈*et.*[4]〉 ～ …に向かって悪態をつく, …のことをあしざまに言う | mit *jm.* ～ …にがみがみ言う | Sie *schalt* über ihn 〈seine Unpünktlichkeit〉. 彼女は彼のことをののしった〈彼が時間を守らないことをなじった〉. [*ahd.*; ◇Schall, Schelle[2]]

Schẹlt≈na·me[ʃɛ́lt..] 男 ののしりの〈侮辱的な〉あだ名. **≈re·de** 女 叱責(しっせき), ののしり, 説教. **≈wort** 中 -[e]s/-e ののしりの言葉.

Schẹ·ma[ʃéːma·; オーストリア: −, sçéːma·] 中 -s/-s, -ta[..ta·], ..men[..mən] **1 a)** 図式, 図解, 図面; 見取り図: das ～ der Schaltung / Schalt*schema*〘電〙回路〈配線〉図 | *et.*[4] durch ein ～ veranschaulichen …を図式で具象的に説明する. **b)**〘哲〙(カントの)先験的図式. **2** ひな型, 手本; 綱要, 大要; 規準, 規格, 型, パターン: an ein ～ gebunden sein ある枠にしばられている | *sich*[4] an ein ～ halten ある手本〈ひな型〉にのっとる | *et.*[4] in ein ～ pressen …を在来の型にはめこむ | Er paßt in kein ～. 彼は型破りの〈普通の物差しでは測れない〉人物だ | **nach ～ F**《話》型どおりに, 杓子(しゃくし)定規に, 千編一律に, ありきたりのやり方で; 機械的に (F はプロイセンの国防省の兵力報告書 Frontrapporte の略) | *et.*[4] nach ～ F erledigen …を型どおりに片づける | Bei ihm geht alles nach ～ F. 彼は万事杓子定規だ. [*gr.*－*spätlat.*; <*gr.* échein (→hektisch); ◇Schule]

Sche̞·ma·brief [ʃé:ma..; ｵｰｽﾄﾘｱ: ʃé:ma.., sçé:ma..] 男 一定の書式に従った〈型にはまった〉手紙.

Sche̞·ma·ta Schema の複数.

sche·ma̞·tisch [ʃemá:tɪʃ; ｵｰｽﾄﾘｱ: −, sçemá:..] 形 **1** 図式の, 図式的な, 図解による: eine ～*e* Darstellung 図示, 図解 ‖ *et.*⁴ ～ darstellen …を図式によって示す〈図示する〉. **2** 《ふつう軽蔑的に》型どおりの, 型にはまった: eine ～*e* Arbeit 型どおりの(創意のない)仕事 | ～*es* Denken 型にはまった考え方 ‖ *et.*⁴ rein ～ tun …を全く機械的に片づける.

sche·ma·ti·sie̞·ren [ʃematizí:rən; ｵｰｽﾄﾘｱ: −, sçema..] 他 (h) **1** 図式化する. **2** 《ふつう軽蔑的に》あまりにも図式化〈形式化〉しすぎる, 型にはめこむ.

Sche·ma·ti·sie̞·rung [..zí:rʊŋ] 女 -/-en schematisieren すること.

Sche·ma·ti̞s·mus [ʃematísmʊs; ｵｰｽﾄﾘｱ: −, sçema..] 男 -/..men [..mən] **1 a)** 図式主義, 画一主義. **b)** 〘哲〙(カントの)図式論. **2 a)** 《ｵｰｽﾄﾘｱ》公務員職階表. **b)** (カトリックの)聖職者名簿〈位階一覧〉; 教区統計要覧.

Sche̞m·ba̲rt [ʃɛ́m..] 男 ひげのある仮面. [*mhd.*; ◇Schemen²]

Schem·ba̲rt·lau·fen 中 -s/ (職人たちの) Schembart をつけた謝肉祭の行列(中世の Nürnberg のものが特に有名).

Sche̞·mel [ʃé:məl; ｵｰｽﾄﾘｱ: ʃɛ́məl] 男 -s/- **1** (ひじ掛け・背もたれのない)いす, 腰掛け, 床几(しょうぎ), スツール(→ 図): ein dreibeiniger ～ 三脚いす | Klavier*schemel* ピアノいす. **2** 《南部》(Fußbank) 足〔のせ〕台. [*spätlat.*−*westgerm.*; < *lat.* scamnum „Bank“; ◇ *engl.* shambles]

Schemel

Sche̞·men¹ Schema の複数.

Sche̞·men² [ʃé:mən] 男 中 -s/- **1** 影, まぼろし, 幻影; 亡霊: Aus dem Nebel tauchten ～ auf. 霧の中から人影が浮かび上がった. **2** 《南部》(Maske) 仮面, 面. [*germ.*; ◇scheinen; *gr.* skiá „Schatten“]

sche̞·men·haft 形 影〈まぼろし〉のような, おぼろな.

Schenk [ʃɛŋk] 男 -en/-en ▽**1** (酒の)酌をする人, 酌人; (Mundschenk) (中世の宮廷での)献酌侍従. **2** (Schankwirt) 居酒屋〈飲み屋〉の主人. [*ahd.* scenco; ◇schenken]

Sche̞nk·bier ＝Schankbier

Sche̞n·ke [ʃɛ́ŋkə] 女 -/-n (特に田舎の)小料理屋〔兼旅館〕; 飲み屋, 酒場, 居酒屋.

Sche̞n·kel [ʃɛ́ŋkəl] 男 -s/- **1** (Oberschenkel) ふともも, 上腿(じょうたい)〈大腿(だいたい)〉〔部〕(ひざからももの付け根までの部分): *sich*³ beide ～ brechen 両足の骨を折る | dem Pferd die ～ geben (騎手が)両脚を締めつけて馬に指示を与える | *sich*³ vor Freude auf die ～ schlagen ひざをたたいて喜ぶ | mit gespreizten ～*n* 股(また)を開いて. **2 a)** (コンパス・音叉(おんさ)・はさみ・ペンチなどの)脚(→ 図 Schere). **b)** 〘工〙腕木. **c)** 〘電〙脚鉄(→ 図 Magnet). **3** 〘数〙(角をはさむ)辺. [*westgerm.*; ◇schenken, hinken, Schinken; *engl.* shank]

Sche̞n·kel≠bein 中 〘解〙大腿(だいたい)骨. ≠**beu·ge** 女 〘解〙鼠蹊(そけい)溝. ≠**bruch** 男 〘医〙大腿骨折; 大腿ヘルニア. ≠**druck** 男 -〔e〕s/..drücke 〘馬術〙(馬に指示を与えるための)両脚による圧迫〈締めつけ〉. ≠**hals** 男 〘解〙大腿骨頸(けい).

Sche̞n·kel·hals·bruch 男 〘医〙大腿骨頸部骨折.

Sche̞n·kel·hil·fe 女 〘馬術〙(馬に指示を与えるための)両脚による扶助.

..schenkelig [..ʃɛŋkəlɪç]² (**..schenklig** [..ʃɛŋklɪç]²) 《数詞・形容詞などにつけて「…の腿(もも)のある」, 〘数〙「…の辺の」などを意味する形容詞をつくる》: dick*schenk*〔*e*〕*lig* 腿の太い | zwei*schenk*〔*e*〕*lig* 2本足の | gleich*schenk*〔*e*〕*lig* 等辺の.

Sche̞n·kel≠ka·na̲l [ʃɛ́ŋkəl..] 男 〘解〙大腿(だいたい)管. ≠**kno·chen** 男 ＝Schenkelbein ≠**kopf** 男 〘解〙大腿骨頭. ≠**mus·kel** 男 〘解〙大腿筋: gerader ～ 大腿直筋 | zweiköpfiger ～ 大腿二頭筋. ≠**po̲l** 男 〘電〙突極.

Sche̞n·kel·po̲l·ma·schi̲·ne 女 〘電〙突極電機.

Sche̞n·kel≠stück 中 (Batzenstück)(よろいの)腿甲(たいこう). ≠**wes·pe** 女 〘虫〙コバチ(小蜂).

sche̞n·ken [ʃɛ́ŋkən] 他 (h) **1 a)** 《*jm. et.*⁴》贈る, 進呈する, プレゼントする: *jm.* Blumen 〈Geld〉 ～ …に花を贈る〈金を与える〉 | *jm. et.*⁴ zum Geburtstag 〈zu Weihnachten〉 ～ …に…を誕生日〈クリスマス〉にプレゼントする ‖〘目的語なしで〙 Sie *schenkt* gern. 彼女は人にものをやるのが好きだ ‖ *et.*⁴ *geschenkt* bekommen …を〔贈り物として〕もらう | Das ist beinahe 〈fast / halb〉 *geschenkt*. それはただみたいなものだ(とても安い) | Das ist *geschenkt* 〔noch〕 zu teuer. それはただでも高すぎる(全く値うちがない) | Das Buch würde ich nicht einmal *geschenkt* nehmen. その本だったらただでもらうのもいやです | *Geschenkt* ist *geschenkt*. 一度人にあげたものはもう返してくれと言うわけにはいかない. **b)** 《*jm. et.*⁴》(広義で)与える: *jm.* Aufmerksamkeit 〈Gehör〉 ～ …に注意を払う〈耳をかす〉 | *jm.* keinen Blick ～ …に一瞥(いちべつ)も与えない〈見向きもしない〉 | *jm.* Glauben 〈Vertrauen〉 ～ …を信用する | *jm. sein* Herz ～ / *jm.* Herz und Hand ～ …に思いを寄せる | *jm.* das Leben ～ …の命を助ける, …を生かしておく | einem Kind das Leben ～ 子を産む. **c)** 再帰 *sich*⁴ *jm.* ～ …に献身〈帰依〉する.

2 《*jm. et.*⁴》免除する; 割愛する: *jm.* die Strafe ～ …を罰せずに許してやる | Diese Arbeit wird dir nicht *geschenkt*. 君はこの仕事はのがれられないよ | ***jm.* wird nichts geschenkt** 《話》…はなんの手加減もしてもらえない, …はつらい〈きびしい〉状況にある | ***sich*³ 〈einander〉 nichts ～** (スポーツの試合などで)互いに全く手加減をしない | *Geschenkt!* 《話》それはどうでもいいことさ ‖ ***sich*³ *et.*⁴ ～** …をせずにすませる〈断念する〉 | Das kannst du dir ～. 君はそれをせずにすませてもかまわない(大して重要なことではない) | Ich *schenkte* mir den Rest des Buches. 私はその本の残りを読まなかった.

3 a) 《雅》(einschenken) (酒・茶などを)つぐ: Wein ins Glas ～ ワインをグラスにつぐ | eine Tasse voll ～ カップを満たす. **b)** 《雅》(ausschenken) (飲み物をグラス・コップなどに)ついで出す. **c)** 《南部》(säugen) 授乳する: ein Kind ～ 子供に乳をのませる.

[*westgerm.* „schief halten“; ◇schielen, Schenkel, Geschenk; *engl.* skink]

Sche̞n·ken·amt [ʃɛ́ŋkən..] 中 (中世の)献酌侍従の職.

Sche̞n·ker [ʃɛ́ŋkər] 男 -s/- **1** (女 **Sche̞n·ke·rin** [..kərɪn]-/-nen) (schenken する人. 例えば:) 贈与者. ▽**2** (女 **Sche̞n·kin** [..kɪn]-/-nen) ＝Schenkwirt

Sche̞nk≠er·laub·nis [ʃɛ́ŋk..] 女, ≠**ge·rech·tig·keit** 女 ＝Schenkkonzession

Sche̞n·kin Schenker 2 の女性形.

Sche̞nk·kon·zes·sio̲n 女 酒類小売免許.

..schenklig ＝..schenkelig

Sche̞nk≠mä̲d·chen [ʃɛ́ŋk..] 中 酒場〈バー〉の給仕女. ≠**raum** 男, ≠**stu̲·be** 女 酒場, 飲み屋. ≠**tisch** 男 (酒場・バーなどの)カウンター.

Sche̞n·kung [ʃɛ́ŋkʊŋ] 女 -/-en 〘法〙 **1** 贈与; 寄進: 〔an *jn.*〕 eine ～ machen 〔…に〕贈与をする. **2** 贈与物.

Sche̞n·kungs≠brief 男 贈与証書. ≠**steu·er** 女 贈与税. ≠**ur·kun·de** 女 贈与証書; 寄進状. ≠**ver·tra̲g** 男 贈与契約.

sche̞n·kungs·wei·se 副 贈与によって〈として〉.

Sche̞nk≠wirt 男 居酒屋〈飲み屋〉の主人. ≠**wirt·schaft** 女 居酒屋, 飲み屋.

Sche̞n·si [ʃɛ́nzi·] 地名 陝西, シャンシー(中国, 西北地区南東部の省で. 省都は西安 Hsian, また Xi'an).

Sche̞n·yang [ʃɛ́njaŋ] 地名 瀋陽, シェンヤン(中国, 遼寧 Liaoning 省の省都. 旧称奉天 Mukden).

schepp [ʃɛp] 《中部》(schief) 斜めの, 傾いた. [*mhd.*; ◇schief]

sche̞p·pern [ʃɛ́pərn] 《05》自 (h) 《話》 **1** (ブリキ缶・カップ・皿などが)カチャカチャ〈ガタガタ〉と音を立てる: Die leeren Kanister auf dem Lastwagen *scheppern*. トラックの上のあき缶がガタガタと音を立てている ‖ 非人称 Es *scheppert*. カチャカチャ〈ガタガタ〉音がする | Wenn du nicht hörst, dann *scheppert* es gleich. 言うことを聞かないとひっぱたくぞ. **2**

S

《mit *et.*³》(…を)カチャカチャ〈ガタガタ〉鳴らす.

scheps[ʃɛps] 形《無変化》《南部・スイ》(schief) 斜めの, 傾いた.

Scher[ʃeːr] 男 -[e]s/-e《南部・オーストリア・スイス》(Maulwurf)〘動〙モグラ(土竜). [*ahd.*; ◇scheren¹, Scherbe]

Scher·baum[ʃéːr..] 男 **1** (織機の)糸巻き棒. **2** (馬車などの)ながえ棒.

Scher·be[ʃɛ́rbə] 女 -/-n **1** (ガラス・陶器などの)破片, かけら;《複数で》(砕けた)残骸(ざんがい): die ~*n* der Fensterscheibe 窓ガラスの破片 ‖ die ~*n* auflesen 〈zusammenkehren〉 破片を拾い集める〈はき集める〉| ~*n* flicken《比》むだなことをする ‖ *sich*⁴ an einer ~ schneiden 〈verletzen〉 破片で切ってけがをする | **in ~*n*⁴ gehen** こなごなに砕ける | Seine Hoffnung ist in ~*n* gegangen. 彼の期待はみじんに砕かれてしまった | *et.*⁴ in ~*n*⁴ 〈zu ~*n*³〉 schlagen …をたたき壊す | **von den ~*n* auf den Topf schließen**《比》片鱗(へんりん)を知って全体を推し量る | Er steht vor den ~*n* seines Glückes.《比》彼の幸福は無残にも打ち砕かれた ‖ ***Scherben* bringen Glück.**《諺》陶器の壊れるのは縁起がよい(食器などが壊れたときに言う. ただしガラス器には用いない).
2《話》大げんか: Bei der Auseinandersetzung hat es viele ~*n* gegeben. 議論は激しいやり合いになった.
[*ahd.*; ◇scheren¹, Scherf, Schorf, Schroff]

Scher·bel[ʃɛ́rbəl] 男 -s/-《西部》= Scherbe 1

scher·beln[ʃɛ́rbəln]《06》自 (h) **1**《話》(陽気に)踊る, ダンスをする. **2**《スイ》破片をはき集めているような音を立てる.

Scher·ben[ʃɛ́rbən] 男 -s/- **1 a)**《南部・オーストリア》= Scherbe 1 **b)**《南部》(Blumentopf) 植木鉢. **c)**《オーストリア》《話》(Nachtgeschirr) おまる. **2** (陶器のうわぐすりをかける前の素焼きの)素地(きじ).

Scher·ben≈ge·richt 中 -[e]s/ (Ostrazismus) (古代ギリシアの)陶片裁判, 陶片〈貝殻〉追放, オストラキスモス(有力者の僭主(せんしゅ)化を防ぐために公衆が危険人物の名を陶片や貝殻などに書いて秘密投票し, 一定数を越えると国外に追放した);《比》過酷な判決. **≈hau·fen** 男 (ガラス・陶器などの)破片の山. **≈ko·balt** 中〘化〙自然〈天然〉砒素(ひそ).

S

Scher·bett[ʃɛrbɛ́t] 男 中 -[e]s/-e (Sorbet)〘料理〙シャーベット. [*türk.*; < *arab.* šarba „Trank"; ◇ *engl.* sherbet]

Scher·blatt[ʃéːr..] 中 (電気かみそりの)外刃. [< scheren¹]

Sche·re[ʃéːrə] 女 -/-n **1** (⊘ **Scher·chen**[ʃéːrçən] 中 -s/-) はさみ(→ 図): eine scharfe 〈stumpfe〉 ~ 切れのよい〈なまくらの〉はさみ | Baum*schere* 剪定(せんてい)ばさみ | Nagel*schere* つめ切りばさみ | **die ~ im Kopf**《比》(自発的な, ほとんど無意識の)自己検閲〈規制〉‖ die ~ schleifen はさみを研ぐ | Papier 〈Stoff〉 mit der ~ schneiden 紙〈布地〉をはさみで切る. **2** (甲殻類などの)はさみ: die ~*n* des Skorpions サソリのはさみ ‖ *jn.* in der ~ haben《比》…をとらえてのがさない | den Feind in die ~ nehmen《比》敵をはさみ打ちにする. **3**〘体操〙(平行棒や鞍馬(あんば)で両脚の)交差;〘バスケット〙相手を前と後ろから二人ではさみこむこと;〘ヒスリング〙ヘッド=シザーズ, はさみ締め. **4**〘経〙鋏(はさみ)状価格差, シェーレ;《比》懸隔, 開き: die ~ zwischen Kosten und Preisen 原価と価格のあいだのシェーレ | die ~ zwischen arm und reich 貧富の差. **5** = Scherendeichsel [*ahd.* scāri „zwei Messer"; ◇Schar²; *engl.* shears]

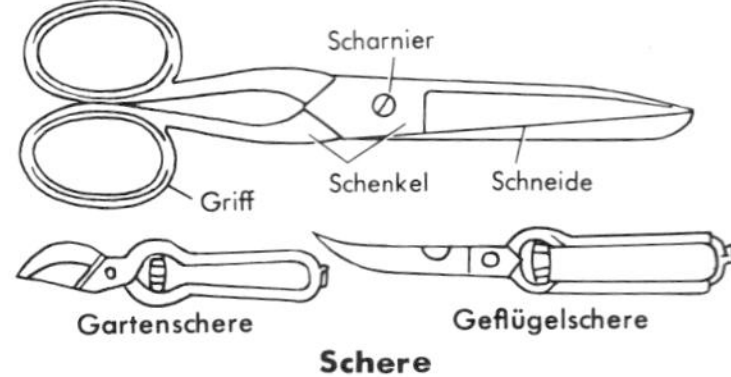

Schere

sche·ren¹⁽*⁾[ʃéːrən]《133》**schor**[ʃoːr] (まれ: scherte) / **ge·scho·ren** (まれ: geschert); 現 *du* scherst (ᵛschierst [ʃiːrst]), *er* schert (ᵛschiert); 命 scher[e] (ᵛschier); 接II schöre[ʃǿːrə] (まれ: scherte)
I 他 (h) **1** (はさみなどで短く)切りそろえる, 刈り込む; (abrasieren) 剃(そ)る: *jn.* [ganz glatt] ~ …の髪(ひげ)を[つるつるに]剃る | *jm.* den Bart ~ …のひげを剃る | *jm.* das Haar 〈die Haare〉 ~ …の髪を刈る | *jm.* den Kopf kahl 〈kurz〉 ~ …の頭を丸坊主にする〈短く刈り込む〉| *jm.* eine Glatze ~ …の髪を刈って坊主頭にする | einen Hund 〈ein Schaf〉 ~ 犬〈羊〉の毛を刈る | *sein* Schäfchen ~ (→Schäfchen 1) | den Rasen 〈die Hecke〉 ~ 芝生〈生け垣〉を刈り込む | die Wolle [von den Schafen] ~ 羊毛を刈り取る | alles 〈alle〉 über einen Kamm ~ (→Kamm 1) ‖ das Haar [kurz] *geschoren* tragen 髪を[短く]刈っている. **2** (betrügen)《*jn.*》だます: *jn.* um *et.*⁴ ~ …から…をだまし取る. **3** (entfleischen)〘製革〙真皮の結合組織を取り除く. **4**《規則変化》〘体操〙(両脚をはさみ状に)交差する;〘バスケット〙(相手を)前と後ろから二人ではさみこむ(→Schere 3). **5**《規則変化》〘地〙(水流・風などが浸食して)平滑化する. **II** 自 (s)《規則変化》〘海〙針路からはずれる, 偏流する. **III ge·schert** → 別出 [*germ.*; ◇rein¹, scharf, Herbst, Schirm; *engl.* shear, sheer; *lat.* cernere „scheiden"]

sche·ren²[ʃéːrən] 他 (h)《話》《*jn.*》(…の)心をわずらわせる, (…に)かかわりがある:〘ふつう否定文・疑問文で〙Das hat ihn wenig 〈nicht im geringsten〉 *geschert*. それは彼にはさほど〈少しも〉気にならなかった | Das *schert* dich einen Dreck. それは君には何のかかわりもない | Was *schert* mich seine Meinung? 彼の意見なんか私にはどうでもいい ‖ 再帰 *sich*⁴ nicht [im geringsten] um *jn.* 〈*et.*⁴〉 ~ …のことを[少しも]意に介さない | *sich*⁴ einen Dreck 〈den Teufel〉 um *et.*⁴ ~ …のことなど全く意に介さない | Er hat sich einen Dreck 〈den Teufel〉 um die Verkehrszeichen *geschert*. 彼は交通標識などとんとお構いなしだった.
★ 現在形では scheren¹と同様に不規則変化をすることがある: Das *schiert* dich einen Dreck.

sche·ren³[ʃéːrən] 他 (h)《話》再帰 *sich*⁴ ~ (さっさと)行ってしまう:〘ふつう命令文で〙*Scher* dich an die Arbeit 〈ins Bett〉! さっさと仕事にかかれ〈ベッドに入れ〉| *Scher* dich aus dem Zimmer 〈nach Hause〉! とっとと部屋から出て行け〈家へ帰れ〉| *Scher* dich zum Kuckuck 〈Teufel〉! とっとと うせやがれ. [*ahd.* scerōn „ausgelassen sein"; ◇schrecken; *gr.* skaírein „springen"]

sche·ren·ar·tig 形 はさみのような; はさみ状の.

Sche·ren≈as·seln 複〘動〙タナイス類. **≈be·we·gung** 女〘経〙価格差変動. **≈deich·sel** 女 (馬車の)二また轅(ながえ). **≈fern·rohr** 中〘軍〙はさみ型望遠鏡. **≈fut·te·ral** 中 はさみ用ケース〈サック〉. **≈git·ter** 中 (窓・入口などのガイドレールによる)折りたたみ式保護格子戸. **≈ha·men** 男〘漁〙はさみ網漁(→ 図 Fischerei). **≈schlag** 男〘サッカー〙シザーズキック. **≈schlei·fer** 男 **1** (刃物の)研ぎ師. **2**《話》**a)** 無能な男, 能なし. **b)** 雑種犬, 駄犬. **≈schna·bel** 男〘鳥〙ハサミアジサシ. **≈schnitt** 男 切り抜き絵, [切り抜き]影絵. **≈zan·ge** 女 針金ばさみ, ワイヤカッター.

Sche·rer[ʃéːrər] 男 -s/- (はさみで仕事をする人. 例えば:) (Schafscherer) 羊の毛を刈る人; ᵛ(Bartscherer) 床屋.

Sche·re·rei[ʃeːrəráɪ] 女 -/-en《ふつう複数で》《話》もめごと, 悶着(もんちゃく), ごたごた, 不快事: ~*en* mit *jm.* 〈*et.*³〉 haben …のことでごたつく | *jm.* ~*en* machen …に苦労〈面倒〉をかける, …をてこずらせる | Das gibt nur unnötige ~*en*. それは不必要ないざこざを引き起こすだけだ.

Scherf[ʃɛrf] 男 -s/-e (⊘ **Scherf·lein** → 別出) シェルフ(中世の小額銅貨). [*ahd.*; < *ahd.* scarbōn „zerschneiden"; ◇scheren¹, Scherbe]

Scher·fe·stig·keit[ʃéːr..] 女〘工〙剪断(せんだん)強度.

Scherf·lein[ʃɛ́rflaɪn] 中 -s/-《ふつう単数で》(Scherf の縮小形)《雅》小銭, わずかばかりの金;《比》寄付, 喜捨: ein 〈*sein*〉 ~ zu *et.*³ beitragen 〈beisteuern / spenden〉 …にささやかな寄付をする | das ~ der armen Witwe 貧しいやもめの寄付, 貧者の一灯(聖書: マコ12,41-44から).

Scher·gang[ʃéːr..] 男〘海〙舷側(げんそく)厚板. [＜scheren¹]

Scher·ge[ʃérgə] 男 -n/-n **1**《軽蔑的に》**a**)(血も涙もない)国家権力の手先, いぬ. **b**)(買収による)売国奴, 裏切り者. ᵛ**2** (Gerichtsdiener) 獄卒, 廷丁. [*ahd.* scario „Scharführer“; ◇Schar¹]

Sche·ria[ʃeríːaˑ] 女 -/ ＝Scharia

Sche·rif[ʃeríːf] 男 -s/-s(-e); -en/-en シェリフ(Mohammed の子孫の称号). [*arab.* šarīf „erhaben“]

Sche·riff[ʃérɪf] 男 -s/-s ＝Sheriff

Scher≈kopf[ʃéːr..] 男 (電気かみそりの)ヘッド. **≈kraft** 女〘工〙剪断(せんだん)〔応〕力.

Scher·ling[ʃéːrlɪŋ] 男 -s/-e (毛を刈り込んだ)羊の毛皮(毛のついたままなめしたもの). [＜scheren¹]

Scher·ma·schi·ne[ʃéːr..] 女〘織〙シャリング機;〘工〙剪断(せんだん)機, 毛刈機.

Scher·maus 女〘動〙**1** (Wasserratte) ミズハタネズミ(水畑鼠). **2**《南部・オーストリア・スイス》(Maulwurf) モグラ(土竜).

Scher·mes·ser 中 (Schermaschine の)サーキュラーナイフ.

Schern·ken[ʃérnkən] 男 -s/-《オーストリア》(登山靴の裏の幅の広いがんじょうな)へり鋲(びょう).

Schern·ken·schuh 男《オーストリア》へり鋲を打った登山靴.

Scher·rah·men[ʃéːr..] 男 (Schermaschine の)経糸フレーム.

Sche·rung[ʃéːrʊŋ] 女 -/-en **1**〘工〙剪断(せんだん). **2**〘数〙ずれ(体積変化を伴わないひずみの一種). **3**〘理〙(磁場の)シェールング.

Scher·wen·zel[ʃɛrvɛ́ntsəl] 男 -s/- ＝Scharwenzel

scher·wen·zeln[ʃɛrvɛ́ntsəln]《06》＝scharwenzeln

Scher·wol·le[ʃéːr..] 女 (Schurwolle)(刈り取った)羊毛. [＜scheren¹]

Scherz¹[ʃɛrts] 男 -es/-e (↔Ernst) 冗談, ふざけ, 戯れ, いたずら, ジョーク; ひやかし, からかい: ein harmloser 〈übler〉 ～ 罪のない〈たちの悪い〉冗談 ‖ Das ist nur ein ～. それはただの冗談にすぎない | Ist das ～ oder Ernst? それは冗談かいそれとも本気かい | und ähnliche ～*e* / und lauter solche ～*e*《話》およびそのたぐい | ***Scherz* beiseite!** i) 冗談はさておき〈ぬきにして〉; ii) 冗談はよせ | *sich*³ mit *jm.* einen schlechten ～ erlauben …に悪ふざけをする | einen ～ machen 冗談を言う, いたずらをする | Er macht über alles seine ～*e*. 彼はなんでも茶化す | **Mach keinen ～ 〈keine ～*e*〉!** 冗談はよせよ(まさか本気じゃないだろうね) | einen ～ 〔für〕 ernst nehmen 冗談を本気にする | ***seinen* ～ 〈*seine* ～*e*〉 mit *jm.* treiben** …をからかう | keinen ～ verstehen 冗談を解さない ‖〚前置詞と〛*et.*⁴ aus 〈im / zum〉 ～ sagen …を冗談に言う | *et.*⁴ halb im ～ sagen …を冗談半分に言う | Verschone mich mit solchen ～*en*! そんな冗談〈ばかなまね〉はやめにしてくれ | ohne ～ 冗談はさておき. [*mhd.*; ◇scherzen]

Scherz²[ʃɛrts] 男 -es/-e《南部・オーストリア・スイス》パンの切片(特に両端). [*it.* scorza „Rinde“]

scher·zan·do[skɛrtsándoˑ] **I** 副 (scherzend)〘楽〙スケルツァンド, 戯れるように, 諧謔(かいぎゃく)的に. **II Scher·zan·do** 中 -s/-s, ..di[..diˑ]〘楽〙scherzando に演奏される楽曲〈楽章〉. [*it.*; ◇Scherzo]

Scherz≈ar·ti·kel[ʃɛ́rts..] 男 いたずら小道具(カーニバルなどに使われる仮装用のつけ鼻・紙帽子など); いたずら〈びっくり〉おもちゃ(ねずみ花火など). **≈bold** 男 -〔e〕s/-e 冗談を好む人, ふざけ〈いたずら〉屋.

Scher·zel (**Scherzl**)[ʃɛ́rtsəl] 中 -s/- **1**《南部・オーストリア》＝Scherz² **2**《オーストリア》牛の後脚と腰の間の肉. [＜Scherz²]

scher·zen[ʃɛ́rtsən]《02》自 (h) ふざける, いたずらをする; 冗談を言う, 冗談口をたたく: Ich *scherze* nicht. 冗談を言っているのではない(私は本気だ) | Sie *scherzen* wohl? ご冗談でしょう | Damit ist nicht zu ～. それは笑い事ではない | mit *jm.* ～ …とふざける; …をからかう ‖ Er läßt nicht mit sich ～. 彼には冗談が言えない ‖ *et.*⁴ *scherzend* sagen …を冗談めかしながら言う. [*mhd.*; ◇scheren³, skurril]

Scherz≈fra·ge 女 ＝Scherzrätsel **≈ge·dicht** 中 戯詩. **≈ge·gen·stand** 男 ＝Scherzartikel

scherz·haft[ʃɛ́rtshaft] 形 冗談の, 諧謔(かいぎゃく)的な, 茶化した, ふざけた, おどけた, こっけいな: ein ～*es* Gedicht 戯詩 | eine ～*e* Geschichte こっけいな話 ‖ *et.*⁴ ～ meinen …を冗談のつもりで言う ‖ *et.*⁴ ins *Scherzhafte* ziehen …を茶化す〈しゃれのめす〉.

scherz·haf·ter·wei·se 副 冗談に, ふざけて.

Scherz·haf·tig·keit 女 -/ scherzhaft なこと.

Scher·zi Scherzo の複数.

Scherzl 中 -s/- ＝Scherzel

Scherz≈lied[ʃɛ́rts..] 中 ざれ歌. **≈ma·cher** 男 ＝Scherzbold **≈na·me** 男 (Spitzname) あだ名.

Scher·zo[skɛ́rtsoˑ] 中 -s/-s, ..zi[..tsiˑ]〘楽〙スケルツォ(主として諧謔(かいぎゃく)的な性格をもつ速い3拍子の楽曲・楽章). [*it.*; ◇scherzen]

scher·zo·so[skɛrtsóːzoˑ] ＝scherzando [*it.*]

Scherz·rät·sel[ʃɛ́rts..] 中 こっけいなぞ〈クイズ〉, とんち問答.

scherz·wei·se 副 戯れに, 冗談に.

Scherz·wort 中 -〔e〕s/-e 冗談, ざれごと, 戯語.

Sche·se[ʃéːzə] 女 -/-n《スイス》(Postkutsche) 郵便馬車, 駅馬車. [*fr.* chaise (◇Chaise)－*ndd.*]

sche·sen[ʃéːzən]¹《02》自 (s)《北部》(eilen) 急ぐ, 大急ぎで走る.

scheu[ʃɔʏ] 形 **1** びくびくした, おどおどした, 臆病(おくびょう)な, 物おじする; 気の弱い, 内気な, 恥ずかしがりの, ひっこみ思案の; (動物が)臆病な, 慣れない: ein ～*es* Mädchen はにかみ屋の女の子 | ein ～*es* Reh 臆病なシカ | ein ～*er* Blick おどおどした目つき | ein ～*es* Wesen haben 内気〈ひっこみ思案〉である ‖ Der Vogel ist besonders ～. この鳥はひどく臆病だ ‖ *sich*⁴ ～ umsehen おずおずと辺りを見回す. **2** (特に馬が)興奮した, 気が立った: ～ werden (馬が)気が立つ, 興奮する | die Pferde ～ machen (→Pferd 1). [*mhd.* schiech (→schiech); ◇*engl.* shy]

Scheu[ʃɔʏ] 女 -/ (恐怖・自信のなさ・恥じらいなどから来る)不安感, 物おじ, しりごみ, 遠慮, はばかり, 臆病(おくびょう), 内気; 畏怖(いふ)〔の念〕: *jm.* ～ einflößen …に畏怖の念を起こさせる | vor *jm.* 〈*et.*³〉 ～ haben 〈empfinden〉 …を恐れはばかる | Er hat eine gewisse ～ vor seinem Vater. 彼はなんとなく父がけむたい ‖ aus ～, es zu sagen それを言うのを遠慮して | mit heiliger ～ 恐れかしこんで, 畏怖の念をもって | ohne ～ 物おじせずに, はばかるところなく, 平気で, ぬけぬけと.

Scheu·che[ʃɔ́ʏçə] 女 -/-n (畑などにしかける鳥獣に対する)おどし〔具〕, かかし(案山子)(→Vogelscheuche).

scheu·chen[ʃɔ́ʏçən] 他 (h) **1** おどかして追い払う〈追いたてる〉: Fliegen ～ ハエを追う | Hühner aus dem Garten ～ 鶏を庭から追い出す ‖ *jn.* an die Arbeit 〈zum Arzt〉 ～ …を追いたてて仕事につかせる〈せき立てて医者に行かせる〉| *jn.* aus dem Schlaf ～ …を眠りからたたき起こす. **2**《南部》＝scheuen I

Scheu·el[ʃɔ́ʏəl] 男 -s/- 嫌悪, 恐怖:〚もっぱら次の成句で〛*jm.* ein Greuel und 〔ein〕 ～ sein (→Greuel 1).

scheu·en[ʃɔ́ʏən] **I** 他 (h) **1** (…に対して)しりごみする, (…を)避け〔ようとす〕る; 恐れる, はばかる(→II 2): die Entscheidung ～ 決定をさし控える | eine Gefahr nicht ～ 危険を恐れない | einen weiten Weg nicht ～ 遠路をいとわない | keine Kosten und Mühe ～ 金と労をいとわない | das Licht 〈das Tageslicht〉 ～ (→Licht 1, →Tageslicht) | keine Opfer ～ いかなる犠牲をも辞さない | das Rampenlicht ～ (→Rampenlicht) ‖ Tue recht und *scheue* niemand!《諺》正しきを行い何人(なんぴと)をもはばかるなかれ | 〔Ein〕 gebranntes Kind *scheut* das Feuer. (→Kind). **2** 再帰 *sich*⁴ vor *jm.* 〈*et.*³〉 ～ …に対してしりごみする, …を避け〔ようとす〕る; …をはばかる | *sich*⁴ vor nichts ～ 何物も恐れない | *sich*⁴ vor keiner Schwierigkeit ～ いかなる困難にもひるまない | *sich*⁴ 〔davor〕 ～, es zu sagen それを言うことを恐れる, 恐れて〈はばかって〉それを言わない | Ich *scheue* mich 〔davor〕, ihm die Wahrheit zu sagen. 私は彼に真実を伝えかねている.

II 自 (h) **1**《vor *jm.* 〈*et.*³〉》(馬などが…に)おびえる, (…を)こわがって後じさりする〈暴れる〉: Das Pferd *scheute* vor einem Auto. 馬が自動車におびえた | ein *scheuendes* Pferd

S

beruhigen おびえ暴れる馬をなだめる. **2** 《雅》《*et.*²》(…に対して)しりごみする, (…を)避け〔ようとす〕る; 恐れる, はばかる(→ I 1): der Mühe nicht ～ 労苦をいとわない.
［*ahd.* sciuhen; ◇scheu］

Scheu·er[ʃɔ́ʏər] 女 -/-n《西部・南部》＝Scheune

Scheu·er≠be·sen 男《北部》(Schrubber)(長い柄のついた)掃除用ブラシ, 床ブラシ. **≠bür·ste** 女 掃除用ブラシ〈たわし〉. **≠ei·mer** 男《北部》(Putzeimer) 掃除用バケツ.

scheu·er·fest 形 摩擦に強い, 摩耗しにくい.

Scheu·er≠fe·stig·keit 女〘織〙摩耗抵抗. **≠frau** 女 掃除婦. **≠lap·pen** 男 ぞうきん. **≠lei·ste** 女 **1** (Fußleiste)〘建〙幅木(はば) (→ ⊠ Fußboden). **2** 〘海〙(防舷(げん)用の)舷側板. **≠mit·tel** 中 研磨剤(磨き粉など).

scheu·ern[ʃɔ́ʏərn]《05》他 (h) **1 a)** (研磨剤・ブラシ・ぞうきんなどで)ごしごし磨く〈洗う〉, こすってきれいにする: den Fußboden 〈das Deck〉 ～ 床〈甲板〉をごしごし洗う | eine Pfanne 〔mit Sand〕 ～ 〔砂をつけて〕なべをきれいにこする ‖ 〚目的語なしで〛Du mußt kräftig ～, damit der Boden sauber wird. 床がきれいになるように力を入れてごしごし磨かなくてはいけないよ | Es war alles blank und rein *gescheuert*. 何もかもぴかぴかに磨かれていた. **b)** (汚れなどを)ごしごし洗って取り除く: den Schmutz von der Wand ～ 汚れを壁からこすり落とす | Tinte von den Fingern ～ 指からインクを洗い落とす. **2** 《*et.*⁴ an *et.*³》(…を…に)こすりつける: Er *scheuerte* sich³ den Rücken am Pfosten. 彼は背中を柱にこすりつけた ‖ 再帰 Das Pferd *scheuert* sich⁴ an der Mauer. 馬が壁に体をこすりつける | *sich*⁴ am Knie 〔wund〕 ～ ひざをすりむく. **3** 《しばしば目的語なしで》(皮膚に当たって)すれる: Die Schuhe *scheuern* 〔mich〕 an den Fersen. 〔私は〕靴にかかとがすれて痛い | Der Riemen *scheuert* 〔mich〕 an der Schulter. 〔私は〕ひもが肩に当たってすれる | Mein Kragen *scheuert*. 私はカラーがすれてひりひりする | Das Armband hat ihr die Haut 〔rot〕 *gescheuert*. 腕輪がすれて彼女の肌は赤くなってしまった. **4** 《話》*jm.* **eine 〈ein paar〉 ～**《話》…に平手打ちを一発〈数発〉くわせる | **eine 〈ein paar〉 *gescheuert* bekommen 〈kriegen〉**《話》平手打ちを一発〈数発〉くらう. ［*mndd.*; ◇ *engl.* scour］

Scheu·er≠prahm[ʃɔ́ʏər..] 男〘海〙舷側(げん)掃除用ボート. **≠pul·ver** 中 磨き粉. **≠sand** 男 -〔e〕s/ 磨き砂. **≠tuch** 中 -〔e〕s/..tücher ぞうきん. **≠wun·de** 女 擦り傷.

Scheu·flie·ge[ʃɔ́ʏ..] 女〘虫〙トゲハネバエ(棘翅蠅)科の昆虫.

Scheu·heit[ʃɔ́ʏhaɪt] 女 -/ scheu なこと.

Scheu·klap·pe[ʃɔ́ʏ..] 女 -/-n **1** 《ふつう複数で》(馬の)目隠し革(→ ⊠ Kopfgestell): einem Pferd ～*n* anlegen 馬に目隠し革をつける | ～*n* haben 〈tragen〉《比》視野が狭い ‖ ein Mensch mit ～*n* 視野の狭い人 | mit ～*n* gehen《比》左右を見ずまっしぐらに突き進む | mit ～*n* durchs Leben gehen《比》(他を顧みず)独善的に生きる | mit ～*n* herumlaufen《比》視野が狭い | *et.*⁴ ohne ～*n* betrachten …を先入観なしに観察する. **2** 《戯》(高層アパートの)バルコニー.

Scheu·klap·pen·men·ta·li·tät 女 視野の狭い〈独善的な・事なかれ主義の〉心情.

Scheu·le·der 中 ＝Scheuklappe 1

scheu·los[ʃɔ́ʏlo:s]¹ 形 物おじしない, こわいもの知らずの.

Scheu·ne[ʃɔ́ʏnə] 女 -/-n **1** (収穫物などをおさめる農家の)納屋, 穀物倉(→ ⊠ Bauernhof): die Ernte in die ～ bringen 収穫物を納屋におさめる. **2** 《話》大きくて粗末な〈醜い〉建物(店・劇場・学校など). ［*germ.*; ◇Haus, Schuh, Schauer²］

Scheu·nen≠dre·scher 男 打穀人: 〚もっぱら次の成句で〛hungrig wie ein ～《話》おそろしく空腹の | **wie ein ～ essen 〈fressen〉**《話》もりもり食う. **≠tor** 中 納屋〈穀物倉〉の門〈戸口〉: 〚ふつう見落とすおそれのないほど大きいものの比喩として〛**ein Wink mit dem ～**《話》露骨な暗示, あけすけなほのめかし | **mit dem ～ winken**《話》露骨に暗示する, あけすけにほのめかす | dastehen wie die Kuh 〈wie der Ochse〉 vorm ～ (→Kuh 1 a, →Ochse 1).

Scheu·re·be[ʃɔ́ʏ..] 女 -/-n **1** 《単数で》(白ワイン用)ショイレーベ種のぶどう. **2** ショイレーベ種のぶどうからつくったワイン. ［＜G. Scheu (ドイツ人栽培者, †1949)］

Scheu·sal[ʃɔ́ʏza:l] 中 -s/-e (話:..säler[..zɛ:lər]) **1 a)** 怪物, ばけもの, 怪獣. **b)** ばけもののような人間(おそろしい極悪人・粗暴〈残忍〉な人・ぞっとする醜怪な人など). **c)** 《戯》小うるさいいやなやつ: Dieses Kind ist ein richtiges kleines ～! この子はほんとにうるさくて手に負えないちびだ. ▽**2** (Vogelscheuche) かかし. ［＜scheuen］

scheuß·lich[ʃɔ́ʏslɪç] **I** 形 **1** 見るも恐ろしい, ぞっとする; 恐るべき, 憎むべき, 卑劣な, 残酷〈残忍〉な; 醜悪な: ein ～*er* Anblick 恐ろしい光景 | ein ～*es* Verbrechen 恐ろしい〈残酷な〉犯罪 | eine ～*e* Narbe 恐ろしい〈醜い〉傷あと. **2** 不快な, いやな, ひどい, うとましい: ～*es* Wetter いやな天気 ‖ ～ schmecken ひどい味がする. **II** 副 **1** →I **2** ものすごく, ひどく, いやに: Es ist ～ kalt. 恐ろしく寒い | Er hat sich ～ erkältet. 彼はひどい風邪をひきこんだ. ［*mhd.*; ◇scheuen］

Scheuß·lich·keit[−kaɪt] 女 -/-en **1** 《単数で》scheußlich なこと. **2** 《ふつう複数で》scheußlich な事物〈言動〉.

Schi[ʃi:] 男 -s/-er(-) ＝Ski

Schia[ʃí:a·] 女 -/ 〘イスラム教〙シーア派. ［*arab.* „Partei"; ◇ *engl.* Shia〔h〕］

Schi≠an·zug[ʃí:..] ＝Skianzug **≠auf·zug** ＝Skiaufzug

▽**Schib·bo·leth**[ʃɪbó:lɛt] 中 -s/-e, -s (敵味方を識別するための)合言葉(聖書: 士12, 6 から). ［*hebr.*; sch の発音ができないエフライム人を見分けるためにギレアデ人が用いた語］

Schi≠bin·dung[ʃí:..] ＝Skibindung **≠bob** ＝Skibob

Schicht[ʃɪçt] 女 -/-en **1** (上下に重なるそれぞれの)層; (表面を覆う)被膜: eine dünne ～ Staub うっすらと積もったほこり | die oberen 〈unteren〉 ～*en* der Luft 大気の上〈下〉層部 | eine lichtempfindliche ～ (フィルムの)感光膜 | Erd*schicht* 地層 | Gesteins*schicht* 岩層 | Kohlen*schicht* 〔石〕炭層 | Schütz*schicht* 保護被膜 ‖ Die Kohle lagert in ～*en*. 石炭は幾層にもなって埋蔵されている. **2** (社会の)階層: die führende ～ 指導階層 | die ～ der Arbeiter 〈der Intellektuellen〉 労働者〈インテリ〉の階層 | die verschiedenen ～*en* der Gesellschaft 社会のさまざまな階層 | eine dünne ～ von Reichen ひとにぎりの金持ち階級 | Mittel*schicht* 中間層〔階級〕.
3 a) (交代制労働の)一回の就業時間, 作業直(ちょく); 〘坑〙作業工数: verfahrene 〈entgangene〉 ～*en* 〘坑〙実動〈損失〉工数 ‖ in 〔drei〕 ～*en* arbeiten 〔3〕交代制で仕事をする | eine ～ verfahren 〘坑〙(自分の割当時間に)入坑する | Die erste ～ dauert von 6 bis 12 Uhr. 1番直は6時から12時までだ | ～ haben / zur ～ müssen《話》これから(交代)勤務時間である | **～ machen**《話》(仕事を一時中断して)休息する; 仕事じまいする. **b)** (交代制労働で)同一就業時間に働く労働者の全体, 作業方(かた): Die zweite ～ ist eben eingefahren. 〘坑〙2番方がたったいま入坑した.
［*mndd.* „Abteilung"; ◇scheiden; *engl.* shift］

Schicht≠ab·lö·sung[ʃíçt..] 女 ＝Schichtwechsel 1 **≠ar·beit** 女〔時間〕交代制労働. **≠ar·bei·ter** 男〔時間〕交代制で働く労働者. **≠auf·nah·me** 女〘医〙(レントゲン写真などの)断層撮影〔法〕. **≠dienst** 男〔時間〕交代制勤務.

Schich·te[ʃíçtə] 女 -/-n《オーストリア》＝Schicht 1

schich·ten[ʃíçtən]《01》**I** 他 (h) **1** (層状に)積み重ねる: Getreide 〈Holz〉 ～ 穀物〈材木〉を積み重ねる | gebügelte Wäsche in den Schrank ～ アイロンをかけたシーツ類を戸棚に重ねてしまう. **2** 再帰 *sich*⁴ ～ 層状に重なる; いくつかの層に分かれる. **II** 自 (h)〘地〙層を作る, 層理を形成する.
［*mndd.*］

Schich·ten≠auf·bau 男 -〔e〕s/ ＝Schichtenfolge **≠bil·dung** 女〘地〙層理形成, 成層. **≠fol·ge** 女 -/ 〘地〙地層, 層序. **≠kun·de** 女 -/ 地層学.

schich·ten·wei·se ＝schichtweise

Schich·ter[ʃíçtər] 男 -s/- ＝Schichtarbeiter

schicht·frei 形 作業直(ちょく)明けの, 勤務から解放された.

Schicht≠ge·stein 中〘地〙成層岩, 堆積(たい)岩. **≠holz** 中 **1** (Sperrholz)(3枚以上の板を張り合わせた)合

板. **2**《単数で》積み上げられた木材.

..schichtig[..ʃɪçtɪç][2]《数詞などにつけて形容詞をつくる》**1**《「…の〔階〕層をもつ」を意味する》: mehr*schichtig* 多層の; (社会が)多階層の. **2**《「…交代制の」を意味する》: drei*schichtig* 3交代制の.

Schịcht⸗li·nie[ʃɪ́çtli:niə] 女〘地〙**1** 層線. **2** 等高線, 等深線. ⸗**lohn** 男〘坑〙作業単位で支払われる賃金. ⸗**stu·fe** 女〘地〙ケスタ, 傾斜台地.

Schịch·tung[ʃɪ́çtʊŋ] 女 -/-en 層形成; 層状の形成物; 〘地〙層理: eine sprachliche ～ 言語の層〈位相〉(標準語・方言・雅語・俗語など).

Schịcht⸗un·ter·richt 男 交代制授業. ⸗**vul·ka̲n** 男〘地〙成層火山. ⸗**was·ser** 中 -s/〘坑〙地下層内水. ⸗**wech·sel** 男 **1** 作業方(かた)交代; (一般に)勤務の交代: *Schichtwechsel* ist um 8 Uhr. (今度の)作業交代は8時である | beim ～ 24 Stunden frei haben 勤務時間割りの交代に際して24時間からだが空く. **2**〘地〙互層.

schịcht·wei·se 副 (→..weise ★) **1** 層をなして, 重なって. **2** グループごとに, 交代で.

Schịcht⸗wol·ke 女 (Stratus)〘気象〙層雲. ⸗**zeit** 女 作業方(かた)時間, 勤務時間.

schick[ʃɪk] 形 **1** (服装・外見などが)粋(いき)な, しゃれた, 洗練された, シックな, エレガントな: ein ～*es* Kleid 粋なドレス | eine ～*e* Handtasche しゃれたハンドバッグ ‖ Sie zieht sich immer ～ an. 彼女はいつも気の利いた身なりをしている. **2**《話》すてきな, すばらしい: ein ～*es* Auto すばらしい自動車 ‖ Es ist ～, daß du kommst. 君が来てくれるなんてすてきだ.

★ 述語的・副詞的には chic の形も用いられる.

[*fr.* chic]

Schick[1][ʃɪk] 男 -s/ **1**《単数で》(服装・外見などの)粋(いき), エレガンス; (挙措・振舞い・態度などの)優雅さ: Die neuen Frühjahrsmodelle haben sehr viel ～. 新しい春のファッションはたいへん粋だ | Deine Freundin hat ～. 君のガールフレンドはセンスがいい. **2**《単数で》《方》本来あるべき姿, 秩序: aus dem 〈nicht auf dem〉 ～ sein 調子が悪い | *et.*[4] wieder in ～ bringen …を本来の状態〈調子〉に戻す ‖ Alles muß seinen ～ haben. すべてのものはそれぞれの所を得なければならない | ***seinen* ～ nicht**〔**ganz**〕**haben**《話》頭が〔少々〕おかしい. **3**《スイス》有利な商売〈取引〉. [*mndd.*; ◇schicken[2], Schickeria, Geschick]

Schick[2][–] 男 -s/-e《南部》(Priem) 噛(か)みタバコ. [*fr.*]

schịcken[1][ʃɪ́kən] 自 (h)《南部》(priemen) 噛(か)みタバコをかむ. [*fr.* chiquer „kauen"]

schịcken[2][ʃɪ́kən] **I** 他 (h) **1 a)**《〔*jm.*〕*et.*[4] /〔an *jn.*〕*et.*[4]》(〔…に〕…を)送る, 送り届ける, 送付する: *et.*[4] als Drucksache 〈Eilgut〉 ～ …を印刷物〈急行便〉扱いで送る | *et.*[4] per Post 〈durch die Post〉 ～ …を郵便で送る | *et.*[4] zu Schiff ～ …を船便で送る ‖ *jm.* 〈an *jn.*〉 einen Brief ～ …にあてて手紙を出す | *jm.* 〈an *jn.*〉 ein Paket ～ …にあてて小包を送る | *jm.* eine Einladung 〈einen Gruß〉 ～ …に招待状〈あいさつ状〉を送る | *jm.* einen fragenden Blick ～ 物問いたげな視線を…に向ける ‖〘方向を示す語句と〙Die Waren werden〔uns〕ins Haus *geschickt*. 品物は〔我々の〕家まで届けられる | Wir haben das Telegramm nach Bonn 〈an seine Adresse〉 *geschickt*. 私たちは電報をボン〈彼あて〉に打った | Die Sonne *schickt* ihre Strahlen auf die Erde. 太陽が地球を照らす.

b)《*jn.*》行かせる, 送り出す, 使いにやる, 派遣する: einen Boten ～ 使いの者を出す ‖〘方向を示す語句と〙*jn.* **auf** Reisen 〈Urlaub〉 ～ …を旅行〈休暇旅行〉に行かせる | *jn.* auf die Reise ～ (→Reise 1) | *jn.* auf die Schule 〈die Universität〉 ～ …を学校〈大学〉へ入れる | *jm. jn.* auf den Hals ～ (→Hals 1 a) | *jn.* **in** den April ～ (→April) | *jn.* ins Bett ～ …(子供など)を就寝させる; …(患者)に安静を指示する | *jn.* ins Geschäft ～ …を店へ買い物にやる | *jn.* in die Schule 〈zur Schule〉 ～ …を学校へ通わせる | *jn.* in die Wüste ～ (→Wüste) | *jn.* **nach** Hause ～ …を帰宅させる | *jn.* nach *jm.* ～ …に…を呼びに行かせる | *jn.* **zu** *jm.* ～ …を…の所へ使いにやる | *jn.* zu Boden ～ (打撃などが)…を倒す〈打ちのめす〉| *jn.* zum Einkauf ～ …を買い物に行かせる (＝*jn.* einkaufen ～) | *jn.* zur Konferenz ～ …(代表など)を会議に派遣する | *jn.* zum Teufel (→Teufel 1) ‖〘目的語なしで〙in die Apotheke ～ 薬局へ薬を買いにやる | nach dem Arzt 〈nach der Hebamme〉 ～ 医者〈助産婦〉を呼びにやる ‖〘不定詞と〙*jn.* schlafen ～ (→schlafen I 1 c) | *jn.* einkaufen 〈Brot kaufen〉 ～ …を買い物に〈パンを買いに〉やる.

2《人を主語として》**a)**《雅》再帰 *sich*[4] ～ 順応〈適応〉する: *sich*[4] zu ～ wissen 順応性がある, (うまく)適応できる ‖ *sich*[4] **in** die Umstände 〈die Verhältnisse〉 ～ 状況〈境遇〉に適応する | *sich*[4] in *sein* Los ～ おとなしく運命に従う | *sich*[4] ins Unvermeidliche ～ 素直に運命を受け入れる | *sich*[4] **zu** *et.*[3] ～ …に備える, …の準備を整える | *sich*[4] zum Tode 〈Sterben〉 ～ 死ぬ覚悟をする.

b)《南部》再帰 *sich*[4] ～ 急ぐ.

3《事物を主語として》**a)** 再帰 *sich*[4] ～ (具合よく)生じる, はこぶ: wie es sich〔gerade〕*schickt* 状況に応じて | Es wird sich schon alles noch ～. 万事なんとかなるさ | Für eine Aussprach wollte sich keine Gelegenheit mehr ～. 討論の機会はもはやいっこう訪れそうになかった.

b) 再帰 *sich*[4] ～ 礼儀作法にかなう, ふさわしい, 似つかわしい: 〘ふつう否定詞と〙*sich*[4] bei *et.*[3] 〈für *jn.*〉 nicht ～ …の際には〈…にとっては〉ふさわしくない | Das Betragen 〈Der Ton〉 *schickt* sich nicht. そんな振舞い〈言い方〉は不適当だ | Das Tragen solcher Kleidung *schickt* sich dort nicht. そんな服装はあそこでは適切でない | Es *schickt* sich nicht, jemandem ins Wort zu fallen. 人の発言中に口を出すのは失礼だ.

II ge·schịckt → 別出

[*mhd.* „〔ein〕richten"; ◇geschehen, Schicksal]

schịcker[ʃɪ́kər] 形《話》酒に酔った, 酩酊(めいてい)した. [*jidd.*; ◇Zider, schickern]

Schicke·ri̲a[ʃɪkərí:a·] 女 -/ (社交界などでの)上流階級. [*it.* sciccheria „Schick"; ◇schick]

schịckern[ʃɪ́kərn]《05》自 (h)《話》酒を飲む; 酒に酔う. [*jidd.*; ◇schicker]

schịck·lich[ʃɪ́klɪç] 形《雅》礼儀作法にかなった; (礼儀作法の点で)妥当な, 適切な: ein ～*es* Benehmen 礼儀にかなった振舞い | Es ist nicht ～, mit dem Finger auf jemanden zu zeigen. 指で他人を指し示すのは失礼だ.

Schịck·lich·keit[–kaɪt] 女 -/ schicklich なこと.

Schịck·sa̲l[ʃɪ́kza:l] 中 -s/-e **1**《ふつう単数で》(Vorsehung) 神の摂理, 天命, 神意: das grausame 〈unerbittliche〉 ～ 無情の〈仮借なき〉運命 ‖ das ～ herausfordern 運命に挑戦する | **～ spielen**《話》(事のなりゆきに)力を貸す, (ひそかに)一役買う ‖ dem ～ entgegentreten 運命に逆らう ‖ Das ～ hat ihn bevorzugt. / Das ～ hat es gut mit ihm gemeint. 彼は幸運に恵まれている. **2** (個別的な)運命, 宿命, 運, めぐり合わせ: ein schweres 〈merkwürdiges〉 ～ つらい〈奇妙な〉運命 | das ～ eines Volkes 民族の運命 ‖ *sein* ～ hinnehmen 〈tragen〉 自分の運命を甘受する〈耐え忍ぶ〉| schwere ～*e* ertragen 逆境に耐える | ***jn. seinem* ～ überlassen** …をその運命にゆだねる, …を見捨てる ‖〘前置詞と〙**in** *sein* ～ rennen 破滅の道を歩む | *sich*[4] in *sein* ～ ergeben 自分の運命に身をゆだねる | *sich*[4] **mit** *seinem* ～ abfinden 自分の運命と和解する(現状を肯定する) | mit *seinem* ～ hadern 運命に不満を抱く ‖ Sein ～ ist besiegelt 〈entschieden〉. 彼の運命は定まった | Es ist anscheinend mein ～, immer zu spät zu kommen.《話》いつも遅刻するのがどうも私の宿命らしい.

[*ndl.* schicksel „Anordnung"; ◇schicken[2]]

schịck·sal·haft[–haft] 形 運命によって定められた; 運命〈宿命〉的な: eine ～*e* Begegnung 運命的な出会い | ein ～*er* Tag 運命の日.

schịck·sal·los[..lo:s][1] 形 運命によって左右されることのない, 運命を超越した.

Schịck·sals⸗dra̲·ma 中〘文芸〙運命〔悲〕劇. ⸗**fra·ge** 女 (事態の帰趨(きすう)を左右する)決定的な問題. ⸗**fü·gung** 女 神の摂理, 天の配剤. ⸗**ge·fähr·te** 男 (女 ⸗ge·

S

fähr·tin)運命を共にする〈苦労を分かち合う〉仲間. **≈ge·mein·schaft** 女 運命共同体. **≈ge·nos·se** 男 (女 **≈ge·nos·sin**) = Schicksalsgefährte **≈glau·be** 男 宿命論, 決定論. **≈göt·tin** 女 (ギリシア・ローマ・ゲルマン神話などの)運命の女神. **≈schlag** 男 運命の打撃, 決定的な不幸.

schick·sals≈schwan·ger《雅》= schicksalsvoll **≈schwer** 形《雅》(ある人の運命や事態の進展を決定的に左右する)きわめて重要な. **≈träch·tig**《雅》**1** = schicksalsvoll **2** = schicksalsschwer

Schick·sals·tra·gö·die[..diə] 女〘文芸〙運命悲劇(特にロマン主義作家による).

schick·sals·voll 形《雅》運命をはらんだ; 不吉な前兆にみちた.

Schick·sals·wen·de 女 運命の転機〈転回点〉.

schick·sam[ʃíkza:m]《北部》= schicklich

Schick·schuld [ʃík..] 女〘法〙送付債務.

Schick·se[ʃíksə] 女 -/-n, **Schick·sel**[..səl] 中 -s/- 《話》(Flittchen) 浮気娘, 身持ちの悪い女. [*jidd.*]

Schickung[ʃíkʊŋ] 女 -/-en《雅》**1**《ふつう単数で》神の摂理, 天命, 神意. **2** (運命の)打撃, 試練: die ~*en* Gottes 神の下したもうた試練. [< schicken²]

Schieb≈bock[ʃí:p..] = Schiebebock **≈büh·ne** = Schiebebühne

Schie·be≈bock[ʃí:bə..] 男 (Schubkarren) 手押し車. **≈brot** 中《話》《もっぱら次の成句で》~ essen (パンの大きさに比べて)ちっぽけなソーセージをのせたパンをソーセージを最後まで残しながら食べる(→Schiebewurst). **≈büh·ne** 女 **1**〘鉄道〙遷車台. **2**〘劇〙ワゴン舞台(舞台装置をワゴン移動によって入れ替えることのできる舞台). **≈dach** 中 (乗用車・貨車などの)スライド開閉式屋根, スライディングルーフ. **≈deckel** 男 スライド開閉式の蓋(ふた), すべり蓋. **≈fen·ster** 中 スライド開閉式の窓(→ 図). **≈kar·re** 女, **≈kar·ren** 男 手押し車. **≈leh·re** = Schieblehre

Schiebefenster

schie·ben*[ʃí:bən][1]《134》**schob**[ʃo:p][1] / **ge·scho·ben**; 接II schöbe[ʃǿ:bə] **I** 他 (h) **1 a)**《*et.*⁴》押す; 押して動かす; (ちょっと押して)ずらす: ein Fahrrad 〈einen Kinderwagen〉 ~ 自転車〈乳母車〉を押す ‖〘方向を示す語句と〙den Stuhl **an** den Tisch ~ いすをテーブルに押しやる | *jm.* einen Ring an 〈auf〉 den Finger ~ …の指に指輪をはめる | *et.*⁴ **auf** die lange Bank ~ (→Bank[1] 1) | *et.*⁴ auf den nächsten Tag 〈von einem Tag auf den anderen〉 ~《話》…を翌日に〈一日延ばしに〉延ばす | *et.*⁴ aufs tote Gleis 〈auf ein totes Gleis〉 ~ (→Gleis 2) | *sich*³ die Brille auf die Stirn ~ 眼鏡をひたいに押し上げる | *sich*³ die Haare **aus** der Stirn ~ 髪の毛をひたいからかき上げる〈払いのける〉| Brot **in** den Ofen ~ パンをパン焼きがまに入れる | die Hände in die Hosentaschen ~ 両手を(もぞもぞと)ズボンのポケットに突っこむ | das Fenster in die Höhe ~ (上下式の)窓を押し上げる | den Karren in den Dreck ~ (→Karren[1] 1) | 〔*sich*³〕 *et.*⁴ in den Mund ~ …(食べ物など)を口に押し込む | *jm. et.*⁴ in die Schuhe ~ (→Schuh 1) | den Ball ins Tor ~ 球をゴールに入れる | *et.*⁴ **nach** vorn 〈oben / unten〉 ~ …を押し出す〈上げる・下げる〉| *jm. et.*⁴ **unter** die Weste ~ (→Weste 1) | *et.*⁴ **von** hinten ~ …をうしろから押す | *et.*⁴ von *sich*³ ~ …を押しのける;《話》…(責任など)を他に転嫁する | *et.*⁴ **vor** *sich*³ her ~ …(車など)を押して行く | den Riegel vor die Tür ~ 戸に閂(かんぬき)をかける | *et.*⁴ **zur** Seite ~ …を押しのける;《比》…(考えなど)を振り捨てる ‖〘目的語なしで〙Du mußt ~, nicht ziehen. 君は引っ張るんじゃなくて押さなきゃいけない | Du glaubst zu ~, und du wirst *geschoben*. 君は押しているつもりで実は押されているのだ (Goethe) ‖ 再帰 *sich*⁴ ~ (ゆっくりと)移動する | Eine Kaltfront *schiebt* sich über Mitteleuropa. 寒冷前線が中部ヨーロッパを移動する | Eine dunkle Wolke *schiebt* sich vor die Sonne. 暗雲が太陽をおおう.

b)《*jn.*》押す, (強引に)押し出す〈込む〉: *jn.* aufs tote Gleis 〈auf ein totes Gleis〉 ~ (→Gleis 2) | *jn.* auf die Nudel ~ (→Nudel 2) | *jn.* aus dem Zimmer ~ …を部屋の外へ押し出す | *jn.* in den Vordergrund ~ (→Vordergrund) | *jn.* zur Seite ~ …を押しのける ‖ Er muß immer *geschoben* werden.《話》彼は自分からは何もしない ‖ 再帰 *sich*⁴ ~ (抵抗と戦いながら強引に)進み出る | *sich*⁴ an die Spitze ~ (競争などで相手を抜いて)先頭に出る | durch die Menge ~ 人ごみをかき分けて前に進む | *jn. sich*⁴ in den Vordergrund ~ (→Vordergrund) | *sich*⁴ nach vorn ~ 前へ進み出る, (競争などで)上位へ進出する.

c)《*et.*⁴ auf *jn.* 〈*et.*⁴〉》(罪・責任などを…に)押しつける, (…に)転嫁する: die Schuld auf einen anderen ~ 罪を他人になすりつける | die Verantwortung für den Fehler auf *jn.* ~ 失敗の責任を…にかぶせる | Er *schob* alles auf sein Alter. 彼はすべてを自分の老齢のせいにした.

2 a) Kegel ~ 九柱戯をする | sieben Kegel ~ 柱〈ピン〉を 7 本倒す | eine ruhige Kugel ~ (→Kugel 1 b). **b)** Gehörn 〈Geweih〉 ~〘狩〙(シカなどが)つのを生やす. **c)**《話》*jm.* **eine** ~ …に平手打ちを一発くらわす. **d)**《話》Kohldampf ~ (→Kohldampf). **e)**《話》Posten 〈Wache〉 ~ (→Posten 2 a, →Wache 2). **f)**《話》drei Monate 〔Knast〕 ~ 3 か月〔の刑を〕くらいこむ. **g)**《話》不正に〈やみで〉取引する(密売・密輸など: →II 1): Devisen ~ 外貨の不正取引をする | Kaffee 〈Rauschgift〉 ~ コーヒー〈麻薬〉を密売〈密輸〉する. **h)** (いつわって)見せかける: die kindliche Tour ~ (うわべだけ)子供らしく見せかける ‖ eine *geschobene* Pleite 偽装破産.

II 自 **1** (h)《話》不正に〈やみで〉取引する(密売・密輸など: → I 2 g): in großem Stil ~ 大がかりなやみ取引をする | mit Kaffee ~ コーヒーを密売〈密輸〉する.

2 (s)《話》**a)** (足をひきずるようにして)だらだら〈のそのそ〉歩く. **b)** すり足で踊る; ワンステップで踊る(→Schieber 2).

[*germ.*; ◇schießen, Sch〔a〕ub; *engl.* shove]

Schie·ber[ʃí:bər] 男 -s/- **1**《話》やみ〈悪徳〉商人; 詐欺師. **2**《話》(Onestep) ワンステップ(→schieben II 2 b). **3** (schieben されるもの. 例えば:) **a)**《話》(Bettschüssel) (病人用の)差し込み便器. **b)** (食物をスプーンやフォークにのせるのに使う)幼児用の食事道具. **c)** (ファスナーの)スライダー, すべり金. **d)** 閂(かんぬき), さし錠; 引き戸, すべり戸; すべり弁.

Schie·ber≈ge·schäft 中 やみ〈不正〉取引. **≈müt·ze** 女《話》(広いつばつきの)スポーツ=ハット, 鳥打帽, ハンチング.

Schie·be≈sitz[ʃí:bə..] 男 (自動車などの)可動シート. **≈tür** 女 引き戸, すべり戸. **≈ven·til** 中〘工〙すべり弁, スリーブ弁. **≈wand** 女 **1** 可動仕切り壁. **2**〘劇〙スライド式移動パネル. **≈wi·der·stand** 男〘電〙スライド〈すべり〉抵抗器. **≈wurst** 女《話》パンの上にのせた(パンの大きさに比べて)小さなソーセージ片(→Schiebebrot).

Schieb≈fach[ʃí:p..] 中 (Schubfach) ひき出し. **≈fen·ster** = Schiebefenster **≈kar·re** 女, **≈kar·ren** 男 = Schiebekarre **≈ka·sten** 男, **≈la·de** 女 (Schublade) ひき出し. **≈leh·re** 女 (Schublehre)〘工〙ノギス, キャリパス; (計算尺の)滑尺, カーソル. **≈tür** = Schiebetür

Schie·bung[ʃí:bʊŋ] 女 -/-en **1** 不正行為; ぺてん; やみ〈不正〉取引: eine ~ aufdecken 不正をあばく | ~ machen《話》いんちきをする. **2** えこひいき.

Schieb≈ven·til[ʃí:p..] = Schiebeventil **≈wand** = Schiebewand

schiech[ʃi:ç, ʃí:əç] 形《南部・オーストリア》**1** いやな, ひどい, 醜い. **2** 怒った, 腹を立てた. [*mhd.* schiech; ◇scheu]

schied[ʃi:t][1] scheiden の過去.

ᵛSchied[1][−] 男 -s/-e (Scheidung) 分離; 区分; 別離. [< scheiden]

Schied[2][−] 男 -s/-e = Rapfen

Schie·dam[sxi:dám] 地名 スヒーダム(オランダ南西部 Rotterdam の西にある町).

Schie·da·mer[..dámər] **I** 男 -s/- **1** スヒーダムの人. **2** スヒーダム産ブランデー. **II** 形《無変化》スヒーダムの.

schie·de[ʃí:də] scheiden の接続法 II.

schied·lich[ʃí:tlɪç] 形 おだやかな, 和解的な: einen Streit ~ und friedlich beilegen 争いをおだやかに解決する. [*mhd.*; < *mhd.* schi〔e〕t „〔Ent〕scheidung“ (◇scheiden)]

S

Schieds⸗ge·richt[ʃíːts..] 中 **1**〘法〙仲裁裁判所: *et.*[4] dem ~ unterbreiten …を仲裁裁判に持ち込む | *sich*[4] einem ~ unterwerfen 仲裁裁定に従う. **2**〘ｽﾎﾟ〙審判団. **⸗ge·richts·hof** 男 仲裁裁判所. **⸗ge·richts·klau·sel** 女〘法〙仲裁裁判条項. **⸗kom·mis·sion** 女 仲裁〈調停〉委員会. **⸗mann** 男 -[e]s/..männer, ..leute = Schiedsrichter **⸗rich·ter** 男 **1** 仲裁裁判官; 仲裁人. **2 a**)〘ｽﾎﾟ〙審判員, 主審, レフェリー, アンパイア(略 Schiri). **b**) (コンテストの)審査員.

schieds·rich·ter·lich[..lɪç] 形 Schiedsrichter の; Schiedsrichter による: ~*e* Entscheidung 仲裁裁判〈審判員〉による決定.

schieds·rich·tern[ʃíːtsrɪçtərn]〘05〙自 (h) **1** 仲裁〈調停〉する. **2**〘ｽﾎﾟ〙審判する.

Schieds·rich·ter·stuhl 男 (テニス・バドミントン・バレーボールなどの)審判台.

Schieds⸗spruch 男〘法〙仲裁判断: einen ~ fällen 裁定を下す | *sich*[4] einem ~ unterwerfen 裁定に従う | einen ~ ablehnen 裁定を拒否する. **⸗ur·teil** 中 仲裁判決. **⸗ver·fah·ren** 中〘法〙仲裁手続き. **⸗ver·gleich** 男〘法〙仲裁裁判上の和解. **⸗ver·trag** 男〘法〙仲裁契約.

schief[ʃiːf] 形 **1** (↔gerade) (schräg) (直立ではなく)斜めの, 斜めに傾いた; (本来あるべき状態と比べてゆがんだ: ~*e* Absätze (靴の)斜めにすり減ったかかと | die ~*e* Ebene〘数〙斜面 | der *Schiefe* Turm von 〈zu〉 Pisa ピサの斜塔 | eine ~*e* Wand 傾いた壁 | ein ~*er* Winkel〘数〙(直角でない)斜角(鋭角または鈍角) ‖ auf die ~*e* Bahn geraten 〈kommen〉 (→Bahn 1 a) | *jm.* einen ~*en* Blick zuwerfen《比》…を横目で見る(軽蔑・ねたみ・不信などから) | auf die ~*e* Ebene geraten 〈kommen〉 (→Ebene 1 b) | ein ~*es* Gesicht machen 〈ziehen〉 顔をしかめる(不満の表情など) | eine ~*e* Haltung haben ゆがんだ〈だらしのない〉姿勢をしている | eine ~*e* Schulter haben 肩がかしいでいる ‖ **bei *jm.* ~ anlaufen**《話》…に拒絶される〈はねつけられる〉| ***jn.* ~ ansehen**《話》…を横目で(じろりと)見る(軽蔑・ねたみ・不信などから) | *sich*[4] krumm und ~ lachen (→krumm I 1) (→schieflachen) | den Kopf ~ halten 首をかしげている | den Mund ~ ziehen 口もとをゆがめる〈ゆがめて笑う〉| den Hut ~ auf dem Kopf tragen 帽子を斜め〈横っちょ〉にかぶっている ‖ ~ gehen (まっすぐ歩けず)斜めに進む;《比》(事が)うまくゆかない, 失敗する(→schiefgehen) | ~ gewachsen sein (木などが)曲がって生えて〈伸びて〉いる | ~ gewickelt sein (→schiefgewickelt) | **~ geladen haben / ~ sein**《方》酔っぱらっている | Der Magen hängt mir schon ~.《話》私はひどく腹がすいている.

2 a) (事実と)ずれている, ゆがんだ, 誤った, 間違った: ein ~*es* Bild 間違った観念, ゆがんだイメージ | ein ~*es* Urteil 誤った判断 | auf *jn.* 〈*et.*[4]〉 ein ~*es* Licht werfen (→Licht 1) | in ein ~*es* Licht geraten 〈kommen〉 (→Licht 1) ‖ *et.*[4] ~ sehen …(事態など)を見誤る〈誤解する〉| Der Vergleich ist ~. この比喩は適切でない. **b**) まともでない, よからぬ, いかがわしい, あやしげな; あいまいな, ややこしい, やっかいな: eine ~*e* Lage 〈Situation〉 やっかいな立場, ややこしい状況 | ~*e* Sachen 〈Geschäfte〉 machen よからぬことを営む, 不正を働く | eine ~*e* Stellung einnehmen あいまいな〈すっきりしない〉態度をとる. [*mhd.*]

Schief⸗au·ge[ʃíːf..] 中《話》横目使い〔の人〕, ねたみ屋. **⸗blatt** 中 (Begonie)〘植〙ベゴニア. **⸗büch·se** 女〘植〙サナダゴケ(真田苔)属(蘚(せん)類).

Schie·fe[ʃíːfə] 女 -/ = Schiefheit

Schie·fer[ʃíːfər] 男 -s/- **1 a**) スレート, 粘板岩: ein Dach mit ~ decken 〈eindecken〉 屋根をスレートで葺(ふ)く. **b**)〘鉱〙〔結晶〕片岩. **2**《南部・ｵｰｽﾄﾘｱ》(細くて鋭い)木片, とげ; (石の)かけら. **3**《話》(Geld) 金(かね); (Münze) 硬貨. [*ahd.* scivaro; ◇Scheibe[1]; *engl.* shiver]

Schie·fer·berg·bau 男 スレート採掘.

schie·fer·blau 形 (スレートのように)〔濃い〕灰青色の.

Schie·fer⸗bruch 男 スレート採掘場. **⸗dach** 中 スレート屋根. **⸗decker** 男 スレート屋根ふき職人, スレート工. **⸗erz** 中〘鉱〙片状鉱.

schie·fer⸗far·ben 形, **⸗far·big** 形 スレート色の,〔濃い〕灰青色の.

Schie·fer·ge·bir·ge 中〘地〙粘板岩山地: das Rheinische ~ ライン粘板岩〈片岩〉山地 (Rhein 川中流の両岸に広がる山地).

schie·fer·grau = schieferblau

Schie·fer·grif·fel 男 石筆.

schie·fe·rig[ʃíːfərɪç][2] (**schief·rig**[..frɪç][2]) 形 **1** スレート〈粘板岩〉状の. **2** (屋根が)スレートぶきの. **3** = schieferfarben

Schie·fer·ka·sten[ʃíːfər..] 男 石筆〈筆記用具〉入れ.

schie·fern[1][ʃíːfərn]〘05〙他 (h) **1** はがす, 薄片にする: 再帰 *sich*[4] ~ (スレートのように)はがれる, 薄く剝落(はくらく)する. **2**〘園〙(ぶどう園に肥料として)スレート〈粘板岩〉の細片をまく.

schie·fern[2][–] 形 **1** スレート〈粘板岩〉製の. **2** = schieferfarben

Schie·fer⸗na·gel 男 スレート屋根用の釘(くぎ). **⸗öl** 中 頁岩(けつがん)油. **⸗plat·te** 女 スレート板. **⸗stift** 男 石筆. **⸗ta·fel** 女 石盤(筆記用の粘板岩の薄板). **⸗ton** 男 -[e]s/-e〘鉱〙頁岩(けつがん), 泥板岩.

Schie·fe·rung[ʃíːfərʊŋ] 女 -/-en ([sich] schiefern[1] すること. 例えば:) (鉱物の)剝離, 剝落;〘鉱〙片理, 劈開(へきかい).

schief|ge·hen*[ʃíːfgeːən]〘53〙自 (s)《話》(mißlingen) うまくいかない, 失敗に終わる(→schief 1): Alles ist *schiefgegangen*. 何もかもうまくいかなかった | Ihre Ehe *ging schief*. 彼らの結婚生活は失敗に終わった | **Es wird schon ~!**《反語》(相手をはげまして)きっとうまくいくさ(安心しろ).

schief⸗ge·launt 形《話》不機嫌な, 機嫌の悪い. **⸗ge·wickelt** 形《話》《もっぱら次の成句で》**~ sein** ひどく思い〈考え〉違いをしている.

Schief·hals 男〘医〙斜頸(しゃけい).

schief·hal·sig 形〘医〙斜頸(しゃけい)の.

Schief·heit[ʃíːfhaɪt] 女 -/-en **1**《単数で》schief なこと. **2** (事実とは違った)誤った〈不正確な〉こと, 間違った見解.

schief|la·chen 他 (h)《話》再帰 *sich*[4] ~ (身をよじって)笑いころげる(→schief 1).

Schief·la·ge 女 おかしな〈間違った〉状況.

schief⸗|lau·fen*〘89〙**I** = schieftreten **II** = schiefgehen **⸗|lie·gen***〘93〙自 (h)《話》誤って〈間違って〉いる: Er *liegt* mit seiner Meinung *schief*. 彼の意見は当たっていない.

schief·mäu·lig 形《話》口もとのゆがんだ;《比》ねたんで〔いる.〕

schief·rig = schieferig

schief|tre·ten*[ʃíːf..]〘194〙他 (h) (靴〔のかかと〕を)斜めにはき減らす〈つぶす〉.

schief⸗win·ke·lig 形, **⸗wink·lig** 形〘数〙斜角の(鋭角または鈍角の).

schieg[ʃiːk][1]《南部》= schief

Schiel·au·ge[ʃíːl..] 中 **1** 斜視眼, やぶにらみ〔の人〕. **2**《話》もの欲しそうな〈ねたましげな〉目: ~*n* machen もの欲しげな目つきをする.

schiel·äu·gig 形 **1** 斜視〈やぶにらみ〉の. **2**《話》もの欲しそうな〈ねたましげな〉目つきをした.

Schie·le[ʃíːlə] 人名 Egon ~ エーゴン シーレ(1890-1918; オーストリアの画家).

schie·len[ʃíːlən] **I** 自 (h) **1** 斜視〈やぶにらみ〉である: auf dem rechten 〈linken〉 Auge ~ 右〈左〉目が斜視である | Er *schielt* leicht 〈stark〉. 彼は軽い〈強度の〉斜視だ ‖ ein *schielendes* Kind 斜視の子供. **2** (横目で)ぬすみ見る, そっと〈ちらりと〉目を走らせる: auf 〈in〉 das Buch des Nachbarn ~ 隣の人の本をぬすみ見る | durch einen Spalt der Tür ~ ドアのすきま越しにぬすみ見する | nach dem Bettzipfel ~ (→Bettzipfel). **3**《auf *et.*[4] / nach *et.*[3]》(…を)もの欲しそう〈ねたましげ〉に見る, (…を)欲しがる: nach einem Posten ~ ある地位をねらっている.

II Schie·len 中 -s/ (schielen すること. 特に:) (Strabismus)〘医〙斜視, やぶにらみ.

[*westgerm.*; ◇schenken, scheel, schillern]

Schie·ler[ʃíːlər] 男 -s/- 斜視〈やぶにらみ〉の人; 横目をつか

S

う人.

Schie·mann[ʃíːman] 男 -〔e〕s/..männer《北部》(Matrose) 水夫, 船員, 船乗り. [*mndd.* schimman]

schie·man·nen 自 (h)《北部》水夫〈船員〉の仕事をする, 水夫〈船乗り〉である.

schien[ʃiːn] scheinen の過去.

Schien·bein[ʃíːn..] 中〘解〙脛骨(けいこつ) (→ 図 Mensch C); (一般に)すね: *jn.* vors ~ 〈gegen das ~〉 treten …の向こうずねをけとばす | *sich*⁴ am ~ 〈ans ~〉 stoßen すねをぶつける. [*mhd.*; ◇Schiene; *engl.* shinbone]

Schien·bein·scho·ner 男, **≈schüt·zer** 男 (≈**schutz** 男)〘スポ〙すね当て, レガード.

schie·ne[ʃíːnə] scheinen の接続法 II.

Schie·ne[ʃíːnə] 女 -/-n **1 a)** (Eisenbahnschiene) (鉄道の)レール, 軌条(→ 図): ~*n* legen レールを敷設する ‖ auf ~*n* laufen 〈fahren〉 線路の上を走る | aus den ~*n* springen 脱線する | per ~*n* reisen 鉄道で旅行する. **b)** (Laufschiene) (重量物・カーテン・引き戸などの)〔移動用・ガイド〕レール(→ 図): die ~*n* der Gardinen カーテンレール. **2**〘医〙副子, 副木(ふくぼく): eine ~ anlegen 副木をあてる ‖ den Arm in die ~ legen 腕に副木をあて〔て固定す〕る | den Arm in der ~ tragen 腕に副木をあてて

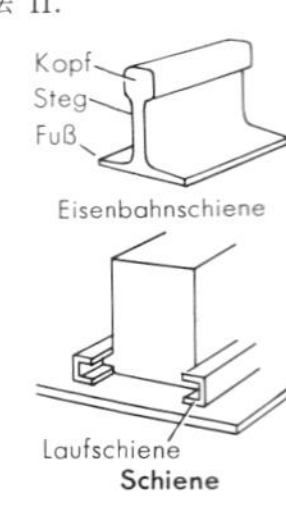

Schiene

つる. **3 a)**〘製図〙平行案内装置つき直定規, T 定規. **b)** (階段などの)ノンスリップ(すべり止め金具). **c)** (よろいの)腕甲, すね当て. **4**《南部》〘建〙こけら板, (薄い)屋根板.

[*germ.* „Span"; ◇scheiden, Scheibe¹; *engl.* shin]

schie·nen[ʃíːnən] 他 (h) **1**《*et.*⁴》〘医〙(…に)副木(ふくぼく)をあてる: ein gebrochenes Bein ~ 骨折した足に副木をあてる. **2**《*et.*⁴》(…に)よろいをつける: Arme 〈Beine〉 ~ 腕〈足〉に防具をつける.

Schie·nen≈bahn 女 軌道〈鉄道〉〔を走る交通機関〕(Eisenbahn, Straßenbahn, Untergrundbahn など). **≈brem·se** 女〘鉄道〙レール〈軌条〉ブレーキ. **≈bruch** 男〘鉄道〙レール〈軌条〉毀損(きそん). **≈bus** 男 レール〈軌道〉バス. **≈fahr·zeug** 中 レール〈軌条〉〔使用〕車両. **≈fuß** 男〘鉄道〙レール〈軌条〉の底部.

schie·nen≈ge·bun·den 形 レール〈軌条〉による: ~*e* Fahrzeuge レール使用車両. **≈gleich** 形〘鉄道〙レールと同じ平面上の: ein ~*er* Bahnübergang 平面交差の踏切.

Schie·nen≈kon·takt 男〘鉄道〙軌条接点. **≈kopf** 男〘鉄道〙レール〈軌条〉の頭部. **≈na·gel** 男 犬くぎ. **≈nei·gung** 女〘鉄道〙軌道のカント(曲線部における外側レールと内側レールの高さの差). **≈netz** 中 鉄道網. **≈om·ni·bus** 男 =Schienenbus **≈räu·mer** 男〘鉄道〙(線路上の障害物を除くため先頭車輪の前方に設ける)排障器. **≈stahl** 男〘金属〙レール鋼. **≈stoß** 男〘鉄道〙レール〈軌条〉継ぎ目. **≈strang** 男〘鉄道〙ひと続きのレール. **≈stra·ße** 女 (いくつかの地点を結ぶ)鉄道線路. **≈ver·kehr** 男 鉄道輸送〈交通〉. **≈weg** 男 =Schienenstraße **≈zep·pe·lin** 男 プロペラ推進の軌道車.

schier¹[ʃiːr] 副 **1** (beinahe, fast) ほとんど, おおよそ; 危うく, すんでのところで: Das ist ~ unmöglich. それはほとんどあり得ぬことだ | Sie wollte ~ verzweifeln. 彼女はすんでのところで絶望せんばかりであった. **2**《南部》(bald) まもなく, じきに. [*ahd.*; < *ahd.* scēri „scharf〔sinnig〕" (◇scheiden)]

schier²[−] 形《北部》(rein) 純粋な, 純然たる, 混じり物のない;《比》まったくの: ~*es* Fleisch (骨や脂身のない)赤身〔肉〕| ~*es* Gold 純金 | eine ~*e* Lüge 真っ赤なうそ | aus ~*er* Bosheit 〈Dummheit〉 まったくの悪意〈愚かさ〉から. [*germ.*; ◇scheinen; *engl.* sheer]

schier³[−] scher〔e〕(scheren¹の命令法単数)の古形.

Schi·er[ʃíːər] Schi の複数.

schie·ren[ʃíːrən] 他 (h)《南部》より分ける, 除外する; (特殊なランプで透視して不良な卵を)選別する. [< schier²]

Schier·ling[ʃíːrlɪŋ] 男 -s/-e〘植〙ドクニンジン(毒人参)属. [*ahd.* scerning; ◇*gr.* skõr (→Harn)]

Schier·lings≈be·cher 男〘史〙(ドクニンジンの毒を入れた)毒杯(古代アテネで死刑囚に与えた): den ~ trinken 〈leeren〉 毒杯をあおぐ. **≈tan·ne** 女 (Tsuga)〘植〙ツガ(栂)属.

schierst[ʃiːrst] scherst (scheren¹の現在 2 人称単数)の古形.

schiert[ʃiːrt] schert (scheren¹の現在 3 人称単数)の古形.

Schieß≈ar·beit[ʃíːs..] 女〘坑・土木〙発破〈爆破〉作業. **≈aus·bil·dung** 女 射手養成, 射撃訓練. **≈bahn** 女 **1** 射撃場. **2** 弾道. **≈baum·wol·le** 女 -/ 綿火薬, 強綿薬. **≈be·cher** 男〘軍〙擲弾(てきだん)筒. **≈be·fehl** 男 射撃〈発射〉命令. **≈buch** 中 **1**〘射撃〙射撃成績簿, スコア=ブック. **2**〘坑〙発破手帳. **≈bu·de** 女 (年の市・縁日などの)射的小屋, 射的場(→ 図 Rummelplatz).

Schieß·bu·den·fi·gur 女 射的場の標的人形;《話》(射的場の人形みたいに)おかしな〈ぎごちない〉格好の人.

Schieß·ei·sen 中《軽蔑的に》鉄砲, 銃.

schie·ßen*[ʃíːsən]《135》**schoß**[ʃɔs] / **ge·schos·sen**; 接II schösse[ʃœ́sə] **I** 他 (h) **1**《ねらう目標を 4 格として》**a)** (英: *shoot*) (人・猟獣などを弓・銃器などで)〔ねらい〕撃つ; 仕留める, 撃ち殺す: einen Hasen ~ うさぎを撃つ〈仕留める〉‖〘方向・結果などを示す語句と〙*jn.* in die Stirn 〈ins Herz〉 ~ …のひたい〈心臓〉に撃ち込む(→II 1 a) | *et.*⁴ in Trümmer ~ …を撃ってばらばらにする | *jn.* lahm 〈zum Krüppel〉 ~ …を撃って不具にする | *jn.* über den Haufen ~ (→Haufen 1 a) ‖ 再帰 *sich*⁴ mit *jm.* ~ (ピストルで)…と決闘する.

b) (人・野獣以外の目標物を)撃つ, (…に)撃ち当てる, 命中させる: einen Preis ~ (射撃競技で)賞をとる | einen Bock ~ (→Bock² 1 a) | Salut ~ 礼砲を撃つ | Löcher in die Luft ~ (→Loch 1) | ein Tor ~〘球技〙ゴールをきめる(得点する: →2 b, II 1 c) | ein Foto 〈ein Bild〉 ~《話》スナップ写真をとる | einen Purzelbaum ~ とんぼがえりをする, とんぼを切る.

c) (sprengen)《*et.*⁴》〘坑〙(…に)発破をかける, 爆破する: Gestein 〈Kohle〉 ~ 岩石〈石炭層〉に発破をかける.

d)〘海〙(天体の)高度を測定する.

e)《方》《*et.*⁴》(…の)上手な買い物をする.

2《発射されるものを 4 格として》**a)** (弾丸・矢・やりなどの武器を)発射する, 射出する: *jm.* 〈*sich*³〉 eine Kugel in den Kopf ~ …の〈自分の〉頭に弾丸を撃ち込む | einen Pfeil 〈einen Speer〉 in die Luft ~ 矢〈やり〉を〔空に〕投げ上げる | einen Stein ins Fenster ~ 石を窓に投げ込む.

b) (武器以外のものを)射出する, 投げる;〘球技〙シュートする: Satelliten auf eine Bahn ~ 人工衛星を〔打ち上げて〕軌道に乗せる | den Ball ins Tor ~〘球技〙ボールをゴールにシュートする(→1 b, II 1 c) | einen 〔empörten〕 Blick auf *jn.* ~ 〔怒りの〕一瞥(いちべつ)を…に投げる | ***jm.* eine ~**《話》…にびんたをくわせる.

c) 押し込む, 押し通す: das Brot in den Ofen ~ パンを焼きがまに突っ込む.

II 自 **1** (h) **a)** (弓・銃器などで)撃つ, 射撃する, 発射する; (銃器が)発射される, 作動する: Er schießt gut 〈schlecht〉. 彼は射撃の腕がいい〈悪い〉| Das Gewehr *schießt* gut 〈nicht mehr〉. この銃は精度がいい〈もう作動しない〉| blind 〈scharf〉 ~ 空包〈実弾〉を撃つ | stehend 〈liegend〉 ~ / im Stehen 〈Liegen〉 ~ 立射〈伏射〉する | aus der Hüfte ~ 腰だめで撃つ | mit dem Gewehr 〈der Pistole〉 ~ 銃〈ピストル〉を発射する | mit Pfeil und Bogen ~ 弓を射る | wie aus der Pistole *geschossen* (→Pistole 1) | Los, *schieß* doch! / *Schieß* mal los!《話》さあさっさと(君の考えを)しゃべれよ | So schnell *schießen* die Preußen nicht. (→Preuße 1) ‖〘方向を示す語句と〙auf den 〈nach dem〉 Feind ~ 敵に発砲する | aufs Geratewohl 〈ins Blaue〉 ~ めくら滅法に発射する | in die Luft ~ (おどしに)空へ向けて発砲する | ins Schwarze ~ 目標の中心を射抜く | *jm.* in die Stirn 〈ins Herz〉 ~ …のひたい〈心臓〉

に撃ち込む(→I 1 a) | mit Kanonen auf Spatzen⁴ 〈nach Spatzen〉 ~ (→Kanone 1 a) ‖ 非人称 Es *schießt* Tag und Nacht. 昼も夜も銃声〈砲声〉が聞こえる | Achtung, hier wird scharf *geschossen.* 実弾射撃中につき注意;《話》手かげんしないからそのつもりで用心しろ.
b)〖坑・土木〗発破をかける, 爆破する(→I 1 c).
c)〖球技〗シュートする(→I 1 b, I 2 c): aufs Tor ~ ゴールに向かってシュートする | ins Tor ~ シュートしてゴールに入れる | mit dem linken Bein ~ 左足でシュートする.
d)《話》(fixen) 麻薬を注射する.
2 (s) **a**)《方向を示す語句と》勢いよく進む, 突進する, 飛び出す〈上がる〉: Der Habicht *schießt* **auf** eine Taube. タカがハトに矢のように襲いかかる | Sie *schoß* empört **aus** dem Zimmer. 憤慨して彼女は部屋から飛び出して行った | Das Blut *schoß* ihm aus der Wunde. 彼の傷口から血がほとばしり出た | Das Schiff *schießt* **durch** das Wasser. 船が波を切って突っ走る | Ein Gedanke *schoß* ihm durch den Kopf. ある考えが突然彼の頭に浮かんだ | Eine Rakete *schoß* **in** die Luft. ロケットが空に飛び出していった | Er *schoß* in die Höhe. 彼はとび上がった | Die Preise *schossen* in die Höhe. 価格が急上昇した | Tränen *schossen* ihr in die Augen. 彼女の目に涙がこみ上げた | Vor Scham ist ihm das Blut ins Gesicht *geschossen.* 恥ずかしさのあまり彼の顔に血がのぼった | Der Schreck *schoß* mir ins 〈durchs〉 Herz. 恐怖が私の胸を貫いた | Ein Wagen kam **um** die Ecke *geschossen.* 一台の車がすごい勢いで角を曲がって突進してきた. **b**) ぐんぐん育つ, 勢いよく成長する: Pilze sind über Nacht aus dem Boden *geschossen.* キノコが一夜にしてにょきにょき生えた | wie Pilze aus der Erde 〈aus dem Boden / aus dem Erdboden〉 ~ (→Pilz 1) | Der Junge ist in die Höhe *geschossen.* その少年はすくすくと背丈が伸びた | Der Salat *schießt.* サラダ菜が〔葉を茂らせすぎて〕玉を作らない ‖ ins Kraut ~ (→Kraut¹ 1). **c**) *et.*⁴ ~ lassen …を放置〈放棄〉する(ただし: →schießenlassen) | dem Pferd die Zügel ~ lassen 馬の手綱をゆるめ〔て好きなように走らせ〕る | *jm.* 〈*et.*³〉 die Zügel ~ lassen (→Zügel 1). **d**)《ｵｰｽﾄﾘｱ》(…の)色があせる.
Ⅲ Schie·ßen 中 -s/- (schießen すること. 例えば:) **1 a**) 射撃, 発射; 砲火, 撃ち合い: **zum ~ sein**《話》噴飯(ﾌﾝﾊﾟﾝ)物である, こっけい極まる | ausgehen wie das Hornberger ~ (→Hornberger). **b**) 射撃競技会, 射撃祭: ein ~ abhalten 射撃会を催す. **2**〖坑・土木〗発破, 爆破.
[*germ.*; ◇schieben, Schuß, Schütze¹, Schoß¹]
schie·ßen|las·sen* [ʃíːsən..] 《88》他 (h)《話》(計画などを)放棄する, 断念する(ただし: schießen lassen → schießen II 2 c): eine Reise 〈einen Theaterbesuch〉 ~ 旅行を〈芝居を見に行くのを〉断念する.
Schie·ßer [ʃíːsər] 男 -s/- **1** 射撃する人; (特にルールを守らずやたらに発射する)狩猟家, 猟師. **2** (パンをかまどに出し入れする)長柄の木べら. **3**《話》(Fixer) 麻薬常用者.
Schie·ße·rei [ʃiːsəráɪ] 女 -/-en (長く続く・厳しい)撃ち合い; 無用な〈ばかげた〉乱射.
Schieß⸗ge·wehr [ʃíːs..] 中《幼児語》鉄砲, 小銃. **⸗hund** 男〖狩〗猟犬: wie ein ~ aufpassen (→aufpassen I 1). **⸗leh·re** 女 **1** 弾道学. **2** 射撃術, 砲術. **⸗loch** 中 **1** 銃眼. **2** 発破〈爆破〉孔. **⸗mei·ster** 男〖坑〗発破責任先山(ｻｷﾔﾏ)〈鉱員〉. **⸗platz** 男 射撃練習場. **⸗prü·gel** 男《軽蔑的に》鉄砲, 銃. **⸗pul·ver** 中 火薬: **das ~〔auch〕nicht erfunden haben**《話》とくに頭がいいわけではない. **⸗schar·te** 女 (城壁などの射撃用の)狭間(ﾊｻﾞﾏ), 銃眼(→ 図 Scharte). **⸗schei·be** 女〖射撃〗標的. **⸗sport** 男 射撃スポーツ. **⸗stand** 男 **1** 射撃練習場. **2** = Schießbude **⸗übung** 女 射撃練習〈訓練〉. **⸗waf·fe**《ｽｲｽ》=Schußwaffe
schieß·wü·tig 形《話》やたらにピストル〈銃〉を撃ちたがる(警官など).
Schieß·zeit 女〖狩〗狩猟期.
Schiet [ʃiːt] 男 -s/ , **Schie·te** [ʃíːtə] 女 -/《北部》《俗》=Scheiße
Schi·fah·rer [ʃíː..] =Skifahrer

Schiff [ʃɪf] 中 -〔e〕s/-e (小 **Schiff·chen** → 別出, **Schiff·lein** [ʃíflaɪn] 中 -s/-) **1** (英: *ship*) 船, 船舶(→ 図): ein ~ von 10 000 Tonnen 1万トンの船 | das ~ der Wüste《比》砂漠の舟(ラクダ) ‖ Handels*schiff* 商船 | Kriegs*schiff* 軍艦 | Luft*schiff* 飛行船 | Raum*schiff* 宇宙船 | Segel*schiff* 帆船 | die Taufe 〈der Stapellauf〉 eines ~*es* 船の命名〈進水〉〔式〕‖ Das ~ läuft einen Hafen an. 船が寄港する | Das ~ ist vom Stapel gelaufen. 船が進水した | Das ~ sticht in See. 船が沖合いに出る〈出航する〉| Das ~ ging mit Mann und Maus unter. 船は乗員もろとも沈没した | Das ~ geht 〈liegt〉 vor Anker. 船が投錨(ﾄｳﾋﾞｮｳ)する〈いかりを降ろして停泊している〉| Das ~ gerät in Seenot. 船が海難に遭う ‖ ein ~ bauen 〈ausrüsten〉 船を建造する〈艤装(ｷﾞｿｳ)する〉| das ~ besteigen 〈befrachten〉 船に乗る〈荷積みする〉| ein ~ auf Kiel legen 船を起工する, 船の建造を始める | ein ~ vom Stapel〔laufen〕lassen 船を進水させる ‖ **klar ~ machen**〖海〗甲板掃除をする;《話》(案件などを)きちんと片づける, 徹底的に片をつける | *Schiff* klar zum Auslaufen 〈zum Gefecht〉!〖海〗出港〈戦闘〉準備完了 ‖ ab ~〖商〗船渡しで | auf dem ~ 船上で | mit dem ~ fahren 船で行く | zu ~〔*e*〕船で, 海路を通って ‖ Die Ratten verlassen das sinkende ~. (→Ratte 1 a).
2 (Kirchenschiff)〖建〗(教会堂の)身廊(ｼﾝﾛｳ), 中廊, ネーブ. **3** (舟型容器. 例えば:) パンかご;〖宗〗舟型香炉; (酒瓶を冷やす)舟型小桶(ｵｹ): ~ und Geschirr《南部》台所道具一式. **4** (Schiffchen)〖織〗(織機の)杼(ﾋ), シャトル. **5**〖印〗ゲラ(活字組み版を入れる盆). **6** das ~〖天〗アルゴー座.
[*germ.* „Einbaum"; ◇scheiden, Skiff; *engl.* ship]
Schiffahrt [ʃífaːrt] 女 船舶航行, 航海, 水運, 海運(シンボルは: → 図 Symbol).
Schiffahrts⸗agent 男 船会社代理店〈人〉, 回漕(ｶｲｿｳ)業者. **⸗ge·richt** 中 (内水航行についての事件を扱う)船舶航行裁判所. **⸗ge·sell·schaft** 女 船会社, 海運会社. **⸗kun·de** 女 -/ 航海術. **⸗li·nie** [..niə] 女 〔定期〕航路. **⸗po·li·zei** 女 水上警察. **⸗sper·re** 女 (政府により商船に対して発せられる)出入港禁止命令. **⸗stra·ße** 女《官》, **⸗weg** 男 航〔行〕路. **⸗zei·chen** 中 船舶通航信号.
schiff·bar [ʃífbaːr] 形 (水路・運河などが)航行可能の.
Schiff·bar·keit [-kaɪt] 女 -/ schiffbar なこと.
Schiff·bar·ma·chung 女 -/ schiffbar にすること.
Schiff⸗bau [ʃíf..] 男 -〔e〕s/ 船の建造, 造船. **⸗bau·er** 男 -s/- 造船技術者; 船大工.
Schiff·bau⸗in·du·strie [..|ɪndʊstriː] 女 造船〔産〕業. **⸗in·ge·nieur** 男 造船技師. **⸗tech·nik** 女 造船技術.
Schiff⸗bein 中〖解〗(手の)舟状骨. **⸗bruch** 男 海難事故, 難破, 難船:〔**mit** *et.*³〕**~ erleiden**《比》〔…に〕失敗する.
schiff·brü·chig 形 海難事故に遭った, 難破した: der 〈die〉 *Schiffbrüchige* 難船者.
Schiff·brücke =Schiffsbrücke
Schiff·chen [ʃífçən] 中 -s/- (Schiff の縮小形) **1** 小舟; おもちゃの舟. **2**〖宗〗舟型香炉. **3**〖織〗(織機の)杼(ﾋ), シャトル(→ 図 Webstuhl);〖手芸〗タッチング用のシャトル(→ 図 Handarbeit). **4** (ミシンの)下糸受け. **5**〖植〗(マメ科の蝶(ﾁｮｳ)形花冠の下部前方の)竜骨弁. **6**《話》=Schiffchenmütze
Schiff·chen⸗ar·beit 女〖手芸〗タッチング〔レース〕(→ 図 Handarbeit). **⸗müt·ze** 女 (両端のとがった)舟型帽, 略帽. **⸗spit·ze** 女〖手芸〗タッチングレース.
Schif·fe [ʃífə] 女 -/《話》(Urin) 小便, 尿.
schif·feln [ʃífəln] 《06》自 (h)《南部》小舟で行く; 舟遊び〈ボートこぎ〉をする.
schif·fen [ʃífən] **I** 自 **1** (s) 船で行く, 航行する. **2** (h)《話》(urnieren) 小便をする. **3** (h)《話》非人称《es schifft》(激しく)雨が降る. **II** 他 (h) 船で運ぶ.
Schif·fer [ʃífər] 男 -s/- **1** (主として内海・河川・湖などを航行する船の)船乗り, 船員, 水夫(→Seemann). **2**〖海〗(内海航行船の)船長; 船頭, 舟子.
Schif·fer⸗kla·vier 中《戯》アコーディオン. **⸗kno·**

S

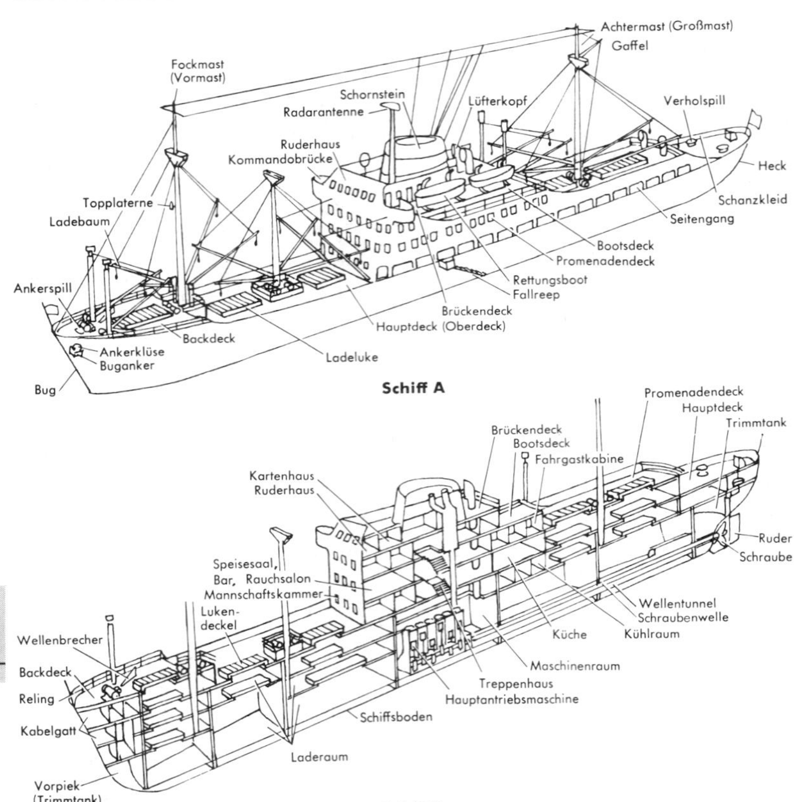

Schiff A

Schiff B

ten 男 船乗り式結び目〈結索法〉(固く締まりかつ容易に解ける). ≈**mütze** 女 船員帽. ≈**pa·tent** 中 海員〈船員〉免許証.

Schif·fer·schei·ße 女《もっぱら次の成句で》: **dumm** 〈**doof**〉 **wie ~ sein**《卑》大ばかである.

Schif·fer·spra·che 女 船乗り言葉, 船員用語.

Schiff·fahrt =Schiffahrt

Schiff·lein Schiff の縮小形(→Schiffchen).

Schiffs≈agent[ʃífs..] 男 船会社代理店〈人〉. ≈**an·ker** 男 船の錨(いかり). ≈**arzt** 男 船医. ≈**bau** =Schiffbau ≈**bauch** 男《話》船腹. ≈**bau·er** = Schiffbauer ≈**be·frach·ter** 男 船荷運送業者, 船舶荷積み人, 船舶荷主. ≈**be·sat·zung** 女《集合的に》船の乗組員, クルー. ≈**bo·den** 男 船底(→ ⊠ Schiff B). ≈**bohr·mu·schel** 女, ≈**bohr·wurm** 男〘貝〙フナクイムシ(船食虫). ≈**boot** 中 (Nautilus)〘貝〙オウムガイ(鸚鵡貝). ≈**brei·te** 女 船幅. ≈**brief** 男 (特に内水航行船舶の)船籍登録証明書; (船便の)郵便物. ≈**brücke** 女 (Pontonbrücke) 船橋, 浮き橋.

Schiff·schau·kel[ʃíf..] 女 (年の市などで見られる)舟形ぶらんこ.

Schiffs≈ei·gen·tü·mer[ʃífs..] 男, ≈**eig·ner** 男 船舶所有者, 船主. ≈**fahrt** 女 航海; 船旅. ≈**flag·ge** 女 船旗. ≈**fracht** 女 船荷, 船舶貨物. ≈**fracht·brief** 男 船荷運送状, 船荷証書. ≈**füh·rer** 男 =Schiffer ≈**ge·schwa·der** 中 (Eskader)〘海〙小艦隊. ≈**hal·ter** 男〘魚〙コバンザメ(小判鮫). ≈**he·be·werk** 中 (運河で船舶を高低の差の大きい水面に昇降させる)船舶リフト. ≈**herr** 男 船主. ≈**jour·nal**[..ʒʊrna:l] 中 (Logbuch) 航海日誌. ≈**jun·ge** 男 見習水夫. ≈**ka·pi·tän** 男 船長. ≈**kell·ner** 男 船内ボーイ. ≈**kes·sel** 男 (蒸気船の)汽缶, 舶用缶. ≈**kiel** 男 (船の)竜骨. ≈**klas·se** 女 船舶の等級. ≈**klas·si·fi·ka·tion** 女 (特に公的機関による)船舶の分類〈等級付け〉. ≈**koch** 男 船のコック〈司厨(しちゅう)員〉. ≈**kom·paß** 男 船舶用羅針儀. ≈**kör·per** 男 船体. ≈**kran** 男 デリック(船舶上に取り付けられた荷役用クレーン). ≈**krei·sel** 男 ジャイロスタビライザー(船の横揺れを制止する装置). ≈**kü·che** 女 船の調理室〈厨房(ちゅうぼう)〉. ≈**la·dung** 女 船荷, 船の積み荷. ≈**last** 女 船荷〔の重さ〕. ≈**la·ter·ne** 女 (船の)位置標示灯. ≈**leib** 男 =Schiffsrumpf ≈**lu·ke** 女 (船舶の)ハッチ, 艙口(そうこう), 昇降口. ≈**maat** 男 (同じ船舶に乗り組んでいる)乗組員仲間; (一般に)海員仲間. ≈**mak·ler** 男 船舶仲買人(船舶の売買・周旋・用船や海上保険などの仲介人). ≈**ma·ni·fest** 中 (船の)積み荷目録. ≈**mann·schaft** 女《集合的

に》船の乗組員, クルー. ≈**ma·schi·ne** 女 船舶用機関. ≈**ma·tri·kel** 女 =Schiffsregister ≈**na·me** 男 船名. ≈**of·fi·zier** 男 (商船の)高級船員, オフィサー. ≈**pa·pie·re** 複 船舶書類(船舶・乗組員・乗客・貨物など航行に必要な事柄に関する書類). ≈**pro·pel·ler** 男 = Schiffsschraube ≈**raum** 男 **1** 船艙(せんそう). **2** 船舶の積量(トン数). ≈**re·gi·ster** 中 船籍登録簿, 船名録. ≈**rei·se** 女 船での旅行, 船旅: eine ~ machen 船旅をする. ≈**rumpf** 男 船体〔部〕, 船殻. ≈**schrau·be** 女 (船舶の)スクリュー〔プロペラ〕, 螺旋(らせん)推進器. ≈**spe·di·teur**[..ʃpeditøːr] 男 船積み代理店, 海運〈回漕(かいそう)〉業者. ≈**ta·ge·buch** 中 (Logbuch) 航海日誌. ≈**tau** 中 船索, 大索. ≈**tau·fe** 女 (船の)命名式, 進水式. ≈**ver·kehr** 男 船舶の往来, 水上交通; 水運, 海運. ≈**volk** 中 -〔e〕s/ 《雅》《集合的に》船の乗組員. ≈**wurm** = Schiffsbohrwurm ≈**zer·ti·fi·kat** 中 船籍登録証明書. ≈**zet·tel** 男 船積み通知書〈指図書〉, シッピング=オーダー. ≈**zim·me·rer** 男, ≈**zim·mer·mann** 男 -〔e〕s/..leute 船大工. ≈**zwie·back** 男 船用堅パン(非常用携帯食糧).

Schi≈flie·gen[ʃíː..] =Skifliegen ≈**flug** =Skiflug

schif·ten[1][ʃíftən] 《01》 **I** 他 (h) 《海》(帆などの)位置をかえる. **II** 自 (h, s) 《海》(積み荷が)ずれる, 荷崩れする. [*engl.* shift; ◇Schicht]

schif·ten[2][−] 《01》 他 (h) 《建》(梁(はり)・垂木(たるき)などを隅木・谷木などに)配(はい)付ける. [*mhd.*; ◇schäften]

Schif·ter[ʃíftər] 男 -s/- 《建》配(はい)付け垂木(たるき)(陸梁(ろくばり)・合掌).

Schi≈fu·ni[ʃíː..] =Skifuni ≈**ge·län·de** =Skigelände ≈**hand·schuh** = Skihandschuh ≈**ha·se** =Skihase ≈**ha·serl** =Skihaserl ≈**ho·se** =Skihose

Schi-huang-ti[ʃihŭaŋtíː] =Shih Huang Ti

Schi·hüt·te[ʃíː..] =Skihütte

Schiis·mus[ʃiísmʊs] 男 -/ 《イスラム教》シーア派〔の教義〕. [<Schia+..ismus]

Schiit[ʃiíːt] 男 -en/-en シーア派の人. [<..it[3]]

schii·tisch[ʃiíːtɪʃ] 形 シーア派の.

Schi·ka·ne[ʃikáːnə] 女 -/-n **1** (立場の弱い者に対する)嫌がらせ, 意地悪, いじめ: Das ist nur ~. そんなの嫌がらせにすぎない | *et.*[4] aus ~ tun 意地悪から…をする. **2** 《話》**mit allen ~n** 考えうる限り各種の最新設備を備えた(自動車・台所など). **3 a**) (オートレースなどで速度を落とさなければ通過できないように設計された)難所. **b**) 《工》じゃま板; 差し込み. [*fr.*]

Schi·ka·neur[ʃikanøːr] 男 -s/-e 意地悪な人, 小姑(こじゅうと)根性の人. [*fr.*; <..eur]

schi·ka·nie·ren[..níːrən] 他 (h) 《*jn.*》(…に)嫌がらせ〈意地悪〉をする, いじめる. [*fr.*]

schi·ka·nös[..nøːs][1] 形 陰険な, 底意地の悪い: ~*e* Verhöre 意地の悪い尋問. [<..ös]

Schi·kia·chwang[ʃíːkĭatʃvaŋ] 地名 石家荘, シーチアチョワン(中国, 河北 Hopeh 省の省都).

Schi≈kjö·ring[ʃíːjøːrɪŋ] = Skikjöring ≈**kurs** =Skikurs ≈**kur·sus** =Skikursus ≈**lang·lauf** =Skilanglauf ≈**lauf** =Skilauf ≈**lau·fen** =Skilaufen ≈**läu·fer** =Skiläufer

Schil·cher[ʃílçər] 男 -s/- シルヒャー(オーストリア産のロゼ〔ワイン〕). [<Schiller[2]]

Schild[ʃɪlt][1] **I** 男 -es(-s)/-e (小 **Schild·chen** → 別出) **1 a**) 《史》(武器としての)盾(たて)(→ 図 Panzer): ∇***seinen ~ blank 〈rein〉 erhalten*** 自分の名誉を汚さない | ~ und Speer von *sich*[3] werfen 《比》ファイトをなくす, 意気沮喪(そそう)する ‖ ***jn.* auf den ~ 〔er〕heben** 《雅》…を指導者に祭りあげる | ***et.*[4] 〔gegen *jn.* 〈*et.*[4]〉〕 im ~*e* führen** 《話》〔…に対して〕よからぬ…をたくらむ | *sich*[4] mit dem ~ decken 盾の後ろに隠れる | über ~*es* Rand rechnen 《比》おおざっぱに〈十把ひとからげに〉計算する. **b**) der ~ 《天》盾座. **2** (形が盾に似ているもの. 例えば:) **a**) 紋章の中心にある盾形の部分, 紋章盾. **b**) (カメやカニの)甲羅(こうら). **3** (機能が盾に似ているもの. 例えば:) **a**) 《軍》(大砲などの)防護板. **b**) (帽子の)ひさし. **c**) 保護〈庇護〉〔者〕.

II 中 -es(-s)/-er (小 **Schild·chen** → 別出) **1** (各種の識別標: → 図. 例えば:) **a**) 社名板, 標札, 名札; はり札, レッテル, 値札; 標識, 徽章(きしょう): Namens*schild* (戸口などの)表札 ‖ ein ~ an der Tür anbringen 戸口に標札をとりつける | ein ~ aushängen 看板を出す | ein ~ beschriften 標識に文字を入れる | *sein* ~ hereinnehmen 《比》(いったんやり始めたことを)中止する, 看板をおろす. **b**) (Nummernschild) (自動車の)ナンバープレート. **c**) (Verkehrsschild) 交通〈道路〉標識板; (Straßenschild) 町名〈街路名〉表示板. **2** 《狩》(イノシシや鳥の肩や胸の)斑紋(はんもん).

[*germ.* „Abgespaltenes"; ◇Skalpell, schleißen, Schale[1], Scholle; *engl.* shield]

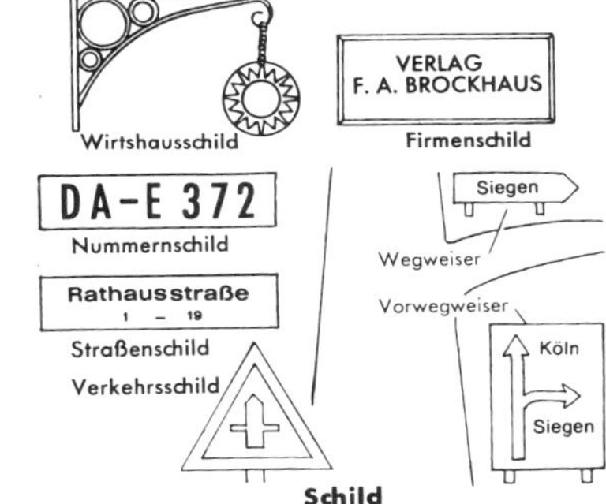

Schild

Schild≈an·ker[ʃílt..] =Pilzanker ≈**blatt** 中 《植》(ハスの葉のような)楯状(たてじょう)葉. ≈**blu·me** 女 《植》ハラン(葉蘭). ≈**bo·gen** 男 《建》(丸天井と壁の境にできる)半円アーチ形(→ 図 Gewölbe A). ≈**buckel** 男 (中世の)丸盾の中心の星(→ 図 Panzer).

Schild·bür·ger[ʃílt..] 男 (Sachsen のシルダ Schilda〔今日のシルダウ Schildau〕の住民たちがしたと伝えられているような愚行をする)ばか者, あほう.

Schild·bür·ger·streich 男 (シルダの住民たちがしたと伝えられるような)底ぬけの愚行.

Schild·chen[ʃíltçən] 中 -s/- (Schild の縮小形) **1 a**) 小さな盾. **b**) (盾状の小さなもの. 例えば:) (甲虫などの)小楯板(こたてばん). **2** 小さな標札, 小さなプレート.

Schild·drü·se 女 《解》甲状腺(せん)(→ 図 Mensch D): akzessorische ~ 副甲状腺.

Schild·drü·sen≈ent·zün·dung 女 《医》甲状腺(せん)炎. ≈**hor·mon** 中 《生理》甲状腺ホルモン. ≈**kar·zi·nom** 中, ≈**krebs** 男 《医》甲状腺癌(がん). ≈**schwel·lung** 女 《医》甲状腺肥大. ≈**stö·rung** 女 《医》甲状腺機能不全〈障害〉. ≈**über·funk·tion** 女 《医》(バセドウ病など)甲状腺機能亢進(こうしん)症. ≈**un·ter·funk·tion** 女 《医》甲状腺機能低下症. ≈**ver·grö·ße·rung** 女 《医》甲状腺腫(しゅ).

Schil·der·brücke[ʃíldər..] 女 (道路の)交通標識橋.

Schil·de·rei[ʃɪldəráɪ] 女 -/-en **1** 描写, 叙述. **2** 絵画.

Schil·de·rer[ʃíldərər] 男 -s/- **1** (schildern する人. 例えば:) 画家. ∇**2 a**) 盾作りの職人. **b**) 歩哨(ほしょう).

Schil·der·haus[ʃíldər..] 中 **1** 《軍》哨舎(しょうしゃ), 歩哨小屋. **2** 《史》(市門の)番人小屋(→ 図 Stadttor). [<schildern II]

Schil·de·ri·tis[ʃɪldəríːtɪs] 女 -/ 《話》やたらに交通標識を設置すること. [<..itis]

Schil·der·ma·ler[ʃíldər..] 男 看板描きの職人, 看板屋.

schil·dern[ʃíldərn] 《05》 **I** 他 (h) (目に見えるように)物語る, 叙述する; (詳細に)描写する, 活写する: *et.*[4] lebhaft 〈weitschweifig〉 ~ …をいきいきと〈長々と〉物語る | *seinen* Lebenslauf ~ 自分の経歴を述べる | eine Landschaft ~

S

ある地方の様子を叙述する | *et.*⁴ schwarz in schwarz ~ (→schwarz I 2 a). ᵛII 自 (h) 《軍》歩哨(ほしょう)に立つ; 巡邏(じゅんら)する, パトロールする. [„einen Schild mit Wappen bemalen"]

Schil·der·sa·lat[ʃíldər..] 男《話》互いにいろいろの矛盾する〔交通〕標識が乱立している状態.

Schil·de·rung[ʃíldərʊŋ] 女 -/-en 描写, 叙述, (言葉による)スケッチ.

Schil·der·wald[ʃíldər..] 男《話》〔交通〕標識の過剰状態: den ~ abholzen ⟨lichten⟩ 過剰な〔交通〕標識を整理〔して見やすく〕する.

Schild≠farn[ʃílt..] 男《植》イノデ(猪手)属(ヒイラギシダなど). **≠fisch** 男 =Schiffshalter **≠flech·te** 女《植》ツメゴケ(爪苔)属(地衣類). **≠fuß** 男《紋》盾の下部〔3分の1〕(→ 図 Wappen a). **≠hal·ter** 男《紋》サポーター(盾形紋章を左右から支える格好をしている一対の動物・人間の像など: → 図 Wappen c); 《比》代弁者, 提灯(ちょうちん)持ち. **≠haupt** 中《紋》盾の上部〔3分の1〕(→ 図 Wappen a). **≠kä·fer** 男《虫》カメノコハムシ(亀子葉虫)亜科の昆虫. **≠knap·pe** 男 (騎士の)盾持ち; ᵛ《比》心酔者, 盲従の徒. **≠knor·pel** 男《解》甲状軟骨. **≠krot** 中 -〔e〕s/《オーストリア》=Schildpatt **≠krö·te** 女 **1** 《動》カメ(亀)類(カメ・スッポンなど). **2** 《医》亀甲(きっこう)帯(→ 図 Verband).

Schild·krö·ten·sup·pe 女《料理》カメ類(ふつうウミガメ)の肉片の入ったスープ.

Schild≠laus 女《虫》カイガラムシ(介殻虫)上科の昆虫. **≠mau·er** 女 (城砦(じょうさい)の)城壁, 外壁(→ 図 Burg). **≠mot·te** 女《虫》イラガ(刺蛾)科のガ. **≠ot·ter** 女《動》コブラ〔属〕.

Schild·patt 中 -〔e〕s/ べっこう(鼈甲): ein Kamm ⟨eine Brosche⟩ aus ~ べっこう製の櫛(くし)⟨ブローチ⟩. [＜Padde]

Schild≠rand 男《紋》盾の縁どり(→ 図 Wappen e). **≠sta·chel** 男 =Schildbuckel **≠tei·lung** 女《紋》盾の分割〔法〕. **≠tier·chen** 中《動》ツボワムシ(壺輪虫). **≠to·po·gra·phie** 女《紋》盾の分割位置(→ 図 Wappen a). **≠trä·ger** 男 =Schildknappe **≠vor·trieb** 男《土木》(トンネルの)シールド掘進〈工法〉. **≠vul·kan** 男《地》盾状火山. **≠wa·che** (ᵛ≠wacht) 女《軍》歩哨(ほしょう); 歩哨勤務: ~ stehen 歩哨に立つ. **≠wan·ze** 女《虫》カメムシ(亀虫)科の昆虫. **≠zir·pe** 女《虫》アワフキムシ(泡吹虫)科の昆虫.

Schi·leh·rer[ʃí:..] =Skilehrer

Schilf[ʃɪlf] 中 -〔e〕s/-e《植》ヨシ(葦)属(→ 図): gemeines ~ ヨシ. [*lat.* scirpus „Binse"–*ahd.* sciluf]

Schilf (Rohr)

Schil·fe[ʃílfə] 女 -/-n =Schelfe

schil·fen¹[ʃílfən] 形《付加語的》葦(あし)製の: eine ~*e* Hütte 葦ぶきの小屋.

schil·fen²[–] 他 (h) (ガラス器や桶(おけ)のつぎ目に防水のため)葦をつめる.

schil·fen³[–] =schilfern

schil·fe·rig[ʃílfərɪç]² 形《方》剝脱(はくだつ)性の(皮膚など).

schil·fern[ʃílfərn] 《05》 I 自 (h) 《方》(皮膚などが)はげ落ちる, 剝脱(はくだつ)する. II 他 (h) 《方》**1** (皮膚などの表面を)はぎ落とす, 剝脱する. **2** 再帰 *sich*⁴ ~ (皮膚などが)はげ落ちる, 剝脱する. [＜Schelfe]

Schilf·gras[ʃílf..] 中 =Schilf

schil·fig[ʃílfɪç]² 形 **1** 葦(あし)におおわれた. **2** 葦状の.

Schilf≠kä·fer[ʃílf..] 男《虫》ハナムグリ(花潜)亜科の昆虫. **≠klin·ge** 女 (突いたり打ってかかったりするための)両刃の剣の一種. **≠lei·nen** 中《織》防水加工をした綿または麻織物の一種(スポーツウェア・リュックサックなどに用いる). **≠mat·te** 女 葦(あし)製のマット, よしず. **≠meer** 中 **1** 《聖》紅海. **2** 一面に葦の茂った場所. **≠rohr** 中《植》ヨシ(葦).

Schilf·rohr·sän·ger 男《鳥》ヨシキリ(葦切).

Schilf·wick·ler 男《虫》スガ(巣蛾)科のガ.

Schi·lift[ʃí:..] =Skilift

Schill[ʃɪl] 男 -〔e〕s/-e《オーストリア》(Zander)《魚》ホタルジャコ(蛍囃喉).

Schil·le·bold[ʃíləbɔlt]¹ 男 -〔e〕s/-e《ふつう複数形で》(Libelle)《虫》トンボ(蜻蛉)目. [＜schillern+Kobold]

Schil·ler¹[ʃílər] 人名 Friedrich von ~ フリードリヒ フォン シラー(1759-1805; ドイツの詩人・劇作家. 作品『ヴァレンシュタイン』『ヴィルヘルム テル』など): Das ist eine Idee ⟨ein Gedanke⟩ von ~. (→Idee 1, →Gedanke 1 a).

Schil·ler²[–] 男 -s/- **1** 《ふつう単数で》(光線の具合によって変化する)色のたわむれ, きらめき, 輝き. **2** 《方》=Schillerwein

Schil·ler·fal·ter 男《虫》コムラサキ(小紫蝶): Großer ~ イリスコムラサキ | Kleiner ~ イリアコムラサキ.

schil·ler·far·ben =schillernd

Schil·ler≠glanz 男 =Schiller² 1 **≠gras** 中 -es/《植》ミノボロ属.

schil·le·risch[ʃílərɪʃ] 形 シラー風の; 《大文字で》シラーの.

Schil·ler≠ki·no 中《話》ワイドスクリーン映画. **≠kra·gen** 男 シラー襟(シラーの時代に流行した, 上着の上に出るようになったシャツの開き襟). **≠locke** 女 **1** 生クリーム入りパイの一種. **2** (皮をはぎ三枚におろした)燻製魚.

schil·lern[ʃílərn] 《05》 I 自 (h) (光線の具合で次から次へと)色を変える, いろいろの色に輝く; 《比》(性格などが)あいまいである, とらえどころがない: Der Ölfleck auf dem Wasser *schillerte* bunt. 水に浮かんだ油の玉が虹(にじ)色に輝いた | Diese Sache *schillert* etwas. 《比》この件にはいささかあいまいなところがある. II **schil·lernd** 現分 形 さまざまに色を変える, きらきら輝く; 《比》正体不明の: ~*e* Seifenblasen 次から次へと色が変わってゆくシャボン玉 | ein ~*er* Charakter つかみどころのない人物. [＜schielen]

schil·lersch[ʃílərʃ] =schillerisch

Schil·ler≠taft[ʃílər..] 男《服飾》玉虫色のタフタ, カメレオンタフタ. **≠wein** 男 (Rosé) ロゼ〔ワイン〕(淡紅色のぶどう酒).

Schil·ling[ʃílɪŋ] 男 -s/-e **1** (単位: -/-) (略 S) シリング(オーストリアの旧貨幣〔単位〕: 100 Groschen). **2** シリング(昔のドイツの小額貨幣〔単位〕): um einen ~《比》ほんのわずかの金で; ほんのはした金のために. **3** =Shilling [*germ.*; ◇Shilling]

schil·pen[ʃílpən] =tschilpen

schilt[ʃɪlt] schelten の現在 3 人称単数; 命令法単数.

schiltst[ʃɪltst] schelten の現在 2 人称単数.

Schi·ma·ra·thon[ʃí:..] =Skimarathon

Schi·mä·re[ʃimɛ́:rə] 女 -/-n《雅》妄想の産物, 幻影: ~*n*³ nachlaufen 幻影を追う. [＜Chimäre]

schi·mä·risch[ʃimɛ́:rɪʃ] 形 架空の, 見せかけの, 人を欺く.

Schim·mel[ʃíməl] 男 -s/- **1** 《単数で》《植》カビ(黴): *Schimmel* hat sich gebildet. カビが生えた | ein von ⟨mit⟩ ~ überzogenes Brot カビがびっしり生えたパン. **2** 白馬, 灰色の馬(→Pferd 1): ***jm.* wie einem kranken ⟨lahmen⟩ ~ zureden** 《話》…に口を酸っぱくして言い聞かせる. **3** 《話》(Schablone) (月並みな)型, 定式. [*ahd.*; ◇scheinen, schimmern]

schim·me·lig[ʃíməlɪç]² (**schimm·lig**[..mlɪç]²) I 形 カビの生えた; カビだらけの: ~*es* Brot カビの生えたパン | ~ werden カビが生える. II 副《方》大いに, 非常に: ***sich*⁴ 〔über *jn.* ⟨*et.*⁴⟩〕 ~ lachen** 〔…のことで〕大笑いする.

Schim·mel·kä·fer[ʃíməl..] 男《虫》キスイムシ(木吸虫)科の昆虫.

schim·meln[ʃíməln] 《06》 自 **1** (h, s) カビが生える, カビくさくなる. **2** (h) **a)** 《比》(使われずに)放置されている. **b)** 《話》(舞踏会で女の子が)壁の花のままでいる.

Schim·mel≠pilz 男《植》糸状菌, カビ. **≠rei·ter** 男 -s/ 《伝説》白馬の騎士(3本足の白馬にまたがり, 頭がない, または大きな帽子をかぶっているとされる).

Schim·mer[ʃímər] 男 -s/- **1** にぶい輝き, 弱い光, 微光, 薄光; (朝夕の)薄明: der ~ der Sterne 星のまたたき | der ~

S

der Kerzen ろうそくのほのかな光 | der erste ~ der Frühe 朝の最初の微光. **2** *ein ~ von et.*[3] 《比》ほんのわずかの… | Wir haben noch einen ~ von Hoffnung. 私たちにはまだわずかながら希望が残されている | **keinen** 〔**blassen**〕〈**nicht den leisesten**〉 **~ von** *et.*[3] **haben** …についてちっとも知らない, …を全然予想していない | nicht einen ~ von Verantwortungsbewußtsein haben 責任感などこれっぽっちも持っていない.

schịm·mern[ʃímərn] 《05》 **I** 自 (h) にぶく輝く, 微光を発する, ほのかに光る; かすかに見え〔てい〕る: Das Licht *schimmerte* durch die Bäume. 光が木の間越しにちらちら光った. **II schịm·mernd** 現分 形 にぶく輝く, 微光を発する, ほのかに光る: ~*e* Seide 光沢のある絹.
[*mndd.*; <*mndd.* schemen „blinken"; ◇scheinen, Schimmel; *engl.* shimmer]

schịmm·lig =schimmelig

Schim·pạn·se[ʃımpánzə] 男 -n/-n 〖動〗チンパンジー.
[*afrikan.*; ◇*engl.* chimpanzee]

Schimpf[ʃımpf] 男 -〔e〕s/-e 《ふつう単数で》 **1** 《雅》(罵言(ばん)などによる)はずかしめ, 侮辱, 嘲罵(ちょうば): ein tätlicher ~ 暴力によるはずかしめ ‖ *jm.* einen ~ antun 〈zufügen〉 …を侮辱する | einen ~ einstecken 屈辱をこらえる | einen ~ erleiden 侮辱を受ける | *jm.* ~ und Schande nachsagen さんざん…の陰口をたたく | Er wollte diesen ~ nicht auf sich[3] sitzen lassen. 彼はこんな侮辱を受けて黙っているつもりはなかった ‖ **mit ~ und Schande** 恥をかかせて | *jn.* mit ~ und Schande davonjagen …に赤恥をかかせて〈…をさんざん侮辱して〉追い払う | ***Schimpf* und Schande!** この恥知らずめ, なんたるざまだ. **2** 《南部》 **a**) (Spaß) 冗談, ふざけ: ~ und Ernst 冗談と本気. **b**) (Streich) いたずら, わるさ.
[*ahd.* „Scherz"]

Schịmp·fe[ʃímpfə] 女 -/ 《話》叱責(しっせき): 〖もっぱら次の成句で〗 ~ bekommen 〈kriegen〉 しかられる.

schịmp·fen[ʃímpfən] **I** 自 (h) **1** 《auf *jn.* 〈*et.*[4]〉/über *jn.* 〈*et.*[4]〉》(…について)ぐちをいう〈こぼす〉, (…の)悪口をいう, 陰口をたたく; (…を)ののしる, 罵倒(ばとう)する, (…に)毒づく: heftig 〈ständig〉 ~ ひどく〈絶えず〉悪態をつく | fluchen und ~ 悪口雑言を吐く | in gemeinen Worten ~ 口汚くののしる | wie ein Rohrspatz ~ (→Rohrspatz) ‖ Er hat sehr auf dich *geschimpft*. 彼はさんざん君の悪口を言っていたよ | über *seinen* Vorgesetzten ~ 上役の陰口をたたく, 上役についての不満をのべる ‖ Mit 〔deinem〕 *Schimpfen* erreichst du nichts. 〔君のように〕くだくだ不平を言ったところでなんの効果もないよ ‖ *schimpfende* Sperlinge 《話》騒々しくさえずるスズメ. **2** 《話》《mit *jm.*》(…を)しかる, 叱責(しっせき)する: Die Mutter *schimpft* mit dem Kind. 母親が子供をしかりつける ‖ 〖名詞化して〗 das Nörgeln und *Schimpfen* nicht lassen können しじゅう不平や小言を言わずにはいられない. **3** 《南部》(scherzen) ふざける; 冗談を言う.
II 他 (h) **1 a**) 《*jn. et.*[4]》(…を…であると)ののしる, 侮辱する, ののしって(…を…)呼ばわりする: *jn.* einen Taugenichts 〈einen Feigling〉 ~ …をろくでなし〈ひきょう者〉だとののしる ‖ 再帰 *sich*[4] *et.*[4] ~ 〔自嘲(じちょう)して〕みずからを…であると称する (→b) | Er *schimpft* sich 〔selbst〕 einen Narren. 彼は自分で自分を愚者だと称している. **b**) 《話》 再帰 *sich*[4] *et.*[4] ~ (不当にも)…であると称する, …を僭称(せんしょう)する (→a) | Er *schimpft* sich selbständigen Kaufmann. 彼は独立した商人だと自称している | Und so was *schimpft* sich nun Professor! いやはやあれで教授だとさ. **2** 《方》《*jn.*》(…を)しかる, 叱責(しっせき)する: Sie *schimpfte* ihn, weil er zu spät kam. 彼女は彼が遅刻したのでしかった.

Schịmp·fer[ʃímpfər] 男 -s/- schimpfen する人.

Schimp·fe·rei[ʃımpfəráı] 女 -/-en (さかんに)毒づくこと, (しきりに)悪口を言うこと, 罵詈(ばり)雑言(ぞうごん): Die ~ wollte gar kein Ende nehmen. 罵詈讒謗(ざんぼう)はいつ果てるとも知れなかった.

▽**schimp·fie·ren**[ʃımpfí:rən] **I** 他 (h) 《*jn.*/*et.*[4]》(…の)名誉を傷つける, (…を)けなす, 侮辱する. **II** 自 (h) 《方》 =schimpfen I 1 [*afr.* 〔d〕esconfire „besiegen"–*mhd.*; ◇schamfilen]

Schịmpf·ka·no·na·de[ʃímpf..] 女 《話》 [illegible] れ, ぽんぽんとび出す罵詈(ばり)讒謗(ざんぼう)の数々.

schịmpf·lich[ʃímpflıç] 形 **1** 不名誉な, 屈辱的な, 恥ずべき: eine ~*e* Tat 恥ずべき行為 | einen ~*en* Frieden schließen 屈辱的な講和を結ぶ ‖ *jn.* ~ behandeln …に屈辱的な待遇を与える. **2** 《南部》(scherzend) ふざけた, 冗談の.

Schịmpf·lich·keit[-kaıt] 女 -/-en schimpflich なこと.

Schịmpf≠na·me[ʃímpf..] 男 侮辱的なあだ名: *jm.* einen üblen ~*n* geben …にひどいあだ名をつける. **≠re·de** 女 くどくどしい叱責(しっせき)〈ののしり〉の言葉. **≠wort** 中 -〔e〕s/..wörter, -e ののしり〈侮辱〉の言葉, 罵言(ばん), 悪態; 野卑な言葉: ein saftiges 〈unflätiges〉 ~ 聞くに堪えないような罵言 ‖ *Schimpfwörter* gebrauchen 侮辱的な言辞を弄(ろう)する | *jn.* mit einer Flut von *Schimpfwörtern* 〈~*en*〉 überschütten …に対して悪口雑言の限りをつくす.

Schị·müt·ze[ʃí:..] =Skimütze

Schi·nạ·kel[ʃiná:kəl] 中 -s/-(オーストリア)《話》(Ruderboot) ボート, 漕艇(そうてい); (Kahn) 小舟. [*ungar.* csónak]

Schịnd≠aas[ʃínt..] 中 **1** 老いさらばえた家畜. **2** 《話》(下劣な・ずるい相手に対する罵言(ばん))うすぎたない野郎: Du ~! きさま何てふてえ野郎だ. **≠an·ger** 男 (家畜の)皮はぎ場.
[<schinden]

Schịn·del[ʃíndəl] 女 -/-n **1** こけら, へぎ板(屋根などを葺(ふ)くのに用いる薄くて短い板). **2** 《中部》(骨折用の)副木(ふくぼく). **3** 〖紋〗(縦長の)小長方形(→ 図 Wappen e).
[*lat.* scindula–*ahd.*; ◇schizo..]

Schịn·del·dach 中 こけら葺(ぶ)きの屋根.

schịn·deln[ʃíndəln] 《06》 他 (h) **1** 《*et.*[4]》(…に)こけら〈へぎ板〉を張る; (屋根を)こけら葺(ぶ)きにする. **2** 《中部》《*jn.*》(…の骨折部分に)副木(ふくぼく)を当てる.

schịn·den(*)[ʃíndən][1] 《136》 **schịn·de·te** (まれ: schund [ʃʊnt][1])/**ge·schụn·den**; 接II schindete (まれ: schünde [ʃʏndə]) 《過去形はふつう用いられない》 他 (h) **1** (動物・樹木などの)皮をはぐ: Der Abdecker *schindet* das Pferd. 皮はぎ職人が馬の皮をはぐ ‖ eine Laus um des Balges willen ~ 《比》(しらみの皮をはぎ取るほど)ひどくけちである | den *geschundenen* Hund ~ 《比》徹底的に搾取する. **2 a**) (人間・動物などを)酷使する, こき使う, 搾取する; (酷使などして)虐待する, いじめる; しごく: *jn.* zu Tode 〈bis aufs Blut〉 ~ …をひどくいじめる; …を徹底的にこき使う | den Motor ~ 《話》エンジンを酷使する | Der Unternehmer *schindet* seine Arbeiter. 雇い主は労働者を酷使〈搾取〉している | Du hast das Tier *geschunden*. 君はこの動物をいじめた〈虐待した〉 | Der Aufseher *schindete* 〈*schund*〉 die Gefangenen. 看守は捕虜を虐待した. **b**) 《話》 再帰 *sich*[4] 〔mit *et.*[3]〕 ~ 〔…で〕苦労をする〈骨を折る〉 | Ich habe mich mit der Arbeit 〈dem Gepäck〉 redlich ~ müssen. この仕事〈荷物〉には私はほんとに苦労させられた | Sie hat sich ihr Leben lang *geschunden* 〔und geplagt〕. 彼女は生涯苦労のしどおしだった | Ich habe mich in meinem Leben genug *geschunden*. 私はもうこれまでにさんざん苦労してきた(だから今は楽隠居の身分でいられるのだ). **3** 《話》ただで〈他人の負担において〉せしめる〈享受する〉: 〔mit *et.*[3] bei *jm.*〕 Eindruck 〈Mitleid〉 ~ wollen 〔…によって…に〕なんとか気に入られようと〈同情を得ようと〉する | 〔das〕 Fahrgeld ~ ただ乗りをする | 〔das〕 Eintrittsgeld ~ ただで入場する | ein Lokal ~ レストランでろくに注文もしないでねばる | Noten ~ (生徒が)不正をしていい成績をせしめる | Wärme ~ 人のところで勝手に暖をとる | Zeilen ~ (行数払いの原稿などで)行をかせぐ | Zeit ~ 時間をかせぐ | ein paar Zigaretten ~ たばこを二三本(ただで)せしめる. [*ahd.*; ◇Schinn, Schund]

Schịn·der[ʃíndər] 男 -s/- **1** (schinden する人. 例えば:) **a**) 《軽蔑的に》いじめる〈こき使う〉人, いじめ役, 鬼軍曹〔のような人〕. **b**) (Abdecker) 皮はぎ職人, 獣皮加工業者: dem ~ die Keule abkaufen 《比》悪い品物を高い値段でつかまされる, カモにされる ‖ mit dem ~ trinken müssen 《比》つまはじき〈村八分〉にされている | **zum ~ gehen** 《話》消え失せる, いなくなる. **c**) 《南部》(身を切るような)寒風. **2** 《話》老馬, 廃馬.

S

Schin·de·rei[ʃındəráı] 女 -/-en **1** (絶えざる)酷使, 虐待, 搾取; (いつ終わるともしれない)苦役, つらい仕事. **2** (Abdeckerei) 皮はぎ業; 皮はぎ場.

Schin·der·han·nes[ʃíndərhanəs] **I** 人名 シンダーハンネス(本名は Johann Bückler. ライン地方を荒らし回った盗賊団の首領. 1803年に処刑). **II** 男 -/ 《比》(巧みに欺き, なかなか逮捕されず, 世間を恐怖に陥れる)シンダーハンネスのような盗賊〈くせ者〉: ein zweiter ~ 第二のシンダーハンネス.

Schin·der·kar·ren[ʃíndər..] 男 (昔, 皮はぎ職人が用いた)家畜の死体運搬用の車; 死刑囚を刑場へ運ぶ車.

Schind·lu·der[ʃínt..] 中 ▽**1** 斃死(へいし)した家畜の皮をはいだ肉. **2** 《話》みだらな女; 信用ならない男. **3** 《話》《次の成句で》**mit *jm.* 〈*et.*^{3}〉 ~ treiben** …にひどい仕打ちを加える, …をさんざん侮辱する; …をひどくばかにする | mit *seiner* Gesundheit ~ treiben 自分の健康をないがしろにする. **4** 《方》乱痴気騒ぎ, ばか浮かれ.

Schind·lu·de·rei[ʃıntlu:dəráı] 女 -/-en 《話》ひどい仕打ち, 侮辱的な扱い.

Schind·mäh·re[ʃínt..] 女 老馬, 廃馬; 駄馬.

Schin·kel[ʃíŋkəl] 人名 Karl Friedrich ~ カール フリードリヒ シンケル(1781-1841; ドイツの建築家で画家. ベルリンを中心にプロイセンの代表的建築作品を生み出した).

Schin·ken[ʃíŋkən] 男 -s/- **1 a)** (特に家畜の)大腿(だいたい)部; (豚の)もも肉(→ 図 Schwein). **b)** 《話》(人間の)尻(しり); ふともも: *jm.* 〈*jn.*〉 auf den ~ hauen …の尻をぶん殴る. **2** 〘料理〙ハム: ein geräucherter ~ 燻製(くんせい)〈スモーク〉ハム | ein roher ~ 生ハム ‖ ein Pfund ~ kaufen ハムを1ポンド買う | Spiegelei mit ~ / ~ mit Ei ハムエッグ | Brötchen mit ~ belegen 〔バターつき〕小型パンの上にハムをのせる ‖ mit dem ~ nach der Wurst werfen (→Wurst 1) | mit der Wurst nach dem ~ werfen (→Wurst 1) ‖ **bei *jm.* einen ~ im Salz 〔liegen〕 haben** 《話》…との間にまだ決着をつけなければならない問題をかかえている; …からまだお小言をくうことになっている | **fremden ~ mit *seinem* Messer schneiden** 《比》人のふんどしで相撲を取る; 寄食する. **3** 《話》 **a)** (絵画・文学作品・映画などで)こけおどしだけの大作. **b)** 分厚い本〈書類〉. **c)** ヴァイオリン; マンドリン. **d)** 豚革装丁の本; 古めかしい本. **e)** おんぼろの乗り物. [*ahd.*; ◇Schenkel]

Schin·ken≠brot 中 ハムをのせたパン. **≠bröt·chen** 中 ハムをのせた〔バターつき〕小型パン(一種のハムサンド). **≠but·ter·brot** 中 ハムサンド. **≠kä·se** 男 ハム入りチーズ. **≠klop·fen** 中 -s/ 〘遊戯〙お尻(しり)たたき(尻をたたいた人をあてる子供の遊び). **≠kno·chen** 中 (豚などの)大腿(だいたい)部の骨. **≠sa·lat** 男 〘料理〙ハムサラダ. **≠sem·mel** 女 《南部》=Schinkenbrötchen **≠wurst** 女 ハムソーセージ.

Schinn[ʃın] 男 -〔e〕s/-en, **Schin·ne**[ʃínə] 女 -/-n 《ふつう複数で》《北部》(Kopfschuppe) (頭の)ふけ. [*mndd.* schin „Haut"; ◇schinden; *engl.* skin]

schin·nig[ʃínıç]^2 形 《北部》ふけだらけの.

Schin·to·is·mus[ʃıntoísmʊs] 男 -/ 神道(しんとう). [<*japan.* 神道]

Schin·to·ist[..íst] 男 -en/-en 神道信者.

schin·to·i·stisch[..ístıʃ] 形 神道の; 神道的な.

Schipp·chen[ʃípçən] 中 -s/- Schippe の縮小形: **ein ~ machen 〈ziehen〉** 《話》(特に子供が)不満で下唇を突き出す(→Schippe 2 a).

Schip·pe[ʃípə] 女 -/-n (小 **Schipp·chen** → 別出) 《北部・中部》 **1** (Schaufel) シャベル, スコップ: mit der ~ Sand schaufeln スコップで砂をすくう | mit Eimer und ~ spielen バケツとシャベルで遊ぶ ‖ ***jn.* auf die ~ nehmen 〈laden〉** 《話》…をばかにする | dem Totengräber von der ~ gehüpft 〈gesprungen〉 sein (→Totengräber). **2** 《話》(Schippe の形に似ているもの. 例えば:) **a)** (不満で)突き出した下唇: **eine ~ machen 〈ziehen〉** 《話》不平満々で下唇を突き出す(→Schippchen). **b)** 長くのびたつめ. **c)** =Schippen [*mndd.* schüppe; ◇Schaufel]

schip·pen[ʃípən] 他 (h) 《北部・中部》 **1** シャベルですくう〈運ぶ〉: 〔den〕 Sand in den Eimer ~ 砂をすくってバケツに入れる | Schnee ~ (道路の)雪かきをする. **2** 《*et.*^{4}》シャベルで掘って(…を)作る: Wege durch den Schnee ~ 除雪して道をあける.

Schip·pen[–] 中 -/- 《無冠詞で》(Pik) 〘トランプ〙スペード〔の札〕.

Schip·pen·as〔s〕 (**Schip·pen-As〔s〕**)[ʃípən|as, ◡◡◡] 中 〘トランプ〙スペードのエース.

Schip·pen·band 中 -〔e〕s/..bänder ハート形の取りつけ金具(ドア用ちょうつがいの一種: → 図 Band).

Schip·per^1[ʃípər] 男 -s/- 《北部・中部》(schippen する人. 例えば:) 土木作業員.

Schip·per^2[–] 男 -s/- =Schiffer

Schip·per·krank·heit 女 〘医〙シャベル使い病, スコップ作業者病(建築・土木に従事する労働者に見られる職業病).

schip·pern[ʃípərn] 《05》《北部》 **I** 自 (s, h) 船に乗って行く, 船旅をする. **II** 他 (h) 船で運ぶ. [<*mndd.* schip (◇Schiff)]

Schi·ras[ʃí:ras] 男 -/- **1** シーラス(ペルシア産の羊の一種およびその毛皮). **2** =Schirasteppich [イランの都市名; ◇*engl.* Shiraz]

Schi·ras·tep·pich 男 シーラスじゅうたん(ペルシアじゅうたんの一種で絹のような光沢をもつ高級品. 濃い青色のものが主).

Schi·ri[ʃí:ri·, ʃíri·] 男 -s/-s (<Schiedsrichter) 《話》審判員, 主審, レフェリー, アンパイア.

schir·ken[ʃírkən] **I** 自 (h) 《南部》(鳥などが)キーキー鳴き声をたてる. **II** 他 (h) 《南部》(石などを)水面をかすめて飛ばす: Steine ~ 石で水切り遊びをする.

Schirm[ʃırm] 男 -〔e〕s/-e **1 a)** 傘: Regen*schirm* 雨傘 | Sonnen*schirm* 日傘, パラソル ‖ den ~ aufspannen 〈öffnen / aufmachen〉 傘を開く | den ~ schließen 〈zumachen〉 傘をたたむ | **den ~ zuklappen** 傘をたたむ; 《話》死ぬ | einen ~ mitnehmen 傘を持って出る | den ~ im Lokal stehenlassen 傘をレストランに置き忘れる | den ~ an der Garderobe abgeben 傘をクロークに預ける | den ~ auf der Terrasse aufstellen テラスに庭用パラソルを立てる | **einen ~ in die Ecke stellen / einen ~ 〔in der Ecke〕 stehen lassen** 《婉曲》おならをする ‖ Sie gingen beide unter einem ~. 二人は相合(あいあい)傘で行った. **b)** (形が傘に似ているもの. 例えば:) (Fallschirm) パラシュート〔の傘〕; クラゲの傘; 傘の形に枝を張り出した木(→ 図 Baum B); ストゥーパの傘蓋(さんがい). **2** 《雅》保護, 庇護(ひご): unter dem Schutz und ~ Gottes stehen 神のご加護のもとにある | *jm.* Schutz und ~ gewähren …を庇護する. **3** (強い光線・熱・放射線などをさえぎる役割をするもの. 例えば:) **a)** (帽子の)ひさし(→ 図 Mütze): den ~ *seiner* Mütze tief in die Stirn ziehen 帽子を目深にかぶる. **b)** (ランプの)シェード. **c)** (ストーブの)遮熱板, 熱よけついたて. **d)** (レントゲン線の)遮板. **4** 〘狩〙(木の枝や葦(あし)などで覆った)猟師の隠れ場. **5** (Bildschirm) 〘電〙(レントゲン器械やテレビなどの)スクリーン, 映像面: über den ~ gehen テレビで放映される. ▽**6** (Kulisse) 〘劇〙書き割り. [*germ.* „Fellüberzug des Schildes"; ◇scheren^1, Küraß]

Schirm·bild[ʃírm..] 中 **1** (特にレントゲンの)スクリーンに現れた映像. **2** レントゲン写真.

Schirm·bild≠fo·to·gra·fie 女 **1** レントゲン撮影. **2** レントゲン写真. **≠rei·hen·un·ter·su·chung** 女 レントゲン集団検診. **≠stel·le** 女 集団レントゲン検診所.

Schirm·blüt·ler 男 -s/- 〘植〙セリ(芹)科植物.

Schirm·dach 中 (雨や強い日光を防ぐための)差し掛け屋根; (車などの)幌(ほろ).

schir·men[ʃírmən] 他 (h) 《雅》保護〈庇護(ひご)〉する: *jn.* ~ und schützen …を庇護する.

Schir·mer[ʃírmər] 男 -s/- **1** 《雅》 **a)** =Schirmherr **b)** 守護者: ~ und Schützer des Vaterlandes 祖国の守護者. **2** グレーハウンド(猟犬の一種. 仕とめた獲物を狩人が来るまでほかの犬たちから守ることから).

schirm·för·mig[ʃírm..] 形 傘状の.

Schirm≠fut·te·ral 中 =Schirmhülle **≠ge·wächs** 中 (Doldenblüter) 〘植〙セリ(芹)科〈散形科〉植物. **≠git·ter** 中 〘電〙遮蔽(しゃへい)格子.

Schirm·git·ter·röh·re 女 〘電〙遮蔽格子管.

Schirm≠glucke 女 (養鶏場の)天蓋(てんがい)保育器.

S

≈griff 男 傘の柄(にぎり). **≈herr** 男 保護者, 後援者, パトロン. **≈herr·schaft** 女 後援者(パトロン)であること: unter der ~ von *jm.* ⟨*et.*^{3}⟩ …の後援のもとに | die ~ über *et.*^{4} übernehmen …の後援者〔になること〕を引き受ける. **≈hül·le** 女 傘の袋.

Schirm·ling[ʃírmlɪŋ] 男 -s/-e =Schirmpilz

schirm·los[..lo:s]^{1} 形 (Schirm のない. 例えば:) 保護してくれるもののない; 遮蔽(しゃへい)物のない.

Schirm≈müt·ze[ʃírm..] 女 ひさしのある帽子(→ 図 Mütze). **≈pilz** 男〘植〙カラカサタケ(唐傘茸). **≈stän·der** 男 傘立て. **≈tan·ne** 女〘植〙コウヤマキ(高野槇).

Schir·mung[ʃírmʊŋ] 女 -/-en (schirmen すること. 例えば:) 保護, 庇護; 遮蔽(しゃへい).

Schirm≈vo·gel[ʃírm..] 男〘鳥〙カサドリ. **≈wand** 女 (Wandschirm) 屏風(びょうぶ), ついたて.

Schi·rok·ko[ʃirɔ́ko·] 男 -s/-s〘気象〙シロッコ(アフリカの砂漠地帯から地中海沿岸に吹きつける熱風). [*arab.–it.* scirocco; < *arab.* šarq „Osten"; ◇ *engl.* sirocco]

schir·pen[ʃírpən] =tschilpen

schir·ren[ʃírən] 他 (h) (馬などを)車につなぐ: ein Pferd an ⟨vor⟩ den Wagen ~ 馬を馬車につなぐ. [< Geschirr]

Schirr·mei·ster 男 **1** 馬具係; ^{V}駅逓局の局員. **2**〘軍〙材料保管係〔下士官〕.

Schir·ting[ʃírtɪŋ] 中 -s/-e, -s〘織〙シャーティング(下着などに用いる綿布の一種). [*engl.* shirting; ◇ Schürze]

Schi·schu·le[ʃí:..] =Skischule

Schis·ma[ʃísma·, sçís..] 中 -s/..men[..mən] (-ta[..ta·]) **1**〘キリスト教〙シスマ, 教会分裂, 離教. **2**〘楽〙シスマ, 微小音程〔差〕. [*gr.* schísma „Spalt"–*kirchenlat.*; ◇ schizo..]

Schis·ma·ti·ker[ʃɪsmá:tikər, sçɪs..] 男 -s/- **1**〘キリスト教〙教会分裂を企てた人, 離教者. **2** (一般に)分派行動を行う人, 離反者. [*gr.–kirchenlat.* schismaticus]

schis·ma·tisch[..tɪʃ] 形 **1** シスマ(教会分裂)の. **2** (一般に)分派的な.

Schis·men Schisma の複数.

Schi≈sport[ʃí:..] = Skisport **≈sprin·gen** = Skispringen **≈sprin·ger** = Skispringer **≈sprung** = Skisprung **≈sprung·schan·ze** = Skisprungschanze

schiß[ʃɪs] scheißen の過去.

Schiß[ʃɪs] 男 ..sses/..sse **1**《卑》(Kot) 糞便(ふんべん), くそ; 排便; 無価値な(つまらぬ)もの. **2**《単数で》《話》不安, 恐怖: ~ bekommen ⟨kriegen⟩ おじけづく | vor *jm.* ⟨*et.*^{3}⟩ ~ haben …をこわがる.

schis·se[ʃísə] scheißen の接続法 II.

Schis·ser[ʃísər] 男 -s/-, **Schiß·ha·se**[ʃís..] 男《話》臆病(おくびょう)者.

Schiß·la·weng[ʃɪslavɛ́ŋ] 男 =Zislaweng

Schi≈stie·fel[ʃí:..] =Skistiefel **≈stock** =Skistock

Schi·sto·so·ma[ʃɪstozó:ma·, sçɪ..] 中 -s/-ta[..ta·]〘動〙住血吸虫. [< *gr.* schistós „gespalten" (◇ schizo..)]

Schi·sto·so·mia·se[..zomiá:zə] 女 -/-n, **Schi·sto·so·mia·sis**[..zomí:azɪs] 女 -/..ses[..ze:s]〘医〙住血吸虫病. [< ..iasis]

Schi·tour[ʃí:tu:r] =Skitour

Schi·wa[ʃí:va·] 人名〘インド神〙シヴァ(三主神の一で破壊の神). [*sanskr.* „der Gnädige"; ◇ *engl.* S〔h〕iva]

Schi≈wachs[ʃí:..] = Skiwachs **≈wett·kampf** =Skiwettkampf

schizo..《名詞・形容詞などにつけて「分裂」を意味する》[*gr.* schízein „spalten"]

schi·zo·gen[ʃitsogé:n, sçi..] 形 (↔lysigen)〘植〙離生の.

Schi·zo·go·nie[..goní:] 女 -/〘生〙分裂⟨増員⟩生殖.

schi·zo·id[ʃitsoí:t, sçi..]^{1} 形〘医・心〙分裂病質の.

Schi·zo·my·zet[..mytsé:t] 男 -en/-en《ふつう複数で》(Spaltpilz)〘植〙分裂菌類(細菌類のこと). [< myko..]

Schi·zo·pha·sie[..fazí:] 女 -/〘医〙分裂言語症. [< *gr.* phásis „Sprechen"]

schi·zo·phren[..fré:n] 形 **1**〘医・心〙統合失調〔症〕の. **2**《比》極めて矛盾した, 支離滅裂な. [< phreno..]

Schi·zo·phre·nie[..frení:] 女 -/-n[..ní:ən]《ふつう単数で》〘医・心〙統合失調〔症〕.

Schi·zo·phyt[..fý:t] 男 -en/-en《ふつう複数で》(Spaltpflanze)〘植〙分裂植物(藍藻(らんそう)類および細菌類).

Schi·zo·phy·zee[..fytsé:ə] 女 -/-n《ふつう複数で》(Spaltalge)〘植〙分裂藻類(藍藻(らんそう)類: →Blaualge). [< *gr.* phŷkos „Tang"]

schi·zo·thym[..tý:m] 形〘医・心〙分裂気質の.

Schi·zo·thy·mie[..tymí:] 女 -/〘医・心〙分裂気質. [< *gr.* thȳmós (→Thymus)]

Schlaaks[ʃla:ks] 男 -es/-e =Schlaks

Schlab·ber[ʃlábər] 女 -/-n (小 **Schlab·ber·chen**[..çən] 中 -s/-) **1**《軽蔑的に》(Mund) (おしゃべりする)口: Halt deine ~! おしゃべりはやめろ. **2**《話》(食事のとき〔子供の〕首にかける)前掛け, よだれ掛け.

Schlab·be·rei[ʃlabəráɪ] 女 -/-en《話》**1** ペチャクチャ音をたててすする⟨食べる⟩こと. **2** 食べ物をぼろぼろこぼすこと. **3** ペチャクチャしゃべること, むだなおしゃべり.

schlab·be·rig[ʃlábərɪç]^{2} (**schlabb·rig**[..brɪç]^{2}) 形《話》**1** (wässerig) (スープなどが)薄い, 水っぽい. **2** 音をたててすする.

Schlab·ber≈läpp·chen[ʃlábər..] 中, **≈lap·pen** 男, **≈lätz·chen** 中《話》よだれ掛け. **≈maul** 中《軽蔑的に》おしゃべり〔の人〕.

schlab·bern[ʃlábərn]《05》**I** 他 (h) **1** (犬・猫などが)ピチャピチャ音をたてて飲む⟨食べる⟩;《話》(コーヒー・スープなどを音をたてて)すする. **2**《話》(unterlassen) やめる, 怠る. **II** 自 (h) **1**《話》**a)** 音をたててすする⟨食べる⟩. **b)** 食べ物をぼろぼろこぼす. **c)** (schwatzen) ペチャクチャしゃべる. **d)** (sabbern) だらだらよだれをたらす. **2**〘工〙あふれる. [*ndd.*; 擬音]

Schlab·ber≈rohr[ʃlábər..] 中〘工〙あふれ管, 溢流(いつりゅう)管. **≈sah·ne**《話》=Schlagsahne **≈was·ser** 中 -s/..wässer《話》味の淡泊な飲料 (Mineralwasser, Limonade など).

schlabb·rig =schlabberig

schlacht[ʃlaxt] 形《北部・中部》良質⟨上質⟩の, 良種の. [*ahd.* gislaht „wohlgeartet"; ◇ schlagen]

Schlacht[ʃlaxt] 女 -/-en **1 a)** (かなり大きく激しい)戦い, 戦闘, 会戦: eine blutige ~ 血なまぐさい戦い | eine entscheidende ⟨verlorene⟩ ~ 決戦⟨敗戦⟩ | Feld*schlacht* 野戦 | See*schlacht* 海戦 | die ~ bei Leipzig〘史〙(1813年の)ライプツィヒ〔近郊〕の戦い | die ~ um ⟨von⟩ Verdan〘史〙(1916年の)ヴェルダンの戦い ‖ eine ~ gewinnen ⟨verlieren⟩ 戦いに勝つ⟨敗れる⟩ | dem Feinde eine ~ liefern 敵と会戦する | eine ~ schlagen 戦闘を行う ‖ **in** die ~ ziehen ⟨gehen⟩ 戦いにおもむく, 出征する | in der ~ fallen 戦死する | Hier sieht es wie **nach** einer ~ aus.《比》まるでここは戦いのあとのようだ(ごった返している) | Es kam **zur** ~. 戦闘になった ‖ Die ~ tobte ⟨wütete⟩ heftig. 戦闘は熾烈(しれつ)をきわめた. **b)** 試合, 競争: Propaganda*schlacht* 宣伝合戦 | Schneeball*schlacht* 雪合戦 | Wahl*schlacht* 選挙戦 ‖ Die ~ wurde mit allen Mitteln der Propaganda geschlagen. その戦いはあらゆる宣伝の手段をつくして行われた. **c)** (大勢の人たちの)殴り合い: eine ~ zwischen zwei Schulklassen 二つのクラスの生徒同士の殴り合い. **2** (河川工事の)水柵(さく). **3** (Art) 種. ^{V}**4** (Schlachtung) 畜殺. [*ahd.* slahta „Tötung"; ◇ schlagen]

Schlach·ta[ʃláxta·] 女 -/〘史〙シュラフタ(14–16世紀のポーランドの下級貴族階級: →Schlachtschitz). [*ahd.* slahta „Geschlecht" (◇ Schlacht)–*poln.*]

Schlacht≈bank[ʃláxt..] 女 -/..bänke **1** 畜殺台: **sich**^{4} **wie ein Lamm zur ~ führen lassen**《雅》(反抗・弁解などせずに)従容として刑に服する, 不利益を甘受する. **2**《戯》手術台; 試験場; 法廷. **≈beil**^{1} 中 畜殺用の斧(おの).

Schlacht≈beil^{2} 中 (昔の)戦闘用の斧, 戦斧(せんぷ). **≈be·richt** 男 戦闘報告.

schlach·ten[ʃláxtən]《01》**I** 他 (h) **1** (食肉用の鳥獣を)殺す, つぶす, 畜殺する: ein Schwein ⟨ein Huhn⟩ ~ 豚⟨鶏⟩をつぶす. **2**《比》虐殺する. **II** 自 (h) **1** 畜殺をする. **2**

畜殺祝い〔のごちそう〕をする(→Schlachtfest 1). [*ahd.*; ◇Schlacht]

Schlạch·ten≈bumm·ler 男 ᵛ**1** (戦場をうろつく)観戦者, 従軍記者. **2** 《戯》(ひいきするチームの遠征についてまわる)スポーツ=ファン. **≈glück** 中 武運. **≈gott** 男 軍神(特にローマ神話の Mars). **≈lärm** 男 戦いのどよめき. **≈ma̲·ler** 男 戦争画家. **≈ma̲·le·rei** 女 戦争〔絵〕画.

Schlạch·ter[ʃláxtər] 男 -s/- 《北部》(Fleischer)〔畜殺業兼〕食肉〔製造〕販売業者, 肉屋.

Schlä̦ch·ter[ʃlɛ́çtər] 男 -s/- =Schlachter

Schlach·te·re̲i[ʃlaxtəráɪ] 女 -/-en 《北部》(Fleischerei) **1** 〔畜殺兼〕食肉〔製造〕販売業. **2** 肉屋の店.

Schläch·te·re̲i[ʃlɛçtəráɪ] 女 -/-en **1** =Schlachterei **2** 〔大量〕殺戮(さつりく).

Schlạcht·feld[ʃláxt..] 中 戦場: das ~ behaupten 戦場〈陣地〉を固守する | das ~ räumen 戦場を明け渡す, 敗退する;《比》譲歩する | dem ~ gleichen さながら戦場である ‖ **auf dem ~** 〔**zurück**〕**bleiben** 《婉曲に》戦場の露と消える | zu einem ~ werden 戦火の巷(ちまた)と化する.

Schlạcht≈fest 中 **1** (農家で)豚をつぶして新鮮な肉のごちそうを振舞う日, 畜殺祝い. **2** 《話》(学生語)教員〈教官〉会議. **≈fleisch** 中 (畜殺したばかりで冷凍されていない)新鮮な肉. [<schlachten]

Schlạcht≈flie·ger 男 **1** 戦闘機のパイロット. **2** 《話》=Schlachtflugzeug **≈flot·te** 女 戦闘艦隊. **≈flug·zeug** 中 〘空〙戦闘機.

schlạcht·frisch 形 畜殺されたばかりの.

Schlạcht≈ge·mä̲l·de 中 戦争画. **≈ge·sang** 男 (合戦を前にしての)戦いの歌. **≈ge·schrei** 中 (合戦を前にしての)鬨(とき)の声, 喊声(かんせい), 雄たけび. **≈ge·tüm·mel** 中 戦闘によって生じた混乱; 混戦, 乱戦.

Schlạcht·ge·wicht 中 (↔Lebendgewicht) 屠畜(とちく)の(不要部分を除いた)正味重量. [<schlachten]

Schlạcht≈ge·wü̲hl 中 =Schlachtgetümmel **≈gott** =Schlachtengott

Schlạcht≈haus 中, **≈ho̲f** 男 畜殺場.

..schlächtig[..ʃlɛçtɪç]² **1** 《形容詞などにつけて「(人が)…のタイプの」を意味する形容詞をつくる: → Schlacht 3》: grob*schlächtig* 粗野な. **2** 《副詞などにつけて「(水車の水のうけ方が)…射水方式の, …掛けの」を意味する形容詞をつくる》: ober*schlächtig* 上位射水方式〈上掛け〉の. [<schlagen]

Schlạcht≈kreu·zer[ʃláxt..] 男 〘軍〙巡洋戦艦. **≈li̲·nie**[..li:niə] 女 戦線, 戦列.

Schlạcht≈mes·ser 中 畜殺用の包丁. **≈och·s**〔**e**〕男 畜殺用雄牛. **≈op·fer** 中 いけにえ〔の生きもの〕. [<schlachten]

Schlạcht≈ord·nung 女 戦列, 戦闘隊形: die Truppen in ~ aufstellen 部隊を戦闘隊形にする. **≈pferd** 中 軍馬. **≈pla̲n** 男 戦闘計画;《比》(目的達成のための)作戦計画: einen ~ entwerfen 戦闘計画を立てる;《比》作戦を練る.

schlạcht·reif 形 **1** (家畜が肥育され)畜殺に好適となった, 脂の乗った. **2** 《話》**a)** 免職予定の. **b)** 肥満した. [<schlachten]

Schlạcht≈rei·he 女 戦線, 戦列. **≈roß** 中 ..sses/..sse 〘史〙軍馬;《話》古だぬき, 古つわもの: Sie ist ein altes ~. 彼女は古ぎつねだ. **≈ru̲f** 男 **1** (合戦を前にしての)鬨(とき)の声, 喊声(かんせい), 雄たけび. **2** 《比》(Wahlspruch) 標語, スローガン. **≈schiff** 中 **1** 〘軍〙戦艦. **2** 《話》(豪華な)大型乗用車.

Schlạch·tschitz[ʃláxtʃɪts] 男 -en/-en 〘史〙(旧ポーランドの Schlachta に属する)下級貴族. [*poln.*; ◇Schlachta]

Schlạcht·schwe̲rt[ʃláxt..] 中 広刃の刀, 段平(だんびら).

Schlạcht≈steu·er 女 屠畜(とちく)税. **≈stück**¹ 中 =Schlachtvieh [<schlachten]

Schlạcht·stück² 中 戦争画.

Schlạcht·ta̲g 男 畜殺の行われる日.

Schlạch·tung[ʃláxtʊŋ] 女 -/-en《ふつう単数で》**1** 畜殺. **2** 虐殺.

Schlạcht·vieh 中 畜殺用の家畜, 屠畜(とちく).

schlack[ʃlak] 形 **1** 《南部》(schlaff) ゆるんだ, たるんだ. **2** 《北部》(breiig) かゆ状の, どろどろの. [*germ.*; ◇lax, schlingen¹; *engl.* slack]

Schlack[-] 男 -〔e〕s/ 《北部》**1** かゆ状の〈どろどろした〉もの. **2** (Schneeregen) 雨まじりの雪, みぞれ.

Schlạck·darm[ʃlák..] 男 《北部》(Mastdarm) 直腸.

Schlạcke¹[ʃlákə] 女 -/-n 《北部》**1** = Schlack **2** =Schlackdarm **3** =Schlackwurst

Schlạcke²[-] 女 -/-n **1** (石炭・コークスなどの)燃えがら, 燃えかす; スラグ,のろ,からみ,クリンカ,かなくそ,鉱滓(こうさい): ~〔*n*〕⁴ bilden 燃えがらができる | den Ofen von der ~ befreien 〈reinigen〉 ストーブから燃えかすを除き去る. **2** 〘地〙噴石, 溶岩. **3** 《比》**a)** (Überrest) 残りかす, 残り物, 残骸(ざんがい). **b)** 《雅》(Fehler) 欠陥, 弱点, 欠点. **4** 《複数で》(Ballaststoffe)〘栄養〙(食品中の)繊維質. [*mndd.* slagge; ◇schlagen; *engl.* slag]

schlạcken¹[ʃlákən] 自 (h) 燃えがら〈鉱滓〉ができる.

schlạcken²[-] 自 (h) 《北部》(非人称)《es schlackt》雨まじりの雪が降る, みぞれが降る. [*mndd.*; ◇schlack]

schlạcken·a̲r·tig 形 **1** からみ〈かなくそ〉状の, 燃えがら状の, 鉱滓(こうさい)状の. **2** 〘地〙岩滓質の. [<Schlacke²]

Schlạcken≈ba̲hn 女 〘スポーツ〙シンダートラック(細かい石炭がらで固めた競走路). **≈diä̲t** 女 -/ 〘医〙(繊維質に富む)残渣(ざんさ)食.

schlạcken·frei 形 **1** 燃えがら〈鉱滓(こうさい)〉の出ない. **2** (食物が)繊維質を含まない.

Schlạcken≈hal·de 女 燃えがら〈鉱滓(こうさい)〉の山. **≈kost** 女 -/ =Schlackendiät

schlạcken·reich 形 **1** 燃えがら〈鉱滓(こうさい)〉の多い. **2** (食物が)繊維質に富んだ.

Schlạcken≈stein 男 〘建〙スラグれんが. **≈wol·le** 女 スラグウール, 鉱滓(こうさい)綿(防音・遮熱材). **≈ze·ment** 男 スラグセメント. **≈zie·gel** 男 スラグれんが.

schlạcke·rig[ʃlákərɪç]² (**schlạck·rig**[..krɪç]²) 形 《話》ゆるんだ, だらりと垂れた.

schlạckern[ʃlákərn] 《05》自 (h) **1** 《北部・西部》だらりと垂れる; ぐらぐらする, ぐらつく: mit *schlackernden* Knien ひざをがくがくさせながら. **2** 《mit *et.*³》(…を)ぶらぶらさせる: mit den Armen ~ 腕をぶらぶらさせる | mit den Ohren ~ (→Ohr 1). **3** 《北部》=schlacken² [<schlacken²]

Schlạcker≈re̲·gen[ʃlákər..] 男 《北部》雪まじりの雨, みぞれ. **≈schnee** 男 《北部》雨まじりの雪, みぞれ. **≈wet·ter** 中 《北部》雨まじりの雪〈みぞれ〉の降る天気.

schlạckig¹[ʃlákɪç]² 形 燃えがら〈鉱滓(こうさい)〉の多い, 燃えがら〈燃えかす〉だらけの. [<Schlacke²]

schlạckig²[-] 形 《北部》(天候が)みぞれ模様の; (地面が)雨まじりの雪でどろどろした.

schlạck·rig =schlackerig

Schlacks[ʃlaks] (**Schläcks**[ʃlɛks]) 男 -es/-e =Schlaks

schlạck·sig[ʃláksɪç]² =schlaksig

Schlạck≈wet·ter[ʃlák..] 《方》= Schlackerwetter **≈wurst** 女 (牛・豚の肉, それに脂身を加えた)直腸詰めソーセージの一種(→Schlackdarm).

Schla̲f[ʃla:f] **I** 男 -〔e〕s/ (小 **Schlä̲f·chen** → 別出, **Schlä̲f·lein**[ʃlɛ́:flaɪn] 中 -s/-) **1** (英: *sleep*)眠り, 睡眠: ein fester 〈leichter / leiser〉 ~ 熟睡〈浅い眠り〉| ein gesunder 〈ruhiger〉 ~ 健やかな〈安らかな〉眠り | der ewige 〈letzte〉 ~《雅》永遠の眠り | Mittag〔s〕*schlaf* 昼寝 | Winter*schlaf* 冬眠 ‖〘1格で〙Der ~ flieht ihn.《雅》彼は眠れない | Der ~ kam über ihn. / Der ~ überkam 〈überfiel〉 ihn. 彼は睡魔におそわれた, 彼は眠くなった | Die ganze Nacht ist kein ~ in meine Augen gekommen. 私は一晩じゅう一睡もしなかった | Der ~ hat ihn seinen Ärger vergessen lassen. 眠ったら彼は腹立たしいことも忘れてしまった | Eine Stunde ~ vor Mitternacht ist so gut als zwei danach.《諺》真夜中前1時間の眠りは真夜中過ぎの2時間に等しい ‖〘4格で〙nur sechs Stunden ~

brauchen (日に) 6 時間の睡眠で足りる | keinen ~ finden 一睡もできない | einen guten 〈bleiernen〉 ~ haben よく〈前後不覚に〉眠る | 〔einen〕 ~ haben《南部・オーストリア》眠い | den versäumten ~ nachholen とりそこなった睡眠をとり戻す | *jm.* den ~ nehmen …の睡眠を奪う | ein Auge voll ~ nehmen《話》ちょっぴり眠る | ***jm.* den ~ rauben** …は心配のあまり夜もろくろく眠れない | ***sich*³ den ~ aus den Augen reiben**《比》目をこすって眠気をはらう | **den ewigen ~ schlafen**《雅》永眠する | **den ~ des Gerechten schlafen**《話》心安らかに眠る, 熟睡する | einen ~ tun ひと寝入りする | den ~ vertreiben 〈herbeisehnen〉 睡魔を追い払う〈眠りを待ち望む〉‖〖2 格で〗*sich*⁴ des ~s nicht mehr erwehren können《雅》睡魔に抗しきれない ‖〖前置詞と〗**auf** den ~ warten 眠くなるのを待つ | **aus** dem ~ erwachen 〈emporfahren〉 眠りからさめる〈はっと驚いてとび起きる〉| *jn.* aus dem ~ wecken …を目覚めさせる | **gegen** den ~ ankämpfen 〈angehen〉 睡魔と戦う | **in** tiefem ~ liegen 熟睡している | im ersten ~ liegen 寝入りばなである | noch halb im ~ sein まだ寝ぼけている | im ~ sprechen 寝言をいう | im ~ überrascht werden 睡眠中に不意を襲われる | ***et.*⁴ im ~ können** …は眠っていてもできるほどたやすい | Das kann man im ~.《話》それなら眠っていても〈楽々と〉できる, それは全部そらんじている, そんなことはお茶の子さいさい〈朝飯前〉だ | **nicht im ~〔*e*〕**《話》夢にも…ない | Das fällt mir nicht im ~〔*e*〕 ein.《話》そんなことをしようなどとは私は夢にも思わない | Nicht im ~〔*e*〕 werde ich kommen. 金輪際来たりするものか | Den Seinen gibt's der Herr im ~.《諺》果報は寝て待て〔とはこのことだ〕(神はそのしもべたちに寝ている間に与えたもう; 聖書: 詩127, 2 から) | in ~⁴ fallen 〈〔ver〕sinken〉 眠りに陥る | ein Kind in den ~ singen 〈wiegen〉 子守歌を歌って〈揺すって〉子供を寝かしつける | *jn.* in einen hypnotischen ~ versetzen …に催眠術をかける | **ohne ~** 一睡もしないで | durch *et.*⁴ **um** ***seinen*** ~ kommen …のために眠気がふっとんでしまう | Seine Worte haben mich um den ~ gebracht. 彼の言葉を聞いて私は眠気も何も吹っとんでしまった | **vom** ~*e* übermannt 眠気に負けて | ***sich*⁴ zum ~** zurückziehen 寝るために失礼する〈引きさがる〉.

2《戯》目やに: Du hast noch ~ in den Augen. 君 目にまだ目やにがついてるよ.

ᵛ**II** 男 -〔e〕s/Schläfe[ʃlɛ́:fə] =Schläfe¹

[*germ.*; ◇schlafen; *engl.* sleep]

Schlaf·ab·teil[ʃlá:f..] 中《鉄道》寝台車室.

schlaf·ähn·lich 形 睡眠〔状態〕に似た.

Schlaf≠an·fall 男《医》睡眠発作. **≠an·zug** 男 寝巻き, パジャマ. **≠au·ge** 中 -s/-n《ふつう複数で》**1** (人形の)横たえると自動的に閉じる目. **2**《話》(スポーツカーなどの)使用時以外は車体に収納可能なヘッドライト. ᵛ**≠bur·sche** 男 =Schlafgänger

Schläf·chen[ʃlɛ́:fçən] 中 -s/- (Schlaf I の縮小形. 例えば:) ひと眠り, 仮眠, 仮睡, まどろみ, うたたね: nach Tisch ein ~ halten 〈machen〉 食後にちょっとひと眠りする.

Schlaf≠couch[ʃlá:fkaʊtʃ] 女 ソファーベッド. **≠decke** 女 掛けぶとん, 毛布.

Schlä·fe¹[ʃlɛ́:fə] 女 -/-n《解》側頭〔部〕, こめかみ: ein Herr mit grauen ~*n* びんの白くなった紳士 | *jm.* eine Pistole an die ~ drücken ピストルを…のこめかみに押しつける | *sich*³ eine Kugel durch 〈in〉 die ~ schießen 〈話: jagen〉 たまを自分のこめかみにぶちこむ | Das Blut pochte 〈hämmerte〉 in seinen ~*n*. 彼はこめかみのところがずきずきした. [*ahd.* slāf; ◇Schlaf]

Schlä·fe² Schlaf II の複数.

schla·fen*[ʃlá:fən]《137》**schlief**[ʃli:f] / **ge·schla·fen**; 現 *du* schläfst[ʃlɛ:fst], *er* schläft; 接II schliefe

I 自 (h) **1 a)** ① (英: *sleep*) (↔wachen) 眠っている, 寝ている; 眠る, 寝る; (自然などが)活動を停止している〈停止する〉;《園》休眠する: gut 〈schlecht〉 ~ よく眠る〈眠れない〉| *Schlafen* Sie gut 〈wohl〉! / 〔Ich〕 wünsche 〔Ihnen〕 wohl zu ~! おやすみなさい | *Schlaf* 〔recht〕 wohl! i) おやすみなさい; ii) (死者に向かって)安らかに眠れ | 〔Haben Sie〕 gut *geschlafen*? (朝のあいさつ代わりに)よくお休みになりましたか | leise ~ 眠りが浅い | tief ~ ぐっすり眠る | **wie ein Bär 〈ein Dachs / ein Mehlsack / ein Murmeltier / eine Ratte / ein Ratz / ein Sack / ein Stein〉 ~**《話》正体なく眠りこける, 死んだように眠る | im Stehen ~ 立ったまま眠る | bis in den 〔hellen〕 Tag hinein ~ 日が高くなるまで寝ている | mit den Hühnern ~《戯》早寝する | Die Stadt 〈Der See〉 *schläft.* 町は眠って〈湖は静まりかえって〉いる | Seine Konkurrenten haben auch nicht *geschlafen.*《比》彼の競争相手たちも眠っていたわけではない(一生懸命うでを磨いていた) | **Darüber** will ich noch ~. その点についてはもう一晩〔寝て〕〈もう一度よく〉考えてみたい | Wie man sich bettet, so *schläft* man.《諺》因果応報, 身から出たさび ‖〖不定詞で他の動詞と〗~ gehen i) 寝に行く, 床につく, 寝る, 就寝する; ii)《話》気を失う, (ノックアウトされて)のびる | Laß doch die Sache ~!《比》その事はそのままそっとしておけよ, 寝た子を起こすようなまねをするなよ | Das hat ihn nicht ~ lassen.《比》そのために彼は夜も〔おちおち〕眠れなかった | ***jn.* ~ legen** i) …を寝かせる; ii)《話》…を殴って気を失わせる | *sich*⁴ ~ legen 眠るために横になる, 床につく, 就寝する | ***jn.* ~ schicken** …を寝に行かせる; (ボクシングで)…をノックアウトする ‖〖同族目的語としての 4 格と〗den Schlaf des Gerechten ~ (→Schlaf I 1) | den ewigen Schlaf ~ (→Schlaf I 1) ‖〖結果を示す語句と〗再帰 *sich*⁴ gesund ~ 十分に睡眠をとって健康になる ‖ 再帰・非人称 In diesem Bett *schläft* es sich gut 〈schlecht〉. このベッドは寝心地がよい〈悪い〉‖〖受動態で〗Jetzt wird 〔aber〕 *geschlafen*! さあもうねんね〈寝るん〉だよ.

②《場所・様態を示す語句と》(…で)夜を明かす, 泊まる, 寝る: an einem Ort ~ ある所に泊まる | auf der Couch 〈dem Fußboden〉 ~ ソファーベッドで〈床(ゆか)に〉寝る | bei Bekannten ~ 知り合いのところに泊まる | bei offenem Fenster ~ 窓をあけたままで寝る | im Hotel ~ ホテルに泊まる | im Freien ~ 戸外で寝る | mit dem Federbett ~ 羽ぶとんにくるまって寝る | unter freiem Himmel ~ 野外〈星空の下〉で寝る ‖ allein 〈zu zweit〉 ~ ひとり〈二人〉で寝る | auswärts ~ 外泊する | kalt ~ 暖房をいれないで寝る.

b)《比》ぼんやりしている, 注意していない: Er hat in den Mathematikstunden immer *geschlafen.* i) 数学の時間に彼はいつもぼんやりして聞いていなかった; ii) 数学の時間に彼はいつも眠っていた | *Schlaf* nicht! i) ぼやぼやするな, よく注意するんだ; ii) 眠るんじゃない | mit offenen Augen ~《比》ぼんやり〈不注意〉である.

2《婉曲に》《mit *jm.*》(…と)寝る, 同衾(どうきん)する: Sie hat mit ihm *geschlafen.* 彼女は彼と寝た | Die beiden haben miteinander *geschlafen.* あの二人はいっしょに寝た仲だ, あの二人はもう他人ではない.

II schla·fend 現分 形 眠っている; 活動を停止している;《園》休眠中の: ~*e* Augen 休眠中の芽 | ein friedlich ~*es* Kind 安らかに〈すやすや〉眠っている子供 | ~*e* Begierde wecken 眠っている欲望をかきたてる | ~*e* Hunde wecken (→Hund 1 a) ‖ *sich*⁴ ~ stellen 眠ったふりをする.

[*germ.* „schlaff werden"; ◇labil, Lippe¹, schlaff]

Schlä·fen≠ader[ʃlɛ́:fən..] 女 側頭部の血管, こめかみに浮いて見える青筋. **≠bein** 中《解》側頭骨(→ 図 Schädel). **≠ge·gend** 女 側頭部. [<Schläfe¹]

Schla·fen·ge·hen[ʃlá:fən..] 中 -s/ 就寝, 就床: vor dem ~ 寝床につく前に.

Schlä·fen·lap·pen[ʃlɛ́:fən..] 男《解》(脳の)側頭葉.

Schla·fens·zeit[ʃlá:fəns..] 女《ふつう単数で》寝る時間, 就寝時: Es 〈Jetzt〉 ist ~! 〔もう〕寝る時間だ.

Schlä·fer[ʃlɛ́:fər] 男 -s/- **1** (女 **Schlä·fe·rin**[..fərɪn] -/-nen) 眠っている人. **2** =Schlafmaus

..schläferig[..ʃlɛ:fərɪç]² (**..schläfrig**[..frɪç]²)《数詞につけて「…人が寝られる」を意味する形容詞をつくる》: zwei*schläferig* / zwei*schläfrig* (ベッドなどが)二人が寝られる.

Schlä·fe·rin Schläfer 1 の女性形.

Schla·ferl[ʃlá:fərl] 中 -s/-〔n〕《南部・オーストリア》(Schläfchen) ひと眠り, 仮眠, 仮睡, まどろみ, うたた寝.

S

schlä·fern[ʃlɛ́ːfərn]《05》他 (h) 非人称《es schläfert *jn.* / *jn.* schläfert〔es〕》(…が)眠い, 眠くなる: Mich *schläfert.* 私は眠い | Nach Bier *schläfert*'s einen. ビールを飲むと眠くなる.

schlaf·er·zeu·gend[ʃláːf..] 形〘薬〙催眠の.

schlaff[ʃlaf] 形 **1** (↔straff) ゆるんだ, たるんだ, 張りのない; だらりと垂れた; しなびた; 疲れ果てた, だらけた: ～*e* Brüste しなびた乳房 | eine ～*e* Disziplin だらけた規律 | eine ～*e* Haut たるんだ〈しなびた〉皮膚 | eine ～*e* Party 活気のない〈だらけた〉パーティー | mit ～*en* Knien (疲れて)ひざをがくがくさせて ‖ die Arme ～ herabhängen lassen 腕をだらりと垂らす | Das Seil ist zu ～. 綱が垂れすぎている | Er lag ～ im Sessel. 彼はぐったりと〈疲れ果てて〉安楽いすに横になっていた. **2**《話》無気力な, 意欲〈活動力〉のない, 退嬰(たいえい)的な: ein ～*er* Typ すべてに消極的なタイプの人. **3**《話》退屈な, つまらない: eine ～*e* Musik 退屈な音楽. **4**〘医〙弛緩(しかん)性の. [*ahd.*; ◇schlafen, schlapp[1]]

Schlaff·heit[ʃláfhaɪt] 女 -/ schlaff なこと.

Schlaf·fi[ʃláfiˑ] 男 -s/-s《話》無気力な〈消極的な〉人; 退屈な〈おもしろくない〉やつ. 「宿泊人.」

ᵛ**Schlaf·gän·ger**[ʃláːf..] 男 (ベッドだけを賃借りしている)

Schlaf≈gast 男 -〔e〕s/..gäste 泊まり客. **≈ge·fähr·te** 男 =Schlafgenosse **≈geld** 中 宿泊料. **≈ge·le·gen·heit** 女 宿泊の設備: Dort gibt es keine ～. そこには宿泊設備がない. ᵛ**≈ge·mach** 中 =Schlafzimmer **≈ge·nos·se** 男 同室者, 相部屋の人. **≈ge·rät** 中《話》テレビ〔受像機〕. **≈ge·wand** 中 ナイトガウン〈ドレス〉. **≈hau·be** 女《話》ねぼ助; のろま, ぐず.

Schla·fitt·chen[ʃlafɪ́tçən] 中 -s/-, **Schla·fit·tich**[..tɪç] 男 -s/-e (Rockschoß) 上着のすそ:〘ふつう次の成句で〙*jn.* **am 〈beim〉 ～ nehmen 〈fassen / halten / kriegen / packen〉**《話》(返答を迫ったり罰したりするために)〔逃げようとする〕…をつかまえる. [＜Schlag-fittich „Schwungfedern"]

Schlaf≈ka·bi·ne[ʃláːf..] 女 (長距離トレーラートラックなどの)仮眠コーナー. **≈ka·me·rad** 男 =Schlafgenosse **≈kam·mer** 女 (小さな)寝室. **≈ko·je** 女 (飛行機・船・列車などの)寝台, 寝だな.

S

schlaf·krank 形〘医〙睡眠病の.

Schlaf≈krank·heit 女 -/〘医〙睡眠病. **≈kur** 女〘医〙睡眠療法. **≈läu·se** 複《戯》《もっぱら次の成句で》〔die〕**～ haben** 眠くてからだがむずがゆい感じがする.

Schläf·lein Schlaf I の縮小形(→Schläfchen).

Schlaf≈lern·me·tho·de 女 (Hypnopädie)〘教〙睡眠学習法. **≈lied** 中 子守歌.

schlaf·los[ʃláːfloːs][1] 形 眠れない, 不眠の: *jm.* eine ～*e* Nacht bereiten (→Nacht I) | eine ～*e* Nacht verbringen 眠れぬ一夜を過ごす ‖ ～ liegen まんじりともしないで横になっている.

Schlaf·lo·sig·keit[..loːzɪçkaɪt] 女 -/ 不眠; 不眠症: an ～ leiden 不眠症にかかっている | ein Mittel gegen ～ nehmen 睡眠薬を飲む.

Schlaf≈man·gel 男 睡眠不足. **≈maus** 女〘動〙ヤマネ(山鼠)〔科〕. **≈mit·tel** 中 **1** 睡眠薬, 眠り薬: ein ～ nehmen 睡眠薬を飲む. **2**《話》退屈な人: Er ist für mich das reinste ～. 彼は私には全く退屈だ. **3**《話》(殴って昏睡(こんすい)させることができる)こん棒; (ボクサーの)鉄拳(てっけん).

Schlaf·mit·tel·sucht 女 -/〘医〙睡眠薬嗜癖(しへき).

Schlaf≈mohn 男〘植〙ケシ(罌粟)(液汁がアヘンやモルヒネの原料となる). **≈müt·ze** 女 ᵛ**1** (Nachtmütze) ナイトキャップ. **2**《話》ねぼ助; のろま, ぐず: Du ～! このぐずのろまめ. **3**《話》寝酒; (帰宅前の)最後の一杯.

schlaf·müt·zig[..mʏtsɪç][2] 形《話》ねぼ助の; ぐずの, のろまの: eine ～*e* Bedienung ぐずぐずしてのろい給仕.

Schlaf≈pil·le 女 **1** 睡眠薬(丸薬). **2**《話》眠り薬(退屈な映画など眠くなるもの). **≈pul·ver** 中 睡眠薬(散薬). **≈rat·te** 女 (南部: **≈ratz**[..rats] 男 -es/-e)《戯》よく眠る人, 寝坊な人. **≈raum** 男 寝室.

schläf·rig[ʃlɛ́ːfrɪç][2] 形 **1** 眠い; 眠そうな; ねぼけた: ～*e* Augen haben 眠そうな目をしている ‖ ～ sein 眠い, ねぼけている | ～ werden 眠くなる | *jn.* ～ machen …を眠くする, …の眠気をさそう. **2** (einschläfernd) 眠気をさそう; 眠たげな, ものうげな, けだるい; 退屈な, 単調な: eine ～*e* Stimme 眠りをさそう声 | ein ～*er* Tag 眠くなるような〈単調な〉一日 | die ～*e* Sonne ぼんやりとした光を放つ太陽 | mit ～*en* Bewegungen ものうげに, のそのそと. [*ahd.*; ◇schläfern]

..schläfrig →..schläferig

Schläf·rig·keit[ʃlɛ́ːfrɪçkaɪt] 女 -/ schläfrig なこと.

Schlaf≈rock[ʃláːf..] 男 **1**〔ナイト〕ガウン, バスローブ. **2**〘料理〙パイ状の皮: Bratwürste im ～ パイ状の皮でくるんだソーセージ. **≈saal** 男 (ユースホステル・寄宿舎などの)共同寝室. **≈sack** 男 シュラーフザック, 寝袋: in den ～ kriechen 寝袋の中にもぐりこむ. **≈so·fa** 中 ソファーベッド. **≈spre·chen** 中 -s/ 寝言.

schläfst[ʃlɛːfst] schlafen の現在 2 人称単数.

Schlaf≈stadt[ʃláːf..] 女 ベッドタウン. **≈stät·te** 女 寝る場所(寝床・寝台・寝いす・ソファーベッドなど). **≈stel·le** 女 **1** (部屋を借りるのではなく寝るだけの)賃借ベッド. **2** 寝床, 寝台; (広義で)寝場所. **≈stö·rung** 女 **1** 睡眠妨害. **2**〘医〙睡眠障害. **≈stu·be** 女 寝室. **≈sucht** 女 -/ ひどい眠気;〘医〙嗜眠(しみん).

schlaf·süch·tig 形 ひどく眠たがる;〘医〙嗜眠(しみん)の.

schläft[ʃlɛːft] schlafen の現在 3 人称単数.

Schlaf≈ta·blet·te[ʃláːf..] 女 睡眠剤(錠剤). **≈the·ra·pie** 女〘医〙睡眠療法. **≈tie·fe** 女 -/〘医〙睡眠深度. **≈trunk** 男 **1** 睡眠薬(水薬). **2**《戯》寝酒.

schlaf·trun·ken 形 眠くてたまらない; ねぼけた: eine ～*e* Stimme ねぼけ声 ‖ ～ die Augen öffnen ねぼけまなこをあける | *jn.* ～ ansehen …をねぼけまなこで見つめる.

Schlaf≈trun·ken·heit 女 ねぼけ〔状態〕. **≈wa·gen** 男〘鉄道〙寝台車.

Schlaf·wa·gen≈kar·te 女〘鉄道〙寝台〔指定〕券. **≈platz** 男〘鉄道〙(指定の)寝台: *sich*[3] einen ～ reservieren lassen 寝台を予約する.

schlaf·wan·deln《06》《過分 geschlafwandelt》**I** 自 (s, h) 夢遊する, 夢中歩行する. **II Schlaf·wan·deln** 中 -s/〘医〙夢遊〔症〕.

Schlaf·wand·ler 男 (Mondsüchtiger) 夢遊病者: mit der Sicherheit eines ～*s* 夢遊病者のように確実に〈あやまたずに〉.

schlaf·wand·le·risch 形 夢遊病者の〔ような〕: **mit ～er Sicherheit** 夢遊病者のような確実さで.

Schlaf≈zen·trum 中〘医〙睡眠中枢. **≈zim·mer** 中 **1** 寝室: getrennte ～ 〈ein gemeinsames ～〉 haben 寝室を別に〈共に〉している. **2** 寝室の家具調度〔一式〕: *sich*[3] ein neues ～ kaufen 新しい寝室家具を買いこむ.

Schlaf·zim·mer≈au·gen 複, **≈blick** 男《話》(女の)とろんとした官能的なまなざし〈目つき〉.

Schlaf·zu·stand 男 睡眠状態.

Schlag[ʃlaːk][1] **I** 男 -es (-s)/Schläge[ʃlɛ́ːgə] **1 a)** 一打ち, 一撃; 打撃, 打撲; 打つ〈たたく〉こと: der ～ der Wellen ans Ufer 波が岸に打ち寄せること | *Schläge* an 〈gegen〉 die Tür 戸を(何度も)たたくこと | ein ～ auf den Kopf 頭上への一撃 | **ein ～ ins Gesicht** i) 顔面への一撃; ii)《比》面目をつぶすような打撃 | Diese Bemerkung war ein ～ ins Gesicht. その一言で面目はまるつぶれだ | **ein ～ ins Kontor**《話》寝耳に水, 青天の霹靂(へきれき)(とくに思いもよらぬ不愉快な出来事にあったときなど) | **ein ～ ins Wasser**《比》無益な〈むだな〉こと | ein ～ mit der Faust 〈einem Hammer〉 こぶし〈ハンマー〉による一撃 | **ein ～ unter die Gürtellinie** (ボクシングの)ローブロー;《話》汚い〈卑劣な〉やり口; 水準以下の〈おそまつな〉仕事 | Ihm gelingt ein großer ～.《比》彼は大成功を収める ‖〘4 格で〙einen ～ abwehren 〈parieren〉 打ってかかって来るのを防ぐ | einen ～ erhalten 一発殴られる, 一撃受ける | **einen vernichtenden ～ gegen *jn.* führen**《比》…に壊滅的打撃を与える | **～ haben**《比》ついている, 有望である | **einen ～ 〔mit der Wichsbürste〕〔weg〕haben**《話》少し頭がおかしい | einen ～ machen《比》(遊興費などに)一発散財する | einen großen ～ machen 大成功を収める; でかいことをやる | **keinen**

～ tun《話》(腹立ちまぎれに・ふてくされて)なんにもしない〈働かない〉| ***jm.* einen ～ versetzen** i)…に一撃を加える, …を一発殴る; ii)《比》…に打撃〈ショック〉を与える ‖〔前置詞と〕**～ auf ～**《比》続けざまに, たて続けに, 矢つぎばやに(→4 a)| Die Fragen kamen ～ auf ～. 矢つぎばやに質問が飛んだ | **auf einen ～**《話》一度に, 同時に; 突然, いきなり | zwei Fliegen auf einen ～《比》一石二鳥 | **mit einem ～** i)一撃で; ii)《比》一挙に; 突然 | Mit einem ～ war er berühmt geworden. 一夜にして彼は有名になっていた | **zu einem ～ ausholen** i)一撃を加えるために身構える; ii)《比》攻撃の準備をする〈開始する〉| **zum entscheidenden ～ ausholen** 決定的打撃を与える行動にとりかかる. **b)**《複数で》殴打, 打擲(ちょうちゃく): *Schläge* austeilen 殴る, 殴りかかる | *Schläge* bekommen〈話: kriegen〉殴られる | *jm. Schläge* verabreichen〈verpassen〉…を殴る | Gleich setzt es *Schläge*〔ab〕.《話》いまにぶん殴られるぞ.

2 a)〔ボクシング〕パンチ, ブロー: ein verbotener ～ 反則打 | keinen ～ haben パンチがない. **b)**〔球技〕ストローク, ショット: ein ～ im Sprung ジャンピングショット. **c)**〔泳・ボート〕ストローク. **d)**〔ヨット〕(間切るとき)同一の開きで帆走する区間.

3《比》(運命などの)打撃; 衝撃〔的事件〕, ショック: Er hat sich[4] noch nicht von dem ～ erholt. 彼はそのショックからまだ回復していない.

4 a) 落雷; 雷鳴: ein kalter〈zündender〉～ 火災にならない〈火災を起こす〉落雷 | Es kam ～ auf ～. 次々と落雷した(→1 a). **b)** 電撃: ein elektrischer ～ 電撃, 感電 | einen ～ an der Steckdose bekommen〈erhalten〉コンセントで感電する. **c)**(エンジンなどの)ノッキング.

5《話》(Schlaganfall) 卒中発作: einen ～ haben 卒中の発作に見舞われる | einen ～ weghaben i)卒中で倒れる; ii)(頭をやられて)ぼけてしまう; iii)酔っぱらっている ‖ ***jn.* rührt〈trifft〉der ～** i)…を卒中の発作が襲う, …は卒中で倒れる; ii)《比》…は卒倒せんばかりに驚く, …はびっくりして腰を抜かす | Ich dachte, mich trifft〈rührt〉der ～. 私はびっくりして卒倒するかと思った | Mich trifft der ～! こいつはたまげた, 驚いてものも言えないよ | **wie vom ～ gerührt〈getroffen〉**《話》(驚きのあまり)茫然(ぼうぜん)として, びっくり仰天して.

6 a) ①(規則的に)打つこと,(打つような)規則的な動き; 拍子; 鼓動, 拍動; 振動;(ピストンなどの)行程: der ～ des Herzens〈des Pendels〉心臓の鼓動〈振り子の振動〉| zwei Herzen und ein ～《比》一心同体. ②(円運動などからはずれた)がたつき, ぐらつき, ひっかかり: Das linke Vorrad meines Wagens hat einen ～. 私の車の左の前輪はがたがたしている. **b)** ①(規則的に)打つ音, 響き;(ナイチンゲール・ウズラ・アトリなどの連打するような)鳴き声, さえずり: der ～ der Äxte〈der Wachtel〉斧(おの)を打ちおろす音〈ウズラの声〉. ② 時を打つ〈刻む〉音: der ～ der Taschenuhr 懐中時計のカチカチ時を刻む音 |〔um〕～ sechs Uhr /《オーストリア・スイス》*schlag* sechs Uhr 正6時に, 6時きっかりに | Drei dumpfe *Schläge* ertönten. 時を打つ鈍い音が三つ聞こえた. ③〔楽〕拍(はく).

7(同じ刻印の鋳造貨幣ということから一般に) **a)**《ふつう単数で》(人間などの)型, タイプ, たち; 種類: ein gewöhnlicher〈besonderer〉～ von Menschen 普通〈特別〉の人間 | ein ernster〈heiterer〉～ まじめ〈陽気〉なタイプ ‖ Er und sein Freund sind ein ～. 彼と彼の友人は同じタイプだ | Das ist ein ～ für sich〈ein ganz anderer ～〉. これはまた全く別種のものだ | Sie war ein Mensch seines〈dieses〉～*es*. 彼女は彼〈これ〉と同じタイプの人間だった ‖ vom gleichen〈anderen〉～*e* sein 同じ〈違った〉タイプの人間である | Höflichkeit alten ～*s* 古風な作法 | ein Beamter alten ～*s* 古い型の役人. **b)**(動植物の)品種: ein schwarzweißer ～ von Kühen 白黒まだらの品種の牛.

8《単数で》《話》(給食などの際に玉じゃくしなどでよそわれる)一人前〈一人分〉〔の飲食物〕: ein ～ Suppe〈Reis〉スープ〈ご飯〉一人分 | noch einen ～ verlangen もう一杯〈一人前〉要求する ‖ **bei *jm.*〔einen〕～ haben**《話》…に受けがいい.

9 a)〔林〕(森林などの)伐採; 伐採区域. **b)**〔農〕(輪作などにおける同一作物の)作付け区域: ein ～ Weizen / ein Weizen*schlag* 小麦の作付け区域.

10(ばたんと閉じられるもの) ▽**a)**(馬車・車などの)扉, ドア. **b)**(落とし戸のついたハトなどの)小屋, おり, かご.

11《単数で》《オーストリア》(Schlagsahne) 泡立てた生クリーム.

12〔海〕(ロープ・索などの)より, 結び.

13(やすり・臼(うす)などの)みぞ, すじ.

II schlag 副《オーストリア・スイス》→I 6 b ②

[*germ.*; ◇schlagen]

Schlag≠ab·tausch[ʃlá:k..] 男〔ボクシング〕パンチの応酬;《比》激しい議論のやりとり. **≠ader** 女 (Arterie)〔解〕動脈.

Schlag·ader≠ge·schwulst 女〔医〕動脈瘤(りゅう). **≠rup·tur** 女〔医〕動脈破裂. **≠ver·kal·kung** 女〔医〕動脈石灰化.

Schlag·an·fall 男〔医〕卒中発作: einen ～ bekommen〈haben〉卒中の発作を起こす.

schlag·ar·tig 形 **1** 突然の, 急激な, あっという間の; 電撃性の: Der Lärm hörte ～ auf. 騒ぎは突然やんだ. **2**〔医〕卒中様の: eine ～*e* Lähmung 卒中様の麻痺(まひ).

Schlag·ball 男〔スポーツ〕**1**(ラウンダーズ用・投擲(とうてき)競技用の)皮製ボール. **2**《単数で》ラウンダーズ(皮製のボールをバットのような棒で打つ競技. 各12人の選手からなる2チームの間で争われ, 多少野球に似ている).

Schlag·ball·spiel 中 -〔e〕s/〔スポーツ〕ラウンダーズ.

schlag·bar[ʃlá:kba:r] 形 **1** 打撃を加え得る, 打倒可能な. **2**〔林〕伐採に適する〔ほど成長した〕.

Schlag·baum 男 **1**(国境・踏切などの)遮断棒, 遮断機(→図 Stadttor): den ～ herunterlassen 遮断機を下ろす. **2**〔狩〕(テン捕獲用の)丸太で作ったわな. **≠be·sen** 男 **1**〔料理〕泡立て器. **2**〔楽〕(ドラム用の)ワイヤブラシ. **≠boh·rer** 男, **≠bohr·ma·schi·ne** 女 衝撃式ボーリング機. **≠bol·zen** 男(銃の)撃鉄, 撃針.

Schlag·bol·zen·fe·der 女(鉄砲などの)撃鉄〈撃針〉のばね.

Schlä·ge Schlag の複数.

Schlag·ei·sen[ʃlá:k..] = Tellereisen

Schlä·gel[ʃlɛ́:gəl] 男 -s/- **1**〔坑〕槌(つち), ハンマー: ～ und Eisen 槌とたがね(鉱員のシンボル=マーク). **2**(打楽器の)ばち. [< Schlegel[2]]

Schlä·gel·chen[-çən] 中 -s/-《話》(軽い)卒中発作.

schla·gen*[ʃlá:gən][1]《138》**schlug**[ʃlu:k][1]/**ge·schla·gen**; 現 *du* schlägst[ʃlɛ:kst], *er* schlägt; 接II schlüge[ʃlý:gə]

I 他(h)
1 a)《*jn.*〈*et.*[4]〉〔mit *et.*[3]〕》(…を〔…で〕被害を与えるために)打つ, たたく; 殴る, ぶつ;(…に)打ってかかる, 切りつける;《俗》(…を)殴り殺す;〔狩〕(野獣が獲物を)襲う,〔打ち・たたき〕殺す
b) 再帰 *sich*[4] mit *jm.* ～ …を相手に争う〈闘う〉
2《方向を示す語句と》
a) ①打ちあてる, 打ちつける, 打ち込む; たたき出す; たたき〈払い〉落とす
②(〔たたくような動作で〕…を…に)重ねる, かぶせる; くるむ, 入れる
b) ①(…を…の方へ)向ける, 転じる
② 再帰 *sich*[4] ～《方向を示す語句と》(…の方へ)向かう, 身を転じる; 赴く
c)《比》①《*et.*[4] zu *et.*[3]》(財産などを…に)帰属させる
②《*et.*[4] auf *et.*[4]》(費用・税などを…に)負担させる
d)《比》《*et.*[4] aus *et.*[3]》(利益などを…から)引き出す
3《打つ道具を4格目的語として方向を示す語句と》(…を…へ)打ちつける;(…で…を)打つ, たたく, 殴る
4《*et.*[4]》(ある所産をもたらすために…を)打つ, たたく
a)(生クリームなどを)泡立てる, 攪拌(かくはん)する
b)(木を)切り倒す, 伐採する
c)(打楽器を)打ち鳴らす, ▽(弦楽器を)弾く
5《作り出される物を4格目的語として》
a) 打って〈たたいて〉(…を)つくる
b)(テントなどを)張る, 構える, 建設する
c)(〔打って・たたいて〕音響などを)発する
d)(手や体などの動作で一定の形を)つくる, 描く, 切る

S

6 **a**) (besiegen) 《*jn.*》 (…を)打ち負かす〈破る〉
b) 〘チェス〙《*et.*^{4}》(敵の駒(こま)を)〔負かして〕とる
7《雅》《*jn.* 〔mit *et.*^{3}〕》(過酷な運命などが…を)襲う, 見舞う; (神罰が…に)下る

II 自

1(h)**a**) ① 《mit *et.*^{3}》(手足などを)激しく動かす, ばたばたさせる
② (馬などが)ける
b) 《〔mit *et.*^{3}〕+方向を示す語句と》
① (〔…で〕…を)打つ, たたく, 殴る, ひっぱたく, ぶつ
② 《auf *et.*^{4}》(楽器などを)打ち鳴らす
c) 《*jm.*》《身体の部分に向けての方向を示す語句と》(…の…を)打つ, たたく, 殴る, ひっぱたく, ぶつ

2《本来は打つ道具を主語として》
a) (h) (窓などが)バタンバタンと鳴る
b) (s, h) 《方向を示す語句と》(…の方へ, …から)速く動いて行く〈来る〉; (…に)落ちる, 打ちあたる; (…から)噴出する
c) 《*jm.*》《身体の部分に向けての方向を示す語句と》
① (s, h) (…の…に)ぶつかる, 打ちあたる; (赤みなどが)さっと現れ出る
② (s) 《*jm.* auf *et.*^{4}》(病気などが…の器官などに)打撃を与える, 来る
d) (s) 《比》① 《nach *jm.*》(…に)似る
② 《aus *et.*^{3}》(系統などから)はずれる, はみ出る
e) (h) 《比》《in *et.*^{4}》(事柄が…の領分などに)属する

3(h)**a**) (脈などが)規則〈律動〉的に打つ
b) ①動きにひっかかりがある, がたつく
② (銃などが)はね返る, 反動する

4(h) 音を発する
a) (鳥が)さえずる, 鳴く
b) ① (時計・鐘が)鳴る, (時計が)時鐘を打つ
② (時刻が)打たれる, 到来する

5(h) 《同族目的語的な4格と》(戦いなどを)戦う

III schlagend 現分 形
IV geschlagen→ 別出

I 他 (h) **1 a**) 《*jn.* 〈*et.*^{4}〉〔mit *et.*^{3}〕》(…を〔…で〕被害を与えるために)打つ, たたく; 殴る, ぶつ, ひっぱたく; (…に)打ってかかる, 切りつける; 《俗》(…を)殴り殺す; ᵛ殺す; 〘狩〙(野獣が獲物を)襲う, 〔打ち・たたき〕殺す: *jn.* mit der Hand 〈der Faust〉 ～ …を手〈げんこつ〉で殴る | *jn.* mit der Peitsche 〈dem Stock〉 ～ …をむち〈棒〉で打つ | *jn.* zu Boden ～ …を殴り倒す; 《比》(不幸などが)…をたたきのめす | zwei Fliegen mit einer Klappe ～ (→Fliege 1 a) | den Sack ～ und den Esel meinen (→Sack 1) | alle Zweifel zu Boden ～ 《比》すべての疑惑をしずめる | Ehe ich mich ～ lasse, will ich's tun. 《話》(しつこく要求されたときなど)殴られるくらいなら 言うことを聞いた方がましだ, 殴られないうちに言われたとおりにするか ‖ 〘結果を示す語句と〙*jn.* braun 〈grün〉 und blau ～ 《話》…を(あざのできるほど)さんざん殴る | *jn.* krumm und lahm ～ 《話》…を足腰の立たぬほどに打ちすえる | *jn.* k. o. ～ …をノックアウトする | *et.*^{4} in Stücke 〈kurz und klein〉 ～ …を粉々に砕く | *jn.* zum Krüppel ～ …を殴ってかたわにする; …を(かたわになるほど)ぶちのめす | *jn.* zu Tode ～ …を殴り殺す(→totschlagen 1) | *jn.* zum Ritter ～ 〘史〙(肩を剣で軽くたたく刀礼を施して)…に騎士の位を授ける ‖ *jn.* ～, daß die Schwarte kracht 《話》(音が聞こえるぐらいに)…をさんざんぶん殴る ‖ 〘身体の部分に向けての方向を示す語句と: →II 1 c, II 2 c〙*jn.* mit der Faust ins Gesicht ～ こぶしで…の顔を殴る | *jn.* aufs Haupt ～ 《雅》…を完敗させる, …に圧勝する ‖ *sich*^{3} die Zeit um die Ohren ～ 《話》時間を〔むだに〕すごす.

II 再帰 *sich*^{4} 〔mit *et.*^{3}〕 ～ 〔…で〕自分の身体を打つ〈たたく〉| *sich*^{4} an die Brust ～ i) (自分の)胸をたたく; ii) 《比》後悔する, 反省する(→II 1 c) | Die Flagellanten *schlugen* sich mit Geißeln. 鞭打(べんだ)苦行者はむちで我とわが身を打った ‖ *sich*^{4} ～ 《相互的に》互いに殴り合う | Die beiden Brüder *schlagen* sich dauernd. あの二人の兄弟はいつも殴り合いばかりしている | Pack *schlägt* sich, Pack verträgt sich. (→Pack^2) | Man *schlug* sich fast **um** die Eintrittskarten. 入場券を手に入れようとして今にも殴り合いが始まらんばかりだった | Darum wird man sich noch ～. それを手に入れるために〈それをめぐって〉また一戦が交えられる.

b) 再帰 *sich*^{4} mit *jm.* ～ …を相手に争う〈闘う・戦う〉, …と殴り合いをする; ᵛ…と決闘する | Du sollst dich nicht immer mit ihm ～. 君はしじゅう彼と争い〈殴り合い〉ばかりしていてはいけない | *sich*^{4} mit stetem Kummer ～ 《比》不断の不安と闘う | *sich*^{4} 〔mit *jm.*〕 gegen *et.*^{4} ～ 〔…と組んで〕…に対して闘う ‖ *sich*^{4} **bei** 〈**in**〉 *et.*^{3} wacker 〈gut〉 ～ …に際して果敢に闘う | Du hast dich in der Diskussion vortrefflich *geschlagen*. 討論での君の闘いぶりは見事だった | ᵛEr wollte sich ～. 彼は決闘を望んだ.

2 《方向を示す語句と》**a**) ① 打ちあてる, 打ちつける, 打ち込む; たたき出す; 払いのける; たたき〈払い〉落とす: *jn.* **ans** Kreuz ～ …を十字架にはりつけにする | Plakate an die Wand ～ ポスター〈ビラ〉を壁に張りつける | Feuer **aus** dem Stein ～ 火打ち石で火を起こす | *jm. et.*^{4} aus der Hand ～ …を…の手からたたき落とす | *sich*^{3} *et.*^{4} aus dem Kopf ～ …を念頭から追い払う, …を断念する | die Kartoffeln **durch** ein Sieb ～ じゃがいもをうらごしにする | den Ball **ins** Aus ～ ボール〈球〉をアウトに出す〈する〉| Eier 〔aus der Schale〕 in die Pfanne ～ 〔殻を割って〕卵をフライパンに落とす | einen Nagel in die Wand 〈Pfähle in den Boden〉 ～ くぎを壁〈杭(くい)を地面〉に打ちこむ | *sein* Leben für *jn.* 〈*et.*^{4}〉 in die Schanze ～ (→Schanze^1) | *et.*^{4} in den Wind ～ (→Wind 1 a) | Das *schlägt* dem Faß die Krone 〔mitten〕 ins Gesicht. 《話》これには驚いた, そいつはひどすぎる | *jm.* den Hut **vom** Kopf ～ …の頭から帽子をたたき落とす | *et.*^{4} von der Hand ～ …を払いのける; …を拒否する.
② (〔たたくような動作で〕…を…に)重ねる, かぶせる, かける, 張る; くるむ, 入れる, 包み〈詰め〉込む: *jm.* die Karten ～ 《方》トランプをめくって…の運命を占ってやる ‖ *jn.* **in** Fesseln 〈ᵛBande〉 ～ 《雅》…を鎖につなぐ | *et.*^{4} in Zeitungspapier ～ …を新聞紙にくるむ | *et.*^{4} in Falten ～ …をたたむ | die Haare in einen Knoten ～ 髪をたばねる | die Hände ineinander ～ 両手〔の指〕を組み合わせる | ein Bein **über** das andere ～ 足を組む | eine Decke 〈eine Plane〉 über *et.*^{4} ～ …におおい〈ほろ〉をかける | Schuhe über 〈auf〉 den Leisten ～ 靴を靴型に載せる | alles über einen Leisten ～ (→Leisten) | Packpapier **um** *et.*^{4} ～ 包み紙で…をくるむ | die Arme um *jn.* ～ …の体に腕を回す | ein Tuch um die Schultern ～ 肩にショールをかける ‖ die Hände **vors** Gesicht ～ 両手で顔をおおう.

b) ① (…を…の方へ)向ける, 転じる: den Blick **in** die Höhe ～ 空を仰ぐ | die Augen **zu** Boden ～ 目を伏せる.
② 再帰 *sich*^{4} ～ 《方向を示す語句と》(…の方へ)向かう, 身を転じる; 赴く, 進む | *sich*^{4} 〔nach〕 rechts 〈links〉 ～ 右〈左〉に向かう | *sich*^{4} **auf** *js.* Seite ～ 《比》…の側につく, …に与(くみ)する, …に味方する | *sich*^{4} auf die andere Seite 〈**zur** anderen Seite〉 ～ 《比》(敵方に)寝返る | *sich*^{4} 〔*jm.*〕 **auf** 〈**in**〉 *et.*^{4} ～ (病気などが)〔…の〕…(器官など)に打撃を与える, 〔…の〕…にこたえる | Die Erkältung hat sich mir auf die Nieren *geschlagen*. かぜのために私は腎臓をやられた(→II 2 c ②) | *sich*^{4} **durchs** Dickicht ～ やぶの中を突き進む | *sich*^{4} durchs Leben ～ (→leben III 4) | *sich*^{4} 〔seitwärts〕 **in** die Büsche ～ 《比》こっそりぬけ出す〈姿をくらます〉.

c) 《比》① 《*et.*^{4} zu *et.*^{3}》(財産などを…に)帰属させる: die Zinsen zum Kapital ～ 利息を資本に繰り込む | Man hat den Wald zu dem Besitz des jüngsten Sohnes *geschlagen*. 山林は末の息子の所有に帰した | Dieses Gebiet wurde zu Bayern *geschlagen*. この地域はバイエルン州の領地に編入された.
② 《*et.*^{4} auf *et.*^{4}》(費用・税などを…に)負担させる, かける, かぶせる, 課する: alle Unkosten 〈Steuern〉 auf den Verkaufspreis ～ 諸経費〈諸税〉をすべて販売価格に転嫁する.

d) 《比》《*et.*^{4} aus *et.*^{3}》(利益などを…から)引き出す: aus allem Kapital 〔*seinen* Nutzen〕 ～ 万事自分の利益になるように利用する.

3《打つ道具を4格目的語として多くは方向を示す語句と》(…を…へ)打ち〈たたき〉つける; (…で…を)打つ, たたく, 殴る: den Hammer **auf** *et.*[4] ～ ハンマーを…の上へ打ちおろす, ハンマーで…を打つ | Sie *schlägt* ihm den Schirm auf den Kopf. 彼女は傘で彼の頭を殴る | Der Adler *schlägt* die Fänge **in** sein Opfer. ワシは餌食(えじき)に爪(つめ)をたてる〈餌食を爪で襲う〉| Er *schlug* dem Schüler das Heft **um** die Ohren. 彼はその生徒にノートでびんたを食らわした ‖ eine gute Klinge ～ 剣術が上手だ;《比》なかなかの腕である; 健啖(けんたん)家である.

4《*et.*[4]》(ある所産をもたらすために一定の道具を用いて…を)打つ, たたく: **a**) (生クリームなどを)泡だてる, 攪拌(かくはん)する: Eiweiß 〔zu Schnee〕 ～ 卵白を〔泡雪状に〕泡だてる | die Seife 〔zu Schaum〕 ～ せっけんを泡だてる | Zitronensaft, Öl und Mayonnaise 〔zu einer Soße〕 ～ レモンの汁・油・マヨネーズをかきまぜ〔てソースを作〕る.

b) (木を)切り倒す, 伐採する: Bäume 〈Holz〉 ～ 木を切る | einen Wald ～ 森林を伐採する.

c) (打楽器を)打ち鳴らす,ᵛ(弦楽器を)つまびく(→II 1 b ②): die Trommel ～ 太鼓を打つ | die Zither ～ (＝spielen) ツィターをつまびく.

5《結果として作り出される物を4格目的語として》**a**) 打って〈たたいて〉(…を)つくる: für *jn.* eine Bresche ～ …のために突破口を開く〈道を切り開く〉| ᵛFeuer ～ (打って)火をつける | Löcher ins Eis ～ (たたいて)氷に穴をあける | *jm.* eine Beule 〈ein Loch in den Kopf〉 ～ …を殴ってこぶをつくる〈頭にけがをさせる〉| Münzen ～ 貨幣を鋳造する | Schaum ～ (→Schaum 1) | *jm.* einen Weg ins Dickicht ～ …のためにやぶの中に道を切り開く | *jm.* 〈*et.*[3]〉 Wunden ～《雅》…に傷〈打撃〉を与える.

b) (テントなどを)張る, 構える, 建設する: eine Brücke über einen Fluß 〈zwischen den Nationen〉 ～ 川に〈両国家間に〉橋をかける | ein Zelt ～ (＝aufschlagen) テントを張る.

c) (〔打って・たたいて〕音響などを)発する: Alarm ～《比》警鐘を鳴らす | Krach ～《比》大声でどなり散らす〈悪態をつく〉, かんしゃくを起こす | den Takt ～ 拍子をとる | 〔auf der Trommel〕 einen Wirbel ～ 〔太鼓の〕連打をする.

d) (手や体などの打つ・たたくような動作で一定の形を)つくる, 描く, 切る: einen Bogen um *jn.* ～ …を避けて〈よけて〉通る | einen Haken ～〘狩〙(逃げる獲物などが)急に方角をかえる | einen Kreis ～ 円を描く | ein Kreuz ～ 十字を切る | einen Purzelbaum ～ とんぼを切る, とんぼ返りをする | ein Rad ～ i) (体操で)側転回をする; ii) (クジャクが)尾を広げる | *jm.* ein Schnippchen ～《比》(うまい手を使って)…の裏をかく, …を出し抜く, …の鼻をあかす(特に追われているものが) ‖ Das Meer *schlägt* hohe Wellen. 海は波が高い | Die Jacke *schlägt* Falten. この上着はしわが寄る ‖ Wurzeln[4] ～ i) 根を下ろす, 根づく; ii)《比》(長いこと待ちすぎて)根が生える | Wir *schlugen* schon Wurzeln, bis er endlich kam. 彼がやっとやって来た時には私たちは待ちくたびれて足に根が生えてしまいそうだった.

6 a) (besiegen)《*jn.*》(…を)打ち負かす〈破る〉, やっつける, 撃破する: im Wettbewerb 〈beim Spiel〉 alle *seine* Partner ～ 競技〈ゲーム〉で相手をすべて負かす | mit *seinen* Preisen die ganze ausländische Konkurrenz ～ その価格でもって外国の競争相手をすべてけ落とす | alle Rekorde ～ すべての記録を破る | *js.* Gründe ～ …を論破する | Unsere Mannschaft hat die Schotten 3:0 (読み方: drei zu null) 〈mit 3:0 Toren〉 *geschlagen.* わがチームはスコットランドチームに3対0で勝った ‖ 〔**in** *et.*[3]〕 **nicht zu ～ sein**《話》〔…の分野で〕天下無敵である | *sich*[4] *geschlagen* geben 〈bekennen〉 (→geschlagen II 3) ‖〘方向を示す語句と〙*jn.* aus dem Feld〔e〕 ～ (→Feld 2) | *jn.* in die Flucht ～ (→Flucht[2] 1 a).

b) 〘チェス〙《*et.*[4]》(敵の駒(こま)を)〔負かして〕とる: Ich habe seinen Turm mit der Dame *geschlagen.* 彼の城将〈カースル〉を私は女王〈クイーン〉でとった ‖ Die Bauern ziehen gerade, *schlagen* aber schräg. 歩〈ポーン〉はまっすぐ進むが斜めにきく.

7《雅》《*jn.* 〔mit *et.*[3]〕》(過酷な運命などが…を)襲う, 見舞う, ひどい目にあわせる; (…に)天罰が下る: das Schicksal, das ihn unerbittlich *schlägt* 仮借なく彼を襲う運命 | Gott hat ihn 〔mit großem Leid〕 *geschlagen.* 〔大きな〕神罰を彼は受けた ‖ eine vom Schicksal *geschlagene* Frau 運命に打ちひしがれた女 ‖〘mit *et.*[3] geschlagen sein の形で〙mit Aussatz *geschlagen* sein 癩病(らいびょう)にかかっている | mit Blindheit *geschlagen* sein i) 盲目である; ii)《比》目が節穴である.

II 自 **1** (h) **a**) ①《mit *et.*[3]》(手足などを打つ・たたくようにして)激しく動かす, ばたばたさせる: mit den Flügeln ～ 羽ばたく | im Wasser mit den Beinen ～ 水中で足をばたばたさせる. ② (馬などが)ける.

b)《〔mit *et.*[3]〕＋方向を示す語句と》① (〔…で〕…を)打つ, たたく, 殴る, ひっぱたく, ぶつ: mit dem Hammer **auf** den Nagel ～ ハンマーでくぎを打つ | 〔mit der Faust〕 auf den Tisch ～ i) 〔こぶしで〕机をたたく; ii)《比》断固として自説を主張する, 断固たる態度に出る, 積極的な手を打つ | **gegen** die Tür ～ ドアをたたく | **in** dieselbe 〈die gleiche〉 Kerbe ～ (→Kerbe 1) | **nach** *jm.* mit der Hand ～ …に手で殴りかかる | **über** die Stränge ～《話》度をすごす, はめを外す | 〔mit den Armen〕 wild **um** *sich*[4] ～ 〔腕を振り回して〕暴れる.

②《auf *et.*[4]》(楽器などを)打ち鳴らす(→I 4 c).

c)《*jm.*》《身体の部分に向けての方向を示す語句と》(…の…を)打つ, たたく, 殴る, ひっぱたく, ぶつ: *jm.* 〔mit der Faust〕 **ins** Gesicht ～ …の顔を〔こぶしで〕殴る | den Tatsachen ins Gesicht ～《比》(報道・主張などが)事実を全く無視している | Er *schlug* mir freundlich auf die Schulter. 彼は親しげに私の肩をたたいた ‖ 再帰 *sich*[3] **an** die Brust ～ i) (自分の)胸をたたく; ii)《比》後悔する, 反省する(→I 1 a) | *sich*[3] **vor** Freude auf die Schenkel ～ 喜びのあまりひざをたたく, ひざをたたいて喜ぶ.

☆ この場合その身体の部分の持ち主は3格で示されるが, 4格を用いることもある(→I 1 a); 一般にこのような構文では行為が意図的な場合は4格を, 意志のない事物を主語とする場合は, ふつう3格を用いる(→2 c).

2《本来は打つ道具を主語として》**a**) (h) (窓などが)続けざまに勢いよく開閉する, バタンバタンと鳴る, ガタガタいう.

b) (s, h)《方向を示す語句と》(…の方へ, …から)速く〈勢いよく〉動いて行く〈来る〉, (…に)向かって動く; (…に)落ちる, ぶつかる, 打ちあたる; (…から)噴出する, ふき〈わき〉上がる, 立ち昇る: Die Wellen *schlagen* ans Ufer. 波が岸に打ち寄せる | Fremde Laute waren an sein Ohr *geschlagen.*《雅》聞きなれない音が彼の耳を打っていた | Flammen *schlugen* aus dem Fenster 〈zum Himmel〉. 炎が窓から噴き出していた〈天をこがした〉| Der Regen *schlägt* heftig gegen das Fenster. 雨が窓を激しく打つ | Der Blitz ist 〈hat〉 in den Baum *geschlagen.* 雷が木に落ちた | Die Nässe ist 〈hat〉 nach innen *geschlagen.* 湿気が内部にしみ通った ‖ Er ist mit dem Kopf auf den Boden *geschlagen.* 彼は頭を床にぶつけた.

c)《*jm.*》《身体の部分に向けての方向を示す語句と: →1 c, I 1 a》① (s, h) (…の…に)ぶつかる, 打ちあたる, 落ちる; (赤みなどが)さっと現れ出る: Der Rolladen *schlug* ihm an den Arm. シャッターが彼の腕にあたった | Der zurückschnellende Ast ist ihm ins Gesicht *geschlagen.* はね返ってきた枝が彼の顔を打った ‖ Eine helle Röte *schlug* ihr ins Gesicht. 淡い赤みが彼女の顔にさした.

② (s)《*jm.* auf *et.*[4]》(病気などが…の器官などに)打撃を与える, 来る: Die Erkältung ist mir auf die Nieren *geschlagen.* かぜのために私は腎臓をやられた(→I 2 b ②) | Diese Nachricht ist mir auf den Magen 〈aufs Gemüt〉 *geschlagen.* この知らせを聞いて私は胃がおかしくなった〈がっくりきた〉.

d) (s)《比》①《nach *jm.*》(…に)似る: Er *schlägt* nach dem Vater. 彼は父親そっくりである.

②《aus *et.*[3]》(系統などから)はずれる, はみ出る: aus der Art 〈der Familie〉 ～ 家族のだれにも似ない, ひとり毛色が変わっている; 不肖の子である, できが悪い.

e) (h)《比》《in *et.*[4]》(事柄が…の領分などに)属する: Die-

S

ses Problem *schlägt* in unser Fach 〈Gebiet〉. この問題は我々の縄張りだ.

3 (h) **a**) (脈などが)規則〈律動〉的に打つ: Der Puls *schlug* matt 〈unregelmäßig〉. 脈はかすかに〈不規則に〉打っていた | Sein Herz *schlägt* höher. 彼の胸はしだいに高鳴る | Mir *schlug* vor Aufregung das Herz bis zum Hals. 私は興奮のあまり今にも心臓が破裂しそうだった | Sein Herz hat aufgehört zu ~. 彼の心臓は鼓動を止めた ‖ Ihm *schlug* das Gewissen. 《比》彼は良心が痛んだ.

b) ① (作りなどが悪くて)動きにひっかかりがある, がたつく, ガタガタいう: Das Rad *schlägt* während der Fahrt. 車輪が走行中にガタガタいう.

② (銃などが)はね返る, 反動する.

4 (h) 音を発する: **a**) (ある種の鳥が)さえずる, 鳴く: Die Nachtigall *schlug* im Park. ナイチンゲールが公園で鳴いた.

b) ① (時計・鐘が)鳴る,(時計が)時鐘を打つ: Die Uhr *schlägt* neun 〔Uhr〕 〈Mitternacht〉. 時計が 9 時〈午前 0 時〉を告げる | Die Uhr *schlägt* Stunde um Stunde. 時計が 1 時間ごとに鳴る | Er weiß, was die Glocke 〈die Uhr〉 *geschlagen* hat. 《比》彼は情勢の厳しさを十分に承知している, 彼はいささかも甘い考えは持っていない ‖ (非人称) Es *schlägt* neun 〔Uhr〕. 時計が 9 時を告げる | Jetzt *schlägt*'s aber dreizehn! 《比》いくらなんでもこれはひどすぎる〈度が過ぎる〉.

② (時刻が)打たれる, 到来する: Jedem *schlägt* seine 〔letzte〕 Stunde. 《比》だれにでもいつかは最後の時がやってくるものだ | Die Stunde der Rache 〈der Wahrheit〉 hat *geschlagen*. 《比》復讐(ふくしゅう)の時〈真実が明らかになる時〉がやってきた.

5 (h) 《同族目的語的な 4 格と》(戦いなどを)戦う: eine blutige Schlacht ~ 血みどろの戦いを演じる | die Mensur ~ (学生が剣による)決闘をする.

III schlạ·gend 現分 形 **1 a**) (証拠などが)決定的な, 確実な, 人を承服させる, 有無を言わせない: Es gab keinen ~*eren* Beweis dafür. それを裏づけるのにこれより確かな証拠はなかった ‖ *jm. et.*[4] ~ beweisen 〈widerlegen〉 …に…を決定的に証明する〈反論の余地のないほどに論駁(ろんばく)する〉.

b) (言葉などが)適切な; 痛烈な, とどめを刺すような: eine ~*e* Antwort 痛烈な答え | ein ~*es* Beispiel 好例.

c) 効果的な, 有効な: eine ~*e* Wirkung てきめんの効果 ‖ Je früher das Mittel genommen wird, um so ~*er* ist der Erfolg. この薬は早期に服用すればそれだけその効果が著しい.

2 〔坑〕(坑内ガスが)爆発性の: ~*e* Wetter 爆発〔性〕ガス, 爆発気 | *Schlagende* Wetter drohten. 坑内ガスは今にも爆発しそうだった | Er war durch ~*e* Wetter getötet worden. 彼は爆発ガスによって死んだのだった.

3 (学生組合が)決闘規約をもつ(→Verbindung 3 b).

4 (クリケットで)攻撃の側の.

IV ge·schlạ·gen → 別出

[*germ.* ◇ Schlacht, Geschlecht, Schlegel[2]; ◇ *engl.* slay]

Schlạ·ger[ʃlá:gər] 男 -s/- **1** 流行歌, ポピュラーソング, ポップス, ヒットソング. **2** 大当たりの〈売れ行きのすばらしい〉商品, ベストセラー; 大当たりの芝居〈映画〉.

Schlä̤·ger[ʃlɛ́:gər] 男 -s/- **1** (schlagen する人. 例えば:) (球技の)打者; 打手. **2** (schlagen するための道具・装置. 例えば:) **a**) 〔テニス・バドミントン・卓球〕ラケット; 〔ホッケー〕スティック; 〔野球・クリケット〕バット; 〔ゴルフ〕クラブ. **b**) (Schaumschläger) 〔料理〕泡立て器. **3** 《話》 **a**) 乱暴者, けんか好きの男. **b**) 暴れぐせのある馬.

Schlä̤·ger≈ban·de 女 乱暴者の一味, 徒党を組んだ乱暴者. **≈box** 女 〔野球〕バッターボックス.

Schlä̤·ge·rei̤[ʃlɛ:gəráı] 女 -/-en 殴り合い, けんか, 格闘. [<schlagen]

Schlạ·ger·fe·sti·val[ʃlá:gər..] 中 ヒットソング〈歌謡〉フェスティバル.

Schlä̤·ger·flä·che[ʃlɛ́:gər..] 女 〔テニス・バドミントン・卓球〕ラケットの面.

Schlạ·ger≈kom·po·nist[ʃlá:gər..] 男 流行歌の作曲家. **≈me·lo·die** 女 流行歌〈ヒットソング〉のメロディー.

schlä̤·gern[ʃlɛ́:gərn] 《05》 他 (h) 《オーストリア》(樹木を)切り倒す,(山林を)伐採する.

Schlạ·ger≈pa·ra·de[ʃlá:gər..] 女 ヒットソングパレード. **≈sän·ger** 男 (女 **≈sän·ge·rin**-/-nen) 流行歌手. **≈spiel** 中 《話》〔スポーツ〕特に人気を集めている試合. **≈star** 男 -s/-s 人気流行歌手. **≈tex·ter** 男 流行歌の作詞家.

Schlä̤·ger≈trä̤·ger[ʃlɛ́:gər..] 男 〔ゴルフ〕キャディー. **≈ty̱p** 男 乱暴者タイプ〔の男〕.

Schlä̤·ge·rung[ʃlɛ́:gərʊŋ] 女 -/-en 《オーストリア》〔山林〕伐採.

Schlạ·ge·to̱t[ʃlá:gəto:t] 男 -s/-s 《話》乱暴者, あらくれ男. [<totschlagen]

Schlag≈fe·der[ʃlá:k..] 女 (銃の)撃鉄〈撃針〉発条. **≈feld** 中 〔野球〕バッターボックス.

schlag·fer·tig 形 (人が)打てば響くような, 機転のきく; (答えが)機知に富んだ, 当意即妙な.

Schlag≈fer·tig·keit 女 -/ 機転のきくこと, 当意即妙. **≈fe·stig·keit** 女 〔工〕衝撃に対する抵抗力, 耐衝撃性.

Schlag·flü·gel·flug·zeug 中 , **Schlag·flü·g·ler** 男 〔空〕羽ばたき〔式飛行〕機, オーニソプター.

▽**Schlag·fluß** 男 ＝Schlaganfall

▽**schlag·flüs·sig** 形 脳卒中のような.

Schlag≈ge·wicht 中 (↔Ganggewicht) (時計の)打ち方分銅, 打錘(だすい). **≈gold** 中 (Blattgold) 金箔(きんぱく). **≈hau·be** 女 〔土木〕(杭(くい)打ち機の)ハンマーカバー(→ 図 Ramme). **≈holz** 中 **1** 〔スポーツ〕(球技の)バット. ▽**2** (洗濯用の)打棒, たたきべら. **≈in·stru·ment** 中 〔楽〕打楽器.

schlag·ka·putt 形 《話》疲労困憊(こんぱい)した, へとへとの.

Schlag·kraft 女 -/ **1 a**) 打撃力, 衝撃力: ein Boxer mit einer ungeheuren ~ 強烈なパンチ力のあるボクサー. **b**) (軍隊・チームなどの)戦闘力. **2** 《比》(言説・論証などの)パンチ力, 迫力.

schlag·kräf·tig 形 **1 a**) 打撃力〈衝撃力〉のある. **b**) (軍隊・チームなどが)戦闘力のある. **2** 《比》(言説・論証などが)パンチのきいた, 決定的な.

Schlag≈lei·ste[ʃlá:k..] 女 (両開きになっている窓・扉の)当たり縁(→ 図 Fenster A). **≈licht** 中 -[e]s/-er 〔美〕(特定の対象を際立たせる)強い光〔線〕; 《比》(ある対象の特色を)くっきり浮かび上がらせるもの: **ein ~ auf *jn.* 〈*et.*[4]〉 werfen** …に強い光をあてる, …を際立たせる | im ~ des öffentlichen Interesses stehen 公衆の強い関心の的になっている | Dieser Fall warf ein 〔grelles〕 ~ auf seinen Charakter. この事件は彼の性格をくっきりと浮かび上がらせた. **≈loch** 中 道路〔の表面〕にあいた穴. ▽**≈lo̱t** 中 〔工〕硬質はんだ. **≈ma̱l** 中 -[e]s/-, ..mäler 〔野球〕本塁, ホームプレート〈ベース〉. **≈mann** 男 -[e]s/..männer **1** 〔ボート〕コックス. **2** 〔野球〕打者, バッター. **3** (Faustball の)前衛. **≈o̱bers** 中 《オーストリア》, **≈ra̱hm** 男 《南部》＝Schlagsahne **≈reim** 男 〔詩〕行内連韻(同一詩行内の直接連続する 2 語が互いに韻を踏んだもの. Binnenreim の一種. 例 Sie nahen mit *fliegenden, siegenden* Fahnen.). **≈ring** 男 **1** 拳鍔(けんつば)(親指を除く 4 本の指にはめて使う金属製の格闘具: → 図). **2** 〔楽〕(ツィターの)義甲, ピック(親指にはめるつめ: → 図 Zither). **3** (鐘の)縁環(→ 図 Glocke). **4** 時計付き指輪.

Schlagring

≈sa̱h·ne 女 泡立てた生クリーム. **≈schat·ten** 男 〔美〕(ある人物・物体から投影される)影, 投影〔部〕. **≈schatz** 男 〔経〕造幣税, 造幣料. **≈sei·te** 女 **1** 《ふつう無冠詞で》〔海〕偏舷(へんげん), 横傾斜(風浪または積み荷の関係で船が横に傾くこと): Das Schiff hat ~. この船は横傾斜している | 〔**eine**〕 **~ haben** 《話》千鳥足である. **2** 《話》左頰(ほお)(右手で殴られる側の頰). **≈se̱·rie**[..ze:riə] 女 〔ボクシング〕連打.

schlä̱gst[ʃlɛ:kst] schlagen の現在 2 人称単数.

schlag·stark[ʃlá:k..] 形 〔ボクシング〕強烈なパンチ力をもった.

Schlag·stock 男 -[e]s/..stöcke **1** (警官の)警棒. **2** (織機の)ピッキング=ステッキ. **3** (太鼓の)ばち.

schlägt[ʃlɛ:kt] schlagen の現在 3 人称単数.

Schlag≈tot[ʃlá:k..] ＝Schlagetot **≈u̱hr** 女 (音で時刻を知らせる時計. 例えば:) ボンボン時計. **≈wech·sel** 男

〖ボクシング〗パンチの応酬. **≈wel·le** 女 (荒天の際互いにぶつかり合って高くあがる)大波, 激浪. **≈werk** 中 **1** (時計の)打鐘装置. **2** 〖工〗衝撃試験機. **≈werk·zeug** 中 打つ道具(ハンマーなど). **≈wet·ter** 複 〖坑〗爆発(可燃)性坑内ガス.

Schlag·wet·ter≈an·zei·ger 男 〖坑〗〔坑内メタン〕ガス検定器. **≈ex·plo·sion** 女 〖坑〗坑内ガス爆発. **≈schutz** 男 〖坑〗防爆.

Schlag·wort 中 **1** -[e]s/-e (..wörter) **a)** 標語, スローガン, キャッチフレーズ: „Freiheit, Gleichheit, Brüderlichkeit" waren die ~*e* der Französischen Revolution.「自由・平等・博愛」がフランス革命のスローガンであった. **b)** 《軽蔑的に》(使い古された)きまり文句. **2** -[e]s/..wörter (Stichwort)(辞書・事典などの)見出し語, 検索語: Die *Schlagwörter* sind fett gedruckt. 見出し語はゴシック体(太活字)で印刷されている.

Schlag·wort≈ka·ta·log 男 (図書館などの)件名目録(人名・著者名目録に対して). **≈re·gi·ster** 中 事項索引.

Schlag≈wun·de 女 〖医〗打撲傷. **≈zei·le** 女 (新聞の)大見出し: **~*n* machen** / für ~*n* sorgen センセーションを巻き起こす | *et.*⁴ in großen ~*n* bringen …を(新聞に)でかでかと書きたてる.

schlag·zei·len [ʃláːktsaɪlən] 他 (h) 《話》(*et.*⁴) (…を)大見出しにする, でかでかと書き立てる.

Schlag≈zeug 中 〖楽〗(一人の奏者が演奏できるように組み合わせた)打楽器〔群〕. **≈zeu·ger** [..tsɔʏɡər] 男 -s/- 〖楽〗打楽器奏者. **≈zün·der** 男 (銃砲・爆薬などの)撃発信管.

Schlaks [ʃlaːks] 男 -es/-e 《話》のっぽでのろまな〈動作のにぶい〉若者. [*ndd.*; ◇schlack]

schlak·sig [ʃláːksɪç]² 形 《話》のっぽでのろまな〈動作のにぶい〉.

Schla·mas·sel [ʃlamásəl] 男 (中) -s/- (オーストリア: **Schla·ma·stik** [..mástɪk] 女 -/-en) 《話》いやな〈不運な〉状態〈事件〉, 困難; (どうしようもない)大混乱: Ein schöner ~! / Da haben wir den ~! こいつは困った〈やっかいな〉ことになったぞ | im ~ stecken 〈sitzen〉 やっかいな事態に陥っている. [◇schlimm, Massel²]

Schlamm [ʃlam] 男 -[e]s/-e, Schlämme [ʃlɛ́mə] **1 a)** 泥, ぬかるみ; 《比》泥沼, 窮地: durch den ~ 〈im ~〉 waten ぬかるみの中を歩く | im ~ steckenbleiben ぬかるみにはまっている; 窮地に陥っている | *jn.* mit ~ bewerfen 《比》…に悪口雑言を浴びせる; …を中傷〈誹謗(ひぼう)〉する. **b)** 〖地〗シルト, 沈泥, 軟泥. **2** 〖坑〗炭泥, スラッジ, 泥鉱. [*mhd.* slam „schlaffe Masse"; ◇schlampen]

Schlamm≈bad [ʃlám..] 中 (療法としての)泥〔土〕浴. **≈bei·ßer** 男 〖魚〗ドジョウ(泥鰌). **≈bo·den** 男 泥土, 泥濘(でいねい).

Schläm·me Schlamm の複数.

schlam·men [ʃlámən] 自 (h) **1** 泥が沈殿〈沈積〉する. **2** (乾いた土が雨などのために)泥土〈ぬかるみ〉になる.

schläm·men [ʃlɛ́mən] 他 (h) **1** 〖化・鉱〗(鉱物を)洗い分ける, 洗鉱する, 水簸(すいひ)分析する(鉱石・物質などを水に溶かし, 比重や大きさの差によって選び分けること): Gestein 〈Ton〉 ~ 岩石〈粘土〉を洗い分ける. **2** 浚渫(しゅんせつ)する. **3** 〖農〗(植樹したばかりの木などに)たっぷり水をやる. **4** 〖建〗(壁などに)水しっくいを塗る.

Schlamm≈fie·ber [ʃlám..] 中 〖医〗沼地熱. **≈flie·ge** 女 〖虫〗**1** センブリ(千振)(脈翅(みゃくし)類). **2** ハナアブ(花虻)亜科の昆虫. **≈hüp·fer** 男 〖魚〗トビハゼ(跳沙魚).

schlam·mig [ʃlámɪç]² 形 泥土を含んだ; 泥だらけの, ぬかるみの, ぬかるんだ; 《比》汚い, 不潔な.

Schlamm≈ka·sten [ʃlám..] 男 〖坑〗スラム=テーブル. **≈koh·le** 女 〖坑〗スラリ, スライム, 沈粉.

Schlämm·krei·de [ʃlɛ́m..] 女 -/ 〖化〗沈降炭酸カルシウム, 精製白亜.

Schlamm≈läu·fer [ʃlám..] 男 〖鳥〗オオハシシギ(大嘴鷸). **≈la·wi·ne** 女 泥流; (火山噴火などによる)土石流. **≈packung** 女 〖医〗泥パック(リューマチ療法). **≈peiz·ger** [..paɪtsɡər] (**≈peiz·ker** [..paɪtskər]) 男 -s/- =Schlammbeißer

Schlämm·putz [ʃlɛ́m..] 男 〖建〗のろ(しっくい塗材料).

Schlamm≈re·gen [ʃlám..] 男 砂ぼこりをまじえた雨, 泥雨. **≈schlacht** 女 (ぬかるみの競技場での)泥まみれの試合; 《比》泥仕合. **≈schnecke** 女 〖貝〗モノアラガイ. **≈vul·kan** 男 〖地〗泥(でい)火山. **≈was·ser** 中 -s/ **1** 泥水. **2** 〖坑〗スライム水.

Schlamp [ʃlamp] 男 -[e]s/-e **1** 《話》=Schlamper ▽**2** (Schlemmerei) 美食, 飽食.

▽**Schlam·pam·pe** [ʃlampámpə] 女 -/-n =Schlampe 1

schlam·pam·pen [ʃlampámpən] 《過分 schlampampt》 自 (h) 《話》(schlemmen) 美食する, うまいものをたっぷり飲み食いする. [*mndd.*]

Schlam·pe [ʃlámpə] 女 -/-n 《軽蔑的に》**1** (服装などの)だらしない女. **2** 自堕落な〈身持ちの悪い〉女.

schlam·pen [ʃlámpən] 自 (h) 《話》**1** だらしない仕事をする. **2** 服をひきずって歩く, だらしない歩き方をする. **3** 大きな音をたてて食べる〈飲む〉, ずるずるすする. [„schlaff herabhängen"; ◇schlafen, lumpen]

Schlam·pen [−] 男 -s/- 《オーストリア》=Schlampe 1

Schlam·per [ʃlámpər] 男 -s/- 《軽蔑的に》**1** (服装・態度・仕事ぶりなどの)だらしない人. **2** 自堕落な〈身持ちの悪い〉男.

Schlam·pe·rei [ʃlampəráɪ] 女 -/-en 《軽蔑的に》(服装・態度・仕事ぶりなどの)だらしなさ.

schlam·pe·rig [ʃlámpərɪç]² =schlampig

Schlam·perl [..pərl] 中 -s/-[n] 《オーストリア》ガールフレンド.

schlam·pert [..pərt] 《南部・オーストリア》=schlampig

schlam·pig [ʃlámpɪç]² 形 《軽蔑的に》(服装・態度・仕事ぶりなどの)だらしない: ~ angezogen sein だらしない服装をしている.

Schlam·pig·keit [−kaɪt] 女 -/-en **1** 《単数で》schlampig なこと. **2** だらしない行状; ぞんざいな仕事.

schlang [ʃlaŋ] schlingen の過去.

Schlan·ge [ʃláŋə] 女 -/-n **1 a)** (小 **Schläng·lein** [ʃlɛ́ŋlaɪn], **Schlän·gel·chen** [ʃlɛ́ŋəlçən] 中 -s/-) 〖動〗ヘビ(蛇); 《比》陰険な女性: eine giftige ~ / Gift*schlange* 毒蛇 | Riesen*schlange* 大蛇, おろち ‖ falsch 〈listig〉 wie eine ~ sein 蛇のように不誠実〈狡猾(こうかつ)〉である | ***sich*⁴ wie eine ~ winden** 《比》なんとかして苦境から逃れようとする ‖ **eine ~ am 〈an *seinem*〉 Busen nähren** 《比》獅子(しし)身中の虫を養う | die ~ am Schwanz fassen 《比》勇を鼓して危険にいどむ | einer ~³ Füße machen 《比》蛇足を加える ‖ Die ~ windet sich 〈ringelt sich zusammen〉. 蛇が身をくねらせる〈とぐろを巻く〉 | **Da beißt sich die ~ in den Schwanz.** 《話》それでは堂々めぐりだ. **b)** die ~ 〖天〗蛇座. **2** 長蛇の列; (窓口や買い物の)行列: Auto*schlange* 自動車の列 ‖ **~ stehen** 列を作って〈並んで〉待つ | *sich*⁴ ans Ende der ~ stellen 行列の末尾につく. **3 a)** 〖工〗蛇管. **b)** (Papierschlange) 紙テープ. **c)** (中世後期から17世紀にかけて用いられた小口径・長砲身の)蛇砲. [*ahd.*; ◇schlingen¹]

schlän·ge [ʃlɛ́ŋə] schlingen の接続法 II.

Schlän·gel·chen Schlange の縮小形.

schlän·ge·lig [ʃlɛ́ŋəlɪç]² (**schläng·lig** [..ŋlɪç]²) 形 蛇のように曲がりくねった, うねうねした.

schlän·geln [ʃlɛ́ŋəln] 《06》 他 (h) 再帰 *sich*⁴ ~ (蛇などが)身をくねらせて進む; 《比》(道・川などが)蛇行する, 曲がりくねっている; (巧みに)すり抜ける: Die Viper *schlängelt* sich durch das Gras 〈über die Steine〉. クサリヘビがするすると草むらを通り抜けて〈石の上を越えて〉ゆく | *sich*⁴ aus der Affäre ~ (巻き込まれそうになった)事件から巧みに身をかわす | *sich*⁴ durch die Menschenmenge 〈die Paragraphen des Gesetzes〉 ~ 人ごみのなか〈法の網〉を巧みにくぐり抜ける ‖ eine *geschlängelte* Linie 蛇行線 | ein *geschlängelter* Weg 曲がりくねった〈つづら折りの〉道.

Schlan·gen·ad·ler [ʃláŋən..] 男 〖鳥〗チュウヒ(沢鵟)ワシ(蛇を主食とする).

schlan·gen·ar·tig 形 蛇のような.

Schlan·gen≈be·schwö·rer 男 (インドなどの)蛇使い. **≈biß** 男 〔毒〕蛇がかむこと; 〔毒〕蛇にかまれた傷. **≈boh·rer** 男 らせん錐(きり). **≈brut** 女 まむしのやから, 邪悪の徒. **≈farm** 女 蛇飼育場. **≈fraß** 男 《話》粗悪な食物.

S

⸗**gift** 中 蛇の毒. ⸗**gru·be** 女《比》危険な場所〈状況〉. ⸗**haar** 女 癖の強い巻き毛, ちぢれっ毛.

schlan·gen·haft[ʃláŋənhaft] 形 蛇のように陰険〈狡猾(こうかつ)〉な.

Schlan·gen·hals⸗schild·krö·te 女〘動〙ヘビクビガメ(蛇頸亀). ⸗**vo·gel** 男〘鳥〙ヘビウ(蛇鵜).

Schlan·gen·haut 女 蛇の皮〈脱け殻〉.

schlan·gen·klug 形 蛇のように賢い〈狡猾(こうかつ)な〉.

Schlan·gen⸗knö·te·rich 男〘植〙イブキトラノオ(伊吹虎尾). ⸗**kreuz** 中〘紋〙蛇頭十字. ⸗**küh·ler** 男〘工〙コイル式〈蛇管〉冷却器. ⸗**le·der** 中 (靴・かばんの材料としての)蛇革(へびがわ). ⸗**li·nie**[..niə] 女 蛇行〈波状〉線: ～ fahren ジグザグ運転をする. ⸗**mensch** 男 (体を自由自在にくねらせることのできる)〔サーカスの〕蛇人間. ⸗**moos** 中〘植〙ヒカゲノカズラ(日陰蔓). ⸗**se·rum** 中〘医〙抗蛇(だ)毒血清. ⸗**stab** 男 蛇の巻きついた杖(つえ)(医師・医術の象徴: →Äskulapstab). ⸗**stein** 男〘鉱〙蛇紋石. ⸗**ster·ne** 複〘動〙蛇尾類(クモ・ヒトデ・モヅルなどの棘皮(きょくひ)動物). ⸗**storch** 男〘鳥〙ノガンモドキ(野雁擬). ⸗**tanz** 男 (蛇を使った・蛇の動きを模倣した)蛇踊り. ⸗**trä·ger** 男 -s/ der ～〘天〙蛇遣(へびつかい)座. ⸗**weg** 男 曲がりくねった〈つづら折りの〉道. ⸗**wurz** 女 (Kalla)〘植〙ヒメカイウ(姫海芋)属, カラ. ⸗**zun·ge** 女 蛇の舌.

schlan·gen·zün·gig 形 二枚舌の, 腹黒い, 狡猾(こうかつ)な.

Schläng·lein Schlange の縮小形.

schläng·lig =schlängelig

schlank[ʃlaŋk] **I** 形 **1** ほっそりした, すらりとした, スリムな: ein ～*es* Mädchen すらりとした〔きゃしゃな〕少女 | eine ～*e* Figur 〈Pappel〉 ほっそりとしなやかな体つき〈ポプラの木〉 | ein ～*er* Turm ほっそりとした塔 | auf die ～*e* Linie achten《話》太りすぎない〈身体の線がくずれない〉ように注意する ‖ rank und ～ (→rank 1) | Sie ist ～ wie eine Tanne. / Sie ist von ～*em* Wuchs. 彼女はすらりとした体つきだ | *jn.* ～ machen …をやせさせる; (衣服などが)…の体の線をほっそりと〈スリムに〉見せる(→schlankmachend) | Das dunkle Kostüm macht 〔dich〕 ～. 黒っぽい色の服を着ると〔君は〕ほっそり見える(ただし: →schlankmachen) | *sich*⁴ ～ machen 体を細める(狭いところを通るときなど) | den Text ～*er* machen テキストを短く〈より簡潔に〉する. **2** すばやい, 敏速な: ～*e* Schritte 足ばやな歩き方 | in ～*em* Galopp 〈Trab〉 laufen 駆け足で行く. **II** 副 **1** →I **2** (特に商品の売れ行きに関して)たやすく, よく, さかんに: Diese Ware verkauft sich ～. この商品はよく売れる. ᵛ**3** =schlankweg [*mndd.* slank „biegsam"; ◇schlingen¹]

Schlan·kel[ʃláŋkəl] 男 -s/-〔n〕《南部・オーストリア》《話》いたずら小僧, しようのないやつ; 抜け目のないやつ. [＜schlanken „schlenkern"; ◇Schlingelei]

schlan·ker·hand[ʃláŋkərhánt] 副《話》あっさり, さっさと, 即座に.

Schlank·heit[ʃláŋkhaɪt] 女 -/ (schlank なこと. 例えば:) すらりとした様子, しなやかさ.

Schlank·heits⸗grad 男《ふつう単数で》〘工〙細長比, 長短比. ⸗**kur** 女〘医〙脱脂〈減食〉療法.

Schlankl[ʃláŋkəl] 男 -s/-〔n〕 =Schlankel

schlank|ma·chen[ʃláŋk..] **I** 自 (h)《話》すらりと着こなす; よい身なりをしている(ただし: schlank machen →schlank I 1). **II** **schlank·ma·chend** 形《話》やせさせる; (衣服などが体の線を)ほっそりと〈スリムに〉見せる: ～*er* Sport やせさせるためのスポーツ | ein ～*es* Kleid スリムに〈着やせして〉見せるドレス.

Schlank·ma·cher 男 -s/-《話》**1** やせ薬. **2** (体の線を)すらりと〈スリムに〉見せる衣服.

Schlank·mit·tel 中 やせ薬.

schlank·weg[ʃláŋkvɛk] 副《話》**1** あっさり, さっさと, 即座に; まっしぐらに: *et.*⁴ ～ ablehnen 〈akzeptieren〉 …を即座に拒否する〈受け入れる〉. **2** まさに, とにかく, 理屈ぬきで: Das ist ～ erfunden. それは全くの作りごとだ.

Schlap·fen[ʃlápfən] 男 -s/-《南部・オーストリア》=Schlappen [＜Schlappen]

schlapp¹[ʃlap] 形 (schlaff) **1** ゆるんだ, たるんだ, 張りのない: Die Fahne hängt ～. 旗がだらりと垂れ下がっている. **2** 無気力な, 意欲〈活動力〉のない: ein ～*er* Kerl 元気のない男 | eine ～*e* Haltung きりっとしない態度. [*mndd.*; ◇schlaff]

schlapp²[–] 間 (平手などで打つ音)ピシャン, ピシャリ; (すり足で歩く音)パタパタ; (すする音)ピチャピチャ.

Schlap·pe¹[ʃlápə] 女 -/-n **1** = Schlappschuh **2** =Schlapphut **3**《東部》体力〈気力〉喪失, 衰弱.

Schlap·pe²[–] 女 -/-n **1**《南部》(ピシャリという)平手打ち. **2** 失敗, 敗北, 損失: *jm.* eine ～ beibringen …に打撃を与える | eine ～ erleiden 損害〈痛手〉を被る. **3**《東部》口. [擬音]

schlap·pen¹[ʃlápən] 自 (h) だらりと下がっている, たるんでいる; (衣服・靴などが)だぶだぶである: Die Jacke *schlappt* um seinen dünnen Körper. 彼はその細い体にぶかぶかの上着を着ている. [＜schlapp¹]

schlap·pen²[–] **I** 自 **1** (s) (足を)ひきずって歩く, (スリッパなどを)パタパタ鳴らして歩く: durchs Zimmer ～ 部屋の中をだらしなく歩く. **2** (h) (犬・猫などが舌を使って)ピチャピチャすする. **II** 他 (h) ピチャピチャすすりながら食べる. [＜schlapp²]

Schlap·pen[–] 男 -s/-《話》(Pantoffel) スリッパ, 室内ばき.

Schlapp·heit[ʃláphaɪt] 女 -/ schlapp¹なこと.

Schlapp·hut[ʃláp..] 男〘服飾〙つばの広いソフト帽, スローチ=ハット.

schlap·pig[ʃlápɪç]² 形 **1** =schlapp¹ **2** (服装などが)だらしない.

schlapp|ma·chen[ʃláp..] 自 (h)《話》ぐったりする〈している〉, (気力・体力を失って)落後する.

Schlapp⸗ma·cher 男 弱虫, いくじなし; 怠け者; 落後者. ⸗**ohr** 中《話》(犬・ウサギなどの)垂れ耳. ⸗**sack** 男 =Schlappschwanz

Schlapp·schuh 男 -〔e〕s/-e《ふつう複数で》**1** スリッパ, 室内ばき. **2** だぶだぶの靴.

Schlapp·schwanz 男《話》**1** 萎えた陰茎; 陰萎〔の男〕. **2** いくじなし, 弱虫.

schlapp·schwän·zig 形《話》いくじのない, 弱虫な.

Schla·raf·fe[ʃlaráfə] 男 -n/-n **1** 享楽をむさぼ〔りたが〕る人, のらくら者. **2** Schlaraffia 2 の会員. [＜*mhd.* slūr „faules Herumtreiben" (◇schlummern)＋Affe]

Schla·raf·fen·land[ʃlaráfən..] 中 -〔e〕s/ 極楽, 逸楽郷(物語の中に描かれた夢の園. 働かずに快楽のみを追うことのできる国).

schla·raf·fen·län·disch 形 極楽〈逸楽郷〉のような.

Schla·raf·fen·le·ben 中 -s/ (まるで)夢の国にいるような生活, 怠惰〈安逸〉な生活.

Schla·raf·fia[ʃlaráfia·] 女 -/ **1** =Schlaraffenland **2** シュララフィア会(1859年に Prag に創立された社交団体).

Schla·raf·fia·ma·trat·ze[ʃlaráfia..] 女 商標 シュラララフィア=マットレス(特別に柔らかい羽毛をつめたマットレス).

schla·raf·fisch[..fɪʃ] 形 享楽的な, のらくらした.

Schlar·fe[ʃlárfə] (**Schlar·pe**[..pə]) 女 -/-n《方》スリッパ, 室内ばき. [◇schlürfen]

schlau[ʃlaʊ] 形 抜け目のない, 要領のいい, ずる賢い;《話》(klug) 利口な, 賢い, 頭のいい, もの分かりのいい: ein ～*es* Buch (→Buch 1) | eine ～*e* Frage 〔ずる〕賢い質問 | ein ～*er* Kopf 抜け目のない〈頭のいい〉やつ | ein ～*er* Mensch 知恵のまわる〈頭のいい〉人 | ein ～*er* Plan 巧妙な〈抜け目のない〉計画 | ein sehr *Schlauer* ひどく抜け目のない〈頭のいい〉男 ‖ ～ wie ein Fuchs sein キツネみたいにずる賢い | Jetzt bin ich 〔genau〕 so ～ wie vorher.《話》結局私にはさっぱりのみこめない ‖ **aus** *et.*³ **nicht ～ werden** …が理解できない | **aus** *jm.* **nicht ～ werden** …の腹の中が読めない | es⁴ ～ haben《話》結構な身分〈境遇〉である | es⁴ *sich*³ ～ machen《話》他人の出費で〈他人のふところをあてにして〉のうのうと暮らす. [*ndd.*; ◇schlüpfen; *engl.* sly]

Schlau·be[ʃláʊbə] 女 -/-n《北部》〘植〙果皮(殻・莢(さや)など). [*mndd.* slū; ◇schlüpfen, schlau]

schlau·ben[ʃláʊbən]¹ 他 (h)《方》《*et.*⁴》(…の)果皮〈殻・莢(さや)〉をむく.

Schlau·ber·ger[ʃláʊbɛrgər] 男 -s/-《話》ずる賢いやつ, 抜け目のない〈要領のいい〉やつ.

Schlauch[ʃlaʊx] 男 -[e]s/Schläuche[ʃlɔ́ʏçə] **1 a)** (水道・ガスなどの)ホース, 管: den ~ an die Wasserleitung 〈die Gasleitung〉 anschließen ホースを水道管〈ガス管〉につなぐ | Wasser durch einen ~ zuführen ホースで水を流す〈給水する〉. **b)** 〘医〙ゾンデ, 消息子: einen ~ in den Magen einführen ゾンデを胃に挿入する. **2** (タイヤの)チューブ(→ 図 Reifen): Auto*schlauch* 自動車のタイヤチューブ | Fahrrad*schlauch* 自転車のタイヤチューブ. **3 a)** (酒・水などを入れる)革袋: wie ein ~ saufen (→saufen II) | neuen Wein in alte *Schläuche* füllen (→Wein 1 a). **b)** 《話》大酒飲み. **4**《話》(ホース状のもの. 例えば:) **a)** 細長い部屋〈廊下〉. **b)** 細長くて胴のくびれのないドレス. **5**《話》(学生が使う虎(とら)の巻・あんちょこ用)訳本. **6**《話》大骨折り; (情け容赦のない)しごき: Diese Arbeit ist ein ~. この仕事は骨が折れる | **auf dem ~ stehen** (難しい局面に立たされて)途方に暮れている.
[„Schlupfhülse"; *mhd.*; ◇schliefen; *engl.* slough]

Schlauch·an·schluß 男〘工〙ホース継ぎ手〈連結器〉.

schlauch·ar·tig[ʃláʊx..] 形 **1** 管状の, ホース状の. **2** (部屋などが)細長い, うなぎの寝床のような.

Schlauch·boot 中 ゴム〈救命〉ボート, 救命いかだ(→ 図).

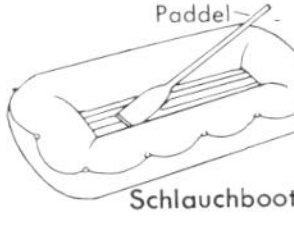

Schläu·che Schlauch の複数.

schlau·chen[ʃláʊxən] 他 (h) **1** (液体を容器に)管〈ホース〉を使って入れる. **2**《話》**a)**《*jn.*》(…を)酷使する, くたくたに疲れさせる, (授業などで生徒を)しごく: Die Arbeit hat uns ganz schön *geschlaucht.* この仕事のおかげで我々はすっかりくたくたになってしまった. **b)** einen ~ 大酒を飲む. **c)** 非人称 《es schlaucht *jn.*》(…が)憤慨する. **3**《方》他人の出費で〈他人のふところを当てにして〉のうのうと暮らす.

schlauch·för·mig[ʃláʊx..] 形 **1** =schlauchartig **2** 〘生〙管状の: ~*e* Drüsen 管状腺(せん).

Schlauch⸗has·pel 女 ホースリール. **⸗kar·re** 女 キャスター付きホースリール.

schlauch·los[..lo:s][1] 形 (タイヤなどが)チューブのない: ein ~*er* Reifen チューブレスタイヤ.

Schlauch⸗pilz 男〘植〙子嚢(しのう)菌類. **⸗rei·fen** 男 チューブ入りタイヤ. **⸗rol·le** 女 ホースリール. **⸗ste·tho·skop** 中〘医〙ゴム管式〔双耳型〕聴診器. **⸗ven·til** 中 (タイヤの)空気弁. **⸗ver·bin·dung** 女 ホース継ぎ手〈連結器〉. **⸗wa·gen** 男 ホース車.

Schläue[ʃlɔ́ʏə] 女 -/ =Schlauheit 「く.」

schlau·er·wei·se[ʃláʊərváɪzə] 副 抜け目なく, 要領よ

Schlau·fe[ʃláʊfə] 女 -/-n (**Schlauf**[ʃlaʊf] 男 -[e]s/-e) **1** (電車・バスなどの)つり革, つり輪. **2** (ベルトの)止め輪, バックル(→ 図 Gürtel). **3** (ジッパーなどの)つまみ; (靴の)つまみ革. **4** (スキーのストックの)手革(→ 図 Ski). **5**〘楽〙(シンバルなどの)握り〔革〕(→ 図 Becken).
[*ahd.*; < *ahd.* sloufen „schlüpfen machen" (◇schliefen); ◇Schleife[1]]

Schlau·fuchs[ʃláʊ..] 男 =Schlaukopf

Schlau·heit[ʃláʊhaɪt] (▽**Schlau·ig·keit**[..ɪçkaɪt]) 女 -/ schlau なこと.

Schlau⸗kopf 男, **⸗mei·er** 男《話》ずる賢い〈頭のいい〉やつ, 抜け目のない〈要領のいい〉やつ.

Schlau·meie·rei[ʃlaʊmaɪəráɪ] 女 -/-en《話》ずる賢い〈抜け目のない〉行為.

Schla·wi·ner[ʃlaví:nər] 男 -s/-《南部・オーストリア》《話》ずる賢いやつ, ろくでなし, ならず者, いたずら者. [<Slawonier; 行商人としてしたたかであるとされた]

schlecht[ʃlɛçt] 形 悪い, よくない, 劣っている:

> **1 a)** (倫理的観点から)よこしまな, 悪質な, 不品行の
> **b)** (宗教的に)信仰の薄い
> **c)** (他人に)好意的でない; 仲の悪い
> **2** 粗末な, できの悪い, くだらない
> **3 a)** 不適切な, ぴったりしない; 役に立たない; 都合の悪い, 損になる
> **b)** ちゃんとしていない, 正常でない, 間違った; 不作法な
> **4 a)** へたな, へぼの, 無能な
> **b)** ①健全でない, 具合が悪い, 故障した, 弱った
> ②傷んだ, 腐った
> ③〘狩〙発育の悪い
> **5 a)** 感じの悪い; 好ましくない; 見ばえのしない, みすぼらしい
> **b)** ぱっとしない, 芳しくない, さんざんな
> **6 a)**《副詞的》(容易には)…で〔き〕ない
> **b)** 少数〈少量〉の, かつかつの; 小銭の
> ▽**7 a)** 質素な, つましい; 素直な, まっすぐな
> **b)** 身分〈地位〉の低い

1 a) (英: *bad*) (↔gut I 1 a) (倫理的観点から)よこしまな, たちのよくない, 悪質な, 下卑た, 不品行の, いかがわしい; (子供について)腕白な, いたずらな: *et.*[4] in ~*er* Absicht tun 下卑た下心で…をする | ein ~*er* Charakter よこしまな〈下品な〉性格〈人物〉| eine ~*e* Dirne 売春婦 | auf ~*e* Gedanken kommen よからぬ〈よこしまな〉ことを考える | in ~*e* Gesellschaft geraten よからぬ連中と付きあう, いかがわしい連中の仲間になる | ~*es* Gewissen やましい心, 良心の呵責(かしゃく) | ~*e* Haltung 下品な態度(→3 b) | ~*es* Haus 娼家(しょうか), 妓楼(ぎろう) | ~*e* Kritik i) ひどい〈悪質な〉批評, 酷評; ii) なっていない〈へぼ〉批評(→2) | eine ~*e* Phantasie haben みだらなことを空想する | einer ~*en* Sache dienen 不正不義を事とする | einen ~*en* Umgang pflegen よからぬやつ〈連中〉と付きあう, いかがわしい付きあいをする | ein ~*er* Witz 〈Scherz〉 (たちの)悪い冗談, 下卑た話, 下(しも)がかった話(→2, 3 a) ‖ Er ist gar nicht der *Schlechteste.* 彼は決してそう悪いやつじゃない | Er hat nichts *Schlechtestes* im Sinn. 彼にはそうよこしまな考えはない ‖ *jn.* ~ machen …をおとしめる〈けなす〉(→schlechtmachen) | durch ungünstiges Milieu ~ werden 環境がよくないために堕落する〈身を持ちくずす〉.

b) (↔gut I 1 b) (宗教的に)信仰の薄い, 不信の: ein ~*er* Christ 信仰心のないクリスチャン.

c) (↔gut I 1 c) (他人に)好意〈友好〉的でない, 愛想のよくない, 不親切な; (互いに)仲の悪い, 疎遠な; 《方》(zornig) 怒っている(→böse I 2): eine ~*e* Behandlung i) ぞんざいな扱い, 虐待; ii) まずい〈不適切な〉処置〈治療〉(→3 a) | in ~*e* Hände geraten 〈kommen〉 あいにくな人の手中に陥る | ein ~*er* Nachbar 仲のよくない〈親しくない〉隣人 | ~*e* Reden führen 悪口を言う ‖ Das ist ~ von dir. それは君ひどいよ〈あんまりだよ〉‖ *jn.* ~ behandeln …を虐待する〈いじめる〉(→3 b) | von *jm.* 〈*et.*[3]〉 ~ denken …を悪く思う | Du hast ~ an ihr gehandelt. 君は彼女に対してひどい仕打ちをした(→3 a, 3 b) | es[4] mit *jm.* ~ meinen …に悪意〈悪感情〉を抱いている, …を快く思っていない | Du darfst nicht ~ über ihn reden. 君は彼の悪口を言ってはならない | Seitdem ist sie ~ auf ihn zu sprechen. それ以来彼女は彼のことをよく言わない(→4 a) | mit *jm.* ~ stehen / ~ mit *jm.* umgehen …と仲がよくない.

2 (↔gut I 2 a) (von geringer Qualität) (品質・できばえが)粗末な, 粗悪な, できの悪い, できそこないの, まずい, 不完全な, くだらない, 無価値な, 下等な: 〘付加語的に〙eine ~*e* Antwort geben まずい〈なっていない〉返事をする(→3 a) | Er hat 〔eine〕 ~*e* Arbeit geleistet 〈gemacht〉. 彼はぞんざいな仕事をした | eine ~*e* Aussprache まずい発音(→3 b) | ~*es* Auto fahren 安物の車を乗りまわす, ぽんこつでドライブする | *jm.* ein ~*es* Beispiel geben …に悪例〈よくない手本〉を示す(→1 a, 3 a) | ~*er* Boden (地味や地盤の)悪い土壌 | ein ~*es* Buch くだらない本, 駄本 | 〔ein〕 ~*es* Deutsch sprechen まずい〈へたな〉ドイツ語を話す(→3 b) | Das wird eines Tages ein ~*es* Ende nehmen. それはいずれ不首尾〈まずい結果〉に終わるだろう | eine ~*e* Entschuldigung なってない〈まずい〉言いわけ | ein ~*es* Ergebnis 思わしくない結果, 貧弱な成果 | ein ~*es* Essen 粗末な食事, 粗食 | ~*es* Fleisch 粗末な肉(→4 b ②) | ein ~*er* Film くらだらない〈低級な〉

S

映画 | Das ist gar kein ~*er* Gedanke ⟨keine ~*e* Idee⟩. そいつはなかなかいいアイディアじゃないか | Er hat einen ~*en* Geschmack. 彼は趣味が上等じゃない⟨味覚がだめだ⟩(→5 a) | ~*er* Kaffee 粗悪なコーヒー | eine ~*e* Leistung おそまつな⟨くだらぬ⟩業績 | ~*e* Literatur 三流文学 | ~*e* Nahrungsmittel 不良食料品 | ~*e* Papiere〖商〗不良株〔式〕| eine ~*e* Rede まずい⟨できそこないの⟩演説 | Man hat heute eine ~*e* Sicht. きょうは視界がきかない | Er schreibt einen ~*en* Stil. 彼は文章がまずい⟨文体がなっていない⟩| Sie hat eine ~*e* Stimme. 彼女は声が悪い⟨悪声だ⟩| eine ~*e* Ware 不良〔商〕品 | ~*es* Wasser (水質の)悪い水 | ein ~*er* Weg 悪い道, 悪路 | ~*er* Wein 粗悪な⟨まずい⟩ワイン(→4 b ②) | ein ~*er* Witz ⟨Scherz⟩ へたな冗談(→1 a, 3 a) | Er hat ~*e* Zensuren bekommen. 彼は悪い〔評〕点をもらった ‖〖名詞化して〗Das ist ⟨wäre⟩〔gar〕nicht das *Schlechteste*. そいつはなかなかいいじゃないか | Sie hat sich[3] beim Einkauf nicht das *Schlechteste* ausgesucht. 彼女は買い物のときけっこういい物を掘り出した ‖〖述語的に〗Deine deutsche Aussprache ist ~. 君のドイツ語の発音はなっていない | Ein kleines Auto wäre〔gar〕nicht ~. 小型車だって捨てたもんじゃないよ | Nichts ist so ~, es ist zu etwas gut. どんなくだらぬものでも何かの役に立つ〔ものだ〕| Das Essen schmeckt ~.〔この〕食事はまずい | ~ gekleidet i) 粗末な服装をした⟨して⟩, 身なりのみすぼらしい; ii) まずい着こなしの(→4 a).

3 a) (↔gut I 3 a) (nicht treffend) 不適切⟨不的確⟩な, 当を得ない, 的を外れた, 不向きな, ぴったりしない; (nicht brauchbar) 役に立たない, 無益⟨無用⟩の, 使えない; (nachteilig) ためにならない, 不利な, 都合の悪い, 有害の, 損になる:〖付加語的に〗eine ~*e* Antwort geben まずい⟨へたな⟩返事をする(→2) | eine ~*e* Arbeit i) 不利な⟨採算にあわない⟩仕事; ii) ぞんざいな仕事, 拙作(→2) | *jm.* ein ~*es* Beispiel geben …に悪例を示す, …の悪い手本となる(→1 a, 2) | eine ~*e* Figur haben (チェスなどで)手が悪い(→2) | *jm.* einen ~*en* Dienst machen …にありがた迷惑なことをする | eine ~*e* Gelegenheit 不向き⟨不適切⟩な機会 | ein ~*es* Geschäft machen 割にあわない商売⟨取引⟩をする, 損をする | ein ~*er* Kauf 損な買い物 | Das wird ein ~*es* Licht auf ihn werfen. それは彼を(人に)悪く思わせるだろう⟨彼の名声を傷つけるだろう⟩| *jm.* einen ~*en* Rat geben …に見当ちがいな⟨有害な⟩助言をする | einen ~*en* Start haben 出だしが悪い, さい先がよくない | einen ~*en* Tag haben 日が悪い, 悪日である(→5 b) | Ich habe heute meinen ~*en* Tag. きょうは私はついていない | ein ~*er* Trost (慰めにならない)無益な慰め | ein ~*er* Witz ⟨Scherz⟩ 場ちがいな冗談(→2, 1 a) | ein ~*es* Zusammentreffen あいにくの⟨間の悪い⟩出会い ‖ Das *Schlechte*〔*ste*〕daran ist, daß ... それの〔一番〕悪い点は…である ‖〖述語的に〗Das Licht ist ~ auf die Augen.〔その〕光は目に悪い⟨有害である⟩| Es ist ~, daß er noch im Krankenhaus liegt. 彼がまだ入院中なのはあいにくのことだ(→5 a) | ~ beraten sein 思慮⟨考え⟩が足りない, うかつである(→6 b) | Da bist du ~ beraten. それは君うかつだね⟨へまをやったね⟩| Er war ~ beraten, in diesem Moment nachzugeben. こんなときに譲歩するなんて彼としたことが考えが足りなかったよ | Das Kleid kleidet sie ⟨steht ihr⟩ ~. そのドレスは彼女に似合わない | Der Anzug paßt ⟨sitzt⟩ ~. この背広は体に合わない(→schlechtsitzend) | Die Tiere sind ~ gepflegt. 動物たちは世話がゆき届いていない(→6 b) | Es trifft sich ~, daß ihr gerade verreist. 君たちがちょうど旅へ出かけるところだなんて間が悪い⟨あいにくだ⟩よ | *et.*[4] ~ verteilen …を不公平に分配する | *et.*[4] ~ verwalten …の管理〔の仕方〕が不適切である | bei *et.*[3] ~ wegkommen …で割を食う⟨損をする・あまり得るところがない⟩(→6 a) ‖〖非人称の es を目的語として〗Ich habe es leider ~ getroffen und fühle mich dort nicht wohl. 残念ながら当てが外れてあそこは居心地がよくない | Im Urlaub hatten wir es mit dem Wetter sehr ~ getroffen. 休暇中はまるで天気に恵まれなかった⟨さんざんの天気だった⟩| Du wirst es bei ihm bestimmt nicht ~ haben. 彼のところはきっと居心地が悪くないだろうよ(→5 b).

b)《規格・規準・作法などに添わないことを示して》(nicht korrekt, nicht richtig) ちゃんと⟨きちんと⟩していない, まっとう⟨正常・正規⟩でない, 間違った, 不正確な, 常道を逸した; (unhöflich) 不作法な, 行儀の悪い, 失礼な, ぶしつけな: eine ~*e* Aussprache 間違った⟨まずい⟩発音(→2) | ~*es* Benehmen ぶしつけな態度 |〔ein〕~*es* Deutsch sprechen ブロークンな⟨まずい⟩ドイツ語をしゃべる(→2) | ~*e* Haltung 失敬な態度, 間違った姿勢(→1 a) | ~*e* Manieren haben 態度がよくない, 行儀が悪い | einen ~*en* Ton haben ぶしつけである, 礼儀をわきまえない | ~*e* Umgangsformen besitzen エチケットを知らない, 不作法である | Der Garten war in ~*em* Zustand. 庭は荒れ果てていた(→5 b) ‖ *sich*[4] ~ aufführen ⟨benehmen⟩ 不作法な振舞いをする | *jn.* ~ behandeln …にまずい処置⟨治療⟩をする(→1 c) | Nein, das geht ~. i) いや それは間違っている⟨フェアじゃない⟩; いや それは失礼⟨不作法⟩だ; ii) いや それは都合が悪い⟨うまくない⟩(→a) | Die Uhr geht ~.〔この〕時計は狂っている⟨調子がよくない⟩| Du hast ~ an ihr gehandelt. 君は彼女に不当な仕打ちをした(→a, 1 c) | Da kennst du mich ~. 人を見そこなわないでくれ, 人をなんだと思っているんだ(→6 b).

4 a)《人がその能力の点で劣っていることを示して》(↔gut I 4 a) (untüchtig) できの悪い, できない, なっていない, だめな, へたな, へぼの, 腕の悪い, 無能な:〖付加語的に〗ein ~*er* Arzt へぼ医者, やぶ医者 | ein ~*er* Esser 食の細い人, 少食家 | ein ~*er* Klavierspieler へたなピアニスト | ein ~*er* Kunde ⟨Bezahler⟩ 払いのよくない客⟨人⟩| ein ~*er* Lehrer だめな⟨無能な⟩教師 | ein ~*er* Maler へたな画家 | ein ~*er* Schüler i) できの悪い生徒⟨門弟⟩; ii) たちのよくない生徒⟨門弟⟩(→1 a) | ein ~*er* Verlierer 負けっぷりのよくない⟨負け惜しみの強い⟩人 ‖ Er ist der *Schlechteste* in der Klasse. 彼はクラス⟨学年⟩で一番の劣等生だ ‖ Ich war in der Schule immer sehr ~. 私は学校ではいつもでき⟨成績⟩がひどく悪かった | Er ist ~ in Mathematik. 彼は数学ができない⟨不得手である⟩| ~ zu Fuß sein 足が弱い, 歩行困難である ‖〖副詞的に〗~ arbeiten i) 仕事がへただ, 仕事ぶりがなっていない; ii) ぞんざいな仕事をする(→2) | eine ~ gemachte Arbeit できそこないの⟨不手際な⟩仕事 | ein ~ geschriebener Brief (文章または字の)まずい手紙 | ~ singen へたに歌う, 歌がへたである | ~ sprechen i) 話がまずい, 口べたである; ii) 悪く言う(→1 c) ‖ **mehr ~ als recht** かろうじてどうにか〔こうにか〕, 不十分に, 不十分ながらも, 曲がりなりにも, ともかく一応は (＝nur notdürftig, nicht besonders gut; schlecht und recht: →7 a) | Er klimperte mehr ~ als recht auf dem Klavier. 彼はどうにかピアノを弾いてのけた | Sie hat sich[4] mehr ~ als recht durchs Leben geschlagen. 彼女はかろうじて露命をつないだ.

b) ① (↔gut I 4 b) (ungesund) 健全⟨丈夫⟩でない, 加減⟨具合⟩が悪い, 故障した, 弱った, 衰えた:〖付加語的に〗Er hat ~*e* Augen ⟨Zähne⟩. 彼は目⟨歯⟩〔の具合〕が悪い | Sie hat ein ~*es* Herz ⟨einen ~*en* Magen⟩. 彼女は心臓⟨胃⟩がよくない | ein ~*es* Gehör ⟨Gedächtnis⟩ haben 耳がよく聞こえない⟨記憶力が悪い⟩| ~*e* Hautfarbe さえない色つや⟨肌の色⟩| ~*e* Luft i) 不健康な⟨にごった⟩空気(→②); ii) いやな⟨不快な⟩空気(→5 a) | in ~*er* Verfassung sein 体調がよくない ‖〖述語的に〗Er sieht ~ aus. 彼は顔色がよくない⟨さえない⟩| Sein Befinden ist ~. 彼は容体⟨病状⟩が思わしくない | ~ dran sein i) 体の調子⟨具合⟩が悪い; ii) 生活に困っている, 不景気である, しけている(→5 b) | Meine Augen werden immer ~*er*. 私の目はだんだん悪くなってくる | *jm.* ~ bekommen …の健康をそこねる;《比》…を痛い目にあわせる, …に痛棒をくらわす | Die Arznei ⟨Das Essen⟩ ist ihm ~ bekommen. この薬⟨食事⟩は彼の体によくなかった, この薬⟨食事⟩のために彼は体をこわしてしまった | Sein Vorwitz ist ihm ~ bekommen. 出すぎたまねをしたので彼は災いをまねいた⟨痛い目にあった⟩| Das soll dir ~ bekommen. そんなことをしたらただではおかんぞ ‖〖非人称構文で〗Es ist mir ~. / Mir ist〔es〕~. 私は体の具合が悪い | Es geht ihm ~. / Es steht ~ mit ihm. 彼は体の調子がよくない⟨病気だ⟩(→5 b; →schlechtgehen) | Dem Kind geht es ~. 子供は加減が悪い | Mir wird〔es〕~.《話》私は体の具合⟨気分⟩が悪

くなってくる;《比》胸くそが悪くなってくる; 胸がむかついてくる, へどが出そうだ｜Ihm ist〔es〕nach dem Essen ～ geworden. 食後彼は気分が悪くなった｜Bei diesem Vortrag wird es mir ja ～. この講演ときたら聞いてて胸くそが悪くなってくる｜Da kann einem ja〈ja einem〉～ werden.（そいつは）胸がむかついてくるよ, へどが出そうだ.

②（verdorben）（飲食物が）悪くなった, 傷んだ, 腐った: ～*es* Fleisch / ～ gewordenes Fleisch 傷んだ〈腐った〉肉（→2）｜～*e* Luft i）腐った〔ような〕空気（→①）; ii）いやな〈不快な〉空気（→5 a）｜～*e* Zähne 虫歯, 傷んだ〈悪い〉歯（→①）‖ Der Wein ist ～. i）このワインは悪くなっている; ii）このワインは上等じゃない（→2）｜Das Essen〈Die Wurst〉ist ～ geworden. 料理〈ソーセージ〉は傷んでしまった｜～ riechen〈schmecken〉i）腐ったにおい〈味〉がする; ii）いやなにおい〈味〉がする（→5 a）.

③〘狩〙発育の悪い: ～ bei Leibe sein やせている｜ein ～*er* Hirsch 角の発育の悪い雄ジカ.

5 a）（↔gut I 5 a）（unangenehm）感じの悪い; いやな〔感じの〕, いやらしい, 不〔愉〕快な, おもしろくない, 好ましくない, 感心しない; 見ばえのしない, ぱっとしない, みすぼらしい: Das ist eine ～*e* Angewohnheit von ihm. それは彼のいやらしい癖〈悪癖〉だ（→1 a）｜Sie hat mehrere ～*e* Eigenschaften. 彼女には好ましくない性質がいくつかある（→1 a）｜einen ～*en* Eindruck von *jm.* haben …に〔ついて〕よい印象を持たない〈悪い感じを抱いている〉｜Er macht einen ～*en* Eindruck. 彼は感じ〈印象〉がよくない｜～*e* Erfahrungen mit *et.*[3]〈*jm.*〉machen …のことでいやな思いをする, …で苦い経験をする｜eine ～*e* Figur machen〈spielen / abspielen〉《比》（人に）みじめな印象を与える, 格好が悪い, ぱっとしない｜Bei der Diskussion hat er eine ～*e* Figur gemacht. その論争では彼はなんとも さえなかった〈みじめだった〉｜einen ～*en* Geruch haben いやなにおいがする｜einen ～*en* Geschmack haben i）味が悪い; ii）味覚がだめだ; 趣味がよくない（→2）｜eine ～*e* Nachricht おもしろくない知らせ, いやな情報, 凶報（→5 b）｜eine ～*e* Reise 快適でない〈不愉快な〉旅（→b）｜～*es* Wetter 悪い天気, 悪天候（→b）｜ein ～*es* Zeichen 好ましくない徴候, 凶兆（→b）‖ Die Gewohnheit, Fingernägel zu kauen, ist ～. 指のつめをかむ癖は感じがよくない〈みっともない〉｜Es ist ～, daß er noch im Krankenhaus liegt. 彼がまだ入院中なのは残念だ〈困ったことだ〉（→3 a）‖ Dieses Gas riecht ～. このガスは悪臭を放つ（→4 b ②）.

b）（↔gut I 5 b）（ungünstig）不調の, 低調の, ぱっとしない, 思わしくない, 芳しくない, 不首尾の, みじめな, さんざんな:〘付加語的に〙in ～*em* Ansehen stehen 評判がよくない, 信望がない｜～*e* Aussichten auf *et.*[4] haben …への見通しが芳しくない｜ein ～*es* Ende nehmen 不首尾〈失敗〉に終わる（→a）｜～*es* Klima i）ひどい気候; ii）不健康な気候〈風土〉（→4 b ①）｜*sich*[4] in einer ～*en* Lage befinden 苦境〈逆境〉にある, 窮地に立つ｜～*er* Laune[2] sein 不機嫌である｜eine ～*e* Reise さんざんな旅行（→a）｜einen ～*en* Tag haben 日が悪い, 悪日である（→3 a）｜Er hatte ～*e* Tage. 彼は（生活に）苦労した｜～*es* Wetter 悪い天気（→a）｜Heute ist ～*es* Wetter. きょうは天気が悪い｜ein ～*es* Zeichen 思わしくない徴候, 凶兆（→a）｜～*e* Zeiten みじめな時代, 澆季（ぎょうき）末世（→schlimm 1）｜Der Garten war in ～*em* Zustand. 庭は荒れ果てていた（→3 b）‖ Die Lage hat sich[4] zum *Schlechten* gewendet〈verändert〉. 事態は悪化した ‖〘副詞的に〙～ ausgehen 不首尾〈失敗〉に終わる｜Die Sache sieht ～ aus. その件はうまく行っていないらしい｜Mit diesem Apparat sind wir ～ gefahren. この機械には手こずった（→6 a）｜Das Geschäft geht ～. 店〈商売〉は繁盛していない｜Er lebt nicht ～. 彼はなかなか結構な暮らしをしている｜Im Augenblick stehen die Dinge ～. 目下のところ形勢〈事態〉は思わしくない｜Er ist bei seinem Chef ～ angeschrieben. 彼は彼のボスの覚えがめでたくない〈にらまれている〉｜～ gelaunt〈aufgelegt〉sein 不機嫌である ‖〘非人称構文で〙Es sieht ～ für ihn aus. i）彼は（生活に）困っているらしい; ii）彼は体の具合がよくないらしい（→4 b ①）｜Es geht ihm ～. / Es steht ～ mit ihm. 彼は（経済的に）楽じゃない（→4 b ①）｜Es wurde immer ～*er* mit Polen. ポーランドの情勢は次第に悪化した｜Er hatte es[4] bei seinen Pflegeeltern sehr ～. 彼は養父母のもとではずいぶん苦労〈つらい思い〉をした（→3 a）.

6 a）《副詞的》《事の困難・不可能を示して》（↔gut I 6 a）（schwerlich）（…することは）難しい, 不可能である, なかなか〈容易には〉…で〔き〕ない, よくは…で〔き〕ない: Er kommt mit seinem Geld ～ aus. 彼は自分の〔持ち〕金ではやって〈しのいで〉行けない｜miteinander ～ auskommen 互いにそり〈馬〉があわない, 仲がうまく行かない｜*et.*[4] ～ begreifen …が〔よく〕わからない｜die Prüfung ～ bestehen 試験に失敗する｜Mit großen Herren ist ～ Kirschen essen.《諺》すまじきものは宮仕え（おえら方とはさくらんぼを食べることができない）｜mit *et.*[3] ～ fahren《比》…に手こずる〈苦労する〉（→5 b）｜Mit den neuen Schuhen gehe ich ～. 靴が新しいのでよく歩けない｜Die Wunde heilt ～. 傷がなかなか治らない｜～ hören〔können〕耳がよく聞こえない｜Du hörst wohl ～! きさま どこに耳がくっついているんだ｜～ lernen〔können〕覚えが悪い｜Das ist ～ möglich. それは不可能だ｜～ schlafen〔können〕よく眠れない｜Hier ist ～ schlafen〈wohnen〉. ここはよく眠れない〈住みにくい〉｜Mein Magen verträgt das ～. それは私の胃袋が受けつけない〈私の胃にもたれる〉｜Wir sind ～ dabei〈dabei ～〉weggekommen. その件では私たちはあまり得るところがなかった, そのことで私たちはひどい目にあった（→3 a）‖〘可能性を表す表現, 特に können と〙Die Ware verkauft sich ～. この商品は売れ行きがはかばかしくない｜Das läßt sich ～ vermeiden. それは〔ちょっと〕避けられない｜Seine Handschrift ist ～ zu lesen. 彼の筆跡は読みにくい｜Ich kann ihr die Bitte ～ abschlagen. 私には彼女のその頼みを断りきれない｜Sie kann Zahlen ～ behalten. 彼女は数字が覚えられない〈苦手だ〉｜Da können wir ～ mitreden. そいつは我々の口を出すことじゃない〈出る幕じゃない〉｜Er kann ～ nein sagen. 彼はいやと言えない性分だ.

b）《数量・程度の点で劣っていることを示して》（↔gut I 6 b, c）（wenig, knapp, ungenügend）少ない, 多くない, 少数〈少量〉の, かつかつの, 貧弱な; 低額の, 小銭の: ～*en* Absatz haben〈finden〉売れ行きがはかばかしくない｜einen ～*en* Appetit haben 食欲不振である｜Er weiß dir dafür ～*en* Dank. 彼はそのことで君にあまり感謝していない｜mit ～*em* Erfolg さしたる効果〈成果〉なく｜eine ～*e* Ernte 不作, 凶作｜ein ～*es* Gehalt 薄給, 安月給｜ein ～*es* Geld 小銭 ‖ ～ bei Kasse sein 金まわりがよくない, 手元不如意である｜～ beraten sein 考えが足りない, うかつ〈軽率〉である（→3 a）｜in *et.*[3] ～ beschlagen sein …にあまり通じていない〈堪能（たんのう）でない〉｜Das Theater war ～ besucht. 劇場は入りが悪かった｜Die Arbeit wurde ～ bezahlt. その仕事はペイがよくなかった｜Hier ist ～ geheizt. ここは暖房がきいていない｜*jn.* ～ kennen …をよく知らない; …を見そこなっている（→3 b）｜Da kennst du mich〔aber〕～. ひとを見そこなうな, ひとをだれ〈なん〉だと思っているんだ｜～ gepflegt sein 世話がゆき届いていない（→3 a）｜～ gerechnet《話》少なく見積もって〔も〕｜Die Ausgaben belaufen sich, ～ gerechnet, auf 1 000 Mark. 支出は少なく見積もっても1000マルクにのぼる｜Wir benötigen zehn Flaschen Wein, ～ gerechnet. 少なく見積もってもワイン10本は必要だ.

‖ **nicht schlecht**《話》i）少なからず, 大いに, ひどく, 非常に; ii）少なくない, おびただしい｜Er staunte〈lachte〉nicht ～. 彼は少なからず驚いた〈大いに笑った〉｜Er hatte nicht ～ Angst. 彼はひどく不安だった｜Das ist nicht ～! i）そいつは大変〈おおごと〉だ; ii）そいつは悪くない〈結構だ〉（→2, 5）｜über *et.*[4]〈*jn.*〉in nicht ～*e* Bekümmernis geraten …をひどく心配する｜Er zeigte keine ～*e* Freude. 彼はとてもうれしそうだった〈喜色満面だった〉.

▽**7 a**）（schlicht）質素な, つましい, 簡素な, 飾り気のない; 純朴な, 素直な, まっすぐな:〘今日では次の成句で〙**～ und recht** / recht und ～ ▽i）つましく かつ正しく; ▽ii）ただひたすら, いちずに; iii）（nur notdürftig）かろうじて, どうにか〔こうにか〕, 曲がりなりにも, まあ一応は（＝mehr schlecht als recht: → 4 a）｜*sich*[4] recht und ～ durchs Leben schlagen どうにかこうにか生き抜く｜Er macht seine Arbeit ～ und recht. 彼の仕事ぶりはまあまあだ｜Sie lebt ～

S

und recht. 彼女はどうにか暮らしている | Wie geht's Ihnen?—Danke, ~ und recht. 具合はどうですか — ありがとう まあどうにかです | Das Konzert war ~ und recht. コンサートはまあまあだった.
b) 身分〈地位〉の低い, 平民の, 下層の: 〘今日では次の成句で〙 nicht von ~*en* Eltern sein《話》(身分卑しい両親の出ではない)並〔たいてい〕ではない, とびきり上等である; ものすごい, 猛烈きわまる | Das Wetter war nicht von ~*en* Eltern. とびきりの上天気だった | Der Kognak war nicht von ~*en* Eltern. そのコニャックは極上品だった〈ものすごく強かった〉| Die Ohrfeige war nicht von ~*en* Eltern. そのびんたは実に強烈だった.

★ schlecht と schlimm の違い: →schlimm ★
[*germ.* „glatt"; ◇schleifen[1], schlichten; *engl.* slight]

schlech·ter·dings[ʃlɛ́çtərdíŋs] 副 (durchaus) 全く, 全然; (geradezu) まさに: Das ist ~ unmöglich. それは絶対不可能だ | Es war ~ alles erlaubt. ほんとに何をやっても構わなかった. [<schlechter Dinge]

Schlech·ter·stel·lung 女 (低い地位への)配置転換, 左遷: die freiwillige ~ (主として人間関係・労働環境などの理由で行われる)自発的下位配置転換. [<schlechter stellen]

schlecht|ge·hen*[ʃlɛ́çt..] 《53》 自 (s) 非人称 《es geht *jm.* 〈mit *et.*[3]〉 schlecht》(健康・経済状態などについて)具合〈調子〉が悪い, うまくいかない(→schlecht 4 b ①): Es ist ihm nach dem Krieg *schlechtgegangen.* 彼は戦後経済状態が悪かった ‖ ein *schlechtgehender* Laden さびれた店.

schlecht·ge·launt 形 機嫌の悪い, 不機嫌な.

ᐁ**Schlecht·heit**[ʃlɛ́çthaɪt] 女 -/ =Schlechtigkeit 1

schlecht·hin[ʃlɛ́çthín, ⌣⌣́] 副 **1** 《名詞の後ろに置かれて付加語的に》そのもの〔ずばり〕, もっぱら, 正真正銘の, それ以外の何ものでもない: Florenz ist die Kunststadt ~. フローレンス〈フィレンツェ〉はずばり芸術の都である. **2** 全く, 断然, ただもう: Das ist ~ unmöglich. それは全く不可能だ.

schlecht·hin·nig[..nɪç][2] 形 《付加語的》《官》全くの, 絶対の.

Schlech·tig·keit[ʃlɛ́çtɪçkaɪt] 女 -/-en **1** 《単数で》(道徳的・性格的)悪さ, 悪徳, 不道徳, 堕落〔ぶり〕: über die ~ der Menschen klagen 人間の不道徳〈堕落〉を嘆く | Seine ~ war beispiellos. 彼の悪徳ぶりは例がないほどだった. **2** 悪事, 悪行: alle seine ~*en* aufzählen 彼の悪事の数々を数えたてる | ~*en* begehen 悪事を働く.

schlecht|ma·chen[ʃlɛ́çt..] 他 (h) 《話》《*jn.* / *et.*[4]》(…を)悪く言う, 中傷する, おとしめる, けなす, こきおろす(→schlecht 1 a): Er versuchte, seine Kollegen bei jeder Gelegenheit *schlechtzumachen.* 彼は機会あるごとに同僚をおとしめようとした | Warum *machst* du dich immer *schlecht*? 君はなぜいつも自分のことを悪く言う〈卑下する〉のか.

schlecht·sit·zend 形 (衣服が)体に合わない(→schlecht 3 a): ein ~*er* Anzug 体に合わないスーツ.

schlecht·weg[ʃlɛ́çtvɛk, ⌣⌣́] 副 およそ, 全く, 全然: Das ist ~ Unsinn 〈unmöglich〉. それは全くばかげたことだ〈不可能だ〉. [<*mhd.* slehtes „gerade"]

Schlecht·wet·ter[ʃlɛçtvɛ́tər, ⌣⌣⌣́⌣] 中 -s/ 悪天候, 荒天: auch bei ~ 悪天候の際にも.

Schlecht·wet·ter≈flug 男 荒天飛行. ≈**front** 女 〘気象〙悪天候をもたらす前線. ≈**geld** 中 (土建業労働者に対する冬季の)悪天候休業補償金. ≈**pe·ri·o·de** 女 (長く続く)悪天候期.

Schleck[ʃlɛk] 男 -s/-e《南部・スイ》おいしい食べ物, 珍味: Das ist kein ~ 〔für mich〕. 《比》そいつは〔私にとって〕あまり愉快な話じゃないな; こいつはえらいことだぞ.

schlecken[ʃlɛ́kən] 《南部・オース トリア》 **I** 他 (h) 《*et.*[4]》(…を)〔ぺろぺろ〕なめる; (特に甘いものを)舌鼓を打って〈うまそうに〉食べる, 賞味する: Eis ~ アイスクリームをぺろぺろなめる. **II** 自 (h) 《an *et.*[3]》(…を)〔ぺろぺろ〕なめる; (特に甘いものを)舌鼓を打って〈うまそうに〉食べる; つまみ食いをする: am Eis ~ アイスクリームをぺろぺろなめる | Er *schleckt* gern. 彼は〔特に〕甘いものが好きだ; 彼はよくつまみ食いをする. [◇lecken[1]]

Schlecker[..kər] 男 -s/- 《南部・オース トリア》美食家, 食道楽の人; (特に:) 甘いものに目のない人; つまみ食いをする人, 食いしん坊.

Schlecke·rei[ʃlɛkəráɪ] 女 -/-en《南部・オース トリア》美食, 珍味; 甘いもの, 甘い菓子類; つまみ食い.

schlecke·rig[ʃlɛ́kərɪç][2] =schleckig

Schlecker·maul[ʃlɛ́kər..] 中 《話》=Schlecker

schleckern[ʃlɛ́kərn] 《05》 他 (h) 《話》(うまい・甘いものを)好んで食べる,(うまい・甘いものに)目がない: Bonbons ~ ボンボンが大好きだ ‖ 非人称 Mich *schleckert* nach Schokolade. 私はチョコレートが大好きだ〈食べたくてたまらない〉.

schleckig[ʃlɛ́kɪç][2] 形 《方》美食を好む, 口のおごった; (食物について)好き嫌いの激しい; 甘党の.

Schle·gel[1][ʃlé:gəl] 人名 **1** August Wilhelm von ~ アウグスト ヴィルヘルム フォン シュレーゲル(1767–1845; ドイツ前期ロマン派の評論家, シェークスピアの翻訳者). **2** Friedrich von ~ フリードリヒ フォン シュレーゲル(1772–1829; 1の弟で, 哲学者・評論家・詩人. ドイツ=ロマン派の理論的指導者).

Schle·gel[2][–] 男 -s/- **1 a**) (打ったりたたいたりする道具. 例えば:) ハンマー, 槌(つち); (太鼓・木琴などの)ばち, スティック. **b**) 《卑》(Penis) 陰茎, 男根. **2** 《南部・オース トリア・スイ》(一端が細く, 他の一端が太くなっているもの. 例えば:) **a**) 〘料理〙(食用家畜の)もも肉. **b**) ビール瓶; 胴のふくれた壷(つぼ). **c**) (養魚池の)水栓. **3** 《南部》 **a**) ひどい失敗. **b**) くさった食物. [*ahd.*; ◇schlagen]

schle·geln[ʃlé:gəln] 《06》 自 (h) 《南部》 **1** (槌(つち)・ハンマー・スティックなどで)たたく. **2** 大失敗をする.

Schleh≈busch[ʃlé:..] 男 , ≈**dorn** 男 -〔e〕s/-e =Schlehe

Schle·he[ʃlé:ə] 女 -/-n 〘植〙(ヨーロッパに自生する)サクラ属の低木(西洋スモモに似た小さい実をつける). [„Bläuliche"; *germ.*; ◇livid; *engl.* sloe]

Schlei[1][ʃlaɪ] 男 -〔e〕s/-e =Schleie

die **Schlei**[2][–] 地名 女 -/ シュライ(ドイツ Schleswig-Holstein 州の東海岸にある峡湾). [„schlammiges Gewässer"; ◇Schleim, Schleswig]

Schlei·che[ʃláɪçə] 女 -/-n **1** 〘動〙アシナシトカゲ(足無蜥蜴)〔科の動物〕. **2** 《話》ぐずぐず〈のろのろ〉するやつ; (陰で)こそこそするやつ.

schlei·chen*[ʃláɪçən] 《139》 **schlich**[ʃlɪç]/**ge·schli·chen**; 接II schliche

I 自 (s) **1** そっと〔足音を忍ばせて〕歩く: auf Zehenspitzen ~ つまさき立ちで歩く | Die Katze *schleicht.* 猫は足音も立てずに歩く | Die Zeit *schleicht.* 《比》時はゆるやかに流れ去る ‖ *geschlichen* kommen 足音を忍ばせてやって来る(→2). **2** 足をひきずって歩く: erschöpft nach Hause ~ 疲れ果てて足をひきずりながら帰宅する ‖ *geschlichen* kommen 足をひきずりながらやって来る(→1).

II 他 (h) **1** 再帰 *sich*[4] ~ こっそり歩く, 忍び寄る, 忍び出る: *sich*[4] an die Tür 〈in das Zimmer〉 ~ こっそり戸口に忍び寄る〈部屋に忍び入る〉| *sich*[4] aus der Wohnung ~ こっそり家から忍び出る | Mißtrauen *schlich* sich in ihr Herz. 不信の念が彼女の心に浮かんだ | Er hat sich in ihr Vertrauen *geschlichen.* 彼は巧みに〈よからぬ意図をもって〉彼女に取り入った. **2** 《南部》再帰 ***Schleich* dich!** 出て行け.

III schlei·chend 現分 形 **1** 忍び寄る,(気づかれぬほど)緩慢に進行する: ~*e* Schritte 忍び足 | eine ~*e* Inflation 緩慢に進行するインフレーション. **2** 〘医〙潜行性の: eine ~*e* Krankheit 潜行性疾患.
[„gleiten"; *ahd.*; ◇schleifen[1]]

Schlei·chen·lurch 男 〘動〙蛇形類(あしを欠く両生類).

Schlei·cher[1][ʃláɪçər] 男 -s/- **1** 忍び歩く人; 《比》(こそこそ策略をめぐらして目的を達しようとする)陰謀家, おべっか使い. **2** 《話》(足音のしない)ゴム〈フェルト〉裏の靴.

Schlei·cher[2][–] 人名 Kurt von ~ クルト フォン シュライヒャー(1882–1934; ドイツの軍人・政治家).

Schlei·che·rei[ʃlaɪçəráɪ] 女 -/-en《軽蔑的に》陰でこそこそすること, 術策〈策略〉を弄(ろう)すること.

Schleich≈gut[ʃláɪç..] 中 密輸入品, 禁制品. ≈**han·**

del 男 -s/ 密貿易, 禁制品売買, やみ商売. **≈händ·ler** 男 密貿易者, やみ商人. **≈kat·ze** 女〘動〙ジャコウネコ(麝香猫)〔科の動物〕. **≈wa·re** 女 密貿易品, 禁制品. **≈weg** 男 抜け道, 間道;《比》不法(不正)手段: auf ~en 不法手段で, こっそり. **≈wer·bung** 女 (新聞・放送などで正規の宣伝・広告手段によらず一般記事・報道の中にまぎれこませた)もぐり宣伝〈広告〉.

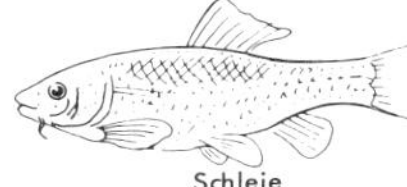
Schleie

Schleie[ʃláɪə] 女 -/-n〘魚〙テンチ(ヨーロッパ産のコイ(鯉)の一種: → 図). [*westgerm.*; ◇〔Sch〕leim, schleifen[1]]

Schlei·er[ʃláɪər] 男 -s/- **1** ベール(顔をおおう薄地のかぶりもの: → 図): Braut*schleier* ウェディング=ベール | Trauer*schleier* 喪〈悲しみ〉のベール ‖ den ~ tragen 〈zurückschlagen〉 ベールをかぶっている〈はねあげる〉 | **den ~ nehmen** 《雅》修道院に入る, 尼になる. **2** (視野をおおうもの)とばり, 覆い; (雲・霧などの)薄い層; (正しい認識をそこなう)惑わし, 仮面: der ~ der Nacht 〈des Nebels〉 夜〈霧〉のとばり ‖ **den ~ des Vergessens 〈der Vergessenheit〉 über *et.*[4] breiten** …(不愉快なことなど)を忘れる | **einen ~ vor den Augen haben** はっきり見えない; 《比》物事を正しく判断できない | einen ~ über *et.*[4] legen …をおおい隠す | **den ~ 〔des Geheimnisses〕 lüften** 秘密のベールをはがす | ***jm.* den ~ vom Gesicht reißen** 《比》…の仮面をはぎとる. **3**〘写〙かぶり, くもり. **4**〘鳥〙顔盤(フクロウ・ミミズクなどの目をかこむ羽の環), 面状羽毛. **5**〘植〙**a**) (キノコ類の)菌膜. **b**) (シダ類の)包膜. [*mhd.*]

Brautschleier

Gesichtsschleier

Trauerschleier

Schleier

Schlei·er≈eu·le 女〘鳥〙メンフクロウ(面梟). **≈flor** 男〘織〙クレープ. **≈gips·kraut** 中〘植〙コゴメナデシコ(小米撫子).

schlei·er·haft[ʃláɪərhaft] 形《話》はっきりしない, あいまいな; なぞめいた; 不可解な, 見通しのきかない: Das ist mir völlig ~. それは私にはさっぱりわからない.

schleie·rig[ʃláɪərɪç][2] 形 半透明の, 薄くかすんだ; (涙で)うるんだ; 《比》覆い隠された.

schlei·er·los[ʃláɪərloːs][1] 形 ベールをつけない; 《比》はっきりした, 曇りのない.

Schlei·er·ma·cher[ʃláɪərmaxər] 人名 Friedrich ~ フリードリヒ シュライエルマッハー(1768-1834; ドイツの哲学者・神学者. 著作『宗教論』など).

Schlei·er≈schwanz[ʃláɪər..] 男〘魚〙尾びれの大きな金魚(リュウキンなど). **≈tanz** 男 (薄ぎぬの衣装のみをまとって踊る)ベールの舞. **≈tuch** 中 -〔e〕s/..tücher **1** ベール用生地, ローン. **2** = Schleier 1 **≈zwang** 男 (イスラム教で定めた女性の)ベール着用の義務.

Schleif≈acker[ʃláɪf..] 男《話》(軍隊の)演習地, 演習場. **≈au·to·mat** 男 自動研削盤. **≈bahn** 女 (氷上の)滑走路. **≈band** 中 -〔e〕s/..bänder〘工〙研磨ベルト, 帯やすり. **≈bank** 女 -/..bänke〘工〙研磨用旋盤. **≈bock** 男 = Schleifmaschine [< schleifen[1]]

Schlei·fe[1][ʃláɪfə] 女 -/-n **1** (ひもの両端を〔輪状に〕結んだもの, およびそれに似たもの. 例えば:) **a**) 輪〔結び〕: eine ~ binden 〈lösen〉 輪を結ぶ〈ほどく〉. **b**) (髪・帽子などの)リボン(→ 図 Hut): eine ~ im Haar tragen 髪にリボンをつけている. **c**) (Fliege) ちょうネクタイ. **d**) 環状カーブ: Der Fluß macht hier eine ~. 川はここで大きく環状に曲がっている | Das Flugzeug zieht ~*n*. 飛行機が宙返りをする. **2** (動物・鳥を捕らえる)わな: eine ~ machen わなを作る. [*ahd.* slouf; ◇ Schlaufe]

Schlei·fe[2][ʃláɪfə] 女 -/-n **1** = Schleifbahn **2** そりの一種. [*ahd.* sleifa; ◇ schleifen[2]]

schlei·fen[1]*[ʃláɪfən] (140) **schliff**[ʃlɪf] / **ge·schlif·fen**; 接II schliffe

I 他 (h) **1** 《*et.*[4]》 **a**) (刃物などを)研ぐ, 鋭くする: ein Messer 〈eine Säge〉 ~ 小刀〈のこぎり〉を研ぐ. **b**) (…の表面を)磨く, 研磨する: Diamanten ~ ダイヤモンドを研磨する | *jm.* die Eier ~ (→Ei 3) | das Brett mit Sandpapier ~ 板にサンドペーパーをかける ‖ ein schön *geschliffener* Edelstein 美しく磨き上げられた宝石. **2** 《話》《*jn.*》きびしく鍛える, しごく: die Rekruten ~ 新兵をしごく.

II 自 (s, h) 《方》(氷の上を)滑る: Es geht ~. 《話》そいつはうまくいかない, そいつはだめだ.

III ge·schlif·fen → 別出

[*ahd.* slīfan „gleiten"; ◇ schlecht, Schleie, schleichen, schlüpfrig]

schlei·fen[2][−] **I** 他 (h) **1** (schleppen) 引きずる, 引っぱってゆく; 《話》無理に連れてゆく: einen Sack über den Boden ~ 袋を地面の上を引きずるようにして運ぶ | einen Ton ~〘楽〙ある音を〔次の音へ〕なめらかに移行させる | Er *schleifte* sie von einer Bar zur anderen. 彼は彼女をバーからバーへとむりやりひっぱり回した ‖ ein *schleifender* Reim 滑走韻, ダクチュロス脚韻(→Reim 1). **2** (城塞(じょうさい)など, 堅牢な建物を)とり壊す, 平らにする: ein Haus ~ 家屋をとり壊す.

II 自 (h, s) (物の表面を)引きずるように移動する: Das Kleid *schleift* am 〈auf dem〉 Boden. ドレスのすそが床に垂れている | Die Zügel *schleifen* auf der Erde. 手綱が地面をこすっている | die Zügel ~ lassen (→Zügel 1) | die Kupplung ~ lassen 半クラッチにする. [*ahd.* slei〔p〕fen „schleppen"; ◇ schleifen[1], schleppen]

Schlei·fen≈blu·me 女〘植〙マガリバナ(曲花)属, イベリス. **≈flug** 男〘空〙宙返り. **≈wick·lung** 女〘電〙重ね巻き.

Schlei·fer[ʃláɪfər] 男 -s/- (schleifen[1]する人・もの. 例えば:) **1 a**) (刃物の)研ぎ師; 研磨工, 宝石細工師. **b**) 《話》(初年兵訓練係の)鬼下士官. **2**〘楽〙シュライファー(装飾音の一種). **3** 3拍子のゆるやかな昔の舞曲. **4** 《スイス》ほら吹き, 悪党.

Schlei·fe·rei[ʃlaɪfəráɪ] 女 -/-en **1 a**) 《単数で》(schleifen[1] I 1すること. 例えば:) 研ぎ, 研磨. **b**) 研磨の仕事〈職業〉. **c**) 研磨工場. **2** 《話》(猛烈な)しごき.

Schleif·fun·ken·pro·be[ʃláɪf..] 女〘金属〙(鋼質を調べるための)火花試験, スパークテスト.

Schleif≈kon·takt 男〘電〙すべり接触. **≈lack** 男 家具用のつや出しワニス〔の一種〕. **≈ma·schi·ne** 女 研削盤, やすり盤. **≈mit·tel** 中 研磨材〈剤〉. **≈müh·le** 女《話》厳しい軍事教練; 猛訓練で鳴る部隊; 厳格なしつけで有名な学校. **≈pa·pier** 中 (Sandpapier) 紙やすり, サンドペーパー. **≈rad** 中 = Schleifscheibe **≈rie·men** 男 革砥(かわと). **≈ring** 男〘電〙集電環, 滑動環. **≈schei·be** 女 研磨盤, 砥石(といし)車. **≈stein** 男 **1** (Wetzstein) 砥石: die Sichel am ~ schärfen 〈wetzen〉 鎌(かま)を砥石でとぐ. **2** 《話》練兵場, 営庭. **3** 《卑》(Penis) 陰茎, 男根.

Schleif·stein·was·ser 中 -s/ 《話》(濁って酸味を帯びた)下等ワイン.

Schleif·stoff 男 研磨材.

Schlei·fung[ʃláɪfʊŋ] 女 -/-en (schleifen[2]すること. 特に:) (要塞(ようさい)などの)とり壊し.

Schleim[ʃlaɪm] 男 -〔e〕s/-e **1 a**)〘生理〙粘液: Magen*schleim* 胃粘液 | Nasen*schleim* 鼻汁 ‖ ~ absondern 粘液を分泌する. **b**) 《卑》(Sperma) 精液. **2**〘料理〙かゆ. **3** 《話》おべんちゃら, うれしがらせ. [*germ.* „Schlamm"; ◇ Leim, Schleie; *engl.* slime]

Schleim≈aal[ʃláɪm..] 男〘魚〙メクラウナギ(盲鰻)〔類〕. **≈ab·son·de·rung** 女 粘液の分泌. **≈beu·tel** 男〘解〙粘液(滑液)嚢(のう).

schleim·bil·dend 形 粘液を作り出す: ~*e* Bakterien〘細菌〙粘質形成細菌.

Schleim·drü·se 女〘解〙粘液腺(せん).

schlei·men[ʃláɪmən] **I** 自 (h) **1 a**) 粘液〔状のもの〕を

出す, 粘ってくる. **b)** 《卑》(ejakulieren) 射精する; 手あたり次第に性的関係を結ぶ. **2** 《話》おべんちゃら〈心にもないこと〉を言う〈書く〉. **II** 他 (h) 《*et.*[4]》(…の) 粘液〈ねば〉を取り除く: Aale ～ ウナギのぬめりを取る.

Schlei·mer[ʃláɪmər] 男 -s/- 《話》心にもないことを言ったり書いたりする人, おべっか使い.

Schleim≠fie·ber[ʃláɪm..] 中 〘医〙粘液熱, 軽症チフス. **≠fluß** 男 〘医〙粘液漏. **≠ge·we·be** 中 〘解〙粘液組織. **≠haut** 女 〘解〙粘膜: die ～ der Nase / Nasen*schleimhaut* 鼻粘膜.

schlei·mig[ʃláɪmɪç][2] 形 **1 a)** 〘医〙粘液〔性〕の: ～*er* Stuhl 粘液便. **b)** 粘液様の, ねばねばした: *sich*[4] ～ anfühlen さわった感じが粘っこい | eine ～*e* Spur über das Blatt ziehen (かたつむりなどが) ねばねばしたあとを引きながら葉っぱを渡ってゆく. **2** 《話》卑屈な, 偽善的な, 猫かぶりの.

Schleim·krebs[ʃláɪm..] 男 〘医〙粘液癌(がん).

Schleim·lecker 男 《話》おべっか使い.

schleim·lö·send[..lø:zənt][1] 形 〘薬〙粘膜溶解性の.

Schleim≠pilz 男 -es/-e 《ふつう複数で》〘植〙粘菌類, 変形菌類. **≠säu·re** 女 〘化〙粘液酸.

Schleim·schei·ßer 男 《話》口のうまい人間; 追従者; 臆病(おくびょう)者.

Schleim·sup·pe 女 = Schleim 2

schlei·ßen(*)[ʃláɪsən] 《141》 **schliß**[ʃlɪs], **schleiß·te** / **ge·schlis·sen, ge·schleißt;** 接II schlisse, schleißte
I 他 (h) (木などを) 割る, 裂く; (樹皮などを) 剝(は)ぐ; むしり取る: Federn ～ にこ毛をむしり取る. ▽**II** 自 (s) 《不規則変化》(布地などが) すぐすり切れる〈だめになる〉. [*germ.*; ◇Schild, schlitzen]

schlei·ßig[ʃláɪsɪç][2] 形 《南部》(服・布地などについて) 着古した, すり切れた.

Schle·mihl[ʃlemí:l] 男 -s/-e 《話》へまばかりやらかす男, ついてない男. [*jidd.*]

schlemm[ʃlɛm] **I** 形 〘トランプ〙全勝の: ～ **machen** (ブリッジ・ホイストで) 全勝する, スラムをやる. **II Schlemm** 男 -s/-e 〘トランプ〙(ブリッジ・ホイストの) スラム. [*engl.* slam]

schlem·men[ʃlέmən] 自 (h) 美食する, うまいものをたっぷり飲み食いする. [＜schlampen]

Schlem·mer[..mər] 男 -s/- 美食家, 食い道楽.

Schlem·me·rei[ʃlɛməráɪ] 女 -/-en 美食, 飽食.

schlem·mer·haft[ʃlέmərhaft] 形 美食の, 飲食にぜいたくな.

Schlem·mer≠le·ben 中 -s/ 美食生活, ぜいたくざんまいな暮らし. **≠mahl** 中 ぜいたくな食事.

Schlem·pe[ʃlέmpə] 女 -/-n (穀類・ジャガイモなどから蒸留酒を製造する際の) 残りかす (家畜の高級飼料となる). [„Spülwasser"]

▽**Schlen·der**[ʃlέndər] 男 -s/ **1** = Schlendergang **2** = Schlendrian

Schlen·der·gang 男 ゆっくり歩く〈ぶらつく〉こと.

schlen·dern[ʃlέndərn] 《05》自 (s) ゆっくり歩く, ぶらつく: durch die Straßen ～ 町をぶらぶら歩く. [„gleiten"; *ndd.*; ◇schlingen[2]]

Schlen·der·schritt 男 ぶらぶらした歩きぶり, 漫歩.

Schlend·rian[ʃlέndria:n] 男 -〔e〕s/ 《話》だらだらした〈旧態依然たる〉仕事ぶり: am alten ～ festhalten 相変わらずだらだらした仕事を続ける. [＜*jān* „Arbeitsgang"]

Schlen·ge[ʃlέŋə] 女 -/-n 《北部》(護岸用の) そだ束; 防水堤. [*mndd.*; ◇schlingen[1]]

Schlen·ker[ʃlέŋkər] 男 -s/- 《話》**1** (急に) 弧を描く〈カーブを切る〉こと. **2 a)** (ちょっとした) 回り道, 寄り道. **b)** (本筋からの) 逸脱.

Schlen·ke·rich[..kərɪç] (**Schlenk·rich**[..krɪç]) 男 -s/-e 《中部》**1** 急激な衝動〈振動〉. **2** のんきに暮らしている人. **3** (ちょっとした) 回り道, 寄り道.

schlen·ke·rig[ʃlέŋkərɪç][2] (**schlenk·rig**[..krɪç][2]) 形 **1** ぶらぶら動いて〈揺れて〉いる, ぶれている. **2** (衣服などが) だぶだぶの.

schlen·kern[ʃlέŋkərn] 《05》 **I** 他 (h) **1** ぶらぶら動かす〈振る〉: die Arme ～ 腕をぶらぶらさせる. **2** 投げる, 放り出す: die tote Schlange ins Gebüsch ～ 死んだ蛇をやぶにぽいと投げる.
II 自 **1** (h) 《mit *et.*[3]》(…を) ぶらぶらさせる: mit den Armen ～ 腕をぶらぶらさせる. **2** (h) ぶらぶらゆれる, ぶれる; (洋服が) だぶだぶである: Der Vorhang *schlenkert* im Wind. カーテンが風に揺れている | Der Wagen begann in der Kurve zu ～. 車はカーブのところでしりを振り始めた | Das weite Kleid *schlenkert* um den Körper. この洋服はだぶだぶだ ‖ einen *schlenkernden* Gang haben 足もとがふらついている. **3** (s) 《方》= schlendern
[＜*ahd.* slengira „Schleuder" (◇schlingen[1])]

Schlenk·rich = Schlenkerich

schlenk·rig = schlenkerig

schlen·zen[ʃlέntsən] 《02》他 (h) 〘ホッケー・アイスホッケー〙(スティックを振らずに手首だけを動かして球を) 突く, 押す; 〘サッカー〙(足に反動をつけずに足首だけを動かして球を) ける.

Schlen·zer[ʃlέntsər] 男 -s/- schlenzen によるキック〈シュート〉.

Schlenz·schuß 男 〘ホッケー・アイスホッケー〙schlenzen によるシュート.

Schlepp[ʃlɛp] 男 《もっぱら im 〈in〉 Schlepp の形で》im ～ fahren (船が他の船に) 曳航(えいこう)〈牽引(けんいん)〉してもらう | *jn.* 〈*et.*[4]〉 **im ～ haben** …を引っぱっている; 《話》…を伴って〈引き連れて〉いる; …に追われている | *et.*[4] **in ～ nehmen** …を曳航〈牽引〉する | *jn.* in ～ nehmen …をむりやり連行する.

Schlepp≠an·gel[ʃlέp..] 女 〘漁〙ひき縄釣り〈トローリング〉用の釣り道具. **≠an·hän·ger** 男 被牽引(けんいん)車, トレーラー. **≠an·ker** 男 (Treibanker) 〘海〙ドリフト=アンカー. **≠an·ten·ne** 女 (航空機用の) 垂下空中線. **≠au·to** 中 (グライダーなどの) 牽引自動車. **≠boot** 中 引き船, タグボート. **≠dach** 中 差しかけ屋根. **≠damp·fer** 男 蒸気引き船, タグボート. **≠dienst** 男 曳航(えいこう)〈曳船〉〔業務〕.

Schlep·pe[ʃlέpə] 女 -/-n **1** (婦人服の) 引き裾(すそ), 長裾: *jm.* die ～ tragen …のために長裾を持ってやる; 《比》甘んじて…の後塵(こうじん)を拝する. **2** 〘農〙土ならしの道具. **3** 〘海〙(落差のある水域のための) 曳航(えいこう)施設. **4** 〘狩〙**a)** (猟犬訓練用の) 模擬臭跡. **b)** (猟獣をおびき寄せるために綱先につけた) ウサギ〔など〕のはらわた. **c)** (葦(あし)などの中の) 水鳥の通り道. [*ndd.*]

schlep·pen[ʃlέpən] **I** 他 (h) **1 a)** 《*et.*[4]》引きずるようにして〈苦労して〉運ぶ: schwere Koffer zum Bahnhof ～ 重いトランクを駅まで持ってゆく | Kohlen in den Keller ～ 石炭を地下室に運ぶ | *et.*[4] auf dem Rücken ～ …を背中にしょって運ぶ | einen Kummer mit *sich*[3] ～ 心配ごとをかかえている. **b)** 《話》《*jn.*》(…をむりやり) 引っぱってゆく: *jn.* vor den Richter ～ …を裁判官の前に引き出す | *jn.* von einer Sehenswürdigkeit zur anderen ～ …を案内して観光名所を次から次へと引っぱり回す. **2** 《*et.*[4]》(自分の後ろに) 引っぱってゆく; 曳航(えいこう)する: Netze ～ (漁船が) 網を曳行する | ein Passagierschiff in den Hafen ～ 客船を港に曳航する | ein Segelflugzeug auf Höhe ～ グライダーを上空へ曳航する | ein Bein ～ 一方の足を引きずるようにして歩く. **3 a)** 再帰 *sich*[4] ～ 苦労して移動する, 引きずるようにして動く: *sich*[4] zum Bett ～ 這(は)うようにしてベッドにたどりつく | *sich*[4] am Stock 〈an Krücken〉 ～ ステッキ〈松葉づえ〉を頼りに体を引きずるようにして歩く | Ich *schleppe* mich bloß noch. 《話》私はもはやかろうじて生きているだけといった状態だ. **b)** 再帰 *sich*[4] 〔mit *et.*[3]〕 ～ 苦労して〔…を〕運ぶ | *sich*[4] mit einem schweren Sack ～ 重い袋をうんこらしょと運ぶ | *sich*[4] halb zu Tode ～ (荷物運びで) くたくたになる | *sich*[4] mit einem alten Leiden ～ 宿痾(しゅくあ)に悩まされる. **4** 再帰 *sich*[4] ～ 遅れる, 延引する: Der Prozeß *schleppt* sich nun schon ins fünfte Jahr. 訴訟はもうこれで5年目にずれ込んでいる. **5** 《話》(衣服などを) 着古す, ぼろぼろになるまで着る. **6** (Schleppe 2 を使って畑を) ならす, 耕す.
II 自 (h) **1** 引きずるようにして移動する: Der Anker *schleppt* über den Grund. 錨(いかり)が底を引きずる. **2** (衣服が床に着くほど) 垂れ下がっている: Der Mantel *schleppt.* このコートはすそをひきずっている.
III schlep·pend 現分 形 引きずるような, だらだらした, 緩慢な: ein ～*er* Gang のろのろした歩み | ein ～*er* Gesang 間

のびのした歌唱 | eine ～*e* Unterhaltung とどこおりがちの会話 ‖ ～ sprechen 途切れ途切れに話す ‖ Der Absatz war ～. 売れ行きははかばかしくなかった.
[*mndd.*－*mhd.*; ◇schleifen²]

Schlẹp·pen≈kleid ＝Schleppkleid **≈trä̲·ger** 男 **1** (貴婦人・花嫁などの)裾(すそ)持ち. **2** 《比》卑屈な使用人, ちょうちん持ち.

Schlẹp·per[ʃlɛ́pər] 男 -s/- **1** (schleppen する人. 例えば:) **a)** (いかがわしいバー・ナイトクラブなどの)客引き, ぽん引き, 呼び込み. **b)** (〔国外への〕逃亡などの)手びきをする人, 逃亡幇助(ほうじょ)者. **c)** 《坑》運搬作業員, 後山(あとやま)鉱員. **2** (schleppen するもの. 例えば:) **a)** 引き船, タグボート. **b)** 牽引(けんいん)車, トラクター.

Schlẹp·per·dienst ＝Schleppdienst

Schlep·pe·re̲i[ʃlɛpəráɪ] 女 -/-en 《話》しきりに引っぱること, 大汗をかいて運搬すること.

Schlẹpp≈fi·sche·rei[ʃlɛ́p..] 女 《漁》ひき縄釣り, トローリング. **≈flu̲g** 男 《空》(グライダーの)飛行機曳航(えいこう)〔発進法〕. **≈flu̲g·zeug** 中 《空》(グライダーの)曳航航行機. **≈jagd** 女 《狩》Schleppe 4 a を用いての模擬猟. **≈ka̲hn** 男 (引き船に曳航される無動力の)貨物運搬用のはしけ. **≈kleid** 中 長裾(すそ)のついた婦人服. **≈lift** 男 (スキーヤーがスキーをはいたままで引っぱり上げてもらう)ティーバーリフト. **≈lohn** 男 曳船〈曳航〉料. **≈netz** 中 《漁》底引き網, トロール網(→ 図).

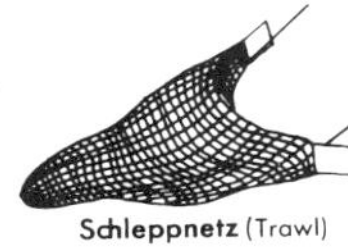
Schleppnetz (Trawl)

Schlẹpp·netz≈fi·scher·boot 中 底引き網〈トロール〉漁船. **≈fi·sche·rei** 女 底引き網〈トロール〉漁業.

Schlẹpp≈sä·bel[ʃlɛ́p..] 男 (床に引きずるような)長剣. **≈schei·be** 女 《軍》(飛行機によって曳行(えいこう)される)空中標的. **≈schiff** 中 引き船, 曳航船. **≈schiffa̲hrt** (**≈schiff·fa̲hrt**) 女 (船の)曳航〔業〕. **≈schif·fer** 男 はしけの船頭. **≈seil** 中 ＝Schlepptau **≈start** 男 《空》(グライダーの)曳航発進. **≈tau** 中 -〔e〕s/-e **1** 引き索(づな): ein ～ an *et.*³ befestigen 引き索を…に固定する ‖ ***jn.*** 〈***et.***⁴〉 **im ～ haben** 《話》…を伴って〈引き連れて〉いる; …に追われている | *et.*⁴ ins ～ nehmen …を曳航する | ***jn.* ins ～ nehmen** 《話》…(能力のない人・消極的な人など)を一緒に引っぱってゆく | in *js.* ～ geraten 《話》…の支配下に入る. **2** 《空》(グライダーや気球の)曳航〈誘導〉索. **≈ten·der** 男 《鉄道》炭水車(蒸気機関車の後に連結され, これに石炭と水を供給する). **≈ver·su̲ch** 男 曳航テスト. **≈wa̲·gen** 男 牽引(けんいん)〔自動〕車. **≈win·de** 女 《空》(グライダーの)曳航索. **≈zu̲g** 男 (引き船にひかれた)はしけの列.

Schle̲·si·en[ʃléːziən] 地名 シュレージエン, シレジア(ポーランド南部の地方で, 重工業地帯. 旧ドイツ領. 英語形 Silesia, ポーランド語形 Śląsk シロンスク). [*germ.*－*slaw.*]

Schle̲·si·er[..ziər] 男 -s/- シュレージエン〈シレジア〉の人.

schle̲·sisch[..zɪʃ] 形 シュレージエン〈シレジア〉の: im *Schlesischen* シュレージエン方言〈地方〉で.

Schle̲s·wig[ʃléːsvɪç] 地名 シュレースヴィヒ(中世には公国. 現在はドイツ Schleswig-Holstein 州の Schlei 湾に臨む港湾都市). [＜Slias-wig „Ort an der Schlei"]

Schle̲s·wi·ger[..vɪgər] **I** 男 -s/- シュレースヴィヒの人. **II** 形 《無変化》シュレースヴィヒの.

Schle̲s·wig-Ho̲l·stein[ʃléːsvɪçhɔ́lʃtaɪn] 地名 シュレースヴィヒ＝ホルシュタイン(ドイツ北部, Jütland 半島の南半部を占める州で, 州都は Kiel. もとは二つの公国で,19世紀にその帰属をめぐって戦争が繰り返された. 1866年プロイセン領. 第一次大戦後, シュレースヴィヒの北部はデンマーク領となった).
[＜*ahd.* Holt-sati „die im Wald Ansässigen" (◇Holz, Sasse²)]

Schle̲s·wig-Ho̲l·stei·ner[..nər] **I** 男 -s/- シュレースヴィヒ＝ホルシュタインの人. **II** 形 《無変化》シュレースヴィヒ＝ホルシュタインの.

schle̲s·wig-ho̲l·stei·nisch[..nɪʃ] 形 シュレースヴィヒ＝ホルシュタインの.

schle̲s·wi·gisch[ʃléːsvɪgɪʃ] (**schle̲s·wigsch**[..vɪkʃ]) 形 シュレースヴィヒの.

Schleu̲·der[ʃlɔ́ʏdər] 女 -/-n **1 a)** (投石用の)パチンコ(→ 図 Katapult). **b)** 《史》(昔の武器としての)投石機, 弩(いしゆみ). **2 a)** (Zentrifuge) 遠心〔分離〕機. **b)** (Wäscheschleuder) (洗濯機の)回転式〔遠心〕脱水装置. **3** (大鎌(かま)の)腕革.

Schleu̲·der≈ar·beit 女 投げやりな〈ぞんざいな〉仕事. **≈aus·fu̲hr** 女 ダンピング輸出. **≈ball** 男 《スポーツ》**1** 《単数で》シュロイダー＝バル, 擲球(てきゅう). **2** (革製の)シュロイダー＝バル用のボール. **≈be·ton**[..betɔŋ] 男 《工》(ヒューム管などの)遠心力鉄筋コンクリート. **≈brett** 中 (ばねのよくきいた)跳躍用踏切板.

Schleu̲·de·rer[ʃlɔ́ʏdərər] (**Schleu̲·drer**[..drər]) 男 -s/- (schleudern する人. 例えば:) 投石者; 《商》投げ売り商人.

Schleu̲·der≈flu̲g·zeug[ʃlɔ́ʏdər..] 中 《空》カタパルト発進用飛行機. **≈gang** 男 (洗濯機の)脱水の段階(→ Waschgang). **≈ge·fa̲hr** 女 (自動車の)横すべり〈スキッド〉の危険. **≈ge·schäft** 中 投げ売り商売, ダンピング. **≈ho̲·nig** 男 (遠心分離機で処理した)精製蜂蜜(はちみつ). **≈kraft** 女 遠心力. **≈ma·schi̲·ne** 女 遠心分離機.

schleu̲·dern[ʃlɔ́ʏdərn] 《05》 **I** 他 (h) **1 a)** (力をこめて・弾みをつけて)投げる, 投げつける, 投げ飛ばす: einen Stein ～ 石を投げる | den Diskus 〈den Hammer / den Speer〉 ～ (陸上競技で)円盤〈ハンマー・槍(やり)〉を投げる ‖ *et.*⁴ an die Wand 〈auf den Boden〉 ～ …を壁に投げつける〈床にたたきつける〉 | *jn.* aus der Bahn ～ 《比》…の人生航路を狂わせる | *jn.* den Handschuh ins Gesicht ～ (→Handschuh 1) | *jm.* Vorwürfe ins Gesicht 〈an den Kopf〉 ～ …を面と向かって非難する | gegen *jn.* den Bannstrahl ～ 《比》(教皇などが)…を破門する ‖ aus dem Wagen *geschleudert* werden (衝撃で)車の外へ放り出される. **b)** 《空》(カタパルトで)射出〈発射〉する. **2** 遠心分離機にかける: Honig ～ 遠心分離機にかけて蜜房から蜂蜜(はちみつ)を取り出す | die Wäsche ～ (洗濯機で洗濯物を)脱水装置にかける(→Schleuder 2 b).

II 自 **1** (s) (自動車などが)横すべり〈スキッド・スピン〉する. ▽**2** (h) mit den Armen ～ 腕を振り回す | mit einer Ware ～ 商品を投げ売り〈捨て売り〉する.

III Schleu̲·dern 中 -s/ schleudern すること: **ins ～ geraten** 〈**kommen**〉 (自動車などが)横すべりする, スピンする; バランスを失う; 《話》(制御がきかなくなって)混乱に陥る, 事態に対処できなくなる | ***jn.* ins ～ bringen** 《話》…の気持を混乱させる, …をおろおろ〈どぎまぎ〉させる.
[*mhd.* slūdern (→schludern)]

Schleu̲·der≈preis[ʃlɔ́ʏdər..] 男 捨て値: *et.*⁴ zu ～*en* verkaufen …を捨て値で売る. **≈pum·pe** 女 《工》渦巻きポンプ. **≈sitz** 男 《空》射出座席(緊急時のための射出脱出装置付きの座席). **≈spu̲r** 女 (自動車の)横すべり〈スキッド〉の跡. **≈start** 男 《空》カタパルトによる射出〈発進〉. **≈trau·ma** 中 《医》鞭打(むちう)ち症. **≈ver·kauf** 男 投げ売り, ダンピング. **≈wa̲·re** 女 投げ売り〈見切り〉品.

Schleu̲·drer ＝Schleuderer

schleu̲·nig[ʃlɔ́ʏnɪç]² **I** 形 《述語的用法なし》非常に早い, 早速の, 至急の, 迅速な: ～*e* Hilfe 迅速な援助 | mit ～*en* Schritten ひどく足早に | Wir bitten Sie um ～*e* Rückgabe des Buches. その本を至急ご返却ください ‖ ～ weglaufen 急いで走り去る; そそくさと立ち去る.

II schleu̲·nigst 副 《schleunig の最上級》迅速に, 即座に, 大至急: Ich muß ～ nach Hause. 私は大至急帰宅しなければならない | Gib mir das Buch ～ zurück! その本を即刻返してくれ ‖〖まれに付加語形容詞として〗～*e* Erledigung erwarten 即刻処理されることを期待する.
[*mhd.* sliunec; ＜*ahd.* sniumo „sofort" (◇Schnur²)]

Schleu̲·se[ʃlɔ́ʏzə] 女 -/-n **1 a)** (水量調節のための)水門: die ～ öffnen 〈schließen〉 水門を開く〈閉じる〉 | die ～*n* *seiner* Beredsamkeit öffnen 〈aufziehen〉 《比》堰(せき)を切ったようにしゃべり出す | Die ～*n* des Himmels öffnen sich. / Der Himmel öffnet seine ～*n*. 《雅》(天の水門

S

が開かれたように)どしゃ降りの雨が降る | Bei ihm sind nun alle ~*n* geöffnet. いまや彼はこれまで押えつけていたすべての感情をほとばしるがままにさせている. **b**) (水位調節のための仕切り空間を備えた運河の)閘門(こうもん), ロック(→ 図): Das Schiff fährt zunächst in eine ~ ein. 船はまず閘門〔のロック室〕へ進入する. **2** (河川の)樋門(ひもん). **3** 下水渠(きょ). **4** (Luftschleuse) エアロック, 気閘(きこう). [*mlat.* exclūsa−*afr.* escluse−*mndl.*; ◇ex..¹, Klause; *engl.* sluice]

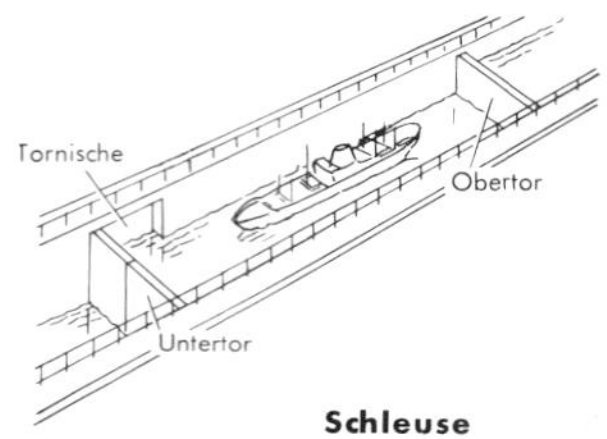

Schleuse

schleu·sen[ʃlɔ́ʏzən]¹ 《02》 他 (h) **1** (運河の)閘門(こうもん)〈水門〉を開いて通航させる: ein Schiff durch einen Kanal ~ 船に運河を通航させる. **2** (障害を)通過させる, 通す; 違法に〈こっそり〉通す: eine Autokolonne durch den Verkehr ~ 自動車の長い列を交通ラッシュの中を通過させる | Die Reisenden wurden durch die Paßkontrolle *geschleust.* 旅行者たちは〔いちいち〕パスポートの検査を受けて通行させられた | *jn.* heimlich über die Grenzen ~ …をこっそり越境させる. **3** (下水などを)排水する; (ガスを)放出する.

Schleu·sen≠geld 中 水門通過料. **≠kam·mer** 女 (水門の)ロック室, 閘室(こうしつ). **≠mei·ster** 男 水門管理人. **≠tor** 中 (運河・ダム・ドックなどの)水門, スルースゲート. **≠wär·ter** 男 =Schleusenmeister

schleuß[ʃlɔʏs] schließ〔e〕(schließen の命令法単数)の古形.

schleu·ßest[ʃlɔ́ʏsəst] schleußt (schließen の現在 2 人称単数)の別形.

schleußt[ʃlɔʏst] schließt (schließen の現在 2・3 人称単数)の古形.

Schleu·sung[ʃlɔ́ʏzʊŋ] 女 -/-en schleusen すること.

schlich[ʃlɪç] schleichen の過去.

Schlich¹[−] 男 -〔e〕s/-e **1** (Schleichweg) 間道, 抜け道: einen ~ machen《話》(親の目をぬすんで)こっそりと女〈男〉の子と会う. **2** 《ふつう複数で》《話》計略, 策略, 手管: jeden ~ 〈alle ~*e*〉 kennen / *sich*³ alle 〔möglichen〕 ~*e* verstehen あらゆる手を知り抜いている; 抜け目がない | ***jm.* auf die ~*e* kommen / hinter *js.* ~*e* kommen** …の計略を見破る.

Schlich²[ʃlɪç] 男 -〔e〕s/-e **1** 《金属》精鉱, 粉鉱. **2** 《方》=Schlick 1 [*ahd.* „Schlamm"; ◇Schlick]

schli·che[ʃlíçə] schleichen の接続法 II.

schlicht[ʃlɪçt] **I** 形 **1** (einfach) **a**) (衣服・生活などが)簡素な, 質素な; 地味な: ein ~*es* Leben 簡素な生活 | eine ~*e* Mahlzeit 質素な食事 ‖ Sie kleidet sich ~. 彼女はつましい身なりをしている. **b**) 素直な, 飾り気のない, あっさりした, 率直な: natürlich und ~ / ~ und natürlich 自然で飾り気のない ‖ ein ~*er*, aufrichtiger Mensch 率直で誠実な人 | ~*e* Leute 素朴な人々, 庶民 | ein ~*es* Wesen つつましい人柄 ‖ *jm.* die Wahrheit ~ sagen …に真実〈真相〉をあからさまに〈ありのままに〉告げる. **c**) 単純な: ~*es* Pfandrecht 《法》単純質権 | *jn.* mit ~*em* Abschied entlassen …を(情状酌量もせず)無条件解職によってくびにする ‖ **~ um ~** 品物と品物を直接交換して, 物々交換で.

2 a) (glatt) (髪が)くせのない, 素直な, まっすぐな(→ 図 Haar B): ~*es* Haar (縮れていない)まっすぐな髪 | das Haar ~ zurückgekämmt tragen 髪を櫛(くし)で平らになでつけている. ᵛ**b**) (eben) 平たい. ᵛ**c**) (gerade) まっすぐな.

3 《北部・中部》=schlecht

II 副 **1** →I **2** およそ, 全く, 理屈抜きに: Das ist ~ gelogen. それは全くのうそっぱちだ | Das habe ich ~ vergessen. 私はそれをすっかり忘れていた | Er ist ~ ein Feigling. 彼は全くの腰抜けだ ‖ **~ und einfach** / 《戯》**~ und ergreifend** およそ, 全く. [*mndd.*; ◇schlecht, schlichten]

Schlich·te[ʃlɪ́çtə] 女 -/-n **1** 《工》(織り糸を滑らかにする)のり. **2** 《金属》(型込めの)面削り.

Schlicht·ei·sen 中 (皮なめし用)削り具.

schlich·ten[ʃlɪ́çtən] 《01》 他 (h) **1** (争いなどを)調停する, 仲裁する; 示談にする; (意見の相違を)調整する: Besser ~ als richten. 《諺》裁くよりはまとめよ. **2** (glätten) **a**) 《工》(金属・木材などを)仕上げ(精密)削りする. **b**) (皮を)仕上げなめしする. **c**) (織り糸に)のりづけして滑らかにする. [*ahd.*; ◇schlecht]

Schlich·ter [ʃlɪ́çtər] 男 -s/- (⊛ **Schlich·te·rin** [..tərɪn]-/-nen) 調停者, 仲裁者.

Schlicht≠fei·le 女 細目やすり (→Schruppfeile). **≠ham·mer** 男 仕上げハンマー.

Schlicht·heit[ʃlɪ́çthaɪt] 女 -/ schlicht なこと.

Schlicht≠ho·bel 男 仕上げかんな(→Schrupphobel). **≠leim** 男 (織物の)のり. **≠ma·schi·ne** 女 仕上げ機; (織物の)のりづけ機. **≠stahl** 男 仕上げバイト〈のみ〉.

Schlich·tung[ʃlɪ́çtʊŋ] 女 -/-en (schlichten すること. 例えば:) 調停.

Schlich·tungs≠amt 中 公の調停機関. **≠aus·schuß** 男, **≠stel·le** 女 調停委員会. **≠ver·fah·ren** 中 **1** 《法》調停手続き. **2** (一般に)調停行為. **≠ver·such** 男 調停の試み. **≠we·sen** 中 -s/ 調停制度.

Schlicht·wal·ze 女 《工》仕上げロール.

schlicht·weg[ʃlɪ́çtvɛk, ⌣⌣] =schlechtweg

Schlick[ʃlɪk] 男 -〔e〕s/-e **1** (海などに堆積(たいせき)した)泥, 泥土, 泥質堆積物(→ 図 Gezeiten): blauer ~ 青どろ(青色の泥質堆積物). **2** 《工》スラッジ. [*mndd.*; ◇schleichen; *engl.* slick]

schlicken[ʃlɪ́kən] 自 (h) 泥で埋まる〈ふさがる〉, 泥だらけになる.

schlicke·rig[ʃlɪ́kərɪç]² (**schlick·rig**[..krɪç]²) 形 **1** 泥だらけの, 泥で埋まった. **2** 泥で滑りやすい, 泥でよごれた; ぬかるみの.

Schlicker·milch[ʃlɪ́kər..] 女 《方》(Sauermilch) 凝乳, 発酵乳, ヨーグルト.

schlickern[ʃlɪ́kərn] 《05》 自 (h) **1** (h, s) 《方》(氷の上を)すべる. **2** 《方》 非人称 《es schlickert》 みぞれが降る. **3** 《方》(牛乳が)凝固する. **4** 《方》(ゼラチンのかたまりのように)ぷるぷる〈ゆらゆら〉ゆれる. **5** 《北部》(naschen) (うまいもの, 特に甘いものなどを)好んで食べる, ちょっとつまむ.

schlick·rig =schlickerig

schlief[ʃliːf] **I** schlafen の過去. **II** schliefen の命令法単数.

Schlief[−] 男 -〔e〕s/-e 《方》(Schliff) (パン・クッキーなどの)生焼けの部分.

schlief·bar[ʃlíːfbaːr] 形 《オーストリア》 煙突掃除夫が這(は)い込める〈這いのぼれる〉ようになっている. [<schliefen]

schlie·fe[ʃlíːfə] **I** schlafen の接続法 II.

II 1 schliefen の現在 1 人称単数. **2** schlief (schliefen の命令法単数)の別形.

schlie·fen*[ʃlíːfən] 《142》 **schloff**[ʃlɔf] / **ge·schlof·fen;** 接II schlöffe[ʃlœ́fə] 自 (s)

1 《狩》(猟犬がアナグマ・キツネなどの穴に)もぐり〈這(は)い〉込む. **2** 《南部・オーストリア》(schlüpfen) するりと滑り込む〈はいる〉: in die Hose ~ ズボンをさっとはく.

[*germ.*; ◇Schlaufe, Schlauch, Schluff, schlüpfen]

Schlie·fer[ʃlíːfər] 男 -s/- 《狩》 **1 a**) (アナグマやキツネの巣穴にもぐり込む)アナグマ猟犬; (Dachshund) ダックスフント. **b**) =Frettchen **2** (Klippschliefer) 《動》ハイラックス. **3** 《方》(皮膚にささった)とげ.

schlie·fe·rig[ʃlíːfərɪç]² =schliefrig

Schlie·ferl[ʃlíːfərl] 中 -s/-〔n〕《オーストリア》 **1** (上役の)機嫌をとる人, おべっかを使う人. **2** 《料理》シュリーフェルル(三日月形のパイの類).

schlie·fig[ʃlíːfɪç]² 形 《方》(パン・クッキーなどが)生焼けの.

schlief·rig[..frɪç]² 形 《方》つるつるした, すべりやすい. [<schliefen]

Schlie·mann[ʃlíːman] 人名 Heinrich ～ ハインリヒ シュリーマン(1822-90; ドイツの考古学者. Troja の遺跡を発掘).

Schlier[ʃliːr] 男 -s/ 《南部・ｵｰｽﾄﾘｱ》(Mergel)〘地〙泥灰岩, マール. [*mhd.*]

Schlie·re[ʃlíːrə] 女 -/-n **1** 《単数で》《中部》ねばねばしたもの; 粘液. **2** 《ふつう複数で》**a**) 〘化〙(光学ガラスなどの)条痕(じょうこん), 条理. **b**) (自動車のフロントガラスにワイパーによって生じた)縞(しま)模様. **3** 〘地〙(火成岩などの)縞状条線, シュリーレン.

schlie·ren[ʃlíːrən] 自 (s, h)〘海〙(索具などが)すべる; (錨(いかり)が)きかない, ずるずると動く.

schlie·rig[..rɪç][2] 形 **1** 《中部》(schleimig) ねばねばした; (schlüpfrig) ぬるぬるした; つるつるした, すべりやすい. **2** 〘地〙条線(脈理)の〔ある〕.

Schlier·sand[ʃlíːr..] 男 《ｵｰｽﾄﾘｱ》(細かい)川砂.

schließ·bar[ʃlíːsbaːr] 形 **1** (扉・容器などが)閉じる〈しめる〉ことのできる, 鍵(かぎ)〈錠〉をかけることのできる. **2** 推論できる, 推論可能な.

Schließ·blech 中 (錠の)受け座.

Schlie·ße[ʃlíːsə] 女 -/-n 締め〈留め〉金, 掛け金; 尾錠, バックル, スナップ.

schlie·ßen*[ʃlíːsən] 《143》 **schloß**[ʃlɔs] / **ge·schlos·sen;** 現 *du* schließt (schließest; ᵛschleuß〔es〕t [ʃlɔ́ʏs(əs)t]), *er* schließt (ᵛschleußt); 命 schließ〔e〕 (ᵛschleuß); 接II schlösse[ʃlœ́sə]

I 他 (h) **1** (英: *close, shut*) (↔öffnen) 《*et.*[4]》 **a**) ① (戸・窓・目・箱などを)閉じる, しめる; (開かれた本・傘などを)元どおりに閉じる; (…に)ふたをする, 封をする; (…に)鍵(かぎ)をかける, 錠をおろす, (服などの)ボタンをはめる: über *et.*[4] die Akten ～ (→Akte 2) | die Augen 〈den Mund〉 ～ 目〈口〉を閉じる | die Augen 〔für immer〕 ～ 《雅》永眠する, 瞑目(めいもく)する | die Bahnschranken ～ (＝herunterlassen) 踏切をしめる | einen Brief ～ 手紙に封をする | ein Buch ～ 本を閉じる | einen Deckel 〈einen Vorhang〉 ～ ふた〈カーテン〉をしめる | die Fenster 〈die Läden〉 ～ 窓〈シャッター〉をしめる | eine Flasche 〔mit einem Korken〕 ～ 瓶に〔コルクで〕栓をする | den Gürtel ～ ベルトをしめる | die Hand 〔zur Faust〕 ～ 握りこぶしをつくる | das Haus ～ 建物の戸じまりをする | den Hemdkragen 〈den Mantel〉 ～ ワイシャツのえり〈コート〉のボタンをはめる | *jm.* ein Kleid ～ …の服のボタン〈ファスナー〉をはめてやる | einen Knopf ～ ボタンをはめる | die Lippen fest ～ 唇を固く閉じる | *seine* Pforte ～ (→Pforte 1 a) | einen Reißverschluß ～ ジッパーをしめる | einen Sack ～ 袋の口を閉じる | einen Schrank ～ 戸棚を〔鍵をかけて〕しめる | die Tür hinter *sich*[3] ～ (入って・出て)後ろ手にドアをしめる | die Tür zweimal ～ (鍵を２度回して)〔ドアに〕二重に鍵をかける ‖ Der Deckel *schließt* den Behälter. ふたが容器を密閉している, 容器にはふたがしてある | Die Zeit *schließt* die Wunde. 時が傷をいやしてくれる ‖ ein hinten zu *schließendes* Kleid (ボタンなどで留める)背あきの服 ‖〘過去分詞で〙Die Tür ist *geschlossen*. ドアがしまっている | die *geschlossene* Bahnschranke 降りている開閉〈遮断〉機 | mit *geschlossenen* Beinen 両足を閉じて, ひざを付け合わせて ‖ 再帰 *sich*[4] ～ しまる, 閉じる(→II 1 a) | Diese Blüten *schließen* sich immer am Abend. これらの花はいつも晩には花びらを閉じる | Die Tür hat sich von selbst *geschlossen*. ドアはひとりでに閉まってしまった.

② (穴などを)ふさぐ, うめる: eine Lücke ～ i) すき間をうめる; ii) 《比》欠落していたものを補う, 穴をうめる | ein Loch im Staatshaushalt ～ 《比》国家予算の赤字をうめる ‖ 再帰 *sich*[4] ～ (穴などが)ふさがる, うまる | Die Wunde hat sich noch nicht ganz *geschlossen*. 傷口はまだ完全にふさがっていない.

③ (…の)すき間がなくなるよう締めつける; 〘印〙(チェース・組み版などをクォインで)締めつける: die Reihen ～ 列をつめる.

④ 《目的語なしで》(騎乗者が)脚(きゃく)を締める: einen *schließenden* Sitz haben (脚を締めて)騎座がしっかりしている.

b) (商店などを)閉める, しまう; 終業〈休業〉にする; 閉鎖する, (…の)活動〈業務〉を停止する(→II 1 b): *sein* Geschäft 〈*seinen* Laden〉 ～ 店を閉める(その日の店じまいまたは廃業) | den Hafen ～ 港を閉鎖する | die Schule ～ 休校にする | Die Polizei *schließt* den Verein 〈die Versammlung〉. 警察がその団体〈集会〉を解散させる | Ab 19 Uhr ist die Post 〈der Schalter〉 *geschlossen*. 19時以降は郵便局〈窓口〉は閉まっている ‖ Heute *geschlossen*! (看板などで)本日休業.

2 a) ① (einschließen) 《*jn.* 〈*et.*[4]〉 in *et.*[4]》 (…を…〔の中〕に)閉じこめる, しまいこむ: *jn.* in die Arme ～ …を抱きしめる(→b ①) | das Geheimnis in *sein* Herz ～ 秘密を胸の中にしまっておく | *jn.* ins 〈in *sein*〉 Herz ～ (→Herz 2) | das Geld in einen Kasten ～ 金を貯金箱にしまう | den Brief in den Schreibtisch ～ 手紙をデスクにしまう | den Gefangenen in eine Zelle ～ 捕虜〈囚人〉を独房にぶちこむ ‖ 再帰 *sich*[4] in *sein* Zimmer ～ 自室に閉じこもる.

② ***et.***[4] **in** ***sich***[3] **～** (…を内部に)含む, 含有する, はらむ, ともなう: Diese Behauptung *schließt* einen Widerspruch in sich. この主張は矛盾をはらんでいる.

b) ① (anschließen) 《*jn.* 〈*et.*[4]〉 an *et.*[4]》 (…を…に〔鎖で・錠をかけて〕)つなぐ, 結びつける; 押し当てる, くっつける: den Hund an die Kette ～ 犬を鎖につなぐ | einen Gefangenen mit Ketten an die Mauer ～ 捕虜を鎖で塀につなぐ ‖ *jn.* an die Brust ～ …を胸に抱きしめる(→a ①).

② 《比》《*et.*[4] an *et.*[4]》 (…を…のあとに)〔すぐ〕続ける, 続けて行う: An meine Worte *schließe* ich eine Bitte. 私の話の最後に一つお願いをつけ加えたいと思います ‖ 再帰 *sich*[4] an *et.*[4] ～ …のあとに〔すぐ〕続く, …のあとに続けて行われる | An den Vortrag *schloß* sich eine lebhafte Diskussion. 講演に引き続き活発な討論が行われた.

c) 《*jn.* 〈*et.*[4]〉 aus *et.*[3]》 (…を…から)しめ出す: Sie hat ihn aus dem Hause *geschlossen*. 彼女は彼を家からしめ出してしまった.

3 (beenden) 《*et.*[4] 〔mit *et.*[3]〕》 (話などを〔…でもって〕)終える, 終わ〔らせ〕る, 終結〈終了〉させる, 終わりにする, 結ぶ, しめくくる: eine Rede 〈einen Brief〉 ～ 演説を〈手紙を書き〉終える | Er *schloß* seinen Brief mit folgenden Worten. 彼は次のような言葉で手紙を結んだ | Die Versammlung ist 〔damit〕 *geschlossen*! 会議は〔これにて〕閉会にします ‖〘目的語なしで〙mit einem Zitat ～ 引用で〔話を〕しめくくる | Laß mich für heute ～. (手紙の結びの文句として)今日はこれだけにします | Und damit will ich ～. (手紙・講演などの結びの文句として)これで筆をおきます; これで私の話は終わりたいと思います.

4 a) 《*et.*[4]》 閉じることによって(…を)作る〈形成・完成する〉, (…を)閉じる, 結ぶ: einen Damm 〈eine Mauer〉 ～ ダム〈塀〉を完成する | einen Kreis ～ 輪を作る, 輪になる | den Reigen ～ (→Reigen 2) | einen Stromkreis ～ 〔電流〕回路を閉じる | den Zug ～ 行列のしんがりをつとめる ‖ 再帰 *sich*[4] ～ 閉じて完成する, 閉じる | Die Kluft *schließt* sich. 《比》ギャップがうめられる | Der Kreis *schließt* sich. i) 輪が閉じる〈でき上がる〉; ii) 《比》(考えなどが)首尾一貫する, 矛盾なくつながる; iii) 《比》証拠の輪が完成する, 疑惑がいよいよ深まる, 容疑がかたまる.

b) 《比》(abschließen) 《〔mit *jm.* 〈*et.*[3]〉〕 *et.*[4]》 (〔…と〕関係などを)結ぶ, 締結する: den Bund fürs Leben ～ (→Bund 1 a) | mit *jm.* ein Bündnis ～ …と同盟する | mit *jm.* Freundschaft 〈die Ehe〉 ～ …と親交を結ぶ〈結婚する〉 | Frieden ～ 講和〈平和条約〉を結ぶ | mit *jm.* einen Vertrag ～ …と契約を結ぶ.

5 (folgern) 《*et.*[4] aus *et.*[3]》《４格目的語はふつう中性の指示・不定・疑問代名詞か daß 副文》(…を…から)推し量る, 結論〈推論〉する(→II 3): Das läßt sich aus seinen Worten ～. それは彼の言葉から推察できる | Daraus ist zu ～ 〈Daraus kann man ～ / Daraus kann *geschlossen* werden〉, daß ... そのことから…と推論できる | Woraus *schließen* Sie das? 何を根拠にあなたはそういう推断をされるのですか.

II 自 (h) **1 a**) 《様態を示す語句と》(ドアなどが)しまる, 閉じる; (鍵(かぎ)などが)かかる, 合う: Die Büchse *schließt* gut. この缶はきちんとふたができる | Dieser Schlüssel *schließt*

S

schlecht. この鍵はよくかからない | Die Tür *schließt* automatisch. このドアは自動的にしまる ‖ ein luftdicht *schließender* Kolben 気密になっているピストン.
b) (商店などが)閉まる, しまう, 終業〈休業〉する, 閉鎖する, 活動〈業務〉を停止する(→ I 1 b): Die Geschäfte 〈Wir〉 *schließen* um 18 Uhr. 商店〈当店〉は午後6時に閉店になる | Die Schulen *schließen* für vier Wochen. 学校は4週間の休みになる.
2 《mit *et.*[3]》 **a**) (話などが…で)終わる, 終結〈終了〉する, 終わりになる: Der Brief *schloß* mit einem freundlichen Gruß an die Familie. 手紙は家族によろしくというあいさつで終わっていた | Der Prozeß *schloß* mit einem Freispruch. 裁判は無罪判決で結審になった | Die Rechnung *schließt* mit einem Fehlbetrag. 決算はけっきょく欠損〈赤字〉になっている.
b) 〘商〙(株式相場が…で)引ける: Der Markt *schloß* fest. 株式市場は堅調のうちに引けた.
3 《aus 〈von〉 *et.*[3] auf *et.*[4]》 (…から…を)推し量る, 推論〈結論〉する(→ I 5): auf *et.*[4] ～ lassen …を推論させる, …であることを暗示する〈うかがわせる〉| aus 〈nach〉 dem Gesagten zu ～ その言葉から察するに | von *sich*[3] auf andere ～ 己をもって他を〔推し〕量る.
III ge·schlos·sen → 別出
［*ahd.*; ◇Schloß, Schlüssel］

Schlie·ßer[ʃlíːsər] 男 -s/- **1** (女 **Schlie·ße·rin**[..sərın]-/-nen) **a**) (Pförtner) 門番, 門衛, ドア係. **b**) 牢(ろう)番, 看守. **c**) (Platzanweiser) (劇場などの)座席案内人(特に桟敷席の鍵(かぎ)を持っている人). **d**) (Haushalter) 家事管理人, 執事. **2** しめる道具; (ドアなどの)掛け金. **3** (Schließmuskel) 〘解〙括約筋.

Schließ≠fach 中 **1** (Postfach) (郵便局の)私書箱. **2** (銀行の)貸金庫. **3** (Kofferschließfach) コインロッカー.
≠fe·der 女 開閉ばね; (ドアなどの)スプリングボルト; (携帯火器の)後座ばね. **≠frucht** 女 〘植〙(種子が果皮に包まれたまま散布される)閉果(へいか) (→ 図). **≠ha·ken** 男 留め〈掛け〉金. **≠ket·te** 女 閉鎖用〈錠つき〉鎖. **≠kopf** 男 〘工〙リベットの頭〈先〉. **≠korb** 男 (鍵(かぎ)のかかる)〔旅行用〕大型バスケット.

Schließfrucht (Achäne)

schließ·lich[ʃlíːslıç] **I** 副 **1** (zum Schluß) 《時間的に》最後に〔は〕, 終わりに; ついに, おしまいには, とうとう, 結局: **～ und endlich** 最後に, とどのつまり; しょせんは(→2) | *Schließlich* gab er nach. ついに〈結局〉彼は折れた. **2** (im Grunde genommen) よくよく考えてみれば, (なんと・なんだかんだ言っても)結局〔のところ〕は, しょせんは, 要するに: Er hat es doch ～ so gewollt. 彼は結局みずからそれを求めたのだ | Was will er ～ anders als mich betrügen? なんだかんだ言っても彼は私をだまそうという魂胆ではないか | Ich kann ihn nicht im Stich lassen. *Schließlich* ist er mein Vater. 彼を見殺しにするわけにはいかない. なんと言っても父親なんだから.
▽**II** 形 《付加語的》最終的な, 究極の: die ～*e* Zustimmung 最終的同意.

Schließ·mund·schnecke 女 〘貝〙キセルガイ(煙管貝).
Schließ≠mus·kel 男 **1** 〘解〙括約筋. **2** 〘動〙(斧足(ふそく)類の)閉介筋, 閉殻筋, 貝柱. **≠rah·men** 男 〘印〙チェース(凸版印刷機の版面を組み付けるための四角い鉄枠).
≠tag 男 (商店などの)定休日.

Schlie·ßung[ʃlíːsʊŋ] 女 -/-en (schließen すること. 例えば:) **1** (工場などの)閉鎖; (議会の)討論打ち切り; (集会の)解散: die ～ der Devisenbörsen 外国為替市場の閉鎖. **2** (婚姻・契約などを)結ぶこと, 締結.

Schließ·zeug 中 〘印〙(凸版印刷機のチェースあるいは版盤に組み付ける版面を締めつけるときに用いるくさび状の)クォイン, 締め金〈木〉.

schliff[ʃlıf] schleifen[1]の過去.

Schliff[−] 男 -[e]s/-e **1 a**) 《ふつう単数で》(鉱石などの)研磨, 研削, カット; 《比》仕上げ: der ～ von Diamanten ダイヤモンドの研磨 | der ～ des Messers ナイフに刃をつけること ‖ *et.*[3] den letzten ～ geben …に最後の磨きをかける, …の最後の仕上げをする. **b**) 研磨された面, カット面: der schöne ～ eines Diamanten 〈einer Kristallschale〉 ダイヤモンド〈クリスタル皿〉の美しいカット〔面〕. **c**) 《ふつう単数で》《比》洗練〔された振舞い〕, 上品さ: Er hat keinen ～. / Ihm fehlt der ～. 彼は洗練されていない〈礼儀作法を知らない〉.
2 《中部》(Schlief) (パン・クッキーなどの)生焼けの部分: **～ backen** 生焼けの部分を作る; 《比》失敗する, へまをやる.

schlif·fe[ʃlífə] schleifen[1]の接続法 II.

Schliff·flä·che 女 (鉱石などの)研磨〈カット〉面.

schlif·fig[ʃlífıç][2] 形 《中部》(schliefig) (パン・クッキーなどが)生焼けの.

schlimm[ʃlım] 形 **1** (↔gut I 5 a, b) (→schlecht 5) 悪い, よくない; (bedenklich, bedrohlich) 憂慮すべき, ゆゆしい, ただならぬ, 不穏な, 険悪な; (schwerwiegend) 重大な, 容易ならぬ; (schwierig, gefährlich) やっかいな, むずかしい, 危ない; (unangenehm, unerfreulich) いやな, 苦々しい, はなはだ好ましくない, ろくでもない; (ungünstig, schädlich) あいにくの, 不都合な, 不利な, まずい, 有害な; (elend) みじめな, さんざんな, 惨憺(さんたん)たる; (unerträglich) やりきれない, ひどい, うんざりする: ein ～*er* Aberglaube 憂うべき〈有害な〉迷信 | Es gibt ～*ere* Dinge. もっとひどいことがいくらでもある, そんなのまだいいほうだ | Das nahm ein ～*es* Ende. それはさんざんな〈ひどい〉結果に終わった | ～*e* Erfahrungen machen いろいろ苦労する, 辛酸をなめる | im ～*sten* Fall 最悪〈万一〉の場合には〈でも〉| ein ～*er* Fehler ひどい間違い(→4 a); 容易ならぬ〈悪質な〉過失(→2) | Das kann ～*e* Folgen haben. それはとんでもない〈ゆゆしい〉ことになるかもしれない | Das ist eine ～*e* Geschichte. そいつはひどい〈うんざりする〉話だ | Da ist ein ～*er* Haken. そこがむずかしい〈やっかいな〉点だ | Er ist in ～*er* 〈in einer ～*en*〉 Lage. i) 彼は苦境にある; ii) 彼は(経済的に)窮迫している | eine ～*e* Nachricht 悪い〈いやな・つらい〉知らせ, 凶報 | Der Kranke hat eine ～*e* Nacht hinter sich[3]. 患者は(苦しんで)眠られぬ一夜を過ごした | *et.*[4] von 〈auf〉 der ～〔*st*〕*en* Seite ansehen 〈betrachten〉 …を〔もっとも〕悪い側面から見る, …を〔ひどく〕悲観的に見る | Niemand entgeht seinem ～*en* Stern. だれも己の悪い星まわりから逃れられない (Hebbel) | eine ～*e* Sünde 容易ならぬ罪, 大罪(→4 a); 悪質な罪(→2 a) | Das war ein ～*er* Tag. さんざんな〔一〕日だった | ein ～*es* Verhältnis zwischen beiden 両者の険悪な関係 | ein ～*er* Weg 悪路, 難路 | eine ～*e* Wendung nehmen 悪い方に向かう, 悪化する | ～*es* Wetter 悪天候, 荒天 | ～*e* Zeiten (どのような破局が到来するかもわからないような)ひどい時代, 憂慮すべき〈ただならぬ〉時代(→schlecht 5 b) | Uns[3] stehen ～*e* Zeiten bevor. 容易ならぬ時代が目前に迫っている | ～*e* Zustände 惨憺たる状況, 惨状.
‖〘述語的・副詞的〙Der Regen hat die Wege sehr ～ gemacht. 雨降りで道路はさんざんになった | Ist es ～, wenn ich nicht dabei bin? 僕が欠席したんではまずい〈具合が悪い〉ですか | Er ist ～ dran. i) 彼は(経済的に)ひどく困っている; ii) 彼は苦境にある | Das ist ～ genug! / Ist ～ genug! / *Schlimm* genug! 〔そいつは〕ひどいや, あんまりだ, うんざりだ, あいにくなことだ, まずい, まずかったよ(→2 a) | 〔Es ist〕 ～ genug, daß du nicht deiner Sache gewiß warst. 君が自分のすることに自信がなかったのがまずかった〈いけなかった〉| Das ist nicht ～! / Ist nicht ～! / Nicht ～! 大したことはありません, 構いません, どういたしまして, ご心配なく(＝Das macht nichts.) | Na, das ist 〔doch〕 nicht so ～! / Na, das ist halb so ～! なあにそう大したことはありません, なあにそうお気になさらないでください | Nichts ist so ～, es ist zu etwas gut. どんなくだらないものでも何かの役には立つ | Es ist nicht weiter ～, wenn ... …だとしても別にどうということはない〈同じことだ〉| Der Streit hätte ～ ausgehen können. 〔その〕いさかいはえらいことになるところだった | ～ beraten sein 考え〈分別〉が足りない, 浅慮である | bei *et.*[3] ～ fahren …にしくじる〈失敗する〉, …で損をする〈ひどいめにあう〉| Es steht ～ mit ihm 〈um ihn〉. i) 彼は苦境にある(→3 a); ii) 彼は生活に

困っている(→3 a) | Um unsere Sache steht es ~. 我々のことは非常にまずいことになっている | Treibt's so ~〔wie〕 ihr wollt! どうなりとお前たちの勝手にしろ ‖〖比較変化して〗 Lau ist ~*er* als kalt. 生暖かいのは寒いのより〈生ぬるいのは冷たいのより〉いやなものだ | 〔Das ist〕 desto 〈um so〉 ~*er*. 〔それは〕よけい〈ますます〉悪い | was ~*er* ist もっと悪い〈いけない〉ことには | Dadurch machst du es bloß noch ~*er*. (君が)そんなことをすれば事〈事態〉はますます悪くなるばかりだ | Es wird von Tag zu Tag ~*er*. 事態は日に日に悪くなる | Das konnte ~*er* kommen〔, als es wirklich war〕. それは〔その程度ですんだが〕もっとひどいことになったかもしれない | Am ~*sten* ist 〈Es ist am ~*sten*〉, daß wir kein Geld haben. いちばん困ったのは我々が無一文であることである | Das ~*ste* war 〈Es war das ~*ste*〉, daß er den Ernst der Lage völlig verkannte. いちばんいけなかったのは彼が事態の重大さにまるで気づかなかったことである.

‖〖名詞化して〗 *Schlimmes* 〈das *Schlimmste*〉 fürchten 万一のこと〈最悪の場合〉を恐れる | Es war Gott sei Dank nichts *Schlimmes*. 幸いにして大したことはなかった | Ich kann nichts *Schlimmes* daran 〈dabei〉 finden. それはどこも不都合はないと私は思う, それはなかなかいいじゃないか | Es gibt *Schlimmeres* als diesen Kummer. こんな苦しみよりもっと辛いことがある | Das *Schlimmste* an der Sache ist, daß ... そのことの最大の難点〈欠点〉は…である | Im letzten Augenblick wurde das *Schlimmste* verhütet. どたん場になって最悪の事態は回避された | Man muß ja nicht gleich das *Schlimmste* annehmen. すぐに最悪の場合を考える必要はない, そう取り越し苦労をするにはあたらない | Das *Schlimmste* haben wir hinter uns 〈noch vor uns〉. 最悪の事態は乗り越えた〈まだこれからだ〉 | Wir sind aufs 〈auf das〉 *Schlimmste* gefaßt 〈vorbereitet〉. 我々には最悪の場合の覚悟〈用意〉ができている | mit dem *Schlimmsten* rechnen müssen 万一の場合を計算〈考え〉に入れておかなければならない | Wenn es zum *Schlimmsten* kommt, ... 最悪の事態になったときには…, 万一の場合には….

2 a) (→schlecht 1, 3 b) (niederträchtig) よろしくない, たちの悪い, 邪悪な, 下卑た, いかがわしい, 不道徳な; (feindlich) 敵意〈悪意〉のある; (listig) ずるい, 抜け目のない; (unhöflich) 無礼な; (unartig) わんぱくな, いたずらな: ein ~*es* Beispiel geben 悪例を示す | über *jn.* ~*e* Dinge reden …の悪口を言う, …を誹謗(ひぼう)する | Der Müßiggang ist der ~*ste* Feind der Jugend. 無為は若者の最大の敵である | ~*e* Gedanken よからぬ〈よこしまな〉考え | ein ~*er* Geselle 〈Bursche〉 i) ひどいやつ, ろくでなし, よた者, ごろつき, やくざ; ii) 極道者, 道楽者, 女泣かせ | ein ~*es* Kind いたずらっ子 | ein ~*er* Monarch 暴虐な君主 | einen ~*en* Ruf haben / in einem ~*en* Ruf stehen ひどく評判が悪い | *jm.* einen ~*en* Streich spielen …にたちの悪いいたずらをする〈卑劣な仕打ちをする〉 | ~*e* Taten verüben 悪事を行う | ein ~*er* Verbrecher 悪質な犯罪者, 凶悪犯 | ~*e* Worte ひどいことば, 悪口雑言 ‖〖述語的に〗 Er ist nicht ~, sondern nur wunderlich. 彼は悪い人間じゃなくてただ変わり者なだけだ | Gegen ~*e* Menschen muß man selber ~ sein. 悪人にはこちらも悪をもって立ち向かうほかはない | Ihr seid aber heute ~. (子供たちに向かって)あんたたち きょうはおいた〈悪い子〉だね | Die Gegend ist ~. i) その辺はいかがわしい所だ; ii) その界隈(かいわい)は物騒だ(→1) | Ich dächte, es wäre ~ genug, daß sie sich mit so einem Windhund überhaupt einläßt. 大体彼女があんな軽薄な男とかかわりあいになるなんて はなはだよろしくない〈ほめたことではない〉と私は思う | *Schlimm* oder gut, sind wir darüber übereingekommen. よかれあしかれその点で我々は折り合いがついた ‖〖副詞的に〗 Weißt du, daß alle von dir so ~ sprechen? みんなが君のことをひどく悪く言っているのを君知っているかい | an *jm.* ~ handeln《雅》…にひどい〈許しがたい〉仕打ちをする.

‖〖名詞化して〗 ein〔ganz〕 *Schlimmer* i) (子供について) わんぱく坊主, いたずら小僧; ii) ろくでなし, ごろつき, (特にスイスで)ずるいやつ; iii) 極道者, 道楽者, 女泣かせ | Du *Schlimmer*! i) (子供に向かって)このいたずら者め; ii) このろくでなし〈極道者〉め | Sie 〈Du〉 *Schlimmer*! / Sie sind 〈Du bist〉 〔mir ja〕 ein〔ganz〕 *Schlimmer*!《戯》君も人が悪いよ, (特に女が男に向かって)あんたっていけない人ね | Es ist keiner so schlimm, er will einen *Schlimmeren* haben. どんな悪人だって自分よりもっと悪いやつがいると思っている(自分が一番の悪人だとは思わない) | Es gibt *Schlimmere*〔als ihn〕. 〔彼よりも〕もっと悪い〈ひどい〉やつはいくらでもいる | Er ist noch lange nicht der *Schlimmste*. 彼などまだまだましなほうだ, 彼よりはもっともっと悪いやつがいる | Ihm ist das *Schlimmste* zuzutrauen. あいつはどんな悪事〈ひどいこと〉もやりかねない.

b) (streng, pünktlich) きびしい, 〔口〕やかましい: eine ~*e* Hausfrau 〔口〕やかましい主婦.

3 a) (→schlecht 4 b ①) (unwohl) 気分がすぐれない, 体の具合がよくない, (胸が)むかつく, 吐き気がする, (四肢・器官などが)病気にかかった, 痛みのある; (verwundet) けがをした; (entzündet) 炎症を起こした, ただれた; (geschwollen) 腫(は)れた; (ungesund) 体に悪い: Er hat ~*e* Augen. 彼は目を痛めている; 彼は目がただれている | einen ~*en* Finger 〈Fuß〉 haben 指〈足〉にけがをしている; 指〈足〉が腫れあがっている | einen ~*en* Hals haben のどを痛めている, のどに炎症を起こしている | ein ~*er* Hund i) 狂犬, きちがい犬; ii) 猛犬(→2 b) | ~*e* Mandeln bekommen 扁桃腺(へんとうせん)が腫れる〈に炎症を起こす〉 | ~*es* Wasser 健康によくない水 | ein ~*er* Zahn 虫歯 ‖〖述語的・副詞的〗 Bettlägerig und ~ genug bin ich einige Tage gewesen. この数日私はひどく体の具合が悪くて寝こみがちだった | Der Junge war viel ~*er*, als ich vermutet hatte. 少年は私が想像していたよりはるかに重態だった | Es ist 〈wird〉 mir ~. / Mir ist 〈wird〉 ~. 私は気分が悪い〈悪くなる〉 | Davon kann einem ~〔und übel〕 werden. そいつはへどが出そうだ〈胸くそが悪くなってくる〉 | Es geht ihm ~. / Es steht ~ um ihn. i) 彼は容体が悪い; ii) 彼は(経済的に)困っている(→1); iii) 彼は苦境にある〈ピンチだ〉(→1) ‖〖名詞化して〗 Er hat etwas *Schlimmes* an der Hand. 彼は手に何かひどい腫れもの〈できもの〉ができている.

b) (→4 a) (bedenklich) (病気が)悪化した, 重い, 危ない: eine ~*e* Erkältung ひどい風邪 | ein ~*er* Fall〖医〗重症例, 重病患者 | einen ~*en* Husten haben 咳(せき)がひどい | eine ~*e* Wunde 重傷 ‖ Das verletzte Bein wurde von Tag zu Tag ~*er*. 脚のけがは日増しに悪化した ‖ ~ krank sein 重病である, 重篤である | Er war ~ verwundet. 彼は重傷だった.

4 a) 《強調の形容詞として: →3 b. ただし, 1 または 2 a の語義との限界は必ずしも明確ではない》大変な, 途方もない, ものすごい, すさまじい, 猛烈な: ~*es* Gewitter ものすごい荒れ模様 | ein ~*er* Irrtum とんでもない思い違い | ein ~*es* Unglück 大変な〈ひどい〉不幸 | ~*es* Unwetter すさまじい雷雨 | ein ~*es* Versehen 大変なミス〈手落ち〉 ‖ Der Sturm wurde noch ~*er*. 嵐(あらし)はいっそうすさまじくなった | Der Vorwurf gegen ihn ist sehr ~. 彼に対する非難は実にものすごい.

b) 《副詞的: →3 b》 (sehr) ひどく, いやに, とても, ばかに, やけに: Heute ist es ~ kalt. きょうはやけに寒い | Er hat sich[4] bei dem Plan ~ verkalkuliert. 彼はその計画にあたってひどい誤算をした | *jn.* aufs *schlimmste* prügeln 〈peitschen〉 …をさんざんに打ちのめす ‖〖欲求を表す前置詞句と〗 ~ nach *et.*[3] 〈auf *et.*[4]〉 sein / ~ hinter *et.*[3] her sein …をひどく欲しがる, …をさかんに追い求める.

▽**5** 《南部》 (schräg) まっすぐでない, 斜めの, 曲がった(これが原義: →語源欄): ein ~*es* Auge 斜視〈やぶにらみ〉の目 | Er hat einen ~*en* Hals 〈eine ~*e* Nase〉. 彼は頸(くび)〈鼻〉が曲がっている | ein ~*er* Rücken 曲がった背中.

▽**6 a)** (minderwertig) 粗末な, 粗悪な, 出来の悪い: ~*es* Essen 粗食 | ein ~*es* Kleid 粗末な服 | Das Stück war nicht ~. 〔その〕劇は(出来が)悪くはなかった (Goethe).

b) (unbrauchbar) 役に立たない, (untüchtig) 有能でない; (体が)丈夫でない: zum Ackern zu ~ 畑仕事にはあまりにも役立たずな (Schiller).

c) (niedrig) (身分・地位などが)低い.

d) (wenig) 少ない: Ich bin ~ mit dir zufrieden. 私は

S

お前にあまり満足していない (Schiller).
e) 《方》(zornig) 怒った, 立腹した.

★ schlimm と schlecht の違い: どちらを使ってもよい場合が多いが, schlimm は「災厄・損害・危険・破局などをもたらすような」の意味を含むので, 次の例のように交換が不可能な場合もある: Er spricht 〔ein〕 *schlechtes* Deutsch. 彼はまずいドイツ語を話す | Ich habe ein *schlechtes* Gedächtnis. 私は記憶力が弱い | Das ist ein *schlechter* Trost. それはあまり慰めにならない ‖ Die Autofahrt nahm einen *schlimmen* Ausgang. ドライブは惨憺たる結果に終わった | Mach dich auf das *Schlimmste* gefaßt! 万一の場合の覚悟をせよ.

[*mhd.* slim〔p〕 „schief, schräg"]

schlịmm·sten·fạlls[ʃlímstənfáls] 副 最悪の場合には; 最悪の場合でも, どんなに悪くても, せいぜい: *Schlimmstenfalls* muß er ein paar Tage zu Hause bleiben. 最悪の場合には彼は二三日家にいなければならない.

Schlịng·be·schwe̱r·de[ʃlíŋ..] 女 -/-n《ふつう複数で》〖医〗嚥下(えんか)困難. [＜schlingen²]

Schlịn·ge[ʃlíŋə] 女 -/-n **1 a)** (ひも・縄・針金などを輪状に結び合わせた)輪; 投げ縄: eine ～ knüpfen 〈machen〉 輪に結ぶ | die ～ zuziehen 〈lockern〉 輪を引っぱって締める〈ゆるめる〉 | 〔**bei** *jm.*〕 **die ～ zuziehen** 〔…の〕息の根をとめるために最後の手を打つ | ***jm.* die ～ um den Hals legen** (絞首刑にするため)…の首に輪をかける; 《比》…を意のままにする. **b)** つり包帯: den Arm in einer ～ tragen 腕を包帯でつっている. **c)** (Schlaufe) (スキーのストックの)手革. **d)** 〖工〗スリング, つり環. **e)** 〖医〗輪匙(りんし), 係蹄(けいてい).
2 (鳥獣を捕らえるための)わな: ～*n* stellen 〈legen〉 わなを仕掛ける ‖ in die ～ gehen (獲物が)わなにかかる | den Kopf in die ～ stecken《比》(軽率に)危険に身をさらす | ***sich*⁴ 〈den Hals / den Kopf〉 aus der ～ ziehen**《比》危うく難を逃れる, 窮地を脱する.

Schlịn·gel[ʃlíŋəl] 男 -s/- 《話》いたずら小僧, わんぱく小僧, しょうのないやつ; のらくら者, 役立たず.

Schlịn·ge·le̱i[ʃlɪŋəlái] 女 -/-en《話》いたずら, わんぱく. [＜*mndd.* slingen „schlendern"; ◇Schlankel]

schlịn·gen¹* [ʃlíŋən] 《144》 **schlang**[ʃlaŋ] / **ge·schlụn·gen**[gəʃlúŋən]; 接II schlänge[ʃlέŋə] 他 (h) **1 a)** 《*et.*⁴ um *et.*⁴》(…を…のまわりに)巻きつける, からませる: Sie *schlang* die Arme um seinen Hals. 彼女は彼の首に両腕をからませた | Er hat sich³ den Schal um den Hals *geschlungen*. 彼は襟巻きを首に巻きつけた. **b)** 再帰 *sich*⁴ um *et.*⁴ ～ …のまわりに巻きつく, …にからまる | Die Pflanzen *schlingen* sich um den Baum. 植物が木にからみつく. **2** 《*et.*⁴》(…を巻いて)結び目を作る, 結ぶ, 編む: einen Knoten ～ 結び目を作る | eine gut *geschlungene* Krawatte うまく結んだネクタイ.

[*germ.*; ◇schlack, Schlange; *engl.* sling]

schlịn·gen²* [ʃlíŋən] 《144》 **schlang**[ʃlaŋ] / **ge·schlụn·gen**[gəʃlúŋən]; 接II schlänge[ʃlέŋə] 他 (h) 飲み込む, 嚥下(えんか)する; (ろくにかまずに)がつがつ食う: die Beute ～ (動物が)獲物を飲み込む | Hungrig *schlang* er das Mittagessen. 彼は昼食をがつがつむさぼった ‖〖目的語なしで〗Du sollst nicht ～. 食物をかまずに飲み込んではいけないよ.
[„gleiten lassen"; *ahd.* slintan; ◇schlendern, Schlund]

Schlịn·gen≈ge·we̱·be 中 タオル地. **≈stel·ler** [..ʃtɛlər] 男 -s/- わなを仕掛ける人.

Schlịn·ger≈be·we̱·gung[ʃlíŋər..] 女〖海〗横揺れ, ローリング. **≈kiel** 男〖海〗(横揺れ防止用の)湾曲部竜骨, ビルジキール. **≈krei·sel** 男〖海〗横揺れ防止ジャイロ.

schlịn·gern[ʃlíŋərn] 《05》自 **1** (h) (↔stampfen)〖海〗横揺れ〈ローリング〉する: **ins** ***Schlingern*** **geraten 〈kommen〉** ローリング状態になる; 《話》(制御がきかなくなって)混乱に陥る. **2** (s) **a)** (船が)横揺れ〈ローリング〉しながら進む; (荷車などが)ぐらぐら揺れながら進む. **b)** 《話》(酔っぱらいが)ふらふらしながら歩く. [*mndd.*; ◇schlingen¹]

Schlịn·ger·tank 男〖海〗(横揺れ防止用)ビルジタンク.

Schlịng≈ge·wächs 中, **≈pflan·ze** 女〖植〗つる植物(アサガオ・フジなど).

Schlipf[ʃlɪpf] 男 -〔e〕s/-e《スイス》(Rutsch) 山〈がけ〉崩れ, 地すべり: Erd*schlipf* 地すべり | Fels*schlipf* がけ崩れ | Schnee*schlipf* 雪崩. [＜*ahd.* sliphen „rutschen" (◇schlüpfen)]

Schlipp[ʃlɪp] 男 -〔e〕s/-e〖海〗**1** (船舶の建造・修理用の)引き上げ斜面, 船台, 造船台. **2** (船着き場の)荷揚げ用斜面. [＜*ndd.* slippen „gleiten"; ◇Slip]

Schlịp·pe[ʃlípə] 女 -/-n **1** 《北部》上着のすそ. **2** 《中部》狭い通路, 路地. [◇Schlips]

schlịp·pen[ʃlípən] **I** 他 (h)〖海〗(いかり・索などを)はずす, 放つ, 出し放しにする. **II** 自 (s)《北部》滑る, スリップする. [I: *engl.* slip]

Schlịp·per[ʃlípər] 男 -s/ 《北部・中部》(Sauermilch) 凝乳, 発酵乳. [＜schlippern „schwanken"]

schlịp·pe·rig[ʃlípərɪç]² (**schlịpp·rig**[..prɪç]²) 形《中部・北部》(牛乳などが)凝固性の, 凝固しつつある.

Schlịp·per·milch[ʃlípər..] 女 ＝Schlipper

schlịpp·rig ＝schlipperig

Schlips[ʃlɪps] 男 -es/-e (Krawatte) ネクタイ: den ～ tragen ネクタイをつけている | den ～ umbinden 〈abbinden〉 ネクタイをしめる〈ほどく〉 ‖ ***jn.* am ～ fassen / *jn.* beim ～ nehmen 〈erwischen〉**《話》…の首根っこを押える, …をとっつかまえる, 有無を言わさず…と談判する | ***jm.* auf den ～ treten**《話》…を侮辱する〈傷つける〉 | ***sich*⁴ auf den ～ getreten fühlen**《話》侮辱されたと感じる, 傷つく. [*mndd.* slippe „Zipfel"; ◇Schlippe]

Schlịps≈hal·ter[ʃlíps..] 男 ネクタイ掛け. **≈na̱·del** 女 ネクタイピン.

schliß[ʃlɪs] schleißen の過去.

schlịs·se[ʃlísə] schleißen の接続法 II.

schlịt·teln[ʃlítəln] 《06》自 (s, h)《スイス・オーストリア》そりで行く, そり遊びをする.

schlịt·ten[ʃlítən] 《01》《スイス》＝schlitteln

Schlịt·ten[ʃlítən] 男 -s/- **1** そり, リュージュ(→ 図): 〔mit dem〕 ～ fahren そりで行く, そりを走らせる | **mit *jm.* ～ fahren**《話》…をがみがみしかりつける, …をひどくいじめる, …に意地悪をする ‖ **unter den ～ kommen**《話》みじめな境遇になる, 堕落する.
2 a) 〖工〗(旋盤・タイプライターなどの)キャリッジ(→ 図 Drehbank). **b)** 〖海〗造船〈進水〉台.
3 a) 《話》乗り物(自転車・オートバイ・自動車・飛行機など). **b)** 《卑》(Prostituierte) 売春婦.
[*ahd.* slito; ◇schlittern; *engl.* sled〔ge〕, sleigh]

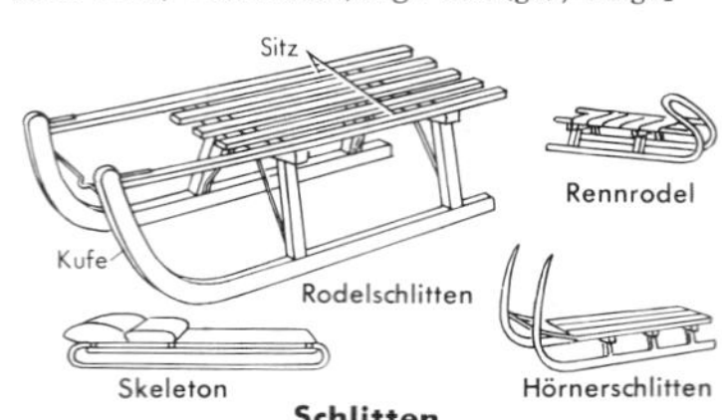

Schlitten

Schlịt·ten·ba̱hn 女 **1** そり路. **2** 《スポーツ》(競技用の)そり〈リュージュ〉の滑走路.

schlịt·ten|fa̱h·ren* 《37》 **I** 自 (s)《話》《mit *jm.*》(…を)がみがみしかりつける, ひどくいじめる, (…に)意地悪をする. **II Schlịt·ten·fa̱h·ren** 中 -s/ そり〈リュージュ〉に乗ること, そりすべり.

Schlịt·ten≈fa̱h·rer 男 そりを走らせる人; 《スポーツ》リュージュ競技の選手. **≈fahrt** 女 そりを走らせること; そりでの遠乗り〔会〕, そりで行く遠足. **≈ge·läut** 中, **≈ge·läu·te** 中 そりを引く馬の鈴〔の音〕. **≈hund** 男 そり犬, エスキモー〈北極〉犬. **≈ku̱·fe** 女 そりの滑り木. **≈par·tie** 女 そりでの遠乗り〔会〕, そりで行く遠足.

Schlịt·ter·ba̱hn[ʃlítər..] 女 (そり滑り用の) 滑走路.

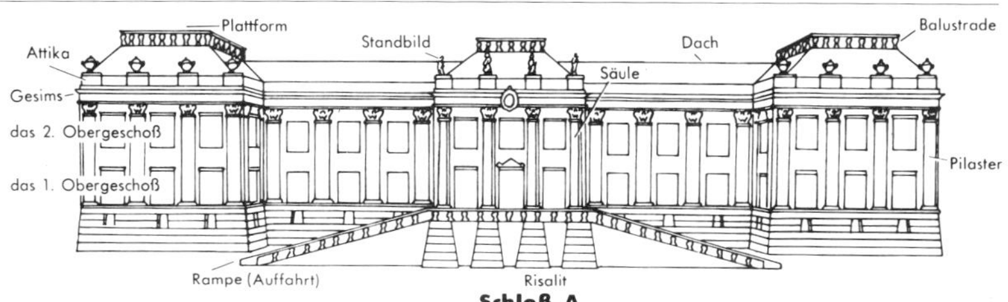

Schloß A

schlịt·tern[ʃlítərn]《05》自 **1** (h, s) スケートをする (h, s について: →schwimmen I 1 ☆). **2** (s) **a)** (雪・氷・滑らかな床などで)〔つるりと〕滑る. **b)**《比》《in *et.*⁴》(不快な・不幸な状態に)ずるずる落ち込む: in den Krieg ~ ずるずると戦争に引きずり込まれる. [*ndd.*; < *mndd.* slīden „gleiten" (◇〔Sch〕leim); ◇Schlitten; *engl.* slide]

Schlịtt·schuh[ʃlít-ʃu:] 男 -〔e〕s/-e《ふつう複数で》スケート, スケート靴〔の滑走部〕(→ 図): ~ laufen 〈fahren〉 スケートをする. [„Schuh zu weitem Schritt"; ◇Schritt]

Schlịtt·schuh≈bahn 女 スケートリンク, アイスリンク. **≈lauf** 男, **≈lau·fen** 中 -s/ スケート〔すること〕, スケーティング. **≈läu·fer** 男 (女 **≈läu·fe·rin**) スケーター, (特に:) フィギュア=スケーター. **≈se·geln** 中 -s/ 氷上〈アイス〉ヨットの帆走.

Schlitz[ʃlɪts] 男 -es/-e **1 a)** 細長い切り口, 裂け目, すき間 (→ 図 Holz B). **b)** (郵便ポスト・投票箱などの)差し入れ口 (→ 図 Urne), (自動販売機・公衆電話などの)料金投入口. **2**〘服飾〙スリット, あき; (Hosenschlitz) ズボンの前あき(→ 図 Anzug). **3**〘工〙スリット, スロット(→ 図 Schraube A). **4**《卑》(Vagina) 膣(ちつ), ワギナ. [*ahd.*; ◇schleißen; *engl.* slit]

Schlịtz·au·ge[ʃlíts..] 中 (まぶたがはれぼったく, 裂け目のようにしか見えない)細い目, (特にモンゴロイド系の)一重まぶたの目.

schlịtz·äu·gig 形 **1** (裂け目のような)細い目の, 一重まぶたの目をした. **2**《方》ずる〔賢〕い.

Schlịtz·blen·de 女〘写〙スリット絞り.

schlịt·zen[ʃlítsən]《02》他 (h) (細長い)切れ目をつける, 縦に切り裂く: *geschlitzte* Ärmel スリットあきのあるそで〔口〕.

Schlịtz≈flü·gel 男〘空〙隙間(げき)翼, スロット付き翼. **≈mes·ser** 中 切り裂き用ナイフ. **≈ohr** 中 **1** 切れ目を入れた耳たぶ(詐欺犯の耳たぶに切れ目を入れる刑罰があった). **2**《話》詐欺師, ずるいやつ.

schlịtz·oh·rig 形《話》ずるい, 狡猾(こうかつ)な.

Schlịtz≈rüß·ler 男〘動〙ソレノドン(中米の食虫類). **≈ver·schluß** 男〘写〙フォーカル=プレーン=シャッター(→ 図 Kamera).

schloff[ʃlɔf] schliefen の過去.

schlöf·fe[ʃlœfə] schliefen の接続法 II.

schloh·weiß[ʃló:váɪs] 形 (特に髪が)真っ白な.

Schlọr·re[ʃlɔ́rə] 女 -/-n《ふつう複数で》**1**《北部》(はき心地のよい)スリッパ, 上ばき. **2**《話》(はき古した)ぼろ靴. [◇Schlurre]

schlọr·ren[ʃlɔ́rən]《方》= schlurfen I

schloß[ʃlɔs] schließen の過去.

Schloß[ʃlɔs] 中 Schlosses / Schlösser[ʃlœsər] (小 **Schlöß·chen**[ʃlœsçən], **Schlöß·lein**[..laɪn] 中 -s/-) **1** (特に王侯貴族の)宮殿, 王宮, 城館, (りっぱな)邸宅(→ 図 A): Königs*schloß* 王宮 | ~ Sanssouci (Potsdam の) サンスーシ宮, 無憂宮 | **ein ~ im 〈auf dem〉 Mond** 空中楼閣(到達し得ない空想の所産: →Luftschloß) ‖ ein ~ besichtigen 宮殿を見学〈見物〉する | ***Schlösser* 〈ein ~〉 in die Luft bauen**《比》空中に楼閣を築く, 根拠のない物事を空想する.

2 a) 錠, 錠前(→ 図 B): Sicherheits*schloß* 安全錠 | Vorhänge*schloß* 南京(なんきん)錠 ‖ das ~ aufschließen 〈zuschließen〉 錠を開ける〈下ろす〉| **ein ~ vor dem Mund haben**《話》口を開こうとしない, 口が堅い; 口止めされている | ***jm.* ein ~ vor den Mund hängen 〈legen〉**《話》…に口止めする ‖ den Schlüssel im ~ umdrehen 〈in das ~ stecken〉 錠に入れた鍵(かぎ)を回す〈錠に鍵をさし込む〉| Die Tür ist ins ~ gefallen. ドアがガチャリとしまった | die Tür ins ~ werfen 〈schlagen〉 ドアをガチャンとしめる | **hinter ~ und Riegel**《話》投獄されて | *jn.* hinter ~ und Riegel bringen《話》…を投獄する | **unter ~ und Riegel** (錠を下ろして)厳重に保管されて | *et.*⁴ unter ~ und Riegel legen《話》…を厳重にしまい込む. **b)** (かばん・ハンドバッグなどの)留め金, スナップ; (バンドなどの)バックル. **c)**〘軍〙(銃の)遊底(→ 図 Maschinengewehr).

3〘動〙(貝殻の)蝶番(ちょうつがい). [*ahd.*; ◇schließen]

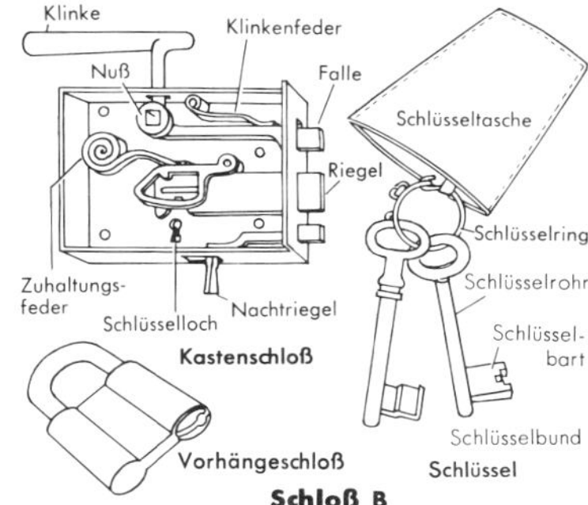

Schloß B

Schlọß≈auf·se·her[ʃlɔ́s..] 男 王宮〈宮殿〉の管理者〈管理人〉; 城代. **≈be·am·te** 男 王宮〈宮殿〉勤務の役人. **≈blech** 中 錠ケース.

Schlöß·chen Schloß の縮小形.

Schlo̩·ße[ʃló:sə] 女 -/-n《ふつう複数で》《中部》(Hagelschloße) あられ(霰)〈ひょう(雹)〉の粒. [*mhd.*; ◇schlottern; *engl.* sleet]

schlö̩s·se[ʃlœ́sə] schließen の接続法 II.

schlo̩·ßen[ʃló:sən]《02》自 (h)《中部》(hageln) 非人称《es schloßt》あられ(霰)〈ひょう(雹)〉が降る. [*mhd.*]

Schlọs·ser[ʃlɔ́sər] 男 -s/- **1** (金属製品を扱う)工員, 機械工: Auto*schlosser* 自動車修理工 | Maschinen*schlosser* 機械工 | Werkzeug*schlosser* 工具製造工. **2** 錠前師.

Schlọ̈s·ser Schloß の複数.

Schlos·se·rei[ʃlɔsəráɪ] 女 -/-en **1 a)** (小さな) 機械〈修理〉工場. **b)** 機械工の仕事. **2** 錠前屋の工場〈仕事〉. **3** 《単数で》〖登山〗ロッククライミング用金具セット.

Schlọs·ser≠ge·sel·le[ʃlɔ́sər..] 男 **1** 機械工, 機械修理工. **2** 錠前職人. **≠hand·werk** 中 **1** 機械工〈修理工〉の仕事. **2** 錠前職. **≠mei·ster** 男 **1** 機械工〈修理工〉の親方. **2** 錠前職人の親方; マイスターの資格をもつ錠前職人.

schlọs·sern[ʃlɔ́sərn] 《05》 自 (h) **1** 機械工〈修理工〉として働く. **2** 錠前作りをする.

Schlọs·ser·werk·statt 女 **1** (小さな) 機械〈修理〉工場. **2** 錠前屋の仕事場, 錠前工場.

Schloß≠fe̱·der[ʃlɔ́s..] 女 錠前のばね. **≠frei·heit** 女 **1** 宮殿〈王宮〉の周囲の広場. **2** 〖史〗王宮の周囲の特権区域. **≠gar·ten** 男 宮殿〈王宮〉の庭園. **≠herr** 男 **1** 館(やかた)の主人. **2** 〖史〗城主, 領主. **≠ho̱f** 男 宮殿〈王宮〉の中庭. **≠hund** 男 《話》《元来は「鎖につながれた番犬」. もっぱら次の用法で》**wie ein ～ heulen** (子供などが) 大声で泣きわめく.

Schlö̱ß·lein Schloß の縮小形.

Schloß≠park 男 宮殿〈王宮〉の大庭園. **≠platz** 男 宮殿〈王宮〉前の広場. **≠turm** 男 宮殿の塔〈望楼〉. **≠vo̱gt** 男 **1** 〖史〗城代, 城守(じょうもり). **2** ＝Schloßherr **≠wa·che** 女 宮殿〈王宮〉の衛兵.

▽**schlọß·weịß**[ʃló:sváɪs] ＝schlohweiß

Schlo̱t[ʃlo:t] 男 -〔e〕s/-e (Schlöte[ʃlǿ:tə]) **1** (工場などの大きくて高い) 煙突: der rauchende 〈qualmende〉 ～ 煙を吐いている煙突 | Fabrik*schlot* 工場の煙突 ‖ **wie ein ～ rauchen** 〈**qualmen**〉《話》ものすごくたくさんタバコを吸う. **2** 〖地〗(火山の) 煙道. **3** 《中部》下水溝. **4** 《話》(体ばかり大きい) 役立たずなやつ; 不作法者. [*ahd.* slāt; 3: *mndd.* slōt]

Schlọt≠ba·ro̱n[ʃló:t..] 男 《軽蔑的に》工業界の大立者, 大企業家. **≠fe̱·ger** 男 《方》煙突掃除人.

Schlọt·te[ʃlɔ́tə] 女 -/-n **1** 《方》 **a)** (Schalotte) シャロット, エシャロット. **b)** (ねぎ類の) 中空の茎, (玉ねぎなどの) 鱗茎(りんけい). **2** 〖鉱〗岩石内に生じた空洞. [1: ＜*mhd.* slāte „Schilfrohr"＋Schalotte]

Schlọt·ter[ʃlɔ́tər] 女 -/-n 《南部》 **1** ＝Schlottermilch **2** (おもちゃの) がらがら.

schlọt·te·rig[ʃlɔ́tərɪç]² ＝schlottrig

Schlọt·ter·milch[ʃlɔ́tər..] 女 (Sauermilch) 凝乳, 発酵乳.

schlọt·tern[ʃlɔ́tərn] 《05》 自 (h) **1** (体が) はげしく〈がたがた〉震える: vor Angst 〈Kälte〉 ～ 不安〈寒さ〉のあまり体ががたがた震える | mit *schlotternden* Knien ひざをがたがた震わせて. **2** (衣服が大きすぎて) だぶだぶである: Die Kleider *schlottern* ihm um die Glieder 〈an den Armen〉. 服が彼の体のまわりに〈両腕のところで〉だぶだぶしている. [*mhd.*; ＜*mhd.* sloten „zittern" (◇lotterig); ◇schludern]

schlọtt·rig[..trɪç]² 形 がたがた震える, ぐらぐら揺れる; (衣服が) だぶだぶの; 《比》(立居振舞いが) だらしのない: mit ～*en* Knien ひざをがたがた震わせながら | mit ～*er* Stimme 震え声で | Der Anzug hing ～ an seinem Körper herab. 彼の背広は体にあわずだぶだぶに垂れ下がっていた.

schlọt·zen[ʃlɔ́tsən] 《02》 他 (h) 《方》(ワインなどを) なめる, 味わい飲む; (ボンボンなどを) なめる, しゃぶる.

Schlucht[ʃlʊxt] 女 -/-en (雅: Schlüchte[ʃlʏ́çtə]) **1** 峡谷, はざま, 山峡; 〖軍〗隘路(あいろ). **2** 《北部》(Loch) 穴. [*ndd.*; ◇Schluff]

schlụch·zen[ʃlʊ́xtsən] 《02》 **I** 自 (h) むせび〈すすり〉泣く, しゃくりあげて泣く; すすり泣きながら言う; (ヴァイオリンなどが) むせび泣くような音をたてる; 《雅》(ナイチンゲールが) むせび泣くように鳴く: eine *schluchzende* Melodie むせび泣くような〈センチメンタルな〉メロディー. **II** 他 (h) むせび〈すすり〉泣きながら言う.

III Schlụch·zen 中 -s/ **1** むせび泣き, すすり泣き: in heftiges ～ ausbrechen 急に激しくしゃくりあげて泣き出す. **2** 《中部》(Schluckauf) しゃっくり. [＜*mhd.* slūchen „schlingen"; ◇Schlauch]

Schlụch·zer[..tsər] 男 -s/- **1** むせび〈すすり〉泣き: einen ～ unterdrücken しゃくりあげてくるのを抑える. **2** むせび〈すすり〉泣く人.

Schluck[ʃlʊk] 男 -〔e〕s/-e (Schlücke[ʃlʏ́kə]) (④ **Schlụ̈ck·chen**[ʃlʏ́kçən], **Schlụ̈ck·lein**[..laɪn] 中 -s/-) **1** 一飲み, 一口 〔の量〕: einen ～ Wasser trinken 水を一口飲む | einen kräftigen 〈tüchtigen〉 ～ 〔aus der Flasche〕 nehmen 〈tun〉 〔瓶から〕ぐいと一口飲む | in kleinen ～*en* trinken ちびりちびり飲む | das Glas in 〈mit〉 einem ～ leeren グラスを一口で飲み干す | ～ um 〈für〉 ～ 一飲み一飲み, 一口一口 ‖ ein ～ 《比》一杯, 少々, ちょっぴり (＝ein wenig) | **ein 〔kräftiger / tüchtiger〕 ～ aus der Pulle** 《話》すごい数量 | *jm.* einen ～ Wein anbieten …にワインを少々出す ‖ 〖複数無変化で〗einige ～ Bier 二口三口のビール. **2 a)** (Getränk) (アルコールを含む) 飲み物: ein guter ～ 《話》うまい酒. **b)** 《北部》＝Schnaps 1 **3** 《北部》＝Schlund 1

Schlụck≠auf[ʃlʊ́k|aʊf] 男 -s/ しゃっくり: einen ～ haben 〈bekommen〉 しゃっくりをする. **≠be·schwe̱r·den** 複 〖医〗嚥下(えんか)困難. **≠bru̱·der** 男 《戯》酒飲み, 飲んべえ〔仲間〕.

Schlụ̈ck·chen Schluck の縮小形.

Schlụ̈cke Schluck の複数.

schlụcken[ʃlʊ́kən] **I** 他 (h) **1** 飲み込む, 嚥下(えんか)する; 吸い込む; 吸収する: eine Pille ～ 丸薬を飲み込む | Wasser ～ (泳いでいて・おぼれかけて) 水を飲み込む (→3) | Bier ～ 《話》ビールをぐい飲みする | viel Staub ～ 多量のほこりを吸い込む | Licht 〈Schall〉 ～ 光〈音〉を吸収する | als ob die Erde ihn *geschluckt* hätte まるで大地が彼を飲み込んでしまったかのように. **2** (力を用いて) 合併する, 併呑(へいどん)する, 乗っ取る: Der Konzern hat kleinere Betriebe *geschluckt.* コンツェルンは弱小企業を併合した. **3** (巨額の金などを) 消尽する, 使う: viel Wasser ～ 多量の水を要する (→1) | Der Wagen *schluckt* viel Benzin. この車はガソリンをたくさん食う | Die Modernisierung hat viel Geld *geschluckt.* 近代化には多額の金がかかった. **4** (いやなことを) ぐっとこらえる, 甘受する, 耐える: eine Beleidigung ～ müssen 侮辱をがまんしなければならない | eine 〔bittere〕 Pille ～ (→Pille 1 a) | *jm.* eine 〔bittere〕 Pille zu ～ geben (→Pille 1 a) ‖ *jn.* ～ …をがまんして受け入れる. **5** 《比》(話などを) うのみにする: eine Ausrede ～ 口実をあっさり信じこむ.

II 自 (h) **1** ごくんと飲み込む; 《an *et.*³》(…を少しずつ) 飲み込む: Vor Halsschmerzen konnte sie kaum ～. のどが痛くて彼女はほとんどつばも飲み込めなかった | Bei dieser Nachricht mußte er erst einmal ～. その知らせを聞いたとき 彼はまず気を落ち着けなければならなかった (すぐには口がきけなかった). **2** しゃっくりする.

[*mhd.*; ＜*mhd.* slūken „hinunterschlingen"; 擬音]

Schlụcken[ʃlʊ́kən] **I** 中 -s/ schlucken すること. **II** 男 -s/ (Schluckauf) しゃっくり.

Schlụcker[..kər] 男 -s/- 《話》 **1** 《ふつう次の形で》**ein armer ～** あわれな〈みじめな〉やつ. **2** (刑務所などで自殺を企てて) 異物を飲み込む人.

Schlụck≠imp·fung 女 ワクチンの内服: eine ～ gegen Kinderlähmung 小児麻痺(まひ)予防のためのワクチン内服. **≠lä̱h·mung** 女 〖医〗嚥下(えんか)麻痺.

Schlụ̈ck·lein Schluck の縮小形.

schlụck·sen[ʃlʊ́ksən] 《02》 自 (h) 《話》しゃっくりする.

Schlụck·ser[ʃlʊ́ksər] 男 -s/ 《話》しゃっくり.

Schlụck≠specht 男 **1** 《戯》酒好きな人, のんべえ. **2** 《話》 **a)** やたらに燃料を食う車. **b)** (車の) 法外な燃料消費. **≠stö̱·rung** 女 〖医〗嚥下(えんか)障害.

schlụck·wei·se 副 (→..weise ★) 一飲みずつ: Milch ～ trinken ミルクをごくりごくりと飲む.

schluck·zes·sị·ve[ʃlʊktsɛsí:və, ⌣⌣–⌣] 《戯》 ＝schluckweise [＜sukzessiv]

Schlu̱·der·ar·beit[ʃlú:dər..] 女 《軽蔑的に》なげやり〈ぞんざい〉な仕事: ～ leisten やっつけ仕事をする.

Schlu̱·de·rei[ʃlu:dəráɪ] 女 -/-en 《軽蔑的に》 **1** 《単数で》なげやり〈ぞんざい〉な仕事ぶり. **2** だらしなさ, 怠慢.

schlu̱·de·rig[ʃlú:dərɪç]² (**schlu̱d·rig**[..drɪç]²) 形 《軽蔑的に》 **1** なげやりな, ぞんざいな, いい加減な: eine ～*e* Ar-

S

beit やっつけ仕事 | eine ~*e* Schrift ぞんざいな文字 ‖ ~ arbeiten やっつけ仕事をする. **2** だらしない; (服を)だらしなく着た: ~*e* Kleidung だらしない服装 | ein ~*er* Mensch 服装のだらしない人.

Schlu·der·jan[ʃlúːdərjaːn] 男 -s/-e《軽蔑的に》**1**《単数で》**a**) なげやり〈ぞんざい〉な仕事ぶり. **b**) (Vergeudung) むだ遣い, 浪費. **2** やっつけ仕事をする人; 服装のだらしない人.

schlu·dern[ʃlúːdərn]《05》自 (h) **1** ぞんざいな〈やっつけ〉仕事をする: Er hat 〔bei der Arbeit〕 sehr *geschludert.* 彼はひどくなげやりな仕事をした | Bei deinen Hausaufgaben hast du wieder mal *geschludert.* お前はまた宿題をいい加減にやったね. **2**《mit *et.*[3]》むだ遣いする, 使い果たす. **3**《北部》= schlottern [*mhd.* slūdern; ◇schlottern, schleudern]

Schlu·drian[ʃlúːdriaːn] 男 -s/-e = Schluderjan

schlud·rig = schluderig

Schluff[ʃlʊf] 男 -[e]s/-e, Schlüffe[ʃlʏ́fə] **1**〖地〗シルト岩. **2**《方》(動物などが逃げ込む)穴, 狭いトンネル. **3**《南部》(Muff) マフ, 手ぬくめ. [*mhd.* sluf „Schlüpfen"; ◇schliefen]

schluf·fen[ʃlʊ́fən]《北部・西部》= schlurfen

Schluf·fen[−] 男 -s/-《北部・西部》(Pantoffel) 上ばき, スリッパ. [< *ndd.* sluf „matt" (◇Schluff)]

▽**Schluft**[ʃlʊft] 女 -/Schlüfte[ʃlʏ́ftə]《中部》= Schlucht

schlug[ʃluːk][1] schlagen の過去.

schlü·ge[ʃlýːgə] schlagen の接続法 II.

Schlum·mer[ʃlʊ́mər] 男 -s/《雅》まどろみ, うたた寝, (安らかな)眠り: ein leichter 〈kurzer〉 ~ 浅い〈短い〉まどろみ | ein tiefer 〈langer〉 ~ 深い〈長い〉眠り | ~ im Sitzen 居眠り ‖ im ~ liegen まどろんでいる | in ~[4] sinken 眠りこむ.

Schlum·mer≠kis·sen 中 (柔らかい)まくら. **≠ki·ste** 女《話》**1** (Bett) ベッド. **2** = Schlafgerät **≠lied** 中 子守歌. **≠mut·ter** 女《戯》下宿のおばさん.

schlum·mern[ʃlʊ́mərn]《05》自 (h)《雅》**1** まどろむ, うとうと眠る, うたた寝する: im Grab ~《婉曲に》永眠している | Ich habe eine Weile im Sessel *geschlummert.* 私は安楽いすでしばしまどろんだ. **2**《比》(機能などが)眠っている, 休止している;《in *jm.* 〈*et.*[3]〉》(才能などが)眠っている, 隠れて〈潜んで〉いる; 忘れられ〈埋もれ〉ている: auf dem Meeresgrund ~ (発見・利用されずに)海底に眠っている | Unter uns *schlummerte* die Stadt. 足下には町がのどかに横たわっていた ‖ das *schlummernde* Gewissen wachrufen 眠っている良心を呼び覚ます | die in einem Kind *schlummernden* Talente 子供の中に眠っている才能. [*mndd.* slo〔m〕men; ◇lotterig; *engl.* slumber]

Schlum·mer≠rol·le 女 (ソファーなどに置く)丸まくら. **≠sarg** 男《話》(Bett) ベッド.

Schlump[ʃlʊmp] 男 -[e]s/-e《北部》**1**〖狩〗まぐれ当たり: auf dem ~ たちどころに(= auf der Stelle). **2** 粗悪な(ひどい・ぼろの)衣服. **3** = Schlup [*mndd.*]

Schlum·pe[ʃlʊ́mpə] 女 -/-n《方》**1** = Schlampe 1 **2** はき古した靴.

schlum·pen[1][ʃlʊ́mpən] 自 (h)《話》**1** だらしない服装〈格好〉をしている; (服が)だらりと垂れてしまりがない. **2** ぞんざいな(やっつけ)仕事をする. [< schlampen]

schlum·pen[2][−] 自 (h)《北部》まぐれ当たりをする. [*mndd.*; ◇Schlump]

schlum·pe·rig[ʃlʊ́mpərɪç][2] = schlampig

Schlumpf[ʃlʊmpf] 男 -[e]s/Schlümpfe[ʃlʏ́mpfə]《方》**1** ひどい〈いやな〉やつ(ときに好意をこめて用いることがある). **2** (物語などの)小人; 背の低い人, ちび.

schlum·pig[ʃlʊ́mpɪç][2], **schlump·rig**[..prɪç][2] = schlampig [< schlumpen]

Schlump·schüt·ze 男〖狩〗(まぐれ当たりしかしない)へたな鉄砲打ち, へぼ射手〈猟師〉.

Schlund[ʃlʊnt][1] 男 -es(-s)/Schlünde[ʃlʏ́ndə] **1**《単数で》(動物の)のど;《戯》(人間の)のど: Der Wolf riß den ~ auf. オオカミがかっと口を開いた | den ~ nicht voll 〔genug〕 kriegen (食いしんぼう・貪欲(どんよく)のために)いくらもらっても満足しない ‖ Er hat sein Geld durch den ~ gejagt.《話》彼は有り金残らず飲んでしまった | Mir ist eine Gräte im ~ steckengeblieben. 私はのどに骨をひっかけた | *jm. et.*[4] in den ~ werfen 〈schmeißen〉《話》(なだめるために)…に…をくれてやる.

2《雅》(洞窟(どうくつ)・大砲・火山などの)大きく開いた深い口; 深淵(しんえん): der ~ der Hölle 地獄の入口, 奈落(ならく)の底. [*ahd.*; ◇schlingen[2]]

Schlund≠gan·glie[ʃlʊ́ntgaŋ(g)liə] 女〖動〗食道神経節: Ober*schlundganglie* 食道上神経節 | Unter*schlundganglie* 食道下神経節. **≠röh·re** 女〖解〗食道.

Schlun·ze[ʃlʊ́ntsə] 女 -/-n **1**《北部・中部》= Schlampe 1 **2**《方》水っぽい〔ライ麦〕スープ; うすいコーヒー.

schlun·zen[..tsən]《02》自《話》**1** (h) なげやり〈ぞんざい〉な仕事をする. **2** (s) だらしない格好で歩〔いて行〕く. [◇schlendern]

schlun·zig[..tsɪç][2] 形《話》(unordentlich) (服装などが)だらしない; 不潔な, 汚らしい.

Schlup[ʃluːp] 女 -/-s〖海〗スループ帆船. [< Sloop]

Schlupf[ʃlʊpf] 男 -[e]s/Schlüpfe[ʃlʏ́pfə] (-e) **1**〖工〗すべり;〖電〗すべり;〖鉄道〗空転;〖海・空〗(スクリュー・プロペラなどの)スリップ, すべり. **2**〖動〗(ひなが)卵からするりと這(は)い出ること, 孵化(ふか); (成虫が幼虫・さなぎから)するりと脱出すること, 羽化. **3**《南部》(Unterschlupf) 避難所, 隠れ家; (Durchschlupf) (壁や垣根などの)抜け穴. **4** (リボンの)引き結び.

schlup·fen[ʃlʊ́pfən]《南部》= schlüpfen

schlüp·fen[ʃlʏ́pfən] 自 (s) **1** (すべるように)するりと入りこむ〈抜け出す〉; すり〈くぐり〉抜ける: **aus** *et.*[3] ~ するりと…から抜け出る | Der Fisch ist mir aus der Hand *geschlüpft.* 魚は私の手からするりと逃げた | **durch** eine Zaunlücke ~ 垣根の穴から滑りこむ | Das Kind ist durch die Menschenmenge *geschlüpft.* 子供は人ごみの中をするりとくぐり抜けて行った | *jm.* durch die Finger ~ (→Finger 1) | durch die Maschen des Gesetzes ~ (→Masche[2] 1) | **in** *et.*[4] ~ …の中へ入りこむ | **unter** die Decke ~ 毛布の中にするりと潜りこむ | *jm.* **von** den Lippen ~《比》(言葉が)…の口からつい漏れる. **2** (卵・幼虫・さなぎなどからひなや成虫が)生まれ〈脱け〉出る, かえる, 孵化(ふか)〈羽化〉する. **3** (衣服を)さっと着る〈はく〉; さっと脱ぐ: aus den Schuhen 〈den Kleidern〉 ~ 靴〈服〉をさっと脱ぐ | in den Mantel ~ コートをさっと羽織る | in die Schuhe 〈die Strümpfe〉 ~ 靴〈靴下〉をさっとはく | in die Rolle eines anderen ~《比》ほかの人の役をさっと引き受け〔てりっぱにやってのけ〕る.

[*ahd.*; ◇schliefen, schleifen, Schlipf, schlau]

Schlüp·fer[ʃlʏ́pfər] 男 -s/-〖服飾〗**1**《しばしば複数で》**a**) (女性・女児用の)下ばき, パンティー: neue ~ 〈einen neuen ~〉 anhaben 新しいパンティーをはいている. **b**) (男性用の)ブリーフ. **2** ラグラン〔型コート〕.

▽**Schlupf≠ho·se**[ʃlʊ́pf..] 女 = Schlüpfer 1 **≠jacke** 女 (Pullover) プルオーバー; セーター.

Schlupf≠loch 中 (壁などの)抜け穴; (ネズミなどの)隠れ〈逃げ〉穴;《比》避難所, 隠れ家. **≠mo·tor** 男 和動複巻き電動機. **≠pfor·te** 女 (城壁・市の囲壁の)小門, くぐり門, 裏門(→ 図 Burg).

schlupf·reif 形 (卵・幼虫などから)かえるばかりになった, 孵化(ふか)〈羽化〉するばかりの.

schlüpf·rig[ʃlʏ́pfrɪç][2] 形 **1** (湿って)滑りやすい, ぬるぬるしてつかみどころのない: ~ wie ein Aal うなぎのようにぬるぬるする | Der Weg ist hier ~. 道はここが滑りやすい | *sich*[4] auf ~*em* Boden befinden《比》基礎〈立脚点〉があやふやである. **2**《比》**a**) つかみどころのない, あやふやな; 信用できない. **b**) (anstößig) いかがわしい, いやらしい, きわどい, 猥褻(わいせつ)な, 卑猥な, 下品な: ~*e* Reden 猥談 | ~*e* Witze いやらしい冗談. [*mhd.*; < *ahd.* slipfen „ausgleiten" (◇schleifen[1])]

Schlüpf·rig·keit[−kaɪt] 女 -/-en **1**《単数で》滑りやすさ. **2** schlüpfrig 2 b な言動.

Schlupf≠wes·pe[ʃlʊ́pf..] 女〖虫〗ヒメバチ(姫蜂)科の昆虫. **≠win·kel** 男 (動物の)隠れ家, 逃げ穴;《比》隠れ家, 潜伏場所.

S

Schlup·pe[1][ʃlʊ́pə] 女 -/-n《北部・中部》輪結び, ちょう結び. [*ndd.*; ◇Schlupf]

Schlup·pe[2][−] 女 -/-n《中部》=Schlippe

Schlurf[ʃlʊrf] 男 -[e]s/-e《話》**1**《ｵｰｽﾄﾘｱ》(Geck) しゃれ者, だて男. **2** (長髪族の)ヒッピー, フーテン族. **3** (Zuhälter) (売春婦の)ひも.

schlur·fen[ʃlʊ́rfən] **I** 自 (h, s) (ずるずると)足〈靴〉を引きずって歩く (h, s について: →schwimmen I 1 ☆): Er hat mit seinen Pantoffeln *geschlurft.* 彼はスリッパを引きずって歩いた | Er ist an die Tür *geschlurft.* 彼は足を引きずってドアのところへ行った ‖ *schlurfend* / mit *schlurfenden* Füßen 足を引きずりながら. **II** 他 (h)《方》=schlürfen I

schlür·fen[ʃlʏ́rfən] **I** 他 (h) **1** (スープ・コーヒーなどを)すする; (ズルズル・ピチャピチャ・ガブガブ)音をたてて飲む: die heiße Suppe ~ (音をたてて)熱いスープをすする ‖〘目的語なしで〙~ und schmatzen 音をたてて飲み食いする | Er hat beim Essen immer *geschlürft.* 彼は食事のときいつも音をたててすすった. **2** (酒などを味わいながら)ちびりちびり〈なめるように〉飲む: Er *schlürft* genießerisch seinen Wein. 彼はワインをちびりちびり味わいながら飲んでいる. **3**《比》(genießen) 吸い込む, 味わう, 楽しむ: Ich *schlürfte* in vollen Zügen die Seeluft. 私は海の空気をたっぷりと吸い込んだ. **II** 自 (h, s)《方》=schlurfen I [擬音]

Schlurf·schritt[ʃlʊ́rf..] 男 足〈靴〉を引きずるような歩き方.

Schlur·re[ʃlʊ́rə] 女 -/-n《北部》**1** (Pantoffel) スリッパ, 室内ばき. **2** 老婆. [◇Schlorre]

schlur·ren[ʃlʊ́rən]《北部》=schlurfen I

Schlur·ren[−] 男 -s/-《北部》=Schlurre 1

Schluß[ʃlʊs] 男 Schlusses / Schlüsse[ʃlʏ́sə] **1 a)**《ふつう単数で》(↔Beginn) (Ende) 終わり, 最後; (活動・業務などの)終了, 終業; 締め切り; (作品などの)結末, (劇の)大詰め; (手紙の)結び; (列などの)後尾: ein überraschender ~ 意外な幕切れ | der ~ einer Debatte (議会などで)討論打ち切り | der ~ des Schuljahrs 学年の終わり ‖〘主語として〙*Schluß* folgt. (連載物について)次号〈次回〉完結 | Schul*schluß* (学校の)終業 | Sende*schluß* 放送終了 ‖ Fortsetzung und ~ (連載物などについて)連載最終回 ‖〘述語として非人称構文で〙Es ist ~ mit ihm.《話》彼はもうだめだ, 彼も終わりだ | Glauben Sie bloß nicht, daß schon ~ ist mit mir. 私が力が尽きはてたと(あなたが)思ったら大間違いだ ‖〘4格で〙den ~ bilden しんがりをつとめる | Der Roman hat einen schwachen ~. この小説は結末の部分が弱い | **~ machen** i) (仕事などを)終わり〈やめ〉にする; (店などを)しまう, 看板〈終業〉にする; ii)《話》職をやめる | **mit *jm.* ~ machen** …と〔恋愛・交友〕関係を絶つ〈縁を切る〉| **mit *et.*[3] ~ machen** …をやめる〈断つ〉| mit dem Trinken 〈dem Rauchen〉 ~ machen 酒〈タバコ〉を断つ | 〔**mit *sich*[3] / mit dem Leben**〕**~ machen**《話》自分の命を絶つ, 自殺する ‖〘前置詞と〙**am** ~ 終わり〈末尾〉に | am 〈zum〉 ~ des Jahres 年末に | am ~ des Zugs 列車の最後部に | am ~ der Gruppe gehen グループの最後からついていく | **bis** zum ~ der Vorstellung bleiben (芝居・映画などを)最後までみている | **Gegen** ~ ließ die Aufmerksamkeit nach. 終わりの方になると注意が散漫になった | **nach** ~ der Redaktion 締め切り後に | **zum** ~ 最後に, 終わりに〔臨んで〕| Damit komme ich zum ~ meiner Ausführungen. これで私の説明を終わります(→2) ‖ *Schluß* 〔jetzt〕damit! (その話は)もういいかげんによせ | Jetzt 〔ist〕 aber ~ mit dem Unsinn! そんなくだらぬことはもうやめろ | Und damit ~! それでおしまい, それだけのこと | *Schluß* für heute! きょうはここ〈これ〉まで. **b)**〘楽〙終止.

2 (Folgerung) 推論; 結論, 帰結;〘論〙推理〈推論〉〔形〕式: direkte 〈indirekte〉 *Schlüsse* 直接〈間接〉推理形式 | ein zwingender ~ 反論の余地のない推論 | der ~ vom Allgemeinen zum Besonderen 一般から特殊への推論, 演繹(えんえき) | der ~ vom Besonderen zum Allgemeinen 特殊から一般への推論, 帰納 | Fehl*schluß*〘論〙論過 | Trug*schluß*〘修辞〙詭弁(きべん) ‖ **der Weisheit letzter ~** i) 最後の手〔だて〕; ii) 最高の知恵 ‖ **aus *et.*[3] *Schlüsse* auf *et.*[4] ziehen** …から…を推断〈推論〉する ‖ **zu** einem richtigen ~ kommen 正しい結論に達する(→1) | Er kam zu dem ~, daß ... 彼は…という結論に達した.

3 a)《単数で》(ドアなどの)しまり〔ぐあい〕; (ピストンなどの)密閉, 気密; (服などが)ぴったり合うこと, できぐあい: guten 〈keinen〉 ~ haben きちんとしまる〈しまらない〉, ぴったり合う〈合わない〉. **b)** (騎乗の際)脚(きゃ)を締めること, 脚の締めつけ: Der Reiter hat guten ~. この騎乗者は(脚がしまって)騎座がしっかりしている. **c)** (商店などが)しまる〈閉じる〉こと, 閉鎖:〘今日ではふつう複合語として〙Laden*schluß* 閉店〔時間〕| Tor*schluß* 門限.

4 (Kurzschluß)〘電〙短絡, ショート.

5〘商〙(株式取引における)取引〈売買〉単位.

6〘建〙(アーチなどで最後にはめこまれる)要石(かなめいし).

7〘ﾚｽﾘﾝｸﾞ〙フルバック.

8 a) (Abschluß) (契約などの)締結. **b)** (Beschluß) 決定, 決心.

[＜schließen]

Schluß≠ab·stim·mung[ʃlʊ́s..] 女 (議会などにおける)決選投票. **≠ak·kord** 男 **1**〘楽〙終止和音. **2** =Ausklang 3 **≠akt** 男〘劇〙最終幕;《比》大詰め; 閉会式, 卒業〈終業〉式. **≠an·hö·rung** 女〘法〙最終聴取. **≠ball** 男 卒業〈修了〉ダンスパーティー. **≠be·mer·kung** 女 (著作・論文などの)結語, 結び. **≠be·spre·chung** 女 最終協議〈討議〉. **≠bi·lanz** 女〘商〙終結貸借対照表. **≠brief** 男〘商〙売り渡し書.

Schlüs·se Schluß の複数.

Schluß·ef·fekt[ʃlʊ́s..] 男 (上演・演説などの)結末の〈最終的〉効果; 効果的結末: auf ~[4] bedacht sein 結びの効果をねらっている.

Schlüs·sel[ʃlʏ́səl] 男 -s/- (小 **Schlüs·sel·chen**[−çən], **Schlüs·se·lein**[..səlaɪn] 中 -s/-) **1** 鍵(かぎ), キー(→ 図 Schloß B) (鍵は支配権の象徴: →2 b): der ~ zur Haustür 〈für den Koffer〉 玄関〈トランク〉の鍵 | Haupt*schlüssel* マスター=キー ‖ Der ~ paßt nicht 〈schließt gut〉. 鍵が合わない〈うまくかかる〉| Der ~ steckt 〔im Schloß〕. 鍵が〔錠に〕差したままになっている ‖ der Bart des ~*s* 鍵の歯〈かかり〉(=Schlüsselbart) ‖ den ~ abziehen 鍵を抜き取る | einen ~ stecken 〈steckenlassen〉 鍵を差し込む〈差し込んだままにする〉| dem Bauherrn die ~ übergeben (施工者が)建主に新築の家〔の鍵〕を引き渡す | dem Sieger die ~ der Stadt übergeben 勝利者に町を明け渡す(→2 b) | den ~ umdrehen 鍵を回す.

2《比》**a)** (…の)鍵, (解決・理解の)手がかり; (解読の)鍵; (解答への)手引き: der ~ des Herzens 心を開く鍵 | der ~ des Himmelreichs 天国の鍵(聖書: マタ16,19) | die ~ zum Erfolg 成功の秘訣(ひけつ) | der ~ zum Übungsbuch 練習帳の解答集 | Chiffren*schlüssel* 暗号解読の鍵, 暗号解〔法〕‖ *et.*[4] in 〈nach〉 einem ~ abfassen …を暗号で書く | *et.*[4] mit 〈nach〉 einem ~ entziffern …を暗号解法によって解読する | den ~ zur Lösung des Problems finden 問題解決の手がかりを見いだす | Sein Ehrgeiz ist 〈In seinem Ehrgeiz liegt〉 der ~ für alle seine Handlungen. 彼の名誉欲こそが彼の行動のすべてを解き明かす鍵である. **b)** 支配権, 権能; (Schlüsselgewalt)〘法〙日常家事代理権: *jm.* die ~ 〔über〕geben …に支配権〈家事代理権〉をゆだねる(→1).

3 (分類・分配などの)基準: Verteiler*schlüssel* 分配率 | *et.*[4] nach einem ~ verteilen 〈errechnen〉 …をある基準にもとづいて分配〈算定〉する.

4 a)〘楽〙音部記号: G-~ ト音記号. **b)**〘電〙〘電信〙符号.

5 a) (Schraubenschlüssel)〘工〙スパナ. **b)** (Uhrschlüssel) (時計の)巻きねじ.

[*ahd.*; ◇schließen]

Schlüs·sel≠bart[ʃlʏ́səl..] 男 鍵(かぎ)の歯〈かかり〉(→ 図 Schloß B): den ~ abbrechen 鍵の歯を折る. **≠bein** 中〘解〙鎖骨(→ 図 Mensch C).

Schlüs·sel·bein≠bruch 男〘医〙鎖骨骨折. **≠höh·le** 女 鎖骨と肋骨のあいだのくぼみ.

Schlüs·sel≠blu·me 女 (Himmelsschlüssel)《植》セイヨウサクラソウ(西洋桜草). **≠brett** 中 鍵〔を掛けておく〕板, キーボード. **≠bund** 男 (中) -〔e〕s/-e 鍵束(→ 図 Schloß B).

Schlüs·sel·chen, Schlüs·se·lein 中 Schlüssel の縮小形.

Schlüs·sel·er·leb·nis 中 (ある人を理解する鍵となる)決定的な体験.

schlüs·sel·fer·tig 形 (新築の住まいが)鍵(かぎ)を渡せるばかりにでき上がった, すぐ移れる〔状態の〕: ein ～*er* Neubau 即時入居可能の新築家屋 | Das Haus wird in diesem Monat ～. この家は今月には入居できる.

Schlüs·sel≠fi·gur 女 (鍵(かぎ)を握る)重要〈指導的〉人物. **≠fra·ge** 女 (解決の鍵を含む)重要な〈決定的な〉問題. **≠ge·walt** 女 -/ **1**《カトリック》鍵の権能, 教導権(特に「聖ペトロの鍵の権能」は教会最高教導権. 聖書: マタ16,19から). **2**《法》日常家事代理権(ドイツでは夫婦共にこの権利と義務がある). **≠in·du·strie** 女 基幹産業, キーインダストリー. **≠kind** 中《話》鍵っ子. **≠kreuz** 中《紋》かぎ飾り十字. **≠loch** 中 鍵穴: durchs ～ sehen〈gucken〉鍵穴からのぞく. **≠ma·schi·ne** 女《電》符号器.

schlüs·seln[ʃlʏ́səln]《06》他 (h) **1** 符号〈略号〉化する, 符号づける. **2** 配分〈割当〉率によって分配する. **3**《レスリング》(相手の腕を)ハンマーロックする.

Schlüs·sel≠po·si·tion[ʃlʏ́səl..] 女 ＝Schlüsselstellung 2 **≠pro·blem** 中 枢要な問題. **≠ring** 男 **1** 鍵(かぎ)のリング状の頭. **2** (鍵を通しておく)鍵環(→ 図 Schloß B). **≠rohr** 中 鍵の胴〔の部分〕(→ 図 Schloß B). **≠rol·le** 女 (問題解決の鍵となる)重要な役割. **≠ro·man** 男 モデル小説. **≠stel·lung** 女 **1** (戦略上の)重要地点, 要衝. **2** 重要な〈指導的〉地位, 枢要なポスト: eine ～ innehaben 重要な地位を占めている | eine ～ in *et.*[3] einnehmen …において重要な〈指導的〉地位を占める | *jn.* in eine ～ einsetzen〈bringen〉…を枢要なポストにつける. **≠ta·sche** 女 (鍵束を収める)鍵入れ, キーホルダー(→ 図 Schloß B). **≠wort** 中 **1** -〔e〕s/..wörter (組み合わせ錠の)鍵〔となる〕文字. **2** -〔e〕s/-e 暗号化された文句. **3** -〔e〕s/..wörter 鍵となる重要な語, キーワード. **≠zahl** 女 **1** (組み合わせ錠の)鍵〔となる〕数字; 暗号数字. **2**《経》割当額を決定する指数.

schluß·end·lich[ʃlʊ́s.., ⏑⌣⌣] 副《スイス》(schließlich) 最後に〔は〕, 結局; 結局のところは, しょせんは.

Schluß≠er·geb·nis [ʃlʊ́s..] 中 最終結果, 結末. **≠etap·pe** 女 (行程などの)最終区間; 最終段階. **≠fei·er** 女 卒業〈終業〉式. **≠fol·ge** 女 ＝Schlußfolgerung

schluß·fol·gern[ʃlʊ́sfɔlɡərn]《05》《過分 geschlußfolgert》他 (h)《*et.*[4] aus *et.*[3]》(…を…から)推論する: Er hat daraus *geschlußfolgert*, daß … 彼はそのことから…であると推論した〈…という結論を出した〉.

Schluß≠fol·ge·rung[..ɡərʊŋ] 女 推論, 推理; (推論の結果としての)結論, 帰結: eine voreilige ～ 早まった結論 | aus *et.*[3] eine ～ ziehen …から推論する〈結論を引き出す〉| zu einer ～ kommen ある結論に達する. **≠form** 女《論》推理〈推論〉〔形〕式. **≠for·mel** 女 (手紙などの)結びの〔決まり〕文句, 結句. **≠hälf·te** 女 (↔Anfangshälfte)《スポーツ》(ゲームの)後半.

schlüs·sig[ʃlʏ́sɪç][2] 形 **1** 論理的な, 筋道のたった, 筋の通った; (証拠などが)決定的な; 十分根拠〈説得力〉のある: ～*e* Beweise 動かぬ証拠 | Seine Argumentation ist nicht ～. 彼の論証には説得力が欠けている ‖《副詞的に》*seine* Theorie ～ beweisen 自説を筋道立てて論証する | Es ist ～ erwiesen, daß er unschuldig ist. 彼が無実であることが決定的に証明された. **2**《述語的》決心した, 心に決めた, 心の決まった: ***sich***[3] 〔**über** ***et.***[4]〕 **～ sein**〈**werden**〉〔…について〕決心がついている〈決心がつく〉| Er war〈wurde〉sich darüber ～, daß … …ということについては彼は決心ができていた〈決心ができた〉| Ich war mir noch nicht ～, ob ich das tun sollte. それをしたものかどうか私はまだ心を決めかねていた | Er konnte sich nicht ～ werden, ob er ins Kino gehen oder zu Hause bleiben sollte. 映画に行くか家にいるか彼は決心がつかなかった. [＜Schluß]

Schlüs·sig·keit[ʃlʏ́sɪçkaɪt] 女 -/ schlüssig なこと.

Schluß≠ka·pi·tel[ʃlʊ́s..] 中 最終章;《比》(Ende) 結末, 大詰め. **≠ket·te** 女《論》連結推理(前の三段論法の結論が後の三段論法の前提となる). **≠kom·mu·ni·qué** [..kɔmynikeː] 中《政》最終コミュニケ. **≠kurs** 男 (株式相場の)大引け〔値〕, 引き値, 終値(おわりね).

Schluß·kurs·no·tie·rung 女 ＝Schlußkurs

Schluß≠läu·fer 男《陸上》(リレーなどの)アンカー, 最終走者: der ～ einer 4 × 100(読み方: vier mal hundert) Meter-Staffel 400メートルリレーのアンカー. **≠leuch·te** 女 ＝Schlußlicht 1 **≠licht** 中 -〔e〕s/-er **1** (列車・自動車などの)尾灯, テールライト, テールランプ: rote ～*er* führen 赤いテールライトをつけている. **2**《比》(一連のものの)最後のもの, しんがり;《話》(成績などの)びり, どんじり〔の人〕: das ～ bilden〈machen〉最後から行く, しんがりをつとめる; どんじりである. **≠mann** 男 -〔e〕s/..männer **1** ＝Schlußläufer **2** (登山隊などの)しんがり; (Schlußspieler) (ラグビーの)フルバック; (Torwart)《球技》ゴールキーパー. **≠mi·nu·te** 女《スポーツ》タイムアップ〈終了〉寸前の 1 分: in der ～ den Ausgleich erzielen (サッカーなどで)タイムアップ寸前に同点のシュートをきめる〈同点になる〉. **≠no·te** 女《商》契約念書, 契約報告書, 売買契約書. **≠no·tie·rung** 女 ＝Schlußkurs **≠pfiff** 男《スポーツ》タイムアップ〈終了・時間切れ〉のホイッスル, ファイナルホイッスル: kurz vor dem ～ den Sieg erzielen タイムアップ寸前に決勝点を入れる. **≠pha·se** 女 最終段階. **≠prü·fung** 女 最終〈卒業〉試験. **≠punkt** 男 **1**《言》終止符, ピリオド: **einen ～ unter**〈**hinter**〉***et.***[4] **setzen**《比》…(不快なことなど)にけりをつける. **2** 終点, 究極点: den ～ der Feier bilden 祝典の最後を飾る. **≠rech·nung** 女 **1**《商》決算. **2**《数》三数法, 比例算. **≠re·de** 女 閉会の辞, 結びの言葉; 跋(ばつ). **≠reim** 男 (Endreim)《詩》脚韻. **≠ren·nen** 中 決勝競走. **≠run·de** 女《スポーツ》(競走の)最後の 1 周, ラストラップ; (球技などの)決勝〔戦〕; (ボクシング・レスリングなどの)最終ラウンド.

Schluß-s[ʃlʊ́s|ɛs] 中 -/- (ドイツ文字の)語尾の s(ȿ).

Schluß≠satz 男 **1** 結びの言葉〈文〉. **2** (Konklusion)《論》結論, 帰結, 断案. **3**《楽》終楽章. **4**《スポーツ》ファイナルセット. **≠schein** 男 ＝Schlußnote **≠spie·ler** 男《ラグビー》フルバック. **≠sprung** 男《体操》閉脚跳び. **≠spurt** 男《スポーツ》(特に球技で試合の最終局面の)ラストスパート. **≠stein** 男《建》(アーチなどの頂点を形成する)要石(かなめいし)(→ 図 Bogen);《比》最後の仕上げ, 完了, 完成, 頂点, 極: Das war der ～ der Entwicklung. それにより発展はその極に達した. **≠strich** 男 (文書・計算書などの最後に引く)終止線;《比》終止符:〖もっぱら次の成句で〗**unter** ***et.***[4] **einen ～ ziehen** …に終止符を打つ, …の決着をつける. **≠sze·ne** 女《劇》最終場(ば), ラストシーン. **≠ver·kauf** 男 季末大売り出し〈バーゲンセール〉(特に Sommerschlußverkauf と Winterschlußverkauf): *et.*[4] beim〈im〉～ kaufen …を季末大売り出しで買う | zum ～ gehen 季末大売り出しに行く. **≠vi·gnet·te**[..vɪnjɛtə] 女《印》章末〔の余白などを埋める〕装飾カット. **≠wort** 中 -〔e〕s/-e 閉会の辞, 結びの言葉; (Nachwort) 跋(ばつ), あとがき: das ～ halten〈sprechen〉閉会の辞を述べる. **≠zei·chen** 中 終了の合図〈しるし・信号〉;《言》終止符, ピリオド;《楽》終止記号;《電》(電話の)終話信号, 切断信号.

Schlut·te[ʃlʊ́tə] 女 -/-n《スイス》ゆったりした上着(仕事着・寝巻きなど).

Schlütt·li[ʃlʏ́tliˑ] 中 -s/-《スイス》乳児服.

Schmach[ʃmaːx] 女 -/ はずかしめ, 恥辱, 屈辱, 汚辱, 不名誉: 〔eine〕～ erleiden〈ertragen〉はずかしめを受ける; 屈辱に耐える | *jm.* 〔eine〕～ antun〈zufügen〉…にはずかしめを加える | *et.*[4] als ～ empfinden …を恥辱〈不名誉〉と感じる ‖ mit ～〔und Schande〕bedeckt sein 汚辱にまみれている | ***Schmach* und Schande über dich!**《戯》恥を知れ, みっともないぞ.

[*ahd.*; ＜*ahd.* smāhi „klein" (◇schmähen)]

schmach·be·deckt[ʃmáːx..] 形 汚辱にまみれた.

Schmacht[ʃmaxt] 男 -〔e〕s/《北部》(Hunger) 空腹.

schmach·ten[ʃmáxtən]《01》**I** 自 (h) **1** (空腹・渇き・暑熱・虜囚などに)苦しむ, やつれる: vor Hunger〈unter der

Tyrannei〉 ～ 飢えに〈圧制下に〉苦しむ. **2** 《nach *jm.* 〈*et.*[3]〉》(…を)思いこがれる, 渇望する: nach Hilfe ～ 助力を待ち望む | nach dem Geliebten ～ 愛人を恋いこがれる. **II** **schmạch·tend** 現分 形 甘ったるい, センチメンタルな: ein ～*er* Blick 思いこがれたまなざし | ～*e* Musik 甘ったるい音楽.
[*mndd.*; < *ahd.* smāhi (→Schmach)]

Schmạcht·fet·zen 男《話》**1** お涙ちょうだい物(センチメンタルな流行歌・芝居・映画・小説など). **2** ＝Schmachtlappen 1

schmäch·tig[ʃmέçtɪç][2] 形 虚弱な; (体格が)弱々しい, かぼそい, きゃしゃな; やせぎすの, やせ衰えた.

Schmạ̈ch·tig·keit[－kaɪt] 女 -/ schmächtig なこと.

Schmạcht≈korn[ʃmáxt..] 中 -[e]s/..körner 〘農〙(冷害などによる)不熟〈不稔〉穀粒. **≈lap·pen** 男《話》**1 a**) 恋に身をこがしている男. **b**) 弱々しい人; 感傷的〈センチメンタル〉な人. **2** ＝Schmachtfetzen 1 **≈locke** 女《軽蔑的に》(特に若い男性がひたいにたらした)巻き毛. **≈rie·men** 男《話》(Gürtel) 腹帯, ベルト: **den ～ umschnallen** 〈**enger schnallen**〉《話》(気分を引締めて)欲望をおさえる, 耐乏生活をする.

schmạch·voll[ʃmá:xfɔl] 形 恥辱〈屈辱〉に満ちた, 不名誉きわまる, 恥ずべき, 不面目な: *et.*[4] als äußerst ～ empfinden …を不面目きわまりない〈ひどい屈辱〉と感じる.

Schmack[1][ʃmak] 男 -[e]s/-e 〘植〙(地中海地方産)ドクウツギ(毒空木)属の一種. [*mndd.*]

▽**Schmack**[2][－] 男 -[e]s/-e ＝ Geschmack [*ahd.* smac]

Schmack[3][－] 女 -/-en (**Schmạcke**[ʃmákə] 女 -/-n) 〘海〙スマック(沿岸用小型帆船). [*ndd.*; < *mndd.* smacken „schlagen"; ◇*engl.* smack]

schmạck·haft[ʃmákhaft] 形 おいしい, 味のよい, 美味の; 《比》食欲をそそる, 魅力的な: ein ～*es* Gericht おいしい料理 | *jm. et.*[4] **～ machen** …に…を魅力あるものに見せる, …に…を見せて気を引く. [*mhd.*; < *ahd.* smac (→Geschmack)]

Schmạck·haf·tig·keit[..tɪçkaɪt] 女 -/ schmackhaft なこと.

schmạckig[ʃmákɪç][2] ＝schmackhaft

Schmạck·stoff 男 味〔覚〕物質.

Schmạd·der[ʃmádər] 男 -s/ 《北部》泥, ぬかるみ.

schmạd·dern[ʃmádərn] 《05》《北部》**I** 他 (h) 泥だらけにする, よごす; 《*et.*[4] mit *et.*[3]》(…に…を)ぬたくる. **II** 自 (h) 非人称 《es schmaddert》みぞれが降る.
[擬音; ◇schmettern]

schma·fụ[ʃmafú:] **I** 形《無変化》《付加語的用法なし》《ｵｰｽﾄﾘｱ》《話》けちな, しみったれた; 卑劣な. **II** **Schma·fụ** 男 -s/-[s] 《ｵｰｽﾄﾘｱ》《話》悪党, 卑劣漢, いかさま野郎.
[*fr.* je m'en fous „ich mache mir nichts daraus"; ◇boßeln]

Schmạ̈h[ʃmɛ:] 男 -s/-[s] 《ｵｰｽﾄﾘｱ》《話》**1** うそ, 虚偽; 逃げ口上; 策略, トリック: *jn.* **am ～ halten** …をだます〈かつぐ〉. **2** 《単数で》おあいそ; ジョーク: [**einen**] **～ führen** しゃれをとばす, 冗談を言う.

Schmạ̈h·brief[ʃmɛ́:..] 男 誹謗(ひぼう)〈中傷〉の手紙.

schmạ̈·hen[ʃmɛ́:ən] **I** 他 (h) ののしる, そしる, 誹謗(ひぼう)〈中傷・侮辱〉する; 軽蔑する: *seinen* Gegner ～ 敵をののしる. **II** 自 (h) auf *jn.* 〈gegen *jn.*〉 ～ …をののしる | über *jn.* ～ …の悪口を言う.
[*ahd.*; < *ahd.* smāhi (→Schmach)]

schmạ̈h·lich[ʃmɛ́:lɪç] **I** 形 恥ずべき, 破廉恥な; 屈辱的な, 不名誉な: eine ～*e* Niederlage 屈辱的な敗北 | *jn.* ～ betrügen 恥知らずにも…を欺く. **II** 副 **1** →I **2** 《話》ひどく, ものすごく: Es ist ～ heiß heute. きょうはひどく暑い.

Schmạ̈h·lich·keit[－kaɪt] 女 -/ schmählich なこと.

Schmạ̈h≈re·de[ʃmɛ́:..] 女 悪口; 誹謗(ひぼう)〈中傷〉演説. **≈ruf** 男 (特定の人に向けて浴びせられる)悪口雑言(ぞうごん), 罵詈(ばり). **≈schrift** 女 誹謗〈中傷〉文書, 怪文書. **≈sucht** 女 -/ 誹謗〈悪口〉好き.

schmạ̈h·süch·tig 形 誹謗(ひぼう)〈中傷・悪口〉好きの, 口の悪い.

Schmạ̈·hung[ʃmɛ́:ʊŋ] 女 -/-en **1** 《単数で》(schmähen すること. 例えば:) 誹謗(ひぼう), 中傷. **2** 悪口, 罵詈(ばり)雑言: *jn.* mit ～*en* überhäufen …に悪口雑言をあびせる.

Schmạ̈h·wort 中 -[e]s/-e 《ふつう複数で》悪口.

schmal[ʃma:l] **schmạ·ler, schmạ̈·ler**[ʃmɛ́:lər]/ **schmalst, schmälst** 形 **1** (↔breit) 幅の狭い; (dünn) 薄い; (人が)やせた, ほっそりした: ein ～*er* Durchgang 狭い通路 | ein ～*es* Gesicht 細面(ほそおもて) | ein ～*er* Gedichtband 薄い詩集 | ein ～*es* Handtuch (→Handtuch 2) ‖ Er ist ～ in den Schultern. 彼は肩幅が狭い | Du bist ～ geworden. 君はやせたね | ～*er* 〈*schmäler*〉 werden (以前より)細くなる, やせる. **2** (karg) 僅少(きんしょう)な, わずかの, 乏しい: ein ～*es* Einkommen 乏しい収入 | ein ～*es* Programm 貧弱なプログラム | ～*e* Kost 乏しい〈貧弱な〉食事.
[*germ.*; ◇*gr.* mēlon „Kleinvieh"; *engl.* small]

schmạl·brü·stig[ʃmá:l..] 形 **1** 胸幅の狭い. **2** 幅の狭い; 《比》偏狭な. **3** 粗末な.

schmạ̈·len[ʃmɛ́:lən] **I** 他 (h) 非難する; けなす. **II** 自 (h) **1** 《auf *jn.* 〈*et.*[4]〉 / über *jn.* 〈*et.*[4]〉》(…のことを)非難する; けなす. **2** 〘狩〙(シカなどが)驚いて鳴く.
[*mhd.* smel[e]n „klein machen"; ◇schmal]

schmạ̈·ler schmal の比較級.

schmạ̈·lern[ʃmɛ́:lərn] 《05》他 (h) 少なくする, 縮減〈削減〉する: *js.* Rechte 〈*jn.* in *seinen* Rechten〉 ～ …の権利を狭める | *js.* Verdienste ～ …の功績にけちをつける.

Schmạ̈·le·rung[..lərʊŋ] 女 -/-en schmälern する〈される〉こと.

Schmạl·film[ʃmá:l..] 男 〘写〙幅の狭い(8ミリ・16ミリの)フィルム.

Schmạl·film·ka·me·ra 女 8ミリ〈16ミリ〉フィルム用カメラ.

Schmạl·hans[ʃmá:lhans][1] 男《話》やせっぽち: 〘ふつう次の形で〙**bei *jm.* ist ～ Küchenmeister** …のところでは食うや食わずである〈食費を切り詰めている〉.

Schmạl·heit[ʃmá:lhaɪt] 女 -/ schmal なこと.

schmạl·hüf·tig[..hʏftɪç][2] 形 腰部の細い.

Schmal·kạl·den[ʃmalkáldən] 地名 シュマルカルデン(ドイツ Thüringer Wald の南西にある都市).
[<Schmalkalde (川の名; ◇kalt)]

schmạl·lip·pig[ʃmá:l..] 形 唇の薄い. [<Lippe[1]]

Schmạl·na·sen 複 〘動〙狭鼻〔猿〕類, オナガザル類.

schmạl·ran·dig 形 ふち〈へり〉の細い(帽子など).

Schmạl·reh 中 〘狩〙(出産未経験の) 2 歳の雌ノロジカ.

schmạl·schul·te·rig 形 肩幅の狭い.

Schmạl≈sei·te 女 (↔Breitseite) (建物・部屋・机・暖炉などの)奥行き(短辺に当たる部分). **≈spur** 女 -/ (↔Breitspur) 〘鉄道〙狭軌(→Normalspur).

schmalspur.. 《名詞につけて「狭軌の」を意味するほか, 口語的には「高等教育を修了していない・半人前の・副業の」を意味する》

Schmạl·spur≈bahn 女 狭軌鉄道. **≈be·am·te** 男 下級〈中級〉公務員. **≈gleis** 中 狭軌軌道.

schmạl·spu·rig 形 **1** 〘鉄道〙狭軌の: eine ～*e* Bahn 狭軌鉄道. **2** 〘ｽｷｰ〙シュプール幅の狭い.

Schmạl·spur≈in·ge·nieur[..ɪnʒeniø:r] 男 下級技師, 技手. **≈me·di·zi·ner** 男《話》半人前の医者; 歯科医.

schmälst schmal の最上級.

Schmalt[ʃmalt] 男 -s/-e (Email) (金属・陶器に塗る)ほうろう, エナメル, 釉(うわぐすり); 七宝. [*it.* smalto; ◇schmelzen, Email, Schmelz; *engl.* smalt]

Schmạl·te[ʃmáltə] 女 -/-n 花紺青(こんじょう)(陶磁器の釉(うわぐすり)に用いる青色顔料).

schmạl·ten[ʃmáltən] 《01》他 (h) 《*et.*[4]》(…に)花紺青(こんじょう)の釉(うわぐすり)をかける.

Schmạl≈tier[ʃmá:l..] 中 〘狩〙(出産未経験の) 2 歳の雌(特にシカなど). **≈vieh** 中 (Kleinvieh) 《集合的に》小型家畜. **≈wand** 女 **1** (建物や部屋の)幅の狭い側の壁面. **2** 〘植〙シロイヌナズナ(白犬薺)属.

Schmalz[ʃmalts] **I** 中 -es/ (種類: -e) **1 a**) (獣脂を溶かして精製した)食用油脂(ヘット・ラードなど): Gänse*schmalz* ガチョウの脂 | Schweine*schmalz* 豚脂, ラード ‖ ～ auslassen ヘット〈ラード〉を溶かす | weder Salz noch ～ haben (→Salz 1 a) ‖ *et.*[4] mit ～ braten …を

S

ヘット〈ラード〉で炒(い)める. **b)** 《比》力, 活力: ~ in den Knochen haben 活力にあふれている. **2** 《南部》= Butterschmalz **3** 〖狩〗(アナグマなどの)皮下脂肪.
II 男 -es/ 《話》(大げさな)感傷, センチメンタリズム; いやに感傷的な詩〈歌曲〉: *et.*[4] mit viel ~ singen …をいやに感傷をこめて〈センチメンタルな調子で〉歌う.
[*ahd.*; ◇schmelzen]

Schmạlz⸗brot[ʃmálts..] 中 ラードを塗ったパン. **⸗but·ter** 女 = Butterschmalz

Schmạ̈l·ze[ʃmέltsə] 女 -/-n 〖織〗(紡ぐ前に羊毛を浸す)脂液.

schmạl·zen[ʃmáltsən] 《02》《過分 geschmalzt, geschmalzen》 他 (h) ヘット〈ラード〉で調理する; (…に)ヘット〈ラード〉を加味する: Kohl ~ キャベツをヘット〈ラード〉で炒(い)める ‖ weder gesalzen noch *geschmalzen* (→gesalzen II 1) | Das ist mir zu *geschmalzen.* 《比》それは私には上等すぎる〈もったいない〉 ‖ *geschmalzte* 〈*geschmalzene*〉 Nudeln 脂で炒めたヌードル | ein *geschmalzter* Preis 《比》法外な値段.

schmạ̈l·zen[ʃmέltsən] 《02》 他 (h) **1** 〖織〗(紡ぐ前に羊毛を)脂に浸す. **2** 《南部》= schmalzen

Schmạlz⸗ge·bäck[ʃmálts..] 中, **⸗ge·backe·ne** 中 脂で揚げた菓子(ドーナツなど).

schmạl·zig[ʃmáltsɪç][2] 形 脂っこい; 《比》いやに感傷的な, センチメンタルな; ぬめぬめした: eine ~*e* Melodie 甘ったるいメロディー | eine ~*e* Stimme (ぬめぬめした)猫なで声.

Schmạlz⸗lied[ʃmálts..] 中 = Schmalz II **⸗mu·sik** 女 いやに感傷的〈センチメンタル〉な音楽. **⸗pfan·ne** 女 フライパン. **⸗schnit·te** 女 = Schmalzbrot

Schmand[ʃmant][1] 男 -〔e〕s/ = Schmant

Schmạn·kerl[ʃmáŋkərl] 中 -s/-n 《南部・オーストリア》 **1** シュマンケルル(漏斗(ろうと)状の薄焼きの甘いクッキー). **2** 《話》(Leckerbissen) おいしいもの, ごちそう: Er ißt immer nur ~*n*. 彼はいつもうまいものばかり食べている.

Schmant[ʃmant] 男 -〔e〕s/ **1** 《北部・西部》(Sahne) 乳脂, 生クリーム. **2** 《東部》みぞれ; 泥, ぬかるみ; (脂っこい)よごれ. [*mndd.* smand; ◇ *engl.* smooth]

schma·rọt·zen[ʃmarɔ́tsən] 《02》《過分 schmarotzt》 自 (h) 《bei *jm.*》(…のもとに)寄食〈居候〉する, 寄食生活を送る; 〖生〗寄生する.

Schma·rọt·zer[ʃmarɔ́tsər] 男 -s/- (Parasit) **1** 寄食者, 居候, 食客. **2** 〖生〗寄生生物(寄生動物・寄生植物の総称).

Schma·rot·ze·rei[ʃmarɔtsəráɪ] 女 -/-en = Schmarotzertum

Schma·rọt·zer·flie·ge 女 〖虫〗ヤドリバエ(寄生蠅)科の昆虫.

schma·rọt·zer·haft[ʃmarɔ́tsərhaft] 形, **schma·rọt·ze·risch**[..tsərɪʃ] 形 寄食者〈居候〉の〔ような〕: ~ leben 寄食〈居候〉生活を送る.

Schma·rọt·zer⸗le·ben[ʃmarɔ́tsər..] 中 寄食〈居候〉生活. **⸗pflan·ze** 女 寄生植物. **⸗tier** 中 寄生動物.

Schma·rọt·zer·tum[..tu:m] 中 -s/ 寄食〈居候〉生活; 寄生虫的存在.

Schmạr·re[ʃmárə] 女 -/-n 《話》切り傷, 掻(か)き傷; 刀傷, 瘢痕(はんこん). [*mndd.* smarre; ◇Schmer]

Schmạr·ren[ʃmárən] 男 -s/- **1** 《オーストリア・南部》〖料理〗シュマレン(甘いパンケーキの一種). **2** 《話》くだらぬ〈無価値な〉もの, いかもの(小説・音楽・芝居・映画など): Dieser Film ist ein richtiger ~. この映画は全く愚にもつかぬものだ ‖ **einen ~** (怒り・拒否などを表して)全然…ない(= überhaupt nichts) | Davon versteht er einen ~. そのことについて彼は何もわかっていない | Das geht dich einen ~ an. これは君には何の関係もないことだ.

Schmạ·sche[ʃmáʃə] 女 -/-n 《ふつう複数で》(上等な)子羊の毛皮. [*poln.*–*mhd.*]

Schmatz[ʃmats] 男 -es/-e (Schmätze[ʃmέtsə]) **1** (小 **Schmätz·chen**[ʃmέtsçən], **Schmätz·lein**[..laɪn] 中 -s/-) 《話》(チュッと音をたてる)キス: *jm.* einen ~ geben …にチュッとキスをする. **2** 《スイス》道のり. **3** = Schmätzer

schmạt·zen[ʃmátsən] 《02》 **I** 自 (h) 《話》ピチャピチャ音をたてる: beim Essen ~ 食事の際にピチャピチャ音をたてる. **II** 他 (h) 《話》《*jn.*》(…に)チュッと音をたててキスをする; 《*et.*[4]》(…を)ピチャピチャ音をたてて食べる〈飲む〉. [*mhd.*; ◇schmecken]

Schmạ̈t·zer[ʃmέtsər] 男 -s/- 〖鳥〗サバクヒタキ(砂漠鶲).

Schmạtz·laut[ʃmáts..] 男 schmatzen する音.

Schmạ̈tz·lein Schmatz 1の縮小形.

Schmauch[ʃmaʊx] 男 -〔e〕s/ 《北部》(Rauch) (もうもうたる)煙. [*mhd.*; ◇Schmok; *gr.* smýchein „verschwelen lassen"]

schmau·chen[ʃmáʊxən] 他 (h) **1** (タバコを)ふかす: *seine* Pfeife 〈eine Zigarre〉 ~ パイプ〈葉巻〉をふかす. **2** (陶器・れんがなどを窯詰めの前に)熱で乾燥させる.

Schmauch·spur 女 -/-en 《ふつう複数で》(ピストルなどの)硝煙痕跡(こんせき).

Schmaus[ʃmaʊs][1] 男 -es / Schmäuse[ʃmɔ́ʏzə] ごちそう; 宴会: *jn.* zum ~ einladen …をごちそうに招待する.

schmau·sen[ʃmáʊzən][1] 《02》 **I** 自 (h) ごちそうを〔うまそうに〕食べる. **II** 他 (h) (ごちそうを)賞味する. [„unsauber essen und trinken"; ◇schmuddeln]

Schmau·se·rei[ʃmaʊzəráɪ] 女 -/-en schmausen すること.

schmau·sig[ʃmáʊzɪç][2] 形 《南部》口に合う, おいしい.

schmẹcken[ʃmέkən] **I** 自 (h) **1 a)** 《様態を示す語句と》(…の)味がする: gut 〈schlecht〉 ~ おいしい〈まずい〉 | bitter 〈süß / angebrannt〉 ~ にがい〈あまい・こげた〉味がする | Die Suppe *schmeckt* 〔gut〕 〈*schmeckt* nicht〉. このスープはおいしい〈おいしくない〉 | Das *schmeckt* rauf wie runter. 《話》それはじつにまずい | wie eingeschlafene Füße ~ (→Fuß 1 a) | wie Hund ~ (→Hund 1 a) | wie Titte mit Ei ~ (→Titte 1) ‖ **nach** *et.*[3] ~ …の味がする; 《比》…の気味がある, …らしい | Der Wein *schmeckt* nach 〔dem〕 Faß 〈nach nichts〉. このワインは樽(たる)の味がする〈気が抜けている〉 | **nach mehr ~** 《話》もっとたくさん食べたくなるほどおいしい | Das Fleisch *schmeckt* nach mehr. この肉はおかわりをしたくなるほどおいしい | Wonach *schmeckt* das? それはなんの味がしますか | Das *schmeckt* nach Verrat. 《比》それは裏切りくさいぞ.
b) 《*jm.*》(…の)口に合う, (…にとって)おいしい; 《比》(…の)気に入る: Der Kuchen *schmeckt* mir 〔gut〕. このケーキはおいしい | Es hat mir wunderbar *geschmeckt*. とてもおいしかった | Die Aufgabe *schmeckte* ihm nicht. 《比》この任務は彼の性に合わなかった | Diese Worte *schmeckten* ihm bitter. 《比》この言葉は彼の耳には痛かった ‖ *sich*[3] *et.*[4] ~ lassen …をおいしく食べる | es *sich*[3] 〔gut〕 ~ lassen おいしく食べる ‖ *Schmeckt*'s? / *Schmeckt* es 〔dir〕? おいしいかね | Wie *schmeckt* 〔dir〕 die Arbeit? 《比》仕事は面白いかね | Wenn es am besten *schmeckt*, soll man aufhören. 《諺》いちばんおいしいときが やめどきだ.
2 《南部・オーストリア・スイス》(riechen) 《nach *et.*[3]》(…の)においがする: Im ganzen Zimmer *schmeckte* es nach Jasmin. 部屋じゅうジャスミンの香りが立ちこめていた.
II 他 (h) **1** 《*et.*[4]》(…の)味を感じる〈識別する〉; 味わう; (…の)味を見る: Da ich Schnupfen habe, *schmecke* ich nichts. 鼻かぜをひいているので味が全然わからない | Damals mußte ich oft Hunger ~. 当時私はしばしば空腹を味わわなければならなかった | *Schmeck* mal, ob du das magst! 君の口に合うかどうか味を見てごらん.
2 《南部・オーストリア・スイス》(riechen) 《*et.*[4]》(…のにおいを)かぐ: ***jn.* nicht ~ können** 《話》…が大嫌いである | Man kann ihn nicht ~. 彼は鼻もちならないやつだ.
[*ahd.*; ◇Geschmack, schmatzen]

Schmẹcker[ʃmέkər] 男 -s/- **1** 《南部・オーストリア・スイス》(Nase) (よくきく)鼻: einen guten ~ haben 鼻がよくきく. **2** 〖狩〗 **a)** (Äser) (野獣の)口, 鼻づら. **b)** (Lecker) (野獣の)舌.

Schmei·che·lei[ʃmaɪçəláɪ] 女 -/-en お世辞, おべっか, 甘言, おもねり, うれしがらせ: *jm.* ~*en* sagen …にお世辞を言う.

schmei·chel·haft[ʃmáɪçəlhaft] 形 自尊心をくすぐるような, 耳に快く響く; (肖像などが)実際よりよく見せる: Diese

Worte waren für ihn sehr ～. この言葉は彼の耳に非常に快く響いた(彼の自尊心をくすぐった) | Das Foto von ihr ist sehr ～. 彼女のこの写真は実物よりもずっとよく撮れている.

Schmei·chel·kat·ze 女 (⊕ **Schmei·chel·kätz·chen** 中) (ねだろうとしてお世辞などを使う)甘ったれた子供〈小娘〉.

schmei·cheln[ʃmáiçəln] 《06》 **I** 自 (h) **1** 《*jm.* / *et.*³》(…に)お世辞を言う, やたらにほめる, おべっかを使う, ごまをする, 甘言を弄する, おもねる, 媚(こ)びる; うれしがらせる, いい気持にさせる: *jm.* mit schönen Worten ～ 美辞麗句を並べて…にごまをする | *js.* Eitelkeit³ ～ …の虚栄心〈自尊心〉をくすぐる | der Masse ～ 大衆に迎合する ‖ mit *schmeichelndem* Ton こびる〈相手に取り入る〉ような口調で | Er war *geschmeichelt* 〈Er fühlte sich *geschmeichelt*〉, als man ihn um Rat fragte. 彼は助言を求められて悪い気持はしなかった. **2** 再帰 *sich*³ ～ 得意がる, いい気になる: *sich*³ mit *et.*³ ～ …をあてにする | *sich*³ mit eitlen Hoffnungen ～ はかない希望で心を慰める ‖〖zu 不定詞〔句〕と〗Ich *schmeichle* mir, das gut gemacht zu haben. 私はそれを我ながらよくやったと思っている | ohne mir zu ～ うぬぼれるわけではないが. **3** 《*jm.* / *et.*³》(…を)実物以上によく見せる: Das Foto 〈Der Hut〉 *schmeichelt* ihr. 彼女はこの写真では実際よりよく写っている〈この帽子をかぶると一段とよく見える〉‖ ein *geschmeicheltes* Foto 実際よりもよく撮れている写真 | eine *geschmeichelte* Zahl 粉飾を施した〈水増しされた〉数字. **4** 《mit *jm.*》(…に)甘える, (…と)いちゃつく: Das Kind *schmeichelt* mit seiner Mutter. その子は母親に甘えている ‖ ein *schmeichelndes* Parfüm 甘美な香りのする香水 | *et.*⁴ *schmeichelnd* sagen …を甘えるように言う.

II 他 (h) 再帰 *sich*⁴ in *js.* Herz 〈Gunst〉 ～ …に巧みに取り入る | Die Musik *schmeichelte* sich in mein Ohr. その音楽は私の耳に快く響いた.

[„streichen"; *mhd.*; ◇schminken]

Schmei·chel≠na·me 男 (Kosename) 愛称. **≠re·de** 女 お世辞, おべっか, お追従(ついしょう). **≠wort** 中 -[e]s/-e 《ふつう複数で》=Schmeichelrede

Schmeich·ler[ʃmáiçlər] 男 -s/- お世辞屋, おべっか使い, ごますり.

schmeich·le·risch[..ləriʃ] 形 おべっか使い〈ご機嫌取り〉の, お世辞〔たらたら〕の, うれしがらせの.

ᐁ**schmei·dig**[ʃmáidiç]² =geschmeidig

schmei·di·gen[ʃmáidigən]² 他 (h) しなやかに〈曲げやすく〉する.

schmei·ßen¹*[ʃmáisən] 《145》 **schmiß**[ʃmis]/**ge·schmis·sen**; 接II schmisse **I** 他 (h) 《話》 **1** (werfen) 《*jn.*/*et.*⁴》《方向を示す語句と》(…を…に向かって勢いよく)投げる, (…を…に向かって力まかせに)投げつける: ein Glas an die Wand ～ コップ〈グラス〉を壁に投げつける | *jn.* ins Wasser 〈aus dem Zimmer〉 ～ …を水に投げ込む〈部屋から追い出す〉| *jm.* einen Stein an den Kopf ～ …の頭に石を投げつける | *jm.* die Wahrheit ins Gesicht ～ …に向かって本当のことをあからさまに言う | *jm. et.*⁴ in den Rachen ～ (→Rachen 2) | *jm.* den 〔ganzen〕 Bettel 〈den ganzen Kram〉 vor die Füße ～ (→Bettel 2, →Kram 1 b) ‖ 再帰 *sich*⁴ auf das Bett ～ ベッドの上にどしんと身を投げる | *sich*⁴ in Schale ～ (→Schale² 2) | *sich*⁴ *jm.* an den Hals ～ (→Hals 1 a). **2** (任務・仕事などを)片づける, やってのける: Ich werde die Sache 〈den Laden〉 schon ～. この件はちゃんと処理してごらんにいれますよ. **3** (失敗して)台なしに〈だめに〉する: die ganze Szene ～ (俳優がへたな演技などで)場面全部をぶちこわす. **4** (spendieren)(酒などを)おごる: eine Lage 〈eine Runde〉 Bier ～ 一同にビールを振舞う. **5** 《南部》(schlagen) 打つ, なぐる.

II 自 (h) 《mit *et.*³》(…を)投げる, 投げつける: mit *et.*³ nach *jm.* ～ …を…に向かって投げる | mit 〔dem〕 Geld um *sich*⁴ ～《比》むやみに金をばらまく〈浪費する〉.

[*germ.* „beschmieren"; ◇schminken; *gr.* smēn „abreiben"; *engl.* smite]

schmei·ßen²[ʃmáisən] 《02》 自 (h) 〘狩〙(ワシなどが)糞(ふん)をする.

Schmeiß·flie·ge[ʃmáis..] 女 〘虫〙クロバエ(黒蠅)亜科の昆虫.

Schmelz[ʃmelts] 男 -es/-e **1 a)** (Email) ほうろう, エナメル, 釉(うわぐすり). **b)** (歯の)ほうろう〈エナメル〉質(→ 図 Zahn). **2** 《単数で》(表情・音色・色彩などの)つや, 張り: eine Stimme mit wunderbarem ～ すばらしくつやのある声 | der ～ der Jugend 青春の輝き〈つややかさ〉.

Schmelz·ar·beit[ʃmélts..] 女 **1** 《単数で》エナメル加工. **2** エナメル細工の品.

schmelz·bar[ʃméltsba:r] 形 融解〈溶解〉可能の, 可融〈可溶〉性の.

Schmelz·bar·keit[–kait] 女 -/ schmelzbar なこと.

Schmelz·but·ter 女 =Butterschmalz

Schmel·ze[ʃméltsə] 女 -/-n **1** 融解, 溶解; 溶鉱, 製錬; 融解〈溶解〉の産物, 溶液: Schnee*schmelze* 雪解け〔水〕. ᐁ**2** =Schmelzhütte

schmel·zen(*)[ʃméltsən] 《146》 **schmolz**[ʃmɔlts] (ᐁschmelzte)/**ge·schmol·zen** (ᐁgeschmelzt); 現 *du* schmilzt[ʃmiltst] (schmilzest, ᐁschmelz〔es〕t), *er* schmilzt (ᐁschmelzt); 命 schmilz (ᐁschmelze); 接II schmölze [ʃmœltsə] (ᐁschmelzte)

I 自 (s) (英: *smelt*) (熱などで)溶ける, 溶解〈融解〉する; 《比》(かたくなな気持・疑惑などが)解ける: Die Butter 〈Das Blei〉 *schmilzt*. バター〈鉛〉が溶ける | Der Schnee ist an 〈in〉 der Sonne *geschmolzen*. 雪が日光で溶けた | Sein hartes Herz *schmolz* allmählich. 彼のかたくなな心はしだいに軟化した | wie Butter an der Sonne ～ (→Butter) | *jm.* unter den Händen ～ (→Hand 1).

II 他 (h) (熱などで)溶かす, 溶解する; (かたくなな気持などを)和らげる: Eis 〈Erz〉 ～ 氷〈鉱石〉を溶かす.

III schmel·zend 現分 形 心をとろかすような, 快い, やわらかく甘美な: eine ～*e* Stimme うっとりさせるような声.

[*ahd.*; ◇mahlen, 〔Sch〕malz; *engl.* melt]

Schmel·zer[ʃméltsər] 男 -s/- 溶鉱〈製錬〉工.

Schmel·ze·rei[ʃmeltsərái] 女 -/-en=Schmelzhütte

Schmelz≠far·be[ʃmélts..] 女 エナメル塗料〈ペイント〉. **≠glas** 中 -es/..gläser (Email) ほうろう, エナメル. **≠hüt·te** 女 溶鉱〈製錬〉所. **≠kä·se** 男 〘料理〙ソフトチーズ, クリームチーズ. **≠laut** 男 =Liquida **≠mit·tel** 中 〘化・金属〙融剤. **≠ofen** 男 溶解炉. **≠punkt** 男 〘理〙融点, 融解点. **≠schwei·ßung** 女 〘工〙融接. **≠si·che·rung** 女 〘電〙ヒューズ. **≠tem·pe·ra·tur** 女 〘理〙融解温度. **≠tie·gel** 男, **≠topf** 男 るつぼ.

Schmel·zung[ʃméltsuŋ] 女 -/-en 溶解, 融解; 〘金属〙溶錬.

Schmelz≠wär·me 女 〘理〙融解熱. **≠was·ser** 中 -s/- 雪解け水.

Schmer[ʃme:r] 男 中 -s/ **1** 《北部》(豚の腹部の)脂肪. **2** 《中部》= Schmiere¹ 1 a [*idg.*; ◇schmieren; *gr.* smýrna „Salbe, Myrrhe"; *engl.* smear]

Schmer·bauch[ʃmé:r..] 男 《話》脂肪太りの腹, 太鼓腹.

schmer·bäu·chig 形 《話》太鼓腹の.

Schmer≠fluß 男 ..flusses/ (Seborrhö) 〘医〙脂漏〔症〕. **≠kür·bis** 男 〘植〙カザリカボチャ(飾南瓜).

Schmer·le[ʃmérlə] 女 -/-n 〘魚〙ドジョウ(泥鰌)〔科〕. [*mhd.*]

Schmer·ling[ʃmé:rliŋ, ʃmér..] 男 -s/-e 《オーストリア》〘植〙チチアワタケ.

Schmer·wurz[ʃmé:r..] 女 (Fichtenspargel) 〘植〙シャクジョウソウ(錫杖草).

Schmerz[ʃmerts] 男 -es/-en 《肉体的な苦痛の場合はしばしば複数で》痛み, 疼痛(とうつう), 苦痛; 苦悩, 心痛: körperliche 〈seelische〉 ～*en* 肉体的〈精神的〉な苦痛 | ein dumpfer ～ 鈍痛 | ein heftiger 〈stechender〉 ～ はげしい〈刺すような〉痛み | rheumatische ～*en* リューマチの痛み | Kopf*schmerzen* 頭痛 | Zahn*schmerzen* 歯痛 | Welt*schmerz* 世界苦 ‖ ～*en* empfinden 〈spüren / fühlen〉 痛みをおぼえる | ～*en* aushalten 〈ertragen〉 苦痛をがまんする | ～*en* lindern 〈stillen〉 痛みを和らげる | Wo haben Sie ～*en*? どこが痛いのですか | Hast du sonst noch ～*en*? 《話》(とんでもない要求を出した相手にむかって)ほかにまだご希望はありますか ‖ *jn.* mit ～*en* erwarten …を切に待ちわ

びる | vor ~*en* aufschreien 〈stöhnen〉 苦痛のあまり叫び声をあげる〈うめく〉‖ Kurz ist der ~, und ewig ist die Freude. 痛みは短く喜びは永遠である (Schiller) | Geteilte Freude ist doppelte Freude, geteilter ~ ist halber ~. (→Freude) | ***Schmerz*, laß nach!** 《話》まさか〔まことではあるまい〕, よしてくれよ(怪訝(けげん)・不快の間投詞的表現). [*westgerm.*; ◇mürbe; *engl.* smart; *gr.* smerdnós „schmerzlich"]

Schmerz·an·fall[ʃmɛ́rts..] 男 痛みの発作.

schmerz·arm 形 痛み〈苦痛〉の少ない.

Schmerz·dämp·fung 女 《医》鎮痛.

schmerz·emp·find·lich 形 痛み〈苦痛〉を感じやすい.

Schmerz≈emp·find·lich·keit 女 -/ schmerzempfindlich なこと. **≈emp·fin·dung** 女 痛みの感覚, 痛覚.

schmer·zen[ʃmɛ́rtsən] 《02》 **I** 自 (h) 痛む; 《*jm.*》(…にとって)痛い: Die Wunde *schmerzt*. 傷が痛む | Mir *schmerzt* der Kopf 〈die Schulter〉. 私は頭〈肩〉が痛い(→II) | Meine Beine haben 〈Die Beine haben mir〉 *geschmerzt*. 私は足が痛かった. **II** 他 (h) 《*jn.*》(…にとって)痛い; (…に)苦痛を与える, (…を)悲しませる: Mich *schmerzt* der Kopf 〈die Schulter〉. 私は頭〈肩〉が痛い(→I) | Der Verlust *schmerzte* ihn sehr. この損失は彼を非常に悲しませた | Es *schmerzt* mich, dich zu verlieren. 君を失うことは悲しい.

Schmer·zens≈geld[ʃmɛ́rtsəns..] 中 《法》慰謝料; 補償金, 見舞金: *jm.* ~ zahlen …に慰謝料〈補償金〉を支払う. **≈kind** 中 両親に心配ばかりかける子供. **≈la·ger** 中 -s/- 重い病の床. **≈mann** 男 -[e]s/ 《キリスト教・美》苦難〈受難〉のキリスト〔の図・像〕. **≈mut·ter** 女 -/ (Mater dolorosa) 《キリスト教・美》悲しみの聖母(キリスト受難後のマリア)〔の図・像〕(→Pieta).

schmer·zens·reich 形 《雅》苦痛の多い, 苦痛に満ちた: die ~*e* Maria 悲しみ多き聖母マリア〔像〕.

Schmer·zens≈ruf 男, **≈schrei** 男 苦痛の〈悲痛な〉叫び. **≈zug** 男 《雅》苦痛の表情.

schmerz≈er·füllt[ʃmɛ́rts..] 形 苦痛に満ちた. **≈frei** 形 痛み〈苦痛〉のない; (人が)痛みを感じない: eine ~*e* Behandlung 無痛療法 | Der Kranke war den ganzen Tag ~. 病人は一日じゅう痛みがなかった ‖ *jn.* ~ operieren …を苦痛を与えずに手術する.

Schmerz≈ge·fühl 中 痛みの感覚; 苦痛の感情〈気持〉. **≈gren·ze** 女 苦痛の限界.

schmerz·haft[ʃmɛ́rtshaft] 形 (肉体的に)痛い, 苦痛を与える; (精神的に)苦しい, つらい; (打撃・損害などが)手痛い; (メロディー・歌などが)悲しみを誘う; 苦痛を耐え忍ぶ: eine ~*e* Krankheit 〈Wunde〉 苦しい病気〈痛む傷〉| die *Schmerzhafte* Mutter 《キリスト教・美》悲しみの聖母〔の図・像〕(→Schmerzensmutter) ‖ Die Wunde war sehr ~. 傷はひどく痛んだ | Der Abschied war für mich sehr ~. 別離は私には身を切るようにつらかった ‖ Er verzog ~ das Gesicht. 彼は痛そうに顔をしかめた.

Schmerz·haf·tig·keit[..tɪçkaɪt] 女 -/ schmerzhaft なこと.

schmerz·lich[ʃmɛ́rtslɪç] 形 (精神的に)苦しい, つらい; 手痛い(打撃・損失など); (肉体的に)痛い: eine ~*e* Erfahrung 〈Erinnerung〉 にがい経験〈思い出〉| ein ~*es* Verlangen 切ない欲求 ‖ einen ~*en* Verlust erleiden 手痛い損失をこうむる | Es ist mir ~, dich zu enttäuschen. 君をがっかりさせるのは私にはつらいことだ ‖ Die Nachricht hat ihn ~ getroffen. この知らせは彼にショックを与えた.

Schmerz·lich·keit[−kaɪt] 女 -/ schmerzlich なこと.

schmerz·lin·dernd =schmerzstillend

schmerz·los[..lo:s][1] 形 痛み〈苦痛〉のない, 無痛の: eine ~*e* Entbindung 〈Geburt〉 《医》無痛分娩(ぶんべん) | Die Operation war ~. 手術は痛くなかった ‖ kurz und ~ (→kurz I 4).

Schmerz·lo·sig·keit[..lo:zɪçkaɪt] 女 -/ schmerzlos なこと.

Schmerz≈mit·tel 中 鎮痛薬〈剤〉. **≈punkt** 男 痛点. **≈schwel·le** 女 《生理》痛覚閾(いき). **≈sinn** 男 痛覚.

schmerz·stil·lend 形 痛みを和らげる, 鎮痛の: ein ~*es* Mittel 鎮痛剤.

Schmerz≈ta·blet·te 女 鎮痛剤(錠剤). **≈the·ra·peut** 男 (女 ..peu·tin) 鎮痛療法士.

schmerz·the·ra·peu·tisch 形 鎮痛療法〔上〕の.

Schmerz·the·ra·pie 女 鎮痛〈苦痛軽減〉療法.

schmerz≈ver·zerrt 形 (表情などが)苦痛にゆがんだ. **≈voll** 形 苦痛に満ちた: eine ~*e* Krankheit 苦しい病気 | eine ~*e* Liebe 苦しみ多き愛.

Schmerz·wurz 女 《植》キバナノバラモンジン(黄花波羅門参).

Schmet·ten[ʃmɛ́tən] 男 -s/ 《中部・オーストリア》(Rahm) 乳脂, 生クリーム. [*tschech.* smetana]

Schmet·ten·kä·se 男 《中部・オーストリア》クリームチーズ.

Schmet·ter·ball[ʃmɛ́tər..] 男 《球技》スマッシュ〔=ボール〕: ein ~ im Sprung ジャンピングスマッシュ. [<schmettern]

Schmet·ter·ling[ʃmɛ́tərlɪŋ] 男 -s/-e **1** (Falter) 《虫》鱗翅(りんし)類(チョウ・ガなど), (特に:) チョウ(蝶): ~*e* fangen 〈sammeln〉 チョウを捕らえる〈採集する〉. **2** 《単数で》=Schmetterlingsstil **3** (Schmetterlingsblüte) 《植》蝶(ちょう)形花〔冠〕(→ 図 Blütenform). **4** 《体操》伸身(しんしん)宙返り. [<Schmetten; 魔女がチョウの姿をして夜中に牛乳, 乳脂を盗むという迷信から]

Schmet·ter·lings≈blü·te 女 《植》蝶(ちょう)形花〔冠〕. **≈blüt·ler** 男 -s/- 《植》蝶形花冠を有するマメ科植物. **≈fisch** 男 《魚》チョウチョウウオ(蝶々魚)(熱帯産カタクチ科の淡水魚). **≈haft** 男 中 《虫》ツノトンボ(角蜻蛉)科の昆虫. [<..haft] **≈mücke** 女 《虫》チョウカ(蝶蚊), チョウバエ(蝶蠅)亜科の昆虫. **≈netz** 中 捕虫網. **≈samm·lung** 女 チョウのコレクション. **≈schwim·men** 中 -s/ 《泳》バタフライ. **≈stil** 男 -[e]s/ 《泳》バタフライ泳法. **≈strauch** 男 (Sommerflieder) 《植》フジウツギ(藤空木)属, ブドレア(花に蝶が好んで集まることから).

schmet·tern[ʃmɛ́tərn] 《05》 **I** 他 (h) **1 a)** (力まかせに)投げつける, たたきつける: *et.*[4] an die Wand 〈auf den Tisch〉 ~ …を壁に〈机の上に〉たたきつける | die Tür ins Schloß ~ ドアを乱暴にバタンと閉める | *jn.* zu Boden ~ …を床〈地面〉に投げ倒す. **b)** 《球技》スマッシュする. **2** 大声を張り上げてどなる; 朗々と歌う. **3 eins 〈einen〉 ~** 《話》(酒を)一杯ひっかける. **II** 自 (h) (金管楽器などが)高らかに鳴りひびく; (人が)朗々と歌う; (鳥が)高らかにさえずる: der *schmetternde* Klang der Fanfaren ファンファーレの高らかな響き. [*mhd.* smetern „klappern"; 擬音]

Schmet·ter·schlag 男 《球技》スマッシュ.

Schmicke[ʃmíkə] 女 -/-n 《北部》(Peitsche) むち(鞭); (Peitschenschnur) むちひも. [<Schmacke]

Schmidt[ʃmɪt] 人名 Helmut ~ ヘルムート シュミット(1918 – ; ドイツの政治家, SPD の党主で, 旧西ドイツの首相〔1974–82〕).

Schmidt-Rott·luff[ʃmítrɔ́tlʊf] 人名 Karl ~ カルル シュミット=ロットルフ(1884–1976; ドイツの画家).

Schmied[ʃmi:t][1] 男 -es (-s)/-e (英: *smith*) 金属細工師; 鍛冶(かじ)屋: Gold*schmied* 金細工師 | Waffen*schmied* 武具師 ‖ **Jeder ist seines Glückes ~.** 《諺》幸福はみずからの手で築くもの. [*germ.*; ◇Geschmeide; *engl.* smith; *gr.* smílē „[Schnitz]messer"]

schmied·bar[ʃmí:tba:r] 形 schmieden できる, 可鍛〔性〕の.

Schmied·bar·keit[−kaɪt] 女 -/ 《工》可鍛性; 展性.

Schmie·de[ʃmí:də] 女 -/-n 金属細工人〈鍛冶(かじ)屋〉の仕事場, 鍛冶場, 鍛工場: **vor die rechte 〈richtige〉 ~ gehen 〈kommen〉** 《比》しかるべき人のところ(窓口・機関)へゆく | Da bist du vor die rechte ~ gekommen 〈gegangen〉. 《皮肉》それは君 お門違いだよ. [*germ.*; ◇Schmied; *engl.* smithy]

Schmie·de≈am·boß 男 鍛冶(かじ)屋の金敷(かなしき). **≈ar·beit** 女 鍛造品. **≈ei·sen** 中 (↔Gußeisen) 《金属》錬鉄; 可鍛鉄.

schmie·de·ei·sern 形 《付加語的》錬鉄〔製〕の.

Schmie·de≈feu·er 中 火床(ほど). **≈ham·mer** 男 鍛冶(かじ)屋の鉄槌(てっつい)〈ハンマー〉. **≈hand·werk** 中 鍛冶職. **≈kunst** 女 -/ 金属細工術, 鍛造術.

schmie·den[ʃmíːdən][1]《01》他 (h) **1** (金属, 特に鉄を) 鍛える, 鍛錬する: das Eisen zu einem Pflug ～ 鉄を鍛えてすきを作る | Man muß das Eisen ～, solange es heiß ist. (→Eisen 1). **2 a**) (金属, 特に鉄で)鍛造する;《比》作り上げる: Hufeisen 〈Ketten / Schwerter〉 ～ 蹄鉄(ていてつ)〈鎖・刀〉を鍛造する | ein Komplott ～ (→Komplott) | Pläne ～ (→Plan[2] 1) | Ränke ～ (→Rank 1) | Reime 〈Verse〉 ～ (→Reim 1,→Vers 1). **b**)《*jn.* an *jn.* 〈*et.*[4]〉》(…を…に)鎖でしばりつける: Er ist an den Rollstuhl *geschmiedet*. 彼は車いすの生活を余儀なくされている.

Schmie·de≠pres·se 女〔工〕鍛造プレス. **≠stahl** 男〔金属〕錬鋼. **≠stück** 中 (Schmiedearbeit) 鍛造品. **≠werk·statt** 女 =Schmiede **≠werk·zeug** 中 鍛冶(かじ)道具. **≠zan·ge** 女 鍛冶火ばし, 鉄鉗(てっかん) (→ 図 Zange).

schmie·dig[ʃmíːdɪç][2]《北部》=geschmeidig

Schmiege
(Zollstock)

Schmie·ge[ʃmíːgə] 女 -/-n **1** 折り尺(折りたたみ式ものさし: → 図). **2** 角度〈斜角〉定規; 測角器.

schmie·gen[ʃmíːgən][1] 他 (h) (型に合わせて)曲げる, たわめる; 寄り添わせる: die Wange in die Hand ～ ほおづえをつく | den Kopf an *js.* Schulter ～ …の肩に頭をもたれさせる ‖ 再帰 *sich*[4] ～ (型に合わせて)曲がる, たわむ; 寄り添う, しなだれる; (衣服などが)ぴったり合う, まといつく;《比》順応する, 従う | Sie *schmiegt* sich an ihn 〈in seine Arme〉. 彼女は彼に〈彼の腕のなかに〉もたれかかる | Das Kleid *schmiegt* sich an 〈um〉 ihren Körper. ドレスは彼女の体にぴったり合う | Das Haar *schmiegte* sich um die Stirn. 髪の毛が額にへばりついていた | *sich*[4] aneinander ～ 互いに身を寄せ合う | *sich*[4] dem Willen des Vaters ～ 父親の意志に従う ‖ in den Sessel *geschmiegt* 安楽いすに深く腰をおろして. [„gleiten"; *germ.*; ◇Modder, schmücken]

schmieg·sam[ʃmíːkzaːm] 形 曲げやすい; しなやかな, 柔軟な;《比》順応性のある, 従順な, 融通のきく: ein ～*es* Strickkleid 柔軟なニットウェア | die ～*e* Figur des Mädchens 女の子のしなやかな体つき ‖ *sich*[4] jeder Situation ～ anpassen どんな状況にも柔軟に対応する.

Schmieg·sam·keit[−kaɪt] 女 -/ schmiegsam なこと.

Schmie·le[ʃmíːlə] 女 -/-n, **Schmiel·gras** 中〔植〕コメススキ(米薄)属. [*mhd.* smelhe; ◇schmal]

Schmier[ʃmiːr] 中 -[e]s/-e《中部》**1** 獣脂, ラード; 塗脂, グリース. **2** =Schmiere[1] 3 [<schmieren]

Schmie·ra·ge[ʃmiráːʒə] 女 -/-n **1**《戯》=Schmiererei **2**《軽蔑的に》(パンに塗る)スプレッド; おしろい, 化粧.

Schmie·ra·kel[ʃmiráːkəl] 中 -s/-《戯》なぐり書き, ぬたくり; へぼ絵. [<Mirakel]

Schmie·ra·lie[ʃmiráːliə] 女 -/-n《話》**1** =Schmiergeld **2**《戯》=Schmiererei **3** (パンに塗る)スプレッド.

Schmier≠an·la·ge[ʃmíːr..] 女〔工〕潤滑装置. **≠ap·pa·rat** 男 油差し, 注油器, 潤滑装置. **≠be·häl·ter** 男 =Schmierbüchse **≠blatt** 中《話》低俗誌, 三流新聞. **≠brand** =Steinbrand **≠buch** 中 雑記〈落書き〉帳. **≠büch·se** 女〔工〕(車輪などの)グリース箱, 軸箱; 油差し; 油缶.

Schmie·re[1][ʃmíːrə] 女 -/-n《話》**1**《ふつう単数で》**a**)〔工〕潤滑剤〈油〉, グリース;〔解〕(関節の)滑液;《しばしば軽蔑的に》(粗悪な)食用油脂; 靴墨; 軟膏(なんこう): die Achse mit ～ einfetten 軸に潤滑油〈グリース〉をさす. **b**) どろどろ〈べとべと〉した物;《比》くだらない代物〈事柄〉: in der ～ sitzen《比》泥沼にはまりこんでいる, 苦境にある. **c**)《方》(パンに塗る)スプレッド; スプレッドを塗ったパン: Ich habe keine ～ auf dem Brot. 私のパンには何も塗ってない. **2** どさ回りの劇団〈一座〉, 田舎芝居. **3** (Prügel) 殴打, 打擲(ちょうちゃく): eine ～ bekommen ぶん殴られる, ぶっとばされる. **4** なぐり書き, 悪筆. **5** (Schmiergeld) わいろ, 鼻薬, そでの下. **6**〔トランプ〕(相手の札を取るために出される)高い札.

Schmie·re[2][ʃmíːrə] 女 -/《話》(犯罪やいたずらの際の)見張り役〔の人〕:〘ふつう次の形で〙**für *jn.* 〈bei *et.*[3]〉 ～ stehen** …のために〈…の際に〉見張りをする. [*jidd.*]

schmie·ren[ʃmíːrən] **I** 他 (h) **1**《*et.*[4]》《場所を示す語句と》**a**) (…を…に)塗りつける, 塗布〈塗擦〉する: Butter 〈Marmelade〉 **auf** das Brot ～ バター〈マーマレード〉をパンに塗る | *jm. et.*[4] aufs Butterbrot ～ (→Butterbrot 1) | Sonnenöl auf die Haut ～ サンオイルを肌に塗る | Lehm **in** die Fugen ～ 継ぎ目に粘土を塗る〈詰める〉| *sich*[3] Pomade ins Haar ～ 髪にポマードをつける | *jm. et.*[4] ins Maul ～ (→Maul 2 a) | *jm.* Brei 〈Honig / Pappe〉 **um** den Bart 〈ums Maul / um den Mund〉 ～ (→Brei, →Honig, →Pappe 2). **b**) (文字や絵を…に)塗りたくる, 書きなぐる, 汚く書く: *et.*[4] an die Wand 〈ins Heft〉 ～ …を壁〈ノート〉に書きなぐる ‖〘目的語なしで〙Er *schmiert* fürchterlich. 彼はおそろしく字が汚い. **c**)《次の形で》***jm.* eine 〈ein paar〉 ～** …に(平手打ちを)一発〈数発〉お見舞いする | **eine 〈ein paar〉 *geschmiert* bekommen 〈kriegen〉** (平手打ちを)一発〈数発〉くらう.

2《*et.*[4] mit *et.*[3]》(…に…を)塗りつける, 塗布〈塗擦〉する: Brot mit Butter 〈Leberwurst〉 ～ パンにバター〈レバーペースト〉を塗る | mit allen Salben geschmiert sein (→Salbe).

3 a)《*et.*[4]》(…に)油をさす, グリースを塗る: Achsen des Wagens ～ 車の軸に油をさす | Skistiefel ～ スキーブーツにグリースを塗る | *sich*[3] die Gurgel 〈die Kehle〉 ～ (→Gurgel, →Kehle 1) | Wer gut *schmiert*, der gut fährt.《諺》備えあれば憂いなし(車によく油をさす者はよく走る); 地獄の沙汰(さた)も金しだい(→b) ‖ **wie *geschmiert* gehen 〈laufen〉**《話》(油を塗ったように)円滑に作動する, すらすらと事が運ぶ | Ihr Mundwerk geht wie *geschmiert*. 彼女はぺらぺらよく口がまわる. **b**)《話》(bestechen)《*jn.*》(…に)わいろ〈そでの下〉を使う, 鼻薬をきかす: den Gefängniswärter 〔mit Geld〕 ～ 看守に〔金を〕つかませる.

4 a) ein Butterbrot ～ (パンにバターを塗って)バターつきパンを作る. **b**)《話》《*et.*[4]》(作品などをぞんざいに)書きなぐる: Tragödien ～ (ろくでもない)悲劇を書きなぐる.

II 自 (h) **1 a**) (ペン・インクなどが粗悪で紙などを)汚す, しみ〈汚れ〉を作る, よく〈きれいに〉書けない: Der Kugelschreiber *schmiert*. このボールペンはインクが出すぎる | Das Kohlepapier *schmiert*. このカーボン紙は汚れやすい. **b**) (楽器などを)へた〈ぞんざい〉にひく.

2〔トランプ〕(スカートなどで、味方が場札を取れると判断したとき)得点になる札をつける.

[*germ.*; ◇Schmer; *engl.* smear]

Schmie·ren≠ko·mö·die[ʃmíːrən..] 女 田舎芝居の安っぽい喜劇. **≠schau·spie·ler** 男《話》どさ回り〈田舎芝居〉の役者. **≠stück** 中《話》田舎芝居. **≠thea·ter** 中《話》=Schmiere[1] 2 [<Schmiere[1] 2]

Schmie·rer[ʃmíːrər] 男 -s/-《話》**1** へたな字〈絵〉を書く人, へぼ絵かき, 三文文士. **2**〔工〕油さし. **3** ごますり. **4**《オーストリア》(カンニング用の)とらの巻.

Schmie·re·rei[miːrəráɪ] 女 -/-en《話》なぐり書き, ぬたくり; へぼ絵〈小説〉.

Schmie·re·ste·her[ʃmíːrə..] 男《話》(犯罪やいたずらの際の)見張り番. [<Schmiere[2]]

schmier·fä·hig[ʃmíːr..] 形〔工〕潤滑作用のある.

Schmier≠fä·hig·keit[..kaɪt] 女 -/ 〔工〕潤滑性. **≠fett** 中 (粘度の高い)潤滑油, グリース. **≠film** 男〔工〕〔潤滑〕油膜; (一般に)つるつるした薄い被膜. **≠fink** 男 -en (-s)/-en《俗》**1** 字の汚い人; へぼ絵かき. **2** 汚い〈不潔な〉人〈子供〉, 不潔漢. **3** 悪徳記者, ごろつき的文士, 出版ごろ;〔劇〕へぼ劇作家. **4** 猥談(わいだん)好き. **≠geld** 中 -[e]s/-er《ふつう複数で》《話》わいろ, 鼻薬, そでの下. **≠heft** 中《話》雑記〈下書き〉帳.

schmie·rig[ʃmíːrɪç][2] 形 **1** 油脂で汚れた, (油脂などで汚れて)べとべと〈ねとねと・ぬるぬる〉した: ein ～*es* Buch 手あかのついた本 | ～*e* Finger べとべと汚れた指 | eine ～*e* Kneipe 汚らしい飲み屋 | Es hat sich auf der Wunde eine ～*e* Schicht gebildet. 傷口にぬるぬるした薄膜ができた. **2** (人間

などが)不潔に〈汚く〉している, 不潔な;《比》いかがわしい; 下品な: ～*e* Geschäfte machen いかがわしい商売をする | ～*e* Witze reißen 下品〈卑猥(ひわい)〉な冗談を言う. **3**《話》(人物が)如才なく〈なれなれしく〉気色の悪い, 親切ごかしで下種(げす)な, べたべたして〈押しつけがましく〉不愉快な.

Schmie·rig·keit[–kaɪt] 女 -/ schmierig なこと.

Schmier≠in·fek·tion[ʃmíːr..] 女《医》不潔な手指による感染. **≠kan·ne** 女 油缶; 油さし. **≠kä·se** 男《料理》ソフトチーズ, クリームチーズ. **≠kur** 女《医》塗擦療法(軟膏(なんこう)などの). **≠loch** 中〖工〗油孔. **≠ma·xe** 男《話》(飛行機の)整備屋, 機械屋. **≠mit·tel** 中 **1** 潤滑剤; 軟膏. **2**《話》わいろ, 鼻薬. **≠nip·pel** 男〖工〗グリースニップル. **≠öl** 中 潤滑油;《比》酒, アルコール飲料. **≠pa·pier** 中《話》下書き〈メモ〉用紙. **≠pi·sto·le** 女 = Schmierpresse **≠plan** 男〖工〗潤滑系統図. **≠pres·se** 女〖工〗グリースガン〈注入器〉, 給油器. **≠pum·pe** 女〖工〗潤滑油〈グリース〉ポンプ. **≠sal·be** 女 軟膏. **≠sei·fe** 女 軟せっけん(カリを含んだ柔らかい塗擦用せっけん). **≠stel·le** 女〖工〗注油個所, 油穴. **≠stoff** 男 = Schmiermittel 1

Schmie·rung[ʃmíːrʊŋ] 女 -/-en《ふつう単数で》潤滑油の注油.

Schmier≠vor·rich·tung[ʃmíːr..] 女〖工〗潤滑装置. **≠wurst** 女 塗りソーセージ(パンなどに塗って食べる). **≠zet·tel** 男 = Schmierpapier

schmilz[ʃmɪlts] schmelzen の命令法単数.

schmil·zest[ʃmíltsəst] schmilzt (schmelzen の現在 2 人称単数)の別形.

schmilzt[ʃmɪltst] schmelzen の現在 2・3 人称単数.

Schmin·ke[ʃmíŋkə] 女 -/-n **1** 化粧品(おしろい・口紅など); メーキャップ: ～ auftragen おしろい〈口紅〉をつける | ～ entfernen おしろい〈口紅〉を落とす. **2**《比》粉飾, 潤色.

schmin·ken[ʃmíŋkən] 他 (h) **1** (…に)化粧をする(おしろい・口紅などで): *sich*[3] das Gesicht 〈die Lippen〉 ～ 顔に化粧をする〈口紅をつける〉 | einen Schauspieler ～ 俳優にメーキャップを施す ‖ 再帰 *sich*[4] ～ 化粧をする. **2**《比》粉飾〈潤色〉する: Seine Berichte sind *geschminkt*. 彼の報告は粉飾を施されている. [◇schmeißen[1], schmeicheln]

Schmink≠läpp·chen 中 化粧おとし(ガーゼ・きれなど). **≠mit·tel** 複 化粧品. **≠pflä·ster·chen** 中 付けぼくろ. **≠raum** 男 (テレビ出演者のための)化粧室. **≠stift** 男 (口紅などの)棒形〈スティック形〉化粧品. **≠tisch** 男 (楽屋などの)化粧台. **≠topf** 男 化粧品の容器. **≠un·ter·la·ge** 女 化粧下地, ファウンデーション.

Schmir·gel[1][ʃmírgəl] 男 -s/-《中部》(パイプについた)タバコのやに. [＜schmieren]

Schmir·gel[2][–] 男 -s/ 金剛砂(しゃ), エメリー(研磨剤に用いられる粒状鉱石). [*it.* smeriglio; ◇Schmer; *engl.* emery]

Schmir·gel·lein·wand 女 = Schmirgeltuch

schmir·geln[ʃmírgəln] 《06》他 (h) エメリーで研磨する.

Schmir·gel≠pa·pier 中 エメリー紙(エメリー粉末を塗った紙), 紙やすり, サンドペーパー. **≠schei·be** 女 エメリー盤, 砥石(といし)車. **≠tuch** 中 -[e]s/..tücher エメリー布(エメリー粉末を塗った金属研磨用の布), 布やすり.

schmiß[ʃmɪs] schmeißen[1]の過去.

Schmiß[ʃmɪs] 男 Schmisses / Schmisse **1**《話》(学生の決闘などによる)刀傷[の跡]: *Schmisse* im Gesicht haben 顔に剣の傷跡がある. **2**《単数で》活気, 生気, 気迫, 勢い: Darin liegt wirklich ～. それにはほんとうに気力がこもっている | Die Musik hat ～. この音楽は迫力がある〈パンチがきいている〉 | mit ～ 生気潑剌(はつらつ)と, 勢いよく. **3**《複数で》《北部》(Prügel) 殴打. **4**《南部・中部》風雨. **5**《南部・中部》 = Schmutz 1 **6**《話》(ぶちこわしの)拙劣な演技. [＜schmeißen „schlagen"]

schmis·se[ʃmísə] schmeißen[1]の接続法 II.

schmis·sig[ʃmísɪç][2] 形《話》活気のある, 生気のあふれた, 迫力に富んだ: ～*e* Marschmusik 勇壮活発なマーチ.

Schmitt[ʃmɪt] 人名 Carl ～ カルル シュミット(1888–1985; ドイツの政治学者・公法学者).

Schmitz[1][ʃmɪts] 男 -es/-e **1**《方》(Fleck) しみ, よごれ. **2**〖印〗ぶれ, ずれ. [＜schmitzen[2]]

Schmitz[2][–] 男 -es/-e, **Schmit·ze**[ʃmítsə] 女 -/-n《中部》**1** むち(鞭); むちひも. **2** むちによる打撃, むち打ち.

schmit·zen[1][ʃmítsən] 《02》他 (h)《中部》(むちで)打つ; 殴打する. [*mhd.*; ◇Schmicke]

schmit·zen[2][–] 《02》**I** 他 (h)《方》(beflecken)《*et.*[4]》(…に)しみをつける, よごす. **II** 自 (h)〖印〗ぶれる, ずれる, ぶれ〈ずれ〉を生じる. [*mndd.* smitten; ◇schmeißen[2]]

Schmock[ʃmɔk] 男 -[e]s/Schmöcke[ʃmœ́kə], -e, -s《軽蔑的に》無定見なジャーナリスト. [*slowen.* „Narr"]

Schmok[ʃmoːk] 男 -s/《北部》**1** (Rauch) 煙. **2** (Holzspan) 木くず, おがくず. [*mndd.*; ◇Schmauch; *engl.* smoke]

Schmö̲k[ʃmøːk] 男 -s/《北部》(Tabakspfeife) (タバコの)パイプ.

schmö·ken[ʃmǿːkən] (**schmo·ken**[ʃmóːkən]) 他 (h)《北部》(rauchen) (タバコを)吸う.

Schmö·ker[ʃmǿːkər] 男 -s/- **1**《北部》喫煙者. **2**《話》**a**) (中身のくだらぬ厚ぼったい)娯楽書(喫煙の際の火付けこよりにしたことから). **b**) 古書.

schmö·kern[ʃmǿːkərn] 《05》自 (h)《話》《in *et.*[3]》(娯楽読み物などを)読みふける.

Schmol·le[ʃmɔ́lə] 女 -/-n《南部・オーストリア》(Brotkrume) パンの中身(柔らかい部分); パンくず.

Schmoll·ecke[ʃmɔ́l..] 女 = Schmollwinkel

schmol·len[ʃmɔ́lən] 自 (h) **1** ふくれっ面をする, ふてる, ふてくされる: mit *jm.* ～ …に対してすねる. **2**《南部》微笑する, ほほえむ. [*mhd.*; ◇*engl.* smile]

schmol·lie·ren[ʃmɔlíːrən] 自 (h)《話》兄弟固めの乾杯をする.

schmol·lis[ʃmɔ́lɪs] **I** 間 (学生同士が兄弟固めの乾杯をするときの掛け声)乾杯(→fiduzit). **II Schmol·lis** 中 -/-《話》《もっぱら次の形で》**mit** *jm.* **～ trinken** …と兄弟固めの乾杯をする.

Schmoll≠mund[ʃmɔ́l..] 男 ふくれっ面をしてとがらせた口(下唇を突き出して): einen ～ machen 〈ziehen〉 口をとがらす, ふくれっ面をする. **≠win·kel** 男《話》《次の形で》*sich*[4] **in den ～ zurückziehen** すねる, ふてくされる | **im ～ sitzen** 〈**hocken**〉 すねている, ふてくされている. [＜schmollen 1]

schmolz[ʃmɔlts] schmelzen の過去.

schmöl·ze[ʃmœ́ltsə] schmelzen の接続法 II.

Schmo·ne es·re[ʃmonéː ɛsréː] 中 --/〖ユダヤ教〗シュモーネ・エスレー(19〈本来は18〉)項目より成るかなり長い祝禱で, 安息日と聖日以外の日の朝・昼・晩の 3 回起立して唱える(→Achtzehngebet). [*hebr.* „achtzehn"]

Schmon·zes[ʃmɔ́ntsəs] 男 -/-《話》ばか話; くだらぬこと, ナンセンス. [*jidd.*; ◇Schmus]

Schmon·zet·te[ʃmɔntsɛ́tə] 女 -/-n《軽蔑的に》くだらぬ〈ばかげた〉作品.

Schmor·bra·ten[ʃmóːr..] 男〖料理〗肉の蒸し煮〈シチュー〉.

schmo·ren[ʃmóːrən] **I** 他 (h)〖料理〗(肉・野菜などをすこし炒(いた)めたのちになべの蓋(ふた)をしめたまま)蒸し煮にする, とろとろ煮る, シチューにする. **II** 自 (h)〖料理〗(肉・野菜などが炒められたあと蓋をしたなべの中で)とろとろに煮える;《比》(暑さに)うだる; (書類などが未処理のままに)放置される; (人が)長期間待たされる; (電線が)過熱する: Der Braten *schmort* auf dem Herd. ステーキがレンジの上でジュージューいっている | im eigenen Saft ～ (→Saft 2 a) | *jn.* **～ lassen**《話》…をしばらくじらせておく | *jn.* im 〈in *seinem*〉 eigenen Saft 〈Fett〉 ～ lassen (→Saft 2 a, →Fett 1) | *et.*[4] **～ lassen**《話》…をほったらかしにする | Wir haben in der prallen Sonne *geschmort.*《話》我々はじりじりと照りつける太陽の下でまるで火であぶられるような思いをした. **III Ge·schmor·te** → 別出

[*westgerm.* „ersticken"–*mndd.*; ◇*engl.* smother]

Schmor·fleisch 中 = Schmorbraten

schmor·gen[ʃmɔ́rgən][1] 自 (h)《中部》飢える; けちけちする, 節約する.

Schmor≠gur·ken[ʃmóːr..] 複〖料理〗炒(いた)めキュウリの蒸し煮. **≠hit·ze** 女 うだるような暑さ. **≠obst** 中 果物の蒸し煮. **≠pfan·ne** 女 シチューなべ. **≠topf** 男 (深い)シチューなべ. [＜schmoren]

S

Schmu[ʃmu:] 男 -s/ 《話》不正なもうけ, 不当利得; ごまかし; カンニング: **～ machen** ごまかしをする.

schmuck[ʃmʊk] 形 (見た目に)感じのよい, きれいな, きちんと〈こざっぱりと〉した; いきな, スマートな: ein *～es* Mädchen 小いきな女の子 | *sich*⁴ ～ machen こぎれいな身なりをする. [*mndd.* smuk „geschmeidig“; ◇schmücken, schmuggeln; *engl.* smug]

Schmuck[ʃmʊk] 男 -〔e〕s/-e《ふつう単数で》**1** 飾り, 装飾, 装い: der Garten im ～ der Blumen 花に彩られた庭園. **2**《ふつう集合的に》〔女性の〕装飾品, 装身具: Ohren*schmuck* 耳飾り | kostbaren 〈falschen〉 ～ tragen 高価な〈模造品の〉装身具を身につけている | *sich*⁴ mit so viel ～ behängen やたらに身を飾りたてる ‖ Sie hat ihren ～ versichern lassen. 彼女は装身具に保険をかけた ‖ Am Hals trägt sie einen herrlichen ～. 彼女はくびにすばらしい宝石をつけている.

Schmuck·blatte·le·gramm (**Schmuck·blatt·te·le·gramm**)[ʃmʊ́kblattelegram] 中 (美しい意匠の用紙で届けられる)祝賀電報.

schmücken[ʃmʏ́kən] 他 (h) 美しく装う, 飾る, 装飾する; 粉飾〈潤色〉する: die Braut ～ 花嫁に婚礼の飾りをつける(花冠・ベールなど) | den Weihnachtsbaum mit Lametta ～ クリスマスツリーをラメッタで飾る ‖ 再帰 *sich*⁴ ～ 着飾る, おめかしをする | *sich*⁴ mit fremden Federn ～ (→Feder 1 a) ‖ ein *schmückendes* Beiwort 〖言〗装飾的形容詞〈語〉‖ ein prächtig *geschmückter* Saal 豪華に飾られた広間 | *geschmückt* wie ein Pfingstochse (→Pfingstochse). [*mhd.* smucken „sich einschmiegen“; ◇schmiegen, schmuck]

Schmuck≈ge·gen·stand[ʃmʊ́k..] 男 =Schmucksachen ≈**han·del** 男 -s/ 宝石〈貴金属〉取引. ≈**händ·ler** 男 宝石〈貴金属〉商人. ≈**in·du·strie** 女 装飾品〈装身具・宝石〉産業. ≈**käst·chen** 中 (≈**ka·sten** 男) 宝石箱; 《比》こぎれいな住まい. ≈**körb·chen** 中〖植〗コスモス, アキザクラ(秋桜)(キク科の一年草).

schmuck·los[ʃmʊ́klo:s]¹ 形 飾り〈装飾〉のない, あっさりした, ありのままの, 簡素な: ein *～es* Zimmer 飾りのない殺風景な部屋.

Schmuck·lo·sig·keit[..lo:zɪçkaɪt] 女 -/ schmucklos なこと.

Schmuck≈na·del 女 飾りピン(ブローチ・ネクタイピンなど). ≈**sa·chen** 複 装飾品, 装身具. ≈**stau·de** 女〖園〗観賞用宿根草. ≈**stein** 男 宝石. ≈**stück** 中 (個々の)装身具; 《比》珠玉〔に比すべき物〕, 貴重な物: Dieser Brunnen gilt als ein ～ unserer Stadt. この噴泉はわが町の珠玉とされている | Wie geht es deinem ～? 《戯》君の大事な〈最愛の〉人はお変わりないですか. ≈**tel·ler** 男 飾り皿.

Schmückung[ʃmʏ́kʊŋ] 女 -/-en 《ふつう単数で》(schmücken すること. 例えば:) 装い; 装飾.

Schmuck·wa·ren[ʃmʊ́k..] 複 =Schmucksachen

Schmuck·wa·ren·ge·schäft 中 装身具店, 宝石店, 貴金属店.

Schmud·del¹[ʃmʊ́dəl] 男 -s/ 《軽蔑的に》**1** (べとべとする)汚れ. **2** きたならしい人, 不潔漢.

Schmud·del²[−] 女 -/-n《オーストリア》ふしだらな女.

Schmud·de·lei[ʃmʊdəláɪ] 女 -/-en《軽蔑的に》**1**《単数で》汚れ, 不潔. **2** (あとを汚すような)ぞんざいな仕事.

schmud·de·lig[ʃmʊ́dəlɪç]² (**schmudd·lig**[..dlɪç]²) 形《軽蔑的に》(べとべとする)汚れのついた; 汚れた, 不潔な: ein *～er* Kragen 汚れたカラー | Er sieht immer ～ aus. 彼はいつもきたならしい格好をしている.

schmud·deln[ʃmʊ́dəln]《06》自 (h)《軽蔑的に》**1** 汚れる. **2** (あとを汚すような)ぞんざいな仕事をする. [*mndd.* smudden; ◇Schmutz]

Schmud·del·wet·ter 中 (ぬかるみを招く)みぞれ模様の天気.

schmudd·lig =schmuddelig

schmu·dig[ʃmú:dɪç]² 形《南部・オーストリア》(schwül) むし暑い.

schmu·en[ʃmú:ən] =schmuhen

Schmug·gel[ʃmʊ́gəl] 男 -s/ 密貿易, 密輸: ～ treiben 密輸を働く.

Schmug·ge·lei[ʃmʊgəláɪ] 女 -/-en (常習的な)密輸.

Schmug·gel·gut 中 =Schmuggelware

schmug·geln[ʃmʊ́gəln]《06》**I** 他 (h) **1** 密輸する: Waffen ～ 武器を密輸する. **2** (監視の目をくぐって)ひそかに持ち込む〈持ち出す〉; (ひそかに)連れ込む, 連れ出す: *jn.* aus dem Gefängnis ～ …を刑務所から連れ出す | *et.*⁴ ins Lager ～ …を収容所に持ち込む ‖ 再帰 *sich*⁴ ～ 忍び込む〈出る〉| *sich*⁴ auf ein Schiff ～ 密航する. **II** 自 (h) 密輸〈密貿易〉をする: mit Rauschgift ～ 麻薬の密輸をする. [„sich ducken“; *ndd.*; ◇schmuck; ◇*engl.* smuggle]

Schmug·gel·wa·re 女 密輸品.

Schmugg·ler[ʃmʊ́glər] 男 -s/- 密輸〔業〕者.

Schmugg·ler≈ban·de 女 密輸団, 密輸〔業〕者の一味. ≈**or·ga·ni·sa·tion** 女, ≈**ring** 男 密輸組織. ≈**schiff** 中 密輸〈密貿易〉船.

Schmuh[ʃmu:] 男 -s/ =Schmu

schmu·hen[ʃmú:ən] 自 (h)《話》(学生が)カンニングをする.

Schmuh·zet·tel 男 カンニング用メモ〈ペーパー〉.

Schmul[ʃmu:l] 男 -s/ 《軽蔑的に》ユダヤ人. [*jidd.*; ◇Samuel]

schmu·len[ʃmú:lən] 自 (h) こっそり〈ひそかに〉見〔張〕る.

schmun·zeln[ʃmʊ́ntsəln]《06》自 (h)《über *et.*⁴》(…のことで)にやにや笑う, 〔ひとりで〕にこにこする, ほくそえむ, 目で笑う: behaglich ～ 楽しそうににやにやする | beifällig ～ わが意を得たりとほほえむ | geheimnisvoll 〈vor *sich*⁴ hin〉 ～ いわくありげに〈自分ひとりで〉にやりと笑う.

schmur·geln[ʃmʊ́rgəln]《06》《北部》**I** 自 (h) (肉が)焼き上がる. **II** 他 (h) (肉を)炒(い)める, 焼く.

schmür·ze·lig[ʃmʏ́rtsəlɪç]² (**schmürz·lig**[..tslɪç]²) 形《南部・スイス》(knauserig) けちけちした, しみったれの.

schmür·zeln[ʃmʏ́rtsəln]《06》自 (h) **1**《南部・スイス》(knausern) けちけちする, しみったれる. **2**《南部》非人称《es schmürzelt》焦げ臭いにおいがする. [<schmoren]

schmürz·lig =schmürzelig

Schmus[ʃmu:s]¹ 男 -es/ **1 a)** おしゃべり, ばか話. **b)** 美辞麗句, お世辞, おべっか: ohne ～ reden お世辞ぬきで話す | Mach nicht solchen ～! そんなおべんちゃらはよせ. **2 a)** いちゃつき, 情事. **b)** 愛人. [*hebr.* „Gerücht“–*jidd.*]

Schmu·se≈kat·ze[ʃmú:zə..] 女《話》**1** (愛撫を求めて)すり寄ってくる猫. **2** いちゃつくのが好きな女の子. ≈**kurs** 男《話》(対決より協調を重視する)蜜月路線.

schmu·sen[ʃmú:zən]¹《02》自 (h) **1 a)** おしゃべり〈ばか話〉をする. **b)**《mit *jm.*》(…に)お世辞を言う, おべっかを使う. **2**《mit *jm.*》(…と)いちゃつく, べたべたする.

Schmu·ser[..zər] 男 -s/- schmusen する人.

Schmu·se·rei[ʃmu:zəráɪ] 女 -/-en やたらに schmusen すること.

schmu·sig[ʃmú:zɪç]² 形 (人が)おべっか使いの; 愛情に飢えた, 愛撫を求める.

schmu·stern [ʃmú:stərn, ʃmʊ́s..] 《05》《北部》=schmunzeln

Schmutt[ʃmʊt] 男 -es/ 《北部》霧雨(きりさめ), 小糠(こぬか)雨. [◇Schmutz]

Schmutz[ʃmʊts] 男 -es/ **1** 不潔な〈きたない〉もの, 汚物; ごみ, 泥, ふん; 汚れ, しみ; 《比》不潔, 汚辱, 卑猥(ひわい): den ～ 〔von den Schuhen〕 kratzen〔靴から〕泥をかき落とす ‖ 〔**bis zu den Knien**〕 **im ～ waten**《比》卑怯な所業を重ねる | *jn.* **in den ～ treten** 〈**zerren** / **ziehen**〉《比》(中傷・誹謗(ひぼう)によって)…の顔に泥を塗る, …の面目を失わせる | *et.*⁴ in den ～ ziehen …をくそみそに言う | *js.* guten Namen in den ～ ziehen …の名を汚す | ***jn.*** 〈***et.***⁴〉 **mit ～ bewerfen**《比》(中傷・誹謗(ひぼう)によって)…の顔に泥を塗る, …の面目を失わせる ‖ *jn.* einen feuchten ～ angehen (→angehen II 3) ‖ **～ und Schund**《軽蔑的に》低俗わいせつな作品(文書・図画・映画など). **2**《南部・スイス》(Schmalz) (豚・ガチョウなどの)脂. **3** -es/Schmütze[ʃmʏ́tsə]《南部》(Kuß) キス, 接吻(せっぷん). **4**《南部》(Platzregen) どしゃ降り, 集中豪雨. [◇Modder, schmuddeln; *engl.* smut]

schmutz≈ab·wei·send[ʃmʊ́ts..] 形 汚れのつかない, 汚

れにくい. ≈**an·fäl·lig** 形 汚れやすい.

Schmutz≈ar·beit 女 汚れ仕事. ≈**blatt** 中 **1** =Schmutztitel **2** (低俗な)赤新聞. ≈**bür·ste** 女 (靴の)泥落とし用ブラシ.

Schmüt·ze Schmutz 3の複数.

schmutz·emp·find·lich 形 汚れやすい.

schmut·zen[ʃmʊ́tsən] 《02》 **I** 自 (h) 汚れる: Dieser Stoff *schmutzt* leicht. この布地は汚れやすい.
II 他 (h) 《南部・ｽｲｽ》 (脂をたっぷり用いて)いためる.

schmüt·zen[ʃmʏ́tsən] 《02》 =schmutzen II

Schmut·ze·rei[ʃmʊtsəráɪ] 女 -/-en きたない〈不正な〉行為; 卑猥(ひわい)な言辞.

Schmutz≈fän·ger[ʃmʊ́ts..] 男 **1** (一般に)汚れやすい〈すぐ汚れる〉もの. **2** (下水管の)泥ため枡(ます). **3** (自転車・自動車の)泥よけ. ≈**far·be** 女 くすんだ色. ≈**fink** 男 -en (-s)/-en 《話》きたない〈不潔な〉人; 汚す人. ≈**flech·te** 女 《医》汚癬(おせん). ≈**fleck** 男 汚れ, しみ; 《比》汚点, きず; 《印》汚れ.

Schmut·zi·an[ʃmʊ́tsia:n] 男 -s/-e **1** =Schmutzfink **2** 《ｵｰｽﾄﾘｱ》 (Geizhals) けちんぼう.

schmut·zig[ʃmʊ́tsɪç][2] 形 **1** 不潔な, きたない; 汚れた, 泥だらけの; 《比》不潔な, きたない, 卑猥(ひわい)〈わいせつ〉な; 恥知らずの, 破廉恥な; いかがわしい: eine ～*e* Arbeit 汚れ仕事 (=Schmutzarbeit) | eine ～*e* Atombombe きたない原子爆弾(きれいな水爆に対して, 放射能汚染をひき起こすの意) | ein ～*es* Geschäft きたない〈不正な〉商売 | ～*e* Hände 汚れた手 | ～*e* Hände haben (→Hand 1) | ein ～*er* Krieg 道義にもとる戦争 | ein ～*es* Lachen 無礼な笑い | ein ～*er* Witz 卑猥な駄じゃれ, 猥談 | ～*e* Wäsche waschen (→Wäsche 2) ‖ *sich*[3] nicht gern die Finger ～ machen (→Finger 1). **2** (色彩に関して)うすぎたない, くすんだ, 濁った: ein ～*es* Grau どんよりした灰色. **3** 《南部》(geizig) けちな, しみったれの. **4** 《南部》(fett) あぶらっこい.

schmut·zig≈blau 形 灰色がかった〈くすんだ〉青色の. ≈**grau** 形 どんよりした灰色の.

Schmut·zig·keit[ʃmʊ́tsɪçkaɪt] 女 -/-en **1** 《単数で》schmutzig なこと. **2** schmutzig な言動.

schmut·zig·weiß[ʃmʊ́tsɪç..] 形 灰色がかった白の.

Schmutz≈kam·pa·gne[ʃmʊ́ts..] 女 (人身攻撃など)汚い〈卑劣な〉手段によるキャンペーン. ≈**kit·tel** 男 仕事着, 上っ張り, 作業衣. ≈**kon·kur·renz** 女 《商》不正競争. ≈**lap·pen** 男 雑巾(ぞうきん). ≈**lie·se** 女 《話》きたない〈不潔な〉女. ≈**li·te·ra·tur** 女 わいせつ文学, 低俗な読み物. ≈**par·ti·kel** 中 女 汚れの粒子. ≈**quel·le** 女 汚染源. ≈**schicht** 女 汚れの薄層. ≈**sprit·zer** 男 汚れ〈泥〉のはね. ≈**ti·tel** 男 《製本》(書物などの巻頭の白紙の)遊び紙(→ 図 Buch).

Schmutz- und Schund·ge·setz =Schund- und Schmutzgesetz

Schmutz≈wä·sche 女 (洗う前の)洗濯物. ≈**was·ser** 中 -s/..wässer 汚水. ≈**zu·la·ge** 女 汚れ仕事特別手当.

Schmu·zet·tel[ʃmú:..] =Schmuhzettel

Schna·bel[1][ʃná:bəl] 人名 Arthur ～ アルトゥール シュナーベル(1882-1951; オーストリアのピアニスト).

Schna·bel[2] [ʃná:bəl] 男 -s/ Schnäbel [ʃnɛ́:bəl] (⑪ **Schnä·bel·chen**[ʃnɛ́:bəlçən], **Schnä·be·lein** [ʃnɛ́:bəlaɪn], **Schnäb·lein**[ʃnɛ́:blaɪn] 中 -s/-) **1** (鳥の)くちばし; 《話》(Mund) (人間の)口: ein langer 〈spitzer〉 ～ 長い〈とがった〉くちばし | Gelb*schnabel* / Grün*schnabel* 《話》(くちばしの黄色い)青二才 ‖ den ～ aufmachen くちばしを開く; 《話》口を開ける; 口をきく, 物を言う | den ～ weit aufsperren くちばしを大きく開ける | **den ～ halten** 《話》口をつぐむ, 沈黙する | Halt endlich den ～! いいかげんに黙ってくれ | *jm.* den ～ stopfen 《話》…の口を封じる, …を黙らせる | ***sich***[3] **den ～ verbrennen** 《話》失言をして痛い目にあう | den ～ wetzen (鳥が)くちばしを磨く | ***seinen* ～ an *jm.* wetzen** 《話》…の悪口を言う ‖ *jm.* nach dem ～ reden 《話》…におべっかを使う ‖ **reden, wie *jm.* der ～ gewachsen ist** 《話》物おじせずに〈ずけずけと〉物を言う | Bei ihr steht der ～ nicht eine Minute still. 《話》彼女は一時も黙っていられない. **2** (くちばし状のもの) **a)** (やかん・水差しなどの)注ぎ口. **b)** (ブロック=フレーテやクラリネットの)吹き口, ベック. **c)** (古代や中世の船の)くちばし状船首.
[*ahd.* snabul; ◇schnappen, Schnepfe, Nipp]

Schnä·bel·chen Schnabel[2]の縮小形.

Schna·bel·del·phin (**Schna·bel·del·fin**) 男 《動》ガンジスカワイルカ(河海豚).

Schnä·be·lei[ʃnɛːbəláɪ] 女 -/-en **1** (ハトなどが)しきりにくちばしを触れ合うこと. **2** 《話》しきりにキスをかわすこと.

Schnä·be·lein Schnabel[2]の縮小形.

Schna·bel≈flie·ge[ʃná:bəl..] 女 《虫》ガガンボモドキ(擬大蚊)科の昆虫. ≈**flö·te** 女 (Blockflöte) 《楽》ブロック=フレーテ, リコーダー.

schna·bel·för·mig[ʃná:bəlfœrmɪç][2] 形 くちばし状の.

Schna·bel·hieb 男 くちばしでつつくこと.

..schnäbelig[..ʃnɛ:bəlɪç][2] (**..schnäblig**[..ʃnɛ:blɪç][2]) 《形容詞などにつけて「…のくちばしをもった」を意味する形容詞をつくる》: kurz*schnäb*〔*e*〕*lig* (鳥類が)くちばしの短い | krumm*schnäb*〔*e*〕*lig* (鳥類が)くちばしの曲がった.

Schna·bel·kerf[ʃná:bəl..] 男 -〔e〕s/-e 《ふつう複数で》《虫》有吻(ゆうふん)目, 半翅(はんし)類.

schnä·beln[ʃnɛ́:bəln] 《06》 **I** 自 (h) (ハト・オウムなどが)互いにくちばしを触れ合う〈こすり合わせる〉. **II** 自 他 (h) 《話》〔*sich*[4]〕 ～ キスをかわす. **III ge·schnä·belt** → 別出

Schna·bel≈schiff[ʃná:bəl..] 中 (古代・中世の)くちばし状船首の船. ≈**schuh** 男 (中世の)つま先がくちばし状の靴 (→ 図 Schellentracht). ≈**tas·se** 女 (寝た状態でも飲める病人用の)吸い飲み(図 Tasse). ≈**tier** 中 《動》カモノハシ(鴨嘴). ≈**wan·ze** 女 《虫》サシガメ(刺亀虫)科の昆虫. ≈**zan·ge** 女 くちばし状鉗子(かんし)〈ペンチ〉.

Schnäb·lein Schnabel の縮小形.

..schnäbler[..ʃnɛ:blər] 《鳥》《名詞・形容詞などにつけて「…のくちばしをもつ鳥」を意味する男性名詞 (-s/-) をつくる》: Sichel*schnäbler* カマハシフウチョウ(鎌嘴風鳥) | Dick*schnäbler* ハシブトインコ(嘴太鸚哥).

..schnäblig =..schnäbelig

schna·bu·lie·ren[ʃnabulí:rən] 他 (h) 《話》うまそうに〈舌鼓を打って〉食べる.

Schnack[ʃnak] 男 -〔e〕s/-s, Schnäcke[ʃnɛ́kə] 《北部》 **1** 〔楽しい〕おしゃべり. **2** (Unsinn) たわごと, くだらぬこと. **3** 頓智(とんち), ジョーク.

schnackeln[ʃnákəln] 《06》 自 (h) 《南部》指をパチッと鳴らす: **Es hat *geschnackelt.*** 《比》それはうまくいった | **es hat bei *jm.* *geschnackelt*** i) …はようやく理解してくれた; ii) …は一目ぼれしてしまった; iii) …は妊娠してしまった. [擬音; ◇schnicken]

schnacken[ʃnákən] 自 (h) 《北部》《話》おしゃべりする, ばか話をする.

Schnackerl[ʃnákərl] 中 男 -s/ 《ｵｰｽﾄﾘｱ》 (Schluckauf) しゃっくり.

Schna·da·hüp·fel[ʃná:dahʏpfəl] =Schnaderhüpfel

Schna·der≈hüp·fel[ʃná:dər..] (≈**hüp·ferl** [..hʏpfərl], ≈**hüpfl**[..hʏpfəl]) 中 -s/- 《南部・ｵｰｽﾄﾘｱ》シュナーダーヒュップフェル(ヨーデルつきの, ときにはきわどい内容の民謡).

schna·dern[ʃná:dərn] 《05》 《方》 =schnattern

Schna·ke[1][ʃná:kə] 女 -/-n **1** 《虫》ガガンボ(大蚊)科の昆虫. **2** 《中部・西部》(Stechmücke) カ(蚊).

[▽]**Schna·ke**[2][－] 女 -/-n 《北部》(Ringelnatter) 《動》ユウダ属のヘビ(ヤマカガシに似たヘビ).
[*mndd.*; ◇Schnecke; *engl.* snake]

Schna·ke[3][－] 女 -/-n 《北部》(奇想天外な)思いつき, 気まぐれ, 冗談. [<schnacken]

Schnä·ker[ʃnɛ́:kər] 男 -s/- 《中部》美食家.
[<*mhd.* snöuken „schnuppern"]

schna·kig[ʃná:kɪç][2] (**schna·kisch**[..kɪʃ]) 形 《北部》(drollig) おどけた, こっけいな; へんてこな. [<Schnake[3]]

schnä·kig[ʃnɛ́:kɪç][2] (**schnä·kisch**[..kɪʃ]) 形 《方》食物の味にうるさい; 美食家の. [◇Schnäker]

S

Schnal·le[ʃnálə] 女 -/-n (⊕ **Schnäll·chen**[ʃnɛ́lçən] 中 -s/-) **1** (ベルトなどの)留め〈締め〉金, 尾錠, バックル(→ 図 Gürtel): die ~ öffnen 〈aufmachen〉 留め金をはずす | die ~ schließen 〈zumachen〉 留め金を締める. **2** 《南部・オーストリア》(Klinke)(ドアの)取っ手. **3 a)** 〘狩〙(雌の犬・オオカミ・キツネなどの)陰部. **b)** 《卑》(Vulva)(女性の)外陰〔部〕, 陰門. **4 a)** 《卑》売春婦. **b)** 《軽蔑的に》売女(ばいた).

schnal·len[ʃnálən] **I** 他 (h) **1** (ベルトなどを)留め金〈バックル〉で締める; ベルトと留め金〈バックル〉で固定する〈しばりつける〉: den Gürtel 〈den Riemen〉 enger ~ (→Gürtel 1 a, →Riemen[1] 1) | den Gürtel weiter ~ ベルトをゆるめる | den Patienten auf den Operationstisch ~ 患者を手術台に固定する. **2** 《話》理解する. **3** 《話》だます, たぶらかす. **II** 自 (h) 《南部》=schnalzen.

[*mhd.*; ◇schnellen]

Schnal·len≈dorn 男 -〔e〕s/-e (留め金・バックルの)留め針. **≈schuh** 男 留め金〈尾錠〉つきの短靴.

Schnall·fell[ʃnál..] 中 〘スキー〙シール(登高用すべり止め).

schnal·zen[ʃnáltsən] ⦅02⦆ 自 (h) パチッという音をたてる; (舌で)ピチャピチャ音をたてる, 舌鼓を打つ; (ライチョウ・キジなどが)雌を呼んで鳴く: 〔mit der Zunge〕 ~ 舌を鳴らす; 舌鼓を打つ | mit den Fingern ~ (中指と親指で)パチンと指を鳴らす | mit der Peitsche ~ 鞭(むち)を鳴らす. [<schnallen]

Schnal·zer[..tsər] 男 -s/- schnalzen する音.

Schnalz·laut[ʃnálts..] 男 〘言〙(南アフリカのホッテントット族やカフィル族などに見られる)舌打ち音, 吸着〔閉鎖〕音.

schnapp[ʃnap] **I** 間 **1** (かぶりつく口の動きを表して)パクッ, パクリ, ザクリ. **2** (かぎのかかる音, ふたの閉まる音)ガチャリ, コトリ: *Schnapp*, fiel die Tür ins Schloß. カチャリとドアのかぎがしまった. **3** 《ふつう schnipp, schnapp の形で》(はさみで切る音)ジョキジョキ. **II Schnapp** 男 -〔e〕s/-e **1** (schnapp という音のする動き. 例えば:)《話》パクッと食いつくこと; 平手打ち: mit einem ~ パクリと, 一飲みに. **2** 《方》=Schnäppchen

Schnäpp·chen[ʃnɛ́pçən] 中 -s/- 《話》買い得の品物として売り出される商品, 廉価品: ein ~ machen お得な買い物をする.

schnap·pen[ʃnápən] **I** 自 **1** (h, s) パチン〈パチッ・パタン・カチリ・ピシャン〉と音をたてる (h, s について: →rattern ★): Der Deckel *schnappt* in die Höhe. ふたがパタンと開く | Die Tür *schnappte* ins Schloß. ドアがカチャリと閉まった | Er *schnappte* mit den Fingern. 彼は指をパチリと鳴らした ‖ 非人称 Ihn hat es *geschnappt.* 彼は傷を受けた〈けがをした〉 | **es hat bei *jm.* geschnappt** 《話》 i) …は堪忍袋の緒が切れた; ii) …は一目ぼれしてしまった; iii) …は妊娠してしまった | Jetzt hat es *geschnappt.* 《話》もう我慢がならない | Bei den beiden hat es *geschnappt.* ふたりは突然恋に落ちた〈互いに一目ぼれしてしまった〉 ‖ das *Schnappen* der Schere はさみのチョキチョキいう音. **2** (h) 《nach *et.*[3]》(…に向かって)パクリと食いつく: Der Hund *schnappte* nach der Wurst 〈dem Briefträger〉. 犬はソーセージ〈郵便配達人〉にかぶりつこうとした | *Schnapp!* (犬に向かって)かかれ | nach Luft ~ (→Luft 2) | „Warum ...?“ *schnappte* er. 「なぜ…」と彼はあえぐように言った. **3** (h) (hinken) 片足をひきずって歩く.

II 他 (h) 《話》パクリとくわえる, ぱくつく; さっとつかむ; ひっとらえる, ぱくる; 理解する: *jn.* am Kragen ~ …の襟首をさっとつかむ | Die Polizei hat den Dieb *geschnappt.* 警察は泥棒をつかまえた | frische Luft ~ 新鮮な空気を吸う | frische Luft ~ gehen (→Luft 4) | Hast du das *geschnappt*? わかったか.

III schnap·pend 現分 形 パチンと音がする: ~*er* Finger 〘医〙ばね指, 弾撥(だんぱつ)指 | ~*e* Hüfte 〘医〙ばね〈鳴り〉股(また), 弾撥股.

[*mhd.*; 擬音; ◇Schnabel, schnippen; *engl.* snap]

Schnap·per[ʃnápər] 男 -s/- schnappen すること; schnappen する音.

Schnäp·per[ʃnɛ́pər] 男 -s/- **1** 〘医〙(瀉血(しゃけつ)用の)ばねつき刺胳(らく)針. **2** (Fliegenschnäpper) 〘鳥〙ヒタキ(鶲). **3** (ドアの)掛け金, ばね錠. **4** 〘ビリヤード〙ひねり. **5** (一種の)弩(いしゆみ).

schnäp·pern[ʃnɛ́pərn] ⦅05⦆ **I** 他 (h) 〘ビリヤード〙(球に)ひねりを加える. **II** 自 (h) 《方》=schwatzen I

Schnapp≈hahn[ʃnáp..] 男 (中世の)〔馬に乗った〕追いはぎ. **≈mes·ser** 中 折りたたみナイフ. **≈ring** 男 〘登山〙カラビナ. ▽**≈sack** 男 (糧食携帯用)リュックサック, ナップザック, 背負い袋. **≈schal·ter** 男 〘電〙スナップスイッチ. **≈schloß** 中 ばね錠. **≈schuß** 男 〘写〙スナップ〔ショット〕.

Schnaps[ʃnaps] 男 -es/Schnäpse[ʃnɛ́psə] (⊕ **Schnäps·chen**[ʃnɛ́psçən], **Schnäps·lein**[..laın] 中 -s/-) **1** (Branntwein) 火酒(かしゅ)(ブランデー・ウィスキー・ジン・焼酎(しょうちゅう)など, アルコール分の多い蒸留酒の総称): drei Glas ~ 〈drei *Schnäpse*〉 trinken 火酒を3杯飲む | Dienst ist Dienst, und ~ ist ~. (→Dienst 1 a). ▽**2** (一気の)一飲み, ぐい飲み. [*ndd.*; ◇schnappen]

Schnaps≈bren·ner[ʃnáps..] 男 火酒製造業者. **≈bren·ne·rei**[また: ◡◡◡⏊] 女 火酒製造工場. **≈bru·der** 男 《話》〔大〕酒飲み. **≈bu·de** 女 《軽蔑的に》飲み屋, 酒場.

Schnäps·chen Schnaps の縮小形.

Schnäp·se Schnaps の複数.

schnäp·seln[ʃnɛ́psəln] (**schnap·seln**[ʃnápsəln]) ⦅06⦆ 自 (h) 《話》〔好んで〕火酒〈ブランデー〉を飲む.

schnap·sen[ʃnápsən] ⦅02⦆ 自 (h) **1** 《話》火酒〈ブランデー〉を飲む. **2** 《オーストリア》Schnapser のゲームをする.

Schnap·ser[ʃnápsər] 男 -s/- 《オーストリア》シュナプサー(トランプ遊戯の一種).

Schnaps≈fah·ne 女 《話》酒くさい息. **≈fla·sche** 女 火酒の瓶, ブランデーボトル. **≈glas** 中 -es/..gläser 火酒〈ブランデー〉用のグラス. **≈idee** 女 《話》ばかげた思いつき〈考え〉. **≈la·den** 男 (立ち飲みのできる)酒屋. **≈lei·che** 女 《戯》強い酒を飲み過ぎて酔いつぶれた人.

Schnäps·lein Schnaps の縮小形.

Schnaps≈na·se[ʃnáps..] 女 《話》(酒飲みの)赤鼻. **≈stam·perl** 中 《南部・オーストリア》=Schnapsglas

schnar·chen[ʃnárçən] **I** 自 (h) **1** (英: *snore*) いびきをかく: Er *schnarcht* schon. 彼はもういびきをかいている; 《戯》彼はもうぐっすり眠っている. **2** 〘工〙(蒸気などが)シューと吹き出す. **II Schnar·chen** 中 -s/ schnarchen すること: Sein ~ weckte mich auf. 私は彼のいびきで起こされた.

Schnar·cher[..çər] 男 -s/- 《話》**1** いびきをかく人. **2** いびき, いびきの音.

Schnarch≈kon·zert[ʃnárç..] 中 《戯》いびきの合奏. **≈ton** 男 -〔e〕s/..töne いびきの音. **≈ven·til** 中 〘工〙(蒸気機関の)濡らし弁.

schnar·pen[ʃnárpən] (**schnarp·fen**[..pfən]) 自 (h) 《南部》(knirschen) ギシギシ音をたてる, きしむ.

Schnar·re[ʃnárə] 女 -/-n (ガラガラ鳴るもの. 例えば:) がらがら(特にカーニバルに用いる玩具); 音をたてる糸車.

schnar·ren[ʃnárən] 自 (h) **1** (機械などが激しく)ガラガラ〈カタカタ・リンリン・ギイギイ〉と音をたてる; (虫などが)ブンブンうなる: Das Telefon 〈Der Wecker〉 *schnarrt.* 電話〈目ざまし時計〉がリンリン鳴る. **2** だみ声で話す, ぶつぶつ不平を言う, がみがみしかる. **3** 〘狩〙(ウズラが)雌を呼んで鳴く.

[*mhd.*; 擬音; ◇schnurren; *engl.* snarl]

Schnarr≈heu·schrecke[ʃnár..] 女 〘虫〙キチキチバッタの一種. **≈sum·mer** 男 ブザー. **≈wecker** 男 ブザーつき目ざまし時計. **≈werk** 中 〘楽〙(オルガンの)リード系管.

Schnat[ʃna:t] 女 -/-en (**Schna·te**[ʃná:tə] 女 -/-n) 《中部》**1** 切り取った若枝. **2** =Schneise 1 [*ahd.* snata]

Schnä·tel[ʃnɛ́:təl] 中 -s/- 《方》柳の樹皮で作った笛.

Schnat·te·re[ʃnátərə] 女 -/-n 《スイス》(蚊に刺されたあとの)はれ.

Schnat·te·rei[ʃnatəráı] 女 -/-en しきりにガアガア鳴くこと; 《比》おしゃべり.

Schnat·ter·en·te[ʃnátər..] 女 ガアガア鳴くカモ; 《比》おしゃべり女.

Schnat·te·rer[ʃnátərər] 男 -s/- (⊛ **Schnat·te·rin** → 別出) おしゃべりな男.

Schnat·ter·gans[ʃnátər..] 女 ガアガア鳴くガチョウ;《比》おしゃべり女.

schnat·te·rig[ʃnátərɪç][2] (**schnatt·rig**[..trɪç][2]) 形《話》おしゃべりな, 饒舌(じょうぜつ)な.

Schnat·te·rin[ʃnátərɪn] 女 -/-nen おしゃべり女.

Schnat·ter·lie·se[ʃnátər..] 女《話》おしゃべり女.

schnat·tern[ʃnátərn]《05》自 (h) **1 a)** (カモ・ガチョウなどが)ガアガア鳴く. **b)**《比》ペチャクチャしゃべる. **2**《方》(寒さ・恐怖などで)がたがた震える. [*mhd.*; 擬音]

schnatt·rig = schnatterig

Schnatz[ʃnats] 男 -es/Schnätze[ʃnɛ́tsə]《中部》(花嫁などの)頭飾り.

schnät·zeln[ʃnɛ́tsəln] (**schnat·zeln**[ʃnátsəln]) 《06》他 (h)《中部》飾る, めかしこむ.

schnat·zen[ʃnátsən]《02》他 (h)《中部》(髪を)結い上げる. [*mhd.*; ◇schnitzen]

schnat·zig[ʃnátsɪç][2] 形《話》めかしこんだ.

Schnau[ʃnaʊ] 女 -/-en《北部》〘海〙くちばし状船首をもった2本マストの〔小さな〕船.

schnau·ben[(*)][ʃnáʊbən][1]《147》**schnaub·te** (ᵛschnob [ʃno:p][1]) / **ge·schnaubt** (ᵛgeschnoben); 接II schnaubte (ᵛschnöbe[ʃnǿ:bə]) **I** 自 (h) 荒い鼻息〈息づかい〉をする; 息をはずませる, あえぐ, 息をはずませて言う; (汽車が)シュッシュッと音をたてる; (風が)ヒューヒューと鳴る;《方》チンと鼻をかむ(→II): Die Pferde stampften und *schnaubten.* 馬が足を踏み鳴らし荒い鼻息をたてた | nach Luft ～ あえぐ, ハーハー息をする | vor Aufregung 〈Zorn〉 ～ 興奮(怒り)のあまり息を乱す ‖〖様態・結果などを示す4格と〗Wut ～ かんかんに怒っている | Rache ～ 復讐(ふくしゅう)するぞといきまく. **II** 他 (h)《方》《ふつう次の形で》*sich*[3] die Nase ～ / 再帰 *sich*[4] ～ チンと鼻をかむ.
[*mhd.*; 擬音; ◇schnaufen]

schnäu·big[ʃnɔ́ʏbɪç][2] 形《西部》(食べ物に関して)えり好みをする, 味にうるさい. [◇schnuppern]

Schnauf[ʃnaʊf] 男 -[e]s/-e 荒い〈激しい〉息づかい.

schnau·feln[ʃnáʊfəln]《06》《南部》= schnüffeln

schnau·fen[ʃnáʊfən] 自 (h) **1** 荒い鼻息〈息づかい〉をする; 息をはずませる, あえぐ; (汽車が)シュッシュッと音をたてる: beim Treppensteigen stark 〈schwer〉 ～ 階段をのぼりながら苦しそうにあえぐ. **2**《南部》(atmen) 息をする: Was ist los, du kannst ja kaum noch ～! どうしたんだい 君はハーハー言っているじゃないか.
[*mhd.*; 擬音; ◇schnauben, schnüffeln]

Schnau·fer[..fər] 男 -s/-《話》**1** 呼吸, 息づかい: **den** 〈*seinen*〉 **letzten ～ tun**《話》息をひきとる | **bis zum letzten ～**《話》死ぬまで. **2** 鼻息をする〈あえぐ〉人;《比》鼻息の荒い人, 高慢ちき. **3**《スイ》青二才.

Schnau·ferl[ʃnáʊfərl] 中 -s/-[n]《南部・オーストリア》**1** オートバイ; 小型自動車, ミニカー. **2** (手入れの良い)旧型自動車, クラシックカー.

Schnauf·pau·se 女《オーストリア》《話》(Verschnaufpause) 一息入れる休憩.

Schnau·pe[ʃnáʊpə] 女 -/-n《南部》(Schnabel) (やかん・水差しなどの)注(つ)ぎ口.

Schnauz[ʃnaʊts] 男 -es / Schnäuze[ʃnɔ́ʏtsə]《スイス》(Schnurrbart) 口ひげ.

Schnauz·bart[ʃnáʊts..] 男 **1** (大きな)口ひげ. **2**《話》口ひげを生やした男.

schnauz·bär·tig 形 (大きな)口ひげを生やした.

Schnau·ze[ʃnáʊtsə] 女 -/-n (小 **Schnäuz·chen**[ʃnɔ́ʏtsçən], **Schnäuz·lein**[..laɪn] 中 -s/-) **1** (動物の)鼻口部, 鼻づら. **2**《単数で》《卑》**a)** (Mund) (人間の)口: **die ～ aufmachen** 口を開く; 口をきく, しゃべる | **eine große ～ haben** 大ぼら吹き〈大言壮語家〉である | [**von *jm.* 〈*et.*[3]〉**] **die ～ voll haben** 〔…に〕うんざりしている | **die ～ halten** 口をつぐむ, 沈黙する; 秘密を守る | Halt die ～! 黙れ | ***sich*[3] die ～ verbrennen** 口をすべらせて災いを招く ‖ *jm.* nach der ～ reden …の話に調子を合わせる | **frei nach der ～**《話》何の準備もなしに, 無計画に. **b)** (Gesicht) (人間の)顔, つら: ***jm.* die ～ lackieren 〈polieren〉** …の顔面を殴る ‖ **auf der ～ liegen** 病気で寝ている | **auf die ～ fallen** 失敗する | *jm.* in die ～ hauen 〈schlagen〉 …の顔面を殴る | *jm.* eins vor die ～ geben …の顔面に一発くらわす. **3**《話》人, やつ: eine freche ～ なまいきなやつ. **4**《話》(突出した部分, 例えば:) **a)** (やかん・水差しなどの)注(つ)ぎ口(→ 図 Topf). **b)** (自動車の)ボンネット; (飛行機の)機首.
[*mndd.* snūt[e] (→Schnute)]

Schnäu·ze Schnauz の複数.

schnau·zen[ʃnáʊtsən]《02》自 (h)《話》がみがみ言う; 大声で(乱暴な調子で)しかる.

schnäu·zen[ʃnɔ́ʏtsən]《02》= schneuzen

Schnau·zer[ʃnáʊtsər] 男 -s/- **1** シュナウツァー(ドイツ産のひげの長い犬): ein glatthaariger ～ ピンシャー. **2** = Schnauzbart **3** 激しい叱責(しっせき).

schnau·zig[ʃnáʊtsɪç][2] 形《話》ぶっきらぼうな, 無愛想な.

Schnäuz·lein Schnauze の縮小形.

Schneck[ʃnɛk] 男 -s/-en《方》**1** = Schnecke **2** (子供, 特に女の子に対する愛称として)かわいい子.

Schnęcke[ʃnɛ́kə] 女 -/-n **1**〘動〙(巻き貝類の総称. 特に:) カタツムリ(蝸牛), マイマイ(舞舞): Nackt*schnecke* ナメクジ(蛞蝓) | Weinberg*schnecke* エスカルゴ(食用カタツムリ) ‖ langsam wie eine ～ カタツムリのようにのろのろと | ***jn.* zur ～ machen**《話》…をこっぴどくやっつける(叱責(しっせき)・批判・殴打などで). **2** (カタツムリの殻に似た渦巻き形状のもの) **a)**〘解〙(内耳の)蝸牛(かぎゅう)殻(→ 図 Ohr). **b)** 渦巻きパン(→ 図 Brot). **c)** (ヴァイオリン・チェロなどの頭部の)渦巻き〔装飾〕(→ 図 Geige). **d)**〘数〙螺線(らせん), つるまき線. **e)**〘建〙(円柱頭部の)渦巻き装飾(→ 図 Kapitell). **f)** (Wendeltreppe) 螺旋階段. **g)**《ふつう複数で》(耳の上の)渦巻き状に巻いた髪型(→ 図 Haar A). **h)**〘工〙ウォーム(→ 図 Zahnrad); (Schneckenförderer) スクリューコンベヤー. **i)**《ふつう複数で》〘狩〙ムフロンの雄の角. **3**《話》**a)** (Prostituierte) 売春婦, 娼婦. **b)** (Vagina) 膣(ちつ), ワギナ. **c)**《若者言葉》女の子, 少女.
[*germ.* „Kriechtier"; ◇Schnegel, Schnake[2]]

Schnęckel[ʃnɛ́kəl] 女 -/-n 円錐(えんすい)状螺旋(らせん).

schnęcken·ar·tig[ʃnɛ́kən..] 形 **1** = schneckenförmig **2** カタツムリのような(緩慢な).

Schnęcken≈boh·rer 男 螺旋(らせん)錐(きり)(→ 図 Bohrer). **≈fe·der** 女〘工〙渦巻きばね. **≈för·de·rer** 男〘工〙スクリューコンベヤー.

schnęcken·för·mig 形 渦巻き形の, 螺旋(らせん)状の.

Schnęcken≈fraß 男〘園〙カタツムリの害〈侵食〉. **≈gang** 男 -[e]s/ **1** カタツムリのように緩慢な歩み: im ～ のろのろと. **2**〘解〙(内耳の)蝸牛(かぎゅう)管. **≈ge·häu·se** 中 = Schneckenhaus **≈ge·trie·be** 中〘工〙ウォーム歯車〔装置〕. **≈ge·win·de** 中 螺旋(らせん).

schnęcken·haft[ʃnɛ́kənhaft] 形 カタツムリのような(緩慢な).

Schnęcken≈haus 中 カタツムリの殻: ***sich*[4] in *sein* ～ zurückziehen**《比》自分の殻に閉じこもる. **≈horn** 中 -[e]s/..hörner《ふつう複数で》カタツムリのつの〈触角〉. **≈klee** 男〘植〙ウマゴヤシ(苜蓿)属. **≈li·nie**[..li:niə] 女 (Spirale) 螺旋(らせん), 渦巻き線. **≈post** 女《俗》カタツムリのようにのろのろ走る乗り物. **≈rad** 中〘工〙ウォーム歯車(→ 図 Zahnrad). **≈schrau·be** 女〘工〙無端ねじ. **≈tem·po** 中 カタツムリのように緩慢なテンポ: im ～ gehen のろのろ進む. **≈win·dung** 女 螺旋〔旋回〕.

Schnęckerl[ʃnɛ́kərl] 中 -s/-[n]《オーストリア》(Locke) 巻き毛, カール.

schnęd·de·reng[·teng]·tęng[ʃnɛ́dərɛŋ(tɛŋ)tɛ́ŋ] 間 (らっぱの音)トテチテタ.

Schnee[ʃne:] 男 -s/ **1** (英: *snow*) 雪: nasser 〈trockener〉 ～ べとべと〈さらさら〉した雪 | ewiger ～ 万年雪 | hoher 〈festgetretener〉 ～ 深く積もった〈踏み固められた〉雪 | junger ～ 新雪; 粉雪 | schneller 〈stumpfer〉 ～ (スキーで)滑りのいい〈滑りにくい〉雪 | Neu*schnee* 新雪 | Pulver*schnee* 粉雪 | **～ von gestern 〈von vorgestern / vom vergangenen Jahr〉**《話》だれももう興味をもたないものごと ‖ weiß wie ～ 雪のように白い(→schneeweiß) | wie ～ in der

S

Sonne schmelzen 日なたの雪のように急速に溶け去る〈消えうせる〉| ~ fegen 〈räumen〉(道路などの)雪かき〈除雪作業〉をする | ~ schippen 〈schaufeln〉 雪をシャベルですくって捨てる | mit ~ bedeckt sein 雪に覆われている | Gestern fiel〔en〕10 Zentimeter ~. きのう雪が10センチ降った | Und wenn der ganze ~ verbrennt〔, die Asche bleibt uns doch〕.《戯》どんなことがあろうと生き延びてみせるよ〈くじけずやっていくよ〉‖ **im Jahre ~** / **anno ~**《オーストリア》ずっと以前に | Das war schon im Jahre ~. それはもうずいぶん昔のことだ | ein Auto aus dem Jahr ~《オーストリア》大昔の自動車 | Das Auto stammt aus dem Jahr ~. その自動車は大昔のものだ. **2**〘料理〙泡雪状にかきたてた卵白: Eiweiß zu ~ schlagen 卵の白身を泡立てる. **3**《話》(白い粉末状の)コカイン, ヘロイン(麻薬). **4**《話》(Geld) 金(かね).

[*germ.*; ◇nival, schneien; *engl.* snow]

Schnee⸗am·mer[ʃné:..] 女〘鳥〙ユキホオジロ(雪頬白). **⸗ball** 男 **1** (雪をまるく固めて作った)雪玉, 雪つぶて: einen ~ 〈mit einem ~〉 auf *jn.* werfen 雪玉を…に投げつける. **2**〘植〙ガマズミ属: Gemeiner ~ セイヨウカンボク(西洋肝木).

Schnee·ball·ef·fekt 男 (雪の玉を転がすようにどんどん大きくなる)雪玉効果.

schnee·bal·len《過 schneeballte; 過分 geschneeballt》《ふつう不定詞・過去分詞で》**I** 自 (h) 雪玉を投げる. **II** 他 (h) 再帰 *sich*[4] ~ 雪合戦をする.

Schnee·ball⸗schlacht 女 雪合戦. **⸗sy·stem** 中 -s/ (連絡網などによる)連鎖伝達方式;〘商〙連鎖販売取引, マルチ商法.

schnee·be·deckt 形 雪に覆われた.

Schnee⸗bee·re[ʃné:..] 女〘植〙セッコウボク(雪晃木)〔の実〕. **⸗berg** 男 雪山(万年雪をいただいた山); 雪の山〈堆積(たいせき)〉. **⸗be·sen** 男〘料理〙泡立て器. **⸗bir·ne** 女〘植〙スノーペアー(ナシの一種).

schnee·blind 形 雪眼(ゆきめ)にかかった.

Schnee⸗blind·heit 女 -/ 雪眼(ゆきめ), 雪盲(せつもう). **⸗brett** 中 雪庇(せっぴ). **⸗bril·le** 女 (紫外線よけの)雪めがね, スノーグラス. **⸗bruch** 男 (積雪による樹木の)雪折れ. **⸗brücke** 女 (氷河の亀裂(きれつ)などにできる)雪橋, スノーブリッジ. **⸗decke** 女 積もった雪.

schnee·er·hellt 形《雅》雪明かりの.

Schnee-Eu·le 女〘鳥〙シロフクロウ(白梟).

Schnee·fall 男 -〔e〕s/..fälle《ふつう複数で》降雪.

Schnee·fang 男, **Schnee·fang·git·ter** 中 (屋根につける)雪どめ(→ 図 Haus A).

Schnee⸗feld 中 雪原. **⸗fink** 男〘鳥〙ユキスズメ(雪雀), ユキマシコ(雪猿子). **⸗flä·che** 女 雪野原, 雪原. **⸗flocke** 女 -/-n《ふつう複数で》雪片.

Schnee·flocken·baum 男〘植〙ヒトツバ(一葉)タゴ属.

Schnee⸗floh 男〘動〙トビムシ(跳虫). **⸗frä·se** 女 ロータリー除雪機〈除雪車〉.

schnee·frei 形 雪のない: ein ~*er* Hügel 〈Tag〉 雪に覆われていない丘陵〈雪の降らなかった日〉.

Schnee⸗gans 女〘鳥〙(北米産の)ハクガン(白雁);《話》愚かな女. **⸗ge·bir·ge** 中 雪山(万年雪をいただいた連山). **⸗ge·stö·ber** 中 吹雪: Phantasie mit ~ (→Phantasie 2 a). **⸗glöck·chen** 中〘植〙ガラントゥス, ユキノハナ(雪花)属(ヒガンバナ科の草花): Großes ~ スノーフレーク | Kleines ~ スノードロップ, ユキノハナ(雪花), マツユキソウ(待雪草).

Schnee·glöck·chen·baum 男〘植〙ハレシア, アメリカアサガラ(麻殻)属(エゴノキ科の花木).

Schnee⸗gren·ze 女 雪線(万年雪の下方限界線). **⸗ha·se** 男〘動〙ユキウサギ(雪兎), エゾウサギ(蝦夷兎). **⸗hemd** 中〘軍〙(偽装用の)雪上用白衣. **⸗hö·he** 女 積雪の深さ, 積雪深. **⸗huhn** 中〘鳥〙ライチョウ(雷鳥). **⸗hüt·te** 女 (雪塊を積み上げた)雪小屋.

schnee·ig[ʃné:ɪç][2] (▽**schnee·icht**[..ɪçt]) 形 **1** 雪のような; 雪のように白い〈清らかな〉: ~*e* Luft (冷たく湿った)雪もよいの空気. **2** 雪に覆われた; 雪の多い: ein ~*er* Berg 雪山.

Schnee⸗ka·no·ne[ʃné:..] 女 人工雪製造〈噴射〉装置. **⸗ket·te** 女 -/-n《ふつう複数で》(タイヤの滑り止め用の)スノーチェーン. **⸗kö·nig** 男《中部》(Zaunkönig)〘鳥〙ミソサザイ(鷦鷯):〘ふつう次の成句で〙*sich*[4] **wie ein ~ freuen**《話》大喜びする. **⸗kri·stall** 中 -s/-e《ふつう複数で》雪の結晶. **⸗land·schaft** 女 雪景色. **⸗last** 女 (屋根などに積もった)雪の重さ. **⸗la·wi·ne** 女 雪崩(なだれ). **⸗leo·pard** 男〘動〙ユキヒョウ(雪豹). **⸗licht** 中 -〔e〕s/ 雪明かり. **⸗mann** 男 -〔e〕s/..männer 雪だるま: einen ~ bauen 雪だるまを作る. **⸗matsch** 男 雪解けのぬかるみ. **⸗mensch** 男 (Yeti) (ヒマラヤの山中にすむと言われる)雪男. **⸗mo·bil** 女 -s/-e 雪上車. ▽**⸗mo·nat** (▽**⸗mond**) 男 -〔e〕s/《雅》(Januar) 1月. **⸗pflug** 男 **1** 雪かき道具; 除雪機; 除雪車. **2**〘スキー〙プルーク〈全制動〉〔滑降〕. **⸗pflug·bo·gen** 男〘スキー〙プルーク=ボーゲン, 全制動回転. **⸗räu·mer** 男 **1** 除雪機〈車〉. **2** 除雪作業員. **⸗räum·ge·rät** 中 除雪機. **⸗räu·mung** 女 除雪. **⸗re·gen** 男 雨まじりの雪, みぞれ. **⸗re·gion** 女 積雪地帯, 雪国. **⸗rei·fen** 男 **1** 輪かんじき. **2** (自動車の)スノータイヤ. **⸗ro·se** 女 (Christrose)〘植〙クリスマスローズ. **⸗ru·te** 女《オーストリア》=Schneebesen **⸗schau·fel** 女 雪かき用シャベル. **⸗schim·mel** 男 (ライムギなどに生じる)紅色雪腐れ病. **⸗schip·per**[..ʃɪpər] 男 -s/-《方》雪かき作業員. **⸗schlä·ger** 男 = Schneebesen **⸗schleu·der** 女, **⸗schleu·der·ma·schi·ne** 女 ロータリー除雪機〈除雪車〉. **⸗schmel·ze** 女 雪解け. ▽**⸗schuh** 男 **1** 輪かんじき. **2** (Ski) スキー: ~ laufen スキーをする.

▽**Schnee·schuh·lauf** 男 (Skilauf) スキー滑り.

Schnee⸗stolz 男〘植〙キオノドクサ, ユキゲユリ属(ユリ科の草花). **⸗sturm** 男 吹雪. **⸗tarn·hemd** =Schneehemd **⸗tel·ler** 男 輪かんじき;〘スキー〙(ストックの)雪輪(→ 図 Ski). **⸗trei·ben** 中 吹雪. **⸗ver·hält·nis·se** 複〘スキー〙雪のコンディション〈状況〉. **⸗ver·we·hung** 女 雪の吹きだまり. **⸗wäch·te** (**⸗wech·te**) 女 雪庇(せっぴ). **⸗was·ser** 中 雪解け水. **⸗we·he** 女 (▽**⸗we·be** 女) 雪の吹きだまり.

schnee·weiß[ʃné:váɪs] 形 雪のように白い, 純白の: ~*e* Zähne 真っ白な歯.

Schnee·wet·ter[ʃné:..] 中 -s/ 雪降り〔の天候〕, 雪模様.

Schnee·witt·chen[ʃne:vítçən] 中 -s/ 白雪(しらゆき)姫(Grimm その他の童話に登場する美少女).

[<*ndd.* wit „weiß"]

Schnee⸗wol·ke[ʃné:..] 女 雪雲. **⸗wurm** 男〘虫〙ジョウカイ(浄海)科の幼虫. **⸗wü·ste** 女 (荒涼たる)大雪原. **⸗zaun** 男 防雪柵(さく). **⸗zie·ge** 女〘動〙シロイワヤギ(白岩山羊)(ロッキー山脈にすむ).

Schne·gel[ʃné:gəl] 男 -s/- (Egelschnecke)〘動〙コウラナメクジ(甲羅蛞蝓).

[*mhd.*; ◇Schnecke, Schniegel; *engl.* snail]

Schneid[ʃnaɪt][1] 男 -〔e〕s/ (南部・オーストリア: 女 -/)《話》気骨, 気概, 勇気, 気力, 度胸, 果敢; 血気, 男気(おとこぎ), 勇み肌: 〔im Leib〕 keinen ~ haben 気概〈度胸・いくじ〉がない | ***jm.* den ~ nehmen** 〈**abkaufen**〉《話》…の勇気をくじく, …をひるませる.

Schneid⸗backen[ʃnáɪt..] 複〘工〙割りこまダイス. **⸗boh·rer** 男〘工〙〔ねじ〕タップ. **⸗bren·ner** 男〘工〙切断トーチ〈吹管〉.

Schnei·de[ʃnáɪdə] 女 -/-n **1 a)** (刃物の)刃, 刃先(峰に対する刃の部分だけでなく, 柄に対して刃全体を指すこともある: → 図 Schwert): eine scharfe 〈stumpfe〉 ~ 鋭い〈なまくらの〉刃 | eine schartige ~ こぼれた刃 | die ~ eines Messers 〈einer Schere / einer Axt〉 ナイフ〈はさみ・おの〉の刃 ‖ die ~ schärfen 刃を研ぐ | **auf des Messers ~ stehen** 《比》(事柄の成り行きが)どちらに転ぶかきわどいところである. **b)**〘工〙切断へり, バイト. **2**《雅》刀, 剣. **3** 《南部・オーストリア》 **a)** (山の)尾根. **b)** (畑などの)境界〔線〕.

[*mhd.*; ◇schneiden]

Schnei·de·brett 中 まな板.

Schneid·ei·sen[ʃnáɪt..] 中〘工〙ねじ〔切り〕羽子板.

Schnei·del·holz[ʃnáɪdəl..] 中 -es/〘林〙(針葉樹の)剪定(せんてい)された〈切り落とされた〉枝.

Schnei·de⸗ma·schi·ne[ʃnáɪdə..] 女 切断機, カッター,

パン〈ハム〉切り機. ⁀**mühle** 女 製材所.

schnei·den*[ʃnáɪdən][1] ⟪148⟫ **schnitt**[ʃnɪt] / **ge·schnit·ten**; 接II schnitte

I 他 (h) **1 a)** (英: *cut*) ⟪*et.*[4] 〔in *et.*[4] / zu *et.*[3]〕⟫ (刃物を使って…を部分・小片などに) 切る, 切断する, 切り分ける, 〔切り〕刻む: *et.*[4] in zwei 〈drei〉 Teile ~ …を二つ〈三つ〉に切り分ける | das Fleisch in kleine Stücke 〈zu kleinen Stücken〉 ~ 肉をこま切れにする | Speck in Würfel ~ ベーコンをさいの目に切る | Wurst in Scheiben ~ ソーセージを薄く輪切りにする | Stämme zu Brettern ~ 材木を切って板にする | mit einem Messer Papier 〈mit einem Diamanten Glas〉 ~ ナイフで紙〈ダイヤモンドでガラス〉を切る ‖ Die Luft im engen Raum war zum *Schneiden* 〔dick〕. その狭い部屋の空気はひどく悪かった(輪切りにできるほどよどんでいた) ‖ *geschnittene* Briefmarken (ミシン目がなくはさみで) 切り離された切手.

b) ⟪比⟫ ⟪*et.*[4]⟫ (線状のものなどを) 両断〈横断〉する, (…と) 交わす, 交差する: Das Schiff *schneidet* den Äquator. 船は赤道を横切る〈通過する〉 | 100 Meter weiter *schneidet* der Weg die Bahnlinie. 100メートル先で道は線路と交差する | eine Gerade, die alle Meridiane unter dem gleichen Winkel *schneidet* すべての子午線と等角に交わる直線 ‖ 再帰 *sich*[4] ~ (線状のものなどが) 交わる, 交差する | Parallelen *schneiden* sich im Unendlichen. 平行線は無限遠方で交わる.

2 a) ⟪*et.*[4] 〔aus 〈von〉 *et.*[3]〕⟫ (…を〔…から〕) 切り離す, 切り取る; 刈り〈摘み〉取る: ein Bild aus der Zeitung ~ 新聞から写真を切り抜く | Blumen ~ 花を摘み取る(刃物で) | Gras 〈Getreide〉 mit der Sichel ~ 牧草〈穀物〉を鎌(かま)で刈り取る | eine Scheibe vom Brot ~ パンをひときれ切る | einen Zweig vom Baum ~ 枝を木から切り落とす ‖ *jm.* wie aus den Augen 〈aus dem Gesicht〉 *geschnitten* sein (→Auge 1, →Gesicht 1 a) | Ich kann mir doch das nicht aus der Haut 〈den Rippen〉 ~. ⟪話⟫ 私はそのためのお金はどうしても都合できない.

b) ⟪〔*jm.*〕 *et.*[4]⟫ (手術で〔…の〕…を) 切る, 切除〈切開〉する, 摘出する(→3 b): die Krebsgeschwulst ~ 癌腫瘍(がんしゅよう)を切除する | einen vereiterten Finger ~ 化膿(かのう)した指を切開する | *jm.* den Stein ~ …の結石を摘出する.

3 a) ⟪*et.*[4]⟫ (…の余分の個所を) 切り落とす, (…を) 切りそろえる〈整える〉, (…を) 刈り込む; 〖園〗 剪定(せんてい)する: Hecken ~ 生け垣を刈り込む | Obstbäume ~ 果樹を剪定する | den Rand des Papiers ~ 紙のふちを切りそろえる ‖ *sich*[3] die Nägel ~ (自分の) つめを切る | *sich*[3] die Haare ~ lassen 髪を刈って〈散髪して〉もらう.

b) ⟪*jn.*⟫ (…に) 手術を施す(→2 b); (kastrieren) 去勢する: Sie ist schon dreimal *geschnitten* worden. 彼女はすでに3回手術を受けている ‖ ein Ferkel ~ 子豚を去勢する | ein *geschnittener* Hengst 去勢馬, 騸馬(せんば).

c) ⟪*et.*[4]⟫ 〖映・放送〗 (フィルム・テープなどを切りはりして) 編集する: aus mehreren Filmdokumenten einen Film ~ いくつかの記録フィルムを編集して一本の映画を作る.

4 ⟪*jn.*⟫ ⟪しばしば身体の部分を示す語句を伴って⟫ (あやまって) 切る, 切って傷つける(→II 1 a): *jn.* 〔mit der Schere〕 in die Haut ~ …の皮膚を〔はさみで〕傷つけてしまう ‖ 再帰 *sich*[4] in die Hand ~ (自分の) 手を切ってしまう | *sich*[4] am Glas 〈mit der Rasierklinge〉 ~ ガラス〈かみそりの刃〉でけがをする | *sich*[4] ins eigene Fleisch ~ (→Fleisch 1 a) | *sich*[4] in den Finger ~ (→Finger 1) | Wenn du denkst, durch deinen Trotz etwas zu erreichen, hast du dich gründlich 〈gewaltig〉 〔in den Finger〕 *geschnitten*. 反抗すれば何か望みがかなえられるとでも思ったら大間違いだぞ.

5 a) ⟪*et.*[4] 〔aus *et.*[3]〕⟫ (〔…から〕…を) 切って〈刻んで・彫って〉作る: 〔aus Stämmen〕 Bretter ~ 〔材木を切って〕板を作る | aus Rohr eine Flöte ~ 葦(あし)を切って笛を作る | aus dem Holzblock eine Figur ~ 丸太を像から彫る.

b) ⟪*et.*[4] 〔in *et.*[4]〕⟫ (〔…に〕…を) 切り〈刻み・彫り〉込む, 〔…を〕切って〈刻んで・彫って〉…を作る; (宝石などを) カット〈研磨〉する: ein Fenster in die Wand ~ 壁に窓をあける | Unterstände in den Berg ~ 山腹をくり抜いて待避壕(ごう)を作る | *seinen* Namen in die Rinde ~ 樹皮に自分の名前を刻み込む | einen Stempel ~ 印鑑を彫る ‖ ein fein *geschnittenes* Gesicht 端正な顔 | mandelförmig *geschnittene* Augen アーモンド形の目.

c) ⟪*et.*[4]⟫ (衣服などを) 裁断して作る, 仕立てる: einen Anzug 〈ein Kostüm〉 〔nach Maß〕 ~ 〔寸法に合わせて〕背広〈スーツ〉を仕立てる ‖ ein einfach 〈modisch〉 *geschnittenes* Kleid 簡素な仕立ての〈流行仕立ての〉ドレス | *jm.* 〔wie〕 auf den Leib *geschnitten* sein …の体にぴったり合うように仕立てられている; ⟪比⟫ …に打ってつけである.

6 ⟪*et.*[4]⟫ (表情などを) 作る, 浮かべる: Grimassen ~ (不快げに・おどけて) 顔をしかめる, しかめつらをする | ein dummes Gesicht ~ まぬけづらをする | eine finstere Miene ~ けわしい顔つきをする.

7 eine Kurve ~ (自動車・オートバイなどが) カーブの内側をぎりぎりに曲がる | ein Fahrzeug ~ (追い越しの際に前にいる) 車の鼻先に強引に割り込む.

8 ⟪*jn.*⟫ (…と会って) わざと知らんふりをする, (…を) 無視する: Er wurde gesellschaftlich *geschnitten*. 彼は社会的にいっさい無視された(制裁の意味で).

9 ⟪*et.*[4]⟫ 〖球技〗 (球を) 切る, カットする.

10 ⟪*et.*[4]⟫ (酒類を混ぜ物で) 薄める.

11 *jm.* die Cour ~ (→Cour)

II 自 (h) **1 a)** ⟪〔*jm.*〕 in *et.*[4]⟫ (人が) (あやまって〔…の〕…に) 切りこむ, (あやまって〔…の〕…を) 切る, 切って傷つける(→I 4): *jm.* 〔mit der Schere〕 in die Haut ~ …の皮膚を〔はさみで〕傷つけてしまう | *sich*[3] ins eigene Fleisch ~ (→Fleisch 1 a) | *jm.* ins Herz ~ (→Herz 2).

b) ⟪〔*jm.*〕 in *et.*[4]⟫ (刃物などが〔…の〕…を) 切る, 切って傷つける; 刺す, 貫く; (ひもなどが〔…の〕肌に) 食い込む; ⟪比⟫ (寒気・痛みなどが) 刺す: Das Messer *schnitt* ihm in die Haut. ナイフは彼の皮膚を傷つけた | Die Kälte *schnitt* mir ins Gesicht. 寒さが私の顔を刺すようだった | Seine Worte *schnitten* mir in 〈durch〉 die Seele. 彼の言葉は私の心に突き刺さった | Eine scharfe Stimme *schnitt* in die Stille der Nacht. ⟪比⟫ 鋭い声が夜の静けさをつんざいた ‖ 非人称 Es *schneidet* mir im Leibe. 私は腹がきりきり痛む ‖ Er spürte ein heftiges *Schneiden* im Leib. 彼は腹がきりきり痛んだ.

2 ⟪in *et.*[4]⟫ (切りこむように…のなかに) 突き出る; ⟪durch *et.*[4]⟫ (…を) まっすぐに貫く: Die Landzunge *schneidet* weit ins Meer hinein. 砂嘴(さし)がはるか沖の方まで突き出ている | Ein Eisenbahngleis *schnitt* durch den Wald. 鉄道の線路は森の中を一直線に貫いていた.

3 ⟪様態を示す語句と⟫ (刃物が…の) 切れ味である: Die Säge *schneidet* gut 〈schlecht〉. こののこぎりは切れ味がよい〈悪い〉 | Die Schere *schneidet* nicht. このはさみは切れない | **wie Gift ~** ⟪話⟫ すばらしい切れ味である.

4 ⟪mit *et.*[3]⟫ 〖トランプ〗 (クィーン・ジャックなどで) フィネッスする.

III schnei·dend 現分 形 (寒さ・痛みなどが) 刺すような, 身を切るような; (音などが) つんざくような, けたたましい; (口調などが) きつい, つっけんどんな; (皮肉などが) 痛烈な, しんらつな; (対照などが) 顕著な: ein ~*es* Hungergefühl 刺すような空腹感 | eine ~*e* Kritik しんらつな批評 | ein ~*er* Wind 肌を刺す冷たい風 | ~*e* Reden wechseln 丁々(ちょうちょう)発止(はっし)とやり合う ‖ Seine Stimme war ~ und kalt. 彼の声は刺すように冷たかった | Die Kälte wurde ~. 寒気は身を切るほどになった ‖ Es war ~ kalt. 身を切るような寒さだった.

[*germ.*; ◇Schneise; I 8: *engl.* cut a person の翻訳借用]

Schnei·der[ʃnáɪdɐ] 男 -s/- **1** (女 **Schnei·de·rin** → 別出) **a)** 仕立屋, 洋裁師, 洋服屋, テーラー: 〔*sich*[3]〕 einen Anzug beim 〈vom〉 ~ machen 〈anfertigen〉 lassen 洋服屋に背広を仕立ててもらう ‖ **wie ein** 〔**magerer**〕 **~ frieren** ⟪比⟫ ひどく凍える〈寒い思いをする〉(昔, 仕立屋は一般に体格が貧弱で弱虫と思われていた) | **Herein, wenn es kein ~ ist!** ⟪戯⟫ (ドアのノックに対して) どうぞご遠慮なくお入りください(仕立屋が勘定をとりに来たのでないなら の意から). **b)** 〖劇〗 衣装係. **2 a)** 切る人: Haar*schneider* 床屋. **b)** 切る道具, 裁断〈切断〉機: Glas*schneider* ガラス切り〔器〕. **3 a)** 〖トランプ〗

S

(スカートで)シュナイダー(得点が30点に達した状態): **aus dem ~ 〔heraus〕sein** すでに30点以上取っている;《比》すでに難関を突破している(峠を越している);《話》30歳を越えている; いい年をしている｜im ~ sein まだ30点に達していない｜~ ansagen (相手が) 30点取れないことを宣言する. **b)**〖卓球〗シュナイダー(1セットでの得点が11点に達しない状態): ~ sein 得点が11点に達していない｜aus dem ~ kommen 11点以上を取る｜***jn.* ~ spielen 〈machen〉** 相手に11点を取らせない. **4** (Seejungfer)〖虫〗カワトンボ(河蜻蛉); (Weberknecht)〖動〗メクラグモ(盲蜘蛛). **5**〖狩〗**a)** (発育が貧弱で)価値の少ない獲物. **b)** 獲物のなかった猟師. **6** (アイロンをかけそこねてできた)折り目.

Schnẹi·der·ar·beit 女 仕立て仕事.

Schnei·de·rẹi[ʃnaɪdəráɪ] 女 -/-en **1** 仕立業, 洋裁業; 洋裁〈洋服〉店〔の仕事場〕;《劇》衣装部. **2**《単数で》(服などの)仕立業〈職〉, 洋裁, 裁縫.

Schnẹi·der≈fo·rel·le[ʃnáɪdər..] 女《戯》(Hering) ニシン(鰊) (→Schneiderkarpfen 2). **≈ge·sel·le** 男 仕立職人.

Schnẹi·der·han[ʃnáɪdərha:n] 人名 Wolfgang ~ ヴォルフガング シュナイダーハーン(1915– ; オーストリアのヴァイオリン奏者).

Schnẹi·der·hand·werk 中 -〔e〕s/ 仕立職〈業〉, 仕立て仕事: das ~ erlernen 〈ausüben〉 仕立屋の仕事をおぼえる〈仕立屋を営む〉.

Schnẹi·de·rin[ʃnáɪdərɪn] 女 -/-nen (Schneider の女性形)(女性の)洋裁師, ドレス=メーカー; 洋裁〈針仕事〉をする女性: Sie ist eine geschickte ~. 彼女は洋裁が上手だ.

schnẹi·de·risch[ʃnáɪdərɪʃ] 形〔洋服〕仕立業〈職〉の.

Schnẹi·der≈karp·fen[ʃnáɪdər..] 男 **1** =Bitterling 3 **2**《戯》(Hering)(貧しい仕立屋にとってはコイにも等しいごちそうである)ニシン(鰊). **≈kleid** 中 あつらえ〈オーダーメード〉のドレス. **≈ko·stüm** 中 あつらえ〈オーダーメード〉のスーツ. **≈krei·de** 女 -/ (仕立屋が服地に印をつけるのに用いる)チャコ. **≈lehr·ling** 男 仕立屋の従弟. **≈lei·nen** 中 芯地(しんじ). **≈mei·ster** 男 仕立屋の親方; マイスターの資格をもつ仕立屋. **≈mus·kel** 男〖解〗(大腿(だいたい)の)縫工(ほうこう)筋.

schnẹi·dern[ʃnáɪdərn] 《05》他 (h) (服などを)仕立てる, 裁断する: einen Anzug 〈eine Bluse〉 ~ 背広〈ブラウス〉を仕立てる｜〔*sich*³〕*et.*⁴ nach Maß ~ lassen …をオーダーメードにする‖selbst*geschneidert* 自分で仕立てた, 手製の.

Schnẹi·der≈pup·pe 女〖服飾〗人台(じんだい), ボディー. **≈sche·re** 女 ラシャ鋏(ばさみ). **≈sitz** 男 -es/ あぐら(仕立屋式の座り方): im ~ sitzen あぐらをかいている. **≈tisch** 男 仕立て台, 裁ち台. **≈werk·statt** 女 仕立屋〈洋服屋〉の仕事場. **≈zunft** 女〖史〗仕立職人組合.

Schnẹi·de≈stahl[ʃnáɪdə..] 男〖工〗突っ切りバイト. **≈tisch** 男 (映画フィルム・録画テープなどの)編集台. **≈werk·zeug** 中〖工〗(切削工具の総称としての)刃物, バイト. **≈zahn** 男〖解〗切歯(せっし), 門歯(もんし) (→ 図 Gebiß).

schnẹi·dig[ʃnáɪdɪç]² 形 **1** 気骨〈気概〉のある, 大胆な, 度胸のよい, 勇猛果敢な, 勇み肌の: eine ~*e* Attacke 果敢な攻撃｜ein ~*er* Bursche 勇み肌の〈向こう見ずな〉若者‖*sich*⁴ ~ wehren 敢然と抵抗〈防戦〉する. **2** 気迫のこもった, (軍人のように)きびきび〈てきぱき〉した, 威勢のよい, 勇壮活発な; (物の言い方が)切り口上の: in ~*em* Ton きびきびした〔軍隊〕口調で. **3** さっそうとした, スマートな, 格好のよい.

..schneidig[..ʃnaɪdɪç]²《数詞などにつけて「…の刃をもつ」を意味する形容詞をつくる》: ein*schneidig* 片刃の｜zwei*schneidig* 両刃の.

Schnẹi·dig·keit[ʃnáɪdɪçkaɪt] 女 -/ schneidig なこと.

Schnẹid≈klup·pe[ʃnáɪt..] 女〖工〗ダイス回し(→ 図 Kluppe). **≈la·de** 女〖工〗止め継ぎ箱(→ 図 Säge). **≈leh·re** 女 (Nonius)〖工〗ノギス. **≈ma·schi·ne** 女 切断〈裁断〉機. **≈werk·zeug** = Schneidewerkzeug **≈win·kel** 男〖工〗切削角, 削り角.

schnẹi·en[ʃnáɪən] 自 **1** (h) 〔非人称〕《es schneit》雪が降る〈降っている〉: Gestern hat es *geschneit.* きのうは雪が降った｜Es hört auf 〈fängt an〉 zu ~. 雪がやむ〈降りだす〉｜Auf dem Bildschirm *schneit* es.《比》(テレビの)画像がちらちらする｜*jm.* hat es in die Bude *geschneit*《話》…の身にいやなことが降りかかった〈起こった〉‖〖様態・内容を示す 4 格と〗Es *schneit* Blütenblätter 〈dicke Flocken〉. 花ふぶき〈ぼたん雪〉が降る. **2** (s) **a)** (紙切れなどが)大量に〈雪のように〉舞い落ちる〈降る〉: Blütenblätter *schneien* auf die Straße. 花びらが路上に舞い落ちる. **b)**《話》(人がふらりと・突然に)舞い込む: *jm.* ins Haus 〈in die Bude〉 ~ / *jm.* ins Haus 〈in die Bude〉 ~ 〈*geschneit* kommen〉 (→Haus 2 a, →Bude 2).

[*idg.*; ◇Schnee; *gr.* neípheīn „schneien"]

Schnẹi·ke[ʃnáɪkə] 女 -/-n《南部》=Schnauze 1

Schnẹi·se[ʃnáɪzə] 女 -/-n **1** (森のなかの区画・防火などのための)非植林帯(→ 図 Forst), 林道: eine ~ in den Wald hauen 〈schlagen〉 森のなかに林道を切り開く. **2** =Flugschneise ▽**3** 捕鳥用わな. [*ahd.* sneida; ◇schneiden]

schnẹi·teln[ʃnáɪtəln] 《06》他 (h) 《*et.*⁴》〖林〗(…の)わき枝をおろす, 枝打ちをする. [*mhd.* sneiten „schneiden"]

schnell[ʃnɛl] 形 **1** (↔langsam) 速い, 急速〈迅速〉な; 敏速な, すばやい; 急の, 即座の, 突然の; 急ぎの, 性急の: ein ~*es* Auto 〈Pferd〉 スピードの速い自動車〈足の速い馬〉｜eine ~*e* Bedienung 迅速なサービス｜eine ~*e* Bewegung 急速な動き, すばやい動作｜ein ~*er* Blick すばやい一瞥(いちべつ)｜ein ~*er* Bote 急ぎの使者｜eine ~*e* Straße 高速道路｜~*e* Truppen 快速部隊‖Diese Ware fand ~*en* Absatz. この商品は売れ行きが早かった｜in ~*er* Folge 矢つぎばやに｜auf die ~*e* Tour (→Tour 4)｜auf dem ~*sten* Weg〔e〕大急ぎで; いちばんの近道を通って ‖〖副詞的に〗~ wie der Wind 〈der Blitz〉 風〈稲妻〉のような速さで｜so ~ wie möglich できるだけ早く〈急いで〉｜~ laufen 速く走る｜~ sprechen 早口で話す｜*sich*⁴ ~ entscheiden 急いで決断する｜Die Zeit vergeht ~. 時のたつのは早い｜Komm ~! すぐに来い｜Mach ~!《話》急げ｜Er machte ~ mit seiner Arbeit. 彼は急いで仕事をした｜Doppelt gibt, wer ~ gibt.《諺》あすの百よりきょうの五十(すぐ与えればありがたみが倍になる)‖Wie heißt er noch ~? ええと彼の名前は何と言ったっけかな(のどまで出かかっているが思い出せない).

2 (…の)速さの: Wie ~ fährt der Wagen? この車の速さはどれ位ですか‖〖4 格と〗Das Auto ist 80 km/h ~. この自動車は時速80キロだ.

[*germ.* „tatkräftig"; ◇*engl.* snell]

Schnẹll·ar·beits·stahl[ʃnɛ́l..] =Schnelldrehstahl

Schnẹlla·ster[ʃnɛ́llastər] 男 -s/-《俗》高速トラック.

Schnẹllast·wa·gen 男 高速トラック.

Schnẹllauf[ʃnɛ́llauf] 男〖スポ〗短〈中〉距離競走; (機械の)高速運転.

Schnẹlläu·fer[ʃnɛ́llɔʏfər] 男 **1 a)**〖スポ〗短〈中〉距離走者. **b)**〖史〗早飛脚. **2** 高速度機械(エンジン・羽根車・印刷機など). **3**〖天〗高速度星.

schnẹlläu·fig[ʃnɛ́llɔʏfɪç]² 形 高速運転の(機械など).

Schnẹll≈bahn[ʃnɛ́l..] =S-Bahn **≈bau·wei·se** 女〖建〗(プレハブによる)スピード建築方式. **≈bin·der** 男〖建〗急結セメント. **≈blei·che** 女 化学漂白. **≈boot** 中 **1** 高速モーターボート. **2** (S-Boot)〖軍〗高速魚雷艇. **≈brem·se** 女 速動ブレーキ〈制動機〉. **≈brü·ter** 男, **≈brut·reak·tor** 男〖原子力〗高速〔中性子〕増殖炉. **≈damp·fer** 男 高速〈快速〉汽船. **≈dienst** 男 スピードサービス; (クリーニングなどの)スピード仕上げ. **≈dre·her** 男〖商〗売れ足の早い商品.

Schnẹll·dreh·stahl 男〖工〗高速度鋼.

Schnẹll·drucker 男〖電算〗高速プリンター.

Schnẹl·le[ʃnɛ́lə] 女 -/-n **1**《単数で》(Schnelligkeit) 急速, 迅速, 速さ; 急ぎ: **auf die ~** 急いで, そそくさと; 短時間で, 手っ取り早く, すばやく(→schnell 1)｜*jn.* auf die ~ besuchen …をごく短時間訪問する｜*et.*⁴ suf die ~ erledigen …をそそくさと〈手早く〉片づける. **2** (Stromschnelle) 早瀬, 急流.

schnẹl·le·big[ʃnɛ́lle:bɪç]² 形 短命の; 目まぐるしい, テンポの早い, 絶えず変化する. [<leben]

schnẹl·len[ʃnɛ́lən] **I** 自 (s) はねる, はじける: von *seinem* Sitz ~ 座席から飛び上がる〈さっと立ち上がる〉｜Die Fische

S

schnellten aus dem Wasser. 魚が水からはねた | Das Fieber *schnellte* auf 40°. 熱が急に40度に上がった | Die Preise sind in die Höhe *geschnellt*. 物価がはね上がった〈急騰した〉‖ mit den Fingern ～《方》指をパチッとはじく(親指と中指で). **II** 他 (h) **1** はじく, はねとばす: einen Pfeil in die Luft ～ 矢を空中高く射る ‖ 再帰 *sich*^{4} ～ はねる, はじける | *sich*^{4} mit dem Trampolin in die Höhe ～ トランポリンで空中にはね上がる. $^∇$**2** 《*jn.*》(…を)だます, (…から)金を詐取する; 《*et.*^{4}》(…を)盗む. [*mhd.*; ◇schnell, schnallen]

Schnel·ler[ʃnɛ́lər] 男 -s/- **1** 指をはじく音. **2** (Pralltriller)〖楽〗プラルトリラー, 逆〈上方〉回音. **3** 《南部・中部》(Murmel) おはじきの石. $^∇$**4** (弩(いしゆみ)の)引っ掛け鉤(かぎ).

Schnel·les·er[ʃnɛ́lle:zər] 男〖電算〗高速読み取り装置.

Schnell·feu·er[ʃnɛ́l..] 中 -s/ 速射.

Schnell·feu·er⸗ge·schütz 中 速射砲. ⸗**ge·wehr** 中 速射銃. ⸗**pi·sto·le** 女 速射拳銃(けんじゅう).

Schnell⸗flie·ge 女 (Raupenfliege)〖虫〗ヤドリバエ(寄生蠅)科のバエ. ⸗**fo·to** 中 (スイス: 女)スピード写真.

schnell·fü·ßig 形 足の速い.

Schnell⸗gang 男 オーバードライブ(自動車の増幅駆動装置). ⸗**gast·stät·te** 女 (急いで簡単な食事をとることのできる)軽食堂, スナック.

Schnell·ge·frier·ver·fah·ren 中 (食品などの)急速冷凍法.

Schnell⸗ge·richt 中 **1**〖法〗即決裁判所. **2 a)** インスタント食品. **b)** (レストランなどでの)すぐできる料理; 軽食, スナック. ⸗**hef·ter** 男 書類ばさみ, ファイル, バインダー.

Schnel·lig·keit[ʃnɛ́lıçkaıt] 女 -/ (schnell なこと. 例えば:) 急速, 迅速, 敏速, 敏捷(びんしょう)〔性〕; 早さ, 速度, スピード; 急ぎ: mit großer ～ 非常な早さで; 大急ぎで.

Schnell·im·biß 男 **1** ファーストフード, 軽食. **2** ファーストフードの店.

Schnell·im·biß·stu·be 女 ファーストフードの店.

Schnell⸗kä·fer 男〖虫〗**1** コメツキムシ(米搗虫). **2** コメツキムシ科の昆虫. ⸗**ko·cher** 男〖料理〗圧力がま〈なべ〉; 《話》怒りっぽい〈すぐかっとなる〉人.

Schnell·kraft 女 -/ (Elastizität) 弾力. [＜schnellen]

Schnell⸗kurs 男, ⸗**kur·sus** 男 (講習会などの)速成コース. ⸗**la·ster** ＝Schnellaster ⸗**last·wa·gen** ＝Schnellastwagen ⸗**lauf** ＝Schnellauf ⸗**läu·fer** ＝Schnelläufer

schnell⸗läu·fig ＝schnelläufig ⸗**le·big** ＝schnellebig

Schnell⸗le·ser ＝Schnelleser ⸗**pa·ket** 中〖郵〗速達小包. ⸗**pho·to·gra·phie** 女 スピード写真. ⸗**pres·se** 女〖印〗高速〔輪転〕印刷機. ⸗**rei·ni·gung** 女 (仕上げの速い)スピード仕上げクリーニング〔店〕. ⸗**re·stau·rant** [..rɛstorã:] 中 ＝Schnellgaststätte ⸗**rich·ter** 男〖法〗即決裁判所判事.

Schnell·schrei·be·kunst 女 -/ (Stenographie) 速記術.

Schnell⸗schrei·ber 男 《話》**1** 書くことの非常に速い人; (Stenograph) 速記者. **2** 矢つぎばやに本を出す著述家. ⸗**schrift** ＝Kurzschrift ⸗**schuß** 男 《話》特に急ぐ仕事〈任務〉. ⸗**seg·ler** 男 高速帆船. ⸗**stahl** 男〖工〗高速度鋼.

schnell·stens[ʃnɛ́lstəns] 副 《話》できるかぎり迅速に, 大急ぎで.

schnellst·mög·lich 形 《話》できるかぎり迅速な.

Schnell·stra·ße[ʃnɛ́l..] 女 高速道路.

Schnell·stra·ßen·netz 中 高速道路網.

Schnell·trieb·wa·gen 男〖鉄道〗高速気動車.

schnell·trock·nend 形 すぐに乾く, 速乾性の: ～*e* Farbe 速乾塗料.

Schnell⸗ver·band 男 ＝Heftpflaster ⸗**ver·bin·dung** 女 高速交通連絡〈機関〉. ⸗**ver·fah·ren** 中 **1**〖法〗(刑事事件における)迅速手続き. **2**〖工〗高速処理. ⸗**ver·kehr** 男 高速交通〔機関〕. ⸗**waa·ge** 女 自動秤(ばかり).

schnell⸗wach·send 形, ⸗**wüch·sig** 形 成長の早い.

Schnell·zug 男 急行列車 (D-Zug と F-Zug があり, 一般には D-Zug を指す: →Eilzug).

Schnell·zug〔s〕·li·nie[..niə] 女〖鉄道〗急行列車線.

Schnell·zug⸗ver·bin·dung 女 急行列車による連絡. ⸗**zu·schlag** 男 急行〔割増〕料金.

schnell·zün·gig 形 舌の回りの速い, 弁舌のさわやかな. [＜Zunge]

Schnep·fe[ʃnɛ́pfə] 女 -/-n **1**〖鳥〗シギ(鴫). **2 a)** 《軽蔑的に》女, あま, ばいた. **b)** 《卑》売春婦, 娼婦(しょうふ), 街娼. **3** 《方》(Schnabel)(やかん・水差しなどの)注ぎ口. [*ahd.*; ◇Schnabel; *engl.* snipe]

Schnep·fen⸗fisch 男〖魚〗ヘコアユ(兵児鮎). ⸗**flie·ge** 女〖虫〗シギアブ(鴫虻)科の昆虫. ⸗**jagd** 女 シギ猟: **auf die ～ gehen** 《卑》まちの女をあさりに行く. ⸗**strauß** 男 (Kiwi)〖鳥〗キーウィ(ニュージーランド産の無翼の鳥). ⸗**strich** 男 **1** 《単数で》シギの求愛飛翔(ひしょう). **2** 《卑》(売春婦のいる)赤線地帯: auf den ～ gehen まちの女をあさりに行く. ⸗**vo·gel** 男〖鳥〗チドリ(千鳥)類の鳥. ⸗**zug** 男 シギの群飛〈渡り〉.

Schnep·pe[ʃnɛ́pə] 女 -/-n 《中部》**1** (Schnabel)(くちばし状の)突出部; (やかん・水差しなどの)注ぎ口. **2** 《卑》＝Schnepfe 2 b [*mndd.* snibbe]

Schnep·per[ʃnɛ́pər] 男 -s/- ＝Schnäpper

Schner·fer[ʃnɛ́rfər] 男 -s/- 《南部・オーストリア》(Rucksack) 背嚢(はいのう), リュックサック.

schnet·zeln[ʃnɛ́tsəln] 《06》他 (h) 《方》(肉などを)薄切りにする. [＜schnitzeln]

Schneuß[ʃnɔʏs] 男 -es/-e (Fischblase)〖建〗フィッシュブラーゼ(後期ゴシック様式の, 魚の浮き袋に似た窓アーチ装飾: → 図 Maßwerk). [＜Schneise]

Schneu·ze[ʃnɔ́ʏtsə] 女 -/-n $^∇$**1** (Dochtschere)(ろうそくの)芯(しん)切りばさみ. **2** 《南部》＝Schneepflug 1

schneu·zen[ʃnɔ́ʏtsən] 《02》他 (h) **1** *jm.* die Nase ～ …の鼻をかんでやる ‖ *sich*^{3} die Nase ～ / 再帰 *sich*^{4} ～ 鼻をかむ. $^∇$**2** die Kerzen ～ ろうそくの芯(しん)を切る. [*germ.*; 擬音; ◇Schnute, Schnodder]

Schneuz·tuch 中 -〔e〕s/..tücher 《南部・オーストリア》(Taschentuch) ハンカチ.

Schnicke[ʃníkə] 女 -/-n 《北部》＝Schnecke 1

schnicken[ʃníkən] 自 (h) 《北部》**1** 《mit *et.*^{3}》(…を)急速に動かす: mit dem Schwanz ～ 尾を振る. **2** ＝schnippen II [擬音]

Schnick·schnack[ʃníkʃnak] 男 -〔e〕s/ **1** つまらぬ〈くだらぬ〉おしゃべり. **2** 無価値なもの, がらくた; つまらぬ〈くだらぬ〉こと. [＜schnacken]

schnie·ben$^{(*)}$[ʃní:bən]^1 《149》 **schnieb·te**(schnob [ʃno:p]^1) / **ge·schniebt** (geschnoben); 接II schniebte (schnöbe[ʃnǿ:bə]) 自 (h) 《中部》＝schnauben I

schnie·fen[ʃní:fən] ＝schnieben

Schnie·gel[ʃní:gəl] 男 -s/- 《中部》**1** ＝Schnecke 1 **2** (Haarlocke) 巻き毛; 美しい髪型. [＜Schnegel]

schnie·geln[ʃní:gəln] 《06》他 (h) (特に男について)(けばけばしく)飾り立てる, めかす: 再帰 *sich*^{4} ～ 着飾る, おめかしをする ‖ ***geschniegelt* und gebügelt** 《戯》めかしこんで.

schnie·ke[ʃní:kə] 形 《ベルリン》(schick) いきな, 上品な; (großartig) すばらしい, すてきな. [*ndd.* snicke〔r〕„hübsch"; ◇*engl.* snug]

Schnie·pel[ʃní:pəl] 男 -s/- **1** 《話》**a)** (Frack) 燕尾(えんび)服. $^∇$**b)** (Stutzer) おしゃれな男, めかし屋, ダンディー. **2** 《方》《話》(Penis) 陰茎, 男根. [*ndd.* snip〔pe〕„Zipfel"; ◇Schnabel]

Schnip·fel[ʃnípfəl] 男 -s/- (⊕ **Schnip·fel·chen**[-çən] 中 -s/-) 《方》＝Schnipsel

schnip·feln[ʃnípfəln] 《06》《南部》＝schnipseln I

schnipp[ʃnıp] 間 **1** (指などではじく音)パチッ, ピシッ. **2** 《ふつう schnipp, schnapp の形で》(はさみで切る音)ジョキジョキ, チョキチョキ.

Schnipp·chen[ʃnípçən] 中 -s/- **1** 《北部・中部》指でパシッとはじくこと. **2** 《話》トリック, 策略: ***jm.* ein ～ schla-**

gen《話》みごとに…の〔たくらみの〕裏をかく.

Schnip·pe[ʃnípə] 女 -/-n 鼻白(馬などの上唇部の白斑(はん)): → 図 Abzeichen).

Schnip·pel[ʃnípəl] 男 中 -s/-《北部・中部》= Schnipsel

schnip·peln[ʃnípəln]《06》《北部・中部》= schnipseln

schnip·pen[ʃnípən] **I** 他 (h)《話》人さし指でパシッとはじき飛ばす: einen Krümel vom Tisch ~ パンくずを食卓からはじき飛ばす | die Asche der Zigarette in den Becher ~ (指先で)タバコの灰を灰皿へ落とす. **II** 自 (h) mit den Fingern ~ (中指と親指で)指をパシッと鳴らす.
[*mhd.*; 擬音; ◇schnappen]

schnip·pisch[ʃnípɪʃ] 形 (ふつう女性について)無愛想な, 無礼な, 小なまいきな: ein ~*es* Gesicht aufsetzen つんとした顔をする | ~ antworten 無愛想に返事をする. [<aufschnuppen „die Luft durch die Nase ziehen" (◇schnuppen)]

Schnipp·schnapp〔·**schnurr**〕[ʃnípʃnáp(ʃnʊ́r)] 中 -〔s〕/ シュニップシュナップシュヌル(トランプ遊びの一種).

schnips[ʃnɪps] = schnipp

Schnip·sel[ʃnípsəl] 男 中 -s/-《話》(切り取った)小片, 切れはし: ein ~ Papier 一切れの紙.

schnip·seln[ʃnípsəln]《06》**I** 他 (h)《話》(はさみ・ナイフなどで)細かく切る; ずたずたに切る〈引き裂く〉; 《*et.*^{4} aus *et.*^{3}》(…を…から)切り離す; 切って作る: Gemüse ~ 野菜を細かく刻む | aus Papier einen Stern ~ 紙から星を切り抜く. **II** 自 (h)《an *et.*^{3}》(…を)ずたずたに〈めちゃくちゃに〉切る: an der Wurst ~ ソーセージを切り刻む.

schnip·sen[ʃnípsən]《02》= schnippen II

Schnir·kel[ʃnírkəl] 男 -s/-《南部・北部》= Schnörkel

Schnir·kel·schnecke 女《動》モリマイマイ(森舞舞)(カタツムリの一種).

schnitt[ʃnɪt] schneiden の過去.

Schnitt[ʃnɪt] 男 -es(-s)/-e (小 **Schnitt·chen** → 別出) **1** (schneiden すること) **a)** ひと切り; 切り込み, 切り離し, 切り取り, 切り落とし; 切断, 裁断; 《医》切開〔手術〕; 《数》(実数などの)切断: einen ~ mit dem Messer 〈der Schere〉 machen ナイフ〈はさみ〉でひと切りする | einen tiefen ~ in das Holz machen 木材に深い切り込みを入れる | ein Geschwür mit einem ~ öffnen 腫瘍(しゅよう)を切開する ‖ Kaiser*schnitt* 《医》帝王切開 | **der Goldene ~** 《数》黄金分割(中世ラテン語 sectio aurea の翻訳借用語). **b)** 《比》一線を画すること: zwischen A und B einen ~ machen A と B との間に一線を画する | mit einem scharfen ~ die Lüge von der Wahrheit trennen 虚偽と真実とを峻別(しゅんべつ)する. **c)** (牧草などの)刈り取り, 刈り入れ; (刈り取られた牧草・穀物などの)収穫, 取り入れ; (樹木などの)刈り込み, 剪定(せんてい); 《比》削除: der erste 〈zweite〉 ~ des Grases 牧草の第1回〈第2回〉の刈り入れ | den ~ eines Baumes vornehmen 木の剪定を行う ‖ **einen guten 〈großen〉 ~ 〔bei *et.*^{3}〕 machen** / einen 〈*seinen*〉 **~ 〔bei *et.*^{3}〕 machen** 《話》〔…で〕ひと稼ぎ〈ひともうけ〉する | Wieviel Mark hast du ~ gemacht? 君はいくら稼いだ〈もうけた〉んだ. **d)** 《映・放送》(フィルム・テープなどの)編集, カッティング; 《映》カット: Regie: Hans Müller, *Schnitt*: Ilse Schulz (映画のメーンタイトルで)監督: ハンス ミュラー 編集: イルゼ シュルツ | den ~ des Films 〈des Hörspiels〉 besorgen フィルム〈放送劇〉の編集を〔担当〕する. **e)** (衣服の)裁断, 仕立て(→3); (宝石などの)カット, 研磨(→3): Das Feuer eines Edelsteins hängt sehr vom ~ ab. 宝石の輝きはカットに大きく左右される.

2 a) (Einschnitt) 切れ目, 切れ込み; 刻み目; 切り口; 切り傷: der ~ am Daumen 親指の切り傷 | ein ~ in der Tischdecke テーブル掛けのやぶれた個所 | Aus dem ~ am Stamm quoll dicker Saft. 幹の切り口から濃い樹液があふれ出た. **b)** 切断面; 断面図; 《ふつう複合名詞の形で》《数》交点, 交線, 交面: ein ebener 〈waagerechter〉 ~ 平面図 | Längen*schnitt* 縦断面〔図〕 | Quer*schnitt* 横断面〔図〕 ‖ einen ~ durch einen Maschinenteil anfertigen 機械部品の断面図を作成する | *et.*^{4} im ~ zeigen …を断面図で示す ‖ Kegel*schnitt* 《数》円錐(えんすい)曲線. **c)** 《製本》小口(こぐち)(→ 図 Buch): ein Buch mit rotem 〈goldenem〉 ~ 小口の赤い〈金色の〉本 | Gold*schnitt* 金の小口, 金縁. **d)** 《紋》(盾面の)分割〔線〕.

3 (切られた・刈られたものなどの)形, 型; 切り〈刈り〉方; (衣服の)裁ち方(→1 e); (宝石などの)カット〈研磨〉の仕方(→1 e); (目・鼻などの)輪郭, 目鼻立ち; 《比》スケール, 規模: Gesichts*schnitt* 顔の作り, 面(おも)立ち | Haar*schnitt* 髪の刈り方 ‖ ein Backenbart in elegantem ~ しゃれた形に刈り込まれたほおひげ | Lettern mit klarem ~ 字面(じづら)のきれいな活字 | Kleidung nach englischem ~ 英国ふうに仕立てられた服 | eine Nase von griechischem ~ ギリシア人的な鼻(= eine griechische Nase: → 図 Nase) ‖ einen großen ~ haben 《比》スケールが大きい.

4 (Schnittmuster) 《服飾》(裁断用の)型紙: der ~ zu einer Bluse 〈für eine Bluse〉 ブラウスの型紙 | einen ~ ausrädeln 型紙をルレットでなぞる〈なぞって下の紙や布に点線を写す〉.

5 切片, 小片, 薄片(→Schnitte 1): mikroskopischer ~ 顕微鏡用薄片 | *et.*^{4} in hauchdünne ~*e* zerlegen …をごく薄く切る〈スライスする〉.

6 (Holzschnitt) 木版〔画〕.

7 (Durchschnitt) 平均〔値〕: **im ~** 平均して(= durchschnittlich) | im ~ 100 Kilometer pro Stunde fahren / einen ~ von 100 km/h fahren 平均時速100キロで走る | im vierziger ~ fahren 平均時速40キロで走る | Er raucht im ~ 30 Zigaretten am Tag. 彼は一日平均30本のタバコを吸う | einen guten ~ im Zeugnis 成績証明書のよい平均点.

▽**8** (ビールなどの)小コップ〈コップ半分〉の量.

9 《球技》(カットによって与えられたボールの)回転.
[*ahd.*; ◇schneiden]

Schnitt≈an·sicht[ʃnít..] 女 《工》断面図. **≈ball** 男 《球技》カット〔ボール〕. **≈blu·me** 女 (↔Topfblume) 切り花. **≈boh·ne** 女 《植》サヤインゲン(莢隠元)(刻んで料理する). **≈brei·te** 女 《工》切り幅; 切り溝. **≈bren·ner** = Schneidbrenner **≈brot** 中 (包装された)スライスパン.

Schnitt·chen[ʃnítçən] 中 -s/- (Schnitt, Schnitte の縮小形. 例えば:) (パン・焼き肉などの)小片, 薄片; 一口サンドイッチ, カナッペ; 小形ケーキ〈タート〉; 《南部》(ビールなどの)小コップ〈コップ半分〉の量.

schnit·te[ʃnítə] schneiden の接続法 II.

Schnit·te[ʃnítə] 女 -/-n (小 **Schnitt·chen** → 別出) **1** (パン・肉・チーズ・ケーキなどを薄く切った)一切れ, 一片; (特に:) (輪切りにしたパンの上にバター・ジャムなどを塗ったり, チーズ・ハム・ソーセージなどをのせた)オープン=サンドイッチ: eine trockene ~ 何も塗ってない〈のせてない〉パンの一切れ | eine ~ Brot mit Butter 〈Marmelade〉 bestreichen 一切れのパンにバター〈マーマレード〉を塗る | eine ~ Brot mit Wurst belegen 一切れのパンにソーセージをのせる. **2** 《オーストリア》(Waffel) ワッフル〔ケーキ〕. [*ahd.*; ◇schneiden]

Schnitt·ent·bin·dung 女 (Kaiserschnitt) 《医》開腹分娩(ぶんべん)〔法〕, 帝王切開〔術〕.

Schnit·ter[ʃnítər] 男 -s/- (女 **Schnit·te·rin**[..tərɪn] -/-nen) (Mäher) 草刈り〈刈り入れ〉人夫.

schnitt·fest 形 (チーズ・ペースト・果実などが, 柔らかすぎないで)薄片に切ることのできるだけの固さのある: ~*e* Tomaten 手頃な固さのトマト.

Schnitt≈flä·che 女 切断面, 切り口. **≈ge·schwin·dig·keit** 女 《工》削り〈切削〉速度. **≈grün** 中 -s/ (花束などで花にそえられる)切り葉, 緑の葉.

schnitt·hal·tig 形 《工》寸法どおりの.

Schnitt·holz 中 《建》挽(ひ)き材.

schnit·tig[ʃnítɪç]^2 形 **1** 《話》(乗り物・衣服などが)スマートな, 格好〈スタイル〉のよい, スポーティーな, いかす: ein ~*er* Wagen スマートな車 | ~ in die Kurve gehen (乗り物が)鮮やかにカーブを切る. **2** = schnittreif ▽**3** (ナイフなどが)切れる.

Schnitt≈kan·te[ʃnít..] 女 **1** (切断されたあとの)縁, へり, 端; 《工》切断へり: die ~ des Tuches säumen 布のへりを取る. **2** (スコップなどの)刃先(→ 図 Spaten). **≈kul·tur**

女 -/ 〘園〙切り花栽培. ≈**lauch** 男 -[e]s/ 〘植〙アサツキ(→ 図). ≈**li·nie**[..niə] 女 **1** (二つの面の交わる)交線: die ~ zwischen Wand und Zimmerdecke 壁と天井との交線. **2** (他の線と交差する)交線. ≈**mei·ster** 男 (フィルム・テープの)編集者. ≈**mo·dell** 中 (内部構造が見えるように作られた)断面模型. ≈**mu·ster** 中 **1** 〘服飾〙(裁断用の)型紙. **2** =Schnittmusterbogen

Schnittlauch

Schnitt·mu·ster·bo·gen 男 〘服飾〙裁断用の型を印刷(製図)した紙.

Schnitt·punkt 男 (2 本の線の)交差点; 〘数〙交点; 〘数〙頂点: der ~ zweier Geraden 二直線の交点 | Die Stadt liegt im ~ zweier Handelsstraßen. この町は二つの通商路の交差点にある.

schnitt·reif 形 刈り入れを待つばかりに成熟した.

Schnitt≈stel·le 女 **1** (Schnittpunkt) 交差点. **2** 〘電算〙インターフェース. ≈**wa·re** 女 **1** (織物などの)切り売り商品. **2** =Schnittholz

Schnitt·wa·ren·ge·schäft 中 反物小売店.

Schnitt≈win·kel 男 **1** 〘数〙交角. **2** =Schneidwinkel ≈**wun·de** 女 切り傷, 創傷, 切創(せっそう). ≈**zeich·nung** 女 断面(製)図.

Schnitz[ʃnɪts] 男 -es/-e 《南部》(特にジャガイモ・乾燥果実などの)小片, 切片; 切り(削り)くず.

Schnitz≈ar·beit[ʃníts..] 女 彫刻[品], 木彫り[の作品]. ≈**bank** 女 -/..bänke 物彫り(切り)台.

Schnit·zel[ʃnítsəl] **I** 男 中 (オーストリア: 中) -s/- (布・紙・木などの)切片, 小片; 切り(削り)くず: einen Brief in ~ zerreißen 手紙を細かく引き裂く.

II 中 -s/- 〘料理〙(カツレツ用の牛肉・豚肉の)薄切り: Kalbs*schnitzel* in Rahmsoße 子牛肉のクリームソース煮 | Wiener ~ ウィンナーシュニッツェル(子牛のカツレツ).

Schnit·zel·bank 女 -/..bänke ᵛ**1** =Schnitzbank **2** 諧謔(かいぎゃく)詩(祝いの席などで演歌師ふうに台の上に立ち, 絵を見せながら朗読する愉快な詩).

Schnit·ze·lei[ʃnɪtsəláɪ] 女 -/-en 切り刻むこと; 彫刻[品].

Schnit·zel≈jagd[ʃnítsəl..] 女 〘遊戯〙きつね狩り(細かな紙片をまきながら逃げる騎手をキツネになぞらえ, 紙片をたよりに大勢で追跡する狩猟遊戯. またこれをまねた子供の遊戯). ≈**ma·schi·ne** 女 断裁機, シュレッダー.

schnit·zeln[ʃnítsəln] 《06》 **I** 他 (h) **1** 切り刻む, みじんに裂く: Kartoffeln ⟨Gemüse⟩ ~ じゃがいも(野菜)を細かく刻む. **2** 彫刻する, 彫って(切って)つくり出す: einen Löffel aus einem Stück Holz ~ 木を彫ってスプーンをつくる | Silhouetten ~ シルエットを切り抜く. **II** 自 (h) 《an *et.*³》(…をやたらに)切り刻む.

schnit·zen[ʃnítsən] 《02》 **I** 他 (h) 彫刻してつくる, 彫り出す, 彫刻する: eine Pfeife aus Holunder ~ ニワトコ材を彫ってパイプをつくる | ein Ornament in eine Tür ~ 扉に装飾彫刻をほどこす ‖ aus anderem ⟨dem gleichen⟩ Holz *geschnitzt* sein (→Holz 1 a) | aus feinem ⟨feinerem⟩ Holz *geschnitzt* sein (→Holz 1 a) | aus hartem ⟨härterem⟩ Holz *geschnitzt* sein (→Holz 1 a). **II** 自 (h) 彫刻する; やたらと削る: an dem Ornament ~ 装飾を彫り上げる. [*mhd.*; ◇schneiden, schnatzen]

Schnit·zer[ʃnítsər] 男 -s/- **1** 彫刻家, (特に:) 木彫家, 木版師. **2** 彫り刀, 彫刻刀. **3** 《話》間違い, 誤り, へま: einen grammatischen ⟨groben⟩ ~ begehen 文法上の(ひどい)誤りをおかす | Der Aufsatz wimmelt von ~*n.* その作文は間違いだらけだ | Du hast dir einen üblen ~ geleistet. 君はひどいへまをやってくれた.

Schnit·ze·rei[ʃnɪtsəráɪ] 女 -/-en **1** 木彫品. **2** 《単数で》木彫技術(芸術): die ~ erlernen 木彫を習得する.

Schnitz≈holz[ʃníts..] 中 彫刻用木材. ≈**kunst** 女 -/ 彫刻芸術(技術).

Schnitz·ler¹[ʃnítslər] 男 -s/- 《スイス》=Schnitzer 1

Schnitz·ler²[−] 人名 Arthur ~ アルトゥル シュニッツラー (1862-1931; オーストリアの作家. 作品『恋愛三昧(ざんまい)』『みどりのおうむ』など).

Schnitz≈mes·ser[ʃníts..] 中 彫刻刀(ナイフ). ≈**werk** 中 彫刻品, 彫り飾り, 彫り物.

schnob[ʃno:p]¹ **I** schnaubte (schnauben の過去)の古形. **II** schniebte (schnieben の過去)の別形.

schnö·be[ʃnø:bə] **I** schnaubte (schnauben の接続法 II)の古形. **II** schniebte (schnieben の接続法 II)の別形.

schno·bern[ʃnó:bərn] 《05》 自 (h) (schnuppern) (音をたてて)鼻から息を吸いこむ, (犬などが)鼻をクンクンいわせて嗅(か)ぐ; 《比》嗅ぎ(探り)まわる.
[<schnauben; ◇schnuppern]

Schnock[ʃnɔk] (**Schnöck**[ʃnœk]) 男 -[e]s/-e 《北部》=Hecht [*ndl.* snoek]

Schnockes[ʃnɔ́kəs] 複 《話》がらくた, 安物.

schnöd[ʃnø:t]¹ 《南部・オーストリア》=schnöde

Schnod·der[ʃnɔ́dər] 男 -s/ 《卑》(Nasenschleim) 鼻汁. [*mhd.* snuder; ◇schneuzen, Schnute; *engl.* snot]

schnod·de·rig[ʃnɔ́dərɪç]² (**schnodd·rig**[..drɪç]²) 形 《話》なまいきな, 偉そうに(傲然(ごうぜん)と)した, 失敬な; あつかましい, 大口をたたく, ほらふきの: ein ~*er* Bursche ⟨Tonfall⟩ なまいきな若造(口調) | *jm.* ~ antworten …に横柄な答え方をする. [„unfähig, sich die Nase zu putzen"]

Schnod·de·rig·keit (**Schnodd·rig·keit**)[..kaɪt] 女 -/-en **1** 《単数で》schnodderig なこと. **2** schnodderig な言動.

schnö·de[ʃnø:də] 形 **1** いやらしい, けがらわしい, 下劣な, 恥ずべき; つまらない, 無価値な; 《南部》貧しい, 貧弱な, わずかの: ~*r* Undank ⟨Verrat⟩ 卑劣な忘恩(裏切り) | *et.*⁴ um ~*n* Geldes willen tun 取るに足らぬ金のために…をする. **2** 見くだすような, 軽蔑的な, 人をばかにした, 冷酷な: *jn.* ~ abweisen ⟨behandeln⟩ …を冷たく追い返す(扱う). [*mhd.*]

schnö·den[ʃnø:dən]¹ 《01》 自 (h) 《スイス》冷たく(見くだすように)話す.

Schnö·dig·keit[ʃnø:dɪçkaɪt] (**Schnöd·heit**[ʃnø:thaɪt]) 女 -/-en **1** 《単数で》schnöde なこと. **2** schnöde な言動.

schno·feln[ʃnó:fəln] 《06》 自 (h) 《オーストリア》**1** (schnüffeln) クンクンかぐ; 《比》かぎ(探り)まわる. **2** 鼻声で話す. [◇schnüffeln]

Schno·ferl[ʃnó:fərl] 中 -s/-[n] 《オーストリア》**1** ふくれっ面. **2** かぎ(探り)まわる人, スパイ.

schno·pern[ʃnó:pərn] (**schnop·pern**[ʃnɔ́pərn]) 《05》《北部》=schnobern

Schnor·chel[ʃnɔ́rçəl] 男 -s/- **1** 〘海〙シュノーケル(潜水艦の換気管): den ~ ausfahren シュノーケルをのばす. **2** (スキンダイビング用の)シュノーケル(潜水中の呼吸管). [◇schnurren; *engl.* snorkel]

schnor·cheln[ʃnɔ́rçəln] 《06》 自 (h) シュノーケルをつけて水にもぐる.

Schnor·chel·un·ter·see·boot 中 シュノーケル型潜水艦.

Schnör·kel[ʃnœ́rkəl] 男 -s/- 〘美〙曲線(渦巻き)装飾, 唐草模様; 飾り文字; 《比》美辞麗句: einen schwungvollen ~ unter *seinen* Namen ziehen 大きく曲がった飾りの線を自分の名の下にひく. [<Schnirre „Schleife"+Schnögel „Schnecke[nlinie]"]

Schnör·ke·lei[ʃnœrkəláɪ] 女 -/-en 大げさな装飾, 美辞麗句.

schnör·kel·haft[ʃnœ́rkəlhaft] 形 曲線装飾の, 渦巻き(唐草)模様のある; ごてごてと飾りたてた; 《比》美辞麗句を連ねた, 文飾の多い: ~*e* Schrift 飾り文字.

schnör·ke·lig[ʃnœ́rkəlɪç]² =schnörkelhaft

Schnör·kel·kram 男 《話》形式主義.

schnör·keln[ʃnœ́rkəln] 《06》 自 (h) Schnörkel をつける(で飾る); ごてごてと飾りたてる; 《比》美辞麗句を並べる, 大げさに文飾する.

schnörk·lig[ʃnœ́rklɪç]² =schnörkelhaft

S

Schnor·re[ʃnóːrə] (**Schnör·re**[ʃnœ́rə]) 女 -/-n《南部・スイス》《話》(Mund) 口. [<Schnurre[1]]

schnor·ren[ʃnórən] **I** 自 (h)《話》**1** こじきをする, 物ごいする; こじきをしながらほっつき歩く; たかる, せびる: bei *jm.* ～ …にたかる. **2** カンニングする. **3** (講義を)もぐりで聴く; (テレビなどを)聴視料を払わずに視聴する, 盗聴する. **II** 他 (h) (…を)ねだる, せびる: Zigaretten bei *jm.* ～ …にタバコをせびる | *sich*³ ein Stück Brot ～ パンを一切れせしめる.

schnör·ren[ʃnœ́rən] 他自 (h)《スイス》《話》つまらぬことをべらべらしゃべる.

Schnor·rer[ʃnórər] 男 -s/-《話》こじき, 浮浪人; 他人のやっかいになって暮らしている人.

Schnö·sel[ʃnǿːzəl] 男 -s/-《話》ちんぴら, 生意気な若造.

schnö·se·lig[ʃnǿːzəlɪç]² (**schnös·lig**[ʃnǿːzlɪç]²) 形 あつかましい, 思い上がった, 生意気な. [*ndd.*; <Schnodder; ◇schnodderig]

Schnu·cke[ʃnúkə] 女 -/-n《北部》(Heidschnucke) 荒地産の羊. [擬音]

Schnu·ckel·chen[ʃnúkəlçən] 中 -s/- **1** (Schäfchen) 小羊. **2**《話》(特に女性に対する愛称として)かわいい子〈ひと〉.

schnu·cke·lig[ʃnúkəlɪç]² (**schnuck·lig**[..klɪç]²) 形 **1** (若い女性などが)感じのいい, かわいい, 抱きしめたいような. **2** 小ぎれいな, さっぱりした.

schnu·ckern[ʃnúkərn]《05》自 (h)《北部》**1** しゃっくりをする; しゃくりあげる. **2** のろのろ動く〈歩き回る〉. [<Schnucke]

Schnu·cki[ʃnúkiˑ] 中 -s/-s《話》=Schnuckelchen 2

schnu·ckig[ʃnúkɪç]²《話》=schnuckelig

Schnu·cki·putz[ʃnúki..] 男 -es/-e《話》(特に女性に対する愛称として)かわいい子〈ひと〉.

schnuck·lig =schnuckelig

schnu·de·lig[ʃnúdəlɪç]² (**schnudd·lig**[..dlɪç]²) 形《話》**1 a)** 鼻汁で汚れた. **b)** (schmuddelig) 汚い, 汚れた; だらしない: eine ～*e* Bluse 汚れたブラウス. **2**《ベルリン》(特に菓子が)うまそうな, おいしい;《比》悪くない, 結構な. [<*mhd.* snudel „Nasenschleim"]

▽**Schnüf·fel**[ʃnʏ́fəl] 男 -s/- =Schnüffler

Schnüf·fe·lei[ʃnʏfəláɪ] 女 -/-en schnüffeln すること.

schnüf·feln[ʃnʏ́fəln] (**schnuf·feln**[ʃnúfəln])《06》**I** 自 (h) **1** (動物が)鼻をクンクンいわせる, クンクンかぐ;《比》かぎ〈探り〉まわる, せんさくする: an *js.* Schuhen ～ (犬などが)…の靴をかぐ | während *js.* Abwesenheit in *seiner* Tasche ～《比》…のいない間にかばんの中身をこっそり調べる. **2**《方》〔しゃくりあげながら〕鼻水をズルズルとすする; すすり泣きながら物を言う. **3**《話》シンナーを吸う〈かぐ〉. **II** 他 (h) **1** (においなどを)クンクンかぎまわる, かぎとる. **2**《話》(シンナーなどを)吸う, 嗅ぐ. [*mndd.*; ◇schnauben; *engl.* snivel, snuff〔le〕]

Schnüff·ler[ʃnʏ́flər] 男 -s/- **1** (他人の事を)かぎ〈探り〉まわる人, 探偵, 密偵, スパイ. **2**《話》シンナー常用者.

schnul·len[ʃnúlən] 自 (h)《南部》《an *et.*³》(特に赤ん坊が…を)吸う, しゃぶる. [擬音; ◇lullen]

Schnul·ler[ʃnúlər] 男 -s/- **1**《話》(乳児用の)おしゃぶり; (哺乳瓶などの)乳首. **2**《戯》葉巻, パイプ.

Schnul·ze[ʃnúltsə] 女 -/-n《話》**1** (スローテンポで感傷的な)流行歌. **2** (ドラマ・映画などの)センチなメロドラマふうの作品, お涙ちょうだいもの.

schnul·zen[ʃnúltsən]《02》自 (h)《話》**1** Schnulze 1を歌う, (ドラマ・映画などで)お涙ちょうだいの役をする. **2**《über *et.*⁴》(…を)感傷的に話す.

Schnul·zen≈mu·sik 女《話》=Schnulze 1 **≈or·gel** 女《話》ジュークボックス; レコードプレーヤー, ステレオセット. **≈sän·ger** 男《話》Schnulze 1 を歌う流行歌手. **≈schmalz** 中《話》お涙ちょうだい式のセンチメンタリズム.

Schnul·zer[ʃnúltsər] 男 -s/- =Schnulzensänger

schnul·zig[ʃnúltsɪç]² 形《話》センチな, お涙ちょうだいの.

schnup·fen[ʃnúpfən] **I** 自 (h) **1** かぎタバコを吸う. **2** 鼻をズーズーいわせる, 鼻をすする; 鼻声で話す. **3** 鼻をかむ. **4**《南部》すすり泣く. **5**〔坑〕(鉱山が)鉱石を産出しなくなる. **II** 他 (h) **1** (鼻から)吸う, (かぎタバコ・コカインなどを)吸引する. **2**《話》《*jn.*》怒らせる, いらだたせる: Das *schnupft* mich. そのことで私はしゃくにさわる〈腹が立つ〉.

[*mhd.*; ◇schnauben, schnuppen, schnüffeln]

Schnup·fen[–] 男 -s/-《ふつう単数で》**1**〔医〕鼻かぜ, 鼻カタル: einen ～ bekommen / *sich*³ einen ～ holen 鼻かぜをひく | einen ～ haben 鼻かぜをひいている. **2**《戯》(Tripper) (男性の)淋病(りんびょう).

Schnup·fen·fie·ber 中 鼻かぜ熱.

Schnup·fer[ʃnúpfər] 男 -s/- かぎタバコを吸う人.

Schnupf·ta·bak 男 かぎタバコ.

Schnupf·ta·bak〔s〕·do·se 女 かぎタバコ入れ.

Schnupf·tuch 中 -〔e〕s/..tücher《南部》(Taschentuch) ハンカチ.

schnup·pe[ʃnúpə] 形《述語的》《話》(gleichgültig) どうでもよい, 全く重要でない:〔*jm.*〕〔schnurz und〕**～ sein**《話》〔…にとって〕どうでもよいことである | Das ist mir schnurz und ～. それは私にはどうでもいいことだ.

Schnup·pe[ʃnúpə] 女 -/-n **1**《北部・中部》ろうそくの芯(しん)の燃えて黒くなった部分, ちょうじ頭(がしら). **2** (Sternschnuppe) 流れ星. [*mndd.*]

schnup·pen[ʃnúpən] **I** 他 (h)《北部・中部》(schneuzen) (ろうそくなどの)芯(しん)を切る. **II** 自 (h) **1** =schnupfen I **2** =naschen II

[*mndd.*; ◇schnupfen, schnippisch]

schnup·pern[ʃnúpərn]《05》**I** 自 (h) (特に動物が鼻をクンクンいわせて)においをかぐ: an einem Glas Wein ～ (鼻を近よせて)グラスのワインの香りをかぐ | Der Hund *schnupperte* an meinen Schuhen. 犬は私の靴をクンクンかいだ. **II** 他 (h) (riechen)《*et.*⁴》(においを)かぎつける, (…の)においをかぐ: einen süßen Duft ～ 甘い香りを感じる | Zigarettenrauch ～ タバコの煙のにおいをかぐ.

▽**Schnur**¹[ʃnuːr] 女 -/-en (Schwiegertochter) 嫁, 息子の妻. [*ahd.* snur〔a〕; ◇ *lat.* nurus „Schnur"]

Schnur²[ʃnuːr] 女 -/Schnüre[ʃnýːrə] (-en) (小 **Schnür·chen** → 別出) **1 a)** ひも, より糸; 細引;〔服飾〕結び〈飾り〉ひも, モール: eine dicke 〈dünne〉 ～ 太い〈細い〉ひも | Angel*schnur* 釣り糸 | Schuh*schnur* 靴ひも ‖ die ～ aufknoten ひもをほどく | die ～ zum Knäuel aufwickeln ひもを巻いて玉にする | die ～ vom Knäuel abwickeln 玉になったひもをほどく ‖ Perlen auf eine ～ fädeln 〈ziehen〉 真珠をひもに通す | ein Paket mit 〔einer〕 ～ umwickeln 〈verschnüren〉 小包をひもでくくる | mit *Schnüren* besetzen 〈einfassen〉 モールで飾る | **nach der ～**《比》精密〈正確〉に, 予定どおりに | nach der ～ leben《比》規律正しい生活をする | **über die ～ hauen**《話》度をすごす, はめを外す. **b)**〔狩〕(猟犬などをつなぐ)革ひも, つな. **c)** (電気器具の)コード: die ～ der Waschmaschine 電気洗濯機のコード. **2**〔坑〕細い鉱脈. [*germ.*; ◇nähen; *engl.* snare]

Schnür·band[ʃnýːr..] 中 -〔e〕s/..bänder 締めひも; 靴ひも.

Schnur≈baum[ʃnúːr..] 男 **1** (Kordon)〔園〕コルドン (水平型に仕立てた果樹). **2**〔植〕クララ属. **≈be·satz** 男 (衣服の)ひも飾り.

Schnür≈bo·den[ʃnýːr..] 男 **1**〔劇〕すのこ(バトンで書き割りをつるす仕掛けのある舞台の天井: → 図 Bühne). **2**〔建・船〕墨付け場, 原図場(床に用材の原寸図を描き, これに合わせて原寸大の型をとる場所). ▽**≈brust** 女 (Korsett)〔服飾〕コルセット.

Schnür·chen[ʃnýːrçən] 中 -s/- (Schnur²の縮小形) 細い〈短い〉ひも: ***jn.* am ～ haben**《比》…を意のままに操っている〈牛耳っている〉| **wie am ～** よどみなく, すらすらと | *et.*⁴ wie am ～ hersagen 〔können〕《比》…をよどみなく言う〔ことができる〕| wie am ～ gehen 〈laufen〉 すらすら事が運ぶ.

Schnü·re Schnur²の複数.

schnü·ren[ʃnýːrən] **I** 他 (h) **1** (ひもで)縛る, くくる, 結ぶ, 締める: *sein* Bündel ～ (→Bündel 1) | das Mieder 〈die Taille〉 ～ コルセットを締める | die Schuhe ～ 靴のひもを結ぶ | alte Zeitungen zu Bündeln ～ 古新聞を束ねてくくる ‖ einen Strick um *et.*⁴ ～ …に縄をかける ‖ ein *schnürender* Verband (くいこむように)きつく巻いた包帯 ‖ Die Angst *schnürt* mir das Herz 〔zu〕.《比》不安が私の胸

S

を締めつける. ▽**2** 再帰 *sich*⁴ ～ コルセットをつける: Sie hat sich zu fest *geschnürt.* 彼女はコルセットをきつく締めすぎた. **3** (真珠などを)ひもに通す. **4** 《話》(betrügen) だます. **II** 自 (s) 〘狩〙(オオカミ・キツネなどが)一直線にさっと走る; 《比》まっすぐに行く.

schnur·ge·ra·de[ʃnúːrɡəráːdə] 形 まっすぐな, 一直線の; 寄り道をしない, まっしぐらの: ein ～*r* Weg まっすぐな道 | Er ging ～ auf sein Ziel los. 彼はまっしぐらに目的地をめざした.

Schnür·ge·rüst[ʃnýːr..] 中 〘建〙遣形(やりかた).

Schnur·ke·ra·mik[ʃnúːr..] 女 -/-en 〘考古〙(ドイツ新石器時代の)縄文式土器; 《単数で》縄文式文化.

Schnür≈leib[ʃnýːr..] 男 , **≈leib·chen** 中 コルセット. **≈loch** 中 ひもを通す穴.

schnur·los[ʃnúːrloːs]¹ 形 紐線(ひもせん)のない, コードレスの: ein ～*es* Telefon コードレス電話.

Schnürl≈re·gen[ʃnýːrl..] 男 《オーストリア》(長く続く)土砂降り: der Salzburger ～ ザルツブルク降り(ザルツブルク近辺に特有な土砂降り). **≈samt** 男 《オーストリア》(Kord) 〘織〙コーデュロイ.

Schnürl·samt·ho·se 女 《オーストリア》(Kordhose) コーデュロイのズボン.

Schnür·mie·der[ʃnýːr..] 中 (Korsett) 〘服飾〙コルセット.

schnurp·fen[ʃnúrpfən] 自 (h) 《南部》 **1** (pfuschen) ぞんざいな仕事をする, 素人細工をする. **2** あら縫いする.

Schnur·rant[ʃnuránt] 男 -en/-en 《方》辻(つじ)〈こじき〉音楽師. [＜schnurren＋..ant]

Schnurr·bart[ʃnúr..] 男 口ひげ(→ 図 Bart): *sich*³ einen ～ wachsen lassen 口ひげをはやす.

Schnurr·bart·bin·de 女 (形を整えるための)口ひげバンド.

schnurr·bär·tig 形 口ひげを生やした.

Schnur·re¹[ʃnúrə] 女 -/-n **1** (シュルシュル・コトコト・ブンブンと鳴るもの. 例えば:) うなりごま, 糸車. **2** 笑い話, 一口話, しゃれ, 冗談; ふざけ, 茶番, 道化〔芝居〕: ein paar ～*n* zum besten geben 笑い話をいくつか話して聞かせる. **3 a)** (動物, 特に猫の)口ひげ. **b)** 《話》(Mund) 口.

Schnur·re²[ʃnúrə] 男 -n/-n 《話》夜回り, 夜警.

schnur·ren[ʃnúrən] 自 (h) **1** (機械などが低く)シュルシュル〈コトコト・ブンブン〉と鳴る; (猫がのどを)ゴロゴロ鳴らす; (低い声で)うなる: Der Ventilator 〈Die Fernsehkamera〉 *schnurrt.* 換気装置〈テレビカメラ〉がブーン〈スー〉と音をたてている. **2** (s, h) 低い音をたてて走る〈飛ぶ〉: Der Junge ist auf seinem Rad um die Ecke *geschnurrt.* 少年が自転車で街角をシューと回った. **3** 《話》(schnorren) たかる, せびる. **4** 《話》(schrumpfen) 縮む.
[*mhd.*; 擬音; ◇schnarren, schnorren]

Schnur·rer[ʃnúrər] 男 -s/- 《話》＝Schnorrer

Schnurr·haar[ʃnúr..] 中 -〔e〕s/-e 《ふつう複数で》(動物, 特に猫の)口ひげ.

Schnür·rie·men[ʃnýːr..] 男 革ひも. [＜schnüren]

schnur·rig[ʃnúrɪç]² 形 おかしい, こっけいな, おどけた; 奇妙な, 変な: eine ～*e* Alte 〈Geschichte〉 おかしなばあさん〈話〉.
[＜Schnurre¹]

Schnur·rig·keit[－kaɪt] 女 -/-en **1** 《単数で》schnurrig なこと. **2** schnurrig な言動.

Schnur·rol·le[ʃnúːr..] 女 滑車, ベルト車.

Schnurr·pfei·fe[ʃnúr..] 女 (こじき・子供の吹く)がらがら笛. [＜Schnurre¹]

▽**Schnurr·pfei·fe·rei**[ʃnurpfaɪfəráɪ] 女 -/-en 《ふつう複数で》《話》ばかげたこと, つまらないもの, がらくた; いたずら, ふざけ; へぼ詩, 三文小説.

Schnür≈schuh[ʃnýːr..] 男 ひもで結ぶ短靴. **≈sen·kel** 男 靴ひも. **≈stie·fel** 男 編み上げ靴.

schnur·stracks[ʃnúːrʃtráks] 副 《話》まっすぐに, 一直線に; 回り道せずに, 即座に, ただちに; 単刀直入に: ～ zuwider 正反対に | ～ nach Hause gehen まっすぐ家へ帰る.

Schnü·rung[ʃnýːrʊŋ] 女 -/-en schnüren すること.

Schnur·wurm[ʃnúːr..] 男 〘動〙ひも虫(ひも形動物門に属する海産の虫の総称).

schnurz[ʃnʊrts] 形 《述語的》《話》(gleichgültig) どうでもよい, 全く重要でない: 〔*jm.*〕 ～ 〔und schnuppe〕 sein 〔…にとって〕どうでもよいことである | Das ist mir ～ und piepe 〈schnuppe〉. それは私にはどうでもいいことだ.

schnurz≈egal[ʃnʊrts|egaːl, ⌣⌣⌣] **≈pie·pe**[また: ⌣⌣⌣] ＝schnurz

Schnu·te[ʃnúːtə] 女 -/-n (⊕ **Schnüt·chen**[ʃnýːtçən], **Schnüt·lein**[..laɪn] 中 -s/-) 《北部》《話》 **1** (Schnauze) (動物の)鼻づら, 鼻口部. **2** (Mund) (人間の)口; (特に:) ゆがめた口; ふくれっ面: *jm.* die ～ abwischen …の口をふいてやる | eine ～ ziehen 口をとがらす, ふくれっ面をする.
[*mndd.* snūt〔e〕; ◇schneuzen, Schnauze, Schnodder; *engl.* snout]

Schnu·ten≈fe·ger 男 《北部》《話》(男性のための)理髪師, 散髪屋. **≈or·gel** 女 《北部》《話》ハーモニカ.

Schnüt·lein Schnute の縮小形.

schob[ʃoːp]¹ **I** scheiben の過去. **II** schieben の過去.

schö·be[ʃǿːbə] **I** scheiben の接続法 II. **II** schieben の接続法 II.

Scho·ber[ʃóːbər] 男 -s/- **1** 《南部・オーストリア》(穀物・干し草・薪などの)堆積(たいせき). **2** (穀物・干し草・薪などを雨露から守るための)差し掛け小屋, 納屋. [*ahd.*; ◇Schaub]

scho·bern[ʃóːbərn] (**schö·bern**[ʃǿːbərn]) 《05》他 (h) 《方》(穀物・干し草・薪などを)山に積む.

Scho·chen[ʃɔ́xən] 男 -s/Schöchen[ʃœ́çən] (⊕ **Schöch·li**[ʃœ́çli·] 中 -〔s〕/-〔s〕) 《スイス》干し草の堆積(たいせき).

Schock¹[ʃɔk] 中 -〔e〕s/-e (単位: -/-) **1** ショック(昔の数量単位: 60個): drei ～ Eier 卵 3 ショック(180個) | ein halbes ～ 半ショック(30個). **2** 《話》多数: Ein ～ Leute stand〔en〕 schon beisammen. 大勢の人たちがすでに群がっていた | Sie hat ein ganzes ～ Kinder. 彼女は子だくさんだ. [*mhd.* „Haufen"]

Schock²[ʃɔk] 男 -〔e〕s/-s(-e) 衝撃, ショック; 〘医〙ショック(急性循環不全状態): ein körperlicher 〈psychischer〉 ～ 肉体的〈精神的〉ショック | Elektro*schock* 電気ショック | Kultur*schock* 文化〈カルチャー〉ショック | Nerven*schock* 神経性ショック ‖ einen ～ erleiden ショックを受ける | *jm.* einen 〔ziemlichen〕 ～ versetzen …に〔かなりの〕ショックを与える ‖ *jn.* durch ～*s* heilen …の病気をショック療法によってなおす | *sich*⁴ von einem ～ erholen ショックから立ち直る.
[*fr.* choc; ◇*engl.* shock]

schockant[ʃɔkánt] 形 ショッキングな; ひどい, けしからぬ.
[*fr.* choquant]

Schock≈be·hand·lung[ʃɔ́k..] 女 〘医〙ショック療法. **≈ein·wir·kung** 女 ＝Schockwirkung 1

schocken¹[ʃɔ́kən] **I** 他 (h) **1** 《*jn.*》〘医〙(…に)ショック療法を施す. **2** ＝schockieren **3** 〘球技〙(球を)勢いよく〈はずみをつけて〉投げる. **II** 自 (h) 〘海〙(座礁した船が)離礁しはじめる. [*mndl.* schokken „stoßen"〔－*fr.* choquer－*engl.* shock〕; ◇Schaukel]

schocken²[－] **I** 他 (h) **1** ショック(60個)単位で数える. **2** 60束ずつに配置する. **3** 積み重ねる, 堆積(たいせき)する. **II** 自 (h) (作物が)豊作である. [*mhd.*; ◇Schock¹]

Schocker[ʃɔ́kər] 男 -s/- 《話》ショッキングなもの(ショッキングな映画・小説・芝居など).

Schock·far·be[ʃɔ́k..] 女 -/-n 《ふつう複数で》ひどく刺激的な〈はでな〉色.

schock·far·ben 形 ひどくはでな〈けばけばしい〉色の.

schock≈ge·fro·ren 形 , **≈ge·fro·stet** 形 (食料品などが)急速冷凍された.

schockie·ren[ʃɔkíːrən] 他 (h) 《*jn.*》(…に)精神的なショック〈衝撃〉を与える, 憤慨〈びっくり〉させる: Ihr Benehmen 〈Ihre Kleidung〉 hat mich *schockiert.* 彼女の振舞い〈服装〉は私をひどく驚かせた | Ich bin von seinem Verhalten *schockiert.* 私は彼の態度に啞然(あぜん)としている ‖ *schockierend* ショッキングな. [*fr.* choquer; ◇schocken¹]

schocking[ʃɔ́kɪŋ] ＝shocking

Schock·schwe·re·not[ʃɔkʃveːrənóːt] 《間投詞的に》(怒り・憤慨・ののしりの気持を表して)ちくしょう(何事だ, 何たることだ), くそっ. [＜Schock¹]

S

Schọck·the·ra·pie[ʃɔ́k..] 女 =Schockbehandlung

schọck·wei·se[ʃɔ́k..] 副 (→..weise ★) **1** ショック(60個)単位で,60個ずつ. **2** 数多く, どっさりと. [<Schock[1]]

Schọck≠wel·le[ʃɔ́k..] 女 衝撃波. **≠wir·kung** 女 **1** ショックの影響: unter 〔der〕 ～ stehen ショックを受けている. **2** ショックを与えるはたらき, ショック作用〈効果〉.

Schof[ʃo:f] 男 -〔e〕s/-e (Schöfe[ʃǿ:fə]) **1**《北部》(屋根ふき用の)わら束, わらの覆い. **2**〖狩〗(ガチョウ・カモなどの)群れ. [<Schaub]

Scho·far[ʃofá:r] 男 -, -s/-oth[..faró:t] ショーファー(雄羊の角で作ったユダヤの古い吹奏楽器). [*hebr.*]

Schö·fe Schof の複数.

scho·fel[ʃó:fəl] (schof·l..) 形《軽蔑的に》(gemein) いやしい, あさましい, 卑劣な; (schäbig) みすぼらしい, 貧相な; (erbärmlich) みじめな, ひどい; (geizig) けちな. [*hebr.*–*jidd.*]

Schọ·fel[–] 男 -s/-《軽蔑的に》価値のない〈つまらぬ〉もの, 粗悪品.

schọ·fe·lig[ʃó:fəlɪç][2] (**schọf·lig**[..flɪç][2]) =schofel

Schọ̈f·fe[ʃœ́fə] 男 -n/-n (⊛ **Schọ̈f·fin**[..fɪn]-/-nen) **1**〖法〗(民間から選ばれる)参審員, 参審裁判官. [▽]**2** (中世の)審判人. [„〔An〕ordner“; *ahd.*; ◇schaffen[1]]

Schọ̈f·fen·bank[ʃœ́fən..] 女 -/..bänke 参審裁判官席.

schọ̈f·fen·bar[..ba:r] 形 参審裁判官に選ばれる資格のある.

Schọ̈f·fen≠ge·richt 中 (略 SchöffG) 参審裁判所 (Amtsgericht 内に設けられる刑事裁判所). **≠stuhl** 男 参審裁判官のいす: *et.*[4] vor den ～ bringen …を参審裁判所に持ちこむ.

SchöffG 略 =**Schöffengericht**

Schọ̈f·fin Schöffe の女性形.

Schọ̈ff·ler[ʃœ́flər] 男 -s/-《南部》=Schäffler

Schof·för[ʃɔfǿ:r] 男 -s/-e =Chauffeur

schọf·l.. →schofel

schọf·lig[ʃó:flɪç][2] =schofel

Schọ·gun[ʃó:gʊn] 男 -s/-e〖史〗(幕府の)将軍. [*chines.*–*japan.*]

Scho·gu·nat[ʃoguná:t] 中 -〔e〕s/ 将軍の職; 幕府.

Schọ·ko[ʃó:ko·] 女 -/-s《話》=Schokolade

Schọ·ko·eis[ʃó:ko..]《話》=Schokoladeneis

Scho·ko·lạ·de[ʃokolá:də] 女 -/-n **1** チョコレート: Milch*schokolade* ミルクチョコレート | Tafel*schokolade* 板チョコ ‖ ein Riegel ～ 棒チョコ 1 本 | ein Stück ～ チョコレート 1 個 | eine Tafel ～ 板チョコ 1 枚 ‖ ein Osterhase aus ～ チョコレート製の復活祭のうさぎ. **2** (飲料としての)ココア: eine 〔Tasse〕 ～ 1 杯のココア | heiße ～ trinken ホットチョコレート〈熱いココア〉を飲む. [*mexikan.*–*span.* chocolate–*ndl.*]

scho·ko·lạ·den[ʃokolá:dən] 形《付加語的》チョコレート製の.

scho·ko·lạ·den·braun 形 こげ茶色の, 暗褐色の.

Scho·ko·lạ·den≠eis 中 チョコレートアイス〔クリーム〕. **≠fa·brik** 女 チョコレート製造工場.

scho·ko·lạ·den≠far·ben 形, **≠far·big** 形 チョコレート色の.

Scho·ko·lạ·den≠guß 男 (ケーキなどの)チョコレートアイシング, チョコレートのころも. **≠plätz·chen** 中 ビスケット状チョコレート; チョコレート=ビスケット. **≠pud·ding** 男 チョコレート=プディング. **≠rie·gel** 男 棒〔状〕チョコ〔レート〕. **≠sei·te** 女《比》都合のよい〈見ばえのする〉側面. **≠so·ße** (**≠sau·ce**)[..zo:sə] 女〖料理〗チョコレートソース. **≠streu·sel** 複 (ケーキにふりかける)チョコレートフレークス. **≠ta·fel** 女 板〔状〕チョコ〔レート〕. **≠tor·te** 女 チョコレートケーキ.

Schọ·la[skó:la·, sçó:la·] 女 -/..lae[..lɛ:]〖楽〗(中世の)聖歌隊員養成学校, スコラ・カントールム. [<*mlat.* schola cantorum „Sängerschule“]

Scho·lar[ʃolá:r] 男 -en/-en (中世の)〔遍歴〕学生. [*mlat.* scholāris (→Schüler)]

Schol·ạrch[ʃolárç] 男 -en/-en (中世の修道院や司教座聖堂の)付属神学校長. [*mlat.*; <*lat.* schola (→Schule)+*gr.* árchōn (→Archont)]

Schol·ar·chat[ʃolarçá:t] 中 -〔e〕s/-e Scholarch の職.

Scho·lạst[ʃolást] 男 -en/-en =Scholarch

Scho·lạ·stik[ʃolástɪk] 女 -/ **1** (中世の)スコラ哲学. **2**《軽蔑的に》(学校で得る)偏狭な知識, 机上の学問. [*mlat.*]

Scho·lạ·sti·ker[ʃolástikər] **I** 男 -s/- **1** スコラ〔哲〕学者. **2**〖カトリック〗(イエズス会の)修学修士〈神学生〉. **3**《軽蔑的に》(些事(さじ)をやかましくいう)小理屈屋. **II** Scholastikus の複数. [*mlat.* scholasticus; <*gr.* scholḗ (→Schule)]

Scho·lạ·sti·kus[ʃolástikʊs, sço..] 男 -/..ker[..kər] =Scholarch

scho·lạ·stisch[ʃolástɪʃ] 形 **1** スコラ〔哲〕学の. **2**《軽蔑的に》些事(さじ)にこだわる, 重箱の隅をほじくるような, 小理屈をいう.

Scho·la·sti·zịs·mus[ʃolastitsɪ́smʊs] 男 -/ **1** スコラ〔哲〕学. **2**《軽蔑的に》些事(さじ)にこだわること, 小理屈をいうこと, 形式主義.

Scho·liạst[ʃoliást] 男 -en/-en (古典の)〔欄外〕注釈者. [*spätgr.*–*spätlat.*]

Schọ·lie[ʃó:liə] 女 -/-n =Scholion

Schọ·li·en·schrei·ber 男 =Scholiast

Schọ·lion[ʃó:liɔn] 中 -s/..lien[..liən] (文献学者によるギリシア・ローマの古典の)欄外注釈; (一般に)注釈, 評注. [*gr.*]

scholl[ʃɔl] schallte (schallen の過去)の別形.

Scholl[ʃɔl] 人名 Hans ～ ハンス ショル(1918-43; 妹ゾフィー Sophie〔1921-43〕とともに反ナチ学生運動「白バラ」の主要メンバー,1943年に逮捕され, 処刑された).

Schọl·le[ʃɔ́lə] 女 -/-n (小 **Schọ̈ll·chen**[ʃœ́lçən] 中 -s/-) **1 a)** 土のかたまり, 土塊, 土くれ: die frisch umgebrochenen ～*n* 掘り返したばかりの土. **b)**〖地〗地塊. **c)** (Eisscholle) 氷塊(浮氷・流氷など). **2**《単数で》〔生まれた〕土地, 耕地: die heimatliche 〈heimische〉 ～ 郷土 ‖ an der ～ haften 〈hängen〉 生まれた土地に執着する | auf eigener ～ sitzen 自分の土地に住む〈腰を据える〉. **3**〖魚〗カレイ(鰈)科の一種. [„Abgespaltenes“; *ahd.*; ◇Schild; 3: *mndd.*]

schọ̈l·le[ʃœ́lə] schallte (schallen の接続法 II)の別形.

Schọl·len≠bre·cher[ʃɔ́lən..] 男〖農〗砕土機. **≠ge·bir·ge** 中 (↔Faltengebirge)〖地〗地塊山地.

schọl·lern[1][ʃɔ́lərn] 《05》 他 (h) (土地を)掘り起こす, 粗く耕す.

schọl·lern[2][–] 《05》 自 (h, s) (土砂・岩石が)轟然(ごうぜん)と落下する(地滑りなど). [<schallen; ◇schallern]

schọl·lig[ʃɔ́lɪç][2] 形 土塊の多い, 土塊状の. [<Scholle]

Schọ̈ll·kraut[ʃœ́l..] =Schellkraut

Schọ·lo·chow[ʃó:lɔxɔf, ʃɔ́l.., ʃɔ́lɐxɐf] 人名 Michail ～ ミハイル ショーロホフ(1905-84; ソ連の作家. 1965年ノーベル文学賞を受賞. 作品『静かなドン』など).

scholt[ʃɔlt] schalt (schelten の過去)の古形.

[▽]**Schọl·te**[ʃɔ́ltə] 男 -n/-n《北部》(Schulze) 村長, 町長. [<Schultheiß]

schọ̈l·te[ʃœ́ltə] schelten の接続法 II.

[▽]**Schol·ti·sei**[ʃɔltizáɪ] 女 -/-en《北部》Scholte の職.

schon[ʃo:n] 副 **1 a)**《時間》(bereits) ①《事態の到来の予想外の早さを示して》もう, すでに, 早くも, さっそく: Willst du ～ gehen? (君は)もう行く〈帰る〉のか | 〔Du bist〕 ～ zurück? 〔君は〕もう帰ってきたのか | Da kommt er ja ～! ほら 彼はもうやってくるじゃないか | Ich komme 〔ja〕 ～. すぐ〈いま〉行くよ | Wir müssen gehen!–〔Jetzt〕 ～? 我々はもう行かなければならない–今すぐに〈もう〉ですか | *Schon* genug? もういいの〈十分・おなかいっぱい〉ですか | Es ist ～ spät 〈zehn Uhr〉. もう遅い〈10時だ〉| Es ist ～ dunkel 〈recht herbstlich〉. もう暗く〈めっきり秋らしく〉なった | Er ist ～ ungeduldig. 彼は早くもいらいらしている | Du bist ～ fünfzig Jahre alt? 君はもう50なのか | Er ist erst vierzehn Jahre alt, aber ～ 1,75m (読み方: ein Komma sieben fünf Meter) groß. 彼はまだ14歳だが背丈はもう 1 メートル75センチある | Er hat ～ graues Haar. 彼はもう髪は半白だ ‖〖als または

da で導かれる副文と呼応して〗*Schon* glaubte er, alles überstanden zu haben, als plötzlich ... 彼がこれでもう何もかも切り抜けたと思った矢先に突如として… | Er wollte ～ aufgeben, da gelang ihm plötzlich der Versuch. 彼がもうあきらめようとしていたときに 実験は思いがけず成功した.
‖〖他の時の副詞〔句〕に対する修飾語として〗～ damals すでに当時〔から〕もう | ～ früher 以前にもう(→②) | ～ gestern 昨日にはすでに | ～ immer 前々から | ～ jetzt いますぐにも, もうさっそく, いまもう〈すでに〉| Du kannst ～ jetzt damit anfangen. もうさっそく君は始めて〈取りかかって〉もいいよ | ～ lange もう長い間, 前々から | Er arbeitet ～ lange Jahre daran. 彼はもう長年それと取り組んでいる | ～ länger als eine halbe Stunde もう30分以上も | ～ längst もうとうの昔に〈とっくに〉| Das habe ich ～ längst gewußt. そんなことはもうとっくに知っていたよ | **～ wieder** またもや | Was willst du ～ wieder? またまた〈今度は〉君はなんの用かね | ～ zehnmal すでに10回も ‖ ～ 1893すでに1893年に | ～ den folgenden Morgen 翌朝には早くも〈さっそく〉| ～ zwei Jahre もう2年も前から ‖ **～ am** Sonntag 日曜日にはすでに | **～ bei** unsrer ersten Begegnung 我々の最初の出会いの時には〈から〉もう | **～ in** jungen Jahren すでに若年にして〈若い時分から〉| **～ seit** einem Jahr もう1年〔も〕前から | Ich muß morgens **～ um** 6 Uhr aufstehen. 私は朝6時にはもう起きなければならない | **～ von** Anfang an 最初からもう〈すでに〉| Heute war ich **～ vor** acht Uhr in der Schule. きょうは私は8時前からもう学校にいた ‖ **～ als** Kind / als Kind ～ すでに子供の時に〈から〉.
②《既往の完了した事態・経験を示して》かねて, 前〔々〕から, 先刻, すでに, もう: Sind Sie ～ einmal in Deutschland gewesen? ドイツにはもういらしたことはおありですか | Er hat ～ gegessen. 彼は食事はもうすんだ | *Schon* hat er die Aufgabe gelöst. 彼はもう宿題〈問題〉の解答をすませてしまった | Ich sagte dir ～, daß ... …だと前から私は君に言っていたじゃないか | Ich wollte dich ～ fragen, ob du mitkommst. 一緒に来るかどうか君にかねて〈ちょうど〉聞こうと思っていたんだ | Ich hatte ～ davon gehört. それは前々から耳にしていたことであった ‖ Wir kennen uns ～. 我々はもう初体面ではない, 前にお会いしましたね | Das kennen wir ～! そんなことはもう先刻承知だ〈もう知っているよ〉‖ Hat ihn 〈ihm〉 ～!《話》私はもう持っている〈取った・見つけた〉よ(=Ich habe es!).
③《対比的に過去の経験を引き合いに出して》(früher) かつて〔は〕, 昔〔は〕: Er hat ～ bessere Tage gesehen. 彼もかつてはいい時があった | Sie hat ～ ganz anderes vollbracht. 彼女も昔はこんなものではなかった.
b)《分量・度合い》①《必要条件》(allein) …だけでもう, ただ…だけでも: Das genügt ～. それだけで十分です | Wenn ich die Prüfung überhaupt bestehe, bin ich ～ zufrieden. 試験にともかく通りさえすれば 私はもうそれだけで満足だ ‖〖文成分に対する修飾語として〗*Schon* der Gedanke daran ist mir schrecklich. そう考えただけでも私には恐ろしい | *Schon* der Name sagt alles. 名前がすでにすべてを語っている | *Schon* das war nicht recht. それがすでに間違っていた | Ich konnte das ～ aus Höflichkeit schlecht ablehnen. 礼儀上からだけでもそれを断るわけにはいかなかった | *Schon* beim bloßen Gedanken an seinen Tod war sie völlig verzweifelt. 彼の死を考えただけでも彼女はすっかりとり乱した | ～ deswegen そのためだけでも | ～ weil ... …という理由からだけでも | *Schon* sie zu sehen, machte ihm Freude. 彼女に会えるだけでも彼はうれしかった | Es ist so ～ schlimm genug. ただでさえまずい〈ひどい〉ことになっているのに.
②《schon 〔mal〕 gar nicht の形で》(ましてや…にいたっては)全然…でない: Hans mag ich nicht, Peter ～ 〔mal〕 gar nicht. ハンスは好きじゃない ましてペーターなんか大きらいだ.
c)《条件を示す wenn 副文で》どうせ(…なら), いったん(…であるからには): Wenn ich es ～ mache, dann mache ich es richtig. どうせやるからには 私はちゃんと〈本格的に〉やるよ | Wenn ～ etwas frisch gestrichen werden muß, dann die ganze Fläche. 新しくペンキを塗りかえなければならないのなら いっそのこと全面塗りかえたほうがいい ‖ Wenn ～, denn ～!《話》毒をくらわば皿までだ, こうなったからには〈やるからには〉とことんまでやろう | 〔Na,〕 wenn ～! / Und wenn ～!《話》それならそれでいいじゃないか, どうということはないじゃないか.
d)《早急な実現を求める性急さを示して》(endlich) ①《願望文で》もう〔とにかく〕,〔なんでもいいから〕もう: Wenn die Prüfung ～ vorbei wäre! もう試験が終わっていたらなあ.
②《命令文などで》《話》《いらだちを示して》〔もう〕いいから〈いいかげんに〉, さっさと;《促し, せかすように》さあ(大丈夫だから): 〔Nun,〕 mach ～! おい さっさとやれよ | Nun rede 〈schweig〉 doch ～! おい もういいかげんに話せ〈黙れ〉よ | Jetzt höre ～ auf zu schimpfen! / Du sollst jetzt ～ aufhören zu schimpfen. もうおこる〈悪態をつく〉のはいいかげんにやめろ ‖ Sag ～, wie du heißt. さあ坊や〈お嬢ちゃん〉の名前はなんというの.
2《文中でのアクセントなしで; 話し手のさまざまな主観的心情を反映して》**a**)《現在・未来時称の文に用いられ, 話し手が聞き手に対して確言し, 請け合う気持を表して》Das schaffst du ～. 君は大丈夫 それをやりとげられるよ | Es wird ～ alles gut werden. きっと万事うまくいくさ | Es wird ～ schiefgehen.《反語》まかり間違っても大丈夫だよ〈しくじりっこないさ〉| Ich werde es dir ～ rechtzeitig sagen. 時が来たら話してやるから心配するな ‖ So dumm ist sie ～ nicht. 彼女もまさかそれほどのばかではないよ | So schlimm wird es ～ nicht. いくらなんでも そんなひどいことにはなるまい.
b)《相手の疑惑・反駁(はく)を打ち消して》Es ist ～ so! 事実そうなんだから | Das kannst du mir ～ glauben. その点は間違いないよ(信じてもらってもいい) | Das ist ～ eine Frechheit! 生意気千万だ.
c)《修辞的な疑問文に用いられて逆説的に》Was ändert das ～? それでいったい事態がどう変わるというのだ(事態は一向に変わらないじゃないか) | Wer bist du ～? 君は何様だというんだ(君なんかまだ大したことないくせに) | Wo wird er ～ sein? どこに彼がいるというのだ(彼なんかどこにもいやしないよ).
d)《疑問詞をもつ疑問文に用いられ, 話し手が自分の記憶を呼び返そうとするいらだちを表して》Wie hieß er ～? 彼の名前は何といったっけ.
e)《しばしば後続する aber, doch, nur などと呼応して, 事実を一応認める話し手の譲歩の気持を表して》Es ist ～ möglich, daß es so ist. それは確かにありうることだ, なるほどそうかもしれない | Ich glaube dir das ～. 君の言っていることを疑うわけではないが ‖ Das 〔ist〕 ～ 〔wahr〕, aber ... それはそのとおりかもしれないが しかし… | Das mag ～ sein, nur denke ich ... それはそのとおりかもしれないが ただ私の考えでは… | Wenn das ～ wahr ist, so hättest du doch nicht ... それがたとえほんとうであったとしても 君はなにも…することはなかったじゃないか(→obschon, wennschon 1).
f)《話し手の一応の満足やあきらめ, 一段落の気持を表して》*Schon* gut! まあいいさ, それでいいよ | Es ist ～ gut, daß es schließlich noch so gekommen ist. 結局はそういうことになって まあよかったわけだ | So ist es ～ besser. そのほうが数段いいよ | Es ist ～ herrlich hier. ここも悪くないじゃないか | Sie ist ～ die Beste. 彼女がいちばん優秀なほうだろう ‖ Gefällt es dir hier?—Ja, ～. ここの居心地はどうですか—ええ, まあ | Ob sie denn mitkommen wird?—Ich denke ～. 彼女はほんとに一緒に行くだろうか—そう思っているんですけどね.
[„auf schöne Weise"; *ahd.*; ◇schön, schonen]

schö̲n[ʃøːn] **I** 形 **1 a**) 美しい, きれいな, うるわしい, 美麗な: ein ～*er* Anblick 美しい光景 | ～*e* Bilder きれいな絵〈写真〉| eine ～*e* Figur 美しいスタイル | eine ～*e* Gegend 景色のよいところ | das ～*e* Geschlecht《比》《集合的に》女性 | ᵛmein ～*es* Kind (若い娘に対し親しみをこめた呼びかけ)かわいい娘さん | ～*e* Kleider 美しい衣服 | ein ～*er* Mann 美男子, 美丈夫 | eine ～*e* Melodie 〈Stimme〉 美しいメロディー〈声〉| ein ～*es* Pferd 美しい馬 ‖ *jm.* ～*e* Augen machen (→Auge 1) | Gib dem Onkel die ～*e* Hand!《比》(子供に向かって)おじちゃまにちゃんと右手を出してごあいさつなさい ‖ *Schön* ist anders.《話》〔これが〕きれいだなんてとんでもない ‖〖述語的に〗Sie ist außergewöhnlich 〈bezaubernd〉 ～. 彼女は並はずれて〈うっとりするほど〉美しい | Der Blumenstrauß sah sehr ～ aus. その花束はとても美しかった | Sie ist alles andere als ～.《話》彼女はお世辞にも美

人とは言えない | ~ wie die Sünde sein《話》心を惑わすほど美しい | Sie ist zum Malen ~. 彼女は絵に描きたいほど〈絵のように〉美しい ‖〖副詞的に〗*sich*[4] ~ anziehen 美しく着飾る, 身なりを整える | eine ~ eingerichtete Wohnung きれいにしつらえ〈整え〉られた住まい | das Haar ~ färben 髪をきれいに染める (ただし: →schönfärben) | ~ geformt sein 形が美しい | einen Brief ~ schreiben きれいな字で〈美しい文言・文体で〉手紙を書く (ただし: →schönschreiben) | Sie singt ~. 彼女は美しく歌う.

b) 美的な, 芸術的な; 高貴な: die ~*en* Künste (技術に対して) 芸術 (建築・絵画・彫刻・文芸・音楽などの総称) | die ~*e* Literatur 文学〔作品〕, 文芸 | die ~*e* Seele《雅》美しき魂 (高貴で感じやすい魂).

2 a) 快い, 気持のよい, 快適な, すばらしい, (天気などの) よく晴れた: ein ~*er* Abend 気持のいい〈すばらしい〉晩 | *Schön*〔*en*〕 guten Abend 〈Morgen〉! (親しみをこめて) こんばんは〈おはよう〉 | eines ~*en* Abends 〈Tages〉《話》ある晩〈日〉のこと (schön にはほとんど意味がない) | ein ~*es* Erlebnis すばらしい体験 | eine ~*e* Fahrt 〈Reise〉 快適なドライブ〈旅〉 | ~*e* Stunden すばらしい〈快適な〉ひととき | ~*es* Wetter 好天, よい天気 | *Schönes* Wochenende! よい週末を〔お送りください〕 | eine ~*e* Zeit よき時代; すばらしいひととき | *sich*[3] ~*e* Tage 〈ein ~*es* Leben〉 machen《話》楽しい日々をすごす〈安楽な生活を送る〉 | einen ~*en* Tod sterben 〈haben〉 (苦しみのない) 安らかな死を迎える, 大往生をとげる | *jm.* ~*e* Worte machen …にお世辞をつかう, …にこびへつらう | Das sind nichts als ~*e* Worte. それは空疎な美辞麗句にすぎない | Alles war in ~*ster* Harmonie 〈Ordnung〉. 何もかもすばらしく調和していた〈みごとに整っていた〉 | Ich lag im ~*sten* Schlaf, als es klingelte. ベルが鳴ったとき私はぐっすり眠り込んでいた ‖〖述語的に〗Heute ist es 〈das Wetter〉 ~. きょうはいい天気だ | War es ~ im Urlaub? 休暇は楽しかったですか | Hier 〈Dort〉 ist es so ~. ここは〈あそこは〉とてもすばらしい | Wir haben es so ~ hier. ここはとてもすばらしい ‖〖副詞的に〗Der Stoff fühlt *sich*[4] ~ an. この生地は手ざわりがいい | Es riecht 〈schmeckt〉 ~ (＝gut).《北部》よい香り〈味〉がする | Wir wohnen ~. 我々の住まいは快適だ.

b) (仕事などが) りっぱな, みごとな, きちんとした: eine ~*e* Arbeit 〈Leistung〉 りっぱな出来ばえの仕事〈業績〉 | Deine Arbeit ist ja ganz ~ und gut. 君の仕事はまことにりっぱだ〈満足のいく出来ばえだ〉 ‖〖副詞的に〗Du kannst ja ~ kochen. 君は料理が上手だなあ | Das hast du ~ gemacht. 君はなかなか見事にやってのけたね (ただし: →schönmachen) | Er hat ~ geredet. i) 彼は上手に話した; ii) 彼は美辞麗句を並べたてた (→1 a) (ただし: →schönreden).

c) (事態の成りゆきなどが) 結構な, ありがたい, 好都合な: eine ~*e* Gelegenheit 好機, ちょうどよい機会 | Das ist ja ~, daß ich dich treffe. 君に会えてよかった | Das ist zu ~, um wahr zu sein.《話》これはちょっと話がうますぎる ‖〖副詞的に〗Es verlief alles aufs ~*ste*. ことは万事快調に運んだ.

d) (行いなどが) よい, りっぱな, 親切な, 好意的な: ein ~*er* Charakterzug よい性格〈特色〉, 美点 | Das ist kein ~*er* Zug von dir. それは君のよくない点だ ‖ Es ist ~ von Ihnen, daß Sie gekommen sind. 来てくださってどうもありがとう〈とてもうれしい〉 | Das war nicht ~ von dir, daß du uns im Stich gelassen hast. 私たちを見捨てるなんて いやなことをしてくれたもんだな ‖〖副詞的に〗Das war nicht ~ gehandelt. それはあまりほめたやり口ではなかった.

3《反語》ひどい, とんでもない, ごりっぱな, 結構な: Das sind ja ~*e* Aussichten! これはまた前途多難なことだ | Das ist ja eine ~*e* Bescherung 〈Geschichte〉! これはまたひどい目にあったものだ〈結構なお話だ〉 | Da hast du mir ja ~*e* Dinge erzählt! 君もまたえらい話を聞かせてくれたものだ | Du bist mir ein ~*er* Freund 〈Kunde〉! (君は友達なのに) 君ってやつは全くいやなやつだよ | Von dir hört man ja ~*e* Sachen! 君の評判は全く大した〈ひどい〉ものだ | *sich*[3] einen ~*en* Schnupfen holen ひどい風邪をひく | *jm.* einen ganz ~*en* Schrecken einjagen …をひどい恐怖に陥れる ‖ Das wird ja immer ~*er* 〔mit dir〕. 〔君は〕ひどくなる一方だ | **Das wäre ja noch ~*er*!**《話》そんなことしたらとんでもないことになる, そんなことはもってのほかだ〈話にならない〉 ‖〖副詞的に〗bei *jm.* ~ ankommen …の不興を買う, …を立腹させる | Ich mußte dort ganz ~ arbeiten. 私はあそこではずいぶん働かねばならなかった | Ich bin ~ von ihm betrogen worden. 私はまんまと彼にだまされてしまった | Er ist ~ dran. 彼は結構な〈いやな〉立場に置かれている | Wenn du das glaubst, bist du ~ dumm. そんなことを信じるとしたら君はとんでもない愚か者だ | Er wird sich dabei ~ langweilen. そこで彼はひどく退屈するだろう | Sie ist ganz ~ nervös. 彼女はかなりいらいらしている | Der hat mich ja ~ reingelegt. あいつは私に手ひどく一杯食わせやがった | Das stinkt mir ganz ~. それは全くありがたい〈ありがたくない〉話だ.

4《話》かなりの, 多量〈多大〉の, おびただしい: ein ~*es* Alter erreichen 高齢に達する | ~*es* Geld verdienen かなりの金をかせぐ | ~*e* Geschäfte machen 実入りのいい商売をする | ein ganz ~*es* Gewicht haben かなりの重さがある | eine ~*e* Menge 多量, 多額 | ein ~*es* Stück 〈eine ~*e* Stange / eine ~*e* Summe〉 Geld kosten かなりの金がかかる | ein ~*es* Stück Arbeit 相当たいへんな仕事 | ein ~*es* Stück Weg〔s〕かなりの道のり ‖〖副詞的に〗Du wirst dich noch ~ wundern. 君は今にあっと驚くぞ.

5《あいさつの言葉にそえて》心からの, 真心のこもった: 〔Meinen〕 ~*en* 〈~*sten*〉 Dank 〔für deine Bemühungen〕! 〔君のお骨折りに対し〕心からお礼を申します, どうもありがとう | *jm.* eine ~*e* Empfehlung ausrichten《雅》…によろしく伝える | *jm.* einen ~*en* Gruß 〔von *jm.*〕 bestellen …に〔…から〕よろしくと伝える ‖〖副詞的に〗Danke ~!–Bitte ~! どうもありがとう–どういたしまして | Hier ist das Buch. Bitte ~! ここに本があります. はいどうぞ | Er läßt Sie ~ grüßen. 彼からあなたにくれぐれもよろしくとのことです.

6《話》《了承・了解の返事として間投詞的に》よろしい, わかりました, けっこう〔です〕: *Schön!* よろしい, けっこうだ | 〔Na〕 ~, wenn ihr wollt. 君たちがそうしたいなら それでいいよ | 〔Also〕 ~, ich werde es erledigen. わかった 私がやってあげよう.

II 副 **1** →I **2**《形容詞や副詞にそえて強調語として》よく, 気持よく, とても: Hier ist die Luft ~ frisch. ここの空気はとてもさわやかだ | Das Wasser ist ~ kalt. 水はとても〈気持よく〉冷たい | Dort ist es ~ ruhig. あそこはとても静かだ | Draußen ist es noch ~ warm. 戸外はまだかなり暖かい | Fahr〔e〕 ~ vorsichtig 〈langsam〉! 十分気をつけて〈ゆっくり〉運転しなさい | Ich werde mich dabei ~ in acht nehmen. そのときはちゃんと気をつけますよ.

3《子供に対する命令などで》ちゃんと, きちんと, 行儀よく: *Schön* aufpassen! よく注意しなさい | Das läßt du ~ bleiben! おりこうだから そんなことはしないでおきなさい | Immer ~ ruhig bleiben! ちゃんとお行儀よく おとなしくしていなさい | Bleib ~ brav! ちゃんとおりこうにしていなさい | Jetzt gehst du ~ nach Hause! さあおとなしくおうちに帰りなさい | *Schön* der Reihe nach! ちゃんと順番を守りなさいよ.

4 ~ reden haben 気楽に何とでも言える | Als Dritter hat man ~ reden. 第三者としては何だって言えるさ | Du hast ~ lachen. 君はいくらでも笑っていられる.

III Schö̱·ne[1]《形容詞変化》**1** 男 女 美しい人 (特に美女・美人): die ~*n* der Nacht 夜の蝶(ちょう)〈女〉たち.

2 中 美しいもの〈こと〉, 美; 結構なもの〈こと〉, よいこと〈もの〉;《反語》えらい〈ひどい〉こと, とんでもないこと: die Welt des ~*n* 美の世界 | einen Sinn 〈ein Gefühl〉 für das ~ haben 美〔しいもの〕に対するセンスがある | *jm.* etwas ~*s* sagen 〈mitbringen〉 …にうれしいことを言う〈いいものをお土産に持ってくる〉 | Das ~ dabei ist, daß … その際まことによいことは〈好都合なのは・面白いのは〉…ということである | Ich wünsche dir alles Gute und ~! 君の幸運を祈るよ | Da hast du ja 〔et〕was ~*s* angerichtet!《反語》君もえらいこと〈とんでもないこと〉をしでかしてくれたものだ.

[*germ.* „ansehnlich"; ◇schauen, schon; *engl.* sheen]

Scho̱n·〔ar·beits·〕platz[ʃó:n..] 男《方》(回復期の病人・妊婦などのための) 養生職場〈ポスト〉, 閑職. [＜schonen]

Schö̱n·ba̱rt·lau·fen[ʃø:nba:rt..] ＝Schembartlaufen

Schö̱n·berg[ʃø:nbɛrk] 人名 Arnold ~ アルノルト シェーン

ベルク(1874–1951; オーストリア生まれの作曲家で,12音技法の創始者).

Schọn·be·zug[ʃóːn..] 男 (家具調度品・衣服・シートなどを保護するための)カバー, おおい. [<schonen]

Schọ̈n·brunn[ʃøːnbrʊ́n]《宮殿名》〔Schloß〕 ~ シェーンブルン〔宮〕(ウィーンにある, かつての皇帝の居城): der Frieden von ~〖史〗シェーンブルンの和(1809). [◇Brunnen]

schọ̈n·chen[ʃøːnçən] 副《方》《話》《了承・了解の返事として》よし, わかった, オーケー(→schön I 6).

Schọ̈n·druck[ʃøːn..] 男 -〔e〕s/-e (↔Widerdruck)〖印〗表面(おもて)印刷.

Schö·ne[1] →schön III

Schọ̈·ne[2][ʃøːnə] 女 -/ 《雅》(Schönheit) 美: die Kraft und ~ seiner Jugend 彼の若さの力と美.

schọ·nen[ʃóːnən] **I** 他 (h) **1 a)** 《*jn.*》(弱者などを)いたわる, 寛大に扱う; 《*et.*[4]》(家財などを傷まないように)大事〈大切〉に使う〈扱う〉; (特定の動植物を捕獲・伐採されないように)保護する; (金品などを)惜しんで使う: einen Schwachen ~ 弱者をいたわる | *seinen* Gegner ~ 敵に対して寛大な態度を取る | *seine* Augen ~ 目を大事にする | *seine* Gesundheit ~ 健康に留意する | *js.* Gefühle ~ …の気持〈感情〉を傷つけないよう配慮する | selbst Frauen und Kinder nicht ~ 女子供といえども容赦しない ‖ Er *schont* sein Geld nicht. 彼は湯水のごとく金を使う | Sie *schont* ihren Kopf.《話》彼女は頭を使わない | Er *schont* die Wahrheit.《戯》彼はうそをついている(真実の出し惜しみをして) ‖ Die Butter wurde nicht *geschont.* バターは惜しげもなく使われた | Zu bestimmten Jahreszeiten wird das Wild *geschont.* 特定の季節には狩猟は禁止される.

b) 再帰 *sich*[4] ~ 体を大事にする, 無理をしない, 健康に留意する: *sich*[4] nicht ~ 無理をする | Du solltest dich mehr ~. 君はもっと自分の体を大事にしなくちゃ | Es geht ihm schon besser, aber er muß sich noch immer ~. 彼はもう大分よくなったが まだ無理はできない.

2 《*et.*[4]》(薬剤などが物品を)傷めない, 損傷しない, 保護する: Dieses Schmiermittel *schont* das Getriebe. この潤滑剤はギア〈伝動装置〉の磨損〈損傷〉を防ぐ | Dieses Seifenpulver *schont* die Wäsche. この粉せっけんは洗濯物を傷めない.

▽**II** 自 (h) 《*js.* / *et.*[2]》いたわる(→I 1 a): Herr, *schone* deines Volks ... 主よあなたの民をゆるし…(聖書: ヨエ 2, 17).

III schọ·nend 現分 形 (扱い方などについて)大事〈大切〉にする, 思いやりのある, やさしい, 寛大な: eine ~*e* Behandlung 慎重な〈寛大な〉取り扱い | mit *et.*[3] ~ umgehen …を大事に〈気をつけて〉取り扱う.

[*mhd.*; < *mhd.* schōne „rücksichtsvoll" (◇schon)]

schọ̈·nen[ʃøːnən] 他 (h) **1** (avivieren)〖織〗つや出し加工する. **2** (ワインなどを人工的に)澄ます. **3** (食品などの)外見〈香り・味〉をよくする(人工的に); 《比》美しく見せかける, 潤色する; (決算などを)粉飾する: *geschönte* Bilanz 粉飾決算.

Schọ·ner[1][ʃóːnər] 男 -s/- (Schonbezug)(家具類などを保護するための)カバー, おおい: Sessel*schoner* 安楽いすのカバー.

Schọ·ner[2][−] 男 -s/-〖海〗スクーナー〔型帆船〕. [*engl.* schooner]

Schọ·ner≠bark 女〖海〗バークスクーナー〔型帆船〕(→ 図). **≠brigg** 女〖海〗ブリッグスクーナー〔型帆船〕(→ 図).

Schonerbrigg

schọ̈n|fär·ben[ʃøːnfɛrbən][1] **I** 他 (h) 美化して〈事実よりよく〉言う; 潤色する, 言いつくろう(ただし: schön färben → schön I 1 a): Du brauchst nichts *schönzufärben.* 君は何も言いつくろう〈潤色して言う〉必要はない.

II Schọ̈n·fär·ben 中 -s/ 美化, 潤色, 言いつくろい.

Schọ̈n·fär·ber[..bər] 男 **1** schönfärben する人. ▽**2** 染色〈染め物〉師.

Schọ̈n·fär·be·rei̱[ʃøːnfɛrbəráɪ] 女 -/-en (schönfärben すること. 例えば:) 美化, 潤色, 言いつくろい.

schọ̈n·fär·be·risch[ʃøːn..] 形 美化〈潤色〉する: ein ~*er* Bericht 潤色を施した報告 | eine ~*e* Tendenz 美化しよう〈言いつくろおう〉とする傾向.

Schọn·frist[ʃóːn..] 女 猶予期間. [<schonen]

Schọ̈n·frucht[ʃøːn..] 女〖植〗ムラサキシキブ(紫式部)属.

Schọn·gang[ʃóːn..] 男〖工〗(自動車の伝動装置などの)オーバードライブ: **den ~ einlegen** 〈**einschalten**〉《話》(試合などで)手を抜く, 全力投球をしない | **im ~**《話》やすやすと, 難なく. [<schonen]

schọ̈n·ge·formt[ʃøːn..] 形 美しく造形〈成形〉された, 形の美しい.

Schọ̈n·geist 男 -〔e〕s/-er 文学〈芸術〉愛好家, 審美家; 《軽蔑的に》審美的ディレッタント, 文学〈芸術〉通, 文学青年〔のような人〕, 粋人. [*fr.* bel esprit (→Belesprit) の翻訳借用]

Schọ̈n·gei·ste·rei̱[ʃøːngaɪstəráɪ] 女 -/-en 文学〈芸術〉通気取り, 文学青年〈粋人〉気取り.

schọ̈n·gei·stig[ʃøːn..] 形 **1** 文学〈芸術〉に関する: die ~*e* Literatur 〔純〕文学, 文芸. **2** 文学〈芸術〉好きの, 文学〈芸術〉に通じた, 文学青年の: die ~*en* Zirkel 文学〈芸術〉愛好家サークル.

Schọ̈n·heit[ʃøːnhaɪt] 女 -/-en **1 a)** 《単数で》美, 美しさ, きれいさ, りっぱさ: eine klassische 〈strahlende〉 ~ 古典的な〈輝くばかりの〉美しさ | die architektonische 〈landschaftliche〉 ~ 建築〈風景〉美 | die ~ der Natur / Natur*schönheit* 自然美 | die ~ seiner Stimme 彼の声の美しさ | die ~ der Landschaft genießen 景色の美しさを楽しむ | von großer ~ sein きわめて美しい | von seltener ~ sein まれにみる美しさである | zu voller ~ erblühen いまを盛りと咲きにおう; (少女などが)美しい盛りである. **b)** 《しばしば複数で》景色の美しい場所, 美景: die ~*en* dieser Gegend この近辺の景色のよい場所. **2** (非常な)美人, 別嬪(べっぴん); 美男: Dorf*schönheit* 村〈いなか〉の美人 ‖ Sie ist eine 〔berühmte〕 ~. 彼女は〔有名な〕美人だ | Er war nicht gerade eine ~. 彼はお世辞にも美男とはいえなかった. ▽**3** 《複数で》(Artigkeiten) お世辞, おあいそ: ~*en* sagen お世辞を言う.

Schọ̈n·heits≠chir·urg 男 美容整形医. **≠chir·ur·gie** 女 美容整形〔術〕. **≠diä̱t** 女 美容食. **≠farm** 女 (保養地などにある)全身美容センター. **≠fe̱h·ler** 男 (全体の美観や完璧(かんぺき)さをわずかに損なう)きず, 瑕瑾(かきん), 不備, 欠点, 目ざわりな点: Brillen betrachtet sie als ~. めがねは美貌(びぼう)を損なうものだと彼女は思っている ‖ Abgesehen von kleinen ~*n*, ist dieser Artikel wirklich gut. わずかばかりの不備な点を除けば この論文はほんとうによくできている. **≠fleck** 男 (肝斑(かんぱん)など, 皮膚に現れる)斑点, しみ. **≠ge·fühl** 中 -〔e〕s/ 美感. **≠idea̱l** 中 美の理想像, 理想的美. **≠in·du·strie** 女 美容産業. **≠kö̱·ni·gin** 女 (美人コンテストで第1位の)美の女王. **≠kon·kur·renz** 女 =Schönheitswettbewerb **≠kor·rek·tu̱r** 女 美容整形. **≠mit·tel** 中 化粧品. **≠ope·ra·tio̱n** 女 美容整形手術. **≠pflä·ster·chen** 中 (特にバロック・ロココ時代などに用いられた)付けぼくろ. **≠pfle̱·ge** 女 -/ (Kosmetik) 美容〔術〕. **≠pfle̱·ge·rin** 女 (女性の)美容師. **≠sa·lon** [..zalɔ̃ː] 男 美容院. **≠sinn** 男 -〔e〕s/ 美感, 美意識, 美的センス.

schọ̈n·heits·trun·ken 形 美しさに酔いしれた.

Schọ̈n·heits·wett·be·werb 男 美人コンテスト.

Schọn≠kli̱·ma[ʃóːn..] 中 (↔Reizklima)〖地〗(温暖で寒暖の差の少ない)庇護(ひご)性気候. **≠kost** 女 (Diät)(食餌(しょくじ)療法のための)規定食, 食餌. [<schonen]

Schọ̈n·ling[ʃøːnlɪŋ] 男 -s/-e《軽蔑的に》(他に何の取柄もない)美男子, 美少年.

schọ̈n|ma·chen[ʃøːnmaxən] **I** 他 (h)《話》**1** 美しくする, 美化する, きれいに整頓(せいとん)〈整備〉する. **2** 再帰 *sich*[4] ~ めかす, おしゃれをする: Du *machst* dich heute ja so

schön! きょうはまたいやにめかしているじゃないか.
II 自 (h) (犬が後脚で立って)ちんちんする.
★ ただし: schön machen →schön I 2 b

Schọn·platz[ʃó:n..] =Schonarbeitsplatz

schọ̈n|re·den[ʃø:n..] ⦅01⦆ 自 (h) (schmeicheln) お世辞〈お上手〉を言う(ただし: schön reden →schön I 2 b).

Schọ̈n·re·de·rei[ʃø:nre:dəráɪ] 女 -/-en schönreden すること.

Schọ̈n·red·ner[ʃø:nre:dnər] 男 おべっか使い, ごますり.

Schọ̈n·red·ne·rei[ʃø:nre:dnəráɪ] 女 -/-en =Schönrederei

schọ̈n·red·ne·risch[ʃø:nre:dnərɪʃ] 形 お世辞〔たらたら〕の, うれしがらせの.

schọn·sam[ʃó:nza:m] =schonend

schọ̈n|schrei·ben*[ʃø:n..] ⦅152⦆ **I** 自 (h) 習字をする; 清書〈浄書〉をする(ただし: schön schreiben →schön I 1 a). **II Schọ̈n·schrei·ben** 中 -s/ 習字, 書道; 清書, 浄書.

Schọ̈n·schrei·ber 男 -s/- 能書家, 能筆家; 書家.

Schọ̈n·schreib≈heft 中 習字帳. **≈kunst** 女 -/ (Kalligraphie) 能書法, 習字, 書道.

Schọ̈n·schrift 女 **1** (きちんとした)きれいな字; (学校での)習字〔の時間〕: *sich*⁴ in ~³ üben 習字〔の練習〕をする. **2** (Zierschrift) 装飾文字. **3** ⦅単数で⦆⦅話⦆ (Reinschrift) 清書, 浄書: die ~ des Aufsatzes 作文〈論文〉の清書.

schọ̈n·stens[ʃø:nstəns] 副 ⦅話⦆⦅あいさつの言葉とともに⦆(親しみをこめて)心から, くれぐれも, まことに: Grüße ihn ~ von mir! 彼に私からくれぐれもよろしくと伝えてくれ.

Schọ̈n·tu·er[ʃø:ntu:ər] 男 -s/- ⦅軽蔑的に⦆ **1** おべっか使い, ごますり. **2** 何かと女の機嫌を取る男.

Schọ̈n·tue·rei[ʃø:ntu:əráɪ] 女 -/-en ⦅軽蔑的に⦆ schöntun すること.

schọ̈n·tue·risch[ʃø:ntu:ərɪʃ] 形 ⦅軽蔑的に⦆ おべっか使い〈ご機嫌取り〉の, お世辞〔たらたら〕の, うれしがらせの.

schọ̈n|tun*[ʃø:ntu:n] ⦅198⦆ 自 (h) **1** ⦅話⦆ **a)** (schmeicheln) ⦅*jm.*⦆ (…に)お世辞〈お上手〉を言う, ごまをする. **b)** ⦅mit *jm.*⦆ (…の)ご機嫌を取る,(女に)言葉巧みに言い寄る. **2** ⦅方⦆ 気取って遠慮する, お上品ぶる: *Tu* doch nicht so *schön* und greif tüchtig zu! そんなに気取らないでどんどん食べなさい.

Schọ·nung[ʃó:nʊŋ] 女 -/-en **1** ⦅ふつう単数で⦆ (schonen すること. 例えば:) 大事〈大切〉にすること; いたわり, 思いやり, 手心, 手加減, 容赦, 寛大〔な処置〕, 大目に見ること; 愛護, 保護, 保存; 養生〔期間〕: ~ der Gesundheit 健康に留意する〈体を大切にする〉こと ‖ *et.*⁴ mit ~ behandeln …を大切に〈心して〉取り扱う | ohne ~ 容赦なく | *jn.* um ~ bitten …に寛大な処置を〈大目に見てくれるように〉頼む ‖ *sich*³ ~ auferlegen 養生する, 無理をしない | Das Gesetz kennt keine ~. 法に手加減はない. **2** 〖林〗 保護苗圃(びょう), 保護林, 養樹地(→ 図 Forst); 〖狩〗 禁猟区〈地域〉: ***jm.* in die ~ scheißen** ⦅卑⦆ …の機嫌をそこねる, …を怒らせる.

Schọ̈·nung[ʃø:nʊŋ] 女 -/-en schönen すること.

schọ·nungs·be·dürf·tig[ʃó:nʊŋs..] 形 (病人などが)まだ養生を必要とする, 無理のできない.

schọ·nungs·los[ʃó:nʊŋslo:s]¹ 形 情け容赦のない, 手きびしい, 血も涙もない, 無慈悲な; 歯に衣(きぬ)を着せぬ: eine ~*e* Kritik 手きびしい批評 | *et.*⁴ ~ ⟨mit ~*er* Offenheit⟩ sagen …をあからさまに〈歯に衣を着せず〉言う.

Schọ·nungs·lo·sig·keit[..lo:zɪçkaɪt] 女 -/ schonungslos なこと.

schọ·nungs·voll 形 思いやりのある, やさしい, 寛大な: *jn.* mit ~*em* Respekt behandeln …を敬意を払って大事に扱う | mit *jm.* ⟨*et.*³⟩ ~ umgehen …を大切に扱う, …をやさしくいたわる.

Schọ̈n·wẹt·ter·de·mo·kra·tie[ʃø:nvétər..] 女 (平和な時代にしか通用しない)晴天民主主義. **≈hoch** 中 〖気象〗 晴天をもたらす高気圧. **≈la·ge** 女 〖気象〗 晴天状態〈状況〉. **≈pe·ri·o·de** 女 晴天期間. **≈wol·ke** 女 扁平(へんぺい)積雲.

Schọn·zeit[ʃó:n..] 女 **1** (↔Jagdzeit) 禁猟〈漁〉期: die ~ für Fische und Krebse 魚やカニの禁漁期. **2** (Schonung) 養生期間: eine ~ erhalten 養生期間をもらう. [<schonen]

Schọ·pen·hau·er[ʃó:pənhaʊər] 人名 Arthur ~ アルトゥル ショーペンハウアー(1788-1860; ドイツの哲学者. 著作『意志と表象としての世界』など).

Schopf[ʃɔpf] 男 -[e]s/Schöpfe[ʃœpfə] (小 **Schöpf·chen**[ʃœpfçən], **Schöpf·lein**[..laɪn] 中 -s/-) **1** 頭髪〔の房〕; 脳天, 頭: ein buschiger ⟨üppiger⟩ ~ もじゃもじゃの〈ふさふさした〉頭髪 ‖ *jn.* beim ~ fassen ⟨packen⟩ …の髪の毛をつかむ | die Gelegenheit beim ~ fassen ⟨ergreifen / nehmen / packen⟩ (→Gelegenheit 1). **2** (鳥の)冠毛; (馬などの)前髪(→ 図 Pferd A); 樹冠; ⦅中部⦆ (山の)丹頂. **3** ⦅南部・スイ⦆ (Wetterdach) (差しかけの)屋根; (Schuppen) 納屋.
[„Büschel“; *ahd.* scuft; ◇Schaub, Schuppen]

Schöpf≈brun·nen[ʃœpf..] 男 くみ井戸, つるべ井戸(→ 図 Brunnen). **≈büt·te** 女 〖紙〗 パルプ槽. [<schöpfen]

Schöpf·chen Schopf の縮小形.

Schöp·fe¹ Schopf の複数.

ᵛ**Schöp·fe**²[ʃœpfə] 女 -/-n 水くみ; くみ桶(おけ), つるべ; 水くみ場.

Schöpf·ei·mer[ʃœpf..] 男 くみ桶(おけ), 手桶, つるべ(→ 図 Brunnen).

schöp·fen[ʃœpfən] 他 (h) **1** (手・容器などで液体などを)すくう, くむ; (空気を)吸い込む; ⦅比⦆ (知識などを)得る, 手に入れる; (勇気・希望などを)得る: Wasser 〔mit einem Eimer〕 aus dem Brunnen ~ 水を〔バケツで〕井戸からくむ | Wasser aus dem Boot ~ ボートから水を掻(か)い出す | die Suppe 〔aus der Terrine〕 in ⟨auf⟩ die Teller ~ スープを〔スープ鉢から〕皿にすくい入れる ‖ Atem ~ (→Atem) | Luft ~ (深く)息を吸う | wieder Luft ~ können (→ Luft 2) | Er wollte frische Luft ~. 彼は新鮮な外気に当たりたかった | den Wind ~ 〖海〗 (帆に)風をはらむ〈受ける〉 | 〔neue〕 Hoffnung ~ 〔新たな〕希望を抱く | neue Kraft ⟨neuen Mut⟩ ~ 新しい力〈勇気〉がわいてくる | aus *et.*³ Trost ~ …から慰めを得る | gegen *jn.* Verdacht ~ …に対して疑念を抱く | Wasser in ein Sieb ⟨mit einem Sieb⟩ ~ (→Wasser 1) ‖ 〖結果を示す語句と〗 *et.*⁴ leer ~ …(容器など)からくみ取って空にする | *et.*⁴ voll ~ …にくんでいっぱいにする ‖ 〖しばしば目的語なしで〗 aus *seiner* praktischen Erfahrung ~ 自分の実際的な経験をもとにして判断〈行動〉する | Der Dichter *schöpft* aus alten Quellen. 詩人は古い文献に素材を求める | aus dem vollen ~ (金・知識などが)あり余るほどある, なに不自由なく暮らす.
2 Papier ~ 紙を漉(す)く(パルプをすくって漉き枠に流し込む).
3 ⦅目的語なしで⦆ 〖狩〗 (野獣が)水を飲む.
ᵛ**4** (schaffen) つくり〈生み〉出す, 創造する: neue Begriffe ⟨Worte⟩ ~ 新しい概念〈表現〉をつくり出す | ein Werk ~ 作品を創造する.
[*ahd.* scephen; ◇Schaff; 4: *ahd.* scepfen; ◇schaffen¹]

Schöp·fer[ʃœpfər] 男 -s/- **1 a)** ⦅雅⦆ 創造者, 創始〈創設〉者, 創案者,〔創〕作者: der ~ dieses Kunstwerks この芸術作品の創造者 | der ~ dieses Projektes このプロジェクトの創案者 | Gott ist der ~ aller Dinge. 神は万物の創造者である. **b)** ⦅単数で⦆ (Gott) 神, 造物主: der allmächtige ⟨ewige⟩ ~ 万能〈永遠〉の神 | Er sollte seinem ~ danken, daß er noch lebt. まだ命のあることを彼は神に感謝すべきだ. **2 a)** ひしゃく, お玉(たま): die Suppe mit dem ~ umrühren スープをお玉でまぜる. **b)** 手〈くみ〉桶(おけ), つるべ. **3** 紙漉(す)き工. [*ahd.*; ◇schaffen¹; 2, 3: <schöpfen]

Schöp·fer≈geist 男 -[e]s/ 創造的精神. **≈hand** 女 -/ 創造者の手: von ~ erschaffen ⦅比⦆ 神の手になる.

schöp·fe·risch[ʃœpfərɪʃ] 形 創造的な, 創造力のある; 創意に富む, 独創的な: ein ~*er* Mensch 創造力のある人 | ~*e* Gedanken 創意に富む考え | ~*e* Arbeit leisten 創造的な仕事をする | auf den ~*en* Augenblick warten 創造力の訪れる〈独創的なアイディアのひらめく〉時を待つ ‖ Er ist nicht ~. 彼には創造力〈独創性〉がない ‖ 〖副詞的に〗 ~ tätig sein 創作活動をする | Probleme ~ lösen 問題を創造的に解決

する.

Schöp·fer·kraft[ʃœpfər..] 女 創造的な力, 創造〈創作)力.

Schöp·fer·tum[..tu:m] 中 -s/ 《雅》創造〔者〕性.

Schopf·hirsch[ʃɔpf..] 男 〘動〙マエガミジカ(前髪鹿).

Schöpf·kel·le[ʃœpf..] 女 =Schöpflöffel

Schöpf·lein Schopf の縮小形.

Schopf·li·lie[ʃɔpfli:liə] 女 〘植〙ユーコミス, パイナップルリリー(ユリ科の草花).

Schöpf≠löf·fel[ʃœpf..] 男 ひしゃく, しゃくし, お玉(→ 図 Löffel). **≠pa·pier** 中 手すき紙. [＜schöpfen]

Schopf·pa·vian[ʃɔpf..] 男 〘動〙クロザル(黒猿).

Schöpf·rad[ʃœpf..] 中 〘工〙揚水〈汲水〉車.

Schöp·fung[ʃœpfʊŋ] 女 -/-en **1** 《単数で》(schöpfen すること. 特に:)《雅》創造, 創作; 創設, 創始; (神による)〔天地〕創造: die ～ der Welt 天地創造, 創世. **2** (schöpfen されたもの) **a)** 《単数で》(神の手になる)被造物, 宇宙, 世界: die Krone der ～ 万物の霊長 | die Herren der ～ (→ Herr 2 a). **b)** 作品, 産物, 製品: die neuesten ～*en* der Mode 流行の最新の産物 | Diese Einrichtungen sind seine ～. これらの制度〈設備〉は彼の創意になるものである.

Schöp·fungs≠akt[ʃœpfʊŋs..] 男 -[e]s/ 《雅》創造的行為. **≠be·richt** 男, **≠ge·schich·te** 女 -/ 〘宗〙天地創造の歴史〈物語〉,(特に旧約聖書の)創世記. **≠tag** 男 天地創造〈創世〉の日.

Schöpf·werk[ʃœpf..] 中 〘工〙揚水〈汲水(きゅうすい)〉装置.

Schöpp·chen Schoppen の縮小形.

Schöp·pe[ʃœpə] 男 -n/-n 《北部》=Schöffe 1

schöp·peln[ʃœpəln] 《06》 **I** 自 (h) 《南部》酒好き〈飲んべえ〉である. **II** 他 (h) 《ｽｲｽ》(子供を)哺乳(ほにゅう)瓶で育てる. [＜Schoppen]

schop·pen[ʃɔpən] 他 (h) **1** 《南部・ｵｰｽﾄﾘｱ・ｽｲｽ》(ニワトリ・ガチョウなどを食肉用に)太らせる, 肥育する. **2** (bauschen) 〘服飾〙(ギャザを寄せて)膨らみをつける, フレアにする: *geschoppte* Ärmel パフスリーブ. [*mhd.*; ◇schieben]

Schop·pen[ʃɔpən] 男 -s/- (小 **Schöpp·chen**[ʃœpçən], **Schöpp·lein**[..laɪn] 中 -s/-) **1** ショッペン(ビール・ワインなどの液量単位: 1/2 または 1/4 *l*): drei ～ Wein trinken ワインを 3 ショッペン飲む | ein *Schöppchen* trinken 軽く一杯やる. **2** 《南部・ｽｲｽ》(Saugflasche) 哺乳(ほにゅう)瓶. [*mndd.* schōpe[n] „Schöpfkelle“－*fr.*; ◇Schaff, schöppeln]

Schop·pen·wein 男 (樽(たる)からショッペン単位で供される)ショッペン=ワイン.

schop·pen·wei·se 副 (→..weise ★)ショッペン単位で.

Schöpp·lein Schoppen の縮小形.

Schöps[ʃœps] 男 -es/-e 《東部・ｵｰｽﾄﾘｱ》 **1** (Hammel) (去勢された)雄羊; 《単数で》羊肉. **2** 《軽蔑的に》愚か者. [*slaw.*]

Schöp·sen≠bra·ten[ʃœpsən..] 男 羊の焼き肉. **≠fleisch** 中 羊肉. **≠keu·le** 女 〘料理〙羊のもも肉. **≠schle·gel** 男 《ｵｰｽﾄﾘｱ》=Schöpsenkeule

schöp·sern[ʃœpsərn] **I** 形 《ｵｰｽﾄﾘｱ》羊肉の: ein ～*es* Gericht 羊肉料理. **II Schöp·ser·ne** 中 《形容詞変化》《ｵｰｽﾄﾘｱ》羊肉.

schor[ʃo:r] scheren¹の過去.

schö·re[ʃø:rə] scheren¹の接続法 II.

Schorf[ʃɔrf] 男 -[e]s/-e **1** 〘医〙痂皮(かひ), かさぶた: den ～ abkratzen かさぶたをはがす(ひっかいて) | Der ～ fällt ab. かさぶたがとれる. **2** 〘植〙(カビ・バクテリアなどによる植物の)瘡痂(そうか)〈かさ〉病. [„rissige Haut“; *ahd.*; ◇Scherbe]

Schorf·bil·dung 女 〘医〙痂皮(かひ)形成, 結痂(けっか).

schor·fig[ʃɔrfɪç]² 形 痂皮(かひ)〈かさぶた〉で覆われた, かさぶただらけの; かさぶた状の.

Schörl[ʃœrl] 男 -[e]s/-e 〘鉱〙黒電気石.

Schor·le[ʃɔrlə] (**Schor·le·mor·le**[ʃɔrləmɔ́rlə, ～～́～～]) 女 -/-n (中 -s/-s) ショルレ〔モルレ〕(炭酸水割りのワイン).

Schorn·stein[ʃɔrnʃtaɪn] 男 煙突(→ 図 Haus A) (地域により Kamin, Esse などともいう): der ～ einer Fabrik 〈eines Schiffes〉 工場〈船〉の煙突 ‖ den ～ fegen 〈reinigen〉 煙突を掃除する | wie ein ～ rauchen 〈qualmen〉 まるで煙突のように多量にタバコを吸う ‖ *jn.* **durch den ～ jagen** 《比》…を火刑に処する; …を火葬にする | *et.*⁴ **in den ～ schreiben** 《話》…を(なくなったものとして)あきらめる〈帳消しにする〉| das Geld 〈*sein* Geld〉 zum ～ hinauswerfen (→ Geld 1) ‖ **Der ～ raucht.** 《話》商賣〈仕事〉がうまくいっている | Der ～ raucht wieder. 《話》会社の景気が再びよくなった | Von irgend etwas muß der ～ rauchen. 《比》人はなんらかの方法で生計を立てねばならぬ. [„Kragstein“; *mhd.*; ＜*mndd.* schore „Stütze“; ◇*engl.* shore]

Schorn·stein≠auf·satz 男 (煙突の先端に取りつけた)通風管. **≠fe·ger** 男 煙突掃除人.

Schorn·stein·fe·ger·krebs 男 〘医〙煙突掃除人癌(がん)(煤煙(ばいえん)の刺激によって陰嚢(いんのう)・大腿(だいたい)部内側などにできる職業病).

Schorn·stein≠kap·pe 女 = Schornsteinaufsatz **≠keh·rer** 男 =Schornsteinfeger

Scho·se[ʃó:zə] 女 -/-n 《話》 **1** 事〔柄〕, 事件, 用件; やっかいな〈いやな〉〔出来〕事. **2** 《軽蔑的に》つまらない物, がらくた. [*lat.* causa－*fr.* chose; ◇Causa]

schoß[ʃɔs] schießen の過去.

Schoß¹[ʃo:s] **I** 男 -es/Schöße[ʃø:sə] **1** ひざ(座った際の下腹部から大腿(だいたい)部にかけての部分): das Kind auf den ～ nehmen 子供をひざに抱き上げる | *sich*⁴ auf *js.* ～ 〈*jm.* auf den ～〉 setzen …のひざの上に腰を下ろす | im ～ der Familie aufwachsen 《比》家族のふところで〈家庭の庇護(ひご)のもとに〉成長する | wie in Abrahams ～ (→Abraham II) | *jm.* **in den ～ fallen** 《比》(労せずして)…のふところに転がり込む | die Hände in den ～ legen (→Hand 1). **2 a)** 《雅》(Mutterleib) 母胎; 《比》内部, 内奥: ein Kind im ～*e* tragen 子供を懐妊している | im ～*e* der Erde 大地のふところ〈地球の内部〉に | Das liegt noch im ～*e* der Zukunft. それはまだ未来のふところに眠っている〈海のものとも山のものともつかない〉. **b)** 《婉曲に》(女性の)陰部. **3** (小 **Schöß·chen** → 別出) **a)** (紳士服, 特に燕尾(えんび)服・乗馬服などの)すそ: mit fliegenden *Schößen* すそをひるがえして; 《戯》大急ぎで. **b)** =Schößchen

II 女 -/-en, Schöße **1** 《ｵｰｽﾄﾘｱ》(Rock) (婦人服の)スカート. **2** 《ｽｲｽ》(Schürze) 前掛け, エプロン.

[*germ.* „Vorspringendes“; ◇schießen]

Schoß²[ʃɔs] 男 Schosses / Schosse **1** (Schößling) (植物の)若芽, 若枝: 〔neue〕 *Schosse* treiben 新芽を出す. **2** 《中部》(Schublade) ひき出し. **3** 《北部》(Stockwerk) (家屋の)断層, 階. ▽**4** Schosses/Schosse[n], Schösse[ʃœsə], Schösser[ʃœsər] 貢租, 租税.

Schöß·chen[ʃœ:sçən] 中 -s/- (Schoß¹の縮小形) (婦人服のすその)垂れ, フリル.

schös·se[ʃœsə] schießen の接続法 II.

Schös·se Schoß² 4の複数.

Schö·ße Schoß¹の複数.

Schö·ßel[ʃø:səl] 男 (中) -s/- 《ｵｰｽﾄﾘｱ》 **1** =Schößchen **2** (燕尾(えんび)服の)すそ(→Schoß¹ I 3 a).

schos·sen[ʃɔsən] 《03》 **I** 自 (h) 発芽する, 若芽〈若枝〉を出す. ▽**II** 他 (h) (租税を)納める, 支払う.

▽**Schös·ser**¹[ʃœsər] 男 -s/- 収税吏.

Schös·ser² Schoß² 4の複数.

▽**schoß·frei**[ʃɔs..] 形 免税の.

▽**Schoß·gat·ter** 中 (Fallgatter) (中世の市門・城門などの)つり〈落とし〉格子. [＜Schuß]

Schoß≠hund[ʃo:s..] 男, **≠hünd·chen** 中 (ひざにのせてかわいがる)愛玩(あいがん)犬.

Schoß·kel·le[ʃo:s.., ʃɔs..] 女 (馬車後部の)荷台; 御者台.

Schoß·kind[ʃo:s..] 中 甘えっ子; 《比》寵児(ちょうじ): ein ～ des Glücks 運命の寵児, 幸運児.

Schöß·ling[ʃœslɪŋ] 男 -s/-e (植物の)若芽, 若枝; (苗植え用の)若木; 《比》子, 子孫, 後裔(こうえい). [*mhd.*; ◇Schoß²]

▽**schoß·pflich·tig**[ʃɔs..] 形 納税義務のある.

Scho·sta·ko·witsch[ʃɔstakó:vɪtʃ] 人名 Dimitrij ～ ディミトリイ ショスタコーヴィチ(1906–75; ソ連の作曲家. 作品はオラトリオ『森の歌』など).

Schot[ʃoːt] 女 -/-en＝Schote[1]
Schöt·chen Schote[3]の縮小形.
Scho·te[1][ʃóːtə] 女 -/-n 〘海〙帆脚索(ほあしづな). [*mndd.*; ◇Schoß[1]]
Scho·te[2][−] **I** 男 -n/-n《話》(Narr) ばか, あほう. **II** 女 -/-n ばか話; ばかげたこと, 愚行. [I: *hebr.*−*jidd.*; ◇Schaute]
Scho·te[3][−] 女 -/-n (小 **Schöt·chen**[ʃǿːtçən] 中 -s/-) **1** (エンドウ・パプリカ・コショウなどの)さや: fünf ~*n* Paprikas パプリカ5個 | die Erbsen aus den ~*n* 〔heraus〕lösen エンドウをさやから取り出す. **2**《ふつう複数で》《方》(Erbse) エンドウ〔マメ〕, グリンピース: ein Pfund ~*n* エンドウマメ〈グリンピース〉1ポンド. **3** 〘植〙長角果(ケシ科・アブラナ科などの果実で, 2片に裂開する: → 図).
[„Bedeckende“; *mhd.*; ◇Haut, Scudo]

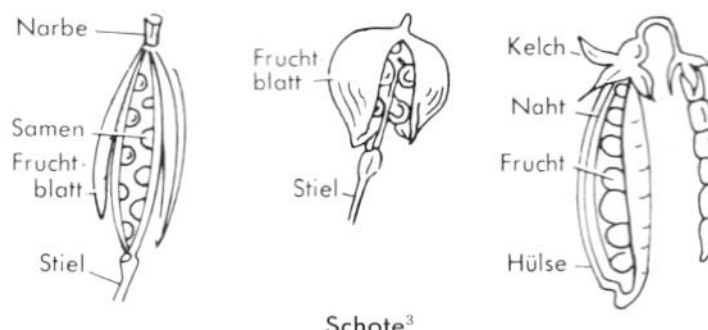
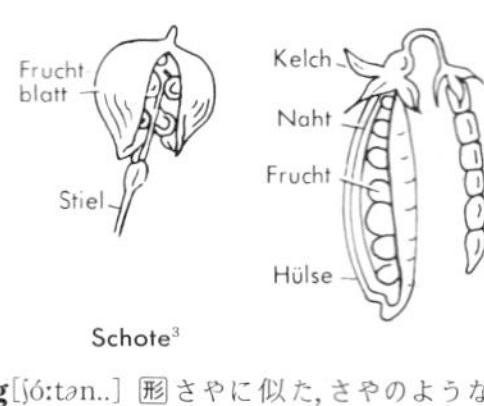

Schote[3]

scho·ten⸗ar·tig[ʃóːtən..] 形 さやに似た, さやのような. **⸗för·mig** 形 さや状の; 〘植〙長角状の.
Scho·ten⸗frucht 女 〘植〙長角果. **⸗klee** 男 〘植〙ミヤコグサ(都草)属の一種.
Schö·te·rich[ʃǿːtərɪç] 男 -s/-e 〘植〙エゾスズシロ属.
Schott[ʃɔt] 中 -〔e〕s/-en (-e) (**Schot·te**[1][ʃɔ́tə] 女 -/-n) 〘海〙(船内の)〔水密〕隔壁: die *Schotten* dicht machen 隔壁を密閉する;《比》戸〈窓〉を閉め切る; 作業を終える.
[„Eingeschossenes“; *mndd.* schot; ◇schießen]
Schot·te[2][ʃɔ́tə] 男 -n/-n《北部》若ニシン(鰊).
Schot·te[3][−] 男 -n/-n (女 **Schot·tin**[ʃɔ́tɪn]-/-nen) スコットランド人(→ 図): Er spart wie ein ~.《話》彼はしみったれだ. [<Skote]

Schotte[3]

Schot·te[4][−] 女 -/ 《南部・スイス》(Molke) 乳清. [*ahd.* scotto]
Schot·tel[ʃɔ́təl] 人名 Justus Georg ~ ユストゥス ゲオルク ショッテル(1612-76; ラテン語名 Schottelius. ドイツの文法学者・著述家).
Schot·ten[1][ʃɔ́tən] 男 -s/ 《南部・オーストリア》(Quark) 凝乳, カード.
Schot·ten[2][−] 男 -s/- 〘織〙タータンチェックの布地. [<Schotte[3]]
Schot·ten⸗mu·ster 中 〘服飾〙タータン模様〈チェック〉. **⸗rock** 男 ＝Kilt[1] **⸗stoff** 男 ＝Schotten[2]
Schot·ter[ʃɔ́tər] 男 -s/- **1** 川原石, 玉石. **2** (道路舗装・鉄道敷設用の)割栗(わりぐり)〔石〕, 砕石, 砂利. [<Schutt]
Schot·ter·decke 女 (道路・線路の)砕石表層.
schot·tern[ʃɔ́tərn] 《05》他 (h) 《*et.*[4]》(道路・線路などに)砂利〈砕石・割栗(わりぐり)〔石〕〉を敷く.
Schot·ter·stra·ße 女 砂利道, 砕石舗道, マカダム道路.
Schot·te·rung[ʃɔ́tərʊŋ] 女 -/-en **1** schottern すること. **2** ＝Schotterdecke
Schot·ter·wa·gen[ʃɔ́tər..] 男 〘鉄道〙(砂利などを積む)ホッパー車.
Schot·tin Schotte[3]の女性形.
schot·tisch[ʃɔ́tɪʃ] **I** 形 スコットランド〔人・語〕の: → deutsch ‖ ein ~*es* Muster 〘服飾〙タータン模様〈チェック〉(→ 図 Muster) | *Schottischer* Terrier スコッチ=テリア(犬の一種) | ~*er* Whisky スコッチ=ウイスキー.
II Schot·tisch 男 -en/-en (**Schot·ti·sche** 男《形容詞変化》)スコットランド舞踊(ポルカふうの輪舞).
Schott·land[ʃɔ́tlant] 地名 スコットランド(イギリス北部の行政地区で, かつては王国. 英語形 Scotland).
Schott·län·der[ʃɔ́tlɛndər] 男 -s/- ＝Schotte[3]
schott·län·disch[..dɪʃ] ＝schottisch
Schott·wand[ʃɔ́t..] 女 ＝Schott
Schout[ʃaʊt, sxaʊt] 男 -〔e〕s/-e 〘史〙(ハンザ同盟都市の)海運局長. [*ndl.*; ◇Schultheiß]
schrad[ʃraːt][1] 《北部》＝schräg [*mndd.*]
Schraf·fe[ʃráfə] 女 -/-n《ふつう複数で》Schraffur 2の線.
schraf·fen[ráfən] ＝schraffieren
Schraf·fen[−] 男 -s/- 《南部》(Schramme) かき傷, すり傷. [<schrappen]
schraf·fie·ren[ʃrafíːrən] 他 (h) 《*et.*[4]》(…に平行の)細いしま線を引く, (…に)けば〈線影〉を付ける, ハッチングをする. [*it.* sgraffiare „kratzen“−*mndl.*−*ndd.*]
Schraf·fie·rung[..rʊŋ] 女 -/-en ＝Schraffur
Schraf·fung[ʃráfʊŋ] 女 -/-en schraffen すること.
Schraf·fur[ʃrafúːr] 女 -/-en **1** schraffieren すること. **2** (平行の)細いしま線, けば, 線影, ハッチング(→ 図). [<..ur]

Schraffur

schräg[ʃrɛːk][1] 形 **1** 斜めの, はすの; 傾斜した, 傾いた: eine ~*e* Linie 斜線 | in ~*er* Richtung 斜めの方向に | eine ~*e* Wand 斜めに傾いた壁 | ein ~*er* Blick《比》不信のまなざし ‖ ~ gegenüber はす向かい〈筋向かい〉に | ~ liegen 〈stehen〉 傾斜している | *et.*[4] ~ schneiden …をはすに切る | *jn.* ~ ansehen《比》…を探るように〈不信のまなざしで〉見つめる | Die Sonnenstrahlen fallen ~ ins Zimmer. 日光が斜めに部屋にさし込む | Er geht ~ über die Straße. 彼は道路を斜めに横切る. **2** まともでない, 異端の: ~*e* Ansichten ひねくれた見解 | ~*e* Musik《軽蔑的に》現代音楽; ジャズ | **ein ~*er* Vogel**《話》正体不明の〈いかがわしい〉人物. [„gekrümmt“; ◇schränken]
Schräg·bal·ken[ʃréːk..] 男 〘紋〙斜め帯(→ 図 Wappen e).
Schrä·ge[ʃrɛ́ːɡə] 女 -/-n **1**《単数で》＝Schrägheit **2** 〔傾〕斜面; 斜角; 〘土木〙斜材, すじかい.
schra·gen[ʃráːɡən][1] 他 (h) 斜め〈十字〉に組み合わせる.
Schra·gen[−] 男 -s/- (板・木材などを斜めまたは十字に組んだ)台, 脚立, 木びき台, 柵(さく); 〘林〙斜めに積み上げた材木.
schrä·gen[ʃrɛ́ːɡən][1] 他 (h) **1** 斜めにする, (…の角を)斜めに切る, (…に)斜角をつける: *geschrägte* Dächer 傾斜した屋根. **2**《*jn.*》無視する; 見落とす; 侮辱する.
Schräg⸗fa·den[ʃréːk..] 男 〘紋〙極細の斜め帯. **⸗fahrt** 女 〘スキー〙斜滑降. **⸗flä·che** 女 〔傾〕斜面. **⸗fuß** 男 〘紋〙(盾の)下部の斜め区画.
schräg⸗ge·teilt 形 〘紋〙斜め2分割の(→ 図 Wappen d): zweimal ~ 斜め3分割の. **⸗ge·viert** 形 〘紋〙斜め十字分割の. **⸗ge·weckt** 形 〘紋〙斜め菱形(ひしがた)チェックの(→ 図 Wappen d).
Schräg·git·ter 中 〘紋〙斜め格子図形.
Schräg·heit[ʃréːkhaɪt] 女 -/ schräg なこと.
schräg·hin[ʃréːkhɪn] 副 斜め〔の方向〕に.
Schräg·kan·te 女 斜めに切った角.
schräg·kan·tig 形 角を斜めに切った.
Schräg⸗kreuz 中 斜め十字. **⸗la·ge** 女 **1** (一般に)〔傾〕斜位. **2** 〘医〙斜位(胎児の母胎での). **3** 〘空〙横傾斜, バンク. **⸗lei·ste** 女 〘紋〙細い斜め帯(→ 図 Wappen e). **⸗li·nie**[..niə] 女 斜線; 対角線.
Schräg·links·bal·ken 男 〘紋〙逆向き斜め帯.
Schräg·par·ken 中 -s/ (道路際での)斜め駐車.
Schräg·rohr·ma·no·me·ter 中 (男) 〘理〙傾斜管圧力計.
Schräg⸗rut·sche 女 〘土木〙傾斜シュート(→ 図 Rut-

sche). ⸗**schrift** 女 斜体〈イタリック〉文字; 〖印〗 イタリック〔体〕.

Schräg·seil·brücke[ʃrɛ́:kzaɪl..] 女 斜張橋.

Schräg⸗strei·fen 男 〖服飾〗 バイアス. ⸗**strich** 男 斜線(/). ⸗**tei·lung** 女 〖紋〗 斜め2分割.

schräg·über[ʃrɛ:k|ý:bər] 副 (schräg gegenüber) はす向かい〈筋向かい〉に: *et.*³ ～ / ～ von *et.*³ …のはす向かいに | Er wohnt 〔ihr〕 ～. 彼は〔彼女の〕はす向かいに住んでいる.

Schrä·gung[ʃrɛ́:gʊŋ] 女 -/ **1** schrägen すること. **2** =Schrägheit

Schräg·vie·rung[ʃrɛ́:k..] 女 〖紋〗 斜め十字分割.

schräg·win·ke·lig 形 斜角の, 直角でない.

schrak[ʃra:k] schreckte (schrecken の過去)の別形.

schrä·ke[ʃrɛ́:kə] schreckte (schrecken の接続法 II)の別形.

schral[ʃra:l] 形 〖海〗 (風が)斜め前から吹く(帆走に適しない). [*ndd.* „schlecht"]

schra·len[ʃrá:lən] 自 (h) 〖海〗 (風が)斜め前から帆に当たる.

Schram[ʃra:m] 男 -〔e〕s/Schräme[ʃrɛ́:mə] 〖坑〗 すかし掘りする.

schrä·men[ʃrɛ́:mən] 他 (h) 〖坑〗 (炭層などを)すかし掘りする.

Schram·me[ʃrámə] 女 -/-n **1** かき傷, すり傷. **2** 《比》 不快な事. [*mhd.*; ◇ scheren¹]

Schram·mel·mu·sik[ʃrámәl..] 女 -/ シュランメル音楽(ヴァイオリン・ギター・アコーディオンなどによるウィーンのポピュラー音楽). [<Schrammel (19世紀ウィーンで楽団を組んだ兄弟の姓)]

Schram·meln[ʃráməln] 複 シュランメル四重奏団.

Schram·mel·quar·tett 中 シュランメル四重奏団〈曲〉(ヴァイオリン2・ギター1・アコーディオン1からなる).

schram·men[ʃrámən] **I** 他 (h) 《*et.*⁴》 (…に)かき〈すり〉傷をつける: *sich*³ den Ellenbogen ～ ひじにかき〈すり〉傷を負う ‖ 再帰 *sich*⁴ ～ かき〈すり〉傷を負う. **II** 自 (s) 《an *et.*³》 (…を)かする, かすめる. [<Schramme]

schram·mig[ʃrámɪç]² 形 かき〈すり〉傷のある, かき〈すり〉傷だらけの.

Schramm·stein[ʃrám..] 男 (Prellstein) (衝突防止用の)ふち〈へり〉石.

schrand[ʃrant]¹ schrund (schrinden の過去)の別形.

Schrank[ʃraŋk] 男 -〔e〕s / Schränke[ʃrɛ́ŋkə] **1** (小 **Schränk·chen**[ʃrɛ́ŋkçən], **Schränk·lein**[..laɪn] 中 -s/-) (戸のついたかなり丈のある箱形の容器, 収納家具. 例えば:) 戸棚, たんす, キャビネット, ロッカー(→ 図): Aktenschrank 書類戸棚 | Bücher*schrank* 本箱 | Geld*schrank* 金庫 | Kühl*schrank* 冷蔵庫 | ein eingebauter ～ 作りつけの戸棚 ‖ Er ist ein 〔richtiger〕 ～. 《比》 彼はがっしりした体格をしている ‖ 〔**voll**〕 **gegen den ～ laufen** 《話》 むだな骨折りをする | nicht alle Tassen im ～ haben (→Tasse 1). **2** 〖狩〗 (野獣の足跡の)左右の開き. **3** あさり(のこぎりの歯の左右の開き). [*ahd.* scranc „Verschränkung"; ◇ schränken]

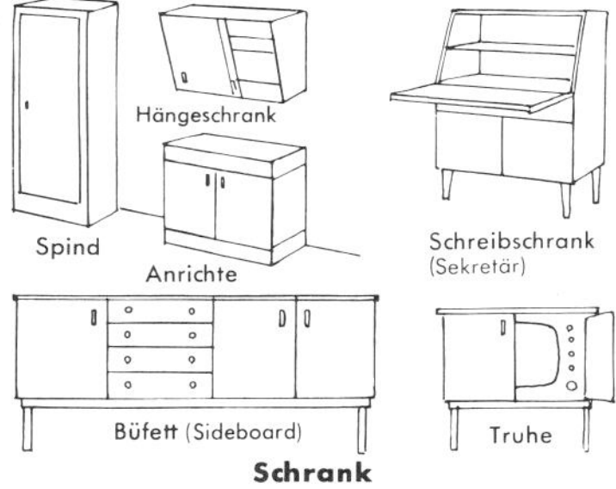

Schrank

Schrank·bett[ʃráŋk..] 中 (たたむと戸棚のように見える)折りたたみ式ベッド.

Schränk·chen Schrank の縮小形.

Schran·ke[ʃráŋkə] 女 -/-n **1** (障害・仕切り用の)横木, 遮断棒; さく, 垣, 格子; (Bahnschranke) 〖鉄道〗 (踏切の)遮断機; (法廷の裁判席と傍聴席とを仕切る)手すり; (試合場の)矢来(ﾔﾗｲ); 通行料金取立所: die ～*n* öffnen 〈aufziehen〉 (踏切の)遮断棒を上げる | die ～*n* schließen 〈herunterlassen〉 (踏切の)遮断棒を下ろす ‖ **vor den ～*n* 〔des Gerichts〕 erscheinen** 《雅》 法廷に立つ | *jn.* **vor die ～*n* 〔des Gerichts〕 fordern 〈laden〉** 《雅》 …を法廷に引き出す〈召喚する〉. **2** さくで囲った場所; 〖史〗 (矢来で囲った)試合場: ***jn.* in die ～*n* fordern** 《雅》 …に戦いを挑む | **für *jn.* 〈*et.*⁴〉 in die ～*n* treten** 《雅》 …を守るために戦う. **3** (ふつう複数で) 限界, 制限; 障壁: die ～*n* der Konvention 因襲の壁 | *jm.* 〈*et.*³〉 ～*n* setzen …に制限を加える | keine ～*n* mehr kennen もはや とどまるところを知らない | ***et.*⁴ in ～*n* halten** …に制限を加える; …を抑制〈拘束〉する | ***sich*⁴ in ～*n* halten** 限度を守る | ***jn.* in die 〈*seine*〉 ～*n* weisen 〈verweisen〉** …の出すぎた振舞いをたしなめる(分を守るように).

Schrän·ke Schrank の複数.

Schränk·ei·sen[ʃrɛ́ŋk..] 中 (のこぎりの)目立て〈あさり出し〉具. [<schränken]

Schran·ken[ʃráŋkən] 男 -s/- 《ｵｰｽﾄﾘｱ》 (Bahnschranke) (踏切の)遮断機. [<Schranke]

schrän·ken[ʃrɛ́ŋkən] **I** 他 (h) **1** (十文字に)組む, 組み合わせる, 交差させる: die Arme über der Brust ～ 腕組みをする. **2** 〖工〗 (のこぎりの歯を左右に開いて)目立てする. **II** 自 (h) 〖狩〗 (野獣がまっすぐでなく)左右にぶれた足跡をつける. [*westgerm.*; ◇ schreiten, Schrank, schräg]

schran·ken·los[ʃráŋkənlo:s]¹ 形 **1** 際限のない, 無制限の, 無限の; 無拘束の, 抑制のない, 気まま〈放縦〉な: ein ～*es* Vertrauen 無限の信頼 | *et.*⁴ ～ ausnutzen …を存分に悪用する. **2** (踏切の)遮断機のない.

Schran·ken·lo·sig·keit[..lo:zɪçkaɪt] 女 -/ schrankenlos なこと.

Schran·ken⸗stan·ge 女 遮断機の横木. ⸗**wär·ter** 男 〖鉄道〗 踏切保安係, 踏切番〈警手〉.

Schrän·ker[ʃrɛ́ŋkər] 男 -s/- 《話》 金庫破り(人).

Schrank·fach[ʃráŋk..] 中 戸棚〈たんす〉の仕切り〔棚〕.

schrank·fer·tig 形 (特に洗濯物について)戸棚にしまうばかりにきれいに仕上がった.

Schrank·kof·fer 男 (衣服をつるせるようになっている)大型トランク.

Schränk·lein Schrank の縮小形.

Schrank⸗spie·gel 男 たんす〔に取り付けられた〕鏡. ⸗**tür** 女 たんす〈戸棚〉の扉. ⸗**wand** 女 壁一面をおおうユニットたんす〈戸棚〉.

ᵛ**Schran·ne**[ʃránə] 女 -/-n 《南部》 **1** (肉屋・パン屋などの)陳列台〈販売所〉. **2** 穀物市場. **3** (Bank) ベンチ, 腰かけ; (法廷の)裁判官席. **4** =Schramme [*ahd.*; ◇ Scharn]

Schran·nen⸗hal·le 女 《南部》, ⸗**platz** 男 《南部》 穀物市場〔の建物〕.

Schranz[ʃrants] 男 -es/Schränze[ʃrɛ́ntsə] 《南部・ｽｲｽ》 (布の)かぎ裂き, 裂け目. [*mhd.*; ◇ schrinden, Schrunde]

Schran·ze[ʃrántsə] 女 -/-n (男 -n/-n) 《ふつう複数で》 《軽蔑的に》 **1** おべっか使い. ᵛ**2** こびへつらう廷臣.

Schrän·ze Schranz の複数.

ᵛ**schran·zen**[ʃrántsən] 《02》 自 (h) おべっかを使う, ごまをする, こびへつらう.

schran·zen·haft[–haft] 形 おべっか使いの, こびへつらう.

Schra·pe[ʃrá:pə] 女 -/-n=Schrapper [*mndd.*]

schra·pen[ʃrá:pən] =schrappen

Schrap·nell[ʃrapnɛ́l] 中 -s/-e, -s 〖軍〗 榴(ﾘｭｳ)散弾. [<H. Shrapnel (発明者のイギリスの陸軍将校, †1842)]

Schrapp·ei·sen[ʃráp..] 中 =Schrapper 1

schrap·pen[ʃrápən] **I** 他 (h) 《北部》 **1** (schaben) 削り(掻(ｶ)き)取る, こそぎ取る; (…の皮を)そぎ落とす: einen Fisch ～ 魚のうろこをおとす | *jn.* 〈*sich*³ den Bart〉 ～ 《戯》

S

…の〈自分の〉ひげをそる. **2** 《軽蔑的に》〔小〕金をかき集める, ためこむ. **II** 自 **1** (s) 《北部》(平滑でない面を前進して)きしみ音をたてる: Der Kiel *schrappte* über den Sand. (船首の)竜骨がミシミシと音をたてながら砂地に乗り上げた. **2** (h) auf der Geige ～ (下手に)ヴァイオリンをひく. [*mndd.*; ◇scharf, schröpfen, Schraffen; *engl.* scrape]

Schrap·per[..pər] 男 -s/- **1** 《北部》削り〈掻(か)き〉道具. **2** 〘坑〙スクレーパー. **3** 《軽蔑的に》守銭奴, しみったれ.

Schrap·sel[ʃrá:psəl] 中 -s/- 《北部》削り〈掻(か)き〉くず.

Schrat[ʃra:t] 男 -〔e〕s/-e (**Schrä·tel**[ʃré:təl] 男 -s/-) 〘民俗〙(毛むくじゃらでしわだらけの)森の精.
[*ahd.* scrato; ◇*engl.* Scratch]

Schrat·se·gel[ʃrá:t..] 中 〘海〙(下の帆桁(ほげた)のない)三角帆, 斜桁(しゃこう)帆. [＜schrad]

Schratt[ʃrat] 男 -〔e〕s/-e (**Schrät·tel**[ʃrétəl] 男 -s/-) = Schrat

Schrat·ten[ʃrátən] 複 (Karren) 〘地〙(石灰岩が浸食されてできた)カッレン, 墓石地形.
[„Zerrissenes"; ＜schroten]

Schräub·chen Schraube の縮小形.

Schraub·deckel[ʃráup..] 男 (ガラス容器などの)ねじりぶた, ねじ込み栓.

Schrau·be[ʃráubə] 女 -/-n (④ **Schräub·chen**[ʃrɔ́ʏpçən], **Schräub·lein**[..laɪn] 中 -s/-) **1 a)** ねじ, ボルト(→ 図 A): eine männliche 〈weibliche〉 ～ 雄〈雌〉ねじ | eine ～ mit Mutter ボルトとナット | Holz*schraube* 木(もく)ねじ | Kopf*schraube* 頭つきボルト | eine alte ～《話》おいぼればばあ ‖ eine ～ anziehen 〈festziehen〉 ねじを締める | eine ～ lösen 〈lockern〉 ねじをゆるめる | **die ～ überdrehen** 《話》(要求などの)度が過ぎる ‖ ***jn.* in die ～ nehmen** 《比》…を容赦なく締めつける | *et.*[4] mit ～*n* befestigen …をねじで固定する ‖ Die ～ sitzt fest 〈hat sich gelockert〉. ねじがしっかり留まっている〈ゆるんだ〉 | **bei *jm.* ist eine ～ los〔e〕 〈locker〉** 《話》…は頭のねじが一本ゆるんでいる(頭が少しおかしい) | Bei dir ist wohl eine ～ locker? きみはどこかおかしいんじゃないのか. **b)** らせん(螺旋): **eine ～ ohne Ende** 無限らせん; 《比》永遠のいたちごっこ〈悪循環〉. **2** (Wasserschraube) スクリュー; (Luftschraube) プロペラ: in die ～ geraten スクリュー〈プロペラ〉に巻き込まれる. **3 a)** 〘スポ〙(体操・水泳の飛び込みなどで)ひねり. **b)** 〘空〙きりもみ〔飛行〕. **4** (Schraubenstellung) 〘植〙らせん葉序, 互生葉序(→ 図 Blütenstand).
[*mhd.* schrūbe; ◇*engl.* screw]

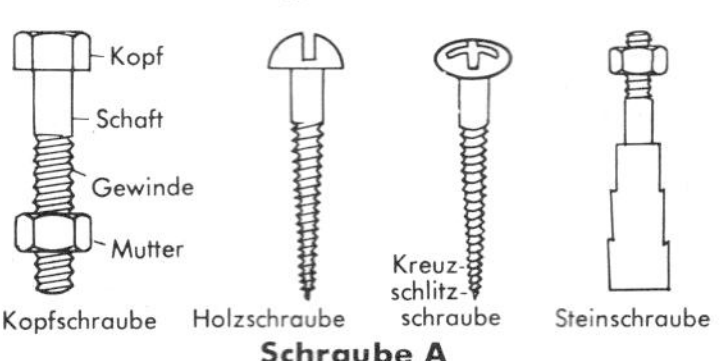

Schraube A

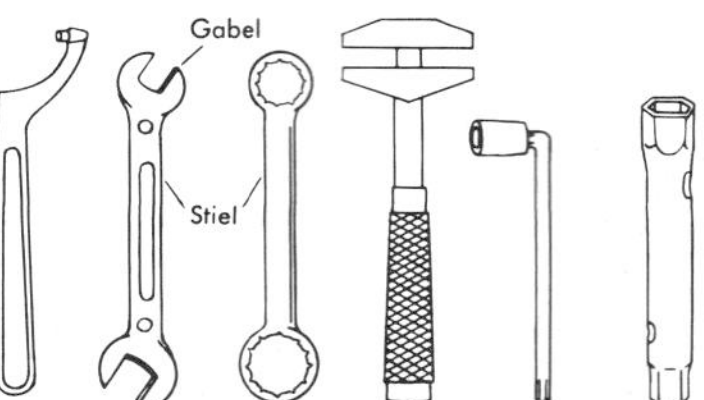

Schraube B (Schraubenschlüssel)

Schrau·bel[ʃráubəl] 女 -/-n 〘植〙蝸牛(かぎゅう)状花序.

schrau·ben[(*)][ʃráubən][1] 《150》 **schraub·te** (ᵛschrob [ʃro:p][1]) / **ge·schraubt** (ᵛgeschroben); 接II schraubte (ᵛschröbe[ʃrǿ:bə])
I 他 (h) **1 a)** (ねじ・ボルト・らせん状の器具などを)ねじる, 回す, ひねる; (…を)ねじで締める〈留める〉: die Schraube aus *et.*[3] ～ ねじを…から(ねじって)抜き取る | eine Glühbirne in die Lampe ～ 電球をランプに(ねじ込んで)取り付ける | die Preise in die Höhe ～ 《比》価格〈物価〉をつり上げる | das Namenschild an die Tür ～ 表札を戸口に(ねじで留めて)取り付ける ‖ 再帰 *sich*[4] in die Höhe ～ らせん状に上昇する | Er hat sich aus dem Wagen *geschraubt*. 彼は(体をよじって)車から降り立った. **b)** 《話》《*jn.*》悩ます, 苦しめる; からかう: *jn.* um *et.*[4] ～《比》…から…をだまし取る. **2** 再帰 *sich*[4] ～ 気取る, もったいぶる.
II 自 (h) 〘スポ〙(体操・水泳などで)ひねりを入れる.
III ge·schraubt → 別出

Schrau·ben∠bak·te·rie[..riə] 女 -/-n 《ふつう複数で》(Spirille) 〘細菌〙螺旋(らせん)菌. **∠baum** 男 〘植〙タコノキ属. **∠boh·rer** 男 ねじれぎり, (らせん状の)ドリル; 雌ねじ切り, ねじタップ. **∠bol·zen** 男 ねじボルト. **∠damp·fer** 男 スクリュー船; 《話》(目立って)太った中年女. **∠dreh·bank** 女 -/..bänke ねじ切り旋盤. **∠dre·her** 男 = Schraubenzieher **∠fe·der** 女 コイルばね(→ 図 Feder). **∠flä·che** 女 〘数〙らせん体. **∠flü·gel** 男 スクリュー〈プロペラ〉の翼〈羽根〉. **∠för·de·rer** 男 スクリューコンベヤー.

schrau·ben·för·mig 形 らせん形の.

Schrau·ben∠gang[ʃráubən..] 男 ねじ山. **∠ge·win·de** 中 ねじ山. **∠kopf** 男 ねじ頭, ボルト頭部. **∠leh·re** 女 ねじゲージ. **∠li·nie**[..niə] 女 渦巻き〈つる巻き〉線, らせん形. **∠mut·ter** 女 -/-n 雌ねじ, ナット. **∠pal·me** 女 = Schraubenbaum **∠pres·se** = Spindelpresse **∠rad** 中 ねじ歯車. **∠sal·to** 男 〘体操〙ひねり宙返り. **∠schlüs·sel** 男 〔自在〕スパナ, レンチ(→ 図 Schraube B): ein verstellbarer ～ 自在〈モンキー〉スパナ | Er braucht einen ～. 《話》彼は頭のねじがゆるんでいる. **∠schnecke** 女 〘貝〙タケノコガイ(筍貝). **∠si·che·rung** 女 〘工〙ナット止め装置. **∠spin·del** 女 雄ねじ. **∠sprung** 男 〘泳〙ひねり飛び込み. **∠stel·lung** 女 〘植〙らせん葉序, 互生葉序. **∠wel·le** 女 プロペラ〈スクリュー〉軸(→ 図 Schiff B). **∠win·de** 女 ねじジャッキ. **∠win·dung** 女 ねじ山. **∠zie·ge** 女 〘動〙マーコール(ヤギの一種). **∠zie·her** 男 ねじ回し, ドライバー.

Schraub·glas[ʃráup..] 中 -es/..gläser ねじりぶた〈ねじ込み栓〉付きのガラス容器.

schrau·big[ʃráubɪç][2] 形 ねじれた, らせん状の.

Schräub·lein Schraube の縮小形.

Schraub∠loch[ʃráup..] 中 ねじ穴. **∠stock** 男 -〔e〕s/..stöcke 万力(まんりき), バイス(→ 図): am ～ stehen 《比》(一般に)仕事台に向かっている, 作業中である | *et.*[4] in den ～ spannen …を万力に固定する. **∠stol·len** 男 (靴底などの)ねじ装着式のスパイク. **∠ver·schluß** 男 ねじりぶた, ねじ込み栓. **∠zwin·ge** 女 しゃこ万力.

die bewegliche Backe
die feste Backe
Körper
Schraubstock

Schrau·fen[ʃráufən] 男 -s/- 《オーストリア》 **1** 《話》(Schraube) ねじ, ボルト. **2** (Niederlage) 〘スポ〙敗北.

Schre·ber·gar·ten[ʃré:bər..] 男 シュレーバー菜園(都市住民が郊外に所有・借地する小区画の家庭菜園). [＜D. G. M. Schreber (ドイツの医師, †1861)]

Schre·ber·gärt·ner 男 シュレーバー菜園の所有者〈借地人〉: ein geistiger ～ i) 小額年金生活者; ii) 《戯》教養の低い〈視野の狭い〉人間.

Schreck[ʃrɛk] 男 -〔e〕s/-e 《ふつう単数で》(急激な)おどろき, 驚愕(きょうがく): einen ～ bekommen 愕然とする, ぎょっとす

S

る | *jm.* einen ～ einjagen …を愕然と〈ぎょっと〉させる ‖ Auf den ～〔hin〕wollen wir erst mal einen trinken. まあ一杯飲んで気を落ちつけようじゃないか | **ach du〔lieber〕～!** / **〔ach〕du mein ～!** / **〔ach du〕heiliger e ～!** / **～, laß nach!** 《話》ああびっくりした, ああこれは大変だ.

Schrẹck·bild[ʃrɛ́k..] 中 恐ろしい姿〈光景〉.

Schrẹcke[ʃrɛ́kə] 女 -/-n **1** =Heuschrecke **2** (Wachtelkönig) 〖鳥〗ウズラクイナ.

schrẹcken(*)[ʃrɛ́kən]《151》 **schrẹck·te** (schrak [ʃra:k]) / **ge·schrẹckt** (ᵛgeschrocken[gəʃrɔ́kən]); 現 *du* schreckst (ᵛschrickst[ʃrɪkst]), *er* schreckt (ᵛschrickt); 命 schreck〔e〕 (ᵛschrick); 接II schreckte (schräke[ʃrɛ́:kə])

I 他 (h)《規則変化》**1**《*jn.*》驚かす, 驚愕(きょうがく)させる, ぎょっと〈びっくり〉させる, おどかす, こわがらせる: *jn.* mit Drohungen ～ …を脅してこわがらせる〈恐怖に陥れる〉| *jn.* aus dem Schlaf ～ …を驚かせて目をさまさせる | *sich*⁴ durch nichts ～ lassen 何事にも動じない. **2** 急激に冷却する, 冷硬する. **3** 〖海〗(船を)急激に動かす. **4**《南部》破裂させる, (…に)亀裂(きれつ)を生じさせる.

II 自 **1** (h)《規則変化》〖狩〗(シカなどが)驚いて立ち止まる〈鳴く〉. **2** (s)《ときに不規則変化》=erschrecken I

[*ahd.*; < *ahd.* scricken „〔auf〕springen" (◇ scheren³)]

Schrẹcken[ʃrɛ́kən] 男 -s/- **1**《ふつう複数で》(Schreck) (急激な)おどろき, 驚愕(きょうがく): einen ～ bekommen 愕然とする, ぎょっとする ‖ *jn.* in ～ versetzen …をぎょっとさせる〈恐怖に陥れる〉| mit dem〔bloßen〕～ davonkommen (ぎょっとしただけで)無事にのがれる | ein Ende mit ～ 悲惨な結末 | vor ～ erstarren〈zittern〉おどろいて身をこわばらせる〈震える〉. **2**《ふつう複数で》《雅》恐怖, 恐慌: die ～ des Krieges〈des Todes〉戦争〈死〉に対する恐怖.

schrẹcken·er·re·gend 形 恐怖をおこさせる, 恐ろしい.

Schrẹckens·bild 中 恐ろしい〈悲惨な〉光景.

schrẹckens≠blaß 形, **≠bleich** 形 恐怖に青ざめた.

Schrẹckens≠bot·schaft 女 恐ろしい知らせ, 凶報, 悲報. **≠herr·schaft** 女 恐怖支配〈政治〉. **≠mel·dung** 女, **≠nach·richt** 女 =Schreckensbotschaft **≠nacht** 女 恐怖の夜. **≠re·gi·ment** 中 =Schreckensherrschaft **≠schrei** 男 恐怖の叫び. **≠sze·na·rio** 中 恐怖のシナリオ. **≠tat** 女 恐ろしい行為, 凶行. **≠vi·sion** 女 恐怖心を呼びおこす幻想〈空想〉; 恐ろしい未来像. **≠zeit** 女 恐怖時代.

schrẹck≠er·füllt[ʃrɛ́k..] 形 恐怖に満たされた. **≠er·starrt** 形 恐怖〈驚愕(きょうがく)〉に身をこわばらせた.

Schrẹck≠fär·bung 女〖動〗(相手をおどすための)威嚇(いかく)色. **≠ge·spenst** 中 (恐怖心を呼びおこす)妖怪(ようかい), ばけもの;《比》(不気味で)恐ろしい人物〈事物〉.

schrẹck·haft[ʃrɛ́khaft] 形 **1** こわがりの, おく病な, 気の小さい. **2** 驚愕(きょうがく)〈びっくり〉した. ᵛ**3** (schrecklich) 恐ろしい.

Schrẹck·haf·tig·keit[..haftɪçkaɪt] 女 -/ schreckhaft なこと.

schrẹck·lich[ʃrɛ́klɪç] 形 (furchtbar) **1** 恐ろしい, こわい; ぞっとするような, いやらしい: eine ～*e* Nachricht 恐ろしい知らせ | ein ～*er* Kerl いやなやつ ‖ Es ist mir ～, ihm sagen zu müssen. 彼に話さなければならないと思うと私はぞっとする | Wie ～! まあ こわい; まあ なんという〔お気の毒な〕ことでしょう.

2《程度の高さを強調して》《話》ひどい, ものすごい: eine ～*e* Hitze ものすごい暑さ | ～*en* Hunger haben ものすごく腹が減っている ‖ Es ist ～ kalt. ひどく寒い | Das Buch war ～ interessant〈langweilig〉. この本は実に興味深かった〈おそろしく退屈だった〉| Sie hat sich darüber ～ gefreut. 彼女はそれをひどく喜んだ | Das ist ～ nett von Ihnen. これはご親切にどうも.

Schrẹck·lich·keit[‒kaɪt] 女 -/ schrecklich なこと.

Schrẹck·neu·ro·se[ʃrɛ́k..] 女〖医〗驚愕神経症.

Schrẹck·nis[ʃrɛ́knɪs] 中 -ses/-se 恐ろしい事物.

Schrẹck≠reak·tion 女〖心〗驚愕(きょうがく)〈びっくり〉反応. **≠schrau·be** 女《軽蔑的に》(容貌(ようぼう)・態度などが不快な)いやな〈ひどい〉女.

Schrẹck·schuß 男 威嚇射撃;《比》こけおどし, 見せかけの大事: einen ～ abgeben 威嚇射撃をする.

Schrẹck·schuß·pi·sto·le 女 威嚇射撃用ピストル.

Schrẹck≠se·kun·de 女 驚愕(きょうがく)〈恐怖〉の一瞬;〖法〗(自動車運転手などの)緊急対応時間. **≠star·re** 女 (Kataplexie)〖医〗驚愕〈恐怖〉による筋硬直. **≠stoff** 男 -〔e〕s/-e《ふつう複数で》〖生〗警報物質.

Schrẹd·der[ʃrɛ́dər] 男 -s/- =Shredder

Schrei[ʃraɪ] 男 -〔e〕s/-e **1** 叫び〔声〕(悲鳴・絶叫・金切り声・泣き叫ぶ声・怒号・わめき声など); (鳥獣の)鳴き〈叫び〉声: ein gellender〈schriller〉～ けたたましい叫び声 | ein ～ der Freude〈des Entsetzens〉喜び〈恐怖〉の叫び | der ～ nach Brot《比》パンを求める切実な要求 | der erste ～ 産声(うぶごえ) ‖ einen ～ ausstoßen〈von *sich*³ geben〉叫び声をあげる | mit einem ～ 叫び声をあげて. **2**《話》**der letzte**〈neueste〉**～** 最新の流行 | Sie ist nach dem letzten ～ gekleidet. 彼女は流行の最先端をゆく服装をしている.

[*ahd.*; ◇ schreien]

Schreib≠art[ʃráɪp..] 女 **1** (Stil) (文章の)書き方, 文体. **2** (字の)書き方, 書体; (語の)つづり方. **≠be·darf** 男 (ものを書くのに必要な)筆記用具. **≠block** 男 -〔e〕s/-s, ..blöcke (はぎ取り式の)メモ用紙(→ 図 Block).

Schrei·be[ʃráɪbə] 女 -/-n《話》**1**《単数で》(↔Sprache) **a)** 書いた〈書かれた〉もの: Eine ～ ist keine Rede. 書く場合と口で言う場合とではおのずから異なる. **b)** (Stil) (文章の)書き方, 文体. **2** (Schreibgerät) 書くもの, 筆記用具.

Schrei·be·brief 男《話》(Brief) 手紙.

schrei·ben*[ʃráɪbən]¹《152》 **schrieb**[ʃri:p]¹/**ge·schrie·ben**; 接II schriebe

I 他 (h) **1 a)** (英: *write*) (文字・数字などを)書く, 書きしるす: *et.*⁴ mit dem Bleistift〈mit Tinte〉aufs Papier ～ …を鉛筆〈インク〉で紙に書く | *et.*⁴ auf〈mit〉der Schreibmaschine ～ …をタイプライターで打つ | *et.*⁴ in ein Heft ～ …をノートに書きこむ | einen Aufsatz ins reine ～ 作文を清書する ‖ die Anschrift〔auf den Umschlag〕～ 〔封筒に〕あて名を書く | das Datum〔auf den Brief〕～ 〔手紙に〕日付を書く | eine gute Handschrift ～ りっぱな〔筆跡の〕字を書く | Kurzschrift〈Stenographie〉～ 速記する | *seinen* Namen〔unter *et.*⁴〕～ 〔…に〕署名する | die Nummer〔auf *et.*⁴〕～ 〔…に〕ナンバーを打つ | Noten ～ 音符を書く; 写譜する | Buchstaben an die Tafel ～ 文字を黒板に書く〈板書する〉| 280 Silben pro Minute ～ 1分間に280音節の〔速度で〕字を書く〈タイプを打つ〉.

b) (語を)正書法に従ってつづる: Wie *schreibt* man „Haar"? — „Haar" wird mit „aa" *geschrieben*. Haar という語はどうつづりますか —Haar という語は a を2個重ねてつづります ‖ ein Wort falsch ～ ある語のつづりを間違える | ein Wort groß〈klein〉～ ある語を大文字〈小文字〉で書き起こす ‖ eine Zahl in Buchstaben ～ 数を(数字でなく)文字でつづる | *et.*⁴ in〈mit〉lateinischen Buchstaben ～ …をラテン文字で書く ‖ 再帰 Wie *schreibst* du dich? i) 君の名はどうつづるのですか; ᵛii) 君はなんという名前ですか | Ich *schreibe* mich mit „dt". 私の名前の t の音は dt とつづる.

2 文章にする, 文章にまとめる: **a)** (書物などを)執筆〔発表〕する, 著述する; (文章・手紙などを)書く; (曲を)作曲する:〔über *et.*⁴〕einen Aufsatz ～〔…について〕作文する〈執筆する〉| Berichte〈Rechnungen〉～ 報告書〈勘定書〉を書く | einen Brief ～ 手紙を書く(→4 a) | ein Buch über Deutschland ～ ドイツについて〔の〕本を書く | ein Diktat ～ 口述筆記をする, 書き取りをする | ein Gesuch〈ein Rezept〉～ 陳情書〈処方箋(せん)〉を書く | Romane〈Gedichte〉～ 小説〈詩〉を書く | 20 Seiten ～ 20ページ〔の文章を〕書く | Symphonien ～ 交響曲を作曲する ‖ *seine* Korrespondenz〔in〕deutsch ～ 通信文をドイツ語で書く | Der Artikel ist in einer leicht verständlichen Sprache〈leicht verständlich〉*geschrieben*. その記事は分かりやすく書いてある | *et.*⁴ ins Konzept ～ …を下書きする.

S

b）《書かれる内容を目的語として》（…と）書く, 書いている: ①（…と）書く, 報ずる, 書いてある: Er *schreibt*, daß ... 彼の書いているところによると… | Die Zeitung *schreibt* 〈In der Zeitung *schreiben* sie〉, daß ... 新聞〔で〕は…と報じている | Ich habe 〔es〕 auf den Zettel *geschrieben*, wohin ich gehe. 私はどこへ行くかを紙きれに書いておいた | lauter Lügen ～ うそばかりを書く | Unsinn 〈die Wahrheit〉 ～ 愚にもつかないこと〈真相〉を書く ‖〖**von** または **über** と〗Er *schreibt* über das Unglück folgendes. 彼はその事故について次のように書いている | Er hat nichts von dem Vorfall 〈über den Vorfall〉 *geschrieben*. 彼はその出来事について何も書いていない.

② (eintragen)《*et.*⁴ auf *et.*⁴》（…を…に）記入〈記帳〉する: einen Betrag auf das Konto ～ ある金額を口座に記入する | *et.*⁴ auf *js.* Rechnung ～ …を…の借方に書きこむ;《比》…を…のせいにする | 2 000 Mark zu *js.* Gunsten 〈Lasten〉 ～2000マルクを…の貸方〈借方〉に記入する | einen kleinen Eintrag in die Liste ～ リストにちょっとした書き入れをする.

ᐁ③《日付を示す語句を目的語として》日付は…である: Den wievielten *schreiben* wir heute? — Wir *schreiben* heute den 8. Dezember. きょうは何日ですか — きょうは12月８日です | Man *schrieb* das Jahr 1725. 時あたかも1725年のことであった.

c）《文体・書き方を示す語句を目的語として》（…の文章を）書く: gutes 〈schlechtes〉 Deutsch ～ よい〈悪い〉ドイツ語〔の文章〕を書く | eine polemische 〈gewandte〉 Feder ～《雅》論争的〈達者〉な文章を書く | einen guten Stil 〈eine geschliffene Prosa〉 ～ りっぱな文体の文章〈彫琢(ちょう)された散文〉を書く.

3《成句的に》: sage und *schreibe* (→sagen 1 a) | *et.*⁴ auf *seine* Fahne ～ (→Fahne 1 a) | einem Schauspieler eine Rolle auf den Leib ～ 役柄をある役者を念頭において書く | *jm.* 〔wie〕 auf den Leib *geschrieben* sein (→Leib 1) | *sich*³ *et.*⁴ hinter die Ohren ～ (→Ohr 1) | *et.*⁴ in den Kamin 〈in den Mond / in den Schornstein / in den Wind〉 ～ (→Kamin 2, →Mond 1 a, →Schornstein, →Wind 1 a) ‖〖過去分詞で〗ein lebenswahr *geschriebenes* Fernsehstück 事実に則して書かれたテレビドラマ | *geschriebenes* Recht 成文〈制定〉法 ‖ Es steht 〔in der Bibel〕 *geschrieben*, daß ... （説教などで）…と聖書に書かれてある | Wo steht *geschrieben*, daß ... ? i）…とはどこに書いてあるのか; ii）…とはきまってないではないか, …というきまり〈規則〉があるわけではないではないか | *jm.* an 〈auf〉 der Stirn *geschrieben* stehen / *jm.* im Gesicht *geschrieben* stehen （悪行・根性などが）…の顔に現れている | In seinem Blick stand die Antwort *geschrieben*. 彼の答えはその目のうちに読み取れた | Das steht 〈ist〉 in den Sternen *geschrieben*.《比》それはどうなるかまだ分かったものではない, それはまだ雲をつかむような話だ ‖ etwas *Geschriebenes* fordern 書きつけ〈証文〉を要求する.

4 a）《*jm.* / an *jn.*》（…あてに）便りする, 手紙で知らせる, 通知する(→II 3 a): Er *schreibt* seinem Vater 〈an seinen Vater〉 einen Brief. 彼は父あてに手紙を書く | Er hat an das Finanzamt einen Beschwerdebrief *geschrieben*. 彼は税務署に苦情の手紙を出した | *Schreib* 〔du〕 ihm noch ein paar Zeilen!〔君が〕彼に一筆書きそえてやってくれ ‖ Er hat 〔es〕 uns *geschrieben*, daß er morgen kommt. 明日来ることを彼は手紙で知らせて来ている | Er *schreibt* 〔es〕 ihr, wann er kommt. 彼はいつ行くかを彼女に手紙で知らせる | Ich habe meinen Eltern nichts davon *geschrieben*. 私は両親あての手紙ではそのことについて何も書かなかった | Man *schreibt* uns aus Bonn, daß ... ボンからの便りには…とある.

b）《話》(再帰) *sich*⁴ mit *jm.* ～ …と文通する〈している〉.

5 *jn.* krank ～ …が病気であると診断する | vom Arzt krank *geschrieben* werden 医者に病気だという診断を受ける | *sich*⁴ vom Arzt gesund ～ lassen 医者に健康だという診断書を書いてもらう.

II (自) (h) **1 a**）文字を書く: *Schreiben* Sie!（生徒・秘書に対して）書き取ってください | Das Kind kann noch nicht ～. この子供はまだ字が書けない | lesen und ～ lernen 読み書きを習う ‖〖様態を示す語句と〗leserlich ～ 読みやすい字を書く | links ～ 左手で書く | auf blauem Papier 〈auf blaues Papier〉 ～ 青い紙を用いて〈青の紙の上に〉書く | auf 〈mit〉 der Schreibmaschine ～ タイプを打つ(→maschineschreiben) | mit der Hand ～ 手書きする | mit dem Kugelschreiber 〈mit Tinte〉 ～ ボールペン〈インク〉で書く.

b）（筆記用具について）文字が書ける; 書き具合が（…）である: Die Kreide *schreibt* nicht. このチョークは字が書けない | Der Bleistift *schreibt* hart 〈weich〉. この鉛筆は〔書き具合が〕かたい〈柔らかい〉| Die Tinte *schreibt* zu blaß. このインクは〔色が〕薄すぎる ‖ (再帰・非人称) Es *schreibt* sich⁴ gut mit dieser Feder 〈auf diesem Papier〉. このペン〈紙〉は書きいい.

2 a）文章を書く, 執筆する:〖様態を示す語句と〗gut 〈schlecht〉 ～ 文章がうまい〈まずい〉| langweilig 〈anschaulich〉 ～ だらだら〈生き生き〉した文章を書く | in gutem Deutsch ～ りっぱなドイツ語で文章を書く ‖〖an *et.*³ schreiben の形で〗an einem Roman 〈an seiner Dissertation〉 ～ 長編小説〈学位論文〉を執筆中である.

b）著作をする, 著作活動に従事する, 文筆を業とする: Mein Sohn *schreibt*. 私の息子は文筆を業としている | ein *schreibender* Arbeiter（旧東ドイツで余暇に新聞や雑誌に寄稿する程度の）文筆家 ‖ **für** die Zeitung 〈für den Rundfunk〉 ～ 新聞〈ラジオ〉に寄稿する | **gegen** den Krieg ～ 戦争反対の論陣をはる | **in** einem Magazin ～ グラビア雑誌に執筆する | **über** die Luftverschmutzung ～ 大気汚染について記事〈論文〉を書く.

c）《結果を示す語句と》(再帰) *sich*⁴ müde ～ 書きくたびれる | Ich habe mir die Finger wund *geschrieben*. 私は指にたこができるほど書いた.

3 a）《*jm.* / an *jn.*》（…あてに）手紙を書く, 便りをする, 手紙で知らせる(→I 4 a): postlagernd 〈anonym〉 ～ 局留め〈匿名〉で手紙を書く ‖ Er hat lange nicht *geschrieben*. 彼は長いこと便りをしなかった | Er *schreibt* seinem Vater 〈an seinen Vater〉 regelmäßig. 彼は父親に定期的に手紙を書く | Man *schreibt* uns³ aus Bonn. ボンから便りをもらう | Ich habe ihm davon 〈darüber〉 *geschrieben*. 私は彼にそのことについて手紙で知らせた | Er *schrieb* seinen Eltern um Geld. 彼は両親に無心の手紙を出した ‖ (再帰) *sich*³ 〈雅: einander〉 ～ お互いに文通しあう.

b）（新聞などが）報道する, 報じる: Die Zeitung *schrieb* ausführlich über das Unglück. 新聞は事故について詳細に報道した | wie die Zeitung *schreibt* 新聞の報じるところによれば.

III Schrei·ben (中) -s/- **1**《単数で》(schreiben すること. 例えば:) 字を書くこと, 習字; 物を書くこと, 著作をすること: *jm.* das Lesen und ～ beibringen …に読み書きを教える | Im ～ ist er gut. 彼は書き方〈習字〉は成績がよい.

2 書状, 書簡,（公用・事務・商用の）手紙, 通信文; 通達;（外交上の）通牒(ちょう), 通告書, 覚書: ein dienstliches ～ 公用の手紙 | Empfehlungs*schreiben* 推薦状 | Hand*schreiben* 親書 | Rund*schreiben* 回状; 同文通牒 ‖ Ihr ～ vom 22. August 8月22日付の貴簡 | ein ～ abfassen 〈aufsetzen〉 書状を起草する | Die Regierung richtete gleichlautende ～ an die Bündnispartner. 政府は諸同盟国にあて同文の通牒〈覚書〉を発した ‖〖前置詞と〗**Auf** Ihr ～ vom 10. September teilen wir Ihnen folgendes mit:... 9月10日付の貴簡に対して下記〔のごとく〕ご通知申し上げます… | **Aus** Ihrem ～ ersehen wir ... 貴簡より拝察いたしますに… | Ich danke Ihnen **für** Ihr ～. お手紙〈ご書簡〉ありがとうございました | **In** unserem ～ fragten wir an, ob ... …かどうか書面にて照会いたしました.

［*lat.* scrībere−*westgerm.*; ◇scheren¹, Schrift; *engl.* shrive, scribe］

Schrei·ber[ʃráɪbər] (男) -s/- **1** (女 **Schrei·be·rin** [..bərɪn]-/-nen) **a**）（特定の文章・文書・作品などの）書き手, 筆者; (Verfasser) 作者, 著者: der ～ dieses Briefes この手紙の筆者（当人が自分を指して言うこともある）. **b**）《スイ》書記, 文書係, 秘書. ᐁ**c**）筆耕. **2** (Fernschreiber)

テレタイプ.

Schrei·be·rei[ʃraɪbərάɪ] 女 -/-en **1**《話》**a**) さんざん〈延々と〉(いやな・くだらない)書きものをすること. **b**) つまらぬ〈ろくでもない〉書き物. **2**《スイ》秘書〈文書〉課, 事務局.

Schrei·be·rin Schreiber 1の女性形.

Schrei·ber·ling[ʃráɪbərlɪŋ] 男 -s/-e《軽蔑的に》(乱作する)三文文士, へぼジャーナリスト.

Schrei·ber·see·le 女《話》(融通のきかない)官僚的人間.

schreib·faul[ʃráɪp..] 形 筆無精な.

Schreib≈faul·heit 女 -/ 筆無精. ≈**fe·der** 女 ペン〔先〕. ≈**feh·ler** 男 書き間違い, つづりの誤り. ≈**fer·tig·keit** 女 -/ 能書, 達者. ≈**ge·rät** 中 筆記用具;〘工〙記録器. ≈**grif·fel** 男 点字用鉄筆. ≈**heft** 中 帳面, ノート, 雑記帳;〔ペン〕習字帳. ≈**kopf** 男 **1** (電動タイプライターの)ゴルフボール. **2**〘電算〙レコードヘッド. ≈**kraft** 女 事務員(書記・秘書など),(特に:) 速記タイピスト. ≈**krampf** 男〘医〙書字痙攣(けいれん), 書痙. ≈**krei·de** 女 白墨, チョーク. ≈**kunst** 女 -/ 書法, 書道.

schreib·lu·stig 形 書くことの好きな, 筆まめな.

Schreib·map·pe 女 紙ばさみ, ペーパーホルダー.

Schreib·ma·schi·ne 女 タイプライター(→ 図): eine elektrische 〈elektronische〉 ～ 電動〈電子〉タイプライター | die Typen der ～ タイプライターの活字 ‖ *et.*[4] auf 〈mit〉 der ～ schreiben …をタイプで打つ | einen Bogen in die ～ einspannen タイプライターに紙をはさむ ‖ Sie kann gut ～ schreiben. 彼女はタイプライターがじょうずだ(→maschineschreiben).

Schreibmaschine

Schreib·ma·schi·nen≈farb·band 中 -[e]s/..bänder タイプライターのリボン. ≈**pa·pier** 中 タイプライター用紙. ≈**prin·ter** 男 -s/-〘電算〙印字機, プリンター. ≈**schrei·ber** 男 (⊛ ≈**schrei·be·rin**) タイピスト. ≈**schrift** 女 タイプ印書; タイプライター字体. ≈**ta·ste** 女 タイプライターのキー.

Schreib≈ma·te·rial 中 筆記用具, 文房具. ≈**pa·pier** 中 筆記用紙; 便箋(びんせん). ≈**pult** 中 書き物台,(表面の傾斜した)書き物机(→ 図 Pult). ≈**satz** ＝Composersatz ≈**scha·le** 女 ペンざら. ≈**schrank** 男 (Sekretär) ライティングデスク(→ 図 Schrank). ≈**schrift** 女 筆記体;〘印〙筆記体〈スクリプト体〉活字. ≈**spra·che** 女 (↔ Sprechsprache) 書きことば. ≈**stift** 男 鉄筆, 尖(せん)筆;〘工〙(記録器などの)記録針; 鉛筆. ≈**stil** 男 文体. ≈**stu·be** 女 (特に兵営内の)事務室. ≈**ta·fel** 女 (盲人用)点字板. ≈**tisch** 男 事務〈勉強〉机, デスク: am ～ arbeiten デスクに向かって仕事〈勉強〉をする.

Schreib·tisch≈lam·pe 女 卓上電気スタンド. ≈**stuhl** 男 事務〈勉強〉用のいす. ≈**tä·ter** 男 (机の前で犯罪を計画し, みずからは手を汚さない)デスク犯人, 黒幕的犯人.

Schreib·übung 女 書字練習, 習字.

Schrei·bung[ʃráɪbʊŋ] 女 -/-en **1** schreiben すること. **2** (語などの)書き方, 表記法; つづり方, スペリング: die phonetische ～ 発音表記 | Recht*schreibung* 正書法.

schreib·un·kun·dig[ʃráɪp..] 形 (無学文盲で)字の書けない.

Schreib≈un·ter·la·ge 女 (字を書く際の)下敷き. ≈**uten·si·li·en** 複 筆記用具. ≈**ver·bot** 中 (反政府的な著作家などに対する)執筆禁止[令]. ≈**vor·la·ge** 女 習字の手本. ≈**wa·ren** 複 文房具, 筆記用品.

Schreib·wa·ren≈ge·schäft 中 文房具店〈屋〉. ≈**händ·ler** 男 文房具商. ≈**hand·lung** 女, ≈**la·den** 男 文房具店〈屋〉.

Schreib≈wei·se 女 (語の)つづり方; (字の)書き方, 書体; (文章の)書き方, 文体. ≈**zeug** 中 -[e]s/《集合的に》筆記用具. ≈**zim·mer** 中 (ホテルなどの)書き物室, 書斎.

schrei·en*[ʃráɪən]《153》**schrie**[ʃriː] (*wir* schrien, schrieen)/**ge·schrie[·e]n**; 接II schriee

I 自 (h) 叫ぶ, わめく, 大声〈悲鳴〉をあげる, 絶叫〈怒号〉する, (特に赤ん坊が)泣き叫ぶ; (鳥獣が)鳴く, 叫ぶ: laut ～ 大声で叫ぶ〈わめく〉| **wie eine [an]gestochne Sau 〈wie ein gestochenes Schwein / wie am Spieß〉 ～**《話》悲鳴をあげる, 泣きわめく ‖ **nach** *et.*[3] ～ …を求めて叫ぶ;《比》…を口々に要求する | **um** Hilfe ～ 助けを求めて叫ぶ | **vor** Schmerz ～ 痛さのあまり悲鳴をあげる | vor Lachen ～ 大声をあげて笑う | **zum** Himmel ～ (→Himmel 3) ‖ Eine Eule *schreit.* フクロウが鳴く | Die Möwen *schreien.* カモメが鳴き声をあげる.

II 他 (h) 叫ぶ, わめく, 大声で言う: Ach und Weh ～ 悲鳴をあげる | Hurra ～ 万歳と叫ぶ | Zeter und Mordio ～ 助けて〈人殺し〉と悲鳴をあげる | *jm. seine* Verachtung ins Gesicht ～ …に大声で侮蔑〈さげすみ〉の言葉を浴びせる | *jn.* wach 〈aus dem Schlaf〉 ～ 叫び声をあげて…の目をさまさせる | *sich*[3] die Kehle 〈die Lunge〉 aus dem Hals ～ (→ Kehle 1, →Lunge) ‖ 再帰 *sich*[4] heiser 〈müde〉 ～ 叫んでのどをからす〈疲れ果てる〉.

III Schrei·en 中 -s/ schreien すること: das ～ der Möwen カモメの鳴き声 ‖ **zum ～ sein**《話》噴飯ものである, こっけいきわまりない | Seine Aufmachung war zum ～. 彼のかっこうはひどいものだった | Das ist ja zum ～. それはまさに噴飯ものだ.

IV schrei·end 現分 形 (色彩などが)どぎつい, けばけばしい; 際立った, 著しい, はなはだしい; ひどい: ein ～*er* Widerspruch はなはだしい矛盾 | ein ～*es* Unrecht 憎むべき不正.

[*ahd.*; 擬音; ◇krähen; *engl.* scream]

Schrei·er[ʃráɪər] 男 -s/- (やかましく)叫ぶ〈わめき立てる〉人; 泣き虫;《比》反抗的人間, 不平家, 煽動(せんどう)家.

Schreie·rei[ʃraɪərάɪ] 女 -/-en 大声で叫ぶ〈わめき立てる〉こと; 泣き叫ぶこと.

Schrei≈hals[ʃráɪ..] 男《話》(やかましく)叫ぶ〈わめき立てる〉人; 泣き虫. ≈**krampf** 男 叫喚(きょうかん)痙攣(けいれん)(ヒステリー性の発作).

Schrein[ʃraɪn] 男 -[e]s/-e《雅》箱, ひつ, 容器; 龕(がん), 厨子(ずし)(→ 図 Altar B): ein schintoistischer ～ (日本の)神社(本殿) | Reliquien*schrein* 聖遺物匣(こう) | Toten*schrein* 柩(ひつぎ)‖ *et.*[4] im ～ des Herzens bewahren《比》…を胸の奥に秘める. [*lat.* scrīnium „Kapsel"–*ahd.* scrīni; ◇*engl.* shrine, scrinium]

Schrein·al·tar[ʃráɪn..] 厨子(ずし)式祭壇(→ 図 Altar B).

Schrei·ner[ʃráɪnər] 男 -s/-《南部・西部》(Tischler) 家具職人, 指物(さしもの)師, 建具(たてぐ)屋.

Schrei·ne·rei[ʃraɪnərάɪ] 女 -/-en《南部・西部》家具製作業, 指物業; 指物師〈建具屋〉の仕事場, 家具製作所.

schrei·nern[ʃráɪnərn]《05》自 (h)《南部・西部》(tischlern)〔趣味として〕家具製作〈指物細工〉をする.

schrei·ten*[ʃráɪtən]《154》**schritt**[ʃrɪt]/ **ge·schrit·ten**; 接II schritte 自 (s) **1** (ゆっくりと・歩調正しく・大またに・悠然と)歩く; 進行〈前進〉する: Die Erzählung *schritt* rasch zum Schluß. 物語は急テンポで結末へと進んだ. **2**《比》《zu *et.*[3]》(…に)取りかかる, 着手する: zur Abstimmung ～ 投票に移る | zum Äußersten ～ 非常手段に訴える | zur Tat ～ 実行に移る | zu Werke ～ 仕事に取りかかる. [*germ.*; ◇Kurve, schränken]

Schreit≈tanz[ʃráɪt..] 男 ステップダンス. ≈**vö·gel** 複

S

〘鳥〙コウノトリ(鸛)類. ⸗**wan·ze** 女〘虫〙サシガメ(刺亀虫)科の昆虫.

Schrei·vö·gel[ʃráɪ..] =Sperlingsvögel

Schrenz[ʃrɛnts] 男 -es/-e (**Schrenz·pa·pier**[ʃrɛ́nts..] 中)ざら紙, 粗末な紙(ふつう再生紙で包装紙・吸い取り紙などに用いる). [<Schranz]

schrick[ʃrɪk] schreck〔e〕(schrecken の命令単数)の古形.

Schrick[ʃrɪk] 男 -〔e〕s/-e《南部》**1** (いかだ(筏)についている)係留杭(くい), 制動棒. **2** =Sägebock 1

schrickst[ʃrɪkst] schreckst (schrecken の現在2人称単数)の古形.

schrickt[ʃrɪkt] schreckt (schrecken の現在3人称単数)の古形.

schrie[ʃri:] schreien の過去.

schrieb[ʃri:p][1] schreiben の過去.

Schrieb[ʃri:p][1] 男 -s/-e《軽蔑的に》書いた〈書かれた〉もの; 手紙, 書状.

schrie·be[ʃrí:bə] schreiben の接続法 II.

schrie·e[ʃrí:ə] schreien の接続法 II.

schrie·en[ʃrí:ən] (**schrien**[ʃri:n]) schreien の過去1・3人称複数.

Schrift[ʃrɪft] 女 -/-en **1** (言語の書記体系としての)文字(→ 図); (Druckschrift)〘印〙活字, 字体: die deutsche 〈lateinische〉 ~ ドイツ〈ラテン〉文字 | fette ~*en* (=Lettern) 太字 | die gotische ~ ゴシック字体 | Keil*schrift* くさび形文字 | Kurz*schrift* 速記文字 | Schreib*schrift* 筆記体 ‖ **nach der ~ sprechen**《方》標準語を話す. **2** (Handschrift) 手書き文字; 筆跡, 筆法: eine schöne 〈schlechte〉 ~ haben 字が上手〈へた〉である | Diese ~ ist unleserlich 〈kaum zu entziffern〉. この字は読めない〈ほとんど解読不能だ〉. **3** 書かれたもの; 著書, 著作; 文書, 書類; 論文; 刊行〈出版〉物: eine philosophische ~ 哲学論文 | sämtliche ~*en* 全著作 | die Heilige ~ 聖書 | Bitt*schrift* 請願書 | Wochen*schrift* 週刊誌 | Zeit*schrift* 雑誌, 定期刊行物 ‖ eine ~ abfassen 文書〈論文〉を作成する | in Wort und ~ (→Wort 2). **4** (die Heilige Schrift, Bibel) 聖書: die ~ auslegen 聖書を解釈する | nach der ~ leben 聖書の教えを守って生活する. **5 a)** (Inschrift) 碑銘. **b)** (↔Kopf) (硬貨の)裏(文字の刻印のある面): Kopf oder ~? 表か裏か(硬貨を投げ表裏でことを決めるとき). **6**《複数で》〘スイ〙(Ausweispapiere) 身分証明書. [*ahd.*; ◇schreiben; *engl.* shrift]

Hieroglyphe

παντοίων ἀγαθῶν

die griechische Schrift

Keilschrift

FVNVS·HAED

die römische Schrift

Knotenschrift (Quipu)

Kurzschrift

Інсоуса иимѧть

die kyrillische Schrift

Schrift

Schrift⸗art[ʃrɪ́ft..] 女 文字〈活字〉の種類, 字体, 書体. ⸗**aus·le·gung** 女 (Exegese) 聖書解釈〈釈義〉. ⸗**bild** 中〘印〙字面(じづら).

schrift·deutsch 形 ドイツ文章語の: →deutsch

Schrift·deu·tung 女 文字解読; 古写本〈古文書〉の解釈.

Schrif·ten⸗nach·weis[ʃrɪ́ftən..] 男 参考書目. ⸗**rei·he** 女 (出版社の)図書シリーズ. ⸗**ver·zeich·nis** 中 文献目録; 参考書目.

Schrift⸗ex·per·te[ʃrɪ́ft..] 男 =Schriftsachverständige ⸗**fäl·schung** 女 文書偽造. ⸗**flech·te** 女〘植〙モジゴケ(文字苔)(地衣類). ⸗**form** 女 -/〘法〙文書の方式, 書式. ⸗**füh·rer** 男 (会議などの)記録係, 書記. ⸗**ge·lehr·te** 男〘聖〙(ユダヤ教の)律法学者. ⸗**gie·ßer** 男 活字鋳造工〈業者〉; 活字鋳造機.

Schrift·gie·ße·rei[ʃrɪftgi:sərάɪ, ⌣⌣⌣–] 女 活字鋳造〔所〕.

Schrift·gieß·ma·schi·ne[ʃrɪ́ft..] 女 活字鋳造機.

schrift·gläu·big 形 聖書〔の言葉〕を信じている.

Schrift⸗grad 男〘印〙活字の大きさ. ⸗**gra·nit** 男〘鉱〙文象花崗(こう)岩. ⸗**guß** 男 活字鋳造. ⸗**hö·he** 女〘印〙活字の高さ(→ 図 Letter). ⸗**ke·gel** 男〘印〙ボデー〔の寸法〕(活字の肩から足までの部分). ⸗**lei·ter** 男 編集者; 編集長, 主筆. ⸗**lei·tung** 女 (Redaktion) 編集部〈局〉;《集合的に》編集部〈局〉員; 編集〔事務〕.

schrift·lich[ʃrɪ́ftlɪç] 形 (↔mündlich) 文字による, 文書〈書面〉による; 書かれた: eine ~*e* Entschuldigung わび〈ことわり〉状 | ein ~*er* Haftbefehl 〈Vorführungsbefehl〉〘法〙勾留(こうりゅう)状〈勾引状〉| eine ~*e* Prüfung 筆記試験 ‖ *et.*[4] ~ beantworten …に書面で回答する | *et.*[4] ~ mitteilen …を書面で伝える | Das kann ich dir ~ geben.《話》それは確かなことだ | Ich habe nichts *Schriftliches* darüber in der Hand. 私はそれについて証文をもらったわけではない(口約束だけだ).

Schrift·lich·keit[–kaɪt] 女 -/ =Schriftform

Schrift⸗me·tall 中 活字合金. ⸗**pro·be** 女〘印〙組み見本. ⸗**rol·le** 女 書巻, 巻物, 巻いた文書. ⸗**sach·ver·stän·di·ge** 男 女 筆跡鑑定家. ⸗**satz** 男 **1**〘法〙〔訴答〕書面. **2**〘印〙植字, 組み. ⸗**schnei·der** 男〘印〙活字彫刻師. ⸗**sei·te** 女 (硬貨の)文字面(裏面). ⸗**set·zer** 男〘印〙植字工. ⸗**spie·gel** 男〘印〙〔紙の〕印刷面. ⸗**spra·che** 女 文章語, 文語; (Schreibsprache) 書き言葉.

schrift·sprach·lich 形 文章語〈文語〉の; 書き言葉の.

Schrift·stel·ler[ʃrɪ́ft-ʃtɛlər] 男 -s/- (女 **Schrift·stel·le·rin**[..lərɪn]-/-nen) 作家; 著述家, 著作家, 文筆家〈業者〉.

Schrift·stel·le·rei[ʃrɪft-ʃtɛlərάɪ] 女 -/ 著述〔業〕, 文筆稼業.

schrift·stel·le·risch[ʃrɪ́ft-ʃtɛlərɪʃ] 形 文筆〈著述〉〔家〕の: eine ~*e* Begabung 文〔筆の〕才 | *sich*[4] ~ betätigen 文筆活動をする.

schrift·stel·lern[ʃrɪ́ft-ʃtɛlərn] 《05》《過分 geschriftstellert》自 (h) 文筆業に従事する, 著述〈著作活動〉する.

Schrift·stel·ler⸗na·me 男 筆名, 雅号, ペンネーム. ⸗**ver·band** 男 作家同盟.

Schrift·stück 中 文書, 書類; 記録: ein ~ anfertigen 〈unterzeichnen〉 書類を作成する〈に署名する〉.

Schrift·tum[ʃrɪ́fttu:m] 中 -s/《集合的に》(特定の分野に関する)著作, 文献.

Schrift⸗ver·glei·chung[ʃrɪ́ft..] 女 筆跡の比較鑑定. ⸗**ver·kehr** 男 文通, 手紙〈書簡・文書〉のやりとり. ⸗**wart** 男 =Schriftführer ⸗**wech·sel** 男 =Schriftverkehr ⸗**zei·chen** 中 文字: ein griechisches ~ ギリシア文字 | ein chinesisches ~ 中国文字, 漢字. ⸗**zug** 男 -〔e〕s/..züge **1** (文字を書くときの)筆遣い, 筆致; 字体, 書体. **2**《複数で》(個人的特徴のある)筆跡, 行文.

schrill[ʃrɪl] 形 かん高い, けたたましい, 耳をつんざくような: eine ~*e* Stimme 金切り声 | das ~*e* Klingeln des Weckers 目ざまし時計のけたたましい音 ‖ ~ lachen けたたましく笑う.

schril·len[ʃrɪ́lən] 自 (h) かん高い〈けたたましい〉音をたてる, 鋭く響く: Das Telefon 〈Der Wecker〉 *schrillt*. 電話〈目覚まし時計〉がけたたましく鳴り響く.
[<schrellen „laut bellen"; 擬音; ◇*engl.* shrill]

Schrimp[ʃrɪmp] =Shrimp

S

▽**schrimp·fen**[ʃrímpfən] ＝schrumpfen [*mhd.*]

▽**schrin·den***[ʃríndən][1] 《155》 **schrund**[ʃrʊnt][1] (schrand [ʃrant][1]) / **ge·schrun·den;** 接II schründe[ʃrýndə] 自 (s, h) ひびが入る, ひび割れする, 裂ける: Lehm *schrindet.* 粘土がひび割れする.
[*ahd.* scrintan; ◇Schranz, Schrund(e)]

schrin·nen[ʃrínən] 自 (h, s) 《北部》(傷が)ひりひり痛む.
[*mndd.*]

Schrip·pe[ʃrípə] 女 -/-n 《ベルリン》シュリッペ(中央に縦の割れ目のある小型パン: → 図 Brot).
[＜schripfen „(auf)-kratzen" (◇schrappen)]

schritt[ʃrɪt] schreiten の過去.

Schritt[ʃrɪt] 男 -(e)s/-e (小 **Schritt·chen**[ʃrítçən], **Schritt·lein**[..laɪn] 中 -s/-) **1** (英: *step*) 足の運び, 歩み; 足どり, 歩きぶり; 足音; (ダンスの)ステップ: der erste ～ zur Besserung 《比》改善〈回復〉への第一歩 | die ersten ～*e* machen 〈tun〉 (幼児が)はじめて歩く | **den ersten ～ (zu *et.*[3]) tun** 《比》(…への)第一歩を踏み出す | **den zweiten ～ vor dem ersten tun** 《比》手順をあやまる; 行動が首尾一貫しない ‖ einen ～ vorgehen 〈zurücktreten〉 一歩前へ出る〈後へさがる〉 | einen ～ näher treten 一歩近寄る | noch einen ～ weiter gehen 《比》さらに一歩前へ出る(なおいっそう思い切った行動に出るなど) | **einen ～ zu weit gehen** 《比》限度を越える | Vom Mitleid zur Liebe 〈Vom Erhabenen zum Lächerlichen〉 ist nur ein ～. 同情と愛情〈崇高と滑稽(こっけい)〉の差は紙一重 | keinen ～ aus dem Haus tun 家から一歩も外に出ない | keinen ～ machen 〈tun〉 können 《比》一歩も前へ踏み出せない(行動の自由を束縛されて・八方ふさがりで) | Ich komme mit der Arbeit keinen ～ vorwärts 〈weiter〉. 私は仕事が少しもはかどらない | ein paar ～*e* gehen 数歩あるく; 《話》散歩する | Das Zigarettengeschäft ist nur wenige ～*e* von hier entfernt. タバコ屋はここからほんのわずかの距離のところにある | ***jm.* drei ～*e* vom Leibe bleiben** 《話》…にあまり近寄らない | Bleib mir drei ～*e* vom Leibe! 《話》私にあまり近寄るな〈なれなれしくしないでくれ〉 | ***sich*[3] *jn.* 〈*et.*[4]〉 drei ～*e* vom Leibe halten** 《話》…を近づけない, …を遠ざけておく ‖ große 〈lange〉 ～*e* machen 大またで歩く | einen raschen 〈schleppenden〉 ～ haben 足が速い〈足をひきずって歩く〉 | einen (guten) ～ am Leib(e) 〈an *sich*[3]〉 haben 《話》健脚である, 足が速い ‖ *seinen* ～ beschleunigen 〈verlangsamen〉 / *seine* ～*e* beschleunigen 〈verlangsamen〉 歩度を速める〈ゆるめる〉 | *seine* ～*e* nach *et.*[3] 〈zu *et.*[3]〉 lenken …の方角に足を向ける ‖ **auf ～ und Tritt** いたるところで; いたるところへ | *jn.* auf ～ und Tritt verfolgen …をどこまでも追いかける | **～ für ～** 一歩一歩, 徐々に | **mit** feierlichen 〈langsamen〉 ～*en* / feierlichen 〈langsamen〉 ～*es* 荘重な〈ゆっくりした〉足取りで | mit raschen ～*en* 足ばやに, 急ぎ足で | **～ um ～** / **～ vor ～** 一歩一歩, しだいしだいに | ～ vor ～ setzen 一歩ずつ〈そろそろと〉前進する | *Schritt* vor ～ kommt auch zum Ziel. 《諺》一歩ずつ進んでもいつかは目標に到達する ‖ Sein ～ stockte. 彼は足を止めた〈立ち止まった〉 | Die ～*e* verstummten 〈näherten sich〉. 足音がやんだ〈近づいてきた〉.

2 《単数で》 **a)** (Gleichschritt) (そろった)歩調, 足なみ: aus dem ～ kommen 歩調を乱す | im ～ bleiben 歩調を乱さない | im gleichen ～ und Tritt 歩調〈足なみ〉をそろえて | mit *jm.* im (gleichen) ～ gehen …と足なみをそろえて歩く ‖ **mit *jm.* 〈*et.*[3]〉 ～ halten** …と歩調を合わせる; 《比》…に遅れを取らぬようにする. **b)** (馬の)常歩(なみあし) (→ 図 reiten); 《比》(乗り物の)徐行: im ～ gehen / (im) ～ reiten (馬が)常歩で進む | (im) ～ fahren (車などが)徐行する.

3 (Maßnahme) 措置, 処置; (Handlung) 行為, 行動: ein entscheidender 〈gewagter〉 ～ 決定的な〈思い切った〉措置 | die nötigen ～*e* unternehmen 必要な措置を講じる.

4 《ふつう無変化》(長さ, 特に距離の単位として)歩(ほ) (一歩の歩幅: → 図 Maß): in hundert ～ Entfernung 百歩離れて | Wegen des Nebels konnte man kaum drei ～ weit sehen. 霧のためにほとんど3歩さきも見えないくらいだった.

5 《服飾》 **a)** (ズボンの)渡り. **b)** (ズボンの)股上(またがみ): Die Hose ist im ～ zu kurz 〈lang〉. このズボンは股上が短すぎる〈長すぎる〉.
[*germ.*; ◇schreiten]

schrit·te[ʃrítə] schreiten の接続法 II.

Schrittem·po[ʃríttɛmpo·] 中 歩く(常歩(なみあし)の)テンポ.

Schritt·län·ge 女 **1** (1歩の)歩幅(約70-90cm). **2** 《服飾》(ズボンの)股下の長さ.

Schritt·lein Schritt の縮小形.

schritt·lings[ʃrítlɪŋs] 副 **1** ＝schrittweise **2** 《南部》両足を広げて〈踏ん張って〉.

Schritt·ma·cher 男 -s/- **1** 《自転車競技》ペースメーカー(先頭走者の風圧を減らすために先行するオートバイの乗り手); 《陸上》(ランニング練習の際の)ペースメーカー, 整調者; 《比》(特に旧東ドイツで進歩的な考え方・行動による)(模範的)先導〈先駆〉者(のグループ). **2** (Herzschrittmacher) **a)** 《解》心拍のペースメーカー(心臓の一部). **b)** 《医》心臓ペースメーカー. [*engl.* pace-maker (◇Passus) の翻訳借用]

Schritt·ma·cher·ma·schi·ne 女 《自転車競技》先導オートバイ.

Schritt≈mes·ser 男 ＝ Schrittzähler ▽**≈schuh** ＝Schlittschuh **≈tem·po** ＝Schrittempo

schritt·wei·se 副 (→..weise ★) 一歩一歩, ひと足ずつ; 《比》しだいしだいに, 徐々に: ～ vorwärtskommen 一歩一歩〈徐々に〉前進する ‖ eine ～ Verständigung 一歩一歩理解を深め合うこと.

Schritt≈wei·te 女 歩幅. **≈zäh·ler** 男 (Pedometer) 歩数(記録)計, 万歩計.

schrob[ʃro:p][1] schraubte (schrauben の過去)の古形.

schrö·be[ʃrǿ:bə] schraubte (schrauben の接続法 II) の古形.

Schrö·der[ʃrǿ:dər] 男 -s/- ＝Schröter

Schrö·din·ger[ʃrǿ:dɪŋər] 人名 Erwin ～ エルヴィン シュレーディンガー(1887-1961; オーストリアの物理学者. 1933年ノーベル物理学賞受賞).

Schro·fen[ʃró:fən] 男 -s/- ＝Schroffen

schroff[ʃrɔf] 形 **1** (山地・岩石などが)けわしい, 切り立った: ～*e* Felsen 峨々(がが)たる岩山. **2** 《比》(態度が)けわしい, 無愛想な, すげない, つっけんどんな; (対照などが)際立った; (変化が)急激な: eine ～*e* Antwort にべもない〈取りつく島のない〉返事 | ein ～*er* Übergang 急激な移行 | ein ～*er* Widerspruch 著しい矛盾 ‖ *jn.* ～ behandeln …をすげなく扱う | *sich*[4] ～ wenden 急にそっぽを向く.

Schroff[ʃrɔf] 男 -(e)s, -en/-en, **Schrof·fe**[ʃrɔ́fə] 女 -/-n, **Schrof·fen**[ʃrɔ́fən] 男 -s/- 《南部・オーストリア・スイス》切り立った〈峨々(がが)たる〉岩山; 断崖(だんがい), 絶壁. [*mhd.*]

Schroff·heit[ʃrɔ́fhaɪt] 女 -/-en **1** 《単数で》schroff なこと. **2** schroff な言動.

schroh[ʃro:] 形 《中部》(rauh) 粗野〈粗暴〉な, 不作法〈無愛想〉な.

schröp·fen[ʃrœ́pfən] 他 (h) **1** (*jn.*) 《医》(吸角(子)・吸い玉で…の)血を取る, (…に対して)放血を施す; 《比》(…から)金をしぼり取る: Er wurde beim Kartenspiel gehörig *geschröpft.* 彼は賭(か)トランプでしこたま金をしぼり取られた. **2** (*et.*[4]) **a)** 《農》(霜害を受けないうちに穀物の)若芽を刈り取る. **b)** 《園》(幹が太くなるように果樹の)樹皮に切れ目を入れる. **c)** 《南部》(芝を)はぎ取る; 除草する. **3** 《南部》(車に)輪止めをかける. [*mhd.*; ◇schrappen]

Schröp·fer[..pfər] 男 -s/- **1** ＝Schröpfkopf **2** 《南部》(制動用の)輪止め.

Schröpf≈glas 中 -es/..gläser, **≈horn** 中 -(e)s/..hörner, **≈kopf** 男 《医》吸角(子), 吸い玉, 放血器.

Schropp·ho·bel[ʃrɔ́p..] ＝Schrupphobel

Schrot[ʃro:t] 男 中 -(e)s/-e 《ふつう単数で》 **1** 《狩》散弾: mit ～ schießen 散弾をうつ | einem Hasen eine Ladung ～ aufbrennen 《話》ウサギめがけて散弾をうつ. **2** 粗びきの穀物, ひき割り(麦): Roggen*schrot* ライ麦のひき割り | das Vieh mit ～ füttern 家畜に粗びき穀類を飼料として与える. **3** (貨幣に含まれる金銀の)総重量: 《ふつう次の形で》～ und Korn (貨幣中の金銀の)目方と純度, (貨幣の)品位 | **von altem 〈echtem〉 ～ und Korn** 《話》実直な性格の. ▽**4** 割り木, 丸木; 木っぱ, 木切れ. **5** ＝Schrott **6** 《南部》 **a)**

S

(Salband)(織物の)耳. **b**) シュロート(亜麻布の幅の単位).

Schrọt≠axt[ʃró:t..] 女 (木材用の)おの,(坑夫の使用する)山形鉄棒状のおの. **≠baum** 男 = Schrotleiter **≠blatt** 中 点刻画(15世紀の木版画の一種). **≠brot** 中 粗びき麦粉パン, ふすまパン, グラハムパン. **≠büch·se** 女 散弾銃, ショットガン. **≠ef·fekt** 男〖電〗散弾効果.

schrọ·ten$^{(*)}$[ʃró:tən]《156》**schrọ·te·te / ge·schrọ·tet** (ᵛgeschroten) 他 (h) **1** (穀物を)粗びき〈ひき割りに〉する; (麦芽を)粉砕する; (木材・丸太などを)粗割りする, 粗びきする; (くず鉄などを)砕く. ᵛ**2** (たるなどを丸太がけで)転がして下ろす, 転がして運ぶ. **3**《南部》(服地を)裁つ.
[*ahd.* scrōtan „〔ab〕schneiden“; ◇scheren[1], Skrutinium; *engl.* shred]

Schrọ̈·ter[ʃrø:tər] 男 -s/- **1**《南部》(Hirschkäfer)〖虫〗クワガタムシ(鍬形虫)科の昆虫. ᵛ**2** (Fuhrmann) 車力, (特に:) ビール運送人.

Schrọt≠fei·le[ʃró:t..] 女 粗目〈石目〉やすり. **≠flin·te** 女 散弾猟銃.

Schrọth·kur[ʃró:t..] 女 シュロート療法(慢性病を体質改善で治す食餌(しょくじ)療法). [＜J. Schroth(オーストリアの自然療法医, †1856)]

Schrọt≠ho·bel[ʃró:t..] 男 粗かんな. **≠kä·fer** 男 =Schröter 1 **≠korn** 中 -〔e〕s/..körner **1** (一つ一つの)散弾, 散弾粒. **2** ひき割りの穀粒. **≠ku·gel** 女 散弾. **≠lei·ter** 女 (たるなどを転がして下ろすための)丸太はしご.

ᵛ**Schrọ̈t·ling**[ʃrø:tlɪŋ] 男 -s/-e 鋳貨板(貨幣鋳造用の地金).

Schrọt≠mehl[ʃró:t..] 中 粗びき穀粉, ひき割り麦粉. **≠mei·ßel** 男 (金属を切断する)熱たがね. **≠müh·le** 女 (穀物の)ひき割り機; 麦芽粉砕機. **≠sä·ge** 女 (丸太を切る大きな)横挽(び)きのこぎり. **≠schuß** 男 散弾射撃(発射).

Schrott[ʃrɔt] 男 -〔e〕s/-e《ふつう単数で》**1** くず鉄, スクラップ; 古鉄(ふるかね), 金属廃品: ～ sammeln スクラップを回収する | ～ verwerten 古鉄を利用する ‖ mit ～ handeln くず鉄を商う | Berge von ～ スクラップの山 | *et.*[4] **zu ～ fahren**《話》(車で)…と衝突してめちゃくちゃに壊す. **2**《話》がらくた, 使いものにならぬ物〈者〉, くだらぬこと: **der letzte ～**《俗》人間のくず ‖ so einen ～ erzählen 全くくだらぬ話をする | Er gehört schon zum ～. 彼はもう無用の長物さ.

schrọt·ten[ʃrɔ́tən]《01》=verschrotten

Schrọtt≠händ·ler 男 くず鉄商〔人〕. **≠ki·ste** 女, **≠müh·le** 女《話》ぽんこつ車, 中古車. **≠platz** 男 くず鉄置き場.

schrọtt·reif 形 スクラップ〈くず鉄〉同然の: einen Wagen ～ fahren (運転をあやまって)車をめちゃくちゃに壊す.

Schrọtt≠ver·wer·tung 男 くず鉄利用. **≠wert** 男〖経〗スクラップ価値.

Schrọt·waa·ge[ʃró:t..] 女〔下げ振り〕水準器.

schrụb·ben[ʃrʊ́bən][1] 他 (h) **1** (scheuern) ごしごしこすってきれいにする; (ブラシ・たわしなどで)ごしごし洗う: den Fußboden ～ 床をごしごし磨く | die Zähne ～ 歯を磨く | *jm.* den Rücken ～ …の背中をごしごし洗う ‖ 再帰 *sich*[4] ～ 体をごしごし洗う. **2** (schruppen)(かんな・やすりで)粗削りする, 粗仕上げをする. [*mndd.*; ◇*engl.* scrub]

Schrụb·ber[ʃrʊ́bər] 男 -s/- (Scheuerbesen)(長い柄のついた)掃除ブラシ, 床ブラシ(→ 図 Besen).

schrụb·bern[ʃrʊ́bərn]《05》=schrubben 1

Schrụl·le[ʃrʊ́lə] 女 -/-n **1**《軽蔑的に》突拍子もない思いつき; 風変わりな考え方〈くせ〉: Er hat den Kopf voller ～*n.* / Er steckt voller ～*n.* 彼の頭にはとっぴな思いつきがつまっている. **2**《話》変物なばあさん. [*mndd.*]

schrụl·lig[ʃrʊ́lɪç][2] (**schrụl·len·haft**[ʃrʊ́lənhaft]) 形 **1** (特に老人について)変な, 風変わりな: ein ～*er* Alter 変物なじいさん. **2** 突拍子もない, とっぴな.

schrumm[ʃrʊm] 間 (弦の音, 特にひき終わりの音)ブン.

schrụmm·fi·de·bụmm[ʃrʊ́mfidəbʊ́m] 間 (弦の音, 特にひき終わりの音)ブンブルブン.

Schrụm·pel[ʃrʊ́mpəl] 女 -/-n《北部・中部》**1** (Runzel) しわ, ひだ; 顔のしわ. **2** しわくちゃばあさん.

schrụm·pe·lig =schrumplig

schrụm·peln[ʃrʊ́mpəln]《06》《北部・中部》=schrumpfen

Schrumpf[ʃrʊmpf] 男 -〔e〕s/ 収縮.

schrụmp·fen[ʃrʊ́mpfən] 自 (s) 縮む, 縮まる, 収縮する; しわが寄る: Der Apfel *schrumpft.* リンゴがしなびる | Das Kapital 〈Der Vorrat〉 *schrumpft.* 資本〈蓄え〉が減少する. [*mhd.* schrimpfen; ◇rümpfen]

Schrụmpf·film[ʃrʊ́mpf..] 男 (密封包装用の)収縮プラスチックフィルム.

schrụmpf·frei 形 (布地などが)縮まない, しわにならない.

Schrụmpf·ger·ma·ne 男《話》**1** (非ゲルマン的な)ちんちくりん〔の男〕(ナチの人種観への皮肉をこめてはじめ Joseph Goebbels に向けられた嘲笑(ちょうしょう)語). **2** こちこちのドイツ国粋主義者.

schrụmp·fig[ʃrʊ́mpfɪç][2] 形 縮んだ; しなびた; しわの寄った, しわくちゃの.

Schrụmpf≠kopf[ʃrʊ́mpf..] 男〖民族〗(南米インディアンの戦勝記念の)干し首(頭の骨を抜きとったあと乾燥収縮させて保存する). **≠le·ber** 女〖医〗萎縮(いしゅく)肝〔臓〕. **≠nie·re** 女〖医〗萎縮腎(じん). **≠ring** 男〖工〗焼きばめ輪. **≠sitz** 男〖工〗焼きばめ.

Schrụmp·fung[ʃrʊ́mpfʊŋ] 女 -/-en (schrumpfen すること. 例えば:) 収縮; 萎縮(いしゅく): eine ～ der Niere 腎臓(じんぞう)の萎縮 | die ～ des Exports 輸出の減少.

schrụmp·lig[ʃrʊ́mplɪç][2] (**schrụm·pe·lig**[..pəlɪç][2]) 形《話》(しなびて)しわだらけの: eine ～*e* Hose しわくちゃになったズボン | Sein Gesicht ist ～ wie ein alter Apfel. 彼の顔は古リンゴのようにしわだらけだ.

schrund[ʃrʊnt][1] schrinden の過去.

Schrund[ʃrʊnt][1] 男 -〔e〕s/Schründe[ʃrʏndə] **1**《オーストリア・スイス》氷河の割れ目, クレバス; 岩の割れ目. ᵛ**2** =Schrunde 1

Schrụn·de[ʃrʊ́ndə] 女 -/-n **1** ひび, あかぎれ,〖医〗亀裂(きれつ), 裂溝. **2** (Spalt)(岩地の)裂け〈割れ〉目, 亀裂(→ 図 Berg A). [*ahd.* scrunta]

schrụ̈n·de[ʃrʏndə] schrinden の接続法 II.

Schrụ̈n·de Schrund の複数.

schrụn·dig[ʃrʊ́ndɪç][2] (**schrụ̈n·dig**[ʃrʏn..]) 形 **1** あかぎれの切れた, ひびだらけの. **2** (岩地が)裂け〈割れ〉目だらけの.

schrụp·pen[ʃrʊ́pən] =schrubben 2

Schrụpp≠fei·le[ʃrʊ́p..] 女 大粗目やすり(→Schlichtfeile). **≠ho·bel** 男 粗仕上げ用かんな(→Schlichthobel).

Schub[ʃu:p][1] 男 -es (-s)/Schübe[ʃý:bə] **1** 押す〈突く〉こと, 押し, 突き; (九柱戯の)投げ; (ロケットなどの)推〔進〕力; (Scherkraft) 剪断(せんだん)〔応〕力: *jm.* einen ～ geben …を押す〈突く〉| mit einem ～ 一押し〈一突き〉で | alle neune auf einen ～ treffen (九柱戯で)一投げで 9 本全部を倒す. **2** (パンなどの)一かまど分(かまどで一回に焼ける分量);《比》(一度に運べる人や物の)一群, 一団, 一束: ein ～ Semmeln 一かまど分の白パン | ein ～ von Flüchtlingen 一群の難民 | ～ auf ～ / ～ um ～ 一組〈一団〉ずつ次々と | in kleinen *Schüben* 小グループに分かれて, 少しずつ. **3**《東部》=Schublade **4**《俗》(警察による浮浪者などの)強制移送〈追放〉: **per ～** 強制的に(移送する) | *jn.* **auf den ～ bringen** …を強制移送する. **5**〖医〗(急激な・発作的な)病状悪化, 病状増悪(ぞうあく). **6**〖畜〗(馬の)歯の生えかわり.
[*mhd.*; ◇schieben]

Schub·be·jack[ʃʊ́bəjak] 男 -s/-s, -e《北部》(Schuft) ならず者, ごろつき; こじき. [*ndl.* schobbe-jak; ＜*ndl.* schobben „kratzen“]

schụb·ben[ʃʊ́bən][1] (**schụb·bern**[ʃʊ́bərn]《05》) 他 (h)《北部》ごしごしこする; ぼりぼり掻(か)く: 再帰 *sich*[4] ～ 体をごしごしこする〈ぼりぼり掻く〉. [*mndd.*; ◇schaben]

Schub≠boot[ʃú:p..] 中 = Schubschiff **≠dü·se** 女〖工〗排気〈推進〉ノズル.

Schụ̈·be Schub の複数.

Schụ·ber[ʃú:bər] 男 -s/- **1** (書物の)外箱. **2**《オーストリア》(Riegel) 閂(かんぬき), さし錠.

Schụ·bert[ʃú:bərt] 人名 Franz ～ フランツ シューベルト (1797–1828; オーストリアの作曲家. 作品『未完成交響曲』, 歌曲集『冬の旅』など).

Schub≠fach[ʃúːp..] 中 = Schublade **≠fen·ster** =Schiebefenster

Schu̱·bi·ack[ʃúːbiak] 男 -s/-s, -e=Schubbejack

Schu̱b≠kahn[ʃúːp..] 男 (内陸水路で Schubschiff に押されて進む無動力の)貨物運搬用はしけ. **≠kar·re** 女, **≠kar·ren** 男 (多くは1輪の)手押し車, ねこ〔ぐるま〕(→ 図). **≠ka·sten** 男 =Schublade **≠kraft** 女 (押す・突く力. 例えば:)(ロケットなどの)推〔進〕力; (Scherkraft) 剪断(せんだん)〔応〕力. **≠la̱·de** 女 (机・戸棚・たんすなどの)引き出し: eine ~ aufziehen ⟨herausziehen⟩ 引き出しを開ける | eine ~ zuschieben 引き出しを閉める ‖ in der ~ bleiben《比》棚上げのままである.

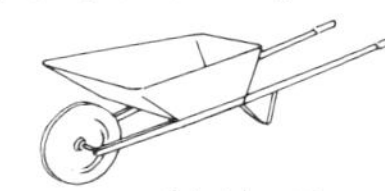

Schubkarren

schu̱b·la·di·si̱e·ren[ʃuːpladizíːrən] 他 (h)《スイ》(案件などを)引き出しに入れて未処理のまま放置する.

Schu̱b·la̱d·ka·sten[ʃúːplaːt..] 男《オーストリア》(Kommode) たんす.

Schu̱b·le̱h·re 女 ノギス, キャリパス(スライダー付きの金属製ものさし: → 図).

Schub-lehre

Schü̱b·ling[ʃýːplɪŋ] 男 -s/-e **1**《スイ》強制移送(国外追放)者. **2**《南部・スイ》ソーセージの一種.

Schu̱b·mo̱·dul[ʃúːp..] 男 -s/-n《工》剪断(せんだん)弾性率.

Schubs[ʃʊps] 男 -es/-e《話》押し, 突き: *jm.* einen ~ geben …を押す(突く);《比》…に活を入れて(励まして)仕事をさせる. [*mhd.* schupf „Schwung"; ◇schubsen]

Schu̱b·schiff[ʃúːp..] 中 押し船(内陸水路で無動力船を押して進む動力船).

schub·sen[ʃʊ́psən]《02》他 (h)《話》押す, 突く. [*mhd.* schupfen; ◇schieben]

Schu̱b≠stan·ge[ʃúːp..] 女 (Pleuelstange)《工》(ピストンの)連接棒. **≠ven·ti̱l** 中《工》すべり(滑動)弁.

schu̱b·wei·se 副 (→..weise ★)押して, 押しながら, ところてん式に; 一組(一団)ずつ, 少しずつ.

schü̱ch·tern[ʃʏ́çtərn] 形 内気な, はにかみやの; おずおずした, おく病な; 自信のない; 遠慮がちな; (動物が)おびえやすい: ein ~*es* Mädchen 内気な女の子 | einen ~*en* Versuch machen こわごわ(おそるおそる)やってみる ‖ *jn.* ~ machen …をおびえさせる.

[*mndd.*; < *mndd.* schüchteren „〔ver〕scheuchen"]

Schü̱ch·tern·heit[–haɪt] 女 -/ schüchtern なこと.

schu̱ckeln[ʃʊ́kəln]《06》自《方》(schaukeln) **1** (h) (前後・左右に)揺れる, 揺れ動く; (人が)体を揺り動かす. **2** (s)《方向を示す語句と》揺れながら進む.

schu̱ckern[ʃʊ́kərn]《05》他 (h)《北部》(非人称)《es schuckert *jn.* / *jn.* schuckert》i) (…が)しゃっくりが出る; ii) (…が)寒けがする. [擬音]

Schu̱d·der[ʃúdər] 男 -s/-《北部》寒け, 悪寒.

schu̱d·de·rig[ʃúdərɪç][2] 形《北部》寒けがする, 悪寒をおぼえる.

schu̱d·dern[ʃúdərn]《05》《北部》**I** 自 (h) 寒けがする, 悪寒をおぼえる. **II** 他 (h) (非人称)《es schuddert *jn.* / *jn.* schuddert》(…が)寒さに震える, 寒けがする.

[*mndd.*; ◇schütten, schaudern; *engl.* shudder]

schu̱f[ʃuːf] schaffen[1]の過去.

schü̱·fe[ʃýːfə] schaffen[1]の接続法 II.

Schu̱·fo[ʃúːfoˑ] 女 -/- =Schutzformation

Schuft[ʃʊft] 男 -〔e〕s/-e 卑劣(破廉恥)漢, げす野郎, ならず者, 悪党: So ein gemeiner ~! 全く見下げ果てたやつだ. [*ndd.*; < *mndd.* schūvūt „Uhu" (◇Schuhu)]

schuf·ten[ʃʊ́ftən]《01》自 (h)《話》せっせと(あくせく)働く; こつこつ(がつがつ)勉強する: für zwei ~ あくせくと二人分働く ‖ (再帰) *sich*[4] müde ~ あくせく働いて疲れ果てる. [„in einem Schub arbeiten"; ◇Schub]

Schuf·te·re̱i[ʃʊftəráɪ] 女 -/-en **1**《話》schuften すること. **2** =Schuftigkeit 2 [2: <Schuft]

schu̱f·tig[ʃʊ́ftɪç][2] 形 卑劣な, 破廉恥な: ein ~*er* Lump げす野郎.

Schu̱f·tig·keit[–kaɪt] 女 -/-en **1**《単数で》schuftig なこと. **2** schuftig な言動.

Schu̱h[ʃuː] 男 -〔e〕s/-e (小 **Schu̱h·chen**[ʃúːçən], **Schü̱h·chen**[ʃýːçən], **Schü̱h·lein**[..laɪn] 中 -s/-) **1**《ふつう複数で》(英: *shoe*)靴, (特に:) 短靴: der rechte ⟨linke⟩ ~ 右(左)の靴 | neue ⟨modische⟩ ~*e* 新しい(流行の)靴 | ~*e* mit hohen ⟨niedrigen⟩ Absätzen かかとの高い(低い)靴 | Gummi*schuh* ゴム靴 | Sport*schuh* 運動靴 ‖ ein Paar ~*e* 靴1足 | die ~*e* anziehen ⟨ausziehen⟩ 靴をはく(脱ぐ) | ***jm.* die ~*e* ausziehen**《話》…を驚かせる; …を怒らせる | Diese Musik zieht einem ja die ~*e* aus! この音楽はまったくひどいものだ | die ~*e* besohlen 靴に底をつける | die ~*e* flicken ⟨putzen⟩ 靴を修繕する(磨く) | ~*e* tragen ⟨anhaben⟩ 靴をはいている | ***sich*[3] die ~*e*** (=Schuhsohlen) **nach *et.*[3] ablaufen**《話》…を求めて〔むなしく〕かけずり回る ‖ ***sich*[3] *et.*[4] an den ~*en*** (=Schuhsohlen) **abgelaufen haben**《話》…はとっくに経験ずみである(知っている) | Das habe ich mir längst an den ~*en* abgelaufen.《話》そんなことは私はとうに承知して(経験して)いる | **aus den ~*en* schlüpfen** するりと靴を脱ぐ | **in die ~*e* schlüpfen** するりと靴をはく | ***jm. et.*[4] in die ~*e* schieben**《比》…に…の責任をなすりつける | **nicht in *js.* ~*en* stecken mögen**《話》…の身代わりになりたくない, …の立場におかれたくない ‖ **wissen, wo *jn.* der ~ drückt**《話》…の悩みの原因を知っている | **Umgekehrt wird ein ~ draus.**《話》事態の真相はまるで逆だ.

☆ ふつう Schuh は足首までの短い靴を指し, それよりも長いものには Stiefel を用いる.

2 (機能・形状が靴に似ているもの. 例えば:) **a**) (つえ・棒・やりなどの)石突き(→ 図 Lanze). **b**) (旗ざおなどの)はめ輪(→ 図 Fahne). **c**)《雅》蹄鉄(ていてつ). **d**) (Hemmschuh) 輪止め. **e**) (Kabelschuh)《電》ケーブルシュー, ケーブルつかみ. **3** -〔e〕s/- シュー(昔の長さの単位: 約30cm).

[*germ.*; ◇Scheune; *engl.* shoe]

Schu̱h≠ab·satz[ʃúː..] 男 靴のかかと. **≠an·zie·her** 男 靴べら. **≠band** 中 -〔e〕s/..bänder 靴ひも: die *Schuhbänder* knüpfen ⟨lösen⟩ 靴ひもを結ぶ(解く). **≠bür·ste** 女 靴ブラシ.

Schu̱h·chen, Schü̱h·chen Schuh の縮小形.

Schu̱h≠creme[..kreːm] 女 靴墨. **≠fa·bri̱k** 女 製靴工場. **≠flicker** 男 靴直し(人). **≠ge·schäft** 中 靴店. **≠grö·ße** 女 靴の大きさ(サイズ): Ich habe ~ 38. 私の靴のサイズは38です | Das ist nicht ihre ~.《話》それは彼女の好みに合わない. **≠krem** 女 =Schuhcreme **≠la̱·den** 男 =Schuhgeschäft

Schü̱h·lein Schuh の縮小形.

Schu̱h≠lei·sten 男 靴型. **≠löf·fel** 男 靴べら.

Schu̱h·lot·ter 男 -s/《スイ》靴ひもの解けた靴: Ich habe den ~. 私は靴のひもが解けた. [◇lotterig]

Schu̱h·ma·cher 男 靴屋(製造・修繕職人).

Schu̱h·ma·che·re̱i[ʃuːmaxəráɪ] 女 -/-en **1**《単数で》製靴業. **2** 製靴工場.

Schu̱h≠na̱·gel[ʃúː..] 男 靴くぎ. **≠num·mer** 女 靴のサイズ番号(→Schuhgröße): ***js.* ~ sein**《話》…の好みにぴったり合っている | Das ist nicht meine ~.《話》これは私の趣味に合わない. **≠pa·ste** 女 =Schuhcreme **≠platt·ler** 男 靴踊り(音楽に合わせて手のひらで太もも・ひざ・靴底などをたたきながら踊るアルプス地方の民族舞踊). **≠put·zer** 男 **1** 靴磨き(人): *jn.* wie einen ~ behandeln《話》…を靴磨き同然に(塵芥(ちりあくた)のように)扱う. **2** 靴磨き機. **≠putz·mit·tel** 中, **≠putz·zeug** 中 靴磨き道具(靴墨・ブラシなど). **≠rie·men** 男 靴ひも. **≠schna̱·bel** 男《鳥》ハシビロコウ(嘴広鸛)(靴形の巨大なくちばしをもつ). **≠schnal·le** 女 靴の留め金. **≠schnu̱r** 女 -/..schnüre 靴ひも. **≠schrank** 男 靴(下駄(げた))箱. **≠sen·kel** 男 靴ひも. **≠so̱h·le** 女 靴底: *sich*[3] die ~*n* nach *et.*[3] ablaufen (→ Schuh 1) | *sich*[3] *et.*[4] an den ~*n* abgelaufen haben

(→Schuh 1) ‖ durchgelaufene ～*n* すり減った靴底.
≈span·ner 男 (形がくずれないように靴の中に入れる)靴型.
Schu·hu[ʃúːhuː] 男 -s/-s《南部・東部》(Uhu)〘鳥〙ワシミミズク(鷲木菟). 【擬音】
Schuh·wa·ren[ʃúː..] 複 靴類, はき物.
Schuh·wa·ren·ge·schäft ＝Schuhgeschäft
Schuh≈werk 中 -〔e〕s/ 靴: ein neues ～ kaufen 新しい靴を買う. **≈wich·se** 女《話》＝ Schuhcreme **≈zeug** 中 -〔e〕s/《話》＝Schuhwerk **≈zwecke** 女 ＝Schuhnagel
Schu·ko[ʃúːkoː] 男 -s/-s 商標 (＜Schutzkontakt)〘電〙保護〈安全〉接触〔装置〕.
Schu·ko≈steck·do·se[ʃúːko..] 女〘電〙特殊安全接触ソケット. **≈stecker** 男〘電〙特殊安全接触プラグ〈差し込み栓〉(→ 図 Stecker).
Schul≈ab·gang[ʃúːl..] 男 卒業. **≈ab·gän·ger** 男 卒業していく生徒, 卒業生. **≈ab·schluß** 男 卒業資格: Welchen ～ haben Sie? どの卒業資格をお持ちですか. **≈amt** 中 **1** ＝Schulaufsichtsbehörde ▽**2** ＝Lehramt **≈an·fang** 男 **1** 小学校入学〔日〕. **2** 休暇後の授業開始〔日〕. **≈an·fän·ger** 男 (小学校に入ったばかりの)新1年生. **≈ar·beit** 女 -/-en **1**《ふつう複数で》学校の宿題: ～*en* machen 宿題をする. **2**《オーストリア》(Klassenarbeit)(教室での)試験, ペーパーテスト. **3**《単数で》(学校の)課業. **≈arzt** 男 校医. **≈auf·ga·be** 女 -/-n **1**《ふつう複数で》学校の宿題: die ～*n* erledigen 宿題をすませる. **2**《南部》(教室内での)課題, 試験: eine ～ in Deutsch ドイツ語のテスト. **≈auf·sicht** 女 -/〘政〙学校教育の管理. **≈auf·sichts·be·hör·de** 女 (学校行政全般を監督する)教育庁. **≈aus·flug** 男 学校の遠足. **≈aus·ga·be** 女 教科書版. **≈aus·spei·sung** 女《オーストリア》＝Schulspeisung **≈aus·stei·ger** 男 (自発的な)中途退学者. **≈bahn** 女《オーストリア》学校教育課程. **≈bank** 女 -/..bänke (教室の)腰掛けつき勉強机(→ 図 Pult): **die ～ drücken**《話》学校に通う | Wir haben miteinander die〔gleiche〕～ gedrückt. / Wir haben〔miteinander〕auf einer ～ gesessen. 私たちは子供のころ同級生だった〈幼なじみだ〉. **≈be·ginn** 男 休暇後の授業開始〔日〕. **≈be·hör·de** ＝Schulaufsichtsbehörde **≈bei·spiel** 中 (Musterbeispiel) 範例, 手本, 模範. **≈be·such** 男 -〔e〕s/ **1** 通学; 学校への出席. **2**《スイス》(父母などの)授業参観. **≈bi·blio·thek** 女 ＝Schulbücherei **≈bil·dung** 女 -/ 学校教育; 学校で与えられた教育〈学力・素養〉; 学歴: eine abgeschlossene ～ haben 学校を正規に卒業している. **≈bub** 男《南部・オーストリア・スイス》＝Schuljunge **≈buch** 中 教科書. **≈bü·che·rei** 女 **1**《集合的に》学校所蔵図書. **2** 学校図書室〈館〉. **≈bus** 男 スクールバス. 【＜Schule】
schuld[ʃʊlt] **I** 形《比較変化なし》《述語的》(schuldig): **an** *et.*[3] **～ sein** …について罪がある, …(不都合な事柄など)について責任がある | Du bist an allem ～. すべては君のせいだ | Ein Verkehrsunfall ist an meiner Verspätung ～. 私が遅刻したのは交通事故のためだ. **II** →Schuld 1 b
Schuld[ʃʊlt][1] 女 -/-en **1 a)**《単数で》罪, とが, 責任; (精神的な)負担, 負い目;《雅》恩義, 義理: eine schwere ～ 重い罪 | eine moralische ～ 倫理的な責任 | eine strafrechtliche ～ 刑法上の罪 | die ～ der Dankbarkeit《雅》恩義 | ～ und Sühne 罪と償い | ein Gefühl der ～ 罪悪感 ‖ eine ～ begehen〈auf *sich*[4] laden〉罪を犯す〈しょいこむ〉| *seine* ～ eingestehen〈leugnen / sühnen〉自分の罪を認める〈否認する・償う〉| *jm.* *seine* ～ vergeben〈verzeihen〉…の罪をゆるす | die ～ auf *sich*[4] nehmen〈auf *jn.* abwälzen〉責任を自分で引き受ける〈…に転嫁する〉‖ Die ～ liegt bei ihm〈fällt auf ihn〉. 罪は彼にある, 彼のせいだ | Er hat〈trägt〉die ～ an diesem Unfall. この事故の責任は彼にある | Ich fühle mich von jeder ～ frei. / Ich bin mir keiner ～[2] bewußt. 私には何ら罪を犯したおぼえはない | 〔**tief**〕**in** ***js.*** **～ stehen**〈**sein**〉《雅》…に〔深い〕恩義がある.
b)《ときに小文字で: →schuld》**an** *et.*[3] ***schuld*** **haben** …について罪〈責任〉がある | Daran hat er selbst *schuld*. それは彼自身の責任だ ‖ ***jm.*** 〈***et.***[3]〉 ***schuld*** 〔**an** ***et.***[3]〕 **geben** 〔…を〕…のせいにする.
2《ふつう複数で》借金, 借財, 負債, 債務; 貸金: eine ～ von 1 000 Mark 1000マルクの借金〈負債〉‖ *seine* ～*en* bezahlen〈abzahlen / abtragen / begleichen〉借金を支払う, 負債を弁済する | Wer ～*en* bezahlt, verbessert seine Güter.《諺》借金を返す者はその財産をふやす | ～*en* eintreiben〈einziehen〉借金を取り立てる〈回収する〉| 〔bei *jm.*〕～*en* haben〔…に〕借金がある | ～*en* haben wie ein Pfalzgraf (→Pfalzgraf) | **mehr ～*en* als Haare auf dem Kopf haben**《話》借金が山ほどある | ～*en* machen 借金をつくる ‖ in ～*en* geraten 借金をつくる | *sich*[4] in ～*en* stürzen 借金を背負い込む | **bis an den Hals〈bis über den Hals / bis über den Kopf〉in ～*en* stecken / bis über die〈beide〉Ohren in ～*en* stecken**《話》借金で首が回らない | Das Haus ist frei von ～*en*. この家は借金の抵当に入っていない. 【*germ.*; ◇sollen】
Schuld≈an·er·kennt·nis[ʃʊlt..] 中〘法〙債務承認. **≈aus·spruch** 男 (Schuldspruch)〘法〙有責(ゆうせき)の宣言.
schuld·be·fleckt 形 罪でけがれた.
Schuld·be·kennt·nis 中 **1** (公式の)罪の告白: ein ～ ablegen (公式に)罪を認める. **2**《スイス》＝Schuldversprechen
schuld·be·la·den 形 罪〈責任〉〔の重荷〕を負った.
Schuld≈be·trag 男 負債額. **≈be·trei·bung** 女《スイス》(Zwangsvollstreckung) 強制執行. **≈be·weis** 男 罪〈責任〉の証拠.
schuld·be·wußt 形 罪を意識した, 後ろめたい.
Schuld≈be·wußt·sein 中 罪の意識, 罪悪感, 後ろめたさ. **≈brief** 男 ＝Schuldschein **≈buch** 中 **1**〘経〙国庫債務原簿. **2**《比》要注意者名簿, ブラックリスト.
schul·den[ʃʊ́ldən][1]《01》他 (h) **1**《*jm.* *et.*[4]》(…に対して…の)借金〈負債〉がある;《比》(…に対して…の)義務を負っている: *jm.* 20 Mark ～ …に20マルクの借りがある | Du *schuldest* mir noch etwas. 君は僕にまだいくらか借りがある ‖ *jm.* Dank〈Dankbarkeit〉～ …に感謝しなければならない | Ich *schulde* ihm eine Antwort〈eine Erklärung〉. 私は彼に返事〈説明〉をする義務がある | *jm.* 〔über *et.*[4]〕 Rechenschaft ～ (→Rechenschaft) | Das *schulde* ich mir selbst. これは私自身に対する私の責務だ. **2** (verdanken)《*jm.* *et.*[4]》(…に…を)負うている: Ich *schulde* ihm alles, was ich bin. 私の今日あるのはすべて彼のおかげだ.
Schul·den≈er·laß 男 負債の免除, 借金の棒引き. **≈berg** 男《話》借金の山, 山ほどの負債.
schul·den·frei 形 **1** 負債のない. **2** (不動産などが)借金の抵当に入っていない.
Schul·den≈last 女 借金〈負債〉の重荷; (不動産などにかかっている)抵当権. **≈ma·cher** 男《話》あちこちでよく借金する人. **≈mas·se** 女 (Passivmasse)(破産などの際の)負債総額, 破産債務総額. **≈til·gung** 女 借金返済, 負債弁済; 公債償却.
schuld·fä·hig[ʃʊ́lt..] 形〘法〙責任能力のある.
Schuld≈fä·hig·keit 女 -/〘法〙責任能力. **≈for·de·rung** 女〘法〙債権; 債務の支払い請求; 支払いを請求された債務: eine ～ bezahlen 支払い請求を受けた負債を返済する. **≈fra·ge** 女 罪〈責任〉の〔有無の〕問題〔点〕.
schuld·frei 形 罪〈責任〉のない, 潔白な.
Schuld≈ge·fäng·nis 中〘史〙債務者拘留所. **≈ge·fühl** 中 罪悪感, 罪の意識. **≈ge·ständ·nis** 中 罪の自白〈告白〉.
schuld·haft[ʃʊ́lthaft] 形〘法〙有責(ゆうせき)の(故意・過失を含む).
Schuld·haft[－] 女 -/〘史〙債務拘留.
Schul·dienst[ʃúːl..] 男 -〔e〕s/ 教職〔勤務〕: im ～ tätig sein 教職についている, 教師をしている | in den ～ eintreten 教職につく. 【＜Schule】
schul·dig[ʃʊ́ldɪç][2] **I** 形 **1**《副詞的用法なし》**a)** 罪のある, (不都合な事柄について)責任のある, 有罪の: der ～*e* Teil〘法〙有罪〈敗訴〉側 ‖ an *et.*[3] ～ sein …について罪〈責任〉がある | Ich bin an seiner Krankheit ～. 彼が病気になったの

S

は私の責任だ | an *jm.* ～ werden …に対して罪を犯す ‖ auf ～ erkennen〘法〙有罪と認める | ***jn.* ～ sprechen** / *jn.* für ～ befinden ⟨erklären⟩ …に有罪の判決を下す ‖ *sich*[4] ～ bekennen 自分の罪を認める | *sich*[4] ～ fühlen 自分に責任があると感じる | *sich*[4] eines Betrugs ⟨eines Mordes⟩ ～ machen 詐欺⟨殺人⟩の罪を犯す ‖ Vor Gott sind wir alle ～. 神のまえでは我々はみな罪人である | Er ist ～ geschieden. 彼は離婚訴訟で敗れた(離婚はしたが彼のほうに非があるとされた: →schuldlos). **b**)《雅》des Todes ～ sein 死罪に値する.

2 a)《述語的》《*jm. et.*[4]》(…に…の)借り⟨負債⟩がある; (…に…を)返す⟨果たす⟩義務がある: *jm.* 50 Mark ～ sein …に50マルクの借りがある | Er blieb die Miete ～. 彼は相変わらず家賃⟨部屋代⟩を滞らせていた | Was ⟨Wieviel⟩ bin ich 〔Ihnen〕 ～? いかほどお払いしたらよろしいですか | *jm.* Dank ～ sein …に感謝しなければならない | *jm.* 〔über *et.*[4]〕 Rechenschaft ～ sein (→Rechenschaft) | *jm.* keine Antwort ～ bleiben (→Antwort 1) | ***jm.* nichts ～ bleiben** …と対等に(丁丁発止と)渡り合う | Das ist er seiner Stellung[3] ～. それは彼の地位からして当然の責務である ‖〘まれに付加語的に〙die ～*e* Summe 負債額. **b**)《付加語的》当然返済すべき; 当然果たすべき: *jm.* die ～*e* Antwort ⟨den ～*en* Respekt⟩ zollen …に回答の義務を果たす⟨当然の尊敬を払う⟩ | *jm.* den ～*en* Gehorsam leisten ⟨versagen⟩ …に対して当然の服従をする⟨拒む⟩.

II Schul·di·ge 男 女《形容詞変化》(schuldig な人. 例えば:) 罪人; (不都合な事柄について)責任のある人.

Schul·di·ger[ʃʊ́ldɪgər] 男 -s/- 負い目のある人(聖書: マタ6, 12から).

schul·di·ger·ma·ßen 副 (義務・責任上)当然のことながら.

Schul·dig·keit[ʃʊ́ldɪçkaɪt] 女 -/-en **1**《単数で》義務, 責任: ***seine* ～ tun** 自分の責務を果たす; 他人の期待にこたえる; (物が)期待どおりの効果をあげる⟨機能を果たす⟩ | Die Maschine tat ihre ～.《比》機械は期待どおりうまく作動した | *seine* Pflicht und ～ tun (→Pflicht 1) | *js.* verdammte Pflicht und ～ sein (→Pflicht 1) ▽**2** 借金, 負債: *seine* ～ bezahlen 借金を返す.

Schul·dig·spre·chung 女 -/-en 有罪の判決を下すこと.

Schul·di·rek·tor[ʃú:l..] 男 〔学〕校長. [＜Schule]

Schuld≈knecht·schaft[ʃʊ́lt..] 女〘史〙(古代において, 債務者の身柄に対する債権者の)自由処分権, 債務奴隷制. **≈kom·plex** 男〘心〙罪悪感コンプレックス.

schuld·los[ʃʊ́ltlo:s][1] 形 罪⟨責任⟩のない: ein ～*es* Kind 罪のない⟨汚れを知らない⟩子供 ‖ An diesem Unfall ist sie ～. この事故は彼女の責任ではない ‖ ～ bestraft werden 罪なくして処罰される | ～ geschieden werden〘法〙離婚訴訟で勝訴する(→schuldig I 1 a).

Schuld·lo·sig·keit[..lo:zɪçkaɪt] 女 -/ schuldlos なこと.

Schuld·ner[ʃʊ́ldnər] 男 -s/- (㊛ **Schuld·ne·rin** [..nərɪn]-/-nen) **1** (↔Gläubiger) 債務者: ein säumiger ～ 返済を怠りがちな債務者. **2**《比》負い目のある者: Ich werde immer Ihr ～ sein ⟨bleiben⟩.《比》あなたのご恩はいつまでも忘れません.

Schuld·ner·land 中 -〔e〕s/..länder 債務国.

Schuld·po·sten[ʃʊ́lt..] 男〘経〙債務額⟨条項⟩.

Schul·dra·ma[ʃú:l..] 中〘文芸〙(16-17世紀に特にイエズス会員などによって育成された)学校劇. [＜Schule]

Schuld≈recht[ʃʊ́lt..] 中 債務⟨債権⟩法, 債務関係法. **≈schein** 男 借金の証文, 借用証, 債務証書. **≈spruch** 男〘法〙有罪宣告⟨判決⟩; 有責の宣言. **≈sum·me** 女 負債額. **≈ti·tel** 男〘法〙債務名義. **≈turm** 男 =Schuldgefängnis **≈über·nah·me** 女 債務引き受け.

schuld·un·fä·hig 形〘法〙責任能力のない.

Schuld≈un·fä·hig·keit 女 -/〘法〙責任無能力. **≈ver·hält·nis** 中 (債務者と債権者の)債務⟨債権⟩関係. **≈ver·pflich·tung** 女〘法〙債務. **≈ver·schrei·bung** 女〘経〙債務証書, 借用証; 債券. **≈ver·spre·chen** 中〘法〙債務約束.

schuld·voll 形 罪深い.

Schuld·zu·wei·sung 女 (特定の人に)罪ありと主張する⟨罪を着せる⟩こと, (…への)責任転嫁(てんか): die gegenseitigen ～*en* 罪のなすり合い.

Schu·le[ʃú:lə] 女 -/-n **1** (英: *school*) (建物・施設・制度としての)学校(主として高等学校以下); 養成⟨訓練⟩所: eine öffentliche ⟨private / staatliche⟩ ～ 公立⟨私立・国立⟩の学校 | eine katholische ⟨protestantische⟩ ～ カトリック⟨プロテスタント⟩系の学校 | eine ～ für taubstumme Kinder 聾啞(ろうあ)学校 | Abend*schule* 夜間学校 | Berufs*schule* 職業学校 | Blinden*schule* 盲学校 | Hoch*schule* 〔単科〕大学 | eine höhere ～ 高等学校 | Jungen*schule* / Knaben*schule* 男子校 | Mädchen*schule* 女子校 | Volks*schule* 小学校 ‖ die ganze ～ (生徒・職員を含めて)学校全体 ‖〘4格で〙eine neue ～ bauen 新しい学校〔の建物〕を建てる | eine ～ besuchen 学校に通う | die ～ durchlaufen ⟨absolvieren⟩ 学校の全課程を終了する, 学校を卒業する | die ～ verlassen 学校を去る(卒業する; 退学する; 学校〔の敷地〕を離れる) | die ～ wechseln 転校する ‖〘2格で〙der ～ verwiesen werden 退学⟨放校⟩処分を受ける ‖〘前置詞と〙**an** einer ～ unterrichten 学校で教えている | Er ist Lehrer an dieser ～. 彼はこの学校の教師だ | an die ～ ⟨zur ～⟩ gehen《話》教職につく | Er will einmal an die ～ ⟨zur ～⟩.《話》彼は将来教師になろうと思っている | **auf** ⟨in⟩ der ～ Englisch lernen 学校で英語を学ぶ | auf die ～ gehen 学校へ行く; 進学する; 教職につく | *jn.* **aus** der ～ ausschließen …を退学⟨除籍⟩処分にする | *jn.* aus der ～ entlassen …を卒業させる | Ich bin **durch** seine ～ gegangen. 私はかつて彼の教えを受けた | **hinter ⟨neben⟩ die ～ gehen**《話》学校をさぼる | **in** der ～ lernen ⟨lehren⟩ 学校で学ぶ⟨教える⟩ | in der ～ sein 学校〔の構内〕にいる; 在学している | Er ist in einer privaten ～. 彼は私立学校に入っている | *jn.* in die ～ aufnehmen …を入学させる | in die ～ gehen 学校の構内に入る; 通学する | Ich gehe heute nicht in die ～ ⟨zur ～⟩. 私はきょうは登校しない | Wir sind zusammen in die ～ ⟨zur ～⟩ gegangen.《話》私たちは一緒に学校に通った仲間だ, 私たちは同級生だった | in ⟨auf⟩ die höhere ～ gehen 高等学校に通う; 高等学校に進学する | Er kommt in diesem Jahr in die ～. 彼は今年から学校に入る(小学校の1年生になる) | *sein* Kind in die höhere ～ schicken 子供を高校へあげる | **von** der ～ abgehen 学校を出る⟨やめる⟩ | *jn.* von der ～ entlassen …を卒業させる | von der ～ fliegen《話》学校をおっぽり出される(放校される) | von der ～ verwisen werden 退学⟨放校⟩処分を受ける | *jn.* von der ～ weisen …を退学⟨放校⟩処分にする | **zur** ～ gehen i) 登校する, 通学する; ii)《話》教職につく | Die Kinder gehen noch zur ～ ⟨in die ～ / auf die ～⟩. 子供たちはまだ在学中である | zur ～ kommen 学校に入る(小学校の1年生になる).

2《単数で》(学校での)授業, 課業; (個人の)指導, 教え; (一般的に)修練, 訓練;《比》試練: ▽～ halten《話》授業をする | die ～ schwänzen《話》学校をさぼる | Die ～ beginnt um acht Uhr ⟨am 1. September⟩. 学校は8時⟨9月1日⟩に始まる | Die ～ ist aus. 学校⟨授業⟩が終わった | Heute ist keine ～. / Heute gibt es ⟨haben wir⟩ keine ～. きょうは学校が休みだ ‖ ～ haben 訓練⟨調教⟩される, 仕込まれる | Sein Können verrät eine gute ～. 彼の技量は修練のたしかさを裏書きする | die harte ～ der Armut ⟨langer Krankheit⟩ 貧しさ⟨長い病気⟩の試練 | **alle ～*n* durchsein ⟨durchgemacht haben⟩** あらゆる人生経験を積んでいる; 海千山千である ‖ Er ist durch die harte ～ des Lebens gegangen. 彼は人生の荒波にもまれた | **bei *jm.* in die ～ gehen** …の指導⟨教え⟩を受ける | in eine harte ～ gehen きびしい訓練⟨試練⟩を受ける | nach ⟨vor⟩ der ～ 授業の終わった後で⟨始まる前に⟩.

3 a) (芸術・学問などの)流派: die platonische ～ プラトン学派 | die romantische ～ ロマン派 | die Venezianische ～〘美〙ヴェネチア派 ‖ Er gehört zur Dürerschen ～. 彼はデューラーの流れをくんでいる | ein Kavalier der alten ～ (特に女性に対して礼儀正しい)昔ふうの紳士 | ein Pädagoge der alten ～ 古い型の教育者 ‖ eine ～ bilden 一派をな

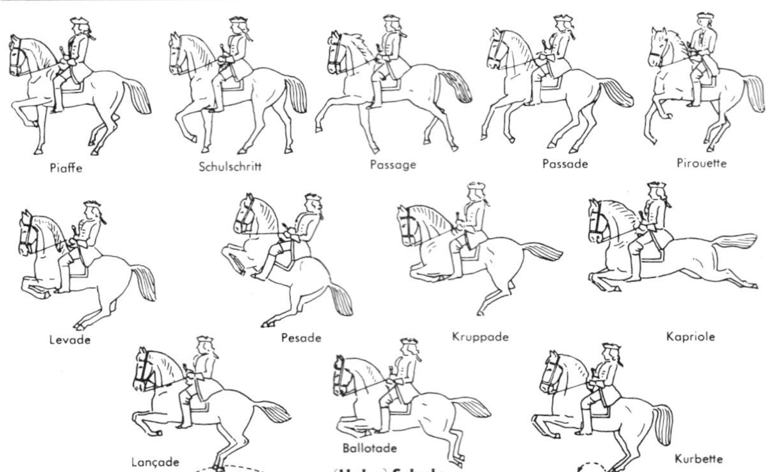

〔Hohe〕 Schule

す | **~ machen** 広く一般に行きわたる, 多くの模倣者を生む | Sein Beispiel machte ~. 多数の人たちが彼の例にならった ‖ **aus der ~ plaudern** 〈**schwatzen**〉《比》内部の事情を他にもらす. **b)** 〔**die**〕 **Hohe ~** 高等馬術(→ 図);《比》高等技術, 妙技 | 〔die〕 Hohe ~ reiten 高等馬術を演じる.
4 (書名として)教則本: die ~ des Geigenspiels ヴァイオリン演奏法 | Klavier*schule* ピアノ教則本.
5 (Baumschule)〘林・園〙種苗栽培園, 養樹園.
6 (回遊するイルカ・クジラなどの)群れ.
7 (Synagoge) シナゴーグ(ユダヤ教の会堂).
[*gr.* scholḗ „Einhalt, Muße"–*lat.* schola–*ahd.* scuola; <*gr.* échein (→hektisch); ◇*engl.* school]

schu̱·len¹[ʃúːlən] 他 (h) **1** 《*jn.*》 **a)** 教育する, 訓練する; (犬・馬などを)訓練〈調教〉する: *jn.* fachlich 〈politisch〉 ~ …に専門〈政治〉教育を施す | *jn.* als Dolmetscher ~ …を通訳として訓練する | *jn.* für *seinen* Beruf ~ …に職業教育を施す ‖ ein *geschulter* Blindenhund 訓練された盲導犬 | ein glänzend *geschultes* Personal 訓練の行き届いた職員〈従業員〉| psychologisch *geschult* sein 心理学の修養を積んでいる. **b)** 《ｽｲ》(子供を)学校へ入れる, 通学させる.
2 《*et.*⁴》(頭脳・感覚器官・手足などを)訓練する, 鍛える: durch Lektüre *seinen* Geist ~ 読書を通じて精神を鍛える | das Auge 〈das Ohr〉 ~ 目〈耳〉を訓練する | das Gedächtnis ~ 記憶力を鍛える | die Finger ~ (手先を使う仕事や器楽演奏のために)指を訓練する ‖ 再帰 *sich*⁴ ~ 自分〔の感覚〕を鍛える ‖ eine *geschulte* Stimme (声楽などで)訓練された声 | ein *geschultes* Denken 〈Urteil〉 鍛えられた思考〈判断〉力.

schu̱·len²[ʃúːlən] 自 (h) 《北部》(schielen)(横目で)ぬすみ見る, そっと〈ちらりと〉目を走らせる. [*mndd.*]

schu̱l·ent·las·sen[ʃúːl..] 形 学校を卒業した: der 〈die〉 *Schulentlassene* 卒業者.
Schu̱l·ent·las·sung 女 卒業. [<Schule]
Schu̱l·ent·las·sungs≈fei·er 女 卒業式. **≈zeug·nis** 中 卒業証明書.
schu̱l·ent·wach·sen 形 学齢を越えた;《比》すでに大人になった.

Schü̱·ler[ʃýːlər] 男 -s/- (女 **Schü̱·le·rin**[..lərɪn]-/-nen) **1 a)** 学校(高校以下)の生徒, 学童: ein eifriger 〈schlechter〉 ~ 熱心な〈出来の悪い〉生徒 | Mit*schüler* 同級生 | ein ~ im ersten Jahr 1年生. **b)** ein fahrender ~〘史〙(中世の)遍歴学生(→Scholar). **2** 弟子, 教え子, 門下生, 門弟: Lieblings*schüler* 愛(まな)弟子 | Er war ein ~ Dürers 〈von Dürer〉. 彼はデューラーの弟子であった. [*mlat.* scholāris–*ahd.* scuolāri; <*lat.* schola (→Schule); ◇Scholar]
Schü̱·ler≈ar·beit 女 生徒の課業〈勉強〉; 生徒の作品. **≈aus·schuß** 男 生徒委員会. **≈aus·tausch** 男 (教育・親善のための, 特に外国との)生徒交換. **≈aus·weis** 男 生徒の身分証明書, 生徒証. **≈fahr·kar·te** 女 学割切符〈乗車券〉.
schü̱·ler·haft[ʃýːlərhaft] 形 生徒のような, 生徒じみた; 《比》幼稚な, 未熟な.
Schü̱·ler·haf·tig·keit[..haftɪçkaɪt] 女 -/ schülerhaft なこと.
Schü̱·ler·heim 中 生徒寮, 寄宿舎.
Schü̱·le·rin Schüler の女性形.
Schü̱·ler≈kar·te 女 (鉄道などの)学割切符〈乗車券〉; 学割入場券. **≈lo̱t·se** 男 (交通安全のために登校・下校時に下級生を先導する)通学指導生徒. **≈mit·be·stim·mung** 女 (学校問題などの)生徒の共同決定〈決定参加〉. **≈mit·ver·ant·wor·tung** 女 生徒自治, 生徒の連帯. **≈mit·ver·wal·tung** 女 **1** 生徒自治. **2** (略 SMV) 生徒自治会. **≈müt·ze** 女 学生帽, 制帽.
Schü̱·ler·schaft[ʃýːlərʃaft] 女 -/-en 《ふつう単数で》 **1** 《集合的に》(各学校の)生徒. **2** 弟子〈門下生〉の地位〈身分〉.
Schü̱·ler≈spra̱·che 女 -/ (俗語的な)生徒用語. **≈spre·cher** 男 生徒委員〈代表〉. **≈ver·zeich·nis** 中 生徒名簿. **≈za̱hl** 女 生徒数. **≈zei·tung** 女 生徒新聞.

Schu̱l≈er·zie·hung[ʃúːl..] 女 学校教育. **≈fach** 中 (学校の)課目, 科目, 教科. **≈fall** 男 =Schulbeispiel **≈fei·er** 女 学校での行事〈儀式〉; 学校〈学園〉祭. **≈fe̱·ri·en** 複 学校の休暇. **≈fern·se·hen** 中 (テレビの)学校放送. **≈fest** 中 学校〈学園〉祭. **≈fi̱·bel** 女 (小学1年生のための)初等読本. **≈flu̱g·zeug** 中〘空〙練習機. **≈form** 女〘体育〙練習形態.
schu̱l·frei 形 学校が休みの, 授業のない: ein ~*er* Tag 休校日 | Heute ist ~. / Heute haben wir ~. きょうは学校が休みだ.
Schu̱l≈freund 男 学校友だち, 学友; 同級〈同窓〉生. **≈freund·schaft** 女 学友間の友情. ▽**≈fuchs** 男 (些事(さじ)にこだわる)やかまし屋, うるさ型. ▽**≈fuch·se·rei** 女 些事にこだわること, 杓子(しゃくし)定規. **≈funk** 男 (ラジオの)学校放送; 校内放送. **≈gang** 男 **1** 通学すること: der erste ~

(小学 1 年生の) 最初の登校〔日〕. **2**《比》学校の教育課程. **3**〘馬術〙高等馬術の技〈歩き方〉(→Schule 3 b). ≈**gar·ten** 男 (実習授業などに利用される) 学校庭園〈植物園〉. ≈**ge·bäu·de** 中 校舎. ≈**ge·brauch** 男 -[e]s/ 学校での使用: für den ～ / zum ～ 学校用の. ≈**ge·gen·stand** 男《ｵｰｽﾄﾘｱ》=Schulfach ≈**geld** 中 -[e]s/ (学校の) 授業料, 学費: Er kann sich³ sein ～ wiedergeben 〈zurückgeben〉 lassen.《話》彼は無駄に学校に通ったようなものだ | **Laß dir dein ～ zurückgeben!**《話》君は授業料を払って何も習わなかったのか, 君はそんなことも知らないのか.

Schul·geld·frei·heit 女 -/ 学費〈授業料〉免除.

Schul·ge·lehr·sam·keit 女 机上の知識〈学問〉.

schul·ge·recht 形 **1** 規範にのっとった, 規則どおりの, きちょうめんな. **2** 学校に適した, 学校向きの.

Schul≈**ge·setz** 中〘法〙学校法. ≈**ge·sund·heits·pfle·ge** 女 学校保健. ≈**gram·ma·tik** 女 学習用〈教育用〉文典, 学校文法. ≈**haus** 中 校舎. ≈**heft** 中 学校用ノート〈帳面〉. ≈**heim** =Schullandheim ≈**hof** 男 校庭. ≈**hort** 男 (旧東ドイツで学校付設の) 学童保育所. ≈**hy·gie·ne**[..gie:nə] 女 学校衛生.

schu·lisch[ʃú:lɪʃ] 形《述語的用法なし》学校の, 学校に関する: der ～*e* Unterricht 学校の授業 | Seine ～*en* Leistungen waren immer schwach. 彼の学校の成績はいつも悪かった. [＜Schule]

Schul≈**jahr**[ʃú:l..] 中 -[e]s/-e **1** 学年 (旧西ドイツでは 8 月 1 日, 旧東ドイツでは 9 月 1 日にはじまる): Er ist jetzt im zweiten ～. 彼はいま 2 年生だ. **2**《複数で》学校時代. ≈**ju·gend** 女《集合的に》生徒. ≈**jun·ge** 男 (男の) 学童, 男子生徒. ≈**ka·me·rad** 男 = Schulfreund ≈**kennt·nis** 女 -/-se《ふつう複数で》学校で得た知識. ≈**kind** 中 (義務教育学校の) 生徒, 学童, 就学児童. ≈**kin·der·gar·ten** 男 (学齢に達した身心障害児のために小学校に付設された) 養護学級. ≈**klas·se** 女 学級〈クラス〉〔の全員〕; 学年: eine neue ～ übernehmen 新しいクラスを受け持つ | die unteren 〈oberen〉 ～*n* 低〈高〉学年.

schul·klug 形 (実践的経験がなく) 机上の知識だけの.

Schul≈**kol·le·gium** 中《集合的に》(各学校の) 教員, 教師陣. ≈**krank·heit** 女 (授業をなまけるための) 仮病. ≈**land·heim** 中 林間〈海浜〉学校用の寮〈宿泊施設〉. ≈**le·ben** 中 -s/ 学校生活. ≈**leh·rer** 男 学校教員. ≈**lei·ter** 男〔学〕校長. ≈**mäd·chen** 中 (女の) 学童, 女子生徒. ≈**mann** 男 -[e]s/..männer (..leute) (経験豊富な男の)〔名〕教師, ベテラン教員, 教育者. ≈**map·pe** 女 学生かばん.

schul·mä·ßig 形 **1** 学校の. **2** =schulgerecht

Schul≈**me·di·zin** 女 -/ (時代の最新の知識を教える) 学校〈大学〉医学. ≈**mei·ster** 男 **1** 学校教師;《戯》(特に田舎の小学校の) 先生, 田舎教師. **2**《比》教師ぶる人, 物知りぶる人; あら探し屋.

schul·mei·ster·haft 形, **schul·mei·ster·lich** 形 教師ぶる, 物知りぶる, 教師根性まる出しの; 口やかましい, 難癖をつけたがる.

schul·mei·stern[ʃú:lmaɪstərn]《05》《過分 geschulmeistert》**I** 他 (h)《*jn.*》(…に) 教師〈物知り〉ぶって教える; 教師口調でしかる〈とがめる〉. **II** 自 (h) 教師〈物知り〉ぶった口をきく.

Schul·mei·ster·ton 男 -[e]s/ 教師口調.

Schul≈**mob·bing**[ʃú:l..] 中 学校でのいじめ. ≈**mu·sik** 女 **1** 学校音楽. **2** (学校での) 音楽の授業; (科目としての) 音楽. ≈**ord·nung** 女 校則, 校規; 校紀.

Schulp[ʃʊlp] 男 -[e]s/-e (イカの) 甲. [*mndd.*]

Schul≈**pe·dell**[ʃú:l..] 男 学校の用務員. ≈**pflicht** 女 -/ 就学の義務: die allgemeine ～ (国民全部に対する) 義務教育.

schul·pflich·tig 形 就学義務のある: im ～*en* Alter sein 就学義務のある年齢である | Das Kind ist nächstes Jahr ～. この子は来年が学齢である.

Schul≈**po·li·tik** 女 学校政策. ≈**psy·cho·lo·gie** 女 学校心理学. ≈**ran·zen** 男 (南部: ≈**rän·zel** 中) ランドセル. ≈**rat** 男 -[e]s/..räte **1** 教育庁の役人, 督学官. **2**《ｵｰｽﾄﾘｱ》=Schulaufsichtsbehörde ≈**raum** 男 =Schulzimmer ≈**re·form** 女 学制改革.

schul·reif 形 (子供が) 就学できるほどに身心ともに発育した.

Schul≈**rei·se** 女 修学旅行. ≈**rei·ter** 男 (馬の) 調教師. ≈**sack** 男《ｽｲｽ》=Schulranzen ≈**schiff** 中 (船員養成用の) 練習船;〘軍〙練習艦. ≈**schluß** 男 授業終了〔日・時刻〕;《方》卒業: nach ～ 放課後;《方》卒業後. ≈**schritt** 男〘馬術〙常歩(なみあし) (→ 図 Schule). ≈**schwän·zer** 男《話》授業をさぼる生徒. ≈**schwe·ster** 女〘ｶﾄﾘｯｸ〙学校教育担当の修道女. ≈**spei·sung** 女《単数で》学校給食. ≈**sport** 男 学校スポーツ. ≈**stun·de** 女 授業時間. ≈**sy·stem** 中 学校制度, 学制. ≈**tag** 男 授業日: der erste ～ 最初の登校日. ≈**ta·sche** 女 =Schulmappe [＜Schule]

Schul·ter[ʃúltər] 女 -/-n **1** (英: *shoulder*) 肩 (→ 図 Mensch A); (衣服の) 肩の部分: die linke 〈rechte〉 ～ 左〈右〉肩 | runde ～*n* なで肩 ‖ breite 〈schmale〉 ～*n* haben 肩幅が広い〈狭い〉| die ～*n* hochziehen 〈zucken〉 / mit den ～*n* zucken 肩をすくめる (当惑・冷淡・無関心・拒否などの身ぶり) | die ～*n* hängen lassen 肩をすぼめる〈落とす〉(落胆・意気消沈の際など) | ***jm.* 〈*et.*³〉 die kalte ～ zeigen**《比》…に冷淡な〈すげない〉態度を示す, …を冷たくあしらう ‖〘前置詞と〙**～ an ～** 肩を並べて〈接しあって〉;《比》互いに協力して | *jm.* **auf** die ～ klopfen 〈schlagen〉 …の肩をたたく | ***et.*⁴ auf *seine* ～*n* nehmen** …を肩にかつぐ;《話》…を一身に引き受ける | ***et.*⁴ auf die leichte ～ nehmen**《比》…を軽く考える | **auf *js.* ～*n* stehen**《比》…の成果におぶさる〈をふまえる〉| Die ganze Verantwortung ruht auf seinen ～*n*. 全責任が彼の双肩にかかっている | **auf beiden ～*n* 〔Wasser〕 tragen**《比》双方に色目を使う, 二またをかける | Die Jacke ist zu eng **in** den ～*n* 〈um die ～*n*〉. この上着は肩のあたりがきゅうくつだ | **mit** hängenden ～*n* dastehen 肩を落として〈がっかりして〉立ちすくんでいる | Sie stießen sich mit den ～*n* an. 彼らは互いに肩で小突きあった (意志疎通のためのひそかな合図) | ***jn.* über die ～ ansehen**《比》…に対して見くだした態度をとる | den Arm **um** *js.* ～ legen 腕を…の肩にまわす.

2《南部・ｵｰｽﾄﾘｱ》(Bug) (牛・豚などの) 肩肉 (前脚と頸(くび)の間). [*westgerm.*; ◇ *engl.* shoulder]

Schul·ter≈**blatt** 中〘解〙肩甲骨 (→ 図 Mensch C). ≈**brei·te** 女 肩幅. ≈**fe·der** 女〘鳥〙肩羽 (→ 図 Vogel B).

schul·ter·frei 形〘服飾〙肩の露出した; 肩のつりひものない.

Schul·ter≈**ge·lenk** 中〘解〙肩関節. ≈**gür·tel** 男〘解〙肩甲帯. ≈**her·ein** 中 -s/〘馬術〙肩を内へ (横歩(よこあし)の一種: → 図 reiten).

schul·ter·hoch 形 肩までの高さのある.

Schul·ter·hö·he 女 肩の高さ.

..schulterig[..ʃʊltərɪç]² (**..schultrig**[..trɪç]²)《形容詞などにつけて「…の肩をした」を意味する形容詞をつくる》: breit*schult*[*e*]*rig* 肩幅の広い.

Schul·ter≈**joch**[ʃʊ́ltər..] 中 肩くびき (てんびん棒の一種: → 図 Joch). ≈**klap·pe** 女〘軍〙肩章. ≈**kra·gen** 男 **1**〘服飾〙(肩までの) 広襟カラー (→ 図 Garrick). **2** (僧服などの) 肩衣(かたぎぬ) (→ 図 Augustiner).

schul·ter·lang 形 (髪が) 肩にまで届くほど長い.

schul·tern[ʃʊ́ltərn]《05》他 (h) 肩にかつぐ, 背負う: einen Rucksack ～ リュックサックをかつぐ | mit *geschultertem* Gewehr 銃をかついで.

Schul·ter≈**pol·ster** 中〘服飾〙肩パッド. ≈**rei·ten** 中 -s/ 肩車. ≈**rie·men** 男 負い皮, 背負いひも, 肩ベルト. ≈**schluß** 男 ..schlusses/《ｽｲｽ》(肩を組み合っての) 団結: im ～ mit *jm.* …と肩を組んで. ≈**sieg** 男〘ﾚｽﾘﾝｸﾞ〙(相手の両肩をマットにつける) フォール勝ち. ≈**stand** 男〘体操〙(平行棒の) 肩(かた) 倒立 (→ 図). ≈**stück** 中 -[e]s/-e **1 a)**《ふつう複数で》(Achselstück) (制服の) 肩章. **b)** (銃の) 肩当て. **2**〘料理〙肩肉. ≈**ta·sche** 女 ショルダーバッグ. ≈**tuch** 中

Schulterstand

S

-〔e〕s/..tücher, ≈**um·hang** 男 **1** ショール. **2** (聖職者の)アミクトス(→ 図 barmherzig). ≈**ver·ren·kung** 女〖医〗肩の脱臼(だっきゅう). ≈**wurf** 男 **1**〖レスリング〗がぶり返し. **2**〖柔道〗背負い投げ.

Schult·heiß[ʃʊ́ltaɪs, ʃʊ́lthaɪs] 男 -en/-en **1** 村長, 町長. **2**《スイス》(Luzern 州の)州会議長. [*ahd.* sculd-heizo „Leistungen Befehlender"; ◇Schuld, heißen[1]]

Schul·the·ke[ʃúːl..] 女 -/-n《スイス》(Schulmappe) 学生かばん.

..schultrig =..schulterig

Schul≈tur·nen[ʃúːl..] 中〖体育〗学校体育. ≈**tü·te** 女 小学校入学祝いの菓子筒(入学の日に親たちが与えるケーキなどをつめた円錐(えんすい)形の筒). [<Schule]

Schu·lung[ʃúːlʊŋ] 女 -/-en **1** (schulen[1]すること. 例えば:) 教育, 訓練; 練習, 稽古(けいこ): eine fachliche ⟨politische⟩ ~ 専門⟨政治⟩教育 | eine strenge ⟨langjährige⟩ ~ きびしい⟨多年にわたる⟩訓練 | die ständige ~ des Denkens 思考力の絶えざる訓練 | Seine Arbeit verrät eine gute ~. 彼の仕事は十分な修練のあとを示している. **2** 講習〔会〕: an einer ~ für *et.*[4] teilnehmen …のための講習会に参加する.

Schu·lungs≈kurs 男, ≈**kur·sus** 男 講習会.

Schul≈un·ter·richt[ʃúːl..] 男 学校の授業. ≈**ver·sa·gen** 中 (生徒が)学校の授業についてゆけないこと, 落ちこぼれ. ≈**ver·säum·nis** 女 (学校の)欠席. ≈**ver·wal·tung** 女 学校管理; 学校〔管理〕当局. ≈**vor·stand** 男 **1** 学校の理事会. **2**《オーストリア・スイス》=Schulvorsteher ≈**vor·ste·her** 男〔学〕校長; 学校の理事長. ≈**weg** 男 通学路: auf dem ~ 学校へ行く道⟨途中⟩で. ≈**weis·heit** 女 (実践的経験に対する)机上の知識, 頭だけの知恵. ≈**we·sen** 中 -s/ 学校制度, 学制. ≈**wis·sen** 中 =Schulkenntnis [<Schule]

[v]**Schul·ze**[ʃʊ́ltsə] 男 -n/-n =Schultheiß 1

Schul≈zeit[ʃúːl..] 女 (入学から卒業までの)学校時代. ≈**zeug·nis** 中 (学校の)成績証明書, 通知表, 通信簿. ≈**zim·mer** 中 教室. ≈**zwang** 男 -〔e〕s/ =Schulpflicht ≈**zweck** 男《次の形で》für ~e 学校用の. [<Schule]

Schu·ma·cher[ʃúːmaxər] 人名 Kurt ~ クルト シューマッハー(1895-1952; ドイツの政治家; 第二次世界大戦後再建された旧西ドイツの SPD の初代党首).

Schu·mann[ʃúːman] 人名 Robert ~ ローベルト シューマン(1810-56; ドイツ=ロマン派音楽の代表的作曲家. 作品は歌曲集『詩人の恋』など).

Schum·mel[ʃʊ́məl] 男 -s/- (Mogelei) ごまかし, ちょろまかし.

Schum·me·lei[ʃʊməláɪ] 女 -/-en **1**《単数で》(しきりに)ごまかす⟨ちょろまかす⟩こと. **2** =Schummel

schum·meln[ʃʊ́məln]《06》 **I** 自 (h) ごまかす, ちょろまかす, いんちきをする. **II** 他 (h)《*et.*[4]》《方向を示す語句と》(…を…へ)策略を用いて運び込む⟨入れる⟩: 再帰 *sich*[4] ~ まぎれ込む.

Schum·mel·zet·tel 男《話》カンニングペーパー.

Schum·mer[ʃʊ́mər] 男 -s/-《北部・中部》(Dämmerung) (夕暮れ・夜明け時などの)薄明, 薄暗がり. [*mndd.*; ◇Schimmer]

schum·me·rig[ʃʊ́mərɪç][2] (**schumm·rig**[ʃʊ́mrɪç][2]) 形《北部・中部》(部屋・照明などが)薄暗い; どんより曇った; 《比》不気味な.

schum·mern[ʃʊ́mərn]《05》 **I** 自 (h)《北部・中部》(dämmern) 非人称《es schummert》次第にたそがれて⟨夜が明けて⟩ゆく, あたりが薄暗い⟨薄明るい⟩. **II** 他 (h) (地図などに)けば⟨線影⟩をつける.

Schum·mer·stun·de 女《ふつう単数で》たそがれ⟨かはたれ⟩時(どき).

Schum·me·rung[ʃʊ́mərʊŋ] 女 -/-en **1**《北部・中部》薄明. **2** 地図などに線影をつけること; (地図などの)けば, 線影.

schumm·rig =schummerig

Schum·per·lied[ʃʊ́mpər..] 中《中部》卑猥(ひわい)な俗謡⟨恋歌⟩.

schum·pern[ʃʊ́mpərn]《05》他 (h)《中部》《*jn.*》ひざにのせてゆする.

Schum·pe·ter[ʃʊ́mpeːtər] 人名 Joseph Alois ~ ヨーゼフ アーロイス シュムペーター(1883-1950; オーストリアに生まれ, 1932年以降米国で活躍した20世紀前半の代表的な経済学者).

schund[ʃʊnt][1] schindete (schinden の過去)の別形.

Schund[ʃʊnt][1] 男 -〔e〕s/ 無価値な⟨くだらぬ⟩もの; 粗悪品; 低俗な作品(美術品・読み物・映画など): Schmutz und ~ (→Schmutz 1). [„Abfall beim Schinden"]

schün·de[ʃʏ́ndə] schindete (schinden の接続法II)の別形.

Schund≈film[ʃʊ́nt..] 男 低俗映画. ≈**li·te·ra·tur** 女 低俗文学, 低俗な読み物. ≈**ro·man** 男 低俗小説.

Schund- und Schmutz·ge·setz 中〖法〗有害出版物取締法.

Schund·wa·re 女 粗悪品.

schun·keln[ʃʊ́ŋkəln]《06》自 (h, s)《話》**1** (schaukeln) ゆれる, ゆれ動く; ゆれながら進む. **2** (一座の人たちが互いに腕を組み合わせ, 音楽のリズムに乗って)左右に体をゆり動かす; 体をゆり動かしながら進む.
★ h, s については: →schwimmen I 1 ☆
[<schuckeln]

Schun·kel·wal·zer 男〖楽〗schunkeln 2 のためのワルツ.

Schupf[ʃʊpf] 男 -〔e〕s/-e《南部・スイス》=Schubs

schup·fen[ʃʊ́pfən]《南部・オーストリア・スイス》= schubsen [*mhd.*]

Schup·fen[−] 男 -s/-《南部・オーストリア》= Schuppen [*mhd.*]

Schup·fer[ʃʊ́pfər] 男 -s/-《オーストリア》=Schubs

Schu·po[ʃúːpoˑ] **I** 女 -/ (<Schutzpolizei) 保安警察. **II** 男 -s/-s (<Schutzpolizist)《話》保安警察官.

Schupp[ʃʊp] 男 -〔e〕s/-e《北部》=Schubs

Schup·pe[ʃʊ́pə] 女 -/-n (小 **Schüpp·chen**[ʃʏ́pçən], **Schüpp·lein**[..laɪn] 中 -s/-) **1** (魚・爬虫(はちゅう)類などの)うろこ(鱗): die ~*n* des Fisches ⟨des Krokodils⟩ 魚⟨ワニ⟩のうろこ | **es fällt *jm.* wie ~*n* von den Augen**《比》…が目からうろこが落ちる思いがする(突然理解する. 聖書: 使9, 18から). **2** (うろこ状のもの. 例えば:) **a)** (まつかさなどの)種鱗(→ 図 Tanne, Zapfen). **b)** (鎧(よろい)の)小札(こざね). **3**《ふつう複数で》**a)** (Haarschuppe)(頭の)ふけ: ein Mittel gegen ~*n* ふけ取り薬. **b)** 鱗屑(りんせつ). **c)**〖生〗鱗片; (ガ・チョウの)鱗粉. [*ahd.*; ◇schaben]

Schüp·pe[ʃʏ́pə] 女 -/-n《北部》=Schippe

schup·pen[1][ʃʊ́pən] **I** 他 (h) **1**《*et.*[4]》(…の)うろこを取る⟨落とす⟩. **2** 再帰 *sich*[4] ~ (皮膚が)鱗屑(りんせつ)⟨ふけ⟩を形成する, うろこ状になる: Meine Haut *schuppt* sich. / Ich *schuppe* mich. 私の皮膚に鱗屑ができる | Ich *schuppe* mich auf dem Rücken. 私は背中に鱗屑ができている. **II** 自 (h) =*sich*[4] schuppen **III** **ge·schuppt** → 別出
[<Schuppe]

schup·pen[2][−]《北部》=schubsen

Schup·pen[ʃʊ́pən] 男 -s/- **1** (物置用の)上屋(うわや), 倉庫, 物置小屋, 納屋; (車両などの)格納庫: Geräte*schuppen* 道具置き場 | Lager*schuppen* 倉庫 | Lokomotiv*schuppen* 機関車庫. **2**《話》**a)**《軽蔑的に》きたない⟨みにくい⟩建物. **b)** (ロック音楽などが演奏されている)酒場, ダンスホール. [<Schopf; ◇Shop; *engl.* shippen]

schüp·pen[ʃʏ́pən]《北部》=schippen

schup·pen·ar·tig[ʃʊ́pən..] 形 うろこ状の.

Schup·pen≈baum 男〖古生物〗鱗木(りんぼく), レピドデンドロン(石炭紀のシダ植物). ≈**bil·dung** 女〖生〗鱗屑(りんせつ)形成, ふけができること. ≈**blatt** 中〖植〗鱗片葉. ≈**ech·sen** 複〖動〗(爬虫(はちゅう)類中の)有鱗類, ヘビ・トカゲ類. ≈**flech·te** 女〖医〗乾癬(かんせん).

Schup·pen·flüg·ler 男 (Schmetterling)〖虫〗鱗翅(りんし)類(チョウ・ガなど).

schup·pen·för·mig 形 うろこ状の.

Schup·pen≈fries 男〖建〗うろこ模様フリーズ(→ 図 Fries). ≈**kriech·tie·re** 複 = Schuppenechsen ≈**mie·re** 女〖植〗シオツメクサ(潮爪草)属. ≈**naht** 女〖解〗(頭蓋(とうがい)骨の)鱗(りん)状縫合(→ 図 Schädel). ≈**pan·zer** 男 小札鎧(こざねよろい)(→ 図 Panzer). ≈**pilz** 男

〘植〙センボンイチメガサ(千本市女笠). ≈**struk·tur** 女 〘地〙(地層の)鱗片〈覆瓦(ふく が)〉構造. ≈**tier** 中 〘動〙センザンコウ(穿山甲). ≈**wurz** 女 〘植〙ヤマウツボ(山靫)属. ≈**zweig·moos** 中 〘植〙スギバゴケ属(苔類).

schup·pig[ʃʊ́pɪç][2] (ᵛ**schup·picht**[..pɪçt]) 形 **1 a)** うろこのある, うろこで覆われた. **b)** うろこ状の. **2** (頭髪が)ふけだらけの.

Schüpp·lein Schuppe の縮小形.

Schup·pung[ʃʊ́pʊŋ] 女 -/-en schuppen[1]すること.

Schups[ʃʊps]《南部》男 -es/-e =Schubs

schup·sen[ʃʊ́psən]《02》《南部》=schubsen

Schur[ʃuːr] **I** 女 -/-en **1** (scheren[1]すること. 例えば:)(羊毛の)刈りこみ, 剪毛(せん もう); (芝生・生け垣などの)刈りこみ; (樹木の)剪定; (牧草・穀物の)刈り入れ. **2** (scheren[1]されたもの. 例えば:)(刈り取った)羊毛; 刈り草. ᵛ**3** = II

ᵛ**II** 男 -s/ やっかい〈面倒〉なこと, いやがらせ: *jm.* **einen ～ 〔an〕tun** …にいやがらせをする | *jm. et.*[4] **zum ～ tun** …に対していやがらせに…をする.

Schür·ei·sen[ʃýːr..] 中 =Schürhaken

schü·ren[ʃýːrən] 他 (h) **1** (火を)掻(か)き立てる〈起こす〉: den Ofen 〈das Feuer im Ofen〉 ～ ストーブの火を燃え上がらせる. **2** 《比》(怒り・憎しみ・不満などを)あおる, 煽動(せん どう)する: *js.* Haß 〈Mißtrauen〉 ～ …の憎しみ〈不信の念〉をあおり立てる. [„stoßen"; *ahd.* scuren; ◇schürgen]

Schü·rer[ʃýːrər] 男 -s/- **1** (schüren する人. 例えば:) 火夫; 煽動(せん どう)者. **2** (schüren する道具. 例えば:) 火かき棒.

Schurf[ʃʊrf] 男 -[e]s/Schürfe[ʃýrfə] 〘坑〙 **1** =Schürfung 1 **2** =Schürfgrube

Schürf·boh·rung[ʃýrf..] 女 〘坑〙探査ボーリング.

Schür·fe Schurf の複数.

schür·fen[ʃýrfən] **I** 自 (h) **1** 《nach *et.*[3]》 **a)** 〘坑〙(…を求めて)試掘する, 探鉱する: nach Kohle 〈Uran〉 ～ 石炭〈ウラン〉を試掘する. **b)** 《比》(徹底的に…を)探求〈詮索(せん さく)〉する: eine tief*schürfende* Untersuchung 徹底的な調査. **2** 掻(か)く〈こする〉ような音を立てる. **II** 他 (h) **1** 〘坑〙探鉱する, 試掘する: Gold 〈Kohle〉 ～ 金〈石炭〉を試掘する. **2** (…に)かき傷〈すり傷〉をつける: *sich*[3] das Knie 〈die Haut am Knie〉 ～ ひざをすりむく ‖ 再帰 *sich*[4] ～ 体をすりむく | *sich*[4] am Ellbogen ～ ひじをすりむく.

[*ahd.* scurphen „aufschneiden"; ◇scharf]

Schür·fer[ʃýrfər] 男 -s/- **1** 〘坑〙探鉱〈試掘〉する人. **2** かき〈すり〉傷, 擦過傷.

Schürf≈ge·zä·he[ʃýrf..] 中 〘坑〙探鉱〈試掘〉用工具. ≈**gra·ben** 男 〘坑〙探鉱掘割(ほり わり). ≈**gru·be** 女 〘坑〙探鉱坑. ≈**recht** 中 〘坑〙探鉱〈試掘〉権. ≈**schacht** 男 〘坑〙探鉱立坑(たて こう). ≈**schein** 男 〘坑〙探鉱試掘許可証. ≈**stol·len** 男 〘坑〙探鉱横坑(よこ こう).

Schür·fung[ʃýrfʊŋ] 女 -/-en **1** 〘坑〙探鉱, 試掘. **2** かき〈すり〉傷, 擦過傷.

Schürf·wun·de 女 〘医〙擦過傷, かき傷, すり傷.

schür·gen[ʃýrgən][1] 他 (h) 《スイス》 **1** (車などを)押す, 突く. **2** (家畜などを)追う, 駆る. [*ahd.* scurgan; ◇schüren]

Schür·ha·ken[ʃýːr..] 男 火かき棒.

..schürig[..ʃyːrɪç][2] 《数詞などにつけて「…回刈りとる」を意味する形容詞をつくる》: ein*schürig* (羊毛・牧草地などが)年1回刈りの.

Schu·ri·ge·lei[ʃuːriːgəláɪ] 女 -/-en《話》schurigeln すること.

schu·ri·geln[ʃúːriːgəln]《06》他 (h)《話》《*jn.*》(理由もなく)いじめる, 苦しめる, (…に対して)いやがらせをする.

Schur·ke[ʃʊ́rkə] 男 -n/-n (女 **Schur·kin**[..kɪn]-/-nen) 卑劣〈破廉恥〉漢, げす野郎, ならず者, 悪党: Ein ～ verrät den andern.《諺》裏切りは悪党の常.

Schur·ken≈streich 男, ≈**tat** 女 =Schurkerei

Schur·ke·rei[ʃʊrkəráɪ] 女 -/-en 悪党の所業, 卑劣な〈破廉恥〉行為, 悪業.

Schur·kin Schurke の女性形.

schur·kisch[ʃʊ́rkɪʃ] 形 卑劣な, 破廉恥な; ならず者のような.

Schür·loch[ʃýːr..] 中 (ストーブの)焚(た)き口, 火気調節弁.

[<schüren]

Schu·re[ʃúːrə] 女 -/-n《北部》(Rutsche)(石炭・貨物などを下へ滑り落とす)シュート; (運搬用などの)滑走路, 滑り道.

schu·ren[ʃúːrən] 自《北部》**1** (s, h)(摩擦音を立てて)滑る, 滑走する (s, h について: →schwimmen I 1 ☆): über das Eis ～ 氷上を滑走する. **2** (h) 掻(か)く, こする; 摩擦音をたてる. [*mndd.*; ◇scharren]

Schurr·murr[ʃʊ́rmʊ́r] 男 -s/《北部》**1** (Durcheinander) 乱雑, 混乱. **2** (Gerümpel)(使い古した)古道具, がらくた.

Schur·wol·le[ʃúːr..] 女 (刈り取った)羊毛: aus reiner 〈echter〉 ～ 純毛の.

Schurz[ʃʊrts] 男 -es/-e **1** =Lendenschurz **2** =Schürze 1 [„Abgeschnittenes"; *mhd.*; ◇scheren[1], Shorts, kurz]

Schür·ze[ʃýrtsə] 女 -/-n **1** (小 **Schürz·chen**[ʃýrtsçən] 中 -s/-) エプロン, 前掛け, 前垂れ: 〔*sich*[3]〕 eine ～ umbinden 〈vorbinden〉 エプロンをつける | eine ～ abbinden 〈ablegen〉 エプロンをはずす | *sich*[3] die Hände an der ～ abwischen エプロンで手をふく ‖ ***jm.* an der ～ hängen**《話》…から自立できないでいる, …の言いなりである, …に頭があがらない | der Mutter[3] an der ～ hängen《話》母親の言いなりになる, まだ乳離れしていない, まだひとり立ちができない (→Schürzenband) | **hinter jeder ～ herlaufen 〈hersein〉 / jeder ～ nachlaufen**《話》女のしりばかり追い回す, 漁色家である(→ Schürzenjäger). **2** = Soffitte 2

[*mndd.* schörte; ◇*engl.* shirt, skirt]

schür·zen[ʃýrtsən]《02》他 (h) **1** (衣服の一部, 特にすそ・そで口などを)はしょる, たくし〈まくり〉上げる, からげる: das Kleid ～ ドレスのすそをからげる | die Lippen 〈den Mund〉 ～《比》口を〔ちょっと突き出して〕への字に曲げる(高慢・侮蔑(ぶ べつ)・反抗などの表情) ‖ 再帰 *sich*[4] ～ (自分の)衣服のすそをからげる; 《比》(仕事に取りかかるために)腕まくりする | Seine Lippen *schürzten* sich. 彼の口はへの字にゆがんだ ‖ mit *geschürztem* Rock 〈*geschürzten* Röcken〉 durch den Fluß waten スカートをたくし上げて川を渡る. **2** 《雅》(binden) 結ぶ; (…に)結び目を作る: einen Knoten ～ 結び目を作る | den Faden 〈das Seil〉 zu einem Knoten ～ 糸〈綱〉に結び目を作る, 糸〈綱〉を結ぶ | den Knoten 〔der Handlung〕 ～《比》(ドラマ・小説などで)筋を盛り上げる ‖ 再帰 *sich*[4] ～ (結び目が)作られる | *sich*[4] zu einem Knoten ～ 結び目が作られる; 《比》(ドラマなどで事が)佳境に入る | Der Knoten *schürzt* sich im dritten Akt. 筋は第3幕でこみ入ってくる ‖ Der Knoten der Handlung ist *geschürzt.* 筋がこみ入っている.

Schür·zen≈band 中 -[e]s/..bänder エプロン〈前掛け〉のひも: ***jm.* am ～ hängen**《話》…から自立できないでいる, …の言いなりである, …に頭があがらない. ≈**jä·ger** 男《話》女のしりを追い回す男, 女たらし, 漁色家. ≈**kleid** 中 上っ張り, 仕事着. ≈**zip·fel** 男 エプロン〈前掛け〉のはしっこの部分: **an *js.* ～ 〈*jm.* am ～〉 hängen**《話》…から自立できないでいる, …の言いなりである, …に頭があがらない.

Schurz≈fell[ʃʊ́rts..] 中, ≈**le·der** 中 (靴屋などの)革製前掛け.

Schür·zung[ʃýrtsʊŋ] 女 -/ schürzen すること.

Schuß[ʃʊs] 男 Schusses/Schüsse[ʃýsə] **1 a)** 《数詞を伴って数量を示す場合, 複数は単数と同形》(英: *shot*)(弓・火器などの)射撃, 発射, 発砲; 射程, 着弾距離; (一発分の)銃〈砲〉弾, 弾薬; 発射〈射撃〉音, 銃声; 銃創: ein blinder 〈scharfer〉 ～ 空包〈実包〉射撃 | ein ～ auf die Scheibe 〈nach der Scheibe〉 標的射撃 | ein ～ ins Blaue 空へ向けての〈的はずれの〉一発 | **ein ～ in den Ofen**《話》完全な失敗 | **ein ～ ins Schwarze**《話》標的の中心への一発, 命中弾; 《比》的中, 当たり, 図星(ず ぼし) | ein ～ mit der Pistole ピストル射撃 | Das war ein ～ nach hinten.《話》あれは全くやぶへびだったよ ‖ einen ～ abgeben 〈abfeuern〉 射撃する; 一発発射する | einen ～ in den Arm 〈die Schulter〉 bekommen 腕〈肩〉を一発撃たれる | **einen ～ vor den Bug bekommen**《話》きびしく警告される(停船命令の威嚇射撃から) | ***jm.* einen ～ vor den Bug geben 〈setzen〉**《話》…

にきびしく警告する | Er hat einen ～ im Bein 〈Knie〉. 彼は足〈ひざ〉に銃創を負っている ‖ zehn ～ Munition 十発分の弾薬 | Ich habe noch zwei ～ im Gewehr 〈Magazin〉. 私は銃〈弾倉〉にまだ 2 発弾丸が残っている | **keinen ～ Pulver wert sein**《話》全く無価値である | sein Versprechen ist doch keinen ～ Pulver wert. 彼の約束なんてなんの値打ちもないさ | **einen ～ haben**《話》頭がおかしい ‖〘前置詞と〙 **auf** den ersten ～ 最初の一発で | **in den ～ fallen** (競走・競泳などで) 合図のピストル音と同時にスタートする | *et.*⁴ **mit** einem ～ erlegen …を一発で仕留める | **weit〔ab〕 vom ～ sein** はるか射程外にある;《比》(危険やいざこざのない) 安全な場所にいる; 中心から離れている | Das Museum liegt weitab vom ～. 博物館は都心から遠く離れたところにある | *et.*⁴ **vor** 〈in〉 den ～ bekommen〘狩〙…を射程内にとらえる | *jm.* vor 〈in〉 den ～ kommen〘狩〙(獲物が)…の射程内に入る;《話》(会いたいと思っていた人と)…がばったり出会う | Er kam 〈lief〉 mir in den ～. 私は彼とちょうどいい時に出会った | **zum ～ kommen** 射撃の機会が得られる(→d);《話》活躍のチャンスが来る ‖ Der ～ traf ihn mitten ins Herz. 弾丸は彼の心臓の中央に命中した | Der ～ ging daneben. / Der ～ verfehlte das Ziel. 弾丸は的をそれた | Es fielen mehrere laute *Schüsse.* 銃声が数発高く鳴りひびいた. **b**) 〘球技〙シュート; シュートされたボール;《話》シュート〔する能〕力: ein geschickter ～ 巧みなシュート | den Ball mit einem ～ ins Netz befördern シュートしてボールをネットに入れる | Der ～ ging ins Tor 〈neben das Tor〉. シュートされたボールはゴールに入った〈ゴールをそれた〉. **c**) 〘坑〙発破, 爆破; 発破孔. **d**) 〘写〙シャッターを切ること, シャッターショット: nicht zum ～ kommen シャッターを切るチャンスがない(→a). **e**) 《話》(薬物, 特にヘロインの) 注射; (薬物の) 注射の 1 回分: **der goldene ～** 致死量の薬物注射 | ***jm.* einen ～ setzen** 〈**drücken** / **machen**〉…に薬物を注射する. **f**) 《卑》(Ejakulation) 射精; (Koitus) 性交: bei einer Frau zum ～ kommen 女と寝るチャンスをつかむ.

2《単数で》**a**) 疾走, 疾駆; (鳥などの) 急降下;〘ｽｷｰ〙(無制動の) 直滑降: **～ fahren** 直滑降で滑る | in 〈mit〉 einem gewaltigen ～ 猛スピードで | Diesen Abhang kann man im ～ 〈mit ～〉 fahren. この斜面なら直滑降で下ることができる. **b**) 急速な成長〈発育〉: **einen ～ machen** 〈**tun**〉《話》(子供などが) 急速に成長する; 背丈がぐんぐん伸びる | Der Junge hat im letzten Jahr einen 〔gewaltigen / mächtigen〕 ～ gemacht. 少年はこの 1 年間にものすごく身長が伸びた | im ～ sein (植物などが) 急速に成長中である.

3《単数で》《話》きちんと整備された状態; 順調, 好調; 活気, 活況:〘もっぱら次の成句で〙 ***et.*⁴ in ～⁴ bringen** 〈**kriegen**〉 《話》…をきちんと整備する, …を修復〈修繕〉する; …を活気づかせる〈活発にする〉 | Ich muß das Fahrrad in ～ bringen. 私は自転車を修繕しなければならない | ***et.*⁴ in ～ halten** 〈**haben**〉《話》…をきちんと整備しておく | **in ～⁴ kommen**《話》順調に進行し〈はかどり〉はじめる; 活発になる, 活気づく | **in ～** 〈**im ～**〉 **sein**《話》きちんと整備されている; 順調〈好調〉である; 体調がよい | Die Wohnung ist gut 〈tadellos〉 im ～. この住居は手入れがよく〈申し分なく〉行き届いている | Sein Herz war nicht mehr ganz im ～. 彼の心臓はもはや最良の状態ではなかった.

4 -/-《ふつう同格の名詞を伴って》(飲食物などの添加物の) 一定量, 少量: einen ～ Salz an den Salat tun サラダに塩を一つまみ〈少量〉加える | Er goß zwei ～ Kognak in den Kaffee. 彼はコーヒーにコニャックを 2 滴入れた | Weiße mit ～〘料理〙キイチゴ果汁入り白ビール ‖ Seine Rede war mit einem ～ Humor gewürzt. 彼のスピーチにはユーモアのスパイスが効いていた | Er hat einen ～ Leichtsinn im Blut. 彼は生来いささか軽率である.

5 -/- (↔Kette)〘織〙(織物の) 緯糸: 8 000 ～ in der Stunde (織る速さについて) 毎時緯糸8000本.

[*germ.*; ◇schießen; ◇*engl.* shot]

schüß[ʃyːs, ʃʏs] =tschüß

schuß·bän·dig[ʃʊs..] 形〘軍〙(馬が) 射撃音になれた〈おびえなくなった〉. [<Band³]

Schuß·be·reich 男 射界: *et.*⁴ in 〔den〕 ～ treiben …(鳥獣など) を射程内に追いこむ.

schuß·be·reit 形 **1** 射撃準備のできた, いつでも発射できる. **2** 〘写〙(カメラが) シャッターをセットされた.

Schüs·se Schuß の複数.

Schus·sel[ʃʊsəl] **I** 男 -s/-《話》せっかち屋, そそっかしい〈軽率な〉人. **II** 女 -/-n **1**《話》せっかちな〈そそっかしい〉女. **2**《東部》=Schusselbahn

Schüs·sel[ʃʏsəl] 女 -/-n (⑥ **Schüs·sel·chen**[−çən] 中 -s/-) **1 a**) 深皿, 鉢, どんぶり, ボール(→ 図): eine ～ aus Glas 〈voll Obst〉 ガラスの〈果物を盛った〉鉢 | Salat*schüssel* サラダボール | Wasch*schüssel* 洗面器 ‖ **aus einer ～ essen**《話》一致団結する, 協力する | einen Sprung in der ～ haben (→Sprung 2) | ***jm.* in die ～ spucken**《話》…の計画を台無しにする | **vor leeren ～*n* sitzen**《話》ひもじい思いをする. **b**) (皿に盛った) 料理. **2** (鉢状のもの. 例えば:)〘狩〙**a**)《話》(Satellitenschüssel) 衛星放送受信用皿型アンテナ. **b**)《話》(Toilettenschüssel) (便所の) 便器. **c**) (Teller) (イノシシの) 耳. **d**) (雁(がん)の) 巣. **3**《話》(Auto) 自動車. [*lat.* scutella „〔Trink〕schale"−*ahd.* scuzzila; ◇*engl.* scuttle]

Schüssel

Schus·sel·bahn[ʃʊsəl..]《東部》=Schlitterbahn

Schüs·sel·chen Schüssel の縮小形.

Schus·se·lei[ʃʊsəlái] 女 -/-en《話》せっかち〈軽率〉な振舞い. [<schusseln¹]

Schuß·ele·men·te[ʃʊs..] 複 射撃諸元〈データ〉.

Schüs·sel·flech·te[ʃʏsəl..] 女 (Wandflechte)〘植〙ウメノキゴケ(梅樹苔) 属 (地衣類).

schüs·sel·för·mig 形 鉢〈どんぶり〉状の.

schus·se·lig[ʃʊsəlɪç]² (**schuß·lig**[ʃʊslɪç]²) 形《話》せっかちな, せかせかした, 落ちつかない; 軽率な, 不注意な.

schus·seln¹[ʃʊsəln]《06》自 **1** (h)《話》せっかち〈軽率〉に振舞う. **2** (s) せかせか〈そわそわ〉歩き回る. [<Schussel]

schus·seln²[−]《06》自 (h, s) =schlittern

Schüs·sel·wär·mer[ʃʏsəl..] 男 (卓上に置く) 皿〈料理〉保温器.

Schuß·ent·fer·nung[ʃʊs..] 女 射撃〈着弾〉距離.

Schus·ser[ʃʊsər] 男 -s/-《南部》(Murmel) ビー玉.

schus·sern[ʃʊsərn]《05》自 (h)《南部》ビー玉で遊ぶ.

Schuß≠fa·den[ʃʊs..] 男 (↔Kettfaden) (Querfaden)〘織〙緯糸. **≠fahrt** 女 (無制動の) 滑走下降; (特に:)〘ｽｷｰ〙直滑降: in ～ 直滑降で; まっしぐらに. **≠feld** 中 射界: ein freies ～ haben さえぎるものなしに射撃ができる | im ～ stehen 射程内にある.

schuß≠fer·tig =schußbereit **≠fest** 形 **1** (堅牢(けんろう)で) 矢〈弾丸〉の通らない: ～*es* Glas 防弾ガラス | eine ～*e* Weste 防弾チョッキ. **2** =schußbändig

Schuß·fe·stig·keit 女 -/ schußfest なこと.

schuß·freu·dig 形 射撃〈シュート〉を好む: ～ sein〘球技〙(選手・チームなどが) よくシュートをする.

Schuß·garn 中 Schußfaden 用の糸.

schuß·ge·recht 形〘狩〙**1** (獲物が) ねらいやすい位置にい

る: *et.*⁴ ～ vor den Lauf bekommen (銃をかまえて)…をねらいやすい位置にとらえる. **2** (射手が) 銃の扱いの巧みな.

Schụß≠ge·rin·ne 中 急流用の排水路. **≠ge·schwin·dig·keit** 女 矢〈弾丸〉の速さ, 弾速. **≠ka·nal** 男〘医〙(貫通銃創の) 射管, 銃創管. **≠ka·no·ne** 女《話》(シュートの上手な) サッカーの名手.

schụß·lig ＝schusselig

Schụß≠li·nie[ʃʊ́sliːniə] 女 (銃器と目標を結ぶ) 射線: Geh mir aus der ～!《比》そこをどいてくれ | ***sich*⁴ in die ～ begeben**《話》きびしい批判にさらされる | **in die ～ geraten 〈kommen〉** 射線内に入りこむ;《比》突然はげしい批判〈非難〉にさらされる. **≠loch** 中〘坑〙発破孔. **≠nä·he** 女 (↔ Schußweite)〘狩〙確実な命中を期待できる近さ.

schụß·recht ＝schußgerecht

Schụß·rich·tung 女 射撃〈発射〉方向: das Gewehr in ～ bringen 銃を射撃の方角に向ける.

schụß·si·cher ＝schußfest 1

Schụß≠ta·fel 女 射撃諸元〈データ〉表. **≠ver·let·zung** 女 ＝Schußwunde **≠waf·fe** 女 飛び道具(弓矢・鉄砲など); 銃器, 火器: eine ～ bei *sich*³ tragen 〈mit *sich*³ führen〉銃器を携帯〈携行〉する. **≠wech·sel** 男 (相互の) 撃ち合い. **≠wei·te** 女 **1** 射程〈距離〉: außer ～ 〈außerhalb der ～〉sein 射程外にある. **2** (↔Schußnähe)〘狩〙確実な命中を期待できぬ距離. **≠win·kel** 男 射角. **≠wun·de** 女 射創, 銃創, たまきず. **≠zahl** 女 発砲数. **≠zei·chen** 中〘狩〙(野獣を射た) 手ごたえ. **≠zeit** 女〘狩〙猟期.

Schụ·ster[ʃúːstər] 男 -s/- **1 a)** (Schuhmacher) 靴屋 (製造・修繕職人): die Schuhe zum ～ bringen 〈tragen〉靴を靴屋へもってゆく(修繕に) | **auf ～*s* Rappen** 〔**reiten**〕《話》徒歩で〈歩いて〉〔行く〕 | ***Schuster*, bleib bei deinem Leisten!**《諺》分を守れ, 出すぎたまねをするな. **b)**《話》へたくそ〈不手際・不細工〉な仕事をする人: Du bist 〔mir〕ein schöner 〈richtiger〉～! 君も全く不器用だね. **2 a)** (Schnellkäfer)〘虫〙コメツキムシ(米搗虫)科の昆虫. **b)**《方》＝Weberknecht [*mhd.* schuoch-sūter; < *lat.* sūtor „〔Flick〕schuster" (◇Saum¹); ◇Schuh]

Schụ·ster≠ah·le 女 (靴屋の使う) 突き錐(きり). **≠ar·beit** 女 **1** 靴屋の仕事. **2**《話》へたくそ〈不手際・不細工〉な仕事. **≠blu·me** 女 (Anemone)〘植〙イチリンソウ(一輪草)属, アネモネ. **≠brust** 女〘医〙靴工胸(胸骨の陥没する靴屋の職業病). **≠draht** 男 (靴屋の使う) ピッチ塗りの糸.

Schu·ste·rei[ʃuːstəráɪ] 女 -/-en ▽**1 a)** 製靴〈靴直し〉業. **b)** 製靴工場, 靴屋の仕事場. **2 a)**《軽蔑的に》明けても暮れても靴作り〈靴直し〉をしていること. **b)**《話》へたくそ〈不手際・不細工〉な仕事. **c)**《卑》(Koitus) 性交.

Schụ·ster≠fleck[ʃúːstər..] 男 (靴直し用の) つぎ皮. **≠hand·werk** 中 製靴〈靴直し〉業. **≠jun·ge** 男 ▽**1** 靴屋の小僧〈徒弟〉: **Es regnet ～*n*.**《話》どしゃ降りの雨が降る. **2**《ベルリン》(小型の) ライ麦パン. **≠karp·fen** 男 **1**《戯》(Hering) (貧しい靴屋にとってはコイにも等しいごちそうである) ニシン. **2**《話》＝Schleie **≠ku·gel** 女〘史〙靴屋玉 (水を満たしたガラス玉で, 仕事の際のランプの光を一か所に集中するために用いられた).

schụ·stern[ʃúːstərn]《05》自 (h) **1** 靴屋の仕事をする, 靴作り〈靴直し〉をする;《話》へたくそ〈不手際・不細工〉な仕事をする. **2**《卑》(koitieren) 性交する.

Schụ·ster≠pal·me 女〘植〙ハラン(葉蘭). **≠pech** 中 (靴屋の糸に使われる) 木タールピッチ. **≠pfriem** 男 ＝Schusterahle **≠sche·mel** 男 靴屋の腰掛け〈床几(しょうぎ)〉(ふつう三本脚の). **≠werk·statt** 女 靴屋の仕事場.

Schụ·te[ʃúːtə] 女 -/-n **1**〘海〙(河川・港湾などで使う) 平底荷船, はしけ. **2** (前ひさしが上にそり返った) ボンネットふう婦人帽 (→ 図 Gigot). **3**《北部》(Spaten) (シャベル状の) 鋤(すき). [*mndd.*; ◇schießen; 船首のとがっていることから]

Schụtt[ʃʊt] 男 -[e]s/ **1** 瓦礫(がれき), (破壊された建築物などの) 破片, くず; ごみ, 塵芥(じんかい);《比》廃墟(はいきょ): ～ abladen 〈wegräumen〉ごみを捨てる〈片づける〉| ***et.*⁴ in ～ und Asche legen** …(町など)を廃墟〈焦土〉と化する | **in ～ und Asche liegen** 廃虚となっている | **in ～ und Asche sinken 〈versinken〉** 廃墟となる. **2**〘坑〙ぼた, ずり, 廃石. **3**〘地〙岩屑(がんせつ)〔の堆積(たいせき)〕. [< schütten]

Schütt[ʃʏt] 女 -/-en《南部》**1** ＝Schutt 1 **2** 砂州.

Schụtt·ab·la·de·platz[ʃʊ́t..] 男 **1** ごみ捨て場. **2**〘坑〙ずり捨て場.

Schütt≠be·ton[ʃʏ́tbetɔŋ] 男 まぶしコンクリート. **≠bo·den** 男《方》(屋根裏の) 穀物〈わら〉置き場, 貯蔵場.

Schüt·te[ʃʏ́tə] 女 -/-n **1 a)** (台所戸棚の塩・砂糖・小麦粉などを入れる) 小ひきだし. **b)** (貨物船などのばら荷の) 落とし, シュート. **2**《南部・オーストリア》(わらなどの) 束; 寝わら; わらの寝床. **3**《スイス》＝Schüttboden **4**《南部》(どしゃ降りの) にわか雨, 夕立. **5** (針葉樹の病的な) 落葉. **6**《南部》＝Schutt 1

Schüt·tel≠be·cher[ʃʏ́təl..] 男 (液体・粉末などの) 攪拌(かくはん)器. **≠frost** 男〘医〙悪寒戦慄(せんりつ), 寒気(さむけ), (全身の) 震え. **≠läh·mung** 女〘医〙振戦麻痺(パーキンソン病).

schüt·teln[ʃʏ́təln]《06》**I** 他 (h) **1**《*jn.* / *et.*⁴》振る, ゆさぶる, 振り〈ゆり〉動かす, 震動させる: den Kopf ～ 頭(かぶ)を〈首を横に〉振る(否定・驚き・疑惑・憂慮などを示して) | *jm.* die Hand ～ …と握手する(手をはげしく振って) | *jn.* 〔bei den Schultern〕～ …を〔肩をつかんで〕ゆすぶる ‖〚方向を示す語句と〛〔*sich*³〕*et.*⁴ aus dem Ärmel 〈den Ärmeln〉～ (→Ärmel 1) | *jn.* aus dem Anzug ～ (→Anzug 1) | *et.*⁴ aus dem Handgelenk ～ (→Handgelenk) | *jn.* aus den Lumpen ～ (→Lumpen 1) | *jn.* aus dem Schlaf ～ …をゆすぶり起こす | Mehl durch ein Sieb ～ 小麦粉を篩(ふるい)にかけてふるう | Äpfel vom Baum ～ リンゴを木からゆすぶり落とす | den Staub von 〈aus〉den Kleidern ～ 衣服を振ってほこりを落とす | den Staub 〔eines Ort〕von den Füßen ～ (→Staub 1 a) ‖〚目的語なしで〛Vor Gebrauch ～! 使用前によく振ること(飲み薬・化粧水などの使用注意書). **2**《*jn.*》身震いさせる: Ein unwiderstehlicher Lachreiz *schüttelte* sie. 彼女はこみ上げてくるおかしさで体をゆすって笑った | Die Kälte 〈Der Ekel〉*schüttelte* mich. / 非人称 Es *schüttelte* mich vor Kälte 〈Ekel〉. 私は寒さで身震いをした〈身震いするほどの嫌悪をおぼえた〉| Es *schüttelte* ihn am ganzen Körper. 彼は全身を震わせた ‖ 再帰 *sich*⁴ ～ 身を震わす, 身震いする | *sich*⁴ im Fieber ～ 高熱を出して震える | *sich*⁴ nach *et.*³ ～ …を渇望する | *sich*⁴ vor Ekel ～ 嫌悪感で身震いする | *sich*⁴ vor Lachen ～ (→lachen II). **3**《卑》*sich*³ einen ～ オナニーをする.

II 自 (h) (車などが) ゆれる, 震動する; 身を震わせる, 身震いする: mit dem Kopf ～ 頭(かぶ)を〈首を横に〉振る(否定・驚き・疑惑・憂慮などを示して) | vor Kälte ～ 寒くて震える. [*ahd.*; ◇schütte〔r〕n]

Schüt·tel≠reim 男〘詩〙交換韻, 頭韻転換 (2語ずつで押韻し, 2語の語頭子音を交換することによって生じる韻. 例 Wenn der Wind in *Wipfeln geht*, Trost dir von den *Gipfeln weht.*). **≠rut·sche** 女〘工〙揺動(ようどう)運搬装置, シェーカーコンベヤー(→ 図 Rutsche). **≠sieb** 中 揺動ふるい.

schüt·ten[ʃʏ́tən]《01》**I** 他 (h) **1 a)** (液状・粉末状・粒状のものを) 注ぐ, ぶちまける, ざあっと流し込む: die Milch aus der Kanne 〈in den Topf〉～ ミルクを牛乳缶からあける〈ミルクポットに流し込む〉| das Futter in den Trog ～ 飼料をかいば槽(おけ)に注ぎ込む | den Sand auf einen Haufen ～ 砂をざあっとあけて山に盛り上げる. **b)** (無意識に) こぼす: den Kaffee auf die Tischdecke ～ コーヒーをテーブル掛けの上にこぼす | *sich*³ den Wein über 〈auf〉den Anzug ～ ワインを服の上にこぼす. **2**《南部》＝schütteln I

II 自 (h) **1**《話》非人称《es schüttet》(雨が) どしゃ降りである. **2**〘農〙(穀物などが) 実る, 収穫を生む: Der Weizen *schüttet* gut 〈schlecht〉in diesem Jahr. 小麦は今年は出来がよい〈悪い〉. **3**〘狩〙(犬・オオカミなどが) 子を生む. [*ahd.* scutten; ◇Schutt, schütteln, schuddern]

schüt·ter[ʃʏ́tər] 形 **1** (木立などが) まばらな; (毛髪などが) 薄い: ein ～*er* Bart まばらなひげ | Sein Haar ist ～ geworden. 彼の髪の毛は薄くなった. **2**《雅》乏しい, わずかばかりの; (声などが) 弱々しい: Er hat eine ～*e* Existenz. 彼は細々とした生活を送っている. [„gespalten"; *ahd.* scetar; ◇scheiden]

Schüt·ter·ge·biet[ʃʏtər..] 中 (地震の)震域.
schüt·tern[ʃʏtərn] 《05》自 (h) 震える, 震動する; (体が)ぶるぶる震える; (車が)がたがたゆれる: Der Boden *schüttert.* 大地が震動する | Ihm *schütterten* die Knie. 彼はひざががくがく震えた ‖ 非人称 Es *schüttert.* 大地が鳴動する, 地震だ. [< schütten; ◇ schütteln]
Schütt·gut[ʃʏt..] 中 〖経〗(輸送のさい貨車にばらで積み込む)ばら物, ばら荷, ばら積み貨物(土砂・石炭・穀物など).
Schütt·gut·wa·gen 男 〖鉄道〗ホッパー車.
Schutt≈hal·de[ʃʊt..] 女 **1** 瓦礫(がれき)〈ごみ〉の山; 〖坑〗ぼた山. **2** 〖地〗崖錐(がいすい), テーラス. **≈hang** 男 〖地〗テーラス, 崖錐(→ 図 Berg A). **≈hau·fen** 男 瓦礫〈ごみ〉の山〈堆積(たいせき)〉; 《比》廃墟(はいきょ): *et.*^{4} in einen ~ verwandeln …(建物・町など)を瓦礫の山に変える〈完全に破壊する〉. **≈kar·ren** 男 **1** ごみ運搬車. **2** 〖坑〗ずり車. **≈ke·gel** 男 〖地〗沖積錐(すい), 沖積扇状地; (Schutthang) 崖錐, テーラス.
Schütt≈la·dung[ʃʏt..] 女 = Schüttgut **≈ofen** 男 (石炭やコークスを上から注ぎ込む)注入式ストーブ. **≈rin·ne** 女 〖工〗シュート(→ 図 Becherwerk). **≈stein** 男 《スイ》(Ausguß)(台所・洗面所などの)流し. **≈stroh** 中 敷きわら.
Schüt·tung[ʃʏtʊŋ] 女 -/-en **1** 《単数で》schütten すること. **2** (schütten されるもの. 例えば:) **a**) (土砂・穀物などの)積み重ねた山〈層〉. **b**) 敷きわら. **c**) ばら荷[の山]. **d**) 〖土木〗間詰め工事〈土砂〉(→ 図 Pfahlrost). **3** 《単数で》(水源の)湧出(ゆうしゅつ)量.
Schutz[ʃʊts] 男 -es/-e **1** 《単数で》保護, 庇護(ひご); 後援, 援助; 援護, 護衛; 防護, 防御, 防衛; 予防: mütterlicher ~ 母親の庇護 | militärischer ~ 軍事防衛 | Jugend*schutz* 青少年保護 | Natur*schutz* 自然保護 | Tier*schutz* 動物愛護 | Umwelt*schutz* (公害からの)環境保護 ‖ *jm.* ~ bieten 〈gewähren〉 …に保護を与える | bei *jm.* ~ suchen …に保護を求める | *sich*^{4} dem ~ Gottes befehlen 〈empfehlen〉 神の庇護に身をゆだねる ‖ im 〈unter dem〉 ~ der Dunkelheit 暗やみにまぎれて | ***jn.*** [**vor *jm.*** / **gegen *jn.***] **in ~ nehmen** …を[…に対して]擁護〈弁護〉する | *sich*^{4} in 〈unter〉 den ~ der Polizei begeben 警察の保護下に入る, 警察に保護を求める | unter dem ~ des Gesetzes 〈der Eltern〉 法の保護〈両親の庇護〉のもとに | unter dem ~ der Polizei 警察の護衛のもとに | zum ~ der Augen 〈der Grenzen〉 目を保護する〈国境を守る〉ために | zum ~ gegen 〈vor〉 Kälte 寒さから身を守るために | ein Mittel zum ~ gegen 〈vor〉 Ansteckung 伝染を予防するための手段; 感染予防剤 | zu ~ und Trutz 防御〈防衛〉のために, 援助のために. **2** 防護〈遮蔽(しゃへい)〉装置.
[*mhd.*; ◇ schützen]
Schütz^{1}[ʃʏts] 男 -en/-en = Schütze^{1}
Schütz^{2}[−] 中 -es/-e **1** 〖土木〗スルースゲート, 上下開閉式水門. **2** 〖電〗電磁開閉器, コンタクター. [< schützen]
Schutz≈an·strich[ʃʊts..] 男 **1** (腐食などに対する)保護塗装. **2** (Tarnanstrich) 〖軍〗迷彩〈カムフラージュ〉塗装. **≈an·zug** 男 防護服, 保護被服(特殊作業服・防火服・防毒衣など). **≈är·mel** 男 (そで口の摩耗や汚れを防ぐための)そでカバー. **≈auf·sicht** 女 (非行少年などに対する)保護観察. **≈bau** 男 -[e]s/-ten (戦争の際, 民間人の生命や生活を守るための)保護建築(→Schutzraum).
Schutz·bau·ge·setz 中 〖法〗(戦時民間防衛施設に関する)保護建築法.
schutz·be·dürf·tig 形 保護を必要とする.
schutz·be·foh·len I 形 (…の)保護にゆだねられている. II **Schutz·be·foh·le·ne** 男 女 《形容詞変化》(…の)保護にゆだねられた人, 被保護者, 被後見人.
Schutz≈be·haup·tung 女 (信憑(しんぴょう)性の乏しい)自己弁護の主張(特に処罰を免れるための). **≈blech** 中 (自転車・オートバイなどの)泥よけ(→ 図 Fahrrad). **≈brief** 男 **1** 〖史〗(君主・国家が特定の個人に与える)保護状. **2** 自動車保険証. **≈bril·le** 女 (ほこり・光線・水などから目を守るための)保護眼鏡, ゴーグル. **≈bünd·nis** 中 相互防衛同盟. **≈dach** 中 (雨露・風などを防ぐための)ひさし, 上屋(うわや). **≈damm** 男 堤防. **≈dau·er** 女 = Schutzfrist **≈draht** 男 〖電〗保護線; 外装ケーブル.

Schüt·ze^{1}[ʃʏtsə] 男 -n/-n **1** (schießen する人. 例えば:) **a**) 射手, 射撃者; 〖軍〗狙撃(そげき)兵: ein guter ~ sein 射撃〈シュート〉が上手である | ~ Arsch (→Arsch 1 a). **b**) 〖球技〗(サッカー・バスケットボールなどの)シューター. **2** der ~ 〖天〗射手座; 〖占星〗人馬宮(黄道十二宮の一つ): →Fisch 1 b ▽**3** 〖軍〗(最下級の)歩兵. **4** = Schützenfisch **5** = Schützen [*germ.*; ◇ schießen]
Schüt·ze^{2}[−] 女 -/-n = Schütz^{2} 1
schüt·zen[ʃʏtsən] 《02》他 (h) **1** 守る, 保護〈防護〉する: *jn.* vor *et.*^{3} 〈gegen *et.*^{4}〉 ~ …を…から守る | die Augen vor der Sonne 〈gegen die Sonne〉 ~ 日光に対して目を保護する | das Land vor den Feinden 〈gegen die Feinde〉 ~ 国を敵から守る | Gott *schütze* dich! 君に神のご加護があるように, 元気でな(別れのあいさつ) | Das Gesetz *schützt* die Bürger 〈das Eigentum der Bürger〉. 法律は市民〈市民の財産〉を守る ‖ 再帰 *sich*^{4} gegen *et.*^{4} 〈vor *et.*^{3}〉 ~ …から身を守る | *sich*^{4} gegen Ansteckung 〈vor der Kälte〉 ~ 感染〈寒さ〉に対して身を守る ‖ 〖目的語なしで〗 Der Mantel *schützt* gegen die Kälte. コートは寒さを防ぐ | Unkenntnis *schützt* nicht vor Strafe. (規則を)知らなかったからといって罰は免れない | Alter *schützt* vor Torheit nicht. (→Alter 2 a) ‖ ein *schützendes* Dach 雨露をしのぐ屋根 | ***seine schützende* Hand über *jn.* halten** 《比》…を庇護(ひご)する〈かばう〉. ▽**2** (水を)せき止める(→Schütz^{2} 1). ▽**3** (pfänden) (担保物件として)差し押える.
[*mhd.*; ◇ Schutz]
Schüt·zen[ʃʏtsən] 男 -s/- 〖織〗(織機の)杼(ひ), シャトル(→ 図 Webstuhl). [< schießen]
Schüt·zen≈bru·der 男 射撃協会の会員. **≈fest** 中 射撃祭(射撃競技会を中心とする民衆の祭り): der [letzte] Rest vom ~ (→Rest 1). **≈fisch** 男 〖魚〗テッポウウオ(鉄砲魚). [< Schütze^{1}]
Schutz·en·gel[ʃʊts..] 男 **1** 《カトリック》保護[の]天使; 《比》庇護者, 守り神: *seinen* ~ herausfordern かるがるしく[生命の]危険を冒す. **2** 《話》(Zuhälter) (売春婦の)ひも.
Schüt·zen≈ge·sell·schaft[ʃʏtsən..] 女 , **≈gil·de** 女 = Schützenverein **≈gra·ben** 男 〖軍〗塹壕(ざんごう): *Schützengräben* ausheben 塹壕を掘る.
Schüt·zen·gra·ben≈fie·ber 中 -s/ (Fünftagefieber) 〖医〗塹壕熱, 五日熱. **≈krieg** 男 〖軍〗塹壕戦.
Schüt·zen≈haus 中 射撃協会会館. **≈hil·fe** 女 援護射撃: *jm.* ~ geben 〈leisten / gewähren〉 《話》…を側面から援助する. **≈hof** 男 = Schützenhaus **≈ket·te** 女 〖軍〗散兵線. **≈kö·nig** 男 射撃祭での優勝者; 《話》(球技で)最も多くシュートした選手. **≈li·nie**[..liːniə] 女 = Schützenkette **≈loch** 中 〖軍〗射撃壕(ごう). **≈platz** 男 (射撃協会の)射的場; 射撃祭会場. **≈stand** 男 (塹壕(ざんごう)内などの)射撃台, 銃座. **≈ver·ein** 男 (中世以来の伝統をもつ)射撃協会. **≈wie·se** 女 射撃祭の行われる野原, 射撃祭会場. [< Schütze^{1}]
Schüt·zer[ʃʏtsər] 男 -s/- **1** 《雅》(schützen する人. 例えば:) 保護〈庇護(ひご)〉者, 擁護者. **2** (schützen するもの. 例えば:) 防具, プロテクター: Knie*schützer* ひざ当て | Ohren*schützer* (防寒用の)耳おおい.
Schutz≈far·be[ʃʊts..] 女 **1** 〖工〗保護塗料. **2** = Schutzfärbung **≈fär·bung** 女 〖動〗保護色. **≈film** 男 保護被膜. **≈fir·ma** 女 警備保障会社. **≈for·ma·tion** 女 〖史〗防衛団 (SPD 系の防衛組織で,1931年にナチの暴力に対抗するために作られた; 略 Schufo). **≈frist** 女 〖法〗(版権・著作権などの)保護期間. **≈gat·ter** 中 防護柵(さく); 水門とびら; 〖史〗(城門などの)つり格子戸. **≈ge·biet** 中 **1** 保護区域〈地区〉: Natur*schutzgebiet* 自然保護[指定]区域. **2** 保護領, 植民地. **≈ge·bühr** 女 **1** (関係者以外の人手に渡らないための)保証手数料. **2** 《話》(バーなどの経営者が犯罪組織に定期的に強制納入させられる)上納金. **≈geist** 男 -[e]s/-er 守護精霊; 《雅》守り神, 庇護(ひご)者. **≈ge·län·der** 中 安全手すり; ガードレール. **≈geld** 中 = Schutzgebühr 2
Schutz·geld·er·pres·sung 中 (犯罪組織などによる)上納金の強制取り立て.

Schutz≠ge·setz 中〘法〙保護法律. **≠ge·wahr·sam** 男〘法〙保護留置. **≠git·ter** 中 **1** 防護〈安全〉格子. **2**〘電〙遮蔽(しゃへい)格子, グリッド. **≠gott** 男 守護神, 守り神. **≠ha·fen** 男 避難港. **≠haft** 女〘法〙**1** 保護検束〈拘禁〉. ▽**2** =Schutzgewahrsam **≠häft·ling** 男 保護検束〈拘禁〉を受けている人. **≠hau·be** 女 **1** 安全ヘルメット. **2** (自動車の)ボンネット. **≠haut** 女 (皮膜状の)保護被覆. **≠hei·li·ge** 男 女《カトリック》保護〔の〕聖人, 守護聖人. **≠helm** 男 ヘルメット, 保護〈安全〉帽. **≠herr** 男 保護〈庇護〉者, 後援者, パトロン. **≠herr·schaft** 女 **1** (大国の小国に対する)保護〔統治〕権. **2** 保護〈庇護・後援〉者の職〈地位・仕事〉. **≠hül·le** 女 保護被覆, カバー. **≠hüt·te** 女〘登山〙山小屋, 避難小屋.

schutz|imp·fen[ʃʊ́ts|ɪmpfən] 他 (h)《もっぱら不定詞・過去分詞で》《*jn.*》(…に対して)予防接種をする: *sich*[4] ～ lassen 予防接種を受ける | *schutzgeimpfte* Personen 予防接種をすませた人たち.

Schutz≠imp·fung 女〘医〙予防接種: eine ～ 〔gegen Diphterie〕 erhalten 〔ジフテリアに対する〕予防接種を受ける. **≠in·sel** 女 (Verkehrsinsel) (道路上の一段高くなった)安全地帯(市街電車の停留所など). **≠kap·pe** 女 (器機の)キャップ, ふた, おおい(例えばレンズカバーなど). **≠klau·sel** 女〘経・政〙保護約款. **≠klei·dung** 女 保護被服(作業服・防寒服・防毒衣など). **≠kol·lo·id** 中〘化〙保護コロイド. **≠kon·takt** 男〘電〙(感電などを防止するための)保護〈安全〉接触〔装置〕(略 Schuko).

Schutz·kon·takt·stecker =Schukostecker

Schutz·leu·te Schutzmann の複数.

Schütz·ling[1][ʃʏ́tslɪŋ] 男 -s/-e **1** 被保護者, 被後見人. **2**《比》(特に目をかけられている)お気に入り. [＜schützen]

Schütz·ling[2][–] 男 -s/-e《スイス》=Schößling

schutz·los[ʃʊ́tslo:s][1] 形 保護のない, 無防備の: *et.*[3] ～ ausgesetzt sein 無防備で…にさらされている.

Schutz·lo·sig·keit[..lo:zɪçkaɪt] 女 -/ schutzlos なこと.

Schutz≠macht 女 **1** 保護供与国. **2** (特定の国の代理としてその権益を保護する)代理保護国. **≠mann** 男 -〔e〕s/..männer, ..leute **1** 警官, (特に:) 保安警察官: ein eiserner ～《戯》鉄のおまわりさん(路傍・公園などに立っている鉄柱状の非常用警察連絡電話). **2**《話》(球技で)相手の選手に密着して完全にマークするプレーヤー. **≠man·tel** 男 **1** (防護用の)上っ張り, コート. **2**〘美〙(信者の上に広げた)聖母マリアの庇護(ひご)のマント. **3**〘工〙ジャケット, ケース, カバー, 被覆. **≠mar·ke** 女 (Warenzeichen) 商標, トレードマーク. **≠mas·ke** 女 保護マスク; 防毒面. **≠maß·nah·me** 女 保護〈予防〉措置. **≠mau·er** 女 防壁, 擁壁(ようへき). **≠mit·tel** 中 保護〈防止・予防〉手段; 予防剤〈薬〉. **≠netz** 中 (高所からの墜落の危険を防ぐための)安全ネット. **≠pa·tron** 男 **1** =Schutzheilige **2** =Schutzherr **≠pflan·zung** 女 (耕地や針葉樹林などの)保護用植林; 防風林.

Schutz·pocken·imp·fung 女〘医〙種痘(しゅとう).

Schutz≠po·li·zei 女 保安警察(略 Schupo). **≠po·li·zist** 男 保安警察官(略 Schupo). **≠raum** 男 防空壕(ごう)〈室〉, シェルター.

Schutz·raum·bau =Schutzbau

Schutz≠recht 中〘法〙保護権(著作権・特許権など). **≠schei·be** 女 防護〈風防〉ガラス. **≠schicht** 女 保護被膜; (塗りの)保護層. **≠schie·ne** 女〘鉄道〙護輪軌条〈レール〉. **≠schild** 男 **1** 防御用の盾, 防盾. **2** 防護〈遮蔽(しゃへい)〉用シールド. **≠staat** 男〘政〙保護国. **≠staf·fel** 女 (略 SS)〘史〙(ナチの)親衛隊. **≠stoff** 男 **1** 保護剤〈物質〉. **2** (Antikörper)〘生・医〙抗体. **≠trup·pe** 女 (ドイツ旧植民地に配置された)防衛〈保安〉部隊. **≠um·schlag** 男 (本の)カバー(→ 図 Buch).

Schutz-und-Trutz-Bünd·nis 中 攻守同盟.

Schutz≠ver·band 男 **1**〘医〙保護包帯. **2** 保護団体〈連盟〉. **≠vor·rich·tung** 女 保護〈保安〉装置. **≠waf·fe** 女 防御用の武器(昔のよろい・盾, 今日の鉄かぶと・防弾チョッキなど). **≠wa·gen** 男〘鉄道〙隔離車. **≠wald** 男 防御林, 防風林. **≠wall** 男 防塁, 防壁. **≠wand** 女 =Schutzmauer **≠weg** 男《オーストリア》(Fußgängerüberweg) 横断歩道. **≠zoll** 男 保護関税. **≠zöll·ner** 男 保護関税〈貿易〉論者.

schutz·zöll·ne·risch 形 保護関税〈貿易〉〔論〕の.

Schutz·zoll·po·li·tik 女 保護関税政策.

Schw. 略 =Schwester

Schwa[ʃva:] 中 -〔s〕/-〔s〕(Murmelvokal)〘言〙(アクセントのない)あいまい〈つぶやき〉母音([ə]). [*hebr.*]

Schwab[ʃva:p] 人名 Gustav ～ グスタフ シュヴァーブ(1792–1850; ドイツの作家).

Schwa·ba·cher[ʃvá:baxər] 女 -/ , **Schwa·ba·cher Schrift** 女 --/ 〘印〙シュヴァーバッハ体活字(幅広でいかつい感じの Fraktur の一種).

Schwab·bel[ʃvábəl] 男 -s/-《話》おしゃべり屋.

Schwab·be·lei[ʃvabəláɪ] 女 -/-en《話》**1** (ゼリーなどが)ぷるんぷるん〈ぷりんぷりん〉震えること. **2** おしゃべり, 駄弁. **3** (液体を)こぼすこと.

schwab·be·lig[ʃvábəlɪç][2] (**schwabb·lig**[..blɪç][2]) 形《話》**1** (ゼリーのように)ぷるんぷるん〈ぷりんぷりん〉する. **2** おしゃべりの.

Schwab·bel≠frit·ze 男《話》おしゃべり屋の男. **≠lie·se** 女 おしゃべり女. **≠mei·er** 男 =Schwabbelfritze

schwab·beln[ʃvábəln]《06》**I** 自 (h)《話》**1** (ゼリーが, またはゼリーのように)ぷるんぷるんと揺れる〈震える〉. **2** 無駄口をたたく, 駄弁を弄(ろう)する. **3** (液体を)こぼす. **II** 他 (h) **1**〘工〙(金属を)金剛砂の砥石(といし)で磨く. **2**《話》(ほおをふるわせて)おしゃべりをする: Unsinn ～ ばかげたことをぺらぺらしゃべる. [＜schwappen]

Schwab·bel≠schei·be 女 回転研磨盤. **≠was·ser** 中《話》《次の成句で》～ getrunken haben お神酒(みき)が入っている; 口が軽くなっている.

Schwab·ber[ʃvábər] 男 -s/- (Dweil)〘海〙(甲板ふき用の)モップ, 棒ぞうきん.

schwab·bern[ʃvábərn]《05》**I** 自 (h) =schwabbeln I 1, 2 **II** 他 (h)〘海〙甲板をモップで洗う〈磨く〉.

schwabb·lig =schwabbelig

Schwa·be[1][ʃvá:bə] 女 -/-n《戯》(Schabe) ゴキブリ. [＜Schabe[1]]

Schwa·be[2][ʃvá:bə] 男 -n/-n (女 **Schwä·bin**[ʃvɛ́:bɪn] -/-nen) シュヴァーベンの人. [*ahd.* Suabo; ◇Swebe]

schwä·beln[ʃvɛ́:bəln]《06》自 (h) シュヴァーベン方言〈なまり〉で話す.

Schwa·ben[ʃvá:bən] 地名 シュヴァーベン(かつてはドイツ南西部の公国であったが, 今日では Baden-Württemberg 州の一行政区画).

Schwa·ben≠al·ter 中 -s/《戯》40歳(シュヴァーベンの人は40歳になってやっと分別がつくという冗談から): 〘次の成句で〙 das ～ erreichen / ins ～ kommen 齢(よわい)不惑に達する, (やっと)分別がつく | im ～ sein 不惑の齢である. **≠korn** 中 -〔e〕s/-e (Dinkel)〘植〙スペルトコムギ. **≠spie·gel** 男 -s/ 〘法〙(中世ドイツの)シュヴァーベン法鑑(13世紀末). **≠streich** 男《戯》無分別な行為(グリム童話の『七人のシュヴァーベン人』から).

Schwä·bin Schwabe[2]の女性形.

Schwa·bing[ʃvá:bɪŋ] 地名 シュヴァービング (München 北部の住宅地区で, 作家・芸術家などの居住する町として知られる).

schwä·bisch[ʃvɛ́:bɪʃ] 形 シュヴァーベンの: →deutsch ‖ die *Schwäbische* Alb シュヴァーベン高地 | der *Schwäbische* Bund〘史〙シュヴァーベン同盟(1488年に結成された, シュヴァーベン地方の都市・騎士および諸侯の同盟で, 1534年に解消) | das *Schwäbische* Meer シュヴァーベン海 (Bodensee の別名) ‖ Er spricht sehr ～. 彼はひどいシュヴァーベンなまりである.

schwach[ʃvax] **schwä·cher**[ʃvɛ́çər]/**schwächst**[ʃvɛçst] 形 **1** (↔stark)《生物について》**a)** (体・力・気が)弱い, (器官・機能などが)弱い, 病弱の; (精神活動の点で)非力な: das ～*e* Geschlecht (→Geschlecht 1 a) | ein ～*es* Kind 弱い〈虚弱な〉子供 | ein ～*er* Schüler 学力の弱い生徒 ‖ einen ～*en* Charakter 〈Willen〉 haben 性格〈意志〉

S

が弱い | eine ~*e* Gesundheit 〈Konstitution〉 haben 体が弱い | ein ~*es* Gedächtnis haben 記憶力が弱い | ~*e* Augen 〈Nerven〉 haben 視力〈神経〉が弱い | ein ~*es* Herz 〈einen ~*en* Magen〉 haben 心臓〈胃〉が弱い ‖ auf ~*en* Beinen 〈Füßen〉 stehen (→Bein 1 a, →Fuß 1 a) | Soviel 〈[Alles,] was〉 in meinen ~*en* Kräften steht, will ich gern tun. 微力ながら力の及ぶ限りを尽くしましょう | *seine* ~*en* Kräfte *jm.* zur Verfügung stellen …のために微力をいたす ‖ *jn.* ~ machen …の体力〈気力〉を弱める;《話》…を誘惑する, …を弱気にさせる, …に自制心を失わせる | Mach mich nicht so ~ mit deiner Fragerei! 《話》そう質問攻めにして私をいらいらさせるなよ | *sich*⁴ ~ machen《話》(そっと)席をはずす, ずらかる ‖ etwas ~ bleiben《話》いくらか借金が残っている | alt 〈krank〉 und ~ sein 年をとって〈病気で〉体が弱っている | noch ~ auf den Beinen sein《話》(病後で)まだ足がふらついている | ~ auf der Brust sein (→Brust 1 a) | ~ im Kopf 〈von Verstand〉 sein おつむが弱い | ~ bei Kasse sein《話》懐がさびしい | *seinen* Kindern gegenüber zu ~ sein 子供に対して甘すぎる | Der Geist ist willig, aber das Fleisch ist ~. (→Geist 1 a) | ~ werden 体力〈気力〉が衰える;《話》誘惑に負ける, 弱気になる, 自制心を失う | Nur nicht ~ werden! 《話》がんばれ, 弱気を出すな | Das ist ja zum *Schwach*werden!《話》全くいらいらさせられる | Mir wurden die Beine 〈die Knie〉 ~. 私は足〈ひざ〉ががくがくになった | Mir wird ~. 私は気分が悪くなる〈気が遠くなる・ぼうっとなる・ショックを受ける〉‖ *sich*⁴ ~ fühlen 自分の体力〈気力〉の衰えを感じる | *sich*⁴ ~ zeigen 弱気を見せる.

b)《付加語的》《比》抵抗力の弱い: eine ~*e* Stelle / ein ~*er* Punkt 弱点 | *jn.* an *seiner* ~*en* Stelle treffen …の弱点をつく ‖ *js.* ~*e* Seite《話》…の弱み〈不得手・大好物〉(→Schwäche 2 b, c) | Mathematik 〈Rechnen〉 ist meine ~*e* Seite. 数学〈計算〉は私の苦手だ | Süßigkeiten 〈Schallplatten〉 sind meine ~*e* Seite. 甘い物〈レコード〉となると私は目がない ‖ In einer ~*en* Stunde 〈In einem ~*en* Augenblick〉 gab sie seiner Verführungskunst nach. 心にすきが生じたとき彼女は彼の誘惑の手に乗ってしまった(→3 b).

2《物について》**a**) (dünn) 薄〈細〉くて弱い: ein ~*es* Brett 薄い板 | ein ~*er* Faden 〈Zweig〉 細い糸〈枝〉 | ~*e* Mauern 薄い壁 ‖ Die Eisdecke ist zu ~. 氷は(乗るには)薄すぎる. **b**) (ききめの)弱い, 性能〈出力〉の低い, [アルコール]度の弱い; (溶液などが)薄い, 希薄な: ein ~*es* Fernglas 低倍率の望遠鏡 | ~*e* Getränke アルコール分の少ない〈非アルコール〉飲料 | ein ~*es* Gift 弱い毒 | eine ~*e* Glühbirne 低燭光(しょっこう)の電球 | ~*er* Kaffee 〈Tee〉 薄いコーヒー〈紅茶〉 | ein ~*er* Motor 低出力のエンジン〈モーター〉 | eine ~*e* Säure 〖化〗弱酸 ‖ Die Brille ist zu ~ für meine Augen. このめがねは私には度が弱すぎる.

c)《話》内容の希薄な, (印象・説得力の)弱い, (作品などが)不出来の: ein ~*e* Leistung 〈Arbeit〉 不出来の作品 ‖ Die Argumente sind ~. それらの論拠は弱い | Der Vortrag war sehr ~. 講演はまったくつまらなかった.

3 a)《現象について》(程度の)弱い, 弱々しい, かすかな, おぼろげな, わずかばかりの;〖商〗(相場・市況などが)弱気の, 不況の: ~*e* [An]zeichen かすかな徴候 | eine ~*e* Bewegung 〈Strömung〉 かすかな動き〈流れ〉 | ein ~*er* Eindruck 薄い印象 | ein ~*es* Licht 〈Lächeln〉 かすかな光〈微笑〉 | ein ~*er* Schimmer von Hoffnung 一縷(いちる)の希望 | ~*e* Stimme 弱々しい声 | ein ~*er* Trost かすかな〈わずかな〉慰め | ein ~*er* Versuch 〈Widerstand〉 おっかなびっくりの試み〈抵抗〉 ‖ Das Stück bekam einen ~*en* Beifall 〈ein ~*es* Lob〉. その芝居はわずかばかりの喝采(かっさい)〈賞賛〉を浴びただけだった | Der Bericht vermittelt nur ein ~*es* Bild der Ereignisse. この報告は事件の様子をおぼろげにしか伝えていない ‖ *sich*⁴ an *et.*⁴ ~ erinnern …をぼんやり思い出す | *et.*⁴ ~ wahrnehmen …をぼんやり知覚する | ~ erröten ほんのり赤らむ | ~ klingen かすかに響く | Der Wind bläst 〈weht〉 ~. 風が弱く吹く | Das Feuer brennt ~. 火が弱々しく燃える | Der Puls geht ~. 脈が弱く打つ ‖ nur ~ begabt sein 素質に乏しい(→schwachbegabt) | Der See ist nur ~ bewegt. 湖はわずかに波立っているだけだ | Das Land ist ökonomisch noch ~ entwickelt. その国は経済的にまだあまり開発が進んでいない(→schwachentwickelt) ‖ Die Nachfrage ist ~. 需要が少ない | Die Börse ist ~. (相場取引所での)商いが鈍い.

b) (数量的に)劣勢〈弱体〉の, 少数〈少量〉の, わずかな, まばらな: eine ~*e* Dosis (薬などの)少量 | ein ~*es* Feld 〖馬術〗出場馬の少ないレース | ~*e* [Streit]kräfte 劣勢の軍隊〈戦力〉 ‖ ein ~*es* Hundert 100足らず | ein ~*e* Stunde 1時間足らずで(→1 b) | in einer ~*en* Minderheit sein かなりの少数[派]である ‖ die *Schwächeren* 少数派[の人々] ‖ Der Saal ist nur ~ besetzt. 広間は人の入りがまばらだ | Die Vorstellung war nur ~ besucht. 公演は客の入りがまばらだった | Die Gegend ist nur ~ bevölkert. この地方は人口密度が低い(→schwachbevölkert).

4《比較変化なし》〖言〗弱変化の: ~*e* Beugung 弱変化 | ~*e* Konjugation 〈Deklination〉 動詞〈名詞類〉の弱変化 | ein ~*es* Verb 〈Substantiv〉 弱変化動詞〈名詞〉 ‖ ~ konjugiert 〈dekliniert〉 werden (動詞〈名詞類〉が)弱変化する. [„schwankend"; *mhd.*; ◇schwingen, schwank]

..schwach《名詞・動詞などにつけて「…の弱い」あるいは「…が少量の」などを意味する形容詞をつくる》: charakter*schwach* 性格の弱い | nerven*schwach* 神経の細い ‖ lern*schwach* 学習能力の低い | rechtschreib*schwach* 正書法に弱い ‖ geburten*schwach* 出生率の低い | verkehrs*schwach* 交通量の少ない.

schwach·at·mig[ʃváx..] 形 呼吸の弱々しい, 息も絶え「だえの.」

schwach·be·gabt 形《付加語的》素質の乏しい, 才能に恵まれぬ: ein ~*er* Schüler 素質の乏しい生徒.

★ 比較級・最上級・述語的用法では2語となる: ein *schwächer begabter* Schüler もっと素質の乏しい生徒 | Er ist *schwach begabt*. 彼はあまり才能に恵まれていない.

schwach≈be·tont 形 (→schwachbegabt ★) アクセントの弱い: ein ~*e* Silbe アクセントの弱い音節. **≈be·völ·kert** 形 (→schwachbegabt ★) 人口密度の低い, 人口希薄な.

Schwä·che[ʃvέçə] 女 -/-n **1**《単数で》(Kraftlosigkeit) (肉体的な)弱[ま]り, 衰弱, 衰え, 機能不全, 脱力: eine allgemeine ~ 全身衰弱 | die ~ der Augen 視力の低下 | die ~ des Herzens 心臓の機能不全 | Alters*schwäche* 老衰 ‖ Eine ~ überkommt 〈befällt〉 ihn. 彼は(急に)脱力状態になる. **2 a**) [ひ]弱さ, もろさ; 弱み, 弱点, 短所: charakterliche ~*n* 性格上の短所 | die ~ des Charakters 性格の弱さ ‖ *js.* ~[*n*] ausnutzen …の弱みにつけこむ | Jeder Mensch hat seine ~*n*. だれにでも短所はある ‖ Die ~ des Romans liegt in seinem mangelhaften Aufbau. 構成の弱さがその小説の欠点だ. **b**)《単数で》《話》苦手, 不得手: Mathematik 〈Rechnen〉 ist meine ~. 私は数学〈計算〉が苦手だ. **c**)《単数で》《話》偏愛[しているもの], 弱み: eine ~ für *jn.* 〈*et.*⁴〉 haben …となると夢中になってしまう, …には目がない | Er hat eine ~ für das Mädchen. 彼はその女の子に熱を上げている | Musik ist eine ~ von ihm. 彼は音楽に夢中だ〈音楽ファンだ〉.

[*mhd.*; ◇schwach]

Schwä·che≈an·fall 男 とつぜん脱力状態になること, 脱力状態の発作. **≈ge·fühl** 中 衰弱感, 脱力感, 無力〈虚脱〉感.

schwä·chen[ʃvέçən] 他 (h) **1** 弱める, 衰弱させる; (力などを)そぐ, 低下させる, 減殺(げんさい)する: die Wirkung ~ 効果をそぐ | *js.* Ansehen ~ …の声望を阻害する ‖ Die Krankheit *schwächte* ihn 〈seinen Körper〉. 病気のため彼は衰弱した ‖ 再帰 Er hat sich⁴ 〈seinen Körper〉 durch dauernde Überanstrengung *geschwächt*. 彼は過労が続いて体が衰弱した ‖ Der Feind wurde in diesem Kampf stark *geschwächt*. 敵はこの戦闘でひどい打撃を受けた ‖ *geschwächte* Gesundheit 衰えた健康.

▽**2** (entehren)《*jn.*》凌辱(りょうじょく)する.

schwach·ent·wickelt[ʃváx..] 形 (→ schwachbegabt ★)《付加語的》あまり発達していない, 発展段階の低い.

schwạ̈·cher schwach の比較級.

Schwạ̈·che·zu̱·stand[ʃvɛ́çə..] 男 衰弱状態.

schwạch·gläu·big[ʃváx..] 形 信仰心の薄い; 猜疑(さいぎ)心の強い.

Schwạch·heit[ʃváxhaɪt] 女 -/-en **1**《単数で》(schwach なこと. 例えば:) 衰弱, 衰え, 弱さ: die ~ des Alters 老衰 | die ~ des Körpers 〈Gedächtnisses〉 体力〈記憶力〉の衰え ‖ ***Schwachheit*, dein Nam' ist Weib.** 弱いもの その名は女だ (Shakespeare). **2** 弱点, 弱み, 短所: kleine menschliche ~*en* だれにでも有りがちなちょっとした欠点 | ***sich***[3] **~*en* einbilden**《話》あまい幻想をいだく | Bilde dir nur keine ~ *en* ein! あまりあまく考えないほうがいいぞ.

schwạch·her·zig 形 気の弱い, いくじのない; 心臓が弱い, 心臓病の.

Schwạch·kopf 男 低能, うすのろ.

schwạch·köp·fig[..kœpfɪç][2] 形 頭の弱い, 低能の.

schwạ̈ch·lich[ʃvɛ́çlɪç] 形 **1** 病弱な, 弱々しい; 弱気な, 気〈意志〉の弱い: ein ~*es* Kind 虚弱児 | schmal und ~ ほっそりとして弱々しい, 痛々しいほどやせ細った ‖ ~*e* Naturen 気の弱い連中. **2**《比》内容の乏しい, 貧弱な: ein ~*es* Stück 内容的に物足りない作品.

Schwạ̈ch·lich·keit[−kaɪt] 女 -/-en《ふつう単数で》(schwächlich なこと. 例えば:) 虚弱〔体質〕.

Schwạ̈ch·ling[ʃvɛ́çlɪŋ] 男 -s/-e《軽蔑的に》虚弱者; 意志薄弱者, 弱虫, いくじなし.

Schwach·mạ·ti·kus[ʃvaxmá:tikʊs] 男 -/-se, ..ker [..kər]《戯》**1** = Schwächling **2** 能なし: in Mathematik ein ~ sein 数学が不得手である.

schwạch·mü̱·tig[ʃváx..] 形《雅》気が小さい, 決断力のない.

Schwạch·punkt 男 = Schwachstelle

schwạch·sich·tig 形〖医〗弱視の(目).

Schwạch≈sich·tig·keit 女 -/〖医〗弱視: eine angeborene ~ 先天性弱視. **≈sinn** 男 -〔e〕s/ **1**〖医〗精神遅滞. **2**《話》ばかげたこと, たわけたこと.

schwạch·sin·nig 形 **1**〖医〗精神遅滞の: der 〈die〉 *Schwachsinnige* 精神遅滞者. **2**《話》ばかげた: ein ~*es* Gerede ばかげた話.

Schwạch·sin·nig·keit 女 = Schwachsinn

schwächst schwach の最上級.

Schwạch≈stel·le 女 弱点. **≈stro̱m** 男 -〔e〕s/ (↔ Starkstrom)〖電〗弱〔電圧〕電流.

Schwạch·stro̱m≈gym·na̱·sium 中《話》(身体障害者用の)特殊学校. **≈tech·nik** 女 (↔Starkstromtechnik)〖電〗弱電〔流〕工学.

Schwạ̈·chung[ʃvɛ́çʊŋ] 女 -/-en schwächen すること.

Schwa̱d[ʃva:t][1] 男 中 -〔e〕s/-e〖農〗**1** = Schwaden[1] **2** 刈り手が鎌(かま)の一刈りで刈り取ることのできる面積.

Schwa̱·de[ʃvá:də] 女 -/-n, **Schwa̱·den**[1][ʃvá:dən] 男 -s/- **1**《ふつう複数で》〖農〗刈り取った穀物〈草〉の列. **2**〖植〗ドジョウツナギ(泥鰌繋)属. [*mndd.* swade „Spur“; ◇ *engl.* swath]

Schwa̱·den[2][−] 男 -s/-《ふつう複数で》**1** (地面・坑などから立ちのぼる)蒸気, ガス, もや〔のかたまり〕: in dicken ~ (煙などが)もうもうと | Mücken stiegen in ~ auf. 蚊柱(かばしら)が立った | Der See war von nebligen ~ verhüllt. 湖は霧状のもやにすっぽり包まれていた. **2**〖坑〗跡ガス: Viele Bergleute sind in den ~ erstickt. たくさんの鉱員が跡ガスに巻かれて窒息〔死〕した. [*mhd.* swadem]

schwa̱·den·wei·se[1] 副 (→..weise ★) ガス〈もや〉状に.

schwa̱·den·wei·se[2] 副 (→..weise ★) (刈り取られた穀物や草が)列をなして. [< Schwade]

schwa̱·dern[ʃvá:dərn]《05》自 (h)《南部》**1** (流水が)〔ピチャピチャ〕音をたてる. **2** 〔ぺちゃくちゃ〕しゃべる. [*mhd.* swateren; ◇ schwatzen]

Schwa·dro̱n[ʃvadró:n] 女 -/-en〖軍〗(昔の)騎兵中隊: ~*en* von Weingläsern《比》おびただしい数のワイングラス. [*it.* squadrone; < *it.* squadra „Viereck“ (◇ Quader, 〔Es〕kader); ◇ Geschwader; *engl.* squadron]

Schwa·dro·na̱·de[ʃvadroná:də] 女 -/-n 大ぼら, ほら話.

Schwa·dro·neur[ʃvadronǿ:r] 男 -s/-e《話》おしゃべり〔屋〕; ほら吹き. [< ..eur]

schwa·dro·nie̱·ren[..ní:rən] 自 (h)《話》ぺちゃくちゃしゃべる; ほらを吹く. [< Schwadron + schwadern]

Schwa̱·fe·le̱i[ʃva:fəláɪ] 女 -/-en《話》むだ口, ばか話, 長広舌.

schwa̱·feln[ʃvá:fəln]《06》自 (h)《話》くだらぬおしゃべりを〔長々と〕する.

Schwa̱·ger[ʃvá:gər] 男 -s/Schwäger[ʃvɛ́:gər] **1** 義兄弟(自分の夫または妻の兄弟, 自分の姉妹の夫). ᵛ**2** 郵便馬車の御者(特に呼びかけとして).

[*ahd.* suāgur „Bruder der Frau“; ◇ Schwäher]

Schwä̱·ge·rin[ʃvɛ́:gərɪn] 女 -/-nen 義姉妹(自分の夫または妻の姉妹, 自分の兄弟の妻).

schwä̱·ger·lich[ʃvɛ́:gərlɪç] 形 義兄弟〈義姉妹〉の関係にある.

Schwä̱·ger·schaft[..ʃaft] 女 -/-en **1** 義兄弟〈義姉妹〉の関係〈間柄〉; 姻戚(いんせき)関係. **2**《集合的に》義兄弟, 義姉妹; 姻戚: die gesamte ~ 姻戚一同.

ᵛ**Schwä̱·her**[ʃvɛ́:ər] 男 -s/- **1** = Schwiegervater **2** = Schwager [*germ.*; ◇ Schwieger, Schwager; *gr.* hekyrós „Schwiegervater“]

schwa̱i·en[ʃváɪən] = schwoien

Schwa̱i·ge[ʃváɪgə] 女 -/-n《南部・オーストリア》(アルプス山中の)酪農小屋. [*ahd.* sweiga]

schwa̱i·gen[ʃváɪgən][1] 自 (h)《南部・オーストリア》(アルプス山中で)酪農する; チーズを製造する.

Schwa̱i·ger[ʃváɪgər] 男 -s/-《南部・オーストリア》(アルプス山中の)酪農家, 牧人; (Schwaige で)チーズを作る人.

schwa̱·jen[ʃvá:jən]《01》= schwoien

Schwạl·be[ʃválbə] 女 -/-n (⊘ **Schwä̱lb·chen**[ʃvɛ́lpçən] 中 -s/-) **1**〖鳥〗ツバメ(燕): Die ~*n* durchschnitten pfeilschnell die Luft. ツバメたちが矢のような速さで空中を横切った | **Eine ~ macht noch keinen Sommer.**《諺》早合点は禁物(ツバメ1羽ではまだ夏とはいえない) | Er muß viele ~*n* sehen, bis 〔daß〕 er glaubt, daß es Frühling sei.《比》彼はものすごく用心深い | ~*n* schießen《比》ほらを吹く. **2**《話》(Ohrfeige) (横つらへの)平手打ち, びんた: *jm.* eine ~ geben …の横つらを張る | ~*n* bekommen びんたをくう. [*germ.*; ◇ *engl.* swallow]

schwạl·ben[ʃválbən][1] 他 (h)《話》《ふつう次の成句で》*jm.* eine ~ …にびんたを一発かます.

Schwạl·ben≈fisch 男 (fliegender Fisch)〖魚〗トビウオ(飛魚)(の俗称). **≈kraut** 中〖植〗トウワタ(唐綿)属. **≈nest** 中 **1** ツバメの巣. **2**〖料理〗燕巣(えんそう)(中国料理に用いる海ツバメの巣). **3 a)**〖軍〗(昔の軍楽隊士の制服の肩口についていた)半月形の記章. **b)** (戦艦・航空母艦などの)張り出し砲塔. **c)** (水上飛行機の)スポンソン. **≈schwanz** 男 **1** ツバメのしっぽ. **2** (ツバメの尾に似ているもの) **a)**《話》燕尾(えんび)服〔のすそ〕. **b)** (Edelfalter)〖虫〗キアゲハ(黄揚羽蝶). **c)**〖工・建〗蟻(あり)つぎ(木材・金属などのかみ合わせ継ぎの一種: → 図 Holz B).

Schwạl·ben·schwanz·ver·bin·dung 女 -/-en = Schwalbenschwanz 2 c

Schwạl·ben·wurz 女〖植〗カモメヅル(鴎蔓)属.

Schwalch[1][ʃvalç] 男 -〔e〕s/-e ᵛ**1** (溶鉱炉の)開口部, 煙管. **2**《北部》= Schwelgerei

[*mhd.* swalc〔h〕„Schlund“; ◇ schwelgen]

Schwalch[2][−] 男 -〔e〕s/-e **1**《中部》(Dampf) 蒸気; (Qualm) 濃煙. **2**《北部》= Schwall

ᵛ**schwạl·chen**[ʃválçən] 自 (h) もうもうと煙る; すすを出す.

Schwalk[ʃvalk] 男 -〔e〕s/-e《北部》(Dampf) 蒸気; (Qualm) 濃煙.

schwạl·ken[ʃválkən] 自《北部》**1** (s) あちこちうろつき回る. **2** (h) 〈非人称〉(es schwalkt) 煙が出〔てい〕る.

Schwall[ʃval] 男 -〔e〕s/-e《ふつう単数で》(ふくれあがって波状に押しよせてくるもの. 例えば:) 重なり合うようにして押しよせる大波: Ein ~ Wasser schlug gegen die Mole. 大波が突堤に打ちよせた | Ein ~ frischer Luft strömte durch die offenen Fenster herein. 一陣の新鮮な空気があけ放った窓からどっと流れこんできた ‖ ein ~ der Verehrer 〔押しよ

せた〕大勢のファン | Dem ~ ihrer Worte war keiner gewachsen. 《比》彼女の滔々(とうとう)たる熱弁にはだれしもたじたじだった. [*mhd.* swal; ◇schwellen]

Schwalm[1][ʃvalm] 男 -〔e〕s/-e 《北部》(Schwalbe) 〘鳥〙ツバメ(燕). 「夜鷹).」

Schwalm[2][–] 男 -〔e〕s/-e〘鳥〙ガマグチヨタカ(蝦蟇口

schwamm [ʃvam] schwimmen の過去.

Schwamm [ʃvam] 男 -〔e〕s/Schwämme[ʃvɛ́mə] (⑪ **Schwämm·chen** → 別出) **1** 〘動〙海綿動物. **2** 海綿, スポンジ: ein feuchter 〈trockener〉 ~ 湿った〈乾いた〉海綿 ‖ den ~ ausdrücken 海綿〔に含まれている水〕をしぼる | *et.*[4] mit einem ~ abwischen 〈reinigen〉 …をスポンジでぬぐう〈きれいにする〉| die Tafel mit dem ~ sauber wischen 黒板をスポンジ〔の黒板ふき〕できれいにふく | *sich*[4] mit einem ~ waschen スポンジで体を洗う | ***Schwamm* drüber!** 《話》もうその話はよそう, そのことは水に流そう ‖ ein wahrer ~ von einem Menschen 《話》まるで単純で何でもすぐ本気にしてしまう人間; とらえどころのない人間 | einen ~ im Magen haben / wie ein ~ saufen 《戯》底なしの大酒飲みである | ***sich***[4] **mit dem ~ frisieren 〈kämmen〉 können** 《戯》頭がはげている. **3 a)** 《南部・オーストリア》(Pilz) キノコ(茸): *Schwämme* suchen 〈suchen gehen〉 きのこ狩りをする〈きのこ狩りにゆく〉. **b)** 《ふつう単数で》(Hausschwamm) 〘植〙ナミダタケ(涙茸). **4** 〘虫〙マイマイガ(舞々蛾)の卵塊(→Schwammspinner). **5** (Fungus) 〘医〙海綿腫(しゅ). **6** 《話》(すっぱい)下等ワイン. [*germ.* „Pilz"; ◇Sumpf]

schwamm·ar·tig[ʃvám..] 形 Schwamm 状の.

Schwämm·chen[ʃvɛ́mçən] 中 -s/- **1** Schwamm の縮小形. **2** (Soor) 〘医〙口腔(こうこう)カンジダ症, 鵞口瘡(がこうそう).

schwäm·me[ʃvɛ́mə] schwömme (schwimmen の接続法 II)の別形.

Schwäm·me Schwamm の複数.

Schwam·merl[ʃvámərl] 中 -s/-〔n〕《南部・オーストリア》(Pilz) キノコ(茸).

Schwam·merl≠so·ße (≠**sau·ce**[..zo:sə]) 女 《オーストリア》〘料理〙キノコ入りソース. ≠**sup·pe** 女 《オーストリア》〘料理〙キノコ入りスープ.

Schwamm≠fi·sche·rei[ʃvám..] 女 海綿採集〔業〕. ≠**flie·ge** 女 〘虫〙ミズカゲロウ(水蜉蝣)科の昆虫. ≠**gum·mi** 男 中 スポンジゴム, フォームラバー. ≠**gur·ke** 女 〘植〙ヘチマ(糸瓜).

schwam·mig[ʃvámɪç][2] (ᵛ**schwam·micht** [..mɪçt]) 形 **1** 海綿状の; (ふくれて)ぶよぶよの: ein ~*es* Gesicht (むくんで)ぶよぶよの顔. **2** 輪郭のさだかでない, あいまいな: ein ~*er* Ausdruck 不明確な表現. **3** ナミダタケ(涙茸)が生えた(→Hausschwamm): eine ~*e* Kellerwohnung ナミダタケに侵された地下住宅.

Schwam·mig·keit[..mɪçkaɪt] 女 -/ (schwammig なこと. 例えば:) 海綿状; ぶよぶよの状態.

Schwamm≠kür·bis 男 (Luffa) 〘植〙ヘチマ(糸瓜)〔の実〕. ≠**par·en·chym** 中 〘植〙(葉の)海綿状組織. ≠**spin·ner** 男 〘虫〙マイマイガ(舞々蛾). ≠**tier** 中 =Schwamm 1 ≠**tuch** 中 スポンジクロス.

Schwan[ʃva:n] 男 -〔e〕s/Schwäne[ʃvɛ́:nə] (⑪ **Schwän·chen**[ʃvɛ́:nçən], **Schwän·lein**[..laɪn] 中 -s/-) **1** 〘鳥〙ハクチョウ(白鳥)(気位の高い美人の象徴): **mein lieber ~!** 《話》(驚きを示して)おやまあ; (相手を軽くたしなめて)これこれ. **2** der ~ 〘天〙白鳥座(銀河のなかに見える星座).
[*germ.*; 擬音; ◇Sonant; *engl.* swan]

schwand[ʃvant][1] schwinden の過去.

Schwand[–] 男 -〔e〕s/-e 《南部》 **1** (断崖(だんがい)の下にある)斜面. **2** 《単数で》=Schwund

schwän·de[ʃvɛ́ndə] schwinden の接続法 II.

Schwä·ne Schwan の複数.

schwa·nen[ʃvá:nən] 自 (h) 《話》《*jm.*》(…によからぬことが)予感される: Mir *schwant* 〈Es *schwant* mir〉 nichts Gutes. 私は不吉な予感がする | Das hat mir schon lange *geschwant*. 私はずっと前からそういう予感がしていたんだ. [*mndd.*]

Schwa·nen≠blu·me[ʃvá:nən..] 女 〘植〙ハナイ. ≠**bu·sen** 男 白鳥の胸の部分; 《比》女性の真っ白な胸. ≠**fe·der** 女 白鳥の羽毛. ≠**ge·sang** 男 《雅》白鳥の歌(瀕死(ひんし)の白鳥が美しい声で鳴くという古代の言い伝えから: 芸術家・学者・詩人などの最後の作品), 絶筆; 辞世の詩歌; 死の直前の演技〈演奏〉. ≠**hals** 男 **1** 白鳥の首. **2** (1に形の似ているもの. 例えば:) **a)** (人間の)すらっとした首. **b)** (馬の)上の方で大きく曲がっている首(→ ⊠ Pferd B). **c)** 〘工〙S 字管. **3** 〘狩〙野獣の首をはさんで即死させるわな. ≠**jung·frau** = Schwanjungfrau ≠**lied** 中 = Schwanengesang ≠**rit·ter** =Schwanritter

schwa·nen·weiß 形 《雅》(白鳥のように)真っ白な.

schwang[ʃvaŋ] schwingen の過去.

Schwang[–] 男 《俗》《もっぱら次の成句で》**im ~**〔*e*〕 **sein** 流行〈普及〉している | **in ~ kommen** 流行する〔ようになる〕, 普及する. [*westgerm.*; ◇schwingen, Schwank]

schwän·ge[ʃvɛ́ŋə] schwingen の接続法 II.

schwan·ger[ʃváŋər] 形 **1** (人間について)妊娠している, みごもっている, 身重(みおも)の: eine ~*e* Frau / eine *Schwangere* 妊婦 ‖ ~ sein 妊娠中である | ~ werden 妊娠する | von *jm.* ~ werden …の子種を宿す | mit einem Kinde ~ gehen 《雅》妊娠中である | **mit *et.*[3] ~ gehen** 《戯》…の計画〈考え〉を心に抱いている | im sechsten Monat ~ sein 妊娠 6 か月である | zum zweitenmal ~ sein 2 度目の妊娠中である.

☆ 人間以外の動物についてはふつう trächtig を用いる.

2 《雅》《von *et.*[3]》(…で)いっぱいの, (…で)飽和状態の.
[*westgerm.* „schwer〔fällig〕"]

..schwanger 《名詞につけて「…を孕(はら)んだ, …の可能性を秘めた」などを意味する形容詞をつくる》: unheil*schwanger* 災いをはらんだ | zukunfts*schwanger* 未来を孕んだ, 将来性のある.

Schwan·ge·ren≠be·ra·tungs·stel·le 女 妊婦相談所. ≠**für·sor·ge** 女 -/ (国家による)妊婦保護, 妊婦対策. ≠**ge·lüst** 中 妊婦特有の嗜好(しこう). ≠**gym·na·stik** 女 妊婦体操.

schwän·gern[ʃvɛ́ŋərn] 《05》他 (h) **1** 《話》《*jn.*》身ごもらせる: ein unschuldiges Mädchen ~ うぶな女の子をはらませる. **2** 《*et.*[4] mit *et.*[3] 〈von *et.*[3]〉》(…を…で)満たす, 充満させる: die von Krankheitskeimen *geschwängerte* Stadtluft ばい菌がうようよしている都会の空気.

Schwan·ger·schaft[ʃváŋərʃaft] 女 -/-en 妊娠〔状態〕: eine eingebildete ~ 想像妊娠 | eine normale ~ 正常妊娠 ‖ der letzte Monat der ~ 臨月 | die ~ abbrechen 〈unterbrechen〉 妊娠を中絶する.

Schwan·ger·schafts≠ab·bruch 男 妊娠中絶. ≠**be·schwer·den** 複 妊娠障害. ≠**dau·er** 女 妊娠期間. ≠**er·bre·chen** 中 つわり, 妊娠悪阻(おそ)〈嘔吐(おうと)〉. ≠**geld** 中 (企業などの)妊娠手当, 出産一時金. ≠**nar·be** 女 -/-n 《ふつう複数で》妊娠線, 妊娠瘢痕(はんこん). ≠**psy·cho·se** 女 妊娠〔性〕精神病. ≠**strei·fen** 男 -s/- 《ふつう複数で》妊娠線. ≠**test** 男 妊娠テスト. ≠**to·xi·ko·se** 女 妊娠中毒. ≠**un·ter·bre·chung** 女 妊娠中絶. ≠**ur·laub** 男 出産休暇, 産休.

schwan·ger·schafts≠ver·hin·dernd 形, ≠**ver·hü·tend** 形 避妊の.

Schwan·ger·schafts≠ver·hü·tung 女 避妊〔法〕. ≠**zei·chen** 中 妊娠徴候.

Schwän·ge·rung[ʃvɛ́ŋərʊŋ] 女 -/-en schwängern すること; schwängern された状態.

Schwan·jung·frau[ʃvá:n..] 女 〘伝説〙白鳥の乙女(魔法によって人間になったり白鳥になったりする).

schwank[ʃvaŋk] 形 《雅》 **1** 《物について》細くてなよなよした, しなやかな, ゆらゆら揺れる, ゆらめく: ein ~*es* Rohr (風に)そよぐ葦(あし) | eine ~*e* Leiter ぐらぐらする梯子(はしご). **2** 《人について》頼りない, すぐに動揺する: ein ~*er* Charakter 気の変わりやすい性格〔の人間〕.
[*mhd.* „biegsam"; ◇schwingen, schwach]

Schwank[ʃvaŋk] 男 -〔e〕s/Schwänke[ʃvɛ́ŋkə] **1** 陽気ないたずら, ふざけ; 冗談, しゃれ: einen ~ aus *seiner* Jugendzeit erzählen 自分の若い時代の愉快ないたずらを披露

(ぶ)する. **2** 〚文芸〛シュヴァンク(中世から近世初期にかけて流行した韻文あるいは散文による笑話・笑劇). [*mhd.* swanc „schwingende Bewegung, Hieb"; ◇Schwang]

schwan·ken[ʃváŋkən] 自 **1 a)** (h)(激しく)ゆれる, よろめく, ふらつく: im Winde leicht ～ 風でかすかにそよぐ | wie ein Rohr im Wind ～ (→Rohr 1 a) | Die Waage 〈Der Zeiger der Waage〉 *schwankte* auf und nieder. はかり〈はかりの針〉は〔激しく〕上下した | Mir haben die Knie *geschwankt*, als ich das hörte. それを耳にしたとき 私は膝(ひざ)ががくがくした ‖ ins *Schwanken* kommen 〈geraten〉 よろめく, ふらふらっとする(→2) ‖ mit *schwankenden* Schritten / ᵛ*schwankenden* Schrittes よろめく足どりで | ein *schwankendes* Rohr im Wind sein (→Rohr 1 a). **b)** (s)《方向を示す語句と》揺れ〈よろめき〉ながら移動する: aus der Kneipe ～ 飲み屋からおぼつかない足取りで出てくる | Der Betrunkene ist über die Straße *geschwankt*. よっぱらいは千鳥足で通りを歩いて行った.

2 (h) 不安定である, 変わりやすい; 心が定まらない, 決しかねている: Die Preise *schwanken*. 物価が定まらない | Das Befinden des Kranken *schwankte* von Tag zu Tag. その患者の容体は日によって良くなったり悪くなったりした | Der Sieg *schwankt* zwischen den beiden Parteien. この二つの党派のどちらが勝つかきわどいところだ ‖ zwischen Hoffnung und Resignation ～ 一喜一憂状態である | in *seiner* Entscheidung ～ 決心をつけかねている | in der Liebe zu *jm.* nie ～ 少しも変わらずに…を愛しつづける | *jn.* ～ 〈*schwankend*〉 machen …の決心をぐらつかせる ‖ ins *Schwanken* kommen 〈geraten〉 決心がぐらつく(→1 a) ‖ ein *schwankender* Charakter ふらふらした性格〔の人間〕. [＜schwank]

Schwan·kung[ʃváŋkʊŋ] 女 -/-en 不安定であること, 揺れ, 変動: heftige ～*en* der Laune 気分の激しい不安定 | die jährlichen ～*en* der Niederschläge 降雨〈降雪〉量の年ごとの変動 | starken ～*en* unterworfen 〈ausgesetzt〉 sein (相場などが)乱高下にさらされている.

Schwän·lein Schwan の縮小形.

Schwan·rit·ter[ʃvá:n..] 男 〚伝説〛白鳥の騎士(→Lohengrin).

Schwans·fe·der 女 **1** ＝Schwanenfeder **2** 《話》Mir wachsen die ～*n*. / Ich habe 〈kriege〉 ～*n*. 私にもそれがわかってきたよ(→schwanen).

Schwanz[ʃvants] 男 -es/ Schwänze[ʃvɛ́ntsə] (⊕ **Schwänz·chen**[ʃvɛ́ntsçən], **Schwänz·lein**[..laın] 中 -s/-) **1** (動物の)尾, しっぽ: ein langer 〈buschiger〉 ～ 長い〈ふさふさした〉しっぽ | der ～ des Hundes 〈des Vogels / der Schlange〉 犬〈鳥・蛇〉のしっぽ ‖ **den ～ einkneifen** 〈**einziehen** / **zwischen die Beine nehmen**〉 (犬が恐怖心から両脚の間に)しっぽを巻く;《話》(人が勇気を失って)ひるむ, 言い分をひっこめる, しり込みする | **den ～ hängenlassen** 《話》意気消沈〈しょんぼり〉している | einem Hund den ～ kupieren 犬のしっぽをカットする | *jm.* den ～ streicheln 《比》…におべっかを使う ‖〚前置詞と〛das Pferd 〈den Gaul〉 **am** 〈beim〉 ～ aufzäumen (→Pferd 1, →Gaul 2) | **Das trägt die Katze 〈die Maus〉 auf dem ～ fort 〈weg〉**. / Das kann eine Katze 〈eine Maus〉 auf dem ～ forttragen. 《話》それは(ネコやネズミのしっぽにのせられるほど)ごくわずかである | ***jm.* auf den ～ treten** 《話》…の感情を害する | ***sich***⁴ **auf den ～ getreten fühlen** 《話》侮辱されたと思う | *jm.* eins auf den ～ geben …をたしなめる, …に恥をかかせる | etwas auf den ～ schlagen 〈klopfen〉 (頼まれた買い物の代金の中から)いくらかくすねる | den Aal **beim** ～ fassen (→Aal) | *et.*⁴ beim ～ fassen かろうじて…をやりとげる | *jn.* beim ～ fassen きわどいところで…をとっつかまえる; …のいちばん痛いところをつく | Da beißt sich die Katze 〈die Schlange〉 in den ～ (→Katze 1 a, →Schlange 1 a) | **mit** dem ～ wedeln (犬が)しっぽを振る;《比》ご機嫌をとる | mit dem ～ wippen (鳥が)尾を上下に動かす | mit hängendem 〈eingezogenem / eingekniffenem〉 ～ davonlaufen 〈abziehen〉 しっぽを巻いて逃げる, すごすご退散する | *jm.* Feuer unter den ～ 〈dem ～〉 machen (→Feuer 1).

2 《比》(形または機能の点で 1に似ているもの) **a)** (凧(たこ)・彗星(すいせい)などの)尾; (飛行機の)尾部; (衣服の)すそ; (署名末尾の)飾り書き. **b)** (行列の)しっぽ, しんがり; (クラスの)びりっかす: den ～ bilden (行列の)しんがりをつとめる | Der ～ kommt nach. まだ安心は早い, まだこれからひと波瀾(らん)あるぞ. **c)** 《単数で》《話》(長い)列, 連続: ein ～ von Verehrern 崇拝者〈ファン〉の長い列 | ein ganzer ～ von Ärgernissen 次々と起こる腹立たしい出来事. **d)** 〚農〛刈り残し;《話》(試験の)とり残し, 追試験: **einen ～ bauen** 〈**machen**〉 《話》試験の一部分に落第点をとって追試験を受けさせられる(→4) | den ～ abhacken 追試験に合格する. **e)** 《卑》(Penis) 陰茎, 男根: mit dem ～ bellen (性的)倒錯である | *sich*³ den ～ verbrennen (男性が)性病にかかる ‖ Sein ～ wedelt schon lange nicht mehr. 彼はもうだいぶ前からインポだ. ᵛ**f)** 《卑》野郎, やつ: Er ist ein alter blutiger ～. あいつは血も涙もない因業じじいだ.

3 《話》**kein ～** だれも…ない | Kein ～ war da. 人っ子一人いなかった | Danach fragt kein ～. そんなこと 気にかけるやつなどいやしない.

4 回り道: einen ～ machen 《比》だます, 約束を守らない(→2 d).

[*mhd.*; ＜*mhd.* swanzen „sich schwenkend bewegen" (◇schwingen, schwänze〔l〕n)]

Schwanz·bein[ʃvánts..] 中 (Steißbein) 〚解〛尾骨.

Schwänz·chen Schwanz の縮小形.

Schwän·ze Schwanz の複数.

Schwän·ze·lei[ʃvɛntsəláı] 女 -/-en 追従(ついしょう), おべっか.

Schwän·zel·geld[ʃvɛ́ntsəl..] 中《話》(ひとに買い物を頼まれて)ちょろまかした金.

schwän·zeln[ʃvɛ́ntsəln] 《06》自 **1 a)** (h)〔しきりに〕尾を振る〈動かす〉;《話》(人がぴょこぴょこ腰を振りながら)気取って歩く. **b)** (h, s)《話》《um *jn.* / vor *jm.*》(〔せっせと〕…の)ご機嫌をとり結ぶ, (…に)ぺこぺこする, 追従(ついしょう)する. **2** (s) **a)** (犬などが)尾を振って走る;《um *jn.*》(…のまわりを)尾を振ってはね回る. **b)** (人がぴょこぴょこ腰を振りながら)気取って歩いて行く. [*mhd.* swenze〔l〕n „schwenken"; ◇schwenken, Schwanz]

Schwän·zel·pfen·ni·ge 複 ＝Schwänzelgeld

schwän·zen[ʃvɛ́ntsən] 《02》 **I** 他 (h) **1** 《話》(授業などを)さぼる, ずるける:〚しばしば目的語なしで〛Er hat gestern 〔die Schule〕 *geschwänzt*. 彼はきのう〔学校を〕さぼった. ᵛ**2** ＝schwänzeln 2 b **II ge·schwänzt** → 別出

[＜*mhd.* swenzen „schwenken"＋*rotw.* schwentzen „herumschlendern"]

Schwanz·en·de[ʃvánts..] 中 尾〈しっぽ〉の先端.

Schwän·zer[ʃvɛ́ntsər] 男 -s/- 《話》(授業などを)さぼる生徒〈学生〉, さぼり屋.

Schwän·ze·rei[ʃvɛntsəráı] 女 -/-en (しょっちゅう授業などを)さぼること.

Schwanz≈fe·der[ʃvánts..] 女 (鳥の)尾羽(おばね).

≈flos·se 女 **1** (魚の)尾びれ. **2** 〚空〛尾翼. **≈kno·chen** 男 ＝Schwanzbein

schwanz·la·stig 形 〚空〛(積み荷で)尾部過重の.

Schwänz·lein Schwanz の縮小形.

schwanz·los[ʃvántslo:s][1] 形 尾〈しっぽ〉のない, 無尾の.

Schwanz≈lurch 男 〚動〛有尾類(サンショウウオ・イモリなど). **≈mei·se** 女 〚鳥〛エナガ(柄長). **≈rie·men** 男 (馬具の)しりがい. **≈sta·chel** 男 (サソリなどのしっぽにある)毒針. **≈stern** 男 (Komet) 〚天〛彗星(すいせい), ほうき星. **≈stück** 中 〚料理〛**1** (牛の)なか肉. **2** (魚肉の)しっぽ〔付き〕の部分. **≈wir·bel** 男 〚解・動〛尾椎(びつい)〔骨〕.

schwapp[ʃvap] **I** 間 **1** (むちなどで打つ音)ピシャリ. **2** (液体のはねる音)パシャン, バチャン: schwipp,～ ピチャパチャ. **II Schwapp** 男 -〔e〕s/-e 《話》schwapp という音: mit einem ～ ピシャリ〈パチャン〉と.

schwap·pe·lig[ʃvápəlıç][2] (**schwapp·lig**[..plıç][2]) 形《話》**1** (液体が)パチャパチャ音をたてる. **2** (物体が)ぐらぐら〈ぶよぶよ〉している.

schwap·peln[ʃvápəln] 《06》自 (h) **1** ぐらぐら〈よろよろ〉す

S

る. **2** =schwappen I 1

schwap·pen[ʃvápən] **I** 自 **1** (h) (液体が)パチャンと音をたてる: im Eimer hin und her ~ (液体が)バケツの中でピチャピチャゆれる. **2** (s) (液体が)ピチャッとこぼれる; (波などが)パシャンと音をたてておし寄せる: Die Suppe ist aus dem Teller 〈über den Rand〉 *geschwappt*. スープが皿から(器のふちから)ピチャンとこぼれた. **II** 他 (h) (液体を)パシャンとこぼす.

schwap·pern[ʃvápərn] 《05》《中部》=schwappen

schwapp·lig =schwappelig

Schwapp·tür[ʃváp..] 女 《話》ゴム張りの枠のドア.

schwaps[ʃvaps] **I** 間 =schwapp **II Schwaps** 男 -es/-e 《話》schwaps という音.

schwap·sen[ʃvápsən] 《02》=schwappen

Schwä·re[ʃvέːrə] 女 -/-n (**Schwär**[ʃvεːr] 男 -[e]s/-e) **1** はれもの, できもの. **2** 《比》(拡大・蔓延(まんえん)する)病弊.

schwä·ren⁽*⁾[ʃvέːrən] 《157》 **schwär·te** (ᵛschwor[ʃvoːr]) / **ge·schwärt** (ᵛgeschworen); ㊥ es schwärt (ᵛschwiert[ʃviːrt]); ㊨ schwär[e] (ᵛschwier); 接II schwärte (ᵛschwöre[ʃvǿːrə]) 自 (h) 《雅》(eitern) 化膿(かのう)する, うむ: Die Wunde 〈Der Finger〉 *schwärt*. 傷〈指〉が化膿する ‖ eine *schwärende* Wunde 化膿しつつある〈うみをもっている〉傷 | den Finger auf eine *schwärende* Wunde legen 《比》病弊を指摘する.

[*ahd.* sweran „schmerzen"; ◇Geschwür, schwierig]

schwä·rig[ʃvέːrɪç]² 形 《雅》おでき〈はれもの〉のできた; 化膿(かのう)した, うみをもった.

Schwarm[ʃvarm] 男 -[e]s/Schwärme[ʃvέrmə] **1** (魚・昆虫・鳥などのかなり大きな)群れ; (人の)群れ, 一団: ein ~ Mücken 一群のブヨ | ein ~ junge Heringe 〈junger Heringe〉 若いニシンの一群 | Bienen*schwarm* ミツバチの群れ ‖ ein ~ Kinder 〈von Kindern〉 子供の一団 | ein ~ fröhlicher Ausflügler 楽しげな行楽客の一団 ‖ in *Schwärmen* 群れをなして | in ganzen *Schwärmen* 大挙して ‖ Sie hat immer einen ganzen ~ Anbeter 〈von Anbetern〉 um sich. 彼女はいつも大勢の崇拝者にとり巻かれている. **2** 《単数で》《話》 **a**) 熱中〈熱愛〉の対象, あこがれの的, 熱〈血道〉をあげているもの〈人〉, アイドル: Der Sänger ist der ~ aller Teenager. その歌手はすべてのティーンエージャーのアイドルだ | Ein Sportwagen ist sein ~. スポーツカーに彼は血道をあげている | Mein ~ ist eine eigene Wohnung. 私の夢はマイホームを持つことだ. **b**) 熱中, 熱狂, 心酔: sein ~ für das Bergsteigen 登山に対する彼の熱中ぶり. **3** 《中部》のぼせ上がり; 愚行. **4** 《南部》ばか〈どんちゃん〉騒ぎ. [*germ.*; 擬音; ◇schwirren; *engl.* swarm; 2: <schwärmen]

schwär·men[ʃvέrmən] **I** 自 **1** (h, s) **a**) (うようよと)群がる, 群れをなす, 雑踏する; 群がって移動する: Die Mücken haben im Sonnenschein *geschwärmt*. 日光の中に蚊柱が立った ‖ Die Mücken sind um die Lampe *geschwärmt*. ブヨが電灯のまわりに群がり集まった | Die Wanderer sind durch den Wald *geschwärmt*. ハイカーたちは一団となって森を通って行った. **b**) 〘蜂〙(ミツバチが)分封(ぶんぽう)する. **c**) 〘軍〙散開する. **d**) 〘狩〙(犬が獣の跡を見失って)うろうろ嗅(か)ぎ回る.

2 (h, s) 飲んだり踊ったりして浮かれ歩く; ほっつき歩く: Sie haben die ganze Nacht hindurch *geschwärmt*. 彼らは一晩じゅう飲み歩いた | Er ist die ganze Nacht durch die Stadt *geschwärmt*. 彼は夜どおし町の中をほっつき歩いた.

★ h, s については: →schwimmen I 1 ☆

3 (h) 熱狂する, 熱中する, 夢中になる, 熱愛する, 心酔する; 夢中になって〈感激して〉話す, 熱烈に崇拝する: für *jn.* 〈*et.*⁴〉 ~ …を熱愛する, …に夢中になる, …に心酔する | von *et.*³ 〈*jm.*〉 ~ …のことを夢中になって話す | Er *schwärmt* für dich 〈Schlager〉. 彼は君に熱をあげているよ〈流行歌に夢中だ〉 | Er *schwärmte* von seinen Erlebnissen 〈dem Gemälde〉. 彼は自分の体験について〈その絵のことを〉ひどく感激して話した.

II Schwär·men 中 -s/ schwärmen すること: ins ~ kommen 〈geraten〉 夢中になる, 熱狂する.

Schwär·mer[ʃvέrmər] 男 -s/- **1** (女 **Schwär·me·rin**[..mərɪn]-/-nen) 熱中者, ファン, 心酔者; 夢想者. **2** =Schwarmgeist 1 **3 a**) 〘生〙遊走細胞. **b**) 〘虫〙スズメガ(雀蛾)科のガ. **4** (花火の)爆竹.

Schwär·me·rei[ʃvεrmərái] 女 -/-en **1** 《für *et.*⁴ 〈*jn.*〉》(…への)熱狂, 熱中, 無我夢中, 心酔; 〘宗〙狂信: *sich*⁴ in ~[en] verlieren 夢中になって我を忘れる. **2** どんちゃん騒ぎ, 浮かれ歩き.

schwär·me·risch[ʃvέrmərɪʃ] 形 熱狂的な, 夢中になっている, 心酔した; 〘宗〙狂信的な: ein ~*er* Brief 熱狂的な手紙, ファンレター ‖ ein ~*er* Freund ファン | ~*e* Verehrung 熱狂的な崇拝 ‖ ~ an *jm.* hängen …に首ったけである | ~ von *jm.* sprechen 夢中になって…のことを話す.

Schwarm≈geist[ʃvárm..] 男 -[e]s/-er **1 a**) 熱狂的な宗教家. **b**) 〘史〙(16世紀の)熱狂的宗教改革者. **2** 空想家, 夢想家. **≈li·nie**[..niə] 女 (Schützenlinie) 〘軍〙散兵線. **≈mü·cke** 女 〘虫〙ユスリカ(揺蚊)科の昆虫.

Schwärm·spo·re[ʃvέrm..] 女 -/-n 《ふつう複数で》(Zoospore) 〘植〙遊走子.

schwarm·wei·se[ʃvárm..] 副 (→..weise ★) (ミツバチなどが)群れをなして, 群がって.

Schwärm·zeit[ʃvέrm..] 女 (ミツバチの)分封(ぶんぽう)期.

Schwar·te[ʃvártə, ʃváːrtə] 女 -/-n **1 a**) (豚肉・ハム・ベーコンなどの)厚皮. **b**) 〘狩〙(イノシシ・アナグマなどの)〔毛〕皮. **c**) 《話》(人間の)皮膚: ***jm.* die ~ gerben** …をさんざん殴る, …をたたきのめす ‖ ***jm.* 〈*jn.*〉 juckt die ~** …はのぼせ上がっている | **bis 〈daß〉 [*jm.*] die ~ kracht** 〔…が〕へとへとになるまで〈ほど〉. **2** (Schwiele) 〘医〙胼胝(べんち), たこ. **3** 《戯》(分厚い)古い〈くだらぬ〉本(本来は豚革装の本). **4** 〘建〙(製材の際にできる片側に樹皮のついた)背板; スラブ.

[*westgerm.*; ◇ *engl.* sward]

Schwar·teln[ʃváːrtəln] 複 《軽蔑的に》(Skier) (足にはくスキー用具としての)スキー.

schwar·ten[ʃvártən, ʃváːrtən] 《01》 **I** 自 (h) 《話》(我を忘れて)読書にふける. **II** 他 (h) **1** (abschwarten) **a**) 〘狩〙(イノシシ・アナグマなどの)〔毛〕皮をはぐ. **b**) 〘製材〙(片側に樹皮のついた)背板を取り除く〈削り取る〉. **2** 《方》(verprügeln) さんざんに殴る, ぶちのめす.

Schwar·ten·ma·gen 男 〘料理〙シュヴァールテン=マーゲン(豚の胃の中に肉・脂身・血・厚皮をつめたソーセージ).

schwar·tig[ʃvártɪç, ʃváːr..]² 形 厚皮のついた(ベーコンなど); 《比》厚皮のように堅い, 嚙(か)みきれない.

schwarz[ʃvarts] **schwär·zer**[ʃvέrtsər]/**schwär·zest** **I** 形 **1** (英: *black*) (↔weiß) 黒い, 黒色の; 黒髪の, 目〈皮膚〉の黒い, 黒人の, 黒衣の; まっ暗な(やみ・夜); 黒く汚れた, 黒ずんだ; まっ黒に日焼けした; (菓子などが)黒こげの; (コーヒーなどについて)ブラックの: kohlraben*schwarz* / pech*schwarz* / raben*schwarz* まっ黒な | tief*schwarz* まっ黒な ‖ ~*e* Augen 黒いひとみ | das *Schwarze* Brett (→Brett 1) | ~*es* Brot 黒パン(=Schwarzbrot) | ~*e* Diamanten (→Diamant I) | der *Schwarze* Erdteil (→Erdteil) | ~*e* Farbe 黒色 | ~*es* Gold (→Gold 1) | ~*e* Haare 黒髪 | ~*e* Hände 〈Nägel〉 黒く汚れた手〈つめ〉 | ~*er* Kaffee ブラックコーヒー | ~*e* Kirschen 黒く熟したサクランボ | ~*e* Kleidung 黒服(喪服・式服など) | ein ~*es* Loch (→Loch 1) | der ~*e* Mann i) 煙突掃除人; ii) (子供おどし用の)こわいおじさん〈おばけ〉 | das *Schwarze* Meer 黒海 | eine ~*e* Perle 黒真珠 | der *Schwarze* Peter (→Peter II) | *jm.* den *Schwarzen* Peter zuschieben 〈zuspielen〉 (→Peter II) | ~*er* Pfeffer 黒こしょう | die ~*e* Rasse 黒色人種 | ~*e* Ringe um die Augen 目のまわりのくま | das ~*e* Schaf (→Schaf 1) | der ~*e* Star 〘医〙黒そこひ | ~*er* Tee 紅茶 | der *Schwarze* Tod (→Tod 1) | ~*e* Wolken 黒雲; 《比》暗雲 | ~*e* Zahlen (→Zahl 1) ‖ Nach dem Urlaub waren wir alle ~. 休暇あけには皆まっ黒に日焼けしていた | ~ von Menschen sein 《比》黒山の人〔だかり〕である | ~ wie ein Mohr 〈wie die Nacht / wie ein Rabe〉 sein まっ黒である | Ihm wird [es] ~ vor den Augen. 《比》彼は目の前がまっ暗になる(気が遠く・気分が悪くなる) | **Da kannst du warten, bis du ~ wirst.** 《話》いくらでも待つがいいさ どうせ無駄だよ ‖ [bei *jm.*] ~ angeschrieben sein 《比》〔…の〕ブラックリストにのっている,〔…に〕危険視されている(→2 a) | *sich*⁴ ~ ärgern 《比》かんかんに怒る | ~

gebrannt 〈verbrannt〉 黒く日焼けした | *sich*^{4} ~ kleiden (式服・喪服として)黒服を着る | *sich*^{4} ~ machen 黒く汚れる; 日焼けする | eine ~ 〔und weiß〕 gestreifte Hose 〔白〕黒じまのズボン | Ich trinke meinen Kaffee ~. 私はコーヒーをブラックで飲む ‖〖名詞的に〗**~ auf weiß**《話》(念のために)文書にして; 明白な形で | Hier steht es ~ auf weiß. それはここにはっきりと書いてある | Darf ich Ihre Erlaubnis ~ auf weiß haben? あなたの許可を文書の形で頂戴できますか | **aus ~ weiß 〈aus weiß ~〉 machen 〔wollen〕** 白を黒と言いくるめ〔ようとす〕る ‖〖名詞化して〗→III

2《比》(不幸・悲しみ・悪などの象徴として) **a)** 凶の, 不吉な, 災厄の, 悪い, ひどい, 不幸〈不運〉な, 悲しい; 邪悪な, 陰険な, よからぬ; 陰鬱(いんうつ)〈沈鬱〉な: ein ~*er* Brief 不吉な手紙, 凶報 | ~*e* Gedanken よからぬ〈不吉な・陰鬱な〉考え | ein ~*es* Herz/eine ~*e* Seele 悪心; 陰険な人物 | ~*e* Hoffnungslosigkeit ひどい絶望 | ~*er* Humor ブラックユーモア | die *Schwarze* Kunst (→Kunst 2 a) | die ~*e* Liste (→Liste 1) | die *Schwarze* Magie (→Magie 1 a) | ein ~*er* Plan よからぬ計画 | ein ~*er* Tag 厄日, 悪日 | eine ~*e* Tat 凶行 | ~*er* Undank ひどい忘恩 | ~*es* Unheil ひどい不幸 ‖ ***et.***^{4} **~ in ~ malen 〈darstellen / schildern〉** …をひどく悲観的に描写する. **b)** 隠〔さ〕れた, もぐりの, やみ〔取引〕の, 非合法の, 不正の: ~*es* Geld やみでもうけた金; (税をのがれる)やみ〈隠し〉金(がね) | ~*e* Geschäfte やみ取引, もぐり営業 | ~*e* Kasse 裏帳簿; 裏金 | der ~*e* Markt やみ市(いち); やみ取引(= Schwarzmarkt) ‖ ~ bauen = schwarzbauen | ~ fahren = schwarzfahren | ~ über die Grenze gehen (旅券なしで)不法越境する(→schwarzgehen) | *et.*^{4} ~ kaufen …をやみ〔市〕で買う | *et.*^{4} ~ verkaufen i) …をやみで売る; ii) …を売った金をねこばばする.

★ 動詞と用いる場合はふつう分離の前つづりとみなされる.

3《話》(僧衣の色から)カトリックの, 信仰心の固い; カトリック政党に属した: Hier sind alle Leute ~. 当地はみんながカトリックだ | ein *Schwarzer* カトリックの男.

4〖ﾄﾗﾝﾌﾟ〗**a)** (スカートで)子が一点も取れない. **b)** 得点〈切り札〉がない: ~ ansagen (相手に)切り札を回さぬ宣言をする | ~ werden 切り札が入らない.

II Schwarz 中 -〔es〕/- **1** 黒〔色〕, 黒さ; 《無冠詞で》(喪服・式服としての)黒服: ~ tragen 黒服を着る ‖ **in ~ 〔gekleidet〕** 黒服を着て, 喪服〈式服〉〔姿〕で | eine Dame in ~ 黒服の女性 | eine Krawatte in ~ 黒ネクタイ. **2**〖遊戯〗黒の駒(こま)〈札〉.

III Schwar·ze[ʃvártsə]《形容詞変化》**1** 男 女 **a)** (Neger) 黒色人種, 黒人. **b)** 黒髪の人. **c)** 黒ずくめの服装の人, 黒衣の人〈僧〉. **d)**《話》カトリック政党の党員.

▽**2** 男 der ~ 悪魔. **3** 男《話》(Schornsteinfeger) 煙突掃除夫. **4**《ｵｰｽﾄﾘｱ》(schwarzer Kaffee) ブラックコーヒー.

5 中 etwas ~*s* 黒いもの, 汚点, しみ | *sein* ~*s* anziehen 式服〈喪服〉を着用する | **ins ~ treffen** 黒点(標的の中心)に命中する〈させる〉; 《比》正鵠(せいこく)を射る, 図星をさす, 急所をつく | ein Schuß ins ~ (→Schuß 1 a) ‖ **nicht das ~ unter dem Nagel besitzen**《話》無一文である | ***jm.* nicht das ~ unter dem Nagel gönnen**《話》…に爪(つめ)のあかさえやるのを惜しむ.

[*germ.*; ◇ *lat.* sordēs „Schmutz"; *engl.* swart]

Schwarz·afri·ka [ʃvárts..; また: ◡⌐◡◡] 地名 (↔Weißafrika) ブラックアフリカ, ニグロアフリカ (Sahara 以南のアフリカ).

Schwarz≠am·sel[ʃvárts..] 女〖鳥〗クロウタドリ(黒歌鳥). **≠ap·pa·rat** 男《話》無届けラジオ〈テレビ〉. **≠ar·beit** 女 -/ 不法労働, もぐり仕事.

schwarz|ar·bei·ten《01》自 (h) (違法の)もぐり仕事をする, 不法労働をする(→schwarz I 2 b).

Schwarz·ar·bei·ter 男 もぐり仕事〈不法労働〉をする人.

schwarz·äu·gig 形 黒い目の. [<schwarze Augen]

schwarz|bau·en 自 (h)《話》(許可なしに)もぐりで建築工事をする(→schwarz I 2 b).

Schwarz≠bau·er 男 -s/-《話》無許可の建築物を建てる建造者. **≠bau·ten** 複《話》無許可建築〈建造〉物.

≠bee·re 女《南部・ｵｰｽﾄﾘｱ》(Heidelbeere)〖植〗コケモモ(苔桃)属〔の実〕.

Schwarz·bei·nig·keit[..baɪnɪçkaɪt] 女 -/ 〖農〗(ジャガイモの)空洞病; (麦の)立ち枯れ病.

schwarz·blau 形 青みがかった黒色の, 濃紺の.

Schwarz≠blech 中 薄鋼板. **≠blei** 中 黒鉛.

schwarz·braun 形 こげ茶色の, 黒褐色の.

schwarz|bren·nen*《25》自 (h)《話》火酒を密造する(→schwarz I 2 b).

Schwarz≠bren·ner 男 火酒の密造者. **≠bren·ne·rei**[また: ◡◡◡⌐] 女 火酒の密造. **≠brot** 中 黒パン. **≠dorn** 男 -〔e〕s/-e (Schlehdorn)〖植〗サクラ属の低木. **≠dros·sel** 女 = Schwarzamsel **≠druck** 男 -〔e〕s/-e **1** (書籍の)不法印刷, 無断複製, 海賊印刷. **2** (書籍の)無断複製版, 海賊版.

Schwar·ze →schwarz III

Schwär·ze[ʃvɛ́rtsə] 女 -/-n **1**《単数で》黒さ, 黒み, 漆黒(しっこく), 黒色; (夜・空などの)暗さ, 暗黒. **2 a)** 黒色染料. **b)**〖印〗印刷インク. **3** (Ofenschwärze) 石墨, 黒鉛. **4** (Schwarzfäule)〖農〗黒菌病. [*ahd.*; ◇schwarz]

schwär·zen[ʃvɛ́rtsən]《02》他 (h) **1 a)** 黒くする, 黒く塗る〈染める〉; (煙やすすなどが壁・顔などを)黒く汚す;〖印〗(ローラーなどに)インクを塗る. **b)**《比》(beflecken) けがす, 汚す. **2** 暗くする. **3**《南部・ｵｰｽﾄﾘｱ》**a)** (schmuggeln)《*et.*^{4}》密輸する. **b)** (hintergehen)《*jn.*》だます, 欺く.
[*ahd.*; ◇schwarz]

schwär·zer schwarz の比較級.

Schwär·zer[ʃvɛ́rtsər] 男 -s/- **1** 黒くする〈塗る・染める〉人. **2**《南部・ｵｰｽﾄﾘｱ》《話》(Schmuggler) 密輸〔業〕者.

Schwarz·er·de[ʃvárts..] 女〖農〗黒土(こくど), チェルノゼム.

schwär·zest schwarz の最上級.

schwarz|fah·ren*[ʃvárts..]《37》自 (s)《話》**1** 不正〈無賃〉乗車する. **2** 無免許〈免許証なしに〉運転する. **3** 車を無断使用する; 盗んだ運転免許証で運転する.
★ schwarz を副詞と扱うこともある(→schwarz I 2 b).

Schwarz≠fah·rer 男《話》**1** 無免許運転者. **2** 不正乗車客; 無賃乗車をする人. **3** (車の)無断使用者. **4** 身分証明書をもたない職人. **5** 労働組合の(あげた成果の)恩恵を受ける非組合員. **≠fahrt** 女《話》**1** 不正〈無賃〉乗車. **2** 無免許運転. **3** (車の)無断使用. **≠fäu·le** 女〖農〗黒菌病.

schwarz|fern·se·hen*《164》自 (h)《話》テレビを無許可で視聴する(→schwarz I 2 b).

Schwarz≠fern·se·her 男 -s/-《話》テレビの不正視聴者. **≠fil·ter** 男 (赤外線だけを透過させる)赤色フィルター. **≠fi·scher** 男《話》密漁者.

Schwarz·flecken·krank·heit 女 -/ 〖農〗黒斑(はん)病.

Schwarz·fleckig·keit 女 -/ 〖園〗バラ黒点病.

Schwarz≠fleisch 中 (豚などの)燻製(くんせい)肉. **≠fuchs** 男 **1** アメリカキツネ〔の皮〕. **2** 鹿毛(かげ)の馬.

Schwarz·fuß·in·dia·ner 男 ブラックフート族(北米インディアンの一部族).

schwarz·gal·lig 形《話》悲観的な, 厭世(えんせい)的な.

Schwarz·ge·brann·ter 男《形容詞変化》《話》密造火酒. [<schwarzbrennen]

schwarz|ge·hen*[ʃvártsge:ən]《53》自 (s)《話》**1** 密猟に行く. **2** 不法越境する.
★ schwarz を副詞と扱うこともある(→schwarz I 2 b).

Schwarz·geld 中《話》悪銭, あぶく銭.

schwarz≠ge·streift 形 黒縞(くろじま)の. **≠grau** 形 暗灰色の, 濃いねずみ色の. **≠grün** 形 黒みがかった〈黒ずんだ〉緑色の. **≠haa·rig** 形 黒髪の: ein ~*es* Mädchen 黒髪の少女. [<schwarzes Haar]

Schwarz·han·del 男 -s/ やみ取引, 禁制品取引.

schwarz|han·deln《06》自 (h)《話》やみ取引をする, 密売買する(→schwarz I 2 b).

Schwarz≠händ·ler 男 やみ商人. **≠hemd** 中 -〔e〕s/-en **1** (ファッショ団体の制服などの)黒シャツ. **2**《ふつう複数で》〖史〗(イタリアの)黒シャツ党員. **≠holz** = Ebenholz

schwarz|hö·ren[ʃvártshø:rən] 自 (h)《話》(受信料を

S

払わずに)ラジオを不正聴取する; (聴講料を払わずに)無断〈不正〉聴講する(→schwarz I 2 b).

Schwạrz≈hö·rer 男 (ラジオの)不正〈無届け〉聴取者; (大学の)もぐりの聴講者. **≈kä·fer** 男〘虫〙**1** ゴミムシダマシ(偽塵芥虫)科の昆虫. **2** ナガクチキムシ(長朽木虫)科の昆虫. **≈kauf** 男 不正〈やみ〉購入. **≈kehl·chen** 中〘鳥〙ノビタキ(野鶲). **≈kie·fer** 女〘植〙オウシュウクロマツ(欧州黒松). **≈kit·tel** 男《戯》**1** (Wildschwein)〘狩〙イノシシ(猪). **2** (黒衣の人) **a**) 《軽蔑的に》(カトリックの)聖職者. **b**) (サッカーの)審判.

schwạrz·köp·fig 形 **1** (鳥などが)黒い頭の. **2** 《話》黒髪の.

Schwạrz≈küm·mel 男〘植〙クロタネソウ(黒種子草)属. **≈kunst** 女 -/ **1** (Schabkunst)〘美〙メゾティント(銅版画彫刻法の一種). **2** 魔術, 妖術(ようじゅつ). **≈künst·ler** 男 **1** 魔法〈妖術〉使い. **2** 《戯》(Buchdrucker) 印刷屋, 印刷業者.

schwặrz·lich[ʃvέrtslɪç] 形 黒みがかった, 黒ずんだ, 黒っぽい.

Schwạrz·ma·kak 男〘動〙クロザル(黒猿).

schwạrz|ma·len[ʃvártsma:lən] 自 (h) 《話》暗い〈悲観的な〉見方をする; 悲観的な描写をする.

Schwạrz·ma·ler 男 -s/- 《話》悲観論者, ペシミスト.

Schwarz·ma·le·rei[また: ∠–⌣–] 女 -/ 《話》schwarzmalen すること.

Schwạrz·markt 男 やみ市場, やみ市; やみ取引.

Schwạrz·markt≈ge·schäft 中 やみ市場での商売, やみ取引. **≈preis** 男 やみの価格, やみ値: *et.*[4] zu ~ kaufen …をやみ値で買う.

Schwạrz·meer≈flot·te 女 -/ (ロシア・ソ連の)黒海艦隊. **≈ge·biet** 中 -[e]s/ 黒海沿岸地方.

Schwạrz≈mie·ter 男《話》不正借家人. **≈mi·lan** 男〘鳥〙トビ(鳶). **≈pap·pel** 女〘植〙アメリカヤマナラシ(山鳴). **≈preis**《話》= Schwarzmarktpreis **≈pul·ver** 中 黒色火薬. **≈rock** 男《軽蔑的に》黒衣の僧, 聖職者.

schwạrz·rot 形 黒みを帯びた赤色の, 暗赤色の, 赤黒い.

schwạrz·rot·gọl·den 形 黒・赤・金の 3 色からなる: die ~*e* Fahne 黒赤金の三色旗(1919–1933年および1945年以降のドイツ国旗; die Fahne Schwarz-Rot-Gold ともいう).

Schwạrz≈sau·er 中 -s/ 〘料理〙シュヴァルツ=ザウアー(ガチョウ・カモ・ウサギなどの肉の煮込み料理で, 血・メリケン粉・酢をまぜ合わせた薬味のきいたかけ汁を用いる). **≈schim·mel** 男 黒葦毛(あしげ)の馬.

schwạrz|schlach·ten 《01》自 (h) 《話》やみで〈非合法に〉畜殺する(→schwarz I 2 b).

Schwạrz≈schlach·ter 男《話》やみで〈非合法に〉畜殺をする人. **≈schlach·tung** 女 やみ畜殺.

schwạrz|se·hen*[ʃvártsze:ən] 《164》自 (h) 《話》**1** もの〈すべて〉を悲観的〈否定的〉に見る; 《für *et.*[4] 〈*jn.*〉》(…のこと〈将来〉を) 悲観する: Er *sieht* nur *schwarz.* 彼はものを悲観的にばかり見る | Er hat schon immer in dieser Hinsicht *schwarzgesehen.* 彼のこの点ではもうずっと悲観的だった | Für mein Examen 〈meinen Sohn〉 *sehe* ich *schwarz.* 私は試験に受からないと思っている〈息子の将来に悲観している〉.

2 (受信料を払わずに)無届けでテレビを見る.

★ schwarz を副詞と扱うこともある(→schwarz I 2).

Schwạrz·se·her 男 -s/- 《話》**1** 悲観論者, ペシミスト. **2** (テレビの)不正〈無届け〉聴視者.

Schwarz·se·he·rei[ʃvartsze:ərái] 女 -/-en 《ふつう単数で》《話》schwarzsehen すること.

schwạrz·se·he·risch 形《話》物事を悲観的にばかり見る, ペシミスティックな.

schwạrz|sen·den[ʃvárts..] 《01》自 (h) 《話》無免許〈もぐり〉で送信〈放送〉する(→schwarz I 2 b).

Schwạrz≈sen·der 男《話》無免許無線局. **≈specht** 男〘鳥〙クマゲラ(熊啄木鳥)(キツツキ科).

Schwặr·zung[ʃvέrtsʊŋ] 女 -/-en **1** schwärzen すること. **2**〘写〙(フィルムや乾板の)黒化; 写真濃度.

Schwặr·zungs·mes·ser 中〘写〙濃度計.

Schwạrz·wal[ʃvárts..] 男 (Grindwal)〘動〙ゴンドウクジラ(巨頭鯨).

der **Schwạrz·wald**[ʃvártsvalt][1] 地名 男 -[e]s/ シュヴァルツヴァルト(ドイツ南西部に, 南北につらなる高原状の山地).

Schwạrz·wäl·der[..vɛldər] **I** 男 -s/- (⊛ **Schwạrz·wäl·de·rin**[..dərɪn]-/-nen) シュヴァルツヴァルトの人. **II** 形《無変化》シュヴァルツヴァルトの.

schwạrz·wäl·de·risch[..dərɪʃ] 形 シュヴァルツヴァルトの.

Schwạrz·wa·re 女 -/-n《ふつう複数で》《話》やみの商品; 密輸品.

Schwạrz·was·ser·fie·ber 中〘医〙黒水熱.

schwạrz·weiß[ʃvártsváɪs, ⌣∠, ∠–] 形 黒と白の, 白黒模様の, 白と黒のぶちになった; (フィルムが)白黒の: ein ~*es* Rind 黒と白のまだら牛 | ~*e* Streifen 黒と白の縞(しま) ‖ ~ fotografieren 白黒〔のフィルム〕で撮影する.

Schwạrz·weiß≈fern·se·her[ʃvartsváɪs.., ʃvártsváɪs..] 男, **≈fern·seh·ge·rät** 中 白黒テレビ受像機. **≈film** 男 **1** 白黒映画. **2**〘写〙白黒フィルム. **≈fo·to** 中 白黒写真.

schwạrz·weiß·rot 形 黒・白・赤の 3 色からなる: die ~*e* Fahne 黒白赤の三色旗(1871–1918年および1933–45年の旧ドイツ国旗; die Fahne Schwarz-Weiß-Rot ともいう).

Schwạrz·weiß·zeich·nung[また: ∠∠–⌣] 女〘美〙(黒白だけの)ペン画.

Schwạrz·wild[ʃvárts..] 中 -[e]s/ 《集合的に》〘狩〙イノシシ(猪).

schwạrz|woh·nen 自 (h) 《話》警察に届けずに居住する(→schwarz I 2 b).

Schwạrz≈wurz 女, **≈wur·zel** 女〘植〙キバナノバラモンジン(黄花婆羅門参), キクゴボウ(菊牛蒡), セイヨウゴボウ(西洋牛蒡)(根を食用とする).

Schwatz[ʃvats] 男 -es/-e (⊘ **Schwặtz·chen**[ʃvέtsçən] 中 -s/-) 《話》雑談, おしゃべり, 歓談: ein kleiner ~ / ein *Schwätzchen* ちょっとしたおしゃべり〈歓談〉| einen ~ halten 〈machen〉だべる, 雑談する.

Schwạtz·ba·se[ʃváts..](南部: **Schwặtz·ba·se**[ʃvέts..]) 女《話》おしゃべり女.

Schwặtz·chen Schwatz の縮小形.

schwạt·zen[ʃvátsən] 《02》**I** 自 (h) (楽しく長々と)おしゃべりする, 雑談する, 四方山(よもやま)話をする; くだらぬことをペチャクチャとしゃべる; (授業中に)ひそひそおしゃべりする〈私語する〉: Wir *schwatzen* über unsere Nachbarn. 我々は近所の人たちのうわさ話に花を咲かせている. **II** 他 (h) (くだらぬことを)しゃべる: Unsinn 〈dummes Zeug〉 ~ 愚にもつかぬことをしゃべる | das Blaue vom Himmel 〔herunter〕 ~ 取りとめもないことをしゃべりまくる.

[< *mhd.* swateren (→schwadern); ◇Geschwätz]

schwặt·zen[ʃvέtsən] 《02》《南部》= schwatzen

Schwặt·zer[ʃvέtsər] 男 -s/- (⊛ **Schwặt·ze·rin**[..tsərɪn]-/-nen) 《軽蔑的に》**1** (口先だけで実行はしない)おしゃべり屋. **2** 秘密をすぐしゃべってしまう人.

Schwät·ze·rei[ʃvɛtsərái] 女 -/-en (Geschwätz) 長話, むだ話.

Schwặt·ze·rin Schwätzer の女性形.

schwặt·ze·risch [ʃvέtsərɪʃ] 形 おしゃべり〔屋〕の.

schwạtz·haft[ʃvátshaft] 形 おしゃべり〔好き〕の: eine ~*e* alte Frau おしゃべりの老婦人 | ~ wie ein altes Weib 老婆のようにおしゃべりな ‖ von *et.*[3] ~ berichten …について多弁を弄(ろう)〔して報告〕する.

Schwạtz·haf·tig·keit[..haftɪçkaɪt] 女 -/ schwatzhaft なこと.

Schwạtz≈lie·se 女《話》おしゃべり娘. **≈maul** 中《話》おしゃべり屋. **≈sucht** 女 -/ (過度の)おしゃべり好き〔の傾向〕, だべり癖.

Schwe·be[ʃvé:bə] 女 -/ 《もっぱら次の形で》*sich*[4] **in der ~** 〈オーストリア: **in ~**〉 halten 〈befinden〉/ in der ~ hängen 〈bleiben / sein〉 i) (天秤(てんびん)などが)平衡を保つ, つり合っている; ii) (気球などが)浮いている; iii) 《比》(問題などが)懸案になっている, 宙に浮いている, 決着がついていない, 未決定のままである, (状況などが)先の見極めがつかない | *et.*[4] in der ~ lassen 〈halten〉《比》(問題などを)未解決のままに残す〈保留

する〉| *jn.* in der ～ halten《比》(肝心な点をわからせないで)…をじらす, …に気をもませる.

Schwe̤·be≠bahn 女〘鉄道〙**1** 懸垂鉄道, 懸垂式モノレール; (Seilschwebebahn) 空中ケーブル, ロープウェー. **2** (リニアモーター方式などによる)浮上式鉄道: Magnet*schwebebahn* 磁気浮上鉄道. **≠bal·ken** 男 平均台(→ 図). **≠baum** 男 **1** = Schwebebalken **2** (厩(きゅう)の馬房の)仕切りの横木. **≠fä̱h·re** 女 懸垂式フェリー. **≠flie·ge** = Schwebfliege **≠flu̱g** 男 (英: *hovering*) (ヘリコプターの)ホバリング, 空中停止. **≠künst·ler** 男 (Seiltänzer) 綱渡り芸人.

Schwebebalken

schwe̤·ben[ʃvéːbən][1] 自 **1** (s)《方向を示す語句と》(…にむかって)漂い動く〈流れる〉, (漂うように)ふわふわ〈ひらひら〉と動く;《比》(音響が静かに)流れる: nach unten ～ ゆっくりと落下する | Der Ballon ist in die Höhe 〈über die Häuser〉 *geschwebt*. 気球が(ふわふわと)空中へのぼった〈家並みを飛び越えて行った〉‖ einen *schwebenden* Gang haben 歩き方が(ふわふわと)軽やかである.

2 (h) **a)**《場所・様態などを示す語句》浮遊する, 浮かぶ, 漂う; (ぶらさがって・宙づりで)〔ぶらぶらと〕揺れる;〘体操〙(平均台などに乗って)体が揺れる;《比》(音響が)尾を引く, 余韻を残す; うなる: **am** Himmel ～ (雲などが)空に浮かぶ | *jm.* **auf** der Zunge 〈den Lippen〉 ～ (→Zunge 1 a, →Lippe 1) | Ein Lächeln *schwebt* auf seinen Lippen 〈um seine Lippen〉.《比》微笑が彼の口もとに浮かんでいる | **in** der Luft 〈in den Lüften〉 ～ (気球などが)空中に浮かぶ, (トンビなどが)空に舞う | im Gleichgewicht ～ (天秤(てんびん)などが)つり合う | in Lebensgefahr ～《比》生命の危険に瀕(ひん)する | in höheren Regionen 〈Sphären〉 ～ (→Region 1, →Sphäre 2) | in Ungewißheit ～《比》はっきり分からぬ状態で気をもまされる | in großer Angst 〈tausend Ängsten〉 ～《比》はらはらさせられる | in höheren Regionen ～《比》現実離れしている, 空想にふける | im sieb〔en〕ten Himmel ～ (→Himmel 2) | Die Libelle *schwebt* **über** dem Wasser. トンボが水面に舞う |〔an einem Seil〕über dem Abgrund ～〔ザイルで〕絶壁に宙づりになる | *jm.* **vor** Augen ～《比》(光景などが)〔まざまざと〕…の目の前に〈心に思い〉浮かぶ | **zwischen** Furcht und Hoffnung ～《比》不安と期待との間に揺れ動く | zwischen Himmel und Erde ～ 宙づり状態になっている | zwischen Leben und Tod ～《比》生死の境をさまよう ‖ *schwebende* Brücke つり橋. **b)**《比》宙ぶらりんである, 決着がついていない, (事件・手続きなどが)係争〈進行・継続〉中である: *schwebende* Fragen 未解決の問題 | in ein *schwebendes* Verfahren eingreifen〘法〙係争中の事件〈継続中の審理〉に介入する. **c)**〘経〙(負債が)短期のものである: *schwebende* Schuld (1年未満の)短期公債.
[*westgerm.*; ◇schweifen]

Schwe̤·be≠pflan·zen[ʃvéːbə..] 複〘植〙浮水〈浮標〉植物(ウキクサなど). **≠reck** 中 (Trapez) (体操・曲芸用の)〔空中〕ぶらんこ.

Schwe̤·be·re̤i[ʃveːbəráɪ] 女 -/-en 宙ぶらりん, どっちつかず, 優柔不断.

Schwe̤·be≠rie·men[ʃvéːbə..] 男 (馬具の)しりがい, しりばさみ(→ 図 Geschirr). **≠stan·ge** 女 = Schwebebalken **≠stütz** 男 -es/ 〘体操〙腕支持脚前挙(→ 図). **≠teil·chen** 中〘化〙懸濁粒子. **≠zu·stande** 男 宙ぶらりん〈どっちつかず〉の状態: der ～ zwischen Schlafen und Wachen 夢うつつの状態.

Schwebestütz

Schwe̤b·flie·ge[ʃvéːp..] 女〘虫〙ショクガバエ(食蚜蠅)科の昆虫.

Schwe̤·bung[ʃvéːbʊŋ] 女 -/-en〘理〙うなり.

Schwe̤·bungs·emp·fang 男〘通信〙(電波の)うなり受信, ヘテロダイン.

Schwe̤·de[ʃvéːdə] 男 -n/-n (女 **Schwe̤·din**[..dɪn] -/-nen) スウェーデン人:〔Du〕**alter ～!**《話》ねえ 君, いいかいお前さん(しばしば軽い警告の気持をこめて). [*mhd.* Swede]

Schwe̤·den[ʃvéːdən] 地名 スウェーデン(スカンジナビア半島東部の王国. スウェーデン語形 Sverige. 首都は Stockholm).

Schwe̤·den≠klee 男〘植〙タチオランダゲンゲ(紫雲英), アルサイククローバ. **≠plat·te** 女〘料理〙(パンの小片に冷えた魚肉などをのせた)オープンサンドイッチふう前菜. **≠punsch** 男 スウェーデンポンス, アラクポンス(アラク酒・砂糖・香料などからなる). **≠trunk** 男〘史〙スウェーデン式飲み物(三十年戦争時代に, 拷問手段として, むりやり口から流し込んで飲ませた汚物).

Schwe̤·din Schwede の女性形.

schwe̤·disch[ʃvéːdɪʃ] 形 スウェーデン〔人・語〕の: → deutsch ‖ ～*e* Gardinen (→Gardine) | ～*e* Gymnastik スウェーデン体操 | ～*er* Trunk = Schwedentrunk

Schwe̤·fel[ʃvéːfəl] 男 -s/ **1** (Sulfur)〘化〙硫黄(いおう)(記号 S): wie Pech und ～ zusammenhalten (→Pech 1) | nach ～ stinken 硫黄のにおいが鼻をつく;《比》地獄のにおいがする. **2**《話》(Geschwätz) (くだらぬ)おしゃべり.
[*germ.*; ◇Sulfur, schwelen]

schwe̤·fel·a̱r·tig 形 硫黄状の, 硫黄のような.

Schwe̤·fel≠ä̱ther 男〘化〙エチルエーテル. **≠ba̱d** 中 **1** 硫黄浴. **2** 硫黄泉の湯治場. **≠bak·te̱·rie**[..riə] 女 -/-n《ふつう複数で》硫黄細菌, 硫黄バクテリア.

Schwe̤·fel·ban·de 女《話》ぐれん隊, チンピラ連. [学生組合のあだ名 Sulphuria (◇Sulfur) から]

Schwe̤·fel≠blu̱·me 女 -/-, **≠blü̱·te** 女 -/〘化〙硫黄華. **≠dampf** 男 硫黄蒸気. **≠di·oxy̱d**[..diˌɔksyːt, ʃveːfəldíː|ɔksyːt][1] (**≠di·oxi̱d**[..siːt][1]) 中〘化〙二酸化硫黄. **≠ei·sen** 中〘化〙硫化鉄. **≠e̱rz** 中 硫化鉱. **≠fa̱·den** 男 (硫黄を染みこませた)火つけ糸, 硫黄糸(硫黄マッチ代わりに用いた). **≠far·be** 女 硫化色素.

schwe̤·fel≠far·ben 形, **≠far·big** 形 硫黄色の.

Schwe̤·fel·farb·stoff 男 硫化染料(特に木綿用染料).

schwe̤·fel≠gelb 形 硫黄のような黄色の, 硫黄色の. **≠hal·tig** 形 硫黄を含んだ.

▽**Schwe̤·fel≠holz** 中, **≠hölz·chen** 中 硫黄マッチ(ふつうは Streichholz と言う).

Schwe̤·fel·hüt·te 女 硫黄精錬小工場.

schwe̤·fe·lig = schweflig

Schwe̤·fel≠kalk 男 硫黄石灰. **≠kam·mer** 男 硫黄燻蒸(くんじょう)室, 燻硫室. **≠kies** 男 (Eisenkies)〘鉱〙黄鉄鉱.

Schwe̤·fel·ko̱h·len·stoff[また: ⏊◡⏊◡◡] 男〘化〙二硫化炭素.

Schwe̤·fel≠kopf 男 **1**〘植〙クリタケ(栗茸)属. **2** (マッチの)薬頭, 軸頭. **≠ku̱r** 女 硫黄泉療法. **≠le̱·ber** 女〘化〙硫肝(硫黄浴に用いる). **≠milch** 女〘薬〙硫黄乳(疥癬(かいせん)などの外用薬).

schwe̤·feln[ʃvéːfəln]《06》**I** 他 (h) 硫黄で処理する, 硫化する;〔二酸化〕硫黄で漂白〈殺菌・保存〉する; 硫黄燻蒸(くんじょう)する, 燻硫する; 加硫〈和硫〉する; 硫黄剤を散布する: den Wein ～ 二酸化硫黄でワインの持ちをよくする.
II 自 (h)《話》口から出まかせにしゃべる.

Schwe̤·fel≠po̱r·ling 男〘植〙マスタケ(鱒茸). **≠pro·be** 女 硫黄反応. **≠pul·ver** 中 粉末硫黄(皮膚病薬). **≠quel·le** 女 硫黄泉. **≠re̱·gen** 男 **1** (トウヒなどの)水面に積もった黄色い花粉〔の層〕. **2** 硫黄の雨(聖書: 創19,24). **≠sal·be** 女 硫黄軟膏(なんこう).

schwe̤·fel·sau·er 形 硫酸の: *schwefelsaures* Kali 硫酸カリ〔ウム〕.

Schwe̤·fel≠sau·er·stoff·säu·re 女 -/〘化〙硫黄の酸素酸. **≠säu·re** 女 -/ **1**〘化〙硫酸. **2**《話》すっぱいワイン.

Schwe̤·fe·lung[ʃvéːfəlʊŋ] 女 -/-en (schwefeln すること. 例えば:) 硫化; 硫黄燻蒸(くんじょう), 燻硫;〔ゴム〕加硫, 和硫; 亜硫酸〔ガス〕漂白〈殺菌〉.

Schwe̤·fel·ver·bin·dung 女 硫化物, 硫黄化合物.

Schwe̤·fel·wa̱s·ser·stoff[ʃveːfəlvásərʃtɔf, ⏊◡⏊◡◡] 男〘化〙硫化水素.

Schwe̤·fel≠werk[ʃvéːfəl..] 中 硫黄精錬所. **≠zink** 中〘化〙硫化亜鉛. **≠zinn** 中〘化〙硫化錫(すず).

S

schwef·lig[ʃvé:flɪç]² (**schwe·fe·lig**[..fəlɪç]²) 形 硫黄を含んだ; 硫黄状(様)の: ~*es* Gas 〘化〙亜硫酸ガス | ~*e* Säure 〘化〙亜硫酸.

Schwe·gel[ʃvé:gəl] 女 -/-n 縦笛〈ブロックフレーテ〉の一種. [*ahd.* swegala]

Schweg·ler[ʃvé:glər] 男 -s/- 縦笛吹き.

Schweif[ʃvaɪf] 男 -〔e〕s/-e **1 a)** (動物の)〔長い〕ふさふさした尾(→ 図 Pferd A): mit dem ~ wedeln (犬などが)ふさふさした尾を振る. **b)** (彗星(すいせい)の)尾. **c)** (Raupenhelm の)尾飾り(→ 図 Helm). **2** (尾のように引いたもの. 例えば:) **a)** (婦人服の)もすそ. **b)** (船の)水尾(みお), 航跡. **c)** 《話》(後に従う)お供〔の連中〕. **3** そり, 湾曲. **4** 《卑》(Penis) 陰茎, 男根.
[*germ.* „schwingende Bewegung"; ◇schweifen]

Schweif·af·fe[ʃváɪf..] 男 〘動〙サキ(南米産オマキザルの一種).

schwei·fen[ʃváɪfən] **I** 自 (s) 《雅》(あてもなく)さまよう, さすらう; (辺りを)ぶらつく: durch die Wälder 〈die Stadt〉 ~ 森〈町〉をさまよい歩く | Er läßt seine Blicke zu den fernen Bergen ~. 彼は遠くの山々をながめ渡す ‖ die *schweifende* Phantasie des Kindes 子供のあてもない空想. **II** 他 (h) 《*et.*⁴》 **1** (…に)尾をつける. **2** 《南部》(…に)湾曲〈そり〉をつける. **3** 《南部》(洗濯物などを)すすぐ. **III ge·schweift** → 別出
[*germ.*; ◇schweben; *engl.* swoop, sweep]

Schweif≈reim 男 〘詩〙付加尾韻(→Reim 1). **≈rie·men** =Schweberiemen **≈rü·be** 女 馬の尾のつけ根(→ 図 Pferd A). **≈sä·ge** 女 〘工〙枠鋸(わくのこ), つる掛け鋸. **ᵛ≈stern** 男 (Komet) 〘天〙彗星(すいせい), ほうき星.

Schwei·fung[ʃváɪfʊŋ] 女 -/-en **1** 《単数で》schweifen すること. **2** (家具などの)湾曲, そり.

Schweif·wan·ze 女 〘虫〙ミズカマキリ(水蟷螂).

schweif·we·deln[ʃváɪfve:dəln] 《06》《過分 geschweifwedelt》自 (h) **1** (犬などが)尾を振る. **2** 《軽蔑的に》《bei *jm.*》(…に)へつらう.

Schweif·wed·ler[..ve:dlər] 男 -s/- 《軽蔑的に》おべっか使い.

Schwei·ge≈ge·bot[ʃváɪgə..] 中 (修道士などの)沈黙のおきて. **≈geld** 中 口止め料. **≈ke·gel** 男 無感円錐(えんすい)域(ラジオ・レーダーなどの送信された信号が聞こえなくなる空間). **≈marsch** 男 無言の抗議〈追悼〉デモ〔行進〕, だんまりデモ. **≈mau·er** 女 (情報を聞き出そうとするさいに突き当る)沈黙の壁. **≈mi·nu·te** 女 (死者を弔うためなどの)黙禱(もくとう)〔の時間〕: für *jn.* eine ~ einlegen …のために1分間黙禱する.

schwei·gen⁽*⁾[ʃváɪgən]¹ 《158》 **schwieg**[ʃvi:k]¹ / **ge·schwie·gen**; 接II schwiege
I 自 (h,ᵛs) 《不規則変化》 **1** 沈黙している, だまる, 口をとじる〈きかない〉, 声〈音〉をたてない: trotzig ~ 頑固に押しだまる | verlegen ~ 返答につまる | wie ein Grab ~ (→Grab) | in sieben Sprachen ~ (→Sprache 1) ‖ auf eine Frage ~ 質問に対して無言である〈答えない〉| über *et.*⁴ 〈*jn.*〉 ~ / von *et.*³ 〈*jm.*〉 ~ …についてもらさない | **von** *et.*³ 〈*jm.*〉 **ganz zu ~** 《挿入句的に》…のことは言うに及ばず, …のことは言うまでもなく | zu *et.*³ ~ …について論評〈言及・反論〉しない ‖ Selbst bei diesem Verbrechen *schwieg* sein Gewissen. これほどの罪を犯しながらなお彼は良心の科(とが)を感じていなかった | Da〔rüber〕 *schweigt* des Sängers Höflichkeit. (→Höflichkeit 1) ‖ *schweigende* Ablehnung 〈Zustimmung〉 無言の拒否〈暗黙の同意〉| die *schweigende* Mehrheit (→Mehrheit 1 a).
2 (声・音が)やむ, 静かになる, 静まり返る: Die Musik 〈Der Wind〉 *schweigt*. 音楽〈風〔の音〕〉がやむ | Der Sender *schweigt*. 放送局が放送をやめる〈終了する〉| Die Waffen *schweigen*. 《比》戦闘がやむ, 停戦になる.
II 他 (h) 《規則変化》《南部》《*jn.*》(…をなだめすかして)黙らせる, (…に)口止めをする.
III Schwei·gen 中 -s/ (schweigen すること. 例えば:) 沈黙, 無言: das ~ der Nacht 夜のしじま ‖ ***sich***⁴ **in ~ hüllen** 沈黙を守る | *jn.* zum ~ bringen …を黙らせる ‖ über *et.*⁴ ~ bewahren …について沈黙を守る | das ~ brechen 沈黙を破る ‖ Der Rest ist ~. (→Rest 1) | Reden ist Silber, ~ ist Gold. (→reden I) | **Es ist 〈herrscht〉 ~ im Walde.** 《話》誰もが沈黙を守っている.
[*westgerm.*; ◇*gr.* sīga „schweigend"]

Schwei·ge·pflicht[ʃváɪgə..] 女 (職務上知り得た事柄に関する)守秘義務: die ärztliche ~ 医師の黙秘義務.

Schwei·ger[ʃváɪgər] 男 -s/- **1** 無口な人, だんまり屋. **2** 《南部・オーストリア》=Schwaiger

Schwei·ge≈tak·tik 女 沈黙〈だんまり〉戦術. **≈zo·ne** 女 (音響学的に爆発音の聞こえない爆心部周辺の特定の)沈黙帯.

schweig·sam[ʃváɪkza:m] 形 (↔gesprächig) 無口な, 寡黙の.

Schweig·sam·keit[–kaɪt] 女 -/ 無口, 寡黙.

Schwein[ʃvaɪn] 中 -〔e〕s/-e (小 **Schwein·chen** [ʃváɪnçən] 中 -s/-) **1 a)** (雌雄の区別なく)ブタ(豚)(雄豚は Eber, 雌豚は Sau, 子豚は Ferkel): ein fettes ~ よく肥えた豚 | Wild*schwein* イノシシ ‖ ~*e* füttern 豚にえさをやる | ~*e* züchten 豚を飼育する | ein ~ schlachten 豚を畜殺する | Haben wir etwa zusammen ~*e* gehütet? / Wo haben wir zusammen ~*e* gehütet? 《話》我々はそんなになれなれしい口をきいていい間柄なのか, そんなになれなれしい口をきくな ‖ Das ~ grunzt 〈quiekt〉. 豚がブーブー〈キーキー〉鳴く | *sich*⁴ wie ein ~ benehmen 《話》下品な〈不潔な〉行いをする | wie ein gestochenes ~ bluten 〈schreien〉 (→bluten, →schreien I) | wie ein ~ schwitzen (→schwitzen I 1). **b)** 《話》(Schweinefleisch) 豚肉.
2 a) 《卑》豚野郎, 下等な〈下劣な〉人, 卑劣漢; 不潔な〈不道徳な〉人, 好色漢; 行儀の悪いやつ: ein ausgesprochenes ~ とんでもない不徳義漢, 下品なやつ | Du bist ein 〔altes〕 ~! 君ってやつは本当に下劣な〈不潔な〉やつだ. **b)** 《話》(Mensch) 人: **kein ~** だれも〈ひとりとして〉…ない | Deine Schrift kann kein ~ lesen. 君の筆跡はだれにも読めやしない | ein armes ~ かわいそうなやつ.
3 《話》(Glück) 幸運, 運: 〔großes〕 **~ haben** 〔大いに〕運がいい | Da haben wir das falsche ~ geschlachtet. 私たちはとんでもない失敗〈へま〉をやってしまったなあ.
[*germ.*; ◇Sau; *engl.* swine]

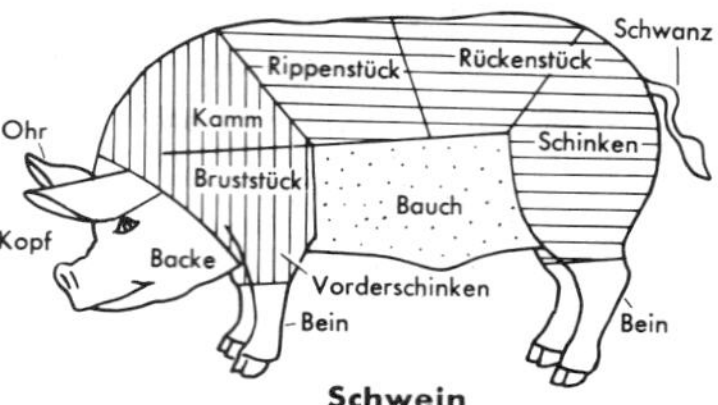

Schwein

schweine.. 《名詞などにつけて「豚」を意味するほか, 俗語ではまた「ひどい・不潔な・はなはだしい」などを意味し, アクセントは同時に基礎語にもおかれることがある. schweins.. という形もある: →*Schweins*kerl》

Schwei·ne≈ar·beit[ʃváɪnə..] 女 《話》ひどい〈いやな〉仕事. **≈ban·de** 女 《話》悪党の一味, 不良仲間. **≈bauch** 男 〘料理〙豚の側腹肉. **≈bor·ste** =Schweinsborste **≈bra·ten** 男 豚の焼き肉, ローストポーク: wie ein ~ schwitzen (→schwitzen I 1). **≈fett** 中 豚脂, ラード. **≈fi·let**[..file:] 中 〘料理〙豚のヒレ肉. **≈fleisch** 中 豚肉. **≈fraß** 男 《話》ひどい食べ物. **≈fut·ter** 中 豚の餌(え)〈飼料〉. **≈ga·lopp** =Schweinsgalopp **≈geld** 中 《話》多額の金, ばく大な金. **≈glück** 中 《話》(ぬれ手にあわの)幸運. **≈gu·lasch** 中 (男) 〘料理〙豚肉入りグーラシュ. **≈hack·fleisch** 中 豚のひき肉. **≈hals** 男 猪首(いくび). **≈hirt** 男 豚飼い, 豚番. **≈hund** 男 **1** 〘狩〙イノシシ狩りの猟犬. **2** 《軽蔑的に》(心の)いやしいやつ, 不徳義なやつ, 不潔なやつ: **der innere ~** 《比》心の弱さ(さもしさ・おく病さ・卑劣さなど) | den inneren ~ überwinden 自分のさもしい〈おく病

な〉心を克服する. **⸗kerl** 男《話》けがらわしい〈不徳義な〉やつ. **⸗ko·ben** 男, **⸗ko·fen** 男 豚小屋, 豚を飼う板囲い. **⸗ko·te·lett** 中〘料理〙ポークカツレツ, 豚カツ. **⸗len·de** 女〘料理〙豚の腰肉. **⸗mast** 女 豚の肥育〔飼料〕. **⸗mä·ster** 男 養豚業者, 養豚家. **⸗mä·ste·rei** 女 豚の肥育, 養豚. **⸗mel·de** 女〘植〙ウスバアカザ(薄葉藜). **⸗ohr** 中《北部》＝Schweinsohr **⸗pest** 女 豚コレラ. **⸗pö·kel·fleisch** 中 塩漬け豚肉.

Schwei·ne·rei[ʃvaɪnəráɪ] 女 -/-en《卑》不潔, 無秩序; 不快〈不潔〉なこと, 不道徳〈不徳義〉なこと; (性的)ふしだら; 卑猥(ひわい)なこと. [＜schweinen „sich wie ein Schwein benehmen"]

Schwei·ne⸗ripp·chen 中, **⸗rip·pe** 女〘料理〙豚の骨付きあばら肉.

schwei·nern[ʃváɪnərn] **I** 形《ふつう付加語的》《南部·オーストリア》豚肉の. **II Schwei·ner·ne** 中《形容詞変化》《南部·オーストリア》(Schweinefleisch) 豚肉.

Schwei·ne⸗rot·lauf[ʃváɪnə..] 男〘畜〙豚丹毒. **⸗schläch·ter** 男 豚畜殺業者. **⸗schmalz** 中 豚脂, ラード. **⸗schnit·zel** 中〘料理〙ポークカツレツ, 豚カツ. **⸗schwanz** 男 豚のしっぽ. **⸗stall** 男 **1** 豚小屋, 豚舎. **2**《話》散らかった部屋, 不潔な住居. **⸗trei·ber** 男 豚飼い, 豚番. **⸗wirt·schaft** 女《話》乱脈〔をきわめた状態〕,(年じゅうたえない)不始末. **⸗zucht** 女〔種〕豚の飼育, 養豚〔業〕. **⸗züch·ter** 男 養豚業者.

Schwein·furt[ʃváɪnfʊrt] 地名 シュヴァインフルト(ドイツ Bayern 州の工業都市): ～*er* Grün〘化〙シュヴァインフルト緑(顔料).

Schwein⸗hund[ʃváɪn..] ＝Schweinehund **⸗igel** 男《話》不潔な〈下品な〉やつ, 不道徳〈不徳義〉漢, 猥褻(わいせつ)な〔話をする〕人(本来は鼻の形が豚に似ており, 不潔なものとされていたハリネズミの意: →Swinegel).

Schwein·ige·lei[ʃvaɪn|iːgəláɪ] 女 -/-en《話》不潔な〈不道徳な〉行為, 猥談(わいだん).

schwein·igeln[ʃváɪn|iːgəln]《06》自 (h)《話》不潔な〈不道徳な〉ことをする, 猥談(わいだん)をする.

schwei·nisch[ʃváɪnɪʃ] 形《俗》**1** きわめて不潔な. **2** 下品な, 不道徳な; 卑猥(ひわい)な, 猥褻(わいせつ)な.

Schwein·kram[ʃváɪn..] 男 -[e]s/《北部》いかがわしい〈卑猥(ひわい)な〉もの.

schweins.. →schweine..

Schweins⸗af·fe[ʃváɪns..] 男〘動〙ブタオザル(豚尾猿)(オナガザル科). **⸗au·ge** 中 -s/-n **1** 豚の目. **2**《ふつう複数で》《比》小さな細い目. **⸗bla·se** 女 豚の膀胱(ぼうこう). **⸗bor·ste** 女 豚の剛毛. **⸗bra·ten**《南部·オーストリア》＝ Schweinebraten **⸗fi·let**[..fileː]《南部·オーストリア》＝Schweinefilet **⸗fisch** 男 **1**〘動〙イルカ(海豚). **2**〘魚〙カワハギ(皮剝);《話》(Thun) マグロ(鮪). **⸗fuß** 男 -es/..füße《ふつう複数で》〘料理〙豚足(とんそく), 豚の足,(特に:) アイス⸗バイン(塩漬けにした豚の足). **⸗ga·lopp** 男《話》(不格好な)早足: **im ～** どたばたと〔不格好に〕, 大急ぎで〔ぞんざいに〕. **⸗glück** ＝Schweineglück **⸗gu·lasch**《南部·オーストリア》＝Schweinegulasch **⸗hach·se** 女, **⸗ha·xe** 女《南部》〘料理〙豚のすね肉. **⸗kar·ree** 中《オーストリア》〘料理〙豚のあばら肉. **⸗kerl** ＝Schweinekerl **⸗keu·le** 女〘料理〙豚のもも肉. **⸗kopf** 男 **1**〘料理〙豚の頭. **2**《話》不格好な大頭. **⸗ko·te·lett**《南部·オーストリア》＝Schweinekotelett **⸗le·der** 中 豚革.

schweins·le·dern 形《ふつう付加語的》豚革の.

Schweins⸗len·de《南部·オーストリア》＝ Schweinelende **⸗ohr** 中 **1** 豚の耳. **2**〘料理〙(豚の耳の形をした)リーフパイ. **3**〘植〙ヒメカイウ(姫海芋). **⸗pflau·me** 女〘植〙テリハ(照葉)タマゴノキ(メキシコ産ウルシ科の果樹). **⸗ripp·chen**《南部·オーストリア》＝Schweinerippchen **⸗rücken** 男 豚の背〔の肉〕. **⸗schnit·zel**《南部·オーストリア》＝Schweineschnitzel **⸗stel·ze** 女《オーストリア》(Eisbein)〘料理〙アイス⸗バイン. **⸗wal** 男 ネズミイルカ(鼠海豚). **⸗wurst** 女 豚肉のソーセージ. **⸗zun·ge** 女〘料理〙豚の舌〈タン〉.

Schweiß[ʃvaɪs] 男 -es/-e《ふつう単数で》**1**(英: *sweat*) **a**)〘生理〙汗: kalter ～ 冷や汗 | Nacht*schweiß* 寝汗 ‖ *sich*[3] den ～〔von der Stirn〕trocknen〈abwischen〉〔額の〕汗をぬぐう ‖ in ～ geraten〈kommen〉汗をかく | 〔**wie**〕**in ～ gebadet sein** びっしょり汗をかいている | mit ～ bedeckt sein 汗にまみれている | nach ～ riechen 汗臭い ‖ Der ～ brach ihm aus. 汗が彼の体から噴き出た | Der ～ lief ihm übers Gesicht. 汗が彼の顔を伝って流れた | Der ～ steht ihm in hellen Tropfen auf der Stirn. 大粒の汗が彼の額にたまっている. **b**)(労働·労苦の象徴としての)汗: die Früchte *seines* ～*es*《比》汗の結晶, 努力〈骨折り〉の成果 | viel ～ kosten《比》非常に骨が折れる ‖ **im ～*e seines* Angesichts**《しばしば戯語的に》額に汗して, 粒々辛苦して(聖書: 創3, 19から) | *et.*[4] mit saurem ～ erwerben《比》…を苦労して手に入れる ‖ An dieser Arbeit klebt viel ～.《比》この仕事には多くの汗が染み込んでいる(辛苦の産物である).

2〘狩〙(手負いの野獣の流す)血: eine Spur von ～ hinterlassen (点々と)血痕(けっこん)を残す.

[*germ.*; ◇schweißen, schwitzen; *engl.* sweat]

Schweiß⸗ab·son·de·rung[ʃváɪs..] 女 汗の分泌, 発汗. **⸗ap·pa·rat** 男 溶接機〈装置〉. **⸗ar·beit** 女 溶接作業. **⸗aus·bruch** 男 汗が噴き出ること. **⸗band** 中 -[e]s/..bänder **1** ＝Schweißleder **2**〘テニス〙(手首に巻く)汗とりバンド.

schweiß·bar[ʃváɪsbaːr] 形 溶接可能の.

schweiß·be·deckt 形 汗にまみれた.

Schweiß⸗bläs·chen 中 -s/-《ふつう複数で》〘医〙汗疹, あせも. **⸗blatt** 中 -[e]s/..blätter《ふつう複数で》〘服飾〙(腋(わき)の下の部分につける)汗よけ, ドレス⸗シールド. **⸗bren·ner** 男 溶接用バーナー. **⸗bril·le** 女 溶接用眼鏡〈保護眼鏡〉. **⸗draht** 男 溶接棒. **⸗drü·se** 女〘解〙汗腺(かんせん).

Schweiß·drü·sen·ab·szeß 男〘医〙汗腺(かんせん)膿瘍(のうよう).

schweiß·echt 形 (衣料品などが)汗に対して強い.

Schweiß·ei·sen 中〘金属〙錬鉄.

schwei·ßen[ʃváɪsən]《02》**I** 他 (h)(金属·合成物質などを)溶接する: Schienen ～ レールを溶接する. **II** 自 (h) **1**〘狩〙(手負いの野獣が)出血する, 血を流す. **2**《北部·中部》＝schwitzen I [*idg.* „schwitzen"; ◇Schweiß, schwitzen; *lat.* sūdāre „schwitzen "; *engl.* sweat]

Schwei·ßer[ʃváɪsər] 男 -s/- 溶接工.

Schwei·ßer·lun·ge 女〘医〙溶接工肺, 鉄沈着症.

Schweiß⸗fähr·te[ʃváɪs..] 女〘狩〙(手負いの野獣の)血痕(けっこん). **⸗feh·ler** 男 溶接欠陥.

schweiß·feucht 形 汗で湿った.

Schweiß⸗flam·me 女 溶接炎(溶接用のバーナーの). **⸗fleck** 男 (衣服などににじみ出た)汗のしみ. **⸗frie·sel** 男 中 -s/-《ふつう複数で》＝Schweißbläschen **⸗fuchs** 男 紅栗毛(べにくりげ)の馬. **⸗fu·ge** 女 ＝Schweißnaht **⸗fuß** 男 -es/..füße《ふつう複数で》(汗をかきやすい)汗足, あぶら足: Er hat *Schweißfüße*. 彼はあぶら足だ.

schweiß·ge·ba·det 形 汗でびっしょりの.

Schweiß·ge·ruch 男 汗のにおい.

schweiß⸗hem·mend 形, **⸗hin·dernd** 形 発汗を阻止する, 制汗の: ein ～*es* Mittel 制汗薬.

Schweiß·hund 男 ブラッドハウンド(手負いの野獣の〔血痕(けっこん)の〕追跡に使われる猟犬).

schwei·ßig[ʃváɪsɪç][2] 形 **1** 汗ばんだ; 汗だらけの, 汗まみれの: ～*e* Hände 汗ばんだ手. **2**〘狩〙(手負いの野獣について)血にまみれた: eine ～*e* Fährte (野獣の)血痕(けっこん)のついた足跡.

Schweiß⸗le·der[ʃváɪs..] 中 (帽子の内側にある)汗止め革バンド(→ 図 Hut). **⸗mit·tel** 中 **1** 発汗薬. **2** 制汗薬. **⸗naht** 女 溶接の継ぎ目.

schweiß·naß 形 汗にぬれた.

Schweiß⸗per·le 女 -/-n《ふつう複数で》玉のような汗. **⸗po·re** 女〘解〙汗孔(かんこう)(汗の分泌口). **⸗pu·der** 男 汗止めパウダー, 汗知らず. **⸗se·kre·tion** 女 ＝Schweißabsonderung **⸗stahl** 男〘金属〙錬鋼. **⸗stel·le** 女 溶接部〈個所〉. **⸗tech·nik** 女 溶接技術.

S

schwẹiß≠trei·bend 形 発汗を促す, 発汗性の: eine ～*e* Arbeit 汗をかく仕事(肉体労働など), 骨の折れる仕事 | ein ～*es* Mittel 発汗薬. **≠trie·fend** 形 汗のしたたる, 汗びっしょりの.

Schwẹiß≠trop·fen 男 -s/- 《ふつう複数で》汗のしずく: Um seine Nase standen ～. 彼の鼻のまわりには玉のような汗が浮かんでいた | Diese Arbeit hat manchen ～ gekostet. この仕事には大いに骨を折った. ▽**≠tuch** 中 -[e]s/ ..tücher 汗ふき用の布, ハンカチ: das ～ Christi 〈der Veronika〉〘キリスト教〙キリスト〈ヴェロニカ〉の聖顔布.

Schwẹi·ßung[ʃváɪsʊŋ] 女 -/-en (schweißen すること. 例えば:) 溶接: Elektro*schweißung* 電気溶接.

Schwẹiß≠wie·se[ʃváɪs..] 女 《話》練兵場. **≠wol·le** 女 〘繊維〙汚毛(刈りたての脱脂していない羊毛).

Schwẹit·zer[ʃváɪtsər] 人名 Albert ～ アルベルト シュヴァイツァー(1875-1965; Elsaß 生まれの神学者・医師・音楽家. 1952年ノーベル平和賞を受賞. 著作は『イエス伝研究史』『バッハ』など).

die **Schweiz**[ʃvaɪts] 地名 女 -/ スイス(ヨーロッパ中部の連邦共和国. 正式名称は: →schweizerisch. 首都は Bern. ドイツ語・フランス語・イタリア語およびレトロマン語が国語として認められ, 人口の70%がドイツ語を用いている. ラテン語名 Helvetia): die deutsche ～ スイスのドイツ語地域 ‖ in der ～ スイスで | in die ～ reisen スイスへ旅行する.

Schwẹi·zer[ʃváɪtsər] **I** 男 -s/- **1** (女 **Schwẹi·ze·rin** [..tsərɪn]-/-nen) スイス人. **2 a)** 〘カトリック〙(教皇の)護衛兵. **b)** (昔の)教会堂の番人, 寺男. **3** (Melker) 搾乳夫. **4** ＝Schweizerkäse

II 形 《無変化》スイスの: ～ Käse スイス製チーズ.

[*mhd.*; ◇Schwyz]

Schwẹi·zer·dẹ·gen 男 〘印〙植字兼印刷工.

schwẹi·zer·deutsch[ʃváɪtsərdɔʏtʃ] 形 スイス[なまり]の]ドイツ語の: →deutsch

Schwei·ze·rẹi[ʃvaɪtsəráɪ] 女 -/-en (Molkerei) 酪農場.

Schwẹi·zer≠gar·de[ʃváɪtsər..] 女 **1** (スイス人の)教皇庁親衛隊. **2** 〘史〙スイス人の傭兵(ようへい)隊. **≠haus** 中 スイスふうの家屋.

Schwẹi·ze·rin Schweizer の女性形.

schwẹi·ze·risch[ʃváɪtsərɪʃ] 形 スイスの: die *Schweizerische* Eidgenossenschaft スイス連邦(ドイツ語によるスイスの正式名称で, 原義は「スイス盟約団体」. その起原は13世紀前半 Uri, Schwyz などの森林諸州が結成した自治組織: → Schweiz) | *Schweizerische* Bundesbahnen (略 SBB) スイス国有鉄道.

Schwẹi·zer≠kä·se[ʃváɪtsər..] 男 スイス製チーズ. **≠land** 中 -[e]s/ スイス人の国(＝die Schweiz).

Schwẹl·brand[ʃvé:l..] 男 (炎を上げずに)さかんにけむっている火事. [＜schwelen]

Schwẹlch·malz[ʃvɛ́lç..] 中 空気乾燥麦芽. [＜*ahd.* swelchan „mager sein"]

schwẹ·len[ʃvé:lən] **I** 自 (h) 炎を上げずに燃える, くすぶる: Das Feuer *schwelt* unter der Asche. 火が灰の下でくすぶっている | *schwelender* Haß 《比》(表面には出ずに)くすぶる憎悪. **II** 他 (h) **1** (芝などを)焼く. **2** 〘化〙乾留する.

[*mndd.* swelen; ◇helio.., Schwefel, schwül; *gr.* sélas „Glanz"]

Schwe·le·rẹi[ʃve:ləráɪ] 女 -/-en **1** 〘化〙乾留. **2** 乾留所, 乾留工場.

Schwẹl·gas[ʃvé:l..] 中 (乾留の際に生じる)乾留ガス.

schwẹl·gen[ʃvɛ́lgən][1] 自 (h) **1** ぜいたくに飲み食いする, 美食にふける: ～ und prassen ぜいたく三昧(ざんまい)に暮らす.

2 《in *et.*[3]》(…に)ふける, 耽溺(たんでき)する, (…を)ほしいままにする: in Erinnerungen ～ 思い出にふける | in Gefühlen ～ 感情に身をゆだねる | in Farben ～ (画家が)色彩をふんだんに使う. [*germ.* „schlucken"; ◇ *engl.* swallow]

Schwẹl·ger[ʃvɛ́lgər] 男 -s/- 美食家; 享楽家, 耽溺(たんでき)する人.

Schwel·ge·rẹi[ʃvɛlgəráɪ] 女 -/-en 美食, 飽食; 享楽, 耽溺(たんでき).

schwẹl·ge·risch[ʃvɛ́lgərɪʃ] 形 美食の, 飽食〈ぜいたく〉三昧(ざんまい)の; 浪費〈享楽〉的な, 耽溺(たんでき)した: ein ～*es* Mahl ぜいたくな食事.

Schwẹl≠kọh·le[ʃvé:l..] 女 乾留用石炭〈褐炭〉. **≠kọks** 男 (乾留によってできる)乾留コークス. [＜schwelen]

Schwẹl·le[ʃvɛ́lə] 女 -/-n **1 a)** (戸口などの)敷居: Tür*schwelle* ドアの敷居 | Zimmer*schwelle* 部屋の戸口の敷居 ‖ die ～ überschreiten 敷居をまたぐ, 境目をこえる | über die ～ treten / den Fuß über die ～ setzen 敷居をまたぐ | *jn.* von der ～ weisen …に家への立ち入りを禁じる. **b)** 《比》入口, 門口; 境目, 限界; 開始点, 冒頭: die ～ zwischen Tod und Leben 生死の境目 | Sicherheits*schwelle* 安全性の限界[値] ‖ an der ～ des 20. Jahrhunderts 20世紀の初頭に | Er steht an der ～ des Todes 〈zum Jenseits〉. 彼は死にかけている. **c)** 〘心〙閾(いき): die ～ des Bewußtseins 〘心〙識閾(しきいき) | Reiz*schwelle* 〘心〙刺激閾 ‖ Der Schmerz hat die ～ des Bewußtseins nicht mehr erreicht. この苦痛はもはや意識には達しなかった.

2 a) (Eisenbahnschwelle) 〘鉄道〙(レールの)まくら木: ～*n* legen 〈auswechseln〉まくら木を敷設する〈取りかえる〉. **b)** 〘建〙まくら材(→ 図 Fachwerk).

3 〘地〙(土地の隆起. 特に:) 海閾(かいいき); 海膨(かいぼう).

[*ahd.*; ◇Süll; *gr.* sélma „Gebälk"; *engl.* sill]

schwẹl·len(*)[ʃvɛ́lən] 《159》 **schwoll**[ʃvɔl] / **ge·schwọl·len**; 現 *du* schwillst[ʃvɪlst], *er* schwillt; 命 schwill; 接II schwölle[ʃvœ́lə]

I 自 (s) 《不規則変化》ふくれる, ふくらむ, 膨張する; 腫(は)れる; (水かさ・音量などが)増大する: Die Knospen beginnen zu ～. つぼみがふくらみ始める | Ihm ist das Knie *geschwollen.* 彼はひざが腫れた | Die Brust 〈Das Herz〉 *schwoll* ihm vor Freude. 彼は喜びに胸がふくらんだ | *jm. schwillt* der Kamm (→Kamm 2) | Der Bach ist über die Ufer *geschwollen.* 小川は水かさが増して両岸にあふれた ‖ eine *schwellende* Brieftasche (紙幣がいっぱい詰まって)ふくらんだ札(さつ)入れ | *schwellende* Lippen 腫れぼったい唇 ‖ eine *geschwollene* Backe 腫れたほお | Er hat *geschwollene* Augenlider 〈Mandeln〉. 彼は腫れぼったい目をしている〈扁桃腺(へんとうせん)が腫れている〉. **II** 他 (h) 《規則変化》**1** ふくらます, 膨張させる; 増大させる: Der Wind *schwellt* die Segel. 風が帆をふくらませる | Stolz *schwellte* seine Brust. 彼は誇らしい気持で胸がふくらんだ. **2** 《南部》(kochen) 煮る, ゆでる. **III ge·schwọl·len** → 別出

[*germ.*; ◇Schwiele, [Ge]schwulst; *engl.* swell]

Schwẹl·len·angst[ʃvɛ́lən..] 女 -/ **1** (なじみのない店などに入る際の)不安; 心理的抑制. **2** 新規に事を始める不安.

[*ndl.* drempelvrees の翻訳借用; ＜Schwelle]

Schwẹl·len≠land 中 -[e]s/..länder 《ふつう複数で》**1** (先進国に追いつきかけている)中進国, 半開発国. **2** ＝Schwellenmacht **≠macht** 女 核兵器の製造能力をもつ国. **≠reiz** 男 〘心〙閾(いき)刺激. **≠schrau·be** 女 〘鉄道〙(まくら木にレールを留める)ねじくぎ, スクリュースパイク, いぬくぎ. **≠wẹrt** 男 **1** 〘理〙閾(しきい)値. **2** 〘心・生理〙閾値(いきち), 限界値. **3** 〘経〙限界価格.

Schwẹl·ler[ʃvɛ́lər] 男 -s/- 〘楽〙(オルガンの)増音〈強弱音〉装置(→ 図 Harmonium).

Schwẹll≠ge·wẹ·be[ʃvɛ́l..] 中 〘解〙膨張〈海綿〉組織. **≠kopf** 男 (カーニバルなどの)巨大仮面(→ 図 Maske). **≠kör·per** 男 〘解〙海綿体(特に陰茎・陰核などの).

Schwẹl·lung[ʃvɛ́lʊŋ] 女 -/-en **1** 《単数で》(schwellen すること. 例えば:) 膨張; 増大; 〘医〙腫脹(しゅちょう), 腫大: Die ～ der Mandeln geht zurück. 扁桃腺(へんとうせん)のはれが引く.

2 (schwellen したもの・個所. 例えば:) ふくらみ; はれた患部.

Schwẹll·werk[ʃvɛ́l..] 中 ＝Schweller

Schwẹl·teer[ʃvé:l..] 男 (乾留によって生じる)乾留タール.

Schwẹ·lung[ʃvé:lʊŋ] 女 -/ schwelen すること.

Schwẹmm·bọ·den[ʃvɛ́m..] 中 〘地〙沖積土.

Schwẹm·me[ʃvɛ́mə] 女 -/-n **1** (家畜の)水浴び場: ein Pferd in die ～ 〈zur ～〉 reiten 馬を駆って水浴び場に連れてゆく | **in die ～ gehen** 《方》水浴びする | *jn.* **in die ～**

reiten《話》…を酒に誘う; …苦境に陥れる. **2**《話》(供給過多による商品の一時的な)洪水, 氾濫(はんらん). **3**《南部・オーストリア》(デパートの)特売品売り場. **4**《話》(Kneipe) 飲み屋, 酒場.

..schwemme《名詞につけて「…の洪水, …の氾濫(はんらん)」などを意味する女性名詞をつくる》: Akademiker*schwemme* 学卒者の氾濫 | Eier*schwemme* (供給過多による)卵のだぶつき.

Schwemm·ebe·ne[ʃvɛ́m..] 女〘地〙沖積面; 沖積平野.

schwem·men[ʃvɛ́mən] 他 (h) **1** 押し流す, 洗い流す; (川が土砂を)堆積(たいせき)する: die Schiffbrüchigen an die Küste ～ (波が)難破した人たちを海岸に打ち上げる | Das Hochwasser hat Schlamm auf die Straßen *geschwemmt.* 大水が泥を道路の上に押し流した. **2 a)** (家畜を)水浴び場に入れる〈で洗う〉. **b)**《南部・オーストリア》(洗濯物を)水洗いする, すすぐ. **c)** (皮革を)処理液にひたす.
[*westgerm.*; ◇schwimmen]

Schwemm⸗ke·gel[ʃvɛ́m..] 男〘地〙沖積錐(すい); 沖積扇状地. **⸗land** 中 -[e]s/〘地〙沖積地(→ 図 Küste). **⸗sand** 男〘地〙沖積砂〈土〉. **⸗stein** 男 -[e]s/-e《ふつう複数で》軽石(かるいし).

Schwen·de[ʃvɛ́ndə] 女 -/-n《南部》(特に森林を焼いてつくる)開墾〔地〕.

schwen·den[ʃvɛ́ndən][1]《01》他 (h)《南部》(特に森林を焼いて)開墾する. [*ahd.*; ◇schwinden]

Schwen·gel[ʃvɛ́ŋəl] 男 -s/- **1 a)** (可動の)柄, 取っ手, ハンドル(→ 図 Pumpe). **b)** (Schwingbaum) (井戸の)つるべざお(→ 図 Brunnen). **2** (Klöppel) 鐘の舌(→ 図 Glocke). **3**《話》(Bursche) 若者, 若い衆. **4**《卑》(Penis) 陰茎, 男根. [*mhd.*; ◇schwenken]

Schwenk[ʃvɛŋk] 男 -[e]s/-s (-e) 急転回, 方向転換; 〘映・テレビ〙パン〔ショット〕: einen ～ machen 方向転換する; 〘映・テレビ〙(カメラが)パンする.

schwenk·bar[ʃvɛ́ŋkba:r] 形 向きを変えることのできる, 旋回〈方向転換〉可能の; 旋回〈回転〉式の.

Schwen·ke[ʃvɛ́ŋkə] 女 -/-n《東部》(Schaukel) ぶらんこ.

schwen·ken[ʃvɛ́ŋkən] **I** 他 (h) **1** (手・帽子・ハンカチなどを)振る: das Taschentuch ～ ハンカチを振る(別れの際など). **2**《*et.*[4]》(…の)向きを変える, 旋回させる; 〘映・テレビ〙(カメラを)パンする: den Kran nach links ～ クレーンを左に旋回させる | *jn.* im Kreise ～ …(ダンスの相手など)をぐるりと回す. **3** (洗濯物・食器類などを)〔振って〕すすぐ, ゆすぎ洗いする. **4** 〘料理〙(油やバターの中で)転がしながら炒(いた)める. **5**《話》(entlassen)《*jn.*》解雇〈罷免〉する, くびにする.
II 自 **1** (h)《mit *et.*[3]》(…を)振る. **2** (s) **a)** 向きを変える, 方向転換する, 旋回する: um die Ecke 〈in eine Seitenstraße〉 ～ (車などが)角を〈横町に〉まがる | Rechts 〈Links〉 *schwenkt*, marsch! 右向け右〈左向け左〉前へ進め(号令). **b)**《比》転向〈変節〉する.
[*westgerm.*; ◇schwingen, schwänze[l]n]

Schwen·ker[ʃvɛ́ŋkər] 男 -s/- **1** schwenken する人. **2** (Kognakschwenker) コニャック〈ブランデー〉グラス(→ 図 Glas).

Schwenk⸗glas[ʃvɛ́ŋk..] 中 -es/..gläser = Schwenker 2 **⸗hahn** 男 (水道などの)自在栓. **⸗kran** 男 旋回クレーン.

Schwen·kung[ʃvɛ́ŋkʊŋ] 女 -/-en (schwenken すること. 例えば:) 方向転換, 旋回;《比》転向, 変節: eine ～ machen 方向転換をする;《比》意見〈考え方〉をすっかり変える | Halbe ～ rechts 〈links〉! なかば右向け右〈左向け左〉(号令).

Schwenk·win·kel[ʃvɛ́ŋk..] 男 旋回角度.

schwer[ʃve:r] 形 **1 a)** (英: *heavy*) (↔leicht) (目方の)重い, 重量のある, (ずっしりと)重みのある; 〘軍〙重装備の: ～*e* Artillerie 重砲兵隊 | ein ～*es* Geschütz 重砲 | 〔gegen *jn.*〕 ～*es* Geschütz auffahren《話》〔…に対して〕きびしく反論する, 手きびしくやりかえす | ein ～*es* Gewicht haben 目方が重い | ein ～*er* Koffer 重いトランク | ein ～*er* Kreuzer 重巡洋艦 | ein ～*er* Mann《話》太った男 | ein ～*er* Stoff (目の詰んだ・厚地の・上等な)重い布地 | ～*es* Wasser 〘化〙重水 ‖ ～ wie Blei sein 鉛のように重い | Die Kleider sind ～ von Nässe 〈vom Regen〉. 着衣がぬれて〈雨を吸って〉重い | Die Äste sind ～ von Früchten. 枝もたわわに実がなっている ‖ ～ wiegen 目方が重い;《比》重要である | ～ bewaffnet sein 〘軍〙重装備をしている | Der Wagen ist ～ beladen. その車は荷を満載している. **b)**《量を示す4格と》(…の)目方〈重量〉のある: Wie ～ ist das?—Das ist 5 Kilogramm ～. 重量はどれほどですか―重さ5キロです | Der Sack ist einen Zentner ～. 袋の目方は100ポンドある | Wie ～ bist du?《話》君の体重はどれだけあるか | eine mehrere Millionen ～*e* Frau《話》大金持ちの女.

2《比》**a)** (心労・疲労などで心身が)重い; 重苦しい, 陰鬱(いんうつ)な, うっとうしい; 沈んだ, 悲しい; (動きが)重い, 鈍重な, ぎごちない: ～*en* Herzens 重い〈進まぬ〉気持で | einen ～*en* Kopf 〈Traum〉 haben 頭が重い〈苦しい夢を見る〉| ～*en* Gedanken nachhängen 重苦しい考えにふける | mit ～*er* Hand schreiben なれぬ手つきで書く | mit ～*en* Schritten 重い足どりで | mit 〔vom Alkohol〕 ～*er* Zunge 〔酒に酔って〕ろれつの回らぬ舌で | Ihm wurde ～ ums Herz. 彼は気持が落ちこんだ ‖ ～ von Begriff sein (→Begriff 2 b) | Er faßt ～ auf. 彼は理解〈のみこみ〉が遅い.
b) (英: *serious*) 重くのしかかるような; (負担・罪・責任などの)重い, 重大な, 深刻な; (程度の)はなはだしい, ひどい; はげしい, 猛烈な: eine ～*e* Beleidigung 〈Enttäuschung〉 はなはだしい侮辱〈失望〉| ein ～*er* Fehler 重大なあやまり | eine ～*e* Krankheit 重い病気 | *jm.* ～*en* Schaden zufügen …に甚大な損害を与える | in einen ～*en* Schlaf sinken 深い眠りに落ちる | Das war ein ～*er* Schlag für mich. それは私にとって深刻な打撃だった | eine ～*e* Schuld 〈Verantwortung〉 重い罪〈責任〉| eine ～*e* Strafe きびしい罰 | ein ～*es* Unwetter ひどい悪天候 | ein ～*er* Verdacht 重大な嫌疑 | ein ～*er* Winter きびしい冬 ‖ ～ krank 〈verletzt〉 sein 重病〈重傷〉である | *jn.* ～ bestrafen 〈bewachen〉 …をきびしく処罰〈監視〉する.
c)《話》多量の, たくさんの: ～*es* Geld 大金 | Sie hat Geld die ～*e* Menge (→Menge 1 b) ‖〘副詞的に〙*sich*[4] ～ ärgern 〈freuen〉 大いに憤慨する〈喜ぶ〉| Das will ich ～ hoffen. ぜひそうあってほしい ‖ ～ betrunken sein 泥酔している | Sie ist ～ reich. 彼女は大金持ちだ.
d) (内容の)たっぷりした, 中身の濃い, 濃密〈濃厚〉な; (空気などが)重くよどんだ; (料理などが)こってりした, しつこい, (胃に)もたれる; (酒・タバコなどが)きつい, 強い: ein ～*er* Boden 肥沃(ひよく)な土地 | ～*es* Essen こってりした食事 | ein ～*es* Parfüm 濃厚な〈きつい〉香料 | ein ～*er* Wein 〔こくのある〕強いワイン | Das ist zu ～*e* Kost für mich.《比》それは私には高級すぎる〈わかりにくい〉‖ Sie kocht zu ～. 彼女の料理はこってりしすぎる. **e)** (妊娠して)おなかの大きい. **f)** ein ～*er* Junge (→Junge[2] 1 a). **g)** (stürmisch) 〘海〙荒天の, しけの: eine ～*e* See 激浪, 荒れた海 | ～*es* Wetter 荒天, しけ. **h)** ～*e* Wetter 〘坑〙酸素の欠乏した坑内空気.

3 (↔leicht) (schwierig) (仕事・問題などが)困難な, 難しい, やっかいな; つらい, 難儀な, 骨の折れる; 難解な: eine ～*e* Arbeit つらい仕事, 重労働 | eine ～*e* Aufgabe 困難な任務 | eine ～*e* Geburt 難産 | ein ～*er* Kampf 苦しい戦い | ein ～*es* Leben つらい生活; 苦難に満ちた生涯 | ～*e* Musik 難解な音楽 | *js.* ～*e* Stunde (→Stunde 3) ‖ einen ～*en* Gipfel bezwingen 難しい山頂を征服する | einen ～*en* Tod haben 苦しんで死ぬ | ～*e* Zeiten durchmachen 苦しい時代をくぐり抜ける ‖ Aller Anfang ist ～. (→Anfang) | Diese Frage ist zu ～ für mich. この問題は私には難しすぎる | Sie hat es ～. 彼女の立場はつらい | Ich habe es ～ mit ihm. 彼には手を焼く ‖〘名詞化して〙Er hat das *Schwerste* überstanden. 彼は最難関を突破した ‖〘副詞的に〙～ arbeiten あくせく働く; 重労働をする | *et.*[4] ～ erkämpfen …を苦労して〈大きな犠牲を払って〉手に入れる | ～ hören 耳が遠い, 難聴である | Seine Schrift ist ～ zu lesen. 彼の字〈筆跡〉は読みにくい | Das ist leicht gesagt, aber ～ getan. それは口で言うのはたやすいが実行するのは困難だ ‖〘助動詞 können と〙Das kann man ～ begreifen. それは理解しがたい | Ich konnte ihn nur ～ davon über-

S

zeugen. 私はそのことを彼にかろうじて納得させた.

★ i) 動詞と用いる場合は分離の前つづりともみなされる. ii) 形容詞・分詞と複合して形容詞をつくる場合, 比較変化には次の二つの型がある: ⓐ schwerwiegend / schwerwiegender / schwerwiegendst の型. ⓑ schwerwiegend / schwerer wiegend / am schwersten wiegend の型.

[*germ.*; ◇serioso]

Schwer≈ar·beit[ʃvé:r..] 女 重労働. **≈ar·bei·ter** 男 重労働者. **≈ath·let** 男 重競技の選手. **≈ath·le·tik** 女〘ｽﾎﾟｰﾂ〙重競技(ボクシング・レスリング・重量挙げなど).

schwer·ath·le·tisch 形 重競技の.

schwer·at·mig[..|a:tmıç]² 形 息切れした, 呼吸困難の.

schwer·be·hin·dert I 形《官》重〔度〕身体障害の. **II Schwer·be·hin·der·te** 男 女《形容詞変化》《官》重〔度〕身体障害者.

schwer·be·la·den 形 (→schwer ★ ii ⓑ) 重い荷を積んだ, 重荷を負った.

Schwer·ben·zin 中 石油ベンジン(照明・溶媒用).

schwer·be·schä·digt I 形 (→schwer ★ ii ⓑ) **1** ひどい損傷を受けた: ein ~*er* Wagen はなはだしく損傷した車. ▽**2** =schwerbehindert ▽**II Schwer·be·schä·dig·te** 男 女《形容詞変化》=Schwerbehinderte

schwer≈be·waff·net 形 (→schwer ★ ii ⓑ)〘軍〙重装備の. **≈blü·tig** 形 (↔leichtblütig) (生来) 鈍重〈慎重〉な, やぼったい. **≈brenn·bar** 形 燃えにくい, 耐火性の.

Schwe·re[ʃvé:rə] 女 -/ **1** (schwer なこと. 例えば:) 重さ, 重み; (手足などの)だるさ; 重苦しさ; 重大さ, 深刻さ; 激しさ, ひどさ; 難しさ, 困難: bleierne ~ 鉛のような重さ | die ~ der Verantwortung 責任の重大さ | die ~ einer Krankheit 病気の重さ | die ~ des Abschieds 別れのつらさ | die ~ der Entscheidung 決断の難しさ ‖ Er bekam die ganze ~ des Gesetzes zu spüren. 彼は法の重みをひしひしと身に感じた | Sie empfand die Beleidigung in ihrer ganzen ~. 彼女は侮辱をたっぷり味わった. **2** =Schwerkraft

Schwe·re·ano·ma·lie 女〘理〙重力異常.

schwe·re·los[ʃvé:rəlo:s]¹ **I** 形 **1**〘理〙無重力の: *sich*⁴ im ~*en* Zustand befinden 無重力状態にある. **2** 屈託〈悩み〉のない, 軽やかな. **II** 副 **1** →I **2** 難なく, 容易に.

Schwe·re·lo·sig·keit[..lo:zıçkaıt] 女 -/ (schwerelos なこと. 例えば:) **1** 無重力〔状態〕. **2**《比》軽やかさ.

Schwe·re≈mas·se 女〘理〙重力質量. **≈mes·sung** 女〘理〙重力測定.

Schwe·re·not[ʃvé:rəno:t, ‒◡⊥, ⊥◡⊥] 女 (Epilepsie) 癲癇(てんかん): 〘今日ではもっぱら次の成句で〙Daß dich die ~! / *Schwerenot* noch einmal!《話》(不快・驚きを示して) べらぼうめ | Es ist, um die ~ zu kriegen. 全く頭がおかしくなりそうだ.

Schwe·re·nö·ter[ʃvé:rənø:tər, ‒◡⊥◡] 男 -s/-《話》くわせ者, 海千山千; (特に:) (女性に親切な) 伊達(だて)男, 女たらし. [<schwere Not]

Schwer·er·de[ʃvé:r..] 女〘化〙重土(酸化バリウム).

schwer·er·zieh·bar 形 (→schwer ★ ii ⓑ) 教育のしにくい: ein ~*es* Kind 教育の困難な〈扱いにくい〉子供.

schwer|fal·len*[ʃvé:rfalən]《38》自 (s)《*jm.*》(…にとって) 困難である, つらい (→fallen I 1 a ③): Mathematik *fällt* mir *schwer.* 数学は私にとって苦手だ | Der Abschied ist ihm *schwergefallen.* 彼には別れがつらかった | Es *fällt* mir *schwer*, ihm die Wahrheit zu sagen. 彼に真実を告げるのは私にとって気が重い.

schwer·fäl·lig[ʃvé:rfɛlıç]² 形 鈍重な, 大儀そうな; 不器用な, ぎごちない: eine ~*e* Bewegung のろい〈ぎごちない〉動作 | einen ~*en* Verstand haben 頭の回転が遅い.

Schwer·fäl·lig·keit[‒kaıt] 女 -/ schwerfällig なこと.

schwer·flüs·sig 形 **1** (液体が) 流れにくい, 粘着性の. **2** (固体が) 融解しにくい.

Schwer·ge·wicht 中 **1**《単数で》(ボクシング・レスリング・重量挙げなどの) ヘビー級: der Weltmeister im ~ ヘビー級の世界チャンピオン. **2 a)** =Schwergewichtler **b)**《話》体重の重い人;《比》重要人物. **3** 重点, 主眼: das ~ auf *et.*⁴ legen 重点を…に置く.

[*engl.* heavy weight の翻訳借用]

Schwer·ge·wicht·ler[..gəvıçtlər] 男 -s/- ヘビー級選手.

Schwer·gut 中〘海〙重量品, 重量荷物.

schwer|hal·ten*[ʃvé:rhaltən]《65》自 (h) 困難である, 難しい: Es *hält schwer*, ihm von seinen Plänen abzubringen. 彼に計画をあきらめさせることは難しい.

schwer·hö·rig[ʃvé:rhø:rıç]² 形 耳の遠い, 難聴の: *sich*⁴ ~ stellen 聞こえないふりをする. [<hören]

Schwer·hö·rig·keit[‒kaıt] 女 -/ 耳の遠いこと;〘医〙難聴, 聴力障害.

Schwe·rin[ʃverí:n] 地名 シュヴェリーン(ドイツ東北部, Mecklenburg-Vorpmmern 州のシュヴェリーン湖に臨む工業都市で州都).

Schwer≈in·du·strie[ʃvé:r..] 女 重工業. **≈ion** 中〘理〙重イオン.

Schwer·io·nen·be·schleu·ni·ger 男〘理〙重イオン加速器.

Schwer·kraft 女 -/〘理〙重力: die ~ aufheben 〈überwinden〉 重力を取り除く〈克服する〉.

schwer·krank I 形 **1** 重病の. **2**〘狩〙手負いの. **II Schwer·kran·ke** 男 女《形容詞変化》重病人.

Schwer≈kriegs·be·schä·dig·te 男 女 重〔度〕戦傷者. **≈kri·mi·na·li·tät** 女 重犯罪. **≈kri·mi·nel·le** 男 女 重犯罪者, 重犯罪を犯した人. **≈la·ster** 男《俗》=Schwerlastwagen **≈last·gut** 中〘鉄道〙重量品, 重量荷物. **≈last·wa·gen** 男 大型トラック.

schwer·lich[ʃvé:rlıç] 副《陳述内容の現実度に対する話し手の判断・評価を示して》困難〈難しい〉だろう, ほとんど…ないだろう: Er ist ~ schon angekommen. 彼がすでに到着していることはまずなかろう | Das dürfte ~ stimmen. それが本当だということはまずなかろう | Das wird ~ möglich sein. それはおそらく不可能だろう.

schwer·lös·lich 形 (→schwer ★ ii ⓑ) 溶解しにくい.

schwer|ma·chen[ʃvé:rmaxən] 他 (h)《*jm. et.*⁴》(…に対して…を) 困難に〈つらく〉する: *jm.* das Herz ~ (→Herz 2) | *jm.* das Leben ~ …の生活〈人生〉をつらいものにする ‖ 再帰 *sich*⁴ bei 〈mit〉 *et.*³ ~ …に大いに骨を折る, …で苦労する.

Schwer≈me·tall 中 重金属. **≈mut**[..mu:t] 女 -/ **1** 憂鬱(ゆううつ), 沈鬱, 憂愁. **2** (Depression)〘心〙抑鬱〔症〕, 鬱病.

schwer·mü·tig[..my:tıç]² 形 憂鬱(ゆううつ)〈沈鬱〉な, 心の重い.

Schwer·mü·tig·keit[..kaıt] 女 -/ schwermütig なこと.

schwer|neh·men*[ʃvé:rne:mən]《104》他 (h) 重大視する, 重く〈深刻に〉考える: Du darfst diese Äußerung nicht so ~. 君はこの発言をあまり重く考えてはいけない.

Schwer·öl 中 重油.

Schwer·öl·mo·tor 男 重油機関, 重油エンジン.

Schwer·punkt 男〘理〙重心;《比》重点, 力点; 中心点: den ~ verlagern 重心を移動させる | den ~ auf *et.*⁴ legen《比》…に重点〈力点〉を置く | Der ~ seiner Tätigkeit liegt in der Forschung. 彼の活動の重点は研究にある.

Schwer·punkt·bil·dung 女 重点の形成〈設定〉.

Schwer·punkt·in·du·strie 女 重点〈重要〉産業〔部門〕.

schwer·punkt·mä·ßig 形 重点的な.

Schwer·punkt≈pro·gramm 中 重点プログラム. **≈streik** 男 拠点ストライキ.

schwer·reich 形《話》ものすごく富んだ〈金持ちの〉.

Schwer·spat 男 (Baryt)〘鉱〙重晶石.

Schwerst≈ar·beit[ʃvé:rst..] 女 最重労働(きわめて苛酷な重労働). **≈ar·bei·ter** 男 最重労働者. **≈be·hin·der·te** 男 女《形容詞変化》最重〔度〕身体障害者. **≈süch·ti·ge** 男 女《形容詞変化》最重度中毒患者.

Schwert[ʃveːrt] 中 -[e]s/-er **1** (英: *sword*) 刀, 剣(→ 図); 《比》武力: ein blankes ~ ぴかぴか光る刀; 抜き身の剣, 白刃(はくじん) | ein scharfes ⟨stumpfes⟩ ~ 切れ味のよい⟨なまくらの⟩剣 | **ein zweischneidiges ~** 両刃(もろは)の剣; 《比》プラスとマイナスの両側面をもつ事柄 | das ~ des Damokles (→Damoklesschwert) ‖ das ~ ziehen ⟨zücken⟩ 刀を抜く | **das ⟨*sein*⟩ ~ in die Scheide stecken** 刀を鞘(さや)に収める; 《雅》争いをやめる, 戈(ほこ)を収める | die ~*er* kreuzen 《雅》やいばをまじえる ‖ an das ~ appellieren 《比》刀⟨武力⟩に訴える | mit Feuer und ~ (→Feuer 1) ‖ Scharfe ~*er* schneiden sehr, scharfe Zunge noch viel mehr. 《諺》鋭い刀はよく切れるが 鋭い舌はさらによく切れる. **2** (剣状のもの. 例えば:) **a**) 〘海〙(ヨットなどの)垂下竜骨, センターボード(→ 図 Jacht). **b**) 〘建〙筋かい, 筋違い.

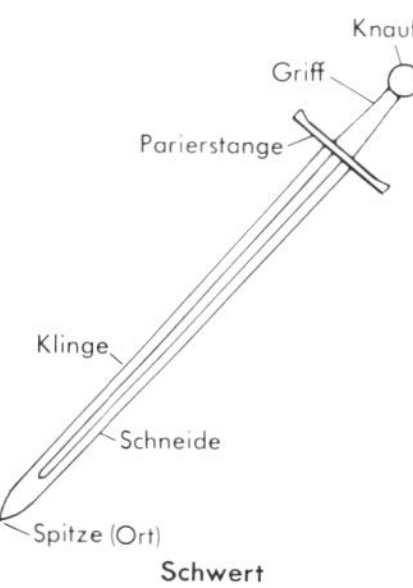

Schwert

[*germ.*; ◇ *engl.* sword]

Schwert⸗adel[ʃveːrt..] 男 **1** (Schwertleite によって叙任された中世の)刀礼貴族. **2** (軍功によって叙任された)新貴族. **⸗boh·ne** 女 〘植〙ナタマメ(鉈豆). **⸗boot** 中 〘海〙垂下竜骨⟨センターボード⟩船(ヨットなど).

Schwert·brü·der·or·den 男 -s/ 〘史〙(13世紀の)剣友騎士団.

Schwer·tel[ʃveːrtəl] 男 (オーストリア: 中) -s/- **1** (Gladiole) 〘植〙グラジオラス. **2** 《オーストリア》=Schwertlilie

[*ahd.*; ◇Schwert]

Schwer·ter⸗ge·klirr[ʃveːrtər..] 中 刀の触れ合う音, 剣戟(けんげき)のひびき. **⸗tanz** 男 剣舞, つるぎの舞.

Schwert⸗fe·ger[ʃveːrt..] 男 〘史〙刀鍛冶(かじ), 武具師. **⸗fisch** 男 **1** 〘魚〙メカジキ(目梶木). **2** der ~ 〘天〙旗魚(かじき)座.

schwert·för·mig[..fœrmɪç][2] 形 刀の形をした, 剣状の.

Schwert⸗fort·satz 男 〘解〙(胸骨の)剣状突起. **⸗ge·klirr** =Schwertergeklirr **⸗klin·ge** 女 剣の刃. **⸗knauf** 男 剣の柄頭(つかがしら). **⸗lei·te**[..laɪtə] 女 -/-n 〘史〙(中世の騎士叙任の儀式としての)刀礼. **⸗li·lie** [..liːliə] 女 〘植〙アヤメ(菖蒲)属, アイリス. ᵛ**⸗ma·ge** 男 (古いドイツの法律で)父方の親戚(しんせき)の男.

Schwert·rit·ter·or·den =Schwertbrüderorden

Schwert⸗schlucker 男 (サーカスなどの)剣をのむ奇術師. **⸗schwän·ze** 複 〘動〙カブトガニ(兜蟹)類. **⸗streich** 男 剣で打つ⟨斬る⟩こと: **ohne ~** 《比》実力行使をせずに, 流血を見ずに | *sich*[4] ohne ~ ergeben 戦わずして降伏する. **⸗tanz** =Schwertertanz **⸗trä·ger** 男 〘魚〙ソードテール(カダヤシ科の淡水魚).

schwer|tun*[ʃveːr..] 《198》 **I** 他 (h) 再帰 *sich*[4] bei *et.*[3] ⟨mit *et.*[3]⟩ ~ …に苦労する, …に関して大変な思いをする | *sich*[3] ⟨*sich*[4]⟩ mit *jm.* ~ …の扱いに苦労する | Er hat sich mit den Lehrern nie *schwergetan.* 彼は教師たちとうまくゆかなかったことは一度もない | Ich *tue* mich *schwer*, das zu verstehen. それを理解することは私には困難だ.

II 自 (h) 再帰 *sich*[3] mit *jm.* ⟨*et.*[3]⟩ ~ = I

Schwert·wal[ʃveːrt..] 男 〘動〙シャチ(鯱), サカマタ.

Schwer·ver·bre·cher[ʃveːr..] 男 重罪犯人.

schwer·ver·dau·lich 形 (→schwer ★ ii ⓑ)消化しにくい.

schwer·ver·letzt **I** 形 (→schwer ★ ii ⓑ)重傷の. **II Schwer·ver·letz·te** 男 女 《形容詞変化》重傷者.

schwer·ver·ständ·lich 形 (→schwer ★ ii ⓑ)理解しにくい, 難解な.

schwer·ver·wun·det **I** 形 (→schwer ★ ii ⓑ)重傷の. **II Schwer·ver·wun·de·te** 男 女 《形容詞変化》重傷者.

Schwer·was·ser·reak·tor[ʃveːrvasər..] 男 〘原子力〙重水炉.

schwer·wie·gend 形 (→schwer ★ ii ⓐ, ⓑ)重大な, 深刻な: ~*e* Entscheidungen treffen 重大な決定をする (→schwer 1 a).

Schwe·ster[ʃvɛstər] 女 -/-n (小 **Schwe·ster·chen** [-çən], **Schwe·ster·lein**[..laɪn] 中 -s/-) (略 Schw.) **1** 姉, 妹; 《複数で》姉妹: meine ältere ⟨große⟩ ~ 私の姉 | meine jüngere ⟨kleine⟩ ~ 私の妹 | Sie ist mir wie eine ~. 彼女は私に姉妹みたいに親切だ ‖ Sie hat ein *Schwesterchen* bekommen. 彼女には妹が生まれた. **2** (Krankenschwester) 看護婦: die leitende ~ der Kinderstation 小児科の婦長 | Operations*schwester* 手術補助看護婦 ‖ ~ werden 看護婦になる | als ~ arbeiten 看護婦として働く. **3** 〘カトリック〙修道女, シスター: eine Barmherzige ~ (→barmherzig) | **eine barmherzige ~** 《婉曲に》売春婦. [*idg.*; ◇Geschwister; *engl.* sister; *lat.* soror „Schwester"]

Schwe·ster⸗di·plom 中 看護婦資格免状. **⸗fir·ma** 女 姉妹会社. **⸗kind** 中 姉⟨妹⟩の子供(甥(おい)・姪(めい)).

Schwe·ster·lein Schwester の縮小形.

schwe·ster·lich[ʃvɛstərlɪç] 形 姉妹[として]の; 姉妹のような, 仲のよい, 親身の: ~*e* Hilfe 親身の助力 ‖ *jm.* ~ zugetan sein …に姉⟨妹⟩のような愛情を抱いている | *et.*[4] ~ teilen …を仲よく分けあう.

Schwe·ster⸗lie·be 女 姉妹の愛. **⸗mann** 男 -[e]s/..männer 姉⟨妹⟩の夫, 姉⟨妹⟩むこ.

Schwe·stern⸗hau·be[ʃvɛstərn..] 女 看護婦⟨修道女⟩帽(→ 図 Haube). **⸗haus** 中 = Schwesternwohnheim **⸗lie·be** 女 姉妹愛. **⸗or·den** 男 〘カトリック〙女子修道会. **⸗paar** 中 二人姉妹.

Schwe·stern·schaft[ʃvɛstərnʃaft] 女 -/-en **1** 《単数で》《集合的に》(病院などの)看護婦. **2** 〘カトリック〙女子修道団体.

Schwe·stern⸗schu·le 女 看護婦学校. **⸗schü·le·rin** 女 (Lernschwester) 看護実習生, 見習看護婦. **⸗tracht** 女 看護婦服; 〘カトリック〙修道女服. **⸗wohn·heim** 中 看護婦寮⟨宿舎⟩.

Schwe·ster⸗par·tei 女 (政治目標の似た)同じタイプの政党, 姉妹政党 (CDU と CSU など). **⸗schiff** 中 姉妹船⟨艦⟩. ᵛ**⸗sohn** 男 (Neffe) 姉⟨妹⟩の息子, 甥(おい). **⸗stadt** 女 姉妹都市. ᵛ**⸗toch·ter** 女 (Nichte) 姉⟨妹⟩の娘, 姪(めい).

SchwG 略 =Schwurgericht

Schwib·bo·gen[ʃvɪpboːgən] 男 -s/- 〘建〙飛び控え, 飛控(とびかえ), 飛梁(ひりょう) (→ 図 Kirche A).

[*ahd.* swi-bogo; ◇schwegen, Bogen]

schwich·ten[ʃvɪçtən] 《01》 他 (h) **1** 〘海〙綱⟨ロープ⟩で締める. **2** 《*jn.*》沈黙させる, なだめる. [2: *mhd.* swiften; < *mhd.* swifte „ruhig"; ◇beschwichtigen]

schwieg[ʃviːk][1] schweigen の過去.

schwie·ge[ʃviːgə] schweigen の接続法 II.

ᵛ**Schwie·ger**[ʃviːgər] 女 -/-n =Schwiegermutter

[*idg.*; ◇Schwäher; *gr.* hekyrḗ „Schwiegermutter"]

Schwie·ger⸗el·tern 複 夫⟨妻⟩の両親, しゅうと(舅)としゅうとめ(姑), 継父母. **⸗kin·der** 複 (自分の子の)よめ(嫁)とむこ(婿). **⸗mut·ter** 女 しゅうとめ(姑).

Schwie·ger·mut·ter·ses·sel 男 〘植〙タマサボテン(玉仙人掌).

Schwie·ger⸗sohn 男 むこ(婿), 娘の夫. **⸗toch·ter** 女 よめ(嫁), 息子の妻. **⸗va·ter** 男 しゅうと(舅).

Schwie·le[ʃviːlə] 女 -/-n (手のひらなどにできる)たこ; 〘医〙胼胝(べんち): ~*n* an den Händen bekommen 手にたこができる | ~*n* an den Fußsohlen haben 足の裏にたこができている. [*westgerm.*; ◇schwellen]

Schwie·len·soh·ler[..zoːlər] 複 〘動〙核脚類(ラクダ・

S

ラマなど). [＜Sohle]

schwie·lig[ʃví:lɪç]² 形 たこのできた, たこだらけの.

Schwie·mel[ʃví:məl] 男 -s/-《北部・中部》**1** (Rausch) 酔い, 酩酊; (Schwindel) めまい. **2** (Trinker) **a**) 酒飲み, 大酒家. **b**) 自堕落者, 放蕩(ほうとう)者.

Schwie·me·lei[ʃvi:məlái] 女 -/ 《北部・中部》(schwiemeln すること. 例えば:) 飲んだくれの〈自堕落な〉生活.

schwie·me·lig[ʃví:məlɪç]² (**schwiem·lig**[..mlɪç]²) 形《北部・中部》(schwindelig) めまいのする, めまいを覚えた: Mir ist ～. 私はめまいがする.

schwie·meln[ʃví:məln]《06》自《北部・中部》**1** (s) ＝schwiemen **2** (h) 大酒を飲む, 飲んだくれる; 自堕落な生活を送る.

schwie·men[ʃví:mən] 自 (s)《北部・中部》(schwindeln) めまいがする. [*mndd.* swīmen „schweben"]

schwiem·lig ＝schwiemelig

schwier[ʃvi:r] schwär〔e〕(schwären の命令法単数)の古形.

schwie·rig[ʃví:rɪç]² 形 **1** (事柄が) 難しい, 困難な; やっかいな, 扱いにくい, 面倒な, 問題の多い: eine ～*e* Aufgabe 困難な課題〈任務〉| ein ～*er* Fall やっかいなケース | eine äußerst ～*e* Situation きわめて困難な状況 | ein ～*es* Unternehmen 問題の多い企て ‖ Die Maschine ist sehr ～ zu bedienen. この機械は扱い方がひどく難しい. **2** (人が) 気むずかしい, 付き合いにくい, がんこな: ein ～*es* Kind 問題児 | ein ～*er* Mensch 気むずかしい人間 ‖ Er ist ～. 彼は扱いにくい, 彼は一筋縄ではゆかない男だ | Im Alter wurde er immer ～*er*. 彼は年をとるにつれてますます気むずかしくなった. [*mhd.* sweric „voll Schwären"; ◇schwären]

Schwie·rig·keit[–kaɪt] 女 -/-en (schwierig なこと. 例えば:) 難しさ, 困難, 面倒, やっかい; 難点, 障害: finanzielle 〈technische〉 ～*en* 財政上の〈技術上の〉困難 ‖ *jm.* ～*en* bereiten 〈machen〉 …にあれこれ文句をつける, …を手こずらせる ‖ auf ～*en* stoßen 困難〈障害〉にぶつかる | in ～*en* geraten 困難に陥る | ohne ～〔*en*〕 難なく, やすやすと ‖ Hierin liegt die ～. この点に難しさがある | Darin sehe ich keine ～. その点に難しい問題があるとは思わない.

Schwie·rig·keits·grad 男 難しさの程度, 難易度.

schwiert[ʃvi:rt] schwärt (schwären の現在 3 人称単数) の古形.

schwill[ʃvɪl] schwellen の命令法単数.

schwillst[..st] schwellen の現在 2 人称単数.

schwillt[..t] schwellen の現在 3 人称単数.

Schwimm≠an·stalt[ʃvím..] 女 ＝ Schwimmbad 1 **≠an·zug** 男 水泳着. **≠art** 女 泳ぎ方, 泳法. **≠auf·be·rei·tung** 女 (Flotation)〘坑〙浮遊選鉱, 浮選〔法〕. **≠bad** 中 **1 a**) 水泳プール施設(プール・更衣室・シャワー室その他を含む: → 図 Bad B): Hallen*schwimmbad* 室内プール場. **b**) ＝Schwimmbecken **2** 泳ぎながら水浴すること: im Ozean ein ～ nehmen 海で泳ぐ. **≠bag·ger** 男 浚渫(しゅんせつ)船(→ 図 Bagger). **≠bahn** 女 (水泳プールの)コース. **≠bas·sin**[..basɛ̃:] 中, **≠becken** 中 水泳プール. **≠beut·ler** 男〘動〙ミズオポッサム. **≠be·we·gung** 女 -/-en《ふつう複数で》(水泳の)手足の動き. **≠bla·se** 女 **1** (魚の)浮袋. **2** (水泳用)浮袋. **≠bo·je** 女〘海〙浮標, ブイ. **≠brücke** 女 浮橋, 舟橋. **≠dock** 中〘海〙浮きドック(→ 図 Dock).

Schwimmei·ster[ʃvímmaɪstər] 男 **1** ＝Schwimmlehrer **2** ＝Bademeister

schwim·men*[ʃvímən]《160》**schwamm**[ʃvam]/**ge·schwom·men**[gəʃvɔ́mən]; 接II schwömme[ʃvœ́mə] (schwämme[ʃvɛ́mə])

I 自 **1** (h, s) **a**) (英: *swim*) 泳ぐ, 水泳する;《比》(船が) 航行する: auf dem Rücken 〈im Delphinstil〉 ～ 背泳ぎ〈ドルフィン泳法〉で泳ぐ | wie ein Fisch ～ 魚のように泳ぎがうまい | wie eine bleierne Ente ～ (→Ente 1 a) ‖ ～ gehen 泳ぎに行く | Er ist ～〔gegangen〕.《話》彼は泳ぎに行った(→sein¹ I 1 f) ‖ Er ist über den Fluß 〈zur Insel〉 *geschwommen*. 彼は泳いで川を渡った〈島まで泳いだ〉| Er ist die Strecke in 30 Sekunden *geschwommen*. 彼はこの距離を30秒で泳いだ | Er hat jeden Morgen zwei Stunden *geschwommen*. 彼は毎朝 2 時間泳いだ ‖ gegen den Strom ～ (→Strom 1 a) | mit dem Strom ～ (→Strom 1 a) | in 〈im〉 Geld ～ (→Geld 1) | in *seinem* Blut ～ (→Blut 2) | in Tränen ～ (→Träne 1) | Er *schwimmt* oben 〈obenauf〉.《話》彼は調子が上乗だ | Sie *schwimmt* im Glück 〈in einem Meer von Glück〉. 彼女は幸福にひたっている ‖ Das Schiff *schwimmt* wieder. 船は再び航行可能だ | Das Boot *schwamm* stromaufwärts. ボートは川をさかのぼった.

‖〖様態・結果などを示す 4 格と〗einen neuen Rekord ～ (水泳で)新記録を出す | Er ist seine beste Zeit 〈57 Sekunden〉 *geschwommen*. 彼は自己のベストタイムで〈57秒で〉泳いだ ‖〖結果を示す語句と〗再帰 *sich*⁴ müde ～ 泳ぎ疲れる.

b) 浮かぶ, 漂う, 浮遊〈漂流〉する: auf 〈in〉 *et.*³ ～ …の上〈なか〉に浮かんでいる | Fett *schwimmt*〔immer〕oben. (→Fett 1) | Ölflecken *schwimmen* auf dem Wasser. 油が水に浮かんでいる | In ihren Augen *schwammen* Tränen. 彼女の目には涙が浮かんでいた | Der Boden *schwamm* vor Nässe.《比》床(ゆか)はびしょびしょだった ‖ *et.*⁴ ～ lassen …を浮かべる;《話》…をあきらめる, …を断念〈放棄〉する | Ich werde den Theaterbesuch ～ lassen. 私は芝居見物を取りやめにしよう | Laß ihn ～! 彼のことはあきらめろ.

☆ haben 支配と sein 支配:「泳ぐ」を意味する自動詞 schwimmen の完了形は haben による場合と sein による場合とがあるが, 前者は「泳ぐ」という行為そのものを主として「継続・反復」の相からとらえたものである: Er *hat* jeden Tag 〈zwei Stunden〉 *geschwommen*. 彼は毎日〈2 時間〉泳いだ. 後者はこれを「完了」の相ないし「場所の移動・目標への到達」などの面からとらえたものである: Er ist über den Fluß *geschwommen*. 彼は泳いで川を渡った. このことは fliegen, reiten, rudern, segeln, tanzen, また flattern, paddeln, poltern, rattern など移動を伴う〔遊戯〕行為を表す語や擬声語的な語など, 行為・状態と並んで場所の移動をも表す動詞の多くに共通の現象である. 一般に方向を示す語句を伴わないときにも移動動詞として sein を用いる傾向が強まっているとされているが, 時代差・地域差・個人差がかなり大きい.

2 (h) (輪郭が) ぼやける, おぼろげに見える: Mir *schwamm* alles vor den Augen. 私の目の前にある一切のものがかすんで見えた.

3 (h, s)《話》(乗り物などが) 安定を失う, ぐらつく;《比》自信を失う, もたつく: Das Auto *schwimmt* beim Glatteis. 自動車は路面凍結の場合は横滑りする | Der Schauspieler hat heute *geschwommen*. その俳優はきょうはもたもたして不出来だった.

II 他 (h) (貨物などを) 船で運ぶ, 水路運搬〈水上輸送〉する.

III Schwim·men 中 -s/ **1** 泳ぎ, 水泳; 浮遊, 漂流: Brust*schwimmen* 平泳ぎ | Freistil*schwimmen* 自由形泳法 | Synchron*schwimmen* シンクロナイズド=スイミング | Wett*schwimmen* 競泳 ‖ *Schwimmen* ist ein gesunder Sport. 水泳は健康によいスポーツだ.

2《話》不安定, ぐらつき: **ins ～ geraten 〈kommen〉** 安定を失う, ぐらつく;《比》自信を失う, もたつく | Unser Wagen kam plötzlich ins ～. 我々の車は突然横滑りした.

IV schwim·mend 現分 形 **1** 浮かんでいる, 浮遊〈漂流〉する: ～*e* Augen 涙のあふれた目 | *et.*⁴ in ～*em* Fett braten …を油で揚げる | ～*e* Frachten 海上輸送貨物 | ein ～*es* Hotel 海に浮かぶホテル(豪華客船など) | eine ～*e* Insel 浮き島 | ein ～*er* Körper〘理〙浮体.

2 輪郭のぼやけた, おぼろげな: ～*e* Konturen ぼやけた輪郭. [*germ.*; ◇schwemmen; *engl.* swim]

Schwim·mer[ʃvímər] 男 -s/- **1** (女 **Schwim·me·rin**[..mərɪn]-/-nen) 泳ぐ〈泳げる〉人, 泳者: ein erfahrener ～ 老練な泳ぎ手 | Die besten ～ ertrinken, und die besten Klimmer brechen den Hals.《諺》最高の泳ぎ手も水におぼれ 最高の登り手も首を折る. **2** (schwimmen するもの. 例えば:) **a**) (釣り糸につける) 浮子(うき)(→ 図 Angel). **b**) (水上飛行機の) 浮き舟, フロート. **c**)〘工〙フロート, 浮球; フロート弁.

Schwim·mer≠becken 中 (かなりの水深をもつ) 水泳熟

達者用プール. ≈flug·zeug 中〘空〙水上〔飛行〕機.
Schwim·me·rin Schwimmer の女性形.
Schwim·mer·ven·til 中〘工〙フロート弁.
schwimm·fä·hig[ʃvím..] 形 泳ぐことのできる; 浮くことのできる.
Schwimm≈fä·hig·keit 女 -/ schwimmfähig なこと. **≈fahr·zeug** 中 水陸両用車. **≈farn** 男〘植〙サンショウモ. **≈flos·se** 女 **1** (スキンダイビング用の) 足ひれ, フリッパー. **2** (Flosse) (魚の) ひれ. **≈fuß** 男 (水鳥の) 水かきを持つ足. **≈gür·tel** 男 浮き帯(おび), 救命胴衣. **≈hal·le** 女 室内プール場. **≈haut** 女 (水鳥の) 水かき. **≈ho·se** 女 水泳パンツ. **≈kä·fer** 男〘虫〙ゲンゴロウ(源五郎)科の昆虫. **≈kampf·wa·gen** 男 =Schwimmpanzer **≈kis·sen** 中 (クッション状の) 浮袋. **≈klub** 男 スイミングクラブ. **≈kör·per** 男 浮かぶ物体;〘理〙浮体. **≈kraft** 女〘理〙浮力. **≈kran** 男 クレーン船. **≈ku·gel** 女〘漁〙(ガラス製の) 浮き玉. **≈kunst** 女 水泳術. **≈leh·rer** 男 水泳教師, 水泳指導員. **≈mei·ster** = Schwimmeister **≈pan·zer** 男〘軍〙水陸両用戦車. **≈rat·te** 女〘動〙ミズネズミ(水鼠). **≈sand** 男〘坑〙流砂. **≈schu·le** 女 水泳教室. **≈sport** 男 (スポーツとしての) 水泳. **≈sta·dion** 中 水泳競技場. **≈stil** 男 水泳の型. **≈ver·band** 男 水泳連盟. **≈vo·gel** 男 水鳥;〘鳥〙游禽(ゆうきん)類. **≈wa·gen** 男 =Schwimmfahrzeug **≈wan·ze** 女〘虫〙コバンムシ(小判虫)科の昆虫. **≈we·ste** 女 浮き〈救命〉胴衣. **≈wett·kampf** 男 水泳競技, 競泳.

Schwind[ʃvɪnt] 人名 Moritz von ～ モーリッツ フォン シュヴィント(1804-71; ドイツの画家).

Schwin·del[ʃvíndəl] 男 -s/ **1 a)**〘医〙めまい, 眩暈(げんうん): ein leichter 〈heftiger〉 ～ 軽い〈激しい〉めまい ‖ einen ～ bekommen 〈haben〉 めまいがする〈している〉| von einem ～ befallen 〈gepackt〉 werden めまいに襲われる. **b)**〘畜〙旋回〈暈倒(うんとう)〉病. **2**《話》詐欺, ぺてん: Heirats*schwindel* 結婚詐欺 | Scheck*schwindel* 小切手詐欺 ‖ einen ～ durchschauen 詐欺〈ぺてん〉を見抜く | auf einen ～ hereinfallen ぺてんにかけられる | Den ～ kenne ich. その手は食わないぞ. **3**《話》《しばしば **der ganze Schwindel** の形で》くだらぬ〈つまらぬ〉事物: Ich will von dem ganzen ～ nichts wissen. そんなことは願いさげだ | Was kostet der ganze ～? (値段は) 全部でいくらになるか.

Schwin·del·an·fall 男 めまいの発作;〘医〙眩暈(げんうん)発作.

Schwin·de·lei[ʃvɪndəláɪ] 女 -/-en **1**《話》詐欺, ぺてん. **2** (しばしば起こる) めまい〔の発作〕.

schwin·del·er·re·gend[ʃvíndəl..] 形 めまいを起こさせる〔ような〕: eine ～*e* Höhe めまいのする〔ような〕高さ | ～*e* Preise《比》気の遠くなるような値段〈物価〉.

Schwin·del·fir·ma 女 いんちき会社.

schwin·del·frei 形 (人が高所などでも) めまいを感じない.

Schwin·del·frei·heit 女 -/ schwindelfrei なこと.

Schwin·del·ge·fühl 中 めまい〈眩暈(げんうん)〉感.

schwin·del·haft[ʃvíndəlhaft] 形 **1** =schwindelerregend **2** 詐欺〈ぺてん〉の; いんちき〈でたらめ〉の.

schwin·de·lig[ʃvíndəlɪç][2] (**schwind·lig**[..dlɪç][2]) 形 **1** めまいのする, めまいを覚えた: Er wird 〈ist〉 leicht ～. 彼はすぐにめまいがする | Ihm war 〔vor Angst〕 ～. 彼は〔恐ろしさのあまり〕めまいがしていた | Mir wurde richtig ～ vom Wein. 私はワインに酔ってひどく目まいがした. **2** =schwindelerregend

Schwin·del≈ma·jor[ʃvíndəl..] 男《話》=Schwindler **≈ma·nö·ver** 中 詐欺の策略〈術策〉, ぺてんの駆け引き. **≈mei·er** 男《話》=Schwindler

schwin·deln[ʃvíndəln]《06》**I** 自 (h) **1** めまいがする: Mein Kopf *schwindelt.* / Mir *schwindelt* der Kopf. 私は頭がくらくらする ‖ *jn.* ～ lassen 〈machen〉 …にめまいを起こさせる | Der Gedanke machte ihn ～. 彼は考えただけでもめまいを覚えた. **2**《話》うそをつく, ごまかす, 詐欺〈いかさま〉をする.

II 自 他 (h) 非人称《es schwindelt *jm.* 〈*jn.*〉 / *jm.* 〈*jn.*〉 schwindelt 〔es〕》めまいがする: Ihm 〈Ihn〉 *schwindelte* bei dem Anblick. その光景を見て彼は目をまわした.

III 他 (h) **1** うそ〈ごまかし〉を言う: Das ist alles *geschwindelt.* それはすべてでたらめだ. **2**《方向を示す語句と》**a)**《*et.*[4]》(…を…に) ごまかして持ち込む: *et.*[4] durch den Zoll ～ 税関をごまかして…を持ち込む. **b)** 再帰 *sich*[4] ～ (…に) ごまかして入り込む: *sich*[4] durch die Sperre ～ ごまかして改札口を通り抜ける.

IV schwin·delnd 現分 形 =schwindelerregend
[*ahd.*; ◇schwinden; *engl.* swindle]

Schwin·del≈preis[ʃvíndəl..] 男《話》いんちき値段. **≈un·ter·neh·men** 中 詐欺〈ぺてん〉の企画; いんちき企業. **≈zet·tel** 男《話》(学生の) カンニングペーパー.

schwin·den*[ʃvíndən][1]《161》**schwand**[ʃvant][1] / **ge·schwun·den**[gəʃvʊ́ndən]; 接II schwände[ʃvɛ́ndə] 自 (s) **1** (しだいに) 消える, 消滅する; 減る, 減少する; 小さくなる, 縮む, 収縮する; (音が) 弱まる: aus den Augen 〈aus dem Gedächtnis〉 ～ 視界から〈記憶から〉消える | Die Vorräte *schwinden* mehr und mehr. 蓄えがしだいに減ってゆく | *jm. schwinden* die Sinne (→Sinn 1 a) | Holz *schwindet.* 木材は(乾燥して)収縮する | Meine Hoffnung *schwindet.* 私の希望は消えてゆく ‖ im *Schwinden* 〔begriffen〕 sein 消滅〈減少〉しつつある. **2**《雅》(時が) 過ぎ去る: Der Sommer *schwand.* 夏が過ぎ去った.
[*ahd.*; ◇schwenden, schwindeln]

Schwin·der·ling[ʃvíndərlɪŋ] 男 -s/-e《南部・中部》(Ohrfeige) (横つらへの) 平手打ち, びんた.

Schwind·ler[ʃvíndlər] 男 -s/- (女 **Schwind·le·rin**[..lərɪn]-/-nen) 詐欺師, ぺてん師. [＜schwindeln]

schwind·ler·haft[ʃvíndlərhaft] 形, **schwind·le·risch**[..lərɪʃ] 形 詐欺〈ぺてん〉師的な; 詐欺〈ぺてん〉の.

schwind·lig =schwindelig

Schwind·ling[ʃvíntlɪŋ] 男 -s/-e〘植〙ホウライタケ(蓬莱茸)属.

Schwind≈maß[ʃvínt..] 中〘工〙縮み代(しろ), 収縮度〈率〉. **≈sucht** 女 -/ 消耗性疾患, (特に:)〔肺〕結核: die galoppierende ～ 奔馬性結核(結核の最終段階) | ***sich***[3] **die ～ an den Hals ärgern**《話》病気になりかねないほどひどく腹を立てる | **～ im Geldbeutel haben**《話》手元不如意である, 金に困っている.

schwind·süch·tig[..zʏçtɪç][2] **I** 形 消耗性疾患にかかった, 〔肺〕結核の. **II Schwind·süch·ti·ge** 男 女《形容詞変化》結核患者.

Schwin·dung[ʃvíndʊŋ] 女 -/-en 《ふつう単数で》(schwinden すること. 例えば:) 消滅; 減少; 収縮;〘理〙縮化;〘金属〙縮み.

Schwing≈ach·se[ʃvíŋ..] 女 (自動車・オートバイなどのサスペンションの) ゆり〈独立〉車軸. **≈baum** 男 (Schwengel) (井戸の) つるべざお(→ 図 Brunnen).

Schwin·ge[ʃvíŋə] 女 -/-n **1**《ふつう複数で》《雅》(Flügel) つばさ, 翼: die ～*n* des Geistes 〈der Phantasie〉《比》精神〈空想〉のつばさ | die stählernen ～*n* des Düsenjägers ジェット戦闘機の鋼鉄のつばさ | Engels*schwinge* 天使のつばさ ‖ die ～*n* ausbreiten 〈entwickeln〉 (鳥が) つばさを広げる. **2 a)**《中部・南部》(穀物・飼料用の) 箕(み). **b)**《南部・オーストリア》(2個の取っ手のついた) 平かご. **3** (麻・カラスムギなどを打つ) からざお. **4**〘工〙(足踏みミシンで踏み板とシャフトをつなぐ) ゆり腕. [*mhd.*; ◇schwingen]

Schwin·gel[ʃvíŋəl] 男 -s/-, **Schwin·gel·gras** 中〘植〙ウシノケグサ(牛毛草)属(牧草). [＜Schwindel; 種子の毒作用から]

schwin·gen*[ʃvíŋən]《162》**schwang**[ʃvaŋ] (ᵛschwung[ʃvʊŋ]) / **ge·schwun·gen**; 接II schwänge[ʃvɛ́ŋə] (ᵛschwünge[ʃvʏ́ŋə])

I 他 (h) **1 a)** (英: *swing*) ゆり動かす, ゆする, ゆらす; 振り動かす, 振る; 振り上げる〈かざす〉; 振動させる: den Besen ～ ほうきで掃く, 掃除をする | eine Fahne 〈*seinen* Hut〉 ～ 旗〈帽子〉を振る | den Hammer 〈die Peitsche〉 ～ ハンマー〈むち〉を振り上げる | *jn.* in der Schaukel hin und her ～ …をぶらんこに乗せてこいでやる | *seine* Tanzpartnerin im Kreise ～ ダンスの相手の女性をふわりと振り回す ‖ die Be-

S

cher ⟨Gläser⟩ ~ (→Becher 1, →Glas 2 a) | die große Klappe ~ (→Klappe 3) | den Pantoffel ~ (→Pantoffel) | eine Rede ~《話》一席ぶつ | große Reden ~ (→Rede 1) | das Tanzbein ~ (→Tanzbein) | das ⟨den⟩ Zepter ~ (→Zepter) ‖ 再帰 *sich*⁴ ~ 体をゆする⟨振る⟩ | *sich*⁴ auf ⟨in⟩ der Schaukel hin und her ~ ぶらんこをこぐ. **b)** Flachs ~〘農〙(からざおで)麻を打つ. **c)**《南部》(穀物を)箕(み)でふるう. **d)**《スイス》Rahm ~ 生クリームを泡立てる.

2《*jn.* / *et.*⁴》《方向を示す語句と》(…を)ゆすって⟨振って⟩(…へ)移動させる: den Sack auf den Rücken ~ 袋を背にかつぐ(大きな動作で) ‖ 再帰 *sich*⁴ aufs Pferd ⟨in den Sattel⟩ ~ ひらりと馬にまたがる | *sich*⁴ in die Luft ~ 空中に舞い上がる | *sich*⁴ über den Zaun ~ ひらりと垣根を飛び越える | *sich*⁴ vom Fahrrad ~ 自転車から飛び降りる ‖ *Schwing* dich!《南部》《話》消えうせろ.

3 再帰 *sich*⁴ ~ 弧⟨曲線⟩を描く: Die Brücke *schwingt* sich über den Fluß. 橋が川をまたいでいる | Eine Hecke *schwingt* sich in weitem Bogen um den Garten. 生け垣が大きく弧を描いて庭園を取り巻いている ‖〔schön〕*geschwungene* Augenbrauen 美しい弓形の眉(まゆ) | *geschwungene* Klammern〘数〙中括弧({}) | Die Linien sind sanft *geschwungen.* 線はなだらかな弧を描いている.

II 自 **1** (h) ゆれ動く, ゆれる; 振れ動く, 振れる; (人が)体を振る; 振動する; (音が)鳴り響く: Das Pendel *schwingt* hin und her. 振り子が振動する⟨ゆれ動く⟩ | Die Magnetnadel *schwingt.* 磁針がゆれ動く | am Barren ⟨an den Ringen⟩ ~〘体操〙平行棒⟨つり輪⟩で体を振る ‖ Seine Worte *schwangen* noch im Raum. 彼の言葉の響きがいまなお部屋の中に残っていた | Ein Vorwurf *schwang* in ihrer Stimme. 彼女の声には非難の響きがこもっていた. **2** (s) (波動が)伝わる. **3** (s)〘スキー〙(比較的速い速度で)回転⟨ターン⟩する. **4** (h)《スイス》《mit *jm.*》(…とスイス式の)レスリングをする.

III Schwịn·gen 中 -s/ (schwingen すること. 例えば:) **1** ゆれ, 振れ, 振り, 振動: *et.*⁴ zum ~ bringen …をゆらす, …を振動させる. **2**《スイス》(スイス式の)レスリング.

[*westgerm.*; ◇Schwang, schwenken; *engl.* swing]

Schwịn·ger[ʃvíŋər] 男 -s/- **1**〘ボクシング〙スイング(横からの大きな振り打ち): *jm.* einen ~ verpassen …に一発スイングをくらわす. **2** (schwingen する人. 特に:)《スイス》(スイス式レスリングの)レスラー. **3** =Schwingkolben **4** (Oszillator)〘理〙振動子.

Schwịng≠fest 中《スイス》スイス式レスリング競技大会. **≠flie·ge** 女〘虫〙ツヤホソバエ(艶細蠅)科の昆虫. **≠för·de·rer** 男〘工〙振動コンベヤー.

..schwingig[..ʃvɪŋɪç]² 《形容詞・数詞などにつけて「…の翼をもった」を意味する形容詞をつくる》: silber*schwingig* 銀翼の. [＜Schwinge]

Schwịng≠keu·le[ʃvíŋ..] 女〘体操〙棍棒(こんぼう), インディアンクラブ. **≠kölb·chen** 中〘虫〙(双翅(そうし)類の)平均棍. **≠kreis** =Schwingungskreis **≠laut** 男〘言〙ふるえ音, 顫動(せんどう)音, 巻舌(まきじた)音(例 [r][ʀ]). **≠mes·ser** 中 麻打ち具⟨棒⟩. **≠quarz** 男〘電〙水晶共振子. **≠tür** 女 (内外どちらにでも開く)自在ドア.

Schwịn·gung[ʃvíŋʊŋ] 女 -/-en **1** (schwingen すること. 例えば:) **a)** ゆれ, 振り;〘理〙振動: die ~*en* einer Saite ⟨eines Pendels⟩ 弦⟨振り子⟩の振動 | elektrische ~*en*〘理〙電気振動 ‖ *et.*⁴ in ~〔*en*〕versetzen …を振動させる⟨ゆらす⟩. **b)**《雅》(感情の)微妙な動き⟨かげり⟩. **2** (弓形の)湾曲, そり, 弧形: in eleganter ~ 優美な弧を描いて.

Schwịn·gungs≠dämp·fer 男〘工〙振動ダンパ ; (Stoßdämpfer)(車両などの)ショック=アブソーバ, 緩衝器. **≠dämp·fung** 女 振動の減衰⟨抑制⟩. **≠dau·er** 女 振動周期. **≠ener·gie** 女 振動エネルギー. **≠fe·stig·keit** 女 (材料試験の)疲れ強度, 耐久限度. **≠kreis** 男〘電〙振動⟨共振⟩回路. **≠mes·ser** 男 振動計. **≠spek·trum** 中〘理〙振動スペクトル. **≠wei·te** 女 振幅: die größte ~ eines Pendels 振り子の最大振幅. **≠zahl** 女 (Frequenz)〘理〙振動数,〔振動〕周波数.

schwipp[ʃvɪp] 間 **1** (むちなどで打つ音)ピシリ, ピシャリ. **2** (液体のはねる音)ピチャン, ビシャン: ~, schwapp ピチャパチャ.

Schwịpp·cou·si·ne[ʃvíp..] 女 配偶者の(女の)いとこ. [＜schwippen „schief sein"]

Schwịp·pe[ʃvípə] 女 -/-n《中部》**1** (枝・むちなどの先の)しなう部分. **2** (Peitsche) むち(鞭).

schwịp·pen[ʃvípən] **I** 他 (h)《中部》《*et.*⁴》(…に)水をピシャッとはねかける.

II 自 **1** (h) **a)**《mit *et.*³》(…を振って)パチッ⟨ピシャッ⟩と音をたてる: mit dem Finger ⟨der Peitsche⟩ ~ 指をパチンと⟨むちをパシッと⟩鳴らす. **b)** 上下⟨左右⟩にゆれる. **2 a)** (h) (水などが)ピチャピチャ音をたてる: Das Wasser hat im Eimer *geschwippt.* 水がバケツの中でピチャピチャ音を立てていた. **b)** (s) ピチャンとはねてこぼれる: Das Wasser ist aus dem Eimer *geschwippt.* バケツの水がピチャンとはねてこぼれた.

Schwịpp≠schwa·ger[ʃvíp..] 男《話》(配偶者の)姉⟨妹⟩の夫; (本人の)兄弟姉妹の配偶者の兄⟨弟⟩; (同世代の)遠い親戚(しんせき)の男. **≠schwä·ge·rin** 女《話》(配偶者の)兄⟨弟⟩の妻; (本人の)兄弟姉妹の配偶者の姉⟨妹⟩; (同世代の)遠い親戚の女. **≠vet·ter** 男 配偶者の(男の)いとこ. [＜schwippen „schief sein"]

schwips[ʃvɪps] **I** 間 =schwipp **II Schwips** 男 -es/-e《話》**1** (むちなどの)ピシャリという音; むち打ち. **2** ほろ酔い: einen ~ haben ⟨bekommen⟩ 一杯機嫌である⟨になる⟩.

schwịr·be·lig[ʃvírbəlɪç]² (**schwịrb·lig**[..blɪç]²)《南部》=schwindelig

schwịr·beln[ʃvírbəln]《06》自 (h)《南部》**1** ぐるぐる回る, 旋回する. **2** =schwindeln I 1

[*ahd.* suerben „wischen"]

Schwirl[ʃvɪrl] 男 -〔e〕s/-e〘鳥〙センニュウ(潜入)(ウグイスの類).

schwịr·ren[ʃvírən] 自 **1** (h, s) (震動音・羽音などが)ブンブン音をたてる, ブーンと鳴る; ブンブン⟨ビュンビュン・ヒューヒュー⟩飛ぶ (h, s について: →rattern ★): Die Sehne des Bogens *schwirrte.* 弓の弦がビューンと鳴った(矢が弦を離れた際に) | Die Mücken haben lange *geschwirrt.* 蚊が長い間ブンブン飛んでいた | Kugeln sind durch die Luft *geschwirrt.* 弾丸が空中をヒューヒュー飛んでいった | *jm. schwirrt* der Kopf (→Kopf 1) | Gerüchte *schwirren* durch die Stadt. うわさが町を飛びかう | Die Stadt *schwirrt* von Gerüchten über den Vorfall. 町はこの事件についてのうわさで充満している | *jm. schwirrt* der Kopf (→Kopf 1) ‖ 非人称 Es *schwirrt.* ブンブン鳴る⟨音がする⟩ | Es *schwirrt* mir im Kopf ⟨in den Ohren⟩. 私は頭ががんがんする⟨耳鳴りがする⟩. **2** (s)《話》(人が)急いで飛んでゆく: Ich *schwirre* mal eben zu Emil. ちょっと ひと走りエーミールのところへ行ってくるよ.

[*mndd.*; 擬音; ◇Schwarm, surren]

Schwịrr≠flie·ge[ʃvír..] 女 (Schwebfliege)〘虫〙ハナアブ(花虻)科の昆虫. **≠flug** 男〘動〙(急速な羽ばたきによって, 空中での停止や垂直の上昇・下降が可能な)顫動飛翔(せんどうひしょう). **≠vo·gel** 男 (Kolibri)〘鳥〙ハチドリ(蜂鳥).

Schwitz≠bad[ʃvíts..] 中 発汗浴(蒸しぶろ・サウナなど).

Schwị·tze[ʃvítsə] 女 -/-n **1** (Mehlschwitze)〘料理〙ルー(小麦粉をバターでいためたもの). **2** (脱毛処理のための)皮蒸し.

schwịt·zen[ʃvítsən]《02》**I** 自 (h) (英: *sweat*) **1** 汗をかく, 発汗する;《比》汗をかいて苦労する: am ganzen Körper ⟨unter den Achseln⟩ ~ 全身に⟨わきの下に⟩汗をかく | aus allen ⟨sämtlichen⟩ Knopflöchern ~ (→Knopfloch) | vor Angst ~ 恐ろしくて冷や汗をかく | **wie ein Affe ⟨ein Schwein / ein Schweinebraten / ein Tanzbär⟩ ~**《話》大汗をかく ‖ Ihm *schwitzen* die Hände. 彼は手に汗をかいている | Er *schwitzt* im Examen ⟨über dieses Problem⟩. 彼は試験で⟨この問題をかかえて⟩悪戦苦闘している ‖〘結果を示す語句と〙再帰 *sich*⁴ naß ⟨halbtot / fast zu Tode⟩ ~ ぐっしょり⟨ひどく⟩汗をかく. **2** (壁・窓ガラスなどが)汗をかく, 湿気を帯びる, (空気中の水分がたまって)露ができる, 結露する: Die Wand ⟨Das Fenster⟩ *schwitzt.* 壁⟨窓ガラス⟩が汗をかいている.

II 他 (h) **1 a)** 非人称 《es schwitzt *jn.* / *jn.* schwitzt》(…が) 汗をかく: Ihn *schwitzte* vor Angst. 彼は恐ろしさのあまり冷や汗をかいた. **b)** 〔料理〕油でいためる〈こんがり焼く〉: Zwiebeln in Butter ～ 玉ねぎをバターでいためる. **c)** Häute ～ (脱毛処理のために) 皮を蒸す.

2 《比》《*et.*[4]》分泌する: Die Bäume *schwitzen* Harz. 樹木が樹脂を分泌する ‖ Blut 〔und Wasser〕～ (→Blut 2) | 〔*sich*[3]〕*et.*[4] nicht aus den Rippen 〈durch die Rippen〉 ～ können (→Rippe 1) | Geld ～ müssen 《南部》金を支払わされる.

III Schwịt·zen 中 -s/ (schwitzen すること. 例えば:) 発汗: ins ～ kommen 〈geraten〉 汗をかく.

[*ahd.*; ◇Schweiß, schweißen; *engl.* sweat]

Schwịt·zer[ʃvítsər] 男 -s/- 〔服飾〕セーター. [*engl.* sweater (→Sweater) の翻訳借用]

schwịt·zig[ʃvítsıç][2] 形《話》(schweißig) 汗ばんだ; 汗だらけの, 汗まみれの.

Schwịtz≠ka·sten[ʃvíts..] 男 **1** (発汗浴に用いる) 発汗浴槽; 《比》蒸しぶろのように暑い部屋. **2** 〔レスリング〕ヘッドロック: *jn.* in den ～ nehmen …をヘッドロックする; 《話》…の頭をわきの下に抱えこむ. **≠kur** 女〔医〕発汗療法. **≠mit·tel** 中〔医〕発汗剤. **≠packung** 女〔医〕発汗パック. **≠was·ser** 中 -s/ (壁・窓ガラスなどに空気中の水分がたまってできる) 水滴, 水気.

Schwọf[ʃvo:f] 男 -〔e〕s/-e《話》(Tanz) ダンス; ダンスパーティー.

schwọ·fen[ʃvó:fən] 自 (h)《話》(tanzen) ダンスをする. [<Schweif]

schwọi·en[ʃvɔ́ʏən] (**schwọ·jen**[ʃvó:jən] 《01》) 自 (h) 〔海〕(停泊中の船の) 向きが変わる(風・潮流などで), 錨(いかり)のまわりをぐるぐる回る.

schwoll[ʃvɔl] schwellen の過去.

schwọ̈l·le[ʃvœ́lə] schwellen の接続法 II.

schwọ̈m·me[ʃvœ́mə] schwimmen の接続法 II.

schwọr[ʃvo:r] **I** schwören の過去. **II** schwärte (schwären の過去) の古形.

schwọ̈·re[ʃvǿ:rə] schwärte (schwären の接続法 II) の古形.

schwọ̈·ren*[ʃvǿ:rən] 《163》 **schwọr**[ʃvo:r] (ᵛschwur [ʃvu:r]) / **ge·schwọ·ren**; 接II schwüre[ʃvý:rə] **I** 他 (h) (英: *swear*) 誓う, 誓約する, 宣誓する; 《話》確言〈断言〉する: einen Eid 〈einen Meineid〉 ～ 宣誓〈偽誓〉する | Rache ～ 復讐(ふくしゅう)を誓う | *jm.* ewige Freundschaft ～ …に対して永遠の友情を誓う | *sich*[3] *et.*[4] ～ …を自分に誓う | *et.*[4] bei Gott 〈*seiner* Ehre〉 ～ …を神〈自分の名誉〉にかけて誓う | Stein und Bein ～ (→Stein[1] 1 b) | Ich *schwöre* 〔dir〕, daß ich nichts davon gewußt habe. 誓って言うが 私はそのことを全然知らなかったのだ.

II 自 (h) **1** 誓う, 宣誓する: feierlich 〈falsch〉 ～ おごそかに誓う〈偽誓する〉 | auf die Bibel 〈mit erhobener Hand〉 ～ 聖書に手をのせて〈〔右〕手を上げて〉誓う | vor dem Gericht ～ 法廷で宣誓をする | bei *seinem* Barte 〈beim Barte des Propheten〉 ～ (→Bart 1). **2** 《auf *jn.* 〈*et.*[4]〉》(…を) 無条件に信頼する, (…に) 全面的信頼を寄せる | Er *schwört* auf seinen Lehrer 〈diese Heilmethode〉. 彼は彼の先生〈この治療法〉を完全に信頼している.

III ge·schwọ·ren → 別出

[*germ.*; ◇Schwur; *engl.* swear]

Schwụch·tel[ʃvúxtəl] 女 -/-n 《軽蔑的に》(女性的な) 同性愛の男, (女役の) ホモ.

schwụ·de[ʃvú:də] 間 (御者のかけ声) 左へ.

schwul[ʃvu:l] **I** 形《副詞的用法なし》《話》**1 a)** (男性について) 同性愛の〔傾向のある〕, ホモの: ～*e* Männer 同性愛の男たち. **b)** 同性愛の男性のための: eine ～*e* Kneipe ホモの男性が集まる飲み屋, ゲイバー. **2** ＝lesbisch 1

II Schwụ·le 男《形容詞変化》ホモ〈同性愛〉の男.

schwül[ʃvy:l] **I** 形 **1** 蒸し暑い, うっとうしい: ein ～*er* Abend 蒸し暑い晩 | ～*e* Wärme 蒸し暑さ | ～*es* Wetter 蒸し暑い天候 ‖ Es war unerträglich ～ im Zimmer. 部屋の中はひどく蒸し暑かった. **2** 《比》(気分・雰囲気などが) 重苦しい, 不安な: eine ～*e* Atmosphäre 重苦しい雰囲気. **3** 官能的な, むせかえるような, エロチックな, (性的に) 悩ましい: eine ～*e* Beleuchtung なまめかしい照明(バーなどの) | der ～*e* Duft der Blüten むせかえるような花のにおい.

II Schwül 男 -〔e〕s/ 《オーストリア》《話》(Rausch) (酒などによる) 酔い, 酩酊(めいてい): einen ～ haben 酔っている.

[*ndd.*; ◇schwelen]

Schwụ̈·le[ʃvý:lə] 女 -/ schwül なこと: die ～ vor dem Gewitter 雷雨の来る前の蒸し暑さ.

Schwụ·len≠bar[ʃvú:lən..] 女, **≠knei·pe** 女, **≠lo·kal** 中 ゲイバー. **≠sze·ne** 女 ホモ〈同性愛〉の男たちの世界. **≠treff** 男《話》ホモ〈同性愛〉の男たちの集まる場所.

Schwụl·heit[ʃvú:lhaıt] 女 -/ schwul なこと.

Schwụ·li[ʃvú:li·] 男 -s/-s《話》ホモ〈同性愛〉の男.

Schwụ·li·bus[ʃvú:libʊs] 《戯》《もっぱら次の成句で》***jn.* in ～ bringen** …を苦境に陥れる, …を困惑させる | **in ～ kommen** 苦境に陥る, 困惑する | **in ～ sein** 苦境にある, 困惑している.

Schwu·li·tạ̈t[ʃvulitɛ́:t] 女 -/-en 《ふつう複数で》《話》困った立場, 苦境: ***jn.* in ～*en* bringen** …を苦境に陥れる | **in ～*en* kommen** 〈**geraten**〉 苦境に陥る, 困惑する | **in ～*en* sein** 苦境にある, 困惑している.

Schwulst[ʃvʊlst] 男 -es (-s) /Schwülste[ʃvýlstə] 《ふつう単数で》《軽蔑的に》(文体・表現などの) 誇張; 飾りすぎ, 虚飾: der ～ der barocken Kirchen バロック様式の教会のけばけばしさ | ohne ～ schreiben 飾り気のない文章を書く.

[*mhd.* „Geschwulst"; ◇schwellen]

schwụl·stig[ʃvʊ́lstıç][2] 形 **1** 腫(は)れ上がった, 厚ぼったい. **2** 《オーストリア》＝schwülstig

schwụ̈l·stig[ʃvýlstıç][2] 形《軽蔑的に》誇張の多い, 大げさな, 飾りすぎの, ごてごてした.

Schwụ̈l·stig·keit[–kaıt] 女 -/-en schwülstig なこと.

Schwụlst≠stil[ʃvʊ́lst..] 男〔文芸〕(特に後期バロック文学の) 装飾過剰の〈ごてごてした〉文体. **≠zeit** 女 -/ (後期バロック文学の) 装飾過剰時代.

schwụm·me·rig[ʃvʊ́mərıç][2] 形, **schwụmm·rig** [..mrıç][2] 形《話》めまいのする, 気分の悪い; 不安な, 恐ろしい: Mir ist ～ 〔zumute〕. 私はめまいがする〈気分が悪い〉.

[<schwimmen]

Schwund[ʃvʊnt][1] 男 -〔e〕s/ **1** 消失, 消滅; 減少, 減衰, 減退; 損耗: der ～ der Kaufkraft 購買力の減退 | Haar*schwund* 脱毛. **2** 〔医〕萎縮(いしゅく): Muskel*schwund* 筋萎縮. **3** 〔商〕(商品などの) 目減り. **4** 〔電〕フェーディング.

[<schwinden]

Schwụnd·aus·gleich[ʃvʊ́nt..] 男 **1** 〔電〕フェーディング防止. **2** (ラジオなどの) 自動音量調節〔装置〕.

schwụnd·min·dernd 形〔電〕フェーディングを防止する: eine ～*e* Antenne フェーディング防止用アンテナ.

Schwụnd·stu·fe 女〔言〕(Ablaut において母音の消失した) 零〈消失〉階梯(かいてい).

schwung[ʃvʊŋ] schwang (schwingen の過去) の古形.

Schwung[ʃvʊŋ] 男 -〔e〕s/Schwünge[ʃvýŋə] **1 a)** (schwingen する動き. 例えば:) ゆれ, 振れ, 振動; ゆすぶり, 振り, スイング; 跳躍, 躍動; はずみ, いきおい: die *Schwünge* eines Pendels 振り子の振動 ‖ der Schaukel einen ～ geben ブランコにはずみをつける | ～ holen はずみをつける ‖ ein Rad **in** ～ setzen 〈halten〉 (はずみをつけて) 車輪を回転させる〈車輪の回転を維持する〉 | einen Stein **mit** einem ～ von *sich*[3] schleudern はずみをつけて石を投げる | Er sprang mit elegantem ～ über den Graben. 彼は優美な身ごなしで堀をひらりと飛び越えた. **b)** 《比》はずみ, いきおい, 躍動; 活発, 活気, 生気; (精神の) 高揚: rednerischer ～ (熱のこもった) 弁舌の力 | ～ in *et.*[4] bringen …に活気を与える, …を活気づける | ～ haben 活気がある, 生き生きしている | Er hat kein bißchen ～. / Ihm fehlt aller ～. 彼にはおよそ生気というものがない ‖ ***jn.* auf den ～ bringen** / ***jn.* in ～ bringen** 《話》…を元気づける | ***et.*[4] in ～ bringen** …に活気を与える, …を活気づける | **in ～ kommen** 《話》活気づく; (人が) 元気づく | **in ～ sein** 《話》活気を帯びて〈活況を呈して〉いる | gut in ～ sein 好調である | Die Badesaison ist in vollem ～. 海水浴のシーズンは目下最高潮である | Er hat den Roman in einem ～ geschrieben. 彼はこの小説を一気呵

成(かせい)に書き上げた | Er tut alles **mit** ~. 彼は何でも張り切ってやる.
2 a) 弧, 弓形〔の曲線〕: in kühnem ~ 大胆な弧を描いて | ein Hut von modernem ~ モダンな感じの曲線をそなえた帽子. **b**) 〘スキ〙(比較的速い速度のリズミカルな)回転, ターン.
3 《単数で》《話》(かなりの数量を示して)一かたまり, 一山; 一群, 一団: ein ~ Schulkinder 〈von Schulkindern〉 一団の学童たち | Ein ~ alter Zeitungen lag auf dem Tisch. 古新聞の山が机の上に置かれていた.

schwụ̈n·ge[ʃvʏ́ŋə] schwänge (schwingen の過去)の古形.
Schwụ̈n·ge Schwung の複数.
Schwụng·fe̱·der[ʃvʊ́ŋ..] 女 (鳥の翼の)風切り羽: Ihm sind die ~*n* ausgerissen 〈ausgerupft〉. 《比》彼は羽をもがれたも同然である.
schwụng·haft[ʃvʊ́ŋhaft] 形 (特に仕事・事業が)活気のある, 勢いがいい: einen ~*en* Handel 〔mit *et.*³〕 treiben 〔…を〕活発に取引する.
Schwụng·kraft 女 -/ **1** 〘理〙遠心力. **2** 迫力, 活力, 活気, 生気.
Schwụng·kraft·an·las·ser 男 〘工〙(大型モーター用の)慣性始動機.
schwụng·lo̱s[..lo:s]¹ 形 活気〈生気・生彩〉のない.
Schwụng·ra̱d 中 〘工〙はずみ車; (時計の)平衡輪.
schwụng·voll 形 **1** 活気〈迫力〉にあふれた, 熱のこもった, 生き生きとした: eine ~*e* Rede 迫力のある演説. **2** 弧を描く, 弓形の; (書体・筆致などが)躍動的な, 優雅な曲線を描く.
schwupp[ʃvʊp] **I** 間 (突然の速い動きを表して)さっ, ぴょん, ぴしっ: *Schwupp*, hab' ich dich endlich gefangen! えいやっ とうとう捕まえたぞ | Und ~, war er weg. さっと彼は消えてしまった. **II Schwupp** 男 -〔e〕s/-e 《話》さっ〈ぴしっ〉という音〈動き〉: **auf einen ~** / **in einem ~** 一挙に, あっという間に | Mit einem ~ war er über dem Bach. ぴょんと一跳びで彼は小川を越えていた.
schwụpp·di·wụpp[ʃvʊ́pdivʊ́p] =schwupp
Schwụp·per[ʃvʊ́pər] 男 -s/- 《中部》《話》誤り, 失敗.
schwups[ʃvʊps] **I** =schwupp **II Schwups** 男 -es/Schwüpse[ʃvʏ́psə] =Schwupp
schwur[ʃvu:r] schwor (schwören の過去)の古形.
Schwur[ʃvu:r] 男 -〔e〕s/Schwüre[ʃvý:rə] 誓い, 誓約, 宣誓: ein heiliger ~ 神聖な誓い | heiße *Schwüre* ewiger Liebe 永遠の愛の熱き誓い ‖ einen ~ ablegen 〈leisten〉 宣誓をする | einen ~ brechen 〈halten〉 誓いを破る〈守る〉 | den ~ auf die Fahne leisten 旗(国旗・軍旗・団体旗など)に対して宣誓をする ‖ die Hand zum ~ erheben 宣誓のために(右)手を上げる. [*ahd.*; ◇schwören]
schwụ̈·re[ʃvý:rə] schwören の接続法 II.
Schwụ̈·re Schwur の複数.
Schwụr≈fin·ger[ʃvú:r..] 複 宣誓の際に上げる 3 本指(右手の中指・人さし指・親指). **≈ge·richt** 中 (略 SchwG) 陪審裁判所.
Schwụr·ge·richts·ver·fa̱h·ren 中 〘法〙陪審裁判〔手続き〕.
Schwụr≈hand 女 宣誓のために(指を 3 本ひろげて)上げた右手(→Schwurfinger). **≈zeu·ge** 男 宣誓の立会人.
Schwyz[ʃvi:ts] 地名 シュヴィーツ(スイスのいわゆる「原初三州」の一つ. 州都も同名: →Urkanton).
Schwy·zer[ʃví:tsər] **I** 男 -s/- シュヴィーツの人. **II** 形 《無変化》シュヴィーツの.
Schwy·zer·dütsch[ʃví:tsərdy:tʃ] 中 -〔s〕/ 《スイス》スイス〔なまりの〕ドイツ語(→schweizerdeutsch).
schwy·ze·risch[ʃví:tsərɪʃ] 形 シュヴィーツの.
Schwy·zer·tü̱tsch[ʃví:tsərty:tʃ] 中 -〔s〕/ =Schwyzerdütsch
Sci·ence-fic·tion[sáɪənsfɪkʃən] 女 -/ サイエンスフィクション, 空想科学小説, SF. [*engl.*; ◇szientifisch, Fiktion]
Sci·en·to·lo̱·ge[saɪəntoló:gə, stsiɛnto..] 男 -n/-n Scientology の信奉者.
Sci·en·to·lo·gy[saɪəntɔ́lədʒi·] 女 -/ サイエントロジー(精神の健康やたましいの安息を獲得するための学問的理論を宣伝する一種の新宗教).
scil. 略 =scilicet
sci̱·li·cet[stsí:litsɛt] 副 (略 sc., scil.) (nämlich) すなわち, 換言すれば. [*lat.*; < *lat.* scīre „wissen"]
Scil·la[stsíla·] 女 -/..llen[..lən] =Szilla
Sci̱·pio[stsí:pio·] 人名 **1** Publius Cornelius ~ プブリウス コルネリウス スキピオ(前235頃-183; 古代ローマの軍人・政治家. 通称大スキピオ). **2** Publius Cornelius ~ Aemilianus プブリウス コルネリウス スキピオ アエミリアヌス(前185頃-129; 古代ローマの軍人・政治家. 通称小スキピオ). [*lat.*]
Scoop[sku:p] 男 -s/-s (マスメディアでの)スクープ, 特種(とくだね). [*engl.*]
Scor·da·tu̱·ra[skɔrdatú:ra·] 女 -/ =Skordatur
Score[skɔ:] 男 -s/-s **1** 〘ゴルフ〙スコア. **2** 〘スポーツ〙(特に団体競技の)得点, スコア. **3** 〘心理〙(テストなどの)得点, 点数, 成績. [*engl.*]
Score·kar·te[skɔ́:..] 女 〘ゴルフ〙スコアカード.
Scotch[skɔtʃ] 男 -s/-s スコッチウィスキー. [*engl.*]
Scotch·ter·ri·er[skɔ́tʃtɛriər] 男 スコッチテリア(犬の一種). [*engl.*; ◇Skote]
Sco·ti̱s·mus[skotísmʊs] 男 -/ スコートゥス学派の学説.
Sco·ti̱st[skotíst] 男 -en/-en スコートゥス学派の学者. [< D. Scotus (スコットランドの哲学者・神学者, †1308)]
Scot·land Yard[skɔ́tlənd já:d] 男 --/ 《ふつう無冠詞で》ロンドン警視庁(特にその刑事捜査課). [*engl.*; ◇Schottland]
Scott[skɔt] 人名 **1** Robert ~ ロバート スコット(1868-1912; イギリスの探検家. 南極で遭難死). **2** Walter ~ ウォルター スコット(1771-1832; イギリスのロマン派作家. 作品『アイヴァンホー』など).
Scout[skaʊt] 男 -〔s〕/-s (Pfadfinder) **1** 《複数で》ボーイスカウト, 少年団. **2** ボーイスカウトの隊員, 少年団員. [*engl.*]
Scraps[skrɛps, skræps] 複 =Skrubs
Scrip[skrɪp] 男 -s/-s **1** (未払い利子の)支払い指図証券. **2** (英米で, 株式発行前の)仮株券, 仮証券. [*engl.*; < *engl.* subscription (◇Subskription)]
Script[skrɪpt] 中 -〔e〕s/-s (-en) =Skript [*engl.*]
Scro̱·tum[skró:tʊm] 中 -s/..ta[..ta·] =Skrotum
Scu̱·do[skú:do·] 男 -/..di[..di·] (-s) スクード(イタリアの古い貨幣); 5 リラ貨幣. [*lat.* scūtum „Schild"–*it.*; ◇Schote³, Escudo]
sculps. 略 =**sculpsit**
scu̱lp·sit[skʊ́lpsɪt] 《ラテ語》(略 sc., sculps.) (彫刻者の作者名の次に)…これを彫る, …刻, …作. [< *lat.* sculpere (→Skulptur)]
Scy̱l·la[stsýla·] 女 -/ =Szylla
s. d. 略 **1** =**sieh**〔e〕 **d**ies! これを見よ. **2** =**sieh**〔e〕 **d**ort! そこを見よ, 同項参照.
SD[ɛsdé:] 略 男 -/ =**S**icherheits**d**ienst (ナチの)秘密情報機関.
SDA[ɛsde:|á:] 略 女 -/ = **S**chweizerische **D**epeschen**a**gentur スイス通信社(スイスの国際通信社).
SDR[ɛsde:|ɛ́r] 略 男 -/ =**S**üd**d**eutscher **R**undfunk 南ドイツ放送.
SDS[ɛsde:|ɛ́s] 略 =**S**ocietas **D**ivini **S**alvatoris 〘カトリック〙救世主会会員. [◇Sozietät]
se 《イタリア語》→*se* non è vero, e ben trovato
s. e. 略 =**s**alvo **e**rrore
Se[ɛs|é:, zelé:n] 記号 (Selen) 〘化〙セレン.
Se. 略 =**S**ein**e**: ~ Exzellenz (呼びかけで)閣下.
Seal[zi:l, si:l] 男 中 -s/-s **1** (Seehund) 〘動〙アザラシ(海豹). **2** アザラシの毛皮. [*engl.*; ◇Seehund]
Sea·lab[zí:lɛp, sí:læb] 中 -s/-s シーラブ, 海底居住実験室. [*amerik.*; ◇See, Laboratorium]
Seal≈man·tel[zí:l.., sí:l..] 男 アザラシの毛皮のコート. **≈skin**[..skɪn] 男 中 -s/-s **1** アザラシの毛皮. **2** 〘織〙シールスキン(アザラシの毛皮を模した織物). [*engl.*]
Séan·ce[zeã́:s(ə), se..] 女 -/-n[..sən] 会合, 集会, 会議; (特に:) 降神術の集会. [*fr.*; < *fr.* seoir „sitzen" (◇sedieren)]
SEATO[zeá:to·, sí:toʊ] 女 -/ 東南アジア条約機構. [*engl.*; < *engl.* **S**outh **E**ast **A**sia **T**reaty **O**rganiza-

tion]

Se·bạ·stian[zebástian] 男名 ゼバスティアン: der heilige ~ 聖セバスティアン（?-288; ローマの軍人で殉教者, 無数の矢に貫かれて殺された).
[*gr.*–*lat.*; <*gr.* sebastós „verehrungswürdig"]

Se·bạ·stians·fest(ｵｰｽﾄﾘｱ: **Se·ba·stia̱·ni·fest**[zebastiá:ni..]) 中 聖セバスティアンの祝日（1月20日）.

Se·bạ·sto·pol[zebástopɔl, ..bastó:pɔl] =Sewastopol

Se·bor·rhö̱[zebɔrǿ:] 女 -/-en 〘医〙脂漏〔症〕. [<*lat.* sēbum (→Seife)+*gr.* rhoḗ „Fließen" (◇rheo..)]

sec 記号 **1** [zé:kans] (Sekans) 〘数〙正割. **2** [zekʊ́ndə] (Sekunde) 秒.

s. e. c. 略 =salvo errore calculi 計算の誤りはこの限りにあらず. [◇Kalkül]

Sec·co[zέko·] 中 -〔s〕/-s 〘楽〙セッコー(鍵盤楽器のみの伴奏による叙唱). [*it.*; <*it.* secco „trocken"]

Sec·co·ma̱·le·rei[zέko..] 女 〘美〙セッコ, 乾式フレスコ画法.

Se·cen·tis·mus[zetʃεntísmʊs] 男 -/ (イタリアの文学・芸術の技巧的・誇張的な) 17世紀様式. [*it.*]

Se·cen·tịst[..tíst] 男 -en/-en (イタリアの) 17世紀の作家〈芸術家〉. [*it.*]

Se·cen·to[zetʃέnto·, se..] 中 -〔s〕/ (イタリア芸術様式の) 17世紀〔風〕. [*it.* seicento „sechshundert"]

Sech[zεç] 中 -〔e〕s/-e (Pflugmesser) 〘農〙すきの刃, すきべら, 犂刀(ﾘｮｳ) (→ 図 Pflug). [*ahd.*; ◇sezieren]

sechs[zεks] **I** 《基数》 6, 六つ〔の〕: →fünf ‖ Wo ~ essen, wird auch der siebente satt. 《諺》 6 人分の食物があれば 7 人目も満腹する(人数がまとまれば一人ぐらいどうにかなる). **II Sechs** 女 -/-en 6 という数; 6 という数字; (トランプの) 6 の札, (さいころの) 6 の目; 6 番コースの路面電車: → Fünf [*idg.*; ◇hexa..; *engl.* six; *lat.* sex „sechs"]

Sechs·ạch·tel·takt[zεks|áxtəl..] 男 -〔e〕s/ 〘楽〙 8 分の 6 拍子.

sẹch·se[zέksə] 《話》=sechs

Sẹchs·eck[zέks|εk] 中 -s/-e 〘数〙六角形.

sẹchs·eckig 形 六角〔形〕の.

sẹchs·ein·hạlb 《分数; 無変化》 6 と 2 分の 1〔の〕: → fünfeinhalb

Sẹch·se·läu·ten[zέksə..] 中 -s/- Zürich の春祭り(4月の第 3 月曜日).
[春分の日の午後 6 時に鐘を鳴らしたことから]

Sẹchs·en·der[zέks..] 男 -s/- 〘狩〙角(ﾂﾉ)またが六つに分かれたシカ(→Ende 4).

Sẹch·ser[zέksər] 男 -s/- **1** (6 の記号をもつもの. 例えば:) 6 番コースのバス; 《北部》 5 ペニヒ硬貨(昔の 6 クロイツァー〈ペニヒ〉硬貨); 1906年産のワイン; 第 6 連隊員; (トランプの) 6 の札; 6 人組〈会〉の一員: →Fünfer | Er hat nicht für 'nen (=einen) ~ Verstand 〈Humor〉. 《話》彼はちっとも知恵〈ユーモア〉がない. **2** (合計して 6 のもの. 例えば:) 6 人乗りの車; 6 行詩; 6 字〈項〉的中の富くじ; 6 人組〈会〉; 〘狩〙角(ﾂﾉ)またが六つに分かれたシカ(→ 図 Geweih): →Fünfer **3** アラビア数字の 6 ; 6 字形: →Fünfer

Sẹch·ser·la·den 男 《話》ちっぽけな店.

sẹch·ser·lei[zέksərláı] 形 《無変化》 6 種類の: →fünferlei

Sẹch·ser·mann·schaft 女 6 人チーム.

sẹchs≠fach[zέksfax] (▽≠**fäl·tig**[..fεltıç]²) 形 6 倍〈六重〉の: →fünffach

Sẹchs·flach 中 -〔e〕s/-e 六面体.

sẹchs·flä·chig 形 六面体の.

Sẹchs≠fläch·ner 男 -s/- 〘数〙六面体. ≠**fü·ßer** 男 -s/- **1** 6 本足の動物(昆虫など). **2** 〘詩〙 6 詩脚詩句.

sẹchs·fü·ßig 形 6 本足の; 〘詩〙 6 詩脚の.

Sẹchs≠füß·ler 男 -s/- =Sechsfüßer ≠**he·ber** 男 -s/- 〘詩〙 6 詩脚詩句. ≠**herr·schaft** 女 六頭政治.

sẹchs·hụn·dert[zέkshʊ́ndərt] 《基数》 600〔の〕: → hundert

Sẹchs·kant[zέks..] 中 (男) -〔e〕s/-e 〘数〙(6 平面の構成する)六面角, 六稜(ﾘｮｳ)角; 六面角をもつ立体.

Sẹchs·kant·ei·sen 中 断面が六角形の鋼材, 六角鋼.

sẹchs≠kan·tig 形 かど〈稜(ﾘｮｳ)〉が六つある. ≠**mal** [..ma:l] 副 6 回; 6 倍: →fünfmal ≠**ma·lig**[..lıç]² 形 《付加語的》 6 回の: →fünfmalig

Sechs·mei·len·zo·ne[zεksmáılən..] 女 (領海としての)沿岸 6 海里水域.

sẹchs≠mo·na·tig[zέks..] 形 6 か月〈半年〉を経た, 生後 6 か月〈半年〉の; 6 か月〈半年〉間の. ≠**mo·nat·lich** 形 6 か月〈半年〉ごとの.

Sẹchs·paß[zέkspas] 男 ..passes/..passe 〘建〙(Maßwerk の) 6 弁飾り.

Sẹchs·pol·röh·re 女 (Hexode) 〘電〙 6 極〔真空〕管.

Sẹchs·punkt·schrift 女 〘印〙 6 ポイント活字.

sẹchs≠räd·rig (≠**rä·de·rig**) 形 6 輪の. ≠**schüs·sig** 形 6 連発の.

Sẹchs≠silb·ner 男 -s/- 6 音節の語〈詩行〉. ≠**sit·zer** 男 -s/- 6 人乗りの乗り物.

sẹchs·sit·zig 形 6 人乗りの, 6 座席の.

Sẹchs·spän·ner 男 -s/- 6 頭立ての馬車.

sẹchs≠spän·nig 形 6 頭立ての. ≠**spu·rig** 形 6 車線の(道路). ≠**stel·lig** 形 6 桁(ｹﾀ)の(数字).

Sẹchs·stern 男 (Hexagramm) (正三角形を 2 個組み合わせてできる)六角星形(✡).

sẹchs≠stün·dig 形 6 時間の. ≠**stünd·lich** 形 6 時間ごとの.

sechst[zεkst] 《序数》第 6 の, 6 番目の: →fünft ‖ einen ~*en* Sinn für *et.*⁴ haben (→Sinn 1 a).

Sẹchs·ta·ge≠ren·nen[zεkstá:gə..] 中 **1** (二人で組んで交代する) 6 日間通し耐久競輪. **2** 《話》週六日労働〈勤務〉. ≠**werk** 中 -〔e〕s/ 〘聖〙 6 日間のみわざ(世界創造).

sẹchs≠tä·gig[zέks..] 形 6 日間の; 6 日を経た, 生後 6 日の. ≠**täg·lich** 形 6 日ごとの.

Sẹchs·tak·ter 男 -s/- 〘詩〙 6 詩脚詩句.

sẹchs·tau·send[zέkstáʊzənt] 《基数》 6000〔の〕: → tausend

Sẹchs·tau·sen·der[..dər] 男 -s/- 6000メートル級の山.

▽**sẹch·ste·hạlb**[zέkstəhálp] =sechsthalb

sẹchs·tei·lig[zέks..] 形 6〔等〕分された, 六つの部分からなる.

sẹch·stel[zέkstəl] **I** 《分数; 無変化》 6 分の 1〔の〕: → fünftel **II Sẹch·stel** 中 (ｽｲｽ: 男) -s/- 6 分の 1 : → Fünftel

sẹch·stens[zέkstəns] 副 (列挙の際などに)第 6 に〔は〕.

▽**sẹchst·hạlb** 《分数・無変化》 (fünfeinhalb) 5 と 2 分の 1〔の〕.

sẹchs·tü·rig[zέksty:rıç]² 形 6 〈シックス〉ドアの(大型自動車など): ein ~*er* Mercedes シックスドアの〔メルツェーデス〕ベンツ.

sẹchs·und·ein·hạlb =sechseinhalb

Sẹchs·und·sẹch·zig 中 -/ (トランプゲームの) 66.

Sẹchs·zei·ler 男 -s/- 6 行詩; 6 行詩節.

sẹchs·zei·lig 形 (詩・詩節などが) 6 行の〈からなる〉.

Sẹchs·zy·lin·der·mo·tor[zέkstsilındər.., ..tsyl..] 男 (俗: **Sẹchs·zy·lin·der** 男) 6 気筒エンジン〔を備えた自動車〕.

sẹchs·zy·lin·drig 形 6 気筒〔エンジン〕を備えた.

Sẹch·ter[zέçtər] 男 -s/- **1** ゼヒター(昔のフランクフルトの液量単位, 約7.2*l*). **2 a)** 《南部・ｵｰｽﾄﾘｱ》 (Kübel) おけ, たらい, バケツ. **b)** 《南部》 (Sieb) ふるい(篩).
[*lat.* sextārius (→Sester)–*ahd.*]

sẹch·zehn[zέçtse:n] 《基数》 16〔の〕: → fünfzehn [*ahd.*; ◇sechs; *engl.* sixteen]

Sẹch·zehn·en·der 男 -s/- 〘狩〙角(ﾂﾉ)またが16に分かれたシカ(→Ende 4).

sẹch·zehn·hụn·dert 《基数》 (eintausendsechshundert) 1600〔の〕: →fünfzehnhundert

sẹch·zehnt 《序数》第16の, 16番目の: →fünft

sẹch·zehn·tel[..təl] 《分数; 無変化》 16分の 1〔の〕: → fünftel

Sẹch·zehn·tel≠no·te 女 〘楽〙 16分音符. ≠**pau·se**

女《楽》16分休〔止〕符.

sẹch·ze̱hn·tens[..təns] 副 (列挙の際などに)第16に〔は〕.

sẹch·zig[zɛ́çtsɪç]《基数》60〔の〕: →fünfzig
[*ahd.*; ◇sechs; *engl.* sixty]

sẹch·zi·ger[zɛ́çtsɪgər] **I** 形《無変化》60年代〈60歳台〉の: →fünfziger **II** **Sẹch·zi·ger** 男 -s/- 60歳台の人; 60という数をもつもの: →Fünfziger

Sẹch·zi·ger·ja̱h·re[また: ⏑⏑⏑⏑⏑] 複 **1** 60歳台: →Fünfzigerjahre ▽**2** 60年代.

sẹch·zigst[zɛ́çtsɪçst]《序数》第60の,60番目の: →**fünft**

sẹch·zig·stel[..stəl]《分数; 無変化》60分の1〔の〕: →fünftel

sẹch·zig·stens[..stəns] 副 (列挙の際などに)第60に〔は〕.

secki̱e·ren[zɛkíːrən] =sekkieren

Sẹ·cond·hand-Ge·schäft[zɛ́kənthɛnt.., sɛ́kəndhǽnd..] 中 古物商店, 中古品屋. [<*engl.* second-hand „aus zweiter Hand" (◇sekunda)]

Se·cret Ser·vice[síːkrɪt sə́ːvɪs] 男 --/ (英国の)諜報(ちょうほう)部. [*engl.*; ◇sekret]

SED[ɛs|eːdéː] 略 女 -/ =**S**ozialistische **E**inheitspartei **D**eutschlands ドイツ社会主義統一党(旧東ドイツで1946年に共産党と社会民主党が合同してできた党: →Volkskammer).

Sẹ·da Sedum の複数.

Se·dan[sədɑ̃́] 地名 セダン(フランス北東部の工業都市で, 普仏戦争の激戦地).

se·da̱t[zedáːt] 形 (人について)落ち着いた, 控え目な, 穏やかな. [*lat.*; <*lat.* sēdāre „zum Sitzen bringen"]

se·da·ti̱v[zedatíːf][1] **I** 形《医》鎮静の, 鎮静の効力をもった. **II** **Se·da·ti̱v** 中 -s/-e《医》鎮静薬.

Se·da·ti̱·va Sedativum の複数.

Se·da·ti̱v·bad[zedatíːf..] 中《医》鎮静浴.

Se·da·ti̱·vum[..vʊm] 中 -s/..va[..vaˑ] =Sedativ

▽**se·den·tä̱r**[zedɛntɛ́ːr] 形 **1** 座ったままの. **2** 居住している; 定住の. [*lat.*–*fr.* sédentaire; ◇sedieren]

Se·dẹz[zedéːts] 中 -es/-e《印》**1**《単数で》16折り判(記号 16°). **2** 16折り判の紙〈本〉.
[*lat.* sē-decim „sechzehn"; ◇sechs]

Se·dẹz·for·ma̱t 中《印》16折り判.

se·di̱e·ren[zedíːrən] 他 (h)《*jn.*》《医》(薬剤を与えて…の興奮を)静める, 鎮静する. [*lat.*; <*lat.* sedēre (→sitzen); ◇sedat]

Se·di̱e·rung[..díːrʊŋ] 女 -/-en sedieren すること.

Se·di·mẹnt[zedimɛ́nt] 中 -[e]s/-e **1**《化》沈積〈沈降・沈殿〉物, おり. **2**《医》沈殿物, 沈渣(ちんさ). **3**《地》堆積(たいせき)物. [*lat.*]

se·di·men·tä̱r[zedimɛntɛ́ːr] 形《地》沈積〈沈降〉による; 水成の: ~*e* Gesteine 堆積(たいせき)岩, 水成岩.

Se·di·men·ta·tio̱n[zedimɛntatsióːn] 女 -/-en **1**《化》沈積, 沈降. **2**《地》堆積(たいせき).

Se·di·mẹnt·ge·stein[zedimɛ́nt..] 中《地》水成岩, 沈積〈堆積(たいせき)〉岩.

se·di·men·ti̱e·ren[zedimɛntíːrən] 自 (h) 沈積する, 沈降する, 沈殿する.

Se·dis·va·kạnz[zedɪsvakánts] 女 -/-en《カトリック》教皇〈司教〉座空位期間〈時代〉. [<*lat.* sēdēs „Sitz"]

Se·di·tio̱n[zeditsióːn] 女 -/-en (Aufstand) 騒乱, 反乱, 暴動. [*lat.* sēd-itiō „Auseinander-gehen"]

Se·duk·tio̱n[zedʊktsióːn] 女 -/-en (Verführung) 誘惑. [*lat.*; <*lat.* sē-dūcere „beiseite führen"]

Sẹ·dum[zéːdʊm] 中 -s/Seda[zéːdaˑ] (Fetthenne)《植》キリンソウ(麒麟草)属. [*lat.*]

See[zeː] **I** 男 -s/-n[zéːən, zeːn] 湖, 湖水: ein klarer 〈spiegelglatter〉 ~ 澄みきった〈鏡のように滑らかな〉湖水 | Stau*see* 貯水池, 人造湖 ‖ ein Hotel am ~ 湖畔のホテル | auf dem ~ rudern 湖でボートをこぐ | im ~ schwimmen 湖で泳ぐ.

II 女 -/-n[zéːən, zeːn] **1**《単数で》(英: *sea*)海, 海洋: eine stürmische 〈tobende〉 ~ 荒れ狂う海, 荒海 | faule ~ 凪(なぎ)(=Windstille) ‖ **an** der ~ 海辺で | an die ~ fahren (行楽・保養などに)海へ行く | **auf** ~[3] 海上で | **auf hoher ~** / auf offener ~ 沖で, 外海で | **auf ~[3] bleiben** 《婉曲に》(船員が)海で死ぬ, 海から戻らない | **in ~[4] gehen** 〈**stechen**〉(比較的長い航海のために)出港する, 出航する | **zu ~** 海路で | **zur ~ fahren** 船員として働く | **zur ~ gehen** 船員になる, 水兵になる | Handel zur ~ 海外貿易 | Kapitän zur ~ 海軍大佐 ‖ Die ~ geht hoch. 波が高くなる | Die ~ läuft kurz 〈lang〉.《海》うねりが小さい〈大きい〉.

☆ See, Meer, Ozean の違い: i) Meer はゲルマン系の語で, 本来大陸に囲まれた, あるいは大陸に隔てられた海を意味し, 南部で多く用いる. See もゲルマン系の語で, 北部で多く用いる: die Nordsee 北海 | die Ostsee バルト海 ‖ das Mittelmeer 地中海 | das Schwarze Meer 黒海.

ii) See は Land (陸)の対語である: zu Land und See 陸海両路で | Land- und Seewind 陸風と海風.

iii) Ozean はギリシア系の語で, Weltmeer と訳され,「大洋・海洋」の意: der Atlantische Ozean 大西洋.

2《ふつう複数で》波涛(はとう); (特に船の上に砕け散る)高波: grobe 〈schwere〉 ~*n* 激浪 | Das Schiff nahm ~*n* über.《海》船が波をかぶった.
[*germ.*; ◇*engl.* sea]

See̱≠aal[zéː..] 男《魚》アナゴ(穴子). **≠ad·ler** 男《鳥》ウミワシ(海鷲), オジロワシ(尾白鷲). **≠amt** 中 海事審判所. **≠ane·mo̱·ne** 女《動》イソギンチャク(磯巾着). **≠ap·fel** 男《動》ウミリンゴ(海林檎)〔類〕(棘皮(きょくひ)動物の化石種). **≠bad** 中 海水浴; 海水浴場. **≠bär** 男 **1 a)**《動》〔ミナミ〕オットセイ. **b)**《話》老練な船員. **2** (突然の)大波, 高波. **≠bar·be** 女 (Meerbarbe)《魚》ヒメジ(非売知). **≠ba·tail·lon**[..bataljoːn] 中 海兵大隊. **≠be̱·ben** 中《地》海震, 海底地震. **≠bee·re** 女《植》アリノトウグサ(蟻塔草)属.

see̱·be·schä̱·digt 形 海損を受けた: ein ~*es* Schiff 海損を受けた船.

See̱≠blatt 中《紋》水蓮(すいれん)図形(→ 図 Wappen f). **≠blocka̱·de** 女 海上封鎖. **≠bras·se** 女《魚》タイ(鯛). **≠damp·fer** 男 航洋汽船. **≠dienst** 男 海上勤務. **≠dra·chen** 男《魚》全頭類(ギンザメなど).

See̱-Ele·fant 男 (Elefantenrobbe)《動》カイゾウ(海象), ゾウアザラシ(象海豹).

see̱·er·fa̱h·ren[zéː|ɛrfaːrən] 形 航海の経験豊かな, 海に詳しい: ein ~*er* Kapitän 老練な船長.

See̱-E̱rz 中《鉱》湖成鉱石.

see̱·fä·hig 形 (船が)航海に適する, 耐航性のある.

See̱·fä·hig·keit 女 (船の)耐航性.

see̱·fah·rend 形 航海に従事している, 海洋の: ein ~*es* Volk 海洋民族.

See̱≠fah·rer 男 海員, 船員. **≠fa̱hrt** 女 **1**《単数で》航海: die christliche ~《戯》航海に関するすべてのこと. **2** (Seereise) 船旅.

See̱·fahrt[s]≠bu̱ch 中 船員手帳. **≠schu̱·le** 女 商船学校, 海員養成所.

See̱·fe̱·der 女《動》ウミエラ(海鰓)〔類〕(腔腸(こうちょう)動物).

see̱·fest 形 **1** (船や積み荷が)耐航性のある, 波浪に負けない. **2** (人が)船酔いしない, 船に酔わない〈強い〉.

See̱≠fisch 男 (↔Flußfisch, Süßwasserfisch) 海魚. **≠fi·sche·rei** 女 海洋漁業. **≠flie·ger** 男 海軍航空兵; 水上飛行士. **≠flot·te** 女 船隊; 艦隊. **≠flu̱g·zeug** 中 水上〔飛行〕機. **≠fracht** 女 船荷, 海上運送貨物. **≠fracht·brief** 男 船荷証券. **≠funk·dienst** 男 海上無線事業〈業務〉. **≠gang** 男 -[e]s/ 海〈波〉の動き, 海面状態: hoher ~ 荒海; 高波 | Heute haben wir starken 〈hohen〉 ~. きょうは海が荒れている〈波が高い〉. **≠ge·biet** 中 海域. **≠ge·fa̱hr** 女 **1** 海上の危険. **2**《商》(保険の)海上危険. **≠ge·fecht** 中 (艦船間の)小戦闘, 小海戦. **≠gel·tung** 女 (国家の)海上における威信, 制海権. **≠ge·mä̱l·de** 中 海洋画. **≠ge·setz** 中 海〔事〕法, 海商法.

see̱·ge·stützt 形 (ミサイル兵器などが)海上〔艦艇〕に配備された.

See̱≠ge·wächs 中 海生植物. **≠gras** 中《植》ウミクサ(海草). **≠gur·ke** 女《動》ナマコ(海鼠). **≠ha̱·fen** 男 **1** (↔Binnenhafen) 海港. **2** 港町, 港市. **≠han·del** 男 -s/ 海外貿易,《法》海商. **≠ha̱·se** 男 **1** (Lump)《魚》ダ

ンゴウオ(団子魚)〔科の硬骨魚〕. **2**〘動〙アメフラシ(雨虎)〔科の軟体動物〕. **≈hecht** 男 (Meerhecht)〘魚〙メルルーサ(タラの一種). **≈herr·schaft** 女 -/ **1**〘法〙海上権. **2**〘軍〙制海権. **≈hö·he** 女〔海抜〕標高.

See·hund[zé:..] 男 **1**〘動〙アザラシ(海豹): gemeiner ～ ゴマフアザラシ(胡麻斑海豹). **2** アザラシの毛皮.
[*mndd.* sel-hunt; ◇Seal]

See·hunds≈fang 男 アザラシの捕獲, アザラシ猟. **≈fell** 中 アザラシの毛皮(スキーの滑り止めにも用いられる). **≈jagd** 女 アザラシ猟.

See≈igel 男〘動〙ウニ(海胆). **≈jung·fer** 女 **1**〘虫〙カワトンボ(川蜻蛉)科の昆虫. **2** (伝説の)人魚, 水の精. **3**〘動〙ジュゴン(儒艮). **≈jung·frau** 女 (伝説の)人魚, 水の精. **≈ka·bel** 中 海底ケーブル. **≈ka·dett** 男 海軍士官候補生. **≈ka·nal** 男 二つの海を結ぶ運河. **≈kan·ne** 女〘植〙アサザ(阿佐佐)属. **≈kar·te** 女 海図. **≈kas·se** 女〘法〙(船員保険の)海上金庫. **≈kat·ze** 女〘魚〙ギンザメ(銀鮫).

see·klar 形〘海〙出航(出帆)準備の整った: ein Schiff ～ machen 船の出航準備を整える.

See·kli·ma 中 (↔Kontinentalklima) 海洋〔性〕気候.

see·krank 形 船に酔った, 船酔いにかかった: ～ werden 船に酔う.

See≈krank·heit 女 -/ 船酔い: an ～ leiden 船酔いする. **≈krieg** 男 海戦(→Landkrieg, Luftkrieg).

See·kriegs·recht 中 -〔e〕s/ 海戦法規.

See≈kuh 女〘動〙カイギュウ(海牛)〔類〕. **≈kü·ste** 女 海岸, 磯(いそ).

Seel[ze:l]《もっぱら次の形で》Meiner ～! (→Seele 1 b).

See·lachs[zé:..] 男〘魚〙**1** ＝Köhler 2 **2** (海洋に回遊中の)サケ(鮭).

See·land[zé:lant] 地名 シェラン(デンマーク最大の島. 首都 Kopenhagen もここにある. デンマーク語形 Sjælland).
[◇*engl.* Zealand]

Seel·chen Seele 2 a の縮小形.

See·le[zé:lə] 女 -/-n **1** (↔Leib) **a**) (英: *soul*) 心: eine empfindsame ⟨verletzliche⟩ ～ 敏感な⟨傷つきやすい⟩心 | eine gute ～ やさしい気だて, 思いやり | eine unruhige ⟨gespaltene / zerrissene⟩ ～ 不安な⟨千々に乱れる⟩思い ‖ Leib und ～ 心身, 身も心も ‖ ein Herz und eine ～ 〔mit *jm.*〕 sein (→Herz 2) | Ihr Blick war ganz ～. 彼女のまなざしには心があふれていた ‖〘前置詞と〙**an Leib und ～ gesund** 心身ともに健全な | ***jm. et.***[4] **auf die ～ binden**《話》…に…のことを心にかけるよう切に頼む | ***jm.* auf der ～ brennen**《話》…にとって強い関心事である | Es brennt mir auf der ～, sie zu besuchen. 私は彼女を訪ねたくてじっとしていられない | *jm.* 〔schwer〕 auf die ～ fallen …の心にのしかかる, …の気を重くする | ***jm.* auf der ～ knien ⟨herumgeigen⟩**《話》…をせっつく, …をいらいらさせる | **auf *js.* ～ ⟨*jm.* auf der ～⟩ liegen ⟨lasten⟩**《雅》…の心に重くのしかかっている | **aus ganzer ⟨tiefster⟩ ～** 心の底から | ***jm.* aus der ～ sprechen** …の気持を代弁する, …の言いたがっている⟨思っている⟩ことを言う | **in der ～** 心〔の底〕から | ***jm.* in tiefster ～ verhaßt sein** …には心底いやなことだ | Sie liest in meiner ～. / Sie blickt in meine ～. 彼女は私の心を見抜く | **in *js.* ～ ⟨*jm.* in die ～⟩ schneiden** / *jm.* in der ～ weh tun《雅》(言葉などが)…に深い心痛を与える | *sich*[4] in die ～ hinein schämen 深く恥じ入る | **mit Leib und ～** (→Leib 1) | **mit ganzer ～** 全身全霊をあげて | Er ist mit ganzer ～ Lehrer. 彼は教職に打ちこんでいる | mit ganzer ～ bei *et.*[3] sein 心から…に打ちこんでいる, 専心…に没頭している | **ohne ～** spielen 心のこもらぬ演技⟨演奏⟩をする, 小手先だけで演じる | ***sich***[3] ***et.***[4] **von der ～ reden ⟨schreiben⟩** …(悩みなど)をしゃべって⟨書きつけて⟩気持を軽くする ‖〘4格で〙**eine schwarze ～ haben** わるい性格の持ち主である | eine zarte ～ haben 心がこまやかである | keine ～ haben 人でなし⟨非情・無感覚⟩である | Der Stil hat keine ～. この文体は生気を欠いている | **die ～ baumeln lassen**《話》息抜きをする, のんびりする | *jm.* die ～ massieren 強く…の心をゆさぶる | ***jm.* die ～ aus dem Leib fragen**《話》…をとことん問いつめる | ***sich* die ～ aus dem Leib husten**《話》猛烈にせきこむ | ***jm.* die ～ aus dem Leib prügeln**《話》…をさんざん打ちのめす | ***sich***[3] **die ～ aus dem Leib reden**《話》精魂を傾けて説く | ***sich***[3] **die ～ aus dem Leib rennen**《話》息せき切ってひた走る | ***sich***[3] **die ～ aus dem Leib schreien**《話》ありったけの声を振り絞って叫ぶ ‖〘主語として〙Seine ～ brennt ⟨glüht⟩. (感激・欲望などで)彼の心は燃え立つ⟨燃え上がる⟩ | Seinem Gesang fehlt die ～. 彼の歌唱には心がこもっていない | Seine ganze ～ lag offen vor mir. 彼は心中をすべて私に打ちあけてくれていた | In seiner Brust wohnen zwei ～*n*.《比》彼は心⟨気持⟩が二つに分裂している, 彼は決断力がない ‖ Jetzt hat die liebe ⟨arme⟩ ～ Ruh.《比》これでもう片がついた(心残りはない) | Schenken wir ihm das Zeug, dann hat die liebe ～ Ruh.《比》彼にそいつをやることにしよう. そうすれば事は収まる(彼は得心する).

b)〘宗〙霊〔魂〕, 魂: eine arme ～〘カトリック〙(煉獄(れんごく)で贖罪(しょくざい)している)死者のあわれな霊 | für die armen ～*n* im Fegefeuer beten 煉獄にいるあわれな霊魂⟨亡者⟩たちのために祈る | eine schwarze ～ haben 悪人である ‖ Schaden an *seiner* ～ nehmen (道徳にそむいて)魂をそこなう, 魂に傷を負う | Bei meiner 〔armen〕 ～! わが魂にかけて誓うが, 誓って | **Meiner *Seel*〔*e*〕!**《南部・オーストリア》i) (驚き・恐れを表して)これはたまげた, これはしたり, とんでもない; ii) 誓って〔言うが〕, ほんとに | hinter *et.*[3] hersein wie der Teufel hinter der 〔armen〕 ～ (→Teufel 1) ‖ **die ⟨*seine*⟩ ～ aushauchen**《雅》息を引きとる, 死ぬ | *seine* ～ retten (善業によって)魂を(滅びから)守る | *seine* ～ verlieren (悪業によって)魂を(悪魔に)奪われる | *seine* ～ dem Bösen ⟨dem Teufel⟩ verschreiben 魂を悪魔に売り渡す.

2《人を意味して》**a**) (小 **Seel·chen**[..çən] 中 -s/-) (…の)心の持ち主: Die arme ～! かわいそうなやつめ | Er ist eine durstige ～.《比》彼は飲み助だ | Er ist eine gute ⟨treue⟩ ～. 彼は気だてがいい⟨誠実だ⟩ | Sie sind verwandte ～*n*. 彼らは気性が似かよっている | Zwei ～*n* und ein Gedanke. 体は二つでも思いは一つ.

b)《単数で否定詞と》人っ子ひとり(…ない): Nirgends war eine menschliche ～. どこにも人影はなかった | Keine 〔lebende / menschliche〕 ～ war weit und breit zu sehen. あたり一帯には人っ子ひとり見かけなかった.

▽**c**)《複数で数詞と》(Einwohner)(村・教区などの)住民〔数〕: ein Dorf mit ⟨von⟩ 500 ～*n* 人口500人の村 | Die Gemeinde zählt etwa 800 ～*n*. 教区民は約800人である.

3 a) (精神的な)中核, 中心人物; 核心, 眼目, かなめ; 精髄: **eine ～ von Mensch ⟨von einem Menschen⟩ sein**《比》善良そのものである ‖ die ～ des Ganzen sein 中核⟨中心人物⟩である | die ～ des Hauses ⟨des Unternehmens⟩ sein 一家⟨企業⟩の中心人物である | die ～ des Aufstandes sein 暴動の首魁(しゅかい)である ‖ Kürze ist des Witzes ～. 簡潔さがしゃれの眼目である. **b**) (ロープ・ケーブル・糸玉などの)芯(しん)(→ 図 Seil). **c**)〘鳥〙(羽毛軸の)髄. **d**) (銃身・砲身の)腔(こう). **e**) (Stimmstock)〘楽〙(弦楽器の)魂柱. **4** 芽の出ていないジャガイモ. **5** (その年に生まれた)稚魚, 当歳魚.
[*germ.* „zum See Gehörige"; ◇See; *engl.* soul]

See·len≈ach·se[zé:lən..] 女 (銃身・砲身の)腔軸(こうじく). **≈adel** 男 心の気高さ⟨心ばえの高潔さ⟩〔で抜きんでた人〕. **≈amt** 中〘カトリック〙死者のための歌ミサ. **≈angst** 女 (心理的要因をもった)ひどい不安. **≈an·ten·ne** 女《話》テレパシー. **≈arzt** 男 精神分析医, 精神病医;《比》心の悩みをいやしてくれる人. **≈aspi·rin** 中《話》鎮静錠剤. **≈be·rie·se·lung** 女《話》心の灌漑(かんがい)(品行に対する宗教的な説論). **≈blind·heit** 女 (Agnosie)〘医〙失認, 認知不能〔症〕. **≈bräu·ti·gam** 男《雅》魂の花婿(キリスト). **≈brief·ka·sten** 男《雅》心の郵便箱(新聞・雑誌の投書相談欄). **≈bun·ker** 男《戯》魂の防空壕(ごう)(コンクリート建築の教会). **≈dok·tor** 男 ＝Seelenarzt **≈dra·ma** 中 心理劇. **≈durch·mes·ser** 男〘工〙口径, 内径, ボーア. **≈fa·brik** 女《戯》魂の工場(近代的建築様式の教会). **≈fang** 男 信徒獲得の企て, 折伏(しゃくぶく)運動. **≈for·scher** 男 (Psychologe) 心理学者, 精神科医. **≈freund** 男 心

S

〔から〕の友. ≈**frie·de〔n〕** 男《単数で》《しばしば皮肉》心の安らぎ.

see·len·froh 形 心から喜んでいる.

See·len≈ga·ra·ge[..gara:ʒə] 女《戯》魂のガレージ(コンクリート建築の教会). ≈**ga·so·me·ter** 男《戯》魂のガスタンク(円形建築の教会). ≈**grö·ße** 女 -/《雅》魂の偉大さ, 心ばえの気高さ.

see·len·gut =seelensgut

See·len≈gü·te 女 心底からの気だての良さ(善良さ). ≈**heil** 中〖宗〗霊魂の救い, (死者の)冥福(めいふく); 《比》(Wohlergehen) 健康, 無病息災. ≈**heil·kun·de** 女 -/ (Psychiatrie) 精神医学. ≈**hirt** 男 (雅: ≈**hir·te** 男)〖宗〗霊魂の牧者(神父・牧師). ≈**hy·gie·ne** 女 精神衛生. ≈**ka·tarr〔h〕**[..katar] 男《話》不機嫌, 憂鬱(ゆううつ). ≈**klo** 中《話》魂の便所(排泄(はいせつ)場所)(相手の悩みの聞き役をさせられる人). ≈**kraft** 女 精神力. ≈**krank·heit** 女 魂の病気(やまい). ≈**kun·de** 女 -/ (Psychologie) 心理学.

see·len·kun·dig 形 人の心(心理学)に通じた.

see·len·kund·lich[..kʊntlɪç] 形 (psychologisch) 心理学〔上〕の; 心理学的な.

See·len≈le·ben 中 -s/ 精神(内面)生活, 情緒. ≈**leh·re** 女 -/ =Seelenkunde ≈**lei·den** 中 魂の悩み(やまい).

see·len·los[..lo:s][1] 形 **1** (unbeseelt) 魂のない, 生命のない. **2** (↔seelenvoll) 魂の抜けた, 感情のない, 心のこもらぬ.

See·len≈mas·sa·ge[..masa:ʒə] 女《話》魂(良心)への訴え; 洗脳. ≈**mes·se** 女 (Totenmesse)〖カトリック〗死者ミサ. ≈**not** 女 深い苦悩. ≈**pein** 女 深い苦痛. ≈**qual** 女 深い懊悩(おうのう). ≈**quä·ler** 男《話》読む者の心をさいなむ小説. ≈**quet·scher** 男《話》観客の涙をしぼる劇(映画), お涙ちょうだい劇. ≈**rei·ßer** 男《話》感銘深い映画. ≈**ru·he**[また:ーーーー] 女 心の平静さ, 落ち着き: in aller ~ / mit völliger ~ 落ち着きはらって, 平然と.

see·len·ru·hig 副 (völlig ruhig) 平然として, 泰然自若として.

See·len≈rülp·ser 男《話》深いため息; のろいの言葉. ≈**sau·ce**[..zo:sə] 女《話》(詠嘆調の歌詞につけられた)センチメンタルな音楽. ≈**schmalz** 中《話》(Rührseligkeit) 感傷; センチメンタルな歌; 感動的な金言, 慰めを与える言葉. ≈**schnul·ze** 女《話》哀調を帯びた詠嘆調の流行歌; お涙ちょうだい物(ドラマ・映画など).

see·len〔s〕·gut 形 (とても)気だてのいい, 善良な.

See·len≈si·lo 男《話》魂のサイロ(サイロふうのモダンな建築様式の教会). ≈**so·ße** 女 =Seelensauce ≈**spie·gel** 男《話》(Fragebogen) 調査(アンケート)用紙.

see·len·stark 形 心(性格)の強い, 剛毅(ごうき)な.

See·len≈stär·ke 女 -/ 心の(性格的な)強さ, 剛毅さ. ≈**taub·heit** 女〖医〗精神聾(ろう). ≈**trost** 男, ≈**trö·ster** 男《話》百薬の長(酒).

see·len·ver·gnügt 形《ふつう述語的》満足しきった.

See·len·ver·käu·fer 男 **1**《話》**a)** (危険な)おんぼろ船(ボート). **b)** (転覆しやすい)二輪馬車.
2 a)《話》(金のためなら)友人を売って恥じない男. [▽]**b)** (植民地向けの兵員・船員を集める)人買い.

see·len·ver·wandt 形 気性の似かよった.

See·len·ver·wandt·schaft 女 気性の似かよい, 相性.

see·len·voll 形 (↔seelenlos) 心(感情)のこもった: das ~*e* Spiel des Geigers ヴァイオリニストの心のこもった演奏.

See·len≈wan·de·rung 女 (Reinkarnation)〖宗〗輪廻(りんね); 再生; 化身; 生まれかわり. ≈**wär·mer** 男《戯》(胸の温まるもの) **1** 毛糸のセーター(チョッキ・ショール). **2** 火酒, ブランデー. **3** ガールフレンド. ≈**wä·sche** 女《話》(政治的・思想的)再教育, 洗脳. ≈**zu·stand** 男 精神(心理)状態.

See≈leuch·te[zé:..] 女 (Leuchtturm) 灯台. ≈**leu·te** 複 **1** Seemann の複数. **2**《戯》(Sehleute にかけて)(商店の)ひやかしの客. ≈**li·lie**[..liə] 女 (Haarstern)〖動〗ウミユリ(海百合)(棘皮(きょくひ)動物).

see·lisch[zé:lɪʃ] 形 心の, 心的な, 精神的な; 情緒的な, 魂の, 心霊の: eine ~*e* Belastung 精神的負担 | eine ~*e* Läuterung 魂の浄化 | ~*e* Störungen 情緒不安定, 精神的障害 | die ~*en* Ursachen einer Krankheit 病気の心因 | das ~*e* Gleichgewicht verlieren 精神の安定を失う ‖ Er ist körperlich und ~ krank. 彼は肉体的にも精神的にも(身も心も)病んでいる. [<Seele]

See≈lord[zé:..] 男《話》(Seemann) 船乗り, 船員, マドロス. ≈**lot·se** 男 水先案内人, パイロット. ≈**lö·we** 男〖動〗トド(海馬); クロアシカ(黒海驢)(鰭脚(ひれあし)類): Kalifornischer ~ クロアシカ | Stellers ~ トド.

Seel≈sor·ge[zé:l..] 女 -/〖キリスト教〗魂への配慮, 司牧, 牧会. ≈**sor·ger**[..zɔrgər] 男 司牧者, 牧会者(特に教区担当の司祭・牧師). [<Seele]

seel≈sor·ge·risch[..zɔrgərɪʃ] ≈**sor·ger·lich**[..zɔrgərlɪç], ≈**sorg·lich**[..zɔrklɪç] 形 司牧(牧会)の.

See≈luft[zé:..] 女 海(海岸)の空気. ≈**luft·streit·kräf·te** 複 海軍航空隊. ≈**macht** 女 (↔Landmacht) 海軍力; 海軍国. ≈**man·del** 女〖貝〗キセワタガイ(着綿貝). ≈**mann** 男 -〔e〕s/..leute (..männer)(主として外洋を航行する船の)船乗り, 船員, 水夫(→Schiffer): **Das haut den stärksten ~ um.**《話》そいつはとても信じられない, そんなことあるものか; そいつはすごい.

see·män·nisch[..mɛnɪʃ] 形 船員(船乗り)の〔ような〕; 海員用語の.

See·manns≈amt 中 海員庁. ≈**aus·druck** 男 -〔e〕s/..drücke 船員用語, 船乗り言葉.

See·mann·schaft[zé:manʃaft] 女 -/〖海〗船舶運用術.

See·manns≈gang 男 -〔e〕s/ (体を揺さぶりながら大またに歩く)船乗り特有の歩き方. ≈**garn** 中 -〔e〕s/《話》(船乗りの)尾ひれをつけた冒険談: 〔**ein**〕**~ spinnen** 大げさな作り話をする | Das ist ja ein tolles (das reinste) ~! それこそひどい(正真正銘の)ほら談義だ. ≈**grab** 中 海の墓: ein ~ finden《雅》(船乗りが)海で死ぬ. ≈**heim** 中 船員ホーム(宿泊所). ≈**ki·ste** 女 (衣類その他の私物携帯用の)船員用長持(ながもち). ≈**kla·vier** 中《話》(Ziehharmonika) アコーデオン. ≈**le·ben** 中 -s/ 船乗り生活. ≈**lied** 中 船乗りの歌. ≈**los** 中 船乗りの運命. ≈**mis·sion** 女〖宗〗船員に対する伝道〔団〕. ≈**ord·nung** 女 海員法規. ≈**schnul·ze** 女《話》哀調を帯びた船乗りの歌. ≈**schu·le** 女 船員学校. ≈**spra·che** 女 船員用語(英語・オランダ語の影響が強い). ≈**tod** 男 船乗りの海での水死.

see·mä·ßig 形 (荷造りについて)耐航性のある, 海上輸送に耐える: ~ verpackt 海上輸送に耐えるように荷造りされた.

See≈maus 女 **1** サメ(エイ)の卵. **2** =Seeraupe ≈**mei·le** 女 海里(1852メートル; 記号 sm). ≈**mi·ne** 女〖軍〗機械水雷, 機雷. ≈**moos** 中〖動〗ウミシバ(海芝)(染色加工してクリスマスの装飾に用いる). ≈**mö·we** 女〖鳥〗カモメ(鷗). ≈**mu·schel** 女〖貝〗フネガイ(船貝)〔属の海貝〕. ≈**na·del** 女〖魚〗ヨウジウオ(楊枝魚). ≈**ne·bel** 男 海霧. ≈**nel·ke** 女〖動〗ヒダベリイソギンチャク(襞縁磯巾着).

Seen≈ge·biet[zé:ən..] 中 湖水地方. ≈**kun·de** 女 -/ 湖沼学.

See·not[zé:..] 女 -/ 海難: in ~ geraten (船舶などが)海難に遭う | *jn.* aus ~ retten …を海難から救助する.

See·not≈dienst =Seenotrettungsdienst ≈**flug·zeug** 中〖空〗海難救助機. ≈**ret·tungs·dienst** 男 海難救助活動(部隊). ≈**zei·chen** 中〖海〗海難信号 (SOS など).

Seen·plat·te[zé:ən..] 女 湖沼地帯.

See·nym·phe[zé:..] 女 =Seejungfrau

s. e. e. o. 略 =salvo errore et omissione 過失と省略とはこの限りにあらず.

See≈of·fi·zier[zé:..] 男 海軍将校, 海軍士官. ≈**ohr** 中〖貝〗ミミガイ(耳貝), アワビ(鮑). ≈**ot·ter** 男〖動〗ラッコ. ≈**paß** 男 船員手帳. ≈**pferd·chen** 中 **1**〖魚〗タツノオトシゴ(竜の落子), 海馬. **2**〖解〗海馬(大脳辺縁系の一部). ≈**pla·na·rie**[..riə] 女〖動〗多岐腸類. ≈**platz** 男 海辺の行楽地. ≈**pocke** 女〖動〗フジツボ(藤壺). ≈**po·lyp** 男〖動〗タコ(蛸). ≈**pro·test** 男 (Verklarung)〖海〗(海難船舶の船長が監督官庁に提出する)海難報告書. ≈**ra·be** 男 (Kormoran)〖鳥〗ウミウ(海鵜). ≈**rat·te** 女 **1**

=Seekatze **2**《話》老練な水夫. **≈raub** 男 海賊行為. **≈räu·ber** 男 海賊.
See·räu·be·rei[ze:rɔʏbəráɪ] 女 海上略奪, 海賊行為.
see·räu·be·risch[zé:..] 形 海賊の〔ような〕.
See·räu·ber≈kü·ste =Piratenküste **≈schiff** 中 海賊船.
See≈rau·pe 女〖動〗ウロコムシ(鱗虫)(環形動物). **≈recht** 中 -〔e〕s/〖法〗海洋法.
See·rechts·kon·fe·renz 女〔国際〕海洋法会議.
See≈rei·se 女 海の旅, 船旅. **≈rei·sen·de** 男 女 船旅をする人. **≈ro·se** 女〖植〗スイレン(水蓮)属. **≈rou·te** [..ru:tə] 女 海上ルート, 海〔上輸送〕路. **≈rü·stung** 女 海軍軍備. **≈sack** 男 (船員のズック製の)荷物袋. **≈salz** 中 海塩. **≈scha·den** 男〖商〗(航海・海上輸送中に生じた)海損. **≈schei·de** 女〖動〗ホヤ(海鞘)類. **≈schiff** 中 (↔Flußschiff)(耐航性のある)航海船. **≈schiffahrt** (≈schiff·fahrt) 女 -/ 航海; 海運. **≈schild·krö·te** 女〖動〗ウミガメ(海亀). **≈schlacht** 女 海上戦闘, 海戦. **≈schlan·ge** 女 **1**〖動〗ウミヘビ(海蛇). **2**《話》(新聞の)虚報. **≈schmet·ter·ling** 男〖魚〗イソギンポ(磯銀宝). **≈schwal·be** 女〖鳥〗アジサシ(鰺刺). **≈sei·de** =Muschelseide **≈sei·te** 女 (↔Landseite)(堤防・ダムなどの)海〔に面した〕側. **≈sieg** 男 海戦の勝利. **≈skor·pion** 男〖魚〗カジカの一種. **≈sol·dat** 男 海兵, 水兵. **≈sper·re** 女 海上封鎖. **≈spin·ne** 女〖動〗ウミグモ(海蜘蛛)〔類〕. **≈staat** 男 海国, 海洋国家. **≈stadt** 女 海岸都市, 海辺の町. **≈stern** 男〖動〗ヒトデ(海星). **≈strand** 男 海浜, 海辺. **≈stra·ße** 女 海路, 航路.
See·stra·ßen·ord·nung 女〖法〗海路法.
See≈streit·kräf·te 複 海軍〔兵力〕. **≈strom** 男 海流, 潮流. **≈stück** 中 (Marine)〖美〗海景, 海洋画(海を描いた作品). **≈sturm** 男 海上の暴風雨, しけ(時化). **≈stütz·punkt** 男 海軍基地. **≈tang** 男〖植〗アマモ(甘藻)属(海藻). **≈tau·cher** 男〖鳥〗アビ(阿比). **≈ter·ras·se** 女〖地〗湖岸段丘. **≈teu·fel** 男 (Angler)〖魚〗アンコウ(鮟鱇). **≈tier** 中 海生動物.
s. e. et o. =s. e. e. o.
See≈ton·ne[zé:..] 女〖海〗浮標, ブイ. **≈trans·port** 男 海上輸送. **≈trau·ben** 複 (ぶどう状の)イカの卵. **≈trift** 女 海上漂流貨物, 海難貨物.
see·tüch·tig 形〖海〗(船が)航海に適する, 耐航性のある.
See≈tüch·tig·keit 女〖海〗(船の)耐航性, 耐航能力. **≈ufer** 中 海岸; 湖岸. **≈um·schlag** 男 (港での)貨物の積みかえ. **≈un·fall** 男 海難事故. **≈un·ge·heu·er** 中 海の怪物.
see·un·tüch·tig 形 (船が)航海に適さない, 耐航性のない.
See≈ver·bin·dung 女 海上連絡; 海上ルート〈輸送路〉. **≈ver·kehr** 男 海上交通, 海運. **≈ver·mes·sung** 女 海洋測量. **≈ver·si·che·rung** 女 海上保険. **≈vo·gel** 男 海鳥. **≈volk** 中 **1** 海洋民族. **2**《話》《集合的に》海の男, 船乗り. **≈wal·ze** 女 =Seegurke **≈war·te** 女 (海運のための)海洋研究所.
see·wärts[zé:vɛrts] 副 (↔landwärts)(陸から)海〈湖〉の方向に, 海〈湖〉に向かって.
See·was·ser 中 -s/ 海水.
See·was·ser·aqua·rium 中 海水水槽〈水族館〉.
See≈weg 男 航路;《単数で》(↔Landweg) 海路: auf dem ~ nach Indien fahren 海路インドに赴く. **≈we·sen** 中 -s/ 海事. **≈wind** 男 (↔Landwind) 海風, 潮風; 湖風. **≈wolf** 男 **1**〖魚〗オオカミウオ(狼魚). **2**《話》海賊. **≈wurf** 男〖海〗(海難などの際の)投げ荷, 打ち荷. **≈zei·chen** 中〖海〗航路標識(浮標・灯台など: → 図). **≈ziel** 中〖軍〗(爆撃などの)海上目標. **≈zun·ge** 女〖魚〗ササウシノシタ(笹牛舌)科の魚(シタビラメなど).

Seezeichen

Se·gel[zé:gəl] 中 -s/- **1** (英: *sail*)(帆船・ヨットなどの)帆(→ 図): pralle 〈geschwellte〉 ~ (風をはらんで)ふくらんだ

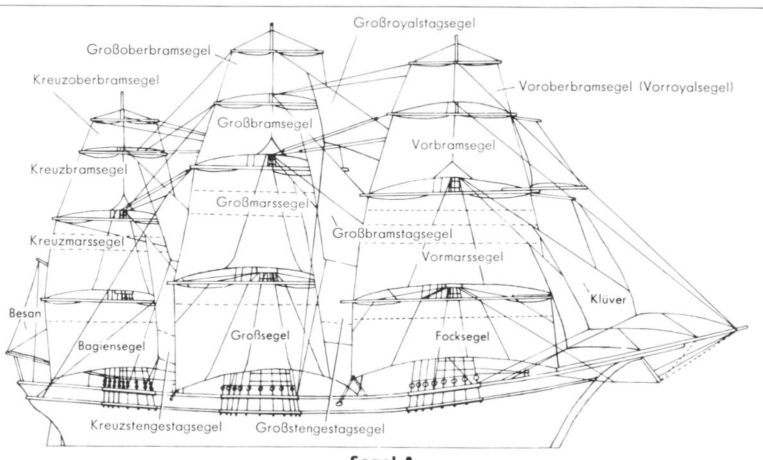

Segel A

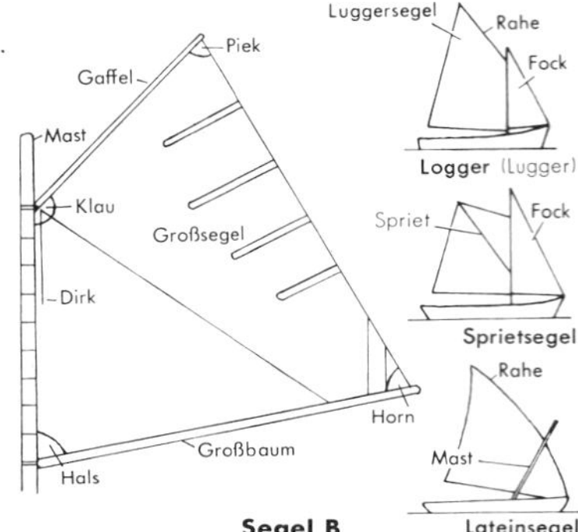

Segel B

帆 | schlaffe ～ だらりと垂れた帆 | Groß*segel* 主帆, メーンスル | Topp*segel* 中檣帆, トップスル ‖ die ～ aufziehen 〈hissen / setzen〉 帆を揚げる, 展帆(てんぱん)する | die ～ einziehen 〈einholen〉 帆を降ろす, 帆をたたむ | die ～ reffen 帆をしぼる, 縮帆(しゅくはん)する | 〔vor *jm.* 〈*et.*³〉〕 **die ～ streichen** 《雅》〔…に対して〕戦い〈抵抗〉を放棄する, あきらめる ‖ *jm.* den Wind **aus** den ～*n* nehmen (→Wind 1 a) | Wind **in** *js.* ～ sein (→Wind 1 a) | **mit vollen ～*n*** 満帆(まんぱん)の状態で, 帆に風をいっぱい受けて; 《比》全力を挙げて | **unter ～** 帆を揚げて | **unter ～ gehen** 出帆する ‖ Der Wind bläht 〈schwellt〉 die ～. 風が帆をふくらませる | Das Schiff hatte alle ～ gesetzt. 船はすべての帆を張っていた.
2 (帆状のもの. 例えば:) **a)** (Sonnensegel) (帆布製の)日覆い, 天幕. **b)** (Gaumensegel) 〖解〗口蓋(こうがい)帆. **c)** das ～ 〖天〗帆(ほ)座.
[*germ.* „abgeschnittenes Stück Tuch"; ◇ Säge; *engl.* sail]

Se̩·gel≠an·wei·sung[zé:gəl..] 女 帆走法心得〈規則集〉. **≠boot** 中 帆船; (Jacht) ヨット. **≠fahrt** 女 帆走. **≠fal·ter** 男 〖虫〗ヨーロッパタイマイ(欧州玳瑁蝶).

se̩·gel·fer·tig ＝segelklar

se̩·gel·flie·gen 自 《もっぱら不定詞で》 (グライダーで)滑空する: Er lernte ～. 彼はグライダーの操縦を習った.

Se̩·gel≠flie·ger 男 グライダー乗り〈操縦士〉. **≠flie·ge·rei**[また: –◡–◡⊥] 女 -/, **≠flug** 男 滑空.

Se̩·gel·flug≠ge·län·de 中 滑空〈練習〉場. **≠sport** 男 -〔e〕s/ 滑空スポーツ. **≠wett·be·werb** 男 滑空競技.

Se̩·gel≠flug·zeug 中 グライダー, 滑空機(→ 図 Flugzeug). **≠jacht** 女 ヨット. **≠kar·te** 女 帆船用海図.

se̩·gel·klar 形 〖海〗出帆準備の整った.

Se̩·gel≠klas·se 女 (レースなどの際の)ヨットの等級〈級別〉. **≠klub** 男 ヨットクラブ. **≠ma·cher** 男 ヨット製造〔業〕者.

se̩·geln[zé:gəln] 《06》 **I** 自 **1** (s, h) (帆船が・帆船で)帆走する; ヨットに乗る; (グライダーが・グライダーで)滑空する; (鳥が)すいすいと〈滑るように〉飛ぶ; (雲が)流れる; 《話》(人が)さっそうと進む; 《話》(事物・事態が)〔なめらかに〕進行する: gegen den Wind ～ (→Wind 1 a) | mit dem Wind ～ (→Wind 1 a) | vor dem Wind ～ 追い風を受けて帆走する | in *js.* Kielwasser 〈Fahrwasser〉 ～ (→Kielwasser, →Fahrwasser) | unter falscher 〈fremder〉 Flagge ～ (→Flagge) ‖ Er ist allein über den Pazifik *gesegelt*. 彼は単身で太平洋をヨットで横断した | Ich bin 〈habe〉 diesen Sommer viel *gesegelt*. 私は今年の夏はずいぶんヨットに乗った(→schwimmen I 1 ☆) ‖ Die Wolken *segeln* am Himmel. 雲が空を流れてゆく | Die Schwalben *segelten* durch die Luft. ツバメがすいすいと空中を飛んだ ‖ 〖様態を示す語句と〗 eine Regatta ～ ヨットレースで帆走する ‖ 〖結果を示す語句と〗 再帰 *sich*⁴ fest ～ (帆船が)座礁する.
2 (s) 《話》(…から)落ちる: aus der Hängematte ～ ハンモックから落ちる | durchs Examen ～ 試験に落第する.
II 他 (h) **1** (船を)帆走させる: Ein Boot habe ich noch nie *gesegelt*. 私はまだヨットを走らせたことがない | ein Schiff in den Grund ～ 船を沈没させる. **2** 〔帆〕船で運ぶ.
III Se̩·geln 中 -s/ 帆走: Wett*segeln* ヨットレース.

Se̩·gel≠qual·le 女 〖動〗カツオノカンムリ(鰹の冠). **≠re·gat·ta** 女 帆走競技, ヨットレース. **≠schiff** 中 帆船. **≠schlit·ten** 男 (Eisjacht) 氷上ヨット. **≠schu̲·le** 女 ヨットスクール. **≠sport** 男 帆走スポーツ. **≠stan·ge** 女 帆桁(ほげた). **≠tau** 中 帆綱. **≠törn** 男 帆走. **≠tu̲ch** 中 -〔e〕s/-e 帆布, 麻布(カンバス・ズックなど): Turnschuhe aus ～ ズックの運動靴.

Se̩·gel·tu̲ch≠schu̲h 男 ズック靴. **≠ta·sche** 女 ズックのかばん.

Se̩·gel≠werk 中 -〔e〕s/ 操帆装置, 索具. **≠yacht** 女 ＝Segeljacht

Se̩·gen[zé:gən] 男 -s/- **1** 〖宗〗祝福〔のことば・祈り・身ぶり〕: der göttliche 〈päpstliche〉 ～ 神〈教皇〉の祝福 ‖ 〔über *jn.* 〈*et.*⁴〉〕 den ～ sprechen 〔…に対して〕祝福のことばを唱える | den ～ erhalten 〈bekommen〉 祝福を受ける | *jm.* den ～ geben 〈erteilen / spenden〉 …に祝福を与える. **2** 《比》同意, 賛成: **zu *et.*³ seinen ～ geben** …に同意〈賛成〉する | ***js.* ～ haben** 《話》…の同意〈了解〉を得ている | Meinen ～ hat er. 《話》彼〔がそれをすること〕に対して別に異存はありません. **3** 《比》(天の)恵み: Der Regen ist ein wahrer ～. この雨は全く天の恵みだ | Auf seiner Arbeit ruht kein ～. 彼の仕事はついていない(天から見放されている) | An Gottes ～ ist alles gelegen. 《諺》すべては神のお恵み次第 | Sich regen bringt ～. 《諺》よく働く者には神の恵みがある. **4** 《比》幸福, 繁栄, 成功; (豊富な)収穫: der ～ der Ernte 〈der Felder〉 田畑の好収穫, 豊作 | **der ganze ～** 《話》全部, 一切合財(がっさい)(しばしばあまりありがたくないことに関して) ‖ *jm.* Glück und ～ wünschen …の多幸を祈る | *et.*⁴ zum ～ der Menschheit nutzen …を人類の福祉のために利用する.
[*ahd.*; ◇ segnen]

se̩·gen·brin·gend[zé:gən..] 形 祝福を与えてくれる, (人々に)幸福をもたらす.

Se̩·gen·er·tei·lung 女 ＝Segenspendung

se̩·gen·spen·dend ＝segenbringend

Se̩·gen·spen·dung 女 (聖職者が)祝福を与えること; 祝別〔式〕; 降福式.

se̩·gens·reich 形 **1** 祝福に満ちた; 幸福な, 恵まれた: *jm.* eine ～*e* Zukunft wünschen …にしあわせな未来を祈る. **2** (人々に)幸福〈利益〉をもたらす.

Se̩·gens·spruch 男 祝福のことば.

se̩·gens·voll ＝segensreich

Se̩·gens·wunsch 男 (人のために)神の祝福を祈ること: Herzliche Glück- und *Segenswünsche*! 心からあなたのご多幸を祈ります.

Se̩·ger≠ke̲·gel[zé:gər..] 男 (略 SK) セーゲルコーン, ゼーゲル錐(すい)(耐火物や陶磁器などの高温加熱効果を比較測定する温度計). **≠por·zel·la̲n** 中 ゼーゲル陶器(ゼーゲルの開発した工法による日本・中国陶器の模造品). [< H. Seger (ドイツの窯業家, †1893)]

Se̩·gerz[zé:gərts, zɛ́g..] 女 -/-e (桶(おけ)屋などの使う)斧(おの)(→ 図 Beil).

Se̩g·ge[zɛ́gə] 女 -/-n 〖植〗スゲ(菅)属. [*germ.*－*mndl.*－*mndd.*; ◇ sezieren, Säge; *engl.* sedge]

Se̩·ghers[zé:gərs] 人名 Anna ～ アンナ ゼーガース(1900–83; ドイツの女流作家. 作品『第七の十字架』など).

Se̩g·ler[zé:glər] 男 -s/- **1** 帆船, ヨット; グライダー; 氷上ヨット. **2** (segeln する人. 例えば:) 帆走者, ヨット乗り; グライダー乗り. **3** (Turmschwalbe) 〖鳥〗ヨーロッパアマツバメ(欧州雨燕). **4** 〖虫〗 **a)** (Edelfalter) アゲハチョウ(揚羽蝶)科のチョウ. **b)** (Segelfalter) ヨーロッパタイマイ(欧州玳瑁蝶).

Seg·me̲nt[zɛgmɛ́nt] 中 -〔e〕s/-e **1** (分割・区分されている)部分. **2** 〖数〗 **a)** (円・球の)切片(→ 図 Kreis). **b)** 線分. **3** 〖動〗体節, 環節. **4** 〖言〗(発話・文などの)文節. [*lat.*; < *lat.* secāre (→sezieren)]

seg·men·ta̲l[zɛgmɛntá:l] 形 Segment 2 a 〔として〕の.

seg·men·tä̱r[zɛgmɛntɛ́:r]（**seg·men·ta̱r**[..tá:r]）形 Segment から形成されている.

Seg·men·ta·tio̱n[zɛgmɛntatsió:n] 女 -/-en （segmentieren すること. 例えば:）〔線分〕分割; 分節化;〖生〗(受精卵の)分割, 卵割.

Seg·me̱nt·bo̱·gen[zɛgmɛ́nt..] ＝Flachbogen

seg·men·ti̱e·ren[zɛgmɛntí:rən] 他 (h) (Segment に分ける. 例えば:) 部分に分ける;〔線分〕分割する; 分節化する.

Seg·men·ti̱e·rung[..tí:rʊŋ] 女 -/-en (segmentieren すること. 例えば:) 分割;〖言〗分節.

Seg·me̱nt·täu·schung[zɛgmɛ́nt..] 女〖心〗扇形錯視.

se̱g·nen[zé:gnən]《01》 **I** 他 (h) **1**《*jn.*/*et.*[4]》(…に)祝福を与える,(…を)祝福する: Der Pfarrer *segnet* das Brautpaar. 牧師が新郎新婦に祝福を与える | Gott *segne* dich 〈dein Werk〉! 神が汝(なんじ)を加護してくださいますよう〈神が汝の仕事を成功させたまわんことを〉. **2**〖宗〗**a**) 祝別する,(…に対して清めの)十字を切る; (…のために)神の恵みを祈る: Brot und Wein ～ (ミサで)パンとぶどう酒を聖別する | das Zeitliche ～ (→zeitlich 2). **b**) 再帰 *sich*[4] ～ (清めの)十字を切る. **3**《*jn.* mit *et.*[3]》(…に…を)恵み与える, 授ける: **mit *et.*[3] *gesegnet* sein** …に恵まれている | Die Ehe war mit Kindern *gesegnet*. その夫婦は子宝に恵まれていた. **4**〖雅〗《*et.*[4]》たたえる, うれしい〈ありがたい〉と思う: Ich *segne* deinen Entschluß. 君はよくぞ決心してくれた | *Gesegnet* sei der Tag, an dem ich sie kennenlernte! 彼女と知り合った日はありがたきかな. **5**〖聖〗(…に)別れを告げる.

II ge·se̱g·net → 別出

[*kirchenlat.* sīgnāre (→signieren)－*germ.*; ◇Segen]

Se̱·gno[zɛ́njo·, sɛ́..] 中 -s/-s, Segni[..nji·]〖楽〗記号: al ～ アルセーニョ, 記号まで | dal ～ ダルセーニョ, 記号から〔くり返す〕. [*lat.* sīgnum (→Signum)－*it.*]

Se̱g·nung[zé:gnʊŋ] 女 -/-en **1** 祝福, 祝別. **2**《ふつう複数で》《比》恵み, 恩沢, 賜物(たまもの): die ～*en* des Friedens genießen 平和の恵みを享受する | Die Umweltverschmutzung gehört zu den ～*en* der Zivilisation.〖皮肉〗環境汚染は文明のもたらした余沢の一つだ.

▽**Se·gre·ga̱t**[zegregá:t] 中 -[e]s/-e 分離〈隔離〉されたもの. [＜*lat.* sē-gregāre „absondern" (◇Gremium)]

Se·gre·ga·tio̱n[1][zegregatsió:n] 女 -/-en **1** (合金の) 凝離, 溶離; 偏析. **2**〖生〗(遺伝子・形質の)分離. [*spätlat.*]

Se·gre·ga·tion[2][sɛgrɪgéɪʃən] 女 -/-s (Absonderung)〖社〗(社会的・人種的な)隔離, 差別; (文化的な)離反, 凝離. [*engl.*]

Se·gui·di̱l·la[zegidílja·, se..] 女 -/〖ダンス〗セギディリャ(スペイン南部アンダルシア地方のテンポの速い大衆的なダンス). [*span.*; ＜*span.* seguida „Folge" (◇sequens)]

Se̱h≠ach·se[zé:..] 女〖解〗視軸. ≠**ba̱d** 中〖戯〗(美しい体を見に・見せに行く)海水浴場 (Seebad のもじり). ≠**bahn** 女〖解〗視〔覚〕路.

se̱h·be·hin·dert[zé:..] **I** 形 視力に障害のある. **II** **Se̱h·be·hin·der·te** 男 女《形容詞変化》視力障害者.

▽**Se̱·he**[zé:ə] 女 -/-n (Sehkraft) 視力. [*ahd.*; ◇sehen]

se̱·hen*[zé:ən]《164》 **sa̱h**[za:] / **ge·se̱·hen**; 現 *du* siehst[zi:st], *er* sieht; 命 sieh[e]; 接II sähe[zɛ́:ə]

> **I** 他 (h)
> **1**《視覚的》目で知覚する
> **a**)《意図的行為としてではなく》
> ①(…を)目にする,(…が)目に入る, 見える; 認める, 見かける
> ②目撃する, 経験する,(…に)接する, 出くわす
> ③ i)《zu のない不定詞〔句〕と》(…が…するのが)見える
> ii)《状態を示す語句と》(…が…であるのが)見える
> ④ **sich**[4] **～ lassen** 姿を見せる; 人に見てもらう〔に足る〕
> **b**)《意図的行為として》
> ①見る, 見物する, 眺める, 目を通す, 読む
> ②《*jn.*》(…に)会う, 会って話をする,(…と)面談する
> **2**《精神的知覚》
> **a**)《daß 副文・間接疑問文などと》見てとる, 悟る, 見抜く,(…に)気づく,(…であることが)分かる
> **b**)判断する, 観察する, ある見方で見る
> **II** 自 (h)
> **1**視力をもっている, 目が見える
> **2**物を見る, 物が見えている
> **3**《方向を示す語句と》(…に)視線を向ける,(…の方を)見やる, 眺める
> **4**《事物を主語として》
> **a**)のぞいている, ちらりと見える
> **b**)(窓などが…に)面している
> **5**《auf *et.*[4]》(…に)注意を向ける,(…に)留意する;《nach *et.*[3]》(…に)気を配る
> **6**(aussehen)《ähnlich sehen などの形で》外観が(…に)似て見える,(いかにも…)らしく思われる
> **III Sehen** 中 -s/

I 他 (h) **1** (英: *see*)《視覚的》目で知覚する: **a**)《意図的行為としてではなく》① (…を)目にする,(…が)目に入る, 見える, 目にうつる; 認める, 見かける,(…に)気づく: Hier *sieht* man überall Kirschblüten. ここでは辺り一面に桜の花が見える | *Siehst* du mich? 私の姿が見えるかい | Hast du etwas *gesehen*? 何か見えた〈気がついた〉かい | Er *sieht* aber auch alles! 彼もまあそれにしても何にでも気のつく男だ | Sie tat, als ob sie nichts *gesehen* hätte. 彼女は何も気がつかなかったふりをした | Was *sehe* ich? こりゃ何だろう; これは意外なことだ | Das Flugzeug ist nicht mehr zu ～. / Vom Flugzeug ist nichts mehr zu ～. 機影はもう見えない | Ist mein Unterrock zu ～? 私のスリップが〔スカートから〕見えているかしら | Daran ist nichts Besonderes zu ～. それには特に変わった点は認められない | Ich *sehe* Herrn X, der nicht da ist.〖戯〗X 君の姿が見えないようだな | alles doppelt ～〔酔っぱらって〕物が二重にぼけて見える | *jn.* nur flüchtig ～ …をちらりと見かける | *et.*[4] undeutlich ～ …がぼんやりと目にうつる | *et.*[4] vom Fenster aus ～ …を窓から見かける | *jn.* schon von weitem ～ すでに遠くから…の姿を認める | 〔Und〕 hast du 〈俗: haste〉 nicht *gesehen*, war er verschwunden. あっという間に彼はいなくなった ‖《〔視覚対象のある〕場所を示す語句と》Ich habe ihn im Büro *gesehen*. i) 彼が事務所にいるのが見えた; ii) 私は事務所にいたときに彼を見かけた | Am Himmel *sieht* man Sterne. 空には星が見える | Ich *sah* die Leute auf dem Feld 〈bei der Arbeit〉. 人々が野良に出ている〈仕事をしている〉のが見えた | Ich *sehe* ihn noch deutlich vor mir. 彼の姿がまだありありと私の目に浮かぶ | Es war so dunkel, daß man die Hand nicht mehr vor Augen ～ konnte. たいへん暗くて目の前の自分の手も見えなかった ‖ ***et.***[4] **gern ～** …を快く思う, …を目にして喜ぶ | Meine Eltern *sahen* diese Freundschaft nicht gern. 私の両親はこの交友関係を快く思っていなかった | Er *sieht* es gern, daß 〈wenn〉 man ihn mit seinem Titel anspricht. 彼は肩書をつけて呼ばれると喜ぶ | **gern gesehen werden 〈sein〉** 歓迎される〈されている〉| Das wird hier nicht gern *gesehen*. それはここではあまり歓迎されない | ein stets gern *gesehener* Gast いつでも歓迎される客 ‖ ***jn.*** 〈***et.***[4]〉 **nicht mehr ～ können**〖話〗…を二度と見たくないと思う, …はもう見るのもいやだ | Ich kann ihn schon nicht mehr ～. 彼なんかもう見るのもいやだ | Schweinebraten konnte sie seitdem nicht mehr ～. ローストポークはそれからというもの彼女は見るのもいやだった.

② 目撃する, 経験する,(…に)接する, 出くわす: Er hat die bescheidenen Anfänge unseres Unternehmens *gesehen*. 彼は我々の事業のささやかな草創期を直接見て知っている | Noch nie haben wir eine so große Begeisterung *gesehen*. 私たちはこれほどの熱狂ぶりに接したことはこれまでにない | Er hat schon bessere Tage *gesehen*. 彼にはもっとよい時代があった ‖ Hat man so etwas schon *gesehen*? こんなこ

とってあるだろうか | Da *sieht* man's wieder!《話》またか | Das möchte ich mal ～! そんなことにお目にかかってみたいものだ | Den möchte ich ～, der das auf Anhieb schafft! これを一挙になしとげる人がいたらお目にかかりたいものだ | Das muß man *gesehen* haben! i) それは見ものだった; ii) それは体験したものでないと分からない.

③ i)《zu のない不定詞〔句〕と》《完了形ではふつう gesehen の代わりに sehen を用いて》(…が…するのが) 見える: Ich *sehe* ihn kommen. 彼がやって来るのが見える | Ich habe das Unglück kommen ～ 〈ᵛ*gesehen*〉. 私はいずれそういう不幸に見舞われることが分かっていた | Ich habe kommen ～, daß ihm sein Leichtsinn das Leben kosten würde. いずれあの軽薄さが彼の命取りになると私は思っていた | Sie *sah* ihn um die Ecke laufen. 彼女は彼が角を曲がって駆けていくのを見た(＝Sie *sah*, wie er um die Ecke lief.) | Wir *sahen* ihn begraben. 彼を葬るのが見えた; 彼が葬るのが見えた. ii)《状態を示す語句と》(…が…であるのが) 見える: So lustig *sehe* ich ihn zum ersten Mal. 私はこれほど彼が陽気であるのを見たことがない | *jn.* in Not ～ …が困っているのを目にする | Wir *sahen* unsere Wünsche alle erfüllt. 我々は願ったことがすべて実現されるのを見た | ᵛIch will ihn vernichtet ～. 彼を破滅させてもらいたいものだ ‖〘*sich*⁴＋過去分詞＋sehen の形で〙Er *sah* sich betrogen. 彼はだまされたことに気づいた | Ich *sah* mich in meinen Vermutungen bestätigt. 私は自分の推測が間違っていないことが分かった | Ich *sehe* mich gezwungen 〈veranlaßt〉, das Haus zu verkaufen. 私は家を売り払うほかない.

④《話》***sich***⁴ **～ lassen**《しばしば場所を示す語句と》〔(…に)〕姿を見せる, 顔を見せる, 出入りする; 人に見てもらう〔に足る〕, 見られる | Laß dich nicht mehr ～! もう二度と顔を見せるんじゃないぞ | Ich lasse mich morgen bei dir ～. あす君のところに寄るよ | Er hat sich schon lange nicht mehr bei uns ～ lassen. 彼は久しく私の家に来ない | Du kannst dich bei ihm nicht mehr ～ lassen. 君はもう彼には会わせる顔がないね ‖ *sich*⁴ als Zauberkünstler ～ lassen 手品をして見せる ‖ Das läßt sich ～. それはなかなかのものである | ***sich***⁴ **～ lassen können** 人に見られても恥ずかしくない, なかなかのものである | In dem Anzug kannst du dich ～ lassen. その服を着ると君もなかなかりっぱに見える | eine Leistung, die sich international ～ lassen kann 国際的に通用する業績 ‖ ***sich***⁴ **mit** ***et.***³ **〈*jm.*〉 ～ lassen können** …をみせても恥ずかしくない, …が自慢できる | Mit dieser Leistung kann ich mich ～ lassen. この仕事だったら人にみせても恥ずかしくない.

b)《意図的行為として》① 見る, 見物する, 眺める, 目を通す, 読む: Darf ich das mal bitte ～? ちょっと見せていただけますか | Laß 〔es〕〔mich〕 ～.〔私に〕〔それを〕見せてくれ | ein Bild 〈einen Film〉 ～ 絵〈映画〉を見る | Er macht große Reisen, um die Welt zu ～. 彼は世界漫遊の大旅行をする ‖ Da gibt es nichts Besonderes zu ～. そこには見るべきものは何もない | Das ist nur für Geld zu ～. それは金を払わないと見られない ‖ ***siehe*** **da!** / 《話》***sieh*** **mal** 〔**einer**〕 **guck!** これは驚いた ‖〘命令形で本の参照指示として: ⓐ s.〙*Siehe* Seite ...! (ⓐ s. S.) …ページを参照せよ | *Siehe* auch ...! (ⓐ s. a.) …も見よ | *Siehe* oben! (ⓐ s. o.) 上記を参照せよ | *Siehe* unten! (ⓐ s. u.) 下記を参照せよ | *Siehe* dort! そこを見よ, 同項参照 ‖〘過去分詞で〙*gesehen* (ⓐ ges.) Schmitt (書類などに目を通したしるしとして) 閲覧済み シュミット.

②《*jn.*》(…に) 会う, 会って話をする, (…と) 面談する: Ich freue mich, Sie zu ～. お会いできてうれしく存じます | Ich *sehe* ihn nicht mehr vor den Ferien. 休暇前には彼にもう会う機会がない | Ich habe ihn lange nicht zu ～ bekommen. 彼にはもう長いこと会っていない | Wir würden Sie gern einmal bei uns ～. 一度ぜひ私たちのところにお寄りください ‖ 再帰 Die beiden *sehen* sich recht häufig. 彼ら二人はけっこうしばしば(互いに)会っている | Wann *sehen* wir uns wieder? いつまたお会いしましょうか.

2《精神的知覚》**a)**《しばしば daß 副文・間接疑問文などと》見てとる, 悟る, 見抜く, (…に) 気づく, (…であることが) 分かる: Ich *sehe*, daß hier geholfen werden muß. ここには助けが必要であることが私には分かる | *Siehst* du nun, daß ich recht hatte? 私が正しかったことがこれで分かったろう | Ich *sah* an der Blässe seines Gesichtes, daß ihm nicht wohl war. 蒼白(そうはく)な顔色から彼が気分がすぐれないことが分かった | Wir *sehen* nur zu gut, wie er es meint. 彼の言わんとすることは分かりすぎるほど我々には分かる | Du wirst schon ～, wohin dich dein Leichtsinn führt. 君の軽率さがどのような結果をもたらすか今に分かるよ | Das wird man erst ～ müssen. それはまだこれからどうなるか分からない ‖〘目的語 es⁴を省略した形で〙Wie Sie 〔es〕 *sehen*, hat sich manches verändert. ご覧のとおり大分以前とは変わりました | Wie ich 〔es〕 *sehe*, ist es zu spät. 見たところどうやらもう遅すぎるようだ | *Siehst* du! / 《話》*Siehste*! ほら見ろ (言ったとおりだろう) | *Seht*, das war so:... いいかそれはこういうことだったのだ… | Er ist, *sehe* ich, nicht hier. なるほど彼はここにはいないね ‖〘名詞を目的語として〙den Kern der Sache ～ 事柄の核心を見抜く | Der Schriftsteller hat die Personen des Dramas gut *gesehen*. 作者は劇中の人物をよくつかんで書いている | die Zusammenhänge nicht ～ 全体の関連をつかんでいない ‖〘in *et.*³ *et.*⁴ sehen などの形で〙Er *sieht* darin nichts Befremdliches. 彼はそれが変だとは思っていない | Er *sieht* in diesem Mann nur den Gegner. 彼はその男を反対者〈敵〉としか見ていない | Ich *sehe* in ihm eine vertrauenswürdige Person. 私は彼を信頼に足る人物だと思っている ‖ Sie *sieht* ihren Sohn als großen Künstler. 彼女は息子を偉大な芸術家だと思っている ‖ 再帰 Er *sieht* sich⁴ schon als der neue Chef 〈ᵛden neuen Chef〉. 彼ははやばやと上司になったつもりでいる.

b) (beurteilen) 判断する, 観察する, ある見方で見る: Wie *sehen* Sie die politische Lage? 政治の現状をどうご覧になりますか | Ich *sehe* die Dinge, wie sie sind. 私は物事をありのままに見る | die Dinge anders 〈falsch〉 ～ 事柄を別の〈誤った〉見方で見る | *et.*⁴ objektiv 〈nüchtern〉 ～ …を客観的に〈冷静な目で〉判断する | alles durch eine gefärbte Brille ～《比》何もかもを色めがねで見て判断する | alles von der besten Seite ～《比》すべてを極めて楽観的に見る ‖ Künstlerisch *gesehen*, waren seine Leistungen nicht überragend. 芸術的に見れば彼の業績は傑出したものではなかった | Auf die Dauer *gesehen*, ist das keine Lösung. 長期的に見ればそれは何ら解決にはならない.

II 自 (h) **1** 視力をもっている, 目が見える: gut 〈schlecht〉 ～ 目がいい〈悪い〉 | Er kann nicht ～. 彼は目が見えない(→2) | Er *sieht* nur noch auf 〈mit〉 einem Auge. 彼は片目しか見えない | *Sehe* ich recht? 私の目は確かかしら, 夢ではなかろうか ‖ wieder *sehend* werden 視力を回復する | ***jn.* sehend machen** …の視力を回復させる;《雅》…の目を開いてやる, …に真実を知らせる ‖ Mir verging Hören und *Sehen*. (→III 1).

2 物を見る, 物が見えている: Er kann nicht ～! 彼には見えない(→1) | Laß mich mal ～! ちょっと見せてください | Wollen Sie mal ～? ご覧になりますか ‖ ***sehenden* Auges** / **mit *sehenden* Augen** わかっていながら, それと知りながら, みすみす ‖〘結果を示す語句と〙再帰 Ich konnte mich an dem Bild nicht satt ～. 私はその絵をいくら見ても見あきることがなかった.

3《方向を示す語句と》(…に) 視線を向ける, (…の方を) 見やる, 眺める: **auf** die Uhr ～ 時計〔の文字盤〕を見る | **aus** dem Fenster ～ 窓から外を眺める | vor Müdigkeit kaum noch aus den Angen ～ können 疲労のあまり目をあけていられない | **durch** das Fernglas ～ 望遠鏡をのぞく | *jm.* **in** die Augen ～ …の目を見る | dem Tod ins Auge ～ (→Tod 2) | in die Ferne ～ 遠くを見る | in die Sonne ～ 太陽を直視する | in den Spiegel ～ 鏡をのぞく | ins Mikroskop ～ 顕微鏡をのぞく | in ein Zimmer ～ 部屋の中をのぞいてみる | beruhigt in die Zukunft ～ 将来になんの心配もない | **nach** oben 〈unten〉 ～ 上〈下〉を見る | 〔nach〕 vorwärts ～ 前方を見る | nach der Uhr ～ 時計〔の文字盤〕を見る | **vor** *sich*⁴ hin ～ ぼんやりと〈じっと〉前方をみつめる | **zum** Boden ～ 目を伏せる | zum Himmel ～ 空を見上げる ‖ nicht links noch rechts ～《比》左顧右眄(さこうべん)しな

S

い.

4《事物を主語として》**a**) のぞいている, ちらりと見える: Ein paar Dächer *sahen* noch aus dem Schnee 〈über die Baumgipfel〉. わずかに屋根がいくつか雪の中から(梢(こずえ)越しに)のぞいているだけだった | Das Entsetzen *sieht* ihm aus den Augen. 驚愕(きょうがく)の色がありありと彼の顔に現れている | Der Schalk *sah* ihm aus den Augen 彼は見るからにいたずら者だった. **b**) (窓などが…に)面している: Die Fenster *sehen* **auf** den Garten 〈**nach** dem Garten〉. 窓は庭に面している.

5《auf *et.*[4]》(…に)注意を向ける,(…に)留意〈配慮〉する;《nach *et.*[3]》(…に)気を配る,(…を)気にかける,(…の)面倒をみる: Er sollte mehr **auf** sich[4] selbst ～. 彼はもう少し自分を大事にすべきだ | Du solltest nicht zu sehr auf Einzelheiten ～. 君は細事にあまりこだわらないほうがいい | nur auf Geld ～ 金銭のことしか眼中にない | Er *sieht* bei seinen Kindern auf Pünktlichkeit. 彼は子供たちに時間厳守ということをやかましく言っている ‖〖daß 副文・zu 不定詞〔句〕などと〗Wir müssen〔darauf〕～, **daß** die Bestimmungen eingehalten werden. 規則が守られるよう気をつけなければならない | *Sieh*〔darauf〕, daß du dir das Buch selbst besorgst. 本は自分で入手するようにしなさい | Wir werden ～, **ob** sich etwas arrangieren läßt. なんとかならないかやってみましょう | Er will ～, **wie** er uns helfen kann. 彼は我々を助ける手だてを何か考えてくれる気でいる | Du mußt ～, **wo** du bleibst. 自分だけ損をする(貧乏くじをひく)ことのないよう気をつけなさい | Ich will ～, sobald wie möglich zurückzukommen. できるだけ早く帰るようにやってみます ‖ **nach** den Kindern ～ 子供たちの様子に気を配る | nach dem Rechten ～ きちんと事が行われるよう気を配る | nach weiterem Absatz der Waren ～ 商品の販路をさらに拡大する | Die Schwester *sah* nach dem Operierten. 看護婦は手術患者の世話をした | Hast du nach den Kartoffeln *gesehen*? じゃがいもの煮え具合を見てくれたかね.

6 (aussehen)《***jm.* ähnlich sehen** などの形で》外観が(…に)似て見える; (いかにも…)らしい: Er *sieht* seinem Vater ähnlich. 彼は顔かたちが父親似である | Sie *sahen* sich[3] 〈einander〉 täuschend ähnlich. 彼らは見間違えるほど互いによく似ていた | Das *sieht* ihr ähnlich. それはいかにも彼女らしい(彼女のやりそうなことだ) | Daß er dich wieder die ganze Arbeit allein machen läßt, *sieht* ihm ähnlich. また君ひとりに仕事を押しつけるとは いかにも彼らしいやり口だ | Das hat ihm wieder einmal ähnlich *gesehen.* またもやいかにも彼らしいことをしてくれた ‖ ᵛDu *siehst* so blaß. 君は顔色が悪い.

III Se·hen 中 -s/ **1** 見ること; 見る力, 視力; 視覚: ***jn.* nur vom ～ kennen** …は顔を知っているだけで言葉をかわしたことはない | *jm.* vergeht Hören und ～ (→hören III). **2**〖医〗(…)視: direktes 〈indirektes〉 ～ 直接〈間接〉視 | monokulares 〈binokulares〉 ～ 単眼〈両眼〉視 | plastisches 〈stereoskopisches〉 ～ 立体視.

[*idg.* „〔mit den Augen〕 verfolgen"; ◇Sicht; *engl.* see]

se·hens≠wert[zé:əns..] 形, **≠wür·dig** 形 見る価値のある, 一見に値する: ein ～*es* Schloß 一見の価値ある城館 | Die Ausstellung ist ～. その展覧会は一見に値する | Hier gibt es nichts *Sehenswertes* 〈*Sehenswürdiges*〉. ここには見るに値するものは何もない.

Se·hens·wür·dig·keit 女 -/-en 見る価値のあること; 見物するに値するもの(建造物・芸術品など);《複数で》名所: die ～*en* der Stadt besichtigen 町の名所を見物する | Das Rathaus ist eine ～. この市庁舎は一見の価値がある.

Se·her[zé:ər] 男 -s/- (⊛ **Se·he·rin**[..ərɪn]-/-nen) **1** (Prophet)〖宗〗預〈予〉言者; 視霊者;《雅》先覚者, 予見者. **2**〖狩〗(ウサギなどの)目. **3**《複数で》《話》目.

Se·her≠blick 男 -〔e〕s/ 予言者〈予見者〉の眼力, 千里眼; 先覚者の〔未来を見透かす〕炯眼(けいがん). **≠ga·be** 女 -/ 予言〈予見〉能力.

Se·he·rin Seher の女性形.

se·he·risch[zé:ərɪʃ] 形 予言的な, 予見的な, 未来を予知する.

Seh≠feh·ler[zé:..] 男 視覚障害. **≠feld** 中 視野.

seh·ge·schä·digt =sehbehindert

Seh≠hil·fe 女 裸眼視力補助具(眼鏡・拡大鏡など). **≠hü·gel** 男〖解〗視床, 視丘. **≠kraft** 女 -/ 視力. **≠kreis** 男 (Gesichtskreis) 視界, 視野. **≠lei·stung** 女 裸眼視力. **≠leu·te** Sehmann の複数. **≠li·nie** [..niə] 女 (Sehachse) 視線, 視軸. **≠loch** 中 (Pupille)〖解〗瞳孔(どうこう). **≠mann** 男 -〔e〕s/..leute《ふつう複数で》《話》**1** (商店の)ひやかしの客. **2** (劇・映画・スポーツなどの)観客; テレビ視聴者. **≠ma·schi·ne** 女《話》(Brille) めがね.

sehn[ze:n] =sehen

Seh·ne[zé:nə] 女 -/-n **1**〖解〗腱(けん): Achilles*sehne* アキレス腱 | *sich*[3] eine ～ zerren 筋(すじ)〈腱〉を違える. **2** (弓の)弦(→ 図 Bogen): die ～ spannen 弓〔の弦〕を引きしぼる | von der ～ schnellen (矢が)さっと弦を離れる. **3 a**)〖数〗弦(→ 図 Kreis). **b**)〖測量〗長弦.

[*germ.*; ◇Seil; *engl.* sinew]

seh·nen[zé:nən] **I** 他 (h) 再帰 *sich*[4] nach *jm.* 〈*et.*[3]〉 ～ …にあこがれる, …を慕う〈恋しがる〉; …をなつかしく思う; 切に…したがる, …を切望する | *sich*[4] nach Hause ～ ホームシックにかかる | *sich*[4] nach Ruhe ～ たまらなく休息〈安らぎ〉を求める | *sich*[4] nach einer guten Tasse Kaffee ～ おいしいコーヒーが1杯飲みたくてたまらない | *sich*[4] nach den Fleischtöpfen Ägyptens ～ (→Fleischtopf) | Ich *sehne* mich im stillen nach ihm. 私は心ひそかに彼を慕っている | Ich *sehnte* mich danach, allein zu sein. 私はひとりになりたくてたまらなかった ‖ heißes 〈stilles〉 *Sehnen*《雅》熱き〈ひそかなる〉あこがれ. **II seh·nend** 現分 形 思いこがれた, 切々たる: ～*es* Verlangen 切望. [*mhd.*; ◇sehnlich]

Seh·nen≠durch·schnei·dung[zé:nən..] 女〖医〗切腱(せっけん)術, 腱切り〔術〕. **≠ent·zün·dung** 女〖医〗腱炎(けんえん). **≠fa·ser** 女〖解〗腱繊維. **≠re·flex** 男〖医〗腱反射. **≠schei·de** 女〖解〗腱鞘(けんしょう).

Seh·nen·schei·den·ent·zün·dung 女〖医〗腱鞘(けんしょう)炎.

Seh·nen·zer·rung 女 腱(けん)のたがえ〈くじき〉, 筋違え.

Seh·nerv[zé:..] 男〖解〗視神経. [＜sehen]

seh·nig[zé:nɪç][2] 形 **1** 腱(けん)〔質〕の; 筋(すじ)の多い: ～*es* Fleisch 筋の多い肉. **2** (ぜい肉がなく)筋張ってたくましい. **3**〖金属〗繊維状の. [＜Sehne]

sehn·lich[zé:nlɪç] 形 切なる, 切々たる〈身をこがす〉思いの, あこがれ渇望した: mein ～*ster* Wunsch 私の切なる願い ‖ *jn.* ～〔*st*〕 erwarten …を待ちこがれる. [*mhd.*; ◇sehnen]

Sehn·sucht[zé:nzʊxt] 女 -/..süchte[..zʏçtə]《nach *jm.* 〈*et.*[3]〉》(…への)あこがれ, 思慕, 憧憬(しょうけい); (過去・失われたものへの)郷愁, ノスタルジア; 切望, 渇望: das Land der 〈meiner〉 ～ あこがれの国 | eine glühende 〈verzehrende〉 ～ 燃えるような〈身をこがす〉あこがれ | heimliche 〈stille〉 *Sehnsüchte* ひそやかなあこがれ | ～ empfinden 〈erwecken〉 あこがれを感じる〈よびおこす〉 ‖ ～ **in** die Ferne 遠い所へのあこがれ | ～ **nach** *jm.* 〈*et.*[3]〉 haben …にあこがれている | ～ nach Hause haben ホームシックにかかっている ‖ *jn.* **mit** ～ erwarten …を待ちこがれる | **von** ～ gequält 〈verzehrt〉 werden あこがれに身をこがす | **vor** ～ fast vergehen 〈sterben〉 死ぬほど思いこがれる.

sehn·süch·tig[zé:nzʏçtɪç][2] 形, **sehn·suchts·voll**[zé:nzʊxts..] 形 あこがれた〈の〉, 恋しがる, 思いこがれた, 切望する; 切ない: ein ～*es* Verlangen 切望 | mit ～*en* Augen あこがれの〈ものほしそうな〉まなざしで ‖ *jn.* ～ erwarten …を待ちこがれる | der ～ erhoffte Erfolg 切に期待された成果.

Seh≠öff·nung[zé:..] 女 (Pupille)〖解〗瞳孔(どうこう) **≠or·gan** 中〖解〗視覚器〔官〕. **≠pro·be** 女 -/-n 視力検査〔表〕.

Seh·pro·ben·ta·fel 女, **Seh·prüf·ta·fel** 女 視力検査表.

Seh≠prü·fung 女 視力検査. **≠pur·pur** 男〖医〗視紅. [＜sehen]

S

sehr[ze:r] 副 非常に, きわめて, たいへん, とても, ひどく; 全く; (heftig) 激しく: ～ fein i) 非常に細かい〈鋭敏な・上品な〉; ii) (商品評価で) 極上(記号 ff) | ～ gut i) たいへんよい; ii) (成績評語で) 優(6 段階中の第 1 位: →ausreichend 2, Note 2 ☆) | Sie hat die Prüfung mit〔der Note〕„～ gut" bestanden. 彼女は試験に「優」の成績で合格した | Er ist ～ fleißig〈nervös〉. 彼は非常に勤勉〈ひどく神経質〉だ | ein ～ fleißiger Schüler 非常に勤勉な生徒 | Er ist ～ krank. 彼は重病〈重態〉だ | Er ist ～ in Verwirrung. 彼はひどく混乱している | *Sehr* erfreut! (紹介されて) 初めまして, どうぞよろしく ‖ Er arbeitet ～ fleißig. 彼は非常に熱心に働く | Er hat sie ～ gern. 彼は彼女が大好きだ | Das wußte er **～ wohl** (=ganz genau). それを彼は実によく〈詳しく〉知っている | Er hätte mir ～ wohl (=durchaus) helfen können. 彼だったらちゃんと私を助けることができたでしょうに | *Sehr* wohl! 承知しました, かしこまりました ‖ Er hat mich so ～ gebeten, daß ich nachgegeben habe. 彼のたっての頼みで私は譲歩した | Sie fehlt mir ～. 彼女がいなくて私はたいへん寂しい | Es regnet gerade ～. ちょうどいま〈あいにく〉激しく雨が降っている | Die Wunde blutet ～. 傷口からひどく出血している | Danke ～! どうもありがとう | Bitte ～! どういたしまして ‖ Ich freue mich **gar ～** darüber. 私はそれがとってもうれしい | Ich bitte **recht ～** um Verzeihung! 切にお許しのほどお願いいたします | **nicht so ～ ...** そんなに…ではない | **nicht so ～ ..., als vielmehr ...** …というよりはむしろ… | Das ist nicht so ～ ihre Schuld, als vielmehr meine. それは彼女のせいではなくむしろ私のせいだ | **wie ～ auch immer ...** どんなに…しても | wie ～ er es auch versuchen mag 彼がいかにそれを試みようと | **zu ～ ...** あまり…すぎる | Bemühen Sie sich **nicht zu ～**! あまりご無理をなさらないでください ‖〖手紙の書式で〗*Sehr* geehrter Herr Becker! (冒頭で) 心から尊敬するベッカー様(拝啓にあたる) | Ihr ～ ergebener Hans Müller (末尾で) あなたの心から忠実なハンス ミュラー(ハンス ミュラー拝または敬具にあたる).

★ 比較級, 最上級が必要な場合には〔noch〕mehr, am meisten を用いることがある.

[*germ.* „wund"; ◇sehren; *lat.* saevus „schmerzend, wild"; *engl.* sore]

Seh≠raum[zé:..] 男〖心〗視空間. **≠reiz** 男〖心〗視覚刺激. [<sehen]

seh·ren[zé:rən] 他 (h)《方》《雅》(versehren) 傷つける, 負傷させる. [*mhd.*; <*ahd.* sēr „Schmerz"; ◇sehr]

Seh≠rohr[zé:..] 中 (Periskop) (潜水艦・戦車などの) 潜望鏡. **≠schär·fe** 女〖医〗視力, 視覚の明瞭(めいりょう)度: die ～ durch eine Brille verbessern 眼鏡によって視力を矯正する | die ～ eines Mikroskops einstellen 顕微鏡の視焦点を合わせる. **≠scheu·ne** 女《話》(Kino) 映画館. **≠schlitz** 男 (戦車などの) のぞき窓; (壁などの) のぞき穴. **≠schwä·che** 女 (Schwachsichtigkeit) 弱視; (Asthenopie) 眼精疲労. **≠stö·rung** 女 視力障害. **≠ta·fel** =Sehprobentafel **≠test** 男 =Sehprüfung **≠ver·mö·gen** 中 -s/ (Sehkraft) 視力, 視覚能. **≠wei·se** 女 (独自の) 見方, 視点. **≠wei·te** 女 視界: normale ～ (読書などの際の) 正常距離(25-30cm) | *sich*[4] außer〈in〉～ befinden 視界の外〈内〉にある, 見えない〈見える〉. **≠werk·zeug** 中 = Sehorgan **≠win·kel** 男 視覚. **≠zen·trum** 中 視覚中枢. [<sehen]

sei[zaɪ] sein の命令法単数; 接続法 I.

Sei·ber[záɪbər] 男 -s/ **1**《北部》(小児などの) よだれ. **2**《話》(退屈な) おしゃべり. [*ahd.* seifar; ◇Seife]

sei·bern[záɪbərn]《05》自 (h) **1**《北部》よだれをたらす. **2**《話》退屈〈無内容〉なおしゃべりをする.

Seich[zaɪç] 男 -〔e〕s/ , **Sei·che**[záɪçə] 女 -/《話》**1** (Harn) 尿, 小便. **2** 空虚な〈くだらない〉おしゃべり, むだ話. **3** 気の抜けた飲み物〈ビール〉.

sei·chen[záɪçən] 自 (h)《話》**1**《方》小便する. **2** 中身のない〈くだらぬ〉話をする, 駄弁を弄(ろう)する. [*ahd.*; ◇seihen]

Seiches[sɛ(:)ʃ] 複〖地〗セイシュ, 静振(湖・湾などの固有振動). [*fr.*; <*lat.* siccus (→Sekt)]

seicht[zaɪçt] 形《副詞的用法なし》(↔tief) **1** (池・川・海などについて) 底の浅い: ein ～*er* Bach 浅い小川 | Der Teich ist ～. この池は浅い. **2**《比》(oberflächlich) 底の知れた, 大したことのない; 浅薄な, 皮相な: ein ～*er* Erfolg 小さな成果 ‖ ein ～*es* Gerede 中身のないおしゃべり | ein ～*er* Humor 底の浅いユーモア ‖ Alles kommt mir ～ vor. すべてが私にはうすっぺらな感じがする. [*mhd.*]

Seicht·heit[záɪçthaɪt] (**Seich·tig·keit**[záɪçtɪçkaɪt]) 女 -/-en seicht なこと.

seid[zaɪt] sein[1]の現在 2 人称複数; 命令法複数.

Sei·de[záɪdə] 女 -/-n **1** 絹; 絹糸; 絹織物, 絹布: echte〈reine〉～ 本絹〈純絹〉| künstliche ～ 人絹 | rohe ～ 生糸 | wilde ～ 山まゆの絹糸 ‖ ein Kleid aus ～ 絹のドレス | in Samt und ～ (→Samt) | mit ～ nähen 絹糸で縫う | mit〈auf〉～ gefüttert sein 絹の裏〔地〕がついている ‖ Ihr Haar ist wie ～. 彼女の髪は絹のようだ(柔らかくてつやがある) | **bei *et.*[3] ist keine ～ zu spinnen〈gewinnen〉**《比》…をしても何も得るところがない | **keine gute ～ miteinander spinnen**《比》互いに折り合いがよくない. **2** (Teufelszwirn)〖植〗ネナシカズラ(根無葛)属. [*mlat.* sēta−*ahd.* sīda]

Sei·del[záɪdəl] 中 -s/- **1** (ビールの) ジョッキ(→ 図 Glas): zwei ～ Bier bestellen ジョッキ 2 杯ビールを注文する. **2** ザイデル(昔の液量単位: バイエルンでは約0. 5リットル, オーストリアでは約0. 3リットル). [〔*m*〕*lat.* situla−*mhd.*; ◇Situla]

Sei·del·bast[−bast] 男 -〔e〕s/-e〖植〗ジンチョウゲ(沈丁花)属: gemeiner ～ セイヨウオニシバリ(西洋鬼縛). [*mhd.* zīdel-bast; ◇Zeidler]

sei·den[záɪdən] 形 **1**《付加語的》(aus Seide) 絹〔製〕の: ein ～*es* Kleid 絹のドレス | eine ～*e* Krawatte 絹のネクタイ ‖ an einem ～*en* Faden hängen (→Faden 1 a). **2**《雅》絹のような〔つやのある〕: Ihr Haar schimmerte ～. 彼女の髪は絹のように光っていた. [*ahd.*; ◇Seide]

Sei·den≠ab·fall 男 絹くず, くず生糸. **≠äff·chen** 中, **≠af·fe** 男 (Pinseläffchen)〖動〗キヌザル(絹猿), マーモセット. **≠ar·bei·ter** 男 絹織り工.

sei·den·ar·tig 形 絹のような, 絹〔糸〕状の.

Sei·den≠as·best 男 絹糸状石綿. **≠at·las** 男 -ses/-se〖織〗しゅす, シルクサテン. **≠band** 中 -〔e〕s/..bänder 絹リボン. **≠bau** 男 -〔e〕s/ 養蚕〔業〕. **≠draht** 男〖電〗絹巻線. **≠ern·te** 女 繭の収穫. **≠fa·brik** 女 製糸工場, 絹織り工場. **≠fa·den** 男 絹糸. **≠fi·nish**[..fɪnɪʃ] 中 (綿布に対する) 絹糸光沢仕上げ. **≠flor** 男 薄絹, 絽(ろ), 紗(しゃ). **≠ge·spinst** 中 **1** 絹のより糸〔の織物〕. **2** カイコ(蚕)の繭. **≠ge·we·be** 中 絹織物; 絹布. **≠glanz** 男 絹〔織物〕の光沢; 絹のようなつや, (宝石などの) 絹糸光沢. **≠haar** 中 絹のように柔らかくてつやのある髪.

sei·den·haa·rig 形 絹のように柔らかくてつやのある髪の.

Sei·den≠händ·ler 男 絹物商人. **≠huhn** 中〖鳥〗ウコッケイ(烏骨鶏). **≠in·du·strie** 女 製糸工業, 絹織物工業. **≠pa·pier** 中 **1** ティッシュペーパー, 薄葉(うすよう)紙. **2**〖電〗絶縁薄紙. **≠pflan·ze** 女〖植〗トウワタ(唐綿)属(ガガイモ科. 種子の毛から繊維を採る). **≠rau·pe** 女〖虫〗カイコ(蚕).

Sei·den·rau·pen≠zucht 女 -/ 養蚕(ようさん). **≠züch·ter** 男 養蚕家.

Sei·den≠samt 男〖織〗絹ビロード, シルクベルベット. **≠schwanz** 男〖鳥〗レンジャク(連雀). **≠spin·ner** 男 **1**〖虫〗カイコガ(蚕蛾)科のガ. **2** 絹紡績工. **≠spin·ne·rei** 女 **1** 製糸〔業〕. **2** 製糸工場. **≠spu·le** 女 絹糸枠. **≠sticke·rei** 女 絹刺繍(ししゅう). **≠stoff** 男 絹布; 絹織物. **≠stra·ße** 女 -/〖史〗絹の道, シルクロード(中国から中央アジアを経て西アジアへ通じていた古い隊商路. 主要な荷の一つが絹であった). **≠strumpf** 男 絹靴下. **≠vo·gel** 男〖鳥〗マミヤイロチョウ(眉八色鳥)(マダガスカル産). **≠wa·re** 女 -/-n《ふつう複数で》絹物, 絹製品. **≠we·ber** 男 絹織り工. **≠we·be·rei** 女 絹織業. **2** 絹織工場.

sei·den·weich 形 (肌・髪・布などが) 絹のように柔らかな.

Sei·den≠wurm 男 =Seidenraupe **≠zeug** 中 絹物; 絹布. **≠zucht** =Seidenraupenzucht **≠züch·ter** =Seidenraupenzüchter **≠zwirn** 男 絹のより糸.

sei·dig[záɪdɪç]² 形 絹のような, 絹のように柔らかくてつやのある;《比》(声が)柔和な: ～*er* Glanz 絹のようなつや;〘化〙絹糸光沢｜～*es* Haar 絹のようにつやのある髪｜mit einer ～*en* Stimme 柔らかくつやつやかな声で‖Dieser Pelz fühlt sich ～ an. この毛皮は絹の感触だ‖～ glänzen 〈schimmern〉 絹のように輝く.

sei·end[záɪənt]¹ sein¹の現在分詞.

Sei·fe[záɪfə] 女 -/-n **1** せっけん(石鹸): grüne ～ 緑〈軟〉せっけん｜parfümierte ～ 香料入りせっけん｜Bade*seife* 浴用せっけん｜Rasier*seife* ひげそり用せっけん｜Toiletten*seife* 化粧せっけん｜Wasch*seife* 洗濯せっけん‖ein Stück ～ せっけん1個｜～⁴ kochen 〈sieden〉 (煮沸法によって)せっけんを造る｜*sich*³ die Hände mit ～ waschen せっけんで(自分の)手を洗う‖Die ～ schäumt stark. このせっけんは非常に泡立ちがよい｜wie ein 〈zehn〉 Sack ～ angeben (→Sack 1). **2**〘坑〙砂鉱床.
[*westgerm.* „Tröpfelndes"; ◇*engl.* soap; *lat.* sēbum „Talg"; 2: *mhd.*; ＜*mhd.* sīfen „tröpfeln"]

sei·fen[záɪfən] 他 (h) **1** (einseifen) (…に)せっけんをすりこむ; (水と)せっけんで洗う. **2**〘坑〙洗鉱する.

Sei·fen·ab·la·ge 女 せっけん入れ.

sei·fen·ar·tig 形 せっけん状〈質〉の.

Sei·fen≠bad 中 せっけん浴, (特に炎症を起こした指を浸す)せっけん湯. **≠baum** 男〘植〙**1** ムクロジ(無患子)属(果皮を干したものを延命皮と称してせっけんの代用とした). **2** キラヤ(南米産バラ科の木で, 樹皮を染物の洗浄に用いた). **≠be·häl·ter** 男 せっけん入れ〈皿〉. **≠be·rei·tung** 女 せっけん製造.

Sei·fen·bla·se 女 シャボン玉;《比》(壊れやすい)はかない夢, 空想的な〈まやかしの〉計画: ～*n* aufsteigen lassen シャボン玉を空へあげる｜～*n* machen シャボン玉を吹く‖Das Gerücht 〈Seine Hoffnung〉 ist wie ～*n* zerplatzt.《比》そのうわさ〈彼の希望〉はシャボン玉のようにはかなく消えた.

Sei·fen≠brü·he 女 ＝Seifenlauge **≠büch·se** 女 せっけん箱. **≠er·de** 女〘化〙漂布土. **≠fa·brik** 女 せっけん工場. **≠flocken** 複 せっけんフレーク, フレークせっけん. **≠in·du·strie** 女 せっけん工業.

Sei·fen·ki·sten·ren·nen 中 ソープボックス＝レース(エンジンのない木製の車による子供の自動車レース). [*engl.* soapbox derby の翻訳借用]

Sei·fen≠kraut 中〘植〙サボンソウ. **≠lau·ge** 女 (泡立てた)せっけん液. **≠napf** 男 せっけん入れ. **≠oper** 女 (テレビ・ラジオの)連続メロドラマ, ソープオペラ. [*engl.* soap opera] **≠pul·ver** 中 粉せっけん. **≠rin·de** 女〘薬〙キラヤ皮(→Seifenbaum 2). **≠scha·le** 女 せっけん皿. **≠schaum** 男 せっけんの泡. **≠sie·der** 男 せっけん製造工: ***jm.* geht ein ～ auf**《話》…が突然事情を理解する｜Jetzt ist mir ein ～ aufgegangen!《話》やっと今すべてが分かった(Seifensieder は Licht の意. かつてせっけん製造工はろうそくも造った). **≠sie·de·rei** 女 -/-en せっけん製造工場;《単数で》せっけん製造. **≠spi·ri·tus** 男〘化〙せっけん精(ソーダせっけんのアルコール溶液). **≠stein** 男〘化〙せっけん石. **≠was·ser** 中 -s/..wässer せっけん水. **≠wur·zel** 女〘植〙コゴメナデシコ属の根(薬用およびせっけんの原料用: →Gipskraut). **≠zäpf·chen** 中 せっけん座薬(便秘用).

Sei·fer[záɪfər] 男 -s/《南部》＝Seiber 1

sei·fern[záɪfərn] (05)《南部》＝seibern 1

sei·fig[záɪfɪç]² 形 **1** せっけん状〈質〉の; せっけんだらけの. **2**《比》(せっけんのように)ぬるぬる〈つるつる〉した, なめらかな.

ᵛ**Seif·ner**[záɪfnər] 男 -s/-〘坑〙洗鉱夫. [＜Seife]

sei·gen[záɪgən]¹ ＝seihen [*mhd.* „sinken machen"]

sei·ger[záɪgər] 形 (senkrecht)〘坑〙垂直な.
[*mhd.*; ＜*ahd.* sīgan „abtropfen"; ◇seihen]

Sei·ger[–] 男 -s/- **1** (Pendel) 振り子. **2**《中部》(Wanduhr) 壁時計. **3** (中世の)貨幣計量用はかり.

Sei·ger·för·de·rung 女〘坑〙垂直運搬.

sei·gern[záɪgərn] (05) **I** 自 (h) ᵛ**1** (sickern) (液状のものが)したたる. **2**〘金属〙偏析する. **II** 他 (h) ᵛ**1** したたらせる. **2**〘金属〙偏析させる: 再帰 *sich*⁴ ～ 偏析する.

Sei·ger≠riß 男〘坑〙縦断面図. **≠schacht** 男〘坑〙垂直立坑(たてこう).

Sei·ge·rung[záɪgərʊŋ] 女 -/-en seigern すること.

Sei·gneur[zɛnjǿːr, sɛn.., sɛnœ́ːr] 男 -s/-s (革命以前のフランスの)貴族, 荘園領主;《比》上品な〈世慣れた〉紳士.
[*lat.* senior－*fr.*; ◇senior, Sire]

sei·hen[záɪən] 他 (h) (液状のものを)漉(こ)す, 濾過(ろか)する; ふるいにかける: Milch durch ein Tuch ～ ミルクを布で漉す｜Mücken ～ und Kamele verschlucken 小事にこだわって大事を見のがす(聖書: マタ23,24から).
[*ahd.*; ◇seichen, seiger, sickern, versiegen]

Sei·her[záɪər] 男 -s/- **1** 濾過(ろか)器(濾過紙・濾過布など), フィルター. **2** 漉(こ)しかす.

Seih≠pa·pier[záɪ..] 中 濾過(ろか)紙. **≠sack** 男 漉(こ)し袋. **≠tuch** 中 -[e]s/..tücher 濾過布, 漉し布.

Seil[zaɪl] 中 -[e]s/-e **1** (太い)綱, 縄, ロープ(→ 図);〘登山〙ザイル;〘体操〙なわ;〘ボクシング〙(リングをかこむ)ロープ: Stahl*seil* 鋼索, ワイヤロープ｜Sicherungs*seil* 命綱‖ein ～ drehen 〈spannen〉 縄をなう〈張る〉‖〘前置詞と〙*et.*⁴ **an** 〈mit〉 einem ～ hochziehen …をロープで引き上げる｜am gleichen ～ ziehen《比》協力する｜ein Tanz **auf** dem ～ (→Tanz 1 a)｜**auf dem ～ tanzen** 綱渡りをする;《比》危ない綱渡りをする｜nur noch **in** den ～*en* hängen《比》(ボクサーがリングのロープに倒れかかっているイメージから)グロッキーである, 疲れ果てている｜**über** das ～ hüpfen 〈springen〉 (子供が)縄跳びをする. **2**《北部》(Segel) (帆船・ヨットなどの)帆. [1: *germ.*; ◇Sehne, Saite, Siele]

Seil

Seil≠an·trieb[záɪl..] 男 ロープ駆動. **≠bahn** 女 ロープウェー, 鋼索鉄道, 空中ケーブル[カー]: mit der ～ ロープウェー〈ケーブルカー〉で. **≠draht** 男 (ワイヤロープの)素線. **≠dre·her** 男 ＝Seiler

sei·len¹[záɪlən] 自 (h) 縄をなう, 綱〈ロープ〉を作る.

sei·len²[–] 自 (s, h)《北部》＝segeln [*mndd.*]

Sei·ler[záɪlər] 男 -s/- 綱〈縄〉作り職人: **des ～s Tochter**《戯》絞首刑用のロープ｜des ～s Tochter heiraten《比》絞首刑に処せられる.

Sei·ler·bahn 女 綱〈ロープ〉製造用の敷地(細長い).

Sei·le·rei[zaɪləráɪ] 女 -/-en 綱〈ロープ〉製造所〈業〉.

Sei·ler·wa·ren[záɪlər..] 複 綱〈ロープ〉類; 縄細工類.

Seil≠fäh·re 女 (綱で引いて船を動かす)ロープ式渡し船. **≠fahrt** 女〘坑〙人員昇降; 入出坑. **≠för·de·rer** 男〘工〙ロープコンベヤー. **≠för·de·rung** 女 (索道による)ロープ運搬.

seil|hüp·fen I 自 (s)《もっぱら不定詞・現在分詞で》縄跳びをする. **II Seil·hüp·fen** 中 -s/ 縄跳び.

Seil·schaft[záɪlʃaft] 女 -/-en **1**〘登山〙(1本のザイルでつながれた)ザイル登山隊〈パーティー〉. **2**《比》(仕事・行動を共にする)一派, 一味; (政界などの)派閥(はばつ).

Seil≠schei·be[záɪl..] 女〘工〙綱〈ロープ〉車, やぐら車. **≠schwe·be·bahn** 女 空中ケーブル, ロープウェー. **≠see·le** 女 ロープの芯(しん). **≠si·che·rung** 女〘登山〙ザイルによる安全確保.

seil|sprin·gen* (179) **I** 自 (s)《もっぱら不定詞・現在分詞で》縄跳びをする. **II Seil·sprin·gen** 中 -s/ 縄跳び.

S

seil|tan·zen 《02》 **I** 自 (h, s) 《もっぱら不定詞・現在分詞で》綱渡りをする. **II Seil·tan·zen** 中 -s/ 綱渡り: *sich*[4] wie ein Ochse beim ～ anstellen (→Ochse 1) | zu *et.*[3] taugen wie der Ochse zum ～ (→Ochse 1)

Seil≠tän·zer 男 綱渡り師. **≠trieb** 男 〘工〙ロープ駆動〈伝動〉. **≠trom·mel** 女 (ロープの)巻き胴〈枠〉. **≠win·de** 女 〘工〙ケーブル〈ロープ〉ウィンチ.

Seim[zaɪm] 男 -[e]s/-e **1** (ねばっこい)濃密液. **2** (Honigseim) 蜂蜜(はちみつ). [*ahd.*; ◇sämig]

sei·mig[záɪmɪç][2] 形 (液体が)濃密な, ねっとりした.

sein[1]*[zaɪn] 《165》 **war**[vaːr] / **ge·we·sen**[ɡəvéːzən]; 現 *ich* bin[bɪn], *du* bist[bɪst], *er* ist[ɪst], *wir* sind [zɪnt], *ihr* seid[zaɪt], *sie* sind; 命 sei; 接I sei; 接II wäre[vɛ́ːrə]; 現在分詞: seiend

> **I** 自 (s)
> **1** 《存在を示して》
> **a**) 《場所を示す語句と》(sich befinden) いる, ある
> **b**) (geschehen) (事態が)実現する; (行事が)行われる
> **c**) (existieren) 存在する
> **d**) 《lassen と》 *et.*[4] ～ lassen …をせずに〈やめて〉おく
> **e**) 《俗》(gehören) 《*jm.*》(…の)所有物である
> **f**) 《俗》《方向を示す語句などと》(…に)出かけている
> **2** 《述語名詞・述語形容詞などと》…である
> **a**) 《1格の名詞と》
> **b**) 《数詞と》…に等しい
> **c**) 《形容詞と》
> **d**) 《様態・方向を示す副詞と》
> **e**) 《2格の名詞と》
> ① (…の)属性をもつ
> ② 《雅》(…に)属する
> **3** 《前置詞と》
> **a**) am Leben ～ 生きている | …
> **b**) 《aus または von と; 材料・由来・属性》…のものである
> **4** 《zu 不定詞〔句〕と》(…)され得る; (…)されなければならない, (…)すべきものである
> **5** 《他動詞の過去分詞とともに状態受動を構成する》…されて〔しまって〕いる, …された状態にある
> **II** 《助動詞; ある種の自動詞の過去分詞と完了形を構成する》…した, …してしまう, …し終わった状態にある
> **III Sein**[1] 中 -s/
> **IV gewesen**→ 別出

I 自 (s) **1** (英: *be*) 《存在を示して》 **a**) 《場所を示す語句と》(sich befinden) (…に)いる, ある: Wo *bist* du? 君はどこにいるのか | Wer *ist* da?—Ich *bin*'s. そこにいるのはだれだ — 私です | Er *ist* draußen 〈nicht hier〉. 彼は外にいる〈ここにはいない〉 | Hier *ist* ein Buch. ここに本がある | Hier *ist* ein Spielplatz. ここに遊園地がある, ここは遊園地だ | Es *war* niemand auf der Straße. 通りにはだれもいなかった | Sie *sind* im Ausland 〈in Bonn〉. 彼らは外国〈ボン〉に〔行って〕いる | Sie wartete, bis das Kind ausgezogen und im Bett *war*. 彼女は子供が服を脱いでベッドに入ってしまうまで待った | Ich *bin* heute nicht zu Hause. 私はきょうは在宅していません(→3 a). **b**) (geschehen) (事態が)実現する〈される〉; 《時・場所を示す語句と》(事件などが)生じる, 起きる, (行事が)行われる: Heute *ist* kein Unterricht. きょうは授業がない | Heute *ist* Sonntag 〈ein Feiertag〉. きょうは日曜日〈祝日〉だ(→2 a) | Der Vortrag *ist* morgen 〈am 10. Mai〉. 講演〔が行われるの〕はあす〈5日10日〉だ | Morgen *ist* Weihnachten. あすはクリスマスだ | Immer *sind* Ferien. しょっちゅう休暇だ | Die Kapitulation *war* Anfang Mai 1945. 降伏は1945年5月 初めのことだった | *Ist* noch nicht bald Feierabend?—Um 17 Uhr *ist* bei uns Feierabend. 間もなく終業時間ではないのですか — 午後5時が私たちのところでは仕事じまいです | Das *war* im Jahre 1914. それ〔が起こったの〕は1914年のことであった | Das Konzert *ist* im Freien. コンサートは屋外で催される | An der Küste *war* ein großes Unwetter. 沿岸はたいへんなあらしだった ‖ Was *ist*? 何事だ | Was *ist* mit ihm? 彼の身に何があったのか | Was *ist* dir? 君はどうしたのか | *Ist* dir was? 君はどうかしたのか(具合でも悪いのか) | *War* etwas während meiner Abwesenheit? 留守中にかわったこと〈重要なこと〉はあったかね(→2 a) ‖ 〔Es〕 kann 〈mag〉 ～! 〔そう〕かもしれないぞ | Das kann doch nicht ～! そんなことはありえない | Es kann später ～. / Es braucht nicht sofort zu ～. 特に急ぐことではない | Es möge ～! そうなれかし, そうだとよいのだが | Muß das ～? それは本当に必要なのか | Was ～ muß, muß 〔eben〕 ～! どうにもならぬことは〔つまり〕どうにもならんのだ ‖ 〘接続法で〙 Es *sei*! それでよかろう | So *sei* es! そうしておこう, よかろう | Es *sei* 〈*Sei* es〉, daß … たとえ…であるにせよ | ***sei* es …, *sei* es …** …であろうと…であろうと | *Sei* es morgen, *sei* es heute, wir müssen es doch tun. 明日にせよ今日にせよ どっちみちそれはしなければならない | **Es *sei* denn, daß …** …でない限りは, …であれば別だが.

c) (existieren) 存在する: Es *ist* kein Zweifel mehr. もはや疑う余地はない | Es *war* einmal ein König. むかし王様がありました | Ich denke, also *bin* ich. われ思う ゆえにわれあり(→cogito, ergo sum) | Er *ist* nicht mehr. 《雅》彼はもはやない(故人だ) | Wenn er nicht *gewesen* wäre, wäre alles anders geworden. もしも彼がいなかったら万事は変わっていたろう | alles, was *war*, *ist* und 〔noch〕 ～ wird 過去現在および将来の存在すべて | Was nicht *ist*, kann noch werden. まだ実現していないことでも可能性はあるわけだ ‖ 〘過去・過去分詞で「現在は存在しない」という意味を強調して〙 Das *war* einmal. それは過ぎたこと〈昔の話〉だ | Was *gewesen* ist, soll man ruhen lassen. 過ぎたことはそっとしておくべきだ | Unsere Freundschaft ist *gewesen*. 我々の友情は終わりだ, 我々はもう絶交だ | Ein Ruck, da bist du schon *gewesen*. 一突きしたら君はもう(墜落して)死んでいるところなんだぞ ‖ ein *gewesener* Lyriker かつては詩を物したことのある男 | die *gewesene* Schauspielerin X 元女優の X.

d) 《lassen と》 *et.*[4] ～ lassen …をせずに〈やめて〉おく | Laß 〔es / das〕 lieber ～! それはやめたほうがいい | Lassen Sie mich ～! 私のことはほっておいてください.

e) 《話》(gehören) 《*jm.*》(…の)所有物である, (…の)ものである: Wem *ist* das Buch?—Das *ist* mir 〈meines〉. この本はだれのですか — 私のです | Das Haus *ist* meinem Vater. この家は私の父の所有です | Gott *sei* Dank! やれありがたや.

f) 《話》《方向を示す語句などと, または他の動詞の不定詞と》(…に)出かけている: Er *ist* in die Stadt 〔gegangen〕. 彼は町へ出かけている(→II) | über alle Berge ～ 退散〈逐電〉してしまっている ‖ Er *ist* essen 〈arbeiten〉 〔gegangen〕. 彼は食事〈仕事〉に出かけた | Er ist essen 〈arbeiten〉 *gewesen*. 彼は食事に行って〈仕事をして〉来た.

★ es gibt と es ist の違い: es ist が基本的には「現実としての存在」を表すのに対して, es gibt はより広く「可能性としての存在」を表す; したがってまた, es gibt は特に「ある空間における本来的・恒常的存在」を表すのに用いられる: *Es gibt* Forellen in diesem Bach. この小川には鱒(ます)が〔生息して〕いる(現実に目撃したかどうかは別とし, 本来の可能性からいうと).

2 《述語名詞・述語形容詞などと: →werden I 1, bleiben I 2》…である. **a**) 《1格の名詞と》〘職業・国籍・宗教などを表す名詞と; ふつう無冠詞で〙 Was *ist* dieser Mann?—Er *ist* Schauspieler. この男の職業は何ですか — 俳優です(ただし: Er *ist* ein Schauspieler. 彼はなかなかの役者だ) | Von Beruf *bin* ich Mechaniker. 私の職業は機械工です | Sie *ist* Deutsche 〈Japanerin〉. 彼女はドイツ人〈日本人〉です | Ich *bin* Buddhist. 私は仏教徒です | Wir *sind* Studenten. 私たちは学生です ‖ 〘一般の名詞と〙 Sie *ist* noch ein Kind. 彼女はまだ子供だ | Sie *ist* eine gute Hausfrau. 彼女はよき主婦である | Er *ist* ein Dichter. 彼は詩人です | Ich *bin* 〔ein〕 Berliner. 私はベルリン子です | Sie *ist* 〔ein〕 Dummkopf. 彼女はばか者だ | Das *ist* eine Gemeinheit! それは〔やり方が〕きたない〈言語道断だ〉 ‖ Wir *sind* Freunde 〈Nachbarn〉. 私たちは友人〈隣人〉同士です ‖ Das *sind* meine Schüler. これは私の生徒たちです | Es *war* meine

S

Frau. それは私の妻であった | Sie *war* meine Frau. i) 彼女はかつて私の妻だったことがある; ii) 彼女は生前私の妻だった | Sie ist meine Frau *gewesen*. 彼女は今では私の妻ではない ‖ etwas ～ かなりのものである(→1 b) | **nichts ～** 取るに足らない〔存在である〕| *Ist* das alles? それで全部か | Was *ist* das?—Das *ist* ein Tisch. これは何ですか — これは机です | Wer ist es *gewesen*? だれだったのだろう | Im Dorf *ist* er wer. 彼は村ではちょっとは名が通っている | Keiner will es *gewesen* sein. だれひとり(やったのは)自分だと認めようとしない | Das *bin* ich. / Ich *bin* es. それは私です(→es[1] I 1 b ②) | **das ist**(㊥ d. i.) すなわち, 言いかえると, つまり(＝das heißt) | Das *wäre*'s. これで全部です | Das *wäre*? とおっしゃいますと | Was soll das ～? それはどういう意味〔でおっしゃるの〕ですか ‖ (非人称) Es *ist* Abend 〈Nacht〉. 〔時刻は〕夕方〈夜〉だ | Es *ist* 12 Uhr mittags. 昼の12時だ | Heute *ist* Mittwoch, der 11. August. きょうは８月11日水曜日です(→1 b) | Es *ist* Sonntag 〈schönes Wetter〉 heute. きょうは日曜日だ〈天気がよい〉(→1 b) | Gestern *war* es ein Jahr 〔her〕, daß ... きのうで…して以来１年だった.

☆ i) 主語と述語名詞との間の呼応関係:
性・数の一致は部分的にしか守られない. 特に Herr *sein*, Zeuge *sein* のように固定した言い回しではそうである: Sie *ist* die Erbin 〈der Erbe〉 eines großen Vermögens. 彼女はたいへんな財産の相続人である | Die Not *ist* der beste Lehrmeister 〈die beste Lehrmeisterin〉. 困難は最良の師匠である ‖ Sie *ist* ein Freund der Ordnung. 彼女は秩序の味方である | Die Römer *waren* das tapferste Volk des Altertums. ローマ人は古代のもっとも勇敢な民族であった ‖ Wir *waren* 〈Sie *war*〉 nicht mehr Herr der Lage. 私たち〈彼女〉はもはや事態を抑えることができなかった.

ii) 主語と動詞との呼応関係:
ⓐ １格の人称代名詞をもつ構文ではその人称代名詞が動詞の形を決める: Dieser Mann *bin* ich. 私がその男です, その男というのは私のことです(㊣ Dieser Mann *ist* ich.) | *Bist* du es? 君なのか.
ⓑ das, es は動詞の形を決める力をもたない: Das 〈Es〉 *sind* meine Brüder. これが私の兄弟たちです | Es *sind* meine Brüder, die das getan haben. それをしたのは私の兄弟たちです | Ich *bin* es, der das getan hat. それをしたのは私です.
ⓒ 意味が複数の名詞や単位を表す名詞の場合には動詞の形に単複両形が現れる: Eine Reihe von Studenten *waren* bereits Parteimitglieder 〈*war* bereits Parteimitglied〉. かなりの数の学生がすでに党員になっていた | Tausend Kilogramm *ist* 〈*sind*〉 ein großes Gewicht. 1000キログラムというのはたいへんな重量だ.

b) 《数詞と》…に等しい: Eins und zwei *ist* 〈話: *sind*〉 drei. １たす２は３ | Zwei mal drei *ist* sechs. ２かける３は６.

c) 《形容詞と》alt ～ 年をとっている | berühmt ～ 有名である | blind ～ 盲目である | jung ～ 若い | krank ～ 病気である | wütend ～ 立腹している | Es *ist* möglich, daß ... …ということは可能である〈ありうる〉| Das *war* nett von Ihnen! ご親切にありがとうございました | Das *wäre* schön. そうするのがよいでしょう, そうだとよいのですが | Das *wäre* doch noch schöner! (まさか本当ではあるまいが)それが本当ならもっといいんだけど | Heute *ist* schulfrei. きょうは学校が休みです | Wie alt *ist* er?—Er *ist* acht 〔Jahre alt〕. 彼は何歳ですか — ８歳です | Wie weit *sind* Sie mit der Arbeit? 仕事はどこまではかどりましたか ‖ Das *ist* empörend. それはけしからぬことだ ‖ *Bist* du mir böse? 私のことを怒っているかい | Ich *bin* dir gut. 私は君が好きです ‖ *Sei* ruhig! 安心しなさい; 静かにしなさい | *Sei* nicht so dumm! そんなばかなことをするな | *Seien* Sie so freundlich 〈gut〉 und helfen Sie mir! すみませんが手伝っていただけますか | *Sei* doch nicht so, und gib es mir. けちけち〈意地悪〉しないでよこせよ | *Sei* er auch noch so reich, ... たとえ彼がどれほど金持ちだとしても… ‖ Wie *ist* der Salat?—Er *ist* gut. サラダの味はいかがですか — よい味です | Es *ist* so.(次に説明することを指して)こういうことなんですよ | So *ist* es.(前に述べたことを指して)と こう〔いうわけ〕なんですよ; こういうことなのか, そうだったのか | Er *ist* nicht so, wie du meinst. 彼は君の思っているような男じゃない | Er rannte, so wie er *war*, hinaus. 彼はそのまま〔の格好で〕駆け出した.

‖ (非人称) Es *ist* kalt heute. きょうは寒い | Es *ist* schon spät. もう時刻は遅い ‖〖*jm.* 〈*et.*[3]〉 ～ の形で〗Wie *ist* Ihnen? ご様子いかがですか | Ich weiß nicht, wie mir *ist*. / Mir *ist*, ich weiß nicht wie. どこが具合が悪いのか自分でもわからない | Mir *ist* kalt 〈warm〉. 私は寒い〈暖かい〉| Ihm *war* übel 〔zumute〕. 彼は気分が悪かった | Mir *ist* schon wieder besser. もう気分がよくなってきました | Mir *ist* so komisch. 私はおかしくてしようがない ‖ Es *ist* mir 〈Mir *ist*〉, als ob da jemand wäre. そこにだれかがいるような気がする | Ihr *war*, als hätte sie ihn schon einmal gesehen. 彼女はその男にすでに一度会ったことがあるような気がした ‖ **dem *sei* nun, wie ihm wolle** / **wie dem auch *sei*** たとえそれがどうであろうとも.

d) 《様態・方向を示す副詞と: →1 f》Der Knopf *ist* ab. ボタンがとれている〈とれた〉| Das Kino *ist* aus. 映画〔館〕がはねた | Das Fleisch muß durch ～. 肉は十分火が通っていなければならない | Das Gesetz *ist* durch. 法案は通った | Wie lange *waren* Sie fort? あなたはどのくらいの間出かけていたのですか | Die Tür *ist* auf 〈zu〉. 戸は開いて〈閉まって〉いる | Er *ist* noch nicht zurück. 彼はまだ戻って来ていない | Wir *sind* oft zusammen. 私たちはよく一緒にいます.

☆ 方向を示す副詞と用いられる場合, 不定詞・分詞でだけ分離動詞扱いで一語に書かれることがある: Der Knopf wird bald ab*sein*. ボタンがまもなくとれるだろう | Er konnte es kaum glauben, tatsächlich durchzu*sein*. 彼は自分が本当に合格したとはほとんど信じられなかった.

e) 《２格の名詞と》① (…の)属性をもつ: gleichen Alters ～ 同年齢である | guter Laune ～ 上機嫌である | guter Hoffnung ～ 妊娠している | anderer Meinung ～ 意見が違う | Ich *bin* der Meinung 〈des Glaubens〉, daß ... …と〔いうように〕私は考えて〈思って〉いる | *Bist* du des Teufels? 君は気でも狂ったのか〈血迷ったか〉.
② 《雅》(…〔の領分〕に)属する, (…の)支配下にある: Das *ist* nicht meines Amtes. それは私の職分には属さない〈関知するところではない〉| Des Mannes *ist* es zu kämpfen. 戦うのは男の務めだ | Du *bist* des Todes. 君はもう死ぬ運命にある.

3 《前置詞と》**a**) **am** Leben ～ 生きている | an der Reihe ～〔順〕番に当たっている | **aus** der Mode ～ 流行遅れである | **außer** Atem ～ 息を切らせている | **bei** der Arbeit ～ / auf 〈in〉 Arbeit ～ 仕事中である | bei guter Laune ～ 上機嫌である | **hinter** *jm.* 〈*et.*[3]〉 her ～ …を追っかけ回している | **in** Bewegung ～ 動いている | in ärztlicher Behandlung ～ 医者にかかっている | **ohne** Geld ～ 無一文である | **unter** aller Kritik ～ てんで論外である | **von** Sinnen ～ 正気を失っている | bei *jm.* **zu** Gast ～ …の家を訪問中である | zum Heulen ～ 嘆かわしい.

‖ (非人称) Mir *ist* **nach** Urlaub. 私は休暇をとりたい〔気持だ〕| Ich ging nicht mit, obwohl mir danach *war*. 私はそうしたい気はあったにもかかわらず一緒に行かなかった | Mir *ist* es nur **ums** Geld. 私にとって大事なのはお金だけだ(→4) | Mir *ist* nicht **zum** 〈nach〉 Lachen. 私は笑うどころ〔の気持〕じゃない ‖ Es *ist* **an** dir, den ersten Schritt zu tun. 君がまず第一歩を踏み出すべきだ | Es *war* nun am Richter, das Urteil zu finden. さて今や判決を下すのは裁判官の役目だった(裁判官が判決を下す番であった) | Es *ist* an dem. そのとおりだ | *Sei*'s **drum.** まあいいや, それはそれとして.

b) 《aus または von と; 材料・由来・属性を示して》…のものである: aus vier Teilen ～ ４個の部品からなる | aus Holz ～ 木製である ‖ aus Berlin ～ ベルリン出身である | aus guter Familie ～ いい家庭の出である | Die Bilder *sind* aus dem 17. Jahrhundert 〈der Mannheimer Kunsthalle〉. これらの絵画は17世紀〈マンハイム美術館所蔵〉のものである ‖ Das Bild *ist* von Rembrandt. この絵はレンブラントの作〔品〕である | Von wem *ist* der Brief? だれからの手紙か ‖ von großer Bedeutung 〈schwacher Gesundheit〉 ～ き

わめて重要〈虚弱〉である.

4《zu 不定詞〔句〕と; 受動の可能・義務を表す: →haben I 3 a)》(…)され得る; (…)されなければならない, (…)すべきものである: Das *ist* nicht mehr zu ändern. これはもはや変更できない(＝Das kann nicht mehr geändert werden.) | Die Hitze *war* kaum zu ertragen. 暑さは耐えがたかった | Die Frage *ist* leicht zu beantworten. その問いに答えるのは容易である ‖ Hunde *sind* an der Leine zu führen. 犬はひもにつないで連れ歩くべきである(＝Wir haben Hunde an der Leine zu führen.) | Am Eingang *ist* der Ausweis vorzulegen. 入口では証明書を呈示しなければならない(＝Am Eingang muß der Ausweis vorgelegt werden.) ‖ (非人称) Es *ist* ihm nur um das Geld zu tun. 彼は金だけが問題だ.

5《他動詞の過去分詞とともに用いられて状態受動を構成する》…されて〔しまって〕いる, …された状態にある: Ich *bin* in Tokio geboren. 私は東京生まれです | Gott *sei* gelobt! やれありがたや, ありがたいことに | Die Tür *war* den ganzen Tag geöffnet (＝offen). 戸は一日じゅう開いていた | Diese Straße *ist* sehr gut gepflastert. この街路の舗装はたいへん良い | Der Brief *ist* mit der Hand geschrieben. この手紙は手書きである | Das Volk *war* innerlich zerrissen 〈gespalten〉. 国民〈民族〉は内部分裂していた ‖〖命令形で〗*Sei* gegrüßt 〔in meinem Haus〕! よくいらっしゃいました.

II《時称の助動詞; 完了相の自動詞・場所の移動を示す自動詞や sein, bleiben などの過去分詞と完了形を構成する: →haben II》…した, …してしまう, …し終わった状態にある:〖完了相の自動詞と〗Sie *ist* sofort eingeschlafen und hat 8 Stunden geschlafen. 彼女はすぐ眠りにおちて 8 時間眠った | Er *ist* gestorben 〈erkrankt〉. 彼は死んだ〈病気になった〉| Die Rose *war* bereits verblüht. バラはすでに花盛りを過ぎていた | Das *ist* seit fünf Jahren nicht mehr passiert 〈vorgekommen〉. それは 5 年この方なかったことだ ‖ Er muß eingeschlafen ～. 彼は眠りこんでいるに違いない | Er soll gestorben ～. 彼は死んだということだ.

‖〖場所の移動を示す自動詞と〗Wir haben ihn besucht und *sind* anschließend ins Kino gegangen. 私たちは彼を訪問し引き続いて映画を見に行った | Er *ist* gut angekommen. 彼は無事に着いた | Er *ist* über den See gesegelt. 彼はヨットで湖を渡った | Wir *waren* bis dahin drei Stunden gewandert. 私たちはそれまでに 3 時間歩いていた ‖ Er muß schon nach Hause gekommen ～. 彼はもう帰宅しているに違いない | In einer halben Stunde wird er zurückgekommen ～. / In einer halben Stunde *ist* er zurückgekommen. 彼は30分後には戻って来ているだろう | Sie glaubten, bereits in Paris angekommen zu ～. 彼らはもうパリに着いたのだと思っていた.

‖〖**sein, bleiben, werden** と〗Er *ist* lange Zeit im Ausland gewesen. 彼は長い間外国へ行っていた | Wenn du das tust, dann *sind* wir Freunde gewesen. 君がそんなことをするなら私たちは絶交だ(→I 1 c) | Er *ist* zu Hause geblieben. 彼は家に残っている | Er *ist* krank geworden. 彼は病気になった.

‖〖接続法IIの形で, 実現しなかった過去の事象や願望を表して〗Wenn er gestern zu Hause gewesen *wäre*, hätte ich ihn besucht. きのう彼が在宅していたら私は訪ねるところだったのに | *Wäre* er doch pünktlich angekommen! 彼が時間どおりに着いていたらなあ.

‖〖**worden sein** の形で受動態の完了形として: →I 5 状態受動〗Er *ist* betrogen worden. 彼はだまされてしまった | Die Tür *ist* schon geöffnet 〔worden〕. 戸はもうあけられて〔しまって〕いる | Die Straße *ist* endlich gepflastert worden. 街路はやっと舗装された | Der Brief *war* geschrieben 〔worden〕. 手紙は書き終えられていた | Hier mag wohl hart gekämpft worden ～. ここでは激戦が行われたらしい.

☆ 同一動詞の haben 支配と sein 支配の交代, および過去形と完了形の時間的前後関係について: →haben II 2 ☆

III Sein[1] 中 -s/ 存在, 生存, あり方, ありよう: alles materielle ～ あらゆる物質的存在 | ～ und Schein 存在と仮象, 実際とうわべ | die Philosophie des ～*s* 存在の哲学 | Es geht um ～ oder Nichtsein. 生きるか死ぬかの問題だ.

IV ge·wẹ·sen → 別出

［*idg.*; 三つの異なった語幹からの混成. i) war など: ◇Wesen; *engl.* was; ii) ist, sind, sei など: ◇Essenz; *engl.* is; iii) bin と bist: ◇bauen; *engl.* be］

sein[2]［zaɪn］**I**《所有代名詞, 3 人称単数男性・中性: →er, es[1]; 変化は mein に準じる》**1**《3 人称単数男性: →er》彼の; (自然性に応じて)それの, これ〈あれ〉の: →mein I **2**《3 人称単数中性: →es[1]》それの, これ〈あれ〉の; (自然性に応じて)彼〈彼女〉の: →mein I ▽**3 Sein**[2]《2 人称に転用して: →Er[2]》おまえの: → mein I ▽**II**《人称代名詞》＝ seiner I ［*ahd.*］

die **Sei·ne**［zɛ́:nə, zɛ:n, sɛ(:)n］地名 女 -/ セーヌ(フランス東部に発し, 西北に流れて, イギリス海峡に注ぐ川). ［*kelt.－lat.* Sēquama］

sei·ner［záɪnər］**I** er, es[1]の 2 格. **II** sein[2]の語尾変化した形.

sei·ner·seits 副 彼の側〈立場〉で: →meinerseits

sei·ner·zeit 副 (略 s. Z.) **1** (damals) かつて, そのころ: Er 〈Sie〉 war ～ (＝zu seiner 〈ihrer〉 Zeit) sehr berühmt. 彼〈彼女〉は当時たいへん有名だった. ▽**2** (zu gegebener Zeit) そのうち, おりをみて: Wir werden ～ darauf zurückkommen. 我々はいずれその問題に立ち返ることにしよう.

★ 主語の人称・数にかかわらずこの形で用いる.

sei·ner·zei·tig 形《付加語的》《オーストリア》(damalig) 当時の.

sei·nes≈glei·chen［záɪnəsgláɪçən］《指示代名詞; 無変化》彼と同様〈同等〉な人: →meinesgleichen | **nicht ～ haben** / **～ suchen** 他に類を見ない, 右に出るものがない | Die Qualität dieser Maschine sucht *ihresgleichen*. この機械の品質は比類なくすばらしい | er und ～《軽蔑的に》彼のような手合い. ▽**≈teils** ＝seinerseits

▽**sei·net·hal·ben**［záɪnəthálbən］＝seinetwegen

sei·net≈wẹ·gen 副 彼のために: → meinetwegen

≈wil·len 副 um ～ ＝seinetwegen

sei·ni·ge［záɪnɪgə］《所有代名詞, 3 人称単数男性・中性》彼〈それ〉のもの: →meinige

sein|las·sen*(88)《過分 sein〔ge〕lassen: →lassen I ★ ii》他 (h)《話》(bleibenlassen)《*et.*[4]》(…を)しないでおく, やめておく: Ich werde es doch lieber ～. それはやはりやめにしておこう.

★ ふつう 2 語に書かれる.

Sei·sing［záɪzɪŋ］中 -s/-e〖海〗**1** ガスケット, 括帆索. **2** シージング, 括着索. ［*ndl.* seizing; ◇setzen, Zeising］

Seis·mik［záɪsmɪk］女 -/ ＝Seismologie

seis·misch［záɪsmɪʃ］形 地震の; 地震による(→Erdbeben): ～*e* Bewegungen 地震活動 | ～*es* Verfahren 地震探査〔法〕| ～*e* Wellen 地震波(実体波・津波など). ［＜*gr.* seismós „Erschütterung" (◇Sistrum)］

Seis·mo·graf (**Seis·mo·graph**)［zaɪsmográ:f］男 -en/-en 地震計.

Seis·mo·gramm［zaɪsmográm］中 -s/-e 地震記象(地震計によって描かれた波形記録).

Seis·mo·graph［..grá:f］男 -en/-en ＝Seismograf

Seis·mo·lo·ge［..ló:gə］男 -n/-n (→..loge) 地震学者.

Seis·mo·lo·gie［..logí:］女 -/ 地震学.

seis·mo·lo·gisch［..ló:gɪʃ］形 地震学〔上〕の; 地震学による.

Seis·mo·mẹ·ter［..mé:tər］中 (男) -s/- 地震計.

Seis·mo·skop［zaɪsmoskó:p, ..mɔs..］中 -s/-e 感震器〈計〉(地震計の前身).

seit［zaɪt］**I** 前《3 格支配》**1**《過去の時点・行事・出来事などを示す語と》(英: *since*) (↔bis) …以来〈以後・以降〉現在(発話時点)までずっと, …からこのかた: ～ 1945 1945年以降(今日まで) | Er arbeitet ～ dem 1. August bei uns. 彼は 8 月 1 日から我々のところで働いている | ～ Anfang Juli 7 月初め以来 | ～ vorigem Monat 先月以来 | ～ Diens-

S

tag 火曜日以来｜～ dem Tage, da ... …した日以来今日まで｜～ vier Uhr 4時以降いままで｜～ dieser Zeit それからというもの‖～ dem zweiten Weltkrieg 第二次大戦以降｜～ dem letzten Winter〈Urlaub〉この前の冬〈休暇〉以来‖〖動作名詞などと〗～ seiner Abreise 彼が出発してからというもの｜～ seiner Krankheit 彼が病気になって以来‖〖短縮された副文とみなしうる表現と: →II〗～ Adam und Eva アダムとイブの時代このかた｜Er ist ～ Goethe der erste Dichter, der ... 彼はゲーテ〔がそれをして〕以来…した最初の詩人である｜～ Menschengedenken（人類の記憶がさかのぼる限りの）大昔から.

‖〖副詞と〗～ alters〔her〕(→alters)｜～ damals あれ以来｜〔erst〕～ gestern 昨日来｜*Seit* heute weiß ich erst, daß ... 私が…ということを知ったのはきょうになってからのことだ｜*Seit* heute geht es mir besser. きょうになってからは具合がよい｜～〔eh und〕je / ～ jeher ずっと以前から｜～ morgens〈heute früh〉朝〈けさ〉以来｜*Seit* wann kennst du ihn? 君はいつから彼と知り合いなのだ.

2《さかのぼる期間の長さを示す語と》…前から(今まで), …以来, 過去…にわたって: Ich kenne ihn ～ drei Jahren. 私は彼とは3年前からの知り合いである｜～ über 20 Jahren 20年以上も前から｜zum ersten Mal ～ Jahren 何年このかた初めて〈久しぶりで〉｜*Seit* mehreren Jahren habe ich ihn nicht mehr gesehen. もう何年も彼に会っていない｜Er ist ～ 4 Wochen verreist. 彼は4週間前から旅行中である｜～ langer Zeit ずっと以前から‖〖副詞と〗**～ kurzem** ついこの間から｜**～ langem〈längerem〉** もう永いこと, 久しい〈かなり〉以前から.

3《場所的》《方》…から.

★ i) seit は sein, kennen などのように持続相の動詞とともに用いられ, sterben, beginnen, eröffnen などのような完了(起動)相の動詞の場合には, vor が用いられるか, あるいは単に時点を表す表現が用いられる: unser *vor* 3 Tagen eröffnetes Schuhgeschäft 我々が3日前に開店した靴屋(誤 unser *seit* 3 Tagen eröffnetes Schuhgeschäft)｜Er ist *vor* 3 Jahren gestorben. 彼は3年前に死んだ｜Er ist *seit* 3 Jahren tot. 彼は3年前から故人である‖Er hat seine Arbeit *am* (誤 *seit* dem) 1. August begonnen. 彼は仕事を8月1日に始めた.

ii) seit と von ... an および ab の違い: →von 1 b ☆

II 接 ＝seitdem II

III 副 **1**《方》それ以来. **2**《南部》たった今, ついさっき.

[*ahd.*; < *ahd.* sīd〔ōr〕„später"; ◇Seite, Soiree; *lat.* sērus „spät"]

ᵛ**seit·ab**[zaɪt|áp] 副 (abseits)〔わきの方の〕離れて: Das Häuschen stand ～〔vom Wege〕. 小屋は〔道から〕離れたところにあった. [< Seite]

seit·dem[zaɪtdé:m] **I** 副 それ以来〈以後〉: Wir haben uns gestritten, ～ besucht er mich nicht mehr. 我々はけんかした. それ以来彼はもう私を訪ねて来ない.

II 接《従属; 主文の表す継続的な事態の起点となった事態を示す副文を導く; 副文の動詞の時称はふつう持続相の動詞では現在または過去形, 完了相の動詞では完了形》(英: *since*) (seit) …以来, …以後:〖持続相の動詞と〗～ ich ihn kenne 私が彼を知るようになって以来｜*Seitdem* er auf dem Lande wohnt, geht es ihm besser. 田舎に住むようになって以来 彼は体の調子がよい｜*Seitdem* sie fort ist, habe ich keine ruhige Minute mehr gehabt. 彼女がいなくなってからは私はもはや一分たりとも心の安らぎが得られなかった｜Es ist noch nicht lange her, ～ man dieses Gerät kaufen kann. この道具が手に入るようになったのはそう昔のことではない‖〖完了相の動詞と〗*Seitdem* seine Frau gestorben war, ging er zu keiner Veranstaltung. 妻に死なれて以来 彼はどんな催し物にも行かなかった｜*Seitdem* ich die Stellung gewechselt habe, habe ich ihn nicht mehr gesehen. 勤め先を変えてから彼には一度も会っていない.

[< *mhd.* sīt dem māle „seit der Zeit"]

Sei·te[záɪtə] 女 -/-n **1 a)** (英: *side*) (Flanke)（左右の）側面, 横腹, 横手, 側方;（人間・馬などの）脇(わき)腹, 横腹, わき;《比》かたわら, そば: die ～*n* des Schiffes 船の両舷側(げんそく)｜**lange ～*n* haben**《話》(のっぽで, したがって)大食いである‖〖前置詞と〗**～ an ～** ぴったり並んで, 肩を並べて;《比》一緒になって, 共同で｜an seiner ～ 彼のそばに〔並んで・くっついて〕｜**an *js.* grüne ～**《戯》…のすぐわきへ, …のすぐそばへ｜*et.*[4] an der ～ tragen …(刀など)を腰につけている｜***jn. jm.*** 〈***et.***[4] ***et.***[3]〉 **an die ～ stellen**《比》…を…と同列に扱う; …を…と比較する｜**auf** der ～ liegen 横向きになって寝ている｜auf der ～ schwimmen 横泳ぎする｜*sich*[4] auf die ～ legen 横向きに寝る;（船が）傾く｜***sich***[4] **auf die faule〈rauhe〉～ legen**《比》のらくら〈つんけん〉する｜*sich*[4] im Schlaf auf die andere ～ drehen 寝返りをうつ｜Stiche **in** der ～ haben 脇腹がちくちく痛む｜*jn.* in die ～ stoßen …の脇腹を突く｜die Hände in die ～*n* stemmen 両手を腰に当てる｜***jm.*** **hilfreich in die ～ treten**《戯》…に助力する, …に力を貸す｜ein Angriff **von** der ～ 側面〔からの〕攻撃｜***jn.*** **von der ～ ansehen** …を横目で見る〈さげすむ〉｜***jm.*** **nicht von der ～ gehen〈weichen〉**《話》…のそばを離れない｜***jm.*** **zur ～ springen〈treten〉** …の助力に駆けつける〈…に助力をする〉｜***jm.*** **zur ～ stehen / *sich***[4] ***jm.*** **zur ～ stellen**《比》…を援助する, …に味方する‖*sich*[3] die ～*n* vor Lachen halten 腹をかかえて大笑いする.

b)《位置関係》(…の)側; 方向: die gegenüberliegende ～ des Flusses 川の対岸〈向こう側〉｜die rechte〈linke〉～ der Straße 通りの右〈左〉側｜auf der falschen〈verkehrten〉～〔der Straße〕fahren（規則とは逆の）反対側を(車で)走る｜nach〈von〉allen ～*n* 四方八方へ〈から〉｜zu beiden ～*n* des Tores 門の両側に｜zur linken〈rechten〉～ 左〈右〉側に, 左〈右〉手に.

c)《対立関係》(…の)側(がわ)〔の人々〕, …方, (…の)筋(すじ);〖球技〗陣, サイド: beide ～*n* der Verhandlung 交渉当事者双方｜die ～*n* wechseln〖球技〗陣を交替する, コート〈サイド〉チェンジする‖**auf** der gegnerischen ～ stehen / auf der ～ des Feindes stehen 敵方についている｜auf *js.* ～ stehen《比》…の側に立つ, …の味方をする｜auf beiden ～*n* Wasser tragen どちらの党派にも与(くみ)しない｜Das Recht ist auf seiner ～. 理は彼の側にある｜***jn.*** **auf *seine* ～ ziehen〈bringen〉** …を味方につける〈抱きこむ〉｜auf *js.* ～ treten《比》…の側につく, …の味方になる｜***sich***[4] **auf *js.* ～ schlagen〈stellen〉** …の側に寝返る〈つく〉｜mein Großvater **von** der väterlichen ～ 私の父方の祖父｜*et.*[4] von mütterlicher〈der mütterlichen〉～〔her〕erben …(遺産・素質など)を母方から受け継ぐ｜von offizieller〈zuverlässiger / 〔gut〕unterrichteter〉～ 公式の〈確かな〉筋から(情報を得る)｜von anderer ～ 別の方面から｜von der ～ des Gegners 敵側から, 相手方から｜Ich werde von meiner ～〔aus〕nichts unternehmen. 私は自分の方からは何もする〈しかける〉気はない.

d)《単数で》(離れた)わき〔の方〕, かたわら: **an**〈**auf**〉der ～ sitzen（劇場などで)わきの方の席で見る｜auf die ～ gehen〈treten〉わきへよける｜*jn.* auf die ～ nehmen（密談のために)…をわきへ連れ出す｜*et.*[4] auf die ～ räumen〈legen / schaffen / stellen〉…を取りのける, …を片づける｜〔***sich***[3]〕***et.***[4] **auf die ～ legen**《比》…(金など)を蓄える〈ためこむ〉｜***et.***[4] **auf die ～ schaffen〈bringen〉**《比》…をひそかに持ち去る, …をくすねる, …をかっぱらう｜***jn.*** **auf die ～ schaffen**《比》…を消す(殺す)｜**auf die große〈kleine〉～ müssen**《ｵｰｽﾄﾘｱ》大〈小〉便がしたい｜**zur ～**〔**sprechen**〕〖劇〗傍白〈わきぜりふ〉〔を言う〕｜*jn.* zur ～ schieben …を押しのける｜zur ～〈auf der ～〉stehen《比》傍観する｜zur ～ treten〈gehen / rücken〉わきへよける.

2 a)（物の)〔側〕面: die äußere〈innere〉～ 外〈内〉〔側の〕面｜die obere〈untere〉～ 上〈下〉面;（貨幣などの）表〈裏〉面｜die vordere〈hintere〉～ 前〈背〉面｜die rechte〈linke〉～ 右〈左〉側面;（布地などの）表〈裏〉｜**die zwei ～*n* einer Medaille** メダルの両面;《比》(表裏一体の)密接な関係にある事柄｜Kehr*seite* 裏面, 裏側‖zwei rechte ～*n* haben（布地などが）裏表の別がない, どちら側を表にしても使える｜Das Kleid kann auf〈von〉beiden ～*n* getragen werden. このワンピースは裏表兼用できる｜auf der ersten ～〈auf ～ eins〉hören（レコードの）A 面を聞く.

b) (略 S., 複数: SS.) (新聞の)紙面; (本などの)ページ: auf der ersten ~ der Zeitung stehen 新聞の第1面に出ている | Fortsetzung auf der nächsten ~ 〈auf ~ 10〉 次ページ〈10ページ〉に続く ‖ eine ~ in dem Buch aufschlagen 本のあるページを開く | die ~*n* durchblättern 〈umblättern〉 ページを繰る | Das Buch hat 250 ~*n* 〈ist 250 ~*n* stark〉. この本は250ページある | Das Blatt ist auf 〈von〉 beiden ~ bedruckt. この紙は両面印刷してある | Siehe (略 s.) *S.* 124! 124ページを参照せよ.
c) 《比》(問題・性格などの)〔側〕面, 観点: die juristische 〈technische〉 ~ (問題などの)法律〈技術〉〔的側〕面 ‖ *et.*[3] eine neue ~ abgewinnen …の新しい一面を見つけ出す | allem die beste ~ abgewinnen 何事につけ有用な面を見いだす | 〔*seine*〕 zwei ~*n* haben / gute und schlechte 〈*seine* guten und 〔*seine*〕 schlechten〉 ~*n* haben いい面と悪い面と〔の二面〕がある | Jedes Ding hat zwei ~*n*. (→Ding 1 a) | ***js.* schwache 〈starke〉 ~** …の苦手〈得意〉の分野 | Rechnen ist meine schwache 〈starke〉 ~. 計算は私の苦手〈得意〉とするところだ | Süßigkeiten sind seine schwache ~. あまいものには彼は目がない | Offenheit ist nicht gerade seine stärkste ~. 彼は必ずしも率直ではない ‖ auf der einen 〈anderen〉 ~ 一面〈他面〉では | *et.*[4] von der heiteren 〈leichten〉 ~ nehmen …を明るく〈気楽に〉考える | *jn.* von *seiner* besten ~ kennenlernen …の最もいい面だけを知る | Von dieser ~ 〔her〕 kenne ich ihn noch gar nicht. 私は彼にこんな一面のあることは今までちっとも知らなかった.
3 〘数〙 **a**) (立体の)面; (平面図形の)辺. **b**) (方程式などの左右の)辺, 項.
[*germ.* „Herabhängende"; ◇säen, seit; *engl.* side]

sei·ten →auf *seiten*, von *seiten*, zu *seiten*

Sei·ten≈ab·wei·chung[záitən..] 女 〘電〙側方偏位; (弾丸などの)横方向へのずれ. **≈al·tar** 男 (Nebenaltar) 〘カトリック〙脇(わき)〈小〉祭壇. **≈an·griff** 男 側面攻撃. **≈an·mer·kung** 女 傍注. **≈an·sicht** 女 側〈端〉面図, 側面投影; 側面観. **≈aus** 中 -/ =Seitenauslinie **≈aus·gang** 男 側面〈わき〉の出口. **≈aus·li·nie**[..niə] 女 (Seitenlinie) 〘球技〙サイドライン, (特にサッカーの)タッチライン. **≈bau** 男 -〔e〕s/-ten =Seitengebäude **≈be·we·gung** 女 横運動; 〘船〙ヨーイング, 揺首; 〘空〙偏揺れ; 〘楽〙斜進行. **≈be·zeich·nung** 女 ページ表示; ページ〔のノンブル〕付け. **≈blatt** 中 (鞍(くら)の)あおり革(→ 図 Sattel). **≈blick** 男 (特に軽蔑・顧慮などの気持をこめた)横目: mit einem flüchtigen 〈kurzen〉 ~ ちらっと横目で見て | mit einem ~ auf *jn.* かたわらの…をちらっと見て | einen ~ auf *jn.* werfen …を横目でちらっと見る | *jm.* einen verstohlenen 〈koketten〉 ~ zuwerfen …をちらっと盗み見る〈…に秋波を送る〉. **≈büh·ne** 女 〘劇〙(舞台の)そで. **≈deckung** 女 側面援護. **≈druck** 男 -〔e〕s/..drücke 〘理〙(液体の加える)側圧. **≈ein·gang** 男 側面の入口, 側門, 通用門. **≈ein·stei·ger** 男 (生え抜きではなく)他の分野から鞍替えしてきた人. **≈er·be** 男 〘法〙傍系相続人. **≈fen·ster** 中 (窓・ドアなどの横にある小さな)わき窓; (自動車などの)サイドウィンドー. **≈flä·che** 女 側面. **≈flos·se** 女 〘空〙垂直安定板(→ 図 Flugzeug). **≈flü·gel** 男 〘建〙側翼; (教会の)側廊; (祭壇の)そで. **≈gang** 男 **1** 〘鉄道〙(列車の車両の)片廊下; 〘建〙側廊, アイル, (教会の)片側廊下, 側廊下. **2** 《単数で》〘馬術〙二蹄(てい)行進(→ 図 reiten). **≈gas·se** 女 横町, 路地. **≈ge·bäu·de** 中 〘建〙付属建築物, 付属屋, 別館. **≈ge·wehr** 中 (腰に帯びている)銃剣: das ~ auf das Gewehr stecken / das ~ aufpflanzen 銃に着剣する. **≈gra·ben** 男 (道路の)側溝. **≈hieb** 男 **1** 〘フェンシング〙横面(よこめん), 水平斬り. **2** 《比》(しんらつな)あてこすり: mit einem ~ auf 〈gegen〉 *jn.* …をあてこすって | *jm.* einen ~ versetzen …をしんらつに皮肉る〈あてこする〉. **≈kan·te** 女 側面のかど〈稜〉. **≈ket·te** 女 〘化〙側鎖. **≈kip·per** 男 〘工〙横ダンプボディ, サイドトリッパー. **≈kraft** 女 〘理・空・建〙分力; 〘鉄道〙横力. **≈ku·lis·se** 女 〘劇〙(舞台の)そでの書き割り, 舞台そで. **≈la·ge** 女 側位. **≈läh·mung** 女 半身不随.

sei·ten·lang 形 数ページにわたる: ~*e* Beschreibungen 何ページにもわたる記述 | ein ~*er* Brief 数ページからなる手紙 ‖ *et.*[4] ~ erläutern …を数ページにわたって〈詳細に〉説明する.

Sei·ten≈län·ge 女 側長, 横の長さ. **≈laut** 男 =Lateral **≈leh·ne** 女 (いすの)ひじ掛け. **≈leit·werk** 中 〘空〙垂直尾翼(垂直安定板と方向舵(だ)): → 図 Flugzeug). **≈li·nie**[..niə] 女 **1** 〘球技〙(テニス・ホッケーなどの)サイドライン; (サッカー・バスケットボールなどの)タッチライン. **2** (Nebenlinie) 〘鉄道〙支線. **3** 〘動〙(魚類などの)側線. **4** (家系の)傍系: mit *jm.* in der ~ verwandt sein …と傍系親族である. **≈lo·ge**[..loːʒə] 女 〘劇〙脇(わき)桟敷席(→ 図 Theater). **≈nu·me·rie·rung** 女 〘製本〙丁(ちょう)付け. **≈pfad** 男 副道, わき道, バイパス. **≈por·tal** 中 〘建〙わき入口.

sei·ten·rich·tig 形 (↔seitenverkehrt) (原物と)左右が合っている: Das Dia steht nicht ~. このスライドは左右が逆である.

Sei·ten≈rich·tung 女 側面方向. **≈riß** 男 (建物などの)側面図. **≈ru·der** 中 〘空〙方向舵(だ)(→ 図 Flugzeug). **≈rutsch** 男 〘工〙横すべり.

sei·tens[záitəns] 前 《2格支配》《官》(von) …の側から, …によって: Dagegen wurde ~ der Polizei nichts unternommen. それに対して警察の側からは何の手も打たれなかった | *Seitens* des Ausschusses bestehen keine Bedenken. 委員会としては疑義はない.

Sei·ten≈schei·tel 男 (頭髪の)サイドパート〈パーティング〉, (左または右への)分け目. **≈schiff** 中 〘建〙(教会堂の)側廊, アイル(列柱などで区切られた, Mittelschiff の両側の部分: → 図 Kirche B). **≈schnitt** 男 〘医〙側部切開. **≈schritt** 男 わき〈横〉へ寄ること. **≈schwim·men** 中 〘泳〙サイドストローク, 横泳ぎ. **≈schwim·mer** 男 = Plattfisch **≈si·che·rung** 女 〘軍〙側面防備. **≈sprin·ger** 男 《話》浮気をする人. **≈sprung** 男 **1** 横飛び; 《比》脱線〔旅行〕, 寄り道. **2** 脱線〔行為〕; 《婉曲に》浮気: einen ~ machen ちょっと浮気をする. **≈sta·bi·li·tät** 女 〘工〙横安定. **≈ste·chen** 中 -s/ 〘医〙側刺(し), 側胸痛; わき腹のさし込み: vom Laufen ~ bekommen 走ったためにわき腹が痛くなる. **≈steu·er** 中 =Seitenruder **≈stich** 男 -〔e〕s/-e 《ふつう複数で》(Seitenstechen) 〘医〙側刺(し). **≈stra·ße** 女 横町, 裏通り, わき道; 〘土木〙補助幹線街路. **≈streu·ung** 女 〘軍〙側面散開. **≈stück** 中 **1 a**) 側面の部分, 側面部. **b**) (牛肉などの)わき腹肉. **2** (Pendant) 対(つい)をなすもの, 相対物; 対応するもの, 同類のもの; 片割れ; 対幅(ついふく)〔の絵〕: das ~ zu *et.*[3] bilden …と対をなす. **≈ta·sche** 女 (上着・かばんなどの)わき〈サイド〉ポケット. **≈teil** 中 側部. **≈tür** 女 側とびら, サイドドア; わき入口. **≈ver·bin·dung** 女 横の連絡. **≈ver·hält·nis** 中 〘工〙縦横比, アスペクト比.

sei·ten·ver·kehrt 形 (↔seitenrichtig) 左右が逆になった: ein Dia ~ projizieren スライドを左右あべこべに映す.

Sei·ten≈ver·wand·te 男 女 〘法〙傍系親族. **≈waf·fe** 女 腰に下げる武器(とくにサーベル・短剣・銃剣など). **≈wa·gen** 男 (Beiwagen) サイドカー. **≈wahl** 女 〘球技〙サイド〈エンド・コート〉の選択. **≈wand** 女 側壁; 〘鉄道〙車体側壁; 〘空〙(飛行機の胴体の)側面; (トラックなどの)側面板, サイドボード. **≈wech·sel** 男 〘球技〙サイドチェンジ, コートチェンジ. **≈weg** 男 **1** わき道, 間道: einen ~ einschlagen わき道をとる〈に入る〉 | ~*e* gehen 《比》こっそりやる. **2** 〘鉄道〙側道. **≈wen·dung** 女 **1** わきへの方向転換. **2** 〘フェンシング〙ヴォルト(突きを避けて横に身をかわすこと). **≈wind** 男 横〈わき〉から吹きつける風, 横風. **≈win·kel** 男 〘工〙横揺れ角. **≈wur·zel** 女 (Nebenwurzel) 〘植〙側根(そっこん)(→ 図 Baum B). **≈zahl** 女 **1** 〔全〕ページ数. **2** 〘印〙ノンブル. **≈zweig** 男 **1** 〘植〙側枝(し). **2** =Seitenlinie 4

Seit≈grätsch·stel·lung[záit..] 女 〘体操〙開脚姿勢. **≈he·ben** 中 〘体操〙腕側挙(きょ), 足側出(しゅつ).

seit·her[zaithéːr] 副 **1** (seitdem) それ以来, そのときから: Er ist im Mai umgezogen, ~ habe ich nichts mehr von ihm gehört. 彼は5月に引っ越した. それ以来私は彼の

消息を聞いていない. **2**《方》(bisher) これまで.

★「いつから」という起点が明示されない場合に seither を用いるのは誤り: Er war *bisher* (㊗ seither) Professor in Berlin und ist jetzt in Heidelberg. 彼はこれまでベルリン大学の教授だったが今はハイデルベルク大学の教授だ.

seit·he̱·rig[zaıthé:rıç]² 形《付加語的》(bisherig) これまでの, 従来の: die ～*e* Heine-Forschung 従来のハイネ研究.

Se̱it·hoch·he·ben[zá͜it..] 中〘体操〙腕振り挙げ.

..seitig[..zaıtıç]²《代名詞・数詞・名詞・形容詞などにつけて「…側(方)の, …〔側〕面の, …ページの」,〘数〙「…辺形の」などを意味する形容詞をつくる》: dies*seitig* こちら側の | jen*seitig* 向こう側の | links*seitig* 左側の | rechts*seitig* 右側の | ein*seitig* 一方的な, 一面的な | beider*seitig* 双方ともの | wechsel*seitig* 相互的な | halb*seitig* 片側の | regierungs*seitig* 政府側の | viel*seitig* 多面的な;〘数〙多辺形の | um*seitig* 裏側の | zwei*seitig* 両面の | ganz*seitig* 1ページ全部の | fünf*seitig*〘数〙五辺形の | gleich*seitig*〘数〙等辺の.

se̱it·lich[zá͜itlıç] **I** 形 わき〈横〉〔から〕の; わき〈横〉へ: eine ～*e* Tür わきのドア | der ～*e* Wind 横から吹きつける風 | eine ～*e* Wendung des Kopfes 頭を横へ向けること ‖ Der Ausgang ist ～. 出口は横にある.

II 副 わき〈横〉へ, 片側〈左右〉へ; わき〈横〉に; わき〈横〉から: die Lampe ～ anbringen ランプをわきの方に取りつける | ～ von rechts kommen 右手から来る | Er saß ～ von mir. 彼は私のかたわらに座っていた.

III 前《2格支配》《雅》(neben) …のわき〈かたわら〉で: ～ des Flusses 川のほとりで.

Se̱it·ling[zá͜itlıŋ] 男 -s/-e〘植〙ヒラタケ(平茸)属.

ᵛ**se̱it·lings**[zá͜itlıŋs] 副 わき〈かたわら〉へ.

Se̱it·pfe̱rd 中〘体操〙**1** 鞍馬(あんば). **2** (↔Langpferd)(女子跳馬用に)横に置かれた跳馬.

..seits[..zaıts]《形容詞・所有代名詞などにつけて..erseits の形で, まれに副詞・指示代名詞などにつけて..seits の形で,「…の側〈方〉に〈から・では〉」を意味する副詞・前置詞をつくる》: behördlicher*seits*《官》当局側から | väterlicher*seits* 父方では | linker*seits* 左側に | beider*seits* 双方ともに; 両側に | meiner*seits* 私の側〈立場〉では | einer*seits* 一方では | anderer*seits* 他方では | keiner*seits* どちら側も…でない | aller*seits* どちら側にも; 皆に ‖ all*seits* 至る所で〈へ〉| dies*seits* こちら側で | jen*seits* 向こう側では | ab*seits* わきに〔遠く〕離れて | längs*seits*〘海〙舷側(げんそく)に沿って.
[＜Seite]

Se̱it·stütz[zá͜it..] 男〘体操〙腕支持(→ 図).

se̱it·wärts[zá͜itvɛrts] **I** 副 **1** わき〈横〉へ: einen Schritt ～ machen 1歩わきへ寄る | *sich*⁴ ～ in die Büsche schlagen (→Busch 1). **2** わき〈横〉に: ～ liegen 〈stehen〉 わきにある〈立っている〉| Er näherte sich ～ von rechts. 彼は右のわきの方から近づいて来た.

II 前《2格支配》《雅》(auf der Seite von) …のわき〈横〉に: ～ der Straße 街路のわきに.

Seitstütz

Sejm[zaım, se:m, sé:ım, sɛjm] 男 -s/ セイム(ポーランドの国会). [*poln.*]

Sek. (**sek**) 略 =**Sek**unde 秒.

Se̱·kans[zé:kans] 男 -/-, ..kanten[zekántən]〘数〙正割, セカント(記号 sec). [＜*lat.* secāre (→sezieren)]

Se·ka̱n·te[zekántə] 女 -/-n〘数〙割線(→ 図 Kreis).

Se·ka̱n·ten Sekans, Sekante の複数.

Se̱·kel[zé:kəl] 男 -s/- **1** シケル(古代ヘブライ・フェニキア・バビロニアの金銀の重量単位: 約14-16g). **2** (近東諸国の)シケル金〈銀〉貨. [*hebr.*; ◇ *engl.* shekel]

sek·ka̱nt[zɛkánt] 形《オーストリア》**1** (lästig) うるさくてうんざりする, ずうずうしい. **2** (ärgerlich) いらだたせる, 腹の立つ, しゃくにさわる. [*it.*]

Sek·ka·tu̱r[zɛkatú:r] 女 -/-en《オーストリア・南部》いやがらせ; 悩ませること; ずうずうしさ; からかい. [*it.*]

sek·kie̱·ren[zɛkí:rən] 他 (h)《オーストリア・南部》《*jn.*》(…を)煩わす, 悩ます, いらいらさせる; (…に)せがむ.
[*it.* seccare „austrocknen"; ＜*lat.* siccus (→Sekt)]

Sek·kie·re·re̱i[zɛki:rərá͜i] 女 -/-en =Sekkatur

Sek·kie̱r·han·sel[zɛkí:r..] 男《話》他人をからかったり怒らすようなことを言ったりしたりする人.

Se·ko̱nd[zekɔ́nt]¹ 女 -/-en〘フェンシング〙セコンド(剣の交差ポジションの第2の構え). [*it.* seconda; ◇ sekunda]

ᵛ**Se·ko̱n·de·leut·nant**[zekɔ́ndə.., zekɔ̃́:də..] =Unterleutnant [＜*fr.* second „zweit"]

Se·ko̱nd·hieb[zekɔ́nt..] 男 =Sekond

ᵛ**se·kre̱t**[zekré:t] 形 **1** (geheim) 秘密の. **2**〘生〙分泌された. [*lat.*; ◇ *engl.* secret]

Se·kre̱t[−] **I** 中 -s/-e **1**〘生〙分泌物, 分泌液. ᵛ**2** 内密の知らせ. **II** 女 -/-en《ふつう単数で》〘カトリック〙(ミサの)密唱, 奉納祈願. [(*m*) *lat.*]

ᵛ**Se·kre·ta̱r**[zekretá:r] 男 -s/-e (各種団体の)業務執行者, 支配人; 部局の長.

Se·kre·tä̱r[zekretɛ́:r] 男 -s/-e **1** (女 **Se·kre·tä̱·rin** → 別出) 秘書, 書記, 庶務係; 事務〈書記〉長; (官庁の)書記官; (旧東ドイツの)地方議会運営担当官: Privat*sekretär* 私設秘書 | General*sekretär* 事務総長; (政党・組合などの)書記長 | Partei*sekretär* 党書記 | Staats*sekretär* (各省の)事務次官; (アメリカの)国務長官 | erster 〈zweiter〉 ～ der Botschaft 大使館付きの一等〈二等〉書記官 | der Erste ～ (旧東ドイツで)〔社会主義統一党の〕第一書記, 書記長. **2** (Schreibschrank) ライティングデスク(→ 図 Schrank). **3** (Stelzengeier)〘鳥〙ヘビクイワシ(蛇喰鷲), ショキカンチョウ(書記官鳥). [*mlat.* sēcrētārius „〔Geheim〕schreiber"; *engl.* secretary]

Se·kre·ta·ria̱t[zekretariá:t] 中 -〔e〕s/-e 秘書課, 文書課; (大規模な組織・政党などの)事務局, 書記局; 官房. [*mlat.*]

Se·kre·tä̱·rin[zekretɛ́:rın] 女 -/-nen (Sekretär の女性形) 女秘書(しばしば速記タイピストを兼ねる).

ᵛ**Se·kre·ta̱·rius**[zekretá:riʊs] 男 -/..rii[..rii·] = Sekretär 1

Se·kre̱t·gang[zekré:t..] 男〘植〙分泌道.

se·kre·tie̱·ren[zekretí:rən] 他 (h) **1** (absondern)〘生〙分泌する. **2 a)** 秘密にする, 秘匿する; (作品などを)公開〈公刊〉しない. **b)** (文書・書物などを)格納する.

Se·kre·ti̱n[zekretí:n] 中 -s/-e〘生理〙セクレチン(十二指腸ホルモン). [＜..in²]

Se·kre·tio̱n[zekretsió:n] 女 -/-en **1**〘生理〙(細胞・腺(せん)などの)分泌〔作用〕: äußere 〈innere〉 ～ 外〈内〉分泌 | die ～ einer Drüse anregen 腺の分泌作用を促す. **2**〘地〙(岩石の割れ目の壁面から中心部に向かって結晶が成長する)分泌, セクリーション. [*lat.*; ◇ sezernieren]

Se·kre·tio̱ns·gang 男〘地〙分泌脈(岩石の割れ目に生じる岩脈).

Se·kre̱t≈ka·näl·chen[zekré:t..] 中, **≈ka·pil·la̱·re** 女〘解〙分泌細管.

se·kre·to̱·risch[zekretó:rıʃ] 形 分泌〔作用〕の; 分泌物〈液〉の; 分泌性の: inner*sekretorisch* 内分泌の.

Sekt[zɛkt] 男 -〔e〕s/ (種類: -e) (Champagner) シャンペン, シャンパン: Der ～ perlt 〈moussiert〉. シャンペンが玉なす泡を出している | ～ des kleinen Mannes《話》ミネラルウォーター | ～ in Zivil《話》ミネラルウォーター; ラムネ ‖ ～, Kaviar, schöne Frauen《話》シャンペンとキャビアと美女たち(富裕のシンボル) | **～ oder Selters**《話》シャンペンとなるかミネラルウォーターとなるか(運を天に任せるの意).
[*it.* vino secco „Trockenbeer-wein"−*fr.* vin sec; ＜*lat.* siccus „trocken"; ◇ Seiches; *engl.* sack]

Se̱k·te[zɛ́ktə] 女 -/-n **1**〘宗〙(正統から分離した)教派, 宗派. **2** (思想的・政治的な)党派, 派閥, セクト.
[*lat.* secta „Bahn"−*spätlat.*−*mhd.*; ＜*lat.* sequī (→sequens); ◇ *engl.* sect]

Se̱k·ten·we̱·sen 中 -s/ (宗教上の)派閥主義, 宗派心; 宗閥.

Se̱kt≈fla·sche[zɛ́kt..] 女 シャンペンの瓶. **≈gla̱s** 中 -es/..gläser シャンペングラス.

Sek·tie̱·rer[zɛktí:rər] 男 -s/- **1**〘宗〙分派〈離教〉者

S

(Adventist など). **2** (politischer Eigenbrötler) (旧東ドイツで)政治的異端者〈一匹狼(おおかみ)〉, 分派行動者. [<Sekte]

sek·tie·re·risch[zɛktíːrərɪʃ] 形 宗派的な, 分派的な; (政治的に)分派主義的な, セクト的な.

Sek·tion[zɛktsióːn] 女 -/-en **1 a)** (Abteilung) (団体・協会などの)部門, 部局. **b)** (旧東ドイツで, 大学の)学科. **2** 〘医〙(死因究明のための)死体解剖, 剖検. [*lat.* sectiō „Zerschneiden"; ◇sezieren]

Sek·tions≈be·fund 男 解剖〈剖検〉所見. **≈chef** [..ʃɛf] 男 **1** (Abteilungsleiter) 部局の長(課長・部長・局長・科長など). **2** 《オーストリア》(省の)局長. **≈raum** 男, **≈saal** 男 〘医〙 解剖室.

sek·tions·wei·se 副 (→..weise ★)部〈課・分隊〉ごとに.

Sekt≈kelch[zɛ́kt..] 男 (足つきの)シャンペングラス. **≈kel·le·rei** 女 シャンペン醸造所. **≈kü·bel** 男 **1** シャンペンクーラー. **2** 《話》バケツ形の婦人帽.

Sek·tor[zɛ́ktɔr, ..toːr] 男 -s/-en[zɛktóːrən] **1** 〔専門〕領域, 分野: Er ist Fachmann auf diesem ～. 彼はこの分野の専門家だ. **2 a)** 〘数〙扇形(→ ⊠ Kreis); (Kugelsektor) 球扇形; 《比》(Ausschnitt) 断面, 断片. **b)** 〘電〙(電気鎖錠方式の)セクタ. **3** 地区: die vier ～*en* von Berlin ベルリンの四〔占領〕地区(1945年から1990年までベルリンは米英仏ソ四か国の共同管理下におかれた) | der amerikanische 〈sowjetische〉 ～ アメリカ〈ソ連〉管理地区.
[*spätlat.*; ◇sezieren]

Sek·to·ren·gren·ze[zɛktóːrən..] 女 (ベルリンの)〔占領〕地区境界.

Sekt≈scha·le[zɛ́kt..] 女 シャンペングラス(→ ⊠ Glas). **≈spitz** 男 シャンペン用三角グラス(→ ⊠ Glas).

se·kun·da[zekʊ́nda·] ▽**I** 形 (zweiter Güte) 〘商〙二級品の: Die Ware ist ～. この商品は二流品だ. **II Se·kun·da** 女 -/..den[..dən] **1** 9年制ギムナジウムの第6, 7学年(→Prima I 1 ☆): Ober*sekunda* 第7学年 | Unter*sekunda* 第6学年. **2** 《オーストリア》ギムナジウムの第2学年.
[*lat.* secundus „folgend, zweit"; <*lat.* sequī (→sequens)]

Se·kund·ak·kord[zekʊ́nt|akɔrt][1] 男 〘楽〙 2の和音.

Se·kun·da·ner[zekʊndáːnər] 男 -s/- (⊛ **Se·kun·da·ne·rin**[..nərɪn]-/-nen) ギムナジウムの Sekunda の生徒.

Se·kun·dant[zekʊndánt] 男 -en/-en **1 a)** (決闘の)立会人, 介添人. **b)** 《ボクシング》セコンド. **2** 《比》援助〈助力〉者, 加勢人. [<*lat.* secundāre (→sekundieren)]

se·kun·där[zekʊndɛ́ːr] 形 (↔primär) 第2の, 第2次〈期〉の; 第2位の; 二次的な, 副次的な, 付随的な, 従属的な, 間接的な: ～*er* Alkohol 〘化〙第二〈二級〉アルコール | ～*er* Sexualcharakter 〘医〙第二次性徴 | 〔nur〕 von ～*er* Bedeutung sein 〔第〕二義的な意味しかない ‖ Diese Symptome sind ～. これらの症候は二次的なものだ ‖ Das betrifft mich nur ～. それは私にはただ間接的に関係があるだけだ. [*lat.* secundārius–*fr.* secondaire; ◇sekunda]

Se·kun·dar·arzt[zekʊndáːr..] 男 《オーストリア》(Assistenzarzt) (病院の)一般医師, 医局員.

▽**Se·kun·där·bahn**[zekʊndɛ́ːr..] 女 =Nebenbahn

Se·kun·där·elek·tron 中 〘電〙 二次電子.

Se·kun·där·elek·tro·nen·ver·viel·fa·cher 男 〘電〙 二次電子増倍〔形光電〕管.

Se·kun·där≈emis·sion 女 〘電〙 二次電子放出. **≈ener·gie** 女 〘工〙(一次エネルギーから得られる)二次エネルギー(→Primärenergie). **≈in·fek·tion** 女 〘医〙 二次感染.

Se·kun·dar·leh·rer[zekʊndáːr..] 男 《スイス》 Sekundarschule の教諭.

Se·kun·där·li·te·ra·tur[zekʊndɛ́ːr..] 女 (原典, 特に文学作品の)参考文献, 二次文献(→Primärliteratur).

Se·kun·dar·schu·le[zekʊndáːr..] 女 中〔等〕学校(スイスでは州により Realschule と一致する).

Se·kun·där≈strom[zekʊndɛ́ːr..] 男 〘電〙 二次電流. **≈um·laut** 男 〘言〙 第二次変母音〈ウムラウト〉(→Umlaut). **≈wick·lung** 女 〘電〙 二次コイル〈巻線〉.

Se·kun·da·wech·sel[zekʊ́nda..] 男 〘商〙 二号手形.

Se·kun·de[zekʊ́ndə] 女 -/-n **1** (時間単位としての)秒(略 Sek., sek; 記号 s, ▽sec); 《話》一刻, ほんのちょっとの間: 13 Stunden 9 Minuten 25 ～*n* 13時間9分25秒 | 13 Uhr 9 Minuten und 25 ～*n* (時刻・赤経表示として) 13時9分25秒 | Eine Minute hat 60 ～*n*. 1分は60秒である | alle zwanzig ～*n* 20秒ごとに | Die Uhr geht auf die ～ genau. この時計は1秒たがわずぴったり合っている ‖ Ich bin in einer ～ 〈zwei ～*n*〉 wieder da. 《話》すぐ戻ってくるよ | 〔Eine〕 ～ bitte! 《話》ちょっと待ってください(=Einen Augenblick bitte!). **2** 〘理〙(角度・経緯度の)秒(記号 ″): 13 Grad 9 Minuten und 25 ～*n* 13度9分25秒. **3** 〘楽〙 2度〔音程〕. **4** 〘印〙 ゼクンデ(印刷全紙の2枚目〈第3ページ〉の折り記号). [<*spätlat.* (pars minūta) secunda „(kleinster Teil) zweiter Ordnung"; ◇sekunda; *engl.* second]

Se·kun·den Sekunda, Sekunde の複数.

Se·kun·den≈bruch·teil 男 ほんの一瞬間(参考 im Bruchteil einer Sekunde 一瞬の間に). **≈ge·schwin·dig·keit** 女 秒速. **≈herz·tod** 男 〘医〙 瞬間心臓死. **≈kle·ber** 男 《話》瞬間接着剤.

se·kun·den·lang 形 《述語的用法なし》 数秒間の: ein ～*es* Zögern 一瞬のためらい | *Sekundenlang* zögerte er. 一瞬彼はためらった.

▽**Se·kun·den·me·ter** 男 (中) =Metersekunde

Se·kun·den·pen·del 中 秒振り子.

se·kun·den·schnell 形 非常に早い: eine ～*e* Entscheidung 瞬時の決定〈決断〉 | ～ fertig sein たちどころに出来あがっている.

Se·kun·den·schnel·le 女 -/ 《ふつう次の形で》 **in ～** 非常に早く, たちどころに.

Se·kun·den≈uhr 女 (大型時計の文字盤上の)秒目盛り盤. **≈zei·ger** 男 秒針.

se·kun·die·ren[zekʊndíːrən] 自 (h) 《*jm.*》 **1** (…に)助力する, 加勢する; (特に言葉で…を)支持する, バックアップする, 補佐する; (…の)伴奏をする: *jm.* bei der Arbeit ～ …の仕事を助ける | Sie hat dem Sänger *sekundiert.* 彼女は歌手の伴奏をつとめた. **2 a)** 《ボクシング》(…の)セコンドをつとめる. **b)** (決闘で)立会〈介添〉人をつとめる. [*lat.* secundāre „begünstigen"–*fr.* seconder; ◇sekunda, Sekundant]

se·künd·lich[zekʏ́ntlɪç] (**se·kund·lich**[zekʊ́nt..]) 形 《述語的用法なし》 毎秒〔の〕, 一秒ごとの.

Se·kun·do·ge·ni·tur[zekʊndogenitúːr] 女 -/-en (特に封建制下の)次子相続〔権〕; 次子相続財産(→Primogenitur). [<*lat.* secundō „zweitens" (◇sekunda)+gīgnere (→Genus)]

Se·ku·rit[zekuríːt, ..rít] 中 -s/ 商標 ゼクリート(安全ガラス).

▽**Se·ku·ri·tät**[zekuritɛ́ːt] 女 -/-en (Sicherheit) 安全〔性〕; 保全; 担保.
[*lat.*–*fr.*; <*lat.* sēcūrus (→sicher)]

..sel[..zəl, ..səl] 《おもに動詞につけて「…する・されたもの」を意味する男性名詞 (-s/-) または中性名詞 (-s/-) をつくる. 語源的には ..sal と同じ. 縮小ないしは軽蔑の意味を帯びることがある(特に接頭辞 ge.. とともに用いられて). ただし, 発音は l, m, n, ng, r の後では[..zəl]となり, それ以外の子音の後では[..səl]となる》: Füll*sel* 中 (意味のない)詰めもの, うめくさ | Stöp*sel* 男 コルク栓 | Überbleib*sel* 中 残りもの | Feg*sel* 中 ちり, ごみ | Häck*sel* 男 中 刻みわら(馬の飼料) | Mitbring*sel* 中 (旅先などからの)みやげ | Rät*sel* 中 なぞなぞ ‖ Gereim*sel* 中 へたくそな詩 | Geschreib*sel* 中 書きなぐったもの; へたくそな文章.

sel. 略 =**sel**ig 〔今は〕亡き, 故(…).

se·la[zéːla·, zeláː] **I** 間 《話》(abgemacht) それでよし〈決まった〉, 万事オーケー. **II Se·la** 中 -s/-s 〘聖〙 セラ(ヘブライ語の旧約聖書の詩篇中に現れる奏楽上の指示. 小節の終止を表す). [*hebr.*]

Se·la·chi·er[zeláxiər] 男 -s/- 《ふつう複数で》 〘魚〙 板鰓(ばんさい)類(サメ・エイなど).
[<*gr.* sélachos „Knorpelfisch"]

Se·la·don[zéːladɔn, zɛ́l.., zeladɔ̃ː] ▽**I** 男 -s/-s 〔センチ

メンタルな〕恋わずらいの男(フランスのデュルフェ d'Urfé の牧人小説の主人公 Céladon にちなむ). **II** 中 -s/-s (中国産の)青磁器(→seladongrün).

se·la·don·grün 形 青磁色の (Céladon の青緑の服の色から: →Seladon I).

Se·la·don·por·zel·lan 中 (中国産の)青磁器.

Se·la·gi·nel·le[zelaginɛ́lə] 女 -/-n (Moosfarn)《植》イワヒバ(岩檜葉)属. [< *lat.* sēligere (→Selektion)]

Se·lam 〔**alei·kum**〕[zelá:m (aláɪkʊm), zé:lam(-)] =Salam 〔aleikum〕

Se·lam·lik[zé:lamlɪk] 男 -s/-s (イスラム教徒の貴人宅の)応接室. [*türk.*]

selb[zɛlp]¹ 形《比較変化なし; 付加語的》同じ, 同一の:〖今日ではふつう前置詞と冠詞との結合形の後で用いられ, その他の場合は, ふつう定冠詞と一語につづる: →der*selbe*, die*selbe*, das*selbe*〗am ~*en* Tag 同じ日に, 同日に | im ~*en* Augenblick 同じ瞬間に,(全く)同時に | ᵛin ~*er* Nacht 同じ夜に | zur ~*en* Zeit 同じ時代に, 同時に ‖〔mit *jm.*〕am ~*en* Strang ziehen (→Strang 1 b) | im ~*er* Atem (→Atem) | im ~*en* Boot sitzen (→Boot) ‖〖名詞的に〗ein ~*es* 同じこと〔がら〕. [*germ.*; ◇ *engl.* self]

ᵛ**selb≠an·der**[zɛlp|ándər] 副 (zu zweit) (自分ともう一人と)二人で. **≠dritt**[..drít] 副 (zu dritt) (自分ともう二人と) 3 人で: Anna ~《カトリック》(聖母子と合わせた)聖アンナ三体像〈三代図〉.

sel·ber[zɛ́lbər] 副《話》(selbst) **1** 自分〈自身〉で, みずから: von ~ 自分から; ひとりでに | ***Selber* essen macht fett 〈feist〉.**《諺》自分で食べてこそわが身が太る, わが身第一(自分のもうけは自分のために使え). **2**《方》《強調する語句の直前で》…さえも.

★ 歴史的には selber は男性 1 格形, selbst は 2 格形に t の添加された形であるが, 今日では格や性・数に関係なく用いられる. ただし selber はたぶんに口語的表現.

sel·big[zɛ́lbɪç]² 形《比較変化なし; 付加語的》《官》(selb) 同じ, 同一の: zu ~*er* 〈zur ~*en*〉 Stunde 同じ時刻に.

selbst[zɛlpst] **I** 副 **1 a)** 自分〈自身〉で, それ自体で: Das muß ich 〔schließlich〕 ~ tun. それを私は〔結局〕自分でしなければならない | Das mußt du 〔schon〕 ~ wissen. それは〔もう〕君自身が知ってるはずだ | Er hat den Brief 〔nicht〕 ~ geschrieben. 彼は手紙を自分で書いた〔わけではない〕 | Mir ist ~ nicht 〔ganz〕 wohl dabei.《話》私自身それについては〔ちょっと〕気にかかる点がある〈疑問を持つ〉 | Mach's ~! 自分でやれよ | *Selbst* dumm! 君こそばかだ | ***Selbst* ist der Mann.**《諺》(何事も)独立独行〔が男子の本領〕; (助けを借りずに)ひとりでやれるよ ‖〖語の直後において: →2〗Er ~ hat das gesagt. 彼自身がそう言った | Das Haus ~ ist ganz schön, aber die Einrichtung ist geschmacklos. 家自体はすてきだが内装は趣味が悪い | Er ist gar nicht mehr er ~.《比》i) 彼はまるで別人だ; ii) 彼は自分で自分がわからなくなっている〈われを忘れている〉 ‖ ***et.***¹ **~ sein** …そのものである, …の化身〈権化〉である | Er ist die Güte 〈die Bescheidenheit〉 ~.《比》彼は親切そのものだ〈全く遠慮深い〉 ‖〖再帰代名詞と〗aus *sich*³ ~ 自発的に | mit *sich*³ ~ sprechen ひとりごとを言う | zu *sich*³ ~ kommen《比》自分を取り戻す(落ち着いて考える) | *et.*⁴ um *seiner* ~ willen tun …を(手段としてでなく)それ自体のために行う | *seiner* ~ nicht bewußt sein われを忘れている | *jn.* 〈*et.*⁴〉 *sich*³ ~ überlassen (干渉せずに)…自身〈自体〉にまかせきりにする | Er muß sich ~ entscheiden. 彼は自分で決心せねばならぬ | Das Ventil regelt sich ~. 弁は自動的に制御される | *sich*³ ~ genug sein (→genug 1) | Jeder ist sich ~ der Nächste. (→nächst IV) | Jeder liebt sich ~ am meisten.《諺》だれでも自分の身がいちばんかわいい. **b) von selbst** ひとりでに, おのずから | Das versteht sich von ~. それは自明〔のこと〕だ | Es ging wie von ~. すらすらと進行した.

2《強調する語句の直前において: →1 a)》(sogar) …さえも, …でも: *Selbst* das kann er nicht. それさえも彼はできない | *Selbst* er wußte nichts davon. 彼すらそのことを少しも知らなかった ‖ ~ in den schlimmsten Zeiten. どんなに苦しい時でも | *Selbst* mit Geld war er nicht dafür zu gewinnen. かねをもってしても彼の同意を得ることはできなかった ‖ **selbst wenn ...** 仮に…でも, 事実…でも | Ich gehe spazieren, ~ wenn es regnet. たとえ雨が降っても私は散歩に行く | *Selbst* wenn der Arzt gekommen wäre, hätte er den Kranken nicht retten können. たとえ医者が来ていたとしても彼はその病人を助けることはできなかっただろう.

II Selbst 中 -/ 自分, 自身, 自我: mein anderes 〈zweites〉 ~ もうひとりの私自身, 私の分身 | mein besseres ~ 私のよりよい自我, 私の良心 | mein wahres ~ 私の真の自我, 私の本性 ‖ ein Stück meines ~ 私自身の一部.

selbst..《名詞・形容詞などにつけて「自分自身の・自分自身で」などを意味する》

Selbst≠ach·tung[zɛ́lpst..] 女 -/ 自尊〔心〕, 自負〔心〕: *seine* ~ verlieren 〈wiedergewinnen〉 自尊心を失う〈とり戻す〉. **≠ana·ly·se** 女 自己分析.

selb·stän·dig[zɛ́lpʃtɛndɪç]² 形 **I 1** 自主的な, 自立した, (他人の助けを借りずに)自力による, 独力の: ein ~*er* Mensch 独立独歩の人 | Unsere Kinder sind schon ganz ~ geworden. 私たちの子供はもうすっかり自立した ‖ ~ denken 〈entscheiden〉 自力で考える〈自主的に決断する〉.

2 独立した, 自営の, 一本立ちの: die ~*en* Berufe 自営業 | ein ~*er* Handwerker 自営の手工業者 | der ~*e* Staat 独立国家.

3 ***sich***⁴ **~ machen** i) 独立する, 一本立ちする: Der Arzt 〈Der Geschäftsmann〉 machte sich ~. その医師〈ビジネスマン〉は開業した〈独立して自営の仕事を始めた〉; ii)《話》(グループから離れて)単独行動をとる, はぐれる, なくなる: Das Kind hat sich unterwegs ~ gemacht. 途中で子供がはぐれてしまった | Der Knopf hat sich ~ gemacht. ボタンがとれた.

II Selb·stän·di·ge 男 女《形容詞変化》**1** 自営業者. **2** 自由業〈フリー〉の人.

[< selb-stēnde „für sich bestehend"]

Selb·stän·dig·keit[..kaɪt] 女 -/ (selbständig なこと. 例えば:) 独立, 自立, 一本立ち; 自力, 自主〔性〕.

Selbst≠an·kla·ge[zɛ́lpst..] 女 自責: *sich*⁴ in ~*n* ergehen 自責の念に駆られる〈さいなまれる〉. **≠an·las·ser** 男《工》自動始動機〈スターター〉. **≠an·schluß** 男 (電話の)自動接続〈交換〉.

Selbst·an·schluß≠amt 中 自動電話交換局. **≠be·trieb** 男 -〔e〕s/ (電話の)自動交換.

Selbst≠an·steckung 女《医》自己感染. **≠an·zei·ge** 女 **1**《法》(税などの不正・不完全申告を期限内に自分から修正する)自己申告. **2** 自著紹介〈広告〉.

selbst·an·zei·gend 形 自動記録の, 自記の.

Selbst≠auf·ga·be 女 -/ **1** 自己放棄, 自棄. **2** 生きる意志〈活力〉の喪失. **≠auf·lö·sung** 女 自己解体, 自己崩壊. **≠auf·nah·me** 女《写》(セルフタイマーによる)自己撮影. **≠auf·op·fe·rung** 女《ふつう単数で》自己犠牲, 献身〔的行為〕. **≠auf·zug** 男 (時計の)自動巻き装置. **≠aus·druck** 男 自己表現. **≠aus·lö·ser** 男《写》セルフタイマー, 自動シャッター. **≠aus·lö·sung** 女《写》自動的にシャッターが切れること. **≠be·darf** 男 (Eigenbedarf) 自家需要; 国内需要. **≠be·die·nung** 女 **1** セルフサービス: mit ~ セルフサービスの〈で〉,(エレベーターなどの)自動式の〈で〉 | ein Laden mit ~ セルフサービスの店. **2**《戯》(Ladendiebstahl) 万引き; (職権乱用などによる)利益取得.

Selbst·be·die·nungs≠ge·schäft 中, **≠la·den** 男 セルフサービスの店. **≠re·stau·rant**[..rɛstorã:] 中 セルフサービスの食堂.

Selbst≠be·ein·flus·sung 女 (Autosuggestion) 自己暗示. **≠be·fleckung** 女 (カトリック神学などの立場で, 罪として意識された)自瀆(じとく)行為, オナニー. **≠be·frie·di·gung** 女 自慰行為, オナニー. **≠be·fruch·tung** 女《生》自家受精. **≠be·hand·lung** 女 自己治療. **≠be·haup·tung** 女 自己主張. **≠be·herr·schung** 女 克己, 自制: *seine* ~ 〔be〕wahren 自制心を失わない | ~ üben《雅》克己につとめる, 自制心を働かす | die ~ verlieren 自制心を失う. **≠be·kennt·nis** 中 -ses/-se《ふつう複数で》(みずから進んで行う)告白, 懺悔(ざんげ), 自白: ein ~

S

ablegen 自分から告白〈自白〉する. **≈be·kö·sti·gung** 女 (特に旅行中の)自炊. **≈be·mit·lei·dung** 女 自分をあわれむこと, 自己憐憫(れんびん). **≈be·ob·ach·tung** 女 自己観察,〖心〗内観. **≈be·schei·dung** 女《雅》足るを知る〈分に安んじる〉こと. **≈be·schrän·kung** 女 自己制限, 自主規制, 自粛. **≈be·sin·nung** 女 自省. **≈be·spie·ge·lung** 女《軽蔑的に》自己陶酔, うぬぼれ. **≈be·stäu·bung** 女〖植〗自家受粉. **≈be·stim·mung** 女 -/ 自分で決めること, 自決, 自治, 自律: das Recht auf ～ 自決権.

Sẹlbst·be·stim·mungs·recht 中 -〔e〕s/ (民族などの)自決権.

Sẹlbst≈be·tei·li·gung 女 (保険・医療費などの)自己負担〔分〕. **≈be·trach·tung** 女《雅》自己観察. **≈be·trug** 男 自己欺瞞(ぎまん).

sẹlbst·be·wußt[zɛ́lpst..] 形 自己を意識した; 自覚した; 自信のある, 自負をもった: eine ～*e* Haltung 自信のある態度 ‖ ～ auftreten 自信のある行動をする.

Sẹlbst≈be·wußt·sein 中 自意識, 自覚; 自信. **≈be·zich·ti·gung** 女 自己負罪, 自責. **≈be·zo·gen·heit** 女 -/ 自己中心性. **≈bild·nis** 中 自画像. **≈bin·der** 男 **1** (Krawatte) ネクタイ. **2**〖農〗(刈り取ったものを同時に束にする)自動刈り取り機, コンバイン. **≈bio·gra·phie** 女 自〔叙〕伝. **≈bu·cher**[..buːxər] 男 -s/- (料金計算をしたり消印を押したり)自分で郵便物の発送準備をする〔小包〕発送者. **≈dar·stel·ler** 男《軽蔑的に》自己演出家. **≈dar·stel·lung** 女 **1** 自己描写〈表示〉;《軽蔑的に》自己演出. **2** ＝Selbstbildnis **≈dis·zi·plin** 女 -/ 自己規律; 自己鍛練〈練成〉, 修養. **≈ein·schät·zung** 女 自己評価;〖経〗(税額の)自己査定. **≈ener·gie** 女〖工〗(粒子の)自己エネルギー. **≈ent·fal·tung** 女 自己の才能〈資質〉を伸ばすこと, 自分の能力の発揮. **≈ent·frem·dung** 女 自己疎外. **≈ent·la·der** 男 自動荷下ろし貨車, 自動荷あけ車. **≈ent·la·dung** 女〖電〗自己放電. **≈ent·lei·bung** 女《雅》(Selbstmord) 自裁.

sẹlbst·ent·zünd·lich 形 自然発火性の.

Sẹlbst≈ent·zün·dung 女 自然発火. **≈er·fah·rung** 女 自分自身を経験すること, 自己経験. **≈er·hal·tung** 女 -/ 自己保存.

Sẹlbst·er·hal·tungs≈in·stinkt 男, **≈trieb** 男 自己保存の本能.

Sẹlbst·er·kennt·nis 女 -/ 自己認識, おのれを知ること: *Selbsterkenntnis* ist der erste Schritt zur Besserung.《諺》おのれ〔のあやまち〕を知ることこそ向上の第一歩だ.

sẹlbst·er·nannt 形 (自分の役職に関して)みずから任命した.

Sẹlbst≈er·nied·ri·gung 女 自己卑下. **≈er·re·gung** 女〖電〗自励. **≈er·zie·hung** 女 自己教育, 修養. **≈fah·rer** 男 **1** (自分で運転できる)病人用三〈四〉輪車, 車いす. **2** 車を自分で運転する人; オーナードライバー. **3** (内水航行の)内燃機関貨物船〔の船長・持ち主〕.

Sẹlbst·fahr·la·fet·te 女〖軍〗自走砲架.

Sẹlbst·fi·nan·zie·rung 女 (↔Fremdfinanzierung)〖経〗自己金融.

sẹlbst≈ge·backen 形 自分で焼いた, 手づくりの: ～*er* Kuchen 自家製のケーキ | Der Kuchen ist ～. このケーキは自家製だ. **≈ge·ba·stelt** 形 自分で組み立てた, 手づくりの. **≈ge·baut** 形 自分で建てた〈組み立てた〉.

Sẹlbst·ge·brauch 男 -〔e〕s/ 自家用.

sẹlbst≈ge·braut 形 自分で醸造した, 自家醸造の. **≈ge·dreht** 形 手巻きの(タバコなど). **≈ge·fäl·lig** 形 うぬぼれた, 高慢な: eine ～*e* Miene aufsetzen 高慢ちきな顔をする | Er ist sehr ～. 彼はひどくうぬぼれが強い ‖ ～ lächeln 傲慢(ごうまん)な笑みを浮かべる.

Sẹlbst≈ge·fäl·lig·keit 女 -/ うぬぼれ, 高慢, 独善, ひとりよがり. **≈ge·fühl** 中 -〔e〕s/ 自信, 自負, 自尊心;〖心〗自己感情.

sẹlbst≈ge·macht 形 手づくり〈自家製〉の. **≈ge·näht** 形 手縫いの. **≈ge·nüg·sam** 形 自分に〈自分だけで〉満足している, 自足した;《比》(ungesellig) 非社交的な.

Sẹlbst·ge·nüg·sam·keit 女 自足; 非社交性.

sẹlbst·ge·recht 形 自分を正しいとする, ひとりよがりの, 独善的な: ～ auftreten ひとりよがりな行動をする.

Sẹlbst·ge·rech·tig·keit 女 -/ selbstgerecht なこと.

sẹlbst≈ge·schnei·dert 形 自分で仕立てた, 手製の(服など). **≈ge·schrie·ben** 形 自分で書いた, 自筆の: ein ～*er* Lebenslauf 自筆の履歴書. **≈ge·spon·nen** 形 自分で紡いだ; 手織りの.

Sẹlbst·ge·spräch 中 -〔e〕s/-e《ふつう複数で》(Monolog) ひとり語り, ひとりごと;〖劇〗モノローグ, 独白: ～*e* führen ひとりごとを言う; 独白する.

sẹlbst·ge·strickt 形 **1** 手編みの: ein ～*er* Pullover 手編みのプルオーバー. **2**《話》手づくりの: eine *Selbstgestrickte* 手巻きのタバコ.

Sẹlbst·ge·trie·be 中〖工〗自動伝動装置, 自動ギア.

sẹlbst≈ge·zim·mert 形 自分で作った〈組み立てた〉(家具など). **≈ge·zo·gen** 形 自分で育てた〈飼育した〉; 自家栽培の; (ろうそくが)手製の, 自家製の.

Sẹlbst≈haß 男 自己憎悪. **≈hei·lung** 女〖医〗自然治癒.

Sẹlbst·hei·lungs·kraft 女〖医〗自然治癒力.

sẹlbst·herr·lich 形 **1** 独裁的な, 独断的な, 自分勝手な: *et.*[4] ～ entscheiden …を独断で決定する. **2** 自負した, 自信のある.

Sẹlbst≈herr·lich·keit 女 -/ 独裁, 独断, 専断. **≈herr·schaft** 女 (Autokratie) 独裁政治. **≈herr·scher** 男 (Autokrat) 独裁者〈君主〉. **≈hil·fe** 女 -/ 自助, 自立, 自衛;〖法〗自力救済, 自救行為, 自助: zur ～ greifen 〈schreiten〉 自衛手段をとる.

Sẹlbst·hil·fe≈grup·pe 女 (同じ悩みをもつ人々の)自助〈互助〉グループ. **≈ver·kauf** 男 (Notverkauf)〖法〗自助売却.

Sẹlbst≈hyp·no·se 女 自己催眠. **≈in·duk·tion** 女〖電〗自己誘導. **≈in·fek·tion** 女〖医〗自己感染. **≈iro·nie** 女 -/ 自己に対する皮肉, 自分自身を皮肉る気持〈態度〉, 自嘲(じちょう).

sẹlbst·iro·nisch 形 自分自身を皮肉った, 自分自身に対する皮肉をこめた, 自嘲的な.

sẹlb·stisch[zɛ́lpstɪʃ] 形《雅》(egoistisch) 利己的な. [◇*engl.* selfish]

Sẹlbst≈ju·stiz[zɛ́lpst..] 女 (非合法の)私的制裁. **≈ka·stei·ung** 女《雅》(修業・ざんげなどの目的で)身を苦しめること. **≈kennt·nis** 女〖心〗自己知.

sẹlbst·kle·bend 形 (接着剤なしで)自動的に付着〈粘着〉する.

Sẹlbst≈kon·trol·le 女 自己規制; 自制心〈力〉: eine freiwillige ～ 自主規制, 自粛 | die ～ verlieren 自制力を失う. **≈ko·sten** 複 **1**〔製造〕原価, 元値, 実費. **2** 自己負担費.

Sẹlbst·ko·sten≈preis 男 (商品の)〔仕入れ〕原価, 仕入れ値: *et.*[4] zum ～ abgeben …を原価で提供する. **≈rech·nung** 女 原価計算.

Sẹlbst·kri·tik 女 批判的な自己検証, 自己批判: ～ üben 自己を批判的に検証する.

sẹlbst·kri·tisch 形 自分自身を厳しく批判する, 自分自身に対して批判的な, 自己批判的な.

Sẹlbst·la·de≈ge·wehr 中 自動小銃. **≈pi·sto·le** 女 自動拳銃(けんじゅう).

Sẹlbst·la·der 男 -s/- 自動火器; 自動小銃.

Sẹlbst·la·de·vor·rich·tung 女 自動装塡装置.

Sẹlbst·lauf 男 (外部から手を加えない)自然の成り行き: *et.*[4] dem ～ überlassen …を自然の成り行きに任せる.

Sẹlbst·läu·fer 男《話》**1** (宣伝なしで)自然に売れる商品. **2** (一般に, 他から手を加えずに)おのずから進行してゆくもの.

Sẹlbst·laut 男 -〔e〕s/-e (↔Mitlaut) (Vokal)〖言〗母音.

sẹlbst·lau·tend 形 (vokalisch)〖言〗母音の.

Sẹlbst≈lau·ter 男 -s/- ＝Selbstlaut **≈lie·be** 女 自己愛. **≈lob** 中 (Eigenlob)〔自画〕自賛, 我田引水.

sẹlbst·los[zɛ́lpstloːs][1] 形 私欲のない, 利己心のない, 無

S

私の, 没我的な: ～*e* Liebe 没我的な愛 | ～ handeln 私利私欲を捨てて行動する. 「無我.」

Sẹlbst·lo·sig·keit[..lo:zıçkaıt] 女 -/ 無私, 無欲,
Sẹlbst·mit·leid 中 自己憐憫(れんびん).
Sẹlbst·mord 男 自殺: ein versuchter ～ 自殺未遂 | ein erweiterter ～ 無理心中 | ～ begehen 〈verüben〉 自殺する | durch ～ enden 自殺して果てる | *jn.* zum ～ 〈in den ～〉 treiben …を自殺に追い込む | Das ist ja der reinste ～! 《比》それは全くの自殺行為だよ. [*nlat.* suicidium (◇Suizid) の翻訳借用]
Sẹlbst·mord·at·ten·tat 中 自爆テロ.
Sẹlbst·mör·der 男 (⊛ **Sẹlbst·mör·de·rin**) 自殺者.
sẹlbst·mör·de·risch 形 **1** 《付加語的》自殺を目的とした. **2** 《比》自殺に等しい, 非常に危険な: ein ～*es* Unternehmen 自殺的企て.
Sẹlbst·mord·ge·dan·ke 男 自殺をしようという考え.
sẹlbst·mord·ge·fähr·det 形 自殺のおそれのある.
Sẹlbst·mord≠kan·di·dat 男 自殺志願者. **≠kom·man·do** 中 決死の挺身隊, 決死隊, 特攻隊. **≠quo·te** 女 自殺発生率. **≠ra·te** 女 自殺率. **≠ver·such** 男 自殺未遂.
sẹlbst·mur·melnd 《戯》＝selbstredend
Sẹlbst≠por·trät[..pɔrtrɛ:(t)] (**≠por·trait** [..pɔrtrɛ:]) 中 (Selbstbildnis) 自画像. **≠prü·fung** 女 (道徳的な)自省, 内省, 反省. **≠quä·le·rei** 女 自虐的な態度〈行い〉.
sẹlbst·quä·le·risch 形 みずからをさいなむ, 自虐的な.
Sẹlbst·ra·che 女 自力〔による〕復讐(ふくしゅう).
sẹlbst·re·dend 副 《陳述内容の現実度に対する話し手の判断・評価を示して》《話》(selbstverständlich) 言うまでもなく, もちろん.
Sẹlbst≠re·fle·xi·on 女 自己反省, 自省. **≠re·gie·rung** 女 自治〔制〕. **≠reg·ler** 男 自動調節計. **≠rei·ni·gung** 女 **1** 自らを清めること, 自己浄化. **2** (自然などの)自浄〔作用〕.
Sẹlbst·rei·ni·gungs·kraft 女 自浄能力.
Sẹlbst≠re·kla·me 女 自己宣伝. **≠ret·ter** 男 (窒息症の治療用)圧搾空気携帯装置. **≠schrei·ber** 男 自動記録計, 自記計. **≠schuld·ner** 男 《法》独立〈自己〉債務者. **≠schuß** 男 ..schusses/..schüsse 《ふつう複数で》＝Sebstschußanlage
Sẹlbst·schuß·an·la·ge 女 《ふつう複数で》(脱走防止用などの)銃の自動発射装置.
Sẹlbst·schutz 男 自己防護, 自衛; 《法》自力防護団.
sẹlbst·si·cher 形 自信のある: eine ～*e* Haltung 自信のある態度 | ～ sein 自信がある ‖ ～ auftreten 自信をもって行動する.
Sẹlbst·si·cher·heit 女 -/ 自信.
sẹlbst·spie·lend 形 《楽》自動式の: ein ～*es* Klavier 自動ピアノ.
sẹlbst·stän·dig[zɛ́lpst-ʃtɛndıç][2] ＝selbständig
sẹlbst·stän·dig·keit[－kaıt] ＝Selbständigkeit
Sẹlbst≠ste·ri·li·tät 女 《植》自家不和合性(自分の花粉では受精できぬこと). **≠steue·rung** 女 **1 a)** 《工》自動制御. **b)** 《空》自動操縦. **2** 《医》自己調節. **≠stu·dium** 中 -s/ 独習, 自習, 独学: eine Fremdsprache im ～ erlernen ある外国語を独学で習得する. **≠sucht** 女 -/ 利己心, 利己主義, 我欲, 自分勝手, 身勝手.
sẹlbst·süch·tig 形 利己的な, 我欲の, 自分勝手な, 身勝手な: ein *Selbstsüchtiger* 我欲の〈身勝手な〉人(男), エゴイスト.
Sẹlbst·sug·ge·stion[..tio:n] 女 自己暗示.
sẹlbst·tä·tig 形 **1** (automatisch) 自動の, 自動式の: ein ～*er* Schalter 自動スイッチ | Die Tür schließt ～. このドアは自動的に閉まります(電車内などでの掲示). **2** 自発的な, 積極的な: bei *et.*[3] ～ mitwirken …に積極的に協力する.
Sẹlbst·tä·tig·keit 女 -/ (Eigeninitiative) 自発性.
Sẹlbst≠täu·schung 女 自己欺瞞(ぎまん)〈幻想〉: *sich*[4] einer ～ hingeben 自己欺瞞に陥っている, 自己幻想にふけっている | einer ～ zum Opfer fallen 自己欺瞞の犠牲となる. **≠tor** 中 **1** (Eigentor) 《サッカー》自殺点〔を入れること〕(味方のゴールへのシュート). **2** 《話》自分がへまをして損をすること, 自業自得の損失〈不利〉. **≠tö·tung** 女 ＝Selbstmord **≠trän·ke** 女 (家畜の)自動給水式水飲み場. **≠über·he·bung** 女 自己誇示〈顕示〉, 出しゃばり. **≠über·schät·zung** 女 過大な自己評価, うぬぼれ. **≠über·win·dung** 女 自分の感情(特に不安・恐怖)に打ち勝つこと, 自己抑制, 克己.
sẹlbst·un·si·cher 形 《心》自信欠乏〔型〕の.
Sẹlbst≠un·ter·bre·cher 男 《電》自動遮断器〈ブレーカー〉. **≠un·ter·richt** 男 独学, 独習, 自学. **≠ver·ach·tung** 女 -/ 自己軽蔑. **≠ver·ant·wor·tung** 女 自己責任. **≠ver·brauch** 男 自家消費〔財〕. **≠ver·bren·nung** 女 **1** 《化》自然燃焼. **2** 焼身自殺.
sẹlbst·ver·ges·sen 形 《述語的用法なし》われを忘れた, 忘我の, 無我夢中の: Ganz ～ lauschen die Kinder dem Erzähler. 全くわれを忘れて子供たちは語り手の話に耳を傾けている.
Sẹlbst·ver·ges·sen·heit 女 われを忘れていること, 無我夢中, 忘我.
Sẹlbst≠ver·gif·tung 女 (Autointoxikation) 《医》自家中毒. **≠ver·göt·te·rung** 女 (極度の)自己賛美〈崇拝〉, 自己神化. **≠ver·lag** 男 自費出版: im ～ 自費出版で | *et.*[4] im ～ herausbringen …を自費で出版する. **≠ver·le·ger** 男 (自著の)自費出版者.
sẹlbst·ver·legt 形 自費出版の(書籍など).
Sẹlbst·ver·leug·nung 女 自己否定.
sẹlbst·ver·liebt 形 自分自身に惚れ込んだ, 自己陶酔的な, ナルシスティックな.
Sẹlbst≠ver·nich·tung 女 自己抹殺, 自滅. **≠ver·schluß** 男 自動閉鎖: mit ～ 自動閉鎖式の, 自動的に錠のかかる.
sẹlbst·ver·schul·det 形 《付加語的》自分に責任のある, みずから招いた, 自分で種子をまいた.
Sẹlbst≠ver·sen·kung 女 (艦船の)自沈. **≠ver·si·che·rung** 女 《経》自家〈自己〉保険. **≠ver·sor·ger** 男 **1** (特に食糧面での)自給〔自足〕者; 自作自給農. **2** 《戯》(特に休暇中の)自炊者. **≠ver·sor·gung** 女 自給.
Sẹlbst·ver·sor·gungs≠ra·te 女 自給率. **≠wirt·schaft** 女 自給経済.
sẹlbst·ver·ständ·lich **I** 形 自明の, 当然の, わかりきった: ～*e* Tatsachen 自明の事実 | Es ist 〔für mich〕 ～, daß … …であることは〔私には〕あたりまえのことだ. **II** 副 《陳述内容の現実度に対する話し手の判断・評価を示して》もちろん, 言うまでもなく; 当然のことのように, いとも自然に: *Selbstverständlich* hat er recht./ Er hat ～ recht. もちろん彼の言うとおりだ | Kommst du heute?－*Selbstverständlich* 〈*Selbstverständlich* nicht〉! 君はきょう来るかい－もちろんさ〈むろん行けないよ〉.
Sẹlbst≠ver·ständ·lich·keit 女 自明〔なこと〕, 当然〔なこと〕: Das ist doch eine ～. それは当然だ | mit der größten ～ / mit völliger ～ 至極当然のこととして, いとも自然に. **≠ver·ständ·nis** 中 -ses/ 自己理解; 自明であること. **≠ver·stüm·me·lung** 女 **1** (徴兵忌避などのための)自己傷害. **2** 《動》自切, 自己切断. **≠ver·such** 男 (自分の体で試みる医学的な)自己実験. **≠ver·tei·di·gung** 女 身を守ること, 護身; 自己防衛, 自衛; 《法》自力防衛. **≠ver·trau·en** 中 自信: ～ 〈kein ～〉 haben 自信がある〈ない〉 | *jn.* in *seinem* ～ stärken …に自信をつけさせる. **≠ver·wal·tung** 女 **1** 自治; 自治〔行政〕: die akademische ～ 大学の自治 | kommunale ～ 地方自治〔行政〕. **2** 《経》自主管理.
Sẹlbst·ver·wal·tungs≠kör·per 男 《政》自治体. **≠recht** 中 自治権.
Sẹlbst≠ver·wirk·li·chung 女 自己のもつ可能性の実現. **≠vor·wurf** 男 ..〔e〕s/..würfe 《ふつう複数で》自分を責めること, 自己非難.
Sẹlbst·wähl·be·trieb 男 自動電話交換方式, ダイヤルシステム.

Sẹlbst·wä̱h·ler 男 自動電話交換機; (電話の)ダイヤル.
Sẹlbst·wä̱hl≠fern·dienst 男 (略 SWFD) ダイヤル式長距離通話サービス. **≠fern·ver·ke̱hr** 男 ダイヤル式長距離通話. **≠sy·ste̱m** 中 =Selbstwählbetrieb
Sẹlbst·wert·ge·fü̱hl 中 自己の価値を認める感情〈意識〉, 自尊心.
sẹlbst·wil·lig 形 (eigenwillig) わがままな, 片意地の.
Sẹlbst≠zen·su̱r 女 自己検閲, 自己規制, 自粛. **≠zer·flei·schung** 女《雅》(自己破壊的な)極端な自己批判.
sẹlbst·zer·stö̱·re·risch 形 自己破壊的な.
Sẹlbst≠zer·stö̱·rung 女 自己破壊. **≠zeug·nis** 中 -ses/-se《ふつう複数で》(作家・芸術家などの)自伝的発言. **≠zucht** 女 -/ 自分に対する厳しいしつけ, 自己規律〈抑制〉.
sẹlbst·zu·frie·den 形 自己満足した.
Sẹlbst≠zu·frie·den·heit 女 自己満足. **≠zün·der** 男 自動点火器; 《化》自燃物. **≠zün·dung** 女 自己点火; (Selbstentzündung) 自然発火. **≠zweck** 男 -(e)s/ 自己目的: als ~ 自己目的〈目的そのもの〉として. **≠zwei·fel** 男 自分自身に対する疑い〈疑念〉.
Selch[zɛlç] 女 -/-en =Selchkammer
sẹl·chen[zɛ́lçən] **I** 他 (h)《南部・オーストリア》(räuchern)(肉などを)燻製(くんせい)にする. **II** **ge·sẹlcht** → 別出 [*ahd.* (ar)selchen „dörren"]
Sẹl·cher[zɛ́lçər] 男 -s/-《南部・オーストリア》燻製(くんせい)品製造〈販売〉人.
Sel·che·re̱i[zɛlçərái] 女 -/-en《南部・オーストリア》燻製品「製造所.」
Sẹlch≠fleisch[zɛ́lç..] 中《南部・オーストリア》(Rauchfleisch) 燻製(くんせい)肉. **≠kam·mer** 女《南部・オーストリア》(Räucherkammer) 燻製室. **≠kar·ree** 中《オーストリア》《料理》燻製あばら肉.
Sel·dschụ·ke[zɛldʒúkə] 男 -n/-n セルジュク人(トルコ族の一派で,11世紀から12世紀にかけて, セルジュク=トルコ帝国を建設). [*türk.*; 族長名]
▽**Se·lẹk·ta**[zelɛ́kta·] 女 -/..ten[..tən] (中・高等学校などの)選抜学級.
▽**Se·lek·tạ·ner**[zelɛktá:nər] 男 -s/- (女 **Se·lek·tạ·ne·rin**[..nərın]-/-nen) Selekta の生徒.
se·lek·tie̱·ren[zelɛktí:rən] 他 (h) **1** 選ぶ, 選択する; 選び出す, 選抜する. **2**《ふつう目的語なしで》(ナチの用語で)ガス室送りに選び出す.
Se·lek·tio̱n[zelɛktsió:n] 女 -/-en **1** 選択; 選抜. **2** 《生》淘汰(とうた).
[*lat.*-*engl.*; < *lat.* sē-ligere „aus-lesen"]
Se·lek·tio̱ns≠be·schrän·kung 女《言》選択制限. **≠re̱·gel** 女《言》選択規則. **≠theo·rie** 女《生》(Darwin の)自然淘汰(とうた)説.
se·lek·ti̱v[zelɛktí:f][1] 形 **1** 選択的な: ~*e* Absorption 《理》選択吸収 | ~*e* Befruchtung《生》選択受精 | ~*e* Reaktion《化》選択反応. **2**《電》(受信機などが)選択〈分離〉度の高い. [*engl.* selective]
Se·lek·ti·vi·tä̱t[zelɛktivité:t] 女 -/《電》(受信機などの)選択度〈性〉.
Se·le̱n[zelé:n] 中 -s/《化》セレン, セレニウム(非金属元素名; 記号 Se).
Se·le·na̱t[zelená:t] 中 -(e)s/-e《化》セレン酸塩.
Se·lẹ·ne[zelé:nə, ..ne·] 人名《ギ神》セレネ(月の女神. ローマ神話の Luna に当たる). [*gr.* selḗnē „Mond"; ◇schwelen]
se·lẹ·nig[zelé:nıç][2] 形《化》亜セレンの: ~*e* Säure 亜セレン酸.
Se·le·ni̱t[zelení:t, ..nít] **I** 男 -en/-en (ギリシア神話で)月世界の住人. **II**[zelení:t] 中 -s/-e《化》亜セレン酸塩. **III** 男 -s/-e 透〔明〕石膏(せっこう). [*gr.*〔-*lat.*〕]
Se·le·no·gra·phi̱e[zelenografí:] 女 -/ 月理学, 月面地理〈地誌〉学.
Se·le·no·lọ·ge[..ló:gə] 男 -n/-n (→..loge) 月学者; 月質学者.
Se·le·no·lo·gi̱e[..logí:] 女 -/《天》月学; 月質学(月の地質学).
se·le·no·lọ·gisch[..ló:gıʃ] 形《天》月学〔上〕の; 月質学〔上〕の.
Se·le̱n≠säu·re[zelé:n..] 女《化》セレン酸. **≠zel·le** 女 セレン光電池.
Se·leu·ki̱·de[zelɔykí:də] (**Se·leu·zi̱·de**[..tsí:də, se..]) 男 -n/-n セレウコス朝(古代シリアの王朝. 前312-前63)の人. [< Seleucus Nicator (王朝創始者)]
Self·ạk·tor[zɛlf|áktɔr, ..|ɛ́ktər, ⌣⌣⌣] 男 -s/-s《織》自動紡績〈紡糸〉機. [*engl.* self-actor; ◇selb, Akteur]
Self·go·vern·ment[zɛ́lfgávərnmənt, sɛlfgʌ́vnmənt] 中 -s/-s (Selbstverwaltung) 自治. [*engl.*]
Self·made·man[zɛ́lfme:tmɛn] 男 -s/..men[..mɛn] 独力で立身した人. [*engl.*; ◇selbstgemacht]
sẹ·lig[zé:lıç][2] **I** 形 **1**《宗》(死んで)天福にあずかった, 至福〈浄福〉の; (略 sel.)《比》故人となった, いまは亡き: ~ werden 死んで天福にあずかる | ein ~*es* Ende nehmen / ~ entschlafen 安らかに息を引きとる | ~*en* Angedenkens (→Angedenken) | Gott habe ihn ~! 神よ彼の霊魂を救いたまえ;《戯》彼がいなくなってせいせいしたよ ‖ mein ~*er* Mann /《特に: 南部》mein Mann ~ 私の死んだ夫.
2 きわめて幸福な, この上なく満足した, 大喜びの;《話》ほろ酔いきげんの, 酩酊(めいてい)した: ~*e* Tage verleben 幸せな日々をすごす | Er war ~, daß er die Prüfung bestanden hatte. 彼は試験に合格して幸福感に浸っていた | Geben ist ~*er* denn Nehmen. (→geben II 1).
★ 動詞と用いる場合はふつう分離の前つづりとみなされる.
II **Sẹ·li·ge** 男 女《形容詞変化》**1 a)**《複数で》天国に行った人々, 死者たち: die Gefilde der ~*n* (→Gefilde). **b)**《単数で》亡きつれ合い: mein ~*r* 〈meine ~〉《戯》私のいまは亡き夫〈妻〉. **2**《カトリック》(死後教会から祝福された)福者(参考 der Heilige 聖者).
[*germ.*; ◇ *lat.* sōlārī „trösten"; *engl.* silly]
..se̱lig[1][..ze:lıç][2]《名詞・動詞などにつけて「…の喜びにあふれた」を意味する形容詞をつくる》: glück*selig* 非常に幸福な | gott*selig* 信心深い | red*selig* 話し好きの | vertrauens*selig* 無条件で信用する | wein*selig* ほろ酔いの.
..se̱lig[2][−]《名詞・形容詞・動詞などにつけて「…の状態の, …の性質をもつ」を意味する形容詞をつくる. 元来は ..sal に終わる名詞からの派生形容詞の接尾辞であったが, 今日では ..selig[1] との区別はふつう意識されない》: arm*selig* 貧しげな | feind*selig* 敵意のある | müh*selig* 苦労の多い | trüb*selig* 悲しい.
Sẹ·lig·keit[zé:lıçkaıt] 女 -/-en《宗》(天国の)至福, 浄福;《比》(無上の)幸福, 歓喜: die ewige ~ erlangen 極楽往生する | die ~*en* der ersten Liebe 初恋の喜び | in ~ schwimmen 無上の幸福感に浸る | Ihre ~ hängt von diesem Pelz ab.《話》彼女はこの毛皮がのどから手が出るほど欲しい.
sẹ·lig·ma·chend[zé:lıçmaxənt][1] 形《キリスト教》至福〈祝福〉を与える.
Sẹ·lig·ma·cher 男 -s/《キリスト教》救い主, 救世主, キリ「スト.」
sẹ·lig|prei·sen*[zé:lıçpraızən][1]《110》他 (h)《*jn.*》(…を)幸福であるとたたえる〈認める〉;《カトリック》福者としてたたえる.
Sẹ·lig·prei·sung[..zʊŋ] 女 -/-en **1** seligpreisen すること. **2**《複数で》《聖》(キリストの山上の説教における)真の八幸福;《カトリック》真福八端.
sẹ·lig|spre·chen*[zé:lıçʃprɛçən]《177》他 (h)《*jn.*》《カトリック》(故人である…を)福者の列に加える, 列福する.
Sẹ·lig·spre·chung[..çʊŋ] 女 -/-en《カトリック》列福.
Sẹl·le·rie[zɛ́ləri·] 男 -s/-〔s〕; 女 -/- (オーストリア: [zɛlərí:] 女 -/-n[..rí:ən])《植》セロリ, オランダミツバ(三葉)(→図).
[*gr.* sélīnon-*spätlat.*-*nordit.*; ◇*engl.* celery]
Sẹl·le·rie≠sa·la̱t[zɛ́ləri..] 男 セロリサラダ. **≠sup·pe** 女 セロリスープ.
selm[zɛlm] 副《南部》**1** (damals) 当時. **2** (selbst) 自分自身〔で〕.
Sẹl·ma[zɛ́lma·] 女名 **1**

Sellerie

(<Anselma) ゼルマ. **2** セルマ (Ossian の詩に由来. 元来は国名であるが, Klopstock によって女名として伝えられた).

Sel·mar[zɛ́lmar] 男名 ゼルマル.
[< *ahd.* māri „berühmt"]

sel·ten[zɛ́ltən] **I** 形 まれな, めったにない, たまの; たぐいまれな, 珍しい, 珍奇な; (seltsam) 風変わりな, おかしな: ein ~*er* Fall まれなケース | ein ~*er* Gast めったに来ない客 | ein Mensch von ~*en* Gaben まれに見る〈珍しい〉才能をもった人間 | ein ~*er* Vogel 珍しい鳥; 《話》変わり者 | ~*e* Erdelemente 《化》希土類元素 | ~*e* Metalle 《化》希金属類 ‖ Wahre Freunde sind ~. 真の友は少ない | Er macht sich sehr ~. 《話》彼はめったに見かけない.
II 副 **1** (英: *seldom*) (↔oft) まれに〈たまに〉しか…ない, めったに…ない: So etwas kommt nur ~ 〈nicht ~〉 vor. そのようなことはまれにしか起こらない〈そのようなことが起こるのは珍しくはない〉 | Übermut tut ~ gut. (→Übermut 1, 2) | Ein Unglück kommt ~ allein. (→Unglück 2) | *Selten* so gelacht. 《反語》おもしろくもなんともない, 全然おかしくない. **2** 《話》《形容詞の前に置いて》まれに見るような, めったにないほど: ein ~ gutes Buch まれに見る良書 | Die Aussicht war ~ schön. 眺望はまことに美しかった.
[*germ.*; ◇seltsam; *engl.* seldom]

Sel·ten·erd·me·tal·le[zɛ́ltən|e:rt..] 複 《化》希土類元素.

Sel·ten·heit[zɛ́ltənhaɪt] 女 -/-en **1** 《単数で》まれな〈めったにない〉こと, 稀有(けう)〈希少〉なこと, 珍しいこと: Unpünktlichkeit ist eine 〈keine〉 ~ bei ihm. 時間にルーズなのは彼には珍しいことだ〈珍しいことではない〉. **2** 珍しいもの, 珍品: Er sammelt nur ~*en*. 彼は珍しいものばかりを収集している.

Sel·ten·heits·wert 男 -〔e〕s/ 希少価値: ~ haben 希少価値をもつ.

Sel·ters[zɛ́ltərs] **I** 中 -/ (Selterswasser 1) 炭酸水, ミネラルウォーター: Sekt oder ~ (→Sekt).
II 女 -/- =Seltersflasche

Sel·ters⸗fla·sche 女 Selterswasser 入りの瓶. ⸗**was·ser** 中 -s/ (単位: -; 種類: ..wässer) **1** 《単数で》商標 ゼルター水 (Taunus 山地の鉱泉 Niederselters 産のミネラルウォーター). **2** (一般に) 炭酸水, ミネラルウォーター.

selt·sam[zɛ́ltza:m] 形 奇異〈奇妙〉な, おかしな, 変な, 風変わりな, 不思議な: ein ~*es* Betragen おかしな振舞い | ein ~*es* Erlebnis 奇妙な〈不思議な〉体験 | ein ~*er* Mensch 風変わりな人 ‖ *sich*[4] ~ benehmen 奇妙な〈おかしな〉振舞いをする | Das kommt mir ~ vor. それは私には奇妙に思われる | Ihm war ~ zumute. 彼は妙な気分だった ‖ Mir ist etwas *Seltsames* passiert. 私は奇妙な体験をした.
[„nicht häufig zu sehen"; *ahd.* selt-sāni; ◇selten, sehen]

selt·sa·mer·wei·se 副 奇妙な〈おかしな〉ことに, 不思議にも.

Selt·sam·keit[..kaɪt] 女 -/-en **1** 《単数で》seltsam なこと. **2** seltsam なできごと.

Sem[1][zɛm] 人名 《聖》セム, シェム (Noah の長男で, セム族 Semit の祖). [*hebr.*–*gr.*–*spätlat.*; ◇*engl.* Shem]

Sem[2][ze:m] 中 -s/-e 《言》意味素性 (Semem を構成する: →semantisch). [*gr.* sē̆ma „Zeichen"]

Se. M. 略 =Seine Majestät (→Majestät 1).

Se·man·tem[zemanté:m] 中 -s/-e 《言》**1** 意義素(語彙(ごい)的・辞書的意味をもつ最小の要素). **2** =Semem **3** =Sem[2]

Se·man·tik[zemántɪk] 女 -/ 《言》意味論.

se·man·tisch[..tɪʃ] 形 意味〔上〕の; 意味論の: ein ~*es* Merkmal 《言》意味素性, 意味特徴. [< *gr.* sēmaínein „bezeichnen" (◇Sem[2])]

Se·ma·phor[zemafó:r] 中 男 (ｵｰｽﾄﾘｱ: 男) -s/-e **1** 《海》セマホアー〈腕木式〉信号機. **2** 《鉄道》腕木式信号機.

se·ma·pho·risch[..fó:rɪʃ] 形 セマホアー〈腕木式〉信号機の〈による〉.

Se·ma·sio·lo·gie[zemaziologí:] 女 -/ 《言》**1** (↔Onomasiologie) (個々の単語の意味を扱う) 意義論, 語義論, (特に:) 語義変遷研究. **2** =Semantik

se·ma·sio·lo·gisch[..ló:gɪʃ] 形 意義論の. [< *gr.* sēmasíā „das Bezeichnen"]

▽**Se·meio·gra·phie**[zemaɪografí:] 女 -/ 記号〔学〕; (Notenschrift) 《楽》記譜法.

Se·meio·tik[zemaɪó:tɪk] 女 -/ =Semiotik

Se·me·le[zé:mele·] 人名 《ギ神》セメレ (Dionysos の母. Zeus に愛されたが, その正体を見たため雷にうたれて死んだ).
[*gr.*–*lat.*]

Se·mem[zemé:m] 中 -s/-e 《言》〔形態〕意義素.
[< Sem[2]]

Se·men[zé:mən, ..mɛn] 中 -s/..mina[..mina·] 《植》種子. [*lat.*; < *lat.* serere (→säen); ◇Samen]

Se·me·ster[zemɛ́stər] 中 -s/- **1** (年 2 学期制の) 学期 (ドイツの大学では修学の基本単位: →Trimester): Sommer*semester* 夏学期 | Winter*semester* 冬学期 ‖ acht ~ Jura studieren 8 学期間法律を勉強する | im dritten ~ stehen 〈sein〉 (大学に入ってから) 3 学期目である. **2** 《話》(…) 学期目の大学生: die ersten ~ 新入生たち | Er ist schon **ein älteres 〈höheres〉 ~.** 彼はすでに古参の学生である; 《比》彼はもはや若くはない. [*lat.* sē-mēstris „sechsmonatlich"; ◇sechs, Menses]

Se·me·ster⸗aus·weis 男 《ｵｰｽﾄﾘｱ》=Semesterzeugnis ⸗**fe·ri·en** 複 期末休暇 (学期と学期の間の休暇). ⸗**prü·fung** 女 学期末試験. ⸗**zeug·nis** 中 学期修了証書.

▽**se·me·stral**[zemɛstrá:l] 形 (halbjährig, halbjährlich) 半年〔ごと〕の. [<..al[1]]

..semestrig[..zemɛstrɪç][2] 《数詞につけて「…学期間の」を意味する形容詞をつくる》: acht*semestrig* 8 学期間の.

semi.. 《名詞・形容詞などにつけて「半分の・半ばの」などを意味する》: *Semi*vokal 《言》半母音 ‖ *semi*lunar 半月形の | *semi*professional セミプロフェッショナルの.
[*lat.*; ◇hemi..]

Se·mi·fi·na·le[zemifiná:lə, zé:mifina:lə] 中 -s/-〔s〕《ｽﾎﾟｰﾂ》準決勝, セミファイナル.

Se·mi·ko·lon[zemikó:lɔn] 中 -s/-s, ..la[..la·] (Strichpunkt) 《言》セミコロン (;).

se·mi·lu·nar[zemiluná:r] 形 (halbmondförmig) 半月形の.

Se·mi·lu·nar·klap·pe 女 《解》半月弁.

Se·mi·na Semen の複数.

Se·mi·nar[zeminá:r] 中 -s/-e (ｵｰｽﾄﾘｱ・ｽｲｽ: -ien [..riən]) **1 a)** (大学の) 研究室〈所〉: das germanistische ~ ドイツ語ドイツ文学研究室 | Assistent am ~ für Mathematik 数学研究室の助手. **b)** (大学の授業形式としての) ゼミナール, 演習; (一般に特定のテーマを対象に催される) セミナー: Pro*seminar* 初級ゼミナール ‖ ein ~ über *et.*[4] belegen …についての演習の履修届を出す | ein ~ durchführen 〈leiten〉 ゼミを行う〈主宰する・指導する〉 ‖ an einem ~ teilnehmen ゼミ〈セミナー〉に参加する. **2** (教員・聖職者などの養成機関. 例えば:) 教員養成所, 師範学校; 神学校.
[*lat.* sēminārium „Pflanzschule"]

Se·mi·nar⸗ar·beit 女 演習〈ゼミナール〉のレポート. ⸗**grup·pe** 女 (旧東ドイツの大学の専門が同じ学生の) ゼミナールグループ, 学習班.

Se·mi·na·ri·en Seminar の複数.

Se·mi·na·rist[zeminaríst] 男 -en/-en Seminar 2 の生徒.

se·mi·na·ri·stisch[..rístɪʃ] 形 Seminar に関する; Seminar〔形式〕の.

Se·mi·nar⸗schein[zeminá:r..] 男 ゼミナール参加証明書. ⸗**übung** 女 ゼミナールでの演習.

Se·mio·lo·gie[zemiologí:] 女 -/ **1** =Semiotik **2** 《楽》(特にグレゴリオ聖歌の) 記号解読解釈学.

Se·mio·tik[zemió:tɪk] 女 -/ **1** 記号論〈学〉. **2** (Symptomatologie) 《医》症候〈徴候〉学.
[< *gr.* sēmeĩon „Zeichen" (◇Sem[2])]

se·mio·tisch[..tɪʃ] 形 記号論〈学〉の; 症候学の.

se·mi·per·mea·bel[zemipɛrmeá:bəl] (..mea·bl..) 形 《化・生》半透性の: die *semipermeable* Membran 半透

膜.

Se·mi·per·mea·bi·li·tät[..meabilitɛ́:t] 女 -/ 《化・生》半透性.

Se·mi·ra·mis[zemí:ramɪs] 人名 セミーラミス (Assyrien の女王で, Babylon に空中庭園を築いたといわれる). [*gr.* „Taube"−*lat.*]

Se·mit[zemí:t; ｵｰｽﾄﾘｱ:..mít] 男 -en/-en (⊛ **Se·mi·tin**[..tɪn]-/-nen) セム人, セム族の人(セム語を話す諸族の人. アッシリア人, ヘブライ人, フェニキア人, アラビア人など. Sem[1]の子孫といわれる). [<Sem[1]+..it[3]]

se·mi·tisch[zemí:tɪʃ] 形 セム人〈語〉の: →deutsch

Se·mi·tist[zemitíst] 男 -en/-en セム〔語〕学者.

Se·mi·ti·stik[zemitístɪk] 女 -/ セム〔語〕学.

se·mi·ti·stisch[zemitístɪʃ] 形 セム〔語〕学の.

Se·mi·vo·kal[zemivoká:l] 男 -s/-e =Halbvokal

Sem·mel[zɛ́məl] 女 -/-n《南部・ｵｰｽﾄﾘｱ》(Brötchen) ゼンメル(小型で皮の堅い白パン: → ⊠ Brot): **wie warme ～n weggehen**《話》(焼きたてのゼンメルのように)飛ぶように売れる. [*semit.*−*lat.* simila−*ahd.* semala „feines Weizenmehl"]

sem·mel·blond 形 (毛髪が)淡い〈黄色がかった〉ブロンドの.

Sem·mel≈brö·sel 中《南部・ｵｰｽﾄﾘｱ》パン粉. **≈kloß** 男, **≈knö·del** 男〔料理〕ゼンメル入りだんご. **≈mehl** 中 パン粉. **≈teig** 男 ゼンメル〈白パン〉用の練り粉〈こね粉〉; ゼンメルをほぐして作った練り粉 (Knödel の材料).

der **Sem·me·ring**[zɛ́mərɪŋ] 地名 男 -〔s〕/ ゼメリング(オーストリアとイタリアを結ぶ, 東アルプス越えの峠. 標高985m). [<*slaw.* smrk „Fichte"+-nik „-berg"]

sem·per[zɛ́mpər] 副 (immer) 常に, いつも: ～ idem → 別出 [*lat.*; ◇..sam]

Sem·per[zɛ́mpər] 人名 Gottfried ～ ゴットフリート ゼンパー(1803-79; ドイツの建築家・画家. 作品に Wien のブルク劇場, Dresden のオペラハウスなどがある).

sem·per idem[zɛ́mpər í:dɛm, zɛ́mpɛr −]《ﾗﾃﾝ語》(immer derselbe) (物・人について)いつも同じ, 相も変わらず.

sem·pern[zɛ́mpərn]《05》自 (h)《ｵｰｽﾄﾘｱ》《話》(絶えず)不平〈苦情〉を言う, 泣きごとを言う. [<zimper (→zimperlich)]

sem·pre[zɛ́mprə, ..pre·, sɛ́..] 副 (immer)《他の指示語とともに》〔楽〕センプレ, 常に: ～ piano センプレ=ピアノ, 常に弱く. [*lat.* semper−*it.*; ◇semper]

..sen[..zən]《本来は「息子」を意味し, 名前と結合して人名に見られる》: Peter*sen* | Paul*sen* [◇Sohn; *engl.* ..son]

Sen[1][zɛn] 男 -〔s〕/-〔s〕 銭(日本の小額貨幣〔単位〕: 1/100 Yen). [*chines.*−*japan.*]

Sen[2][−] 男 -〔s〕/-〔s〕 セン(インドネシアの小額貨幣〔単位〕: 1/100 Rupiah). [*indones.*]

sen. 略 =senior

Se·nar[zená:r] 男 -s/-e〔詩〕6 詩脚詩句(古代ギリシアの Trimeter に対応する: ◡− | ◡− | ◡− | ◡− | ◡− | ◡−). [*lat.*; <*lat.* sēnī „je sechs" (◇sechs)]

Se·nat[zená:t] 男 -〔e〕s/-e **1** (古代ローマの)元老院; (アメリカ合衆国などの二院制議会の)上院. **2** (中世諸都市の)市参事会; (Berlin, Bremen, Hamburg の)市〈州〉政府. **3** (大学の)評議会. **4** (連邦憲法裁判所・連邦通常裁判所・上級地方裁判所などの)部(数名の裁判官から構成される): Straf*senat* 刑事部 | Zivil*senat* 民事部.

Se·na·tor[zená:tɔr, ..to:r] 男 -s/-en[..nató:rən] (Senat の構成員. 例えば:) (古代ローマの)元老院議員; (アメリカなどの)上院議員; 長官; (中世諸都市の)市参事会員; (Berlin, Bremen, Hamburg の)市〈州〉政府大臣; (大学の)評議員. [*lat.*−*mhd.*; <*lat.* senex (→senior)]

se·na·to·risch[zenató:rɪʃ] 形 Senat の; Senat に関する.

Se·nats≈be·schluß[zená:ts..] 男 Senat の決議. **≈sit·zung** 女 Senat の会議.

Se·na·tus Po·pu·lus·que Ro·ma·nus[zená:tʊs populʊ́skvə romá:nʊs]《ﾗﾃﾝ語》(略 S. P. Q. R.)〔史〕ローマの元老院ならびに人民(古代ローマ帝国の全構成員), 全ローマ. [◇Pöbel, Romane]

Send[zɛnt][1] 男 -〔e〕s/-e **1** =Sendgericht **2**《北部》年の市, 縁日. [*gr.* sýnodos (→Synode)−*spätlat.*−*ahd.*]

Send≈bo·te[zɛ́nt..] 男 (知らせをもたらす)使いの者, 使者. **≈brief** 男 (公の)書状, 回状, 回章.

Sen·de≈an·la·ge[zɛ́ndə..] 女 送信設備, 放送施設. **≈an·ten·ne** 女 送信用アンテナ. **≈be·reich** 男 放送圏, (放送の)サービスエリア. **≈fol·ge** 女 = Sendereihe **≈ge·biet** 中 = Sendebereich **≈ge·rät** 中 送信機. **≈lei·stung** 女 送信出力. **≈lei·ter** 男 放送プロデューサー.

sen·den[(*)][zɛ́ndən][1]《166》**sand·te**[zántə], **sen·de·te** / **ge·sandt, ge·sen·det**

I 他 (h) **1**《多く不規則変化》《雅》(schicken) **a**) (英: *send*)《*jm. et.*[4] / an *jn. et.*[4]》(…に…を)送る, 送り届ける, 送付する: *jm.* 〈an *jn.*〉 einen Brief 〔per Luftpost〕 ～ …に手紙を〔航空便で〕郵送する | *jm.* 〈an *jn.*〉 ein Telegramm ～ …に電報を打つ | an *jn.* ein Paket ～ …にあてて小包を送る ‖〖方向を示す語句と〗*jm. et.*[4] ins Haus ～ …を…の家へ配達する | Die Sonne *sendet* ihre Strahlen zur Erde. 太陽が地球を照らす. **b**)《*jn.*》行かせる, 送り出す, 使いにやる, 派遣する: einen Boten ～ 使いを派遣する | Truppen ～ 軍隊を派遣する ‖ *jn.* zu *jm.* ～ …を…のところへ派遣する | Er wurde in besonderem Auftrage nach Bonn *gesandt.* 彼はボンに特派された.

2《規則変化《01》; ｽｲｽ: 不規則変化》**a**) (電波で)送信する: Notrufe ～ SOS を打電する. **b**) (ラジオ・テレビで)放送する, (テレビで)放映する: Nachrichten 〈ein Hörspiel〉 ～ ニュース〈ラジオドラマ〉を放送する.

II Ge·sand·te → 別出

[*germ.* „reisen machen"; ◇sinnen; *engl.* send]

Sen·de≈pau·se[zɛ́ndə..] 女 送信〈放送〉休止時間: **～ haben**《話》だまる, 沈黙する. **≈pro·gramm** 中 放送番組〈プログラム〉.

Sen·der[zɛ́ndər] 男 -s/- **1 a**) 送信所; 放送局: Fernseh*sender* テレビ〔放送〕局 | Kurzwellen*sender* 短波放送局 ‖ einen ～ gut 〈schlecht〉 empfangen (ラジオに)ある局がよく入る〈入らない〉| auf einen anderen ～ umschalten (スイッチを)他の局に切り替える | auf dem ～ sein《話》放送される. **b**) 発信〈送信〉機. **2** (senden する人. 例えば:) 発送者, 発信人.

Sen·der·an·la·ge =Sendeanlage

Sen·de≈raum[zɛ́ndə..] 男 放送室. **≈recht** 中 (番組などの)放送〈放映〉権. **≈rei·he** 女 放送〈番組〉シリーズ; 連続放送. **≈röh·re** 女〔電〕発振管. **≈schluß** 男 放送終了. **≈spiel** 中 放送劇, ラジオ〈テレビ〉ドラマ. **≈sta·tion** 女 送信〈放送〉局, 送信所. **≈turm** 男 送信〈放送〉塔.

Sen·de- und Emp·fangs·ge·rät 中 送受信機.

Sen·de≈zei·chen 中 (放送局の)呼び出し符号, コールサイン. **≈zeit** 女 送信〈放送〉時間.

Send·ge·richt[zɛ́nt..] 中 (中世のキリスト教区での司教による)巡察裁判.

Send·ling[zɛ́ntlɪŋ] 男 -s/-e《ｽｲｽ》=Sendbote

Send·schrei·ben 中 -s/- =Sendbrief

Sen·dung[zɛ́ndʊŋ] 女 -/-en **1 a**)《単数で》(senden すること. 例えば:) 派遣; 発送; 送付; (貨物の)託送. **b**) 発送物, 送られたもの(手紙・小包・貨物など): Eine neue ～ von Apfelsinen ist eingetroffen. オレンジの新しい荷が届いた.

2 a) 送信; (ラジオ・テレビの)放送, (テレビの)放映: Direkt*sendung* 生放送 | die ～ eines Musikprogramms 音楽番組の放送 ‖ die ～ unterbrechen 放送を中断する | auf ～ sein《話》放送中である, オンエアしている. **b**) 放送されたもの〈番組〉: kulturelle ～*en* ausstrahlen 教養番組を放送する | Die gestrige ～ war langweilig. 昨日の放送は退屈だった.

3《単数で》(重要な)任務, 課題, 使命: die politische ～ der Partei 党の政治的課題 | Er kam in geheimer ～.

彼は密命を帯びてやって来た.

Sen·dungs·be·wußt·sein 中 使命感.

Se·ne·ca[zé:neka·, zén..] 人名 Lucius Annaeus ～ ルキウス アンナエウス セネカ(前 4 頃-後65; ローマのストア派哲学者).

Se·ne·gal[zé:negal] **I** 地名 セネガル(アフリカ西部の共和国. もとフランス領で,1960年独立. 首都は Dakar). **II** der **Se·ne·gal** 地名 男 -[s]/ セネガル(ギニアに発してセネガルで大西洋に注ぐ川).

Se·ne·ga·le·se[zenegalé:zə] 男 -n/-n (⊛ **Se·ne·ga·le·sin**[..zın]-/-nen) セネガル人.

se·ne·ga·le·sisch[..zıʃ] 形 セネガル[人]の.

Se·ne·ga·wur·zel[zé:nega..] 女《植》セネガ(北米産ヒメハギ属の植物で, 根を去痰(きょたん)薬に用いる).

Se·nes·blät·ter[zé:nəs.., zέnəs..] ＝Sennesblätter

Se·ne·schall[zé:nəʃal] 男 -s/-e《史》**1** (メロヴィング王家の)執事. **2** (フランス王家の)家令. **3** (ドイツ騎士団の)兵站(へいたん)部長官. **4** (裁判管区の)主席裁判官. [*afränk.*－*afr.* séné-chal－*mhd.*; ◇senil, Schalk]

Se·nes·pflan·ze[zé:nəs.., zέnəs..] ＝Sennespflanze

Se·nes·zenz[zenεstsέnts] 女 -/《医》老齢; 老衰, 老化. [＜*lat.* senēscere „altern" (◇senil)]

Senf[zεnf] 男 -[e]s/-e **1**《植》シロガラシ(白芥子)属: Weißer ～ シロガラシ. **2** (料理用の)からし(芥子), マスタード(→ ⊠ Gewürz): eine Wurst mit ～ からしをそえたソーセージ ‖ **einen langen ～ machen**《話》無用な長話をする | [**immer / überall**] *seinen* **～ dazugeben**《話》[何にでも]口を出す. [*gr.* sínāpi－*lat.*－*ahd.* senef]

Senf·bad[zέnf..] 中《医》からし浴.

senf≈far·ben 形, **≈far·big** 形 からし色の, 黄褐色の.

Senf≈gas 中《軍》からし〈マスタード〉ガス, イペリット(毒ガスの一種). **≈ge·fäß** 中 からし入れ. **≈gur·ke** 女 きゅうりのからし漬け. **≈kohl** 男《植》ロケット(アブラナ科の野菜). **≈korn** 中 -[e]s/..körner からし粒. **≈mehl** 中 からし粉. **≈öl** 中 からし油. **≈packung** 女《医》からし湿布(罨法(あんぽう)). **≈pa·pier** 中 (からし粉をまぶした)からし紙(膏薬(こうやく)として用いる). **≈pfla·ster** 中《薬》からし膏薬. **≈so·ße** 女 からし〈マスタード〉ソース. **≈topf** 男 からし入れ. **≈um·schlag** 男, **≈wickel** 男 ＝Senfpackung

Sen·ge[zέŋə] 複《中部・北部》(Prügel) 殴打: ～ bekommen 〈beziehen / kriegen〉 殴られる.

sen·gen[zέŋən] **I** 他 (h) **1**《*et.*[4]》(…の表面を軽く)焼く, 焦がす;《雅》(寒気が植物を)枯らせる: ein gerupftes Huhn ～ (料理用に)毛をむしった鶏を毛焼きする | Sie hat beim Bügeln den Kragen *gesengt.* 彼女はアイロンかけのさい襟に焼け焦げを作ってしまった | *jm.* **eins ～**《話》…に一発くらわせる ‖〖目的語なしで〗Die Sonne *sengt.* 太陽がじりじり照りつける | **～ und brennen** (暴徒などが)放火[略奪]をほしいままにする ‖ eine *sengende* Hitze 焼けつくような暑さ | wie eine *gesengte* Sau (→Sau 1). **2**《織》(糸を)けば焼き〈ガス処理〉する. **II** 自 (h) (表面が)焼けそうに熱くなる, 焦げる. [*westgerm.*; ◇*engl.* singe]

sen·ge·rig[zέŋərıç][2] 形, **seng·rig**[zέŋrıç][2] 形《話》焦げ臭い, きな臭い;《比》うさん臭い, 怪しい: ～ riechen 焦げ臭いにおいがする.

Se·nhor[zεnjó:r, sεn.., sın..] 男 -s/-es[..njó:rεs] **1**《ドイツ語の Herr に相当するポルトガル語. 男性の名に冠して》…さん, …様, …君, …氏. **2**《成人の男性に対する呼びかけとして》だんな様. [*lat.* senior－*port.*; ◇senior]

Se·nho·ra[zεnjó:ra·, sεn.., sın..] 女 -/-s **1**《ドイツ語の Frau に相当するポルトガル語. 既婚女性の名に冠して》…さん, …様, …夫人. **2**《既婚または年配の女性に対する呼びかけとして》奥様.

Se·nho·ri·ta[zεnjorí:ta·, sεn.., sın..] 女 -/-s **1**《ドイツ語の Fräulein に相当するポルトガル語. 未婚女性の名に冠して》…さん, …様, …嬢. **2**《未婚女性に対する呼びかけとして》お嬢さん.

se·nil[zení:l] 形 (↔juvenil) **1 a)** 老年の, 高齢の, 老衰した: ～*e* Altersstufe 老齢(ふつう60歳以上). **b)** 老いぼれた, もうろくした. **2**《付加語的》《医》老人性の: ～*e* Demenz 老人性痴呆(ちほう). [*lat.*]

Se·ni·li·tät[zenilitέ:t] 女 -/ 老齢; 老衰.

se·nior[zé:niɔr, ..nio:r] **I** 形 (略 sen.) (↔junior) (älter) 年長の, 父の, 大…:〖人名の後にそえて〗Herr Meier ～ und junior 父マイヤーおよび息子のマイヤー氏 | Firma Schmidt ～ 大シュミット商会.

☆ 書くときは略語の形を用いることが多い.

II Se·nior 男 -s/-en[zenió:rən] **1** (↔Junior) (息子に対して)父親; [最]年長者; 長老. **2** (⊛ **Se·nio·rin**[zenió:rın]-/-nen) **a)** (ファッション関係の用語で)シニア, 中年の人. **b)**《スポ》年長組の人, シニア＝メンバー. **c)**《ふつう複数で》(一般に年金で生活している)老齢者, 老人, 年寄り: eine verbilligte Eintrittskarte für ～*en* 高齢者割引入場券. **3**《話》＝Seniorchef

[*lat.*; ＜*lat.* senex „alt" (◇Senat)]

Se·nio·rat[zeniorá:t] 中 -[e]s/-e **1** (↔ Juniorat) (Ältestenrecht)《法》長子相続権. **2** 長老〈年長者〉の威厳〈風格〉; 座長の職〈地位〉. [*mlat.*]

Se·nior·chef[zé:niɔrʃεf, ..nio:r..] 男 (商店・会社などで経営関係者が二人いる場合の)老主人, 老社長; 前社長; 会長.

Se·nio·ren≈heim[zenió:rən..] 中, **≈ho·tel** 中 老人ホーム. **≈kar·te** 女 老齢者優待券. **≈klas·se** 女《スポ》シニアクラス. **≈mann·schaft** 女《スポ》シニアチーム. **≈kon·vent** 男 長老会議; (ドイツ連邦議会の)議院運営委員会; 学生組合代表者クラブ. **≈paß** 男 (ドイツ国有鉄道の)老齢者優待パス(女子60歳, 男子65歳以上に交付される). **≈tel·ler** 男 (レストランなどで一般用よりも少量で廉価な)老人用の一皿. **≈wohn·heim** 中 老人ホーム.

Se·nio·rin Senior 2 の女性形.

Senk·blei[zέŋk..] 中 ＝Senklot

Sen·ke[zέŋkə] 女 -/-n **1** くぼ地, 低地: wie eine ～ saufen (→saufen II). **2** (かぶとの)面頬(めんぽお). **3** 下水〈汚水〉だめ.

Sen·kel[zέŋkəl] 男 -s/- **1** (schnürsenkel) 結びひも, 通しひも; 靴ひも. ▽**2**《工》下げ振り[のおもり]; (Senkblei)《海》測鉛; (釣り糸・網などの)おもり: *jm.* auf den ～ gehen《話》…の神経にさわる, …をいらいらさせる | ***jn.* in den ～ stellen**《話》…を厳しくしかる.

sen·ken[zέŋkən] 他 (h) **1 a)** 沈める, (手で持って低い位置に)下ろす, 下げる, 低くする: die Fischreuse ins Wasser ～ 梁(やな)を水中に沈める | die Fahne ～ (弔意を表して)旗を下げる | den Sarg in die Erde 〈ins Grab〉 ～ 棺(ひつぎ)を埋葬する. **b)** 再帰 *sich*[4] ～ 沈む, 下がる, 沈下する, (しだいに)低くなる: Der Boden hat sich *gesenkt.* 地面〈床〉が沈下した | Der Vorhang *senkt* sich. 幕が下りる | Die Straße *senkt* sich. i) 通りが下り[坂]になる; ii) 道路が沈下する | Das Flugzeug *senkte* sich allmählich auf die Landebahn. 飛行機がしだいに滑走路に降下して来た | Die Dämmerung *senkt* sich langsam auf 〈über〉 das Land.《雅》夕やみがしだいに垂れ込めていく. **c)** (体の一部分を)下ろす, 垂らす: den Arm ～ 腕をだらりと垂らす | die Augen 〈den Blick〉 ～ 目を伏せる | den Kopf ～ 頭を垂れる | Wurzeln in die Erde ～ 地中に根をおろす ‖ mit *gesenktem* Haupt《雅》首うなだれて.

2 低下させる, 減らす, 減少させる: den Blutdruck 〈das Fieber〉 ～ 血圧〈熱〉を下げる | Löhne ～ 賃金を減らす | den Preis der Schuhe 〈die Schuhe im Preis〉 ～ 靴の価格を下げる | die Stimme ～ 声をひそめる | Die Zahl der Arbeitslosen wurde *gesenkt.* 失業者数は減らされた.

3《話》《*jn.*》試験に落第させる.

4《工》(ねじ・リベットをはめる)穴をあける.

[*germ.*; ◇sinken]

Sen·ker[zέŋkər] 男 -s/- **1**《工》シンカー, さら穴, さら錐(きり). **2**《漁》釣り糸〈漁網〉の[うずまき]おもり, 鉛玉. **3**《園》取り木〈圧条〉[のための若枝].

Senk·fuß 男 **1**《医》(軽度の)垂下足, 扁平(へんぺい)足. **2**《坑》沈みわく足(坑道わく足を可縮性にする装置).

Senk·fuß·ein·la·ge 女 (扁平足の人のための)靴の敷き革.

Sẹnk⸗gru·be 女 下水〈汚水〉だめ. ⸗**ka·sten** 男〘工〙(水中工事用の)潜函(せんかん), ケーソン; (道路下の)泥〈砂〉トラップ付き排水溝. ⸗**lei·ne** 女〘海〙測鉛線. ⸗**lot** 中〘工〙(鉛直を決める)下げ振り;〘海〙測鉛. ⸗**netz** 中〘漁〙四つ手網, 敷き網. ⸗**niet** 男〘工〙沈頭びょう, 沈頭リベット.

sẹnk·recht[zέŋkrɛçt] **I** 形 **1** (↔waagerecht) (vertikal) 垂直の, 鉛直の, 直立した: ~ stehen 垂直に立っている | ~ aufeinander stehen (2辺などが)垂直である〈に交わっている〉| **Bleib ~!**《話》しゃんとしていろ, 動揺するな. **2**《スイ》(aufrecht) 心のまっすぐな, 正直な.

II Sẹnk·rech·te《形容詞変化》**1** 女 (また: -/-n)〘数〙垂線; 垂直〔な〕線. **2** 中《話》正しいこと, まっとうなこと: **das einzig ~** 唯一正しいこと〈もの〉.

Sẹnk·recht⸗start 男〘空〙垂直離陸. ⸗**star·ter** 男 **1**〘空〙垂直離着陸機. **2**《話》**a)** 一躍成功をおさめた〈出世した〉人, 急激にのし上がった人. **b)** 一躍ベストセラーになったもの, 大ヒット.

Sẹnk⸗reis 中〘園〙取り木. ⸗**rücken** 男 **1**〘医〙(老人性の)脊柱(せきちゅう)前湾〔症〕. **2**〘畜〙(馬などの)脊柱下湾. ⸗**schnur** 女 -/..schnüre 下げ振り糸, おもり糸; 測鉛線.

Sẹn·kung[zέŋkʊŋ] 女 -/-en **1** (senken すること. 例えば:) 沈下, 沈降, 陥没; 下げる〈下がる〉こと, 低下, 減少; (Blutsenkung)〘医〙血沈: die ~ des Bodens 地面〈床〉の沈下〈陥没〉| die ~ der Produktionskosten 生産価格の低廉化 | eine ~ um 8% 8パーセント下落〈減少〉. **2** (↔Hebung)〘地〙沈降運動. **3** (↔Hebung)〘詩〙抑音部, 弱音部(→Thesis).

Sẹn·kungs⸗ab·szeß 男〘医〙流注膿瘍(のうよう). ⸗**ge·schwin·dig·keit** 女〘医〙沈降速度, 血沈〔速度〕.

Sẹnk·waa·ge 女 **1** 浮秤(うきばかり), 比重計. **2** 測鉛.

Senn[zɛn] 男 -〔e〕s/-e (スイ: -en/-en) (女 **Sẹn·nin**[zέnɪn]-/-nen)《南部・オーストリア・スイ》(Almhirt) アルプス高原の(バター・チーズなども製造する)牧人, 酪農家.
[„Melker"; *ahd.*]

Sẹn·ne[1][zέnə]《南部・オーストリア》**I** 男 -n/-n =Senn **II** 女 -/-n (Alm) (アルプスなどの)高原放牧地, 山上牧草地.

Sẹn·ne[2][−] 女 -/《北部》(特に Westfalen 地方の)荒地.

sẹn·nen[zέnən] 自 (h)《南部・オーストリア》チーズを製造する, 酪農業を営む.

Sẹn·ner[zέnər] 男 -s/- (女 **Sẹn·ne·rin**[..nərɪn]-/-nen)《南部・オーストリア》=Senn

Sen·ne·rẹi[zɛnəráɪ] 女 -/-en《南部・オーストリア・スイ》(放牧およびバター・チーズ製造を行う)アルプス地方の山小屋; 酪農業.

Sẹn·ne·rin Senner の女性形.

Sẹn·nes⸗blät·ter[zέnəs..] 複 センナの葉(下剤として用いる). ⸗**pflan·ze** 女〘植〙センナ(熱帯産のマメ科の小低木).
[*arab.* sanā−*mlat.*−*mhd.* sen〔e〕; ◇ *engl.* senna]

Sẹnn·hüt·te[zέn..] 女 (バター・チーズ製造の簡単な設備を備えた)アルプス山中の小屋, 酪農小屋.

Sẹn·nin Senn の女性形.

Sẹnn·tum[zέntuːm] 中 -s/..tümer[..tyːmər]《スイ》アルプス山中の〔牧舎に所属する〕家畜の群れ.

Sẹnn·wirt·schaft 女 -/ (アルプス地方の)酪農業.

Se·nọn[zenóːn] 中 -s/〘地〙セノン階, 上部白亜系上部.
[ケルトの種族名にちなむ]

se nọn è vẹ·ro, è bẹn tro·vạ·to[ze: nóːn ɛ· véːro· ɛ· bέn trováːto·]《イタリア語》(wenn es nicht wahr ist, ist es doch gut erfunden) 真実でないにしろ巧みな作りごとである. [◇wahr, Bonus, Trouvère]

Se·ñor[zɛnjóːr, sɛn..] 男 -s/-es[..rɛs] **1**《ドイツ語の Herr に相当するスペイン語. 男性の名に冠して》…さん, …様, …君, …氏. **2**《成人の男性に対する呼びかけとして》あなた, だんな様.
[*lat.* senior−*span.*; ◇senior]

Se·ño·ra[zɛnjóːra·, sɛn..] 女 -/-s **1**《ドイツ語の Frau に相当するスペイン語. 既婚女性の名に冠して》…さん, …様, …夫人. **2**《既婚または年配の女性に対する呼びかけとして》奥様.

Se·ño·rị·ta[zɛnjoríːta·, sɛn..] 女 -/-s **1**《ドイツ語の Fräulein に相当するスペイン語. 未婚女性の名に冠して》…さん, …様, …嬢. **2**《未婚女性に対する呼びかけとして》お嬢さん.

Sen·sạl[zɛnzáːl] 男 -s/-e《オーストリア》(フリーの)仲買人, ブローカー. [*it.*]

Sen·sa·lịe[zɛnzalíː] 女 -/-n[..líːən], **Sen·sa·rịe**[..ríː] 女 -/-n[..ríːən] 仲買手数料.

Sen·sa·tiọn[zɛnzatsióːn] 女 -/-en **1** センセーション, センセーショナルな出来事, 大事件, 大評判: ~ erregen 〈machen〉 センセーションを巻き起こす, 人々の注目を集める | die ~ des Tages その日世間の注目を集めた〈世間をあっと言わせた〉出来事 | *et.*[4] zur ~ machen …をセンセーショナルなものに仕立てる〈センセーショナルに扱う〉, …について大さわぎをする | Das Buch ist eine literarische ~. この書物は文学界の注目を集めている〈文学界にセンセーションを巻き起こしている〉. **2 a)**〘医〙感覚. ▽**b)** 感覚; 感動; 煽情(せんじょう).
[*mlat.*−*fr.*; ◇Sensus]

sen·sa·tio·nẹll[zɛnzatsionέl] 形 耳目を驚かす, 人目をひく, センセーショナルな; 物議をかもす, 刺激的な: eine ~*e* Nachricht センセーショナルなニュース | eine ~*e* Wendung nehmen あっと驚くような新局面を展開する.
[*fr.* sensationnel; ◇..al[1]; *engl.* sensational]

sen·sa·tiọns·be·dürf·tig[zɛnzatsióːns..] 形 センセーショナルな事件を渇望する.

Sen·sa·tiọns⸗blatt 中 (センセーションばかりねらう)赤新聞, 低俗新聞. ⸗**gier** 女 センセーショナルなことに対する異常な熱望.

Sen·sa·tiọns·ha·sche·rẹi[zɛnzatsioːnshaʃəráɪ] 女 (出来事をことさら)センセーショナルなものに仕立てようとすること.

Sen·sa·tiọns·lust[zɛnzatsióːns..] 女 -/ 刺激的〈センセーショナル〉なものを喜ぶ気持, 好奇心.

sen·sa·tiọns·lü·stern 形 センセーショナルなことを喜ぶ: ein ~*es* Publikum センセーション好きの観客.

Sen·sa·tiọns⸗ma·che 女《話》(意図的に)センセーショナルなものに仕立てること. ⸗**mel·dung** 女 センセーショナルな報道. ⸗**pres·se** 女 =Sensationsblatt ⸗**pro·zeß** 男 センセーショナルな訴訟〈裁判〉. ⸗**sucht** 女 -/ 煽情(せんじょう)主義; きわもの好き.

Sẹn·se[zέnzə] 女 -/-n **1** 大鎌(おおがま), 草刈り鎌(→ 図): chemische ~《話》除草剤 ‖ die ~ dengeln 〈schärfen〉 草刈り鎌を研ぐ | mit der ~ Gras 〈Getreide〉 mähen 大鎌で草〈穀物〉を刈る | von der ~ des Todes dahingemäht werden《雅》死神の大鎌で刈り取られる, 死ぬ. **2**《話》(Schluß) おしまい, 終わり: **jetzt 〈nun〉 ist aber ~!**《話》もう結構だ, たくさんだ, やめろ | Ich mache jetzt 〈Bei mir ist〉 ~! さあもう仕事じまいだ; これでおしまいにするよ.
[*germ.*; ◇sezieren, Sichel, Säge; *engl.* scythe]

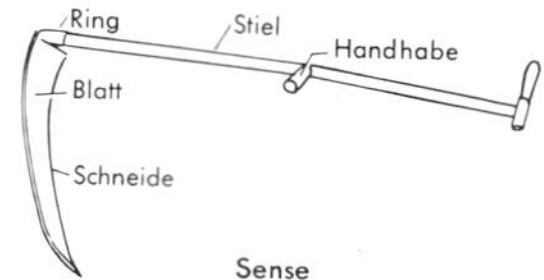

Sense

sẹn·sen[zέnzən][1] 《02》他 (h) 大鎌で刈る.

Sẹn·sen⸗baum 男 大鎌の柄. ⸗**blatt** 中 大鎌の切っ先. ⸗**korb** 男 (大鎌で刈るときの)受けかご. ⸗**mann** 男 -〔e〕s/..männer ▽**1** 大鎌で刈る人. **2**《単数で》《比》死神: Der ~ hielt reiche Ernte. 多くの人々が死んだ. ⸗**stein** 男 鎌砥石(とし). ⸗**wurf** 男 =Sensenbaum

sen·si·bel[zɛnzíːbəl] (..si·bl..) 形 **1** (↔insensibel) 感じやすい, 感受性の強い, 敏感な; (感情の)繊細な: ein *sensibles* Kind 多感な〈感情の細やかな〉子供 | ~ reagieren 敏感に反応する. **2**〘医〙感覚〈知覚〉の, 知覚〈感知〉する: die *sensiblen* Nerven 知覚神経. **3** (wahrnehmbar)〘哲〙知覚されうる. [*lat.*−*fr.*; < *lat.* sentīre (→Sensus)]

Sen·si·bi·li·sạ·tor[zɛnzibilizáːtɔr, ..toːr] 男 -s/-en [..zatóːrən]〘写〙増感剤.

sen·si·bi·li·siẹ·ren[zɛnzibilizíːrən] 他 (h) **1**《*jn.*》感じやすくする, 敏感にする: *sensibilisiert* sein 敏感に〈感じやすく〉なっている. **2**《*et.*[4]》**a)**〘医〙(…の)知覚を鋭敏にさせる, 感作する. **b)**〘写〙(フィルムなどの)感光度を増す, 増感す

る.

Sen·si·bi·li·tät[..tɛ́:t] 女 -/ 感じやすいこと, 感受性, 敏感; 感度; 知覚〔能〕力. [*spätlat.–fr.*]

sen·si·bl..[zɛnzí:bl..] →sensibel

sen·si·tiv[zɛnzití:f][1] 形 非常に敏感な, 過敏な, 感受性の鋭い, 繊細な. [*mlat.–fr.*]

Sen·si·ti·vi·tät[..tivitɛ́:t] 女 -/ 鋭い感受性, (感情・感覚の)繊細, 鋭敏.

Sen·si·to·me·ter[zɛnzitomé:tər] 中 (男) -s/- 〘写〙感光〔度〕計.

Sẹn·so·mo·to·rik[zɛ́nzomoto:rɪk, ◡◡◡⏊◡] 女 -/ 〘心・生理〙知覚・運動〔両器官の〕協力性.

Sẹn·sor[zɛ́nzɔr, ..zo:r] 男 -s/-en[zɛnzó:rən] 〘電子工学〙感知装置, センサー. [*engl.*]

sen·so·ri·ẹll[zɛnzoriɛ́l] 形, **sen·so·risch**[zɛnzó:rɪʃ] 形 〘生理・医〙感覚〔上〕の, 知覚〔上〕の: ～*e* Nerven 知覚神経.

Sen·so·rium[zɛnzó:riʊm] 中 -s/..rien[..riən] **1** 〘生理・医〙**a)** 《ふつう単数で》(Bewußtsein) 意識, 感覚〈知覚〉力. **b)** 《ふつう複数で》感覚中枢, 大脳皮質. **2** 《雅》(Empfindungsvermögen) 《für *et.*[4]》(…に対する)感受性〈能力〉, 感覚. [*spätlat.*; ◇Sensus]

Sen·sua·lis·mus[zɛnzualísmʊs] 男 -/ 〘哲〙感覚論; 〘美〙感覚主義.

Sen·sua·list[..líst] 男 -en/-en 〘哲〙感覚論者; 〘美〙感覚主義者.

sen·sua·li·stisch[..lístɪʃ] 形 **1** 感覚論〈主義〉の. ▽**2** (sinnlich) 感覚〈感性〉的な.

Sen·sua·li·tät[..litɛ́:t] 女 -/ 感受力, 感性; 肉感, 官能. [*spätlat.*]

sen·suẹll[zɛnzuɛ́l] 形 **1** 感覚〔上〕の, 感覚的な. ▽**2** (sinnlich) 肉感〈官能〉的な. [*spätlat.* sēnsuālis–*fr.*]

Sẹn·su·mo·to·rik[zɛ́nzumoto:rɪk, ◡◡◡⏊◡] 女 -/ =Sensomotorik

Sẹn·sus[zɛ́nzʊs] 男 -/- (感覚器の)感覚, 知覚. [*lat.*; <*lat.* sentīre „fühlen"; ◇Sinn; *engl.* sense]

Sẹn·sus com·mu·nis[– kɔmú:nɪs] 男 --/ 常識, 良識, コモンセンス. [*lat.*; ◇kommun]

Sẹn·ta[zɛ́nta·] 女名 ゼンタ.

Sẹn·te[1][zɛ́ntə] 女 -/-n《スイ》(Alm) (アルプスの)高原放牧地, 山上牧草地. [<Senn]

Sẹn·te[2][–] 女 -/-n《北部》しなやかな薄板.

Sen·tẹnz[zɛntɛ́nts] 女 -/-en **1** 金言, 格言, 箴言(しんげん), 名文句, 簡潔で含蓄のある言葉. ▽**2** 〘法〙判決. ▽**3** 《複数で》〘宗〙神学の命題論集. [*lat.–mhd.*; <*lat.* sentīre (→Sensus); ◇*engl.* sentence]

sen·tẹnz·ar·tig 形 金言〈格言〉ふうの.

sen·ten·ziös[zɛntɛntsiø̍:s][1] 形 **1** 金言〈格言〉ふうの, 簡潔で含蓄に富んだ. **2** 金言〈名句〉の多い. [*fr.* sentencieux]

Sen·ti·ment[zãtimã́:, sã..] 中 -s/-s 心情, 感情; 感傷, 感慨. [*mlat.–fr.*; <*lat.* sentīre (→Sensus)]

sen·ti·men·tal[zɛntimɛntá:l] **I** 形 (あまりに)感じやすい, 感情的な; 感傷的な; 情緒的な. **II Sen·ti·men·ta·le** 女《形容詞変化》〘劇〙感傷的な少女を演じる女優, 娘役. [*engl.*; <..al[1]]

▽**sen·ti·men·ta·lisch**[..lɪʃ] 形 情感的な: 《Über die naive und ～*e* Dichtung》『素朴文学と情感文学について』(Schiller の美学論文).

Sen·ti·men·ta·li·tät[zɛntimɛntalitɛ́:t] 女 -/-en 感情〈感傷〉的なこと, 感傷性, 多感. [*engl.* sentimentality]

Se·nụs·si[zenúsi·] 男 -/-, ..nussen[..sən] サヌーシーヤ派 (1833年メッカに創設されたイスラム教の一教派)の信徒. [<Sanusi (教祖, †1859)]

sẹn·za[zɛ́ntsa·] 副 (ohne) 〘楽〙(演奏技法に関して)…なしで: ～ sordino[zɔrdí:no·] 弱音器を用いずに. [*lat.* in absentiā „in Abwesenheit"–*it.*; ◇Absenz]

Seoul[zeú:l, zé:ʊl, zɛ́ʊl] 地名 ソウル(大韓民国の首都. Söul ともつづる). [*korean.* „Hauptstadt"]

se·pa·rat[zepará:t] 形 分かれた, 離れた, 別々の; 単独の, 独立した; 独自の: ein ～*es* Zimmer 一人部屋, 個室 | Zimmer mit ～*em* Eingang 専用の入口つきの部屋 ‖ ～ wohnen (台所・バスルーム・出入口が共用でない)独立式のアパートに住んでいる; 離れ〈個室〉に住んでいる. [*lat.*]

Se·pa·rat≈ab·druck = Sonderabdruck **≈aus·ga·be** 女 別冊〔版〕. **≈druck** = Sonderdruck **≈ein·gang** 男 専用〈私用〉の出入口. **≈frie·de〔n〕** 男 単独講和.

Se·pa·ra·tion[zeparatsió:n] 女 -/-en **1** 分離, 分裂; 隔離; 分配, 分割. **2** 〘農〙耕地整理. [*lat.*]

Se·pa·ra·tis·mus[zeparatísmʊs] 男 -/ (宗教上・政治上などの)分離〈分立〉主義.

Se·pa·ra·tist[..tíst] 男 -en/-en 分離〈分立〉主義者.

se·pa·ra·ti·stisch[..tístɪʃ] 形 分離〈分立〉主義〔者〕の.

Se·pa·ra·tiv[zeparatí:f, zé:parati:f][1] 男 -s/-e 〘言〙分離格, 分離の奪格. [*spätlat.* sēparātivus „trennend"]

Se·pa·ra·tor[zepará:tɔr, ..to:r] 男 -s/-en[..ratóːrən] 〔遠心〕分離機; 選別器. [*lat.*]

Se·pa·rat≈staat 男 〘政〙分離国家(もともと一国の一部が独立してできた国家). **≈zim·mer** 中 別室, 個室; 特別室.

Sé·pa·rée (Se·pa·ree)[zeparé:] 中 -s/-s (レストラン・酒場・風俗営業店の, 他から隔離された)別室, 個室. [<Chambre séparée]

se·pa·rie·ren[zeparí:rən] **I** 他 (h) **1** 〘理〙(遠心分離機で)分離させる. **2** 分離〈隔離〉させる. **3** 再帰 *sich*[4] ～ 離れる, 分かれる, 別れる. **II se·pa·riert** 過分 形《オーストリア》独立した, 離れた: ein ～*es* Zweibettzimmer 独立したツインの部屋. [*lat.*; ◇parieren[2]; *engl.* separate]

Se·phar·di[zefárdi·] 男 -/..dim[..dɪm, zefardí:m, se..] セファルディ(スペイン・ポルトガル系のユダヤ人: →Aschkenasi). [*hebr.*]

se·phar·disch[..fárdɪʃ] 形 セファルディの.

sẹ·pia[zé:pia·] **I** 形《無変化》《オーストリア》セピア色の, 暗褐色の. **II Sẹ·pia** 女 -/..pien[..piən] **1** 〘動〙コウイカ(甲烏賊). **2** 《単数で》**a)** イカの墨. **b)** (イカの墨からつくった)セピア色の絵の具. [*gr.–lat.* sēpia „Tintenfisch"]

sẹ·pia·braun[zé:pia..] 形 セピア色の, 暗褐色の.

Sẹ·pia·zeich·nung 女 〘美〙セピア画.

Sẹ·pie[zé:piə] 女 -/-n =Sepia 1

Se·pio·lith[zepiolí:t, ..lít] 男 -〔e〕s/-e; -en/-en (Meerschaum) 〘鉱〙海泡石. [<*gr.* sēpion „Tintenfisch"]

Sepp[zɛp] 男名 ゼップ (Joseph の南部方言形).

Sẹppl·ho·se[zɛ́pəl..] 女《話》革の半ズボン(アルプス地方の民俗衣装). [<Sepp]

Sẹp·pu·ku[zɛ́puku·] 中 -〔s〕/-s (Harakiri) 切腹; 《比》自殺的行為. [*japan.*]

Sẹp·sis[zɛ́psɪs] 女 -/Sepsen[..sən] (Blutvergiftung) 〘医〙敗血症. [*gr.* sēpsis „Fäulnis"; ◇sapro.., septisch]

Sept. 略 =**September**

Sẹp·ta Septum の複数.

Sẹpt·ak·kord[zɛ́pt..] =Septimenakkord

Sep·ta·rie[zɛptá:riə] 女 -/-n 〘鉱〙亀甲(きっこう)石. [<*lat.* saeptum (→Septum)]

Sep·tẹm·ber[zɛptɛ́mbər] 男 -〔s〕/- 《ふつう単数で》(略 Sept.) 9月: →August[1]

★ 古名: Herbstmonat, Herbstmond, Scheiding

[*lat.–mhd.*; <*lat.* septem (→sieben[2]); 古代ローマ暦では März が第1月; ◇*engl.* September]

Sẹp·ten Septum の複数.

▽**sept·en·nal**[zɛptɛná:l] 形 7年の.

Sept·en·nat[zɛptɛná:t] 中 -〔e〕s/-e ▽**1** 7年間. **2** 〘史〙7年制予算 (Bismarck がとった陸軍予算の方式).

▽**Sept·ẹn·nium**[zɛptɛ́niʊm] 中 -s/..nien[..niən] =Septennat [*lat.*; <*lat.* septem (→sieben)+annus (→anno)]

sep·ten·trio·nal[zɛptɛntrioná:l] 形 (nördlich) 北〔方〕の. [*lat.*; <*lat.* septen-triō „Sieben-gestirn"]

S

Sep·tẹtt[zɛptɛ́t] 中 -[e]s/-e **1** 〘楽〙 **a**) 七重奏〈唱〉[曲]. **b**) 七重奏〈唱〉団. **2** 《話》 7 人組.
[*it.* settetto をラテン語めかした形]

Sept·hä·mi̲e[zɛpthɛmí:] (**Sep·tik·ämi̲e**[zɛptikɛmí:], **Sep·tik·hä·mi̲e**[zɛptɪkhɛmí:]) 女 -/-n[..mí:ən] 〘医〙 敗血症. [<*gr.* sēptikós (→septisch)+..ämie; ◇*engl.* septicemia]

Sep·ti̲m[zɛptí:m] 女 -/-en **1** 〘フェンシング〙 セッティム(剣の交差ポジションの第 7 の構え). **2** =Septime

Sẹp·ti·ma[zɛ́ptima·] 女 -/..men[..mən] 《オーストリア》 (Obersekunda) ギムナジウムの第 7 学年. [*lat.* septimus „siebter"; <*lat.* septem (→sieben[2])]

Sep·ti·mạ·ner[zɛptimá:nər] 男 -s/- (女 **Sep·ti·mạ·ne·rin**[..nərɪn]-/-nen) 《オーストリア》 ギムナジウムの Septima の生徒.

Sep·ti̲·me[zɛptí:mə, zɛ́ptimə] 女 -/-n 〘楽〙 7 度[音程].

Sep·ti̲·men Septim, Septima, Septime の複数.

Sep·ti̲·men·ak·kord[zɛptí:mən..] 男 〘楽〙 7 の和音.

Sep·ti·mọ·le[zɛptimó:lə] 女 -/-n 〘楽〙 7 連[音]符.

sẹp·tisch[zɛ́ptɪʃ] 形 〘医〙 敗血症の, 腐敗性の. [*gr.* sēptikós; <*gr.* sēpsis (→Sepsis)]

Sep·tọ·le[zɛptó:lə] 女 -/-n =Septimole

Sep·tua·gẹ·si·ma[zɛptuagé:zima·] 女 -/ 〘カトリック〙 七旬節の主日(復活祭前70日目).
[*mlat.*; <*lat.* septuāgēsimus „siebzigster"]

Sep·tua·gi̲n·ta[zɛptuagínta·] 女 -/ 70人訳聖書(紀元前 3 世紀にアレキサンドリアでつくられた最古のギリシア語訳旧約聖書). [*lat.* septuāgintā „siebzig"; <*lat.* septem (→sieben[2])]

Sẹp·tum[zɛ́ptʊm] 中 -s/..ta[..ta·], ..ten[..tən] 〘解〙 隔壁, 隔膜, 中隔. [*lat.* saeptum „Zaun"]

▽**se·pul·kra̲l**[zepʊlkrá:l] 形 墓標〈墓石〉の; 埋葬に関する. [*lat.*; <*lat.* sepulcrum „Grab"; ◇*engl.* sepulchral]

seq. 略 =sequens

seqq. 略 =sequentes

sẹ·quens[zé:kvɛns] 《ラテン語》 (略 seq.) (folgend) 次の(ページなど). [*lat.* sequī „folgen"]

se·quẹn·tes[zekvɛ́nte:s, ..tɛs] 《ラテン語》 (略 seqq.) (sequens の複数)以下の(各ページなど).

se·quen·tiẹll (**se·quen·ziẹll**)[zekvɛntsiɛ́l] 形 〘電算〙 シーケンシャル, 順[次]の, 逐次の. [*engl.* sequential; <..al[1]]

Se·quẹnz[zekvɛ́nts] 女 -/-en **1** 連続, 継続, 一連[のこと·もの]. **2** 〘宗〙 続唱(ぞくしょう); 〘楽〙 模続, 反復進行; 〘映·テレビ〙 シークエンス(いくつかの連続するシーンで構成される一局面·挿話); 〘トランプ·ダイス〙 シークエンス(同じ種類の 3 枚以上の続き札·続き目); 〘電算〙 シーケンス, 順序. [*spätlat.*]

Se·quẹ·ster[zekvɛ́stər] **I** 中 (男) -s/- **1** 〘法〙 財産の[一時的]仮差し押え, 係争物件の強制保管; 接収, 押収. **2** 〘医〙 腐骨, 分離片, 壊死(え)片. **II** 男 -s/- 仮差し押え物件保管人, 係争物件管理人; 強制執行吏.
[*lat.* „vermittelnd"]

Se·que·stra·tio̲n[zekvɛstratsió:n] 女 -/-en **1** =Sequester I 1 **2** 〘医〙 腐骨〈分離片〉形成. [*spätlat.*]

se·que·stri̲e·ren[zekvɛstrí:rən] 他 (h) 〘法〙 (財産を)一時差し押える, 強制保管[処分に]する, 強制執行する.
[*spätlat.*]

Se·quo̲i̲e[zekvó:jə] 女 -/-n 〘植〙 セコイア. [<Sequoya (アメリカインディアンの指導者·言語学者, †1843)]

Sẹ·ra Serum の複数.

Sé·rạc[zerák, se..] 男 -s/-s 〘地〙 (氷河のクレバスの交差部分に生ずる)塔状氷塊, セラック. [*fr.*; <*lat.* serum (→Serum)]

Se·rail[zerá:j, zerái(l)] 中 -s/-s サルタンの[後宮つき]宮殿: 《Die Entführung aus dem ～》『後宮からの誘拐』(Mozart のオペラ). [*pers.* „Palast"–*türk.*–*fr.*]

Se·ra·pei̲·on[zerapáiɔn] 中 -s/..peia[..páia·], **Se·ra·pẹ·um**[zerapé:ʊm] 中 -s/..peen[..pé:ən] セラペイオン, セラペウム(古代エジプトの神セラピス Serapis の神殿). [*gr.*[–*lat.*]]

Sẹ·raph[zé:raf] 男 -s/-e, -im[..fi:m] 〘聖〙 熾(し)天使, 六翼天使, セラピム(イザ 6, 2). [*hebr.*–*kirchenlat.*]

Se·ra·phi̲·ne[zerafí:nə] 女名 ゼラフィーネ.

se·ra̲·phisch[zerá:fɪʃ] 形 熾(し)天使のような, 気高い; 恍惚(こう)とした.

Sẹr·be[zɛ́rbə] 男 -n/-n (女 **Sẹr·bin**[zɛ́rbɪn]-/-nen) セルビア人(南スラブ族). [*serb.*; ◇*lat.* servus „Sklave"]

sẹr·beln[zɛ́rbəln] 《06》 自 (h) 《スイス》 (welken) しぼむ, 衰弱する. [*ahd.* ser[a]wēn „erschlaffen"]

Sẹr·bi·en[zɛ́rbiən] 地名 セルビア(ユーゴスラヴィア連邦を構成する共和国). [*russ.*]

Sẹr·bin Serbe の女性形.

sẹr·bisch[zɛ́rbɪʃ] 形 セルビア[人·語]の: →deutsch

ser·bo·kroa̲·tisch[zɛrbokroá:tɪʃ] 形 セルボクロアチア[語]の: →deutsch

▽**se·re̲n**[zeré:n] 形 (heiter) 明朗な, 快活な. [*lat.*; ◇xero..]

Sẹ·ren Serum の複数.

Se·re·na̲·de[zerená:də] 女 -/-n **1** 〘楽〙 セレナード, [小]夜曲(野外で演奏される[夜会用の]軽い音楽, またはそれにふさわしい楽曲. **2** =Ständchen. [*it.* serenata „heiterer Himmel"–*fr.*]

Se·re·ni̲s·si·mus[zerenísimʊs] 男 -/..mi[..mi·] 〘史〙 殿下(君侯の敬称); 《戯》 お殿様. [*lat.*; ◇seren]

▽**Se·re·ni·tä̲t**[zerenitɛ́:t] 女 -/ 明朗, 快活. [*lat.*]

Serge[zɛrʃ, zɛ́rʒə, sɛrʒ] 女 (《オーストリア》: 男) -/-n[zɛ́rʒən, sɛ́r..] 〘服飾〙 サージ. [*lat.*–*fr.*; <*gr.* sērikós „seiden"]

Ser·geant[zɛrʒánt, sɛrʒã́] 男 -en/-en ([sá:dʒənt]-s/-s) 〘軍〙 (英·米·仏軍の)上級下士官(軍曹·曹長など).
[*mlat.*–*fr.*; <*lat.* servīre (→servieren)]

Sẹr·gius[zɛ́rgiʊs] 男名 ゼルギウス. [*lat.*]

Se·rial[síəriəl] 中 -s/-s (テレビ·ラジオの)続き物, 連続〈シリーズ〉物. [*engl.*]

Sẹ·rie[zé:riə] 女 -/-n **1** 一連〈一続き〉のもの, 連続, 継続; 事故の連続[発生], 一連の事故: eine ～ schwerer Unfälle 大事故の連続[発生], 一連の大事故 | nach dem Gesetz der ～ (→Gesetz 2). **2** 継続生産[品], シリーズ, 双書; 大量〈規格〉生産[品]; (テレビ·ラジオ·新聞などの)シリーズ[もの], 特集連続番組, 特集連載記事: eine ～ [von] Briefmarken シリーズ切手 | eine fünfteilige ～ 5 回にわたる特集番組〈記事〉‖ Das Buch erscheint in einer ～ 〈innerhalb einer ～〉. この書物はシリーズの一冊として刊行される | *et.*[4] in ～ herstellen …を大量生産する | **in ～ gehen** 大量生産に移行する. **3** 〘電〙 直列.
[*lat.*–*mhd.*; <*lat.* serere „zusammenreihen"; ◇Sorte; *engl.* series]

se·riẹll[zeriɛ́l] 形 **1** 〘楽〙 セリー(列)によって構成された: ～*e* Musik ミュージック=セリエル. **2** 〘電算〙 シリアル, 直列の, 逐次の. **3** 連続的な, シリーズの[形をとった]. [*fr.* sériel]

Sẹ·ri·en≠an·fer·ti·gung[zé:riən..] 女 流れ作業式生産, 大量生産. **≠ar·beit** 女 流れ作業. **≠ar·ti·kel** 男 大量〈規格〉生産品. **≠bau** 男 -[e]s/-ten **1** 《単数で》 連続生産, 規格〈大量〉生産. **2** 統一規格生産された建物. **≠fa·bri·ka·tio̲n** 女 (規格による)大量生産. **≠fer·ti·gung** 女 規格〈大量〉生産, 流れ作業〈ベルトコンベヤー〉式生産. **≠he̲r·stel·lung** 女 連続製造〈生産〉, 大量〈規格〉生産, 流れ作業式生産.

sẹ·ri·en·mä̲·ßig 形 連続した, シリーズになっている; 組み立てラインによる(生産): die ～*e* Herstellung 大量生産方式.

Sẹ·ri·en≠num·mer 女 通し番号. **≠pro·duk·tio̲n** 女 大量生産. **≠rei·fe** 女 大量生産に移し得る[技術的]完成度. **≠schal·ter** 男 〘電〙 多重回路スイッチ. **≠schal·tung** 女 〘電〙 直列接続. **≠tä̲·ter** 男 連続犯行者. **≠thea̲·ter** 中 同一作品を続けて上演する劇場. **≠wa̲·gen** 男 (流れ作業による)大量生産車.

sẹ·ri·en·wei·se 副 (→..weise ★)連続して, 継続的に, シリーズで; 大量生産方式で, 多量に.

se·riö̲s[zeriø̲:s][1] 形 まじめな, 真剣な; 信頼のおける, 堅実な,堅い; 品位のある, 端正な, 謹厳な: ~*e* Bewerber（ひやかしでない）まじめな応募者｜~*e* Blätter（煽情(せんじょう)的でない）まじめな新聞｜ein ~*er* älterer Herr 端正な中年の紳士｜eine ~*e* Firma 手堅い会社｜einen ~*en* Eindruck machen 信頼感を与える.
[*spätlat.*−*fr.* sérieux; ◇..os; *engl.* serious]

Se·rio·si·tät[zeriozitɛ́:t] 女 -/ まじめ, 真剣; 信頼感, 堅実; 品位, 端正. [*mlat.*]

se·rio·so[zerió:zo·] 副 (ernst)〘楽〙セリオーソ, まじめに, 重々しく. [*spätlat.*−*it.*; ◇schwer]

Ser·mon[zɛrmó:n] 男 -s/-e ▽**1** 説教. **2**《話》退屈な〔内容空疎な〕長談義, 長い訓戒, お説教. [*lat.* sermō]

Se·ro·dia·gno·stik[zerodiagnɔ́stɪk] 女 -/ 〘医〙血清診断法〈学〉. [<Serum]

Se·ro·lo·ge[zeroló:gə] 男 -n/-n (→..loge) 血清学者.

Se·ro·lo·gie[..logí:] 女 -/ 〘医〙血清学.

se·ro·lo·gisch[..ló:gɪʃ] 形 血清学〔上〕の.

se·ro·ne·ga·tiv[zeroné:gati:f][1] 形〘医〙血清反応が陰性の.

se·ro·po·si·tiv[..pó:ziti:f][1] 形〘医〙血清反応が陽性の.

Se·ro·reak·tion[..reaktsió:n] 女 -/-en〘医〙血清反応.

se·rös[zerø̀:s][1] 形〘医〙血清の, 漿(しょう)液〔性〕の. [<..ös]

Se·ro·the·ra·pie[zeroterapí:, zé:roterapi:] 女 -/ 〘医〙血清療法.

die **Ser·pens**[zɛ́rpɛns] 女 -/ 〘天〙蛇座. [*lat.* serpēns „Schlange"; < *lat.* serpere „kriechen" (◇Herpes)]

Ser·pen·tin[zɛrpɛntí:n] 男 -s/-e 〘鉱〙蛇紋石. [*mlat.*]

Ser·pen·ti·ne[..tí:nə] 女 -/-n **1**（川・道路などの）蛇行, 屈折. **2** 蛇行する道〈道路〉: Quatsch keine ~*n*!《話》くだらぬ長話はやめろ. [*spätlat.* „schlangenartig"]

Ser·pen·ti·nen≈stra·ße 女 蛇行する〈曲がりくねった〉道路. **≈weg** 男 蛇行する〈曲がりくねった〉道.

Ser·ra·del·la[zɛradɛ́la·] 女 -/..len[..lən], **Ser·ra·del·le**[..dɛ́lə] 女 -/-n〘植〙オルニトプス, セラデーラ（飼料になるマメ科植物）. [*port.*; < *lat.* serra „Säge"]

Ser·sche[zɛ́rʃ(ə), sɛrʒ] 女（ｵｰｽﾄﾘｱ：男）-/-n[zɛ́rʃən, sɛ́rʒən] = Serge

Se·rum[zé:rʊm] 中 -s/..ren[..rən], ..ra[..ra·]〘医〙血清; (Immunserum) 免疫血清. [*lat.* serum „Molke"; ◇Hormon]

Se·rum≈be·hand·lung 女〘医〙血清療法. **≈dia·gno·stik** 女〘医〙血清診断法〈学〉. **≈he·pa·ti·tis** 女〘医〙血清肝炎. **≈kon·ser·ve** 女〘医〙保存血清. **≈krank·heit** 女〘医〙血清病. **≈the·ra·pie** 女〘医〙血清療法.

Ser·val[zɛ́rval] 男 -s/-e, -s〘動〙サーバル（アフリカ産ヤマネコの一種）. [*port.* cerval−*fr.*; < *lat.* cervus (→Hirsch)]

▽**Ser·van·te**[zɛrvántə] 女 -/-n **1** 配膳(はいぜん)台〈棚〉; 食器棚. **2** 女中, 小間使い. [*fr.* „Dienerin"; ◇Serviteur]

Ser·vice[1][zɛrví:s] 中 -, -s[..ví:səs]/-[..ví:s, ..ví:sə] そろいの食器類, 食器セット: Kaffee*service* コーヒー=セット. [*lat.* servitium−*fr.*]

Ser·vice[2][zø̀:rvɪs, zœ́rvɪs, sə́:vɪs] 男 中 -/-s[zø̀:rvɪs, zœ́r.., ..vɪsɪs] **1 a)** (Kundendienst)（顧客への）〔アフター〕サービス. **b)** サービス=ステーション. **2 a)** (Bedienung)（飲食店などの）サービス, 客扱い. **b)** (Trinkgeld) チップ. **3**〘ﾃﾆｽ・卓球〙**a)** サーブ〔すること〕. **b)** サーブボール. [*lat.* servitium−*afr.*−*engl.*; ◇Servitium]

Ser·vice≈num·mer[zø̀:rvɪs.., zœ́rvɪs.., sə́:vɪs..] 女 無料サービスの電話番号, フリーダイヤル. **≈sta·tion** 女 サービス=ステーション.

Ser·vier·brett[zɛrví:r..] 中〔サービス〕盆, トレー.

ser·vie·ren[zɛrví:rən] 他 (h) **1 a)** 食事の支度をする, 食卓に飲食物を並べる; 給仕する: den Gästen die Nachspeise ~ 客たちにデザートを配る‖〘目的語なしで〙Sie *serviert* geschickt. 彼女は給仕〈客のもてなし〉がじょうずだ. **b)**《話》(座興に) 提供する: Sensation ~ あっと驚くような話をする. **2 a)**〘ﾃﾆｽ・卓球〙（ボールを）サーブする. **b)**〘球技〙（ボールを）パスする. [*lat.* servīre „Sklave sein"−*fr.*; ◇Servus]

Ser·vie·re·rin[zɛrví:rərɪn] 女 -/-nen ウェートレス.

Ser·vier≈fräu·lein[zɛrví:r..] 中《ｵｰｽﾄﾘｱ》= Serviererin **≈kleid** 中 ウェートレスの仕事着（→ 図）. **≈mäd·chen** 中《南部・ｵｰｽﾄﾘｱ》= Serviererin **≈tas·se** 女《ｵｰｽﾄﾘｱ》= Servierbrett **≈tisch** 男 給仕台, サイドテーブル. **≈toch·ter** 女《ｽｲｽ》= Serviererin **≈tuch** 中 -[e]s/..tücher（給仕が腕にかけている）ナプキン. **≈wa·gen** 男 テーブル〈サービス〉ワゴン.

Schürze

Servierkleid

Ser·vi·et·te[zɛrviɛ́tə] 女 -/-n ナプキン（→ 図 Eßtisch）. [*fr.*]

Ser·vi·et·ten·ring 男 ナプキンリング.

ser·vil[zɛrví:l] 形《軽蔑的に》(kriecherisch) 卑屈な, 追従的な. [*lat.*; < *lat.* servus (→Servus)]

Ser·vi·lis·mus[zɛrvilísmʊs] 男 -/..men[..mən], **Ser·vi·li·tät**[zɛrvilitɛ́:t] 女 -/ 奴隷根性, 卑屈, 追従.

▽**Ser·vis**[zɛrví:s] 男 **1** -/ サービス, 奉仕. **2** -/-gelder [−gɛldər] **a)** 食費, 宿泊費. **b)** 住宅〈宿泊・地域〉手当.

▽**Ser·vis·klas·se** 女（給与・手当などの基準となる）勤務地の等級; 地域別給与基準. [<Service[2]]

Ser·vit[zɛrví:t] 男 -en/-en（⊛ **Ser·vi·tin**[..tɪn]-/-nen）《ｶﾄﾘｯｸ》聖母マリアのしもべ会会員. [*mlat.*]

▽**Ser·vi·teur**[zɛrvitø̀:r] 男 -s/-e **1** 下僕, 奉公人. **2** おじぎ, 会釈. **3** 小さな配膳(はいぜん)台, サイドテーブル. **4**（シャツの）胸当て. [*fr.* „Diener"; ◇Servante]

Ser·vi·tin Servit の女性形.

Ser·vi·tium[zɛrví:tsiʊm] 中 -s/..tien[..tsiən] ▽**1** 恭順, 服従; 屈従, 隷属. **2**《複数で》〘史〙（昇任された聖職者から教皇などへの）上納金. [*lat.*; < *lat.* servīre (→servieren)]

▽**Ser·vi·tut**[zɛrvitú:t] 中 -[e]s/-e（女 -/-en）〘法〙地役権. [*lat.* servitūs „Sklaverei"; ◇Servus]

servo..《名詞などにつけて「自動制御の・サーボ機構による」を意味する》[< *lat.* servus (→Servus)]

Ser·vo≈brem·se[zɛ́rvo..] 女〘工〙サーボブレーキ. **≈len·kung** 女〘工〙パワーステアリング. **≈mo·tor** 男〘工〙サーボモーター.

Ser·vus[zɛ́rvʊs] 男《間投詞的に》《南部・ｵｰｽﾄﾘｱ》やあ, こんにちは; さよなら, バイバイ（親しい間柄のあいさつ）. [*lat.* servus „dienstbar, Sklave"; ◇servieren, servil, Servitut]

Se·sam[zé:zam] 男 -s/-s **1**〘植〙ゴマ(胡麻)属. **2** ゴマの種子: ***Sesam*, öffne dich!** 開けごま（『千一夜物語』で宝物庫を開く呪文(じゅもん)；一般に何か良いものを手にしたいときの呪文; 転じて障害・困難を克服しようとするときの掛け声）. [*arab.*−*gr.* sḗsamon−*lat.*]

Se·sam≈bein 中, **≈kno·chen** 男〘解〙種子骨(しゅしこつ). **≈ku·chen** 男 ごま油のしぼりかす（飼料にする）. **≈öl** 中 -[e]s/ ごま油. **≈pflan·ze** 女 = Sesam 1

Se·schel·len[zeʃɛ́lən] = Seychellen

Ses·sel[zɛ́səl] 男 -s/- **1 a)**（背もたれ〔とひじ掛け〕を持ち, 詰め物をした）安楽いす, ひじ掛けいす: ein bequemer ⟨weicher⟩ ~ 座り心地の良い〈柔らかい〉安楽いす｜ein niedriger ⟨tiefer⟩ ~ 低い〈奥行きなどの深い〉安楽いす‖**an** *seinem* ~ hängen《比》地位〈役職〉にしがみつく｜*sich*[4] **aus** ⟨von⟩ einem ~ erheben 安楽いすから立ち上がる｜*sich*[4] **in** einen ~ setzen 安楽いすに腰を下ろす｜im ~ sitzen 安楽いすに座っている. **b)**《ｵｰｽﾄﾘｱ》(Stuhl)（一般的に）いす（→Fauteuil）. ▽**2** (Sänfte) いす駕籠(かご), 輿(こし). [*germ.*; ◇sitzen; *lat.* sella „Stuhl"; *engl.* settle]

Ses·sel≈bahn 女 = Sessellift **≈leh·ne** 女 安楽いすの背もたれ. **≈lift** 男（スキー場などの）チェア=リフト. **≈rol·le** 女（重い家具・機械などにつけて移動を容易にする）足車, 脚輪, キャスター.

S

seß·haft[zέshaft] 形 **1** (ある土地に)定住している;《比》腰を落ち着けた: ～ werden (ある土地に)定住する | *sich*⁴ ～ machen 定住する, 居を定める ‖ zur ～*en* Lebensweise übergehen (放浪をやめて)定住生活に移る | ein ～*er* Gast《話》長っ尻(ちり)の客. **2**《場所を示す語句と》(…に)住んでいる, 居住している: mein Freund, ～ in Hamburg ハンブルク在住の私の友人.
[*mhd.*; < *ahd.* sez „〔Wohn〕sitz" (◇sitzen)]

Seß·haf·tig·keit[..haftıçkaıt] 女 -/ seßhaft なこと.

ses·sil[zεsí:l] 形〘生〙(貝類・イソギンチャクなど水生動物が)他物に固着して生活する, 固着性の. [< *lat.* sessilis „zum Sitzen geeignet"]

Ses·si·li·tät[zεsilitέ:t] 女 -/ 〘生〙(水生動物の)固着性.

Ses·sion¹[zεsió:n] 女 -/-en (長期にわたる)会議; 会期. [*lat.*; < *lat.* sedēre (→sitzen)]

Ses·sion²[sέʃən] 女 -/-s 〘楽〙〔ジャム〕セッション. [*amerik.*]

Se·ster[zέstər] 男 -s/- ゼスター(昔の穀量単位: 15*l*). [*lat.* sextārius－*ahd.*; < *lat.* sextus (→Sexte); ◇Sechter]

Se·sterz[zεstέrts] 男 -es/-e セステルツ(古代ローマの貨幣単位およびその銀貨: 1/4 Denar). [*lat.*; < *lat.* sēmis „halber As"+tertius (→Tertia)]

Se·ster·zium[..tsiυm] 中 -s/..zien[..tsiən] セステルティウム(古代ローマの貨幣単位: 1000 Sesterze). [*lat.*]

Se·sti·ne[zεstí:nə] 女 -/-n 〘詩〙6 行連〔詩〕. [*it.*; < *lat.* sextus (→Sexte)]

Set[zεt] **I** 中 -〔s〕/ 〘印〙セット(活字の横幅の単位). **II** 中 (男) -〔s〕/-s **1** (道具などの)そろい, 組, セット;〘服飾〙アンサンブル. **2** ランチョン=マット. **3**〘心〙構え. [*engl.*; ◇setzen]

Set·te[zέtə] 女 -/-n《北部》(Milchnapf) ミルクボウル.

Set·ter[zέtər, sέtə] 男 -s/- セッター(猟犬の一種: → 図). [*engl.*; < *engl.* set (→ setzen)]

Setter

Sett·le·ment[sέtlmənt] 中 -s/-s **1** 定住, 定着; 植民〔地〕. **2** セツルメント, 隣保事業(特に19世紀末にイギリスでおこった社会事業). [*engl.*; < *engl.* settle (→Sessel)]

Setz≠ar·beit[zέts..] 女〘坑〙ジグ選別. **≠art** 女〘印〙組み方. **≠brett** 中〘印〙植字板. **≠ei** 中 (Spiegelei)〘料理〙目玉焼き. **≠ei·sen** 中〘工〙(くぎの頭をめりこませる)くぎしめ.

set·zen[zέtsən]《02》

I 他 (h)
1a) ①《*jn.*》《方向を示す語句と》(…を…に)座らせる, 腰かけさせる
②(親鳥に)抱卵させる
b) 再帰 *sich*⁴ ～《方向を示す語句と》(人・動物が…に)座る, 腰を下ろす, 席につく; (鳥などが…に)とまる
2《*jn.*》《方向を示す語句と》
a) (…をある状況・状態に)置く, 移す, すえる
b) 再帰 *sich*⁴ ～ (ある状況・状態に)身を置く
3《*et.*⁴》《方向を示す語句と》(…を…に)置く, すえる, 入れる, のせる, おろす, あてる, あてがう
4《*et.*⁴》《方向を示す語句と》
a) (…をある状態に)移す
b)《in 〈außer〉+〔動作〕名詞の形とともに機能動詞として》(…を)…させる〈しないようにする〉
5《*et.*⁴ auf 〈in〉 *jn.*》(感情などを…に対して)抱く
6《*et.*⁴》設ける, 築く, 建てる
7《*jm.* 〈*et.*³〉 *et.*⁴》(…に…を)設定する, 定める
8a)《*et.*⁴ auf *et.*⁴》(…を…に)賭(か)ける
b)《*et.*⁴》担保に置く
9《*et.*⁴》
a) (…を)書く, 書き入れる, 記入する; 印刷する
b)《様態を示す語句と》(言葉を…の様子で)語る
c)〘楽〙編曲する
d)〘印〙植字する; (…を)活字に組む
10 想定する, 仮定する
11 (旗を)掲げる;〘海〙(帆を)張る, (舷灯(げんとう)などを)点灯する
12 (植物を)植える, 植えつける
13a) (動物をある場所へ)放す
b)〘狩〙(ウサギ・シカなどが子を)産む
14 再帰 *sich*⁴ ～ (ほこりなどが)積もる; (液体のおりが)沈殿する, (沈殿して液体が)澄む; (土地などが)沈下する;《比》(感情などが)沈静する
15《話》非人称《es setzt *et.*⁴》(面倒なことが)起こる
II 自
1 (s, h)《über *et.*⁴》
a) (…〔の上〕を)跳び越す, 跳び越える
b)〘軍〙(川などを)渡る, 渡河する
2 (h)
a)《auf *et.*⁴》(…に)賭ける
b) (チェスなどで)駒(こま)〈石〉を打つ
III gesetzt → 別出

I 他 (h) **1 a**) ①《*jn.*》《方向を示す語句と》(…を…に)座らせる, 腰かけ〈着席〉させる: *jn.* **an** den Tisch 〈ans Fenster〉 ～ …をテーブルに〔向かって〕〈窓辺に〉座らせる | *jn.* **auf** den Stuhl 〈die Bank〉 ～ …をいす〈ベンチ〉に腰かけさせる | das Kind auf *seinen* Schoß 〈aufs Töpfchen〉 ～ 子供をひざ〈便器〉に乗せる | *jn.* auf den Thron ～《比》…を王位につかせる | *jn.* aufs Pferd ～ …を馬に乗せる | *jn.* **in** die Mitte 〈ins Empfangszimmer〉 ～ …をまん中の席〈応接間〉に着席させる | *jn.* in den Sattel ～ …が乗馬するのに手を貸す;《比》…〔が行動を起こすの〕を支援する, …に職などの世話をする, …を引き立てる | *jn.* **über** *jn.* ～《比》…を…の上位にすえる〈…より優遇する〉| *jn.* über *et.*⁴ ～《比》…に…を管理させる ‖ Wir können hier 20 Personen ～. ここに20人分の席が用意できる, ここには20人座れる.
② (親鳥に)抱卵させる: eine Henne 〈eine Glucke〉〔auf die Eier〕 ～ めん鶏に卵を抱かせる.
b) 再帰 *sich*⁴ ～《方向を示す語句と》(人・動物が…に)座る, 腰を下ろす, 腰かける, 席につく (→sitzen 1 a); (鳥などが…に)とまる: *sich*⁴ **an** den Tisch 〈ans Fenster〉 ～ テーブルに〔向かって〕〈窓際に〉座る | *sich*⁴ nicht mit *jm.* an einen Tisch ～《比》…と席を共にし〔たく〕ない, …とかかわり合いにならない | *sich*⁴ ans Steuer 〈Lenkrad〉 ～ 運転席につく | *sich*⁴ **auf** die Bahn ～ 列車〈電車〉に乗る | *sich*⁴ auf *seine* vier Buchstaben 〈den Hosenboden / den Hintern〉 ～《話》(ぺたんと)しりをついて座る; じっくり腰をすえる, (勉強などに)精を出す | *sich*⁴ auf *seinen* Platz ～ 自分の席につく | *sich*⁴ aufs Pferd 〈Rad〉 ～ 馬〈自転車〉にまたがる | *sich*⁴ aufs hohe Roß 〈Pferd〉 ～《話》いばる, 思い上がる | *sich*⁴ auf einen Stuhl 〈eine Bank〉 ～ いす〈ベンチ〉に腰を下ろす | Der Vogel *setzt* sich auf einen Zweig. 鳥が枝にとまる | *sich*⁴ **in** die Ecke 〈ins Gras〉 ～〔部屋の〕すみ〈草〔の上〕〉に腰を下ろす | *sich*⁴ in die Küche ～ 台所へ行って腰かける | *sich*⁴ ins Licht ～ 明るいところ〈日なた〉に座る(→3) | *sich*⁴ ins rechte Licht ～《比》自分の能力〈長所〉を見せようとする | *sich*⁴〔mit *et.*³〕in die Nesseln ～ (→Nessel 1) | *sich*⁴ ins gemachte 〈warme〉 Nest ～《話》金持ちと結婚する | *sich*⁴ in den Schatten 〈die Sonne〉 ～ 日陰〈日なた〉に座る | *sich*⁴ in einen Sessel ～〔安楽〕いすに腰を下ろす | *sich*⁴ in den Wagen ～ 車に席をとる | *sich*⁴ **neben** *jn.* ～ …の隣に着席する | *sich*⁴ **unter** einen Baum ～ 木陰に腰を下ろす | *sich*⁴ **zu** *jm.* ～ …のそばに座る | *sich*⁴ zu Tisch ～ 食卓につく | *sich*⁴ **zwischen** zwei Stühle ～ (→Stuhl 1 a) ‖〘方向を示す語句なしで〙*sich*⁴ bequem 〈aufrecht / gerade〉 ～ くつろいで〈姿勢を正して〉座る | *sich*⁴ weich 〈hart〉 ～ 柔らかな〈固い〉いすに座る ‖ *Setzen* Sie sich! おかけください | *Setz* dich! 座れ | *Setzen!* (軍隊や教室などでの命令)着席 | *Gesetzt!* (犬などに向かって)お座り.

2 《*jn.*》《方向を示す語句と》 **a**) (…をある状況・状態に)置く, 移す, すえる: *jn.* matt ~ (チェスで)…を詰める〈打ち負かす〉; 《比》…を手も足も出ない状態に追い込む ‖ *jn.* **an** eine Aufgabe ~ …をある任務〈仕事〉につける | *jn.* an Land ~ …(船客など)を上陸〈下船〉させる | *jn.* an die 〔frische〕 Luft ~ (→Luft 4) | *jn.* **auf** freien Fuß ~ (→Fuß 1 a) | *jn.* auf die Straße ~ (→Straße 1 a) | *jn.* auf die schmale 〈fleischlose〉 Kost ~ …に小量の食べ物〈肉抜きの食事〉しか与えない | *jn.* auf Rente ~ …を〔年金・恩給を与えて〕退職させる〈退役にする〉 | *jn.* auf das trockne ~ (→trocken 1 a) | *jn.* **außer** Gefecht ~ …を戦闘不能の状態にする; 《比》…の行動能力を奪う | *jn.* **hinter** Schloß und Riegel ~ …を拘留〈留置〉する | *jn.* 〔über *et.*[4]〕 **ins** Bild ~ (→Bild 4) | *jn.* in Freiheit ~ (→Freiheit 1) | *jn.* ins Gefängnis ~ …を投獄する | *jn.* von *et.*[3] in Kenntnis ~ (→Kenntnis 2) | *jn.* in die Lage 〈in den Stand / instand〉 ~, das zu tun …をそうできるようにしてやる | *jn.* ins Unrecht ~ …を(事実はそうでないのに)悪者にする | Kinder in die Welt ~ 《軽蔑的に》(やたらに)子供を作る | *jn.* *jm.* **vor** die Nase ~ (→Nase 1 a) | *jn.* vor die Tür ~ (→Tür) | *jn.* **über** den Fluß ~ …を川の向こうへ渡す(→II 1 b) | *jn.* **unter** Alkohol ~ …を酔わせる.
‖ 〖〔動作〕名詞とともに機能動詞として: →4 b〗 *jn.* **in** Begeisterung ~ …を感動させる | *jn.* in Erstaunen ~ …を驚かせる | *jn.* in 〔Furcht und〕 Schrecken ~ …を恐怖に陥れる〈ぎょっとさせる〉 | *jn.* in Verlegenheit ~ …を当惑させる | *jn.* in Verwunderung ~ …をいぶかしがらせる | *jn.* **unter** Druck ~ …に圧力をかける, …を強迫する.

b) 再帰 *sich*[4] ~ (ある状況・状態に)身を置く: *sich*[4] **an** die Arbeit ~ 仕事につく, 仕事を始める | *sich*[4] an *js.* Stelle ~ …の代理をつとめる; (相手を押しのけてずうずうしく)…のポストにつく; 《比》…の身になって考える | *sich*[4] mit *jm.* **ins** Benehmen 〈Einvernehmen〉 ~ 《官》…と話をつける | *sich*[4] in den Besitz von *et.*[3] ~ …を〔強引に〕わが物にする〈手に入れる〉 | *sich*[4] in Bewegung ~ 動き出す | *sich*[4] bei *jm.* in Gunst ~ 《比》…に気に入られる, …に取り入る | *sich*[4] in Lauf 〈Trab〉 ~ 走り始める〈足を速める〉 | *sich*[4] in Marsch ~ 出発〈発進〉する; 《比》行動を起こす | *sich*[4] in Positur ~ わざとらしい〈もったいぶった〉ポーズをとる | ***sich*[4] in Szene ~** 《比》自分を誇示する〈ひけらかす〉 | *sich*[4] in Unrecht ~ (自分の行為で)自分自身の不利を招く, 自分で自分の首を絞める | *sich*[4] mit *jm.* in Verbindung ~ …と連絡をとる | *sich*[4] **zur** Ruhe ~ 仕事をやめる, 引退する | *sich*[4] zur Wehr ~ 身を守る, 防御する.

3 《*et.*[4]》《方向を示す語句と》(…を…に)置く, すえる, 入れる, のせる, おろす, あてる, あてがう: *jm.* das Messer **an** die Kehle ~ …の喉(のど)もとにナイフを突きつける; 《比》…をおどしつける | den Fuß an Land ~ 上陸する | ein Glas an den Mund 〈die Lippen〉 ~ グラスを口〈唇〉にあてる | *et.*[4] an die Stelle von *et.*[3] ~ …を…と置き換える, …を…の代わりにする | einen Stuhl an den Tisch ~ いすをテーブルの前に置く | Geld 〈Zeit〉 an *et.*[4] ~ …のために金〈時間〉を費やす | *sein* ganzes Leben an diese Arbeit ~ 一生をこの仕事にかける | einen Flicken **auf** *et.*[4] ~ …に継ぎをあてる | *jm.* die Pistole auf die Brust ~ …の胸にピストルを突きつける; 《比》…をおどしつける | *jm.* den roten Hahn aufs Dach ~ …の家に放火する | einen Topf aufs Feuer 〈auf den Herd〉 ~ なべを火にかける | ein Schiff auf Grund ~ 船を座礁させる | *sich*[3] die Krone aufs Haupt ~ 王位につく | 〔*sich*[3]〕 den Hut auf den Kopf ~ 帽子をかぶる | die Blumenvase auf den Tisch ~ 花瓶をテーブルに置く | *et.*[4] **in** Essig 〈Alkohol〉 ~ …を酢〈アルコール〉に漬ける | keinen Fuß mehr in *js.* Haus 〈über *js.* Schwelle〉 ~ 《比》もう…の家の敷居はまたがない, …とはもはや絶交状態である | *sich*[3] *et.*[4] in den Kopf ~ (→Kopf 1) | eine Pflanze ins Licht ~ 植物を日なたに出す(→1 b) | *jm.* einen Floh ins Ohr ~ 《戯》…にはかない望みを抱かせ〔てわくわくさせ〕る | *jm.* eine Laus in den Pelz ~ (→Laus) | ein Gerücht in die Welt ~ うわさを流す | *et.*[4] **unter** Wasser ~ …(ある地域など)を水没させる | Schritt **vor** Schritt ~ 一歩一歩〔ゆっくり確実に〕歩む | keinen Fuß vor die Tür ~ 一歩も家から出ない | *jm.* den Stuhl vor die Tür ~ (→Stuhl 1 a).

4 《*et.*[4]》《方向を示す語句と》 **a**) (…をある状態に)移す: *et.*[4] **in** Brand ~ …に火を放つ | *et.*[4] in Flammen ~ …を燃え上がらせる | ein Gedicht in Noten 〈Musik〉 ~ 詩に曲をつける(→9 c) | *et.*[4] in Szene ~ …のお膳(ぜん)立てをする, …を実行に移す(→2 b) | *et.*[4] **unter** Strom ~ …に電流を流す〈通電する〉.

b) 《in 〈außer〉+〔動作〕名詞の形とともに機能動詞として他動詞に相当する動詞句を構成する》(…を)…させる〈しないようにする〉: *et.*[4] **in** Betrieb ~ …(機械など)の運転を開始する | *et.*[4] in Bewegung ~ …を動かす | Himmel und Hölle 〈Erde〉 in Bewegung ~ (→Himmel 2) | *et.*[4] 〔zu *et.*[3]〕 in Beziehung 〈Kontrast〉 ~ …を〔…と〕関連づける〈対比する〉 | *et.*[4] in Gang 〈Tätigkeit〉 ~ …を動かす〈作動させる〉 | *et.*[4] in Kraft ~ …(法令・契約など)を発効させる | *et.*[4] in Kurs 〈Umlauf〉 ~ …(貨幣など)を流通させる | *et.*[4] ins Werk ~ …(計画など)を実行に移す, …(仕事など)に着手する ‖ *et.*[4] **außer** Betrieb ~ …(機械など)を運転休止にする | *et.*[4] außer Gebrauch ~ …を廃棄処分にする, …の使用を中止する | *et.*[4] außer Kraft ~ …(法令・契約など)を失効させる〈廃止する〉 | *et.*[4] außer Kurs 〈Umlauf〉 ~ …(貨幣など)の通用を停止する.

5 《*et.*[4] auf 〈in〉 *jn.*》(感情などを…に対して)抱く: Hoffnungen **auf** *jn.* 〈*et.*[4]〉 ~ …に期待をかける | Vertrauen auf 〈in〉 *jn.* ~ …を信頼する | *seinen* Stolz auf *jn.* 〈*et.*[4]〉 ~ …を誇りに思う | Mißtrauen **in** *jn.* 〈*et.*[4]〉 ~ …に不信を抱く | Zweifel in *jn.* 〈*et.*[4]〉 ~ …に疑いをもつ.

6 《*et.*[4]》設ける, 築く, 建てる, しつらえる: *jm.* ein Denkmal 〈einen Grabstein〉 ~ …のために記念碑〈墓石〉を建てる | einen Herd 〈einen Ofen〉 ~ かまど〈暖炉〉を据える | einen Zaun 〈eine Mauer〉 ~ 垣根〈壁〉を築く.

7 《*jm.* 〈*et.*[3]〉 *et.*[4]》(…に…を)設定する, 定める: *jm.* für *seine* Arbeit eine Frist ~ …に依頼した仕事に完成期限を設ける | *et.*[3] Grenzen 〈Schranken〉 ~ …に制限を加える〈枠をはめる〉 | *et.*[3] keine Grenzen 〈Schranken〉 ~ …を野放しにする | *et.*[3] ein Ende ~ …に終止符を打つ | *sich*[3] ein Ziel 〈ein Thema〉 ~ 目標〈テーマ〉を定める | *sich*[3] *et.*[4] zum Ziel ~ …を目標とする ‖ Das Gesetz hat auf dieses Verbrechen eine hohe Strafe *gesetzt*. 法律はこの犯罪に厳罰を設けている.

8 a) 《*et.*[4] auf *et.*[4]》(…を…に)賭(か)ける(→II 2 a): *et.*[4] aufs Spiel ~ …を賭ける; 《比》〔軽率に〕…を危険にさらす | alles auf eine Karte ~ すべてを1枚のカードに賭ける; 《比》たった一つのチャンスにすべてを賭ける | *sein* ganzes Geld 〈eine hohe Summe〉 auf ein Pferd ~ (競馬で)有り金全部〈ばく大な金〉をある馬に賭ける | einen hohen Preis auf *js.* Kopf ~ …の首に多額の賞金を賭ける ‖ Er *setzte* alles auf den Facharzt. 彼はすべてをその専門医の腕にゆだねた.

b) 《*et.*[4]》担保に置く: *seine* Uhr zum Pfand 〈als Pfand〉 ~ 時計を担保に入れる.

9 《*et.*[4]》 **a**) (…を)書く, 書き入れる, 記入する; 印刷する: einen Punkt 〈ein Komma〉 ~ ピリオド〈コンマ〉を打つ | den Punkt auf das i ~ (→Punkt 1 a)(iの上の点を打つ) | ein Buch auf den Index ~ ある書物を禁書に指定する | *jn.* auf eine Liste ~ …〔の名前〕をリストにのせる, …をノミネートする | einen Betrag auf *js.* Rechnung 〈Konto〉 ~ ある金額を…の勘定につける | *et.*[4] auf die Tagesordnung ~ …(議題など)を〔議事〕日程にのせる | *et.*[4] **in** Klammern 〈Anführungszeichen〉 ~ …をかっこに入れる〈引用符で囲む〉 | *et.*[4] in Reime ~ …を韻文化〈詩に〉する | *et.*[4] in die Zeitung ~ …(論説・広告など)を新聞に掲載する | **einen Strich 〈einen Punkt〉 unter *et.*[4] ~** 《比》…に終止符を打つ, …を〔最終的に〕終える | *seinen* Namen 〈*seine* Unterschrift〉 unter ein Schriftstück ~ 書類に署名する.

b) 《様態を示す語句と》(言葉を…の様子で)語る, 話す: die Worte gut zu ~ wissen 話が上手〈弁舌が巧み〉である | Er *setzte* seine Worte ruhig und bedächtig. 彼は落ち着いて慎重に語った.

c)〘楽〙編曲する: ein Musikstück für Chor ～ ある曲を合唱用に編曲する.
d)〘印〙植字する; (…を)活字に組む: ein Manuskript ⟨einen Text⟩ ～ 原稿⟨テキスト⟩を活字に組む.
10 想定する, 仮定する: einen Fall ～ ある事態を想定する | *Setzen* wir den Fall, daß er recht hat, so ... 彼が正しいと〔仮定〕すれば…(→gesetzt II).
11 (旗を)掲げる;〘海〙(帆を)張る, (舷灯(げんとう)などを)点灯する: die Fahne auf halbmast ～ 半旗を掲げる | Segel ～ 帆を張る⟨揚げる⟩ | Positionslampen ～ 航海灯を点灯する.
12 (植物を)植える, 植えつける: Blumen ⟨Bäume⟩ in den Garten ～ 庭に花⟨木⟩を植える | Kartoffeln werden *gesetzt*. じゃがいもが植えつけられる.
13 a) (動物をある場所へ)移す, 放す: Karpfen ⟨Fischbrut⟩ in den Teich ～ 鯉(こい)⟨稚魚⟩を池に放す | einen Hund auf die Fährte ⟨die Spur⟩ ～〘狩〙犬に〔足〕跡を追わせる.
b)〘狩〙(ウサギ・シカなどが子を)産む: Die Häsin hat 〔vier Junge〕 *gesetzt*. 雌ウサギが〔4匹の〕子を産んだ.
14 再帰 *sich*[4] ～ (ほこりなどが)積もる; (液体のおりが)沈殿する, (沈殿して液体が)澄む; (土地などが)沈下する;《比》(感情などが)沈静する: Der Staub *setzt* sich auf die Möbel ⟨in die Kleider⟩. ほこりが家具の上に積もる⟨衣類にしみ込む⟩ | Die Giftstoffe *setzen* sich unter die Haut. 毒素が皮下にしみ込む | Der Kaffee hat sich *gesetzt*. コーヒーのおりがすっかり下に沈んだ | Die Lösung ⟨Der Niederschlag aus der Lösung⟩ hat sich *gesetzt*. 溶液はおりがすっかり沈んでにごりがなくなった | Der Schaum auf dem Bier *setzt* sich. ビールの泡が消える | Das Erdreich *setzte* sich. 地面が沈下した | Der Beton *setzt* sich. コンクリートが固まる | Der Schock muß sich erst einmal ～. まずショックが静まるまで待たねばならない.
15《話》非人称《**es setzt *et.*[4]**》(面倒なことが)起こる: Es *setzt* Hiebe ⟨Schläge / Prügel⟩. 殴打の雨が降る | Gleich *setzt* es 〔et〕was! すぐに一発お見舞いするぞ.
II 自 **1** (s, h)《über *et.*[4]》**a)** (…〔の上〕を)跳び越す, 跳び越える: Das Pferd ist ⟨hat⟩ über die Hürde *gesetzt*. 馬は障害物を跳び越した.
b)〘軍〙(川などを)渡る, 渡河する: Die Truppen *setzten* über den Fluß. 軍隊は川を渡った(→I 2 a).
2 (h) **a)**《auf *et.*[4]》(…に)賭ける(→I 8 a): auf *jn.* ～《比》…の成功を疑わない, …に全幅の信頼を置く | auf ein Rennpferd ～ 競〔走〕馬に賭ける | aufs falsche Pferd ⟨auf die falsche Karte⟩ ～《話》情勢判断を誤る ‖ hoch ⟨niedrig⟩ ～ (とばくでゲームに)大きく⟨小さく⟩張る.
b) (チェスなどで)駒(こま)⟨石⟩を打つ: Du mußt ～. 君が打つ番だ | Er hat noch nicht *gesetzt*. 彼はまだ〔次の手を〕打っていない.
III ge·sẹtzt → 別出
［*germ.*; ◇sitzen, Satz, Gesetz; *engl.* set］

Sẹt·zer[zɛ́tsər] 男 -s/- **1**〘印〙植字工, 組版工. **2** (タイプライターの)タブレーター=キー.
Set·ze·rei[zɛtsəráɪ] 女 -/-en〘印〙植字室, 組版部門.
Sẹt·zer⸗jun·ge[zɛ́tsər] 男, **⸗lehr·ling** 男〘印〙植字見習工. **⸗saal** 男 =Setzerei
Sẹtz⸗feh·ler[zɛ́ts..] 男〘印〙誤植. **⸗ham·mer** 男〘工〙のしハンマー. **⸗ha·se** = Satzhase **⸗holz** 中 (Pflanzholz)〘園〙苗差し〔棒〕.
sẹt·zig[zɛ́tsɪç][2] 形《スイ》(eigensinnig) わがまま, 強情な.
Sẹtz⸗ka·sten[zɛ́ts..] 男〘印〙活字箱, 活字ケース;〘園〙実生箱, 若木箱. **⸗kopf** 男 **1** (Nietkopf)〘工〙リベットの頭. **2**《スイ》《話》わがまま⟨強情⟩なやつ, 石頭. **⸗lat·te** 女 (Richtscheit) 直(ちょく)定規.
Sẹtz·ling[zɛ́tslɪŋ] 男 -s/-e **1**〘園〙苗木, 挿し枝, 取り木. **2** (養魚池の)稚魚.
Sẹtz⸗li·nie[..niə] 女〘印〙セッテン, セッティングルール, 植字定規. **⸗ma·schi·ne** 女 **1**〘印〙〔鋳込み〕植字機, 〔自動〕鋳造植字機(モノタイプ・ライノタイプなど). **2**〘坑〙湿式選鉱機, ジグ. **⸗milch** 女 酸乳, 発酵乳. **⸗re·be** 女 ぶどうの苗木⟨挿し枝⟩. **⸗re·gal** 中〘印〙(活字の)ケース立て; 植字台. **⸗reis** 中〘園〙挿し枝, つぎ穂. **⸗schiff** 中〘印〙ゲラ(盆状の活字組版入れ). **⸗stück** 中 **1**〘劇〙置き道具, 持ち出し道具, 張りぼて(→ 図 Bühne). **2** (サーカスなどで動物が乗る)台(→ 図 Zirkus). **⸗teich** 男 養魚池. **⸗tisch** 男〘印〙植字台. **⸗typ** 男〘印〙活字.

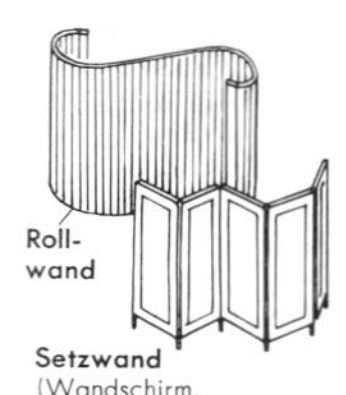

Setzwand
(Wandschirm, die spanische Wand)

Sẹtz- und Gieß·ma·schi·ne =Setzmaschine
Sẹt·zung[zɛ́tsʊŋ] 女 -/-en setzen すること;〘哲〙措定(そてい).
Sẹtz⸗waa·ge[zɛ́ts..] 女 (Wasserwaage)〘工〙水準器, レベル. **⸗wand** 女 ついたて, びょうぶ(→ 図). **⸗zap·fen** 男〘医〙座薬. **⸗zeit** 女〘狩〙(野獣の)繁殖⟨分娩(ぶんべん)⟩期. **⸗zwie·bel** 女〘園〙植え付け球茎.

Seu·che[zɔ́ʏçə] 女 -/-n (Epidemie) 流行⟨伝染⟩病, 悪疫;《比》(蔓延(まんえん)した)悪習, 悪弊: an einer ～ erkranken ⟨sterben⟩ 伝染病にかかる⟨で死ぬ⟩ | Die ～ greift um sich ⟨breitet sich aus⟩. 伝染病が広がる | Diese Mode ist zu einer wahren ～ geworden. その流行はまさに伝染病のごとくに広がった. ［*ahd.*; ◇siech, verseuchen］
Seu·chen⸗be·kämp·fung 女 伝染病対策, 防疫. **⸗ge·biet** 中 伝染病発生地域. **⸗ge·fahr** 女 伝染病の危険. **⸗ge·setz** 中〘法〙伝染病予防法. **⸗herd** 男 伝染病の発生源. **⸗kran·ken·haus** 中 伝染病院, 隔離病院. **⸗kun·de** 女, **⸗leh·re** 女 -/ (Epidemiologie) 疫学, 流行病学.
seuf·zen[zɔ́ʏftsən]《02》**I** 自 (h) ため息をつく, ほっと息をつく, うめく: leise ⟨laut⟩ ～ そっと⟨大きく⟩ため息をつく | nach *et.*[3] ～ …にこがれてため息をつく | über *et.*[4] ～ …を嘆く | um *et.*[4] ～ …を悼み嘆く | unter *et.*[3] ～ …の重圧のもとに呻吟(しんぎん)する | Die Flöte *seufzt*. 笛がため息のような音を出す ‖ 再帰 *sich*[4] müde ～ うめき疲れる. **II** 他 (h) **1** うめきながら口に出す: *js.* Namen ～ ため息とともに…の名を呼ぶ | einen Seufzer ～ ため息をつく. **2** *jm.* die Ohren voll ～ …がうんざりするほどため息をつく.
［*ahd.* sūft〔e〕ōn; ◇saufen］
Seuf·zer[zɔ́ʏftsər] 男 -s/- ため息, 嘆息, 呻吟(しんぎん): ein unterdrückter ⟨unwillkürlicher⟩ ～ 押し殺した⟨思わず漏らす⟩ため息 | ein ～ der Erleichterung 安堵(あんど)のため息 ‖ einen ～ ausstoßen 嘆息する | **den ⟨*seinen*⟩ letzten ～ tun**《雅》息をひきとる.
Seuf·zer⸗brücke 女 嘆きの橋⟨ベネツィアの総督法廷と刑務所の間にあった橋などの異名⟩. **⸗ecke** 女《話》ため息のコーナー(新聞の身上相談欄). **⸗ka·sten** 男《話》(商品見本を入れて持ち歩く)セールスマンのスーツケース. **⸗spal·te** 女 =Seufzerecke
Seu·me[zɔ́ʏmə] 人名 Johann Gottfried ～ ヨハン ゴットフリート ゾイメ(1763–1810; ドイツの作家. 旅日記の著者として知られる).
Se·ve·ri·tät[zeveritɛ́:t] 女 -/ 厳格, 厳正, 生真面目(きまじめ). ［*lat.*; < *lat.* sevērus „streng"］
Se·vịl·la[zevílja·, se.., seβíʎa·] 地名 セビーリャ(スペイン南西部, Andalusien の中心都市). ［*karthago.*–*span.*］
Sèvres[sɛ:vr] 地名 セーヴル(パリの南西にある町で, 陶磁器の産地).
Se·wạ·sto·pol[zevástopɔl] 地名 セバストポリ(ウクライナ共和国 Krim 半島南端の港湾都市).
［< *gr.* sebastós „ehrwürdig"+pólis „Stadt"］
Sex[zɛks, sɛks] 男 -〔es〕/《俗》**1 a)** (Geschlecht) (男女・雌雄の)性, セックス. **b)** (Sexualität) 性現象, セックスの表現: ein Film mit ～ セックス映画. **2** 性的行動, 性交: Safer ～ (エイズ感染予防のための)より安全なセックス | ～ machen セックスをする. **3** セックスアピール: eine Frau mit ～ セクシーな女 | Sie hat viel ～. 彼女はセックスアピール満点だ. ［*lat.* sexus–*engl.*; ◇Sexus］
Se·xa·gẹ·si·ma[zɛksagé:zima·] 女 -/〘カトリック〙六旬節〔の

主日〕,〘新教〙大斎前第二主日(復活祭前60日目の日曜日). [*mlat.*; < *lat.* sexāgēsimus „sechzigster" (◇sechs)]

se·xa·ge·si·mal[..gezimá:l] 形〘数〙六十進法の.

Se·xa·ge·si·mal·sy·stem 中 -s/ 〘数〙六十進法.

Sex-Ap·peal[zɛ́ks|apí:l, zɛ́ks(|)əpi:l, sɛ́ksəpi:l] 男 -s/ 《話》性的魅力, セックスアピール. [*engl.*; ◇Appell]

sex·be·la·den 形《話》セクシーな, 性的魅力にあふれた.

Sex≈bie·ne 女《話》セクシーな体つきの少女. **≈bom·be** 女《話》強烈な性的魅力を持った女性(特に〔映画〕女優).

sex·bom·big 形《話》(女性について)強烈なセックスアピールを持った.

Sex·bou·tique[..buti:k] 女 =Sexshop

Se·xer·ci·ses[zɛ́ksərsaɪzɪs, sɛ́k.., ..zɪz] 複《話》性的能力の強化鍛錬, 強精法.
[< *engl.* exercise (→exerzieren)]

sex·feind·lich[zɛ́ks..] 形 性〔行為・衝動・表現〕に反発する, セックス敵視の.

Sex≈film 男 セックスシーン中心の映画, ポルノ映画. **≈gra·na·te** 女《話》=Sexbombe **≈in·du·strie** 女 セックス産業.

Se·xis·mus[zɛksísmʊs] 男 -/ 性差別; 女性蔑視, 男尊女卑.

Se·xist[..síst] 男 -en/-en 女性蔑視(男尊女卑)論者.

se·xi·stisch[..sístɪʃ] 形 女性蔑視の, 男尊女卑の.

Sex≈kon·trol·le[zɛ́ks..] 女〘スポ〙性別判定テスト, セックスチェック. **≈muf·fel** 男《話》(性的事柄についての)堅物(かたぶつ), 石部金吉.

Se·xo·lo·ge[zɛksoló:gə] 男 -n/-n (→..loge) 性研究家, 性科学者.

Se·xo·lo·gie[..logí:] 女 -/ (Sexualwissenschaft) 性についての学問, 性科学.

Sex·or·gie[zɛ́ks|ɔrgiə] 女 性的放埒(ほうらつ)行為, セックスの狂宴.

Sex·prop·pen[..prɔpən] 男 -s/-《話》性的魅力にあふれたぴちぴちした女の子.
[< *mndd.* prop〔pe〕(→Pfropf)]

Sex≈protz[zɛ́ks..] =Sexualprotz **≈pup·pe** 女《話》強い性的魅力を持った小娘. **≈shop**[..ʃɔp] 男 セックスショップ(ポルノ写真や性具などを売る店). **≈si·re·ne** 女《話》妖婦(ようふ), 男たらし, バンプ. **≈spiel** 中 セックスプレー. **≈sym·bol** 中 セックスの象徴〈シンボル〉.

Sext[zɛkst] 女 -/-en **1**〘カトリック〙六時課(正午に行われる定時課). **2** =Sexte
[< *lat.* sexta (hora) „sechste (Stunde)"]

Sex·ta[zɛ́ksta·] 女 -/..ten[..tən] **1** 9年制ギムナジウムの第1学年(最下級: →Prima I 1 ☆). **2**《オーストリア》ギムナジウムの第6学年.

Sext·ak·kord[zɛ́kst|akɔrt][1] 男〘楽〙6の和音(3和音の第1転回〔形〕).

Sex·ta·ner[zɛkstá:nər] 男 -s/- (◎ **Sex·ta·ne·rin**[..nərɪn]-/-nen) ギムナジウムの Sexta の生徒.

Sex·ta·ner·bla·se[..bla:zə] 女《もっぱら次の成句で》: **eine ~ haben**《戯》しばしば尿意をもよおす.

Sex·tant[zɛkstánt] 男 -en/-en〘海〙六分儀: der ~〘天〙六分儀座. [*lat.* sextāns „Sechstel"]

Sex·te[zɛ́kstə] 女 -/-n〘楽〙6度〔音程〕.
[*mlat.* sexta vōx „sechster Ton"; < *lat.* sextus „sechster" (◇sechs)]

Sex·ten Sext, Sexta, Sexte の複数.

Sex·tett[zɛkstɛ́t] 中 -〔e〕s/-e **1**〘楽〙**a)** 六重奏〈唱〉〔曲〕. **b)** 六重奏〈唱〉団. **2**《話》6人組.
[*it.* sestetto をラテン語めかした形]

Sex·til·li·on[zɛkstɪlió:n] 女 -/-en 100万の6乗(10^{36}).
[<Million]

Sex·to·le[zɛkstó:lə] 女 -/-n〘楽〙6連〔音〕符.

Sex·tou·ris·mus[zɛ́ks..] 男 買春ツアー.

se·xu·al[zɛksuá:l] =sexuell

sexual..《名詞などにつけて「セックスの・性的な・性に関する」を意味する》

Se·xu·al≈auf·klä·rung[zɛksuá:l..] 女 性教育. **≈be·ra·ter** 男 セックスカウンセラー. **≈be·ra·tung** 女 セックスカウンセリング. **≈de·likt** 中 性犯罪〔行為〕. **≈ent·wick·lung** 女 性的発達. **≈er·zie·hung** 女 (学校・家庭における)性〔に関する〕教育. **≈ethik** 女 -/ 性道徳, 性倫理〔学〕.

se·xu·al·ethisch 形 性道徳上の, 性倫理〔学〕に関する.

Se·xu·al≈for·scher 男 =Sexologe **≈for·schung** 女 = Sexologie **≈hor·mon** 中〘生理〙性ホルモン. **≈hy·gie·ne** 女〘医〙性衛生学.

se·xua·li·sie·ren[zɛksualizí:rən] 他 (h)《*et.*[4]》性的〈エロチック〉にする; (…の)セックス側面を強調する.

Se·xua·li·tät[zɛksualitɛ́:t] 女 -/ (Geschlechtlichkeit) **1** 性的な〈性に関する〉こと. **2** 性的特質, 性徴. **3** 性欲, 性的能力, 性生活. **4** 性別, 有性.

Se·xu·al≈kon·takt[zɛksuá:l..] 男 性的な接触 **≈kri·mi·na·li·tät** 女 性犯罪〔率〕. **≈kul·tur** 女 性文化. **≈kun·de** 女 -/ (学校の教科としての)性教育の時間. **≈le·ben** 中 -s/ 性生活. **≈lock·stoff** 男〘生〙(動物〔の雌〕が分泌発散する)性誘引物質. **≈mo·ral** 女 性道徳, 性のモラル. **≈mord** 男 性的な動機による殺人. **≈mör·der** 男 Sexualmord の犯人. **≈neu·ro·se** 女〘医〙性〈セックス〉ノイローゼ. **≈ob·jekt** 中 性〈セックス〉の対象. **≈or·gan** 中 性器, 生殖器. **≈päd·ago·gik** 女 性教育〔学〕. **≈part·ner** 男 性交〈性行為〉の相手. **≈pa·tho·lo·gie** 女 性病理学. **≈pro·por·tion** 女 =Geschlechtsverhältnis **≈protz** 男《話》性豪を自称する〈プレーボーイぶりを自慢する〉男. **≈pro·viant** 男《話》旅〈ドライブ〉の道連れの女性; オートバイの後部座席に同乗している女. **≈psy·cho·lo·gie** 女 性心理学. **≈rhyth·mus** 男 性周期(発情周期と月経周期の総称). **≈stö·rung** 女〘医〙性障害. **≈straf·tat** 女 性的犯行. **≈tä·ter** 男 性犯罪の犯人. **≈trieb** 男 性衝動, 性本能, 性欲. **≈ver·bre·chen** 中 性犯罪. **≈ver·bre·cher** 男 性犯罪者. **≈ver·hal·ten** 中 性行動. **≈ver·kehr** 男 性交. **≈wis·sen·schaft** 女 -/ 性についての学問, 性科学. **≈zy·klus** 男 =Sexualrhythmus

se·xu·ell[zɛksuɛ́l] 形 性の, 性的な, 性に関する: die ~*e* Aufklärung 性教育 | ~*e* Belästigung セクシュアル=ハラスメント, セクハラ | ~*e* Verirrungen 性的倒錯 ‖ die Kinder ~ aufklären 子供たちに性教育を施す | *sich*[4] ~ betätigen 性的行動に出る, 性交する | *jn.* ~ mißbrauchen …を凌辱(りょうじょく)〈強姦(ごうかん)〉する, …に乱暴する | mit *jm.* ~ verkehren …と性的関係を結ぶ. [*spätlat.* sexuālis–*fr.* sexuel]

Se·xuo·lo·ge[zɛksuoló:gə] 男 -n/-n (→..loge)《方》=Sexologe

Se·xuo·lo·gie[..logí:] 女 -/《方》=Sexologie

Se·xus[zɛ́ksʊs] 男 -/- (Geschlecht) 性. [*lat.*]

Sex·wel·le[zɛ́ks..] 女《話》(現れては消える)セックス流行の波.

se·xy[zɛ́ksi·, sɛ́..] 形《原級では無変化》《話》性的魅力にあふれる, セクシーな: ~ Wäsche セクシーな下着〔類〕‖ ~*er* 〈am ~*sten*〉 sein より〈もっとも〉セクシーである. [*engl.*; ◇Sex, ..ig]

die **Sey·chel·len**[zeʃɛ́lən] 地名 複 セイシェル諸島(マダガスカル島の北東, インド洋にあり, イギリス領であったが,1976年セイシェル共和国として独立した. 首都はビクトリア Victoria).

Sey·chel·len·pal·me[zeʃɛ́lən..] 女〘植〙(セイシェル諸島特産の)オオミヤシ.

se·zer·nie·ren[zetsɛrní:rən] 他 (h) 分離させる; 区分けする; 除去する;〘医〙分泌する. [*lat.*; ◇Sekretion]

Se·zes·sion[zetsɛsió:n] 女 -/-en **1** (宗教・芸術・政治団体などにおける)分離, 分派, 独立. **2 a)** 脱党組, 独立派. **b)**《単数で》オーストリアの Jugendstil.
[*lat.*; < *lat.* sē-cēdere „weg-gehen"]

Se·zes·sions·krieg 男 -〔e〕s/〘史〙(アメリカの)南北戦争(1861–65).

se·zie·ren[zetsí:rən] 他 (h) **1**〘医〙解剖する, 剖検する. **2**《比》(性格などを)細かく分析する, 解剖する. [*lat.* secāre „schneiden"; ◇Sichel, Segment, Sektion]

Se·zi̱er≠mes·ser[zetsí:r..] 中〘医〙解剖刀, 外科用メス. **≠saal** 男 (大学病院などの)解剖室. **≠tisch** 男〘医〙解剖台.

Se·zie̱·rung[zetsí:rʊŋ] 女 -/-en =Sektion 2

sf 略 =**sforzando, sforzato**

SF 記号 (国名略号: →A² II 3)フィンランド (Finnland).

SFB[ɛs|ɛfbé:] 略 男 -/ =**Sender Freies Berlin** 自由ベルリン放送(ベルリンに本拠を置くドイツの放送会社).

S-för·mig[ɛ́sfœrmɪç]² 形 S 字状(形)の: ~*er* Grimmdarmteil〘解〙S 状結腸.

sfor·za̱n·do[sfɔrtsándo·] (**sfor·za̱·to**[..tsá:to·]) 副 (略 sf) (stark betont)〘楽〙スフォルツァンド,(その音を)特に強く, 強いアクセントをつけて. [*it.*; ◇ex..¹, forcieren]

sfr(スイス: **sFr.**) 略 =〔Schweizer〕 **Franken** スイス=フラン (→Franken²; 複数: sfrs).

sfu·ma̱·to[sfumá:to·] 副〘美〙スフマート, ぼかして. [*it.*; <ex..¹+*lat.* fūmāre „rauchen"]

Sg.¹ (**sg.**) 略 =**Singular**

ᵛ**S. g.** (**Sg.**²) 略《オーストリア》《手紙のあて先の人名にそえて》=**sehr geehrt..**

Sgraf·fi̱·to[sgrafí:to·] 中 -s/-s, ..ti[..ti·]〘美〙スグラフィット(陶器装飾や絵画法の一種). [*it.*; ◇ex..¹, Graffito]

sh (**Sh.**) 略 =**Shilling**

Shag[ʃɛk, ʃæg] 男 -s/-s シャグ(細かく刻んだ下級パイプタバコ). [*engl.* „Zottel"]

Shag·pfei·fe[ʃɛ́k..] 女 Shag 用のパイプ.

Shake[ʃe:k, ʃeɪk] **I** 男 -s/-s **1** ミルクセーキ. **2**〘ダンス〙シェーク. **II** 中 -s/-s〘楽〙(ジャズの)シェーク. [*engl.*]

Sha·ker[ʃé:kər, ʃéɪkə] 男 -s/- (Mixbecher)(カクテル用の)シェーカー. [*engl.*; <*engl.* shake „schütteln"]

Shake·speare[ʃé:kspi:r, ʃéɪkspɪə] 人名 William ~ ウィリアム シェークスピア(1564-1616; イギリスの劇作家・詩人.『ハムレット』をはじめとする四大悲劇のほか作品多数).

shake·spea·risch[ʃé:kspi:rɪʃ] 形 シェークスピアふう〈流〉の;《大文字で》シェークスピアの.

Sham·poo[ʃɛmpú:, ʃam..; オーストリア: ʃampó:] (**Sham·poon**[ʃɛmpú:n, ʃampó:n, ◡—; オーストリア: ʃampó:n]) 中 -s/-s =**Schampun**

sham·poo·nie̱·ren[ʃɛmpuní:rən, ʃampo..] =**schampunieren**

Shan·dong[ʃāndʊ̄ŋ] =Schantung

Shang[ʃāŋ] =Schang

Shang·hai[ʃàŋxǎɪ] =Schanghai

shang·ha̱i·en[ʃaŋháɪən, ◡—◡] =schanghaien

Shan·hai·guan[ʃǎnxǎɪgūān], **Shan·hai·kwan**[ʃánhaɪkvan] =Schanhaikuan

Shan·ty[ʃɛ́nti·, ʃánti·] 中 -s/-s, ..ties[..ti:s, ..tɪz] 船員の労働歌. [*engl.* chantey; <*fr.* chanter „singen"; ◇Kantabile]

Shan·xi¹[ʃǎnçī] =Schansi

Shan·xi²[ʃǎnçī] =Schensi

Sha·ping·ma·schi̱·ne[ʃé:pɪŋ.., ʃéɪpɪŋ..] 女〘工〙形削り盤. [<*engl.* shaping „Formen" (◇schaffen¹)]

Shaw[ʃɔ:] 人名 George Bernard ~ ジョージ バーナード ショー(1856-1950; イギリスの劇作家・評論家. 1925年ノーベル文学賞を受賞. 作品『人と超人』『聖女ジョウン』など).

Shawl[ʃa:l, ʃɔ:l] 男 -s/-s =Schal¹

Shed≠bau[ʃɛ́t..] =Schedbau **≠dach** =Sägedach

Shef·field[ʃɛ́fi:ld] 地名 シェフィールド(イギリス, ヨークシャー地方の工業都市で, 刃物の名産地).

Shen·yang[ʃə̌nĭáŋ] =Schenyang

Shen·zhen[ʃándʒən, ʃəndʒə̀n] 地名 深圳(しんせん), シェンチェン(香港に隣接する中国の経済特別区).

sher·ar·di·sie̱·ren[ʃerardizí:rən] 他 (h)〘金属〙シェラダイジングする, 亜鉛焼きする. [<Sherard Cowper-Coles (イギリスの発明家, †1936)]

She·riff[ʃɛ́rɪf] 男 -s/-s (イギリスの)地方行政官の一種; (アメリカの)保安官. [*engl.*〔−*amerik.*〕]

Sher·lock Holmes[ʃɛ́rlɔk hóːlms, ʃɔ́:lɔk hóʊmz] 人名 シャーロック ホームズ(イギリスの作家コナン ドイル Conan Doyle 作の推理小説で活躍する名探偵).

Sher·pa[ʃɛ́rpa·] 男 -s/-s (女 **She̱r·pa·ni**[..pani·]-/-s) シェルパ族の人; (ヒマラヤ山地の)探険隊ポーター, シェルパ. [*tibet.*−*engl.*]

Sher·ry[ʃɛ́ri·] 男 -s/-s シェリー酒(南スペイン産の食前酒). [*engl.*; <Xeres (スペインの原産地名, 今日の Jerez)]

Sher·ry-Cob·bler[ʃɛrikɔ́blər] 男 -s/- シェリーコブラー(薄切りにした果実と氷を入れたシェリー酒). [*engl.*]

die **Shet·land·in·seln**[ʃɛ́tlant|ɪnzəln] 地名 複 シェトランド諸島(イギリスの北方, 北大西洋にあり, イギリス領).

Shet·land≠po·ny[ʃɛ́tlantpɔni·] 中〘動〙シェトランド=ポニー. **≠wol·le** 女 シェトランド諸島産の羊毛.

Shih Huang Ti̱[ʃihǔaŋtí:] (**Shi·huang·di**[ʃɪ̌xǔáŋdì]) 人名 始皇帝(前259-210; 中国, 秦の初代皇帝. 名は政).

Shi·jia·zhuang[ʃɪ̌dʑĭādʒūāŋ] =Schikiachwang

Shil·ling[ʃílɪŋ] 男 -s/-s (単位: -/-) (略 s, sh, Sh.) シリング(1971年までのイギリスの貨幣単位: 1/20Pfund). [*engl.*; ◇Schilling]

Shim·my[ʃími·] 男 -s/-s〘ダンス〙シミー(肩を揺するアメリカのラグタイムダンス). [*engl.*−*amerik.*; ◇Chemise]

Shin·to[ʃínto·] 男 -〔s〕/ , **Shin·to·i̱s·mus**[ʃɪntoísmʊs] 男 -/ =Schintoismus

Shit[ʃɪt] 男 (中) -s/《話》=Haschisch [*engl.*]

shocking[ʃɔ́kɪŋ] 形《述語的》ショッキングな, ひどい, けしからぬ. [*engl.*; ◇schocken¹]

Sho·gun[ʃó:gʊn] 男 -s/-e =Schogun

Sho·gu·na̱t[ʃoguná:t] 中 -〔e〕s/ =Schogunat

Shop[ʃɔp] 男 -s/-s (Laden) 店, 商店, 店舗. [*engl.*; ◇Schuppen]

Shop·ping[ʃɔ́pɪŋ] 中 -s/-s ショッピング. [*engl.*]

Shop·ping-Cen·ter[−sɛntər] 中 -s/- ショッピングセンター. [*engl.*]

Shor·ties Shorty の複数.

Shorts[ʃo:rts, ʃɔrts, ʃɔ:ts] 複〘服飾〙**1** ショーツ, ショートパンツ. **2** (男子用の)短い靴下. [*engl.*; ◇Schurz]

Short sto·ry[ʃɔ́:t stɔ́:ri·] 女 --/-..ries[..ri:s] (Kurzgeschichte) 短編小説, ショートストーリー. [*engl.*]

Shor·ty[ʃɔ́:ti·, ʃó:rti·] 中 男 -s/-s, ..ties[..ti:s] すその短い女性用パジャマ(→ 図). [*engl.*]

Morgenrock

Shorty

Show[ʃo:, ʃoʊ] 女 -/-s ショー(→Schau 1 c). [*engl.*; ◇schauen]

Show·busi·neß[ʃóʊbɪznɪs] 中 -/ 興行界, ショービジネス.

Show·down[ʃoʊdáʊn, ʃo:.., ʃóʊdáʊn] 男 中 -〔s〕/-s **1** (西部劇などでの)最後の決闘. **2**〘トランプ〙(ポーカーなどでの)ショーダウン. [*engl.*]

Show·ge·schäft[ʃó.., ʃóʊ..] 中 =Showbusineß

Show·man[ʃóʊmən] 男 -s/..men[..mən] **1** 芸人, 興行師, ショーマン. **2** 派手な言動をする人間, 宣伝上手. [*engl.*]

Show·ma·ster[ʃóʊma:stər] 男 (特にテレビ番組の)ショーの司会者.

Shred·der[ʃrɛ́dər] 男 -s/- **1** (古自動車をスクラップにするための)圧砕機. **2** (Reißwolf)(紙・布などを細かく切り刻む)細断機, シュレッダー. [*engl.*; <*engl.* shred (→schroten)]

Shrimp[ʃrɪmp] 男 -s/-s《ふつう複数で》〘動〙小エビ. [*engl.*]

Shunt[ʃant] 男 -s/-s **1**〘電〙分路, 分流器. **2**〘医〙短絡. [*engl.*; <*engl.* shunt „beiseite schieben"]

Shy·lock[ʃáɪlɔk] **I** 人名 シャイロック (Shakespeare 作『ヴェニスの商人』に登場するユダヤ人高利貸し). **II** 男 -〔s〕/-s《比》冷酷な金貸し.

si[zi:, si:]《イタリア語》〘楽〙シ(階名唱法で, 長音階の第 7 音).

Si[ɛs|í:, zilí:tsiʊm] 記号 (Silicium)〘化〙珪素(けいそ).

Si̱al[zí:al] 中 -〔s〕/〘地〙シアル(地層の最上層). [<Sili-

cium＋Aluminium]

Si̩am[zíːam] 地名 シャム（Thailand の旧称）.

Sia·me̩·se[ziaméːzə] 男 -n/-n（女 **Sia·me̩·sin**[..zɪn] -/-ne̩n）シャム人.

sia·me̩·sisch[ziaméːzɪʃ] 形 シャム〔人〕の: ～*e* Zwillinge シャム双生児（体の一部が互いにくっついている）‖ ～ verkehren《話》二人の男（女）を相手に性交する.

Si̩am·kat·ze[zíːam..] 女 シャム猫.

Si̩·an[zíːan] ＝Hsian

Si·bi·la̩nt[zibilánt] 男 -en/-en（Zischlaut）〘言〙歯擦音（例［s］［ʃ］）.［*lat.* sībilāre „zischen"］

Si·bi̩·ri·en[zibíːriən] 地名 シベリア（ユーラシア大陸北東部の地域でロシア連邦領）.［＜*russ.* Sibir（シビール＝カン国）; ◇*engl.* Siberia］

Si·bi̩·ri·er[zibíːriər] 男 -s/- シベリアの人.

si·bi̩·risch[zibíːrɪʃ] 形 シベリアの: eine ～*e* Kälte《話》シベリア的な寒さ, 酷寒.

Si·byl·le I［zibíl(ə)］女名 ジビレ, ジビル. II［zibýlə］女 -/-n（古代ギリシアの）みこ, 女予言者.
［*gr.* Síbylla－*lat.*］

si·byl·li̩·nisch[zibʏlíːnɪʃ] 形 みこ〈女予言者〉の; 予言的〈神秘的〉な: die *Sibyllinischen* Bücher 巫師(ふし)の書（ローマ時代の神託集）.

si̩c[ziːk, zɪk]《ラテン語》(so) **1**〔原文の〕まま（習慣と異なるつづりや語法にそえる注の文句）. **2** →*sic* transit gloria mundi

sich[zɪç]《再帰代名詞; 単数複数を問わず 3 人称（および 2 人称敬称 Sie）の 3・4 格; ふつう主語を受けることが多い; なお 2 格の形はない. 1 人称 ich, wir と 2 人称の du, ihr は特別の再帰代名詞をもたず, 人称代名詞を転用する》

1《再帰的》自分自身を〈に〉: **a**）《4 格で》①《もっぱら再帰動詞として用いられる動詞の目的語として》～ beeilen 急ぐ｜～ *et.*² bedienen《雅》…を用いる｜～ *et.*² bemächtigen …をむりやり自分のものにする｜～ kindisch benehmen〈verhalten〉子供っぽい振舞いをする｜～ um *et.*⁴ bewerben …に応募する｜～ zu *et.*³ entschließen …〔をする〕という決心をする｜Hans verlobt ～ mit ihr. ハンスは彼女と婚約する‖〘意志と関係のない状態を示す表現で〙～ erkälten 風邪をひく｜～ schämen 恥ずかしがる｜Er sehnt ～ nach seiner Familie. 彼は家族を恋しがっている｜Sie hat ～ in ihn verliebt. 彼女は彼に首ったけである‖～ ereignen 起こる, 生じる｜～ erstrecken 広がる｜～ verspäten 遅刻する; 遅れる.

②《他動詞とともに用いられて, 受動ないし自発のニュアンスを持ち, 自動詞化の役割をはたす》～ bewegen 動く｜～ entfernen 遠ざかる｜～ legen 横になる｜～ nähern 近づく｜～ setzen 座る｜Die Tür öffnet〈schließt〉～. 戸が開く〈閉まる〉｜Er informiert ～ darüber. 彼はそのことを問い合わせる｜Er hat ～ gemeldet. 彼は名乗り出た‖〘意志と関係のない現象を示して〙～ ärgern 憤慨する｜～ freuen 喜ぶ｜～ an *et.*⁴ erinnern …を思い出す; …のことをおぼえている｜Er kümmert ～ sehr um die Kinder. 彼は子供のことがひどく気にかかっている｜Er wundert ～ sehr〔darüber〕. 彼は〔そのことを〕とてもいぶかしがっている‖〘様態を示す語句と: →⑧〙Diese Ware verkauft ～ gut. この商品はよく売れる｜Wie schreibt ～ das Wort? その単語はどうつづりますか‖〘**sich ... lassen** の形で〙Das läßt ～ nicht bestreiten. それは否定しがたい｜Dagegen läßt ～ nichts einwenden. それには異論の余地がない｜Das läßt ～ hören. それは耳よりな話だ｜Der Wein läßt ～ trinken.《話》このワインはいける｜Das Fenster läßt ～ schwer öffnen. この窓はなかなか開けられない.

③《たまたま通常の他動詞の目的語として用いられて; 主語が複数の場合, 相互的用法から区別するために selbst をそえることもある》～ für *et.*⁴ opfern …のために身を犠牲にする｜～ umbringen 自殺する｜～ am Bein verletzen 足にけがをする｜Sie wäscht〈kämmt〉～〔selbst〕und die Kinder. 彼女は自分と子供たちの体を洗う〈髪をくしでとかす〉｜Er ließ ～ und seinen Sohn untersuchen. 彼は自分と息子の診察をしてもらった｜Sie wollte ～ und ihre Schwester an ihm rächen. 彼女は彼に対して自分と妹の復讐をしようとした.

④《結果を示す語句を伴う動詞と》～ müde arbeiten 働き疲れる｜～ satt essen 満腹する｜～ heiser schreien 声がかすれるほど叫ぶ｜～ zu Tode lachen 抱腹絶倒する（→b ④）.

⑤《方向を示す語句を伴う動詞と》～ durch den Schlamm arbeiten ぬかるみの中を苦労して進む｜～ durch die Gegend betteln その地方を乞食(こじき)して回る｜～ an der Mauer entlang tasten 塀ぞいに手さぐりでそろそろ歩く.

⑥《4 格支配の前置詞と》**an ～** denken 自分自身のことを考える｜*et.*⁴ an ～ bringen《話》…を横領する｜*jn.* an ～ drücken …を強く抱きしめる｜alle Blicke **auf ～** ziehen すべての人々の注目を浴びる｜**außer ～**⁴〈～³〉geraten 我を忘れる（→b ⑤）｜**für ～** 一人で;〘哲〙フュール＝ジッヒ, 向自的〔に〕｜**an und für ～** そもそも, それ自体としては;〘哲〙アン＝ウント＝フュール＝ジッヒ, 即自かつ向自（→b ⑤）｜gern für ～ sein ひとり〔ぽっち〕でいるのが好きである｜*et.*⁴ für ～ behalten …を自分だけの胸にしまっておく｜etwas für ～ haben（提案などが）一考に値する, ある種の利点を持っている｜eine Sache für ～ sein 特別な事柄である｜*et.*⁴ **hinter ～** bringen …をなしとげる｜**in ～** gehen 反省する, 自分の良心を点検する｜*jn.* gern **um ～** haben …を自分のまわりに引きつけておきたがる.

⑦《慣用句として》Das versteht ～〔von selbst〕. それは自明のことである｜Es findet〈zeigt〉～, daß ... …だということが判明する｜Es fragt ～, ob ... …かどうかは未決定である〈必ずしも疑問の余地がないわけではない〉｜〔Es〕hat ～ was!《話》そりゃだめだよ, そううまくはいかんよ.

⑧《非人称的に用いられた自動詞と; 様態を示す語句を伴うことが多い》**Es** arbeitet ～ nicht gut bei Lampenlicht. ランプのあかりでは作業がしづらい｜Bei Nebel fährt es ～ schlecht. 霧がかかっていると運転しにくい｜Es handelt ～ um *et.*⁴（今ここで）問題になっているのは…である｜Hier lebt es ～ gut. ここは住みいい｜Es schreibt ～ schlecht auf diesem Papier. この紙は書きにくい｜Es sitzt ～ bequem in diesem Stuhl. このいすは座り心地がいい.

★ 動詞により sich を省略できる場合がある:〔～〕ausruhen ゆっくり休息する｜〔～〕ausschlafen 十分〈疲れがとれるまで〉眠る｜〔～〕irren 思い違いをする.

b）《3 格で》①《もっぱら再帰動詞として用いられる動詞と》～ *et.*⁴ aneignen …（習慣・知識など）を身につける｜～ *et.*⁴ anmaßen …を不当に行使する｜～ *et.*⁴ verbitten …を謝絶する‖Er bildet ～ ein, alles zu wissen. 彼は自分では何でも知っているつもりでいる.

②《4 格目的語などと; 主語が複数の場合, 相互的用法と区別するために selbst をそえることもある》～ *et.*⁴ erlauben …をあえてする; …という贅沢(ぜいたく)をする｜～ *et.*⁴ getrauen あえて…する｜～ *et.*⁴ vornehmen …を計画する｜～ *et.*⁴ vorstellen …を思い浮かべる〈想像する〉｜～〔selbst〕*et.*⁴ zuschreiben …を自分の功績〈責任〉に帰する‖〘利害ないし所有の 3 格として; 省略されることもある〙〔～〕*et.*⁴ anhören …に耳を傾ける｜〔～〕*et.*⁴ ansehen …をとっくりと眺める｜〔～〕*et.*⁴ bestellen …を注文する｜～ die Füße erfrieren 足を凍傷でやられる｜〔～〕Ruhm erwerben 名声を手に入れる｜〔～〕*et.*⁴ kaufen …を購入する｜～ die Haare〈das Haar〉abschneiden lassen 散髪してもらう｜〔～〕ein Zimmer mieten 部屋を借りる｜〔～〕das Bein verletzen 足をけがする（→a ③）｜〔～〕*et.*⁴ wählen …を選びとる｜〔～〕die Hände waschen 手を洗う.

‖〘2 格目的語と〙～ *et.*² bewußt sein …をはっきりと認識〈自覚〉している｜〔～〕des Erfolgs gewiß〈sicher〉sein 成功を確信している.

③《3 格支配の自動詞と》～ gleichbleiben 変わらない｜～ widersprechen 矛盾する｜Jeder muß ～ selbst helfen. 人間だれしも自分のことは自分で始末しなければならない.

④《所有の 3 格として; 結果を示す語句を伴う自動詞と》～ die Füße wund laufen《話》（探し物などをして）さんざん歩き回る｜～ die Finger wund schreiben《話》（指を痛めるほど）書きまくる.

⑤《3 格支配の前置詞と》**an ～** そもそも, それ自体としては;〘哲〙アン＝ジッヒ, 即自（→a ⑥）｜das Ding an ～〘哲〙物

〔それ〕自体 | eine an〔und für〕～ gute Idee それ自体としては悪くない思いつき | nichts **auf ～** haben 重要でない | **aus ～** herausgehen 打ち解ける | **außer ～** sein 我を忘れている(→a ⑥) | **bei ～** sein 正気である; ᵛ自宅にいる | *et.*⁴ bei ～ haben …を手もとに持っている | *et.*⁴ **hinter ～** haben …をなしとげてしまっている | es **in ～** haben 重い; むつかしい; (人物などが)ちょっとしたものである; (酒などが)効く | *et.*⁴ **mit ～** führen …を携行している | *et.*⁴ **nach ～** ziehen …を結果としてもたらす | den Verdacht **von ～** weisen 嫌疑をはねつける | **von ～ aus** 自発的に | nur von ～ sprechen 自分のことばかり話す | etwas 〈nichts〉 von ～ hören lassen 自分についての消息を知らせる〈全然知らせない〉| *et.*⁴ **vor ～** haben まだ…をしなければならない |〔wieder〕**zu ～** kommen (→kommen I 1 a) | *jn.* zu ～ bitten …に自分のところへ来てもらう.

★ i) 再帰代名詞が, 主語ではなく4格の目的語を受ける場合があるが, その場合には主語を受けるか目的語を受けるか不明になることもある: *jn.* außer ～³ 〈～⁴〉 bringen …に我を忘れさせる | *jn.* ～³ selbst überlassen …の自由にさせる | *jn.* ～⁴ nähern hören …が近づいてくる足音が聞こえる ‖ Der Arzt ließ diesen jungen Mann zu ～ kommen. 医者はその若い男を呼び寄せた; 医者はその若い男が正気にもどるまでそのままにしておいた.

ii) やむを得ず再帰代名詞の代わりに通常の人称代名詞が用いられることがあるが, その場合には意味が不明確になることもある: Sie hörte ihn die Treppe zu *ihr* heraufkommen. 彼女の耳に彼が階段を自分〈その女〉の方へのぼってくる足音が聞こえた.

2《相互的》《主語が形態上または意味上複数の場合》(einander) 互いに相手を〈に〉: **a)**《4格で》～ küssen 互いに接吻(せっぷん)をかわす | ～ treffen 落ちあう | Die Gäste grüßten ～ freundlich. 客たちは親しげにあいさつをかわした ‖〖主語が形態上は単数の場合〗Man grüßte ～ nur mit Augen. 人々は互いに目礼をかわしただけだった.

b)《3格で》～ begegnen 互いにめぐり合う | ～ die Hände reichen 握手をかわす | ～ guten Morgen wünschen 「おはよう」のあいさつをかわす ‖ Die Großmächte halten ～ das Gleichgewicht. 列強は互いの力の均衡を保っている | Sie hatten ～ nichts mehr zu sagen. 彼らはお互いにもはや何ひとつ言うべきことがなかった ‖〖主語が形態上は単数の場合〗Man muß ～ in der Not helfen.(人間たるもの だれしも)危急の際には協力し合わなければならない | Das Liebespaar genügt ～ selbst. 恋人同士というのはお互いだけで十分に満ち足りているものである.

★ i) 再帰的意味とまぎらわしい場合には, gegenseitig をそえるか, または sich を用いず einander を用いる. ただし einander は雅語に近い. また, sich einander と同時に両方を重ねて用いるのは類語の重複で好ましくないとされている: Sie rauften ～³ *gegenseitig* die Haare aus. 彼らは互いに髪の毛をむしり合った | Sie trösteten *einander* (＝*sich*⁴). 彼らは互いに慰め合った.

ii) 前置詞を伴う形は「仲間うちで」の意味の unter sich³に限って存在し, 一般には「前置詞＋einander」の形が用いられる: *et.*⁴ unter ～³ teilen …を自分たちのあいだで山分けする | Sie wollten ganz unter ～³ sein. 彼らは他人をまじえず仲間だけで集まりたかった ‖ Sie dachten *aneinander*. 彼らは互いに思いを馳(は)せ合った.

[*idg.*; ◇Sippe; *lat.* sē „sich"]

Si̩·chel[zíçəl] 女 -/-n **1** (三日月形の)草刈り鎌(かま), シックル(→ 図): Gras mit der ～ schneiden 〈abmähen〉 シックルで草を刈る. **2** (鎌状のもの. 例えば:) **a)** 新月, 三日月. **b)**〖解〗(脳の)鎌. **c)**〖植〗鎌形花序. **d)**《卑》(Penis) 陰茎, 男根. [*lat.* sēcula－*vulgärlat.*－*westgerm.*; ＜*lat.* secāre (→sezieren); ◇*engl.* sickle]

Blatt
Schneide
Griff
Sichel

Si̩·chel≈bein 中〖解〗鎌(かま)状脚, 湾足. **≈dü̱·ne** 女〖地〗三日月形砂丘.

Si̩·chel·flü̱g·ler 男 -s/-〖虫〗カギハガ(鉤翅蛾)科のガ.

si̩·chel·för·mig 形 鎌(かま)状の, 三日月形の.

Si̩·chel≈ha̱·sen·o̱hr 中〖植〗ミシマサイコ(三島柴胡). **≈mo̱nd** 男《雅》**1** 新月, 三日月. **2** (三日月形のもの. 例えば:) 三日月眉(まゆ).

si̩·cheln[zíçəln]《06》他 (h) **1** (鎌(かま)で)刈る. **2** 再帰 *sich*⁴ ～ (月が)三日月〈新月〉になる.

Si̩·chel≈tan·ne[zíçəl..] 女〔Japanische〕～〖植〗スギ(杉). **≈wa̱·gen** 男 (古代の)戦車鎌(かま)を備えた戦車. **≈wan·ze** 女〖虫〗マキバサシガメ(牧場刺亀虫)科の昆虫. **≈zel·le** 女〖生〗〔赤〕血球.

Si̩·chel·zel·len·an·ämie 女〖医〗血球貧血.

si̩·cher[zíçər] 形 **1** 安全な, 安心できる, 危険〈心配〉のない: ein ～*er* Unterschlupf 安全な隠れが | ein ～*er* Weg 安全な道 | Hier bist du ～. ここにいれば君は安全だ | ***Sicher* ist ～.** 用心するに越したことはない, 念には念を入れよ ‖ vor *jm.* 〈*et.*³〉 ～ sein …に対して安全である | vor Diebstahl 〈Entdeckung〉 ～ sein 盗難の〈発見される〉おそれがない | Dort ist man vor Angriffen ～. あそこにいれば攻撃される心配はない | auf ～ spielen 危険を冒さない, 石橋をたたいて渡る ‖〖名詞的に〗im ～〔*e*〕*n* sein 安全な場所にいる, 安全である | auf Nummer *Sicher* gehen (→Nummer 1 a) | auf ～ Nummer *Sicher* sein 〈sitzen〉 (→Nummer 1 a).

2 信頼できる, あてになる; 安定した, 危なげのない, しっかりした: ein ～*er* Autofahrer 腕の確かな運転者 | ein ～*er* Beweis 確かな証拠 | ein ～*es* Einkommen 安定した収入 | ein ～*er* Freund 信頼のおける友人 | eine ～*e* Nachricht 確実な情報 | die Nachricht aus ～*er* Quelle 確かな筋からの情報 | ein ～*es* Urteil besitzen 判断が確かである ‖ Er ist auf diesem Gebiet sehr ～. 彼はこの領域では十分に確かな知識〈能力〉をもっている | Er ist nicht ～.《話》彼はあてにならない(金銭の支払いなどで) ‖〖副詞的に〗langsam, aber ～ (→langsam I 1) | Er fährt sehr ～. 彼の運転の腕はきわめて確かだ | Sie hatte das Musikstück ～ einstudiert. 彼女はこの曲を確実にマスターしていた | Das weiß ich ～. そのことは私にははっきり分かっている.

★ 動詞と用いる場合はふつう分離の前つづりとみなされる.

3 a) (事実であることが)確かな, 確実な, (そうなることが)間違いない, 本当らしい, きっとそうであるに違いない, 避けがたい: das ～*e* Ende (いつかは)必ずやってくる終わり | Er hatte den ～*en* Tod vor Augen. 彼には自分が確実に死ぬことがはっきり分かっていた | der ～*e* Untergang 避けがたい滅亡 ‖ Seine Niederlage ist ～. 彼が敗北することは確実だ | Es ist ～, daß er der Täter ist. 彼が犯人であることは確実だ(＝Er ist ～ der Täter.) | Das ist so ～ wie das Amen in der Kirche.《話》それは絶対に確実だ ‖〖*jm.* と〗Das Geld ist uns ～. この金は確実に私たちのものになる | Die Strafe war ihm ～. 彼が処罰されることは確実だった | Er ist mir ～.《話》あいつはもう逃さないぞ.

b)《副詞的; 陳述内容の現実度に対する話し手の判断・評価を示して》確かに, きっと, 必ず: Er kommt ～. 彼はきっと来る(＝Es ist ～, daß er kommt.) | *Sicher* hast du dich geirrt. きっと君の思い違いだったんだよ(＝Du mußt dich geirrt haben.) ‖〖ja に似た機能で独立的に用いられて〗Kommst du auch?—*Sicher*. 君も来るかい ― もちろんさ | Hat er das wirklich gesagt?—Aber ～! 彼が本当にそう言ったのかい ― もちろんだとも | Aber ～, sagte Blücher. (→Blücher) | Ist das wirklich so?—Ganz ～! 本当にそうかい ― 絶対間違いないよ ‖〖後続の aber, jedoch と対応して〗Du hast ～ in gutem Glauben gehandelt, jedoch ...〔そりゃ〕確かに君は間違いないと見込んでやったのではあろうが しかし….

4《述語的》確信している, 自信のある:〔*sich*³〕*et.*² 〈*js.*〉 ～ sein …について確信〈自信〉をもっている |〔*sich*³〕*seiner* Sache ～ sein (→Sache 1 a ①) | Er war des Erfolgs 〈ihrer Zustimmung〉 ～. 彼は成功〈彼女が賛成してくれること〉を確信していた | Ich bin meiner selbst nicht mehr ～. 私はもはや自分に自信がもてない | Du kannst meiner Unterstützung ～ sein. 私は必ず君を支援するよ ‖ Ich bin 〔mir〕 ～, daß es so ist. 私はそうであると確信している.

5 (心の持ち方・態度・行動などが)危なげのない, 自信ありげな, 落ち着いた: ein ～*es* Benehmen 落ち着いた物腰 | Vor

dem kritischen Publikum trat er sehr ~ auf. 批判的な聴衆を前にして彼はきわめて冷静沈着に振舞った.
▽**6** 《付加語的》(gewiß)(それと明示せずに)特定の, ある: ein ~*er* Herr さる殿方.
 [*lat.* sē-cūrus „sorg-los"–*westgerm.*; ◇ *engl.* secure]

..sicher[..zɪçər]《名詞・動詞などにつけて「…の確実な, …に対して安全な」などを意味する形容詞をつくる》: sieges*sicher* 必勝の | treff*sicher* 命中確実の ‖ feuer*sicher* 耐火〈不燃〉性の | kugel*sicher* 防弾の | gleit*sicher* 滑るおそれのない.

si̥·cher|ge̲·hen*[zíçərgeːən]《53》自 (s) 安全策〈確実な方法〉をとる, 念を入れる(ただし: →gehen I 1 a): um *sicherzugehen* 念のために.

Si̥·cher·heit[zíçərhaɪt] 女 -/-en **1**《単数で》安全, 無事, 無難; (国家の)安全保障: kollektive ~ (国際間の)集団安全保障 | die öffentliche ~ 公安, 治安 | Verkehrs*sicherheit* 交通安全 ‖ in ~ sein / *sich*[4] in ~ befinden 安全〈無事〉である | *jn.* 〈*et.*[4]〉 in ~ bringen …を安全な場所に移す | *sich*[4] in ~ bringen 安全な場所に逃げる〈避難する〉| Die Polizei sorgte für die ~ der Bevölkerung. 警察は住民の安全をはかった | ***jn***[4] **in ~ wiegen** …に自分は安全であると思い込ませる | ***sich***[4] **in ~ wiegen** 自分は安全であると思い込んでいる. **2**《単数で》(Gewißheit) 確かさ, 確実さ, 確実性; 確信; 信頼度〈性〉, 無謬(むびゅう)性: die ~ seines Urteils 彼の判断の確かさ | Treff*sicherheit* 確実な命中度 ‖ der ~ halber 念のために ‖ **mit ~** 確実に; 確信をもって(→3) | Das kann man mit ~ behaupten. このことははっきりと主張できる | Darauf kann man mit tödlicher ~ rechnen. そのことは絶対確実にあてにできる | mit schlafwandlerischer ~ (→schlafwandlerisch) ‖ Er hat eine große ~ in allen Fragen des Geschmacks. こと趣味に関しては彼は何でもござれだ. **3**《単数で》自信〔ある態度〕, 危なげのなさ, 不安のなさ: mit großer ~ 自信たっぷりの様子で(→2) | Er hat wenig ~ in seinem Benehmen. 彼は態度がはなはだぎごちない. **4**〘商〙保証; 担保, 抵当: eine ~ für einen Kredit fordern 信用貸しに対する保証を要求する | von *jm.* ~*en* fordern …から担保を要求する | *jm.* ~*en* geben 〈leisten〉 …に担保を提供する.

Si̥·cher·heits≠ab·stand[zíçərhaɪts..] 男 (先行車の急停止に対応できる)安全車間距離. **≠au·to** 中 (安全本位で特別設計された)安全自動車. **≠be·am·te** 男 公安官; (高官の身辺を警護する)護衛官. **≠be·auf·tra̲g·te** 男 女《形容詞変化》〔企業内〕安全対策係員. **≠be·hö̲r·de** 女 治安当局, 公安部. **≠be·stim·mung** 女 安全規則〈法規〉. **≠bin·dung** 女〘スキ〙安全締め具, セーフティビンディング. **≠dienst** 男 (略 SD)〘史〙(ナチの)秘密情報機関, 諜報(ちょうほう)部. **≠di·rek·tio̲n** 女《オーストリア》(連邦各州の)公安監督局. **≠fa̲hr·schal·tung** 女〘鉄道〙デッドマン装置 (手または足を離すと自動的に運転が停止される非常制動装置: → Totmannbremse). **≠ga·ran·tie** 女 安全保障. **≠glas** 中 -es/..gläser (割れた際に危険の少ない)安全ガラス. **≠gra̲d** 男 安全率, 安全度. **≠grün·de** 複 安全上の理由: aus ~*n* 安全のためという理由で(→..gründen). **≠gurt** 男 (自動車・飛行機などの座席の)安全ベルト, シートベルト.

si̥·cher·heits·hal·ber 副 安全を確保するために; 用心のために.

Si̥·cher·heits≠in·spek·tor 男 (旧東ドイツの)〔企業内〕労災防止監督官. **≠ket·te** 女 (⑪ ≠kett·chen 中) (戸じまり用の)ドアチェーン; (首飾り・腕輪などの)安全鎖: die ~ vorlegen ドアチェーンを掛ける. **≠ko·ef·fi·zient** [..tsiɛnt] 男 安全係数. **≠lam·pe** 女〘坑〙安全灯. **≠lei·stung** 女〘商〙保証; 担保の提供. **≠li̲·nie**[..niə] 女〘交通〙安全線(白または黄色の実線で描かれた車線境界線で, 道路交通法上いかなる場合も越えてはならない線: →Leitlinie 2). **≠maß·na̲h·me** 女 安全対策,(安全を守るための)予防措置. **≠na̲·del** 女 安全ピン(→ ⑳ Nadel). **≠netz** 中 (サーカスなどで高所演技用の)安全用ネット. **≠pakt** 男 安全保障条約. **≠per·so·na̲l** 中《集合的に》保安要員. **≠po·li·ti̲k** 女 (国家の)安全保障政策, 国防〈防衛〉政策. **≠po·li·zei** 女 公安〈治安〉警察. **≠rat** 男 -〔e〕s/ (国際連合の)安全保障理事会. **≠ri̲·si·ko** 中《話》(安全を脅かす)危険人物; (政治的な)リスク, 危険. **≠schei·be** 女《話》処女膜. **≠schloß** 中 安全錠. **≠schlüs·sel** 男 安全錠の鍵. **≠schwel·le** 女 安全性の限界〔値〕. **≠stan·dard** 男 安全基準. **≠streich·holz** 中 安全マッチ. **≠struk·tu̲r** 女〘政〙安全保障機構: kollektive ~ 集団安全保障機構. **≠sy·ste̲m** 中 安全〔対策〕システム. **≠tech·nik** 女 安全〔管理〕技術. **≠test** 男 (機械・設備などの)安全テスト. **≠ü̲ber·prü̲·fung** 女 安全点検. **≠ven·ti̲l** 中 (ボイラーなどの)安全弁. **≠ver·schluß** 男 (ブローチ・腕輪などの)安全留め金. **≠vo̲r·ke̲h·rung** 女 -/-en《ふつう複数で》安全対策. **≠vo̲r·rich·tung** 女 安全装置. **≠vo̲r·schrift** 女 安全規則. **≠zo̲·ne** 女 安全地帯. **≠zünd·holz** =Sicherheitsstreichholz

si̥·cher·lich[zíçərlɪç] 副《陳述内容の現実度に対する話し手の判断・評価を示して》確かに, きっと: Er wird ~ kommen. 彼はきっと来るだろう | Er hat ~ recht. きっと彼の言うとおりだ | Kommst du auch mit?—*Sicherlich!* 君も一緒に来るかい — もちろんさ.

si̥·chern[zíçərn]《05》 **I** 他 (h) **1 a)**《*jn.* / *et.*[4]》安全にする; (…の)安全を守る, 保護する; 保障する: die Grenzen ~ 境界〈国境〉を防備する | die Rechte der Menschen ~ 人権を保障する | das Fahrrad durch ein Schloß ~ 自転車に施錠する(盗難防止のために) | *jn.* 〈*et.*[4]〉 gegen *et.*[4] 〈vor *et.*[3]〉 ~ …を…に対して守る ‖ 再帰 *sich*[4] 〔gegen *et.*[4] / vor *et.*[3]〕 ~ 〔…に対して〕身を守る | *sich*[4] durch ein Seil 〈mit einem Seil〉 gegen Absturz ~ (登山の際)ザイルによって転落の危険から身を守る ‖ in *gesicherten* Verhältnissen leben (経済的に)安定した生活を送っている | Seine Zukunft ist *gesichert*. 彼の将来は保証されている. **b)**《*et.*[4]》(動かないように)固定する: ein Gewehr ~ 銃に安全装置をかける | eine Latte durch einen Nagel ~ 板を釘(くぎ)で固定する.
2《*jm.* *et.*[4]》(…のために…を)確保〈調達〉する: *jm.* eine Theaterkarte ~ …のために芝居の切符を確保する〈手に入れる〉| Sein Fleiß *sicherte* ihm Anerkennung. 彼は勤勉さによって人々に認められた ‖ *sich*[3] *et.*[4] ~ …を確保〈入手〉する | *sich*[3] einen guten Platz ~ よい席を確保する.
3〘電算〙(入力したデータなどを)セーブする.
II 自 (h)〘狩〙(野獣が)あたりの様子をうかがう.

si̥·cher|stel·len[zíçərʃtɛlən] 他 (h) **1** 安全な場所〈状態〉に移す; (警察その他の官庁が)押収する;《話》くすねる, 盗む: das Diebesgut ~ 盗品を押収する. **2** 確保する, 保障する: *jn.* ~ …の安全〈生活・将来〉を保障する | die Ernährung der Bewohner ~ 住民の食糧を確保する. **3** 確かめる, 確定する.

Si̥·cher·stel·lung[..lʊŋ] 女 -/ (sicherstellen すること. 例えば:) 確保; 保障; 押収.

Si̥·che·rung[zíçərʊŋ] 女 -/-en **1**《単数で》(sichern すること. 例えば:) 保護, 保全; 保障; 防備; 確保, 調達. **2 a)** (銃などの)安全装置. **b)**〘電〙ヒューズ(→ ⑳ Elektrizität): eine ~ für 25 Ampere 25アンペア用ヒューズ | eine neue ~ eindrehen 〈einsetzen〉 新しいヒューズを入れる | Die ~ ist durchgebrannt. ヒューズが切れた | ***jm.*** 〈**bei *jm.***〉 **brennt** 〈**glüht**〉 **die ~ durch**《話》…がかっかと〈堪忍袋の緒が切れそうに〉なっている.

Si̥·che·rungs≠ab·tre̲·tung 女〘法〙担保のための債権譲渡. **≠grund·schuld** 女〘法〙担保のための土地債務. **≠hy·po·the̲k** 女〘法〙保全抵当. **≠ka·sten** 男〘電〙ヒューズ箱. **≠schal·ter** 男〘電〙ヒューズスイッチ. **≠seil** 中 命綱. **≠stöp·sel** 男〘電〙ヒューズプラグ. **≠ta̲·fel** 女〘電〙ヒューズ盤. **≠ü̲ber·eig·nung** 女〘法〙譲渡担保. **≠ver·fa̲h·ren** 中 保安手続き. **≠ver·wa̲h·rung** 女〘法〙保安拘禁.

si̥·cher·wir·kend[zíçərvɪrkənt][1] **si̥·che·rer wir·kend/am si̥·cher·sten wir·kend** 形《付加語的》確実に効果〈効能〉のある.

Sicht[zɪçt] 女 -/ **1** (英: *sight*) (目で見る・目に見えること. 例えば:) 眺め, 眺望; 視界, 視野; 視点, 見地, 見解: eine gute 〈schlechte〉 ~ haben 見晴らしがきく〈きかない〉 | eine ~ von 50 Metern 50メートルの視界 ‖ Die ~ öffnet sich. 視界が開ける ‖ **auf** kurze ~ 短期的な視野で | **auf lange** 〈**weite**〉 ~ 長期的な視野で; 長い目で見れば | ein Wechsel auf lange 〈kurze〉 ~ 〘商〙 長期〈短期〉手形 | *et.*[4] auf lange ~ planen …を長期的展望に基づいて計画する | **aus** *js.* ~ …の視点〈見地〉から | **außer** ~ sein 視界の外にある, 目に見えない | außer ~ geraten 視界からはずれる, 見えなくなる | **bei** erster ~ 一見して | **in** ~ sein 視界のなかにある, 目に見える | in ~ kommen 視界のなかに入る, 見えてくる | Land in ~! 陸が見えるぞ. **2** 〘商〙 (手形の)一覧, 呈示: auf ~ (略 a. S.) / bei ~ 一覧の上で | ein auf ~ gestellter Wechsel 一覧払い手形 | nach ~ (略 n. S.) 一覧後 | zehn Tage nach ~ zahlbar 一覧後10日払いの. [*westgerm.*; ◇sehen; *engl.* sight; 2: *mndd.*; *it.* vista (◇Vista) の翻訳借用]

Sicht·agi·ta·tion[zɪ́çt..] 女 (旧東ドイツで) 視覚に訴える〔政治〕宣伝(横断幕・プラカード・壁新聞など).

sicht·bar[zɪ́çtba:r] **I** 形 目に見える, 可視の; 目だった, 顕著な, 明白な: ein ~*er* Beweis 明らかな証拠 | ein ~*es* Spektrum 〘理〙 可視スペクトル | ~*e* Fortschritte machen 目に見えて進歩する | *et.*[4] ~ machen …を目に見えるようにする; …を明らかにする | Die Wirkung ist noch nicht ~. 効果はまだ現れていない | Ich bin heute für niemand ~. 《話》私はきょうはだれが来ても会わない.

II 副 =sichtlich II

Sicht·bar·keit[–kaɪt] 女 -/ sichtbar なこと.

[v]**sicht·bar·lich**[..lɪç] =sichtlich

Sicht≠be·ton[zɪ́çtbetɔŋ] 男 〘建〙 (外壁などの)打ち放しコンクリート. **≠blen·de** 女 (のぞき見されないための)衝立(ついたて), カーテン, 仕切り. **≠ein·la·ge** 女 -/-n 《ふつう複数で》〘商〙 普通預金.

sich·ten[1][zɪ́çtən] 《01》 他 (h) **1** (…に)目を通す, 吟味する, 精査する; えり分ける; 整理する: Akten 〈*js.* Nachlaß〉 ~ 書類〈…の遺稿〉に目を通す. **2** 《北部》ふるいにかける.

[*mndd.*; ◇Sieb]

sich·ten[2][–] 《01》 他 (h) (遠方にあるものを)目にする, 認める: eine Insel ~ 島影を一つ認める.

Sicht≠feld[zɪ́çt..] 中 視野. **≠flug** 男 〘空〙 有視界飛行. **≠ge·schäft** 中 〘商〙 先物(さきもの)取引. **≠gren·ze** 女 可視〈視程〉限界.

sich·tig[zɪ́çtɪç][2] 形 (よく晴れて)見通しのきく; 〘海〙 (天気が)晴朗な: ~*es* Wetter 晴天.

..sichtig[..zɪçtɪç][2] 《形容詞などにつけて「視力が…の, 視度が…の, 視野が…の」などを意味する形容詞をつくる》: kurz*sichtig* 近視の | weit*sichtig* 遠視の | scharf*sichtig* / hell*sichtig* 烱眼(けいがん)の | eng*sichtig* 視野の狭い ‖ durch*sichtig* (<durchsehen) 透けて見える | nach*sichtig* (<nachsehen) 寛容な.

Sich·tig·keit[zɪ́çtɪçkaɪt] 女 -/ sichtig なこと.

Sicht≠kar·te[zɪ́çt..] 女 (Dauerkarte) 定期乗車券. **≠kar·tei** 女 (カードを鱗(うろこ)状に重ねて並べたり彩色した見出し用符標をつけたりして検索を容易にしてある)カードファイル〈ボックス〉. **≠lan·dung** 女 〘空〙 有視界着陸.

sicht·lich[zɪ́çtlɪç] **I** 形 目に見える; (はた目にも)はっきり分かる, 明瞭(めいりょう)〈明白〉な: mit ~*er* Freude 〈Verlegenheit〉 喜び〈当惑〉の色を浮かべて, いかにもうれしそうに〈困ったように〉. **II** 副 目に見えて, 目だって, 著しく; 明らかに: Er ist in diesem halben Jahr ~ dicker geworden. 彼はこの半年の間に目に見えて太った | Sie war ~ erleichtert. 彼女は明らかにほっとした様子だった.

Sicht·tag 男 〘商〙 **1** (手形の)一覧〈呈示〉日. **2** 《複数で》(手形の)一覧期間; (手形満期後の)支払い猶予期間.

Sich·tung[zɪ́çtʊŋ] 女 -/-en **1** sichten[1]すること. **2** sichten[2]すること.

Sicht≠ver·hält·nis·se[zɪ́çt..] 複 〘気象〙 視界状況, 視程. **≠ver·merk** 男 (Visum) (旅券の)査証, ビザ. **≠wech·sel** 男 〘商〙 一覧払い手形(→Nachsichtwechsel, Datowechsel). **≠wei·te** 女 視界〔距離〕, 視程: außer 〈in〉 ~ sein 視界の外〈なか〉にある | Die ~ beträgt nur 20 Meter. 視界は20メートルしかない.

Sicht·wei·te·mes·ser 男 視程計.

Sicht·wer·bung 女 視覚に訴える広告(ポスター・ネオンサインなど: →Sichtagitation).

Si·chuan[sɪ́tʃŭan] =Szetschuan

Sicke[1][zɪ́kə] 女 -/-n 《北部》〘狩〙 (特にウズラ・ツグミなどの)雌鳥. [*ndd.* sike; <Sie[2]+..chen]

Sicke[2][–] 女 -n/-n (細い)みぞ, 条溝.

sicken[zɪ́kən] 他 (h) (ブリキ板などに)みぞ〈条溝〉をつける.

Sicker·gru·be[zɪ́kər..] 女 (しみ込み式の)下水〈排水〉坑.

sickern[zɪ́kərn] 《05》 自 (s) (液体が)漏る, 滲出(しんしゅつ)する; (光が)もれる; 《比》(秘密・情報などが)漏れる: Regenwasser *sickert* durchs Dach 〈in die Erde〉. 雨水が屋根から漏る〈地中にしみ込む〉 | Das Blut ist durch den Verband *gesickert*. 血は包帯を通してにじみ出た | Die Nachricht ist in die Presse *gesickert*. このニュースは報道関係者に漏れてしまっていた. [<seihen]

Sicke·rung[..kərʊŋ] 女 -/ sickern すること.

Sicker·was·ser[zɪ́kər..] 中 -s/ (地下水の成分となる)漏れ水, 滴下水.

Sickin·gen[zɪ́kɪŋən] 人名 Franz von ~ フランツ フォン ジッキンゲン(1481–1523; ドイツの帝国直属騎士で騎士戦争の指導者).

sic tran·sit glo·ria mun·di[zí:k tránzɪt gló:ria· mʊ́ndi·] 《ラテ語》(so vergeht der Ruhm der Welt) このように浮世の名声ははかなく消えて行く.

[◇Transition, mundan]

Sid·dhar·tha[zidárta·] 人名 ジッダルタ(→Buddha).

Side·board[záɪtbo:rt, sáɪdbɔ:d] 中 -s/-s 食器棚, サイドボード(→ 図 Schrank). [*engl.*; ◇Seite, Bord]

si·de·risch[1][zidé:rɪʃ] (**si·de·ral**[ziderá:l]) 形 星の; 〘天〙 恒星に関する: das ~*e* Jahr 恒星年 | die ~*e* Periode 〈Umlaufzeit〉 恒星周期.

[*lat.* sīdereus; <*lat.* sīdus „Stern〔bild〕"]

si·de·risch[2][–] 形 鉄の, 鉄製の; 鉄に反応する: das ~*e* Pendel 鉄振り子(細い糸につるされた金属の輪で, 鉱脈や水脈の上に来ると揺れ動いてその存在を示すと信じられた).

[*gr.* sidḗreos; <*gr.* sídēros „Eisen"]

Si·de·rit[zideríːt, ..rít] 男 -s/-e (Eisenspat) 〘鉱〙 菱(りょう)鉄鉱; 隕鉄(いんてつ). [<..it[2]]

Si·de·ro·lith[ziderolí:t, ..lít] 男 -s/-e; -en/-en 〘鉱〙 石鉄隕石(いんせき), シデロライト.

Si·de·ro·lith·wa·re 女 レーキ顔料〈ラッカー〉で彩色した陶器.

si·de·ro·phil[ziderofí:l] 形 〘化〙 親鉄(しんてつ)の: ~*e* Elemente 親鉄元素.

Si·don[zí:dɔn] 地名 〘史〙 シドン (Libanon にあった Phönizien の都市国家で, 今日ではサイダ Saida という). [*gr.*–*lat.*]

Si·do·nia[zidó:nia·] 女名 ジドーニア.

Si·do·nie[zidó:niə] 女名 ジドーニエ.

Si·do·ni·er[zidó:niər] 男 -s/- シドンの人.

si·do·nisch[zidó:nɪʃ] 形 シドンの.

Si·do·nius[zidó:niʊs] 男名 ジドーニウス. [*lat.*]

sie[1][zi:] **I** 《人称代名詞, 3人称単数女性1・4格: 2格 **ih·rer**[í:rər], 3格 **ihr**[i:r]; 所有代名詞 ihr》

1 《既述のまたは問題となっている女性を指して》(英: *she*) 彼女, その女; 《事物を表す既出の女性名詞を受けて》それ, あれ, これ: **a)** 《1格で》Da kommt Inge. *Sie* ist Amerikanerin. インゲがやって来ました. 彼女はアメリカ人です | Wer ist da?–*Sie* ist es. / Das ist ~. だれかな―〔あれは〕彼女だ(アクセントは sie にある) | Ich bin gesund, aber ~ ist es nicht. 私は健康だが彼女はそうではない(アクセントは ist にある) | Er zeigte mir eine Postkarte: ~ war von seinen Eltern. 彼は私に一枚の葉書を見せたがそれは彼の両親からのだった | Diese Geschichte gefällt mir nicht, ~ ist langweilig. この物語は私の気に入らない. それは退屈だ ‖ 〘他の人称の主語と〙 *Sie* und ich〔, wir〕 sind damit zufrie-

den. 彼女と私とはそれで満足している | Du und ~〔, ihr〕 seid nicht mehr jung. 君と彼女とはもう若くはない | wenn entweder du oder ~ zu mir kommt 〈~ oder du zu mir kommst〉 君か彼女か〈彼女か君か〉が私のところへ来れば.
b) 《2格で; 今日では付加語としては用いられず, 動詞・形容詞・前置詞の支配を受けて》 Wir gedenken *ihrer.* 《雅》 私たちは彼女のことを忘れない | Ich bin *ihrer* nicht würdig. 私は彼女にふさわしくない | Niemand wagte statt *ihrer.* だれも彼女に代わってそうする気にはなれなかった ‖ 〖再帰代名詞として〗 Anna war *ihrer* 〔selbst〕 nicht mehr mächtig. アンナはもはや自制がきかなかった.

☆ i) halben, wegen, um ... willen とは ihret.. の形で結合する: →ihrethalben, ihretwegen, ihretwillen

ii) sie²の2格も同形である(→sie² I 1 b).

c) 《3・4格で》 Ich schrieb *ihr* einen Brief. 私は彼女に手紙を書いた | Es war *ihr* zu warm im Zimmer. 室内は彼女には暑すぎた ‖ Hans hat sich in ~ verliebt. ハンスは彼女に恋をしている | Die Tür ist offen, mach ~ bitte zu! 戸があいたままだ しめてくれたまえ | Daran erkenne ich ~, deine völlige Gleichgültigkeit. そのことで読み取れたよ 君の全くの無関心さが ‖ 〖所有の3格〗 Jemand trat *ihr* (=trat *sie*) auf den Fuß. だれかが彼女の足を踏んだ.

☆ 事物を意味する女性名詞を受ける sie が前置詞を伴うとき: Die Dame öffnete die Handtasche und holte *daraus* ein Foto heraus. その婦人はハンドバッグをあけて中から1枚の写真を取り出した(→er I 1 c ☆).

2 a) 《er と対で; 口語でほとんど名詞的に》 彼女, 女; 妻: Bei den Vögeln sorgt er für Futter, während ~ brütet. 鳥は雌が卵を抱いているあいだ雄がえさを集める | Gestern abend gingen er und ~ ins Theater. 昨晩彼氏と彼女〈夫婦〉は芝居を見に行った. ▽**b**) **Sie**¹ (女性への敬称として, のち下女・職人などへの2人称として) お前: „Wohin geht *Sie*?“ fragte der König. 「そなたはどこへ行くのか」と王は尋ねた.

★ i) 同格名詞の付加語形容詞は原則として強変化であるが, 3格では弱変化のことも多い: Er mußte *ihr* als Ältest*er* 〈Ältest*en*〉 gehorchen. 彼は最年長者たる彼女に従わざるを得なかった.

ii) sie を受ける関係代名詞が主語のときは, 関係文で sie を再提示することがある: *sie*, die 〔*sie*〕 aus Japan ist 日本で生まれた彼女(→er ★ ii).

II Sie² **1** 女 -/-s 《話》 (動物の) 雌; 女性: Mein Kanarienvogel ist eine ~. 私のカナリアは雌だ. ▽**2** 中 -/ (女性に対しての) お前という呼び方(→I 2 b): *jn.* ~ nennen …をお前呼ばわりする〈見くだして話す〉.

[*ahd.*; ◇*engl.* she]

sie²[zi:] **I** 《人称代名詞, 3人称複数1・4格: 2格 **ih·rer**[í:rər] (▽ihr[i:r]), 3格 **ih·nen**[í:nən]; 所有代名詞 ihr》

1 (英: *they*) (性の区別なく既述のまたは問題となっている複数のものをさして) 彼〈彼女〉ら, それ〈これ〉ら: **a**) 《1格で》 Da spielen Kinder. *Sie* sind alle unsere Nachbarskinder. あそこで子供たちが遊んでいる. 彼らは皆近所の子供だ | Jetzt wohnen ~ beide in Paris. いま彼らは二人ともパリに住んでいる | Wer?—*Sie* sind es. / Das sind ~. だれかしら—〔それは〕彼らです(アクセントは sie にある) | Ich bin arm, ~ sind es auch. 私は貧しいが彼らもそうだ(アクセントは sind にある) ‖ Ich kaufte zwei Bücher, ~ kosteten zusammen 15 Mark. 私は本を2冊買ったがそれらは合計15マルクした | Wir haben ~ entdeckt, die vergrabenen Häuser. 我々は発見した その埋もれた家々を ‖ 〖他の人称の主語と〗 Ich und ~〔, wir〕 sind in derselben Fabrik tätig. 私と彼らは同じ工場で働いている | Du und ~〔, ihr〕 könnt gleich abfahren. 君と彼らとはすぐ出発してよろしい | Entweder ich oder ~ müssen 〈~ oder ich muß〉 hier zurückbleiben. 私か彼らか〈彼らか私か〉がここに居残らねばならぬ.

b) 《2格で; 主として動詞・形容詞・前置詞の支配を受けて》 Andere Aufgaben harren *ihrer.* ほかの任務が彼らを待っている | als ich *ihrer* ansichtig wurde 私が彼らを目にしたとき ‖ 〖付加語として数詞とともに〗 Ich bin *ihrer* beider Mutter. 私は彼ら二人の母親です | Die Kinder waren *ihrer* drei. 子供らは3人連れだった ‖ 〖再帰代名詞として〗 Die Studenten waren *ihrer* 〔selbst〕 nicht sicher. 学生たちは自信がなかった.

☆ i) halben, wegen, um ... willen とは ihret.. の形で結合する: →ihrethalben, ihretwegen, ihretwillen

ii) sie¹の2格も同形である(→sie¹ I 1 b).

c) 《3・4格で》 Wir danken *ihnen.* 我々は彼らに感謝する | Das Zimmer ist *ihnen* zu klein. その部屋は彼らには小さすぎる | Es gibt viele Schwierigkeiten, aber wir werden *ihnen* trotzen. 多くの困難があるが私たちはそれを物ともしないであろう ‖ Er pflückte die Blumen und steckte ~ in die Vase. 彼はそれらの花をつんで花瓶にさした ‖ 〖所有の3格〗 Soldaten standen *ihnen* im Wege. 兵士たちが彼らの行く手を阻んでいた.

☆ 事物を意味する複数名詞を受ける sie が前置詞を伴うとき: Ich habe alle Papiere durchsucht, aber Ihren Antrag nicht *darunter* gefunden. 私はすべての書類を調べつくしたがあなたの申請はその中に見つからなかった(→er I 1 c ☆).

2 《不特定の人々を示して》 (man) 〔世の〕人; みんな, 連中: Damals waren ~ sehr fromm in dem Dorf. 当時この村の人々は非常に信心深かった.

★ i) 同格名詞の付加語形容詞は原則として強変化であるが, 1格では弱変化のことが多い: Das waren ~ jung*en* 〈jung*e*〉 Sportler. それは彼ら若きスポーツマンたちであった.

ii) sie を受ける関係代名詞が主語のときは, 関係文で sie を再提示することがある: mit *ihnen*, die 〔*sie*〕 des Weges kundig waren 道を知っていた彼らと(→er ★ ii).

II Sie³ 《人称代名詞, 2人称敬称1・4格: 2格 **Ih·rer** [í:rər], 3格 **Ih·nen**[í:nən]; 所有代名詞 Ihr[i:r]》 《文法形式上は定動詞の形も含めて3人称複数であるが, 単数複数の別なく社交的に, よそよそしく隔てを置いて, du, ihr を用いない相手に用いられる. 再帰代名詞は sich》

1 あなた〔がた〕, 君〔たち〕, お前〔たち〕: 《1格で》 Haben ~ Zeit, Herr Schmidt? シュミットさん おひまはありますか | Beeilen ~ sich bitte, Frau Brandt! お急ぎください ブラントさんの奥さん | „*Sie* da, kommen ~ mit!“ brüllte der Polizist. 「おいそこの人 ついて来なさい」とその警官はどなった ‖ *Sie* sind es. / Das sind ~. 〔それは〕あなた〔がた〕だ(アクセントは Sie にある) | Ich bin Kaufmann, ~ sind es 〈das sind ~〉 auch. 私も商人だしあなた〔がた〕もそうだ(アクセントは sind にある) ‖ 〖他の人称の主語と〗 *Sie* und ich〔, wir〕 sind schon alt. あなた〔がた〕〈彼女・彼ら〉も私ももう老人だ | *Sie* und Ihre Tochter〔, ~〕 können ausgehen. あなた〔がた〕と娘さんとは出かけてかまわない ‖ Entweder ich oder ~ sind 〈~ oder ich bin〉 daran schuldig. あなた〔がた〕か私かがそれに責任がある.

☆ 命令文では動詞ごとに主語を繰り返す: Bitte kommen ~ und helfen ~ mir! こっちに来て手伝ってください.

2 《2格で; 主として動詞・形容詞・前置詞の支配を受けて》 Wir bedürfen *Ihrer.* 私たちはあなた〔がた〕が必要だ | Wer kommt statt *Ihrer*? あなた〔がた〕の代わりにだれが来ますか ‖ 〖付加語として数詞とともに〗 *Ihrer* beider Feind 君ら双方の敵 | Sind Sie *Ihrer* fünf?/▽Sind *Ihrer* fünf? あなたがたは5人連れですか ‖ 〖再帰代名詞として〗 Sind Sie *Ihrer* 〔selbst〕 nicht mehr mächtig? あなた〔がた〕はもう自分を制御できないのですか.

☆ halben, wegen, um ... willen とは ihret.. の形で結合する: →ihrethalben, ihretwegen, ihretwillen

3 《3・4格で》 Ich werde nochmals *Ihnen* 〈an ~〉 schreiben. もう一度あなた〔がた〕にお手紙を差しあげましょう | Das ist sehr freundlich von *Ihnen.* たいへん親切にしていただいてありがとう | Wer hat ~ hierher geleitet? だれがあなた〔がた〕をここへ連れて来たのですか ‖ 〖所有の3格〗 Wer hat *Ihnen* 〈*Sie*〉 auf den Fuß getreten? だれがあなたの足を踏んだのですか.

★ i) 同格名詞の付加語形容詞は原則として強変化である

S

が, 1格では弱変化のことが多い: ~ fleißig*en* 〈fleißig*e*〉 Studenten あなたがた勤勉な学生諸君.
ii) Sie を受ける関係代名詞が主語のときは, 関係文で Sie を再提示するのがふつうであり, 関係代名詞の性・数は今日では自然性に従うことが多い: *Sie*, der 〈die〉 *Sie* meine Mutter so gut kennen 私の母のことをよくご存じのあなた | Ich danke *Ihnen*, der 〈die〉 *Sie* mir geholfen haben. 私をご援助くださったあなた〔がた〕にお礼を申しあげます (→er ★ ii).

Ⅲ Sie[4] 中 -/ (du[2], ihr[1]でなく Sie[3]を用いた)あなたという呼び方: Statt des vertrauten Du trat jetzt ein höfliches ~ ein. うちとけた「きみ」に代わって今度は儀礼的な「あなた」という話し方が始まった. | **zu *et.*[3] kann 〈muß〉 man ~ sagen** 《話》…には脱帽せざるを得ない, …は大したものである
[*ahd.*; ◇sie[1]]

Sieb[zi:p][1] 中 -es(-s)/-e **1** ふるい(篩), 濾(こ)し器; 濾過(ろ)器, フィルター: ein feines 〈grobes〉 ~ 目の細かい〈粗い〉ふるい | Tee*sieb* 茶濾し ‖ *et.*[4] durch ein ~ rühren 〈schütten / schlagen〉 …をふるいにかける | Kaffee durch ein ~ gießen コーヒーを濾す | Wasser in ein ~ 〈mit einem ~〉 schöpfen (→Wasser 1) ‖ ein Gedächtnis wie ein ~ haben (→Gedächtnis 1) **2** 〘印〙 絹紗(けんしゃ)スクリーン. [*westgerm.*; ◇ *engl.* sieve]

Sieb≠bein[zí:p..] 中 〘解〙 篩骨(しこつ) (→ 図 Schädel).
≠druck 男 -[e]s/-e 〘印〙 **1** 《単数で》 絹紗(けんしゃ)スクリーン〈孔版〉捺染(なっせん)法. **2** 絹紗スクリーン捺染印刷物.

sie·ben[1][zí:bən][1] 他 (h) ふるいにかける, 濾(こ)す; 《比》(試験・検査などで)選抜する: Bei der Auswahl wurde sehr *gesiebt.* 選考のさい大量にふるい落とされた ‖ *gesiebte* Luft atmen (→Luft 2).

sie·ben[2][zí:bən] **Ⅰ** 《基数》 7, 七つ〔の〕: →fünf ‖ mit *jm.* um ~ Ecken verwandt sein (→Ecke 3 b) | die ~ fetten 〈mageren〉 Jahre (→Jahr 1) | ~ Sachen =Siebensachen | ein Buch mit ~ Siegeln (→Buch 1) | in ~ Sprachen schweigen (→Sprache 1) ‖ die *Sieben* Weltwunder 世界の七不思議(→Weltwunder).
Ⅱ Sie·ben 女 -/-(-en) 7という数(神聖な, また不吉な数ともされる); 7という数字; (トランプの) 7の札; 7番コースの路面電車: →Fünf ‖ **eine böse ~** 《話》がみがみ言う〈うるさい〉女.
[*idg.*; ◇hepta..; *engl.* seven; *lat.* septem „sieben"]

Sie·ben·bür·gen[zi:bənbýrgən] 地名 ジーベンビュルゲン, ズィーベンビュルゲン(ルーマニア中央部の歴史的な地方. 住民はルーマニア人のほかハンガリー人・ドイツ人などが多い. ルーマニア語名アルデアル Ardeal: →Transsilvanien).

Sie·ben·bür·ger[..býrgər] **Ⅰ** 男 -s/- ジーベンビュルゲン〈ズィーベンビュルゲン〉の人. **Ⅱ** 形 《無変化》 ジーベンビュルゲン〈ズィーベンビュルゲン〉の: ~ Sachsen ジーベンビュルゲン〈ズィーベンビュルゲン〉のザクセン人(12世紀半ば以来 Siebenbürgen に移住したドイツ移民).

sie·ben·bür·gisch[..býrgɪʃ] 形 ジーベンビュルゲン〈ズィーベンビュルゲン〉〔語〕の: das ~-Sächsische ジーベンビュルゲン〈ズィーベンビュルゲン〉ザクセン語 (Siebenbürgen で話されているドイツ方言).

sie·ben·ein·halb[zí:bən|aɪnhálp] 《分数; 無変化》 7と2分の1〔の〕: →fünfeinhalb

Sie·be·ner[zí:bənər] 男 -s/- **1** (7の記号をもつもの. 例えば:) 7番コースのバス; (昔の) 7クロイツァー貨幣; 1907年産ワイン; 第7連隊員; (トランプの) 7の札; 7人組〈会〉の一員: →Fünfer **2** (合計して7のもの. 例えば:) 7人用乗り物; 7行詩; 7字〈項〉的中の富くじ; 7人組〈会〉: →Fünfer **3** アラビア数字の7, 7字形: →Fünfer

sie·be·ner·lei[zí:bənərláɪ] 形 《無変化》 7種類の: →fünferlei

sie·ben≠fach (▽≠**fäl·tig**) 形 7倍〈七重〉の: →fünffach **≠fü·ßig** 形 7本足の; 〘詩〙 7詩脚の.

Sie·ben·füß·ler 男 -s/- 〘詩〙 7詩脚詩句.

das **Sie·ben·ge·bir·ge**[zí:bəngəbɪrgə] 地名 中 -s/ ズィーベンゲビルゲ(ドイツ中西部, Rhein 川右岸の Westerwald の一部をなす山地).

sie·ben·ge·scheit 形 《軽蔑的に》 こざかしい, 利口ぶった, 知ったかぶりの.

das **Sie·ben·ge·stirn** 中 -[e]s/ (Plejaden) 〘天〙 プレアデス星団(牡牛(おうし)座にある散開星団. 和名「すばる」).

Sie·ben≠he·ber 男 -s/- 〘詩〙 7詩脚詩句. **≠herr·schaft** 女 七頭政治.

Sie·ben·hü·gel·stadt[zi:bənhý:gəl..] 女 -/ 七つの丘の都(ローマの異名).

sie·ben·hun·dert[zí:bənhʊ́ndərt] 《基数》 700〔の〕: →hundert

sie·ben≠jäh·rig[zí:bən..] 形 7年〔間〕の: der *Siebenjährige* Krieg 〘史〙 七年戦争(1756-63). **≠jähr·lich** 形 7年ごとの.

Sie·ben·kampf 男 〘陸上〙 (女子の)七種競技.

sie·ben≠mal[..ma:l] 副 7回; 7倍: → fünfmal **≠ma·lig**[..lɪç][2] 形 《付加語的》 7回の: →fünfmalig

Sie·ben·mei·len≠schritt[zi:bənmáɪlən..] 男 《ふつう複数で》《ふつう次の成句で》: **mit ~*en*** 《話》すごい速さで. **≠stie·fel** 男 -s/- 《ふつう複数で》 (ひと足で7マイル行ける)魔法の長靴: **~ anhaben** 《話》すごく足が速い | **mit ~*n*** 《話》すごい速さで.

sie·ben≠mo·na·tig[zí:bən..] 形 7か月を経た, 生後7か月の; 7か月間の. **≠mo·nat·lich** 形 7か月ごとの.

Sie·ben·mo·nats·kind[zi:bənmó:nats..] 中 妊娠7か月で生まれた子.

Sie·ben·pol·röh·re[zí:bən..] 女 (Heptode) 〘電〙 7極〔真空〕管.

Sie·ben·punkt 男 〘虫〙 ナナホシテントウ(七星瓢虫).

Sie·ben·punkt·schrift 女 〘印〙 7ポイント活字.

Sie·ben·sa·chen 複 《話》 (ある事をするのに必要な)七つ道具; (…の)持ち物全部: *seine* ~ in die Tasche packen 〈verstauen〉 七つ道具をかばんに詰め込む | ***seine* ~ packen** 《話》所持品をまとめて出て行く.

Sie·ben≠schlä·fer 男 -s/- **1** 〘民俗〙 **a)** 七人の眠り聖人の祝日(6月27日; この日の天気は以後7週間の天候を左右するといわれる). **b)** 《複数で》 七人の眠り聖人. **2** 《話》 (Langschläfer) 寝坊の人, ねぼすけ. **3** 〘動〙 ヤマネ(山鼠)〔科〕(7か月冬眠するの意味から). **≠schritt** 男 -[e]s/ 七つ踊り(ドイツの民俗舞踊). **≠stern** 男 〘植〙 ツマトリソウ(褄取草)属.

sie·ben≠stün·dig 形 7時間の. **≠stünd·lich** 形 7時間ごとの.

sie·bent[zí:bənt] 《序数》 第7の, 7番目の: →fünft ‖ im ~*en* Himmel sein / *sich*[4] wie im ~*en* Himmel fühlen (→Himmel 2).
★ siebent は siebt に比してやや古い形.

sie·ben≠tä·gig[zí:bən..] 形 7日間の; 7日を経た, 生後7日の. **≠täg·lich** 形 7日ごとの.

Sie·ben·tak·ter 男 -s/- 〘詩〙 7詩脚詩句.

sie·ben·tau·send[zí:bəntáʊzənt] 《基数》 7000〔の〕: →tausend

Sie·ben·tau·sen·der[..dər] 男 -s/- 7000メートル級の山.

▽**sie·ben·te·halb**[zí:bəntəhálp] =siebthalb

sie·ben·tei·lig 形 7〔等〕分された, 七つの部分からなる.

sie·ben·tel[zí:bəntəl] =siebtel

sie·ben·tens[zí:bəntəns] =siebtens

▽**sie·bent·halb** =siebthalb

sie·ben·und·ein·halb[zí:bən|ʊnt|aɪnhálp] =siebeneinhalb

▽**sie·ben·zehn**[zí:bəntse:n] =siebzehn

▽**sie·ben·zig**[zí:bəntsɪç] =siebzig

Sieb≠ket·te[zí:p..] 女 〘電〙 はしご形フィルター. **≠macher** 男 篩(ふるい)作り(人).

Sie·bold[zí:bɔlt] 人名 Philipp Franz von ~ フィーリップ フランツ フォン ジーボルト〈ズィーボルト〉(1796-1866; ドイツの医者. 長崎出島のオランダ商館医師として来日).

Sieb≠plat·te[zí:p..] 女 〘解〙 篩状板(しじょうばん)(篩骨の上部). **≠röh·re** 女 〘植〙 篩管(しかん).

siebt[zi:pt] 《序数》 第7の, 第7番目の(→siebent ★): →

fünft ‖ im ～*en* Himmel sein / *sich*⁴ wie im ～*en* Himmel fühlen (→Himmel 2).

ᵛ**sieb·te·halb**[zí:ptəhálp] ＝siebthalb

Sieb·teil[zí:p..] 男 (Phloem)《植》篩部(しぶ).

sieb·tel[zí:ptəl] **I**《分数; 無変化》7 分の 1〔の〕: →fünftel

II Sieb·tel 中 (ス́イ: 男) -s/- 7分の1: →Fünftel

sieb·tens[zí:ptəns] 副 (列挙の際などに) 第7に〔は〕.

ᵛ**siebt·halb**[zí:pthálp]《分数; 無変化》(sechseinhalb) 6と2分の1〔の〕.

Sieb·tuch[zí:p..] 中 -〔e〕s/..tücher 濾(こ)し布.

Sie·bung[zí:bʊŋ] 女 -/-en sieben¹すること.

sieb·zehn[zí:ptse:n]《基数》17〔の〕: →fünfzehn [*mhd.* siben-zehen; ◇sieben²; *engl.* seventeen]

sieb·zehn·hun·dert《基数》(eintausendsiebenhundert) 1700〔の〕: →fünfzehnhundert

sieb·zehnt[zí:ptse:nt]《序数》第17の, 17番目の: →fünft ‖ Trick ～ (→Trick 1 b).

sieb·zehn·tel[..təl]《分数; 無変化》17分の1〔の〕: →fünftel

sieb·zehn·tens[..təns] 副 (列挙の際などに) 第17に〔は〕.

sieb·zig[zí:ptsɪç]《基数》70〔の〕: →fünfzig [*ahd.* sibun-zug; ◇sieben²; *engl.* seventy]

sieb·zi·ger[zí:ptsɪgər] **I** 形《無変化》70年代〈70歳台〉の: →fünfziger

II Sieb·zi·ger 男 -s/- 70歳台の人; 70という数をもつもの: →Fünfziger

Sieb·zi·ger·jah·re[zí:ptsɪgərja:rə, ⏤◡◡⏤◡] 複 **1** 70歳台: →Fünfzigerjahre ᵛ**2** 70年代.

sieb·zigst[zí:ptsɪçst]《序数》第70の, 70番目の: →fünft

sieb·zig·stel[..stəl]《分数; 無変化》70分の1〔の〕: →fünftel

sieb·zig·stens[..stəns] 副 (列挙の際などに) 第70に〔は〕.

siech[zi:ç] 形 (英: *sick*)《雅》(特に老人について) 長患いで回復の見込みのない, 病身の, 病弱〈虚弱〉な: ～ und alt sein 年老いて病床にある. [*germ.*; ◇Seuche, Sucht; *engl.* sick]

Siech·bett[zí:ç..] 中《雅》病床.

sie·chen[zí:çən] 自 (h, s)《雅》(dahinsiechen) (長患いをして) 病み衰える: am Neid ～ ねたみ〈嫉妬(しっと)〉に身を焦がす.

ᵛ**Sie·chen≈haus** 中, **≈heim** 中 病院; (特に:) 老人施療院.

Siech·tum[zí:çtu:m] 中 -s/《雅》長患い, (特に死亡前の) 病衰;《比》衰微.

Sie·de[zí:də] 女 -/《中部》煮沸した飼料. [＜sieden]

Sie·de·grad 男 ＝Siedepunkt

sie·de·heiß 形 沸騰する〈煮えたぎる〉熱さの, 煮えたぎるほど熱い; (陽気が) うだるように暑い, 炎暑の.

Sie·de·hit·ze 女 沸騰熱, 煮えたぎる熱さ; うだるような暑さ, 炎暑: in ～ geraten《比》激昂(げっこう)する.

sie·deln[zí:dəln]〈06〉自 (h) (新しい土地に) 居を定める, 定住する, 入植する; (動物が) すみつく, 棲息(せいそく)する. [*ahd.*; ＜*ahd.* sedal „〔Wohn〕sitz" (◇sitzen)]

Sie·de·lung[zí:dəlʊŋ] 女 -/-en ＝Siedlung

sie·den⁽*⁾[zí:dən]¹〈167〉**sott**[zɔt], **sie·de·te** / **ge·sot·ten, ge·sie·det**; 接II sötte[zœ́tə], siedete

I 自 (h) 煮えたつ, 沸騰する, たぎる;《比》激昂(げっこう)する: Das Wasser〈Der Kessel〉*siedet.* お湯〈やかんの水〉がぐらぐら沸いている | Das Wasser *siedet* bei 100°C. 水は摂氏100度で沸騰する | Die Eier haben 5 Minuten *gesiedet*〈*gesotten*〉. これらの卵は5分間ゆでたものだ ‖ vor Wut ～ かんかんに怒る | Mir *siedet* das Blut. 私ははらわたが煮えくり返る (怒りで). **II** 他 (h) **1**《南部・オーストリア》煮る, ゆでる: Kaffee ～ コーヒーを沸かす | Kartoffeln ～ じゃがいもをゆでる | *gesottene* Eier ゆで卵 | *Gesottenes* und Gebratenes《比》さまざまのごちそう. **2** 煮沸して製造する, 熱製する: Kochsalz ～ 食塩を精製する | Seife ～ せっけんを製造する.

III sie·dend 現分 形 沸騰して〈煮えたぎって〉いる: ～*es* Wasser 熱湯 | ein ～*er* Haß はらわたが煮えくり返るほどの憎悪 ‖ ～ heiß 猛烈に熱い; うだるように暑い | Es überlief ihn ～ heiß. 彼は身内が熱くなった (怒り・恥ずかしさ・驚きなどで).

IV Ge·sot·te·ne → 別出

[*germ.*; ◇Sod; *engl.* seeth]

Sie·de·punkt[zí:də..] 男《理》沸〔騰〕点: der ～ des Wassers 水の沸点 | den ～ erreichen (液体・興奮などが) 沸騰点に達する | *jn.* auf den ～ bringen《比》…を激昂させる.

Sie·der[zí:dər] 男 -s/- (煮沸して製造する人. 例えば:) (Seifensieder) せっけん製造工; (Salzsieder) 製塩業者.

Sie·de·rei[zi:dəráɪ] 女 -/-en (Sieder の仕事場. 例えば:) (砂糖・塩などの) 精製所; せっけん製造工場.

Sie·de≈salz[zí:də..] 中 (塩水から精製された) 食塩. **≈tren·nung** 女《化》分留. **≈ver·zug** 男《理》沸騰の遅れ, 沸騰遅滞.

sie·de·warm ＝siedeheiß

Sie·de·was·ser 中 -s/ 沸騰水, 熱湯.

Sie·de·was·ser·reak·tor 男 沸騰水型原子炉.

Sied·fleisch[zí:t..] 中《ス́イ》スープ肉.

sie·dig[zí:dɪç]² 形《南部》猛烈〈うだるよう〉に暑い.

Sied·ler[zí:dlər] 男 -s/- (女 **Sied·le·rin**[..lərɪn]-/-nen) 入植者, 開拓民, 移民.

Sied·ler·stel·le 女 (個々の) 開拓部落〈農地〉.

Sied·lung[zí:dlʊŋ] 女 -/-en **1**《単数で》(siedeln すること. 例えば:) 入植. **2** 入植〈開拓〉地, 開拓部落〈農地〉. **3 a)** (都市周辺部などの新たに開発された) 住宅地, 団地: in der neuen ～ wohnen 新しい郊外団地に住んでいる. **b)**〔全〕団地住民. **4** (Kolonie)《動》群れ, コロニー.

Sied·lungs≈form 女 集落形態 (Haufendorf, Straßendorf, Runddorf など). **≈ge·schich·te** 女 -/ 集落史〔学〕. **≈kun·de** 女 -/ 集落学 (文化地理学の一分野). **≈na·me** 男《言》集落名 (狭義の Ortsname). **≈po·li·tik** 女 移住政策. **≈werk** 中 -〔e〕s/ 開拓事業.

die **Sieg**¹[zi:k] 地名 女 -/ ズィーク (Rhein 川の支流). [*germ.*; ◇seihen]

Sieg²[zi:k]¹ 男 -es(-s)/-e (戦闘・戦争での) 勝利, 戦勝; (競争・競技などでの) 勝ち, 勝利; (さまざまな困難・障害に対する) 勝利, 克服, 征服: ～ und Niederlage 勝利と敗北 | ein glorreicher〈ruhmreicher〉～ 赫々(かっかく)たる勝利 | ein leichter〈knapper〉～ 楽勝〈辛勝〉| ein diplomatischer〈moralischer〉～ 外交上の〈道徳的〉勝利 | der ～ des Guten〈der Wahrheit〉善〈真実〉の勝利 | der ～ der Wahrheit über die Lüge 虚偽に対する真実の勝利 | der ～ über sich selbst 自分自身の克服 ‖ einen ～ erkämpfen〈erringen〉勝利を戦いとる | einen ～ davontragen 勝利をおさめる | *jm.* den ～ entreißen …に打ち勝つ | **den ～ an *seine* Fahne heften**《雅》勝利の旗をひるがえす, 勝利をおさめる ‖ Der ～ war teuer erkauft. この勝利のかげには多大の犠牲が払われた | Sich selbst besiegen ist der schönste ～. おのれ自身の克服こそ最もすばらしい勝利である (Logau) | Wer den ～ behält, hat Recht.《諺》勝てば官軍. [*germ.*; ◇hektisch]

Sieg·bert[zí:kbɛrt] 男名 ズィークベルト. [＜*ahd.* sigu „Sieg"]

Sie·gel[zí:gəl] 中 -s/- **1** (英: *seal*) (紋章・文字などを彫った) 印, 印鑑, 印章 (→図); (印鑑で押された) 印, 印判; (特に:) 公印; 封印;《比》(保証・確認の) しるし: das ～ des Kaisers〈der Universität〉皇帝の印璽〈大学の公印〉| ein amtliches〈dienstliches〉～ 公印 | Die Urkunde trägt ein ～ der Stadt. この文書には市の公印が押してある ‖ *sein* ～ auf *et.*⁴ drücken …に自分の判を押す;《比》…を確証する | ein ～〔auf der Rückseite des Briefes〕anbringen〔封筒の裏面に〕封印する | ein ～ erbre-

Siegel

chen 〈lösen〉 封印を破る, (手紙などを)開封する | *jm.* Brief und ～ 〔auf *et.*⁴〕 geben (→Brief 1) ‖ **unter dem ～ der Verschwiegenheit** 《比》 絶対に他言しないという約束のもとに | ein Buch mit sieben ～*n* (→Buch 1). **2** 《スイス》 (Spund) (樽(たる)などの) 栓.

［*lat.* sigillum „Bildchen"－*mhd.*; ＜*lat.* sīgnum (→ Signum); ◇ Sigel; *engl.* sigil, seal］

Sie·gel⸗baum 男 〖古生物〗 フウインボク(封印木), シギラリア(石炭紀の化石植物). **⸗be·wah·rer** 男 〖史〗 国璽尚書. **⸗bruch** 男 (不法な)開封, 封印破り. **⸗er·de** 女 膠灰(こうかい)粘土(薬として用いられる). **⸗kun·de** 女 -/ (Sphragistik) 印章学. **⸗lack** 男 封蠟(ふうろう).

Sie·gel·lack·stan·ge 女 棒状封蠟(ふうろう).

sie·geln[zíːgəln] 《06》 他 (h) **1** 《*et.*⁴》 (保証・確認のしるしとして…に)印を押す; 《比》 保証〈確認〉する: ein amtliches Schriftstück ～ 公文書に〔公〕印を押す. **2** 《*et.*⁴》 (…に)封印する, 封をする.

Sie·gel·ring 男 印章付き指輪(→ ⊛ Siegel).

Sie·ge·lung[zíːgəlʊŋ] 女 -/-en (siegeln すること. 例えば:) 押印; 封印.

Sie·gel·wachs 中 封蠟(ふうろう).

sie·gen[zíːgən]¹ 自 (h) 勝つ, 勝利を得る; 《über *jn.* 〈*et.*⁴〉》 (…に)打ち勝つ, (…を)克服する: im Kampf 〈Wettkampf〉 ～ 戦い〈試合〉に勝つ | über den Feind ～ 敵に勝つ | über die Versuchung ～ 誘惑に打ち勝つ.

［*mhd.*; ◇ Sieg²］

Sie·gen[zíːgən] 地名 ズィーゲン(ドイツ Nordrhein-Westfalen 州の都市).

Sie·ger[zíːgər] 男 -s/- (⊛ **Sie·ge·rin**[..gərɪn]-/-nen) 勝〔利〕者, 征服者; (競技の)優勝者, 覇者: erster 〈zweiter〉 ～ werden (競技で) 1 位〈2 位〉になる | **zweiter ～ bleiben** 《話》 (二者間の試合で)相手に破れる, 負ける.

Sie·ger·eh·rung 女 〖スポーツ〗 (勝者の)表彰〔式〕.

Sie·ge·rin Sieger の女性形.

Sie·ger⸗kranz 男 (勝者に与えられる)勝利の栄冠, 月桂(げっけい)冠. **⸗macht** 女 戦勝国: die *Siegermächte* 〖史〗 (第二次世界大戦の)戦勝強国(対ドイツ連合国: →*Alliierte*). **⸗mann·schaft** 女 優勝チーム. **⸗mie·ne** 女 勝ち誇った顔. **⸗po·dest** 中 〖スポーツ〗 表彰台. **⸗staat** 男 戦勝国.

sie·ges·be·wußt[zíːgəs..] 形 必勝を期している, 勝利を確信した, 意気揚々たる.

Sie·ges⸗denk·mal 中 戦勝記念碑. **⸗fei·er** 女, **⸗fest** 中 戦勝〈優勝〉祝賀式, 勝ち祝い. **⸗freu·de** 女 勝利の喜び.

sie·ges·froh 形 勝利の喜びにつつまれた.

Sie·ges·ge·schrei 中 勝利の叫び.

sie·ges·ge·wiß ＝siegessicher

Sie·ges⸗göt·tin 女 勝利の女神(特にギリシア神話の Nike). **⸗ju·bel** 男 勝鬨(かちどき), 凱歌(がいか): in ～ ausbrechen わっと凱歌を挙げる. **⸗kranz** ＝Siegerkranz **⸗lauf** 男 -〔e〕s/ 《雅》 ＝Siegeszug **⸗pal·me** 女 (勝者に与えられる)勝利の棕櫚(しゅろ)の葉; 《比》 勝者の栄誉: die ～ erringen 《比》 勝利をかちとる. **⸗pa·ra·de** 女 戦勝〈優勝〉祝賀パレード. **⸗po·kal** 男 優勝杯〈カップ〉. **⸗preis** 男 (勝者に与えられる)賞〔品〕. **⸗rausch** 男 勝利の陶酔. **⸗säu·le** 女 戦勝記念柱.

sie·ges·si·cher 形 勝利を確信した.

Sie·ges⸗tau·mel 男 ＝Siegesrausch **⸗tor** 中 **1** 凱旋(がいせん)門. **2** 〖球技〗 勝利を決定したゴール, 勝利点, 決勝点. **⸗tro·phäe** 女 戦勝記念品; 優勝トロフィー.

sie·ges·trun·ken 形 《雅》 勝利の喜びに酔いしれた.

Sie·ges-V[..faʊ] 中 -/ 勝利の V サイン.

Sie·ges⸗zei·chen 中 **1** 勝利のしるし〈サイン〉. **2** ＝Siegestrophäe **⸗zug** 男 凱旋(がいせん)行進: der ～ der Elektronik 《比》 続々と挙がる電子工学の大成果.

Sieg·fried[zíːkfriːt] **I** 男名 ズィークフリート. **II** 人名 ジークフリート, ズィークフリート(ゲルマン伝説の英雄. 《Nibelungenlied》にも登場する); 〖楽〗『ジークフリート』(Wagner の楽劇『ニーベルンゲンの指輪』4 部作のうち第 3 番目の作品).

［＜*ahd.* sigu „Sieg"］

Sieg·fried·li·nie[..liːniə] 女 〖史〗 ジークフリート〈ズィークフリート〉線〈ライン〉(フランスのマジノ線に対するドイツ西部の要塞(ようさい)線 Westwall の俗称: →Maginotlinie).

sieg⸗ge·krönt[zíːkgəkrøːnt] 形 勝利の栄冠に輝く. **⸗ge·wohnt** 形 勝利に慣れた.

sieg·haft[zíːkhaft] 形 **1** 《雅》 勝利を確信した, 必勝を期した: die ～*e* Zukunft 洋々たる未来. ▽**2** 勝ち誇った, 意気揚々とした.

Sieg·lin·de[ziːklíndə] **I** 女名 ズィークリンデ. **II** 人名 ジークリンデ, ズィークリンデ (Nibelungen 伝説で, Siegfried の母で Siegmund の妻).

［＜*ahd.* sigu „Sieg"＋linta „Linde, Schild"］

Sieg·lung[zíːglʊŋ] 女 -/-en ＝Siegelung

Sieg·mund[zíːkmʊnt] **I** 男名 ズィークムント. **II** 人名 ジークムント, ズィークムント (Nibelungen 伝説で, Siegfried の父で Sieglinde の夫).

［＜*ahd.* sigu „Sieg"＋munt (◇Munt)］

Sieg·prä·mie[zíːk..] 女 (プロスポーツ, とくにサッカー・テニス・ゴルフなどで)勝者に与えられる賞金.

sieg·reich[zíːkraɪç] 形 〔しばしば〕勝利をおさめた; 勝利のうちに終わった; 勝負に強い, 無敵の: die ～*e* Mannschaft 優勝〈無敵〉チーム | ～ zurückkehren 凱旋(がいせん)する.

Sieg·ward[zíːkvart] 男名 ズィークヴァルト. ［＜*ahd.* sigu „Sieg"＋wart (◇Wart)］

Sieg⸗wet·te 女 〖競馬〗 単勝式〔賭(か)け〕(→Einlaufwette, Platzwette). **⸗wurz** 女 (Gladiole) 〖植〗 グラジオラス.

sieh[ziː] (**sie·he**[zíːə]) sehen の命令法単数(→sehen I 1 b ①).

siehst[ziːst] sehen の現在 2 人称単数.

sieht[ziːt] sehen の現在 3 人称単数.

Sie·ke¹[zíːkə] 女 -/-n ＝Sicke¹

▽**Sie·ke**²[－] 女 -/-n ＝Sicke²

sie·ken[zíːkən] ＝sicken

Siel[ziːl] 男 中 -〔e〕s/-e **1** (堤防の)水門(→ ⊛ Deich). **2** 《北部》 **a**) 排水溝, 下水導管. **b**) (豚やイノシシが泥浴びをする)ノタ場, ヌタ場. ［*mndd.*; ◇ seihen］

Sie·le[zíːlə] 女 -/-n 《ふつう複数で》 (荷車用家畜, 特に馬の)引き具, 馬具, (馬の)胸革: **in den ～*n* sterben** 《雅》 仕事のさなかに死ぬ, 殉職する | ***sich***⁴ **in die ～*n* legen** 《比》 仕事に精出す. ［*ahd.* sīlo; ◇ Seil］

▽**sie·len**¹[zíːlən] 他 (h) (水を)水門から流す. ［＜Siel］

sie·len²[－] 他 (h) 《方》 再帰 *sich*⁴ ～ ころげ回る; (ごろ寝して)無為を楽しむ. ［*mhd.* süln; ◇ suhlen］

Sie·len⸗ge·schirr 中, **⸗zeug** 中 引き具〈馬具〉〔一式〕(→ ⊛ Geschirr).

Siel·zeug ＝Sielenzeug

Sie·mens[zíːməns] **I** 人名 **1** Werner von ～ ヴェルナー フォン ジーメンス〈ズィーメンス〉(1816–92; ドイツの技術家): 〔die〕 ～ AG ジーメンス株式会社(ドイツの総合電機コンツェルン). **2** Wilhelm ～ ヴィルヘルム ジーメンス〈ズィーメンス〉(1823–83; ドイツの技術家, 1の弟). **II** 中 -/- 〖電〗 ジーメンス(電導度の単位. オームの電気抵抗単位の逆値; 記号 S).

Sie·mens-Mar·tin⸗-Ofen[zíːmənsmártiːn..] 男 〖金属〗 平炉(へいろ) (略 SM-Ofen). **⸗-Stahl** 男 〖金属〗 平炉鋼(略 SM-Stahl). **⸗-Ver·fah·ren** 中 〖金属〗 ジーメンス＝マルタン法, 平炉法(略 SM-Verfahren).

［＜Siemens I 2＋P. Martin (フランスの技術家, †1915)］

sie·na[ziéːnaˑ] 形 《無変化》 ＝sienafarben

Sie·na[－, sĭɛ́ːnaˑ] **I** 地名 シエナ(イタリア中西部の都市). **II** 中 -s/ シエナ色, 赤褐色.

sie·na·far·ben 形 シエナ色の, 赤褐色の.

Sie·ne·se[zienéːzə] 男 -n/-n シエナの人.

Sie·ne·ser[zienéːzər] **I** 男 -s/- ＝Sienese **II** 形 《無変化》 シエナの.

Sier·ra[ziέra] 女 -/..rren[..rən] (-s) (Gebirgskette) 山脈, 連山. ［*span.*; ＜*lat.* serra „Säge"］

Sier·ra Leo·ne[ziέraˑ leóːnə] 地名 シエラ＝レオネ(アフリカ西部の共和国. 1961年英連邦内の自治領として独立. 首都はフリータウン Freetown). ［*span.* „Löwen-gebirge"］

Sie·sta[ziésta·, siésta·] 女 -/..sten[..tən], -s 昼の休憩, 午睡: ～ halten 昼の休みをとる, 昼寝をする.
[*span.*; < *lat.* (hōra) sexta „sechste (Tagesstunde)" (◇Sexte)]

sie·zen[zí:tsən] 《02》 他 (h) **1** (↔duzen) 《*jn.*》 (…に du でなく) Sie (→sie² II)を使って話しかける: 再帰 Hans und Peter *siezen* sich. / Hans *siezt* sich mit Peter. ハンスとペーターは互いに Sie を使って話す. ▽**2** 《*jn.*》 (女性に彼女という意味の) Sie (→sie¹ I 2 b)を使って話しかける(→erzen²).

Sif·flet[siflé:] 男 -s/-s, **Sif·flö·te**[zíffløːtə] 女 -/-n 〘楽〙ジッフフレーテ(オルガンのフルート音栓). [*fr.* sifflet „kleine Pfeife"; < *lat.* sībilāre (→Sibilant)]

Si·gel[zí:gəl] 中 -s/- 略記号; 速記記号, 略字.
[*lat.* sigilla; ◇Siegel]

Sight·see·ing[sáɪt-si:ɪŋ] 中 -[s]/ 観光, 見物, 遊覧.
[*engl.*; ◇Sicht, sehen]

Sight·see·ing-Tour[-tu:r] 女 -/-en 観光旅行.

▽**Si·gill**[zigíl] 中 -s/-e ＝Siegel

Si·gil·la·rie[zigılá:riə] 女 -/-n (Siegelbaum) 〘古生物〙ジギラリア, フウインボク(封印木)(石炭紀の化石植物).
[< *lat.* sigillum (→Siegel)]

▽**si·gil·lie·ren**[zigılí:rən] 他 (h) 封印する.

Si·gle[zí:gəl] 女 -/-n ＝Sigel [*lat.*－*fr.*]

Sig·ma[zígma·] 中 -[s]/-s **1** シグマ(ギリシア字母の第18字: Σ, σ, ς). **2** ＝Sigmoid [*semit.*－*gr.*]

Sig·ma·tis·mus[zıgmatísmʊs] 男 -/ 〘医〙S 音〈サ行〉発音不全〔症〕.

Sig·moid[zıgmoí:t]¹ 男 -[e]s/-e 〘解〙S〔字〕状結腸.
[< ..oid]

sign. 略 ＝**sign**atum

Si·gna Signum の複数.

Si·gnal[zıgná:l, zıŋ..] 中 -s/-e 信号, 合図〔の旗・ラッパ・光・電波〕; 〘鉄道〙信号機; 交通標識; 警報; 《比》警告〔のしるし〕: ein optisches 〈akustisches〉 ～ 視覚〈音響〉信号 | sprachliche ～*e* 言語信号(音声・文字など, 意味情報伝達の担い手となる媒路の物質的状態) | die ～*e* der Feuerwehr 〈des Rettungswagens〉 消防車〈救急車〉のサイレン | das ～ zum Kampf 戦闘開始の合図 ‖ ein ～ blasen 合図のラッパを吹く | ein ～ geben 合図する | das ～ hochziehen 〈auf „Fahrt frei" stellen〉 〘鉄道〙(腕木信号機の)信号を｢進め｣にする | ～*e* **setzen** 《比》(行動などによって)新しい方向への問題提起をする. [*spätlat.*－*fr.*; < *lat.* sīgnum (→Signum)＋..al¹; ◇ *engl.* signal]

Si·gnal≈an·la·ge 女 信号設備, 信号機, 信号〔扱い〕所. **≈buch** 中 国際〔間〕信号略号一覧表, コードブック.

Si·gna·le·ment[zıgnal(ə)mã:] 中 -s/-s (ｽｲｽ: [..mɛ́nt]-s/-e) (パスポート・身分証明書・手配書などの)人相書; (犬・馬などの)血統書. [*fr.*]

Si·gnal≈far·be[zıgná:l..] 女 (人の目につきやすい)刺激的な色. **≈feu·er** 中 合図の花火, のろし. **≈flag·ge** 女 〔万国・国際船舶〕信号旗. **≈gast** 男 -[e]s/-en (まれ: ..gäste) 〘海〙信号手. **≈glocke** 女 〘海〙号鐘; (踏切などの)警鐘. **≈horn** 中 -[e]s/..hörner (自動車などの)警笛; サイレン; 信号ラッパ(→ 図 Blasinstrument); ▽〘狩〙角笛.

si·gna·li·sie·ren[zıgnalizí:rən] **I** 他 (h) 信号で知らせる, (…の)合図を送る; 《比》予告〈予示〉する: eine Nachricht mit Flaggen ～ 旗の信号で報告を伝える | den Besuch mit der Postkarte ～ はがきで訪問を予告する.
II 自 (h) 信号を送る, 合図する.

Si·gnal≈lam·pe[zıgná:l..] 女, **≈la·ter·ne** 女 信号灯. **≈lei·ne** 女 〘鉄道〙通報索; 〘海〙(潜水夫の)通信コード; 号鐘のひき綱. **≈licht** 中 -[e]s/-er 信号灯; 《ｽｲｽ》 (Ampel) 交通信号灯. **≈mast** 男 信号柱〈マスト〉. **≈pfei·fe** 女 汽笛, 信号笛; 号笛(→ 図 Pfeife). **≈schei·be** 女 〘鉄道〙信号円板(駅員の持つ信号棒の先の円板). **≈schuß** 男 号砲. **≈stab** 男 〘鉄道〙(発車の合図をする)信号棒; (交通整理をする警官の)警棒. **≈stan·ge** 女 〘鉄道〙腕木式信号機. **≈sta·tion** 女 〘海〙セマホアー(腕木式)信号機. **≈wär·ter** 男 〘鉄道〙信号手.

▽**Si·gna·tar**[zıgnatá:r] 男 -s/-e (契約の)署名者, 調印者; 調印〈条約加盟〉〔当事〕国. [*fr.* signataire]

Si·gna·tar≈macht 女, **≈staat** 男 調印〈条約加盟〉〔当事〕国.

si·gna·tum[zıgná:tʊm] 副 (略 sign.) 《官》 (unterzeichnet) 署名されたる. [*lat.*]

Si·gna·tur[zıgnatú:r] 女 -/-en **1** (特に頭文字などによる簡易な)署名, (画家などが作品につける)サイン, 落款; 《比》刻印, 目印. **2** 記号, 符号, (図書などの)分類〈整理〉番号; 地図記号. **3** 〘印〙折丁(おりちょう)番号; ネッキ(活字につけた溝: → 図 Letter). **4** 〘医〙用法紙. [*mlat.*]

Si·gnet[zıgné:t, zıgnɛ́t] 中 -s/-e[zıgné:tə]; [zınjé, sinjé:, siɲɛ́] 中 -s/-s[zınjé:s, sinjé:s] **1 a)** 出版社〈印刷所〉のマーク. **b)** (一般に)社標, 商標; 会社名. ▽**2** 印章, 封印. [*mlat.*]

si·gnie·ren[zıgní:rən] 他 (h) **1** (…に頭文字などで)署名する, サインする; (画家などが作品に)サインする, 落款を入れる. **2** (…に)整理記号〈分類番号〉をつける, (本に)出版社のマークを入れる. [*lat.* sīgnāre „kennzeichnen"; < *lat.* sīgnum (→Signum); ◇segnen]

Si·gnie·rung[..rʊŋ] 女 -/-en (signieren すること. 例えば:) 署名; 整理〈分類〉番号記入.

si·gni·fi·kant[zıgnifikánt] **I** 形 (↔insignifikant) (bedeutsam) 意義〈意味〉のある, 意味深長な; (kennzeichnend) 特徴のある, 著しい, 重大な. **II Si·gni·fi·kant** 男 -en/-en (↔Signifikat) 〘言〙記号表現, 記号作用部, 記号表示体, 能記. [< *lat.* sīgni-ficāre „Zeichen geben" (◇Signum, ..fizieren)]

Si·gni·fi·kanz[..kánts] 女 -/ 意義, 重要性. [*lat.*]

Si·gni·fi·kat[..ká:t] 中 -s/-e (↔Signifikant) 〘言〙記号内容, 記号意味部, 被記号表示体, 所記.

▽**si·gni·fi·ka·tiv**[..katí:f]¹ ＝signifikant

Si·gnor[zınjó:r, sinjó:r] 男 -/..ri[..ri·] ＝Signore¹

Si·gno·ra[zınjó:ra·, sin..] 女 -/..re[..rə], -s **1** 《ドイツ語の Frau に相当するイタリア語. 既婚女性の名に冠して》…さん, …様, …夫人. **2** 《既婚または年配の女性に対する呼びかけとして》奥様.

Si·gno·re¹[zınjó:rə, sin..] 男 -/..ri[..ri·] **1** 《ドイツ語の Herr に相当するイタリア語. 男性の名に冠して》…さん, …様, …君, …氏. **2** 《成人の男性に対する呼びかけとして》だんな様.
[< *lat.* senior (◇senior)]

Si·gno·re² Signora の複数.

Si·gno·ri Signor, Signore¹の複数.

Si·gno·ri·na[zınjorí:na·, sin..] 女 -/-s, ..ne[..nə] **1** 《ドイツ語の Fräulein に相当するイタリア語. 未婚女性の名に冠して》…さん, …様, …嬢. **2** 《未婚女性に対する呼びかけとして》お嬢さん.

Si·gno·ri·no[zınjorí:no·, sin..] 男 -[s]/-s, ..ni[..ni·] **1** 《若い男性の名に冠して》…さん, …様, …君, …氏. **2** 《若い男性に対する呼びかけとして》若だんな様, 坊ちゃん. [*it.*]

Si·gnum[zígnʊm] 中 -s/..gna[..na·] (頭文字などによる簡易な)署名, サイン, 落款; しるし, 商標, 記号. [*lat.* sīgnum „Zeichen"; ◇Siegel, Segno, Signal; *engl.* sign]

Sig·rid[zí:grıt, ..ri:t] 女名 ズィークリット, ズィークリート.
[*nord.*; < *anord.* sigr „Sieg"＋friðr „schön"]

Si·grist[zí:grıst, zigríst] 男 -en/-en 《ｽｲｽ》 (Küster) 寺男, 聖堂〈聖具〉世話係. [*mlat.* sacrista－*ahd.*; < *lat.* sacer (→sakral); ◇Sakristei]

Si·gurd[zí:gʊrt] 男名 ズィーグルト.
[*nord.*; ◇Siegward]

Sikh[zi:k] 男 -[s]/-s 〘宗〙(インドの)シーク教徒.
[*Hindi* „Schüler"]

Sik·ka·tiv[zıkatí:f]¹ 中 -s/-e (Trockenstoff) (ペンキ・油絵の具などに混ぜる)乾燥剤.
[< *lat.* siccāre „trocknen" (◇Sekt)]

Si·la·ge[zilá:ʒə] 女 -/ ＝Ensilage

Sil·be[zílbə] 女 -/-n **1** 〘言〙音節, シラブル: eine betonte 〈unbetonte〉 ～ アクセントのある〈ない〉音節 | eine geschlossene ～ 閉音節(子音で終わる音節) | eine offene ～ 開音節(母音で終わる音節) ‖ Das Wort „Blume" hat

S

zwei ～*n*. Blume という語は2音節だ. **2**《比》一言, 一語: ～*n* verschlucken《俗》もぐもぐ言う | ～*n* stechen 字句にこだわる | keine 〈nicht eine〉 ～ 〔von *et.*[3]〕 sagen 〔…について〕一言も言わない | ***et.***[4] **mit keiner ～ erwähnen** …には一言も触れない | Ich glaube dir keine ～. きみの言うことはまったく信じない.

[*gr.* syllabḗ－*lat.* syllaba－*ahd.*; ＜*gr.* syl-lambánein „zusammen-nehmen"; ◇*engl.* syllable]

Sil·ben≠ak·zent 男〘言〙音節アクセント(㊥ singen の第1音節 sin.. では i がその担い手). **≠an·laut** 男〘言〙音節初頭音. **≠gip·fel** 男, **≠kern** 男 ＝Silbenträger **≠klau·ber** 男《話》字句にこだわる人; 細事に拘泥する人. **≠maß** 中〘詩〙音節の長短. **≠rät·sel** 中 つづり字なぞ〔遊び〕, つづり字合わせ. **≠schrift** 女 音節文字. **≠trä·ger** 男〘言〙音節主音. **≠tren·nung** 女〘言〙分綴(ぶんてつ)〔法〕; 分節〔法〕.

sil·ben·wei·se 副 (→..weise ★)音節に分けて, 一つづりずつ.

..silber[..zɪlbər]《数詞につけて「音節・シラブルが…の語・詩行」を意味する男性名詞 (-s/-) をつくる. ..silbler, ..silbner となるものもある: →..er[1] I 2》: Ein*silber* / Ein*silbler* 1音節の語 | Acht*silbner* 8音節の詩行.

Sil·ber[zílbər] 中 -s/ **1** 銀(記号 Ag): gediegenes 〈reines〉 ～ 純銀 | mattes ～ いぶし銀 | Neu*silber* 洋銀 ‖ ein Becher aus ～ 銀杯 | *et.*[4] mit ～ überziehen …に銀をかぶせる, …を銀めっきする ‖ Reden ist ～, Schweigen ist Gold. (→reden I). **2 a)** 銀貨; 銀製品: auf 〈von〉 ～ speisen 銀の食器で食べる | 10 DM in ～ 銀貨で10マルク. **b)**《ふつう無冠詞で》(Silbermedaille)〘スポ〙銀メダル: olympisches ～ オリンピックの銀メダル. **3** 銀色, 銀色の輝き: das ～ des Mondlichtes 月光の銀色の輝き.

[*germ.*; ◇*engl.* silver]

Sil·ber≠ader[zílbər..] 女 銀鉱脈. **≠ar·beit** 女 銀細工〔品〕.

sil·ber·ar·tig 形 **1** 銀のような, 銀色に輝く. **2** (音について)銀鈴を振るような.

Sil·ber≠auf·la·ge 女 銀めっき. **≠bar·ren** 男 銀の延べ棒, 銀地金. **≠bart** 男《雅》銀髯(ぎんぜん). **≠berg·werk** 中〘坑〙銀山.

sil·ber·be·schla·gen 形 銀〔金具〕で飾った.

Sil·ber≠be·steck 中 銀食器(ナイフ・フォーク・スプーン)のセット. **≠blatt** 中〘植〙ルナリア, ゴウダソウ(アブラナ科の草花). **≠blech** 中 銀の薄板. **≠blen·de** 女〘鉱〙濃〔淡〕紅銀鉱. **≠blick** 男《戯》斜視, やぶにらみ. **≠braut** 女 銀婚式の妻. **≠bräu·ti·gam** 男 銀婚式の夫. **≠chlo·rid** 中〘化〙塩化銀. **≠di·stel** 女〘植〙カルリナ, チャボアザミ. **≠draht** 男 銀線. **≠erz** 中 銀鉱〔石〕. **≠fa·den** 男 銀糸;《比》(髪やひげにまじる)しらが, 銀髪.

sil·ber≠far·ben 形, **≠far·big** 形 銀色の.

Sil·ber≠fa·san 男〘鳥〙シラキジ(白雉). **≠fisch·chen** 中〘虫〙シミ(衣魚)科の昆虫. **≠fleck** 男〘虫〙ギンモンシャチホコ(銀紋鯱蛾). **≠fo·lie**[..fo:liə] 女 銀箔(ぎんぱく). **≠fuchs** 男 **1**〘動〙ギンギツネ(銀狐). **2** ギンギツネの毛皮: einen ～ tragen ギンギツネの毛皮を身に着ける. **≠ful·mi·nat** 中〘化〙雷酸銀. **≠ge·halt** 男 銀含有量, 銀の純度. **≠geld** 中 銀貨. **≠ge·schirr** 中 銀食器. **≠glanz** 男 **1**〘鉱〙輝銀鉱. **2** 銀色の輝き.

sil·ber≠glän·zend 形 銀色に輝く. **≠grau** 形 銀灰色の, 銀ねずみ色の.

Sil·ber·haar 中《雅》銀髪.

sil·ber≠hal·tig 形 銀を含有する. **≠hell** 形 (音・声などが)さえた, 明るく響く;《雅》銀のように輝く; (水などが)澄んだ.

Sil·ber·hoch·zeit 女 銀婚式.

sil·be·rig ＝silbrig

Sil·ber≠klang 男 (銀の鈴をふるような)澄んだ響き, さえた音. **≠la·mé** 男〘服飾〙銀ラメ.

Sil·ber·ling[zílbərlɪŋ] 男 -s/-e (昔の)銀貨:〘もっぱら次の成句で〙***jn.*** 〈***et.***[4]〉 **für dreißig ～*e* verraten** …をわずかばかりの金のために裏切る〈漏らす〉.

Sil·ber≠lö·we[zílbər..] 男 (Puma)〘動〙ピューマ, アメリカライオン. **≠me·dail·le**[..medaljə] 女 (オリンピック競技などの)銀メダル. **≠mö·we** 女〘鳥〙セグロカモメ(背黒鷗). **≠mün·ze** 女 銀貨.

sil·bern[zílbərn] 形 **1**《付加語的》銀の; 銀製の: ein ～*er* Becher 銀杯 | ～*es* Lorbeerblatt〘スポ〙銀桂冠賞 | eine ～*e* Medaille 銀メダル ‖ die ～*e* Hochzeit (→Hochzeit 1) | der *Silberne* Sonntag (→Sonntag) | das ～*e* Zeitalter〔白〕銀時代(黄金時代に次ぐ時代). **2** 銀色の; 銀のように輝く; (音色が)銀鈴のような澄んだ〈さえた〉: ～*es* Haar 銀髪 | ～*e* Wellen 銀波 | ein ～*es* Lachen 明るく澄んだ笑い〔声〕‖ ～ glänzen 銀色に輝く.

[*ahd.*; ◇Silber; *engl.* silvern]

Sil·ber≠ni·trat[zílbər..] 中〘化〙硝酸銀. **≠oxyd** 中〘化〙酸化銀. **≠pa·pier** 中 銀紙; すず〈アルミ〉箔(はく)紙. **≠pap·pel** 女〘植〙ウラジロハコヤナギ(裏白箱楊), ハクヨウ(白楊), ギンドロ. **≠plat·tie·rung** 女〘化〙鍍銀(とぎん). **≠rei·her** 男〘鳥〙シラサギ(白鷺)〔属〕. **≠salz** 中〘化〙シルバーソールト, 銀塩. **≠schmied** 男 銀細工師. **≠spin·ne** 女 (Wasserspinne)〘動〙ミズグモ(水蜘蛛). **≠stahl** 男〘化〙含銀鋼. **≠sticke·rei** 女 銀糸刺しゅう. **≠stift** 男〘美〙銀〔尖(せん)〕筆. **≠stoff** 男〘織〙銀襴(ぎんらん). **≠strei·fen** 男 ひとすじの銀色の線: **ein ～ am Horizont**《比》不幸〈悲しみ〉の中に見るひとすじの光明, 一脈の希望. **≠strich** 男 (Kaisermantel)〘虫〙ミドリヒョウモン(緑豹紋蝶). **≠stück** 中 銀貨. **≠tan·ne** 女 (Edeltanne)〘植〙オウシュウモミ(欧州樅). **≠ton** 男 -〔e〕s/..töne **1**《雅》(銀鈴のような)澄んだ明るい音. **2**〘美〙銀色の色調〈トーン〉. **≠tres·se** 女 銀モール. **≠wäh·rung** 女 銀〔貨〕本位〔制〕. **≠wa·ren** 複 銀器, 銀製品, (特に:) 銀の食器類.

sil·ber·weiß 形 銀白色の.

Sil·ber≠wurz 女〘植〙チョウノスケソウ(長之助草)属. **≠zeug** 中《話》銀の什器(じゅうき), 銀製品.

..silbig[..zɪlbɪç][2]《数詞などにつけて「…音節・シラブルの」を意味する形容詞をつくる》: fünf*silbig* 5音節の | gleich*silbig* 音節の数の等しい | mehr*silbig* 多音節の. [＜Silbe]

sil·bisch 形〘言〙音節を成す, 成節的な: ～*e* Konsonanten 成節〈音節主音的〉子音 | ein ～*er* Laut 音節主音.

..silbler[..zɪlplər], **..silbner**[..zɪlpnər] →..silber

silb·rig[zílbrɪç][2] (**sil·be·rig**[..bərɪç][2]) 形 銀のような, 銀色の, 銀色に輝く;《雅》(音色が)銀鈴のような澄んだ〈さえた〉.

Sild[zɪlt][1] 男 -〔e〕s/-〔e〕〘料理〙小さなニシンの塩漬けの一種. [*norw.* „Hering"]

Si·len[zilé:n] 男 -s/-e〘ギ神〙シレノス (Dionysos の従者). [*gr.*－*lat.*]

Si·len·tium[zilέntsiʊm] 中 -s/..tien[..tsiən] (Schweigen) 沈黙; (Ruhe) 静粛:〘ふつう間投詞的に〙*Silentium!* (スピーチの始まるときなどに)お静かに, 謹聴.

[*lat.*; ＜*lat.* silēre „still sein"]

si·lent le·ges in·ter ar·ma[zí:lɛnt lé:ge:s íntər árma·]《ラテ語》(die Gesetze schweigen, wo die Waffen sprechen) 武器が物を言うときは法律は沈黙する; 無理が通れば道理ひっこむ (Cicero).

[◇Lex, inter.., Armarium]

Sil·hou·et·te[ziluέtə] 女 -/-n **1** 影像, シルエット. **2** 影絵, 切り抜き絵(→㊥ Schatten). **3**〘服飾〙シルエット(服の外形・輪郭). [*fr.*; ＜E. de Silhouette (倹約家で知られたフランスの政治家, †1767)]

sil·hou·et·tie·ren[ziluεtí:rən] 他 (h)《*et.*[4]》(…の)シルエットを描く; (…の)輪郭を切り抜く. [*fr.*]

Si·li·ca·gel[zí:likage:l] 中 -s/ ＝Silikagel

Si·li·cium[zilí:tsiʊm] 中 -s/〘化〙珪素(けいそ), シリコン(非金属元素名; 記号 Si).

[＜*lat.* silex „Kiesel〔stein〕"]

Si·li·con[zilikó:n] 中 -s/-e ＝Silikon

si·lie·ren[zilí:rən] 他 (h) (牧草・穀類などを)サイロに貯蔵する. [◇Silo]

Si·li·fi·ka·tion[zilifikatsió:n] 女 -/-en〘化〙珪化.

si·li·fi·zie·ren[..tsí:rən] 他 (h)〘化〙珪化(けいか)する.

Si·li·ka·gel[zí:likage:l] 中 -s/〘化〙珪酸(けいさん)ゲル, シリカゲル.

S

Si·li·kat[ziliká:t] 中 -[e]s/-e 〘化〙 珪酸塩. [<..at]

Si·li·kon[ziliкó:n] 中 -s/-e 《ふつう複数で》〘化〙 シリコーン(有機珪素(けいそ)化合物の重合体の総称); 珪素樹脂.

Si·li·ko·se[ziliкó:zə] 女 -/-n 〘医〙 珪肺(けいはい)症. [<..ose]

Si·li·zium[zilí:tsiʊm] 中 -s/ =Silicium

Si·li·zium·stahl 男 〘金属〙 珪素(けいそ)鋼.

Silk[zɪlk] 男 -s/-s (Seide) 絹. [*engl.*]

Sill[zɪl] 男 -s/-e =Sild [*schwed.*]

Sil·la[zíla·] 女 -/ =Hsin-lo

Si·lo[zí:lo·] 男 (中) -s/-s サイロ(牧草・穀物などを貯蔵する円筒状の気密室: →図). [*span.*]

Si·lo·fut·ter[zí:lo..] 中 サイロ貯蔵飼料(サイロの中で発酵・貯蔵された牧草).

Greifer

Silo

Si·lu·min[zilumí:n] 中 -[s]/ 商標 〘化〙 シルミン(アルミニウムと珪素(けいそ)の合金). [<Silicium+Aluminium]

Si·lur[zilú:r] 中 -s/ 〘地〙(古生代の)シルル紀; シルル系.

Si·lu·rer[..rər] 男 -s/- シルル族(古代に Wales 地方に住んでいた民族). [*lat.* Silurēs]

si·lu·risch[..rɪʃ] 形 **1** 〘地〙 シルル紀の. **2** シルル族の.

Sil·va·ner[zɪlvá:nər] 男 -s/- **1** 《単数で》(白ワイン用)シルヴァーナ種のぶどう. **2** シルヴァーナ種のぶどうからつくった白ワイン.

Sil·ve·ster[1][zɪlvέstər] 男名 ジルヴェスター. [*lat.*; <*lat.* silva „Wald“]

Sil·ve·ster[2][–] 男 中 -s/- 大みそか, ジルヴェスター(民間信仰では悪霊を払い, 新年の運勢を占う行事が行われる). [<Silvester I. (335年12月31日に没した教皇)]

Sil·ve·ster·abend 男 大みそかの晩.

Sil·via[zílvia·] 女名 ジルヴィア.

Si·ma[1][zí:ma·] 女 -/-s, ..men[..mən] 〘建〙 シーマ(古代ギリシアの神殿の軒蛇腹, 軒樋(のきどい): →図 Gesims). [*gr.* kȳma (→Kyma)]

Si·ma[2][–] 中 -[s]/ 〘地〙 シマ(地殻の下層で, 珪素(けいそ)・マグネシウムを多く含む). [<Silicium+Magnesium]

Si·mandl[zí:mandəl] 男 中 -s/- 《南部・オーストリア》《俗》(Pantoffelheld) 女房のしりに敷かれている亭主. [◇sie[1], Mann[2]]

Si·ma Qian[sɪ̂mǎtçǐæn] =Ssu-ma Chien

Sim·bab·we[zɪmbá:bvə] 地名 ジンバブエ(イギリス連邦自治領南ローデシアから1980年に独立したアフリカ南東部の共和国. 首都はハラレ Harare). [◇*engl.* Zimbabwe]

Si·men Sima[1]の複数.

Si·meon[zí:meɔn] 男名 ズィーメオン. [*hebr.* „Erhörung“]

Si·mi·li[zí:mili·] 男 中 -s/-s (特に宝石の)模造[品]. [*it.*; <*lat.* similis „ähnlich“ (◇..sam)]

Si·mi·li≈dia·mant[zí:mili..] 男 人造〈模造〉ダイヤモンド. ≈**stein** 男 人造〈模造〉宝石.

Sim·mer·ring[zímər..] 男 商標 〘工〙 ジンマー=リング(軸受けのオイル=シール). [<W. Simmer (ドイツの技師)]

Si·mon[zí:mɔn] **I** 男名 ズィーモン. **II** 人名 〘聖〙 シモン(→Petrus II). [*gr.*; ◇Simeon]

Si·mo·nie[zimoní:] 女 -/-n[..ní:ən] 〘カトリック〙 聖職〈聖物〉売買, シモニア(聖書: 使 8,18-20). [*kirchenlat.*–*mhd.*; <Simon Magus (使徒の権能を金銭で買おうとしたという Samaria の魔術師)]

si·mo·nisch[zimó:nɪʃ] 形 聖職〈聖物〉売買の.

sim·pel[zímpəl] (sim·pl..) **I** 形 **1** 簡単な, 易しい, 単純な: eine *simple* Aufgabe 〈Frage〉 ごく簡単な課題〈質問〉| eine *simple* Tatsache あたりまえの〈だれでも知っている〉事実. **2** 素朴な, 質素な, 地味な: eine *simple* Kleidung 地味な服装 | ein *simples* Gemüt 素朴な心情 ‖ ~ leben 〈essen〉 質素な暮らし〈食事〉をする. **3** 《ときに軽蔑的に》特徴〈とりえ〉のない, 平凡な: eine *simple* Hausfrau ごく平凡な主婦 | *simple* Leute 愚直な人々. **4** 無知な, 愚かな: ein *simpler* Narr 愚鈍なやつ.

II Sim·pel 男 -s/- 愚か者, ばか; お人よし. [*lat.* simplex (→Simplex)–*fr.*; ◇*engl.* simple]

Sim·pel·fran·sen 複 《俗》 おかっぱの前髪.

sim·pel·haft[zímpəlhaft] 形 愚かな.

Sim·perl[zímpərl] 中 -s/-[n] 《南部・オーストリア》(平べったい)わら編みのパンかご.

sim·pl.. →simpel

Sim·plex[zímplεks] 中 -/-e, ..plizia[zɪmplí:tsia·] **1** (↔Kompositum) 単一語(例 Haus, gut). **2** (↔Komplex) 〘数〙 単体. [<*lat.* sim-plex „ein-fach“ (◇..sam, Plage)]

Sim·plex·lei·tung 女 〘電〙 単信回路.

Sim·pli·cis·si·mus[zɪmplitsísimʊs] 男 -/ **1** ジンプリチシムス, ズィンプリツィスィムス (Grimmelshausen の小説およびその主人公). **2** ジンプリチシムス, ズィンプリツィスィムス(1896–1944,1954–67; ドイツの政治風刺雑誌).

[▽]**sim·pli·ci·ter**[zɪmplí:tsitər, ..tεr] = schlechthin [*lat.*]

Sim·pli·fi·ka·tion[zɪmplifikatsió:n] 女 -/-en (Vereinfachung) 単純化, 簡略化.

sim·pli·fi·zie·ren[..tsí:rən] 他 (h) (vereinfachen) 単純〈簡素〉化する, 簡略に[記述]する. [*mlat.*]

Sim·pli·fi·zie·rung[..rʊŋ] 女 -/-en 単純〈簡略〉化.

Sim·pli·zia Simplex の複数.

Sim·pli·zia·de[zɪmplitsiá:də] 女 -/-n 〘文芸〙『ジンプリチシムス』ふうの小説(→Simplicissimus 1).

Sim·pli·zis·si·mus[..tsísimʊs] 男 -/ =Simplicissimus

Sim·pli·zi·tät[..tsitέ:t] 女 -/ 単純, 簡素, 簡略; 素朴. [*lat.*]

der **Sim·plon·paß**[zímplo:n..] 地名 男 ..passes/ シンプロン峠(スイス南部とイタリアを結ぶアルプス越えの峠. 標高2005m).

Sims[zɪms][1] 男 中 -es/-e (壁面から水平に突出したところ) 棚, 窓敷居, マントルピース(→図 Kamin); 〘建〙 刳形(くりかた), 軒蛇腹. [*ahd.*]

Sim·se[zímzə] 女 -/-n 〘植〙 スズメノヤリ(雀槍)属.

Sims·ho·bel[zíms..] 男 〘建〙 しゃくり鉋(かんな) (→図 Hobel).

Sim·son[zímzɔn] **I** 男名 ズィムゾン. **II** 人名 〘聖〙 サムソン (Israel の英雄. ペリシテ人の女デリラ Delila の色香に迷い, 怪力の源泉である頭髪を失った. Vulgata 聖書では Samson). [*hebr.* „kleine Sonne“; ◇*engl.* Samson]

Si·mu·lant[zimulánt] 男 -en/-en 仮病使い. [*lat.*]

Si·mu·la·tion[..latsió:n] 女 -/-en **1** 見せかけ, 偽装; 仮病; 〘商〙 空(から)取引. **2** シミュレーション, 模擬実験. [*lat.*]

Si·mu·la·tor[..lá:tɔr, ..to:r] 男 -s/-en[..lató:rən] (自動車・航空機・原子炉などの)模擬運転〈訓練〉装置, シミュレーター. [*lat.*]

si·mu·lie·ren[zimulí:rən] **I** 他 (h) **1** 《*et.*[4]》(…の)ふりをする, (…を)装う, (…に)見せかける: Fieber 〈Verlegenheit〉 ~ 熱のある〈当惑した〉ふりをする | eine Krankheit ~ 仮病を使う ‖ eine *simulierte* Erklärung 〘法〙 虚偽表示. **2** (シミュレーターを使って…の)模擬実験をする. **II** 自 (h) **1** 仮病を使う. [▽]**2** 《über *et.*[4]》(…を)くよくよ考える. [*lat.*; <*lat.* similis (→Simili); ◇assimilieren]

si·mul·tan[zimʊltá:n] 形 **1** (gleichzeitig) 同時の, 同時に起こる: ~ dolmetschen 同時通訳をする. **2** (gemeinsam) 共同の, 共通の. [*mlat.*; <*lat.* simul „zugleich“]

Si·mul·tan≈büh·ne 女 並列舞台(特に中世の宗教劇などで, はじめから全幕上演に必要な舞台装置をすべて並列しておき, 俳優はそれらを順々に使いながら劇を上演した). ≈**dol·met·schen** 中 -s/ 同時通訳. ≈**dol·met·scher** 男 -s/- 同時通訳者.

Si·mul·ta·n[e]i·tät[zimʊltan(e)itέ:t] 女 -/-en 同時性; 共通性. [*mlat.*]

Si·mul·ta·neum[zimʊltá:neʊm] 中 -s/ (諸宗派による教会堂・墓地・鐘など教会施設の)共同使用権.

Si·mul·tan·grün·dung[zimʊltá:n..] 女 〘経〙(株式

S

会社の)同時〈発起〉設立.

Si·mul·ta·ni·tät =Simultaneität

Si·mul·tan≈kir·che[zimʊltá:n..] 女 諸宗派共同の教会, ユニオンチャーチ. **≈schu·le** 女 (特定宗派の教義に拘束されない)宗派混合学校. **≈spiel** 中 同時対局(チェスなどで強者が同時に数人を相手とすること). **≈über·set·zung** 女 同時通訳.

sin 略 =Sinus〘数〙正弦.

der **Si·nai**[zí:naiˑ] 地名 男 -[s]/ シナイ(エジプト北東部, 紅海に突き出た半島とその南部の山塊).
[*hebr.* „der Vielzackige"]

Sin·an·thro·pus[zinántropʊs] 男 -/..pi[..piˑ], ..pen [..pən]〘人類〙シナントロプス, ペキン〈北京〉原人.
[< *spätlat.* Sīnae (→Sinologe)+anthropo..]

Si·nau[zí:naʊ] 男 -s/-e (Frauenmantel)〘植〙ハゴロモグサ(羽衣草)属. [*mndd.*; < *ahd.* sin..(→Singrün)]

sind[zɪnt] sein[1]の現在 1・3 人称複数, 現在 2 人称敬称単数・複数 (wir *sind*, sie *sind*, Sie *sind*).

Sind(h)[zɪnt] 地名 シンド(パキスタン南東部の州. 州都は Karatschi).

sine《ラテ語》→*sine* anno, *sine* ira et studio, *sine* loco, *sine* loco et anno, *sine* tempore [◇sonder]

ᵛ**si·ne an·no**[zí:nə ánoˑ, ..neˑ –]《ラテ語》(略 s. a.)(書物に関して)〔発行〕年代不詳. [„ohne Jahr"]

si·ne ira et stu·dio[– í:raˑ ɛt stú:dioˑ]《ラテ語》怒りも偏愛もなく, 客観的に, 不偏不党の立場で. [◇Studium]

Si·ne·ku·re[zinekú:rə] 女 -/-n〘キリスト教〙(職務上の義務のない)聖職〔禄(ろく)〕;《比》(労少なく利得の多い)閑職.
[*lat.* sine cūrā „ohne Sorge"; ◇Kur[2]]

ᵛ**si·ne lo·co**[zí:nə ló:koˑ, ..neˑ –]《ラテ語》(略 s. l.)(書物に関して)〔発行〕場所不詳. [„ohne Ort"]

ᵛ**si·ne lo·co et an·no**[– – ɛt ánoˑ]《ラテ語》(略 s. l. e. a.) 場所および年代不詳. [„ohne Ort und Jahr"]

si·ne tem·po·re[zí:nə témporə, ..neˑ ..reˑ]《ラテ語》(略 s. t.)(↔cum tempore)(大学の講義などが) 15分の遅れなしに, 表示時間通りに, 定刻に. [◇Tempus]

Sin·fo·nie[zɪnfoní:] 女 -/-n[..ní:ən] **1**〘楽〙交響曲, シンフォニー. **2**《雅》調和的な組み合わせ: eine ～ von Farben 色彩の調和.
[*gr.*–*lat.*–*it.*; < *gr.* sým-phōnos „zusammen-klingend" (◇syn.., ..phon); ◇*engl.* symphony]

Sin·fo·nie≈kon·zert 中 シンフォニー=コンサート. **≈or·che·ster** 中 交響〔管弦〕楽団.

Sin·fo·niet·ta[zɪnfoniétaˑ] 女 -/..tten[..tən]〘楽〙小交響曲, シンフォニエッタ. [*it.*]

Sin·fo·nik[zɪnfó:nɪk] 女 -/〘楽〙交響〔的〕手法, 交響曲作法; 交響〔曲〕的性格.

Sin·fo·ni·ker[..nikər] 男 -s/-〘楽〙**1** 交響曲〈シンフォニー〉の作曲家. **2** 交響楽団員: die Wiener ～ ウィーン交響楽団.

sin·fo·nisch[..nɪʃ] 形〘楽〙交響曲〈シンフォニー〉の; 交響曲〈シンフォニー〉的な: eine ～*e* Dichtung 交響詩.

Sing. 略 =Singular 単数.

Sing·aka·de·mie[zíŋ..] 女 合唱協会(1791年ベルリンに創設され, その後同名のものが各地に設立された).
[<singen]

Sin·ga·pur[zíŋgapu:r, ◡◡⏊] 地名 **1** シンガポール(1965年に独立したマライ半島南端の島. 英語形 Singapore): die Republik ～ シンガポール共和国 | die Straße von ～ シンガポール海峡. **2** シンガポール(1の首都).
[*sanskr.* „Löwenstadt"; ◇Singhalese]

Sin·ga·pu·rer[zíŋgapu:rər, ◡◡⏊◡] 男 -s/- シンガポール人.

sin·ga·pu·risch[..rɪʃ] 形 シンガポールの.

sing·bar[zíŋba:r] 形 (曲などが)歌うことの可能な.

Sing·dros·sel 女〘鳥〙ウタツグミ(歌鶫).

Sin·ge≈be·we·gung[zíŋə..] 女 (旧東ドイツの)うたごえ運動. **≈grup·pe** 女 (旧東ドイツの)うたごえグループ. **≈klub** 男 (旧東ドイツの)うたごえクラブ.

Sin·gel·trüd·chen[zíŋəl..] 中 -s/-《北部》(Heimchen)〘虫〙コオロギ(蟋蟀).

sin·gen*[zíŋən]《168》**sang**[zaŋ] / **ge·sun·gen** [gəzʊ́ŋən]; 接II sänge[zɛ́ŋə]

I 自 (h) **1** (英: *sing*) 歌う; (鳥が)鳴く, さえずる; 歌声のような音をたてる(湯わかしのチンチン鳴る音・風や波浪のうなる音・エンジンの回転音など): Sie *singt* gut 〈schlecht〉. 彼女は歌がうまい〈へただ〉| falsch ～ 調子はずれに歌う | vom Blatt ～ 初見で(楽譜を見ていきなり)歌う | zur Begleitung 〈Gitarre〉 ～ 伴奏つきで〈ギターの伴奏で〉歌う | Die Telegrafendrähte *singen.* 電線がピュンピュンうなる(風で) | Wie die Alten *sungen*, so zwitschern auch die Jungen. (→alt II 1 a) | Hör auf zu ～!《話》いいかげんに静かにしろ | Bei dir *singt* es wohl?《話》君は頭がおかしいんじゃないか | Er hörte die Engel im Himmel ～.《話》彼は気が遠くなるほどの激しい痛みを感じた ‖〘結果を示す語句と〙*jn.* in den Schlaf ～ (子守歌などを)歌って…を寝かしつける ‖ 再帰 *sich*[4] heiser ～ 歌って声をからす ‖ 再帰・非人称 Im Stehen *singt* es sich besser. 立っている方がよく歌える | Es *singt* sich schön im Freien. 戸外で歌うのはすばらしい ‖〘現在分詞で〙*singend* marschieren 合唱しながら行進する | die *Singende* Säge (→Säge 1) | mit *singendem* Tonfall sprechen 歌うような口調で話す.

2《雅》歌に詠む, 詩作する: Der Dichter *singt* gern von der Schönheit der Natur. この詩人は好んで自然の美を詠む.

3《話》(取り調べの際に犯人が共犯者の名前・盗品の隠し場所などを)自白〈白状〉する: *jn.* zum *Singen* bringen …に自白させる, …に泥を吐かせる.

II 他 (h) (歌・声部などを)歌う: eine Arie 〈einen Schlager〉 ～ アリア〈流行歌〉を歌う | *jm.* deutsche Lieder ～ …にドイツ歌曲を歌って聞かせる | *js.* Lob ～ …をほめそやす | ein Solo 〈ein Duett〉 ～ ソロ〈二重唱〉を歌う | Sopran 〈Tenor〉 ～ ソプラノ〈テノール〉の声部を歌う | Davon kann ich ein Lied ～. / Davon weiß ich ein Lied 〈ein Liedchen〉 zu ～. (→Lied 1) | Deine Ermahnungen kann ich schon ～.《話》君のお説教はもう耳にたこができるほど聞いているよ | Das kannst du ～!《話》(相手の発言の内容を強く肯定して)そのとおりだよ, そうなんだよ | Das ist mir nicht an der Wiege *gesungen* worden. (→Wiege 1) | Wes Brot ich ess', des Lied ich sing'. (→Brot) ‖ 再帰 Das Lied *singt* sich leicht. この歌は歌いやすい.
[„mit feierlicher Stimme vortragen"; *germ.*; ◇Gesang; *engl.* sing]

Sin·ge·rei[zɪŋəráɪ] 女 -/-en〔絶えず・うるさく〕singen すること.

Sin·ge·stun·de[zíŋə..] =Singstunde

Sin·gha·le·se[zɪŋgalé:zə] 男 -n/-n (Sri Lanka 人の主体をなす)シンハリー人. [< *sanskr.* Simhala „Ceylon"]

sin·gha·le·sisch[..zɪʃ] 形 シンハリー〔族〕の.

Sin·gle[zíŋ(g)əl, sɪŋgl] **I** 女 -/-[s] (レコードの)シングル盤. **II** 中 -[s]/-[s] (Einzel) (テニスなどの)シングルス. **III** 男 -[s]/-[s] (男女を問わず)独身者. [*lat.* singulus „je einer"–*afr.*–*engl.*; ◇..sam, singulär]

Sin·gle·plat·te 女 =Single I

Sin·grün[zíŋgry:n, zín..] 中 -s/ (Immergrün)〘植〙ツルニチニチソウ(蔓日日草).
[*ahd.*; < *ahd.* sin.. „dauernd" (◇..sam)]

Sing≈sang[zíŋzaŋ] 男 -[e]s/ (単調で抑揚のない)歌声; 歌うような話し方;《軽蔑的に》へたくそな歌. **≈schu·le** 女 **1** 声楽学校〈教習所〉; 声楽の教則本. **2** (15-16世紀の)職匠〈工匠〉歌人養成所, 技能訓練所. **≈spiel** 中〘楽〙ジングシュピール, 歌唱劇, 歌入り芝居(18世紀後半から19世紀前半にかけてドイツで行われた民衆的なせりふ入りの歌劇). **≈stim·me** 女 歌うときの声;〘楽〙声部. **≈stun·de** 女 歌の時間; 声楽のレッスン. [<singen]

Sin·gu·lar[zíŋgula:r, ◡◡⏊] 男 -s/-e (略 Sing., Sg., sg.) (↔Plural) (Einzahl)〘言〙単数〔形〕: Es gibt Wörter, die keinen ～ haben. 単数形をもたない語がある.

sin·gu·lär[zɪŋgulɛ́:r] 形 まれな, まれに見る, 珍しい, めったにない; 特異な, 独特の: ein ～*es* Ereignis めったにない出来

事 | der ~*e* Punkt〘数〙特異点 ‖ Solche Erscheinungen sind äußerst ~./ Solche Erscheinungen treten äußerst ~ auf. かかる現象はきわめてまれである. [*lat.* singulāris „einzeln"; ◇Single; *engl.* singular]

Sin·gu·la·res Singularis の複数.

Sin·gu·la·re·tan·tum[zɪŋgula:rətántʊm] 中 -s/-s, Singulariatantum[..riatán..] (↔Pluraletantum)〘言〙(複数形を欠く)単数〔形〕名詞(例 Adel, Fleisch, Durst). [< *lat.* tantum „nur" (◇Tand)]

Sin·gu·la·ris[zɪŋgulá:rɪs] 男 -/..res[..re:s] = Singular

sin·gu·la·risch[..rɪʃ] 形〘言〙単数〔形〕の.

Sin·gu·la·ris·mus[zɪŋgularísmʊs] 男 -/ 〘哲〙一元〈単元〉論.

sin·gu·la·ri·stisch[..rístɪʃ] 形〘哲〙一元〈単元〉論の.

Sin·gu·la·ri·tät[zɪŋgularitɛ́:t] 女 -/-en **1**《単数で》singulär なこと. **2**〘気象〙**a**) (一定の季節になると必ず現れる)特異な気象現象. **b**) 特異日. **3**〘数〙特異点. [*spätlat.*]

Sin·gu·lar·suk·zes·sion[zɪŋgulá:r..] 女 (↔ Universalsukzession)〘法〙単独相続.

Sing≈vo·gel[zíŋ..] 男 **1**〘鳥〙鳴禽(めいきん)〔類〕, スズメ類. **2**《話》(取り調べで共犯者の名前・盗品の隠し場所などを)白状する人(→singen I 3). **≈zi·ka·de** 女, **≈zir·pe** 女〘虫〙セミ(蟬)科の昆虫. [< singen]

Si·ning[zí:nɪŋ] 地名 西寧, シーニン(中国, 青海 Tsinghai 省の省都).

si·ni·ster[zinístər] 形 不吉な; 邪悪な. [< *lat.* „links"]

sin·ken*[zíŋkən]《169》**sank**[zaŋk] / **ge·sun·ken**[gəzʊ́ŋkən]; 接II sänke[zɛ́ŋkə]

I 自 (s) **1 a**) (英: *sink*) 沈む, 沈没する; 下降〈落下〉する: Der Ballon 〈Der Fahrstuhl〉 *sinkt.* 気球が降下する〈エレベーターが下降する〉| Die Sonne *sinkt.* 日が沈む | Das Schiff ist 〔auf den Grund〕 *gesunken.* 船が〔水底に〕沈没した ‖ das Schiff zum *Sinken* bringen 船を沈める | Sein Stern ist am 〈im〉 *Sinken.* 彼の運勢は下り坂だ. **b**) (くずれるように)倒れる, 身を沈める; (眠りなどに)おちいる; (身体の部分が)垂れ下がる: **auf** einen Stuhl 〈ins Bett〉 ~ ぐったりといす〈ベッド〉に身を沈める | auf den Boden ~ 地面〈床〉に倒れる | *jm.* **in** die Arme 〈zu Füßen〉 ~ …の腕のなかに倒れ込む〈足もとに身を投げ出す〉| in die Knie ~ がくりとひざを折る, くずおれる | vor Scham in den Boden 〈in die Erde〉 ~ 恥ずかしくて穴があったら入りたい心地である ‖ in Ohnmacht ~ 気絶〈失神〉する | in tiefen Schlaf ~ 深い眠りにおちいる ‖〘lassen とともに〙die Arme 〈den Kopf〉 ~ lassen 両腕をだらりと垂らす〈うなだれる〉| hin und wieder die Hände ~ lassen ときどき仕事の手を休める | die Flügel ~ lassen《比》意気消沈する. **c**)《雅》(霧などが)降りる, (日が)暮れる: Der Abend *sinkt* über die Erde. 夜のとばりがおりてくる ‖ bei *sinkender* Dämmerung たそがれ時に | bis in die *sinkende* Nacht 夜のとばりが降りるまで.

2 a) (水面が)下がる, (地盤が)沈下〈傾斜〉する; (建物が)倒れる, 崩れ落ちる: Die Waagschale *sinkt.* 秤(はかり)皿が傾く | Das Hochwasser ist etwas *gesunken.* 大水はいくらか引いた〈水位が下がった〉‖ Die Stadt ist in Schutt und Asche *gesunken.* 都市は灰燼(かいじん)に帰した. **b**) (温度が)下がる, (値段が)下落する, (価値が)低落する: Das Thermometer 〈Das Quecksilber im Thermometer〉 *sinkt.* 温度計の目盛りが下がる | Die Ware *sank* im Preis. 品物の値が下がった | Der Wert des Grundstücks ist stark *gesunken.* 土地の価格が大きく下がった. **c**) (信用などが)失墜する, (評判が)下落する: in der öffentlichen Meinung ~ 世間の評判を落とす | Er ist in meiner Achtung sehr *gesunken.* 彼を尊敬する私の気持は大いにゆらいだ | in *js.* Augen ~ (→Auge 1).

3 弱まる, 衰える; (痛みが)和らぐ; (声が)小さくなる; (気力が)弱る: Der Blutdruck *sinkt.* 血圧が下がる | Die Geschwulst *sank.* 腫(は)れはひいた | Er ließ den Mut ~./ Ihm *sank* der Mut. 彼の勇気はくじけた ‖ die Stimme ~ lassen 声をおとす(=die Stimme senken) | die Hoffnung ~ lassen 希望を失う.

4 (貧困・悪徳などに)陥る, 落ちぶれる: moralisch ~ 堕落する | Sie ist in den letzten Jahren tief *gesunken.* 彼女はここ数年のあいだにひどく落ちぶれた〈身を持ち崩した〉.

II 他 (h)〘坑〙垂直に掘る: einen Schacht ~ 立坑を掘り下げる.

[*germ.*; ◇senken, sacken[2]; *engl.* sink]

Sin·kiang-Ui·ghur[zínkĭaŋ|uigú:r] 地名 新疆ウイグル, シンチアンウイグル(中国, 西北地区北西部のウイグル族自治区で, 区都は烏魯木斉 Urumtschi, また Ürümqi).

Sink≈ka·sten[zíŋk..] 男〘土木〙(排水溝に設ける箱型の)泥だめ枡(ます). **≈stoff** 男 (水中に含まれている)浮遊物質; 浮遊〈浮流〉土砂. [< sinken]

Sinn[zɪn] 男 -es(-s)/-e **1 a**) (英: *sense*) 知覚, 感覚(視覚・聴覚・嗅覚(きゅうかく)・味覚・触覚など); 《複数で》正常な意識, 正気: Gesichts*sinn* 視覚 | Tast*sinn* 触覚 | die fünf ~*e* 五感 | **der sechste ~** i) 第六感; 《話》性欲; ii)《話》ばかげたこと, ナンセンス〔なこと〕(→4) ‖ **einen sechsten ~ für *et.*[4] haben** …に対して勘が働く | *jm.* die ~*e* umnebeln (酒・疲労などが)…の頭をもうろうとさせる | Tiere haben oft schärfere ~*e* als der Mensch. 動物はしばしば人間よりも鋭敏な感覚をもっている | ***seine* fünf ~*e* zusammennehmen 〈zusammenhalten〉**《話》注意力〈全神経〉を集中する | ***seine* fünf ~*e* nicht beisammen haben** / 《話》**nicht bei ~*en* sein** 頭がどうかしている ‖ **von ~*en* sein** 分別を失っている | Bist du von ~*en*? 君は気でも狂ったのか ‖ *seiner* ~*e* nicht mehr mächtig sein (→mächtig 2) | nicht mehr Herr *seiner* ~*e* sein (→Herr 2 a) ‖ ***jm.* schwinden die ~*e*** 《雅》…が意識を失う | Ihm vergingen 〈verschwanden〉 die ~*e*. 彼は意識を失った | Seine ~*e* verwirrten sich. 彼は頭のなかが混乱した.

b)《複数で》《雅》官能, 肉体的欲望: *js.* ~*e* erregen …の官能を刺激する | den ~*en* unterworfen sein 官能の奴隷である ‖ Seine ~*e* erwachten. 彼の官能がうずきはじめた.

2《単数で》(特定の事物を理解する)感覚, センス, 感受性: der ~ für Humor ユーモアを解する心 ‖ Er hat einen offenen ~ für alles Schöne. 彼はすべての美に対して開かれた感受性をもっている | Er hat überhaupt keinen ~ für Sauberkeit./ Der ~ für Sauberkeit fehlt ihm völlig. 彼には清潔〈潔癖〉ということに対する感覚がまるでない.

3《単数で》**a**) (念頭にある)考え, 意識: ***jm.* nicht aus dem ~ gehen** …の念頭を去らない | Ihm wollte das Mädchen nicht aus dem ~ 〔gehen〕. 彼はその女のことがどうしても忘れられなかった | ***jm.* aus dem ~ kommen** …の念頭から消え去る | ***et.*[4] aus dem ~ schlagen** (努力して)…を念頭から消す | Schlag dir diesen Plan aus dem ~! この計画はあきらめろ | *et.*[4] aus dem ~ verlieren …を忘れ去る | Aus den Augen, aus dem ~. (→Auge 1) | ***jm.* durch den ~ gehen 〈fahren〉** …の頭に思い浮かぶ | ***et.*[4] im ~ behalten** …を心〈記憶〉に留める | ***et.*[4] im ~ haben** … を考えている〈もくろんでいる〉| Er hat nur sein Vergnügen im ~. 彼ときたら自分の楽しみのことしか頭にない | ***jm.* im ~ liegen** …の念頭にある, …の気にかかっている | ***jm.* in den ~ kommen** …の頭に思い浮かぶ | Laß es dir nicht in den ~ kommen, allein zu gehen! ひとりで行こうなんて気はおこすなよ | **ohne ~ und Verstand** よく考えずに | *et.*[4] ohne ~ und Verstand tun 無分別に〈よく考えもしないで〉…を行う.

b) ものの考え方, 性向, 性格, 気質; 意向, 意図, 気持; 好み: *seinen* ~ ändern 考えを変える | einen geraden 〈unbefangenen〉 ~ haben まっすぐな〈ものにこだわらない〉気性の持ち主である | einen fröhlichen 〈heiteren〉 ~ haben 明朗な性格である ‖ mit *jm.* eines ~*es* 〈gleichen ~*es*〉 sein 《雅》…と考えが同じである | anderen ~*es* werden《雅》気持が変わる | frohen ~*es* 楽しい気分で | leichten ~*es* 気楽に ‖ **auf *seinem* ~ bestehen 〈beharren〉/ bei *seinem* ~ bleiben** 自分の考えを変えない | **gegen** 〈wider〉 *js.* ~ …の意に反して | **in** *js.* ~ …の意向〈考え方〉にそって | Es ist im ~*e* des Käufers, wenn die Preise gesenkt werden. 物価が下がるのは買い手の望むところだ | **nicht im ~*e***

S

des Erfinders sein《話》本来の意図ではない | Das Programm war ganz **nach** seinem ～. プログラムは全く彼の好みどおりのものだった | nicht nach *js.* ～ sein …の意にそわない | Da wurde mir anders **zu** ～. そのとき私の気持は変わった ‖ ***jm.* steht der ～ nach *et.***³ …は…をしたい気分である | Ihm stand der ～ nach Abenteuern. 彼は冒険を求めたい気分だった | Heute steht mir der ～ nicht nach Feiern. きょうの私ははにぎやかに騒ぐ気にはなれない | Endlich schmolz sein harter ～. ついに彼のかたくなな心もほぐれた | Krauses Haar, krauser ～. (→Haar 1) | Viele Köpfe, viele ～*e*. (→Kopf 1).

4《単数で》意味; 意義; 趣旨: der ～ eines Wortes 語義 | der ～ eines Satzes 文意 | der ～ des Lebens 人生の意義, 生きがい | der eigentliche ～ 本来の意味 | Un*sinn* 無意味, ナンセンス ‖ den ～ begreifen 〈erfassen〉 意味を理解〈把握〉する | *et.*³ einen neuen ～ geben …に新しい意義を付与する | Der Satz gibt keinen ～. この文は意味をなさない | einen 〈keinen〉 ～ haben 意味がある〈ない〉 | Es hat keinen ～, länger zu warten. これ以上待っても無意味だ | **weder ～ noch Verstand haben** 全く無意味〈ナンセンス〉である | einen ～ in *et.*⁴ hineinlegen …に(本来含まれていない)意味をつけ加えて解釈する | keinen 〈wenig〉 ～ machen《話》意味がない〈あまり意味がない〉 | *et.*³ einen anderen ～ unterschieben …に別な意味をこじつける ‖ **in** diesem 〈jedem〉 ～〔*e*〕 この〈あらゆる〉意味で | in gewissem ～*e* ある意味で | im wörtlichen 〈übertragenen〉 ～*e* 文字どおりの〈比喩(ひゆ)的な〉意味で | Musik im weitesten ～〔*e*〕 もっとも広い意味での音楽 | *et.*⁴ dem ～〔*e*〕 **nach** zitieren …を(字句どおりにではなく)その大意にしたがって引用する | **ohne** jeden ～ 〈ohne ～ und Verstand〉 sein 全く無意味である ‖ Die Sache bekommt erst dadurch ihren ～. この件はそれによってはじめて意味のあるものとなる | Das ist nicht der ～ der Sache. そういうことではないんだ, それではだめなんだ.

[*ahd.*; ◇Sensus, sinnen; *engl.* sense]

Sinn≠be·zirk[zín..] 男《言》意味領域(主要な意味素性を共有する語の集合である語場 Wortfeld が表す意味分野). **≠bild** 中 (Symbol) 象徴, シンボル: Der Anker ist das ～ des Glaubens. 錨(いかり)は信仰の象徴である.

sinn·bild·lich 形 象徴的な; 比喩(ひゆ)的な: *et.*⁴ ～ ausdrücken …を象徴〈比喩〉的に表現する.

sin·nen*[zínən]《170》 **sann**[zan]/**ge·son·nen**[gəzɔ́nən]; 接II sänne[zɛ́nə] (ᵛsönne[zœ́nə]) **I** 自 (h) **1**《über *et.*⁴》(…について)思案〈熟考〉する, じっと考えこむ: Er *sann* und *sann*, aber es fiel ihm kein Ausweg ein. 彼は思案に思案を重ねたが なんの方策も思い浮かばなかった | Er stand *sinnend* am Fenster. 彼は物思いに沈みながら窓辺に立っていた. **2**《auf *et.*⁴》(…を)もくろむ, 企てる: auf Rache ～ 復讐(ふくしゅう)をたくらむ | auf neue Mittel und Wege ～ 新しい方策を工夫する.

II 他 (h) もくろむ, 企てる: Verrat ～ 裏切りを企てる | Er *sinnt* nichts Gutes. いつも彼はよからぬたくらみを抱いている.

III Sin·nen 中 -s/ 思案, 熟考, 沈思黙考; もくろみ, 企て: in düsteres ～ versinken 暗い物思いに沈む ‖ ***js.* ～ und Trachten**《雅》…のすべての努力 | All mein ～ und Trachten ging dahin, ihn zu retten. 私はひたすら彼を救い出すことばかりを考えていた.

IV ge·son·nen → 別出

[„gehen“; *ahd.*; ◇senden, Gesinde, Sinn]

Sin·nen≠freu·de[zínən..] 女 感覚的な喜び, 官能的(特に性的な)愉悦. **≠ge·nuß** 男 感覚的享楽, 官能的(特に性的な)悦楽. **≠lust** 女 -/ = Sinnenfreude **≠mensch** 男 官能主義者, 享楽的な人間. **≠rausch** 男 官能の陶酔. **≠reiz** 男 官能の(特に性的な)刺激.

sinn·ent·stel·lend[zín..] 形 意味をゆがめる, こじつけの.

Sin·nen·welt[zínən..] 女 -/ 感覚世界, 物質〈現象〉界.

Sin·nes≠än·de·rung[zínəs..] 女 心変わり, 心境の変化; 変心, 変節: In ihm hat sich eine ～ vollzogen. 彼には心境の変化が生じた. **≠art** 女 物の考え方, 性向; 志操. **≠ein·druck** 男 感覚的印象. **≠haa·re** 複《生》感覚毛. **≠nerv** 男《生》感覚神経. **≠or·gan** 中 感覚器〔官〕. **≠reiz** 男 感覚の刺激. **≠stö·rung** 女 感覚障害. **≠täu·schung** 女 錯覚, 感覚錯誤. **≠wahr·neh·mung** 女 (感覚器官による)知覚;《生》認知. **≠wan·del** 男 -s/ 心変わり, 心境の変化; 変心, 変節. **≠werk·zeug** 中 = Sinnesorgan **≠zel·le** 女《生》感覚〈知覚〉細胞.

sinn·fäl·lig[zín..] 形 はっきり感知できる; 具体的な, 明白な: *et.*⁴ ～ ausdrücken …を明確〈具体的〉に表現する.

Sinn·fei·ner[ʃɪnféːnər, ʃínféɪnə] 男 -s/- シンフェーン党(アイルランド独立党)の党員. [*ir.* sinn fēin „wir selbst“]

Sinn·ge·bung[zín..] 女 -/-en 意味づけ, 解釈. [＜Sinn geben (→Sinn 4)]

Sinn≠ge·dicht 中 (Epigramm) 格言〈寸鉄〉詩. **≠ge·halt** 男 意味内容.

sinn≠ge·mäß 形 (文字どおりではなく)意味に即した: Er hat ～ folgendes gesagt. 彼は次のような意味のことを言った. **≠ge·treu** 形 意味を忠実に体した: eine ～*e* Übersetzung 意訳. **≠gleich** = sinnverwandt 1

sin·nie·ren[zɪníːrən] 自 (h) 思案〈黙考〉する; 考えこむ, 思いわずらう. [sinnen をフランス語めかした形]

Sin·nie·rer[..rər] 男 -s/- (sinnieren する人. 例えば:)思案家.

sin·nig[zínɪç]² 形 **1** 意味深い, 含蓄に富んだ; (目的に合致するように)工夫をこらした, 考えぬかれた; (贈り物などが)気のきいた: ein sehr ～*es* Verfahren よく考えられた処置. **2**《今日ではしばしば反語的に》気をきかせたつもりで実は間の抜けた, 場違いの: ein ～*er* Einfall (皮肉をこめて)気のきいた思いつき.

Sin·nig·keit[−kaɪt] 女 -/ sinnig なこと.

sinn·lich[zínlɪç] 形 **1**《述語的用法なし》感覚〈知覚〉の; 知覚しうる, 感覚に訴える, 感性的な; 具象的な: eine ～*e* Wahrnehmung (感覚器官による)知覚 | die ～*e* Welt 感覚世界, 物質界 ‖ *et.*⁴ ～ wahrnehmen …を感覚を通して知覚する. **2** 官能的な, 性的な, 肉欲的な, 好色な: ～*e* Freuden 官能の喜び | ～*e* Liebe 性愛 | ～*e* Lippen セクシーな唇 | ein ～*er* Mensch 好色家 | ～*es* Verlangen 性的欲望 ‖ Ihr Mund ist sehr ～. 彼女の口はとても肉感的だ ‖ *jn.* ～ erregen …を性的に興奮させる.

Sinn·lich·keit[−kaɪt] 女 -/ **1** (sinnlich なこと. 例えば:) 感覚〈知覚〉性, 具象性; 官能性. **2** 性的衝動.

sinn·los[zínloːs]¹ 形 **1** 意味のない, 無意味な; ばかげた, くだらぬ; 役に立たない, 無益の; 思慮のない, 無分別な: ～*es* Handeln 無意味な行動 | ～*e* Reden たわごと | ein ～*er* Versuch むだな試み. **2** 無感覚の, 正気を失った: in ～*er* Wut 思わずかっとなって | ～ betrunken 前後不覚に酔いつぶれた.

Sinn·lo·sig·keit[..loːzɪçkaɪt] 女 -/-en **1**《単数で》sinnlos なこと. **2** sinnlos な言動.

Sinn·pflan·ze[zín..] 女《植》オジギソウ(御辞儀草, 含羞草).

sinn·reich[zínraɪç] 形 **1** 意味深い, 含蓄に富んだ; 工夫に富んだ, 考えをこらした: eine ～*e* Erfindung 巧みに工夫をこらした発明. **2** (人が)明敏(聡明(そうめい))な.

Sinn·spruch 男 金言, 格言, 箴言(しんげん).

・**sinn·ver·wandt** 形 **1** (synonym)《言》類義〈同義〉の: ein ～*es* Wort 類義〈同義〉語. **2** 志を同じくする: mein ～*er* Freund 私の同志の友.

Sinn·ver·wandt·schaft 女 -/《言》類義〈同義〉性.

sinn·voll[zínfɔl] 形 意味のある; 有意義な, 意味深い; 有効な; 賢明な: die Freizeit ～ gestalten 余暇を有意義に利用する | Es ist nicht ～, das zu tun. そうするのは賢明でない.

sinn·wid·rig[zínviːdrɪç]² 形 矛盾した, つじつまの合わない, 理に反した, 不合理な.

Sinn·wid·rig·keit[−kaɪt] 女 -/-en sinnwidrig なこと.

Sinn·wort 中 -〔e〕s/..wörter《言》要義語(文の意味の主眼で Rhema を形成する語).

Si·no·lo·ge[zinolóːgə] 男 -n/-n (→..loge) 中国研究

家. [< *spätlat.* Sīnae „Chinesen"]

Si·no·lo·gie[..logíː] 女 -/ 中国研究.

si·no·lo·gisch[..lóːgɪʃ] 形 中国研究の.

si·no·ti·be·tisch[zíːnotibéːtɪʃ] 形 シナ=チベット語族の: die ~*en* Sprachen シナ=チベット語族の諸言語.

▽**sin·te·mal**[zíntəmáːl] (**sin·te·ma·len**[..lən]) 接《従属》《古くは官用語, 今日ではまれに戯語として》(weil) …なるがゆえに: **~ und alldieweil** … まさに…なるがゆえをもって. [*mhd.*; < *mhd.* sīt dem māle (→seitdem)]

Sin·ter[zíntər] 男 -s/- **1** 鉱泉沈殿物, 湯の花(珪華(けいか)・石灰華・硫黄華など). **2** 〘金属〙焼結製品. [*westgerm.*; ◇Zinder]

Sin·ter≈glas 中 -es/ 半融ガラス. **≈me·tall** 中〘金属〙焼結合金.

sin·tern[zíntərn] 《05》 **I** 自 (s) **1** (鉱泉が)沈殿物を作る, 湯の花を生じる. **2** 〘金属〙焼結する; 〘理〙半融する. **II** 他 (h) 〘金属〙焼結させる.

Sin·ter·ter·ras·se 女〘地〙石灰華段.

Sin·te·rung[zíntərʊŋ] 女 -/-en (sintern すること. 例えば:)〘金属〙焼結; 〘理〙半融.

Sint·flut[zíntfluːt] 女 -/ **1** 〘聖〙ノアの洪水: Nach mir ⟨uns⟩ die ~! 《話》あとは野となれ山となれ. **2** 《比》大洪水: **eine ~ von *et.*³** 洪水のような…, 大量の… | eine ~ von Briefen 大量の手紙. [< *ahd.* sin.. (→Singrün)]

Sin·ti[zínti·] Sinto の複数形.

Sin·to[zínto·] 男 -/..ti[..ti·] 《ふつう複数形で》(ドイツ系の)ジプシー(→Rom²): *Sinti* und Roma ジプシーたち. [*Zigeunerspr.*]

Si·nui·ju[zinuidʒúː] 地名 新義州, シヌイジュ(北朝鮮, 平安北道の港湾都市).

Si·nus[zíːnʊs] 男 -/-[..nuːs], -se[..nʊsə] **1** 空洞, 凹所, 湾曲部. **2** (記号 sin)〘数〙正弦, サイン. **3** 〘解〙洞. [*lat.* sinus „Biegung, Busen"]

Si·nus≈kur·ve 女〘数〙正弦曲線, サインカーブ. **≈satz** 男 -[e]s/ 〘数〙正弦定理. **≈schwin·gung** 女〘理〙正弦振動. **≈wel·le** 女〘数・理〙正弦波.

Sioux[zíːʊks, suː] 男 -/- スー族の人(スー族は北米インディアンの一種族. 特に Dakota 族をさす). [*indian.–fr.*]

Si·pho[zíːfo·] 男 -s/-nen[zifóːnən]〘動〙(貝・イカなどの)水管. [*lat.*]

Si·phon[zíːfɔ̃·, ..fɔŋ, zifɔ̃ː; オーストリア: zifóːn, si..] 男 -s/-s **1** 吸い上げ管, サイフォン. **2** =Siphonflasche **3** 〘土木〙(下水管の)防臭弁. **4** 《オーストリア》《話》(Sodawasser) ソーダ水, 炭酸水. [*gr.* síphōn „Wasserröhre"–*lat.* sīphō[–*fr.*]]

si·pho·nal[zifonáːl] 形〘動〙水管状の. [<..al¹]

Si·pho·nen Sipho の複数.

Si·phon·fla·sche[zíːfɔ̃..] 女 サイフォン瓶.

Si·pho·no·pho·ren[zifonofóːrən] 複 (Röhrenquallen)〘動〙管水母(くだくらげ)類. [<..phor]

Sip·pe[zípə] 女 -/-n **1 a)** 〘人類・民俗〙氏族, 部族. **b)** (Taxon)〘生〙分類群. **2** 《単数で》《集合的に》=Sippschaft [*germ.* „eigene Art"; ◇sich]

Sip·pen≈for·schung[zípən..] 女 = Sippenkunde **≈ge·mein·schaft** 女〘史〙氏族共同体. **≈haft** 女, **≈haf·tung** 女 -/ 〘法〙(個人犯罪に対する)家族の共同責任. **≈kun·de** 女 -/ (Genealogie) 氏族学, 系譜学.

Sipp·schaft[zípʃaft] 女 -/-en 《ふつう単数で》《集合的に》**1** 《ふつう軽蔑的に》親族, 親類, 親戚(しんせき). **2** 《軽蔑的に》一味, 徒党, やくざな連中: Das ist ja eine feine ⟨noble⟩ ~! これはまたごりっぱな連中ですな.

Sir[zøːr, sɔː] 男 -s/-s **1** (Herr)(英国で男性に対する敬称または改まった呼びかけの言葉として. 例えば:) あなた[様], だんな様, 先生, 閣下. **2** (英国のナイトまたは準男爵の前につける尊称として)サー, 卿(きょう): ~ Winston [Churchill] (略 ~ Churchill) ウィンストン[チャーチル]卿. [*fr.* sire–*engl.*]

Sire[ziːr, siːr] 男 -s/-s (Majestät)(無冠詞で男性の君主に対する呼びかけの敬称として)陛下. [*fr.*; < *lat.* senior (◇senior); ◇Seigneur, Monsieur]

Si·re·ne[ziréːnə] 女 -/-n **1 a)** 〘ギ神〙セイレン(上半身は女, 下半身は鳥の形をした海の怪物で, 歌で人を魅惑する). **b)** 《比》(人の心を惑わす)歌姫, 妖婦(ようふ). **2** (警笛・警報などの)サイレン: Die ~ heult. サイレンが鳴る. **3** (Seekuh)〘動〙カイギュウ(海牛). [*gr.* Seirḗn–*spätlat.*–*mhd.*; 2: *fr.*]

Si·re·nen≈ge·heul 中 サイレンの鳴る⟨うなる⟩音. **≈ge·sang** 男《雅》(セイレンの歌[声]のように)人の心を惑わす言葉, 甘美な誘惑[の言葉].

si·re·nen·haft[ziréːnənhaft] 形《雅》(セイレンのように)蠱惑(こわく)的な.

der **Si·rius**[zíːriʊs] 男 -/ 〘天〙シリウス(大犬座の首星). [*gr.*–*lat.*; < *gr.* seírios „glühend" (◇Sistrum)]

si·rius·fern 形 はるかかなたの, ごく遠方の.

sir·ren[zírən] 自 **1** (h) (高く震えるような)ブーンという音をたてる: ein heißer *sirrender* Nachmittag 《比》ジーンとするほど暑い午後. **2** (s) (蚊・アブ・ハチなどが)ブーンと飛ぶ: Eine Libelle ⟨Eine Mücke⟩ *sirrt* durch die Luft. とんぼ⟨蚊⟩がブーンと空中を飛ぶ. [擬音]

Si·rup[zíːrʊp] 男 -s/(種類: -e) シロップ; 〘薬〙シロップ(舎利別(しゃりべつ))剤. [*arab.* šarāb „Trank"–*mlat.*–*mhd.*]

Si·sal[zíːzal] 男 -s/ サイザル繊維. [メキシコの港町の名]

Si·sal≈aga·ve 女〘植〙サイザルアサ(メキシコの Yukatan 地方産のリュウゼツラン属の一種で, 葉から繊維を採る). **≈hanf** 男 =Sisal

si·stie·ren[zɪstíːrən] 他 (h) **1** 〘法〙(訴訟手続きなどを)一時停止⟨中断⟩する. **2** 《*jn.*》(身分を取り調べるために)警察に連行する. [*lat.*; < *lat.* stāre (→stehen)]

Si·stie·rung[..rʊŋ] 女 -/-en sistieren すること.

Si·strum[zístrʊm] 中 -s/..stren[..strən] シストルム(玩具のがらがらに似た古代エジプトの楽器). [*gr.* seĩstron–*lat.*; < *gr.* seíein „[er]schütteln"]

Si·sy·phos[zíːzyfɔs] (**Si·sy·phus**[..fʊs]) 人名〘ギ神〙シシュポス (Korinth の王. Zeus の罰を受け, 地獄で岩を押し上げる仕事を課されたが, 岩は常にもう一息のところで転げ落ちるので, 永遠に仕事を繰り返さなければならなかった). [*gr.*[–*lat.*]]

Si·sy·phus·ar·beit 女 シシュポスの仕事; 《比》(果てしのない)無駄な骨折り, (つらくて際限のない)徒労.

sit 《ラテン語》→*sit* venia vervo

Sit-in[zɪt|ín] 中 -s/-s (抗議行動としての)座り込み: ein ~ inszenieren ⟨veranstalten⟩ 座り込みをする. [*amerik.* sit in „dabei sein"; ◇sitzen]

Si·to·ma·nie[zitomaníː] 女 -/-n[..níːən]〘医〙暴食症, 病的飢餓. [< *gr.* sītos „Getreide, Speise"]

Si·to·pho·bie[..fobíː] 女 -/-n[..bíːən] (Nahrungsverweigerung)〘医〙拒食症.

Sit·te[zítə] 女 -/-n **1** (特定の社会や階層の)しきたり, 風習, 風俗; 慣習, 慣例; 風俗, 風紀: ~ und Brauch / ~*n* und Bräuche 風俗[習慣] ‖ Das ist bei uns nicht ~. ここではそのようなしきたりはない | Anstand und ~ verletzen / gegen Anstand und ~ verstoßen 風紀を乱す | Andere Länder, andere ~*n*. (→Land 5) | Andere Zeiten, andere ~*n*. (→Zeit I 2). **2 a)** 《複数で》礼儀作法, 行儀, 行状: gute ⟨schlechte⟩ ~*n* 行儀のよさ⟨わるさ⟩ | ein Mensch von feinen ~*n* 礼儀正しい⟨しつけのよい⟩人. **b)** 《単数で》しつけのよさ, 礼儀正しさ, 行儀のよさ: Sie hat ~. 彼女は行儀⟨しつけ⟩がよい. **3** 《単数で》《話》=Sittenpolizei [*germ.*; ◇Ethos]

Sit·ten≈apo·stel[zítən..] 男 (皮肉をこめて)道徳⟨礼儀作法⟩を説く人. **≈bild** 中 **1** (ある時代の)風俗描写⟨描画⟩. **2** (Genrebild)〘美〙風俗画. **≈de·zer·nat** 中 (警察の)風俗犯罪取締班. **≈ge·mäl·de** 中 = Sittenbild **≈ge·schich·te** 女 風俗史. **≈ge·setz** =Moralgesetz **≈ko·dex** 男 (特定の社会・階級などに通用する)風俗⟨道徳⟩規範. **≈ko·mö·die**[..diə] 女 風俗⟨世話物⟩喜劇. **≈leh·re** 女 (Ethik) 倫理学, 道徳哲学. **≈leh·rer** 男 倫理学者; 道学者.

sit·ten·los[zítənloːs]¹ 形 不道徳な, 不品行な: ein ~*es* Treiben 不品行, 乱行.

Sit·ten·lo·sig·keit[..loːzɪçkaɪt] 女 -/ sittenlos なこと.

S

Sit·ten⸗po·li·zei 女 風紀警察. **⸗pre·di·ger** 男 道徳を説く人, 道学者.

sit·ten·rein 形 道徳的に純潔な, 品行方正な.

Sit·ten⸗rich·ter 男 道徳の裁判官(他人の品行をとやかく言う人). **⸗ro·man** 男 風俗小説. **⸗schil·de·rung** 女 (時代の)風俗描写(描画).

sit·ten·streng 形 道徳的に厳格な, 風紀のやかましい; 道徳堅固な.

Sit·ten⸗stren·ge 女 sittenstreng なこと. **⸗strolch** 男《話》〔性的〕変質者. **⸗stück** 中 =Sittenkomödie **⸗ver·derb·nis** 女 風俗の退廃, 風紀の紊乱(びんらん). **⸗ver·fall** 男 風俗〈風紀〉の退廃.

sit·ten·wid·rig[zítənvi:drıç][2] 形 習俗規範に反する, 風俗壊乱の, 風紀を乱す.

Sit·tich[zítıç] 男 -s/-e〘鳥〙クサビオインコ〈メキシコインコ〉属: Wellen*sittich* セキセイインコ.

[*gr.*−*lat.* psittacus „Papagei"−*mhd.*; ◇Psittakose]

▽**sit·tig**[zítıç][2] =sittsam

sitt·lich[zítlıç] 形 習俗規範的な; 道徳〔上〕の, 道徳に関する; 道徳にかなった, 道徳的な: die ~*e* Erziehung 道徳教育 | ein ~*er* Mensch 道徳的な人間 | ein ~*es* Verbrechen 性〈風俗〉犯罪 | ein ~*es* Verhalten 道義にかなった態度 ‖ ländlich, ~ leben 実直〈まじめ〉に暮らす.

Sitt·lich·keit[−kaıt] 女 -/ 道徳〔心〕, 倫理〔感〕; 良風美俗, 風紀: die öffentliche ~ gefährden 公の風紀を害する.

Sitt·lich·keits⸗de·likt 中 =Sittlichkeitsverbrechen **⸗ge·fühl** 中 道徳感情, 道義心, 倫理感. **⸗ver·bre·chen** 中 性〈風俗〉犯罪. **⸗ver·bre·cher** 男 性犯罪者, 風俗犯, 変質者.

sitt·sam[zítza:m] 形 礼儀正しい, しつけのよい; つつましやかな, しとやかな, おとなしい: ~ die Augen niederschlagen 控え目に〈しとやかに〉目を伏せる. [*ahd.*; ◇Sitte]

Sitt·sam·keit[−kaıt] 女 -/ sittsam なこと.

Si·tua·tion[zituatsió:n] 女 -/-en **1 a)** (自分の置かれている)状況, 立場, シチュエーション, 場面, 境遇; (社会の)情勢, 局面, 形勢, 事態: eine gefährliche 〈ausweglose〉 ~ 危険な〈打開される見込みのない〉状況 | eine neue ~ 新たな局面 | die augenblickliche 〈politische〉 ~ 現下の〈政治〉情勢 ‖ in dieser ~ この状況の中で | in der heutigen ~ 今日の社会情勢下で ‖ Herr der ~ sein 〈bleiben〉 (→Herr 2 a) ‖ die ~ beherrschen 〈erfassen〉 状況をコントロールする〈つかむ〉 | *seine* ~ erkennen 自分の置かれている立場を知る | die ~ retten その場の空気を救う, 時局を収拾する. **b)** (Sprechsituation)〘言〙(発話の)場面, 状況. **2** (村落・道路などの)平面図. [*mlat.*−*fr.*; ◇Situs]

si·tua·tio·nell[..tsionél] 形 状況的な, シチュエーション上の;〘言〙発話場面上の.

Si·tua·tions⸗angst 女〘医〙状況不安, 事故危惧(きぐ)症. **⸗ko·mik** 女 (言葉でではなく)シチュエーションから生じるおかしみ. **⸗pho·bie**[..fobi:] 女 =Situationsangst **⸗psy·cho·se** 女〘医〙環境〈状況〉精神病. **⸗stück** 中〘劇〙状況劇(人物中心でなくプロット中心の劇).

si·tua·tiv[zituatí:f][1] 形 状況的な, シチュエーション上の: ~*e* Bedingungen 状況条件, 与件.

si·tu·ie·ren[zituí:rən] **I** 他 (h)《*et.*[4]》(…をある関連のなかへ)置く. **II si·tu·iert**[zituí:rt] 過分 形《ふつう様態を示す語句と》(…の)位置〈地位・境遇・生活環境〉に置かれた: gut*situiert* / wohl*situiert* 恵まれた地位〈境遇・生活環境〉に置かれた. [*fr.* situer; <*mlat.* situāre „hinstellen"]

Si·tu·ie·rung[zituí:rυŋ] 女 -/-en《オースト》(置かれた)位置; (建物などの)配置.

Si·tu·la[zí:tula·] 女 -/..len[..lən]〘考古〙(青銅器時代の)桶(おけ). [*lat.*; ◇Seidel]

Si·tus[zí:tυs] 男 -/-[..tu:s]〘医〙(内臓の正しい)位置: ~ inversus 〈perversus〉 逆位.

[*lat.*; <*lat.* sinere „hinstellen"]

sit ve·nia ver·bo[zít vé:nia· vέrbo·]《ラテ語》(略 s. v. v.) (dem Wort sei Verzeihung!) この言葉をお許しあれ, 失礼ながら申し上げますが. [◇Verb]

Sitz[zıts] 男 -es/-e **1 a)** 座る場所, 座席: ein bequemer 〈enger〉 ~ ゆったりとした〈窮屈な〉座席 | ein ~ im Parkett (劇場の)平土間の座席 | Fenster*sitz* 窓側の座席 ‖ zwei ~*e* belegen 二人分の座席を予約する | die ~*e* herausnehmen (折りたたみ式の)座席を引き出す ‖ ein Wagen mit fünf ~*en* 5人乗りの車 | ***jn.* vom ~ reißen 〈hauen〉**《話》…を(いすから転げ落ちるほど)びっくりさせる, 感服させる | *jn.* zu *seinem* ~ bringen 〈führen〉 …を座席に案内する. **b)**〘工〙座: die Walze aus ihrem ~ herausheben ローラーを座からはずす.

2 a) (Sitzfläche) (いすの)座, 座部(→ 図 Pult): den ~ des Stuhls mit einem Kissen bedecken いすの座部をクッションでおおう | die ~*e* neu beziehen いすの座部を張り替える. **b)** (衣服, 特にズボンの)しりの当たる部分: Seine Hose war am ~ durchgescheuert. 彼のズボンはおしりのところがすり切れていた.

3 議席, 出席権, ポスト: ~ und Stimme haben 議席と投票権を持っている | zwei ~*e* erhalten 〈verlieren〉 2議席を獲得する〈失う〉 | *jm.* einen ~ in der Regierung anbieten …に政府部内でのポストを提供する.

4 a) 居所, 所在地; 中枢: Regierungs*sitz* 政府所在地 | Wohn*sitz* 居所, 住所 | der ~ der Krankheit 病気の発生地; 病巣 | ~ der Stimme〘楽・劇〙声位 ‖ *seinen* ~ in Paris haben 本拠がパリにある | Die Seele ist der ~ unserer Empfindungen und Gefühle. 魂こそは我々の感覚ならびに感情の中枢である. ▽**b)** 家屋敷.

5 座位; 座り方; (服・ネクタイなどの)具合, 座り: *sich*[4] aus der Rückenlage zum ~ aufrichten あおむけの姿勢から体を起こして座位をとる | *sich*[4] um einen guten ~ bemühen (騎手などが)正しい姿勢をとろうと努力する ‖ ein Kostüm von tadellosem ~ ぴったりと体に合ったスーツ | den ~ korrigieren (洋服などが体にぴったりするように)具合を直す | den ~ *seiner* Krawatte prüfen ネクタイがずれていないか確かめる.

6《単数で》《もっぱら次の形で》**auf einen ~**《話》/ ▽in einem ~ (座ったままでの意から)いちどきに, たて続けに | auf einen ~ fünf Glas trinken いっぺんに5杯飲む | ein Buch auf einen ~ durchlesen 本を一気に読み切る.

[*ahd.*; ◇sitzen]

Sitz⸗ar·beit[zíts..] 女 座業. **⸗backe** 女《俗》おしりの片側. **⸗bad** 中 (↔Vollbad) 座浴, 半身浴. **⸗bank** 女 -/..bänke (座るための)ベンチ, 腰かけ; (オートバイなどの)座席(→ 図 Kraftrad). **⸗bein** 中〘解〙座骨. **⸗blocka·de** 女 座り込みによる封鎖. **⸗brett** 中 腰かけ板; 便座板. **⸗de·mo** 女, **⸗de·mon·stra·tion** 女 座り込みデモ.

sit·zen*[zítsən]《171》 **saß**[za:s] / **ge·ses·sen**[gəzέsən]; 接II säße[zέ:sə] 自 (h; 南部・オーストリア・スイス: s)

1 (人が) **a)** (英: *sit*) 座って〈腰かけて〉いる(→ 図; →setzen I 1 b); (座って)待たされる; (ひきこもって)出歩かない; (festsitzen) 行きづまって〈動きがとれずに〉いる;《話》会議中である;《話》用便中である;《話》(刑務所に)ぶちこまれている: aufrecht 〈gebückt〉 ~ 背筋をのばして〈背を丸めて〉座っている | still ~ じっと座っている | weich 〈hart〉 ~ 柔らかい〈固い〉いすに座っている | In diesem Sessel *sitzt* man gut 〈bequem〉. / In diesem Sessel ist gut ~. このいすは座り心地がいい | einem Maler 〈einem Fotografen〉〔als Modell〕 ~ 画家〈写真家〉のモデルをつとめる | *jm.* Beichte ~ …のざんげを聴聞する ‖ Er kann vor Schmerzen weder ~ noch liegen. 彼は痛くて居ても立ってもいられない | Der hat

sitzen

schon 〔drei Jahre〕 *gesessen*. 《話》やつは〔3年〕食らいこんだ前歴がある ‖ neben *jn.* zu ～ kommen 席が…と隣り合わせになる | *jn.* ～ lassen …に席をゆずる; …を立たせずにおく(なお: →sitzenlassen) | Bleiben Sie 〔bitte〕 ～! どうぞおかけになったままで(なお: →sitzenbleiben).

‖〖場所を示す語句と〗**am** Fenster ～ 窓辺に座っている | am Ofen ～ ストーブにあたっている | am Tisch ～ 机に向かっている | an der Quelle ～ (→Quelle 2 b) | am Steuer ～ ハンドルを握っている, 運転している | am Ruder ～ (→Ruder 1 a) | den Ast absägen, **auf** dem man *sitzt* 《比》自分で自分の首をしめる | auf einem Stuhl 〈dem Boden〉 ～ いす〈地面・ゆか〉に座っている | *jm.* auf den Fersen ～ (→Ferse 1) | auf dem Geld ～ (→Geld 1) | auf dem 〈*seinem*〉 Geldbeutel ～ (→Geldbeutel 1) | 〔wie〕 auf Nadeln 〈glühenden Kohlen〉 ～ (→Nadel 1 a, →Kohle 1 a) | auf den 〈*seinen*〉 Ohren ～ (→Ohr 1) | auf dem 〈einem〉 Pulverfaß ～ (→Pulverfaß) | auf dem hohen Roß 〈dem großen Pferd〉 ～ (→Roß[2] 1, →Pferd 1) | auf dem Thron ～ 王位についている | auf dem trock〔e〕nen ～ (→trocken 1 a) | zwei Stunden auf dem Bahnhof 〈beim Friseur〉 ～ 駅〈美容院〉で2時間待たされる | **bei** *jm.* ～ …と同席している | bei 〈zu〉 Tisch ～ 食事中である | beim Kaffee 〈Wein〉 ～ コーヒー〈ワイン〉を飲んでいる | bei Wasser und Brot ～ (→Wasser 1) | **hinter** Gittern ～ 《話》(刑務所に)ぶちこまれている | in einem 〈im gleichen / im selben〉 Boot ～ (→Boot) | im Café 〈Wirtshaus〉 ～ 喫茶店〈飲み屋〉にいる | im Fett 〈Speck〉 ～ / in der Wolle ～ 《比》裕福な身分である, 安楽に暮らしている | im Gefängnis 〈Zuchthaus〉 ～ 刑務所に入れられている | im Lehnstuhl 〈Sessel〉 ～ 安楽いすに座っている | im Sattel ～ 鞍(くら)にまたがっている | fest im Sattel ～ (→Sattel 1 a) | im Theater ～ 観劇している | im Wagen 〈Zimmer〉 ～ 自動車に乗りこんでいる〈部屋に座っている〉 | im falschen Zug ～ 《比》方針を誤っている | *jm.* im Nacken ～ (→Nacken 1 a) | Ihm *sitzt* der Schelm im Nacken. 《比》彼はいたずらっぽい | **neben** *jm.* ～ …と並んで席をしめている | **über** 〈bei〉 einer Arbeit ～ (せっせと)仕事中である | über den 〈*seinen*〉 Büchern ～ 読書に熱中している | über 〈unter〉 *jm.* ～ 《比》席次が…の上〈下〉である | **um** den Tisch ～ 机を囲んで〔座って〕いる | weit **vom** Schuß ～ 安全地帯にいる | vor dem Fernsehapparat ～ テレビを見ている | vor dem Kaffee ～ コーヒーを飲んでいる | immer **zu** Hause ～ 家にひきこもってばかりいる | zu Pferd ～ 馬にのっている | *jm.* zu Füßen ～ 《比》…に師事している | über *jn.* zu Gericht ～ …を裁く; 《比》…をきびしく批判する | über *et.*[4] zu Rat ～ …について協議する | **zwischen** 〈unter〉 lauter Fremden ～ 知らない人ばかりの中にまじっている | zwischen zwei Stühlen ～ (→Stuhl 1 a).

‖〖結果を示す語句と〗再帰 *sich*[4] lahm 〈steif〉 ～ 長く座って体がしびれる〈こわばる〉.

‖ 再帰・非人称 In Polstern *sitzt* es sich gut. / In Polstern läßt es sich gut ～. クッションは座り心地がよいものだ.

‖〖現在分詞で〗eine *sitzende* Tätigkeit ausüben 座ってする仕事〈座業〉に従事する | in *sitzender* Stellung 座った姿勢で.

‖〖名詞として〗des langen *Sitzens* müde sein 長く座りすぎて疲れている | Den ganzen Tag bin ich noch nicht zum *Sitzen* gekommen. 一日じゅう私はまだ座る暇もなかった.

b) 《場所を示す語句と》(…に)議席をもっている, (…の)構成員である: in einem Ausschuß ～ 委員会の構成メンバーである | im Parlament ～ 国会議員である | im Vorstand ～ 理事〈重役〉の一人である.

c) 《場所を示す語句と》(…に)住みついている, 滞在している: in 〈auf〉 einem kleinen Dorf ～ 小さな村に住んでいる | Die meisten Neger *sitzen* in Afrika. 黒人の大部分はアフリカにいる | Die Kelten *saßen* am Rhein. ケルト人はライン川沿岸に定住していた.

d) 《スイ》(sich setzen) 《方向を示す語句と》(…に)座る, 腰を下ろす: auf eine Bank ～ ベンチに腰をおろす.

2 (鳥が)とまっている; (めんどりが)卵を抱いて〈とやについて〉いる: Die Henne *sitzt* 〔auf den Eiern〕. めんどりが卵を抱いている.

3 (物が) **a**) 〔くっ〕ついている, はまり〈食い〉こんでいる, おさまっている, 板についている; 《意味が弱まって sein に近づいて》(…に)ある: Da *sitzt* der Fehler! そこに欠点〈間違い〉が潜んでいる | Die Rolle *sitzt* endlich 〔bei ihm〕. 〔彼は〕役がやっと板についた | Das Gelernte *sitzt* 〔fest im Gedächtnis〕. 習ったことがしっかり頭に入っている | Die Schraube *sitzt* fest. ねじがしっかり食いこんでいる(→festsitzen) | Die Zähne *sitzen* locker. 歯がぐらぐらしている | Die Hand *sitzt* ihm locker. 《比》彼は手が早い〈すぐに暴力をふるう〉 | Die Musik *sitzt* ihm im Blut. 《比》彼には生まれつき音楽の素質がある | Die Vokabeln *sitzen* noch nicht richtig. 単語がまだよく頭に入っていない | Der Hut *sitzt* 〔ihm〕 schief 〔auf dem Kopf〕. 〔彼の頭に〕帽子が斜めにかぶさっている | Die Ursache 〈Das Übel〉 *sitzt* tief. 《比》原因〈災いの根〉は深いところにある ‖ An dem Zweig *sitzen* einige Blätter 〈Blüten〉. 枝にはいくつか葉〈花〉がついている | An seinem Hut *saß* eine Feder. 彼の帽子には羽根がさしてあった | Der Knopf *sitzt* an der falschen Stelle. ボタンがつけ間違えられている | Das Messer *sitzt* ihm an der Kehle. 《比》彼は絶体絶命だ | auf Grund ～ (船が)座礁している | auf den Grund zu ～ kommen 座礁する | Der Nagel *sitzt* in der Wand. くぎが壁に食いこんでいる | Der Schreck *saß* ihm noch in den Gliedern. 《比》彼はまだ全身にショックが残っていた | Es *sitzt* ein Splitter im Fleische 〈unter der Haut〉. とげが肉〈皮膚の下〉に食いこんでいる ‖ **einen ～ haben** 《話》〔いささか〕酔っぱらっている | Der Schlamm bleibt auf dem Boden ～. 泥が床にこびりついたままである(なお: →sitzenbleiben) | Der Verdacht bleibt auf mir ～. 《比》私の嫌疑はぬぐい去られぬままだ(ただし: →sitzenbleiben).

b) (passen) (服などが)合う, ぴったりする, 似合う: schlecht ～ 〔似〕合わない | wie angegossen ～ 《話》ぴったり合う | Das Kleid *sitzt* in der Taille zu eng. この服はウエストがきつすぎる | Die Frisur 〈Die Krawatte〉 *sitzt*. この髪型〈ネクタイ〉はぴったりだ.

c) (treffen) (射撃・打撃などが)命中する, 的中する; 《比》(表現が)うまく的を射ている, 痛いところをつく: Der Schuß *saß* 〔im Ziel〕. 射撃は命中した | Deine Bemerkung hat 〔gut〕 *gesessen*. 君の批評は図星だ | Der Hieb hat *gesessen*. その打撃はきいた; 《比》こいつは図星だ.

4 《話》《voll〔er〕と》(場所が…で)いっぱいである: Das Wartezimmer *saß* voll〔er〕 Patienten. 待合室は患者でいっぱいだった | Der Hund *sitzt* voller Flöhe. その犬はのみだらけだ | Der Zweig *sitzt* voller Blüten. 枝いっぱいに花がついている.

[*idg.*; ◇..ode[1], Ast, Nest, Sattel, Sessel, setzen, siedeln; *lat.* sedēre „sitzen"]

sịt·zen|blei·ben* [zítsən..] 《21》 自 (s) 《話》 **1** (進級できずに)原級にとどまる, 留年〈落第〉する: Er war so faul, daß er zweimal *sitzenblieb*. 彼は非常な怠け者で2度も落第した. **2 a**) (女性が結婚相手が見つからずに)独身のままでいる: Die älteste Tochter *blieb sitzen*. 長女は売れ残ってしまった. **b**) (ダンス=パーティーなどで女性が)だれにも踊ってもらえない, ダンスの相手がいない(でずっと座ったままでいる). **3** (ケーキなどが)〔できそこなって〕ふくらまない: Der Kuchen ist *sitzengeblieben*. このケーキはふくらまなかった. **4** 《比》座ったまま動きがとれない: Der Kaufmann ist auf 〈mit〉 seiner Ware *sitzengeblieben*. その商人は商品をかかえたままであった, その商人の商品は売れなかった.

★ なお: →sitzen 1 a, 3 a

Sịt·zen·blei·ber 男 -s/- 《話》落第生.

sịt·zen|las·sen* 《88》 (過分 sitzen〔ge〕lassen: →lassen I ★ ii) 他 (h) 《話》 **1** 《*jn.*》 **a**) 見殺しにする; すっぽかす. **b**) (生徒を)留年させる, 落第させる. **c**) (婚約した女性や妻子を)捨てる, 置き去りにする: Er hat Frau und Kinder *sitzen*〔*ge*〕*lassen*. 彼は妻子を捨てた. **d**) (ダンス=パーティーで男性が女性に)ダンスを申し込まないでほったらかす. **2** *et.*[4]

S

nicht auf *sich*[3] ～ …(非難・嫌疑など)をそのままにしてはおかない.

★ なお: →sitzen 1 a

..sitzer[..zɪtsər]《数詞などにつけて「…人乗りの乗り物」を意味する男性名詞（-s/-）をつくる. スイスでは ..plätzer となることもある》: Vier*sitzer* 4 人乗りの車〈ボート・飛行機〉.

Sịtz∙flä·che[zíts..] 女 **1** (いすなどの)座, 座部(腰をおろす平面). **2**《話》おしり. **∙fleisch** 中《話》おしり〔の肉〕;《比》耐久力: **～ haben**《話》(訪問客が)長っちりである, 長居をする; (飲み屋などで)いつまでも座っている; 長期間刑務所入りをする | **kein ～ haben**《話》しりが落ち着かない, (一つの場所に)長居ができない. **∙ge·le·gen·heit** 女 座るための設備, 座席; いす類: ein Raum ohne jede ～ 座るところが全然ない部屋 | *sich*[4] nach einer ～ umsehen 座れるところはないかと辺りを見まわす | Die ～*en* reichen für den Vortrag nicht aus. 講演の聴衆のための座席が足りない. **∙grup·pe** 女 (応接間などの)いすセット. **∙hal·tung** 女 座っているときの姿勢; 騎乗姿勢. **∙höcker** 男《医》座骨結節.

..sitzig[..zɪtsɪç][2]《数詞などにつけて「…の座席がある, …人乗りの」を意味する形容詞をつくる. スイスでは ..plätzig となることもある》: vier*sitzig* 4 座席の, 4 人乗りの.

Sịtz∙kas·sa[zíts..] 女 (**∙kas·se** 女)《ｵｰｽﾄﾘｱ》(レストランなどで)常時レジ係が座っているレジ. **∙kas·sie·rin** 女《ｵｰｽﾄﾘｱ》レジに座っている女性従業員. **∙kis·sen** 中 いす〔座席〕の上に置くクッション; 座ぶとん; クッション＝スツール. **∙kno·chen** 男 ＝Sitzbein

sitz·lings[zítslɪŋs] 副《ｽｲｽ》座った姿勢で, 座位のまま.

Sịtz∙ma·schị·ne 女《話》＝Sitzgelegenheit **∙mö·bel** 中 -s/-《ふつう複数で》いす〔類〕. **∙ord·nung** 女 (会議などでの)座順, 席次. **∙platz** 男 (↔Stehplatz) 座る場所, 座席(→ ⊛ Zirkus): ein ～ am Fenster 窓際の座席 | ein Theater mit 800 *Sitzplätzen* 座席数800の劇場.

Sịtz·platz·an·ge·bot 中 座席容量, 有効座席数.

Sịtz∙pol·ster[zíts..] 中 いすのシート; 座席用クッション. **∙raum** 男 (ボートなどの)操縦席. **∙rei·he** 女 (劇場・競技場などの)階段〈ひな段〉座席(→ ⊛ Zirkus). **∙rie·se** 男《話》(座ったときのほうが大きく見える)胴長の人. **∙rohr** 中 (自転車の)立てパイプ(→ ⊛ Fahrrad). **∙stan·ge** 女 (鳥の)とまり木. **∙streik** 男 座り込みストライキ.

Sịt·zung[zítsʊŋ] 女 -/-en **1** (協議のための)集会, 会議: eine öffentliche 〈geheime〉 ～ 公開〈秘密〉の会議 | Plenar*sitzung* 総会; (議会の)本会議 | Vorstands*sitzung* 役員会議, 幹部会, 理事会 ‖ eine ～ haben 会議がある | eine ～ eröffnen 〈schließen〉 会議を開会〈閉会〉する | eine ～ einberufen 〈anberaumen〉 会議を召集する〈会議の期日を定める〉| eine ～ für 3 Uhr ansetzen 会議の開会を 3 時と定める | eine ～ leiten 会議を司会する, 会議の座長をつとめる ‖ an einer ～ teilnehmen 会議に出席する.

☆ Tagung と Sitzung の違い: Tagung が国際会議・党大会など大規模な会議の全体をさすのに対し, Sitzung は, 委員会など特定の問題を討議するための個々の会議をさす.

2 (絵や彫刻の)モデルにな〔って座〕ること: Nach vier ～*en* war das Porträt fertig. 肖像画は 4 回の写生のあと完成した.

3 (一回一回の)歯科〈精神科〉治療: mehrere ～*en* erfordern 何回もの治療が必要である.

4《話》**a**) 便器にまたがること. **b**) 宴会. **c**) 刑務所暮らし. **d**) dolle 〈tolle〉 ～《ﾄﾗﾝﾌﾟ》相手を圧倒的優勢に立たせるようなカードの配りかた.

Sịt·zungs∙be·richt 男 議事報告, 議事録. **∙geld** 中 -(e)s/-er《ふつう複数で》《政》(会期中支給される)議員手当. **∙pe·ri·o·de** 女 (議会などの)会期. **∙po·li·zei** 女《法》法廷警察. **∙pro·to·koll** 中 **1** (会議などの)議事録. **2** (Verhandlungsprotokoll)《法》公判調書. **∙saal** 男 会議室, 会議場. **∙zim·mer** 中 会議室.

Sịtz∙ver·stel·ler[zíts..] 男 -s/- (自動車の)シート調節装置. **∙ver·tei·lung** 女《政》議席の配分.

Sixt[zɪkst] 女 -/-en《ﾌｪﾝｼﾝｸﾞ》シックスト(剣の交差ポジションの第 6 の構え). [< *lat.* sextus (→Sexte); ◇ *engl.* sixte]

die **Six·tị·na**[zɪkstí:na·]《寺院名》女 -/ システィナ (Vatikan にある礼拝堂で, ミケランジェロの天井画によって有名. イタリア語形 Cappella Sistina). [< Sixtus IV. (Sixtina を建立した教皇, †1484)]

six·tị·nisch[zɪkstí:nɪʃ] 形 システィナの: die *Sixtinische* Kapelle システィナ礼拝堂(→Sixtina) | die *Sixtinische* Madonna システィナのマドンナ (Raffael の描いた聖母像で, 現在は Dresden の美術館にある).

Sịx·tus[zíkstʊs] 男名 ズィクストゥス. [*gr.*－*lat.*; < *gr.* xystós „geschabt"]

Si·zi·liạ·ne[zitsiliá:nə] 女 -/-n **1**《詩》シチリア詩節(シチリア島から発した 8 行詩). **2**《楽》シチリアーノ(17-18世紀に行われたシチリア起源の舞曲). [*it.*]

Si·zi·liạ·ner[..nər] 男 -s/- シチリアの人.

si·zi·liạ·nisch[..nɪʃ] 形 シチリアの: die *Sizilianische* Vesper《史》シチリアの晩禱(ばんとう)(1282年シチリア島の Palermo で, 民衆がフランスの支配に対して起こした暴動. 復活祭の晩禱の鐘を合図に開始された).

Si·zị·li·en[zitsí:liən] 地名 シチリア(イタリア半島の最南端の西にある島. イタリア語形 Sicilia). [*gr.* Sikeliā－*lat.*; ◇ *engl.* Sicily]

Si·zi·li·enne[zitsiliέn] 女 -/-n[..nən] **1** ＝Siziliane **2**《単数で》《織》イオリアン(薄地の絹織物). [*it.*－*fr.*]

Si·zị·li·er[zitsí:liər] 男 -s/- ＝Sizilianer

si·zị·lisch[..lɪʃ] ＝sizilianisch

s. j. 略 ＝salvo jure《法》権利をそこなうことなく.

SJ[εsjɔ́t], **S. J.**[-] 略 女 -/ ＝Societas Jesu《ｶﾄﾘｯｸ》イエズス会.

SK 略 ＝Segerkegel

Skạ·bies[ská:biεs] 女 -/ (Krätze)《医》疥癬(かいせん).[*lat.*]

ska·biö̱s[skabiǿ:s][1] 形 **1** 疥癬(かいせん)の. **2** (krätzig) 疥癬にかかった.

Ska·bio̱·se[..ó:zə] 女 -/-n《植》マツムシソウ(松虫草)属. [(*m*)*lat.*; < *lat.* scabere (→schaben)]

ska·brö̱s[skabrǿ:s][1] 形 **1** (道などの)ごろごろした, でこぼこの. **2** (問題などが)やっかいな, 面倒な. **3** (話題などが)きわどい, いかがわしい.

[< *lat.* scaber „rauh"+..os; ◇ *engl.* scabrous]

das **Skạ·ger·rak**[ská:gərak] 地名 中 -s/ ,der **Skạ·ger·rak**[-] 地名 男 -s/ スカゲラク(ノルウェーと Jütland 半島の間の海峡): im ～ スカゲラク海峡で.

Skạ·la[ská:la·] 女 -/..len[..lən], -s **1** (計器類の)目盛り〔板〕: eine kreisförmige ～ 円形目盛り | die ～ des Thermometers 〈des Tachometers〉 温度計〈回転速度計〉の目盛り ‖ einen Meßwert auf 〈von〉 einer ～ ablesen 目盛りの数字を読み取る. **2 a**) 階梯(かいてい), 階段, 等級: die ～ der Möglichkeiten さまざまな可能性. **b**)《楽》音階, スケール. **3**《印》(原色版の試し刷りで)各色の原版. [*lat.* scālae „Treppe"－*it.*; < *lat.* scandere (→skandieren); ◇Skandal; *engl.* scale]

ska·lạr[skalá:r] **I** 形《数・理》スカラーの: ～*es* Produkt スカラー積. **II Ska·lạr** 男 -s/-e (↔Vektor)《数・理》スカラー. [*lat.*; ◇..al[1]]

Skal·de[skáldə] 男 -n/-n スカルド(9-14世紀の北欧の宮廷詩人). [*anord.*]

Skal·den·dich·tung 女 スカルドの詩, スカルド文学.

Skạ·le[ská:lə] 女 -/-n＝Skala

Skạ·len Skala, Skale の複数.

Skạ·len∙ab·le·sung 女 目盛りの読み. **∙fak·tor** 男《電算》スケールファクタ.

ska·li̱e·ren[skalí:rən] 他 (h)《*et.*[4]》(…に)段階〈等級〉をつける, (…の)等級分けをする.

Skalp[skalp] 男 -s/-e 頭髪つきの頭皮(かつて北米インディアンが戦勝記念として敵の頭からはぎ取った). [*engl.* scalp]

Skal·pẹll[skalpέl] 中 -s/-e《医》解剖刀, 外科用メス. [*lat.*; < *lat.* scalpere „kratzen" (◇halb, Schild, Skulptur); ◇ *engl.* scalpel]

skal·pi̱e·ren[skalpí:rən] 他 (h)《*jn.*》(…の)頭皮をはぎ

取る. [＜Skalp]

Skan·dal[skandá:l] 男 -s/-e **1** (小 **Skan·däl·chen**[..dé:lçən] 中 -s/-) けしからぬこと(行為), 醜行, 醜聞, スキャンダル: Bestechungs*skandal* 汚職スキャンダル ‖ in einen ～ verwickelt werden スキャンダルに巻きこまれる | von ～*en* leben (他人の)醜聞を飯の種にする | zu einem ～ kommen 醜聞になる ‖ Sein Benehmen ist ein ～. あいつの態度は実にけしからん. **2** 《方》喧噪(けんそう), 騒ぎ: ～ machen 騒ぐ, 騒々しくする.
[*gr.* skándalon „losschnellend, Stellholz an der Falle"–*spätlat.*–*fr.*; ◇Skala]

Skan·dal≈af·fä·re 女 スキャンダラスな事件, スキャンダル. **≈blatt** 中《話》(醜聞記事中心の)低俗新聞, 赤新聞.

Skan·däl·chen Skandal の縮小形.

Skan·dal·ge·schich·te 女 醜聞.

▽**skan·da·lie·ren**[skandalí:rən] 自 (h) (lärmen) 騒ぐ, 騒ぎたてる.

skan·da·li·sie·ren[..lizí:rən] 他 (h) **1** 《*jn.*》(…を)憤激させる: 再帰 *sich*[4] über *et.*[4] ～ …に憤慨する, …がけしからぬと騒ぎたてる. **2** 《*et.*[4]》醜聞〈スキャンダル〉に仕立て上げる.

Skan·dal·nu·del[skandá:l..] 女《話》うわさの絶えぬ〈スキャンダラスな〉女.

Skan·da·lon[skándalɔn] 中 -[s]/ ＝Skandal

skan·da·lös[skandalǿ:s][1] 形 醜聞的な, スキャンダラスな; 実にけしからぬ: eine ～*e* Affäre スキャンダラスな事件 | Sie hat sich ～ benommen. 彼女の態度ときたら前代未聞だった. [*fr.* scandaleux; ◇..os; *engl.* scandalous]

Skan·dal·pres·se[skandá:l..] 女 ＝Skandalblatt

skan·dal≈süch·tig 形 スキャンダル好きの; 騒ぐことの好きな. **≈träch·tig** 形 スキャンダルをはらんだ. **≈um·wit·tert** 形 たえず醜聞〈スキャンダル〉に包まれた.

skan·die·ren[skandí:rən] 他 (h) (詩句を意味とは関係なく)韻律に従って朗読する, 抑揚をつけて読む; (リズムをとり)一語一語にアクセントをつけて唱える: ein lateinisches Gedicht ～ ラテン語の詩を韻律に従って朗唱する | Sprechchöre ～ シュプレヒコールを唱える ‖ die *skandierende* Sprache 《医》断節〈断続性〉言語.
[*lat.* scandere „[be]steigen"; ◇Skala]

Skan·die·rung[..ruŋ] 女 -/ skandieren すること.

Skan·di·na·ve[skandiná:və] 男 -n/-n ＝ Skandinavier

Skan·di·na·vi·en[skandiná:viən] 地名 スカンジナビア(ヨーロッパ北部に突きだした大半島. ほぼスウェーデン・ノルウェーの2国によって占められている. 広義にはデンマーク・フィンランド・アイスランドをも含める). [*germ.*–*lat.* Scandināvia]

Skan·di·na·vi·er[..viər] 男 -s/- (女 **Skan·di·na·vie·rin**[..viərɪn]-/-nen) スカンジナビアの人.

skan·di·na·visch[..vɪʃ] 形 スカンジナビアの: die *Skandinavische* Halbinsel スカンジナビア半島.

Skan·dium[skándiʊm] 中 -s/ ＝Scandium

Ska·po·lith[skapolí:t, ..lít] 男 -s/-e; -en/-en 《鉱》スカポライト, 柱石(ちゅうせき). [＜*lat.* scāpus „Schaft" (◇Schaft[1])]

Ska·pu·lier[skapulí:r] 中 -s/-e 《カトリック》スカプラリオ, 肩衣(聖ベネディクト会・ドミニコ会などの修道服の一つ: → 図 Mönch). [*mlat.*; ＜*lat.* scapulae „Schulterblätter"; ◇*engl.* scapular]

Ska·ra·bä·en·gem·me[skarabɛ́:ən..] 女 ＝ Skarabäus 2

Ska·ra·bä·us[skarabɛ́:ʊs] 男 -/..bäen[..bɛ́:ən] **1** (Pillendreher)《虫》スカラベ, タマオシコガネ(玉押黄金虫), フンコロガシ(糞転虫). **2** スカラベ, スカラブ(オオタマオシコガネをかたどった古代エジプトの護符・印章). [*lat.*]

Ska·ra·muz[skaramʊ́ts] 男 -es/-e 《劇》スカラムーシュ, スカラムッチョ(イタリアの茶番狂言の道化役).
[*it.*; ◇Scharmützel; *engl.* scaramouch]

Skarn[skarn] 男 -s/-e 《鉱》スカルン(石灰苦土珪酸(けいさん)塩鉱物の集合体). [*schwed.* „Schmutz"]

skar·tie·ren[skartí:rən] 他 (h) 《オーストリア》(官庁で, 古い資料・書類などを)ファイルからはずす, 処分する. [*it.* scartare „Karten ablegen"; ＜ex..[1]＋*lat.* charta (→Karte)]

Skat[ska:t] 男 -[e]s/-e, -s 《トランプ》 **1** スカート(3人が32枚のカードで行うゲーム): ～ spielen スカートゲームをする | **～ dreschen** スカートゲームに熱中する. **2** スカートの伏せておかれた2枚の場札: Was lag im ～? 場札に何があったんだい.
[*it.* scarto „abgelegte Karten"]

Skat·bru·der[ská:t..] 男《話》(トランプ遊びの)スカートをよくする人, スカート狂; スカート仲間.

Skate·board[skéɪtbɔ:d] 中 -s/-s スケートボード. [*engl.*]

Skate·boar·der[skéɪtbɔ:də] 男 -s/- スケートボード遊びをする人.

ska·ten[ská:tən] 《01》自 (h) 《話》スカートをする.

Ska·ter[..tər] 男 -s/- 《話》スカートをする人.

Ska·tol[skató:l] 中 -s/ 《化》スカトール. [＜*gr.* skõr „Kot"＋*lat.* oleum (→Öl)]

Ska·to·lo·gie[skatologí:] 女 -/ **1** (Koprologie) 糞便(ふんべん)学. **2** 糞便嗜好(しこう), スカトロジー.

ska·to·lo·gisch[..ló:gɪʃ] 形 **1** 糞便(ふんべん)学[上]の. **2** 糞便嗜好(しこう)〈スカトロジー〉の.

ska·to·phag[..fá:k][1] **I** 形 (koprophag) 《医》食糞症の. **II Ska·to·pha·ge** 男 女 《形容詞変化》(Koprophage) 《医》食糞症患者.

Ska·to·pha·gie[..fagí:] 女 -/ (Koprophagie) 《医》食糞症.

Skat≈spiel[ská:t..] 中 ＝Skat 1 **≈spie·ler** 男 Skat をする人; Skat の好きな〈上手な〉人.

Ska·zon[ská:tsɔn] 男 -s/-ten[skatsɔ́ntən] ＝Choliambus [*gr.*–*lat.*; ＜*gr.* skázein „hinken" (◇hinken)]

Ske·le·ton[skɛ́lətən, ..letɔn] 男 -s/-s 《スポーツ》スケレトン(背の低い競走用そり: → 図 Schlitten). [*gr.*–*engl.*]

Ske·lett[skelɛ́t] **I** 中 -[e]s/-e **1 a)** (Knochengerüst) 骨格(→ 図 Mensch C): das reinste ～ sein 骨と皮ばかりにやせている | zum ～ abmagern 見るかげもなく やせさらばえる. **b)** (死人の)骸骨(がいこつ). **2** 《建》骨組み; 《比》(計画などの)骨子, 輪郭. **II** 女 -/ 《印》スケレット(細い活字[体]).
[*gr.* skeletón „Mumie"; ＜*gr.* skéllein „austrocknen" (◇schal); ◇Sklera]

Ske·lett≈bau 男 -[e]s/-ten 《建》 **1** 《単数で》骨組〈架構式〉構造. **2** 骨組〈架構式〉構造の建築物, 躯体(くたい)建築物. **≈bau·wei·se** 女《建》(鉄骨・鉄筋コンクリート・木骨などの)骨組み構造による施工法.

ske·let·tie·ren[skeletí:rən] 他 (h) 《*et.*[4]》(…の皮や肉を取り去って)骨格だけにする; (害虫などが木の葉を食べて)葉脈だけにしてしまう; 《比》(計画などの)骨子〈骨組み〉を明らかにする: eine *skelettierte* Leiche 白骨化した死体 | den Text ～ テキストの骨子を明らかにする.

Ske·lett·mus·kel 男 《解》骨格筋.

Ske·ne[skené:] 女 -/..nai[..náɪ] 《劇》(古代ギリシア・ローマの劇場で, 舞台の裏手にあって, そこから俳優の登場する)楽屋, スケーネ. [*gr.* skēnḗ „Zelt, Hütte"; ◇Szene]

Skep·sis[skɛ́psɪs] 女 -/ 懐疑: *et.*[4] mit ～ betrachten …を疑いの目で見る | *et.*[3] voller ～ gegenüberstehen …に対して非常に用心深い態度をとる. [*gr.* „Betrachtung"; ◇..skop]

Skep·ti·ker[skɛ́ptikər] 男 -s/- (古代ギリシアの)懐疑学派の哲学者; (一般に)懐疑家, 疑い〈用心〉深い人. [*gr.*]

skep·tisch[skɛ́ptɪʃ] 形 懐疑的な, 疑い深い: eine ～*e* Einstellung 〈Haltung〉 懐疑的な態度 ‖ *et.*[4] ～ betrachten …を疑いの目で見る | *et.*[3] ～ gegenüberstehen …に対して用心深い態度を取る. [*gr.*]

Skep·ti·zis·mus[skɛptitsísmʊs] 男 -/ 《哲》懐疑論, 懐疑主義; 懐疑的態度.

Sketch [skɛtʃ] 男 -[es]/-e[s], -s (**Sketsch**[–] 男 -[e]s/-e) わさび〈風刺〉のきいた寸劇, 演劇小品, スケッチ.
[*it.* schizzo (→Skizze)–*ndl.* schets–*engl.* sketch]

Ski[ʃi:] 男 -s/-er[ʃí:ər] (南部・オーストリア: -s/-er, -) (Schneeschuh) (足にはくスキー用具としての)スキー: Wasser*ski* 水上スキー ‖ ～ laufen 〈fahren〉 スキーをする | die

S

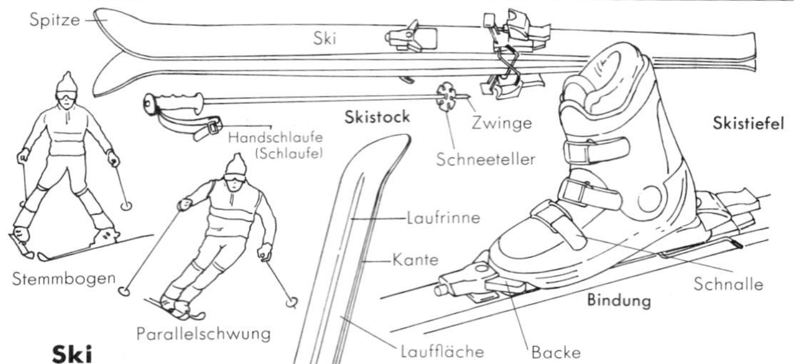

～*er* anschnallen 〈abschnallen〉 スキーをはく〈脱ぐ〉 ‖ auf 〈mit〉 ～*ern* den Hang hinabfahren スキーをはいて斜面を滑降する | *Ski* **Heil!** シー＝ハイル(スキーヤーのあいさつの言葉).
[*norw.*; ◇Scheit]

Ski·an·zug[ʃíː..] 男 スキーウェア (→ 図).

Kapuze
Anorak
Keihose
Skianzug

Skia·sko·pie[skiaskopíː] 女 -/-n[..píːən] 〘医〙(目の)検影法. [<*gr.* skía „Schatten"]

Ski⸗auf·zug[ʃíː..] 男 = Skilift **⸗bin·dung** 女 (スキーの)締め具, ビンディング. **⸗bob** 男 〘スポ〙スキーボッブ. **⸗bril·le** 女 スキーめがね.

Ski·er Ski の複数.

Ski·fah·rer[ʃíː..] 男 スキーヤー.

Skiff[skɪf] 中 -[e]s/-e 〘スポ〙シングル＝スカル(競漕用ボートの一種). [*ahd.*－*it.* schifo －*fr.* esquif－*engl.*; ◇Schiff]

Ski⸗flie·gen[ʃíː..] 中 -s/ , **⸗flug** 男 スキーの飛行〈フライト〉(ジャンプ競技の踏み切りから着地まで).

Ski·fu·ni[ʃíːfuni·] 男 -[s]/-s 《スイ》スキーリフト〔の一種〕. [<*lat.* fūnis (→Funiculus)]

Ski⸗ge·län·de[ʃíː..] 中 スキー場, ゲレンデ. **⸗hand·schuh** 男 スキー手袋. **⸗ha·serl**[..haːzərl] 中 -s/-[n] 《南部・オース》《話》スキーの初心者(特に女の子). **⸗ho·se** 女 スキー＝ズボン〈パンツ〉. **⸗hüt·te** 女 スキー小屋.

Ski·kjö·ring[ʃíːjøːrɪŋ] 中 -s/-s スキージョーリング(雪上または氷上で馬やオートバイにスキーヤーを引かせるスキー滑走). [*norw.*; <*norw.* kjøre „fahren"]

Ski⸗kurs[ʃíː..] 男, **⸗kur·sus** 男 スキー講習会. **⸗lang·lauf** 男 スキー距離競技. **⸗lauf** 男, **⸗lau·fen** 中 -s/ (スポーツとしての)スキー, スキー滑り. **⸗läu·fer** 男 スキーヤー. **⸗leh·rer** 男 スキー教師〈指導員〉. **⸗lift** 男 スキーリフト; ティーバーリフト. **⸗ma·ra·thon** 中 -s/-s スキー＝マラソン(50km 以上の耐久レース). **⸗müt·ze** 女 スキー帽 (→ 図 Mütze).

Skin[skɪn] 男 -s/-s 《話》＝Skinhead [*engl.*]

Skin⸗ef·fekt[skín..] 男 -[e]s/ 〘電〙(高周波電流の)表皮効果. **⸗head**[..hɛd] 男 -s/-s スキンヘッド(1970年代に英国を中心に出現した短髪・坊主頭の暴力的な若者).

Skink[skɪŋk] 男 -[e]s/-e 〘動〙トカゲ(トカゲ科の動物の総称). [*gr.*－*lat.*]

Ski·pi·ste[ʃíː..] 女 スキー滑走路.

Skip·per[skípər] 男 -s/- (ヨットの)艇長, スキッパー. [*engl.*]

Ski⸗schu·le[ʃíː..] 女 スキー学校. **⸗sport** 男 スキースポーツ. **⸗sprin·gen** 中 -s/ ＝Skisprung **⸗sprin·ger** 男 スキージャンプをする人. **⸗sprung** 男 スキージャンプ. **⸗sprung·schan·ze** 女 〘スキ〙シャンツェ. **⸗stie·fel** 男 スキー靴(→ 図 Ski). **⸗stock** 男 -[e]s/..stöcke スキーのストック(→ 図 Ski). **⸗tour**[..tuːr] 女 スキーツアー. **⸗wachs** 中 スキー用ワックス. **⸗wett·kampf** 男 スキー競技.

Skiz·ze[skítsə] 女 -/-n **1** 〘美〙スケッチ, 素描; 見取り図, 略図; (文学作品などの)簡単な草案, 断片的メモ; 簡単な描写: die ～ einer Landschaft 風景のスケッチ | die ～ eines Romans 長編小説の草案 ‖ eine ～ machen スケッチする, 草案を作る. **2 a)** スケッチふうの小品〈短編〉. **b)** 〘楽〙スケッチ. [*it.* schizzo „Spritzen"; ◇Sketch]

Skiz·zen⸗block 男 -[e]s/-s, ..blöcke (はぎ取り式の)スケッチブック. **⸗buch** 中 スケッチブック, 写生帳.

skiz·zen·haft[skítsənhaft] 形 スケッチふうの, 素描的な.

Skiz·zen·map·pe 女 スケッチ〔ブック〕入れ.

skiz·zie·ren[skɪtsíːrən] 他 (h) **1** 《*et.*^{4}》(…を)スケッチする; (…の)見取り図をかく; (…を)素描〈略述〉する: die Landschaft ～ 風景をスケッチする | den Weg vom Bahnhof zur Wohnung ～ 駅から家までの略図をかく. **2** 《*et.*^{4}》(…の)簡単な草案を作る: den Text für einen Vortrag ～ 講演原稿の粗筋をメモする.

Skiz·zie·rung[..ruŋ] 女 -/-en スケッチ〔すること〕.

Skla·ve[skláːvə, ..fə] 男 -n/-n (女 **Skla·vin**[..vɪn, ..fɪn]-/-nen) 奴隷: Arbeits*sklave* 労働奴隷 | Neger*sklave* 黒人奴隷 ‖ ～*n* befreien 〈freilassen〉 奴隷を解放する | ～*n* kaufen 〈verkaufen〉 奴隷を買う〈売る〉 ‖ mit ～*n* handeln 奴隷を商う | *jn.* zum ～*n* machen …を奴隷にする ‖ der ～ *seiner* Lüste 〈der Gewohnheit〉 sein 情欲〈習慣〉の奴隷である.
[*mlat.*; <*mlat.* S[c]lāvus (→Slawe); 中世にスラブ人が多く奴隷に使われたことから; ◇*engl.* slave]

Skla·ven⸗amei·se 女 〘虫〙ドレイアリ(奴隷蟻)(クロヤマアリなど). **⸗ar·beit** 女 奴隷労働; 苦役. **⸗auf·se·her** 男 奴隷の見張り役. **⸗auk·tion** 女 奴隷の競売. **⸗be·frei·ung** 女 奴隷解放. **⸗da·sein** 中 -s/ 奴隷的〈隷属的〉存在. **⸗dat·tel** 女 〘植〙バラニテス(ハマビシ科の低木)の果実. **⸗dienst** 男 奴隷奉公; 苦役. **⸗hal·ter** 男 奴隷所有〈使用〉者.

Skla·ven·hal·ter·ge·sell·schaft 女 〘史〙奴隷制社会.

Skla·ven⸗han·del 男 -s/ 奴隷売買, 奴隷貿易. **⸗händ·ler** 男 奴隷商人. **⸗kü·ste** 女 -/ 奴隷海岸(アフリカ西部の, 現在のトーゴから Niger 川河口付近までの海岸地帯の俗称. 16世紀から19世紀にかけて奴隷貿易の中心地であった). **⸗markt** 男 奴隷市場. **⸗men·ta·li·tät** 女 奴隷根性. **⸗mo·ral** 女 奴隷道徳 (Nietzsche の用語で君主道徳に対立するもの: →Herrenmoral). **⸗raub** 男 〘動〙(アリの)奴隷狩り. **⸗schiff** 中 奴隷船, 奴隷輸送〈売買〉船. **⸗see·le** 女 奴隷根性〔の持ち主〕.

Skla·ven·tum[..tuːm] 中 -s/ ＝Sklaverei

Sklạ·ven·wirt·schaft 女 -/ 奴隷制経済.

Skla·ve·rẹi[skla:vəráɪ, ..fəráɪ] 女 -/-en **1** 奴隷状態, 奴隷の身分; 奴隷制, 極度の圧政〈暴圧〉を受けること: die ~ des polnischen Volkes unter der Herrschaft der Deutschen ドイツ人の支配下におけるポーランド国民の奴隷的地位 ‖ *jn.* aus der ~ befreien …を奴隷の身分から解放する | in ~ geraten 奴隷の境遇におちる ‖ die ~ der Leidenschaften 情熱の暴威. **2** 苦役, つらい仕事.

Sklạ·vin Sklave の女性形.

sklạ·visch[sklá:vɪʃ, ..fɪʃ] 形 奴隷の〔ような〕, 奴隷根性の; 卑屈な, 卑しい; 個性のない, 盲目的な: *~er* Gehorsam 奴隷的服従〈従順〉, 盲従 | eine *~e* Haltung 奴隷的な態度 ‖ *jm.* ~ gehorchen 唯々諾々として…の言うままになる.

Sklẹ·ra[skléːra·] 女 -/..ren[..rən] (Lederhaut) 〘解〙(目の)強膜.
[< *gr.* sklērós „dürr, hart" (◇Skelett)]

Skle·rẹm[skleré:m] 中 -〔e〕s/-e = Sklerodermie

Skle·rị·tis[sklerí:tɪs] 女 -/..tiden[..rití:dən] (Lederhautentzündung) 〘医〙強膜炎. [< ..itis]

Skle·ro·der·miẹ[sklerodɛrmí:] 女 -/-n[..mí:ən] 〘医〙強皮〈硬皮〉症. [< Derma]

Skle·rọm[skleró:m] 中 -〔e〕s/-e 〘医〙 **1** = Sklerodermie **2** 鼻硬腫(しゅ). [< ..om]

Skle·ro·mẹ·ter[skleromé:tər] 中 (男) -s/- 〘医〙 **1** 筋硬度計, 筋緊張計. **2** 〘化〙試硬器.

Skle·rọ·se[skleró:zə] 女 -/-n 〘医〙硬化〔症〕: multiple ~ 多発〔性〕硬化〔症〕| Arterio*sklerose* 動脈硬化症.
[< ..ose]

Skle·rọ·ti·ker[..tikər] 男 -s/- 硬化症患者.

skle·rọ·tisch[..tɪʃ] 形 〘医〙硬化〈硬結〉性の.

Skọ·lex[skó:lɛks] 男 -/..lizes[..litse:s] 〘生・医〙(条虫類の)頭節. [*gr.*; < *gr.* skoliós (→scheel)]

Skọ·lion[skó:liɔn, skól..] 中 -s/..lien[..liən] (古代ギリシアの格言風, または風刺的な)酒宴歌. [*gr.* „Zickzacklied"]

Sko·liọ·se[skolió:zə] 女 -/-n, **Sko·liọ·sis**[..zɪs] 女 -/..ses[..ze:s] 〘医〙脊柱(せきちゅう)側湾. [< ..ose]

Skọ·li·zes Skolex の複数.

Sko·lo·pẹn·der[skolopɛ́ndər] 男 -s/- 〘動〙オオムカデ(大百足)類. [*gr.*]

Skọn·ti Skonto の複数.

skon·tiẹ·ren[skɔntí:rən] 他 (h) 〘商〙割引する: eine Rechnung ~ 勘定を割り引く.
[*lat.* abs-condere „verbergen"−*it.*; ◇kon.., tun]

Skọn·to[skɔ́nto·] 男 中 -s/-s (..ti[..ti·]) 〘商〙〔現金〕割引: 2% ~ gewähren 〈abziehen〉(即金または前払いの場合) 2%の割引をする. [*lat.*−*it.*]

Skon·tra·tiọn[skɔntratsió:n] 女 -/-en 〘商〙(skontrieren すること. 例えば:) **1** 相殺, 決済. **2** 帳簿と現品の照合.

skon·triẹ·ren[..trí:rən] 他 (h) 〘商〙 **1** 相殺する, 差引勘定する. **2** (帳簿と現品を)照合する. [*it.*; ◇kontra]

Skọn·tro[skɔ́ntro·] 中 -s/..ren[..rən], -s 〘商〙 **1** 相殺, 決済. **2** 商品在庫帳. [*it.*]

Skoo·ter[skú:tər] 男 -s/- (遊園地などの)子供用電動自動車, ゴーカート. [*engl.*; < *engl.* scoot „rasen"]

..skọp[..sko:p] (「…をみる・観測する道具・器械」を意味する中性名詞 (-s/-e) をつくる): Tele*skop* 望遠鏡 | Mikro*skop* 顕微鏡 | Peri*skop* 潜望鏡 | Dia*skop* スライド映写器 | Kaleido*skop* 万華鏡 | Laryngo*skop* 喉頭(こうとう)鏡 | Chrono*skop* 精密時間測定器. [< *gr.* skopeĩn „spähen" (◇spähen); ◇Skepsis, Skopus; *engl.* ..scope]

Skọ·pen Skopus の複数.

..skopie[..skopi:] (「…の視覚的検査・測定・観察〔法〕」を意味する女性名詞 (-/-n) をつくる): Daktylo*skopie* 指紋検査〔法〕| ᵛUrano*skopie* 天体観測〔術〕| Spektro*skopie* 分光学 | Uro*skopie* 尿検査〔法〕. [*gr.* skopíā „Spähen"]

Sko·pol·amịn[skopolamí:n] 中 -s/ 〘化〙スコポラミン.
[< *nlat.* scopolia „Tollkraut" (◇G. Scopoli〔イタリアの博物学者, †1788〕) + Amin]

Skọ·pus[skó:pʊs] 男 -/..pen[..pən] 〘言〙(文中の特定言語要素の)作用範囲, 作用域. [*gr.* skopós „Ziel"; ◇..skop]

Skor·bụt[skɔrbú:t] 男 -〔e〕s/ 〘医〙壊血病: am ~ sterben 壊血病で死ぬ. [*nlat.*; ◇Scharbock]

skor·bụ·tisch[..tɪʃ] 形 壊血病の; 壊血病にかかっている.

Skor·da·tụr[skɔrdatú:r] 女 -/-en 〘楽〙スコルダトゥーラ(弦楽器の変則的な調弦法).
[*it.*; < *lat.* discors (→diskordant)]

skọ·ren[skó:rən] 自 (h) 《$^{\text{オースト}}_{\text{リア}}$》〘球技〙(シュートなどによって)得点をあげる. [*engl.* score; < *anord.* skor „Schnitt"; ◇scheren[1]]

Skor·piọn[skɔrpió:n] 男 -s/-e **1** 〘動〙サソリ(蠍). **2** der ~ 〘天〙蠍(さそり)座(首星は Antares); 〘占星〙天蝎(てんかつ)宮(黄道十二宮の一つ): →Fisch 1 b **3** 〘聖〙さそり(刑具に用いる棘(とげ)のついたむち). [*gr.*−*lat.*−*ahd.*]

Skor·piọns·flie·ge 女 (Schnabelfliege) 〘虫〙シリアゲムシ(挙尾虫)科の昆虫.

Skọ·te[skó:tə] 男 -n/-n スコット人(6世紀に Irland から Schottland に移住したケルト族の一種族). [*air.*−*spätlat.*; ◇Schotte[3]; *engl.* Scot]

Sko·tọm[skotó:m] 中 -s/-e 〘医〙暗点. [< *gr.* skotoũn „verdunkeln" (◇Schatten); ◇ *engl.* scotoma]

sko·to·mi·siẹ·ren[skotomizí:rən] 他 (h) 〘心〙(好ましくない物事を本能的に)無視〈拒否〉する.

Sko·to·pho·biẹ[skotofobí:] 女 -/ 〘医・心〙暗所恐怖〔症〕. [*gr.*; < ..phobie]

skr 略 = schwedische **Kr**one スウェーデン=クローナ(→Krone 7 a).

Skri·bẹnt[skribɛ́nt] 男 -en/-en (**Skrị·bi·fax**[skrí:bifaks] 男 -〔es〕/-e, ᵛ**Skrị̈b·ler**[skrí:blər] 男 -s/-) 《軽蔑的に》多作家, 駄作家, 三文文士. [< *lat.* scrībere (→schreiben)]

Skript[skrɪpt] 中 -〔e〕s/-en, -s **1** 書かれたもの, 原稿; (講義などを写した)ノート. **2** 〘映・放送〙台本, シナリオ.
[*lat.* scrīptum (−*afr.*−*engl.* script); ◇Schrift]

Skrịpt·girl[skríptgø:rl] 中 -s/-s 〘映〙スクリプト=ガール(撮影記録係の女性, 映画監督の秘書). [*engl.*]

ᵛ**Skrịp·tum**[skríptʊm] 中 -s/..ten[..tən], ..ta[..ta·] = Skript

Skrip·tụr[skrɪptú:r] 女 -/-en 《ふつう複数で》(Handschrift) 手写〈筆写〉したもの, 手書きのもの; (Schriftstück) 文書, 書類. [*lat.*; ◇..ur; *engl.* scripture]

Skrjạ·bin[skrjábin] 人名 Alexandr Nikolajewitsch ~ アレキサンドル ニコラエヴィッチ スクリャービン(1872-1915; ロシアの作曲家).

Skrọ·fel[skró:fəl] 女 -/-n = Skrofulose

skro·fu·lö̩s[skrofulø:s][1] 形 〘医〙腺病(せんびょう)性の; 腺病質の. [< ..ös]

Skro·fu·lọ·se[..ló:zə] 女 -/-n 〘医〙腺病(せんびょう); 腺病質. [< *spätlat.* scrōfula „Mutterschweinchen" + ..ose]

Skrọ·ta Skrotum の複数.

skro·tạl[skrotá:l] 形 陰嚢(いんのう)の. [< ..al[1]]

Skro·tạl≈bruch 男, ≈**her·nie**[..niə] 女 〘医〙陰嚢(いんのう)ヘルニア. ≈**re·flex** 男 〘医〙陰嚢反射.

Skrọ·tum[skró:tʊm] 中 -s/..ta[..ta·] (Hodensack) 〘解〙陰嚢(いんのう). [*lat.*; ◇Geschröt]

Skrubs[skraps, skrʌbz] 複 最下等のタバコの葉〔から作ったタバコ〕, 安物タバコ. [*engl.* scrub „Gestrüpp"]

Skrụ·pel[skrú:pəl] **I** 男 -s/- 《ふつう複数で》良心のとがめ〈呵責(かしゃく)〉, (倫理・道徳上の)躊躇(ちゅうちょ), ためらい: ohne jeden ~ なんのためらいもなしに, ぬけぬけと ‖ Ich mache mir darüber keine ~. 私はそのことを少しも悪いとは思わない | Er kennt keine ~. 彼は良心の呵責というものを知らぬ人間だ, 彼は平気で悪いことをする. **II** 中 -s/- 〘薬〙スクループル(薬量の単位: 約1.25g). [*lat.*; < *lat.* scrūpus „spitzer Stein"; ◇ *engl.* scruple]

S

skru·pel·los[–lo:s][1] 形 良心のとがめ(呵責(かしゃく))を知らない, (倫理的)躊躇(ちゅうちょ)(ためらい)のない, はばかるところのない; 厚顔無恥の: ～*er* Machtmißbrauch 恥知らずな権力乱用‖～ handeln あつかましく振舞う | ～ auf *seinen* eigenen Vorteil bedacht sein 平気で自分の利益をはかる.

Skru·pel·lo·sig·keit[..lo:zıçkaıt] 女 -/ skrupellos なこと.

∇**skru·pu·lös**[skrupulǿ:s][1] 形 慎重な, 小心翼々とした.

Skru·pu·lo·si·tät[..lozitɛ́:t] 女 -/ skrupulös なこと. [*lat.*; ◇ ..os]

Skru·ti·nium[skrutí:niʊm] 中 -s/..nien[..niən] **1** 投票の集計および精密な吟味. **2** 〘カトリック〙 叙階志願者の適性審査.
[*spätlat.*; < *lat.* scrūtārī „durchstöbern" (◇schroten)]

Sku·do[skú:do·] 男 -/-s, ..di[..di·] = Scudo

Skuld[skʊlt] 人名 〘北欧神〙 スクルド(未来をつかさどる女神: →Norne). [*anord.*; ◇Schuld]

Skull[skʊl, skal] 中 -s/-s **1** (船の)ともがい. **2** 〘スポーツ〙 スカル(左右の手に 1 本ずつ持つオール: →Riemen[2]). [*engl.* scull]

Skull·boot[skʊ́l..] 中 〘ボート〙 スカル艇.

skul·len[skʊ́lən] 自 (h, s) スカルで漕(こ)ぐ. [*engl.* scull]

Skul·ler[skʊ́lər, skálər] 男 -s/- **1** スカルで漕(こ)ぐ人, スカル競技の選手. **2** = Skullboot [*engl.* sculler]

skulp·tie·ren[skʊlptí:rən] 他 (h) 彫刻する.

Skulp·tur[skʊlptú:r] 女 -/-en **1** 《単数で》 彫刻〔術〕. **2** 彫刻品, 彫像(→ 図 Kirche B).
[*lat.*; < *lat.* sculpere „schnitzen" (◇Skalpell)+..ur; ◇ *engl.* sculpture]

skulp·tu·ral[..turá:l] 形 彫刻〔術〕の.

skulp·tu·rie·ren[skʊlpturí:rən] = skulptieren

Skunk[skʊŋk] 男 **1** -s/-s, -e (Stinktier) 〘動〙 スカンク. **2** -s/-s 《ふつう複数で》 スカンクの毛皮. [*indian.*–*engl.*]

Skup·schti·na[skúpʃtina·] 女 -/-s 《ふつう単数で》 (ユーゴスラビアの)国会. [*serbokroat.*]

skur·ril[skʊrí:l] 形 おどけた, こっけいな; 奇妙(奇抜)な: ～*e* Einfälle 奇抜な思いつき | ein ～*er* Mensch おどけた人 | ein ～*er* Zufall おかしな偶然. [*lat.*; < *lat.* scurra „Possenreißer" (◇scherzen); ◇ *engl.* scurrile]

Skur·ri·li·tät[skʊrilitɛ́:t] 女 -/-en **1** 《単数で》 skurril なこと. **2** skurril な言動. [*lat.*]

S-Kur·ve[ɛ́s..] 女 (道路・河川などの) S 型カーブ.

Skūs[sky:s] 男 -/- 〘トランプ〙 スキュース (Tarock の切り札).
[*fr.* ex-cuse „Ent-schuldigung"; ◇Causa]

Skye·ter·ri·er[skáıtɛriər] 男 スカイテリア(スコットランド種の小型テリア犬: → 図). [< Skye (スコットランド北西の島)]

Skyeterrier

Sky·jacker[skáıdʒɛkər] 男 -s/- (Luftpirat) (航空機の)乗っ取り犯人, ハイジャック犯人.
[*amerik.*; *engl.* sky „Himmel"+Hijacker]

Sky·lab[skáılɛp, skáılæb] 中 -s/-s 〘宇宙〙 (米国の)有人宇宙実験室, スカイラブ.
[*amerik.*; ◇Laboratorium]

Skyl·la[skýla·] 女 -/ = Szylla [*gr.*]

Sky·phos[ský(:)fɔs] 男 -/..phoi[..fɔʏ] スキュフォス(古代ギリシアの酒杯で, 2 本の取っ手が縁から水平に突き出している). [*gr.*; ◇ *engl.* scyphus]

Sky·the[ský:tə] 男 -n/-n スキタイ人(前 6 世紀から前 3 世紀にかけて南ロシアで活躍した Iran 系の遊牧民族). [*gr.*–*lat.*]

Sky·thi·en[ský:tiən] 地名 スキタイ(黒海とカスピ海の北方および東方にある地域の古代名). [*gr.*–*lat.* Schthia]

sky·thisch[..tıʃ] 形 スキタイの.

s. l. 略 = sine loco 〔発行〕場所不詳.

Slacks[slɛks, slæks] 複 〘服飾〙 スラックス(ズボンの一種).
[*engl.*; ◇schlack]

Sla·lom[slá:lɔm] 男 -s/-s **1** 〘スキー〙 スラローム, 回転競技. **2** 〘カヌー〙 スラロームレース. [*norw.*]

Sla·lom≠lauf 男 〘スキー〙 スラローム. **≠läu·fer** 男 〘スキー〙 スラロームの競技者.

Slang[slɛŋ, slæŋ] 男 -s/-s 俗語, スラング; (特定の社会階層・集団の)用語; 隠語. [*engl.*]

Sla·we[slá:və] 男 -n/-n (女 **Sla·win**[..vın]-/-nen) スラヴ人(東ヨーロッパに分布し, 人種的にはコーカソイド, 言語的にはインド=ヨーロッパ語族に属する). [*mlat.* S〔c〕lāvus; ◇Sklave; *engl.* Slav]

Sla·wen·tum[slá:vəntu:m] 中 -s/ スラヴ人気質.

Sla·win Slawe の女性形.

sla·wisch[slá:vıʃ] 形 スラヴ〔人・語〕の: →deutsch

sla·wi·sie·ren[slavizí:rən] 他 (h) スラヴ化する, スラヴふうにする.

Sla·wis·mus[slavísmʊs] 男 -/..men[..mən] スラヴ語法(特に他の言語におけるスラヴ語特有の慣用語法).

Sla·wist[slavíst] 男 -en/-en スラヴ学者, スラヴ語学(文学)研究者.

Sla·wi·stik[..tık] 女 -/ スラヴ学, スラヴ語学(文学)研究.

sla·wi·stisch[..tıʃ] 形 Stawistik の; Slawistik に関する.

Sla·wo·ni·en[slavó:niən] 地名 スラヴォニア(クロアチア北部の地方). [*mlat.*; ◇ *engl.* Slavonia]

Sla·wo·ni·er[..niər] 男 -s/- スラヴォニアの人.

sla·wo·nisch[..nıʃ] 形 スラヴォニアの.

sla·wo·phil[slavofí:l] **I** 形 スラヴびいきの. **II Sla·wo·phi·le** 男 女 《形容詞変化》 スラヴびいきの人; スラヴ主義者.

Sla·wo·phi·lie[..filí:] 女 -/ スラヴびいき.

s. l. e. a. 略 = sine loco et anno

Sli·bo·witz[slí:bovıts] 男 -〔es〕/-e スリボヴィッツ (Jugoslawien 産の, スモモからつくった蒸留酒). [*serbokroat.*; < *serbokroat.* šljiva „Pflaume"; ◇ *engl.* slivovitz]

Slip[slıp] 男 -s/-s **1** 〘服飾〙 (女性用の)パンティー; (男性用の)ブリーフ. **2** 〘商〙 伝票. **3** 〘船〙 (斜面になった)船台.
[*engl.*; 1, 3: ◇Schlipp]

Slip·per[slípər] 男 **1** -s/-〔s〕スリップオン〔シューズ〕(かかとが低く, ひもや留め金のない軽い靴: → 図). **2** -s/- 《オーストリア》 スリッパー(スポーティーな男性用コート). [*engl.*]

Slipper

Sli·wo·witz[slí:vovıts] 男 -〔es〕/-e = Slibowitz

Slo·gan[sló:gən, slóʊgən] 男 -s/-s (Schlagwort) スローガン, 標語; (特に宣伝用の)キャッチフレーズ. [*gäl.* sluaghghairm „Heer-geschrei"–*engl.*]

Sloop[slu:p] 女 -/-s 〘海〙 スループ帆船. [*ndl.* sloep (→Schaluppe)–*engl.*]

Slo·wa·ke[slová:kə] 男 -n/-n スロヴァキア人(西スラヴ民族の一つ). [„Slawe"; *slowak.*; ◇ *engl.* Slovak]

die **Slo·wa·kei**[slovakáı] 女 -/ スロヴァキア(東ヨーロッパの共和国. 首都は Bratislava). [◇ *engl.* Slovakia]

slo·wa·kisch[..vá:kıʃ] 形 スロヴァキア〔人・語〕の: → deutsch | die *Slowakische* Republik スロヴァキア共和国.

Slo·we·ne[slové:nə] 男 -n/-n スロヴェニア人(南スラヴ民族の一つ). [*slowen.*]

Slo·we·ni·en[..niən] 地名 スロヴェニア(旧ユーゴスラヴィア連邦共和国を構成していた共和国. 1991年に独立. 首都は Libliana, ドイツ語名 Laibach). [◇ *engl.* Slovenia]

Slo·we·ni·er[..niər] 男 -s/- = Slowene

slo·we·nisch[..nıʃ] 形 スロヴェニア〔人・語〕の : → deutsch

Slow·fox[sló:fɔks, slóʊ..] 男 -〔es〕/-e 〘ダンス〙 スローフォクストロット. [< *engl.* slow „langsam"+Foxtrott]

Slum[slam, slʌm] 男 -s/-s 《ふつう複数で》 (Elendsviertel) スラム街, 貧民窟(くつ). [*engl.*]

Slum·be·woh·ner[slám..] 男 スラム街の住人.

Slup[slu:p] 女 -/-s = Sloop

sm[zé:maılə] 記号 (Seemeile) 海里.

Sm[ɛs|ɛ́m, zamá:riʊm] 記号 (Samarium) 〘化〙サマリウム.
S. M.[ɛs|ɛ́m] 略 =**Seine Majestät** 陛下.
SM[ɛs|ɛ́m] 男 -〔s〕/ (<Sadomasochismus) 《話》サドマゾヒズム, 加虐被虐性愛.
Small·talk[smɔ́:ltɔ:k] 男 (中) -s/-s 世間話, おしゃべり. [*engl.*; ◇schmal, Zahl]
Smạl·te[smáltə] 女 -/-n=Schmalte
Smal·tịn[smaltí:n] (**Smal·tịt**[..tí:t, ..tít]) 男 -s/ 〘鉱〙砒(ひ)コバルト鉱.
Sma·rạgd[smarákt][1] 男 -〔e〕s/-e 〘鉱〙エメラルド(緑柱石の一種), 翠玉(すいぎょく). [*gr.*–*lat.* smaragdus–*ahd.*; ◇Esmeralda]
sma·rạg·den[smarákdən] 形 **1** 《付加語的》エメラルド〈翠玉(すいぎょく)〉の. **2** =smaragdgrün
sma·rạgd·grün[smarákt..] 形 エメラルドグリーンの.
smart[sma:rt, smart] 形 **1** きびきび〈てきぱき〉した, 敏腕の, 抜け目のない: ein ~*er* Geschäftsmann 抜け目のないビジネスマン. **2** 洗練された, あかぬけした, スマートな: ~ gekleidet sein スマートな服装をしている. [*engl.*; ◇schmerzen]
Smartie[smá:rti·, smárti·] 男 -s/-s 《話》smart な男〈やつ〉. **Smart·phone** 中 -s/-s スマートフォン.
Smẹg·ma[smégma·, smé:..] 中 -〔s〕/ 〘生理〙恥垢(ちこう), スメグマ. [*gr.* „Abwischen"; ◇schmeißen]
Smẹ·ta·na[smétana·] 人名 Bedřich ~ ベドルジヒ スメタナ(1824–84; チェコの作曲家. 作品は喜歌劇『売られた花嫁』など).
SM-O̱fen[ɛs|ɛ́m..] =Siemens-Martin-Ofen
Smog[smɔk] 男 -〔s〕/-s スモッグ, 煙霧: photochemischer ~ 光化学スモッグ. [*engl.*; <*engl.* smoke „Rauch" (◇Schmok)+fog „Nebel"]
Smọg·alarm[smɔ́k..] 男 スモッグ警報.
Smọk·ar·beit[smó:k..] 女 〘手芸〙スモッキング; 飾りひだ. [<smoken]
Smoke-ịn[smoʊk|ín] 中 -s/-s 大麻パーティー. [*engl.*; ◇schmoken]
smọ·ken[smó:kən] 他 (h) 〘手芸〙(…に)スモッキングを施す. [*engl.* smock; ◇schmiegen]
Smọ·king[smó:kɪŋ] 男 -s/-s 〘服飾〙スモーキング, タキシード(→図). [*engl.* smoking jacket; <*engl.* smoke „rauchen" (◇schmoken)]

Zylinder
Stock
Smoking

Smo·lẹnsk[smolénsk] 地名 スモレンスク(ロシア連邦 Moskau 西方の都市). [*russ.*; ◇*russ.* smola „Harz"]
Smör·gås·bord[smó:rgo:sbɔrt] 男 -s/-s 〘料理〙スモーガスボード(北欧, 特にスウェーデンで行われるセルフサービス式のいわゆるバイキング料理). [*schwed.*]
Smọ̈r·re·brö̱d[smœrəbrø:t] 中 -s/-s 〘料理〙スモーレブロード(ライ麦パンにバタを塗り, その上にハムや卵などをのせたデンマークのオープンサンド). [*dän.* „Butterbrot"]
smor·zạn·do[smɔrtsándo·] 副 (allmählich abschwächend) 〘楽〙スモルツァンド, だんだん遅く消えるように. [*it.*; <*it.* smorzare „dämpfen" (◇Mord)]
S. M. S.[ɛs|ɛm|ɛ́s] 略 =**Seiner Majestät Schiff** 帝国軍艦.
SM-Sta̱hl[ɛs|ɛ́m..] =Siemens-Martin-Stahl
Smụt·je[smútjə] 男 -s/-s (Schiffskoch) 〘海〙船のコック〈司厨(しちゅう)員〉. [*ndl.* „Schmutzfink"]
SMV[ɛs|ɛmfáʊ] 略 女 -/-〔s〕=**Schülermitverwaltung** 生徒自治会.
SM-Ver·fa̱h·ren[ɛs|ɛ́m..] =Siemens-Martin-Verfahren
Smy̱r·na[smýrna·] **I** 地名 スミルナ(Izmir の旧称). **II** 男 -〔s〕/-s=Smyrnateppich [*gr.*–*lat.*]
Smy̱r·na·er[smýrnaər] **I** 男 -s/- **1** スミルナの人. **2** =Smyrnateppich **II** 形 《無変化》スミルナの.
smy̱r·na·isch[..na·ɪʃ] 形 スミルナの.
Smy̱r·na·tep·pich[smýrna..] 男 スミルナ産じゅうたん.
Sn[ɛs|ɛ́n, tsɪn] 記号 (Stannum) 〘化〙錫(すず) (=Zinn).
Snack[snɛk, snæk] 男 -s/-s (Imbiß) 軽食, スナック. [*engl.*; <*engl.* snack „schnappen"]
Snack·ba̱r[snɛ́kba:r, snǽkbɑ:] 女 スナックバー. [*engl.*]
SNB[ɛs|ɛnbé:] 略 中 -/ =**Sowjetisches Nachrichtenbüro** (ベルリンの)ソビエト情報局(1945–46).
Snee·wịtt·chen[sne:vítçən] 《北部》=Schneewittchen
snie̱·fen[sní:fən] (**snịf·fen**[snífən]) 自 他 (h) 《話》(schnüffeln) (コカイン・シンナーなどを)吸う, 嗅(か)ぐ. [*engl.* sniff; ◇schnüffeln]
Sniff[snɪf] 男 -s/-s 《俗》(コカイン・シンナーなどの)吸引.
Snob[snɔp] 男 -s/-s (紳士ぶる・専門家ぶる)俗物, 気取り屋, きざなやつ, スノッブ. [*engl.*]
Sno·bịs·mus[snobísmʊs] 男 -/..men[..mən] 紳士〈専門家〉気取り, 俗物根性, きざ, スノビズム. [*engl.* snobbism]
sno·bị·stisch[..stɪʃ] 形 紳士〈専門家〉気取りの, 俗物根性の, きざな.
Snow[snoʊ] 男 -s/ 《話》(Schnee) (白い粉末状の)コカイン, ヘロイン(麻薬).
Snow·board[snóʊbɔ:d] 中 -s/-s 〘スポ〙スノーボード(スノーサーフィン用の器具).
snow·boar·den[..bɔ:dən] 自 (h, s) スノーボードで滑走する, スノーボードをする.
Snow·boar·der[..bɔ:dər] 男 -s/- snowboarden する人.
Snow·boar·ding[..bɔ:dɪŋ] 中 -s/ snowboarden すること. [*engl.*]
so̱[zo:]

I 副
1 《形容詞・副詞を修飾して》
a) 《程度を示して》それ〈これ〉ほど, そんな〈こんな〉に; 《単に程度を強めて》なんとも, たいへん, 非常に
b) 《**noch so** の形で譲歩・認容を示して》どれほど…であるにせよ
c) 《程度を示す意味が薄れて》まずまず, とにかく
2a) 《様子・方法・手順などを示して》そう〈こう〉いうふうに, その〈この〉ように〔して〕
b) (わざわざ何かをしたり添えたりせずに)そのまま, いきなり; そのままのなりで, 裸のまま; 無料で; (たいしたことなく)無事に, なんとか
c) 《南部・中部》(sowieso) どっちみち
d) →III 1
3 《表現をぼかす意味で軽くそえて》とにかく, まあ; 《概数などのぼかした表現にそえて》ざっと〔…ほど〕, ほぼまあ〔…ぐらい〕
II
1 《**so ein, so etwas** の形で指示代名詞として》そんな, こんな
[▽]**2** 《関係代名詞》《1格または4格の機能を果たして》
III 接
1 《副詞的》
a) したがって, だから, それで
b) 《副文の後に来る主文の先頭に置かれて》それなら, すると
c) 《疑問文や命令文の文頭で》〔それ〕では, さあ
d) 《**so daß** の形で daß 副文と》それで, その結果
2 《従属的》
a) 《形容詞・副詞とともに副文を導いて》
① 《しばしば **auch** を伴って, 譲歩・認容を示す》〔たとえ〕いかに…とはいえ(やはり)
② 《制限》…である限り
[▽]**b)** 《雅》もしも…であるなら; …である限りは
3 《形容詞・副詞を修飾して》
a) 《**um so** の形で比較級とともに主文を導いて》それだけ

S

いっそう
b)《呼応的に副文と主文それぞれの先頭に置かれて》…に応じてそれだけ…

I 副 **1**《形容詞・副詞を修飾して》**a**)《程度を示して》それ〈これ〉ほど, そんな〈こんな〉に, そんな〈こんな〉にまで;《単に程度を強めて》なんとも, たいへん, とても, 非常に: ein ~ hoher Turm こんなに高い塔 | etwas ~ Schönes こんなにすばらしいもの ‖ Ist es schon ~ spät? もうそんなに遅いのか | Es war ja ~ kalt! なんとも寒かった | Ich bin ~ glücklich 〈müde〉. 私はとても幸せだ〈疲れている〉| Die Arbeit ist nicht ~ leicht. この仕事はそれほど容易ではない | Sei doch nicht ~ ängstlich! そんなにびくびくするな | Ich wußte nicht, daß er ~ krank war. 私は彼の病気がそれほど重いとは知らなかった | *So* spät kommst du! こんなに遅く来るなんて | Ich habe es dir ~ oft gesagt! 何度も君にそう言ったじゃないか | Ich habe mich ~〔sehr〕nach dir gesehnt. 私は君にとても恋いこがれていたんだよ | Ich mache mir nicht ~ viel daraus. 私はそれをたいして問題にしていない ‖〖度合いの内容や結果を示す語句と呼応して〗Er kam ~ spät, **daß** der Zug schon fort war. 彼は来るのが遅かったので列車は出たあとだった | Er ist ~ erschrocken, daß er nicht sprechen könnte. 彼は口もきけぬほど驚いている | Er arbeitete ~〔sehr〕, daß er krank wurde. 彼は働きすぎて病気になった ‖ Du mußt ~ lange warten, bis der Regen aufhört. 君は雨がやむまで待たねばならない | Ich bin nicht ~ dumm, das zu glauben. 私はそれを信じるほどばかではない | Seien Sie bitte ~ freundlich und helfen Sie mir das tragen! すみませんがこれを運ぶのを手伝ってください.
‖〖比較を示す語句と対応して〗**so** weiß **wie** Schnee 雪のように白い | Er ist zweimal ~ groß wie du. 彼は背丈が君の 2 倍もある | **so gut wie ...** ほとんど…だ, まるで…も同然だ | Damit ist das Spiel ~ gut wie verloren. これでもう勝負は負けたも同然だ | Das ist ~ gut wie sicher. それはほとんど確実だ | Ich habe ~ gut wie〔gar〕nichts gesehen. 私はまるで何も見なかったに等しい | Ich liebe ihn ~〔sehr〕wie keinen anderen. 私は〔他の〕だれよりも彼が一番好きだ | ~ bald wie möglich できるだけ早く ‖ Er ist ~ reich wie geizig. 彼は金持ちだがそれに劣らずけちでもある.
b)《**noch so** の形で譲歩・認容を示して》どれほど…であるにせよ: sei er auch noch ~ arm 彼がいかに貧しいとはいえ | Wenn du mich noch ~ sehr bittest, ich erlaube es nicht. 君にどれほど頼まれても それを許可してやるわけにはいかない.
c)《程度を示す意味が薄れて》まずまず, とにかく(→3): ~ lala / ~ la la (良くも悪くもなく)まあまあ, なんとか |〔noch〕~ leidlich まずまず無事に | ~ ziemlich まあかなり, 多少は.
2 a)《様子・方法・手順などを示して》そう〈こう〉いうふうに, その〈この〉ように〔して〕, そう〈こう〉いうやり方で, それ〈これ〉で: Wie macht man das?—*So!* これはどんなふうにするのですか — こう〔するの〕です | *So*〔und nicht anders〕muß man das machen. それはこういうふうにやらなくてはいけない | Spricht man ~ mit seinem eigenen Vater? それが実の父親に対する口のきき方なのか | Ich lasse mich von dir nicht ~ behandeln! 君からこんな扱いを受けて黙っているわけにはいかない | *So* geht das nicht! それではだめだ | Du tust ja nur ~. 君はそんなふりをしているだけさ ‖〖述語的に sein などとともに〗*So* ist es. そのとおりです, そういうわけです | Ist das ~? 本当にそうなのですか | Ach, ~ ist das! ああそういうわけなのか | *So* ist's nun mal im Leben. 人生はそうしたものなのさ | *So* war es schon immer und ~ wird es auch bleiben. これまでずっとそうだったし今後も変わるまい | Eigentlich solltest du nichts erhalten, aber ich will nicht ~ sein. 本当なら君には何もやれんところだが そういうわけにもいくまい ‖ Er findet das Buch interessant. Aber ich finde das nicht ~. 彼はこの本をおもしろいと思っているが私はそうは思わない | ~ betrachtet 〈gesehen〉 このように見ると.
‖〖独立的に〗*So!* (発言をしめくくって)〔…とまあ〕こういうことさ | Ach ~! ああそうか | Ja ~! うんそうだ, それでいい | Recht ~! / Gut ~! そのとおり, それでいい | *So?* 本当にそうかしら | *So*, und nun? それで〔さてどうなんだ〕| *So*, das wäre geschafft. さてこれで片づいたぞ | *So*, jetzt komm mit! さあついて来い.
‖〖前後の語句を指して〗Die Sache verhält sich〔nämlich〕~: ... 事情は〔つまり〕…とこんな具合なのだ | „...", ~ pflegte er zu sagen.「…」と彼はこう言うのが常だった | wenn ich ~ sagen darf もしこう言ってよろしければ.
‖〖後続の語句と呼応して〗Er spricht ~, **daß** ihn jeder verstehen kann. 彼はだれにも理解できるように話す | Es kommt mir ~ vor, **als ob** er noch lebte. 私は彼がまだ生きているかのような気がする | Es war ~, **wie** er sagte. 彼の言ったとおりだった | Sprich es ~ nach, wie ich es dir vorspreche! 私の唱えるとおりについて言え | Handle ~, wie du es für richtig hältst! 君が正しいと考えるとおりに行動しろ | *So*, wie du bist, kannst du dich nicht sehen lassen. そのなりでは人前には出られないよ | *So*, wie ich ihn kenne, kommt er nicht. 彼の平生からすれば彼は来ないよ | Wie du mir, ~ ich dir. そっちがそっちなら こっちもこっちだ ‖〖対句のように重ねて〗Er spricht **bald ~**, bald ~ 〈**einmal ~**, einmal ~〉. 彼はああ言ったりこう言ったりする | Ich mache das manchmal ~, manchmal ~. 私はそれをああやったりこうやったりする | Der eine sagt ~, der andere ~. ある者はこう言い他の者は別のことを言う ‖ *et.*[4] **so und so** erzählen …をさまざまに物語る | **so oder so** i) ああかこうか(いずれかの仕方で); ii) どっちみち, いずれにせよ | *So* oder ~, wir kommen um diese Frage nicht herum. どっちにしても私たちはこの問題を回避できない.
b) (わざわざ何かをしたり添えたりせずに) そのまま, いきなり; (特別に装わず) そのまま〔のなりで〕, (着衣なしで) 裸のまま; 無料で, ただで, 料金を払わずに; (たいしたことなく) 無事に, なんとか: Soll ich es einpacken?—Nein, danke, ich nehme es ~ mit. お包みしましょうか — 結構です このまま持っていきます | Heizung hat man hier ~. ここは暖房代は特にいらない | Ich komme immer ~ ins Kino. 私はいつも切符なしで映画館に入る | Ich habe〔auch〕~ schon genug zu tun. 私はただでさえけっこう忙しい | Man kann das Brot gleich ~ essen. このパンは(何もつけたりせず)すぐそのまま食べられる | Ich bin noch ~ davongekommen. 私はなんとか事なく難をのがれた ‖ **~ vor** 〈für〉 *sich*[4] **hin** (ほかのことに気を取られず) ひたすらただ; (自分ひとり) ただなんとなく ‖ **nur ~** / bloß ~ (別に意図などなく) ただなんとなく; (勢いのいい動きなどを表して) ただもうやたらに, すごい勢いで, 景気よく | Was fragst du?—Ach, nur ~! なんでそんなこと聞くんだ — 別にどうっていうわけじゃないよ | Ich meinte〔ja〕nur ~. (私がそう言ったについては) 別に他意はありません | Das habe ich nur ~〔hin〕gesagt. 私はただなんとなくそう言っただけだ | Der Wagen sauste nur ~ dahin. 車はただもうすごい勢いで走り過ぎた | Er schlug die Tür zu, daß **es** nur ~ knallte. 彼は戸をバターンとしめた.
c)《南部・中部》(sowieso) どっちみち.
d) →III 1
3《表現をぼかす意味で軽くそえて》とにかく, まあ;《概数などのぼかした表現にそえて》ざっと〔…ほど〕, ほぼまあ〔…ぐらい〕: Ich habe ~ meine Erfahrungen mit ihm. 私は彼のことではとにかくいろんな目にあっている | Ich mache mir ~ meine Gedanken darüber. 私はまあ私なりにそのことで頭を使っている | Das ist ~ eine Art von Pfannkuchen. これはまあ一種のパンケーキだ ‖ ~ ein paar まあ二三〔ぐらい〕の | ~ ungefähr 50 Mark ざっと50マルクほど | Es waren ~ etwa tausend Mann versammelt. ざっと1000人ほど集まっていた | Es ging ~ auf 10 Uhr. 10時に近かった ‖ ~ **gegen** Abend 晩がたに〔かけて〕| ~ gegen zwölf Leute ほぼ12人ぐらい | ~ um Mitternacht 真夜中ごろに.
II 1《**so ein, so etwas** の形で指示代名詞として》(solch) そんな, こんな: ~ ein〔schöner〕Tag こんな〔いい〕日 | ~ ein Mann wie er 彼のような〔そんな〕男 | In ~ einem Kleid kannst du nicht ausgehen. そんな服装で外出してはいけない | *So* ein Haus hätte ich auch gern. こんな家を私も持ちたい | *So* ein Unglück! なんたる不運だ ‖ ~ einer 〈eine〉 こういう男〈女〉| Das ist auch ~ einer! 彼はそういうやつな

S

んだ ‖ ～〔et〕was / ～ ein〔e〕s そんなこと | *So* etwas〔Schönes〕habe ich noch nie gesehen. こんな〔いい〕ものはいまだかつて私は見たことがない | *So* etwas〔von Frechheit〕ist noch nicht dagewesen! こんな〔厚かましい〕ことは前代未聞だ | Nein, ～ etwas! まさかそんな | Na ～ etwas! / Und ～ was lebt!〔へえ〕こんなことってあるのか, なんたることか(けしからん).

▽**2**《関係代名詞》《1格または4格の機能を果たして》Bücher, ～ er besaß 彼の所有していた本 | Der, ～ es sagen konnte, ist tot. そう言うことのできた者はすでにこの世にない.

Ⅲ 接 **1**《副詞的》**a)** したがって, だから, それで: Er war nicht da, ～ konnte ich ihn nicht sprechen. 彼は不在だった. だから私は面談できなかった | Du hast es gewollt, ～ trage die Folgen! 君がそう望んだのだ. だから後の始末も引き受けろ. **b)**《副文の後に来る主文の先頭に置かれて》それなら, すると: Was diese Sache〔an〕betrifft,〔～〕bin ich einverstanden. この件については私は異存はありません | Wenn es sicher ist, daß er heute zu uns kommt ⟨Ist es sicher, daß er heute zu uns kommt⟩, ～ warte ich zuhause auf ihn. 彼がきょう来るのが確かなら私は家で彼を待ちます | Wenn auch die Zeit kurz war, ～ ist er doch fertig geworden. 時間が短かったにかかわらず彼はそれをし終わった ‖〖副文的機能をもつ主文の後で〗Es dauerte nicht lange, ～ kam er zurück. ほどなくして彼が戻って来た | Es fehlte nicht viel, ～ wäre er ertrunken. 彼はすんでのところでおぼれ死ぬところだった ‖〖命令文の後に続く文の先頭に置かれて〗Suchet, ～ werdet ihr finden. さがせよ さらば見いださん(聖書: ルカ11, 9).

c)《疑問文や命令文の文頭で》〔それ〕では, さあ: *So* liebst du mich **also**? じゃあ私を愛してくれているんだね |〔Ich muß nun gehen,〕～ leb also wohl!〔私はもう行かなくっちゃ〕じゃあ元気で ‖ *So* komm **doch** endlich! さあ来いったら | *So* hör mir doch〔ein〕mal zu! まあ私の言うことも聞けってば. **d)**《**so daß** の形で daß 副文と》それで, その結果: Der Donner rollte laut, ～ daß alle erschraken. 雷が大きな音で鳴ったのでみんなびっくりした | Er war sehr krank, ～ daß er nicht kommen konnte. 彼は病気が重くて来られなかった.

2《従属的》**a)**《形容詞・副詞とともに副文を導いて》①《しばしば auch を伴って, 譲歩・認容を示す》〔たとえ〕いかに…とはいえ(やはり): Er merkte es nicht, ～ klug er **auch** war. 利口な彼も(さすがに)それに気づかなかった | *So* leid es mir auch tut, ich kann es doch nicht ändern. 残念ながら私にはそれは変えられない ‖ *So* sehr ich vorher darauf neugierig war, jetzt habe ich nur noch Ekel davor. これまでは私はその事にとても好奇心を抱いていたけれども 今ではただ嫌悪を感じるばかりだ.

②《制限を示して》…である限り〔できるだけ〕: ～ gut ich kann 私としてできる限り | Er folgte ihnen, ～ rasch es ihm möglich war. できる限り急ぎ足で彼は彼らの後を追った | ～ lange (＝solange) die Großmutter lebte 祖母の生きていた間は | *So* wahr ich ein Mann bin ⟨*So* gewiß ich dastehe⟩, dort steigt jemand vom Pferd. 絶対に間違いなくあそこでだれかが馬をおりるところだ | *So* wahr ich lebe, ich weiß es nicht.(誓って言うが)私はそんなことは絶対に知らない | *So* wahr ich lebe! 絶対にうそじゃない, 誓ってもいい.

▽**b)**《雅》(wenn, sofern) もしも…であるなら; …である限りは: *So* es mir die Zeit gestattet, sehen wir uns morgen. 時間が許すなら明日会おう | *So* Gott will, wird alles gut werden. 神の御心があれば万事うまくおさまるだろう ‖ Ich werde dir helfen, ～ ich kann. 私はできる限り君を援助しよう.

3《形容詞・副詞を修飾して》**a)**《**um so, umso** の形で比較級とともに副詞的に主文を導いて》それだけいっそう: Sag ihm vorher nichts, um ～ mehr wird er sich freuen. 事前に何も言うな. その方がよけいに彼は喜ぶだろうから ‖〖je に導かれる副文と呼応して〗Je mehr du dich anstrengst, um ～ schneller bist du fertig. 君が精を出せばそれだけ仕事が早くすむ | Je schneller, um ～ besser. 速ければ速いほどよい. **b)**《呼応的に副文と主文それぞれの先頭に置かれて》…に応じてそれだけ…: *So* schnell die Städte wachsen, ～ schnell entwickeln sich die Verkehrsmittel. 都市が急速に成長するにつれて交通手段も急速に発達する | *So* sehr er Konzerte liebt, ～ sehr lehnt er Opern ab. 彼は音楽会があんなに好きなのにオペラはあんなに嫌っている ‖ *So* fleißig Hans ist, ～ faul ist sein Bruder. ハンスはあれほど勤勉なのに兄〈弟〉の方はその分だけ怠け者だ.

[*germ.*; ◇also, solch; *gr.* hṓs „wie"]

s. o. 略 ＝sieh〔e〕oben! 上記参照.

So. 略 ＝Sonntag

SO 略 ＝**Süd**ost〔en〕南東; 南東部.

so·bạld[zobált] 接《従属》…したらすぐに, …するやいなや: Ich komme, ～ du mich rufst. 私は君が呼べばすぐ行くよ | *Sobald* sie ihn sah ⟨gesehen hatte⟩, eilte sie auf ihn. 彼女は彼を見るとすぐ彼のところへ急いだ | Komm, ～ du kannst! できるだけ早く来い.

★ 副詞として用いるときは2語に書く(→so Ⅰ 1 a): Ich komme *so bald* wie möglich. できるだけ早く参ります.

So·brạn·je[zobránjə] 女 -/-n (中 -s/-n) ソブラーニェ(ブルガリアの国会). [*bulgar.*]

▽**So·brie·tạ̈t**[zobrietɛ́:t] 女 -/ (Mäßigkeit) 節制; 節酒. [*lat.*; < *lat.* sōbrius (→sauber)]

So·cịe·tas Jẹ·su[zotsí:etas jé:zu·] 女 --/ (略 SJ, S. J.) (Jesuitenorden)〖カトリック〗イエズス会. [*nlat.*; ◇Sozietät]

So·cié·té an·onyme[sɔsjeteanɔním] --/-s-s[sɔsjeteanɔním] (Aktiengesellschaft) 株式会社. [*fr.*]

Sọ̈ck·chen[zœ́kçən] 中 -s/- Socke の縮小形; (特に女性・子供用の, くるぶしぐらいまでの) 短いソックス.

Sọcke[zɔ́kə] 女 -/-n (小 **Sọ̈ck·chen** → 別出, **Sọ̈ck·lein**[zœ́klaɪn] 中 -s/ -)《ふつう複数で》ソックス(短い靴下: → 図 Strumpf): wollene ⟨handgestrickte⟩ ～*n* ウールの〈手編みの〉ソックス | ein Paar ～*n* ソックス1足 ‖ ～*n* anziehen ⟨tragen⟩ ソックスをはく〈はいている〉| ***jm.* die ～*n* ausziehen** …のソックスを脱がせてやる;《話》…にとってがまんがならない | Diese Musik zieht einem ja die ～*n* aus! この音楽はまったく聞くに耐えない ‖ ***sich***[4] **auf die ～*n* machen**《話》(急いで)出発する, 立ち去る | ***jm.* auf den ～*n* sein**《話》…のすぐあとをつける |〔ganz / glatt〕**von den ～*n* sein**《話》驚いて〈あきれて〉いる ‖ ***jm.* qualmen die ～*n***《話》…が大急ぎで〈息せききって〉やってくる. [*gr.*－*lat.* soccus „griechischer Schuh"－*ahd.* soc; ◇*engl.* socks]

Sọckel[zɔ́kəl] 男 -s/- **1** (柱・彫像などの) 台座, 台石(→ 図 Standbild). **2** (下敷きの)台; (壁の)腰;〖建〗土台(→ 図 Haus A). **3**〖電〗(電球などの)口金(くちがね)(→ 図 Glühlampe). **4**《話》＝Sockelbetrag [*lat.* socculus „kleiner Schuh"－*it.* zoccolo－*fr.* socle]

Sọckel≠be·trag 男 (賃上げ・昇給の)基本額. **≠ge·schoß** 中 ＝Souterrain

Sọcken[zɔ́kən] 男 -s/-《ふつう複数で》《南部・オーストリア》＝Socke

Sọcken≠blu·me 女〖植〗イカリソウ(碇草)属. **≠hal·ter** 男 (ソックス用の) 靴下どめ(→ 図 Strumpf).

Sọ̈ck·lein Socke の縮小形(→Söckchen).

Sọd[zo:t][1] 男 -〔e〕s/-e ▽**1**《単数で》沸騰. ▽**2**《単数で》＝Sodbrennen ▽**3** (Brühe) 肉汁. **4**《スイス》〔つるべ〕井戸. [*mhd.*; ◇sieden]

Sọ·da[zó:da·] **Ⅰ** 女 -/; 中 -s/〖化〗ソーダ(炭酸ナトリウムの俗称). **Ⅱ** 中 -s/ **1** ＝Ⅰ **2** (Sodawasser) ソーダ水, 炭酸水: Whisky mit ～ ウイスキーソーダ. [*roman.*]

So·dạ·le[zodá:lə] 男 -n/-n〖カトリック〗信心会会員. [*lat.*; ◇Sitte]

So·da·li·tạ̈t[zodalitɛ́:t] 女 -/-en 〖カトリック〗信心会. [*lat.*]

so·dạnn[zodán] 副 **1** (dann) 次いで, それから, 次に. **2** (ferner) さらに, なお, それに加えて.

so·dạß[zodás] 接《従属》＝so daß (→so Ⅲ 1 d).

Sọ·da·was·ser[zó:da..] 中 -s/..wässer ソーダ水, 炭酸水.

Sọd·bren·nen[zó:t..] 中 -s/〖医〗胸やけ: ～ haben 胸

やけがする.

So·de[1][zó:də] 女 -/-n **1** (根ごとはぎ取った)芝土, 芝生(→Rasen[2] 1 a). **2** (切り取った)泥炭土(→Torf). [*mndd.*; ◇*engl.* sod]

[v]**So·de**[2][–] 女 -/-n (Salzsiederei) 製塩所. [<sieden]

So·do·ku[zó:doku·] 中 -/ 〖医〗鼠毒(そどく), 鼠咬(そこう)症. [*japan.*]

So·dom[zó:dɔm] 地名 〖聖〗ソドム(住民の不信・不倫のため, Gomorrha とともに神の火で焼かれた町. 創18-19): **~ und Gomorrha** ソドムとゴモラ(悪徳の町の象徴); 《話》大混乱, てんやわんや. [*hebr.–gr.*]

So·do·mie[zodomí:] 女 -/ **1** 獣姦(じゅうかん). **2** 鶏姦, 男色.

so·do·mi·sie·ren[..mizí:rən] 自 (h) **1** 獣姦(じゅうかん)をする. **2** 鶏姦〈肛門(こうもん)性交〉をする. [*fr.*]

So·do·mit[..mí:t] 男 -en/-en **1** ソドムの人. **2** 《比》獣姦(じゅうかん)者; 鶏姦〈男色〉者. [*gr.–spätlat.*]

so·do·mi·tisch[..mí:tɪʃ] 形 **1** 獣姦(じゅうかん)の. **2** 鶏姦〈男色〉の.

So·doms·ap·fel[zó:dɔms..] 男 (Gallapfel) 〖植〗虫こぶ, 虫癭(ちゅうえい)(五倍子(ごばい)・付子(ふし)・没食子(もっしょくし)など).

so·eben[zo|é:bən] 副 たったいま, ついいましがた: Er ist ~ abgereist. 彼はたったいま出発したばかりだ.

Soest[zo:st] 地名 ゾースト(ドイツ Nordrhein-Westfalen 州の都市. 母音 o の後の e は一種の長音記号).

Soe·ster[zó:stər] **I** 男 -s/- ゾーストの人. **II** 形 《無変化》ゾーストの.

So·fa[zó:fa·] 中 -s/-s ソファー, 長いす: *sich*[4] auf ein ~ setzen ソファーに腰をおろす. [*arab.–fr.*]

So·fa≠ecke[zó:fa..] 女 ソファーの隅: in der ~ sitzen ソファーの片隅に座っている. **≠kis·sen** 中 ソファー用のクッション. **≠scho·ner** 男 ソファーカバー.

so·fern[zofɛ́rn] 接 《従属》…である限り, …の範囲内で; …ならば: ~ ich weiß 私の知る限りでは | Ich werde kommen, ~ es Ihnen paßt. ご都合さえよろしければ参上します.

soff[zɔf] saufen の過去.

Soff[–] 男 -[e]s/ =Suff

söf·fe[zœ́fə] saufen の接続法 II.

Söf·fel[zœ́fəl] (**Söf·fer**[zœ́fər]) 男 -s/- 《話》大酒飲み, 飲んだくれ. [<saufen]

Sof·fit·te[zɔfítə] 女 -/-n **1** 《ふつう複数で》〖建〗(アーチ・天井などの)下端(したば). **2** 〖劇〗一文字(いちもんじ), かすみ(舞台の上部に垂らし照明や書き割りをかくす幕: → ⊠ Bühne). **3** =Soffittenlampe 1

[*it.* soffitto; ◇suffigieren; *engl.* soffit]

Sof·fit·ten·lam·pe 女 **1** 管状白熱電球. **2** 〖劇〗ボーダーライト.

So·fia[zɔ́fia·, zó:..] 地名 ソフィア(ブルガリア共和国の首都). [*bulgar.*; ◇Sophie]

So·fia·er[zɔ́fiaər, zó:..] =Sofioter

So·fie[zofí:(ə), zɔ́fi·] =Sophie

So·fio·ter[zofió:tər] **I** 男 -s/- ソフィアの人. **II** 形 《無変化》ソフィアの.

so·fort[zofɔ́rt] 副 すぐに, 即座に: Ich komme ~. すぐに参ります | ~ nach dem Essen 食後ただちに ‖ ab ~ いまからすぐに | per ~ 〖商〗ただちに, 即刻.

[*mndd.*; <*mndd.* vōrt „vorwärts, alsbald"]

So·fort·bild 中 〖写〗インスタントカメラで撮影した写真.

So·fort·bild·ka·me·ra 女 〖写〗インスタントカメラ(ポラロイドカメラなど).

So·fort·hil·fe 女 緊急援助, 応急処置.

so·for·tig[zofɔ́rtɪç][2] 形 《付加語的》すぐの, 即座の, 即時の: eine ~*e* Beschwerde 〖法〗即時抗告 | eine ~*e* Entscheidung 即座の決定 | mit ~*er* Wirkung in Kraft treten (法律などが)ただちに効力を発する.

So·fort≠maß·nah·me[zofɔ́rt..] 女 緊急〈応急〉処置. **≠pro·gramm** 中 緊急〈応急〉対策, 緊急処理計画.

soft[zɔft] 形 **1** (ジャズ音楽などの演奏指示として)やわらかな, 静かな, ソフトな. **2** (男性について)ものやわらかな, やさしい. [<*engl.* „sanft"]

Soft·ball[zɔ́ftbɔ:l] 男 -[e]s/ 〖スポ〗ソフトボール(野球).

Soft Drink[zɔ́ft drɪ́ŋk, sɔ́ft –] 男 --s/--s (アルコール分の少ない)ソフトドリンク.

Soft-Eis[zɔ́ft|aɪs][1] 中 -es/ ソフト=アイスクリーム.

Sof·tie[zɔ́fti·] 男 -s/-s 《話》感傷的な〈めめしい〉[若い]男. [*amerik.*]

Soft·ware[zɔ́ftvɛ:r, sɔ́ftwɛə] 女 -/-s (↔Hardware) 〖電算〗ソフトウェア. [*engl.*; ◇Ware]

Sof·ty[zɔ́fti·] 男..ties[..ti:s]/..ties =Softie

sog[zo:k][1] saugen の過去.

sog. 略 =**sogenannt** いわゆる.

Sog[zo:k][1] 男 -[e]s/-e 《ふつう単数で》**1** (水流・気流による)吸引〈吸い込み〉[の流れ], 吸引力; 《比》(誘惑などの抗しがたい)吸引作用: in den ~ der Schiffsschraube 〈des Propellers〉 geraten スクリュー〈プロペラ〉の吸引力にまき込まれる | von dem ~ des Strudels erfaßt werden 渦の吸引力にとらえられる ‖ dem ~ der Großstadt 〈des Wohlstandes〉 nicht widerstehen können 大都会〈経済的繁栄〉の誘惑に抗しがたい. **2** 〖海〗沖へ向かう潮流.

[*mndd.* soch „Saugen"; ◇saugen]

so·gar[zogá:r] 副 しかもそのうえ, そのうえさらに, かてて加えて, それどころか…さえも: Er hat mir ~ ein Buch geschenkt. 彼は私にそのうえ本までくれた | Sie hat es nicht nur nicht gelobt, sondern ~ zornig geworden. 彼女はそれをほめなかったどころか かんかんに怒ってしまった | *Sogar* er ist damit einverstanden. 彼すらそれを了承している | Sie arbeitet ~ am Wochenende. 彼女は週末にさえ仕事をする | *Sogar* gelogen hat er! おまけに嘘(うそ)さえついたんだよ 彼は | *Sogar* wenn wir ein Taxi nehmen, erreichen wir den Zug nicht mehr. タクシーで行ったって もうその列車には間に合わない.

sö·ge[zǿ:gə] saugen の接続法 II.

so·ge·nannt[zó:gənant] 形 《付加語的》(略 sog.) いわゆる, 世に言うところの: ein ~*es* Wunderkind いわゆる神童 | Das ist die ~*e* Romantische Straße. これがいわゆるロマンチック街道だ.

sog·gen[zɔ́gən][1] 自 (h) (液体から)結晶した形で出てくる; 〖化〗晶出する.

so·gleich[zogláɪç] =sofort

so·hin[zohín] 副 《オーストリア》(also) それゆえに, したがって.

Sohl·bank[zó:l..] 女 -/..bänke 〖建〗(外側の)窓しきい, 窓台(→ ⊠ Fenster A).

Soh·le[zó:lə] 女 -/-n **1 a)** (英: *sole*) (Fußsohle) 足底, 足の裏(→ ⊠ Mensch B): ***sich***[3] **die ~*n* [nach *et.*[3]] ablaufen 〈wund laufen〉** 《話》[…を求めて]かかとをすりへらすほど〈足の裏を痛めるほど〉歩き回る ‖ Blasen **an** den ~*n* haben 足の裏にまめができている | *jn.* an den ~*n* kitzeln …の足の裏をくすぐる | ***sich***[4] **an *js.* ~*n* heften** / ***sich***[4] ***jm.* an die ~*n* heften 〈hängen〉** 《話》…のそばを離れない, …のあとを追い回す | vom Scheitel **bis** zur ~ (→Scheitel 2 a) | Ich habe mir einen Dorn **in** die ~ getreten. 私は足の裏にとげを刺してしまった | **mit** nackten ~*n* はだしで | **es brennt *jm.* unter den ~*n*** 《話》…は足の裏がむずむずしている(気がせいて). **b)** (Schuhsohle) 靴底(→ ⊠ Schlittschuh); 靴下の底, 足裏(→ ⊠ Strumpf): Gummi*sohle* (靴の)ゴム底 | Leder*sohle* (靴の)革底 ‖ Die ~*n* sind durchgelaufen. 靴底がすり切れた | **eine kesse 〈heiße〉 ~ aufs Parkett legen** 《話》さっそうと踊る ‖ Das habe ich mir längst **an** den ~*n* abgelaufen. 《話》そんなことは私はとうの昔に知っている | **auf leisen 〈lautlosen〉 ~*n*** 足音をしのばせて | ***sich***[4] **auf die ~*n* machen** 《話》(急いで)出発する, 立ち去る. **2** (一般に底の部分. 例えば:) 底, 底部, 底面(→ ⊠ Hobel); 基部: die ~ des Flusses 川底 | die ~ des Tales / Tal*sohle* 谷底(→ ⊠ Tal). **3** 〖坑〗 **a)** 採掘水準, 水準〈水平〉坑道. **b)** 坑道床面, 下盤面. **c)** ([炭]層の)床面. **4** 《方》(Lüge) うそ, いつわり.

[*vulgärlat.–ahd.* sola; <*lat.* solum „Boden"; ◇*engl.* sole]

soh·len[zó:lən] **I** 他 (h) 《方》(besohlen) (靴に)底革(そこがわ)をつける. **II** 自 (h) 《方》うそをつく.

Soh·len≈ab·stand 男〘坑〙採掘水準間隔. **≈gän·ger** 男 -s/- (↔Zehengänger)〘動〙(ヒト・サル・クマなどのように足裏全部を地につけて歩く)蹠行(しょこう)動物. **≈le·der** 中 **1** (靴の)底革(そこがわ). **2**《話》(かめないほど)堅い食肉. **≈strecke** 女〘坑〙採掘水準坑道. **≈tal** 中〘地〙床谷(しょうこく) (→ 図 Tal).

..sohlig[..zo:lɪç][2]《数詞などにつけて「…の底をもつ」を意味する形容詞をつくる》: ein*sohlig* (靴などについて)一重底の.

söh·lig[zǿ:lɪç][2] 形 (waagerecht)〘坑〙水平の.

Söh·lig·boh·rung 女〘坑〙水平ボーリング.

Sohl·le·der[zó:l..] =Sohlenleder

Sohn[zo:n] 男 -[e]s/Söhne[zǿ:nə] (小 **Söhn·chen** [zǿ:nçən], **Söhn·lein**[..laɪn] 中 -s/-) (英: *son*) (↔ Tochter) むすこ, せがれ;《比》(男性の)子孫, 後裔(こうえい); (共同体の)成員: der älteste ~ 長男 | der einzige ~ ひとり息子 | ein ehelicher ⟨legitimer⟩ ~ 嫡男 | Gottes ~〘聖〙神の子(キリスト) | des Menschen ~〘聖〙人の子, 人間 | ein ~ der Musen 詩人(ミューズの女神たちの息子) | ein ~ des Volkes 単純素朴な人間 | **der verlorene ~** (後悔して家に帰ってきた)放蕩(ほうとう)息子(聖書: ルカ15, 11-32) | die *Söhne* der Berge ⟨der Wüste⟩ 山地(砂漠)の住人たち ‖ Wir haben einen ~ bekommen. 私たちに息子が生まれた | Er hat zwei *Söhne.* 彼には二人の息子がいる | Er ist der echte ~ ⟨Er ist ganz der ~⟩ seines Vaters. 彼は父親にそっくりだ | Grüßen Sie Ihren Herrn ~! ご子息様によろしく ‖ mein ~《比》(年少者への呼びかけの言葉として)ねえきみ, お若いの, 坊や.
[*idg.*; ◇ *engl.* son; *gr.* huiós „Sohn"]

Soh·ne·mann[zó:nə..] 男 -[e]s/《話》(幼い)息子, 小せがれ.

[▽]**Söh·ne·rin**[zǿ:nərɪn] 女 -/-nen《南部》(Schwiegertochter) 息子の妻, 嫁.

Soh·nes≈lie·be[zó:nəs..] 女 (両親に対する)息子の愛情. **≈pflicht** 女 (両親に対する)息子の義務.

Söhn·lein Sohn の縮小形.

sohr[zo:*r*] **I** 形《北部》乾燥した, 干からびた, しなびた.
II Sohr 男 -s/《北部》=Sodbrennen [*mndd.*]

Söh·re[zǿ:rə] 女 -/《北部》乾燥; 旱魃(かんばつ).

söh·ren[zǿ:rən] (**soh·ren**[zó:rən]) 自 (s)《北部》乾燥する, 干からびる, しなびる.

soi·gniert[zoanjí:*r*t] 形 手入れの行き届いた; 身づくろいのよい: ein ~*er* Herr 身だしなみのよい紳士. [< *fr.* soigner „pflegen"; ◇ *engl.* soigné]

Soi·gniert·heit[zoanjí:*r*thaɪt] 女 -/ soigniert なこと.

Soi·ree[zoaré:] 女 -/-n[..ré:ən] 夜会, 夜の催し(パーティー). [*fr.*; < *lat.* sērum „späte Zeit" (◇seit)]

So·ja[zó:ja·] 女 -/..jen[..jən] =Sojabohne [*chines.*–*japan.* 醤油(しょうゆ); ◇ *engl.* soy[a]]

So·ja·boh·ne[zó:ja..] 女〘植〙ダイズ(大豆).

So·ja·boh·nen·spros·sen 複 (大豆の)もやし.

So·ja≈mehl 中 大豆粉. **≈öl** 中 -[e]s/ 大豆油. **≈so·ße** (**≈sau·ce**[..zo:sə]) 女 大豆ソース, 醤油(しょうゆ).

So·jen Soja の複数.

So·kra·tes[zó:kratɛs] 人名 ソクラテス(前470頃-399; 古代ギリシアの哲学者). [*gr.*–*lat.*]

So·kra·tik[zokrá:tɪk] 女 -/ ソクラテス式思考法, ソクラテス哲学.

So·kra·ti·ker[..tikə*r*] 男 -s/- ソクラテス〔およびその教説の〕信奉者. [*gr.*–*lat.*]

so·kra·tisch[zokrá:tɪʃ] 形 ソクラテス流の;《比》賢明な;《大文字で》ソクラテスの: ~*e* Ironie ソクラテス的アイロニー(無知を装って質問し逆に相手の無知を悟らせる) | die ~*e* Methode ソクラテス法(問答の反復によって相手に真理を発見させる).

sol[zɔl, zo:l]《伊語》〘楽〙ソ(階名唱法で, 長音階の第 5 音).

Sol[1][zo:l] 人名〘ロ神〙ソール(太陽の神. ギリシア神話の Helios に当たる). [*lat.*; ◇solar]

Sol[2][−] 男 -[s]/-[s] ソル(ペルーの貨幣単位: 100 Centavos). [*lat.* sōl „Sonne"–*span.*; ◇Sonne]

Sol[3][−] 中 -s/-e (↔ Gel)〘化〙ゾル(コロイド溶液). [<Solution]

So·la·nen Solanum の複数.

so·lan·ge[zoláŋə] (**so·lang**[..láŋ]) **I** 接《従属》《継続する期間の限定を示す》…している⟨…である⟩あいだは, …している限り, …の期間は: Ich bleibe hier, ~ du hier bist. 君がここにいるあいだは私もここにいる(→II) | Schlaf, ~ du kannst! 眠れるだけ眠れ | *Solang*[*e*] ich krank war, bist du bei mir geblieben. 私が病気だったあいだ君は私のところにいてくれた | *Solang*[*e*] du Fieber hast, mußt du im Bett bleiben. 君は熱があるあいだは寝ていなければならない | Ich will das erledigen, ~ die Kinder noch verreist sind. 子供たちが旅に出かけているうちにこれを済ませてしまいたい ‖〘**solang**[**e**] **... nicht ...** の形で〙*Solang*[*e*] du nicht alles aufgegessen hast, darfst du nicht spielen gehen. 食事を全部食べてしまわないうちは遊びに行ってはいけません | Ich bin mit der Regelung einverstanden, ~ sich für mich keine Nachteile ergeben. 私になんの不利も生じないのならば その規定に異存はありません.
II 副 その間[ずっと](ふつう so lange と 2 語に書く): Ich warte ~ ⟨so lange⟩, bis du da bist. 君が来るまで私は待っています | Ich bleibe ~ ⟨so lange⟩ hier, wie du hier bist. 君がここにいるあいだは私もここにいます(→I).

So·la·nin[zolaní:n] 中 -s/〘化〙ソラニン(ナス属植物に含まれる有毒アルカロイド). [<..in[2]]

So·la·nis·mus[..nísmʊs] 男 -/..men[..mən]〘医〙ソラニン中毒.

So·la·num[zolá:nʊm] 中 -s/..nen[..nən] (Nachtschatten)〘植〙ナス属(ナス・トマト・ジャガイモ・ヒヨドリジョウゴなど). [*lat.*; ◇solar]

so·lar[zolá:*r*] **I** 形 太陽の; 太陽に関する: ~*es* Plasma〘天〙太陽プラズマ | ~*er* Wind〘天〙太陽風. **II So·lar** 中 -[e]s/-e =Solarjahr [*lat.*; < *lat.* sōl (→Sol[2])]

So·lar≈bat·te·rie 女〘理〙太陽電池. **≈boot** 中 太陽電池ボート, ソーラーボート. **≈ener·gie** 女 太陽エネルギー. **≈ge·ne·ra·tor** 男 =Solarbatterie **≈hei·zung** 女 太陽エネルギー利用暖房.

So·la·ri·en Solarium の複数.

So·la·ri·sa·tion[zolarizatsió:n] 女 -/-en〘写〙ソラリゼーション.

so·la·risch[zolá:rɪʃ] =solar

So·la·rium[zolá:riʊm] 中 -s/..rien[..riən] (医療・保健用の)太陽灯照射室, 人工日光浴装置. [*lat.* „Söller"; ◇Söller]

So·lar≈jahr[zolá:*r*..] 中 (Sonnenjahr)〘天〙太陽年. **≈kol·lek·tor** 男 太陽熱集積器, 太陽光収集器, ソーラーコレクター. **≈kon·stan·te** 女〘理〙太陽定数. **≈kraft·werk** 中 太陽エネルギー利用発電所. **≈mo·bil** 中 太陽電池自動車, ソーラーカー. **≈öl** 中 -[e]s/ (褐炭のタールを蒸留して作った)軽油. **≈ple·xus**[また: ⏑–⏑́⏑] 男 -/- (Sonnengeflecht)〘解〙太陽〈腹腔(ふくこう)〉神経叢(そう). **≈tech·nik** 女 太陽熱⟨エネルギー⟩利用技術. **≈wind** 男〘天〙太陽風, 太陽プラズマ⟨微粒子流⟩. **≈zel·le** 女〘理〙太陽電池, ソーラーセル.

So·lar·zel·len·rech·ner 男 太陽電池つき〔ポケット〕電算機.

So·la·wech·sel[zó:la..] 男〘商〙約束手形. [◇solo]

Sol·bad[zó:l..] 中 **1** (医療用の)塩泉浴. **2** 塩泉浴場. [<Sole]

solch[zɔlç]《指示代名詞; 変化についてはふつう dieser に準ずるが, 女性 2・3 格, 男性・中性 3 格, 複数 1・2・4 格などでは後続する形容詞が強変化することがある. また welch と同様無語尾の用法もある》**1** (英: *such*) この⟨その・あの⟩ような, こんな, そんな, あんな:〘付加語的に; 2 格で名詞自身が -[e]s で終わるときなどはふつう solches の代わりに solchen を用いる〙~*es* Essen このような食物 | ~*e* Menschen このような人々 | [ein] ~*es* Vertrauen これほどの信頼 | [ein] ~*es* Wetter こんな天候 | die Taten ~*es* ⟨eines ~*en*⟩ Helden このような英雄の行為 | die Wirkung ~*en* ⟨~*es*⟩ Vorfalls このような出来事の影響 | Mit ~*en* Leuten kann man nicht verkehren. こんな連中とはつきあえない ‖ ~*es* schöne Wetter こんなにすばらしい天気 | bei ~*em* herrlichen ⟨herrlichem⟩ Wetter こんなよい天気に | ~*e* guten ⟨gute⟩ Bücher このような良書 | der Wert ~*er* alten ⟨alter⟩ Bücher このような古本の価値 | in ~*er* verzweifelten ⟨verzweifelter⟩ Situation このような絶望的な状況のなかで ‖ ~*e* Armen ⟨Arme⟩ このように貧しい人々 | ~*es* Schöne このように美しいもの ‖〖数詞に後続して〗zwei ⟨viele⟩ ~*e* Fehler / zwei ⟨viele⟩ ~*er* Fehler 2個⟨多く⟩のそのような誤り ‖〖無語尾で〗~ ein Mann このような男 | ~ ein〔schönes〕Wetter / ~〔schönes〕Wetter こんな〔すばらしい〕天気 | Die Folgen ~ eines ⟨~ langen⟩ Streits sind nicht abzusehen. このような⟨このような長い⟩争いの結果は計りがたい ‖ ~ Schönes このように美しいもの.

Ⅱ〖名詞的に〗~*es* / ein ~*es* / ~ ein〔e〕s こんなもの | Sie ist keine ~*e*. 彼女はそんな女ではない | ein Buch für Eheleute und ~*e*, die es werden wollen 夫婦および夫婦になろうとしている人たちのための本 ‖ Der Vorschlag **als** ~*er* ist gut, aber ... この提案自体はよいのだが しかし… | Den Schmerz als ~*en* könnte man aushalten, aber ... 苦痛そのものは我慢もできようが しかし….

Ⅲ〖daß 副文と呼応して〗Es war eine ~*e* Kälte, **daß** sogar der See zufror. 湖すらも凍結するほどの寒さだった.

2《話》非常な, ひどい: Ich habe ~*en* Hunger ⟨~*e* Kopfschmerzen⟩. 私はものすごく腹がへっている⟨ひどく頭痛がする⟩ | Es hat keine ~*e* Eile. それほどひどく急ぐわけではない. [„so gestaltet"; *germ.*; ◇so, ..lich]

sọl·chen·fạlls[zɔ́lçənfáls, ◡̀◡◡] 副 この⟨その⟩ような場合には.

sọl·cher≠ạrt[zɔ́lçər|á:rt, ◡̀◡–] **Ⅰ** 形《無変化》《付加語的》この⟨その・あの⟩ような〔たぐいの〕: ~ Lügen そのようなうそ. **Ⅱ** 副 =solchergestalt ≠**ge·stạlt**[また: ◡̀◡◡◡] 副 **1** これ⟨それ・あれ⟩ほどに, こんな⟨そんな・あんな⟩に. **2** =solcherweise

sọl·cher·lẹi[zɔ́lçərlái, ◡̀◡–] 形《無変化》この⟨その・あの⟩ような〔たぐいの〕: *Solcherlei* Musik gefällt immer. このような音楽はいつ聞いても楽しい.

sọl·cher≠mạ·ßen[zɔ́lçərmá:sən, ◡̀◡–◡] 副 この⟨その・あの⟩ように, そんなに, それほどに: Du darfst dich nicht ~ aufregen. そんなに興奮してはいけないよ | Die Nachricht hat ihn ~ gefreut, daß er die ganze Nacht nicht schlafen konnte. その知らせは彼をとても喜ばせたので彼は一晩中眠れなかった. ≠**wẹi·se**[..váizə, ◡̀◡–◡] 副 この⟨その・あの⟩ようなやりかたで, こんな⟨そんな・あんな⟩ふうに: Er kann ~ nie sein Ziel erreichen. そんなやり方では彼は目標を達成することはできない.

Sold[zɔlt][1] 男 -〔e〕s/-e《ふつう単数で》(特に兵隊・下士官などの) 給料, 俸給: ~ auszahlen ⟨empfangen⟩ 給料を支払う⟨受け取る⟩ | ᵛ~ nehmen 兵隊になる ‖ *jn.* in ~ nehmen《比》…を金で雇う | **in** *js.* **~ stehen**《比》…に金で雇われている. [*spätlat.*–*afr.* solt „Goldmünze"–*mhd.*; <*lat.* solidus (→solid); ◇Sou]

Sol·da·nẹl·le[zɔldanɛ́lə] 女 -/-n (Alpenglöckchen)〖植〗ソルダネラ, イワカガミ(岩鏡)ダマシ. [*it.*]

Sol·dạt[zɔldá:t] 男 -en/-en **1** (女 **Sol·dạ·tin**[..tın]-/-nen) 軍人(→Offizier 1 a, Unteroffizier, Mannschaft 3 a); 兵士, 兵隊: ein einfacher ⟨gemeiner⟩ ~ (階級のいちばん低い)兵, 兵卒 | ein tapferer ~ 勇敢な軍人⟨兵士⟩ | ~ auf Zeit 短期志願兵(=Zeitsoldat) | Berufs*soldat* 職業軍人 ‖ das Grab des unbekannten ~*en* 無名戦士の墓 ‖ ~ werden 軍人になる | ~*en* spielen 兵隊ごっこをする ‖ bei den ~*en* sein《話》軍務に服している. **2**〖虫〗ヘイタイアリ(兵隊蟻). ᵛ**3** (Bauer)〖チェス〗ポーン. [*it.* soldato; <*it.* soldare „in Sold nehmen"; ◇Sold; *engl.* soldier]

Sol·dạ·ten≠fisch 男〖魚〗イットウダイ(一等鯛). ≠**fried·hof** 男 戦没兵士の墓地. ≠**ge·setz** 中〖法〗軍人法. ≠**han·del** 男 -s/〖史〗(領主による外国への)兵隊譲渡⟨売却⟩. ≠**heim** 中 軍人集会所; 軍人保養所. ≠**kạ̈·fer** 男〖虫〗ジョウカイボン(浄海坊)科の昆虫. ≠**kai·ser** 男〖史〗**1** (ローマ帝政末期の)軍人皇帝. **2** der ~ 軍人皇帝(ドイツ帝国皇帝フリードリヒ ヴィルヘルム一世の異名). ≠**lẹ·ben** 中 軍隊生活; 軍人⟨兵士⟩の生活. ≠**lied** 中 軍歌. ≠**rạt** →Arbeiter-und-Soldatenrat ≠**rock** 男 軍服〔の上着〕. ≠**sprạ·che** 女 軍隊⟨兵隊⟩用語. ≠**stand** 男 -〔e〕s/ 軍人階級; 軍人の身分.

Sol·dạ·ten·tụm[zɔldá:təntu:m] 中 -s/ **1** 軍人であること; 軍人の身分. **2**《集合的に》軍人.

Sol·dạ·ten≠ver·band 男 在郷軍人会. ≠**ver·sor·gungs·ge·setz** 中 軍人恩給法.

Sol·da·tẹs·ka[zɔldatɛ́ska·] 女 -/..ken[..kən]《ふつう単数で》**1** 規律のない軍隊. **2**《集合的に》暴兵, 雑兵. [*it.*]

Sol·dạ·tin Soldat の女性形.

sol·dạ·tisch[zɔldá:tıʃ] 形 軍人⟨兵士⟩の; 軍人らしい: ~*e* Disziplin 軍紀 | *sich*[4] ~ verhalten 軍人らしく振舞う.

Sọld·buch[zɔ́lt..] 中 (兵隊・下士官などの)身分証明書.

Sọ̈ld·ling[zœ́ltlıŋ] 男 -s/-e《軽蔑的に》(金のために仕事をする)雇われ者.

Sọ̈ld·ner[zœ́ldnər, zœ́lt..] 男 -s/- 傭兵(ようへい): ~ anwerben 傭兵を募集する. [*mhd.*; ◇Sold]

Sọ̈ld·ner≠heer 中, ≠**trup·pe** 女 **1** 傭兵(ようへい)(外人)部隊. **2**〖史〗傭兵隊.

Sọ·le[zó:lə] 女 -/-n 塩水; 塩類泉: in ~ baden 塩泉浴をする. [*mndd.*; ◇Salz]

Sọ·le·bạd =Solbad

Sọl·ei[zó:l|aı] 中 塩水でゆでた卵; (長持ちさせるために)塩水につけた卵.

so·lẹnn[zolɛ́n] 形 厳粛な, 荘重⟨荘厳⟩な, 祝祭的な. [*lat.* so〔l〕lemnis „jährlich, feierlich"–*fr.*; <*lat.* sollus „ganz"+annus (→anno); ◇*engl.* solemn]

ᵛ**so·len·ni·sịe·ren**[zolɛnizí:rən] 他 (h) **1** 厳粛に執行する⟨とり行う⟩. **2** おごそかに確認⟨証言⟩する. [*spätlat.*]

So·len·ni·tạ̈t[zolɛnitɛ́:t] 女 -/-en **1** 厳粛, 荘重, 荘厳. **2** 厳粛⟨荘厳⟩な儀式. [*spätlat.*]

So·le·no·ịd[zolenoí:t][1] 中 -〔e〕s/-e〖電〗ソレノイド(長い円筒状のコイル). [<*gr.* sōlḗn „Röhre"+..oid]

Sọ·le≠quel·le[zó:lə..] 女 塩類泉. ≠**salz** 中 (塩類泉から得た)塩. ≠**was·ser** =Solwasser

Sol·fa·tạ·ra[zɔlfatá:ra·] 女 -/..ren[..rən], **Sol·fa·tạ·re**[..rə] 女 -/-n〖地〗(火山の)硫気孔. [*it.*; <*it.* solfatare „schwefeln" (◇Sulfur)]

sol·feg·gie·ren[zɔlfɛdʒí:rən] 自 (h)〖楽〗母音のみで歌う, 階名で歌う. [*it.*; <*it.* solfa „Tonübung" (◇sol, fa)]

Sol·fẹg·gio[..fɛ́dʒo·] 中 -s/..gien[..dʒiən]〖楽〗ソルフェージュ(音楽の基礎教育, または母音・階名による歌唱練習). [*it.*; ◇*fr.* solfège]

Sọ·li Solo の複数.

so·lịd[zolí:t][1] =solide

So·li·dạr≠bür·ge[zolidá:r..] 男 連帯保証人. ≠**bürg·schaft** 女 連帯保証. ≠**haf·tung** 女 連帯責任.

so·li·dạ·risch[zolidá:rıʃ] 形 一致団結した, 連帯⟨共同⟩の: eine ~*e* Handlung 連帯行為 ‖ *sich*[4] mit *jm.* ~ erklären …との連帯を表明する | für *et.*[4] ~ haften …の連帯責任を負う. [*fr.* solidaire; <*lat.* solidus (→solid)]

so·li·da·ri·sịe·ren[zolidarizí:rən] 他 (h) 再帰 *sich*[4] mit *jm.* ~ …と連帯する, …との連帯を表明する. [*fr.*]

So·li·da·ri·sịe·rung[..ruŋ] 女 -/-en solidarisieren すること.

So·li·da·rịs·mus[zolidarísmus] 男 -/〖哲〗(カトリックの)社会連帯主義.

So·li·da·ri·tạ̈t[..ritɛ́:t] 女 -/ 一致団結, 連帯; 仲間意識, 団結心, 連帯感; 連帯責任: die ~ mit anderen Völkern 他民族との連帯. [*fr.*]

So·li·da·ri·täts≠ak·tion 女 連帯行動⟨活動⟩. ≠**ba·sar** 男 (旧東ドイツの)連帯バザー. ≠**fonds**[..fɔ̃:] 男 (旧東ドイツの)連帯基金. ≠**ge·fụ̈hl** 中 連帯感. ≠**streik** 男 連帯⟨同調⟩スト〔ライキ〕.

So·li·dạr≠pakt[zolidá:r..] 男 (旧東ドイツ地域の経済再

建のための)連帯協定. ≠**pa·tho·lo·gie** 女 (↔Humoralpathologie)〘医〙固体病理学. ≠**schuld·ner** 男 連帯債務者.

so·li·de[zolíːdə] 形 **1** しっかりした, 持ちのよい, じょうぶな, 堅牢(けんろう)な, がっしりした: ein ~*r* Tisch aus Eichenholz カシ材で作ったがっしりしたテーブル | ein ~*s* Mittagessen《俗》(栄養も十分にある)しっかりした昼食 ‖ Die Möbel sind ~ gearbeitet. この家具は作りがしっかりしている. **2** 信頼のおける, 手がたい, 堅実な: eine ~ Arbeit 手がたい仕事 | eine ~ Firma 堅実な会社 | ein ~*r* Mensch まじめな〈信頼のできる〉人間 ‖ ~ leben / ein ~*s* Leben führen まともな〈堅実な〉生活を送る, まじめに暮らす. [*lat.* solidus „dicht"–*fr.*; ◇salve, Sold]

ᵛ**so·li·die·ren**[zolidíːrən] 他 (h) 堅くする; 確固たるものにする. [*lat.*]

So·li·di·tät[zoliditɛ́ːt] 女 -/ solid なこと. [*lat.*–*fr.*]

so·li·flui·dal[zolifluidáːl] 形〘地〙流土の.

So·li·fluk·tion[..flʊktsióːn] 女 -/-en 〘地〙流土. [< *lat.* solum (→Sohle)+fluere (→fluid)]

So·li·lo·quium[zolilóːkviʊm] 中 -s/..quien[..kviən] (古代の信仰告白書などの)告白, ひとりごと, 独語, モノローグ. [*spätlat.*; < *lat.* sōlus „allein"+loquī (→Lokution); ◇*engl.* soliloquy]

So·ling[zóːlɪŋ] 女 -/-s(-e); 男 中 -s/-s〘スポ〙ソリング (3人乗りのキール艇).

So·lin·gen[zóːlɪŋən] 地名 ゾーリンゲン(ドイツ Nordrhein-Westfalen 州の工業都市で, 刃物の名産地). [< *ahd.* sol „Sumpfläche" (→Suhlen)+..ingen]

So·lin·ger[..ŋər] **I** 男 -s/- ゾーリンゲンの人. **II** 形《無変化》ゾーリンゲンの: ~ Stahl ゾーリンゲン鋼.

Sol·ip·sis·mus[zolɪpsísmʊs] 男 -/ 〘哲〙独在論, 唯我論. [< *lat.* sōlus „allein"+ipse (→Ipsation)]

Sol·ip·sist[..síst] 男 -en/-en 独在論者.

sol·ip·si·stisch[..sístɪʃ] 形 独在論の; 自己中心的な.

So·list[zolíst] 男 -en/-en (⊛ **So·li·stin**[..tɪn]-/-nen) **1**〘楽〙独唱〈独奏〉者, ソリスト. **2** =Solotänzer **3** (サッカーの試合などで)独走する人. [*roman.*; ◇solo]

So·li·sten·kon·zert 中 独唱〈独奏〉会.

so·li·stisch[zolístɪʃ] 形 **1** 独唱〈独奏〉者〔として〕の. **2** 独唱〈独奏〉用の.

so·li·tär[zolitɛ́ːr] 形 **1** ひとり暮らしの, 孤立した, 孤独な. **2** (↔sozial)〘動〙(動物が)群居しない, 独居性の: ein ~*es* Tier 独居性動物;《比》単独行動者. [*lat.*–*fr.*]

So·li·tär[−] 男 -s/-e **1** (指輪などに)1個だけ装着された〔大きな〕宝石(特にダイヤモンド). **2**《単数で》**a**) ソリテール(ひとり遊びの盤上ゲーム). **b**) (トランプの)ひとり遊び. ᵛ**3** 1本だけぽつんと立っている樹木. [*fr.*]

So·li·tü·de[zolitýːdə] 女 -/-n (しばしば離宮の名前に用いられて)孤独, 閑静. [*lat.*–*fr.*; < *lat.* sōlus (→solo)]

soll[zɔl] **I** sollen の現在1・3人称単数. **II Soll**[1] 中 -〔s〕/-〔s〕 **1** (↔Haben)〘商〙借り〔高〕;〘簿〙借方(複式簿記の左の欄);《比》負債: ~ und Haben 借方と貸方, 支出と収入 | *et.*⁴ ins ~ eintragen …を借方に記入する. **2** 割当仕事〈生産〉量, ノルマ: Plan*soll* 計画目標額 ‖ *sein* ~ erfüllen ノルマを果たす | Das ~ ist zu hoch. ノルマが高すぎる.

Soll[2][zɔl] 中 -s/Sölle[zœ́lə]〘地〙氷堆石(ひょうたいせき)の地形に見られる円形の沼. [*ndd.*]

Soll≠**Auf·kom·men**[zɔ́l..] 中 (↔Ist-Aufkommen) 予定税収. ≠**Be·stand** 男 (↔Ist-Bestand)〘商〙計画〈希望〉残高, 計画〈希望〉在庫数.

Söl·le Soll²の複数.

Soll-Ein·nah·me[zɔ́l..] 女 (↔Ist-Einnahme) 予定収入.

sol·len*[zɔ́lən]《172》**soll·te**/**ge·sollt**; 現 *ich* soll, *du* sollst, *er* soll; 接II sollte

I《話法の助動詞として, 他の動詞の不定詞を伴って用いられ, その場合過去分詞には不定詞の形が用いられる. 文意が明らかな場合には本動詞を省略することがある》(h)

1《人間または事物を主語とする文で; 主語以外の他人の意志や他の力からの強制》…すべき立場にある, …しなければならない状態にある: **a**)《道義的要求・条理的必要》① (英: *shall*) …するのが当然である, …しなければならない: Du *sollst* Vater und Mutter ehren. 君は父と母を敬わねばならない | Du *sollst* nicht töten. なんじ殺すなかれ(聖書: 出20,13) | Er *soll* sich schämen. 彼は恥を知るべきだ ‖ Du *sollst* das nicht 〔tun〕. 君はそんなことをしてはならない(=Du darfst das nicht 〔tun〕.) | Es *soll* und muß 〔so〕 sein. ぜひそうでなければならぬ | Das darf und *soll* nicht sein. そんなことはあってはならない | Das *soll* 〔eigentlich〕 nicht sein. そんなことは〔本来〕あってはならない ‖ Es hat nicht sein ~. / Es hat nicht ~ sein. そうあってはならなかった | Hattest du bei ihm anrufen ~? 君は彼の家に電話をかけたほうがよかったのではなかったのか | Du hast das nicht *gesollt.* 君はそんなことをしてはいけなかったのだ | Warum hat er das *gesollt*? 彼はなぜそんなことをしなければならなかったというのか ‖〘自問の疑問文で; 困惑の口調で〙Was *soll* ich ihm sagen? 彼に何と言ったものだろう | An wen *soll* ich mich nur wenden? だれに相談したものだろうか | Sie wußte nicht, ob sie lachen oder weinen *sollte.* 彼女は笑うべきか泣くべきか分からなかった.

②《接続法 II の形で; 実現していないことを示して》本当は…すべきところなのに, …すればよいのに: Das *sollte* er doch wissen. 彼はそれを知っていなければいけないのに | Ich *sollte* eigentlich böse sein. 私は本当は腹を立ててもいいところだ | Das *sollte* man nicht tun. そんなことはすべきことではない | Das *sollte* eigentlich nicht sein. そんなことは本来はあってはならないことだ | Das *sollte* ich meinen! 実はそうなんです, そうですとも | Man *sollte* doch meinen, daß man daraus gelernt hat. それにこりて一つ賢くならねばならないところだ ‖〘強い勧め〙Jeder Deutschlehrer *sollte* dieses Buch gelesen haben. ドイツ語教師ならば だれでもこの本を読んでいなければならない | Du *solltest* lieber jetzt gehen. Sonst kommst du in die Dunkelheit. もう出かけたほうがいいのに. そうしないと夜道になるよ.

‖〘接続法 II 完了形で; 実現しなかった過去のことを示して〙Ich hätte eigentlich zur Schule *gesollt.* 私は本当は学校へ行かなければならなかったのだ | Wir hätten früher daran denken ~. 私たちはもっと前にそのことに考え及ぶべきであった | Das hättest du nicht tun ~. 君はそんなことをすべきではなかったのに ‖ Das hättest du sehen ~, wie er aussah. 彼がどんな(ひどい)有様だったかぜひ見ればよかったのに(さぞ驚いたことだろうに).

b)《特定の個人の意志・要求》①《第三者の意志: 要求・命令・依頼》…するように言われている, …するよう指示されている, …させられる: Ich *soll* dich von ihm grüßen. 彼からよろしくとのことです | Ich *soll* ihm das Buch bringen. 私はこの本を彼のところに届けるように指示されている | Ich *soll* Ihnen ausrichten, daß ... …ということをあなたに伝言するよう依頼されています | Der Kranke *soll* noch nicht aufstehen. この患者はまだ起きてはいけないと(医者に)指示されています | Er hatte von ihr verlangt, sie *sollte* pünktlich sein. 彼は彼女に時間に遅れぬように要求していた | Mir fiel ein, daß ich den Brief hatte einwerfen ~. 私は手紙を投函(とうかん)するよう言われていたことをその時思い出した ‖〘間接引用で命令文・願望文の言い換えとして〙Er sagte zu ihr, sie *solle* sofort nach Hause gehen 〈daß sie sofort nach Hause gehen *solle*〉. 彼は彼女にすぐ帰宅するように言った(参考 Er sagte zu ihr: „Geh sofort nach Hause!") | Sie hat mir gesagt, ich *solle* es ihn wissen lassen. 彼女は彼にそう知らせるようにと私に言った ‖ Er sagte, du *sollst* sofort zu ihm kommen. 君にすぐ来てほしいと彼が言った(→②).

②《話し手の意志: 要求・願望・意図・計画》(…は)…しなさい, …してもらいたい, …であってほしい, …としたい; …してやろう, …するがよい; …としよう:〘要求・願望〙Ihr *sollt* still sein. 君たち静かにしなさい | Er *soll* sofort zu mir kommen. 彼をすぐよこしてくれ(=Ich will, daß er sofort zu mir kommt.) | Die Leute *sollen* wissen, daß ... 人々に…ということを知らせてやれ〈知らせてやろう〉| Man *soll* mich in Frieden lassen. 私の邪魔をしないでもらおう | Dich *soll*

S

doch〔der Teufel holen〕! 君なんか悪魔にさらわれるがよい | Gott *soll* mich strafen, wenn das nicht wahr ist. それが本当でなかったら神罰を受けるつもりだ(それが間違いないことは誓ってもよい) ‖ Hoch *soll* er leben! (乾杯の言葉)彼の健康を祝して乾杯.

‖〖皮肉に突き放す感じの要求〗Er hat alles für sich behalten; *soll* er doch! 彼は何から何まで自分の物にしてしまったが したきゃそうするがいいさ | Der *soll* mir nur mal kommen!《話》あいつめ かかって来るなら来てみるがいい ただじゃおかないぞ | Das *sollte* mir heute mal einer sagen! そんなことを今ごろになって言うやつがいたら言ってみろ ただじゃすまされないぞ.

‖〖一応の取りきめ〗Das Zeichen X *soll* die zu suchende Größe bezeichnen. 記号 X は求める値を表すものとする ‖ Du *sollst* recht haben, aber … 一応 君の言い分が正しいということにしても… | Der Vorschlag *soll* angenommen worden sein. 仮にこの提案が認められたものとしよう.

‖〖話し手の意図・計画〗Du *sollst* es haben. 君にそれをやろう(＝Ich will es dir geben.) | Du *sollst* alles haben, was du brauchst. 君が必要なものは何でもあげるつもりだ | Gut, Sie *sollen* befriedigt werden. 承知しました. ご満足のゆくようにしましょう | Das *soll* meine Sorge sein. それは私が引き受けた(それは私に任せてください) | Du *sollst* dich hier wie zu Hause fühlen. 自分の家にいるつもりでくつろいでくれたまえ | Die Bitte *soll* ihm gewährt sein. 彼の願いはかなえてやろう | Damit *soll* alles vergessen sein. これで一切なかったことにしよう | Damit *soll* nicht gesagt sein, daß … こう述べたからといって何も…ということを言ったわけではない(＝Damit will ich nicht gesagt haben, daß …) | Du *sollst* mich nicht beleidigt haben. 私を怒らせたことはなかったことにしてやろう | Es *soll* mich nur freuen, wenn … もし…ならば私の喜び以外のなにものでもない | Dieser Hinweis *soll* hier genügen. ここではこのことを指摘するにとどめたい | Über diese Frage *soll* später noch genauer gesprochen werden. この問題については後でもっと詳しく述べることとしよう | Auch der interessierte Laie *soll* dieses Buch benutzen können. 関心をお持ちのしろうとの方も本書を利用できるようにしてあります(→c).

‖〖話し手の決意〗Es *soll* nicht wieder vorkommen. こんなことは二度と繰り返させないつもりだ | An mir *soll* es nicht liegen. 私にできることは何でもやるつもりだ, 私のせいで駄目にはしないぞ | Das *soll* uns nicht stören. そんなことに邪魔されないようにしよう, そんなことは構うことはない | Das *sollst* du nicht unbestraft gesagt haben.《話》そんなことを君が口にしたからにはただじゃおかないぞ | Man *soll* später nicht sagen können, daß … 後になって…などとは言わせないぞ.

‖〖疑問文では相手の意志・意向を尋ねる形をとって〗*Soll* ich mitkommen? 私に一緒に来いと言われるのですか | Wo *soll* ich auf Sie warten? どこであなたをお待ちすればよいのですか | Was *soll* es sein? (店員の言葉で)何を差しあげましょうか, 何をお求めですか(＝Was wünschen Sie?) | Wie oft *soll* ich dir das noch sagen? 何度同じことを言わすつもりなのだ ‖ *Sollen* (＝Wollen) wir heute ein wenig früher gehen? いつもより少し早めに出かけようではないか.

c)《事物を主語とする文などで; 当事者の意図・計画を示して》(…は)…の意図に基づいている, …というつもりのものである, …という手はずである: Dies *soll* später einmal das Kinderzimmer sein. これは将来子供部屋とするための部屋である | An dieser Stelle *sollte* die neue Schule gebaut werden. 新しい学校はこの場所に建てられることになっていた | Ich möchte eine Krawatte haben. Sie *soll* zu einem grauen Anzug passen. 私はグレーの背広に合うネクタイがほしいのです | Der Brief *soll* auf die Post. この手紙は郵便に出すのだ ‖〖必ずしも実現しなかった当事者の意図を示して〗Das *sollte* ein Witz sein. それは本人はしゃれのつもりで言ったのだった | Das *soll* ein Kunstwerk sein? これが芸術作品のつもりだって(→2 a) ‖ Er machte eine höflich sein *sollende* Bewegung. 彼は当人としては丁重なつもりのしぐさをした.

d)《成りゆき・運命的必然》…する定めにある, …するにきまってしまっていてどうにもならない: Ich bin auf alles gefaßt, was kommen *soll*. いやおうなくやって来るどんな事態でも迎える覚悟ができています | wenn ich sterben *soll* 私の死が避けられぬものならば | wenn es sein *soll* やむをえないならば, どうしてもというのなら | Daß die Lage sich so sehr zuspitzen *soll*! 事態がこんなにまで先鋭化するとは.

‖〖過去形または完了形で, その後の成りゆきが分かっている立場から振り返って見た過去における未来を示して〗Er *sollte* seine Heimat nicht wiedersehen. 彼は(これを最後に)二度と故郷を見ることがない運命にあった | Dem Unternehmen *sollte* kein Erfolg beschieden sein. この企ては失敗に終わる運命にあった ‖ Es hat nicht *sollen* sein. (願望・計画などを前提として)(しかし)そういうことにはならなかった.

2《話し手が事実かどうかについての判断を留保していることを示して; ふつう定形でのみ用い, 分詞や不定詞の形では用いない》

a)《主語の行為・状態についての第三者の(話し手から見ると多少とも疑わしい)主張・言い分・うわさを示す; しばしば本動詞は完了形で》…と言われている, …ということである, (ある人の言い分では)…ということになる; …といううわさである: Er *soll* sehr reich sein. 彼は大変な金持ちだと言われている〈といううわさである〉(＝Man sagt, daß er sehr reich sei.) | Laut Wetterbericht *soll* es heute regnen. 天気予報によるときょうは雨だということだ | Er *soll* sechs Sprachen sprechen. 彼は 6 か国語話せるという話だ ‖ Er *soll*, wie seine Frau behauptet, nach Amerika abgeflogen sein. 彼の妻の主張するところでは 彼はアメリカに向けて飛び立ったそうだ | Sie *sollte* Selbstmord begangen haben. 彼女は自殺したといううわさだった | Gestern früh *soll* er von der Reise zurückgekommen sein. 彼はきのうの朝旅から戻ったということだ | Homer *soll* blind gewesen sein. ホメロスは盲目だったと言われている ‖〖話し手の疑いの気持を皮肉な口調で表現して〗Wir *sollen* eine Gehaltserhöhung bekommen. 給料を上げてくれるんだってさ | Man sagt, daß das Fest sehr schön gewesen sein *soll*. 祝祭はたいへんすばらしかったと言われている ‖〖〔平叙文の形の〕疑問文で; だれかの主張を反論する形で疑い・否定を表して〗Das *soll* ich sein? (写真などを見ながら)〔まさか〕これが私ですって | Das *soll* seine Mutter sein? Die sieht ja noch jung aus! あれが彼の母親だって. 見たところあんなに若いじゃないか | Ich *soll* das nicht können? 私にそんなことができないだって(とんでもない) | So was *soll*'s geben? まさかそんなことがあると言うのか ‖ Was *soll* mir das Geld jetzt noch? 今さらお金があっても何にもならない | Was *soll* das Klagen? 嘆いても何の役に立とうか | Wozu *soll* das gut sein? そんなこと何の役に立つと言うのか | Was *soll* das〔heißen〕? これはいったいどういうつもりなのか, それが何だというのだ | Wer *soll* das gesagt haben? だれがそんなことを言ったというのだ ‖ *Sollte* das sein Ernst sein? よもや彼は本気なのではあるまい | *Sollte* er doch recht haben? 彼の言い分が正しいだって | *Sollte* er tatsächlich morgen kommen? 彼が本当にあすやって来るだって | *Sollte* er es sich inzwischen doch anders überlegt haben? 彼がその後気が変わっただって | *Sollte* ich das wirklich übersehen haben? 私としたことが本当にこれを見過ごしたのだろうか(自分でも信じられない).

b)《接続法 II の形で条件文に用いられて》(ひょっとして)…というのならば, (万一)…という場合には: Wenn Sie mein Angebot annehmen *sollten*, so teilen Sie es mir bitte sofort mit. 私の申し出を受け入れるというのならば すぐそのことを私にお知らせください | falls er kommen *sollte* 万一彼が来るのなら | Wenn Sie ihn sehen *sollten*, grüßen Sie ihn bitte von mir! 万一彼に会うことになったらよろしくお伝えください | *Sollte* es regnen 〈Wenn es regnen *sollte*〉, müßte das Gartenfest verschoben werden. 万一雨が降るならば園遊会は延期せざるを得ない | *Sollte* er es auch nicht billigen, wir müssen es tun. 万一彼が賛成しないようなことがあっても私たちはこれを実行しなければならない | *Sollte* das wirklich so gewesen sein, dann … 本当にそうだったのならばその時は… ‖ Ich tue es, **und** *sollte* ich dabei zugrunde gehen! たとえそのために身を滅ぼすとしても私はそれをやる.

S

II Sol·len 中 -s/ なすべき事, 義務; あるべき姿; 〚哲〛 当為, ゾレン: Sein und ～ 現実〔の姿〕と理想〔の姿〕 | Wollen und ～ stehen nicht immer in Einklang miteinander. したいこと〈欲望〉としなければならないこと〈義務〉とは必ずしも一致しない.
[*germ.*; ◇Schuld; *engl.* shall]

Söl·ler[zœ́lər] 男 -s/- **1** (一種の)バルコニー, 露台(→ 図 Burg). **2** 《北部》 屋根裏部屋, 物置. **3** 《南部》 (家屋の)上階(2階以上). **4** 《スイス》 (Fußboden) 床(ゆか).
[*lat.* sōlārium－*ahd.*; ◇Solarium; *engl.* so[l]lar]

Soll·er·fül·lung[zɔ́l..] 女 割当量〈ノルマ〉の達成.

Soll·kauf·mann (**Soll-Kauf·mann**) 男 〚法〛 登記による商人(→Kannkaufmann, Mußkaufmann).

Soll·sei·te 女 〚商〛 (帳簿の)借方.

sollst[zɔlst] sollen の現在2人称単数.

Soll-Stär·ke 女 (↔Ist-Stärke) 〚軍〛 予定員数, 定員.

Sol·lux·lam·pe[zɔ́lʊks..] 女 商標 (赤外線療法用の)ソラックス灯. [＜*lat.* sōl (→Sol²)＋lūx (→Lux)]

Soll·zin·sen[zɔ́l..] 複 (↔Habenzinsen) 〚商〛 借方利息.

Sol·mi·sa·tion[zɔlmizatsió:n] 女 -/ 〚楽〛 (音階を do, re, mi, fa, sol, la, si で読む)階名唱法.
[*it.* solmisazione; ◇sol, mi]

sol·mi·sie·ren[..zí:rən] 自 (h) 階名で歌う.

so·lo[zó:lo·] **I** 副 **1** ソロで: ～ singen 〈spielen〉 独唱〈独奏〉する. **2** 《話》 ひとりで; ひとり身で, 独身で; パートナーなしで: Ich gehe ganz ～. 私はたったひとりで行く.

II So·lo 中 -s/-s, ..li[..li·] **1 a)** ソロ(独唱・独奏・独演など): ein ～ spielen 〈tanzen〉 ソロを演奏する〈踊る〉. **b)** (サッカーの試合などでの)独走. **2** 〚トランプ〛 ソロ(組を作らずに, 一人で全員を相手にするやり方).
[*lat.* sōlus „allein"－*it.*]

So·lo≈ge·sang[zó:lo..] 男 独唱〔曲〕. **≈in·stru·ment** 中 独奏楽器. **≈kon·zert** 中 **1** 〚楽〛 独奏楽器のための協奏曲〈コンチェルト〉. **2** 独奏〈独唱〉会, ソロコンサート. **≈ma·schi·ne** 女 〚スポ〛 (サイドカーのない)オートバイ.

So·lon[zó:lɔn] 人名 ソロン(前640頃-560頃; 古代ギリシア, Athen の政治家. 七賢人の一人). [*gr.*－*lat.*]

so·lo·nisch[zoló:nɪʃ] 形 ソロンのよう〔に賢明〕な; 《大文字で》 ソロンの: ～*e* Weisheit 最高の英知.

So·lo≈part[zó:lo..] 男 〚楽〛 独唱〈独奏〉部; 〚劇〛 独演部〈個所〉. **≈sän·ger** 男 (◎ **≈sän·ge·rin**) 独唱歌手. **≈spiel** 中 〚楽〛 独奏. **≈stim·me** 女 独唱声部. **≈stück** 中 独唱〈独奏〉曲. **≈sze·ne** 女 〚劇〛 独演場面, ひとり芝居の場. **≈tanz** 男 ソロダンス. **≈tän·zer** 男 (◎ **≈tän·ze·rin**) (バレエなどの)ソロの踊り手〈ダンサー〉.

So·lö·zis·mus[zoløtsísmʊs] 男 -/..men[..mən] 〚修辞〛 (特に統語論上の)語法違反. [*gr.*－*lat.*; ギリシアの植民地 Sóloi の住民の誤った語法から; ◇*engl.* solecism]

Sol·per[zɔ́lpər] 男 -s/ **1** 《西部》 (肉を漬ける)塩水. **2** ＝Solperfleisch

Sol·per·fleisch 中 《西部》 塩漬け肉.

Sol≈quel·le[zó:l..] ＝Solequelle **≈salz** ＝Solesalz

Sol·sti·tium[zɔlstí:tsiʊm] 中 -s/..tien[..tsiən] (Sonnenwende) 〚天〛 至; 《複数で》 二至(夏至と冬至).
[*lat.*; ◇Sol¹, sistieren]

so·lu·bel[zolú:bəl] (..lu·bl..) 形 溶解できる, 可溶性の.

So·lu·tio[zolú:tsio·] 女 -/-nes[zolutsió:ne:s], **So·lu·tion**[zolutsió:n] 女 -/-en (Lösung) 〚化〛 溶液.
[〔*spät*〕*lat.*; ◇solvieren]

So·lu·tré·en[zolytreɛ̃́:] 中 -〔s〕/ 〚人類〛 ソリュートレ期(ヨーロッパの旧石器時代中期); ソリュートレ文化.
[*fr.*; ＜Solutré (フランス中部の出土地)]

sol·va·bel[zɔlvá:bəl] (..va·bl..) 形 **1** ＝ solubel ▽**2** ＝solvent

Sol·va·ta·tion[zɔlvatatsió:n] 女 -/-en 〚化〛 溶媒和〔作用〕.

Sol·vens[zɔ́lvɛns] 中 -/..venzien[zɔlvɛ́ntsiən], ..ventia[..vɛ́ntsia·] **1** 〚薬〛 粘液溶解剤. **2** (Lösungsmittel) 〚化〛 溶剤, 溶媒.

sol·vent[zɔlvɛ́nt] 形 (↔insolvent) (zahlungsfähig) 〚商〛 支払い能力のある. [*lat.*－*it.*]

Sol·ven·tia Solvens の複数.

Sol·venz[zɔlvɛ́nts] 女 -/-en (↔Insolvenz) 〚商〛 支払い能力.

Sol·ven·zi·en Solvens の複数.

sol·vie·ren[zɔlví:rən] 他 (h) **1** 溶解する. **2** 〚商〛 (負債などを)支払う. [*lat.*; ◇Lysis]

Sol·was·ser[zó:l..] 中 -s/..wässer 塩水. [＜Sole]

..som[..zo:m] →..soma

..soma[..zo:ma·] 《「物体・固体・肉体」などを意味する中性名詞 (-s/-ta) をつくる. ..som (-s/-en) となることもある》: Chromo*som* 〚遺伝〛 染色体 | Schisto*soma* 〚動〛 住血吸虫. [◇*engl.* ..some]

So·ma¹[zó:ma·] 中 -s/-ta[..ta·] **1** (Körper) (精神に対して)肉体, 身体. **2** 〚生〛 **a)** (生殖質に対して)体質. **b)** 《集合的に》 (性細胞に対して)体細胞〔群〕.
[*gr.* sõma „Körper"]

So·ma²[-] 人名 〚インド神〛 ソマ(月の神). [*sanskr.*]

So·ma·li[zomá:li·] **I** 男 **1** -〔s〕/..mal[..má:l] ソマリア人(北エチオピーデの一種族). **2** -〔s〕/-s (Somalier) ソマリア〔共和国〕人. **II** 中 -/ ソマリア語.

So·ma·lia[..lia·] 地名 ソマリア(アフリカ東端の民主共和国. イギリス領ソマリランドとイタリア領ソマリランドが合併して1960年に独立. 首都はモガジシオ Mogadischu).

So·ma·li·er[..liər] 男 -s/- ＝Somali I 2

So·ma·li·land[zomá:li..] 地名 ソマリランド(アフリカ大陸の東端に突き出た地方. かつてはフランス領・イギリス領・イタリア領に分かれていた: →Somalia).

so·ma·lisch[..lɪʃ] 形 ソマリアの.

So·ma·ta Soma¹の複数.

so·ma·tisch[zomá:tɪʃ] 形 **1** (精神に対して)肉体〈身体〉の: die ～*en* Ursachen einer Krankheit 病気の肉体的原因. **2** 〚生〛 (生殖細胞と区別して)体細胞の: ～*e* Mutation 体細胞突然変異 | ～*e* Zellen 体細胞.

so·ma·to·gen[zomatogé:n] 形 **1** 〚医〛 肉体に起因する, 体因〈身因〉性の. **2** 〚生〛 体細胞起源の.

So·ma·to·lo·gie[..logí:] 女 -/ 身体〈生体〉学(人類学の一分野).

So·ma·to·me·trie[..metrí:] 女 -/ 〚人類〛 身体計測法.

So·ma·zel·le[zó:ma..] 女 〚生〛 体細胞.

Som·bre·ro[zɔmbré:ro·] 男 -s/-s ソンブレロ(中南米, 特にメキシコで用いられる広縁の帽子: → 図 Hut).
[*span.*; ＜*lat.* umbra „Schatten" (◇Umbra)]

so·mit[zomít, zó:mɪt] 副 それとともに, これで, それによって; それゆえに, かくして, したがって: Und ～ komme ich zum Ende meines Referates. これで私の報告は終わります | Er war bei dem Vorfall nicht anwesend, konnte ～ 〈～ konnte er〉 nicht darüber berichten. 彼はこの事件の際その場には居合わせず したがってそれについて報告することができなかった.

die **Somme**[sɔm, zɔm] 地名 女 -/ ソンム(フランス北部を西に流れてイギリス海峡に注ぐ川).

Som·me·lier[sɔməlié:] 男 -s/-s ソムリエ(レストランのワイン係). [*fr.*]

Som·mer[zɔ́mər] 男 -s/- (英: *summer*) 夏(→Frühling, Herbst, Winter); 《比》 全盛期: ein heißer 〈langer〉 ～ 暑い〈長い〉夏 | Früh*sommer* 初夏 | Spät*sommer* 晩夏 ‖ der ～ des Lebens 《比》 人生の盛り | **der fliegende** ～ (秋になってからのうららかな)小春日和; (晴れた秋空にただよう)クモの糸(＝Altweibersommer) ‖ im ～ 夏に | während des ～*s* 夏のあいだ | den ～ über 夏のあいだずっと | **～ wie Winter** / **～ und Winter** 夏も冬も, 一年中 ‖ Es wird ～. 夏になる | Eine Schwalbe macht noch keinen ～. (→Schwalbe 1) | Sie macht schon im Mai ～. 《話》 彼女は5月からもう夏の服装をしている | ***jm.* keinen ～ und keinen Winter machen** 《方》 …にとってなんのかかわりもない〈なんの興味もない〉 ‖ Sie zählt achtzehn ～. / Sie ist achtzehn ～ alt. 《戯》 彼女は18歳だ.
[*germ.*; ◇*engl.* summer]

S

Som·mer≈abend 男 夏の宵(よい)〈夕べ〉. **≈an·fang** 男 夏の始まり(一般に夏至を指す). **≈an·zug** 男 サマースーツ, 夏服. **≈diar·rhö** 女〘医〙夏季下痢. **≈dreß** 男 サマードレス. **≈fahr·plan** 男〘鉄道〙夏季列車時刻表. **≈fe·der** 女 (鳥類の)夏羽(なつばね). **≈fell** 中 (動物の)夏毛. **≈fe·ri·en** 複 夏期休暇, 夏休み: in den ~ 夏休みに. **≈fie·ber** 中〘医〙夏季熱. **≈flie·der** 男〘植〙フジウツギ(藤空木)属, ブドレア. **≈fri·sche** 女 -/-n **1** 夏の保養, 避暑: ~ machen 避暑に行く ‖ in die ~ gehen 〈fahren〉 避暑に行く | Ich bin hier zur ~. 私はここに避暑に来ている. **2** 夏の保養地, 避暑地: eine schöne ~ 美しい避暑地. **≈frisch·ler** 男 -s/- 夏の保養客, 避暑客. **≈frucht** 女 =Sommergetreide **≈ger·ste** 女 春まきオオムギ(大麦). **≈ge·trei·de** 中 (春まきの)夏作物(穀物). **≈haar** 中 (動物の)夏毛. **≈halb·jahr** 中 夏を含む半年間; (大学の)夏学期. **≈haus** 中 夏の別荘, サマーハウス. **≈hemd** 中 夏シャツ, 夏用の肌着. **≈him·mel** 男 夏空. **≈hit·ze** 女 夏の暑さ. **≈hya·zin·the** 女〘植〙ガルトニア, ツリガネオモト(釣鐘万年青).

söm·me·rig[zœmərɪç]² 形 (生まれてから)一夏越した(養魚など).

Som·mer≈ka·tarrh[zɔ́mərkatar] 男〘医〙夏季カタル. **≈kleid** 中 **1** サマードレス, 夏服. **2**〘狩〙(動物の)夏毛; (鳥類の)夏羽(なつばね). **≈klei·dung** 女 夏の服装, 夏服, 夏着, サマーウェア. **≈knob·lauch** 男〘植〙リーキ(地中海地方原産ネギ属の野菜).

som·mer·lich[zɔ́mərlɪç] 形 夏の〔ような〕, 夏らしい: *~es* Wetter 夏のような〈夏らしい〉天気 ‖ *sich*⁴ ~ kleiden 夏向きの服装をする.

Som·mer≈lin·de 女〘植〙(ヨーロッパ産)シナノキの一種. **≈loch** 中 (商売・政治などの)夏枯れどき. **≈man·tel** 男 夏のコート, サマーコート. **≈mo·de** 女〘服飾〙サマーファッション. **≈mo·nat** 男 -〔e〕s/-e **1**《複数で》夏の月(6月・7月・8月). **2**《単数で》《雅》(Juni) 6月. **≈mor·gen** 男 夏の朝.

som·mern[zɔ́mərn]《05》**I** 自 (h) 《非人称》《es sommert》夏になる, 夏らしくなる. **II** 他 (h) =sömmern

söm·mern[zœmərn]《05》他 (h) **1** (家畜を)夏のあいだ放牧する〈放牧地に連れ出す〉; (修理・清掃のため)養魚池を干す. **2**《方》=sonnen

Som·mer≈nacht[zɔ́mər..] 女 夏の夜. **≈olym·pia·de** 女 夏季オリンピック. **≈pau·se** 女 夏季の休止期間(議会の休会・芝居の休演・スポーツの試合休止期など). **≈rei·fen** 男 (スノータイヤに対して)普通タイヤ. **≈re·si·denz** 女 (国家元首・王侯・高位聖職者などの)夏の居所〈居城〉.

som·mers[zɔ́mərs] 副 夏に; 毎夏: Wir stehen ~ immer früh auf. 私たちは夏にはいつも早起きをする.

Som·mer≈saat 女 夏作物の種子〈苗〉. **≈sa·chen** 複 夏物, 夏の衣類.

Som·mers·an·fang =Sommeranfang

Som·mer≈schlaf 男〘生〙夏眠(熱帯・亜熱帯地方の生物の暑熱乾燥期の休眠). **≈schluß·ver·kauf** 男 夏物一掃大売り出し, 夏物棚ざらえバーゲンセール. **≈sei·te** 女 南側. **≈se·me·ster** 中 (大学の)夏学期(春から夏まで). **≈sitz** 男 (王侯・貴族・富豪などの)夏の別荘〈滞在地〉. **≈ski·lauf**[..ʃiːlauf] 男 夏スキー. **≈son·ne** 女 夏の太陽. **≈son·nen·wen·de** 女 夏至(6月22日ごろ). **≈spie·le** 複 **1** 夏季音楽〈演劇〉祭. **2** 夏季競技: Olympische ~ 夏季オリンピック競技.

Som·mer·spros·se 女 -/-n《ふつう複数で》そばかす: *~n* haben そばかすができている. [*mndd.* sprote; ◇Sprosser]

som·mer·spros·sig[..sɪç]² 形 そばかすのある.

Som·mer·stoff 男 夏物生地.

som·mers·über[zɔ́mərs|yːbər, ⏑⏑–⏑] 副 夏じゅう.

Som·mers·zeit 女 -/ 夏季, 夏期: zur ~ 夏に.

Som·mer·tag 男 **1** 夏の日. **2**〘気象〙〔真〕夏日(ドイツでは気温25度以上の日をいう). **3**〘キリスト教〙冬送りの祝日(大斉節の第4日曜日).

Som·me·rung[zɔ́mərʊŋ] 女 -/ =Sommergetreide

Söm·me·rung[zœmərʊŋ] 女 -/-en (sömmern すること. 例えば:) 土用干し; (家畜の)夏季放牧.

Som·mer≈uni·ver·si·tät[zɔ́mər..] 女 夏季大学. **≈vo·gel** 男 **1** 夏鳥. **2**《スイ》(Schmetterling) チョウ(蝶). **≈weg** 男 夏道(道路の両側の, 舗装されていない, 夏だけ使用できる部分). **≈wei·de** 女 (家畜の)夏の放牧地. **≈wei·zen** 男〘植〙春まきコムギ(小麦). **≈woh·nung** 女 夏別荘. **≈wurz** 女〘植〙ハマウツボ(浜靫)属. **≈zeit** 女 **1** (夏の一定期間, 仕事の能率を上げるために, 時計の針を1時間くり上げる)夏時間, サマータイム. **2**《単数で》=Sommerszeit **≈zeug** 中 =Sommersachen **≈zwie·bel** 女〘植〙タマネギ(玉葱). **≈zy·pres·se** 女 (Besenkraut)〘植〙ホウキギ(箒木).

ᵛ**Som·mi·tät**[zɔmitɛ́ːt] 女 -/-en《ふつう複数で》高位高官の人, お偉がた. [*fr.*; < *lat.* summus (→Summe)]

som·nam·bul[zɔmnambúːl] **I** 形 夢遊症〈病〉の. **II** **Som·nam·bu·le** 男 女《形容詞変化》夢遊症患者, 夢遊病者. [*fr.*]

Som·nam·bu·lis·mus[..bulɪ́smʊs] 男 -/ 夢遊症, 夢遊病. [*fr.*; < *lat.* somnus „Schlaf"+ambulāre (→ambulant)]

som·no·lent[zɔmnolɛ́nt] 形 **1** 意識の朦朧(もうろう)とした. **2**〘医〙傾眠の. [*spätlat.*]

Som·no·lenz[..lɛ́nts] 女 -/ **1** 意識朦朧(もうろう). **2**〘医〙傾眠状態. [*spätlat.*; ◇Sopor]

so'n[zoːn]《話》=so ein (→so II 1).

ᵛ**so·nach**[zonáːx, zóːnaːx] 副 それによれば, したがって, それゆえに: Er ist plötzlich krank geworden, ~ müssen wir auf seine Hilfe verzichten. 彼は突然病気になった. したがって我々は彼の助力をあきらめざるを得ない.

So·na·gramm[zonagrám] 中 -s/-e〘言〙ソナグラム, サウンドスペクトログラム.

So·na·graph[..gráːf] 男 -en/-en〘言〙ソナグラフ, サウンドスペクトログラフ.

So·nant[zonánt] 男 -en/-en〘言〙鳴音, 音節主音(音節を形成する音. 母音・鼻音・流音など). [*lat.* sonāre „tönen"; ◇Schwan, sonor]

so·nan·tisch[zonántɪʃ] 形〘言〙鳴音の, 音節主音の: *~es* r 音節主音の r.

So·nar[zonáːr] 中 -s/-e **1** 超音波による水中探知. **2** ソナー(超音波による水中探知装置). [*engl.*; < *engl.* **so**und **na**vigation **r**anging (◇Sonant, rangieren)]

So·nar·ge·rät 中 =Sonar 2

So·na·te[zonáːtə] 女 -/-n〘楽〙ソナタ, 奏鳴曲: eine ~ für Klavier / Klavier*sonate* ピアノソナタ. [*it.* sonata]

So·na·ten≈form 女, **≈satz** 男, **≈satz·form** 女〘楽〙ソナタ形式.

So·na·ti·ne[zonatíːnə] 女 -/-n〘楽〙ソナチネ, 小奏鳴曲. [*it.*]

Son·de[zɔ́ndə] 女 -/-n **1**〘医〙ゾンデ, カテーテル: Blasen*sonde* 膀胱(ぼうこう)カテーテル, 導尿管 | eine ~ in den Magen einführen ゾンデを胃の中に入れる. **2**〘坑〙(探鉱用の)ゾンデ; 探鉱ボーリング. **3**〘海〙(水深測定用の)測鉛. **4**〘気象〙気象観測気球; (Radiosonde) ラジオゾンデ. **5** (Raumsonde)〔宇宙空間〕探査機: eine ~ in den Weltraum schießen 探査機を宇宙に打ち上げる. [*fr.*; ◇sondieren]

Son·den·er·näh·rung 女〘医〙ゾンデ〈経管〉栄養食餌(しょくじ)〔法〕.

ᵛ**son·der**[zɔ́ndər] 前《4格支配》(ohne) …なしで: ~ Tadel 非の打ちどころのない | ~ Zahl 無数の. [*germ.* „abseits"; ◇sine, besonders, sondern]

sonder..《名詞などにつけて「個別の・特別の・特殊な」を意味する》: *Sonder*preis 特別価格 | *Sonder*stahl 特殊鋼.

Son·der≈ab·druck[zɔ́ndər..] = Sonderdruck **≈ab·kom·men** 中 特別協定. **≈an·fer·ti·gung** 女 (製品の)特別仕様. **≈an·ge·bot** 中 (商店・デパートなどの)特価提供, 特売〔品〕. **≈an·spruch** 男 -〔e〕s/..sprüche《ふつう複数で》特別請求〔権〕. **≈auf·trag** 男

特別委任, 特殊任務. ≈**aus·ga·be** 女 -/-n **1** (書籍の)特別版; (新聞・雑誌などの)特別号. **2** 《ふつう複数で》特別支出. ≈**aus·schuß** 男 特別委員会.

son·der·bar[zɔ́ndərba:r] 形 奇妙な, 風変わりな, おかしな, 珍奇な: ein ～*es* Benehmen 奇妙な振舞い | ein ～*es* Erlebnis 風変わりな体験 | ein ～*er* Heiliger《話》変わり者, 変人 | ein ～*er* Kauz 変人 | *sich*⁴ ～ benehmen おかしな振舞いをする ‖ Er ist manchmal ～. 彼はときどきおかしいことがある | Das finde ich etwas ～. それは少しおかしいと思う.

son·der·ba·rer·wei·se 副 奇妙にも, おかしなことには: *Sonderbarerweise* war die Tür verschlossen. おかしなことにドアには鍵(かぎ)がかかっていた.

Son·der·bar·keit[..kaɪt] 女 -/-en **1** 《単数で》sonderbar なこと. **2** sonderbar な言動.

Son·der≈be·auf·trag·te 男 女 特別委員〈代理人〉. ≈**be·hand·lung** 女 **1** 特別な扱い. **2** 特別処理(ナチ時代の用語で政治犯の殺害を意味する婉曲表現). ≈**be·ra·ter** 男 特別顧問. ≈**be·richt·er·stat·ter** 男 (新聞社などの)特派員. ≈**bot·schaf·ter** 男 特派大使. ≈**brief·mar·ke** 女 記念切手. ≈**bus** 男 特別〈臨時〉バス. ≈**druck** 男 -〔e〕s/-e **1** 抜き刷り, 別刷り. **2** (新聞・雑誌などの)特別号, 別冊. ≈**ei·gen·tum** 中 -s/ 《法》特別所有権 (Wohnungseigentum と Teileigentum の総称). ≈**erb·fol·ge** 女 《法》特定相続. ≈**er·laub·nis** 女 特別許可. ≈**er·mä·ßi·gung** 女 特別割引. ≈**fahrt** 女 (列車などの)特別〈臨時〉運転. ≈**fall** 男 特別の場合, 特殊なケース, 特例. ≈**flug** 男 (飛行機の)臨時便. ≈**flug·zeug** 中 ＝Sondermaschine ≈**frie·de**〔**n**〕男 単独講和. ≈**ge·neh·mi·gung** 女 特別許可〈認可〉. ≈**ge·richt** 中 特別裁判所. ≈**ge·setz** 中 特別法. ≈**ge·setz·ge·bung** 女 特別立法.

son·der·glei·chen[zɔ́ndərglάɪçən] 副 《もっぱら名詞の後に置かれて》(ohnegleichen) 比類なく, 抜群に: Das ist eine Unverschämtheit ～. これはまさに無類の厚かましさだ.

Son·der≈gut[zɔ́ndər..] 中 《法》特別財産. ≈**heft** 中 (雑誌などの)特別号.

Son·der·heit[zɔ́ndərhaɪt] 女 -/-en 特殊〈独自〉性; 異常〈珍奇〉さ; 奇妙さ, 風変わり.

Son·der≈in·ter·es·se 中 -s/-n 《ふつう複数で》(個人的な・グループだけの)特殊な興味〈関心事〉; 特殊利益〈権益〉. ≈**klas·se** 女 **1** 《単数で》(商品の品質などの)特級, 特上. **2** (富くじの)特別クラス. **3** (心身障害者のための)特殊学級. ≈**kon·kurs** 男 《法》(一定の限定された財産に対する)特別破産. ≈**kon·to** 中 (募金などのために設けられた)特別口座.

son·der·lich[zɔ́ndərlɪç] **I** 形 **1** 特別の, 格別の: 〖ふつう否定詞とともに〗ohne ～*e* Mühe 〈Wirkung〉さしたる苦労〈効果〉もなく | Diese Arbeit machte ihm keine ～*e* Freude. この仕事は彼にさほど喜びを与えなかった ‖ Er ist nicht ～ klug. 彼はあまり利口ではない | Der Film hat mir nicht ～ gefallen. 私はこの映画をそれほど良いとは思わなかった. **2** (sonderbar) 奇妙な, おかしな: ein ～*er* Mensch おかしな人間 | Er ist etwas ～. 彼は少し変だ. **II** 副 **1** →I **2** 《南部・オーストリア・スイス》(besonders) 特に, とりわけ, なかんずく.

Son·der·ling[zɔ́ndərlɪŋ] 男 -s/-e 変わり者, 変人, 奇人.

Son·der≈mar·ke ＝ Sonderbriefmarke ≈**ma·schi·ne** 女 特別機(特に用意された飛行機). ≈**mel·dung** 女 特報, 特電; 臨時ニュース. ≈**müll** 男 特殊ごみ〈廃棄物〉(有毒物質を含むものなど).

son·dern¹[zɔ́ndərn] 《05》 **I** 他 (h) えり〈より〉分ける, 別にする, 分離〈隔離〉する: die kranken Tiere von den gesunden ～ 病気の動物を健康な動物から隔離する | die Spreu vom Weizen ～ (→Spreu). **II ge·son·dert** → 別出 [*ahd.*; ◇sonder; *engl.* sunder]

son·dern²[zɔ́ndərn] 接 《並列》《先行する否定詞と呼応して》(英: *but*) …ではなくて…: **Nicht** sie, **sondern** er ist schuld. 悪いのは彼女ではなくて彼だ | Er fährt nicht mit dem Auto, ～ mit der Straßenbahn. 彼は自動車ではなく市電を使う | Er zahlte nicht sofort, ～ überwies den Betrag. 彼は即金では支払わずに その額を銀行に振り込んだ〈為替で送った〉| Er konnte das Werk nicht vollbringen, nicht weil es zu schwer war, ～ weil es zu leicht war. 彼がその仕事を完成できなかったのは 難しすぎたからではなくやさしすぎたからである ‖ **nicht nur** 〈allein / bloß〉 **..., sondern** 〔**auch**〕 **...** (→nur 1, →allein II 2 a, →bloß II). [＜sonder]

Son·der≈ne·ga·tion[zɔ́ndər..] 女 (↔Satznegation) 《言》部分否定. ≈**num·mer** 女 (新聞・雑誌などの)特別号. ≈**preis** 男 特別価格, 特価. ≈**pro·gramm** 中 特別番組〈プログラム〉. ≈**recht** 中 **1** 特権; 《法》(社員・株主などの)固有権. **2** (一般法に対する)特別〈個別〉法; 例外法. ≈**re·ge·lung** 女 特別〈例外〉規定.

son·ders[zɔ́ndərs] 副 《もっぱら次の形で》samt und ～ (→samt I)

Son·der≈schicht 女 **1** 特別作業直. **2** (旧東ドイツで)時間外特別作業〔班〕. ≈**schu·le** 女 (心身障害者のための)特殊学校. ≈**schü·ler** 男 Sonderschule の生徒.

Son·der·schul·leh·rer 男 Sonderschule の教員.

Son·der≈spra·che 女 《言》(身分・職業などによる特殊社会集団に見られる)特殊語. ≈**stahl** 男 《金属》特殊鋼. ≈**stel·lung** 女 特殊な地位: eine ～ einnehmen 特殊な地位を占める. ≈**stem·pel** 男 《郵》記念スタンプ. ≈**ta·rif** 男 特別〔割引〕料金〈運賃〉〔表〕.

Son·de·rung[zɔ́ndərʊŋ] 女 -/ sondern¹すること.

Son·der≈ur·laub[zɔ́ndər..] 男 特別休暇. ≈**ver·mö·gen** 中 《法》特別財産. ≈**voll·macht** 女 《法》個別的代理権. ≈**wirt·schafts·zo·ne** 女 (社会主義国家の)経済特〔別〕区. ≈**wunsch** 男 -es/..wünsche《ふつう複数で》特別な要望〈希望〉. ≈**wurst** 女 特別製のソーセージ: *jm.* eine ～ braten《話》…を特に優遇する. ≈**zie·hungs·recht** 中 -〔e〕s/-e《ふつう複数で》《経》IMF (国際通貨基金)特別引き出し権. ≈**zug** 男 《鉄道》特別〈臨時〉列車. ≈**zu·la·ge** 女 特別手当〈賞与〉. ≈**zu·tei·lung** 女 **1** 特別配給, 特配. **2** ＝Sonderzulage

Son·die·r·bal·lon[zɔndí:rbalɔŋ] 男 気象観測気球.

son·die·ren[zɔndí:rən] **I** 他 (h) **1** Sonde を用いて調査する: den Magen ～ ゾンデを使って胃を検査する. **2 a)** 《*et.*⁴》(…に)〔慎重に〕探りを入れる: die Stimmung in der Öffentlichkeit ～ 世論の動向を探る | das Terrain ～ (→Terrain 1) . **b)** 《*jn.*》(…の)意向を探る. **II** 自 (h) 《bei *jm.*》(…に)探りを入れる. [*fr.*; ◇Sonde]

Son·die·rung[..rʊŋ] 女 -/-en **1** sondieren すること. **2** 《ふつう複数で》＝Sondierungsgespräch

Son·die·rungs·ge·spräch 中 (交渉当事者間の)探り合いの〔予備〕会談.

so'ne[zó:nə] 《話》＝so eine (→so II 1).

So·nett[zonέt] 中 -〔e〕s/-e《詩》ソネット(十四行詩). [*it.*; ＜*lat.* sonāre (→Sonant); ◇Sonate; *engl.* sonnet]

Song¹[zɔŋ, sɔŋ] 男 -s/-s **1** 歌謡曲, 流行歌. **2** ソング(寄席などで歌われる社会風刺的な小唄(こうた)). [*engl.*; ◇Sang]

Song²[sʊŋ] ＝Sung

Sonn·abend[zɔ́n|a:bənt]¹ 男 -s/-e (略 Sa.)《特に北部・中部》(Samstag) 土曜日: →Dienstag
[*ahd.*; *aengl.* sunnan-æfen の翻訳借用; ◇Sonne]

Sonn·abend·abend[zɔn|a:bənt|á:bənt, ⌣–⌣⌣–⌣]¹ 男 (Samstagabend) 土曜日の晩〈夕方〉.

sonn·abend·lich[zɔ́n|a:bəntlɪç] 形 《述語的用法なし》毎土曜日の〈に催される〉: →dienstäglich

sonn·abends[zɔ́n|a:bənts] 副 〔毎〕土曜日に: →dienstags

sonn·durch·flu·tet[zɔ́n..] 《オーストリア・スイス》＝sonnendurchflutet

Son·ne[zɔ́nə] 女 -/-n **1 a)** 《単数で》(英: *sun*)太陽, 日, 日輪; 日光: die aufgehende ～ 昇る太陽 | die glühende ～ 灼熱(しゃくねつ)の太陽 | die liebe ～ お日様 | die sinkende 〈untergehende〉 ～ 入り日, 落日, 落陽 ‖ ～ und Mond 太陽と月, 日月(じつげつ) ‖ Die ～ geht 〔im Osten〕

S

auf. 太陽が〔東に〕昇る | Die ~ geht 〔im Westen〕 unter. 太陽が〔西に〕沈む | Die ~ versinkt im Meer 〈hinter dem Horizont〉. 太陽が海に〈地平線のかなたに〉沈む | Die ~ scheint durchs Fenster. 日光が窓からさし込む | Die ~ meint es gut heute. きょうはぽかぽかと日が照っている | Die ~ sticht. 太陽が強く〈焼けつくように〉照っている ‖ Wenn die ~ scheint, erbleicht der Mond. 《諺》太陽が輝けば 月は光を失う | Die aufgehende ~ hat mehr Anbeter als die untergehende. 《諺》勢いにつくのは世の習い(昇る太陽は沈む太陽より多くの崇拝者を持つ) ‖ Das Zimmer hat wenig 〈den ganzen Tag〉 ~. この部屋にはあまり日が当たらない〈一日じゅう日が当たる〉 | **keine ~ sehen** 《話》日の目を見ることがない, 成功の見込みがない | Sie kann keine ~ vertragen. 彼女は日光に弱い | **~ im Herzen haben** 快活な人間である | Hab' ~ im Herzen! 心に太陽をもて(フライシュレン Cäsar Flaischlen〔†1920, ドイツの詩人〕) ‖ 《前置詞と》 **an** der ~ 日なたで | ein Platz an der ~ (→ Platz 3 a) | an die ~ kommen 戸外に出る; 《比》(秘密などが)明らかになる | Es ist nichts so fein gesponnen, es kommt doch an die ~〔*n*〕〈ans Licht der ~〔*n*〕〉. 《諺》天網恢々(かいかい)疎にしてもらさず | Geh mir bitte **aus** der ~! 日を遮らぬよう そこをどいてくれ | **gegen** die ~ fotografieren (写真を)逆光で撮影する | in der ~ 日なたで | in der ~ liegen 〈sitzen〉 日なたに横たわって〈座って〉いる, 日なたぼっこをする, 日光浴をする | *sich*⁴ in der ~ bräunen 〈braten〉 lassen 日光浴をして肌を焼く | Es war März, aber in der ~ war es schon heiß. 3月だったが日なたではすでに暑かった | in eitel ~ leben 《比》幸せいっぱいの生活をする | in die ~ gehen 日なたに出る, 戸外に出る | *sich*⁴ in die ~ legen 日なたに横たわる | **mit** der ~ im Rücken 太陽を背にして | **unter** der ~ 天下に, この地上に | Er ist der Glücklichste unter der ~. 彼はこの世で一番の果報者だ. **b)** 〔天〕恒星.

2 (形状や性質が太陽に似たもの. 例えば:) (Höhensonne) (紫外線療法用の)太陽灯; (Heizsonne) 反射式〔赤外線〕電気ストーブ: eine künstliche ~ 人工太陽.

[*germ.*; ◇Helios, Sol¹; *engl.* sun]

sön·ne[zœ́nə] sänne (sinnen の接続法 II)の古形.

son·nen[zɔ́nən] 他 (h) **1** 《*et.*⁴》日光にあてる, 日にさらす: die Betten ~ ベッドを日にあてる. **2 a)** 再帰 *sich*⁴ ~ 日なたぼっこをする, 日光浴をする. **b)** 再帰 *sich*⁴ in *et.*³ ~ …(幸福・成功など)を満ち足りた気分で享受する〈楽しむ〉 | *sich*⁴ im Glück ~ 幸福にひたる.

Son·nen≈an·be·ter 男 **1** 〔民族〕太陽崇拝者. **2** 《戯》日光浴の礼賛者, 日焼け好き. **≈an·be·tung** 女 〔民族〕太陽崇拝.

son·nen·arm 形 日光に乏しい, 日照時間の少ない.

Son·nen≈auf·gang 男 日の出, 日出: bei ~ 太陽が昇るときに, 夜明けに | nach 〈vor〉 ~ 日の出の後〈前〉に. **≈bad** 中 日光浴: ein ~ nehmen 日光浴をする.

son·nen|ba·den[zɔ́nənba:dən] 自 (h) 《もっぱら不定詞・過去分詞で》日光浴をする: Ich habe *sonnengebadet.* 私は日光浴をした.

Son·nen≈bahn 女 〔天〕太陽の軌道, 黄道. **≈ball** 男 -〔e〕s/ 《雅》(球体として想像された)太陽, 日輪. **≈bat·te·rie** 女 〔理〕太陽電池. **≈baum** 男 (↔Schattenbaum) 〔植〕陽樹(明るい場所で育つ樹種). **≈be·hand·lung** 女 〔医〕日光療法. **≈be·strah·lung** 女 日光の照射. **≈be·we·gung** 女 〔天〕太陽運動. **≈blatt** 中 (↔ Schattenblatt) 〔植〕陽葉. **≈blen·de** 女 **1** 日よけ〔用の板・ひさし〕, サンバイザー. **2** 〔写〕レンズフード. **≈blu·me** 女 〔植〕ヒマワリ(向日葵).

Son·nen·blu·men≈kern 男 ヒマワリの種. **≈öl** 中 ヒマワリ油.

Son·nen≈brand 男 **1** 〔医〕(過度の日光浴などによる皮膚の)日焼け: einen ~ bekommen 日焼けのために皮膚に炎症を起こす. **2** 太陽の灼熱(しゃくねつ). **≈bräu·ne** 女 (肌の)日焼けした褐色. **≈braut** 女 〔植〕ダンゴギク(団子菊)属. **≈bril·le** 女 日よけめがね, サングラス: eine ~ tragen サングラスをかけている. **≈creme**[..kre:m] 女 日焼け止めクリーム. **≈dach** 中 日よけ, 日覆い. **≈dachs** 男 〔動〕イタチアナグマ(鼬穴熊). **≈deck** 中 〔海〕(客船などの)日なた甲板, サンデッキ.

son·nen·durch·flu·tet 形 日光〈陽光〉にみちあふれた: ein ~*er* Raum 日のいっぱいさし込んだ部屋.

Son·nen≈ener·gie 女 太陽エネルギー, 太陽熱. **≈fackel** 女 (太陽の)白斑(はくはん). **≈fer·ne** 女 (↔Sonnennähe) (Aphel) 〔天〕遠日点. **≈fern·rohr** 中 太陽望遠鏡. **≈fin·ster·nis** 女 〔天〕日食: eine totale 〈partielle / ringförmige〉 ~ 皆既〈部分・金環〉日食. **≈fisch** 男 〔魚〕 **1** ミノウ, ヨーロッパウグイ. **2** マトウダイ(的鯛)の一種. **3** マンボウ(翻車魚)の一種.

Son·nen·flare[..flɛ:r] 男 -〔s〕/-s 〔天〕太陽フレア. [<*engl.* flare „Flamme"]

Son·nen≈fleck 男 -〔e〕s/-e 《ふつう複数で》 **1** 〔天〕(太陽の)黒点. ᵛ**2** (Sommersprosse) そばかす. **≈flü·gel** 男 〔植〕ロダンテ属(オーストラリア産キク科).

son·nen·ge·bräunt 形 日焼けした.

Son·nen≈ge·flecht 中 〔解〕太陽〈腹腔(ふくこう)〉神経叢(そう). **≈ge·ne·ra·tor** 男 〔理〕太陽電池. **≈glanz** 男, **≈glast** 男 《雅》太陽の輝き. **≈glut** 女 -/ 太陽の灼熱(しゃくねつ). **≈gott** 男 太陽神. **≈göt·tin** 女 太陽の女神. **≈hei·zung** 女 太陽エネルギー利用暖房.

son·nen·hell 形 太陽のように明るい.

Son·nen·hit·ze 女 -/ 太陽の炎熱; 太陽熱.

son·nen·hung·rig 形 《話》日光に飢えた.

Son·nen≈hut 男 **1** 日よけの帽子(麦わら帽など). **2** 〔植〕オオハンゴンソウ(大反魂草)属. **≈jahr** 中 〔天〕太陽年. **≈kä·fer** 男 〔虫〕 **1** コガネムシ(黄金虫)の一種. **2** (Marienkäfer) テントウムシ(天道虫)の一種. **≈ka·len·der** 男 太陽暦.

son·nen·klar 形 **1** [zɔ́nənkla:r] 《雅》太陽の明るく輝く. **2** [⌣⌣⌐] 《話》太陽のように明らかな, 明々白々な.

Son·nen≈kol·lek·tor 男 太陽熱集熱器, ソーラーコレクター. **≈kö·nig** 男 〔史〕太陽王(フランスのルイ十四世の異名). **≈kon·stan·te** 女 〔天〕太陽定数. **≈kraft·werk** 中 太陽エネルギー利用発電所.

Son·nen·kraft·werks·sa·tel·lit 男 太陽発電衛星.

Son·nen≈ku·gel 女 =Sonnenball **≈kult** 男 太陽崇拝. **≈licht** 中 -〔e〕s/ 日光: im hellen ~ 明るい陽光のなかで.

son·nen·los[zɔ́nənlo:s]¹ 形 (曇って)日の照らない.

Son·nen≈milch 女 日焼け止め乳液. **≈mo·nat** 男 〔天〕太陽月. **≈nä·he** 女 (↔Sonnenferne) (Perihel) 〔天〕近日点. **≈öl** 中 (日焼けを予防・促進する)サンオイル. **≈par·al·la·xe** 女 〔天〕太陽視差. **≈pflan·ze** 女 (↔ Schattenpflanze) 〔植〕陽生植物. **≈phy·sik** 女 太陽物理学. **≈plas·ma** 中 〔天〕太陽プラズマ, 太陽風〈微粒子流〉. **≈pro·tu·be·ranz** 女 -/-en 《ふつう複数で》太陽の紅炎. **≈rad** 中 日輪. **≈ral·le** 女 〔鳥〕ジャノメドリ(蛇目鳥)(旧名サギモドキ). **≈re·gen** 男 天気〈日照り〉雨.

son·nen·reich 形 日光に富む, 日照時間の多い.

Son·nen≈rös·chen 中 〔植〕ハンニチバナ(半日花)属, ヘリアンテムム. **≈ro·se** 女 《方》= Sonnenblume **≈schei·be** 女 《雅》(円盤状のものとして想像された)太陽, 日輪. **≈schein** 男 -〔e〕s/ 日光; 日照; 《比》喜びを与えてくれるもの: im ~ 日なたで, 日の光を浴びて | Auf Regen folgt ~. 《諺》苦あれば楽あり | Sie ist unser aller ~. 彼女は私たちの喜びの泉だ.

Son·nen·schein≈dau·er 女 〔気象〕日照時間. **≈schrei·ber** 男 (日照時間を測定する)日照計.

Son·nen≈schirm 男 日傘, パラソル. **≈schmelz·ofen** 男 太陽炉. **≈schutz** 男 **1** 日よけ, ブラインド. **2** 日焼けの予防.

Son·nen·schutz≈creme[..kre:m] 女 日焼け止めクリーム. **≈mit·tel** 中 日焼けの予防手段〈材料〉(クリーム・オイルなど). **≈öl** 中 (日焼け予防用の)サンオイル.

Son·nen≈se·gel 中 **1** (帆布製の)日覆い, 天幕. **2** (人工衛星などの)翼状の太陽電池. **≈sei·te** 女 (↔Schattenseite) 日の当たる側; 南側; 《比》(人生の)明るい面.

sọn·nen·sei·tig 形 Sonnenseite にある.
sọn·nen·si·cher 形 日の照る〈好天気に恵まれる〉ことの確実な.
Sọn·nen≈spek·trum 中〘理〙太陽スペクトル. **≈stand** 男 太陽の位置, 日の高さ. **≈stäub·chen** 複 (日の光のなかに漂遊して見える細かな)飛塵(じん). **≈stern** 男〘動〙トゲニチリンヒトデ(棘日輪海星). **≈stich** 男〘医〙日射病: einen ~ bekommen / *sich*³ einen ~ holen 日射病にかかる | **einen ~ haben**《俗》頭がおかしい | Du hast wohl einen ~?《話》君は頭がおかしいんじゃないか. **≈strahl** 男 -[e]s/-en《ふつう複数で》太陽の光線, 日光: In diesen Raum fällt nie ein ~. この部屋には全く日がささない. **≈strah·lung** 女 -/ 太陽の放射; 日射, 日ざし: die Intensität der ~ 日ざしの強さ. **≈sucht** 女〘医〙日光病(日光に対する病的な欲求). **≈sy·stem** 中〘天〙太陽系. **≈tag** 男 **1**〘天〙太陽日(じつ). **2** 晴天の〈日照時間の多い〉日: ein strahlender ~ 太陽の燦々(さんさん)と輝く日. **≈tau** 男〘植〙モウセンゴケ(毛氈苔)属(食虫植物). **≈te·le·skop** 中 太陽望遠鏡. **≈ter·ras·se** 女 日のよく当たる〈日光浴向きの〉テラス. **≈tier·chen** 複〘動〙太陽虫類(原生動物の一種). **≈uhr** 女 日時計. **≈un·ter·gang** 男 日の入り, 日没: bei ~ 太陽が沈むときに, 日暮れに | nach 〈vor〉 ~ 日没後〈前〉に.
sọn·nen·ver·brannt 形 日焼けした; (植物が強い日光のために)赤茶けた.
Sọn·nen≈vo·gel 男〘鳥〙ソウシチョウ(相思鳥)(飼鳥の一種). **≈wa·gen** 男 (ギリシア神話で)太陽神 (Helios) の乗る車. **≈wär·me** 女 太陽のあたたかさ; 太陽熱. **≈war·te** 女 太陽観測所. **≈wen·de** 女 **1** (Solstitium)〘天〙至(し);《複数で》二至(夏至と冬至): Sommer*sonnenwende* 夏至 | Winter*sonnenwende* 冬至. **2**〘植〙ヘリオトロープ.
Sọn·nen·wend≈fei·er 女 夏至〈冬至〉祭. **≈wolfs·milch** 女〘植〙トウダイグサ(灯台草).
Sọn·nen≈wind 男〘天〙太陽風, 太陽プラズマ〈微粒子流〉. **≈zeit** 女〘天〙太陽時. **≈zir·kel** 男 太陽循環期(28年).
sọn·nig[zɔ́nɪç]² 形 **1** 日の照る, 日あたりのよい: ein ~*er* Tag 太陽の輝く〈よく晴れた〉日 | ein ~*es* Zimmer 日あたりのよい部屋 ‖ Hier ist es mir zu ~. ここは日あたりがよすぎる. **2**《比》明朗〈快活〉な;《皮肉》おめでたい: ein ~*es* Gemüt haben (→Gemüt 1) | Er ist ein ~*er* Mensch. / Er hat ein ~*es* Wesen. 彼はいたって明朗な性格の持ち主だ | einen ~*en* Optimismus haben おめでたいほど楽天的である. [<Sonne]
Sọnn≈lei·te[zɔ́n..] 女《オーストリア》《話》南側の斜面. **≈sei·te** 女《オーストリア》=Sonnenseite
Sọnn·tag[zɔ́nta:k]¹ 男 -[e]s/-e (略 So.) 日曜日; 安息日;〘キリスト教〙主日: →Dienstag ‖ **der Goldene ~** 黄金の日曜日(クリスマス直前の日曜日) | **der Kupferne ~** 銅の日曜日(クリスマス3週前の日曜日) | **der Silberne ~** 銀の日曜日(クリスマスの前々日曜日) | **der Weiße ~**〘カトリック〙白衣の主日(復活祭の次の日曜日) | Advents*sonntag* 待降節中の日曜日 | Oster*sonntag* 復活祭(当日)の日曜日 | Pfingst*sonntag* 聖霊降臨祭の日曜日(第1日) ‖ An *Sonn-* und Feier*tagen* geschlossen. 日曜祭日は休業 | Es ist nicht alle Tage ~.《比》いつもいいことばかりあるとはかぎらない. [*germ.*; *lat.* diēs Sōlis (*gr.* hēmérā Hēlíou の翻訳借用)の翻訳借用; ◇*engl.* Sunday]
Sonn·tag·abend[zɔnta:k|á:bənt, ⏑–⏑⏑]¹ 男 日曜日の晩〈夕方〉: am ~ 日曜日の晩〈夕刻〉に | jeden ~ 毎日曜日の晩〈夕刻〉に | Meine ~*e* sind für die nächste Zeit alle belegt. 私はこれからしばらく日曜日の晩は全部ふさがっている.
sọnn·tä·gig[zɔ́ntɛ:gɪç]² 形《付加語的》日曜日の, 日曜日に催される: →dienstägig
sọnn·täg·lich[zɔ́ntɛ:klɪç] 形《述語的用法なし》**1** 毎日曜日の, 毎日曜日に催される: →dienstäglich **2** 日曜日〈安息日〉らしい: Sie ist ~ gekleidet. 彼女は晴れ着を着て〈おしゃれをして〉いる.
Sonn·tag≈mọr·gen[zɔnta:kmɔ́rgən, ⏑–⏑⏑] 男 日曜日の朝〈午前〉: am ~ 日曜日の朝〈午前〉に | jeden ~ 毎日曜日の朝〈午前〉に. **≈nach·mit·tag**[また: ⏑–⏑⏑–] 男 **1** 日曜日の午後. ᵛ**2** 日曜日の午後の罰課業.
sọnn·tags[zɔ́nta:ks] 副〔毎〕日曜日に: →dienstags
Sọnn·tags≈an·zug 男 (特に男性の)〔日曜日の〕晴れ着. **≈ar·beit** 女 -/ 日曜〔祝祭日〕の労働. **≈aus·flüg·ler** 男 日曜日の行楽客. **≈aus·ga·be** 女 (新聞の)日曜版. **≈bei·la·ge** 女 (新聞の)日曜付録. **≈dienst** 男 日曜勤務. **≈fah·rer** 男 日曜ドライバー. **≈ge·wer·be** 中 (日曜〔祝祭日〕にも仕事を休まない)年中無休の営業(飲食業など). **≈jä·ger** 男 日曜ハンター. **≈kind** 中 日曜日生まれの子;《比》幸運児. **≈kleid** 中 (特に女性の)〔日曜日の〕晴れ着. **≈ma·ler** 男 日曜画家. **≈num·mer** 女 =Sonntagsausgabe **≈rück·fahr·kar·te** 女 (土曜の午後から日曜いっぱい有効の)週末割引往復乗車券. **≈ru·he** 女 日曜日の静けさ; 日曜日の安息〈憩い〉. **≈schu·le** 女 日曜学校. **≈staat** 男 -[e]s/《話》日曜日の晴れ着. **≈wit·we** 女《戯》(日曜日に夫が遊びに出かけて ひとり寂しく留守番をさせられる)日曜未亡人. **≈zei·tung** 女 (毎日曜日に発行される)日曜新聞; (日刊新聞の)日曜版.
Sonn·tag·vor·mit·tag 男 日曜日の午前.
sọnn·ver·brannt[zɔ́n..] =sonnenverbrannt
Sọnn·wend≈fei·er[zɔ́nvɛnt..] =Sonnenwendfeier **≈feu·er** 中 夏至〈冬至〉祭にともされる火. **≈kä·fer** 男 (Glühwürmchen)《オーストリア》《話》ホタル(蛍).
Son·ny·boy[sʌ́nɪbɔʏ, zɔ́ni..] 男 -s/-s (好感のもてる)明朗な〈チャーミングな〉若者. [*engl.*]
so·nọr[zonó:r] **I** 形 **1** (声などが)よく響く〈鳴る〉, 朗々たる. **2** (stimmhaft)〘言〙有声の. **II So·nọr** 男 -s/-e〘言〙鳴音(例 [m][n][r][l]).
[*lat.*-*fr.*; <*lat.* sonāre (→Sonant); ◇*engl.* sonorous]
So·no·rạnt[zonoránt] 男 -en/-en =Sonor
So·no·ri·tät[zonoritɛ́:t] 女 -/〘言〙(音声の)聞こえ, 可聴度, ソノリティー.
So·nọr·laut[zonó:r..] 男 =Sonor
sonst[zɔnst] 副 **1** (これは別として)そのほかに, さらに, さらにまた: Haben Sie ~ noch Fragen? 何かまだ質問がありますか | Hat er ~ nichts erzählt? 彼はほかに何も話しませんでしたか |〔Wünschen Sie〕~ noch etwas? (店員が客に向かって)ほかに何かお望みの品はございませんか | Was ~? – *Sonst* nichts. ほかに何かありますか―ほかには何もありません | *Sonst* noch was!《話》まだそんなことがあったのか; こんなことまで起ころうとは | Willst du das wirklich tun? – Was denn ~? 君ほんとうにそれをやるつもりか―ほかに何ができるって言うんだ | Wer käme ~ in Frage? ほかにだれか心当たりの人がいるのか | Wo sollte ich ~ suchen? ほかのどこを探せって言うんだ | Das kannst du ~ wem, aber nicht mir erzählen.《比》ほかの者にならともかく私にだけは君はそんな話はできないはずだ | Er denkt, er ist ~ wer.《話》彼は自分だけは特別だとうぬぼれている | Diese Pflanze kommt ~ nirgends vor. この植物はよそではどこにも見られない ‖ Vielleicht komme ich ~ einmal vorbei. いずれまたお寄りします.
2 a) (für gewöhnlich) いつもは, ふだんは: So etwas macht er ~ nicht. いつもなら彼はそんなことはしないんだが | Du bist doch ~ nicht so〔empfindlich〕! 君はいつもはこんな〔に神経質〕じゃないのに | Es ist ~ viel kälter hier. ここはいつもはもっとずっと寒い | Der ~ so freundliche Mann war heute mürrisch. ふだんはとても親切なあの男がきょうは不機嫌だった | anders als ~ いつもとは違って.
b) (einst) かつて, 昔, 以前: Hier ist alles noch wie ~. ここは何もかもまだ昔と同じだ〈いつもと変わらない〉.
3 (andernfalls, im anderen Falle) さもないと, そうでなければ; (…でなければ)それならば: Ich mußte ihm helfen, weil er ~ zu spät gekommen wäre. 私は彼に手助けをしなければならなかった. さもないと彼は遅刻しただろうから | Wer ~, wenn nicht er? 彼じゃなかったらほかのだれだって言うんだ ‖〘接続詞的に〙Ich mußte mich beeilen, ~ hätte ich den Zug verpaßt. 私は急がなければならなかった. さもないと列車に乗り遅れてしまっただろう | Sei artig, ~ gibt's was

S

〈Prügel〉!《話》おとなしくしなさい. でないとお仕置きだよ〈ひっぱたかれるよ〉.

[*ahd.* sus „so“; ◇der; *engl.* thus]

sonst·ei·ner[zɔ́nst|aɪnər] =sonstjemand

ᵛ**son·sten**[zɔ́nstən] =sonst

son·stig[zɔ́nstɪç][2] 形《付加語的》**1** その他の, それ以外の: Bücher und ~*es* Eigentum 書籍その他の財産 ‖ *Sonstiges* (帳簿などの項目として)その他, 雑. **2** いつもの, ふだんの: Das widerspricht seinem ~*en* Verhalten. それは彼のいつもの態度とは矛盾する.

sonst≈je·mand[zɔ́nst..]《不定代名詞》《話》ほかのだれか; 特別なやつ, 特に悪いやつ: du oder ~ 君かあるいはほかのだれか | Er ist ~. あいつは大した〈悪い〉やつだ. ≈**was**《不定代名詞》**1** ほかの何か, いろんなこと〈もの〉. **2** 特別なもの〈何か〉. ≈**wer**《不定代名詞》ほかのだれか. ≈**wie** 副 **1** ほかのなんらかの方法で,〔ほかの〕どんなふうにであれ. **2**《話》非常に: Über diese Nachricht hat er sich ~ gefreut. このニュースに彼はことのほか喜んだ. ≈**wo** 副 ほかのどこかで. ≈**wo·her** 副 どこかほかの場所から. ≈**wo·hin** 副 ほかのどこかへ.

so·oft[zo|ɔ́ft] 接《従属》**1** …するたびごとに: *Sooft* er kommt, bringt er Blumen mit. 彼は来るたびに花を持ってくる. **2** いつ…しても: *Sooft* du zu mir kommst, bist du mein Gast. いつ訪ねて来ても君は私の客人だ | *Sooft* ich auch komme, sie ist nie zu Hause. いつ来ても彼女は留守だ.

Soor[zo:r] 男 -[e]s/-e (Schwämmchen)〘医〙口腔(こうこう)カンジダ症, 鵞口瘡(がこうそう). [*mndd.* sōr; ◇sohr]

So·phie[zofí:(ə), zɔ́fi·; オーストリア: ⌣́⌣] 女名 ゾフィー. [*gr.* sophía „Weisheit“; <*gr.* sophós „geschickt“]

So·phis·ma[zofísma·] 中 -s/..men[..mən], -ta[..ta·]〘論〙論過, 詭弁(きべん), 虚偽. [*gr.*−*lat.*]

So·phis·men Sophisma, Sophismus の複数.

So·phis·mus[zofísmʊs] 男 -/..men[..mən] = Sophisma

So·phist[zofíst] 男 -en/-en **1**〘哲〙(古代ギリシアの)ソフィスト, 詭弁(きべん)学派〔の人〕. **2** (一般的に)詭弁家. [*gr.*−*lat.*; <*gr.* sophízein „ausklügeln“]

So·phi·ste·rei[zofɪstəráɪ] 女 -/-en 詭弁(きべん)〈へ理屈〉〔をもてあそぶこと〕.

So·phi·stik[zofístɪk] 女 -/ 詭弁(きべん); へ理屈, こじつけ.

so·phi·stisch[zofístɪʃ] 形 詭弁(きべん)学派の; 詭弁〔家〕の, こじつけの. [*gr.*−〔*m*〕*lat.*]

so·pho·kle·isch[zofoklé:ɪʃ] 形 ソフォクレスふう〈流〉の;《大文字で》ソフォクレスの.

So·pho·kles[zó:foklɛs] 人名 ソフォクレス(前496頃−406頃; 古代ギリシア三大悲劇詩人の一人. 作品『アンティゴネー』『オイディプス王』など). [*gr.*−*lat.*]

So·por[zó:pɔr, ..po:r] 男 -s/〘医〙昏蒙(こんもう), 昏眠(昏睡よりやや程度の軽い意識障害). [*lat.*; ◇Somnolenz]

so·po·rös[zoporø:s][1] 形 昏蒙(こんもう)〈昏眠〉の. [<..ös]

So·pran[zoprá:n] 男 -s/-e **1**《ふつう単数で》〘楽〙ソプラノ(女性または少年の声の高音): ~ singen ソプラノの声部を歌う. **2** (女性または少年の)ソプラノ歌手. **3** 高音域楽器. [*it.* soprano „oberer“; ◇super..]

So·pra·nist[zopraníst] 男 -en/-en ボーイソプラノ歌手.

So·pra·ni·stin[..tɪn] 女 -/-nen (女性の)ソプラノ歌手.

So·pran≈sän·ger[zoprá:n..] 男 =Sopranist ≈**sän·ge·rin** 女 =Sopranistin ≈**schlüs·sel** 男〘楽〙ソプラノ記号. ≈**stim·me** 女〘楽〙ソプラノの〔音域をもつ〕声; ソプラノ声部.

So·pra·por·te[zoprapɔ́rtə] 女 -/-n〘建〙(特にバロック・ロココ建築の)扉飾り. [*it.* sopra-porta „über der Tür“; <*lat.* porta (→Pforte)]

So·ra·bi·stik[zorabístɪk] 女 -/ ソルビア学. [*nlat.* sorabiscus „sorbisch“]

Sor·be[zɔ́rbə] 男 -n/-n ソルビア人(ドイツ南東部に住む西スラブ系の種族で, ソルビア語を話す. ウェンド人とも呼ばれる: → Wende[1]). [*sorb.*]

Sor·bet[zɔ́rbɛt, zɔrbé:] 男 中 -s/-s, **Sor·bett**[zɔrbɛ́t] 男 中 -[e]s/-e (Scherbett)〘料理〙シャーベット. [*türk.*−*it.* sorbetto; ◇Scherbett]

Sor·bin·säu·re[zɔrbí:n..] 女〘化〙ソルビン酸. [<*lat.* sorbum „Vogelbeere“]

sor·bisch[zɔ́rbɪʃ] 形 ソルビア〔人・語〕の(→Sorbe): → deutsch

Sor·bit[1][zɔrbí:t, ..bít] 男 -s/〘化〙ソルビット, ソルビトール. [<*lat.* sorbum „Vogelbeere“; ◇*engl.* sorbitol]

Sor·bit[2][−] 男 -s/〘金属〙ソルバイト. [<H. C. Sorby (イギリスの科学者, †1908)+..it[2]; ◇*engl.* sorbite]

die **Sor·bonne**[sɔrbɔ́n] 地名 女 -/ ソルボンヌ(カルティエ=ラタンにあるパリ大学の中心部; パリ大学の通称).

[<R. de Sorbon (フランス人創設者, †1274)]

Sor·di·ne[zɔrdí:nə] 女 -/-n, **Sor·di·no**[zɔrdí:no·] 男 -s/-s, ..ni[..ni·](Dämpfer)〘楽〙弱音器: con *sordino* 弱音器をつけて. [*lat.* surdus „taub“−*it.*; ◇schwarz]

Sor·ge[zɔ́rgə] 女 -/-n **1** (英: *sorrow*)心配〔ごと〕, 気がかり〔なこと〕, 懸念, 不安, 憂慮;〘哲〙ゾルゲ, 関心: große 〈schwere〉 ~*n* 大変な心配〔ごと〕| berufliche 〈finanzielle〉 ~*n* 仕事の上での〈経済的な〉懸念 ‖ ~*n* haben 心配である, 心配ごとがある | *jm.* **um** *jn.* 〈*et.*[4]〉 ~*n* machen …に…のことで心配をかける | *sich*[3] um *jn.* 〈*et.*[4]〉 ~*n* machen …のことで心配する | Mach dir 〔darum / darüber / deswegen〕 keine ~*n*!〔そのことは〕心配するな | Keine ~! 心配するな | Du hast ~*n*! 心配があるって言うのかい | Deine ~*n* möchte ich haben!《軽蔑的に》私の苦労に比べたら君のなんかなんでもないじゃないか ‖ aller ~*n* ledig 〈enthoben〉 sein《雅》何の心配もない ‖ aus den ~*n* nicht herauskommen 心配ごとから免れられない | um *jn.* 〈*et.*[4]〉 in ~*n* sein …を心配している | Sei ohne ~! 心配するな ‖ Das sind ~*n*!《軽蔑的に》それが心配だって言うのかい, そんなの大したことじゃないじゃないか | Kleine Kinder, kleine ~*n*−große Kinder, große ~*n*.《諺》だれにでもそれ相応の苦労はある(小さな子には小さな心配 大きな子には大きな心配).

2《単数で》配慮, 世話; 保護: mütterliche ~ 母親の配慮〈保護〉| die ~ des Staates **für** die Jugend 国家の青少年保護 ‖ **für** *jn.* 〈*et.*[4]〉 **~ tragen** / um *jn.* 〈*et.*[4]〉 ~ tragen/《スイス》*jm.* 〈*et.*[3]〉 ~ tragen《雅》…〔のため〕に配慮する | zu *jm.* 〈*et.*[3]〉 ~ tragen《スイス》…に注意する ‖ Das ist meine ~. それは私がやらなければならないことです | Das laß 〈Laß das〉 nur meine ~ sein! 私がやりますよ〔ご心配なく〕.

[*germ.*; ◇*engl.* sorrow]

sor·gen[zɔ́rgən][1] **I** 自 (h) **1**《für *jn.* 〈*et.*[4]〉》(…のために, …のことを)配慮する, 心配する, 気づかう; (…の)世話をする, 面倒を見る: für *seine* Familie 〈*seine* Kinder〉 ~ 家族〈子供たち〉の面倒を見る | für Ordnung 〈Ruhe〉 ~ 整然とするよう〈静粛になるよう〉配慮する ‖ *Sorge* dafür, daß ihm nichts geschieht! 彼の身に何事も起こらぬよう注意してください | Dafür laß mich ~! それは私に任せておいてください | Wer den Schaden hat, braucht für den Spott nicht zu ~. (→ Schaden 1) ‖ Dafür 〈Für ihn〉 ist 〔gut〕 *gesorgt.* そのこと〈彼のこと〉は〔十分〕心配ないようにしてあります | **Es ist dafür *gesorgt*, daß die Bäume nicht in den Himmel wachsen.**《諺》どんなものにもおのずから限度がある(木々が天まで成長してしまわぬよう〔神によって〕配慮されている) ‖ ein *sorgender* Familienvater よく配慮の行き届く家長.

2《für *et.*[4]》(…を)手に入れる, 調達する: für Essen und Trinken ~ 飲食物を調達する | *Sorgen* Sie für ein Taxi! タクシーを呼んでください.

3《für *et.*[4]》(…を)ひき起こす,(…の結果を)もたらす: Sein Auftritt *sorgte* für eine Sensation. 彼の登場はセンセーションをひき起こした.

II 他 (h) 再帰 *sich*[4] 〔um *jn.* 〈*et.*[4]〉〕 ~〔…のことを〕心配する,〔…に〕気づかう,〔…を〕配慮する | *sich*[4] um ihn 〈sein Befinden〉 ~ 彼のこと〈彼の健康状態〉を気づかう | Ich *sorge* mich ein bißchen, denn er hätte längst hier sein müssen. 彼はもうとっくにここに来ていなければならないはずなので私はいささか心配だ | Darum 〈Deswegen〉 brauchst du dich nicht zu ~. 君はそのことを心配する必要はない.

Sor·gen≈bre·cher[zɔ́rgən..] 男《話》憂いを払うもの,

(特に:) アルコール飲料, ワイン. ≈**fal·te** 女 -/-n《ふつう複数で》苦労の〔ためにできた〕しわ.

sọr·gen·frei 形 なんの心配もない, 苦労のない.

Sọr·gen≈kind 中 **1** (家族に)心配をかける子, 世話のやける子. **2** 身体〈精神〉障害児. **3**《比》やっかいな問題. ≈**last** 女 心の重荷, 心配ごと.

sọr·gen≈los[zɔ́rgənlo:s][1] =sorgenfrei ≈**schwer**《雅》=sorgenvoll

Sọr·gen·stuhl 男《雅》(Lehnsessel) ひじ掛けいす, 安楽いす.

sọr·gen·voll 形 ひどく心配そうな, 心配でたまらぬ, 気づかわしげな: ein ~*es* Gesicht 気づかわしげな顔 | eine ~*e* Woche 心配でたまらぬ1週間 ‖ *jn.* ~ ansehen …を心配そうに見る.

Sọr·ge≈pflicht[zɔ́rgə..] 女《ふつう単数で》〖法〗(特に子供に対する両親の)保護〔扶養〕義務. ≈**recht** 中〖法〗(特に子供に対する両親の)保護〔扶養〕権.

Sọrg·falt[zɔ́rkfalt] 女 -/ 入念, 綿密, きちょうめん, 慎重; 〖法〗注意: auf *et.*[4] große ~ verwenden …に念を入れる ‖ mit 〔großer〕 ~ 〔きわめて〕入念〈綿密〉に | ohne ~ ぞんざいに | *jm.* zur ~ verpflichtet sein〖法〗…に対して注意義務を負っている.

sọrg·fäl·tig[zɔ́rkfɛltɪç][2] 形 入念な, 綿密な, きちょうめんな: ~*e* Arbeit 入念〈綿密〉な仕事 | ~*er* Mensch きちょうめんな人間 ‖ *et.*[4] ~ behandeln …を注意深く〈大事に〉扱う.

Sọrg·fäl·tig·keit[−kaɪt] 女 -/ sorgfältig なこと. [<Sorgenfalte]

Sọrg·falts·pflicht[zɔ́rkfalts..] 女〖法〗注意義務.

Sọr·gho[zɔ́rgo·] 男 -s/-s, **Sọr·ghum**[..gʊm] 中 -s/-s (Mohrenhirse)〖植〗モロコシ〈蜀黍〉属. [*it.* sorgo]

sọrg·lich[zɔ́rklɪç] 形 **1** (sorgfältig) 入念な, 綿密な, きちょうめんな: *et.*[4] ~ vorbereiten …を綿密に〈念入りに〉準備する | mit *et.*[3] ~ umgehen …を慎重に取り扱う. **2** (fürsorglich) 配慮〈思いやり〉のある, よく気がつく: ein ~*er* Vater 細かく気を配る父親.

sọrg·los[zɔ́rklo:s][1] 形 **1** なげやりな, 不注意な, 慎重さを欠く: mit *et.*[3] ~ umgehen …をむとんじゃくに扱う. **2** 心配しない, のんきな: ein ~*es* Leben führen のんきに暮らす.

Sọrg·lo·sig·keit[..lo:zɪçkaɪt] 女 -/ sorglos なこと.

sọrg·sam[zɔ́rkza:m] 形 慎重な, 注意深い; 念入りな, 心を配った: *et.*[4] ~ verwalten …を注意深く管理する | das Kind ~ zudecken 子供にていねいに布団をかけてやる. [*ahd.* „Sorge erregend"; ◇Sorge]

Sọrg·sam·keit[−kaɪt] 女 -/ sorgsam なこと.

Sorp·tiọn[zɔrptsió:n] 女 -/-en〖化〗収着. [<Absorption]

sọr·ren[zɔ́rən] 他 (h)〖海〗(船舶・ブイ・機雷などを)係留する. [*ndd.*]

Sor·rẹnt[zɔrɛ́nt] 地名 ソレント(イタリア南部ソレント半島北岸の都市で, 観光地. イタリア語形 Sorrento).

Sọr·te[zɔ́rtə] 女 -/-n **1 a)** 品質, 等級; 品種, 種類: die beste 〈gute / mittlere / schlechte〉 ~ 極上品〈良質の品・中級品・粗悪品〉| verschiedene ~*n* 〔von〕 Zigaret*ten* いろいろな種類〈等級〉のタバコ ‖ eine neue, aromatische ~ Äpfel züchten 新しい香りのよい品種のりんごを栽培する | in allen ~*n* und Preislagen あらゆる品質と価格の ‖ Von dieser ~ Musik versteht er nicht viel. この種の音楽を彼はあまり解さない | Er ist der Betrüger schlimmster ~. 彼は最も悪質ないかさま師だ. **b)**《軽蔑的に》下等なやつ, くだらぬ連中: Ich gehöre nicht zu der ~. 私はそんなくだらぬ連中とは違う | Von dieser ~ 〔Menschen〕 gibt es leider noch mehr. この手の連中は残念ながらもっといる. **2**《複数で》〖経〗外国紙幣〈貨幣〉, 外国為替: 300 Mark in ~*n* 外貨で300マルク〔分〕.
[*lat.* sors „Los〔stäbchen〕"−*roman.*; ◇*engl.* sort]

Sọr·ten≈ge·schäft 中, ≈**han·del** 男 -s/ 両替業, 外国為替取引. ≈**kurs** 男〖商〗外貨交換レート. ≈**markt** 男〖商〗外貨〔取引〕市場. ≈**schutz** 男〖法〗(植物の)品種保護.

Sọr·ten·schutz≈ge·setz 中〖法〗品種保護法. ≈**rol·le** 女〖法〗品種保護登録簿.

sọr·ten·ty·pisch 形 典型的な.

Sọr·ten≈ver·zeich·nis 中, ≈**zet·tel** 男 商品リスト, 品目明細書.

sor·tie·ren[zɔrtí:rən] **I** 他 (h) **1** 分類する, 区分けする; えり分けする, 選別する; 整理する: *et.*[4] alphabetisch ~ …をアルファベット順に並べる〈整理する〉| das Obst nach seiner Qualität ~ 果物を品質別にえり分ける | die Wäsche 〔in den Schrank〕 ~ 下着類を〔戸棚に〕整理して入れる. **2**〖電算〗(データを)ソートする. **II sor·tiert** → 別出
[*lat.* sortīrī „losen"−*it.*; <*lat.* sors (→Sorte)]

Sor·tie·rer[..rər] 男 -s/- **1** (職業として sortieren に従事する人. 例えば:) 選別係, 整理係. **2** =Sortiermaschine

Sor·tier·ma·schi·ne[zɔrtí:r..] 女 (郵便物・パンチカードなどの)自動選別機.

sor·tiert I sortieren の過去分詞. **II** 形 精選した, えり抜きの, 極上の: ~*e* Waren 極上品.

Sor·tie·rung[..rʊŋ] 女 -/-en **1** 分類, 区分け, 選別. **2** =Sortiment 1

Sor·ti·lẹ·gium[zɔrtilé:giʊm] 中 -s/..gien[..giən] (古代ローマの)くじ占い. [*mlat.*; <*lat.* sorti-legus „weissagerisch" (◇Sorte, Lektion)]

Sor·ti·mẹnt[zɔrtimɛ́nt] 中 -〔e〕s/-e〖商〗**1** (デパート・商店などで販売用に取りそろえた)品, 品目; (一組の)品, セット: ein breites 〈reichhaltiges〉 ~ an Gläsern グラス類の豊富な品数. **2** 書籍取次〈小売〉販売業.
[*it.*; ◇sortieren]

Sor·ti·mẹn·ter[..tər] 男 -s/- 書籍取次〈小売〉販売業者.

Sor·ti·mẹnts≈buch·han·del 男 書籍取次〈小売〉販売業. ≈**buch·händ·ler** 男 = Sortimenter ≈**buch·hand·lung** 女 書籍取次〈小売〉販売店.

SOS[ɛs|o:|ɛ́s] 中 -/ (特に船舶や航空機の発する)〔国際〕救難信号: ~ funken SOS を発信する.

so·sẹhr[zozé:r] 接《従属》**1**《譲歩・認容の副文を導いて》どれほど…であろうとも, たとえ…であるにせよ: *Sosehr* er sich auch bemühte, er kam zu spät. 精一杯努力しても 彼はやっぱり遅れてしまった. **2** …である限り: Er lief, ~ es seine alten Beine konnten. 彼は老いた足のできる限り走った.

SOS-Kin·der·dorf[ɛs|o:|ɛ́s..] 中 (グマイナー H. Gmeiner が1949年に設立した)孤児の家.

so·sọ[zozó:] **I** 間 (軽い疑惑・冷淡・軽蔑などの気持で答えるときに)ふふん, へえ, そうかねえ, なるほど: *Soso*, du warst also gestern krank. ふふん つまり君はきのう病気だったというんだね | Ich habe den ganzen Vormittag geschlafen.−*Soso*, geschlafen. 私は昼まで眠りました−ふん眠ったのかね. **II** 副 まあまあ, どうにかこうにか, 可もなく不可もなく: Wie geht es Ihnen?−*Soso*. ご機嫌いかが−まあまあだね | Es steht mit ihm ~ lala. 彼の具合はまあどうにかこうにかだ.

so·spi·rạn·do[zɔspirándo·, sɔs..] 副, **so·spi·rạn·te**[..rántə] 副 (seufzend)〖楽〗ソスピランド, ため息をつくように. [*it.*; ◇sub.., Spirans]

SOS-Ruf[ɛs|o:|ɛ́s..] 男 SOS の信号;《比》救急の叫び.

So·ße[zó:sə; ｵｰｽﾄﾘｱ: zo:s] 女 -/-n[..sən] (**Soß**[zo:s] 女 -/-en) **1 a)**〖料理〗ソース: Schokoladen*soße* チョコレートソース | Soja*soße* 醤油(しょうゆ) | Tomaten*soße* トマトソース ‖ Quatsch mit ~! (→ Quatsch). **b)** (Tabaksoße) (タバコに芳香を加えるための)香料液. **2**《話》汚水, 泥水, どろんこ;《比》不愉快な〈ばかばかしい〉こと, 苦境.
[*vulgärlat.* salsa (→Salse)−*fr.* sauce; ◇Sauce]

so·ßen[zó:sən] (02) 他 (h) (saucieren) ソースに浸す.

So·ßen≈koch 男 (Saucier) ソース作り専門の料理人. ≈**löf·fel** 男 ソーススプーン. ≈**schüs·sel** 女 (舟形の)ソース入れ. ≈**wür·fel** 男 (さいころ形の)固形ソース.

so·ßie·ren[zosí:rən] 他 (h) (saucieren) ソースに浸す.

so·ste·nu·to[zɔstenú:to·, sɔs..] 副 (gehalten)〖楽〗ソステヌート, 音を保持して. [*it.*; <*lat.* sus-tinēre „〔auf〕recht〕halten" (◇sub.., Tenor[1]); ◇Sustentation]

▽**so·tạn**[zotá:n] 形 (derartig) この〈その〉ような, かかる: unter ～*en* Umständen この〈その〉ような事情では. 【*mhd.* sō-getān】

So·te̲r[zoté:r] 男 -/-e **1** (古代ギリシアの)救い主(神々または君主の別称). **2** 〘聖〙救世主, キリスト. 【*gr.*－*lat.*; ＜*gr.* sṓzein „(er)retten"】

So·te·rio·lo·gi̲e[zoteriologí:] 女 -/ 〘神〙救済(救世)論.

Sọ·tschi[sɔ́tʃi·] 地名 ソチ(ロシア連邦南西部の黒海に臨む港湾都市, 保養地).

sott[zɔt] sieden の過去.

Sott[zɔt] 男 中 -(e)s/ 《北部》(Ruß) 煤(ｽｽ). 【*mndd.*】

sọ̈t·te[zœ́tə] sieden の接続法 II.

sọt·tig[zɔ́tɪç][2] 形 《北部》(rußig) すすけた, 煤(ｽｽ)で汚れた.

▽**Sot·ti̲·se**[zɔtí:zə, sɔ..] 女 -/-n 愚行, 不作法[な言動]. 【*fr.*; ＜*fr.* sot „dumm"】

sọt·to vọ·ce[zɔ́to· vó:tʃə, sɔ́to· －] 副 (mit gedämpfter Stimme) 〘楽〙ソット=ヴォーチェ, 声を和らげて低く, 小声で. 【*it.*; ＜*lat.* subtus (→Soutane)】

Sou[zu:, su] 男 -/-s[-] **1** スー(フランスの昔の貨幣[単位]: 5 Centimes). **2** 《話》はした金, 小銭. 【*fr.*; ＜*lat.* solidus (→solid); ◇Sold】

Sou·brẹt·te[zubrɛ́tə, su..] 女 -/-n 〘楽〙(オペラ・オペレッタなどで, 小間使いなど, 軽妙な役を演じる)ソプラノ〈スーブレット〉[歌手]. 【*fr.* „verschmitzte Zofe"; ＜*provenzal.* soubret „geziert" (◇super..)】

Sou·che[zú:ʃə, sú:..] 女 -/-n (小切手などの)振り出し控え, (領収証などの)発行控え(「耳」とも言う). 【*fr.* „Stock"】

Sou·chong[zú:ʃɔŋ, sú:..] 男 -[s]/-s, **Sou·chong·tee**[zú:ʃɔŋ..] 男 スーション(中国紅茶の一種). 【*chines.* 小種 －*engl.* souchong】

Souf·flé (**Souff·lee**)[zuflé:, su..] 中 -s/-s 〘料理〙スフレ. 【*fr.*】

Souf·fleur[zuflǿ:r, su.., zu.., sɔ..] 男 -s/-e (女 **Souf·fleu·se**[..flǿ:zə]-/-n) 〘劇〙(舞台の陰で俳優にそっとせりふを教える)プロンプター, 後見. 【*fr.*】

Souf·fleur·ka·sten[zuflǿ:r..] 男 〘劇〙プロンプター=ボックス(→ ⊛ Bühne).

Souf·fleu·se[..flǿ:zə] Souffleur の女性形. 【*fr.*】

souf·fli̲e·ren[..flí:rən] **I** 自 (h) プロンプターをつとめる. **II** 他 (h) 《*jm. et.*[4]》(…に…を)小声で教える; (…を…のことで)陰からあやつる. 【*lat.* „aufblasen"－*fr.*; ◇sub.., blähen】

Soul[so:l, soʊl] 男 -s/ 〘楽〙ソウル(黒人の魂を直接的に表現するジャズ音楽). 【*amerik.* soul [music]; ◇Seele】

Sö̲ul[zǿ:ʊl, zøú:l, saú:l] (**Sòul**[soʊl]) ＝Seoul

Sou·la·ge·ment[zulaʒəmá(:), sulaʒmã́] 中 -s/-s **1** soulagieren すること. **2** 安心, 安堵(ｱﾝﾄﾞ). 【*fr.*】

sou·la·gie·ren[..ʒí:rən] 他 (h) 《*jn.*》(…の)重荷を軽くする, 負担を軽減する; (…を)援助する; 安心〈安堵(ｱﾝﾄﾞ)〉させる. 【*lat.* sub-levāre－*fr.*; ◇Levante】

sọ·und·sọ[zó:|ʊntzó:] (＜so und so) 副 これこれ, しかじか: Er riet mir, es ～ zu machen. 彼はそれをこれこれしかじかのようにやるがいいと私に忠告した | Das kostet ～ viel. それはこれこれしかじかの値段である | Ich habe ～ oft danach gefragt. 私はそのことをもう何回もたずねた ‖ 〘名詞化して〙 Herr *Soundso* 某氏, これこれしかじかの男.

sọ·und·so·vi̲elt[zó:|ʊntzofí:lt] 形 《付加語的》これこれ〈しかじか〉の数[位]の: der ～*e* Januar 1月某日 | am *Soundsovielten* des Monats [毎]月の某日に.

▽**Soup·çon**[zʊpsɔ̃́:] 男 -s/-s (Verdacht) 疑い, 疑念, 嫌疑. 【*spätlat.* suspectiō－*fr.*; ◇suspekt】

Sou·per[*zupé:, supé(:)*] 中 *-s/-s* 晩餐(ﾊﾞﾝｻﾝ)[会]. 【*fr.*】

sou·pi̲e·ren[..pí:rən] 自 (h) (豪華な)夕食を食べる, 晩餐(ﾊﾞﾝｻﾝ)をとる. 【*fr.*; ＜*fr.* soupe „Suppe" (◇Suppe); ◇*engl.* sup[per]】

Sou·ta̲·ne[zutá:nə, su..] 女 -/-n 〘ｶﾄﾘｯｸ〙スータン(聖職者の着る通常服: → ⊛ Geistliche). 【*it.* sottana „Unterkleid"－*fr.*; ＜*lat.* subtus „unten" (◇sub..)】

Sou·ter·rain[zutɛrɛ̃́:, su.., zú:tɛrɛ̃·] 中 (男) -s/-s [半]地階(半ば地上に出ており, 通常住居室として使われる): ein Zimmer im ～ 半地下の部屋. 【*lat.* sub-terrāneus „unterirdisch"－*fr.*; ◇Terra】

Sou·ter·rain·wo̲h·nung[zutɛrɛ̃́:..] 女 [半]地階にある住居.

Sou·ve·ni̲r[zuvəní:r, suv(ə)..] 中 -s/-s 記念[品], 思い出[の品], みやげ. 【*fr.*; ＜*lat.* sub-venīre „zu Hilfe kommen, einfallen"】

Sou·ve·ni̲r⸗jä·ger[zuvəní:r..] 男 みやげ物〈記念品〉を買いあさる人. ⸗**la̲·den** 男 みやげ物店〈屋〉. ⸗**löf·fel** 男 (町の紋章などのついた)みやげ用スプーン.

sou·ve·rä̲n[zuvərɛ́:n, su..] **I** 形 **1** 主権を有する, 独立した: ein ～*er* Staat 主権〈独立〉国家. **2** 無制限の, 絶対の, 独裁〈専制〉の: die ～*e* Gleichheit 絶対の平等 | ein ～*er* Herrscher 専制的支配者. **3** 卓越した, 優秀な; 平然〈超然〉とした: ein ～*es* Lächeln 超然とした笑み | eine ～*e* Beherrschung der Fremdsprache 外国語にみごとに熟達していること ‖ alle Fragen ～ beantworten すべての問いに悠々と答える. **II Sou·ve·rä̲n** 男 -s/-e **1** 主権者, 統治者, 君主, 元首. **2** 《集合的に》(Stimmbürger) 有権者, 選挙権をもつ市民.

【*mlat.* superānus－*fr.*; ◇super..; *engl.* sovereign】

Sou·ve·rä·ni·tä̲t[zuvərɛnitɛ́:t, su..] 女 -/ **1** 主権, 統治権. **2** (souverän 3 なこと. 例えば:) 卓越.

【*fr.* sou-veraineté】

Sove·reign[zɔ́vrɪn, sɔ́..] 男 -s/-s ソブリン(イギリスの昔の1ポンド金貨). 【*afr.*－*engl.* „Landesherr"; 王の像がついていた】

so·vi̲el[zofí:l] **I** 接《従属》**1** 《判断の根拠の限定》…の限りでは, …するところでは: *Soviel* ich weiß, will er morgen kommen. 私の知る限りでは 彼はあす来るつもりだ | *Soviel* ich sehe, wird es eine gute Ernte geben. 私の見たところ豊作が見込めそうだ. **2** 《最高限度》…するだけ, …の限り: Nimm, ～ du tragen kannst! 運べるだけ持って行けよ. **3** 《譲歩》いくら…しても: *Soviel* ich arbeitete, ich wurde nie fertig. どんなに働いても私は仕事を片づけることができなかった.

II 副 **1** 《wie または als 以下との程度の一致》…と同じくらい, それほど, それだけ: Ich habe ～ gearbeitet wie du. 私は君と同じくらい働いた | *Soviel* wie 〈als〉 möglich werde ich dir helfen. できるだけ君を助けるつもりだ | Sein Versprechen gilt mir ～ wie ein Eid. 彼の約束は私には誓いと同じだ | Die anderen bekamen doppelt 〈halb〉 ～ wie wir. 他の人たちは私たちの2倍もらった〈半分しかもらわなかった〉| Bist du verlobt?－*Soviel* wie! 《話》婚約しているの－そう言ってもいいくらいだ. **2** 《限度》それまで, そこまで: *Soviel* für heute! きょうはここまでにしておこう.

so·vi̲el·ma̲l[－ma:l] 接《従属》何度も, くり返し; 何倍も: *Sovielmal* er es auch versuchte, es war vergebens. 彼が何度それをくり返し試みてもむだだった.

Sow·chos[zɔ́fxɔs, ⌣⌣́, zɔ́fçɔs, sɔfxɔ́s][1] 男 中 -/-e [zɔfxó:zə, zɔfç.., sɔfx..], **Sow·chọ·se**[zɔfxó:zə, zɔfç.., sɔfx..] 女 -/-n ソホーズ(旧ソ連の国営機械化集団農場). 【*russ.*; ＜*russ.* sovetskoe chozjaistvo „Sowjetwirtschaft"; ◇*engl.* sovkhos】

so·we̲it[zováɪt] **I** 接《従属》**1** 《条件の限定》…する〈…である〉限りは, …である範囲内で: ～ das Auge reicht (→ Auge 1) | Alle Schüler, ～ sie nicht krank waren, beteiligten sich an dem Fest. 病気でない限り生徒全員がその祝典に参加した. **2** 《発言の根拠の限定》…する〈…である〉限りで言えば, …する限りで判断すると: *Soweit* ich es beurteilen kann, ist die Sache in Ordnung. 私に判断できる限りで言えば事はうまくいっている | Er wird die Prüfung sehr gut bestehen, ～ ich ihn kenne. 私が彼を知っている限りで判断すると 彼は試験に十分に及第するだろう.

II 副 **1** 《wie または als と呼応して》できるだけ, なるべく: *Soweit* wie 〈als〉 möglich werde ich dir helfen. できる限り君を助けてあげるつもりだ. **2** 《前文の内容による限界》そこまでは, その範囲では; そこまで行ったら: *Soweit* bin ich einverstanden. そこまでは私も同意します | Ihre Meinung ist ～ richtig. あなたの意見はその点までは正しい | Es ist ～. その時

が来た | In einer halben Stunde wird gegessen. Wenn es ～ ist, klingelt man. あと30分したら食事です. その時になったらベルを鳴らします. **3** 《口語的表現で「完了」の段階》終わっている, すんだ; 準備のできた: Wir sind ～. もう終わった〈用意ができた〉ぜ | Es wird bald ～ sein. もうすぐ終わるよ | Es ist noch lange nicht ～. まだなかなか終わらない. **4** 《話》だいたいのところ, 比較的, まあまあ: Es geht ihm ～ gut. 彼の調子はまあまあだ | Ich bin mit ihm ～ zufrieden. 私は彼にだいたい満足している.

so·wẹ·nig[zové:nɪç] **I** 接《従属》《譲歩》どんなに…が少なくても, どんなに…の程度が低くても: *Sowenig* ich auch arbeitete, ich war immer müde. どんなに仕事をへらしても私はいつも疲労を感じた | *Sowenig* ich darüber Bescheid weiß, kann ich doch die Zusammenhänge erkennen. どんなに私がそれについて知ることが少なくても 事の関連ぐらいは分かるさ.

II 副《wie または als 以下との程度の一致》…と同じくらい少なく, …と同様…しない, それほどわずかに: Ich traue dir ～ wie ihm. 私は彼を信用しないと同じくらい 君を信用しない | Er kann Englisch ～ wie Französisch. 彼は英語もフランス語と同じくらいできない | Trinke ～ wie 〈als〉 möglich! できるだけ酒量をへらせ.

so·wịe[zoví:] 接《従属》**1**《時間的に同時》(sobald) …するやいなや, …の瞬間に: *Sowie* ich fertig bin, komme ich. 終わったらすぐ行くよ | *Sowie* er sie sah, ging er auf sie zu. 彼女の姿が目に入るとすぐ彼は彼女に歩み寄った | Ich richte es ihm aus, ～ er nach Hause gekommen ist. 彼が帰宅したらすぐそのことを伝えます. **2**《他者との一致》…と同様に: Ich bedarf auch keines Gespräches mit dir, ～ ich keines Almosens bedarf. 私は施しも必要としないし 君と話し合う必要もない. **3**《並列的に und の重複をさけて》ならびに, および: Kleine Flaggen und Fahnen ～ Kerzen und Fackeln schmückten den Saal. 小旗や旗ならびにろうそくや松明(たいまつ)が広間を飾っていた.

so·wie·sọ[zovizó:] 副 **1** どっちみち, いずれにせよ; (ohnehin) そうでなくても: Das Kleid muß ～ gewaschen werden. このドレスはどっちみち洗濯しなきゃならない | Ich fahre Sie gern nach Hause, ich fahre ja ～ an Ihrem Haus vorbei. 喜んでお宅までお送りします. どっちみちお宅の前を車で通るのですから | Das ～! 《話》あたりまえじゃないか. **2**《もっぱら名前を伏せる時に用いて》《話》これこれしかじかの: Herr *Sowieso* hat mir das gesagt. ある男が私に話してくれたんだよ.

So·wjẹt[zɔvjɛ́t, sɔ.., zɔ́vjɛt] 男 -s/-s **1** (旧ソ連で)ソビエト, 勤労者代表会議: ein ländlicher ～ 州ソビエト | der Oberste ～ 最高ソビエト, ソビエト最高会議. **2**《複数で》ソ連人. **3**〘史〙(プロレタリアート独裁を目ざす)革命評議会(→Rat 3 c). [*russ.*; ◇ *engl.* soviet]

So·wjẹt⸗ar·mee 女 ソビエト軍. ⸗**bür·ger** 男 ソビエト連邦の国民, ソ連国民.

so·wjẹ·tisch[zɔvjɛ́tɪʃ, zɔvjé:tɪʃ, sɔ..] 形 ソビエト〔連邦〕の: ～*e* Besatzungszone (第二次大戦後のドイツの)ソ連占領地区.

so·wje·ti·sịe·ren[zɔvjɛtizí:rən, zɔvjeti.., sɔ..] 他 (h) ソビエト方式にする, ソビエト〈ソ連〉化する; 《話》赤化させる.

So·wje·ti·sịe·rung[..ruŋ] 女 -/-en ソビエト方式化.

So·wje·to·lọ·ge[zɔvjɛtoló:gə] 男 -n/-n (→..loge) ソビエト学者, ソビエト語学〈文学〉研究者.

So·wje·to·lo·gịe[..logí:] 女 -/ ソビエト学, ソビエト語学〈文学〉研究.

so·wje·to·lọ·gisch[..ló:gɪʃ] 形 ソビエト学〔上〕の, ソビエト語学〈文学〉研究の.

So·wjẹt⸗re·gie·rung[zɔvjɛ́t.., sɔ.., zɔ́vjɛt..] 女 ソ連邦政府. ⸗**re·pu·blịk** 女 -/-en ソビエト共和国(ソビエト連邦を構成する共和国): Ukrainische 〈Weißrussische〉 Sozialistische ～ ウクライナ〈白ロシア〉社会主義〔ソビエト〕共和国 | Union der Sozialistischen ～*en* (略 UdSSR, SSSR, SU) ソビエト社会主義共和国連邦. ⸗**rus·se** 男 ソビエト=ロシア人, ソ連人.

so·wjẹt·rus·sisch[また: ◡́◡◡◡] 形 ソビエト=ロシアの.

So·wjẹt⸗ruß·land[また: ◡́◡◡◡] 地名 ソビエト=ロシア (Union der Sozialistischen Sowjetrepubliken の通称). ⸗**stern** 男 (ソ連の)赤い星.

die **So·wjẹt·uni·ọn**[また: ◡́◡◡◡—] 地名 女 -/ (略 SU) ソビエト連邦.

So·wjẹt·zọ·ne[また: ◡́◡—◡] 女 (第二次大戦後のドイツの)ソ連占領地区(旧東ドイツ).

so·wọhl[zovó:l] 接《並列》**1**《**sowohl ... als 〈wie〉** 〔auch〕... の形で語句と語句(まれに文と文)を結んで》…と同様〔また〕…も, …も…も; …でもあり…でもある: *Sowohl* mein Vater als 〈wie〉 〔auch〕 meine Mutter waren verreist. 父も母も旅行に出ていた | Er spricht ～ Englisch als 〔auch〕 Französisch. 彼は英語もフランス語も話す | Sie ist ～ schön als auch klug. 彼女は美しくもあり それに頭もいい ‖ Sie wird ～ jetzt geehrt, als sie in der Vergangenheit geehrt wurde. 彼女は過去において尊敬されたと同じく今も尊敬されている ‖ Leben Sie ～ als auch! 《戯》(別れの挨拶として)どうかお達者で. **2**《**nicht sowohl ... als** 〔vielmehr / eher〕 ... の形で》…というよりはむしろ… (＝nicht so sehr ..., als vielmehr ...): Er ist nicht ～ unbegabt als vielmehr faul. 彼は才能がないというよりむしろ怠け者なのだ.

Sọ·zi[zó:tsi·] 男 -s/-s (＜Sozialdemokrat)《しばしば軽蔑的に》社会民主主義者; 社会民主党員.

Sọ·zia Sozius 2 a の女性形.

so·ziạ·bel[zotsiá:bəl] (..zia·bl..) 形 社交的な, 人づき合いのよい. [*lat.*–*fr.*; ＜*lat.* sociāre „vereinigen" (◇Sozius)]

So·zia·bi·li·tạ̈t[zotsiabilitɛ́:t] 女 -/ **1** soziabel なこと. **2**〘社〙社会性.

so·ziạl[zotsiá:l] 形 **1** 社会〔上〕の, 社会的な: ～*es* Ansehen 社会的名声〈人望〉| eine ～*e* Frage 社会問題 | die ～*e* Schichtung einer Gesellschaft 一社会の社会層〔形成〕| die ～*e* Stellung 社会的地位 ‖ ～ aufsteigen 出世する | ～ sinken 落ちぶれる. **2** 社会福祉の, 福祉に役だつ, 社会奉仕の〔精神に富んだ〕, 社会的連帯感の強い: ～*e* Arbeit 社会事業 | ein ～*er* Beruf 社会福祉関係の職業 | ～*e* Einrichtungen 社会施設 | die ～*e* Fürsorge 福祉〔厚生〕事業 | ～*e* Maßnahmen zum Schutz der Arbeiter 労働者保護の福祉政策 | der ～*e* Wohnungsbau (低所得者用の)福祉住宅建設 | wahrhaft ～*e* Zustände 福祉の行き届いた状態 ‖ ～ denken und handeln 社会福祉を念頭において行動する | Seine Haltung gegenüber Ärmeren war nicht sehr ～. 貧しい人々に対する彼の態度はあまり人間的ではなかった. **3 a)** 社会生活を営む〔能力のある〕: Das Kind wird ～, es kommt immer mehr mit anderen Menschen in Berührung. 子供は社会的存在となりしだいにその人と接触するようになる. **b)** (↔solitär)〘動〙群居する: ein ～*es* Tier 群性動物.
[*lat.*–*fr.*; ＜*lat.* socius (→Sozius)]

So·ziạl⸗ab·bau[zotsiá:l..] 男 -〔e〕s/ 社会福祉費の削減, 福祉切り捨て. ⸗**ab·ga·ben** 複 (雇用者・被雇用者双方が法律に従って醵出(きょしゅつ)する)社会保障〈保険〉分担金. ⸗**amt** 中 福祉事務所, 民生局. ⸗**an·thro·po·lo·gie** 女 社会人類学. ⸗**ar·beit** 女 ソーシャルケースワーク. ⸗**ar·bei·ter** 男 ソーシャルワーカー, ケースワーカー. ⸗**aus·ga·ben** 複 (予算から出される)社会福祉費. ⸗**be·am·te** 男 福祉事務所員, 民生委員. ⸗**bei·trag** 男 社会保険料. ⸗**be·voll·mäch·tig·te** 男 女《形容詞変化》(旧東ドイツの)社会保険全権委員. ⸗**dar·wi·nis·mus** 男〘社〙社会ダーウィニズム. ⸗**de·mo·krat** 男 社会民主主義者; 社会民主党員(略 Sozi). ⸗**de·mo·kra·tie** 女 -/ 社会民主主義.

so·ziạl·de·mo·kra·tisch 形 社会民主主義の: die *Sozialdemokratische* Partei Deutschlands ドイツ社会民主党(→SPD).

So·ziạl⸗ein·kom·men 中 (失業保険金・住宅手当など)福祉厚生補助金. ⸗**etat**[..eta:] 男 社会福祉関係予算. ⸗**ẹthik** 女 社会倫理. ⸗**fall** 男 社会扶助を必要とするケース. ⸗**für·sor·ge** 女 社会保障; (Sozialarbeit)(旧東ドイツで)社会福祉事業. ⸗**geo·gra·phie** 女 社会地理

学.

so·zi̱al·ge·recht 形 社会〔福祉〕的に公正な.

So·zi̱al⸗ge·richt 中 (ドイツの) 社会裁判所. **⸗ge·setz·ge·bung** 女 社会福祉関係立法. **⸗haus·halt** 男 社会福祉財政〈予算〉. **⸗hil·fe** 女 (ドイツの) 社会扶助, 社会福祉〔事業〕. **⸗hy·gie̱·ne** 女 社会衛生, 公衆衛生. **⸗in·sekt** 中 《動》 社会性昆虫(アリ・ハチなど).

So·zia·li·sa·tio̱n[zotsializatsió:n] 女 -/ (sozialisieren 2 すること. 例えば:) 《社・心》 社会化.

so·zia·li·sie̱·ren[..zí:rən] 他 (h) **1** 《*et.*[4]》 社会主義化する; (農業・産業などを) 公営〈国営〉化する. **2** 《*jn.*》 《社・心》 社会化する(社会生活に適合させる). [*fr.*]

So·zia·li·sie̱·rung[..rʊŋ] 女 -/-en **1** 社会主義化; 公営〈国営〉化. **2** ＝Sozialisation

So·zia·li̱s·mus[zotsialísmʊs] 男 -/ 社会主義: ein realer 〈real existierender〉 ～ (理想的な社会主義に対して) 現実の〈現実に存在する〉社会主義 | der utopische 〈wissenschaftliche〉 ～ 空想的〈科学的〉社会主義. [*fr.*]

So·zia·li̱st[..líst] 男 -en/-en 社会主義者; 社会党員. [*fr.*]

So·zia·li̱·sten·ge·setz 中 《史》 社会主義者鎮圧法 (Bismarck によって制定施行された. 1878-90).

so·zia·li̱·stisch[zotsialístɪʃ] 形 **1** 社会主義の; 社会主義的な: das ～*e* Eigentum (旧東ドイツの) 社会主義的所有権 | ～*er* Realismus (特に文学上の) 社会主義リアリズム | die ～*e* Revolution 社会主義革命 | ein ～*er* Staat 社会主義国家 ‖ die *Sozialistische* Einheitspartei Deutschlands ドイツ社会主義統一党(→SED) ‖ ～ handeln 社会主義的に行動する. **2** 《ｵｰｽﾄﾘｱ》 ＝sozialdemokratisch

So·zi̱al·kri·ti̱k[zotsiá:l..] 女 社会〔体制〕批判.

so·zi̱al·kri̱·tisch 形 社会〔体制〕に批判的な.

So·zi̱al⸗kun·de 女 -/ (ドイツで教科目としての) 社会科. **⸗la·sten** 複 社会保障〈福祉〉分担金. **⸗lei·stun·gen** 複 社会福祉〈厚生〉事業; 社会福祉〈厚生〉施設.

so·zi̱al·li·be·ral 形 (ドイツの) 社会民主党 (SPD) と自由民主党 (FDP) の連合政権の.

So·zi̱al⸗me·di·zi̱n 女 社会医学. **⸗mo·ra̱l** 女 社会道徳. **⸗neid** 男 社会階層間のねたみ, 他の社会的集団に対するそねみ. **⸗öko·lo·gie** 女 社会生態学. **⸗öko·no·mie** 女 社会経済学. **⸗ord·nung** 女 社会秩序. **⸗päd·ago̱·gik** 女 社会〔的〕教育学. **⸗part·ner** 男 社会の参加構成員(特に経営者と労働者). **⸗phi·lo·so·phie** 女 社会哲学. **⸗po·li·ti̱k** 女 社会〔福祉〕政策.

so·zi̱al·po·li̱·tisch 形 社会〔福祉〕政策〔上〕の.

So·zi̱al⸗pre·sti̱·ge[..prɛsti:ʒə] 中 社会的〔地位に基づく〕威信. **⸗pro·dukt** 中 《経》 (1年間の) 国民総生産〔高〕. **⸗psy·cho·lo·gie** 女 社会心理学. **⸗re·form** 女 社会改革. **⸗ren·te** 女 社会保険年金, 国民年金. **⸗rent·ner** 男 社会保険年金〈国民年金〉受給者. **⸗re·vo·lu·tio̱n** 女 社会革命. **⸗re·vo·lu·tio·nä·re** 複 《史》 社会革命党, エス=エル党 (1901年に結成されたロシア社会主義政党の一つ).

so·zi̱al·schwach 形 社会的に弱者の.

So·zi̱al⸗staat 男 社会福祉国家. **⸗struk·tu̱r** 女 社会構造. **⸗ver·si·che·rung** 女 社会保険.

so·zi̱al·ver·träg·lich 形 (施策・措置などが) 社会福祉的観点に即した.

So·zi̱al⸗wis·sen·schaft 女 -/-en 《ふつう複数で》 社会系諸科学(社会学・政治学・経済学・教育学・心理学などの総称). **⸗wo̱h·nung** 女 (公共投資によって建てられた低所得者用) 福祉住宅.

So·zie·tä̱t[zotsietɛ́:t] 女 -/-en **1** (共通の関心・目的を持った人々の集団) 組合; 〔愛好家〕クラブ; 結社: Mitglied einer gelehrten ～ ある学術団体の会員. **2** 《動》 群居性. [*lat.* societās－*fr.* société; ◇*engl.* society]

So·zio·gra·phi̱e[zotsiografí:] 女 -/ 社会誌学.

so̱·zio·kul·tu·rell[zó:tsiokʊlturɛl] 形 社会文化〔上〕の, 社会文化的な.

So·zio·le̱kt[zotsiolɛ́kt] 男 -〔e〕s/-e 《言》 社会集団語(それぞれの社会集団に特有の言語慣用). [◇Idiolekt]

so·zio·lek·ta̱l[..lɛktá:l] 形 《言》 社会集団語の.

So·zio·lin·gui̱·stik[..lɪŋguístɪk, zó:tsiolɪŋguɪstɪk] 女 -/ 社会言語学.

so·zio·lin·gui̱·stisch[..tɪʃ] 形 社会言語学〔上〕の.

So·zio·lo̱·ge[zotsioló:gə] 男 -n/-n (→..loge) 社会学者.

So·zio·lo·gi̱e[..logí:] 女 -/ 社会学. [*fr.*]

so·zio·lo̱·gisch[..ló:gɪʃ] 形 社会学〔上〕の, 社会学的な.

So·zio·me·tri̱e[zotsiometrí:] 女 -/ ソシオメトリー, 社会測定〔法〕, 計量社会学.

so·zio·me̱·trisch[..mé:trɪʃ] 形 ソシオメトリー〈社会測定〔法〕・計量社会学〉〔上〕の.

so·zio·öko·no̱·misch[..|økonó:mɪʃ, zó:tsio|økono:mɪʃ] 形 社会経済〔上〕の, 社会経済的な.

So̱·zius[zó:tsiʊs] 男 -/-se[..sə] **1 a)** 《商》 共同経営者; 社員, 組合員. **b)** 《話》 (Kumpan) 仲間, 相棒. **2 a)** (女 **So̱·zia**[zó:tsia·]-/-s) (オートバイなどの) 〔後部〕同乗者. **b)** ＝Soziussitz

[*lat.* socius „gemeinsam"; ◇sequens, sozial]

So̱·zius⸗fa̱h·rer 男 ＝Sozius 2 a **⸗sitz** 男 (オートバイなどの) 〔後部〕同乗者席.

so̱·zu·sa̱·gen[zo:tsuzá:gən, ⏤⏑⏑⏑] 副 いわば, 言うならば: Sie ist ～ meine eigene Mutter. 彼女はいわば私の実の母親と同然の存在だ | Die beiden sind ～ verlobt. この二人はいわば婚約しているようなものだ.

Sp. 略 ＝Spalte 2

SP 略 ＝Südpol 南極.

Spa̱ch·tel[ʃpáxtəl] 男 -s/-; 女 -/-n **1 a)** へら; こて; パテナイフ; 《美》 パレットナイフ. **b)** ＝Spachtelkitt **2** 《話》 ＝Spatel 1 [＜Spatel]

Spa̱ch·tel⸗kitt 男 パテ, 接合〈充填(じゅうてん)〉剤. **⸗mes·ser** 中 パテナイフ; パレットナイフ.

spa̱ch·teln[ʃpáxtəln] 《06》 **I** 他 (h) **1 a)** へら〈こて・パテナイフ〉で塗る: den Kitt in die Fugen ～ 継ぎ目にパテを塗る. **b)** (…に) へら〈こて・パテナイフ〉で手を加える: die Mauerritzen ～ 壁の割れ目〈すき間〉を塗りつぶす | eine rauhe Fläche ～ ざらざらした表面をこてで滑らかにする. **2** 《話》 もりもり〈しこたま〉食う, 胃袋につめ込む.

II 自 (h) へら〈こて・パテナイフ〉を使って仕事をする.

spack[ʃpak] 形 《北部》 **1** 干からびた; (abgemagert) やせこけた. **2** (eng) 狭い, 細い; 窮屈な. [*mndd.*; ◇Spake]

Spa̱·da[spá:da·, ʃpá:da·] 女 -/-s 《フェンシング》 スパーダ(フルーレに似た剣). [*gr.* spáthē (→Spatha)－*lat.*－*it.*]

Spa·di̱l·le[spadíljə, ʃpadíl(j)ə] 女 -/-n 《トランプ》 (Lomber の) スペードのエース. [*span.*－*fr.*; ◇Spaten]

Spa·ga̱t[1][ʃpagá:t] 男 中 -〔e〕s/-e **1** 《体操》 シュパガート, 前後開脚座(両足を一直線に広げる床・平均台演技). **2** 《バレエ》 スプリット.

[*it.* spaccata; ＜*it.* spaccare „spalten" (◇Spake)]

Spa·ga̱t[2][–] 男 -〔e〕s/-e 《南部・オーストリア》 (Bindfaden) 結びひも, 細縄. [*it.* spaghetto; ＜*it.* spago „Bindfaden"]

Spa·g〔h〕e̱t·ti[ʃpagɛ́ti·, sp..] **I** 複 《料理》 スパゲッティ. **II** 男 -〔s〕/-s 《話》 ＝Spaghettifresser [*it.*]

Spa·g〔h〕e̱t·ti⸗fres·ser[ʃpagɛ́ti.., sp..] 男 《軽蔑的に》 イタリア人. **⸗haa·re** 複 《話》 (手入れのされていない) もじゃもじゃの長髪. **⸗trä·ger** 男 《服飾》 組みひも状のストラップ.

Spa·gi̱·rik[spagí:rɪk, ʃp..] 女 -/ **1** (Alchimie) 錬金術. **2** 鉱物的・化学的な薬物調合.

[*nlat.*; ◇*engl.* spagyric]

spa·gi̱·risch[..rɪʃ] 形 錬金術の: die ～*e* Kunst 錬金術.

spä̱·hen[ʃpɛ́:ən] 自 (h) 探りながら見る, 様子をうかがう; 見張る, 監視する; 探偵する; 《軍》 偵察する: aus dem Fenster 〈durch eine Ritze〉 ～ 窓〈すき間〉からうかがう | in *et.*[4] ～ …の中をうかがう〈のぞきこむ〉 | nach *jm.* 〈*et.*[3]〉 ～ …の方をうかがい見る; …を見張る | über die Mauer ～ 塀越しにのぞく ‖ *sich*[4] *spähend* umschauen 探るように辺りを見回す.

[*ahd.*; ◇..skop, Spekulum, Spezies, Spion; ◇*engl.* spy; *lat.* specere „spähen"]

Spä·her[ʃpɛ́ːər] 男 -s/- (spähen する人. 特に:) 様子を探る〈情報を収集する〉人, 偵察する人; 見張り人, 監視人; 探偵; スパイ, 間諜(かんちょう); 〘軍〙斥候.

Spä·her≈au·ge 中, **≈blick** 男 (探偵などの)鋭い観察のまなざし.

Spa·hi[spáːhiˑ, ʃp..] 男 -s/-s **1** 〘史〙スパーヒ(トルコ帝国の騎兵). **2** (旧仏領北アフリカのフランス軍に所属していた)原住民騎兵(1834-1962). [*türk.* sipāhī－*fr.*; ＜*pers.* sipāh „Armee"]

Späh≈pan·zer[ʃpɛ́ː..] 男〘軍〙偵察用戦車. **≈sa·tel·lit** 男 偵察衛星. **≈trupp** 男〘軍〙偵察隊, 斥候班. **≈wa·gen** 男〘軍〙偵察用自動車. [＜spähen]

ᵛ**Spa·kat**[ʃpakáːt] 男 -[e]s/-e《南部・オーストリア》＝Spagat[1]

Spa·ke[ʃpáːkə] 女 -/-n **1** 〘海〙(揚錨(ようびょう)機・舵輪(だりん)などの)車地(しゃち)棒(→ 図 Spill). **2** てこ, ハンドレバー. [*mndd.* „dürrer Ast"; ◇spack]

Spa·lett[ʃpalɛ́t, sp..] 中 -[e]s/-e, **Spa·lett·la·den** 男《オーストリア》(Fensterladen)(木製の)窓のよろい戸. [*it.* spalletta „Brustwehr"]

Spa·lettür (**Spa·lett·tür**)[ʃpalɛ́ttyːr, sp..] 女《オーストリア》木製ドア, 板戸.

Spa·lier[ʃpalíːr] 中 -s/-e **1 a)** (つる草や果樹などをはわせた)結込垣(ゆいこみがき), 四つ目〈格子〉垣: ein ～ von Rosen バラの生け垣 | [Der] Wein rankt [sich] am ～. ぶどうが四つ目垣につるを伸ばしている. **b)** 樹墻(じゅしょう)(→ 図 A). **2** (送迎・護衛などのためにつくられた)両側〈2列〉の人垣(→ 図 B): ein ～ von Polizisten 両側にずらりと並んだ警官, 両側につくられた警官の壁 ‖ ein ～ bilden / ～ stehen 道の両側に並ぶ, 両側に人垣をつくる | durch ein dichtes ～ fahren 厚い人垣の間を通って車を進める | das ～ durchschreiten 人垣の間を歩いていく. [*it.* spalliera „[Schulter]stütze"; ＜*lat.* spat[h]ula (→Spatel)]

Spalier A

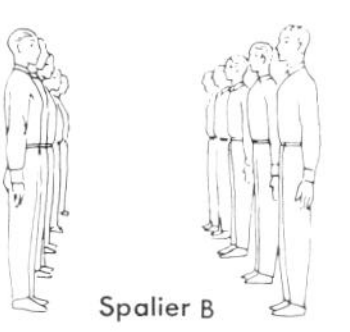
Spalier B

Spa·lier≈baum 男 生け垣[仕立て]の樹木. **≈obst·baum** 男 生け垣[仕立て]の果樹.

Spalt[ʃpalt] 男 -[e]s/-e (小 **Spält·chen**[ʃpɛ́ltçən] 中 -s/-) **1** (細長い)すき間, 間隙(かんげき); (長い)割れ目, 裂け目, 亀裂(きれつ); 〘建〙ひび割れ, 亀裂, (木材の)乾燥割れ; 〘地〙(岩石中の)割れ目, 裂罅(れっか); 〘工〙スリット; 溝穴: ein tiefer 〈schmaler〉 ～ 深い〈細い〉割れ目 | ein ～ im Gletscher 氷河の割れ目, クレバス | Tür*spalt* ドアのすき間 ‖ die Tür einen ～ offenlassen ドアを細めに〈ちょっと〉開けておく | die Augen einen ～ breit öffnen 薄目をあける. **2** 《比》食い違い, ギャップ: Zwischen ihren Ansichten klafft ein breiter ～. 彼らの意見のあいだには大きな食い違いがある. **3** 《卑》(Vagina) 膣(ちつ), ワギナ.

Spalt·al·ge[ʃpált..] 女 -/-n《ふつう複数で》〘植〙分裂藻類(藍藻(らんそう)類: →Blaualge).

spalt·bar[ʃpáltbaːr] 形 割れ〈裂け〉うる, 割れ〈裂け〉やすい, 分解〈分裂〉できる; 〘理〙核分裂を起こしうる: ～*es* Material 核分裂性物質 | Die Fette sind ～. 脂肪は分解する.

Spalt·bar·keit[－kaɪt] 女 -/ (spaltbar なこと. 例えば:)〘鉱〙劈開(へきかい)性, 剥離(はくり)性.

Spalt·breit 男 -/《次の形で》einen ～ (すき間などを)細めに | die Tür einen ～ öffnen ドアを細めに〈ちょっと〉開ける (→Spalt 1).

Spält·chen Spalt, Spalte 1 a の縮小形.

Spal·te[ʃpáltə] 女 -/-n **1 a)** (小 **Spält·chen**[ʃpɛ́ltçən] 中 -s/-) (Spalt) (長い)割れ目, 亀裂(きれつ): Erd*spalte* 地面の割れ目 | Gletscher*spalte* クレバス. **b)** 《卑》(Vagina) 膣(ちつ), ワギナ. **2** (略 Sp.) (Kolumne)〘印〙(新聞・雑誌・辞書などの縦の)欄, 段: ～*n* füllen (記事が)何段も占める; (紙幅を埋めるために)いたずらに長々と書く | Das Wörterbuch ist in zwei ～*n* gesetzt. この辞書は2段に組まれている. **3** 《オーストリア》(Scheibe)(食物などの切り取った)薄片: eine ～ Käse 〈Wurst〉 (薄く切った)一切れのチーズ〈ソーセージ〉 | Äpfel in ～*n* schneiden りんごを輪切りにする.

spal·ten[(*)][ʃpáltən] 《173》 **spal·te·te/ge·spal·ten, ge·spal·tet** 《ただし形容詞的用法ではふつう gespalten》 他 (h) **1** (木・石などを)割る, 裂く; 《比》(党などを)分裂させる: Holz ～ まきを割る | *jm.* den Schädel ～ …の頭蓋(ずがい)〈脳天〉をぶち割る | Haare ～ 《比》細かい点をうるさく詮議(せんぎ)立てする | Der Blitz hat den Baum *gespalten* 〈*gespaltet*〉. 雷がその木を裂いた ‖ 再帰 *sich*[4] ～ 割れる, 裂ける, 割れ目ができる, 亀裂(きれつ)が生じる; 《比》分裂する | Dieses Brett *spaltet* sich schwer. この板は割れにくい | Seine Fingernägel *spalten* sich. 彼は指のつめが割れる | Die Partei hat sich in zwei Lager *gespalten*. 党は2派に分裂した ‖ *gespaltenes* Bewußtsein (精神分裂症患者などの)分裂した意識 | ein *gespaltener* Gaumen 口蓋(こうがい)裂(＝Wolfsrachen) | eine *gespaltene* Lippe 口唇(こうしん)裂(＝Hasenscharte) | mit *gespaltener* Zunge reden (→ Zunge 1 a).

2 a) 〘理〙(原子核などを)分裂させる. **b)** 〘化〙(化合物を)分解する: Hefe *spaltet* Zucker in Milchsäure. 酵母は糖分を分解して乳酸に変える. **c)** 〘鉱〙(結晶を)劈開(へきかい)する, 劈開面に従って割る. **d)** 〘紋〙(盾面を)縦に[2]分割する: *gespalten* (盾を)縦に[2]分割した(→ 図 Wappen d).
[*ahd.*; ◇Spelt, Speil, Spule]

Spal·ten·brei·te 女 (新聞・雑誌などの)欄〈段〉の幅.

spal·ten·lang 形 (新聞・雑誌などの記事が)数段にわたる: ein ～*er* Artikel (新聞などの)何段にもわたる記事〈論説〉.

Spal·ten·stel·ler 男 (タイプライターの)タブレター, 図表作成[位取り]装置.

spal·ten·wei·se 副 (→..weise ★)段〈欄〉に分けて, 段〈欄〉ごとに.

Spal·ter[ʃpáltər] 男 -s/- (旧東ドイツで)(党・組織などの)分裂を策動する人.

spal·te·risch[..tərɪʃ] 形 (旧東ドイツで)分裂工作的な.

Spalt≈flä·che[ʃpált..] 女〘鉱〙劈開(へきかい)面. **≈flü·gel** 男〘空〙隙間(げきかん)翼, スロット付き翼. **≈frucht** 女〘植〙分離果(→ 図). **≈fuß** 男 **1** 〘動〙二枝(し)型付属肢, 分叉(ぶんさ)肢, 裂脚. **2** 〘医〙裂足. **≈fü·ßer** 男 -s/-《ふつう複数で》〘動〙裂脚目(アミ(醤蝦)類). **≈hand** 女〘医〙裂手. **≈holz** 中 割り木, たきつけ(→ 図 Holz A). **≈hu·fer** 男 (Paarhufer)〘動〙偶蹄(ぐうてい)類(牛・ラクダなど).

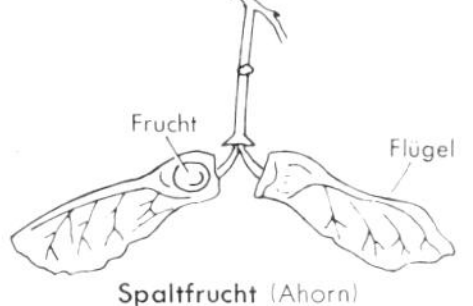

Spaltfrucht (Ahorn)

spalt·hu·fig 形 (paarhufig)〘動〙偶蹄(ぐうてい)[類]の.

..spaltig[..ʃpaltɪç][2] **1** 〘印〙《数詞などにつけて「段・欄が…個ある」を意味する形容詞をつくる》: zwei*spaltig* (新聞・雑誌などの組み方が)2段の. **2** 〘植〙《名詞などにつけて「葉の裂け目が…の」を意味する形容詞をつくる》: fieder*spaltig* (葉が)羽状中裂の.

Spalt≈keil[ʃpált..] 男 (裂くために打ちこむ)くさび. **≈lam·pe** 女〘医〙細隙(さいげき)灯, スリットランプ(眼球の顕微鏡検査用). **≈le·der** 中 ローン革(はぎとった羊皮の銀面からつくる薄い革). **≈ma·te·rial** 中〘理〙核分裂性物質. **≈napf·schnecke** 女〘貝〙スカシガイ. **≈neu·tron** 中〘理〙核分裂中性子. **≈öff·nung** 女〘植〙気孔. **≈pflan·ze** 女 -n/-n《ふつう複数で》分裂植物. **≈pilz** 男 -es/-e《ふつう複数で》〘生〙分裂菌類. **≈pro·dukt** 中 -[e]s/-e《ふつう複数で》**1** 〘理〙核分裂生成物. **2** 〘化〙分解生成物.

Spal·tung[ʃpáltʊŋ] 女 -/-en **1** (〔sich〕 spalten すること. 例えば:) 分割, 分裂; (化合物の)分解; 〘鉱〙(結晶の)劈開(へきかい); 〘理〙(ラセミ体の)分割; (耐火物の)スポーリング; 〘紋〙(盾面の)縦〔2〕分割: Kern*spaltung* 核分裂. **2** (spalten された状態. 例えば:) (国土などの)分裂〔した状態〕; 不和: Bewußtseins*spaltung* (精神分裂症患者などに見られる)意識の分裂 | die religiöse ～ seit der Reformation 宗教改革以来の宗教的分裂.

Spal·tungs·ebe·ne 女 〘鉱〙劈開(へきかい)面.

spal·tungs·ir·re 形 (schizophren) 精神分裂〔症〕の.

Spal·tungs≠ir·re·sein 中 (Schizophrenie) 〘医〙精神分裂〔症〕. **≠pro·dukt** =Spaltprodukt

Spalt≠wa·che[ʃpált..] 女 〘海〙折半直(16-18時または18-20時の当直). **≠zahn** 男 〘植〙ホウオウゴケ(鳳凰苔)(蘚類).

Spam·po·na·den[ʃpamponá:dən] 複 = Spompanade〔l〕n

Span[ʃpa:n] 男 -〔e〕s/ Späne[ʃpɛ́:nə] **1** (小 **Spän·chen**[ʃpɛ́:nçən] 中 -s/-) **a**) (木・角(つの)・金属などの)削りくず, 切りくず; (Hobelspan) かんなくず: Holz*späne* 木くず, おがくず | Metall*späne* 金(かな)くず ‖ arbeiten, **daß die** ***Späne*** **fliegen** 《話》がむしゃらに働きまくる | Die *Späne* fliegen nur so. 《比》 i) 仕事がどんどん進む; ii) くずがいっぱい出る; iii) つまらぬものはどんどん捨てられる | Wo gehobelt wird, 〔da〕 fallen *Späne*. (→ hobeln I 1). **b**) 経木(きょうぎ), へぎ板(→ 図 Holz A).
2 《話》ごたごた, いざこざ, 争い: ***Späne*** **machen** ごたごた〈面倒〉を起こす; 抗議する, 反対する | Mach keine *Späne*! がたがた〈大騒ぎ〉するな; 反抗するな ‖ **einen** ～ **ausgraben** 好んで争いを求める | **mit** ***jm.*** **einen** ～ **haben** …と争っている.
3 《話》(Geld) 金(かね): *Späne* haben 金をもっている.
[*germ.*; ◇Sphen, Spaten, Spoon; 2: *mhd.*; ◇spannen]

span·ab·he·bend[ʃpá:n..] 形 〘工〙切削(せっさく)の, 切削による: eine ～*e* Maschine 平削り盤 | ～ formen 切削加工する.

Spän·chen Span 1 の縮小形.

Spä·ne Span の複数.

spa·nen[ʃpá:nən] 他 (h) 《ふつう不定詞・現在分詞で》《*et.*[4]》(…を) かんなをかけて作る, かんなで仕上げる: das *Spanen* 〈die *spanende* Bearbeitung〉 von *et.*[3] …のかんな加工.

spä·nen[1][ʃpɛ́:nən] 他 (h) (床などを)金属たわしで磨く.

spä·nen[2][–] 他 (h) **1** (子豚に)乳を飲ませる, 哺乳(ほにゅう)する. **2** (entwöhnen) (乳児を)離乳させる.
[*ahd.* spanan „anziehen“; ◇spannen]

Span·fer·kel[ʃpá:n..] 中 (離乳前の)子豚〔の肉〕.

Span·ge[ʃpáŋə] 女 -/-n (小 **Späng·chen**[ʃpɛ́ŋçən] 中 -s/-) **1 a**) 留め金, 締め金〔具〕, 尾錠〔金〕, バックル. **b**) (Haarspange) 〔装飾用の〕ヘアクリップ, 髪留め; 飾りピン, ブローチ. **2** (靴の留め金用)ストラップ, 革ひも. **3** (Armspange) 腕輪. **4** (Ordensspange) (制服の上着についている)勲章用の留め金. **5** 《話》(Handschelle) 手錠. [*ahd.*; ◇spannen; *engl.* spangle]

Span·gen·schuh 男 (特に女性用の)留め金つきの靴(ストラップシューズ・アンクレットなど).

Span·grün[ʃpá:n..] 中 -s/ (Grünspan) 〘化〙緑青(ろくしょう).

Spa·niel[ʃpá:niəl, spɛ́niəl] 男 -s/-s スパニエル(猟犬).
[*engl.*; ◇Spaniole]

Spa·ni·en[ʃpá:niən] 地名 スペイン(イベリア半島の大部分を占める国. 首都は Madrid. スペイン語形 España →E² II 2). [〔*spät*〕*lat.*−*ahd.*; ◇Hispanien; *engl.* Spain]

Spa·ni·er[ʃpá:niər] 男 -s/- (女 **Spa·nie·rin**[..niərɪn] -/-nen) スペイン人: stolz wie ein ～ sein (→stolz 1 b).

Spa·nio·le[ʃpanió:lə] 男 -n/-n (女 **Spa·nio·lin**[..lɪn] -/-nen) スパニオール(1492年スペインから追放されたユダヤ人の子孫). [*fr.* Espagnol „Spanier“]

spa·nio·lisch[..ó:lɪʃ] 形 スパニオールの.

spa·nisch[ʃpá:nɪʃ] 形 **1** スペイン〔人・語〕の: →deutsch ‖ der *Spanische* Bürgerkrieg 〘史〙スペイン内戦(1936-39) | *Spanische* Flagge スペインの旗(ヒトリガ科に属する蛾(が)の俗名) | *Spanische* Fliege 〘虫〙ハンミョウ(斑蝥) | *Spanischer* Kragen (→Kragen 1) | ～*e* Mode (16世紀の)スペインふうの服装(→図) | ～*er* 〔roter〕 Pfeffer トウガラシ(唐辛子) | ～*e* Reiter (→Reiter 2) | ein ～*es* Rohr (→Rohr 2) | *Spanische* Stiefel (→ Stiefel 1) | eine ～*e* Wand (→Wand 1). **2** 《話》奇妙な, 不可解な: *jm.* 〈für *jn.*〉 ～*e* Dörfer 〈ein ～*es* Dorf〉 esin (→Dorf 1) | ***jm.*** **～ vorkommen** …に奇妙に思える.

Spanische Mode

Span·korb[ʃpá:n..] 男 (木くずで編んだ)こっぱ籠(かご).

span·los[..lo:s][1] 形 〘工〙切り〈削り〉くずの出ない; 切削によらない.

spann[ʃpan] spinnen の過去.

Spann[ʃpan] 男 -〔e〕s/-e **1 a**) (Fußrücken) 足の甲(→ 図 Mensch A): einen hohen ～ haben 足の甲が高い. **b**) (靴下の)甲(→ 図 Strumpf). **2** =Spanne 1 **3** =Gespann

Spann≠ar·beit[ʃpán..] 女 〘工〙チャック作業. **≠backe** 女 〘工〙固定したあご, つかみあご. **≠be·ton** [..betɔŋ] 男 〘土木・建〙PS 〈プレストレスト〉コンクリート. **≠bo·gen** 男 (Satzspannung) 〘言〙(文の)音調弧. **≠brett** 中 (昆虫標本用の)展翅板(てんしばん). **≠dienst** 男 (↔Handdienst) 〘史〙(農民の)畜耕役, 牛馬賦役: Hand- und *Spanndienst* (領主に対する農民の)手仕事と畜耕による夫役(ぶやく). **≠draht** 男 〘電〙控え線, スパン線.

Span·ne[ʃpánə] 女 -/-n **1** 指尺(昔の長さの単位: 親指と小指または人さし指・中指とを張った長さ, 約20cm: → 図 Maß): eine ～ breit 〈lang / hoch〉 1 指尺の幅〈長さ・高さ〉の. **2 a**) (短い)距離, 間隔. **b**) (短い)時間, 期間: eine kurze ～ des Glückes つかの間の幸福 | eine ～ Zeit しばしの間. **3** 開き, 差; (Handelsspanne) 売買格差, マージン; (Gewinnspanne) 利ざや: die ～ zwischen Brutto- und Nettogehalt (給料の)支給総額と手取りの開き.
[*ahd.*; ◇spannen; *engl.* span]

spän·ne[ʃpɛ́nə] spönne (spinnen の接続法 II)の別形.

Span·ne·mann[ʃpánə..] 男 《話》《もっぱら次の形で》～ machen (野次馬的に) 聞き耳をたてる.

span·nen[ʃpánən] **I** 他 (h) **1 a**) 《*et.*[4]》(弦・綱などを)〔ぴんと〕張る; 張り渡す, 張りつめる; (…の)緊張度を高める; (筋肉・神経などを)緊張させる; 《*jn.*》(…の)興味〈好奇心〉をかき立てる: den Bogen 〈die Bogensehne〉 ～ 弓を引きしぼる | den Bogen zu straff ～ (→ Bogen 2 a) | *seine* Erwartungen zu hoch ～ 《比》過度に期待をつのらせる | Gardinen ～ (しわを伸ばすため張り枠に)カーテンを張る | die Saiten der Gitarre 〈das Fell der Pauke〉 ～ ギターの弦〈太鼓の皮〉を締める | die Schuhe ～ 靴に靴型をはめこむ | die Skier ～ スキーをプレスに張る | die Wäscheleine ～ 物干し用のロープを張り渡す ‖ 再帰 *sich*[4] ～ (ぴんと)張りつめる; (筋肉などが)緊張する, もり上がる | Sein Gesicht *spannte* sich. 彼の顔は緊張した ‖ *gespanntes* Gas 高圧ガス.
b) 《*et.*[4]》《方向を示す語句と》(…を…へ)張る, 張って固定する, 張り渡す; (…を車などに)つなぐ: ein Pferd **an** den Wagen ～ 馬を車につなぐ | *jn.* **auf** die Folter ～ (→ Folter 1) | eine Leinwand auf den Rahmen ～ カンバスを枠に張る | einen Bogen Papier **in** die Schreibmaschine ～ 1 枚の紙をタイプライターにはさむ | die Ochsen ins Joch ～ 雄牛をくびきにつなぐ | eine Plane **über** einen Wagen ～ 車にほろを張る | ein Pferd **vor** den Wagen ～ 馬を車につ

S

なぐ | *jn.* vor *seinen* Karren ～ (→Karren 1) ‖ 再帰 *sich*[4] vor den Wagen ～ みずから車を引く〈車のかじ棒をとる〉| *sich*[4] nicht vor *js.* Wagen ～ lassen (→Wagen 1 a).

c) 《雅》 再帰 *sich*[4] über *et.*[4] ～ …の上に張り渡される〈伸びる〉| Über den Fluß *spannt* sich eine Brücke. 川には橋がかかっている | Ein Regenbogen *spannte* sich über den Himmel. 空に虹(にじ)がかかった | Ein blauer Himmel *spannt* sich über die Erde. 大地を覆うように青空が広がる.

2 (ばね仕掛けで作動するものを)セットする: die Pistole 〈den Hahn der Pistole〉 ～ ピストルの撃鉄を起こす | den Fotoapparat 〈den Verschluß〉 ～ カメラのシャッターをセットする.
3 《量を示す 4 格と》(…の幅に)広がる: eine Oktave ～ können 〖楽〗(ピアノの鍵盤(けんばん)を片手で) 1 オクターブをカバーできる ‖ Die Brücke 〈Das Flugzeug〉 *spannt* 40 m. 橋の長さ〈飛行機の翼幅〉は40メートルだ | Der Raubvogel *spannt* anderthalb Meter. その猛鳥は翼を広げると 1 メートル半になる.
4 《南部・オーストリア》(merken) 気づく, 感づく.
II 自 (h) **1** (窮屈で)きつい, 締めつける: Das Gummiband 〈Der Kragen〉 *spannt*. ゴムバンド〈カラー〉がきつい | Das Kleid *spannt* über den Hüften 〈unter den Armen〉. このドレスはウエスト〈バスト〉がきつい.
2 a) 《話》(aufpassen) 注意を集中する; (緊張して)待ち受ける, 待ちわびる; 様子をうかがう, 見守る, のぞく: **auf** den Freund 〈die Ankunft des Freundes〉 ～ 友人の到着を待ち受ける | auf das neue Buch ～ 新刊書を待ちわびる | auf die Ratte ～ (→Ratte 1 a) | auf jedes Wort ～ 一語一語に注意を集中して聞き入る | Ich *spanne*, ob es eintrifft. 私はそれが事実となるかどうかを(興味をもって)見守る | Er *spannt* gern. 彼にはのぞき見の趣味がある. **b**) 《スイス》はらはら〈じりじり〉させる.
III span·nend 現分 形 (fesselnd) はらはら〈じりじり〉させる, 息詰まる〈手に汗握る〉ような: ein ～*er* Augenblick (緊張が高まって)息詰まるような瞬間 | ein ～*er* Film 〈Roman〉 手に汗握る映画〈小説〉‖ ～ erzählen 〈geschrieben sein〉 人をひきつけて離さぬ話し方をする〈書き方がしてある〉| Der macht's aber ～! あいつはじれったいやつだ | Mach's nicht so ～! そんなにじらさないでくれよ.
IV ge·spannt → 別出
[*ahd.* spannan „dehnen"; ◇Spanne]

span·nen·lang[ʃpánən..] 形 [1]指尺の長さの(参考 eine Spanne lang 1 指尺の長さの).

Span·ner[ʃpánər] 男 -s/- **1** (衣装品・器具などの形を張り整える器具. 例えば:) (Hosenspanner) ズボンハンガー; (Rockspanner) スカートハンガー; (Gardinenspanner) カーテンの張り枠; (Schuhspanner) 靴型; ラケットプレス: den Rock in den ～ klemmen スカートをハンガーにはさむ | den Tennisschläger in den ～ tun テニスのラケットをプレスにはめる. **2** 〖工〗スパナ, レンチ. **3** 〖虫〗シャクガ(尺蛾)科のガの総称. **4** 〖解〗伸張筋. **5** 《話》**a**) (悪事を行う際の)見張り役. **b**) (Voyeur) のぞき見嗜好(しこう)者.

..spänner[..ʃpɛnər] 《数詞につけて「…頭立ての馬車」を意味する男性名詞 (-s/-) をつくる》: Zwei*spänner* 2 頭立ての馬車.

Span·ner·rau·pe[ʃpánər..] 女 〖虫〗シャクトリムシ(尺取虫)(シャクガの幼虫).

Spann≈fe·der[ʃpán..] 女 〖工〗引き張りばね. **≈fut·ter** 中 〖工〗(旋盤の)チャック, くわえ(→ ⊛ Drehbank).

..spännig[..ʃpɛnıç][2] 《数詞につけて「(馬車が)…頭立ての」を意味する形容詞をつくる》: vier*spännig* fahren 4 頭立ての馬車で行く.

Spann≈kraft[ʃpán..] 女 -/ **1 a**) (スプリングなどの)弾力; (筋肉の)弾力〔性〕. **b**) 〖理〗張力; (蒸気の)圧力. **2** 《比》気力, 意欲, 活力: an ～ verlieren 気力〈意欲〉を失う.

spann·kräf·tig 形 弾力のある; 《比》気力のある.

Spann≈mus·kel 男 〖解〗張筋. **≈mut·ter** 女 -/-n 〖工〗ランションナット, ターンバックル. **≈pa·tro·ne** 女 〖工〗コレット. **≈rah·men** 男 (刺しゅうなどの)張り枠, エンブロイダリーフープ; 幅出し機. **≈sä·ge** 女 〖工〗おさのこ〔盤〕(→ ⊛ Säge). **≈satz** 男 〖言〗緊張文(定動詞が文末に位置する: →Kernsatz, Stirnsatz). **≈schloß** 中 〖工〗ターンバックル. **≈stoß** 男 〖サッカー〗インステップキック.

Span·nung[ʃpánʊŋ] 女 -/-en **1 a**) (弦・綱などを)張る〈張り渡す〉こと. **b**) ぴんと張っていること, 張りつめた状態, 緊張: Die ～ des Seils 〈der Nerven〉 ließ nach. ぴんと張られた綱〈張りつめた神経〉がゆるんだ.
2 a) 〖理〗張力(外側に向かう圧力); (蒸気・ガスなどの)圧力. **b**) 〖理〗応力, 歪力(わいりょく)(物体の内部で作用する力). **c**) (elektrische Spannung) 〖電〗電圧: 200 Volt ～ 200ボルトの電圧 | Hoch*spannung* 高圧 ‖ Die Leitung hat eine ～ von 200 Volt. この電線には200ボルトの電圧がかかっている | Die Leitung steht unter ～. この線には電流が通じている | Die ～ sinkt 〈steigt〉. 電圧が下がる〈上がる〉.
3 (心の)張り, 緊張, 張りつめた〈じりじりした〉気持, (強い)期待, 興味; あせり; 興奮; サスペンス: eine atemlose ～ 息づまるような緊張 | eine ～ auf Raten 《話》連続〈テレビ〉ドラマ, 連載小説 ‖ ～ erhöhen 緊張を高める | ～ erregen 〈erwecken〉 緊張をかきたてる | Der Film hat viel ～. その映画は興味津々たるものがある〈サスペンスに富んでいる〉‖ in erwartungsvoller ～ かたずをのんで, わくわくして | *jn.* in ～ versetzen …をわくわく〈はらはら〉させる | mit großer ～ ひどく緊張して, かたずをのんで, 手に汗を握って, 胸をわくわくさせながら, はらはらして, じりじりして | vor ～ 緊張のあまり ‖ *jn.* 〈den Tag〉 voll ～ erwarten …を〈その日を〉いまや遅しと待ち受ける ‖ Ihre ～ löste sich allmählich. 彼女はしだいに緊張が解けた.
4 緊迫〈緊張〉状態, 対立関係; 不和, あつれき: die politischen ～*en* zwischen den beiden Staaten 両国間の政治的な緊張.

Span·nungs≈ab·fall 男 -〔e〕s/ 〖電〗電圧降下〈低下〉. **≈aus·gleich** 男 〖電〗電圧補償; 〖工〗圧補償. **≈dif·fe·renz** 女 ＝Spannungsunterschied **≈fall** 男 〖政・法〗緊迫事態 (Verteidigungsfall の前段階). **≈feld** 中 〖電〗電界; 《比》緊張の場.

span·nungs·füh·rend 形 〖電〗生きの(回路が電源につながった状態): ～*er* Draht 活線 | ～*er* Teil 充電部.

Span·nungs≈ge·biet 中 (政治的・軍事的に)緊迫〈緊張〉状態にある地域. **≈ge·fäl·le** 中 -s/ ＝Spannungsabfall

span·nungs·ge·la·den 形 緊張をはらんだ, はらはらさせるような, 熱気を帯びた.

Span·nungs≈herd 男 (政治的・軍事的な)緊張状態の発生源. **≈ir·re·sein** 中 (Katatonie) 〖医〗カタトニー, 緊張病.

span·nungs·los[ʃpánʊŋsloːs][1] 形 **1** 緊張のない, 興味のわかない. **2** 〖電〗死の(回路が電源から切り離された状態); 〖理〗ひずみのない.

Span·nungs≈mes·ser 男 〖電〗電圧計. **≈mo·ment** 中 (小説などで)緊張〔感〕をひき起こす要因. **≈op·tik** 女 〖理〗光弾性. **≈reg·ler** 男 電圧調整器. **≈rei·he** 女 〖電〗接触序列. **≈sta·bi·li·sa·tor** 男 〖電〗電圧安定装置. **≈sy·stem** 中 **1** 〖電〗電圧方式. **2** 〖心〗緊張体系. **≈tei·ler** 男 〖電〗分圧計, 分圧器. **≈un·ter·schied** 男 〖電〗電位差. **≈ver·hält·nis** 中 (対立者間の)緊張関係.

span·nungs·voll 形 緊張に満ちた, 息づまるような.

Span·nungs·wand·ler 男 〖電〗変圧器, 変圧装置.

Spann≈vor·rich·tung[ʃpán..] 女 伸展装置, チャック装置. **≈wei·te** 女 **1** (鳥・飛行機などの)翼長(→ ⊛ Echse); 《比》(行動などの及ぶ)範囲: die ～ des Erlebnisses 体験範囲. **2** 〖建〗(橋・アーチなどの)スパン, 張り間(→ ⊛ Bogen); 〖数〗スパン. **≈werk·zeug** 中 しめつけ工具.

Span·plat·te[ʃpáːn..] 女 〖建〗削片版, パーティクルボード.

Span·po·na·den[ʃpanponáːdən] 複 ＝ Spompanade〔l〕n

Span·schach·tel[ʃpáːn..] 女 へぎ板や経木で作った箱.

Spant[ʃpant] 中 (男) -〔e〕s/-en 《ふつう複数で》 **1** 〖海〗(船の)肋(ろく)材. **2** 〖空〗(飛行機の)翼小骨, リブ.
[*ndd.*; < *mndd.* span „Schiffsrippe" (◇spannen)]

S

Spạ·nung[ʃpá:nʊŋ] 女 -/-en spanen すること.
Spạr⸗an·lei·he[ʃpá:r..] 女 貯蓄公債. **⸗bank** 女 -/-en 貯蓄銀行. **⸗be·trag** 男 貯金〈貯蓄〉額. **⸗bren·ner** 男 (ガスなどの)経済バーナー〈火口(ほ)〉. **⸗buch** 中 貯金通帳. **⸗büch·se** 女 貯金箱. **⸗ein·la·ge** 女 貯蓄預金, 〔預〕貯金.
spạ·ren[ʃpá:rən] **I** 他 (h) **1 a)** (金・体力などを)蓄える, 残す, 余す, ためる: 〔*sich*³〕 Geld ~ 貯金する | *seine* Kraft 〈*seine* Kräfte〉 〔für den Endspurt〕 ~ 〔ラストスパートのための〕余力を残す | jeden Monat 100 Mark für *seine* Kinder ~ 子供たちのために毎月100マルク貯金する. **b)** 節約〈節減〉する, 切りつめる: Energie ~ エネルギーを節約する | Mühe 〈Zeit〉 ~ 労力〈時間〉を節約する. **2** 《*jm. et.*⁴》 免除する: 再帰 *sich*³ *et.*⁴ ~ …を(余計なこととして)はぶく | ***Spar*〔*e*〕 dir deine Worte!** / Deine Worte kannst du dir ~. 余計なことは言わなくてもいい | Die Mühe hättest du dir ~ können! こんな苦労はしなくてすんだはずなのに.
II 自 (h) **1** 貯金する: bei der Bank ~ 銀行に貯金する | für 〈auf〉 ein Auto ~ 車を買うために貯金する | ***Spare* in der Zeit, so hast du in der Not.** 《諺》備えあれば憂いなし. **2** 節約する, 切りつめる, けちけちする: am Essen ~ 食費を切りつめる | **mit** *seinen* **Kräften** ~ 体力を消耗しないよう気をつかう | mit jedem Pfennig ~ 細かな支出までも切りつめる | nicht mit Lob ~《比》称賛を惜しまない.
[*germ.*; ◇sputen, Speck, spät; *engl.* spare]
Spạ·rer[ʃpá:rər] 男 -s/- (sparen する人. 例えば:) **1** 預金者: die kleinen ~ 少額預金者たち. **2** 倹約家: Auf einen ~ folgt 〔immer〕 ein guter Verzehrer.《諺》親の貯金は子供が浪費する(倹約家のあとには浪費家がつづく).
Spạr⸗flam·me[ʃpá:r..] 女 **1** (ガスコンロなどの)とろ火: auf ~³ kochen とろ火で料理する;《比》労力を惜しみながら仕事する | auf ~³ leben《比》つましく暮らす | **auf ~⁴ schalten**《話》倹約路線に切り替える, 予算〈財政〉を切りつめる | *et.*⁴ auf ~⁴ setzen《比》…を切りつめる; …の仕事を短縮する. **2** 《話》携帯用ライター. **⸗för·de·rung** 女 (政府による) 貯金奨励.
Spạr·gel[ʃpárgəl] 男 -s/- (ｽｲ: 女 -/-n) **1 a)** 〘植〙アスパラガス: ~ anbauen アスパラガスを栽培する. **b)** (食用としての)アスパラガス〔の芽〕: sechs ~ アスパラガス 6 本 ‖ ~ stechen アスパラガスを掘って採取する | **einen ~ quer essen können**《話》i) 口が大きい; ii) ほら吹きである. **2** 《話》(アスパラガスのように)ひょろ長い人. **3** 《卑》(Penis) 陰茎, 男根.
[*gr.* asp〔h〕áragos (→Asparagus)－*lat.*－*roman.*]
Spạr·gel⸗beet 中 アスパラガスの苗床. **⸗bein** 中 -〔e〕s/-e《ふつう複数で》《話》細くて長い脚. **⸗bọh·ne** 女〘植〙ジュウロクササゲ(十六豇豆).
Spạr·geld[ʃpá:r..] 中 貯金. [＜sparen]
Spạr·gel⸗hähn·chen[ʃpárgəl..] 中〘虫〙アスパラガスハムシ(アスパラガスの害虫). **⸗kọhl** 男〘植〙ブロッコリ, キダチハナヤサイ(木立花椰菜). **⸗kopf** 男 ＝Spargelspitze **⸗mes·ser** 中 ＝Spargelstecher 1 **⸗spit·ze** 女 アスパラガスの穂先. **⸗ste·cher** 男 **1** アスパラガス用ナイフ. **2** アスパラガスを採取する人. **⸗sup·pe** 女〘料理〙アスパラガススープ.
Spạr⸗gro·schen[ʃpá:r..] 男《話》(不時に備える少額の)蓄え, へそくり: Das ist mein letzter ~. これは私の取って置きの虎(と)の子です. **⸗gut·ha·ben** 中 貯金残高.
[＜sparen]
Spark[ʃpark] 男 -〔e〕s/ (Spörgel)〘植〙オオツメクサ(大爪草)属(飼料になる). [*mlat.* spergula－*ndd.*]
Spạr·kas·se[ʃpá:r..] 女 **1** 貯蓄銀行: Geld auf die ~ bringen 金を貯蓄銀行に預ける. **2** 《話》**a)** (背中の)隆肉; 太鼓腹. **b)** ジュークボックス.
Spạr·kas·sen·buch ＝Sparbuch
Spạr⸗kon·to 中 (銀行の)貯蓄口座. **⸗ko·stüm** 中 《戯》肌の露出部分の多い婦人服.
spär·lich[ʃpɛ́:rlɪç] 形 乏しい, 不十分な, わずかな; (植物が)まばらな; (毛髪が)薄い; (光などが)弱い: ~*es* Haar 薄い頭髪 | ein ~*es* Mahl 粗末な食事 ‖ ~ besiedelt 人口の希薄な | Die Geldmittel flossen ~. 資金が払底した | Die Straße ist nur ~ beleuchtet. 街路の照明が薄暗い.
[＜*ahd.* spar „sparsam“ (◇sparen)]
Spär·lich·keit[－kaɪt] 女 -/ spärlich なこと.
Spạr⸗maß·nah·me[ʃpá:r..] 女 節約措置, 引き締め策. **⸗pfen·nig** 男 ＝Spargroschen **⸗prä·mie**[..miə] 女 貯蓄割増金. **⸗quo·te** 女〘経〙(国民所得に対する)貯蓄率.
Spạr·re[ʃpárə] 女 -/-n ＝Sparren
spạr·ren[ʃpárən, sp..] 自 (h) 〘ﾎﾞｸｼﾝｸﾞ〙スパーリングする(→Sparring). [*engl.* spar]
Spạr·ren[ʃpárən] 男 -s/- **1** (Dachsparren)〘建〙たるき(→ 図 Dach C). **2** (Chevron)〘紋〙山形図形(→ 図 Wappen e). **3** 《単数で》《話》奇矯な考え: **einen ~ haben / einen ~ zuviel 〈zuwenig〉 〔im Kopf〕 haben** いささか頭がいかれている.
[*germ.*; ◇Speer, sperren; *engl.* spar]
Spạr·ren⸗lei·ste 女〘紋〙細い山形図形. **⸗werk** 中 《集合的に》〘建〙(小屋組みの)垂木(たる).
spạr·rig[ʃpárɪç]² 形 (枝・根などが)側方へ突き出た, 側生〈側出〉の: ~*e* Zweige 側枝 | ~*e* Wurzeln 側根.
Spạr·ring[ʃpárɪŋ, sp..] 中 -s/ 〘ﾎﾞｸｼﾝｸﾞ〙スパーリング(→sparren). [*engl.*]
Spạr·rings⸗kampf 男〘ﾎﾞｸｼﾝｸﾞ〙スパーリングの試合. **⸗part·ner** 男〘ﾎﾞｸｼﾝｸﾞ〙スパーリングパートナー.
spạr·sam[ʃpá:rza:m] 形 **1 a)** 倹約な, つましい;《比》控え目な; けちな: eine ~*e* Hausfrau やりくり上手の主婦 | von *seiner* Macht ~*en* Gebrauch machen 権力の行使を控え目にする ‖ mit Papier 〈den Lebensmitteln〉 ~ umgehen 紙〈食糧〉を節約して使う | Er lebt sehr ~. 彼は非常につましく暮らしている. **b)** 経済的な, 徳用の: Dieses Waschmittel ist ~ im Gebrauch 〈Verbrauch〉. この洗剤は経済的だ.
2 《比》(spärlich) 乏しい, わずかな: mit ~*en* Worten 言葉少なに | ein ~ möbliertes Zimmer 家具の乏しい〈ほとんどない〉部屋.
[＜sparen]
Spạr·sam·keit[－kaɪt] 女 -/-en sparsam なこと.
Spạr⸗schwein 中 豚の形をした貯金箱: das 〈*sein*〉 ~ schlachten《戯》貯金に手をつける. **⸗sinn** 男 -〔e〕s/ 節約〈貯蓄〉心. **⸗strumpf** 男《戯》貯金箱(昔はしばしば靴下に金を隠した): Geld im ~ haben (貯金しないで)手元にへそくっている.
Spart[ʃpart] 男 中 -〔e〕s/-e＝Spartgras
Spạr·ta[ʃpárta·, sp..] 地名 **1** スパルタ(古代ギリシアの代表的ポリス, しばしば Lakedämon ともよばれた). **2** スパルタ(古代スパルタの北部にあった商工業都市). [*gr.*－*lat.*]
Spar·ta·kiạ·de[ʃpartakiá:də, sp..] 女 -/-n スパルタキアード(旧ソ連や東欧諸国で催された総合競技大会).
Spar·ta·kịst[..kɪ́st] 男 -en/-en スパルタクス団員(→Spartakusbund).
spar·ta·kị·stisch[..tɪʃ] 形 スパルタクス団の.
Spạr·ta·kus[ʃpártakʊs, sp..] 人名 スパルタクス(古代ローマの奴隷反乱の指導者. 前71年に敗死).
Spạr·ta·kus·bund 男 -〔e〕s/ スパルタクス団 (K. Liebknecht および R. Luxemburg の指導下に, 1917年ドイツに成立した急進的な左翼集団で, ドイツ共産党の前身).
Spar·tạ·ner[ʃpartá:nər, sp..] 男 -s/- スパルタの人.
spar·tạ·nisch[..nɪʃ] 形 **1** スパルタの. **2** スパルタ的な(質素な・きびしい): eine ~*e* Erziehung スパルタ〔式〕教育 | ~ leben スパルタ的な(簡素な)生活をする. [*lat.* Spartānus]
Spạr·te[ʃpártə] 女 -/-n **1 a)** (学問・芸術の)部門, 専門分野; (スポーツの)種目; 営業種目, 業種. **b)** (団体・組織内の)部, 班, グループ. **2** (Zeitungsspalte) (新聞の)欄, 面: die feuilletonistische ~ 文芸欄.
Spar·te·rịe[ʃpartərí:] 女 -/ (植物の靭皮(じん)や木っぱなどの)編み細工. [*fr.*]
Spạrt·gras[ʃpárt..] 中 (Espartogras)〘植〙アフリカハネガヤ(羽茅). [*gr.* spárton „Tau“－*lat.* spartum; ◇spiral; *engl.* esparto]
Spar·tiạt[ʃpartiá:t, sp..] 男 -en/-en〘史〙スパルタ市民(ス

パルタの支配階級に属するもの: →Helot, Periöke). [*gr.*－*lat.*; ◇Sparta]

spar·tie·ren[ʃpartíːrən, sp..] 他 (h) 〘楽〙(パート譜から)総譜にする. [*it.*; ◇Partitur]

Spar·trieb[ʃpáːr..] 男 貯蓄本能.

Spar- und Dar·le·hens·kas·se 女 貯蓄貸付金庫〈組合〉.

Spar≠ver·ein 男 貯蓄組合. **≠ver·trag** 男 貯蓄契約. **≠witz** 男《話》へたな〈拙劣な〉しゃれ, まずいジョーク. **≠wo·che** 女 貯蓄週間. [＜sparen]

▽**spas·ma·tisch**[ʃpasmáːtɪʃ, sp..] ＝spasmisch

Spas·men Spasmus の複数.

spas·misch[ʃpásmɪʃ, sp..] 形, **spas·mo·disch**[ʃpasmóːdɪʃ, sp..] 形〘医〙痙性(けいせい)の, 痙攣(けいれん)性の.

Spas·mo·ly·ti·kum[ʃpasmolýːtikʊm, sp..] 中 -s/..ka[..kaˑ] 鎮痙(ちんけい)薬〈剤〉. [＜Lysis]

spas·mo·ly·tisch[..lýːtɪʃ] 形〘医〙鎮痙(ちんけい)性の.

Spas·mo·phi·lie[ʃpasmofilíː, sp..] 女 -/ 〘医〙痙攣(けいれん)質.

Spas·mus[ʃpásmʊs, sp..] 男 -/..men[..mən] (Krampf)〘医〙痙攣(けいれん), 痙縮(けいしゅく): Muskel*spasmus* 筋痙攣.

[*gr.*－*lat.*; ＜*gr.* spãn „ziehen" (◇spannen); ◇*engl.* spasm]

Spaß[ʃpaːs] 男 -es/Späße[ʃpɛ́ːsə] (小 **Späß·chen**[ʃpɛ́ːsçən] 中 -s/-) **1** 冗談, ふざけ, おどけ: ein alberner 〈dummer〉 ～ ばかばかしい冗談 | ein schlechter ～ ひどい冗談, 悪ふざけ ‖ Ist das ～ oder Ernst? それは冗談か それとも本気か | ***Spaß* beiseite!** i) 冗談はさておき; ii) 冗談はよせ | ～ muß sein. 少しぐらいの冗談はあってもいいだろう ‖ ～ 〈*Späße*〉 machen 冗談を言う; ふざける | Mach keinen ～ 〈keine *Späße*〉! 冗談はよせ, まさか, ほんとうかい | ***seinen*** ～ mit *jm.* treiben …をからかう | keinen ～ verstehen ユーモア〈冗談〉を解さない; ひどくきびしい | In Geldsachen versteht er keinen ～. 金銭問題になると彼はひどく真剣だ ‖ **aus 〔lauter〕 ～ und Tollerei** 全くの冗談から | Aus ～ wird oft 〈leicht〉 Ernst.《諺》ひょうたんから駒(こま)が出る | im 〈aus/zum〉 ～ sagen 冗談に言う | Das geht über den ～! それは冗談にしてはひどすぎる.

2《単数で》楽しみ, 慰み: Viel ～! (遊びに出かける人に向かって)大いに楽しんで来たまえ(いやなことを目の前に控えている人に対しても反語的に用いる) | **ein teurer ～ sein**《話》ずいぶん高いものにつく, たいへんな出費である | Mir ist der ～ vergangen. 私は(それに対する)興味を失った〈やる気がなくなってしまった〉‖〔*seinen*〕 ～ an *et.*[3] haben 〈finden〉 …を楽しんでいる〈楽しむ〉| *jm.* ～ machen 〈geben〉 …を楽しませる | Das hat mir viel ～ gemacht. それはとても面白かった | Diese Arbeit macht mir keinen ～. この仕事は私には楽しくない | *sich*[3] einen ～ daraus machen《zu 不定詞〔句〕と》(…〔のいたずら〕をするのを)面白がる | Er macht sich einen ～ daraus, die Vorübergehenden zu erschrecken. 彼は通行人を驚かして面白がっている | *jm.* den ～ verderben 〈versalzen〉 …の興をそぐ ‖ **aus ～ an der Freude**《話》単に楽しいからというだけの理由で.

[*it.* spasso; ＜*it.* spassare „zerstreuen" (◇expandieren)]

spa·ßen[ʃpáːsən]《02》自 (h) 冗談を言う, からかう, 茶化す: über alles ～ なんでもかんでも茶化す | Sie *spaßen* wohl! ご冗談でしょう | Ich *spaße* nicht. 冗談ではありません(本気ですよ) | Mit ihm ist nicht zu ～. / Er läßt nicht mit sich ～. i) (ひどくまじめで)彼にはうかつに冗談など言えない; ii) 彼は手ごわい | **mit *et.*[3] ist nicht zu ～ / mit *et.*[3] darf man nicht ～** …は笑いごとではない, …はいい加減にはすませられない.

spa·ßes·hal·ber[ʃpáːsəs..] 副《話》冗談に, ふざけて, 面白半分に.

Spa·ßet·tel〔n〕[ʃpaːsɛ́təl(n)] 複《オーストリア》冗談, ふざけ: ～ machen 冗談を言う, ふざける.

spaß·haft[ʃpáːshaft] ＝spaßig 2

spa·ßig[ʃpáːsɪç][2] 形 **1** (人について)ひょうきんな, 冗談好きの, おどけた. **2** (事物について)楽しい, おもしろい, 愉快な, こっけいな, おかしな: ein ～*es* Erlebnis 面白い体験 | ein ～*er* Name おかしな名前.

Spaß≠ma·cher[ʃpáːs..] 男 冗談〈しゃれ〉を言って人々を楽しませる人, ひょうきん者. **≠ver·der·ber** 男 興をそぐ人. **≠vo·gel** 男 ひょうきん者, おどけ者.

Spa·sti·ker[ʃpástikər, sp..] 男 -s/- **1**〘医〙痙性(けいせい)疾患の患者; 痙性脳麻痺(まひ)患者. **2**《卑》愚か者, うすのろ.

spa·stisch[..tɪʃ] 形〘医〙痙性(けいせい)の: ～*e* Lähmung 痙性麻痺(まひ).

Spa·sti·zi·tät[ʃpastitsitɛ́ːt, sp..] 女 -/ 〘医〙痙性(けいせい).

▽**spat**[ʃpaːt] ＝spät

Spat[1][ʃpaːt] 男 -〔e〕s/-e, Späte[ʃpɛ́ːtə] 〘鉱〙へげ石, スパー(劈開(へきかい)性のある結晶性鉱物の総称): Eisen*spat* 菱(りょう)鉄鉱 | Feld*spat* 長石. [*mhd.*]

Spat[2][－] 男 -〔e〕s/ 〘畜〙(馬などの)飛節内腫(しゅ) [*mhd.*]

spät[ʃpɛːt] 形 **1** (英: *late*) (↔früh) (時点の)遅い, 遅い時刻の; 夕刻の; 末期の: am ～*en* Abend 〈Nachmittag〉 晩〈午後〉遅くに | im ～*en* Mittelalter 中世末期に | in ～*er* Nacht 夜遅く | bis in die ～*e* Nacht / bis ～ in die Nacht 夜遅くまで | im ～*en* Sommer 夏の終わり近く, 晩夏に | zu ～*er* Stunde 〔夜〕遅い時刻に | Goethes ～*e* Werke / die Werke des ～*en* Goethe ゲーテの晩年の作品 ‖ ～ am Abend 〈in der Nacht〉 晩〈夜〉遅く | bis ～ in die Nacht 深夜まで | von früh bis ～ (→früh II 2) ‖ ～ aufstehen 〈schlafen gehen〉 遅く起きる〈就寝する〉| ～ nach Hause kommen 遅く帰宅する | Es ist schon ～ am Tag. もう時刻が遅い | Wie ～ ist es? / Wie ～ haben wir es? いま何時ですか(＝Wieviel Uhr ist es?) | Es wird heute 〔abend〕 ～. (帰宅・就寝などが)きょうは〔晩〕遅くになる ‖〘比較級で〙früher oder ～*er* (→früh I 1) | ～*er* als sonst schlafen gehen いつもより遅く就寝する | Je ～*er* der Abend, desto schöner die Gäste. (夜遅く来た客に冗談に)夜は遅いほどお客はいいものだ | früher oder ～*er* 遅かれ早かれ, いずれは.

2 通常〈基準〉より遅い, 遅すぎた, 遅ればせの; 季節はずれの; おくての: ～*es* Glück 晩年になってからの幸福 | ein ～*es* Mädchen (→Mädchen 1 a) | ein ～*er* Nachkomme 親が年をとってから生まれた跡継ぎ | ～*e* Reue 〈Besinnung〉 遅まきながらの後悔〈分別〉| ～*e* Sorte Obst おくての果物 | Wir hatten diesmal einen ～*en* Sommer. 今年は夏の来るのが遅かった ‖ ～ heiraten 遅く結婚する | Warum kommst du so ～? なぜ君はこんなに遅く〈遅れて〉来たんだ ‖ Ostern ist 〈fällt〉 dieses Jahr ～. 復活祭は今年は(いつもより)遅い | **Besser ～ als nie.**《諺》遅ればせでも ない〈しない〉よりはましだ ‖ **zu spät** kommen 遅刻する | zu ～ in die Schule 〈zur Arbeit〉 kommen 学校〈仕事〉に遅れる | Du kommst noch früh genug zu ～.《話》君はまだ遅刻じゃないよ | Dazu ist es 〔jetzt〕 zu ～. それにはもう手遅れだ〈間に合わない〉.

3《比較級で》のちの, あとになってからの: *js.* ～*ere* Frau i) その後…の妻になった女性; ii) …の後妻 | ～*ere* Generationen のちの世代 | in ～*eren* Jahren 後年に ‖ zwei Stunden ～*er* 〔今から〕2時間後に | *Später* ging er ins Ausland. その後彼は外国へ行った | Ich komme ～*er* wieder. あとでまた参ります ‖ *jn.* auf ～*er* vertrösten 今後に希望を持たせて…を慰める | Also dann, auf ～*er*! / Bis ～*er*! (別れぎわに)じゃあ またあとで.

[*ahd.*; ◇sparen]

spät·abends[ʃpɛːt|áːbənts, ⏤⏑] 副 晩遅く.

spat·ar·tig[ʃpáːt..] 形〘鉱〙へげ石〈スパー〉状の(→Spat[1]).

Spät≠auf·ste·her[ʃpɛ́ːt..] 男 -s/- 朝寝坊の人. **≠aus·sied·ler** 男 (東欧から旧西ドイツへの)遅い引き揚げ者(→Spätheimkehrer 1). **≠bur·gun·der** 男 -s/ **1**《単数で》(赤ワイン用)シュペートブルグンダー種のぶどう. **2** シュペートブルグンダー種のぶどうからつくった赤ワイン. **≠dienst** 男 夜間勤務, 遅番.

Spä·te[1][ʃpɛ́ːtə] 女 -/《雅》遅い時刻〈時期〉: von der Frühe bis in die ～ 朝早くから夜遅くまで | in der ～ der Nacht 夜遅く.

S

Spä·te[2] Spat[1]の複数.

Spat·ei·sen·stein[ʃpáːt..] 男 (Eisenspat, Siderit) 〘鉱〙菱(りょう)鉄鉱.

Spa·tel[ʃpáːtəl] 男 -s/- (女 -/-n) **1** 〘医〙へら; (Zungenspatel) 舌圧子. **2** =Spachtel 1 [*lat.* spat(h)ula; ◇Spatha, Spalier]

Spa·ten[ʃpáːtən] 男 -s/- **1** (シャベル状の)鋤(すき), 踏み鋤〈鍬(くわ)〉(→ 図): das Land mit dem ~ umgraben 土地を鋤で掘り返す | den ~ in die Erde stoßen 鋤を土に突き入れる | Wissenschaft des ~*s* 鋤〈発掘〉による学問(考古学など). **2** (Pik) 〘(トランプ)〙スペード. [*westgerm.*; ◇Span; *engl.* spade]

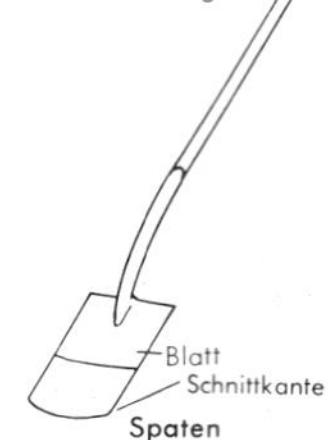

Spaten

Spa·ten≠blatt 中 鋤(すき)の刃. ≠**for·schung** 女 〘考古〙発掘調査. ≠**ma·schi·ne** 女 耕耘(こううん)機. ≠**moos** 中 〘植〙ヒシャクゴケ(柄杓苔)属. ≠**stich** 男 鋤を一突き土の中へ入れること, 鋤の一掘り〈一踏み〉: der erste ~ für den Bau 建設工事の鍬(くわ)入れ | den ersten ~ tun 鍬入れをする.

Spät≠ent·wick·ler[ʃpέːt..] 男 成熟の遅い人, おくて. ≠**ent·wick·lung** 女 (肉体的・精神的な)晩熟, おくて.

spä·ter spät の比較級.

spä·ter·hin[ʃpέːtərhín] 副 のちに〔なって〕, あとで.

spä·te·stens[ʃpέːtəstəns] 副 遅くとも: ~ morgen 遅くともあすには | ~ 〔am〕 Freitag 遅くとも金曜には | ~ in einer Stunde / in ~ einer Stunde 遅くとも1時間後には | ~ 〔um〕 12 Uhr / 〔um〕 12 Uhr ~ 遅くとも12時には.

Spät≠fol·ge 女 -/-n 《ふつう複数で》〘医〙後遺症. ≠**frost** 男 (↔Frühfrost) 春になってからの寒気, 晩霜. ≠**ge·burt** 女 (↔ Frühgeburt) 〘医〙晩期産〔の子〕. ≠**ge·schäft** 中 (旧東ドイツで正規の開店時間を超えて)遅くまで開店している店. ≠**go·tik** 女 〘美〙後期ゴシック様式〔時代〕(14世紀後半-15世紀).

Spa·tha[spáːtaˑ, ʃp..] 女 -/..then[..tən] **1** 〘植〙苞鞘(ほうしょう), (サトイモ科などの)仏焔苞(ぶつえんほう). **2** 両刃の長剣. [*gr.* spáthē-*lat.*; ◇Spada, Spatel]

Spät≠heim·keh·rer[ʃpέːt..] 男 **1** (特に第二次大戦後の長い捕虜生活の後の)遅い帰国〈復員〉者. **2** 《話》午前様. ≠**herbst** 男 晩秋. ≠**holz** 中 -es/ (↔Frühholz) 〘林〙秋材.

Spa·ti·en Spatium の複数.

spa·tio·nie·ren[ʃpatsioníːrən, sp..] (ᵛ**spa·ti·ie·ren** [..tsiíːrən]) 他 (h) 〘印〙(込め物を入れて字間・語間に)間をおく, 間をひろげる.

spa·tiös[..tsiǿːs][1] 形 〘印〙間隔のある, 字間〈行間〉をあけた. [*lat.*; ◇ *engl.* spacious]

Spa·tium[ʃpáːtsiʊm, sp..] 中 -s/..tien[..tsiən] **1** 〘印〙スペース(字間・語間のあきを加減する込め物の一種): die *Spatien* einsetzen / mit den *Spatien* durchschießen スペースを入れ〔て字間・語間をあけ〕る | ein Wort mit *Spatien* drucken 語の字間をあけて印刷する. **2** 〘印〙(字間・語間の)あき, 間隔; 〘楽〙〔線〕間(五線譜の線と線の間). [*lat.*; ◇sputen, spazieren; *engl.* space]

Spät≠jahr[ʃpέːt..] 中 (↔ Frühjahr) (Herbst) 秋; (Spätherbst) 晩秋. ≠**ka·pi·ta·lis·mus** 男 後期資本主義. ≠**la·tein** 中 (3-6世紀ごろの)後期ラテン語. ≠**le·se** 女 **1** (ぶどうの)遅摘み. **2** シュペートレーゼ(遅摘みのぶどうから作られた上等なワイン).

Spät·ling[ʃpέːtlɪŋ] 男 -s/-e (遅れて来たもの) **1** (作家・作曲家などの)晩年の作品. **2** (↔Frühling) **a)** (結婚後)遅く生まれた子; 兄姉と年がひどく離れて生まれた子. **b)** 遅〈秋〉生まれの子羊. **3** 遅咲きの花; おくて〔の果実〕. **4** (Epigone) 末流, 亜流. **5** 《南部》(↔Frühling) 秋.

Spät≠mer·ker 男 《話》理解の遅い人, のろま. ≠**mit·tel·al·ter** 中 中世末期.

spät·mit·tel·hoch·deutsch 形 後期中高ドイツ語の: →deutsch

Spät≠nach·mit·tag 男 午後遅い時刻(6時ごろ). ≠**nach·rich·ten** 複 (ラジオ・テレビの)最終ニュース.

Spät·nik[ʃpέːtnɪk] 男 -s/ 《戯》(旧ソ連に遅れをとった)米国最初の人工衛星 (Sputnik をもじったもの).

Spät≠obst 中 おくての果実. ≠**pro·gramm** 中 (映画館・テレビなどの)深夜番組.

spät·reif 形 晩熟の, おくての.

Spät≠rei·fe 女 (肉体的・精神的な)晩熟, おくて. ≠**re·nais·sance**[..rənɛsɑ̃ːs] 女 後期ルネサンス. ≠**ro·man·tik** 女 後期ロマン派〈主義〉. ≠**scha·den** 男 後発性障害, 後遺症. ≠**som·mer** 男 晩夏. ≠**sta·dium** 中 末期の段階. ≠**stück** 中 《戯》(昼食を兼ねた)遅い朝食 (Frühstück をもじったもの). ≠**ver·kaufs·stel·le** 女 =Spätgeschäft ≠**werk** 中 晩年の作品.

Spatz[ʃpats] 男 -en (-es)/-en (㊛ **Spät·zin**[ʃpέtsɪn]-/-nen, ⓒ **Spätz·chen**[ʃpέtsçən] 中 -s/-) **1** (Sperling) 〘鳥〙スズメ(雀): **wie ein ~ essen** 《話》ひどく少食である | frech wie ein ~ 《比》スズメのように厚かましい | **Das pfeifen die ~*en* von den 〈allen〉 Dächern.** 《話》だれでもそれを知っている, それはいたるところで噂(うわさ)に上っている | **~*en* im Kopf haben** 《話》 i) 頭がいかれている; ii) 高慢ちきである | Du hast wohl ~*en* unterm Hut? 《皮肉》帽子の下にスズメでも飼っているのかい(部屋の中やあいさつのときなど脱帽しないのをからかって) | Besser ein ~ in der Hand als eine Taube auf dem Dach. (→Taube[2] 1 a) ‖ mit Kanonen auf ~*en*[4] 〈nach ~*en*〉 schießen (→ Kanone 1 a). **2** 《話》 **a)** ひよわなやせっぽちの子供〈若者〉. **b)** 少食の人. **c)** 量の少ない肉料理一人前. **3** 《卑》(Penis) 陰茎, 男根. [*mhd.*; <*ahd.* sparo (→Sperling)]

Spat·zen·ge·hirn[ʃpátsən..] 中 =Spatzenhirn

spat·zen·haft[ʃpátsənhaft] 形 **1** すずめの涙ほどの, ほんのちょっぴりの, ひどく少ない. **2** 厚かましい, 横着な.

Spat·zen≠hirn 中 《話》 **1** ちっぽけな脳みそ, 浅知恵: ein ~ besitzen 脳足りんである. **2** 脳足りん; 健忘症の人. ≠**schreck** 男 《(オーストリア)》(Vogelscheuche) かかし(案山子).

Spät·zin Spatz の女性形.

Spätz·le[ʃpέtslə] 複 《南部》〘料理〙シュペッツレ(小麦粉で作ったヌードルを塩ゆでした Schwaben 地方の家庭料理).

Spät≠zün·der[ʃpέːt..] 男 《戯》理解〈のみこみ〉の遅い人; 成熟の遅い人, おくて. ≠**zün·dung** 女 **1** (内燃機関の)遅れ〈遅延〉点火. **2** 《戯》遅い理解力, のみこみの遅さ.

spa·zie·ren[ʃpatsíːrən] 自 (s) **1** あてもなく〈のんびりと〉歩き回る, ぶらつく: im Zimmer auf und ab ~ 部屋の中をあちこち歩き回る | ins Haus ~ 家の中へ入る. **2** (spazierengehen) 散歩〈散策〉する: Wir sind ~ gewesen. 我々は散歩に出かけていた | Wir gingen ~. 我々は散歩に出かけた(→spazierengehen).

★ 他の動詞と用いる場合は分離の前つづりともみなされる.

[*lat.* spatiārī-*it.*-*mhd.*; ◇Spatium]

spa·zie·ren≠|fah·ren* 《37》 **I** 自 (s) ドライブ〈サイクリング〉に出かける; 馬車で遠乗りする; 舟遊びをする. **II** 他 (h) 《*jn.*》ドライブに連れて行く. ≠|**füh·ren** 他 (h) 《*jn.*》散歩に連れて行く〈連れ出す〉: einen Hund ~ 犬を散歩に連れて行く. ≠|**ge·hen*** 《53》 自 (s) 散歩〈散策〉する, 散歩に行く: im Park 〈in der Stadt〉 ~ 公園〈市内〉を散歩する. ≠|**rei·ten*** 《116》 自 (s) (馬で)遠乗りする, 遠乗りに出かける. ≠|**tra·gen*** 《191》 他 (h) 《話》見せびらかす.

Spa·zier≠fahrt[ʃpatsíːr..] 女 **1** ドライブ; サイクリング: eine kleine ~ machen ちょっとドライブ〈サイクリング〉する. **2** 舟遊び. ≠**gang** 男 散歩, 散策, 逍遙(しょうよう): einen ~ machen 散歩する | *jn.* zum ~ abholen …を散歩に連れ出す. ≠**gän·ger** 男 散歩する人, 散策者. ≠**höl·zer** 複 《話》(細くて長い)脛(すね)〈脚(あし)〉. ≠**ritt** 男 (気晴らしのための)騎行, 遠乗り. ≠**stock** 男 -〔e〕s/..stöcke 散歩用ステッキ. ≠**weg** 男 散歩道.

spa·zi·fi·zie·ren[ʃpatsifitsíːrən] 《戯》= spazieren (spezifizieren をまねた造語).

SPD[ɛspeːdéː] 略 女 -/ =**S**ozialdemokratische **P**artei

Deutschlands ドイツ社会民主党(1890年に成立し, ナチ政府に解体弾圧されたのち,1945年に再建された. 旧東ドイツでは共産党と合体してドイツ社会主義統一党となった: →SED).

Spea·ker[spíːkər] 男 -s/- (英国・米国の下院の)議長.
[*engl.*; < *engl.* speak (→sprechen)]

Specht[ʃpɛçt] 男 -[e]s/-e 〖鳥〗キツツキ(啄木鳥), ケラ: Der ~ hämmert ⟨klopft / trommelt⟩ an einem Baum. キツツキが木をつつく. [*ahd.* speh[t]; ◇ *lat.* pīcus „Specht“]

Specht⸗mei·se[ʃpέçt..] 女 (Kleiber) 〖鳥〗ゴジュウカラ(五十雀). **⸗pa·pa·gei** 男〖鳥〗ケラインコ(啄木鳥鸚哥).

Speck[ʃpɛk] 男 -[e]s/ (種類: -e) **1 a)** (豚・鯨・アザラシなどの)脂肪; 脂身, ベーコン: Spiegeleier mit ~〖料理〗ベーコン=エッグ ‖ **den ~ riechen**《話》くさいとにらむ, おかしい⟨怪しい⟩と思う; (身の)危険を察知する ‖ **'Ran an den ~!**《話》さあ仕事にかかれ | wie die Made im ~ leben (→ Made) | **Mit ~ fängt man Mäuse.**《諺》よいえさを使えば獲物が手に入る ‖ in Dreck und ~ (→ Dreck 1) | *et.*[4] mit Dreck und ~ essen (→ Dreck 1) | vor Dreck und ~ starren (→ Dreck 1). **b)** 《話》(Fettpolster) (人間の)皮下脂肪: ~ ansetzen 脂肪がつく, 太る | ~ drauf ⟨auf dem Leib / auf den Rippen⟩ haben《比》(栄養がよく)太っている. **2** 《スイス》(Splintholz) 辺材, 白太(しらた).
[*germ.*; ◇ sparen]

Speck·bauch[ʃpέk..] 男《話》脂肪太りの腹, 太鼓腹.

speck·bäu·chig 形《話》太鼓腹の.

Speck⸗grie·be =Griebe 1 **⸗hals** 男《話》脂肪太りの首, 猪首(いくび).

speckig[ʃpέkɪç][2] 形 **1** 脂(あぶら)じみた, 脂ぎった;《比》脂⟨垢(あか)⟩で汚れた: ein ~*er* Anzug 着古して黒光りした洋服 | ein ~*es* Buch 手あかで汚れた本 ‖ dreckig und ~ (→ dreckig). **2** 《話》脂肪の多い, 太った, 肥満した.

Speck⸗jä·ger[ʃpέk..] 男《話》(Landstreicher) 浮浪者. **⸗kä·fer** 男〖虫〗**1** カツオブシムシ(鰹節虫). **2** カツオブシムシ科の昆虫. **⸗ku·chen** =Speckpfannkuchen **⸗nacken** 男《話》脂肪太りの⟨肥満した⟩首筋. **⸗pfann·ku·chen** 男 ベーコン入りパンケーキ. **⸗pol·ster** 中《話》(Fettpolster) 皮下脂肪. **⸗schwar·te** 女 ベーコンの皮. **⸗sei·te** 女 (脂身のある)豚のわき腹肉: mit der Wurst nach der ~ werfen (→ Wurst 1). **⸗stein** 男 (Steatit)〖鉱〗凍石.

spe·die·ren[ʃpedíːrən] 他 (h) (貨物などを)運送⟨輸送⟩する: Güter mit der Bahn ⟨einem Lastwagen⟩ ~ 貨物を鉄道⟨トラック⟩で輸送する ‖ *jn.* an die Luft ~《戯》…を家の外へ追い出す | *jn.* ins Jenseits ~《戯》…をあの世へ送る.
[*lat.* expedīre (→expedieren)−*it.*]

Spe·di·teur[ʃpeditøːr] 男 -s/-e 運送代理店.
[<..eur]

Spe·di·tion[ʃpeditsióːn] 女 -/-en **1** 運送, 輸送. **2** 運送業; 運送店⟨会社⟩; (企業内の)発送部.
[*lat.*−*it.* spedizione; ◇Expedition]

Spe·di·tions⸗ab·tei·lung 女 (企業内の)発送部. **⸗fir·ma** 女 運送会社. **⸗ge·bühr** 女 運送料. **⸗ge·schäft** 中 運送業⟨店⟩. **⸗kauf·mann** 男 =Spediteur

spe·di·tiv[ʃpedití:f][1] 形《スイス》速い, 迅速な; すらすらはかどる.
[*it.*; < *lat.* expedītus „losgemacht, ungehindert“]

Speech[spiːtʃ] 男 -es[spíːtʃəs]/-e, -es[spíːtʃɪs] (Rede, Ansprache) 演説, スピーチ; 談話, おしゃべり. [*engl.*]

Speed[spiːt, ..d] **I** 男 -s/-s 〖スポーツ〗(競走・競馬などの)速度, スピード; (Spurt) スパート. **II** 中 -s/-s 《話》興奮剤, 覚醒(かくせい)剤.
[*engl.*; ◇sputen]

Speer[ʃpeːr] 男 -[e]s/-e **1** (武器としての)投げ槍(やり) (→ 図): *jn.* mit einem ~ durchbohren ⟨töten⟩ …を槍で突き刺す⟨殺す⟩. **2** 〖陸上〗(投擲(とうてき)用の)槍: Er warf ⟨schleuderte⟩ den ~ 65 Meter weit. 彼は槍を65メートル投げた. [*idg.*; ◇Sparren; *engl.* spear; *lat.* sparus „Jagdspeer“]

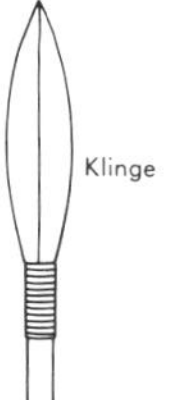

Speer

Speer⸗äl·chen[ʃpéːr..] 中〖動〗ピンセンチュウ(線虫). **⸗kies** 男 (Markasit)〖鉱〗白鉄鉱. **⸗schaft** 男 槍(やり)の柄. **⸗spit·ze** 女 槍の穂先, 槍先(やりさき). **⸗wer·fen** 中 -s/ 槍を投げること;〖陸上〗槍投げ. **⸗wer·fer** 男 槍を投げる人;〖陸上〗槍投げの選手. **⸗wurf** 男 **1** =Speerwerfen ▽**2** 槍を投げれば届く距離.

spei·ben*[ʃpáɪbən][1] 《174》 **spieb**[ʃpiːp][1]/**ge·spie·ben**; 接II spiebe 自 (h) 《南部・オーストリア》(speien) つばを吐く; 吐く, もどす. [*ahd.* spīwan; ◇speien]

Spei·che[ʃpáɪçə] 女 -/-n **1** (車輪の)輻(や), スポーク(→ 図 Rad): ~*n* in ein Rad einspannen ⟨einziehen⟩ 車輪の輻をはめこむ | *et.*[3] in die ~*n* fallen《比》…の進行を妨害する. **2** 〖解〗橈骨(とうこつ) (→ 図 Mensch C).
[*westgerm.*; ◇spitz, Spieker; *engl.* spoke]

Spei·chel[ʃpáɪçəl] 男 -s/ 唾液(だえき), つば; よだれ: ~ absondern 唾液を分泌する | den ~ schlucken つばを飲み込む | *js.* **~ lecken**《比》…にへつらう⟨おべっかを使う⟩ ‖ Der ~ lief ihm aus dem Mund ⟨im Mund zusammen⟩. 彼の口からよだれが流れた⟨彼の口の中につばがたまった(食欲をおぼえて)⟩. [*ahd.*; ◇speien]

Spei·chel⸗ab·son·de·rung 女〖生理〗唾液(だえき)の分泌. **⸗drü·se** 女〖解〗唾液腺(だえきせん). **⸗fluß** 男〖医〗唾液分泌過多, 流涎(りゅうぜん)症. **⸗lecker** 男《軽蔑的に》おべっか使い.

Spei·chel·lecke·rei[ʃpaɪçəllɛkəráɪ] 女 -/-en《軽蔑的に》へつらい, ごますり.

spei·cheln[ʃpáɪçəln] 《06》 自 (h) 唾液(だえき)を分泌する; (話す際などに)つばを飛ばす, よだれを垂らす.

Spei·chel·stein 男〖医〗唾石(だせき).

Spei·chen·sa·lat[ʃpáɪçən..] 男《話》(交通事故で)めちゃめちゃに壊れた自転車. [< Speiche 1]

Spei·cher[ʃpáɪçər] 男 -s/- **1** 倉庫, 貯蔵庫⟨タンク⟩; 納屋, 穀物倉: Wasser*speicher* 貯水タンク | Getreide in einem ~ lagern 穀物を穀物倉に貯蔵する. **2** 《南部》(Dachboden) (物置・物干し用などの)屋根裏部屋: auf dem ~ Wäsche trocknen 屋根裏部屋で洗濯物を干す. **3** 〖電算〗記憶装置, 記憶素子, メモリー.
[*spätlat.* spīcārium−*ahd.*; < *lat.* spīca (→Spika)]

Spei·cher⸗adres·se 女〖電算〗記憶アドレス. **⸗becken** 中 貯水槽, 貯水池. **⸗bild** 中 (Hologramm)〖光〗ホログラム. **⸗chip** 男〖電算〗メモリー用半導体チップ, 記憶素子. **⸗ge·büh·ren** 複, **⸗geld** 中 倉庫保管料. **⸗ge·stein** 中〖地〗油層岩. **⸗ge·we·be** 中〖生〗貯蔵組織. **⸗ka·pa·zi·tät** 女〖電算〗記憶容量. **⸗kraft·werk** 中 貯水池式発電所.

spei·chern[ʃpáɪçərn] 《05》 他 (h) (倉庫などに)貯蔵する; 蓄える, 蓄積する;〖電算〗(データを)記憶装置に入れる: Getreide ⟨Lebensmittel⟩ ~ 穀物⟨食糧品⟩を貯蔵する | Wärme ⟨Energie⟩ ~ 熱⟨エネルギー⟩を蓄える ‖ Informationen ~〖電算〗情報を記憶させる.

Spei·cher⸗nie·re 女〖動〗(カタツムリなどの)蓄積腎(じん). **⸗ofen** =Nachtspeicherofen

Spei·che·rung[ʃpáɪçərʊŋ] 女 -/-en《ふつう単数で》(speichern すること. 例えば:) 貯蔵, 蓄積.

Spei·cher·werk[ʃpáɪçər..] 中〖電算〗記憶装置.

Speich·griff[ʃpáɪç..] 男 (↔ Ellgriff)〖体操〗(鞍馬(あんば)・平行棒の)内手(うちて), 橈骨(とうこつ)握り(→ 図 Turngriff). [< Speiche 2]

spei·en*[ʃpáɪən] 《174》 **spie**[ʃpiː] (wir spie[e]n) / **ge·spie[·e]n**[gəʃpíː(ə)n]; 接II spiee 《雅》 **I** 自 (h) **1** (spucken) つばを吐く: nach *jm.* ⟨*jm.* ins Gesicht⟩ ~ …にむかって⟨…の顔に⟩つばを吐きかける. **2** (気分が悪くなって)吐く, もどす.

II 他 (h) (口から)吐く: *et.*[4] aus dem Mund ~ …を口から吐き出す | Blut ~ 血を吐く | Gift und Galle [über *jn.*] ~《比》[…に]憤激をぶちまける,[…に]当たり散らす | Der Vulkan *spie* Lava. 火山は溶岩を噴出した.

S

[*idg.*; ◇speiben, Speichel; *gr.* ptýein „speien"; *engl.* spew]
Spei·er·ling[ʃpáɪərlɪŋ] 男 -s/-e《植》(ヨーロッパ産) ナナカマド(七竈)属の一種. [◇Spierling²]
Spei·gat〔**t**〕[ʃpáɪ..] 中《海》(甲板の) 排水口, 水落とし. [<speien]
Speik[ʃpaɪk] 男 -〔e〕s/-e《植》**1** (アルプス地方の) カノコソウ(鹿子草)(→Baldrian). **2** (Lavendel) ラベンダー. [*lat.* spīca (→Spika)–*mlat.*]
Speil[ʃpaɪl] 男 -s/-e **1** (薄い) 木片; 木屑(きくず). **2** 木串(きぐし).
[*mhd.*; <*mhd.* spillen „absplittern" (◇spalten)]
spei·len[ʃpáɪlən] 他 (h) (ソーセージの両端を) 串(くし)でとめる; 串に刺す.
Spei·ler[ʃpáɪlər] 男 -s/ =Speil
spei·lern[..lərn]《05》=speilen
Spei≈napf[ʃpáɪ..] 男 たんつぼ. **≈nuß** 女《植》マチンの種子(馬銭子). [<speien]
Speis¹[ʃpaɪs]¹ 男 -es/《西部・南部》(Mörtel) モルタル, 漆喰(しっくい).
Speis²[−] 女 -/-en《南部・オーストリア》《話》=Speisekammer
Spei·se[ʃpáɪzə] 女 -/-n **1** (調理された) 食物, 料理: eine leckere ⟨nahrhafte⟩ ~ おいしい⟨栄養になる⟩食物 | feste ⟨flüssige⟩ ~*n*《医》固形⟨流動⟩食 | kalte ~*n* (ハム・ソーセイージ・チーズ・パンなどだけで, 火を用いての調理をしない) 冷たい料理⟨食事⟩ | Eier*speise* 卵料理 | Vor*speise* 前菜, オードブル | Nach*speise* デザート | *Speis*〔*e*〕 und Trank / ~*n* und Getränke 食べ物と飲み物 ‖ die ~*n* auftragen ⟨abtragen⟩ 料理を食卓に並べる⟨食卓から片づける⟩ | eine ~ zubereiten 料理をつくる | Dem einen ist's ~, dem andern Gift.《諺》甲の薬は乙の毒(それぞれに好みは異なる). **2**《北部》(Süßspeise) (食後のデザートなどの) 甘いもの. **3**《単数で》=Speis¹ **4** =Glockenspeise
[*mlat.* spē〔n〕sa–*ahd.*; <*lat.* expēnsum „Ausgabe"; ◇Expensen, Spesen]
Spei·se·boh·nen·kä·fer 男《虫》インゲンマメゾウムシ(隠元豆象虫).
Spei·se≈brei 男 (Nahrungsbrei)《医》糜粥(びじゅく), 糜汁(びじゅう), キームス. **≈eis** 中 アイスクリーム. **≈erb·se** 女《植》エンドウ(豌豆). **≈fett** 中 食用脂. **≈fisch** 男 食用魚. **≈folge** =Speisenfolge **≈gast·stät·te** 女, ▽**≈haus** 中 料理店, レストラン. **≈kam·mer** 女 食料貯蔵室. **≈kar·te** 女 献立表, メニュー: die ~ studieren (注文の品を決めるために) メニューをじっくり読む⟨検討する⟩. **≈ka·sten** 男《オーストリア》=Speiseschrank **≈kelch** 男《カトリック》(ホスチア用の) 聖体器. **≈lei·tung** 女 給電線; 給水管; ガス導管. **≈lo·kal** 中 =Speisegaststätte **≈mor·chel** 女《植》アミガサタケ(編笠茸).
spei·sen[ʃpáɪzən]¹《02》《スイス: 過分 gespiesen [gəʃpí:zən]》 **I** 自 (h)《雅》(essen) 食事をする: zu Abend ⟨Mittag⟩ ~ 夕食⟨昼食⟩をとる | auswärts ⟨zu Hause⟩ ~ 外で⟨自宅で⟩食事をする | 〔Ich〕 wünsche wohl zu ~. おいしく召し上がれ(食事をすすめるときの言葉). **II** 他 (h) **1**《雅》(essen)《*et.*⁴》食べる: Was wollen Sie heute ~? きょうは何を召し上がりますか. **2**《雅》《*jn.*》(…に) 食事を与える, 給食する: Hungrige ~ 飢えた者に食事を与える. **3**《*et.*⁴ mit *et.*³》(…に…を) 供給する: einen Dampfkessel mit Wasser ~ ボイラーに給水する | eine Lichtanlage mit Strom ~ 照明設備に通電する | einen Ofen mit Brennmaterial ~ 炉に燃料をくべる | *jn.* mit leeren Hoffnungen ~ …にむなしい希望を抱かせる ‖ Der See wird aus einem Fluß ⟨durch einen Fluß⟩ *gespeist*. この湖にはある川から水が流入している.
Spei·sen≈auf·zug 男 (レストランなどの) 料理運搬用リフト. **≈fol·ge** 女《雅》(フルコースの食事などの) 料理の順序. **≈kar·te**《南部》=Speisekarte
Spei·se≈öl 中 食用油. **≈op·fer** 中 (祭壇に供える食品の) 供物. **≈pilz** 男 食用キノコ. **≈pum·pe** 女 給水ポンプ. **≈raum** 男 食事室, 食堂. **≈rest** 男 -〔e〕s/-e《ふつう複数で》**1** 食べ残し, 残飯; (歯についた) 食べかす. **2**《医》植物残渣(ざんさ). **≈rohr** 中 給水管; ガス導管. **≈röh·re** 女《解》食道(→ 図 Magen A).
Spei·se·röh·ren≈krebs 男《医》食道癌(がん). **≈spie·gel** 男《医》食道鏡. **≈ver·en·gung** 女《医》食道狭窄(きょうさく)〔症〕.
Spei·se≈rü·be 女《植》フダンソウ(不断草), トウヂシャ. **≈saal** 男 食堂(→ 図 Schiff B). **≈saft** 男《医》乳糜(にゅうび). **≈salz** 中 食塩. **≈schrank** 男 食料品戸棚. **≈spar·gel** 男《植》アスパラガス. **≈tisch** 男 食卓. **≈wa·gen** 男《鉄道》食堂車. **≈was·ser** 中 -s/..wässer《工》ボイラー用の水. **≈wirt·schaft** 女 =Speisegaststätte **≈zet·tel** 男 (Küchenzettel) 献立〔計画〕表. **≈zim·mer** 中 食事室, 食堂: *sich*³ ein ~ kaufen 食堂用の家具一式を買い入れる.
Speis·ko·balt[ʃpáɪs..] 中《鉱》砒(ひ)コバルト鉱.
Spei·sung[ʃpáɪzʊŋ] 女 -/-en (speisen すること. 特に:) **1** 給食: Schul*speisung* 学校給食. **2** 供給, 給水, 給電, 給炭.
Spei≈täub·ling[ʃpáɪ..] 男, **≈teu·fel** 男《植》ドクベニタケ(毒紅茸). [<speien]
spei·übel[ʃpáɪ|ý:bəl, ⏤⏤⏑] 形《述語的》吐きそうなほど気分の悪い: Mir ist ~. 私は胸⟨胃⟩がむかむかする.
Spek·ta·bi·li·tät[ʃpɛktabilitɛ́:t, sp..] 女 -/-en 学部長先生(大学の学部長に対する敬称): Seine ~ eröffnete die Sitzung. 学部長先生は会議を開会された ‖《所有代名詞 euer を冠して, 2 人称の敬称として: →euer I ☆ ii》Eure ⟨Euer⟩ ~! (呼びかけの際に) 学部長先生 ‖《定動詞を 3 人称複数の形にして》Was meinen Eure ~ dazu? この件について学部長はどうお考えですか.
[*spätlat.*; <*lat.* spectābilis „ansehnlich"]
Spek·ta·kel[ʃpɛktá:kəl] **I** 男 -s/-《話》大騒ぎ, 騒動: ~ machen 騒ぎ⟨ごたごた⟩を起こす | Mach keinen 〔solchen〕 ~! そんなに騒ぐな.
II [また: spɛk..] 中 -s/- **1** (Schauspiel) (感銘深い・センセーショナルな) 見もの, 壮観, 奇観. ▽**2** (派手な) 芝居, 見せもの, 大活劇.
[*lat.* spectāculum; <*lat.* spectāre „schauen"; ◇Spektrum]
Spek·ta·kel·ma·cher 男《軽蔑的に》騒ぐ人; 騒動⟨ごたごた⟩を起こす人.
spek·ta·keln[ʃpɛktá:kəln]《06》《過分 spektakelt》自 (h)《話》騒ぐ, 大騒ぎする; 騒動⟨ごたごた⟩を起こす.
Spek·ta·kel·stück 中 波瀾(はらん)に富んだ芝居, 大活劇.
Spek·ta·ku·la Spektakulum の複数.
spek·ta·ku·lär[ʃpɛktakulɛ́:r, sp..] 形 見ものの, 華々しい, めざましい, センセーショナルな: ein ~*er* Erfolg ⟨Kriminalfall⟩ 華々しい成功⟨センセーショナルな犯罪事件⟩ | *et.*⁴ ~ aufziehen …を大々的に⟨鳴り物入りで⟩準備する.
Spek·ta·ku·lum[ʃpɛktá:kulʊm, sp..] 中 -s/..la[..la·]《戯》=Spektakel II
Spek·tra Spektrum の複数.
spek·tral[ʃpɛktrá:l, sp..] 形《理》スペクトルの: ~*e* Empfindlichkeit 視感度. [<..al¹]
Spek·tral·ana·ly·se[ʃpɛktrá:l.., sp..] 女《理》スペクトル分析.
spek·tral·ana·ly·tisch 形 スペクトル分析〔上〕の.
Spek·tral≈ap·pa·rat 男 分光装置(分光器・分光写真機・分光計など). **≈far·be** 女 -/-n (ふつう複数で)《理》スペクトル色, スペクトル刺激: die ~*n* des Sonnenlichtes 日光のスペクトル色. **≈ge·rät** 中 = Spektralapparat **≈klas·se** 女《天》スペクトル型. **≈li·nie**[..niə] 女《理》スペクトル線. **≈se·ri·en** 複《理》スペクトル線系列. **≈typ** 男 =Spektralklasse **≈zer·le·gung** 女《数》スペクトル分解.
Spek·tren Spektrum の複数.
Spek·tro·che·mie[ʃpɛktroçemí:, sp..] 女 -/ 分光化学.
spek·tro·che·misch[..çé:mɪʃ] 形 分光化学〔上〕の: eine ~*e* Analyse 分光分析 | eine ~*e* Reihe 分光化学系列.

Spek·tro·graph[ʃpɛktrográ:f, sp..] 男 -en/-en **1** 分光写真機, スペクトログラフ. **2**〘言〙音声周波数分析装置, ソナグラフ, サウンドスペクトログラフ.

Spek·tro·me·ter[..mé:tər] 中 (男) -s/- 分光計, スペクトロメーター.

Spek·tro·pho·to·me·ter[..fotomé:tər] 中 (男) 分光測定器, 分光光度計.

Spek·tro·skop[..troskó:p, ..rɔs..] 中 -s/-e 分光器.

Spek·tro·sko·pie[..troskopí:, ..rɔs..] 女 -/ 分光学.

spek·tro·sko·pisch[..skó:pɪʃ] 形 分光〔学〕の: ~*e* Doppelsterne〘天〙分光連星.

Spek·trum[ʃpέktrum, sp..] 中 -s/..tren[..trən], ..tra [..tra·] **1**〘理〙スペクトル: ein kontinuierliches ~ 連続スペクトル | ultrarotes ~ 赤外スペクトル | Linien*spektrum* 線スペクトル. **2**《比》多彩さ, 多様性: das breite ~ der klassischen Literatur 古典文学の幅広い多様性.
[*lat.*–*engl.* spectrum; < *lat.* specere (→spähen); ◇Spektakel]

Spe·ku·la Spekulum の複数.

Spe·ku·lant[ʃpekulánt] 男 -en/-en 投機家, 相場〈思惑〉師, 山師. [< ..ant]

Spe·ku·la·tion[ʃpekulatsió:n] 女 -/-en **1 a)**〘哲〙(認識を目的とする)思弁. **b)** (経験的知識や合理的判断にもとづかない)思索; 推測, 推量; 空理, 空論: ~*en* über *et.*[4] anstellen …についてあれこれ推測する | *sich*[4] in ~*en* verlieren (現実ばなれした)仮定的想像にふける. **2**〘経〙投機, 思惑: Börsen*spekulation* 株式投機 | ~*en* auf eine günstige Entwicklung 株価〈景気〉上昇を予想しての投機 | ~ mit Devisen 外国為替投機 ‖ auf ~ 思惑で. [*spätlat.*]

Spe·ku·la·tions≈ge·schäft 中 投機〈思惑〉取引. **≈ge·winn** 男 投機による利得. **≈kauf** 男 思惑買い. **≈ob·jekt** 中 投機の対象. **≈pa·pier** 中 投機株.

Spe·ku·la·tius[ʃpekulá:tsius] 男 -/- スペクラチウス(クリスマスなどに使われるシナモン・丁子などの香料の入ったクッキー).

spe·ku·la·tiv[ʃpekulatí:f][1] 形 **1 a)**〘哲〙思弁的な: eine ~*e* Methode 思弁的方法 | ~*e* Philosophie 思弁哲学. **b)** 推測〈推量〉による, 推測的な; 純理的な. **2**〘経〙投機的な, 思惑的な; 冒険的な. [*spätlat.*]

spe·ku·lie·ren[ʃpekulí:rən] 自 (h) **1** 投機をする, 相場をはる, 思惑を試みる: an 〈auf〉 der Börse ~ 株式市場で投機をする | auf Sinken 〈Steigen〉 ~ 下落〈騰貴〉投機をする | mit Grundstücken 〈Wertpapieren〉 ~ 土地〈株券〉で相場をはる. **2**《話》《auf *et.*[4]》(…を)あてにする, あてこむ,(…に)つけこむ: Er hat auf ihre Mitgift *spekuliert*. 彼は彼女の持参金をあてにしていた. **3**《über *et.*[4]》(…について)あれこれ推測〈憶測〉する.
[*lat.*; < *lat.* specula „Warte"]

Spe·ku·lum[ʃpé:kulum, sp..] 中 -s/..la[..la·] (Spiegel)〘医〙鏡(きょう), 検鏡, スペキュラ: Vaginal*spiegel* 膣(ちつ)鏡 | Anal*spekulum* 肛門(こうもん)鏡.
[*lat.* speculum; < *lat.* specere (→spähen); ◇Spiegel]

Spe·läo·lo·gie[ʃpelɛologí:, sp..] 女 -/ (Höhlenkunde) 洞窟(どう)〈洞穴〉学. [< *gr.* spélaion „Höhle"]

spe·läo·lo·gisch[..ló:gɪʃ] 形 洞窟(どう)〈洞穴〉学の.

Spelt[ʃpɛlt] 男 -[e]s/-e (Dinkel)〘植〙スペルトコムギ(小麦). [*westgerm.*; ◇spalten, Spelze]

Spe·lun·ke[ʃpelúŋkə] 女 -/-n **1**《軽蔑的に》酒場,(いかがわしい)飲み屋. **2** みすぼらしい〈不潔な〉住居, あばらや.
[*gr.* spēlygx „Höhle"–*lat.*]

Spelz [ʃpɛlts] 男 -es/-e =Spelt

Spel·ze[ʃpέltsə] 女 -/-n **1** (イネ科の)もみがら,(穀物の)から. **2**〘植〙(イネ科の)穎(えい), 苞穎(ほうえい).

spel·zig[..tsɪç][2] 形 もみがらの多く混入した.

Spelz·wei·zen 男 =Spelt

spen·da·bel[ʃpɛndá:bəl] (..da·bl..) 形《話》(freigebig) 気前のよい, 物惜しみしない. [< spenden+..abel]

Spen·de[ʃpέndə] 女 -/-n 寄付〈義援〉金, 献金; 喜捨, 寄進, 施し物; 寄贈品: ~*n* an Geld 寄付金 | ~*n* an Medikamenten 寄贈医薬品 ‖ ~*n* sammeln 寄付を集める.
[*ahd.*; ◇spenden]

Spen·del[ʃpέndəl] 女 -/-n =Spennadel

spen·den[ʃpέndən][1] 《01》 他 (h) **1** 寄付〈寄贈・寄進〉する; 醵出(きょしゅつ)する: Blut ~ 給血〈献血〉する | Geld für *et.*[4] ~ …のために献金する〈金を寄付する〉‖ *jm.* Beifall ~ …に喝采(かっさい)をおくる | *jm.* Trost ~ …を慰める. **2** 授ける, 与える: die Sakramente 〈den Segen〉 ~ (聖職者が)秘跡〈祝福〉を授ける ‖ Der Baum *spendet* im Sommer viel Schatten. その木は夏には日陰をたくさん与えてくれる | Der Kamin *spendete* eine behagliche Wärme. 暖炉が快適な暖かさを恵んでくれた.
[*lat.* ex-pendere „ab-wägen, auszahlen"–*mlat.*–*ahd.*; ◇Pension, Expensen, Spind]

Spen·den≈ak·tion 女 募金運動. **≈kon·to** 中 寄付金払い込みのための〔銀行〕口座.

Spen·der[ʃpέndər] 男 -s/- (⊛ **Spen·de·rin**[..dərɪn] -/-nen) **1** 寄付〈寄贈〉者, 施主. **2** (血液・精液・臓器などの)提供者, ドナー: Blut*spender* 給血〈献血〉者 | Organ*spender* 臓器提供者. **3** ディスペンサー(ティッシュペーパーなどを適量ずつ取り出せる容器).

Spen·der≈blut 中 給血者の血液. **≈or·gan** 中 臓器提供者の臓器.

spen·die·ren[ʃpɛndí:rən] 他 (h)《話》《*jm. et.*[4]》(…のために…の代金を)気前よく支払う,(…に…を)おごる: den Kindern ein Eis ~ 子供たちにアイスクリームを買ってあげる | Den Wein hat er *spendiert*. このワインは彼のおごりだ.

spen·die·r·freu·dig[ʃpɛndí:r..] 形 気前のよい.

Spen·die·r·ho·sen 複《戯》《もっぱら次の成句で》**die ~ anhaben** 気前がよい, 物惜しみをしない.

Spen·dung[ʃpέnduŋ] 女 -/-en **1**《単数で》spenden すること. **2** =Spende

Speng·ler[1][ʃpέŋlər] 男 -s/- 《南部・オーストリア・スイス》=Klempner [*mhd.*; ◇Spange]

Speng·ler[2][–] 人名 Oswald ~ オスヴァルト シュペングラー (1880–1936; ドイツの文化哲学者. 著作『西洋の没落』など).

Spen·na·del[ʃpέn..] 女《南部・オーストリア》(Stecknadel) ピン, 留め針.
[*lat.*–*ahd.* spenala; < *lat.* spīna (→Spina)]

Spen·zer[ʃpέntsər] 男 -s/- (オーストリア: **Spen·ser**[..zər] 男 -s/-)〘服飾〙スペンサー(ぴったり体に合う男性用の短い上着. 18世紀後半から19世紀初頭にかけて流行した). [*engl.* spencer; < G. J. Spencer (英国の政治家, †1834)]

Sper·ber[ʃpέrbər] 男 -s/-〘鳥〙ハイタカ(鷂). [*ahd.*; ◇Sperling, Aar]

Sper·ber·eu·le 女〘鳥〙オナガフクロウ(尾長梟).

sper·bern[ʃpέrbərn] 《05》 自 (h)《スイス》(ハイタカのように)鋭く見つめる, 目が鋭い.

Spe·renz·chen[ʃperέntsçən] 複, **Spe·ren·zi·en** [..tsiən] 複《軽蔑的に》**1** 面倒, ごたごた: ~ machen ごたごたを起こす, あれこれぐずぐず言う. **2** (無用の)遠慮, 気取り, 儀式ばり: Laß doch diese ~ und komm herein! ぐずぐずせずに入って来いよ. [< *mlat.* spērantia „Hoffnung"+sperren I 4]

Sper·gel[ʃpέrgəl] 男 -s/- =Spörgel

Sper·ling[ʃpέrlɪŋ] 男 -s/-e (Spatz)〘鳥〙スズメ(雀): Die ~*e* tschilpen. すずめがさえずる | Besser ein ~ in der Hand als eine Taube auf dem Dach. (→Taube[2] 1 a). [*ahd.*; < *ahd.* sparo „Sperling"; ◇*engl.* sparrow]

Sper·lings≈kauz 男〘鳥〙スズメフクロウ(雀梟). **≈vo·gel** 男 -s/..vögel《ふつう複数で》〘鳥〙スズメ類, 燕雀(えんじゃく)目.

Sper·ma[ʃpέrma·, sp..] 中 -s/..men[..mən], -ta[..ta·] (Samen)〘生〙(人間・動物の)精液. [*gr.*–*spätlat.*; < *gr.* speírein „ausstreuen" (◇Spreu, sprühen)]

Sper·ma≈bank[ʃpέrma.., sp..] 女 -/-en 精液銀行. **≈spen·der** 男 (精液銀行のための)精液供給者.

Sper·ma·ta Sperma の複数.

Sper·ma·ti·tis[ʃpɛrmatí:tɪs, sp..] 女 -/..titiden [..tití:dən]〘医〙精索炎. [< ..itis]

S

spermato..《名詞などにつけて「精液・精子」を意味する》

Sper·ma·to·ge·ne·se[ʃpɛrmatogené:zə, sp..] 女 -/ 〘生〙精子形成.

Sper·ma·to·gramm[..grám] 中 -s/-e〘医〙精子像.

Sper·ma·to·pho·re[..fó:rə] 女 -/-n《ふつう複数で》〘動〙精包, 精球.

Sper·ma·to·phyt[..fý:t] 男 -en/-en (Samenpflanze)〘植〙種子植物.

Sper·ma·tor·rhö[..tɔrǿ:, ..torǿ:] 女 -/-en, **Sper·ma·tor·rhöe**[..tɔrǿ:, ..torǿ:] 女 -/-n[..rǿ:ən] (Samenfluß)〘医〙精液漏. [<*gr.* rhoé „Fließen"]

Sper·ma·to·zo·on[..totsó:ɔn] 中 -s/..zoen[..tsó:ən] =Spermium [<zoo..]

Sper·ma·zet[..tsé:t] 中 -[e]s/ (Walrat)〘化〙鯨蠟(げいろう).
[<*gr.* kētos (→Zetazee); ◇*engl.* spermaceti]

Sper·men Sperma の複数.

Sper·mi·en Spermium の複数.

Sper·min[ʃpɛrmí:n, sp..] 中 -s/〘生化学〙スペルミン.

Sper·mio·ge·ne·se[..miogené:zə] 女 -/ =Spermatogenese

Sper·mium[ʃpέrmiʊm, sp..] 中 -s/..mien[..miən] (Samenfaden)〘生〙精子, 精虫.

Sper·mi·zid[ʃpɛrmitsí:t, sp..][1] 中 -[e]s/-e〘医〙(避妊などのための)殺精子剤.

Sperrad[ʃpέrra:t][1] 中〘工〙つめ車(→ 図 Sperrklinke); はめば歯車.

sperr·an·gel·weit[ʃpέr|áŋəlváɪt] 形《ふつう副詞的》(戸や窓が蝶番(ちょうつがい)の許すかぎり)広く⟨いっぱいに⟩開かれた.

Sperr≈bal·ken[ʃpέr..] 男 =Sperrbaum **≈bal·lon**[..balɔŋ] 男〘軍〙阻塞(そさい)⟨防空⟩気球. **≈baum** 男 (通行止め用の)遮断棒. **≈druck** 男 -[e]s/〘印〙(強調のため字間をあけた)隔字体印刷(例 Sperre →S p e r r e).

Sper·re[ʃpέrə] 女 -/-n **1 a**) (通行止めなどの)遮断物, 遮断機, バリケード: ~*n* bauen ⟨errichten⟩ バリケードを作る | die ~ öffnen ⟨schließen⟩ 遮断機を開く⟨閉じる⟩.
b) (Bahnsteigsperre)(駅の)改札口: Ich warte an der ~ auf Sie. 改札口でお待ちしています | durch die ~ gehen / die ~ passieren 改札口を通る.
2 a) 通行止め, 遮断; 閉鎖, 封鎖; (一般に)禁止, 停止, 差し止め; 〘球技〙妨害: Einfuhr*sperre* 輸入禁止 | Strom*sperre* 送電停止, 停電 | Zahlungs*sperre* 支払い停止⟨禁止⟩ ‖ eine ~ aufheben 封鎖⟨禁止⟩を解除する | eine ~ über *et.*[4] hängen …を禁止する⟨差し止める⟩.
b)《ｽﾎﾟｰﾂ》出場停止〔処分〕: über *jn.* eine ~ von einem Monat verhängen …を1か月間の出場停止処分にする.

sper·ren[ʃpέrən] **I** 他 (h) **1 a**) (通路などを)遮断する, 閉鎖⟨封鎖⟩する: eine Brücke ⟨einen Hafen⟩ ~ 橋⟨港⟩を閉鎖する | eine Straße für den Verkehr ~ 道路の交通を遮断する | Schneefälle haben den Weg *gesperrt.* 降雪のためその道は通行不能となった ‖ *Gesperrt* für Durchgangsverkehr! 通り抜け禁止. **b**) (一般に)禁止⟨停止⟩する, 差し止める: die Ausfuhr ⟨die Einfuhr⟩ ~ 輸出⟨輸入⟩を禁止する | *jm.* den Kredit ~ …に対する信用取引を停止する | *jm.* den Strom ⟨das Telefon⟩ ~ …に対して電気⟨電話⟩を止める(使用料滞納などで). **c**)《*jn.*》(スポーツ選手・俳優などを)出場⟨出演⟩停止処分にする: *jn.* für ein Jahr ~ …を1年間出場停止処分にする. **d**)〘心〙阻害する;《*jn.*》〘球技〙妨害する.
2 a)《*jn.* in *et.*[4]》(…を…に)閉じ込める: einen Vogel in einen Käfig ~ 鳥をかごに入れる | *jn.* ins Gefängnis ~ …を刑務所に入れる ‖ 再帰 *sich*[4] in *sein* Zimmer ~ 自室に閉じこもる. **b**) (門戸を閉じて)中へ入れない: *jn.* aus dem Haus ~ …を家から閉め出す.
3《南部・ｵｰｽﾄﾘｱ》(schließen) 閉じる, 閉める: ein Tor ⟨ein Geschäft⟩ ~ 門⟨店⟩を閉める.
4 再帰 *sich*[4] gegen *et.*[4] ~ …に対してさからう⟨反抗する⟩ | Sie *sperrt* sich gegen alles. 彼女は何にでも反対する.
5 a) (脚・翼などを)広げる; (鳥のひななどが餌(え)をもらおうとして口を)大きく開く. **b**)〘印〙(字間をあけて)隔字体にする(→ Sperrdruck): *gesperrter* Satz インテル入り版 | *et.*[4] *gesperrt* drucken …を隔字体で印刷する.
II 自 (h)《方》(窓・戸などが)きちんと⟨うまく⟩閉まらない.
[*germ.*; ◇Sparren]

Sperr≈fe·der[ʃpέr..] 女〘工〙制動ばね. **≈feu·er** 中〘軍〙弾幕〔砲火〕, 幕火: *jn.* mit ~ belegen …に弾幕砲火を浴びせる. **≈frist** 女 (著作権・秘密文書などの)封鎖⟨閉鎖⟩期間, 禁止⟨停止⟩期間. **≈ge·biet** 中 遮断⟨封鎖⟩区域, 立ち入り禁止区域. **≈geld** 中《ｵｰｽﾄﾘｱ》(夜中に玄関の戸を開けてくれる管理人に与える)チップ, 開門料. **≈ge·setz** 中 輸入禁止⟨停止⟩令. **≈ge·trie·be** 中〘工〙制動装置, つめ車装置, ラチェット仕掛け. **≈gut** 中 かさばる貨物;〘鉄道〙潤大(じゅんだい)貨物. **≈gut·ha·ben** 中〘商〙封鎖勘定; 封鎖債権. **≈ha·ken** 男《方》(Dietrich) 錠前をこじあける道具. **≈holz** 中 -es/ (ベニヤなどの)合板(→ 図 Holz B).

sper·rig[ʃpέrɪç][2] 形 **1** (荷物・家具などが)場所をとる, かさばる: ~*e* Abfälle 粗大ごみ | ~*es* Gut =Sperrgut | Das Gepäck ist sehr ~. その荷物はとても場所をとる. **2** 御し難い, 手に余る, 扱いにくい, 反抗的な: ein ~*es* Thema 扱いにくいテーマ.

Sper·rig·keit[−kaɪt] 女 -/ sperrig なこと.

Sperr≈ket·te[ʃpέr..] 女 **1** (立ち入り・通行などの禁止を示す)遮断鎖;《比》(人垣による)バリケード. **2** ドアチェーン; (自転車などの)鎖錠. **≈klau·sel** 女〘法〙阻止条項. **≈klin·ke** 女〘工〙(ラチェットの)歯止めつめ, 戻り止め(→ 図). **≈kon·to** 中〘商〙封鎖勘定, 封鎖預金口座. **≈kreis** 男〘電〙(混信分離用の)除波⟨反共振⟩回路, ウェーブトラップ. **≈mau·er** 女 (ダムなどの)遮水壁. **≈müll** 男 粗大ごみ.

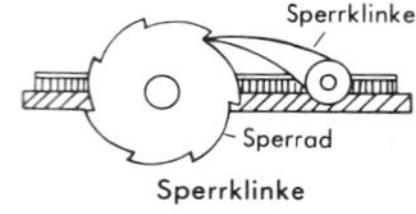

Sperr·müll≈ab·fuhr 女, **≈ab·ho·lung** 女 粗大ごみ回収.

Sperr≈rad =Sperrad **≈schicht** 女 **1**〘理〙(半導体などの)障壁, 堰(せき)層. **2**〘土木〙防水⟨防湿⟩層.

Sperr·schrift·schal·tung 女 (タイプライターの)ダブルスペーサー(→ 図 Schreibmaschine).

Sperr≈schuh 男〘工〙ブレーキシュー, 制動靴. **≈sitz** 男 (劇場・映画館などの)特等仕切り席. **≈stun·de** 女 (Polizeistunde)(飲食店・風俗営業などの)法定閉店時刻.

Sper·rung[ʃpέrʊŋ] 女 -/-en **1**《単数で》(sperren すること. 例えば:) 遮断, 閉鎖, 封鎖; 差し止め, 禁止, 停止;〘心〙阻害. **2** =Sperre 1

Sperr·vor·rich·tung 女 遮断⟨鎖錠⟩装置.

sperr·weit =sperrangelweit

Sperr≈zeit[ʃpέr..] 女 = Sperrstunde **≈zoll** 男 -[e]s/..zölle (輸入制限のための)阻止関税. **≈zo·ne** 女 遮断⟨封鎖⟩地帯, 立ち入り禁止区域.

Spe·sen[ʃpé:zən] 複 (会社・官庁などが負担する)諸経費, 雑費: unter Nachnahme der ~ (個人が)諸経費を先払いして | unnötig ~ machen むだな出費をする ‖ Außer ~ nichts gewesen.《話》金ばかりかかってなんの成果も得られなかった.
[*it.*; <*lat.* expēnsum (→Speise); ◇Expensen]

spe·sen·frei 形 社費⟨官費⟩支給なしの.

Spe·sen≈nach·nah·me 女 諸掛かり先払い. **≈rit·ter** 男《話》会社の費用で飲食⟨旅行⟩をする人, 社用族.

der **Spes·sart**[ʃpέsart] 地名 男 -s/ シュペッサルト(ドイツ中部, Odenwald の北東にある山地で, 深い森で知られる).
[*mhd.* Spehtes-hart „Spechtswald"; ◇Specht, Hart]

spet·ten[ʃpέtən]《01》自 (h)《ｽｲｽ》(日給や時間給で)家事の手伝いをする.

Spet·te·rin[ʃpέtərɪn] 女 -/-nen《ｽｲｽ》(通いの)お手伝いさん, 家政婦.

Spey·er[ʃpáɪər] 地名 シュパイヤー(ドイツ Rheinland-Pfalz 州にあり, Rhein 川に臨む工業都市. ローマ時代からの古都).
[„(am) sprudelnden (Bach)"; <*ahd.* spīan

(◇speien); ◇*engl.* Spires]

Spey〔e〕·rer[ʃpáɪ(ə)rər] **I** 男 -s/- シュパイヤーの人. **II** 形《無変化》シュパイヤーの.

spey〔e〕·risch[ʃpáɪ(ə)rɪʃ] 形 シュパイヤーの.

Spe·ze·rei[ʃpe:tsəráɪ] 女 -/-en **1**《ふつう複数で》香辛〈香味〉料, 薬味類, スパイス. **2**《複数で》《オーストリア》(Delikatesse) 美味な食べ物, 珍味, 佳肴(かこう). [*it.*; < *spätlat.* speciēs „Gewürze" (◇Spezies); ◇Spezierer; *engl.* spice]

Spe·ze·rei≈hand·lung 女《スイス》(Gemischtwarenhandlung) 食料品兼雑貨商, よろず屋. ▽**≈wa·ren** 複 **1** 香辛〈香味〉料, 薬味類. **2** 珍味, 佳肴(かこう).

Spe·zi[ʃpé:tsi·] **1** 男 -s/-〔s〕《南部・オーストリア・スイス》《話》特に親しい友人, 親友. **2** 中 -s/-〔s〕《話》シュペーツィ(レモネードとコカコーラの混合飲料).

spe·zial[ʃpetsiá:l] ▽**I** =speziell **II Spe·zial** 男 -s/-e **1**《南部》=Spezi **2** (上等な)たる詰めワイン. **3**《北部》2分の1ショッペン〔のワイン〕(→Schoppen 1). [*lat.*]

Spe·zial≈arzt 男 専門医. **≈aus·bil·dung** 女 特殊〈専門〉教育. **≈aus·druck** 男 特殊表現; 専門用語, 術語. **≈be·reich** 男 特殊〈専門〉分野. **≈chip** 男〘電算〙特殊〔半導体〕チップ. **≈fach** 中 専門, 専攻分野. **≈fahr·zeug** 中 特殊車両. **≈fall** 男 特別の場合, 特殊ケース, 特例. **≈ge·biet** 中 特殊〈専門〉分野. **≈ge·rät** 中 (特定使用目的のための)特殊器具. **≈ge·schäft** 中 専門店: ein ~ für Handschuhe 手袋の専門店. **≈glas** 中 -es/..gläser **1**《単数で》特殊ガラス. **2** 特殊なグラス〈コップ〉.

▽**Spe·zia·li·en**[ʃpetsiá:liən] 複 (個々の)特徴; 詳細, 細目.

Spe·zia·li·sa·tion[ʃpetsializatsió:n] 女 -/-en **1** =Spezialisierung **2**〘生〙(器官などの)分化. [*fr.*]

spe·zia·li·sie·ren[ʃpetsializí:rən] 他 (h) **1 a)** 特殊化〈特定化〉する, (…に)特殊な性格〈機能〉を与える. **b)** 再帰 *sich*[4] auf *et.*[4] ~ …を専門的に扱う; …を専門的に研究する, …を専攻する | Diese Buchhandlung hat sich auf schöne Literatur *spezialisiert.* この本屋は文学書を専門に扱っている | Es ist nicht gut, daß sich die Studenten zu früh *spezialisieren.* 学生たちがあまり早くから専門の研究に走ることは好ましくない. **2** 個々に取り扱う〈詳述する〉, 個別的に観察〈判断〉する.

Spe·zia·li·sie·rung[..rʊŋ] 女 -/-en〔sich〕spezialisieren すること.

Spe·zia·list[ʃpetsialíst] 男 -en/-en (Fachmann) 専門家: ein ~ für innere Krankheiten 内科専門医 | Er ist〔ein〕~ für Barockmusik. 彼はバロック音楽の専門家だ. [*fr.*]

Spe·zia·li·sten·tum[..lístəntu:m] 中 -s/ 専門家であること; 専門家気質; 専門主義.

Spe·zia·li·tät[ʃpetsialitέ:t] 女 -/-en **1** 特殊性; 特殊才能〈技能〉, 特技, 得意とするもの, 十八番; 専門, 専攻. **2** (土地の)特産品, 名産, (店の)自慢の料理. [*spätlat.*]

Spe·zial≈ka·me·ra[ʃpetsiá:l..] 女〘写〙特殊カメラ. **≈kar·te** 女 特殊地図; (地区別の)区分地図. **≈me·tall** 中 特殊金属. **≈mit·tel** 中 特効薬. **≈prä·ven·tion** 女 (↔ Generalprävention)〘法〙(犯罪の)特別予防. **≈schu·le** 女 (旧東ドイツの)特別〈英才〉〔教育〕学校. **≈sla·lom** 男〘スキー〙純回転競技. **≈sprung〔·lauf〕** 男〘スキー〙純ジャンプ競技. **≈stahl** 男〘金属〙特殊鋼. **≈trai·ning**[..trɛ:nɪŋ] 中 特殊訓練. **≈trup·pe** 女〘軍〙特殊部隊. **≈voll·macht** 女 (↔Generalvollmacht)〘法〙特定代理権. **≈wis·sen** 中 特殊知識. **≈wör·ter·buch** 中 特殊辞典.

spe·ziell[ʃpetsiέl] **I** 形 (↔generell) 特別の, 特殊の; 特有〈独特〉の; 専門の; 個別の, 細目にわたる: eine ~*e* Aufgabe 特別な任務〈課題〉| ~*er* Stahl 特殊鋼 ‖ Er ist mein〔ganz〕~*er* Freund.《皮肉》彼は私の特別な友人だ(彼にはひどい目にあったことがある, あいつはごめんだ) | Haben Sie ~*e* Wünsche? 特別のご希望はおありですか ‖ Auf dein *Spezielles*〈~*es* Wohl〉! (乾杯の際に)君の健康を祈って. **II** 副 (besonders) 特に, とりわけ: Ich höre gern Musik, ~ klassische Musik. 私は音楽とくに古典音楽を好んで聞く | Diese Flasche Whisky habe ich ~ für dich gekauft. このウイスキーは特に君のために買ってきたのだ.
[<spezial+..ell; ◇*engl.* special]

Spe·zie·rer[ʃpetsí:rər] 男 -s/-《スイス》《話》食料品兼雑貨商人. [*mlat.–it.*; ◇Spezerei]

Spe·zies[ʃpé:tsiɛs, sp..] 女 -/- [..tsie:s] **1 a)** 種類: eine völlig neue ~〔von〕Mensch 全く新しいタイプの人間. **b)** (Art)〘動・植〙種(動植物分類の基準単位). **c)**〘論〙種〔概念〕. **2** die vier ~〘数〙(加減乗除の)四則. **3**〘法〙特定物. **4**〘薬〙混合茶.
[*lat.* speciēs „Anblick"; < *lat.* specere (→spähen); ◇Spezimen, spezifisch; *engl.* species]

Spe·zies≈kauf[ʃpé:tsiɛs..] 男 (↔Gattungskauf)〘商〙個別〈特定商品〉売買. **≈schuld** 女 (↔Gattungsschuld)〘商〙特定物債務. ▽**≈ta·ler** 男 ターラー硬貨.

Spe·zi·fik[ʃpetsí:fɪk, sp..] 女 -/《集合的に》特殊性; 特性, 特色.

Spe·zi·fi·ka Spezifikum の複数.

Spe·zi·fi·ka·tion[ʃpetsifikatsió:n, sp..] 女 -/-en **1 a)** =Spezifizierung **b)** 明細〈仕様〉書. **2**〘法〙(広義の)加工. [*mlat.*]

Spe·zi·fi·kum[ʃpetsí:fikʊm, sp..; オーストリア:..tsífi..] 中 -s/..ka[..ka·] **1** 特別〈独特〉のもの; 特性, 特質, 特色, 特徴. **2**〘医〙(特定の病気に対する)特効薬.

spe·zi·fisch[ʃpetsí:fɪʃ, sp..] 形 特殊〈特定〉の; 特有〈固有〉の, 独特〈特異〉の: das ~*e* Gewicht〘理〙比重 | die ~*e* Immunität〘医〙特異免疫 | die ~*e* Wärme〘理〙比熱 | der ~*e*〔elektrische〕Widerstand〘理〙比〔電気〕抵抗 ‖ Dieses Symptom ist für eine Leberkrankheit ~. この症候は肝臓病に特有のものだ ‖ eine ~ weibliche Eigenschaft 女性固有の性質.
[*spätlat.*; < *lat.* speciēs (→Spezies)]

..spezifisch[..ʃpetsi:fɪʃ, ..sp..]《名詞につけて「…に特有の・固有の・特徴的な」を意味する形容詞をつくる》: alters*spezifisch* 老人に特有の | geschlechts*spezifisch* 性別によって特徴的な.

Spe·zi·fi·tät[ʃpetsifitέ:t, sp..] 女 -/-en **1** 特殊〈特異〉性, 独自性; 特性, 特色. **2**〘化〙特異反応.

spe·zi·fi·zie·ren[ʃpetsifitsí:rən, sp..] 他 (h) 個々に明確にする, 詳細に記す, 詳述する: Ausgaben ~ 支出の詳細を述べる | eine *spezifizierte* Rechnung 明細計算書. [*mlat.*]

Spe·zi·fi·zie·rung[..rʊŋ] 女 -/-en spezifizieren すること.

▽**Spe·zi·men**[ʃpé:tsimən, ..mɛn, sp..; オーストリア: ʃpetsí:.., sp..] 中 -s/..mina[ʃpetsí:mina·, sp..] (Probe) 見本; 標本; 試作品. [*lat.*; < *lat.* specere (→spähen); ◇Spezies]

Sphä·re[sfέ:rə] 女 -/-n **1** (Himmelskugel) 天球; (地球を幾層かの天球がとりまいていると考えていた古代天文学の)天球層: die Harmonie der ~*n*〘哲〙天空の音楽(→Sphärenmusik 1). **2** 領域; 視野; 勢力圏, 活動範囲, 領分: die politische ~ 政治畑 ‖ aus *seiner* ~ heraustreten 本分を逸脱する ‖ Das liegt nicht in meiner ~. それは私の領分ではない | **in höheren ~*n* schweben**《戯》現実〈浮世〉離れしている. [*gr.* sphaĩra „Kugel"〔–*lat.*–*ahd.*〕; ◇*engl.* sphere]

Sphä·ren≈har·mo·nie[sfέ:rən..] 女 -/ =Sphärenmusik 1 **≈mu·sik** 女 **1**《単数で》〘哲〙(Pythagoras 派の説いた)天空の音楽. **2** (この世のものとも思われぬ)妙(たえ)なる音楽.

sphä·risch[sfέ:rɪʃ] 形《付加語的》**1** 天球の. **2** 球状の; 球面の: ~*e* Astronomie 球面天文学 | ein ~*es* Dreieck 球面三角形 | eine ~*e* Linse 球面レンズ | ~*e* Trigonometrie 球面三角法.

Sphä·ro·guß[sfέ:ro..] 男〘金属〙ノジュラー鋳鉄.

Sphä·ro·id[sfɛroí:t][1] 中 -〔e〕s/-e〘数〙スフェロイド, 回転楕円(だえん)面.

sphä·roi·disch[..í:dɪʃ] 形 回転楕円(だえん)体の, 長球の.

Sphä·ro·kri·stall[..krɪstál] 男〘理・鉱〙球晶.

Sphä·ro·lith[..lí:t, ..lít] 男 -s/-e; -en/-en **1**〘鉱〙スフェルライト. **2**〘医〙球状結石.

S

Sphä·ro·lo·gie[sfɛrologíː] 女 -/ 球面〔幾何〕学.
Sphä·ro·me·ter[..méːtər] 中 (男) -s/- 球面計.
Sphä·ro·si·de·rit[..ziderí:t, ..rít] 男 -s/-e 〖鉱〗球状菱(りょう)鉄鉱.
Sphä·ro·zy·ten[..tsýːtən] 複 球状赤血球. [<zyto..]
Sphen[sfeːn] 男 -s/-e (Titanit) 〖鉱〗チタン石. [*gr.* sphḗn „Keil"; 結晶の形から; ◇Span]
sphe·no·id[sfenoíːt][1] **I** 形 (keilförmig) 楔(くさび)状〈楔形〉の. **II Sphe·no·id** 中 -〔e〕s/-e **1** 〖鉱〗楔面(けつめん). **2** (Keilbein) 〖解〗蝶形(ちょうけい)骨. [<..oid]
sphe·noi·dal[..idáːl] **1** =sphenoid **2** 蝶形(ちょうけい)骨の. [<..al[1]]
Sphin·gen Sphinx II の複数.
Sphink·ter[sfíŋktər] 男 -s/-e[sfɪŋktéːrə] (Schließmuskel) 〖解〗括約筋: äußerer〈innerer〉~ 外〈内〉括約筋. [*gr.*–*spätlat.*; <*gr.* sphíggein „schnüren"]
Sphinx[sfɪŋks] **I** 女 -/ **1** 〖ギ神〗スピンクス(頭が人間で体がライオンの怪物. なぞをかけ, 解けない者を殺したという). **2** 《比》なぞの人物〈存在〉. **II** 女 -/-e (男 -/-e, Sphingen [sfíŋən]) **1** スフィンクス(古代エジプトなどで造られた I 1 の石像. 最古最大のものはエジプトのギゼーにある). **2** 〖虫〗コエビガラスズメ(小海老殻雀蛾). [*gr.*–*lat.*]
Sphra·gi·stik[sfragístɪk] 女 -/ (Siegelkunde) 印章学. [<*gr.* sphrāgís „Siegel〔bild〕"+..ik]
sphra·gi·stisch[..tɪʃ] 形 印章学〔上〕の.
Sphyg·mo·graph[sfʏgmográːf] 男 -en/-en 〖医〗脈波計. [<*gr.* sphygmós „Puls"]
Sphyg·mo·gra·phie[..grafíː] 女 -/-n[..fíːən] 〖医〗脈波記録法.
Sphyg·mo·ma·no·me·ter[..manoméːtər] 中 (男) 脈圧計, 血圧計.
Spick·aal[ʃpík..] 男 《北部》(Räucheraal) 燻製(くんせい)のウナギ(鰻). [<*mndd.* spik „geräuchert"]
Spicke[ʃpíkə] 女 -/-n 《話》=Spickzettel
Spickel[ʃpíkəl] 男 -s/- 《スイ》(Zwickel) 〖服飾〗まち, ゴア. [*lat.* spīculum „Spitze"; ◇Spika]
Spicke·lung[..kəlʊŋ] 女 〖紋〗三角チェック模様.
spicken[ʃpíkən] **I** 他 (h) **1** (焼く前の肉の赤身に)薄切りのベーコンを差し込む: 〔ein〕 *gespickter* Braten ベーコンをさした焼き肉 | den Speck ~《比》余計なことをする. **2** 《話》《*et.*[4] mit *et.*[3]》(…に…を)ぎっしり詰め込む: *seine* Rede mit Zitaten ~ 引用だらけの演説をする ‖ Die Übersetzung war mit Fehlern *gespickt.* その翻訳は間違いだらけだった ‖ *sich*[3] den Beutel ~ 自分の財布にたっぷり金を詰め込む. **3** 《話》《*jn.*》(…に)わいろをつかう, (…を)買収する. **4** 《話》《*et.*[4]》カンニングする: Diesen Satz hast du von deinen Nachbarn *gespickt.* この文は君が隣の連中からカンニングしたものだ.
II 自 **1** (h) 《話》カンニングする: bei *jm.* ~ …からカンニングする. **2** (s) 《スイ》試験に落ちる, 落第する.
[I: *mhd.*; ◇Speck]
Spicker[ʃpíkər] 男 -s/- 《話》**1** カンニングする人. **2** =Spickzettel
Spick·gans[ʃpík..] 女 《北部》塩漬けのあと燻製(くんせい)にしたガチョウの胸肉. [<*mndd.* spik „geräuchert"]
Spick≈na·del 女 肉にベーコンを差し込むための串(くし)(→ 図). **≈zet·tel** 男 《話》カンニングペーパー. [<spicken]

Spicknadel

spie[ʃpiː] speien の過去.
spieb[ʃpiːp][1] speiben の過去.
spie·be[ʃpíːbə] speiben の接続法 II.
spiee[ʃpíːə] speien の接続法 II.
Spie·gel[ʃpíːgəl] 男 -s/- **1 a)** (英: *mirror*) 鏡(かがみ); 反射鏡: ein blanker〈trüber〉~ 光った〈曇った〉鏡 | ein ~ aus Glas〈poliertem Metall〉ガラス〈磨いた金属〉製の鏡 | Hand*spiegel* 手鏡(てかがみ) | Hohl*spiegel* 凹面鏡 ‖ einen ~ aufhängen 鏡をかける | in den ~ blicken〈sehen〉鏡を見る | *sich*[4] im ~ betrachten 自分の姿を鏡に映して見る | vor dem ~ stehen 鏡の前に立っている | ***jm.* den ~ vorhalten**〈**vor das Gesicht halten**〉《比》…に向かってずけずけと欠点を指摘する | 〔***sich***[3]〕 ***et.***[4] **nicht hinter den ~ stecken** 《話》…を人目に触れさせない; …を恥とする ‖ ein 〔getreuer〕 ~ *seiner* Zeit sein 《比》その時代の〔忠実な〕反映である | Der ~ lügt nicht. 鏡はうそをつかない(本当の姿を忠実に映し出す) | Die Augen sind der ~ der Seele. 《諺》目は心の鏡. **b)** (Spekulum) 〖医〗鏡(きょう), 検鏡, スペキュラ: Nasen*spiegel* 〔後〕鼻鏡 | Vaginal*spiegel* 膣(ちつ)鏡. **c)** (六分儀の)指示鏡, 水平ガラス.
2 a) (Wasserspiegel) 水面(海面・湖面など); 液体の平らな表面: der ~ des Sees 鏡のような湖面; 湖の水位. **b)** (Wasserstand) 水位: Der ~ des Rheins ist um 10 cm gesunken. ライン川の水位は10センチ下がった.
3 〖生理〗(血液などに含まれるアルコール・糖などの)濃度.
4 (Satzspiegel) 〖印〗組版面, 印刷部分.
5 a) (タキシードなどの, 光沢のある)折り襟(→ 図 Frack). **b)** 〖軍〗(兵科別などを示す)襟章.
6 a) 一覧表, リスト. **b)** (宴会などの)席次表, 着席案内図: einen ~ auslegen 着席案内図を張り出す.
7 〖船〗(垂直に平らな)船尾, とも.
8 (シカや鳥などの臀部(でんぶ)の)白斑(はくはん), 鏡斑(→ 図 Reh).
9 標的の中心部.
10 〖史〗(書名に用いて)(…)鑑, 典範, 法令集: Sachsen*spiegel* ザクセン法鑑 | Beicht*spiegel* 〖カトリック〗告解心得書.
11 Der ~ デァシュピーゲル(1946年創刊のドイツの週刊誌).
12 (Türfüllung) (ドアの)鏡板.
[*lat.* speculum (→Spekulum)–*mlat.*–*ahd.*]
Spie·gel·ach·se[ʃpíːgəl..] 女 (Symmetrieachse) 〖数〗対称軸.
Spie·gel·berg[ʃpíːgəlbɛrk] 人名 シュピーゲルベルク(Schiller の『群盗』に登場する盗賊): Ich kenne dich, ~! / *Spiegelberg*, ich kenne dich! シュピーゲルベルク きさまの腹のうちは読めたぞ(2幕3場, 主人公カール モールの言葉).
Spie·gel·bild 中 (鏡などに映じた)映像; 〖理〗鏡像.
spie·gel·blank[ʃpíːgəlbláŋk] 形 鏡のように光る: ~*e* Schuhe ぴかぴかに磨きあげた靴.
Spie·gel≈ei[ʃpíːgəl..] 中 (Setzei) 〖料理〗目玉焼き: ~*er* mit Speck ベーコン=エッグ | ~*er* braten 目玉焼きをつくる. **≈ei·sen** 中 〖金属〗鏡鉄, スピーゲル=アイゼン. **≈fech·ten** 中 (Heuchelei) ごまかし, いかさま, ぺてん. **≈fech·ter** 男 いかさま師, 詐欺師.
Spie·gel·fech·te·rei[ʃpiːgəlfɛçtəráɪ] 女 -/-en =Spiegelfechten
Spie·gel≈fern·rohr[ʃpíːgəl..] 中 反射望遠鏡. **≈flä·che** 女 鏡の〔ように滑らかな〕表面. [▽]**≈fo·lie**[..foːliə] 女 鏡の裏箔(うらはく)(かつては錫箔などを用いた). **≈ga·le·rie** 女 (バロック様式の宮殿などの)鏡廊下(壁面に鏡を張った回廊). **≈ge·wöl·be** 中 〖建〗鏡形ヴォールト, 角形ドーム(→ 図 Gewölbe B). **≈glas** 中 -es/..gläser **1** 磨き板ガラス, 鏡用ガラス. [▽]**2** 鏡(かがみ).
spie·gel·glatt 形 鏡のように滑らかな.
[▽]**spie·gel·gleich** =spiegelungsgleich
[▽]**Spie·gel·gleich·heit** =Spiegelungsgleichheit
spie·ge·lig[ʃpíːgəlɪç][2] (**spieg·lig**[..glɪç][2]) 形 鏡のような, 鏡のように滑らかな, 鏡のように澄んだ〈光る〉.
Spie·gel≈karp·fen 男 〖魚〗カガミゴイ(鏡鯉)(ドイツゴイの一種). **≈mei·se** =Kohlmeise
spie·geln[ʃpíːgəln] 《06》 **I** 自 (h) (鏡のように)ぴかぴか光る, きらきら輝く; 光を反射する, まぶしく光る: vor Sauberkeit ~ (床などが)ぴかぴかに磨きあげてある ‖ *spiegelnder* Kristall きらめく水晶 | *spiegelnde* Lackschuhe ぴかぴかのエナメル靴.
II 他 (h) **1** (像などを)映す, 反映する: Das Wasser *spiegelte* die fernen Berge. 水面に遠い山々が映っていた | Sein Gesicht *spiegelte* tiefe Teilnahme. 彼の顔には深い同情が表れていた | Die Augen *spiegeln* die Seele. 《諺》目は心の鏡.

2 再帰 **a)** *sich*⁴ ～ 鏡に自分の姿を映して見る: *sich*⁴ im Schaufenster ～ ショーウインドーに映った自分の姿を見る ‖ *sich*⁴ an *et.*³ ～《比》…を手本〈他山の石〉とする. **b)** *sich*⁴ ～ (像などが)映る; 反映する, 表れる: Die Bäume *spiegeln* sich im Wasser. 木々が水に映っている | In seinem Gesicht *spiegelte* sich die Enttäuschung. 彼の顔にはありありと失望の色が見えた.
3 〖医〗検鏡でのぞく〈検査する〉(→Spekulum): den Magen ～ 胃の内視鏡検査をする | *sich*³ den Kehlkopf ～ lassen のどを検鏡で調べてもらう.
4 《方》(日光にあてて)きらきら光らせる: den Ring ～ 指輪をぴかぴかさせる.

Spie·gel·re·flex·ka·me·ra[ʃpíːgəl..] 女 〖写〗レフレックスカメラ(1眼レフ・2眼レフなど: → 図 Kamera).

Spie·gel≈saal 男 (宮殿などの)鏡〔張り〕の間: der ～ von Versailles ヴェルサイユ宮殿の鏡の間. **≈schei·be** 女 = Spiegelglas 1 **≈schlei·fer** 男 鏡の研磨工. **≈schrank** 男 鏡つき戸棚〈たんす〉. **≈schrift** 女 鏡文字(鏡に映ったように左右が逆になった文字): 〔in〕 ～ schreiben 鏡文字で書く. **≈te·le·skop** 中 =Spiegelfernrohr **≈tisch** 男 鏡つき化粧台, 鏡台.

Spie·ge·lung[ʃpíːgəlʊŋ] (**Spieg·lung**[..glʊŋ]) 女 -/-en **1** (〔sich〕 spiegeln すること. 例えば:) 反映, 反射; 〖心〗鏡映書き. **2** 映像; 〖数〗鏡像; (Luftspiegelung) 蜃気楼(しんきろう).

spie·ge·lungs·gleich 形 (symmetrisch) 〖数〗〔左右〕対称〈相称〉の.

Spie·ge·lungs·gleich·heit 女 -/ (Symmetrie) 〖数〗〔左右〕対称〈相称〉.

Spie·gel≈zeich·nung[ʃpíːgəl..] 女 〖心〗鏡映描写. **≈zim·mer** 中 鏡張りの部屋.

spieg·lig =spiegelig

Spieg·lung =Spiegelung

Spie·ker[ʃpíːkər] 男 -s/- 〖船〗(木造船用の)大くぎ, スパイク. [*mndd.*; ◇Speiche, Spike]

spie·kern[ʃpíːkərn] 《05》 他 (h) 〖船〗大くぎ〈スパイク〉でとめる.

Spiel[ʃpiːl] 中 -〔e〕s/-e **1** (英: *play*)(一定のルールをもつ)遊戯, ゲーム; (Wettspiel) 競技, 試合, 勝負; (Glücksspiel) 賭事(かけごと), 賭博(とばく), ギャンブル; 《比》たくらみ, 手のうち: ein ～ im Freien 〈in der Halle〉 屋外〈室内〉競技 | ein abgekartetes ～ (第三者に損害を与えるための)示し合わせた行動, 八百長 | ein faires ～ フェアプレー | ein hartes ～ 激闘 | das königliche ～ 《雅》チェス | die Olympischen ～*e* オリンピック競技 | ritterliche ～*e* 〖史〗(中世騎士の)槍(やり)試合 ‖ **Genug des grausamen ～*s*!** 《比》こんなことはもうやめにしよう ‖ dem ～ verfallen sein 勝負事にうつつを抜かしている | ein ～ abhalten 〈austragen〉 競技をする | ein ～ aufgeben 試合を投げる | *js.* ～ durchschauen 《比》…の手のうちを見抜く | ein ～ gewinnen 〈verlieren〉 勝負に勝つ〈負ける〉 | gewonnenes ～ haben 《比》成功を収める | mit *jm.* 〔ein〕 leichtes ～ haben 《比》…をあっさり片づける | das ～ machen (カード遊びで)勝負に勝つ | Machen Sie Ihr ～! (賭博で)さあ賭けてください | ein ～ machen 〈spielen〉 ひと勝負する | **mit *jm.* 〔ein〕 doppeltes 〈falsches〉 ～ spielen** 《比》…をぺてんにかける | ein offenes 〈ehrliches〉 ～ spielen 《比》フェアプレーで行く | ein gefährliches 〈gewagtes〉 ～ treiben 危険な〈思い切った〉勝負をする | das ～ zu weit treiben あまりにも多額の金を賭ける; 《比》やりすぎる | ein grausames ～ mit *jm.* treiben …にむごいことをする, …をひどい目にあわせる | *jm.* das 〈*sein*〉 ～ verderben 《比》…の興をそぐ; …の計画を台なしにする | **das ～ verloren geben** 試合を投げる; 《比》見切りをつける; (逃れられぬと観念して)自首する ‖〖前置詞と〗**an einem** ～ teilnehmen 競技に参加する | ***et.*⁴ auf dem ～ haben** …を賭けている; 《比》…を危険にさらしている | **auf dem ～ stehen** 《比》危険にさらされている | Man darf nicht vergessen, daß dabei sein Leben auf dem ～ steht. 忘れてならないのはそのさい彼の生命がかかっているということだ | ***et.*⁴ aufs ～ setzen** …を賭ける; 《比》…を〔軽率に〕危険にさらす | **aus dem ～ bleiben** 《比》局外にとどまる; 無関係のままである | ***jn.* 〈*et.*⁴〉 aus dem ～ lassen** 《比》…を局外に置く, …を巻きこまない | *sein* Geld **beim 〈im〉 ～** verlieren ばくちで金を擦る | Glück im ～ haben 勝負運がついている | 〔bei *et.*³〕 *seine* Hand 〈Hände〉 im ～ haben (→Hand 1) | 〔**mit**〕 **im ～ sein** 《比》かかわり合いがある, 一役買っている, 一枚かんでいる | ***jn.* ins ～ bringen** 《比》…をかつぎ出す | ***sich*³ mit** dem ～ die Zeit vertreiben ゲームで暇をつぶす ‖ Wie steht das ～? ゲームの形勢はどうか | Das ～ steht drei zu eins für unsere Mannschaft. 試合は3対1でわがチームがリードしている | Das ～ hat sich gewendet. 《比》形勢が変わった〈悪化した〉.
2 a) 遊び, たわむれ, 遊戯; 簡単〈らく〉にできること; いたずら, 冗談, 軽はずみな行動〈態度〉: Kinder*spiel* 子供の遊び; 《比》児戯に類すること | Liebes*spiel* 愛の戯れ ‖ ein gewagtes 〈leichtfertiges〉 ～ 無謀〈軽率〉なやり口 ‖ **ein ～ mit dem Feuer** 《比》(軽率な)火遊び | **ein ～ mit** Worten 言葉の遊戯, 冗舌 | ein ～ mit dem Leben 〈dem Tode〉 sein 生命にかかわりかねない, 非常に危険である | mit *jm.* nur *sein* ～ treiben 〈haben〉 …をもてあそぶことしか考えていない | Das Kind ist ganz in sein ～ vertieft. その子供はすっかり遊びに夢中になっている ‖ *et.*⁴ wie im ～ lernen …をやすやすと習得する | *jm.* nur ein ～ sein …にとって朝飯前である. **b)** いたずらの対象, 玩弄(がんろう)物: zum ～ des Windes 〈der Wellen〉 werden 風〈波〉にもてあそばれる. **c)** 〖工〗あそび: ～ haben (機械の接合部などが)あそびがある.
3 《単数で》(自由意志をもたないものの不規則かつ無目的な)動き, 戯れ: das lebhafte ～ der Augen 〈der Mienen〉 目〈表情〉のいきいきした動き | das ～ der Blätter im Wind 風の中の木の葉のそよぎ | das ～ der Farben 色彩の移り変わり | das ～ von Licht und Schatten 光と影の交代 | das ～ der Wellen 波の戯れ | ein ～ der Natur 〈des Zufalls〉 自然〈偶然〉のいたずら.
4 a) (Schauspiel) 劇, 芝居: ein geistliches ～ 宗教劇 | ein ～ für den Funk ラジオドラマ | ein ～ im ～ 劇中劇. **b)** 楽曲: ein ～ für zwei Geigen ヴァイオリン二重奏曲.
5 《単数で》 **a)** (俳優の)演技: das gute 〈schlechte〉 ～ eines Schauspielers 役者の好〈へぼ〉演技 | ein stummes ～ 黙劇, だんまり, パントマイム ‖ gute Miene zum bösen ～ machen (→Miene) ‖ **Das ～ ist aus.** 《比》もうどうにもならない, 万事休す. **b)** (音楽の)演奏: das ～ auf der Orgel 〈auf dem Flügel〉 オルガン〈ピアノ〉演奏 ‖ **mit klingendem ～** 軍楽隊の演奏つきで | das ～ rühren lassen 太鼓を打ちならす.
6 (Satz) (道具などの)一式, 一組, 一そろい, セット: ein ～ Karten 〔トランプ〕カード一組 | ein ～ Stricknadeln 編み針一組(5本).
7 〖狩〗(キジ・ライチョウなどの)尾〔羽〕.
[*ahd.* „Tanz“; ◇spielen]

Spiel≈al·ter[ʃpíːl..] 中 (子供の発育過程における)遊戯年齢: im ～ sein 遊戯年齢である | ins ～ kommen 遊戯年齢に入る. **≈an·zug** 男 (子供の)遊び着. **≈art** 女 **1** 遊戯〈勝負〉の方法. **2** 変形, 変種; 〖園〗変種: die Gewalt in allen ihren ～*en* さまざまな種類の暴力. **≈au·to** 中 おもちゃの自動車. **≈au·to·mat** 男 自動遊戯〈賭博(とばく)〉器, ゲーム機械(パチンコ・スロットマシーンなど). **≈ball** 男 **1 a)** (遊戯用・球技用の)ボール, まり. **b)** 〖ビリヤード〗手球(→Stoßball). **c)** 〖テニス〗ゲームポイント. **2** 《比》玩弄(がんろう)物, なぶり物: ein ～ der Wellen sein 波にほんろうされる. **≈bank** 女 -/-en (公認の)賭博場.

spiel·bar[ʃpíːlbaːr] 形 (楽曲などが)演奏可能な; (戯曲などが)上演可能な.

Spiel≈be·ginn 男 競技〈試合〉開始. **≈bein** 中 (↔Standbein) (運動練習の際や彫像などの)軸足でない方の足 (→ 図 Standbild). **≈be·we·gung** 女 遊戯運動. **≈brett** 中 **1** (チェス・将棋などの)遊戯盤. **2** 〖バスケット〗バックボード. **≈bu·de** 女 (年の市・祭礼などにおける)賭博小屋, 富くじ売り場. **≈dau·er** 女 競技〈試合〉時間; (映画などの)上映〈上演〉時間, (レコードなどの)演奏時間. **≈do·se** 女 オルゴール. ≈**ecke** 女 (部屋の)片隅の遊び場. ≈**ein·satz** 男 賭金(かけきん). ≈**ei·sen·bahn** 女 おもちゃの鉄道.

spie·len[ʃpíːlən] **I** 自 (h) **1 a)** (英: *play*)遊ぶ, たわむれる;《mit *et.*[3]》(…を)もてあそぶ: ~ gehen 遊びに出かける | fangen 〈verstecken〉 ~ 鬼ごっこ〈隠れんぼ〉をする ‖ **im** Sand ~ 砂遊びをする | **mit** *jm.* ~ …と遊ぶ; …をからかう〈おもちゃにする〉(→2) | mit *jm.* Katze und Maus ~ / mit *jm.* wie die Katze mit der Maus ~《比》…をさんざんじらす | mit dem Ball 〈mit Puppen〉 ~ ボール〈人形〉で遊ぶ | mit dem Feuer ~ (→Feuer 1) | mit dem Gedanken ~ (→Gedanke 1 c) | mit der Liebe 〈*js.* Gefühlen〉 ~《比》愛情〈…の感情〉をもてあそぶ | mit dem 〈*seinem*〉 Leben ~ (→leben III 1) | mit Worten ~《比》言葉をもてあそぶ, しゃれを言う ‖〖結果を示す語句と〗再帰 *sich*[4] hungrig ~ 遊んでおなかをすかす | *sich*[4] müde ~ 遊び疲れる.
b)《比》(自由にすばやく)動く, 遊動する,(光などが)ゆらめく: in allen Farben ~ (宝石などが)さまざまな色に輝く ‖ *seine* Augen ~ lassen あちこちに目を走らせる(→6 d) | *seine* Muskeln ~ lassen 筋肉をさまざまに動かして見せる(→6 d) | Die Wellen *spielen* am Strand 〈um den Felsen〉. 波がなぎさ〈岩〉にたわむれる | Die Sonne *spielt* auf dem Wasser. 日光が水面にゆらめく | Schmetterlinge *spielen* um die Blume. チョウが花のまわりを舞う | Ein Lächeln *spielt* um seine Lippen 〈seinen Mund〉. 微笑が彼の口もとにちらついている | Die Natur 〈Der Zufall〉 *spielt* oft seltsam. 自然〈偶然〉はときに奇妙ないたずらをする.
2〖スポ〗競技〈試合〉をする, プレーする: als Stürmer 〈Verteidiger〉 ~ フォワード〈バック〉をつとめる | unentschieden ~ 試合して引き分けになる ‖ **auf** Zeit ~ (相手に追加点を取らせないために)時間かせぎのプレーをする | **gegen** eine Mannschaft ~ あるチームを相手に試合をする | **mit** *jm.* ~ …と試合する(→1) | **um** einen Pokal ~ カップをかけて試合をする | um die Punkte ~ スコアを競う ‖ 再帰・非人称 Bei solchem Wetter 〈Auf nassem Boden〉 *spielt* es sich[4] schlecht. こんな天気では〈地面がぬれていると〉競技がやりにくい.
3 賭事(かけごと)をする, ギャンブルをする: va banque ~ いちかばちかの勝負をする ‖ **auf** der Börse ~ 投機〈相場〉をやる | **in** der Lotterie 〈im Toto〉 ~ 富くじ〈トトカルチョ〉で賭ける ‖〖結果を示す語句と〗再帰 *sich*[4] um *sein* Vermögen ~ 賭で財産を失う ‖ *sein* ganzes Vermögen durch *Spielen* verlieren 賭事で全財産を失う.
4 (トランプ・ゲームなどで)勝負をする: falsch ~ いんちきゲームをする | um Geld ~ 金を賭けて勝負をする ‖ mit offenen 〈verdeckten〉 Karten ~《比》手の内を隠さない〈明かさない〉.
5〖楽〗演奏する: auswendig 〈ohne Noten〉 ~ 楽譜なしで演奏する | heiß ~ (ジャズなどを)情熱的に演奏する | vierhändig ~ (ピアノで)連弾する ‖ an zwei Flügeln ~ 2台のピアノで二重奏をする | auf der Geige 〈dem Klavier〉 ~ ヴァイオリン〈ピアノ〉をひく | mit 〔viel〕 Ausdruck ~ 表情ゆたかに演奏する | nach Gehör 〈aus dem Kopf〉 ~ 聞き覚えで演奏する | vom Blatt 〈nach Noten〉 ~ 初見で〈楽譜を見て〉演奏する | zum Tanz ~ ダンスの伴奏をする ‖ Es *spielt* das Rundfunk-Sinfonieorchester. 演奏は放送交響楽団です | Bei ihr *spielt* den ganzen Tag das Radio.《話》彼女のところでは一日じゅうラジオが鳴りっぱなしだ.
6 a)〖劇〗出演する, 舞台に立つ, 演技する: Sie *spielt* seit Jahren am Burgtheater. 彼女はもう長年(ウィーンの)ブルク劇場に出ている | für die Galerie ~ (→Galerie 1 c).
b) (芝居が)上演される; (映画が)上映される: Im Kino *spielt* diese Woche ein Kriminalfilm. 今週の映画は探偵ものだ | Heute *spielt* 〔der〕《Faust》. きょうの出し物は『ファウスト』だ | Die Sache 〈Die Angelegenheit〉 *spielt* schon lange.《比》この一件はもう長いこと続いている.
c) (作品の)筋が展開される: Der Roman *spielt* in Italien 〈im Mittelalter / zur Zeit des Dreißigjährigen Krieges〉. この長編小説の舞台はイタリア〈中世・三十年戦争当時〉である.
d)《*et.*[4] **spielen lassen** の形で: →1 b)》…を有効に使う, …を役立たせる: *sein* Geld 〈*seine* Beziehungen〉 ~ lassen 自分の財力〈コネ〉に物を言わせる | *seinen* ganzen Charme ~ lassen 自分の魅力のありったけを総動員する | *seine* Muskeln ~ lassen (→Muskel) | alle Register ~ lassen (→Register 2 a).
7〖工〗(接合部分などが)あそびがある.
8《in *et.*[4]》(色が別の色に)移行する: Sein Haar *spielt* ins Rötliche. 彼の髪は赤みを帯びている.
9 (火器が)火ぶたを切る, 発射される, 砲門を開く.
II 他 (h) **1 a)** (遊び・ゲーム・賭事などを)する: Ball ~ ボール遊びをする | Blindekuh 〈Versteck〔en〕〉 ~ 目隠し鬼ごっこ〈隠れんぼ〉をする | Karten 〈Skat / Schach〉 ~ トランプ〈スカート・チェス〉をする | Lotto 〈Toto〉 ~ ロット〈トトカルチョ〉で賭ける | *jm. et.*[4] in die Hand 〈in die Hände〉 ~ …にすばやく…をつかませる, 偶然を装って…に…を渡す ‖ 再帰 *sich*[4] mit *et.*[3] ~《オーストリア》…を遊び半分にやる; …を楽々とやってのける. **b)** (ausspielen)〖トランプ〗(カードを)〔最初に〕出す.
2〖スポ〗**a)** (競技・試合を)する: Fußball 〈Tennis〉 ~ サッカー〈テニス〉をする | Sie *spielt* hervorragend Tischtennis. 彼女は卓球がすばらしく上手だ. **b)** (ポジションを)つとめる: Torwart ~ ゴールキーパーをつとめる.
3〖楽〗**a)** (楽器を)演奏する: Flöte 〈Klavier〉 ~ フルート〈ピアノ〉を吹く〈弾く〉| die erste 〈zweite〉 Geige ~ (→Geige 1). **b)** (曲を)演奏する: Bach 〈Werke von Bach〉 ~ バッハの作品を演奏する | eine Sonate 〔auf dem Klavier〕 ~〔ピアノで〕ソナタを演奏する | Die Kapelle *spielt* einen Marsch 〈einen Tango〉. 楽団は行進曲〈タンゴ〉を演奏している.
4 (aufführen)(芝居を)上演する; (映画を)上映する: einen Film ~ 映画を上映する | eine Komödie 〈eine Tragödie〉 ~ 喜劇〈悲劇〉を上演する | Theater ~《比》芝居を打つ | 〔den〕《Faust》 ~ (劇場などが)『ファウスト』を上演する | Was wird heute im Kino 〈Fernsehen〉 *gespielt*? 映画館〈テレビ〉はきょう何をやるのか | Ich möchte wissen, was 〔hier〕 *gespielt* wird.《話》何が行われているのか(裏の動きを)知りたいものだ.
5 a) (俳優が役を)演じる: eine große 〈kleine〉 Rolle ~ 大役〈端役〉を演じる;《比》重要〈ささい〉な役割をはたす | eine zwielichtige Rolle ~《比》怪しげな行動をする | die Hauptrolle ~ 主役を演じる;《比》重要な役割をはたす | 〔den〕 Hamlet 〈〔die〕 Ophelia〉 ~ ハムレット〈オフィーリア〉の役を演じる | den Vormund ~《比》後見役をつとめる ‖〖方向を示す語句と〗*jn.* an die Wand ~ (→Wand 1) ‖ 再帰 *sich*[4] an die Kulisse ~ 演技しながら舞台からさがる | *jn.* 〈*et.*[4]〉 in den Hintergrund ~ (→Hintergrund 1) | *sich*[4] in den Vordergrund ~ (→Vordergrund) | *sich*[4] nach vorne ~ (いつの間にか)自分の立場を有利にする | *sich*[4] nach Norden ~ (磁石の針が)北を向く.
b)《比》《*et.*[4]》(…の)ふりをする,(…を)装う: die große Dame 〈den großen Herrn〉 ~ 淑女〈紳士〉ぶる | den wilden Mann ~《比》当たり散らす, 荒れる | den Unschuldigen ~ 無実を装う | die gekränkte 〈beleidigte〉 Leberwurst ~ (→Leberwurst) ‖ mit *gespielter* Gleichgültigkeit 無関心を装って | *gespieltes* Interesse 〈*gespielte* Anteilnahme〉 zeigen 関心〈同情〉を寄せているふりを見せる | Seine Zuversicht 〈Seine Sicherheit〉 ist nur *gespielt*. 彼の自信はうわべだけだ. **c)**《「演じる」の意味が薄れて》する, 行う: das Sichere ~ 危険を冒さない, 石橋をたたいて渡る | *jm.* einen Streich ~ (→Streich 2).
III spie·lend 現分 形 (mühelos) たやすい:〖ふつう副詞的に〗~ mit der Arbeit fertig werden / die Arbeit ~ erledigen 仕事を楽々と片づける | die Kurve 〈die Steigung〉 ~ nehmen (車などが)カーブ〈上り坂〉を楽々とこなす | ~ 120 Kilometer in der Stunde fahren 時速120キロは軽く出る | Der Apparat ist ~ 〔leicht〕 zu handhaben. この装置は取り扱いが極めて容易だ.
[*ahd.* spilōn „tanzen"; ◇Spiel]

Spiel·en·de[ʃpíːl|ɛndə] 中 競技〈試合〉終了.

Spie·ler[ʃpíːlər] 男 -s/- (女 **Spie·le·rin**[..lərɪn]-/-nen) **1** 賭博(とばく)好きの人. **2** (spielen する人. 例えば:) 競技者, ゲーム参加者, 選手; 演奏家; 俳優: Tennis*spieler* テニスプレーヤー | Klavier*spieler* ピアノ演奏者.

Spie·le·rei[ʃpiːlərái] 女 -/-en **1** (しきりに)いじくり回すこと, もてあそぶこと: Laß doch die ~ mit dem Bleistift! 鉛筆をおもちゃにするのはやめろ. **2** 遊び, ふざけ, 冗談, 慰み, 気晴らし. **3** いともたやすいこと: Das ist für mich eine ~. それは私にとっては雑作もないことだ. **4** ちゃちな装置, 子供だまし.

Spiel·er·geb·nis[ʃpíː..] 中 競技の結果; スコア.

spie·ler·haft[ʃpíːlərhaft] 形 ばくち打ちのような; 不まじめな.

Spie·le·rin Spieler の女性形.

spie·le·risch[ʃpíːlərɪʃ] 形 **1** 遊びの, 遊び半分の, 遊戯的な, のびのびとした: mit ~*er* Leichtigkeit 楽々と, やすやすと. **2**《述語的用法なし》競技〈試合〉に関係した: ein ~*es* Training 競技訓練. **3** 不まじめな, おざなりの. **4** 小ぎれいな; 軽やかな(飾りなど).

Spiel≠er·zie·hung[ʃpíːl..] 女 遊戯教育. ≠**feld** 中 (スポーツ競技の行われる場所. 例えば:) 競技場, 球場, フィールド, グラウンド, コート. ≠**fi·gur** 女 (チェスなど盤上ゲームの)駒(ɛ). ≠**film** 男 劇映画. ≠**flä·che** 女 **1**〖劇〗ステージ〔フロア〕, 舞台(演技平面). **2**〖ビリヤード・卓球〗テーブル. ≠**fol·ge** 女 (競技・演奏などの)順序, 次第, プログラム. ≠**form** 女 =Spielart 1

spiel·frei 形 試合〈上演〉のない: Der Heiligabend ist an den meisten Theatern ~. クリスマスイブには大ていの劇場が休みである.

Spiel≠füh·rer 男 (チームの)キャプテン, 主将. ≠**ge·fähr·te** 男 (⊗ ≠**ge·fähr·tin**)(子供の)遊び友達〈仲間〉. ≠**geld** 中 **1** 賭金(かけきん). **2** =Spielmarke **3** (子供用の)おもちゃのお金. ≠**hahn** 男 求愛動作中のクロライチョウの雄(→Birkhahn). ≠**hal·le** 女 (各種ゲーム器械・スロットマシンなどの設備のある)室内遊戯〈ゲーム〉場. ≠**häus·chen** 中 おもちゃの家. ≠**höl·le** 女《話》賭博(とばく)場. ≠**hös·chen** 中 (子供の)遊び用ズボン. ≠**ka·me·rad** 男 =Spielgefährte ≠**kar·te** 女 トランプのカード, カルタの札. ≠**ka·si·no** 中 (公認の)賭博場, カジノ. ≠**kind** 中 **1** (遊戯年齢の)幼児. **2** 遊び好きの子供. ≠**klas·se** 女〖スポーツ〗(チームの技量による)等級, クラス, 部. ≠**klei·dung** 女 -/ **1**〖スポーツ〗ユニフォーム. **2** (子供の)遊び着. ≠**klub** 男 (各種 Spiel のクラブ. 例えば:) トランプ同好会; 競技クラブ. ≠**kreis** 男 (各種 Spiel の仲間の全体. 例えば:) 音楽〈演劇〉サークル; ゲームをしている一座の人々. ≠**lei·den·schaft** 女 賭博熱. ≠**lei·ter** 男 **1** (Regisseur) 演出家; 劇場総務, 演出部長; (映画の)監督. **2** (競技・クイズ番組などの)司会者, 審判〈審査〉員 **3** (賭博(とばく)などの)胴元. ▽≠**lei·tung** 女 (Regie)(劇・映画などの)演出. ≠**mann** 男 -[e]s/..leute **1 a)** 楽士, 辻(つじ)音楽師. **b)**〔軍〕楽隊〈鼓笛隊〉の一員. **2** (中世の)吟遊〈放浪〉詩人(ただし実質はきわめて身分の低い旅芸人).

Spiel·manns≠dich·tung 女 -/ (中世の)吟遊〈放浪〉詩人〔が朗誦(ろうしょう)した〕文学〔作品〕. ≠**epos** 中 (中世の)吟遊詩人が朗誦した叙事詩, 吟遊詩人文学. ≠**zug** 男〔軍〕楽隊(鼓笛隊)〔の行列〕.

Spiel≠mar·ke 女 (賭博(とばく)場で現金の代わりに用いる)チップ, 数取り札. ≠**mi·nu·te** 女 競技の時間単位としての1分間: in den letzten ~*n* 試合の最後の数分間に. ≠**oper** 女 シュピール=オーパー(音楽よりもむしろ演劇的要素で客を楽しませる軽い内容の歌劇). ≠**pau·se** 女 **1** 競技〈試合〉中の休憩(ハーフタイムなど). **2** (競技のない)シーズンオフの期間. ≠**pfen·nig** 男 =Spielmarke ≠**plan** 男 **1** (一定期間内の)公演予定〔表〕, 演目: auf dem ~ stehen 公演目録にのっている | *et.*[4] vom ~ absetzen …を演目からはずす. **2** (ルーレットの)ゲーム表(→ ⊗ Roulett). ≠**platz** 男 (子供用の)遊び場, 遊園地. ≠**rat·te** 女《話》遊び好きな〈遊びに熱中する〉子供; 賭事(かけごと)の好きな人. ≠**raum** 男 (活動の)余地; (自由裁量の)余地;〖工〗間隙(かんげき), 遊隙;〖工〗あそび: freien ~ haben 自由な活動の余地を持つ | genügend ~ lassen 十分に自由活動の余地を残す. ≠**re·gel** 女 -/-n《ふつう複数で》遊戯〈競技〉の規則; (一般に)慣行, ルール: die ~*n* beachten ルールを遵守する | gegen die ~*n* verstoßen ルールに違反する. ≠**rei·fen** 男〔輪回し〕遊戯用の輪. ≠**run·de** 女〖スポーツ〗総当たり戦, リーグ戦. ≠**saal** 男 賭博場の広間〈ホール〉. ≠**sa·chen** 複 遊び道具, おもちゃ. ≠**sai·son**[..zɛzɔ̃ː] 女《スイス》=Spielzeit 1 ≠**schuld** 女 -/-en《ふつう複数で》賭博による負債. ≠**schu·le** 女 (Kindergarten) 幼稚園. ≠**stand** 男 競技〈試合〉の状況. ≠**stär·ke** 女 (チームの)人数. ≠**stein** 男 (チェッカー・西洋連珠などの)石, 駒(こま). ≠**stra·ße** 女 (交通止めにして子供の遊び専用に開放した)遊戯道路. ≠**stun·de** 女 (学校での)遊び時間. ≠**sucht** 女 -/ (病的な)賭博癖. ≠**tag** 男 競技〈試合〉開催日. ≠**tech·nik** 女〖楽〗演奏技術.

spiel·tech·nisch 形 演奏技術〔上〕の.

Spiel≠teu·fel 男 -s/ 賭博の鬼, 賭博魔: vom ~ besessen sein 賭博熱に浮かされている. ≠**theo·rie** 女 ゲーム理論. ≠**tisch** 男 **1** 遊戯〈ゲーム〉用テーブル; 賭博台. **2** (オルガンの)演奏台(マニュアル・音栓・足鍵盤(けんばん)などを含む: → ⊗ Orgel). ≠**trieb** 男 **1** (子供の)遊戯本能〈衝動〉. **2** 賭博の欲求. ≠**uhr** 女 オルゴール. ≠**ver·bot** 中 (競技への)出場停止: ~ haben 出場停止処分を受けている. ≠**ver·der·ber** 男〔遊びの〕興をそぐ人, ぶちこわし屋. ≠**ver·ein** 男 (⊗ SV) 体育〈スポーツ〉協会. ≠**ver·lauf** 男 競技〈試合〉の経過. ≠**wa·ren** 複 おもちゃ, 玩具(がんぐ).

Spiel·wa·ren≠ge·schäft 中 = Spielwarenhandlung ≠**händ·ler** 男 玩具(がんぐ)商人, おもちゃ屋. ≠**hand·lung** 女 玩具店, おもちゃ屋. ≠**in·du·strie** 女 玩具〈おもちゃ〉産業.

Spiel≠wei·se 女 (spielen するやり方・方法. 例えば:) 競技のやり方; 演奏法; 演技法. ≠**werk** 中 **1** (オルゴールなどの)機械仕掛け; (時計などの)チャイム装置. **2** おもちゃ, 玩具(がんぐ). ≠**wie·se** 女 (特に子供用の)遊ぶための草地, 屋外遊戯場. ≠**zeit** 女 **1**〖劇〗演劇シーズン; 上演時間;〖映〗上映時間; 上映期間. **2**〖スポーツ〗競技〈試合〉時間. **3** (レコード・CD・カセットテープなどの)演奏時間.

Spiel·zeit≠hälf·te 女〖球技〗ハーフタイム. ≠**ver·län·ge·rung** 女 競技〈試合〉時間延長.

Spiel·zeug 中 -[e]s/ **1** おもちゃ, 玩具(がんぐ): Er ist für sie nur ein ~. 彼女は彼をただもてあそんでいるだけだ. **2**《集合的に》(ある子供が持っている)おもちゃの全部: *sein* ganzes ~ zeigen 持っているおもちゃを全部見せる.

Spiel·zeug≠ei·sen·bahn 女 おもちゃの鉄道, 鉄道模型. ≠**ge·schäft** 中 玩具(がんぐ)店, おもちゃ屋. ≠**ka·sten** 男 =Spielzeugschachtel ≠**pi·sto·le** 女 おもちゃのピストル. ≠**schach·tel** 女 おもちゃ箱.

Spiel≠zim·mer 中 (spielen するための部屋. 例えば:) 遊戯室, 遊び部屋; カルタ室; 賭博(とばく)室. ≠**zug** 男 **1** (チェスなどの)駒(こま)使い, 手. **2**〖球技〗ボールさばき.

spien[ʃpiːn] speien の過去1・3人称複数.

Spier[ʃpiːr] 男 中 -[e]s/-e **1** (⊘ **Spier·chen**[ʃpíːrçən] 中 -s/-)《北部》(地上に芽を出したばかりの)草の先端. **2** =Spiere [*mndd.*; ◇Spieß[1], Spirre]

Spie·re[ʃpíːrə] 女 -/-n〖海〗(マストに使う)円材, スパー.

Spie·ren≠bo·je 女, ≠**ton·ne** 女〖海〗(航路標識としての)赤色浮標(→ ⊗ Seezeichen).

Spier·ling[1][ʃpíːrlɪŋ] 男 -s/-e〖魚〗キュウリウオ(胡瓜魚).

Spier·ling[2][−] 男 -s/-e =Speierling

Spier≠stau·de 女 (Mädesüß)〖植〗シモツケソウ(下野草)属. ≠**strauch** 男〖植〗シモツケ属.

Spieß[1][ʃpiːs] 男 -es/-e **1** (⊘ **Spieß·chen** → 別出) (Bratspieß)〖料理〗〔回転式の〕焼き串(くし): Fleisch am ~ braten 肉を串に刺して焼く. **2**《ふつう複数で》〖狩〗(若ジカなどの, まだ枝分かれしていない)槍(やり)状の角(つの)(→ ⊗ Geweih). **3**〖印〗(語間や行間の)印刷の汚れ. [*ahd.* spiz; ◇spitz, Speer; *engl.* spit]

Spieß[2][−] 男 -es/-e **1** 槍(やり)(→ ⊗); 投げ槍: **den ~ umdrehen** 〈**umkehren**〉《話》(相手と同じ方法を用いて)攻勢に転じる, (相手の論拠を逆手にとって)さかねじを食らわせる | **den ~ gegen** *jn.* **kehren** …を攻撃する ‖

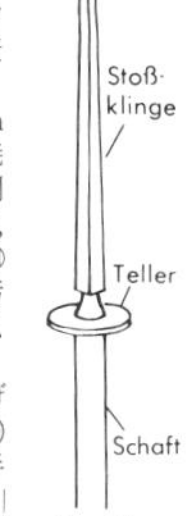

Spieß[2]

S

wie am ~ schreien (→schreien I). **2**《話》(兵隊語で)曹長. [*ahd.* spioz]

Spieß³[–] 人名 Adolf ~ アードルフ シュピース(1810–58; ドイツ学校教育の創始者).

Spieß≠blatt·na·se[ʃpíːs..] 女〘動〙(熱帯アメリカの)ヘラコウモリ(箆蝙蝠). **≠bock** 男 **1** =Spießer¹ **2** (Heldbock)〘虫〙カミキリムシ(髪切虫). **≠bra·ten** 男 串(くし)焼きの肉.

Spieß·bür·ger[ʃpíːs..] 男 **1** 偏狭固陋(ころう)〈プチブル的〉な俗物,(単に実務的で視野のせまい)足軽根性の人. **2**〘史〙(馬をもたず槍(やり)だけで武装した中世の)貧乏市民. [<Spieß²]

spieß·bür·ger·lich 形 偏狭固陋(ころう)な, 俗物〈プチブル〉的な, 足軽根性の: ~*e* Vorurteile 俗物的な偏見.

Spieß·bür·ger·tum 中 -s/ 偏狭固陋(ころう), 俗物〈足軽・プチブル〉根性.

Spieß·chen[ʃpíːsçən] 中 -s/- (Spieß¹の縮小形)〘料理〙(手にとってそのまま口に運べるように料理した肉片などに刺しておく)小さい串(くし).

spie·ßen[ʃpíːsən]《02》他 (h) **1** 突き刺す, 刺し貫く; 刺して留める: das Fleisch auf die Gabel ~ 肉をフォークに突き刺す | ein Foto an die Wand ~ (ピンなどで)写真を壁にとめる. **2**《オースト》再帰 *sich*⁴ ~ (机のひき出しなどに物がはさまって)動かない;《比》停頓(ていとん)〈渋滞〉する.
[<Spieß²+Spieß¹]

Spieß·en·te[ʃpíːs..] 女〘鳥〙オナガガモ(尾長鴨).

Spie·ßer¹[ʃpíːsər] 男 -s/-〘狩〙(角(つの)がまだ枝分かれしていない)雄の2歳ジカ(→ 図 Geweih). [<Spieß¹ 2]

Spie·ßer²[–] 男 -s/- =Spießbürger 1

spie·ßer·haft[..haft], **spie·ße·risch**[ʃpíːsərɪʃ] =spießbürgerlich

Spie·ßer·tum[..tuːm] 中 -s/ =Spießbürgertum

Spieß·flug·huhn[ʃpíːs..] 中 (Steppenhuhn)〘鳥〙サケイ(沙鶏).

Spieß≠ge·sell 男, **≠ge·sel·le** 男 **1** (悪事の)相棒, 共犯者. **2** 仲間, 僚友; ᵛ戦友. [<Spieß²]

Spieß·glanz 男 -[e]s/-e〘鉱〙輝安鉱.

spie·ßig[ʃpíːsɪç]² =spießbürgerlich

Spie·ßig·keit[–kaɪt] 女 -/ spießig なこと.

Spieß·ru·te[ʃpíːs..] 女 (むち打ち刑用の)しなやかなとがった若枝: **~*n* laufen** むち打ちの刑罰を受ける(むちを持って並ぶ2列の兵隊の間を走らされてむち打たれる昔の軍隊の刑罰);《比》好奇心に満ちた〈あざけりの〉目にさらされて人々の間を行く.

Spieß·ru·ten·lau·fen 中 -s/ Spießruten laufen すること〈刑罰〉. [<Spieß¹]

Spieß·tan·ne 女〘植〙コウヨウザン(広葉杉)(中国原産のスギ科の高木).

die **Spi·ka**[ʃpíːkaˑ, sp..] 女 -/〘天〙スピカ(乙女座の首星). [*lat.* spīca „Ähre"; ◇spitz, Speicher, Spickel]

Spike[ʃpaɪk, spaɪk] 男 -s/-s **1**《ふつう複数で》(運動靴・タイヤなどの)スパイク(→ 図 Reifen). **2**《複数で》**a)** スパイク靴. **b)** =Spike[s]reifen [*engl.*; ◇Spieker]

Spike[s]·rei·fen[ʃpáɪk(s).., sp..] 男 (凍結路面用の)スパイクタイヤ.

Spill[ʃpɪl] 中 -[e]s/-e〘海〙(錨(いかり)・ロープなどの)巻き上げ装置, 車地(しゃち), キャプスタン(→ 図). [*ndd.*; ◇Spille]

Spill (Ankerspill)

Spil·la·ge[ʃpɪláːʒə, sp..; オースト: ..láːʒ] 女 -/-n[..ʒən] (包装不十分のためにおこる)貨物損失〈損傷〉. [<*engl.* spill „verschütten" (◇spillen)+..age]

Spil·le[ʃpílə] 女 -/-n《北部》=Spindel [*ahd.* spilla]

spil·len[ʃpílən] 他 (h)《北部》浪費〈濫費〉する. [◇Spillage]

spil·le·rig[ʃpílərɪç]² (**spill·rig**[..lrɪç]²) 形《北部》ひょろ長い, やせすぎの. [<Spille]

Spill·geld[ʃpíl..] 中《北部》小遣い銭.

Spil·ling[ʃpílɪŋ] 男 -s/-e〘植〙スモモの一種. [*ahd.*]

spill·rig =spillerig

Spin[spɪn] 男 -s/-s **1**〘理〙スピン. **2** (Effet)〘球技〙スピン(球・ボールに加えるひねり). [*engl.*; ◇spinnen]

Spi·na[ʃpíːnaˑ, sp..] 女 -/..nen[..nən] (..nae[..nɛˑ])〘解〙**1** 棘(とげ), 棘(きょく)状突起. **2** (Rückgrat) 脊柱(せきちゅう), 脊椎(せきつい). [*lat.* spīna; ◇spitz]

spi·nal[ʃpináːl, sp..] 形 脊柱(せきちゅう)〈脊椎(せきつい)〉の; 脊髄の: die ~*e* Kinderlähmung 脊髄性小児麻痺(まひ). [*spätlat.*]

Spi·nal≠an·äs·the·sie 女〘医〙脊髄(せきずい)麻酔. **≠er·kran·kung** 女〘医〙脊髄疾患. **≠läh·mung** 女, **≠pa·ra·ly·se** 女〘医〙脊髄麻痺(まひ). **≠punk·tion** 女〘医〙脊椎(せきつい)穿刺(せんし)〔術〕.

Spi·nat[ʃpináːt] 男 -[e]s/-e〘植〙ホウレンソウ(菠薐草): **höchster ~**《オースト》《話》無類の〈卓越した〉もの. [*pers.*–*arab.*–*span.* espinaca–*mhd.*; ◇*engl.* spinach]

Spi·nat·wach·tel 女《卑》(やせこけた)おかしな女; 酔狂な女.

Spind[ʃpɪnt]¹ 男 中 -[e]s/-e (縦長の簡単な)戸棚, たんす, ロッカー(→ 図 Schrank): nicht alle Tassen im ~ haben (→Tasse 1). [*mlat.* spenda „Vorratskammer"–*mndd.*; ◇spenden]

Spin·del[ʃpíndəl] 女 -/-n **1 a)**〘織〙(手紡ぎ用の)つむ, 糸巻き棒(→ 図 Spinnrad); (紡績機の)紡錘(ぼうすい), スピンドル, ボビン: den Faden von der ~ abwickeln 糸をつむから解く. ᵛ**b)** (象徴的に)女性.
2 (つむに形が似ていたり, ぐるりに巻きつける連想から) **a)**〘工〙軸, 心棒; 無限螺旋(らせん), プレスねじ, 万力ハンドル, 締めつけねじ: die ~ festschrauben ねじを締める. **b)**〘動〙軸柱, 殻軸(腹足類の殻の中軸). **c)**〘解〙(内耳の)蝸牛(かぎゅう)軸. **d)**〘生〙紡錘体. **e)**〘化〙液体比重計, 浮き秤(ばかり). **f)**〘建〙(螺旋階段の)親柱(→ 図 Treppe).
[*westgerm.*; ◇spinnen, Spill; *engl.* spindle]

Spin·del·baum 男〘植〙ニシキギ(錦木)属(マサキ・マユミなど).

spin·del·dürr 形 やせこけた, ひょろひょろの: ~*e* Beine 骨と皮ばかりの足 | ein ~*es* Mädchen やせこけた少女.

spin·del·för·mig 形 紡錘(ぼうすい)形の.

Spin·del≠ka·sten 男〘工〙主軸台, 固定心受(しんうけ). **≠mus·kel** 男〘動〙(腹足類の)軸柱〈殻軸〉筋.

spin·deln[ʃpíndəln]《06》他 (h)《*et.*⁴》液体比重計〈浮き秤(ばかり)〉を用いて(…の)比重を測定する.

Spin·del≠öl 中〘化・工〙スピンドル油. **≠pres·se** 女〘工〙ねじプレス. **≠schnecke** 女〘貝〙イトマキボラ(糸巻法螺)科. **≠strauch** 男〘植〙ニシキギ(錦木)属. **≠trep·pe** 女 (Wendeltreppe) 螺旋(らせん)階段.

Spin·de·lung[ʃpíndəlʊŋ] 女 -/ **1** (浮き秤(ばかり)による液体の)比重測定〔法〕. **2** (流量計による川の)流量測定〔法〕.

Spi·nell[ʃpinɛ́l] 男 -s/-e〘鉱〙スピネル, 尖晶(せんしょう)石. [*it.*; <*lat.* spīna (→Spina)]

Spi·nen Spina の複数.

Spi·nett[ʃpinɛ́t] 中 -[e]s/-e〘楽〙スピネット(16–18世紀に用いられたハープシコードの一種: → 図). [*it.* spinetta]

Spinett

Spin·na·ker[ʃpínakər] 男 -s/-〘海〙スピネーカー(レース用ヨットの主帆の反対側に張られる三角形の帆). [*engl.*]

Spinn≠bru·der[ʃpín..] 男《話》夢想家, 変なアイディアばかり考えつく人. **≠drü·se** 女〘動〙(クモ類の)出糸腺(せん), 紡績腺. **≠dü·se** 女 **1**〘織〙スピナレット, 紡糸(し)口金〈ノズル〉. **2**〘動〙(クモ類の)出糸〈紡績〉突起. [<spinnen]

Spin·ne[ʃpínə] 女 -/-n **1**〘動〙クモ(蜘蛛): boshaft wie eine ~ sein クモのように陰険である | Die ~ lauert in ihrem Netz auf Beute. クモが巣で獲物をうかがっている | **Pfui ~!**《話》ぺっ 胸くその悪い | *Spinne* am Morgen bringt Kummer und Sorgen, ~ am Abend erquickend und labend.《諺》朝のクモは苦しみの種 夕べのクモは楽の種(朝のクモは悲しみと心配をもたらし, 夕方のクモは人を爽快(そうかい)にし休ませてくれる). **2**《軽蔑的に》(やせこけた)いやらしい女. **3**〘交通〙(4本以上の道路がそこから放射線状に出て

いる)集合点. [*ahd.*; ◇spinnen; *engl.* spider]

spin·ne·feind[ʃpínəfáint] 形《述語的》激しい敵意〈憎悪〉を抱いている: ***jm.*** 〈**mit *jm.***〉 **~ sein** …を毒虫のように忌み嫌っている | Die beiden sind sich[3] 〈einander〉 ~. 二人は犬猿(けんえん)の仲である.

spin·nen*[ʃpínən] 《175》 **spann**[ʃpan] / **ge·spon·nen**[gəʃpɔ́nən]; 接II spönne[ʃpœ́nə] (spänne[ʃpɛ́nə])

I 他 (h) **1** (英: *spin*) (糸を)紡ぐ, 紡いで糸にする: Fasern 〔zu Garn〕 ~ 繊維を〔糸に〕紡ぐ | Flachs 〈Wolle〉 ~ 亜麻〈羊毛〉を紡ぐ | Garn ~ より糸を紡ぐ | *sein* Garn ~《比》(船員などが体験談と称して)あてにならぬほら話〈作り話〉をする | keinen guten Faden 〈keine gute Seide〉 miteinander ~ (→Faden 1 a, →Seide 1). **2**〘動〙(クモ・カイコなどが糸を)吐き出す,(繭・クモの巣などを)作る: Fäden ~ 糸を吐く | ein Netz ~ (クモが)巣をかける. **3**〘織〙(溶液から化学繊維を)つくりだす. **4**《比》〔次々と〕考え出す, でっちあげる,(陰謀などを)めぐらす: Träume ~ (それからそれへと)夢想する | ein Netz von Lügen 〔um *jn.*〕 ~ 〔…のまわりに〕うその網を張りめぐらす,〔…に関して〕でたらめを言い触らす | Ränke ~ (→Rank 1) | Er *spinnt* das alles ja bloß. 彼の言うことはみんなでたらめだ | Es ist nichts so fein *gesponnen*, es kommt doch ans Licht der Sonnen. 《諺》天網恢々(かいかい)疎にして漏らさず(どんなにうまく仕組んだたくらみもいつかは明るみに出る). **5**《話》(ありもしないことを)主張する,(でたらめを)言う: Das *spinnst* du. それは君のでたらめだ.

II 自 (h) **1** 糸を紡ぐ, 紡績する: am Spinnrad ~ 紡ぎ車で糸を紡ぐ | maschinell 〈auf der Maschine〉 ~ 機械で糸を紡ぐ. **2** (schnurren) (猫が紡ぎ車のような音をたてて)のどをゴロゴロ鳴らす. **3**《話》うわごと〈たわけたこと〉を言う;〔頭が〕どうかしている, 気がふれている: Du *spinnst* ja! 君は頭がおかしいよ. **4**《俗》(刑務所に)くらいこんでいる, 拘留されている: Er *spinnt* schon zwei Monate. 彼はもう2か月も臭い飯を食っている.

[*germ.*; ◇spannen, Spindel, Gespinst; *engl.* spin]

Spin·nen≂af·fe[ʃpínən..] 男〘動〙(熱帯アメリカ産の)クモザル(蜘蛛猿). ≂**amei·se** 女〘虫〙アリバチ(蟻蜂)科の昆虫. ≂**as·sel** 女〘動〙ゲジ(蚰蜒)〔類〕. ≂**fa·den** 男 クモの糸. ≂**flie·ge** 女〘虫〙コガシラアブ(小頭虻)科の昆虫. ≂**ge·we·be** 中, ≂**netz** 中 クモの巣. ≂**pflan·ze** 女〘植〙セイヨウフウチョウソウ(西洋風蝶草). ≂**tier** 中 -[e]s/-e《ふつう複数で》〘動〙蛛形(しゅけい)類.

Spin·ner[ʃpínər] 男 -s/- **1** (㊛ **Spin·ne·rin** → 別出) **a)** 紡ぎ手, 紡績工. **b)**《話》頭のおかしいやつ, 変なアイディアばかり考えだすやつ. **2**〘虫〙カイコガ(蚕蛾)科のガ. **3** スピンナー(水中でくるくる回る擬餌(ぎじ)針: → 図 Angel).

Spin·ne·rei[ʃpɪnəráɪ] 女 -/-en **1 a)**《単数で》紡績〔業〕. **b)** 紡績工場. **2**《話》**a)**《単数で》変なアイディアを考え出すこと. **b)** 変なアイディア, たわごと.

Spin·ne·rin[ʃpínərɪn] 女 -/-nen (Spinner 1 の女性形) **1** 紡ぎ女; 紡績女工. **2**《話》頭のおかしい女.

spin·nert[ʃpínərt] 形《南部》〔頭の〕おかしな, 妙な, 変な.

Spinn≂fa·den[ʃpín..] =Spinnenfaden ≂**fa·ser** 女 紡糸.

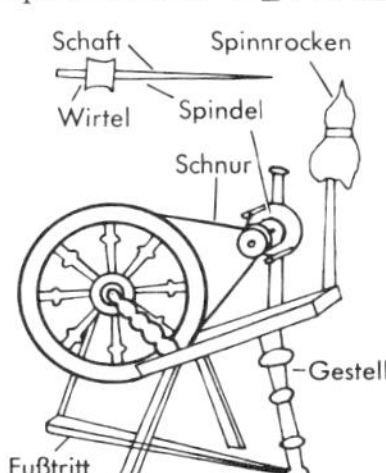

Spinnrad

Spinn·füß·ler 男 -s/-〘虫〙紡脚(ぼうきゃく)目.

Spinn·ge·we·be =Spinnengewebe

Spinn·ge·webs·haut = Spinnwebenhaut

Spinn·haus 中 ^{v}**1** (売春婦のための)感化院(昔そこで糸を紡がせたことから). **2**《話》監獄, 牢屋(ろうや).

spin·nig[ʃpínɪç][2] 形《話》〔頭の〕おかしな, 妙な, 変な.

Spinn≂ma·schi·ne[ʃpín..] 女 紡績機, 紡糸機. ≂**rad** 中 (足で踏んで動かす)糸車, 紡ぎ車(→ 図): Das ~ schnurrt. 糸車がブーンと音をたてている. ≂**rocken** 男 (糸紡ぎの原料繊維が巻いてある)巻き棒(さお)(→ 図 Spinnrad). ≂**stoff** 男 紡糸原料.

Spinn·stoff≂in·du·strie 女 繊維工業. ≂**wa·ren** 複 織物.

Spinn≂stu·be 女 (冬の夜などに農家の女たちが糸を紡ぎながら話に興ずる)紡ぎ部屋; 紡ぎ女たちの集い. ≂**stuhl** 男〘工〙〔精〕紡機. ≂**war·ze** 女 =Spinndüse 2 ≂**web** 中 -s/-e《オーストリア》, ≂**we·be** 女 -/-n《方》= Spinnengewebe

Spinn·we·ben·haut 女 (Arachnoidea)〘解〙(脳の)くも膜.

Spinn·web·fa·den 男 クモの糸;《比》細糸.

Spinn·wir·tel 男 (紡ぎ車の)はずみ車.

spi·nös[ʃpinǿːs, sp..][1] 形 こむずかしい, こうるさい, 理屈っぽい, 口やかましい, 難癖をつけたがる, あら探しの好きな: eine ~*e* Alte 口やかましい老婆.

[*lat.* spīnōsus „dornig"; ◇Spina]

Spi·no·za[ʃpinóːtsa·, spi.., spiːnóːzaː] 人名 Baruch 〈Benedictus〉 de ~ バールフ〈ベネディクトゥス〉デ スピノザ(1632-77; オランダの哲学者. 汎神(はんしん)論を唱えた. 著作『エティカ』など).

spi·no·za·isch[ʃpinóːtsa·ɪʃ, spi..] 形 スピノザふうの;《大文字で》スピノザの.

Spi·no·zis·mus[ʃpinotsísmʊs, spi..] 男 -/ スピノザ哲学.

Spi·no·zist[..tsíst] 男 -en/-en スピノザ学派の人, スピノザ哲学の信奉者.

spi·no·zi·stisch[..tsístɪʃ] 形 スピノザ哲学〈学派〉の.

Spin≂quan·ten·zahl[spín..] 女〘理〙スピン量子数. ≂**re·so·nanz** 女〘理〙スピン共鳴.

Spint[ʃpɪnt] 男 中 -[e]s/-e《方》**1** (Fett) 脂肪. **2** 軟らかい木材. ^{v}**3** スピント(昔の穀量単位: 2-9 *l*). [*ndd.*]

Spin·tha·ri·skop[ʃpɪntariskóːp, sp..] 中 -s/-e, **Spin·the·ro·me·ter**[..teroméːtər] 中 (男) -s/-〘理〙スピンタリスコープ(ラジウムのアルファー線による螢光板のきらめきを観察する拡大鏡). [<*gr.* spinthḗr „Funke"]

spin·ti·sie·ren[ʃpɪntizíːrən] 自 (h)《話》(über *et.*[4])(…についてつまらぬことを)あれこれ考える. [<spinnen]

Spin·ti·sie·rer[..rər] 男 -s/- spintisieren する人.

Spin·wel·le[spín..] 女〘理〙スピン波.

Spion[ʃpióːn] 男 -s/-e (㊛ **Spio·nin**[..nɪn]-/-nen) **1** スパイ, 密偵, 間諜(かんちょう), 諜報員: Doppel*spion* 二重スパイ. **2 a)** (Guckloch) (ドアの)のぞき窓. **b)** (Fensterspiegel) 窓ののぞき鏡(室内から通りを観察するために窓の外側に斜めに取りつけてある).

[*it.* spione; <*it.* spiare „spähen"; ◇*engl.* spy]

Spio·na·ge[ʃpionáːʒə] 女 -/ スパイ〈諜報(ちょうほう)〉活動, 密偵行為: Betriebs*spionage* 企業〈産業〉スパイ行為 ‖ ~ treiben スパイ〈諜報活動〉をする. [<..age]

Spio·na·ge≂ab·wehr[ʃpionáːʒə..] 女 防諜(ぼうちょう)〔活動〕. ≂**ab·wehr·dienst** 男 防諜機関. ≂**af·fä·re** 女 スパイ事件. ≂**dienst** 男 諜報機関. ≂**netz** 中 スパイ網. ≂**or·ga·ni·sa·tion** 女 スパイ組織. ≂**pro·zeß** 男 スパイ裁判. ≂**ring** 男 スパイ組織〈サークル〉. ≂**sa·tel·lit** 男 スパイ衛星. ≂**tä·tig·keit** 女 スパイ〈諜報〉活動.

spio·nie·ren[ʃpioníːrən] 自 (h) **1** スパイ〈諜報〉活動をする: für die feindliche Macht ~ 敵国側のスパイとして活動する. **2**《軽蔑的に》こっそり調べる, ひそかに探る: in *js.* Schublade ~ …の引き出しの中をひそかに調べる | durch das Schlüsselloch ~ かぎ穴からこっそりのぞく.

Spio·nin Spion の女性形.

Spi·räe[ʃpiréːə, sp..] 女 -/-n (Spierstrauch)〘植〙シモツケ(下野)属. [*gr.*−*lat.*]

spi·ral[ʃpiráːl] 形 螺旋(らせん)形の, 渦巻き形の, ねじ状の.

[*mlat.*; <*gr.* speĩra „Windung" (◇Spirille)+..al[1]]

Spi·ral≂boh·rer 男〘工〙螺旋(らせん)ドリル, ねじれぎり(→ 図 Bohrer). ≂**draht** 男〘工〙渦巻きワイヤ. ≂**dre·hung** 女 渦巻き形のねじれ.

Spi·ra·le[ʃpiráːlə] 女 -/-n **1** 螺旋(らせん), 渦巻き曲線: in einer ~ / in ~*n* 螺旋〈渦巻き〉状に | den Draht in einer ~ um die Spule wickeln 針金を螺旋状に軸のまわりに巻きつける. **2** (螺旋・渦巻き状のもの. 例えば:) **a**) 〘数〙螺線, 渦巻き線. **b**) 〘工〙ぜんまい, 螺旋ばね; 無限螺旋. **c**) 〘建〙(柱頭の)螺旋(渦巻き)形模様(装飾)(→ 図).

Spirale

Spi·ral·fe·der 女 渦巻きばね(→ 図 Feder).

spi·ral·för·mig 形 螺旋(らせん)形の, 渦巻き形の: ein ~*es* Ornament 螺旋(渦巻き)模様.

Spi·ral·gang 男 (包帯の)螺旋巻き(→ 図 Verband).

spi·ra·lig[ʃpiráːlıç]² =spiralförmig

Spi·ral≈li·nie[..niə] 女 螺旋(らせん)状の線, 渦巻き曲線. ≈**ne·bel** 男 〘天〙渦巻(うず)星雲. ≈**rohr** 中 渦巻き管(パイプ).

spi·ral·ver·zahnt 形 〘工〙(滑り止めに)渦巻き形の溝の入った.

Spi·ral·zahn·rad 中 〘工〙渦巻き歯車.

Spi·rans[ʃpíːrans, sp..] 女 -/..ranten[ʃpirántən, sp..], **Spi·rant**[ʃpiránt, sp..] 男 -en/-en (Frikativ) 〘言〙摩擦音. [< *lat.* spīrāre „hauchen" (◇Spiritus)]

spi·ran·tisch[..tıʃ] (frikativ) 形 〘言〙摩擦音の.

Spi·ril·le[ʃpirílə, sp..] 女 -/-n 《ふつう複数で》〘細菌〙螺旋(らせん)菌. [< *lat.* spīra „Windung" (◇spiral)]

Spi·ril·lo·se[..rıló:zə] 女 -/-n 〘医〙螺旋(らせん)菌症. [<..ose]

Spi·rit[spírıt] 男 -s/-s 〘宗〙(死者の)霊, 霊魂, 心霊. [*lat.* spīritus (→Spiritus) − *afr.* − *engl.*]

Spi·ri·tis·mus[ʃpiritísmʊs, sp..] 男 -/ 心霊術, 降神術; 交霊術.

Spi·ri·tist[..ritíst] 男 -en/-en (⊛ **Spi·ri·ti·stin**[..tın]-/-nen) 心霊術者; 交霊術者, 霊媒.

spi·ri·ti·stisch[..tístıʃ] 形 心霊術の; 交霊術の.

spi·ri·to·so[spiritó:zo·] 副 (geistvoll) 〘楽〙スピリトーソ, 元気に, 活気をもって. [*it.*; ◇spirituoso]

spi·ri·tual[ʃpirituá:l, sp..] **I** =spirituell 1, 2
II Spi·ri·tual¹ 男 -s, -en/-en 〘カトリック〙霊的指導司祭. [*mlat.*]

Spi·ri·tual²[spírıtjʊəl] 中 男 -s/-s (特に米国の)黒人霊歌. [*amerik.*]

Spi·ri·tua·li·en[ʃpirituá:liən, sp..] 複 〘カトリック〙宗教上(教会関係)の事柄, 宗務.

spi·ri·tua·li·sie·ren[..tualizí:rən] 他 (h) (vergeistigen) 霊的(精神的)にする, 霊化(精神化)する.

Spi·ri·tua·lis·mus[..tualísmʊs] 男 -/ **1** (↔Materialismus) 〘哲〙唯心論. **2** =Spiritismus

Spi·ri·tua·list[..líst] 男 -en/-en 〘哲〙唯心論者; 心霊術者.

spi·ri·tua·li·stisch[..lístıʃ] 形 〘哲〙唯心論の, 唯心論的な; 心霊術の.

Spi·ri·tua·li·tät[..litɛ́:t] 女 -/ (↔ Materialität) 〘哲〙精神的なこと, 精神性, 霊性. [*mlat.*]

spi·ri·tu·ell[..tuɛ́l] 形 **1** (geistig) 精神の; 心霊の, 霊的な. ᵛ**2** (geistlich) 宗教上の: ~*e* Lieder 宗教歌, 聖歌. **3** (geistreich) 機知に富んだ, 才気のある.
[*mlat.* spīrituālis − *fr.*]

spi·ri·tu·os[ʃpirituó:s, sp..]¹ (**spi·ri·tu·ös**[..ǿ:s]¹) 形 アルコールを含む, アルコール性の, 酒類の. [*fr.* spiritueux]

Spi·ri·tuo·se[..ó:zə] 女 -/-n 《ふつう複数で》アルコール飲料, 酒類.

Spi·ri·tuo·sen·ge·schäft 中 酒類販売店, 酒屋.

spi·ri·tuo·so[spirituó:zo·, ..tŭó:so·] 副 (feurig, belebt) 〘楽〙スピリトゥオーソ, 生き生きと, 勢いよく. [*it.*]

Spi·ri·tus 男 **1** [ʃpí:ritʊs]-/-se[..sə] (Weingeist) 酒精,〔エチル〕アルコール: denaturierter ~ 変性酒精 ‖ *et.*⁴ in ~ legen ⟨setzen⟩ …をアルコールづけにする | *et.*⁴ mit ~ kochen …をアルコールランプで煮る(料理する). **2** [spí:ritʊs]-/-[..tu:s] (Hauch) 気息, 息; 〘言〙気息音: →*Spiritus* asper, *Spiritus* lenis **3** [spí:ritʊs]-/-[..tu:s] (Geist) 精霊; 精神, 魂, 心; 生気, 活気: →*Spiritus* familiaris, *Spiritus* rector, *Spiritus* Sanctus
[*lat.* spīritus „〔Luft〕hauch"; < *lat.* spīrāre (→ Spirans); ◇Esprit, Sprit]

Spi·ri·tus as·per[spí:ritʊs áspər, − ..pɛr] 男 - -/- -i[..tu:s ..pɛri·] 〘言〙(ギリシア語の)気息記号 (ʽ).
[*spätlat.*; < *lat.* asper „rauh" (◇Sporn)]

Spi·ri·tus·bren·ne·rei[ʃpí:ritʊs..] 女 蒸留酒製造〔所〕.

Spi·ri·tus fa·mi·lia·ris[spí:ritʊs familiá:rıs] 男 - -/- -/家の精(守り神); 家庭の忠僕. [*lat.*; ◇familiär]

Spi·ri·tus≈ko·cher[ʃpí:ritʊs..] 男 **1** (湯わかし用の)アルコールランプ. **2** 《話》 **a**) (Moped) モペット(小型オートバイ). **b**) (Kleinauto) 小型自動車. ≈**lack** 男 揮発性ワニス. ≈**lam·pe** 女 アルコールランプ.

Spi·ri·tus le·nis[spí:ritʊs lé:nıs] 男 - -/- ..nes [..tu:s ..ne:s] 〘言〙(ギリシア語の)無気息記号 (ʼ).
[*spätlat.*]

spi·ri·tus·lös·lich[ʃpí:ritʊs..] 形 アルコールに溶ける.

Spi·ri·tus rec·tor[spí:ritʊs rέktɔr] 男 - -/ 指導的精神; 中心人物. [*lat.*; ◇Rektor]

Spi·ri·tus Sanc·tus[spí:ritʊs záŋktʊs] 男 - -/ (Heiliger Geist) 〘キリスト教〙聖霊. [*lat.*]

Spi·ro·chä·te[ʃpiroçɛ́:tə, sp..] 女 -/-n 〘細菌〙スピロヘータ(屈折性をもつ螺旋(らせん)形の細菌). [< *gr.* speîra (→ spiral) + chaítē „langes Haar"]

Spi·ro·chä·to·se[..çɛtó:zə] 女 〘医〙スピロヘータ症(梅毒・ワイル病など). [<..ose]

Spi·ro·gy·ra[..gý:ra·] 女 -/..ren[..rən] 〘植〙アオミドロ(青味泥). [< *gr.* gȳrós (→Giro)]

Spi·ro·me·ter[ʃpiromé:tər, sp..] 中 (男) -s/- 〘医〙肺活量計. [< *lat.* spīrāre (→Spirans)]

Spi·ro·me·trie[..metrí:] 女 -/ 〘医〙肺活量測定〔法〕.

Spir·re[ʃpírə] 女 -/-n 〘植〙繖状(さんじょう)花序. [<Spiere]

spir·rig[ʃpírıç]² 形, **spirr·lig**[ʃpírlıç]² 形 《北部》 (spuchtig) 弱々しい, 貧弱な.

spis·sen[ʃpísən] 《03》 自 (h) 〘狩〙(エゾライチョウの雄が)つがいを求めて鳴く(→Haselhuhn). [擬音]

Spi·tal[ʃpitá:l] 中 (スイス 俗: 男) -s/..täler[..tɛ́:lər] **1** 《オーストリア・スイス》 (Krankenhaus) 病院. ᵛ**2** (Hospital) 養老院; 救貧院.
[*mlat.* hospitāle (→Hospital) − *mhd.*]

Spi·ta·ler[ʃpitá:lər] (**Spi·tä·ler**¹[..tɛ́:lər]) 男 -s/- **1** 入院患者. ᵛ**2** 養老院(救貧院)の被収容者.

Spi·tä·ler² Spital の複数.

Spi·tal≈ko·sten 《スイス》 = Spitalskosten ≈**pfle·ge** 《スイス》 =Spitalspflege

Spi·tals≈arzt 男 《オーストリア》病院勤務医. ≈**be·hand·lung** 女 《オーストリア》入院治療.

Spi·tal·schiff 中 《オーストリア》病院船.

Spi·tals≈ko·sten 複 《オーストリア》入院費. ≈**pfle·ge** 女 《オーストリア》病院の治療看護. ≈**schwe·ster** 女 《オーストリア》病院の看護婦.

Spi·tal·sup·pe 女 《話》 (Wassersuppe) 水っぽいスープ.

Spit·tel[ʃpítəl] 中 (男) -s/- **1** 《話》病院. ᵛ**2** =Spital 2

Spit·te·ler[ʃpítələr] 人名 Carl ~ カール シュピッテラー (1845-1924; スイスの詩人. 1919年ノーベル文学賞受賞. 作品『オリンピアの春』など).

spitz[ʃpıts] 形 **1** (↔stumpf) 先のとがった, 先細りの; 鋭い: ein Kleid mit einem ~*en* Ausschnitt V ネックのドレス | ein ~*er* Bleistift 芯(しん)のとがった鉛筆 | ein ~*es* Dach 先のとがった屋根 | *et.*⁴ mit ~*en* Fingern anfassen (→ Finger 1) | ~*e* Klammern 山形括弧(⟨ ⟩) | eine ~*e* Nase とんがり鼻 | ~*e* Ohren machen (→Ohr 1) | ein ~*er* Schrei 鋭い叫び声 | ~*e* Schuhe 先のとがった靴 | ein ~*er* Winkel 〘数〙鋭角 ‖ Der Bleistift ist nicht ~ genug. この鉛筆は芯がよくとがっていない | Der Turm läuft ~ zu. その塔は先の方がとがっている.
2 辛辣(しんらつ)な, 手きびしい, とげとげしい, とげのある, 皮肉な: ~*e* Bemerkungen machen ぴりっとしたこと(皮肉)を言う | eine

~*e* Zunge haben (→Zunge 1 a) | Er schreibt eine ~*e* Feder. 《雅》彼の筆は手きびしい〈辛辣だ〉 ‖ ~ antworten いやみたっぷりの返事をする.

3 《話》(顔が)げっそりやせた, やつれて細くなった: ein ganz ~*es* Gesicht bekommen 顔がげっそりやせる, 頬(ほお)がこけて細くなる ‖ ~ aussehen やつれて〈げっそりして〉いる.

4 《話》細かい, 敏感な: 〖ふつう複合動詞をつくって〗 ~ haben = *spitz*haben → 別出 | ~ kriegen = *spitz*kriegen → 別出.

▽**5 a)** (zart) かよわい, 弱々しい; きゃしゃな. **b)** (genau) 細かな, 厳密な: *et.*^{4} ~ nehmen …にやかましい | *et.*^{4} ~ wiegen …をきっちりはかる.

6 《話》 **a)** (attraktiv) すばらしい; (特に官能的に)魅力的な, 刺激的な. **b)** (scharf) 官能をかき立てられた, 好色の: *jn.* ~ machen …の欲望〈官能〉をかき立てる | auf *et.*^{4} ~ sein …が欲しくてたまらない, …に執心している | auf *jn.* ~ sein …に欲情を感じている.

[*ahd.*; ◇Spika, Spina, Speiche, Spieß[1]]

Spitz[ʃpɪts] 男 -es/-e **1** スピッツ(ポメラニア種の小型犬: → 図).

Spitz

2 《単数で》《方》ほろ酔い: einen ~ haben 一杯機嫌である | *sich*^{3} einen ~ antrinken 一杯機嫌になる. **3** 《スイス》= Spitze **4** 《南部》《もっぱら次の成句で》 **auf ~ und Knopf stehen / ~ auf Knopf stehen** (事の成りゆきが)どちらに転ぶかきわどいところである (→Spitze 1 a). **5** 《オーストリア》 **a)** (Zigarrenspitze) 葉巻用パイプ; (Zigarettenspitze) シガレットホルダー. **b)** (Tafelspitz) 〖料理〗(牛の)フィレ. **6** 《話》《次の形で》 **mein lieber ~!** (非難をこめて)何たることだ.

Spitz≠ahorn[ʃpíts..] 男 〖植〗(ヨーロッパ産の)カエデ(楓)属の一種. **≠bart** 男 **1** 先が細くとがったあごひげ(→ 図 Bart). **2** 《話》あごにとがったひげを蓄えた男.

spitz·bär·tig 形 とがったあごひげの〔ある〕.

Spitz·bauch 男 **1** ひどく前方に突き出た腹, 太鼓腹. **2** 〖医〗(妊婦の)尖腹(せんぷく).

spitz|be·kom·men* 《80》 = spitzkriegen

Spitz·ber·gen[ʃpítsbɛrgən] 地名 スピッツベルゲン(北極海にあるノルウェー領の諸島で, Svalbard の主要部分. ノルウェー語形 Spitsbergen. 主要産業は石炭採掘).

[*norw.*; ◇Berg[3]]

Spitz≠blat·tern 複 = Spitzpocken **≠bo·den** 男 〖建〗屋根裏(屋根裏が複数の階に分かれている場合の最上階: → 図 Dach A). **≠bo·gen** 男 〖建〗(ゴシック様式の)尖頭(せんとう)アーチ〈せりもち〉, オジーヴ(→ 図 Bogen).

Spitz·bo·gen·fen·ster 中 〖建〗尖頂(せんちょう)窓.

spitz·bo·gig 形 尖頭(せんとう)式の, 尖頭アーチ〈せりもち〉の〔ある〕.

Spitz·boh·ne 女 《話》(麦芽コーヒー用の)大麦粒.

Spitz·boh·nen·kaf·fee 男 《俗》麦芽コーヒー.

Spitz≠boh·rer 男 一文字錐(ぎり), 平錐(ひらぎり). **≠bu·be** 男 -n/-n **1** (女 ≠bü·bin) **a)** ならず者, ごろつき, 悪党; 詐欺師, ぺてん師; どろぼう; すり. **b)** 《戯》生意気な子供, いたずらっ子. **2** 《複数で》《オーストリア》シュピッツブーベン(ジャムをはさんだクッキー).

Spitz·bu·ben≠ge·sicht 中 -〔e〕s/-er 悪人〈悪党〉づら. **≠streich** 男 = Spitzbüberei

Spitz·bü·be·rei[ʃpɪtsby:bəráɪ] 女 **1** 《単数で》悪党ぶり, 悪さ. **2** ごろつきの行為, 悪事, 悪業.

Spitz·bü·bin Spitzbube 1 の女性形.

spitz·bü·bisch[ʃpítsby:bɪʃ] 形 **1** 抜け目のない, 悪がしこい, いたずらっぽい: Sie ist ein ~*er* kleiner Schelm. 彼女はやんちゃな小悪魔だ ‖ ~ lächeln いたずらっぽくほほえむ. ▽**2** 悪党の.

spit·ze[ʃpítsə] 形 《無変化》《話》(prima) すばらしい, すてきな: ~ Musik すばらしい音楽. [<Spitze 3 b]

Spit·ze[−] 女 -/-n **1 a)** (小 **Spitz·chen**[ʃpítsçən] 中 -s/-) (とがった)先, 尖端(せんたん); (刃物の)切っ先; (先細りになったものの)先端; (山などの)頂き, 頂点; (統計カーブなどの)ピーク: die ~ einer Nadel 〈eines Bleistifts〉 針〈鉛筆〉の先 | die ~ des Fingers 〈der Zunge〉 指〈舌〉の先 | die ~ eines Baumes こずえ | die ~ des Mastes マストの先 | die ~ eines Berges 山の頂き | **die ~ des Eisbergs** 《比》氷山の一角 | die nördliche ~ der Insel 島の北端 | Nasen*spitze* 鼻の頭〈先端〉 ‖ ***et.***^{3} **die ~ abbrechen** 〈**nehmen**〉 《比》…の鋭鋒(えいほう)をくじく, …の毒気をぬく | ***jm.*** 〈***et.***^{3}〉 **die ~ bieten** 《雅》(勇気をもって)…に抵抗する | allen Gefahren die ~ bieten あらゆる危険に敢然と立ち向かう ‖ ***et.***^{4} **auf die ~ treiben** 《比》…を極端に推し進める | die Gutmütigkeit anderer auf die ~ treiben 他人の善意をとことんまで利用する | **auf ~ und Knopf stehen** (事の成りゆきが)どちらに転ぶかきわどいところである (→Spitz 4). **b)** (葉巻・紙巻きタバコの)ホールダー, 吸い口. **c)** (靴底の)先端部; (靴などの)つま先(→ 図 Strumpf): Absätze und ~*n* かかととつま先. **d)** 〖工〗センター: tote 〈mitlaufende〉 ~ 止まり〈回り〉センター. **e)** 〖電〗(プラグの先端部の)チップ; (電波の)アペックス. **f)** 〖紋〗三角図形(→ 図 Wappen e): eine gestürzte ~ 倒立三角図形 | eine rechte 〈linke〉 ~ (向かって)左〈右〉に頂点をおく三角図形.

2 a) (隊列の)先頭: an der ~ marschieren 先頭に立って行進する. **b)** (一般に)先頭〔の地位〕; 首位, 首席; 幹部, 首脳部: die ~*n* der Gesellschaft 〈der Partei〉 社会のトップクラスの人々〈党の首脳陣〉 ‖ die ~ nehmen 首位を占める ‖ **an der ~ stehen** 先頭〈トップ〉に立っている; 長〈かしら〉である; 〖商〗(株が)最高の高値である | an die ~ treten 先頭〈トップ〉に立つ; 長〈かしら〉になる | Unsere Mannschaft liegt an der ~. 我々のチームがリードしている | der Kampf um die ~ 首位争い.

3 a) 最高速度: Mein Wagen fährt 130 Stundenkilometer ~. 私の車の最高時速は130キロだ. **b)** 《話》最高〔にすばらしいもの〕: **~ sein** 《話》最高〈抜群〉である | Dieser Plattenspieler 〈Seine neue Freundin〉 ist ~. このレコードプレーヤー〈彼の新しいガールフレンド〉は最高だ | absolute 〈einsame〉 ~ 抜群〔のもの〕. **c)** 〖写〗ハイライト. **d)** (エネルギーの供給・労働力の投入などの)ピーク, 最高潮.

4 (Überschuß) 〖商〗余剰; 端額, 端株.

5 《gegen *jn.* 〈*et.*^{4}〉》(…に対する)辛辣(しんらつ)な皮肉, あてこすり, 風刺: ~*n* austeilen 《話》とげのあるあてこすりを言う.

6 《ふつう複数で》〖織〗レース: ~*n* häkeln 〈klöppeln〉 かぎ針〈ボビン〉でレースを編む ‖ eine Gardine aus ~*n* レースのカーテン | ein Kleid mit ~*n* an Ärmeln そでにレースをあしらったドレス.

[*ahd.*; ◇spitz]

Spit·zel[ʃpítsəl] 男 -s/- 密偵, スパイ: Lock*spitzel* おとりの密偵〈回し者〉. [<spitz]

Spit·zel·dienst 男 -〔e〕s/-e 《ふつう複数で》《話》密偵〈スパイ〉の仕事, かぎまわり.

spit·zeln[1][ʃpítsəln] 《06》 自 (h) 密偵〈スパイ〉の仕事をする.

spit·zeln[2][−] 《06》 他 (h) 〖サッカー〗(ボールを)軽くける, トーキックする. [<Spitze 1 c]

spit·zen[ʃpítsən] 《02》 **I** 他 (h) **1** (…の)先を細くする, とがらす: den Bleistift ~ 鉛筆をけずる | die Lippen ~ (キスをするためなどに)唇をとがらす | die Löffel ~ (→Löffel 2 a) | das Maul 〈das Mäulchen〉 nach *et.*^{3} ~ (→Maul 2 a) | den Mund ~ (口笛を吹くために)口を突き出す | die Ohren ~ (→Ohr 1) | *seine* Antwort ~ 《比》辛辣(しんらつ)な返答をする. **2 a)** 再帰 *sich*^{4} ~ とがる; (顔などがやつれて)細くなる. **b)** 《話》再帰 *sich*^{4} auf *et.*^{4} ~ …をじりじりしながら待ち受ける〈ひどくあてにする〉 | Sie *spitzten* sich alle auf eine Einladung. 彼ら一同招待されるのを首を長くして待っていた ‖ auf *et.*^{4} *gespitzt* sein (→gespitzt II).

II 自 (h) **1** 《話》《auf *et.*^{4}》(…を)じりじりしながら待ち受ける, ひどくあてにする. **2** 《話》注意〈用心〉深く〔のぞき〕見る; (aufpassen) 注意する, よく気をつける: Ich muß ~, daß ich ihn nicht verpasse. 私は彼と行き違いにならないように注意しなくちゃならない. **3** 芽を出す.

III ge·spitzt → 別出

S

[*mhd.*; ◇spitz]

spitzen..《名詞につけて「(とがった)先・レース」を意味するほか,「先頭の・最高の・最良の」を意味することがある》: *Spitzen*sportler トップクラスのスポーツ選手 | *Spitzen*produkt 最良質製品 | *Spitzen*gespräch トップ会談. [<Spitze]

Spi̲t·zen≠ar·beit[ʃpítsən..] 女 **1** レース細工. **2 a)** きわめて優秀な仕事. **b)** 最優良品. **≠be·la·stung** 女〘電〙(発電所の)ピーク負荷. **≠be·satz** 男 レースの縁飾り. **≠blu̲·se** 女 レースのブラウス. **≠ent·la̲·dung** 女〘電〙先端放電. **≠er·zeug·nis** 中 最良質製品, 最高製作物. **≠film** 男 最優秀(トップクラス)の映画. **≠funk·tio·nä̲r** 男 (政党・労働組合などの)上級役員, 高級幹部. **≠ge·schwin·dig·keit** 女 最高速度. **≠ge·sprä̲ch** 中 トップ(首脳)会談. **≠grup·pe** 女 **1** 最前部に出ている集団;〘スポ〙(競走などで)先頭集団. **2** 最高成績をあげたグループ, トップグループ. **≠hau·be** 女 レースで縁どりした婦人帽(→ 図 Haube). **≠hö̲s·chen** 中 レースのパンティー. **≠in·du·strie** 女 先端産業. **≠kan·di·da̲t** 男 (選挙の)最有力候補者. **≠ka·tarr(h)**[..katar] 男〘医〙肺尖(はいせん)カタル. **≠klas·se** 女 最高級(品), トップクラス(のもの): Der Dirigent gehört zur ~. その指揮者はトップクラスの人だ | Dieser Wein ist ~.《話》このワインは絶品だ. **≠kleid** 中 レースのドレス; レース飾りのついた服. **≠klö̲p·pel** 男〘手芸〙ボビンレース編みの糸巻き. **≠klö̲p·pe·lei** 女 **1**《単数で》ボビンレースを編むこと. **2** ボビンレース(編物). **≠klö̲pp·le·rin** 女 ボビンレースを編む女性(女子工員). **≠kön·ner** 男 最高の能力をもった人;〘スポ〙エース, 最高選手. **≠kraft** 女 最高の能力をもった人. **≠kra̲·gen** 男 レースの襟(→ 図 Alamode-Tracht). **≠last** 女 = Spitzenbelastung **≠lei·stung** 女 最高の能力(業績・出来ばえ); 最高成績;〘経〙最高生産量;〘工〙最大出力;〘電〙ピーク電力;〘スポ〙最高記録. **≠lo̲hn** 男 最高賃金.

spi̲t·zen·lo̲s[ʃpítsənlo:s][1] 形〘工〙心(しん)(センター)のない.

Spi̲t·zen≠mann·schaft 女〘スポ〙(ランク表の)首位チーム; (競技などの)最有力チーム. **≠mar·ke** 女 最高級ブランド. **≠mu·ster** 中 レース模様. **≠na̲·del** 女 (レース編み用の)かぎ針. **≠or·che·ster** 中 トップクラスのオーケストラ(管弦楽団). **≠or·ga·ni·sa·tio̲n** 女 (数個の(経済)団体を統合する)中央機関(組織). **≠pa·pier** 中 (ケーキ用の)レース(模様の縁どりのある)紙. **≠platz** 男 トップの座: *seinen* ~ räumen トップの座をゆずる. **≠po·si·tio̲n** 女 指導的な地位(ポスト), 首位. **≠pro·dukt** 中 =Spitzenerzeugnis **≠qua·li·tä̲t** 女 最高級の品質. **≠rei·ter** 男 **1** トップクラスの騎手. **2**《比》トップに立った人(集団); 先頭チーム. **3**《話》大当たりしたもの(芝居など); 大ヒット曲. **≠scho̲·ner** 男 (鉛筆の)キャップ. **≠schu̲h** 男 バレエシューズ, トーシューズ. **≠span·nung** 女 ピーク電圧. **≠spiel** 中〘スポ〙(トップクラスによる)好ゲーム, 最高の試合. **≠spie·ler** 男 トップクラスの選手, トップ=プレーヤー. **≠sport·ler** 男 トップクラスのスポーツ選手. **≠sta̲r** 男 トップスター. **≠steu·er·satz** 男 最高税率. **≠stoff** 男 レース生地. **≠sto̲ß** 男 **1**〘サッカー〙トーキック. **2**〘医〙心尖(しんせん)拍動. **≠stro̲m** 男 ピーク電流. **≠strumpf** 男 レースの靴下. **≠tanz** 男 トーダンス. **≠tän·ze·rin** 女 トーダンサー. **≠ta·schen·tu̲ch** 中 -(e)s/..tücher レースの縁飾りのあるハンカチ. **≠tech·nik** 女, **≠tech·no·lo·gie** 女 先端(科学・工業)技術. **≠tu̲ch** 中 -(e)s/..tücher **1** レースの布地. **2** =Spitzentaschentuch **≠ver·band** 男 **1** =Spitzenorganisation **2**〘軍〙先発(部)隊, 前衛部隊. **≠ver·ke̲hr** 男 -s/ ピーク時の交通. **≠wert** 男 (Höchstwert) 最高値, 最大値;〘電〙ピーク値, 波高値. **≠zä̲h·ler** 男〘電〙先端計数管. **≠zeit** 女 **1** (交通などの)ピーク(最高ラッシュ)時. **2** (Bestzeit)〘スポ〙最高(ベスト)タイム. **3**〘経〙ピーク期.

Spi̲t·zer[ʃpítsər] 男 -s/- **1**《話》(Bleistiftspitzer) 鉛筆削り器. **2**《南部》=Spitz 1

Spitz·fei·le[ʃpíts..] 女 先細(さきぼそ)(ピン)やすり.

Spitz·fin·de·le̲i[ʃpɪtsfɪndəláɪ] 女 -/-en つまらないことにやかましく言うこと, (ささいなことの)詮索(せんさく).

spi̲tz·fin·dig[ʃpítsfɪndɪç][2] 形 **1** 事細かに区別をする; 小事にこだわる, つまらないことにやかましい, むやみに細かい; 屁(へ)理屈をこねる: ~*e* Unterschiede machen ひどく細かく区別する. **2** 抜け目(如才)のない, 利口な, 明敏な.

Spi̲tz·fin·dig·keit[-kaɪt] 女 -/-en **1**《単数で》spitzfindig なこと. **2** spitzfindig な言動.

Spi̲tz≠fu̲ß 男〘医〙尖足(せんそく). **≠ge·schoß** 中〘軍〙尖弾. **≠ge·win·de** 中〘工〙三角ねじ. **≠gla̲s** 中 -es/..gläser 底細の(シャンパン)グラス. **≠gra̲s** 中〘植〙シバムギ.

spi̲tz|ha·ben* 《64》他 (h)《話》わかって(感づいて)いる.

Spi̲tz≠hacke 女 先細つるはし(→ 図 Hacke). **≠hörn·chen** 中〘動〙ツパイ(原猿類).

spi̲t·zig[ʃpítsɪç][2] =spitz 1, 2, 3

Spi̲t·zig·keit[-kaɪt] 女 -/ spitzig なこと.

Spi̲tz≠ke̲h·re[ʃpíts..] 女 **1** (Haarnadelkurve) ヘアピンカーブ. **2 a)**〘スキー〙キックターン: eine ~ machen キックターンをする. **b)** 方向転換, スイッチバック. **≠klam·mer** 女 山形括弧(〈 〉). **≠klet·te** 女〘植〙オナモミ属. **≠kopf** 男 とがり頭;〘医〙尖頭(せんとう).

spi̲tz·köp·fig[..kœpfɪç][2] 形 頭のとがった;〘医〙尖頭(せんとう)の.

spi̲tz|krie·gen [ʃpítskri:gən][1] 他 (h)《話》(durchschauen) 見抜く, 見破る: Sie hat es längst *spitzgekriegt*. 彼女はとっくにそのことに感づいている.

[*ndd.* „zuspitzen"]

Spi̲tz≠kro·ko·di̲l 中〘動〙アメリカワニ. **≠ku̲·gel** 女 =Spitzgeschoß **≠kü̲h·ler** 男 **1** (旧式自動車の) V 字形放熱器. **2**《戯》=Spitzbauch **≠mar·ke** 女〘印〙(隔字体・ボールド体で印刷された)段落見出しの語. **≠ma·schi·ne** 女 (ハンドルのついた)鉛筆削り器. **≠maus** 女 **1**〘動〙トガリネズミ(尖鼠). **2**《話》細くとがった顔の人. **≠maus·rüß·ler**〘虫〙ホソクチゾウムシ(細口象虫亜科の昆虫). **≠mull** 男〘動〙ヒミズ(日不見)(モグラの一種).

Spi̲tz·na·me 男 あだ名, ニックネーム: *jm.* einen ~*n* geben …にニックネームをつける. [<spitz 2]

Spi̲tz≠na·se 女 とんがり鼻. **≠na̲s·horn** 中 -(e)s/..hörner〘動〙クロサイ(黒犀), ニカクサイ(二角犀).

spi̲tz≠na̲·sig 形 鼻のとがった. **≠o̲h·rig** 形 (犬などについて)耳のとがった.

Spi̲tz≠pfei·ler 男 = Spitzsäule **≠pocken** 複 (Windpocken)〘医〙水痘, 水ぼうそう.

Spi̲tz·pu̲·del·dachs·pin·scher 男《話》(得体の知れない)雑種犬.

Spi̲tz≠säu·le 女 (Obelisk) オベリスク, 方尖(ほうせん)塔. **≠ton·ne** 女〘海〙(航路標識としての)黒色浮標. **≠turm** 男 尖塔.

Spi̲tz·weg[ʃpítsve:k] 人名 Carl ~ カール シュピッツヴェーク(1808-85; ドイツの画家. 小市民の生活をユーモアをもって描いた).

Spi̲tz·we̲·ge·rich[ʃpítsve:gərɪç, ⌣⌣́⌣⌣] 男〘植〙ヘラオオバコ(篦大葉子).

spi̲tz≠win·ke·lig 形, **≠wink·lig** 形 (↔ stumpfwinkelig)〘数〙鋭角の.

Spi̲tz·wurm 男 (Sternwurm)〘動〙ホシムシ(星虫)(類)(星口動物).

spi̲tz·zün·gig[..tsʏŋɪç][2] 形 口の悪い, 毒舌の.

splanch·nisch[splánçnɪʃ] 形〘医〙内臓の.

Splanch·no·lo·gi̲e[splançnologí:] 女 -/〘医〙内臓学. [<*gr.* splágchnon „Eingeweide" (◇Splen)]

Spleen[ʃpli:n, sp..] 男 -s/-e, -s 奇矯, 気まぐれ; 奇想, 酔狂な考え; 奇行: einen ~ haben i) 風変わりなところがある; ii) 気が変である | Er hat den ~, mit einem Boot über die Ostsee fahren zu wollen. 彼はボートでバルト海を渡ろうという奇想天外な考えを抱いている.

[*gr.* splḗn (→Splen)−*engl.* „Milz"]

Spleen·ager[splí:neɪdʒə] 男 -s/-《話》奇矯な言動の10代の少年(少女). [◇Teenager]

splee·nig[ʃplí:nɪç, sp..][2] 形 風変わりな, 奇矯な, エキセントリックな; 酔狂な, 気まぐれな;《話》頭のおかしい, いかれた.

Splee·nig·keit[..kaɪt] 女 -/-en spleenig なこと.

Splei̲ß[ʃplaɪs] 男 -es/-e **1** =Spleiße **2**〘海〙(2本の索の)より(組み)継ぎ.

Splẹi·ße[ʃpláɪsə] 女 -/-n《北部》=Splitter
splẹi·ßen(*)[ʃpláɪsən]《176》**spliß**[ʃplɪs] (spleißte) / **ge·splis·sen** (gespleißt); 接II splisse (spleißte)
I 他 (h) **1**《北部》(schleißen) (木などを)割る, 裂く; (樹皮などを)剝(は)ぐ; むしり取る. **2**《海》(2本の索の端をほぐして)より〈組み〉継ぎする.
II 自 (s) **1** (木などが)割れる, 裂ける. **2**《スイス》(schlittern) (氷上を)滑る.
[*mhd.*; ◇spalten, splitte〔r〕n]
Splen[sple:n, ʃple:n] 男 -/ (Milz)〘解〙脾臓(ひぞう). [*gr.* splḗn; ◇Lien, Spleen]
splen·dịd[splɛndí:t, sp..][1] 形 **1** (freigebig) 気前のよい, けちけちしない. **2** (prächtig) 輝かしい, 壮麗な, 華麗な, りっぱな, すばらしい: in ～*er* Laune sein きわめて上機嫌(爽快(そうかい)な気分)である. **3**〘印〙インテル入りの, 行間を広くあけた: ～*er* Satz インテル入り版 | den Text ～ setzen 本文をゆるやかに組む. [*lat.*; < *lat.* splendēre „glänzen"]
▽**Splen·di·di·tät**[..diditɛ́:t] 女 -/ splendid なこと.
Splẹt·te[ʃplɛ́tə] 女 -/-n《北部》**1** (Span) 削りくず, 切りくず. **2** =Splitter [◇Splitt]
Spließ[ʃpli:s] 男 -es/-e《北部》(Schindel) こけら, へぎ板. [< spleißen]
Spließ·dach[ʃplí:s..] 中 こけら葺(ぶ)きの屋根.
Splint[ʃplɪnt] 男 -〔e〕s/-e **1**〘工〙割りピン, コッタ, 割り栓. **2**《単数で》=Splintholz **3** =Splitter
[*mndd.*; ◇Splitt]
Splịnt·bol·zen[ʃplínt..] 男〘工〙キーボルト.
Splịn·te[ʃplíntə] 女 -/-n =Splint 1
splịn·ten[ʃplíntən]《01》他 (h)〘工〙割りピン〈コッタ〉で留める.
Splịnt·holz 中 (↔Kernholz)〘林〙辺材, 白太(しらた)(木材の周辺部: → ⊠ Holz A).
Splịnt·holz·kä·fer 男〘虫〙ヒラタキクイムシ(扁木食虫)科の昆虫.
Splịnt·kä·fer 男〘虫〙トゲキクイムシ(棘木食虫)科の昆虫.
spliß[ʃplɪs] spleißen の過去.
Spliß[−] 男..sses/..sse =Spleiße
splịs·se[ʃplísə] spleißen の接続法 II.
splịs·sen[ʃplísən]《03》《方》=spleißen I [*ndd.*]
Splitt[ʃplɪt] 男 -〔e〕s/(種類: -e) (道路や線路に敷く)豆砕石; (コンクリートにまぜる)小砂利. [*ndd.*; ◇Splitter]
splịt·ten[ʃplítən]《01》他 (h) 割る, 裂く;〘経〙(株式を)分割する;〘政〙(第1票と第2票を異なった党に)分割投票する. [*mndl.*−*engl.* split; ◇spleißen]
Splịt·ter[ʃplítər] 男 -s/- (木・ガラス・金属・爆弾などの細かく鋭い)裂片, 破片, 細片, かけら; とげ: ～ von Eisen 鉄の破片 ‖ in tausend〔kleine〕～ zerbrechen〈zerspringen〉粉ごなに砕ける | *sich*[3] einen ～ einziehen とげを刺す ‖ **Man sieht den ～ im fremden Auge, aber nicht den Balken im eigenen.**《諺》他人のささいな欠点は見えるが自分の大きな欠点は見えない(他人の目にある塵(ちり)は見るが目にある梁(はり)は見ない. 聖書: マタ7, 3から). [*mhd.*]
Splịt·ter≠bom·be 女〘軍〙破片爆弾. **≠bruch** 男〘医〙破片〈細片〉骨折, 複雑骨折.
splịt·ter·fa·ser·nạckt[ʃplítərfá:zərnákt] 形《話》一糸まとわぬ, 全裸の.
splịt·ter·frei 形 **1** 粉々に割れる恐れのない(安全ガラスなど). **2** (榴弾(りゅうだん)・銃弾などの)弾片よけの, 弾片を防ぐ.
Splịt·ter≠gra·ben 男〘軍〙各個掩体(えんたい); たこつぼ(一人または二人用の塹壕(ざんごう)). **≠grup·pe** 女 分派, 分裂〈分離〉グループ.
splịt·te·rig[ʃplítərɪç][2] (**splịtt·rig**[..trɪç][2]) 形 **1** (ガラス・木などが)裂け〈割れ〉やすい, 剝(へ)げやすい. **2** (床などが)裂片〈破片〉だらけの, ささくれだらけの.
splịt·tern[ʃplítərn]《05》**I** 自 (h, s) 裂ける, 割れる, 剝(へ)げる (h, s について: →schwimmen I 1 ☆).
II 他 (h) 裂く, 割る, 剝(へ)ぐ.
splịt·ter·nạckt[ʃplítərnákt] =splitterfasernackt
Splịt·ter·par·tei 女 (党の)分派; ミニ政党.
▽**Splịt·ter·rich·ter** 男 あら探し屋, 一々とがめ立てをする人.
splịt·ter·si·cher =splitterfrei
Splịt·ter·wir·kung 女〘軍〙(榴弾(りゅうだん)・銃弾などの)破砕効果.
Splịt·ting[ʃplítɪŋ, sp..] 中 -s/〘法〙分割課税(共働き夫婦の各収入を足して2で割ったものに課税する方法);〘経〙(株式などの)分割;〘政〙(第1票と第2票の異なる党への)分割投票. [*engl.*; < *engl.* split (→splitten)]
splịtt·rig =splitterig
S P Ö[ɛspe:|ǿ:] 略 女 -/ = **S**ozialistische **P**artei **Ö**sterreichs オーストリア社会党(1888年に成立した社会民主主義労働党の後身で 1945年再建されたオーストリアの有力政党).
Spọ·dium[ʃpó:diʊm, sp..] 中 -s/ (Knochenkohle)〘化〙骨炭, 獣炭.
[*gr.* spódion „zu Asche Gebranntes"−*lat.*]
Spo·du·mẹn[ʃpodumé:n, sp..] 男 -s/-e〘鉱〙リシア輝石, 黝輝(ゆうき)石. [< *gr.* spodós „Asche"]
Spohr[ʃpo:r] 人名 Louis ～ ルイ シュポーア(1784-1859; ドイツの作曲家・ヴァイオリン奏者).
Spọi·ler[ʃpɔ́ʏlər, sp..] 男 -s/- **1**〘空〙(飛行機の翼の)スポイラー(→ ⊠ Flugzeug). **2** (競走用自動車の)スポイラー(高速時の車両浮上防止装置). [*engl.*; ◇spolieren]
Spoils·sy·stem[spɔ́ɪlzsɪstɪm] 中 -〔s〕/ スポイルシステム, 猟官制〔度〕(役得のある公職の任免を選挙に勝った政党が意のままにすること). [*amerik.*]
Spö·ken·kie·ker[ʃpǿ:kən..] 男《北部》(Geisterseher) 降神術者, 巫術(ふじゅつ)者; 見霊者, 霊視能力者. [◇Spuk]
▽**Spo·liạnt**[ʃpoliánt, sp..] 男 -en/-en 略奪者, 強奪者.
▽**Spo·lia·tiọn**[..liatsió:n] 女 -/-en (Plünderung) 略奪, 強奪. [*lat.*]
Spọ·li·en Spolium の複数.
▽**spo·li·ie·ren**[..lií:rən] 他 (h) 略奪する, 強奪する.
[*lat.*; ◇*engl.* spoil]
Spọ·lium[ʃpó:liʊm, sp..] 中 -s/..lien[..liən]《ふつう複数で》**1**〘史〙(古代ローマなどの)戦利品(武器・美術品など). **2**〘カトリック〙(中世における)聖職者の遺産. **3**〘建〙(柱など他の建物からの)再利用部分. [*lat.* „Abgezogenes"]
Spom·pa·nạ·de〔l〕n[ʃpɔmpaná:də(l)n] 複《南部・オーストリア》《話》**1** 愚行; アバンチュール. **2** 大言壮言, 自慢, ほら. **3** 反抗, 不服従.
[*it.* spampanata; < *lat.* pampius „Weinlaub"]
spon·dẹ·isch[ʃpɔndé:ɪʃ, sp..] 形 Spondeus の.
Spon·dẹ·us[..dé:ʊs] 男 -/..deen[..dé:ən]〘詩〙(古典詩の)長長格(二つの長いシラブルからなる詩脚); (ドイツ詩の)強強格(二つの強拍の並ぶ詩脚). [*gr.*−*lat.*; < *gr.* spondḗ „Libation" (◇spenden); 献酒の祭文に用いられたことから]
Spon·dyl·ar·thri·tis[ʃpɔndylartrí:tɪs, sp..] 女 -/..tiden[..trití:dən]〘医〙脊椎(せきつい)関節炎.
Spon·dy·li·tis[..lí:tɪs] 女 -/..tiden[..lití:dən] (Wirbelentzündung)〘医〙脊椎(せきつい)炎. [*gr.* sp〔h〕óndylos „Wirbelknochen"+..itis]
Spon·dy·lọ·se[..ló:zə] 女 -/-n〘医〙脊椎(せきつい)症.
[<..ose]
Spọn·gia[ʃpɔ́ŋgia·, spɔ́ŋgia·] 女 -/..gien[..giən] (Schwamm)〘動〙海綿動物. [*gr.*−*lat.*; ◇Fungus]
Spon·gịn[ʃpɔŋgí:n, sp..] 中 -s/〘動〙海綿質.
[<..in[2]]
spon·giọs[..giǿ:s][1] 形 海綿状の, 海綿質の: ～*es* Knochengewebe 海綿骨質. [*lat.*; ◇..os]
spọ̈n·ne[ʃpœ́nə] spinnen の接続法 II.
▽**Spon·sạ·li·en**[ʃpɔnzá:liən, sp..] 複 婚約〔の贈り物〕.
[*lat.*; < *lat.* spondēre „〔an〕geloben"]
spọn·sern[ʃpɔ́nzərn]《05》他 (h) (選手・競技会などを)スポンサーとして援助する, 後援〈庇護(ひご)〉する.
[*engl.* sponsor]
Spọn·sor[ʃpɔ́nzər, sp.., spɔ́nsə] 男 -s/-s **1** 後援者, 資

金供給者. **2** (商業放送の)番組提供者, スポンサー. [*lat.* „Bürge"－*engl.*]

spon·ta̲n[ʃpɔntáːn, sp..] 形 (外的強制なしに)自然に起こる, 自然発生的な, 内発〈自発〉的な; 無意識的な, とっさの: ein ～*er* Entschluß とっさの〈自発的な〉決心 | eine ～*e* Mutation 〖生〗自然突然変異 ‖ ～ ausbrechender Beifall 自然にわき起こる喝采(かっさい) | ～ antworten とっさに答える. [*spätlat.*; < *lat.* sponte „freiwillig"]

Spon·ta̲n·bil·dung ＝Gelegenheitsbildung

Spon·ta·nei·tä̲t[..taneitɛ́ːt] 女 -/-en **1**《単数で》(spontan なこと. 例えば:) 自発性. **2** 自発的な言動. [*fr.* spontanéité]

Spon·ta̲n≠frak·tu̲r[..táːn..] 女〖医〗自然〈特発〉骨折. **≠hei·lung** 女〖医〗自然〈自発〉治癒.

Spon·ta·ni·tä̲t[..tanitɛ́ːt] 女 -/-en ＝Spontaneität

Spo̲n·ti[ʃpɔ́nti·] 男 -s/-s 非党派〈自発行動派〉左翼青年グループの人.

Spoon[spuːn, ʃpuːn] 男 -s/-s 〖ゴルフ〗スプーン(3番ウッド). [*engl.* ◇ Span]

Spo̲r[ʃpoːr] 男 -[e]s/-e《南部》(Schimmel)〖植〗カビ(黴). [< *ahd.* spōri „faul"]

die **Spo·ra̲·den**[ʃporáːdən, sp..] 地名 複 スポラデス(エーゲ海南東部にあるギリシア領の諸島).
[◇ Spore; *engl.* Sporades]

spo·ra̲·disch[..dɪʃ] 形 散在する, まばらな; 散発的な, 時おりの. [*gr.*－*mlat.*; < *gr.* speírein (→Sperma)]

Spor·a̲n·gium[ʃporáŋgium, sp..] 中 -s/..gien[..giən]〖植〗胞子嚢(のう); (コケ類の)子嚢. [< Spore＋angio..]

spo̲r·co[ʃpɔ́rko·, sp..] ＝brutto [*lat.* spurcus „unrein"－*it.*]

Spo̲·re[ʃpóːrə] 女 -/-n〖植〗胞子, 芽胞(がほう). [*gr.* sporá „Samen, Saat"; < *gr.* speírein (→Sperma)]

Spo̲·ren Spore, Sporn の複数.

Spo̲·ren≠be·häl·ter[ʃpóːrən..] 男 ＝Sporangium **≠frucht** 女〖植〗(水生シダ類の)胞子嚢(のう)果. **≠kap·sel** 女〖植〗(コケ類の)胞子嚢(のう), 蒴(さく). **≠pflan·ze** 女 (↔Samenpflanze)〖植〗胞子植物. **≠tier·chen** 複〖動〗胞子虫類.

Spö̲r·gel[ʃpœ́rgəl] 男 -s/- 〖植〗オオツメクサ(大爪草)(飼料になる). [*mlat.*]

spo̲·rig[ʃpóːrɪç][2] 形《南部》(schimmelig) かびの生えた; かびだらけの.

Sporn[ʃpɔrn] 男 **1** -[e]s/Sporen [ʃpóːrən] **a)**《ふつう複数で》拍車(→図): dem Pferd die *Sporen* geben 馬に拍車を加える | *sich*[3] die [ersten] *Sporen* verdienen《比》(ある仕事で)[はじめて]手柄をたてる, 一躍名をあげる. **b)**《単数で》《雅》刺激, 鼓舞: der ～ des Ehrgeizes 功名心にかられること.

Sporn

2 -[e]s/-e (Sporen)(拍車のように突き出したもの. 例えば:) **a)**〖動〗(鳥の脚の)けづめ; (昆虫の)けづめ. **b)**〖植〗(花被の)距(きょ). **c)**〖軍〗駐鋤(ちゅうじょ), スペード(火器を発射するさい反動を止めるため脚の先につけて地面に差し込むもの). **d)**〖空〗(飛行機の)尾橇(びぞり), 尾輪. [▽]**e)** (敵艦に体当たりするため艦首につけた)衝角. **f)** (登山靴などの)靴くぎ, スパイク, アイゼン. [*germ.*; ◇ Spur; *engl.* spur; *lat.* spernere „zurückstoßen"]

Spo̲rn·blu̲·me[ʃpɔ́rn..] 女〖植〗ベニカノコソウ(紅鹿子草)属.

spo̲r·nen[ʃpɔ́rnən] 他 (h) **1** (馬に)拍車を加える;《比》(人を)激励〈鼓舞〉する, (…に)はっぱをかける. **2** (靴に)拍車をつける: gestiefelt und *gespornt* (→gestiefelt II).

Spo̲rn≠ra̲d 中 **1** (飛行機の)尾輪. **2**〖紋〗拍車図形. **≠räd·chen** 中 拍車の端の小歯車.

spo̲rn·streichs[..ʃtraɪçs] 副 大急ぎで; 即座に; まっしぐらに. [< Streich 1＋..s]

Spo·ro·phyll[ʃporofýl, sp..] 中 -s/-e (↔Trophophyll)〖植〗(シダ類などの)胞子葉, 実葉. [< Spore＋*gr.* phýllon „Blatt"]

Spo·ro·phy̲t[ʃporofýːt, sp..] 男 -en/-en (↔Gametophyt)〖植〗胞子体, 造胞体.

Spo·ro·zo̲·on[..tsóːɔn] 中 -s/..zoen[..tsóːən]《ふつう複数で》〖動〗胞子虫類. [< zoo..]

Spo̲rt[ʃpɔrt] 男 -[e]s/-e《ふつう単数で》**1 a)**《単数で》《集合的に》スポーツ, 運動競技: Hallen*sport* 屋内〈室内〉スポーツ | Schul*sport* 学校スポーツ | Winter*sport* / **der weiße ～** i)冬のスポーツ, ウインタースポーツ; ii)テニス ‖ ～ treiben スポーツをする | Er ist ein Freund des ～*s*. 彼はスポーツの愛好家である. **b)** (個々の)スポーツ, 運動競技: verschiedene ～*e* ausüben さまざまなスポーツ種目をやる ‖ Fußball ist ein sehr beliebter ～. サッカーはきわめて人気のあるスポーツだ. **2**《話》趣味, 道楽, ホビー; 気晴らし, 慰み: Fotografieren ist sein ～. 写真をとることが彼の道楽だ ‖ ***sich***[3] **einen ～ daraus machen**《不定詞〔句〕と》趣味で〈面白半分に〉…をする | Er machte sich einen ～ daraus, seine Freunde sehr früh morgens anzurufen. 彼は面白半分に朝早く友人たちに電話をかけた | Das macht er nur aus 〈zum〉 ～. 彼はそれをただ趣味として〈面白半分に〉やっているのだ.
[*engl.*; < *engl.* disport „Zerstreuung"; ◇ deportieren]

Spo̲rt≠ab·zei·chen[ʃpɔ́rt..] 中 体育章(運動能力テストに合格した者に与えられる金・銀・銅などのメダル). **≠ang·ler** 男 スポーツとして釣りを楽しむ人. **≠an·la·ge** 女 スポーツ施設. **≠an·zug** 男 スポーツウェア; スポーティーなカットの服. **≠art** 女 スポーツ種目. **≠ar·ti̲·kel** 男 スポーツ用品.

Spo̲rt·ar·ti̲·kel·ge·schäft 中 スポーツ用品店.

Spo̲rt≠arzt 男 スポーツ医〔師〕, スポーツ〈運動〉医学専門医, 体育専門医. **≠aus·rü·stung** 女 スポーツ装備〔品・用具〕.

spo̲rt·be·gei·stert 形 スポーツに夢中の〈熱中した〉.

Spo̲rt≠be·richt 男 スポーツニュース〈報道〉. **≠be·richt·er·stat·ter** 男 スポーツ〔報道〕記者. **≠blatt** 中 スポーツ新聞, スポーツ紙. **≠boot** 中 スポーツ〈レース〉用ボート.

Spo̲r·tel[ʃpɔ́rtəl] 女 -/-n《ふつう複数で》〖史〗(中世の役人に支払う)手数料, (特に:) 裁判費用; 謝礼. [*lat.* sportula „Speisekörbchen, Geldgeschenk"; < *lat.* sporta „Korb"]

spo̲r·teln[ʃpɔ́rtəln] 《06》自 (h)《話》少しスポーツをたしなむ, ちょっと運動をする.

Spo̲rt≠fan[..fɛn] 男 スポーツファン. **≠feld** 中《雅》競技場, 運動場. **≠fest** 中 スポーツ大会, 体育祭, 運動会. **≠flie·ger** 男 スポーツ飛行家. **≠flu̲g·zeug** 中 (小型の)スポーツ用飛行機. **≠freund** 男 **1** スポーツ愛好家, スポーツファン, スポーツマン. **2** スポーツ仲間. **≠funk·tio·nä̲r** 男 体育〈スポーツ〉連盟の役員. **≠geist** 男 -[e]s/ スポーツ〔マン〕精神. **≠ge·rä̲t** 中 スポーツ器具〈用具〉. **≠ge·schäft** ＝Sportartikelgeschäft **≠gym·na̲·stik** 女 スポーツ体操: Rhythmische ～ 新体操競技. **≠ha̲l·le** 女 体育館, 室内競技場. **≠ham·mer** 男〖陸上〗ハンマー(→図 Hammer). **≠hemd** 中 スポーツシャツ; ポロシャツ. **≠herz** 中〖医〗スポーツ心〔臓〕(継続的な肉体活動によって肥大拡張した心臓). **≠ho̲ch·schu̲·le** 女 体育大学. **≠hy·gie̲·ne** 女 スポーツ衛生. **≠ido̲l** 中 スポーツ界のアイドル, アイドル選手.

spor·ti̲v[spɔrtíːf][1] 形 スポーツ的な, スポーツマンらしい; (服などが)スポーティーな. [*engl.* sportive]

Spo̲rt≠jacke[ʃpɔ́rt..] 女 スポーツジャケット; スポーティーなカットの上着. **≠jour·na·list** 男 スポーツジャーナリスト. **≠ka·brio·lett** 中 コンバーチブル＝クーペ, スポーツ＝ロードスター(スポーツカーの一種). **≠ka·me·ra̲d** 男 スポーツ仲間. **≠ka·no̲·ne** 女《話》大選手, 卓越した選手: eine ～ im Tennis テニスの名人. **≠klei·dung** 女 運動着; スポーツウェア. **≠klub** 男 スポーツクラブ. **≠le̲h·rer** 男 **1** (学校の)体育教師. **2** (特定種目の)スポーツ教師.

Spo̲rt·ler[ʃpɔ́rtlər] 男 -s/- (女 **Spo̲rt·le·rin**[..lərɪn] -/nen) 運動家, スポーツマン; 運動選手, スポーツ選手.

Spo̲rt·ler·herz ＝Sportherz

spo̲rt·lich[ʃpɔ́rtlɪç] 形 **1** スポーツ〔上〕の; スポーツに関する.

2 スポーツで鍛えられた, 運動家〈スポーツマン〉らしい, スポーツマンシップにかなった; スポーツ好きの: ein ～*er* Typ スポーツマンタイプの人物 | eine ～*e* Figur haben スポーツマンらしい体つきをしている. **3** (服などが)スポーティーな: *sich*⁴ ～ kleiden スポーティーな服装をする.

Sport·ma·schi·ne 女 =Sportflugzeug

sport·mä·ßig 形 スポーツに適した; スポーツ的な.

Sport≈me·di·zin 女 スポーツ医学, 運動医学. **≈me·di·zi·ner** 男 スポーツ医学専門家, スポーツドクター.

sport·me·di·zi·nisch 形 スポーツ医学〔上〕の.

Sport≈müt·ze 女 運動帽; 鳥打ち帽. **≈nach·rich·ten** 複 スポーツニュース. **≈päd·ago·gik** 女 スポーツ教育学. **≈platz** 男 (戸外の)運動〈競技〉場. **≈pres·se** 女 スポーツ新聞〈雑誌〉. **≈psy·cho·lo·gie** 女 スポーツ心理学. **≈re·por·ter** 男 スポーツ〔報道〕記者. **≈scha·den** 男 《医》スポーツ〔による〕障害. **≈schau** 女 **1** マスゲーム. **2** (テレビなどの)スポーツハイライト〔番組〕. **≈schuh** 男 運動靴, スポーツシューズ(登山靴・スキー靴なども含む). **≈schu·le** 女 体育〈スポーツ〉学校. **≈sen·dung** 女 スポーツ放送〔番組〕.

Sports≈freund[ʃpɔ́rts..] =Sportfreund **≈ka·no·ne** =Sportkanone **≈mann** 男 -〔e〕s/..leute, ..männer スポーツマン, 運動家. **≈ma·schi·ne** 女 =Sportflugzeug

sports·mä·ßig =sportmäßig

Sport≈strumpf[ʃpɔ́rt..] 男 運動用ストッキング. **≈stu·dent** 男 体育〈スポーツ〉専攻の大学生. **≈stun·de** 女 (学校の)体育〈スポーツ〉の時間. **≈sze·ne** 女 スポーツ界. **≈tau·chen** 中 -s/ スキン〈スキューバー〉ダイビング. **≈tau·cher** 男 スキン〈スキューバー〉ダイバー(→ 図 Taucher). **≈ver·an·stal·tung** 女 スポーツ大会, 競技会. **≈ver·band** 男 体育〈スポーツ〉連盟. **≈ver·ein** 男 (略 SV) 体育〈スポーツ〉協会. **≈wa·gen** 男 **1** スポーツカー. **2** ベビーカー, 腰掛け式うば車(→ 図).

Sportwagen

Sport·wa·ren·händ·ler 男 スポーツ用品販売業者.

Sport≈wart 男 スポーツ団体〈連盟〉の役員. **≈welt** 女 -/ スポーツ界. **≈wett·kampf** 男 スポーツ競技. **≈wis·sen·schaft** 女 -/ スポーツ科学. **≈zei·tung** 女 スポーツ新聞. **≈zen·trum** 中 スポーツセンター.

Spot[spɔt, ʃp..] 男 -s/-s **1** 《放送》スポット=アナウンス; スポット=コマーシャル. **2** 《劇》スポットライト. [*engl.* „Fleck"]

Spot≈be·leuch·tung[spɔ́t.., ʃp..] 女 スポットライトによる照明. **≈ge·schäft** 中 (国際貿易市場での)現物〈スポット〉取引.

Spot·light[..laɪt] 中 -s/-s 《劇》スポットライト. [*engl.*]

Spot≈markt 男 (原油などを現物取引する)スポット市場. **≈preis** 男 (原油などの)現物価格, スポット価格.

Spott[ʃpɔt] 男 -es(-s)/ **1** 嘲弄(ちょうろう), 愚弄(ぐろう), 嘲笑, あざけり; (大して悪気のない)からかい, ひやかし: ein leichter 〈gutmütiger〉 ～ 軽い〈悪意のない〉ひやかし | ein bösartiger 〈giftiger〉 ～ 悪意の〈毒のある〉愚弄, いやみ | ～ über *jn.* 〈*et.*⁴〉 …に対する嘲笑 ‖ 〔*seinen*〕 ～ mit *jm.* 〈*et.*³〉 treiben …をからかう〈あざける〉‖ Wer den Schaden hat, braucht für den ～ nicht zu sorgen. (→Schaden 1) | Sie sagte das ihm zum ～. 彼女は彼をからかうためにそう言ったのだ. **2** 物笑いの種, 笑い草: zum ～ werden 物笑いになる | Er ist ein ～. 彼は物笑いの種だ. [*ahd.*; ◇spotten]

Spott·bild[ʃpɔ́t..] 中 戯画, 風刺画, カリカチュア.

spott·bil·lig[ʃpɔ́tbílɪç]² 形《話》途方もなく安い, 二束三文の.

Spott·dros·sel[ʃpɔ́t..] 女 **1** 《鳥》(北アメリカ産の)マネシツグミ, モノマネドリ(物真似鳥). **2** 《話》からかい好きの人, ひやかし屋.

Spöt·te·lei[ʃpœtəláɪ] 女 -/-en (軽い・悪意のない)ひやかし, からかい; 皮肉, 冗談.

spöt·teln[ʃpœ́təln] 《06》 自 (h) 《über *jn.* 〈*et.*⁴〉》 (…を)からかう, 揶揄(やゆ)する, ひやかす.

spot·ten[ʃpɔ́tən] 《01》 **I** 自 (h) **1** 《über *jn.* 〈*et.*⁴〉 / ᵛ*js.* 〈ᵛ*et.*²〉》 (…を)嘲弄(ちょうろう)する, 愚弄(ぐろう)する, あざ笑う; からかう, ひやかす: über den alten Lehrer 〈die geschraubte Ausdrucksweise〉 ～ 年とった先生〈大げさな表現〉を笑いものにする. **2** 《雅》《*et.*²》 (…を)無視する, 問題にしない: aller Schwierigkeiten 〈Gefahren〉 ～ どんな困難〈危険〉もものともしない | jeder Beschreibung ～ (→Beschreibung 1) | die Geschichten, die jeder Wahrheit *spotten* およそ真実とはかけ離れたつくり話.

II 他 (h) (鳥が外界の音声を)まねる.

[*germ.*; ◇spützen, Spott]

Spöt·ter[ʃpœ́tər] 男 -s/- **1** 嘲笑(ちょうしょう)家, 皮肉屋; 神をあざける人, 瀆神(とくしん)者. **2** 《鳥》オリーブムシクイ〔属〕.

Spöt·te·rei[ʃpœtəráɪ] 女 -/-en 嘲弄(ちょうろう), 愚弄(ぐろう), 嘲笑, 揶揄(やゆ), あざけり, ひやかし.

Spott≈ge·bot[ʃpɔ́t..] 中 大安売り, 投げ売り. **≈ge·burt** 女 奇形, 奇怪〈異形〉なもの, 怪物. **≈ge·dicht** 中 風刺詩, ざれ歌, 落首(らくしゅ). **≈ge·läch·ter** 中 嘲笑(ちょうしょう). **≈geld** 中 -〔e〕s/ ごくわずかな金額, 二束三文, ただみたいな値段: *et.*⁴ für 〈um〉 ein ～ bekommen …を二束三文で手に入れる.

spöt·tisch[ʃpœ́tɪʃ] 形 嘲弄(ちょうろう)的な, あざけりの; からかいの, ひやかしの: ein ～*es* Gesicht 嘲笑的な顔つき | ein ～*er* Mensch 皮肉たっぷりな人間.

Spott≈lied[ʃpɔ́t..] 中 風刺歌, ざれ歌, 落首(らくしゅ). **≈lust** 女 -/ 嘲弄癖, からかい癖.

spott·lu·stig 形 嘲弄(ちょうろう)癖(へき)のある; 愚弄するような, いやみたっぷりの.

Spott≈na·me 男 (Spitzname) あだ名. **≈preis** 男 《俗》非常に安い価格, 大安値, 二束三文, 捨て値: *et.*⁴ für einen ～ kaufen …を二束三文で買う | zu ～*en* 二束三文で. **≈re·de** 女 -/-n 《ふつう複数で》あざけりの言葉, 皮肉な言葉: ～*n* führen 嘲弄(ちょうろう)的言辞を弄する. **≈schrift** 女 風刺文〔学〕. **≈sucht** 女 -/ (悪意むき出しの)嘲弄癖(へき), (激しい)愚弄心.

spott·süch·tig 形 嘲弄癖の強い, 愚弄心むき出しの.

Spott≈vers 男 風刺詩. **≈vo·gel** 男 =Spottdrossel

S. P. Q. R. 略 =**S**enatus **P**opulusque **R**omanus

sprach[ʃpraːx] sprechen の過去.

Sprach≈akt[ʃpráːx..] 男 《言》言語行為〈行動〉. **≈at·las** 男 -〔ses〕/-se, ..lanten 《言》言語地図. **≈bar·rie·re** 女 -/-n 《ふつう複数で》《言・社》言語障壁, 言語の障壁. **≈bau** 男 -〔e〕s/ 《言》言語構造.

sprach·be·gabt 形 語学の才能のある.

Sprach·be·ga·bung 女 語学の才能.

sprach·be·hin·dert 形 言語障害のある.

Sprach≈be·hin·de·rung 女 言語障害. **≈be·nut·zer** 男 《言》言語使用者. **≈bund** 男 《言》言語連合(同系統か否かを問わず, 複数の言語が地理的に隣接しているため, 共通の類似性を持つようになったもの. バルカン諸語がよく知られている: →Sprachfamilie). **≈denk·mal** 中 (言語史上とくに重要な)言語遺産(碑文・古文書など). **≈di·dak·tik** 女 言語教授法. **≈dumm·heit** 女 文法〈語法〉上の誤り.

Spra·che[ʃpráːxə] 女 -/-n **1** (特定の民族や国家, または特定の集団の)言語, 国語: alte ～*n* 古代語 | lebende 〈tote〉 ～*n* 現在も使用されている〈現在は使用されていない〉言語 | die deutsche 〈französische〉 ～ ドイツ〈フランス〉語 | Fremd*sprache* 外国語 | Mutter*sprache* 母〔国〕語 ‖ die ～ der Taubstummen 聾唖(ろうあ)者の言語, 手話法 | die ～ der Tiere 動物の言語 | die ～ der Natur 〈der Musik〉 自然〈音楽〉の〔語りかける〕言葉 ‖ die Grammatik der englischen ～ 英文法 | mehrere ～*n* beherrschen 〈können〉 数か国語に通じている〈ができる〉| eine ～ erlernen 言語を習得する | eine fremde ～ sprechen 〈verstehen〉 外国語を話す〈理解する〉| **eine andere ～ sprechen** 〈**reden**〉《比》話が全く通じない | **dieselbe** 〈**die gleiche**〉 **～ sprechen** 〈**reden**〉《比》(考え方が同じで)話が通じやすい ‖ einen Text aus einer ～ in die andere übersetzen テキストをある言語から他の言語に訳す | in einer fremden ～ sprechen 外国語で話す | **in sieben ～*n* schweigen** 《戯》一言も発しない, 黙りこくっている.

S

2《単数で》**a**）言語能力, 言葉を用いる能力: die menschliche ～ 人間の言語〔能力〕‖ die ～ verlieren（驚き・ショックなどで）物が言えなくなる; 失語症になる | ***jm.* die ～ verschlagen** ⟨**nehmen** / **rauben**⟩（驚き・ショックなどが）…を口のきけない状態にする | Der Schreck verschlug mir die ～. 驚愕のあまり私は口もきけなかった | die ～ wiederfinden ⟨wiederbekommen⟩ 言葉をとり戻す ‖ ***jm.* bleibt die ～ weg** / die ～ versagt *jm.*（驚き・ショックなどで）…は口がきけない. **b**）（↔Rede）〘言〙（体系としての）言語, ラング（→Langue）.

3《単数で》話し方, 物の言い方, 言葉づかい, 表現法, 用語〔法〕; 発音〔のし方〕; 〘劇〙せりふ: eine einfache ⟨natürliche⟩ ～ 平易⟨自然⟩な言葉づかい | eine gehobene ⟨gewählte⟩ ～ 高尚な⟨洗練された⟩言い方 | eine gekünstelte ⟨geschraubte / gezierte⟩ ～ わざとらしい言い方 | eine poetische ～ 韻文; 詩文⟨文芸⟩語 ‖ die ～ des Alltags / Alltags*sprache* 日常語 | die ～ des Dichters ⟨des Akademikers⟩ 詩人⟨学者⟩の用語〔法〕| die ～ der Kanzel ⟨der Kanzlei⟩ 説教⟨官庁⟩用語 | die ～ des Herzens ⟨des Gewissens⟩《雅》心情⟨良心⟩から発する言葉 | die ～ der Leidenschaft ⟨der Wahrheit⟩《雅》情熱的な⟨真実を告げる⟩言葉 ‖ ein Meister der ～ 言葉の達人, 文章の大家 ‖ *jn.* an *seiner* ～〔als Berliner〕erkennen 話し方⟨なまり⟩で…を〔ベルリンっ子と〕識別する ‖ eine dreiste ⟨kühne⟩ ～ führen 生意気な口をきく | eine beredte ～ sprechen《比》（表情などが）雄弁に物語る | **eine deutliche ⟨unmißverständliche⟩ ～**〔**mit *jm.***〕**reden ⟨sprechen⟩**《比》〔…に〕はっきり言い聞かせる,〔…に対して〕ずけずけものを言う | **eine deutliche ～ sprechen**（証拠などがある事実を）はっきりと示している | Die Zahlen sprechen eine beängstigende ～.（統計の）数字が危惧(きぐ)すべき事態を表している.

4《単数で》話すこと, 発言:〘ふつう次の成句で〙**die ～ auf *et.*[4] bringen** …に話を向ける ‖ **mit der ～ nicht herausrücken ⟨herauswollen⟩**《話》言いしぶる | **heraus mit der ～!**《話》〔思っていることを〕言ってしまえよ;〔なにをやったか〕白状しろ | **zur ～ kommen** 話題⟨議題⟩になる | ***et.*[4] zur ～ bringen** …を話題⟨議題⟩にする.

［*westgerm.*; ◇sprechen, Spruch; *engl.* speech］

sprä·che[ʃprɛ́:çə] sprechen の接続法 II.

Sprạch⸗ei·gen·tüm·lich·keit[ʃprá:x..] 女（ある言語に）特有の語法. **⸗emp·fin·den** 中 =Sprachgefühl

Sprạ·chen⸗fra·ge[ʃprá:xən..] 女（多民族国家などの）言語問題. **⸗ge·wirr** 中 言語の混乱: ein babylonisches ～（→babylonisch）. **⸗kampf** 男（多民族国家などの）言語紛争. **⸗kar·te** =Sprachkarte **⸗recht** 中 -〔e〕s/（少数民族などの）母語使用権〔を規定する法律〕. **⸗schu·le** 女 外国語学校, 語学専門学校.

Sprạch⸗er·ler·nung 女, **⸗er·werb** 男（幼児などの母語に関する）言語〔能力〕習得. **⸗er·zie·hung** 女 言語教育. **⸗fä·hig·keit** 女 -/（人間固有の）言語能力. **⸗fa·mi·lie**[..liə] 女〘言〙（共通の祖語から分化した）語族（→Sprachbund）. **⸗feh·ler** 男 **1**〘医〙言語欠陥. **2** 語法上の間違い.

sprạch·fer·tig 形 **1** 弁の立つ, 口達者の. **2** 外国語の達者な.

Sprạch⸗fer·tig·keit 女 -/ sprachfertig なこと. **⸗for·scher** 男 言語学者. **⸗for·schung** 女 言語研究, 言語学. **⸗füh·rer** 男（特に旅行者用の）外国語ガイドブック, 対訳会話用例集. **⸗ge·biet** 中 言語〔使用〕地域: das deutsche ～ ドイツ語圏. **⸗ge·brauch** 男 言語の使い方, 言語慣用: nach heutigem ～ 今日の用語法では. **⸗ge·fühl** 中 -〔e〕s/ 言語感覚, 語感: das ～ bilden 語感を養う. **⸗ge·lehr·te** 男 女 言語学者. **⸗ge·mein·schaft** 女（同じ言語を話す）言語共同体⟨社会⟩. **⸗ge·nie** [..ʒeni:] 中 言葉⟨外国語⟩の天才. **⸗geo·gra·phie** 女 -/ 言語地理学. **⸗ge·schich·te** 女 言語史: die deutsche ～ ドイツ語史. **⸗ge·sell·schaft** 女（特に17–18世紀のドイツで母〔国〕語の育成と浄化を目的として作られた）国語⟨言語⟩協会. **⸗ge·setz** 中 言語法則.

sprạch·ge·stört =sprachbehindert

Sprạch·ge·walt 女 -/（詩人・作家などの）言語を駆使する力.

sprạch⸗ge·wal·tig 形 言語を駆使する能力をもった. **⸗ge·wandt** =sprachfertig

Sprạch⸗ge·wandt·heit 女 = Sprachfertigkeit **⸗gren·ze** 女 言語境界. **⸗gut** 中 -〔e〕s/（国家や民族の）言語遺産（語彙(ごい)・語法など）. **⸗hand·lung** 女〘言〙言語行為. **⸗heil·kun·de** 女 -/ 言語治療学. **⸗heil·pfle·ge** 女 言語障害⟨欠陥⟩の矯正.

..sprạchig[..ʃpra:xıç][2]《形容詞・数詞などにつけて「…言語による, …〔か〕国語を話す」などを意味する形容詞をつくる》: deutsch*sprachig* ドイツ語を話す; ドイツ語による | fremd*sprachig*（授業などが）外国語による | drei*sprachig* 3 か国語を話す; 3 か国語による. ［＜Sprache］

Sprạch⸗in·sel[ʃprá:x..] 女〘言〙言語島, 孤立言語圏. **⸗ka·bi·nett** 中（旧東ドイツで）=Sprachlabor **⸗kar·te** 女 =Sprachatlas **⸗ken·ner** 男 =Sprachkundige **⸗kennt·nis·se** 複 語学⟨外国語⟩の知識. **⸗kom·pe·tenz** 女〘言〙（母語使用者に備わっている）言語能力. **⸗kon·takt** 男〘言〙言語接触. **⸗kri·tik** 女 言語批評⟨批判・評論⟩. **⸗kul·tur** 女 -/ **1** 言語文化. **2 a**）国語運用能力〔の水準〕. **b**）（旧東ドイツで）国語能力育成. **⸗kun·de** 女 -/ **1** =Sprachlehre [▽]**2** =Sprachwissenschaft

sprạch·kun·dig 形 言葉に通暁した; 数か国語のできる.

Sprạch⸗kun·di·ge 男 女《形容詞変化》sprachkundig な人. **⸗kunst** 女 **1**《単数で》言語芸術. **2** 言葉の技巧, 弁論術. **⸗kurs** 男, **⸗kur·sus** 男 語学講座⟨講習会⟩. **⸗la·bor** 中, **⸗la·bo·ra·to·rium** 中 ランゲージ=ラボ〔ラトリー〕, ラボ⟨LL⟩教室. **⸗land·schaft** 女〘言〙言語地方: eine aktive ⟨passive⟩ ～（言語的革新に関して）能動⟨受動⟩的な言語地方. **⸗laut** 男〘言〙（音形的に有意な）言語音（→Sprechlaut）. **⸗leh·re** 女 -/（Grammatik）文法. **⸗leh·rer** 男 **1** 語学教師. [▽]**2** 文法家, 言語学者. **⸗len·kung** 女 言語統制.

sprạch·lich[ʃprá:xlıç] 形 言葉の, 言語〔上〕の; 語法上の: ～*es* Handeln 言語行為 | ～*e* Kenntnisse 言葉⟨語学⟩の知識 ‖ Das ist ～ richtig ⟨falsch⟩. それは語法上正しい⟨間違っている⟩.

..sprạchlich[..ʃpra:xlıç]《形容詞・名詞などにつけて「…語の, …言語の」などを意味する形容詞をつくる》: alt*sprachlich* 古代語の | deutsch*sprachlich* ドイツ語の.

sprạch·los[ʃprá:xlo:s][1] 形 **1** 口をきかない, 無言の: ～*es* Einverständnis 無言⟨暗黙⟩の了解. **2** 口のきけない. **3**（驚きのあまり）口もきけない, 啞然(あぜん)とした: Da bin ich aber ～. これは驚いた, あきれて物も言えない.

Sprạch·lo·sig·keit[..lo:zıçkaıt] 女 -/ sprachlos なこと.

sprạch·mäch·tig =sprachgewaltig

Sprạch⸗mei·ster 男（自国語の）言葉の達人⟨魔術師⟩. **⸗me·lo·die** 女 言葉の抑揚, イントネーション. **⸗mi·schung** 女〘言〙言語混合⟨混交⟩. **⸗mitt·ler** 男 言語仲介者（通訳・翻訳家など）. **⸗norm** 女（言語の正しい姿を定める）言語規範. **⸗öko·no·mie** 女 -/〘言〙言語経済（言語活動に伴う労力の節減志向で, 言語発展の動因の一つ）. **⸗or·gan** 中〘解〙言語⟨音声⟩器官;〘劇〙口跡(こうせき). **⸗pa·tho·lo·gie** 女 言語病理学. **⸗pfle·ge** 女 国語育成. **⸗phi·lo·so·phie** 女 -/ 言語哲学. **⸗po·li·tik** 女 言語政策. **⸗psy·cho·lo·gie** 女 言語心理学. **⸗pu·ris·mus** 男 国語浄化主義. **⸗pu·rist** 男 国語浄化論⟨主義⟩者. **⸗raum** 男 言語〔使用〕圏: der englische ～ 英語圏. **⸗re·gel** 女 -/-n《ふつう複数で》文法規則. **⸗re·ge·lung** 女 言語規制. **⸗rei·ni·ger** 男 国語浄化論⟨主義⟩者. **⸗rei·ni·gung** 女 国語浄化.

sprạch·rich·tig 形 語法上⟨文法的に⟩正しい.

Sprạch⸗rohr 中（らっぱ状の）伝声器, メガホン: *jn.* durch das ～ anrufen …にメガホンを使って呼びかける | *js.* ～ sein《比》…の代弁者⟨スポークスマン⟩である | *sich*[4] zum ～ von *et.*[3] machen …を公に弁護する. **⸗schatz** 男《ふつう単数で》（Wortschatz）語彙(ごい). **⸗schicht** 女 言語層, 言葉

S

の位相(方言・雅語・俗語など). ≈**schnit·zer** 男《話》語法上の間違い. ≈**schran·ke** 女 = Sprachbarriere ≈**schu·le** = Sprachenschule ≈**sil·be** 女〘言〙語構成音節, 語綴(ごてつ)(㊞ Kind-er, lehr-en)(→Sprechsilbe). ≈**so·zio·lo·gie** 女 言語社会学. ≈**spie·le·rei** 女 言葉遊び. ≈**stamm** 男〘言〙語族. ≈**sta·ti·stik** 女 言語統計. ≈**stil** 男 文体. ≈**stö·rung** 女〘言〙言語障害. ≈**struk·tur** 女〘言〙言語構造. ≈**stu·dium** 中 言語研究. ≈**stun·de** 女 語学の時間(授業). ≈**sy·stem** 中 言語体系. ≈**ta·lent** 中 語学の才能〔の持ち主〕. ≈**teil·ha·ber** 男, ≈**teli·neh·mer** 男〘言〙言語参加者, 言語共同体の一員. ≈**theo·rie** 女 言語理論. ≈**typ** 男〘言〙言語類型. ≈**ty·po·lo·gie** 女 言語類型論〈学〉. ≈**übung** 女 語学の練習〈訓練〉. ≈**un·ter·richt** 男 語学の教授〈授業〉: ～ geben 語学を教える. ≈**ver·bes·se·rer** 男 国語改良者, 言語改革者. ≈**ver·der·ber** 男 国語破壊者. ≈**ver·ein** 男 国語協会: Allgemeiner Deutscher ～ 全ドイツ国語協会(ドイツ語の浄化育成のため1885年創設され, 第二次世界大戦中に消滅). ≈**ver·gleich** 男, ≈**ver·glei·chung** 女 言語比較. ≈**ver·mö·gen** 中 -s/ 言語能力; 語学の才能. ≈**ver·stoß** 男 語法上の間違い, 文法違反. ≈**ver·wandt·schaft** 女〘言〙言語の類縁関係. ≈**ver·wir·rung** 女 言葉〈言語〉の混乱: eine babylonische ～ (→ babylonisch). ≈**wan·del** 男 言語の変遷. ≈**werk·zeug** 中 = Sprachorgan

sprach·wid·rig 形 語法上正しくない, 文法に違反した.

Sprach≈wis·sen·schaft 女 言語学: die vergleichende ～ 比較言語学. ≈**wis·sen·schaft·ler** 男 言語学者.

sprach·wis·sen·schaft·lich 形 言語学〔上〕の, 言語学的な.

Sprach≈zen·trum 中 **1**〘生理〙言語中枢. **2** 語学センター. ≈**zu·stand** 男 (それぞれの時代の)言語状態.

sprang[ʃpraŋ] springen の過去.

sprän·ge[ʃprɛ́ŋə] springen の接続法 II.

Spran·ger[ʃpráŋər] 人名 Eduard ～ エードゥアルト シュプランガー(1882-1963; ドイツの哲学者・教育学者).

Spray[ʃpreː, spreː, spreɪ] 男 中 -s/-s 噴霧〔液〕, スプレー; 噴霧器. [*engl.*; ◇sprießen^2, sprühen]

Spray·do·se[ʃpréː.., sp..] 女 スプレー容器, 噴霧器.

spray·en[ʃpréːən, sp.., spréɪən] **I** 自 (h) (液体を)噴霧する: gegen Ungeziefer ～ 害虫に殺虫剤を噴きかける.

II 他 (h) **1**《*et.*^{4}》(…に霧状のものを)噴きかける, スプレーする. **2**《*et.*^{4}》(絵・文字などを)スプレーで描く.: *et.*^{4} auf die Häuserwände ～ …(落書きなど)を家々の壁にスプレーで描く.

[*engl.*]

Spray·er[ʃpréːər, sp.., spréɪər] 男 -s/- 落書きなどを家々の壁にスプレーで描く人.

Sprech≈akt[ʃprɛç..] 男〘言〙発話行為. ≈**angst** 女〘医〙発語〈会話〉恐怖症. ≈**an·la·ge** 女 (屋内の)通話装置, インターホン.

sprech·be·hin·dert 形 言語障害のある.

Sprech≈bla·se 女 (漫画などで登場人物のせりふを書き込む風船形の)吹き出し. ≈**chor**[..koːr] 男 -〔e〕s/..chöre **1** シュプレヒコール(スローガンなどの唱和): im 〈in einem〉 ～ rufen 声をそろえて叫ぶ. **2**《集合的に》シュプレヒコールをする人たち.

Spre·che[ʃprɛ́çə] 女 -/《話》(↔Schreibe) **1** 口で言われたもの, 話し言葉. **2** 話しぶり, 物の言い方.

spre·chen*[ʃprɛ́çən]《177》**sprach**[ʃpraːx] / **ge·spro·chen**[gəʃprɔ́xən]; 現 *du* sprichst[ʃprɪçst], *er* spricht; 命 sprich; 接II spräche[ʃprɛ́ːçə]

I 自 (h) **1**《人を主語として》**a**) (英: *speak*) 話す, ものを言う, しゃべる, 口をきく, 口に出す: laut 〈langsam〉 ～ 大声で〈ゆっくり〉しゃべる | erregt 〈ruhig〉 ～ 興奮して〈落ち着いて〉話す | lang und breit ～ 長々としゃべる〈論じ立てる〉 | Hier *spricht* Müller.(電話口で)こちらはミュラーです | Wie *spricht* der Hund? (犬に対する命令として)ワンと言ってごらん | Er *spricht*, wie ihm der Schnabel gewachsen ist. 彼は思ったことを〔ためらわずに〕そのまま口に出す ‖ wie **aus** einem Munde ～ 異口同音に述べる, 口をそろえて言う | **durch** die Nase ～ 鼻声でしゃべる | durch die Blumen ～ 婉曲(えんきょく)に〈それとなく〉話す | **in** kurzen Sätzen 〈einer fremden Sprache〉 ～ 簡潔に〈外国語で〉話す | in Bildern 〈Rätseln〉 ～ 比喩(ひゆ)的に〈不明瞭(ふめいりょう)にわけの分からないことを〉しゃべる | wie im Fieber ～ 熱にうかされたようにしゃべる | **mit** verstellter Stimme 〈ausländischem Akzent〉 ～ つくり声〈外国なまり〉で話す | frei 〈frisch〉 **von** der Leber weg ～《比》率直に語る | **vor** Angst 〈Schreck〉 nicht ～ können 不安〈驚き〉のあまり口がきけない | vor aller Öffentlichkeit ～ おおっぴらに語る ‖ Das Kind lernt ～. 子供が言葉をおぼえる | *jn.* zum *Sprechen* bringen …に口を開かせる〈発言させる〉 ‖ ehrlich 〈ganz allgemein〉 *gesprochen* 正直〈ごく一般的〉に言えば | unter uns *gesprochen* ここだけの話だが.

b) 意見を述べる, 弁じる; (…について)話す, 話をする, 物語る: **auf** *jn.* 〈*et.*^{4}〉 zu ～ kommen …を話題にする | **auf** *jn.* 〈*et.*^{4}〉 **schlecht** 〈**nicht gut**〉 **zu ～ sein** …に対して腹を立てている, …のことを嫌っている | **für** *jn.* 〈*et.*^{4}〉 ～ …の代弁をする;《比》…を弁護する, …の味方をする, …のために尽力する | **mit** *jm.* ～ …と話し合う | mit *sich*^{3} selbst ～ ひとりごとを言う | mit *sich*^{3} ～ lassen ものわかりがいい | Ich habe mit dir zu ～. 私は君と〔大事な〕話があるんだ | nicht miteinander ～ (仲たがいして)互いに口もきかない | So kannst du mit mir nicht ～. 私に向かってそんな口のききようはよせ | Mit ihm kann man nicht ～. あいつは全く話のわからないやつだ | **über** *jn.* 〈*et.*^{4}〉 ～ / **von** *jm.* 〈*et.*^{3}〉 ～ …について話す〈報告する〉, …を話題にする | über die Reise 〈von der Reise〉 ～ 旅行の話をする | Wir haben gerade von dir *gesprochen*. 我々はいまちょうど君の話をしていたところだ | gut 〈schlecht〉 über *jn.* 〈*et.*^{4}〉 ～ / gut 〈schlecht〉 von *jm.* 〈*et.*^{3}〉 ～ …のことを良く〈悪く〉言う(→II 1 a).

c) 講演する, スピーチをする: 〔bei einem Vortrag〕 frei ～ 〔講演の際〕原稿なしで話す | im Rundfunk ～ ラジオで講演する | zu den Hörern über ein interessantes Thema ～ 聴衆に向かって興味あるテーマについて語る.

d)《von *et.*^{3}》(…を)口にする, (…という)言葉を用いる: Das Mädchen *sprach* von Liebe, die Mutter gar von Ehe. 少女は(私への)愛を口にし その母親は(私と少女との)結婚話まで持ち出した (W. Müller) | Wir *sprechen* historisch von der „Kamakura-Zeit". 我々は歴史上「鎌倉時代」という言葉を使っている.

2《事物を主語として》**a**) 語る, 物語る; ものを言う, 効果をあらわす: Das Buch *spricht* von großen historischen Ereignissen. その書物は歴史的大事件について述べている | Ihre Augen *sprechen* beredt. 彼女の目が雄弁に物語っている | Sein Verhalten *sprach* zu ihrem Herzen. 彼の振舞いが彼女の心情に訴えかけた | Da hat sein Herz 〈sein Gewissen〉 *gesprochen*. そこで彼の感情〈良心〉が彼を動かした | die Waffen ～ lassen 武器に物を言わせる.

b) (感情などが)のぞいて見える, 現れている: Aus seinen Augen *spricht* Angst 〈Güte〉. 彼の目には恐怖〈善意〉があらわれている | Dankbarkeit *sprach* aus ihm. 彼の全身に感謝の念があふれていた.

c) **für** *jn.* 〈*et.*^{4}〉 **～** …にプラスの材料を提供する | für *jn.* 〈zu *js.* Gunsten〉 ～ …に有利な証拠になる | für *js.* Unschuld 〈*js.* Gutmütigkeit〉 ～ …の無実〈人の良さ〉を物語る | **für** *sich*^{4} **selbst ～** 自明のことである, それ以上の説明を必要としない ‖ **gegen** *jn.* 〈*et.*^{4}〉 **～** …にマイナスの材料を提供する | Ihre Aussage *sprach* gegen ihn. 彼女の証言は彼に不利な証拠となった | Es *spricht* manches gegen dieses Projekt. この企画にはいくつか難点がある.

II 他 (h) **1**《人を主語として》**a**) (言葉などを)言う, 話す; (事柄を)述べる, 語る: ein ernstes 〈böses〉 Wort ～ まじめなことを言う〈悪態をつく〉 | kein Wort 〈keine Silbe〉 〔mit *jm.*〕 ～ 〔…と〕一言も口をきかない | die Wahrheit ～ 真実を語る | Er *spricht* nur Unsinn. 彼はくだらぬことばかり言う | Gutes von *jm.* 〈über *jn.*〉 ～ …のことを良く言う(→I 1 b) | Schlechtes von *jm.* 〈über *jn.*〉 ～ …の悪口を言う(→I 1 b) | Das Kind *spricht* schon ganze Sätze. そ

S

の子供はもうちゃんと文の形でしゃべれる ‖ *jm.* aus dem Herzen *gesprochen* sein (→Herz 2) | aus der Seele *gesprochen.* 《比》それはまさに私の言いたかったとおりのこと | *jm.* aus der Seele ～ (→Seele 1).

b) (特定の言語を)話す, しゃべる: 〔fließend〕 Deutsch 〈deutsch〉 ～ 〔流暢(りゅうちょう)に〕ドイツ語を話す | ein gutes Französisch ～ 上手なフランス語をしゃべる | Er *spricht* nur Dialekt 〈Mundart〉. 彼は方言しか話せない | mehrere Sprachen ～ 数か国語を話す | Mit dir muß man eine andere Sprache ～. 君にはもう少し別の〈もっときびしい〉扱いをしなきゃならんようだな.

c) (詩・せりふ・祈禱(きとう)文などを)朗唱〈朗読〉する, 唱える: ein Gedicht ～ 詩を朗唱する | eine Rolle ～ (ラジオドラマなどで)ある役を演じる | ein Gebet 〈den Segen〉 ～ 祈り〈祝福〉を唱える | ein literarisches Werk auf Platten ～ 文学作品をレコードに吹き込む.

d) 〖法〗(判決を)下す: Recht 〈das Urteil〉 ～ 判決を下す | *jn.* schuldig ～ …に有罪の判決を下す.

e) 《*jn.*》(特定の用件で…と)面談する,〔会って〕話す: Ich möchte Herrn X ～. X 氏にお目にかかりたいのですが | Ist Herr X zu ～? X 氏にお目にかかれますでしょうか; (電話口で) X 氏をお願いできますでしょうか | Er ist 〔für Herrn X〕 nicht zu ～. 彼は〔X 氏に対しては〕面会謝絶だ | Der Arzt ist täglich von 9 bis 12 Uhr zu ～. この医者の診療時間は毎日 9 時から12時までだ ‖ 再帰 *sich*[4] ～ 話し合う, 相談し合う | Wann *sprechen* wir uns 〔wieder〕? 今度いつ会おうか | Wir *sprechen* uns noch! (別れのあいさつとして)じゃまた〔会って〕話そう; (おどし文句として)いずれ話はつけるぞ, このままじゃすまないぞ.

2 《事物を主語として》《比》(ある言葉を)語る, 物語る: Das *spricht* eine deutliche Sprache. それは明白だ〈はっきりしている〉| Diese Fotos *sprechen* eine beredte Sprache. これらの写真が雄弁に事実を物語っている(→I 2 a) | Sein Lächeln *spricht* Bände. 《話》彼のほほえみがすべてを物語っている.

III sprẹ·chend 現分 形 **1** 表現力に富む, 意味深長な: ein ～*es* Gesicht 表情豊かな顔 | mit einem ～*en* Blick 意味ありげな目つきで.

2 明白な, 顕著な: ein ～*er* Beweis 明白な証拠, みごとな証明 | eine ～*e* Ähnlichkeit 顕著な類似 | Einen ～*eren* Beweis gibt es nicht. これ以上明白な証拠〈みごとな証明〉はない ‖ *jm.* ～ ähnlich sein …に生き写しである.

[*westgerm.*; ◇Sprache, Spruch; *engl.* speak]

Sprẹ·cher[ʃprɛ́çɐr] 男 -s/- (⊗ **Sprẹ·che·rin**[..çərın] -/-nen) **1 a**) (↔Hörer) 話し手: ein guter 〈gewandter〉 ～ 話の上手な人. **b**) 講演者, 演説者. **c**) (テレビ・ラジオの)アナウンサー; (音楽・ドラマなどの)ナレーター. **2 a**) (特定グループの)代弁者: zum ～ der Unterdrückten werden しいたげられた人たちの代弁者となる. **b**) (特定機関の)広報担当者, スポークスマン.

Sprẹch·er·zie·hung 女 話術教育.

sprẹch·faul 形 **1** (mundfaul) 口の重い, 無口の. **2** (幼児について)言語発達の遅れた.

Sprẹch≠fẹh·ler 男 言い間違い, 言いそこない. **≠fen·ster** 中 (刑務所などの)面会用小窓. **≠film** 男 (Tonfilm) 発声映画, トーキー. **≠fre·quenz** 中 〖電〗音声周波数. **≠funk** 男 無線通話.

Sprẹch·funk·ge·rät 中 無線通話機, トランシーバー.

Sprẹch≠ge·bühr 女 (電話の)通話料. **≠ge·sang** 男 〖楽〗**1** (Rezitativ) 叙唱, レチタティーヴォ. **2** (現代音楽の) シュプレヒゲザング(なかば語りの性格をもち, 指定された音程とリズムで歌われる). **≠ka·nü·le** 女 〖医〗人工喉頭(こうとう). **≠kun·de** 女 -/ 話術教育(学校の一教科). **≠kunst** 女 -/ 話術. **≠laut** 男 〖言〗(実現された)言語音, 言音, 話音 (→ Sprachlaut). **≠me·lo·die** = Sprachmelodie **≠mu·schel** 女 (電話機の)送話口(→ 図 Fernsprecher). **≠or·gan** 中 -s/-e《ふつう複数で》音声〈発声〉器官. **≠pau·se** 女 〖言〗(言葉の)句切り, 間(ま). **≠plat·te** 女 朗読レコード. **≠pro·be** 女 (俳優の)オーディション, 音声テスト. **≠sil·be** 女 〖言〗話(わ)音節, 音綴(おんてつ)(発音上自然に区切れる音節. 例 Kin-der, leh-ren) (→Sprachsilbe). **≠si·tua·tion** 女 〖言〗発話場面. **≠spra·che** 女 (↔ Schreibsprache) 話し言葉. **≠stim·me** 女 **1** 話し声. **2** =Sprechgesang 1 **≠stun·de** 女 面会〈面接〉時間; (医者の)診察〈診療〉時間.

Sprẹch·stun·den·hil·fe 女 診察助手(看護婦など).

Sprẹch≠takt 男 〖言〗(言語単位と必ずしも一致しない)発話拍節. **≠ta·ste** 女 (インターホンなどの)通話用押しボタン. **≠tech·nik** 女 話術. **≠tem·po** 中 話す速度; 〖言〗スピーチ〈談話〉の速さ. **≠ton** 男 -〔e〕s/ 〖言〗スピーチ〈談話〉の音調. **≠übung** 女 話し方〈会話〉の練習; (言語障害者の)発声〈話し方〉訓練. **≠ver·bin·dung** 女 〖通信〗電話〔回〕線; (電話や無線による)通話連絡: mit *jm.* in ～ stehen …と電話〈無線〉で通話連絡がとれている. **≠ver·kehr** 男 -s/ (電話・無線などによる)通話. **≠wei·se** 女 話し方, 話しぶり. **≠wei·te** 女 話のできる距離. **≠werk·zeug** 中 -〔e〕s/-e 《ふつう複数で》=Sprechorgan **≠zel·le** 女 電話ボックス. **≠zim·mer** 中 面会〈応接〉室; (医者の)診察室.

die **Spree**[ʃpre:] 地名 女 -/ シュプレー (Berlin 市内を流れる Elbe 川の支流).

[◇*mhd.* sprǣwen „sich ausbreiten"]

der **Sprẹe·wald**[ʃpré:valt][1] 地名 男 -〔e〕s/ シュプレーヴァルト(ドイツ南東部, Spree 川上流の地方).

Sprẹe·wäl·der[..vɛldɐr] **I** 男 -s/- (⊗ **Sprẹe·wäl·de·rin**[..dərın], **Sprẹe·wäld·le·rin**[..tlərın] -/-nen) シュプレーヴァルトの人. **II** 形 《無変化》シュプレーヴァルトの.

Sprẹ·he[ʃpré:ə] 女 -/-n 《中部・北部》(Star) 〖鳥〗ホシムクドリ(星椋鳥). [*ahd.*; ◇sprühen; 羽の白斑(はん)から]

Spreị·ßel[ʃpráısəl] 男 (オーストリア: 中) -s/-(南部・オーストリア) **1** =Span 1 a **2** =Splitter [*mhd.* ◇spleißen]

Spreị·ßel·holz 中 -es/ (オーストリア) (細かな)まき, たきぎ.

Spreịt·decke[ʃpráıt..] 女 =Spreite 3

Spreị·te[ʃpráıtə] 女 -/-n **1** (Blattspreite) 〖植〗葉身 (→ 図 Blatt). **2** 〖農〗打穀するために広げた穀物. **3** 《南部》ベッドカバー; かけぶとん; テーブルクロス.

spreị·ten[ʃpráıtən] 《01》 他 (h) 《雅》(ausbreiten) 広げる. [*westgerm.*; ◇sprießen[2]; *engl.* spread]

spreịz·bei·nig[ʃpráıts..] 形 〔大きく〕両足を広げた.

Spreị·ze[ʃpráıtsə] 女 -/-n **1** 〖土木・建〗支え, 支柱, つっぱり, 胴ばり; (ハンモックの)支え棒(→ 図 Hängematte); 〖坑〗張り柱; 〖写〗(カメラの)たすき. **2** 〖体操〗開脚〔姿勢〕(→ 図). **3** 《南部》紙巻きタバコ.

Spreize

spreị·zen[ʃpráıtsən] 《02》 **I** 他 (h) **1** (手足・指・枝・翼などを)〔大きく〕広げる, 開く, 伸ばす: die Beine ～ 両足を〔大きく〕広げる. **2** 再帰 *sich*[4] ～ **a**) 手足を広げる. **b**) 気取る, いばる, ふんぞり返る. **c**) (気取って・大げさに)拒む, さからう: Er *spreizte* sich lange, mitzukommen. 彼は長いこと同行することを拒んで見せた. **3** 《南部・オーストリア》支えをする, 支柱を立てる.

II ge·spreịzt → 別出

[*mhd.* spriuzen „stemmen"; <*ahd.* spriuza (→ Sprieß)]

Spreịz≠fuß 男 〖医〗開張足. **≠klap·pe** 女 〖空〗開きフラップ.

Spreị·zung[ʃpráıtsʊŋ] 女 -/ **1** 〔sich〕 spreizen すること. **2** 〖工〗(機械部品の)開置.

Sprẹng≠an·la·ge[ʃprɛ́ŋ..] 女 = Sprenger 2 **≠ar·beit** 女 爆破〈発破〉作業. **≠bom·be** 女 破裂〈爆裂〉弾. **≠dü·se** 女 (散水車などの)散水〈噴流〉ノズル.

Sprẹn·gel[ʃprɛ́ŋəl] 男 -s/- **1 a**) (教会の)管区, 教区. **b**) 《オーストリア》(官庁の)管轄区域. **2** =Sprengwedel

sprẹn·gen[ʃprɛ́ŋən] **I** 他 (h) **1** (爆薬・ダイナマイトなどを用いて)爆破する: eine Brücke 〈ein Gebäude〉 ～ 橋〈建物〉を爆破する | *et.*[4] in die Luft ～ …を空中に吹き飛ばす, …を爆破する. **2** (むりやり)こじあける, (力ずくで)押し〈突き〉破る; 破砕する, ぶちこわす, 粉砕する; (群衆などを)けちらす, 追い払う: Ketten ～ 鎖を引きちぎる | die Tür ～ 扉を破る〈こじあける〉| die Bank ～ 《話》(賭博(とばく)で)胴元を破産させる ‖

Der Fluß hat die Eisdecke *gesprengt*. 川〔の流れ〕が氷面を押し破った | Die Freude *sprengte* ihr fast die Brust. 《比》喜びで彼女の胸ははちきれそうだった | Das *sprengt* alle Normen 〈Prinzipien〉. それはあらゆる規範〈原則〉をぶちこわすものだ | den Rahmen ～ (→Rahmen 2) ‖ eine Demonstration 〈eine Versammlung〉 ～ デモ〈集会〉を強制解散させる. **3 a)** (水を)まく, 注ぐ: Wasser über die Blumen ～ 花に水を注ぐ. **b)** (besprengen) 《*et.*[4]》(…に)水などを注ぎかける: den Rasen 〈die Straße〉 ～ 芝生〈道路〉に水などをまく | die Wäsche ～ (アイロンをかける前に)洗濯物に霧を噴く. **4 a)** 〘狩〙(野獣などを)追い立てる. **b)** 《雅》(馬を)駆り立てる: das Roß durch den Fluß ～ 馬を駆って川を渡る.

II 自 **1** (h) (鉱山・採石場などで)発破をかける. **2** (s) 《雅》(馬で)疾駆する.

[*germ.* „springen machen"; ◇springen]

Spren·ger[ʃprɛ́ŋər] 男 -s/- **1** 爆破〈発破をかける〉人. **2** 散水器, スプリンクラー.

Spreng≈ge·la·ti·ne[..ʒelatiːnə] 女 〘化〙爆発ゼラチン, ブラスチングゼラチン(ニトログリセリン・硝化綿の混合物). **≈ge·schoß** 中 破裂〈爆裂〉弾. **≈gra·na·te** 女 炸裂(さくれつ)榴弾(りゅうだん). **≈ka·bel** 中 導火線, 発破母線. **≈kam·mer** 女 (爆薬を装塡(そうてん)する)薬室. **≈kap·sel** 女 雷管. **≈kom·man·do** 中 爆破作業隊; 不発弾処理班. **≈kopf** 男 弾頭: ein atomarer ～ / Atom*spreng-kopf* 核弾頭. **≈kör·per** 男 爆発物; 爆弾. **≈kraft** 女 爆発力, 爆破力. **≈la·dung** 女 (砲弾に装塡された)炸薬(さくやく) (→ 図 Geschoß). ᵛ**≈laut** 男 (Explosivlaut) 〘言〙破裂音. **≈loch** 中 (岩石・建造物などを爆破するためにあける)発破孔, 爆破孔. **≈mei·ster** 男 爆破専門技師. **≈mit·tel** 中 爆〔破〕薬. **≈öl** 中 〘化〙ニトログリセリン. **≈pa·tro·ne** 女 爆〔破〕薬包. **≈pul·ver** 中 黒色火薬, 爆薬. **≈ring** 男 〘工〙〔弾性〕止め座金, 止め輪. **≈satz** 男 (点火薬に対して)爆薬. **≈stoff** 男 爆薬, 火薬類.

Spreng·stoff·ge·setz 中 火薬類取締法.

Spreng≈stück 中 爆発物の破竹, 弾片. **≈trich·ter** 男 (爆発によってできたすり鉢状の)弾孔. **≈trupp** 男 =Sprengkommando

Spren·gung[ʃprɛ́ŋʊŋ] 女 -/-en sprengen すること.

Spreng≈wa·gen 男 散水車. **≈we·del** 男 〘宗〙(聖水をふりかける)灌水ばけ. **≈werk** 中 〘建〙トラス〔桁(けた)〕, 桁(けた)構え; 〘坑〙突っ張り枠. **≈wir·kung** 女 爆破〈爆発〉効果; 爆発作用. **≈zün·der** 男 電気雷管.

Spren·kel [ʃprɛ́ŋkəl] 男 -s/- (Fleck) 〔色とりどりの〕斑点(はんてん); しみ. [*mhd.*; ◇Spreu, Sprinkler]

spren·ke·lig[..kəlɪç][2] (**sprenk·lig**[..klɪç][2]) 形 〔色とりどりの〕斑点(はんてん)のある, まだらの.

spren·keln[ʃprɛ́ŋkəln] 《06》 **I** 他 (h) **1** 《*et.*[4]》(…に)〔色とりどりの〕斑点(はんてん)をつける, まだらにする: 再帰 *sich*[4] ～ まだらになる. **2** 〘製本〙マーブル小口(こぐち)にする.

II ge·spren·kelt → 別出

sprenk·lig =sprenkelig

spren·zen[ʃprɛ́ntsən] 《02》 《南部》 **I** 他 (h) =sprengen I 3 **II** 自 (h) 非人称 《es sprenzt》 小雨が降る. [<sprengen]

Spreu[ʃprɔʏ] 女 -/ 《集合的に》(打穀したあとの)もみがら, わらくず; 《比》価値のないもの, くず: die ～ in Säcke füllen もみがらを袋に詰める | wie die ～ 〔im Wind〕 zerstieben 〈verwehen〉 あっと言う間に跡形もなく散りぢりになる〈吹き飛ばされる〉| **die ～ vom Weizen scheiden** 〈**sondern** / **trennen**〉 《雅》価値のあるものとないものを区別する(聖書: マタ3,12から). [*ahd.*; ◇Sperma; *lat.* spargere „streuen"]

sprich[ʃprɪç] sprechen の命令法単数.

sprichst[..st] sprechen の現在 2 人称単数.

spricht[..t] sprechen の現在 3 人称単数.

Sprich·wort[ʃprɪ́çvɔrt] 中 -〔e〕s/..wörter 諺, 格言.

sprich·wört·lich[..vœrtlɪç] 形 **1** 諺としての, 諺〔ふう〕の: ～*e* Redensarten 〈Wendungen〉 諺ふうの慣用句〈言い回し〉. **2** 諺のようによく知られた, 周知の, 有名な: seine ～*e* Grobheit あまりにも有名な彼の不作法 | Seine Freigebigkeit ist schon ～. 彼の気前のよさはもうだれもが知っている.

Sprie·gel[ʃpríːgəl] 男 -s/- **1** (馬車・トラックなどの)幌(ほろ)枠. **2** (畜殺場などで肉をつる弓形の)肉つり棒.

Sprieß[ʃpriːs] 男 -es/-e, **Sprie·ße**[ʃpríːsə] 女 -/-n 支柱, 根太(ねだ); 横桁(よこげた), 横木; 〘劇〙(張り物を支える)支木(しぎ). [*ahd.* spriuza; ◇sprießen[2], spreizen]

sprie·ßen[1][ʃpríːsən] 《02》 他 (h) 支える, (…に)突っ張りをする.

sprie·ßen[2]*[–] 《178》 **sproß**[ʃprɔs] / **ge·spros·sen**; 接II sprösse[ʃprœ́sə] 自 (s) 《雅》(植物が)発芽する, 生え始める; 《比》(愛・憎しみなどが)芽生える: Der Bart beginnt zu ～. 《比》ひげが生え始める | In ihm *sproß* der Neid. 彼の心中にねたみが生じた.

[*westgerm.*; ◇Sprosse, spreiten, Sprieß, spritzen, sprayen; *engl.* sprout]

Sprieß·holz[ʃpríːs..] 中 =Sprieße

Spriet[ʃpriːt] 中 -〔e〕s/-e 〘海〙(小型帆船の)スプリット, 斜檣(しゃしょう) (→ 図 Segel B). [*mndd.* sprēt; ◇*engl.* sprit]

Spriet·se·gel 中 〘海〙スプリットスル, 斜檣(しゃしょう)帆 (→ 図 Segel B).

Spring[1][ʃprɪŋ] 女 -/-e 〘海〙係留錨索(びょうさく).

Spring[2][–] 男 -〔e〕s/-e 《北部》わき水, 泉.

Spring≈bei·ne[ʃprɪ́ŋ..] 複 〘動〙跳脚(はねあし)(跳躍に適した脚). **≈bock** 男 〘動〙スプリングボック(南アフリカ産のカモシカの一種). **≈brun·nen** 男 噴水(→ 図 Brunnen).

sprin·gen*[ʃprɪ́ŋən] 《179》 **sprang**[ʃpraŋ] / **ge·sprun·gen**[gəʃprʊ́ŋən]; 接II spränge[ʃprɛ́ŋə]

自 **1** (s, h) 《人・動物を主語として; s, h について: → schwimmen I 1 ☆》 **a)** (英: *spring*)はねる, とぶ, 跳躍する: hoch 〈weit〉 ～ 高く〈遠く〉とぶ | mit Anlauf ～ 助走して跳躍する | mit dem Seil ～ 縄とびをする | mit dem Stab ～ 棒高とびをする ‖ an einer Stelle ～ 《比》(演説・講演などの際に)ある個所をすっとばす | in der Schule ～ 《話》学年を一つとび越えて進級する ‖ im Quadrat ～ (→Quadrat I 2) ‖ 〘方向を示す語句と〙 **aus** Land ～ (船から)岸へとび移る | vor Freude an die Decke ～ 《比》おどり上がって喜ぶ | *jm.* an die Kehle ～ …ののどもとにおどりかかる | **aufs** Pferd ～ 馬にとび乗る | auf die Straßenbahn ～ (走っている)電車にとび乗る | auf die Beine 〈die Füße〉 ～ さっと立ち上がる | **aus** dem Fenster 〈dem Bett〉 ～ 窓〈ベッド〉からとび降りる | aus dem Flugzeug ～ (落下傘で)飛行機からとび降りる | **in** die Höhe ～ とび上がる | ins Wasser ～ 水中にとび込む | für *jn.* in die Bresche ～ (→Bresche) | **über** den Graben ～ 堀〈壕(ごう)〉をとび越す | *jn.* über die Klinge ～ lassen (→Klinge 1 b) | über die Latte 〈die Hürde〉 ～ 〘陸上〙バー〈ハードル〉をとび越す | über *seinen* 〔eigenen〕 Schatten ～ (→Schatten 1 a) | nicht über *seinen* 〔eigenen〕 Schatten ～ können (→Schatten 1 a) | **vom** Baum 〈Pferd〉 ～ 木〈馬〉からとび降りる | vom Sprungbrett ～ 飛び板からとび込む | von einem Thema zum anderen ～ 《比》突然話題〈テーマ〉を変える | **zur** Seite ～ わきへとびのく ‖ ein *springender* Löwe 〘紋〙後足で立ち上がったライオン | Das ist gehopst 〈gehüpft / gehupft〉 wie *gesprungen*. (→hopsen, →hüpfen).

b) 〘スポ〙跳躍〈ジャンプ〉する: Ich bin 〈habe〉 schon *gesprungen*. 私はもうジャンプ〔の練習〕をすませた ‖ 〘様態・結果などを示す語句と〙 einen neuen Rekord ～ 跳躍で新記録を出す | einen Salto ～ 宙返りをする | eine große Weite ～ うんと遠くまでとぶ | Er ist 6 m weit 〈2 m hoch〉 *gesprungen*. 彼は 6 メートルの幅〈2 メートルの高さ〉をとんだ | Er ist im Stabhochsprung 5 m *gesprungen*. 彼は棒高跳びで 5 メートルとんだ | Er ist 〈hat〉 die 5 m zweimal hintereinander *gesprungen*. 彼は 5 メートルを 2 回続けてとんだ.

c) (s) 《南部・スイ》《話》とぶように急ぐ, 急いで行く: über die Straße 〈die Wiese〉 ～ 通り〈野原〉をとぶように走り渡る | 〔schnell〕 zum Fleischer ～ 肉屋までひとっ走りする | *jm.* zur Seite ～ …を助けにかけつける ‖ Sie mußte den

S

ganzen Tag ～, um das Festessen vorzubereiten. 彼女は宴会の準備をするため一日じゅう奔走しなければならなかった.
2 (s)《物を主語として; ふつう方向を示す語句と》**a**) はずむ, とびはねる; 急激に動く: Der Ball *springt* gut 〈ihm an den Kopf〉. ボールがよくはずむ〈はずんで彼の頭に当たる〉| Der Zeiger der Uhr *sprang* auf Acht. 時計の針がカタと動いて8時を指した | Die Verkehrsampel *springt* auf Grün. 信号がぱっと青にかわった | aus den Gleisen 〈den Schienen〉 ～ (車両が)脱線する | Die Achse *sprang* aus dem Lager. 軸が軸受けから〔がくんと〕はずれた | Aus dem Stein *sprangen* Funken. (打った)石から火花がとび散った | Die Perle *sprang* aus der Fassung. 真珠が〔指輪の〕受け座からはずれ落ちた ‖ *jm.* ins Auge 〈in die Augen〉 ～ (→Auge 1) ‖ alle Minen ～ lassen (→Mine[3] 1) | ***et.***[4] **～ lassen**《話》…を気前よく支払う, …をおごる | Geld 〈eine Runde〉 ～ lassen《話》金を〔じゃんじゃん〕遣う〈1杯ずつ皆におごる〉‖ der *springende* Punkt (→Punkt 2 a).
b) (液体が)噴き出す, あふれ出る: Das Wasser *springt* aus der Quelle. 水が泉から噴き出す | Das Blut *springt* aus der Wunde. 血が傷口から噴き出る | Die Tränen *sprangen* aus ihren Augen. 涙が彼女の目からあふれた.
3 (s)《物を主語として》ひびが入る, 割れる, 裂ける; (糸などが)プツンと切れる; ぱっと開く: Die Glocke ist *gesprungen*. 鐘にひびが入った | Der Teller *sprang* in tausend Stücke. 皿が粉々に割れた | Eine Saite 〔auf〕 der Geige ist *gesprungen*. バイオリンの弦が1本切れた | Die Knospe ist *gesprungen*.《雅》つぼみがぱっと開いた | Mein Kopf schmerzt, als wollte er ～. 私は頭が割れるように痛い ‖ *gesprungene* Lippen ひび割れた唇.
4 (s, h) **a**) (動物が)交尾する. **b**)《卑》(koitieren) 性交する.
[*germ.*; ◇sprengen]

Sprin·ger[1][ʃprɪ́ŋər] 男 -s/- **1** (女 **Sprin·ge·rin**[..ŋərɪn]-/-nen) (springen する人. 例えば:) **a**)〘陸上・スキー〙跳躍選手: Stabhoch*springer* 棒高跳び選手. **b**)〘泳〙飛び込み選手: Turm*springer* 高飛び込みの選手. **c**) =Fallschirmspringer 1 **2**〘チェス〙ナイト(→ 図 Schach B). **3** (ノミ・カエル・カンガルーなど)跳躍する動物. **4**〘農〙種畜(種馬・種牛など). **5**《話》**ein junger ～** 未経験な若者, 青二才.

Sprin·ger[2][ʃprɪ́ŋər] 人名 Axel Caesar ～ アクセル ツェーザル シュプリンガー(1912-85; 旧西ドイツの新聞王).

Sprin·ger·le[ʃprɪ́ŋərlə] 中 -s/-《南部》**1** (クリスマス用) アニス入りクッキー. **2** (Sprudel) 炭酸水.

Sprin·ger-Pres·se 女 シュプリンガー系の新聞 (Die Welt, Hamburger Abendblatt, Berliner Morgenpost, Bild-Zeitung などの蔑称). [→Springer[2]]

Sprin·ger·stie·fel 男 落下傘部隊員のはく深靴(ブーツ).

Spring≠fe·der[ʃprɪ́ŋ..] 女 ばね, 発条. **≠flut** 女〘海〙大潮. **≠form** 女 (円形の)ケーキ用の型. **≠frucht** 女〘植〙裂開果, 裂果. **≠ha·se** 男〘動〙(アフリカ産)トビウサギ(跳兎).

Spring·ins·feld[ʃprɪ́ŋ|ɪnsfɛlt][1] 男 -〔e〕s/-e《話》元気のいい〈快活な〉子供, 暴れん坊, おてんば; ひょうきんな〈軽率な〉若者. [<ins Feld springen]

Spring·kraut 中 -〔e〕s/〘植〙ツリフネソウ(釣船草)属.

spring·le·ben·dig 形 元気いっぱいな, 非常に活気のある.

Spring≠maus 女〘動〙アフリカトビネズミ(跳鼠). **≠mes·ser** 中 飛び出し〈折りたたみ〉ナイフ. **≠pferd** 中 跳躍に適した馬, 障害用競走馬. **≠quel·le** 女 (雅: **≠quell** 男)噴水. **≠rei·fen** 男 (サーカスなどの)スプリング=フープ(→ 図 Zirkus). **≠rei·ten** 中〘馬術〙障害飛越. **≠rol·lo** 中, **≠rou·leau**[..rulo:] 中 (ばね式)巻き上げブラインド(→ 図). **≠schwanz** 男〘虫〙トビムシ(跳虫)など粘管目の昆虫. **≠seil** 中 縄跳び用の縄. **≠spin·ne** 女 (Hüpfspinne)〘動〙ハエトリグモ(蠅取蜘蛛). **≠tau** 中 縄とび用の縄: ～ spielen 縄とびをして遊ぶ. **≠wurm** 男 (Madenwurm)〘動〙ギョウチュウ(蟯虫). **≠wurz** 女, **≠wur·zel** 女〘植〙マンドラゴラ(種が熟するとはじけることから).

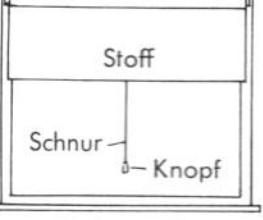

Springrollo

Spring·zeit 女 **1**〘動〙交尾期. **2**〘海〙大潮時.

Sprink·ler[ʃprɪ́ŋklər, sp..] 男 -s/- スプリンクラー, 散水器. [*engl.*; ◇Sprenkel]

Sprink·ler·an·la·ge 女 スプリンクラー装置.

Sprint[ʃprɪnt, sp..] 男 -s/-s〘スポ〙**1** 短距離競走, スプリント; (自転車競技の)スクラッチ. **2** 全力疾走: einen ～ einlegen 全力疾走する | im ～ 全力疾走で. [*engl.* sprint]

sprin·ten[ʃprɪ́ntən, sp..]《01》自 (s, h) (短距離競走で)全力疾走する;《話》(一般に)全速力で走る.

Sprin·ter[..tər] 男 -s/- (女 **Sprin·te·rin**[..tərɪn]-/-nen)〘スポ〙短距離走者〈泳者・スピードスケート選手〉, スプリンター.

Sprit[ʃprɪt] 男 -〔e〕s/ (種類: -e) **1**《単数で》〘化〙酒精, エチルアルコール. **2**《ふつう単数で》《話》**a**) (Benzin) ガソリン. **b**) (Schnaps) 火酒(かしゅ). [<Spiritus]

spri·tig[ʃprítɪç][2] 形 アルコール分のある; アルコールのような.

Spritz≠ap·pa·rat[ʃpríts..] 男 噴霧器, スプレー;〘写〙スプレー=ガン, エアブラシ(修整用具の一つ). **≠ar·beit** 女 **1** 吹き付け画〔法〕. **2**〘製本〙小口(こぐち)にマーブルを染め付ける作業. **3**〔消防の〕放水作業. **≠bad** 中 シャワー浴. **≠be·ton**[..tɔŋ] 男 吹き付けコンクリート, ショットクリート. **≠beu·tel** 男 (ケーキ作り用の)絞り出し袋. **≠brett** 中 (車の)泥除(よ)け, はね除け; (馬車の)足台. **≠brun·nen** 男《南部・スイ》(Springbrunnen) 噴水. **≠decke** 女 (船・ボートなどの)防水シート, 水しぶき除け. **≠dü·se** 女 噴霧〈噴射〉器のノズル;〘自動車〙インジェクション=ノズル.

Spritz·dü·sen·ver·ga·ser =Vergaser

Sprit·ze[ʃprítsə] 女 -/-n **1** (液体を噴出する道具. 例えば:) (Feuerspritze) 消防ポンプ; (Strahlrohr) 噴射管; 噴霧器; 散水器; (Garnierspritze) (菓子にデコレーションするためのクリームなどの)絞り出し袋: den Strahl der ～ auf das brennende Haus richten 消火ポンプの放射水を燃えている家に向ける ‖ der 〔erste〕 Mann an der ～ (→Mann[2] 1) | voll wie eine ～ sein《話》泥酔している.
2〘医〙**a**) (Injektionsspritze) 注射器: eine ～ sterilisieren 〈auskochen〉 注射器を殺菌する〈煮沸消毒する〉‖ **an der ～ hängen**《俗》麻薬(特にヘロイン)中毒にかかっている | mit einer ～ aus der Vene Blut entnehmen 注射器で静脈から採血する. **b**) 注射; 注入;《話》(一時的な・急場しのぎの)経済援助: *jm.* eine ～ geben 〈machen / verpassen〉 …に注射をする | eine ～ bekommen 注射を受ける〈してもらう〉| Die ～*n* wirkten schnell. 注射がたちまち効果をあらわした.
3《話》ピストル, 機関銃.
4《話》遠足, 小旅行.
5《卑》**a**) (Penis) 陰茎, 男根. **b**) (Ejakulation) 射精.

sprit·zen[ʃprítsən]《02》**I** 他 (h) **1 a**)《*et.*[4]》《方向を示す語句と》(ホースなどで液体を)噴射〈散布〉する, 吹き付ける; はねかける: Wasser auf den Rasen ～ 芝生に水をまく | *jm.* Tinte auf die Hose 〈ins Gesicht〉 ～ …のズボン〈顔〉にインクをはねかける | Sahne auf eine Torte ～ クリームを絞り出してケーキにつける. **b**)《*et.*[4]》(…に向かって)液体を噴射〈散布〉する, 吹き付ける;《*jn.*》(…に)水をはねかける, ふりかける: den Garten ～ 庭に水をまく | eine Wand ～ 壁を吹き付け塗装する | Weinstöcke ～ ぶどう園に殺虫剤をまく. **2 a**)《*et.*[4]》(液体を)注射する; 注入する: Hormone 〈einen Impfstoff〉 ～ ホルモン〈ワクチン〉を注射する | ein Schmerzmittel in die Vene 〈unter die Haut〉 ～ 鎮痛剤を静脈〈皮下〉に注射する. **b**)《*jn.* mit *et.*[3]》(…に…を)注射する: einen Patienten mit Morphium ～ 患者にモルヒネを注射する ‖ 再帰 *sich*[4] ～ 自分の体に注射する. **3**《*et.*[4]》注入〈吹き付け〉によって(…を)作る: eine Eisbahn ～ (水を吹き付け凍らせて)スケートリンクを作る | ein Zahnrad 〔aus Kupfer〕 ～ 歯車を〔銅で〕鋳込んで作る〈鋳造する〉| ein Herz auf die Torte ～ ケーキの上にクリームを絞り出してハートを描く. **4** (酒などを)炭酸水で割る: den Wein ～ ワインを炭酸水で薄める | den Gin *gespritzt* trinken ジンをソーダ水で割って飲む.

II 自 **1** (s, h)《方向を示す語句と》噴出する, ほとばしる; 飛び散る; はねかかる (s, h について: →schwimmen I 1 ☆): Der Regen *spritzt* ans Fenster. 雨が窓にバシャバシャ当たる | Die Gischt ist ⟨hat⟩ auf den Gehsteig *gespritzt.* しぶきは歩道まで飛び散った | Das Fett *spritzte* aus der Pfanne. ヘットがフライパンから飛び散った | Das Wasser *spritzte* aus dem Schlauch ⟨der Düse⟩. 水がホース⟨ノズル⟩の先から噴き出した ‖ Die Räder drehten durch, daß der Sand nur so *spritzte.* 車輪がから回りをして砂がとび散るばかりだった. **2** (h) はね⟨水しぶき⟩をあげる: Der vorbeifahrende Wagen hat *gespritzt.* 通り過ぎる車が水⟨泥⟩をはねた | mit Wasser ～ 水をはねかける. **3** (s)《話》大急ぎで行く, かけて行く⟨来る⟩: Er ist zum Bäcker ⟨zur Post⟩ *gespritzt.* 彼はパン屋⟨郵便局⟩へひとっ走りした. **4** (h)《話》非人称《es spritzt》《軽い》通り雨が降る. **5** (h)《卑》(ejakulieren) 射精する.

III Ge·sprịtz·te → 別出

[*mhd.* sprützen; ◇sprießen²]

Sprịt·zen≈haus[ʃprítsən..] 中 (田舎の)消防ポンプ小屋(かつては牢屋(ろうや)にも代用された). **≈mei·ster** 男 (Brandmeister) 消防隊長. **≈schlauch** 男 消火器⟨消防ポンプ⟩のホース. **≈wa·gen** 男 消防車.

Sprịt·zer[ʃprítsər] 男 -s/- **1 a)** 水しぶき, はね: Einige ～ trafen seinen Anzug. 彼の背広に水しぶき⟨はね⟩がかかった. **b)** (はねた液体でできた)しみ, よごれ: ～ auf *seinem* Anzug haben 背広にしみがある | die ～ auf dem Fußboden wegwischen 床のしみをふき取る. **2** (振りかけられた・噴射された)少量の液体: einige ～ Essig an den Salat geben 少量の酢をサラダに加える | Whisky mit einem ～ Soda ごく少量のソーダ水で割ったウィスキー. **3**《話》《軽い》通り雨, にわか雨. **4** (噴霧器でペンキなどを吹き付ける)ペンキ屋, 塗装工. **5**《話》ein junger ～ 未経験な若者, 青二才. **6**《話》(Fixer) 麻薬常用者.

Sprịtz≈fahrt[ʃpríts..] 女《話》〔自家用車での〕小旅行, 小ドライブ. **≈fla·kon**[..flakɔ̃ː] 中男 香水スプレー. **≈fla·sche** 女〘化〙洗い瓶, 洗浄瓶(→ 図 Chemie). **≈ge·rät** 中 噴霧器. **≈gur·ke** 女〘植〙テッポウユリ(鉄砲百合). **≈guß** 男 ..sses/〘金属〙ダイカスト(噴入鋳造法).

sprịt·zig[ʃprítsɪç]² 形 **1** (音楽・演劇・文章などが)才気あふれた, 熱狂させるような, はらはら⟨わくわく⟩させるような. **2** (ワインなどが, 発泡性で)ぴりっとさわやかな口当たりの. **3 a)** すばしこい, 敏捷(びんしょう)な. **b)** (自動車・エンジンが)加速性能のよい.

Sprịtz≈kan·ne[ʃpríts..] 女《スイ》(Gießkanne) じょうろ(如雨露). **≈ku·chen** 男 シュプリッツクーヘン(リング状のシュー生地の揚げ菓子). **≈lack** 男 吹き付け塗料. **≈le·der** 中 (馬車などの)革製泥よけ. **≈ma·le·rei** 女 吹き付け画〔法〕. **≈mit·tel** 中 **1** 噴霧剤. **2** 注射薬. **≈na·del** 女 注射針. **≈pi·sto·le** 女〘工〙吹き付け塗装器, スプレーガン, エアブラシ(→ 図). **≈schutz** 男 泥よけ. **≈sieb** 中 (銅版画用の)スプレー⟨ぼかし⟩網(→ 図 gravieren). **≈tour**[..tuːr] 女 ＝Spritzfahrt

Spritzpistole

Sprịt·zung[ʃprítsʊŋ] 女 -/-en (spritzen すること. 特に:) **1**〘園〙(水・薬剤などの)散布. **2** 注射.

Sprịtz≈ver·ga·ser 男〘工〙スプレー=キャブレター. **≈wa·gen** 男《南部》(Sprengwagen) 散水車. **≈was·ser** 中 -s/ 水しぶき, 飛沫(ひまつ).

sprö·de[ʃprøːdə] (**spröd**[ʃprøːt]¹) **I** 形 **1** (弾力がなくて)もろい, 壊れやすい. **2** 加工しにくい; 形を与えにくい; 扱いにくい: Das Material ist zu ～ für einen Roman. この題材は小説には仕立てにくい. **3** (皮膚などが)かさかさの, ごわごわした, ひび割れた; (髪などが)ぼさぼさの; (声が)しわがれた, がらがらの: *spröde* Lippen かさかさの⟨ひび割れた⟩唇. **4** (人について)他人を寄せつけない, つんとすました; 異性に対して拒否的な: ein *spröder* Junggeselle 女を寄せつけぬ独り者 | eine *spröde* Schöne 冷たい感じの美人 | ein *sprödes* Wesen haben 他人を寄せつけぬ雰囲気を漂わせている ‖ Sie ist ihm gegenüber sehr ～. 彼女は彼に対してひどく冷たい⟨つれない⟩態度をとる. **5** (表現などが)むだのない, ぎりぎりの.

II Sprö·de¹ 女《形容詞変化》男を寄せつけない⟨つんとすました⟩女: die ～ spielen (女が)男嫌いのふりをする.

Sprö·de²[ʃprøːdə] 女 -/ , **Spröd·heit**[ʃprøːthaɪt] 女 -/ , **Sprö·dig·keit**[..dɪçkaɪt] 女 -/ spröde なこと.

sproß[ʃprɔs] sprießen²の過去.

Sproß[ʃprɔs] 男 (小 **Sprößchen**[ʃprœsçən] 中 -s/-) **1** ..sses/..sse **a)** 新芽, 若枝;〘植〙苗条(びょうじょう), シュート(1本の茎とそれに付いている多数の葉の総称): neue *Sprosse* treiben 新芽を出す. **b)**《雅》子孫, 後裔(こうえい). **2** ..sses / ..ssen ＝Sprosse 2 [◇Sprosse]

Sproß·ach·se[ʃprɔ́s..] 女〘植〙茎(シュートの軸).

Sprößchen Sproß, Sprosse の縮小形.

Sprọs·se[ʃprɔ́sə] 女 -/-n (小 **Sprößchen**[ʃprœsçən] 中 -s/-) **1 a)** (はしごの)段, 踏み子(→ 図 Leiter): die Leiter ～ für ～ hinaufsteigen はしごを一段一段と登って行く | die höchste ～ *seiner* Laufbahn erreichen 人生行路の頂点に登りつめる. **b)** (枠の)横桟(→ 図 Fenster A, Stuhl). **c)**〘体操〙(肋木(ろくぼく)の)横木. **2**〘狩〙(シカの)枝つの(→ 図 Geweih). ᵛ**3** (Sommersprosse) そばかす. **4**《オーストリア》＝Sprossenkohl

[*germ.*; ◇sprießen², Sproß]

sprös·se[ʃprœsə] sprießen² の接続法 II.

sprọs·sen[ʃprɔ́sən]《03》自 **1** (h)《雅》(樹木が)芽⟨枝・葉⟩を出す: Der Baum *sproßt.* 木が新芽を吹く. **2** (s) (sprießen) (植物が)発芽する, 生え始める: Die Keime *sprossen.* 芽が出る | Der Bart *sproßt.*《比》ひげが生え始める.

Sprọs·sen≈kohl 男 -[e]s/《オーストリア》メキャベツ, コモチカンラン(子持甘藍). **≈lei·ter** 女 梯子(はしご). **≈wand** 女〘体操〙肋木(ろくぼく)(→ 図).

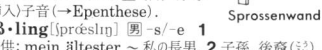

Sprossenwand

Sprọs·ser[ʃprɔ́sər] 男 -s/-〘鳥〙ヨナキツグミ(夜鳴鶫). [<Sprosse 3; 胸の羽毛の斑点(はんてん)から]

Sproß≈knos·pe[ʃprɔ́s..] 女 (樹木の)芽. **≈kon·so·nant** 男〘言〙萌芽(ほうが)⟨挿入⟩子音(→Epenthese).

Sprọ̈ß·ling[ʃprœslɪŋ] 男 -s/-e **1**《話》子供: mein ältester ～ 私の長男. **2** 子孫, 後裔(こうえい).

Sproß≈pflan·ze[ʃprɔ́s..] 女 (↔Lagerpflanze)〘植〙茎葉植物. **≈schei·tel** 男〘植〙茎頂. **≈trieb** 男 (樹木の)新芽, 若枝.

Sprọs·sung[..sʊŋ] 女 -/-en《ふつう単数で》sprossen すること.

Sproß·vo·kal 男〘言〙萌芽(ほうが)⟨挿入⟩母音(→Anaptyxe).

Sprọt·te[ʃprɔ́tə] 女 -/-n (方: **Sprott**[ʃprɔt] 男 -[e]s/-e)〘魚〙ニシン(鰊)の一種(北海およびバルト海に多い小型の食用魚). [„junger Fisch"; ◇Sproß]

Spruch[ʃprʊx] 男 -[e]s/Sprüche[ʃprýçə] **1** (小 **Sprüch·lein**[ʃprýçlaɪn], **Sprü·chel·chen**[ʃprýçəlçən] 中 -s/-) **a)** (一定の思想内容を簡潔に述べた言葉. 例えば:) 格言, 箴言(しんげん), モットー: ein bekannter ～ 有名な格言 | die *Sprüche* Salomonis (旧約聖書の)箴言. **b)** (一定の機会に唱えられる)決まり文句, スローガン: Segen*spruch* 祝福の言葉 | Trink*spruch* 乾杯の辞 | Zauber*spruch* 呪文(じゅもん) ‖ *seinen* ～ aufsagen ⟨herbeten⟩ いつも口にしている決まり文句を言う.

2 (中世の)格言⟨教訓⟩詩; (一詩編からなる中世の)朗誦(ろうしょう)詩: die politischen *Sprüche* Walthers von der Vogelweide ヴァルター フォン デア フォーゲルヴァイデの政治格言詩.

3 判断, 決定, 判定;〘法〙判決; (Orakelspruch) 神のお告げ, 託宣: Macht*spruch* 有無を言わさぬ断定, 鶴(つる)のひと声 | Der ～ des Gerichts lautete auf drei Jahre Zuchthaus. 懲役3年の判決が下った.

4《ふつう複数で》《話》むなしい言葉: [**große**] ***Sprüche* klopfen** ⟨**klopfen/machen**⟩《軽蔑的に》大口をたたく, 空虚な言辞を弄する.

5《話》(オートバイなどの)エンジンの回転音.

[*mhd.*; ◇sprechen, Sprache]

Spruch≠band[ʃprʊ́x..] 中 -〔e〕s/..bänder **1** (Transparent)（モットー・スローガンなどを書いた）横断幕. **2** （中世の絵画に見られる）帯状の説明文. **≠buch** 中 箴言(しんげん)（格言）集. **≠dich·ter** 男 Spruchdichtung の詩人. **≠dich·tung** 女（中世の）格言〈箴言〉詩（処世訓や政治的内容のものが多い）.

Sprü·che Spruch の複数.

Sprü·che·klop·per[ʃprʏ́çə..] 男《話》美辞麗句を並べ立てる男.

Sprü·chel[ʃprʏ́çəl] 中 -s/-〔n〕《オーストリア》=Sprüchlein

Sprü·chel·chen Spruch の縮小形.

Sprü·che·ma·cher 男 =Sprücheklopper

spruch·haft[ʃprʊ́xhaft] 形 格言〈箴言(しんげん)〉ふうの.

Spruch·kam·mer 女（第二次世界大戦後連合軍によって設置された）非ナチ化審査機関.

Sprüch·lein[ʃprʏ́çlaɪn] 中 -s/-（Spruch の縮小形）: ***sein* ～ aufsagen 〈hersagen〉**《話》分かりきったことをぺらぺらしゃべる.

spruch·reif[ʃprʊ́x..] 形《ふつう述語的》判決〈決定〉を下せる段階に達している: Die Sache ist noch nicht ～. この件はまだ決定を下せる段階ではない.

Spruch≠rich·ter 男〖法〗判決〈決定〉を言い渡す裁判官. **≠weis·heit** 女 英知のこもった格言; 箴言(しんげん)にこめられた英知.

Spru·del[ʃprúːdəl] 男 -s/- **1** (Mineralwasser) ミネラルウォーター, 炭酸水;《話》炭酸入りレモネード. **2** （水の）湧出(ゆうしゅつ), 噴出; （噴水などの）噴き出る水（→ 図 Brunnen）. **3** 《卑》(Ejakulation) 射精.

Spru·del≠ball 男《話》（十代の男女が催す）アルコールぬきのダンスパーティー. **≠kopf** 男《話》怒りっぽい人; おそろしく活発にしゃべる人.

spru·deln[ʃprúːdəln]《06》**I** 自 **1** (h) **a)**《しばしば場所を示す語句と》（液体が）わきかえる, 渦をまく, 泡だつ, 沸騰する: Das Wasser *sprudelt* im Topf. お湯がなべの中で煮えたぎっている | Der Sekt *sprudelt* im Glas. シャンペンがグラスの中で泡だつ. **b)**（喜び・怒りなどで感情が）沸き立つ;（活気などに）満ちあふれる: Er *sprudelte* vor guter Laune.《比》彼は上機嫌でうきうきしていた. **c)**《話》猛烈な早口でしゃべる: „Ich habe dir viel zu erzählen", *sprudelte* sie.「あなたに話さなければならないことがたくさんあるの」と彼女はまくし立てた. **d)**《von *et.*³》（…で）あふれかえる: Ich *sprud*〔*e*〕*le* nicht gerade von drolligen Ideen. 僕の頭だって茶目な考えがそれほどぎっしり詰まっているわけではない.

2 (s)《方向を示す語句と》泡だち流れる, ほとばしる, 勢いよく流れる; わき出る;（言葉などが）ぽんぽん飛び出す: Der Sekt *sprudelt* aus der Flasche 〈ins Glas〉. シャンペンが瓶からあふれ出る〈泡だちながらグラスにつがれる〉| Die lustigen Einfälle *sprudelten* nur so aus seinem Mund 〈über seine Lippen〉. 彼の口からは愉快な思いつきが次々に飛び出してきた.

II 他 (h) **1** あふれ出させる, 勢いよく噴き出す: Wasser ～ 水をほとばしらせる | von den Lippen Schaum ～ 口角泡を飛ばす. **2**《オーストリア》(quirlen) かき回す〈まぜる〉.

III spru·delnd 現分 形 わきかえる, 渦をまいている, 泡だつ; わき出る, 勢いよく流れ出る;《比》あふれるばかりの, 豊かな; 威勢のいい: ein ～*er* Wasserfall ほとばしる滝 | ein ～*es* Temperament 激しい気性 | eine ～*e* Phantasie あふれるばかりの空想. [＜sprühen]

Spru·del≠quel·le[ʃprúːdəl..] 女 噴出泉. **≠stein** 男〖地〗あられ石. **≠was·ser** 中 -s/..wässer＝Sprudel 1

Sprud·ler[ʃprúːdlər] 男 -s/-《オーストリア》(Quirl)〖料理〗泡立て器; 攪拌(かくはん)棒.

Sprüh·do·se[ʃprýː..] 女 スプレー容器, 噴霧器.

sprü·hen[ʃprýːən] **I** 自 **1** (h, s)（英: *spray*）《方向を示す語句と》（火花・水滴などが細かく）飛び散る, 飛散する（h, s について: →schwimmen I 1 ☆）: Der Gischt ist ins Boot *gesprüht*. 水しぶきがボートの中へ飛び散った | Die Funken *sprühten* nach allen Seiten. 火花が四方八方に飛散した | daß die Funken *sprühen* (→Funke 1 a) ‖ Die Brandung tobte, daß der Gischt nur so *sprühte*. 大波がどどっとぶつかって波しぶきが飛び散った. **2** (h) **a)**（感情などが）ほとばしり出る: Haß 〈Freude〉 *sprühte* aus ihren Augen. 彼女の目は憎悪にぎらついて〈喜びに輝いて〉いた ‖ 非人称 Es *sprüht* ihm aus den Augen. 彼の目はぎらぎらしている ‖ Sein *sprühender* Geist bezauberte alle. 彼の縦横の才気はすべての人々を魅了した | *sprühender* Laune sein 非常に陽気な気分になっている. **b)**《von *et.*³》（…で）あふれんばかりである: von Einfällen ～ 思いつきが次から次へと浮かぶ | Sie *sprüht* 〔von Leben〕. 彼女は生気にあふれている. **3** (h) きらきらする, きらめく: Der Brillant *sprühte* in allen Farben. そのダイヤモンドはさまざまの色にきらめいた | Seine Augen *sprühten* vor 〈von〉 Begeisterung. 彼の目は感激のあまりきらめいた. **4** (h) 非人称《es sprüht》霧雨〈こぬか雨〉が降る.

II 他 (h) **1**（火花・水滴などを細かく）飛び散らす, 飛散させる: Der Ofen *sprüht* 〔Funken〕. ストーブから火花が散る | Ihre Augen *sprühten* Haß 〈Zorn〉. 彼女の目は憎悪〈怒り〉にらんらんと輝いていた. **2**《*et.*⁴》《方向を示す語句と》（…を…に向かって）吹きつける: auf *jn.* Parfüm ～ …に香水をふりかける | Wasser über die Pflanzen ～ 植物に水をかける | *sich*³ Spray aufs Haar ～ 自分の髪にヘアスプレーを吹きつける.

[◇sprayen, sprudeln; *engl.* spray]

Sprü·her[ʃprýːər] 男 -s/- 噴霧装置.

Sprüh·flut·an·la·ge 女（防火用）スプリンクラー装置.

Sprüh≠ge·rät 中 噴霧器. **≠mit·tel** 中 噴霧式薬剤. **≠re·gen** 男 霧雨, こぬか雨. **≠wa·gen** 男 散水車; 薬剤散布車.

Sprung[ʃprʊŋ] 男 -〔e〕s/Sprünge[ʃprʏ́ŋə] **1 a)** 跳躍, ジャンプ;《比》飛躍, 進歩, 昇進;（正常な手順を踏まない）飛躍;（不注意からの）すっとばし;〖劇〗（演技の）脱線, やりすぎ: Hoch*sprung* 走り高跳び | Weit*sprung* 幅跳び | Stabhoch*sprung* 棒高跳び | Ski*sprung* スキージャンプ | *Sprünge* am Pferd 跳馬〔競技〕| ein ～ aus dem Stand 〈mit Anlauf〉 助走なし〈助走つき〉の跳躍 | ein ～ ins Wasser 水中へのとびこみ | **ein ～ ins kalte Wasser**《話》（失敗を覚悟の）迅速な決断 | ein ～ in die nächste Gehaltsklasse 俸給が一つ上の等級へ進むこと | **ein ～ ins Ungewisse 〈Dunkle〉**《比》不確かなものにむかっての跳躍, 未知なるものへの挑戦, 向こう見ずの冒険 | ein großer ～ nach vorn《比》大きな進歩 | ein ～ über den Graben 堀のとび越し | der ～ von der Schanze〖スキー〗シャンツェからのジャンプ ‖ einen ～ machen 跳躍する;《比》（考えなどが）飛躍する;（せりふなどを）抜かす | einen ～ zur Seite machen わきへ飛びのく | **keine großen *Sprünge* machen 〈*sich*³ erlauben〉 können**《話》ささやかな〈つましい〉暮しかできない身分である | Die Natur macht keinen ～ 〈keine *Sprünge*〉.《諺》自然界には急激な変化はない | den ～ wagen《比》冒険を試みる ‖〖前置詞と〗**auf dem ～ sein 〈stehen〉**《zu 不定詞〔句〕と》《話》まさに…しようとしている | Er war 〈stand〉 auf dem ～, das Haus zu verlassen. 彼はちょうど家を出ようとしているところだった | **immer auf dem ～ sein**《話》しょっちゅう（忙しく）かけずり回っている | Er sitzt nur noch auf dem ～, bis sie anruft. 彼は彼女から電話がありしだい行動を起こす | ***jm.* auf die *Sprünge* helfen**《話》（助言によって）…に手を貸してやる;《反語》…の邪魔をする | ***sich*⁴ auf die *Sprünge* machen**《話》すっとんで逃げる | ***jm.* hinter 〈auf〉 die *Sprünge* kommen**《話》…の計略を見抜く | **in 〈mit〉** einem ～ 一とびで;《比》あっという間に, たちまち | **zum ～ ansetzen** / ***sich*⁴ zum ～ ducken**（猛獣などが身をかがめて）跳躍の身構えをする. **b)**《単数で》《話》（ほんのひと飛びの）短い距離〈時間〉: auf einen ～ /《方》einen ～ ごく短時間だけ（立ち寄る）| Bis zur Haltestelle ist es nur ein ～. 停留所まではほんのひとっ走りだ.

2 ひび〔割れ〕, 亀裂(きれつ): einen ～ haben 亀裂がある | **einen ～ in der Schüssel haben**《話》頭がおかしい | einen ～ bekommen 〈erhalten〉 亀裂ができる | In der Fensterscheibe war ein ～. 窓ガラスにはひびが一つ入っていた.

3〖狩〗**a)**（シカなどの）群れ: ein ～ Rehe 一群のノロジカ. **b)**《複数で》（ウサギの）後ろ足.

S

4〘地〙正断層.
5〘海〙(船首と船尾の)そり, 舷弧(げんこ).
6 a)(ある種の家畜の)交尾. **b**)《卑》(Koitus) 性交.
[*mhd.*; ◇springen]

Sprung≠an·la·ge[ʃprʊ́ŋ..] 女〘陸上〙ジャンプ〈跳躍〉施設;〘泳〙飛び込み用施設. **≠bal·ken** 男〘陸上〙(跳躍の)踏み切り板. **≠becken** 中〘泳〙飛び込み用プール. **≠bein** 中〘解〙距骨(きょこつ)(→ ⊛ Mensch C).

sprung·be·reit 形 いつでも跳べる体勢にある, まさに跳ぼうとしている;《話》外出の用意〈旅支度〉のできている.

Sprung≠bock 男〘体操〙ボック, 跳馬練習台. **≠brett** 中〘体操〙踏み切り板(ばん);〘泳〙飛び板;《比》飛躍〈躍進〉の原点, スプリングボード: *et.*[4] als ～ für eine Karriere benutzen …を出世の踏み台として利用する. **≠deckel** 男(懐中時計などの)跳ね蓋(ぶた).

Sprün·ge Sprung の複数.

sprung·ela·stisch 形(布地などが)しわがついてもすぐ元に戻る, しわになりにくい.

Sprung·fe·der 女(クッションなどの)コイルばね, スプリング.

Sprung·fe·der·ma·trat·ze 女 スプリング入りマットレス.

sprung·fer·tig ＝sprungbereit

Sprung≠ge·lenk 中〘解〙距(きょ)関節, 踝(か)関節;〘動〙距骨(きょこつ)関節(→ ⊛ Pferd A). **≠gru·be** 女〘陸上〙(跳躍の)ピット, 着地用砂場.

sprung·haft[ʃprʊ́ŋhaft] 形 **1** とっぴな, 脈絡のない: ein ～*er* Charakter 気まぐれな性格 | ～ denken 論理が飛躍する. **2**(正常な手順をふまずに)突然の, 急な: *sich*[4] ～ entwickeln 飛躍的に発展する | Die Preise sind ～ in die Höhe geschnellt. 物価は急騰した.

Sprung·haf·tig·keit[..haftɪçkaɪt] 女 -/ sprunghaft なこと.

Sprung≠hü·gel[ʃprʊ́ŋ..] 男〘陸上〙(跳躍で着地の衝撃をやわらげる)セーフティーマット. **≠hür·de** 女〘陸上〙ハードル(→ ⊛ Hürde). **≠ka·sten** 男〘体操〙跳び箱. **≠lat·te** 女 **1**〘陸上〙(高跳びの)バー, 横木. **2**〘林〙(苗木などの)防護柵(さく), 横木. **≠lauf** 男〘スキー〙ジャンプ〔競技〕. **≠netz** 中(救命艇などの)飛び降り用網;(サーカスなどの)セーフティーネット, 救助網. **≠pferd** 中〘体操〙跳馬(器具). **≠rie·men** 男〘馬術〙胸懸(むながい); 股綱(またづな). **≠schan·ze** 女〘スキー〙ジャンプ台, シャンツェ. **≠seil** 中 縄跳び用の縄. **≠stab** 男〘陸上〙棒高跳びのポール. **≠stän·der** 男〘陸上〙(高跳び用の)スタンド. **≠tuch** 中 -〔e〕s/..tücher (火災のとき高所から飛び降りる人を受ける)救命布, ジャンピングシーツ(→ ⊛ Feuerwehr). **≠turm** 男〘泳〙(高飛び込み用の)飛び込み台.

sprung·wei·se 副 (→..weise ★) 跳躍によって, 跳びながら: *sich*[4] ～ vorwärts bewegen 跳躍前進する.

Sprung·wei·te 女 **1** 跳躍距離. **2**〘地〙(正断層の)水平転位距離.

SPS[ɛspeːǀɛ́s] 略 女 -/ ＝Sozialdemokratische Partei der Schweiz スイス社会民主党.

Spucht[ʃpʊxt] 男 -〔e〕s/-e《方》貧弱な小男.
[＜Spuk]

spuch·tig[ʃpʊ́xtɪç][2] 形《方》弱々しい, 貧弱な.

Spucke[ʃpʊ́kə] 女 -/ **1**《話》(Speichel) つば, 唾液(だえき): ***jm.* bleibt die ～ weg**《話》…は物も言えないほど驚く | Die ～ wird lang.《話》退屈きわまりない | wie Braunbier und ～ aussehen (→Braunbier) ‖ mit Geduld und ～ 辛抱強く, 根気よく | Mit Geduld und ～ fängt man eine Mucke. (→Mucke 1 a) **2**《卑》(Sperma) 精液.

spucken[ʃpʊ́kən] **I** 自 (h) **1** つばを吐く: auf den Boden ～ 床〈地面〉につばを吐く | *jm.* ins Gesicht ～ …の顔につばを吐きかける ‖ *jm.* auf den Kopf ～ können (→Kopf 1) | *jm.* in die Suppe 〈die Schüssel〉 ～ (→Suppe 1, →Schüssel 1 a) | *sich*[3] nicht auf den Kopf ～ lassen (→Kopf 1) | 〔*sich*[3]〕 in die Hände ～ 両手につばをつける(はりきって仕事にとりかかる際などに) | Ich *spucke* darauf 〈auf deine Freundschaft〉.《話》そんなことは〈君の友情なんか〉くそくらえだ. **2**《話》(気分が悪くなって)吐く, もどす. **3**(不調なエンジンなどが)ノッキングを起こす, 異常爆発音をたてる. **4**《話》腹をたててどなる.

II 他 (h)(口から)吐く: Blut ～ 血を吐く | die Kirschkerne auf den Boden ～ さくらんぼの種を床〈地面〉の上に吐く ‖ Gift und Galle 〔über *jn.*〕 ～ (→Gift I 2) | große Bogen ～ (→Bogen 1 a) | Der Ofen *spuckt* 〔Hitze〕. ストーブが高熱を発散する.
[◇speien, spützen]

Spuck≠ku·chen[ʃpʊ́k..] 男《戯》種吐きケーキ(種つきの果実を用いたフルーツケーキ). **≠napf** 男 痰(たん)つぼ. **≠scha·le** 女(病人用の)膿盆(のうぼん).

Spuk[ʃpuːk] 男 -〔e〕s/-e《ふつう単数で》**1** (Geistererscheinung) 幽霊現象, 妖怪(ようかい)現象: an ～ und Gespenster glauben 幽霊の存在を信じる. **2**(幽霊現象に似たもの. 例えば:) 妖怪〈幻影〉めいたもの; 恐ろしい〈不気味な〉存在; 悪夢のような出来事: den ～ der Vergangenheit wegfegen 過去の亡霊を一掃する. **3**《話》ばか騒ぎ, 大騒ぎ: einen tollen ～ machen ばか騒ぎをする | Mach nicht so viel ～ darum! その件でそんなに大騒ぎをする〈気をつかう〉のはよせ. [*mndd.* spōk; ◇Spucht; *engl.* spook]

spu·ken[ʃpúːkən] 自 **1** (h)《場所を示す語句と》幽霊として出る〈うろつき回る〉;《比》幽霊のようにときどき姿を現す〈さまよう〉: Die verstorbene Gräfin *spukt* allnächtlich in den Gängen des Schlosses. 亡くなった伯爵夫人の幽霊が夜な夜な館(やかた)の廊下に出る | Dieser Aberglaube *spukt* noch immer unter den Leuten. この迷信はいまだに人々の心に巣くっている ‖ 非人称 In dem alten Schloß soll es früher *gespukt* haben. その古い館ではむかし幽霊が出たという話だ | **bei *jm.* *spukt* es**《話》…は頭がどうかしている. **2** (s)《方向を示す語句と》幽霊の姿で移動する: Ein Gespenst ist durch die Gänge *gespukt*. 幽霊が廊下を通り過ぎた. [*mndd.* spōken]

Spu·ke·rei[ʃpuːkəráɪ] 女 -/-en (たびたび)幽霊が出ること, 幽霊騒ぎ.

Spuk·er·schei·nung[ʃpúːk..] 女 ＝Spuk 1

spuk·fest 形 幽霊に対して守られている; 幽霊を恐れない.

Spuk≠geist 男 幽霊, お化け. **≠ge·schich·te** 女 怪談: ～*n* erzählen 幽霊話〈怪談〉をする

spuk·haft[ʃpúːkhaft] 形 幽霊〈妖怪(ようかい)〉現象の; 幽霊のような: die ～*e* Nacht 幽霊の出る〈出そうな〉夜 | eine ～*e* Erscheinung 幽霊みたいなもの. [*mndd.* spōkaftich]

Spuk≠haus 中 幽霊〈お化け〉屋敷. **≠stun·de** 女 幽霊の出る〔とされている〕時刻, 丑三(うしみつ)時.

Spül≠ap·pa·rat[ʃpýːl..] 男〘医〙洗浄器. **≠au·to·mat** 男 ＝Spülmaschine **≠becken** 中 **1**(台所などの)すすぎ用流し, シンク: das schmutzige Geschirr in das ～ stellen 汚れた食器を流しにつける. **2** 膣(ちつ)洗浄ビデ. **≠boh·rung** 女〘坑〙湿式ボーリング, 湿式作孔. **≠bord** 中(カヌーなどの)波よけ板(→ ⊛ Boot C). [＜spülen]

Spu·le[ʃpúːlə] 女 -/-n **1**(糸・リボン・フィルムなどを巻きつける)巻き枠, スプール, リール;(ミシンの)ボビン, 下糸巻き: eine leere ～ 空リール | Tonband*spule* 録音テープのリール ‖ *et.*[4] auf eine andere ～ spulen 〈wickeln〉 …を別の巻き枠に巻きとる. **2**〘電〙コイル(→ ⊛ Magnet). **3** (Federkiel)(鳥の)羽柄, 羽茎(→ ⊛ Feder).
[*germ.*; ◇spalten; *engl.* spool]

Spü·le[ʃpýːlə] 女 -/-n (台所用の)流し台セット.
[＜spülen]

Spül·ei·mer 男 洗いおけ.

spu·len[ʃpúːlən] 他 (h) **1**(糸・リボン・フィルムなどを)巻き枠〈スプール・リール〉に巻く, 巻きとる; (abspulen) 巻き枠から解く, 別の巻き枠に巻きとる: Garn auf eine Rolle 〈von der Rolle〉 ～ 糸を糸巻きに巻く〈糸巻きから巻きとる〉 | ein Tonband 〔von einer Spule〕 auf eine andere Spule ～ 録音テープを別のリールに巻きとる ‖ 再帰 *sich*[4] ～ 巻きつく. **2**(鳥が, 糸を巻くときのような)高い声でさえずる.
[*mhd.*; ◇Spule]

spü·len[ʃpýːlən] **I** 他 (h) **1**(液体, 特に水を使って)洗う, すすぐ;〘医〙洗浄する: das Geschirr 〈die Gläser〉 ～ 食器〈グラス〉を水で洗う | die Haare ～ 髪を洗う | *sich*[3] den Mund ～ 口をすすぐ | eine Wunde mit Borwasser ～ 傷

口を硼酸(ほうさん)水で洗浄する ‖〖目的語なしで〗Ich habe noch nicht *gespült.* 私はまだ食器洗いをすませていない ‖ *jm.* beim *Spülen* helfen …の食器洗いを手伝う. **2** すすいで取り除く, 洗い流す: die Seife aus den Haaren 〈vom Körper〉 ～ 髪〈からだ〉からせっけんを洗い落とす | *sich*³ den Ärger von der Seele ～《話》(酒を飲んだりして) 心のわだかまりを洗い流す. **3**《方向を示す語句と》(波などが…へ) 押し流す: Die Wogen *spülten* den Toten ans Land. 波がその男の死体を陸に打ちあげた | von Deck *gespült* werden デッキから波にさらわれる.

II 自 **1** (h) 洗う, すすぐ; (水洗便所で) 水を流す: Vergiß nicht zu ～! 水を流すのを忘れるんじゃないぞ. **2**《方向を示す語句と》**a)** (s, h) (波などが…へ) 押し〈打ち〉よせる (s, h について: →schwimmen I 1 ☆): Das Hochwasser ist 〈hat〉 über die Uferwege *gespült.* 洪水〈高潮〉が岸辺の道路を洗った. **b)** (s) (波などによって…へ) 押し流される, 打ち寄せられる: An das Ufer *spülen* manchmal Fässer. 岸にはときどき樽(たる)が打ち寄せられることがある.

[*westgerm.*]

Spu·len·wech·sel[ʃpúːlən..] 男 (テープレコーダーの) リールの交換.

Spu·ler[..lər] 男 -s/- (ミシンの) 糸巻き装置.

Spü·ler[ʃpýːlər] 男 -s/- **1** (女 **Spü·le·rin**[..lərɪn]-/-nen) (ホテル・飲食店などの) 皿洗い(人). **2** (水洗便所の) 作動装置 (ハンドル・ボタンなど). **3**《話》＝Spülmittel

Spül·gang 男 (洗濯機の) すすぎの段階: den ～ einstellen スイッチを「すすぎ」のところに入れる.

Spü·licht[ʃpýːlɪçt] 中 -s/-e 汚れた洗い〈すすぎ〉水.

Spül≈ka·sten[ʃpýːl..] 男 **1** (水洗便所の) 洗浄タンク, 水槽(→ 図 Klosett). **2** (バーのカウンターなどの作りつけの) 食器洗い用水槽. **≈klo·sett** 中 (Wasserklosett) 水洗便所. **≈lap·pen** 男 食器用ふきん.

Spul·ma·schi·ne[ʃpúːl..] 女〖織〗巻き取り機, コーンワインダー. [＜spulen]

Spül≈ma·schi·ne[ʃpýːl..] 女 自動食器洗い機. **≈mit·tel** 中 食器用洗剤. [＜spülen]

Spul·rad[ʃpúːl..] 中 (手動の) 糸巻き機. [＜spulen]

Spül≈rohr[ʃpýːl..] 中 (水槽式水洗便所の) 洗浄パイプ. **≈schrank** 男 (箱型の) 流し台. **≈stein** 男 ＝Spülbecken **≈tisch** 男 (台所の) 流し台. **≈tuch** 中 -[e]s/..tücher 食器用ふきん.

Spü·lung[ʃpýːlʊŋ] 女 -/-en **1** (spülen すること. 例えば:)〖医〗洗浄;〖坑〗さらい; すすぎ. **2** 水洗〈洗浄〉装置.

Spül·was·ser 中 -s/..wässer **1** すすぎ用の水; 洗浄水. **2** (Abwaschwasser) (食器を洗った後の) 汚れ水: das fettige ～ 脂の浮いたすすぎ水.

Spul·wurm[ʃpúːl..] 男 (Askaris)〖動〗カイチュウ(回虫). [＜Spule]

Spu·man·te[spumántə, ʃp..] 男 -s/-s スプマンテ (イタリア産シャンペンの一種). [*it.*; ＜*lat.* spūmāre „schäumen" (◇Bims)]

Spund¹[ʃpʊnt]¹ 男 -[e]s/Spünde[ʃpʏ́ndə] **1** (樽(たる)などの)〔木〕栓(→ 図 Faß). **2**〖工〗さね(→ 図 Holz B).

[*lat.*－*roman.*－*mhd.*; ＜*lat.* punctum (→Punkt)]

Spund²[－] 男 -[e]s/-e《話》未経験な若者, 青二才; 新兵.

Spund·boh·le[ʃpʊ́nt..] 女〖建〗矢板.

Spün·de Spund¹の複数.

spun·den[ʃpʊ́ndən]¹ (ᵛ**spün·den**[ʃpʏ́n..])《01》他 (h) **1** (樽(たる)などを) 栓で密封する: ein Faß ～ 樽に栓をする. **2**《*et.*⁴》〖工〗(板などに) さねと溝をつける; (板を) さねはぎ(さねつぎ)する(→ 図 Holz B): eine *gespundete* Tür さねつぎしたドア.

Spund≈hahn[ʃpʊ́nt..] 男 (樽(たる)の栓穴に取りつける) 活栓, 蛇口. **≈loch** 中 **1** (樽の) 栓穴, 注ぎ口(→ 図 Faß). **2**《卑》(Vagina) 膣(ちつ), ワギナ.

spund·voll 形 (樽(たる)について) 中身が栓のところまでいっぱいに入っている.

Spund·wand 女〖建〗矢板壁, 矢板囲い.

Spur[ʃpuːr] 女 -/-en **1 a)** (動物や人間の) 足跡;〖狩〗臭跡, 遺臭;《比》手がかり: eine alte 〈frische〉 ～ 古い〈真新しい〉足跡 | die ～ von Hasen ウサギの足跡〈臭跡〉| **eine heiße ～**《話》(事件の解明や犯人の逮捕に結びつくような) 有力な手がかり ‖ die ～ des Wildes aufnehmen (猟犬が) 野獣の遺臭をかぎあてる | die ～ halten (猟犬が) 野獣の足跡〈臭跡〉をつける | keine ～*en* hinterlassen ひとつも足跡を残さない(→2) | eine ～ verfolgen / einer ～³ folgen 〈nachgehen〉 足跡を追う ‖ Die ～*en* führten in den Wald 〈zum Wald〉. 足跡は森までつづいていた | Von den gestohlenen Gemälden fehlt jede ～. 盗まれた絵の手がかりは全くつかめない ‖ ***jm.*** 〈***et.***³〉 **auf der ～ sein** …の手がかりをつかんでいる | **auf der falschen ～ sein** 見当はずれのところを探している; 見当はずれのことを考えている | ***jm.*** 〈***et.***³〉 **auf die ～ kommen** …の手がかりをつかむ | *jm.* auf die 〔richtige〕 ～ von *et.*³ helfen / *jn.* auf die 〔richtige〕 ～ von *et.*³ bringen …に…についての正しい情報を提供する | **auf *js.* ～*en* wandeln / in *js.* ～*en* treten** …を手本にする, …のひそみにならう. **b)** (車の) わだち; (船の) 航跡. **c)**〖スキ〗シュプール.

2《ふつう複数で》痕跡(こんせき), あとかた, なごり: die ～*en* des Krieges 戦争の傷跡 | ～*en* ehemaliger Schönheit かつての美人のおもかげ ‖ keine ～*en* hinterlassen 何の痕跡もとどめない(→1) | die ～*en* sichern 犯罪現場の痕跡〈証拠〉を保存する | alle ～*en* des Verbrechens verwischen 犯罪のあらゆる証拠をぬぐい去る〈隠滅する〉‖ Die ～ führt ins Ausland. 犯人は海外に逃亡したもようだ | Die ～*en* der Anstrengung waren noch in ihrem Gesicht zu lesen. 彼女の顔にはまだ苦労のなごりが見てとれた.

3 a) 道; 軌道; (標識線によって区分された) 車線, レーン: drei ～*en* haben (道が) 3 車線になっている | die ～ wechseln (ドライバーが) 車線を変更する ‖ auf der rechten 〈linken〉 ～ fahren 右〈左〉側の車線を走る | aus der ～ treten《比》人倫の道を踏みはずす. **b)** (録音・録画テープの) トラック: die obere ～ des Tonbandes テープのトラックの上半分 | zwei ～*en* haben (テープが) ツートラックである.

4 (Spurweite) 輪距; 軌間.

5 (ハンドル操作による車両の) 進行方向: die ～ halten (ハンドル操作で) 進行方向を保つ | Beim Bremsen gerät der Wagen aus der ～. この車はブレーキをかけると横すべりする.

6 僅少(きんしょう), 微量: 〔um〕 eine ～ grauer werden (髪が) ほんのちょっぴり前より白くなる | An der Suppe fehlt noch eine ～ Salz. このスープはあとほんのちょっと塩が足りない | Das Kleid könnte eine ～ länger sein. このドレスはほんのこころもち〈いま少し〉長くてもよいのではないでしょうか ‖〖否定詞と〗keine ～ von Talent besitzen 才能のひとかけらもない | Keine ～ davon ist wahr. そいつは全部うそっぱちだ | Hast du denn keine ～ von Stolz? いったい君には一片の自尊心さえないのか | **keine ～ / nicht die ～**《話》全然…でない | Störe ich Sie?－Keine 〈Nicht die〉 ～.《話》お邪魔でしょうか－いいえ ちっとも | Du glaubst wohl, ich bin besoffen? Keine ～! 君はおれがべろんべろんに酔っていると思っているんだろうが ぜんぜん酔ってなんかないぞ.

[*germ.*; ◇Sporn, spüren; *engl.* spoor]

spür·bar[ʃpýːrbaːr] 形 感知できる, 知覚可能な; 明らかに気づき得る, 著しい: eine ～*e* Verbesserung 明らかにそれと認められるほどの改善 | Das Erdbeben war auch hier deutlich ～. その地震はここでもはっきりと感じられた ‖ Es ist ～ kälter geworden. 肌に感じとれるほど前より寒くなった. [＜spüren]

spu·ren[ʃpúːrən] **I** 自 (h) **1**〖スキ〗(新雪に最初の) シュプールをつけ[て滑]る. **2**《話》先行車のわだちから外れない; (ハンドルのぶれがなく車が) 進行方向を保つ: einwandfrei ～ ハンドルのぶれが全くない. **3**《話》きちんと仕事をする; 言われたとおりにする, 従順である. **4**《話》非人称 (es spurt) うまくゆく, 意外な好結果をみる.

II 他 (h)《*et.*⁴》〖スキ〗(…に) シュプールをつける.

spü·ren[ʃpýːrən] **I** 他 (h) **1** (触覚・味覚・嗅覚(きゅうかく)などによって) 感じる, 知覚する, 気づく, 覚える: Hunger 〈Müdigkeit / Schmerz〉 ～ 空腹〈疲れ・痛み〉を覚える | die Kälte ～ 寒さを感じる | *seinen* Magen ～ 胃が痛む | *et.*⁴ am eigenen Leibe ~ (→Leib 1) | *et.*[4] im kleinen Zeh ~ (→Zeh) | *et.*[4] zu ~ bekommen …を痛感させられる ‖ Er *spürte* ihre Hand auf seiner Schulter. 彼は自分の肩に彼女の手〔が置かれたの〕を感じた | Ich *spüre* die ⟨meine⟩ Jahre. 私は年齢からくる肉体の衰えを感じる | Die Wirkung der Tabletten war kaum zu ~. 薬の効果はほとんど感じられなかった | Ich *spürte*, wie der Boden unter meinen Füßen nachgab. 私は足もとの地面が崩れるのを感じた ‖〖zuのない不定詞〔句〕と〗Er *spürte* sein Herz schneller schlagen. 彼は心臓の鼓動が速くなるのを感じた | Ich *spürte* Zorn in mir aufsteigen. 私は怒りのこみ上げてくるのを覚えた.

2 (心理的・精神的・本能的に)感じる, 感知する: Angst ~ 不安を覚える | *js.* Blick ~ …の視線〔が自分にそそがれているの〕を感じる | Ich *spürte* seine Enttäuschung. 私は彼が失望したことを察した | Er *spürte*, daß nun etwas Furchtbares passieren würde. 彼は何か恐ろしいことが起こるであろうことを予感した ‖ *jn. seine* Verachtung ~ lassen …に自分が相手を軽蔑していることを思い知らせる.

3〖狩〗(猟犬が, または猟犬を使って野獣の)臭跡を追う(→Spur 1 a): einen Fuchs ~ キツネのあとを追う.

II 自 (h)〖狩〗(猟犬が, または猟犬を使って)野獣の臭跡を追う: nach einem Fuchs ~ キツネのあとを追う.

[*ahd.*; ◇Spur]

Spu̲·ren≈ana·ly̲·se[ʃpú:rən..] 女〖化〗微量成分分析. **≈ele·ment** 中 -[e]s/-e《ふつう複数で》〖生化学〗微量元素(動植物中に微量に存在し, 生理過程に重要な働きをする元素). **≈me·tall** 中 微量金属. **≈si·che·rung** 女 (犯罪現場などの)痕跡(こんせき)〈証拠〉保存(→Spur 2). **≈stoff** 男 -[e]s/-e《ふつう複数で》=Spurenelement

Spu̲r·hal·tung[ʃpú:r..] 女 (ハンドル操作による車両の)進行方向の保持, トラック=ホールディング.

Spü̲r·hund[ʃpý:r..] 男 **1** (特殊訓練を受けた)猟犬, (警察などの)捜索犬. **2**《話》探索好きの人; スパイ. [＜spüren]

..spurig[..ʃpu:rɪç][2]《形容詞・数詞につけて「(鉄道が)…軌道の, (道路・鉄道などが)…車線の」を意味する形容詞をつくる》: breit*spurig* / weit*spurig*〖鉄道〗広軌の | schmal*spurig*〖鉄道〗狭軌の | normal*spurig* / voll*spurig*〖鉄道〗標準軌間の | zwei*spurig* (道路が) 2 車線の;〖鉄道〗複線の.

Spu̲·rius[spú:riʊs, ʃp..] 男 -/-《オーストリア》《話》(Gespür) 予感能力, 第六感, 勘. [＜Spur 1 a]

Spu̲r·kranz[ʃpú:r..] 男〖鉄道〗(車輪の)フランジ.

spu̲r·lo̲s[ʃpú:rlo:s][1] 形 痕跡(こんせき)のない; あとかたもない: ~ verschwinden あとかたもなく消えうせる.

Spu̲r·mes·ser 男 輪距〈トラック〉ゲージ.

Spü̲r·na̲·se[ʃpý:r..] 女《話》鋭敏な嗅覚(きゅうかく);《比》鋭い勘: eine ~ für *et.*[4] haben …に対する勘が鋭い.

spu̲r·si·cher[ʃpú:r..] 形 (自動車が)トラック=ホールディングが優れている(→Spurhaltung).

Spü̲r·sinn[ʃpý:r..] 男 -[e]s/ **1** (野獣・猟犬などの)鋭敏な嗅覚(きゅうかく). **2** 鋭い勘; 予感能力, 第六感: ~ für *et.*[4] haben …に対する勘が鋭い.

Spurt[ʃpʊrt] 男 -[e]s/-s(-e)〖スポーツ〗(競走・競泳などでの)スパート: End*spurt* ラストスパート ‖ einen ~ machen スパートする | einen ~ einlegen 〔途中に〕スパートを入れる | zum ~ ansetzen スパートに移る. [*engl.*]

spur·ten[ʃpʊ́rtən]《01》自 (s, h)〖スポーツ〗スパートする;《話》大急ぎで走る.

spurt·schnell 形 **1**〖スポーツ〗スパートの速い. **2** (自動車などが発進のさいに)出足の速い.

Spu̲r≈wech·sel[ʃpú:r..] 男 (道路上での車の)車線変更. **≈wei·te** 女 **1** (車両の)輪距(車輪の間隔: →図 Achse). **2**〖鉄道〗軌間, 軌幅(軌道の幅: →図 Gleis).

Spu̲·ta Sputum の複数.

spu̲·ten[ʃpú:tən]《01》他 (h) 再帰 *sich*[4] ~ 急ぐ: *Spute* dich! 急げ. [*mndd.* spōden; ＜*ahd.* spuon „gelingen" (◇Spatium, sparen, Speed)]

Spu̲t·nik[ʃpʊ́tnɪk, sp..] 男 -s/-s スプートニク(ソ連の人工衛星〔船〕, 1 号は1957年10月 4 日に打ち上げられた). [*russ.* „Gefährte"]

Spu̲·tum[ʃpú:tʊm, sp..] 中 -s/..ta[..ta·](Auswurf)〖医〗痰(たん), 喀痰(かくたん): schleimiges ~ 粘液痰. [*lat.*; ＜*lat.* spuere „[aus]speien" (◇speien)]

spü̲t·zen[ʃpýtsən]《02》自 (h)《方》(speien) つばを吐く. [◇spucken; *engl.* spit]

Spy·ri[ʃpí:ri·] 人名 Johanna ~ ヨハンナ シュピーリ(1827-1901; スイスの女流児童文学作家. 作品『ハイディ』など).

Squash[skvɔʃ, skwɔʃ] 中 -/ **1** (果物の)スカッシュ. **2**〖球技〗スカッシュ. [*engl.*]

Squaw[skvo:, skwɔ:] 女 -/-s アメリカ=インディアンの女〈妻〉. [*indian.*－*engl.*]

Sr[ɛs|ɛ́r, ʃtrɔ́ntsiʊm, st..] 記号 (Strontium)〖化〗ストロンチウム.

Sr. 略 =**S**einer (高位高官の称号の前につけて): ~ Majestät ⟨Exzellenz⟩ 陛下〈閣下〉の, 陛下〈閣下〉に.

SR[1][ɛs|ɛ́r] 略 男 -/ =**S**aarländischer **R**undfunk ザールラント放送.

SR[2][–] 略 女 -/ =**S**lovenská **r**epublika (→die Slowakei).

SR[3] 略 =**S**anitäts**r**at

Sri̲ La̲n·ka[srí: láŋka·] 地名 スリランカ(旧称 Ceylon. インド南方にある島. 1948年イギリスから独立してセイロン共和国となり,1972年スリランカ民主社会主義共和国と改称. 首都はスリジャヤワルダナプラ コッテ Sri Jayawardenepura Kotte).
[*singhales.* „das strahlend-leuchtende Land"]

Sri·la̲n·ker[sriláŋkər] 男 -s/- (女 **Sri·la̲n·ke·rin**[..kərɪn]-/-nen) スリランカ人.

sri·la̲n·kisch[..láŋkɪʃ] 形 スリランカ〔人〕の: →deutsch

s. S. 略 =**s**iehe **S**eite …! …ページを参照せよ.

SS[ɛs|ɛ́s] 略 女 -/ =**S**chutz**s**taffel (ナチの)親衛隊(→Waffen-SS).

SS. 略 **1** =**S**ante **2** =**S**anti **3** =**S**eiten (→Seite 2 b).

SSD[ɛs|ɛsdé:] 略 男 -/ =**S**taats**s**icherheits**d**ienst

SSO 略 =**S**üd**s**üd**o**st[en] 南南東.

SSR[ɛs|ɛs|ɛ́r] 略 =**S**ozialistische **S**owjet**r**epublik ソビエト社会主義共和国.

SSSR[ɛs|ɛs|ɛs|ɛ́r] 女 -/ ソビエト社会主義共和国連邦(→UdSSR): in der ~ ソ連邦で. [*russ.*; ＜*russ.* *S*ojus *S*owjetskich *S*ozialistitscheskich *R*espublik]

Ssu-ma Chien[sumatʃĭɛ́n] 人名 司馬遷(前135頃-?; 中国, 前漢の歴史家. 著作『史記』など).

SSW 略 =**S**üd**s**üd**w**est[en] 南南西.

st[1][st] =pst

st[2][ʃtʊ́ndə] 記号 (Stunde)(時間単位としての)時〔間〕.

..st[..st]《基数20以上につけて序数をつくる: →..t》: zwanzig*st* 20番目の | einundzwanzig*st* 21番目の | zweiunddreißig*st* 32番目の | hundert*st* 100番目の.

s. t.[ɛsté:] 略 =**s**ine **t**empore (大学の講義などが) 15分の遅れなしに, 定刻に.

St 略 =**S**ain**t**[2] 聖〔なる〕.

St. 略 **1 a**) =**S**ankt **b**) =**S**ain**t**[1] 聖〔なる〕. **2** =**St**ück (数量の単位として)…個. **3** =**St**unde (単位としての)時間.

S. T. 略 =**s**alvo **t**itulo〖法〗正式の称号は略して; 権限をそこなうことなく.

Sta. 略 =**Sa**nta 聖〔なる〕.

Staat[ʃta:t] 男 -es(-s)/-en **1 a**) (英: *state*)国, 国家; 国の機関, 中央政府: ein demokratischer ⟨sozialistischer⟩ ~ 民主主義〈社会主義〉国家 | ein unabhängiger ⟨souveräner⟩ ~ 独立〈主権〉国家 | die benachbarten ~*en* 近隣諸国 | Wohlfahrts*staat* 福祉国家 | der Vater ~《話》お上(かみ), お国 ‖ einen neuen ~ aufbauen ⟨gründen⟩ 新国家を建設する | einen ~ anerkennen 国家を承認する | den ~ verteidigen 国を守る | für die Interessen des ~*es* eintreten 国益を擁護する ‖ beim ~ angestellt sein 国家公務員である | *et.*[4] von ~*s* wegen verbieten …を国の立場から〈国の定めるところとして〉禁じる. **b**) (連邦を構成する)州: die Vereinigten ~*en* von Amerika /《話》**die ~*en*** アメリカ合衆国 | in den ~*en*《話》アメリカ合衆国で.
2 (昆虫などの)〔共同〕社会: der ~ der Honigbiene ミツ

S

バチの社会.
3《単数で》**a)**《話》盛装, 満艦飾; 華美, 豪華, ぜいたく: Sonntags*staat* 日曜日の晴れ着 ‖〔**viel**〕**~ machen**《話》ぜいたくをする; 盛装する | **mit** *et.*³ **~ machen**《話》…で他人に感嘆の気持を起こさせ〔ようとす〕る, …を見せびらかす〈ひけらかす〉| **mit** *et.*³ **keinen ~ machen können** …で人目をひくことができない〈さっぱり評判にならない〉‖ in vollem ~ 盛装して, 大いにめかしこんで | ***sich***⁴ **in ~ werfen**《話》盛装する, めかしこむ |〔**nur**〕**zum ~** …を〔実用に供するのでなく〕見せびらかすため〔だけ〕に,〔単なる〕見栄(ⓐ)で ‖ Es ist **ein**〔**wahrer**〕**~.**《比》それはまことに見事だ〈すばらしい〉. ᵛ**b)**《集合的に》お供〈取り巻き〉の人々.
[〔*m*〕*lat.* status (→Status); ◇Etat; *engl.* state]

staa·ten·bil·dend[ʃtá:tən..] 形《生》(昆虫などが)〔共同〕社会を構成する.

Staa·ten⸗bund 男 国家連合. **⸗bünd·nis** 中 国家間の同盟. **⸗ge·schich·te** 女 国家史, 政治史. **⸗in·sekt** 中 (Sozialinsekt)《動》社会性昆虫(アリ・ハチなど). **⸗kun·de** 女 -/ 国家学, 政治学.

staa·ten·los[ʃtá:tənlo:s]¹ **I** 形 無国籍の, 国籍を失った. **II Staa·ten·lo·se** 男 女《形容詞変化》無国籍者.

Staa·ten·lo·sig·keit[..lo:zıçkaıt] 女 -/ staatenlos なこと.

staat·lich[ʃtá:tlıç] 形 **1**《ふつう付加語的》国の, 国家の, 国家的な: die *~e* Macht 国家権力 | *~e* Interessen vertreten 国益を代表する. **2** 国立の, 国有の: das *~e* Eigentum 国有財産 | das *~e* Theater 国立劇場 ‖ Dieser Betrieb ist ~. この企業体は国有である. **3** 国〈国家〉による: unter *~er* Verwaltung stehen 国に管理されている ‖ ~ angestellt sein 国家公務員である.

Staats⸗af·fä·re[ʃtá:ts..] 女 国家的〔大〕事件: aus *et.*³ eine ~ machen《話》…のことで大げさに騒ぎたてる. **⸗akt** 男 **1** 国家的〔慶弔〕行事. **2** 国家の行為. **⸗ak·tion** 女 国家的行動: **aus** *et.*³ **eine**〔**Haupt- und**〕***Staatsaktion*** **machen**《話》…のことで大げさに騒ぎたてる. **⸗ama·teur**[..tø:r] 男《スポ》国家の養成するアマチュア選手. **⸗amt** 中 (高位の)官職. **⸗an·ge·hö·ri·ge** 男 女 (…の)国籍を持つ者: Er ist deutscher *~r*. 彼はドイツ国民だ. **⸗an·ge·hö·rig·keit** 女 国籍: eine doppelte ~ 二重国籍 | die deutsche ~ besitzen ドイツ国籍を持っている. **⸗an·ge·le·gen·heit** 女 -/-en《ふつう複数で》国事, 国務. **⸗an·ge·stell·te** 男 女 国家公務員, 官吏. **⸗an·lei·he** 女 国債, 公債. **⸗an·walt** 男 (⊛ **⸗an·wäl·tin**) 検事, 検察官(→ 図). **⸗an·walt·schaft** 女 **1** 検察庁, 検事局. **2**《集合的に》検事. **⸗ap·pa·rat** 男《ふつう単数で》国家機構. **⸗ärar** 中《オーストリア》(Fiskus) 国庫. **⸗ar·chiv** 中 国立文書館〈公文書保管所〉. **⸗auf·sicht** 女 -/ 国家による監督. **⸗aus·ga·be** 女 -/-n《ふつう複数で》国家支出, 国費. **⸗bahn** 女 国有鉄道. **⸗bank** 女 -/-en 国立銀行. **⸗bank·rott** 男 国家財政破綻(はたん). **⸗be·am·te** 男 (⊛ **⸗be·am·tin**) 国家公務員, 官吏. **⸗be·gräb·nis** 中 国葬. **⸗be·such** 男 (国家元首・大臣・使節団などの)〔公的〕外国訪問. **⸗be·trieb** 男 国営; 国営企業. **⸗be·wußt·sein** 中 国家意識. **⸗bür·ger** 男 (特定の国家の個々の)国民, 公民, 市民: ein französischer ~ フランス国民 | ~ in Uniform 制服の市民(ドイツ国防軍の兵士のスローガン).

Staatsanwalt

Staats·bür·ger·kun·de 女 -/ (義務教育課程の授業課目としての)公民〔学〕.

staats·bür·ger·lich[..lıç] 形 国民〈公民〉〔として〕の.

Staats·bür·ger⸗pflicht 女 国民〈公民〉としての義務. **⸗recht** 中 -〔e〕s/-e《ふつう複数で》公民権.

Staats·bür·ger·schaft[..ʃaft] 女 公民としての資格, 国籍.

Staats⸗de·fi·zit 中 国家財政の不足額〈赤字〉. **⸗die·ner** 男 公僕, 国家公務員. **⸗dienst** 男 国家公務員の職務, 国務: im ~ stehen 国家公務員である.

staats·ei·gen 形 国有の.

Staats⸗ei·gen·tum 中 国有財産. **⸗ein·nah·me** 女 -/-n《ふつう複数で》国家収入. **⸗em·blem** 中 =Staatswappen **⸗etat**[..leta:] 男 =Staatshaushalt **⸗ex·amen** 中 国家試験. **⸗far·ben** =Nationalfarben **⸗fei·er·tag** 男 国の祝祭日. **⸗feind** 男 (国家に対する)反逆者.

staats·feind·lich 形 反国家的な, 反逆的な.

Staats⸗fi·nan·zen 複 国家財政. **⸗flag·ge** 女 国旗. **⸗form** 女 国家形態, (国家の)政体, 社会体制. **⸗forst** 男 国有林. **⸗gast** 男 -〔e〕s/..gäste 国賓. **⸗ge·biet** 中 領土, 国家の領域. **⸗ge·fähr·dung** 女 (反逆行為・破壊活動・怠業などによって)国家の安全〈秩序〉を危険にさらすこと.

staats·ge·fähr·lich 形 国家の安全〈秩序〉を危険にさらす, 安寧を乱す, 反逆的な.

Staats⸗ge·fan·ge·ne 男 女 国事犯〔人〕. **⸗ge·fäng·nis** 中 国事犯用の監獄〈刑務所〉. **⸗ge·heim·nis** 中 国家機密. **⸗gel·der** 複 国庫金, 公金. **⸗ge·richts·hof** 男 国事裁判所; 州憲法裁判所. **⸗ge·schäft** 中 -〔e〕s/-e《ふつう複数で》国務, 国事. **⸗ge·setz** 中 国法. **⸗ge·walt** 女 -/ 国家権力, 国権: die gesetzgebende ~ (国家の)立法権 | Widerstand gegen die ~ 国家権力に対する抵抗(公務執行妨害など). **⸗gren·ze** 女 国境. **⸗gut** 中 (Domäne) 国有地. **⸗haus·halt** 男 国家財政; 国家予算. **⸗haus·halts·plan** 男 国家予算案. **⸗ho·heit** 女 -/ 国家大権〈主権〉; 国家権力, 国権. **⸗hol·ding** 女, **⸗hol·ding·ge·sell·schaft** 女《経》国有持株会社. **⸗hym·ne** 女 (Nationalhymne) 国歌. **⸗in·ter·es·se** 中 国家の利害, 国益. **⸗kanz·lei** 女 (ドイツ・スイスなどの各州の)内閣官房. **⸗ka·pi·ta·lis·mus** 男 国家資本主義. **⸗ka·ros·se** 女 (君主・国家元首などの)公式馬車. **⸗kas·se** 女 国庫: *et.*⁴ aus der ~ bezahlen …を国庫から支払う. **⸗kerl** 男《話》りっぱなやつ, 好漢. **⸗kir·che** 女 国教会(国家と密接な関係を持ち, 多くの特権を与えられているが同時に干渉も受ける).

staats·klug 形 国政上の識見のある, 政治的手腕のある.

Staats⸗klug·heit 女 staatsklug なこと. **⸗kom·mis·sar** 男 特命官吏. **⸗kör·per** 男《政》ボディー=ポリティック, 統治体. **⸗ko·sten** 複 国費, 官費: auf ~ studieren 国費で大学へ行く | Urlaub auf ~ machen (→Urlaub). **⸗kun·de** 女 -/ **1** =Staatslehre **2** 国状学(17-18世紀の絶対主義ドイツにおいて形成された初期統計学). **⸗kunst** 女 -/ 経国策; 国政上の手腕. **⸗kut·sche** 女 =Staatskarosse **⸗leh·re** 女 -/ 国家学. **⸗mann** 男 -〔e〕s/..männer (重要な地位にある〔識見をもった〕)政治家: ein großer ~ 偉大な政治家.

staats·män·nisch 形 政治家〔として〕の; 政治家らしい.

Staats⸗mi·ni·ster 男 **1** 国務大臣. **2** 政務次官. **⸗mit·tel** 複 国費, 官費. **⸗mo·no·pol** 中 国家独占〔事業〕, 専売. **⸗mo·no·pol·ka·pi·ta·lis·mus** 男 国家独占資本主義. **⸗not·stand** 男《法》国家非常事態. **⸗ober·haupt** 中 国家元首. **⸗oper** 女 国立〈州立〉オペラ〔劇場〕. **⸗or·gan** 中 (議会などの)国家機関. **⸗pa·pier** 中 -s/-e《ふつう複数で》国債〈公債〉証書. **⸗par·la·ment** 中 (米国の)州議会. **⸗par·tei** 女 (一党独裁の)国家政党. **⸗pen·sion**[..pãzio:n] 女《話》刑務所. **⸗phi·lo·so·phie** 女 (国家や社会を考察する)国家哲学. **⸗po·li·tik** 女 国政.

staats·po·li·tisch 形 国政〔上〕の.

Staats⸗po·li·zei 女 国家警察: Geheime ~ (ナチ=ドイツの)秘密国家警察, ゲシュタポ(⊛ Gestapo). **⸗prä·si·dent** 男 大統領. **⸗prü·fung** 女 国家試験. **⸗rä·son**[..rɛzɔ̃:] 女《政》国家〔的〕理由, レーゾン=デタ(国家の安寧(あんねい)や国家の維持・強化を国家の行動基準とする考え方). **⸗rat** 男 -〔e〕s/..räte **1 a)** 枢密院, 参事院. **b)** 枢密顧問官, 参事官. **2** (旧東ドイツの)国家評議会.

S

Staats·rats·vor·sit·zen·de 男 (旧東ドイツの)国家評議会議長.

Staats·recht 中 -〔e〕s/ 国法; 国家に関する法律, 憲法.

staats·recht·lich 形 国法〔上〕の.

Staats≈re·gie·rung 女 中央政府; 州政府. **≈re·li·gion** 女 国教. **≈ru·der** 中《比》国政の舵(かじ): das ~ ergreifen 国政の舵を取る, 政権を担当する. **≈säckel** 男《南部》《戯》国の財布(国庫のこと). **≈schatz** 男 国庫財産(保有金・貴金属類など). **≈schiff** 中《雅》国家〔という船〕. **≈schuld** 女 -/-en《ふつう複数で》国の負債, 国債. **≈se·kre·tär** 男 **1 a)** (各省の)次官: parlamentarischer ~ 政務次官 | beamteter 〈ständiger〉 ~ 事務次官. **b)** (旧東ドイツで各省の)次官. **2** (米国の)国務長官; (英国の)国務大臣. **≈se·kre·ta·riat** 中 -〔e〕s/ **1** (バチカンの)国務省(教皇直属の最高機関). **2** (旧東ドイツの)内閣官房. **≈si·cher·heit** 女 -/ 国家の安全〈安泰〉: Ministerium für ~ (旧東ドイツの)国家公安省(略 MfS).

Staats·si·cher·heits·dienst 男 -〔e〕s/ (略 SSD) 国家公安局(旧東ドイツの秘密警察; 略 Stasi).

Staats≈so·zia·lis·mus 男 国家社会主義(旧ソ連邦・旧ドイツ民主共和国など). **≈steu·er** 女 -/-n《ふつう複数で》国税. **≈stra·ße** 女 国道. **≈streich** 男 クーデター: ein kalter ~ 無血クーデター. **≈sy·stem** 中 国家制度〈体制〉. **≈tä·tig·keit** 女 国家活動. **≈thea·ter** 中 国立〈州立〉劇場. **≈trau·er** 女 (政府の指令による)国をあげての服喪: eine dreitägige ~ anordnen 国民に 3 日間の服喪を指示する. **≈un·ter·neh·men** 中 国営企業. **≈ver·bre·chen** 中 国事〈政治〉犯罪. **≈ver·bre·cher** 男 国事〈政治〉犯〔人〕. **≈ver·dros·sen·heit** 女 (一般国民の)国家に対する嫌気〈不信〉. **≈ver·fas·sung** 女 憲法. **≈ver·mö·gen** 中 国有財産. **≈ver·trag** 男 **1** (国家による国際間の)条約. **2**〔哲〕(国家形成の基礎と考えられた)国家契約. **≈ver·wal·tung** 女 国家行政. **≈volk** 中〔法〕(領土・統治組織とならんで国家を構成する三大要素の一つとしての)国民. **≈wald** 男 国有林. **≈wap·pen** 中 国家の紋章. **≈we·sen** 中 国家; 国家機構. **≈wirt·schaft** 女 国家経済, 財政. **≈wis·sen·schaft** 女 国家学(公法学・政治学・行政学・財政学・国民経済学などの総称). **≈wohl** 中 国家の福祉〈安寧〉. **≈zu·schuß** 男 国庫補助.

Stab[ʃta:p][1] 男 -es(-s)/Stäbe[ʃtɛ́:bə] (小 **Stäb·chen** → 別出, **Stäb·lein**[ʃtɛ́:plaɪn] 中 -s/-) **1 a)** 棒, 竿(さお); 杖(つえ), ステッキ; (傘の)骨;〔園〕支柱: die eisernen *Stäbe* des Geländers 〈des Käfigs〉 欄干(おり)の鉄桟 | der ~ des Wanderers《雅》旅人の杖 | Parkett*stab* 寄せ木張り用フローリング材 ‖ Dein Stecken und ~ trösten mich. あなたの杖は私を慰める(聖書: 詩23, 4). **b)**〔陸上〕(棒高跳びの)ポール; (リレーの)バトン;〔体操〕棒. **c)**〔ビリヤード〕キュー(→ 図 Billard). **d)**〔金属〕棒鉄, 桿鉄(かんてつ). **e)**〔紋〕細い縦帯(→ 図 Wappen e). **2 a)** 権標(権力の象徴), (司教の)司教杖, (裁判官の)司法杖: **den ~ über *jn.* brechen**《雅》…を非難〈排撃〉する. **b)** (Dirigentenstab)〔楽〕指揮棒: den ~ führen 指揮棒を振る;《比》指揮する. **3**《集合的に》幹部, (団体の)指導部, スタッフ;〔軍〕(司令部・参謀部の)幕僚: der technische 〈kaufmännische〉 ~ des Betriebs 会社の技術〈営業〉幹部 | Ein ganzer ~ von Wissenschaftlern war mit diesem Problem beschäftigt. 学者の一大グループがこの問題と取り組んでいた.

[*germ.*; ◇Stemma, Staffel, Steven, stapfen, Stumpf; *engl.* staff]

Stab·an·ten·ne[ʃtá:p..] 女〔電〕棒状アンテナ, むち形空中線.

Sta·bat ma·ter[stá:bat má:tər, – ..tɛr] 中 – -/– -〔カトリック〕スターバト マーテル(十字架の下にたたずめる聖母賛歌〔のはじまりの言葉〕). [*mlat.* „stand (die) Mutter (schmerzerfüllt)"]

Stab·bat·te·rie[ʃtá:p..] 女〔電〕トーチバッテリー, 棒形乾電池.

Stäb·chen[ʃtɛ́:pçən] 中 -s/- (Stab の縮小形) **1** (短い・細い棒) **a)** マッチの軸木. **b)**《戯》(Zigarette) 紙巻きタバコ. **c)**《ふつう複数で》(Eßstäbchen) 箸(はし). **2 a)**〔解〕(網膜の)桿(かん)状体, 感桿, 円柱体. **b)**《ふつう複数で》(Bazillus)〔細菌〕桿菌.

Stäb·chen·form 女 棒型.

Stab·dolch[ʃtá:p..] 男 (武器としての)手斧(ちょうな), 鳶口(とびぐち)(→ 図 Dolch).

Stä·be Stab の複数.

Stab·ei·sen[ʃtá:p..] 中〔工〕棒鉄, 桿鉄(かんてつ).

Sta·bel·le[ʃtabɛ́lə] 女 -/-n〔スイス〕(Schemel)(ひじ掛け・背もたれのない)いす, 腰掛け, 床几(しょうぎ), スツール.

[*lat.* scabellum–*rätoroman.*]

stä·beln[ʃtɛ́:bəln]《06》他 (h)〔園〕(植物を)支柱に結ぶ, 棒〈くい〉で支える.

Sta·berl[ʃtá:bərl] 中 -s/-e (**Sta·ber·le** 中 -s/-s)(ウィーンの民衆劇に出てくる)道化役.

stab·för·mig[ʃtá:p..] 形 棒状の.

Stab≈füh·rung 女〔楽〕指揮. **≈fuß·bo·den** 男〔建〕長板〈縁甲板〉張り床(→ 図 Fußboden). **≈heu·schrecke** 女〔虫〕ナナフシムシ(七節虫)科の昆虫. **≈hoch·sprin·ger** 男 棒高跳びの選手. **≈hoch·sprung** 男〔陸上〕棒高跳び.

sta·bil[ʃtabí:l, st..] 形 (↔instabil, labil) 固定した; 安定性のある, 変動しない; しっかりした, 堅固〈頑丈〉な; 不変〈不動〉の, 永続性のある: eine ~*e* Gesundheit 安定した健康状態 | ein ~*es* Gleichgewicht〔理〕安定した釣り合い | ein ~*es* Haus 堅牢(けんろう)な家屋 | eine ~*e* Währung 安定した通貨 ‖ Das Haus ist ~ gebaut. この家屋は丈夫に造られている. [*lat.* stabilis; < *lat.* stāre (→stehen)]

Sta·bi·le[ʃtá:bile·, st..] 中 -s/-s〔美〕ステイビル(金属片・木材などによる抽象彫刻). [*engl.*]

▽**sta·bi·lie·ren**[ʃtabilí:rən, st..] = stabilisieren [*lat.*]

Sta·bi·li·sa·tor[..bilizá:tɔr, ..to:r] 男 -s/-en [..zató:rən] **1 a)**〔工〕安定装置, 揺れ止め; (救命いかだの)安定水嚢(のう)(→ 図 Rettungsinsel). **b)**〔船〕スタビライザー. **c)**〔空〕安定板. **2**〔化〕安定剤.

sta·bi·li·sie·ren[ʃtabilizí:rən, st..] 他 (h) 安定〈固定〉させる, ぐらつかない〈変動しない〉ようにする: den Tisch ~ 机を(ぐらつかぬように)安定させる | *seine* Herrschaft ~ 自己の支配権を固める | die Währung ~ 通貨を安定させる ‖ 再帰 *sich*[4] ~ 安定する | Die Preise haben sich *stabilisiert.* 物価は安定した ‖ eine gegen Erschütterungen *stabilisierte* Uhr 耐震装置のついた時計.

Sta·bi·li·sie·rung[..rʊŋ] 女 -/-en **1** stabilisieren すること. **2** =Stabilisierungsfläche

Sta·bi·li·sie·rungs≈flä·che 女〔空〕(尾翼の)安定板. **≈flos·se** 女 (爆弾・ロケットなどの)安定尾翼; (自動車の)スポイラー.

Sta·bi·li·tät[ʃtabilitɛ́:t, st..] 女 -/ (stabil なこと. 例えば:) 安定性〈度〉;〔船・空〕復原力. [*lat.*]

Sta·bi·li·täts·po·li·tik 女〔経済〕安定政策.

Stab≈kir·che[ʃtá:p..] 女 (北欧の)丸太組み教会. **≈lam·pe** 女 棒状懐中電灯.

Stäb·lein Stab の縮小形(→Stäbchen 1).

Stab≈ma·gnet[ʃtá:p..] 男 棒磁石. **≈mi·xer** 男〔料理〕電動泡立て器. **≈rät·sel** 中 文字を書いた棒をさまざまに並べて文を作るパズル. **≈reim** 男 (↔Endreim)〔詩〕頭韻(とういん)(→Reim 1).

stab·rei·mend 形 頭韻を踏んだ.

Stabs≈arzt[ʃtá:ps..] 男 軍医大尉〈一尉〉. **≈boots·mann** 男 海軍兵曹長〈准尉〉. **≈feld·we·bel** 男 (陸軍・空軍の)准尉. **≈ge·frei·te** 男 (旧東ドイツで陸軍・空軍の)兵長.

stab·sich·tig 形〔医〕乱視の.

Stab·sich·tig·keit 女 -/ (Astigmatismus)〔医〕乱視.

Stabs·of·fi·zier 男〔軍〕**1** 佐官. **2** 参謀〈司令部付き〉将校.

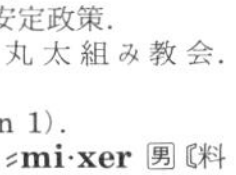

Stabspiel

Stab≈spiel 中〔楽〕鉄琴(→ 図).
≈sprin·gen 中 -s/ , **≈sprung** 男〔陸上〕棒高跳び.

Stabs≠quar·tier 中〘軍〙司令部, 本営. **≠un·ter·of·fi·zier** 男（陸軍・空軍の）上級伍長(ごちょう). **≠wacht·mei·ster** 男《オーストリア》＝Stabsfeldwebel

Stab≠wan·ze 女（Wassernadel）〘虫〙ミズカマキリ(水蟷螂虫)属の一種. **≠wech·sel** 男〘陸上〙(リレーの)バトンタッチ.

stacc. 略 ＝staccato

stac·ca·to[staká:to·, ʃt..] **I** 副（略 stacc.）(↔legato)〘楽〙スタッカート, 音と音の間を切って(→abstoßen I 5).

II Stac·ca·to 中 -s/-s, ..ti[..ti·]〘楽〙スタッカート〔で演奏すること〕.

[*it.*; ＜*it.*〔di〕staccare „trennen"（◇Staket）]

stach[ʃta:x] stechen の過去.

stä·che[ʃtɛ́:çə] stechen の接続法 II.

Sta·chel[ʃtáxəl] 男 -s/-n **1 a)**（植物の）とげ, いが;（動物の）針, 毒針; ちくちく刺すもの: die ～*n* der Rose バラのとげ | die ～*n* des Igels ハリネズミの針 ‖ den ～ aus der Wunde herausziehen とげを傷口から抜く | **gegen ⟨wider⟩ den ～ löcken**《雅》(身のほどを忘れて)反抗する, 無益な抵抗をする(聖書: 使26,14から) | *et.*[3] **den ～ abbrechen ⟨nehmen⟩**《比》…の鋭鋒(えいほう)をくじく, …の毒気をぬく. **b)**（拍車の）刺輪. **c)**（こん棒の先の金具・スパイクシューズの裏・留め金などの）ぎざぎざ. **2**《比》ちくちくとした痛み, 苦痛〔の種〕, 良心の呵責(かしゃく); 刺激〔物〕, 駆り立てる⟨鼓舞する⟩もの: der ～ des Hasses ⟨des Zweifels⟩ 憎しみ⟨疑い⟩のとげ | der ～ *js.* Worte[2] …の発言に含まれているとげ⟨敵意⟩ ‖ Der Vorwurf ließ einen ～ in ihr zurück. その非難はちくちくとした痛みを彼女の心に残した | Der ～ des Ehrgeizes trieb ihn immer weiter. 栄誉欲〔による刺激〕が彼を先へ先へと駆り立てた.

[*ahd.*; ◇stechen, Stich〔el〕]

Sta·chel·au·ster[ʃtáxəl..] 女〘貝〙ウミギクガイ(海菊貝).

Sta·chel·beer≠baum 男〘植〙チェルマイ, マレーグースベリー(東南アジア産コミカンソウ(小蜜柑草)属の木). **≠bein** 中 -〔e〕s/-e《ふつう複数で》《話》毛むくじゃらの足, 毛ずね. **≠blatt·wes·pe** 女〘虫〙スグリハバチ(幼虫がスグリの害虫になる).

Sta·chel·bee·re 女〘植〙セイヨウスグリ(西洋須具利)〔の実〕(→ 図).

Stachelbeere

Sta·chel·beer≠span·ner 男〘虫〙スグリシロエダシャク(須具利枝尺蛾). **≠strauch** 男〘植〙セイヨウスグリの低木.

Sta·chel·draht 男 **1** 有刺鉄線: **hinter ～**《比》〔強制〕収容所で. **2**《話》(のどを刺すような)強い酒. **3**《話》乾燥野菜.

Sta·chel·draht≠hin·der·nis 中, **≠ver·hau** 男 中〘軍〙鉄条網.

Sta·chel≠flos·se 女〘魚〙とげびれ(棘鰭). **≠flos·ser**[..flɔsər] 男 -s/-《ふつう複数で》〘魚〙棘鰭(きょくき)類. **≠hals·band** 中 -〔e〕s/..bänder（犬用の）内側にスパイクのついた首輪.

Sta·chel·häu·ter[..hɔʏtər] 男 -s/-《ふつう複数で》〘動〙棘皮(きょくひ)動物. [＜Haut]

sta·che·lig[ʃtáxəlıç][2] (**stach·lig**[..xlıç][2]) 形 とげのある⟨多い⟩, いばらの, とげ状の; 刺す⟨ひっかく⟩ような, ちくちくする, (手ざわりが)粗い;《比》(人の心を)傷つける, 皮肉な, 悪意のこもった, しんらつな;《比》気にかかる: ～*e* Ranken とげのある蔓(つる) | ein ～*er* Bart（さわると痛いような）無精ひげ | ～ wie ein Igel ハリネズミのようにとげのある ‖ ein ～*er* Charakter 反抗的⟨頑固⟩な性格〔の人〕| ～*e* Gedanken ちくちくと気になる心配事.

Sta·chel≠kä·fer[ʃtáxəl..] 男〘虫〙ハナノミ(花蚤)科の昆虫. **≠maus** 女〘動〙アフリカトゲネズミ(棘鼠).

sta·cheln[ʃtáxəln]《06》**I** 自 (h) とげで刺す⟨突く⟩; ちくちくする, 手ざわりが粗い: Der Kaktus ⟨Das unrasierte Kinn⟩ *stachelt.* サボテン⟨ひげをそっていないあご⟩がちくちくする.

II 他 (h) **1**《*jn.*》ちくちくと苦しめる⟨不安にする⟩: Die Angst *stachelt* das Mädchen. 不安が少女の心を苦しめる. **2**《比》《*jn.* zu *et.*[3]》(…を…へと)駆り立てる, 誘う: Der Ehrgeiz *stachelte* ihn zu neuen Taten. 名誉欲が彼を新たな行動へ駆り立てた.

Sta·chel≠nuß 女〘植〙チョウセンアサガオ(朝鮮朝顔). **≠pilz** 男〘植〙ハリタケ(針茸)科のキノコ(→ 図 Pilz). **≠ro·chen** 男〘魚〙アカエイ(赤鱝). **≠schnecke** 女〘貝〙ホネガイ(骨貝).

Sta·chel·schwein 中〘動〙ヤマアラシ(豪猪). [*mlat.* porcus spīnōsus（◇Ferkel, spinös）の翻訳借用]

stach·lig ＝stachelig

Sta·chus[ʃtáxʊs] **I** 男名（＜Eustachius）シュタッフス.

II 地名 シュタッフス（München の中心部にあるカールスプラッツ Karlsplatz の別名. 昔ここにあった射的場 Stacherlgarten とレストラン Eustachius に由来する).

Stack[ʃtak] 中 -〔e〕s/-e《北部》(Buhne)（護岸用）堤防, 防波堤. [*mndd.*; ◇Stake]

stad[ʃta:t][1] 形《南部・オーストリア》**1** (still) 静かな: Sei doch ～! 静かにしろ. **2** (mäßig) ほどほどの, 度を越さぬ.

[*mhd.*; ◇stet]

Sta·del[ʃtá:dəl] 男 -s/-（スイス: -s/Städel[ʃtɛ́:dəl]）《南部・スイス・オーストリア》(農家の)納屋, 物置小屋, 干し草小屋〔棚〕.

Sta·den[ʃtá:dən] 男 -s/-《南部》岸, 波止場; 海岸通り.

[*germ.*; ◇stehen, Gestade]

sta·dial[ʃtadiá:l, st..] 形 段階的な, 少しずつの. [＜..al[1]]

Sta·di·en Stadion, Stadium の複数.

Sta·dion[ʃtá:diɔn] 中 -s/..dien[..diən] スタジアム,(観客席を備えた)競技場: Fußball*stadion* サッカー競技場 | Schwimm*stadion* 水泳競技場.

[*gr.* stádion（古代ギリシアの距離の単位, 約185m）]

Sta·dium[ʃtá:diʊm] 中 -s/..dien[..diən]（発展などの）段階, 時期;〘医〙〔病〕期: Anfangs*stadium* 初期〔段階〕‖ im letzten ～ der Krankheit 病気の末期に | Die Krankheit verläuft in drei deutlich erkennbaren *Stadien.* その病気の経過ははっきりと三つの段階に区別できる ‖ Das vorbereitende ～ ist abgeschlossen. 準備段階は終わった. [*gr.* stádion－*lat.* „Rennbahn"]

Stadt[ʃtat] 女 -/Städte[ʃtɛ́:tə, ʃtɛ́tə]（小 **Städt·chen** → 別出）**1** (↔Dorf, Land) 都市, 都会, 町; 市(行政機構として Stadt「市」は Kreis「郡」の下位区分: →Stadtkreis); (Innenstadt) 市の中心地: die ～ Hamburg ハンブルク市 | die ～ Gottes 神の市(＝Jerusalem エルサレム) | **die Ewige ～** 永遠の都(＝Rom ローマ) | **die Goldene ～** 黄金の都(＝Prag プラハ) | eine große ⟨kleine⟩ ～ 大⟨小⟩都市 | **die Heilige ～** 聖なる都(＝Jerusalem エルサレム) | die innere ～ 都心 | eine offene ～ 無防備都市 | eine tote ～ 無人になった都市 | eine ～ der Künste 芸術の町 | Grenz*stadt* 国境の町 | Hafen*stadt* 港湾都市 ‖ die ～ aufbauen ⟨zerstören⟩ 都市を建設⟨破壊⟩する | die ～ besichtigen 町を見物する | die ～ einnehmen ⟨erobern⟩ 都市を占領⟨制圧⟩する | die ～ gründen 都市を設立する ‖ aus der ～ sein ⟨stammen⟩ 都会の出身である | außerhalb der ～ wohnen 郊外に住んでいる | **in ～ und Land** 町でも田舎でも, いたるところ | zum Einkaufen in die ～ gehen 町へ買い物に行く ‖ Die ～ liegt an der Donau. その町はドナウ川のほとりにある. **2**《集合的に》市⟨町⟩民: Die ganze ～ spricht schon davon. 町じゅうの人がもうそのうわさをしている. **3**《ふつう単数で》市⟨町⟩当局: bei der ～ angestellt sein 市⟨町⟩の職員として働いている. [*mhd.*; ◇Statt]

..stadt[..ʃtat]《本来は「場所」を意味し, 地名にみられる. ..stedt という形もある》: Darm*stadt* | Neu*stadt* | Helm*stedt*

stadt·aus·wärts[ʃtat|áʊsvɛrts] 副 市外へ.

Stadt≠au·to·bahn[ʃtát..] 女 市内高速自動車道. **≠bad** 中 市営浴場⟨プール⟩. **≠bahn** ＝S-Bahn **≠bau** 男 -〔e〕s/-ten 都会ふうの建造物. **≠be·hör·de** 女 市⟨町⟩の役所, 市⟨町⟩当局.

stadt·be·kannt 形 町じゅう⟨全市⟩に知られた, みんなが知っている.

Stadt≠be·völ·ke·rung 女 都市〔部〕人口. **≠be·woh·ner** 男 都市居住者, 市民, 町民. **≠be·zirk** 男 市区: dritter ～（市の）第3区. **≠bi·blio·thek** 女 市立

〈公立〉図書館. ≈**bild** 中 都市の風景〈全貌(ぼう)〉, 町の姿〈たたずまい〉. ≈**buch** 中 (それぞれの市に伝わる)市政〈町政〉記録. ≈**bü·che·rei** 女 市立〔小〕図書館. ≈**bum·mel** 男《話》町〈市内〉の散歩.

Städt·chen[ʃtɛ́:tçən, ʃtɛ́t..] 中 -s/- (Stadt の縮小形) 小都市: Andere ~, andere Mädchen.《諺》男は別の町に行くと別の女を相手にする.

Stadt·di·rek·tor[ʃtát..] 男 市議会〈市参事会〉事務総長(→Stadtrat).

Städ·te Stadt の複数.

Städ·te·bau[ʃtɛ́:təbaʊ, ʃtɛ́tə..] 男 -[e]s/ 都市計画.

städ·te·bau·lich 形 都市計画〔上〕の.

Städ·te·bund 男〘史〙(中世の)都市同盟: der Rheinische 〈Schwäbische〉 ~ ライン〈シュヴァーベン〉都市同盟.

stadt·ein·wärts[ʃtat|áınvɛrts] 副 市内へ.

Stadt·ent·wäs·se·rung[ʃtát..] 女 **1** 都市の排水〈下水処理〉. **2** 市の下水道局.

Städ·te≈ord·nung[ʃtɛ́:tə.., ʃtɛ́tə..] 女 都市法. ≈**part·ner·schaft** 女 ＝Jumelage ≈**pla·nung** 女 都市計画.

Städ·ter[ʃtɛ́:tər, ʃtɛ́t..] 男 -s/- (女 **Städ·te·rin**[..tərın] -/-nen) **1** 都市居住者, 市〈町〉民. **2** 都会人, 都会ふう〈好み〉の人.

Städ·te≈tag[ʃtɛ́:tə.., ʃtɛ́tə..] 男 der Deutsche ~ 全国都市連絡協議会. ≈**zug** 男 都市間連絡列車 (Intercity-Zug など).

Stadt≈flucht[ʃtát..] 女 (都市居住者の)都会脱出, 地方への移住. ≈**frack** 男《軽蔑的に》(Städter) 町〈都会〉のやつ. ≈**frei·heit** 女〘史〙都市の自治権(シンボルは: → 図 Symbol). ≈**gas** 中 (市民に供給される)都市ガス. ≈**ge·biet** 中 市〈町〉の管轄地域: außerhalb 〈innerhalb〉 des ~*es* 市域外〈内〉で. ≈**ge·mein·de** 女 市〈町〉自治体. ≈**ge·richt** 中 (旧東ベルリンの)首都地方裁判所 (Bezirksgericht と同格). ≈**ge·spräch** 中 **1** 町〔じゅう〕のうわさ〈話題〉. **2** (電話の)市内通話. ≈**gra·ben** 男 (外敵に対して防御するための)都市の濠(ほり). ≈**graf** ＝Burggraf ≈**gren·ze** 女 市〈町〉の境界; (Stadtrand) 市〈町〉のはずれ, 都市周辺: an der ~ wohnen 都市のはずれに住んでいる. ≈**gue·ril·la**[..gerıl(j)a·] **I** 女 (特にラテンアメリカでの)都市ゲリラ〔戦〕. **II** 男 -s/-s《ふつう複数で》(特にラテンアメリカでの)都市ゲリラ隊. ≈**haus** 中 **1** 市〈町〉当局が入っている建物. **2** 都会ふうの家.

städ·tisch[ʃtɛ́:tıʃ, ʃtɛ́t..] 形 **1** 市立〈市営・市有〉の, 町立〈町営・町有〉の: die *Städtischen* Bühnen Frankfurt フランクフルト市立劇場. **2** (↔ländlich) 市〈町〉の, 都市の, 都会の; 都会ふう〈的〉な: groß*städtisch* 大都市〔ふう〕の ‖ ein ~*er* Angestellter 市〈町〉の職員 | das ~*e* Leben 都会〔ふう〕の生活 ‖ ~ gekleidet 都会ふうの服装をした. [＜Stadt]

Stadt≈käm·me·rer[ʃtát..] 男 市〈町〉収入役, 市〈町〉出納官. ≈**kas·se** 女 **1** 市〈町〉の財政〔資金〕. **2** 市〈町〉の会計係〔の窓口〕. ≈**kern** 男 市〈町〉の中心部, 都心. ≈**kind** 中 町〈都会〉の子供; 都会人. ≈**klatsch** 男 町〔じゅう〕のうわさ, 巷(ちまた)の話題. ≈**kof·fer** 男 (買い物用の)トランク型手さげ. ≈**kom·man·dant** 男〘軍〙都市駐留部隊指揮官. ≈**kreis** 男 (Kreis 2 b に所属せずこれと同等の行政権をもつ)特別市. ≈**kul·tur** 女 都市文化.

stadt·kun·dig 形 **1** 町の事情に詳しい. **2** 町じゅう〈全市〉に知られた, みんなが知っている.

Stadt≈le·ben 中 -s/ 都市生活. ≈**leu·te** 複 町〈都市〉の人々. ≈**luft** 女 -/ 町〈都市〉の空気: Die ~ bekommt ihm nicht. 都会の空気が彼にはあわない | *Stadtluft* macht frei.《諺》都市の空気は自由にする(中世の都市生活は農村生活よりはるかに封建的隷属関係から解放されていた). ≈**mau·er** 女 市〈町〉の外壁. ≈**mensch** 男 **1** 都会人. ▽**2** ＝Städter 1 ≈**mis·sion** 女 市民〈町民〉のための布教活動. ≈**mit·te** 女 市〈町〉の中心部, 都心. ≈**mund·art** 女〘言〙都市方言 (Halbmundart の一つ). ≈**mu·si·kant** 男 **1** 町の音楽師:《Bremer ~*en*》『ブレーメンの音楽隊』(グリム童話の一つ). **2** ＝Stadtpfeifer ≈**ne·bel** 男 町をおおう霧; スモッグ. ≈**neu·ig·keit** 女 町のニュース, 市内ローカルニュース. ≈**park** 男 市立〈町立〉公園. ≈**par·la·ment** 中 市〈町〉議会. ≈**pfar·rer** 男 都市教区牧師〈司祭〉. ≈**pfei·fer** 男 (組合を組織し都市の祝祭などで演奏する特権を持っていた15-18世紀の)都市音楽師. ≈**plan** 男 市街地図: eine Straße auf dem ~ suchen ある通りを地図で探す. ≈**pla·nung** 女 都市計画. ≈**po·li·zei** 女 市警〔察〕. ≈**rand** 男 市〈町〉のはずれ, 都市周辺: am ~ wohnen 都市のはずれに住んでいる.

Stadt·rand·sied·lung 女 郊外〈都市周辺〉の団地.

Stadt≈rat 男 -[e]s/..räte **1** 市議会, 市参事会. **2** 市会議員, 市参事会員. ≈**recht** 中 (中世の)都市法; 都市権(都市およびその市民に与えられる特権). ≈**rei·ni·gungs·amt** 中 都市清掃局. ≈**rund·fahrt** 女 (観光バスなどでの)市内めぐり. ≈**säckel** 男《戯》市の金庫〈資金〉.

Stadt·schaft[ʃtát-ʃaft] 女 -/-en 都市信用組合.

Stadt≈schrei·ber 男 **1**〘史〙都市文書官. **2** (都市から委嘱された)市誌〈町誌〉編集者. ≈**schu·le** 女 市立〈町立〉学校. ≈**spi·tal** 中《オーストリア》市立〈町立〉病院. ≈**staat** 男 都市国家(古代ギリシアのポリス, 今日の Hamburg 州など). ≈**strei·cher** 男 町の浮浪者, ホームレス. ≈**teil** 男 都市の一部, 市区; 市区の住民: Er wohnt in einem anderen ~ als wir. 彼は我々とは別の区域に住んでいる | Der ganze ~ spricht von ihm. 市〈町〉のその地域の人たちはみな彼のうわさをしている. ≈**te·le·gramm** 中 市内電報. ≈**thea·ter** 中 市立劇場. ≈**tor** 中 (壁で囲まれた中世都市などの)市門 (→ 図). ≈**vä·ter** 複《雅》市会〈町会〉議員たち, 市〈町〉の有力者たち. ≈**ver·kehr** 男 市内〈都市〉交通. ≈**ver·ord·ne·te** 男 女《形容詞変化》市会〈町会〉議員.

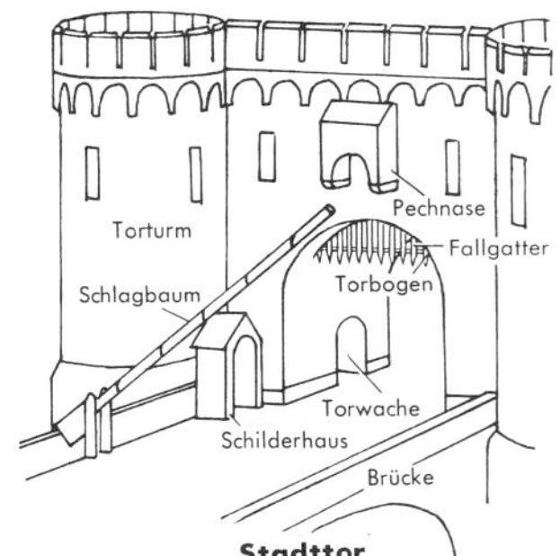

Stadttor

Stadt·ver·ord·ne·ten·ver·samm·lung 女 市〈町〉議会.

Stadt≈ver·wal·tung 女 **1** 市〈町〉の行政, 市〈町〉政. **2** 市〈町〉当局;《集合的に》市〈町〉職員. ≈**vier·tel**[..fırtəl] 中 ＝Stadtteil ≈**wa·che** 女 市門の番人; 市内〈町内〉警備〈見まわり〉の者. ≈**wap·pen** 中 市〈町〉の紋章. ≈**wer·ke** 複 (交通・水道・電気・ガスなどの公共事業を担当する)都市施設局. ≈**woh·nung** 女 (田舎の別荘に対して)町〈市内〉の住居: Er benutzt seine ~ nur an den Werktagen. 彼が町なかにある家を使うのはウィークデーだけだ. ≈**zen·trum** 中 (City) 市の中心地区, 都心.

Staël[sta:l, stal] 人名 Germaine de ~ ジェルメーヌ ド スタール(1766–1817; 通称スタール夫人 Madame de ~. フランスの女流小説家・批評家で, 著作『ドイツ論』など).

Sta·fel[ʃtá:fəl] 男 -s/Stäfel[ʃtɛ́:..]《スイス》アルプスの牧場. [*lat.* stabulum „Stall"–*roman.*–*mhd.*]

Sta·fet·te[ʃtafɛ́tə] 女 -/-n **1 a)**〘陸上〙リレー〔ランナー〕, 駅伝競走〔の走者〕. **b)** (騎馬の)駅伝制度〈飛脚〉, 急使. **2** (騎馬・車・船の)隊列: Die Polizisten reiten in einer ~. 警官たちが騎馬隊列を組んで進む. [*it.*; ＜*it.* staffa „Steigbügel"; ◇stapfen, Staffel]

Sta·fet·ten·lauf =Staffellauf

Staf·fa·ge[ʃtafáːʒə; ｵｰｽﾄﾘｱ: ..fáːʒ] 女 -/-n[..ʒən] 〘美〙点景〔物〕;《比》(他のものの効果をあげるための)添えもの, 付属物, 引き立て役: Die Menschen sind auf diesem Landschaftsbild nur ～. 人物はこの風景画では点景にすぎない | Das ist alles nur ～.《比》それらはすべて本質的なことではない. [＜staffieren＋..age]

Staf·fa·ge·fi·gur[ʃtafáːʒə..] 女 〘美〙点景としての人物〈動物〉.

Staf·fel[ʃtáfəl] 女 -/-n **1** (はしご・階段などの)段;《比》段階, 等級: die obersten ～*n* des Ruhms ersteigen 最高の名声を得る, 位人臣(くらいじんしん)をきわめる. **2** 〘ｽﾎﾟ〙リレー競技〔の走者・泳者チーム〕; (数人一組でその合計点を争う競技の)チーム: die ～ über 4×400 m (読み方: vier mal vierhundert Meter) 1600メートルリレー. **3** 〘軍〙(兵・軍艦・飛行機などの)階段形隊形, 梯形(ていけい)編成, 梯列, 梯陣; (9-30機からなる)空軍部隊〈編隊〉, 飛行中隊. **4** (Stafette)(車・船の)隊列: in einer ～ fahren (車・船が)隊列を組んで進む. **5** 《南部》段々〔になっている〕道. [„erhöhter Tritt“; *ahd.*; ◇Stab, Stapel, Stufe]

Staf·fel·auf·stel·lung[ʃtáfəl..] 女 =Staffel 3

Staf·fe·lei[ʃtafəláɪ] 女 -/-en 〘美〙画架, イーゼル(→ 図): die auf einen Rahmen gespannte Leinwand auf die ～ stellen 枠に張ったカンバスを画架にかける | Das Bild steht auf der ～. その絵は画架にかかっている.

Staffelei

staf·fel·för·mig[ʃtáfəl..] 形 梯形(ていけい)の, 段状の; 〘軍〙階段形隊形の, 梯形編成の, 梯陣の.

Staf·fel≈füh·rer 男 空軍中隊長, 編隊長. **≈gie·bel** 男 〘建〙段状破風(→ 図 Giebel). **≈ka·pi·tän** 男 =Staffelführer **≈lauf** 男 〘陸上〙リレー競走: ein ～ über 4×100 m (読み方: vier mal einhundert Meter) für Frauen 女子400メートルリレー.

staf·feln[ʃtáfəln] (06) 他 (h) **1** 梯形(ていけい)にする, 段状にする, 段をつけて高くする; くい違わせる; 〘軍〙梯陣を組ませる: Konservendosen pyramidenartig 〈zu Pyramiden〉 ～ 缶詰をピラミッド形に積み上げる ‖ nach der Sonnenseite *gestaffelte* Hochhäuser 各棟に日の当たるように段差をつけて〈互い違いに〉建てられた高層建築 | in *gestaffelter* Formation fliegen 〘軍〙(飛行機が)梯形編隊で飛ぶ. **2** 《*et.*⁴ nach *et.*³》(…に…に応じた)段階〈等級〉をつける: die Gehälter nach Leistung und Alter ～ 給与に勤務成績と年齢による段階をつける | Die Höhe der Telefongebühren ist nach der Entfernung *gestaffelt.* 電話料金には距離によって段階がつけられている ‖ 再帰 *sich*⁴ nach *et.*³ ～ …に応じてクラス分けされる〈等級がつく〉| Die Steuern *staffeln* sich nach Einkommen. 税額は収入に応じて格づけされている.

Staf·fel≈preis[ʃtáfəl..] 男 -es/-e《ふつう複数で》〘経〙(商品に対する)段付け〈等級別〉価格. **≈schwim·men** 中 -s/ 〘泳〙リレー競技. **≈stab** 男 〘陸上〙(リレーの)バトン. **≈ta·rif** 男 〘鉄道〙(距離によって定められる)階梯(かいてい)〈逓減〉運賃率.

Staf·fe·lung[ʃtáfəlʊŋ] 女 -/-en (staffeln する・されること. 例えば:) 〘軍〙梯形(ていけい)編成;《比》段階〈等級〉づけ.

staf·fel·wei·se 副 (→..weise ★)梯形(ていけい)をつくって;《比》段階をなして, 等級ごとに; 〘軍〙梯陣をなして, 梯隊ごとに.

▽**staf·fie·ren**[ʃtafíːrən] 他 (h) 《*et.*⁴ mit *et.*³》(…に…を)装備する;《ｵｰｽﾄﾘｱ》(…を…で)飾る; 〘服飾〙(…に…の)裏をつける. [*afr.* estoffer „ausstopfen“−*mndl.*−*mndd.*; ◇Stoff]

Staf·fie·rer[..rər] 男 -s/- 装備する人; 装飾する人.

Stag[ʃtaːk]¹ 中 -〔e〕s/-e〔n〕〘海〙支索, 維持索, ステー. [*mndd.*; ◇Stahl²; *engl.* stay]

Stag·fla·tion[ʃtakflatsióːn, st..] 女 -/-en 〘経〙スタグフレーション(不況下の物価高, 不況とインフレの合併症状を指す). [*engl.*; ◇Stagnation, Inflation]

Stag·fock[ʃtáːk..] 女 〘海〙ステーフォースル(→ 図 Kutter).

Sta·gio·ne[stadʒóːnə] 女 -/-n (イタリアの)オペラシーズン; オペラの一座. [*lat.* statiō (→Station)−*it.*]

Sta·gna·tion[ʃtagnatsióːn, st..; ｽｲｽ: st..] 女 -/-en **1** (一般に)停滞, 静止. **2** 〘経〙(景気の)停滞, 沈滞, 不景気. **3** 〘医〙(血液循環などの)停滞, 貯留; 鬱血(うっけつ).

sta·gnie·ren[..níːrən] 自 (h) 停滞する, 静止する. [*lat.*; ＜*lat.* stāgnum „Pfuhl“; ◇*engl.* stagnate]

Stag·se·gel[ʃtáːk..] 中 〘海〙ステースル(支索に張った三角帆).

stahl[ʃtaːl] stehlen の過去.

Stahl¹[−] 男 -〔e〕s/Stähle[ʃtɛ́ːlə]; -en/-en《北部》(布地などの)見本, 試供品. [*afr.* estal−*mndd.*; ◇Stall]

Stahl²[−] 男 -〔e〕s/Stähle[ʃtɛ́ːlə] (-e) **1** 〘金属〙鋼〔鉄〕, はがね: gewöhnlicher 〈hitzebeständiger〉 ～ 普通〈耐熱〉鋼 | legierter ～ 合金鋼 | ein Messer aus rostfreiem ～ ステンレス〔鋼〕製ナイフ ‖ aus Eisenerz ～ gewinnen 鉄鉱〔石〕から鋼鉄をつくる ‖ hart wie ～ はがねのように硬い | ein Mann von ～《比》鋼鉄のような意志を持った男 | Nerven aus ～ 〈wie ～〉 haben《比》したたかな神経の持ち主である. **2** (鋼鉄製品. 例えば:) (鋼製の)研ぎ棒; かみそり; 武具;《雅》刀, 短刀: *jm.* den 〔blanken〕 ～ in den Leib stoßen …の体にぐさりと刀〈あいくち〉を突き刺す | in ～ gekleidet よろいかぶとに身をかためて.

[„Standfestes“; *germ.*; ◇stehen, Stag; *engl.* steel]

Stahl≈ar·bei·ter[ʃtáːl..] 男 鉄鋼労働者. **≈bad** 中 鉄泉; 鉄泉浴; 鉄泉浴場, 鉄泉〔湯治〕場; ▽《雅》鍛錬〔の手段〕, 試練. **≈band** 中 -〔e〕s/..bänder 鋼ベルト. **≈bau** 男 -〔e〕s/-ten **1** 《単数で》鉄骨構造. **2** 鉄骨建築〈構造〉物. **≈be·ton**[..betɔŋ] 男 〘建〙鉄筋コンクリート.

Stahl·be·ton·bau[ʃtáːlbetɔŋ..] 男 -〔e〕s/-ten **1** 《単数で》鉄筋コンクリート構造. **2** 鉄筋コンクリート建築〈構造〉物.

stahl·blau 形 はがねのように青い, 青く輝く.

Stahl≈blech 中 薄(うす)鋼板. **≈brücke** 女 鉄橋. **≈draht** 男 鋼線. **≈draht·seil** 中 鋼索, ワイヤロープ.

stäh·le[ʃtɛ́ːlə] stehlen の接続法 II.

Stäh·le Stahl の複数.

stäh·len[ʃtɛ́ːlən] 他 (h) **1** 〘金属〙鋼鉄にする, 鋼化する. **2** 《比》鍛える, 抵抗力をつける: *seinen* Körper 〈*seine* Glieder〉 ～ (自分の)身体を鍛える | ein vom Leben *gestählter* Mensch 人生の辛酸をなめることによって鍛えられた人間 ‖ 再帰 *sich*⁴ durch Sport ～ スポーツによって体を鍛練する.

stäh·lern[ʃtɛ́ːlərn] 形 **1** 《付加語的》鋼鉄の; 鋼鉄製の: das ～*e* Gerüst des Hochhauses 高層ビルの鋼鉄製足場. **2** 《比》鋼鉄のような, はがねのように強靭(きょうじん)無比の: ～*e* Muskeln haben はがねのような筋肉をしている | ～*e* Grundsätze haben 確固たる信念の持ち主である ‖ Sein Wille ist ～. 彼の意志ははがねのように強靭である.

Stahl≈fe·der[ʃtáːl..] 女 **1** 鋼鉄ペン. **2** 鋼鉄製ばね. **≈fla·sche** 女 〘工〙(鋼鉄製の)ボンベ(→ 図 Flasche). **≈gi·tar·re** 女 〘楽〙スチールギター.

stahl·grau 形 鋼灰色の.

Stahl·guß 男 鋳鋼, 鋼鋳物(はがねいもの).

stahl·hal·tig 形 鉄分を含んだ(鉱泉・薬など).

stahl·hart 形 **1** [ʃtáːlhart] 鋼鉄のように硬い. **2** [ˊˊ] 非常に堅い(意志など).

Stahl≈här·tung[ʃtáːl..] 女 〘金属〙〔鋼の〕焼き入れ. **≈helm** 男 **1** 鉄かぶと, 鉄製ヘルメット(→ 図 Helm). **2** der ～ シュタールヘルム(1918年に創立された第一次世界大戦参加者の組織. 迂余(うよ)曲折をへて現在も存続). **≈hel·mer** 男 -s/- Stahlhelm 2 のメンバー. **≈hof** =Stalhof **≈hüt·te** 女 =Stahlwerk **≈in·du·strie** 女 鉄鋼産業. **≈kam·mer** 女 (銀行などの)鋼鉄製金庫室. **≈ma·gnat** 男 鉄鋼界の大立者. **≈meß·band** 中 -〔e〕s/..bänder 鋼製の巻き尺. **≈mö·bel** 中 -s/-《ふつう複数で》スチール家具. **≈pan·zer** 男《戯》コルセット; ブラジャー. **≈quel·le** 女 鉄泉. **≈rohr** 中 鋼管, スチールパイプ. **≈röh·re** 女 〘電〙電

子管.

Stahl·rohr·mö·bel 中 -s/-《ふつう複数で》スチールパイプを用いた家具.

Stahl≈roß 中《戯》自転車; スクーター: ein motorisiertes ～ モペット. **≈schie·ne** 女 鋼レール. **≈schiff** 中 鋼鉄船. **≈schrank** = Panzerschrank **≈schrott** 男〘金属〙くず鉄, スクラップ. **≈seil** 中 鋼索, ワイヤロープ. **≈stab** 男 鋼棒(→ 図 Kabel). **≈ste·chen** 中 = Stahlstich 1 **≈ste·cher** 男 鋼版〔彫刻〕師. **≈stich** 男 **1**《単数で》鋼版彫刻術. **2** 鋼版画. **≈wa·ren** 複〔鋼〕鉄製品. **≈werk** 中 製鋼〈製鉄〉所, 製鋼〈製鉄〉会社: ～*e* Südwestfalen AG. 南ヴェストファーレン製鉄株式会社. **≈wol·le** 女 鋼綿, スチールウール.

stak[ʃtaːk] steckte (stecken の過去)の雅語形.

Sta·ke[ʃtáːkə] 女 -/-n《北部》(船頭が使う)水棹(みさお); (編みかごの)縦材; (木骨家屋で粘土をとめる役割をする木製の)支柱; (木を編んで作った)護岸柵(さく).
[*mndd.*; ◇Stecken[2]]

stä·ke[ʃtɛ́ːkə] steckte (stecken の接続法 II)の雅語形.

sta·ken[ʃtáːkən]《北部》 **I** 他 (h) **1** (ボートを)水棹(みさお)で押し進める. **2** (干し草や穀物の束を)〔干し草〕フォークですくいあげる. **3** (豆の木などに)支柱をしてやる. **4** (木骨家屋で, 粘土をとめる役割をする木製の)支柱をつける.
II 自 **1** (s, h) 水棹を使ってボートを動かす: am Ufer entlang ～ 岸に沿ってさおでボートを進める. **2** (s) = staksen
[*mndd.*]

Sta·ken[−] 男 -s/-《北部》= Stake

Sta·ker[ʃtáːkər] 男 -s/-《北部》staken する人.

Sta·ket[ʃtakéːt] 中 -〔e〕s/-e **1** 木柵(もくさく), 格子垣. **2** (Latte)(柵などに用いる)細板. [*afr.* estachette–*mndd.*; <*afr.* estaque „Pfahl"; ◇*engl.* stockade]

Sta·ke·te[..tə] 女 -/-n《オーストリア》= Staket 2

Sta·ke·ten·zaun 男《オーストリア》= Staket 1

sta·kig[ʃtáːkɪç][2] = staksig

Stak·ka·to[ʃtakáːtoˑ, st..] 中 -s/-s, ..ti[..tiˑ] = Staccato

stak·sen[ʃtáːksən]《02》自 (s)《話》(足のひょろ長い人間や動物が)よちよち〈ぎごちなく〉歩く.

stak·sig[..sɪç][2] 形 **1** ひょろ長い(足); ひょろひょろと背丈の伸びた(子供). **2** とがって長く突き出た(枝). **3** (足どりなどが)よちよちした, ぎごちない.

Sta·kung[ʃtáːkʊŋ] 女 -/-en staken すること.

Sta·lag·mit[ʃtalagmíːt, ..mít, st..; スイス: st..] 男 -s/-e; -en/-en〘地〙石筍(せきじゅん)(鍾乳洞の底部にタケノコ状にできた石灰柱). [<*gr.* stálagma „Tropfen"]

Sta·lak·tit[stalaktíːt, ..tít, ʃt..] 男 -s/-e; -en/-en〘鉱・地〙鍾乳(しょうにゅう)石(鍾乳洞の天井からつり下がる石灰柱).
[<*gr.* stalássein „tropfen" (◇stagnieren)+..it[2]; ◇*engl.* stalactite]

Sta·lak·ti·ten·ge·wöl·be 中〘建〙鍾乳(しょうにゅう)石状ヴォールト.

sta·lak·ti·tisch[..tíːtɪʃ, ..títɪʃ] 形 鍾乳(しょうにゅう)石でできた; 鍾乳石のような.

Stal·hof[ʃtáːlhoːf] 男〘史〙スチールヤード, ロンドン商館(ハンザ同盟の英国出張所. Stahlhof ともつづる). [<Stahl[1]]

Sta·lin[stáːliːn, ʃt..] 人名 Iossif Wissarionowitsch ～ ヨシフ ヴィサリオノヴィチ スターリン(1879–1953; ソ連の政治家).

Sta·lin·grad[..graːt] 地名 スターリングラード (Wolgograd の旧名). [<*russ.* grad „Stadt"]

Sta·li·nis·mus[stalinísmʊs, ʃt..] 男 -/ スターリン主義.

Sta·li·nist[..níst] 男 -en/-en スターリン主義者.

sta·li·ni·stisch[..nístɪʃ] 形 スターリン主義の.

Sta·lin·or·gel[stáːliːn.., ʃt..] 女《話》スターリン=オルガン(第二次世界大戦でソ連軍が使用した強力なロケット砲).

Stall[ʃtal] 男 -〔e〕s/Ställe[ʃtɛ́lə] (小 **Ställ·chen** → 別出) **1** 家畜小屋: Hühner*stall* 鶏舎 | Pferde*stall* 馬小屋 | Schweine*stall* 豚小屋 ‖ die Pferde aus dem ～ holen 馬を厩舎(きゅうしゃ)から連れ出す | die Kühe in den ～ treiben 牛を牛小屋へ追い入れる ‖ **den ～ wittern**《戯》(馬が厩舎の近いのをかぎつけて勇み立つように, わが家を目前にして)家路を急ぐ ‖ wie ein ～ aussehen / der reinste ～ sein《話》(部屋・建物などが)ひどく汚れて〈荒廃して〉いる | einen ganzen ～ voll Kinder haben《話》たいへんな子だくさんである | Den ～ müssen wir mal tüchtig ausmisten.《話》この家〈部屋〉ひとつ徹底的に大掃除をやらなくっちゃあ. **2** (Rennstall) **a**) (競走馬の)厩舎: Die beiden Rennwagen kommen aus demselben ～.《比》この 2 台のレーシングカーは同じ会社製である | das beste Pferd im ～ sein (→Pferd 1). **b**)《集合的に》(厩舎所属の)競走馬: Dieser ～ nimmt an dem Rennen nicht teil. この厩舎からの出走馬はない. **3**《話》わが家, 家庭: ein guter ～ よい家庭. **4**《卑》(Bordell) 娼家(しょうか), 女郎屋. **5**《方》〔馬の〕尿.
[*germ.*; ◇stellen, Gestell; 5: <stallen I 2]

Stal·la·ter·ne[ʃtállatɛrnə] 女 厩舎(きゅうしゃ)用ランプ, 厩(うまや)用カンテラ.

Stall≈baum 男 厩舎(きゅうしゃ)内の仕切り棒. **≈box** 女 厩舎内の仕切り. **≈bur·sche** 男 厩(うまや)番; 厩務(きゅうむ)員.

Ställ·chen[ʃtɛ́lçən] 中 -s/- **1** Stall の縮小形. **2**《話》(Laufgitter) ベビーサークル.

Stall≈dienst[ʃtál..] 男 畜舎〈厩舎(きゅうしゃ)〉勤務; 厩(うまや)当番. **≈dün·ger** 男 厩肥(きゅうひ), うまやごえ.

Stäl·le Stall の複数.

stal·len[ʃtálən] **I** 自 (h) ▽**1** 家畜小屋〈厩(うまや)〉にいる; (ある場所に)いる: mit *jm.* ～ …と一緒に暮らす ‖ 再帰 *sich*[4] miteinander nicht ～ können 一緒に暮らすことができない, お互いに我慢できない. **2**《方》(馬が)放尿する.
▽**II** 他 (h)(家畜を)小屋に入れる; (馬を)厩に入れる.
[*mhd.*; ◇Stall; I 2: *mhd.*; ◇stagnieren]

Stall≈feind[ʃtál..] 男 -〔e〕s/《スイス》(Maul- und Klauenseuche)〘畜〙口蹄(こうてい)炎. **≈flie·ge** 女 (Stechfliege)〘虫〙サシバエ(刺蠅)亜科のハエ. **≈füt·te·rung** 女 (↔Weidegang)(家畜の)舎飼い, 厩(きゅう)内飼養. **≈ge·bäu·de** 中 家畜小屋; 厩舎(きゅうしゃ). **≈ha·se** 男 (Kaninchen)〘動〙カイウサギ(飼兎). **≈jun·ge** 男 = Stallbursche ▽**≈knecht** 男 馬丁, 厩(うまや)番. **≈la·ter·ne** = Stallaterne **≈magd** = Kuhmagd **≈mei·ster** 男 **1** 厩舎長; 調教師; 馬術教師. **2**〘史〙主馬頭(しゅめのかみ). **≈mist** 男 厩肥.

Stal·lung[ʃtálʊŋ] 女 -/-en **1** stallen すること. **2**《ふつう複数で》= Stallgebäude

Stall·wa·che 女 **1**〘軍〙厩舎(きゅうしゃ)番兵, 厩番(うまやばん). **2 a**)《比》(休暇中の政府・議会・官庁などの)留守居役. **b**)《話》(空き家の)一時的居住者. **c**)《話》(官庁などの上司不在中の)留守居役.

Sta·men[ʃtáːmən, st..] 中 -s/Stamina[..minaˑ](Staubblatt)〘植〙おしべ, 雄蕊(ゆうずい).

Sta·mi·no·dium[ʃtaminóːdiʊm, st..] 中 -s/..dien[..diən]〘植〙仮雄蕊(ゆうずい).

Sta·mitz[ʃtáːmɪts] 人名 Johann ～ ヨハン シュターミッツ(1717–57; ドイツの作曲家で, マンハイム楽派の中心的存在).

Stamm[ʃtam] 男 -es(-s)/Stämme[ʃtɛ́mə] (小 **Stämm·chen**[ʃtɛ́mçən] 中 -s/-) **1 a**) (樹木の)幹, 樹幹(→ 図 Baum A, B); 原木, 丸太: ein schlanker ⟨dicker⟩ ～ ほっそりした〈太い〉幹 ‖ einen ～ zu Brettern zersägen 丸太をのこぎりでひいて板にする | Der Apfel fällt nicht weit vom ～. (→Apfel 1 b). **b**) (Sproßachse)〘植〙茎. **c**)〘動〙(クラゲ類の)幹部, 胴. **d**)〘言〙語幹: ～ und Flexionsendung eines Wortes ある単語の語幹と変化語尾.
2 a)《雅》氏族, 一族: der letzte ⟨Letzte⟩ *seines* ～*es* sein 一族の最後の生き残りである | eines ～*es* 〔und Geschlechts〕 sein 同じ一族の出身である ‖ **vom ～*e* Nimm sein**《戯》いただき族の出〈がめつい やつ〉である (nimm は nehmen の命令法単数). **b**) (a の構成員の全体)種族, 部族: die germanischen *Stämme* ゲルマン諸部族. **c**) (一般に) 系統.
3〘動〙門(もん)(Klasse の上, Reich の下の分類区分): Die Wirbeltiere bilden einen ～ im Tierreich. 脊椎(せきつい)動物は動物界にあって一個の独立した門を構成している.
4 (チーム・グループなどの)根幹〔部分〕; (財産などの)基本〔部分〕;〘商〙元本: zum ～ einer Mannschaft gehören ある

チームのレギュラーメンバーである | einen〔festen〕～ von Gästen ⟨Kunden⟩ haben 一定数の常連客⟨顧客⟩をつかんでいる(→Stammgast).
5 (一定数の)家畜: ein ～ Bienen 一群のミツバチ | einen ～ Hühner verkaufen ひと群れの鶏を売る.
6〘ﾄﾗﾝﾌﾟ〙ストック, 置き札.
7《話》=Stammgericht
[*germ.* „Ständer"; ◇stehen; *engl.* stem]
Stạmm≠ak·tie[ʃtám|aktsiə] 女 (↔ Vorzugsaktie)〘商〙普通株. **≠ana·ly·se** 女〘植〙樹幹解析(ｶｲｾｷ). **≠baum** 男 **1** 系譜, 系図;〘生〙系統樹, 系統図: ein Hund mit erstklassigem ～ 一流の血統書つきの犬. **2**〘言〙**a**) (共通の起源をもつ諸言語の関係などを示す)系統樹. **b**) (Stemma) (句構造を示す)樹形図, 技分かれ図. **3**《話》(犬が)いつも放尿することにきめている木.
Stạmm·baum·theo·rie 女〘言〙系統樹説.
Stạmm≠bei·sel 中《ｵｰｽﾄﾘｱ》= Stammlokal **≠be·sat·zung** 女 =Stammpersonal **≠buch** 中 **1** (友人・来客などが記念に書き入れをする)サイン帳, 記名簿: Er möge sich das ins ～ schreiben.《比》彼がそのことを心にとめて⟨肝(ｷﾓ)に銘じて⟩くれるといいが. **2** =Herdbuch ▽**3** 系図書. **≠ca·fé**[..kafe:] 中 行きつけの喫茶店, なじみのコーヒーショップ.
Stặmm·chen Stamm の縮小形.
Stặm·me Stamm の複数.
Stạmm·ein·la·ge[ʃtám..] 女〘商〙(有限〔責任〕会社社員の)基本出資〔額〕.
stạm·meln[ʃtáməln]《06》**I** 自 (h) **1** どもりながら言う: *stammelnd* reden つっかえつっかえ話す. **2**〘医〙訥語(ﾄﾂｺﾞ)症である.
II 他 (h) どもりながら言う, つっかえつっかえ話す: eine Entschuldigung ～ もごもごと弁解の言葉を述べる.
III Stạm·meln 中 -s/〘医〙訥語(ﾄﾂｺﾞ)症.
[„anstoßen"; *ahd.*; ◇stemmen, stumm; *engl.* stammer]
Stạmm·el·tern[ʃtám..] 複 **1** (氏族・部族の)祖先. **2** (人類の始祖としての)アダムとイブ.
stạm·men[ʃtámən] 自 (h, s) **1**《aus ⟨von⟩ *et.*[3]》(人について…の)出である, (…)生まれである: aus ⟨von⟩ einer guten Familie ～ 良家の出である | aus München ～ ミュンヒェン生まれである | Woher *stammst* du? 君はどこの出身だい. **2**《aus *et.*[3] / von *jm.*》(事物について…に)由来する; (…)以来のものである; (…の)作品である: Das Wort *stammt* aus dem Griechischen. この単語はギリシア語から来ている | Woher *stammt* dieser Brauch? この風習はどこから来ているのだろう | Ihre Abneigung gegen ihn *stammt* von einer früheren Begegnung. 彼女の彼に対する反感はかつてのある出会い以来のものだ | Das Gedicht *stammt* von Mörike. この詩はメーリケの作品である | von Adam und Eva ～ (→Adam II).
stạm·mern[ʃtámərn]《05》《北部》=stammeln I, II
Stạm·mes≠be·wußt·sein[ʃtáməs..] 中 部族意識, 種族としての誇り. **≠ge·schich·te** 女 -/〘生〙系統, 系統進化.
stạm·mes·ge·schicht·lich 形〘生〙系統〔進化〕上の.
Stạm·mes≠her·zog 男〘史〙(ドイツ中世初期の)部族大公. **≠her·zog·tum** 中〘史〙部族大公領, 大公制, 大公位.
Stạmm·es·sen[ʃtám..] 中 =Stammgericht
Stạm·mes·zu·ge·hö·rig·keit[ʃtáməs..] 女 種族⟨部族⟩の一員であること.
Stạmm≠form[ʃtám..] 女 **1**〘言〙動詞の基本形(不定詞・過去・過去分詞): Die ～*en* zu spricht sind sprechen, sprach, gesprochen. spricht の三要形は sprechen sprach gesprochen である. **2**〘生〙(ある生物の)原型, 祖先. **≠gast** 男 -〔e〕s/..gäste (飲食店などの)常客, 常連. **≠ge·richt** 中 (レストランで常客などのための)本日のおすすめ品, 本日のサービスメニュー. **≠gleis** 中〘鉄道〙本線. **≠gut** =Erbgut 1 **≠hal·ter** 男 総領息子, 家督相続者. **≠haus** 中 **1** 企業が最初に設立されたときの建物; (企業の)本店, 本社屋. **2**〘史〙(封建領主の)先祖代々の屋敷⟨館(ﾔｶﾀ)⟩.
≠holz 中 丸木, 丸太.
Stạmmie·te[ʃtámmi:tə] 女 -/-n (劇場の)定期予約入場料: einen Platz in ～ nehmen 座席を定期予約する.
Stạmmie·ter[ʃtámmi:tər] 男 (劇場座席の)定期予約者.
stặm·mig[ʃtɛ́mɪç][2] 形 **1** (木について)幹状の: eine Reihe hoch ～*er* Birken すらりと背の高い白樺(ｼﾗｶﾊﾞ)の列. **2** (人間や動物について)がっしりした体格の; ずんぐりした: ein ～*es* Pferd ずんぐりした馬 | Er ist ～ gebaut. 彼はがっしりした体つきだ.
..stämmig[..ʃtɛmɪç]《名詞・形容詞などにつけて「…の種族の出の, …系の」などを意味する形容詞をつくる》: japan*stämmig* / japanisch*stämmig* 日系の | deutsch*stämmig* ドイツ系の.
Stạmm≠kaf·fee[ʃtám..] 中 =Stammcafé **≠ka·pi·tal** 中〘商〙(有限〔責任〕会社の)資本金(→Stammeinlage). **≠knei·pe** 女《話》行きつけの酒場, なじみの飲み屋. **≠kun·de** 男 (Dauerkunde) 固定客, 常得意. **≠kund·schaft** 女 (↔Laufkundschaft)《集合的に》固定客, 常得意. **≠land** 中 -es/..länder (雅: -e) 生まれた国⟨土地⟩, 故郷; (種族などの)発祥の地. **≠le·hen** 中〘史〙世襲封土.
Stạmm·ler[ʃtámlər] 男 -s/-《雅》(Stotterer) どもる人, どもり. [<stammeln]
Stạmm≠li·nie[ʃtámli:niə] 女〘生〙系統. **≠li·ste** 女 =Stammrolle **≠lo·kal** 中 行きつけ(なじみ)の飲食店(→Lokal 1). **≠mie·te** = Stammiete **≠mie·ter** = Stammieter **≠mut·ter** = Stammutter **≠per·so·nal** 中《集合的に》(企業の)常雇いの従業員. **≠platz** 男 (劇場・飲食店などでの)定席. **≠pu·bli·kum** 中 (芝居などの)常客. **≠re·gi·ster** 中 = Stammrolle **≠re·stau·rant**[..rɛstorã:] 中 =Stammlokal **≠rol·le** 女〘軍〙**1** (市町村の徴兵用)壮丁名簿. **2** 下士官兵名簿. **≠schloß** 中 = Stammhaus 2 **≠selbst·laut** 男 =Stammvokal **≠sil·be** 女〘言〙幹綴(ｶﾝﾃﾂ). **≠sitz** 男 **1** =Stammplatz **2** =Stammhaus **3**《俗》野戦用簡易便所. **≠spie·ler** 男〘ｽﾎﾟｰﾂ〙(チームの)レギュラーメンバー. **≠ta·fel** 女 系図. **≠tisch** 男 **1** (飲食店での常連の集まる)定席のテーブル. **2**《集合的に》常連, 常客. **3** (定期的な)常連⟨常客⟩の集まる会合: zum ～ gehen (レストランでの)常連の集まりに出かける.
Stạmm·tisch≠feld·herr 男《話》(常連の定席などで知ったかぶりをする)しろうと軍事評論家. **≠po·li·tik** 女 -/《軽蔑的に》(常連の定席などでの)しろうと政治談義.
Stạmm·ton 男 -〔e〕s/..töne〘楽〙**1** 幹音. **2**《複数で》(Grundskala) 基本音階, 八調長音階.
Stạmmut·ter[ʃtámmʊtər] 女 -/..mütter **1** 女の祖先. **2**《単数で》(人類の始祖としての)イブ(→Stammeltern).
Stạmm·va·ter 男 **1** 男の祖先. **2**《単数で》(人類の始祖としての)アダム(→Stammeltern).
stạmm·ver·wandt 形 同種族の; 同系の.
Stạmm≠ver·wandt·schaft 女 同種族性; 同系であること. **≠vo·kal** 男〘言〙幹母音. **≠wäh·ler** 男 (常に特定の党や個人に票を入れる)固定投票者. **≠wort** 中 -〔e〕s/..wörter〘言〙〔語〕根語, 幹語. **≠wür·ze** 女〘醸〙(各種ビール中に含まれる)麦汁エキスの基本濃度; 麦汁エキス濃度. **≠zahn** 男《話》(男の子が継続的につきあっている)特定の女の子⟨ガールフレンド⟩. **≠zel·le** 女〘生〙幹細胞.
Stạm·pe[ʃtámpə] 女 -/-n《話》**1**《しばしば軽蔑的に》(Kneipe) 飲み屋, 酒場, 居酒屋. **2** (Glas) コップ, グラス.
[„Tanzlokal"; <*ndd.* stampen (◇stampfen)]
Stạm·per[ʃtámpər] 男 -s/- (南部・ｵｰｽﾄﾘｱ: **Stạm·perl**[..pərl] 中 -s/-n) (Schnapsglas) 火酒用のグラス(→図 Glas).
stạm·pern[ʃtámpərn]《05》他 (h)《ｵｰｽﾄﾘｱ》(鶏・子供などを)おどして追い払う, 追いたてる.
Stạm·pes[ʃtámpəs] 男 -/《話》マッシュドポテト.
Stạmpf≠as·phalt[ʃtámpf..] 男 (道路舗装用の)圧縮天然アスファルト. **≠be·ton**[..betɔŋ] 男〘土木〙(道路舗装用の)つき固めコンクリート.

Stamp·fe[ʃtámpfə] 女 -/-n **1** (Stampfer) 〘工〙〔ハンド〕ランマー, 突き棒. **2** 火酒用のグラス.

Stämp·fe·li[ʃtɛ́mpfəli·] 中 -s/-s《スイス》= Stamper

stamp·fen[ʃtámpfən] **I** 自 **1** (h) **a**) ドスンドスンと足踏みする; (機械などが)ドスンドスン(ドッドッド)と音をたてて動く: vor Zorn〔mit dem Fuß / mit den Füßen〕auf den Boden ~ 怒ってじだんだを踏む | Die Pferde *stampfen* mit ihren Hufen. 馬がひづめで地面をける ‖ das donnernde *stampfende* Geräusch eines vorbeifahrenden Zuges ゴーゴーという通過列車の音 | schwere, *stampfende* Schritte ドスンドスンという足音 | ungeduldig *stampfend* den Beginn der Vorstellung fordern (観客が)足踏みをして開演を催促する. **b**) (↔schlingern) 〘海〙縦揺れ(ピッチング)する.

2 (s) (船が)縦揺れ(ピッチング)しながら進む; 《比》重たい足取りでドタドタ(ドシンドシン)と進む: durch den nassen Lehm ~ ぬかるみに足を取られながらドタドタと進む.

II 他 (h) **1** 突き(踏み)固める, 突き砕く, 押しつぶす: den Schnee 〈lockere Erde〉 ~ 雪(柔らかい土)を踏み固める | Beton ~ コンクリートを押し固める | Kartoffeln zu Brei ~ ジャガイモをすりつぶす | Gewürze im Mörser ~ 香辛料を乳鉢の中で突き砕く.

2 (拍子を)足踏みで取る: den Takt zum Tanz ~ ダンスのタクトを踏む.

3 《*et.*⁴》《方向を示す語句と》足踏みして(…を…へ)移動させる: *sich*³ den Schnee von den Schuhen ~ 足踏みして靴の雪を振り落とす | *et.*⁴ aus dem Boden 〈aus der Erde〉 ~ (→Boden 1 a, →Erde 2)

[*germ.*; ◇stapfen, Stempel, Stampe; *engl.* stamp]

Stamp·fer[ʃtámpfər] 男 -s/- **1 a**) 突き棒, ランマー, タンパ; 洗濯用かきまぜ棒; 水洗用スポイト. **b**) 〘料理〙マッシャー. **2** 足踏み癖のある馬.

Stampf≠kar·tof·feln 複《方》= Kartoffelbrei ≠**ram·me** 女〘土木〙ランマー(→ 図 Ramme).

Stam·pi·glie[ʃtampíljə, ..pí:liə, stampíljə] 女 -/-n《オーストリア》**1** スタンプ, 押印, 公印, 証印. **2** スタンプを押す道具, 印形.

[*it.*; < *it.* stampare „stempeln" (◇stampfen)]

stand[ʃtant]¹ stehen の過去.

Stand[ʃtant]¹ 男 -es(-s)/Stände[ʃtɛ́ndə] **1**《単数で》**a**) 立っている状態, 直立〔不動〕; 停止〔状態〕;《比》足がかり, 足場: **aus dem ~**〔**heraus**〕《話》即座に | einen Sprung aus dem ~ machen 立ったままで(助走なしで)跳躍する | im ~ 立った(停止した)状態で ‖〔einen〕festen ~ haben 足場がしっかりしている, ぐらつかない | keinen guten ~ haben (岩場などで)足場が不安定である | **bei *jm.* einen guten 〈leichten〉 ~ haben**《比》…の受けがいい, …に対して発言権が強い | **einen schweren 〈keinen leichten〉 ~ haben**《比》困難な(楽でない)立場にある. **b**)《卑》(Erektion) 勃起(ぼっき).

2《単数で》**a**) (現在の)位置, 示度, 水準; (ある時点での)状況, 状態, 形勢; (株券などの)相場: der ~ des Hebels レバーの位置 | der ~ der Sonne 太陽の現在位置 | der ~ des Thermometers 温度計の示度 | der höchste ~ des Wassers 最高水位 | der ~ des Wahlkampfes 〈des Prozesses〉 選挙戦(訴訟)の形勢 | der ~ der Forschung 研究の現況(現水準) ‖ bei diesem ~ der Dinge この現状では | Das Spiel wurde beim ~ von 2: 0 abgebrochen. ゲームは2対0で中断された | **gut im ~**〔*e*〕〈**in gutem ~**〔*e*〕〉 **sein** 良好な状態である, 健康である | das Auto gut im ~〔*e*〕〈in gutem ~〔*e*〕〉 halten 自動車をよく整備しておく | im ~ der Sklaverei leben 奴隷の境遇で暮らす | **in den**〔**heiligen**〕**~ der Ehe treten**《雅》結婚する | *et.*⁴ in den alten 〈vorigen〉 ~ bringen …を原状に復する | *et.*⁴ auf den neuesten ~ bringen …を改善して今日の水準に合わせる. **b**)《zu 不定詞〔句〕と》(…ができる)立場: Das setzte ihn in den ~, die Reise doch noch zu machen. そのことのおかげで彼はなんとか旅行をすることができた.

3 地位, 身分, 階級; 職業; 〘法〙等族: Name und ~ angeben 名前および既婚未婚の別を言う(書く) | der geistliche ~ 聖職者階級 | die höheren 〈niederen〉 *Stände* 上流(下層)階級 | **der dritte ~** 〘史〙第三階級(貴族・聖職者の下位にあった市民階級) | Leute aus allen *Ständen* あらゆる身分の人びと | der ~ der Arbeiter 〈der Bauern〉 労働者(農民)階級 | ~ des Musikers 音楽家という身分(職業) ‖ ᵛunter *seinem* ~〔*e*〕heiraten (女性が)自分より身分の低い男と結婚する | ᵛein Mann von〔hohem〕~ 身分の高い男.

4 (⊕ **Ständ·chen** → 別出) **a**) (Verkaufsstand) 売店, スタンド, キオスク, 露店; 売り台(場): ein ~ auf der Messe 見本市〔会場内〕のブース(コーナー). **b**) 立っている場所(位置); 足場; (タクシーの)駐車場, タクシー乗り場; (馬小屋内の)仕切り, 馬房(ぼう), (競馬の)スタート枠(ゲート): der ~ des Beobachters 観察者のいる場所(位置).

5《スイス》(Kanton) 州.

Stan·dard¹[ʃtándart, st..; オーストリア: st..] 男 -s/-s **1** 標準, 水準, 標準規格; 規範: internationale ~*s* 国際標準規格 | Lebens*standard* 生活水準 ‖ den ~ der anderen Schüler erreichen 他の生徒たちと同じ水準に達する. **2** (度量衡の)原器; (通貨制度としての)本位; 貨幣の法定成分.

[*afr.* estandart (→Standarte) − *engl.*]

Stan·dard²[stǽndəd] 中 -s/-s (ジャズの)スタンダード〔ナンバー〕.

Stan·dard≠ab·wei·chung 女〘統計〙標準偏差. ≠**aus·füh·rung** 女 (機械・道具の)標準タイプ(仕様). ≠**brief** 男〘郵〙定形書簡.

Stan·dar·di·sa·tion[ʃtandardizatsió:n, st..] 女 -/-en 規格統一, 標準化. [*engl.* standardization]

stan·dar·di·sie·ren[..zí:rən] 他 (h) 規格化する, 基準に合わせる; (…の)規格を統一する; (…の)標準をきめる.

[*engl.* standardize]

Stan·dar·di·sie·rung[..rʊŋ] 女 -/-en 規格統一, 規格化, 標準規定.

Stan·dard≠lö·sung[ʃtándart.., st..] 女〘化〙標準溶液. ≠**mo·dell** 中 = Standardtyp ≠**spra·che** 女 (Hochsprache) 標準語, 共通語. ≠**typ** 男 (車・機械などの)標準(普通)型, スタンダードタイプ. ≠**werk** 中 定評ある参考文献, (その分野の)基準的学術書; 模範的作品. ≠**zeit** 女 標準時.

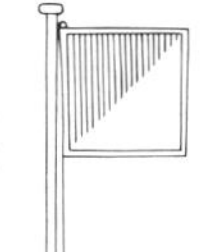

Standarte

Stan·dar·te[ʃtandártə] 女 -/-n **1** 首長などの所在を示す小旗(元首旗・王旗・市長旗など: → 図); 〔騎兵〕連隊旗. **2** (カメラの)レンズ台座, (撮影機の)カメラ取り付け部. **3** 〘狩〙キツネ(オオカミ)の尾. [*afränk.* „Aufstellungsort" − *afr.* estandart − *mhd.*; ◇Stand〔ort〕, Standard]

Stan·dar·ten·trä·ger 男〘軍〙旗手.

Stand≠baum[ʃtánt..] 男 厩舎(きゅうしゃ)の隔板; (鳥小屋の)止まり木. ≠**bein** 中 (↔Spielbein) (立っている際や彫像などで体重を主として支えている)軸足(→ 図 Standbild). ≠**bild** 中 **1** (人間や動物の)立像(→ 図): *jm.* ein ~ errichten …の銅像(石像)を建てる. **2** = Standfoto ≠**brau·se** 女 (立ったまま使用する)固定シャワー.

Stand-bein Spiel-bein Plinthe Sockel

Standbild

Ständ·chen[ʃtɛ́ntçən] 中 -s/- **1** (Stand 4 の縮小形) 小さな売店(売り場). **2** (Serenade) (男が夜恋人の部屋の窓の下で歌う)セレナーデ: *jm.* ein ~ bringen …への贈り物として(窓の下で)セレナーデを演奏する. **3** 立ち話.

Stan·de[ʃtándə] 女 -/-n《南部》たる; 桶(おけ).

stän·de[ʃtɛ́ndə] stünde (stehen の接続法 II) の別形.

Stän·de Stand の複数.

Stän·de≠haus[ʃtɛ́ndə..] 中〘史〙身分制議会の議事堂. ≠**kam·mer** 女〘史〙身分制議会.

Stan·del[ʃtándəl] 中 -s/-〔n〕《南部・オーストリア》売店, スタン

ド.

Stạ̈n·de·ord·nung[ʃtɛ́ndə..] 女 身分制度: die mittelalterliche ～ 中世の身分制度.

Stạn·der[ʃtándər] 男 -s/- (艦船や公用車につける) 三角旗, 司令旗, 信号旗, 標識旗. [*mndd.*; ◇Standarte]

Stạ̈n·der[ʃtɛ́ndər] 男 -s/- **1 a)** (ものをのせたり支えたり掛けたりする) 台, 台架, スタンド, ラック (→ ⊠ Kamin); (自転車・オートバイなどの) スタンド (→ ⊠ Kraftrad): Kleider*ständer* (スタンド式) コート掛け | Noten*ständer* 譜面台. **b)** 〘建・土木〙 脚柱; 間柱. **c)** 〘電〙 固定子. **2 a)** 〘狩〙 (水鳥以外の) 鳥の脚. **b)** 《話》 (Bein) 脚, (特に:) 大根足. **3** 《卑》 (勃起(ぼっき)した) 男根. **4** 《東部》 ミツバチの巣. **5** 〘紋〙 (盾を放射 8 分割したときの) 左上の三角図形 (→ ⊠ Wappen e). [*mndd.*; ◇Stand]

Stạ̈n·de·rat[ʃtɛ́ndə..] 男 -(e)s/..räte **1** 《単数で》 (スイスの) 全州議会 (各州の代表によって構成され, 上院に相当する: →Nationalrat 3 a). **2** (スイスの) 全州議会議員.

Stạ̈n·der·lam·pe[ʃtɛ́ndər..] 女 《スイ》 フロアスタンド, フロアランプ.

stạ̈n·dern[ʃtɛ́ndərn] 《05》 他 (h) 〘紋〙 (盾面を) 放射 (8) 分割する. [＜Ständer]

Stạ̈n·der·pilz 男 〘植〙 担子(たんし)菌類.

Stạ̈n·de·rung[ʃtɛ́ndərʊŋ] 女 -/-en 〘紋〙 (盾面の) 放射 (8) 分割.

Stạ̈n·de·saal[ʃtɛ́ndə..] 男 〘史〙 身分制議会の議場.

Stạn·des·adel[ʃtándəs..] 男 世襲貴族. ⸗**amt** 中 (市町村の) 戸籍役場 (戸籍業務のほか, 婚姻の儀式も行う).

stạn·des·amt·lich 形 戸籍役場で承認された, 戸籍法上の: eine ～e Trauung 〈Eheschließung〉 (教会での結婚式に対して) 戸籍役場での結婚式.

Stạn·des·be·am·te 男 戸籍役場の職員, 戸籍吏.

stạn·des·be·wußt 形 身分意識の強い.

Stạn·des·be·wußt·sein 中 身分意識, 階級意識. ⸗**dün·kel** 男 高慢な身分意識. ⸗**ehe** 女 **1** 自分の身分〈階級〉にふさわしい結婚. **2** 政略結婚, 便宜結婚. ⸗**eh·re** 女 職業人〈専門家〉としての体面. ⸗**ge·bühr** 女 《ふつう次の形で》 nach ～ 身分にふさわしく.

stạn·des·ge·mäß 形 身分相応の, 自分の社会的地位にとって恥ずかしくない: die Kinder ～ erziehen lassen 子供に身分にふさわしい教育を受けさせる.

Stạn·des·ge·nos·se 男 同じ身分の人. ⸗**herr** 男 〘史〙 1806年に皇帝直属の地位を失った貴族 (→mediatisieren). ⸗**ma·tri·kel** 女 《オーストリア》 戸籍簿. ⸗**or·ga·ni·sa·tion** 女 職能代表組合. ᵛ⸗**per·son** 女 貴族, 高位高官の人. ⸗**re·gi·ster** 中 〘法〙 戸籍簿 (出生登録簿 Geburtenbuch, 死亡登録簿 Sterbebuch, 家族登録簿 Familienbuch の三つに分かれる). ⸗**rück·sicht** 女 -/-en 《ふつう複数で》 身分〈階級〉に対する顧慮〈配慮〉. ⸗**spra·che** 女 (ある職業に独特な) 職業語, 符丁.

Stạ̈n·de·staat[ʃtɛ́ndə..] 男 (特定の身分・階級だけが政治関与を認められる) 身分制国家, 等族国家: der mittelalterliche ～ 中世の身分制国家.

Stạn·des·un·ter·schied[ʃtándəs..] 男 身分の相違, 階級差別. ⸗**vor·ur·teil** 中 階級〈身分〉的偏見.

stạn·des·wid·rig 形 **1** 身分に反する, 身分にふさわしくない. **2** 職業人としてふさわしくない, 職業道徳にそむく: ein ～es Verhalten 専門家らしからぬ行為.

Stạ̈n·de·tag[ʃtɛ́ndə..] 男, ⸗**ver·samm·lung** 女 〘史〙 身分制議会, 等族会議.

stạnd·fä·hig[ʃtánt..] 形 立っていることのできる; 安定した.

Stạnd·fahr·rad[ʃtánt..] 中 (体力づくりのための) エアロバイク.

stạnd·fest 形 **1** すわりのよい, 安定してぐらぐらしない; すえつけの: Der Tisch ist jetzt ～. これで机はもうぐらぐらしない | Er ist nicht mehr ganz ～. 彼は(酔って)もう足もとが確かでない. **2** 確固とした; 沈着な; 不動の, 不変の.

Stạnd⸗fe·stig·keit 女 -/ (standfest なこと. 例えば:) 安定, 不動; 落ち着き; 毅然(きぜん)たること. ⸗**fo·to** 中 〘映〙 スチール(写真). ⸗**geld** 中 **1** (露店などの) 場所代, 屋台使用料. **2** 〘海〙 (超過停泊) 滞船料; 〘鉄道〙 (貨物車両) 留置料. ⸗**ge·rät** 中 コンソール型テレビ. ⸗**ge·richt** 中 〘法〙 即決(軍事)裁判(所) (→Standrecht). ⸗**glas** 中 -es/..gläser (円筒型の) コップ; 〘化〙 (ガラスの円筒に目盛りを刻んだ) メスシリンダー, 液面計.

stạnd·haft[ʃtánthaft] 形 確固とした, 毅然(きぜん)とした, 不屈の, 節操のある: ein ～er Mensch (信念を変えない) 誠実な人 ‖ ～ bleiben 譲らない, 信念を変えない, 節操を守る ‖ die Leiden ～ ertragen 毅然として苦しみに耐える | *sich*⁴ ～ wehren 断固として抵抗する.

Stạnd·haf·tig·keit[..haftɪçkaɪt] 女 -/ (standhaft なこと. 例えば:) 毅然(きぜん), 不動, 不屈, 確固たること.

stạnd|hal·ten*[ʃtánthaltən] 《65》 自 (h) 《*et.*³》 (…に) 屈しない, 耐える, 抵抗する; 打ち勝つ, 合格する; (…を) 持ちこたえる: dem Feind ～ 敵に屈しない | *js.* forschendem Blick ～ …の探るようなまなざしに耐える | der Kritik nicht ～ können 批判に耐え得ない | einem Angriff des Gegners ～ 敵の攻撃を持ちこたえる ‖ Die Brücke *hält* jeder Belastung *stand*. この橋はどんな加重にもびくともしない.

stạ̈n·dig[ʃtɛ́ndɪç]² 形 《述語的用法なし》 絶え間ない, ひっきりなしの; 恒常的な, 常設の, 常任の; 永続的な, 一定不変の: *seine* ～ *en* Klagen 絶え間ない〈繰り返される〉苦情 | ein ～es Ansteigen der Produktion 生産の恒常的上昇 | ihr ～er Begleiter 《話》 彼女の愛人 | ein ～es Einkommen 定収入 | ein ～er Ausschuß 常任委員会 | ein ～er Vertreter (国の) 常駐代表部員; 〘商〙 正規の代理人 | *Ständiger* Internationaler Gerichtshof (常設) 国際司法裁判所 | Sie leben in ～er Feindschaft. 彼らは年じゅうけんかしている ‖ ～ wachsen 〈zunehmen〉 絶えず生長〈増大〉する | Er hat ～ etwas zu tadeln. 彼はいつでも何か文句の種を持っている | Das Telefon läutet ～. 電話がひっきりなしに鳴っている.

Stan·ding[stǽndɪŋ] 中 -s/ 社会的地位, 名声. [*engl.*]

Stan·ding Or·der[stɛ́ndɪŋ ɔ́rdər, stǽn.. ɔ́:də] 女 - -/- -s 〘商〙 継続注文. [*engl.*; ◇stehen]

stạ̈n·disch[ʃtɛ́ndɪʃ] 形 〘史〙 階級(制)の, 身分制議会の: die ～e Ordnung des Mittelalters 中世の身分〔階級〕制度 | die ～e Vertretung 身分〔階級〕代表(制).

Stạnd⸗kampf[ʃtánt..] 男 〘レスリング〙 立ち技, スタンドレスリング. ⸗**licht** 中 -(e)s/-er **1** 《単数で》 (自動車の) 駐車灯. **2** 《ふつう複数で》 《スイ》 車幅灯. ⸗**li·nie**[..niə] 女 **1** 〘測量〙 (三角測量の) 基線, ベース. **2** 〘海・空〙 (2 本以上の交差点が船または航空機の現在位置を示す) 位置の線, ポジションライン. ⸗**mo·tor** 男 すえつけ〈定置〉エンジン.

Stạnd·ort[ʃtánt|ɔrt] 男 -(e)s/-e **1** 今(立って)いる場所, 現在の位置; 所在地, 置き場所; 生える〈生息する〉場所; 〘軍〙 駐屯地: der ～ des Flugzeuges 飛行機の現在位置 | der ～ eines Betriebs 工場の所在地 ‖ einen sonnigen ～ brauchen (植物などが) 日当たりの良い場所を必要とする | Von seinem ～ aus konnte er das Haus nicht sehen. 彼の立っている場所からはその家は見えなかった. **2** 《比》 立場, 考え方: sein politischer ～ 彼の政治的立場.

Stạnd·ort⸗äl·te·ste 男 駐屯地の先任将校, 駐屯部隊の隊長. ⸗**be·stim·mung** 女 〘海・空〙 現在地測定〈確認〉. ⸗**ka·ta·log** 男 (図書館の) 書架目録, シェルフリスト. ⸗**kom·man·dant** = Platzkommandant ⸗**la·za·rett** 中 〘軍〙 (駐屯地の) 軍病院.

Stạnd⸗pau·ke 女 《話》 (Standrede) お説教, 叱責(しっせき): *jm.* **eine ～ halten** …にお説教をする. ⸗**pho·to** 中 =Standfoto ⸗**platz** 男 **1** 立っている場所. **2 a)** (タクシーの) 駐車場, タクシー乗り場. **b)** 〘空〙 駐機場, エプロン.

Stạnd·punkt[ʃtántpʊŋkt] 男 **1** 観察位置: Auf diesem ～ hat man eine gute Aussicht. この位置に立つと見晴らしが良い. **2** 立場, 立脚地, 見地, 観点; 見解, 意見, 考え方: *seinen* ～ ändern 意見を変える | einen ～ vertreten ある見解を主張〈支持〉する | *jm. seinen* ～ klarmachen …に自己の見解をはっきり伝える | ***jm.* den ～ klarmachen** 《話》 …をきつくたしなめる, …をしかる | Ich teile nicht seinen ～. 私は彼と見解が違う ‖ Das ist doch kein ～! 《話》 そうは考えられない ‖ Ich stehe auf dem ～, daß ... 私は…という見解〈立場〉をとっている | vom ～ der Wissenschaft aus urteilen 学問的見地から判断を下す | Von seinem ~ aus hat er recht. 彼の立場からすれば彼の言い分はもっともだ.

Stạnd≈quar·tier 中 (↔Marschquartier)〘軍〙駐留用の営舎. **≈recht** 中 -[e]s/ 〘法〙(即決裁判などを伴う)戒厳[令]: das ~ erklären 戒厳令を敷く | das ~ über ein Gebiet verhängen ある地域を戒厳令下に置く.

stạnd·recht·lich 形 戒厳令下の; 即決[軍事]裁判の: eine ~*e* Erschießung 即決裁判による銃殺.

Stạnd≈re̱·de 女 **1** (叱責(しっせき)の)説教, 小言, 叱責. **2** (聴衆も立ったままの)戸外での演説; (墓地での)埋葬の弔辞. **≈ro̱hr** 中〘工〙スタンドパイプ; 管台; 給水塔. **≈schüt·ze** 男 -n/-n《ふつう複数で》(Tirol 地方の)射撃協会会員(16世紀から1918年まで国土防衛に活躍した). **≈seil·ba̱hn** 女 鋼索鉄道.

stạnd·si·cher 形 安定した, 座りのよい, ぐらぐらしない: eine ~*e* Leiter ぐらぐらしないはしご.

Stạnd≈si·cher·heit 女 -/ 安定[性]. **≈spie·gel** 男 (等身大の)姿見. **≈u̱hr** 女 箱型大時計, 大型床置き時計; 《戯》止まった〈よく止まる〉時計. **≈ver·su̱ch** 男〘工〙材質耐久テスト. **≈vi·sier** 中 (猟銃の)固定照尺. **≈vo̱·gel** 男〘鳥〙(季節移動をしない)留鳥. **≈waa·ge** 女〘体操〙(床運動の)水平立ち(片足で立ち体を床に水平に保つ姿勢). **≈wild** 中 (↔Wechselwild)〘狩〙(生息地を変えない)定留獣. **≈zeit** 女 持続時間; (機械・道具の)耐用期間〈年数〉.

Stạn·ge[ʃtáŋə] 女 -/-n (⑪ **Stặn·gel·chen**[ʃtɛ́ŋəlçən], **Stặng·lein**[ʃtɛ́ŋlaın] 中 -s/-) **1** (木や金属の)棒, さお; 旗ざお(→ ⑳ Fahne); (つかまったり, 物をつるしたりする)横木, 手すり, (バレエ練習用の)バー; やりの柄; (車の)ながえ; (棒高飛びの)ポール; (弦楽器の弓の)弓身(→ ⑳ Bogen); 〘馬術〙(障害物の)ポール; 〘海〙帆桁(ほげた); 〘園〙支柱; (枝の少ない)若木: Bambus*stange* 竹ざお | Eisen*stange* 鉄の棒 | Telegrafen*stange* 電信柱 ‖ an der ~ üben (バレエなどで)バーを使って練習する | Die Würste hängen an 〈auf〉 ~*n*. (肉屋で)ソーセージが横木にぶらさげてある | **bei der ~ bleiben** 《比》がんばる, 耐えぬく | ***jn.* bei der ~ halten** 《比》…を引きとめて最後まで行動を共にするようにしむける | Schwefel in ~*n* 棒状の硫黄 | einen Anzug von der ~ kaufen 背広をつるし(既製品)で買う | **von der ~** 《話》既成の, 月並みな ‖ ***jm.* die ~ halten** 《比》…を見捨てない; …の味方につく.

2 (棒状のもの. 例えば:) **a)** (タバコの)カートン: eine ~ Zigaretten 1カートンのタバコ. **b)** 《話》(やせた)のっぽの人: Er 〈Sie〉 ist eine lange ~. 彼〈彼女〉は背高のっぽだ. **c)** 背の高いコップ(→ ⑳ Glas). **d)** 《卑》(勃起(ぼっき)した)男根. **e)** 〘金属〙棒鋼.

3 《話》多量, 大量: **eine [ganze / hübsche / schöne] ~ Geld** ばく大な金(かね) ‖ **eine ~ angeben** 大ぼらを吹く | Das kostet eine ~. それはとても金がかかる.

4 a) (鳥の)止まり木: wie die Hühner auf der ~ (→ Huhn 1 a) | **fast von der ~ fallen** 《話》(止り木から落ちそうになるほど)びっくりする. **b)** 傘の骨, (コルセットの前部の)張り骨. **c)** 〘料理〙アスパラガス. **d)** 〘狩〙(シカの)角の幹, 角桿(かん). **e)** 〘狩〙(キツネなどの)尾.

[*germ.*; ◇Stenge[l]; *engl.* stang]

Stặn·gel[ʃtɛ́ŋəl] 男 -s/- =Stengel

Stặn·gel·knol·len =Stengelknollen

stặn·geln[ʃtɛ́ŋəln] 《06》 **I** 他 (h) (植物を)つっかい棒で支える. **II** 自 =stengeln

Stạn·gen≈bo̱h·ne[ʃtáŋən..] 女 つる性のマメ科植物(インゲンマメなど). **≈bo̱h·rer** 男〘工〙大[型棒]ぎり. **≈brot** 中 棒状のパン. **≈ge·biß** 中 (馬の)大勒(ろく), くつわ. **≈gold** 中〘金属〙金の延べ棒. **≈holz** 中 **1** 〘木工・建〙棒材, 丸太材; 棒用の木材. **2** 〘林〙(周囲20cm 以下の)若い幹材〈柱材〉の森. **≈kä̱·se** 男 (自家製の)棒型チーズ. **≈kle·da̱·ge**[..ʒə] 女《俗》既成服, つるし. **≈milch** 女《話》瓶入り牛乳; 缶入りコンデンスミルク. **≈pfe̱rd** 中 (数頭立ての馬車で車の直前の真ん中に位置して主導する)轅(ながえ)馬, 先導馬. **≈rei·ter** 男 轅馬の御者. **≈spar·gel** 男〘料理〙(切ってない, まるのままの)アスパラガス. **≈sta̱hl** 男〘金属〙条鋼. **≈weiß·bro̱t** 女 棒状の白パン(フランスパンの一種). **≈zir·kel** 男 (製図用の)ビームコンパス.

Stạn·gerl·zwicker[ʃtáŋərl..] 男《俗》(Lorgnette) 柄付きめがね.

Stặng·lein Stange の縮小形.

Stạ·nis·laus[ʃtá:nıslaʊs] 男名 シュターニスラウス.
[*poln.* Stanislaw; <*poln.* slawa „Ruhm"]

Sta·nịt·zel[ʃtanítsəl] 中 (男) -s/- 《南部》(Papiertüte) (ふつう円錐(えんすい)形の)紙袋, 三角袋.
[<*slowak.* kornut+*it.* [s]cartoccio (→Kartusche)]

stank[ʃtaŋk] stinken の過去.

Stank[−] 男 -[e]s/ **1** 《話》仲たがい, 不和, けんか. ▽**2** (Gestank) 悪臭. [*ahd.*; ◇stinken, stänkern]

stặn·ke[ʃtɛ́ŋkə] stinken の接続法 II.

Stặn·ker[ʃtɛ́ŋkər] 男 -s/- 《話》**1** うるさ型, 難癖屋, けんか好き, ごたごたの種をまく人, 悶着(もんちゃく)をおこす人. **2** 臭いもの, においの強いチーズ. **3** (Iltis) ケナガイタチ(毛長鼬).

Stặn·ker·bold[−bɔlt][1] 男 -[e]s/-e=Stänker 1

Stän·ke·re̱i[ʃtɛŋkəráı] 女 -/-en《話》口論, やり合い, 不和; 悶着(もんちゃく)をおこすこと, せんさく好き.

Stặn·ke·rer[ʃtɛ́ŋkərər] 男 -s/- =Stänker 1

stặn·ke·rig[ʃtɛ́ŋkərıç][2] (**stặnk·rig**[..krıç][2]) 形《軽蔑的に》悪臭を放つ, 臭い.

stặn·kern[ʃtɛ́ŋkərn] 《05》 自 (h) 《軽蔑的に》**1** あら探しをする, 難癖をつける, 煽動(せんどう)して歩く, いらざる口出しをする: mit *jm.* 〈gegen *jn.*〉 ~ …に難癖をつける | Er hat wieder bei allen Nachbarn *gestänkert.* 彼は例によって近所じゅうにごたごたの種をまいて歩いた. **2** 悪臭を発する, 空気を汚す: Er *stänkerte*, indem er trockenes Laub verbrannte. 彼は枯れ葉を燃やして変なにおいを発散させた.
[<*ahd.* stenchen „stinken machen"]

stặnk·rig =stänkerig

Stan·nio̱l[ʃtanió:l, st..] 中 -s/-e すず箔(はく); アルミ箔.

stan·nio·li̱ert[..niolí:rt] 形 すず〈アルミ〉箔(はく)包装の.

Stan·nio̱l≈pa·pier[ʃtanió:l.., st..] 中 すず〈アルミ〉箔(はく)紙, 銀紙: Schokolade ist in ~ verpackt. チョコレートは銀紙に包んである. **≈strei·fen** 男 **1** すず箔片. **2** 〘軍〙レーダー妨害箔片.

Stạn·num[ʃtánʊm, st..] 中 -s/ (Zinn) 〘化〙錫(すず) (記号 Sn). [*lat.* „Werkblei"]

stạn·ta·pẹ[ʃtántapé:] (**stạn·te·pẹ**[ʃtántəpé:]) 副 《オースト》《話》(sofort) すぐに, 即座に.

stạn·te pẹ·de[stántə pé:də, ..te· ..de·, ʃtántə ..də] 《ラテ語》《話》(sofort) すぐに, 即座に. [„stehenden Fußes"]

Stạn·ze[1][ʃtántsə] 女 -/-n **1** 〘詩〙シュタンツェ(定型の8行詩節). **2** 《複数で》スタンツァ(ヴァチカン宮殿のラファエルの間. 法王ユリウス二世の居室であった3室).
[*it.* stanza; ◇stehen]

Stạn·ze[2][−] 女 -/-n〘工〙型抜き器, 打ち〈抜き〉型; 打ち抜き機; 穿孔(せんこう)器, パンチ, ポンチプレス機.

stạn·zen[ʃtántsən] 《02》 他 (h) **1** (ある型に)打ち〈押し〉抜く; (…に)穿孔(せんこう)する; 〘電算〙パンチする: Blech zu einer Schale ~ 金属板を抜き型で打ち抜いて皿をつくる | Lochkarten ~ (コンピューターの)カードをパンチする. **2** (金属板・皮革から)打ち抜く: Löcher in den Gürtel ~ 革バンドに穴を打ち抜く. **3** (prägen) 打印〈圧印〉する, (打ち型で…の刻印を)打ち出す, 浮き出させる: das Stadtwappen auf 〈in〉 das Portemonnaie ~ 打ち型で財布に市の紋章を浮き出させる.

Stạn·zer[ʃtántsər] 男 -s/- **1** 穿孔(せんこう)機, カードパンチ. **2** 型抜き工, ポンチプレス工.

Stạnz≈ma·schi̱·ne 女〘工〙(金属板などを押して打ち抜く)動力押し抜き機. **≈ma·tri̱·ze** 女〘工〙打ち〈押し〉抜き型. **≈sta̱hl** 男〘工〙型抜きバイト.

Stạ·pel[ʃtá:pəl] 男 -s/- **1** 〘海〙造船台, 進水台: ein Schiff **auf ~ legen** 〈**vom ~ lassen**〉 船を建造し始める〈進水させる〉 | **vom ~ laufen** / vom ~ gelassen werden (船が)進水する | eine Rede vom ~ lassen 《話》一席ぶつ. **2** 積み重ね[られたもの]; 堆積, 山[のように積み上げられたもの]: ein ~ Bücher 積み重ねた本の山 | ein ~ frischer Wäsche 洗濯したての下着類の積み重ね | Kohlen*stapel* 山のよ

S

うな石炭 ‖ *et.*⁴ zu einem ～〔auf〕schichten …を高く積み重ねる. **3**〘商〙**a)**《単数で》在庫品. **b)** 商品置き場; 倉庫; 集散地, 市場(いち). **4**〘織〙繊維の長さの単位; 羊の毛のふさ.
[*mndd.* „Stütze"; ◇Staffel, Etappe; *engl.* staple]

Sta̱·pel·fa·ser 女〘織〙ステープルファイバー, スフ.

Sta·pe̱·lie[ʃtapéːliə] 女 -/-n (Aasblume)〘植〙スタペリア(花に腐臭のあるアフリカ原産ガガイモ科の多肉植物).
[<J. B. van Stapel (オランダの植物学者, †1636)]

Sta̱·pel·lauf[ʃtáːpəl..] 男〘海〙(船の)進水〔式〕.

sta̱·peln[ʃtáːpəln]《06》**I** 他 (h) 積み重ねる, 積み上げる;〘商〙蓄積〈集積〉する, 倉庫に入れる;《比》(富・知識などを) 蓄積する: Geschirr 〈Bretter〉 ～ 皿〈板材〉を積み上げる | viel Wissen 〔in *seinem* Gedächtnis〕 ～ 知識をたくさん蓄積する | die Waren in die Regale ～ 商品を棚に積む ‖ 再帰 *sich*⁴ ～ 山積みになる;《比》山積する.
II 自 **1** (s) 足を高く上げてゆっくりと行進する. **2** (h) 物ごいをして歩く.

Sta̱·pel≈platz 男〘商〙物産〈商品〉の集散地; 商品倉庫. **≈recht** 中〘史〙(中世の都市が持っていた)開市権. **≈rol·ler** 男 (Gabelstapler) フォークリフト.

Sta̱·pe·lung[ʃtáːpəlʊŋ] 女 -/-en (〔sich〕 stapeln すること. 例えば:) 堆積(たいせき); 貯蔵.

Sta̱·pel≈wa̱·gen[ʃtáːpəl..] 男 (Gabelstapler) フォークリフト. **≈wa̱·re** 女 -/-n《ふつう複数で》**1**〘商〙集散貨物. **2**〘服飾〙(流行に左右されない)大量生産の衣料品.

Sta̱p·fe[ʃtápfə] 女 -/-n (ᵛ**Stapf**[ʃtapf] 男 -en/-en) ＝Stapfen

sta̱p·fen[ʃtápfən] 自 (h, s)(ドシンドシンと)地面を踏みしめながら歩く: durch den tiefen Schnee 〈Sand〉 ～ 深い雪〈砂〉に足を取られながら踏みしめ歩く. [*ahd.*; ◇Stab, stampfen, steppen², Stafette]

Sta̱p·fen[ʃtápfən] 男 -s/-《ふつう複数で》(Fußspur) 足跡: große ～ im Schnee 雪の上の大きな足跡.

Sta·phy·lo·ko̱k·kus[ʃtafylokɔ́kʊs, st..] 男 -/..kokken[..kən]《ふつう複数で》〘細菌〙ぶどう〔状〕球菌.
[<*gr.* staphylḗ „〔Wein〕traube"]

Sta̱p·ler[ʃtáːplər] 男 -s/-＝Gabelstapler
[<stapeln]

Sta̱r¹[ʃtaːr] 男 -〔e〕s/-e《ふつう単数で》〘医〙そこひ, 白内障, 内障眼: grauer ～ 白内障, 白そこひ(＝Katarakt) | grüner ～ 緑内障, あおそこひ(＝Glaukom) | Alters*star* 老人性白内障 ‖ den ～ bekommen 〈haben〉 そこひにかかる〈かかっている〉 | den ～ operieren そこひを手術する | ***jm.* den ～ stechen**《話》…の蒙(もう)をひらく. [<starblind]

Sta̱r²[ʃtaːr, staːr, stɑː; オーストリア・スイス: staːr] 男 -s/-s **1** スター, 人気俳優, 花形役者: Film*star* 映画スター. **2** (ある分野での) 花形, 有名人. **3** ＝Starboot [*engl.*; ◇Stern²]

Sta̱r³[ʃtaːr] 男 -〔e〕s/-e (スイス: -〔e〕s/-en)〘鳥〙ホシムクドリ(星椋鳥). [*germ.*; 擬音; ◇Stärling; *lat.* sturnus „Star"; *engl.* starling]

Stä̱r[ʃtɛːr] 男 -〔e〕s/-e《中部》(Widder)〘動〙〔若い〕雄羊. [*ahd.*; ◇Sterke]

Sta̱r≈al·lü̱·ren[ʃtáːr.., stáːr..] 複 スター気取り, スターに特有の気まぐれな振舞い: ～ haben 〈zeigen〉 スター気取りである, スターぶる. **≈an·walt** 男 花形〈有名〉弁護士.

starb[ʃtarp]¹ sterben の過去.

Sta̱r·be·set·zung[ʃtáːr.., stáːr..] 女〘劇・映〙(スターをそろえた)豪華キャスト.

sta̱r·blind[ʃtáːr..] 形 白内障で盲目となった, そこひの.
[*ahd.*; ◇starren]

Sta̱r·boot[ʃtáːr.., stáːr..] 中〘スポ〙スター(レース用ヨットの型の一種).

Sta̱r·bril·le[ʃtáːr..] 女〘医〙白内障めがね.

Sta̱r·di·ri·gent[ʃtáːr.., stáːr..] 男 花形〈有名〉指揮者.

stä̱·ren[ʃtɛ́ːrən] 自 (h)(雌羊が)さかりがついている, 交尾期にある. [<Stär]

Sta̱·ren·ka·sten[ʃtáːrən..] 男 ムクドリ〔用〕の巣箱.

Sta̱r·gast[ʃtáːr.., stáːr..] 男 (催しなどでの)もっとも人気のある来賓, 花形ゲスト.

stark[ʃtark] **stär·ker**[ʃtɛ́rkər]/**stärkst** 形 **1** (↔schwach) **a)**〔力の〕強い, 強力な, たくましい; ᵛ健康な: ein ～*er* Motor 強力なエンジン | ～*e* Muskeln たくましい筋肉 | das ～*e* Geschlecht (→Geschlecht 1 a) | ein ～*er* Mann 力〈意志〉の強い男 | ein ～*er* Charakter 〈Wille〉 強い性格〈意志〉 | ein ～*er* Glaube 強い信念〈信仰〉 | ～*e* Augen haben 目がよく見える, いい目をしている | ～*e* Nerven haben 神経が太い | mit ～*er* Stimme rufen 大声で呼ばわる | mit ～*er* Hand durchgreifen 断固たる処置に出る ‖ ～ wie ein Bär sein《比》ものすごい力持ちである | ～ bleiben 強気を捨てない, 一歩も退かない | ***sich*⁴ für *et.*⁴ ～ machen**《話》…のことに自信満々である; …にえらく肩入れする | Er fühlt sich wieder ～. 彼は再び元気づいている | ～ an Willen sein 意志が強固である | ～ im Dulden sein がまん強い ‖ das Recht des *Stärkeren* 強者の権利(弱肉強食) | Der *Starke* ist am mächtigsten allein. 強者というものは一人で戦うときが最も強い (Schiller) | Die *Starken* bedürfen des Arztes nicht, sondern die Kranken. 丈夫な人には医者はいらず いるのは病人である(聖書: マタ 9 ,12).
b)〔能力の〕すぐれた; 手ごわい(相手); (ききめの)強力な: eine ～*e* Begabung すぐれた天分 | ein ～*es* Gift 〈Mittel〉 強い毒〈薬剤〉 | ein ～*er* Spieler 強力なプレーヤー | *js.* ～*e* Seite …の得意とするところ | den ～*en* Mann mimen 〈spielen / markieren〉《比》有能そうに見せかける, 強がる | Dieser Roman ist sein *stärkstes* Buch. この長編は彼の作品の中でいちばんいい ‖ ～ spielen りっぱな演技をする;〘スポ〙善戦する | In Mathematik ist er sehr ～. 数学は彼はとても得意だ.
2 (dick) がっしりした, 太い, 分厚い;《婉曲に》太った, 肥満した: ein ～*er* Ast 〈Baum〉 太い枝〈木〉 | 〔ein〕 ～*es* Brett 〈Papier〉 厚い板〈紙〉 | ～*es* Garn 〈Tau〉 太い糸〈索〉 | eine ～*e* Dame 太った婦人 ‖ ～ gebaut 〈von Gliedern〉 sein 体格ががっしりしている ‖〘数量を示す 4 格と〙eine 20 cm ～*e* Wand 20センチの厚さの壁 | Das Buch ist 500 Seiten ～. この本は500ページある | Das Werk ist acht Bände ～. その著作〔集〕は全 8 巻である.
3 a) (数量的に)大きい, 優勢な: eine ～*e* Familie 大家族 | ein ～*es* Heer 大軍 | eine ～*e* Partei 大党派 | ein ～*er* Staat 強大国 ‖ ～ bewacht sein 多人数に監視されている. **b)** 大量の; 過度の: ein ～*es* Aufgebot 大動員 | ～*e* Nachfrage 大量の需要 | ein ～*er* Trinker 〈Raucher〉 大酒飲み〈ヘビースモーカー〉 ‖ ～ essen 大食する. **c)** (…の)数量の: Wie ～ ist die Mannschaft? そのチームは何名編成ですか | Wie ～ ist die Auflage des Buches? この本の発行部数はどれほどか ‖〘数量を示す 4 格と〙eine fünf Mann ～*e* Bande 5 人組 | Die Besatzung der Maschine ist sechs Mann ～. この飛行機の乗員は 6 名だ.
4 a) (程度の)強い, 激しい, きつい, ひどい, 強度の; 密度の高い, 濃い: ～*er* Beifall 盛んな拍手喝采(かっさい) | 〔ein〕 ～*er* Eindruck 〈Einfluß〉 強い印象〈影響〉 | ein ～*es* Erdbeben 〈Gewitter〉 強い地震〈雷雨〉 | eine ～*e* Erkältung ひどい風邪 | ～*e* Hitze 〈Kälte〉 厳しい暑さ〈寒さ〉 | ～*e* Leidenschaften 〈Schmerzen〉 激しい情熱〈苦痛〉 | ～*er* Rauch 濃い煙 | ～*er* Regen 〈Wind〉 激しい雨〈風〉 | ～*e* Schneefälle ひどい降雪 | eine ～*e* Übertreibung 〈Zumutung〉 ひどい誇張〈要求〉 | ～*er* Verkehr 激しい交通 | zwei ～*e* Stunden たっぷり 2 時間 | ～*er* Kaffee 〈Tee〉 濃いコーヒー〈紅茶〉 | ～*er* Tabak 〈Tobak〉 きついタバコ | Das ist ～ 〈ein ～*es* Stück〉. / Das ist ～*er* Tobak.《俗》それはひどい〈あんまりだ〉 ‖ ～ beschäftigt sein ひどく忙しい | eine ～ betonte Silbe〘言〙強いアクセントのある音節 | ～ erkältet 〈verschuldet〉 sein ひどい風邪をひきこんで〈多額の借金をしょいこんで〉いる | ein ～ bewölkter Himmel 厚い雲におおわれた空 | eine ～ verdünnte Lösung ごく薄めた溶液 | Das Land ist ～ bevölkert. その土地〈国〉は人口密度が高い | Die Aufführung war ～ besucht. 上演は大入り満員だった | ～ duften 〈riechen〉 きつく香る〈におう〉 | ～ vergrößert (写真などが)大きく拡大された | *jn.* ～ im 〈in〉 Verdacht haben …に強い疑いをかける | Es blitzt 〈donnert〉 ～. 激しい稲光〈雷鳴〉がする | ～ in den Vierzigern sein 40

歳をとっくにすぎて(50歳に近づいて)いる | Es geht ~ auf Mitternacht ⟨auf acht 〔Uhr〕⟩.《俗》もうすぐ真夜中⟨8時⟩だ. **b**)《俗》すごい, すてきな: ein ~*er* Film すごい⟨すごく面白い⟩映画 | Sie kann unheimlich ~ tanzen. 彼女は踊りがものすごくうまい.

5《比較変化なし》〘言〙強変化の: ~*e* Beugung 強変化 | ~*e* Konjugation ⟨Deklination⟩ 動詞⟨名詞類⟩の強変化 | ein ~*es* Verb ⟨Substantiv⟩ 強変化動詞⟨名詞⟩ ‖ ~ konjugiert ⟨dekliniert⟩ werden (動詞・名詞類が)強変化する.

[„steif"; *germ.*; ◇stereo.., Storch, Sterz, Dorn, Stärke, stärken; *engl.* stark]

..stark[..ʃtark]《名詞・動詞などにつけて「…に関して強力な, 高度の…をもつ」あるいは「…が多量の」などを意味する形容詞をつくる》: charakter*stark* 性格の強い | nerven*stark* | 神経の強靱(きょうじん)な ‖ saug*stark* 吸引力の強い(電気掃除機など) | schlag*stark* パンチ力をもった(ボクサーなど) ‖ geburten*stark* 出生率の高い | umsatz*stark* 売上高の多い(商品).

Star·ka·sten[ʃtá:r..] =Starenkasten

stark⸗be·fah·ren[ʃtárk..] 形 (道路などが)交通量の多い, 車の往来の激しい. **⸗be·haart** 形 毛のいっぱい生えた, 毛むくじゃらの. **⸗be·leibt** 形 でっぷりと太った. **⸗be·setzt** 形 人のよく入った, 満員の, ぎゅうぎゅう詰めの.

Stark·be·strah·lung 女〘医〙強照射, 大量照射.

stark·be·völ·kert 形 人口密度の高い.

Stark·bier 中 (一定濃度以上の麦汁エキスを含む)強いビール.

Stär·ke[ʃtɛ́rkə] 女 -/-n **1** (物理的・肉体的・精神的な)強さ, 強度; 強いこと: innere ⟨charakterliche⟩ ~ 内面的な⟨性格の⟩強さ | die ~ *seiner* Muskeln 筋肉の強さ | die ~ eines Motors モーターの馬力 | Die ~ ihres Glaubens hat ihr geholfen. 強い信仰が彼女の支えになった. **2** 程度, 密度; 激しさ, 強さ: die ~ des Lichtes ⟨einer Leidenschaft⟩ 光⟨情熱⟩の強さ | ein Taifun von ungeheurer ~ ものすごい勢力の台風 | an ~ zunehmen (雨などが)激しさを増す. **3** 濃さ, 濃度: die ~ des Kaffees コーヒーの濃さ. **4** 太さ, 厚さ; 直径: eine Mauer von einem Meter ~ 厚さ1メートルの〔外〕壁 | die ~ des Baumes その木の直径. **5** (厚さ・太さからくる)強度: die ~ des Papiers ⟨des Seiles⟩ 紙⟨ザイル⟩の強さ. **6** 肥満: an ~ zunehmen ⟨abnehmen⟩ 前より太る⟨やせる⟩. **7** 勢力, 強いこと: die ~ einer Partei ある政党の勢力. **8** 数, 人数: die ~ einer Flotte ある艦隊の隻数 | eine ~ von 300 Mann haben (部隊などが)総勢300名である. **9** 強味, 長所, 利点: Mathematik ist nicht meine ~. 数学は私の得意ではない | Die ~ dieser Mannschaft liegt in ihrem guten Zusammenspiel. このチームの強味はチームワークのよさにある. **10** 澱粉(でんぷん); 〔洗濯〕糊(のり): ~ aus Kartoffeln 馬鈴薯(ばれいしょ)澱粉 | ein Paket ~ 一箱の糊 | die Wäsche mit ~ behandeln 洗濯物に糊をつける. [*germ.*; ◇stark; 10: <stärken 3]

Stär·ke⸗blatt[ʃtɛ́rkə..] 中〘植〙澱粉(でんぷん)葉. **⸗fa·brik** 女 澱粉〔製造〕工場. **⸗ge·halt** 男 澱粉含有量⟨率⟩. **⸗grad** 男 強度. **⸗gum·mi** 中 (男) (Dextrin)〘化〙デキストリン, 糊精(こせい).

stär·ke·hal·tig 形 澱粉(でんぷん)を含む.

Stär·ke⸗in·du·strie 女 澱粉(でんぷん)工業. **⸗klei·ster** 男 澱粉糊(のり). **⸗korn** 中〘植〙(細胞内の)澱粉粒. **⸗leim** 男 澱粉糊. **⸗mehl** 中〘料理〙コーンスターチ.

stär·ken[ʃtɛ́rkən] 他 (h) **1** 強くする: Beten *stärkt* den Glauben. 祈りは信仰を強固にする | *jm.* den Nacken ~ (→Nacken 1 a) | *jm.* den Rücken ⟨das Rückgrat⟩ ~ (→Rücken 1,→ Rückgrat 2) ‖ ein *stärkendes* Medikament 強壮剤. **2** 再帰 *sich*[4] ~ 軽食で腹ごしらえをする: Erst wollen wir uns ein bißchen ~. まず何かちょっと口に入れて元気をつけましょう. **3** (洗濯物を)糊(のり)づけする(→Stärke 10): den Kragen ~ カラー⟨洋服の襟⟩に糊をつける. [*westgerm.*; ◇stark; *engl.* starch]

stär·ker stark の比較級.

Stär·ke⸗schei·de 女〘植〙澱粉(でんぷん)鞘(しょう). **⸗zucker** 男〘化〙澱粉糖.

stark⸗far·big[ʃtárk..] 形 けばけばしい⟨どぎつい⟩色の. **⸗gläu·big** 形 信仰心のあつい. **⸗glie·de·rig** 形, **⸗glied·rig** 形 がっしりした体つきの. **⸗her·zig** 形 気の強い, 気丈な. **⸗kno·chig** 形 骨太の, 骨ばった: ein ~*es* Mädchen ごつごつした体つきの女の子. **⸗lei·big**[..laıbıç][2] 形 太った, 太っちょの.

stärkst stark の最上級.

Stark·strom[ʃtárk..] 男 (↔Schwachstrom)〘電〙強〔電圧〕電流.

Stark·strom⸗an·la·ge 女 電力プラント. **⸗ka·bel** 中 電力ケーブル. **⸗kreis** 男 電源⟨電力⟩回路. **⸗lei·tung** 女 電力線. **⸗netz** 中〘電〙電力系統. **⸗tech·nik** 女 -/ (↔Schwachstromtechnik) 強電〔流〕工学.

Star·kult[ʃtá:r.., stá:r..] 男《軽蔑的に》スター崇拝⟨礼賛⟩. [<Star[2]]

Stär·kung[ʃtɛ́rkʊŋ] 女 -/-en (stärken すること. 例えば:) 強化; 補強; (元気づけのための)ちょっとした食事: eine kleine ~ nehmen ちょっとした食事をとる, ちょっと何か飲んだり食べたりして元気をつける.

Stär·kungs·mit·tel 中 強壮剤.

stark⸗wir·kend[ʃtárk..] 形 強烈に作用する: ~*e* Arzneimittel〘薬〙劇薬. **⸗wüch·sig** 形 どんどん成長しつつある, 伸び盛りの.

Star·let〔t〕[ʃtá:rlɛt, st.., stá:lıt] 中 -s/-s《俗》売り出し中の若手女優; (もうスター気取りの)女優の卵.
[*engl.* „Sternchen"; ◇Star[2]]

Stär·ling[ʃtɛ́:rlıŋ] 男 -s/-e〘鳥〙ムクドリモドキ科.

Star·man·ne·quin[ʃtá:r.., stá:r..] 中 花形⟨有名⟩ファッション=モデル.

Star·matz[ʃtá:r..] 男 =Star[3]

der **Starn·ber·ger See**[ʃtárnbɛrgər zé:] 地名 男 --s/ シュタルンベルク湖(ドイツ Bayern 州南部にある. 旧名 Würmsee). [<Star[1]]

Star·ope·ra·tion[ʃtá:r..] 女〘医〙白内障手術.

Sta·rost[ʃtarɔ́st, ʃtá:rɔst, st..] 男 -en/-en 部族の長老; (王制時代のポーランドの)王の裁判権を代行する司法官, (王から領地を賜った)貴族; (19世紀ロシアその他の)知事, 町村長. [*slaw.*]

Star·pa·ra·de[ʃtá:r.., stá:r..] 女 (テレビのショーなどで)スター登場⟨勢ぞろい⟩. [<Star[2]]

starr [ʃtar] 形 **1** (体の部分について)硬直した, こわばった: ein ~*er* Blick すわった目つき | 〔vor Kälte〕 ~*e* Finger 〔寒さで〕かじかんだ指 | ~*es* Haar ごわごわの髪の毛 | ~*e* Schönheit《比》冷たい美しさ ‖ ~ vor Schrecken sein 驚きのあまり体が動かない | ~ über *et.*[4] sein …のことで茫然(ぼうぜん)自失している | Da bin ich ~!《俗》こいつはたまげたなあ ‖ *jm.* ~ in die Augen sehen …の目をじっと見つめる | ~ vor sich hin blicken ぼんやりと前方を凝視する. **2** (物について)ごわごわの; 弾力性のない, 剛性の: ~*es* Papier ごわごわした紙 | ein ~*er* Körper〘理〙剛体. **3** 動かない, 固定された: ~*e* Achsen 固定車軸 | ~*es* Kapital〘商〙固定資本 ‖ ~ miteinander verbunden sein (機械の部品などが, 継ぎ手を使わず)動かないよう互いに結合されている. **4** 強情な, 頑迷な, 融通のきかない: ein ~*er* Charakter かたくなな性格 | ~*e* Regeln 堅苦しい規則 | ein ~*er* Wille 不撓(ふとう)不屈の意志 ‖ ~ an *et.*[3] festhalten …に固執する.
[<*mhd.* starren (→starren)]

Starr⸗ach·se[ʃtár..] 女〘工〙固定車軸. **⸗blind·heit** 女〘医〙凝視盲.

Star·re[ʃtárə] 女 -/ (starr なこと. 例えば:) 硬直, こわばり; 〘医〙硬直: Kälte*starre* 寒冷硬直 | Todes*starre* 死後硬直.

star·ren[ʃtárən] 自 (h) **1** (体の一部が)硬直している, 硬直する; (液体が凍ったり乾いたりして)凝固している, 凝固する: vor Kälte ~ (指などが)寒さでかじかむ | vor Furcht ~ 恐ろしさのあまり体がすくむ | Die Tinte *starrt*, vergilbt ist das Papier. インクは干からび 紙は黄ばんでしまっている (Goethe: *Faust* II). **2**《von *et.*[3] / vor *et.*[3]》(…で)いっぱいである, (…に)すっかり覆われている: von ⟨vor⟩ Staub ~ ほこりだらけである | in ⟨von⟩ Waffen ~《雅》武具に身をかため

ている | vor Dreck und Speck ～ (→Dreck 1). **3** 凝視する, じっと見つめる: auf *jn.* ～ …を凝視する | ins Leere ⟨in die Ferne⟩ ～ 虚空⟨遠方⟩をにらむ | nach *et.*[3] ～ …の方をじっと見やる | auf den Boden ⟨zur Erde⟩ ～ 地面をじっと見つめる | *jm.* ins Gesicht ～ …の顔をじっとのぞきこむ ‖〖結果を示す語句と〗Löcher ⟨ein Loch⟩ in die Luft ～. (→Loch 1) **4** 突き出ている, 屹立(きつりつ)する: Aus allen Fenstern *starrten* Gewehrläufe. すべての窓から銃身が突き出ていた | *starrende* Felsen そびえ立つ岩.

[＜*mhd.* starren „steif sein"＋*ahd.* star[ē]n „unbeweglich blicken"; ◇stark, Storre, Star[1], strack; *engl.* stare]

Star·ren·an·fall[ʃtárən..] 男〖医〗強直発作.

Starr·flü·gel[ʃtár..] 男 (↔Drehflügel)〖空〗固定翼.

Starr·flü·gel·flug·zeug 中〖空〗固定翼〔航空〕機.

Starr·flüg·ler 男 -s/- ＝Starrflügelflugzeug

Starr·heit[ʃtárhaɪt] 女 -/ (starr なこと. 例えば:) 硬直, こわばり; 強情, 頑固;〖理〗剛性.

Starr·kopf 男 強情者, 石頭.

starr·köp·fig[..kœpfɪç][2] 形 強情な, 石頭の.

Starr⸗krampf 男 -[e]s/ 〖医〗硬直性痙攣(けいれん). **⸗luft·schiff** 中 (↔Prallluftschiff)〖空〗硬式飛行船. **⸗sinn** 男 -[e]s/ 強情, 頑固.

starr·sin·nig 形 強情な, 頑固な.

Starr·sucht 女 -/ (Katalepsie)〖医〗強硬症.

starr·süch·tig 形〖医〗強硬症の.

Stars and Stripes[stá:z ənd stráɪps] 複 星条旗(アメリカ合衆国の国旗). [*engl.* „Sterne und Streifen"]

Start[ʃtart, st..; ｵｰｽﾄﾘｱ: st..] 男 -[e]s/-s(-e) **1**〖ｽﾎﾟｰﾂ〗**a)** (競走・競泳などの)スタート;《話》(仕事などの)スタート, 開始: den ～ üben スタートの練習をする | einen guten ⟨schlechten⟩ ～ haben いいスタートをきる⟨スタートに失敗する⟩ ‖ das Zeichen zum ～ geben スタートの合図をする ‖ **fliegender** ⟨**stehender**⟩ **～** (競輪などの) 助走つきの⟨定位置⟩スタート. **b)** スタートライン, 発走地点: am ～ sein スタートラインについている(→c) | an den ～ gehen スタートラインに向かう(→c). **c)** (公式試合への)出場, 参加: **am ～ sein** 競技に出場⟨参加⟩している(→b) | **an den ～ gehen** 競技に参加する(→b). **2**〖空〗**a)** 離陸,(ロケットの)発射: den ～ freigeben 離陸許可を与える. **b)** 離陸地点: zum ～ rollen (飛行機が)離陸地点まで行く. [*engl.*]

START[ʃtart, start] 略 ＝**Strategic Arms Reduction Talks** (1982年から米ソ間で始められた)戦略兵器削減交渉.

Start⸗art[ʃtárt.., st..] 女〖ｽﾎﾟｰﾂ〗スタートの方法, 発走法. **⸗au·to·ma·tik** 女〖自動車〗自動式チョーク. **⸗bahn** 女 (↔Landebahn)〖空〗離陸用滑走路.

start⸗be·rech·tigt 形〖ｽﾎﾟｰﾂ〗出場資格のある. **⸗be·reit** 形 出発⟨出航・離陸⟩準備のできた.

Start⸗block 男 -[e]s/..blöcke **1**〖陸上〗スターティング=ブロック, 発走台. **2**〖泳〗スタート台. **⸗bon·bon** [..bɔŋbɔŋ] 男 中《話》飛行機の離着陸のさい乗客に配られるあめ玉. **⸗deck** 中〖軍〗(航空母艦の)発艦甲板.

star·ten[ʃtártən, st..; ｵｰｽﾄﾘｱ: st..] 《01》 **I** 自 (s) **1**〖ｽﾎﾟｰﾂ〗スタートする;〖空〗離陸する,(ロケットが)発射される;《話》スタートする, 始める: Die Schwimmer *starten* um 15 Uhr. 競泳のスタートは午後3時である | Die Maschine ist planmäßig *gestartet*. その飛行機は予定どおりの時刻に離陸した ‖ an der neuen Arbeitsstelle ～《話》新しい職場での仕事を始める | zu einer Reise ～《話》旅行に出発する. **2**〖ｽﾎﾟｰﾂ〗(競技・試合などに)出場する: Er *startet* bei allen großen Wettkämpfen. 彼は主要な競技には すべて出場する.

II 他 (h) (車や飛行機を)スタートさせる, 離陸させる,(ロケットを)発射する;《話》始める: die Maschine ～ 飛行機を離陸させる | den Motor ～ モーターを始動させる | einen Satelliten ～〔人工〕衛星を発射する | ein Flugzeug mittels Schleuder ～ カタパルトを使って飛行機を射出する ‖ ein neues Unternehmen ～《話》新しい事業を発足させる.

[*engl.* start; ◇stürzen]

Star·ter[ʃtártər, st..] 男 -s/- **1**〖ｽﾎﾟｰﾂ〗スターター, 出発合図員. **2** (Anlasser)〖工〗**a)** (エンジンの)スターター, 始動装置, 始動機. **b)** 始動ボタン. [*engl.*]

Star·ter⸗bat·te·rie 女 (エンジンの)始動用バッテリー. **⸗klap·pe** 女 (Choke)〖自動車〗チョーク. **⸗knopf** 男 (エンジンの)始動ボタン.

Start⸗er·laub·nis[ʃtárt..] 女 (↔ Startverbot) **1**〖ｽﾎﾟｰﾂ〗(公式試合への)出場⟨参加⟩許可. **2** (飛行機の)離陸許可. **⸗fen·ster** 中 (ロケットなどの)発射にいちばん条件のよい時点⟨期間⟩.

start·fer·tig ＝startbereit

Start⸗fie·ber 中〖医〗発足熱. **⸗flag·ge** 女〖ｽﾎﾟｰﾂ〗スタート合図用の旗. **⸗geld** 中〖ｽﾎﾟｰﾂ〗(スポーツ競技で参加選手に支払われる)参加謝礼金. **⸗hil·fe** 女 (スタートを容易にするもの. 例えば:) (飛行機などの)離陸用補助エンジン; (新婚夫婦などのための)当座の補助〔金〕. **⸗ka·pi·tal** 中 (会社創設のさいなどの)当初の資金, 設立資本.

start·klar 形 **1** ＝startbereit **2**《話》いつでも開始できる態勢の.

Start⸗kom·man·do 中 **1**〖ｽﾎﾟｰﾂ〗スタートの号令. **2**〖空〗離陸指令; (ロケットなどの)発射命令. **⸗leit·zen·trum** 中〖宇宙〗地上管制センター. **⸗li·nie**[..niə] 女〖陸上〗スタートライン. **⸗loch** 中〖陸上〗スターティング・ホール(スタート用に地面に掘ったくぼみ): **in den *Startlöchern* sitzen**(選手たちが)スタートラインに並ぶ. **⸗lu·ke** 女〖ｽｷｰ〗(ジャンプ用の)スターティング=ハッチ. **⸗ma·schi·ne** 女 (競馬の)発馬機, スターティング=ゲート;〖陸上〗スターティング=ブロック. **⸗mel·dung** 中〖ｽﾎﾟｰﾂ〗参加申し込み, エントリー. **⸗num·mer** 女 **1**〖ｽﾎﾟｰﾂ〗ゼッケン番号⟨ナンバー⟩. **2**〖競馬〗番号札. **3**《話》(ヒットパレードの)曲目番号. **⸗pi·sto·le** 女〖ｽﾎﾟｰﾂ〗スタート合図用ピストル. **⸗platt·form** 女 (ロケットなどの)発射台. **⸗platz** 男 **1**〖ｽﾎﾟｰﾂ〗スタート地点. **2** (飛行機などの)離陸地点; (ロケットなどの)発射場. **⸗ra·ke·te** 女 ブースターロケット. **⸗ram·pe** 女 (ロケット・ミサイルなどの)発射台. **⸗reak·tion** 女〖理〗連鎖開始反応. **⸗recht** 中〖ｽﾎﾟｰﾂ〗(公式試合への) 出場⟨参加⟩権. **⸗schlit·ten** 男〖空〗(カタパルトの)運搬そり(→ 図 Katapult). **⸗schuß** 男〖ｽﾎﾟｰﾂ〗スタート合図用ピストルの発射: den ～ abgeben 用意ドンのピストルを発射する;《話》開始の合図をする. **⸗si·gnal** 中〖ｽﾎﾟｰﾂ〗スタートの合図. **⸗sockel** 男 ＝ Startblock **⸗sprung** 男 (競泳のさいの)スタートの飛び込み. **⸗stel·lung** 女〖陸上〗スタートの姿勢. **⸗ver·bot** 中 (↔Starterlaubnis) **1**〖ｽﾎﾟｰﾂ〗(公式試合への)出場⟨参加⟩禁止〔命令〕: ～ haben 出場を禁止されている. **2** (飛行機の)離陸禁止.

Start-Ver·trag 男 (米ソ間の)戦略兵器削減条約(1991) (→START).

Start·zei·chen 中〖ｽﾎﾟｰﾂ〗スタートの合図.

Sta·se[ʃtá:zə, st..] 女 -/-n〖医〗血行静止, 鬱血(うっけつ). [*gr.* stásis „Stehen"; ◇stehen, statisch]

Sta·si[ʃtá:zi·] 女 -/ (男 -s/) (＜Staatssicherheitsdienst)《話》国家公安局(旧東ドイツの秘密警察).

Sta·sis[ʃtá:zɪs, st.., stázɪs] 女 -/Stasen[ʃtá:zən, st..] ＝Stase

Staß·furt[ʃtásfʊrt] 地名 シュタスフルト(ドイツ Sachsen-Anhalt 州中部の鉱業都市で, 岩塩の産地).

[＜*ahd.* stero „Schafbock"]

Staß·fur·ter[..tər] **I** 男 -s/- シュタスフルトの人. **II** 形《無変化》シュタスフルトの.

sta·ta·risch[ʃtatá:rɪʃ, st..] 形 停滞する, ゆっくり進む: die ～*e* Lektüre (学校での)一字一句ていねいに検討してゆく講読〔方法〕. [*lat.*; ＜*lat.* stāre (→stehen)]

State De·part·ment[stéɪt dɪpá:tmənt] 中 --/ (アメリカ合衆国の)国務省. [*engl.*; ◇Staat]

sta·tie·ren[ʃtatí:rən] 自 (h)〖劇・映〗(台詞のない)端役⟨エキストラ⟩で出演する. [＜Statist]

stä·tig[ʃté:tɪç][2] ＝stätisch

Sta·tik[ʃtá:tɪk, st..] 女 -/ (↔Dynamik) **1**〖理〗静力学. **2** 静止⟨平衡⟩状態. [*gr.*; ◇statisch]

Sta·ti·ker[..tikər] 男 -s/-〖理〗静力学者.

Sta·tion[ʃtatsió:n] 女 -/-en **1 a)** 駅, 停留所: auf einer ～ umsteigen ある駅で乗り換える | Der Zug hält auf jeder ～. この列車は各駅停車である ‖ Wieviel ～*en* sind es noch? (目的地に着くまでに)駅はあといくつですか. **b**) 逗留〔地〕, 休憩〔所〕: **～ machen**《話》途中下車する,(旅行を中断して)一休み〈短期逗留〉する | **freie ～ haben** 食費と宿泊費をただにしてもらう. **2**〘ｶﾄﾘｯｸ〙指定参詣聖堂; 行列の集合〈停止〉地点. **3** (ある過程の特定の)段階: die einzelnen *～en* ihres Lebens 彼女の人生におけるそれぞれの段階. **4** (病院の)科; 病棟: eine ～ für Herzkranke 心臓病科〔病棟〕| die chirurgische ～ 外科〔病棟〕| Isolier*station* 隔離病棟 ‖ einen Kranken auf eine andere ～ verlegen 患者を別の科に移す | auf ～ 3 liegen 第3科に入院している. **5** (技術施設などのステーション. 例えば:) 放送局; 観測所; (警察の)派出所: eine ～ 〔auf der Wellenskala〕 suchen 波長をある放送局に合わせる | eine meteorologische ～ errichten 測候所を建てる | eine kosmische ～ starten 宇宙ステーションを発射する ‖ auf einer schwimmenden ～ arbeiten 海洋研究所に勤務する.

[*lat.* statiō „Stehen, Standort"; ◇stehen]

sta·tio·när[ʃtatsionɛ́ːr] 形 **1** 動かない, 停滞している, 固定した; 〘医〙(病気が)停留性〈停止性〉の: eine *～e* Bohrmaschine 固定ドリル | eine *～e* Front 〘気象〙停滞前線 ‖ *～e* Flüssigkeit 〘理〙固定相液体 | *～e* Paralyse 〘医〙停止性進行麻痺(まひ). **2** (↔ambulant) 〘医〙入院〔中〕の: eine *～e* Behandlung 入院治療.

[*spätlat.*－*fr.* stationnaire]

Sta·tio·när·be·hand·lung 女〘医〙維持〈持続〉療法.

sta·tio·nie·ren[ʃtatsioníːrən] **I** 他 (h) 《*et.*[4]》《場所・方向を示す語句と》(人・部隊・兵器などを…に)配備する, 配置〈配属〉する; 駐在〈駐屯〉させる: Atomraketen in Deutschland[4] ～ 核ミサイルをドイツに配備する.

II sta·tio·niert 過分 形 (ある場所に)配備〈配置・配属〉されている; 駐在〈駐屯〉している.

Sta·tio·nie·rung[..ruŋ] 女 -/-en 配備, 配置, 配属; 駐在〈駐屯〉させること.

Sta·tio·nie·rungs≠ko·sten 複 (外国に駐留する軍隊のための)駐留費. **≠streit·kräf·te** 複, **≠trup·pe** 女 駐留部隊.

Sta·tions≠arzt[ʃtatsióːns..] 男 (病院などの各科の)医長. **≠schild** 中〘鉄道〙駅名標〈表示板〉. **≠schwe·ster** 女 (病院などの各科の)〔看護〕婦長. **≠vor·ste·her** (ｵｰｽﾄﾘｱ・ｽｲｽ: **≠vor·stand**) 男〘鉄道〙駅長.

▽**sta·tiös**[ʃtatsiǿːs][1] 形《方》華美な, 華麗な; すばらしい, みごとな. [< *mlat.* status (→Status)＋..ös; ◇Staat 3]

sta·tisch[ʃtáːtɪʃ, st..] 形 (↔dynamisch) **1** 静的な, 静止状態の; 平衡している: *～e* Elektrizität 〘電〙静電気 | ein *～es* Organ 〘医〙平衡器官 | der *～e* Sinn 平衡感覚. **2** 〘理〙静力学〔上〕の, 静力学的な: *～er* Druck 静圧. [*gr.* statikós „stellend"; ◇Stase, Statik]

stä·tisch[ʃtɛ́ːtɪʃ] 形《南部》(störrisch) 強情な, 反抗的な. [< *ahd.* stāti (→stet)]

Sta·tist[ʃtatíst] 男 -en/-en (⊛ **Sta·ti·stin**[..tɪn]-/-nen) **1**〘劇・映〙(台詞のない)端役, 仕出し役, エキストラ. **2** 《比》 **a**) その他大勢の一員, 重要でない人物. **b**) 〘ｽﾎﾟｰﾂ〙(けがなどして)ハンディキャップをつけられた競技者. [< *lat.* stāre (→stehen); ◇statieren]

Sta·ti·sten·rol·le 女〘劇・映〙端役: eine ～ spielen 《比》端役を演じる.

Sta·ti·ste·rie[ʃtatɪstəríː] 女 -/-n[..ríːən] 《集合的に》端役〈エキストラ〉連中.

Sta·ti·stik[ʃtatístɪk, st..] 女 -/-en **1** 《単数で》統計〔学〕: mit Hilfe der ～ 統計〔学〕の力を借りて. **2** (個々の)統計: eine ～ der Niederschläge 降水量に関する統計. [*lat.* status (→Status)]

Sta·ti·sti·ker[..tikər] 男 -s/- 統計学者.

Sta·ti·stin Statist の女性形.

sta·ti·stisch[..tístɪʃ] 形 統計〔学〕上の; 統計の: *～e* Physik 統計物理学 | eine *～e* Untersuchung 統計学的方法を用いた調査 | eine *～e* Tabelle 統計表 | *～e* Daten 統計資料 ‖ *et.*[4] ～ erfassen …を統計的にとらえる. [◇Statistik]

Sta·tiv[ʃtatíːf][1] 中 -s/-e (カメラの三脚など, 機械や装置を置くための, 多くは3本足の)台架(→ 図): ein ausziehbares ～ 伸縮自在の三脚. [< *lat.* statīvus „〔fest〕stehend"]

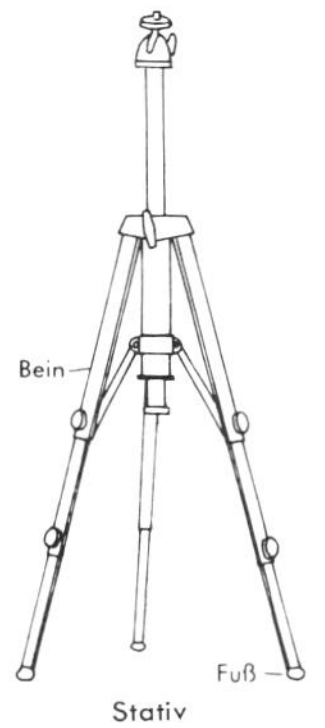

Stativ

Sta·to·blast[ʃtatoblást, st..] 男 -en/-en 〘虫〙(コケムシ類の)休止芽. [< *gr.* statós „gestellt"＋blastós „Trieb"]

Sta·to·lith[ʃtatolíːt, ..lít, st..] 男 -s/-e; -en/-en 《ふつう複数で》〘解〙平衡耳石(じせき).

[◇statisch]

Sta·tor[ʃtáːtɔr, ..toːr, st..] 男 -s/-en[ʃtatóːrən, st..] (↔Rotor) 〘電〙固定子. [< *lat.* stāre (→stehen)＋..or]

statt[ʃtat] (anstatt) **I** 前《2格, まれに3格支配: →laut II ☆》(英: *instead*)…の代わりに, …ではなくて: ～ eines Briefes eine Karte schreiben 手紙の代わりに葉書を書く | *Statt* meiner kommt er. 私の代わりに彼が参ります | Sie trug ein Kopftuch ～ eines Hutes 〈俗: einem Hut〉. 彼女は帽子ではなくスカーフをかぶっていた | Wir dachten, er würde arbeiten, ～ dessen lag er im Bett. 我われは彼が仕事をしているとばかり思っていたが 彼は仕事をせずにベッドで寝ていた ‖ 〘3格支配で〙～ dem Hut des Sohns 息子の帽子の代わりに.

II 接《zu 不定詞〔句〕・daß 副文・その他の文成分と》…の代わりに, …ではなくて: *Statt* zu arbeiten 〈*Statt* daß er arbeitete〉, ging er ins Kino. 彼は仕事をしないで映画に行った ‖ Sie schrieb ihm ～ mir. 彼女は私にではなく彼に手紙を書いた | Sie lobte ihn ～ mich (＝statt meiner). 彼女は私をではなく彼をほめた | Die Nachricht ist an mich ～ an dich gekommen. その知らせは君あてではなく私あてに来たのだ.

[◇Stätte; *engl.* stead]

Statt[ʃtat] 女 -/ **1** 《an＋2格＋Statt の形で慣用句として》…の代わりに(→anstatt): an seiner ～ 彼の代わりに | an Eides ～ (→Eid) | an Zahlungs ～ (→Zahlung 1) | *jn.* an Kindes ～ 〔an〕nehmen (→Kind).

☆ 小文字で書くことがある: an Kindes *statt*

▽**2** 場所: Werk*statt* 仕事場, 作業場 ‖ eine bleibende ～ haben 身を置く場所〈故郷〉がある | Ein gutes Wort findet eine gute ～. 《諺》善言はどこででも入れられる.

[*germ.* „Stehen"; ◇stehen, Station, Stadt]

Stät·te[ʃtɛ́tə] 女 -/-n 《雅》場所, ところ: eine heilige ～ 聖地 | Gast*stätte* 飲食店, 食堂 ‖ keine bleibende ～ haben 安住の地を持たない | die *～n seiner* Kindheit aufsuchen 幼年時代の思い出の地を歴訪する.

statt≠|fin·den*[ʃtát..] 《42》自 (h) (行事・集会などが)〔とり〕行われる, 開催される; (事件が)起こる: Das Konzert *findet* am Montag 〈in der Aula〉 *statt*. コンサートは月曜日に〈講堂で〉行われる | Hier *fand* das Unglück *statt*. ここが不幸な出来事の起こった場所だ. **≠|ge·ben*** 《52》自 (h) 《官》《*et.*[3]》(…を)許可する, 聞きとどける: einer Bitte ～ 願いを聴許する | Der Klage wurde *stattgegeben*. 訴えは聞きとどけられた. ▽**≠|ha·ben*** 《64》＝stattfinden

statt·haft[ʃtáthaft] 形《雅》許された; 合法的な, 適法の: ein nicht *～es* Eingreifen 許しがたい干渉 | Es ist nicht ～, hier zu rauchen. ここは禁煙である.

[< *ahd.* stata „rechter Ort, Gelegenheit" (◇stehen); ◇gestatten]

Statt·haf·tig·keit[..tɪçkaɪt] 女 -/ (statthaft なこと. 例えば:) 合法〈適法〉性.

Statt·hal·ter[ʃtáthaltər] 男 **1** 〘史〙(一定の地方で元首の代理を務める役人. 例えば:) 代官; 太守; 総督; 知事. **2** 《ｽｲｽ》州知事, 市町村長. [*mlat.* locum tenēns (→Leutnant) の翻訳借用]

Statt·hal·ter·schaft[–ʃaft] 女 -/-en Statthalter の職務〔執行〕.

statt·lich[ʃtátlɪç] 形 **1** りっぱな, 堂々たる, 恰幅(かっぷく)のいい; 威厳のある, 華美な, 豪華な: eine ～*e* Erscheinung 堂々たる風采(ふうさい)の人間 | ein ～*es* Gebäude 豪華な建物. **2** 多大の, 少なからぬ: ～*e* Einnahmen 高額収入 | eine ～*e* Summe 多額の金 | eine ～*e* Familie 大家族 ‖ Die Anzahl der Zuschauer war recht ～. 見物人の数はかなりのものだった. [*mndd.* statelik; ◇Staat; *engl.* stately]

Statt·lich·keit[–kaɪt] 女 -/ stattlich なこと.

sta·tu·a·risch[ʃtatuá:rɪʃ, st..] 形 **1** 彫刻術の. **2** ＝statuenhaft [*lat.*]

Sta·tue[ʃtá:tuə, st..] 女 -/-n 彫像, 立像(→ 図 Park): eine ～ aus Stein 〈Holz〉 石像〈木像〉| eine ～ in Lebensgröße 等身大の立像 ‖〔starr〕wie eine ～ stehen 立像のように〔身じろぎもせず〕突っ立っている. [*lat.*; < *lat.* stāre (→stehen)]

sta·tuen·haft[..tuənhaft] 形 彫像のような, 不動の: in ～*er* Haltung 身じろぎもせずに.

Sta·tu·et·te[ʃtatuέtə, st..] 女 -/-n 小さな彫像〈立像〉. [*fr.*; < ..ette]

sta·tu·ie·ren[ʃtatuí:rən, st..] 他 (h) 確定〈規定〉する: ein Prinzip ～ ある原則を打ちたてる | Pflichten und Rechte ～ 義務ならびに権利を〔法によって〕定める ‖ ein Exempel an *jm.* ～ (→Exempel 2). [*lat.*]

Sta·tur[ʃtatú:r] 女 -/-en《ふつう単数で》(Körperbau) 体格, 体つき: ein Mann von kräftiger ～ がっしりした体格の男 | Sie ist hager von ～. 彼女はほっそりした体つきである ‖ Er hat die ～ seines Vaters. 彼は体格が父親に似ている. [*lat.*; ◇..ur]

Sta·tus[ʃtá:tʊs, stá(:)tʊs; ｽｲ: st..] 男 -/-[..tu:s] **1** (あるものの置かれた) 状態, 状況; (社会的な) 地位, 身分; 法的地位〈状態〉;〘商〙資産状態;〘医〙病状. **2**〘医〙体質. [*lat.* status; ◇Staat, Etat]

Sta·tus nas·cen·di[ʃtá:tʊs nastsέndi·, stá(:)tʊs –] 男 --/ 発生時の状態;〘化〙発生期状態. [*lat.*]

Sta·tus prae·sens[ʃtá:tʊs prέ:zεns, stá(:)tʊs –] 男 --/〘医〙現症. [*lat.*; ◇Präsens]

Sta·tus quo[ʃtá:tʊs kvó:, stá(:)tʊs –] 男 --/ 現状: den ～ in Europa beibehalten ヨーロッパにおける現状を維持する. [*lat.*]

Sta·tus quo an·te[ʃtá:tʊs kvó: ántə, stá(:)tʊs – –] 男 ---/ 以前の状態 [*lat.*]

Sta·tus·sym·bol[ʃtá:tʊs.., st..] 中 社会的地位の象徴, ステータスシンボル.

Sta·tut[ʃtatú:t, st..] 中 -〔e〕s/-en 規約, 規則, 定款: ein ～ aufstellen 〈ändern〉 規約を定める〈変更する〉. [*spät-lat.*–*mhd.*; ◇statuieren]

sta·tu·ta·risch[..tutá:rɪʃ] 形 規約〈規則〉上の, 定款による.

Sta·tu·ten·än·de·rung[ʃtatú:tən.., st..] 女 規約〈定款〉の変更.

sta·tu·ten·ge·mäß[ʃtatú:tən.., st..] ＝statutarisch

Stau[ʃtaʊ] 男 -〔e〕s/-s, -e **1**《ふつう単数で》(何物かの妨害によって生じる水・風などの) 停滞, 滞留;〘土木〙背水, 戻り水; (一般に) 停滞, 渋滞: der ～ des Flusses 〈des Eises〉 流れ〈流氷〉の停滞 | der ～ des Windes vor den Alpen アルプスの手前での風の滞留 | ein ～ der Autos 〈der Züge〉 自動車〈列車〉の渋滞 ‖ in einen ～ geraten 渋滞にまき込まれる | im ～ stehen 停滞している | Das Wasser ist im ～. 湖はちょうど干満の中間の状態である. **2** ＝Stauanlage [< stauen]

Stau·an·la·ge[ʃtáʊ..] 女〘土木〙水をせき止めるための設備, 堰堤(えんてい), ダム.

Staub[ʃtaup][1] 男 -〔e〕s/-e, Stäube[ʃtɔ́ʏbə] (小 **Stäub·chen** → 別出) **1**《ふつう単数で》**a)** ちり, ほこり, 塵埃(じんあい);〘坑〙粉塵(ふんじん), 炭塵, 岩粉(がんぷん);《雅》土: feiner 〈radioaktiver〉 ～ 細かい〈放射能を帯びた〉ちり | die *Stäube* der Industriewerke 工場から出る塵埃 ‖ ～ saugen 〈einatmen〉 ほこりを吸う |〔den〕～ wischen ほこりをぬぐい取る | den ～ aus dem Teppich klopfen たたいてじゅうたんのほこりを取る |〔**viel**〕**～ aufwirbeln**《話》物議をかもす, 大きな反響を呼ぶ, センセーションを巻きおこす | **den ～**〔**eines Ortes**〕**von den Füßen schütteln**《雅》〔ある町を〕永久に立ち去る (聖書: マタ10,14より) ‖ ***sich***[4] **aus dem ～ machen**《話》そっとずらかる | ***jn.* in den ～ treten**《雅》…に屈辱を与える | ***sich***[4] **vor *jm.* in den ～ werfen**《雅》…の前に平身低頭する | ***jn.* in den 〈durch den〉 ～ ziehen 〈zerren〉**《雅》…のことをあしざまに言う | in 〈zu〉 ～ zerfallen 粉々になる;《雅》死ぬ |〔**wieder**〕**zu ～ werden**《雅》土にかえる, 死ぬ ‖ *jn.* einen feuchten ～ angehen (→angehen II 3). **b)** (Blütenstaub)〘植〙花粉. **2** (宝石の) 含有微粉. [*ahd.*; ◇stieben]

Staub≠bach[ʃtáʊp..] 男 水煙〈しぶき〉をあげて流れる小川.
≠be·sen 男 ＝Staubwedel **≠beu·tel** 男 **1** (Anthere)〘植〙葯(やく). **2** (電気掃除機の) 集塵(しゅうじん)袋. **≠blatt** 中〘植〙おしべ, 雄蕊(ゆうずい). **≠blü·te** 女 (männliche Blüte)〘植〙雄花(おばな). **≠bril·le** 女 (オートバイ用の) 防塵めがね, 風防めがね, ゴーグル.

Stäub·chen[ʃtɔ́ʏpçən] 中 -s/- (Staub の縮小形) ちり, ほこり (Staub が物質名詞であるのに対し, Stäubchen は普通名詞として ちりやほこりの一つ一つの粒をさす): Auf seinem schwarzen Rock war kein ～ zu sehen. 彼の黒の上着にはちり一つ見られなかった.

Stäub·chen·in·fek·tion 女〘医〙飛塵(ひじん)〈塵埃(じんあい)〉感染.

staub≠dicht 形 防塵(ぼうじん)の, ちりよけの, ほこりの入らない. **≠dumm** 形《話》**1** ＝taubstumm **2** 全く愚かな, 大ばかの.

Stäu·be Staub の複数.

Stau·becken[ʃtáʊ..] 中 貯水池.

stau·ben[ʃtáʊbən][1] **I** 自 (h) **1** 非人称《(es staubt)》ちり〈ほこり〉が立つ: Bei dieser Trockenheit *staubt* es sehr. こんなに乾燥しているものだからとてもほこりが立つ | Bei uns hat es heute schwer *gestaubt*.《話》うちではきょうは大騒動だった | Hier *staubt* es.《話》飲み物が足りない | Gleich ***staubt's!***《話》いまにも何かがおっぱじまるぞ. **2** ちり〈ほこり〉を立てる: Die Straße *staubt*. 通りにはほこりが立っている | Du sollst beim Fegen nicht so ～. 掃除のときそんなにほこりを立てるものではない. **II** 他 (h) **1** ちり〈ほこり〉〔状のもの〕を取り除く: von den Ärmeln die Spinnengewebe ～ そで口についたクモの巣を払い落とす. **2**《話》追い払う.

stäu·ben[ʃtɔ́ʏbən][1] **I** 自 **1** (h) 非人称《(es stäubt)》ちりが舞いあがる, ほこりが立つ. **2** (s) ちり〈ほこり〉〔状〕となって飛び散る: Der Schnee *stäubt* vom Dach. 雪が屋根から飛散する. **3** (h) ＝stauben I 2 **II** 他 (h) **1** (粉末状のものを) 振りかける: Puderzucker über einen Kuchen ～ ケーキに粉砂糖を振りかける. **2** ＝stauben II 1 [*ahd.*; ◇stieben, Staub]

Staub≠ex·plo·sion[ʃtáʊp..] 女〘化〙粉塵(ふんじん)〈粉体〉爆発. **≠fa·den** 男〘植〙花糸(かし). **≠fän·ger** 男 **1** 集塵機〈装置〉. **2**《話》ほこりをかぶりやすい調度〈装飾〉品. **≠fil·ter** 男 中 塵芥(じんかい)〈ダスト〉フィルター.

staub≠frei 形 ちりを含まない, 無塵の: ein ～*er* Raum 無塵室. **≠ge·bo·ren** 形《雅》ちりから生まれた; うつし世の: der ～*e* Teil〔des Menschen〕(魂に対して) 肉体.

Staub≠ge·fäß 中 ＝Staubblatt **≠haft** 男 中〘虫〙コナカゲロウ(粉蜉蝣)科の昆虫. **≠heu·schrecke** ＝Gespenstheuschrecke

stau·big[ʃtáʊbɪç][2] 形 **1** ちりに覆われた, ほこりだらけの: ～*e* Kleider ほこりまみれの衣服 | eine ～*e* Stimme《比》がさがさした声. **2**《方》酔っぱらった.

Staub·in·ha·la·tions·krank·heit[ʃtáʊp..] 女〘医〙塵肺(じんぱい)症, 肺塵埃(じんあい)沈着症.

Staub≠kamm 男 非常に目の細かい櫛(くし), すき櫛, うすば櫛(→ 図 Kamm). **≠kit·tel** 男 ちりよけ用うわっぱり. **≠koh·le** 女〘坑〙乾微粉炭. **≠korn** 中 -〔e〕s/..körner (Stäubchen) ちり〈ほこり〉の粒: Mir ist ein ～ ins Auge geflogen. 私の目にほこりが飛びこんだ. **≠lap·pen** 男 ＝Staubtuch **≠laus** 女〘虫〙コナチャタテムシ(粉茶柱虫)

科の昆虫. ≈**la·wi·ne** 女 新雪なだれ.

Stäub·ling[ʃtɔ́ʏplɪŋ] 男 -s/-e **1**〖植〗ホコリタケ(埃茸)属(キツネノチャブクロなど). **2**《雅》はかない人間存在.

Staub≈lun·ge[ʃtáʊp..] 女〖医〗塵肺(じんぱい). ≈**man·tel** 男 ダスター〔コート〕. ≈**mas·ke** 女 防塵マスク. ≈**pilz** 男 =Stäubling 1 ≈**pin·sel** 男 (石版工の)ほこり除去用刷毛(はけ). ≈**re·gen** 男 霧雨,〔小〕ぬか雨.

staub·sau·gen[ʃtáʊpzaʊgən][1]《過 staubsaugte; 過分 staubgesaugt》《ふつう不定詞・分詞で》 **I** 自 (h) 電気掃除機を使って掃除する: Ich muß noch ～. 私はこれからまだ電気掃除機で掃除しなければならない. **II** 他 (h) 電気掃除機を使ってきれいにする: den Fußboden ～ 床(ゆか)に電気掃除機をかける.

★ Staub saugen と2語に書くことがある.

Staub·sau·ger[..gər] 男 電気掃除機; 集塵(しゅうじん)機: den Teppich mit dem ～ reinigen じゅうたんに電気掃除機をかける.

Staub·sau·ger·fee 女《話》掃除婦, お手伝いさん.

Staub≈schicht(オーストリア: ≈**schich·te**) 女 積もったほこり, ちりの層. ≈**schwamm** 男 = Stäubling 1 ≈**sturm** 男 (砂漠の)砂あらし. ≈**tuch** 中 -〔e〕s/..tücher (布製の)ちりぬぐい, ダスター. ≈**we·del** 男 ちり払い, はたき(→ 図). ≈**wol·ke** 女 砂塵(さじん), 砂ぼこり. ≈**zäh·ler** 男〖理〗細塵計. ≈**zucker** 男《南部》(Puderzucker) 粉砂糖, パウダーシュガー

Stau·che[ʃtáʊxə] 女 -/-n **1 a)**《南部》手ぬくめ, マフ. **b)**《スイス》ずきん, マフラー. **2**《北部》(乾燥のために積みあげた亜麻・穀物などの)束.

[1: *ahd.* „Ärmel“; 2: *mndd.* stūke; ◇*engl.* stook]

stau·chen[ʃtáʊxən] **I** 他 (h) **1** 強く押しあてる, ひどくぶつける: einen Stab auf den Boden ～ 棒を地面にどしんと突き立てる | *sich*³ den Arm ～ (何かにぶちあてて)腕をくじく. **2** (強く押しあてたりひどくぶつけたりして)押しつぶす, 圧縮する: einen Sack mit Korn auf den Boden ～ 穀物袋をどしんと地面に下ろして中身を落ち着かせる | Nägel ～ (ハンマーでたたいて)くぎの頭をつぶす. **3**《話》**a)**《*et.*⁴》盗む. **b)**《*jn.*》殴る; いじめる; しごく; ひどくしかりつける. **II** 自 (h) (車が)突きあげるようにバウンドする. [*mndd.*; ◇stuckern]

Stau·cher[..xər] 男 -s/-《話》**1** 口やかましい上司. **2** ひどい苦労, 骨折り. **3** きつい叱責(しっせき): einen tüchtigen ～ bekommen こっぴどくしかられる.

Stau·chung [..xʊŋ] 女 -/-en **1** stauchen すること. **2 a)**〖工〗圧縮ひずみ. **b)**〖地〗(造山作用などによる地層の)ふくらみ.

Stau·damm[ʃtáʊ..] 男 堰堤(えんてい), ダム(→ 図).

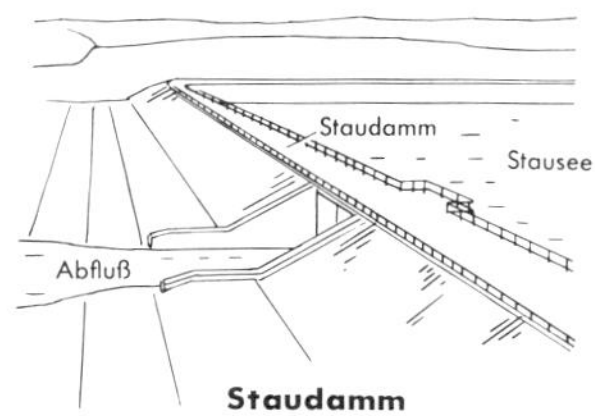

Staudamm

Stau·de[ʃtáʊdə] 女 -/-n **1**〖植〗(地下茎で越冬する)多年生草本(そうほん);〖園〗宿根草. **2**《南部》=Strauch **3** (Salatkopf) チシャ〈サラダナ〉の〔結〕球. [*ahd.*; ◇stauen]

Stau·den≈aster 女〖植〗ユウゼンギク(友禅菊). ≈**ge·wächs** 中 =Staude 1 ≈**sa·lat** 男《方》(Kopfsalat)〖植〗チシャ, レタス.

stau·dig[ʃtáʊdɪç]² 形〖植〗多年生の.

Stau·din·ger[ʃtáʊdɪŋər] 人名 Hermann ～ ヘルマン シュタウディンガー(1881–1965; ドイツの化学者. 1953年ノーベル化学賞受賞).

Stau·druck[ʃtáʊ..] 男 -〔e〕s/..drücke〖工〗動圧.

stau·en[ʃtáʊən] **I** 他 (h) **1** (液体の流れを) せく, せきとめる: das Wasser des Flusses ～ / den Fluß ～ 川の水をせきとめる. **2** 再帰 *sich*⁴ ～ (液体の流れが)せきとめられる; (通行人や車の流れなどが)せきとめられる, 渋滞する; (うっぷんなどが)たまる. **3**〖海〗(荷崩れしないように)積み込む. **4**《話》(食物を)詰めこむ. **II** 自 (h) = *sich*⁴ stauen

[„stellen“; *mndd.* stouwen; ◇stehen, Steuer², Staude, staunen, stützen; *engl.* stow]

Stau·er[ʃtáʊər] 男 -s/-〖海〗船舶荷役業者; 沖仲仕.

Stauf[ʃtaʊf] 男 -〔e〕s/-e (単位: -)《方》**1** さかずき, ジョッキ. **2** シュタウフ(昔の液量単位. 約1.5*l*). **3** 先のとがった山. [*germ.*; ◇*engl.* steep〔le〕]

Stau·fe[ʃtáʊfə] 男 -n/-n, **Stau·fer**[..fər] 男 -s/-〔ホーエン〕シュタウフェン家の人(→Hohenstaufe).

Stau·fer·zeit 女 -/ シュタウフェン王朝時代(12-13世紀にホーエンシュタウフェン家の人がドイツの王位と帝位につき, 中世皇帝時代の全盛期を現出した: →Hohenstaufe).

stau·fisch[ʃtáʊfɪʃ] 形 シュタウフェン王朝〔時代〕の.

Stau·mau·er[ʃtáʊ..] 女 =Staudamm

stau·nen[ʃtáʊnən] **I** 自 (h) **1** 驚く, びっくりする; 感嘆〈賛嘆〉する: über *et.*⁴ ～ …に驚く, …に感服する | Bauklötze〔r〕 ～ (→Bauklotz) ‖ Ich *staune*, wie schnell du das geschafft hast. 君の早業にはびっくり〈感服〉した | Er *staunte*, daß es schon dunkel wurde. はや暗くなってきたのに彼はびっくりした | Da *staunt* der Laie〔, und der Fachmann wundert sich〕. (→Laie 1) | man höre und *staune!* (→hören I 1 b ①). ▽**2** じっと目をこらす, ぼんやり見つめる. **3**《スイス》瞑想(めいそう)する. **II Stau·nen** 中 -s/ 驚くこと, 驚き; 感嘆すること, 賛嘆: ～ erregen 賛嘆の念を起こさせる ‖ starr vor ～ sein 驚きのあまり体がすくんでいる | *jn.* in ～ 〔ver〕setzen …をびっくりさせる | aus dem ～ herauskommen 驚きからさめる. **III stau·nend** 現分 形 (erstaunlich) びっくり〈感嘆〉しながらの;《話》驚くほどの: die ～*en* Zuschauer びっくり〈感嘆〉している見物人たち | *et.*⁴ ～ 〈mit ～*en* Augen〉 betrachten …に目を見張る ‖ ～ billig sein べらぼうに安い.

[*schweiz.* stūnen „erstarren“; ◇stauen]

stau·nen·er·re·gend[ʃtáʊnən..] 形 感嘆〈賛嘆〉の念を起こさせる〔ような〕: ein ～*er* Rekord 驚異的な記録.

stau·nens·wert 形 びっくりするような, 感嘆に値する: eine ～*e* Geduld 驚くべき忍耐.

Stau·pau·se[ʃtáʊ..] 女《オーストリア》〖言〗息止め, せき止め(文域と前域・後域との間などに現れる, 息継ぎを伴わない休止).

Staup·be·sen[ʃtáʊp..] 男 **1**〖史〗笞刑(ちけい)用の笞(むち): den ～ bekommen 笞刑に処せられる. **2**《方》性悪(しょうわる)女. [<Staupe²]

Stau·pe¹[ʃtáʊpə] 女 -/-n **1**〖畜〗(犬などの)ジステンパー, 犬瘟(けんおん)熱: von der ～ befallen werden (犬が)ジステンパーにかかる. **2**《方》(人間の)軽い急性疾患.

[„Starrheit“; ◇stauen]

Stau·pe²[–] 女 -/-n〖史〗**1** (笞刑(ちけい)に処せられる罪人をしばりつける)笞刑用の杭(くい). **2** (公開の)笞刑. **3** (笞刑用の)笞(むち). [*westslaw.*–*mndd.* stūpe]

stäu·pen[ʃtɔ́ʏpən] 他 (h)《*jn.*》〖史〗笞刑(ちけい)に処する.

Stau≈punkt[ʃtáʊ..] 男〖土木〗(流水の)よどみ〔地〕点. ≈**rohr** 中〖理〗ピトー管.

Stau·ro·lith[ʃtaʊrolí:t, st.., ..lít] 男 -s/-e〖鉱〗十字石. [*gr.* staurós „Kreuz“+líthos „Stein“ (→..lith)]

Stau·see[ʃtáʊ..] 男 (流水をせきとめて造った)貯水池, 人造湖(→ 図 Staudamm).

Stau·strahl≈flug·zeug 中〖空〗ラムジェット機. ≈**trieb·werk** 中〖空〗ラムジェット〔エンジン〕.

Stau·ung[ʃtáʊʊŋ] 女 -/-en (〔sich〕 stauen すること. 例えば:) **1** (水の) せき止め; (交通の)渋滞. **2**〖海〗(荷の)積み込み. **3**〖医〗鬱血(うっけつ).

Stau·ungs≈le·ber 女〖医〗鬱血(うっけつ)肝. ≈**lun·ge** 女〖医〗鬱血肺. ≈**nie·re** 女〖医〗鬱血腎(じん).

Stau≈was·ser[ʃtáʊ..] 中 -s/- **1** せき止められた〈よどんだ〉

S

水; 湖のたるみ. **2** 〖土木〗〔せきあげ〕背水. ≈**wehr** 中 堰堤(えんてい), ダム. ≈**werk** 中 =Stauanlage

Std. 略 =**Stunde** 時〔間〕.

Stdn. 略 =**Stunden** (→Stunde 1)

Ste 略 =**Sainte** 聖〔なる〕(→St).

Stea·dy·sel·ler[stédɪsɛlə] 男 -s/- 長期間変わらずよく売れている書籍, ロングセラー. [*engl.*]

Steak[ste:k; まれ: ʃte:k] 中 -s/-s 〖料理〗焼き肉, ステーキ; (Beefsteak) ビフテキ: Rump*steak* ランプステーキ.
[*aisländ.*–*engl.*; < *aisländ.* steikja „braten" (◇stechen)]

Stea·mer[stí:mər, ʃt..] 男 -s/- (Dampfer) 汽船.
[*engl.*]

Ste·ap·sin[ʃteapsí:n, st..] 中 -s/-e 〖化〗ステアプシン.
[<steato..+Pepsin]

Stea·rin[ʃtearí:n, st..] 中 -s/-e 〖化〗ステアリン(ろうそくの製造に使われる). [*fr.*; ◇..in²]

Stea·rin≈ker·ze 女, ≈**licht** 中 -〔e〕s/-er ステアリンろうそく. ≈**säu·re** 女 〖化〗ステアリン酸.

Stea·tit[ʃteatí:t, ..tít, st..] 男 -s/-e 〖鉱〗凍石.
[<..it²]

steato.. 《名詞などにつけて「脂肪」を意味する》: ***Steato****lysis* 脂肪乳化, 脂肪溶解 | *Steatocele* / *Steatozele* 〖医〗脂肪ヘルニア. [*gr.* stéar „Fett"; ◇Stein¹]

Stech≈ap·fel[ʃtɛ́ç..] 男 〖植〗ヨウシュチョウセンアサガオ(洋種朝鮮朝顔). ≈**bahn** 女 (中世の)馬上槍(やり)試合場. ≈**becken** 中 (病人用の)差し込み便器. ≈**bee·re** 女 〖植〗セイヨウオニシバリ(西洋鬼縛). ≈**bei·tel** 男, ≈**ei·sen** 中 (穴や溝をうがつ広刃の)突きのみ(→ 図 Beitel).

ste·chen*[ʃtɛ́çən] 《180》 **stach**[ʃta:x] / **ge·sto·chen** [gəʃtɔ́xən]; 現 *du* stichst[ʃtɪçst], *er* sticht; 命 stich; 接II stäche[ʃtɛ́:çə]

I 他 (h) **1 a**) (針などで)刺す; (針などを)刺す; (刺して)穴をあける: *jn.* **ins** Bein ~ …の足を刺す | *jn.* mit dem Messer in die Brust ~ …の胸をナイフで刺す | *jm.* Löcher 〔für die Ohrringe〕 in die Ohrläppchen ~ …の耳たぶに〔耳輪を通す〕穴をあける ‖ wie von einer Tarantel *gestochen* aufspringen (→Tarantel) | *jn. sticht* der Hafer (→Hafer) ‖ 再帰 *sich*⁴ in den Finger ~ (誤って針などを)指に刺す | *sich*⁴ mit der Nadel 〈an den Dornen〉 ~ 針〈いばら〉でけがをする. **b**) (槍(やり)などで)突く: *jn.* aus dem Sattel 〈vom Pferd〉 ~ …を馬から突き落とす. **c**) 非人称 《es sticht *jn.* / *jn.* sticht 〔es〕》 (…に)刺すような痛みを感じさせる(→II 1 b): Es *sticht* mich im Rücken 〈in der Seite〉. 私は背中〈わき腹〉がちくちく痛い.

2 a) 掘り取る: Spargel 〈Torf〉 ~ アスパラガス〈泥炭〉を掘る. **b**) (ウナギなどを)突いて捕獲する. **c**) (豚などを)畜殺する. **d**) 〖医〗(そこひを)切割〈切開〉する: *jm.* den Star ~ …のそこひを切開する; 《比》…を啓蒙(けいもう)する〈開眼させる〉, …に真相を悟らせる. **e**) 〖トランプ〗(相手のカードを)切る(→II 2); (占いでカードを)めくる: die Dame mit dem König ~ キングでクイーンを取る.

3 彫〔りつけ〕る: ein Bild in Kupfer 〈Stahl〉 ~ 銅〈鋼〉版画を作る ‖ Kupfer 〈Stahl〉 ~ 銅版〈鋼版〉を彫る | Siegel 〈Petschaft〉 ~ 印章を彫る ‖ **wie *gestochen*** (彫ったような)きちんとした字で.

4 〔die Kontrolluhr〕 ~ タイムレコーダーを押す(→Stechuhr).

5 《話》《*jn.*》(…の体に)入れ墨をする.

II 自 (h) **1 a**) 刺す, 突く; (↔hauen) 〖フェンシング〗突く; (とげなどのせいで)ちくちくする: mit der Nadel in 〈durch〉 den Stoff ~ 針を布に刺し通す | *jm.* ins Bein ~ …の足を刺す | *sich*³ in den Finger ~ (誤って針などを)指に刺す | in ein Wespennest ~ (→Wespennest) | *jm.* ins Auge 〈in die Augen〉 ~ (→Auge 1) | *jm.* in die Nase ~ (→Nase 1 b) | mit dem Dolch 〈dem Speer〉 nach *jm.* ~ …めがけて短刀〈槍〉を突き出す ‖ Bienen *stechen*. ハチが刺す, ハチは刺すものだ | Disteln 〈Rosen〉 *stechen*. アザミ〈バラ〉にはとげがある | Der Stoff *sticht*. この布地はちくちくする | Die Sonne *sticht*. 《比》日ざしがひりつく〈じりじり照りつける〉 ‖ *stechende* Augen / ein *stechender* Blick 刺すような目つき〈視線〉 | ein *stechender* Geruch 刺すようなにおい ‖ auf Hauen und *Stechen* gehen (→hauen II 1) | mit *jm.* auf Hauen und *Stechen* stehen (→hauen II 1) ‖ weder gehauen noch *gestochen* sein / nicht gehauen und *gestochen* sein (→hauen II 1) | Das ist gehauen wie *gestochen*. (→hauen II 1). **b**) 非人称 《es sticht *jm.* / *jm.* sticht 〔es〕》(…は)刺すように痛む(→I 1 c): Es *sticht* mir im Rücken. 私は背中がちくちく痛む ‖ ein *Stechen* in der Seite spüren わき腹を刺すような痛みを感じる ‖ *stechende* Schmerzen haben 刺すような痛みを覚える.

2 〖トランプ〗(より強い札で)切る(→I 2 e); 切り札である.

3 タイムレコーダーを押す(→I 4).

4 〖スポーツ〗優勝決定戦を行う: den Sieger durch *Stechen* ermitteln 決定戦をやって優勝者を決める.

5 (色合いを)帯びる: Das Braun 〈Das Haar〉 *sticht* ins Rote. 茶色〈髪〉が赤みがかる.

III 自 (s) 〖海〗in See ~ 出港する, 沖へ出る | in den Wind ~ 詰め開きで帆走する.
[*idg.*; ◇Stich, Stachel, Distel, stecken, sticken²; *gr.* stízein „stechen"; *engl.* stick]

Ste·cher[ʃtɛ́çər] 男 -s/- **1** 彫版師〈工〉: Kupfer*stecher* 銅版彫刻師 | Stahl*stecher* 鋼版彫刻師. **2** 〖狩〗(シギ・チドリなどの)くちばし. **3** (猟銃の)引き金. **4** 〖園〗根掘り. **5** 刺し具(ヤスなどの刺突漁具). **6** =Messerstecher

Stech≈flie·ge[ʃtɛ́ç..] 女 〖虫〗サシバエ(刺蠅)亜科のハエ. ≈**gin·ster** 男 〖植〗ハリエニシダ. ≈**glas** 中 -es/..gläser (病人用)尿器, しびん. ≈**he·ber** 男 さし込みサイフォン. ≈**helm** 男 (馬上槍試合用の)覆面かぶと(→ 図 Helm). ≈**hül·se** 女 〖植〗セイヨウヒイラギ(西洋柊). ≈**im·me** 女 -/-n 《ふつう複数で》〖虫〗有針蜂. ≈**kahn** 男 (竿(さお)で進める)小舟. ≈**kar·re** 女, ≈**kar·ren** 男 =Sackkarre ≈**kar·te** 女 (タイムレコーダーの)タイムカード. ≈**kol·ben** 男 ピペット. ≈**korn** 中 〖植〗オオアザミ(大薊) (Mariendistel) の痩果(そうか). ≈**mücke** 女 〖虫〗カ(蚊)亜科のカ. ≈**pad·del** 中 (片方だけに水かきのある)櫂(かい), パドル(→ 図 Boot B). ≈**pal·me** 女 〖植〗セイヨウヒイラギ(西洋柊). ≈**rüs·sel** 男 (昆虫の)吻(ふん)(蚊などの管状の口). ≈**schau·fel** 女 〖坑〗突っ込みショベル. ≈**schritt** 男 (ひざを曲げず足を高くあげて歩く)閲兵式歩調. ≈**uhr** 女 (Kontrolluhr) タイムレコーダー. ≈**vieh** 中 -s/ 《オーストリア》《集合的に》(畜殺家畜のうちの)子牛と豚. ≈**win·de** 女 〖植〗サルトリイバラ(猿捕茨)属. ≈**zir·kel** 男 (製図用の)分割器, ディバイダー.

Steck≈becken[ʃtɛ́k..] =Stechbecken ≈**brief** 男 **1** 〖法〗(犯人などの)〔指名〕手配書; 人相書. **2 a**) 簡単な人物描写, 略歴. **b**) (製品などに関する)簡単な情報〈データ〉.

steck·brief·lich 形 〔指名〕手配書〈人相書〉による: *jn.* ~ verfolgen 〈suchen〉 手配書によって…を追跡〈捜索〉する.

Steck·do·se 女 〖電〗コンセント(→図).

Steckdose

stecken⁽*⁾[ʃtɛ́kən] 《181》 **steck·te** (雅: stak[ʃta:k]) / **ge·steckt**; 現 *du* steckst (ᵛstickst[ʃtɪkst]), *er* steckt (ᵛstickt); 命 steck〔e〕 (ᵛstick); 接II steckte (雅: stäke[ʃtɛ́:kə])

I 他 (h) 《規則変化》 **1 a**) 《*jn.* / *et.*⁴》《方向を示す語句と》(…を…へ)差す, 差し〈はめ〉こむ, はめる, 突っこむ: 〔*jm.*〕 den Ring **an** den Finger ~ 指輪を〔…の〕指にはめる | eine Feder an den Hut ~ 帽子に羽根を差す | Das kannst du dir an den Hut ~. 《俗》そんなものなんの値うちもないよ | eine Brosche ans Kleid ~ ブローチをドレスにつける | die Kerze **auf** 〈in〉 den Leuchter ~ ろうそくを燭台(しょくだい)に差す | den Kopf **aus** dem Fenster 〈**durch** die Tür〉 ~ 窓〈ドア〉から首を出す | den Bleistift **hinter** das Ohr ~ 鉛筆を耳にはさむ | 〔*sich*³〕 *et.*⁴ nicht hinter den Spiegel ~ (→Spiegel 1 a) | den Finger **in** den Mund ~ 指を口に突っこむ〈くわえる〉 | die Hände in die Taschen ~ 両手

をポケットに突っこむ;《比》手をこまねいて何もしない; (食物などに)手を出さない | die Hände in fremde Taschen ~《比》他人の金に手をつける | den Kopf in den Sand ~ (→Kopf 1) | *seine* ⟨die⟩ Nase ins Buch ~《比》読書にうちこむ | *seine* Nase in alles ~ (→Nase 1 a) | *sich*^{3} eine Blume ins Haar ~ 髪に花をさす | den Brief in den Kasten ~ 手紙を投函(とうかん)する | das Schwert in die Scheide ~ 剣をさやに収める | den Schlüssel ins Schlüsselloch ~ かぎをかぎ穴に差しこむ | viel Geld ⟨Arbeit⟩ in ein Unternehmen ~ 事業に大金⟨多大の労力⟩をつぎこむ | *jn.* ins Bett ~ …(幼児など)を寝かしつける | *jn.* ins Gefängnis ~《話》…を投獄する | *jn.* in ein Kloster ⟨eine Schule⟩ ~《話》…を修道院⟨学校⟩に入れる | *jn.* in den Sack ⟨in die Tasche⟩ ~ (→Sack 1, Tasche 1) | *et.*^{4} in die 〔eigene〕 Tasche ~ (→Tasche 1) | *et.*^{4} in Brand ~ …に放火する | den Kopf **unter** die Flügel ~ (鳥が)翼の下に首を突っこむ | die Beine ⟨die Füße⟩ unter *js.* Tisch ~ (→Tisch 1) | *jn.* **zu** Soldaten ~ …を軍隊に入れる | *et.*^{4} zu *sich*^{3} ~ …を自分のふところ⟨ポケット⟩に収める. **b**) 再帰 *sich*^{4} **hinter** *et.*^{4} ~《比》…にかかずらう, …の面倒をみる | *sich*^{4} 〔bei *et.*^{3}〕 hinter *jn.* ~《比》〔…の際に〕…を盾に取る⟨にかばってもらう⟩; 〔…の際に〕…の味方をする. **c**) 〖農〗(豆・ジャガイモなどを)植える; 〖園〗さし木する.

2 (ピンで)留める: *sein* Haar zu einem Knoten ~ / *sich*^{3} einen Knoten ~ 髪をピンで留めてまげに結う | Das Kleid ist nur *gesteckt*. ドレスはピン留めにしてあるだけだ.

3《比》(setzen) 置く: *et.*^{3} Grenzen ~ …に制限を加える⟨枠をはめる⟩ ‖ 再帰 *sich*^{3} ein Ziel ~ 目標を定める.

4《話》*jm. et.*^{4} ~ …に…を密告する⟨ばらす⟩ | **es** *jm.* ~ i) …に密告する⟨示唆を与える⟩; ii) …に(ずけずけと)意見を言う.

5《方》*jm.* **eine** ⟨**ein paar**⟩ **~** …の横っつらに一発⟨数発⟩くらわす.

II 自 (h)《ふつう規則変化》**1** ささって⟨はまって⟩いる;《比》隠れて⟨潜んで⟩いる;《話》(sich befinden) いる: einen Ring am Finger ~ **haben** 指に指輪をはめている | die Hände in den Taschen ~ haben 両手をポケットに突っこんで〔だままで〕いる | Wo *steckt* bloß meine Brille? 私の眼鏡はどこにあるんだ | Wo *steckst* du denn jetzt? 君は今いったいどこにいるんだい ‖ Der Ring *steckt* **am** ⟨**auf** dem⟩ Finger. 指に指輪がはめてある | Der Braten *steckt* am ⟨auf dem⟩ Spieß. 焼き肉がくしに刺してある | Er schrie, als ob er am Spieß *steckte* ⟨*stäke*⟩. 彼は(くし刺しにでもされたかのように)すごい悲鳴をあげた | Etwas *steckt* **hinter** der Sache ⟨seinen Worten⟩. この件の背後⟨彼の言葉の裏⟩には何かある | Dahinter *steckt* bestimmt die Mafia. それはきっとマフィアの仕業だ | mitten **in** der Arbeit ~《比》仕事に没頭している | noch in den Kinderschuhen ~《比》まだ子供である; (事業などが)まだ本格的になっていない(緒についたばかりだ) | in der Patsche ~ (→Patsche 3) | im Dreck ~ (→Dreck 1) | tief im Schnee ~ 深い雪に埋まっている | bis über die Ohren in Schulden ~《比》借金で首が回らない | in den roten Zahlen ~ (経営状態などが)赤字である | in *seinem* Zimmer ~ 自室にひきこもっている | Das Kind *steckt* schon im Bett. 子供はもう寝床に入っている | Der Schlüssel *steckt* 〔im Schloß〕. かぎは〔かぎ穴に〕さした⟨突っこんだ⟩ままである | Die Kugel *steckt* noch in der Wunde. 銃弾はまだ傷口に残っている | In der Arbeit *stecken* viele Fehler. この論文には間違いがいっぱいある | In der Stickerei *steckt* viel Fleiß ⟨Mühe / Arbeit⟩. この刺しゅうはたいへん手のこんだものだ | In dem Sprichwort *steckt* die Wahrheit ⟨Weisheit⟩. このことわざには真理⟨知恵⟩がこもっている | In ihm *steckt* eine Krankheit. 彼は病気持ちだ⟨にかかっている⟩ | In ihm *steckt* ein guter Kern. 彼はしんがしっかりしている | In ihm *steckt* etwas ⟨mehr, als du denkst⟩. 彼には才能⟨君が思っている以上の才能⟩がある | In seiner Haut möchte ich nicht ~.《比》私は彼の身にはなりたくない | 〔mit *jm.*〕 unter einer Decke ~ (→Decke 1 a).

2《voll〔er〕と》…だらけである: Das Kleid *steckt* voller Nadeln. ドレスには針がいっぱいささっている | Die Arbeit *steckt* voller Fehler. この論文は間違いだらけだ | voller Bosheit ~《比》ひどく意地悪である | voller Einfälle ⟨Witz⟩ ~《比》次から次へと着想⟨しゃれ⟩がわいて出る.

III Stẹcken[1] 中 -s/ stecken すること.

IV ge·stẹckt → 別出

[*ahd.*; ◇stechen]

Stẹcken[2][ʃtɛ́kən] 男 -s/-《南部》(Stock) つえ, ステッキ; (Stange) 棒; 竿(さお): **den ~ nehmen müssen** 辞職せざるを得ない, 辞任に追い込まれる | Dreck am ~ haben (→Dreck 1) ‖ Ein krummer ~ wirft keinen geraden Schatten.《諺》身から出たさび(曲がったつえの影はまっすぐにはならぬ). [*ahd.*; ◇Stake]

stẹcken|blei·ben*[ʃtɛ́kən..]《21》自 (s) (車などがぬかるみなどに)はまりこんで動けないでいる; (食べた物がのどに)ひっかかる, つかえる;《比》(談話の途中で)つかえる: Mir ist eine Gräte im Hals *steckengeblieben*. 私は魚の骨がのどに刺さった | Ihm *bleibt* der Bissen im Hals *stecken*. 彼は(驚いて・胸がむかついて)食べ物がのどを通らぬほどだ | Das Wort *blieb* mir im Hals *stecken*. (驚きのあまり)私は二の句がつげなかった.

stẹcken|las·sen*《過分 stecken〔ge〕lassen: →lassen I ★ ii)》《88》他 (h) 差した⟨突っこんだ⟩ままにしておく: den Schlüssel 〔an der Tür / im Schloß〕 ~ かぎを〔ドアに・かぎ穴に〕さしたままにしておく | *jn.* in der Patsche ~ 困っている…を放置する⟨見殺しにする⟩ | *Laß* nur 〔dein Geld〕 *stecken*!《比》君の分も私が払うから(君は払わなくて)いいよ.

Steckenpferd

Stẹcken·pfẹrd 中 **1** (棒の先端に馬首をつけた)春駒(はるこま) (→ 図): auf dem ~ reiten 春駒にまたがって遊ぶ.
2《比》(Hobby) 道楽, 趣味: *sein* **~ reiten** / auf *seinem* ~ herumreiten 道楽に精を出す; 好きな⟨得意の⟩話題を繰り返す | Jeder hat ⟨reitet⟩ sein ~. だれにも道楽はある | Sein ~ ist Briefmarkensammeln. 切手集めが彼の趣味だ.

Stẹcker[ʃtɛ́kər] 男 -s/-〖電〗プラグ, 差し込み栓(→ 図).

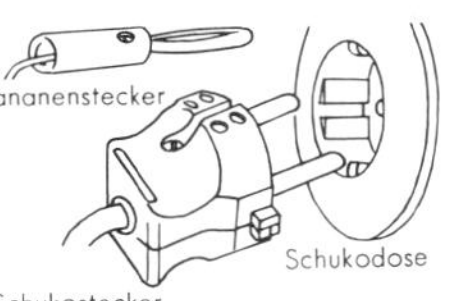

Stecker

Stẹcker≠an·schluß 男〖電〗プラグ接続. **≠büch·se** 女〖電〗プラグコンセント.

Stẹck≠kar·tof·feln[ʃtɛ́k..] 複 種ジャガイモ. ▽**≠kis·sen** 中 (赤ん坊を抱くための)くるみぶとん. **≠kon·takt** 男 = Steckdose **≠lei·ter** 女 つなぎ⟨延伸⟩ばしご(→ 図 Leiter).

Stẹck·ling[ʃtɛ́klɪŋ] 男 -s/-e〖園〗(挿し木した)挿し枝, 取り木;〖農〗(芽挿し用の)苗.

Stẹck·mu·schel 女〖貝〗ハボウキガイ(羽箒貝).

Stẹck·na̱·del 女 ピン, 留め針, 待ち針(→ 図 Nadel): *et.*^{4} mit einer ~ anheften ⟨befestigen⟩ …をピンで留める ‖ ***jn.* ⟨*et.*^{4}⟩ wie eine ~ suchen**《話》…を草の根を分けるようにして捜し回る | **eine ~ im Heuhaufen ⟨Heuschober⟩ suchen**《話》(干し草の中のピンを捜すように)全く見込みのないことをする | Es war so still, daß man eine ~ fallen hören konnte. ピンの落ちる音が聞こえるくらい静まり返っていた | Keine ~ konnte zu Boden ⟨zur Erde⟩ fallen. 立錐(りっすい)の余地もなかった.

Stẹck·na̱·del≠kis·sen 中 針差し. **≠kopf** 男 ピンの頭.

Stẹck≠reis 中〖園〗挿し木用若枝. **≠rü̱·be** 女〖植〗スウェーデンカブ.

Stẹck·rü̱·ben·se·mi·na̱r 中《話》(Landwirtschaftsschule) 農業学校.

Stẹck≠schach 中 (駒(こま)を盤に差し込めるようにした)携帯用チェス〔盤〕: 〔eine Partie〕 ~ spielen《話》性交⟨交接⟩す

る. **≈schlüs·sel** 男〘工〙箱〈ボックス〉スパナ(→ 図 Schraube B). **≈schuß** 男 盲管銃創. **≈tuch** 中 -[e]s/..tücher《オーストリア》(Kavaliertaschentuch)(胸ポケットの)飾りハンカチ, ポケ〔ット〕チーフ. **≈zir·kel** 男 製図用コンパス. **≈zwie·bel** 女〘園〙(植えつけ用の)球茎.

..stedt[..ʃtɛt] →..stadt

Stee·ple·chase[stíːpəltʃeːs, ʃt.., stíːpltʃeɪs] 女 -/-n [..tʃeːsən] 障害物競馬. [*engl.* „Spitzturm-jagd"; 教会の尖塔(せんとう)が目標とされたことから]

Steep·ler[stíːplər, ʃt..] 男 -s/- 障害競走馬. [*engl.*]

Ste·fan[ʃtɛ́fan] 男名 (<Stephan) シュテファン.

Ste·fa·ni·tag[ʃtefáːni.., ʃtɛ́fani..]《オーストリア》= Stephanstag

Stef·fen[ʃtɛ́fən] 男名 (<Stephan) シュテフェン.

der **Steffl**[ʃtɛ́fəl] 男 -s/《話》= der Stephansdom

Steg[ʃteːk][1] 男 -[e]s/-e **1** (板などを並べた通路) **a)** (小川などにかかる)小橋, 徒歩橋; (湿地などに渡した)歩行板. **b)**〘海〙(ボート・フェリーなどをつける)小桟橋; (舟から陸地に渡す)歩み板, 渡り板. ▽**2** (山中・林間などの)小径, 細道:〘今日ではもっぱら次の形で〙Weg und ~ (→Weg 1) | auf Weg und ~ (→Weg 1) | weder Weg noch ~ (→Weg 1) **3 a)** (めがねの)ブリッジ. **b)** (ズボンの下につけ靴底にかける)革ひも(→ 図 Gehrock). **c)**〘楽〙(弦楽器の)駒(こま)(→ 図 Geige). **d)**〘工〙(圧延鋼型の)垂直辺, ウェブ(→ 図 Schiene). **e)**〘建〙平べり, 小べり. **f)**〘印〙ファニチャー, ステッキ, のどあき(左右見開きページの中央余白部分). **g)**〘工〙(鎖の環の)スタッド(→ 図 Kette). [*germ.* „erhöhter Übergang"; ◇steigen, Steig, Stiege]

Steg·ket·te[ʃtéːk..] 女〘工〙スタッド〔リンク〕チェーン(→ 図 Kette).

Steg·odon[ʃtéːgodɔn, ..tég.., st..] 男 -s/..donten [ʃtegodɔ́ntən, st..]〘古生物〙ステゴドン(化石象の一種). [<*gr.* stégos „Decke" (◇decken) + odonto..]

Ste·go·sau·ri·er[ʃtegozáʊriər, st..] 男 -s/-, **Ste·go·sau·rus**[..rʊs] 男 -/..rier[..riər]〘古生物〙剣竜〔類〕, ステゴサウルス.

Steg·reif[ʃtéːkraɪf] 男 -[e]s/-e ▽**1** あぶみ. **2**《比》《今日ではもっぱら次の形で》**aus dem ~** 即席で, 準備なしに; 急に, 突然に | aus dem ~ dichten 〈singen〉 即興で詩をよむ〈歌う〉| eine Verabredung aus dem ~ 急な〈突然の〉約束. [*ahd.*; ◇steigen, Reif[1]; *engl.* stirrup]

Steg·reif≈dich·ter 男 (Improvisator) 即興詩人. **≈dich·tung** 女 即興文学. **≈ko·mö·die**[..diə] 女〘劇〙即興喜劇. **≈re·de** 女 即席の演説〈スピーチ〉. **≈spiel** 中 即興劇.

Steh·auf[ʃtéː|aʊf, ーˊ] 男 -/-, **Steh·auf·chen**[ʃtéː|aʊfçən] 中 -s/-, **Steh·auf·männ·chen** 中 起きあがり小法師(玩具); 《比》陽気な〈どんな苦難にもめげぬ〉楽天家. [<aufstehen]

Steh≈bier·hal·le 女 ビアスタンド. **≈bild** 中 **1**《話》写真. **2** スチール〔写真〕. **≈emp·fang** 男 立食形式のレセプション〈招待パーティー〉.

ste·hen*[ʃtéːən]《182》**stand**[ʃtant][1] (▽**stund**[ʃtʊnt][1]) / **ge·stan·den**; 接II **stünde**[ʃtʏ́ndə] (**stände**[ʃtɛ́ndə])

I 自 (h, 南部・オーストリア・スイス: s)
1(英: *stand*) (横になったり座ったりせずに)立っている
a) (人間が)
①直立している, 足で立っている
②《比》(手を貸すためにそこに)控えている
③《*et.*[4]》(…の役割で)立つ
④《数量を示す4格と》〘スキー〙(…の距離を)不倒ジャンプする
b) (物が)
①(ある場所に)立ててある
②(毛髪などが)固くなってぴんと立っている
③《俗》(陰茎などが)勃起(ぼっき)する
2(↔gehen) とどまっている, 停滞している
a)動きを止めている, 静止している
b)〘軍〙駐留している; 〘狩〙出没する
c)(液体などが)流れていかない, たまっている
d)書きとめてある
e)(指針が一点を)指している
f)《auf *et.*[4] 〈*jn.*〉》(…に刑が)科せられている, (…に懸賞金などが)かかっている
g)《zu stehen kommen の形で》(…の)額につく, 出費になる
3(↔gehen) 存続する
a)変わらずに存在している, 残っている
b)たじろがない, 踏みこたえる
4《*jn.*》(…に)似つかわしい
5《本来の意味が薄れて sein に近い機能で》
a)《様態を示す語句と》(…の)状態にある
b)①《場所を示す語句と》(…に)ある, 位置する
②《für *et.*[4]》(…を)代表〈象徴〉している
③《zu 不定詞〔句〕と》
6a) 再帰 *sich*[4] ~《様態を示す語句と》金銭的に(…で)ある; 《話》暮らし向きが(…で)ある
b) 再帰 *sich*[4] mit *jm.* ~《様態を示す語句と》…との折り合いが(…で)ある
7《話》《auf *jn.* 〈*et.*[4]〉》(…が)大好きである
8(s)《南部》《方向を示す語句と》(…に)行って立つ
▽**9**(bestehen)《in *et.*[3]》(…に)その本質がある
II Stehen 中 -s/
III stehend 現分 形
IV gestanden → 別出

I 自 (h, 南部・オーストリア・スイス: s) **1** (英: *stand*) (横になったり座ったりせずに)立っている: **a)** (人間が) ① 直立している, 足で立っている, 横になっていない: Sie *stand*, während er saß. 彼は座り彼女は立っていた | Während der Fahrt mußten wir ~. 乗り物の中で私たちは座れなかった | Sie ist ~ geblieben. 彼女は立ったままであった(なお: →stehenbleiben) | Das Kind kann schon 〔allein〕 ~. その子はもう〔ひとりで〕立つことができる | Du kannst die alte Dame nicht ~ lassen. 老婦人を立たせておいてはだめだ(なお: →stehenlassen) | Kannst du noch ~? (水中で)まだ足が届くかい | So wahr ich 〔hier〕 *stehe*! 誓って, 間違いなく ‖ aufrecht ~ 直立している | dichtgedrängt 〈Kopf an Kopf〉 ~ 立錐(りっすい)の余地のないほど立てこんでいる | regungslos ~ じっと立っている | wartend ~ 立って待つ ‖〘場所を示す語句と〙weit vorn ~ ずっと前の方に立っている | **an** der Ecke ~ 〔街〕角に立っている | am Scheideweg ~ (→Scheideweg) | **auf** einem Bein ~ 片足で立っている | auf dem Kopf ~ 逆立ちしている; 《比》てんやわんやである | Er ist bei seinem Sturz glücklich auf die Füße zu ~ gekommen. 墜落のさい彼は幸い足の方から落ちて転倒しなかった | **in** der Tür ~ 戸口のところに立っている | *jm.* im Weg〔e〕 ~ (→Weg 1) | **vor** dem Spiegel ~ 鏡の前に立っている | vor der Tür ~ (→Tür) ‖〘結果を示す語句と〙*sich*[3] die Beine in den Bauch ~ 足が胴にめり込むほど長時間立ちつくす | 再帰 *sich*[4] müde ~ 立ち疲れる ‖ 再帰・非人称 Hier *steht* es sich gut. ここは立っていやすい ‖〘名詞として〙Er muß seine Arbeit im *Stehen* erledigen. 彼は立ったまま仕事を片づけなければならない ‖〘現在分詞で〙eine *stehende* Tätigkeit ausüben 立ったままの仕事に従事する | *stehenden* Fußes (→Fuß 1 a) | *stehend* freihändig schießen 立ち撃ちでうつ | **stehend freihändig**《話》苦もなく, やすやすと.
② 《比》(手を貸すためにそこに)控えている; 踏みとどまって後へ引かない(→3 b): **für** *et.*[4] 〈*jn.*〉 ~ …を保証する, …の力になる | Ich *stehe* für nichts. 私はいかなる保証もしません | Du mußt dafür ~, daß ... 君は…となるよう責任をもってください | Es *steht* nicht dafür. 《南部》それは引き合わない ‖ Ich *stehe* auch in Zukunft für dich 〈zu dir〉. 将来も私は君の力になってやろう | **hinter** *jm.* ~ …を後押ししている | Die ganze Regierung *stand* in dieser Frage hinter dem Kanzler. この問題では閣僚が一致して首相を支持した | **zu** *jm.* ~ …の側に立つ, …の力になる | Ich *stehe* auch jetzt noch zu ihm. 私は今もなお彼を見捨てないでいる ‖ **zu** *et.*[3] ~ …に対して責任をもつ〈負う〉| zu *seinem* Wort ~ 約束を守

る | Ich *stehe* zu dem, was ich getan habe. 私は自分のしたことに対して責任を負う.
③《*et.*⁴》(…の役割で, …として)立つ: *jm.* Modell ～ …の〔写生の〕モデルになる | am Kasernentor Posten ⟨Wache⟩ ～ 兵舎の門の前で歩哨(ほしょう)に立つ | *jm.* Rede und Antwort ～ …に釈明をする ‖ Schlange ～ 長蛇の列をつくって待つ.
④《数量を示す 4 格と》〘スキ〙(…の距離を)不倒ジャンプする: Er *stand* 98 Meter. 彼の飛距離は98メートルであった | die Weite von 112 Metern nicht ～ können 112メートルの距離を飛ぶことに失敗する ‖ den Sprung ～ ジャンプに成功する | Der weiteste *gestandene* Sprung war 98 Meter. 最長不倒距離は98メートルであった.
b) (物が) ① (ある場所に)立ててある, 建っている, 立てて置いてある; きちんと置いてある; 並べてある;《話》完成している: Die Flasche soll ～, nicht liegen. 瓶は寝かさないで立てて置かなければならない | Das Haus *steht.* 家が建っている; 家はできあがっている | Das Manuskript *steht.*《話》原稿は完成している ‖〘場所を示す語句と〙Früher *stand* hier ein Haus. 昔はここに家が建っていた | Die neuen Wohnblocks *stehen* **am** Stadtrand. 新しい住宅群は市のはずれにある | Ein Foto *steht* **auf** dem Tisch. 写真が 1 枚机の上に飾ってある | Das Essen *steht* auf dem Tisch. 食事が食卓に並べられている | **Entlang** der Straße *standen* Linden. 街路ぞいにシナノキが並んでいた | Das Auto *steht* **in** der Garage. 自動車はガレージに入れてある | Das Buch *steht* im Regal links. その本は左側の本立てにある | Ich kam **neben** ihn zu ～. 私はたまたま彼と並んで立つことになった | Der Tisch *steht* **vor** dem Fenster. 机は窓の前に置いてある ‖ Er hat einen großen Schrank im Zimmer ～. 彼は部屋に大きな戸棚を置いている(→haben I 1 a〘zu のない不定詞句と〙) | Er hat sein Auto vor dem Haus ～. 彼は車を家の前に駐車させてある.
② (毛髪などが)固くなってぴんと立っている, 寝ていない, ごわごわする: Mir *standen* die Haare zu Berge. (恐怖などで)私は髪の毛が逆立った | Das Hemd *steht* vor Dreck. シャツは汚れのためごわごわしている | Der Pinsel *steht* vor Farbe. 絵の具がこびりついて絵筆が固くなっている.
③《話》(erigiert sein) (陰茎などが)勃起(ぼっき)している.
2 (↔gehen) (先に進まずにある場所に)とどまっている, 停滞している: **a**) 動きを止めている, 止まっている, 静止している: *Steht!* 止まれ, 動くな | Die Luft *steht.* 空気はそよともしない | Der Mond *steht* hoch am Himmel. 月は中天高くかかっている | Der Schmetterling *stand* über der Blüte. ちょうは花の上の空中にとどまっていた | Die Uhr *steht.* 時計は止まっている ‖ wie *jd.* ging und *stand* (→gehen I 2 a) | wo *jd.* geht und *steht* (→gehen I 2 a) ‖ ***et.*⁴ zum *Stehen* bringen** i) …を停止させる; ᵛii) …を立たせる | Der Fahrer konnte den schleudernden Wagen zum *Stehen* bringen. ドライバーはスリップする車を止めるのに成功した | **zum *Stehen* kommen** (動いているものが)停止する | Nach 30 Metern kam der Wagen zum *Stehen.* 車は30メートル走って止まった ‖ Der D-Zug ist auf einen *stehenden* Güterzug aufgefahren. 急行は止まっている貨物列車に乗り上げた.
b)〘軍〙駐留している;〘狩〙出没する, 出る: Die Truppen *stehen* an der Grenze. 部隊は国境に配置されている | mein Bruder, der in Rußland *steht* ロシア戦線にいる私の兄 | ᵛDas Regiment *stand* in München. 連隊はミュンヒェンに駐屯していた | In diesem Wald *stehen* Hirsche.〘狩〙この森にはシカが出る.
c) (液体などが)流れていかない, たまっている: Ihm *steht* der Schweiß auf der Stirn. 彼の額には汗が浮かんでいる | Tränen *standen* in seinen Augen. 涙が彼の目に浮かんでいた | Auf den Straßen *stand* Wasser. 道路には水があふれていた ‖ Ein bitteres Lachen *stand* um seinen Mund. 苦しげな笑いが彼の口もとに浮かんでいた.
d) 書きとめてある, 書いてある; 記載されている, 載っている: Wo *steht* das〔geschrieben〕? それはどこに書いてありますか | Hier *steht* geschrieben, daß ... ここに…と書いてある | Das *steht* nicht auf dem Programm. それはプログラムに載っていない | Das *steht* bei Goethe ⟨in der Bibel⟩. それはゲーテ⟨聖書⟩の言葉だ | im Brief ⟨in der Zeitung⟩ ～ 手紙⟨新聞⟩に書いてある | Davon *steht* nichts in dem Vertrag. その点については契約には何もうたっていない | zwischen den Zeilen ～ (→Zeile 1 a) ‖ Auf dem Brief *steht* kein Datum. 手紙には日付が書いてない | Dein Name *steht* nicht auf der Liste. 君の名はリストに載っていない | Am Anfang des Aufsatzes *standen* die Worte: ... その作文⟨論文・論説⟩は…という言葉で始まっていた.
e) (指針などが一点を)指して〔止まって〕いる, (…の方向を)向いている: Der Zeiger *steht* **auf** zwölf. 指針は12を示している | Die Verkehrsampel *steht* auf Rot. 交通信号灯は赤になっている | Wie *steht* das Barometer?－Das Barometer *steht* auf Sturm. 晴雨計はどうなっていますか－あらしを示しています | Wie *steht* der Dollar?－Der Dollar *steht* noch auf 220 Yen. ドルの相場はどうなっていますか－依然として 1 ドル220円です | Der Rauch *steht* senkrecht **in** die Höhe. 煙は空高く垂直にのぼっている | Der Wind *steht* **nach** Norden. 風は北に向かって吹いている | Sein Sinn *stand* nach Höheren.《雅》彼の志はもっと高いものに向けられていた.
f)《auf *et.*⁴ ⟨*jn.*⟩》(…に刑が)科せられている, (…に懸賞金などが)かかっている: Auf Mord *steht* die Todesstrafe. 殺人には死刑が科せられている | Auf seinen Kopf *steht* eine hohe Belohnung. 彼の首には高い賞金がかかっている.
g)《zu stehen kommen の形で》(…の)額につく, 出費になる: *jm.* ⟨*jn.*⟩ auf 100 Mark zu ～ kommen …にとって100マルク〔の出費〕につく | Das Haus kam mir ⟨mich⟩ teurer zu ～, als ich dachte. この家は思ったよりも高くついた | Dieser Irrtum wird dir ⟨dich⟩ teuer zu ～ kommen. この誤り〔の代償〕は君にとって高いものにつくぞ.
3 (↔gehen) 存続する: **a**) 変わらずに存在している, 残っている, 続いている: solange die Welt *steht* この世の続く限り | Hundert Aufgaben *stehen.* 幾多の問題が未解決のままである | Es *steht* die Frage der Erhöhung der Arbeitsproduktivität. 労働生産性の向上という問題が残っている ‖ **mit *jm.* ⟨*et.*³⟩ stehen und fallen** 成否は…しだいである | Das Stück *steht* und fällt mit dieser Schauspielerin. この芝居の成否はこの女優のできしだいで決まる.
b) (standhalten) 同じ位置に踏みとどまっている, たじろがない, 踏みこたえる: So sehr die Menge auch drängte, die Wache *stand.* 群衆がどれほど押し寄せても番兵は一歩も後へ引かなかった ‖ *seinen* Mann ～ (独力で)がんばり抜く, りっぱに任を果たす⟨面目を立てる⟩.
4《*jm.*》(…に)似つかわしい, 似合う, ふさわしい: Dieses Kleid *steht* ihr gut. このドレスは彼女によく似合う | Wie *steht* mir der Hut? この帽子は私にどうかしら | Dieses Benehmen *steht* ihr nicht zu Gesicht. そういう態度は彼女らしくない.
5《本来の意味が薄れて sein に近い機能で》**a**)《様態を示す語句と》(…の)状態にある: Wie *steht* das Spiel?－Das Spiel *steht* 3 : 2 (読み方: drei zu zwei). 試合は今どうなっていますか－3 対 2 です | Wie *stehen* die Chancen? 見込みはどうですか | Wie *stehst* du zu diesem Problem? この問題についてはどうお考えですか | So *steht* die Sache. これが現状です | So wie die Dinge *stehen*, kann man kaum etwas tun. 現状ではほとんど手の打ちようがない | Die Sache *steht* nicht gut. 事態は芳しくない | Das Getreide *steht* gut. 穀物の実りは順調だ | Die Weiche *steht* falsch.〘鉄道〙ポイントの切りかえが違っている | Die Wohnung *steht* leer. この住宅は空き家だ | Das Wasser *steht* niedrig. 水位は低い | Das Fenster *steht* offen. 窓があいている | Er *steht* im Rang tiefer als ich. 彼は私より地位が低い | Das Zimmer *stand* voller Möbel. 部屋は家具だらけだった | Das *steht* noch dahin. それはまだ未確定である ‖ (非人称) Wie *steht*'s? 元気かい(＝Wie geht's dir?) | Wie *steht* es **mit** ...? …はどうなっているでしょうか | Wir gehen heute schwimmen, wie *steht*'s mit dir? 私たちはきょう泳ぎに行くのだが君はどうする | Es *steht* nicht zum besten mit

S

ihm. 彼の調子は芳しくない | Es *steht* schlecht um seine Geschäfte. 彼の商売はうまくいっていない.
b) ①《場所を示す語句と》(…に)ある, (…に)位置する, (…に)現れる, 置かれる: Hier muß ein Komma ~. ここにコンマがいる | Der Konjunktiv *steht* in der indirekten Rede. 接続法は間接説話で用いられる ‖ **an** erster Stelle ~ 第1位を占める | Die Mannschaft *steht* jetzt **auf** dem zweiten Platz. チームは目下(リーグの)2位である | Ich *stehe* auf dem Standpunkt, daß ... 私は…という立場に立っている | **bei** *jm.* ~《比》(決定権などが)…にある, …にゆだねられている | Die Entscheidung darüber *steht* ganz bei Ihnen. その点についての決定権は百パーセントあなたにある | Es *steht* bei dir, anzunehmen oder abzulehnen. 諾否は君の自由だ | Ob wir gleich fahren oder noch warten, *steht* bei dir. すぐ出発するか少し待つかは君しだいだ ‖〚成句的に〛**außer** Frage 〈Zweifel〉 ~ 問題外である〈疑う余地がない〉| bei *jm.* **in** Arbeit ~ …のところで働いている | Wo *steht* er 〔in Arbeit〕? 彼はどこに勤めているのか | in Blüte ~ 花ざかりである | im Hintergrund ~ (→Hintergrund 1) | in gutem Ruf ~ 評判が良い | mit *jm.* in Verbindung ~ …と連絡〈接触〉がある | in Verdacht ~ 嫌疑をかけられている | im Vordergrund ~ (→Vordergrund) | **über** den Dingen ~《比》超然としている | Weite Gebiete *stehen* **unter** Wasser. 広い地域が冠水している | unter dem Schutz der Polizei ~ 警察の保護下にある | **vor** Schwierigkeiten ~ 難局に直面している | **zur** Debatte ~ (→Debatte) | zur Schau ~ (→Schau 1 a) | *jm.* zur Verfügung stehen (→Verfügung 2) | zum Verkauf (→Verkauf).
②《für *et.*⁴》(…を)代表〈象徴〉している: Dieses Beispiel *steht* für viele. これは代表的な一例にすぎない | Seine Worte *stehen* stellvertretend für die Meinung vieler. 彼の発言は多数の人の意見を代弁している.
③《zu 不定詞〔句〕と》Es *steht* (=ist) zu fürchten, daß ... …ということが心配されている | Es *steht* (=ist) zu hoffen, daß alles planmäßig läuft.《雅》何もかも計画どおりに運ぶものと思われる | Unannehmlichkeiten *standen* zu befürchten.《雅》面倒なことになる恐れがあった.
6 a) 再帰 *sich*⁴ ~《様態を示す語句と》金銭的に(…で)ある;《話》暮らし向きが(…で)ある | Bei diesem Tausch *stünde* ich mich nicht schlecht. この交換なら私に損はないはずだ | Sie *stehen* sich besser, wenn Sie ein großes Paket kaufen. 大箱をお買いになったほうがお得ですよ | Sie *stehen* sich auf 2 000 Mark im Monat. 彼らは月2000マルクの収入がある.
b) 再帰 *sich*⁴ mit *jm.* ~《様態を示す語句と》…との折り合いが(…で)ある | Wie *stehst* du dich mit deinen neuen Kollegen? 新しい同僚とはうまくいっているのか | Ich *stehe* mich mit ihm gut 〈schlecht〉. 私は彼とうまくいっている〈折り合いが悪い〉| *sich*⁴ mit *jm.* wie Hund und Katze stehen《話》…と犬猿の仲である.
7《話》《auf *jn.* 〈*et.*⁴〉》(…が)大好きである, (…に)目がない: Er *steht* auf blonde Frauen. 彼は金髪の女に目がない | Ich *stehe* auf Krimis. 私は推理小説が大好きだ.
8 (s)《南部》(treten)《方向を示す語句と》(…のところに)行って立つ: vor *jn.* ~ …の前に歩み出る.
ᵛ**9** (bestehen)《in *et.*³》(…に)その本質がある.
II Ste·hen 中 -s/ **1** 立っていること(→I 1 a ①). **2** 止まっていること(→I 2).
III ste·hend 現分 形 **1 a)** 立っている, 直立の; 立ったままの(→I 1 a ①);〚工〛(エンジンなどが)縦置きの;〚印〛(活字などが)組み置きの. **b)** (…の)状態にある(→I 5 a).
2 a) 止まっている, 停止している(→I 2). **b)** ① 固定した, 変動のない; 流動しない, 停滞している;〚理〛定常の: ~*es* Gewässer 静止水(陸地の中の湖沼など) | das ~*e* Gut〚海〛静索 | ~*er* Start (オートレースなどで)定位置スタート | ~*e* Wellen〚理〛定常波. ②《比》常設の, 常備の; 常用の: eine ~*e* Bühne / ein ~*es* Theater 常設劇場 | ein ~*es* Heer 常備軍 | eine ~*e* Redewendung 慣用句, 成句 | zur ~*en* Einrichtung werden 慣例となる | Das war seine ~*e* Rede. それは彼の決まり文句であった.
IV ge·stan·den → 別出
[*idg.*; ◇Statt, Stuhl, Stab, stellen; *engl.* stand; *lat.* stāre „stehen, stellen"]

ste·hen|blei·ben* [ʃté:ən..]《21》自 (s) **1 a)** 立ち止まる〔っている〕;《比》(成長などが)止ま〔ってい〕る: Bitte nicht ~! 立ち止まらないで〔先に進んで〕ください | Sie *blieb* vor jedem Schaufenster *stehen.* 彼女はショーウインドーの前に来るたびに立ち止まった ‖ wie angewurzelt ~ (→anwurzeln) | auf halbem Weg〔e〕 ~ (→Weg 1) | Wo sind wir *stehengeblieben*? どこまでお話しし〈進み〉ましたっけ(話・授業など) | Er ist in seiner Entwicklung *stehengeblieben.* 彼は成長が止まってしまった | Dieser Betrieb ist auf dem Stand von damals *stehengeblieben.* この工場は当時の状態から一歩も進んでいない.
b) (機械などが)止ま〔ってい〕る, 動かなくな〔ってい〕る: Plötzlich *blieb* die Maschine 〈das Auto〉 *stehen.* 突然機械が止まってしまった〈自動車が動かなくなった〉| Meine Uhr ist *stehengeblieben.* 私の時計は止まっていた ‖ Die Zeit schien *stehengeblieben* zu sein. 時間が止まってしまったかのようであった.
2 a) 移動〈変動〉しない: Der Schrank *bleibt* da *stehen,* wo er immer stand. 戸棚は今までの場所から動かさない〔ことにする〕‖ Der Satz kann so nicht ~. この文はこのまま残しておくわけにはいかない〈削らなければならない〉.
b) ① 消滅せずに残っている: Trotz des schweren Luftangriffs ist unser Haus *stehengeblieben.* 猛烈な空襲にもかかわらず我々の家は残った | Es sind viele Druckfehler *stehengeblieben.* まだ誤植がたくさんある.
② 置き忘れられている: In der Garderobe ist ein Schirm *stehengeblieben.* クロークに傘の忘れ物があった.
★ なお: →stehen I 1 a ①

ste·hen|las·sen* [ʃté:ən..]《88》《過分 stehen〔ge〕lassen: →lassen I ★ ii》他 (h) **1**《*jn.*》**a)** (かまわないで・相手にしないで)ほうっておく; 無視する: Sie *ließ* mich einfach *stehen* und ging. 彼女は私を全く無視して行ってしまった. **b)**〚スポーツ〛(相手を)大きく引き離す.
2《*et.*⁴》**a)** ① そのまま置いて〈動かさないで〉おく: Das können wir ~. これはそのままにしておこう | Ich habe die Tassen auf dem Tisch *stehen*〔*ge*〕*lassen.* 私はカップを食卓の上に出したままだ | alles liegen- und ~ (→liegenlassen 2) ‖ Du mußt den Tee noch eine Weile ~. (よく出るように)君はお茶をもう少しおいたほうがよい | Der Lehrer hat einen Fehler *stehen*〔*ge*〕*lassen.* 教師は間違いを一つ訂正し忘れた ‖ *sich*³ einen Bart ~ (そらずに)ひげをたくわえる. ② (食事などに)口〈手〉をつけないでおく: Sie hat die Suppe ~. 彼女はスープに口をつけなかった | Für eine Wurstschnitte *lasse* ich jedes Stück Kuchen *stehen.* どんなケーキより私にはソーセージ一切れのほうがずっとありがたい. ③〚料理・化〛(発酵・析出などのために)ねかせておく.
b)《場所を示す語句と》(…に)置き忘れる: Er hat seinen Koffer in der Straßenbahn *stehenlassen.* 彼はスーツケースを市街電車の中に置き忘れた.
★ なお: →stehen I 1 a ①

Ste·her [ʃté:ər] 男 -s/- **1**〚自転車〛(ペースメーカーのうしろについて走る)長距離レースの選手;〚競馬〛(2000メートル以上の)長距離競走馬. **2**《オーストリア》(垣根・窓・扉などの)〔枠〕柱.

Ste·her·ren·nen 中 (ペースメーカーの後について走る)長距離自転車競走.

Steh≈gei·ger [ʃté:..] 男〚楽〛(小編成の軽音楽用オーケストラなどで, 立って演奏すると同時に指揮もする)第一ヴァイオリン奏者. **≈im·biß** 男 立食式の軽飲食店, スタンド. **≈kra·gen** 男 立ち襟, スタンドカラー. **≈lam·pe** 女 フロアランプ〈スタンド〉. **≈lei·ter** 女 脚立(きゃたつ) (→ 図 Leiter).

steh·len* [ʃté:lən]《183》**stahl** [ʃta:l] / **ge·stoh·len** [gəʃtó:lən]; 現 *du* stiehlst [ʃti:lst], *er* stiehlt; 命 stiehl; 接II stähle [ʃtɛ́:lə] (まれ: stöhle [ʃtǿ:lə])
他 (h) **1** (英: *steal*)《*jm. et.*⁴》(…から…を)盗む, くすねる, 横取りする, 奪う: *jm.* Geld 〈eine Uhr〉 ~ …から金(かね)〈時計〉を盗む | *jm.* die Ruhe 〈den Schlaf〉 ~ (訪問などして)

S

…の邪魔をする〈睡眠を妨げる〉| *sich*[3] für *et.*[4] die Zeit ~ …のために無理して時間を捻出する | dem lieben Gott den Tag 〈die Zeit〉 ~ (→Gott) | *jm.* den letzten Bissen vom Mund ~《比》…から何もかも奪い取ってしまう | *jm.* das Herz ~ (→Herz 2) | *jm.* die Schau ~ (→Schau 1 c) | Mit ihm kann man Pferde ~. (→Pferd 1) | ***jm. gestohlen* bleiben 〈werden〉 können**《話》…にとってどうでもいいことである ‖〖目的語なしで〗**wie eine Elster 〈wie ein Rabe〉 ~**《話》ひどく手癖が悪い | Wer lügt, der *stiehlt.* (→lügen I) | Woher nehmen und nicht ~?《話》いったいどうやって都合したらいいだろう(必要な物がなくて困った時の表現) | Du sollst nicht ~. 汝盗むなかれ(聖書: 出20,15).

2 再帰 *sich*[4] ~《方向を示す語句と》(…へ・…から)こっそり出入りする, 忍び出る〈入る〉| *sich*[4] aus dem 〈in das〉 Zimmer ~ 部屋からこっそり出る〈部屋に忍び込む〉| Ein Lächeln *stahl* sich in 〈auf〉 ihr Gesicht.《雅》ほほえみがかすかに彼女の顔に浮かんだ | *sich*[4] in die Herzen 〔der Menschen〕 ~ (→Herz 2).

[*germ.*; ◇Diebstahl; *engl.* steal]

Steh·ler[ʃtéːlər] 男 -s/- 泥棒, ぬすっと.

Steh·le·rei[ʃteːlərái] 女 -/-en《話》〔絶えず〕盗みをはたらくこと.

Stehl≈sucht[ʃtéːl..] 女 -/ (Kleptomanie)(病的な)盗癖. **≈trieb** 男 -〔e〕s/ 盗みの衝動.

stehn[ʃteːn] =stehen

Steh≈par·ty[ʃtéːpaːrti·] 女 立食パーティー. **≈platz** 男 (↔Sitzplatz) 立ち見席; (電車・バスなどの)立ち席. **≈pult** 中 (立ったまま読み書きするための)高机(→ 図 Pult). **≈satz** 男 -es/ 《印》(再使用の時まで保存する)組み置き版, 保存版. **≈schop·pen** 男 スタンドで飲む 1 杯の酒(ビール・ワインなど). **≈the·ke** 女 立食スタンド. **≈tisch** 男 立ったまま使うための机〈テーブル〉. **≈um·le·ge·kra·gen** 男《服飾》折り襟, ターンダウンカラー. **≈ver·mö·gen** 中 -s/ (肉体的な)耐久力, スタミナ; (精神的な)忍耐力, 粘り.

Stei·e·rin Steirer (=Steiermärker) の女性形.

die **Stei·er·mark**[ʃtáiərmark] 地名 女 -/ シュタイアーマルク(オーストリア中部の州. 州都は Graz). [◇Mark[2]]

Stei·er·mär·ker[..mɛrkər] 男 -s/- シュタイアーマルクの人.

stei·er·mär·kisch[..kɪʃ] 形 シュタイアーマルクの.

steif[ʃtaif] 形 **1 a)** (人体の部分について)硬直した, こわばった,〔容易に〕曲がらない: ein ~*es* Gelenk 硬直した関節 | einen ~*en* Hals bekommen 首〈肩〉が凝って動かなくなる ‖ ~ in den Knien sein ひざが硬直〈まひ〉して動かない | Sie ist ~ geworden. 彼女は(年をとって)体が動かなくなっている | Seine Hände sind ~ vor Kälte. 彼の手は寒さでかじかんでいる | vor Schreck ~ sein 驚きのあまり硬直している | ~ wie ein Brett 〈ein Stock〉 sein 板〈棒〉のようにつっぱって動かない ‖ *et.*[4] ~ halten …をしっかり曲がらないようにしておく(ただし: →steifhalten).

b)《話》(erigiert)(陰茎が)勃起した: einen *Steifen* haben 男根が勃起している, 欲情に燃えている.

2 a) (物体について)かたい, 曲がらない: ein ~*er* Hut 山高帽 | ein ~*er* Kragen 芯を入れた堅い〈糊をきかせた〉襟 | ~*es* Papier ごわごわした紙 | ein ~*es* Schiff《海》安定性の高い船 ‖ Das Hemd ist ~ gestärkt. シャツは糊がきかせてある.

b) (クリーム状のものについて)凝固した, 堅く固まった: Eiweiß ~ schlagen 卵白をクリーム状に固まるまで泡だてる.

3 (態度・性格などが)堅苦しい, 不自然な, ぎこちない, 優美さを欠いた: eine ~*e* Begrüßung 堅苦しいあいさつ | eine ~*e* Haltung ぎこちない身のこなし | ein ~*er* Gang ぎこちない歩き方 | ein ~*es* Lächeln とってつけたような微笑 | ein ~*er* Mensch 無骨な〈融通のきかない〉人 | ein ~*er* Stil ぎこちない文体 ‖ ~ dastehen ぎこちなく突っ立っている | *sich*[4] ~ halten 譲らない, かたくなな〈拒否的な〉態度をとる(ただし: →steifhalten) | *et.*[4] **~ und fest** behaupten 〈glauben〉《話》…を頑強に主張する〈堅く信じて疑わない〉| In diesem Haus geht es sehr ~ und förmlich zu. この家の流儀は堅苦しく仰々しい.

4《海》(風などが)激しく吹き続けている, 荒れ模様の: ein ~*er* Sturm 暴風雨 | eine ~*e* See 荒海 ‖ Der Wind steht ~ aus Südost. 南東の風が吹きすさんでいる.

5《話》(飲み物が)濃い: ein ~*er* Grog 強いグロッグ酒 | Der Kaffee war schwarz und ~. コーヒーはブラックで濃かった.

[*westgerm.*; ◇Stift[1]; *gr.* steíbein „festtreten"; *engl.* stiff]

Stei·fe[ʃtáifə] 女 -/-n **1**《単数で》(steif なこと. 例えば:) 硬直状態, 堅さ; ぎこちなさ; 頑固. **2 a)**〘建〙支柱, 突っぱり. **b)**〘劇〙(張り物を支える)支木.

stei·fen[ʃtáifən] 他 (h) **1** 堅くする, こわばらせる;《比》(人の心などを)強固にする: *jm.* den Nacken ~ (→Nacken 1 a) | *jm.* den Rücken 〈das Rückgrat〉 ~ (→Rücken 1, Rückgrat 2). **2** 糊をつけて堅くする: ein Hemd 〈einen Kragen〉 ~ シャツ〈カラー〉に糊をつける. **3**《中部》支える, 支柱を立てる. **4** 再帰 *sich*[4] auf *et.*[4] ~ …を頑強に主張する, …に固執する. [2: *mndd.* stīven; ◇Steven]

steif|hal·ten* 《65》 他 (h)《もっぱら次の成句で》den Nacken ~ (→Nacken 1 a) | die Ohren ~ (→Ohr 1) (ただし: steif halten →steif 1, 3).

Steif·heit[ʃtáifhait] 女 -/ **1 a)** 堅さ, 硬直状態; 強固さ, 安定性: die ~ der Glieder 四肢のこわばり | die ~ des gestärkten Kragens のりづけしたカラーの堅さ. **b)**〘医〙硬度: Muskel*steifheit* 筋硬度. **2** 堅苦しさ, ぎこちなさ: die kühle ~ der elterlichen Wohnung 両親の家の冷たい堅苦しさ | die ~ des Protokolls 議事録の堅苦しさ〈堅苦しい文体〉.

Stei·fig·keit[..fɪçkait] 女 -/ **1**〘工〙剛度, 剛性. **2**〘医〙こわばり, 硬直, 不撓性.

steif·lei·nen 形 **1**《付加語的》〘服飾〙バックラムの. **2** =steif 3

Steif≈lei·nen 中, **≈lein·wand** 女〘服飾〙バックラム(綿布をにかわのりで固めたもの).

Stei·fung[ʃtáifuŋ] 女 -/ **1** (steifen すること. 例えば:) 堅くすること, こわばらせること; のりづけ; 支柱を立てること. **2**〘医〙硬直, こわばり.

Steig[ʃtaik][1] 男 -〔e〕s/-e **1** (細い坂になった)小道, 坂道, 山道. **2 a)** (Bürgersteig) 歩道. **b)** (Bahnsteig) (駅の)〔プラット〕ホーム.

Steig≈bö[ʃtáik..] 女〘空〙バンプ, 急激な上昇気流. **≈bü·gel** 男 **1** あぶみ(馬具: → 図 Sattel): ***jm.* den ~ halten**《比》…の立身出世の手助けをする. **2**〘解〙(中耳の)あぶみ骨(→ 図 Ohr).

Steigeisen A

Steig·bü·gel·hal·ter 男《軽蔑的に》他人の立身出世の手助けをする〈踏み台となる〉人, かばん持ち.

Stei·ge[ʃtáigə] 女 -/-n **1**《南部》(Steig) 小道, 坂道, 山道. **2**《北部》(小さな)階段, はしご. **3**《南部・オーストリア》**a)** (野菜・果物などを入れる)木枠〈すのこ囲い〉の箱. **b)** (小動物用の)すのこ囲いの箱〈おり〉.

Steigeisen B

Steig·ei·sen[ʃtáik..] 中 **1** (登山用の)アイゼン(→ 図 A). **2** (電柱などに登るための)つめ付き金具(→ 図 B).

stei·gen*[ʃtáigən][1] 《184》 **stieg**[ʃtiːk][1]/ **ge·stie·gen**; 接II stiege 自 (s) **1 a)** (歩いて上方〔または下方〕に移動する:) 登る, 上がる,(魚が)川をさかのぼる; 下る, 降りる: bergauf 〈bergan〉 ~ 山〔道〕を登る | Wer hoch *steigt*, fällt tief.《諺》高登りはけがのもと(高く登る者は深く落ちる) ‖〖方向を示す語句と〗**auf** einen Berg ~ 山〔頂〕に登る | auf einen Turm 〈einen Baum〉 ~ 塔〈木〉に登る | auf eine Leiter ~ はしごに登る | **ins** Tal ~ 谷へ下る | in den Keller ~ 地下室へ降りる | in die Grube ~ 入坑する | **von** einem Turm 〈einem Baum〉 ~ 塔〈木〉から降りる ‖〖4 格と〗

S

Treppen 〈Stufen〉 ～〔階〕段を上がる.
b) 〘方向を示す語句と〙(一足・一またぎで…へ)乗り降りする; 乗り込む, 踏む, (馬などに)またがる: **an** 〈ans〉 Land ～ 下船上陸する | **aufs** Pferd ～ 乗馬する | aufs Fahrrad ～ 自転車にまたがる | aufs Podium ～ 演壇に上がる | *jm.* aufs Dach ～ (→Dach 2) | auf die Bremse ～《話》急ブレーキをかける | **aus** dem Auto 〈der Straßenbahn〉 ～ 自動車〈市街電車〉から降りる | aus dem Bett ～ 起床する | aus der Badewanne ～ 湯ぶねから出る | aus dem Wasser ～ 水〈湯〉から出る | **durchs** Fenster ～ 窓を乗り越える | **in** das Auto 〈den Bus〉 ～ 自動車〈バス〉に乗り込む | in den Zug 〈die Straßenbahn〉 ～ 列車〈市街電車〉に乗り込む | in die Badewanne 〈ins Bad〉 ～ 湯ぶね〈湯〉に入る | ins Wasser ～ 水〈湯〉に入る | ins Bett ～ 就寝する | in die Kleider ～《話》服を着る | **über** den Zaun 〈die Mauer〉 ～ 垣根〈塀〉を乗り越える | **vom** Pferd ～ 下馬する.
c) 《話》(試験などを)受ける: in die Operation ～ 手術を受ける | in die Prüfung ～ 試験を受ける.
2 a) (ほとんど垂直に)上昇する, 上がる, 舞い上がる: Der Ballon *steigt.* 気球が上昇する | Das Flugzeug ist bis auf 10 000 Meter *gestiegen.* 飛行機は1万メートルまで上昇した | Eine Lerche *steigt* in die Lüfte. ヒバリが空に舞い上がる | Der Nebel *steigt.* 霧がわく | Die Sonne *steigt.* 日が昇る | einen Drachen ～ lassen 凧(たこ)を揚げる ‖ Die Fische *steigen.* 魚が(餌(えさ)を求めて)水面に上がって来る(→1 a) | Die Milch *steigt.* 牛乳が沸き立つ.
b) (血・酔いなどが顔・頭に)のぼる, たち現れる, 浮かぶ: Tränen *stiegen* ihr in die Augen. 彼女の目に涙がこみあげた | Der Duft *stieg* ihm in die Nase. 芳香が彼の鼻をついた | Das Blut ist ihr in den Kopf 〈ins Gesicht〉 *gestiegen.* 血が彼女の頭〈顔〉にのぼった | Der Wein *stieg* ihm zu Kopf〔e〕〈in den Kopf〉. 彼は酒の酔いがすっかり回ってきた | Der Ruhm ist ihm zu Kopf〔e〕〈in den Kopf〉 *gestiegen.* 彼は名声を得てすっかりいい気になっている.
3 (↔fallen, ↔sinken) (数値・程度などが)高まる, あがる, つのる, 増大する; 《比》進級する, 昇進する; (道が)上り坂になる: Die Temperatur 〈Das Fieber〉 ist〔auf 40°〕*gestiegen.* 温度〈熱〉が〔40度に〕上がった | Das Barometer 〈Das Thermometer〉 *steigt.* 気圧〈温度〉計〔の目盛り〕が上昇する | Der Dollar ist wieder *gestiegen.* ドル〔の相場〕がまた上がった | Die Einwohnerzahl 〈Der Verkehr〉 *steigt.* 住民数〈交通量〉が増加する | Die Flut 〈Der Fluß〉 *steigt* 〔um 20 cm〕. 潮位〈川の水位〉が〔20センチ〕上がる | Das Hochwasser *steigt* schnell. 高潮〈洪水〉の水位が急速に高まる | Die Preise sind 〔um 10 %〕 *gestiegen.* 物価が〔10パーセント〕上がった | Die Spannung 〈Die Unruhe〉 *steigt.* 緊張〈不安〉がつのる | Die Stimmung *steigt.* (陽気な・くつろいだ)気分が盛り上がる | Der Umsatz *steigt.* 売れ行きが増す | Der Weg *steigt.* 道が上り坂になっている ‖ **im** Preis 〈Wert〉 ～ 価格〈価値〉が上がる | im Gehalt 〈Rang〉 ～ 給料〈階級〉が上がる | Er ist im Ansehen 〈in meiner Achtung〉 *gestiegen.* 彼の人望〈彼に対する私の尊敬の念〉は一層高まった | in *js.* Augen ～ (→Auge 1) ‖ das *Steigen* der Preise 〈des Barometers〉 物価〈気圧計〉の上昇 ‖ die *steigende* Kälte しだいに強まる寒気 | mit *steigendem* Alter 〈Interesse〉 年をとるとともに〈しだいに関心を高めて〉 | Der Luftdruck zeigt die Tendenz „*steigend*". 気圧は上昇傾向にある.
4 (馬が)棒立ちになる, さお立ちになる.
5 《話》(stattfinden) (催しなどが)行われる, 催される; (歌を)歌う, (講演などを)する: Das Fest 〈Die Party〉 *steigt* am Samstag. お祭り〈パーティー〉は土曜日に催される | ein Lied 〈eine Rede〉 ～ lassen 歌を歌う〈講演する〉.
[*germ.*; ◇Steg, steil; *gr.* steíchein „schreiten"]

Stei·ger[ʃtáigər] 男 -s/- (steigen する人. 特に:) **1 a**) 〘坑〙係職員, 係員: Brand*steiger* 防火係員 | Holz*steiger* 坑木係員. **b**) はしご乗り消防士. **c**) ＝Bergsteiger **2** (船客用)桟橋.

Stei·ge·rer[ʃtáigərər] 男 -s/- (競売で)せり上げる人.

stei·gern[ʃtáigərn] 《05》 **I** 他 (h) **1** 《*et.*⁴》(…の程度を)高める, 上げる, 増す, 増強する: die Geschwindigkeit 〈die Produktion〉 ～ スピード〈生産〉を上げる | die Mieten 〈die Preise〉 ～ 家賃〈値段〉を上げる | die Spannung 〈die Angst〉 ～ 緊張〈不安〉を高める | Die Anforderungen wurden immer höher *gesteigert.* 要求はますます大きくなってきた ‖ eine *gesteigerte* Nachfrage 一段と高まった〈著しい〉需要 | ein *gesteigertes* Interesse finden 著しい〈一層大きな〉関心を呼ぶ.
2 再帰 *sich*⁴ ～ (程度・度合いが)高まる, 上がる, 増大する: Die Freude *steigerte* sich. 喜びが高まった | Die Hitze *steigerte* sich. 暑さが厳しくなった | Die Mannschaft *steigerte* sich prächtig. チームはすばらしい盛り上がりを示した | *sich*⁴ in Begeisterung 〈Erregung〉 ～ (気分が高揚して)感動〈興奮〉状態になる | *sich*⁴ in *seinen* Leistungen ～ 成績を上げる | *sich*⁴ zu *et.*³ ～ (程度が増して)…になる | Der Wind hat sich zum Sturm *gesteigert.* 風が強まってあらしになった.
3 (ersteigern) (競売などで)手に入れる, せり落とす.
4 《*et.*⁴》〘言〙(形容詞・副詞を)比較変化させる, (…の)比較級〈最上級〉をつくる.
II 自 (h) 競売をする, (競売で)せる: um *et.*⁴ ～ …を得ようとしてせり上げる.
[＜*mhd.* steigen „steigen machen" (◇steigen)]

Stei·ge·rung[..gəruŋ] 女 -/-en **1** (程度を)高めること, 上昇, 増大, 強化, 改善: eine beachtliche ～ der Form (スポーツなどで)コンディション〈体調〉の著しい改善 | die ～ der Leistung (スポーツ・学業などの)成績の上昇 | die ～ der Produktion 生産の向上 | eine ～ der Preise 価格の上昇 | die ～ des Zornes 怒りの増大. **2** 《ｽｲｽ》(Versteigerung) 競売, せり. **3** 〘言〙(形容詞・副詞の)比較変化. **4** 〘修辞〙漸層法.

stei·ge·rungs·fä·hig 形 **1** 増強可能な. **2** 〘言〙(形容詞・副詞について)比較変化形を持った.

Stei·ge·rungs≠form 女 (Vergleichsform) 〘言〙(形容詞・副詞の)比較変化形. **≠grad** 男 〘言〙(形容詞・副詞の)比較の等級(比較級・最上級). **≠ra·te** 女 上昇率. **≠stu·fe** 女 ＝Steigerungsgrad

Steig≠fä·hig·keit[ʃtáik..] 女 (航空機の)上昇能力; (自動車の)登攀(とうはん)能力. **≠flug** 男 上昇飛行. **≠ge·schwin·dig·keit** 女 〘空〙上昇速度. **≠hö·he** 女 **1** (川などの)水位. **2** (航空機の)上昇高度〈限度〉. **≠lei·ter** 女 (屋根などに取り付けた)登攀ばしご(→ 図 Haus A). **≠lei·tung** 女 スタンドパイプ, 立ち上がり配管. **≠rad** 中 (時計の)がんぎ車. **≠rie·men** 男 あぶみ革(→ 図 Sattel). **≠rohr** 中 (配水塔・貯水塔・消火栓などの)スタンドパイプ, 昇水〈吸い上げ〉管.

Stei·gung[ʃtáiguŋ] 女 -/-en **1** のぼること; 上り坂; 傾斜, 勾配(こうばい): eine starke 〈sanfte〉 ～ 急な〈ゆるい〉勾配 | eine ～ von zehn Prozent 10パーセントの勾配 ‖ eine ～ überwinden 上り坂を越す. **2** 〘工〙(歯車などの)ピッチ. **3** 〘建〙(階段の)蹴(け)上げ, (アーチなどの)迫高(せりだか).

Stei·gungs·win·kel 男 〘工〙(ねじの)ねじれ角.

Steig·wachs[ʃtáik..] 中 (↔Gleitwachs) 〘ｽｷｰ〙登行用ワックス.

steil[ʃtail] 形 **1** 険しい, 急勾配(こうばい)の, 急斜面の; 垂直の: ein ～*er* Abhang 急斜面 | ein ～*er* Weg 急な坂道 | eine ～*e* Flamme まっすぐ立ち上る炎 | eine ～*e* Aufwärtsentwicklung 《比》(景気などの)急上昇 | eine ～*e* Handschrift 文字が直立した筆跡 | eine ～*e* Karriere 急速な昇進 ‖ Der Hang ist sehr ～. 勾配〈傾斜〉は非常にきつい ‖ Das Flugzeug stieg ～ in die Höhe. 飛行機は急上昇した | Die Sonne geht ～ am Himmel. 太陽は空高く昇っていく. **2** 《付加語的》《話》(großartig) すごい, 印象の強烈な, チャーミングな, セクシーな: eine ～*e* Bluse いかすブラウス | ein ～*er* Zahn (→Zahn 4). **3** 〘球技〙(パスなどの際にボールが)一挙に前に送られた. [*ahd.* steigal; ◇steigen]

Steil·ab·fall[ʃtáil..] 男 断崖(だんがい), 絶壁.

Stei·le[ʃtáilə] 女 -/ 《雅》＝Steilheit 1

stei·len[ʃtáilən] 自 (h) 《雅》(道などが)険しい上りになる; (がけなどが)そそり立つ: ein *gesteilter* Stil 《比》仰々しい文

体.

Steil·feu·er[ʃtáıl..] 中〘軍〙曲射.

Steil·feu·er·ge·schütz 中〘軍〙曲射砲.

Steil·hang 男 急坂(きゅうはん), 急斜面.

Steil·heit[..haıt] 女 -/ **1** 急傾斜, 険しさ, 険しいこと. **2**〘電〙相互コンダクタンス; (テレビ映像などの)細部のコントラスト.

Steil≠kur·ve 女 **1** (競走路・サーキットなどの)極度に急なカーブ. **2**〘空〙急旋回. **≠kü·ste** 女 (↔Flachküste) 断崖(だんがい)をなす海岸(→ ⊠ Küste). **≠paß** 男〘球技〙ボールを一挙に前に送るパス(送球). **≠schrift** 女 直立字体(書体). **≠ufer** 中 = Steilküste

stein.. 《「石」を意味するほか, 口語では形容詞につけて「非常に」を意味し, ふつうアクセントは同時に基礎語にもおかれる》: *stein*alt ひどく年をとった | *stein*müde へとへとに疲れた | *stein*reich 大金持ちの.

Stein[1][ʃtaın] 男 -es(-s)/-e (⊘ **Stein·chen**[ʃtáınçən] 中 -s/-) **1 a)** (英: *stone*)《単数で》(物質としての)石; 《比》かたい(無情の)もの: eine Bank **aus** ~ 石のベンチ | eine Figur aus ~ hauen 石像を刻む | Er hat ein Herz aus ⟨von⟩ ~. 彼は冷酷な心の持ち主だ | *et.*[4] **in** ~[4] hauen …を石に刻む ‖ zu ~ werden 化石になる; 《比》(表情などが)こわばる; 《卑》(男根が)勃起(ぼっき)する | hart wie ~ sein 石のように硬い.
b) (石塊としての)石: ein runder ⟨flacher⟩ ~ まるい(平たい)石 | kleine ~*e* 小石 | **der ~ des Anstoßes** つまずきの石, 憤り⟨迷惑⟩の原因, しゃくの種(聖書: イザ8,14から: → Ärgernis 2) | der ~ der Weisen (→Weise 2) | Lebende ~*e*〘植〙イシクロマツバギク(松葉菊)(ザクロソウ科の多肉植物) ‖ **Stein und Bein** klagen《話》身も世もなく嘆き悲しむ | **~ und Bein schwören**《話》おごそかに誓う, きっぱりと断言する | **Es friert ~ und Bein.**《話》石も骨も凍る(骨身にこたえる)寒さだ ‖ Man könnte ebensogut ~*en* predigen. 馬の耳に念仏である(石に向かって説教するのと同じだ) ‖〘4格目的語として〙~*e* behauen ⟨brechen⟩ 石を切り整える⟨砕く⟩ | **den ~ ins Rollen bringen**《話》(事態進展の)いとぐち⟨きっかけ⟩を作る | Sie weint, daß es einen ~ erbarmen ⟨erweichen⟩ könnte.《話》彼女の泣くさまは石もあわれと感じるほどだ | ***jm.* ~*e* statt Brot geben**《雅》…(助けを求める人)につらくあたる(パンを求める人に石を与える. 聖書: マタ7, 9から) | einen ~ ⟨ein *Steinchen*⟩ im Schuh haben 靴の中に石が入っている | statt des Herzens einen ~ in der Brust haben《比》冷酷無情である(胸の中には心臓の代わりに石がある) | ~*e* klopfen 砕石を路床(ろしょう)へ突き固める | ***jm.* ~*e* in den Weg legen**《比》…の行動を妨害⟨邪魔⟩する | ***jm.* [die] ~*e* aus dem Weg räumen**《比》…[の行動]の障害を取り除いてやる | einen ~ nach *jm.* schleudern ⟨werfen⟩ …に石を投げつける | ~*e* verdauen können《比》胃袋がめっぽう強い | ***jm.* einen ~ in den Garten werfen**《比》…に損害を与える; …にあくどいいたずらをする; …に邪魔立てする | einen ~ auf *jn.* werfen《比》…を非難する | Wer unter euch ohne Sünde ist, der werfe den ersten ~ auf sie. あなたがたの中で罪のない者がまずこの女に石を投げつけるがよい(聖書: ヨハ 8, 7) | Steter Tropfen höhlt den ~. (→Tropfen 1 a) ‖〘前置詞と〙*sich*[4] **an** einem ~ stoßen 石につまずく | [nur] ein Tropfen **auf** den ⟨einen⟩ heißen ~ (→Tropfen 1 a) | **mit** ~*en* nach *jm.* werfen …に石をぶっつける | **über** Stock und ~ (→Stock[1] I 2 a) ‖〘1格で〙wie ein ~ schlafen (→schlafen I 1 a ①) | Mir fiel ein ~ vom Herzen.《比》私は胸のつかえ⟨心の重荷⟩がおりた | **Der ~ kommt ins Rollen.**《話》事態が進展しはじめる. **c)** (Gestein)《集合的に》岩石, 岩.
2 a) (Baustein)〘建〙(建築用に加工形成された)石, 石材; れんが;《単位としては無変化》れんが 1 個分[の厚さ]: Ziegel*stein* れんが | eine zwei ~ starke Mauer れんが 2 個分の厚みを持った壁 | ~*e* brennen れんがを焼く | aus ~[*en*] gebaut 石造りの ‖ **keinen ~ auf dem anderen lassen**《比》(都市などを)完全に破壊しつくす(聖書: マタ24, 2 から) | **Kein ~ bleibt auf dem anderen.**《比》(都市などが)完全に破壊しつくされる.
b) (Grabstein) 墓石; (Denkstein) 石碑: ***jm.* einen ~ setzen** …の墓石⟨石碑⟩を立てる.
3 a) (Spielstein)(チェッカー・西洋連珠など盤上ゲームの)石, 駒(こま)(→ ⊠ Dame): einen ~ ziehen 駒を動かす | einen ~ schlagen ⟨überspringen⟩ (相手の)駒を取る⟨とび越す⟩ | bei *jm.* einen ~ im Brett haben《比》…に受けがいい⟨ひいきにされている・好かれている⟩.
b) 〘スポーツ〙(石投げ競技用の)投げ石.
4 (Edelstein) 宝石; (時計の)石: ein ~ von vierzig Karat 40カラットの宝石 | echte ⟨imitierte⟩ ~*e* 天然⟨模造⟩[宝]石 | eine Uhr mit 17 ~*en* 17石の時計 | Die Uhr läuft auf 15 ~*en*. この時計は15石だ | ***jm.* fällt deswegen kein ~ aus der Krone**《話》だからといって…の品位に傷がつくわけではない.
5 a) (Kern)(Steinfrucht の)核, さね, 種(たね): die ~*e* der Kirschen サクランボの種.
b) (Konkrement)〘医〙石, 結石: Blasen*stein* 膀胱(ぼうこう)結石 | Gallen*stein* 胆石 | Zahn*stein* 歯石 ‖ an ~*en* in der Galle leiden 胆嚢(たんのう)結石にかかっている | ~*e* in den Nieren haben 腎臓(じんぞう)に結石がある.
6《方》(ビールの)陶製ジョッキ: 3 ~ Bier ジョッキ 3 杯のビール.
7 a) (Feuerstein) 火打ち石. **b)** (Schleifstein) 砥石(といし). **c)** (Mühlstein) 石うす.
[*germ.*; ◇steato..; *engl.* stone]

Stein[2][ʃtaın] 人名 **1** Charlotte von ~ シャルロッテ フォン シュタイン(1742–1827; ドイツ, ワイマル宮廷の女官で, Goethe との交遊をもって知られる). **2** Karl Reichsfreiherr vom und zum ~ カルル ライヒスフライヘル フォム ウント ツム シュタイン(1757–1831; プロイセンの政治家).

Stein·ad·ler[ʃtáın..] 男〘鳥〙イヌワシ(犬鷲).

stein·alt[ʃtáın|ált] 形《話》ひどく年をとった.

stein·ar·tig[ʃtáın..] 形 石のような; 石質⟨石状⟩の.

Stein≠axt 女〘考古〙(原始人の用いた)石斧(せきふ), 石おの. **≠bank** 女 -/..bänke 石の腰掛け⟨ベンチ⟩;〘地〙石床, 石層. **≠bau** 男 -[e]s/-ten **1**《単数で》石構造. **2** 石造建築[物]. **≠bau·ka·sten** 男 (おもちゃの)積み木箱. **≠be·ar·bei·tung** 女 石の加工. **≠beil** 中 = Steinaxt **≠bei·ßer** 男〘魚〙シマドジョウ(縞泥鰌). **≠be·schrei·bung** 女 -/ (Petrographie)[記載]岩石学. **≠be·schwer·de** 女〘医〙結石症. **≠bild** 中 石像: ruhig wie ein ~ sitzen 石像のように静かに⟨じっと動かないで⟩座っている. **≠bil·dung** 女〘医〙結石形成(→Stein[1] 5 b). **≠block** 男 -[e]s/..blöcke 石塊, 石のかたまり. **≠bock** 男 **1**〘動〙[アルプス]アイベックス(岩山にすむヤギの一種). **2** der ~〘天〙山羊(やぎ)座;〘占星〙摩羯(まかつ)宮(黄道十二宮の一つ): →Fisch 1 b | der Wendekreis des ~*s* 南回帰線. **≠bo·den** 男 **1** 石の床(ゆか), 石だたみ. **2** 岩地, 石だらけの地面⟨土地⟩. **≠boh·rer** 男 鑿岩(さくがん)機. **≠brand** 男 -[e]s/〘農〙(小麦の)黒穂(くろほ)病.

Stein·brech[..brɛç] 男 -[e]s/-e〘植〙ユキノシタ(雪の下)[属の植物]. [*mhd.*; *spätlat.* saxi-fraga (◇Saxifraga)の翻訳借用]

Stein≠bre·cher 男 **1** 砕石機. **2** 採石工, 石切り工. **≠bruch** 男 採石場, 石切り場: eine Arbeit wie im ~《話》ひどい重労働.

Stein·bruch·ar·bei·ter 男 = Steinbrecher 2

Stein≠brücke[ʃtáın..] 女 石橋, れんが橋. **≠butt** 男〘魚〙(大型で高級な)ヒラメ(鮃).

Stein·chen Stein[1]の縮小形.

Stein≠dros·sel 女〘鳥〙イソヒヨドリ(磯鵯). **≠druck** 男 -[e]s/-e (Lithographie) **1**《単数で》石版印刷[術]. **2** 石版印刷物; 石版画. **≠drucker** 男 (Lithograph) 石版印刷工. **≠ei·be** 女〘植〙イヌマキ(犬槙)科の植物. **≠ei·che** 女〘植〙(南欧産の)カシ(樫)属の一種.

Stei·ner[ʃtáınər] 人名 Rudolf ~ ルードルフ シュタイナー(1861–1925; ドイツの思想家. 人知学 Anthroposophie の創始者: →Waldorfschule).

Stein·er·bar·men[ʃtáın..] 中 = Steinerweichen

S

ste̲i·nern[ʃtáɪnərn] 形 **1** 《付加語的》石の, 石質の; 石造りの: eine ∼*e* Brücke 石橋 | wie ein ∼*er* Gast dasitzen (→Gast 1 a). **2** 《比》〔石のように〕無情な, 冷酷な; (starr) 動かない, 不動の, 硬直した; かたい: ein ∼*er* Blick 無表情な視線 | eine ∼*e* Miene 凍りついたような表情 | ein ∼*es* Herz haben 冷酷な心の持ち主である ‖ ∼ dasitzen 石のようにじっとそこに座っている.

Ste̲in≠er·wei·chen[ʃtáɪn..] 中 《話》石〔のような冷酷な心〕さえもほろりとさせること: 〚もっぱら次の形で〛 **zum ∼** 見るもあわれ〈気の毒〉なほどに | Das ist zum ∼. それは見るも切ない〈痛ましい〉| Sie weinte 〈heulte〉 zum ∼. 彼女は見るも痛ましいほど泣いた〈泣き叫んだ〉. **≠eu·le** 女 ＝Steinkauz **≠fall** 男 落石; 〖坑〗落盤. **≠flachs** 男 〖化〗石綿. **≠flie·ge** 女 〖虫〗カワゲラ目の昆虫(カワゲラなど). **≠flie·se** 女 (Steinplatte) 板石(いたいし). **≠frucht** 女 〖植〗核果, 石果(モモ・ハタンキョウ・サクランボなど: → 図). **≠fu̲ß·bo·den** 男 石張りの床. **≠ga·bel** 女 〖土木〗石〈砕石〉用フォーク(→ 図 Gabel). **≠gar·ten** 男 (高山植物を配した)岩石庭園, ロックガーデン, ロッケリー. **≠ge·röll** 中 漂礫(ひょうれき), 玉石. **≠gra̲b** 中 巨石墳墓. **≠gu̲t** 中 -〔e〕s/ (種類: -e) **1** 炻器(せっき)用陶土. **2** 炻器.

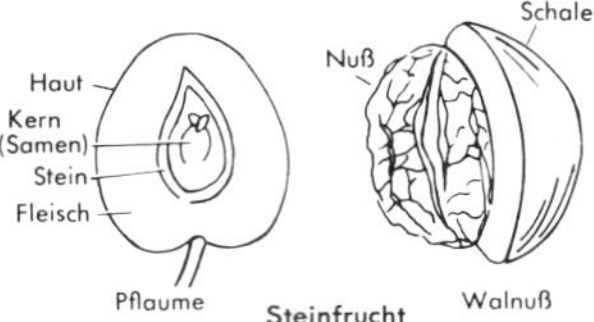

Steinfrucht

Ste̲in·gu̲t·ge·schirr 中 《集合的に》炻器(せっき)の食器類.

Ste̲in·ha·gel 男 《比》雨あられと降ってくる石.

Ste̲in·hä·ger[ʃtáɪnhɛːgər] 男 -s/- 商標 シュタインヘーガー(ネズの実から造られるジン).
[＜Steinhagen (Westfalen の都市)]

ste̲in·ha̲rt[ʃtáɪnhárt] 形 石のように〈ひどく〉かたい, かちかち〈こちこち〉の: ein ∼*er* Brotkanten ひどく堅いパンの耳 | Der Boden ist ∼ gefroren. 地面がかちかちに凍っている.

Ste̲in≠hau·er[ʃtáɪn..] 男 石工, 石屋, 石切り. **≠hau·fe〔n〕** 男 石の山〈堆積(たいせき)〉.

Ste̲in·heim·mensch[ʃtáɪnhaɪm..] 男 〖人類〗シュタインハイム人(ドイツ Baden-Württemberg 州の Steinheim で, その頭蓋(ずがい)骨が発見された化石人類).

Ste̲in≠holz 中 -es/ 〖建〗キシロリット(木くずとマグネシアセメントを混合した塗床材料). **≠hu̲hn** 中 〖鳥〗イワシャコ(岩鷓鴣).

ste̲i·nig[ʃtáɪnɪç][2] 形 **1** 石の多い, 石だらけの, 石におおわれた; 《雅》困難〈障害〉の多い: ein ∼*er* Acker 石だらけの畑 | ein ∼*er* Weg 石ころだらけの道; 《雅》苦難にみちた道 | Sein Lebensweg war ∼. 《比》彼の生涯は苦難にみちていた. **2** 〖地〗石質の. **3** 〖医〗結石の〔ある〕.

ste̲i·ni·gen[ʃtáɪnɪgən][2] 他 (h) **1** (*jn.*) 〖史〗投石によって死刑に処する: Die Ehebrecherin wurde *gesteinigt.* 姦通(かんつう)した女は石でうち殺された. **2** (*jn.*) **a)** 《比》弾劾する. **b)** 《話》ただではおかない.

Ste̲i·ni·gung[..gʊŋ] 女 -/-en 投石〔による〕死刑(特に古代ローマ・ギリシア・ユダヤにおける処刑. ゲルマン人の間では姦通(かんつう)に対する刑).

Ste̲in≠kauz[ʃtáɪn..] 男 〖鳥〗コキンメフクロウ(小金目梟)(→Totenvogel). **≠kern** 男 **1** 〖植〗(Steinfrucht の) 核(堅い内果皮と, その中の種子). **2** 〖考古〗印象化石. **≠kitt** 男 マスチックセメント. **≠klee** 男 (Honigklee) 〖植〗(マメ科の)シナガワハギ(品川萩)〔属の草〕. **≠klop·fer** 男 (道路工事などの)石割り人夫. **≠ko̲h·le** 女 石炭, 瀝青(れきせい)炭, 黒炭.

Ste̲in·ko̲h·len≠berg·bau 男 -〔e〕s/ 石炭鉱業. **≠berg·werk** 中 石炭鉱山, 炭鉱. **≠flö̲z** 中 〖坑〗石炭層, 炭層. **≠for·ma·tio̲n** 女 -/ 〖地〗石炭紀層; 石炭系. **≠gru̲·be** 女 石炭鉱山, 炭鉱. **≠pro·duk·tio̲n** 女 石炭の生産. **≠schicht** 女 石炭層, 炭層. **≠teer** 男 コールタール. **≠ze·che** 女 石炭鉱山, 炭鉱. **≠zeit** 女 -/ (Karbon) 〖地〗石炭紀; 石炭系.

Ste̲in≠ko·lik 女 〖医〗結石仙痛. **≠ko·ral·le** 女 (Riffkoralle) 造礁サンゴ, (特に:) 石サンゴ. **≠krab·be** 女 〖動〗タラバガニ(鱈場蟹)〔科〕.

ste̲in·krank 形 〖医〗結石症の.

Ste̲in≠krank·heit 女 〖医〗結石症. **≠kraut** 中 〖植〗アレチナズナ属. **≠kre̲bs** 男 〖動〗(南ドイツ産の)ザリガニ(の一種). **≠kreuz** 中 石の十字架(警告・贖罪(しょくざい)のしるし). **≠kru̲g** 男 石製〈陶製〉のジョッキ〈水差し〉. **≠läu·fer** 男 〖動〗イシムカデ(石蜈蚣)〔科〕. **≠lei·den** 中 ＝Steinkrankheit **≠mann** 男 -〔e〕s/..männer 〖登山〗ケルン(道標として石を積み上げたもの). **≠mar·der** 男 〖動〗ブナテン. **≠mark** 中 〖鉱〗石髄(せきずい). **≠mei·ßel** 男 (石工用・石材彫刻用の)のみ.

Ste̲in·metz[ʃtáɪnmɛts] 男 -en/-en 石工(いしく).
[*ahd.*; ◇machen; *engl.* mason]

ste̲in·mü̲·de 形 《話》ひどく疲れた, くたくたの.

Ste̲in≠obst 中 《集合的に》〖植〗核果(モモ・ハタンキョウ・サクランボなどサクラ属の果実). ▽**≠ö̲l** 中 -〔e〕s/ (Erdöl) 石油. **≠ope·ra·tio̲n** 女 〖医〗結石摘出術. **≠packung** 女 〖土木〗石詰め. **≠pap·pe** 女 耐火板紙; 屋根紙. **≠pfla·ster** 中 舗石; 小舗石〈石塊〉舗装, 石だたみ. **≠pilz** 男 〖植〗ヤマドリタケ(山鳥茸)(美味なキノコとして有名). **≠pla·stik** 女 珪化(けいか)プラスチック(壁材料). **≠plat·te** 女 〖土木〗板石(いたいし).

stein·reich 形 **1** [ʃtáɪnraɪç] 石の多い, 石だらけの. **2** [⌐⌐] 大金持ちの.

Ste̲in≠rö·tel 男 ＝Steindrossel **≠salz** 中 -es/ 〖鉱〗岩塩. **≠sa̲·men** 男 〖植〗ブグロッソイデス(ムラサキ科の一属). **≠sarg** 男 石棺. **≠schicht** 女 岩石層. **≠schlag** 男 **1** 落石. **2** 《単数で》〖土木〗砕石; 割栗(わりぐり)〔石〕.

Ste̲in·schlag·ge·fa̲hr 女 -/ 落石の危険.

Ste̲in≠schlei·fer 男 **1** 宝石研磨工, 宝石磨き〔職人〕; 宝石カット工. **2** 宝石研磨機. **≠schleu·der** 女 **1** (石を飛ばして鳥などを撃つ)パチンコ. **2** 〖史〗投石機.

Ste̲in·schloß·ge·we̲hr 中 〖軍〗(昔の)火打ち石銃.
[＜Schloß 2 c]

Ste̲in·schmät·zer 男 〖鳥〗サバクヒタキ(砂漠鶲).

Ste̲in·schnei·de·kunst 女 -/ 宝石カット術.

Ste̲in≠schnei·den 中 -s/ **1** 石切り. **2** 宝石カット. **≠schnei·der** 男 ＝Steinschleifer 1 **≠schnitt** 男 **1** 〖医〗砕石術, 切石術. **2** ＝ Steinschneidekunst **≠schot·ter** 男 《集合的に》バラス, 砂利, 砕石: eine Straße mit ∼ belegen 道路にバラスを敷く. **≠schrau·be** 女 〖工〗(石・コンクリートなどに埋めこむ)鬼ボルト(→ 図 Schraube A). **≠schrift** 女 〖印〗グロテスク, ドリア体(活字書体). **≠set·zer** 男 (Pflasterer) 舗装工. **≠si·che·rung** 女 〖建〗落石防止板. **≠stie·ge** 女 《南部・オーストリア》＝Steintreppe **≠sto̲·ßen** 中 -s/ 〖スポ〗石投げ. **≠stu̲·fe** 女, **≠trep·pe** 女 石の階段, 石段. **≠wäl·zer** 男 〖鳥〗キョウジョシギ(京女鷸). **≠weich·sel** 女 〖植〗マハレブ(ヨーロッパ産サクラ属の一種). **≠wein** 男 (Würzburg 近郊産の)シュタインワイン (Frankenwein の一種). **≠werk** 中 石切り場, 採石作業所. **≠werk·zeug** 中 〖考古〗石器. **≠wild** 中 (Steinbock) 〖動〗〔アルプス〕アイベックス. **≠wurf** 男 **1** 石を投げること, 投石, 石投げ: Ein ∼ traf ihn an die Stirn. 石が彼の額に命中した. **2** 石を投げれば届く距離, 近距離; 投石距離: einen ∼ weit 〈entfernt〉 sein 石を投げれば届くほどの距離にある | drei *Steinwürfe* weit 3 投石距離の. **≠wü̲·ste** 女 (↔Sandwüste) 〖地〗岩石砂漠. **≠zeich·ner** 男 石版画工. **≠zeich·nung** 女 石版画, リトグラフ. **≠zeit** 女 -/ 〖人類〗石器時代: ältere 〈jüngere〉 ∼ 旧〈新〉石器時代.

ste̲in·zeit·lich[..lɪç] 形 石器時代の.

Ste̲in·zeit≠mensch 男 〖人類〗石器時代人. **≠nar·**

ko·se 女《戯》脳天への強打.

Stein·zeug 中 炻器(せっき)(化学器具・陶管などに用いる).

Stei·per[ʃtáɪpər] 男 -s/-《中部・北部》(Stütze) 支え, 支柱. [< steif]

stei·pern[..pərn]《05》他 (h)《中部・北部》(stützen) 「支える.」

Stei·rer[ʃtáɪrər] 男 -s/- (⊛ **Steie·rin**[ʃtáɪərɪn]-/-nen) = Steiermärker

Stei·rer≈goal[ʃtáɪrərgo:l] 中, **≈tor** 中《オーストリア》《話》(サッカーで)ゴールキーパーのミスによるゴール〈得点〉.

stei·risch[ʃtáɪrɪʃ] = steiermärkisch

Steiß[ʃtaɪs] 男 -es/-e **1** = Steißbein **2** (Gesäß) 尻(しり), 臀部(でんぶ): **sich^3 den ~ verrenken**《話》(上司などに)ぺこぺこする, こびへつらう. **3 a)**〘狩〙(鳥の)けつ, 尾隆起(尾羽が生えている突出部: → ⊛ Vogel A). **b)**(昆虫の)尻(体の末端), 尾板.
[„gestutzter Körperteil"; *ahd.*; ◇stoßen, Stuten]

Steiß·bein[ʃtáɪs..] 中〘解〙尾骨(→ ⊛ Mensch C).

Steiß·bein≈akro·bat 男《話》米つきバッタ野郎(いやらしいほどへつらう人). **≈wir·bel** = Steißwirbel

Steiß≈fleck 男 (Mongolenfleck) 臀斑(でんぱん), 蒙古斑(もうこはん),〔小〕児斑. **≈fuß** 男 (Lappentaucher)〘鳥〙アビ(阿比), カイツブリ. **≈ge·burt** 女〘医〙臀位分娩(ぶんべん); 逆児(さかご)の出産. **≈huhn** 中〘鳥〙シギダチョウ(鷸駝鳥)(メキシコ以南の中央・南アメリカ産). **≈klop·fer** 男《話》(Arschpauker)(生徒のしりをたたく)教師. **≈la·ge** 女〘医〙(胎児の)臀位. **≈pau·ker** 男, **≈tromm·ler** 男《話》= Steißklopfer **≈wir·bel** 男〘解〙尾椎(びつい).

ste·kum[ʃté:kʊm] 副《話》(heimlich) こっそりと, そっと. [< *jidd.* schtiko „Stillschweigen"]

Ste·le[sté:lə, ʃté:lə] 女 -/-n **1 a)**(古代ギリシアの)ステレ, 墓表(銘や死者の像などを刻んだ石の盤). **b)**〘建〙(銘や模様などを刻んだ直立の)石柱, 石碑(墓・記念碑・境界標などとして用いられる: → ⊛). **2**〘植〙中心柱.
[*gr.*; ◇stellen, Stolle]

Palmette

Stele

Stel·la[ʃtɛ́la·] 女名 シュテラ. [*lat.*; ◇Stern^2]

Stel·la·ge[ʃtɛlá:ʒə; オーストリア:..lá:ʒ] 女 -/-n [..ʒən] **1 a)** (Gestell) 台架: Bücher*stellage* 書架 | Noten*stellage* 楽譜台. **b)**《オーストリア》(Regal) 書架, 書棚. **2** = Stellagegeschäft [*mndd.*; < stellen + ..age]

Stel·la·ge·ge·schäft[ʃtɛlá:ʒə..] 中〘商〙複合選択権付取引, ストラドル.

stel·lar[ʃtɛlá:r, st..] 形〘天〙恒星の, 恒星に関する. [*spätlat.*; < *lat.* stēlla (→Stern^2)]

Stel·lar·astro·no·mie 女 -/ 恒星天文学.

Stel·la·ra·tor[ʃtɛlará:tɔr, ..to:r, st..] 男 -s/-en [..rató:rən]〘理〙ステラレーター(核融合反応研究用装置). [*engl.*]

stell·bar[ʃtɛ́lba:r] 形 調節〈調整〉できる. [< stellen]

Stell·dich·ein[ʃtɛ́ldɪç|aɪn] 中 -〔s〕/-〔s〕ランデブー, デート, あいびき;《比》(代表者・選手などの)ミーティング, 会合, 参集: der Ort des ~〔s〕デート〈会合〉の場所 | ein ~〔mit *jm.*〕haben〔…と〕待ち合わせてデートする | *jm.* ein ~ geben …と待ち合わせる〈デートする〉| **sich^3 ein ~ geben** デート〈ランデブー〉する, 落ち合う;《比》(討論・ミーティングなどに)集合する, 参集する | zum ~ gehen デートに行く | Die bedeutendsten Wissenschaftler gaben sich auf dem Kongreß ein ~. 錚々(そうそう)たる学者たちが会議に参集した.
[< einstellen; *fr.* rendez-vous (→Rendezvous) の翻訳借用]

Stel·le[ʃtɛ́lə] 女 -/-n **1 a)**(特定の)個所, 部位;(文章・演説などの)一部, 一節: eine entzündete ~ 炎症を起こした部位 | eine kahle ~ am Kopf 頭のはげている個所 | eine schwache ~《比》弱点, 弱み | Das ist seine verwundbare〈empfindliche〉~.《比》これが彼の泣きどころだ ‖ An einigen ~n im Garten liegt noch Schnee. 庭のあちこちにまだ雪がある | Ich kenne hier im Wald eine ~, wo Pilze wachsen. 私はこの森のキノコの生えている場所を知っている ‖ eine ~〔aus dem Buch〕herausschreiben〈zitieren〉〔その本の〕一節を抜き書きする〈引用する〉| An dieser ~ möchte ich darauf hinweisen, daß ... 私はここで…ということを指摘したいと思います.
b)(Ort)(しかるべき・特定の)場所; (Baustelle)〔建築〕敷地, 地所: die richtige ~ しかるべき〈ふさわしい〉場所 ‖ **an** Ort und ~ (→Ort I 1 a, b) | *et.^{4}* an *seine* ~ bringen / *et.^{4}* an Ort und ~ bringen …をもとの〈本来の〉場所へ納める | Stell den Stuhl wieder an seine ~! いすを元の場所へ戻しなさい | **auf der ~** その〈この〉場で;《比》即座に, ただちに | Der Verunglückte war auf der ~ tot. 事故にあった男は即死であった | **auf der ~ treten**〘軍〙足踏みする;《比》停滞する, 進捗(しんちょく)しない;(故意に仕事を進めないで)ぐずぐずしている |〔mit *et.^{3}*〕**nicht von der ~ kommen**《比》〔…が〕はかどらない | *sich^4* nicht von der ~ rühren その場を動かない | **zur ~ sein** その場にいる | ***sich^4* zur ~ melden** 出頭する | *et.^{4}* zur ~ schaffen …を調達〈用意〉する | Soldat Müller auf Ihren Befehl zur ~!〘軍〙兵士ミュラー命令によりまいりました.
c)《単数で》《比》代理; 立場, 境遇: **an** ~ von *jm.*〈*et.^{3}*〉…に代えて, …に代わって(→anstelle) | an ~ *seines* Vaters / an *seines* Vaters ~ 父親に代わって | an ~ der Milch〈von Milch〉牛乳の代わりに | Wer wird an seine ~ treten? だれが彼の代理〈後任〉を引き受けるのだろうか | *sich^4* an *js.* ~^{4} setzen i)…〔を押しのけてずうずうしくそ〕の後がまにすわる; ii)…の身になって考える | Ich möchte nicht an seiner ~ sein〈stehen〉. 私は彼と立場を代わりたくない, 私は彼の立場に立つのはいやだ | Ich an deiner ~ würde〈An deiner ~ würde ich〉das nicht tun. 私がもし君だったらそうはしないんだが.
2 a)(順序・格づけに関して)位置, 順位: **an** erster〈zweiter〉~ 第1〈2〉に〔は〕| an erster ~ stehen 第1〔順〕位である;《比》もっとも大事である | an führender ~ stehen 指導的地位にある ‖ die erste〈oberste〉~ einnehmen 第1〔順〕位〈最高の地位〉を占める. **b)**〘数〙(位取りの)位, けた: die erste ~ hinter dem Komma 少数点以下第1位 | eine Zahl mit vier ~*n* 4けたの数.
3 a)(Stellung) 勤め口, 職〔場〕: eine feste ~ 定職 | eine freie〈offene〉~(欠員で)空いているポスト | eine gute〈gutbezahlte〉~ 収入の良い勤め口 ‖ eine ~ bekommen〈antreten〉職にありつく〈就く〉| eine ~ suchen〈finden〉勤め口を探す〈見つける〉| *seine* ~ verlieren〈wechseln〉職を失う〈変える〉. **b)**(Behörde) 官署, 役所: *sich^4* an der zuständigen ~ erkundigen 所管官署に問い合わせる | ein Gesuch bei der zuständigen ~ einreichen 所管官署に申請書を提出する.
[< stellen; ◇Stall, Gestell]

Stell·emp·fin·dung[ʃtɛ́l..] 女〘心〙位置感覚.

stel·len[ʃtɛ́lən] **I** 他 (h) **1**《方向を示す語句と》**a)**《*et.^{4}*》(…を…へ)〔立てて〕置く, 立てる, 立たせる; 据える: den Stuhl **an** den Tisch ~ いすをテーブルのところに据える | *jn.* an die Spitze ~ …を先頭に立てる;《比》…に指揮〈監督・管理〉をまかせる | einen Teller mit Obst **auf** den Tisch ~ 果物の入った皿をテーブルの上に置く | *jn.*〔wieder〕auf die Füße ~ …を〔再び〕立ち上がらせる | *et.^{4}* auf den Kopf ~ …を倒立〈逆立ち〉させる;《比》…をあべこべ〈さかさま〉にする | *jn.* auf die Probe ~《比》…を(ひそかに)試す | auf *sich^4*〔allein / selbst〕*gestellt* sein (→gestellt I 2 b) | den Schüler **in** die Ecke ~ (罰として)生徒を隅に立たせる | das Auto in die Garage ~ 車を車庫に入れる | Bücher ins Regal ~ 書物を本棚に立てる | ein Pferd in den Stall ~ 馬を厩(うまや)に入れる | *jn.*〈*et.^{4}*〉in den Schatten ~ (→Schatten 1 b) | Schiller^4 **neben** Goethe^4 ~ シラーをゲーテと同列に置く | Wir *stellen* dich **über** ihn. i)我々は君を彼の上司にする; ii)我々は彼よりも君を高く評価する | die Sache über die Person ~《比》事務的に判断する | die Pantoffeln **unters** Bett ~ スリッパをベッドの下に置く | *sein* Licht unter den Scheffel ~ (→Licht 2) b | *jn.* **vor** ein Problem ~《比》…に問題を突きつける | *jm.* einen Helfer **zur** Seite〈an die Seite〉~《比》…に助力者をつ

S

けてやる | den Stuhl **zwischen** die Tür und das Sofa ～ いすをドアとソファーの間に置く ‖〘動作名詞とともに機能動詞的に: →5〙 *et.*⁴ in Abrede ～ (→Abrede 1) | *jm. et.*⁴ in Aussicht ～ (→Aussicht 2) | *et.*⁴ in *js.* Ermessen ～ (→ermessen II) | *et.*⁴ in Frage ～ (→Frage 1 b) | *et.*⁴ in Rechnung ～ (→Rechnung 3) | *et.*⁴ in Zweifel ～ (→Zweifel) | *jn.* unter Anklagen ～ …を告訴する | *jn.* 〈*et.*⁴〉 unter Aufsicht ～ …を監視下に置く | *et.*⁴ unter Beweis ～ (→Beweis 1) | *et.*⁴ unter Strafe ～ (→Strafe 1 a) | *et.*⁴ zur Diskussion ～ (→Diskussion) | *jn.* zur Rede ～ (→Rede 2 b) | *et.*⁴ zur Schau ～ (→Schau 1 a) | *jm. et.*⁴ zur Verfügung ～ (→Verfügung 2).

b) 再帰 *sich*⁴ ～ (…へ)立つ, 身を置く: *sich*⁴ **ans** Fenster ～ 窓辺に立つ | *sich*⁴ **auf** die Waage 〈die Leiter〉 ～ 台ばかり〈はしご〉に乗る | *sich*⁴ auf die Zehenspitzen ～ つま先で立つ | *sich*⁴ auf eigene Füße 〈auf *sich*⁴ selbst〉 ～《比》自立する(→gestellt I 2 b) | *sich*⁴ auf die Hinterbeine ～《比》反抗する | *sich*⁴ auf den Kopf ～ 逆立ちする;《比》むりに努力する | *sich*⁴ auf einen Standpunkt ～《比》ある立場に立つ | *sich*⁴ **gegen** *jn.* ～ …のやり方に反対する | *sich*⁴ **hinter** *jn.* 〈*et.*⁴〉 ～《比》…を支持する, …に肩入れする | *sich*⁴ **in** die Reihe ～ 列に加わる | *sich*⁴ in den Dienst der Wissenschaft ～ 学問に貢献する | *sich*⁴ *jm.* in den Weg ～ …の行く手に立ちふさがる;《比》…の行動を邪魔する | *Stell* dich **neben** mich! 私と並びなさい | *sich*⁴ 〔schützend〕 **vor** *jn.* ～ …をかばう.

2 (stehen lassen) (動物が耳・尾などを)立てる, つっ立てる: Das Pferd hat die Ohren *gestellt.* 馬が耳をぴんと立てた.

3 (bereitstellen) 用意〈調達〉する, 投入する, 提供する: Arbeitskräfte 〔für *et.*⁴〕 ～ 〔…のための〕労働力を提供する〈作業要員を調達する〉 | einen Bürgen 〈einen Zeugen〉 ～ 保証人〈証人〉を立てる | einen Ersatzmann 〈einen Vertreter〉 ～ 代役〈代理人〉を立てる | 〔eine〕 Kaution ～ 保証〈保釈〉金を積む | Sicherheit 〈Bürgschaft〉 ～ 保証する | den Wein für die Feier ～ お祝いのためにワインを提供する | *jm.* Wagen und Chauffeur ～ …に運転手つきの車を提供する | Das Dorf *stellte* 50 Mann zur Bekämpfung des Waldbrandes. 村は山火事の消火に50名の要員を出した.

4 a) 再帰 *sich*⁴ 〔*jm.*/*et.*³〕 ～ 〔…に〕出向く〈出頭する・自首する〉; 〔…に〕服する〈応じる〉; 〔…に〕立ち向かう | *sich*⁴ um 9 Uhr am Bahnhof ～ 9時に駅に参集する(→II) | *sich*⁴ 〔dem Militär / zum Militärdienst〕 ～ 入隊する | Er muß sich am 1. April ～. 彼は4月1日に入隊しなければならない | *sich*⁴ zur Wahl ～ 選挙に立候補する ‖ *sich*⁴ dem Arzt 〔zur Behandlung〕 ～ 医者にかかる | *sich*⁴ der Polizei ～ 警察に出頭する〈自首する〉 | Der Täter hat sich 〔freiwillig der Polizei〕 *gestellt.* 犯人は自首して出た | *sich*⁴ *jm.* 〔zum Kampf〕 ～ …との試合に応じる.

b) 再帰 *sich*⁴ *et.*³ ～ …を受けて立つ, …に敢然と立ち向かう | *sich*⁴ der Herausforderung ～ 挑戦に応じる | *sich*⁴ der Presse 〈einer Diskussion〉 ～ 新聞社のインタビュー〈討論〉に応じる | Du mußt dich dem ～, was auf dich zukommt. (お前は)わが身に起こったことは受けて立たなくてはならない.

c) 《*jm. et.*⁴》 (わななどを)しかける: *jm.* eine Falle ～《比》…をわなにかけようとはかる | *jm.* ein Bein ～ (つまずかせようと)…の前に足を突き出す;《比》…を陥れようとはかる.

5 《機能動詞的に: →1 a》 **a)** (要求などを)出す, (条件などを)つける: einen Antrag ～ 動議を出す | *jm.* eine Aufgabe 〈ein Thema〉 ～ …に課題〈テーマ〉を出す | eine Bedingung ～ 条件をつける | eine Forderung 〔an *jn.*〕 ～ 〔…に〕要求を出す | 〔*jm.*〕 eine Frage ～ 〔…に〕質問を出す | 〔*jm.* für *et.*⁴〕 einen Termin ～ 〔…に…についての〕期限をつける | 〔*jm.*〕 ein Ultimatum ～ 〔…に〕最後通告を出す.

b) (予想などを)立てる: eine Diagnose ～ 診断を下す | eine Prognose über 〈für〉 *et.*⁴ ～ …についての予想を立てる | *jm.* das Horoskop ～ …の星占いをする.

6 (計器などを)調整する, セットする: die Heizung höher 〈niedriger〉 ～ 暖房を強く〈弱く〉する | das Radio lauter 〈leiser〉 ～ ラジオの音量を上げる〈しぼる〉 | die Uhr 〈die Zeiger〉 〔richtig〕 ～ 時計〈針〉を合わせる | den Wecker auf 5 Uhr ～ 目ざましを5時にセットする ‖ die Weichen ～〘鉄道〙ポイントを切り替える | die Weichen für *et.*⁴ ～《比》…の路線をあらかじめ定める.

7 《様態を示す語句などと》 **a)** *et.*⁴ hoch ～ …を高く評価する ‖ 再帰 *sich*⁴ ～ (値段が…に)つく | *sich*⁴ auf 80 Mark ～ (品物・値段が) 80マルクする | Der Teppich *stellte* sich höher 〈billiger〉 als erwartet. じゅうたんは予想より高くついた〈安くすんだ〉.

b) *et.*⁴ kalt 〈warm〉 ～ …(飲食物)を冷やしておく〈温かく保つ〉.

c) *jn.* gut ～ …を経済的に楽にする〈優遇する〉 | Seine neue Position *stellt* ihn nicht besser. 彼は新しい地位についたものの待遇がよくなったわけではない ‖ gut 〈schlecht〉 *gestellt* sein (→gestellt I 2 b).

8 再帰 *sich*⁴ ～《様態を示す語句と》(…の)態度をとる | *sich*⁴ zu *et.*³ positiv 〈negativ〉 ～ …に対して肯定的〈否定的〉な態度をとる | Wie *stellst* du dich dazu 〈zu ihm〉? 君はそれ〈彼〉をどう思うか | *sich*⁴ feindselig gegen *jn.* ～ …に敵対する | *sich*⁴ gut mit *jm.* ～ …と仲良くしようと努める.

9 見せかける, 演出する: **a)** eine Szene ～ ある場面を演出する | eine *gestellte* Aufnahme (→gestellt I 2 a).

b) 再帰 *sich*⁴ ～《様態を示す語句と》(…のふりを)装う | *sich*⁴ dumm ～ そらとぼける, しらばくれる | *sich*⁴ krank ～ 仮病をつかう | *sich*⁴ schlafend 〈tot〉 ～ 眠っている〈死んだ〉ふりをする.

10 *seinen* Mann ～ (独力で)がんばり抜く, りっぱに任を果たす, 面目を立てる(= *seinen* Mann stehen: →Mann² 1).

11 (zum Stehenbleiben zwingen) **a)** 〘狩〙(猟犬が野獣を)立ちすくませる, 追い詰める. **b)** (警察が犯人などを)追いつめて捕まえる.

II 自 (h) 出向く, 参集する(→I 4 a).

III **ge·stẹllt** → 別出

［*westgerm.*; ◇Stall, Gestalt; *gr.* stéllein „aufstellen"］

Stẹl·len≠an·ge·bot[ʃtélən..] 中 職場〈勤め口〉の提供, 求人: die ～*e* in der Zeitung lesen 〈studieren〉 新聞の求人欄を読む〈丹念に調べる〉. **≠an·zei·ge** 女 (新聞などの)求人広告. **≠be·wer·ber** 男 (⊛ **≠be·wer·be·rin**-/-nen) 求職者. **≠ge·su̲ch** 中 求職. **≠in·ha̲·ber** 男 (⊛ **≠in·ha·be·rin**) 在〈現〉職者. **≠jä·ger** 男 就職運動をする〈している〉人; 猟官者.

stẹl·len·lo̲s[ʃtélənlo:s]¹ 形 職〈勤め口〉のない, 失業〈失職〉した.

Stẹl·len≠markt 男 **1** 労働〈雇用〉市場. **2** 《集合的に》(新聞の)求人求職広告. **≠nach·weis** 男 職業紹介所, 公共職業安定所, 職安. **≠plan** 男 **1** (企業内の)職場計画. **2** (旧東ドイツで)計画現場の全体計画(→Planstelle 2);〘軍〙部署編制プラン. **≠su̲·che** = Stellungssuche **≠su̲·cher** 男 求職者. **≠ver·mitt·lung** 女 **1** 就業斡旋(あっせん), 職業紹介. **2** = Stellennachweis **≠wech·sel** 男 転職. **≠wechs·ler** 男 転職者.

stẹl·len·wei·se 副 ところどころに, あちこちに; まばらに: *Stellenweise* liegt auf den Bergen noch Schnee. 山にはまだあちこちに雪が残っている | Diese Pflanzen kommen hier nur ～ vor. これらの植物は当地では所によって生えているだけだ.

Stẹl·len·we̲rt 男 **1** 〘数〙桁の値. **2** 《比》位置価値(一定の秩序や組織内で人・事物などが持っている意味・価値など): einen immer wichtigeren ～ bekommen ますます重要性をもつようになる.

Stẹll≠geld[ʃtɛ́l..] 中 〘商〙複合〈二重〉取引特権料. **≠ge·schäft** = Stellagegeschäft **≠he̲·bel** 男 **1** 〘工〙切り替えレバー; 始動ハンドル. **2** 〘鉄道〙転轍(てつ)てこ.

［< stellen］

..stellig[..ʃtɛlɪç]² 《数詞などにつけて〘数〙「…桁(けた)の」,〘言〙「(動詞などの結合価が)…価の」を意味する形容詞をつくる》: ein*stellig* 〘数〙1桁の;〘言〙1価の | drei*stellig* 〘数〙3桁の;〘言〙3価の | mehr*stellig* 〘数〙2桁以上の;〘言〙2

価以上の. [＜Stelle]

Stel·ling[ʃtέlɪŋ] 女 -/-en, -s 〖海〗(船の舷側(げんそく)での作業に用いるロープでつるした)足場, ステージ, つり下げ足場. [*mndd.*; ◇Stellung]

Stel·lit[ʃtɛlíːt, ..lít] 中 (男) -s/ 〖化〗ステライト(コバルト・クロム・タングステンの合金).
[＜*lat.* stēllāns „blitzend" (◇Stern²)＋..it²]

Stell≈knopf[ʃtέl..] 男 =Stellrad ≈**knor·pel** 男〖解〗披裂(ひれつ)軟骨. [＜stellen]

Stell·ma·cher 男 (Wagenbauer) 車大工.

Stell·ma·che·rei[ʃtɛlmaxəráɪ] 女 **1**《単数で》(荷車の)車製造. **2** 車製造所〈工場〉. [＜Gestellmacher]

Stell≈mar·ke[ʃtέl..] 女〖軍〗(信管の)目盛り. ≈**mut·ter** 女 -/-n〖工〗加減〈調整〉ナット. ≈**netz** 中〖漁〗置き網. ≈**pro·be** 女〖劇〗(俳優の登場・歩き方・位置などを決める)下稽古(したげいこ), 配置稽古. ≈**rad** 中 (時計などの)調整輪. ≈**ring** 男〖工〗(軸の)調節〈加減〉リング. ≈**schrau·be** 女〖工〗加減〈調節〉ねじ;〖楽〗調律ねじ(→ 図 Kesselpauke). ≈**schirm** 男 衝立(ついたて), 衝立障子, 屏風(びょうぶ). ≈**stift** 男 (書架などの棚を受けとめる)取り付けピン, 棚受け.

Stel·lung[ʃtέlʊŋ] 女 -/-en **1 a)** (Haltung) 姿勢; (フェンシングなどの)構え: eine bequeme 〈zwanglose〉 ～ 楽な〈くつろいだ〉姿勢 ‖ **in** gebückter 〈hockender〉 ～ かがんだ〈しゃがんだ〉姿勢で | in liegender 〈sitzender / kniender〉 ～ 寝ころんだ〈座った・ひざをついた〉姿勢で. **b)** (性交のさいの)体位.

2 (Stand) 位置, 配列, ポジション: die ～ des Verbs im Nebensatz 副文での動詞の位置 | die ～ der Gestirne 〔am Himmel〕〖天〗星位 ‖ die ～ der Weichen verändern 転轍(てんてつ)器〈ポイント〉の位置を切り替える.

3 (Stelle) 地位, 身分; 勤め口, 職〔場〕: eine feste ～ 定職 | eine freigewordene 〈offene〉 ～ あいているポスト, 欠員 | eine gutbezahlte ～ 収入のいい勤め口 | die soziale 〈gesellschaftliche〉 ～ 社会的地位 ‖ eine ～ annehmen 〈antreten〉 職につく | eine ～ aufgeben 〈verlassen〉 辞職する | eine ～ bekleiden ある地位〈職〉についている | eine ～ als Sekretärin haben 秘書として勤めている | eine ～ suchen 〈finden〉 職を探す〈見つける〉 | *seine* ～ verlieren 〈wechseln〉 職を失う〈変える〉 ‖ ich, **in** meiner ～ als Botschafter 大使としての資格での私 | in ～ gehen《話》勤めに出る, 職につく(→3 a) | in ～ sein《場所を示す語句と》《話》…に勤めている | Sie ist seit einiger Zeit bei uns in ～. 彼女はしばらく前からうちで働いている | **ohne** ～ sein 職がない, 失業している.

4 a)〖軍〗陣地: eine befestigte ～ 防備を固めた陣地 | die feindlichen ～*en* angreifen 〈erobern〉 敵の陣地を攻める〈攻め落とす〉 ‖ eine neue ～ beziehen 新しい陣地に移る(→b) | die ～ behaupten 〈halten〉 陣地を確保する | die ～ verteidigen 〈wechseln〉 陣地を防衛する〈変える〉 ‖ in ～ gehen 陣につく(→2) | *et.*⁴ in ～ bringen …(火器など)を動員する. **b)**《単数で》《比》(Einstellung) 立場, 態度: eine neue ～ beziehen 従来の態度を変える(→a) ‖ **für** *jn.* 〈*et.*⁴〉 **～ nehmen** …に賛成の立場をとる | **gegen** *jn.* 〈*et.*⁴〉 **～ nehmen** …に反対の態度をとる | 〔**zu** *et.*³〕 **～ nehmen** 〈**beziehen**〉 〔…に対して〕態度を決める; 〔…に対して〕立場を明らかにする.

5《単数で》stellen すること: militärische ～〖軍〗徴兵検査 | Die ～ dieser Frage zeigt, daß ... この質問の提出は…ということを示している.

6 (stellen する装置. 例えば:) (時計の進み遅れを調整する)調整輪.

Stel·lung·nah·me[ʃtέlʊŋnaːmə] 女 -/ 態度決定〈表明〉: *sich*³ *seine* ～ 〔zu *et.*³〕 vorbehalten 〔…について〕態度表明〈論評〉を控える. [＜Stellung nehmen (→Stellung 3 b)]

Stel·lungs≈bau 男 -〔e〕s/〖軍〗陣地構築. ≈**be·fehl** 男〖軍〗徴兵令〔状〕. ≈**ge·such** 中 求職願い〈申し込み〉. ≈**kom·mis·sion** 女《ｵｰｽﾄﾘｱ》〖軍〗徴兵委員会. ≈**krieg** 男 (↔Bewegungskrieg)〖軍〗陣地戦.

stel·lungs≈los[..loːs]¹ 形 無職の, 失業中の: die *Stellungslosen* 失業者たち. ≈**pflich·tig** 形〖軍〗兵役義務のある.

Stel·lungs≈su·che 女 職探し, 求職: auf ～³ sein 職〈勤め口〉を探している | auf ～⁴ gehen 職探し〈求職〉に出かける. ≈**su·chen·de** 男 女《形容詞変化》求職者. ≈**ver·mitt·lungs·bü·ro** 中 職業紹介所, 職業安定所. ≈**wech·sel** 男 **1** 転職. **2** 立場〈態度〉の変更: einen ～ vornehmen 意見〈立場〉を変える(→3). **3**〖軍〗陣地がえ; 砲座位置の転換: einen ～ vornehmen 陣地の転換を行う(→2).

stell·ver·tre·tend[ʃtέl..] 形 代理の, 代任の, 職務を代行する: der ～*e* Präsident 会長代理, 副会長 ‖ ～ für *jn.* …の代理として, …の代わりに. [＜Stelle vertreten]

Stell·ver·tre·ter 男 代理人, 代理役, 代行者, 名代(みょうだい): der ～ Gottes 〈Christi〉〔auf Erden〕〔地上における〕神〈キリスト〉の代理人(ローマ教皇のこと) | Ich komme als ～ des Präsidenten. 私は会長の代理として来ました.

Stell·ver·tre·ter·krieg 男 (大国の利益のために小国が戦わされる)代理戦争.

Stell·ver·tre·tung 女 代理, (職務などの)代行: *jn.* mit der ～ beauftragen …に代行を委託する.

ᐁ**Stell·wa·gen** 男《ｵｰｽﾄﾘｱ》乗り合いバス. [＜Gestell]

Stell≈werk 中 **1**〖鉄道〗信号扱い所. **2**〖劇〗照明操作室. ≈**win·kel** 男〖工〗斜角定規, 測角器. ≈**zir·kel** 男〖工〗(ねじで足の開きを調節できる)加減コンパス.
[＜stellen]

Stelz·bein[ʃtέlts..] 中 =Stelzfuß

stelz·bei·nig =stelzfüßig

Stel·ze[ʃtέltsə] 女 -/-n **1**《ふつう複数で》**a)** 竹馬: ～*n* laufen / auf ～*n* gehen 竹馬に乗る | wie auf ～*n* gehen 〈laufen〉 ぎごちなく歩く;《比》気取る, いばる. **b)**《話》(細くて長い)脛(すね), 脚(あし). **2**〖鳥〗セキレイ(鶺鴒)〔科〕. **3**〖工〗(建築現場の)幅止め, セパレーター. **4**《ｵｰｽﾄﾘｱ》(Eisbein)〖料理〗アイス=バイン(豚の脚の塩漬け).
[*germ.* „Pfahl"; ◇stellen, stolz; *engl.* stilt]

stel·zen[ʃtέltsən] 《02》自 (s, h) 竹馬に乗って歩く;《比》ぎごちなく歩く; いばる, 気取って歩く; (鳥が)細い脚で歩く: mit *stelzenden* Schritten ぎごちない〈しゃちこばった〉足どりで ‖ einen *gestelzten* Gang haben 気取った歩き方をする | eine *gestelzte* Ausdrucksweise 気取った物の言い方.

Stel·zen≈gang 男《軽蔑的に》気取った歩き方. ≈**gei·er** 男 (Sekretär)〖鳥〗ヘビクイワシ(蛇喰鷲), ショキカンチョウ(書記官鳥). ≈**läu·fer** 男 **1** 竹馬に乗る人. **2**〖鳥〗セイタカシギ(丈高鷸). ≈**ral·le** 女〖鳥〗クイナモドキ(秧鶏擬). ≈**schuh** 男 かかとの高い〔木製〕サンダル. ≈**wan·ze** 女〖虫〗イトカメムシ(糸亀虫)科の昆虫.

Stelz·fuß[ʃtέlts..] 男 **1 a)** 義足. **b)**《話》義足をつけた人. **2** (馬について)蹠(あぐ)がまっすぐな足.

stelz·fü·ßig 形 **1**《話》義足をつけた. **2** (義足をつけたように)ぎごちない(足どり). **3**《比》気取った(言いまわし).

Stelz≈mücke 女〖虫〗ヒメガガンボ(姫大蚊)科の昆虫. ≈**vo·gel** 男 渉禽(しょうきん)類の鳥.

Stem·ma[ʃtέmaˑ, st..] 中 -s/-ta[..taˑ] **1**〖文芸〗写本〔間の関係を示す〕系統図. **2** (Stammbaum)〖言〗(句構造を示す)樹系図, 枝分かれ図.
[*gr.* „Binde, Kranz"－*lat.*; ◇Stab, Stephan]

Stemm≈bein[ʃtέm..] 中《ｽﾎﾟｰﾂ》軸足. ≈**bo·gen** 男《ｽｷｰ》シュテムボーゲン, 半制動回転(→ 図 Ski). ≈**brett** 中《ﾎﾞｰﾄ》足掛け板, ストレッチャー(→ 図 Boot C). ≈**ei·sen** 中 (Stechbeitel) (穴や溝をうがつ広刃の)突きのみ.

Stemmei·ßel[ʃtέmmaɪsəl] 男 -s/- =Stemmeisen

stem·men[ʃtέmən] **I** 他 (h) **1 a)** (重い物を)持ち上げる, さし上げる. **b)**《ｽﾎﾟｰﾂ》重量挙げをする: Er *stemmte* 〔ein Gewicht von〕 300 Pfund. 彼は300ポンドの重さのバーベルを挙げた. **2**《*et.*⁴ gegen *et.*⁴》(…に…を)強く押しあてる, 突っぱる: den Rücken gegen die Tür ～ 背中をドアにあてて突っぱる〈支える〉 | die Ellenbogen auf den Tisch ～ テーブルに両ひじをつく | die Arme in die Seiten 〈die Hüften〉 ～ 両腕をわき腹〈腰〉にあててひじを張る. **3** 再帰 **a)** *sich*⁴ ～ (体を)つっぱる: Ich *stemmte* mich in die Höhe. 私はのび

S

をした. **b**) *sich*⁴ gegen *et.*⁴ ～ …に強く体を押しつける; …を体で支える; 《比》…に逆らう〈抵抗する〉, …と戦う | *sich*⁴ mit den Schultern gegen die Wand ～ 肩で壁を押す〈突っぱる〉 | *sich*⁴ gegen die Maßnahmen der Regierung ～ 政府の措置に抵抗する. **4** (のみなどで穴を)あける, うがつ: ein Loch in die Wand ～ 壁に穴をあける | einen Span aus dem Holz ～ 木材から〔のみで〕木片を割りとる. **5** 《俗》(酒類, とくにビールを)飲む: **einen ～** 一杯やる | ein Bier ～ ビールを飲む. **6** 《俗》(重い物を)盗み出す: einen Sack Kartoffeln ～ ジャガイモ1袋を盗む.

II 自 (h) 〖スキ〗シュテムする.

III Stem·men 中 -s/ (stemmen すること. 例えば:) 〖スポ〗重量挙げ; 〖スキ〗シュテム.

[„zum Stehen bringen“; *germ.*; ◇stammeln, stumm, ungestüm; *engl.* stem]

Stemm·kri·stia·nia[ʃtɛ́mkrıstia:nia·] 男 〖スキ〗シュテムクリスチャニア.

Stemm·mei·ßel ＝Stemmeisen

Stem·pel[ʃtɛ́mpəl] 男 -s/- **1** 印鑑, 印章, 印判, 判, はんこ, 〔ゴム〕スタンプ, 消印器: ein ～ mit Name und Adresse 名前と住所を彫ったスタンプ ‖ einen ～ schneiden 〔lassen〕 印〈スタンプ〉を彫〔らせ〕る〈作〔らせ〕る〉 | den ～ auf das Schriftstück drücken 書類に印を押す. **2 a**) (紙などに押した)印, 捺印(なつ), 消印, 日付印, 検印, 公印; (貴金属などに打つ)極印; 焼き印; (押した)商標: ein runder ～ 丸い捺印 ‖ Der ～ ist zu blaß. 印〈判〉が薄すぎる | einen ～ brauchen 判を〔押して〕もらう必要がある | den ～ vom 27. Januar 1995 tragen 1995年1月27日の消印がある | eine mit ～ und Unterschrift versehene Urkunde 〔公〕印と署名のある文書 | eine Briefmarke mit dem ～ 〈durch den ～〉 entwerten 郵便切手に消印を押す. **b**) 《比》特徴, しるし, 烙印(らく), 刻印: Sein Werk trägt den ～ des Genies. 彼の作品にはまさに天才のしるし〈特質〉が現れている | *jm.* 〈*et*³〉 ***seinen ～*** **aufdrücken** …にその刻印を押す, …に強い影響を与える | Der Krieg drückte dem Leben dieses Volkes seinen ～ auf. 戦争がこの民族の生活にその刻印を押した. **3 a**) 〖工・印〗父型(ふ)(→ 図 Matrize A). **b**) (貨幣・メダルなどを作る)打ち抜き機. **4** (注射器・ポンプなどの)ピストン. **5** (Pistill) 〖植〗めしべ, 雌蕊(ずい). **6 a**) 〖坑〗(坑道の)支柱. **b**) 《複数で》《比》大根足. **c**) ずんぐりした形のコップ. **7** 《話》(Gaspedal) (自動車の)アクセル.

[*mndd.*; ◇stampfen]

Stem·pel∠ab·ga·be[ʃtɛ́mpəl..] 女 印紙税. **∠bo·gen** 男 印紙のシート. **∠bru·der** 男 《話》(Arbeitsloser) 失業者. **∠far·be** 女 スタンプ用インキ.

stem·pel·frei 形 印紙〔税〕不用の, 印紙〔貼付(ちょう)〕免除の.

Stem·pel∠ge·bühr 女 印紙税. **∠geld** 中 《話》失業保険金. **∠kar·te** 女 **1** 《話》失業者手帳〈カード〉. **2** ＝Stechkarte **∠kis·sen** 中 スタンプ台. **∠mar·ke** 女 〔収入〕印紙, 証紙: *et.*⁴ mit einer ～ versehen …に印紙〈証紙〉をはる.

stem·peln[ʃtɛ́mpəln] 《06》 他 (h) **1** 《*et.*⁴》 (…に)スタンプ〈印判〉を押す, (…に)捺印(なつ)する; (郵便物に)消印を押す: eine Briefmarke ～ 郵便切手に消印を押す | einen Paß ～ 旅券に(出入国などの)スタンプを押す | Das Besteck ist 〔mit〕 800 *gestempelt.* この銀の食器は800パーミルの極印がある ‖ **～ gehen** 《話》失業保険をもらいに行く, 失業中である. **2** 《*jn.*》 (…に)烙印(らく)を押す: *jn.* zum Lügner 〈Feigling〉 ～ …をうそつき〈臆病(おく)者〉ときめつける. [*mndd.*]

stem·pel·pflich·tig 形 《オーストリア》 (gebührenpflichtig) 料金〈手数料〉を支払う義務のある, 有料の.

Stem·pel∠schnei·der 男 印刻師; (貨幣の極印の)彫刻人. **∠stän·der** 男 スタンプ置き〈掛け〉. **∠steu·er** 女 印紙税. **∠uhr** 女 (Stechuhr) タイムレコーダー.

Stem·pe·lung[ʃtɛ́mpəlʊŋ] 女 -/-en スタンプを押すこと, 押印.

Stemp·ler[ʃtɛ́mplər] 男 -s/- ＝Stempelbruder

Stemp·lung[..plʊŋ] ＝Stempelung

sten.. →steno..

Sten·dhal[stɛ̃dál] 人名 スタンダール(1783-1842; フランスの作家. 作品『赤と黒』『パルムの僧院』など).

Sten·ge[ʃtɛ́ŋə] 女 -/-n 〖海〗中檣(ちゅうしょう), トップマスト(→ 図 Kutter). [*mndl.*－*ndd.*]

Sten·gel[ʃtɛ́ŋəl] 男 -s/- (⑩ **Sten·gel·chen**[-çən] 中 -s/-) **1** 〖植〗茎; 葉柄(→ 図 Blatt); 花梗(こう): Die Blüte sitzt an 〈auf〉 einem ～. 茎の上に花が咲いている | **fast vom ～ fallen** 《戯》びっくりしてぼう然とする | Fall nicht vom ～! 《話》おっこちるなよ, ひっくり返るなよ; うろたえるな. **2** 《話》葉巻; シガレット. **3** 《卑》(Penis) 陰茎, 男根. [*ahd.*; ◇Stange]

Sten·gel·knol·len 男 〖園〗球茎.

sten·geln[ʃtɛ́ŋəln] 《06》 自 (h) 《ベルリン》 (herumstehen) (することもなく)ぼんやりつっ立っている.

steno.. 《名詞・形容詞・動詞などにつけて「狭い・短い」などを意味する. 母音の前では sten.. となる: →*Stenose*》 [*gr.*]

Ste·no[ʃté:no·] 女 -/ (＜Stenographie) 《話》速記〔術〕: *et.*⁴ in ～ aufnehmen …を速記する | ～ schreiben 速記する.

Ste·no∠blei·stift[ʃté:no..] ＝Stenostift **∠block** ＝Stenogrammblock

Ste·no·dak·ty·lo[ʃtenodáktylo·] 女 -/-s (**Ste·no·dak·ty·lo·gra·phin**[..daktylográ:fın] 女 -/-nen) 《スイス》 ＝Stenotypistin [＜daktylo..]

Ste·no·graf[ʃtenográ:f] 男 -en/-en ＝Stenograph

Ste·no·gra·fie[..grafí:] 女 -/-n[..fí:ən] ＝Stenographie

ste·no·gra·fie·ren[..grafí:rən] ＝stenographieren

Ste·no·gramm[ʃtenográm] 中 -s/-e 速記文字原稿: ein ～ aufnehmen (講演・口述などを)速記する.

Ste·no·gramm·block 男 -〔e〕s/-s, ..blöcke (はぎ取り式の)速記用メモ用紙〔の1冊〕.

Ste·no·graph[ʃtenográ:f] 男 -en/-en (⑥ **Ste·no·gra·phin**[..grá:fın]-/-nen) 速記者.

Ste·no·gra·phie[..grafí:] 女 -/-n[..fí:ən] (Kurzschrift) 速記文字; 速記〔術〕(⑱ Steno): ～ lernen 〈können〉 速記を習う〈ができる〉 | *et.*⁴ in ～ schreiben 〈festhalten〉 …を速記する. [*engl.* stenography]

ste·no·gra·phie·ren[..grafí:rən] **I** 他 (h) 速記に取る: die Vorlesung ～ 講義を速記に取る. **II** 自 (h) 速記する, 速記者を務める: Sie *stenographiert* sehr schnell. 彼女は非常に速いスピードで速記する.

Ste·no·gra·phier·ma·schi·ne[..grafí:r..] 女 速記用タイプライター, ステノタイプ.

Ste·no·gra·phin Stenograph の女性形.

ste·no·gra·phisch[..grá:fıʃ] 形 速記〔術〕の; 速記による: ～*e* Notizen 速記によるメモ.

Ste·no·kar·die[ʃtenokardí:, st..] 女 -/-n[..dí:ən] 〖医〗狭心症. [＜*gr.* kardíā (→Kardia)]

Ste·no·se[ʃtenó:zə, st..] 女 -/-n, **Ste·no·sis**[..zıs] 女 -/..nosen[..nó:zən] 〖医〗狭窄(きょうさく)〔症〕.

Ste·no·stift[ʃté:no..] 男 -〔e〕s/-e (芯の柔らかい)速記「用鉛筆.」

ste·no·therm[ʃtenotɛ́rm, st..] 形 〖生〗狭温性の. [＜thermo..]

ste·no·top[..tó:p] 形 〖生〗狭生性の. [＜topo..]

ste·no·ty·pie·ren[ʃtenotypí:rən] 他 自 (h) 速記に取ったあとでタイプライターで正規の原稿にする.

Ste·no·ty·pist[..typíst] 男 -en/-en (⑥ **Ste·no·ty·pi·stin**[..tın]-/-nen) 速記タイピスト. [*engl.*－*fr.*; ◇Typus]

Sten·tor[ʃtɛ́ntɔr, st.., ..to:r; スイス: st..] **I** 人名 〖ギ神〗ステントール(50人に匹敵する大声の英雄.《Ilias》に登場する).

II 男 -s/-en[ʃtɛntó:rən, st..] 〖動〗ラッパムシ(喇叭虫)(原生動物の一種). [*gr.*; ◇donnern]

Sten·tor·stim·me 女 《比》ステントールのような大声.

Stenz[ʃtɛnts] 男 -es/-e 《話》《軽蔑的に》 **1** 伊達男, ダンディー. **2** (売春婦の)ひも.

Step[ʃtɛp, stɛp] 男 -s/-s ＝Steptanz [*engl.*; „Schritt“; ◇steppen²]

Step·ei·sen[ʃtɛ́p|aızən, st..] 中 タップダンス用シューズの「金具.」

S

Stẹ·phan[ʃtέfan] 男名 シュテファン(別形: Stefan). [*gr.* stéphanos „Kranz“; ◇Stemma; *engl.* Stephen]

Ste·phạ·nie[ʃtefá:niə, ʃtέfani·; オーストリア: ʃtefaní:] 女名 シュテファーニエ, シュテファニー.

Ste·pha·nịt[ʃtefaní:t, ..nít] 男 -s/ 〘鉱〙 脆安(ぜいあん)銀鉱. [<Stephan (オーストリアの大公, †1867) + ..it[2]]

Ste·phạ·ni·tag[ʃtefá:ni.., ʃtέfani..] 男 ステパノ聖人〈聖ステファン〉の祝日(12月26日. ステパノ Stephanus はキリスト教最初の殉教者).

der **Stẹ·phans·dọm**[ʃtέfans..] 男《寺院名》シュテファン大聖堂(ウィーンの首都大司教座教会).

Stẹ·phans·tag 男 =Stephanitag

Stepp[ʃtɛp, stɛp] 男 -s/-s =Step

Stẹpp≠ano·rak[ʃtέp..] 男 刺し子縫い〈キルティング〉のアノラック. **≠decke** 女 刺し子縫い〈キルティング〉の掛けぶとん. [<steppen[1]]

Stẹp·pe[ʃtέpə] 女 -/-n 〘地〙 ステップ(樹木の生えていない広大な草原). [*russ.*]

stẹp·pen[1][ʃtέpən] 他 (h) 〘服飾〙 刺し子縫い〈キルティング〉にする. [*mhd.*; ◇Stift[1], stippen]

stẹp·pen[2][ʃtέpən, st..] 自 (h) 〘ダンス〙 ステップを踏む. [*engl.* step; ◇stapfen, Step]

Stẹp·pen≠fuchs[ʃtέpən..] 男 (Korsak) 〘動〙 ダッタンギツネ. **≠hụhn** 中 (Spießflughuhn) 〘鳥〙 サケイ(沙鶏). **≠ker·ze** 女 〘植〙 エレムルス(中東原産ユリ科の草花). **≠wolf** 男 (Präriewolf) 〘動〙 コヨーテ.

Stẹp·per[ʃtέpər, st..] 男 -s/- (女 **Stẹp·pe·rin**[..pərɪn]-/-nen) =Steptänzer

Step·pe·rei[ʃtɛpərái] 女 -/-en 〘服飾〙 刺し子合わせ縫い〔飾り〕, キルティング. [<steppen[1]]

Stẹp·pe·rin[1][ʃtέpərɪn] 女 -/-nen 刺し子縫い〈キルティング〉の縫い子.

Stẹp·pe·rin[2] Stepper の女性形.

Stẹpp·jacke[ʃtέp..] 女 刺し子縫い〈キルティング〉の上着.

Stẹpp·ke[ʃtέpkə] 男 -〔s〕/-s《話》ちび, 小僧. [*ndd.*; ◇Stopfen[2]]

Stẹpp≠na·del[ʃtέp..] 女 〘服飾〙 刺し子針. **≠naht** 女 〘服飾〙 刺し子縫い, キルティング. **≠stich** 男 〘服飾〙 ぐし縫い, 刺し縫い, キルティングステッチ(→ 図 Handarbeit).

Stẹp〔p〕≠tanz[ʃtέp.., st..] 男 タップダンス. **≠tän·zer** 男 (女 **≠tän·ze·rin**) タップダンサー.

Stẹr[ʃte:r] 男 -s/-e, -s (単位: -/-) 〘林〙 ステール(→Raummeter). [*gr.* stereós (→stereo..) − *fr.* stère]

Stẹr·be[ʃtέrbə] 女 -/ (動物の)死病.

Stẹr·be≠al·ter 中 死亡年齢, 享年. **≠amt** 中 =Totenmesse **≠bett** 中 臨終〔の床〕: an *js.* ~ sitzen …の臨終に立ちあう | auf dem ~ liegen 死の床についている, 臨終である. **≠buch** 中 〘法〙 死亡登録簿(→Standesregister). **≠da·tum** 中 死亡年月日. **≠fall** 男 (Todesfall) 死亡〔事件〕: im ~ 〘法〙 死亡の場合に〔は〕| einen ~ in der Familie haben 家族に死人が出る. **≠geld** 中 -〔e〕s/ (保険から支払われる)葬祭料.

Stẹr·be·geld·ver·si·che·rung 女 葬祭保険.

Stẹr·be≠ge·sang 男 -〔e〕s/..sänge《ふつう複数で》弔いの歌, 葬送歌, 挽歌(ばんか). **≠ge·wand** 中《南部・オーストリア》=Sterbehemd **≠glocke** 女 弔いの鐘, 弔鐘. **≠haus** 中 (ある人が)死んだ家. **≠hel·fer** 男 安楽死の幇助(ほうじょ)者. **≠hemd** 中 (Leichenhemd) 死者に着せる衣, 経かたびら, 死衣. **≠hil·fe** 女 **1** =Sterbegeld **2** 死亡幇助(ほうじょ), 安楽死〔術〕. **≠jahr** 中 (Todesjahr) 死亡の年〈年次〉, 没年. **≠kas·se** 女 葬祭保険基金, 葬祭費積立組合. **≠kleid** 中 =Sterbehemd **≠kli·nik** 女 (末期患者用の)ホスピス. **≠la·ger** 中 =Sterbebett **≠ma·tri·kel** 女《オーストリア》《官》(Totenverzeichnis) 死亡者名簿.

stẹr·ben*[ʃtέrbən][1] 《185》 **starb**[ʃtarp][1] / **ge·stọr·ben**[gəʃtɔ́rbən]; 現 *du* stirbst[ʃtɪrpst], *er* stirbt; 命 stirb; 接II stürbe[ʃtýrbə]

I 自 (s) (英: *die*) 死ぬ, 死亡する; 《比》衰える, 没落する, (愛・希望などが)消えうせる, 消滅する; (計画が)頓挫(とんざ)する, 日の目を見ずに終わる, 潰(つい)える: Er *starb* als gläubiger Christ. 彼は敬虔(けいけん)なキリスト教徒として死んだ | Heute ist ihm die Frau *gestorben*. きょう彼の奥さんが亡くなった(彼は細君に死なれた) | Und wenn sie nicht *gestorben* sind, dann leben sie noch heute. そして彼らがその後死んでいないなら今日でも生きていますとさ(童話の結末のきまり文句) | **für *jn.* gestorben sein** …にとって死んだも同然である〈なんの関心もない〉 | Er kann nicht leben und ~. / Er kann weder leben noch ~. 彼は(病気が重く)生死の境をさまよっている ‖ Seine Liebe 〈Hoffnung〉 *starb*. 彼の愛〈希望〉は潰(つい)えた ‖ *Stirb* und werde! (→werden 3) | Friß, Vogel, oder *Stirb!* (→Vogel 1 a) ‖ arm 〈elend〉 ~ 貧困のうちに死ぬ | einsam 〈verlassen〉 ~ 孤独に〈さびしく〉死ぬ | hochbetagt ~ 高齢で死ぬ | jung ~ 若死にする | plötzlich 〈unerwartet〉 ~ 急死する | ruhig 〈sanft / friedlich〉 ~ 安らかに死ぬ ‖〚前置詞句と〛**am** Galgen ~ 絞首刑になる | an einer Krankheit ~ ある病気で死ぬ | an Altersschwäche 〈einem Herzschlag〉 ~ 老衰〈心臓麻痺(まひ)〉で死ぬ | an Krebs 〈an der Pest〉 ~ がん〈ペスト〉で死ぬ | an den Folgen eines Verkehrsunfalls ~ 交通事故がもとで死ぬ | nicht an Herzdrücken ~《比》強心臓である, (ものおじせず)ずけずけ物を言う | **auf** dem Operationstisch ~ 手術中に死ぬ | auf dem Schlachtfeld ~ 戦死する | **bei** 〈unter〉 der Geburt ~ (胎児が)分娩(ぶんべん)時に死ぬ | **durch** die Hand des Mörders ~ 暗殺者の手にかかって死ぬ | durch Unglücksfall 〈einen Autounfall〉 ~ 事故〈自動車事故〉で死ぬ | **für** *seine* Überzeugung ~ 自己の信念に殉じて死ぬ | für *et.*[4] leben und ~ …のこととなると一生懸命になる, …に熱を上げている | fürs Vaterland ~ 祖国のために死ぬ | **in** der Blüte der Jugend ~《雅》若い盛りに死ぬ | in 〔Armut und〕 Elend ~ 貧困のうちに死ぬ | im Krankenhaus ~ 病気で死ぬ | in den Sielen ~《雅》殉職する | **mit** 〈im Alter von〉 86 Jahren ~ 86歳で死ぬ | über *seiner* Arbeit 〈*seinen* Plänen〉 ~ 仕事〈計画〉半ばに死ぬ | **Davon 〈Daran〉** *stirbt* man nicht.《比》事態はそれほど深刻ではない | Du wirst nicht gleich davon 〈daran〉 ~!《比》だからって君がどうなるわけでもないだろうに | **vor** Hunger ~ 飢え死にする | Ich *sterbe* fast vor Hunger.《話》私は腹がすいて死にそうだ | vor Lange〔r〕weile ~《話》退屈で死にそうである | vor Ungeduld 〈Angst〉 ~《話》待ち遠しくて〈不安で〉たまらない | wie die Fliegen ~ (→Fliege 1 a) ‖〚2格と〛Hungers ~《雅》飢え死にする | eines gewaltsamen 〈unnatürlichen〉 Todes ~《雅》非業の死をとげる | eines natürlichen Todes ~《雅》寿命が来て死ぬ ‖〚同族目的語と〛einen qualvollen Tod ~ 苦しみもだえて死ぬ | den Tod eines Gerechten 〈eines Helden〉 ~《雅》正義を貫いて〈英雄的に〉死ぬ | **tausend Tode ~**《雅》(恐ろしくて・心配で)死ぬ思いをする ‖ 再帰・非人称 Es *stirbt* sich schwer. 死ぬのは苦しい ‖〚現在分詞で〛die *sterbende* Glut 〈Flamme〉《雅》消えかかっている火(ほのお) | die *sterbende* Natur《雅》秋めく自然 | der *Sterbende* 死にかかっている〈瀕死(ひんし)の〉男.

II Stẹr·ben 中 -s/ 死: das große ~ (疫病などによる)大量死 | Massen*sterben* 大量死滅 | Wald*sterben* (環境汚染などによる)森林の枯死〈死滅〉 ‖ im ~ liegen 死に瀕(ひん)している | zum ~《話》死ぬほど, ひどく | zum ~ müde 〈einsam〉 sein くたくたに疲れている〈ひどくさびしい〉 | Jetzt geht es um Leben und ~. いまや死ぬか生きるかの問題だ | zum ~ bereit sein 死ぬ覚悟ができている | Das ist zum Leben zuwenig, 〔und〕 zum ~ zuviel. (給料などについて)これじゃ生かさず殺さずってとこだ ‖ **zum ~**《話》死ぬほど, ものすごく | Der Film war zum ~ langweilig. その映画はひどく退屈だった.

[„erstarren“; *westgerm.*; ◇starren; *engl.* starve]

Stẹr·bens·ạngst[ʃtέrbəns|ãŋst] 女 (Todesangst) 死ぬほどの恐怖〈不安〉, 命も縮まる恐ろしさ.

stẹr·bens≠bạng(≠**bạn·ge**) 形《雅》死ぬほど心配な, 心配で心配でたまらない, 気がかりで命も縮まる思いの. **≠ẹlend** 形 たいへんみじめな; 死にそうに気分が悪い.

Stẹr·bens·for·schung 女 -/ (Thanatologie) 死亡研究, 死学, タナトロジー(人間の死に関する諸問題を扱う学際

S

領域の学問).

stẹr·bens≈krạnk 形 死ぬほどの重態の, 病気が重くて助からない, 危篤の. **≈lạng·wei·lig** 形 死ぬほど退屈な. **≈mạtt** 形《話》ひどくぐったりした, 疲れきった. **≈mü̲·de** 形《雅》死ぬほど疲れた, 疲れ果てた.

Stẹr·bens≈se̲e·le 女 死すべき者, 人間: 〘もっぱら否定の形で〙 Davon darf keine ⟨nicht eine⟩ ～ etwas erfahren. それについては ひとりとして耳にする者があってはならない. **≈si̲l·be** 女 ＝Sterbenswort

stẹr·bens·ụn·glück·lich 形 たいへん不幸な.

Stẹr·bens≈wọrt 中, **≈wọ̈rt·chen** 中 ひと言, 片言隻句(へんげんせっく): 〘もっぱら否定の成句で〙 **kein ⟨nicht ein⟩ ～** sagen ⟨verraten⟩ うんともすんとも言わない, 一言ももらさない | von *et.*[3] kein ～ hören ⟨wissen⟩ …についてなにも聞いていない⟨知らない⟩. [＜sterbend „schwach"]

Stẹr·be≈ort[ʃtɛ́rbə..] 男 -es/-e 死んだ場所, 死亡地. **≈quo̲·te** 女, **≈ra̲·te** 女 死亡率. **≈re·gi·ster** 中 ＝Sterbebuch **≈sa·kra·men·te** 複《カトリック》臨終の秘跡: die ～ empfangen ⟨erhalten⟩ 臨終の秘跡を受ける ‖ Er ist mit den ～*n* versehen gestorben. 彼は臨終の秘跡を授けられて死んだ. **≈sta·ti·stik** 女 死亡統計. **≈stun·de** 女 (Todesstunde) 臨終, 末期(まつご).

Stẹr·bet[ʃtɛ́rbət] 男 -s/《スイス》死; (Massensterben) 大量死滅.

Stẹr·be≈ta̲g 男 (Todestag) 死亡日. **≈u̲r·kun·de** 女 死亡証明書. **≈zif·fer** 女 ＝Sterberate **≈zim·mer** 中 (ある人が)死んだ部屋.

stẹrb·lich[ʃtɛ́rplɪç] **I** 形 死ぬべき運命の; はかない: die ～*e* Hülle (→Hülle 1 b) | die ～*en* Überreste (→Überrest) | die gewöhnlichen ⟨normalen⟩ *Sterblichen* この世の人たち ‖ Alle Menschen sind ～. 人間はみな死ぬ運命だ. **II** 副《話》死ぬほど, ひどく, ものすごく: *sich*[4] ～ blamieren ひどく恥をかく | Er ist ～ verliebt in das Mädchen. 彼はその女の子に首ったけだ.

Stẹrb·lich·keit[−kaɪt] 女 -/ **1** 死ぬべき〔運命である〕こと; はかなさ. **2** 死亡〔件〕数.

Stẹrb·lich·keits≈ra̲·te 女, **≈zif·fer** 女 死亡率.

stẹ·reo[ʃtéːreo·, st..; スイ: st..] **I** 形 **1** ＝stereophon **2**《話》(bisexuell) 両性愛の(異性愛と同性愛をともに備えた). **II Stẹ·reo** 中 -s/-s **1**《単数で》(＜Stereophonie) 立体音響〔効果〕, ステレオ: ein Konzert in ～ senden 音楽会をステレオ放送する. **2** (＜Stereotypplatte)〘印〙ステロ版, 鉛版. [II 1: *engl.*]

stereo..《名詞・形容詞などにつけて,「固い・固定した・立体〈空間〉の・立体的な」などを意味する》 [*gr.* stereós „starr"; ◇stark]

Ste·reo·aku̲·stik[ʃtereo|akʊ́stɪk, ʃtéːreo|akʊstɪk, st..] 女 -/ 立体音響学.

Stẹ·reo≈an·la̲·ge[ʃtéːreo.., st..] 女 ステレオ〔受信〕装置. **≈auf·na̲h·me** 女 **1** 立体撮影. **2** ステレオ録音. **≈bild** 中 (Raumbild)〘光〙立体像. **≈box** 女 ステレオ用スピーカー収納箱〈ボックス〉.

Ste·reo·che·mi̲e[ʃtereoçemíː, ʃtéːreoçemiː, st..] 女 -/ 立体化学.

Ste·reo·chro·mi̲e[..kromíː] 女 -/-n[..míːən] ステレオクローム画. [＜chromato..]

Stẹ·reo·film[ʃtéːreo.., st..] 男 立体映画.

ste·reo·fo̲n[..fóːn] ＝stereophon

Ste·reo·fo·ni̲e ＝Stereophonie

Ste·reo·fo·to·gra·fi̲e[ʃtereofotografíː, ʃtéːreofotografiː, st..] 女 **1**《単数で》立体撮影〔術〕. **2** 立体写真.

Ste·reo·gno̲·stik[ʃtereognɔ́stɪk, st..] 女 -/ 立体知覚. [＜Gnosis]

Ste·reo·grạmm[..grám] 中 -s/-e 立体画, 実体画; 実体図表.

Ste·reo·gra·phi̲e[..grafíː] 女 -/ 立体画法.

ste·reo·gra̲·phisch[..gráːfɪʃ] 形 立体画法の.

Stẹ·reo≈ka·me·ra[ʃtéːreo.., st..] 女 ステレオカメラ, 立体写真機. **≈kom·pa·ra̲·tor** 男〘天〙立体コンパレーター. **≈laut·spre·cher** 男 ステレオ〔ラウド〕スピーカー; ステレオボックス.

Ste·reo·mẹ·ter[ʃtereoméːtər, st..] 中 (男) -s/- 体積計.

Ste·reo·me·tri̲e[..metríː] 女 -/ 体積測定, 求積法; 「立体幾何学.」

ste·reo·mẹ·trisch[..méːtrɪʃ] 形 体積測定の, 求積法の; 立体幾何学の.

ste·reo·pho̲n[..fóːn] 形 (↔monophon) 立体音響〔効果〕の, ステレオの: eine ～*e* Aufnahme ステレオ〈立体〉録音 | ein Konzert ～ senden コンサートを立体〈ステレオ〉放送する.

Ste·reo·pho·ni̲e[..foníː] 女 -/ 立体音響〔効果〕, ステレオ(略 Stereo).

Ste·reo·pho·to·gra·phi̲e[..fotografíː, ʃtéːreofotografiː, st..] 女 ＝Stereofotografie

Stẹ·reo·plat·te[ʃtéːreo.., st..] 女 (レコードの)ステレオ盤.

Ste·reo·sko̲p[ʃtereoskóːp, st.., ..reɔs..] 中 -s/-e 立体鏡, ステレオスコープ.

Ste·reo·sko·pi̲e[..reoskopíː, ..reɔs..] 女 -/ 立体鏡学, 立体写真術.

ste·reo·sko̲·pisch[..reoskóːpɪʃ, ..reɔs..] 形 立体鏡の; 立体鏡で見るような; 立体感を与える: ein ～*er* Film 立体映画.

Stẹ·reo·to̲n·kopf[ʃtéːreo.., st..] 男 ステレオレコード用ピックアップ.

ste·reo·ty̲p[ʃtereotýːp, st..] 形 **1** 型にはまった, 紋切り型の; 相も変わらず同じ, 千編一律の: eine ～*e* Redewendung (月並みな)きまり文句 | ein ～*es* Lächeln つくり笑い ‖ Seine Antwort war ～: „Nein". 彼の返事は判で押したように「いいえ」だった ‖ Er wiederholte ～ immer wieder dieselben Worte. 彼は相も変わらず同じ言葉を繰り返した. **2** ステロ版〈鉛版〉で印刷した. [*fr.* stéréotype]

Ste·reo·ty̲p·druck 男 -〔e〕s/-e〘印〙 **1** ステロタイプ版〔印刷物〕. **2**《単数で》ステロ版〈鉛版〉製版.

Ste·reo·ty̲·pe[..týːpə] 女 -/-n〘印〙ステロ版, 鉛版.

Ste·reo·ty·pi̲e[..typíː] 女 -/-n[..píːən] **1**〘印〙 **a)** ステロ版〈鉛版〉の鋳造. **b)** ステロ版〈鉛版〉による印刷. **c)** ステロ版印刷室〈所〉. **d)** (Stereotypplatte) ステロ版, 鉛版. **2**《単数で》〘医〙常同症.

ste·reo·ty·pi̲e·ren[..typíːrən] 他 (h)〘印〙ステロ版〈鉛版〉にする. 「(略 Stereo).」

Ste·reo·ty̲p·plat·te[..týːp..] 女〘印〙ステロ版, 鉛版

ste·ri̲l[ʃteríːl, st..] 形 **1** 無菌の, 滅菌した: *et.*[4] ～ machen …を無菌にする, …を滅菌する | ～ arbeiten 無菌状態の中で働く. **2** (↔fertil)〘生〙不妊の, 生殖不能の; 不毛の, 実を結ばない;〘植〙不稔(ふねん)の. **3**《比》実りのない, 不毛の, 創造的〈生産的〉でない: ein ～*er* Schriftsteller 才のない作家. **4**《比》(部屋などが)索莫(さくばく)とした, 特色のない. [*lat.*−*fr.*; ◇Sterke]

Ste·ri·li·sa·tio̲n[ʃterilizatsióːn, st..] 女 -/-en **1** 無菌にすること, 滅菌, 殺菌: die ～ von ärztlichen Instrumenten 医療器具の殺菌〈消毒〉. **2** 不妊にすること, 断種.

Ste·ri·li·sa·tio̲ns≈ap·pa·ra̲t 男 ＝ Sterilisator **≈ge·setz** 中〘法〙断種法.

Ste·ri·li·sa̲·tor[..záːtɔr, ..toːr] 男 -s/-en[..zatóːrən] 滅菌器, 消毒器.

Ste·ri·li·si̲er·ap·pa·ra̲t[..zíːr..] 男 ＝Sterilisator

ste·ri·li·si̲e·ren[..zíːrən] 他 (h) **1** 殺菌〈滅菌〉する, 消毒する: Obst ⟨Milch⟩ ～ 果物〈牛乳〉を滅菌する. **2**《*jn.*》不妊にする, 断種する: *sich*[4] ～ lassen 不妊〈断種〉手術を受ける. [*fr.* stériliser]

Ste·ri·li·si̲e·rung[..rʊŋ] 女 -/-en ＝Sterilisation

Ste·ri·li·tä̲t[ʃterilitɛ́ːt, st..] 女 -/ **1** 無菌〔状態〕. **2**〘医〙不妊〔性〕; 不妊症;〘植〙不稔(ふねん)性. **3**《比》(精神的な)不毛, 非生産性. [*lat.*−*fr.*]

Ste·ri·li·tä̲ts·ope·ra·tio̲n 女〘医〙不妊治療手術.

Ste·ri̲n[ʃteríːn, st..] 中 -s/-e〘化〙ステリン. [＜stereo..]

Stẹr·ke[ʃtɛ́rkə] 女 -/-n《北部》(Färse)〘畜〙未経産牛. [*westgerm.*; ◇steril, Stär; *engl.* stirk]

Stẹr·let〔t〕[ʃtɛ́rlɛt] 男 -s/-e〘魚〙(黒海などにいるやや小型の)チョウザメ(蝶鮫). [*russ.* sterljad; ◇Stör[1]]

Stẹr·ling[ʃtέrlɪŋ, st.., stέːlɪŋ, stǿːlɪŋ; ｽｲｽ: st..] 男 -s/-e (単位: -/-) **1** スターリング(→Pfund 2 a). ᵛ**2** 昔の英国銀貨; ペニー貨. [*engl.*; ◇Stern², ..ling]

Stẹr·ling≈block 男 -[e]s/, **≈ge·biet** 中 -[e]s/ スターリングブロック, ポンド貨通用地域. **≈sil·ber** 中 法定純度の銀, 純銀.

Stern¹[ʃtɛrn] 男 -s/-e (Heck) 〘海〙 船尾, とも. [*anord.* stjörn−*engl.*; ◇Steuer¹]

Stern²[ʃtɛrn] 男 -[e]s/-e (⑩ **Stẹrn·chen** → 別出, **Stẹrn·lein**[ʃtέrnlaɪn] 中 -s/-) **1** (英: *star*) 星: ein heller ⟨blasser⟩ ～ 明るい⟨かすかに光る⟩星 | ein leuchtender ⟨funkelnder⟩ ～ 輝く⟨きらめく⟩星 | ein ～ erster ⟨zweiter⟩ Größe 1⟨2⟩等星 | Fix*stern* 恒星 | Polar*stern* 北極星 ‖ einen neuen ～ entdecken 新星を発見する | die ～*e* beobachten 星を観察する | **die ～*e* vom Himmel holen wollen** 《雅》 不可能なことを企てる | ***jm.* ⟨für *jn.*⟩ die ～*e* vom Himmel holen wollen** 《雅》 …のためにはどんなことでもしてやろうとする | die ～*e* des Himmels zählen 《比》 無駄骨を折る ‖ Die ～*e* blinken ⟨flimmern⟩. 星がまたたいて⟨ちらちら光って⟩いる | Die ～*e* strahlen ⟨verlöschen⟩. 星が輝く⟨消える⟩ | Die ～*e* stehen am Himmel. 星が空に出ている | Die ～*e* gehen auf ⟨unter⟩. 星が出る⟨消える⟩ ‖ **auf** diesem ⟨unserem⟩ ～ 《雅》 この地球で | **nach den ～*en* greifen** 《雅》 不可能なことを企てる | **unter fremden ～*en*** 《雅》 異郷で, 故郷を遠く離れて | *jn.* bis **zu** den ～*en* erheben 《比》 …をやたらに持ち上げる.

2 (人間の運命を左右するものとしての)星, 星まわり, 運勢; 幸運[の星]: ein guter ～ 恵みの星, 幸運 | *js.* guter ～ …の救い主 ‖ die ～*e* befragen 星で占う ‖ **an** *seinen* ～ glauben 自分の星⟨幸運⟩を信じる | das Schicksal **aus** den ～*en* deuten 星で運勢を占う | **in** den ～*en* lesen 星占いをする | **noch in den ～*en* [geschrieben] stehen** 《比》 実現するかどうか まだ分からない段階にある | **unter** einem glücklichen ～ geboren sein 《雅》 幸運の星のもとに生まれている | **unter einem glücklichen ⟨günstigen / guten⟩ ～ stehen** 《雅》 (計画などが)幸運の星を背負っている ‖ weder Glück noch ～ haben 全くついていない | Sein ～ geht auf ⟨sinkt⟩. 彼の運勢は上り坂⟨下り坂⟩である.

3 (Star) (映画・演劇などの)スター, 人気俳優: ～*e* vom Film 映画スター連 | ein neuer ～ am Theaterhimmel 演劇界の新星.

4 (星をかたどったもの・星を連想させるもの. 例えば:) **a)** (階級章の)星; 星形勲章: ～ der Völkerfreundschaft (旧東ドイツの)諸国民友好の星勲章 | Wieviel ～*e* hat er? 彼の肩章にはいくつ星がついていますか. **b)** 星形菓子: ～*e* aus Marzipan 星形のマルチパン. **c)** 星形糸巻き(→ 図 Garn). **d)** (各種の)星印, アステリスク: [ein] Kognak mit drei ～*en* 三つ星のついたコニャック | Dieses Hotel steht im Reiseführer mit drei ～*en*. このホテルは旅行案内書では星印が三つついている | Der ～ hinter dem Wort verweist auf eine Anmerkung. 語の後ろにつけたアステリスクは注の表示である. **e)** (目の前に飛び散る)火花: **～*e* sehen** 《話》 (なぐられて)目から火が出る, 目の前がぼうっとなる, 気絶しそうになる | Ich sehe ～*e*! これは驚いた | *jn.* ～*e* sehen lassen 《話》 …をひどい目にあわす; …を大喜びさせる | *Sterne* tanzten ihr vor den Augen. 《話》 彼女は目の前がぼうっとなった. **f)** 〘畜〙 星(馬などの額の星形の白斑(はん)): → 図 Abzeichen). **g)** 放射状交差点.

5 (主として呼びかけ語として)いとしい人, 大事な人; 《ｽｲｽ》 恋人, ガール⟨ボーイ⟩フレンド.

[„Ausgestreutes"; *westgerm.*; ◇Aster, Star², Gestirn; *engl.* star; *lat.* stēlla „Stern"]

Stern³[ʃtɛrn] 人名 Otto ～ オットシュテルン(1888-1969; ドイツ生まれのアメリカの物理学者. 1943年ノーベル賞受賞).

Stẹr·na Sternum の複数.

ster·nal[ʃtɛrnáːl, st..] 形 〘解〙 胸骨の. [<..al¹]

Stẹrn≈anis[ʃtέrn..] 男 〘植〙 ダイウイキョウ(大茴香), トウシキミ(唐樒)(中国原産シキミ属). **≈ap·fel** 男 〘植〙 カイニット(熱帯産アカテツ科の果実).

stẹrn·ar·tig 形 星のような, 星形の: ein *Sternartiges* 〘天〙 恒星状天体.

Stẹrn·be·deckung 女 〘天〙 掩蔽(えんぺい)(月または惑星が間に入ることによって恒星が一時的に観測できなくなる現象).

stẹrn·be·sät 形 《雅》 一面に星をちりばめた: ein ～*er* Himmel 星をまき散らしたような空.

Stẹrn≈be·we·gung 女 (地球から見た)星の動き⟨運行⟩. **≈bild** 中 〘天〙 星座: das ～ des Großen Bären 大熊(おおぐま)座. **≈blu·me** 女 (Aster) 〘植〙 アスター, ユウゼンギク(友禅菊)(キク科シオン属の草).

Stẹrn·chen[ʃtέrnçən] 中 -s/- (Stern²の縮小形. 特に:) **1** 〘印〙 星印, アステリスク(*). **2** (映画・演劇などの)未来のスター, 人気の出つつある俳優. **3** 《慣用的に》 **eins rauf mit ～!** 《話》 よくやった, でかしたぞ.

Stẹrn·chen·nu·del 女 -/-n 《ふつう複数で》 〘料理〙 星形ヌードル.

Stẹrn·deu·ter 男 (Astrologe) 占星術師.

Stern·deu·te·rei[ʃtɛrndɔʏtəráɪ] 女, **Stẹrn·deu·tung**[ʃtέrn..] 女 (Astrologie) 占星術.

Sterndl[ʃtέrndəl] 中 -s/-[n] 《ｵｰｽﾄﾘｱ》 **1** 小さな星. **2** (階級章の)星.

Stẹr·nen≈bahn[ʃtέrnən..] 女 《雅》 惑星⟨遊星⟩の軌道. **≈ban·ner** 中 星条旗(→Stars and Stripes).

stẹr·nen·hell =sternhell

Stẹr·nen·him·mel 《ｽｲｽ》 =Sternhimmel

stẹr·nen≈klar =sternklar **≈los**[..loːs]¹ =sternlos

Stẹr·nen·zelt 中 -[e]s/ 《雅》 (天幕に見立てた)星空.

Stẹrn≈fahrt[ʃtέrn..] 女 〘ｽﾎﾟｰﾂ〙 (異なった出発点から同一の到達地点に向かって走る)自動車⟨オートバイ⟩競技. **≈flug** 男 〘ｽﾎﾟｰﾂ〙 (異なった出発点から同一の到達地点に向かって飛ぶ)飛行競技.

stẹrn·för·mig[ʃtέrnfœrmɪç]² 形 星形の; 放射状の.

Stẹrn≈for·scher 男 天文学者. **≈ge·wöl·be** 中 〘建〙 星形ヴォールト(→ 図 Gewölbe B). **≈glo·bus** 男 (Himmelsglobus) 天球儀. **≈gucker** 男 **1** 《話》 天文学者. **2** 首がシカのようにまっすぐ立っている種類の馬. **3** 〘魚〙 (目が上方を向いている地中海産)オコゼ.

stẹrn·ha·gel≈be·sof·fen 形 《話》, **≈blau** 形 《話》, **≈voll** 形 《話》 泥酔した, へべれけの.

Stẹrn·hau·fen 男 〘天〙 星団.

stẹrn·hell 形 星の明るい, 星あかりの(夜).

Stẹrn≈him·mel 男 星空. **≈jahr** 中 〘天〙 恒星年. **≈kar·te** 女 〘天〙 星図.

stẹrn·klar 形 星の明るい, 星がよく見える(夜空).

Stẹrn·kun·de 女 -/ (Astronomie) 天文学.

stẹrn·kun·dig 形 星のことに詳しい, 天文学に通じた.

Stẹrn·le·ber·moos 中 〘植〙 ウキゴケ(浮苔)属(苔類).

Stẹrn·lein Stern²の縮小形(→Sternchen).

stẹrn·los[ʃtέrnloːs]¹ 形 星のない, 星が見えない(夜空).

Stẹrn≈mie·re 女 〘植〙 ハコベ(繁縷)属. **≈moos** 中 〘植〙 チョウチンゴケ(提灯苔)類(蘚類). **≈mo·tor** 男 〘工〙 星形機関. **≈mull** 男 〘動〙 ホシバナモグラ(星鼻土竜). **≈schal·tung** 女 〘電〙 星形連結⟨結線⟩, 星形接続. **≈schnecke** 女 〘動〙 ウミウシ(海牛)(軟体動物). **≈schnup·pe** 女 (Meteor) 流星. **≈sin·gen** 中 -s/ 〘民俗〙 (1月6日の御公現の祝日に行われる)子供たちが3人一組となって東方の三博士の仮装をし そのうちの一人が杖(つえ)をもち歌をうたいながら各戸を回ってお金やケーキをもらい歩く風習(→Dreikönige).

Stẹrn·sin·ger 男 -s/- 〘民俗〙 Sternsingen に参加する子供.

Stẹrn≈stun·de 女 《雅》 運命の時, 世紀の一瞬. **≈sy·stem** 中 〘天〙 恒星系(星団・星雲など, 恒星の集合体). **≈ta·fel** 女 =Sternkarte **≈tag** 男 〘天〙 恒星日.

Stẹr·num[ʃtέrnʊm, st..] 中 -s/..na[..naˑ] (Brustbein) 〘解〙 胸骨. [*gr.* stérnon „Brust"; ◇Stirn]

stẹrn·voll[ʃtέrn..] 形 **1** 星がいっぱい出ている(夜空). **2** =sternhagelvoll

Stẹrn≈war·te 女 天文台. **≈wol·ken** 複 〘天〙 星雲. **≈wurm** 男 〘動〙 **1** (環形動物の)ユムシ類. **2** (星口動物の)ホシムシ(星虫)類. **≈zahl** 女 星の数. **≈zeit** 女 〘天〙 恒星時.

Ste·roid[ʃteroíːt, st..][1] 中 -〔e〕s/-e《ふつう複数で》〘生化学〙ステロイド: das anabole ~ 蛋白(たんぱく)同化(アナボリック)ステロイド. [<..oid]

Ste·roid·hor·mon -s/-e 中《ふつう複数で》〘生化学〙ステロイドホルモン. [mndd.]

Stert[ʃteːrt, ʃtɛrt] 男 -〔e〕s/-e《北部》=Sterz 1

Sterz[ʃtɛrts] 男 -es/-e **1** (しっぽ状のもの. 特に:) 鳥の尾. **2**〘農〙すきの柄(→ 図 Pflug). **3**《南部》〘料理〙シュテルツ(穀粉を主にした料理). [„Steifes"; *germ.*; ◇stark; 3: <sterzen „steif sein"]

Ster·ze[ʃtɛ́rtsə] 女 -/-n =Sterz 1, 2

ster·zeln[ʃtɛ́rtsəln]《06》自 (h) (ミツバチが)しりを持ち上げる.

stet[ʃteːt] 形《付加語的》《雅》絶え間ない, 不断の, 恒常的な: ~*er* Fleiß 不断の努力〈勤勉さ〉| ein ~*er* Streit mit *jm.* …との絶え間ないいさかい | in ~*er* Treue 〈~*em* Gedenken〉とわに忠実なる〈絶えずあなたのことを思いつつ〉(手紙の末尾などで) | *Steter* Tropfen höhlt den Stein. (→Tropfen 1 a).

[*ahd.* stāti „beständig"; ◇stehen, stetig, stad]

Ste·te[ʃtéːtə] (**Stet·heit**[ʃtéːthaɪt] 女 -/ =Stetigkeit

Ste·tho·skop[ʃtetoskóːp, st.., ..tɔs..; ᔆᐟ: st..] 中 -s/-e (Hörrohr)〘医〙聴診器. [<*gr.* stēthos „Brust"]

ste·tig[ʃtéːtɪç][2] 形 **1** 不変〈不動〉の; 不断の, 恒常的な: ein ~*er* Charakter 落ち着いた人柄〔の人間〕| eine ~*e* Entwicklung 絶えざる発展 ‖ Sein Fleiß ist nicht ~ genug. 彼の勤勉さには持久性が不足している ‖ ~ abnehmen 〈zunehmen〉絶えず減り〈増え〉続ける | Die Geburtenrate ist ~ gesunken. 出生率は恒常的に低下した. **2**〘数〙連続の: eine ~*e* Funktion 連続関数. [*ahd.* stātīg; ◇stet, bestätigen]

Ste·tig·keit[−kaɪt] 女 -/ 不変, 不動; 安定〔性〕; 恒久性.

stets[ʃteːts] 副 (immer) いつも, 常に, 絶えず: ~ und ständig essen 始終なにか食べている | Er ist ~ guter Laune. 彼はいつも上機嫌である | Sie ist ~ pünktlich 〈freundlich〉. 彼女はいつも時間に正確だ〈あいそがよい〉| ~ der Ihre 〈die Ihre〉... / ~ Ihr 〈Ihre〉... いつまでもあなたのものである…(手紙の末尾の署名の前で).

[*mhd.*; ◇stet+..s[1]]

Stet·tin[ʃtɛtíːn] 地名 シュテッティーン(ポーランド北西部, Oder 川河口の港湾都市. 1945年までドイツ領. ポーランド語形シュチェチン Szczecin). [*slaw.*; <..in[3]]

Stet·ti·ner[..nər] **I** 男 -s/- シュテッティーン(シュチェチン)の人. **II** 形《無変化》シュテッティーン(シュチェチン)の.

Steu·er[1][ʃtɔ́ʏər] 中 -s/- (船の)舵(かじ), 操舵(そうだ)輪; (自動車などの)ハンドル; (飛行機の)操縦桿(かん): das ~ des Schiffes 〈des Autos〉船の舵〈車のハンドル〉| das ~ des Staates《比》国政の舵 ‖ das ~ führen ハンドルを握る;《比》国政をつかさどる | das ~ ergreifen《比》政権を握る | **das ~ herumreißen 〈herumwerfen〉** 急ハンドルを切る;《比》方針を急変する | das ~ fest in der Hand haben しっかりハンドルを握る;《比》強権を握っている ‖ **am ~ sitzen** 車を運転している;《比》主宰〈指導〉している, 実権を握っている | Trunkenheit 〈Alkohol〉 am ~ 飲酒運転 | eine Frau am ~ 女性ドライバー | *jn.* ans ~ lassen …に車の運転を任せる | **hinter dem ~ sitzen** 車を運転している | **ohne ~ treiben** / des ~*s* verlustig sein《比》無為無策である.

[*mndd.*; ◇Steuer[2]]

Steu·er[2][−] 女 -/-n **1** 税, 税金, 租税: direkte 〈indirekte〉 ~ 直接〈間接〉税 | staatliche ~ 国税 | hohe 〈niedrige〉 ~*n* 高率〈低率〉税 | Einkommen*steuer* 所得税 | Vermögens*steuer* 財産〈資産〉税 ‖ die ~ 〔vom Gehalt〕 abziehen 税金を〔俸給から〕天引きする | ~*n* erheben 〈ermäßigen〉税を徴収〈減免〉する | ~*n* hinterziehen 税金をごまかす | eine ~ auf *et.*[4] legen …に課税する | ~*n* 〔an den Staat〕 zahlen 税金を〔国に〕払う ‖ Das Auto kostet monatlich 40 Mark 〔an〕 ~*n*. この車は月に40マルク税金がかかる. ▽**2** 支え, 援助:〘今日では次の形で〙*et.*[4] zur ~ der Wahrheit sagen 〈tun〉 / *et.*[4] der Wahrheit zur ~ sagen 〈tun〉 真実のために…を言う〈する〉. **3**《単数で》《話》(Steueramt) 税務署: Sie ist bei der ~ 〔beschäftigt〕. 彼女は税務署に勤めている.

[*ahd.* stiura „Stütze, Unterstützung"; ◇stauen]

Steu·er≠ab·wehr[ʃtɔ́ʏər..] 女 (納税者の)税金対策. **≠ab·zug** 男 (俸給からの)税の天引き. **≠amt** 中 税務署. **≠an·schlag** 男 税額の査定. **≠an·walt** 男 税理士.

Steu·er·an·wei·sung 女〘電算〙コントロール=ステートメント.

Steu·er≠auf·kom·men 中 -s/ (年間の)税収総額. **≠band** 中 -〔e〕s/..bänder, **≠ban·de·ro·le** 女 (タバコの箱などにはってある)税額記入帯封, 納税済み証紙(→ 図 Tabak).

steu·er·bar[1][ʃtɔ́ʏərbaːr] 形 操縦のきく; コントロール〈制御〉可能の.

steu·er·bar[2][−] 形 課税対象となる.

Steu·er≠be·am·te 男 税務〈徴税〉官. **≠be·frei·ung** 女 -/ 税の免除, 免税.

steu·er·be·gün·stigt 形 税制上の優遇措置を受けた.

Steu·er≠be·gün·sti·gung 女 税制上の優遇〔措置〕. **≠be·hör·de** 女 税務署. **≠be·ra·ter** 男 税理士. **≠be·scheid** 男 税額査定書, 納税告知書. **≠be·voll·mäch·tig·te** 男 女 納税代理人. **≠bi·lanz** 女〘商〙徴税貸借表.

steu·er·bord[ʃtɔ́ʏər..] =steuerbords

Steu·er·bord 中 (ᵒᵗˢᵗʳ: 男) -〔e〕s/-e《ふつう単数で》(↔Backbord)〘海〙右舷(げん).

[*mndd.*; ◇*engl.* starboard]

steu·er·bords 副〘海〙右舷(げん)へ, 右へ.

Steu·er·bord·sei·te 女 =Steuerbord

Steu·er·dü·se 女 (ロケットなどの)姿勢制御用ジェット.

Steu·er≠ein·he·bung 女《南部》=Steuererhebung **≠ein·nah·men** 複 税収. ▽**≠ein·neh·mer** 男 (税を取り立てて回る)収税吏.

Steu〔e〕·rer[ʃtɔ́ʏ(ə)rər] 男 -s/- **1**〘海〙舵手(だしゅ). **2**〘ボート〙舵手, コックス.

Steu·er≠er·he·bung[ʃtɔ́ʏər..] 女 徴税〔事務〕. **≠er·hö·hung** 女 増税. **≠er·klä·rung** 女 納税申告. **≠er·laß** 男 税の免除, 免税. **≠er·leich·te·rung** 女 税負担の軽減, 減税. **≠er·mä·ßi·gung** 女 税額割引: eine ~ beantragen 税の減額を申請する. **≠er·stat·tung** 女 税の還付. **≠fahn·der**[..faːndər] 男 脱税調査官. **≠fahn·dung** 女 脱税調査.

Steu·er≠fe·der 女 -/-n《ふつう複数で》〘鳥〙尾翼羽(→ 図 Vogel A). **≠flä·che** 女〘空〙操縦翼面.

Steu·er≠flucht 女 -/〘法〙国外逋税(ほぜい). **≠flücht·ling** 男 国外逋税(ほぜい)者(納税を逃げるために国外に移住する人). **≠for·mu·lar** 中 税金の申告用紙.

steu·er·frei[ʃtɔ́ʏərfraɪ] 形 税のかからない, 免税の, 非課税の.

Steu·er·frei≠be·trag 男 免税額. **≠gren·ze** 女 免税限度: die ~ erhöhen 〈heraufsetzen〉 免税点を引き上げる.

Steu·er≠frei·heit 女 -/ steuerfrei なこと. **≠ge·heim·nis** 中 (納税者の財産や所得に関する情報についての徴税官公吏の)守秘義務. **≠geld** 中 -〔e〕s/-er《ふつう複数で》徴収した税金: eine Verschwendung von ~*ern* 税金のむだ遣い.

Steu·er·ge·rät 中 (各種の制御装置. 例えば:) (ステレオ・プレーヤーなどの)音響調整装置.

Steu·er·ge·setz 中〘法〙〔租〕税法.

Steu·er·he·bel 男 (各種の)制御〈操作〉レバー.

Steu·er≠hin·ter·zie·her 男 -s/- 脱税者. **≠hin·ter·zie·hung** 女 脱税. **≠kar·te** 女 徴税〈納税〉カード. **≠klas·se** 女 税〈課税査定基準〉の等級〈階級〉.

Steu·er≠knüp·pel 男〘空〙操縦桿(かん). **≠kom·paß** 男〘海〙操舵(そうだ)羅針儀. **≠kopf·rohr** 中 (自転車の)前管, ヘッドチューブ(→ 図 Fahrrad).

Steu·er·last 女 税負担.

steu·er·la·stig 形〘海〙とも下がりの, ともあしの.

Steu·er·lat·te 女《俗》=Steuerschuld

S

steu·er·lich[ʃtɔ́ʏərlɪç] 形〔租〕税に関する, 租税上の: ~*e* Belastung 税負担 | ~*e* Vergünstigungen 税制上の優遇措置 ‖ ~ begünstigt 税制上の優遇措置を受けた.

steu·er·los 形 舵(かじ)のない;《比》指導者のない.

Steu·er·mann 男 **1** -[e]s/..leute〖海〗航海士. **2** -[e]s/..männer **a)**〖ボート〗舵手, コックス. **b)**〖ボブスレー〗操縦者.

Steu·er·manns≈maat 男〖海〗二等航海士. **≈pa·tent** 中 航海士免〔許〕状.

Steu·er·mar·ke[1] 女 (船が自分の位置を知る補助手段としての) 目標地点.

Steu·er≈mar·ke[2] 女 印紙; (犬の) 鑑札(→ 図 Hund). **≈meß·be·trag** 男 被課税額.

steu·ern[1][ʃtɔ́ʏərn]《05》**I** 他 (h) **1**《*et.*[4]》(…の) 舵(かじ)をとる, (…を) 操縦する; 制御〈コントロール〉する;《比》(…を) 一定の方向に導く, 操作する, あやつる: ein Schiff ~ 船を操縦する | ein Auto ~ 車を運転する | ein Schiff in den Hafen 〈durch die Klippen〉 ~ 船を港に入れる〈岩礁の間を縫って操縦する〉 | den Wagen sicher durch den dichten Verkehr ~ 激しい交通の中を縫ってうまく車を運転する | das Motorrad nur mit einer Hand ~ オートバイを片手で運転する ‖ ein Gespräch geschickt ~ 話をたくみに思う方向へ持ってゆく | die öffentliche Meinung ~ 世論を操作する | den Staat ins Verderben ~《雅》〔政治を誤って〕国家を滅亡させる | den Ton ~ 音〔量〕を調節する ‖ Wer hat 〔den Wagen〕 *gesteuert*? だれが運転していたのですか | Er *steuerte* den Betrunkenen über die Straße. 彼は酔っぱらいの手を引いて通りを渡らせてやった ‖ 再帰 Dieser Flugzeugtyp *steuert* sich gut. この型の飛行機は操縦しやすい ‖ automatisch *gesteuerte* Heizungen 自動制御装置付きの暖房 | eine staatlich *gesteuerte* Wirtschaft 国の統制下にある経済.

2 (乗り物などで一定の方向を) 取る, 目指す: einen geraden Kurs ~ まっすぐのコースをとる;《比》正攻法でゆく | einen falschen Kurs ~ 進路を間違える;《比》方策を誤る | Westkurs ~〖海・空〗針路を西へ向ける.

II 自 **1** (s) (船などが一定の方向へ) 進む: nach Norden 〈aufs Meer〉 ~ (船が) 針路を北へ〈外洋へ〉向ける | in den Hafen ~ (船が) 港を目指す | glücklich durch die Klippen ~ (船が) うまく岩礁の間を縫って進む | Er *steuert* in sein Unglück. 彼は不幸への道をまっしぐらに進んでいる | Wohin *steuert* er?《比》彼の意図は何なのだろう | Wohin *steuert* die deutsche Politik? ドイツの政治はどこへ行く〈何を目指している〉のだろう.

2 (h)《雅》《*et.*[3]》(…を) 防止〈抑止〉する: dem Unheil zu ~ suchen 災害防止に努める.

[*ahd.*; ◇Steuer[1]; *engl.* steer]

steu·ern[2][ʃtɔ́ʏərn]《05》自 (h)《スイス》税金を払う; (会費その他の) 分担金を払う.

Steu·er≈oa·se[ʃtɔ́ʏər..] 女《話》税金天国 (税金のない・安い国). **≈ord·nung** 女 税制. **≈pacht** 女〖史〗(請負によって生じた)〔租〕税徴収権. **≈pa·ket** 中 税関係の一括法案. **≈pa·ra·dies** 中《話》税金天国. **≈pflicht** 女 納税義務.

steu·er·pflich·tig **I** 形 **1** (人について) 納税義務のある. **2** (物について) 税金のかかる: ein ~*er* Gewinn 課税対象になる利益. **II** **Steu·er·pflich·ti·ge** 男 女《形容詞変化》納税義務者.

Steu·er·po·li·tik 女 租税政策.

Steu·er≈pult 中〖工〗(機械装置の) 制御机. **≈rad** 中 **1** =Steuerknüppel **2**〖海〗操舵(そうだ)輪. **3** (自動車などの) ハンドル.

Steu·er≈recht 中〖法〗租税法. **≈re·form** 女 税制改革.

Steu·er≈röh·re 女〖電〗放電管. **≈säu·le** 女 **1** (自動車の) ハンドル〈ステアリング〉シャフト. **2** (船の) 舵(かじ)取りコラム. **3** (飛行機の) 操縦桿(かん). **≈schal·ter** 男 制御スイッチ.

Steu·er≈schein 男 租税領収証. **≈schrau·be** 女《話》《もっぱら次の成句で》**die ~ anziehen** 〈überdrehen〉 / **an der ~ drehen** 増税する | zu einer ~ führen 増税の原因になる. **≈schuld** 女 未納〈滞納〉税金: ~*en* haben 未納の税金をかかえている. **≈schuld·ner** 男 税金未納〈滞納〉者. **≈sen·kung** 女 減税. **≈sün·der** 男 税法違反者, 脱税者. **≈sy·stem**[1] 中 租税制度, 税制.

Steu·er·sy·stem[2] 中 制御機構〈システム〉.

Steu·er·ta·rif 男 税率〔表〕.

Steue·rung[ʃtɔ́ʏərʊŋ] 女 -/-en **1**《単数で》(steuern[1]すること. 例えば:) 操舵(そうだ), 操縦; 制御, コントロール;《雅》抑止, 防止: Fern*steuerung* 遠隔操作, リモートコントロール | numerische ~ (工作機械などの) 数値制御. **2** (steuern[1]するための装置. 例えば:)〖工〗舵(かじ)取り〈操縦〉装置; 制御装置.

Steue·rungs·ven·til 中〖工〗制御弁.

Steu·er≈ver·an·la·gung[ʃtɔ́ʏər..] 女 税額の査定. **≈ver·ge·hen** 中〔租〕税法違反. **≈ver·gün·sti·gung** 女 税制上の優遇〔措置〕, 税制上の特典. **≈vor·aus·zah·lung** 女 税金の前納.

Steu·er·wel·le 女〖工〗カム軸.

Steu·er≈we·sen 中 -s/ 租税制度; 税務. **≈zah·ler** 男 納税者, タクスペイヤー.

Steu·rer =Steuerer

Ste·ven[ʃté:vən] 男 -s/-〖海〗船首〈船尾〉材(→ 図 Faltboot). [*mndd.* „Schiffsschnabel“; ◇Stab]

Ste·ward[stjú:ərt, ʃt..] 男 -s/-s〖海・空〗(船・飛行機の) サービス係, スチュワード.
[*aengl.* stig-weard „Haus-wart“ (◇Wart)－*engl.*]

Ste·war·deß[stjú:ərdɛs, ʃt.., ⏑⏑⏑] 女 -/..dessen [..sən] (Steward の女性形) スチュワーデス, キャビンアテンダント. [*engl.*; ◇..eß]

StGB[ɛste:ge:bé:] 略 =**Strafgesetzbuch** 刑法典.

Sthe·nie[ʃtení:, st..] 女 -/〖医〗強壮, 耐力. [< *gr.* sthénos „Stärke“+..ie]

sthe·nisch[ʃté:nɪʃ, st..] 形〖医〗強壮な, 耐力のある.

sti·bit·zen[ʃtibítsən]《02》《過分 stibitzt》他 (h)《話》(ちょっとしたものを) かっぱらう, くすねる.

Sti·bium[ʃtí:biʊm, st..] 中 -s/〖化〗アンチモン(記号 Sb). [*ägypt.*－*gr.*－*lat.*]

stich[ʃtɪç] stechen の命令法単数.

Stich[ʃtɪç] 男 -[e]s/-e **1 a)** (英: *stitch*) (stechen すること. 例えば:) 刺すこと, 突き刺し; 刺し傷: ein tödlicher ~ mit dem Messer ナイフによる致命的な一刺し | Nadel*stich* 針で刺すこと ‖ ~*e* von Bienen bekommen ミツバチに刺される | *jm.* einen ~ geben 〈versetzen〉 …を一刺しする ‖ Der ~ geht ins Herz 〈in die Lunge〉. 刺し傷は心臓〈肺〉に達している | Der ~ eitert. 刺し傷が化膿(かのう)する. **b)**《比》あてこすり, いやみ: *jm.* 〔in der Unterhaltung〕 dauernd 〔kleine〕 ~*e* geben 〈versetzen〉 …に〔話のあいだじゅう〕絶えず〔ちょっとした〕いやみを言う. **c)** 刺すような痛み;《比》ショック, 心痛: ~*e* in der Seite fühlen 〈bekommen / haben / spüren〉 わき腹に刺すような痛みを覚える | Es ging 〈fuhr〉 mir ein ~ durchs Herz. 私は心臓に刺すような痛みが走った | Die Nachricht hat ihr einen ~ 〔ins Herz〕 gegeben. その知らせに彼女の胸は痛んだ. **d)**《成句で》**~ halten** (主張・論証などが) しっかりしている, 論駁(ろんばく)されにくい | Der Beweis 〈Sein Alibi〉 hält nicht ~. その証明〈彼のアリバイ〉は根拠が不十分だ ‖ Die Sache stimmt auf Hieb und ~. この件は押しても突いてもびくともしない〔ほどきちんと整っている〕 ‖ *jn.* **im ~ lassen** …を見殺しにする | Das Gedächtnis läßt ihn im ~. 彼はどうしても思い出すことができない ‖ *et.*[4] **im ~ lassen** …を放棄する | *sein* Gepäck 〈*seinen* Plan〉 im ~ lassen 手荷物〈計画〉を放棄する.

2〖服飾〗縫い目, ステッチ(→ 図 Handarbeit): enge 〈kleine〉 ~*e* machen 目を詰めて縫う | große ~*e* 〈mit großen ~*en*〉 nähen 目を粗く縫う | den Saum mit einigen ~*en* befestigen へりを幾針か縫ってとめる.

3 (Kupferstich) 銅版画; (Stahlstich) 鋼版画.

4〖トランプ〗〔高位の札で〕取ること, 取り札, トリック: mit König einen ~ machen キングで相手の札を〔切って〕取る | keinen ~ bekommen ワントリックも取れない, 完敗である;《比》一矢も報いることができない.

5《単数で》**a)** ein ~ in *et.*[4] …がかった色合い | einen ~

ins Rote haben 少し赤みがかっている | einen ~ ins Blaue haben 少し青みがかっている;《話》少々酔っぱらっている | Ihr Haar zeigt einen ~ ins Rötliche. 彼女の髪は赤みがかっている. **b)** **einen〔leichten〕~ haben**《話》(ミルクなどが)酸敗しかけている,(肉などが)腐りかけている;《俗》〔少々〕いかれている;《方》〔いささか〕酔っぱらっている | Du hast wohl einen ~.《話》君は少し頭がおかしい〈酔っている〉んじゃないのか.
6〖狩〗(シカなどの)くびのつけ根, 胸もと〔の急所〕.
7 =Pfeilhöhe.
8〖金属〗(圧延ロールの)穴型.
9〖海〗索の結び目.
10《ｽｲｽ》(Wettschießen) 射撃競技.
11《卑》(Koitus) 性交.
[*germ.*; ◇stechen, Stachel, Stichel; *engl.* stitch]

Stich≒bahn[ʃtíç..] 女〖鉄道〗(一方の端でのみ鉄道網に連絡している)支線, 分岐線. **≒bal·ken** 男〖建〗はね出し梁(はり). **≒blatt** 中 **1** (刀の)つば(鍔). **2**〖ﾄﾗﾝﾌﾟ〗切り札.

stich·dun·kel 形《方》真っ暗で何も見えない.

Sti·chel[ʃtíçəl] 男 -s/- **1** 彫刻刀, 彫刻のみ. **2**〖工〗(旋盤などの)溝切り, カッター, バイト. [*germ.*; ◇Stich]

Sti·che·lei[ʃtıçəláı] 女 -/-en **1** (骨の折れる)針仕事, 縫い〈刺し〉物. **2**《比》いやみ, あてこすり.

Sti·chel·haar[ʃtíçəl..] 中 **1** (Granne)(動物の毛皮の)剛毛. **2**〖織〗短く明るい色のウサギの毛; 粗いレーヨンのけば.

sti·chel·haa·rig 形 剛毛の, 毛のこわい.

sti·cheln[ʃtíçəln]《06》自 (h) **1** (熱心に)針仕事をする, 縫い〈刺し〉物をする. **2**《比》《gegen *jn.*》(…に)ちくりちくりといやみ〈あてこすり〉を言う,(かげで…の)悪口を言う.
[<stechen]

Sti·chel≒re·de 女, **≒wort** 中 -〔e〕s/-e いやみ, あてこすり.

Stich·ent·scheid[ʃtíç..] 男 **1** 決選投票による決定(→Stichwahl). **2** 決定票, キャスティング=ボート.

stich·fest 形 (刺そうとしても)刃のたたない, 突き崩せない;《比》びくともしない: ~*er* Torfboden シャベルの立たない泥炭地 | ein ~*es* Alibi 決定的なアリバイ ‖ hieb- und *stichfest* (→hiebfest).

Stich≒flam·me 女 (ガスバーナーなどの)吹き出る炎;〖工〗収斂(しゅうれん)炎. **≒fra·ge** 女 (クイズなどの)勝者決定のための問題(→stechen II 4).

stich|hal·ten*[ʃtíç..]《65》自 (h)《ｵｰｽﾄﾘｱ》**1** (人が)しっかりしている, 変節しない. **2** (主張・論証などが)しっかりしている, 論駁(ろんばく)されにくい(→Stich 1 d).

stich≒hal·tig(ｵｰｽﾄﾘｱ: **≒häl·tig**) 形 (主張・論証などの)しっかりした, 確固たる, 確実な.

sti·chig[ʃtíçıç][2] 形 (飲食物が酸敗して)舌を刺すような, 少しすっぱい.

sti·chisch[ʃtíçıʃ, st..] 形〖詩〗詩行だけからなる(他に詩節などの韻律単位のない), 詩行的な. [<*gr.* stíchos „Reihe, Vers" (◇steigen); ◇*engl.* stichic]

Stich≒jahr[ʃtíç..] 中 (公的行事などの)〔予定〕実施年. **≒kampf** 男〖ｽﾎﾟｰﾂ〗(同点者間の)優勝決定戦(→stechen II 4). **≒kap·pe** 女〖建〗(窓・戸の上の)切り込みアーチ. **≒kul·tur** 女 (細菌の)穿刺(せんし)培養.

Stich·ler[ʃtíçlər] 男 -s/- 皮肉屋, 毒舌家, あてこすり〈いやみ〉を言う人. [<sticheln]

Stich·ling[ʃtíçlıŋ] 男 -s/-e〖魚〗トゲウオ(棘魚)(→ 図). [*mhd.*; ◇Stichel]

Stichling

Stich≒loch 中 **1**〖工〗湯出し口, 流出口. **2**〖植〗(病害虫などが産卵したため葉にあいた)産卵孔. **≒maß** 中〖工〗ゲージ. **≒ofen** 男〖金属〗溶〔解〕炉.

Sti·cho·man·tie[ʃtıçomantíː, st..] 女 -/ 書物〈詩句〉占い(書物を任意に開いた個所の字句による占い. 古くは詩句を書いた紙片を壺(つぼ)に入れ, 任意の 1 枚を引き出して占った). [<*gr.* stíchos (→stichisch)+manteíā „Weissagung"]

Sti·cho·my·thie[..mytíː] 女 -/-n[..tíːən]〖劇〗(古代ギリシア劇の)隔行対話(二人の登場人物が通例 1 行ずつの詩句で交互に対話していく形式). [*gr.*; ◇Mythos]

Stich≒plat·te[ʃtíç..] 女 (ミシンの)針板(→ 図 Nähmaschine). **≒pro·be** 女 抜き取り検査, 無作為抽出検査〈試験〉, 標本検査: ~*n* machen 抜き取り検査をする. **≒sä·ge** 女 回しびき鋸(のこ)(→ 図 Säge).

stichst[ʃtıçst] stechen の現在 2 人称単数.

Stich·stra·ße[ʃtíç..] 女 (車の向きを変えられる余地のある)幅の広い袋小路.

sticht[ʃtıçt] stechen の現在 3 人称単数.

Stich≒tag[ʃtíç..] 男 (公的行事などの)〔予定〕期日〈実施日〉: der ~ für die Zählung 集計〈国勢調査〉の期日. **≒waf·fe** 女 (やり・剣など)刺突〔用〕武器. **≒wahl** 女 決選投票(→stechen II 4). **≒wein** 男 (酸敗を起こして)すっぱくなったワイン.

Stich·wort[ʃtíç..] 中 **1** -〔e〕s/..wörter (辞書・事典などの)見出し語, 検索語. **2** -〔e〕s/-e **a)** (何かの行動を誘発する)きっかけ〔の言葉〕: das ~ für einen Streit 争いのきっかけ | Die Rede des Ministers gab das ~ zu den Reformen. 大臣の演説が改革のきっかけとなった. **b)**〖劇〗(相手役の出やせりふの合図となる)きっかけのせりふ, 渡しぜりふ: Bei diesem ~ tritt der Schauspieler auf die Bühne. このせりふをきっかけに役者は舞台に出て行く. **3** -〔e〕s/-e《ふつう複数で》(演説や論議のためにあらかじめメモしておく)キーワード: ~*e* für *seinen* Vortrag 講演のための個条書きメモ | die ~*e* ausführen 個条書きメモによって論議を進める.
[„verletzendes Wort"]

stich·wort·ar·tig 形 個条書きメモふうの,(主要点だけを)かいつまんだ: eine ~*e* Zusammenfassung 個条書きふうの要約.

Stich·wort·ver·zeich·nis 中 索引.

Stich·wun·de 女 刺し傷, 突き傷;〖医〗刺創.

stick[ʃtık] steck〔e〕(stecken の命令法単数)の古形.

Stick·ar·beit[ʃtík..] 女 刺しゅう. [<sticken[2]]

Stickel[ʃtíkəl] 男 -s/-《南部・ｽｲｽ》(Stange) 棒, つえ, つっかい棒;(ブドウ・イチゴなどの)支柱. [*mhd.*; <*ahd.* sticken „fest zusammenstecken" (◇sticken[2])]

ᵛ**sticken**[1][ʃtíkən] 自 (s) (ersticken) 窒息する, 息がつまる.

sticken[2][−] **I** 他 (h) **1**《*et.*[4]》(…を)刺しゅうする, 縫い取りする: ein Muster〈ein Monogramm〉in das Taschentuch ~ 模様〈組み合わせ文字〉をハンカチに刺しゅうする. **2**《*et.*[4]》(…に)刺しゅうをほどこす, 縫い取りする: eine Tischdecke ~ テーブルクロスに刺しゅうをする.
II 自 (h) 刺しゅうする: Sie *stickt* sehr gern. 彼女は刺しゅうをするのが大好きだ.
[*westgerm.* „stechen"; ◇stechen, Stich; *engl.* stitch]

stickend·heiß 形 息がつまるほどむし暑い: Im Zimmer war es ~. 室内は息苦しいほど暑かった.

Sticker[1][ʃtíkər, st..] 男 -s/- (貼付用の)ステッカー. [*engl.*]

Sticker[2][ʃtíkər] 男 -s/- 刺しゅう〈縫い取り〉をする人.

Sticke·rei[ʃtıkəráı] 女 -/-en **1**《単数で》(作業・技術としての)刺しゅう. **2** (作品としての)刺しゅう〔飾り〕: eine weiße Bluse mit ~*en* 刺しゅうのしてある白いブラウス | Auf dem Tischtuch sind bunte ~*en*. テーブルクロスには華やかな刺しゅうがしてある.

Sticke·rin[ʃtíkərın] 女 -/-nen 刺しゅう〈縫い取り〉をする女お針子.

Stick·garn[ʃtík..] 中 刺しゅう糸.

ᵛ**Stick·gas** 中 =Stickstoff

Stick·hu·sten 男 (Keuchhusten)〖医〗百日咳(ぜき).

stickig[ʃtíkıç][2] 形 (空気・部屋について)むっとする: eine ~*e* Hitze 息づまるほどの熱さ | ein ~*er* Keller 換気の悪い地下室 ‖ ~ heiß sein むっとするほど熱い | Die Luft im Saal war ~. 広間の空気はむっとするようだった.

Stick·luft 女 -/ 息づまるような〈むっとする〉空気;《比》息づまるような雰囲気.

Stick≒mu·ster 中 刺しゅうの下絵〈図案〉. **≒na·del** 女 刺しゅう針.

Stick·oxid[..|ɔksiːt][1] 中〖化〗酸化窒素.

Stick·rah·men 男 刺しゅう枠.

stickst[ʃtıkst] steckst (stecken の現在 2 人称単数)の古形.

Stick·stoff[ʃtíkʃtɔf] 男 -〔e〕s/ 〘化〙窒素(記号 N).
Stick·stoff⸗as·si·mi·la·tion 女〘生〙窒素同化. **⸗di·oxyd** (**⸗di·oxid**) 中〘化〙二酸化窒素. **⸗dün·ger** 男〘農〙窒素肥料.
stick·stoff·hal·tig 形 窒素を含有する, 含窒素の.
Stick·stoff⸗oxyd[..|ɔksyːt][1] 中〘化〙酸化窒素. **⸗oxy·dul**[..|ɔksyduːl] 中〘化〙亜酸化窒素. **⸗ver·bin·dung** 女〘化〙窒素化合物. **⸗was·ser·stoff·säu·re** 女〘化〙アジ化水素酸, 窒化水素酸.
stickt[ʃtɪkt] steckt (stecken の現在 3 人称単数) の古形.
Stick·wol·le[ʃtík..] 女 刺しゅう用毛糸. [< sticken[2]]
Stie·bel[ʃtíːbəl] 男 -s/- 《方》= Stiefel
stie·ben[(*)][ʃtíːbən][1] 《186》 **stob**[ʃtoːp][1] (stiebte) / **ge·sto·ben** (gestiebt); 接II stöbe[ʃtǿːbə] (stiebte)
I 自 **1** (s, h) 飛び散る, (しぶき・粉末などになって) 散らばる, 舞い上がる (s, h について: →schwimmen I 1 ☆): Der Sand *stob* durch die Luft. 砂が空中に舞い上がった | Die Funken sind 〈haben〉 nur so *gestoben*. 火花がやたらに飛び散った | daß die Funken ~ (→Funke 1 a) ‖ 非人称 Sie rannten davon, daß es nur so *stiebte*. 彼らは砂ぼこりをあげて逃げ去った. **2** (s) (群衆などが) 四散する, (あわてて) 突っ走る: Die Überraschten sind nach allen Seiten *gestiebt* 〈*gestoben*〉. 驚いた人々は四方八方に散った.
II 他 (h) 〔飛び〕散らす, 〔吹き〕飛ばす: Der Wind hat uns den Schnee ins Gesicht *gestoben*. 風が雪を我々の顔に吹きつけた.
[*ahd.*; ◇Staub]
stief.. 《親族関係を表す名詞につけて「血を分けない」を意味する》: *Stief*kind 継子(ままこ).
[*germ.* „gestutzt"; ◇stoßen; *engl.* step..]
Stief·bru·der[ʃtíːf..] 男 **1** (Halbbruder) 異父〈異母〉兄弟, 腹違いの兄弟. **2** (連れ子同士の関係にある) 義理の兄〈弟〉(それぞれの片親同士の結婚によって兄弟関係になった相手).
Stie·fel[ʃtíːfəl] 男 -s/- (小 **Stie·fel·chen**[-çən], **Stie·fe·lein**[ʃtíːfəlaɪn] 中 -s/-) **1** 《しばしば複数で》長靴, ブーツ, 深靴; 編み上げ靴 (→Schuh 1 ☆): die ~ aus weichem Leder 柔らかい革の長靴 | **Spanische ~** 〘史〙(鉄板で足を締めつける) 靴型拷問具 | Gummi*stiefel* ゴム長靴 | Halb*stiefel* 半長靴 | Reit*stiefel* 乗馬用長靴 ‖ ein Paar hohe ~ 一足の深長靴 ‖ die ~ anziehen 〈ausziehen〉 長靴をはく〈脱ぐ〉| die ~ putzen 長靴をみがく | ***jm.* die ~ ausziehen** 《話》…を驚かせる; …を怒らせる | Dsa zieht einem glatt die ~ aus! まったくひどいもんだ | ***jm.* die ~ lecken** 《比》…にぺこぺこする〈へつらう〉| ***seinen* alten ~** 〈**im alten ~**〉 **weitermachen** 《話》相も変わらぬ調子で仕事を続ける, 旧態依然である | **einen 〔tüchtigen〕 ~ 〔zusammen〕 reden** 〈〔**zusammen**〕**schreiben**〉 《話》取るに足らぬことを長々と話す〈書く〉‖ **zwei Paar** 〈**zweierlei**〉 **~ sein** 《話》(二つのことが) 全く別の事柄である | ***jn.* aus den ~*n* hauen** 《話》…を声も出ないほどびっくりさせる | ***jm.* in die ~ schei·ßen** 《卑》…の感情を大いに害する. **2** 長靴型のジョッキ: einen ~ austrinken 〈bestellen〉 長靴型の大ジョッキを飲みほす〈注文する〉| ***sich*[3] einen ~ einbilden** 《話》ひどくうぬぼれている, うぬぼれが強い | **einen guten** 〈**tüchtigen** / **ordentlichen**〉 **~ vertragen können** 《話》酒が強い.
[*roman.*－*ahd.*]
Stie·fel⸗ab·satz[ʃtíːfəl..] 男 長靴〈編み上げ靴〉のかかと. **⸗an·zie·her** 男 長靴用靴べら.
Stie·fel·chen, Stie·fe·lein Stiefel の縮小形.
Stie·fe·let·te[ʃtiːfəlέtə] 女 -/-n 半長靴, 半深靴.
Stie·fel⸗ho·se[ʃtíːfəl..] 女 乗馬ズボン. **⸗knecht** 男 (長靴用の) 靴脱ぎ台 (→図). **⸗lecker** 男 《軽蔑的に》おべっか使い.

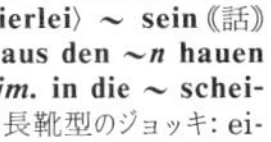

Stiefelknecht

stie·feln[ʃtíːfəln] 《06》 **I** 自 (s) 《話》大またにゆっくり〈急いで〉歩く, のっしのっしと歩く. [▽]**II** 他 (h) 再帰 *sich*[4] ~ 長靴をはく. **III ge·stie·felt** → 別出
Stie·fel⸗put·zer 男 靴磨き(人). **⸗schaft** 男 長靴の胴部. **⸗span·ner** 男 (長靴の) 靴型. **⸗strip·pe** 女 編み上げ靴のひも.
Stief·el·tern[ʃtíːf..] 複 (継父・継母の再婚によって生ずる) 継親(ままおや), 義父母.
Stie·fel·wich·se[ʃtíːfəl..] 女 《話》(長靴用の) 靴墨.
Stief⸗ge·schwi·ster[ʃtíːf..] 複 **1** (Halbgeschwister) 異父〈異母〉兄弟姉妹. **2** (連れ子同士の関係にある) 義理の兄弟姉妹 (→Stiefbruder 2). **⸗kind** 中 **1** 継子(ままこ), 連れ子: *jn.* wie ein ~ behandeln …を継子扱いする. **2** 《比》不当に軽視されている人〈もの・部署〉, 日の当たらぬ人〈もの・部署〉: ein ~ des Glücks 薄幸な人 | das ~ des Betriebs 会社の中での日の当たらぬ部署. **⸗mut·ter** 女 -/..mütter 継母. **⸗müt·ter·chen** 中 〘植〙サンシキスミレ(三色菫), パンジー.
stief·müt·ter·lich[ʃtíːfmʏtərlɪç] 形 継母(ままはは)の〔ような〕; 《比》愛情のない, 無慈悲な: eine ~*e* Behandlung erfahren 継子扱いをされる ‖ *jn.* 〈*et.*[4]〉 ~ behandeln …を継子扱いにする〈不当に軽んじる〉| Die Natur hat ihn ~ behandelt. 彼は容姿〈健康〉に恵まれていない.
Stief⸗schwe·ster 女 **1** (Halbschwester) 異父〈異母〉姉妹, 腹違いの姉妹. **2** (連れ子同士の関係にある) 義理の姉〈妹〉(→Stiefbruder 2). **⸗sohn** 男 なさぬ仲の息子, 継息子, 連れ合いの息子. **⸗toch·ter** 女 なさぬ仲の娘, 継娘, 連れ合いの娘. **⸗va·ter** 男 継父(ままちち).
stief·vä·ter·lich[ʃtíːffɛːtərlɪç] 形 継父(ままちち)の〔ような〕.
stieg[ʃtiːk][1] steigen の過去.
Stieg[–] 男 -〔e〕s/-e (Steig) (険しく細い) 坂道.
stie·ge[ʃtíːgə] steigen の接続法 II.
Stie·ge[–] 女 -/-n **1 a)** (狭くて急な) 木の階段, はしご. **b)** 《南部・オーストリア》(Treppe) (一般に) 階段. **2** (Steige) (野菜・果物などを入れる) 木枠〈すのこ囲い〉の箱. **3** (Hocke) 〘農〙(穀物・干し草などを束ねて積み上げた) 禾束(かそく), 禾堆(かたい). **4** 《北部》20個 (昔の数量単位).
[1: *ahd.*; ◇steigen, Steg]
Stie·gen⸗ab·satz 男 《南部・オーストリア》階段の踊り場. **⸗ge·län·der** 中 《南部・オーストリア》階段の手すり〈欄干〉. **⸗haus** 中 《南部・オーストリア》(Treppenhaus) 階段吹き抜き; 〘建〙階段室.
Stieg·litz[ʃtíːglɪts] 男 -es/-e 〘鳥〙ゴシキヒワ(五色鶸).
[*slaw.*－*mhd.*; 擬音]
stiehl[ʃtiːl] stehlen の命令法単数.
stiehlst[..st] stehlen の現在 2 人称単数.
stiehlt[..t] stehlen の現在 3 人称単数.
Stiel[ʃtiːl] 男 -〔e〕s/-e **1 a)** 柄(え), 取っ手 (→図 Hammer, Löffel): der ~ des Besens ほうきの柄 | der ~ der Pfanne フライパンの取っ手 ‖ Eis am ~ スティック型アイスクリーム. **b)** (杯の) 脚: ein Weinglas mit kurzem ~ 脚の短いワイングラス. **c)** 〘工〙ハンドル, 軸, 支柱. **d)** 〘建〙間柱(まばしら), 束(つか) (→図 Fachwerk). **e)** (Hals) 〘楽〙(音符の) 符尾 (→図 Note). **2** 〘植〙茎, 軸; (Blütenstiel) 花柄(かへい), 花梗(かこう); (Blattstiel) 葉柄 (→図 Blatt): die ~*e* der Kirschen サクランボの花柄 ‖ Blumen mit langen ~*en* 花梗の長い花 | mit Stumpf und ~ (→Stumpf 1). **3** 〘動・解〙肉茎. [*ahd.*; ◇Stil]
Stiel⸗au·ge[ʃtíːl..] 中 -s/-n **1** 〘動〙(カニなどの) 有柄眼. **2** 《複数で》《話》出目: **~*n* machen** 〈**bekommen** / **kriegen**〉 《話》物珍しげにじろじろ見る, びっくりして目の玉がとび出す〈目を見張る〉. **⸗bril·le** 女 (Lorgnette) 柄つきめがね (→図 Brille). **⸗bür·ste** 女 柄つきブラシ. **⸗dre·hung** 女 〘医〙茎捻転(ねんてん).
stie·len[ʃtíːlən] **I** 他 (h) 《*et.*[4]》(…に) 柄をつける.
II ge·stielt → 別出
Stiel⸗glas 中 -es/..gläser **1** 脚つきグラス. [▽]**2** = Stielbrille **⸗hand·gra·na·te** 女 〘軍〙柄つき手榴弾(しゅりゅうだん). **⸗kamm** 男 柄つき櫛(くし), テールコーム (→図 Kamm). **⸗kas·se·rol·le** 女 片手なべ (→図 Topf). **⸗pfan·ne** 女 柄つき平なべ (フライパンなど). **⸗stich** 男 -〔e〕s/ 〘服飾〙ステムステッチ, アウトラインステッチ (→図 Handarbeit).
Stiem[ʃtiːm] 男 -〔e〕s/ 《北部》(Schneegestöber) 吹雪.
[*mndd.*]
stie·men[ʃtíːmən] 自 (h) 《北部》非人称 《es stiemt》 **1**

S

吹雪く. **2** もうもうと煙が立つ. [*mndd.*]

Stiem·wet·ter 中 =Stiem

stier[ʃtiːr] 形 **1 a)** (目について)無表情にじっと動かない: mit ～*en* Augen / ～*en* Blicks ぼんやりした〔表情の〕目つきで. **b)** (人について)目のすわった: Der Betrunkene sah ～ in sein Bierglas. 酔っぱらいは目をすえてビールグラスの中をじっと見つめていた. **2** 《オースト・スイス》 **a)** 文(もん)なしの. **b)** (市況について)不景気な. [1: <stur]

Stier[–] 男 -〔e〕s/-e **1** (Bulle) (成熟した)雄牛(力と狂暴の象徴としても用いられる: →Rind 1): wie ein ～ brüllen 《話》大声でわめく | **den ～ bei den Hörnern packen** 〈**fassen**〉《比》難事と正面から取り組む. **2** der ～ 〖天〗牡牛(おうし)座(首星は Aldebaran); 〖占星〗金牛宮(黄道十二宮の一つ): →Fisch 1 b

[*germ.*; ◇*gr.* taũros „Stier"; *engl.* steer]

stie·ren¹[ʃtíːrən] **I** 自 (h) (じっと・ぼんやり)見つめる: vor *sich*³ hin ～ うつろな目でじっと前を見つめる ‖〖結果を示す語句と〗Löcher 〈ein Loch〉 in die Wand ～ (→Loch 1). **II** 他 (h) 《南部・オーストリア》《*jn.*》困惑〈当惑〉させる, 悩ます. [<stier]

stie·ren²[–] 自 (h) (発情期の雌牛が)雄牛を求める.

Stie·ren·au·ge 中 《スイス》 (Spiegelei) 〖料理〗目玉焼き.

Stier·ge·fecht[ʃtíːr..] 中 =Stierkampf

stie·rig[ʃtíːrɪç]² 形 (雌牛について)さかりのついた.

Stier≈kalb[ʃtíːr..] 中 雄の子牛. **≈kampf** 男 闘牛.

Stier·kampf·are·na 女 闘牛場.

Stier·kämp·fer 男 闘牛士.

stier·köp·fig 形 **1** 牛頭の, 牛の頭をした. **2** (人について)頑固な.

Stier·nacken 男 (雄牛のように)太くて頑丈な首, 猪首(いくび).

stier·nackig 形 猪首(いくび)の, 首の太くて頑丈な.

Stier·sucht 女 -/ (雄牛の)性欲異常亢進(こうしん).

Stie·sel[ʃtíːzəl] 男 -s/- 《話》不作法者, がさつ者, 唐変木. [<Stößel]

stie·se·lig[ʃtíːzəlɪç]² (**sties·lig**[..zlɪç]²) 形 《話》不作法な, がさつな, 唐変木の.

stieß[ʃtiːs] stoßen の過去.

stie·ße[ʃtíːsə] stoßen の接続法 II.

Stie·ßel[ʃtíːsəl] 男 -s/- =Stiesel

stie·ße·lig[ʃtíːsəlɪç]² (**stieß·lig**[..slɪç]²) =stieselig

Stift¹[ʃtɪft] 男 -〔e〕s/-e **1 a)** (特に頭のない)釘(くぎ), 無頭釘, 切り釘; ピン; 〖歯〗継歯の合い釘: mit einem ～ befestigen 釘〈ピン〉でとめる. **b)** 〖工〗(機械部品の脱落を防ぐ)留めピン. **c)** 《ふつう複数で》〖料理〗細長い棒状のもの: die Kartoffeln 〈Karotten〉 in dünne ～*e* schneiden ジャガイモ〈ニンジン〉を細切りにする. **2** 《話》鉛筆: ein harter 〈weicher〉 ～ 芯(しん)の硬い〈やわらかい〉鉛筆 | Blei*stift* 鉛筆 | Farb*stift* 色鉛筆 | Zeichen*stift* 製図用鉛筆 ‖ den ～ 〔an〕spitzen 鉛筆の芯をとがらす. **3** 《戯》見習い, 従弟; (事務所などの)使い走りの男の子; ちび. **4** 《複数で》〖蜂〗女王蜂の卵. **5** 《卑》(Penis) 陰茎, 男根.

[*ahd.*; ◇steif; *engl.* stipe; *lat.* stīpes „Pfahl"]

Stift²[ʃtɪft] 中 -〔e〕s/-e(-er) **1** (寄付によって設立された宗教上の団体・施設:) 宗教財団, 参事会; 修道院, 神学校; 司教区本部: Dom*stift* 司教座聖堂参事会 | Hoch*stift* 高参事会. **2 a)** 宗派別女学校: im ～ erzogen werden 宗派別女学校で教育を受ける. **b)** 慈善事業のための施設(養老院・孤児院・施療院など): Damen*stift* (身分のある女性のための)婦人養老院. **3** 《話》女子〈男子禁制〉校.

stif·ten[ʃtíftən] 《01》 **I** 他 (h) **1** 《*et.*⁴》 **a)** (…のための)〔設立〕基金を出す; (…を)建設する; (…を)寄贈する, 寄付する, 喜捨する: ein Kloster 〈ein Krankenhaus〉 ～ 修道院〈病院〉を建てる基金を出す | Die Stadt *stiftet* einen Preis. 市が賞を制定する ‖ Bücher 〈Geld〉 ～ 書籍〈金〉を寄付する | Kleidung ～ 衣服を喜捨する | mehrere Flaschen Wein 〈ein Faß Bier〉 ～ 《話》ワインを何本も〈一たるのビールを〉寄贈する | Der Vater hat seinem Sohn eine Reise ins Ausland *gestiftet*. 父親は息子に外国旅行の金を出してやった. **b)** (gründen) 創立する: einen Verein 〈einen Geheimbund〉 ～ 協会〈秘密結社〉を設立する. **2** ひき起こす, もたらす: ᵛBrand ～ 放火する | eine Ehe ～ 結婚の仲介をする, 媒酌する | Frieden 〈Ordnung〉 ～ 平和〈秩序〉をもたらす | Unheil ～ 不幸をもたらす | Zank ～ いさかいを起こす.

II 自 **1** (s) 《話》～ 〔gehen〕=stiftengehen **2** (h) 《スイス》徒弟〈見習い〉として雇われている. [*ahd.* „gründen"]

stif·ten|ge·hen* 《53》 自 (s) 《話》こっそり〈素早く〉姿をくらます, ずらかる.

Stif·ten·kopf 男 《話》 **1** 短髪〈ブラッシュ=カット〉の頭. **2** 短髪〈ブラッシュ=カットの髪型〉の男.

Stif·ter¹[ʃtíftər] 人名 Adalbert ～ アーダルベルト シュティフター(1805–68; オーストリアの作家. 作品『晩夏』『水晶』など).

Stif·ter²[–] 男 -s/- **1** (Stift²の)創立者, 設立者; 発起人: der ～ einer Universität 大学の創立者. **2** (Stift²の)寄付者, 寄進者, 寄贈者. **3** (ある事柄を起こす)基となった人, (事件などをひき起こした)張本人, 首謀者: der ～ des Unheils 不幸の源を作った人 | Friedens*stifter* 仲裁者, 調停者 | Unruhe*stifter* 悶着(もんちゃく)〈ごたごた〉を起こす人.

Stif·ter·fi·gur 女 (寄進した教会などに飾られる)寄進者の像.

ᵛ**stif·tisch**[ʃtíftɪʃ] 形 Stift² 1の; Stift² 1に所属する.

ᵛ**Stift·ler**[ʃtíftlər] 男 -s/- Stift²の一員.

Stifts≈da·me[ʃtífts..] 女 **1** (Klosterfräulein) 教団〈修道会・参事会〉の〔身分の高い〕女性会員. **2** 寄宿施設〈養老院〉に暮らす婦人. **≈fräu·lein** 中 **1** =Stiftsdame **2** 宗派別女学校の生徒. **≈herr** 男 〖カトリック〗聖職者会〈参事会・修道参事会〉会員; 司教座〔教会〕参事会員. **≈hüt·te** 女 〖聖〗幕屋(まくや); 聖櫃(せいひつ). **≈kir·che** 女 〖カトリック〗参事会教会, 司教座教会. **≈schu·le** 女 司教座教会付属学校; 修道院付属学校.

Stif·tung[ʃtíftʊŋ] 女 -/-en **1** (〔公共の〕特定の目的のために寄せられた)寄付金, 寄進, 基金, 維持基金: eine private 〈öffentliche〉 ～ 私的〈公共的〉基金 | eine wohltätige ～ 慈善基金 | milde ～*en* machen 喜捨する | eine ～ von 300 DM an das Rote Kreuz machen 300マルクを赤十字に寄付する | Geld aus einer ～ erhalten ある基金から援助を受ける. **2** (基金によって維持運営される)財団〔法人〕: eine ～ des bürgerlichen Rechts 民法上の財団法人. **3** (特に公共のための施設の)設立, 創立, 建立: den Tag der ～ feiern 創立記念日を祝う.

Stif·tungs≈brief[ʃtíftʊŋs..] 男 =Stiftungsurkunde **≈fei·er** 女, **≈fest** 中 創立祝賀祭; 創立記念祭. **≈ge·schäft** 中 〖法〗寄付行為. **≈ur·kun·de** 女 〖法〗寄付行為書; (維持基金によって運営される)施設や財団などの定款.

Stift·zahn[ʃtíft..] 男 **1** 〖歯〗継続歯(→ ⊛ Zahn). **2** 《話》ギムナジウムの中級〈上級〉の女生徒, 半人前の女の子(→Zahn 4). [1: <Stift¹; 2: <Stift²]

Stig·ma[stígmaˑ, st..; スイス: st..] 中 -s/..men[..mən], -ta [..taˑ] **1** 傷痕(しょうこん); 〖カトリック〗(キリストの)聖痕, 傷印: ～ Christi キリストの聖痕. **2** 〖史〗(奴隷などの)焼き印, 烙印(らくいん); 《比》汚名. **3 a)** 《雅》特徴, 特色: das ～ des Verfalls tragen 退廃の徴候を帯びている. **b)** 〖医〗徴候; 身体的〈肉体的〉特徴. **4** 〖医〗斑点(はんてん), 小紅斑. **5** (Narbe) 〖植〗(雌蕊(しずい)の)柱頭. **6** (Atemloch) 〖動〗気門, 呼吸孔(→ ⊛ Kerbtier); 裂孔.

[*gr.*–*lat.*; <*gr.* stízein (→stechen)]

Stig·ma·ti·sa·tion[ʃtɪgmatizatsióːn, st..] 女 -/-en **1** 焼き印〈烙印(らくいん)〉を押すこと; 汚名を着せること. **2** 《比》特徴づけること. **3** 〖宗〗聖痕(せいこん)印刻, 傷印. **4** 〖医〗(ヒステリー患者の)聖痕発生, 皮膚〈出血〉形成.

stig·ma·ti·sie·ren[..zíːrən] **I** 他 (h) 《*jn.*》 **1 a)** 〖カトリック〗(…に)聖痕(せいこん)をつける. **b)** (…に)焼き印〈烙印(らくいん)〉を押す; 汚名を着せる: als Verräter *stigmatisiert* werden 裏切り者の烙印を押される. **2** 特徴づける: Er ist durch seine Sprache *stigmatisiert*. 彼は物の言い方が独特だ. **3** 〖医〗(…に)出血斑(はん)を発生させる. **II Stig·ma·ti·sier·te** 男 女 《形容詞変化》〖宗〗聖痕者, 傷印者(例えばアッシジのフランチェスコ: →Franz¹ I). [*mlat.*]

Stig·men Stigma の複数.

Stil[ʃtiːl, stiːl; オーストリア: st..] 男 -〔e〕s/-e **1** (英: *style*) (文章の)スタイル, 文体; 表現様式: der kaufmännische ～ 商用

文体 | Brief*stil* 書簡体 | Kanzlei*stil* 官用文体, 公文書体 | Prosa*stil* 散文体 ‖ ein Meister des ～*s* 名文家 ‖ einen flüssigen 〈steifen〉 ～ schreiben 流麗な〈硬い〉文体で物を書く | Das Buch ist im lebendigen ～ geschrieben. この本はいきいきした文体で書かれている. **2** (芸術上の)様式: der gotische 〈romanische〉 ～ ゴシック〈ロマネスク〉様式 | der ～ des Barocks / Barock*stil* バロック様式 | Bau*stil* 建築様式 ‖ Die Räume haben ～. これらの部屋はひとつの様式を持っている | den ～ Richard Wagners imitieren リヒャルト ヴァーグナーの様式をまねる ‖ im ～ von *jm.* zeichnen …の様式で絵をかく | Das Haus ist im ～ des 19. Jahrhunderts erbaut. この家は19世紀の様式で建てられている. **3** 〖ｽﾎﾟｰﾂ〗技法, 型, スタイル: Frei*stil* 〖泳・ﾚｽﾘﾝｸﾞ〗フリースタイル | Schmetterlings*stil* バタフライ泳法 | die verschiedenen ～*e* des Schwimmens さまざまな泳法 ‖ ein Ringen im griechisch-römischen ～ グレコローマンスタイルのレスリング | einen ausgezeichneten ～ laufen 〈schwimmen〉 みごとな走法で走る〈泳法で泳ぐ〉. **4** 《単数で》 (Lebensstil) 生活様式, 生き方, 暮らし方; やり方, 流儀, 風(ふう); 型, 規模: eine Erziehung alten ～*s* 〈im alten ～〉 旧式な教育 | ein Künstler großen ～*s* スケールの大きい芸術家 | ein Betrug **großen ～*s*** 〈**im großen ～**〉 大がかりな詐欺 | in großem ～ leben 豪奢(ごうしゃ)に暮らす ‖ Das ist schlechter ～. そんなことをするのはよろしくない | Das ist nicht mein ～. それは私の流儀〈好み〉ではない ‖ Er hat ～. 彼は風格がある〈なかなかの人物だ〉. **5** alten ～*s* (略 a. St.) 旧暦(ユリウス暦)の | neuen ～*s* (略 n. St.) 新暦(グレゴリオ暦)の | am 1. April neuen ～*s* 新暦4月1日に.
[*lat.* stilus „Stichel"; ◇Stiel; *engl.* style]

Stil≠ana·ly·se[ʃtíːl.., st..] 女 文体〈様式〉分析. **≠art** 女 文体の種類; (建築・絵画などの)様式の種類.

Stilb[ʃtɪlp, st..] 中 -s/- 〖理〗スチルブ(輝度の単位; 記号 sb). [＜*gr.* stílbein „glänzen"]

Stil≠blü·te[ʃtíːl.., st..] 女 (語の選択を誤ったための)おかしな表現〈言い回し〉, こっけいな表現ミス. **≠bruch** 男 (芸術上の)様式のごたまぜ, 様式破壊, (調度などの)様式不統一〈ちぐはぐ〉. **≠büh·ne** 女 〖劇〗様式舞台(表現主義のような抽象舞台). **≠ebe·ne** 女 〖言〗位相.

stil·echt 形 様式上本物の, ある様式に忠実な.

Sti·lett[ʃtilέt, st..] 中 -s/-e (三稜(りょう)の細身の)短剣, あいくち(→ 図 Dolch). [*it.*; ＜*lat.* stilus (→Stil)]

Sti·lett·flie·ge 女 〖虫〗ツルギアブ(剱虻)科の昆虫.

Stil≠feh·ler[ʃtíːl.., st..] 男 様式〈文体〉上の誤り. **≠fi·gur** 女 文体上のあや, 文彩, 詞姿. **≠ge·fühl** 中 -[e]s/ 様式〈スタイル〉に対するセンス, 様式感; 文体〈文章〉に対するセンス, 文章感覚: kein ～ haben 様式〈文体〉に対するセンスがない.

stil·ge·recht 形 (調度品・衣装などが)ある様式にかなった; (geziemend) ふさわしい, しかるべき: Die Schauspieler sind ～ gekleidet. 俳優たちはその時代にふさわしい衣装をつけている.

sti·li·sie·ren[ʃtilizíːrən, st..] 他 (h) **1** 〖美〗(自然の物象を)様式化する: eine *stilisierte* Tierzeichnung 様式化された動物模様. **2** 表現〈文体〉を彫琢(ちょうたく)する: ein schlecht *stilisiertes* Buch 文章が練られていない本.

Sti·li·sie·rung[..rʊŋ] 女 -/-en **1** 〖美〗様式化. **2** (文体・表現の)彫琢(ちょうたく).

Sti·list[ʃtilíst, st..] 男 -en/-en **1** 文章家, 美文家: ein guter 〈schlechter〉 ～ 文章家〈悪文家〉. **2** 〖ｽﾎﾟｰﾂ〗(フィギュアスケートなどで)完璧(かんぺき)な技法の持ち主.

Sti·li·stik[..lístɪk] 女 -/-en **1** 《単数で》文体論. **2** 文体論の書物, 文章読本.

sti·li·stisch[..lístɪʃ] 形 **1** 文体〈文章表現〉上の: einen Aufsatz ～ verbessern 論文の表現に手を入れる. **2** 〖美〗様式上の.

Stil≠kleid[ʃtíːl.., st..] 中 (オーソドックスな)イブニングドレス, 夜会服. **≠kun·de** 女 **1** 《単数で》＝Stilistik 1 **2** ＝Stilistik 2

stil·kund·lich 形 文体論[上]の.

Stil·kunst 女 文章技法.

still[ʃtɪl] 形 **1** 静かな, 音のしない, (じっと)静止した, 動きのない〈止まった〉; 平穏な; おとなしい, 物静かな, 無口な; ひっそりした: ein ～*es* Leben 静かな〈平穏な〉生活 | ～*e* Mieter 騒がしくない間借り人 | die ～*e* Nacht 静かな夜 | ein ～*er* Ort 静かな場所 | ein ～*es* Örtchen (→Örtchen) | die nächtlich ～*en* Straßen 寝静まった街路 | in einer ～*en* Stunde 落ち着ける時間に | ein ～*er* Tag 平穏な一日 | ein ～*es* Wasser 〈Gewässer〉 静水, よどんだ水 | ein ～*es* Wasser. (→Wasser 2) | *Stille* Wasser sind 〈gründen〉 tief. (→Wasser 2) | ～*er* Wein 泡立ちを止めたワイン | der *Stille* Ozean 太平洋 ‖ ～ neben *jm.* hergehen 無言で…と並んで歩く | ～ liegen 〈sitzen / stehen〉 静かに寝て〈座って・立って〉いる(なお: →stilliegen, stillsitzen, stillstehen) | den Kopf ～ halten 頭を動かさずにいる(なお: →stillhalten) | *sich*[4] ～ verhalten じっと〈静かに〉している | *Still* ruht der See. 《比》沈黙が続いている, なにごとも起こらない.

2 無言の, 言葉に出さぬ; ひそかな, 人知れぬ: ein ～*es* Gebet 黙禱(もくとう) | die ～*e* Gesellschaft 〖法〗匿名組合 | ein ～*es* Glück ひそかな幸せ | eine ～*e* Freude 口に出さない喜び | Er hat die ～*e* Hoffnung, daß ... 彼は…ということを心ひそかに期待している | Sie ist seine ～*e* Liebe. 彼女は彼のひそかな愛の対象である | eine ～*e* Messe 〖ｶﾄﾘｯｸ〗読唱ミサ | ～*e* Reserven 〈Rücklagen〉 〖経〗秘密積立金; 《比》へそくり | *sich*[4] dem ～*en* Suff ergeben 《話》ひそかに飲酒にふける | ein ～*er* Teilhaber 〖経〗匿名社員 | eine ～*e* Übereinkunft 暗黙の了解 | ein ～*er* Vorbehalt 〖法〗心裡(しんり)留保 | ein ～*er* Vorwurf 無言の非難 | eine ～*e* Wut ひそかな憤り ‖ der *Stille* Freitag 〖宗〗(復活祭前の)聖金曜日 | die *Stille* Woche 〖宗〗(復活祭前の)聖週間 ‖ *Still!* / Sei [doch] ～! 静かにしろ | Sei endlich ～ davon! いいかげんにその話はよせ | Die Luft ist ～. 風がない | Es war so ～ wie in der Kirche. 教会の中のようにしんとしていた | Es ist ～ um *jn.* 〈*et.*[4]〉 geworden. 《比》…のことが世間で取りざたされなくなった ‖ ～ trauern ひそかに悲しむ〈悲しみにふける〉 | ～ vor *sich*[4] hin weinen (人知れず)独り静かに泣く | heimlich, ～ und leise (→heimlich 1) ‖ **im ～*en*** [心中]ひそかに, 内心で; [人知れず]ひそかに, こっそりと | im ～*en* fluchen 心の中でののろう | die Flucht im ～*en* vorbereiten ひそかに逃亡の準備をする.

★ 動詞と用いる場合は分離の前つづりともみなされる.

[*westgerm.*; ◇stellen; *engl.* still]

Still·ar·beit[ʃtíl..] 女 (授業の一環としての)自習.

still|blei·ben* 《21》 自 (s) 静かにしている, 静かなままである.

Still·dau·er 女 授乳期間. [＜stillen]

stil·le[ʃtílə] 《方》＝still

Stil·le[ʃtílə] 女 -/ **1 a)** 静けさ, 静寂; 静穏, 平穏; 沈黙; 静止: eine tiefe ～ 深い静けさ | die ～ der Nacht 〈des Waldes〉 夜〈森〉の静けさ | **～ vor dem Sturm** あらしの前の静けさ | ～ der Gefräßigkeit / gefräßige ～ 《戯》食事中〈食後〉に話がとぎれること | Wind*stille* 無風[状態], 凪(なぎ) ‖ die ～ unterbrechen 〈zerreißen〉 (叫びなどが)静けさを破る〈つんざく〉 | [Die] ～ entstand 〈trat ein〉. (あたりが)静かになった | Die beklemmende ～ trat ein 〈breitete sich aus〉. 息づまるような沈黙が生じた〈広がった〉 | In die ～ fiel ein Ruf. 静けさの中に[突然]叫び声がひびいた. **b)** 内容: **in aller ～** 人目につかない形で, ひっそりと | Die Beerdigung findet in aller ～ statt. 葬儀は内輪だけでひっそり行われる | Sie hatten in aller ～ geheiratet. 彼らはひそかに〈人知れず〉結婚していた | *sich*[4] in aller ～ davonmachen こっそりと立ち去る〈逃げ出す〉. **2** 〖経〗不景気, 閑散, [景気]不振.

Stille·ben[ʃtílleːbən] 中 -s/- 〖美〗静物[画].
[*ndl.* stil-leven の翻訳借用]

stille·gen (**still|le·gen**)[ʃtílleːgən][1] 他 (h) **1** 《*et.*[4]》(…の)活動〈操業〉を停止する, 機能を麻痺(まひ)させる; 閉鎖する; (路線などを)廃止する; (交通などを)止める, 麻痺させる; (船・車などの)運行を中止する: ein Bergwerk ～ 閉山する | eine Fabrik ～ 工場を閉鎖する | eine Strecke ～ 〖鉄道〗路線を廃止する; ある区間の運転〈運行〉を停止する | Das Hoch-

S

wasser *legte* den Verkehr *still.* 洪水が交通を麻痺させた ‖ ein *stillgelegtes* Bergwerk 閉山中の鉱山. **2** 〘医〙(骨などを動かないように)固定する.

Stịlle·gung[..gʊŋ] 女 -/-en stillegen すること: die ～ einer Grube 休坑.

Stịl·lẹh·re[ʃtíːl..] 女 -/-n **1** 《単数で》=Stilistik 1 **2** =Stilistik 2

stịl·len[ʃtílən] 他 (h) **1** 《*et.*[4]》 **a)** (出血・痛み・せきなどを)止める, やわらげる: das Blut ⟨die Blutung⟩ ～ 血⟨出血⟩を止める | Die Schmerzen konnten nicht *gestillt* werden. 痛みを止めることはできなかった ‖ schmerz*stillend* 鎮痛の. **b)** (欲求を)満たす: den Hunger ～ 空腹を満たす | den Durst mit einem Glas Bier ～ 1杯のビールでのどの渇きをいやす | die Neugier ～ 好奇心を満足させる. **2** 《*jn.*》(乳児に)授乳する: eine *stillende* Mutter 授乳中の母親.
[*ahd.*; ◇still]

still·fä̲·hig[ʃtíl..] 形 授乳可能な.

Stịll·geld 中 (旧東ドイツで, 母親に支給された)授乳手当.

still≠ge·le̲gt stillegen の過去分詞. **≠ge·stan·den** stillstehen の過去分詞.

Stịll·hal·te·ab·kom·men 中 **1** 〘経〙支払い猶予協定. **2** (政党間などの)休戦協定.

stịll|hal·ten*[ʃtílhaltən] 《65》 自 (h) **1** (動かずに)じっとしている: *Halten* Sie bitte einen Augenblick *still!* ちょっとの間じっとしていてください. **2** 動きを見せない; 自重する; (抵抗せず)じっと耐える; (賃上げ交渉などで)要求を見送る. **3** →still 1

Stịll·hal·tung[..tʊŋ] 女 -/ (stillhalten すること. 特に:)〘経〙支払い猶予.

stịllie·gen* (**stịll|lie·gen***)[ʃtíliːgən][1] 《93》 自 (h) (工場などが)操業を停止している, 活動していない, 休止している(ただし: still liegen →still 1): Die Fabrik *liegt* schon seit zwei Monaten *still.* 工場はもう2か月前から操業を停止している | eine *stilliegende* Grube 休業坑.

Stịll·le̲·ben =Stilleben

stịll|le̲·gen →stillegen

Stịll·le̲·gung =Stillegung

stịll|lie·gen →stilliegen

stịl·los[ʃtíːlloːs, st..][1] 形 様式のない; 《比》様式感の欠如した, 悪趣味な, 品のない: Wein aus Biergläsern zu trinken, ist ～. ワインをビールグラスで飲むのはセンスのない話だ.

Stịl·lo̲·sig·keit[..loːzɪçkaɪt] 女 -/-en stillos なこと⟨もの⟩.

Stịll≠pau·se[ʃtíl..] 女 (働く女性のための)授乳休憩(時間). **≠pe·ri·o̲de** 女 授乳期. [<stillen]

stịll|schwei·gen* 《158》 **I** 自 (h) 黙(ってい)る.
II Stịll·schwei·gen 中 -s/ 沈黙; 黙秘, 秘密厳守: das ～ brechen 沈黙を破る | *jm.* (absolutes) ～ auferlegen …に(絶対に)口外しないと約束させる | über *et.*[4] (strengstes) ～ bewahren …について(固く)沈黙⟨秘密⟩を守る ‖ *sich*[4] **in ～ hüllen** 沈黙を守る | *et.*[4] mit ～ übergehen / über *et.*[4] mit ～ hinweggehen …を黙殺する.
III stịll·schwei·gend 現分 形 《述語的用法なし》無言の, 暗黙の(うちの): eine ～*e* Übereinkunft 暗黙の了解 | eine ～*e* Voraussetzung 暗黙裏の前提 ‖ *et.*[4] ～ übergehen / über *et.*[4] ～ hinweggehen …を黙って見のがす; …を黙殺する | *jm.* ～ Platz machen …に黙って席をゆずる.

stịll|sit·zen* 《171》 自 (h) (仕事をしないで)じっとしている, 遊んでいる(なお: →still 1): nicht ～ können 《比》じっとしていられない, いつも動き回って⟨活動して⟩いる.

Stịll·stand 男 -(e)s/ 静止, 停止; 停滞: der ～ der wirtschaftlichen Entwicklung 経済成長の停滞 ‖ den Motor **zum ～** bringen エンジンを止める | zum ～ kommen 止まる, 停止⟨停滞⟩する | Die Blutung ist zum ～ gekommen. 出血が止まった ‖ In den Verhandlungen ist ein ～ eingetreten. 交渉は膠着(こうちゃく)状態におちいった | *Stillstand* ist Rückgang. 《諺》停滞は後退に通じる.

stịll|ste̲·hen* 《182》 自 (h) **1** 止ま(ってい)る, 停止⟨停滞⟩する: Ihr Herz *stand still.* 彼女は心臓が止まるほどびっくりした | Der Verkehr *steht still.* 交通が麻痺(まひ)状態である | *jm.* *steht* der Verstand *still* (→Verstand 1) | Ihr Mundwerk *steht* nie *still.* 《話》彼女はのべつまくなしにしゃべり続ける. **2** 〘軍〙不動の姿勢をとる: *Stillgestanden!* 気をつけ. **3** →still 1

Stịl·lung[ʃtílʊŋ] 女 -/ stillen すること.

stịll·ver·gnügt 形 心のどかな, 満足しきった: ein ～*es* Lächeln 静かな満足の微笑 | Sie lächelte ～. 彼女はにこにこしていた.

Stịll·was·ser 中 -s/ (干満の交代時の)滞潮.

Stịll·zeit 女 **1** 授乳期. **2** 授乳時間. [<stillen]

Stịl≠mit·tel[ʃtíːl..] 中 文体⟨様式⟩上の手段. **≠mö̲·bel** 中 -s/- 《ふつう複数で》(ゴシック・バロック・ユーゲントシュティールなどの様式を模して作られた)古様式家具(→図). **≠schicht** 女 〘言〙文体の層(雅語・日常語・俗語・卑語・敬

Stilmöbel

S

語など). ≠**übung** 女 作文練習.

stil·voll 形 **1** 様式の整った, 様式上の統一のとれた. **2** (geschmackvoll) 趣味のいい, 趣のある.

Stil·wert 男 (さまざまな表現手段のもつ)文体上の価値.

stil·wid·rig 形 様式に反する, 悪趣味な.

Stil·wör·ter·buch 中 文体(用語用例)辞典.

Stimm≠ab·ga·be[ʃtím..] 女 投票: eine geheime ~ 秘密〈無記名〉投票. ≠**ab·satz** =Absatz 1 b ≠**auf·wand** 男 声を出すこと, 声の消耗. ≠**band** 中 -[e]s/ ..bänder《ふつう複数で》〘解〙声帯.

stimm·be·rech·tigt 形 投票権のある: Er ist ~ 〈noch nicht ~〉. 彼は投票権がある〈まだない〉| der 〈die〉 *Stimmberechtigte* 投票権のある人, 有権者.

Stimm≠bil·dung 女 **1** 発声〔法〕. **2** 〘楽〙発声訓練. ≠**bruch** 男 -[e]s/ =Stimmwechsel ≠**bür·ger** 男 (スイスの)有権者, 選挙権を持った市民.

Stim·me[ʃtímə] 女 -/-n **1 a)** (⑪ **Stimm·chen**[..çən], **Stimm·lein**[..laın] 中 -s/-) 声; (Singstimme) 歌声; 鳴き声;〘劇〙口跡(こうせき);《雅》(雷などの)音: eine dunkle 〈helle〉 ~ 暗い〈明るい〉声 | eine harte 〈weiche〉 ~ ぎすぎすした〈やわらかい〉声 | eine heisere 〈klare〉 ~ かすれた〈澄んだ〉声 | eine hohe 〈tiefe〉 ~ 高い〈低い〉声 | eine kräftige 〈schwache〉 ~ 力強い〈弱々しい〉声 | eine laute 〈leise〉 ~ 大きな〈小さな〉声 | eine männliche 〈kindliche〉 ~ 男〈子供〉の声 ‖ eine schöne 〈gute〉 ~ haben いい声をしている | Der hat ~.(歌手について)あいつはいい声をしている | die ~ heben 〈senken〉 声を高める〈落とす〉| *seine* 〈die〉 ~ verstellen 作り声をする, 声色を使う | *seine* 〈die〉 ~ verlieren 声が出なくなる; 前ほど上手に歌えなくなる | *seine* ~ ausbilden lassen 発声訓練を受ける ‖ *jn.* **an** der ~ erkennen 声で…であるとわかる | nicht 〔gut〕 **bei** ~ sein 声がうまく出ない | In seiner ~ klingt Ärger mit. 彼の声にはいらいらした気持が表れている | **mit** belegter 〈heiserer〉 ~ sprechen かすれ声でしゃべる | mit gellender 〈zitternder〉 ~ schreien 金切り声で〈声をふるわせて〉叫ぶ | mit voller 〈halber〉 ~ singen 声をはりあげて〈抑えて〉歌う ‖ Seine ~ trägt 〔weit / gut〕. 彼の声は〔よく〕通る | Seine ~ überschlägt sich. 彼の声が急にかん高くなる〈裏声になる〉| Die ~ versagte ihm. 彼はそれ以上発言を続けられなかった.

b) 《比》(警告・督促などの)内なる声〈呼びかけ〉; 意見〔の表明〕; 世論: eine innere ~ 内心の声 | die ~ des Gewissens 〈der Vernunft〉 良心〈理性〉の声 | eine ~ aus dem Hintergrund 陰の声 | die ~*n* der Presse 新聞の論評 ‖ der ~ des Herzens 〈der Natur〉 folgen 心のおもむくままにふるまう〈本能に身をまかせる〉| *seine* ~ für 〈gegen〉 *et.*⁴ erheben …に賛成〈反対〉の意思を表明する | ~*n* hören 幻聴がある ‖ Die ~*n* des Protests mehren sich. 抗議の声が強まる | Es wurden ~*n* laut, die den Plan verurteilten. 計画をだめときめつける声が高まった | Volkes ~ 〔ist〕 Gottes ~.《諺》民の声は神の声 (vox populi vox Dei の直訳).

2 投票; 投票権, 議決権; 得票,〔投〕票数: abgegebene ~*n* 投票数 | ausschlaggebende 〈entscheidende〉 ~ キャスティングボート, 決定票 | gültige 〈ungültige〉 ~*n* 有効〈無効〉票 ‖ *seine* ~ abgeben 投票する | *sich*⁴ der ~ enthalten (投票を)棄権する | die meisten ~*n* erhalten 〈auf *sich*⁴ vereinigen〉 最高得票を得る | *jm. seine* ~ geben …に投票する | eine ~ haben 発言〈議決〉権をもつ, 一票を有する | nur eine beratende ~ haben 審議権だけをもつ | in *et.*³ Sitz und ~ haben …(会議など)での議決権をもっている(正規の構成員である) | ~*n* sammeln 票を集める | 〔um〕 ~*n* werben 選挙運動をする | die ~*n* zählen 票を数える〈読む〉‖ mit einer ~ Mehrheit 1票差で(勝つ・選ばれる) | mit einer Mehrheit von 3 ~*n* zum Vorsitzenden gewählt werden 3票の差で議長に選ばれる | mit 20 〔gegen 2〕 ~*n* angenommen werden 賛成20票〔反対2票〕で可決される ‖ Jede ~ zählt 〈ist wichtig〉. 一票一票が重要だ.

3 〘楽〙(合唱の)声部; (合奏の)パート: die ~ der ersten Geige〔n〕 第1ヴァイオリンのパート ‖ 〔die〕 erste 〈zweite〉 ~ singen 第1〈2〉声部を歌う, ソプラノ〈アルト〉を担当する | die ~*n* verteilen パートを割り振る.

4 a) =Stimmstock **b)** (Register) 〘楽〙(〔パイプ〕オルガンなどの)音栓〔群〕.

[*germ.*]

Stimm·ein·satz[ʃtím..] =Einsatz 4 b

stim·men[ʃtímən] **I** 自 (h) **1 a)** (主張・情報の内容が)真実である, 事実と合っている, 本当である: Die Adresse *stimmt* nicht mehr. このあて名はもう古い | Seine Angabe *stimmt.* 彼の申し立ては事実と合致している | Seine Informationen *stimmen.* 彼の情報は間違いない | Die Nachricht *stimmt* nicht. その情報〈知らせ〉は事実でない ‖ Es *stimmt*, was er sagt. 彼のいうことは本当である | *Stimmt* es, daß …? …というのは本当ですか | 〔Das〕 *stimmt*! そのとおりだ | Das kann nicht 〈unmöglich〉 ~! そんなはずはない | *Stimmt*'s, oder habe ich recht?《戯》まさか私のいうことが違っているというのではないでしょうね | *Stimmt* auffallend 〈auffällig〉!《皮肉》まったく君の言うとおりだ.

b) つじつまが合っている, 誤り〈ミス〉がない, うまくいっている: Die Rechnung *stimmt.* この計算〔書〕は合っている | *Stimmt* so!《話》おつりは(チップとして)取っておいてください | Die Kasse *stimmt* bei ihm immer.《話》彼はいつもふところが暖かい | Bei dir *stimmt*'s wohl nicht 〔ganz〕?《話》君は頭がどうかしてるんじゃないか | Hier *stimmt* 〔doch〕 etwas nicht. こいつはどこかおかしい | Die Chemie *stimmt.* (→Chemie 1 a) | In dieser Ehe *stimmt* etwas nicht. この夫婦の間はどこかしっくりいっていない | Mit meinen Nieren muß etwas nicht ~. 私は腎臓(じんぞう)がどこか悪いにちがいない.

c) (passen)《zu *et.*³ / auf *et.*⁴》(…と)〔うまく〕合う, 適合する: Der Hut *stimmt* in der Farbe 〔gut〕 zum Kleid. この帽子の色はドレスとよく合う | Seine Aussage *stimmt* zu der des anderen Zeugen. 彼の陳述はもう一人の証人の陳述と一致する | Die Beschreibung *stimmt* auf den Gesuchten. その描写は尋ね人とぴったり合致する.

2 (abstimmen) 投票する: **für** *jn.* ~ …(候補者)に投票する | für 〈**gegen**〉 *et.*⁴ ~ …(議案など)に賛成〈反対〉投票する.

II 他 (h) **1** 《*jn.*》《様態を示す語句と》(…を…の)気分にさせる: *jn.* froh 〈traurig〉 ~ …を楽しい〈悲しい〉気分にさせる | Das *stimmt* mich nachdenklich. それを聞くと私は考えこまされる | *jn.* versöhnlich ~ …〔の気持〕をなだめる ‖ gut 〈schlecht〉 *gestimmt* sein 機嫌がいい〈悪い〉| Wir sind zum Feiern *gestimmt.* 私たちはお祝いをしたい気分である.

2 《*et.*⁴》〘楽〙(楽器の)調子を合わせる, 調律する: das Klavier ~ ピアノを調律する | die Geige höher 〈tiefer〉 ~ ヴァイオリンのピッチをいちだんと高く〈低く〉合わせる ‖ Das Orchester *stimmt.* オーケストラが音合わせをする ‖ schlecht 〈zu hoch〉 *gestimmt* sein 調子が合っていない〈高すぎる〉.

Stim·men≠an·teil[ʃtímən..] 男 得票率: Der ~ ist von 50 auf 47 Prozent gesunken. 得票率は50パーセントから47パーセントに落ちた. ≠**aus·zäh·lung** 女 得票の集計. ≠**ein·bruch** 男 得票数の落ちこみ. ≠**ein·heit** 女 満場〈全員〉一致. ≠**fang** 男 (言葉巧みな)票集め. ≠**ge·wirr** 中 声の入り乱れた騒がしさ. ≠**gleich·heit** 女 得票同数, 可否同数. ≠**imi·ta·tion** 女 声帯模写. ≠**kauf** 男 票の買収. ≠**mehr·heit** 女 過半数の得票: mit ~ gewählt werden 過半数の得票を得て選出される | die Entschließung mit ~ annehmen 決議を多数決によって採択する. ≠**min·der·heit** 女 半数以下の得票. ≠**prü·fung** 女 投票審査.

Stimm·ent·hal·tung[ʃtím..] 女 **1** (投票の)棄権: ~ üben 棄権する. **2** (賛否のいずれでもない)白票: *et.*⁴ bei 3 ~*en* annehmen …を白票3で採択する.

Stim·men≠ver·lust[ʃtímən..] 男 得票数の減少. ≠**wer·ber** 男 (選挙の)運動員. ≠**zu·wachs** 男 得票数の増加.

Stim·mer[ʃtímər] 男 -s/- (楽器の)調律師: Klavier*stimmer* ピアノ調律師.

stimm·fä·hig[ʃtím..] 形 投票権のある.

Stimm≠fal·te 女〘解〙声帯ひだ. ≠**füh·rer** 男 (政党

などの)スポークスマン, 代弁者. ⸗**füh·rung** 女 **1 a)** 〘楽〙運声法. **b)** 〘劇〙声の使い方. **2** 〘言〙声の調子, イントネーション. ⸗**ga·bel** 女〘楽〙音叉(おんさ). ⸗**ge·bung** 女 発声.

stimm·ge·wal·tig 形 声量が豊かな: ein ～*er* Sänger 声量の豊かな歌手 | ～ eine Rede halten 大音声で演説する.

stimm·haft[ʃtímhaft] 形 (↔stimmlos)〘言〙有声の: ～*e* Konsonanten 有声子音(例 [b][d][g][z]).

Stimm·ham·mer 男 (ピアノの)調律槌(つち)〈ハンマー〉.

stim·mig[ʃtímɪç][2] 形 調和のとれた, 矛盾のない, 整合した.

..stimmig[..ʃtɪmɪç][2]《数詞・形容詞などにつけて「…の声・音の」;《比》「…の意志・意見の」を意味する形容詞をつくる》: fünf*stimmig*〘楽〙5 声部の | mehr*stimmig*〘楽〙多声部の | tief*stimmig* 声が低い | gleich*stimmig*〘楽〙(楽器が)互いに調子の合った;《比》同じ考えの | ein*stimmig* 一致した;〘楽〙1 声部の | un*stimmig* 一致しない.

Stim·mig·keit[..kaɪt] 女 -/ 調和, 統一, 整合〔性〕.

Stimmit·tel[ʃtímmɪtəl] 中 (歌手・俳優などの)声量.

Stimm⸗ka·no·ne[ʃtím..] 女《話》大歌手. ⸗**la·ge** 女〘楽〙声域. ⸗**laut** 男 =Sonant

Stimm·lein Stimme 1の縮小形.

stimm·lich[ʃtímlɪç] 形 声の, 声に関する; 音声上の: ～ begabt sein 美声に恵まれている.

Stimm⸗lip·pe 女〘解〙声〔帯〕唇. ⸗**li·ste** 女 選挙人名簿.

stimm·los[ʃtímloːs][1] 形 **1 a)** 声の出ない. **b)** か細い声の. **2** (↔stimmhaft)〘言〙無声の: ～*e* Konsonanten 無声子音(例 [p][t][k][s]).

Stimm⸗mit·tel[ʃtím..] =Stimmittel ⸗**pfei·fe** 女〘楽〙調子笛(→ 図 Pfeife). ⸗**recht** 中 **1** 投票権; 選挙権: allgemeines ～ 普通選挙権 | das ～ ausüben 選挙〈投票〉権を行使する. **2** (株主総会の)議決権; (社員総会の)表決権.

Stimm·recht·le·rin[..lərɪn] 女 -/-nen (女性の)婦人参政権論者.

Stimm·rit·ze 女〘解〙声門.

Stimm·rit·zen⸗deckel 男〘解〙喉頭蓋(こうとうがい), 会厭(えん)軟骨, のどぶた. ⸗**krampf** 男〘医〙声門痙攣(けいれん).

⸗**laut** 男 (Glottal)〘言〙声門音.

Stimm⸗schlüs·sel 男〘楽〙調律鍵(けん). ⸗**stock** 男 -〔e〕s/..stöcke〘楽〙(弦楽器・ピアノの)魂柱(こんちゅう). ⸗**ton** =Kammerton ⸗**übung** 女 発声練習. ⸗**um·fang** 男〘楽〙声域: einen großen ～ haben 声域が広い.

Stim·mung[ʃtímuŋ] 女 -/-en **1 a)** (その時々の)気分, 機嫌, 気持; 調子: eine heitere 〈traurige〉 ～ 朗らかな〈悲しい〉気分 | Er ist bester 〈gereizter〉 ～[2]. 彼はこの上なく上機嫌〈いらいらした気分〉である | Sie ist ～*en* unterworfen. 彼女は気分が揺れ動いている ‖ **in** guter 〈schlechter〉 ～ sein 上機嫌〈不機嫌〉である | Ich bin jetzt nicht in der rechten ～, den Brief zu schreiben. 私はいまはその手紙を書く気分にはなれない ‖ Meine düstere ～ hellte sich bei seinem Anblick auf. 彼の姿を見て私の暗い気分は晴れた | Seine fröhliche ～ verflog. 彼の楽しい気分はふっ飛んでしまった | Das hebt 〈trübt〉 meine ～. そのことが私の気持を高揚させる〈暗くする〉| Sie ließ ihre schlechte ～ an ihm aus. 彼女は彼に当たり散らした. **b)** (gute Laune) 上機嫌, 陽気な気分: *jm.* die ～ verderben …の気分をこわす ‖ **für** ～ sorgen 気分を盛り上げようと努める | **in** ～ sein 上機嫌である | in ～ kommen 気分が乗る, 陽気な気分になる | *jn.* in ～ versetzen …を元気づける.

2 a) (その場の人々・あたりの事物がかもし出す)雰囲気, ムード, 風情; 全体の印象〈感じ〉, 趣: die merkwürdige ～ vor einem Gewitter 雷雨の前のあやしい空模様 | Es herrscht eine feierliche 〈ausgelassene〉 ～. 荘重な〈にぎやかな〉雰囲気があたりを支配している | Die ～ schlug plötzlich um. 雰囲気が一変した. **b)** 〘美〙(絵画の持つ)情趣: Das Bild strahlt ～ aus. この絵からは生き生きとした情趣があふれ出ている | die ～ eines Sonnenuntergangs gut treffen 日没のかもし出す情趣を見事にとらえて描く.

3 a) (一般の)風潮, 世論, 人気: **für** 〈**gegen**〉 ***jn.*** 〈***et.***[4]〉 ～ **machen** …に対する人気をあおる〈反感をかき立てる〉| Die ～ war gegen ihn. 世論は彼に不利だった. **b)** 〘商〙景気, 商況, 市況.

4 〘楽〙**a)** (楽器の)調子を合わせること, 調律; (弦楽器の)調弦. **b)** (楽器の)調子〔を合わせた状態〕: Die ～ der Geige ist zu hoch. ヴァイオリンの調子が高すぎる.

[*frühnhd.*; ＜stimmen]

Stim·mungs⸗bild[ʃtímuŋs..] 中 **1** 情緒豊かな絵, ムード〈気分〉画; 印象画. **2** 纏綿(てんめん)たる情緒の描写〈表出〉: ein ～ vom Markttag auf dem Dorf geben 村の市(いち)の日の情緒を描き出す. ⸗**hoch** 中 気分の高揚. ⸗**ka·no·ne** 女《戯》**1** (会などの)気分の盛り上げ役. **2** 陽気な気分をかき立てる芝居〈映画〉. ⸗**ma·che** 女 -/《軽蔑的に》(不正手段による)雰囲気づくり, 世論操縦, 巧みな駆け引き. ⸗**ma·cher** 男《話》**1** 巧みに世論を操縦する人, ブームをあおる人. **2** =Stimmungskanone 1 ⸗**mensch** 男 気分屋, お天気屋. ⸗**mu·sik** 女 **1** ムード音楽, (レストランなどの)バックグラウンド=ミュージック. **2** 陽気な音楽. ⸗**tief** 中 気分の沈滞〈落ち込み〉: in einem ～ sein 落ち込んでいる. ⸗**um·schwung** 男 **1** 気分転換; (パーティーなどの)趣向〈雰囲気〉の転換. **2** 思想の転向. **3** 〘商〙(相場の)景気の転換.

stim·mungs·voll 形 情緒豊かな, 趣のある; なごやかで気持のいい: ein ～*er* Abend 和気あいあいとした夕べ | ein ～*es* Gemälde 情趣に富んだ絵.

Stim·mungs⸗wan·del 男, ⸗**wech·sel** 男 =Stimmungsumschwung 1, 2

Stimm·vieh[ʃtím..] 中《軽蔑的に》(政党や候補者の立場から見た)有権者, 投票者. [*amerik.* voting cattle (◇Votum, kapital) の翻訳借用]

Stimm⸗wech·sel 男 (Stimmbruch) 声変わり: im ～ sein 変声期である. ⸗**werk·zeug** 中 発声器官. ⸗**zahl** 女 票数: Die erforderliche ～ wurde nicht erreicht. 必要票数に達しなかった. ⸗**zet·tel** 男 投票用紙: ein gültiger 〈ungültiger〉 ～ 有効〈無効〉票 ‖ die ～ abgeben 投票する | die ～ auszählen 票を集計する. [＜Stimme]

Sti·mu·lans[stíːmulans, ʃt..] 中 -/..lantia[stimulántsia·, ʃt..], ..lanzien[..lántsiən]〘医〙興奮薬, 刺激剤: ein psychologisches ～ für *et.*[4] …に対する心理的刺激剤 | Kaffee ist ein ～. コーヒーは興奮剤である.

Sti·mu·lanz[stimulánts, ʃt..] 女 -/-en (Anreiz) 刺激, 鼓舞: die richtige ～ für *et.*[4] …に対する絶好の刺激.

Sti·mu·la·tion[..latsióːn] 女 -/-en〘医〙刺激, 起奮, 興奮〔を与えること〕. [*lat.*]

Sti·mu·li Stimulus の複数.

sti·mu·lie·ren[..líːrən] **I** 他 (h) 刺激〈促進〉する, かり立てる, 興奮させる: den Kreislauf 〈das Wachstum〉 ～ 血行〈成長〉をうながす | Die Sportler wurden durch die Zurufe der Menge zu besonderen Leistungen *stimuliert.* 選手たちは群衆の声援を受けて格別の力を発揮しようと奮い立った. **II sti·mu·lie·rend** 現分 形 刺激する, 促進的な: eine ～*e* Spritze 興奮剤注射 | ～*e* Musik 気分をかきたてるような音楽 ‖ ～ auf *et.*[4] wirken …に対し促進〈刺激〉的な作用を及ぼす. [*lat.*; ◇ *engl.* stimulate]

Sti·mu·lus[stíːmulus, ʃt..] 男 -/..li[..liˑ] (Reiz) 刺激; 鼓舞, 激励; 衝動: ein ～ für *et.*[4] …に対する刺激 | der ～ zur Arbeit 労働への刺激 | der moralische ～ 道徳的衝動 | ～-Response-Theorien〘心〙(心理現象を刺激と反応との関係で説明しようとする)刺激反応理論.

[*lat.* „Stachel"]

Sti·ne[ʃtíːnə] 女名 (＜Christine, Ernestine) シュティーネ.

stink..《名詞につけて「悪臭のある・悪臭を発する」を意味するほか, 口語では名詞・形容詞につけて「極度の・最悪の・度を過ぎて不快な」を意味し, ふつうアクセントは同時に基礎語にもおかれる》: *Stink*wut 激怒 ‖ *stink*normal 全く正常な | *stink*sauer ひどくすっぱい.

Stin·ka·do·res[ʃtɪŋkadóːrɛs] **I** 女 -/-《話》安物の〔臭い〕葉巻. **II** 男 -/-《話》臭いチーズ. [＜stinken+*span.* fumadores „Raucher" (◇sfumato)]

stink·be·sof·fen 形《話》へべれけの, 酔っぱらった.

S

Stink≠bock 男 **1** 臭いヤギ(ヒツジ). **2** 《卑》 臭いやつ; 鼻もちのならないやつ. **≠bol·zen** 男《話》安物の葉巻; マドロスパイプ. **≠bom·be** 女 (投げて破裂させると悪臭をたてるガラスケース入りの)悪臭弾. **≠bur·ger** 男《話》(悪臭のつよい)リンブルク産チーズ(→Limburger I 2). **≠chai·se**[..ʃɛːzə] 女《話》〔排気ガスのひどい〕自動車. **≠drü·se** 女〘動〙〔悪〕臭腺(せん), 臭液腺.

stin·ken*[ʃtíŋkən] 《187》 **stank**[ʃtaŋk]/**ge·stun·ken**[ɡəʃtʊ́ŋkən]; 接II stänke[ʃtɛ́ŋkə] **I** 自 (h) (英: *stink*) **1 a)** 臭いにおいがする, 悪臭がある, 悪臭を発する(→riechen I 1 ★); 《話》鼻もちならない, 不快である: Faule Eier *stinken* entsetzlich. 腐敗した卵はものすごく臭い | Das Fleisch 〈Der Käse〉 fängt an zu ～. 肉〈チーズ〉がにおい始める | **drei Meilen gegen den Wind** 〈**wie die Pest** / **wie ein Wiedehopf** / **wie ein Ziegenbock**〉 **～** 《話》耐えがたいにおいがする, ひどい悪臭を発する | Er *stank* sieben Meilen. 彼の悪臭〈悪評〉は(7マイル四方に届くほど)ひどかった ‖ vor Faulheit 〈Geiz〉 ～ (→Faulheit, →Geiz 1) | zum Himmel ～ (→Himmel 3) | Eigenlob *stinkt.* (→Eigenlob) | Geld *stinkt* nicht. (→Geld 1). **b)** 《俗》《*jm.*》(…に)いや気を起こさせる, (…の)癇(かん)にさわる: Die Arbeit *stinkt* mir. 私は仕事にうんざりしている ‖ 非人称 Mir *stinkt*'s. 私はうんざりしている.
2 《nach *et.*[3]》(…の)においがする; 《話》(…の)疑い〈気配〉がある; 怪しい, うさんくさい, おかしい, いかがわしい: nach Alkohol 〈Tabak〉 ～ 酒〈タバコ〉臭い | nach Geld ～ (→Geld 1) | nach Verrat ～ 《比》裏切り〈背信〉の気配がある ‖ An der Sache *stinkt* etwas. 《話》その件は少し怪しいところがある ‖ 非人称 Hier *stinkt* es. 《話》ここはどうも様子がおかしい〈怪しい・うさんくさい・いかがわしい・物騒だ〉.
II stin·kend 現分 形 **1** 臭い, 悪臭のある: ～*e* Abgase 悪臭を発する排気ガス. **2** 《話》鼻もちならない, 全くひどい, たいへんな: Sie ist ～ faul. 彼女はどうしようもない怠け者だ.
[*germ.* „stoßen"; ◇Gestank, stänkern; *engl.* stink]

Stin·ker[ʃtíŋkər] 男 -s/- 《軽蔑的に》臭いやつ; 鼻もちのならないやつ.

stink≠fa·de[ʃtíŋkfáːdə] 形《話》ひどく気の抜けた, すごく退屈な. **≠faul** 形《話》どうしようもなくぐうたらな, ひどい怠け者の: ein ～*er* Bursche 全く怠慢な若者. **≠fein** 形《話》(人・場所などが)いやらしいほど上品な, 上品ぶった: eine ～*e* Dame お上品ぶった婦人 | *sich*[4] ～ benehmen いやらしいほどお上品に振舞う.

Stink≠fin·ger[ʃtíŋk..] 男 -s/- 《ふつう複数で》《軽蔑的に》指: Nimm deine ～ weg! お前のきたない指をどけろ. **≠fritz** 男 =Stinker **≠fuß** 男 -es/..füße 《ふつう複数で》《軽蔑的に》足. **≠ha·ken** 男《話》マドロスパイプ.

Stin·ki[ʃtíŋki·] 男 -s/-s 《俗》不潔なやつ.

stin·kig[ʃtíŋkɪç][2] 形 臭い, 悪臭のある; 《比》鼻もちならない, ひどい状態の: eine ～*e* Bude 臭い〈ひどくむさくるしい〉部屋 | ～*e* Laune ひどい不機嫌.

Stink≠kä·se 男 匂いのきついチーズ. **≠kerl** 男《話》いやな〈卑劣な〉やつ. **≠kraut** 中〘植〙アカザ(藜)属の一種(悪臭がある). **≠kut·sche** 女《話》(馬車の車体に似た古風な)自動車; 排気ガスをまき散らす自動車.

stink·lang·wei·lig 形《話》ひどく退屈な.

Stink·lau·ne 女《話》ひどい不機嫌: eine ～ haben ひどく機嫌が悪い.

Stink≠mar·der 男 = Stinktier **≠mor·chel** 女〘植〙スッポンタケ(鼈茸). **≠na·se** 女〘医〙臭鼻〔症〕.

stink·nor·mal 形《話》全く正常な〈ふつうの〉.

Stink·ra·ke·te 女《話》**1** 安タバコ. **2** 〘軍〙ガス弾.

stink≠reich 形《話》腐るほど金をもった, 大金持ちの. **≠sau·er** 形《話》**1** ひどくすっぱい. **2** ひどく不機嫌な. **≠se·riös** 形《話》きわめて seriös な. **≠so·lid** 形《話》きわめて solid な.

Stink≠stein 男〘地〙シュティンクシュタイン(割ると悪臭を発する石灰岩). **≠stie·fel** 男《話》不機嫌〈無愛想〉な人; 汚らしい人. **≠tier** 中 **1** 〘動〙スカンク. **2** 《話》(がまんならぬ)いやなやつ.

stink·vor·nehm =stinkfein

Stink·wan·ze 女〘虫〙カメムシ(亀虫)科の昆虫.

Stink·wut 女《話》激怒, ひどい不機嫌: eine ～ haben かんかんに怒っている.

stink·wü·tend 形《述語的》《話》かんかんに怒っている, ものすごく不機嫌である.

Stint[ʃtɪnt] 男 -[e]s/-e **1** 〘魚〙キュウリウオ(胡瓜魚). **2** 《北部》若者, 青二才: *sich*[4] **wie ein ～ freuen**(子供みたいに)大喜びする. [*mndd.* „Gestutzter"]

Sti·pel[ʃtíːpəl, st..] 女 -/-n (Nebenblatt) 〘植〙托葉(たくよう). [*lat.*]

Sti·pen·di·at[ʃtipɛndiáːt] 男 -en/-en 奨学生, 給費生: als Humboldt-～ in Bonn *seiner* Forschung nachgehen フンボルト財団給費〔留学〕生としてボンで研究に従事する.

Sti·pen·di·en·fonds[ʃtipɛ́ndiənfɔ̃ː] 中 奨学資金〈基金〉.

Sti·pen·dist[ʃtipɛndíst] 男 -en/-en 《南部・オーストリア》=Stipendiat

Sti·pen·dium[ʃtipɛ́ndiʊm] 中 -s/..dien[..diən] 奨学金, 育英〔資〕金, スカラシップ; 学術奨励金, 研究助成金: Forschungs*stipendium* 研究奨学金 | Humboldt-～ フンボルト財団奨学金(フンボルト財団 Alexander von Humboldt-Stiftung はドイツの国際学術助成・交流機関) ‖ die Gewährung eines ～*s* 奨学金給付の許可 | ein staatliches ～ erhalten 国家の奨学金を受ける | *sich*[4] um ein ～ bewerben 奨学金の給付に応募する | *Stipendien* werden nach Bedürftigkeit verliehen. 奨学金はその必要性に応じて給付される. [*lat.* „Sold"; < *lat.* stips „Geldbeitrag"+pendere (→Pension); ◇*engl.* stipend]

Stipp[ʃtɪp] 男 -[e]s/-e **1** =Stippe **2** 《ふつう次の形で》 auf den ～ すぐに.

Stipp≠an·griff[ʃtíp..] 男〘軍〙不意の襲撃, 急襲, 奇襲. **≠be·such** 男 =Stippvisite

Stip·pe[ʃtípə] 女 -/-n 《北部・西部》**1** ささいな〈小さな・わずかな〉こと. **2 a)** (Pustel) 〘医〙膿胞(のうほう). **b)** 〘植〙斑点(はんてん)病. **3** 〘料理〙(いためたベーコンに小麦粉・牛乳・タマネギなどを加えて作るどろどろした)ソース: die Kartoffeln in die ～ tunken ジャガイモをソースにひたす.
[*mndd.*; ◇*engl.* stipple]

Stipp·ei·mer[ʃtíp..] 男 (北部: **Stip·pel**[ʃtípəl] 男 -s/-) (柄つきの)手おけ(→ 図 Kelle).

stip·pen[ʃtípən] **I** 他 (h) 《話》**1 a)** 《*et.*[4] in *et.*[4]》(…を…の中に)ひたす, 漬ける: das Brot in die Suppe ～ パンをスープにひたす. **b)** 《*et.*[4] mit *et.*[3]》(…を…で)すくい取る: das Fett mit einem Stück Brot aus der Schüssel ～ パンの一きれで皿から脂をぬぐい取る. **2** 《*jn.* / *et.*[4]》(…に)そっと触れる, (…を)軽くトントンとたたく: *jn.* freundschaftlich auf die Schulter ～ やさしく…の肩をたたく. **II** 自 (h) そっと突く, 軽くたたく: mit einem Stock nach *jm.* ～ 棒で…をそっとつつく.
[*mndd.* „stechen"; ◇steppen[1]]

stip·pig[ʃtípɪç][2] 形 **1** 《話》(果実などが)しみのある, 斑点(はんてん)のついた. **2** 《方》膿胞(のうほう)でおおわれた.

Stipp≠milch 女 **1** 《北部》凝乳, カード. **2** スグリやコケモモの実とまぜて甘くしミルクでといた凝乳食品. **≠vi·si·te** 女 《北部》ちょっと立ち寄ること, 短い訪問: eine ～ beim Nachbarn 〈nach Hamburg〉 machen 隣人〈ハンブルク〉をちょっと訪ねる.

Sti·pu·la·tion[ʃtipulatsióːn, st..] 女 -/-en 〘法・商〙契約, 協定; 申し合わせ, 取り決め. [*lat.*]

sti·pu·lie·ren[..líːrən] 他 (h) **1** 〘法・商〙契約〈約定〉する, 申し合わせをする. **2** (festlegen) 確定〈確認〉する, 取り決める. [*lat.*; ◇Stoppel[2]]

Sti·pu·lie·rung[..rʊŋ] 女 -/-en =Stipulation

stirb[ʃtɪrp] sterben の命令法単数.

stirbst[..st] sterben の現在2人称単数.

stirbt[..t] sterben の現在3人称単数.

Stirn[ʃtɪrn] 女 -/-en **1** 額(ひたい), おでこ: eine breite ～ 横幅の広い〈鉢の開いた〉額 | eine gewölbte ～ つき出た額 | eine hohe ～ 広い〈はげあがった〉額 | eine steile 〈fliehende〉 ～

S

絶壁型の〈上にいくほどひっこんだ〉額 | Denker*stirn* 思索家ふうの額 ‖ die ～ falten 〈runzeln〉 / die ～ in Falten legen 〈ziehen〉 / die ～ kraus ziehen 額にしわを寄せる, まゆをひそめる | die ～ vor Ärger furchen 不機嫌のため額にしわを寄せる | *sich*³ die ～ trocknen 額の汗をぬぐう | ***jm.*** 〈***et.***³〉 **die ～ bieten** 《比》…に反抗する〈勇敢に立ち向かう〉 | **die ～ haben** 《zu 不定詞〔句〕と》厚かましくも〈生意気にも〉…する | Er hatte die ～, mir ins Gesicht zu lügen. 《比》彼は厚かましくも私に面と向かってうそをついた | Seine ～ umwölkte 〈verfinsterte〉 sich. 彼の顔はくもった ‖〖前置詞と〗*jm. et.*⁴ **an** der ～ ansehen 〈ablesen〉 …の顔に…を見てとる | ***sich*³ an die ～ greifen** 〈**fassen**〉 (びっくりして・絶望して)顔に手をやる | *sich*³ an die ～ schlagen (しまったという表情で)額をピシャリと打つ | eine Beule an 〈**auf**〉 der ～ haben 額にこぶができている | ***jm.* an** 〈**auf**〉 **der ～ geschrieben stehen** 《比》…の額に書いてある(顔にはっきりと現れている) | Falten auf der ～ haben 額にしわがある | *jn.* auf die ～ küssen …の額にキスをする | Der kalte Schweiß stand ihm auf der ～ 〈trat ihm auf die ～〉. 冷たい汗が彼の額に浮かんでいた〈浮かんだ〉 | den Hut **aus** der ～ schieben 帽子の前をあみだに押しあげる | *jm.* das Haar aus der ～ streichen …の額から髪をかきあげてやる | Niemand ahnte, was **hinter** seiner ～ vorging. 《雅》彼が何を考えていたのかだれにも全く分からなかった | *seinen* Hut **in** die ～ drücken 帽子を目深にかぶる | die ～ in die Hand stützen 額を手で支える | Die Haare fallen ihr in die ～. 髪が彼女の額にふりかかる | **mit** gehobener ～ 昂然(こうぜん)と, 堂々と | **mit eiserner** 〈ehemer〉 **～** 《比》毅然(きぜん)として, びくともせず, 厚かましく | Der Schweiß lief ihm **über** die ～ 〈**von** der ～〉. 汗が彼の額を伝って〈額から〉流れ落ちた | *jm.* über die ～ streichen …の額をなでてやる | *sich*³ den Schweiß von der ～ wischen 額の汗をぬぐう.
2 前面, 正面, 表側; 〖建〗ファサード.
3 〖建〗アーチの頭部(→ 図 Bogen).
4 〖地〗(氷河の)先端部.
[„ausgebreitete Fläche"; *ahd.*; ◇Sternum, Strahl]

Stirn≈ader[ʃtírn..] 女〖解〗前額静脈. **≈band** 中 -[e]s/..bänder **1** (額につける)飾りバンド〈リボン〉(→ 図 Nonne). **2** ヘアバンド; はち巻き. **3** (防毒マスクなどの)前頭ひも. **≈bein** 中〖解〗前頭骨, 額骨(→ 図 Schädel). **≈bin·de** 女 ヘアバンド; はち巻き. **≈bo·gen** 男〖建〗正面アーチ.

Stir·ne[ʃtírnə] 女 -/-n =Stirn

Stir·ner[ʃtírnər] 人名 Max ～ マックス シュティルナー(1806-56; ドイツの哲学者. 主著『唯一者とその所有』).

Stirn≈fal·te[ʃtırn..] 女 額のしわ. **≈flä·che** 女〖工〗(シリンダーなどの)前額面; 正面〔面積〕. **≈gar·di·ne** 女《話》(Ponyfrisur) 切り下げ前髪. **≈haar** 中 前髪.

Stirn·höcker·zir·pe 女〖虫〗ウンカ(浮塵子)科の昆虫.

Stirn·höh·le 女〖解〗前頭洞.

Stirn·höh·len≈ent·zün·dung 女〖医〗前頭洞炎. **≈ka·tarrh**[..katar] 男〖医〗前頭洞カタル.

..stirnig[..ʃtırnıç]² 《形容詞につけて「…の額(ひたい)をした, …気質の」を意味する形容詞をつくる》: breit*stirnig* 額が横に広い, 頭の鉢の開いた | eng*stirnig* 《比》視野〈了見〉の狭い.

Stirn≈joch[ʃtírn..] 中 (牛につける)額帯(ひたいおび)(→ 図 Joch). **≈kip·per** 男 (荷をおろすとき荷台を後方へ傾ける)ダンプトラック. **≈küh·ler** 男 (自動車の)フロントラジエーター. **≈la·ge** 女〖医〗(胎児の)額位, 前頭位. **≈lap·pen** 男〖解〗(脳の)前頭葉. **≈lei·ste** 女〖空〗(翼の)前縁. **≈locke** 女 額に垂れた巻き毛. **≈mo·rä·ne** 女〖地〗**1** 末端堆石(たいせき), 終堆石. **2** (氷河の先端部に形成される)氷堆石. **≈naht** 女〖解〗(新生児の)前頭縫合. **≈rad** 中〖工〗平(ひら)歯車(→ 図 Zahnrad). **≈re·flek·tor** 男 =Stirnspiegel **≈reif** 男〖服飾〗(金などで作った)額かざり, フェロニエール. **≈rie·men** 男 (馬具の)額革(→ 図 Kopfgestell). **≈run·zeln** 中 -s/ (けげん・不機嫌などの表情で)額にしわを寄せること, 渋面〈しかめっつら〉をすること: mit ～ fragen 〈antworten〉 額にしわを寄せて尋ねる〈答える〉. **≈satz** 男〖言〗前額文(定動詞が文頭に位置する: →Kernsatz, Spannsatz). **≈sei·te** 女 前面, 正面, 表側: Fenster an der ～ des Hauses 家屋前面の窓 | an der ～ des Tisches sitzen テーブルの正面に座っている. **≈spie·gel** 男〖医〗額帯(がくたい)鏡. **≈wand** 女 前〈正〉面の壁. **≈wi·der·stand** 男〖空〗前面抵抗(航空機の前部にかかる抗力). **≈wun·de** 女 額(みけん)の傷, 向こう傷. **≈zie·gel** 男〖建〗(古代建築で人頭部・しゅろ葉などの飾りのある)端がわら, 鬼がわら.

Sti·ze[ʃtíːtsə] 女 -/-n《スイ》長い注ぎ口のある油ポット.

Sto. 略 =Santo

Stoa[ʃtóːaˑ, st..] 女 -/〖哲〗ストア学派. [*gr.* stoá „Säulenhalle"; Zeno が自説を説いたアテネの講堂; ◇stoisch]

stob[ʃtoːp]¹ stieben の過去.

stö·be[ʃtøːbə] stieben の接続法 II.

Stö·be·rei[ʃtøːbəráı] 女 -/-en 〔絶えず〕stöbern すること.

Stö·ber·hund[ʃtøːbər..] 男〖狩〗(獲物を狩り出す)猟犬; コッカースパニエル.

stö·bern[ʃtøːbərn] 《05》 **I** 自 (h) **1 a)** 《in *et.*³ 〔nach *et.*³〕》(…の中をかき回して〔…を〕)探す, 探し回る; (ひそかに)嗅(か)ぎ回る; (新聞・本などを)ぱらぱらめくる: im Schreibtisch nach dem alten Brief ～ 机の中をかき回して古い手紙を探す | in allen Ecken und Winkeln ～ そこらじゅうくまなく嗅ぎ〈探し〉回る. **b)**〖狩〗(猟犬が)獲物を探〔して狩り出〕す. **2 a)** (雪・ほこりなどが風に)舞う, 舞い上がる: Schneeflocken *stöbern* mächtig. 雪片が激しく舞っている ‖ 非人称 Es *stöbert.* 雪が舞っている, 吹雪である. **b)** (s) (風などが)吹き抜ける: Der wilde Wind *stöberte* durch die Straßen. 激しい風が街路を吹き抜けて行った.
II 他 (h) **1** 《南部》《*et.*⁴》(…の)大掃除をする, ちりを払う: die Wohnung 〈das Zimmer〉 ～ 家〈部屋〉の大掃除をする. **2 a)**〖狩〗(猟犬が獲物を)狩り出す. **b)**《話》《*jn.*》たたき出す: *jn.* aus dem Bett ～ …をベッドから追い出す.
[*ndd.*; ◇stäuben]

Stö·ber·wet·ter[ʃtøːbər..] 中 吹雪模様の天気.

Sto·cha·stik[stɔxástık, ʃt..] 女 -/ 推測統計学, 推計学. [*gr.*; <*gr.* stochastikḗ „zum Erraten gehörend"]

sto·cha·stisch[..tıʃ] 形 **1** 推計学〈推測統計学〉〔上〕の. **2** 偶然に依存する.

Sto·cher[ʃtɔ́xər] 男 -s/- **1** 火かき棒(→ 図 Kamin). **2** (Zahnstocher) つまようじ(爪楊枝).

sto·chern[ʃtɔ́xərn] 《05》 自 (h) 《〔mit *et.*³〕 in *et.*³》(〔とがったもので〕…の中を何回も)つつく, つつき回す; かき回す, かき立てる: mit dem Feuerhaken im Feuer 〈im Ofen〉 ～ 火かき棒で火をかき立てる〈炉の中をつつき回す〉 | *sich*³ in 〈zwischen〉 den Zähnen ～ 歯をほじくる | im Essen ～ ゆっくり〔まずそうに〕食べる.
[*mndd.* stōken; ◇stoßen; *engl.* stoke]

Stö·chio·me·trie[ʃtøçiometríː, st..] 女 -/〖理〗化学量論. [<*gr.* stoicheĩon „Element" (◇stichisch)]

stock.. 《「棒・在庫」などを意味するほか, 強意的に都市・国家・民族・宗教などを表す名詞・形容詞につけて「根っからの・こちこちの・生粋の」を, 形容詞につけて「完全に・すっかり」を意味する. 強意的に用いられる場合はふつうアクセントは同時に基礎語にもおかれる》: *Stock*franzose 根っからのフランス人 | *Stock*republikaner こちこちの共和主義者 ‖ *stock*katholisch こちこちのカトリックの | *stock*dunkel 真っ暗な.

Stock¹[ʃtɔk] **I** 男 -[e]s/Stöcke[ʃtœ́kə] (小 **Stöck·chen**[ʃtœ́kçən], **Stöck·lein**[..laın] 中 -s/-) **1 a)** 棒, 杖(つえ); ステッキ: ein dicker 〈dünner〉 ～ 太い〈細い〉杖 | Berg*stock* 登山杖 | Billard*stock* ビリヤードのキュー | Spazier*stock* 散歩用ステッキ ‖ 〔steif〕 wie ein ～ dasitzen 〈dastehen〉 (棒を飲んだように)こちこちになって座って〈立ちつくして〉いる | lang und dünn wie ein ～ sein 棒のようにひょろ長い | Er ist ein richtiger ～. 《比》彼はこちこちの〈冷然たる〉人だ ‖ das Regiment des ～*es* 《比》強圧的支配, 厳罰主義 ‖ den ～ zu fühlen 〈spüren〉 bekommen 棒で殴られる | den ～ auf *js.* Rücken tanzen lassen …の背中をめった打ちにする | ～ und Hut ergreifen 《雅》旅に出る, 旅支度をととのえる | Er geht, als ob er einen ～ verschluckt hätte. 彼はまるで棒を飲んだようにしゃちほこばってぎ

くしゃく歩く ‖ **am ～ gehen** 杖にすがって〈杖をついて〉歩く; 《話》健康上〈経済的に〉弱っている | **Da gehst du am ～!** 《話》(意外なことを耳にして)こいつは驚いた | *sich*⁴ **auf** einen ～ stützen 杖にすがる〈身を支える〉| **mit** einem weißen ～ davongehen《比》むなしく〈得るところなく〉引きあげる; 落ちぶれる. **b**) (Skistock) (スキーの)ストック. **c**) (Dirigentenstock) 指揮棒. **d**) 〔海〕(いかりの)ストック(→ 図 Anker).
2 a) (木の)切り株: *Stöcke* roden 〈ausgraben〉 切り株を掘り起こす | **über ～ und Stein**《比》がむしゃらに(突っ走る) | Verkauf auf dem ～ 立ち木のまま〈伐採前に〉木を売ること. **b**) (植物の)株. **c**) 〔地〕岩株(がんしゅ).
3 a) (小さな灌木(かんぼく)状の植物. 例えば:) (Weinstock) ブドウの木; (Rosenstock) バラの木. **b**) (Blumenstock) 鉢植えの草花.
4 《南部》(まき割りなどの作業をする)台木, 台: ein ～ zum Holzhacken まき割り台.
5 〔史〕(罪人の)さらし台, かせ木: im ～ sitzen さらし台につながれる | *jn.* in den ～ legen 〈spannen〉 …をさらし台につなぐ.
6 a) (Bienenstock) ミツバチ(蜜蜂)の巣箱: den ～ verlassen (ミツバチが)巣箱を飛び立って分封する. **b**) 同じ巣箱の中のミツバチ: Der ganze ～ war ausgeschwärmt. 巣箱の中のミツバチはすべて群がって飛び立ってしまった.
7 《南部》山塊; (山塊の中の主だった)山: der gewaltige ～ des Kaukasus カフカズ山脈の巨大な山塊 | alle *Stöcke* des Gebirges kennen 山脈のあらゆる山々を〔登頂して〕知っている.
8 《南部・オーストリア》(Opferstock) (教会の)献金箱.
9 《卑》(Penis) 陰茎, 男根.
II 男 -〔e〕s/-(-werke) (家屋の)階層, 階(ふつう1階を除いて数える): **im** zweiten ～ wohnen 3〈2〉階に住む | In welchem ～ wohnen Sie? あなたは何階にお住まいですか ‖ ein Haus von drei *Stock* / ein drei *Stock* hohes Haus 4〈3〉階建ての家 | Das Haus ist zwei *Stock* hoch. 家は3〈2〉階建てだ.
[*germ.*; ◇stoßen, Stück, stocken; *engl.* stock]

Stock²[stɔk] 男 -s/-s **1** ストック, 在庫〔品〕, 保有現在高〈量〉. **2** 資本〔金〕, 元金. **3 a**) 株券. **b**) 《複数で》国庫債券. [*engl.*]

Stock·ame·ri·ka̱·ner[ʃtɔ́k|amerikáːnər] 男 生粋のアメリカ人.

Stock≈an·ker 男〔海〕ストックアンカー(→ 図 Anker). **≈aus·schlag** 男〔林〕ひこばえ(切り株から出た芽).

stock≈be·so̱f·fen 形, **≈be·tru̱n·ken** 形《話》べろべろに酔った, 泥酔した. **≈bli̱nd** 形《話》全く目の見えない, 全盲の.

Stöck·chen Stock¹の縮小形: vom Hölzchen aufs ～ kommen (→Hölzchen 2).

Stock·de̱·gen[ʃtɔ́k..] 男 仕込みづえ.

stock≈du̱mm 形《話》非常に愚かな, 箸(はし)にも棒にもかからぬほどばかな. **≈du̱n·kel** 形《話》真っ暗な, 真っ暗やみの.

Stöcke Stock¹ Iの複数.

Stöckel¹[ʃtœ́kəl] 男 -s/-《話》＝Stöckelabsatz

Stöckel²[−] 中 -s/-《オーストリア》《話》(Nebengebäude) (特に宮殿・農家の)側屋, 付属建築物.

Stöckel·ab·satz 男 (婦人靴の)高いかかと, ハイヒール.

stöckeln[ʃtœ́kəln] 《06》自 (s)《話》ハイヒールをはいて〔気取って〕歩く.

Stöckel·schu̱h 男《話》(婦人用)ハイヒール〔靴〕.

sto̱cken[ʃtɔ́kən] **I** 自 (h) **1 a**) (進行中・運動中のものが)〔一時〕止まる, 停滞する, つかえる, 中断する: Der Verkehr 〈Die Arbeit〉 *stockt.* 交通〈仕事〉が停滞する | Vor Schreck *stockte* mir der Atem 〈der Herzschlag〉. 驚きのあまり私は息〈心臓〉が止まってしまった | *jm. stockt* das Blut in den Adern (→Blut 2). **b**) 《人を主語として》とまどってつっかえる, 不安で動けなくなる: Er *stockte* mitten im Satz. 彼は文の途中で詰まってしまった | Sie *stockte* vor dem Tor. 彼女は門の前で足を止めた. **2** (紙・布などが湿気で)かびる, しみができる, 腐る: Das Papier 〈Die Wäsche〉 hat *gestockt.* 紙〈下着〉にかびが生えた | Das Holz *stockt.* 木材が湿気で腐る. **3** (h, s)《南部・オーストリア》(gerinnen) 凝固する: Das Blut hat 〈ist〉 *gestockt.* 血が凝固した | *gestockte* Milch 凝乳. **4** 〔林〕〔湿地に〕繁茂する, 育つ.
II Sto̱cken 中 -s/ stocken すること: **ins ～ geraten** 〈**kommen**〉 停滞する, 行き詰まる | ohne ～ lesen 〈sprechen〉 よどみなく読む〈話す〉.
III sto̱ckend 現分 形 途切れがちに, つかえながら: mit ～*er* Stimme 口ごもりながら ‖ ～ lesen とぎれとぎれに読む | ～ sprechen つっかえつっかえ話す.
[„steif wie ein Stock werden“; ◇Stock¹]

Sto̱ck·e̱ng·län·der[ʃtɔ́k|ɛ́ŋlɛndər] 男 生粋のイギリス人, ジョン=ブル.

Sto̱ck·en·te 女〔鳥〕マガモ(真鴨).

Stöcker[ʃtœ́kər] 男 -s/- **1** 〔魚〕マアジ(真鯵). ᵛ**2** 牢獄(ろうごく)の監視人.

Stockerl[ʃtɔ́kərl] 中 -s/-〔n〕《南部・オーストリア》(Hocker) (ひじ掛け・背もたれのない)いす, 腰掛け, スツール; 足台.

stock·fi̱n·ster[ʃtɔ́kfínstər] 形《話》真っ暗な, 真っ暗やみの.

Sto̱ck≈fisch[ʃtɔ́k..] 男 **1** 棒鱈(ぼうだら). **2** 《軽蔑的に》退屈なやつ, うすのろ. **≈fleck** 男 (〔繊維や紙の上に〕湿気やかびのため生じた)しみ.

sto̱ck·fleckig[..kɪç]² 形 しみのついた, かびの生えた.

Sto̱ck·flin·te 女 仕込み銃.

sto̱ck·fre̱md 形《話》全く未知の, 全然見知らぬ.

Sto̱ck·haus 中 (中世の)監獄, 牢獄(ろうごく).

sto̱ck·he̱i·ser 形《話》(声が)ひどくかすれた.

Sto̱ck·hieb 男〔史〕笞(ち)打ち, 杖(つえ)打ち; 笞刑(ちけい), 杖刑(じょうけい): *jn.* zu 10 ～*en* verurteilen …を笞〈杖〉打ち10回の刑に処する.

sto̱ck·ho̱ch 形《オーストリア》2階建ての.

Sto̱ck·holm[ʃtɔ́khɔlm, ◡◡́, stɔ́khɔlm] 地名 ストックホルム(スウェーデン王国の首都). [<*schwed.* stäk „Sund, Bucht“+holme „Insel“ (◇Holm²)]

Sto̱ck·hol·mer[..mər, ◡◡◡] **I** 男 -s/- ストックホルムの人. **II** 形《無変化》ストックホルムの.

Sto̱ck·holz[ʃtɔ́k..] 中 切り株.

sto̱ckig[ʃtɔ́kɪç]² 形 **1** (空気・部屋などが)湿った, かび臭い, むっとする. **2** しみだらけの. **3** (態度などについて)強情な, 頑固な. [<stocken I 2; 3: <Stock¹ I]

..stöckig[..ʃtœkɪç]² 《数詞につけて「(ふつう1階を除いて数えて)…階建ての」を意味する形容詞をつくる》: zwei*stöckig* 3階建ての; 2階建ての. [<Stock¹ II]

sto̱ck≈ka·tho̱·lisch[ʃtɔ́kkatóːlɪʃ] 形《話》こちこちのカトリックの. **≈kon·ser·va·ti̱v** 形《話》きわめて保守的な.

Sto̱ck·la·ter·ne[ʃtɔ́k..] 女 (棒の先につけた)〔紙〕灯籠(とうろう).

Stöck·lein Stock¹の縮小形.

Stöck·li[ʃtœ́kli·] 中 -s/-《スイス》(Altenteil) (特に農民の)隠居後の財産の保留分; 隠居後の居宅.

Sto̱ck·ma̱k·ler[ʃtɔ́k..] 男 株式仲買人. [<Stock²]

stock≈na·tio·na̱l 形《話》きわめて国粋主義的な. **≈nüch·tern** 形《話》きわめて nüchtern な.

Sto̱ck·pi·ling[stɔ́kpaɪlɪŋ] 中 -s/ (物資不足・値上がり等に備えて国家が行う)〔原料〕備蓄. [*engl.*; ◇Pfeiler]

Sto̱ck≈pres·se[ʃtɔ́k..] 女〔印〕(製本の)〔大型〕締め機. **≈prü̱·gel** 男 -s/-《ふつう複数で》＝ Stockhieb **≈punkt** 男〔理〕(油などの)凝固点, 固化点. **≈pup·pe** 女 (人形芝居用の)棒の先につけた人形. **≈ro̱·se** 女〔植〕タチアオイ(立葵).

sto̱ck·sa̱u·er 形《話》ひどく腹を立てた, 猛烈に不機嫌な.

Sto̱ck≈schirm 男 ステッキ傘(ステッキにも使う洋傘). **≈schla̱g** 男 ＝Stockhieb **≈schnup·fen** 男 **1** 〔医〕閉塞(へいそく)性鼻感冒. **2** 《話》鼻づまり. **≈schwamm** 男, **≈schwämm·chen** 中〔植〕センボンイチメガサ(千本市女笠).

sto̱ck≈ste̱if 形《話》(態度・姿勢などについて)ひどく堅〔苦し〕い, こわばった, じっと動かない, かたくなな. **≈sti̱ll** 形《話》ひっそり静まり返った. **≈stu̱mm** 形《話》全く口のきけない; おし黙った. **≈ta̱ub** 形《話》全く耳の聞こえない.

Stockung[ʃtɔ́kʊŋ] 女 -/-en (進行・運動の)停止, 中断, 停滞; 渋滞; (商売などの)沈滞, 不振: eine ~ bei der Arbeit 仕事の停滞 | eine ~ im Verkehr 交通渋滞 ‖ ohne ~ gehen ⟨verlaufen⟩ 遅滞なく進行する | zu einer ~ kommen 停滞⟨沈滞⟩するようになる.

Stock·werk 中 **1** (家屋の)階層, 階(ふつう1階を除いて数える): im ersten ~ wohnen 2階に住む | Das Haus hat 6 ~*e*. この家は7階⟨6階⟩建てだ. **2** 〖地〗〔地質〕構造. **3** 〖坑〗(鉱山の)階層,〔網状〕鉱脈.

Stock·werk·bett =Etagenbett

Stock·werks⸗ei·gen·tum =Wohnungseigentum ⸗**ga·ra·ge**[..gara:ʒə] 女 立体⟨多層式⟩駐車場.

Stock·zahn 男《南部・オーストリア・スイス》(Backenzahn)〖解〗臼歯(きゅうし).

Stoff[ʃtɔf] 男 -〔e〕s/-e **1** 生地, 布地, 織物, 反物: ein seidener ~ / Seiden*stoff* 絹布, 絹織物 | ein wollener ~ / Woll*stoff* 毛織物, ウール生地 | eleganter ⟨schöner⟩ ~ 上品な⟨美しい⟩生地 | ~ für einen Anzug 背広1着分の生地 ‖ ein Mantel aus grobem ~ 粗い生地のコート | *et.*[4] mit ~ bespannen …に布を張る ‖ Der ~ liegt einfach ⟨doppelt⟩ breit. この布地はシングル⟨ダブル⟩幅だ.
2 (芸術上・学術上などの)素材, 題材, テーマ; 材料, 資料: ein beliebter ⟨reizvoller⟩ ~ für einen Film 好んで用いられる⟨魅力的な⟩映画の題材 | ~ zum Gespräch / Gesprächs*stoff* 話の種, 話題 | Lehr*stoff* 教材 ‖ den ~ für eine Arbeit sammeln ⟨gliedern⟩ ある仕事の資料を集める⟨整理する⟩ | Das Buch gab mir reichlich ~ zum Nachdenken. その書物を読んで私は大いに考えさせられた.
3 物質, 実質; 要素, 成分; 材料, 原料: ein pflanzlicher ⟨mineralischer⟩ ~ 植物⟨鉱物⟩質 | ein organischer ~ 有機物 | ein radioaktiver ~ 放射性物質 ‖ Dem ~ steht der Geist gegenüber. 物質には精神が対立する | Er ist aus anderem ~ gemacht als ich.《比》彼は私とは全く気質⟨体質⟩が異なる.
4 a) (Kraftstoff) 燃料(特にガソリン). **b)**《話》酒(特にビール・ワイン). **c)**《話》(Rauschgift) 麻薬: *sich*[3] ~ verschaffen 麻薬を手に入れる.
[*afr.* estoffe－*mndl.*; <*afr.* estoffer (→staffieren)]

Stoffar·be[ʃtɔ́ffarbə] 女 生地の色.

Stoff⸗bahn 女 (一定の幅の適当な長さに切って使う未加工の)反物, 裁ち布. ⸗**bal·len** 男 一巻きの織物(→ ⊛ Ballen).

stoff·be·spannt 形 布張りの.

Stoff·drücker·fuß 男 (ミシンの)押え金(→ ⊛ Nähmaschine).

Stof·fel[ʃtɔ́fəl] **I** 男名 (<Christoph) シュトッフェル.
II 男 -s/-《話》不器用者, まぬけ; 不作法者, 野人.

stof·fe·lig[..fəlɪç][2] (**stoff·lig**[..flɪç][2]) 形《話》不器用な, まぬけの; 不作法な.

Stoffet·zen[ʃtɔ́ffɛtsən] 男 裁ちくず, 端切(はぎれ).

Stoff⸗far·be =Stoffarbe ⸗**fet·zen** =Stoffetzen ⸗**fül·le** =Stoffülle

stoff·hal·tig 形 内容豊かな, 実質のある.

stoff·lich[ʃtɔ́flɪç] 形《述語的用法なし》**1** 布地⟨生地⟩の: die ~*e* Qualität 布地の質. **2** 素材⟨題材⟩上の, 資料上の: das ~*e* Interesse 素材⟨題材⟩の面白さ. **3** 物質⟨実質⟩的な: die ~*e* und die geistige Welt 物質界と精神界.

Stoff·lich·keit[－kaɪt] 女 -/ 具体⟨客観⟩性, 即物性.

stoff·lig =stoffelig

Stoff⸗mu·ster 中 **1** 布地の模様. **2** 布地の見本. ⸗**na·me** 男〖言〗物質名詞. ⸗**pro·be** 女 =Stoffmuster 2 ⸗**pup·pe** 女 布製人形(子供のおもちゃ). ⸗**rest** 男 残り布地, 端切(はぎれ). ⸗**tier** 中 ぬいぐるみの動物.

Stoffülle[ʃtɔ́ffʏlə] 女 材料⟨素材⟩の豊富さ.

Stoff·ver·tei·lungs·plan 男〖教〗(旧東ドイツで)授業内容配分計画, カリキュラム⟨教育課程⟩配分案.

Stoff·wech·sel 男《ふつう単数で》〖生〗代謝(たいしゃ), 物質⟨新陳⟩代謝.

Stoff·wech·sel⸗krank·heit 女〖医〗代謝疾患. ⸗**pro·dukt** 中 -〔e〕s/-e《ふつう複数で》代謝産物.

stöh·le[ʃtǿ:lə] stähle (stehlen の接続法 II)の別形.

stöh·nen[ʃtǿ:nən] **I** 自 (h) **1** うめく, うめき声をあげる: vor Schmerz ⟨Wut⟩ ~ 苦痛⟨怒り⟩のあまりうめき声を発する | Der Wind *stöhnte* im Geäst. 風が枝でうなっていた. **2**《比》ひどく苦しむ; 嘆く: unter der großen Hitze ⟨der Herrschaft des Diktators⟩ ~ ひどい熱気⟨独裁者の支配⟩に苦しむ | über die schwere Arbeit ~ つらい仕事を嘆く.
II Stöh·nen 中 -s/ うめき声.
[*mndd.* stenen; ◇Donner; *gr.* sténein „dröhnen"]

stoi[stɔʏ] 間 (halt) 止まれ, おい待て, 動くな, やめろ, ストップ.
[*russ.* stat „stehenbleiben" の命令法単数]

Stoi·ker[ʃtó:ikər, st..] 男 -s/- **1**〖哲〗ストア学派の人. **2**《比》克己⟨禁欲⟩主義者, ものに動じない人,(何事にも)冷静な人.

stoi·sch[tó:ɪʃ, st..] 形 **1**〖哲〗ストア学派の. **2**《比》ストイックな, 克己的な, 禁欲的な; ものに動じない, 冷静な: ~*e* Ruhe ⟨Gelassenheit⟩ / ~*er* Gleichmut 平静, 沈着.
[*gr.* Stōikós－*lat.*; ◇Stoa; *engl.* Stoic]

Stoi·zis·mus[ʃtoitsísmʊs, st..] 男 -/ **1** ストア哲学, ストア主義. **2**《比》克己⟨禁欲⟩主義; 冷静.

Sto·la[ʃtó:la·, st..] 女 -/..len[..lən] **1**〖服飾〗(女性用の)ストール(長い幅広の肩かけ): Nerz*stola* ミンクのストール. **2** (古代ローマの)女性用長衣, ストラ. **3**〖カトリック〗ストラ(司教・司祭などの祭服用頸垂帯(けいすいたい)): → ⊛ Geistliche).
[*gr.* stolḗ „Kleidung"－*lat.*〔－*ahd.*〕; ◇stellen]

STOL-Flug·zeug[ʃtó:l..] 中 短距離離着陸機.
[<*engl.* short take off and landing (◇Take-off)]

Stol·ge·büh·ren[ʃtó:l.., st..] 複〖カトリック〗(ミサ・洗礼・婚礼などの司式に対して司祭に贈る)聖式謝礼. [<Stola]

Stol·le[ʃtɔ́lə] 女 -/-n (**Stol·len**[1][ʃtɔ́lən] 男 -s/-)〖料理〗シュトレン(干しぶどう・アーモンド入りの, 細長い形のクリスマス用パン菓子: → ⊛ Kuchen).

Stol·len[2][stɔ́lən] 男 -s/- **1 a)** 坑道: einen ~ in den Berg treiben 山に坑道を掘る. **b)** (↔Schacht)〖坑〗横坑(おうこう), 通洞: den ~ vortreiben 横坑を掘進する. **2** (タイヤ・蹄鉄(ていてつ)・サッカー靴の靴底などの)スパイク(→ ⊛ Reifen). **3**〖詩〗(Aufgesang を構成する)段.
[*ahd.* stollo „Pfosten"; ◇stellen, Stele]

Stol·len⸗gru·be 女 横坑(おうこう)鉱山. ⸗**mund·loch** 中〖坑〗横坑口, 通洞坑口.

Stol·per[ʃtɔ́lpər] 男 -s/-《中部》つまずき; 失策, 失敗.

Stol·per·draht 男 (通過しようとするものをつまずかせるため地上すれすれに張った)障害針金.

Stol·pe·rer[ʃtɔ́lpərər] 男 -s/- つまずく人; 失策者, 失敗者.

stol·pe·rig[ʃtɔ́lpərɪç][2] (**stolp·rig**[..prɪç][2]) 形 (道などが)つまずきやすい, でこぼこの.

stol·pern[ʃtɔ́lpərn] 《05》自 (s) **1 a)** 《über *et.*[4]》(…に)つまずく, 足がからまる;《比》へまをする, 失敗する: über einen Stein ⟨eine Baumwurzel⟩ ~ 石⟨木の根⟩につまずく | über *seine* eigenen Beine ⟨Füße / Schritte⟩ ~ 足がもつれる;《比》ひどく不器用である | über einen Strohhalm ⟨Zwirnsfaden⟩ ~ (→Strohhalm 1, →Zwirnsfaden). **b)** よろめきながら⟨よろよろと⟩歩く; ふらつく: durch den dunklen Flur ⟨ins Zimmer⟩ ~ おぼつかない足どりで暗い廊下を歩く⟨部屋によろよろと転がり込む⟩ | mit der Zunge ~ どもる, 舌がもつれる | Er *stolperte* von Entschluß zu Entschluß. 彼はなかなか決心がつかず迷っていた.
2 《über *et.*[4]》(…に)ひっかかる; (…に)気づく: über einen Satz ⟨ein Wort⟩ ~ ある文⟨語⟩を言い間違え〔てつかえ〕る; ある文⟨語⟩がわからなくてつかえる | über eine Bemerkung ⟨einen Hinweis⟩ ~ 論評⟨示唆⟩を聞いてはっと気づく.
3 《über *jn.*》(…に)偶然出くわす: Im Urlaub *stolperte* er über alte Bekannte. 休暇旅行先で彼は昔の知人たちに偶然出会った.
[◇stülpen]

Stol·per·stein[ʃtɔ́lpər..] 男《比》つまずきの石, 障害物: zum ~ werden つまずきの石となる.

stolp·rig =stolperig

stolz[ʃtɔlts] 形 **1**《人について》**a**) 誇らしく思っている, 自負している, 誇らしげな: ein ～*er* Blick 誇らしげなまなざし | eine ～*e* Haltung 誇らしげな振舞い ‖ **auf** *seinen* Erfolg 〈*seine* Leistung〉 ～ sein 成功〈業績〉を誇っている | Er ist auf seine hübsche junge Frau ～. 彼は美しくて若い妻のことを誇らしげに思っている | Darauf 〈Darüber〉 kannst du ～ sein. それは君が自負してよいことだ | Ich bin ～ darauf, ihn zu kennen. 彼と知り合いであることを誇らしく思っている. **b**) (不当に)うぬぼれている, 高慢な, 尊大な, いばった: *jn.* durch zuviel Lob ～ machen …を褒めすぎてうぬぼれさせる | **～ wie ein Pfau** 〈**wie ein Spanier**〉 **sein** ひどく尊大である.
2《付加語的》《事物について》誇るに足る; 立派な, 堂々たる: eine ～*e* Leistung 誇るに足る業績 | ein ～*es* Gebäude みごとな建物 | die ～*e* Summe von 5 000 DM 5000マルクという大金, 大枚5000マルク | ein ～*er* Moment in der Geschichte der Menschheit 人類の歴史の栄光の瞬間.
[*westgerm.* „steif aufgerichtet"; ◇Stelze, Stout]

Stolz[ʃtɔlts] 男 -es/ **1** 誇り, 自負〔心〕, 自尊心, プライド: berechtigter ～ auf eine große Leistung 偉大な業績への当然の自負 ‖ mit ～ 誇らしげに | voller ～ 大いに誇って | von ～ erfüllt sein 誇りに満ちている ‖ *js.* ～ brechen 〈verletzen〉 …のプライドを打ち砕く〈傷つける〉 | Er setzt seinen ～ daran 〈darein〉, die Aufgabe allein zu lösen. 彼はその問題を独力で解くことに自分のプライドをかけている | Das verbietet mir mein ～. それは私の自尊心が許さない.
2 うぬぼれ, 尊大, 高慢; 自慢〔の種〕: Sein ～ macht ihn unbeliebt. うぬぼれのせいで彼は嫌われるのだ | Seine Tochter 〈Bibliothek〉 ist sein ganzer ～. 娘〈蔵書〉が彼の自慢の種だ.

stol·zie·ren[ʃtɔltsíːrən] 自 (s) いばって歩く, 気取って歩く, これ見よがしに歩く.

Sto·ma[stóːmaˑ, ʃt.., stómaˑ] 中 -s/-ta[..taˑ] **1** (Spaltöffnung)〘植〙気孔. **2**〘解〙口; 小孔, 気孔, 裂孔; 内皮細胞間隙(かんげき). [*gr.* „Mund"]

Sto·ma·ti·tis[stomatíːtɪs, ʃt..] 女 -/..titiden [..titíːdən] (Mundschleimhautentzündung)〘医〙口内炎. [＜..itis]

Sto·ma·to·lo·ge[..toló:gə] 男 -en/-en (→..loge) **1** 口腔(こうこう)学者. **2** (Zahnarzt) 歯科医.

Sto·ma·to·lo·gie[..tologíː] 女 -/〘医〙**1** 口腔(こうこう)病学. **2** (Zahnheilkunde) 歯科学.

sto·ma·to·lo·gisch[..lóːgɪʃ] 形〘医〙**1** 口腔(こうこう)病学の. **2** 歯科学の.

stop[stɔp, ʃtɔp] 間 **1** (halt) 止まれ, やめ, ストップ. **2** (電報の電話送達で)ピリオド. [*engl.*; ◇stoppen]

Stop-and-go-Ver·kehr[stɔ́p ənt góː..] 男 -s/ (ラッシュアワー時の)一寸きざみの進行, 交通渋滞.
[＜*engl.* stop-and-go „immer wieder gestoppt"]

Stopf≠buch·se[ʃtɔ́pf..] 女, **≠büch·se** 女〘工〙パッキン箱. **≠ei** 中 (卵形の)繕い用の台座, かがり台.

stop·fen[ʃtɔ́pfən] **I** 他 (h) **1 a**) (…を)詰める, 詰め込む: die Kleider **in** den Koffer ～ 衣類をトランクに詰め込む | 〔*sich*[3]〕 Watte ins Ohr ～ 耳に綿栓をする | Kinder ins Bett ～ 子供たちをベッドに押し込む. **b**) 《*et.*[4]》(…にすき間のないように)いっぱいに入れる, 押し込む: *jm.* das Maul 〈den Mund〉 ～ (→Maul 2 a, →Mund[1] 1) | die Pfeife 〔**mit** Tabak〕 ～ パイプにタバコを詰める | eine Matratze mit Roßhaar ～ マットに馬の毛を詰める | *jm.* den Rachen 〔mit *et.*[3]〕 ～ (→Rachen 2) | die Wurst ～ ソーセージを作る(腸に肉を詰める) ‖ ***gestopft* voll sein**《話》ぎっしり詰まっている, ぎゅうぎゅう詰めである.
2 繕う, かがる; 修繕する: ein Loch im Strumpf ～ / den Strumpf ～ 靴下〔の穴〕を繕う | *gestopfte* Socken tragen 繕った靴下をはいている | eine Lücke in *seinem* Wissen ～《比》知識の欠陥を補う | ein Loch ～《比》欠陥をなくす ‖〖目的語なしで〗Sie hat den ganzen Tag *gestopft.* 彼女は一日じゅう繕い物をしていた.
3 《*et.*[4]》〘楽〙(…に)弱音器をつけて音を弱める: die Trompete ～ トランペットに弱音器をつける | *gestopfte* Trompeten 〈Töne〉 弱音器をつけたトランペット〈〔管楽器の〕音〉.
4 (家禽(かきん)を)肥育する: Gänse ～ ガチョウを肥育する.
II 自 (h) **1** (食物などが)便秘をおこす; (薬などが)下痢を止める: Kakao 〈Schokolade〉 *stopft.* ココア〈チョコレート〉は便秘をおこす | *stopfende* Arznei 〈Mittel〉 止下剤, 下痢どめ薬.
2《話》〔すぐ〕満腹感を与える: Der Brei *stopft.* おかゆはすぐ腹いっぱいになる.
3《話》腹に詰め込む, むしゃむしゃ〈がつがつ〉食う: *Stopf* nicht so! そんなにがつがつ食うな〈詰め込むな〉.
III Stop·fen[1] 中 -s/ stopfen すること.
[*mlat.* stuppāre „mit Werg verstopfen"－*westgerm.*; ＜*lat.* stuppa „Werg"; ◇*engl.* stop]

Stop·fen[2][ʃtɔ́pfən] 男 -s/- 《北部》コルク, 栓.

Stop·fer[ʃtɔ́pfər] 男 -s/- **1**《方》コルク, 栓: eine Flasche mit einem ～ verschließen 瓶にコルクで栓をする. **2**《話》かがり, 繕い, 繕った個所: In seinen Hosen sind lauter ～. 彼のズボンは繕いだらけだ. **3** (パイプにタバコを詰める)プレッシャー. **4** 繕う人.

Stopf≠garn 中 かがり糸. **≠hacke** 女 突き固め用つるはし(→ 図 Hacke). **≠mit·tel** 中〘医〙止瀉(ししゃ)剤, 下痢どめ, 止下剤. **≠na·del** 女 かがり針(→ 図 Nadel). **≠naht** 女 かがり〔縫い〕, 繕い, かがった個所. **≠nu·del** 女 (家禽(かきん), 特にガチョウの)肥育用飼料. **≠pilz** 男〘服飾〙きのこ型かがり台. **≠satz** 男〘言〙詰め込み文(いくつもの副文を次々に挿入したもの).

stopp[ʃtɔp] **I** 間《話》ストップ, 止まれ; 〔ちょっと〕待った.
II Stopp 男 -s/-s **1 a**) 停止, 止まる〈止める〉こと: einen ～ machen 停止する; 休止する | Preis*stopp* 価格凍結. **b**) (Autostopp) (ヒッチハイクなどで)自動車を止めること: einen ～ reißen《スイ》急ブレーキをかける. **2** (Unterbrechung) (一時的)中止, 中断: ein ～ der Verhandlungen 交渉の中断 | Import*stopp* 輸入禁止.
[＜stoppen]

Stopp·ball[ʃtɔ́p..] 男 (テニス・卓球・バドミントンなどの)ストップ〔ボール〕, ドロップショット.

Stop·pel[1][ʃtɔ́pəl] 男 -s/-〔n〕《オーストリア》コルク栓.
[＜Stopfen[2]]

Stop·pel[2][−] 女 -/-n **1**《ふつう複数で》(穀物を刈り入れたあとの)切り株. **2**《単数で》＝Stoppelfeld **3**《ふつう複数で》《話》(Bartstoppeln) 無精ひげ, ざらざらしたひげ.
[*lat.* stipula „Halm"－*spätlat.*－*mndd.*; ＜*lat.* stīpāre „stopfen"; ◇*engl.* stubble]

Stop·pel≠bart 男《話》無精ひげ, ざらざらしたひげ. **≠feld** 中 刈り入れのすんだ〈切り株の残った〉田畑. **≠fri·sur** 女 短髪の髪型. **≠haar** 中 (ごく短い)短髪. **≠ho·bel** 男《話》〔電気〕かみそり.

stop·pe·lig[ʃtɔ́pəlɪç][2] (**stopp·lig**[..plɪç][2]) 形 **1** 無精ひげを生やした(顔など). **2** ごく短い髪の.

stop·peln[ʃtɔ́pəln] 《06》 **I** 自 (h) **1** 落ち穂を拾う; (一般に)収穫が済んだあとの残り物を集める: ～ gehen 落ち穂拾いに行く. **2** 刈り畑を初めてすきで耕す. **3** 手あたり次第にかき集める; 下手くそな仕事をする. **II** 他 (h) (落ち穂などを)拾う; 手あたり次第にかき集める: Kartoffeln ～ (取り入れが済んだあとの)残り物のジャガイモを拾う.

Stop·pel≠rü·be 女〘植〙カブ(蕪). **≠werk** 中 つぎはぎだらけの寄せ集め品.

Stop·pel·zie·her 男《オーストリア》栓ぬき. [＜Stoppel[1]]

stop·pen[ʃtɔ́pən] **I** 他 (h) **1** 止める, 停止させる, ストップする: einen Wagen 〈eine Maschine〉 ～ 車〈機械〉を止める | Mieten ～ 家賃〈部屋代〉を凍結する | den Ball ～〘球技〙ボールをストップする ‖ *jn.* ～ …〔の弁舌〕にストップをかける | *jn.* im Lauf ～ …が走っているのを立ち止まらせる. **2** ストップウォッチで計る(→Stoppuhr): die Laufzeit 〈den Läufer〉 ～ ランナーのタイムをストップウォッチで計る | knapp 24 Sekunden ～ ぎりぎり24秒〔の記録〕である.
II 自 (h) 止まる, 停止する, ストップする: an der Kreuzung ～ (車・運転者が)交差点で停止する | mitten im Satz ～ 話の途中でしゃべるのを中断する | Ohne ihn *stoppt* das Spiel. 彼がいないと競技は進行しない ‖ *Stopp!* ストップ | *Stopp* mal!《話》ちょっと待った(＝Moment mal!).
[*mndd.*; ◇stopfen; *engl.* stop]

S

Stop·per[ʃtɔ́pər] 男 -s/- **I** (stoppen Iする人. 例えば:)〘ｻｯｶｰ〙ストッパー. **II** (stoppen Iする道具. 例えば:) **1** (機械の)止め具. **2**〘海〙止め索(ﾂﾞﾅ), ストッパー.

Stopp·licht 中 -(e)s/-er (自動車の)ストップライト, 制動灯.

stopp·lig =stoppelig

Stoppreis[ʃtɔ́ppraɪs][1] (**Stopp·preis**) 男 (公定)最高価格.

Stopp≈schild[ʃtɔ́p..] 中 一時停止の交通標識. **≈si·gnal** =Haltesignal **≈stra·ße** 女 (交差点で車両が)一時停止しなければならない道路, 非優先道路.

Stopp·uhr 女 ストップウォッチ. [*engl.* stop-watch (◇wachen) の翻訳借用]

Stöp·sel[ʃtœ́psəl] (南部: **Stop·sel**[ʃtɔ́psəl]) 男 -s/- **1** (瓶・浴槽などの)栓(→ 図 Flasche): den ～ aus dem Waschbecken ziehen 洗面台の栓を抜く | eine Flasche mit einem ～ verschließen 瓶に栓をする. **2**〘電〙(バナナ)プラグ, 差し込み(栓): die ～ umstecken (電話交換手が)プラグを差しかえる. **3**《話》(太っちょの)ちび.
[＜stoppen]

stöp·seln[ʃtœ́psəln] (06) 他 (h) **1** (*et.*[4]) **a)** (…の)栓をする: Weinflaschen ～ ワインの瓶に栓をする. **b)** (栓をするような形に…を)差し込む: den Schlüssel ins Schloß ～ 鍵(ｶｷﾞ)を鍵穴に差し込む. **2**〘電〙プラグを差し込んでつなぐ(連結する): *sich*[3] eine Verbindung nach Berlin ～ lassen (電話を)ベルリンへつないでもらう.

Stöp·sel·schnur 女 -/..schnüre (電話交換器などの)接続コード.

Stör[1][ʃtøːr] 男 -(e)s/-e〘魚〙チョウザメ(蝶鮫). [*germ.*]

Stör[2][−] 女 -/-en《南部・ｵｰｽﾄﾘｱ・ｽｲｽ》(職人が)得意先へ出向いて仕事をすること: auf der ～ arbeiten 先方へ出向いて仕事をする | auf ⟨in⟩ die ～ gehen 仕事のため先方へ出向く; 出かせぎにゆく. [*mhd.* stœre „Störung"; ◇stören]

Stör·ak·tion[ʃtǿːr..] 女 妨害(阻止)行動.

stör·an·fäl·lig 形 妨害されやすい; (障害に敏感で)すぐ作動しなくなる: ein ～*es* Auto 故障のおきやすい自動車.

Sto·rax[ʃtóːraks, st..] 男 -(es)/-e **1** 蘇合香(ｿｺﾞｳｺｳ) (トルコ原産フウ属の一種 orientalischer Amberbaum の樹脂で, 薬用や化粧品の原料にする). **2** 地中海地方原産エゴノキ属の一種の樹脂(焚香や薬用にする).

Sto·rax≈baum 男〘植〙エゴノキ属. **≈harz** 中 =Storax

Storch[ʃtɔrç] 男 -(e)s/Störche[ʃtœ́rçə] **1** (女 **Stör·chin**[ʃtœ́rçɪn]-/-nen) **a)**〘鳥〙コウノトリ(鸛): Er hat Beine wie ein ～. 彼はコウノトリのように足が長い | **wie ein ⟨der⟩ ～ im Salat (gehen)**《戯》しゃちこばって(歩く) | **Nun ⟨Da/Jetzt⟩ brat' mir einer einen ～!**《話》こいつは驚いた; そんなばかなことがあるものか; 冗談じゃあないぜ | Dich hat wohl ein ～ gebissen!《俗》お前ちょっと頭がおかしいんじゃあないか. **b)**《話》(Klapperstorch)(赤ん坊を運んでくるとされる)コウノトリ: Der ～ bringt die Kinder. 子宝を運んでくるのはコウノトリだ | **der ～ hat *jn.* ins Bein gebissen**《戯》…は妊娠した; 彼女は子供を産んだ | Bei ihr war der ～. 彼女のところに子供が生まれた | **der ～ hat (bei *jm.*) angerufen ⟨angeläutet⟩** (…は)妊娠した.
2《話》おんぼろ自動車.
[„Stelzer"; *germ.*; ◇stark; *engl.* stork]

Storch·bein[ʃtɔ́rç..] 中 **1** コウノトリの(長い)足. **2**《戯》やけに足の長い人.

storch·bei·nig 形 細長い足の.

Stör·che Storch の複数.

stor·chen[ʃtɔ́rçən] 自 (s)《戯》コウノトリのように足を高くあげてぎこちなく歩く.

Stor·chen≈bei·ne 複《戯》**1** コウノトリの足のようにひょろ長い(人間の)足. **2** 赤い靴下をはいた女の子の足. **≈nest** 中 コウノトリの巣(しばしば屋根の上などに作られる). **≈tan·te** 女《話》産婆.

Stör·chin Storch 1の女性形.

Storch≈nest[ʃtɔ́rç..] =Storchennest **≈schna·bel** 男 **1** コウノトリのくちばし. **2**〘植〙フウロソウ(風露草)属, ゲンノショウコ(現証拠). **3** (形が1に似ているもの. 例えば:)〘医〙長鉗子(ｶﾝｼ); 〘工〙写図器, パントグラフ(→ 図);〘鉄道〙パンタグラフ.

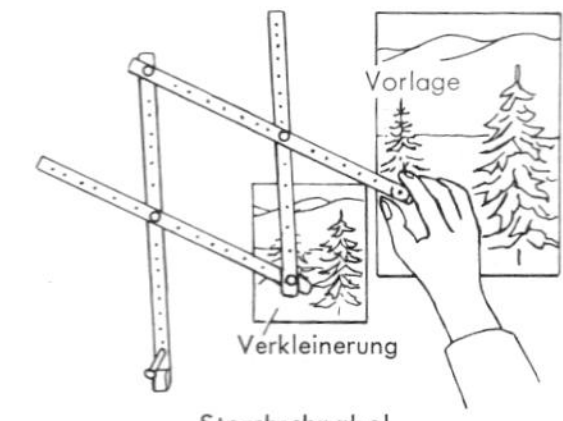

Storchschnabel

Store[1][ʃtoːr, st..] 男 -s/-s (ｽｲｽ: [ʃtóːrə] 女 -/-n)《ふつう複数で》(白い)レースのカーテン(→ 図 Gardine): die ～*s* aufziehen ⟨zuziehen⟩ カーテンをあける(閉める).
[*lat.* storea „Matte"−*it.*−*fr.*; ＜*lat.* sternere (→streuen); ◇Straße]

Store[2][stoːr] 男 -s/-s **1** 蓄え, 貯蔵. **2** 貯蔵庫, 倉庫.
[*afr.*−*engl.*; ◇instaurieren]

Store·kee·per[stóːrkiːpər] 男 -s/- (Lagerverwalter) 倉庫管理人, 倉庫係.

stö·ren[ʃtǿːrən] 他 (h) **1** (*jn.*) (…の)邪魔をする: *jn.* bei der Arbeit ～ …の仕事の邪魔をする ‖ Du *störst* mich. うるさいぞ | *Störe* ich Sie? お邪魔でしょうか | Lassen Sie sich nicht ～! 私にはお構いなくどうぞ仕事をお続けください ‖〘目的語なしで〙Darf ich (Sie) einen Augenblick ～? ちょっとお時間をいただけますか | Sitzung, bitte nicht ～! 会議中につき入室おことわり ‖ (geistig) *gestört* sein 精神異常である. **2 a)** (*jn.*) (…に)不快感を与える, (…の)気に入らない: Die Enge des Raumes *stört* ihn. 部屋の狭さが彼の気に入らない | *jn.* *stört* die Fliege an der Wand (→Fliege 1 a) ‖ *störende* Geräusche 雑音 | *et.*[4] als *störend* empfinden …をうるさく感じる **b)** 再帰 *sich*[4] an *et.*[3] ～ …のことで気分をそこなう | Ich *störte* mich an seinem Benehmen. 私は彼の態度が気に入らなかった. **3** (*et.*[4]) 邪魔する, 妨害する, 乱す: den häuslichen Frieden ～ 家庭の平和を乱す | die Ordnung ～ 秩序を乱す | *js.* Ruhe ～ …の安静を妨げる | den Sender ～ 放送を妨害する ‖ *Störe* meine Kreise nicht! 私の邪魔をしないでくれ | Der Kreislauf ist *gestört.* 循環系統が不調である ‖ wegen *gestörter* Familienverhältnisse 家族関係がうまくいっていないために.
[*ahd.*; ◇Sturm; *engl.* stir]

Stö·ren·fried[ʃtǿːrənfriːt][1] 男 -(e)s/-e 邪魔ばかりする人, 平和の攪乱(ｶｸﾗﾝ)者; 闖入(ﾁﾝﾆｭｳ)者.
[＜den Frieden stören]

Stö·rer[ʃtǿːrər] 男 -s/- **1 a)** (stören する人. 例えば:) 妨害者, 攪乱(ｶｸﾗﾝ)者. **b)** (stören するもの. 例えば:) 妨害(電波を出す)放送局. **2**《南部・ｵｰｽﾄﾘｱ・ｽｲｽ》得意先へ出向いて仕事をする職人(→Stör[2]).

Stör≈fak·tor[ʃtǿːr..] 男 **1** 妨げとなる要素. **2**〘工〙干渉係数. **≈fall** 男 (原子力発電所などの)故障(事故). **≈feu·er** =Störungsfeuer

stör·frei 形 妨害されない; スムーズな: den Verkehr ～ halten 車の流れを渋滞させない.

Stör·fre·quenz 女 (ラジオなどの)雑音を起こす周波数.

▽**stor·gen**[ʃtɔ́rgən][1] 自 (s) 放浪する; 行商する.

▽**Stor·ger**[..gər] 男 -s/- 放浪者, 浮浪者; 行商人.
[*mlat.* histriō (→Histrione)]

Stör≈ge·räusch[ʃtǿːr..] 中 (電話・電信・ラジオなどの)妨害音, 雑音. **≈klap·pe** 女 (Spoiler)〘空〙スポイラー(→ 図 Flugzeug).

Storm[ʃtɔrm] 人名 Theodor ～ テーオドール シュトルム(1817–88; ドイツの詩人・小説家. 作品『白馬の騎者』など).

Stör·ma·nö·ver[ʃtǿːr..] 中 妨害(阻止)工作.

Stor·ni Storno の複数.

stor·nie·ren[ʃtɔrníːrən, st..; スイス: st..] 他 (h)〘商〙**1** (帳簿の誤記を)反対記入によって訂正する. **2** (注文などを)取り消す, キャンセルする. [*it.*; ◇ex..[1], turnen]

Stor·nie·rung[..rʊŋ] 女 -/-en stornieren すること.

Stor·no[ʃtɔ́rnoˑ, st..] 男 中 -s/..ni[..niˑ]〘商〙**1** (帳簿の)誤記訂正, 対消. **2** (注文などの)取り消し, キャンセル. [*it.*]

Stör·pe·gel[ʃtøːr..] 男〘電〙妨害レベル.

storr[ʃtɔr]《北部》=störrisch

Stor·re[ʃtɔ́rə] 女 -/-n, **Stor·ren**[..rən] 男 -s/-《北部》(Baumstumpf)(木の)切り株; 歯の根. [*ahd.* storro; ◇starren]

stör·risch[ʃtœ́rɪʃ] (**stör·rig**[..rɪç][2]) 形 強情な, 反抗的な, 言うことをきかぬ: ein ~*es* Kind 強情な子供, きかん坊 | ein ~*es* Wesen haben かたくなな性質である ‖ ~ wie ein Esel sein ものすごく強情である | ~ schweigen かたくなに沈黙を守る.

Stör≈schutz[ʃtøːr..] 男〘電〙妨害〈混信〉防止〔対策〕. ≈**sen·der** 男〘電〙妨害〔電波〕発信所. ≈**sen·dung** 女 妨害〔電波〕放送.

Stör·stel·len·halb·lei·ter 男〘理〙外来〈不純物〉半導体.

Stör·su·cher 男 妨害電波探知機.

Stor·ting[ʃtóːrtɪŋ, st.., ʃtɔ́r..] 中 -s/-e, -s (ノルウェーの)議会. [*norw.*; < *norw.* stor „groß"; ◇Thing]

Stö·rung[ʃtøːrʊŋ] 女 -/-en (stören する・されていること. 例えば:) **1 a**) 邪魔, 妨害; 攪乱(かくらん); 中絶, 中断; 障害, 故障; (精神の)錯乱;〘電〙妨害: Bitte, entschuldigen Sie die ~! ちょっとお邪魔します | atmosphärische ~*en* 空電. **b**)〘医〙障害: gesundheitliche ~ 健康上の障害 | Funktions*störung* 機能障害 | Sprach*störung* 言語障害.
2〘地〙擾乱(じょうらん)(褶曲(しゅうきょく)運動・断層運動など, 地層の変形をもたらす運動);〘気象〙〔移動性〕低気圧〔圏〕;〘理〙摂動.

Stö·rungs·feu·er 中〘軍〙攪乱(かくらん)射撃.

stö·rungs·frei 形 妨害〈雑音〉のない; 故障のない, スムーズな: ein ~*er* Rundfunkempfang 雑音なしのラジオ受信.

Stö·rungs≈quel·le 女 故障〈障害〉の原因. ≈**schutz** =Störschutz ≈**stel·le** 女 (電話の)故障係: die ~ anrufen 故障係に電話をかける.

Sto·ry[stóːriˑ, stɔ́riˑ, stɔ́ːriˑ] 女 -/-s **1** (Kurzgeschichte) 短編小説. **2** (映画などの)あらすじ, ストーリー. **3** 伝記〔物語〕; ルポルタージュ. **4** 異常な事件, 信じられないような話. [*lat.* historia—*afr.* estoire—*engl.*; ◇Historie]

Stoß[ʃtoːs] 男 -es/Stöße[ʃtøːsə] (⑪ **Stöß·chen**[ʃtøːsçən], **Stöß·lein**[..laɪn] 中 -s/-) **1 a**) (すばやい動きで激しく)ぶつかること, 衝突; (刀剣などで)突くこと, 突き: ein heftiger ~ 激しいあたり | der gerade ~ (フェンシングの)正面の突き; (ボクシングの)ストレート=パンチ | ein ~ mit dem Ellenbogen ひじで突くこと ‖ einen ~ erleiden 打撃を受ける | einen sicheren ~ haben〘サッカー〙キックが正確である;〘ビリヤード〙突きが正確である | den ~ auffangen〘フェンシング〙相手の突きをそらす | den ~ abgleiten lassen 敵の攻撃を防ぐ;《比》うまく危機を脱する | den ersten ~ geben 第一撃を与える;《比》最初のきっかけを与える | *jm.* einen ~ in die Seite geben …のわき腹を小突く | *jm.* einen ~〔in die Rippen〕geben〈versetzen〉…をぎくりとさせる | *jm.* den letzten ~ geben …にとどめを刺す | ***sich***[3] 〈***seinem* Herzen**〉 **einen ~ geben**《話》(ためらったあげく)ようやく決心する ‖ auf einen ~《話》いちどきに, いっぺんに | Er kam nicht zum ~. 彼は相手に突きを入れるチャンスがつかめなかった.
b) 衝撃, 振動, ショック: der ~ bei der Landung 着陸〈接岸〉時のショック ‖ die *Stöße* abfangen (車のスプリングが)ショックを吸収する | den ~ auffangen〘工〙ショックを緩和する | einen ~ vertragen können ショックに耐える力がある, しんが強い ‖ Der ~ warf mich zu Boden. ショックで私は床に投げ倒された | Beim Koppeln der Bahnwagen gab es einen heftigen ~. 列車を連結する際にすごいショックがあった.
2 (短時間の・間欠的な・すばやい動き. 例えば:) (水泳の)ストローク, ひとかき; (心臓の)鼓動; ひと呼吸; (風の)ひと吹き; (さっと降る雨の)ひと降り; (鳥の)急降下による攻撃: einen ~ ins Horn tun 角笛をひと吹き吹く | in kräftigen *Stößen* schwimmen 力強いストロークで泳ぐ | ein paar *Stöße* rudern 二かき三かき漕(こ)ぐ.
3 (木・書類・皿・下着・仕事などの)山, 堆積(たいせき): Bücher auf einen ~ legen 本を積み上げる | Brennholz zu einem ~ aufschichten 薪を積み上げる | ein ganzer ~ Arbeit《話》山ほどの仕事.
4 a)〘鉄道〙レール継ぎ目(→ ⊠ Gleis). **b**)〘建〙(石積みの)目地(めじ). **c**)〘坑〙(坑内の)側壁. **d**)〘服飾〙(そで・すそなどを補強する)あてぎれ; 縫い目, 縁; 靴の前革.
5 a)〘医〙(短期間内の薬の)大量投与. **b**)〘軍〙(武装部隊の)出撃.
6〘狩〙(野鳥の)尾〔羽〕.
7《南部》(Keule)〘料理〙もも肉.
8《スイス》(Überärmel) 袖(そで)カバー, マフ.
9《スイス》(雌牛一頭を飼育できる広さの)放牧地.

Stoß·ar·beit[ʃtóːs..] 女 -/ 突貫〔工事の〕作業.

stoß·ar·tig 形 衝撃的な, 突発的な, 激しい: eine ~*e* Erschütterung 衝撃的な振動.

Stoß≈ball 男〘ビリヤード〙第一的球(まとだま)(→ Punktball, Spielball). ≈**band** 中 -〔e〕s/..bänder, ≈**bor·te** 女〘服飾〙(ズボンのすそ口などを補強する)細布, へり物. ≈**bri·ga·de** 女 (旧東ドイツの工場などの)突撃作業班. ≈**burg** 女《話》独身者用アパート.

Stöß·chen Stoß の縮小形.

Stoß≈dämp·fer[ʃtóːs..] 男 (車両などの)ショックアブソーバー, 緩衝器. ≈**de·gen** 男 **1** (Florett)〘フェンシング〙フルーレ(→ ⊠ Degen). **2**《卑》(Penis) 陰茎, 男根.

Stö·ße Stoß の複数.

Stö·ßel[ʃtøːsəl] 男 -s/- (stoßen するための道具. 例えば:) **1** (薬などをすりつぶす)すりこぎ, 乳棒(→ ⊠ Mörser). **2**〘工〙タペット.

stoß·emp·find·lich[ʃtóːs..] 形 (↔stoßfest) 衝撃に対して敏感な, 衝撃に弱い.

sto·ßen*[ʃtóːsən]《188》**stieß**[ʃtiːs] / **ge·sto·ßen**; 現 *du* stößt[ʃtøːst](stößest), *er* stößt; 接II stieße **I** 他 (h) **1 a**) (すばやくかつ強く)突く, こづく; 突いて〈押して〉動かす; 突きとばす, 突きはなす, 押しのける; ける, けとばす: *jn.* in die Seite ~ …のわき腹をこづく(→II 1 a) | *jn.* vor den Kopf ~《比》…を侮辱する | wie vor den Kopf *gestoßen* sein ひどくショックを受けている | *jn. stößt* der Bock (→Bock 1 a) ‖ einen Tisch **an** den andern ~ 一つのテーブルをもう一つのテーブルに〈押して〉くっつける | *jn.* **auf** die Straße ~ …を戸外におっぽり出す | *jn.* **aus** dem Anzug ~ (→Anzug 1) | *jn.* **ins** Wasser ~ …を水の中へ突き落とす | *jn.* **über** Bord ~ …を船べりから突き落とす | alles über den Haufen ~ すべてを台無しにしてしまう | *jn.* **von** *sich*[3] ~ …を突きはなす; …との縁を切る | *jn.* **vor**〈gegen〉die Brust ~ …の胸をどんと突く | *jn.* vor den Kopf ~ (→Kopf 1) | einen Stein **zur** Seite ~ 石をわきへどける | *jn.* zu Boden ~ …を突き倒す ‖ Bitte ~! 押してください(ドアの標記).
b)《雅》《*jn.*》追放する: *jn.* aus der Gemeinschaft ~ …を村八分にする | *jn.* **ins** Unglück ~《雅》…を不幸に陥れる | *jn.* **vom** Thron ~《雅》…を王位から追い落とす.
c)〘スポーツ〙(砲丸を)投げる: die Kugel 10 Meter〔weit〕~ 砲丸を10メートル投げる | einen neuen Rekord ~ (→II 1 b).
d)《*jn.*》《卑》(koitieren)(男性が…と)性交する.
2 (笑い・嘔吐(おうと)などの生理現象が当人を)抑えようもなく突き動かす: Mich *stieß* ein Lachen. 私は(抑えても抑えても)笑いがこみあげてきた ‖ 非人称 Sie weinte, daß es sie *stieß*. 彼女はしゃくりあげるように泣いた.
3 (…を)ぶつける: *sich*[3] den Kopf blutig ~ 頭をぶつけて血を出す | *sich*[3] den Kopf am〈an den〉Schrank ~ 頭を戸棚にぶつける | *jn.* mit der Nase auf *et.*[4] ~ (→Nase 1 a) ‖ 再帰 *sich*[4] am Kopf ~ 頭をぶつける | *sich*[4] am Kopf blutig ~ 頭をぶつけて血を出す | *sich*[4] an der〈gegen die〉Tischkante ~ テーブルの角にぶつかる ‖ Paß auf, daß du

S

dich nicht *stößt*! ぶつからないよう気をつけろよ.
4 《比》 再帰 *sich*[4] an *et.*[3] ～ …が気に入らない, …で気を悪くする, …が不満である | *sich*[4] an Einzelheiten ～ 個々の点にこだわる | Sie *stieß* sich an seinem unhöflichen Benehmen. 彼女は彼の横柄な態度に腹を立てた | Ich *stoße* mich bei seinem Vorschlag an den Kosten. 私は彼の提案は費用の点で問題だと思う.
5 突き刺す, 突き入れる, 突き立てる: Stangen in die Erde ～ 棒を地中に突き刺す | den Schlüssel ins Schloß ～ 鍵(かぎ)を鍵穴に突っこむ | den Säbel in die Scheide ～ 剣をさやに収める | *jm.* das Schwert in 〈durch〉 den Leib ～ …の腹に刀を突き刺す | *sich*[3] einen Dolch ins Herz ～ 短刀で自分の心臓をぐさりとやる.
6 《話》《*jm. et.*[4]》(…に…を)押しつける: *jm.* Bescheid ～ …にずけずけ言う, …に引導を渡す.
7 (突いたりたたいたりして)細かくする, すりつぶす, つき砕く: Pfeffer ～ こしょうをひく | *gestoßener* Zucker 粉砂糖.
II 自 **1** (h) **a**) 突く, 突っかかる, ける; けとばす: Die Kuh *stößt* gern. この雌牛は突き癖がある | *jm.* in die Seite ～ …のわき腹に突き当たる(→I 1 a) | auf *jn.* ～ …に突きかかる(→5) | nach *jm.* ～ (フェンシングなどで)剣を…の方へ繰り出す | mit den Füßen nach *jm.* ～ 足で…をけとばそうとする | Er hat an das Tischbein *gestoßen.* 彼は(足で)テーブルの脚をけった ‖ 〘結果を示す 4 格と〙 mit der Stange ein Loch in die Scheibe ～ 棒で突いてガラスを割る. **b**) 〘スポ〙 砲丸投げをする: 〘結果を示す 4 格と〙 einen neuen Rekord ～ 砲丸投げの新記録を出す. **c**) 《卑》(koitieren) (男性が)性交する.
2 (s) **a**) 〘狩〙 (猛禽(もうきん)が)急降下する: auf die Beute ～ (猛禽が)獲物をめがけて急降下する. **b**) (植物が)勢いよく発芽する: Spargel *stößt.* アスパラガスが土中から勢いよく顔を出す.
3 (s) ans Land 〈vom Land〉 ～ (船が)接岸〈離岸〉する.
4 a) (s) 〔強く〕ぶつかる, 衝突する: gegen einen Baum ～ 木にぶつかる | mit dem Arm an den Schrank ～ 腕を戸棚にぶつける | mit dem Fuß an die Vase ～ 足で花瓶を引っかける | mit dem Kopf gegen 〈an〉 die Wand ～ 頭を壁にぶつける | Ich bin an den Stuhl *gestoßen.* 私はいすにぶつかった. **b**) (h) 《結果を示す 4 格と》 *sich*[3] an der Stirn ein Horn ～ おでこをぶっつけてたんこぶをこしらえる.
5 (s) 《auf *et.*[4]》 (偶然…に)ぶつかる; 出くわす, 遭遇する; 逢着(ほうちゃく)する: auf *jn.* ～ …に(偶然)出会う(→1 a) | 〔beim Lesen〕 auf eine interessante Stelle ～ 〔本を読んでいて〕面白い個所にぶつかる | auf 〔den〕 Grund ～ (船が)座礁する | auf Erdöl 〈eine Goldader〉 ～ (探鉱していて)石油〈金の鉱脈〉に出くわす | auf Gegenliebe ～ (→Gegenliebe) | auf Schwierigkeiten 〈Widerstand〉 ～ (思いがけず)困難〈抵抗〉に出会う ‖ Die Straße *stößt* auf den Bahnhofsplatz. この道の突き当たりは駅前広場になっている | Wenn Sie geradeaus gehen, *stoßen* Sie auf den Bahnhof. まっすぐいらっしゃると駅に突き当たります.
6 (s) 《zu *jm.*》 (…と)一緒になる, (…に)合流する: Später werden wir zu euch ～. 私たちはあとで君たちに合流するよ | Die Nachhut *stieß* wieder zur Truppe. しんがり部隊は再び本隊と一緒になった.
7 (h, s) 《an *et.*[4]》 (…に)隣接している, (…と)隣り合っている: Mein Zimmer *stößt* an die Küche. 私の部屋は台所のすぐ隣だ.
8 (h) 間欠的に激しく動く: Der Wind *stößt* in den Schornstein. 風がさっと煙突に吹きこむ | mit *stoßendem* Atem 息をはずませながら.
9 (h) (車が)がくんがくんする, 揺れる: Der Wagen *stößt* auf schlechter Straße. 車は悪路ではがたがたする.
▽**10** (h) (角笛などを)一吹き強く吹く: ins Horn 〈in die Trompete〉 ～ 角笛〈トランペット〉を一吹き吹く | mit *jm.* ins gleiche 〈in dasselbe〉 Horn ～ 《話》 …の意見に付和雷同する.
11 (h) (ミツバチが)分封(ぶんぽう)する.
[*germ.*; ◇stief.., Stock, Stück; *lat.* tundere „stoßen"]

Sto̱·ßer [ʃtóːsər] 男 -s/- **1** ＝Stoßvogel **2** ＝Stoßstange 2
Stö̱·ßer [ʃtǿːsər] 男 -s/- **1** (Stößel) 乳棒. **2** ＝Stoßvogel **3** 《オーストリア》 (辻馬車の御者などがかぶる)山高帽.
stö̱·ßest [ʃtǿːsəst] stößt (stoßen の現在 2 人称単数)の別形.
Sto̱ß≈fän·ger [ʃtóːs..] 男 ＝Stoßdämpfer ≈**fe̱·der** 女 (Schwanzfeder) 尾羽(おばね).
sto̱ß·fest 形 (↔stoßempfindlich) 衝撃に強い, 衝撃に耐える.
Sto̱ß≈fu̱·ge 女 〘建〙 **1** 突き合わせ継ぎ手. **2** (石積みの)縦目地(たてめじ) (→ ⊛ Baustoff). ≈**ge·be̱t** 中 (危急時に唱える)せわしない短い祈り: nur noch Zeit für ein ～ haben 《話》 死が目前に迫っている.
sto̱ß·ge·si·chert 形 (腕時計などが)耐衝撃性の.
stö̱·ßig [ʃtǿːsɪç][2] 形 (ヤギ・牛などについて)突き癖のある.
Sto̱ß≈klin·ge [ʃtóːs..] 女 (やりなどの)穂先(→ ⊛ Spieß). ≈**kraft** 女 -/ (ピストンなどの)突く力, 衝撃力; 《比》 圧力, 迫力; 促進力. ≈**kra̱·gen** 男 (よろいの)肩当て突き出し(→ ⊛ Harnisch). ≈**ku̱·gel** 女 〘スポ〙 砲丸. ≈**ku̱r** 女 〘医〙 衝撃療法; 大量投与療法.
Stö̱ß·lein Stoß の縮小形.
Sto̱ß≈ra·pier [ʃtóːs..] 中 ＝Stoßdegen 1 ≈**schei·be** 女 〘工〙 車輪止め金(→ ⊛ Rad). ≈**seuf·zer** 男 深いため息; ため息とともにもらす感慨(苦情・訴え・はかない望みなど): einen ～ von *sich*[3] geben 深いため息をもらす.
sto̱ß·si·cher ＝stoßfest
Sto̱ß·stan·ge 女 **1** (自動車の)バンパー(→ ⊛ Kraftwagen). **2** 《卑》 (Penis) 陰茎, 男根.
stö̱ßt [ʃtǿːst] stoßen の現在 2・3 人称単数.
Sto̱ß≈the·ra·pie [ʃtóːs..] 女 ＝Stoßkur ≈**trupp** 男 〘軍〙 (特別の任務を帯びて派遣される小部隊. 例えば:) 挺身(ていしん)偵察隊, 特別攻撃班. ≈**ver·ke̱hr** 男 ラッシュアワー〈混雑時間帯〉の交通. ≈**vo̱·gel** 男 (Sperber) 〘鳥〙 ハイタカ(鷂). ≈**waf·fe** 女 (短刀・フルーレ・やりなど)突いたり刺したりする武器.
sto̱ß·wei·se 副 (→..weise ★) **1** 断続的に: die Worte ～ herausbringen とぎれとぎれに〈ぽつりぽつり〉しゃべる | ein ～*s* Schluchzen 断続的なすすり泣き. **2** 一山〈一重ね〉ずつに: ～ liegen (書類などが)いくつも山積みになっている.
Sto̱ß≈wel·le 女 〘理〙 衝撃波. ≈**wind** 男 突風, 陣風. ≈**za̱hl** 女 〘理〙 衝突数. ≈**za̱hn** 男 **1** (象・セイウチなどの)きば: 《話》 So ein ～! そんな話 古い古い. **2** 《話》 グラマーな女の子; だれとでもすぐ寝る女の子, 尻軽女. ≈**zeit** 女 **1 a**) ラッシュアワー, (交通機関の)混雑時間帯. **b**) (窓口などの)混み合う時間帯. **2** (Schwärmzeit) (ミツバチの)分封(ぶんぽう)期.
Sto·ti̱n·ka [stotíŋkaˑ, ʃt..] 女 -/..ki [..kiˑ] ストチンキ(ブルガリアの貨幣〔単位〕: 1/100 Lew).
[*bulgar.*; < *bulgar.* suto „hundert"]
▽**Sto̱t·ter·büch·se** [ʃtɔ́tər..] 女 《話》 (初期の)機関銃.
Stot·te·re̱i [ʃtɔtəráɪ] 女 -/-en 《軽蔑的に》 **1** 《単数で》 どもること, 訥弁(とつべん). **2** どもりどもり述べる意見.
Sto̱t·te·rer [ʃtɔ́tərər] 男 -s/- (⊛ **Sto̱t·te·rin** [..tərɪn]-/nen) どもる人.
Sto̱t·ter·ge·schäft [ʃtɔ́tər..] 中 《話》 月賦販売店.
sto̱t·te·rig [ʃtɔ́tərɪç][2] (**sto̱tt·rig** [..trɪç][2]) 形 どもる, どもりの, どもり〈滞り〉がちの.
Sto̱t·te·rin Stotterer の女性形.
sto̱t·tern [ʃtɔ́tərn] 《05》 **I** 自 (h) **1** どもる, どもりながら言う; 《話》 (機械の運転が)つかえる: ein wenig 〈sehr stark〉 ～ ちょっと〈ひどく〉どもる | Der Motor *stottert*. このエンジンは調子がおかしい. **2** 《話》 分割払いする. **II** 他 (h) どもる, つかえながら口に出す: Entschuldigungen ～ つっかえつっかえ弁解する. **III Sto̱t·tern** 中 -s/ **1** どもること, どもり; 〘医〙 どもり, 吃(きつ). **2** 《話》 分割払い: *et.*[4] **auf ～** kaufen …を分割払いで買う.
[*mndd.*; <*mndd.* stōten (◇stoßen); ◇*engl.* stutter]
Sto̱t·ter≈streik [ʃtɔ́tər..] 男 《話》 (断続的に行われる)警告ストライキ. ≈**tan·te** 女 ＝Stotterbüchse
▽**Sto̱tt·re·rin** [ʃtɔ́trərɪn] 女 -/-nen＝Stotterin

stott·rig ＝stotterig
Stotz[ʃtɔts] 男 -es/-e **1**《南部・ｵｰｽﾄﾘｱ・ｽｲｽ》(Baumstumpf)(木の)切り株. **2**《ｽｲｽ》(Keule)〘料理〙もも肉. **3**《中部・南部・ｽｲｽ》おけ. [◇Stock¹]
stot·zen[ʃtɔ́tsən]《02》 **I** 自 (s)《南部》よりかかる, もたれかかる. **II** 他 (h)《南部》《*et.*⁴》(…を)いっぱいにする,(…に)ぎゅうぎゅう物を詰めこむ.
Stot·zen[－] 男 -s/- ＝Stotz
stot·zig[ʃtɔ́tsɪç]² 形《南西部・ｽｲｽ》**1** (steil) 険しい, 急傾斜の. **2** たくましい, 頑丈な; 太った.
Stout[staʊt] 男 -s/-s スタウト(イギリス製黒ビール).
[*westgerm.*－*afr.*－*engl.* „stark"; ◇stolz]
Stöv·chen[ʃtǿːfçən] 中 -s/- **1** (Teelicht)(ろうそくの熱を利用した)ティーポット保温台. **2**《北部》(炭火を使った)足温器.
Sto·ve[ʃtóːvə] 女 -/-n《北部》(Trockenraum) 乾燥室. [*mndd.*; ◇Stube]
sto·wen (**sto·ven**)[ʃtóːvən]¹ 他 (h)《北部》(dämpfen)〘料理〙蒸す, とろ火で蒸し込む. [*mndd.* stoven]
StPO[ɛsteːpeːǀóː] 略 ＝Strafprozeßordnung
Str. 略 ＝Straße 1 b
stra·ban·zen[ʃtrabántsən]《02》《過分 strabanzt》(**stra·wan·zen**[..ván..]《02》《過分 strawanzt》) 自 (s)《南部・ｵｰｽﾄﾘｱ》ぶらぶら歩き回る, のらくらする.
Stra·bis·mus[ʃtrabísmʊs, st..] 男 -/ (Schielen)〘医〙斜視, やぶにらみ.
[*gr.*; ＜*gr.* strabízein „schielen" (◇Strophe)]
Stra·bo[ʃtráːboˑ] 人名 ストラボン(前63頃 - 後20; ギリシアの地理学者・歴史家.『地誌』の著がある). [*gr.*－*lat.*]
Stra·bo·me·ter[ʃtraboméːtər, st..] 中 (男) -s/-〘医〙斜視計.
Stra·bon[ʃtráːbɔn] ＝Strabo
stra·bo·nisch[strabóːnɪʃ] 形 ストラボンふうの;《大文字で》ストラボンの.
Stra·bo·to·mie[ʃtrabotomíː, st..] 女 -/-n[..míːən]〘医〙斜視切開(術).
Strac·chi·no[strakíːnoˑ] 男 -[s]/ ストラキーノ＝チーズ(イタリアのミラノ産のチーズ).
[*it.*; ＜*it.* (vacche) stracche „müde (Kühe)"]
strack[ʃtrak] 形《南部》まっすぐな; (髪などが)縮れていない, ぴんとつっぱった. [„steif"; *ahd.*; ◇stark, strecken]
stracks[ʃtraks] 副 **1**《空間的に》(geradewegs) まっすぐに, 横道にそれずに: ～ nach Hause gehen まっすぐ家に帰る ｜ ～ geradeaus gehen どこまでも一直線に歩く. **2**《時間的に》(sofort) ただちに, 即刻: den Brief ～ entzweireißen 手紙を即座に引き裂く. **3** (genau) きちんと,〔決められたとおり〕忠実に: *sich*⁴ ～ an die Vorschriften halten 規則をきちんと守る. **4** 率直に: die Meinung ～ heraussagen あけすけに意見を言う.
Stra·di·va·ri[stradiváːriˑ] **I** 人名 Antonio ～ アントニオ ストラディヴァーリ(1644-1737; イタリアのヴァイオリン製作者). **II** 女 -/-[s] ＝Stradivarigeige
Stra·di·va·ri·gei·ge[..váːri..] 女, **Stra·di·va·rius**[..riʊs] 女 -/- ストラディヴァーリのヴァイオリン.
Strae·len[ʃtráːlən] 地名 シュトラーレン(ドイツ Nordrhein-Westfalen 州の都市で, 野菜や花の栽培地として知られる. 母音 a の後の e は一種の長音記号).
Straf⸗än·de·rung[ʃtráːf..] 女〘法〙(軽い方への)刑の変更, 減刑. ⸗**an·dro·hung** 女 処罰〈刑罰〉の威嚇: unter ～ (言うことを聞かなければ)処罰すると威嚇して. ⸗**an·stalt** 女 刑務所, 監獄. ⸗**an·trag** 男〘法〙**1** (犯罪の)告訴: einen ～ 〔gegen *jn.* 〈*et.*⁴〉〕 stellen 〔…を〕告訴する ｜ einen ～ zurückziehen 告訴を取り下げる. **2** (検事による)求刑. ⸗**an·tritt** 男〘法〙刑の開始. ⸗**an·zei·ge** 女〘法〙(犯罪の)告発: 〔gegen *jn.* 〈*et.*⁴〉〕 ～ erstatten 〔…を〕告発する. ⸗**ar·beit** 女 (生徒に対し)罰として与えられる課題. ⸗**auf·schub** 男〘法〙(刑の)執行猶予: ～ bewilligen 〈gewähren〉 刑の執行を猶予する. ⸗**aus·schlie·ßungs·grund** 男〘法〙処罰阻却原由〈理由〉. ⸗**aus·set·zung** 女〘法〙(刑の)執行猶予; 刑執行の一時停止. ⸗**bank** 女 -/..bänke (アイスホッケーなどの)ペナルティベンチ.
straf·bar[ʃtráːfbaːr] 形 罪になる, 刑を受けるべき, 処罰すべき: ～*e* Handlung 違法〈可罰〉行為 ｜ *sich*⁴ ～ machen 罰を犯す, 罰せられる.
Straf·bar·keit[–kaɪt] 女 -/ strafbar なこと.
Straf⸗ba·tail·lon[..bataljoːn] 中 ＝Strafkompanie ⸗**be·fehl** 男〘法〙略式命令: gegen *jn.* einen ～ erlassen …に対して略式命令を下す.
Straf·be·fehls·ver·fah·ren 中〘法〙略式手続き.
Straf⸗be·fug·nis 女〘法〙処罰権. ⸗**be·scheid** 男〘法〙刑の決定; 通告処分, 処罰命令. ⸗**be·stim·mung** 女〘法〙処罰〈刑罰〉規定.
straf·be·wehrt[ʃtráːfbəveːrt] 形〘法〙処罰の対象と〔なる, 可罰の.〕
Straf·dienst 男〘軍〙懲罰勤務.
Stra·fe[ʃtráːfə] 女 -/-n **1 a)** 罰, 刑罰, 処罰, 懲罰: eine leichte 〈schwere〉 ～ 軽い〈重い〉罰 ｜ eine harte 〈milde〉 ～ 厳罰〈軽い罰〉 ｜ die ～ für *et.*⁴ …に対する罰 ｜ **eine ～ Gottes** 天罰;《話》きわめていやな〈不快な〉こと(→ 2) ｜ Freiheits*strafe* 自由刑 ｜ Geld*strafe* 罰金刑 ｜ Todes*strafe* 死刑 ‖ eine ～ absitzen 〈verbüßen / 俗: abbrummen〉 刑に服する ｜ *jm.* eine ～ auferlegen / eine ～ über *jn.* verhängen …に罰を科す ｜ eine ～ aufheben 刑を取り消す ｜ *jm.* die ～ erlassen …の刑を免除する ｜ die ～ bekommen 罰を受ける ｜ Das verlangt 〈verdient〉 ～! こりゃ罰金ものだ, 刑罰を受けてしかるべき行いだ ‖〘前置詞と〙gegen *jn.* **auf** eine ～ erkennen …に罰を科する ｜ Betreten der Baustelle **bei** ～ verboten! 建築現場に立ち入ると処罰される ｜ ***jn.* in ～ nehmen**〘法〙…を処罰する ｜ *jn.* **mit** einer ～ belegen …に刑を科す ｜ **unter ～**³ **stehen** 処罰の対象となる, 処罰される ｜ ***et.*⁴ unter ～⁴ stellen** …を処罰する ｜ *jn.* **zu** einer ～ verurteilen …に刑を科す ｜ Zur ～ bleibst du heute zu Hause! 罰としてきょうは家にいなさい ‖ Die ～ bleibt nicht aus. / Die ～ folgt auf dem Fuß.〔そんなことをすると〕必ずばちが当たるぞ ｜ Darauf steht ～! それをすると処罰される.
b) (Geldbuße) 罰金, 科料: 〔10 Mark〕 ～ zahlen 〔10マルクの〕罰金を払う ｜ eine ～ kassieren 罰金を徴収する.
2《比》苦痛, 耐え難い不快: Diese Krankheit ist eine ～. この病気は耐え難いほど苦しい ｜ Es ist eine 〔wahre〕 ～, mit ihm zu arbeiten. 彼と仕事をするのは本当に苦痛だ.
3 因果,(当然の)報い: Das ist nun die ～ für deinen Leichtsinn. それはまさに君の軽率さの報いさ.
Straf·ecke[ʃtráːf..] 女〘ﾎｯｹｰ〙ペナルティコーナー.
stra·fen[ʃtráːfən] **I** 他 (h) **1**《*jn.*》罰する, 処罰する; 責める, 叱責(しっせき)する, 非難する: *jn.* hart ～ …を厳しく罰する ｜ *jn.* körperlich ～ …に体罰を与える ｜ *jn.* **für** *et.*⁴ 〈**wegen** *et.*²〉 ～ …を…のかどで罰する ｜ *jn.* **mit** der Rute 〈dem Entzug *seiner* Güter〉 ～ …をむちで〈財産没収をもって〉罰する ｜ *jn.* mit Verachtung ～ …を〔軽蔑して〕黙殺する ‖ **mit *jm.* 〈*et.*³〉 *gestraft* sein**《話》…で大いに苦労している ｜ Mit meinem Sohn bin ich *gestraft*. 息子のことで私は大いに参っているんだ. **2** *jn.* 〈*et.*⁴〉 Lügen ～ …がうそをついたこと〈…がうそであること〉を明らかにする ｜ Seine Verlegenheit *strafte* seine Worte Lügen. 彼の当惑ぶりから彼の言っていたことがうそだと分かった.
II stra·fend 現分 形 責めるような, 非難するような: ein ～*er* Blick 非難のまなざし ｜ ～*e* Worte 叱責 ‖ *jn.* ～ anblicken …を非難のまなざしで見る.
[*mhd.*]
Straf⸗ent·las·se·ne[ʃtráːf..] 男 女《形容詞変化》出獄者. ⸗**er·kennt·nis** 中〘法〙刑事判決. ⸗**er·laß** 男〘法〙刑の免除, 赦免, 特赦, 恩赦.
straf·er·schwe·rend 形〘法〙刑の加重をきたす.
Straf⸗ex·er·zie·ren 中〘軍〙懲罰訓練. ⸗**ex·pe·di·tion** 女〘軍〙征伐, 討伐, 討伐軍〔派遣〕.
straff[ʃtraf] 形 **1** (↔schlaff) ぴんと張った, ゆるみ〈たるみ〉のない, 引きしまった: ein ～*es* Seil ぴんと張った綱 ｜ eine ～*e* Haltung しゃんとした〈不動の〉姿勢 ｜ ～*es* Haar こわい毛髪 (→ 図 Haar B) ‖ die Zügel ～*er* anziehen (→Zügel 1) ｜ die Leine ～ spannen ひもをぴんと張る ｜ Die Klei-

S

dung liegt ～ an. 服が体にきちっと合っている | Die Hose sitzt ～. ズボンがぴったり合っている. **2** 《比》厳しい, きちょうめんな, 堅苦しい; 簡潔な: eine ～*e* Leitung 厳しい指導〈管理〉‖ ein Unternehmen ～ organisieren ある事業をきちっと計画的に準備する | ～ und knapp schreiben 簡潔に書く.

Straf·fall[ʃtrá:f..] 男 犯罪〔事件〕. [<Strafe]

straf·fäl·lig 形《法》処罰さるべき, 刑を受けるべき: ～ werden 違法〈犯罪〉行為を犯す.

straf·fen[ʃtráfən] 他 (h) **1** ぴんと張る, 引きしめる: die Zügel ～ 手綱を引きしめる | das Seil ～ 綱をぴんと張る. **2 a)** 再帰 *sich*[4] ～ ぴんと張る, 緊張する: Das Seil *straffte* sich. 綱はぴんと張った | Seine Haltung *straffte* sich. 彼は緊張した姿勢になった. **b)** 再帰 *sich*[4] ～ 伸びをする: Nach dem Essen *straffte* er sich. 食事のあと彼は伸びをした.

Straff·heit[ʃtráfhaɪt] 女 -/ straff なこと.

straf·frei[ʃtrá:ffraɪ] 形《法》無罪の, 罪にならない.

Straf⸗frei·heit 女 -/ 《法》刑免除, 無罪〔放免〕. **⸗ge·bühr** 女《法》罰金, 科料; 追徴金. **⸗ge·fan·ge·ne** 男女 囚人, 既決囚. **⸗geld** 中《法》罰金, 科料. **⸗ge·richt** 中 **1** (↔Zivilgericht)《法》刑事裁判所. **2** 断罪, 裁き; 刑罰, 懲罰: Das ～ des Himmels ist über uns hereingebrochen. 天の裁きが我らの上に下った. **⸗ge·richts·bar·keit** 女 -/ 《法》刑事裁判〔権〕. **⸗ge·setz** 中《法》刑法. **⸗ge·setz·buch** 中 (略 StGB)《法》刑法典. **⸗ge·setz·ge·bung** 女 -/ 《法》刑事立法. **⸗ge·walt** 女 -/ 《法》刑罰権. **⸗ju·stiz** 女《法》刑事司法〔機関〕. **⸗kam·mer** 女 (↔Zivilkammer)《法》(地方裁判所の)刑事部. **⸗ko·lo·nie** 女 流刑地, 徒刑地. **⸗kom·pa·nie** 女《軍》(軍法会議で有罪になったものを送りこむ)懲罰部隊. **⸗la·ger** 中 (懲役囚のための)懲罰収容所.

sträf·lich[ʃtrɛ́:flɪç] 形 処罰に値する, 罪ある; 許し難い, 言語道断な, ひどい: ～*er* Leichtsinn 許し難い軽率さ | die Arbeit ～ vernachlässigen 仕事をひどくないがしろにする.

Sträf·lich·keit[–kaɪt] 女 -/ sträflich なこと.

Sträf·ling[ʃtrɛ́:flɪŋ] 男 -s/-e 受刑者, 徒刑囚, 囚人.

Sträf·lings⸗an·zug 男, **⸗klei·dung** 女 囚人服.

straf·los[ʃtrá:flo:s][1] 形《法》無罪の, 処罰されない, 罪にならない. [<Strafe]

Straf·lo·sig·keit[..lo:zɪçkaɪt] 女 -/ 《法》刑免除, 無罪〔放免〕.

Straf⸗man·dat 中《法》**1** 処罰〈罰金支払い〉命令〔書〕, 道路交通違反カード: wegen falschen Parkens ein ～ erhalten 駐車違反で罰金支払い命令〔書〕を受け取る. ▽**2** =Strafverfügung **⸗mar·ke** 女《サッカー》ペナルティスポット. **⸗maß** 中《法》刑量: ～ von mehr als einem Jahr Gefängnis 1年以上の懲役刑. **⸗maß·nah·me** 女《法》処罰, 制裁: ～*n* ergreifen 処罰を〔とり〕行う.

straf·mil·dernd 形《法》(減刑を)酌量すべき, 刑量を減ずる.

Straf·mil·de·rung 女《法》刑量軽減, 酌量減刑.

Straf·mil·de·rungs·grund 男《法》刑量軽減の理由.

Straf⸗mi·nu·te 女 (アイスホッケー・ハンドボールなどの)タイムペナルティ. **⸗mit·tel** 中 刑罰〔の手段〕.

straf·mün·dig 形《法》刑法上の成年に達した, 刑事責任を負うべき年齢の.

Straf⸗mün·dig·keit 女《法》刑法上の成年. **⸗nach·laß** 男 =Strafmilderung **⸗por·to** 中《郵》不足郵便料金, 郵税不足分. **⸗pre·digt** 女《話》訓戒, お説教: *jm.* eine ～ halten …に訓戒をたれる〈説教する〉. **⸗pro·zeß** 男 (↔Zivilprozeß)《法》刑事訴訟.

Straf·pro·zeß·ord·nung 女 (略 StPO)《法》刑事訴訟法.

Straf⸗punkt 男《スポーツ》減点, 失点. **⸗rah·men** 男 (法律に規定された)刑罰の最大限と最小限の間. **⸗raum** 男《サッカー》ペナルティエリア. **⸗recht** 中《法》刑法. **⸗recht·ler** 男 -s/- 刑法〔専門〕家.

straf·recht·lich 形《法》刑法〔上〕の.

Straf⸗re·de 女 =Strafpredigt **⸗re·gi·ster** 中 刑罰登録簿, 犯罪記録簿, 前科簿;《話》数多くの悪業〈失敗〉. **⸗rich·ter** 男 (↔Zivilrichter)《法》刑事裁判官. **⸗sa·che** 女 (↔Zivilsache)《法》刑事事件. **⸗schär·fung** 女《法》刑量加重.

Straf·schär·fungs·grund 男《法》刑量加重の理由.

Straf⸗schlag 男《アイスホッケー》ペナルティショット. **⸗schuß** 男《サッカー》ペナルティシュート;《アイスホッケー》ペナルティショット. **⸗se·nat** 男 (↔Zivilsenat)《法》(上級地方裁判所の)刑事部. **⸗stoß** 男《サッカー》ペナルティキック.

Straf·stoß·mar·ke 女《サッカー》ペナルティキックマーク(ペナルティエリアを示す白線).

Straf⸗tat 女 処罰に値する行為, 犯罪行為, 犯行: eine ～ begehen 〈verüben〉 罪を犯す. **⸗tä·ter** 男 処罰に値する行為の犯人, 犯罪者: ein rückfälliger ～ 累犯者.

Straf·tat·ver·däch·ti·ge 男女《形容詞変化》犯行の容疑者.

Straf⸗til·gung 女《法》(Strafregister に登録された)刑罰の消去. **⸗tritt** 男《ラグビー》ペナルティキック. **⸗um·wand·lung** 女《法》刑の変更.

straf·un·mün·dig 形《法》刑法上の成年に達していない, 刑事責任を負う必要のない.

Straf⸗un·ter·bre·chung 女《法》刑〔執行〕の中断. **⸗ver·fah·ren** 中《法》刑事訴訟手続き: ein ～ 〔wegen *et.*[2] / gegen *jn.*〕 einleiten 〔…に対して〕刑事訴訟をおこす. **⸗ver·fol·gung** 女《法》刑事訴追. **⸗ver·fü·gung** 女《法》刑事処分: eine ～ aussprechen 〈erhalten〉 刑事処分を言い渡す〈受ける〉.

Straf·ver·fü·gungs·ver·fah·ren 中《法》刑事処分手続き.

straf·ver·schär·fend 形《法》刑量を加重させる.

Straf·ver·schär·fung 女 =Strafschärfung

straf·ver·set·zen 他 (h)《もっぱら不定詞・分詞で》《*jn.*》(…を)懲戒転任〈転校・転級〉させる, 左遷する: Man hat ihn kurzerhand *strafversetzt*. 彼はあっさり左遷された.

Straf⸗ver·set·zung 女 懲戒転任〈転校・転級〉, 左遷. **⸗ver·tei·di·ger** 男《法》〔刑事〕弁護人. **⸗voll·streckung** 女《法》刑の執行. **⸗voll·zug** 男《法》行刑(ぎょうけい)(刑の執行).

Straf·voll·zugs⸗an·stalt 女《法》刑務所, 監獄. **⸗ge·setz** 中《法》行刑(ぎょうけい)法.

straf⸗wei·se 副 (→..weise ★)罰として, 懲戒の意味で: *jn.* ～ versetzen …を懲戒転任〈転校・転級〉させる. **⸗wür·dig** 形 刑罰に値する, 罰すべき; けしからぬ: ein ～*es* Verhalten けしからぬ〈罰すべき〉振舞い.

Straf⸗wurf 男《水球》ペナルティスロー. **⸗zeit** 女 =Strafminute **⸗zet·tel** 男 =Strafmandat 1 **⸗zu·mes·sung** 女 -/ 《法》刑の量定, 量刑. **⸗zu·schlag** 男 =Strafporto

Stra·gu·la[ʃtrá:gula·, st..] 中 -s/ 商標 ストラグラ(リノリウムに似た床張り材). [*lat.* strāgulum „Decke"; < *lat.* sternere (→streuen)]

Strahl[ʃtra:l] 男 -[e]s/-en **1 a)** 光, 光線: der dünne ～ einer Taschenlampe 懐中電灯の淡い光 | die sengenden 〈unbarmherzigen〉 ～*en* der Sonne 焼けつくような〈容赦なく照りつける〉太陽の光 | Blitz*strahl* 電光, いなずま ‖ Durch die Türspalte drang 〈fiel〉 ein ～ ins Zimmer. 戸のすき間を通して一条の光が室内にさし込んだ. **b)** 《比》(希望などの)光, 輝き: ein ～ der Freude (顔面などの)喜びの輝き | ein ～ der Hoffnung かすかな希望. **2** (液体の)噴射, 噴出; (Wasserstrahl) 噴水: einen ～ in die Ecke stellen《卑》(男性が)小便をする, 放尿する. **3** 《ふつう複数で》《理》光線; 熱線, 放射〈輻射(ふくしゃ)〉線, 電磁波: kosmische ～*en* 宇宙線 | ultraviolette ～*en* 紫外線 | Gamma*strahlen* ガンマー線 | Laser*strahl* レーザー光線 | Röntgen*strahlen* レントゲン線. **4** 《数》射線. **5** 《畜》蹄叉(ていさ)(ひづめの底部のふくらみ: → 図 Huf). **6** 《スイス》(Bergkristall) 水晶.

S

[*westgerm.* „Pfeil"; ◇Stroh, Stirn, Stern², Strähne]

Strähl[ʃtrɛ:l] 男 -(e)s/-e《南部》(Kamm) くし(櫛). [*mhd.*; ◇strählen]

Strahl·an·trieb[ʃtrá:l..] 男 ジェット推進.

Strah·le·mann[ʃtrá:lə..] 男 -(e)s/..männer《話》つねににこやかな(明るい笑顔の)人: (**auf**) **~ und Söhne machen**《話》ことさらにこやかな顔をする.

strah·len[ʃtrá:lən] **I** 自 (h) **1 a)** 光を発する, 光線を放射する; 光り輝く: Die Sonne *strahlt* am ⟨vom⟩ Himmel. 太陽が空に(空から)輝く | Alles *strahlte* vor Sauberkeit. すべてが清潔でぴかぴかだった | Radioaktives Material *strahlt*. 放射性物質が放射能を出している | wie ein Honigkuchenpferd ~ (→Honigkuchenpferd) ‖ ein *strahlender* ⟨*strahlend* schöner⟩ Tag 太陽のさんさんと輝く晴れた日. **b)**《比》輝きに満ちている; (喜びに)顔を輝かせる, 喜色満面である: Die Kinder *strahlten* (über das ganze Gesicht). 子供たちは喜びに顔を輝かせた | von einem Ohr zum anderen ~ (→Ohr 1) | wie ein Vollmond ~ (→Vellmond 1 a) ‖ ein *strahlendes* Lachen 喜びあふれる笑い | *strahlende* Laune 晴れやかな気分 | Sie ist eine *strahlende* Erscheinung ⟨Schönheit⟩. 彼女は輝くばかりに美しい ‖ Er sah mich *strahlend* an. 彼はにこやかに私を見た. **2**《オーストリア》(harnen) 放尿する.

II 他 (h) (ausstrahlen) (光線・熱などを)放射(輻射(ふくしゃ))する: Der Ofen *strahlt* Hitze. 暖炉が熱を放射する | Die junge Frau *strahlt* Glück. その若い女性は幸福感をまきちらしている.

sträh·len[ʃtrɛ́:lən] 他 (h)《南部》(kämmen) (髪を)くしけずる, くし(櫛)で梳(す)く: *sich*³ die Haare ~ 髪をとかす | besser *gestrählte* Leute《スイス》《話》裕福な人々.
[*ahd.* strāljan]

Strah·len≈ab·fäl·le[ʃtrá:lən..] 複 放射性廃棄物. **≈be·hand·lung** 女《医》放射線療法. **≈be·la·stung** 女 放射線による肉体への負担. **≈bio·lo·gie** 女 放射線生物学. **≈blü·te** 女《園》舌状花. **≈bre·chung** 女 光線の屈折. **≈bün·del** 中 **1**《理》光束, 光線束. **2**《数》束線. **≈bü·schel** 中 =Strahlenbündel 1 **≈che·mie** 女 放射線化学. **≈dia·gno·stik** 女《医》放射線診断法. **≈do·sis** 女《理》(放射線の)線量. **≈du·sche** 女《医》光線圧注法, 光線浴. **≈emp·find·lich·keit** 女《医》放射線感受性. **≈flos·ser** 男 -s/-《魚》条鰭(じょうき)類.

strah·len·för·mig 形 放射状の, 輻射形の; 星状の.

Strah·len≈ge·schwin·dig·keit 女《理》光線速度. **≈gür·tel** 男《理》放射帯. **≈ka·ter** 男 (レントゲン照射後におこる)放射線宿酔.

strah·len·krank I 形 放射線疾患の, 放射線疾患にかかった. **II Strah·len·kran·ke** 男 女《形容詞変化》放射線疾患患者.

Strah·len≈krank·heit 女 放射線疾患. **≈müll** 男 放射線廃棄物. **≈pilz** 男 -es/-e《ふつう複数で》《生》放線菌. **≈scha·den** 男《医》放射線障害; (固体の)放射線損傷. **≈schä·di·gung** 女《医》放射線障害. **≈schutz** 男 放射線防護(装置).

strah·len·si·cher 形 放射線に対して安全な(防護された).

Strah·len≈sym·me·trie 女《動》放射相称. **≈the·ra·pie** 女 = Strahlenbehandlung **≈tier·chen** 中 (Radiolarie)《動》放射(放散)虫.

Strah·ler[ʃtrá:lər] 男 -s/- **1** (strahlen するもの. 例えば:) (光の)反射板(鏡); 放熱器; (Richtstrahler) ビームアンテナ. **2**《スイス》鉱物採取業者.

Strahl≈flug·zeug[ʃtrá:l..] 中《空》ジェット機. **≈ge·blä·se** 中 噴射送風装置, エゼクター.

strahl·ge·trie·ben 形 ジェット推進の.

strah·lig[ʃtrá:lɪç]² (ᵛ**strah·licht**[..lɪçt]) =strahlenförmig

..strahlig[..ʃtra:lɪç]²《数詞につけて「…の数のジェットエンジンを備えた」を意味する形容詞をつくる》: zwei*strahlig* 双発の(ジェット機).

Strahl≈kies[ʃtrá:l..] 男《鉱》白鉄鉱. **≈mo·tor** 男 ジェットエンジン. **≈pum·pe** 女 噴射(ジェット)ポンプ, エゼクターポンプ. **≈rohr** 中 噴射管. **≈röh·re** 女《電》ビーム管. **≈schwamm** 男《動》四放(四軸)海綿類. **≈strom** 男《気象》ジェット気流. **≈tie·re** 複《動》放射相称動物. **≈trieb·werk** 中 ジェット推進機関(エンジン). **≈tur·bi·ne** 女 噴射タービン, ターボジェット.

Strah·lung[ʃtrá:lʊŋ] 女 -/-en **1** (strahlen すること. 例えば:) (電磁波の)放射, 輻射(ふくしゃ); 発光, 光輝. **2**《理》放射線: kosmische ~ 宇宙線.

Strah·lungs≈druck 男 -(e)s/..drücke《理》放射圧. **≈ener·gie** 女《理》放射(輻射(ふくしゃ))エネルギー. **≈ge·set·ze** 複《理》放射法則. **≈gleich·ge·wicht** 中《理》放射平衡. **≈gür·tel** 男《理》(地球をとりまく)放射帯, ヴァン=アレン帯. **≈hei·zung** 女 放射式暖房. **≈in·ten·si·tät** 女《理》放射(輻射)強度. **≈tem·pe·ra·tur** 女 放射(輻射)温度. **≈wär·me** 女《理》放射(輻射)熱.

Strähn[ʃtrɛ:n] 男 -(e)s/-e《オーストリア》=Strähne 3

Sträh·ne[ʃtrɛ́:nə] 女 -/-n **1** (毛髪の)房: eine lockige ~ 一房の巻き毛 ‖ Eine ~ fiel ihm ins Gesicht ⟨in die Stirn⟩. 一房の髪が彼の顔(ひたい)に垂れ下がっていた | Der Regen kam in ~*n* herunter. 雨が篠(しの)突くように降った. **2** 一連の出来事: Er hat derzeit eine glückliche ~. 彼は目下つぎつぎと幸運に恵まれている. **3** (毛糸の)かせ(桛).
[„Streifen"; *ahd.* streno; ◇Strahl, Strand, Strieme]

sträh·nig[ʃtrɛ́:nɪç]² 形 房をなした, 束(たば)になった: ~*es* Haar 房状の髪.

Stral·sund[ʃtrá:lzʊnt, ‒◡] 地名 シュトラールズント(ドイツ Mecklenburg-Vorpommern 州バルト海に臨む港湾都市で, 旧ハンザ同盟市).
[<Strelasund (海峡名; ◇Sund)]

Stral·zie·rung[ʃtraltsí:rʊŋ, st..] 女 -/-en (Liquidation)《商》(会社・団体などの)整理解散; (負債などの)清算, 弁済. [*it.*; <ex..¹+*lat.* trādux „Weinranke"]

Stral·zio[ʃtráltsio·, st..] 男 -s/-s《オーストリア》= Stralzierung

Stra·min[ʃtramí:n] 男 -s/ (種類: -e)《手芸》(刺しゅう下地用の粗織りの)キャンバス. [*afr.*–*mndl.*–*ndd.*; <*lat.* stāmen(tum) „Streu, Stroh" (◇streuen)]

stramm[ʃtram] 形 **1** (綱・布地などが)張りつめた, ぴんと張った; (ねじなどが)きちっと締まった; (衣服が体に)ぴったりした: Die Hose ist zu ~. / Die Hose sitzt zu ~. このズボンはきつすぎる | die Zügel ~*er* anziehen (→Zügel 1). **2** (姿勢が)まっすぐな, しゃきっとした; 直立不動の: eine ~*e* Haltung annehmen 直立不動の姿勢をとる. **3** (体格が)がっしりした, 頑丈(頑健)な; ぴちぴち(まるまると)太った: ein ~*er* Bursche たくましい若者 | ~*er* Max (→Max) | den ~*en* Max markieren ⟨spielen⟩(→Max). **4** きびしい, きつい; はなはだしい: ein ~*er* Dienst つらい(きびしい)勤務 | ~*en* Applaus erhalten《話》さかんな喝采(かっさい)を受ける | ~*en* Hunger haben ひどく腹がへっている | ein ~*er* Katholik こちこちのカトリック信者 ‖ ~ arbeiten あくせく働く. [*mndd.*]

stram·men[ʃtrámən] 他 (h) ぴんと張る; 引き締める.

Stramm·heit[ʃtrámhaɪt] 女 -/ stramm なこと.

stramm≈|ste·hen*[ʃtrám..] ⦅182⦆ 自 (h) 直立不動の姿勢をとる. **≈|zie·hen*** ⦅219⦆ 他 (h) ぴんと(引っ)張る; 引き締める: den Gürtel ~ バンドをしめる | *jm.* die Hosen ~ (→Hose 1 a) ‖ 再帰 *sich*⁴ ~ 体をぴんとする.

Stram·pel≈an·zug[ʃtrámpəl..] 男, **≈hös·chen** 中 ロンパース(幼児の遊び着: →図).

Strampel-
anzug

stram·peln[ʃtrámpəln] ⦅06⦆ 自 **1** (h) **a)** (幼児などが)手足をばたばた動かす(→bloßstrampeln). **b)**《話》(サイクリングで)ペダルをこぐ. **c)**《話》努力する, あくせく働く: mit den Beinen ~ 足をばたばたさせる. **2** (s)《話》サイクリングする, 自転車で行く.

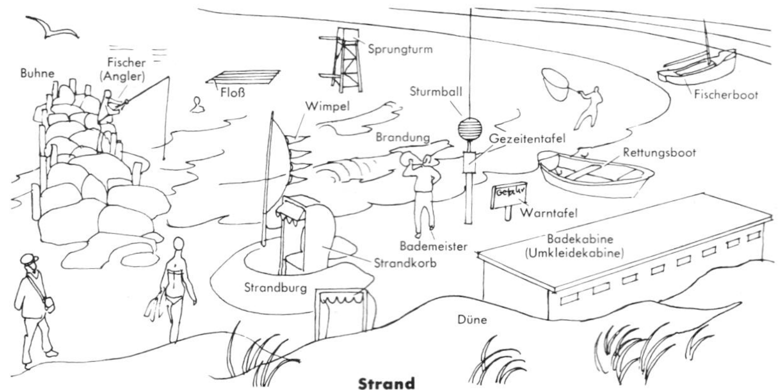

Strand

[< *mndd.* strampen „mit den Füßen stampfen“]

Stram·pel·sack 男 (乳児用の)おくるみ.

stramp·fen[ʃtrámpfən]《南部・オーストリア》**1** =stampfen I **2** =strampeln

Strand[ʃtrant][1] 男 -es(-s)/Strände[ʃtrɛ́ndə] 浜, 海浜, なぎさ, 磯(いそ)(→ 図): ein felsiger ~ 岩浜 | ein sandiger ~ / Sand*strand* 砂浜 ‖ am ~ 浜辺で | an den ~ gehen 浜に行く | auf ~ laufen ⟨geraten⟩ (船が)岸に乗り上げる, 座礁する | *et.*[4] auf ~ setzen《海》…(故障した船など)を浜に乗り上げさせる. [*mndd.*; ◇Strähne]

Strand≈amt[ʃtránt..] 中 海難取扱署. ≈**an·zug** 男 (上下そろいの)海浜着, ビーチウェア. ≈**au·ster** 女《貝》オオノガイ(大野貝). ≈**bad** 中〔海〕水浴場. ≈**bin·se** 女《植》ホタルイ(蛍藺), ウキヤガラ(浮矢柄). ≈**burg** 女 (Strandkorb のまわりに築く風よけのための)盛り砂(→ 図 Strand).

Strän·de Strand の複数.

stran·den[ʃtrándən][1]《01》自 (s) **1** (英: *strand*)《場所を示す語句と》(船が…で)岸に乗り上げる, 擱座(かくざ)⟨座礁⟩する; (漂流物が)岸に漂着する: vor der Küste ~ 岸辺で座礁する | Das Schiff ist auf einer Sandbank ⟨den Klippen⟩ *gestrandet*. 船は砂州⟨岩礁⟩に乗り上げた ‖ ein *gestrandeter* Wal 岸に打ち上げられた鯨 | die *Gestrandeten* 座礁による遭難者たち. **2**《比》挫折(ざせつ)する, 落後する; 身をもちくずす, 墜落する: in *seinem* Beruf ~ 仕事で失敗⟨挫折⟩する | ein *gestrandeter* Mensch 人生の敗残者.

Strand≈fi·sche·rei[ʃtránt..] 女 沿岸漁業. ≈**floh** 男《虫》ハマトビムシ(浜跳虫). ≈**ger·ste** 女 =Strandhafer ≈**grä·ber** 男《動》デバネズミ. ≈**gut** 中 (海岸に漂着した)海難貨物. ≈**ha·fer** 男《植》ハマムギ(浜麦). ハマニンニク. ≈**hau·bit·ze** 女《話》《もっぱら次の成句で》voll ⟨blau / betrunken / beladen⟩ wie eine ~ sein ぐでんぐでんに酔っぱらっている. ≈**ho·tel** 中 海浜ホテル. ≈**kie·fer** 女《植》(地中海沿岸地方の)カイガンショウ(海岸松), オニマツ. ≈**kleid** 中 (婦人用の)海浜着, ビーチドレス. ≈**klei·dung** 女 海浜着, ビーチウェア. ≈**korb** 男 (海水浴場などに置かれた風よけ・日光浴・休息用の)篭(かご)いす(→ 図 Strand). ≈**krab·be** 女《動》ワタリガニ(渡蟹). ≈**läu·fer** 男《鳥》オバシギ(姥鴫). ≈**li·nie**[..niə] 女 海岸線; (陸地と低潮面の交わる)汀線(ていせん). ≈**nel·ke** 女《植》イソマツ(磯松), イソハナビ(磯花火). ≈**pro·me·na·de** 女 海浜沿いの遊歩道. ≈**raub** 男 海難貨物の窃取⟨不法領得⟩. ≈**räu·ber** 男 海難貨物の窃盗者. ≈**recht** 中 海難〔救助〕法規. ≈**schnecke** 女《貝》タマキビガイ(玉黍貝). ≈**see** 男《地》潟(かた), ラグーン. ≈**se·gel** 中《スポーツ》(砂浜で行う)陸上ヨットレース. ≈**ter·ras·se** 女《地》波食台. ≈**trift** 女 =Strandgut

Stran·dung[ʃtrándʊŋ] 女 -/-en (stranden すること. 例えば:) 擱座(かくざ), 座礁; 海難; 漂着.

Stran·dungs·ord·nung 女 =Strandrecht

Strand≈ver·set·zung[ʃtránt..] 女《地》沿岸漂移. ≈**wa·che** 女 海岸の見張り⟨監視⟩. ≈**wäch·ter** 男, ≈**wär·ter** 男 海岸見張り人⟨監視員⟩. ≈**wolf** 男 (Schabrackenhyäne)《動》シマハイエナの一種(南アフリカ産).

Strang[ʃtraŋ] 男 -〔e〕s/Stränge[ʃtrɛ́ŋə] **1 a)** 綱, ロープ; 絞首索: die Glocke mit einem ~ ⟨durch Ziehen an einem ~⟩ läuten 綱を引いて鐘を鳴らす | *jn.* zum ~ ⟨zum Tode durch den ~⟩ verurteilen …に絞首刑を宣告する | Diese Tat verdient den ~. この行為は絞首刑に値する. **b)** (牛・馬などの)引き革: *sich*[4] in die *Stränge* legen (牛・馬などが)荷を引きはじめる | **〔mit *jm.*〕 am gleichen ⟨selben⟩ ~ ziehen**《比》〔…と〕同じ目標を追う; 〔…と〕運命をともにする | **über die *Stränge* schlagen ⟨hauen⟩**《話》度をすごす, 羽目をはずす ‖ **wenn alle *Stränge* reißen**《話》ほかにどうしようもなければ. **c)** (Kardeel)《海》ストランド(ロープをなうより糸: → 図 Seil). **2**《織》(糸の)かせ(桛): ein ~ Wolle 毛糸一かせ. **3**《生》(筋・神経などの)繊維の束(たば). **4** (Schienenstrang)《鉄道》一続きのレール: toter ~ 側線; 留置⟨待避⟩線. **5**《比》(小説・映画などの)プロット, 筋. [*germ.*; ◇Strophe, streng; *engl.* string]

Stran·ge[ʃtráŋə] 女 -/-n《スイス》=Strang 2

Strän·ge Strang の複数.

strän·gen[ʃtrɛ́ŋən] 他 (h) (牛・馬などを)引き革につなぐ.

strang·ge·preßt[ʃtráŋ..] 形《工》押し出し成形された. [◇Strangpressen]

Strang≈guß 男《金属》直接⟨連続⟩鋳造法. ≈**pres·sen** 中 -s/ (金属・プラスチック・れんがなどの)押し出し成形, 圧出.

Stran·gu·la·tion[ʃtraŋgulatsió:n, st..] 女 -/-en **1** 絞殺, 扼殺(やくさつ). **2**《医》絞扼.

stran·gu·lie·ren[..lí:rən] 他 (h) **1**《*jn.*》(…を)絞め殺す, 絞殺⟨扼殺(やくさつ)⟩する. **2**《*et.*[4]》《医》(腸管・血管などを)絞扼する. [*gr.*–*lat.*; <*gr.* straggálē „Strang“ (◇Strang)]

Stran·gu·lie·rung[..rʊŋ] 女 -/-en strangulieren すること.

Strang·urie[ʃtraŋgurí:, st..] 女 -/-n[..rí:ən]《医》有痛性排尿困難. [*gr.*–*lat.*; <*gr.* strágx „Tropfen“+ uro..]

Stran·ze[ʃtrántsə] 女 -/-n《南部》(Schlampe)(服装などの)だらしない女; 自堕落な⟨身持ちの悪い⟩女.

Stra·pa̱·ze[ʃtrapá:tsə] 女 -/-n〔肉体的な〕辛労, 辛苦, 難儀: ~*n* aushalten 辛労に耐えとおす ‖ Die Reise war eine große ~. この旅行はとてもつらかった | Es ist eine ~, ihm zuzuhören. 彼の話に耳を傾けるのは骨が折れる. [*it.*]

stra·pa̱z·fä̱·hig[ʃtrapá:ts..]《オースト》= strapazierfähig

Stra·pa̱z·ho̱·se《オースト》= Strapazierhose

Stra·pa·zi̱er·an·zu̱g[ʃtrapatsí:r..] 男 (酷使に耐える) 丈夫な衣服(特に背広).

stra·pa·zi̱e·ren[ʃtrapatsí:rən] 他 (h) **1** 《*jn.* / *et.*⁴》(肉体的に)苦しめる, 骨を折らせる; (…に体力的に)無理を強いる, 疲れさせる: Die Kinder *strapazieren* die Mutter 〈die Nerven der Mutter〉. 子供たちは母親〈母親の神経〉を疲れさせる | Die Reise hat mich sehr *strapaziert*. その旅は私にとってとてもきつかった ‖ 再帰 *sich*⁴ ~ (肉体的に)無理をする, 全力をつくす | Er hat sich so sehr *strapaziert*, daß er sich völlig erschöpft hat. 彼は無理をしすぎたので疲れ切ってしまった ‖ Sie sieht *strapaziert* aus. 彼女はくたびれているように見える. **2** 《*et.*⁴》酷使する: die Schuhe 〈den Anzug〉 ~ くつをはきつぶす〈スーツを着つぶす〉| Auf der Reise habe ich mein Auto stark *strapaziert*. 旅行中私は車を酷使した | Diese Ausrede ist schon zu oft *strapaziert* worden. この言いわけはもうあまりにも使い古されてしまった ‖ *strapazierte* Redensarten 使い古された決まり文句. [*it.*]

stra·pa·zi̱er·fä̱·hig[ʃtrapatsí:r..] 形 (靴・衣服などが)酷使に耐える, 丈夫な.

Stra·pa·zi̱er≠fä̱·hig·keit 女 -/ strapazierfähig なこと. **≠ho̱·se** 女 (酷使に耐える)丈夫なズボン. **≠schu̱h** 男 (酷使に耐える)丈夫な靴.

stra·pa·zi̱ö̱s[ʃtrapatsiǿ:s]¹ 形 辛い, 難儀な, 骨の折れる: eine ~*e* Arbeit きつい仕事 | eine ~*e* Wanderung 強行軍. [<..ös]

Stra·pa̱z·schu̱h[ʃtrapá:ts..]《オースト》= Strapazierschuh

Straps[ʃtraps, st.., stræps] 男 -es/-e (Strumpfhalter) 靴下どめ. [*engl.*; ◇Strippe]

Straß[ʃtras] 男 -, Strasses / Strasse **1** 《単数で》ストラス(人造宝石製造用の高鉛フリントガラス). **2** (1を用いた)人造宝石. [<J. Strass(er)(18世紀の宝石商)]

straß≠a̱b[ʃtra:s|áp] 副 通りを下って. **≠a̱uf**[..|áuf] 副 通りを上って: ~, straßab 街頭至るところを, あちこちの通りを.

Straß·burg[ʃtrá:sbʊrk] **I** 地名 シュトラースブルク, ストラスブール(フランス北東部 Elsaß 地方の中心都市. 1871–1918 にはドイツ領 Elsaß-Lothringen 州の州都. フランス語形 Strasbourg).

II 人名 →Gottfried von Straßburg

[„die Burg an der großen Straße〔von Ost- nach Westfranken〕"]

Straß·bur·ger[..bʊrgər] **I** 男 -s/- シュトラースブルク〈ストラスブール〉の人.

II 形《無変化》シュトラースブルク〈ストラスブール〉の.

straß·bur·gisch[..gɪʃ] 形 シュトラースブルク〈ストラスブール〉の.

Stra̱·ße[ʃtrá:sə] 女 -/-n (小 **Sträß·chen**[ʃtrɛ́:sçən], **Strä̱ß·lein**[..laɪn] 中 -s/-) **1 a)** (英: *street*) 道路, 大通り; 街道; 街路: eine breite 〈schmale〉 ~ 広い〈狭い〉道路 | eine asphaltierte 〈betonierte〉 ~ アスファルト〈コンクリート〉舗装の道路 | eine belebte 〈verkehrsreiche〉 ~ にぎやかな〈交通量の多い〉通り | eine ~ erster 〈zweiter〉 Ordnung 一級〈二級〉道路 | Auto*straße* 自動車道路 | Schnell*straße* 高速道路 | Wasser*straße* 水路 ‖ die Koblenzer ~ コブレンツ通り(コブレンツ方向に通じる道路) | die ~ vom Bahnhof zum Hotel 駅からホテルへの道路 ‖ die Herrschaft der ~《比》賤民(せんみん)支配 ‖ eine ~ bauen 〈ausbessern〉 道路を建設〈補修〉する | eine ~ verbreitern 道路の幅を広げる | eine ~ überqueren 道路を横断する | **mit** *et.*³ 〈*jm.*〉 **die ~ pflastern können**《話》…が掃いて捨てるほどある〈いる〉 ‖〚前置詞と〛Das Hotel steht **an** der ~. このホテルは大通りに面して立っている | **auf** der ~ spielen 路上で遊ぶ | auf der ~ liegen《比》路頭に迷う, 失業中である; (仕事などで)外出している, (あちこち)歩き回っている | Das Geld liegt nicht auf der ~. (→Geld 1) | Hier liegt das Geld auf der ~. (→Geld 1) | **auf der ~ sitzen 〈liegen / stehen〉**《比》路頭に迷う, 住む家がない, 失業中である | der Mann auf 〈von〉 der ~ (→Mann² 1) | auf offener ~ 人中で, 衆人環視のなかで | **auf die ~ gehen** (家の中から)通りに出る; 外出する; (大衆行動などで)街頭に出る;《比》街娼(がいしょう)〈街の女〉になる | Das Fenster geht auf die ~ 〈zur ~〉. 窓は通りに面している | ***jn.* auf die ~ schicken**《話》…を街娼として働かせる | auf die ~ sehen 通りを眺める | ***jn.* auf die ~ setzen 〈werfen〉**《話》…を解雇する, …をくびにする; …(間借り人・借家人など)を追い出す | das 〈*sein*〉 Geld auf die ~ werfen (→Geld 1) | **durch** die ~*n* bummeln 〈schlendern〉 街をぶらつく | **in** die zweite ~ einbiegen 2番目の通りに(角を曲がって)入る | bei Rot **über** die ~ gehen 赤信号で道路を横断する | ***et.*⁴ über die ~ verkaufen** …(飲食物など)を持ち帰り用に売る | eine 〈ein Mädchen〉 **von** der ~ 街娼, 街の女 ‖ Die ~ führt nach München. この道路はミュンヒェンに通じている.

b) (略 Str.) (町名としての)町, …通り, …街; 街区: die

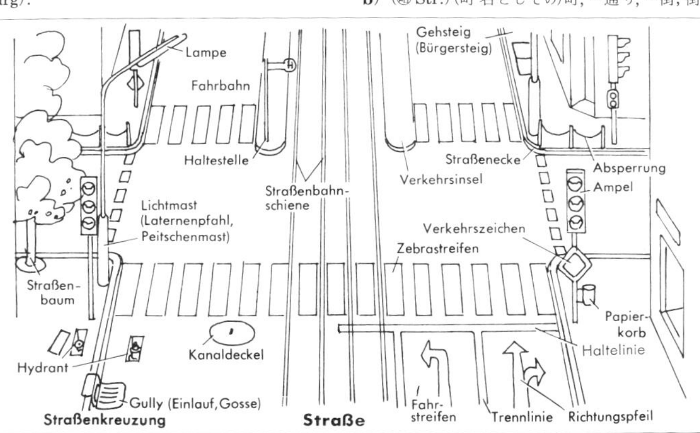

S

Beethoven*straße* ベートーベン通り ‖ Ich wohne **in** dieser ～ (in der Dürer*straße*). 私はこの通り(デューラー通り)に住んでいる | das Tabakgeschäft in meiner ～ 私の住んでいる町内のタバコ屋 ‖ Die ganze ～ sprach von diesem Skandal. 町じゅうがこのスキャンダルの話でもちきりだった.
2 (Meerenge) 海峡: die ～ von Dover ドーバー海峡 | die Bering*straße* ベーリング海峡.
[*spätlat.* strāta (via) „gepflasterter (Weg)“ − *westgerm.*; < *lat.* strātum „bestreut, Decke“; ◇ *engl.* street]

Stra·ßen≈ab·lauf[ʃtráːsən..] 男 (側溝の)雨水ます. **≈an·zug** 男 (背広などの)ふだん着, 平服. **≈ar·beit** 女 道路工事. **≈ar·bei·ter** 男 道路工夫. **≈bahn** 女 市街(路面)鉄道; 市街電車: mit der ～ fahren 市街電車で行く.

Stra·ßen·bah·ner 男 《話》路面電車の乗務員.

Stra·ßen·bahn≈fah·rer 男 **1** 路面電車の運転手. **2** 路面電車の利用者(乗客). **≈hal·te·stel·le** 女 路面電車の停留所. **≈schaff·ner** 男 路面電車の車掌. **≈schie·ne** 女 路面電車のレール.

Stra·ßen≈bau 男 -(e)s/ 道路建設(工事). **≈baum** 男 街路樹. **≈be·kannt·schaft** 女 行きずりの知り合い(交際). **≈be·leuch·tung** 女 道路(街路)照明. **≈be·nut·zungs·ge·bühr** 女 (車両に対する)道路通行料. **≈bild** 中 街頭の風景. **≈blockade** 女 道路封鎖. **≈brei·te** 女 道幅. **≈brücke** 女 道路橋, 陸橋. **≈bu·be** ＝Straßenjunge **≈ca·fé** 中 道路に張り出したコーヒー店(喫茶店). **≈damm** 男 **1** 高く盛り上げられている道路; 堤防道路. **2** 《北部》(Fahrdamm) (歩道にはさまれた)車道. **≈decke** 女 道路の舗装部分(表面から路盤まで). **≈de·mo** 女, **≈de·mon·stra·tion** 女 街頭デモ. **≈dir·ne** 女 ＝Straßenmädchen **≈dorf** 中 (街道に沿って家屋の立ち並ぶ)街村(がいそん). **≈ecke** 女 街角(→ ⊠ Straße); 街頭: an der ～ 街角で. **≈fe·ger** 男 **1** 道路清掃夫. **2** 《戯》テレビの人気番組(放送時間には通りに人影が見えなくなるため). **≈fer·ti·ger** 男 〚土木〛路面仕上げ機. **≈ge·wer·be** 中 路上営業(観光ガイド・荷物運びなど. 露天商はこれに含まれない). **≈gra·ben** 男 (道路の)側溝. **≈halb·schuh** 男 外出用短靴, タウンシューズ. **≈han·del** 男 -s/ 街頭販売. **≈händ·ler** 男 露天商人. **≈jun·ge** 男 (街頭にたむろする)腕白小僧, 不良少年. **≈kampf** 男 市街戦. **≈kar·te** 女 道路地図. **≈keh·rer** 男 ＝ Straßenfeger 1 **≈kind** 中 《ふつう複数で》(とくに発展途上国などのスラム街の)宿無し浮浪児, ストリートチルドレン. **≈kleid** 中 (ワンピースなどの)ふだん着. **≈kreu·zer** 男 《話》大型高級乗用車. **≈kreu·zung** 女 道路交差; 交差点. **≈kri·mi·na·li·tät** 女 路上犯罪(すり・ひったくり・恐喝・傷害など). **≈la·ge** 女 (自動車の)走行安定度, ロードホールディング: eine gute ～ haben ロードホールディングがよい. **≈lärm** 男 道路(街頭)の騒音. **≈la·ter·ne** 女 街灯. **≈mäd·chen** 中 街娼(がいしょう), 街の女. **≈mei·ster** 男 Straßenmeisterei の責任者. **≈mei·ste·rei** 女 道路管理事務所(出張所). **≈mu·si·kant** 男 流しの音楽師, 辻(つじ)音楽師. **≈na·me** 男 道路(街路)名, 町名. **≈netz** 中 道路網. **≈pfla·ster** 中 路面舗装. **≈pro·sti·tu·tion** 女 街頭売春. **≈raub** 男 路上での強奪(ひったくり), 追いはぎ, 辻強盗(行為). **≈räu·ber** 男 追いはぎ, 辻強盗(人). **≈red·ner** 男 街頭演説者. **≈rei·ni·gung** 女 道路清掃. **≈ren·nen** 中 《スポ》(自転車の)ロードレース. **≈rin·ne** 女 (道路の)側溝. **≈rol·ler** 男 重量品道路運搬車. **≈schild** 中 **1** 町名(街路名)表示板(→ ⊠ Schild). **2** (Wegweiser) 道標, 道しるべ. **3** 《話》(Verkehrszeichen) 道路(交通)標識. **≈schlacht** 女 市街戦. **≈sei·te** 女 **1** (建物・部屋などの)道路側. **2** 道路の(片方の)側: die ～*n* wechseln 道路の反対側に移る. **≈sper·re** 女 道路閉鎖(通行止め)(の柵(さく)). **≈strich** 男 街頭売春. **≈ter·ror** 男 街頭テロ. **≈thea·ter** 中 〚劇〛街頭演劇(グループ). **≈tun·nel** 男 道路用トンネル. **≈über·füh·rung** 女 (大通りにかかっている)陸橋, 高架橋. **≈un·ter·füh·rung** 女 (大通りの下をくぐる)地下道, ガード下の道路. **≈ver·kauf** 男 ＝Straßenhandel **≈ver·kehr** 男 道路交通.

Stra·ßen·ver·kehrs≈ge·setz 中 (略 StVG) 〚法〛道路交通法. **≈ord·nung** 女 -/ (略 StVO) 道路交通規則. **≈-Zu·las·sungs-Ord·nung**[また: ⏊◡◡−⏊◡◡◡◡] 女 -/ (略 StVZO) 道路交通許可規則.

Stra·ßen≈ver·zeich·nis 中 (都市の)町名(街路名)一覧表. **≈wal·ze** 女 (道路工事用の)ロードローラー. **≈wi·scher** 男 《スイス》＝Straßenfeger **≈zoll** 男 (道路の)通行税. **≈zug** 男 町なみ. **≈zu·stand** 男 (車の通行上の)道路状況(状態).

Stra·ßen·zu·stands·be·richt 男 (ラジオなどの)道路(交通)情報.

Sträß·lein Straße の縮小形.

Stra·te·ge[ʃtratéːgə, st..] 男 -n/-n 戦略家, 軍略家; 《比》策略家.
[*gr.*; < *gr.* stratós „Heer(lager)“＋ágein „führen“; ◇Herzog]

Stra·te·gem[..tegéːm] 中 -s/-e 軍略; 《比》策略. [*gr.*−*fr.*]

Stra·te·gie[..tegíː] 女 -/-n[..gíːən] 〚軍〛戦略, 軍略; 《比》(一般に)戦略, 方略: ～ und Taktik 戦略と戦術 | die ～ anwenden 戦略を用いる. [*gr.*−*fr.*]

Stra·te·gie·pa·pier 中 〚軍〛戦略文書; (政党などの)基本戦略策定計画書.

stra·te·gisch[..téːgɪʃ] 形 戦略(軍略)(上)の, 戦略的な; 計略(策略)上の: eine ～*e* Waffe 戦略兵器 | ～ wichtig sein 戦略的に見て重要である. [*gr.*−*fr.* stratégique]

Stra·ti Stratus の複数.

Stra·ti·fi·ka·tion[ʃtratifikatsióːn, st..] 女 -/-en **1** (Schichtung) 〚地〛成層; 層理. **2** stratifizieren 2 すること.

Stra·ti·fi·ka·tions·gram·ma·tik 女 -/ 〚言〛成層文法.

stra·ti·fi·zie·ren[..fitsíːrən] 他 (h) **1** 〚地〛層状に積み重ねる(堆積(たいせき)する); (…の)成層構造を区分(確定)する. **2** 〚農〛(発芽を促進するために種子を)湿った砂・土などの層に入れる.

Stra·ti·gra·phie[..grafíː] 女 -/ **1** 〚地〛層位(層序)学; 地層学. **2** 〚医〛断層撮影(法).

stra·ti·gra·phisch[..gráːfɪʃ] 形 **1** 層位(層序)学の; 地層学の. **2** 断層撮影の.

Stra·to·ku·mu·lus[ʃtratokúːmulʊs, st..] 男 -/..li[..liˑ] 〚気象〛層積雲.

Stra·to·pau·se[..páuzə] 女 -/ 〚気象〛成層圏界面(成層圏と中間圏の間の界面).

Stra·to·skop[..skóːp] 中 -s/-e (気球に装備して成層圏から天体を観測する)成層圏望遠鏡.

Stra·to·sphä·re[ʃtratosfέːrə, st.., ..tɔs..] 女 -/ 〚気象〛成層圏.

Stra·to·sphä·ren·flug 男 成層圏飛行.

stra·to·sphä·risch[..rɪʃ] 形 成層圏の.

Stra·to·vi·sion[ʃtratovizióːn] 女 -/ (テレビの)成層圏中継放送.

Stra·to·vul·kan[ʃtráːto.., st..] 男 〚地〛成層火山.

Stra·tus[ʃtráːtʊs, st..] 男 -/Strati[..tiˑ], **Stra·tus·wol·ke** 女 (Schichtwolke) 〚気象〛層雲.
[< *lat.* strātum (→Straße)]

sträu·ben[ʃtrɔ́ʏbən][1] 他 (h) **1** (毛髪・羽毛などを)逆立てる: Der Hahn (Der Hund) *sträubt* das Gefieder (das Fell). 雄鶏(犬)が毛を逆立てる | Der Igel *sträubt* seine Stacheln. ハリネズミがとげを逆立てる ‖ mit *gesträubten* Haaren 髪の毛を逆立てて; 《比》愕然(がくぜん)として.
2 a) 再帰 *sich*[4] ～ 逆立つ, ささくれ立つ: Der Katze[3] *sträubt* sich das Fell. 猫の毛が逆立つ | *jm.* *sträuben* sich die Haare (→Haare 1). **b)** 《比》再帰 *sich*[4] ～ さからう, 反抗(抵抗)する: Ich *sträube* mich innerlich gegen diesen Plan. 私は内心ではこの計画に反対です | Er *sträubte* sich mit Händen und Füßen dagegen. 彼は全力をふりしぼってそれに抵抗した | *jm.* *sträubt* sich die Feder 《zu 不定詞句と》(→Feder 2 a).

strau·big[ʃtráubıç][2] 形《中部》(struppig)(髪の毛などが)ぼうぼうの, もじゃもじゃの. [*ahd.* strūp (→strub)]

Strau·bin·ger[ʃtráubıŋər] 男 -s/-《戯》《次の形で》**Bruder ～** 浮浪者. [<Straubing (都市名)]

Strauch[ʃtraux] 男 -〔e〕s/Sträucher[ʃtrɔ́yçər] (小 **Sträuch·lein**[ʃtrɔ́yçlaın] 中 -s/-) 灌木(かんぼく), 低木; やぶ, 茂み, 叢林(そうりん): einen ～ beschneiden 灌木を刈り込む | Die *Sträucher* bilden eine Hecke. 灌木が垣根になっている. [*mhd.* strūch; ◇stark, Strunk]

strauch·ar·tig[ʃtráux..] 形 灌木(かんぼく)状の, やぶのような.

Strauch·dieb 男 追いはぎ, 辻(つじ)強盗: Du siehst aus wie ein ～. 君は追いはぎでもやろうとしているみたいだ(それほど窮迫した様子をしている).

Strau·che[ʃtráuxə] 女 -/-n《オーストリア》(Schnupfen) 鼻かぜ.

strau·cheln[ʃtráuxəln]《06》自 (s) **1** つまずく, 足を踏みはずす: über einen Stein ～ 石につまずく. **2**《比》つまずく, しくじる; 堕落する, 身をもち崩す: über die Schwierigkeiten ⟨die Hindernisse⟩ ～ 困難⟨障害⟩につまずく | Er ist in seinem Leben *gestrauchelt*. 彼は人生につまずいた ‖ ein *gestraucheltes* Mädchen 堕落した少女.
[< *ahd.* strūchōn „anstoßen"]

Strau·chen[ʃtráuxən] 男 -s/-《オーストリア》=Strauche

Sträu·cher Strauch の複数.

Strauch≈erb·se[ʃtráux..] 女〘植〙キマメ(木豆). **≈holz** 中 切った⟨折った⟩小枝, しば, そだ; 低木の茂み.

strau·chig[ʃtráuxıç][2] 形 灌木(かんぼく)⟨低木⟩〔状〕の, 灌木の茂った, やぶの〔多い〕; もじゃもじゃ生えた.

Sträuch·lein Strauch の縮小形.

Strauch≈rit·ter[ʃtráux..] 男 追いはぎ, 辻(つじ)強盗. **≈werk** 中 **1** 灌木(かんぼく)の列, 植え込み; やぶ. **2**《集合的に》木の枝.

Strau·ka[ʃtráuka·] 女 -/..ken[..kən], **Strau·ke**[..kə] 女 -/-n, **Strau·ken**[..kən] 男 -s/-; 女 -/-《オーストリア》=Strauche

Strauss[ʃtraus] 人名 Richard ～ リヒャルト シュトラウス(1864-1949; ドイツの作曲家. 作品は歌劇『バラの騎士』など).

Strauß[1][–] 男 -es/Sträuße[ʃtrɔ́ysə] (小 **Sträuß·chen**[ʃtrɔ́ysçən] 中 -s/-) (花・切り枝などの)束; (Blumenstrauß) 花束; 羽毛の束: ein frischer ⟨großer⟩ ～ 新鮮な⟨大きな⟩花束 | ein ～ weißer Flieder 一束の白いライラック | Rosen*strauß* バラの花束 ‖ Blumen zum ～ binden 花束を作る ‖ einen ～ Feldblumen pflücken 野の花を摘んで花束を作る | aus Zweigen einen schönen ～ zusammenstellen 小枝できれいな束を作る.
[*frühnhd.* „Federbusch"]

Strauß[2][–] 男 -es/Sträuße[ʃtrɔ́ysə]《雅》(Kampf) いくさ, 闘い, 激闘, 激戦; 激しい口論: ein harter ～ 激しい戦い | **einen ～ mit *jm.* ausfechten**《雅》…ととことん争いぬく, …との衝突に勝ちぬく. [*mhd.* strūz; ◇strotzen]

Strauß[3][–] 男 -es/-e〘鳥〙ダチョウ(駝鳥), オストリッチ: Du steckst den Kopf in den Sand wie der Vogel ～.《比》(ダチョウが首を砂の中に突っこんで危険を見まいとするように)君はいやなことには目をとじる気だな.
[*gr.* strouthíōn–*spätlat.*–*ahd.*; ◇Drossel[1]]

Strauß[4][–] 人名 **1** David Friedrich ～ ダーフィット フリードリヒ シュトラウス(1808-74; ドイツの神学者・哲学者). **2** Franz Josef ～ フランツ ヨーゼフ シュトラウス(1915-89; ドイツの政治家. CSU の党首〔1961-89〕). **3** Johann ～ ヨハン シュトラウス(1804-49; オーストリアの作曲家.「ワルツ王」(→4)の父.「ワルツの父」と呼ばれる. 作品『ラデツキー行進曲』など). **4** Johann ～ ヨハン シュトラウス(1825-99; オーストリアの作曲家.「ワルツ王」と呼ばれる. 作品『美しく青きドナウ』など). **5** Josef ～ ヨーゼフ シュトラウス(1827-70; オーストリアの作曲家.「ワルツ王」(→4)の弟).

Sträuß·chen Strauß[1]の縮小形.

Sträu·ße Strauß[1], Strauß[2]の複数.

Strau·ßen≈ei[ʃtráusən..] 中 ダチョウ(駝鳥)の卵. **≈farn** 男〘植〙クサソテツ(草蘇鉄). **≈fe·der** 女 ダチョウの羽根(特に帽子かざりに使われる).

Strauß≈gras[ʃtráus..] 中〘植〙コヌカグサ(小糠草)属(ヌカボなど). **≈vo·gel** 男〘鳥〙ダチョウ(駝鳥).

Strauß·wirt·schaft 女 自家醸造ワインを飲ませる酒場. [<Strauß[1]; 看板として枝の束をつるしていることから]

stra·wan·zen =strabanzen

Stra·win·ski[ʃtravínski·, st..] 人名 Igor ～ イーゴル ストラヴィンスキー(1882-1971; ロシアの作曲家. アメリカに帰化した. 作品はバレー音楽『火の鳥』『ペトルーシュカ』など).

Straz·za[ʃtrátsa·, st..] 女 -/..zzen[..tsən] より糸くず(生糸を加工するときに出る廃物). [*it.*]

Straz·ze[ʃtrátsə, st..] 女 -/-n〘商〙控え帳, 帳簿, 会計簿. [*it.* straccia-foglio; ◇extrahieren, Folie[1]]

strea·ken[strí:kən] 自 (h) (blitzen) ストリーキングする(全裸で走る). [*engl.*]

Strea·ker[strí:kər] 男 -s/- (Blitzer) ストリーカー.

Streb[ʃtre:p][1] 男 -〔e〕s/-e〘坑〙〔長壁〕切羽(きりは), 払(はらい).

Streb·bau 男 -〔e〕s/〘坑〙長壁式採掘.

Stre·be[ʃtré:bə] 女 -/-n〘建〙**1** 支え柱, 方杖(ほうづえ)(→ 図 Burg). **2** 枝束(えだつか)(→ 図 Dach C).

Stre·be≈bal·ken 男〘建〙支柱, 筋交い, 束(つか). **≈bo·gen** 男〘建〙フライングバットレス, 飛び控え(→ 図 Kirche A). **≈mau·er** 女〘建〙控え壁, 擁壁(ようへき), 土留壁(どどめかべ).

stre·ben[ʃtré:bən][1] 自 (h) **1 a)** 努力する, 励む: Es irrt der Mensch, so lang er *strebt*. (→irren II 1). **b)**《話》《しばしば軽蔑的に》くそ勉強をする: Er *strebt* bis spät in die Nacht. 彼は夜遅くまでがり勉をする. **2**《nach *et.*[3]》(…を)求める, ねらう, ほしがる: nach Macht ⟨Ruhm⟩ ～ 権力⟨名声⟩を求める | Er *strebt* danach, seine Ideale zu verwirklichen. 彼は理想を実現することに懸命である ‖ das *Streben* nach Vollkommenheit 完全をめざす努力. **3** (h, s)《方向を示す語句と》(…の方へ)一生懸命に進む, ひたすら志向する: gegen den Strom ～ 流れに逆らう | Die Pflanze *strebt* zum Licht. 植物は光に向かう | Der Berg *strebt* in die Höhe.《比》山が高くそそり立っている | Sie *strebten* auf den Gipfel. 彼らは頂上をめざして一心に進んだ | Er ist eilig nach Hause *gestrebt*. 彼は急いで家路をたどった. **4**《中部》反抗する, さからう. [*ahd.*]

Stre·be·pfei·ler 男〘建〙バットレス, 控え壁⟨柱⟩, 扶壁, 支壁(→ 図 Kirche A).

Stre·ber[ʃtré:bər] 男 -s/-《軽蔑的に》出世ばかり求める人, がっつき屋; がり勉家: ein ehrgeiziger ～ がつがつ功名を求める人.

Stre·be·rei[ʃtre:bəráı] 女 -/《軽蔑的に》立身出世ばかり求めること, がつがつした努力, がっつき; がり勉.

stre·ber·haft[ʃtré:bərhaft] 形《軽蔑的に》出世⟨栄達⟩にきゅうきゅうとした, がっついた, がつがつした; がり勉の.

stre·be·risch[ʃtré:bərıʃ] =streberhaft

Stre·ber·na·tur 女《軽蔑的に》Streber の性格〔をもった人〕.

Stre·ber·tum[ʃtré:bərtu:m] 中 -s/《軽蔑的に》がつがつ努力すること, (利己的な)立身出世主義.

Stre·be·werk[ʃtré:bə..] 中〘建〙(特にゴシック教会建築外部の)飛び控えと控え壁よりなる部分.

Streb·mast[ʃtré:p..] 男 支柱つき電柱.

streb·sam[ʃtré:pza:m] 形《副詞的用法なし》努力を怠らぬ, たゆまずがんばる, 勤勉な, 野心⟨功名心⟩のある.

Streb·sam·keit[–kaıt] 女 -/ strebsam なこと.

Stre·bung[ʃtré:buŋ] 女 -/-en《雅》《ふつう複数で》努力, 欲求.

Streck·ap·pa·rat[ʃtrέk..] 男〘医〙伸長⟨伸延⟩装置.

streck·bar[ʃtrέkba:r] 形 広げる⟨伸ばす⟩ことができる; 伸張性⟨展性⟩のある, 可鍛性のある.

Streck·bar·keit[–kaıt] 女 -/ streckbar なこと.

Streck·bett 中〘医〙伸展ベッド(体の湾曲を伸ばす装置).

Strecke[ʃtrέkə] 女 -/-n **1 a)** 道のり, 道程, 距離; (二つの地点を結ぶ)線, 道, 区間;〘スポ〙競走距離, コース: eine ～ von 10 Kilometern 10キロメートルの距離 | eine große ⟨weite⟩ ～ 長い距離 | eine kleine ⟨kurze⟩ ～ 短い距離 ‖ **auf der ～ bleiben** 途中で停滞する, 落後する | Es ist noch eine gute ～ 〔Weges〕 bis dorthin. そこまではまだかなりの道のりだ. **b)**〘鉄道〙路線, 区間, 走行距離: die ～ Frankfurt-Hamburg フランクフルト・ハンブルク間の路線〈区間〉| die freie 〈offene〉 ～ 構外線 ‖ auf freier ～ halten 駅でないところに停車する | Die ～ ist frei. 路線に障害物なし. **2** 〘数〙線分: Die ～ AC bildet die Hypotenuse des Dreiecks. 線分 AC は三角形の斜辺である. **3** 〘狩〙仕留められた獲物〔を並べる場所〕: *et.*[4] **zur ～ bringen** …(獲物など)を仕留める | ***jn.* zur ～ bringen** 《比》…を打ち負かす; …(犯人)を逮捕する. **4** 〘坑〙坑道: Abbau*strecke* 採炭〈採鉱〉坑道. **5** 〘織〙(羊毛・革などの)伸形具; (糸などの)梳整(せい)機.

strẹcken[ʃtrέkən] 他 (h) **1 a)** (身体〔の一部〕を)伸ばす, まっすぐにする, 伸展する; 伸ばして出す; (手を)差しのべる, 差し出す: die Glieder ～ 手足を伸ばす, 背伸びをする | Arme *streckt*! 腕を伸ばせ(体操の号令) | den Finger 〈die Hand〉 ～ (発言を求めて)指〈手〉を挙げる | die Waffen ～ (→Waffe 1) | Das gebrochene Bein muß *gestreckt* werden. 骨折した足は(伸展包帯で)伸展されねばならない ‖ 〘方向を示す語句と〙 den Kopf **aus** dem Fenster 〈**durch** den Türspalt〉 ～ 首を窓から〈ドアのすき間から〉つき出す | die Zunge aus dem Mund ～ 舌を出す | die Arme **nach** vorn ～ 腕を前方へ出す | die Beine behaglich **unter** den Tisch ～ 足を気持よさそうに机の下へ伸ばす | die Beine 〈die Füße〉 unter den Tisch ～ (→Tisch 1) | die Beine 〈die Füße〉 unter *js.* Tisch ～ (→Tisch 1) | alle viere **von** *sich*[3] ～ 大の字になって〈のびのびと〉休む ‖ in *gestrecktem* Galopp (馬が四肢を伸ばして)疾駆して, 全速力で. **b)** 再帰 *sich*[4] ～ i) 体を伸ばす, 背伸びする, 長々と寝そべる; ii) 成長する, (体が)大きくなる: *sich*[4] ins Gras 〈aufs Sofa〉 ～ 草むら〈ソファー〉に寝そべる | *sich*[4] im Laufe ～ (馬が四肢を伸ばして)疾駆する, 全速力で走る | *sich*[4] nach der Decke ～ (→Decke 1) | Als er aufwachte, dehnte und *streckte* er sich. 彼は目がさめると思いきり背伸びをした ‖ Der Junge hat sich in diesem einen Jahr mächtig *gestreckt*. 少年はこの1年でぐんと大きくなった.

2 (立っていたものを長々と)横倒しにする; 打ちのめす, なぐり倒す, ノックアウトする; (木を)切り倒す: *jn.* zu Boden ～ …を地面に打ちのめす.

3 (金属などを)打ち延ばす, 圧延する, 広げる, 箔(はく)にする: Eisen durch Walzen 〈Hämmern〉 ～ 鉄を圧延する〈たたき延ばす〉.

4 a) 引き延ばす, 延長する, 長びかせる: Das Muster des Kleides *streckt* sie 〈ihre Figur〉. このドレスの模様は彼女をすらりと見せる | die Arbeit ～ 仕事を長びかせる ‖ die *gestreckte* Flugbahn 自由飛行弾道; 〘空〙自由飛行経路 | *gestreckter* Winkel 180度(の角度). **b)** 再帰 *sich*[4] ～ 延びる, 延長される, 長びく: Der Weg *streckt* sich. 道が延び広がっている; 道は思ったより遠い | Es wurde Abend, und die Schatten *streckten* sich. 夕方になり影が長くなった | Den Fluß entlang *streckt* sich ein Dorf. 川に沿って村が延び広がっている.

5 a) (飲食物に)混ぜ物をしてのばす, 水で割る: den Wein 〈die Soße〉 mit Wasser ～ ワイン〈たれ〉を水で薄める. **b)** (食糧などを)食い延ばす: die Lebensmittel durch Rationierung um einen Monat ～ 食糧を割当制によって1か月分だけ長もちさせる.

6 〘狩〙獲物を仕留める.

[„gerade machen"; *westgerm.*; ◇strack; *engl.* stretch]

Strẹcken≠ab·schnitt[ʃtrέkən..] 男 〘鉄道〙区間: ebener ～ 平坦(たん)区間 | nicht isolierter ～ 死区間. **≠ar·bei·ter** 男 〘鉄道〙保線区工夫〈作業員〉, 線路工夫. **≠auf·se·her** 男 〘鉄道〙軌道係. **≠aus·bau** 男 〘坑〙坑道枠〈支保〉. **≠aus·rü·stung** 女 〘鉄道〙線路施設. **≠bau** 男 -〔e〕s/ 〘鉄道〙線路敷設, 線路構造. **≠be·feue·rung** 女 〘空〙航空路灯台. **≠be·ge·hung** 女 〘鉄道〙線路巡回. **≠be·la·stung** 女 〘鉄道〙線路容量, 運輸密度. **≠blitz·ab·lei·ter** 男 〘鉄道〙区分避雷器. **≠block** 男 -〔e〕s/ 〘鉄道〙閉塞(へいそく)方式: selbsttätiger ～ 自動閉塞式 | ～ mit Zugeinwirkung 列車作動閉塞. **≠fah·rer** 男 (一定区間を走る)カー＝レーサー. **≠fahrt** 女 (一定区間を走る)カー＝レース, 自動車競走. **≠feu·er** 中 〘空〙航空路灯台. **≠flug** 男 〘空〙定期空路飛行; (グライダーの)距離滑空〔競技〕. **≠för·de·rung** 女 〘坑〙坑道運搬. **≠kar·te** 女 街路地図, 路線地図, 航空路図. **≠leit·strahl** 男 〘空〙空路誘導信号. **≠netz** 中 鉄道〈航空〉路線網. **≠per·so·nal** 中 〘鉄道〙保線職員. **≠po·sten** 男 〘スポ〙コース審判. **≠soh·le** 女 〘坑〙坑道床面(とこ). **≠stell·ta·fel** 女 〘鉄道〙列車集中制御盤. **≠stell·werk** 中 〘鉄道〙列車集中制御所, 集中制御センター. **≠stille·gung** (**≠still·le·gung**) 女 〘鉄道〙路線廃止. **≠tau·chen** 中 〘スポ〙潜水遊泳競技. **≠tren·nung** 女 〘鉄道〙**1** (トロリー線の)区間設定. **2** (トロリー線の)エアセクション. **3** 断鎖(だんさ)(路線変更による距離標の中断). **≠wär·ter** 男 〘鉄道〙線路巡回員. [<Strecke]

strẹcken·wei·se 副 (→..weise ★) 区間〈一区切り〉ごとに, 区間単位で; ある区間〈部分〉は, 区間〈部分〉によっては; とぎれとぎれに, 所々で: Die Autobahn war ～ ganz leer. アウトバーンには全く車の姿が見えないところもあった | Seine Arbeit ist ～ gut. 彼の仕事は部分的にはよくできている.

Strẹcker[ʃtrέkər] 男 -s/- **1** (↔Beuger) 〘解〙伸筋. **2** 〘スポ〙エキスパンダー. **3** 小面(こづら)(れんがの両端部の面). **4** (釣りざおの)よりもどし.

Strẹck≠form[ʃtrέk..] 女 〘言〙伸長形式, 迂言(うげん)形式(単一の動詞の代わりに用いられる「〔動作〕名詞＋機能動詞」の形. 例 *et.*[4] unter Beweis stellen＝*et.*[4] beweisen …を証明する: →Funktionsverb). **≠gren·ze** 女 〘理〙弾性限界, 降伏点. **≠ma·schi·ne** 女 **1** 〘工〙圧延機. **2** 〘織〙練条機. **3** 〘医〙伸展機. **≠me·tall** 中 〘建〙エキスパンドメタル. **≠mit·tel** 中 体質顔料, シンナー, 希釈剤. **≠mus·kel** 男 (↔ Beugemuskel) 〘解〙伸筋. **≠pro·be** 女 〘工〙伸展性テスト. **≠ses·sel** 男 《ｵｰｽﾄﾘｱ》折りたたみ式寝いす, デッキチェア.

Strẹckung[ʃtrέkʊŋ] 女 -/-en **1** 《単数で》(strecken すること. 例えば:) 伸展, 伸長, 引き伸ばし; 圧延. **2** 〘医〙(子供の)伸長期.

Strẹckungs·mit·tel ＝Streckmittel

Strẹck≠ver·band[ʃtrέk..] 男 〘医〙(体の損傷個所の伸展を助ける)牽引(けんいん)〈伸展〉包帯(→ 図 Verband). **≠werk** 中 〘工〙(金属の)圧延機〈工場〉; 板金製造〈工場〉. **≠win·kel** 男 (Supplementwinkel) 〘数〙補角.

Street·wor·ker[strí:twə:kər] 男 -s/- (街頭の浮浪児・非行少年・麻薬常習者などを補導する)街頭補導〈奉仕〉人. [*engl.*]

Streich [ʃtraɪç] 男 -〔e〕s/-e **1** (特に手・剣・むちなどで)打つこと, 一撃; 《比》打撃: *jm.* einen heftigen 〈tödlichen〉 ～ versetzen …に強烈な〈致命的な〉一撃を加える; 《比》…にひどい損害を与える ‖ **auf einen ～** 一撃で, 一気に | sieben 〔Feinde〕 auf einen ～ töten 7人〔の敵〕を一撃のもとに殺す (Grimm の童話) | den Baum mit einem ～ fällen 木を一撃で倒す | zu einem ～ ausholen 殴ろうとして手を振りあげる ‖ Keine Eiche fällt auf einen ～. / Es fällt keine Eiche von einem ～*e*. (→Eiche[1]).

2 いたずら, わるさ, 愚行: ein böser 〈toller〉 ～ たちの悪い〈すごい〉いたずら | ein lustiger 〈übermütiger〉 ～ 愉快な〈やんちゃな〉いたずら | Narren*streich* ばかげたいたずら, 悪ふざけ ‖ *sich*[3] ～*e* ausdenken いたずらを考え出す | dumme ～*e* machen 〈verüben〉 ばかげたことをする | ***jm.* einen ～ spielen** …にわるさをする〈害を与える〉, …をからかう | Sein übersteigertes Selbstvertrauen hat ihm manchen ～ gespielt. 《比》極度の自信が災いして彼はさまざまなミスを犯した ‖ Er ist stets zu ～*en* aufgelegt. 彼はいつもいたずら〈ふざけ〉をやりたがる | **mit *et.*[3] zu ～ kommen** 《方》…とうまく折れ合う〈やってゆく〉 ‖ Das ist mir ein schöner ～. 《反語》そいつは結構なことだよ | Dieses war der erste ～, doch der zweite folgt sogleich. これがいたずら第1号だが 第2号はすぐに続くよ (Busch).

[*mhd.*; ◇streichen; *engl.* stroke]

Streịch≠ar·ten[ʃtráɪç..] 複 〘楽〙運弓法, ボーイング. **≠blech** 中 〘農〙(すきの)撥土(はつど)板. **≠brett** 中 **1** ＝Streichblech **2** 〘建〙壁ごて. **≠bür·ste** 女 塗り刷毛(はけ).

S

Strei·che[ʃtráiçə] 女 -/-n **1** 刷毛(はけ), ブラシ. **2** 〘地〙(地層の)走向. ᵛ**3** 〘軍〙(堡塁(ほうるい)の)側面.

strei·cheln[ʃtráiçəln] ⟪06⟫ 他 (h) なでる, さする; なでてかわいがる: *jn.* ⟨*js.* Kopf⟩ zärtlich ～ …を⟨…の頭を⟩優しくなでる | eine Katze ⟨das Fell einer Katze⟩ ～ 猫⟨猫の毛⟩をなでる | Er *streichelte* ihre Hand ⟨ihr die Hand⟩. 彼は彼女の手をなでた. [*ahd.* streihhōn; ◇streichen]

Strei·che·ma·cher[ʃtráiçə..] 男 いたずら者, ふざけた人, 道化師. [＜Streich 2]

strei·chen*[ʃtráiçən] ⟪189⟫ **strich**[ʃtrɪç] / **ge·stri·chen**; 接II striche **I** 他 (h) **1 a)** ⟪*et.*⁴⟫⟪方向を示す語句と⟫(…を…に)塗〔りつけ〕る: *et.*⁴ auf *et.*⁴ dick ～ …を…(の表面)に分厚く塗る | Butter ⟨Marmelade⟩ aufs Brot ～ バター⟨ジャム⟩をパンに塗る | Salbe auf die Wunde ～ 軟膏(なんこう)を傷に塗る | Kitt in die Fugen ～ パテを継ぎ目に塗りこむ ‖ *jm.* *et.*⁴ aufs Butterbrot ～⟪比⟫…に対して…をきつくとがめる. **b)** ⟪*et.*⁴⟫(…に)塗る: ein Brot mit Butter ～ パンにバターを塗る | die Bank grün ⟨mit grüner Farbe⟩ ～ ベンチを緑色に塗る ‖ *gestrichenes* Papier 光沢紙, コート紙 | weiß*gestrichene* ⟨weiß *gestrichene*⟩ Möbel 白塗りの家具 | *gestrichene* Wand 塗装壁 | Vorsicht, frisch *gestrichen*! 〔ペンキ〕塗りたて注意. **c)** ⟪*et.*⁴⟫ 塗って(…を)つくる: ein Butterbrot ～ (パンにバターを塗って)バターつきパンをつくる.

2 a) なでる, さする: das Euter der Kuh ～ (搾乳のさいに)雌牛の乳房をしごく | *sich*³ den Bart ～ (自分の)ひげをなでる | *jm.* das Fell ～ (→Fell 2) ‖ das Haar aus der Stirn ～ 額の髪をかき上げる | *sich*³ den Schweiß von der Stirn ～ 額の汗をぬぐう. **b)** こする, こすって滑らかにする; 〘料理〙(ふるいなどで)漉(こ)す; (刃物を)とぐ; (マッチを)する; ᵛ打つ; ᵛ(ヴァイオリンなど弦楽器を弓で)ひく,〔演〕奏する: *et.*⁴ 〔mit der Hand〕 glatt ～ …(シャツなど)のしわを手でのばす ‖ ᵛ*jn.* mit Ruten ～ …をむち打つ. **c)** ⟪過去分詞で⟫ *gestrichen* 〔voll〕 すり切り〔いっぱい〕 | ein *gestrichener* Teelöffel 〔voll Salz〕 茶さじすり切り 1 杯〔の塩〕 | ein Maß ***gestrichen* voll** ひとますすり切りいっぱい | die Nase *gestrichen* voll haben⟪比⟫うんざりする | die Hose〔n〕 *gestrichen* voll haben⟪比⟫ひどくこわがる | *gestrichen* voll sein⟪比⟫完全に酔っぱらっている | Das Maß meiner Geduld ⟨meiner Langmut⟩ ist *gestrichen* voll.⟪比⟫私の我慢⟨辛抱⟩ももうこれまでだ.

3 a) (語句・文章などに)線を引いて消す, 抹消⟨削除⟩する; 〘劇〙(台本の一部を)カットする: einen Satz im Text ～ 原文から文を一つ削除する | *jn.* ⟨*js.* Namen⟩ aus ⟨von⟩ der Liste ～ …の名前をリストから抹消する | *et.*⁴ aus dem Gedächtnis ～⟪比⟫…を記憶から消し去る ‖ Nichtzutreffendes bitte ～! (アンケートなどで)該当しないものをお消しください. **b)** (借金などを)棒引き⟨帳消し⟩にする,(補助などを)打ち切る. **c)** (計画などを)放棄する, 取り消す: Wir müssen unsere Sommerferien ～. 私たちは夏休みを返上しなければならない. **d)** 〘楽〙(5 線の上または下に)加線する: *gestrichene* Note 加線音符.

4 die Flagge ⟨die Segel⟩ ～ 〘海〙旗⟨帆⟩をおろす; ⟪比⟫(船が)降伏する | vor *jm.* die Segel ⟨die Flagge⟩ ～⟪比⟫…に降参する.

5 die Ruder ～ 〘ボート〙(ブレーキをかけるために)オールを逆に使う.

II 自 ⟪方向を示す語句と⟫ **1** (h) (…を)こする, さする, なでる: mit dem Bogen über die Saiten ～ 〘楽〙弓で弦をこする | mit dem Bügeleisen über den Stoff ～ 布地にアイロンをかける ‖ *jm.* über das Haar ⟨den Kopf⟩ ～ …の髪⟨頭⟩をなでる | *sich*³ über die Stirn ～ (自分の)額をこする | *jm.* um den Bart ～ (→Bart 1).

2 (s) **a)** うろつく, さすらう; かすめ過ぎる,(風が)吹き渡る,(鳥が)飛んで行く,(船が)滑るように進む: durch die Wälder ～ 森を歩き回る | durch die Wellen ～ (船が)波を切って進む | Die Zugvögel *streichen* nach Süden. 渡り鳥が南へ渡る | Der Vogel *streicht* über den See. 鳥が湖上を飛び過ぎる | Der Wind *streicht* über die Felder. 風が野面を渡る | ums Haus ～ 家のまわりをうろつく | Die Katze *streicht* ihm um die Beine. 猫が彼の足もとにまつわりつく. **b)** (山脈などが)連なりのびる, 長々とつながる: Das Gebirge *streicht* nordwärts ⟨von Osten nach Westen⟩. 連山は北へ⟨東から西へ⟩のびる ‖ *streichend* 〘坑〙走行方向の, 片盤向きの. **c)** ⟪卑⟫ **einen ～ lassen** 一発すかす(放屁(ほうひ)する).

[*westgerm.*; ◇Strich, streicheln; *engl.* strike]

Strei·cher[ʃtráiçər] 男 -s/- (streichen する人. 例えば:) 〘楽〙弦楽器奏者.

Strei·cher·se·re·na·de 女 〘楽〙弦楽セレナード.

streich·fä·hig[ʃtráiçfɛːɪç]² 形 (バターなどが軟らかくて)塗ることができる, 塗りやすい; (塗料が)のびがよい.

Streich≈fä·hig·keit 女 塗ることができること,(バターなどの)塗りやすさ; (塗料の)のびの良さ. **≈flä·che** 女 (マッチの)摩擦面. **≈garn** 中 (Kammgarn) 〘織〙ウーステッドヤーン, 梳毛(そもう)糸.

Streich·garn≈ge·we·be 中 〘織〙ウーステッド, 梳毛(そもう)織物. **≈spin·ne·rei** 女 〘織〙ウーステッド⟨梳毛⟩紡績〔工場〕.

Streich≈holz 中 (小 **≈hölz·chen** 中) マッチ〔棒〕(→Zündholz): ein ～ anzünden ⟨anstecken⟩ マッチを(すって)ともす, マッチに火をつける.

Streich·holz≈brief 男, **≈heft·chen** 中 ブックマッチ. **≈kopf** 男 マッチの頭. **≈schach·tel** 女 マッチ箱.

Streich≈in·stru·ment 中 〘楽〙弦楽器. **≈kä·se** 男 (パンに塗る)ソフトチーズ. **≈lack** 男 刷毛(はけ)塗り用ラッカー. **≈le·der** 中 ＝Streichriemen **≈li·nie**[..niə] 女 〘地〙(地層などの)走行線. **≈maß** 中 〘工〙罫引(けびき). **≈mas·sa·ge**[..masaːʒə] 女 〘医〙軽擦法マッサージ. **≈mu·sik** 女 〘楽〙弦楽〔曲〕. **≈netz** 中 〘漁〙引き網. **≈ok·tett** 中 〘楽〙弦楽八重奏曲; 弦楽八重奏団. **≈or·che·ster** 中 〘楽〙弦楽合奏〔団〕. **≈pa·pier** 中 (上塗りされた)光沢紙, コート紙. **≈quar·tett** 中 〘楽〙弦楽四重奏曲; 弦楽四重奏団. **≈quin·tett** 中 〘楽〙弦楽五重奏曲; 弦楽五重奏団. **≈rie·men** 男 革砥(かわと): das Messer am ～ schärfen ナイフを革砥で研ぐ. **≈sex·tett** 中 〘楽〙弦楽六重奏曲; 弦楽六重奏団. **≈trio** 中 〘楽〙弦楽三重奏曲; 弦楽三重奏団.

Strei·chung[ʃtráiçʊŋ] 女 -/-en (streichen すること. 特に:) 抹消, 削除, カット.

Strei·chungs·zei·chen 中 〘印〙削除記号.

Streich·wol·le 女 梳毛(そもう)糸.

Streif[ʃtraɪf] 男 -〔e〕s/-e ⟪雅⟫ **1** (Streifen) 線条, しま. **2** ＝Streifzug

Streif≈ab·tei·lung[ʃtráɪf..] 女 〘軍〙遊撃部隊, 奇襲部隊. **≈band** 中 -〔e〕s/..bänder (Kreuzband) 帯封〘郵便〙: unter ～ 〘郵〙帯封をして; (有価証券などに関して)厳重保管して.

Streif·band≈de·pot[..depoː] 中 (↔Sammeldepot) (所有者の異なる有価証券類の)帯封寄託〔所〕, 分類保管〔所〕. **≈zei·tung** 女 〘郵〙帯封新聞.

Streif·blick 男 ちらりと見ること, 一瞥(いちべつ).

Streif·chen Streifen の縮小形.

Strei·fe[ʃtráɪfə] 女 -/-n **1** (目的もなく)歩き回ること. **2** (警察の)パトロール〔隊〕; 〘軍〙偵察〔隊〕: eine ～ machen ⟨durchführen⟩ パトロールをする | auf ～ gehen パトロール⟨巡察・偵察⟩に出る. **3** ＝Streifjagd

strei·fen[ʃtráɪfən] **I** 他 (h) **1** ⟪*et.*⁴ / *jn.*⟫ (…に)軽く触れる, かすめる; ⟪比⟫(話題などに)少しだけ言及する: *jn.* am Arm ～ (そっと)…の腕にさわる | *et.*⁴ mit einem Blick ～ …をちらりと見る | mit dem Wagen einen Baum ～ 自動車で立ち木に接触する | von einem Auto *gestreift* werden 自動車に接触される⟨ひっかけられる⟩ | ein Problem ～ ある問題にちょっとだけ触れる ‖ Die Kugel hat mich nur *gestreift*. 弾丸は私の体をかすっただけだった | Der Tod hat ihn *gestreift*. 彼はもう少しで死ぬところだった | Einige Städte haben wir auf dieser Reise nur *gestreift*. 私たちは二三の町はこの旅行ではちらりと見ただけだった. **2** (密着したものを)すべるように動かす, ずらす; はめる, はめこむ; はずす, はぎ⟨抜き⟩取る; こそげ落とす; 〘狩〙(ウサギなどの)皮をはぐ: 〔*sich*³〕 den

S

Ring auf den Finger 〈vom Finger〉 ～ 指輪を指にはめる〈指から抜き取る〉| die Ärmel in die Höhe ～ 両そでをたくし上げる |〔*sich*³〕das Hemd über den Kopf ～ シャツを頭から脱ぐ〈かぶって着る〉|〔*sich*³〕den Strumpf vom Bein ～ 靴下を脱ぐ | Marmelade vom Löffel ～ マーマレードをスプーンからこそげ取る | die Asche von der Zigarette ～ タバコの灰を落とす. **3**《方》(melken)(牛などの)乳をしぼる.

II 自 **1** (s) **a)**《durch 〈über〉 *et.*⁴》(…を)うろつき回る, さまよう. **b)** パトロールする. **2** (h)《über *et.*⁴》(…を)さする, なでる: mit der Hand über *js.* Haare ～ 手で…の髪をなでる. **3** (h)《an *et.*⁴》(…と)すれすれ〈紙ひとえ〉である, ほとんど(…)である: Das *streift* ans Verbrecherische. それは犯罪すれすれだ.

III ge·streift → 別出

[*mhd.*; ◇ *engl.* strip]

Strei·fen[ʃtráɪfən] 男 -s/- (小 **Streif·chen**[..çən], **Streif·lein**[..laɪn] 中 -s/-)(細長いもの. 例えば:) **1 a)** 帯状の生地〈紙〉; 帯状の土地; すじ, 線条, しま〔模様〕, ストライプ: ein grüner ～ グリーンベルト(道路の中央分離帯など) | ein breiter ～ Niemandsland 幅の広い無人地帯 | lange ～ Stoff 長い帯状の生地 | Papier*streifen* 細長い紙; 紙テープ | Wald*streifen* 帯状にのびた森, 森林ゾーン ‖ *et.*⁴ in ～ schneiden …を細長く切る | *sich*⁴ für *jn.* in ～ schneiden lassen《話》…のためにすすんで〈いつでも〉身を粉にして働く | ***jm.* nicht in den ～ passen / nicht in *js.* ～ passen**《話》…の気持〈計画〉と合わない; …とうまくゆかない ‖ ein Stoff mit 〈in〉 ～ しま柄(がら)の布地 | Hochdeutsch mit ～ (→hochdeutsch II). **b)** (階級章の)金筋: auf *seinen* nächsten ～ warten (特に軍人が)金筋の増加〈階級の昇進〉を期待する. **c)**〘地〙条線. **d)**〘鉱〙条痕(じょうこん).

2《話》(Film) 映画: ein alter 〈neuer〉 ～ 古い〈新しい〉映画 | einen ～ drehen 映画を撮影する.

Strei·fen≠dienst[ʃtráɪfən..] 男 パトロール〈警邏(けいら)・巡察〉勤務. **≠farn** 男〘植〙チャセンシダ(茶筅羊歯)〔属〕. **≠hü·gel** 男〘解〙線条体. **≠hyä·ne**[..hyɛ:nə] 女〘動〙シマハイエナ. **≠kar·te** 女 (長くつながった)回数券. **≠maus** 女〘動〙オナガネズミ(尾長鼠)(ヨーロッパ・アジア産のトビネズミ類). **≠mu·ster** 中 しま模様: ein Anzug mit ～ しまのスーツ. **≠po·li·zist** 男 巡回警官, パトロール巡査. **≠wa·gen** 男 パトロールカー.

strei·fen·wei·se 副 (→..weise ★)線状に, しまになって.

Streif·hieb 男 浅い切り傷, かすり傷.

strei·fig[ʃtráɪfɪç]² 形 不規則なすじのついた, しわになった: ～ werden (服などが)しわになる.

Streif≠jagd[ʃtráɪf..] 女〘狩〙追い出し猟(射手(しゃしゅ)が勢子(せこ)の中にまじって進む). **≠kom·man·do** 中 偵察隊, 遊撃隊, パトロール〈巡察〉隊. **≠korps**[..ko:r] 中〘軍〙遊撃隊, 別動隊.

Streif·lein Streifen の縮小形.

Streif≠licht 中 -〔e〕s/-er (さっと差し込む)ひとすじの光, スポット: ～*er* 〈ein ～〉 auf *et.*⁴ werfen《比》…の一端を照らし出す, …の一部を明らかにする | Dieser Essay wirft ～*er* auf das Leben des Autors. この随筆は著者の生活の一端を浮かび上がらせる. **≠schuß** 男 浅い弾〈矢〉傷; 擦過弾.

Strei·fung[ʃtráɪfʊŋ] 女 -/ しま, すじ〔をつけること〕.

Streif≠wa·che 女 パトロール, 巡察, 警邏(けいら). **≠wun·de** 女 かすり傷, 擦過傷. **≠zug** 男 (獲物を求めての)歩きまわり, 偵察〈巡察〉行, パトロール, 踏査;《比》(要点の)略述, 抄述: *Streifzüge* in den Wald machen 森へ偵察〈探索〉に行く | *Streifzüge* durch die Geschichte der Stadt 市史摘要.

Streik[ʃtraɪk] 男 -〔e〕s/-s (Ausstand) ストライキ, 同盟罷業: ein politischer ～ 政治スト | ein wilder ～ (組合全体の意向を無視した)山猫〈非公認〉スト | ein ～ für höhere Löhne 賃上げ要求スト | ein ～ gegen die Beschlüsse der Arbeitgeber 雇用者の決定に反対するストライキ | General*streik* ゼネスト | Sympathie*streik* 同情スト ‖ den ～ abbrechen 〈durchführen〉 ストライキを中止する〈やり抜く〉| einen ～ organisieren ストライキを組織する ‖ in den ～ treten ストライキに入る. [*engl.* strike]

Streik≠ak·tion[ʃtráɪk..] 女 ストライキ行動. **≠aus·schuß** 男 ストライキ〔実行・計画〕委員会. **≠be·fehl** 男 ストライキ指令. **≠bre·cher** 男 ストライキ不参加者, スト破り. **≠bruch** 男 スト破り(行為).

streik·brü·chig 形 スト破りの.

strei·ken[ʃtráɪkən] **I** 自 (h) **1 a)** ストライキ〈同盟罷業〉をする: für höhere Löhne 〈gegen die Beschlüsse der Arbeitgeber〉 ～ 賃上げを要求して〈雇用者の決定に反対して〉ストライキをする. **b)**《話》(もはや)協力しない. **2** (機械などが故障して)動かない: Mein Magen *streikt*. 私の胃は食物を受けつけない | Der Wagen *streikt*. 車は〔故障して〕動かない.

II Strei·ken·de 男 女《形容詞変化》ストライキ中の人, スト参加者.

[*engl.* strike; ◇streichen]

Streik≠fonds[..fɔ̃:] 男 ＝Streikkasse **≠geld** 中 ＝Streiklohn **≠kas·se** 女 争議〈ストライキ〉資金. **≠ko·mi·tee** 中 ＝Streikausschuß **≠lohn** 男 (ストライキ期間中組合から組合員に支払われる)スト手当. **≠po·sten** 男 (スト破りに対する)ピケ要員. **≠recht** 中 争議〈罷業〉権, スト〔ライキ〕権. **≠ver·bot** 中 スト禁止. **≠wel·le** 女 波状ストライキ.

Streit[ʃtraɪt] 男 -〔e〕s/ (まれ:) -e (複数としてはふつう Streitigkeiten を用いる) **1** 争い, いさかい, けんか, 抗争, 確執; (意見などの)衝突; (Rechtsstreit) 係争; 訴訟: ein heftiger 〈erbitterter〉 ～ 激しいいさかい | ein gelehrter ～ 学者間の争い, 学問上の論争 | ein ～ der Meinungen / Meinungs*streit* 意見の衝突 | ein ～ zwischen Eheleuten / Ehe*streit* 夫婦げんか | ein ～ mit Worten / Wort*streit* 口論, 口げんか | ein ～ über *et.*⁴ …に関する争い | ein ～ um ein Fahrrad 自転車の奪いあい | ein ～ um Worte 言葉の上での争い | **ein ～ um des Kaisers Bart** 〈um Nichtigkeiten〉 どうでもいいこと〈くだらないこと〉での争い | Rechts*streit* 法律上の争い, 係争 ‖ den ～ beilegen 〈schlichten〉 もめごとを収拾〈調停〉する | mit *jm.* ～ bekommen …と争い〈けんか〉になる | einen ～ entfachen いさかいをたきつける〈けしかける〉| **einen ～ vom Zaun〔e〕 brechen**《比》(いきなり)争い〈けんか〉を始める ‖ mit *jm.* im ～ liegen …と争っている | mit *jm.* in ～ geraten …と争い〈けんか〉になる | ᵛ**ohne ～** 争う〈疑う〉余地なく, 確実に(＝unstreitig).

2《雅》戦い, 戦闘: zum ～ rüsten 戦いの準備をする.

[*germ.*; ◇ *engl.* stride]

Streit·axt[ʃtráɪt..] 女〘史〙戦斧(せんぷ)(→ 図): die ～ begraben《比》ほこを収める, 争いをやめる | Er ist scharf wie eine ～.《話》彼はかんかんになって怒っている.

Streitaxt

streit·bar[ʃtráɪtba:r] 形 けんか好きの, 好戦的な: ein ～*er* Mensch けんかっぱやい人 | eine ～*e* Gesinnung 好戦的な気性.

strei·ten*[ʃtráɪtən]《190》 **stritt**[ʃtrɪt] / **ge·strit·ten**; 接II stritte **I** 自 (h) **1** 争う, けんか〈いさかい〉をする, 抗争〈衝突〉する: mit Worten ～ 口論〈口げんか〉する | über *et.*⁴ ～ …について言い争う〈論議する〉| Darüber kann man ～. / Darüber läßt sich ～. それについては論議の余地がある | Über Geschmack läßt sich ～. (→Geschmack 1 b) | Sie *streiten* 〔miteinander〕 darüber, ob ... 彼らは…かどうかについて論争する |〔mit *jm.*〕 um *et.*⁴ 〈wegen *et.*²〉 ～〔…と〕…のことで争う | um die Oberhand ～ 優位をきそう ‖ die *Streitenden* trennen 争っている者同士を引き分ける.

2《雅》(kämpfen) 戦う: für das Vaterland 〈*seine* Überzeugung〉 ～ 祖国〈自己の信念〉のために戦う | gegen ein Unrecht ～ 不正と戦う | um *et.*⁴ ～ …を求めて〈目指して〉戦う.

II 他 (h) 再帰 *sich*⁴ mit *jm.* ～ …と争う〈けんか・抗争する〉| Ich habe mich noch nie mit ihm *gestritten*. 私はまだ彼とけんかをしたことがない | Müßt ihr 〔euch〕 denn immer

~? 君たちは絶えずけんかをしなければ気がすまないのか | *sich*^{4} 〔mit *jm.*〕 um *et.*^{4} 〈wegen *et.*^{2}〉 ~ 〔…と〕…のことで争う | Darüber *streiten* sich die Gelehrten. (→Gelehrt III) | Die beiden Parteien wollen sich vor Gericht ~. 両派は裁判で黒白をつけようとしている | Wenn zwei sich *streiten*, freut sich der Dritte. (→zwei I).

Strei·ter[ʃtráitər] 男 -s/- (女 **Strei·te·rin**[..tərɪn]-/-nen) 《雅》(Kämpfer) 闘士, 戦士: ein ~ der Freiheit 〈für die Freiheit〉 自由の戦士.

Strei·te·rei[ʃtraitəráɪ] 女 -/-en 《軽蔑的に》(くだらない)争い, いさかい, けんか, いがみ合い.

Strei·te·rin Streiter の女性形.

Streit⸗fall[ʃtráit..] 男 争い〈論争・訴訟〉〔のケース〕: einen ~ schlichten 争いを調停する | im ~ 争い〈論争・訴訟〉となった場合には. **⸗fra·ge** 女 争い〈論議〉の的となる問題, 争点. **⸗ge·dicht** 中 (特に中世の, 論争形式で展開する)論争詩. **⸗ge·gen·stand** 男 争い〈いさかい〉の対象〔物件〕; 〘法〙訴訟物. **⸗ge·nos·se** 男 〘法〙共同訴訟人. **⸗ge·nos·sen·schaft** 女 〘法〙共同訴訟; 被告〈原告〉団. **⸗ge·spräch** 中 論争, 討論: ein politisches 〈wissenschaftliches〉 ~ 政治〈学問〉上の論争. **⸗hahn** 男, **⸗ham·mel** 男 (ｵｰｽﾄﾘｱ: **⸗han·sel** 男, **⸗hansl**[..hanzəl] 男 -s/-n) 《話》けんか好きな人.

strei·tig[ʃtráitɪç]^2 形 論議の余地のある, 異論のある: Die Sache ist ~. この件はまだ決着がついていない ‖ ***jm. et.***^{4} **~ machen** …に対して…について異議を唱える, …と…の所有〈請求〉権を争う | *jm.* das Feld ~ machen (→Feld 2) | Sie wollten ihm seinen Posten ~ machen. 彼らは彼のポストを取り上げようとした.

Strei·tig·keit[-kaɪt] 女 -/-en 《ふつう複数で》いさかい, いがみ合い, もめごと, 紛争; 訴訟ざた: ~*en* beilegen 〈schlichten〉 もめごとを収拾〈調停〉する | Es gab endlose 〈ewige〉 ~*en* zwischen den beiden. 両者は果てしなくいがみ合った.

Streit⸗kol·ben 男 〘史〙戦闘用棍棒(ｺﾝﾎﾞｳ), 戦棍(→図). **⸗kraft** 女 -/..kräfte 《ふつう複数で》戦力, 兵力; 軍隊: *Streitkräfte* mobilisieren 〈einsetzen〉 兵力を動員〈投入〉する. **⸗kul·tur** 女 (自己の立場を鮮明に主張し, 相手との意見の対立を恐れない精神的姿勢が一般的な)闘争〈論争〉文化. **⸗lust** 女 -/ けんか好き.

Streitkolben

streit·lu·stig 形 けんか好きの.

Streit⸗macht 女 -/ = Streitkraft **⸗ob·jekt** 中 = Streitgegenstand **⸗punkt** 男 争点, 論争の中心点. **⸗roß** 中 《雅》軍馬. **⸗sa·che** 女 争い; 〘法〙係争事件, 訴訟事項. **⸗schrift** 女 (特に宗教改革期の, 宗教・政治上の)論難書. **⸗sucht** 女 -/ = Streitlust

streit·süch·tig = streitlustig

Streit⸗ver·kün·dung 女 〘法〙訴訟告知. **⸗wa·gen** 男 (馬の引く古代の)戦車(→図). **⸗wert** 男 〘法〙訴訟物の価格.

Streitwagen

Stre·mel[ʃtréːməl] 男 -s/- 《北部》帯状の一まとまりのもの(生地・紙など): ein ganzer ~ 《話》多量, 多数.

strem·men[ʃtrémən] **I** 他 (h) 《中部》**1** (*et.*^{4}) (…を)窮屈にする, 締めつける. **2** 再帰 *sich*^{4} ~ 体を緊張させる; 懸命に努力する.

II 自 (h) 窮屈である, 締めつけている: Die Jacke *stremmt* 〔an den Ärmeln〕. この上着は〔そでが〕きつい.

[<strammen]

streng[ʃtrɛŋ] 形 **1** きびしい, 厳格な, 厳重〈苛烈(ｶﾚﾂ)・過酷〉な: ein ~*er* Lehrer 〈Vater〉 厳格な教師〈父親〉 | eine ~*e* Maßnahme きびしい措置 | mit ~*er* Miene きびしい顔つき〈表情〉で | ein ~*es* Regiment führen (→Regiment 2) | ~*ere* Saiten aufziehen (→Saite 1) | eine ~*e* Strafe 厳罰 ‖ Die Mutter ist sehr ~ mit 〈zu〉 den Kindern. 母親は子供たちに対してとても厳格だ | Er ist auch gegen sich selbst sehr ~. 彼は自分自身に対しても極めてきびしい ‖ *jn.* ~ anschauen …をきびしい目つきで見る | *jn.* ~ erziehen 〈bestrafen〉 …をきびしく教育する〈厳重に処罰する〉 | *jm. et.*^{4} ~ verbieten …に…を厳禁する. **2** 厳密な, 厳重な, 正確な: ein ~*er* Katholik 厳格なカトリック教徒 | ein ~*es* Geheimnis 厳重な秘密 | im ~*en* Sinne 厳密な意味で | ~〔*st*〕*es* Stillschweigen bewahren 固く沈黙を守る | ~*e* Wissenschaftlichkeit 厳密な科学性 ‖ *et.*^{4} ~ befolgen …を厳密〈正確〉に遵守する | zwischen *et.*^{3} und *et.*^{3} ~ unterscheiden …と…を厳密に区別する | ~ nach der Vorschrift 厳密に規則どおりに. **3 a)** (寒気が)きびしい, 苛烈な: eine ~*e* Kälte きびしい寒さ | ein ~*er* Winter 厳冬. **b)** (味・においなどが)きつい, 強烈な: ein ~*er* Geschmack 〈Geruch〉 つんとする味〈におい〉 | Die Soße ist zu ~. このソースは味がきつすぎる. **c)** (顔だちが)きつい: Sie hat ein ~*es* Gesicht. 彼女は顔だちがきつい. **4** 《南部・ｽｲｽ》つらい, 困難な, 過酷な: eine ~*e* Arbeit つらい仕事 | eine ~*e* Zeit 苦しい時代 ‖ Der Dienst war ~. その勤務はつらかった.

[„fest gedreht"; *ahd.*; ◇Strang; *engl.* strong, strength]

Stren·ge[ʃtrɛ́ŋə] 女 -/ (streng なこと. 例えば:) きびしさ, 厳格さ, きつさ, 厳密さ: eine drakonische ~ (けっして容赦しない)峻烈(ｼｭﾝﾚﾂ)さ | katonische ~ (→katonisch) | die ~ des Winters 冬のきびしさ ‖ die Kinder mit großer ~ erziehen 子供たちをきびしく教育する.

Stren·gel[ʃtrɛ́ŋəl] 男 -s/ 《ｽｲｽ》(Schnupfen) 鼻かぜ.

[<strangulieren; ◇*engl.* strangles]

$^\nabla$**stren·gen**[ʃtrɛ́ŋən] 他 (h) (きつく)引き締める, 締めつける.

streng⸗flüs·sig[ʃtrɛ́ŋ..] 形 溶けにくい; (液体が)粘性が強い. **⸗ge·nom·men** **I** strengnehmen の過去分詞. **II** 副 厳密に言えば〈とれば〉: *Strenggenommen* ist das nicht ganz richtig. やかましく言うとそれは全面的に正しいわけではない. **⸗gläu·big** 形 厳格に信仰を守る.

Streng·gläu·big·keit 女 -/ strenggläubig なこと.

streng|neh·men* 《104》 **I** 他 (h) 厳密に解する〈受け取る〉. **II** **streng·ge·nom·men** → 別出

streng·stens[ʃtrɛ́ŋstəns] 副 極めてきびしく, 厳重に: ~ verboten sein 厳禁されている.

stren·zen[ʃtrɛ́ntsən] 《02》 **I** 自 《南部》**1** (h) (prahlen) 自慢する, ひけらかす. **2** (s) (strolchen) さまよい歩く, うろつき回る. **II** 他 (h) 《南部》《話》(stehlen) 盗む, くすねる.

[◇strunzen]

Strep·to·kok·kus[ʃtrɛptokɔ́kʊs, st..] 男 -/..kokken [..kɔ́kən] 《ふつう複数で》〘細菌〙連鎖状球菌.

Strep·to·my·cin (**Strep·to·my·zin**)[..mytsíːn; ｽｲｽ: st..] 中 -s/ 〘薬〙ストレプトマイシン. [<*gr.* streptós „gewunden, Halskette" (◇Strophe)+myko..]

Stre·se·mann[ʃtréːzəman] **I** 人名 Gustav ~ グスタフ シュトレーゼマン(1878-1929; ドイツの政治家. 第一次大戦後外相・首相として活躍). **II** 男 -s/ 〘服飾〙シュトレーゼマン(黒の上着と縞(ｼﾏ)ズボンからなる男子社交服).

Streß (**Stress**)[ʃtrɛs, st..] 男 Stresses/Stresse 《ふつう単数で》(肉体的・精神的な)緊張, 圧迫, ストレス: der ~ bei der Arbeit 仕事の際のストレス ‖ im ~ sein / unter ~ stehen ストレスを受けている | einem ständigen ~ ausgesetzt sein 不断のストレスにさらされている. [*engl.*]

stres·sen[ʃtrɛ́sən, st..] 《03》 他 (h) ストレスを起こさせる, 抑圧する: *gestreßt* sein ストレスを受けている.

stres·sig[ʃtrɛ́sɪç, st..]^2 形 《話》ストレスを起こさせる, しんどい.

Stres·sor[ʃtrɛ́sɔr, ..soːr, st..] 男 -s/-en[ʃtrɛsóːrən, st..] 〘医〙(ストレスを引き起こす)有害因子.

Streß·si·tua·tion[ʃtrɛ́s.., st..] 女 ストレス状況.

Stretch[strɛtʃ] 男 -〔e〕s/-es[strɛ́tʃɪs] 〘織〙(伸縮性のある)ストレッチ織物(靴下用など). [*engl.*; ◇strecken]

Stret·ching[strɛ́tʃɪŋ] 中 -s/ ストレッチング(筋肉と関節を伸ばす体操).

Stret·ta[strɛ́taˑ] 女 -/-s 〘楽〙**1** ストレッタ(フーガなど対位法音楽において, 主題が完結しないうちに応答部が現れる手法・部分. 緊張感が高められ, 多くクライマックスで用いられる). **2** ス

S

トレッタ(アリアなど, 時には器楽曲の終結部で, テンポを早め緊張感を高める手法・部分). ［*it.*］

stret·to[strέto·] **I** 副 (gedrängt)〖楽〗ストレット, せきこんで. **II Stret·to** 中 -s/-s, ..ti[..ti·] =Stretta 1 ［*it.*; ＜*lat.* strictus (→strikt)］

Streu[ʃtrɔY] 女 -/-en《ふつう単数で》(家畜などの)敷きわら, 寝わら, 敷き葉: auf ～ schlafen 寝わらの上で眠る.

Streu≈becken[ʃtrɔ́Y..] 中 (埋葬の際の)土〈砂〉入れ器. **≈be·reich** 男〖工〗散乱帯. **≈büch·se** 女, **≈do·se** 女 =Streuer 1

streu·en[ʃtrɔ́Yən] **I** 他 (h) **1** (英: *strew*) **a)** (粉状・粒状のものを)まく, 散布する, 振りかける: Salz auf die Wunde 〈in die Wunde〉 ～ (→Salz 1 a) | Samen auf das Beet ～ 花壇に種子をまく | Sand auf eine vereiste Straße ～ 凍結した路面に砂をまく | *jm.* Sand in die Augen ～ (→Sand 1) | *jm.* Sand ins Getriebe ～ (→Sand 1) | Zucker auf 〈über〉 den Kuchen ～ ケーキに砂糖を振りかける | dem Vieh frisches Stroh ～ 家畜のために新しい寝わらをまいて〈敷いて〉やる. **b)** (一般に)まく, まき散らす;《比》(うわさなどを)広める: Flugblätter unter die Leute ～ 人々にビラを配る. **2**《*et.*[4] mit *et.*[3]》(…に…を)まく: die Straßen mit Salz ～ 道路に塩をまく ‖〖目的語なしで〗Die Hausbesitzer sind verpflichtet zu ～. 家の所有者は(路面が凍結した際に自分の家の前に)すべり止めの砂〈灰・塩〉をまくことが義務づけられている.

II 自 (h) **1** (粉振り器などが)まく〈振りかける〉機能を果たす: Das Salzfäßchen *streut* nicht. この塩入れは塩がうまく出ない. **2 a)** (目標をそれて)ばらつきをひき起こす: Dieses Gewehr *streut* ziemlich stark. この銃は弾着のばらつきがかなりひどい. **b)** (レンズが光線を)散乱させる. **c)**〖統計〗(数値が)ばらつく. **d)**〖医〗(病巣などが)散乱する, 播種(はしゅ)する. **3** (砲弾が)散乱する.

［*germ.*; ◇Stroma, Stroh, Strahl; *lat.* sternere „bestreuen"］

Streu·er[ʃtrɔ́Yər] 男 -s/- **1** (砂糖・塩・胡椒(こしょう)などの食卓用の)振りかけ容器, 薬味入れ. **2**〖漁〗まき網.

S

Streu≈fahr·zeug[ʃtrɔ́Y..] 中 (凍った道路に)砂〈灰・塩〉をまく車. **≈frucht** 女〖植〗裂開果, 裂果. **≈gut** 中 (路面凍結時に用いる)道路散布物(砂・灰・塩). **≈licht** 中 -[e]s/〖理〗散光.

streu·nen[ʃtrɔ́Ynən] 自 (s, h)《話》歩き回る, うろつく, 徘徊(はいかい)する: durch die Stadt ～ 町をうろつく | ein *streunender* Hund 野良犬. ［*ahd.*］

Streu·ner[..nər] 男 -s/-《話》**1** うろつき回る人; 浮浪者. **2** 野良犬.

Streu≈pflicht[ʃtrɔ́Y..] 女 (路面凍結時に)道路に砂〈灰・塩〉をまく義務. **≈pul·ver** 中〖医〗散布剤. **≈salz** 中 (路面凍結時などに用いる)まき塩. **≈sand** 男 **1** (路面凍結時などに用いる)まき砂. **2** (昔インクを乾かすのに用いた)まき砂: Punkt, Schluß und ～ darüber! (→Punkt 1 b).

Streu·sand·büch·se 女 まき砂用の容器: die märkische ～《戯》マルク=ブランデンブルク(→Mark[2] 1).

Streu·sel[ʃtrɔ́Yzəl] 男 (中) -s/-《ふつう複数で》〖料理〗(小麦粉・砂糖・バターで作った)粒状クリーム. ［＜..sal］

Streu·sel·ku·chen 男〖料理〗シュトロイゼルクーヘン(Streusel を振りかけて作ったパン菓子).

streu·seln[ʃtrɔ́Yzəln]《06》自 (h, s)《話》(あてもなく)歩き回る, ぶらつく, 徘徊(はいかい)する.

Streu≈sied·lung[ʃtrɔ́Y..] 女 (住宅の散在する)散村. **≈strah·len** 複〖理〗散乱線(X 線など).

Streu·ung[ʃtrɔ́Yʊŋ] 女 -/-en (streuen すること. 例えば:) **1** 散布, 振りかけ. **2**〖理〗(粒子・光などの)散乱. **3** 拡散, ばらつき;〖射撃〗(弾丸の)標的からの外れ〈それ〉. **4**〖電〗(電気の)漏れ. **5**〖医〗(病巣などの)散乱, 播種(はしゅ).

Streu·ungs≈am·pli·tu·de 女〖理〗(粒子・光などの)散乱振幅. **≈ko·ef·fi·zient**[..tsiɛnt] 男〖統計〗拡散係数. **≈tu·ber·ku·lo·se** 女〖医〗播種(はしゅ)性結核.

Streu≈wa·gen 男 =Streufahrzeug **≈zucker** 男 粉砂糖.

strich[ʃtrɪç] streichen の過去.

Strich[ʃtrɪç] 男 -[e]s/-e (小 **Stri·chel·chen**[ʃtrɪ́çəlçən], **Strich·lein**[ʃtrɪ́çlaɪn] 中 -s/-) **1** (streichen すること. 例えば:) **a)** なでる〈さする・こする〉こと; 塗ること; (Pinselstrich) 筆を動かすこと, 運筆, タッチ; (Bogenstrich) (弦楽器の)運弓: der ～ mit der Bürste 刷毛(はけ)〈ブラシ〉でこすること | ein leichter ～ über die Wange 頬(ほお)を軽くなでること ‖ ～ für ～ 一画一画(丹念に描く) | in einem ～ 一筆(ひとふで)で;《比》一気に | in 〈mit〉 knappen ～*en*《比》簡潔に(描写する) | eine Skizze mit raschen ～*en* zeichnen すばやい手つきでスケッチをする ‖ **keinen ～ tun** 〈**machen**〉《話》(仕事などに)全然手をつけない | Ich habe an der Arbeit noch keinen ～ getan. 私は仕事にまだ手をつけていない. **b)** 線を引くこと; (線を引いて)抹消〈削除〉すること;〖劇〗(台本の)カット: einen ～ durch *js.* Absichten 〈Pläne〉 machen / ***jm.* einen ～ durch die Rechnung machen**《話》…の意図をつぶす, …の計画をだめにする.

2 a) 線, 罫(けい); ダッシュ; (区分・抹消のための)線: ein dicker 〈dünner〉 ～ 太い〈細い〉線 | ein gerader ～ まっすぐな線 | Binde*strich* ハイフン | Schräg*strich* 斜線 ‖ einen ～ mit dem Lineal ziehen 定規で線を引く | **einen** 〔**dicken**〕 **～ unter *et.*[4] machen** 〈**ziehen**〉《話》…にけりをつける | einen ～ unter die Vergangenheit ziehen 過去と決別する | ***Strich* drunter!**《話》この件はもう忘れてしまえ | einen ～ zwischen *sich*[3] und *jm.* ziehen《比》…と絶交する, …と手を切る | dünn wie ein ～ sein / wie ein ～ aussehen / **nur noch ein ～** 〔**in der Landschaft**〕 **sein**《話》ひどくやせている | **noch auf dem ～ gehen können**《比》まださほど酔ってはいない | **unter dem ～ sein**《話》低級である | **unter dem ～ stehen**《比》(記事が新聞の)娯楽欄に出ている | **unter dem ～** 差引勘定の結果として;《比》結果〈結論〉として. **b)** (↔Punkt) (モールス符号の)長点. **c)** (計量器具などの)目盛り: um drei ～*e* steigen (温度などが) 3 度上がる. **d)**《無変化で》〖海〗(羅針盤の)ポイント(360°方位を32等分した 1 分角): vier ～ backbord 〈steuerbord〉 左舷(さげん)〈右舷〉へ 4 ポイント(転舵(てんだ)する). **e)**《単数で》(銃を構えた際の)照星と照門を結ぶ線: ～ schießen 正確に照準を定めて発射する | *jn.* auf dem ～ haben《話》…を報復のためつけねらう; …を毛嫌いする.

3 (生えている毛の)向き; (織物の毛足の)向き, 毛並み: gegen 〈wider〉 den ～ 毛の向きに逆らって | ***et.*[4] gegen den ～ bürsten** …をこれまでと全く違って〔より正確に〕表現する | ***jm.* gegen** 〈**wider**〉 **den ～ gehen**《話》…の性に合わない, …の気に入らない | **nach ～ und Faden**《話》徹底的に, したたか | *jn.* nach ～ und Faden verhauen《話》…をさんざんに〈こっぴどく〉殴る.

4 a) (漂鳥などの)移動, 渡り. **b)** (Balzflug) (鳥の)交尾を目的とする飛翔(ひしょう).

5 (魚・漂鳥などの)群れ: ein ～ Stare 一群のムクドリ.

6 地帯, 地域: ein sumpfiger ～ 湿地帯.

7 (雌牛・雌豚などの)乳首.

8〖鉱〗条痕(じょうこん)(鉱物の表面を硬い物質でこすったときにできる粉末の筋で, 鉱物鑑定の手がかりとなる).

9《話》einen ～ haben ほろ酔い機嫌である; 頭が少しおかしい.

10《話》**a)**《単数で》(街頭での)売春: **auf den ～ gehen** (売春の目的で)街に仕事に出かける: ***jn.* auf den ～ schicken** (売春のために)…を街頭に立たせる | *sich*[3] den Unterhalt auf dem ～ verdienen 売春によって生活費をかせぐ. **b)** 街娼(がいしょう)〈男娼〉の立っている地区.

［*germ.*; ◇strikt, streichen; *engl.* streak］

Strich≈ät·zung[ʃtrɪ́ç..] 女〖印〗**1** 食刻凹版. **2** 直刻凹版. **≈co·de** =Strichkode

stri·che[ʃtrɪ́çə] streichen の接続法 II.

Strich·ein·tei·lung 女 (物差し・計量器具などの)目盛り.

Stri·chel·chen Strich の縮小形.

stri·cheln[ʃtrɪ́çəln]《06》他 (h) **1** (…を)破線(----)で書く: eine *gestrichelte* Linie 破線. **2** =schraffieren **3**《話》(売春の目的で)街に出かける.

Stri̤·che·lung[..çəlʊŋ] 女 -/-en **1** 《単数で》 stricheln すること. **2** 破線; 線影.

stri̤·chen[ʃtríçən] 自 (h) 《話》 (売春の目的で)街に出かける, 街頭で売春する(→Strich 10).

Stri̤·cher[ʃtríçər] 男 -s/- =Strichjunge

Stri̤·che·rin 女 -/-nen =Strichmädchen

Stri̤ch≈jun·ge 男 《話》 街頭で男色を売る少年〈若者〉, 男娼(だんしょう). **≈ko·de** 男 (商品の)バーコード. **≈kul·tu̱r** 女 〘生〙 (細菌の)線状〈画線〉培養.

Stri̤ch·lein Strich の縮小形.

strich·li̱e·ren[ʃtrɪçlí:rən] 《オーストリア》 =stricheln

Stri̤ch≈mäd·chen[ʃtríç..] 中 街頭に立つ売春婦, 街娼(がいしょう). **≈punkt** 男 (Semikolon) 〘言〙 セミコロン (;). **≈re̱·gen** 男 (局地的な)通り雨. **≈vo̱·gel** 男 〘鳥〙 (一地方内で小規模の季節移動をする)漂鳥.

stri̤ch·wei·se 副 (→..weise ★) 局地的に: Es regnet ～. 局地的に雨が降る.

Stri̤ch≈zeich·nung 女 線画. **≈zeit** 女 (漂鳥の)移動期.

Strick[1][ʃtrɪk] 男 -〔e〕s/-e **1** 綱, 縄, ロープ: ein dicker ～ 太い綱〈縄〉 | Galgen*strick* 絞首台の綱 ‖ einen ～ drehen 縄をなう | einen ～ um *et.*[4] binden …のまわりにロープをかける | ***jm.* aus *et.*[3] einen ～ drehen** 《話》 …を…にかこつけて陥れようとする | **den 〈einen〉 ～ nehmen** 《比》 首をつる〈くくる〉 | Wenn das passiert, kann er sich gleich einen ～ nehmen 〈kaufen〉. そんなことになったらやつはすぐにでも首をくくったほうがいい | **den ～ nicht wert sein** (人が)絞首刑に処する値打ちもない, くだらぬ〈とるに足らぬ〉やつである | Nerven wie ～*e* haben (→Nerv 1) ‖ ein Pferd **am** ～ führen 馬を綱で導く〈引っぱる〉 | an einem 〈am gleichen / an demselben〉 ～ ziehen 《比》 同じ目的を持っている | am ～ baumeln 《比》 絞首台にぶらさがる | *et.*[4] **mit** einem ～ festbinden …をロープでしばりつける〈固定する〉 | **zum ～ greifen** 《雅》 首をつる〈くくる〉 ‖ **wenn alle ～*e* reißen** 《話》 ほかにどうしようもなければ.

2 《愛称的に》 わんぱく〈やんちゃ〉坊主, いたずらっ子; のらくら者: So ein ～! (やんちゃで・怠け者で)ほんとにしようのないやつだ.

[*ahd.* „Schlinge"]

Strick[2][‒] 中 -〔e〕s/ 《ふつう無冠詞で》 《話》 ニットウェア; (衣服の)ニットになった部分.

Stri̤ck≈ap·pa·ra̱t[ʃtrík..] 男 編み機. **≈ar·beit** 女 **1** 編物(仕事). **2** 編物細工(製品). **≈beu·tel** 男 編物袋.

stri̤cken[ʃtríkən] **I** 他 (h) (編み棒・編み機などで)編む, 編んで作る: Strümpfe 〈einen Pullover〉 ～ 靴下〈プルオーバー〉を編む | *gestrickte* Handschuhe 編んだ〈手編みの〉手袋.

II 自 (h) 編む, 編物をする(→ 図 Handarbeit): an einem Schal ～ ショールを編む | den ganzen Tag 〈zum Zeitvertreib〉 ～ 一日じゅう〈暇つぶしに〉編物をする | **Dafür muß 'ne alte Frau 〈Oma〉 lange ～.** 《話》 これはかなり高価なものだ.

Stri̤cker[ʃtríkər] 男 -s/- (女 **Stri̤cke·rin**[..kərɪn] -/-nen) 編む〈編物をする〉人; 編物職人.

Stricke·re̱i[ʃtrɪkəráɪ] 女 -/-en **1** 《単数で》 編物(仕事). **2** 編物〈編織〉工場.

Stri̤cke·rin Stricker の女性形.

Stri̤ck≈garn[ʃtrík..] 中 編み糸, 編物用毛糸. **≈gür·tel** 男 〘服飾〙 組み〈編み〉ひも(→ 図 Kapuziner). **≈jacke** 女 毛糸編みの上着, カーディガン. **≈kleid** 中 毛糸編みの服, ニットウェア. **≈lei·ter** 女 縄〈綱〉ばしご(→ 図 Leiter).

Stri̤ck·lei·ter·ner·ven·sy·ste̱m 中 〘動〙 (環形動物・節足動物に見られる)梯子(はしご)形神経系.

Stri̤ck≈ma·schi̱·ne 女 編み機. **≈mu·ster** 中 編物の図案〈型紙〉. **≈na̱·del** 女 編み棒(→ 図 Nadel). **≈strumpf** 男 毛糸編みの〈編みかけの〉靴下. **≈wa̱·ren** 複 **1** 毛糸編みの衣類, ニットウェア. **2** =Strickzeug 2 **≈we·ste** 女 毛糸編みのチョッキ; カーディガン. **≈wol·le** 女 編物用毛糸. **≈zeug** 中 -〔e〕s/ **1** 編みかけのもの. **2** 編物用品(編み針・毛糸など).

Stri̤·dor[ʃtrí:dɔr, st.., ..do:r] 男 -s/ 〘医〙 (呼吸器官の)喘鳴(ぜんめい), 狭窄(きょうさく)音.

[*lat.*; < *lat.* strīdēre „zischen"; 擬音]

Stri·du·la·tio̱n[ʃtridulatsió:n, st..] 女 -/ 〘動〙 (コオロギ・キリギリスなどが)鳴く〈摩擦音を出す〉こと.

Stri·du·la·tio̱ns·or·ga̱n 中 〘動〙 摩擦器(昆虫類の発音器官の一種).

stri·du·li̱e·ren[..lí:rən] 自 (h) 〘動〙 (コオロギ・キリギリスなどが)鳴く, 摩擦音を出す.

[< *lat.* strīdulus „zischend"]

Stri̱e·gel[ʃtrí:gəl] 男 -s/- (家畜手入れ用の)くし, ブラシ, (特に:) 馬ぐし(→ 図).

[*lat.* strigilis „Schabeisen" – *ahd.*; < *lat.* stringere (→stringent)]

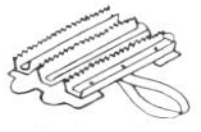

Striegel

stri̱e·geln[ʃtrí:gəln] 《06》 他 (h) **1 a)** (馬などを)馬ぐしでこする〈手入れする〉; (犬などに)ブラシをかける; 《比》 (髪を)くしけずる, ブラッシングする. **b)** 《話》 《*jn.*》 (…の体を)こすってきれいにする. **2** 《話》 《*jn.*》 手荒く扱う, 虐待する; (…に)いやがらせをする.

Stri̱e·me[ʃtrí:mə] 女 -/-n =Striemen

Stri̱e·men[ʃtrí:mən] 男 -s/- (皮膚の)みみずばれ: blutige ～ auf dem Rücken haben 背中に血のにじんだみみずばれができている. [*mhd.*; ◇Strähne]

stri̱e·mig[ʃtrí:mɪç][2] 形 みみずばれのある.

Stri̱e·zel[1][ʃtrí:tsəl] 男 -s/- 《話》 悪童, いたずら小僧.

Stri̱e·zel[2][ʃtrí:tsəl] 男 (中) -s/- 《南部・オーストリア》 〘料理〙 シュトリーツェル(編んだ髪に似た形の細長いパンケーキ). [*mhd.*; ◇Strauß[1]]

stri̱e·zen[ʃtrí:tsən] 《02》 他 (h) **1** 《話》 《*jn.*》 苦しめる, いじめる. **2** 《北部》 《*et.*[4]》 盗む.

Strike[straɪk] 男 -s/-s **1** 〘ボウリング〙 ストライク. **2** 〘野球〙 ストライク. [*engl.*]

strikt[strɪkt, st..] **I** 形 きびしい, 厳格〈厳密〉な, きちょうめんな: ein ～*er* Befehl きびしい命令, 厳命 | eine ～*e* Geheimhaltung 秘密の厳守 ‖ *et.*[4] ～ ablehnen …をきっぱり拒否する | eine Anordnung ～ befolgen 指令をきちんと守る.

II stri̤k·te[ʃtríktə, st..] 副 きびしく, 厳格〈厳密〉に, きちょうめんに: *sich*[4] an die Vorschrift ～ halten 規則を厳守する.

[*lat.* strictus „stramm"; < *lat.* stringere (→stringent); ◇Strich]

Stri̤kt·heit[ʃtrɪ́kthaɪt, st..] 女 -/ strikt なこと.

Strik·tio̱n[ʃtrɪktsió:n, st..] 女 -/-en 収縮. [*spätlat.*]

Strik·tu̱r[..tú:r] 女 -/-en 〘医〙 (食道・尿道・胆管などの)狭窄(きょうさく). [*lat.*; ◇..ur; *engl.* stricture]

Stri̤nd·berg[ʃtríntbɛrk] 人名 August ～ アウグスト ストリンドベリ(1849-1912; スウェーデンの自然主義作家. 作品『赤い部屋』『女中の子』など).

string. 略 =stringendo

strin·gen·do[strɪndʒɛ́ndo·] 副 (allmählich schneller werdend) 〘楽〙 ストリンジェンド, しだいに速く, だんだんせき込んで. [*it.*; ◇stretto, strisciando]

strin·ge̤nt[ʃtrɪŋgɛ́nt, st..; スイス: st..] 形 きびしい, 厳格な; 拘束〈説得〉力のある, 理路整然たる, 筋の通った: eine ～*e* Beweisführung 論理的な立証. [*lat.* stringere „straff ziehen"; ◇strikt]

Strin·ge̤nz[..gɛ́nts] 女 -/ (stringent なこと. 例えば:) きびしさ, 厳格さ; 理路の正しさ, (論証などの)説得力.

Stri̤n·ger[ʃtríŋər, stríŋə] 男 -s/- 〘海〙 (船体を強化するための鋼鉄の)縦通材, ストリンガー. [*engl.*; < *engl.* string (→Strang)]

Stri̤p[ʃtrɪp, st..] 男 -s/-s **1** =Striptease **2** (細片になった)絆創膏(ばんそうこう). [*engl.*; 2: ◇streifen]

Stri̤p·lo·ka̱l[ʃtríp.., st..] 中 =Stripteaselokal

Stri̤p·pe[ʃtrípə] 女 -/-n 《話》 **1** 《特に: ベルリン》 (Bindfaden) 吊(つ)りひも; 結びひも; 靴ひも; (長靴・編み上げ靴などの)つまみ革; (電車やバスの)つり革: *jn.* fest an der ～ haben 〈halten〉 《話》 …をきびしく取り扱う(→2) ‖ **Es regnet ～*n*.** 《話》 雨がどしゃ降りだ(→Bindfaden). **2** 《戯》 (Telefonleitung) 電話線: ***jn.* an der ∼ haben** …と電話中である(→1) | **an der ∼ hängen** 電話機にかじりついている | ***sich*⁴ an die ∼ hängen** 電話機にかじりつく〈とびつく〉| ***jn.* an die ∼ bekommen** 〈**kriegen**〉…を電話口に呼び出す ‖ Wer war denn an der ∼? 電話の相手はだれだったのですか. **3** 《話》strippen²すること.

[*mndd.*; < *gr.* stróphos „Strick" (◇Strophe); ◇strupfen]

strịp·pen¹[ʃtrípən, st..] 自 (h) **1** 《話》ストリップショーを演じる. **2** 《話》(学生が喫茶店などで)音楽演奏などのアルバイトをする. **3** 〖印〗(製版の際に乳剤層をフィルムベースから)はがす.

[*engl.* strip; ◇streifen]

strịp·pen²[ʃtrípən] 他 (h) 《北部》 **1** 《*jn.*》打つ, たたく, 殴る. **2** (雌牛の)乳をしぼる.

Strịp·pen·zie·her[ʃtrípən..] 男 (Drahtzieher) 糸あやつり人形師; 《比》(陰で糸を引く)黒幕.

Strịp·per¹[ʃtrípər] 男 -s/- 《北部》たたき道具(棒・むちなど).

Strịp·per²[ʃtrípər, st..] 男 -s/- **1** ＝Stripteasetänzer **2** 〖医〗静脈〈血栓〉抜去具. [*engl.*; ◇strippen¹]

Strịp·pe·rin[..pərɪn] 女 -/-nen ＝Stripteasetänzerin

Strịp·ping[ʃtrípɪŋ, st..] 中 -s/ **1** 〖理〗ストリッピング(原子核転換の一種). **2** 〖医〗静脈〈血栓〉抜去〔術〕. [*engl.*]

Strịp·tease (**Strịp-tease**)[ʃtrípti:s, st.., strípti:z] 男 (中) -/ ストリップショー: einen ∼ machen 《話》(人前で)衣服を脱ぐ, 裸になる.

[*engl.*; < *engl.* tease „necken" (◇Zeese)]

Strịp·tease⸗lo·kal[ʃtrípti:s.., st..] 中 ストリップショーのあるナイトクラブ〈酒場〉. **⸗tän·zer** 男 (⊛ **⸗tän·ze·rin**) ストリップショーの踊り子, ストリッパー.

Strip·tea·seu·se[ʃtrɪptizø:zə, st..] (**Strip·teu·se**[ʃtrɪptø:zə, st..]) 女 -/-n ＝Stripteasetänzerin

[< ..euse]

stri·scian·do[strɪʃándo·] 副 〖楽〗ストリシァンド, なめらかに(半音ずつすべらせて上行または下行される奏法・唱法).

[*it.* strisciare „vorbeistreichen"; ◇stringendo]

stritt[ʃtrɪt] streiten の過去.

Stritt[−] 男 -〔e〕s/ 《南部》＝Streit

strịt·te[ʃtrítə] streiten の接続法 II.

strịt·tig[ʃtrítɪç]² ＝streitig

Strịz·zi[ʃtrítsi·] 男 -s/-s 《南部・オーストリア》 **1** (Strolch) 浮浪者; ならず者, ごろつき. **2** (Zuhälter) (売春婦の)ひも.

[*rotw.*]

strịz·zi·haft[ʃtrítsihaft] 形 Strizzi ふうの(的な).

Strọ·bel[ʃtró:bəl] 男 -s/- 《方》もじゃもじゃの髪, 蓬髪(ほうはつ).

strọ·be·lig[..bəlɪç]² (**strọb·lig**[..blɪç]²) 形 《方》(strubbelig) (毛髪などが)ぼうぼうの, もじゃもじゃの.

Strọ·bel·kopf 男 《方》(Strubbelkopf) もじゃもじゃ頭〔の人〕.

strọ·beln[ʃtró:bəln] 《06》《方》 **I** 他 (h) (髪を)もじゃもじゃにする. **II** 自 (h) (髪が)もつれている, もじゃもじゃである.

[*mhd.*; ◇straubig]

strọb·lig ＝strobelig

Strọ·bo·light[ʃtró:bolaɪtst.., st..] 中 -s/ ストロボ, 閃光(せんこう)電球. [*engl.*; ◇Licht]

Stro·bo·skọp[ʃtroboskó:p, st.., ..bɔs..; スイス: st..] 中 -s/-e **1** 〖理〗ストロボスコープ(回転体の回転速度を観測する装置). **2** ストロボスコープ(動作を分解して描いた画像を連続回転させて, 動く映像を作り出す装置. 映画の前身).

[< *gr.* stróbos „Wirbel" (◇Strophe)]

stro·bo·skọ·pisch[..pɪʃ] 形 ストロボ〔スコープ〕の: ∼*er* Effekt ストロボ効果.

Stro·bo·skọp·licht 中 ＝Strobolight

Strọh[ʃtro:] 中 -〔e〕s/ (打穀したあとの穀類や豆類の)茎; わら, 麦わら: ein Bund 〈ein Bündel〉 ∼ 一束のわら ‖ auf ∼ 〈im ∼〉 schlafen わらの上で〈わらの中で〉眠る | von den Federn aufs ∼ kommen (→Feder 1 b) | das Dach mit ∼ decken 屋根をわらでふく ‖ wie ∼ schmecken 《話》(食物が)味がない | wie ∼ 〈wie nasses ∼〉 brennen めらめらとよく燃える〈燃えが悪い〉 ‖ 〔**Heu und**〕 **∼ im Kopf haben** 《話》頭がからっぽである, ばかである | **leeres ∼ dreschen** 《話》くだらないおしゃべりをする, 無駄話をする | Aus leerem ∼ drischt man keinen Weizen. 《諺》無から有は生じない.

[„Hingestreutes"; *germ.*; ◇streuen; *engl.* straw]

Strọh·bett[ʃtró:..] 中 わらの寝台, わらぶとん.

strọh·blond 形 麦わら色の, 淡いブロンドの〔髪の〕.

Strọh⸗blu·me 女 〖植〗ムギワラギク(麦藁菊)属(乾燥してドライフラワーにする). **⸗dach** 中 わら〔ぶき〕屋根.

strọh·dụmm 形 《話》極めて愚かな, 大ばかの.

strọ·hern[ʃtró:ərn] 形 **1** 《付加語的》わらの, わらで作った. **2** わらのような, わらのように乾燥した〈干からびた〉.

strọh⸗far·ben 形, **⸗far·big** 形 麦わら色の, 淡黄色の.

Strọh⸗fa·ser 女 (ジュートの代用として使われる)わら纖維. **⸗feim** 男 -〔e〕s/-e, **⸗fei·me** 女 -/-n, **⸗fei·men** 男 -s/- わらの山〈積み重なり〉, 積みわら. **⸗feu·er** 中 (わらを燃やす火のように, めらめらと燃えてすぐに消える)つかの間の感激, 一時的な興奮.

Strọh·feu·er·tem·pe·ra·ment 中 熱しやすく冷めやすい気質.

Strọh⸗fut·ter 中 (家畜用の)わら飼料. **⸗ge·flecht** 中 わらの編み細工.

strọh·gelb 形 麦わら色の, 淡黄色の.

Strọh·ge·wicht 中 **1** 《単数で》(ボクシングの)ストロー級. **2** ＝Strohgewichtler

Strọh·ge·wicht·ler 男 -s/- (ボクシングの)ストロー級選手.

Strọh⸗halm 男 **1** わら茎, 麦わら: ***sich*⁴** 〔**wie ein Ertrinkender**〕 **an einen ∼ klammern** 《比》一本のわらにしがみつく(はかない希望を抱いて) | **nach dem rettenden ∼ greifen** 《比》(救いを求めて)わらをもつかもうとする | **über einen ∼ stolpern** 《話》些事(さじ)〈つまらぬこと〉につまずく. **2** (Trinkhalm) (飲み物を吸うための)ストロー: Saft mit einem ∼ trinken ジュースをストローで飲む. **⸗hut** 男 麦わら帽子(→ ⊠ Hut).

strọ·hig[ʃtró:ɪç]² 形 わらのような: ∼*es* Haar (乾いて)ぱさぱさの髪の毛 | ∼ schmecken (わらのように)味がない.

Strọh⸗kopf 男 《話》愚か者, ばか者. **⸗la·ger** 中 わらの寝床, わら床. **⸗mann** 男 -〔e〕s/..männer **1** ＝Strohpuppe **2** (表向きだけの)名義人. **⸗ma·trat·ze** 女 わらマット, わらぶとん. **⸗mat·te** 女 むしろ, わらござ〈マット〉. **⸗pap·pe** 女 (包装用の)わらボール紙, 黄板紙. **⸗pres·se** 女 わら束ね機. **⸗pup·pe** 女 わら人形. **⸗sack** 男 (大きい袋にわらを詰めた)わらぶとん: auf einem ∼ schlafen わらぶとんの上で眠る | Heiliger 〈Gerechter〉 ∼! 《話》(驚き・怪訝(けげん)・不快などの気持を示して)おやおや, これはしたり. **⸗scho·ber** 男 **1** 《南部・オーストリア》わらの山, 積み上げたわら. **2** (Scheune) 納屋. **⸗schuh** 男 わら靴. **⸗schüt·te** 女 わら束. **⸗seil** 中 わら縄. **⸗stoff** 男 ＝Strohfaser **⸗wisch** 男 (わらを束ねた)わらぼうき, わらぞうきん. **⸗wit·we** 女 《話》わらやもめ, 一時やもめ(夫の不在中やもめ暮らしを余儀なくされている妻). **⸗wit·wer** 男 《話》わらやもお, 一時やもお(妻の不在中やもお暮らしを余儀なくされている夫).

Strolch[ʃtrɔlç] 男 -〔e〕s/-e **1** 浮浪者; ならず者, ごろつき. **2** 《戯》わんぱく坊主. [< strollen „umherstreifen"]

strọl·chen[ʃtrɔ́lçən] 自 (s) 放浪する, さまよい歩く, うろつき回る.

Strọl·chen·fahrt 女 《スイス》盗んだ自動車でのドライブ.

Strọm[ʃtro:m] 男 -〔e〕s/Ströme[ʃtrø:mə] **1 a)** (英: *stream*) (大きな)川〔の流れ〕: Der Rhein und die Donau gehören zu den größten *Strömen* Europas. ラインとドナウはヨーロッパで最も大きい川に属する | Der ∼ tritt über die Ufer. 川が氾濫(はんらん)する ‖ **gegen** 〈**wider**〉 **den ∼ schwimmen** 《比》時勢〈大勢(たいせい)〉に逆行する | aus dem ∼ des Vergessens 〈der Vergessenheit〉 trinken 《雅》忘却の川の水を飲む(過去のことを忘れる: →Lethe) | in den ∼ der Vergessenheit sinken 《雅》忘却のかなたに沈む | **mit dem ∼ schwimmen** 《比》時勢〈大勢(たいせい)〉に順応する. **b)** (液体・気体の)流れ(水流・気流など): Golf*strom* 〔メキシコ〕

S

湾流｜Lava*strom*（火山の）溶岩流｜*Ströme* von Schweiß 滝のような汗｜*Ströme* von Tränen 滂沱(ぼうだ)と流れる涙 ‖ **in *Strömen*** 流れをなして，滔々(とうとう)と｜Es regnet in *Strömen.* 雨がざあざあ降る｜Auf der Party flossen Wein und Sekt in *Strömen.* そのパーティの席上ワインとシャンペンが大量に飲まれた．**c)**《比》（人・交通などの）流れ：ein ～ von Menschen 人〈群集〉の流れ．**d)**《比》（時代の）流れ，風潮，動向，傾向：der ～ der Zeit 時代の流れ．**2** 電流；（一般に）電気：galvanischer ～ ガルヴァーニ電流｜Atom*strom* 原子力発電による電流〈電気〉｜Gleich*strom* 直流｜Hochspannungs*strom* 高圧電流｜Wechsel*strom* 交流 ‖ den ～ einschalten 〈abschalten〉（スイッチをひねって）電流を入れる〈切る〉｜den ～ sperren 電気をとめる，送電を停止する｜viel 〈wenig〉 ～ verbrauchen 電力の消費量が多い〈少ない〉‖ *et.*[4] mit ～ kochen …を電熱器で煮る〈沸かす〉｜die Stadt mit ～ versorgen 町に電力を供給する｜unter ～[3] sein 〈stehen〉 i）電気が流れている；ii）《話》（酒・麻薬などで）陶然としている．**3**《俗》(Geld) 金(かね)．
[*germ.*; ◇rheo..; *engl.* stream]

Stro̤·ma[ʃtróːma·, st..] 中 -s/-ta[..ta·] **1**〘解〙基質，間質．**2**〘植〙**a)**（菌類の）子座．**b)**（葉緑体中の）ストロマ．[*gr.* strō̃ma „Ausgebreitetes, Lager“－*spätlat.*; ◇streuen]

stro̤m·a̤b[ʃtroːm|áp] 副 流れを下って，川下〈下流〉に向かって．

Stro̤m≈ab·le̱·ser[ʃtróːm..] 男 電気メーター〈積算電力計〉の検針員．**≈ab·na̱h·me** 女〘電〙集電．**≈ab·ne̱h·mer** 男 **1**〘電〙集電装置（電車のパンタグラフなど）．**2** ＝Stromverbraucher

stro̤m≈a̤b·wärts[ʃtroːm|ápvɛrts] ＝stromab **≈a̤n**[..|án] 副 流れをさかのぼって，川上〈上流〉に向かって．

Stro̤·ma·ta Stroma の複数．

stro̤m·a̤uf[·wärts][ʃtroːm|áʊf(vɛrts)] ＝stroman

Stro̤m≈aus·beu·te[ʃtróːm..] 女 電流効率．**≈aus·fall** 男 停電．**≈bett** 中（川の）流床，河床．

Stro̤m·bo·li[strómboli·] **I** 地名 ストロンボリ（イタリア南部，Sizilien 北部の火山島）．**II der Stro̤m·bo·li** 地名 男 -/ ストロンボリ（ストロンボリ島にある活火山）．

Stro̤m·dich·te[ʃtróːm..] 女 電流密度．

Strö̤·me Strom の複数．

Stro̤m·ein·spa̱·rung[ʃtróːm..] 女 電力節約，節電．

strö̤·men[ʃtrǿːmən] 自（s，まれに h）（液体・気体が大量に・勢いよく）流れる，ほとばしる：Der Fluß *strömt* durch das Land. 川がこの土地をつらぬいて〔滔々(とうとう)と〕流れる｜Das Blut *strömt* durch die Adern. 血液が血管を流れる｜Gas *strömte* aus der defekten Leitung. ガスが導管の欠損個所からほとばしり出た｜Frische Luft ist ins Zimmer *geströmt.* 新鮮な空気が室内に流れ込んだ｜Die Menschen *strömten* aus dem Gebäude 〈in die Ausstellung〉. 人々がいっせいに建物の中から出てきた〈展覧会場に流れ込んだ〉‖ *strömender* Regen 滝のような〈どしゃ降りの〉雨．

Stro̤·mer[ʃtróːmər] 男 -s/-《軽蔑的に》(Landstreicher) 浮浪者；放浪者，無宿者．
[*mhd.*; ＜*mhd.* strōmen „stürmend einherziehen“]

stro̤·mern[ʃtróːmərn]《05》自 **1** (s)《話》＝strolchen **2** (h)《軽蔑的に》働かずにぶらぶらする．

Stro̤m≈er·zeu·ger[ʃtróːm..] 男 発電機．**≈er·zeu·gung** 女 発電．**≈ge·biet** 中（川の）流域．**≈ge·bü̱hr** 女 電気料〔金〕．

strö̤·mig[ʃtrǿːmɪç][2] 形《雅》〔滔々(とうとう)と〕流れる，ほとばしる〔ような〕；流れ〈河川〉の多い．

Stro̤m≈ka̱·bel[ʃtróːm..] 中 電線；電纜(でんらん)，電気ケーブル．**≈ko·sten** 複 光熱費．**≈kreis** 男〔電流〕回路，回線．**≈lei·ter** 男〘電〙導体，導線．**≈lei·tung** 女 送電線．

Strö̤m·ling[ʃtrǿːmlɪŋ] 男 -s/-e（バルト海産の）小さいニシン(鰊)．
[＜*mhd.* strām „Streifen“（◇streuen, gestromt）]

Stro̤m·li̱·nie[ʃtróːmliːniə] 女 流線．

Stro̤m·li̱·ni·en·form 女 -/ 流線形〈型〉．

stro̤m·li̱·ni·en·för·mig 形 流線形〈型〉の．

stro̤m·lo̱s[ʃtróːmloːs][1] 形 電流の通じていない．

Stro̤m≈mast 男 電柱，送電塔．**≈mes·ser** 男 **1**〘電〙電流計．**2**（海流・潮流の速度を計る）流速計．**≈netz** 中 電力〔供給〕網．**≈po·li·zei** 女（河川の）水上警察．**≈preis** 男 電気料金．**≈quel·le** 女 電源．**≈rich·ter** 男 -s/-〘電〙整流器．**≈samm·ler** 男 **1**〘電〙蓄電池．**2** ＝Stromabnehmer 1 **≈schie·ne** 女〘鉄道〙第三レール〈軌条〉，サイドレール．**≈schnel·le** 女 急流，早瀬．**≈sper·re** 女 送電停止，(計画的)停電．**≈spu̱·le** 女〘電〙電流コイル．**≈stär·ke** 女 電流の強さ．**≈stoß** 男〘電〙インパルス．**≈trans·for·ma·tio̱n** 男〘電〙変流．

Strö̤·mung[ʃtrǿːmʊŋ] 女 -/-en **1**（液体・気体の）流れ，流動；水流，潮〈海〉流；気流：warme 〈kalte〉 ～*en* des Meeres 暖流〈寒流〉‖ gegen die ～ ankämpfen 流れに逆らって泳ぐ；《比》時流に抗する｜Der Fluß hat eine starke 〈reißende〉 ～. この川は流れが急だ．**2**《比》（時代の）流れ，傾向，動向；(Geistesströmung)〔精神〕思潮：die herrschende ～ der Zeit 時代の主流（支配的傾向）．

Strö̤·mungs≈ge·schwin·dig·keit 女（河川の）流速．**≈le̱h·re** 女 -/ 流動学．**≈me·cha̱·nik** 女 流体力学．

Stro̤m≈un·ter·bre·cher[ʃtróːm..] 男〘電〙〔電流〕遮断器．**≈ver·brauch** 男 電力消費．**≈ver·brau·cher** 男 電力消費者．**≈ver·sor·gung** 女 電力供給．**≈ver·tei·lung** 女〘電〙電流分配，配電．**≈waa·ge** 女 電流秤(ばかり)．

stro̤m·wei·se 副（→..weise ★）流れをなして，滔々(とうとう)と．

Stro̤m≈wel·le 女〘電〙電流波．**≈wen·der** 男〘電〙転換器，整流器〈子〉．**≈zä̱h·ler** 男〘電〙積算電力計．**≈zu̱·fu̱hr** 女 電力の供給．**≈zu̱·fü̱h·rung** 女〘電〙通電〔コード〕．

Stron·tia̱n[ʃtrɔntsiáːn, st..] 中 -s/《化》ストロンチアン，酸化ストロンチウム．[スコットランドの鉱石発見地名]

Stron·tia·ni̱t[ʃtrɔntsianíːt, nít, st..] 男 -s/-e〘鉱〙ストロンチウム鉱，ストロンチアン石．[＜..it[2]]

Stro̤n·tium[ʃtrɔ́ntsiʊm, st..; スイ: st..] 中 -s/《化》ストロンチウム（金属元素名；記号 Sr）．[*engl.*]

Stro̤n·tium·ver·bin·dung 女《化》ストロンチウム化合物．

Stroph·an·thi̱n[ʃtrofantíːn, st..; スイ: st..] 中 -s/〘薬〙ストロファンチン（Strophanthus の種子から作る強心剤）．

Stroph·a̤n·thus[..fántʊs] 男 -/-〘植〙ストロファンツス（キョウチクトウ科のつる性低木で，アフリカの熱帯に産し，種子は猛毒を含む）．[＜*gr.* strophḗ (→Strophe)＋antho..]

Stro̤·phe[ʃtróːfə] 女 -/-n **1**〘詩〙詩節，歌節，連（数行からなる詩・歌の構成単位）：ein Gedicht mit vier ～*n* 4節〈連〉からなる詩．**2**（古代ギリシア悲劇での合唱隊の）ストロペ（合唱歌の一部）．[*gr.* strophḗ „Drehung“; ＜*gr.* stréphein „drehen“; ◇Strang]

Stro̤·phen·form 女〘詩〙詩節形式．

..stro̤phig[..ʃtroːfɪç][2]《数詞・形容詞につけて「…節・連の，…節・連からなる」を意味する形容詞をつくる》：drei*strophig* 3連の〈からなる〉｜lang*strophig* 長節の．

stro̤·phisch[ʃtróːfɪʃ] 形 詩節に分かれた，節〈連〉からなる．

Stropp[ʃtrɔp] 男 -[e]s/-s **1 a)**〘海〙環索(かんさく)，ストロップ；つり索(さく)，スリング．**b)**（衣服の）つり輪．**2**《戯》わんぱく小僧．[1: ◇Strippe; *engl.* strop; 2: ＜struppig]

Stro̤s·se[ʃtrɔ́sə] 女 -/-n〘坑〙**1**（立坑や横坑の）段；下向き階段．**2** (Streckensohle) 坑道床面．

stro̤t·zen[ʃtrɔ́tsən]《02》自 (h)《von 〈vor〉 *et.*[3]》(…で）満ちあふれている，(…で）いっぱいである：von 〈vor〉 Energie ～ エネルギーに満ちあふれている｜von 〈vor〉 Gesundheit ～ 健康ではちきれそうである｜Das Buch *strotzt* von 〈vor〉 Druckfehlern. この本は誤植だらけだ｜Der Junge *strotzte* vor 〈von〉 Dreck. 少年は泥だらけだった ‖ ein 〔von Milch〕 *strotzendes* Euter（雌牛の）〔乳で〕張り切った乳房｜Der Obstbaum hing *strotzend* voll. その果樹には果実がぎっしり実っていた．[„steif emporragen“; *mhd.*;

◇stark, Strauß²; *engl.* strut]

strub[ʃtru:p]¹ 形《ｽｲｽ》 **1** =strubbelig **2** 難しい, 困難〈やっかい〉な. [*ahd.* strūp „rauh“; ◇stark, straubig, struppig]

strub·be·lig[ʃtrʊ́bəlɪç]² (**strubb·lig**[..blɪç]²) 形 (毛髪などが)ぼうぼうの, もじゃもじゃの.

Strub·bel·kopf[ʃtrʊ́bəl..] 男 もじゃもじゃ頭〔の人〕.

strubb·lig =strubbelig

Struck[ʃtrʊk] 中 (ｵｰｽﾄﾘｱ: 男) -〔s〕/ 〘織〙 ストラック(コール天に似た織物).

Stru·del[ʃtrú:dəl] 男 -s/- **1** 渦, 渦巻き;《比》(めまぐるしい)混乱, 動揺, 騒動: in einen ~ geraten / von einem ~ erfaßt werden 渦に巻き込まれる | *sich*⁴ in den ~ des Vergnügens stürzen 快楽の渦に身を投じる | Er wurde in den ~ der Ereignisse hineingerissen 〈hineingezogen〉. 彼は事件の渦中に巻き込まれた. **2**《南部・ｵｰｽﾄﾘｱ》〘料理〙(果実・肉などの入った)渦巻きパイ: Apfel*strudel* 渦巻き型アップルパイ. **3**《南部》(料理用の)攪拌(ｶｸﾊﾝ)器.

ᵛ**Stru·del·kopf** 男 (Wirrkopf) 混乱した頭〔の持ち主〕.

Stru·del·loch 中 〘地〙 甌穴(ｵｳｹﾂ), ポットホール(河床・滝つぼの底などにできる円形の深い穴).

stru·deln[ʃtrú:dəln] 《06》 **I** 自 (h) 渦を巻く; 波立つ, 泡立つ. **II** 他 (h)《南部》かきまぜる, 攪拌(ｶｸﾊﾝ)する. [< *ahd.* stredan „wallen“; ◇*gr.* rhóthos „Rauschen“]

Stru·del·wür·mer 複 (Turbellarie) 〘動〙 渦虫類.

Struk·tur[ʃtrʊktú:r, st..] 女 -/-en **1** 構造; 構成, 組み立て; 機構, 組織: die ~ eines Kristalls 〈einer Zelle〉 結晶〈細胞〉の構造 | die ~ der deutschen Sprache ドイツ語の言語構造 | die gesellschaftliche 〈soziale〉 ~ Japans 日本の社会構造 | Fein*struktur* 〘理〙 微細構造. **2** 〘織〙(生地の表面の)織り目の状態.
[*lat.*; < *lat.* struere „〔auf〕schichten“ (◇streuen)]

struk·tu·ral[ʃtrʊkturá:l, st..] =strukturell 2

Struk·tu·ra·lis·mus[..ralísmʊs] 男 -/ 構造主義. [*fr.* structuralisme]

Struk·tu·ra·list[..líst] 男 -en/-en 構造主義者.

struk·tu·ra·li·stisch[..lístɪʃ] 形 構造主義の.

Struk·tur≠ana·ly·se[ʃtrʊktú:r.., st..] 女 構造分析. ≠**baum** 男 〘言〙 構造樹形図. ≠**bo·den** 男 〘地〙 構造土, 模様土. ≠**che·mie** 女 (物質の構造を精細に研究する)構造化学.

struk·tu·rell[..turɛ́l] 形 **1** 構造〔上〕の; 構造に由来する: ~*e* 〈~ bedingte〉 Arbeitslosigkeit 構造的失業 | ein ~*es* Defizit 構造赤字. **2** 構造に関する: die ~*e* Linguistik 構造言語学. [*fr.*; ◇..ell]

Struk·tur≠far·be[ʃtrʊktú:r.., st..] 女 **1** 構造色(物の表面の物理的構造と光との関係で生じる色). **2** 〘動〙(動物の体表面に生じる)構造色. ≠**for·mel** 女 〘化〙 構造式.

struk·tu·rie·ren[..turí:rən] 他 (h) **1**《*et.*⁴》《様態を示す語句と》(…に…の)構造を与える: die Wirtschaft völlig neu ~ 経済の構造を一変させる ‖ 再帰 *sich*⁴ ~《様態を示す語句と》(…の)構造を持つ ‖ eine anders *strukturierte* Gesellschaft 異なる構造をもった社会. **2**《*et.*⁴》(…の)構造を調査〈決定〉する.

Struk·tu·rie·rung[..rʊŋ] 女 -/-en strukturieren すること.

Struk·tur≠kri·se[ʃtrʊktú:r.., st..] 女 構造的〔経済〕危機. ≠**po·li·tik** 女 〘政〙 構造的経済政策. ≠**psy·cho·lo·gie** 女 構造心理学. ≠**re·form** 女 構造改革.

struk·tur·schwach 形 工業化の遅れた.

Struk·tur≠ver·än·de·rung 女, ≠**wan·del** 男 構造変化.

Stru·ma[ʃtrú:ma·, st..] 女 -/..men[..mən], ..mae [..mɛ·] (Kropf) 〘医〙 甲状腺腫(ｾﾝｼｭ).
[*lat.*; ◇Struktur]

Stru·mi·tis[ʃtrumí:tɪs, st..] 女 -/..tiden[..mití:dən] 〘医〙 甲状腺〔腫〕炎. [< ..itis]

stru·mös[..mǿ:s]¹ 形 甲状腺腫〔性〕の. [*spätlat.*; ◇..os]

Strumpf[ʃtrʊmpf] 男 -〔e〕s / Strümpfe[ʃtrʏ́mpfə] (小 **Strümpf·chen**[ʃtrʏ́mpfçən], **Strümpf·lein**[..laɪn] 中 -s/-) **1** (ふつうひざ上まである)長靴下, ストッキング(→ 図): dünne *Strümpfe* 薄手のストッキング | seidene *Strümpfe* 絹の靴下 | Nylon*strumpf* ナイロンの靴下 | Woll*strumpf* ウールの靴下 ‖ ein Paar neue *Strümpfe* 〈neuer *Strümpfe*〉 一足の新しい靴下 ‖ die *Strümpfe* anziehen 〈ausziehen〉 靴下をはく〈脱ぐ〉 | *Strümpfe* stopfen 靴下の穴をかがる | *Strümpfe* stricken 靴下を編む | keine *Strümpfe* tragen 〈anhaben〉 靴下をはいていない | **dicke 〈doppelte / wollene〉** ***Strümpfe*** **anhaben**《話》いうことを聞こうとしない ‖ auf *Strümpfen* schleichen 靴を脱いでそっと〈足音をしのばせて〉歩く | ***sich*⁴ auf die *Strümpfe* machen**《話》急いで立ち去る〈出発する〉 | **gut im ~** 〈in den *Strümpfen*〉 **sein**《話》体も頭もしっかりしている, かくしゃくとしている | Geld in den ~ stecken《比》金を蓄える(貯金を靴下の中にしまっておくという古い習慣に由来する) ‖ ***js. Strümpfe* ziehen Wasser**《話》…の靴下がずり落ちる. **2** =Glühstrumpf **3**《もっぱら次の成句で》**mit ~ und Stiel**《比》根こそぎ, 完全に(→Stumpf 1). [*mhd.* „Stumpf“; ◇straubig]

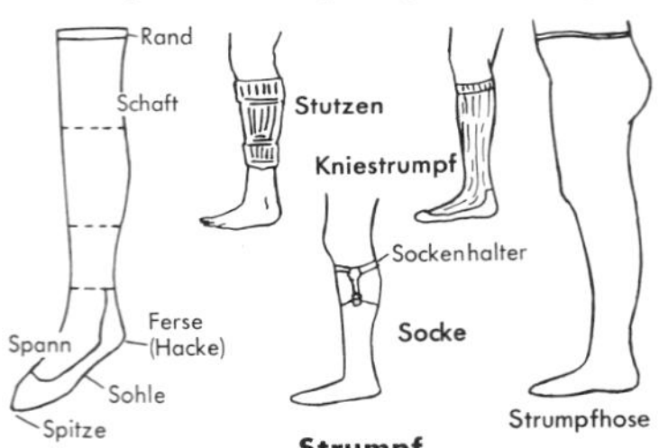

Strumpf

Strumpf·band 中 -〔e〕s/..bänder (ゴムの)靴下どめ.

Strumpf·band≠gür·tel = Strumpfhaltergürtel ≠**nat·ter** 女 〘動〙 ガーターヘビ(蛇).

Strümpf·chen Strumpf の縮小形.

Strümp·fe Strumpf の複数.

Strumpf≠fa·brik[ʃtrʊ́mpf..] 女 靴下工場. ≠**geld** 中《話》蓄えの金, 貯金. ≠**hal·ter** 男 **1** 〘服飾〙 靴下どめ, ガーター. **2** =Strumpfhaltergürtel

Strumpf·hal·ter·gür·tel 男 〘服飾〙 ガーターベルト.

Strumpf·ho·se 女 〘服飾〙(下半身を足の先まですっぽり包む)タイツ; パンティーストッキング(→ 図 Strumpf).

Strümpf·lein Strumpf の縮小形.

Strumpf≠mas·ke 女 ストッキングによる覆面: Männer mit schwarzen ~*n* 黒いストッキングで覆面した男たち. ≠**soh·le** 女 靴下の底. ≠**wa·ren** 複 靴下類. ≠**wir·ker** 男 靴下製造工. ≠**wir·ke·rei** 女 **1**《単数で》靴下製造. **2** =Strumpffabrik

Strumpf·wirk·ma·schi·ne 女 靴下製造機.

Strunk[ʃtrʊŋk] 男 -〔e〕s / Strünke[ʃtrʏ́ŋkə] (小 **Strünk·chen**[ʃtrʏ́ŋkçən], **Strünk·lein**[..laɪn] 中 -s/-) **1** (Baumstrunk) (木の)切り株. **2** (キャベツなどの葉を取り除いたあとの)太く短い茎. **3** 間抜け, だめなやつ. [◇Strauch]

Strun·ze[ʃtrʊ́ntsə] 女 -/-n《北部》(Schlampe) (服装などの)だらしのない女; 自堕落な〈身持ちの悪い〉女.

strun·zen[ʃtrʊ́ntsən] 《02》 自《南西部》 **1** (h) (prahlen) いばる, 自慢する. **2** (h)《話》おしっこをする. **3** (s) 放浪する, うろつき回る. [◇strenzen]

Strup·fe[ʃtrʊ́pfə] 女 -/-n《南部・ｵｰｽﾄﾘｱ》=Strippe 1

strup·fen[ʃtrʊ́pfən] 他 (h)《南部・ｽｲｽ》(abstreifen) (身につけている衣類・装身具などを)脱ぐ. [*mhd.*; ◇Strippe]

Strup·fer[ʃtrʊ́pfər] 男 -s/-《南部》(Pulswärmer) (保温用の)手首おおい, マフィティー.

Strup·per[ʃtrʊ́pər] 男 -s/-《ｽｲｽ》(Schrubber) (長い柄の

ついた)掃除ブラシ, 床ブラシ.

strup·pie·ren[ʃtrupíːrən] 他 (h) (馬を)酷使する.

strup·pig[ʃtrúpɪç]² 形 (毛髪などが)ぼうぼうの, もじゃもじゃの: ein ~*er* Hund もじゃもじゃ毛の犬 | einen ~*en* Bart haben ひげぼうぼうである.
[*mndd.*; ◇straubig, Gestrüpp]

Strup·pig·keit[-kaɪt] 女 -/ struppig なこと.

struw·we·lig[ʃtrúvəlɪç]² 《方》=strubbelig

Struw·wel≈kopf[ʃtrúvəl..] 《方》= Strubbelkopf ≈**pe·ter** 男 -s/- **1** 《単数で》(もじゃもじゃ頭の)シュトルッヴェルペーター(1845年にハインリヒ ホフマン Heinrich Hoffmann 〔1809-94〕の出版した童話絵本およびその主人公の男の子). **2** 《比》もじゃもじゃ頭の物ぐさ太郎.

Struz[ʃtruːts] 男 -es/-e 《北部・中部》(Blumenstrauß) 花束.

Strych·nin[ʃtrʏçníːn, st..] 中 -s/ 《化》ストリキニン, ストリキニーネ. [*fr.*; <*gr.* strýchnos „Nachtschatten"+..in²]

Stuart[ʃtúːart, st.., stjʊət] 男 -s/-s スチュアート家の人(スチュアート家はスコットランドとイギリスの王家).

Stuart≈hau·be 女 《服飾》スチュアート=フード(→ 図 Haube). ≈**kra·gen** 男 《服飾》スチュアート襟(16-17世紀に流行した婦人服の後方が高く立ったひだ襟). [<Maria Stuart (スコットランドの女王, †1587)]

Stub·ben[ʃtúbən] 男 -s/- (**Stub·be**[ʃtúbə] 女 -/-n) **1** 《北部》(Stumpf) (木の)切り株(→ 図 Baum B). **2** 《特に: ベルリン》《話》粗野〈無骨〉な男. [*germ.*; ◇stoßen, Typus, Stüber; *engl.* stub]

Stüb·chen¹[ʃtýːpçən] 中 -s/- シュテューブヒェン(昔の北ドイツの液量単位: 約3-4 *l*).

Stüb·chen² Stube の縮小形.

Stu·be[ʃtúːbə] 女 -/-n (小 **Stüb·chen**[ʃtýːpçən], **Stüb·lein**[..laɪn] 中 -s/-) **1 a)** 部屋(この意味では一般に Zimmer を用いる): Schlaf*stube* 寝室 | Schreib*stube* 事務室 | Wein*stube* ワイン専門の酒場 | **die gute ~**《話》(特別な場合だけに使われる)客間 ‖ 〔immer〕 in der ~ hocken 部屋の中に閉じこもって〔ばかり〕いる | **Nur** 〔**immer**〕 **herein in die gute ~!** / 〔**Immer**〕 **rin in die gute ~!**《話》(訪問客に向かって)さあさあお入りください. **b)** 《スイス》(Wohnstube) 居間.
2 a) (兵営・学生寮などの, 数人用の居間兼寝室の)共同個室: Mannschafts*stube* 兵員室 | die Bewohner von ~ fünf 5号室の居住者. **b)** 《集合的に》a の同室者.
3 《南部》(Zunft) (手工業者などの)同業組合.
[*germ.* „heizbarer Raum"; ◇Typhus, Stove]

Stu·ben≈äl·te·ste[ʃtúːbən..] 男 女 (兵営・学生寮などの共同個室の)室長. ≈**ar·beit** 女 室内〈屋内〉作業. ≈**ar·rest** 男 《話》(罰としての)禁足, 外出禁止: von *jm.* fünf Tage ~ bekommen …から5日間の外出禁止をくらう. ≈**dienst** 男 《軍》室内〈舎内〉勤務. ≈**far·be** 女 《話》(部屋の中に閉じこもってばかりいることからくる)不健康な〈青白い〉顔色. ≈**flie·ge** 女 《虫》イエバエ(家蠅)亜科の昆虫. ≈**ge·lehr·sam·keit** 女 机上の学問. ≈**ge·lehr·te** 男 女 (世事にうとい)書斎学者. ≈**ge·nos·se** 男 同室者, 相部屋の人. ≈**hocker** 男 《話》出無精な人.

Stu·ben·hocke·rei[ʃtuːbənhɔkəráɪ] 女 -/-en 《ふつう単数で》《話》部屋に閉じこもってばかりいること, 出無精.

Stu·ben≈ka·me·rad[ʃtúːbən..] 男 (兵営・寮などでの)同室者. ≈**luft** 女 (外気に対する)室内の空気. ≈**mäd·chen** 中 小間使い.

stu·ben·rein 形 **1** (犬などがしつけがよくて)部屋を汚さない. **2** 《戯》(話題などが)いかがわしくない, 穏当な, お上品な; (政治的・思想的に)穏健な.

Stu·ben≈vo·gel 男 室内〈かごの中〉で飼う鳥(カナリア・オウムなど). ≈**wa·gen** 男 キャスター付きベビーベッド(→ 図).

Stubenwagen

Stü·ber[ʃtýːbər] 男 -s/- **1** ステューバー(昔のオランダの小額貨幣). ᵛ**2** =Nasenstüber
[*mndl.* stūver; <*mndd.* stūf „stumpf"; ◇Stubben; *engl.* stiver]

Stüb·lein Stube の縮小形.

Stubs·na·se[ʃtúps..] =Stupsnase

Stuck[ʃtʊk] 男 -〔e〕s/ (壁面仕上げ・装飾用の)化粧しっくい, スタッコ: *et.*⁴ mit ~ verzieren …を化粧しっくいで装飾する. [*germ.*–*it.* stucco; ◇Stück, stuckieren]

Stück[ʃtʏk] 中 -〔e〕s/-e (小 **Stück·chen**[ʃtʏ́kçən], **Stück·lein**[..laɪn] 中 -s/-) **1 a)** (全体のうちの〔切り離した〕)部分(切片・断片・かけら・塊・区間・区画など): ein ~ Bindfaden 一本の結びひも | ein ~ Brot 一切れのパン | ein ~ Fleisch 一切れ〈一塊〉の肉 | ein ~ Land 一区画の土地 | das letzte ~ des Weges 最後の道程 ‖ ein gutes ~ weiterkommen (仕事などが)かなりはかどる | ein ~ aus *seinem* Buch vorlesen 自著の一部を朗読する | Er weiß ganze ~*e* aus der Odyssee auswendig. 彼はオデュッセイアのかなりの部分を暗唱している | das beste ~ bekommen (全体のなかの)一番よい部分をもらう | Die Möbel bedeuten ihm ein ~ Heimat. これらの家具は彼にとっていわば故郷の一部(故郷を思い起こさせるもの)である | *sich*³ von *jm.* 〈*et.*³〉 ein ~ abschneiden 〔können〕《話》…を自分のいいお手本とする〔ことができる〕 | Davon kannst du dir ein ~ abschneiden. それは君のいいお手本になるぜ ‖ **in ~*e* gehen** 《話》割れる, 砕ける; 《比》使いものにならなくなる | *et.*⁴ in ~*e* reißen …をびりびりに裂く | ***sich***⁴ **für *jn.* in ~*e* reißen lassen** 《比》…のために身を粉にしてつくす | *et.*⁴ in kleine ~*e* schneiden …を細かく切り分ける | Der schöne Teller ist in hundert 〈tausend〉 ~*e* zersprungen. その美しい皿は粉々に割れた.
b) (元来は全体の一部であっても, 比較的まとまりのある一個の全体として意識されるもの): ein ~ Papier 一枚の紙 | Grund*stück* 地所 ‖ ein schweres ~ Arbeit《話》きつい仕事 | ein 〔hübsches〕 ~ Geld《話》かなりの大金 ‖ das wertvollste ~ der Sammlung コレクションのなかで最も貴重なもの | Der Mantel ist mein bestes ~. このコートは私のもっているなかで一番いいものだ ‖ Käse am 〈im〉 ~ kaufen チーズをまるごと(塊のまま)買う | Das Kleid ist aus einem ~ gearbeitet. このドレスは一枚の布地で作られている.
c) 《次の成句で》**große ~*e* auf *jn.* halten**《話》…を高く評価する | *sich*³ große ~*e* einbilden《話》大いにうぬぼれる | **kein ~**《話》全然〈これっぽっちも〉…でない | Daran ist kein ~ wahr. それはまったくのでたらめだ ‖ **an einem ~**《話》絶え間なく, ぶっ通しで | **aus freien ~*en*** 自由意志で, 自発的に | Sie half aus freien ~ *en.* 彼女は自分から進んで手伝ってくれた | **in einem ~**《話》絶え間なく, ぶっ通しで | **in allen 〈vielen〉 ~*en*** あらゆる〈多くの〉点で.
2 《単位としてはふつう無変化》(略 St.) …個(その他…枚, …部, …冊, …頭など): drei ~ Butter バター3個(1個はふつう250グラムの塊) | zehn ~ Eier 卵10個 | zwölf ~ Vieh 家畜12頭 | Er nahm drei ~ 〈~*e*〉 Zucker in den Kaffee. 彼はコーヒーに砂糖を3個入れた | Die Apfelsinen kosten 30 Pfennig das ~ 〈pro ~〉. オレンジは1個30ペニヒする ‖ ~ für ~ 一つ一つ | nach 〔dem〕 ~ bezahlen 出来高(製品の個数)に応じて支払う.
3 a) 《話》行為, 仕打ち: Gauner*stück* 詐欺, ぺてん, 悪事 | Glanz*stück* りっぱな仕事, 妙技 | Husaren*stück* 無鉄砲な行為, 向こう見ずな冒険 ‖ *sich*³ ein tolles ~ leisen とんでもないことをしでかす | **ein starkes ~ sein**《話》あまりにもひどい〈恥知らずな〉行いである | **ein ~ aus dem Tollhaus sein** ひどい〈いやな・理解に苦しむ〉ことである. **b)** 《話》人間, やつ: ein freches ~ ずうずうしいやつ | Weibs*stück* 女, あま ‖ Vati ist Muttis bestes ~. パパはママの最愛の人さ | ~ Malheur (→Malheur)
4 (芸術作品) **a)** (Musikstück) 楽曲: Klavier*stück* ピアノ曲 | Übungs*stück* 練習曲 ‖ Er spielt gern ~*e* von Schumann. 彼はシューマンの曲を好んで演奏する. **b)** (Theaterstück) 芝居, 戯曲: Charakter*stück* 性格劇 | Tendenz*stück* 傾向劇 ‖ ein ~ von Brecht aufführen 〈auf die Bühne bringen〉 ブレヒトの戯曲を上演する | Er spielt die Hauptrolle in diesem ~. 彼はこの芝居で主役を演じる. ᵛ**c)** 絵画: Blumen*stück* 花の絵 | See*stück* 海を描い

S

た作品, 海洋画.
5《複数で》(Wertpapiere)〔商〕有価証券, 株券.
6 (Geldstück) 貨幣, 硬貨: Fünfmark*stück* 5マルク硬貨.
7 (Geschütz) (初期の)大砲, 大筒(→ 図).
[*germ.*; ◇stoßen, Stock]

Stück

Stuck·ar·beit[ʃtʊ́k..] 女 化粧しっくい細工〈仕上げ〉.
Stück·ar·beit[ʃtʏ́k..] 女 出来高払いの〔請負〕仕事.
Stuck·ar·bei·ter[ʃtʊ́k..] 男 化粧しっくい専門職人〈細工師〉.
Stück·ar·bei·ter[ʃtʏ́k..] 男 出来高払いで仕事をする労働者.
Stucka·teur = Stukkateur
Stucka·tur = Stukkatur
Stück·chen Stück の縮小形.
Stuck·decke[ʃtʊ́k..] 女 化粧しっくいの天井.
stückeln[ʃtʏ́kəln]《06》他 (h) **1 a)** 細かく刻む, 寸断する; 細分する. **b)**〔商〕(公債・株式などをさまざまな額面に)分割する. **2 a)** (細片などを)継ぎ合わせる. **b)** (衣類などに)つぎを当てる. [<Stück]
Stücke·lung[ʃtʏ́kəlʊŋ] (**Stück·lung**[..klʊŋ]) 女 -/-en **1**《単数で》stückeln すること. **2**〔商〕(有価証券の)額面価格.
stucken[ʃtʊ́kən] 自 (h)《オーストリア》《話》(büffeln) がり勉する. [<stocken]
stücken[ʃtʏ́kən] = stückeln
Stücken·far·be 女 固形絵の具.
Stücker[ʃtʏ́kər] 複《話》(etwa) 約…個: 〔ein〕 ～ sieben 7個ばかり (Stücker はもともと複数形ではなく ein *Stück oder* sieben の縮約).
stuckern[ʃtʊ́kərn]《05》自《北部》**1** (h) (stochern) (とがったもので)つつく, ほじる. **2 a)** (h) (車が)ガタガタゆれる. **b)** (s) ガタガタゆれて走る. [< *mndd.* stūken „stoßen" (◇stauchen)]
Stücke·schrei·ber[ʃtʏ́kə..] 男 **1** 脚本家, 劇作家, シナリオライター. **2**《軽蔑的に》三文劇作家, へたな台本書き.
Stück≈faß[ʃtʏ́k..] 中 ぶどう酒樽(だる)(容量 1200 l). **≈grö·ße** 女 (商品の)サイズ. **≈gut** 中 ばら売りの商品;〔鉄道・海〕小口扱い貨物.
stuckie·ren[ʃtʊkíːrən] 他 (h) (…に)化粧しっくいを塗る, (…を)化粧しっくいで仕上げる. [*it.*; ◇Stuck]
stückig[ʃtʏ́kɪç][2] 形 (鉱石などが)塊状の.
Stück≈kauf[ʃtʏ́k..] 男 (Spezieskauf)〔商〕個別売買. **≈knecht** 男 (昔の軍艦の)砲手. **≈koh·le** 女〔坑〕塊炭. **≈ku·gel** 女 (昔の)球形砲弾(→ 図 Stück).
Stück·lein Stück の縮小形.
Stück≈li·ste[ʃtʏ́k..] 女 部品明細表. **≈lohn** 男 (製品の個数に応じて支払われる)出来高払い賃金.
Stück·lung = Stückelung
Stück≈pfor·te 女 (昔の軍艦の)砲門(舷側(げんそく)にある大砲用の射撃口). **≈ver·zeich·nis** 中 = Stückliste
stück·wei·se 副 (→..weise ★)一つ一つ; 少しずつ: *et.*[4] ～ verkaufen …をばら売りする.
Stück≈werk 中 不完全な仕事; 中途半端なもの: Unser Wissen ist nur ～. 我々の知識など知れたものだ. **≈zahl** 女 個数. **≈zeit** 女 (製品などの)一個の仕上げに要する時間. **≈zin·sen** 複〔商〕補充利息(有価証券売買に関して, 前回の利息支払日から売買成立日までの利子分のこと. ふつう売買時に清算される). **≈zucker** 男 -s/ 角砂糖.
stud.[ʃtuːt, ʃtʊt] 略 = **stud**iosus 大学生: ～ medicinae [meditsíːnɛ·] (略 med.) 医学部学生 | ～ philosophiae [filozóːfiɛ·] (略 phil.) 文学部学生.
Stu·dent[ʃtudɛ́nt] 男 -en/-en (女 **Stu·den·tin** → 別出) 大学生: ein ～ der Medizin 〈der Philosophie〉 医学部〈哲学専攻〉の学生 | ein ewiger ～《話》万年学生 | Fern*student* 通信教育受講学生 | Werk*student* アルバイト学生.
★ オーストリア・スイスでは高等学校の生徒 (Schüler) も Student ということがある.
[*mlat.*–*mhd.*; < *lat.* studēre (→studieren); ◇Studium]
Stu·den·ten≈aus·schuß 男 学生委員会: Allgemeiner ～ (略 AStA) (各大学の)学生自治会. **≈aus·tausch** 男 (大学間・国家間などの)学生交換. **≈aus·weis** 男 学生証: ein internationaler ～ 国際学生証. **≈be·we·gung** 女 学生運動. **≈blu·me** 女〔植〕センジュギク(千寿菊)属. **≈bu·de** 女《話》学生の下宿部屋. **≈de·mo** 女, **≈de·mon·stra·tion** 女 学生デモ. **≈dorf** 中 (大学生用の集合住宅からなる)学生村. **≈ehe** 女 学生結婚(大学生間の婚姻). **≈fut·ter** 中《話》学生用のえさ〈飼料〉(学生が講義の合間に空腹を満たすための干しぶどう・クルミ・アーモンドの類を指す). **≈ge·mein·de** 女 (キリスト教の)学生団体(カトリックと新教と別個に存在し, いずれもリーダーとして Studentenpfarrer が正式に任命されている). **≈haus** 中 学生会館. **≈heim** 中 学生寮, 学生用寄宿舎. **≈knei·pe** 女 学生酒場. **≈le·ben** 中 学生生活. **≈lied** 中 学生歌. **≈müt·ze** 女 (学生組合所属の大学生がかぶる)学生帽(組合によって色が異なる). **≈pfar·rer** 男 大学牧師(カトリックでは Bischof, 新教では Landeskirche によって任命される: →Studentengemeinde). **≈re·vol·te** 女 (既存の体制を批判する)大学生の反乱〈暴動〉.
Stu·den·ten·schaft[ʃtudɛ́ntənʃaft] 女 -/-en《集合的に》大学生; (ある大学・ある土地の)学生全体.
Stu·den·ten≈spra·che 女 学生〔用〕語, 学生ことば. **≈streik** 男 学生ストライキ. **≈un·ru·hen** 複 (既存の体制を批判する)学生騒動. **≈ver·bin·dung** 女 学生組合(その萌芽は17–18世紀から見られるが, 特に19世紀の初頭以降, 当時の自由主義の波に乗って各地の大学で結成され, 一時は政治的に過激化して弾圧されたこともあるが, のちに次第に反動化した. 現在は学生相互の, また先輩と後輩との親睦をはかる団体となって, もはや昔日の面影はない: →Burschenschaft). **≈vier·tel**[..fɪrtəl] 中 学生街. **≈werk** 中 学生相互扶助会. **≈wohn·heim** = Studentenheim **≈zeit** 女 学生時代.
Stu·den·tin[ʃtudɛ́ntɪn] 女 -/-nen (Student の女性形) 女子学生.
stu·den·tisch[ʃtudɛ́ntɪʃ] 形 大学生の; 大学生に関する: eine ～*e* Korporation 〈Verbindung〉 学生組合.
Stu·die[ʃtúːdiə] 女 -/-n **1** (学術上の予備作業的な)研究〈調査〉〔論文〕. **2 a)**〔美〕習作, 下絵. **b)** (文学作品などの)草案.
Stu·di·en Studie, Studium の複数.
Stu·di·en≈ab·bre·cher[ʃtúːdiən|apbrɛçər] 男 -s/- 大学中退者. **≈an·stalt** 女 (昔の)女子高等学校. **≈as·ses·sor** 男 (女 **≈as·ses·so·rin** -/-nen) 高等学校二級教諭(職階名). **≈auf·ent·halt** 男 勉学〈研究・調査〉のための滞在, 留学. **≈aus·ga·be** 女 大学生用廉価版. **≈be·ra·tung** 女 (大学での学生に対する)学習指導. **≈buch** 中 (大学生の)聴講証明簿. **≈di·rek·tor** 男 高等学校教頭(職階名; 旧東ドイツでは功績のあった専門学校教師に与えられた名誉称号). **≈freund** 男 (女 **≈freun·din**) 大学時代の友人. **≈ge·büh·ren** 複 (大学の)授業料. **≈ge·nos·se** 男 学生仲間.
stu·di·en·hal·ber 副 大学での勉学のために; 研究〈調査〉のために.
Stu·di·en≈jahr 中 -〔e〕s/-e **1** (夏学期と冬学期からなる大学の)学年. **2**《ふつう複数で》学生時代. **≈kol·leg** 中 (入学を希望する外国人のため大学に設けられている)入学準備講習会〔制度〕. **≈kol·le·ge** 男 (大学での)学生仲間. **≈plan** 男 **1** (Lehrplan) (大学での)カリキュラム. **2** 研究〈調査〉計画. **≈platz** 男 (各大学で学生定員として認める)学生の在籍権: Unser Sohn hat leider keinen ～ bekommen. うちの息子は残念ながら大学に入れなかった. **≈pro·fes·sor** 男 **1** (高等学校の)教科教育法教授(見習教諭に講義と試験を行う教師の職階名: →Studienreferendar). **2** 高等学校教授(バイエルン州などで年功ある高等学校教諭に与

えられる称号: →Studienrat). ≈**rat** 男 -[e]s/..räte (女 ≈**rä·tin** -/-nen) 高等学校正〈一級〉教諭(職階名). ≈**re·fe·ren·dar** 男 (女 ≈**re·fe·ren·da·rin** -/-nen) 高等学校見習教諭 (Studienassessor の下の職階名). ≈**re·form** 女 大学改革. ≈**rei·se** 女 研究〈調査〉旅行. ≈**zeit** 女 (大学での)勉学期間. ≈**zweck** 男 (大学での)勉学の目的; 研究〈調査〉の目的: für ~*e* / zu ~*en* 大学での勉学のために; 研究〈調査〉のために.

stu·die·ren[ʃtudíːrən] **I** 自 (h) 大学で勉強する, 大学生である; 研究学問をする: Er *studiert* in Berlin 〈an der Hochschule für Musik in Berlin〉. 彼はベルリンの大学〈ベルリンの音楽大学〉に在学している | Sie hat drei Jahre 〈6 Semester〉 *studiert.* 彼女は3年間〈6学期間〉大学で学んだ | Ein voller Bauch *studiert* nicht gern. (→Bauch 1 a) ‖ der 〈die〉 *Studierende* 大学生 | Probieren geht über *Studieren.* (→probieren 1 a).

II 他 (h) **1** (大学で…を)勉強〈専攻〉する: Jura 〈Medizin〉 ~ 法律学〈医学〉を専攻する. **2** 研究する, 詳しく調べる〈検討する〉; (演奏・演技の目的で)勉強〈練習〉する: die sozialen Probleme Deutschlands ~ ドイツの社会問題を研究〈調査〉する | die Speisekarte ~《話》(料理を注文する前に)メニューをよく読む | die Zeitung ~《話》新聞をすみからすみまで読む | *seine* Rolle ~ (俳優が)自分の役をよく研究する.

III stu·diert 過分 形《ふつう付加語的》大学で勉強した, 大学教育を受けた: eine ~*e* Frau 大学出の女性 | der 〈die〉 *Studierte* 大学教育を受けた人.

[*lat.* studēre „sich bemühen"–*mlat.*–*mhd.*; ◇Studium]

Stu·dier≈lam·pe[ʃtudíːr..] 女 勉強〈読書〉用電気スタンド. ≈**stu·be** 女, ≈**zim·mer** 中 書斎, 勉強部屋.

Stu·di·ker[ʃtúːdikər] 男 -s/-《話》=Student

Stu·dio[1][ʃtúːdioˑ] 中 -s/-s **1** (画家・彫刻家・写真家などの)仕事場, アトリエ, スタジオ. **2** (ラジオ・テレビの)スタジオ; (映画の)スタジオ, 撮影所; (レコードの)録音室; (音楽・舞踊・演劇などの)練習室〈場〉. **3** =Studiobühne **4** 一部屋からなる住居. [*lat.* studium–*it.*]

Stu·dio[2][–] 男 -s/-s《戯》=Student

Stu·dio≈auf·füh·rung[ʃtúːdio..] 女《劇》実験上演, 研究公演. ≈**büh·ne** 女《劇》**1** 実験劇場. **2** 実験的な試演, スタジオ公演. ≈**film** 男 (8ミリ・16ミリなどの短編の)実験映画.

Stu·dio·sus[ʃtudióːzʊs] 男 -/..si[..ziˑ]《戯》(Student) 大学生. [*lat.* „eifrig"; ◇..os]

Stu·dium[ʃtúːdiʊm] 中 -s/..dien[..diən] **1**《単数で》(大学での)勉学: das medizinische ~ / das ~ der Medizin (大学での)医学の勉強 | Fach*studium* 専門課目〈課程〉の勉学 ‖ *sein* ~ abbrechen 〈abschließen〉 大学での勉学を中断〈終了〉する | mit dem ~ beginnen 大学での勉学を始める. **2** 研究, (詳しい)調査, 検討: gründliche *Studien* der historischen Quellen 史料の徹底的調査 | *seine Studien* machen (人や事物について)つぶさに観察〈検討〉する. [*lat.* „eifriges Streben"; < *lat.* studēre (→studieren); ◇*engl.* study]

Stu·dium ge·ne·ra·le[ʃtúːdiʊm genəráːlə, – generáːleˑ, st.. –] 中 --/ **1** 一般学習(中世における大学の初期形態). **2** (大学における各学部共通の)一般教養課目〔の講義〕. [*mlat.*]

Stu·fe[ʃtúːfə] 女 -/-n **1 a)** (はしご・階段などの)段, 踏み段: eine breite 〈schmale〉 ~ 幅の広い〈狭い〉段 | eine hohe 〈niedrige〉 ~ 高い〈低い〉段 | eine ausgetretene ~ 踏みへらされた段 | die oberste 〈unterste〉 ~ 最上〈最下〉段 | die dritte ~ von oben 〈unten〉 上〈下〉から3番目の段 ‖ Er nimmt immer zwei ~*n* auf einmal. 彼は階段をかならず1段おきにかけあがる | Er hat in seinem Beruf die höchste ~ erreicht. 彼は彼の職業での最高の地位を手に入れた ‖ Vorsicht ~! 段差〈階段〉あり注意. **b)**《複数で》階段: die ~*n* des Altars 〈des Thrones〉 祭壇〈王座〉のきざはし ‖ die ~*n* hinaufgehen 〈hinuntergehen〉 階段をのぼる〈おりる〉 | die ~*n* zum Ruhm erklimmen《比》名声〈栄光〉への階段をのぼりつめる ‖ mit ~*n* geteilt《紋》階段状に横〔2〕分割された.

2 段階, 程度; 階層, 等級, 階級: Entwicklungs*stufe* 発展段階 | Rang*stufe* 位階, 順位 | Vor*stufe* 前段階 | Ober*stufe* 〈Mittel*stufe* / Unter*stufe*〉 einer Schule 学校の上級〈中級・下級〉 | die höchste ~ des Glücks 〈der Vollkommenheit〉 幸福の絶頂〈最高の完成度〉 ‖ Seine Bildung steht auf einer niedrigen 〈sehr hohen〉 ~. 彼の教養は程度が低い〈非常に高い〉 | **mit** *jm.* **auf einer** 〈**der gleichen**〉 **~ stehen** …と同等である | *jn.* **mit** *jm.* **auf eine** 〈**die gleiche**〉 **~ stellen** …を…と同等に扱う | Man darf die modernen Dichter und die Klassiker nicht auf eine ~ stellen. 近代の詩人と古典作家を同じレベルのものと考えてはならない.

3 a) (Tonstufe)《楽》〔音〕度. **b)** (色彩の)濃淡. **c)**《言》(形容詞比較変化の)級. **d)**《地》階(年代層序区分の基礎的単位). **e)**《服飾》フリル.

4《坑》鉱塊.

[*ahd.*; ◇Staffel]

stu·fen[ʃtúːfən] 他 (h) 《*et.*[4]》 **1** (…に)段をつける: terrassenartig *gestuft* テラス状に段をなした. **2** 段階〈階層・等級〉に分ける: *et.*[4] nach bestimmten Merkmalen ~ …を一定の特徴に従って分類する.

stu·fen·ar·tig =stufenförmig

Stu·fen≈bar·ren 複《体操》段違い平行棒. ≈**fol·ge** 女 **1** (段階の)順序, 順位, 等級. **2** 段階的推移〈発展〉, 漸進.

stu·fen·för·mig 形 **1** 段状の, 階段状の. **2**《比》段階的な, 漸次の.

Stu·fen≈funk·tion 女《数・理》階段関数. ≈**gang** 男 =Stufenfolge ≈**lei·ter** 女 **1** 段ばしご; 《比》(官職・地位などの)諸段階, 位階; (成功・出世への)道, 手段: die ~ zum Erfolge 成功への道 | auf der ~ des Erfolges emporsteigen 立身出世する. **2**《生》(生物の下等から高等への)段階系列.

stu·fen·los[ʃtúːfənloːs][1] 形《工》無段階の, 無段式の.

Stu·fen≈pres·se 女《工》多段式水圧プレス. ≈**py·ra·mi·de** 女 階段式ピラミッド. ≈**ra·ke·te** 女 多段式ロケット. ≈**schal·ter** 男《電》順序スイッチ. ≈**theo·rie** 女《経》(経済発展に関する)段階説.

stu·fen·wei·se 副 (→..weise ★)段階的に, だんだんに, 徐々に: nicht auf einmal, sondern ~ いちどきにではなく段階的に.

stu·fig[ʃtúːfɪç][2] 形 段になった, 階段状の.

..stufig[..ʃtuːfɪç][2]《数詞などにつけて「…段ある」を意味する形容詞をつくる》: ein*stufig* 1段〔式〕の | mehr*stufig* 数段の; 多段〔式〕の | fünf*stufig* (5 *stufig* と書くこともある) 5段〔式〕の.

Stu·fung[ʃtúːfʊŋ] 女 -/ **1** stufen すること. **2** stufen されていること.

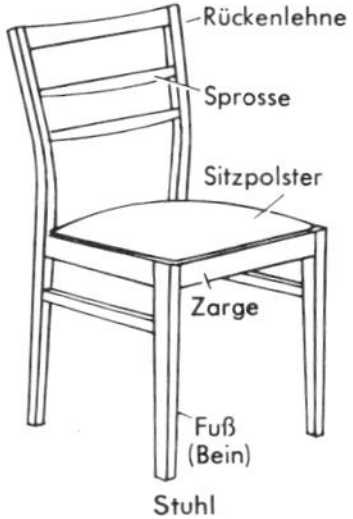

Stuhl

Stuhl[ʃtuːl] 男 -[e]s/ Stühle[ʃtýːlə] (小 **Stühl·chen**[ʃtýːlçən] 中 -s/-) **1 a)** (英: *chair*) (一人用の, ふつう背もたれのついた)いす(椅子), 腰かけ: ein harter 〈gepolsterter〉 ~ 固い〈クッションのついた〉いす | ein drehbarer ~ / Dreh*stuhl* 回転いす | **der elektrische ~** (死刑執行用の)電気いす | *jn.* auf dem elektrischen ~ hinrichten …を電気いすで処刑する | **ein heißer ~**《若者語》オートバイ, モペット | Arm*stuhl* ひじ掛けいす | Großvater*stuhl* 大型の安楽いす | Liege*stuhl* 寝いす | Roll*stuhl* 車いす ‖ *jm.* einen ~ anbieten …(客など)にいすをすすめる | *jm.* **den ~ vor die Tür setzen** 〈stellen〉《比》…を家から追い出す; …を解雇する, …をくびにする ‖ **auf** einem ~ sitzen いすに腰をかけている | *sich*[4] auf einen ~ setzen いすに腰をおろす | **beinahe** 〈**fast**〉 **vom ~ fallen**

S

《話》いすから転げ落ちるほどびっくりする | ***jn.* vom ～ reißen** 〈**hauen**〉《話》…を(いすから転げ落ちるほど)びっくりさせる, …を感服させる | Mich haut's 〈Das haut mich〉 vom ～!《話》こいつはおったまげた | **mit *et.*³ zu ～〔*e*〕 kommen**《話》…をうまく処理する〈片づける〉 | **zwischen zwei 〈den〉 *Stühlen* sitzen**《比》あぶはち取らずである | ***sich*⁴ zwischen zwei *Stühle* setzen**《比》(二またをかけて)あぶはち取らずになる, 二兎(と)を追って一兎をも得ない. **b)** (いすに象徴される重要な)職席, 職, 地位: der Heilige 〈Päpstliche / Apostolische〉 ～〘カトリック〙教皇座 | der ～ des Richters 判事の職 | Lehr*stuhl* (大学の)講座.

☆ 類語: Bank (ベンチ), Sofa (ソファー), Diwan (寝いす), Sessel (ひじ掛けいす, 安楽いす), Schemel, Hocker (スツール)など. オーストリアでは Stuhl の意味で Sessel を用いる.

2《単数で》〘医〙(Stuhlgang) **a)** 便通, 排便: Haben Sie heute schon ～ gehabt? きょうはもうお通じがありましたか. **b)** (人間の)〔大〕便: blutiger ～ 血便 | weicher ～ 軟便 ‖ den ～ untersuchen 便を検査する.

3 a) (Nachtstuhl) (寝室・病室用の)いす状便器. **b)** (Behandlungsstuhl) (歯科用など位置の調節のできる)診療チェア. **c)** (Webstuhl)〘織〙機(はた), 織機. **d)** (Dachstuhl)〘建〙小屋組み. **e)** (Glockenstuhl) 鐘架.

[*germ.* „Gestell"; ◇stehen; *engl.* stool]

Stuhl·bein[ʃtúːl..] 中 いすの脚.

Stühl·chen Stuhl の縮小形.

Stuhl·drang[ʃtúːl..] 男 -〔e〕s/ 便意.

Stüh·le Stuhl の複数.

Stuhl≈ent·lee·rung[ʃtúːl..] 女 便通, 排便. **≈fei·er** 女 -/ 〘カトリック〙Petri ～ / ～ Petri 聖ペトロの使徒座の祝日(2月22日).

stuhl·för·dernd 形 便通を促進する, 催便性の.

Stuhl≈gang 男 -〔e〕s/ 便通, 排便; 便: harter 〈weicher〉 ～ 固い〈軟らかい〉便 ‖ ～ haben 便通がある | keinen ～ haben 便通がない ‖ der ～ der Seele《比》うさ晴らし, うっぷん晴らし. **≈ge·richt** 中 ＝Feme **≈kis·sen** 中 いすのクッション. **≈leh·ne** 女 いすの背〔もたれ〕. **≈sitz** 男 いすの座部. **≈träg·heit** 女 便秘. **≈un·ter·su·chung** 女 糞便(ふんべん)検査, 検便. **≈ver·hal·tung** 女, **≈ver·stop·fung** 女 便秘, 秘結. **≈zäpf·chen** 中〘薬〙催便座薬. **≈zwang** 男 -〔e〕s/ (排便の際の)しぶり.

Stu·ka[ʃtúːka·, ʃtúka·] 男 -s/-s (＜Sturzkampfflugzeug)〘軍〙急降下爆撃機.

Stu·ka·an·griff[ʃtúːka..] 男 急降下攻撃〈爆撃〉.

Stu·kel[ʃtúːkəl] 男 -s/-n《北部》(Krüppel) 不具者.

stu·ken[ʃtúːkən] 他 (h)《北部》**1** (tauchen) (液体に)浸す. **2** (stupsen)《*jn.*》軽く押す, つつく: *jn.* in die Seite ～ …のわき腹をつつく. [*mndd.*; ◇stauchen]

Stuk·ka·teur[ʃtʊkatǿːr] 男 -s/-e (Stuckarbeiter) 化粧しっくい専門職人〈細工師〉.

[*it.* stuccatore－*fr.* stucateur; ◇stuckieren]

Stuk·ka·tur[..túːr] 女 -/-en (Stuckarbeit) 化粧しっくい細工〈仕上げ〉. [＜..ur]

Stul·le[ʃtólə] 女 -/-n《北部》(バターを塗ったり, チーズ・ハム・ソーセージなどをのせた)オープンサンドイッチ. [*ndl.* stul „Brocken"]

Stulp·är·mel[ʃtólp..] ＝Stulpenärmel

Stul·pe[ʃtólpə] 女 -/-n **1** (そで口・手袋・長靴などの〔装飾用〕)折り返し: die ～*n* eines Oberhemdes ワイシャツのカフス | Stiefel mit ～*n* 折り返しつきの長靴〈深靴〉. **2**《北部》(Deckel) (なべ・つぼなどの)ふた. [*ndd.*]

stül·pen[ʃtʏ́lpən] 他 (h) **1 a)** 折り返す: *et.*⁴ nach außen 〈innen〉 ～ …を外側〈内側〉へ折り返す | die Lippen nach vorn ～ (不満そうに)唇を突き出す ‖ eine *gestülpte* Nase (外側に)反った〈しゃくれた〉鼻. **b)** (内側を外へ折り返して中身を)外に出す: Er *stülpte* alles aus seiner Jackentasche auf den Tisch. 彼は上着のポケットを裏返して中身を全部テーブルの上に置いた. **2**《*et.*⁴ auf 〈über〉 *et.*⁴》(…を…の上に)かぶせる: *sich*³ den Hut auf den Kopf ～ 帽子を頭にかぶる. [*mndd.*; ◇stellen, stolpern]

Stul·pen≈är·mel[ʃtólpən..] 男 折り返しのあるそで口. **≈hand·schuh** 男 折り返しのある手袋. **≈stie·fel** 男 (外側へ)折り返しのある長靴〈深靴〉.

Stulp·hand·schuh[ʃtólp..] ＝Stulpenhandschuh

Stülp·na·se[ʃtʏ́lp..] 女 (外側に)反った〈しゃくれた〉鼻.

Stulp·stie·fel[ʃtólp..] ＝Stulpenstiefel

stumm[ʃtʊm] **I** 形 **1 a)** (生まれつき)口のきけない, おし(唖)の; (一時的に)ものが言えない; 無言の, 沈黙した: taub*stumm* 聾唖(ろうあ)の | stock*stumm* 全く口のきけない; おし黙った | ～ wie ein Fisch (→Fisch 1 a) ‖ ein ～*es* Kind 口のきけない〈おしの〉子供 | eine ～*e* Person〘劇〙せりふのつかない端役 | eine ～*e* Rolle (芝居・映画などで)せりふのない役 | ein ～*es* Spiel 黙劇, 無言劇, だんまり | ein ～*er* Vorwurf 無言の非難 | ein ～*er* Diener《比》食器〈配膳(はいぜん)〉台, サイドテーブル; (玄関などの)コート掛け ‖ Er ist ～ von Geburt 〔an〕. 彼は生まれつき口がきけない | Er war ～ vor Freude 〈Schreck〉. 彼はうれしくて〈びっくりして〉口がきけなかった | Alle blieben ～. 一同沈黙したままであった | ～ wie ein Grab bleiben 〈sein〉 (→Grab) | ***jn.* ～ machen**《俗》…を殺す | ～ werden 無口になる | Besser ～ als dumm.《諺》ばかなことを言うくらいなら黙っているほうがましだ | Das Telefon ist ～. (故障で)電話のブザー音が鳴らない ‖ *jm.* ～ zuhören …のことばに黙って耳を傾ける. **b)**〘言〙発音されない, 黙音の: ein ～*er* Laut 黙音 | ein ～*es* e 黙音の e.

2〘医〙無症状の: eine ～*e* Infektion 無症状感染, 不顕〔性〕感染.

3 (地図などが)文字や記号の説明のない.

II Stum·me 男 女《形容詞変化》口のきけない〈おしの〉人.

[*ahd.*; ◇stemmen, stammeln]

Stum·mel[ʃtóməl] 男 -s/- (⑭ **Stum·mel·chen**[−çən], **Stüm·mel·chen**[ʃtʏ́məlçən] 中 -s/-) (ろうそく・巻きタバコなどの使用後の)残りの端, 切れ端, 残片: der ～ einer Zigarre 葉巻の吸いさし | Kerzen*stummel* ろうそくの燃えさし ‖ den ～ quälen《戯》タバコを吸う. [*mhd.*; ＜*ahd.* stumbal „verstümmelt" (◇Stumpf)]

Stum·mel·af·fe 男〘動〙ゲレザ, ミノザル.

stüm·meln[ʃtʏ́məln]《06》他 (h) **1** (樹木を)思いきって刈り込む; (畑を)はじめてすき返す. ▽**2** ＝verstümmeln

Stum·mel≈pfei·fe[ʃtóməl..] 女 (喫煙用)短いパイプ. **≈schwanz** 男 (犬などの)切りつめた尾.

Stumm·film[ʃtóm..] 男 (↔Tonfilm)〘映〙無声〈サイレント〉映画.

Stumm·film·zeit 女 -/ 無声映画時代.

Stumm·heit[ʃtómhaɪt] 女 -/ stumm なこと.

Stump[ʃtʊmp] 男 -s/-e《北部・中部》＝Stumpf

Stümp·chen Stumpen の縮小形.

Stum·pe[ʃtómpə] 男 -n/-n《方》＝Stumpf

Stum·pen[ʃtómpən] 男 -s/- (⑭ **Stümp·chen**[ʃtʏ́mpçən], **Stümp·lein**[..laɪn] 中 -s/-) **1** フェルト帽の基部〈ボディー〉. **2** 両切りの葉巻タバコ(→ ⑳ Tabak). **3**《南部》＝Stumpf

Stüm·per[ʃtʏ́mpər] 男 -s/- (⑳ **Stüm·pe·rin**[..pərɪn] -/-nen) 不器用者, へまなやつ, 能なし: Wo kein Meister ist, da gelten die ～.《諺》名人がいなければ能なしが幅をきかす. [*mndd.*; ◇Stumpf]

Stüm·pe·rei[ʃtʏmpəráɪ] 女 -/-en 不器用〈へたくそ〉な仕事; 拙劣な作品.

stüm·per·haft[ʃtʏ́mpərhaft] 形 不器用な, へまな; 不細工な, へたくそな, 拙劣な: eine ～*e* Arbeit 拙劣〈不細工〉な仕事.

Stüm·pe·rin Stümper の女性形.

stüm·pern[ʃtʏ́mpərn]《05》自 (h)《話》不器用〈へたくそ〉な仕事をする: auf dem Klavier ～ ピアノをへたくそに弾く.

stumpf[ʃtʊmpf] 形 **1 a)** (↔scharf) (刃物などが)鈍い, なまくらな, 切れ味のなまった: ein ～*es* Messer 切れ味の悪いナイフ | ein ～*es* Schwert なまくら, 鈍刀 ‖ Die Rasierklinge ist ～ geworden. このかみそりの刃は切れ味が悪くなった. **b)** (↔spitz) とがっていない, 先端の丸くなった〈欠けた〉: ein ～*er* Bleistift 先の丸くなった鉛筆 | eine ～*e* Nase / ein ～*es* Näschen だんご鼻 | ein ～*er* Winkel〘数〙鈍角. **c)**

〖数〗切頭の: ein ～*er* Kegel 切頭円錐(えんすい), 円錐台 | eine ～*e* Pyramide 切頭角錐.
2 (感覚の)鈍った, 鈍感〈無感覚〉な; 無関心〈無気力・無表情〉な, ぼんやりした, うつろな: ein ～*er* Blick うつろな〈無表情な〉目つき | ～*e* Sinne haben 無感覚になっている, 鈍感である ‖ gegen *et.*⁴ 〈gegenüber *et.*³〉 ～ sein …に対して無感覚になっている; …に無関心である ‖ ～ vor *sich*⁴ hin blicken 〈starren〉 うつろな視線を宙にすえる.
3 a) (色の)にぶい, さえない, 光沢のない: ～*e* Seide 光沢のない絹 | Ihr Haar ist ～. 彼女の髪の毛はつやがない. **b)** (味が)ぴりっとしない, 気の抜けた; 《比》味気ない, つまらない: Das Gewürz ist ～ geworden. この薬味は味が抜けてしまった.
4 (männlich) 〖詩〗男性〔韻〕の: ein ～*er* Reim 男性韻 (→Reim 1).
[„verstümmelt"; *mhd.*; ◇Stumpf]

Stumpf[ʃtʊmpf] 男 -〔e〕s/Stümpfe[ʃtʏmpfə] (小 **Stümpf·chen**[ʃtʏmpfçən], **Stümpf·lein**[..laɪn] 中 -s/-) **1** (切断・磨滅などによって主要部分を失ったあとの)残基部, 残片; (Baumstumpf) 切り株(→ 図 Baum B); (手足を切断したあとの)断端; (歯の)残根: **mit ～ und Stiel** 《比》根こそぎ, 完全に | die Korruption mit ～ und Stiel beseitigen 〈ausrotten〉 道徳的腐敗の根を絶つ. **2** ＝Stummel
[*ahd.*; ◇Stab, Stummel, Stümper, stumpf; *engl.* stump]

stụmp·fen[ʃtʊ́mpfən] ＝abstumpfen I
Stụmpf·heit[ʃtʊ́mpfhaɪt] 女 -/ stumpf なこと.
stụmpf·kan·tig 形 かど〈ふち〉の丸い.
Stụmpf·kro·ko·di̲l 中 〖動〗コビトワニ(小人鰐)(アフリカ西部産).

Stü̦mpf·lein Stumpf の縮小形.

Stụmpf·na̲·se[ʃtʊ́mpf..] 女 (小 **Stụmpf·näs·chen**, **Stụmpf·nä̲s·lein** 中)だんご鼻.
Stụmpf·na̲·sen·af·fe 男 〖動〗イボハナザル(疣鼻猿)(チベット産).
Stụmpf·na̲s·horn 中 -〔e〕s/..hörner 〖動〗シロサイ(白犀).
stụmpf·na̲·sig 形 だんご鼻の.
Stụmpf≈nä̲s·lein Stumpfnase の縮小形. **≈sinn** 男 -〔e〕s/ **1** 放心(痴呆(ちほう))状態; (病的な)無感動, 無関心; 無気力, ものうさ: in ～⁴ verfallen 放心〈痴呆〉状態に陥る. **2** 退屈. **3** くだらない〈ばかげた〉こと, ナンセンス.
stụmpf·sin·nig 形 **1** 放心(痴呆(ちほう))状態の, ぼんやりした, ほうけた; 無感動〈無関心〉な; 無気力な, ものうげな: ～ vor *sich*⁴ hin starren ぼんやり〈ほうけたように〉宙を見すえる. **2** (仕事などが単調で)退屈な, つまらない. **3** くだらない, ばかげた.
stụmpf≈win·ke·lig 形, **≈wink·lig** 形 (↔ spitzwinkelig) 〖数〗鈍角の.

Stü̦mp·lein Stumpen の縮小形.

stund[ʃtʊnt]¹ stand (stehen の過去)の古形.

Stund[ʃtʊnt] 女 《雅》《もっぱら次の形で》von ～ an このとき以後; 今後.
Stü̦nd·chen[ʃtʏ́ntçən] 中 -s/- (Stunde の縮小形) **1** 小一時間, 一時間弱; しばらくの間: Sein 〔letztes〕 ～ ist gekommen 〈hat geschlagen〉. 《比》彼は最後のときを迎えた. **2** お茶〈おしゃべり〉の時間

Stụn·de[ʃtʊ́ndə] 女 -/-n (小 **Stü̦nd·chen** → 別出, **Stü̦nd·lein** → 別出) **1** (英: *hour*) (時間単位としての)時〔間〕(略 St., Std.; 複数: Stdn.; 記号 st, h): eine halbe ～ 半時間 | eine volle 〈geschlagene〉 ～ まる 1 時間 | eine gute 〈reichliche〉 ～ たっぷり 1 時間, 1 時間あまり | eine knappe ～ 1 時間弱 ‖ anderthalb 〈anderthalbe〉 ～*n* 1 時間半 | eine dreiviertel ～ / drei viertel ～*n* / Dreiviertel*stunde* 45分 | eine viertel ～ / Viertel*stunde* 15分 ‖〖4 格で〗jede ～ 毎時間 | Die Uhr schlägt jede volle ～. この時計は 1 時間ごとに〈正時(しょうじ)に〉時を打つ | alle 〈中部: aller〉 halbe ～ 半時間ごとに | alle 〈中部: aller〉 zwei ～*n* 2 時間ごとに | Ich habe eine ～ 〈zwei ～*n*〉 〔lang〕 auf dich gewartet. 私は君の来るのを 1 時間〈 2 時間〉も待っていたんだ | Der Zug hat eine halbe ～ 〈anderthalb ～*n*〉 Verspätung. 列車は半時間〈 1 時間半〉遅れている | Besser eine ～ zu früh als eine Minute zu spät. 1 時間早過ぎるほうが 1 分間の遅刻にまさる | Ich habe ～*n* und ～*n* 〈～*n* und Tage〉 dazu gebraucht. 私はそれにずいぶん長い時間がかかった ‖〖前置詞と〗zehn Mark **für** die ～ 〈**in** der ～ / **pro** ～〉 bekommen (賃金・謝礼などとして) 1 時間につき10マルクの賃金をもらう | Dieser Wagen fährt 120 km in der ～ 〈120 km pro ～ /俗: 120 km die ～〉. この車は時速120キロで走る | in einer ～ 1 時間たったら | **innerhalb** einer ～ 1 時間以内に | *Stunde* **um** ～ verrann. 刻々と時が経過した | **von** einer ～ zur anderen 刻々と | **vor** einer ～ 1 時間前に.
2 1 時間の行程〈道のり〉(昔は距離単位として 4 − 5 km に相当): eine gute ～ Weges / eine Weg*stunde* (歩いて)たっぷり 1 時間の道のり | eine Auto*stunde* 〈eine Bahn*stunde*〉 自動車〈鉄道〉で 1 時間〔の距離〕 ‖ Er wohnt eine ～ von hier entfernt. 彼はここから 1 時間のところに住んでいる(歩いて・乗り物で) | Bis München ist es nur eine ～ 〈sind es noch drei ～*n*〉. ミュンヒェンまであとわずか 1 時間だ〈まだ 3 時間かかる〉.
3 時間, とき, おり; 時期, 時代; 時点, 時刻: **die blaue ～** 《雅》たそがれどき | eine historische ～ 歴史的な瞬間 | ***js.* schwere ～** 《雅》…(妊婦)の分娩(ぶんべん)のとき | die ～ der Rache 〈der Entscheidung〉 復讐(ふくしゅう)〈決断〉のとき | **die ～ Null** ゼロ時(無に等しい状態から全く新しいことの始まる時点) | **die ～ X** (計画・作戦などが実施さるべき)某時点〈時期〉 | **die ～ des Pan** 《雅》暑い真昼時(→Pan¹) | **die ～ der Wahrheit** 決定的瞬間, 正念場 ‖ ein Mann der ersten ～ 最初〈創業時〉から居合わせた人 ‖ die geeignete 〈richtige〉 ～ abwarten 適当な時機の到来を待つ | bittere ～*n* erleben いやな目にあう | glückliche 〈schöne〉 ～*n* verbringen 幸せな〈すばらしい〉ときを過ごす | Er hatte heute seine große ～. きょうは彼の晴れの日だった | Ich bin jede ～ bereit, Ihnen zu helfen. いつなんどきでもあなたのお手伝いをいたします | die Gunst der ～ nutzen 〈versäumen〉 好機を利用する〈逸する〉 | dem Gebot der ～ gehorchen (→Gebot 2 b) | ***js.* 〔letzte〕 ～ ist gekommen 〈hat geschlagen〉** 《比》彼は最後のときを迎えた(まもなく死ぬ) | Jedem schlägt seine 〔letzte〕 ～. 《比》だれでもいつかは最後のときがやってくるものだ | Die Uhr schlug die dritte ～. 《雅》時計が 3 時を報じた | Ich weiß, was die ～ geschlagen hat. 《比》私は実情がわかっている, 私は覚悟ができている | **Dem Glücklichen schlägt keine ～.** 《諺》幸福な人は時のたつのを忘れる | *js.* ～*n* sind gezählt (→zählen I 1) | Zeit und ～ warten nicht. 《諺》歳月人を待たず ‖ **bis** zur ～ 現在まで〔のところ〕 | **in zwölfter ～** 最後の時間に, ぎりぎりの間ぎわになって | in der vierten ～ 3 時と 4 時の間に | in einer schwachen ～ 心弱き瞬間に | **seit** dieser ～ この時以来 | **um** die sechste ～ 《雅》6 時ごろに; 〖聖〗正午に | **von** dieser ～ an / 《雅》**von *Stund* an** このとき以後; 今後 | **zu** beliebiger ～ 好きな時間に | zu gewohnter 〈zur gewohnten〉 ～ いつもの時刻に | zur gleichen 〈selben〉 ～ 同じ時刻に | ᵛ**zu guter ～** 早めに | **zu jeder ～** / zu allen ～*n* いつなんどきでも | zu nächtlicher ～ 夜中に | **zu nachtschlafender ～** 人々の寝静まるころに, 真夜中に | zu später ～ 遅い時刻に | **zur ～** 目下のところ.
4 (Unterrichtsstunde) (授業の)時間; 授業, レッスン: Deutsch*stunde* (ドイツの学校での)国語の時間〈授業〉 | Privat*stunde* 個人教授〈レッスン〉 ‖ ～*n* geben 授業〈個人教授〉をする | Gesang*stunden* 〈Klavier*stunden*〉 nehmen 歌〈ピアノ〉のレッスンを受ける | die ～ schwänzen 授業をさぼる | Wir haben heute fünf ～*n*. きょうは授業が 5 時間ある ‖ In der dritten ～ haben wir Englisch. 3 時間目は英語だ | zur ～ 〈in die ～〉 gehen レッスンを受けにゆく.
5 〖坑〗(鉱山用コンパスの)目盛り.
[*germ.* „Pause"; ◇Stand]

stü̦n·de[ʃtʏ́ndə] stehen の接続法 II.

stụn·den[ʃtʊ́ndən]¹ 《01》 他 (h) 《*jm. et.*⁴》 (…に対して…の)支払いを猶予する: Man hat ihm die Schuld einen Monat *gestundet*. 彼の借金返済は一か月間の延期を認められた.

S

Stụn·den≠ab·stand 男 -[e]s/ 1時間の間隔. **≠bụch** 中《カトリック》聖務日課書, 時禱(じとう)書. **≠durch·schnitt** 男 1時間単位の平均. **≠frau** 女《方》(時間雇いの)家事手伝い女. **≠ge·bet** 中《カトリック》定時課. **≠geld** 中《話》(個人教授の)レッスン料. **≠ge·schwin·dig·keit** 女〔平均〕時速: mit einer ～ von 〔über〕 70 km 時速70キロ〔以上〕のスピードで. ᵛ**≠glas** 中 -es/..gläser (Sanduhr) 砂時計. **≠halt** 男《スイス》(行軍などの) 1時間ごとの休止. **≠ho·tel** 中 連れ込み宿, ラブホテル. **≠ki·lo·me·ter** 男 (中) -s/-《ふつう複数で》キロメートル時(1時間あたりの走行キロメートル; 記号 km/h, km/st): 60 ～ 〈mit 60 ～*n*〉 fahren 時速60キロで走る. **≠kreis** 男〔天〕時〔角〕圏(天球上の極を通り赤道と直交する大円).

stụn·den·lang[ʃtʊ́ndənlaŋ] 形《述語的用法なし》数時間の, 何時間もの, 長時間の: ～*e* Diskussionen 延々と続く議論 | Wir haben ～ auf ihn gewartet. 我々は彼が来るのを何時間も待った.

Stụn·den≠lohn 男 時間給. **≠mit·tel** 中《ふつう単数で》= Stundengeschwindigkeit **≠plan** 男 (仕事や授業の)時間割り, 時間表. **≠schlag** 男 (時計の)時を告げる打鐘: mit dem ～ zwölf 時計が12時を打つと同時に. **≠ta·fel** 女《オーストリア》= Stundenplan

stụn·den≠wei·se 副 (→..weise ★) 時間単位で: ～ arbeiten パートタイマーとして働く | *jn.* ～ bezahlen …に時間給を支払う ‖ eine ～ Vermietung 時間制賃貸し. **≠weit** 形 何時間もかかるほど離れた, 遠く離れた.

Stụn·den≠win·kel 男〔天〕時角(時角圏と子午線のなす角). **≠zahl** 女〔労働・授業〕時間数. **≠zei·ger** 男 (時計の)時針, 短針. **≠zir·kel** 男 = Stundenkreis

..stündig[..ʃtʏndɪç][2]《数詞などにつけて「…時間にわたる」を意味する形容詞をつくる》: fünf*stündig* 5時間の | halb*stündig* 半時間の | anderthalb*stündig* 1時間半の | mehr*stündig* 数時間〔も〕の.

Stụ̈nd·lein[ʃtʏ́ntlaɪn] 中 -s/- Stunde の縮小形: über ein ～《雅》ほどなく | Sein 〔letztes〕 ～ ist gekommen 〈hat geschlagen〉.《比》彼は最後のときを迎えた(まもなく死ぬ).

stụ̈nd·lich[ʃtʏ́ntlɪç] **I** 形《述語的用法なし》1時間ごとの, 毎時間の: ein ～*er* Wechsel 1時間ごとの交代 ‖ Der Zug verkehrt ～. 列車は1時間おきに通っている.

II 副 **1** →I **2** 今すぐにも: Wir erwarten ～ seine Ankunft. 彼はいつ到着するやもしれぬ. **3** 時の経過につれて, 時々刻々; 絶えず: Die Lage ändert sich ～. 情勢は刻々変化する.

..stündlich[..ʃtʏntlɪç]《数詞などにつけて「…時間ごとの」を意味する形容詞をつくる》: drei*stündlich* 3時間ごとの | halb*stündlich* 半時間ごとの | all*stündlich* 毎時間の.

Stụn·dung[ʃtʊ́ndʊŋ] 女 -/-en 支払い猶予.

Stụn·dungs·frist 女 猶予期限.

Stunk[ʃtʊŋk] 男 -s/《話》(Streit) けんか, いさかい, いがみ合い; (Ärger) 腹立ち, 憤懣(ふんまん); 文句をつける〈ごねる〉こと: ～ anfangen けんか〈口論〉を始める | gegen *jn.* ～ machen …にけんかをしかける〈怒りをぶちまける〉. [＜stinken]

Stunt[stʌnt] 男 -s/-s〔映〕危険な演技, 離れわざ. [*engl.* „Kunststück“]

Stunt·man[stántmən, stʌ́..] 男 -s/..men[..mən]〔映〕スタントマン(危険な演技の代役をする男).

Stunt·woman[..wʊmən] 女 -/..women[..wɪmɪn] Stuntman の女性形.

Stụ·pa[ʃtúːpaˑ, st..] 男 -s/-s 仏舎利塔. [*sanskr.*]

stu·pẹnd[ʃtupɛ́nt, st..][1] 形 (erstaunlich) 驚くべき, 驚嘆に値する: ～*es* Können 驚くべき能力〈腕前〉. [*spätlat.*; ＜*lat.* stupēre „starr sein“; ◇stupid]

Stupf[ʃtʊpf] 男 -[e]s/-e《南部・スイス》= Stups

stụp·fen[ʃtʊ́pfən]《南部・オーストリア・スイス》= stupsen

Stụp·fer[ʃtʊ́pfər] 男 -s/-《南部・オーストリア・スイス》**1** = Stups **2**〔園〕挿し木, 取り木.

stu·pịd[ʃtupíːt, st..][1] (**stu·pị·de**[..píːdə]) 形 愚かな, 愚鈍な; (仕事などが)くだらない, 退屈な. [*lat.*－*fr.*]

Stu·pi·di·tạ̈t[ʃtupiditɛ́ːt, st..] 女 -/-en **1**《単数で》愚かさ, 愚鈍; くだらなさ, 退屈さ. **2** 愚かな言動.

Stụ·por[ʃtúːpɔr, st.., ..poːr] 男 -s/〔医〕意識混濁〔状態〕; 人事不省, 混迷.
[*lat.*; ＜*lat.* stupēre (→stupend)]

Stupp[ʃtʊp] 女 -/《オーストリア》(Puder) (美容・医療用の)粉末, パウダー. [*ahd.*; ◇stieben, Staub]

stụp·pen[ʃtʊ́pən] 他 (h)《オーストリア》(pudern)《*et.*[4]》(…に)粉〈パウダー〉をふりかける.

Stụ·pra Stuprum の複数.

stu·prie·ren[ʃtupríːrən, st..] 他 (h) (vergewaltigen)《*jn.*》暴力で犯す, 強姦(ごうかん)〈凌辱(りょうじょく)〉する. [*lat.*]

Stụ·prum[ʃtúːprʊm, st..] 中 -s/..pra[..praˑ] (Vergewaltigung) 強姦(ごうかん), 凌辱(りょうじょく), 暴行.
[*lat.*; ◇stoßen]

Stups[ʃtʊps] 男 -es/-e 軽く突く〈押す〉こと: *jm.* einen ～ geben …をちょっと突く〈押す〉.

stụp·sen[ʃtʊ́psən]《02》他 (h)《話》《*jn.*》軽く突く〈押す〉. [*ndd.*; ＜*ahd.* stupf „Stich“]

Stụp·ser[ʃtʊ́psər] 男 -s/- = Stups

Stụps·na·se[ʃtʊ́ps..] 女《話》短くて上を向いた鼻(→図 Nase).

stụps·na·sig 形 Stupsnase の.

stur[ʃtuːr] 形《話》**1** 頑固な, 強情な, かたくなな, 片意地の: ein ～*er* Mensch 〈話: Bock〉 頑固者 ‖ **～ wie ein Panzer** 〈ein Brett〉 頑固一徹な, 頑迷な | ～ bei *seiner* Meinung bleiben あくまで自説に固執する | **auf ～ schalten**《話》頑としてゆずらない ‖ **～ Heil**《話》頑固に, 頑としてゆずらずに | ～ Heil geradeaus gehen どこまでもまっすぐに進んでゆく | *Stur* Heil!《話》ほんとに強情ったらありゃしない. **2** (仕事などが)単調な, 退屈な. **3** (目が)じっと動かない, すわった. **4**《北部》がっしりした, 頑丈な.
[*mndd.* „standfest“; ◇stehen, stier]

stụ̈r·be[ʃtʏ́rbə] sterben の接続法 II.

stụ̈r·cheln[ʃtʏ́rçəln]《06》《スイス》= straucheln
[＜Stürchel „Stumpf“ (◇Strauch)]

Stụr·heit[ʃtúːrhaɪt] 女 -/《話》(stur なこと. 例えば:) 頑固, 強情, 片意地, 執拗(しつよう)さ.

Stụr·kopf 男《話》頑固者, 強情っぱり.

sturm[ʃtʊrm] 形《南部》めまいのする; 混乱した: Mir ist es ～ im Kopf. 私は頭がくらくらする.

Sturm[ʃtʊrm] 男 -[e]s/Stürme[ʃtʏ́rmə] **1** (英 : *storm*) (しばしば雨・雪などを伴う)暴風, あらし, 荒天;《比》激動, 激発: ein heftiger 〈schwerer / starker〉 ～ 大あらし | Sand*sturm* 砂あらし | Schnee*sturm* 雪あらし, 吹雪 | magnetischer ～ 磁気あらし | **ein ～ im Wasserglas**《比》コップの中のあらし(つまらぬことでの大騒ぎ) (Montesquieu の言葉に由来) | ein ～ des Beifalls 喝采(かっさい)のあらし | ein ～ der Entrüstung 〈der Leidenschaften〉 憤激〈激情〉のあらし | die *Stürme* des Lebens 人生の荒波 ‖ ～ und Regen はげしい風雨 | der ～ und Drang〔文芸〕疾風怒濤(どとう), シュトゥルム=ウント=ドラング(18世紀後半の文学的傾向: →Sturm-und-Drang-Zeit) | im ～ und Drang sein《比》人生の疾風怒濤の中にある(人間的に円熟していない) ‖ Der ～ bricht los 〈legt sich〉. あらしが始まる〈おさまる〉 | Der ～ tobt 〈wütet〉. あらしが荒れ狂う | Er hat ～.《話》彼は荒れている〈ひどく不機嫌だ〉 | Wer Wind säet, wird ～ ernten. (→säen I) ‖ Das Barometer steht auf ～. (→Barometer) | Die Zeichen stehen auf ～. (→Zeichen 2) | gegen den ～ ankämpfen (船などが)荒天をついて進む | **im ～ 〈in vielen *Stürmen*〉 erprobt sein**《比》多くの試練を経て折り紙つきである | Ruhe 〈Stille〉 vor dem ～ あらしの前の静けさ.

2《単数で》〔軍〕突撃, 強襲;《比》突進, 殺到: ein ～ auf die Geschäfte (買い手の)商店めがけての殺到 ‖ den ～ abschlagen 〈zurückschlagen〉 突撃をはね返す | **gegen *et.*[4] ～ laufen** …に対してはげしく抵抗〈抗議〉する | **～ läuten 〈klingeln / schellen〉**《話》ベルをはげしく鳴らす(元来は警鐘・非常警報の意から) ‖ *et.*[4] im ～ nehmen …を突撃で奪取〈占領〉する | *js.* Herz im ～ erobern (→Herz 2) | zum ～ blasen 突撃らっぱを吹く | Befehl zum ～ geben 突撃

命令を出す ‖ Es setzte der ~ auf die Banken ein. 銀行の取りつけ騒ぎが始まった.
3 a) 《単数で》《集合的に》(サッカー・ラグビーなどの)前衛, フォワード. **b)** 〖史〗(ナチの)突撃隊.
4 《単数で》《オーストリア》(Federweiße)(白くにごった発酵中の)新ワイン.
5 《南部》(Brei) かゆ.
[„Verwirrung“; *germ.*; ◇stören; *engl.* storm]
Sturm≈ab·tei·lung[ʃtʊ́rm..] 女 (略 SA)〖史〗(ナチの)突撃隊. **≈an·griff** 男〖軍〗突撃. **≈ball** 男〖海〗暴風注意球(→ 図 Strand). **≈band** 中 -(e)s/..bänder =Sturmriemen
sturm≈be·reit 形 突撃準備のできた. **≈be·wegt** =sturmgepeitscht
Sturm≈bock 男 (Widder)〖史〗破城槌(つち), 破壁器. **≈boot** 中〖軍〗(敵前上陸・渡河用の)攻撃用舟艇.
Stür·me Sturm の複数.
stür·men[ʃtʏ́rmən] **I** 自 **1** (h) (暴風が)吹きすさぶ, (あらしが)荒れ狂う: Der Wind *stürmt* um das Haus. 家のまわりを風が吹きすさぶ | Die Leidenschaften *stürmten* in ihm. 激情が彼の胸中にうずまいた ‖ 非人称 Es *stürmt.* あらし(荒天)である | In ihrer Brust *stürmt* es. 彼女の胸中は沸き立っている ‖ eine *stürmende* See 荒天(しけ)の海. **2** (s) 《方向を示す語句と》あらしが過ぎて行く;〖軍〗突撃する;《比》突進する: gegen die feindlichen Stellungen ~ 敵の陣地に向かって突撃する | auf die Straße ~ 路上に走り出る | ins Zimmer ~ 部屋にかけ込む | Die Kinder sind aus dem Haus ⟨nach Hause⟩ *gestürmt.* 子供たちは家の中から飛び出した⟨家へ走って帰った⟩. **3** (h) **a)** (サッカー・ラグビーなどで)前衛⟨フォワード⟩をつとめる. **b)** (チームが)敵陣を攻撃する.
II 他 (h) 《*et.*[4]》〖軍〗(敵の陣地・城砦(じょうさい)などを)突撃⟨強襲⟩して占領する;《比》(…に向かって)突進する; (欲しいものを手に入れるために商店・売り場などに)殺到する.
Stür·mer[ʃtʏ́rmər] 男 -s/- **1** (サッカー・ラグビーなどの)前衛, フォワード. **2** 無鉄砲者, 向こう見ず. **3** =Sturm 4 ᐁ**4** (へりを反らせた)学生帽. **5** ~ und Dränger〖文芸〗疾風怒濤(どとう)派⟨シュトゥルム=ウント=ドラング⟩の詩人(→Sturm 1).
Stür·me·rei[ʃtʏrmərái] 女 -/-en しきりに stürmen すること.
Stur·mes·brau·sen[ʃtʊ́rməs..] 中 -s/ 《雅》あらしの怒号⟨どよめき⟩.
Sturm·fah·ne[ʃtʊ́rm..] 女〖軍〗突撃⟨戦闘⟩旗.
sturm·fest 形 暴風雨に耐える, 耐風の.
Sturm·flut 女 (暴風による)高潮, 暴風津波.
sturm·frei 形〖軍〗(陣地が)攻略されるおそれのない: eine ~*e* Bude 《話》両親・家主などの干渉を受けずに異性の訪問を受けることのできる部屋 | Ich habe heute ~*e* Bude. きょうは邪魔な両親が留守だ.
sturm·ge·peitscht[..gəpaɪtʃt] 形《雅》あらしに翻弄(ほんろう)されている(海など).
Sturm≈ge·schütz 中〖軍〗自走砲. **≈ge·wehr** 中〖軍〗自動小銃. **≈glo·cke** 女 警鐘: die ~ läuten 警鐘を打ち鳴らす. **≈hau·be** 女 **1** =Sturmhut **2** (中世の歩兵の)鉄かぶと(→ 図 Helm). **≈hut** 男 -(e)s/ (Eisenhut)〖植〗トリカブト(鳥兜)属.
stür·misch[ʃtʏ́rmɪʃ] 形 **1** 暴風⟨荒天⟩の, あらしの;《比》あらしのような, 激動する, はげしい, 激烈⟨猛烈⟩な; 熱烈な: ~*es* Wetter 荒天 | die ~*e* See あらしの⟨怒濤(どとう)逆巻く⟩海 ‖ ~*er* Beifall あらしのような喝采(かっさい) | ein ~*er* Empfang 熱烈な歓迎 | ein ~*er* Liebhaber 情熱的な恋人 | ~*e* Zeiten 激動の時代 ‖ ~ protestieren はげしく抗議する | um *jn.* ~ werben …に熱烈に求婚する. **2** 目まぐるしい, 急激⟨急速⟩な; 急ぎすぎの, あわてた: eine ~*e* Entwicklung 急激な発達 | Nicht so ~! そんなにあわてるな⟨せかせかするな⟩.
Sturm≈la·ter·ne[ʃtʊ́rm..] 女 風防カンテラ. **≈lauf** 男 **1** 殺到;〖軍〗突撃前進. **2** 疾走, 疾駆. **≈lei·ter** 女 **1** 〖軍〗攻城ばしご. **2** =Jakobsleiter 2 **≈mö·we** 女〖鳥〗カモメ(鷗). **≈pan·zer** 男〖軍〗突撃用戦車. **≈re·gen** 男 暴風雨.
sturm·reif 形〖軍〗突撃⟨攻略⟩の機が熟した: eine ~*e* Stellung いつでも攻略できる陣地 | die Festung ~ schießen 要塞(ようさい)に砲撃を加えて突撃を待つばかりにする.
Sturm≈rie·men 男 (ヘルメットなどの)あごひも. **≈scha·den** 男 暴風雨による被害⟨損害⟩. **≈schritt** 男〖軍〗突撃歩度: im ~《比》足早に, 大急ぎで. **≈schwal·be** 女〖鳥〗ヒメウミツバメ(姫海燕). **≈se·gel** 中〖海〗ストームスル(帆船の暴風雨用の帆). **≈si·gnal** 中 =Sturmwarnungszeichen **≈tau·cher** 男〖鳥〗ミズナギドリ(水薙鳥). **≈ti·de** 女〖海〗暴風による潮の干満. **≈tief** 中〖気象〗暴風を招く低気圧. **≈trupp** 男〖軍〗突撃隊.
Sturm-und-Drang-Zeit 女 -/ 疾風怒濤(どとう)期(→ Sturm 1).
Sturm≈vo·gel 男 -s/..vögel《ふつう複数で》〖鳥〗ミズナギドリ(水薙鳥)科. **≈war·nung** 女 暴風(雨)警報. **≈war·nungs·zei·chen** 中 暴風(雨)標識. **≈wel·len** 複 暴風による荒波, 暴風津波. **≈wet·ter** 中 荒天, 暴風雨. **≈wind** 男 暴風. **≈zei·chen** 中 **1** 暴風(雨)警報. **2** 《雅》変革ののろし⟨前兆⟩.
Sturz[1][ʃtʊrts] 男 -es/Stürze[ʃtʏ́rtsə] **1 a)** 転倒; (急速な)落下, 墜落, 転落; (価格・気圧・気温などの)急落: ein ~ aus dem Fenster ⟨ins Wasser⟩ 窓からの⟨水中への⟩墜落 | ein ~ vom Pferd 落馬 | ein ~ der Preise ⟨der Börsenkurse⟩ 物価⟨相場⟩の暴落 | Fels*sturz* 落石 ‖ Er hat sich bei dem ~ den linken Arm gebrochen. 彼は転倒⟨落下⟩のさい左腕を折った. **b)** 《雅》(岩壁・山道などの)けわしい下り勾配(こうばい), 急傾斜, 急な下り坂. **2** (政治家などの)失脚; (政府などの)崩壊, 瓦解(がかい): der ~ des Regime(s) 政権の崩壊. **3** (Kassensturz) 現金残高検査⟨照合⟩. **4** 〖坑〗(鉱石などの)放下場, 堆積(たいせき)場. **5** (Radsturz)(自動車の車軸の)キャンバー, 上開き. **6** 《南部・オーストリア》=Sturzglas **7** 《スイス》(Weißblech) ブリキ. [*ahd.*; ◇stürzen]
Sturz[2][−] 男 -es/-e, Stürze[ʃtʏ́rtsə] **1** 〖建〗楣(まぐさ)(戸や窓の壁面開口部の上部の梁(はり)): → 図 Fenster A, Portal). **2** 《西部》(Baumstumpf)(木の)切り株.
Sturz≈acker[ʃtʊ́rts..] 男 (粗く)すき返した畑. **≈bach** 男 (雪解け・大雨の後などに見られる川の)激流: ein ~ von Worten 言葉の奔流 | ein ~ von Fragen 雨あられと浴びせられる質問 ‖ Es regnete in *Sturzbächen*. どしゃ降りの⟨しの突く⟩雨だった. ᐁ**≈bad** 中 (Duschbad) シャワー, 灌水(かんすい)浴. **≈be·cher** 男 (漏斗(ろうと)形で伏せなければ倒れる)ぐい飲みの杯(さかずき).
sturz≈be·sof·fen 形, **≈be·trun·ken** 形《話》泥酔した.
Sturz≈bett 中〖土木〗(水門・ダムなどの)水たたき. **≈bom·ber** 男 =Sturzkampfflugzeug
Stür·ze[1][ʃtʏ́rtsə] 女 -/-n **1** 〖楽〗(金管楽器のらっぱ状の)はち. **2** 《中部・北部》(なべなどの)ふた. [<stürzen II 4]
Stür·ze[2] Sturz の複数.
Stur·zel[ʃtʊ́rtsəl] (**Stür·zel**[ʃtʏ́rtsəl]) 男 -s/- 《方》残り端(は); 切り株. [<Sturz[2] 2]
stür·zen[ʃtʏ́rtsən] 《02》 **I** 自 (s) **1** (hinfallen)(勢いよく)倒れる, 転倒する, 転ぶ: schwer ~ ひどく転ぶ | auf der Treppe ⟨beim Skilaufen⟩ ~ 階段で⟨スキーの際に⟩転ぶ | mit dem Pferd ⟨dem Fahrrad⟩ ~ 馬⟨自転車⟩もろとも倒れる | über einen Stein ~ 石につまずいて転ぶ | Die Mauern sind *gestürzt*. 塀が倒れた.
2 《方向を示す語句と》**a)** (勢いよく)落ちる, 墜落⟨転落⟩する; (価格・気圧・気温などが)急落する;《雅》(岩壁・山道などが)急な下り傾斜⟨勾配(こうばい)⟩になる: **aus** dem Fenster ~ 窓から落ちる | Tränen *stürzten* aus ihren Augen. 涙が彼女の目からぽろぽろと流れ落ちた | aus allen Himmeln ~ (→ Himmel 2) | **in** den Abgrund ~ 谷底に転落する | ins Wasser ~ 水中に落ちる | Das Flugzeug *stürzte* ins Meer. 飛行機は海中に墜落した | **von** der Leiter ~ はしごから落ちる | vom Pferd ~ 落馬する | **zu** Boden ~ ゆかに倒れる ‖ Die Felswand *stürzte* steil. 岩壁は切り立っていた | Der Steig *stürzt* steil. 山道は急な下り坂である | Die Preise sind *gestürzt*. 物価が暴落した. **b)** 突進する: an die Tür ~ 戸に向かって突進する | aus dem Haus ~ 家か

S

らとび出す | ins Zimmer ～ 部屋の中へとび込む | *jm.* in die Arme ～ …の腕のなかにとび込む | Er kam ins Zimmer *gestürzt*. 彼は部屋の中にとび込んで来た.
3 (政治家などが)失脚する; (政府などが)崩壊〈瓦解(がかい)〉する.
II 他 (h) **1** 《*jn.*》《方向を示す語句と》突き落とす; 《比》(…の状態に)陥れる: *jn.* aus dem Fenster 〈ins Wasser〉 ～ …を窓から〈水中に〉突き落とす | *jn.* ins Unglück 〈Verderben〉 ～ …を不幸〈破滅〉に陥れる | *jn.* in Verlegenheit 〈Verzweiflung〉 ～ …を当惑〈絶望〉させる ‖ 再帰 *sich*[4] ～ 《方向を示す語句と》(…へ)身を投じる, とび降りる, とび込む | *sich*[4] **aus** dem Zug ～ 列車から身を投げる | *sich*[4] **in** *js.* Arme ～ …の腕のなかに倒れこむ | *sich*[4] in *sein* Schwert ～《雅》剣でわが胸を貫く, 自刃(じじん)する | *sich*[4] ins Wasser ～ 水中に身を投じる | *sich*[4] in die Arbeit 〈ins Vergnügen〉 ～《比》仕事に打ち込む〈快楽にふける〉 | *sich*[4] in Unkosten ～ (→Unkosten).
2 再帰 *sich*[4] auf *jn.* ～ …にとびかかる; 《比》…を独占する | *sich*[4] auf *et.*[4] ～ …にとびつく, …めがけて殺到する | *sich*[4] auf das Essen ～ 食事にとびつく, がつがつ食べる.
3 《*jn.*》失脚させる, 辞任に追い込む: die Regierung ～ 政府を倒す〈崩壊させる〉.
4 (umkippen) 《*et.*[4]》(上下を逆さに)ひっくり返す; (容器などを)逆さに伏せる; (中身を)〔ぱっと・ざあっと〕あける; (畑を)すき返す: den Pudding auf einen Teller ～ プディングを皿にあける(型から) | die Kasse ～《比》(金庫の中身をざあっとあけて)現金の現在高を調べる ‖〖目的語なしで〗Bitte nicht ～! 天地無用(運送貨物の注意書き).
5 《方》(schwänzen) (学校を)さぼる.
[„auf den Kopf stellen"; *westgerm.*; ◇Sterz, Sturz[1], starten]

Sturz⸗flug[ʃtʊ́rts..] 男 〖空〗急降下, 垂直降下: einen ～ machen 急降下する ‖ im ～ 急降下して | zum ～ ansetzen 急降下の態勢をとる. ⸗**flut** 女 (河川などの)奔流, 激流. ⸗**ge·burt** 女 〖医〗墜落分娩(ぶんべん), 急産. ⸗**glas** 中 -es/..gläser 《オースト》(つり鐘形の)ガラスおおい. ⸗**gut** 中 〖商〗ばら荷(砂利・石炭などの). ⸗**helm** 男 (オートバイ乗りなどの)安全用ヘルメット(→ 図 Helm). ⸗**kampf·bom·ber** 男, ⸗**kampf·flug·zeug** 中 〖空〗急降下爆撃機 (略 Stuka). ⸗**re·gen** 男 どしゃ降りの雨. ⸗**see** 女 = Sturzwellen ⸗**spar·ren** 男 〖紋〗逆山形図形. ⸗**wel·len** 複 (逆巻き砕け落ちる)激浪.
Stuß[ʃtʊs] 男 Stusses/ 《話》ばかげた〈愚にもつかぬ〉こと, ナンセンス: ～ reden たわごとを言う. [*hebr.–jidd.*]
Stut·buch[ʃtú:t..] 中 馬の血統書.
Stu·te[ʃtú:tə] 女 -/-n **1** (成熟した)雌馬(→Pferd 1). **2** ロバ〈ラクダ〉の雌: Kamel*stute* 雌のラクダ.
[*germ.* „zusammenstehende Herde"; ◇stehen, Gestüt; *engl.* stud]
Stu·ten[ʃtú:tən] 男 -s/- 《方》(干しブドウ入りの)白パン.
[*mndd.*; < *mndd.* stūt „dicker Teil des Oberschenkels" (◇Steiß); 形の類似から]
Stu·ten⸗foh·len 中, ⸗**fül·len** 中 = Stutfohlen ⸗**milch** 女 馬乳. ⸗**wo·chen** 複《北部》(Flitterwochen) 蜜月(みつげつ), ハネムーン. ⸗**zucht** 女 雌馬の飼育.
Stu·te·rei[ʃtu:tərái] 女 -/-en (Gestüt) 種馬飼育場.
Stut·foh·len[ʃtú:t..] 男 雌の小馬.
Stutt·gart[ʃtʊ́tgart] 地名 シュトゥットガルト(ドイツ Baden-Württemberg 州の州都で, 工業都市).
[*mhd.* stuotgarte „Gestüt" (◇Stute)]
Stutt·gar·ter[..tər] **I** 男 -s/- シュトゥットガルトの人. **II** 形《無変化》シュトゥットガルトの.
Stutz[1][ʃtʊts] 男 -es/-e **1** (短く切りつめたもの. 例えば:) 切り株; 銃身の短い猟銃. **2** (Federbusch) (帽子の)羽根飾り.
[*mhd.*; ◇stoßen, Stutzen]
Stutz[2][–] 男 -es/-e, Stütze[ʃtʏ́tsə] **1** 《スイ》急坂, 急斜面. ▽**2** (Stoß) 突き, 押し: **auf den ～** 突然.
[*mhd.*; ◇stutzen[1]]
Stutz[3][–] 男 -es/-e 《方》壁に取りつけた棚.
[<stützen]
Stütz[ʃtʏts] 男 -es/-e 〖体操〗支持(両腕で体を支えた基本姿勢): freier ～ 浮き支持(→ 図) | Liege*stütz* 腕立て伏臥(ふくが), 腕立て伏せ.
Stutz·är·mel[ʃtʊ́ts..] 男 そでカバー.
Stütz·bal·ken[ʃtʏ́ts..] 男 支梁(しりょう), 支柱. [<stützen]
Stutz·bart[ʃtʊ́ts..] 男 短く刈り込んだひげ.
Stüt·ze[1][ʃtʏ́tsə] 女 -/-n **1** 支え, 支柱, 突っ張り; 足場, 土台; 支持器具; 《比》よりどころ, 頼り, 助け: die ～ seines Alters 彼の老後の支え〈頼り〉 | die ～ der Familie 一家の大黒柱 | die ～*n* der Gesellschaft 《皮肉》社会の柱〈顔役〉(H. Ibsen の市民劇の題名から) | die ～ der Hausfrau 主婦の支え(家事手伝いの女) | die ～*n* des Staates 国家の柱石 | Gedächtnis*stütze* 記憶の補助手段 ‖ *jm.* 〈*et.*[3]〉 als ～ dienen …にとって支えとなる, …のよりどころとなる | Der Baum braucht eine ～. この木には突っかい棒が必要だ. **2** (Haushaltshilfe) 家事手伝いの女. **3** 《話》(Arbeitslosengeld) 失業保険金. [*mhd.*; ◇stützen]

freier Stütz

Stüt·ze[2] Stutz[2], Stütz の複数.
stut·zen[1][ʃtʊ́tsən] 《02》自 (h) (驚いて)立ちすくむ, たじろぐ; (けげん・意外・疑惑などの念で)驚く, 面くらう, あっけに取られる: Das Pferd *stutzte* vor der Hecke. 馬は生け垣の前でひるんだ | Als er den Namen hörte, *stutzte* er. その名前を聞いて彼は一瞬はっとした. [„anstoßen"; <stoßen]
stut·zen[2][–] 《02》他 (h) 刈り込む, 切り詰める; 〖園〗剪定(せんてい)する: die Hecken ～ 生け垣を刈り込む | dem Hund den Schwanz ～ 犬の尾を切り詰める | *sich*[3] den Bart ～ 《戯》(自分の)ひげを刈りこむ | *jm.* die Flügel ～ (→Flügel 1) ‖ *gestutzte* Hecken 刈り込んだ生け垣.
Stut·zen[ʃtʊ́tsən] 男 -s/- **1** 銃身の短い猟銃. **2** 〖工〗(短い)接続用パイプ, はめ管(かん). **3** (短いカバー類. 例えば:) そでカバー; 《南部》(足首から先のない)脚絆(きゃはん)式靴下, すねカバー(→ 図 Strumpf); (サッカー用の)ハイソックス. [<Stutz[1]]
stüt·zen[ʃtʏ́tsən] 《02》他 (h) **1 a)** 支える, (…に)支柱をかう, 突っかい棒をする; 《比》支持する, 援助〈後援〉する: eine baufällige Hütte mit Balken ～ いまにも倒れそうな小屋を角材で支える | Der Kranke muß *gestützt* werden. この病人は体を支えてやらねばならない | Alle Gruppen *stützten* die Regierung. すべてのグループが政府を支持した. **b)** 〖商・経〗(買い付け・融資などによって相場・物価などを)持ちこたえる, 安定させる, (値を)〔買い〕支える: die Kurse 〈die Preise〉 ～ 相場〈物価〉にてこ入れする.
2 (推測・主張などを)裏づける, 補強する: einen Verdacht 〈*seine* Behauptung〉 durch Beweise ～ 容疑〈主張〉を証拠によって裏づける.
3 《方向を示す語句と》(…を…に)支える, もたせかける; 《比》(…に…の)よりどころを求める: die Ellenbogen auf den Tisch ～ テーブルに両ひじをつく | die Hände in die Seiten ～ 両手を腰に当てる | den Kopf in die Hände ～ 両手でほおづえをつく | *seine* Beweise auf bloße Vermutungen ～ 単なる推測を証明の根拠とする ‖ 再帰 *sich*[4] auf *et.*[4] ～ …で体を支える, …にもたれる; 《比》…をよりどころとする, …に依拠する | *sich*[4] auf einen Stock ～ つえにすがる | *sich*[4] auf *sein* gutes Recht ～ 自分の正当な権利を盾にとる | Die Partei *stützt* sich auf die Arbeiterschaft. 党は労働者階級に支えられている | Die Anklage *stützt* sich auf die Aussage eines Zeugen. 起訴はひとりの証人の陳述をよりどころとしている ‖ *sich*[4] gegen die Wand ～ 壁によりかかる.
[<*mhd.* stud „Pfosten" (◇stauen); ◇*engl.* stud]
Stut·zer[ʃtʊ́tsər] 男 -s/- **1** しゃれ男, ダンディー. **2** (男子用の)短い防寒コート. **3** 《スイ》=Stutzen 1 [<Stutz[1]]
stut·zer·haft[–haft] 形 おしゃれな, ダンディーな.
Stut·zer·haf·tig·keit[..tɪçkaɪt] 女 -/ stutzerhaft なこと.
Stut·zer·tum[..tu:m] 中 -s/ **1** =Stutzerhaftigkeit **2** ダンディー仲間.
Stutz·flü·gel[ʃtʊ́ts..] 男 〖楽〗小型グランドピアノ.
Stütz·ge·we·be[ʃtʏ́ts..] 中 〖解〗支持組織.
[<stützen]
stut·zig[ʃtʊ́tsɪç][2] 形《述語的》(けげん・意外・疑惑などの念

で)驚いた, 面くらった: ～ werden 驚く, 面くらう, あっけに取られる | *jn.* ～ machen …を驚かす(いぶかしがらせる). [＜stutzen[1]]

stụ̈t·zig[ʃtʏ́tsɪç][2] 形《南部・ｵｰｽﾄﾘｱ》 **1** ＝stutzig **2** 頑固な, 強情な, しぶとい.

Stutz·kä·fer[ʃtʊ́ts..] 男《虫》エンマムシ(閻魔虫)科の昆虫.

Stụ̈tz≠kor·sett[ʃtʏ́ts..] 中 (整形外科用の)コルセット. **≠kurs** 男 (学力の劣った生徒に対する)補習コース. **≠mau·er** 女 (土どめの)擁壁. **≠pfei·ler** 男 支柱. **≠punkt** 男 **1** 支点. **2**《比》足場, 拠点, 根拠地;《軍》基地: ein militärischer ～ 軍事基地 | ein wichtiger ～ für den Handel 通商上の重要な拠点. **≠rad** 中 (子供用自転車などの)補助輪. [＜stützen]

Stutz·uhr[ʃtʊ́ts..] 女 卓上時計. [＜Stutz[1]]

Stụ̈t·zung[ʃtʏ́tsʊŋ] 女 -/-en **1** (stützen すること. 例えば:) 支え, 支持, 後援; 裏づけ, 補強; 根拠づけ, 依拠;《商・経》(相場などの)買い支え. **2** ＝Stütze 1

Stụ̈t·zungs·kauf 男 -(e)s/..käufe《ふつう複数で》《商・経》買い支え.

Stụ̈tz≠ver·band 男《医》支持包帯. **≠waa·ge** 女《体操》腕立て水平支持.

StVG[ɛste:faʊgé:] 略 中 -(s)/ ＝ Straßenverkehrsgesetz 道路交通法.

StVO[..faʊ|ó:] 略 女 -/ ＝Straßenverkehrsordnung 道路交通規則.

StVZO[..faʊtsɛt|ó:] 略 女 -/ ＝ Straßenverkehrs-Zulassungs-Ordnung 道路交通許可規則.

sty̱·gisch[ʃtý:gɪʃ, st..] 形《ギ神》Styx の;《比》恐ろしい, 身の毛もよだつ.

Sty̱·li Stylus の複数.

Sty·ling[stáilɪŋ] 中 -s/ (工業デザイン, 特に自動車の車体などの)スタイリング. [*engl.*; ＜*engl.* style (→Stil)]

Sty·lịst[stailíst] 男 -en/-en スタイリスト (Styling 専門家).

Sty·lịt[stylí:t, ʃt..] 男 -en/-en 柱頭隠者(行者)(高い柱の上に座臥(ざが)した初期キリスト教の苦行者). [*spätgr.*; ＜*gr.* stȳlos „Säule" (◇Stoa)]

Sty·lo·bạt[stylobá:t, ʃt..] 男 -en/-en《建》ステュロバテス(ギリシア神殿などの柱の基石, Krepis の最上段: → 図 Säule). [*gr.*－*lat.*; ◇Basis]

Sty·lo·gra·phie̱[..grafí:] 女 -/ 尖筆(せんぴつ)画法(銅版画製作の技法).

Sty̱·lus[stý:lʊs, ʃt..] 男 -/..li[..li·]《ふつう複数で》 **1** (Griffel)《植》花柱. **2**《薬》桿剤(かんざい)(桿状の薬品). [*lat.* stilus; ◇Stil]

die **Stym·pha·lị·den**[stʏmfalí:dən, ʃt..] 複《ギ神》ステュムパーリデス(青銅のくちばしとつめをもつ怪鳥. Herkules に退治された). [＜*gr.* Stýmphālos (怪鳥の住んでいた湖)]

Sty̱·rax[ʃtý:raks, st..] 男 -(es)/-e **1** (Storaxbaum)《植》エゴノキ属. **2** (Storax) 蘇合香(そごうこう). [*semit.*－*gr.*－*lat.*]

Sty·rọl[ʃtyró:l, st..] 中 -s/《化》スチロール, スチレン.

Sty·ro·pọr[ʃtyropó:r, st..] 中 -s/ 商標 スチュロポール(発泡スチロール). [＜porös]

der **Styx**[stʏks, ʃt..] 男 -/《ギ神》ステュクス(冥界(めいかい)の川), 三途(さんず)の川. [*gr.*－*lat.*; ＜*gr.* stygeĩn „hassen"]

s. u. 略 ＝siehe unten! 下記参照.

SU 略 女 -/ ＝Sowjetunion ソ連邦.

Sua̱·da[zuá:da·] 女 -/..den[..dən], **Sua̱·de**[..də] 女 -/-n **1** 長広舌. **2** 能弁, 多弁, 口達者. [＜*lat.* suādēre „raten" (◇süß); ◇suasorisch]

Sua·he̱·li[zuahé:li·] **I** 男 -(s)/-(s) スワヒリ人(アフリカ東海岸に住む, アラブ人と黒人の混血民族. Swahili ともつづる). **II** 中 -(s)/-(s) スワヒリ語 (Bantu 語に属し, Kenia, Tansania の公用語. Kisuaheli ともいう).
[*arab.* sawāhil „Küsten"]

sua·so̱·risch[zuazó:rɪʃ] 形 勧告的な, 説得的な. [*lat.*; ＜*lat.* suāsor „Anrater" (◇Suada)]

sub《ﾗﾃﾝ語》→*sub* hasta, *sub* rosa, *sub* sigillo (confessionis), *sub* specie aeternitatis, *sub* voce

sub..《名詞・形容詞などにつけて「下・下位・亜・副」などを意味する. f の前で suf.., g の前で sug.., k, z の前で suk.., p の前で sup.., r の前で sur.. となることがある》: *Sub*kultur 下位文化 | *Sub*spezies 亜種 | *sub*kutan 皮下の | *sub*marin 海面下の ‖ *Suf*fragan《ｶﾄﾘｯｸ》属司教 | *sug*gerieren 暗示にかける | *Suk*kursale 支社 | *suk*zessiv 引き続いての | *sup*primieren 抑圧する | *Sur*rogat 代用品;《法》代償物.
[*lat.* sub „unter(halb)"; ◇hypo.., auf, super]

Sub·aci·di·tä̱t[zʊp|atsiditɛ́:t] 女 -/《医》弱酸性, 胃酸減少(症).

sub·al·pi̱n[zʊp|alpí:n] (**sub·al·pi̱·nisch**[..nɪʃ]) 形 **1** アルプス山麓(さんろく)地方の. **2**《植》亜高山性の.

sub·al·tẹrn[zʊp|altɛ́rn] **I** 形 **1** 従属する; 下位の, 下級の; (精神的に)低い, 低級の: ein ～*er* Beamter 下級官吏. **2** 卑下した, 卑屈な: ein ～*es* Benehmen 卑下した態度 | ～ denken 卑屈な物の考え方をする. **II Sub·al·tẹr·ne** 男 女《形容詞変化》 **1** 下役, 下っぱ. **2** ＝Subalternbeamte
[*spätlat.*; ＜*lat.* alternus (→alternieren)]

Sub·al·tẹrn·be·am·te 男 下級官吏, 下っぱ役人.

Sub·al·ter·ni·tä̱t[..|altɛrnitɛ́:t] 女 -/ **1** 従属; 低級さ. **2** 卑下, 卑屈.

Sub·al·tẹrn·of·fi·zier[..|altɛ́rn..] 男 下級士官(中尉・少尉など).

sub·ant·ạrk·tisch[zʊp|ant|árktɪʃ] 形《地》亜南極の.

sub·apen·ni̱·nisch[zʊp|apɛní:nɪʃ] 形 アペニン山麓(さんろく)地方の.

sub·arach·no·i̱d[zʊp|araxnoí:t][1] 形《解》くも膜下の: ～*e* Blutung《医》くも膜下出血. [◇Arachnoide]

sub·ạrk·tisch[zʊp|árktɪʃ] 形《地》亜北極の.

sub·ato·ma̱r[zʊp|atomá:r] 形《理》**1** 原子より小さい, 原子以下の. **2** 原子構成要素の; 原子核の; 素粒子の.

Sub·bọt·nik[zʊbɔ́tnɪk] 男 -(s)/-s (旧東ドイツで, 自発的な無償の)集団奉仕労働. [*russ.*; ＜*russ.* subbota „Samstag"]

ᵛ**Sụb·dia·ko̱n**[zʊ́pdiako:n] 男 -s/-e; -en/-en《ｶﾄﾘｯｸ》副助祭. [*spätlat.*; ◇*engl.* subdeacon]

ᵛ**Sụb·dia·ko·na̱t**[..kona:t] 中 男 -(e)s/-e 副助祭の職. [＜..at]

Sub·do·mi·nạn·te[zʊpdominántə] 女 -/-n《楽》下属音.

sub·fos·si̱l[zʊp-fosí:l] 形《地》半化石の.

sub ha̱·sta[zʊp hásta·]《ﾗﾃﾝ語》(unter dem Hammer) (競売用の)木槌(きづち)の下で. [＜*lat.* hasta (→Adrio)]

ᵛ**Sub·ha·sta·tio̱n**[..hastatsió:n] 女 -/-en (Zwangsversteigerung)《官》強制競売(処分).

ᵛ**sub·ha·sti̱e·ren**[..hastí:rən] 他 (h)《官》強制競売に付する.

su̱·bi·to[zú:bito·, sú:..] 副 (schnell)《楽》急に, 直ちに, スビト. [*lat.*－*it.*]

Sub·jẹkt[zʊpjɛ́kt] 中 -(e)s/-e **1** (知覚・思考・行動などの)主体. **2** (↔Objekt)《哲》主体, 主観: Dem erkennenden ～ steht das zu erkennende Objekt gegenüber. 認識する主体に対して認識される客体がある. **3 a)** (Satzgegenstand)《言》(文の)主語: ～ und Prädikat eines Satzes 文の主語と述語. **b)**《論》主辞(→Prädikat 3 b). **4**《軽蔑的に》やつ, 野郎: ein verdächtiges (widerwärtiges) ～ うさんくさい(いやらしい)やつ. ᵛ**5**《楽》(特にフーガの)テーマ.
[(*spät*)*lat.*; ＜*lat.* sub-icere „darunter-legen"]

Sub·jek·tio̱n[..jɛktsió:n] 女 -/-en ᵛ**1** (Unterwerfung) 征服, 征圧, 支配; 屈服, 従属. **2**《修辞》自問自答.

sub·jek·ti̱v[..tí:f][1] **I** 形 (↔objektiv) 主観的な, 個人的な, 先入主にとらわれた, 一面的な: eine sehr ～*e* Ansicht 極めて主観的な見解 | über *et.*[4] ～ urteilen …について主観的な判断を下す. **II Sub·jek·ti̱v** 中 -s/-e 個人的特性, 個性. [(*spät*)*lat.*]

sub·jek·ti·vi̱e·ren[zʊpjɛktiví:rən] 他 (h)《*et.*[4]》(…を)主観的に見る(解する).

Sub·jek·ti·vịs·mus[..tivísmʊs] 男 -/ **1** (↔Objek-

S

tivismus) 〖哲〗主観論, 主観主義. **2** 自己中心主義.

Sub·jek·ti·vịst[..tivíst] 男 -en/-en **1**〖哲〗主観論(主義)者. **2** 自己中心主義者.

sub·jek·ti·vị·stisch[..tivístɪʃ] 形 **1**〖哲〗主観論(主義)の. **2** 自己中心の.

Sub·jek·ti·vi·tạ̈t[..tivitɛ́:t] 女 -/ **1**〖哲〗主観性; 主体性. **2** 自己中心的見解, 偏見.

Sub·jẹkt·satz[zʊpjɛ́kt..] 男 (Gegenstandssatz)〖言〗主語文, 主語節.

Sub·jẹkt·steu·er 女 (↔Objektsteuer) (Personalsteuer) 人税.

Sub·junk·tiọn[zʊpjʊŋktsió:n] 女〖言〗従属接続詞.

▽**Sụb·junk·tịv**[zʊ́pjʊŋkti:f, ◡◡⏊][1] 男 -s/-e (Konjunktiv)〖言〗接続法; (英語の)仮定(叙想)法.

[*spätlat.*; < *lat.* sub-iungere „unter-jochen" (◇Junktim)]

Sụb·ka·te·go·rie[zʊ́pkategori:] 女 -/-n[..ri:ən]〖言〗下位範疇(はんちゅう), 下位区分.

sub·ka·te·go·ri·siẹ·ren[zʊpkategorizí:rən] 他 (h)〖言〗下位範疇(はんちゅう)化する, 下位分類する.

Sub·ka·te·go·ri·siẹ·rung[..zí:rʊŋ] 女 -/-en〖言〗下位範疇(はんちゅう)化, 下位分類.

Sụb·kon·ti·nent[zʊ́pkɔntinɛnt] 男 -[e]s/-e〖地〗亜大陸(インド・グリーンランドなど).

sub·kru·stạl[zʊpkrʊstá:l] 形〖地〗地殻下の.

Sụb·kul·tur[zʊ́pkʊltu:r] 女 -/-en (社会の支配的文化に対して意識的に背を向ける少数派の)下位文化, サブカルチュア: die ～ der Jugend 若者たちの下位文化.

sub·kul·tu·rẹll[zʊpkʊlturɛ́l, ◡◡◡◡] 形 下位文化(サブカルチュア)の.

sub·ku·tạn[zʊpkutá:n] 形〖医〗皮下の: eine ～*e* Injektion 〈Spritze〉 皮下注射. [*spätlat.*]

Sub·ku·tạn·ge·we·be 中〖解〗皮下組織.

sub·lịm[zublí:m] 形 崇高な, 荘厳な; 高尚な, 高潔な; 気品のある, 洗練された, 繊細な. [*lat.*]

Sub·li·mạt[zublimá:t] 中 -[e]s/-e〖化〗昇華物; 昇汞(しょうこう).

Sub·li·ma·tiọn[..matsió:n] 女 -/-en **1**〖化〗昇華. **2** = Sublimierung

Sub·li·ma·tiọns·druck 男 -[e]s/..drücke〖化〗昇華圧.

sub·li·miẹ·ren[..mí:rən] **I** 他 (h) 高尚にする, 純化する;〖心〗(性衝動などを)昇華させる;〖化〗昇華させる: 再帰 *sich*[4] ～ 純化する, 高まって形を変える;〖化〗昇華する.

II 自 (s)〖化〗昇華する. [*lat.*]

Sub·li·miẹ·rung[..rʊŋ] 女 -/-en (sublimieren すること. 例えば:) 純化;〖心〗昇華.

sub·li·mi·nạl[zubliminá:l] 形〖心〗意識下の, 閾下(いきか)の, 潜在意識の, サブリミナルの: ein ～*er* Effekt サブリミナル効果. [< *lat.* līmen „Schwelle"+..al[1]]

Sub·li·mi·tạ̈t[..tɛ́:t] 女 -/ 崇高, 高尚. [*lat.*]

sub·lu·nạ·risch[zʊpluná:rɪʃ] 形 月下の; (月の下, すなわち)地球上の; この世の, 浮世の. [◇lunar]

Sub·lu·xa·tiọn[zʊplʊksatsió:n] 女 -/-en〖医〗不完全脱臼(だっきゅう).

sub·ma·rịn[zʊpmarí:n] 形 海面下の, 海底の;〖生〗海面下(海底)に生息する: ein ～*er* Strom 潜流.

Sub·mer·siọn[zʊpmɛrzió:n] 女 -/-en **1** 水中に沈めること;〖地〗(陸地の)水没, 冠水;〖キリスト教〗全員の洗礼. ▽**2** (川などの)浸水, 氾濫(はんらん).

[*spätlat.*; < *lat.* mergere „tauchen"]

sub·mi·kro·skọ·pisch[zʊpmikroskó:pɪʃ, ..rɔs..] 形 顕微鏡でも見えないほど微小の.

▽**Sub·mi·ni·stra·tiọn**[zʊpministratsió:n] 女 -/-en 援助, 助力; 促進. [*lat.*]

▽**sub·mi·ni·striẹ·ren**[..rí:rən] 他 (h) 援助する; 促進する. [*lat.*]

▽**sub·miß**[zʊpmís] 形 従順(恭順)な, うやうやしい.

Sub·mis·siọn[..mɪsió:n] 女 -/-en ▽**1** 従順(恭順)[な態度]; 服従. **2 a)**〖商〗入札, 請負. **b)** (Kaufhandlung) (旧東ドイツの)商品[見本]展示会.

[*lat.*; < *lat.* sum-mittere „nieder-lassen"]

Sub·mis·siọns⸗preis 男〖商〗入札〈請負〉価格. **⸗ver·fah·ren** 中 -s/ , **⸗wẹg** 男 -[e]s/ (ふつう次の形で) im ～ 入札方式で.

Sub·mit·tẹnt[..mɪtɛ́nt] 男 -en/-en 入札者.

sub·mit·tiẹ·ren[..mɪtí:rən] 自 (h) 入札する.

Sub·or·di·na·tiọn[zʊp|ɔrdinatsió:n] 女 -/-en ▽**1** (↔ Insubordination) 従属; 服従. **2** (↔Koordination)〖言〗従属[関係]. [*mlat.*]

sub·or·di·na·tiọns·wịd·rig 形 服従義務に違反した.

sub·or·di·niẹ·ren[..ní:rən] 他 (h) 下位に置く, 従属させる: eine *subordinierende* Konjunktion〖言〗従属接続詞. [*mlat.*; ◇ordnen]

Sub·or·di·niẹ·rung[..ní:rʊŋ] 女 -/-en subordinieren すること.

Sub·oxịd[zʊp|ɔksí:t, ◡◡⏑][1] (**Sub·oxỵd**[..|ɔksý:t, ◡◡⏑][1]) 中〖化〗亜酸化物.

sub·po·lạr[zʊppolá:r] 形〖地〗亜寒帯の: das ～*e* Klima 亜寒帯気候.

Sub·po·lạr·zọ·ne 女〖地〗亜寒帯.

sub rọ·sa[zʊp ró:za·] (《ラテン語》) (unter der Rose) 内密の約束で, 秘密に. [秘密厳守を誓う印としてバラの花を置いた習慣から]

▽**sub·se·ku·tịv**[zʊpzekutí:f][1] 形 あとに続く, 後続の.

sub·se·quẹnt[..zekvɛ́nt] 形〖地〗(川が)土質の軟らかい所に向かう: ein ～*er* Fluß 適従川. [*lat.* sub-sequī „nach-folgen"]

sub·si·diạ̈r[zʊpzidiɛ́:r] (**sub·si·diạ·risch**[..zidiá:rɪʃ]) 形 補足する, 補助(助成)の; 応急の, 間に合わせの. [*lat.*]

Sub·si·dia·rịs·mus[..zidiarísmʊs] 男 -/ , **Sub·si·dia·ri·tạ̈t**[..ritɛ́:t] 女 -/ (国家は個人・団体に対する助成的機能のみを果たすべきであるとする)助成説.

Sub·si·dia·ri·tạ̈ts·prin·zip 中 -s/ 助成の原則.

Sub·sị·dium[..zí:diʊm] 中 -s/..dien[..diən] ▽**1** 助力, 支援, 援助. **2** (《複数で》)(国家が個人・団体に交付する)助成金, 補助金; (同盟国への)報酬金. [*lat.*; < *lat.* sedēre (→sitzen)]

sub si·gịl·lo [con·fes·sio̹·nis] [zʊp zigílo· (kɔnfɛsió:nɪs)] (《ラテン語》) (unter dem Siegel [der Beichte]) [告白の]秘密を守るという約束のもとで.

Sub·si·stẹnz[zʊpzɪstɛ́nts] 女 -/-en **1** (《単数で》)〖哲〗(他者から独立した・時間空間を超越した)存在, 自立的存在, 自存. ▽**2** 生計, 物質的生活基盤. [*spätlat.*]

Sub·si·stẹnz⸗mit·tel 中 -s/- **1** (《複数で》) 生活の糧. **2** (《ふつう複数で》) 食料品. **⸗wirt·schaft** 女 自給自足経済.

sub·si·stiẹ·ren[..zɪstí:rən] 自 (h) **1**〖哲〗(他者から独立して・時間空間を超越して)存在する, 自存する. ▽**2** 生計を立てている.

[*lat.* sub-sistere „zurück-bleiben"−*spätlat.*]

Sub·skri·bẹnt[zʊpskribɛ́nt] 男 -en/-en (女 **Sub·skri·bẹn·tin**[..tɪn] -/-nen) (出版物などの)予約注文者.

sub·skri·biẹ·ren[..skribí:rən] **I** 他 (h) **1** (出版物などを)予約注文する: [auf] ein Lexikon ～ 事典を予約注文する. **2 a)** (《*et.*[4]》) (…に署名して)出資を約束する, (債券などを)申し込む. ▽**b)** (書類に)署名する. **II** 自 (h) (《auf *et.*[4]》) = I 1 [*lat.* sub-scrībere „[dar]unter-schreiben"]

Sub·skrip·tiọn[..skrɪptsió:n] 女 -/-en **1** (出版物などの)予約注文. **2 a)** (署名による)出資の約束, (債券などの)申し込み. ▽**b)** (書類への)署名. [*lat.*]

Sub·skrip·tiọns⸗an·zei·ge 女 (出版物などの)予約募集[広告]. **⸗preis** 男 予約値段(価格).

sub spẹ·cie aeter·ni·tạ·tis[zʊp spé:tsiə ɛtɛrnitá:tɪs, − ..tsie· −] (《ラテン語》) (unter dem Gesichtspunkt der Ewigkeit) 永遠の相の下に. [◇Spezies, Äon]

Sụb·spe·zies[zʊ́pspe:tsiɛs, ◡⏊◡◡] 女 -/- (Unterart)〖動・植〗亜種.

Subst. 略 = **Substantiv**

S

sub·stan·tial[zʊpstantsiáːl] =substantiell
Sub·stan·tia·lis·mus[zʊpstantsialísmʊs] 男 -/ 〘哲〙実体論.
Sub·stan·tia·li·tät[..litɛ́ːt] 女 -/ (substantiell なこと. 例えば:) 実質性, 実体性.
sub·stan·tiell[..stantsiɛ́l] 形 **1** 実体〈本質〉の; 実体〈本質〉的な, 実質的な; 実質〈内容〉のある. **2** (飲食物が) 滋養に富んだ, 身(み)になる. [*spätlat.* substantiālis−*fr.*]
sub·stan·ti·ie·ren[..tsiíːrən] 他 (h) **1** (事実によって) 立証〈確証〉する. **2** 《*jn.*》(…に) 全権を与える〈委任する〉.
Sub·stan·tiv[zʊ́pstantiːf, ◡◡⊥]¹ 中 -s/-e (略 Subst.) 〘言〙名詞(ほかに Hauptwort, Dingwort, Nennwort などの呼称もある). [*spätlat.* (verbum) substantīvum „für sich selbst bestehendes (Wort)“]
Sub·stan·ti·va Substantivum の複数.
sub·stan·ti·vie·ren[zʊpstantivíːrən] 他 (h) 〘言〙名詞化する.
Sub·stan·ti·vie·rung[..rʊŋ] 女 -/-en 〘言〙名詞化.
sub·stan·ti·visch[zʊ́pstantiːvɪʃ, ◡◡⊥◡] 形 〘言〙名詞の; 名詞的な: ~*er* Stil 名詞文体.
Sub·stan·tiv·satz 男 〘言〙名詞文.
Sub·stan·ti·vum[zʊpstantíːvʊm] 中 -s/..va[..vaˑ] =Substantiv
Sub·stanz[..stánts] 女 -/-en **1** (Stoff) 物質: eine chemische 〈organische〉 ~ 化学〈有機〉物質.
2 実質, 内容, 中身; 実体, 本質: Der Roman hat wenig ~. この小説にはあまり内容がない | Der Kerl hat keinerlei ~. あの男には芯(しん)というものが全くない ‖ 〔*jm.*〕 an die ~ gehen《話》〔…の〕体力〈気力〉を消耗させる | eine Anschuldigung ohne ~ いわれのない言いがかり ‖ die kunsthistorisch bedeutende bauliche ~ 美術史上重要な建築物.
3 a) 〘商〙資産, 資本; 元金, 元本(がんぽん): die ~ angreifen (金のやりくりに窮して) 元金〈資産〉に手をつける. **b)** 〘法〙元物(げんぶつ).
4 〘哲〙実体.
[*lat.* substantia „Bestand“−*mhd.*; < *lat.* stāre (→ stehen)]
sub·stan·zial[..tsiáːl] =substantiell
Sub·stan·zia·lis·mus =Substantialismus
Sub·stan·zia·li·tät =Substantialität
sub·stan·ziell =substantiell
sub·stan·zi·ie·ren =substantiieren
sub·sti·tu·ie·ren[zʊpstituíːrən] 他 (h) **1 a)** 《*et.*⁴ durch *et.*⁴》(…を…で) 置きかえる, (…の) 代わりに(…を) 用いる; 〘理〙置換する: ein Substantiv durch ein Pronomen ~ 名詞を代名詞で置きかえる. **b)** 《*et.*⁴》(…を) 代わりに用いる, (…で) 代用する: einen Begriff ~ 別の概念を代わりに用いる. **2** 《*jn.*》〘法〙補充相続人として選定する. [*lat.*; ◇statuieren]
Sub·sti·tu·ie·rung[..rʊŋ] 女 -/-en =Substitution
Sub·sti·tut[..stitúːt] **I** 男 -en/-en (⊛ **Sub·sti·tu·tin**[..tɪn] -/-nen) **1** 代理人; 〘法〙復代理人. **2** 販売主任. **II** 中 -s/-e 代替物.
Sub·sti·tu·tion[..tutsióːn] 女 -/-en **1** 代置, 代入; 置きかえ; 補充; 〘理〙置換; 〘数・言〙代入. **2** 〘法〙補充相続人の選定. [*spätlat.*]
Sub·sti·tu·tions≠me·tho·de 女 〘理〙置換法; 〘言〙代入法. **≠pro·be** 女 〘言〙代入テスト. **≠recht** 中 〘法〙介入権. **≠the·ra·pie** 女 〘医〙補充療法.
Sub·strat[zʊpstráːt] 中 -[e]s/-e **1** 土台, 根底, 基礎; 下層, 基層. **2** 〘化〙基質. **3** (Nährboden) 〘生〙培地, 培養基. **4** 〘農〙下層土, 底土. **5** 〘哲〙基体, 実体. **6** (↔Superstrat) 〘言〙下層, 基層(被征服民族の言語).
[*mlat.*; < *lat.* sub-sternere „unter-legen“ (◇streuen)]
Sub·struk·tion[zʊpstrʊktsióːn] 女 -/-en (Unterbau) 基礎, 土台; 基礎工事. [*lat.*; < *lat.* sub-struere „unter-bauen“ (◇Struktur)]
sub·su·mie·ren[zʊpzumíːrən] 他 (h) 《*et.*⁴ *et.*³ / *et.*⁴ unter *et.*⁴ 〈*et.*³〉》(…をより包括的な概念・命題・条項などのなかへ) 包含する, 包摂する. [< *lat.* sūmere „nehmen“]
Sub·sump·tion[zʊpzʊmptsióːn] 女 -/-en =Subsumtion
sub·sump·tiv[..tíːf]¹ =subsumtiv
Sub·sum·tion[..zʊmtsióːn] 女 -/-en 包括, 包含, 包容; 〘論・法〙包摂.
sub·sum·tiv[..tíːf]¹ 形 包括〈包摂〉的な.
Sub·sy·stem[zʊ́pzʏsteːm] 中 -s/-e **1** 〘社〙下層体系. **2** 〘言〙下位体系.
Sub·tan·gen·te[zʊptaŋgɛ́ntə, ◡◡◡◡] 女 -/-n 〘数〙接線影.
Sub·teen[zápti:n, sʌ́btiːn] 男 -s/-s 《ふつう複数で》サブティーン(10–12歳の子供たち). [*amerik.*]
sub·ter·ran[zʊptɛráːn] 形 (unterirdisch) 地下の: ein ~*er* See 地底湖. [< *lat.* terra „Erde“]
sub·til[zʊptíːl] 形 **1** 繊細な, 微妙〈微細〉な; (感覚が) 鋭敏な; 精妙〈巧妙〉な: eine ~*e* Beschreibung 緻密(ちみつ)な描写 | ein ~*es* Gespür für *et.*⁴ haben …に対する鋭敏な嗅覚(きゅうかく)〈鋭い勘〉をもっている ‖ *et.*⁴ ~ darstellen …を緻密(ちみつ)に叙述する. **2** 気むずかしい, 扱いにくい: ein ~*er* Charakter 気むずかしい性格. [*lat.* sub-tīlis „fein〔gewebt〕“−*afr.*−*mhd.*; < *lat.* tēla (→Toile); ◇*engl.* subt〔i〕le]
Sub·ti·li·tät[..tilitɛ́ːt] 女 -/-en **1** 《単数で》subtil なこと. **2** subtil な事物. [*lat.*]
Sub·tra·hend[zʊptrahɛ́nt]¹ 男 -en/-en 〘数〙減数. [*mlat.*]
sub·tra·hie·ren[..trahíːrən] 他 (h) (↔ addieren) (abziehen) 《*et.*⁴ von *et.*³》〘数〙(…を…から) 減じる, 引く. [*lat.*; < *lat.* trahere (→Trakt); ◇*engl.* subtract]
Sub·trak·tion[..traktsióːn] 女 -/-en (↔Addition) 〘数〙減法, 引き算. [*spätlat.*]
sub·trak·tiv[..traktíːf]¹ 形 (↔additiv) 減法〈引き算〉による: ein ~*es* Verfahren 〘写〙減色法.
Sub·tro·pen[zʊ́ptroːpən] 複 〘地〙亜熱帯.
sub·tro·pisch[zʊ́ptroːpɪʃ, ◡⊥◡] 形 亜熱帯の.
sub·ur·ban[zʊp|ʊrbáːn] 形 郊外の. [*lat.*]
Sub·ur·ba·ni·sa·tion[..|ʊrbanizatsióːn] 女 -/ (郊外・衛星都市への) 大都市の膨張.
Sub·ur·bia[səbə́ːbɪə] 女 -/ (大都市の) 近郊(衛星都市を含む). [*engl.*]
sub·ur·bi·ka·risch[zʊp|ʊrbikáːrɪʃ] 形 ローマ近郊の: ~*e* Bistümer (ローマに隣接する) 枢機卿(すうききょう)直轄司教区. [*spätlat.*−*it.*]
▽**sub·ve·nie·ren**[zʊpveníːrən] 自 (h) 《*jm.*》(…を) 援助する, (…に) 助力する.
[*lat.*; < *lat.* venīre (→kommen)]
Sub·ven·tion[..vɛntsióːn] 女 -/-en 《ふつう複数で》(国家などの) 補助金, 助成金. [*spätlat.*]
sub·ven·tio·nie·ren[..vɛntsioníːrən] 他 (h) 《*et.*⁴》(…に) 補助〈助成〉金を与える.
Sub·ven·tions≠ab·bau[..vɛntsióːns..] 男 補助金削減. **≠be·geh·ren** 中 〘経〙補助金申請. **≠po·li·tik** 女 〘経〙補助金政策.
Sub·ver·sion[zʊpvɛrzióːn] 女 -/-en (国家・政府などの) 転覆, 打倒.
[*spätlat.*; < *lat.* sub-vertere „um-stürzen“]
sub·ver·siv[..zíːf]¹ 形 くつがえす, 転覆させる, 打倒〈破壊〉する: ~*e* Elemente 破壊活動分子 | *sich*⁴ ~ betätigen 破壊活動を行う.
sub vo·ce[zʊp vóːtsə, − ..tseˑ] 《ラテ語》(unter dem 〔Stich〕wort) (略 s. v.) …という見出し語の下に.
Sub·way[sʌ́bweɪ] 女 -/-s[−z] **1** (Untergrundbahn) 地下鉄. **2** (Unterführung) 地下道. [*engl.*; ◇Weg]
Such≠ak·tion[zúːx..] 女 《nach *jm.*》(…に対する〔大がかりな〕) 捜索〈捜査〉活動. **≠an·zei·ge** 女 (行方不明者の) 捜索願. **≠ar·beit** 女 捜索〈探索〉の仕事. **≠bild** 中 (Vexierbild) 隠し絵, 判じ絵, 捜し絵. **≠boh·rung** 女 〘坑〙探査ボーリング. **≠dienst** 男 行方不明者捜索機関(特に第二次世界大戦の生死不明者・未引き揚げ者などの消息を調査するため, ドイツ赤十字社内に設けられた機関).

Sụ·che[zúːxə] 女 -/-n **1**《単数で》(suchen すること. 例えば:) 捜索, 探索, 捜査; 追求, 探求: die polizeiliche ~ nach dem Täter 警察の犯人捜査 | Stellungs*suche* 職探し, 求職 | Wohnungs*suche* 住居探し ‖ Er ist auf der ~ nach einer Stellung. 彼は職を探している | auf die ~ gehen 捜しに行く | *sich*[4] auf die ~ begeben 〈machen〉 捜索に出発する | Ich habe ihn auf die ~ nach dem verlorenen Portemonnaie geschickt. 私は彼に紛失した財布を捜しに行かせた.
2〖狩〗(猟師や猟犬による野獣の)嗅(か)ぎ出し.

sụ·chen[zúːxən] **I** 他 (h) **1** (英: *seek*) 探す, 探し求める, 見つけ出そうと〈手に入れようと〉する; 探索〈捜索・捜査〉する; 求める, 追求〈探求〉する;〖電算〗検索する: *jn.* polizeilich 〈steckbrieflich〉 ~ …を警察の手で〈手配書を配って〉捜す | Ich habe dich überall *gesucht*. 私は君をずいぶんあちこち探し回ったんだよ ‖ Abenteuer ~ 冒険〈スリル〉を求める | *sich*[3] Arbeit ~ 仕事を探す |〔*sich*[3]〕eine Frau ~ 結婚相手となるべき女性を探す | *js.* Freundschaft ~ …との交友を求める | *sein* Heil in der Flucht ~ (→Heil 1 a) |〔bei *jm.*〕Hilfe 〈Rat〉 ~〔…に〕助け〈助言〉を求める |〔gern〕Streit 〈Händel〉 ~ 好んで争いを求める | den Täter 〈den Vermißten〉 ~ 犯人〈行方不明者〉を捜索する | den Tod ~ 死を求める | einen Vorwand ~ 口実を探す | das Weite ~ (→weit III) | ein Zimmer 〈eine Wohnung〉 ~ (住むべき)部屋〈住居〉を探す ‖ Ich gehe jetzt in den Wald, um Pilze zu ~. 私はこれからキノコ狩りに森に行く | Ich *suche* nichts als mein Recht. 私は自分の当然の権利を要求しているにすぎない | Was *suchst* du hier? (とがめる口調で) 君はここで何をしているのか | Hier hast du nichts zu ~.《話》ここは君の来るべきところではない〈出る幕ではない〉‖ *jn.* 〈*et.*[4]〉 wie eine Stecknadel ~ (→Stecknadel) | eine Nadel im Heuhaufen 〈Heuschober〉 ~ (→Nadel 1 c) | Einen wirklich weisen Menschen kann man mit der Laterne 〈der Lupe〉 ~.《話》本当に賢い人間などめったにいるものではない | Er *sucht* in 〈hinter〉 allem etwas. 彼はすべてのことに何かとけちをつけたがる | Das habe ich nicht hinter ihm *gesucht*. そんなことが彼にできるとは考えてもみなかった | *seinesgleichen* ~ (→seinesgleichen) | Diese Sammlung *sucht* ihresgleichen. このコレクションは天下一品だ | Da haben sich〔die〕beiden *gesucht* und gefunden.《話》両者は息がぴったり合っている〈お似合いだ〉‖〖目的語なしで〗Ich habe überall *gesucht*. 私は至るところ探した | Wer da *sucht*, der findet. 求める者は見いだす(聖書: マタ 7, 7 から) | Da kannst du lange ~.《話》いくら探しても意味ないよ ‖ *sich*[4] *suchend* umsehen さがすようにあちこち見回す | mit *suchendem* Blick 探るような目つきで ‖ Verkäuferin *gesucht* 女店員を求む(求人広告) | ein Zimmer zu mieten *gesucht* 貸室を求む(広告) ‖〖名詞として〗*Suchen* spielen《方》かくれんぼをする(=Verstecken spielen). **2**《zu 不定詞〔句〕と》《雅》(versuchen) 試みる, つとめる: Sie *suchte* ihm zu gefallen. 彼女は彼に気に入られようとつとめた.

II 自 (h)《nach *et.*[3]》(…を)さがす, さがし求める; 探索〈捜索〉する; 追求〈探求〉する: nach dem Täter 〈den Vermißten〉 ~ 犯人〈行方不明になった人たち〉を捜索する | nach einer Gelegenheit zur Flucht ~ 逃走の機会をうかがう | nach der Wahrheit 〈dem Sinn des Lebens〉 ~ 真理〈人生の意義〉を求める | nach Worten ~ 適切な言葉を探す | Ich habe lange nach dir *gesucht*. 長いこと君を探したよ ‖ *Such, such*,〔verloren〕! (犬に向かって)さあ捜してこい.

III ge·sụcht → 別出

[„nachspüren“; *germ.*; ◇Sache; *engl.* seek; *lat.* sāgīre „scharf spüren“]

Sụ·cher[zúːxər] 男 -s/- **1** (suchen する人. 例えば:) 探索〈捜索〉者; 探究者. **2** (suchen する器具. 例えば:)〖写〗ファインダー; (天体望遠鏡の)ファインダー, 補助望遠鏡;〖医〗探針, ゾンデ.

Sụ·cher·bild 中〖写〗ファインダーの中に見える像.

Sụ·che·rei[zuːxəráɪ] 女 -/《話》(絶えざる・やっかいな)捜索, 捜査.

Sụ·cher·ka·me·ra 女 ファインダー付き写真機〈カメラ〉.

Sụch≠hund[zúːx..] 男 (警察などの)捜索犬. **≠ge·rät** 中 **1** 探知器〈機〉: Minen*suchgerät* 地雷〈機雷〉探知機. **2** 捜索レーダー. **≠kar·tei** 女 捜索〈捜査〉ファイル. **≠kind** 中 (Suchdienst に登録されている)迷子. **≠li·ste** 女 被捜索者〈行方不明者〉名簿. **≠mann·schaft** 女 捜索隊. **≠mel·dung** 女 行方不明者に関する報道. **≠rohr** 中 (天体望遠鏡の)ファインダー, 補助望遠鏡. **≠schein·wer·fer** 男 サーチライト, 探照灯.

Sucht[zʊxt] 女 -/Süchte[zʏ́çtə] **1** (病的な)欲求, 欲望, (常習の)癖(へき), 嗜癖(しへき); 中毒: die ~ nach Geld 〈Vergnügen〉 金銭欲〈快楽癖〉| die ~ nach Rauschgift 麻薬中毒 | die ~ zu stehlen 盗癖 | Streit*sucht* けんか好き | Trunk*sucht* アルコール中毒 ‖ Das Trinken ist bei ihm schon zu einer ~ geworden. 飲酒は彼の場合すでに中毒になっている. ▽**2** 病気, 疾病: Fall*sucht* 癲癇(てんかん) | Schwind*sucht*〔肺〕結核. [*ahd.*; ◇siech]

süch·tig[zʏ́çtɪç][2] 形 **1** 病的な欲求〈欲望〉をもった; 中毒症の: rauschgift*süchtig* 麻薬中毒の | tabletten*süchtig* 錠剤嗜癖(しへき)の ‖ ein ~*er* Patient 中毒患者 ‖ nach *et.*[3] ~ sein …中毒である | ~ werden 中毒症になる ‖ Er zog ~ an der Zigarette. 彼はむさぼるようにタバコを吸った. ▽**2** (krank) 病気の: lungen*süchtig* 肺病の.

..süchtig[..zʏçtɪç][2]《名詞・動詞などにつけて「…に〔病的な〕欲求をもつ, …中毒の, …に夢中の」などを意味する形容詞をつくる》: händel*süchtig* けんか好きの | trunk*süchtig* 飲酒癖のある ‖ fernseh*süchtig* テレビ中毒の | herrsch*süchtig* 支配欲の強い.

Süch·tig·keit[–kaɪt] 女 -/ süchtig なこと.

sucht·krank[zʊ́xt..] 形 病的な欲求をもった, 中毒にかかった: der 〈die〉 *Suchtkranke* 中毒患者.

Sucht≠krank·heit 女 中毒症. **≠psy·cho·se** 女〖医〗嗜癖(しへき)〔性〕精神病.

Sụch·trupp[zúːx..] 男 捜索隊.

sụckeln[zʊ́kəln]《06》他 自 (h)《南部・中部・北部》チューチュー吸う, する. [<saugen]

Su·cre[súkreˑ] 男 -/- スクレ(Ecuador の貨幣単位: 100 Centavos). [*span.*; <A. J. de Sucre (エクアドルの解放者, †1830)]

Sud[zuːt][1] 男 -〔e〕s/-e **1** 煮沸, 煮出し. **2** 煮出し液〈汁〉. [*mhd.*; ◇sieden]

Süd[zyːt][1] 男 -〔e〕s/-e **1**《無変化; 無冠詞単数で》**a)** (略 S) (↔Nord) (都市名の後につけて) 南部: Stuttgart-~ シュトゥットガルト南部. **b)**《Nord と対に用いられて》南〔の人〕: Nord und ~ 四方〈全地域〉〔の人々〕. **c)** (略 S) (Süden)〖海・気象〗(方位の名として) 南: von Nord nach ~ 北から南へ | Der Wind dreht nach ~. 風が南向きに変わる. **2**《ふつう単数で》(Südwind) (雅語および海事用語で) 南風: der warme 〈leichte〉 ~ 暖かい〈弱い〉南風. [<Süden]

Süd≠ạfri·ka[zýːt|áː(ː)frikaˑ] 地名 南アフリカ: Republik ~ 南アフリカ共和国(アフリカの南端を占める. 1910年に英連邦内の自治領として南アフリカ連邦となり, その後1961年に英連邦を脱退, 共和国となった. 首都はプレトリア Pretoria).

≠afri·kạ·ner[..|afrikáːnər] 男 南アフリカ人.

süd·afri·kạ·nisch[..káːnɪʃ] 形 南アフリカの: die *Südafrikanische* Union 南アフリカ連邦(南アフリカ共和国の旧称).

Su·dạ·men[zudáːmən, ..mɛn] 中 -s/..mina[..minaˑ]〖医〗あせも(汗疹). [<*lat.* sūdāre (→schweißen)]

Süd≠amẹ·ri·ka[zýːt|améːrikaˑ] 地名 南アメリカ〔大陸〕, 南米(パナマ地峡以南のアメリカ大陸). **≠ame·ri·kạ·ner** [..|amerikáːnər] 男 南アメリカ人.

süd·ame·ri·kạ·nisch[..nɪʃ] 形 南アメリカの, 南米の.

Su·dạ·mi·na Sudamen の複数.

〔der〕**Su·dạn**[zudáːn, zúːdan] 地名 男 -〔s〕/《ふつう無冠詞で》スーダン(アフリカ北東部, エジプトの南にある共和国. 1956年に独立. 首都は Khartum): die Republik ~ スーダン共和国. [*arab.* bilad as-sūdān „Land der Schwarzen“]

Su·da·nẹ·se[zudané:zə] 男 -n/-n (**Su·dạ·ner**[..dá:nər] 男 -s/-) スーダン人.

su·da·nẹ·sisch[..dané:zɪʃ] (**su·dạ·nisch**[..dá:nɪʃ]) 形 スーダンの: die *Sudanesische* Republik スーダン共和国.

Su·da·tiọn[zudatsió:n] 女 -/ 《医》発汗. [*lat.*]

Su·da·tọ·rium[zudató:riʊm] 中 -s/..rien[..riən] **1** (Schwitzbad)《医》発汗浴. **2** (治療用の)発汗槽. [*lat.*; < *lat.* sūdāre (→schweißen); ◇Sudamen]

Sụ̈d·bu·che[zý:t..] 女《植》ノトファグス, ナンキョクブナ(南極橅)属.

sụ̈d·chi·nẹ·sisch 形 南シナ〈中国南部〉の: das *Südchinesische* Meer 南シナ海.

sụ̈d·deutsch **I** 形 南ドイツ〈ドイツ南部〉の: *Süddeutscher* Rundfunk (略 SDR) 南ドイツ放送 (Stuttgart に本拠を置くドイツの放送会社) | *Süddeutsche* Zeitung 南ドイツ新聞(ドイツの日刊紙). **II Sụ̈d·deut·sche** 男 女《形容詞変化》南ドイツの人.

Sụ̈d·deutsch·land[zý:tdɔʏtʃlant] 地名 南ドイツ, ドイツ南部〔地域〕.

Sụ·del[zú:dəl] 男 -s/- **1**《南部》水たまり; 汚水; よごれ, 不潔さ. **2**《スイ》(最初の・仮の)下書き, 草案. [< *mndd.* sudde „Sumpf" (◇saufen)]

Sụ·del·ar·beit 女《軽蔑的に》ぞんざいな〈おそまつな〉仕事.

Su·de·lẹi[zu:dəlái] 女 -/-en《軽蔑的に》ぞんざいな〈おそまつな〉仕事〔ぶり〕; なぐり書き.

Sụ·de·ler[zú:dələr] (**Sụd·ler**[..dlər]) 男 -s/-《軽蔑的に》ぞんざいな〈おそまつな〉仕事をする人; ぞんざいに書く人.

sụ·de·lig[zú:dəlɪç][2] (**sụd·lig**[..dlɪç][2]) 形《軽蔑的に》ぞんざいな, おそまつな; 汚い.

Sụ·del·koch 男《方》へたな料理人.

sụ·deln[zú:dəln] 《06》自 (h)《軽蔑的に》ぞんざいな〈おそまつな〉仕事をする; (字・絵などを)ぞんざいに書く; よごす, 汚くする: Das ist nur so *gesudelt*. これはひどいやっつけ仕事だ.

Sụ·del≠werk 中 =Sudelarbeit ≠**wet·ter** 中《方》いやな〈ひどい〉天気.

Sụ̈·den[zý:dən] 男 -s/ **1**《ふつう無冠詞で》(略 S) (↔ Norden) (Süd)(方位の名として)南: aus 〈von〉 ~ 〔her〕 南の方角から | nach ~ 〔hin〕/《雅》gen ~ 南の方へ | Der Balkon geht nach ~. バルコニーは南向きだ | Die Sonne steht im ~. 太陽が南にある. **2** (場所・地域をさして) **a)** 南; 南部; 南国; (特に:) 南欧: aus dem ~ stammen 南国の出〈産〉である | in den ~ 〈nach dem ~〉 reisen 南の地方(特に南欧)へ旅する | den Winter im ~ verbringen 冬を南部(南の国)で過ごす. **b)** (ある地域のうちの)南部: im ~ Italiens 〈von Italien〉 イタリア南部で. **3**《集合的に》南国人; 南部の人; 南欧の人.
[*germ.* „nach Süden"–*mndl.* suut–*mhd.*; ◇*engl.* south]

Sụ̈·der·land[zý:dərlant][1] =Sauerland

die **Su·dẹ·ten**[zudé:tən] 地名 複 ズデーテン(チェコとポーランドの国境に東西につらなる山地). [„Sauwald"]

su·dẹ·ten·deutsch **I** 形 ズデーテン〔地方〕のドイツ人の. **II Su·dẹ·ten·deut·sche** 男 女《形容詞変化》ズデーテン〔地方〕のドイツ人.

das **Su·dẹ·ten·land** 地名 中 -〔e〕s/ ズデーテン地方.

su·dẹ·tisch[zudé:tɪʃ] 形 ズデーテン〔山地〕の.

Sụ̈d·eu·rọ·pa[zý:t|ɔʏró:pa·] 地名 南ヨーロッパ, 南欧.

sụ̈d·eu·ro·pạ̈·isch[..|ɔʏropɛ́:ɪʃ] 形 南ヨーロッパの, 南欧の: ~*e* Länder 南欧諸国.

Sụ̈d≠frucht 女 -/..früchte《ふつう複数で》南国〈熱帯地方〉の果実: 〔Ich〕 danke für Obst und *Südfrüchte*! (→danken I 1). ≠**ger·ma·nen** 複〔史〕南ゲルマン族. ≠**halb·ku·gel** 女 南半球.

Sụd·haus[zú:t..] 中《醸》(ビールの)仕込み場, 麦汁煮沸室.

der **Sụ̈d·jẹ·men**[zý:tjé:mən] 地名 男 -〔s〕/ 南イエメン (→Jemen 2).

Sụ̈d·je·me·nịt[..jemení:t] 男 -en/-en 南イエメン人.

sụ̈d·je·me·nị·tisch[..tɪʃ] 形 南イエメン〔人〕の.

Sụ̈d≠ka·ro·lị·na[zý:tkarolí:na·] 地名 サウスカロライナ(アメリカ合衆国東南部の州. 英語形 South Carolina). ≠**ko·rea**[..koré:a·] 地名 南朝鮮(大韓民国: →Korea). ≠**ko·rea·ner**[..koreá:nər] 男 韓国人.

Sụ̈d·kü·ste[zý:t..] 女 南部海岸, 南(🄐)海岸.

südl. 略 =südlich 南の.

Sụ̈d·län·der[zý:tlɛndər] 男 -s/- (特に地中海沿岸諸国に住む)南国〈南欧〉人.

sụ̈d·län·disch[..dɪʃ] 形 南国の; 南欧の.

südl. Br. 略 =**südliche**〔r〕 **Breite** 南緯(…度).

Sụd·ler =Sudeler

sụ̈d·lich[zý:tlɪç] 形 (↔nördlich) **1** (略 s., südl.) 南の, 南方の; 南国的な, 南国人らしい; (ある地域のうちの)南部の: die ~*en* Länder 南方〈南欧〉諸国 | die ~*e* Erdhalbkugel 南半球 | der ~*ste* Punkt Europas ヨーロッパの最南点 | ~*e* Breite (略 südl. Br., s. Br.) 南緯(…度) | das *Südliche* Eismeer 南極海 | ein ~*es* Temperament (情熱的な)南国人気質 | das ~*e* Italien 南イタリア ‖ Wir waren schon ziemlich weit ~. 私たちはすでにかなり南方〈南国〉に来ていた ‖〖2格または von *et.*[3] の前に置いて〗~ der Alpen 〈von den Alpen〉 アルプスの南に | das Gebiet ~ des Rheins ライン川の南側の地域. **2** 南からの, 南から来る; 南向きの, 南を目指す: der ~*e* Wind 南風 | in ~*er* 〈in ~*e*〉 Richtung fahren (車・船が)南に向かって走る | einen ~*eren* Kurs einschlagen 南寄りのコースをとる ‖ Der Wind weht ~. 風は南風〈南向き〉だ. [*mndd.*; <Süden]

Sụ̈d·licht 中 -〔e〕s/-er 南極光.

sụd·lig =sudelig

Süd·ọst[zy:t|ɔ́st] 男 -〔e〕s/-e **1**《無変化; 無冠詞単数で》(略 SO) (都市名の後につけて)南東部; (Südosten)〖海・気象〗(方位の名として)南東. **2**《ふつう単数で》〖海〗南東の風.

Süd·ost·ạsi·en[zy:t|ɔst|á:ziən] 地名 東南アジア.

Süd·ọsten[zy:t|ɔ́stən] 男 -s/ **1**《ふつう無冠詞で》(略 SO) (方位の名として)南東. **2** (場所・地域をさして)南東〔部〕.

süd·ọ̈st·lich[zy:t|œ́stlɪç] 形 **1** 南東〔方〕の; (ある地域のうちの)南東部の: →südlich 1 **2** 南東からの; 南東向きの: →südlich 2

Sụ̈d·ọst·wind[zy:t|ɔ́st..] 男 南東の風.

der **Sụ̈d·pa·zị·fik**[zý:tpatsí:fɪk, ⏊◡–◡] 地名 男 南太平洋.

sụ̈d·pa·zị·fisch[zý:tpatsí:fɪʃ, ⏊◡–◡] 形 南太平洋の: das *Südpazifische* Becken〖地〗南太平洋海盆 | der *Südpazifische* Rücken〖地〗南太平洋海嶺.

Sụ̈d·pol[zý:t..] 男 -s/ (略 SP) 南極.

Sụ̈d·po·lar≠ge·biet[zý:tpola:r..] 中 -〔e〕s/ (Antarktis) 南極地方. ≠**kreis** 男 南極圏. ≠**län·der** 複 =Südpolargebiet ≠**licht** 中 -〔e〕s/-er 南極のオーロラ.

das **Sụ̈d·po·lar·meer** 地名 中 -〔e〕s/ 南極海.

Sụ̈d·pol·ex·pe·di·tiọn[zý:tpo:l..] 女 南極探検〔隊〕.

Sụ̈d≠punkt[zý:t..] 男 -〔e〕s/〖天〗(子午線の)南点, 真南. ≠**rho·dẹ·si·en**[..rode:ziən, –◡⏊◡◡] 地名 南ローデシア (Simbabwe の旧称).

die **Sụ̈d·see**[zý:tze:] 地名 女 -/ 南洋(特に南太平洋).

die **Sụ̈d·see·in·seln** 地名 複 南洋〈南太平洋〉諸島 (Mikronesien, Melanesien, Polynesien).

Sụ̈d·see·in·su·la·ner 男 南洋〈南太平洋〉諸島の住民.

Sụ̈d·sei·te 女 南側.

die **Sụ̈d·staa·ten** 複 (アメリカ合衆国の)南部諸州.

Sụ̈d·süd≠ọst[zy:tzy:t|ɔ́st] 男 -〔e〕s/-e **1**《無変化; 無冠詞単数で》(略 SSO)〖海・気象〗(方位の名として)南南東. **2**《ふつう単数で》〖海〗南南東の風. ≠**ọsten**[..|ɔ́stən] 男 -s/ **1**《ふつう無冠詞で》(略 SSO) (方位の名として)南南東. **2** (場所・地域をさして)南南東〔部〕. ≠**ọst·wind** 男 南南東の風. ≠**wẹst**[..vɛ́st] 男 -〔e〕s/-e **1**《無変化; 無冠詞単数で》(略 SSW)〖海・気象〗(方位の名として)南南西. **2**《ふつう単数で》〖海〗南南西の風. ≠**wẹ·sten**[..vɛ́stən] 男 -s/ **1**《ふつう無冠詞で》(略 SSW) (方位の名として)南南西. **2** (場所・地域をさして)南南西〔部〕. ≠**wẹst·wind** 男 南南西の風.

S

Süd≠ti·rol[zý:ttiro:l] 地名 南チロル (Tirol のうち, Brenner 峠より南のイタリア領地方. 1919年オーストリアからイタリアに割譲され, 以来両国間の係争の地). **≠ti·ro·ler** [..lər] 男 南チロル人.

süd·ti·ro·lisch[zý:ttiro:lɪʃ] 形 南チロルの.

Süd·viet·nam[zý:tviɛtnám, ⌒◡◡⌒] 地名 南ベトナム (旧ベトナム共和国の通称: →Vietnam).

süd·wärts[zý:tvɛrts] 副 南へ, 南方へ.

Süd·west[zy:tvést] 男 -[e]s/-e **1** 《無変化; 無冠詞単数で》(略 SW) (都市名の後につけて) 南西部; (Südwesten) 〘海・気象〙(方位の名として) 南西. **2** 《ふつう単数で》〘海〙南西の風.

Süd·west·afri·ka[zy:tvést|a(:)frika·] 地名 南西アフリカ(→Namibia).

süd·west·deutsch 形 南西ドイツ(ドイツ南西部)の.

Süd≠we·sten[zy:tvéstən] 男 -s/ **1** 《ふつう無冠詞で》(略 SW) (方位の名として) 南西. **2** (場所・地域をさして) 南西〔部〕. **≠we·ster**[..véstər] 男 -s/- 〘海〙サウスウェスター(防水布でできた暴風雨よけ帽子).

Süd·west·funk[zy:tvést..] 男 -s/ (略 SWF) 南西ドイツ放送 (Baden-Baden に本拠を置く放送会社).

süd·west·lich[..lɪç] 形 **1** 南西〔方〕の; (ある地域のうちの) 南西部の: →südlich 1 **2** 南西からの; 南西向きの: →südlich 2

Süd·west·wind 男 南西の風.

Süd·wind[zý:t..] 男 南風.

Sue·be[zué:bə, své:bə] 男 -n/-n =Swebe

Su·es[zú:ɛs] 地名 スエズ(エジプト北東部, スエズ運河の南端にある港湾都市. フランス語形 Suez).

der **Su·es·ka·nal**[zú:ɛs..] 地名 男 -s/ スエズ運河(地中海と紅海を結ぶ運河. 1869年開通).

Sue·ve[zué:və, své:..] (**Sue·we**[zué:və]) 男 -n/-n =Swebe

Su·ez[zú:ɛs, ..ɛts] =Sues

Su·ez·ka·nal =Sueskanal

suf.. →sub..

Suff[zʊf] 男 -[e]s/ 《俗》 **1** 〔多量の〕飲酒, 〔大〕酒を飲むこと: *sich*[4] dem 〔stillen〕 ~ ergeben 〔ひそかに〕飲酒にふける. **2** 酩酊(めいてい)〔状態〕. **3** (Trunksucht) 飲酒癖. [< saufen]

Süf·fel[zýfəl] 男 -s/- 《話》(Säufer) 大酒飲み, 飲んだくれ.

süf·feln[zýfəln] (ｵｰｽﾄﾘｱ: **suf·feln**[zʊ́fəln]) 《06》《話》 **I** 他 (h) (酒を) 飲む. **II** 自 (h) 大酒を飲む, 酒好きである.

süf·fig[zýfɪç][2] 形 《話》 (酒が) 口あたりがよい, 美味な.

suf·fi·gie·ren[zʊfigí:rən] 他 (h) 〘言〙《*et.*[4]》(…に) 後つづり(接尾辞)をつける: eine *suffigierte* Form 後つづり(接尾辞)をつけた形.

[*lat.*; < *lat.* fīgere (→Fibula); ◇Suffix]

Süf·fi·sance[zʏfizã:s, sʏ..] (ｵｰｽﾄﾘｱ・ｽｲｽ: **Suf·fi·sance** [sy..]) 女 -/ =Süffisanz [*fr.*]

süf·fi·sant[..fizánt] 形 うぬぼれた, 思いあがった; 嘲弄(ちょうろう)的な. [*fr.*; < *lat.* sufficere (→suffizient)]

Suf·fi·sanz[..fizánts] 女 -/ うぬぼれ, 思いあがり, 嘲弄(ちょうろう).

Suf·fix[zʊfíks, ⌒◡] 中 -es/-e (↔Präfix) (Nachsilbe) 〘言〙後つづり, 接尾辞(例 ..heit, ..lich, ..nis). [*nlat.*; ◇suffigieren]

Suf·fi·xoid[zʊfɪksoí:t][1] 中 -[e]s/-e (Halbsuffix) 〘言〙擬似接尾辞(独立の語と同じ形をしているが, 意味変化を起こして, 後つづりのように使われるもの. 例 arbeits*los* 失業した, schul*frei* 学校が休みの). [< ..oid]

suf·fi·zient[zʊfitsiɛ́nt] 形 (↔insuffizient) 十分な, 足りる, (能力・技量などの) 十分に備わった. [*lat.* suf-ficere „aus-reichen" (◇..fizieren); ◇süffisant]

Suf·fi·zienz[..ɛ́nts] 女 -/ (↔Insuffizienz) 十分な(不足のない)こと; 十分な能力(技量・財力). [*spätlat.*]

Suff·kopp[zʊ́fkɔp] 男 -s/..köppe[..kœpə] 《軽蔑的に》大酒飲み, 飲んだくれ.

Süff·ler[zýflər] 男 -s/-, **Süff·ling**[zýflɪŋ] 男 -s/-e =Süffel

Suf·fo·ka·tion[zʊfokatsió:n] 女 -/-en (Erstickung) 〘医〙窒息. [*lat.*; < *lat.* suf-fōcāre „erwürgen"]

Suf·fra·gan[zʊfragá:n] 男 -s/-e 〘ｶﾄﾘｯｸ〙属司教. [*mlat.*; < *lat.* suf-frāgium „Votum"]

Suf·fra·get·te[..fragétə] 女 -/-n (イギリス・アメリカの) 女性参政権論者(女性). [*engl.*; < ..ette]

Suf·fu·sion[zʊfuzió:n] 女 -/-en 〘医〙広汎〔性〕出血, 皮下溢血(いっけつ). [*lat.*; < *lat.* suf-fundere „darunter gießen"]

Su·fi[zú:fi·] 男 -[s]/-s スーフィー教徒, スーフィズムの信奉者. [*arab.* „Wollkleidträger"]

Su·fis·mus[zufísmʊs] 男 -/ スーフィー教(イスラム教の禁欲的・神秘主義的一宗派); スーフィー教の教義, スーフィズム.

Su·fist[zufíst] 男 -en/-en =Sufi

sug.. →sub..

Su·gam·brer[zugámbrər] 男 -s/- スガムブリ人(古代に中部ライン川右岸に住んでいたゲルマン人の一種族).

sug·ge·rie·ren[zʊgerí:rən] 他 (h) **1** 《*jn.*》(…を) 暗示にかける: *sich*[4] leicht ~ lassen 暗示にかかりやすい. **2** 《*jm. et.*[4]》(…に…を) 暗示(示唆)する. **3** 《*et.*[4]》(〔ありもしない〕…を) よそおう, 演出する: Wissenschaftlichkeit ~ いかにも学問的らしく見せかける.

[*lat.* sug-gerere „von unten herantragen"; ◇ *engl.* suggest]

sug·ge·sti·bel[..gɛstí:bəl] (..sti·bl..) 形 暗示にかかりやすい.

Sug·ge·sti·bi·li·tät[..gɛstibilitɛ́:t] 女 -/ 暗示にかかりやすいこと; 〘心〙被暗示性.

Sug·ge·stion[..gɛstió:n] 女 -/-en 暗示, 示唆(しさ): Auto*suggestion* / Selbst*suggestion* 自己暗示 ‖ *js.* Meinung durch ~ manipulieren …の意見を暗示によって操作する | ~*en* erliegen 暗示にかかる. [*lat.*]

Sug·ge·stions≠be·hand·lung 女 〘医〙暗示療法. **≠kraft** 女 暗示力. **≠the·ra·pie** 女 =Suggestionsbehandlung

sug·ge·stiv[..gɛstí:f][1] 形 **1** 暗示(示唆)的な: *jm.* eine ~*e* Frage stellen …に誘導的な質問をする. **2** 強い心理的影響力を持った: ein ~*er* Blick 物言いたげなまなざし | eine ~*e* Wirkung haben 相手に有無を言わせないだけの力がある.

Sug·ge·stiv·fra·ge 女 誘導尋問.

Sug·ge·sti·vi·tät[zʊgɛstivitɛ́:t] 女 -/ =Suggestibilität

Sug·ge·stiv·wir·kung 女 暗示効果.

Su·gil·la·tion[zugɪlatsió:n] 女 -/-en 〘医〙皮下溢血(いっけつ), 広汎〔性〕皮下出血. [*lat.*; < *lat.* sūgillāre „braun und blau schlagen"]

Suh·le[zú:lə] 女 -/-n 〘狩〙ぬた場(イノシシ・シカなどが泥浴びをする泥水の水たまり).

suh·len[zú:lən] 他 (h) 再帰 *sich*[4] ~ 〘狩〙(イノシシ・シカなどがごろごろ転がりながら) 泥浴びをする. [*ahd.* sullen; < *ahd.* sol „Pfütze" (◇saufen)]

sühn·bar[zý:nba:r] 形 償うことのできる, あがないうる.

Sühn·bock =Sündenbock

Süh·ne[zý:nə] 女 -/-n 《雅》償い, あがない, 罪滅ぼし, 贖罪(しょくざい): ~ für *et.*[4] leisten …の償い(罪滅ぼし)をする | von *jm.* ~ fordern (verlangen) …に償いを要求する ‖ als ~ für *et.*[4] …に対する償いとして. [*ahd.*]

Süh·ne≠al·tar[zý:nə..] 男 贖罪(しょくざい)のいけにえをささげる祭壇. **≠geld** 中 償い(贖罪)の金, 賠償金. **≠maß·nah·me** 女 制裁措置.

süh·nen[zý:nən] 《雅》 **I** 他 (h) 《*et.*[4]》償う, あがなう, (…に対して) 罪滅ぼしをする: ein Unrecht (ein Verbrechen) ~ 不正(犯罪)の償いをする | *et.*[4] mit dem Leben (dem Tode) ~ …を死をもって償う. **II** 自 (h) 《für *et.*[4]》(…を) 償う, あがなう, (…に対して) 罪滅ぼしをする: Er hat für seine Tat mit dem Tode *gesühnt*. 彼は自分のしたことを死によって償った.

Süh·ne≠op·fer 中 〘宗〙贖罪(しょくざい)のいけにえ. **≠rich·ter** 男 〘法〙調停裁判官. **≠ter·min** 男 〘法〙調停期限. **≠ver·fah·ren** 中 〘法〙調停手続き. **≠ver·such** 男

〘法〙和解の試み.

Sühn·op·fer ＝Sühneopfer

Süh·nung[zý:nʊŋ] 女 -/-en (sühnen すること. 例えば:) 償い, 罪滅ぼし, 贖罪(しょくざい).

Sui[zuí:, sŭέĭ] 女 -/ 《王朝名》隋(中国の王朝; 581-618): die ~-Dynastie 隋王朝.

sui ge·ne·ris[zú:i· gé:nerɪs, – gέne..] 《ラテン語》(von seiner eigenen Art) 彼独自の, 独特の, それ独自の. [◇Genus]

Sui·te[svíːtə, zuíːtə] 女 -/-n **1** (王侯・貴族の)随員, 供奉(ぐぶ). **2** (ホテル・宮殿などの)スイート, 続き部屋. **3** 〘楽〙組曲: Tanz*suite* 舞踏組曲. [*fr.*; <*lat.* sequī (→sequens)]

Sui·ten·form[svíːtən..] 女〘楽〙組曲形式.

▽**Sui·tier**[svitié:, zui..] 男 -s/-s **1** 愉快な男, ひょうきん者. **2** (Schürzenjäger) 女のしりを追い回す男, 漁色家.

Sui·zid[zuitsíːt][1] 男 中 -〔e〕s/-e (Selbstmord) 自殺: ~ begehen 〈machen〉 自殺する. [*lat.* suī „seiner"]

sui·zi·dal[..tsidá:l] 形 **1** 自殺の, 自殺に関する. **2** 自殺する傾向のある, 自殺を好む. **3** 自殺による. [<..al[1]]

Sui·zi·da·li·tät[..tsidalitέ:t] 女 -/ 自殺傾向.

Sui·zi·dant[..tsidánt] 男 -en/-en ＝Suizident

sui·zi·där[zuitsidέ:*r*] ＝suizidal

Sui·zi·dent[..dέnt] 男 -en/-en (Selbstmörder) 自殺者.

sui·zid·ge·fähr·det[zuitsíːt..] 形 自殺のおそれのある.

Su·jet[zyʒé:, syʒé:, syʒέ] 中 -s/-s 主題, テーマ; 題材. [*spätlat.*–*fr.*; ◇Subjekt]

suk.. →sub..

Suk·ka·de[zʊkáːdə] 女 -/-n〘料理〙(甘橘(かんきつ)類の)果皮の砂糖漬け, ピール. [*roman.*]

Suk·ku·bus[zʊ́kubʊs] 男 -/..ben[zʊkúːbən] (睡眠中の男性と情交するとされた中世の)女の夢魔, 魔女. [*mlat.*; <*lat.* suc-cumbere „beiliegen"; ◇Inkubus]

suk·ku·lent[zʊkulέnt] 形 **1** 汁気の多い, 水分に富む. **2** 〘植〙多肉質の. [*spätlat.*; <*lat.* sūcus „Saft" (◇saugen)]

Suk·ku·len·te[..lέntə] 女 -/-n (Fettpflanze) 〘植〙多肉植物.

Suk·ku·lenz[..lέnts] 女 -/ 〘植〙多肉質.

▽**Suk·kurs**[zʊkʊ́rs][1] 男 -es/-e 援助; 救援(特に軍隊の). [*mlat.*; <*lat.* suc-currere „zu Hilfe eilen" (◇kurrent); ◇*engl.* succo〔u〕r]

▽**Suk·kur·sa·le**[zʊkʊrzáːlə] 女 -/-n (会社などの)支店, 支社. [<..al[1]]

Suk·tion[zʊktsióːn] 女 -/-en〘医〙(穿刺(せんし)針などによる)吸引, 吸出. [*spätlat.*; <*lat.* sūgere (→saugen)]

▽**suk·ze·die·ren**[zʊktsedíːrən] 自 (s) 《*jm.*》(…の)後を継ぐ(公職など). [*lat.*; ◇*engl.* succeed]

▽**Suk·zeß**[..tsέs] 男 ..zesses/..zesse (Erfolg) 成功. [*lat.*; ◇*engl.* success]

Suk·zes·sion[..tsεsióːn] 女 -/-en **1 a)** 〘法〙(権利の)承継, 引き継ぎ; 王位継承. **b)** die apostolische ~〘カトリック〙使徒伝承. **2** 〘植〙(植物群落の)遷移. [*lat.*]

Suk·zes·sions·staat 男 (Nachfolgestaat) 承継国.

suk·zes·siv[..tsεsíːf][1] **I** 形 連続する, 引き続いての; 漸次の: ~*e* Mittäterschaft〘法〙承継的共犯 | eine ~*e* Verminderung 漸減 | ~*e* Versicherung 異時重複保険.

II 副 ＝sukzessive

suk·zes·si·ve[..və] 副 連続して, 引き続いて; 徐々に, 漸次. [*mlat.*]

▽**Suk·zes·sor**[..tsέsɔr, ..soː*r*] 男 -s/-en[..tsεsóːrən] 〘法〙(権利の)承継者. [*lat.*]

Su·lei·ka[zuláɪka·] 女名 ズライカ. [*arab.*; ◇*engl.* Zuleika]

Sulf·amid[zʊlfamíːt][1] 中 -〔e〕s/-e〘化〙スルファミド. [<Sulfur+Amid]

Sulf·amin·säu·re[zʊlfamíːn..] 女〘化〙スルファミン酸. [<Sulfur+Amin]

Sul·fa·nil·säu·re[zʊlfaníːl..] 女〘化〙スルファニル酸. [<Sulfur+Anilin]

Sul·fat[..fáːt] 中 -〔e〕s/-e〘化〙硫酸塩. [<Sulfur+..at]

Sul·fid[..fíːt][1] 中 -〔e〕s/-e〘化〙硫化物, 硫化水素酸塩.

sul·fi·disch[..fíːdɪʃ] 形 硫黄を含有する. [<..id[2]]

Sul·fit[..fíːt, ..fɪt] 中 -s/-e〘化〙亜硫酸塩. [<..it[1]]

Sul·fit≠lau·ge 女 (パルプ製造の際に生じる)亜硫酸蒸煮液. **≠ver·fah·ren** 中 (パルプ製造の)亜硫酸法. **≠zell·stoff** 男 (製紙用の)亜硫酸パルプ.

Sülf·mei·ster[zʏ́lf..] 男 ▽**1** 製塩所の所有者〈監督〉. **2** 《北部》(Pfuscher) ぞんざいな〈おそまつな〉仕事をする人. [1: <*ndd.* sülf (◇selb); 2: <*ndd.* sülfern „sudeln"]

Sul·fon·amid[zʊlfonamíːt][1] 中 -〔e〕s/-e《ふつう複数で》〘薬〙スルホンアミド, サルファ薬.

sul·fo·nie·ren[..foníːrən] 他 (h) 〘化〙スルホン化する, スルホン置換する.

Sul·fon·säu·re[zʊlfóːn..] (**Sul·fo·säu·re**[zʊ́lfo..]) 女〘化〙硫基酸, スルホン酸.

Sul·fur[zʊ́lfʊr] 中 -s/ (Schwefel)〘化〙硫黄(いおう)(記号 S). [*lat.* sulp〔h〕ur; ◇Schwefel]

sul·fu·rie·ren[zʊlfuríːrən] ＝sulfonieren [*spätlat.*; ◇*engl.* sulfurate]

Sul·ky[zʊ́lki·, zál.., sʌ́l..] 中 -s/-s サルキー(一人乗り1頭立ての競走用二輪軽馬車). [*engl.*]

Süll[zʏl] 男 中 -〔e〕s/-e **1** 《北部》(Türschwelle) ドア〈戸口〉の敷居. **2** 〘海〙(ハッチ・昇降口の)縁材. [*mndd.*; ◇Schwelle; *engl.* sill]

Süll≠bord[zʏ́l..] 男, **≠rand** 男〘海〙(ヨットなどの座席の周囲を囲む)縁材, コーミング(→ ⊛ Faltboot).

Sul·tan[zʊ́ltaːn] 男 -s/-e サルタン(イスラム教国の君主, 特にトルコ皇帝). [*arab.* „Herrschaft"]

Sul·ta·nat[zʊltanáːt] 中 -〔e〕s/-e **1** サルタンの地位. **2** サルタンの領土. [<..at]

Sul·ta·nin[zʊ́ltanɪn, zʊltáːnɪn] 女 -/-nen[..nən] サルタンの妃(きさき). [<..in[1]]

Sul·ta·ni·ne[zʊltaníːnə] 女 -/-n スルタナ(大粒の種なし干しぶどう). [„fürstliche Rosine"]

Su·lu[súː(ː)lu·] **I** 男 -〔s〕/-〔s〕 ＝Zulu I

II 中 -〔s〕/ ＝Zulu II

Sül·ze[zʏ́ltsə] 女 -/-n (南部・オーストリア・スイス: **Sulz**[zʊlts] 女 -/-en, **Sul·ze**[zʊ́ltsə] 女 -/-n) **1** 〘料理〙**a)** 煮こごり, アスピック料理(肉・魚に煮汁とゼラチンを加えて固めたゼリー状の料理): **~ im Kopf haben**《方》《話》頭がからっぽである, ばかである. **b)** アスピック(→Aspik). **2** ＝Salzlecke 1 **3** 《卑》(Sperma) 精液. [*ahd.* sulza „Salzwasser"; ◇Salz]

sül·zen[zʏ́ltsən] (南部・オーストリア・スイス: **sul·zen**[zʊ́l..]) 《02》

I 他 (h) **1** 〘料理〙(肉・魚を煮汁とゼラチンで固めて)アスピック料理にする. **2** 再帰 *sich*[4] ~ ＝ II 1

II 自 **1** (s) アスピックになる. **2** (h) 《ベルリン》(長々と)くだらぬおしゃべりをする.

Sülz·ko·te·lett[zʏ́lts..] 中〘料理〙豚肉のアスピック.

Su·mach[zúːmax] 男 -s/-e (Schmack)〘植〙ウルシ(漆)属(ハゼ・ヌルデなど). [*arab.*–*mhd.*; ◇*engl.* sumac]

Su·ma·tra[zumáːtra·, zúːmatra·] 地名 スマトラ(インドネシア西部, 大スンダ列島で2番目に大きい島).

Su·mer[zúːmər, ..mεr] 地名〘史〙シュメール (Mesopotamien 南部の古代の名称).

Su·me·rer[zuméːrə*r*] 男 -s/- シュメール人.

su·me·risch[..rɪʃ] 形 シュメール〔人・語〕の: →deutsch | die ~*e* Keilschrift シュメールの楔形(くさびがた)文字.

summ[zʊm] 間《ふつう summ, summ とくり返して》(ハチなどの飛ぶ羽音)ブンブン.

summa →*summa* cum laude, *summa* summarum

Sum·ma[zʊ́ma·] 女 -/Summen[..mən] ▽**1** (略 Sa.) (Summe)(数量の)和, 合計, 総計(→in summa). **2** (中世における神学・スコラ哲学などの)総合研究書, 汎論(はんろん), 大全: ~ Theologica 神学大全(→Thomas 3). [*lat.*; <*lat.* summus „höchster" (◇super..); ◇Summe]

sum·ma cum lau·de[zʊ́ma· kʊm láʊdə, – – ..de·] 《ラテン語》(mit höchstem Lob) 最優等で(ドクター学位取得試験の最高評点). [◇kon.., Laudes]

S

Sum·mand[zumánt][1] 男 -en/-en〔数〕被加数(加法における第1項). [*mlat.*; ◇summieren]

Sum·ma·ri·en Summarium の複数.

sum·ma·risch[zumá:rɪʃ] 形 **1** 要約〈概括〉した, 概略の; 簡潔な, 手短な; (正式手続きを省略した)略式の, 即決の: ein ~*er* Überblick 概観 | ein ~*es* Verfahren〔法〕略式〔即決〕手続き | eine ~*e* Zusammenfassung 手短な要約. **2**《軽蔑的に》(細部を無視して)大ざっぱな, (何もかも)ひとまとめの: *et.*[4] ~ behandeln …を一括して扱う | Er hat die Vorschläge seiner Mitarbeiter ~ abgetan. 彼は協力者たちの提案を(ろくに検討もせずに)すべてしりぞけた. [*mlat.*; ◇Summa]

▽**Sum·ma·rium**[..riʊm] 中 -s/..rien[..riən] (内容の)要約, 概括, 摘要, 概略, 大要. [*mlat.*]

sum·ma sum·ma·rum[zúma· zumá:rʊm]《ラテ語》(alles in allem) 全部で, 総計して; 全体として見れば.

Sum·ma·tion[zumatsió:n] 女 -/-en **1** 合計, 総計. **2**〔数〕加法, 足し算. [*mlat.*; ◇summieren]

Sümm·chen[zʏ́mçən] 中 -s/- (Summe の縮小形)(特定の)金額: ein hübsches 〈nettes〉 ~ かなりの金額.

Sum·me[zʊ́mə] 女 -/-n (小 **Sümm·chen** → 別出, **Sümm·lein**[zʏ́mlaɪn] 中 -s/-) **1** (数量の)和, 合計, 総計; (金銭の)総額; (一般的に)総和, 総体; 総まとめ, 要約; (多年の)成果: die ~ aller Erkenntnisse あらゆる認識の総和 | Gesamt*summe* 総計, 総額 ‖ die ~ errechnen 合計額を算出する | Die ~ von 8 und 6 ist 〈beträgt〉 14. 8と6の和は14である. **2** (特定の)金額: eine große ~ Geld 〈Geldes〉 多額の金 | eine gewaltige 〈riesige〉 ~ / Riesen*summe* 巨額 | eine ~ von 5 000 Mark 5000マルクの金額 ‖ Das Projekt hat ungeheure ~*n* verschlungen. このプロジェクトにはばく大な金が費やされた. [*lat.* summa–*mhd.*; ◇Summa; *engl.* sum]

▽**sum·men**[1][zʊ́mən] =summieren

sum·men[2][–] **I** 自 **1** (h) ブンブンと鳴る(ハチの羽音など); ブーと鳴る(ブザー音など): Der Ventilator *summt.* 換気扇がブーンという音をたてている ‖ 《非人称》 Es *summt* mir in den Ohren. 私は耳鳴りがする. **2** (s) (ハチなどが)ブンブンいいながら飛んでいく. **II** 他 (h) (歌・メロディーなどを)口ずさむ.

Sum·men Summa, Summe の複数.

Sum·men·ver·si·che·rung[zʊ́mən..] 女 定額保険(支払われる保険金額があらかじめ確定している対人保険).

Sum·mer[zʊ́mɐr] 男 -s/-〔電〕ブザー.

Sum·mer·zei·chen 中 (電話機・ブザーなどの)ブーという信号音.

sum·mie·ren[zumí:rən] 他 (h) **1** 合計〈総計〉する; 総括する, 要約する. **2** 《再帰》 *sich*[4] ~ 積み重なる, 累積する, 増加〈増大〉する: In letzter Zeit *summieren* sich die Beschwerden. 近ごろは苦情の声がふえている. [*mlat.*; ◇Summa]

Sum·mie·rung[..rʊŋ] 女 -/-en summieren すること.

Sümm·lein Summe の縮小形(→Sümmchen).

Summ·ton[zʊ́m..] 男 -[e]s/..töne ブー〈ブンブン〉という音.

Sum·mum bo·num[zʊ́mʊm bó:nʊm, – bɔ́nʊm]《ラテ語》中 --/ (das höchste Gute)〔哲〕最高善; (Gott) 神.

sum·mum ius sum·ma in·iu·ria[– jú:s zʊ́ma· ɪnjú:ria·]《ラテ語》(das höchste Recht 〔kann〕 das höchste Unrecht 〔sein〕) 法のきわみは不法のきわみ(法律の形式主義的解釈は不正を生じることがある; Cicero に由来する古代ローマのことわざ). [◇Jus[1], Injurie]

Sum·mus Epi·sco·pus[zʊ́mʊs epískopʊs] 男 --/ **1**〔カトリック〕教皇. **2**〔新教〕(1918年までのドイツで)国教会首長(領主が兼ねる). [*lat.*; ◇Episkopus]

Su·mo[zú:mo·] 中 -/ 相撲(すもう). [*japan.*]

Su·mo≈käm·pfer[zú:mo..] 男, **≈rin·ger** 男 相撲(すもう)取り, 力士.

Sum·per[zʊ́mpɐr] 男 -s/-《オーストリア》(Banause) (芸術を解さない)俗物. [< *österr.* sumpern „langsam arbeiten"]

Sumpf[zʊmpf] 男 -[e]s/Sümpfe[zʏ́mpfə] **1** 沼地, 沼沢地, 湿地; 《比》(悪の)泥沼: einen ~ trockenlegen 沼沢地を干拓する ‖ im ~ der Großstadt 《比》大都会の泥沼のなかで | in einen ~ geraten 沼地にはまる; 《比》泥沼にはまりこむ. **2**〔坑〕サンプ, 集水坑, 水ため. [*mhd.*; ◇Schwamm; *engl.* swamp]

Sumpf≈bär·lapp[zʊ́mpf..] 男〔植〕ヤチスギラン(谷地杉蘭). **≈bi·ber** 男 (Nutria)〔動〕ヌートリア. **≈blü·te** 女 **1** 《比》泥沼の花(道徳的退廃の土壌から生まれた奇形〔的現象〕). **2** 《話》(Prostituierte) 売春婦. **≈bo·den** 男 沼状の地面, 湿地. **≈dot·ter·blu·me** 女〔植〕リュウキンカ(立金花), エンコウソウ(猿猴草).

Süm·pfe Sumpf の複数.

sump·fen[zʊ́mpfən] **I** 自 (h) ▽**1** 沼地化する. **2** 《比》自堕落な生活を送る; (一夜を)飲み明かす.

II 他 (h) (加工前に陶土を)水につける.

süm·pfen[zʏ́mpfən] 他 (h) **1**〔坑〕排水する. **2** (陶土を)こねる.

Sumpf≈erz[zʊ́mpf..] 中〔鉱〕沼(しょう)鉄鉱. **≈farn** 男〔植〕ヒメシダ(姫羊歯). **≈fie·ber** 中〔医〕沼沢熱, マラリア熱. **≈gar·be** 女 (Schafgarbe)〔植〕セイヨウノコギリソウ(西洋鋸草). **≈gas** 中〔化〕沼気(しょうき), メタンガス. **≈ge·biet** 中, **≈ge·gend** 女 沼沢地帯, 湿地帯. **≈herz·blatt** 中〔植〕ウメバチソウ(梅鉢草). **≈huhn** 中 **1**〔鳥〕ヒクイナ(緋秧鶏). **2** 《話》飲み助; 放蕩(ほうとう)者, 道楽者.

sump·fig[zʊ́mpfɪç][2] (▽**sump·ficht**[..pfɪçt]) 形 沼地の〔ような〕, 湿地状の, 卑湿な; 沼沢〈湿地〉の多い: eine ~*e* Wiese 湿原.

Sumpf≈kie·fer[zʊ́mpf..] 女 (Pitchpine)〔植〕(北米原産の)ロングリーフパイン. **≈knö·te·rich** 男〔植〕エゾノミズタデ(蝦夷水蓼). **≈kres·se** 女〔植〕イヌガラシ(犬芥子)属. **≈land** 中 -[e]s/ 沼地, 湿地, 沼沢地. **≈läu·fer** 男〔鳥〕キリアイ(錐合). **≈moos·bee·re** 女〔植〕ツルコケモモ(蔓苔桃). **≈ohr·eu·le** 女〔鳥〕コミミズク(小耳木菟). **≈ot·ter** 男 (Nerz)〔動〕ヨーロッパ=ミンク. **≈pflan·ze** 女〔植〕沼沢〈好湿性〉植物. **≈porst** 男〔植〕イソツツジ(磯躑躅). **≈ried** 中〔植〕ハリイ(針藺)属. **≈schlan·gen·wurz** 女〔植〕ヒメカイウ(姫海芋). **≈schnecke** 女〔貝〕タニシ(田螺). **≈schnep·fe** 女〔鳥〕タシギ(田鴫). **≈sim·se** 女〔植〕ハリイ(針藺)属. **≈strecke** 女〔坑〕水ため坑道. **≈teich·fa·den** 男〔植〕イトクズモ(糸屑藻).

Sümp·fung[zʏ́mpfʊŋ] 女 -/ (sümpfen すること. 例えば:)〔坑〕排水.

Sumpf≈vo·gel[zʊ́mpf..] 男 -s/..vögel《ふつう複数で》〔鳥〕渉禽(しょうきん)〔類〕. **≈was·ser** 中 -s/- 沼水. **≈wie·se** 女 湿原. **≈wurz** 女〔植〕カキラン(柿蘭)属. **≈zy·pres·se** 女〔植〕ヌマスギ(沼杉), ラクウショウ(落羽松)(米国南部原産).

▽**sump·tuös**[zʊmptuǿ:s][1] 形 贅(ぜい)を凝らした, ぜいたくな, 豪華な; 高価な. [*lat.*; < *lat.* sūmptus „Aufwand"]

Sums[zʊms][1] 男 -es/ **1 a)** 《話》(ささいなことのための)大騒ぎ; (くだらない)おしゃべり: viel ~ 〈[einen] großen ~〉 um *et.*[4] machen …のことで大騒ぎする. **b)** 無意味なおしゃべり. **2** 《北部・中部》ブンブンいう音.

sum·sen[zʊ́mzən][1] 《02》《方》=summen[2]

Sund[zʊnt][1] 男 -[e]s/-e (Meerenge) 海峡(特に Öresund を指す). [*mndd.*; ◇*engl.* sound]

die **Sun·da·in·seln**[zʊ́nda|ɪnzəln] 地名 複 スンダ列島(インドネシアの大部分を占め, 大小の二つに分かれる): die Großen ~ 大スンダ列島(スンダ列島の西の部分) | die Kleinen ~ 小スンダ列島(スンダ列島の東の部分).

Sun·da·ne·se[zʊndané:zə] 男 -n/-n スンダ人(インドネシアの一種族).

sun·da·ne·sisch[..zɪʃ] 形 スンダ〔人〕の.

Sün·de[zʏ́ndə] 女 -/-n (英: *sin*) (神のおきてにそむく)罪, 罪業; (宗教上・道徳上の)罪過, 罪悪; 違反: eine geringe 〈schwere〉 ~ 軽い〈重い〉罪 | eine läßliche ~〔キリスト教〕(ゆるされ得る)小罪 | die ~*n* des Fleisches 肉〔欲〕の罪 | Erb*sünde*〔キリスト教〕原罪 | Tod*sünde*〔カトリック〕(神の恩恵を失う)大罪 ‖ eine ~ begehen 罪を犯す | *seine* ~*n* bekennen 〈bereuen〉 自分の罪を告白する〈悔いる〉| *jm. seine ~n* vergeben …の罪をゆるす | der ~³ frönen 〈huldigen〉 罪深い行為にふける ‖ in ~ leben 罪深い〈不道徳な〉生活を送る | in ~ geraten 罪に陥る ‖ Es ist eine ~〔und Schande〕, Brot fortzuwerfen. パンを捨てるのは恥ずべき行為である ‖ ***et.***⁴ **wie die ~ fliehen 〈meiden〉**《話》…を疫病神のごとく避ける | dumm wie die ~ sein (→dumm 1) | häßlich 〈faul〉 wie die ~ sein《話》ひどく醜い〈おそろしく怠け者である〉‖ **eine ~ wert sein**《戯》(…が)ぜがひでも欲しい(罪を犯すだけの価値がある). [*westgerm.*; ◇ *engl.* sin]

Sün·den≈ba·bel[zýndən..] 中 -s/ =Sündenpfuhl **≈be·kennt·nis** 中 罪の告白. **≈bock** 男 **1** 贖罪(しょくざい)〈罪祭〉のヤギ, 身代わりのヤギ(聖書: レビ16, 7 -22). **2**《話》(他人の罪を負う)身代わり: *jn.* zum ~ machen …に罪を着せる(身代わりとして) | Er muß immer den ~ abgeben 〈spielen〉. いつでも決まって彼が悪者にされてしまう. **≈fall** 男〘キリスト教〙(Adam と Eva の)堕罪,(人間の)原罪.

sün·den·frei =sündenlos

Sün·den≈geld[また: ⌣⌣⌣] 中 -〔e〕s/ **1** =Ablaßgeld **2** 罪深い行いによって得た金, 悪銭. **3**《話》法外な金額: Das kostet ein ~. それにはべらぼうな金がかかる. **≈ka·ta·log** 男, **≈kon·to** 中 =Sündenregister **≈last** 女 -/ 罪の重荷. **≈le·ben** 中 罪深い生活. **≈lohn** 男 -〔e〕s/《雅》**1** 罪の報い. **2** 悪事に対する報酬.

sün·den·los[zýndənlo:s]¹ 形 罪のない, 潔白な.

Sün·den·lo·sig·keit[..lo:zıçkaıt] 女 -/ 罪のないこと, 潔白.

Sün·den≈pfuhl 男 -〔e〕s/ 罪の泥沼; 罪業の淵(ふち): in einem ~ leben 罪深い〈自堕落な〉生活を送る. **≈re·gi·ster** 中 罪過の記録;《比》(これまでに犯した)罪業の数々. **≈schuld** 女 -/ =Sündenlast **≈ver·ge·bung** 女《ふつう単数で》(一般に)罪のゆるし; 〘カトリック〙罪のゆるし. **≈wahn** 男〘医・心〙罪業妄想.

Sün·der[zýndər] 男 -s/- (⊛ **Sün·de·rin**[..dərın]-/-nen) **1** (宗教上・道徳上の)罪人, 罪びと: ein armer ~ あわれな罪人; ᵛ死刑を宣告された罪人 | ein reuiger ~ 罪を悔いている罪びと ‖ wie ein ertappter ~ 現場を押えられた罪人のように | Na, wie geht's, alter ~?《戯》(親しい友人に対して)やあ 悪友 元気かい. **2**《話》(規則に対する)違反者: Park*sünder* 駐車違反者 | Verkehrs*sünder* 交通〔規則〕違反者. [*ahd.*]

Sün·der≈ge·sicht 中 -〔e〕s/-er, **≈mie·ne** 女 罪を意識した〈罪ありげな〉顔つき.

Sünd·flut[zýnt..]《話》=Sintflut

sünd·haft[zýnthaft] 形 **1** 罪のある, 罪深い, 罪に汚れた; 良俗に反する: ein ~*er* Gedanke 〈Mensch〉 罪深い考え〈人間〉| ein ~*es* Leben 罪深い生活 ‖ ~ handeln 罪深い行為をする. **2**《話》法外な, はなはだしい: ein ~*er* Preis 法外な値段 | Das Kleid ist ~ teuer. このドレスはべらぼうに高い.

Sünd·haf·tig·keit[..tıçkaıt] 女 -/ sündhaft なこと.

sün·dig[zýndıç]² =sündhaft 1 [*ahd.*; ◇ Sünde]

sün·di·gen[zýndıgən]² 自 (h)《gegen *jn.*》(…に対して)罪を犯す **2**《gegen *et.*⁴》(…に対して)過ちを犯す: gegen 〈wider〉 Gottes Gebot ~ 神のおきてにそむく.

sünd·lich[zýntlıç]《方》=sündhaft

sünd·los[zýntlo:s]¹ =sündenlos

Sünd·lo·sig·keit[..lo:zıçkaıt] 女 -/ =Sündenlosigkeit

sünd·teu·er 形《オーストリア》《話》(値段が)法外に高い.

Sung[zʊŋ] 女 -/《王朝名》宋(中国の王朝; 960-1279): die ~-Dynastie 宋王朝.

Sun·na[zʊ́na·] 女 -/ 〘イスラム教〙スンナ(口伝律法). [*arab.* „Brauch"]

Sun·nit[zʊní:t] 男 -en/-en (イスラム教の)スンニー派の人. [<..it³]

sun·ni·tisch[..ní:tıʃ] 形 スンニー派の.

Sün-tse[zýntsə] =Hsün-dsi

Sun Wen[zʊnvén] 人名 孫文, ソン ウェン(1866-1925; 中国の政治家).

Sun Yat-sen[zʊnjatsέn] (**Sun Yi·xian** [sŭənìçǐæn]) 人名 孫逸仙, ソン イーシェン(孫文の字(あざな)).

sup.. →sub..

su·per[zú:pər] **I** 形《無変化》《話》すごい, すてきな: eine ~ Disko すてきなディスコ ‖ Das Mädchen ist ~. あの女の子はすてきだ | Er spielte ~. 彼の演技〈演奏〉はすばらしかった.

II Su·per 1 中 -s/《ふつう無冠詞で》(<Superbenzin) スーパーガソリン. **2** 男 -s/- (<Superheterodynempfänger) スーパーヘテロダイン受信機.

[*lat.* super „〔dar〕über"; ◇sub.., supra..]

super.. 《名詞・形容詞などにつけて「上位・優越・超過・極度」などを意味する》: *Super*infektion〘医〙重感染 | *super*fiziell 表面の | *Super*phosphat〘化〙過燐(りん)酸塩 | *super*sonisch 超音速の ‖ *super*billig 超安値の | *super*fein 極上の | *super*schick 超かっこいい.

Su·per·aci·di·tät[zupər|atsiditέ:t, zupεr..] 女 =Superazidität

su·per·ar·bi·trie·ren[zupər|arbitrí:rən, zupεr..] 自 (h)《オーストリア》(上層部で)最終決定を下す. [< *lat.* arbitrārī „schiedsrichterlich entscheiden" (◇Arbiter)]

Su·per·ar·bi·trium[..|arbí:triʊm] 中 -s/ ..trien [..triən]《オーストリア》(上層部での)最終決定.

Su·per·azi·di·tät[zupər|atsiditέ:t, zupεr..] 女〘医〙過度酸性, 胃酸過多〔症〕.

sü·perb[zypέrp]¹ (オーストリア: **su·perb**[zu..]) 形 極めてりっぱな, すばらしい, 優秀な, 超一流の; 壮大な, 堂々たる.

[*lat.* superbus „hochmütig, erhaben"−*fr.* superbe; ◇super]

Su·per·ben·zin[zú:pər..] 中 (オクタン価の高い)スーパーガソリン(⊛ Super).

Su·per·chip 男〘電子工学〙スーパーチップ.

Su·per·ding 中 -〔e〕s/-er《話》超弩級(どきゅう)品, 特大品; 超豪華なもの: ein ~ drehen どえらいことをしでかす.

Su·per·di·vi·den·de[zú:pərdividεndə, zú:pεr..] 女 -/ -n〘商〙特別〈追加〉配当.

Su·per·ego[zú:pər|e:go·] 中 -s/-s (Über-Ich)〘心〙超自我. [*engl.*]

su·per·fein[zú:pərfaın, zú:pεr..] 形《話》極上の.

su·per·fi·ziell[zupərfitsiέl, zupεr..] 形 **1** 表面にある, 表面の;〘医〙表在〔性〕の. **2** 表面的な, 皮相的な. [*spätlat.*]

ᵛ**Su·per·fi·zies**[..fí:tsiεs] 女 -/-[..tsie:s] (Baurecht)〘法〙建築権. [*lat.*; ◇Fazies, Oberfläche]

Su·per-G[zú:pərdʒí:] 男 -s/-s〘スキー〙スーパー大回転. [*engl.*; < *engl.* super giant slalom]

Su·per-GAU[zú:pər..] 男 想定可能な超大規模の事故.

Su·per·het[zú:pərhεt, zú:pεr..] 男 -s/-s =Super 2

Su·per·he·te·ro·dyn·emp·fän·ger[zu(:)pərheterodý:n..] 男〘電〙スーパーヘテロダイン受信機(⊛ Super, Superhet). [<hetero..+dynam..]

Su·per·in·fek·tion[zupər|ınfεktsió:n, zú:pər|ınfεktsio:n, ..pεr..] 女 -/-en〘医〙重感染.

Su·per·in·ten·dent[zupər|ıntεndέnt, zú:pər|ıntεndεnt, ..pεr..] 男 -en/-en〘新教〙教区監督. [*kirchenlat.*; < *kirchenlat.* super-intendere „beaufsichtigen"; *gr.* episkopeĩn (→Episkop) の翻訳借用]

Su·per·in·ten·den·tur[zupər|ıntεndεntú:r, zupεr..] 女 -/-en〘新教〙教区監督の職〈管轄区域・住居〉.

su·pe·rior[zuperió:r] 形《雅》(überlegen) 卓越した, すぐれた; 優越感をもった: ein ~*es* Lächeln 人を見下したようなほほえみ. [*lat.* superior „oberer"; ◇super]

Su·pe·rior[zupé:riɔr, ..rio:r] 男 -s/-en[..perió:rən]〘カトリック〙(修道院・修道会などの)院長, 会長, 上長.

Su·pe·rio·ri·tät[zuperioritέ:t] 女 -/ (↔Inferiorität) (Überlegenheit) 優越, 優位; 優勢. [*mlat.*]

Su·per·kar·go[zupərkárgo·, ..pεr.., zú:pərkargo·] 男 -s/-s〘海〙貨物上乗り人(船荷の積みおろしを監督する荷主代理人).

su·per·klug[zú:pər..] 形《話》極めて利口な〈賢い〉; ひどく利口ぶった.

Su·per·la·tiv[zú:pərlati:f, zupərlatí:f, ..pεr..]¹ 男 -s/-e **1**〘言〙(形容詞・副詞の)最上級(→Komparativ, Posi-

tiv): ein absoluter ～ 絶対的最上級(＝Elativ). **2**《複数で》《比》誇張〔した表現〕: *et.*⁴ in ～*en* preisen …を大げさに賛美する.
[*spätlat.*; ＜*lat.* super-ferre „darüber-tragen"**]**

su·per·la·ti·visch[..vɪʃ] 形 最上級の; (表現などが)最上級による, 誇張した, 大げさな.

Su·per·la·ti·vis·mus[zupərlativísmus, ..pɛr..] 男 -/ 最上級の多用, 誇張.

Su·per·le·gie·rung 女 超合金(ジェットエンジンやロケットに用いる耐熱合金).

su·per·leicht[zú:pər..] 形《話》極めて容易な; 極めて軽い.

Su·per·macht 女 **1** 強大な権力. **2** 超大国.

Su·per·mann 男 -〔e〕s/..männer《話》スーパーマン, 超人.

Su·per·mar·ket[zú:pərmarkət, zú:pɛr.., sjú:pəmɑ:kɪt] 男 -s/-s スーパーマーケット. **[***amerik.***]**

Su·per·markt[zú:pər..] 男 スーパーマーケット.

su·per·mo·dern 形《話》超近代的〈モダン〉な.

Su·per·na·tu·ra·lis·mus[zupərnaturalísmus, zupɛr..] ＝Supranaturalismus

su·per·na·tu·ra·li·stisch[..lístɪʃ] ＝supranaturalistisch

Su·per·no·va[zupərnó:va·, zú:pərno:va·, ..pɛr..] 女 -/..vä[..vɛ·]〘天〙超新星.

ᵛ**Su·per·nu·me·rar**[zupərnumerá:r, zupɛr..] 男 -s/-e, ᵛ**Su·per·nu·me·ra·rius**[..rá:rius] 男 -/..rien[..riən] 定員外の職員〈官吏〉; 臨時雇い; (官吏の)採用予定者, 試補. **[**＜*lat.* numerus (→Numerus)**]**

Su·per·onym[zuperoný:m, zú:perony:m] (**Su·per·nym**[zupərný:m]) 中 -s/-e (Hyperonym)〘言〙上位概念語. **[**＜*gr.* ónyma „Name"**]**

Su·per·oxyd[zú:pər|ɔksy:t, zú:pɛr..][1] 中 -〔e〕s/-e〘化〙過酸化物.

Su·per·phos·phat[zupərfɔsfá:t, zú:pərfɔsfa:t, ..pɛr..] 中 -〔e〕s/-e〘化〙過燐(りん)酸塩, 酸性燐酸塩.

Su·per·por·te[zupərpɔ́rtə] 女 -/-n ＝Sopraporte

Su·per·po·si·tion[zupərpozitsió:n, zupɛr..] 女 -/-en〘理〙重ね合わせ, 重畳. **[***spätlat.***]**

Su·per·po·si·tions·prin·zip 中〘理〙重ね合わせの原理, 重畳原理.

Su·per·preis[zú:pər..] 男《話》超安値.

Su·per·re·vi·sion[zupərrevizió:n, zú:pərrevizio:n, ..pɛr..] 女 -/-en 再検査〈調査〉.

su·per·schlau[zú:pər..] 形《話》きわめて利口な〈賢い〉; きわめて抜け目のない.

su·per·so·nisch[zupərzó:nɪʃ] 形〘理〙超音速の. **[***engl.* supersonic; ＜*lat.* sonus „Ton" (◇Sonant)**]**

Su·per·star[zú:pər..] 男《話》スーパースター(特に花形俳優).

ᵛ**Su·per·sti·tion**[zupərstitsió:n, zupɛr..] 女 -/ (Aberglaube) 迷信. **[***lat.*; ＜*lat.* sistere (→sistieren)**]**

ᵛ**su·per·sti·tiös**[..tsiø:s][1] 形 迷信的な. **[***lat.*; ◇..os**]**

Su·per·strat[zupərstrá:t, zupɛr..] 中 -〔e〕s/-e (↔ Substrat)〘言〙上層(征服民族の言語). **[***fr.*; ＜*lat.* super-sternere „darüber-breiten" (◇streuen)**]**

Su·per·tan·ker[zú:pər..] 男 マンモスタンカー, 超大型油槽船.

Su·per·volt·be·strah·lung[zupərvɔ́lt..] 女〘医〙(レントゲンの)超高圧照射.

Su·pi·num[zupí:num] 中 -s/..na[..na·]〘言〙(ラテン語の)動詞状名詞. **[***spätlat.*; ＜*lat.* supīnus „zurückgelehnt" (◇super)**]**

Sup·pe[zúpə] 女 -/-n (小 **Süpp·chen**[zýpçən], **Süpp·lein**[..laɪn] 中 -s/-) **1** (英: *soup*) スープ: eine dicke 〈dünne〉 ～ 濃い〈薄い〉スープ | **falsche ～**《南部・ｵｰｽﾄﾘｱ》(肉けのない)小麦粉だけのスープ | eine klare ～ 澄んだスープ | eine gebundene 〈legierte〉 ～ (ポタージュふうの)濁ったスープ | Gemüse*suppe* 野菜スープ | Tomaten*suppe* トマトスープ ‖ eine ～ essen (スプーンを用いて)スープを飲む | eine ～ kochen スープを作る | eine ～ trinken (容器からじかに)スープを飲む ‖ **die ～〔, die man sich eingebrockt hat,〕 auslöffeln**《話》自分の行動の後始末を自分でする | ***jm.* eine böse 〈schöne〉 ～ einbrocken 〈einrühren〉**《話》…を困った状況に陥れる | ***sich*³ eine böse 〈schöne〉 ～ einbrocken 〈einrühren〉**《話》自分の不利になることをする, みずからめんどうを招く | **～ haben**《方》《俗》幸運に恵まれる, 運がよい | ***jm.* die ～ versalzen**《話》…の楽しみをだめにする, …の興をそぐ | Das macht die ～ auch nicht fett.《話》そんなことをしてみても効果はない | *sein* eigenes *Süppchen* kochen《話》ひとりよがりな行動をとる | ***sein Süppchen* am Feuer anderer kochen**《話》他人のふんどしで相撲を取る ‖ *sich*³ die besten Brocken aus der ～ fischen (→Brocken 1) | ***jm.* in die ～ fallen**《話》…の食事どきに不意に訪問する〈邪魔をする〉| ***jm.* in die ～ spucken**《話》…の計画を台無しにする | ein Haar in der ～ finden (→Haar 1) | *jm.* nicht das Salz in der ～ gönnen (→Salz 1 a) | das Fett von der ～ schöpfen (→Fett 1) | nicht das Salz zur ～ haben (→Salz 1 a).
2《話》(Nebel) 霧; もやの立ちこめた天候.
3《話》**a)** (Schweiß) 汗. **b)** (Eiter) うみ, 膿.
[*mndd.*; ◇saufen, soupieren; *engl.* soup**]**

Sup·pé[zupé:, zúpe·] 人名 Franz von ～ フランツ フォン ズッペ(1819-95; オーストリアの作曲家).

Sup·pe·da·neum[zupedá:neum] 中 -s/..nea[..nea·] **1** キリスト十字架像の足台(→ 図 Kreuzigung). **2** 祭壇の上段. **[***spätlat.*; ＜*lat.* pēs „Fuß" (◇Fuß)**]**

sup·pen[zúpən] 自 (h) ᵛ**1** スープを飲む. **2** (液体が)にじみ出る, したたり落ちる. **[**擬音**]**

Sup·pen≈fleisch 中 スープ用肉. **≈ge·mü·se** 中 スープ用野菜. **≈ge·würz** 中 スープ用薬味〈スパイス〉. **≈grün** 中 -s/ **1**〘料理〙＝Wurzelwerk **2**《話》花束; 婦人帽についている造花. **≈huhn** 中 **1** (スープ肉以外には使いものにならぬ)スープ用の鶏. **2**《話》ばあさん. **≈kas·par** 男 -s/ , **≈kas·per** 男《話》スープの嫌いな人(特に子供)(《Struwwelpeter》の登場人物にちなむ). **≈kel·le** 女 スープ用しゃくし, スープレードル(→ 図 Kelle). **≈kno·chen** 男〘料理〙スープ用の骨. **≈kraut** 中 ＝Suppengrün 1 **≈löf·fel** 男 **1** スープ用さじ〈スプーン〉. **2** ＝Suppenkelle **≈nu·deln** 複 スープ用ヌードル. **≈pilz** 男 スープ用キノコ類. **≈schild·krö·te** 女〘動〙アオウミガメ(青海亀)(スープに用いられる). **≈schüs·sel** 女 スープ鉢(→ 図 Schüssel). **≈tas·se** 女 スープカップ(ふつう両側に取っ手がついている). **≈tel·ler** 男 スープ皿(→ 図 Eßtisch). **≈ter·ri·ne** 女 ＝Suppenschüssel **≈topf** 男 スープ鍋(なべ): ***jm.* in den ～ fallen**《話》…の食事どきに不意に訪問する〈邪魔をする〉. **≈wür·fel** 男 (さいころ形の)固形スープ: ～ mit Motor《話》小型自動車, ミニカー. **≈wür·ze** 女 ＝Suppengewürz

sup·pig[zúpɪç][2] 形 スープ状の.

Sup·pleant[zupleánt] 男 -en/-en《ｽｲｽ》(官庁での)代理人. **[***fr.*; ◇supplieren**]**

Süpp·lein Suppe の縮小形.

Sup·ple·ment[zuplemɛ́nt] 中 -〔e〕s/-e **1 a)** 補充, 補足. **b)** 補遺, 増補; (事典などの)補巻, 別巻. **2** ＝Supplementwinkel **[***lat.***]**

sup·ple·men·tär[..mɛntɛ́:r] 形 補充〈補足〉の.

Sup·ple·ment≈band[..mɛ́nt..] 男 (数巻からなる書物の補遺用の)別巻, 補巻. **≈win·kel** 男〘数〙補角.

ᵛ**Sup·plent**[zuplɛ́nt] 男 -en/-en《ｵｰｽﾄﾘｱ》補助〈代用〉教員.

Sup·ple·tion[zupletsió:n] 女 -/ ＝Suppletivismus

sup·ple·tiv[..tí:f][1] 形〘言〙補充〔法〕の. **[***spätlat.***]**

Sup·ple·ti·vis·mus[..tivísmus] 男 -/〘言〙補充〔法〕(異系統の形態が集まって一範列を構成すること. 例 sein－bin－war, er－seiner－ihm).

ᵛ**sup·ple·to·risch**[..tó:rɪʃ] 形 補充〈補足〉の; 補遺〈増補〉の; 代理の.

ᵛ**sup·plie·ren**[zuplí:rən] 他 (h) **1**《*et.*⁴》補う, 補充〈補足〉する; (…に)補遺を付ける, 増補する. **2**《*jn.*》(…の)代理をつとめる.

[*lat.*; ＜sub..＋*lat.* plēnus (→Plenum); ◇*engl.* supply]

ᐁ**Sup·plik**[zʊplíːk] 女 -/-en (Bittgesuch) 請願(書).
[*fr.* supplique]

ᐁ**Sup·pli·kant**[zʊplikánt] 男 -en/-en 請願者(人).

ᐁ**Sup·pli·ka·tion**[..katsióːn] 女 -/-en 懇願, 嘆願; 請願. [*lat.*]

ᐁ**sup·pli·zie·ren**[..tsíːrən] 自 (h) 《um *et.*⁴》(…を)懇願(嘆願)する, 請願する.
[*lat.*; ＜*lat.* sup-plex „flehentlich"]

sup·po·nie·ren[zʊponíːrən] 他 (h) 仮定する, 推定(想定)する.
[*lat.* sup-pōnere „unter-legen"; ◇*engl.* suppose]

Sup·port[zʊpɔ́rt] 男 -[e]s/-e **1** 支え, 支柱, 台. **2** 《工》工具送り台. [*fr.*; ＜*lat.* sup-portāre „herbei-tragen" (◇portieren)]

Sup·port·dreh·bank 女 -/..bänke 《工》送り台つき旋盤.

Sup·po·si·ta Suppositum の複数.

Sup·po·si·tion[zʊpozitsióːn] 女 -/-en 仮定(推定・想定)すること; 仮定, 推定, 想定; 仮説, 憶説. [*lat.*]

Sup·po·si·to·rium[..zitóːriʊm] 中 -s/..rien[..riən] 《薬》座剤, 座薬. [*mlat.*]

ᐁ**Sup·po·si·tum**[zʊpóːzitʊm] 中 -s/..ta[..ta·] 仮定(推定・想定)(されたもの); 仮説, 憶説. [*mlat.*]

Sup·pres·sion[zʊprɛsióːn] 女 -/-en **1** 抑圧, 鎮圧. **2** 《生》抑制. **3** 隠蔽(いんぺい), もみ消し. [*lat.*]

sup·pres·siv[..síːf][1] 形 抑圧(鎮圧)的な; 抑制的な.

Sup·pres·sor[zʊprɛ́sɔr] 男 -s/-en[..prɛsóːrən] 《遺伝》抑制遺伝子.

sup·pri·mie·ren[zʊprimíːrən] 他 (h) **1** (unterdrücken) 抑圧(鎮圧)する. **2** 抑制する. **3** (真相・証拠などを)隠蔽(いんぺい)する, もみ消す.
[*lat.*; ＜*lat.* premere (→pressen)]

Sup·pu·ra·tion[zʊpuratsióːn] 女 -/-en (Eiterung) 《医》化膿(かのう)(作用). [*lat.*; ＜*lat.* pūs (→purulent)]

sup·pu·ra·tiv[..ratíːf][1] 形 《医》化膿(かのう)した; 化膿性の: ～*e* Hepatitis 化膿性肝炎.

supra.. 《名詞・形容詞などにつけて「超・上」などを意味する》: *Supra*naturalismus 超自然主義 | *supra*orbital 《医》眼窩(がんか)上の. [*lat.* suprā „oben"; ◇super]

su·pra·fluid[zuprafluíːt, zúːprafluiːt][1] 形 《理》超流(動)体の.

Su·pra·flui·di·tät[suprafluiditɛ́ːt, zúːprafluiditɛːt] 女 -/ 《理》超流動性.

su·pra·flüs·sig[zúːpraflʏsɪç][2] 《理》超流(動)性の.

su·pra·lei·tend[zúːpra..] 形 《理》超伝導性の.

Su·pra·lei·ter 男 《理》超伝導体.

Su·pra·leit·fä·hig·keit 女 《理》超伝導性.

Su·pra·lei·tung 女 《理》超伝導.

su·pra·na·tio·nal[supranatsionáːl, zúːpranatsionaːl] 形 (überstaatlich) 超国家的な: eine ～*e* Organisation 超国家的機関.

su·pra·na·tu·ral[..naturáːl, zúːpranaturaːl] 形 (übernatürlich) 超自然の, 超自然的な.

Su·pra·na·tu·ra·lis·mus[..naturalísmʊs, zúːpranaturalɪsmʊs] 男 -/ (超自然的な現象を信じる)超自然主義.

su·pra·na·tu·ra·li·stisch[..lístɪʃ, zúːpranaturalɪstɪʃ] 形 超自然主義の.

Su·pra·por·te[zuprapɔ́rtə] 女 -/-n ＝Sopraporte

Su·pra·re·nin[zuprareníːn] 中 -s/ 商標 スプラレニン(合成アドレナリン). [＜*lat.* rēnēs „Nieren" (◇Ren²)]

su·pra·seg·men·tal [zuprazɛgmɛntáːl, zúːprazɛgmɛntaːl] 形 《言》超分節的な.

Su·pre·mat[zupremáːt] 男 中 -[e]s/-e 主権, 至上権; 《カトリック》(教皇の)至上(首位)権. [＜*lat.* suprēmus „oberster" (◇super, Superior); ◇*engl.* supremacy]

Su·pre·ma·tie[..matíː] 女 -/-n[..tíːən] 優越, 優位.

Su·pre·mats·eid[zupremáːts..] 男 《史》至上(首位)権の誓い(1534年から19世紀までイギリスの官吏・聖職者に義務とされた, イギリス国王を国教会の首長と認める誓い).

sur.. →sub..

Sur·cot[syrkó] 男 -[s]/-s 《服飾》サーコート, シュルコ(中世のそでなし長衣: →図). [*fr.*; ◇super, Kotze²; *engl.* surcoat]

Surcot

Su·re[zúːrə] 女 -/-n 《イスラム教》スーラ(コーランの章). [*arab.*; ◇*engl.* sura]

Surf·brett[zǿːrfbrɛt, zœ́rf.., sə́ːf..] 中 波乗り板, サーフボード. [*engl.* surfboard]

sur·fen[zǿːrfən, zœ́r.., sə́ː..] 自 (h, s) 波乗り(サーフィン)をする. [*engl.* surf]

Sur·fer[..fər] 男 -s/- 波乗りをする人, サーファー. [*engl.*]

Sur·fing[..fɪŋ] 中 -s/ 波乗り, サーフィン. [*engl.*]

Sur·fleisch[zúːr..] 中 《オーストリア》塩漬け肉. [＜sauer]

Surf·ri·ding[zǿːrfraɪdɪŋ, zœ́rf.., sə́ːf..] 中 -s/ ＝Surfing [*engl.*; ◇reiten]

Su·ri·nam[zurinám] 地名 スリナム(南アメリカ北東岸の共和国. 1975年オランダから独立. 首都はパラマリボ Paramaribo).

Su·ri·na·mer[..námər] 男 -s/- スリナム人.

su·ri·na·misch[..námɪʃ] 形 スリナム(人)の.

Su·ri·nam·kir·sche[zurinám..] 女 《植》カボチャアデク(熱帯産フトモモ属).

Surm[zʊrm] 男 -s/-er 《オーストリア》ばか, 田舎者; 百姓. [＜*Zigeuner.* czoro „armselig"]

Sur·plus[zǿːrpləs, zœ́r.., sə́ː..] 中 -/-(Überschuß) 《商》剰余(金); (繰越)残高. [*mlat.*－*afr.*－*engl.*; ◇super]

Sur·prise-Par·ty[sərpráɪzpɑːti·] 女 (客または招待者側の意表をつく)びっくりパーティー. [*amerik.*; ◇Prise]

Sur·ra[zʊ́ra·] 女 -/ 《畜》スラ(アジア・アフリカの有蹄(ゆうてい)類に見られる伝染病). [*indoiran.*]

Sur·re[zʊ́rə] 女 -/-n スレ(昔トルコ皇帝が巡礼隊商とともに毎年メッカに送った贈与金). [*arab.*]

sur·real[zʊreáːl, zʏr..] 形 **1** 超現実的な, 奇想天外の. **2** ＝surrealistisch [*fr.*; ◇super]

Sur·rea·lis·mus[zʊrealísmʊs, zʏr..] 男 -/ 《文芸・美》シュールレアリズム, 超現実派(主義).
[*fr.* surréalisme]

Sur·rea·list[..líst] 男 -en/-en シュールレアリスト, 超現実主義者. [*fr.* surréaliste]

sur·rea·li·stisch[..lístɪʃ] 形 シュールレアリズムの, 超現実派(主義)の.

sur·ren[zʊ́rən] 自 (h) ブーンとうなる, ブンブン鳴る(回転音・羽音など); ブーンとうなって飛ぶ: Die Maschine *surrt.* モーターがブーンと鳴っている ‖ 非人称 Es *surrt* im Lautsprecher. スピーカーがブーンと鳴っている. [◇schwirren]

Sur·ro·gat[zʊrogáːt] 中 -[e]s/-e **1** (当座の)間に合わせ, 代用品. **2** 《法》代償物.

Sur·ro·ga·tion[..gatsióːn] 女 -/-en **1** 入れ替え; 代償. **2** 《法》代位(だいい). [＜*lat.* sur-rogāre „an jemandes Stelle wählen"]

Sur·ro·ga·tions≈an·spruch 男 《法》代償請求権. **≈prin·zip** 中 《法》代位の原則.

sur·sum cor·da[zʊ́rzʊm kɔ́rda·] 《ラテン語》(empor die Herzen!) 《カトリック》心をこめて(神を仰ぎ)(ミサ中の叙唱前句の一部). [◇suzerän, kordial]

Su·san·na[zuzána·] 女名 ズザンナ. [*hebr.* „Lilie"]

Su·san·ne[..nə] 女名 ズザンネ. [*fr.*]

Su Schi[zuʃíː] 人名 蘇軾(1036-1101; 中国, 北宋の文人, 号は東坡).

Su·se[zúːzə] 女名 (＜Susanne) ズーゼ.

..suse[..zuːzə] 《話》《動詞・名詞などにつけて「(軽蔑的に)いつも…している女」を意味する女性名詞 (-/-n) をつくる. ..lie-

S

se, ..trine という形もある》: Heul*suse* / Heul*liese* / Heul*trine* (女の子の)泣き虫 | Tran*suse* のろま, ぐず | Mecker*liese* がみがみ女 | Zwitscher*liese* おしゃべり女.

Sụ·shi[zúːʃi] 男 -s/-s 寿司. [*japan.*]

Su Shi[sūʃi̯] = Su Schi

Sụ·si[zúːzi·] 女名 (< Susanne) ズーズィ.

su·spẹkt[zʊspέkt] 形 (verdächtig) 疑わしい, 怪しい, 不審な; 怪しげな, いかがわしい, うさんくさい: ein ～*es* Individuum 怪しげな人物 | Sein Verhalten ist mir ein bißchen ～. 彼の行動はいささか疑わしく思われる.
[*lat.*; < *lat.* sū-spicere „empor-blicken" (◇ sub.., spähen); ◇ Soupçon]

sus·pen·dịe·ren[zʊspɛndíːrən] 他 (h) **1 a)** 《*et.*[4]》(法律・外交関係などを一時的に)停止する. **b)** 《*jn.* von *et.*[3]》(…を…から)解放する, (…に…を)免除する: *jn.* von *seinem* Amt ～ …に停職〈休職〉を命じる. **2** 〘化〙浮遊液にする, 懸濁(けんだく)する. **3** 〘医〙(つり包帯で)つる. [*lat.*; ◇ sub..]

Sus·pen·siọn[..zióːn] 女 -/-en **1 a)** (法律・外交関係などの一時的な)停止. **b)** (公務員などの)停職〈休職〉処分. **2** 〘化〙浮遊液, 懸濁(けんだく)液. **3** 〘医〙(つり包帯による)懸吊(けんちょう). [*spätlat.*]

sus·pen·sịv[..zíːf][1] 形 **1** 停止〈中止〉の; 延期させる; 停止効果のある. **2** 〘法〙遮断的な: ～*e* Rechtsmittel 遮断的効力をもつ上訴. [*mlat.*]

Sus·pen·sịv·ef·fekt 男 〘法〙(上訴などの)遮断的効力.

Sus·pen·sọ·rium[zʊspɛnzóːriʊm] 中 -s/..rien [..riən] 〘医〙つり包帯, 提挙(ていきょ)帯(特に陰嚢(いんのう)などの).

süß[zyːs] 形 **1** (英: *sweet*) (↔sauer) 甘い, 甘味の, 甘口の; 甘美な, 快い: ein ～*er* Duft (花などの)甘い香り | ein ～*es* Geheimnis haben (→Geheimnis 1) | der ～*e* Klang der Geige ヴァイオリンの甘美な音色 | ein ～*er* Kuchen 甘いケーキ | das ～*e* Leben (→Leben 3 a) | das ～*e* Nichtstun 快い無為の〈安逸な〉生活 | ein ～*er* Schlaf 安らかな眠り | ～*e* Trauben 甘いぶどう | voll des ～*en* Weines sein (→Wein 1 a) ‖ ～ schmecken 〈duften〉 甘い味〈香り〉がする | Rache ist ～! (→Rache) ‖ Sie ißt gern *Süßes*. 彼女は甘いものが好きだ. **2** 《しばしば女性言葉で》かわいい, いとしい; 愛らしい, 魅力的な; きれいな, 美しい; 親切な, 思いやりのある: ein ～*es* Mädchen 愛らしい〈魅力的な〉少女 ‖ Das Kleid ist sehr ～. このドレスはとてもすてきだ | Das ist ～ von dir! これはどうもご親切に ‖ mein *Süßer* / meine *Süße* 《しばしば皮肉》私のいとしい人(恋人に対する呼びかけ). **3** いやに愛想のよい: ～*e* Worte 甘い言葉.
[*idg.*; ◇ *engl.* sweet; *lat.* suāvis „lieblich"]

Süß·chen[zýːsçən] 中 -s/- **1** (小さな)甘い菓子類. **2** かわいい子〈少女〉.

Sü̱·ße[zýːsə] 女 -/ 甘さ, 甘味; 甘美さ, 快さ; 愛らしさ: die ～ des Zuckers 砂糖の甘味 | die ～ ihrer Stimme 彼女の声の愛らしさ.

sü̱·ßen[zýːsən] 《02》 他 (h) 《*et.*[4]》(砂糖などで)甘くする, (…に)甘味をつける: *et.*[4] mit Honig 〈Zucker〉 ～ …を蜂蜜(はちみつ)〈砂糖〉で甘くする | Der Saft ist *gesüßt*. このジュースには甘味が入っている.

Süß≠gras[zýːs..] 中 〘植〙イネ(稲)科植物. **≠holz** 中 -es/ 〘植〙カンゾウ(甘草)(根から甘味エキスをとる: →Lakritzensaft): ～ **raspeln** 《話》〔わざとらしい〕お世辞を言う, 甘い言葉をささやく.

Süß·holz·rasp·ler 男 《話》お世辞を言う人, 甘い言葉をささやく人. [< raspeln]

Sü̱·ßig·keit[zýːsıçkaıt] 女 -/-en **1** 《単数で》(süß なこと. 例えば:) 甘さ, 甘味; 甘美さ, 快さ: die ～ des Honigs 蜂蜜(はちみつ)の甘味 | die ～ des Lebens genießen 甘美な生活を享受する. **2** 《複数で》甘いもの, 甘い菓子類(キャンデー・ボンボン・チョコレート・砂糖菓子・甘いケーキ類など).

Sü̱·ßig·keit·freund 男 甘党.

Süß≠kar·tof·fel[zýːs..] 女 (Batate) 〘植〙サツマイモ(薩摩芋). **≠kir·sche** 女 (Vogelkirsche) 〘植〙セイヨウミザクラ(西洋実桜). **≠klee** 男 〘植〙 **1** イワオウギ(岩黄耆)属. **2** (Esparsette) イガマメ.

sü̱ß·lich[zýːslıç] 形 **1** 甘味を帯びた; 甘ったるい: ～ schmecken 甘ったるい味がする. **2** 感傷的〈センチメンタル〉な; 過度に愛想のよい, 妙になれなれしい, べたべたした; 歯の浮くような; にやけた, いやらしい: ein ～*es* Gedicht いやに感傷的な詩 | ein ～*er* Kerl いやみなやつ | mit ～*er* Miene (こびへつらうような)にやけた顔つきをして.

Süß·lich·keit[-kaıt] 女 -/ süßlich なこと.

▽**Süß·ling**[zýːslıŋ] 男 -s/-e 《軽蔑的に》にやけた〈柔弱な〉男.

Süß≠maul 中 《話》甘党の人. **≠most** 男 (未発酵状態でアルコール分のない)〔殺菌〕果汁(新鮮なリンゴ・ブドウなどの). **≠mo·ste·rei** 女 果汁製造業〈工場〉. **≠sack** 男 バンレイシ(蕃荔枝), シャカトウ(釈迦頭)(熱帯アメリカ原産の果実).

süß≠sau·er[zýːszáuər] 形 甘ずっぱい: ～ lächeln 甘ずっぱい微笑を浮かべる(不快・不満などを押し隠して).

Süß≠spei·se 女 (食後のデザートなどの)甘いもの (Pudding, Kompott, Torte など). **≠stoff** 男 人工甘味料(サッカリンなど). **≠wa·ren** 複 = Süßigkeit 2

Süß·wa·ren≠ge·schäft 中, **≠la·den** 男 菓子屋.

Süß·was·ser 中 -s/- (↔Salzwasser) 真水, 淡水.

Süß·was·ser≠al·ge 女 (↔Meeresalge) 〘植〙淡水藻. **≠be·woh·ner** 男 淡水生物. **≠fisch** 男 (↔Seefisch) 淡水魚. **≠see** 男 淡水湖. **≠tier** 中 淡水動物.

Süß·wein 男 (南国産などの)甘口ワイン(→Dessertwein).

Süß·wein·glas 中 -es/..gläser 甘口ワイン用グラス(→ 図 Glas).

▽**Su·sten·ta·tiọn**[zʊstɛntatsióːn] 女 -/-en 支持, 援助; (生計の)扶助, 扶養. [*lat.*; < *lat.* sus-tentāre „aufrechthalten"; ◇ sostenuto]

▽**sus·zep·tị·bel**[zʊstsɛptíːbəl] (..ti·bl..) 形 感じやすい, 感受性に富んだ, 敏感な; 怒りっぽい. [*spätlat.*]

Sus·zep·ti·bi·li·tạ̈t[..tibilitέːt] 女 -/ ▽**1** 感じやすさ, 敏感さ, 感受性. **2** 〘理〙感受率: magnetische ～ 磁化率.

Sus·zep·tiọn[..tsióːn] 女 -/-en ▽**1** 受け入れ, 摂取; 受領, 受納; 引き受け. **2** (植物における刺激の)感受. [*lat.*]

sus·zi·pịe·ren[zʊstsipíːrən] 他 (h) ▽**1** 受け入れる, 摂取する, 取り入れる; 受領する; 引き受ける. **2** (植物が外界の刺激を)感じ取る, 感受する. [*lat.*; ◇ sub.., kapieren]

Su·tạ·ne[zutáːnə] 女 -/-n = Soutane

Sụ·tra[zúːtra·] 中 -/-s 《ふつう複数で》 **1** 〘ヒンズー教〙スートラ(暗唱用の簡潔な文でつづられ, 礼拝の儀式のことを述べたヒンズー教の教典). **2** 〘仏教〙経(きょう). [*sanskr.* „(Leit)faden"]

Sụ·tschou[zýːtʃau] 地名 徐州, シュイチョウ(中国, 江蘇 Kiangsu 省北西部の都市).

Sụ̈t·ter·lịn·schrift[zýtərliːn..] 女 -/ ズュターリーン文字〈書体〉(1935年から41年までドイツの学校で標準書体として採用されたドイツ文字の筆記体で, それ以前のものと比べて全体的に丸みを帯びている).
[< L. Sütterlin (ドイツの図案家, †1917)]

Su·tụr[zutúːr] 女 -/-en **1** 〘医〙縫合〔術〕. **2** 〘解〙(頭蓋(ずがい)などの)縫合線. [*lat.*; < *lat.* suere (→Saum[1])]

Sụum cuị·que[zúːʊm kuíːkvə, – kúːikvə, – ..ve·] 中 --/ (jedem das Seine) 各人に各人相応のものを(プロイセンのフリードリヒ一世の好んだ格言で, プロイセンの黒鷲(くろわし)勲章にもこの言葉が刻まれている). [*lat.*]

Sụ·va[zúːva·] 地名 スバ (Fidschi の首都).

SUVA[zúːva·] 略 女 -/ = Schweizerische Unfallversicherungsanstalt スイス傷害保険会社.

su·ze·rạ̈n[zutsərέːn] **I** 形 領主の, 宗主〔権〕の. **II Su·ze·rạ̈n** 男 -s/-e (封建社会の)領主, 宗主; 宗主国.
[*fr.*; < *lat.* sūrsum „oben" (◇ sub.., vertieren[2])]

Su·ze·rä·ni·tạ̈t[zutsərɛnitέːt] 女 -/ 宗主の地位; 宗主権. [*fr.* suzeraineté]

s. v. 略 **1** = salva venia 失礼ながら. **2** = sub voce …という見出し語の下に.

SV[ɛsfáu] 略 男 -/ = Sportverein 体育〈スポーツ〉協会.

sva. 略 = soviel als (→soviel II 1).

Svạl·bard[sváːlbar(d)] 地名 スヴァールバル(北極海にあるノルウェー領の群島: →Spitzbergen).

Sva·ra·bhak·ti[svarabákti·] 中 -/ ＝Swarabhakti
Sven[svɛn] 男名 スヴェン. [*nord.* „junger Mann"]
SVP[ɛsfaupé:] 略 女 -/ ＝Schweizerische Volkspartei スイス人民党.
s. v. v. 略 ＝sit venia verbo
svw. 略 **1** ＝soviel wie (→soviel II 1). **2** ＝sinnverwandt 1
SW 略 ＝Südwest〔en〕 南西, 南西部.
Swa·hi·li[svahí:li·] ＝Suaheli I
Swan·boy[svɔ́nbɔʏ] 中 -s/ 《織》スワンボイ(両面けばだてた〔白い〕木綿地の織物). [*engl.*; ◇Schwan]
Swap·ge·schäft[svɔ́p..] 中 《商》(為替の)スワップ〈乗り換え〉取引.
[＜*engl.* swap „austauschen" (◇schwappen)]
Swa·ra·bhak·ti[svarabákti·] 中 -/ 《言》母音挿入〔による音節増加〕(→Anaptyxe). [*sanskr.*; ＜*sanskr.* svara „Vokal"+bhakti „Zuteilung"]
Swa·si[svá:zi·] **I** 男 -/-(-s/-s) スワジランド人. **II** 中 -〔s〕/ スワジ語. [◇*engl.* Swazi]
Swa·si·land[svá:zilant][1] 地名 スワジランド(アフリカ南部の王国. 1968年にイギリス保護領から独立).
swa·si·län·disch[..lɛndɪʃ] 形 スワジランドの.
Swa·sti·ka[svástika·] 女 -/..ken[..kən] 〔逆〕まんじ(卍, 卐), かぎ十字. [*sanskr.*; ＜*sanskr.* svasti „Wohlsein"]
Swea·ter[své:tər] 男 -s/- 《服飾》セーター. [*engl.*; ＜*engl.* sweat (→schweißen)]
Sweat·shirt[swɛ́t-ʃə:t] 中 -s/-s 《服飾》スウェットシャツ(ゆるい厚地のスポーツ用シャツ).
Swe·be[své:bə] 男 -n/-n スエービ人(古代の西ゲルマンの種族. スエービ族はバルト海沿岸から南方と西方へ勢力を拡張し, 一部はのちの Alemanne となる; Suebe, Sueve ともつづる).
swe·bisch[své:bɪʃ] 形 スエービ人の. [◇Schwabe[2]]
Swe·den·borg[své:dənbɔrk] 人名 Emanuel ～ エマヌエル スウェーデンボリ(1688-1772; スウェーデンの哲学者・神秘主義者).
Sweet[swi:t] 男 -/ 《楽》スイート(ジャズの一種). [*engl.* sweet (→süß)－*amerik.*]
SWF[ɛsve:|ɛ́f] 略 男 -/ ＝Südwestfunk 南西ドイツ放送.
SWFD[ɛsve:|ɛfdé:] 略 ＝Selbstwählferndienst
Swift[svɪft, swɪft] 人名 Jonathan ～ ジョナサン スウィフト(1667-1745; 英国の風刺作家. 作品『ガリヴァー旅行記』など).
Swim·ming·pool (**Swim·ming-pool**) [svímɪŋpu:l, sw..] 男 -s/-s (Schwimmbecken) 水泳プール. [*engl.*; ◇schwimmen, Pfuhl]
die **Swi·ne**[sví:nə] 地名 女 -/ スヴィーネ (Oder 川河口の支流の一つ).
Swin·egel[sví:n|e:gəl] 男 -s/- 《北部》(Igel) 《動》ハリネズミ(針鼠). [◇Schwein, Igel]
Swi·ne·mün·de[svi:nəmýndə] 地名 スヴィーネミュンデ(バルト海の島 Usedom にある港湾都市. ポーランド語形 S{2451} winoujście[ɕfinɔújɕtɕɛ·]). [◇Mündung]
Swing[svɪŋ] 男 -〔s〕/-s **1** 《楽》スイング〔ジャズ〕. **2** 《商》(二国間の貿易協定での)信用割り当ての最高額. [*engl.*]
swin·gen[svíŋən] **I** 自 (h) **1** スイングを踊る. **2** 《婉曲に》グループセックスをする. **II** 他 (h) 《*et.*[4]》(曲を)スイングふうに演奏する. [*engl.* swing; ◇schwingen]
Swin·ger[svíŋər] 男 -s/- 《婉曲に》グループセックスをする人.
Swing·fox[svíŋfɔks] 男 -〔es〕/-e スイングフォクス(フォクストロットの変形したダンス).
Swin·ging[svíŋɪŋ] 中 -s/ 《婉曲に》(Gruppensex) グループセックス.
Swiss·air (**SWISSAIR**)[svísɛ:r] 女 -/ スイス航空. [*engl.*; ＜*engl.* *Swiss Air* Transport Company Ltd.]
Switch·ge·schäft[svítʃ.., swítʃ..] 中 《商》スイッチ〈切り替え〉貿易. [＜*engl.* switch „Rute"]
sy.. →syn..
Sy·ba·ris[zý:barɪs] 地名 《史》シュバリス(イタリア南東部にあったギリシアの植民市. 住民のぜいたくな生活で有名). [*gr.*－*lat.*]
Sy·ba·rit[zybarí:t] 男 -en/-en **1** シュバリスの人. **2** 《比》享楽〈美食〉の徒. [*gr.*－*lat.*; ◇..it[3]]
sy·ba·ri·tisch[zybarí:tɪʃ] 形 **1** シュバリスの. **2** 《比》享楽的な, 美食家の.
Syd·ney[sídni·] 地名 シドニー(オーストラリア, ニューサウスウェールズ州の州都で海港).
[海港発見当時の英国の植民地担当大臣の名にちなむ]
Sye·nit[zyení:t, ..nít] 男 -s/-e 《鉱》閃長(せんちょう)岩. [＜*gr.* Syénē (産地名, 現在の Assuan)+..it[2]]
Sy·ko·mo·re[zykomó:rə] 女 -/-n 《植》シカモア(近東産のイチジク属の木). [*gr.*－*lat.*; ＜*gr.* sȳkon „Feige"+móron „Maulbeere"; ◇*engl.* sycamore]
Sy·ko·phant[zykofánt] 男 -en/-en **1** (古代アテネの)職業的告訴人. ▽**2** 《比》誹謗(ひぼう)者, 密告〈恐喝〉者, 裏切り者. [*gr.* sȳko-phántēs „Feigen-anzeiger"; ＜*gr.* phaínein „zeigen"; イチジクの密輸出を取り締まる役目から]
▽**sy·ko·phan·tisch**[zykofántɪʃ] 形 誹謗(ひぼう)〈中傷〉の, 密告する, 恐喝的な, 裏切りの.
syl.. →syn..
▽**Syl·la·bar**[zʏlabá:r] 中 -s/-e, ▽**Syl·la·ba·rium** [..riʊm] 中 -s/..rien[..riən] 綴字(ていじ)教本, スペリングブック, 初等読本.
[＜*lat.* syllaba (→Silbe); ◇*engl.* syllabary]
Syl·la·bi Syllabus の複数.
▽**syl·la·bie·ren**[zʏlabí:rən] 他 (h) (語を)音節〈シラブル〉に分け〔て発音す〕る.
syl·la·bisch[zʏlá:bɪʃ] 形 ▽**1** 音節〈シラブル〉の; 音節をなす; 音節ごとの. **2** (↔melismatisch) 《楽》(歌詞の各音節に1個ずつの音符を当てはめた)シラビックスタイルの.
[*gr.*－*mlat.*; ◇Syllabar]
Syl·la·bus[zýlabʊs] 男 -/-, ..bi[..bi·] **1** 要約, 摘要, 概要, 要旨, 総括. **2** 《カトリック》謬説(びゅうせつ)表(教皇によって誤謬と宣告された異端説を収録し,1864年と1907年に出された).
Syl·lep·se[zʏlɛ́psə, ..lé:psə] 女 -/-n, **Syl·lep·sis** [zýlɛpsɪs] 女 -/..sen[zʏlɛ́psən, ..lé:p..] 《修辞》兼用法, 一等双叙法(一つの語, 特に述語動詞が2個以上の語と統語関係をもち, 文法的には性・数・格がその一つとのみ一致し, 他とは一致しない語法). [*gr.*－*spätlat.*; ＜*gr.* syllambánein (→Silbe)]
syl·lep·tisch[zʏlɛ́ptɪʃ] 形 兼用法〈一等双叙法〉の.
Syl·lo·gis·mus[zʏlogísmʊs] 男 -/..men[..mən] 《論》三段論法.
[*gr.*－*lat.*; ＜*gr.* syl-logízesthai „zusammen-rechnen" (◇Logistik[1])]
syl·lo·gi·stisch[..gístɪʃ] 形 三段論法の.
Syl·phe[zýlfə] **I** 男 -n/-n (男の)大気〈空気〉の精. **II** 女 -/-n **1** (女の)大気〈空気〉の精. **2** 《比》(ほっそりした)優美な女性. [*nlat.*]
Syl·phi·de[zʏlfí:də] 女 -/-n **1** (女の)大気〈空気〉の精. **2** 《比》(ほっそりした)優美な少女.
Sylt[zʏlt] 地名 ジュルト(ドイツ領北フリージア諸島中の最大の島で, 夏の保養地). [*afries.* Si-lendi „See-land"]
Syl·ve·ster[zʏlvɛ́stər] 男 中 -s/- ＝Silvester[2]
Syl·vin[zʏlví:n] 中 (男) -s/-e (Kalisalz) 《鉱》カリ岩塩. [オランダの医者 F. Deleboe (†1672)のラテン名 Sylvius から]
sym.. →syn..
Sym·biont[zʏmbiɔ́nt] 男 -en/-en 《生》共生者.
Sym·bio·se[..bió:zə] 女 -/-n 《生》共生. [*gr.*; ＜*gr.* sym-bioũn „zusammen-leben" (◇bio..)]
sym·bio·tisch[..bió:tɪʃ] 形 共生の.
Sym·bol[zʏmbó:l] 中 -s/-e **1** (Sinnbild) 象徴, シンボル(→ 図): Friedens*symbol* 平和のシンボル(ハト・オリーブの枝など) | Status*symbol* 社会的地位の象徴, ステータスシンボル ‖ die blaue Blume als ～ für die Romantik ロマン派の象徴としての青い花 | Die Taube ist ein ～ des Friedens. ハトは平和のシンボルである. **2** (Zeichen) 記号, 符号:

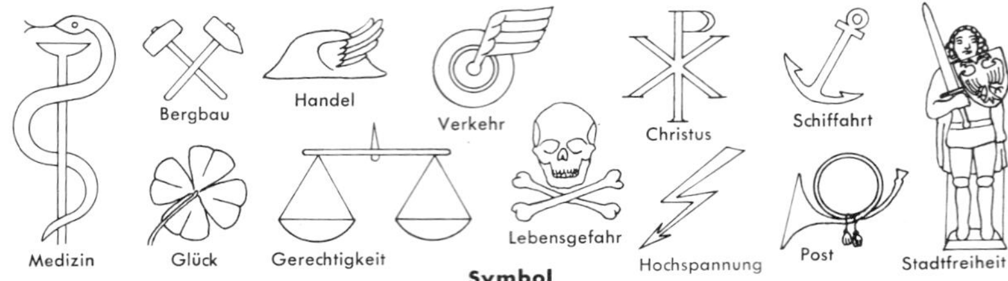

Symbol

ein chemisches 〈logisches / mathematisches〉 ~ 化学〈論理・数学〉記号. **3** 信条.

[*gr.* sýmbolon „Kennzeichen"－*lat.*; <*gr.* symbállein „zusammen-bringen" (◇Balliste); 割り符を仲間の証拠としたことから]

Sym·bọl≠cha·rak·ter 男 象徴的性格. **≠fi·gur** 女 象徴的人物.

sym·bọl·haft[..haft] 形 象徴のような, 象徴的な.

Sym·bọl·haf·tig·keit[..tɪçkaɪt] 女 -/-en《ふつう単数で》symbolhaft なこと.

Sym·bọ·lik[..lɪk] 女 -/ **1** 象徴的意味, 象徴性: von tiefer ~ sein 深い象徴的な意味をもっている. **2** 象徴〈記号〉の使用; 象徴的表現. **3** 象徴学; 記号学. **4**〖キリスト教〗信条学.

sym·bọ·lisch[..lɪʃ] 形 **1 a)** 象徴の; 象徴による; 象徴を用いた: ein ~*es* Gedicht 象徴詩. **b)** (…の)象徴となる, 象徴的な: ~*e* Bedeutung 象徴的な意味 ‖ für *et.*[4] ~ sein …にとって象徴的である, …を象徴するものである ‖ *et.*[4] ~ auffassen 〈verstehen〉 …を象徴的に解釈〈理解〉する. **2** 記号の; 記号による; 記号を用いた: ~*e* Logik 記号論理学. **3** ~*e* Bücher〖キリスト教〗信条集(信仰個条・信経など). [*gr.*－*spätlat.*]

sym·bo·li·sie·ren[zʏmbolizíːrən] 他 (h) **1**《*et.*[4]》(…を)象徴する, (…の)象徴〈シンボル〉である: Diese Erscheinungen *symbolisieren* den Charakter unserer Zeit. これらの現象は我々の時代の性格を象徴している ‖ 再帰 *sich*[4] in *et.*[3] ~ …のなかに象徴されている. **2** 記号〈符号〉で表す, 記号〈符号〉化する. [*fr.*]

Sym·bo·li·sie·rung[..rʊŋ] 女 -/-en symbolisieren すること.

Sym·bo·lịs·mus[zʏmbolísmʊs] 男 -/ **1**〖文芸・美〗象徴主義, 象徴派, サンボリスム. **2 a)** 象徴的表現. **b)** 記号〈符号〉表示. [1: *fr.* symbolisme]

Sym·bo·lịst[..lɪ́st] 男 -en/-en 象徴主義者, サンボリスト, 象徴派の詩人〈画家〉. [*fr.*]

sym·bo·lị·stisch[..lɪ́stɪʃ] 形 象徴主義〈象徴派・サンボリスム〉の; 象徴主義的な.

Sym·me·trie[zʏmetríː] 女 -/-n[..ríːən] (↔Asymmetrie)〔左右〕対称〈相称〉;〖数〗対称;《比》釣り合い, 均整: von wunderbarer ~ sein《比》均整がすばらしくよく取れている. [*gr.*－*lat.*; <*gr.* sýmmetros „sym-metrisch"]

Sym·me·trie≠ach·se 女〖数〗対称軸. **≠ẹbe·ne** 女〖数〗対称面.

sym·mẹ·trisch[zʏméːtrɪʃ] 形〔左右〕対称〈相称〉の; 対称〈相称〉的な;〖医〗対称〈相称〉性の;《比》均整〈釣り合い〉の取れた: eine ~*e* Funktion〖数〗対称式.

Sym·path·ek·to·mie[zʏmpatɛktomíː] 女 -/-n [..míːən]〖医〗交感神経切除〈遮断〉〔術〕, 交感神経節摘出〔術〕. [<Sympathikus]

sym·pa·thẹ·tisch[zʏmpatéːtɪʃ] 形 ᵛ**1** 共感〈同情〉的な: ~*er* Dativ〖言〗共感の3格(→Dativ). **2** 霊的共感〈感応〉に基づく, 神秘的作用のある: die ~*e* Kur 交感〈感応〉療法 | die ~*e* Tinte (熱や化学薬品によって初めて目に見える)隠顕インク.

Sym·pa·thie[zʏmpatíː] 女 -/-n[..tíːən] **1** (↔Antipathie)(他人に対する)共感, 共鳴, 同感; 好感, 好意; 同意, 賛成: für *jn.* 〔große〕 ~ haben …に対して〔大いに〕好感をもつ | Dieser Plan hat meine volle ~. この計画に私は大賛成だ | Er brachte diesem Vorschlag geringe 〈wenig〉 ~ entgegen. 彼はこの提案に対してあまり好感を示さなかった ‖ Seine ~ gehört der Opposition. 彼は野党に好意を抱いている. **2**〖心〗共感, 感情移入. **3** (民間信仰で生物・事物相互間の)霊的交感〈感応〉.

[*gr.*－*lat.*; <*gr.* sym-pathḗs „mit-leidend"]

Sym·pa·thie≠streik 男 同情ストライキ: in den ~ treten 同情ストにはいる. **≠zau·ber** 男 (民間信仰での)共感〈感応〉呪術(じゅじゅつ).

Sym·pạ·thi·kus[zʏmpáːtikʊs] 男 -/〖解〗交感神経.

Sym·pa·thi·sạnt[zʏmpatizánt] 男 -en/-en 同調〈支持〉者, シンパ〔サイザー〕.

sym·pạ·thisch[zʏmpáːtɪʃ] 形 **1** 好ましい, 感じのよい, 共感〈共鳴〉できる, 好感〈好意〉のもてる: ein ~*er* Mensch 好感のもてる人間 | eine ~*e* Stimme 感じのよい声 ‖ Er ist mir 〔sehr〕 ~. 彼は〔とても〕好感のもてる人物だ | Dieser Plan ist mir nicht ~. この計画は私の気に入らない. **2 a)**〖解〗交感神経の. **b)**〖医〗交感性の: die ~*e* Augenentzündung 〈Ophthalmie〉 交感性眼炎.

[1: *fr.* sympathique; 2: *mlat.*]

sym·pa·thi·sie·ren[zʏmpatizíːrən] 自 (h)《mit *jm.* 〈*et.*[3]〉》(…に)同感〈同調・共鳴〉する, (…に対して)好感〈好意〉をもつ: mit den Extreminsten ~ 過激派のシンパである.

sym·pe·tạl[zʏmpetáːl] 形〖植〗(花冠が)合弁の: ~*e* Krone 合弁花冠.

Sym·pho·nie[zʏmfoníː] 女 -/-n[..níːən] ＝Sinfonie

Sym·phọ·nik[zʏmfóːnɪk] 女 -/ ＝Sinfonik

Sym·phọ·ni·ker[..nikər] 男 -s/- ＝Sinfoniker

sym·phọ·nisch[..nɪʃ] ＝Sinfonisch

Sym·phỵ·se[zʏmfýːzə] 女 -/-n, **Sym·phy·sis** [zʏ́mfyzɪs] 女 -/..physen[zʏmfýːzən] **1**〖解〗(特に恥骨の)結合. **2**〖医〗(骨の)癒着, 癒合.

[*gr.*; <*gr.* sym-phýein „zusammen-wachsen"]

sym·phỵ·tisch[zʏmfýːtɪʃ] 形 結合〈癒着〉した.

Sỵm·pi[zʏ́mpi·] 男 -s/-s《話》(極左政治団体などの)シンパ. [<Sympathisant]

Sym·plo·kẹ[zʏmplokéː] 女 -/-n[..plóːkən]〖修辞〗首結句反復(→Anaphora 1, Epiphora 2). [*gr.*; <*gr.* sym-plékein „zusammen-flechten" (◇flechten)]

Sym·pọ·sion[zʏmpóːziɔn, ..póz..] 中 -s/..sien [..ziən], **Sym·pọ·sium**[zʏmpóːziʊm, ..póz..] 中 -s/..sien[..ziən] **1** (数名の討論者を中心とする)討論会, シンポジウム: ein 〔internationales〕 ~ über *et.*[4] veranstalten …に関する〔国際〕シンポジウムを開催する | an einem ~ teilnehmen シンポジウムに参加する. **2** (古代ギリシアの哲学的な談話を伴う)饗宴(きょうえん). [*gr.*〔－*lat.*〕; <*gr.* sym-pínein „zusammen-trinken" (◇Pott)]

Sym·ptọm[zʏmptóːm] 中 -s/-e **1**〖医〗症候, 徴候, 症状: ein typisches ~ für Gelbsucht 黄疸(おうだん)の典型的な症状 | Abstinenz*symptom* 禁断症状 ‖ die ~*e* von Schizophrenie aufweisen 精神分裂症の徴候〈症状〉を呈する. **2**《比》徴候, しるし, 前兆, きざし. [*gr.* sýmptōma „Zufall"－*spätlat.*; <*gr.* sym-píptein „zusammen-fallen" (◇Ptomain)]

Sym·pto·ma·tik[zymptomáːtɪk] 女 -/ **1**《集合的に》〘医〙総体的症候〈症状〉. **2** ＝Symptomatologie

sym·pto·ma·tisch[..tɪʃ] 形 **1** 徴候〈症候・症状〉の; 徴候〈症候・症状〉を示す: für *et.*[4] ～ sein …の〔典型的な〕徴候である, …を〔よく〕示している. **2**〘医〙症候性の; 症状の, 対症の: eine ～*e* Behandlung 〈Therapie〉 対症療法 | ～*e* Zahnschmerzen 症候性歯痛.

Sym·pto·ma·to·lo·gie[zymptomatologíː] 女 -/〘医〙症候〈徴候〉学.

sym·pto·ma·to·lo·gisch[..lóːgɪʃ] 形 症候〈徴候〉学〔上〕の.

Sym·pto·men·kom·plex[zymptóːmən..] 男 (Syndrom)〘医〙症候群: Menièrscher ～ メニエール症候群.

syn..《名詞・形容詞などにつけて「一緒の・同時の・同類の」などを意味する. b, m, p の前では sym.. に, l の前では syl.. となる. また sy.. と略されることもある》: *Syn*these 総合 | *Syn*chronie〘言〙共時態 | *Syn*onym〘言〙同義語, 類義語 | *syn*optisch 概観的な ‖ *Sym*biose〘生〙共生 | *Sym*metrie 対称 | *Sym*pathie 共感 | *Syl*labus 要約 | *Sy*stole〘医〙心収縮;〘詩〙音節短縮. [*gr.*; ＜*gr.* sýn „zusammen, mit"]

syn·ago·gal[zynagogáːl, zʏn..] 形 シナゴーグの. [＜..al[1]]

Syn·ago·ge[zynagóːgə, zʏn..] 女 -/-n **1**〘宗〙シナゴーグ(ユダヤ教の会堂). **2**〘美〙シナゴーグ(旧約聖書の擬人化としての女人像: →Ecclesia 2). [*gr.* synagōgḗ „Versammlung"－*kirchenlat.*－*mhd.*; ＜*gr.* syn-ágein „zusammen-führen" (◇Agon)]

Syn·al·la·ge[zynálage·, zʏn(|)á..] 女 -/-n[..(|)aláːgən]〘法〙双務契約. [*gr.* syn-allagé „Wechsel" (◇Agio)]

syn·al·lag·ma·tisch[zynalagmáːtɪʃ, zʏn(|)a..] 形 双務の: ein ～*er* Vertrag 双務契約. [＜*gr.* syn-állagma „Vertrag"]

Syn·alö·phe[zynalǿːfə, zʏn(|)a.., ..fe·] 女 -/-n〘詩〙母音混交〈消滅〉(語末母音が後続する語頭母音と混交消滅すること). [*gr.*－*spätlat.*; ＜*gr.* aleíphein „bestreichen" (◇aliphatisch); ◇*engl.* synaloepha]

syn·an·drisch[zynándrɪʃ, zʏn(|)á..] 形〘植〙(おしべの) 合着した. [＜andro..]

Syn·an·drium[..driʊm] 中 -s/..drien[..driən]〘植〙合着おしべ〈雄蕊(ずい)〉.

Syn·aphie[zynafíː, zʏn(|)a..] 女 -/-n[..fíːən] (↔Asynaphie)〘詩〙(二つの詩行が切れ目なく一つの文として連続する) 連接. [*gr.*－*spätlat.*; ＜*gr.* syn-áptein „zusammen-knüpfen" (◇Apsis)]

syn·aphisch[zynáːfɪʃ, zʏn(|)áː..] 形〘詩〙連接の.

Syn·ap·se[zynápsə, zʏn(|)á..] 女 -/-n〘生理〙シナプス (神経単位相互間の接合部). [＜*gr.* syn-áptein „zusammen-knüpfen"]

Syn·äre·se[zynɛréːzə, zʏn(|)ɛ..] 女 -/-n, **Syn·äre·sis**[zynέːrezɪs, zʏn(|)έː..] 女 -/..sen[..(|)ɛréːzən]〘言〙合音 (2個の母音または2個の音節が1個に縮合すること. ㊀ sehn＜sehen). [＜*gr.* syn-aireĩn „zusammen-nehmen" (◇Häresie)]

Syn·äs·the·sie[zynɛstezíː, zʏn(|)ɛ..] 女 -/-n[..zíːən]〘生理・心〙共感〔覚〕(ある感覚への刺激によって別の種類の感覚にまで感性反応が起こる現象).

syn·äs·the·tisch[..téːtɪʃ] 形 共感〔覚〕の.

syn·chron[zʏnkróːn] 形 **1** (↔asynchron) 同時の, 同時に起こる;〘電・工〙同期〔式〕の. **2** ＝synchronisch 1 [＜chrono..]

Syn·chron≈blitz 男〘写〙シンクロフラッシュ. ≈**ge·trie·be** 中 同期かみ合い式変速機, シンクロメッシュ.

Syn·chro·nie[zʏnkroníː] 女 -/ (↔ Diachronie)〘言〙共時態. [*fr.*]

Syn·chro·ni·sa·tion[zʏnkronizatsióːn] 女 -/-en (synchronisieren すること. 例えば:)〘電・工〙同期化, 同期調整;〘映・テレビ〙同時録音, ダビング, 当てレコ, 吹き替え. [*engl.* synchronization]

syn·chro·nisch[..króːnɪʃ] 形 **1** (↔ diachronisch)〘言〙共時態の, 共時〔論〕的な. **2** ＝synchron 1

syn·chro·ni·sie·ren[..kronizíːrən] 他 (h) **1** 同時にする〈起こさせる〉, 時間を一致させる, シンクロナイズする;〘電・工〙同期させる, 同期調整する: das Getriebe eines Autos ～ 自動車の変速機をシンクロメッシュにする ‖ *synchronisiertes* Schwimmen〘泳〙シンクロナイズド=スイミング. **2**〘映・テレビ〙当てレコする, 画面と音声を一致させる(同時録音・声の吹き替えなど): einen französischen Film in deutscher Sprache ～ フランス映画をドイツ語で吹き替える.

Syn·chro·ni·sie·rung[..zíːrʊŋ] 女 -/-en ＝Synchronisation

Syn·chro·nis·mus[..kronísmʊs] 男 -/..men[..mən] 同時性, 時間の一致;〘電・工〙同期〔状態〕;〘映・テレビ〙(画面と音声の) 同期; (歴史上の各分野の出来事の) 同時的処理〈配列〉.

syn·chro·ni·stisch[..nístɪʃ] 形 同時〈同期〉の; (歴史上の各分野の出来事などの) 同時的配列による.

Syn·chron≈ma·schi·ne[zʏnkróːn..] 女〘電〙同期機. ≈**mo·tor** 男〘電〙同期電動機. ≈**rech·ner** 男〘電算〙同期式計算機. ≈**sa·tel·lit** 男〘宇宙〙同期衛星. ≈**schwim·men** 中 シンクロナイズド=スイミング, 水中バレエ. ≈**spre·cher** 男〘映・テレビ〙当てレコする人. ≈**uhr** 女 同期電気時計. ≈**ver·schluß** 男〘写〙(ストロボなどとの) 同調シャッター. ≈**zy·klo·tron** 中〘理〙シンクロ=サイクロトロン.

Syn·chro·tron[zýnkrotroːn, ◡◡⌐] 中 -s/-e(-s)〘理〙シンクロトロン.

Syn·dak·ty·lie[zyndaktylíː] 女 -/-n[..líːən]〘医〙(指の癒着する) 合指症. [＜daktylo..]

Syn·de·re·sis[zyndéːrezɪs] 女 -/ (カトリックの道徳神学で) 良心. [＜*gr.* 〔syn〕tēreĩn „〔mit〕bewahren"]

Syn·de·ti·kon[zyndéːtikɔn] 中 -s/ 商標 シンデティコン (接着剤).

syn·de·tisch[zyndéːtɪʃ] 形 **1** 連結〈接合〉の〔働きをする〕, 接続的な. **2** (↔asyndetisch)〘言〙接続〈接合〉詞によって結合された, 有辞の. [＜*gr.* syn-deĩn „zusammen-binden"]

Syn·di·ka·lis·mus[zyndikalísmʊs] 男 -/ サンジカリスム (19世紀末, 特にフランスに起こった急進的な産業組合主義).

Syn·di·ka·list[..líst] 男 -en/-en サンジカリスム信奉者, サンジカリスト. [*fr.*]

syn·di·ka·li·stisch[..lístɪʃ] 形 サンジカリスムの.

Syn·di·kat[zyndikáːt] 中 -[e]s/-e **1**〘経〙シンジケート, 企業合同. **2** (アメリカのギャングなどの犯罪組織としての) シンジケート. [*mlat.*]

Syn·di·kus[zýndikʊs] 男 -/-se[..kʊsə], ..dizi[..ditsi·] (団体・法人などの) 法律顧問. [*gr.*－*spätlat.*; ＜*gr.* díkē „Recht"; ◇*engl.* syndic]

syn·di·zie·ren[zynditsíːrən] 他 (h) シンジケートに統合する.

Syn·drom[zyndróːm] 中 -s/-e (Symptomenkomplex) **1**〘医〙症候群: Down-～ ダウン症候群, 蒙古症 (→Mongolismus). **2** (特定の社会現象の徴候としての) 症候群. [*gr.* syn-dromḗ „Zusammen-lauf"]

Syn·echie[zynɛçíː, zʏn(|)ɛ..] 女 -/-n[..çíːən]〘医〙(虹彩(こうさい)・角膜などの) 癒着. [*gr.*; ＜*gr.* syn-échein „zusammen-halten" (◇hektisch)]

Syn·edri·en Synedrion, Synedrium の複数.

Syn·edrion[zynéːdriɔn, zʏn(|)éː..] 中 -s/..ien[..iən] **1** (古代ギリシアの) 評議会. **2** ＝Synedrium [*gr.*; ＜*gr.* sýn-edros „beratend" (◇..eder)]

Syn·edrium[..driʊm] 中 -s/..ien[..iən] (古代エルサレムの) ユダヤ人最高法廷〈評議会〉. [*spätlat.*]

Syn·ek·do·che[zynέkdɔxe·, zʏn(|)έk..] 女 -/-n[..(|)ɛkdɔ́xən]〘修辞〙提喩(ていゆ), 代喩 (一部で全体を, または全体で一部を表す法. ㊀ Kiel「竜骨」で Schiff「船」を表すなど) (→Pars pro toto). [*gr.*－*lat.*; ＜*gr.* ek-déchesthai

S

„auf-nehmen"]

syn·ek·dọ·chisch[zynɛkdɔ́xɪʃ, zʏn(|)ɛk..] 形 提喩〈代喩〉の.

syn·er·gẹ·tisch[zynɛrgé:tɪʃ, zʏn(|)ɛr..] 形 共働〈協力〉の.

[*gr.*; <*gr.* sýn-ergos „mit-arbeitend" (◇Ergon)]

Syn·er·gi̱e[..gí:] 女 -/ **1** 共働, 協力. **2** 〖生理〗(筋肉などの)協力〔作用〕. **3** 〖化・薬〗相助〈相乗〉作用. [*gr.*]

Syn·er·gi̱e·ef·fekt 男 相乗効果.

Syn·er·gịs·mus[..gísmʊs] 男 -/ **1 a)** 〖化・薬〗相助〈相乗〉作用. **b)** 〖生理〗(筋肉などの)協同作用. **2** 〖神〗神人協力〈共働〉説.

Syn·er·gịst[..gíst] 男 -en/-en **1** 神人協力〈共働〉説の信奉者. **2** 《ふつう複数で》(↔Antagonist) **a)** 〖生理〗共同筋. **b)** 〖薬〗共同薬.

syn·er·gị·stisch[..gístɪʃ] 形 **1** 〖化・薬〗協力〈相助・相乗〉作用の. **2** 〖神〗神人協力説の.

Sy̱n·esis[zý(:)nezɪs, zʏ́n(|)e..] 女 -/..esen[zyné:zən, zʏn(|)é:..] 〖言〗意味構文(文法形式上の一致よりも意味による一致を重んじた構文. 例 Niemand, weder er noch sie, hatten es gehört.).

[*gr.*; <*gr.* syn-iénai „zusammen-bringen" (◇Ion)]

Syn·izẹ·se[zynitsé:zə, zʏn(|)i..] 女 -/-n, **Syn·i̱ze·sis**[zyní:tsezɪs, zʏn(|)í:..] 女 -/..zesen[..(|)itsé:zən] 〖言〗合音(隣接する二つの母音の縮合).

[*gr.-spätlat.*; <*gr.* synizánein „sich zusammen-drängen" (◇sitzen)]

Syn·kar·pi̱e[zʏnkarpí:] 女 -/ 〖植〗 **1** 多花果, 集合果. **2** (複数の心皮が合着して子房を作る)合生心皮.

[<*gr.* karpós „Frucht"; ◇*engl.* syncarpy]

syn·kli·nạl[zʏnkliná:l] 形 〖地〗向斜(こうしゃ)の.

Syn·kli·nạ·le[..lə] 女 -/-n 〖地〗(地層の)向斜.

Syn·kli·nạl≠kamm 男 〖地〗向斜山稜(さんりょう). **≠tal** 中 〖地〗向斜谷(こく). [<*gr.* klī́nein „neigen"+..al[1]]

Sy̱n·ko·pe[1][zʏ́nkope·] 女 -/-n[zʏnkó:pən] **1 a)** 〖言〗語中音消失(二つの子音の間にあるアクセントのない母音の省略. 例 ew'ger<ewiger). **b)** 〖詩〗抑格の省略. **2** 〖医〗(一過性脳貧血による)失神. [*gr.-spätlat.*; <*gr.* syg-kóptein „zusammen-schlagen" (◇Komma)]

Syn·kọ·pe[2][zʏnkó:pə] 女 -/-n 〖楽〗切分〔法〕; シンコペーション.

syn·ko·pi̱e·ren[zʏnkopí:rən] 他 (h) **1** 〖言〗語中音を消失させる. **2** 〖詩〗抑格を省略する. **3** 〖楽〗切分音を置く, シンコペートする.

syn·kọ·pisch[..kó:pɪʃ] 形 Synkope による.

Syn·kre·tịs·mus[zʏnkretísmʊs] 男 -/ **1** 混合, 混交; (特に:)(異種の学説・原理・教理などの)諸宗〈諸説〉混合; 混合主義. **2** 〖言〗(文法的に異なった機能をもつ 2 個以上の語形の)融合,(特に:)(Kasussynkretismus) 格融合.

[*gr.*; <*gr.* Krḗs „Kreter"]

Syn·kre·tịst[..tíst] 男 -en/-en 混合主義者.

syn·kre·tị·stisch[..tístɪʃ] 形 混合〈混交〉の; 混合主義の.

Syn·krị·se[zʏnkrí:zə] 女 -/-n, **Sy̱n·kri·sis**[zʏ́nkrizɪs] 女 -/..krisen[zʏnkrí:zən] **1** 結合, 複合, 混合. **2** 比較. [*gr.-spätlat.*; <*gr.* syg-krínein „zusammen-setzen"]

syn·krị·tisch[zʏnkrí:tɪʃ] 形 **1** (↔diakritisch) 結合する, 混合する. **2** 比較する.

Syn·ọd[zynó:t][1] 男 -(e)s/ (der Heilige) ～ ロシア聖務院, シノド(ロシア正教会の最高指導機関). [*gr.-russ.*]

syn·odạl[zynodá:l] **I** 形 〖キリスト教〗教会会議の.

II Syn·odạ·le 男 女 《形容詞変化》教会会議の成員.

[*spätlat.*; ◇..al[1]]

Syn·odạl·ver·fas·sung 女 (プロテスタント教会の)会議制.

Syn·ọde[zynó:də] 女 -/-n 〖キリスト教〗教会会議.

[*gr.* sýnodos „Zusammen-kunft"–*spätlat.* synodus; ◇..ode[1]]

syn·ọdisch[zynó:dɪʃ] 形 **1** 〖天〗合(ごう)の, 会合の: ～*er* Monat (太陰暦の基本となる)朔望(さくぼう)月 | ～*er* Umlauf 会合周期. **2** =synodal

syn·ony̱m[zynoný:m] **I** 形 〖言〗意味の等しい〈類似した〉, 同義〈類義〉〔語〕の: ～*e* Begriffe 類義の概念 | „Samstag" ist ～ zu „Sonnabend". Samstag は Sonnabend の同義語である. **II Syn·ony̱m** 中 -s/-e, -a (↔Antonym) 〖言〗同義〈同意〉語, 類〔義〕語(例 Junge と Bub, begreifen と verstehen).

[*gr.-spätlat.*; <*gr.* ónyma „Name"]

Syn·ọny·ma[zynó:nyma·] Synonym の複数.

Syn·ony̱·men·wör·ter·buch =Synonymwörterbuch

Syn·ony·mi̱e[..nymí:] 女 -/ 〖言〗(複数語間の)同義〈類義〉性. [*spätlat.*]

Syn·ony̱·mik[..ný:mɪk] 女 -/-en **1** 《単数で》〖言〗同義〈類義〉語論. **2** 類義語辞典.

syn·ony̱·misch[..ný:mɪʃ] =synonym

Syn·ony̱m·wör·ter·buch 中 類義語辞典.

Syn·ọp·se[zynɔ́psə, zʏn(|)ɔ́p..] 女 -/-n, **Sy̱n·op·sis**[zý(:)nɔpsɪs, zʏ́n(|)ɔp.., zʏnɔ́p..] 女 -/..opsen[zynɔ́psən, zʏn(|)ɔ́p..] **1** 〖聖〗共観福音書 (Matthäus, Markus, Lukas の三福音書). **2** 概観, 概要, 要約; 内容一覧〈対照〉〔表〕. [*gr.-spätlat.*; <*gr.* ópsis „Sehen"]

Syn·ọp·tik[zynɔ́ptɪk, zʏn(|)ɔ́p..] 女 -/ (広域にわたる一定時刻の気象情報を分析・総合する)総観気象学.

Syn·ọp·ti·ker[..tikər] 男 -s/- 〖聖〗共観福音史家 (Matthäus, Markus, Lukas).

syn·ọp·tisch[..tɪʃ] 形 **1** 〖聖〗共観福音史家の: die ～*en* Evangelien 共観福音書 (Matthäus, Markus, Lukas の三福音書). **2** 概観的な, 概要〈要約〉の; 一覧〈対照〉的な: die ～*e* Meteorologie 〖気象〗総観気象学.

Syn·ostọ·se[zynɔstó:zə, zʏn(|)ɔs..] 女 -/-n 〖医〗骨癒合〔症〕. [<osteo..+..ose]

Syn·ọvia[zynó:via·] 女 -/ (Gelenkschmiere) 〖解〗関節滑液. [<Ovum]

Syn·ovị·tis[zynoví:tɪs] 女 -/..tiden[..vití:dən] 〖医〗滑膜炎. [<..itis]

Syn·özi̱e[zynøtsí:, zʏn(|)ø..] 女 -/-n[..tsí:ən] **1** 〖動〗(異種の動物の)共生. **2** =Monözie

[<*gr.* sýn-oikos „zusammen-wohnend"]

syn·ö̱zisch[zynǿ:tsɪʃ, zʏn(|)ǿ:..] 形 **1** 〖動〗共生の. **2** =monözisch

Syn·se·mạn·ti·kon[zʏnzemántikɔn] 中 -s/..ka[..ka·] (↔Autosemantikon) 〖言〗共義表現, 共意体〈形式〉, 辞(文脈や他の語に依存する単位; 前置詞・代名詞・接辞など).

syn·se·mạn·tisch[..tɪʃ] 形 〖言〗共意的な, 辞的な.

Syn·tạg·ma[zʏntágma·] 中 -s/..men[..mən] (-ta[..ta·]) **1** (↔Paradigma) 〖言〗シンタグマ, 統語的語群, 統語体〈成分〉, 統合体〈系〉. **2** (同種の論説を集めた)論叢(ろんそう), 類聚(るいじゅう).

[*gr.*; <*gr.* syn-tássein „zusammen-stellen"]

syn·tag·mạ·tisch[..tagmá:tɪʃ] 形 〖言〗シンタグマの, 統合関係の; シンタグマに関する.

Syn·tag·men Syntagma の複数.

syn·tạk·tisch[zʏntáktɪʃ] 形 〖言〗統語〈統辞〉論の, 構文論〈シンタクス〉の: ein ～*er* Fehler 統語論上の誤り | ein ～*es* Merkmal 統語素性.

Sy̱n·tax[zʏ́ntaks] 女 -/-en (Satzlehre) 〖言〗統語〈統辞〉論, 構文論, シンタクス. [*gr.-spätlat.*; ◇Taxis[1]]

Syn·tẹ·re·sis[zynté:rezɪs] 女 -/ =Synderesis

Syn·thẹ·se[zynté:zə] 女 -/-n **1 a)** (↔Analyse) 総合, 統合: eine ～ aus Geist und Gemüt 精神と心情の統合. **b)** 〖哲〗(ヘーゲルの弁証法における These と Antithese の)総合. **2** 〖化〗合成: *et.*[4] durch ～ herstellen …を人工的に合成する.

[*gr.-spätlat.*; <*gr.* syn-tithénai „zusammen-stellen"]

Syn·thẹ·se≠fa·ser 女 合成繊維. **≠gas** 中 〖化〗合成

ガス. ≈**gum·mi** 男 合成ゴム. ≈**pro·dukt** 中〘化〙合成品, 合成物質.

Syn·the·sis[zýntezɪs] 女 -/..sen[zynté:zən] =Synthese

Syn·thẹ·tics[zynté:tɪks] 複 合成繊維〔製品〕. [*engl.*]

Syn·thẹ·tik[zynté:tɪk] **I** 女 -/ (↔Analytik)〘数〙総合〈合成〉法. **II** 中 -s/ 合成繊維.

syn·thẹ·tisch[zynté:tɪʃ] 形 **1** (↔analythisch) 総合〈統合〉の, 総合〈統合〉的な: die ~*e* Geometrie 総合幾何学 | eine ~*e* Sprache〘言〙(文法的関係を語尾や語幹の変化で表す)総合言語 | eine ~*e* Struktur 〈Verbform〉〘言〙総合的構造〈動詞形〉| ein ~*es* Urteil〘哲〙総合判断. **2**〘化〙合成の, 人造の, 人工の: ~*e* Fasern 〈Stoffe〉 合成繊維〈物質〉| ein ~*es* Waschmittel 合成洗剤 ‖ *et.*[4] ~ herstellen …を合成する.

syn·the·ti·sie̱·ren[zyntetizí:rən] 他 (h) **1** 総合〈統合〉する. **2**〘化〙合成する.

Syn·zy̱·tium[zyntsý:tsiʊm] 中 -s/..tien[..tsiən]〘生〙多核体. [<zyto..]

Syph[zyf] 男 -s/ ; 女 -/ (<Syphilis)《婉曲に》梅毒: den ~ haben 梅毒にかかっている.

Sy·phi·li̱d[zyfilí:t][1] 中 -[e]s/-e〘医〙梅毒疹(しん).

Sy·phi·li·do·pho·bi̱e[zyfilidofobí:] 女 -/-n [..bí:ən]=Syphilophobie

Sy̱·phi·lis[zý:filɪs; オーストリア: sýf..] 女 -/ (Lues)〘医〙梅毒 (略 Syph): angeborene ~ 先天性梅毒.

[<Syphilus (梅毒にかかった牧童の登場する16世紀の教訓詩の題名, 牧童の名)]

sy̱·phi·lis·krank 形 梅毒に冒された.

Sy·phi·li̱·ti·ker[zyfilí:tikər] 男 -s/- 梅毒患者.

sy·phi·li̱·tisch[..tɪʃ] 形 梅毒〔性〕の.

Sy·phi·lo·dẹr·ma[zyfilodέrma·] 中 -s/..men [..mən], -ta[..ta·]〘医〙梅毒性皮膚病.

Sy·phi·lo̱m[zyfiló:m] 中 -s/-e 〘医〙梅毒腫(しゅ). [<..om]

Sy·phi·lo·pho·bi̱e[zyfilofobí:] 女 -/-n[..bí:ən]〘医・心〙梅毒恐怖〔症〕.

Sy·phi·lo̱·se[zyfiló:zə] 女 -/-n 梅毒性疾患. [<..ose]

Sy·ra·ku̱s[zyrakú:s] 地名 シラクーザ(イタリア南部, Sizilien 島の港湾都市. 古代に都市国家として発展した. ギリシア語形シュラクサイ). [*gr.*−*lat.* Syrācūsae]

Sy·ra·ku̱·ser[..kú:zər] 男 -s/- シラクーザ〈シュラクサイ〉の人.

sy·ra·ku̱·sisch[..zɪʃ] 形 シラクーザ〈シュラクサイ〉の.

Sy̱·rer[zý:rər] 男 -s/- シリア人.

Sy̱·ri·en[zý:riən] 地名 シリア(西アジア, 地中海に面する共和国. 首都は Damaskus. 公用語はアラビア語. 正式名称はシリアアラブ共和国 die Arabische Republik ~).

[*gr.*−*lat.* Syria]

Sy̱·ri·er[..riər] 男 -s/- =Syrer

Sy·ri̱n·ge[zyríŋə] 女 -/-n (Flieder)〘植〙ハシドイ属, ライラック(→ 図 Flieder). [*mlat.*; ◇ *engl.* syringa]

Sy·ri̱n·gen Syringe, Syrinx II の複数.

Sy·rin·gi̱·tis[zyrɪŋgí:tɪs] 女 -/..tiden[..gití:dən]〘医〙耳管炎, 欧氏管炎. [<..itis]

Sy·rin·go·mye·li̱e[zyrɪŋgomyelí:] 女 -/-n[..lí:ən]〘医〙脊髄(せきずい)空洞症.

[<*gr.* myelós „Knochenmark“]

Sy̱·rinx[zý:rɪŋks] **I** 人名〘ギ神〙シュリンクス (Artemis に仕える水の精. 牧神 Pan に追われて葦(あし)に身を変えた彼女を Pan は笛につくったという). **II** 女 -/..ringen[zyríŋən] **1** (鳥の)鳴管. **2** 牧神パンの笛, 牧笛. [*gr.* sȳrigx „Röhre“ 〔−*lat.*〕]

sy̱·risch[zý:rɪʃ] 形 シリア〔人・語〕の: →deutsch ‖ die *Syrische* Wüste シリア砂漠. [<Syrien]

Syr·jä̱·ne[zyrjέ:nə] 男 -n/-n コミ人(ロシア連邦 Ural 山脈西方の原住民でフィン族の一派).

syr·jä̱·nisch[..nɪʃ] 形 コミ〔人・語〕の: →deutsch

Sy·ro·lo̱·ge[zyroló:gə] 男 -n/-n (→..loge) シリア学者.

Sy·ro·lo·gi̱e[..logí:] 女 -/ シリア学, シリア研究. [<Syrien]

sy·stạl·tisch[zystáltɪʃ] 形〘医〙収縮性の. [*gr.*−*spätlat.*; ◇Systole]

Sy·stẹm[zysté:m] 中 -s/-e **1** 体系, 組織; 機構, 仕組み; 体制, 制度; 系, 系統; (体系的な)方法, 方式; 学問体系, 学説; システム〔産業〕;〘電算〙システム;〘生〙(体系的な)分類: ein philosophisches ~ 哲学体系 | ein parlamentarisches 〈totalitäres〉 ~ 議会制〈全体主義的体制〉| ein politisches ~ 政治機構 | ein ~ von Straßen 道路網 | Feudal*system* 封建制度 | Nerven*system* 神経組織 | Sonnen*system* 太陽系 | Sprach*system* 言語体系 | Wahl*system* 選挙制度 | Zweikammer*system* (議会の)二院制度 ‖ das herrschende ~ ändern 現行制度〈体制〉を変革する | *et.*[4] in ein ~ bringen …を体系化する〈組織づける〉. **2** (一定の)筋道, 手順, 方針; 計画性: ~ in *et.*[4] bringen …に計画性をもたせる | nach einem bestimmten ~ 〈ohne ~〉 arbeiten 一定の手順に従って〈無計画に〉仕事をする. **3**〘地〙系(年代層序区分で界の下位).

[*gr.*−*spätlat.*; <*gr.* syn-istánai „zusammen-stellen“ (◇stehen)]

Sy·stẹm≈ana·ly̱·se 女〘情報〙システム=アナリシス, システム分析. ≈**ana·ly̱·ti·ker** 男 システム=アナリスト, システム分析家.

Sy·ste·mạ·tik[zystemá:tɪk] 女 -/-en **1 a)** 体系学, 組織論; 分類学〈法〉. **b)**《単数で》〘生〙分類学, 系統学. **2** 体系〈組織〉〔づけ〕; 系統〈順序〉立て; 体系性, 秩序: eine wissenschaftliche ~ aufbauen 科学的な体系を作り上げる | Die ~ liegt in den Dingen selbst. 体系というものはもともと事物自体に内在している.

Sy·ste·mạ·ti·ker[..tikər] 男 -s/- **1** 体系〈組織〉づける人; 体系主義者; 系統〈順序〉立てて〈計画性をもって〉仕事をする人. **2**〘生〙分類学者.

sy·ste·mạ·tisch[..tɪʃ] 形 **1** 体系〈組織〉的な, 系統〈順序〉立った; 計画性のある: eine ~*e* Darstellung 体系的叙述 | ein ~*er* Fehler〘統計〙定〈系統〉誤差 | die ~*e* Theologie〘神〙組織神学 ‖ ~ vorgehen 計画性をもって作業を進める. **2**〘生〙分類〔学〕上の.

sy·ste·ma·ti·si̱e·ren[zystematizí:rən] 他 (h) 体系化する, 組織づける, 系統〈順序〉立てる.

Sy·ste·ma·ti·si̱e·rung[..rʊŋ] 女 -/-en systematisieren すること.

Sy·stẹm≈er·kran·kung[zysté:m..] 女〘医〙系統疾患. ≈**geg·ner** 男 反体制の人.

sy·stẹm·im·ma·nent 形 体系〈組織・機構・制度〉に内在する, 体系〈組織・機構・制度〉に固有の.

Sy·stẹm·in·ge·nieur[zysté:m|ɪnʒeniø:r] 男〘電算〙システム=エンジニア.

sy·stẹ·misch[zysté:mɪʃ] 形〘生・医〙組織〈系統〉の; 全身的な.

sy·stẹm·kon·form 形 体制に順応した, 体制順応〔派〕の.

Sy·stẹm≈kri·ti̱k 女 体制批判. ≈**kri̱·ti·ker** 男 体制批判者.

sy·stẹm·kri̱·tisch 形 体制に批判的な, 体制批判の.

Sy·stẹm·le̱h·re 女 体系学, 組織論; 分類学〈法〉.

sy·stẹm·lo̱s[zysté:mlo:s][1] 形 体系〈組織〉のない; 系統〈順序〉立っていない; 計画性のない.

Sy·stẹm·lo̱·sig·keit[..lo:zɪçkaɪt] 女 -/ systemlos なこと.

Sy·stẹm·tech·nik 女 システム工学.

sy·stẹm·tech·nisch 形 システム工学〔上〕の.

sy·stẹm·treu 形 体制に忠実な, 体制側の: der 〈die〉 *Systemtreue* 体制側の人.

Sy·stẹm≈ver·än·de·rer 男 体制の変革をめざす者, 体制修正主義者. ≈**ver·än·de·rung** 女 体制の変革. ≈**zwang** 男〘言〙体系強制(範列内部において異形を優勢形などへ均一化させる力).

Sy̱·sto·le[zýstole·, zystó:lə] 女 -/-n[zystó:lən] (↔

S

Diastole) **1** 〘医〙収縮, 心収縮〔期〕. **2** 〘詩〙音節短縮. [*gr.*; <*gr.* sy-stéllein „zusammen-ziehen“]

sy·sto·lisch[zʏstó:lɪʃ] 形〘医〙〔心〕収縮期〔性〕の.

Sy·zy·gie[zytsygí:] 女 -/-n[..gí:ən], **Sy·zy·gium** [zytsý:giʊm] 中 -s/..gien[..giən] **1** 〘天〙朔望(さくぼう)(2個の天体の黄経の差が0度または180度になること). **2** 〘詩〙複詩脚(2個の詩脚の結合).
[*gr.* sy-zygíā „Zusammen-jochung“ (◇Zeugma)–*spätlat.*; ◇*engl.* syzygy]

s. Z. 略 =seinerzeit 当時.

Szek·ler[sé:klər, sék..] 男 -s/- セーケイ人(ルーマニアのトランシルヴァニア東部に住むマジャール人). [*ungar.*]

Sze·nar[stsená:r] 中 -s/-e, **Sze·na·rio**[stsená:rio·] 中 -s/-s, **Sze·na·rium**[..riʊm] 中 -s/..rien[..riən] **1** 〘劇〙演出台帳; (演じられる)場面. **2** 〘映〙(特に完成稿に至る前の)〔粗書き〕シナリオ. [*spätlat.*〔–*it.*〕]

Sze·ne[stsé:nə] 女 -/-n **1 a)** (芝居・映画などの)場面; (場面の装置された)舞台; 《比》(現実の)場面, 光景, シーン; (現実の場面での)出来事: die letzte ~ ラストシーン | Liebes*szene* 恋愛の場面, ラブシーン ‖ auf offener ~ 幕をあけたままで, 上演中に | hinter der ~ 舞台裏で | **in ~ gehen** (劇などが)舞台にかけられる, 上演される | ***et.***[4] **in ~ setzen** …を舞台にかける, …を上演する; 《比》…をひきおこす〈実施する〉 | ***sich***[4] **in ~ setzen** 《比》自分を誇示する〈ひけらかす〉‖ **die ~ beherrschen** 脚光を浴びている, (その場の)中心的存在である | Sie beherrscht immer die ~. 《話》彼女は常に脚光を浴びている〈一座の中心的存在だ〉. **b)** (Auftritt) 〘劇〙(幕を構成する)場: erster Akt, dritte ~ 第1幕第3場.
2 《話》(泣いたりわめいたりの)大騒ぎ; いさかい, 口論: ~*n* machen (泣いたりわめいたりして)大騒ぎする; いさかいを始める | ***jm.* eine ~ machen** …に対して文句をつける(感情をむき出しにして), …をはげしく責める ‖ Es kam zwischen ihnen zu einer häßlichen ~. 彼らの間で醜い口論が起こった.
3 《ふつう単数で》活動分野, (…の)世界, …界, …生活: die literarische ~ 文学界, 文壇 | die Bonner〔politische〕~ (ドイツの)ボンの政界 | Terroristen*szene* テロリストの世界.
[*gr.* skēnḗ (→Skene)–*lat.*–*fr.* scène; ◇*engl.* scene]

..szene[..stse:nə] 《名詞につけて「(映画などの)場面」または「(とくにサブカルチャー関係の)…の世界」などを意味する女性名詞をつくる》: Liebes*szene* ラブシーン | Massen*szene* 群集の場面 ‖ Drogen*szene* 麻薬界 | Musik*szene* 音楽界, 楽壇 | Schwulen*szene* ホモの世界.

Sze·ne≠gän·ger[stsé:nə..] 男 特定の世界(→Szene 3)に属する〈出入りする〉人. **≠jar·gon** 男 特定の世界(→Szene 3)の隠語〈特殊用語〉. **≠ken·ner** 男 特定の世界(→Szene 3)の事情にくわしい人.

Sze·nen≠ap·plaus[stsé:nən..] 男 (劇の)シーン中に起こる拍手喝采(かっさい). **≠auf·nah·me** 女 〘映〙場面の撮影, ショット. **≠fo·to** 中 〘映〙スチール写真. **≠wech·sel** 男 〘劇〙場面転換.

Sze·ne·rie[stsenəríː] 女 -/-n[..rí:ən] **1** 舞台装置. **2** 光景, 景色, 風景; (物語などの)舞台.

sze·nisch[stsé:nɪʃ] 形 《付加語的・副詞的》場面〈舞台〉の; 舞台向きの, 上演に適する.

Sze·no·graph[stsenográ:f] 男 -en/-en 〘映〙映画美術家. [*gr.*]

Sze·no·gra·phie[..grafí:] 女 -/-n[..fí:ən] 映画の美術(セットなどの企画・製作). [*gr.*]

Sze·no·test[stsé:notɛst] 男 〘心〙場面テスト.

[▽]**Szep·ter**[stsɛ́ptər] 中 (男) -s/- =Zepter

Sze·tschuan[zɛ́tʃŭan] 地名 四川, スーチョワン(中国, 西南地区北部の省で, 省都は成都 Tschengtu また Chengdu).

szien·ti·fisch[stsiɛntí:fɪʃ] 形 科学的な. [*spätlat.*; <*lat.* scientia „Wissen“; ◇..fizieren]

Szien·tis·mus[stsiɛntísmʊs] ([▽]**Szien·ti·fis·mus** [stsiɛntifísmʊs]) 男 -/ **1** (↔Fideismus) 〘哲〙科学主義. **2** (英: *Christian Science*) クリスチャン=サイエンス(キリスト教精神療法).

Szien·tist[stsiɛntíst] 男 -en/-en 科学主義〈クリスチャン=サイエンス〉の信奉者.

szien·ti·stisch[stsiɛntístɪʃ] 形 科学主義〈クリスチャン=サイエンス〉の.

Szil·la[stsíla·] 女 -/..llen[..lən] (Blaustern) 〘植〙ツルボ(蔓穂)属, シラ(ユリ科の植物).
[*gr.* skílla „Meerzwiebel“–*lat.* scilla]

Szin·ti·gramm[stsɪntigrám] 中 -s/-e 〘医〙シンチグラム.

Szin·ti·gra·phie[..grafí:] 女 -/-n[..fí:ən] 〘医〙シンチグラフィー.

Szin·til·la·tion[stsɪntɪlatsió:n] 女 -/-en (光点の)きらめき, 閃光(せんこう); (星の)またたき; 〘理〙シンチレーション. [*lat.*]

szin·til·lie·ren[..lí:rən] 自 (h) (光点が)きらめく, 閃光(せんこう)を発する. [*lat.*; <*lat.* scintilla „Funke“ (◇scheinen)]

Szir·rhus[stsírʊs] 男 -/ 〘医〙硬性癌(がん). [<*gr.* skĩros „Verhärtung“]

Szis·sion[stsɪsió:n] 女 -/-en (Spaltung) 割る〈分ける〉こと; 分割, 分離. [*spätlat.*]

Szis·sur[..sú:r] 女 -/-en **1** (Spalte) 割れ目, 裂け目. **2** 〘医〙裂傷. [*lat.*; <*lat.* scindere „zerspalten“ (◇schizo..)]

Szyl·la[stsʏ́la·] 女 -/ 人名 〘ギ神〙スキュラ (Charybdis と向かいあったほら穴にすむ海の女怪): aus 〈von〉 der ~ in die Charybdis geraten 一難去ってまた一難, 虎口(ここう)を逃れて竜穴に入る | **zwischen ~ und Charybdis** 前門の虎(とら)後門の狼(おおかみ)(進退きわまった様子) | zwischen ~ und Charybdis zu wählen haben 進退きわまる. [*gr.*–*lat.* Scylla]

Szy·the[stsý:tə] 男 -n/-n =Skythe

Szy·thi·en[..tiən] =Skythien

szy·thisch[..tɪʃ] =skythisch

T

t[1][teː], **T**[1][−] 中 -/- (→a[1], A[1] ★) ドイツ語のアルファベットの第20字(子音字): →a[1], A[1] 1 | *T* wie Theodor (通話略語) Theodor の T〔の字〕(国際通話では *T* wie Tripoli).

t[2] 略 =Tonne トン.

t. =T.

..t[..t]《19までの基数につけて序数をつくる: →..st》: zwei*t* 第2の | vier*t* 第4の.

★ ただし: erst 第1の | dritt 第3の | siebent / siebt 第7の | acht 第8の.

[*idg.*]

T[2] **I** 記号 **1** [teː, tríːtsiʊm] (Tritium)《化》トリチウム. **2** (Triebwagen)《鉄道》気動車. **3** (Tankstelle)(交通標識)ガソリンスタンド, 給油所. **4** (tera..) テラ, 1兆.

II 略 **1** =Tonika[2] **2** =Tausend 3 a **3** =Tara 1 **4** =Tief, Tiefdruck〔gebiet〕(↔H)《気象》低気圧〔地域〕.

T. 略 =Tomus

Ta I [teː|áː, tántal] 記号 (Tantal)《化》タンタル. **II** 略 =T[2] II 3

Tab[1][taːp][1] 男 -〔e〕s/-e ([tæb] 男 -s/-s)(索引カードの縁についた検索用の)つまみ, 耳. [*engl.*]

Tab[2][taːp][1] 男 -〔e〕s/-e =Tabulator

Tạ·bak[tá(ː)bak; 《オーストリア》: ta(ː)bák; 《スイス》: tabák] 男 -s/(種類: -e) **1**《植》タバコ(煙草): ～〔an〕bauen タバコを栽培する | Der ～ blüht. タバコの花が咲いている. **2** (喫煙用に加工した)タバコ(→図): leichter 〈milder〉 ～ 軽いタバコ | schwerer 〈starker〉 ～ 強いタバコ | Kau*tabak* かみタバコ | Schnupf*tabak* かぎタバコ ‖ ～ rauchen 〈schnupfen / kauen〉 タバコを吸う〈かぎタバコをかぐ/かみタバコをかむ〉 | ～ in die Pfeife 〈die Pfeife mit ～〉 stopfen パイプにタバコを詰める ‖ Im Zimmer roch es stark nach ～. 部屋の中はタバコのにおいがひどかった ‖ **starker ～**《話》前代未聞(みもん)のひどいこと, 途方もないこと(→Tobak).

[*karib.*－*span.* tabaco; Tobago 島の形から; ◇Tobak; *engl.* tobacco]

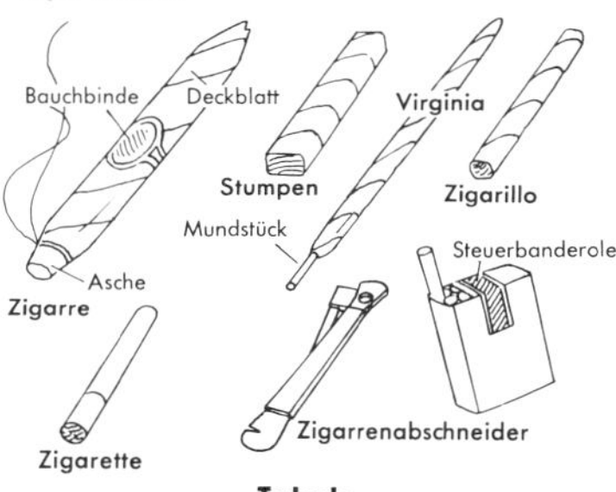

Tabak

Tạ·bak⸗bau 男 -〔e〕s/ タバコ栽培. **⸗beu·tel** =Tabaksbeutel **⸗dọ·se** =Tabaksdose **⸗ge·schäft** 中 タバコ屋, タバコ専門店. **⸗händ·ler** 男 タバコ屋, タバコ商人. **⸗in·du·strie** 女 タバコ産業. **⸗la̱·den** 男 タバコ屋〈小売店〉. **⸗lun·ge** 女《医》(タバコ粉末によって障害の生じた)タバコ肺. **⸗mo·no·pol** 中 (国家による)タバコの専売. **⸗pfei·fe** =Tabakspfeife **⸗pflan·ze** 女《植》タバコ(煙草). **⸗pflan·zer** 男 タバコ栽培業者. **⸗pflan·zung** 女 タバコ栽培. **⸗qualm** 男 (もうもうたる)タバコの煙. **⸗rauch** 男 タバコの煙. **⸗rau·cher** 男 喫煙者.

Ta·bạk•re·gie[ta(ː)bákreʒiː] 女 -/ 《オーストリア》国営タバコ工場.

Tạ·baks•beu·tel[tá(ː)baks..] 男 〔刻み〕タバコ入れ.

Tạ·bak•schnup·fer 男 かぎタバコをかぐ人〈の常用者〉.

Tạ·baks•dọ·se 女 タバコ〈シガレット〉ケース.

Tạ·bak•sọ·ße 女 (タバコに芳香を加えるための)タバコ香料液.

Tạ·baks•pfei·fe 女 **1** (喫煙用)パイプ. **2**《魚》ヤガラ(矢柄)(トゲウオ類).

Tạ·bak⸗stau·de 女《植》タバコ(煙草). **⸗steu·er** 女 タバコ税.

Ta·bạk•tra·fik (**Ta·bạk-Tra·fik**)[ta(ː)bák..] 女 《オーストリア》タバコ屋(タバコ・新聞・切手などを売る).

Ta·bạk⸗tra·fi·kant 男 《オーストリア》タバコ屋の主人〈所有者〉. ᵛ**⸗ver·schleiß** 男 《オーストリア》タバコ販売.

Tạ·bak•wa̱·ren[tá(ː)bak..] 複 タバコ〔類〕(葉巻・巻きタバコ・刻みタバコ・かぎタバコなどの総称).

Tạ·bak•wa̱·ren⸗ge•schäft 中, **⸗la̱·den** 男 タバコ屋, タバコ専門店.

Ta·bạs·co[tabásko·] 男 -s/ 商標 タバスコ(香辛料). [*span.*]

Ta·ba·tiẹ·re[tabatiéːrə, ..tiɛ́ːrə] 女 -/-n **1** (Schnupftabaksdose) かぎタバコ入れ. **2** 《オーストリア》=Tabaksdose [*fr.*; <*fr.* tabac „Tabak"]

ta·bel·lạ·risch[tabɛláːrɪʃ] 形 表〔の形〕にまとめた: eine ～*e* Übersicht 表による一覧, 一覧表 | *et.*[4] ～ darstellen …を表によって示す.

ta·bel·la·ri·si̱e·ren[..larizíːrən] 他 (h) 《*et.*[4]》(…を)〔一覧〕表にする.

Ta·bẹl·le[tabɛ́lə] 女 -/-n **1** 表, 一覧表; 図表, ダイヤ〔グラム〕; リスト, 目録, 目次; 索引: eine chronologische ～ 年表 | eine statistische ～ 統計表 | Rechen*tabelle* 計算表 ‖ ～*n* aufstellen 表〈リスト〉を作成する | *et.*[4] in einer ～ darstellen …を表にして示す. **2**《スポーツ》順位表, 番付. [*lat.* tabella „Täfelchen"; <*lat.* tabula (→Tafel)]

Ta·bẹl·len⸗en·de 中《スポーツ》順位表の最下位. **⸗form** 女 表〔という〕形式: *et.*[4] in ～ zusammenstellen 〈darstellen〉 …を表にまとめる〈表で示す〉.

ta·bẹl·len•för·mig 形 表にした, 一覧表〈図表〉形式の.

Ta·bẹl·len⸗fü̱h·rer 男《スポーツ》順位表の1位のチーム〈選手〉. **⸗kal·ku·la·tion** 女《電算》表計算〔ソフト〕, スプレッドシート. **⸗le̱·sen** 中《電算》テーブル索引, テーブル=ルック=アップ. **⸗letz·te** 男《形容詞変化》《スポーツ》順位表の最下位チーム〈選手〉. **⸗platz** 男《スポーツ》順位表での地位.

ta·bel·li̱e·ren[tabɛlíːrən] 他 (h)《電算》作表して示す(Tabelliermaschine によりデータを集めて表・テーブルを作る).

Ta·bel·li̱e·rer[tabɛlíːrər] 男 -s/- **1** 図表作成者. **2** =Tabelliermaschine

Ta·bel·li̱er·ma·schi̱·ne[tabɛlíːr..] 女《電算》(パンチカードのデータからの)作表機.

Ta·ber·nạ·kel[tabɛrnáːkəl] 中 (男) -s/- **1 a)**《聖》幕屋(まくや)(ユダヤ人の移動式の聖所); 仮庵(かりいお)の祭り(ユダヤの秋の収穫感謝祭). **b)**《カトリック》(聖体を安置する)聖櫃(せいひつ)(→図 Altar A). **c)**《建》(聖像などのための)天蓋(てんがい)つき聖龕(せいがん)(→図 Kirche B). **2**《話》(Kopf) 頭, 脳天. [*lat.* tabernāculum－*mhd.*; ◇*engl.* tabernacle]

ᵛ**Ta·bẹr·ne**[tabɛ́rnə] 女 -/-n =Taverne [*mhd.*]

Tạ·bes[táːbɛs] 女 -/ (Rückenmarkschwindsucht)

〘医〙脊髄癆(せきずいろう). [*lat.* tābēs „Fäulnis"; ◇tauen[2]]

Ta·bi·ker[tá:bikər] 男 -s/- 脊髄癆(せきずいろう)患者.

ta·bisch[tá:bɪʃ] 形〘医〙脊髄癆(せきずいろう)〔性〕の.

Ta·blar[tábla:r] 中 -s/-e《スイス》書棚の板. [*lat.* tabulārium „Archiv"; < *lat.* tabula (→Tafel)]

Ta·bleau[tabló:] 中 -s/-s **1**〘劇〙劇的情景, 舞台の絵づら; 群像. ▽**2** (Gemälde)〘美〙絵画: *Tableau!*《話》うわあ参った, たまげた. **3**《オーストリア》**a)** = Tabelle **b)** (アパートの玄関の)居住者名掲示板. [*fr.*]

▽**Ta·ble d'hôte**[tabl͜ədó:t] 女 --/ (ホテルなどの)共同の食卓〔での食事〕: an der ～ speisen (ホテルの)定食をとる. [*fr.* table d'hôte „Wirts-Tafel"; ◇Hospiz]

Ta·blett[tablɛ́t] 中 -〔e〕s/-s, -e 盆: die Speisen auf einem ～ servieren ⟨mit einem ～ auftragen⟩ 料理を盆にのせて食卓に運ぶ | Kommt nicht aufs ～!《話》お断りだよ, 問題外だ. [*fr.* tablette; ◇*engl.* tablet]

Ta·blet·te[tablɛ́tə] 女 -/-n〘薬〙錠剤: Schlaf*tablette* 睡眠剤 | Schmerz*tablette* 鎮痛剤 ‖ eine ～〔ein〕nehmen ⟨schlucken⟩ 薬を1錠服用する⟨飲み込む⟩ | ～*n* in Wasser lösen 錠剤を水に溶かす. [*mlat.*–*fr.* „Täfelchen"; ◇Tabulett, Täfelchen; *engl.* tablet]

ta·blet·ten·ab·hän·gig[tablɛ́tən..] 形 (睡眠剤・覚醒剤などの)錠剤依存症の.

Ta·blet·ten≠miß·brauch 男 錠剤の乱用. **≠sucht** 女 錠剤嗜癖(しへき)(睡眠剤・鎮痛剤・精神安定剤などの常習的な服用).

ta·blet·ten·süch·tig 形 (睡眠剤・覚醒剤などの)錠剤嗜癖(しへき)の, 錠剤を常習的に服用する.

ta·blet·tie·ren[tablɛtí:rən] 他 (h) (薬などを)錠剤にする, 錠剤化する.

Ta·bli·num[tablí:nʊm] 中 -s/..na[..na·]〘建〙タブリヌム(古代ローマ住宅で Atrium の後ろにある板張りの奥の間). [*lat.*; < *lat.* tabula (→Tafel)]

Ta·blo·id[tabloí:t][1] 中 -〔e〕s/-e タブロイド判新聞(さし絵や写真の多いゴシップ新聞). [*engl.*; < *engl.* tablet (→Tablett)]

Ta·bo·rit[taborí:t] 男 -en/-en〘史〙タボル派〔の人〕(Hus 派のうちのもっとも過激な一派). [< Tábor (本拠とした Prag 南方の町)]

ta·bu[tabú:, tá:bu·] **I** 形《述語的》タブーの, 禁忌の; 禁制の, ご法度(はっと)の, 触れて⟨口にして・出入りして⟩はいけない: Dieses Thema ist für ihn ～. この話題は彼にとってはタブーだ. **II Ta·bu** 中 -s/-s (未開社会における)タブー, 禁忌〔物〕; (一般に)禁制, ご法度, タブー; 禁句, 忌みことば: ein ～ brechen ⟨verletzen⟩ タブーを破る⟨犯す⟩ | *et.*[4] mit〔einem〕～ belegen …をタブーとする. [*polynes.*–*engl.* taboo]

ta·bu·frei 形 タブーにとらわれない.

ta·bui·sie·ren[tabuizí:rən] (**ta·bu·ie·ren**[tabuí:rən]) 他 (h) タブーとする, 禁忌する; タブー視する.

ta·bui·stisch[tabúɪstɪʃ] 形 タブーに関する.

Ta·bu·la ra·sa[tá:bula· rá:za·] 女 --/〘哲〙(まだ外部からなんの印象も受けていない, また生得の観念も持たない生誕時の)心の白紙状態, タブララサ;《比》白紙: **mit** *et.*[3] **～ machen** …をすっかり片づける⟨一掃する⟩. [*mlat.* „abgeschabte Schreibtafel"; ◇radieren]

Ta·bu·la·tor[tabulá:tɔr, ..to:r] 男 -s/-en[..lató:rən] (タイプライターなどの)タビュレーター, 図表作成装置. [*engl.*]

Ta·bu·la·tur[..latú:r] 女 -/-en **1** (14-16世紀の Meistergesang の)作歌規則表. **2** (14-18世紀の)器楽用記譜法, タブラチュア(音符でなく文字や数字その他特殊な記号を用いた). [*mlat.*]

▽**Ta·bu·lett**[..lɛ́t] 中 -〔e〕s/-e (行商人の)引き出し付き背負い箱. [*mlat.*; < *lat.* tabula (→Tafel)]

Ta·bu·rett[taburɛ́t] 中 -〔e〕s/-e《スイス》(ひじ掛けや背のない低い)腰掛け, スツール. [*fr.* tabouret; < *fr.* tambour (→Tambour)]

Ta·bu≠schran·ke[tabú:.., tá:bu..] 女 タブー⟨禁忌⟩による制約. **≠the·ma** 中 タブー⟨禁忌⟩に抵触するテーマ. **≠wort** 中 タブー⟨禁忌⟩に抵触する言葉. **≠zo·ne** 女 タブー⟨禁忌⟩の地域⟨領域⟩.

Ta·che·les[táxələs] 男 中《話》(もっぱら次の成句で) **～ reden** i) 腹蔵なく話す, ずけずけものを言う; 洗いざらい話す⟨白状する⟩; ii) たしなめる, お説教する. [*hebr.*–*jidd.*]

ta·chi·nie·ren[taxiní:rən] 自 (h)《オーストリア》《話》(勤務時間中に)仕事をさぼる; 仕事をせずにのらくら暮らす.

Ta·chi·nie·rer[..ní:rər] 男 -s/-《オーストリア》《話》(要領よく)さぼる人, さぼり屋.

Ta·chi·no·se[..nó:zə] 女 -/《オーストリア》《話》さぼり病: chronische ～ 慢性怠惰症. [< ..ose]

tacho.. →tachy.. [*gr.* táchos „Geschwindigkeit"]

Ta·cho[táxo·] 男 -s/-s《話》= Tachometer

Ta·cho·graph[taxográ:f] 男 -en/-en タコグラフ, 自動記録式回転速度計.

Ta·cho·me·ter[..mé:tər] 男 (中) -s/- タコメーター, 回転速度計(略 Tacho).

Tach·tel[táxtəl] 男 -s/- = Dachtel

tach·teln[..təln]《06》= dachteln

tachy..《名詞・形容詞などにつけて「速い・速度」を意味する. tacho.. という形もある》: *Tachy*phagie〘医〙速食症 | *Tacho*meter 回転速度計. [*gr.* tachýs „schnell"; ◇tacho..]

Ta·chy·graph[taxygrá:f] 男 -en/-en **1** (古代の)速記者. **2** = Tachograph [1: *spätgr.*]

Ta·chy·gra·phie[..grafí:] 女 -/-n[..fí:ən] (古代ギリシアの)速記法⟨術⟩.

ta·chy·gra·phisch[..grá:fɪʃ] 形 (古代ギリシアの)速記法⟨術⟩の.

Ta·chy·kar·die[..kardí:] 女 -/-n[..dí:ən] (Herzjagen)〘医〙心〔臓〕頻拍. [< *gr.* kardíā (→Kardia)]

Ta·chy·me·ter[..mé:tər] 中 (男) -s/-〘測量〙スタジア測量器, タキメーター, 視距儀.

Ta·chy·me·trie[..metrí:] 女 -/ スタジア測量.

Ta·chy·on[táxyɔn] 中 -s/-en[taxyó:nən]〘理〙タキオン(超光速素粒子). [◇Ion]

ta·ci·te·isch[tatsité:ɪʃ] 形 タキトゥスふうの;《大文字で》タキトゥスの.

Ta·ci·tus[tá:tsitʊs] 人名 Cornelius ～ コルネリウス タキトゥス(50頃-116頃; ローマの歴史家. 著作『ゲルマニア』など).

tack[tak] = ticktack

Tack·ling[tǽklɪŋ] 中 -s/-s〘サッカー〙スライディング=タックル. [*engl.*]

Täcks[tɛks]《オーストリア: **Tacks**[taks]》男 -es/-e (靴の上革と内底をとめる)靴くぎ, 木くぎ, 留め鋲(びょう). [*engl.*; ◇Zacke]

Ta·del[tá:dəl] 男 -s/- **1** (↔Lob) 叱責(しっせき), 非難, こごと: ein gerechter ⟨berechtigter⟩ ～ 正当な非難 | Lob und ～ 毀誉(きよ)褒貶(ほうへん) ‖ einen ～ aussprechen 叱責⟨非難⟩する | einen ～ erhalten 叱責⟨非難⟩を受ける | *jm.* einen scharfen ～ erteilen …を厳しく叱責⟨非難⟩する | einen ～ verdienen 非難されるのは当然である | *sich*[3] *js.* ～ zuziehen …の非難を招く, …から叱責される ‖ Seine Leistung ist über jeden ～ erhaben. 彼の業績には全く文句のつけようがない | Ihn trifft kein ～. 彼を責めるのは当たらない. **2**《雅》(非難すべき)欠点; (学業の)悪い評点, 欠点: ohne ～ 欠点のない, 非の打ちどころのない | ohne Fehl und ～ (→fehl II 2) | ein Ritter ohne Furcht und ～ (→Ritter[2] 1 a) ‖ einen ～ bekommen (学業で)欠点⟨注意点⟩をもらう. [*mndd.*–*mhd.*]

Ta·de·lei[ta:dəlái] 女 -/-en《話》うるさく文句を言うこと, とがめだて, あら探し.

ta·del·frei[tá:dəl..] = tadellos

ta·del·haft[..haft] 形 非難すべき; 欠点のある.

ta·del·los[..lo:s][1] 形 非の打ちどころ⟨申し分⟩のない, 欠点のない; りっぱな, すぐれた.

Ta·del·lo·sig·keit[..lo:zɪçkaɪt] 女 -/ (tadellos なこと. 例えば:) 完全無欠, 完璧(かんぺき).

ta·deln[tá:dəln]《06》他 (h) (↔loben)《*jn.* / *et.*[4]》しかる, 叱責(しっせき)する, とがめる, 責める, 非難する: *jn.* ⟨*js.* Verhalten⟩ ～ …を⟨…の態度を⟩非難する | Ich *tadelte* ihn für sein Verhalten ⟨wegen seines Verhaltens⟩. 私は彼の態度のことで彼を非難した | Er hat an ihr vieles *getadelt.* 彼は彼女にいろいろとけちをつけた | Er findet an allem etwas zu ～. 彼は何にでも難癖をつける｜von *jm. getadelt* werden …から非難(叱責)される｜Sein Verhalten ist zu ～. 彼の態度は非難されなければならない‖〘目的語なしで〙*Tadle* heimlich, lobe öffentlich!《諺》陰でしかり 人前でほめよ‖*tadelnde* Worte 〈Blicke〉 非難をこめた言葉〈まなざし〉.

ta·delns≈wert 形, **≈wür·dig** 形 非難すべき, 非難に値する.

Ta·del·sucht 女 -/ 文句をつけたがる癖, あら探し〈揚げ足取り〉を好む性向, こごと好き.

ta·del·süch·tig 形 文句〈難癖〉をつけたがる, こごと好きな, あら探し〈揚げ足取り〉の好きな.

Tad·ler[tá:dlər] 男 -s/- (㊛ **Tad·le·rin**[..lərɪn]-/-nen) しかる〈非難する〉人; あら探しをする人.

Tad·schi·kis·tan[tadʒí:kista:n, ..tan] 地名 タジキスタン(中央アジアの共和国. 1991年ソ連邦解体に伴い独立. 首都はドゥシャンベ Duschanbe).

der **Tadsch Ma·hal**[tá:tʃ mahá:l] 男 --[s]/ タージマハル(インド北部にあるムガール帝国時代の霊廟(れいびょう)). [*Hindi*]

der **Tae·dong-gang**[tɛdɔŋgáŋ] 地名 男 -[s]/ 大同江, テードンガン(北朝鮮, 小白山に発して平安南道を南西流し, 黄海に注ぐ川).

Tae·gu[tɛgú:] 地名 大邱, テグ(韓国南部, 慶尚北道の道「都).

Tae·jon[tɛdʒɔ́n] 地名 大田, テジョン(韓国西部, 忠清南道の道都).

Tael[tɛ:l, te:l] 中 -s/-s (単位: -/-) テール, 両(昔の中国の貨幣および重量単位: 32-39g). [*malai.* tahil „Gewicht"–*port.*]

Taf. 略 =Tafel 3

Ta·fel[tá:fəl] 女 -/-n (㊀ **Tä·fel·chen**[tɛ́:fəlçən], **Tä·fe·lein**[tɛ́:fəlaɪn], **Täf·lein**[..flaɪn] 中 -s/-) **1 a**) (木・石・金属などで作った)板; 告知板; 銘板: Anschlag*tafel* 掲示板｜Aushänge*tafel* 看板｜Gedenk*tafel* 記念銘板｜Hinweis*tafel* 〔交通〕案内標識板｜Warn*tafel* 警告板‖eine ～ an einem Haus anbringen 記念板を家〔の壁〕に取りつける. **b**) 〘工〙スラブ, 板, 盤, 台: Schalt*tafel* 〘電〙配電盤. **c**) (板状のもの. 例えば:) ガラス板; (チョコレートなどの)板状の小片: ein ～ Glas 板ガラス1枚(→Glastafel)｜zwei ～*n* Schokolade 板チョコ2枚.

2 a) (Wandtafel) 黒板: die ～ abwischen 〈löschen〉 黒板〔の字〕を消す‖*et.*⁴ an die ～ schreiben …を黒板に書く｜an der ～ stehen 黒板に書いてある. **b**) (Schiefertafel) 石盤; 〘史〙書き板: *et.*⁴ auf die ～ schreiben …を石盤〈書き板〉に書く｜die Zwölf ～*n* 〘史〙十二表法(→Zwölftafelgesetze). **c**) 画板, パネル.

3 (㊕ Taf.) 〘印〙(全ページの)さし絵, 図版; 〔図〕表: vgl. ～ 〈*Taf.*〉 10 図版10参照｜Die Statistik ist auf ～ 15 dargestellt. 統計は表15に示されている.

4 (ごちそうの準備された)食卓; 《単数で》(華やかな)食事, 宴会: **die ～ aufheben** 《雅》食事終了の合図をする〈おひらきにする〉｜die ～ decken 食卓〈食事〉の用意を整える‖nach 〈vor〉 der ～ 食後〈食前〉に｜*sich*⁴ von der ～ erheben (食事を終えて)食卓を立つ｜während der ～ 食事中に｜*jn.* zur ～ bitten 〈führen〉 …を食事に招く〈食卓へ案内する〉.

5 〘地〙台地.

[*lat.* tabula „Brett"–*roman.*–*ahd.*; ◇ Tabelle, Tablar, Tabulett; *engl.* table]

Ta·fel≈al·tar[tá:fəl..] 男 (奥行きのない)薄型祭壇(→ ㊇ Altar B). **≈ap·fel** 男 (↔Kochapfel) (加工用でない)生食用リンゴ.

ta·fel·ar·tig 形 平板〈テーブル〉状の; 〘鉱〙板状の.

Ta·fel≈auf·satz 男 卓上飾り食器, センターピース(豪華な皿・かご・像など). **≈berg** 男 **1 a**) 〘地〙卓状山地(→ ㊇ Berg B). **b**) der ～ テーブル山(南アフリカ共和国ケープタウン付近の卓状山地). **2** der ～ 〘天〙テーブル山座. **≈be·steck** 中 (上等な)ナイフ・フォーク・スプーンのセット. **≈bild** 中 パネル絵(板に描いた絵). **≈bir·ne** 女 (加工用でない)生食用ヨウナシ(洋梨). **≈but·ter** 女 食卓用バター.

Tä·fel·chen, Tä·fe·lein Tafel の縮小形.

ta·fel≈fer·tig[tá:fəl..] 形 (料理が)食卓にすぐ出せる. **≈för·mig** 形 平板〈テーブル〉状の.

Ta·fel≈freu·den 複 《雅》食事の楽しみ: den ～ huldigen 食道楽〈口腹の欲〉にふける. **≈ge·schirr** 中 (上等な)食器類. **≈glas** 中 -es/..gläser 板ガラス. **≈kla·vier** 中 〘楽〙スクウェア・ピアノ(四角い机のような形をした長方形のピアノ. 18世紀後半に流行した). **≈lack** 男 (Schellack) 〘化〙シェラック(ワニスなどの原料). **≈land** 中 -[e]s/..länder (Plateau) 〘地〙〔卓状〕高原; 卓状地. **≈lap·pen** 男 (布の)黒板ふき. **≈leim** 男 板にかわ. **≈leuch·ter** 男 食卓用飾り燭台(しょくだい). **≈ma·le·rei** 女 (板やカンバスに描かれた)額画, タブロー. **≈mes·ser** 中 食卓用ナイフ(→ ㊇ Messer). **≈mu·sik** 女 (宴会の際などに演奏される)食卓の音楽, 食事の際の奏楽, ターフェルムジーク.

ta·feln[tá:fəln] 《06》 自 (h) 《雅》 (speisen) 食事をする, (特に:) ごちそうを食べる: Er *tafelt* gern. 彼は美食家だ.

tä·feln[tɛ́:fəln] 《06》 他 (h) 《*et.*⁴》(…に)板を張る: die Decke 〈die Wände〉 des Zimmers ～ 天井〈部屋の壁〉に板を張る｜ein *getäfeltes* Zimmer 板張りの部屋.

Ta·fel≈obst[tá:fəl..] 中 (加工用でない)生食用果物. **≈öl** 中 (食卓用の)上質食用油(サラダオイルなど).

Ta·fel·run·de 女 **1** (Tischgesellschaft) 会食者一同. **2** (アーサー王伝説の)円卓〔を囲む〕騎士たち(→Artus): die ～ des Königs Artus アーサー王の円卓の騎士団. [*mhd.*; *afr.* table ronde „runde Tafel" の翻訳借用]

Ta·fel≈salz 中 食卓塩. **≈sche·re** 女 〘工〙広幅シャー. **≈schie·fer** 男 スレート. **≈schwamm** 男 (スポンジ製の)黒板〈石盤〉消し. **≈ser·vice**[..zɛrvi:s] 中 (上等な)そろいの食器類. **≈sil·ber** 中 銀製食器. **≈spitz** 男 《オーストリア》〘料理〙(牛の)フィレ(腰のあたりの肉). **≈tuch** 中 -[e]s/..tücher テーブルクロス.

Tä·fe·lung[tɛ́:fəlʊŋ] (**Täf·lung**[tɛ́:flʊŋ]) 女 -/-en 〘建〙 **1** 《単数で》täfeln すること. **2** (壁・天井などの)板張り用材, 羽目板; 腰羽目, 腰板.

Ta·fel≈waa·ge[tá:fəl..] 女 **1** 台秤(だいばかり)(→ ㊇ Waage). **2** (大型の物の重量を量る)計量台. **≈wa·gen** 男 荷台馬車. **≈was·ser** 中 -s/..wässer 〔瓶入り〕ミネラルウォーター, 炭酸水. **≈wein** 男 **1** (辛口で軽い)食事用ワイン. **2** テーブルワイン (Qualitätswein の次で, ワインの等級名としては最下位). **≈werk** 中 =Täfelung 2

Tä·fel·werk[tɛ́:fəl..] 中 =Täfelung 2

Tä·fer[tɛ́:fər] 中 -s/- 《スイス》=Täfelung 2

Ta·ferl≈klas·se[tá:fərl..] 女 《オーストリア》《話》小学1年生のクラス. **≈klaß·ler**[..klaslər] 男 -s/- 《オーストリア》《話》小学1年生.

tä·fern[tɛ́:fərn] 《05》 《スイス》=täfeln

Tä·fe·rung[tɛ́:fərʊŋ] (**Täf·rung**[..frʊŋ]) 女 -/-en 《スイス》=Täfelung

taff[taf] 形 《俗》 (robust) 強靱(きょうじん)な, たくましい; 粗野な, 荒々しい. [*hebr.*–*jidd.*]

ᐁ**Taf·fet**[táfət] 男 -[e]s/-e =Taft

Täf·lein Tafel の縮小形.

Täf·lung =Täfelung

Täf·rung =Täferung

Taft[taft] 男 -[e]s/-e 〘織〙タフタ, うす琥珀(こはく)織り: auf ～ gearbeitet sein タフタの裏地がついている. [*pers.* tāftah „gewoben"–*mlat.*; ◇ *engl.* taffeta]

taf·ten[táftən] 形 《付加語的》タフタ〈うす琥珀織り〉製の.

Tag[ta:k][1] 男 -es(-s)/-e **1 a**) (英: *day*) (↔Nacht) 昼間〔の時間〕, 日中(にっちゅう): ein sonniger 〈trüber〉 ～ よく晴れた〈陰鬱(いんうつ)な〉日｜der kürzeste 〈längste〉 ～ des Jahres 冬至〈夏至〉‖schön wie der junge ～ 《雅》輝くばかりに美しい｜*sich*³ 〈einander〉 wie ～ und Nacht gleichen. (→gleichen I 1)｜wie ～ und Nacht verschieden sein (→verschieden II 2)‖〘4格で〙**～ und Nacht** 昼も夜も〔ぶっ通しで〕｜den ～ über 昼間じゅう(=tagsüber)‖den ～ nutzen 時間をむだにしないで勤勉に働く｜den ～ totschlagen 無為に日を送る｜dem lieben Gott den ～ stehlen (→Gott)｜*sich*³ einen guten ～ machen 《話》一日のんびりすごす〈骨休めをする〉｜**Man soll den ～ nicht vor dem Abend loben 〈tadeln〉.** 《諺》一寸先はやみ(晩にならないうちに昼をほめて〈けなして〉はいけない)‖〘3格で〙dem ～

die Augen ausbrennen《比》明るいうちから明かりをつける ‖〖2 格で〗Es ist noch nicht aller ~*e* Abend. (→Abend 3) ‖〖主語として〗Der ~ graut 〈bricht an / beginnt〉. 夜が白む | Der ~ sinkt 〈neigt sich〉. 日が傾く | Die ~*e* werden länger 〈kürzer〉./ Die ~*e* nehmen zu 〈ab〉. 日が長く〈短く〉なる ‖〖述語として〗Es wird ~. 夜が明ける | Jetzt 〈Nun〉 wird's ~. 《話》 i) やっと事情がのみこめたぞ; ii) とんでもないことだ, ひどいもんだ, こりゃあきれた | Es ist heller 〈hoher〉 ~. もう日が高い ‖〖前置詞と〗**am** ~*e* 昼に, 昼間のうちに(→b, 2) | am hellen ~*e* 白昼に, 真昼間に | Es ist noch früh am ~*e*. まだ朝早い | **bei** ~*e* ankommen 日のあるうちに到着する | **bei ~ und Nacht** 昼も夜も, 夜を日に継いで | **durch ~ und Nacht** 昼も夜もぶっ通しで | bis **in** den 〔hellen〕 ~ hinein schlafen 日が高くなるまで寝る(→3) | **vor** Tau und ~ (→Tau[1]) | die Nacht **zum** ~ machen (→Nacht I).

b) 昼間の光, 日のあたる場所, 白日のもと;〖坑〗地表, 坑外: klar wie der ~ sein (犯罪の証拠などが)明々白々である | das Licht des ~*es* scheuen (悪事を働いて)世間をはばかる | **am** ~*e* 自然光で〔見ると〕(→a, 2) | am ~*e* sein 〈liegen〉 明々白々である, 白日のもとにさらされている | **an den ~ kommen** (秘密・悪事などが)露見する, 白日のもとにさらされる | ***et.***[4] **an den ~ legen** …(性格など)をあらわす〈示す〉 | ***et.***[4] **an den ~ ziehen** …を白日のもとにさらす | **bei ~*e*** 〔**besehen**〕 昼間の光で見ると | **über** 〈**unter**〉 **~*e*** arbeiten 坑外〈坑内〉作業に従事する | **zu ~*e*** treten (鉱脈が)露出する | *et.*[4] zu ~*e* fördern …(鉱石など)を掘り出す.

2 (午前零時から午後12時までの)一日, 日(ﾋ); 一昼夜(24時間); 一日の労働〔時間〕: Ein 〈Der〉 ~ hat 24 Stunden. 一日は24時間である ‖ ein heißer 〈kalter〉 ~ 暑い〈寒い〉日 | der kommende 〈nächste/folgende〉 ~ 翌日 | 8-Stunden-~ 〔1 日〕8 時間労働〔制〕 ‖〖2 格で〗Es ist noch nicht aller ~*e* Abend. (→Abend 3) |〖2 格で副詞的に〗**dieser ~*e*** 近いうちに, 近々; 近ごろ, 最近 | nächster ~*e* 近日中に | gleich anderen ~*s* すぐその翌日に ‖〖4 格で副詞的に〗jeden ~ 毎日;《話》間もなく, いますぐにでも | alle ~*e* 毎日; いつ〔で〕も | alle drei ~*e* 2 日おきに | jeden dritten ~ 3 日目ごとに | den ganzen ~ 一日じゅう | den lieben langen ~ ひねもす, 一日じゅう | drei ~*e* 〔lang〕 3 日の間 | acht ~*e* 1 週間の間 | volle acht ~*e* まる 8 日間 | ewig und drei ~*e* (→ewig I 2) ‖〖前置詞と〗**an** einem ~ 1 日で, 1 日のうちに | Rom ist 〔auch〕 nicht an 〈in〉 einem ~*e* erbaut worden. (→Rom[1]) | dreimal am ~*e* 〈pro ~〉 日に 3 回 | am ~*e* vorher 〈darauf〉 その前日〈翌日〉 | an jedem zweiten ~ 2 日目ごとに | am anderen 〈nächsten〉 ~ その翌日に | an diesem ~ その日に | an 〔irgend〕 einem ~ ある日のこと(＝eines Tages: →4) | **auf** 〈**für**〉 ein paar ~*e* 二三日の予定で | **bis** 〔nächsten〕 Sonn*tag* 〔次の〕日曜までに | bis zum nächsten 〈heutigen〉 ~ 翌日まで〈きょうまで〉 | **~ für ~** 毎日毎日 | **in** diesen ~*en* ここ数日間 | in den letzten 〈nächsten〉 ~*en* ここ数日来〈数日中に〉 | in einem ~ 1 日のうちに | in einigen ~*en* 数日で; 数日中に, きょうから数日後 | Er kommt in drei ~*en* zurück. 彼は 3 日後に戻って来る | heute in acht ~*en* 〈über acht ~*e*〉 来週のきょう | **innerhalb** 〈binnen〉 drei ~*en* 3 日以内に | **nach** einem ~ その 1 日後に | einen ~ nach dem ander〔e〕n 連日, 毎日 | **seit** diesem ~ この日以来 | einen ~ **um** den ander〔e〕n 1 日おきに | **von** einem ~ auf den anderen 次の日にはもう, 一晩の間に, 突然 | von ~ zu ~ 日一日と, 日を追って | **vor** drei ~*en* きょうから 3 日前に.

3 《もっぱら次の成句で》**in den ~ hinein** 漠然と, ただなんとなく | in den ~ hinein leben 漫然と日を送る | in den ~ hinein reden 口から出まかせに話す.

4 〔暦の特定の期〕日, 日付: Sonn*tag* 日曜日 | Geburts*tag* 誕生日 | Gedenk*tag* 記念日 | Zahl*tag* 支払日 | **der Jüngste ~** 〖ｷﾘｽﾄ教〗(世界の終末に予定される)最後の審判の日 | **der ~ des Herrn** 《雅》〖ｷﾘｽﾄ教〗主日(日曜日);《戯》父親の〔楽しむ〕日 ‖ einen ~ rot im Kalender anstreichen カレンダーのある日のところに赤印をつけ〔て特にマークす〕る | ~ und Stunde für *et.*[4] bestimmen 〈vereinbaren〉 …の日時を定める〈相談してきめる〉 | Welchen ~ haben wir heute? きょうは何曜日〈何日〉ですか | Den wievielten 〔~〕 haben wir heute? きょうは何日ですか ‖ *et.*[4] auf Jahr und ~ genau wissen (→Jahr 1) ‖〖2 格で〗**eines ~*es*** ある日のこと; かつて; 将来いつか | **eines schönen ~*es*** 将来いつか | im Laufe des ~*es* その日〈きょう〉のうちに.

5 (なんらかの)特別の日; 生涯の日々, 寿命; 最盛時: ein großer ~ 晴れがましい日 | ein schwarzer ~ 運の悪い日, 厄日 | der letzte ~ 最後〈臨終〉の日 | **der ~ X** 某日; (計画されていて最後まで秘密にされている) X デー ‖ *seinen* guten 〈schlechten〉 ~ haben 上〈不〉機嫌である | bessere ~*e* gesehen haben 昔はもっとよい暮らしをしていた | *seine* großen ~*e* haben 一世一代の晴れ舞台をふむ, 得意の絶頂である | keinen guten ~ bei *jm.* haben …のおぼえがめでたくない ‖ **Guten ~!**/《話》*Tag!* (Gott gebe dir 〈euch / Ihnen〉 einen guten ~! の略) i) (日中のあいさつとして)こんにちは, いらっしゃいませ, お帰りなさい; ただいま, さようなら; 行ってまいります, 行ってらっしゃい; ii) (拒絶の返事として)とんでもない; 冗談じゃない; まっぴら〔ごめん〕だ | *jm.* 〔einen〕 guten ~ wünschen 〈sagen〉 …にこんにちはとあいさつする | 〔**bei**〕 ***jm.* guten ~ sagen** 《話》…を短時間訪問する | ~〔,〕~ machen 《幼児語》こんにちはをする ‖ Dein ~ wird kommen. 君の日(君が成功する日・天罰をこうむる日など)はきっとやってくる | *js.* ~*e* sind gezählt (→zählen I 1) ‖〖前置詞と〗**auf** *seine* alten ~*e* 年をとって〔から〕 | **in** jungen 〈alten〉 ~*en* 若いころ〈老年〉に | in guten und 〔in〕 bösen ~*en* 楽しいときも苦しいときも | **zu** *seinen* ~*en* kommen 成年に達する; 年をとる.

6 時間〔一般〕; 現代, 現下の日々: die Forderung des ~*es* 時務の要求 ‖ in unseren ~*en* 現代において〔は〕 | seit Jahr und ~ (→Jahr 1) | vor Jahr und ~ (→Jahr 1).

7 会議; 大会; 議会: Partei*tag* 党大会 | Land*tag* 州議会.

[*germ.* „helle Zeit"; ◇tagen; *engl.* day]

tag·ak·tiv[tá:k..] 形 (↔nachtaktiv)〖動〗昼行性の.

tag·aus[ta:k|áʊs] 副《ふつう次の形で》**~, tagein** 毎日毎日, 明けても暮れても.

Tag≈bau[tá:k..]《南部》＝Tagebau ≈**blatt**《南部》＝Tageblatt

tag·blind 形〖医〗昼盲〔症〕の.

Tag≈blind·heit 女〖医〗昼盲〔症〕. ≈**dieb** 男《南部・ｵｰｽﾄﾘｱ・ｽｲｽ》＝Tagedieb ≈**dienst** 男 昼間勤務, 日勤.

Ta·ge≈bau[tá:gə..] 男 -〔e〕s/-e (↔Tiefbau)〖坑〗露天掘り(→図). ▽≈**blatt** 中 日刊新聞: Berliner ~ ベルリン日報(1872-1939). ≈**buch** 中 **1** 日記, 日誌: ein Roman in Form eines ~*es* 日記体長編小説 | ein ~ führen 日記をつける. **2 a**)〖商〗商品売上帳. **b**)〖海〗航海日誌. ≈**dieb** 男《軽蔑的に》怠け者, 無為の徒(神様の時間を盗む者の意). ≈**geld** 中 -〔e〕s/-er **1** (出張などの際の)一日当たりの支給金額, 日当. **2** 《複数で》＝Diäten **3** (健康保険で支払われる)一日分の入院手当.

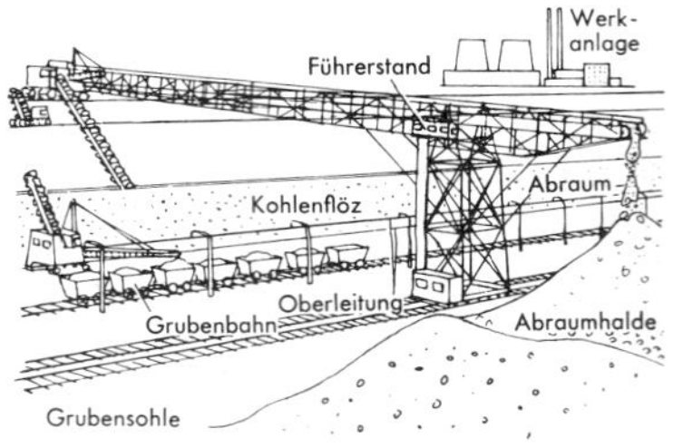

Tagebau

T

tag·ein[ta:k|áın] 副 →tagaus
ta·ge·lang[tá:gə..] 形《述語的用法なし》数日にわたる, 何日間もの: eine ～*e* Kältewelle 何日にもわたる寒波 | Es schneite ～. 雪が何日もの間降り続いた(参考 zwei Tage lang 二日にわたって).
Ta·ge⸗licht 中 -〔e〕s/-er **1** 小窓, 明かり取り. **2**《単数で》＝Tageslicht ⸗**lied** 中〖文芸〗きぬぎぬの歌, 朝(あした)の別れの歌. ⸗**lohn** 男 日給, 日当: im ～ arbeiten 日給で〈日雇い労務者として〉働く. ⸗**löh·ner**[..lø:nər] 男 -s/- 日給〈日雇い〉労務者.
ta·ge·löh·nern[..lø:nərn]《05》自 (h) 日給で〈日雇い労務者として〉働く.
ta·gen[tá:gən][1] 自 (h) **1** 非人称《es tagt》朝になる; (昼のように)明るくなる, 明るく輝く: Es *tagt* bereits. もう夜が白みはじめた | Es *tagt* mit der Arbeit.《スイ》この仕事も目鼻がついてきた ‖〖人称動詞として〗Der Morgen *tagt*. 朝になる. **2 a)** 会議をする, 会議を開く: Das Parlament 〈Der Kongreß〉 *tagt*. 議会〈会議〉が開かれ〔てい〕る. **b)**《話》(仲間と一緒に)飲む, 酒盛りをする: bis zum frühen Morgen ～ 明け方まで飲む.
[*ahd.*; ◇Tag; *engl.* dawn]
Ta·ge·rei·se[tá:gə..] 女 **1** 一日行程の旅行, 日帰り旅行: eine ～ planen 日帰り旅行を計画する | Eine ～ ist es.《話》それは一日がかりだ(けっこう遠く離れている). ▽**2** (単位としての)一日旅行, 一日旅程: Und er jagte ihm nach, sieben ～*n* weit. そして彼は急いで7日のあいだ彼のあとを追った(聖書: 創31,23).
Ta·ges⸗ab·lauf[tá:gəs..] 男 一日の経過〈進行〉; 日課. ⸗**an·bruch** 男 夜明け, 黎明(れいめい): bei ～ 明け方に | vor ～ 夜が明ける前に. ⸗**an·ga·be** 女 日付〔の表示〕. ⸗**ar·beit** 女 **1** 一日でできる仕事. **2** 日々の仕事〈つとめ〉. ⸗**be·darf** 男 一日分の〈日々の〉必要: der ～ an Lebensmitteln その日その日に必要な食料品. ⸗**be·fehl** 男〖軍〗日課〔に関する〕命令. ⸗**be·richt** 男 日報, 時事ニュース. ⸗**bruch** 男〖坑〗地割れ. ⸗**decke** 女 寝台かけ, ベッドカバー. ⸗**dienst** 男 日直; 昼間勤務. ⸗**ein·nah·me** 女 日割り収入, 日収. ⸗**er·eig·nis** 中 その日の重大事件〈重要ニュース〉. ⸗**form** 女〖スポ〗その日の選手〈チーム〉のコンディション. ⸗**ge·richt** 中 (レストランなどで)日替わりの料理, 本日の料理. ⸗**ge·sche·hen** 中 -s/ その日の出来事; 日常的な出来事: zum ～ gehören 日常茶飯事である. ⸗**ge·spräch** 中 時の話題, トピック: Ihre Scheidung ist 〈bildet〉〔das〕 ～. 彼女〈彼ら〉の離婚は人々の話題になっている. ⸗**grau·en** 中《雅》＝Tagesanbruch ⸗**heim** 中 (宿泊施設のない)託児所, 日帰り保育所. ⸗**heim·schu·le** 女 (放課後から親の帰宅時間までの教育・保護を引き受ける)学童保育〔補習〕施設.
ta·ges·hell ＝taghell
Ta·ges⸗hel·le 女 真昼の〔ような〕明るさ. ⸗**höchst·tem·pe·ra·tur** 女 日中の最高気温. ⸗**kar·te** 女 **1** 当日限り通用の入場券〈乗車券〉. **2** (レストランの)本日の特別サービスメニュー. ⸗**kas·se** 女 **1**〖劇〗(おもに前売券を扱う)昼間切符売り場(→Abendkasse). **2**〖商〗一日の売上高. ⸗**ki·no** ＝Aktualitätenkino ⸗**krem** 女 (↔Nachtkrem)〖美容〗(化粧のための)昼用クリーム. ⸗**kurs** 男 **1**〖商〗その日の相場: Devisen zum ～ kaufen 外貨をその日の相場で購入する. **2** 一日だけの講習〔会〕. ⸗**lei·stung** 女 (工場・機械の)一日〔当たり〕の生産高. ⸗**licht** 中 -〔e〕s/ (↔Kunstlicht) 昼間〈太陽〉の光, 日光, 自然光: **das ～ scheuen**《比》(悪事を働いて)世間をはばかる ‖ bei ～ arbeiten 昼間働く | **ans ～ kommen**《比》(秘密などが)白日のもとにさらされる.
Ta·ges·licht⸗film 男〖写〗昼光〈デーライト〉用フィルム. ⸗**pro·jek·tor** ＝Overheadprojektor
Ta·ges⸗lo·sung 女 **1** 一日の売上高. **2**《オーストリア》＝Tageseinnahme ⸗**marsch** 男 昼間の行軍; 一日行程の行軍: eine Strecke in vier *Tagesmärschen* zurücklegen 道のりを4日がかりの行軍で踏破する. ⸗**mit·tel** 中〖気象〗一日〔中〕の平均値. ⸗**mut·ter** 女 -/..mütter (働く女性などの幼児を昼間自宅で世話する)保育ママ. ⸗**neu·ig·kei·ten** 複 その日のニュース, きょうの話題. ⸗**norm** 女 (略 TN)(旧東ドイツで)一日のノルマ〈労働基準量〉.
Ta·ges·ord·nung[tá:gəs..] 女〔あらかじめ定められた〕議事日程, 会議のプログラム: die ～ aufstellen 〈einhalten〉 議事日程を作製する〈守る〉‖ **an der ～ sein**《比》論議の対象になっている; 日常茶飯事である | Überfälle waren damals an der ～. 当時は辻強盗がしょっちゅうあった | auf der ～ stehen 会議のプログラムに載っている | *et.*[4] auf die ～ setzen …を議事日程に組みこむ | *et.*[4] von der ～ absetzen 〈streichen〉 …を議事日程からはずす〈けずる〉| zur ～ gehören《比》日常茶飯事である |〔**über** *et.*[4]〕**zur ～ übergehen**〔…を無視して〕討議を続行する;《比》〔…を無視して〕さっさとほかのことへ移る | Zur ～! 本題に戻ってください(会議での発言者への警告). [*fr.* ordre du jour (*engl.* order of the day の翻訳借用)の翻訳借用]
Ta·ges·ord·nungs·punkt 男 (略 TOP) (会議などであらかじめ予定された個々の)議題.
Ta·ges⸗pen·sum 中 一日のノルマ. ⸗**po·li·tik** 女 (長期的な視野を欠いた)日々の政治〈政策〉. ⸗**preis** 男 その日の値段, 時価. ⸗**pres·se** 女 -/《集合的に》日刊新聞, 日刊紙. ⸗**pro·duk·tion** 女 一日の生産高, 日産. ⸗**raum** 男 (病院や各種ホームの)昼間用の共同部屋. ⸗**rhyth·mus** 男〖生理〗日周リズム. ⸗**satz** 男 **1**〖法〗(罰金の)日割り金額. **2** (入院治療費の)一日分の定額. ⸗**schau** 女〖テレビ〗きょうの話題〈ニュース〉. ⸗**schicht** ＝Tagschicht ⸗**schu·le** 女 **1** ＝Ganztagsschule **2** ＝Tagesheimschule ⸗**schwan·kung** 女〖気象〗日(にち)較差(気象要素の一日の最大値と最小値の差). ⸗**stem·pel** 男 日付印. ⸗**sup·pe** 女 (レストランなどで)日替わりのスープ, 本日のスープ. ⸗**tem·pe·ra·tur** 女 日中の気温. ⸗**um·satz** 男 一日の売上高. ⸗**zeit** 女 **1**〔昼間の〕ある時刻: zu jeder *Tages*- und Nacht*zeit* 昼夜を問わずいつでも. **2** 一日の時間区分(朝・昼・晩のこと): ▽*jm.* die ～ bieten …に朝〈昼・晩〉のあいさつをする. ⸗**zei·tung** 女 **1** 日刊新聞, 日刊紙. **2** Die ～ (略 taz; 反体制派系の日刊新聞). ⸗**zin·sen** 複〖商〗日歩. ⸗**zug** 男 昼行列車, 昼汽車.
Ta·ge·tes[tagé:tɛs] 女 -/- (Studentenblume)〖植〗センジュギク(千寿菊)属. [*spätlat.*]
Ta·ge·was·ser[tá:gə..] 中 -s/〖坑〗地表水.
ta·ge·wei·se 副 (→..weise ★) **1** 毎日; 日刊で; 日割り〔計算〕で. **2** 数日にわたり, 何日間も.
Ta·ge·werk 中 ＝Tagesarbeit
Tag⸗fahrt[tá:k..] 女 **1** (自動車・列車などの)昼間走行. **2**〖坑〗坑出. ⸗**fal·ter** 男〖虫〗チョウ(蝶)(→Nachtfalter). ⸗**ge·bäu·de** 中〖坑〗地上建造物〈施設〉.
tag·hell[tá:khɛ́l] 形 昼間のように明るい: ～ erleuchtet sein 昼をあざむくばかりに照明されている.
..tägig[..tɛ:gıç][2] **1**《数詞などにつけて「…日にわたる」を意味する形容詞をつくる》: ein*tägig* 1日の | fünf*tägig* 5日間の | vierzehn*tägig* 2週間の | acht*tägig* 8日間の; 1週間の | halb*tägig* 半日の | mehr*tägig* 数日の. **2**《「…日の」を意味する形容詞をつくる》: diens*tägig* 火曜日の | sonn*tägig* 日曜日の | vormit*tägig* 午前中の | fest*tägig* 祭日の.
täg·lich[tɛ́:klıç] 形《述語的用法なし》**1** 毎日の, 日ごとの, 日々の: das ～*e* Brot 日々の糧 | ～*e* Sitzungen 毎日の定例会議 | ～*e* Gelder〖商〗コールマネー ‖ eine Arznei zweimal ～ einnehmen 薬を毎日2回服用する. ▽**2** 昼の, 昼間の. [*ahd.*; ◇Tag; *engl.* daily]
..täglich[..tɛ:klıç] **1**《数詞などにつけて「…日ごとの」を意味する形容詞をつくる》: vier*täglich* 4日ごとの | acht*täglich* 8日ごとの; 毎週の | tag*täglich* 毎日毎日の. **2**《「…の日にふさわしい, 毎…日の」を意味する》: diens*täglich* 毎火曜日の | sonn*täglich* 毎日曜の; 日曜日にふさわしい | werk*täglich* / arbeits*täglich* 平日の; 平日にふさわしい | all*täglich* 毎日の; ふだんの | vormit*täglich* 毎午前中の.
Tag⸗li·lie[tá:kli:liə] 女〖植〗ワスレグサ(忘れ草)属(キスゲなど). ⸗**lohn**《南部》＝Tagelohn ⸗**löh·ner**《南部》＝Tagelöhner

T

tag·löh·nern《05》《南部》＝tagelöhnern
Tag·mem[tagmé:m] 中 -s/-e〘言〙タグミーム, 文法素.
Ta·go·re[tagó:rə, ..gó:r] 人名 Rabindranath ～ ラビンドラナート タゴール(1861-1946; インドの詩人. 1913年ノーベル文学賞受賞. ベンガル語形 Thakur).
Tag≈pfau·en·au·ge[tá:k..] 中〘虫〙クジャクチョウ(孔雀蝶). **≈raum**《南部》＝Tagesraum
tags[ta:ks] 副 **1** (…の)日に: ～ darauf その次の日に | ～ zuvor 〈davon〉 その前日に. **2**《特定の日とは関係なく, 一般的に》昼に, 昼間に, 日中に: ～ und nachts 昼も夜も | *Tags* schläft er, nachts muß er arbeiten. 彼は昼間は眠り夜は働かなければならない.
Tag·sat·zung[tá:k..] 女 **1**《オーストリア》(裁判所が定めた)期日, 期限. **2**《スイス》(昔の)州代表者会議.
Tag·sat·zungs≈er·streckung 女《オーストリア》(裁判所が定めた)期日〈期限〉の延期. **≈ver·säum·nis** 中《オーストリア》(裁判所が定めた)期日〈期限〉を守らないこと.
Tag≈schicht[tá:k..] 女 (↔Nachtschicht) **1** (交代制労働の)昼間作業時間, 日直. **2**《集合的に》昼間作業班〔員〕;〘坑〙昼作業方, 二番方. **≈schlä·fer** 男〘鳥〙タチヨタカ(立夜鷹), ヒゲナシヨタカ. **≈schmet·ter·ling** 男 ＝Tagfalter **≈schwe·ster** 女 昼勤看護婦.
tags·über[tá:ks|y:bər] 副 (↔nachtsüber) 昼の間ずっと: *Tagsüber* bin ich nicht zu Hause. 昼は私は家にいない.
tag·täg·lich[tá:ktɛ́:klɪç, ⏑⏑⏑] 形《述語的用法なし》(いやになるくらい)毎日くり返される, 毎日毎日の: Es war ～ dasselbe. 来る日も来る日も同じことの繰り返しだった.
Tag·traum 男〘心〙白日夢, 昼夢.
Tag·und·nacht·glei·che[ta:k|ʊntnáxt.., ⏑⏑⏑⏑⏑] 女 -/-n〘天〙分点, 昼夜平分時(春分点と秋分点の総称): Frühlings-～ 春分 | Herbst-～ 秋分.
Ta·gung[tá:gʊŋ] 女 -/-en (かなり大規模な)集会,〔全国〕会議, 大会(→Sitzung 1 ☆): eine ～ über ein Thema 〈zu einem Thema〉 あるテーマについての会議 ‖ eine ～ abhalten 〈veranstalten〉 会議を開催する ‖ an einer ～ teilnehmen 会議に参加する | auf einer ～ 会議〔の席〕で | *sich*[4] zu einer ～ anmelden 会議に出席の通知を出す.
Ta·gungs≈be·richt 男 会議の報告. **≈ort** 男 -〔e〕s/-e 会議の開催地. **≈teil·neh·mer** 男 会議の参加者.
Tag≈ver·kür·zung[tá:k..] 女〘農・園〙短日処理. **≈wa·che** 女《オーストリア・スイス》〘軍〙**1** 起床時刻: Um 5 Uhr ist ～. 起床時刻は5時である. **2** 起床の号令. **≈wacht** 女 -/-en《スイス》＝Tagwache **≈wech·sel** 男〘商〙確定日払い手形.
tag·wei·se《南部》＝tageweise
Tag·werk《南部》＝Tagewerk
Ta·hi·ti[tahí:ti·] 地名 タヒチ(南太平洋, フランス領 Gesellschaftsinseln の主島). [*polynes.*]
Ta·hi·ti·ap·fel[tahí:ti..] 男〘植〙タマゴノキ(太平洋原産ウルシ科の果樹).
ta·hi·tisch[tahí:tɪʃ] 形 タヒチの.
Tai·bei[táɪběɪ] ＝Taipeh
Tai·fun[taɪfú:n] 男 -s/-e〘気象〙台風. [*chines.* 大風 —*engl.* typhoon]
Tai·ga[táɪga·] 女 -/〘地〙タイガ(シベリア・北米北部など亜極地の針葉樹林地帯). [*russ.*]
Tai·hu[táɪhu·, tàɪxú] 地名 太湖, タイフー(中国, 江蘇 Kiangsu 省南部の大湖).
Tai·jüan[táɪjy̌an] 地名 太原, タイユワン(中国, 山西 Schansi 省の省都).
tai·la·chen[táɪlaxən] 自 (s)《話》**1** 行く. **2** 逃亡する. [*jidd.* talecha „gesandt werden"]
Tail·le[táljə; オーストリア: táɪljə] 女 -/-n **1 a)** 胴のいちばんくびれた部分; (衣服の)ウエストの部分: eine schlanke ～ haben ほっそりしたウエストをしている | keine ～ haben ずん胴である | ein Kleid auf ～ arbeiten ドレスをウエストを強調した仕立てにする | ein Mädchen um die ～ fassen 女の子の腰に手を回す. **b)**《話》ウエストのサイズ: Sie hat ～ 58 〈58 cm ～〉. 彼女はウエストが58センチだ. **2** コルセット: **per ～**《ベルリン》コートなしで. **3** (女性民俗衣装の)ぴったり体に合った上衣. **4**〘医〙切断, 切開. **5**〘楽〙ターユ(16-18世紀フランスでのテノール音域). **6**〘トランプ〙勝負の一回り: ～ schlagen 新たに勝負を始める. **7**〘史〙タイユ(中世フランスで非特権階級に課せられた租税). [*fr.*; <*fr.* tailler „schneiden"; ◇Talje]
Tail·len·wei·te[táljən..; オーストリア: táɪljən..] 女《話》胴まわり〈ウエスト〉の大きさ: *js.* ～ prüfen …を強く抱きしめる | Das ist genau meine ～. そいつは私の好みにぴったりだ, そいつは願ったりかなったりだ.
Tail·leur[tajǿ:r, talj..] **I** 男 -s/-s **1** 裁断〈裁縫〉師. **2**〘トランプ〙親. **II** 中 -s/-s《スイス》コスチューム, スーツ. [*fr.*]
tail·lie·ren[tají:rən, talj..] 他 (h) **1** ウエストを強調して仕立てる. **2**〘トランプ〙(札を)切る.
Tai·lor·made[té:lərme:t, téɪləmeɪd] 中 -/-s 洋服屋仕立て〈オーダーメード〉の服. [*engl.*; ◇Tailleur]
Tai·peh[táɪpe·, taɪpé:] 地名 台北, タイペイ(台湾 Taiwan の首都).
Tai·schan[táɪʃan] (**Tai·shan**[tàɪʃān]) 地名 泰山, タイシャン(中国, 山東 Schantung 省西部の山. 中国五岳の一つで道教の霊地).
Tai·wan[táɪvan, taɪvá(:)n, táɪŭān] 地名 台湾(旧称 Formosa).
Tai·wa·ner[taɪvá:nər] 男 -s/- (女 **Tai·wa·ne·rin**[..nərɪn]-/-nen), **Tai·wa·ne·se**[taɪvané:zə] 男 -n/-n (女 **Tai·wa·ne·sin**[..zɪn]-/-nen) 台湾人.
tai·wa·nisch[taɪvá:nɪʃ] (**tai·wa·ne·sisch**[..vané:zɪʃ]) 形 台湾〔人〕の.
der **Tai·wan·stra·ße** 女 -/ 地名 台湾海峡.
Tai·yuan[tàɪy̌ǽn] ＝Taijüan
der **Ta·jo**[tá:xo·] 地名 男 -〔s〕/ タホ(スペインに発し, ポルトガルの Lissabon 付近で大西洋に注ぐ川. ポルトガル語形 Tejo テジョ). [*lat.*—*span.*]
tak[tak] 形《オーストリア》男らしい, りっぱな(若者).
Take[teɪk] 男 中 -s/-s **1**〘映〙ショット. **2**《話》(大麻・マリファナタバコなどの)一吸い. [*engl.*]
Ta·kel[tá:kəl] 中 -s/- **1** ＝ Talje **2** ＝ Takelage [*mndd.*; ◇*engl.* tackle]
Ta·ke·la·ge[takəlá:ʒə] 女 -/-n **1**《集合的に》〘海〙リギング, 索具. **2**《話》衣服. [<..age]
Ta·kel·block[tá:kəl..] 男 -〔e〕s/..blöcke (-s) 索用滑車(→ 図 Block).
Ta·ke·ler[tá:kələr] (**Tak·ler**[..klər]) 男 -s/- 索具装着者,(索具の)巻き上げ係.
ta·keln[tá:kəln]《06》＝auftakeln I 1
Ta·ke·lung[tá:kəlʊŋ] (**Tak·lung**[..klʊŋ]) 女 -/-en **1** takeln すること. **2** ＝Takelage
Ta·kel·werk[tá:kəl..] 中 -〔e〕s/ ＝Takelage
Take-off[te:k|ɔ́f, téɪk(|)ɔf] 中 -s/-s **1** (飛行機の)離陸; (ロケットの)スタート. **2** (見世物・行事などの)開始. [*engl.*]
Tak·ler ＝Takeler
Tak·lung ＝Takelung
Takt[takt] 男 -〔e〕s/-e **1**〘楽〙**a)** 拍子: **den ～ angeben** 拍子をとる;《比》音頭とりをする | einen ～ dreingeben《話》口出しする |〔den〕 ～ halten 拍子を守る | den ～ schlagen 拍子をとる ‖ **aus dem ～ kommen 〈geraten〉** 拍子をくずす;《比》調子が狂う, 混乱する | ***jn.* aus dem ～ bringen**《比》…の調子を狂わす | *sich*[4] nicht aus dem ～ bringen lassen《比》自分のペースを守る | gegen den ～ singen 拍子をはずして歌う | im ～ bleiben 拍子をくずさない | im ～ 〈nach dem ～〉 tanzen 拍子にあわせて踊る | im ～ 〈nach dem ～〉 rudern 拍子をとって漕(こ)ぐ | **nach ～ und Noten**《話》正式に; 徹底的に; 非常に. **b)** 小節(→ 図 Note): eine Pause von fünf ～*en* 5小節分の休止 | die ～*e* von 30 bis 55 spielen 30小節から55小節までを演奏する | **ein paar ～*e***《話》少々 | ein paar ～*e* ausruhen 少々休憩する | *jm.* ein paar ～*e* sagen 〈erzählen〉《話》…をたしなめる, …を叱責する ‖ aus wenigen ～*en* bestehen わずかの小節でできている.
2〘詩〙タクト(揚格から揚格までの規則的時間間隔).
3《単数で》妥当なもの〈正しいもの〉に対する感覚; 礼儀〈礼譲〉感覚, 常識; 他人〔の感情〕に対する思いやり: viel 〈wenig〉 ～

T

haben 非常に思いやりがある〈思いやりに乏しい〉｜den ～ verletzen 紳士〈淑女〉の道にはずれる ‖ Es fehlt ihm an ～. 彼はがさつな男だ｜gegen den ～ verstoßen 礼儀〈マナー〉に反する行動をとる｜*et.*[4] mit ～ behandeln …をしかるべきマナーで扱う.

4 〖工〗規則的運動, サイクル; (流れ作業の)工程: Vier*takt*motor 4 サイクルエンジン.

[*lat.* tāctus „Berührung"〔－*fr.* tact „Feingefühl"〕; ＜*lat.* tangere (→tangieren); ◇taktil]

Takt⸗an·ga·be[tákt..] 女 〖楽〗拍子記号(→ 図 Note). **⸗art** 女 〖楽〗拍子(の種類). **⸗be·zeich·nung** 女 ＝Taktangabe

..takter[..taktər] ⦅数詞につけて Iambus, Trochäus, Daktylus, Anapäst などの詩脚を単位とする「…詩脚詩句」を意味する男性名詞 (-s/-) をつくる⦆: Fünf*takter* 5 詩脚詩句.

Takt·feh·ler[tákt..] 男 マナー違反.

takt·fest 形 〖楽〗拍子の正確な; ⦅比⦆しっかりしている, 確かな腕を持った, 信頼できる; 体が丈夫な, 健康な: Er ist nicht ganz ～. 彼の拍子は必ずしも正確ではない; ⦅比⦆彼の仕事っぷりは頼りない; 彼は病弱だ.

Takt⸗ge·ber 男 〖電算〗クロック, 刻時装置. **⸗ge·fühl** 中 -〔e〕s/ マナー感覚: feines ～ haben 人情の機微を心得ている｜*et.*[4] *js.* ～[3] überlassen …を…の常識的判断にゆだねる.

tak·tie·ren[1][taktí:rən] 自 (h) 〖楽〗拍子をとる.

tak·tie·ren[2][–] 自 (h) 策略を用いる, 策〈駆け引き〉を弄(ろう)する. [＜Taktik]

Tak·tier⸗stab[taktí:r..] 男, **⸗stock** ＝Taktstock

Tak·tik[táktɪk] 女 -/-en 〖軍〗戦術; ⦅比⦆(一般に)戦術: die ～ des Hinhaltens 引き延ばし戦術｜**die ～ der verbrannten Erde** 焦土戦術｜Strategie und ～ 戦略と戦術 ‖ die ～ des Gegners durchschauen 敵の策略を見破る. [*gr.*－*fr.* tactique; ＜*gr.* taktós „angeordnet" (◇Taxis[1])]

Tak·ti·ker[táktikər] 男 -s/- **1** 戦術家, 用兵家. **2** 策略家, 駆け引きじょうず.

tak·til[taktí:l] 形 触覚〈触感〉の, 触覚〈触感〉による. [*lat.*; ＜*lat.* tāctus (→Takt)]

tak·tisch[táktɪʃ] 形 **1** 戦術に関する, 戦術〈作戦〉上の: ～*e* Waffen 戦術兵器. **2** 策略的な, 駆け引きのうまい. [＜Taktik]

takt·los[táktlo:s][1] 形 (↔taktvoll) マナーに対する感覚のない, 思いやりに欠ける, 心ない, 無神経な, 非常識な, 非礼な: eine ～*e* Frage 相手〈場所柄〉をわきまえぬ質問｜ein ～*er* Mensch がさつな人間 ‖ Es war sehr ～ von ihm, ihr das zu sagen. 彼女にそれを言ったなんて彼は全くひどいやつだ.

Takt·lo·sig·keit[..lo:zɪçkaɪt] 女 -/-en **1** ⦅単数で⦆ taktlos なこと. **2** taktlos な言動.

takt·mä·ßig 形 (↔taktwidrig) 〖楽〗拍子にかなった.

Takt⸗mes·ser 男 (Metronom) 〖楽〗メトロノーム, 拍節器. **⸗schlag** 男 〖楽〗拍. **⸗stock** 男 -〔e〕s/..stöcke 〖楽〗指揮棒. **⸗strich** 男 〖楽〗(楽譜の)縦線, 小節線(→ 図 Note). **⸗teil** 男 〖楽〗拍(はく).

takt·voll[táktfɔl] 形 (↔taktlos) マナーを心得た, 思いやりのある, 礼儀正しい: ein ～*er* Mensch 人情の機微に通じた人｜～ schweigen 慎み深く〈場所柄をわきまえて〉黙っている.

Takt·vor·zeich·nung 女 ＝Taktangabe

takt·wid·rig 形 (↔taktmäßig) 〖楽〗拍子はずれの.

Tal[ta:l] 中 -es(-s)/Täler[tɛ́:lər] (雅: -e) (⊘ **Täl·chen**[tɛ́:lçən] 中 -s/-) **1** (↔Berg) 谷, 谷間, 峡谷; 渓谷(→ 図): ein breites 〈enges〉 ～ 広い〈狭い〉谷｜ein tiefes 〈gewundenes〉 ～ 深い〈曲がりくねった〉谷｜Fluß*tal* 渓谷｜Hoch*tal* 山間の深い谷 ‖ auf dem Grund 〈der Sohle〉 des ～*es* 谷底に ‖ Das Dorf liegt im ～. 村は谷間にある｜Die Weltwirtschaft befindet sich in einem ～. ⦅比⦆世界経済は不況のどん底にある｜ins ～ hinabsehen 谷底を見おろす｜über Berg und ～ 山越え谷越え｜zu ～〔*e*〕 fahren (船が・船で)流れを下る. **2** ⦅話⦆⦅集合的に⦆谷間の住民. [*germ.*; ◇Tholos, Delle; *engl.* dale]

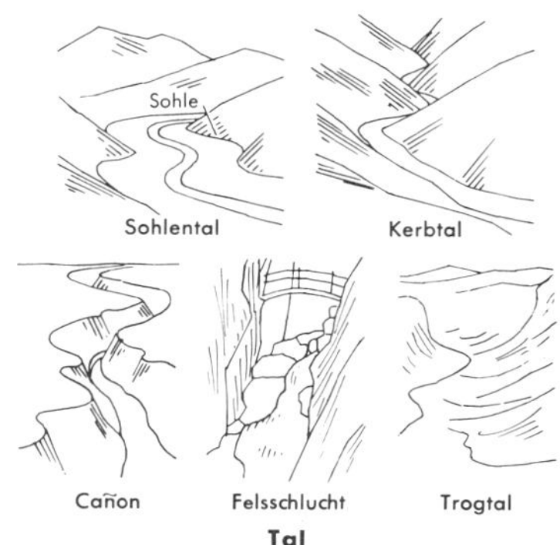

Tal

tal⸗ab[ta:l|áp] 副, **⸗ab·wärts** 副 谷を下って, 流れに沿って下流へ.

Ta·lar[talá:r] 男 -s/-e **1** (裁判官・弁護士などの)法服(→ 図 Richter). **2** (大学教授の)ガウン. **3** (プロテスタントの聖職者の)僧服, 祭服, スータン(→ 図 Geistliche). [*lat.*–*it.*; ＜*lat.* tālus „Knöchel"]

tal⸗auf[ta:l|áuf] 副, **⸗auf·wärts** 副 谷を上って, 流れに沿って上流へ.

Täl·chen Tal の縮小形.

Tal·en·ge[tá:l..] 女 谷の特に狭くなっている部分.

Ta·lent[talɛ́nt] 中 -〔e〕s/-e **1** (生まれつきの)才能, 能力, 天賦の才, 資質: ein erstaunliches 〈ungewöhnliches〉 ～ 驚くべき〈人並みはずれた〉才能｜Multi*talent* 多方面の才能, マルチタレント ‖ ein musikalisches ～ besitzen 音楽の才能の持ち主である｜viel 〈kein〉 ～ zu *et.*[3] haben …の才能に恵まれている〈…の才能を持たない〉｜～ zum Dichten 〈Schauspieler〉 haben 詩作の才能〈俳優の素質〉を持っている｜*sein* ～ entfalten 〈verkümmern lassen〉 自分の才能をのばす〈むなしく枯らす〉. **2** 才能〈資質〉をそなえた人間: ein neues ～ 才能ある新人｜junge ～*e* fördern 才能のある若い人たちをバックアップする ‖ Er ist ein starkes ～. 彼はすばらしい才能の持ち主である. **3** タレント(古代ギリシアの重量および貨幣の単位). [*gr.* tálanton „Waage"－*lat.*; ◇tolerieren]

ta·len·tiert[talɛntí:rt] 形 才能のある, 有能な.

ta·lent·los[talɛ́ntlo:s][1] 形 才能のない, 無能な.

Ta·lent⸗pro·be 女 (芸術界・スポーツ界などの)新人が才能を実証するチャンス; 出世〈デビュー〉作: eine ～ ablegen (新人が)実力を認められる, 頭角をあらわす. **⸗su·che** 女 人材発掘〈探し〉. **⸗su·cher** 男 人材発掘係, (タレントの)スカウト.

ta·lent·voll 形 才能豊かな, 才能に富んだ.

Ta·ler[tá:lər] 男 -s/- **1** ターレル貨(16世紀から18世紀まで通用したドイツ銀貨. のちに 3 マルク銀貨): Wer den Pfennig nicht ehrt, ist des ～*s* nicht wert. (→Pfennig). **2** ⦅話⦆輪切りにしたソーセージ. [＜St. Joachimsthal (Böhmen の銀鉱で銀貨鋳造地); ◇Dollar]

Tä·ler Tal の複数.

Tal·fahrt[tá:l..] 女 **1** (↔Bergfahrt) (登山電車などの)下り; (船の)川下り. **2** ⦅比⦆(景気の)下降; (一般に)衰退, 衰微: auf ～ gehen (景気が)下降する.

Talg[talk][1] 男 -〔e〕s/ (種類: -e) **1** 獣脂(特に牛・羊・ヤギなどの). **2** (Hauttalg) 〖解〗皮脂. [*mndd.* talch; ◇*engl.* tallow]

talg·ar·tig[tálk..] 形 獣脂〈皮脂〉状の; 硬脂状の.

Talg⸗baum 男 Chinesischer ～ 〖植〗ナンキンハゼ(南京櫨)(中国原産トウダイグサ科の木. 種子の脂質はろうそくや石けんの材料となる). **⸗drü·se** 女 〖解〗脂腺(しせん), 皮脂腺.

tal·gen[tálgən][1] **I** 他 (h) ⦅*et.*[4]⦆ **1** (…に)獣脂を塗る. **2** (…に)獣脂を加える, (スープなどに)ヘットを入れる. **II** 自 (h) **1**

T

(…から)獣脂がとれる: Der Ochs *talgt* gut. 雄牛からはヘットがたくさんとれる. **2** (獣脂が)凝固する. **3** 《北部》 =schmieren II 2 [*mndd.*]

tal·gig[tálgıç][2] (ᵛ**tal·gicht**[..gıçt]) 形 **1** 獣脂のような. **2** 獣脂の多い. **3** 獣脂まみれの.

Talg≠ker·ze[tálk..] 女 = Talglicht **≠licht** 中 -〔e〕s/-er 獣脂ろうそく: *jm.* **geht ein ～ auf** 《話》…に〔突然〕合点がいく | Mir geht ein ～ auf. ああそうだったのか.

Tal·grund[tá:l..] 男 =Talsohle 1

Talg·su·mach[tálk..] 男 《植》 ハゼノキ(櫨木)(ウルシ科の木).

Tal·hang[tá:l..] 男 谷の斜面.

Ta·lion[talió:n] 女 -/-en 《法》 タリオ, 同害報復〔刑〕(聖書: レビ24,20以下の「目には目, 歯には歯…」のように, 被害者が受けたと同じ損害を加害者に課すること). [*lat.*; < *lat.* tālis „solch"]

Ta·lions·leh·re 女 -/ 《法》 タリオ理論.

Ta·lis·man[tá:lısman] 男 -s/-e お守り, 護符, 魔よけ: einen ～ 〔bei *sich*[3]〕 tragen お守りを肌身につけている. [*mgr.* télesma „Geweihtes"－*arab.* tilismān „Zauberbilder"－*it.*; < *gr.* télos „Ziel" (◇Zoll[2])]

Tal·je[táljə] 女 -/-n 《海》 テークル(滑車とロープの組み合わせによって重量物を引き上げる装置: →図). [*lat.* tālea „Abgeschnittenes"－*it.* taglia－*mndd.*; ◇Teller, Taille]

Talje (Flaschenzug)

tal·jen[táljən] 他 (h) 《海》 テークルで巻き上げる.

Tal·je·reep 中 《海》 (テークル用)通索.

Talk[1][talk] 男 -〔e〕s/-e 《南部》 =Teig

Talk[2][－] 男 -〔e〕s/ 《鉱》 滑石, タルク. [*arab.*－*span.*－*fr.*]

Talk[3][tɔ:k, tɔ:k] 男 -s/-s (Plauderei) おしゃべり; (Gespräch) 談話, 話し合い. [*engl.*]

talk·ar·tig[tálk..] 形 滑石(タルク)状の.

Talk·er·de 女 -/ 《化》 酸化マグネシウム, 苦土.

Tal·kes·sel[tá:l..] 男 盆地, すり鉢状の谷.

tal·kig[tálkıç][2] 《南部》 =teigig

Talk·ma·ster[tó:k.., tɔ́:k..] 男 (テレビの)トークショーの司会者. [*engl.*]

Talk≠pu·der[tálk..] 中 =Talkum 1 **≠schie·fer** 男 《鉱》 滑石片岩.

Talk-Show[tó:kʃo:, tɔ́:kʃoʊ] 女 -/-s トークショー(テレビ・ラジオで有名人を招いて行うインタビュー〈おしゃべり〉番組). [*engl.*]

Talk·stein[tálk..] 男 《鉱》 石鹼(せっけん)石.

Tal·kum[tálkʊm] 中 -s/ **1** 粉末滑石, タルカムパウダー; 打ち粉. **2** =Talk[2] [*mlat.*; ◇Talk[2]]

tal·ku·mie·ren[talkumí:rən] 他 (h) 《*et.*[4]》 (…に)粉末滑石をふりかける: Lederhandschuhe ～ 革手袋にタルカムパウダーをまぶす.

Tal·leh·ne[tá:l..] 女 =Talhang

Tal·lin〔**n**〕[tálın] 地名 タリン(エストニア共和国の首都).

Tall·öl[tál|ø:l] 中 《化》 トール油. [*schwed.* tall-olja „Fichten-öl"; ◇*engl.* tall oil]

tal·mi[tálmi·] **I** 《オーストリア》 =talmin **II** **Tal·mi** 中 -s/ **1** 《化》 めっきしたオランダ黄銅(装飾品に用いられる). **2** 《比》 まがいもの, 無価値なもの. [< *fr.* Tallois-demi-or „Tallois-Halb-gold"; Tallois は発案者の名]

Tal·mi·gold[tálmi..] 中 =Talmi 1

tal·min[tálmın] 形 《述語的》 **1** Talmi 製の. **2** 《比》 まがいの, 無価値な.

Tal·mi·wa·re[tálmi..] 女 **1** Talmi 製品. **2** 《比》 まがいもの, 無価値な品.

Tal·mud[tálmu:t][1] 男 -〔e〕s/-e タルムード(ユダヤ教の教典). [*hebr.* talmūdh „Lehre"]

tal·mu·disch[talmú:dıʃ] 形 タルムードに関する〈基づく〉.

Tal·mu·dist[talmudíst] 男 -en/-en タルムード学者〈研究家〉.

Tal·mul·de[tá:l..] 女 =Talkessel

Ta·lon[talɔ̃:, ..lɔ́ŋ; オーストリア:..ló:n] 男 -s/-s **1** 《商》 更改証書. **2** 《トランプ》 場札, 配り残りの札. **3** 《楽》 (弦楽器の)弓の取っ手. [*vulgärlat.*－*fr.* „Rest"; < *lat.* tālus (→Talar)]

Tal·schaft[tá:lʃaft] 女 -/-en 《スイス・オーストリア》 《集合的に》 谷間の住民.

Tal≠schlucht 女 深い谷, 峡谷. **≠sen·ke** 女 =Talkessel **≠soh·le** 女 **1** 谷底. **2** 《比》 最低の状態, (景気などの)沈滞: auf der ～ anlangen 底をつく. **≠sper·re** 女 谷の堰堤(えんてい)〈ダム〉(→図): ～ spielen 《話》 (ダムに水が満ちるように)徐々に酔っぱらう. **≠sta·tion** 女 (ロープウェーなどの)ふもと駅. **≠über·füh·rung** 女 谷にかかった橋.

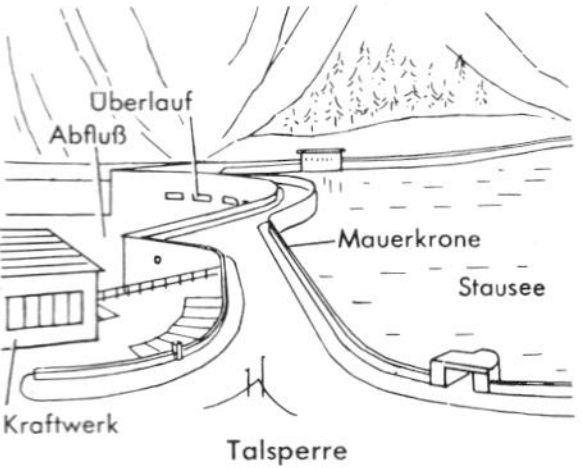

Talsperre

tal·wärts 副 谷へ向かって〔下へ〕.

Tal·weg 男 **1** 谷沿いの道. **2** 《土木》 流心〔線〕, 谷線.

Tam[tam] 男 -〔e〕s/ 《オーストリア》 魅力; 頭のさえ; ずるがしこさ.

Ta·ma·ra[tamá:ra·] 女名 タマーラ. [*russ.*]

Ta·ma·rin·de[tamaríndə] 女 -/-n 《植》 タマリンド(インドで栽培されているアフリカ原産のマメ科の木. 壊血病などの薬に用いる). [*arab.* tamr hindī „indische Dattel"－*mlat.*; ◇*engl.* tamarind]

Ta·ma·rin·den·baum 男 タマリンドの木.

Ta·ma·ris·ke[tamarískə] 女 -/-n 《植》 ギョリュウ(御柳)属. [*lat.* tamarīx－*vulgärlat.*]

Tam·bour[támbu:r, ◡⌣] 男 -s/-e (スイス: -en[tambú:rən]) **1** 《軍》 鼓手. **2** 《建》 ドラム, 鼓胴, タンブル. **3** (紡績機械の)シリンダー. [*arab.*－*fr.* tambour]

Tam·bour·ma·jor 男 《軍》 軍楽隊長.

Tam·bur[támbu:r] 男 -s/-e **1** タンブール(円形刺しゅう枠). **2** =Tambour 1 [*fr.* tambour]

tam·bu·rie·ren[tamburí:rən] 他 自 (h) **1** タンブールを使って刺しゅうする. **2** (かつらの毛を)頭頂部分に植毛する.

Tam·bu·rin[tamburí:n, ⌣◡－] 中 -s/-e **1** 《楽》 タンバリン. **2** (Tamburinball 用の)タンバリンラケット. **3** タンバリン(体操用指揮具の一種). **4** =Tambur 1 [*fr.* tambourin]

Tam·bu·rin≠ball 男 タンバリンボール(バドミントンに似たイタリアの遊戯: →図). **≠schlä·ger** 男 =Tamburin 2

Tamburinball

Ta·mil[tá(:)mıl] 中 -〔s〕/ タミル語 (Drawida 語族に属し, 豊富な文学作品を有する). [*drawid.*]

Ta·mi·le[tamí:lə] 男 -n/-n タミル人(インドおよびスリランカの一部に住む原住民).

ta·mi·lisch[tamí:lıʃ] 形 タミル人〈語〉の: →deutsch

Tamp[tamp] 男 -s/-e, **Tạm·pen**[támpən] 男 -s/- 〘海〙ロープの端, 索端. [*ndl.* tamp]

Tạm·pon[támpɔn, tampó:n, tãpɔ̃:; ｵｰｽﾄﾘｱ: tampó:n] 男 -s/-s **1** 〘医〙タンポン, 止血栓; 月経用綿棒. **2** 〘印〙(版面に印刷インキをつけるための)インキボール, タンポン. [*fr.*; ◇Zapfen]

Tam·po·nạ·de[tamponá:də] 女 -/-n 〘医〙タンポン法.

tam·po·nie·ren[tamponí:rən] 他 (h) 《*et.*[4]》〘医〙(…に)タンポンを詰める〈挿入する〉. [*fr.*]

Tam·tạm[tamtám, ⌣⌣] 中 -s/-s **1** 〘楽〙タムタム, ゴング, 銅鑼(ど): das ~ schlagen タムタムを打ち鳴らす. **2** 《単数で》《話》大騒ぎ; 余計な手数; 誇大宣伝: *jn.* mit großem ~ empfangen …を仰々しく出迎える | um *et.*[4] viel ~ machen / 〔ein〕 großes ~ mit *et.*[3] machen …のことで大騒ぎをする. [*Hindi–fr.*; 擬音; ◇*engl.* tomtom]

Ta·mụ·le[tamú:lə] 男 -n/-n =Tamile

ta·mụ·lisch[tamú:lɪʃ] =tamilisch

tan[táŋgɛns] 記号 (Tangens) 〘数〙タンジェント.

TAN[te:|a:|ɛ́n] 略 女 -/ = technisch begründete Arbeitsnorm (↔VAN) (旧東ドイツで, 経常作業に適用する)確定労働ノルマ.

Tạ·na·gra[tá(:)nagra·] 地名 タナグラ(ギリシア中部の古代都市). [*gr.*]

Tạ·na·gra·fi·gur[tá(:)nagra..] 女 タナグラ人形 (Tanagra から出土した古代ギリシア末期のテラコッタ製人形).

Tand[tant][1] 男 -〔e〕s/ 《雅》くだらぬもの, がらくた. [*lat.* tantum „so viel"–*roman.*–*mhd.*; ◇Dantes]

Tän·de·lei[tɛndəláɪ] 女 -/-en 遊び, ふざけ, いちゃつき.

Tän·de·ler[tɛ́ndələr] 男 -s/- =Tändler

Tạn·del·markt[tándəl..] 男 《ｵｰｽﾄﾘｱ》, **Tạ̈n·del·markt**[tɛ́ndəl..] 男 《方》=Trödelmarkt

tạ̈n·deln[tɛ́ndəln] 《06》 自 (h) **1** 《mit *jm.*》(…と)たわむれる, いちゃつく, ふざける; (子供を)あやす. **2** 《南部・ｵｰｽﾄﾘｱ》=trödeln

Tạ̈n·del·schür·ze 女 (Dirndlkleid などの)白い飾りエプロン.

Tạn·dem[tándɛm] 中 -s/-s **1** タンデム(二人乗り自転車: → 図; 古くは縦に並んだ馬 2 頭の引く二輪馬車). **2** (自転車の)タンデム=レース. [*lat.* „endlich"–*engl.*]

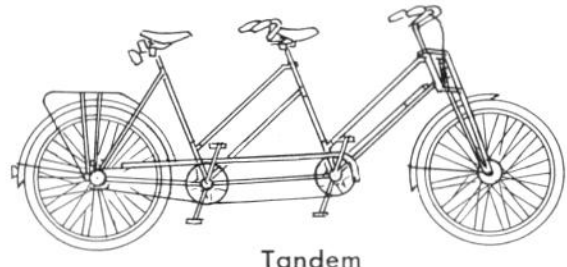

Tandem

Tạn·dem·ma·schi·ne 女 〘工〙タンデム〈くし形〉機関.

Tạnd·ler[tándlər] 男 -s/- 《南部・ｵｰｽﾄﾘｱ》 **1** =Tändler **2** 不器用な〈手の遅い〉人.

Tạ̈nd·ler[tɛ́ndlər] 男 -s/- **1** tändeln 1 する人. **2** 《方》=Trödler [<tändeln]

tang[táŋgɛns] 記号 (Tangens) 〘数〙タンジェント.

Tang[1][taŋ, táŋ] 女 -/ 《王朝名》唐(中国の王朝; 618-907): die ~-Dynastie 唐王朝.

Tang[2][taŋ] 男 -〔e〕s/-e 〘植〙海藻: Blasen*tang* ヒバマタ属 | See*tang* アマモ(甘藻)属. [*germ.* „dichte Masse"–*nord.*; ◇dehnen]

Tạn·ga[táŋga·] 男 -s/-s 〘服飾〙タンガ(ミニビキニの一種). [*port.* „Lendenschurz"]

Tan·ga·nji·ka[taŋganjí:ka·] 地名 タンガニーカ(1961年英連邦内で独立したが,1964年 Sansibar と連合して Tansania の一部となった).

der **Tan·ga·nji·ka·see**[..njí:ka..] 地名 男 -s/ タンガニーカ湖 (Tansania と Zaire との国境にある).

Tạn·ga·slip[táŋga..] 男 〘服飾〙タンガ用の超小型パンツ.

Tạn·gens[táŋgɛns] 男 -/- 〘数〙正接, タンジェント(記号 tan, tang, tg). [◇tangieren; *engl.* tangent]

Tan·gẹn·te[taŋgɛ́ntə] 女 -/-n **1** 〘数〙 **a)** 接線(→ 図 Kreis). [▽]**b)** (Tangens) 正接, タンジェント. **2** 〘楽〙(クラヴィコードの)タンジェント(打弦用金属棒). **3** バイパス(道路).

Tan·gẹn·ten·bus·so·le 女 〘電〙正接検流計.

tan·gen·tial[taŋgɛntsiá:l] 形 〘数〙接線の; [▽]正接の.

Tan·gen·tial·ebe·ne 女 〘数〙接平面.

Tạn·ger[táŋər, tándʒər] 地名 タンジール(ジブラルタル海峡に臨む Marokko の港湾都市). [*gr.*–*lat.* Tingis–*fr.*]

tan·gie·ren[taŋgí:rən] 他 (h) (berühren) **1** 《*et.*[4]》〘数〙(直線が…に)接する: Die Gerade *tangiert* den Kreis im Punkt A. この直線は A 点で円に接している. **2** 《比》《*jn.*/*et.*[4]》(…に)かかわり〈関係〉がある, 影響〈感銘〉を与える: Dieser Fall *tangiert* mich überhaupt nicht. このケースは私にはまったく関係がない | von *et.*[3] nicht *tangiert* werden …の影響を受けない. [*lat.* tangere „berühren"; ◇Takt]

Tạn·go[táŋgo·] 男 -s/-s **1** 〘ダンス〙タンゴ(4 分の 2 拍子または 8 分の 4 拍子の南米のゆるやかな舞踏). **2** 〘楽〙タンゴ曲. [*span.*]

Tạn·go·jüng·ling[táŋgo..] 男 《話》若いやさ男, にやけ野郎.

Tank[taŋk] 男 -s/-s (-e) **1** (ガソリン・ガスなどの)タンク, 貯蔵槽(→ 図 Kraftrad): Benzin*tank* ガソリンタンク | Gas*tank* ガスタンク | Wasser*tank* 水槽 | ein ~ mit 2 000 Liter Benzin ガソリン2000リットル入りのタンク. **2** (Panzerwagen) 戦車, タンク. **3** =Tankstelle 1 [*engl.*]

Tạnk·dampf·er[táŋk..] 男 =Tanker

tạn·ken[táŋkən] 他 (h) **1 a)** (燃料などを)タンクに入れる: 50 Liter Benzin ~ ガソリンを50リットル(タンクに)入れる ‖ 〘目的語なしで〙 Wann haben Sie zum letztenmal ge*tankt*? このまえ給油なさったのはいつですか. **b)** (auftanken) 《*et.*[4]》(…に)給油〈給水〉する: *seinen* Wagen ~ 自分の車に燃料を補給する. **2 a)** 《比》(空気・日光・活力・忍耐心などを)補給する, 自分の中に取りこむ; 《目的語なしで》(貯金をおろして)金を都合する: frische Luft ~ 新鮮な空気を胸いっぱい吸い込む | frische Kräfte ~ 鋭気をたくわえる | wieder Mut ~ 再び勇を鼓す. **b)** 《話》酒を飲む: Er hat gestern zuviel *getankt*. 彼はきのう飲みすぎた. [*engl.* tank]

Tạn·ker[táŋkər] 男 -s/- 〘海〙油槽船, タンカー. [*engl.*]

Tạnk≈flug·zeug 中 〘空〙燃料補給機. **≈last·wa·gen** 男 液体〈ガソリン〉輸送車, タンクローリー.

Tạnk·red[táŋkre:t] 男名 タンクレート. [*normann.*]

Tạnk≈säu·le[táŋk..] = Zapfsäule **≈schiff** 中 =Tanker **≈stel·le** 女 **1** ガソリンスタンド. **2** 《話》飲食店, レストラン. **≈stopp** 男 《話》給油のための小休止. **≈uhr** 女 (自動車の)燃料計. **≈wa·gen** =Tanklastwagen **≈wart** 男, **≈wär·ter** 男 ガソリンスタンドの〔給油〕係員.

Tann[tan] 男 -〔e〕s/-e 《雅》モミの森〈林〉; (うっそうたる)森林. [*mhd.* tan〔n〕 „Wald"; ◇Tenne]

Tan·nạt[taná:t] 中 -〔e〕s/-e 〘化〙タンニン酸塩. [<Tannin+..at]

Tạn·ne[tánə] 女 -/-n (小 **Tạ̈nn·chen**[tɛ́nçən], **Tạ̈nn·lein**[..laɪn] 中 -s/-) 〘植〙モミ(樅)属(→ 図): Silber*tanne* オウシュウモミ(欧州樅) ‖ schlank 〈kerzengerade gewachsen〉 wie eine ~ モミの木のようにすらりとした〈まっすぐに伸びた〉. [*ahd.*]

Schuppe
Nadel
Edeltanne
Tannenzapfen

Tanne

tạn·nen[1][tánən] 形 《付加語的》モミ材製の.

tạn·nen[2][–] =tannieren

Tạn·nen≈ap·fel 男 =Tannenzapfen **≈baum** 男 **1** モミの木. **2** (Weihnachtsbaum) クリスマスツリー.

Tạn·nen·berg[tánənbɛrk] 地名 タンネンベルク(もとドイツ領東プロイセンにあり, 現在はポーランド領でステンバルク Stenbark という. 1914年 8 月, Hindenburg 指揮のドイツ軍がここでロシア軍を破った).

Tạn·nen·gallaus 女 〘虫〙カサアブラムシ(笠蚜虫)科の昆虫.

Tan·nen≠grün 中 -s/ モミの小枝(部屋飾りや苗床のおおいなどに用いる). ≠**hä·her** 男〘鳥〙ホシガラス(星鴉). ≠**holz** 中 モミ材. ≠**laus** 女〘虫〙(モミにつく)アナナスムシ. ≠**mei·se** 女〘鳥〙ヒガラ(日雀). ≠**na·del** 女 モミの針葉. ≠**pfeil** 男〘虫〙マツクロスズメ(松黒雀蛾). ≠**wald** 男 モミの森. ≠**we·del** 男〘植〙スギナモ(杉菜藻)(水草の一種). ≠**zap·fen** 男 モミの毬果(きゅうか)(→ 図 Tanne). ≠**zweig** 男 モミの枝.

Tann·häu·ser[tánhɔʏzər] 人名 タンホイザー(13世紀ドイツの吟遊詩人. Wagner 作の同名の歌劇がある).

ᵛ**Tan·nicht**[tánɪçt] (ᵛ**Tän·nicht**[tɛ́nɪçt]) 中 -(e)s/-e (小さな)モミ林. [<Tanne+..icht]

tan·nie·ren[tanίːrən] 他 (h) タンニンでなめす〈着色する〉.

Tan·nin[taníːn] 中 -s/〘化〙タンニン, 鞣質(じゅうしつ). [*fr.*; <*fr.* tan „Gerberlohe"]

Tänn·lein Tanne の縮小形.

Tänn·ling[tɛ́nlɪŋ] 男 -s/-e モミの若木.

Tann·zap·fen[tán..]《スイ》=Tannenzapfen

Tan·sa·nia[tanzáːnia·, tanzaníːa·] 地名 タンザニア(東アフリカ中央部の国. 1964年 Tanganjika と Sansibar が連合して生まれた. 首都はドドーマ Dodoma): die Vereinigte Republik ～ タンザニア連合共和国. [◇*engl.* Tanzania]

Tan·sa·ni·er[tanzáːniər] 男 -s/- タンザニアの人.

tan·sa·nisch[tanzáːnɪʃ] 形 タンザニアの.

Tan·se[tánzə] 女 -/-n《スイ》(Rückentrage)(牛乳・ワインなどを入れる)背負いかご. [<*ahd.* dinsan (→gedunsen)]

Tan·tal[tántal] 中 -s/〘化〙タンタル(希有金属元素名; 記号 Ta). [◇*engl.* tantalum]

Tan·ta·lat[tantaláːt] 中 -(e)s/-e〘化〙タンタル酸塩.

Tan·ta·lit[tantalíːt, ..lít] 男 -s/〘鉱〙タンタル石, コルンブ石. [<..it²]

Tan·tal·säu·re[tántal..] 女〘化〙タンタル酸.

Tan·ta·lus[tántalʊs] 人名〘ギ神〙タンタロス(Zeus の息子で Phrygien の王. 神罰を受け, 地獄で, すぐ手の届くところにある水が飲めず, 果実が食べられずに苦しんだ. ギリシア語形 Tantalos). [*gr.*–*lat.*; <*gr.* tlẽnai „dulden" (◇tolerieren)]

Tan·ta·lus·qua·len 複 (目前にある欲しいものが手に入らない)タンタロスの苦しみ.

Tan·te[tántə] 女 -/-n (小 **Tant·chen**[..tçən] 中 -s/-) **1** おば(伯母, 叔母: →Onkel²): ～ Anna アンナおばさん | Meine ～, deine ～ 僕のおば君のおば(トランプ遊びの一種) ‖ bei *seiner* ～ wohnen おばのところに同居する | Dann 〈Denn〉 nicht, liebe ～, dann 〈denn〉 geh(e)n wir eben zum Onkel.《話》(こちらの提案を受け入れない相手に向かって)それじゃいいですよ ほかを探しますから. **2 a)**《幼児語》(よその)おばさん(女のおとな一般): Gib der ～ schön die Hand! おばちゃまとちゃんと握手なさい | **～ Anna** / **～ Meier**《婉曲に》便所 | zu ～ Meier gehen 便所に行く. **b)**《軽蔑的に》女: eine alte ～ ばあさん | Klatsch*tante* おしゃべり女. **c)**《軽蔑的に》=Tunte. [*lat.* amita „Vatersschwester"–*afr.* ante–*fr.*; ◇Amme; *engl.* aunt]

Tan·te-An·na-La·den[tantə|ána.., ◡◡◡◡‒◡] 男 小さな個人商店.

Tan·te-Em·ma≠-Be·trieb[tantə|ɛ́ma.., ◡◡◡◡◡‒] 男 小さな個人企業. ≠**-La·den**[また: ◡◡◡◡‒◡] 男 小さな個人商店.

tan·ten·haft[tántənhaft] 形《軽蔑的に》おせっかいやきの, 世話やきの.

Tan·tie·me[tɑ̃tiéːmə, ..tiɛ́ːmə] 女 -/-n《ふつう複数で》〘商〙利益配当; 歩合; 出版物の印税: ～*n* beziehen 利益配当を受ける. [*fr.*; <*lat.* tantum (→Tand)]

Tanz[tants] 男 -es/Tänze[tɛ́ntsə] (小 **Tänz·chen** → 別出, **Tänz·lein**[tɛ́ntslaɪn] 中 -s/-) **1 a)** (英: *dance*)ダンス, 踊り, 舞踊, 舞踏: Bauch*tanz* ベリーダンス | Gesellschafts*tanz* 社交ダンス | Volks*tanz* 民族舞踊 ‖ der ～ der Mücken《雅》蚊柱(かばしら) | der ～ der Blätter《雅》木の葉の舞い | der ～ der Wellen《雅》波のたわむれ | **ein ～ auf dem Seil**《比》危ない綱渡り, 危険な行動 | **ein ～ auf dem Vulkan**《比》噴火山上の舞踏(危険がさし迫っているのに安閑とお祭り気分でいること) | **der ～ ums 〈um das〉 Goldene Kalb**《比》金の子牛をめぐる舞踏(金銭欲, 富の追求; 聖書: 出32から; →Kalb 1) ‖ einen ～ hinlegen 〈aufs Parkett legen〉《話》情熱的に踊る | ***jm.* den ～ lange machen**《方》…を長時間待たせる ‖ *sich*⁴ im ～ drehen 踊りながら旋回する | Darf ich (Sie) um den nächsten ～ bitten? 次のダンスのお相手を願えませんか | eine Dame zum ～ auffordern ある婦人にダンスを申し込む | eine Aufforderung zum ～ (→Aufforderung) | zum ～ aufspielen ダンスの伴奏音楽を奏する.

b) (Tanzfest) ダンスパーティー, 舞踏会: zum ～ gehen ダンスパーティーに行く | Heute abend ist ～ im Gasthof 〈bei Herrn X〉. 今晩ホテル〈X 氏宅〉でダンスパーティーがある. **c)** 舞踏曲, 舞曲: einen ～ komponieren 〈spielen〉 舞踏曲を作曲する〈ダンス音楽を演奏する〉.

2《話》大騒ぎ, すったもんだ; 非難攻撃; 言い合い, 口論, けんか: **einen ～ aufführen** (つまらぬことで)興奮〈大騒ぎ〉する | einen ～ 〈ein *Tänzchen*〉 mit *jm.* machen …と口論する, …とやり合う | *jm.* einen ～ machen …を激しく非難する, …にけんかをしかける | Mach keine *Tänze*! 回りくどいことをするな〈言うな〉| Das wird noch einen ～ 〈ein *Tänzchen*〉 geben. いまにひと騒動あるだろう.

[*afr.* danse–*mndl.*–*mhd.*; ◇tanzen; *engl.* dance]

Tanz≠abend[tánts..] 男 ダンスの夕べ, 夜のダンスパーティー, 舞踏夜会. ≠**band** 女 ダンス音楽を演奏する楽団〈バンド〉.

tanz·bar[tántsbaːr] 形 (曲などが)踊りに適した, ダンス向きの.

Tanz≠bar 女 ダンスのできるバー. ≠**bär** 男 (サーカスなどの)踊りを仕込まれたクマ: wie ein ～ schwitzen (→schwitzen I 1). ≠**bein** 中《戯》《もっぱら次の形で》**das ～ schwingen** (夢中になって)踊る. ≠**bo·den** 男 -s/..böden (Tanzfläche) ダンスフロア: Auf dem ～ ist er der Erste 〈der Beste〉. ダンスにかけては彼がナンバーワンだ. ≠**ca·fé**[..kafeː] 中 ダンスのできる喫茶店.

Tänz·chen[tɛ́ntsçən] 中 -s/- Tanz の縮小形;《話》ひと騒ぎ, けんか, 口論(→Tanz 2): ein ～ mit *jm.* haben …と口論〈けんか〉する, …とやり合う.

Tanz·die·le[tánts..] 女 =Tanzlokal

Tän·ze Tanz の複数.

tän·zeln[tɛ́ntsəln]《06》自 (h, s) 踊るような足どりで歩く; (馬が)跳ねながら進む (h, s について: →schwimmen I 1 ☆).

tan·zen[tántsən]《02》**I** 自 **1 a)** (h, s) 踊る, 舞う, ダンスをする (h, s について: →schwimmen I 1 ☆): mit *jm.* ～ …と踊る | ～ gehen ダンスに行く | Du *tanzt* 〈雅: *tanzest*〉 gut. 君はダンスがじょうずだ | Wir haben die ganze Nacht *getanzt*. 私たちは一晩じゅう踊った | Wir sind durch den ganzen Saal *getanzt*. 私たちはホールじゅうを踊りまくった ‖ Heute abend wird *getanzt*. 今晩はダンス(パーティー)がある ‖ auf dem Seil ～ (→Seil 1) | aus der Reihe ～ (→Reihe 1) | nach *js.* Pfeife ～ (→Pfeife 1 a) ‖ die Puppen ～ lassen (→Puppe 1 c). **b)** (h)《結果を示す語句と》再帰 *sich*⁴ müde ～ 踊り疲れる | *sich*⁴ in Ekstase ～ 踊るうちに恍惚(こうこつ)状態に入る. **c)** (h) 再帰・非人称 Es *tanzt* sich gut in diesem Saal. このホールは踊りよい.

2 (h) (木の葉・小舟・影などが)おどる, 舞う, 揺れ動く: auf den Wellen ～ (舟が)波におどる | Die Mücken *tanzen* über dem Wasser. 水上に蚊柱(かばしら)が立っている | Mir *tanzt* alles vor den Augen.《比》私は目の前がくらくらする〈目まいがする〉.

3 (s) (おどるようにして)はね回る: vor Freude ～ 小躍りする | vor Schmerz ～ 痛くて転げ回る.

II 他 (h) (…を)踊る: (einen) Tango 〈(einen) Walzer〉 ～ タンゴ〈ワルツ〉を踊る | modernes Ballett ～ モダンバレエを踊る | die Giselle ～ (バレエで)ジゼル役を踊る.

[*afr.* dancier–*mndl.*–*mhd.*; ◇Tanz; *engl.* dance]

Tän·zer[tɛ́ntsər] 男 -s/- **1 a)** (女 **Tän·ze·rin** → 別出) 踊る人, ダンスをする人(男): ein guter 〈schlechter〉 ～ ダン

スのうまい〈へたな〉人. **b**) (職業的な)男子〔バレエ〕ダンサー; 男性舞踊家: Ballet*tänzer* バレエダンサー. **c**) (ダンスの)男のパートナー: Sie hat keinen ～ gefunden. 彼女はダンスの相手が見つからなかった. **2** よく跳ねる馬, 悍馬(かんば).

Tan·ze·rei[tantsəráɪ] 女 -/-en **1** 《オーストリア》《話》(小さな)ダンスパーティー. **2** 《軽蔑的に》いつまでも踊りつづけること.

Tän·ze·rin[téntsərɪn] 女 -/-nen (Tänzer 1 a の女性形) **1** 踊る女, ダンスをする女, 踊り手. **2** (職業的な)ダンサー; バレリーナ; (レビューの)踊り子, 舞姫; 女性舞踊家: Nackt*tänzerin* ヌードダンサー. **3** (ダンスの)女のパートナー.

tän·ze·risch[téntsərɪʃ] 形 **1** 踊り〈ダンス〉の; 踊り〈ダンス〉に関する: ～*e* Fähigkeiten ダンスの才. **2** 踊るような, ダンスふうの.

Tanz≈fest[tánts..] 中 ダンスパーティー, 舞踏会. **≈flä·che** 女 ダンスフロア. **≈flie·ge** 女 〘虫〙 オドリバエ(踊蠅)科の昆虫.

tanz·freu·dig 形 踊り〈ダンス〉の好きな.

Tanz≈ge·sell·schaft 女 舞踏会, ダンスパーティー. **≈grup·pe** 女 舞踏団. **≈ka·pel·le** 女 ダンス音楽を演奏する楽団〈バンド〉. ᵛ**≈kar·te** 女 **1** (舞踏会で女性がもらう)パートナー表. **2** (あらかじめ自分のパートナー名が記入されている)ダンス=プログラム: Meine ～ ist besetzt. 私のダンスの予約表はふさがっています. **≈kränz·chen** 中 ダンスパーティーを兼ねた小グループの会合. **≈kunst** 女 **1** 《単数で》舞踏芸術. **2** 舞踏〈ダンス〉の技能. **≈kurs** 男, **≈kur·sus** 男 ダンスの講習会. **≈leh·rer** 男 (⊛ **≈leh·re·rin**) ダンス〈踊り〉の先生, 舞踊〈ダンス〉教師.

Tänz·lein Tanz の縮小形(→Tänzchen).

Tanz≈lied[tánts..] 中 舞踏歌. **≈lo·kal** 中 ダンスのできるレストラン〈酒場・キャバレー〉. **≈lust** 女 -/ 踊りたい〈ダンスをしたい〉という気持.

tanz·lu·stig 形 踊り〈ダンス〉の好きな.

Tanz≈mei·ster 男 **1** グループ=ダンスのリーダー. ᵛ**2** = Tanzlehrer **3** (Ballettmeister) バレエマスター〈振付師〉. **≈mu·sik** 女 舞踏音楽; ダンス音楽. **≈par·kett** 中 (寄せ木張りの)ダンスフロア. **≈part·ner** 男 (⊛ **≈part·ne·rin**) (ダンスの)パートナー. **≈par·ty**[..pa:ᵊrti·] 女 ダンスパーティー. **≈plat·te** 女 ダンス音楽のレコード. **≈platz** 男 **1** (祭礼などの催される)野外舞踏場. **2** = Tanzfläche **≈rhyth·mus** 男 踊り〈ダンス〉のリズム. **≈saal** 男 (ホテルや宮殿などの)舞踏会用の広間, 舞踏室; (大きな Tanzlokal の)ダンスホール. **≈schaf·fe** 女 《話》 **1** すてきなダンスホール. **2** eine zentrale ～ 大当たりのダンス曲. **≈schritt** 男 (ダンスの)ステップ; (バレエの)パ. **≈schuh** 男 ダンス靴. **≈schu·le** 女 社交ダンス教習所, ダンス学校. **≈sport** 男 スポーツ形式の社交ダンス. **≈stun·de** 女 ダンスのレッスン, 踊りのけいこ: in die ～ gehen ダンス教室に通う, ダンスのけいこに行く. **≈sucht** 女 -/ = Tanzwut **≈tee** 男 ティーダンス(お茶の時間に催されるダンスパーティー). **≈tur·nier** 中 社交ダンスのコンテスト. **≈un·ter·richt** 男 ダンスの授業〈レッスン〉. **≈ver·gnü·gen** 中 ダンスパーティー. **≈wei·se** 女 **1** ダンスのメロディー. **2** ダンスの方法, 踊りの流儀. **≈wut** 女 (Choreomanie) 〘医〙 流行性舞踏病.

Tao[tá:o·, taʊ] 中 -/ (道教の)道(タオ). [*chines.*]

Tao·is·mus[taoísmʊs, taʊís..] 男 -/ (中国の)道教.

Tao·ist[taoíst, taʊíst] 男 -en/-en 道教信者, 道教徒.

taoi·stisch[taoístɪʃ, taʊís..] 形 道教の.

Tao-te-king[taotekíŋ, taʊ..] 《書名》道徳経(『老子』ともいい, 老子 Lao-tse の著書). [*chines.*]

Ta·pa[tápa·] 女 -/-s 〘織〙 タパ(コウゾの樹皮の繊維から作った服地・敷物用の布). [*polynes.*]

Tape[te:p, teɪp] 中 (男) -/-s **1 a**) (Tonband) 録音テープ. **b**) カセットテープ. **2** 磁気〈穿孔〉テープ. [*engl.*]

Tape·deck[té:pdɛk, téɪp..] 中 -s/-s テープデッキ(録音再生装置の一種).

Ta·per·greis[tá:pər..] 男 《北部》(Tattergreis) (手足の震える)おいぼれ, よぼよぼの老人.

ta·pe·rig[tá:pərɪç]² 形 《北部》(tatterig) (老衰・中毒などで手などが)震える.

ta·pern[tá:pərn] 《05》 自 (h, s) 《北部》よろよろ〈足もともおぼつかなく〉歩〔いて行〕く. [< *mndd.* tapen (◇tappen)]

Ta·pet[tapé:t] 中 -〔e〕s/-e ᵛ会議用テーブル掛け: 〖今日ではもっぱら次の成句で〗 *et.*⁴ **aufs ～ bringen** 《話》…を議題〈話題〉にする | *et.*⁴ auf dem ～ haben 《話》…を議題〈話題〉にしている | **aufs ～ kommen** 《話》議題〈話題〉になる | auf dem ～ sein 《話》議題〈話題〉になっている.

Ta·pe·te[tapé:tə] 女 -/-n (紙・布・革製の模様入りの)壁紙; 壁布: eine geblümte 〈gestreifte〉 ～ 花模様〈縞(しま)模様〉の壁紙 ‖ die ～*n* abreißen 〈erneuern〉 壁紙をはぎ取る〈新しいものに取り替える〉 | **die ～*n* wechseln** i) 壁紙を張り替える; ii) 《話》転居する; 河岸を変える; 職場を変える; 党派〈宗派〉を変える. [*mlat.*; < *gr.* tápēs „Teppich" (◇Teppich); ◇Tapisserie, tapezieren; *engl.* tapis]

Ta·pe·ten≈bahn 女 壁紙の細長い1枚, 壁紙の1幅(の)(幅が決まっていて適当な長さに切って使うもの). **≈flun·der** 女 《戯》(Wanze) ナンキンムシ(南京虫). **≈händ·ler** 男 壁紙商人. **≈mot·te** 女 〘虫〙 モウセンガ. **≈mu·ster** 中 壁紙の模様. **≈rol·le** 女 円筒状に巻いた壁紙. **≈tür** 女 (同じ壁紙を張って壁面に埋めこまれた)隠しドア. **≈wech·sel** 男 **1** 壁紙の張り替え. **2** 《話》 **a**) (中身はそのままで)表面だけ変えること. **b**) (休暇をとったり, 引っ越したり, 転職したりして)環境を変えること.

Ta·pe·zier[tapetsí:ᵊr] 男 -s/-e 《南部》 = Tapezierer

Ta·pe·zier≈ar·beit 女 壁紙〈壁布〉張り, 経師(きょうじ)屋の仕事. **≈bür·ste** 女 壁紙〈壁布〉張り用の刷毛(はけ).

ta·pe·zie·ren[tapetsí:rən] 他 (h) **1** 《*et.*⁴》(…に)壁紙〈壁布〉を張〔って装飾す〕る: eine Wand 〈ein Zimmer〉 ～ 壁〈部屋〉に壁紙を張る. **2** 《オーストリア》《*et.*⁴》(ソファーなどを)張り替える. [*it.* tappezzare; ◇Tapete]

Ta·pe·zie·rer[tapetsí:rər] 男 -s/- **1** 壁〔紙〕張り職人, 経師(きょうじ)屋. **2** 《オーストリア》いす張り工.

Ta·pe·zier·na·gel[tapetsí:ᵊr..] 男 (壁化粧張りなどに用いる)鉄製のびょう.

Ta·pe·zie·rung[..rʊŋ] 女 -/-en tapezieren すること.

Ta·pe·zier·wa·re[tapetsí:ᵊr..] 女 -/-n 《ふつう複数で》(壁紙など)室内装飾用品.

Tap·fe[tápfə] 女 -/-n, **Tap·fen**[tápfən] 男 -s/- 《ふつう複数で》(Fußstapfe) 足跡: *Tapfen* im Sand hinterlassen 砂に足跡を残す. [< Fußstapfe; ◇Stapfen]

tap·fer[tápfər] 形 **1** 勇敢な, 勇ましい, 雄々しい, 勇気のある, 気丈な, 恐れを知らない, けなげな: ein ～*er* Soldat 勇敢な兵士 | ～*en* Widerstand leisten 勇敢に抵抗する ‖ Das Kind war im Zahnarzt sehr ～. その子は歯医者でたいへん我慢強かった ‖ ～ kämpfen 勇敢に戦う | *seine* Schmerzen ～ ertragen 苦痛をけなげにも我慢する. **2** 《副詞的》(tüchtig) はなはだしく, したたかに: ～ arbeiten 大いに働く | ～ essen したたか食う | ～ zechen 痛飲する.
[*ahd.* tapfar „gewichtig"; ◇ *engl.* dapper]

Tap·fer·keit[–kaɪt] 女 -/ 勇敢さ, 勇気〔ある態度〕, 勇ましさ, 雄々しさ, (恐れを知らぬ)大胆さ: mit verbissener ～ 歯を食いしばって.

Tap·fer·keits·me·dail·le[..medaljə] 女 (特別勇気のある行為を表彰する)勇敢褒章.

Ta·pio·ka[tapió:ka·] 女 -/ タピオカ(キャッサバの根茎から作られる澱粉(でんぷん)で, 食用およびアルコール原料となる: →Maniok). [*indian.*]

Ta·pio·ka·stär·ke[tapió:ka..] 女 -/ タピオカ澱粉.

Ta·pir[tá:pi:ᵊr, ..pɪr; オーストリア: tapí:ᵊr] 男 -s/-e 〘動〙 バク(貘). [*indian.*–*fr.*]

Ta·pis·se·rie[tapɪsərí:] 女 -/-n[..rí:ən] タペストリー(飾り壁掛け・つづれ織り〔壁掛け〕・つづれ錦(にしき)・ゴブラン織りなど). [*fr.*; < *fr.* tapis „Teppich" (◇Tapete); ◇ *engl.* tapestry]

Ta·pis·se·rie≈ge·schäft 中 タペストリー〈つづれ織り〉の店. **≈wa·re** 女 -/-n 《ふつう複数で》タペストリー〈つづれ織り〉の製品.

Ta·pis·se·ri·stin[tapɪsərístɪn] 女 -/-nen タペストリー〈つづれ織り〉女子作業員.

tapp[tap] **I** 間 (軽い足音)コトリ, トン, パタリ: ～,～ / tipp, ～ (はだしで地面を走る音)ペタペタ. **II Tapp** 男 -〔e〕s/-e

T

《北部》軽く打つ〈ぶつかる〉こと.

Tạp·pe[1][tápə] 女 -/-n《話》= Tapfe [*mhd.* tāpe „Pfote"]

Tạp·pe[2][–] 男 -n/-n《北部・中部》(Tölpel) うすのろ, 「ばか, とんま.」

tạp·pen[tápən] 自 **1** (h, s)(不器用に・おぼつかない足どりで・手探りしながら)よたよた〈ペタペタ〉歩く, 不格好に歩く (h, s について: →schwimmen I 1 ☆): durch 〈über〉 den dunklen Flur ~ 暗い廊下を手探りで歩く | in eine Pfütze ~ (うっかり)水たまりに足を踏み入れる | in eine Falle ~《比》(うっかり)わなにはまる. **2** (h) 手探りする: nach dem Schalter ~ 手探りでスイッチをさがす | im Dunkeln 〈im dunkeln / im finstern〉 ~ (→dunkel III, →finster 1).

Tạp·per[tápər] 男 -s/-《ｵｰｽﾄﾘｱ》=Tarock

täp·pisch[tɛ́pɪʃ](方: **tạp·pig**[tápɪç][2]) 形 (動作などが)ぎごちない, もたもたした; (人が)不器用な, 鈍重な: ein ~*er* Kerl ぶきっちょなやつ | Sein Benehmen ist sehr ~. 彼の態度はひどくぎごちない.

tạpp·rig[táprɪç][2] (**tạp·rig**[táːprɪç][2]) =taperig

Taps[taps] 男 -es/-e《話》**1** ぶきっちょな人: Hans ~ (→Hans II). **2** 軽くたたくこと〈音〉.

tạp·sen[tápsən]《02》《話》=tappen

tạp·sig[tápsɪç][2]《話》=täppisch

Ta·ra[táːra·] 女 -/..ren[..rən]〔商〕**1** (略 T, Ta) 風袋(ふうたい). **2** 風袋の目方. [*arab.* „Abzug"–*it.*; ◇tarieren; *engl.* tare]

Ta·rạn·tel[tarántəl] 女 -/-n〔虫〕タランチュラ(南ヨーロッパの地中に生息するコウモリグモ科の毒グモ. 毒性は弱い): **wie von einer ~ gebissen 〈gestochen〉** aufspringen《比》いきなり跳びはねる. [*it.* tarantola; ◇Tarent; *engl.* tarantula]

Ta·ran·tẹl·la[tarantɛ́la·] 女 -/-s, ..len[..lən] タランテラ(4分の3または8分の6拍子の, 活発に旋回する南イタリアの民族舞踊). [*it.*]

Ta·rar[taráːr] 男 -s/-e〔農〕(風圧を利用した)〔穀物〕精選機. [*fr.* tarare]

Ta·ra·ver·gü·tung[táːra..] 女〔商〕風袋差し引き.

Tar·bụsch[tarbúːʃ] 男 -〔e〕s/-e **1** タブーシュ(イスラム教徒の男子がかぶる, 房のついた縁なしの赤いフェルトのトルコ帽). **2** =Fes[2] [*arab.*–*fr.* tarbouch; ◇*engl.* tarboosh]

tar·dạn·do[tardándo·] =ritardando [*it.*; < *lat.* tardus „langsam"]

Ta·ren Tara の複数.

Ta·rẹnt[tarɛ́nt] 地名 ターラント(イタリア南東部, ターラント湾に臨む港湾都市. 古代には Sparta の植民市で, タレントゥム Tarentum といった. イタリア語形 Taranto). [*gr.* Tárās–*lat.*; ◇Tarantel]

Ta·ren·tị·ner[tarɛntíːnər] **I** 男 -s/- ターラントの人. **II** 形《無変化》ターラントの.

Tar·get[táːgɪt] 中 -s/-s〔理〕ターゲット. [*engl.*]

Tạr·gi[tárgi·] 男 -〔s〕/Tuareg《ふつう複数で》→Tuareg I

ta·rie·ren[taríːrən] 他 (h)《*et.*[4]》〔商〕(…の)風袋の目方を量る. [*it.* tarare; ◇Tara]

Ta·rịf[taríːf] 男 -s/-e **1 a)** 料金〈定価・運賃〉〔表〕; 〔関〕税率〔表〕: die ~*e* der Bahn 〈der Post〉 鉄道運賃〈郵便料金〉〔表〕| einen ~ aufstellen 料金表をつくる〈運賃率・税率を定める〉. **b)** (労使協定によって定められた)賃金〈俸給〉〔スケール・一覧表〕: gleitender ~ 賃金スライド制 ‖ neue ~*e* vereinbaren 新しい賃金率を取り決める | über 〈unter〉 ~[3] bezahlt werden 賃金率以上〈以下〉の支払いを受ける. **2**《話》(Speisekarte) 献立表, メニュー. [*arab.* „Bekanntmachung"–*it.*–*fr.*; ◇*engl.* tariff]

Ta·rịf·ab·kom·men 中 賃金協定.

ta·ri·fa·risch[tarifáːrɪʃ] =tariflich

Ta·rịf≠aus·schuß[taríːf..] 男 賃金〈定価・運賃〉審議会. ≠**bruch** 男 賃金協約違反. ≠**er·hö·hung** 女 料金〈運賃〉引き上げ; 賃〔金引き〕上げ. ≠**fä·hig·keit** 女 -/ 賃金協約締結の能力〈資格〉.

ta·ri·fie·ren[tarifíːrən] 他 (h)《*et.*[4]》(…の)料金〈賃率・税率〉を定める, (…の)料金表を作製する.

ta·rị·fisch[taríːfɪʃ] =tariflich

Ta·rịf≠kom·mis·sion 女 運賃〈賃金〉委員会. ≠**kon·flikt** 男 賃金をめぐる労使間の紛争. ≠**kon·kur·renz** 女 賃金協約の競合.

ta·rịf·lich[taríːflɪç] 形 料金〈運賃〉に関する, 料金〈運賃〉表による; 賃金に関する, 賃金協約による.

Ta·rịf·lohn 男 協定〈標準〉賃金.

ta·rịf·mä·ßig =tariflich

Ta·rịf≠ord·nung 女 (ナチ時代の)労働協約令. ≠**par·tei** 女 賃金協約のそれぞれの当事者. ≠**part·ner** 男 -s/-《ふつう複数で》賃金協約の当事者〈相手側〉: die Gespräche der ~ 賃金をめぐる労使間の話し合い. ≠**po·li·tik** 女 賃金政策. ≠**recht** 中 -〔e〕s/ 賃金と労働条件に関する法. ≠**run·de** 女《集合的に》(労使間の)資金交渉. ≠**satz** 男 賃率; 税率. ≠**sy·stem** 中 賃金体系. ≠**ver·hand·lung** 女 -/-en《ふつう複数で》(労使間の)賃金交渉. ≠**ver·trag** 男 賃金協約: einen ~ aushandeln 交渉によって賃金率を決める.

Tar·la·tan[tárlatan] 男 -s/-e〔織〕ターラタン(薄地のモスリン状の綿織物). [*fr.*]

Tạrn≠an·strich[tárn..] 男〔軍〕迷彩〈カムフラージュ〉塗装. ≠**an·zug** 男〔軍〕迷彩服. ≠**be·zeich·nung** 女 偽称, 偽名.

tạr·nen[tárnən] 他 (h)(遮蔽(しゃへい)・迷彩などによって)見えなくする, カムフラージュする, 偽装する;《比》隠蔽する, カムフラージュする: das Geschütz mit Zweigen ~ 大砲を枝で偽装する | *seine* Absicht ~ 自分の意図を隠蔽する ‖ 再帰 *sich*[4] ~ 自分をカムフラージュする | *sich*[4] als Touristen ~ 観光客を装う, 旅行客になりすます. [*ahd.*; < *ahd.* tarni „heimlich"]

Tạrn·far·be 女 -/-n **1**《ふつう複数で》迷彩色(黄・褐色・緑). **2** 迷彩塗料, カムフラージュ=ペンキ.

tạrn≠far·ben 形, ≠**far·big** 形 迷彩色の.

Tạrn≠fär·bung 女〔動〕隠蔽(いんぺい)色. ≠**fir·ma** 女 (他の〔非合法的な〕活動を隠蔽するための)偽装会社. ≠**kap·pe** 女 **1 a)** (ゲルマンのこびと伝説で)隠れ蓑(みの)(Nibelungenlied では Siegfried がこびとの王 Alberich から手に入れ, これを着て Gunther 王を助けた). **b)** (Nebelkappe)《後代の民話で, かぶると姿が見えなくなる》隠れ頭巾(ずきん). **2**《話》(Perücke) かつら. ≠**ma·nö·ver** 中 偽装工作. ≠**na·me** 男 =Tarnbezeichnung ≠**netz** 中〔軍〕偽装網. ≠**or·ga·ni·sa·tion** 女 偽装団体.

Tạr·nung[tárnʊŋ] 女 -/-en **1** tarnen すること. **2**〔軍〕偽装, 迷彩, カムフラージュ;《比》偽装, 仮面. **3**〔動〕隠蔽(いんぺい)的擬態; 隠蔽的体色変化.

Tạr·nungs·ma·nö·ver =Tarnmanöver

Ta·ro[táːro·] 男 -s/-s サトイモ(里芋), タロイモ(アジア・アフリカなどで栽培されるサトイモ科の植物で, 各地に多数の品種がある). [*polynes.*]

Ta·rọck[tarɔ́k] 中 男 -s/-s〔ﾄﾗﾝﾌﾟ〕タロット, タロック(78枚のカードを用いて3人で行うトランプゲーム): ~ spielen タロットをする. [*it.* tarocco; ◇*engl.* tarok]

ta·rockie·ren[tarɔkíːrən] (**ta·rọcken**[tarɔ́kən]) 自 (h)〔ﾄﾗﾝﾌﾟ〕タロットをする.

Ta·rọck·spiel[tarɔ́k..] 中 タロット〔遊び〕.

Ta·rọk[tarɔ́k] 中 男 -s/-s =Tarock

Tar·pọn[tarpóːn] 男 -s/-s, -e〔魚〕ハイレン(イセゴイ科).

Tạr·sus[tárzʊs] 男 -/..sen[..zən] **1 a)** (Fußwurzel)〔解〕足根. **b)** (Lidknorpel)〔解〕眼瞼(がんけん)軟骨, 瞼板(けんばん). **2**〔動〕跗節(ふせつ)(昆虫の脚の最終肢節). [*gr.* tarsós „Sohle"; ◇Darre]

Tạr·tan[tártan, táːtən] 男 -s/-s **1**〔織〕タータン(元来は英国, スコットランド産の格子縞(じま)の毛織物). **2**〔服飾〕タータン=プレード(肩掛け). [*engl.*]

Tar·tạ·ne[tartáːnə] 女 -/-n タルタナ(地中海の1本マストの小型漁船). [*provenzal.*–*it.* tartana „kleines Schiff"]

Tar·tar[tartáːr] 男 -en/-en Tatar I の誤形. [*mlat.*]

tar·ta·rẹ·isch[tartaréːɪʃ] 形 タルタロスの; 冥界(めいかい)の.

T

Tar·ta·rus[1][tártarʊs] (**Tar·ta·ros**[..rɔs]) 男 -/ 《ギ神》タルタロス(神々にそむいた者が落とされた冥界(めいかい)の最も底の部分); (Schattenreich) 冥府(めいふ), 黄泉(よみ)の国. [*gr.* 〔−*lat.*〕]

Tar·ta·rus[2][tártarʊs] 男 -/ (Weinstein)《化》酒石. [*mgr.−mlat.*; ◇*engl.* tartar]

Tar·trat[tartrá:t] 中 -〔e〕s/-e《化》酒石酸塩. [*fr.*]

Tart·sche[tártʃə] 女 -/-n (中世の)盾. [*afränk.−afr.* targe−*mhd.*; ◇Zarge; *engl.* targe]

Tar·tüff[tartýf] 男 -s/-e (Molière の喜劇の主人公タルチュフのような)偽善者, えせ信仰家.

Tar·tüf·fe·rie[..tyfərí:] 女 -/-n[..rí:ən] 偽善, えせ信仰.

Tar·zan[tártsa:n] 男 -s/ ターザン(米国のジャングル冒険物語の主人公); 《比》(ターザンのような)たくましく敏捷(びんしょう)な男. [*amerik.*]

Ta·sche[táʃə] 女 -/-n (⑪ **Täsch·chen**[tɛ́ʃçən], **Täsch·lein**[..laın] 中 -s/-) **1** (衣服の)ポケット, かくし: eine aufgesetzte ~《服飾》アウト〈はりつけ〉ポケット | Hosen*tasche* ズボンのポケット ‖ die ~*n* umkehren 〈umkrempeln〉 ポケットを裏返す(中身をすっかり改めるために) | *et.*[4] wie die eigene ~ kennen《話》…を熟知している, …に通暁している | ***sich***[3] **die ~*n* füllen**《話》(不当な手段で)金をためこむ, 私腹をこやす | ***jm.* die ~*n* leeren**《話》…から金を奪う ‖ die Hand **auf** der ~ 〈auf die ~〉 halten (→Hand 1) | ***jm.* auf der ~ liegen**《話》(経済的に)…に養われている | *seinen* Eltern auf der ~ liegen 親のすねかじりである | ***et.*[4] aus eigener ~ 〈aus der eigenen ~〉 bezahlen** 自腹を切って…の代金を支払う | *et.*[4] aus der ~ nehmen …をポケットから出す | *jm.* das Geld aus der ~ ziehen 〈lotsen〉 (→Geld 1) | ***jn.* in der ~ haben**《話》…を自分の意のままに掌握している | Den habe ich in der ~. あいつはおれの思いどおりさ | ***et.*[4] in der ~ haben**《話》…をしっかり手中におさめている | die Faust 〈die Fäuste〉 in der ~ ballen (→Faust[2] 1) | Er hat 〈läßt〉 immer die Hände in den ~*n* stecken.《話》彼はいつでも自分から手を下して働こうとはしない | 〔**für *et.*[4] tief**〕 **in die ~ greifen müssen** 〔…のために〕相当の出費をしなければならない | einem nackten Mann in die ~ greifen (→Mann[2] 1) | *et.*[4] in die ~ stecken …をポケットに入れる | ***et.*[4] in die eigene ~ stecken**《話》…を着服する | ***jm.* in die ~ stecken**《話》…にまさっている | Sie kann ihn in die ~ stecken.《話》彼女は彼よりもずっと上手(うわて)だ | **in die eigene ~ arbeiten 〈wirtschaften〉**《話》私腹をこやす | ***jm.* in die ~ arbeiten / in *js.* ~ arbeiten**《話》…に不当な利益を得させる.

2 a) かばん, 手さげ, バッグ, 袋: eine lederne ~ 革製のかばん | Akten*tasche* 書類かばん | eine ~ für die Einkäufe / Einkaufs*tasche* 買い物袋 | Hand*tasche* ハンドバッグ ‖ *et.*[4] in die ~ packen …をかばんに詰める. **b)** (Geldtasche) 財布: Der hat's in der ~.《話》あいつは金持ちだ. **3** (袋状のもの) **a)** (サル・リスなどの)頬袋(ほおぶくろ). **b)** (Schnalle)《狩》(雌の犬・オオカミ・キツネなどの)陰部: eine alte ~《話》ばばあ. **c)**《話》口; おしゃべりな人: Halt die ~! だまれ.

4《話》Leck' mich in der ~! くそくらえ (Leck mich am Arsch! の婉曲な表現: →Arsch 1 a).

[*ahd.* tasca „Säckchen"]

Tä·schel·kraut[tɛ́ʃəlkraʊt] 中 -〔e〕s/《植》ナズナ(薺).

Ta·schel·zie·her[táʃəl..] 男《オーストリア》《話》=Taschendieb

taschen..《名詞につけて「ポケット・かばん」を意味するほか, また「(ポケット・かばんに入れて持ち運びできるほど)小さな」を意味する》: *Taschen*wörterbuch ポケット辞典 | *Taschen*schirm 折りたたみ傘.

Ta·schen≈aus·ga·be[táʃən..] 女 (本の)ポケット版. **≈buch** 中 ポケット版の本, 小型本. **≈bür·ste** 女 (携帯用の)懐中ブラシ. **≈dieb** 男 すり(人). **≈dieb·stahl** 男 すり(行為). **≈fahr·plan** 男 ポケット用鉄道時刻表. **≈fei·tel** 男《南部・オーストリア》(安物の)ポケットナイフ. **≈for·mat** 中 (本などの)ポケット型〈サイズ〉. **≈geld** 中 こづかい銭, ポケットマネー: monatlich 50 Mark ~ bekommen 毎月こづかいを50マルクもらう. **≈in·halt** 男 ポケットの中身. **≈ka·len·der** 男 (約束などをメモする)日付入り手帳. **≈kamm** 男 (携帯用の)懐中くし. **≈klap·pe** 女《解》(心臓の)半月弁. **≈krebs** 男《動》イチョウガニ(銀杏蟹). **≈lam·pe** 女 懐中電灯. **≈le·xi·kon** 中 (携帯用の)ポケット事典. **≈maus** 女《動》トウブホリネズミ(東部掘鼠). **≈mes·ser** 中 (折りたたみ式の)ポケットナイフ(→ 図 Messer): **wie ein ~ zusammenklappen**《話》ばったり倒れる. **≈pu·der·do·se** 女 (化粧用の)コンパクト. **≈rech·ner** 男 ポケット用電算機. **≈schirm** 男 (小型の)折りたたみ傘. **≈spie·gel** 男 懐中鏡. **≈spie·ler** 男 (女 **≈spie·le·rin**) 手品〈奇術〉師.

Ta·schen·spie·le·rei[taʃən..] 女 -/-en 手品, 奇術.

Ta·schen≈tuch[táʃən..] 中 -〔e〕s/..tücher ハンカチ: *sich*[3] einen Knoten ins ~ machen (→Knoten 1). **≈uhr** 女 懐中時計. **≈vei·tel**[..faıtəl] 男 =Taschenfeitel **≈wör·ter·buch** 中 (携帯用の)ポケット辞典.

Täsch·lein Tasche の縮小形.

Täsch·ner[tɛ́ʃnər] (南部・オーストリア: **Tasch·ner**[táʃ..]) 男 -s/- 袋物師, かばん職人.

Tas·ma·ni·en[tasmá:niən] 地名 タスマニア(オーストラリア南東方の島で, オーストラリア連邦の一州). [＜A. Tasman (オランダの航海者,1642年この島を発見)]

Tas·ma·ni·er[tasmá:niər] 男 -s/- タスマニアの人.

tas·ma·nisch[tasmá:nıʃ] 形 タスマニアの.

TASS[tas] 女 -/ タス(旧ソ連邦の国営通信社. 1992年ITAR-TASS と改称). [*russ.*; ＜*russ.* *T*elegrafnoje *A*gentstwo *S*owjetskowo *S*ojusa]

Tas·se[tásə] 女 -/-n **1** (⑪ **Täß·chen**[tɛ́sçən], **Täß·lein**[..laın] 中 -s/-) (コーヒー用・紅茶用など, ふつう取っ手のついた)カップ(→ 図): Kaffee*tasse* コーヒーカップ | Tee*tasse* 〔紅茶〕茶わん | Unter*tasse* (茶わんの)受け皿 ‖ eine ~ Kaffee 〈Tee〉 1杯のコーヒー〈紅茶〉‖ *et.*[4] aus der ~ trinken …をカップから飲む | *et.*[4] in die ~ gießen …を茶わんに注(つ)ぐ ‖ **eine trübe ~**《軽蔑的に》退屈な〈とんまな〉やつ | **nicht alle ~*n* im Schrank 〈im Spind〉 haben**《話》少々頭がおかしい. **2**《オーストリア》(Tablett) 盆. [*pers.−arab.* tās〔a〕„Schälchen"−*fr.*; ◇Tazette; *engl.* tass]

Tasse

Tas·sel[tásəl] 中 -s/-n《服飾》タッセル(房飾り; 中世ではマントの締めひも: → 図 Surcot). [*afr.*]

tas·sen·fer·tig[tásən..] 形 即席〔料理用〕の, インスタントの(スープ・コーヒーなど).

Tas·sen≈hen·kel 男 茶わんの取っ手. **≈kopf** 男 (容量単位としての)カップ: ein ~ voll Mehl カップ1杯の小麦粉.

Täß·lein Tasse の縮小形.

Tas·so[táso·] 人名 Torquato ~ トルクワート タッソー(1544-95; イタリアの詩人. 作品は叙事詩『解放されたエルサレム』など. Goethe の戯曲《Tasso》によって知られる).

Ta·sta·tur[tastatú:r] 女 -/-en **1** (鍵盤(けんばん)楽器の)鍵盤. **2** (タイプライター・電算機・植字機などの)キーボード. [*it.*]

tast·bar[tástba:r] 形 触知できる.

Tast·brett 中 =Tastatur

Ta·ste[tástə] 女 -/-n **1** (鍵盤(けんばん)楽器の)鍵(けん), キー(→ 図 Orgel): die schwarzen 〈weißen〉 ~*n* (ピアノの)黒鍵〈白鍵〉‖ auf die ~*n* hämmern 〈hauen〉(勢いよく)鍵をた

たく | 〔**mächtig**〕 **in die ～*n* greifen** (ピアニストが)〔力強く〕ピアノを弾き始める. **2** (タイプライター・電算機・植字機などの)キー; (送信用の)電鍵. **3** (Drucktaste) 押しボタン. [*it.* tasto]

Tast·emp·fin·dung 女 触感, 触感覚.

ta·sten[tástən] 《01》 **I** 自 (h) **1** 手で触れてみる. **2** 《nach *et.*[3]》 (…を求めて)手探りする; 《比》探索〈模索〉する: 〔mit der Hand〕 nach dem Lichtschalter ～ (暗やみの中で)電灯のスイッチを手探りでさがす | mit dem Stock nach dem Weg ～ つえを頼りに道を探す | nach der Ursache ～ 原因を模索する ‖ *tastende* Versuche 暗中模索の試み. **II** 他 (h) **1** 再帰 *sich*[4] ～ 手探りで進む: *sich*[4] 〔durch das Dunkel〕 zur Tür ～ 〔暗やみの中を〕手探りで戸口までたどりつく. **2** 手で触れて探り当てる〈判別する〉, 触知する; 〖医〗 触診によって探り当てる. **3** (タイプライター・電算機・植字機などの使用者が)キーでたたく; (電信員が)電鍵(でんけん)で送信する(→Taste 2): ein Manuskript ～ 原稿をキーでたたく. [*vulgär-lat.*−*roman.*−*mhd.*; < *lat.* taxāre (→taxieren); ◇ *engl.* taste]

Ta·sten≈brett[tástən..] 中 =Tastatur **≈feld** 中 (タイプライターなどの)キーボード(→ 図 Schreibmaschine). **≈fern·spre·cher** 男 =Tastentelefon **≈in·stru·ment** 中 〖楽〗 鍵盤(けんばん)楽器(ピアノ・チェンバロ・オルガンなど). **≈künst·ler** 男 鍵盤の芸術家(ピアニストなど). **≈scho·ner** 男 (鍵盤楽器の)鍵盤カバー. **≈te·le·fon** 中 押しボタン式電話機, プッシュホン.

Ta·ster[tástər] 男 -s/- **1** (tasten する人. 例えば:) 手探りする人; キーをたたく人. **2** 〖動〗 **a)** (管水母(くだくらげ)類の群体を構成する)感触体. **b)** (輪虫類の)感触器. **3** (送信用の)電鍵(でんけん). **4** (植字機の)キーボード. **5** =Tasterzirkel

Ta·ster≈mot·te 女 〖虫〗 キバガ(牙蛾)科のガ. **≈zir·kel** 男 **1** (内径・外径などの測定に使われる)キャリパス, ノギス. **2** (触覚測定に使われる)触覚計.

Tast≈haar[tást..] 中 〖動〗 触毛. **≈kör·per·chen** 中 〖生〗 触〔覚〕小体. **≈or·gan** 中 〖解〗 触覚器官. **≈punkt** 男 〖生〗 触点. **≈sinn** 男 -〔e〕s/ 触覚. **≈werk·zeug** 中 =Tastorgan **≈zir·kel** =Tasterzirkel

tat[ta:t] tun の過去.

Tat[ta:t] 女 -/-en 行い, 行為, 行動; 実行; 所業; 〖法〗 犯行: eine gute 〈böse〉 ～ 善行〈悪事〉 | eine kühne 〈tapfere〉 ～ 大胆な〈勇敢な〉行為 | eine verbrecherische ～ 犯罪的行為 | eine ～ der Verzweiflung 捨てばちな行動 | Gewalt*tat* 暴力行為 | Helden*tat* 英雄的行為 | Un*tat* 非行, 悪業 ‖ ein Mann der ～ 不言実行型の男 | der Fluch der bösen ～ (→Fluch 3) ‖ eine schlimme ～ begehen 悪事を犯す | eine große ～ vollbringen 偉業をなしとげる ‖ ***jn.* auf frischer ～ ertappen** …の犯行現場を押える | ***et.***[4] **durch** die ～ beweisen 〈widerlegen〉 …を実際の行動によって証明〈反証〉する | den guten Willen **für** die ～ nehmen (→Wille) | Für eine gute ～ ist es nie zu spät. 《諺》 善をなすのに遅すぎるということはない | **in der Tat** 事実, 本当に, まことに; 実〔際〕は, 本当は | In der ～, du hast recht! 本当に君の言うとおりだ | Er war in der ～ ein Feigling. 彼は事実〈実際は〉おく病者だった | **in ～ und Wahrheit** 《雅》 まことに, 本当に | ***et.***[4] **in die ～ umsetzen** …(決心・計画など)を実行に移す | **mit** Rat und ～ (→Rat 1 a) | Rat **nach** ～ kommt zu spät. (→Rat 1 b) | Nach der ～ ist jeder klug. 《諺》 愚者の後思案 | *sich*[4] **zu** einer ～ aufraffen 奮起して行動に移る | **zur** ～ schreiten 行動〈実行〉に移る ‖ Das war wirklich eine ～! それはまことにすばらしい行為だった. [*germ.*; ◇Thesis, tun, tätig; *engl.* deed]

..tät[..tɛ:t] →..ität

Tat·ab·lauf[tá:t..] 男 事実の経過.

Ta·tar[tatá:r] **I** 男 -en/-en タタール人, 韃靼(だったん)人(もとはモンゴル系の遊牧民. のちに南ロシア・西シベリアでモンゴル系・トルコ系・スラブ系の諸民族が混血して, タタール人と呼ばれるようになった. その言語タタール語はトルコ系). **II** 中 -〔s〕/ =Tatarbeefsteak [*pers.*]

Ta·tar·beef·steak[..bi:fste:k] 中 〖料理〗 タルタルステーキ(刻んだ牛の生肉に塩・コショウ・卵などで味付けしたもの).

Ta·ta·ren≈nach·richt[tatá:rən..] 女 《比》 (まことしやかな)虚報(クリミア戦争の際, あるタタール人がセヴァストポリの陥落の虚報を伝えた故事にちなむ). **≈so·ße** 女 〖料理〗 タルタルソース.

ta·ta·risch[tatá:rɪʃ] 形 タタール〔人・語〕の: →deutsch ‖ *Tatarische* Autonome Sozialistische Sowjetrepublik タタール自治社会主義ソビエト共和国(旧ソ連邦, ロシア連邦共和国内の自治共和国. 首都 Kasan).

ta·tau·ie·ren[tatauí:rən] =tätowieren

Tat≈be·richt[tá:t..] 男 事実の報告. **≈be·stand** 男 **1** 事実の内容〈状況〉, 事情, 事態. **2** 〖法〗 (犯罪の)事実構成要件.

Tat·be·stands≈irr·tum 男 〖法〗 事実〈構成要件〉の錯誤. **≈wir·kung** 女 〖法〗 構成要件の効力.

Tat·be·tei·li·gung 女 犯行への関与〈参加〉.

tä·te[tɛ́:tə] tun の接続法 II.

Tat·ein·heit[tá:t..] 女 -/ (↔Tatmehrheit) 〖法〗 一行為数犯, 観念的〈想像的〉競合犯(一つの行為で数罪に当たるもの: →Idealkonkurrenz): Mord in ～ mit versuchtem Raub 強盗未遂を伴う殺人.

Ta·ten≈drang[tá:tən..] 男 -〔e〕s/ **1** =Tatendurst **2** 〖心〗 行為促進〈心迫〉. **≈durst** 男 行動意欲, 活動〈事業〉欲.

ta·ten≈dur·stig 形 行動意欲に燃えた, 活動〈事業〉欲の旺盛(おうせい)な. **≈froh** 形 行動好きの, 行動的〈積極的〉な.

ta·ten·los[tá:tənlo:s][1] 形 無為の, 何もしない, 怠惰な: ～ zusehen 何もせずに〈手をつかねて〉傍観する.

Ta·ten·lo·sig·keit[..lo:zɪçkaɪt] 女 -/ tatenlos なこと.

Ta·ten·lust 女 -/ =Tatendurst

Tä·ter[tɛ́:tər] 男 -s/- (女 **Tä·te·rin**[..tərɪn]-/-nen) 行為者, 手を下した人, (特に:) (犯行の)下手人, 犯人; 〖法〗 (犯罪の)行為者: Mit*täter* 〖法〗 共犯者 | Rückfall*täter* 〖法〗 累犯者 ‖ den ～ ermitteln 〈festnehmen〉 犯人をつきとめる〈逮捕する〉. [<Tat]

Tä·ter≈be·schrei·bung 女 犯人に関する記述(人相その他). **≈grup·pe** 女 犯人グループ.

Tä·ter·schaft[tɛ́:tərʃaft] 女 -/ **1** Täter であること: mittelbare ～ 〖法〗 間接正犯 | Mit*täterschaft* 〖法〗 共同正犯 ‖ die ～ leugnen 犯人であることを否認する | *jm.* die ～ zuschieben …に犯行を転嫁する. **2** 《スイ》 《集合的に》 犯人.

Tä·ter·su·che 女 犯人探し.

Tat≈form[tá:t..] 女 (↔Leideform) (Aktiv) 〖言〗 能動態, 能動形. **≈her·gang** 男 事実〈犯罪行為〉の経過.

tä·tig[tɛ́:tɪç][2] 形 **1 a)** 働いて〈仕事をして〉いる, (…に)勤めている: als Lehrer 〈Ingenieur〉 ～ sein 教師をしている〈技師として働いている〉 | an einer Zeitung ～ sein 新聞の仕事をしている | in einem Verlag ～ sein 出版社で働いている | in der Landwirtschaft ～ sein 農業関係の仕事をしている | in der Produktion ～ sein 生産部門で働いている | Die Mutter ist jetzt in der Küche ～. 母はいま台所で仕事中だ ‖ die im Textilgewerbe ～*en* Personen 繊維産業で働いている人たち. **b)** 活動中の: ein ～*er* Vulkan 活火山. **2** 活動的な, 活発な: ein ～*er* Mensch 活動的な人 ‖ Ich war diese Woche sehr ～. 私は今週はとてもよく働いた〈忙しかった〉.
3 行為〈行動〉を伴った; 積極的に行動する: eine ～*e* Mitarbeit 積極的な協力 | ～*e* Reue 〖法〗 行為による悔悟(犯人が犯行の発覚以前にその犯罪効果を自発的に防止すること) ‖ ～ mithelfen 積極的に力を貸す. [<Tat]

tä·ti·gen[tɛ́:tɪgən][2] 他 (h) **1** 〖商〗 (商行為などを)する, 行う; (取引などを)結ぶ: einen Abschluß ～ 取引の契約を結ぶ | einen Auftrag ～ 注文を発する. **2** (一般に)する, 行う: ein paar Einkäufe ～ 二三買い物をする.

Tä·tig·keit[tɛ́:tɪçkaɪt] 女 -/-en **1** 働き, 仕事, 活動, 行動; (職業としての)仕事: eine angenehme 〈anstrengende〉 ～ 楽な〈骨の折れる〉仕事 | eine geistige 〈körperliche〉 ～ 精神的〈肉体的〉な仕事 | eine politische 〈gewerkschaftliche〉 ～ 政治〈組合〉活動 | Agitations*tätigkeit* アジ〈宣伝〉活動 | Lehr*tätigkeit* 教職活動 ‖ eine fieberhaf-

te 〈rastlose〉 ～ entfalten 熱にうかされたように〈休まずに〉仕事をする | eine neue ～ suchen 新しい仕事を探す | *sich*⁴ häuslicher ～ widmen 家のなかの仕事に打ち込む.
2 《単数で》(機械・装置などの)はたらき, 作動, 運転: die ～ des Herzens 心臓のはたらき ‖ in 〈außer〉 ～ sein (機械・装置などが)作動している〈いない〉 ‖ in 〈außer〉 ～ setzen 作動させる〈作動を停止する〉 | Der Vulkan ist wieder in ～ getreten. 火山は再び活動を始めた.

Tä·tig·keits≠be·reich[tɛ́:tɪçkaɪts..] 男 活動範囲〈分野〉. **≠be·richt** 男 活動報告. **≠drang** 男 -[e]s/ 活動〈行動〉欲. **≠form** =Tatform **≠ge·fühl** 中 -[e]s/ 《心》活動感情. **≠satz** 男《言》行動文. **≠trieb** 男 活動〈行動〉本能. **≠verb** 中《言》活動動詞(例 arbeiten, springen). **≠wort** 中 -[e]s/..wörter (Verb)《言》動詞.

Tä·ti·gung[tɛ́:tɪɡʊŋ] 女 -/-en《ふつう単数で》tätigen すること.

Tat·ja·na[tatjá:na·] 女名 タティヤーナ. [*russ.*]

Tat·kraft[tá:t..] 女 -/ 活動力, 行動力: eine überraschende ～ entfalten 予想外の行動力を発揮する.

tat·kräf·tig 形 活動〈行動〉力のある, 精力的な: ein ～*er* Mensch 行動的な人 | ～ mithelfen 積極的に力を貸す.

tät·lich[tɛ́:tlɪç] 形 (↔wörtlich) 力〈腕〉ずくの, 暴力による: eine ～*e* Beleidigung 暴行による侮辱 ‖ gegen *jn.* ～ werden …に暴力をふるう | *jn.* ～ angreifen …に殴りかかる.

Tät·lich·keit[–kaɪt] 女 -/-en《ふつう複数で》腕力〈暴力〉ざた, 暴力行為: *sich*⁴ zu ～*en* hinreißen lassen ついかっとなって暴力をふるう | Es kam zu ～*en*. 腕力ざたになった.

Tat≠mehr·heit[tá:t..] 女 -/ (↔Tateinheit)《法》数行為一刑罰, 併合犯, 実質的競合犯(→Realkonkurrenz). **≠mensch** 男 行動型〈不言実行型〉の人間. **≠mo·tiv** 中 行為〈犯行〉の動機. **≠ort** 男 -[e]s/-e (ある行為の)行われた場所; 犯行現場: die Besichtigung des ～*es*《法》現場検証.

tä·to·wie·ren[tɛtoví:rən] 他 (h) **1 a)** 《*et.*⁴》(…に)入れ墨をする: *js.* Arm ～ …の腕に入れ墨をする. **b)** 《*jn.*》(…の体に)入れ墨をする: *sich*⁴ ～ lassen (自分の体に)入れ墨をしてもらう. **2** 《*et.*⁴》(…の模様を)入れ墨する: eine Rose auf den Arm ～ 腕にバラの入れ墨をする. [*tahit.* tatau „zeichnen"–*engl.* tattoo]

Tä·to·wie·rer[..rər] 男 -s/- 入れ墨を彫る人, 彫物師.

Tä·to·wie·rung[..rʊŋ] 女 -/-en **1** 入れ墨をすること. **2** 入れ墨〔模様〕.

die **Ta·tra**[tátra·] 地名 女 -/ タトラ(スロヴァキア北部とポーランド南東部に連なる Karpaten 山脈中の山系で, die Hohe Tatra と die Niedere Tatra の二つがある).

Tat·sa·che[tá:tzaxə] 女 -/-n 事実, 本当のこと: eine historische 〈geschichtliche〉 ～ 歴史的事実 | **nackte ～*n*** 赤裸々な事実;《戯》裸体 | eine unbestreitbare 〈unleugbare〉 ～ 争えない〈否定できない〉事実 | eine vollendete ～ 既成事実 ‖ die ～*n* entstellen 〈verdrehen〉 事実を歪曲(わいきょく)する | eine ～ unterschlagen 事実を隠蔽(いんぺい)する | **vollendete ～*n* schaffen** 既成事実を作る ‖ ***jn.* vor die vollendete ～ 〈vor vollendete ～*n*〉 stellen** …に既成事実を突きつける | *et.*⁴ zur ～ machen …を現実のものとする〈実現する〉 ‖ Es ist 〔eine〕 ～, daß … …は事実である | Das ist eine nackte ～. / Das sind die nackten ～*n*. それは全くの事実だ | *Tatsache* ist, daß … 事実は…である | Hat er das wirklich gesagt?—*Tatsache!*《話》彼は本当にそう言ったのか ― 本当さ ‖ Seine Behauptung entspricht nicht den ～*n*. 彼の主張は事実と違う | **der ～ ins Gesicht schlagen**《比》事実と真っ向から食い違う | **den ～*n* ins Auge 〈ins Gesicht〉 sehen** 真実を直視する ‖ Wir müssen auf dem Boden der ～*n* bleiben. 我々はあくまで現実的でなければいけない | unter Vorspiegelung falscher ～*n* (→Vorspiegelung).

Tat·sa·chen≠be·richt[tá:tzaxən..] 男 事実の報道, ルポルタージュ. **≠film** 男 記録映画. **≠kennt·nis** 女 =Tatsachenwissen **≠mensch** 男 現実主義者, 実際家. **≠sinn** 男 -[e]s/ 現実感覚. **≠wis·sen** 中 -s/ 事実に関する知識.

tat·säch·lich[tá:tzɛçlɪç, –⏑́⏑] **I** 形《付加語的》事実〈現実〉の, 本当の, 実際〔上〕の: der ～*e* Grund für seine Entlassung 彼の解雇の本当の理由 | Er ist der ～*e* Leiter. 彼が事実上の長である.
II 副 **1** 事実, 本当に: Es ist ～ so. 本当にそうなんです | Sie kommt ～. 彼女は本当に来るんだ | Er ist der Täter.—*Tatsächlich?* 彼が犯人だ ― 本当かい. **2** 実〔際〕は, 本当は: Alle nennen ihn Bill, aber ～ heißt er Karl. 皆は彼をビルと呼んでいるが 本当はカールという名前だ.

Tat·säch·lich·keit[..kaɪt, –⏑́⏑–] 女 -/ (tatsächlich なこと. 例えば:) 事実性.

Tat·sche[tátʃə] 女 -/-n《南部》**1** (Hand) 手. **2** 手で軽くたたくこと. [1: <Tatze; 2: <tatschen]

tät·scheln[tɛ́tʃəln, tɛ́:tʃ..] 《06》他 (h) (愛撫(あいぶ)するように)さする, 軽くたたく.

tat·schen[tátʃən] (**tät·schen**[tɛ́tʃən]) 《04》他 (h) 《話》(乱暴に・不器用に)つかむ, さわる. [*mhd.* tetschen; 擬音]

Tat·ter·greis[tátər..] 男《話》(手足の震える)おいぼれ, よぼよぼの老人.

Tat·te·rich[tátərɪç] 男 -s/ 《話》(老衰・中毒などによる)手の震え.

tat·te·rig[tátərɪç]² (**tatt·rig**[..trɪç]²) 形《話》(老衰・中毒などで手などが)震える.

tat·tern[tátərn] 《05》自 (h) 《話》(zittern) 震える.

tät·tern[tɛ́tərn] 《05》自 (h) 《中部》興奮して〈夢中になって〉しゃべりまくる. [*mhd.* tateren; 擬音]

Tat·ter·sall[tátərzal, tǽtəsɔ:l] 男 -s/-s タッターソール(馬術の練習や馬の調教・売買・貸与などの行われる総合施設). [<R. Tattersall (ロンドンの馬市場の創始者, †1795)]

tatt·rig =tatterig

ta·tü·ta·ta[tatý:tatá:] 間 タテュータター, ピーポピーポ(救急車・消防車・パトカーなどの警笛).

Tat·ver·dacht[tá:t..] 男 犯行の容疑: unter ～ stehen 犯行の容疑をかけられている.

tat·ver·däch·tig 形 犯罪行為を犯した疑いのある, 犯行容疑をかけられた.

Tat·waf·fe 女 犯行に使われた武器, 凶器.

Tat·ze[tátsə] 女 -/-n **1** (小 **Tätz·chen**[tɛ́tsçən], **Tätz·lein**[..laɪn] 中 -s/-) **a)** (大きい動物の)前足. **b)** 《話》(ぶこつな)手. **2** 《南部》(罰として)手をはたくこと. [*mhd.*]

Tat·zeit 女 犯行時間.

Tat·zel·wurm[tátsəl..] 男 -[e]s/ 《伝説》(アルプス山中に生息するという)竜. [<Tatze]

Tat·zen·kreuz[tátsən..] 中 先広十字(→ 図 Wappen e).

Tat·zeu·ge[tá:t..] 男 犯行の目撃者.

Tätz·lein Tatze の縮小形.

Tau¹[taʊ] 男 -[e]s/ 露: Morgen*tau* 朝露 | Nacht*tau* 夜露 ‖ Der ～ ist gefallen. 露がおりた | An den Gräsern hängt 〈glitzert〉 noch der ～. 草の葉にまだ露が残って〈光って〉いる ‖ **vor ～ und Tag**《雅》朝まだきに, 夜明け前に. [*germ.*; ◇Tier, Dunst; *engl.* dew; *gr.* theĩn „laufen"]

Tau²[taʊ] 中 -[e]s/-e **1** 太綱, ロープ; ともづな: Anker*tau* 錨索(びょうさく) | Schlepp*tau* 引き索(づな) ‖ ein ～ auswerfen 〈kappen〉 ロープを投げる〈切断する〉 | *et.*⁴ mit ～*en* befestigen …を綱〈ロープ〉で固定する. **2** (Klettertau)《体操》吊(つ)り綱: am ～ klettern 吊り綱をよじのぼる. [*mndd.* tou〔we〕„Werkzeug"; ◇Gezähe]

Tau³[taʊ] 中 -[s]/-s タウ(ギリシア字母の第19字: Τ, τ). [*hebr.–gr.*]

taub[taʊp]¹ **I** 形 **1** 耳の聞こえない;《医》聾(ろう)の;《比》聞く耳を持たない, 聞こうとしない: ein ～*er* Mann 耳の聞こえない男 | auf einem 〈dem linken〉 Ohr ～ sein 片方の耳〈左の耳〉が聞こえない | ～*en* Ohren³ predigen (→Ohr 1) ‖ ～ sein 耳が聞こえない | 〔völlig〕 ～ werden 〔すっかり〕耳が聞こえなくなる | *sich*⁴ ～ stellen 聞こえないふりをする ‖ für 〈gegen〉 alle Bitten ～ bleiben どんなに頼まれても耳を貸さない | Auf diesem Ohr ist er ～. この件に関しては彼は何を言っても聞き入れない | Niemand ist ～*er*, als die nicht

hören wollen. 《諺》聞く意志のない人は耳が聞こえない人より始末が悪い ‖ ~ geboren sein 生まれつき耳が聞こえない.
2 感覚の麻痺(ま)した, しびれた: ein ~*es* Gefühl in den Armen haben 腕がしびれたような感じがする | Die Finger wurden vor Kälte ~. 寒さで指の感覚がなくなった.
3 a) 実の入っていない; 実質のない, 内容に乏しい; むだな, むなしい: ~*es* Gestein 〖坑〗 有用鉱物を含まない岩石 | ein ~*e* Nuß (→Nuß 1) ‖ ~ blühen あだ花〔だけ〕を咲かせる. **b)** 気のぬけた, 効きめのない: ~*es* Gewürz 効かない香辛料 | Der Pfeffer schmeckt ~. このコショウは気のぬけた味がする.
4 《南部・スイ》(zornig) 怒った, 立腹した.
II Tau·be[1] 男 女 《形容詞変化》耳の聞こえない人.
[*germ.*; ◇betäuben, dumm, toben, doof; *engl.* deaf]

Täub·chen[tɔ́ʏpçən] 中 -s/- (Taube の縮小形) 小さなハト; ハトのひな: Mein ~! 《話》ねえ 君〈あなた〉(恋人同士などのよびかけ).

Tau·be[2][táʊbə] 女 -/-n **1 a)** (小 **Täub·chen** → 別出) 〖鳥〗ハト(鳩): Brief*taube* 伝書バト | Friedens*taube* 平和の〔シンボルとしての〕ハト ‖ sanft wie eine ~ sein ハトのように柔和である ‖ ~*n* füttern ハトにえさをやる | ~*n* züch·ten ハトを飼う | ~*n* im Kopf haben 《話》変なことを考える, 妄想を抱く ‖ Die ~ girrt 〈gurrt〉. ハトがクークー鳴く | Die gebratenen ~*n* fliegen niemandem 〈einem nicht〉 ins Maul. / Es fliegen einem keine gebratenen ~*n* ins Maul. 《諺》棚からぼたもちを望んではいけない(焼き鳥になったハトが口の中に飛び込んで来ることはない) | Er wartet, bis 〈daß〉 ihm die gebratenen ~*n* in den Mund fliegen. 《比》彼は苦労なしで成功したいと望んでいる | **Besser ein Sperling 〈ein Spatz〉 in der Hand als eine ~ auf dem Dach.** 《諺》先の雁(がん)より手前の雀(すずめ)(屋根の上のハトより手の中のスズメのほうがましだ). **b)** 《ふつう複数で》(↔ Falke) ハト派. **c)** 〖狩〗 雌バト. **2** der ~ 〖天〗 鳩(はと)座.
[*germ.*; ◇*engl.* dove]

Tau·ben·baum[táubən..] 男 〖植〗 コウトウ(洪桐) (中国西部原産コウトウ科の木で, ヨーロッパで多く植栽される).

tau·ben·blau 形 ハトの羽のような青灰色の.

Tau·ben≠dreck 男 《話》ハトの糞(ふん). ≠**ei** 中 ハトの卵. ≠**erb·se** 女 〖植〗 キマメ(木豆).

tau·ben·grau 形 ハトの羽のような灰色の.

Tau·ben≠haus 中 (南部・オーストリア) : ≠**ko·bel** 男) 鳩舎(きゅうしゃ), ハト小屋. ≠**kot** 男 ハトの糞(ふん). ≠**kropf** 男 〖植〗 ナンバンハコベ. ≠**post** 女 伝書バトによる郵便. ≠**schlag** 男 **1** 鳩舎, ハト小屋: Das ist hier der reinste ~. ここは全く(ハト小屋みたいに)人の出入りが激しい. **2** 《話》(Hosenschlitz) ズボンの前あき. ≠**schwanz** 男 〖虫〗 ホウジャク(蜂雀蛾). ≠**zucht** 女 -/ ハトの飼育.

Tau·ber[1][táʊbər] 男 -s/- 雄バト.

die **Tau·ber**[2][−] 地名 女 -/ タウバー (Main 川の支流: → Rothenburg ob der Tauber). [*kelt.* dubr „Wasser"]

Täu·ber[tɔ́ʏbər] 男 -s/-, **Tau·be·rich**[táʊbərɪç] 男 -s/-e, **Täu·be·rich**[tɔ́ʏbərɪç] 男 -s/-e =Tauber[1]

Taub·ger·ste[táup..] 女 〖植〗 ムギクサ(麦草).

Taub·heit[táʊphaɪt] 女 -/ (taub なこと. 例えば:) 耳の聞こえないこと; 〖医〗 聾(ろう); 感覚麻痺(まひ); (植物が)実を結ばぬこと.

Täu·bin[tɔ́ʏbɪn] 女 -/-nen 雌バト. [<Taube[2]]

Täub·ling[tɔ́ʏplɪŋ] 男 -s/-e 〖植〗 ベニタケ(紅茸)属.

Taub·nes·sel[táʊpnɛsəl] 女 〖植〗 オドリコソウ(踊子草)属.

taub·stumm[táʊpʃtʊm] 形 聾啞(ろうあ)の.

Taub·stum·men≠al·pha·bet 男 手話法用アルファベット, 指話文字. ≠**an·stalt** 女 =Taubstummenschule ≠**leh·rer** 男 聾啞(ろうあ)学校の教師. ≠**schu·le** 女 聾啞学校. ≠**spra·che** 女 (聾啞者用の)手話〈指話〉言語. ≠**un·ter·richt** 男 聾啞教育.

Taub·stumm·heit[..haɪt] 女 -/ 聾啞(ろうあ).

Tauch≠boot[táʊx..] 中 潜水艇; (学術調査用の)潜水ボート. ≠**bril·le** 女 潜水〔用〕めがね.

tau·chen[táʊxən] **I** 自 **1** (h, s) (水中に)もぐる, 潜水する; 沈む, 没する; 姿を消す (h, s について: →schwimmen I 1 ☆): ins 〈unter〉 Wasser ~ 水中にもぐる | nach Perlen ~ 真珠を求めて潜水する | bis auf den Grund ~ 底までもぐる | 12 Meter 〔tief〕 ~ 12メートル〔の深さに〕もぐる | 4 Minuten 〔lang〕 ~ 4 分〔間〕もぐる | Die Ente 〈Das U-Boot〉 *taucht*. カモ〈潜水艦〉は水中にもぐる ‖ in den Nebel 〈ins Dunkel〉 ~ 霧〈暗やみ〉の中にまぎれこむ | in 〈unter〉 die Menge ~ 群衆の中に姿を消す | Die Sonne ist unter den Horizont *getaucht*. 太陽が水平線に隠れた. **2** (s) (水中から)浮かび上がる, 浮上する; 姿を現す: an die Oberfläche ~ 表面〈水面〉に姿を現す | aus dem Nebel ~ 霧の中から現れる.
II 他 (h) **1** (液体の中に)つける, ひたす, つっこむ, 沈める: den Löffel in die Suppe 〈die Feder in die Tinte〉 ~ さじをスープに〈ペンをインクに〉ひたす | den Kopf ins 〈unter〉 Wasser ~ 頭を水につける | *jn.* mit dem Kopf ins 〈unter〉 Wasser ~ …の頭を水につっこむ. **2** 再帰 *sich*[4] ~ (水中に)もぐる; 沈む; 姿を消す.
[*westgerm.*; ◇tupfen, ducken; *engl.* duck]

Tau·cher[táʊxər] 男 -s/- **1** (女 **Tau·che·rin**[..xərɪn] -/-nen) **a)** 潜水夫, 潜水作業員 (→ 図). **b)** (趣味・研究上の)〔スキン〕ダイバー (→ 図). **2** 水にもぐる鳥 (アビ・カイツブリなど).

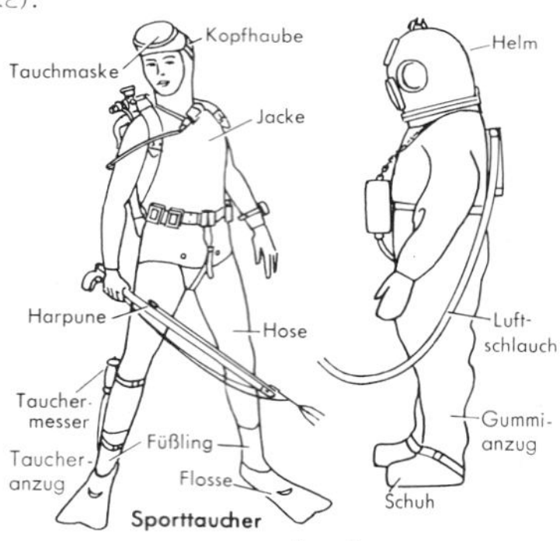

Taucher

Tau·cher≠an·zug 男 潜水服, 潜水衣 (→ 図 Taucher). ≠**boot** 中 潜水母船. ≠**bril·le** 女 潜水〔用〕めがね, ゴーグル. ≠**glocke** 女 (水中作業用の)鐘形潜水器, 潜函(せんかん). ≠**helm** 男 潜水〔用〕ヘルメット. ≠**hühn·chen** 中 〖鳥〗 ヒレアシ科の鳥.

Tau·che·rin Taucher の女性形.

Tau·cher≠krank·heit 女 〖医〗 潜水〔夫〕病, (Caissonkrankheit) 潜函病. ≠**lei·ter** 女 潜水〔用〕はしご. ≠**mas·ke** =Tauchmaske ≠**mes·ser** 中 ダイバーナイフ (→ 図 Taucher). ≠**uhr** 女 潜水用〔腕〕時計.

tauch·fä·hig[táʊx..] 形 水にもぐれる, 潜水能力のある.

Tauch≠fär·bung 女 〖染〗 浸染 (染色法の一種). ≠**flos·se** 女 (潜水用の)足ひれ, フリッパー.

tauch·klar 形 〖海〗 (潜水艦・潜水ボートが)潜航準備の完了した.

Tauch≠kol·ben 男 〖工〗 プランジャー. ≠**ku·gel** 女 (深海調査用の有人)潜水球. ≠**mas·ke** 女 潜水〔用〕マスク (→ 図 Taucher). ≠**sie·der** 男 投げ入れ式電熱器 (やかんなどの中に直接投入して湯をわかす電熱器: → 図 Küche). ≠**sta·tion** 女 〖海〗 潜水配置 (潜水艦の乗組員が潜水に際して着くべき定位置): **auf ~ gehen** 《話》(人目につかぬ場所に)身を隠す, 引きこもる. ≠**tank** 男 (潜水艦・潜水ボートの)注排水用タンク.

tau·en[1][táʊən] 自 (h) 非人称 《es taut》露がおりる: Heute nacht hat es *getaut*. けさ〈昨夜〉露がおりた. [*ahd.*;

T

◇Tau^{1}]

tau·en^{2}[−] **I** 自 **1** (h) 〔非人称〕《es taut》(春になって)雪解けの陽気が始まる, 雪〈氷〉が解け始める: Es *taut* von den Dächern. 雪解けの水が屋根からしたたり落ちる. **2** (s) (雪や氷が)溶ける: Der Schnee ist an der Sonne *getaut*. 雪が日に当たって溶けた | *et.*^{4} ~ lassen …(冷凍食品など)を解凍する. **II** 他 (h) (雪や氷を)溶かす. [*germ.*; ◇verdauen; *lat.* tābēre „schmelzen"; *engl.* thaw]

tau·en^{3}[−] 他 (h) 《北部》〖海〗(船などを)太綱〈ロープ〉で引く, 曳航(えいこう)する. [<Tau^{2}]

Tau·en·de[táu..] 中 〖海〗太綱〈ロープ〉の端, 索端: etwas mit dem ~ kriegen《話》殴られる.

Tau·er[táuər] 男 -s/- **1** 引き船, 曳航(えいこう)船. **2** =Kettenschiff

Taue·rei[tauərái] 女 -/ **1** 曳航(えいこう). **2** =Kettenschiffahrt

der **Tau·ern**^{1}[táuərn] 地名 男 -s/- タウエルン (Tauern^{2} を越すいくつかの峠の呼称).

die **Tau·ern**^{2}[−] 地名 複 タウエルン(オーストリアにある東アルプスの一部をなす山群で, die Hohen Tauern と die Niederen Tauern の二つがある). [*kelt.*]

Tauf≈akt[táuf..] 男 洗礼; 〖宗〗洗礼式. ≈**becken** 中 (▽≈**brun·nen** 男) 〖宗〗洗礼台, 洗礼盆, 洗礼盤(→ 図 Becken). ≈**buch** 中 =Taufregister

Tau·fe[táufə] 女 -/-n **1** (Baptismus) 〖宗〗洗礼, 浸礼, バプテスマ: die 〔heilige〕 ~ empfangen 〈spenden〉 洗礼を受ける〈授ける〉 | ein Kind zur ~ bringen 子供を洗礼に連れてゆく. **2** 洗礼祝い〔の会食〕: ~ haben 洗礼祝いをする. **3** 洗礼水; 洗礼盤: 〖ふつう次の成句で〗 ***et.***^{4} **aus der ~ heben** 《話》…(協会など)を創設する, …の産婆役をつとめる | ***jn.* aus der ~ heben** / ***jn.* über die ~ halten** …の洗礼に立ち会う, …の代父〈代母〉をつとめる. **4** (船などの)命名式: die ~ eines Flugzeuges auf den Namen X 飛行機に X という名前をつける命名式.

tau·fen[táufən] 他 (h) **1** 《*jn.*》〖宗〗(…に)洗礼を施す: ein Kind ~ 子供に洗礼を授ける | *sich*^{4} ~ lassen 洗礼を受ける ‖〖目的語なしで〗 Auch Laien dürfen ~. 非聖職者でも洗礼を授けることができる. **2 a)** 《*jn.*》(洗礼の際に…に)名前をつける: *jn.* 〔auf den Namen〕 Hans ~ …をハンスと命名する. **b)** 《*et.*^{4}》(船などに)名前をつける, 命名する: ein Schiff 〔auf den Namen Frankfurt〕 ~ 船に〔フランクフルト号という〕名前をつける | Die Katze wurde von ihr Tama *getauft*. その猫は彼女によってタマという名前を与えられた. **3** 《話》 **a)** (ワインなどを)水で薄める. **b)** (雨などが)ぬらす: tüchtig *getauft* werden びしょぬれになる. [*germ.*; ◇tief; *engl.* dip]

Täu·fer[tɔ́yfər] 男 -s/- **1** 洗礼を行う人, 洗礼者: Johannes der ~ 洗礼者聖ヨハネ, バプテスマのヨハネ. **2** (Wiedertäufer) 再洗〔礼〕派の人.

Tauf·es·sen[táuf..] 中 洗礼後の会食.

tau·feucht[táu..] 形 露にぬれた. [<Tau^{1}]

Tauf≈for·mel[táuf..] 女 〖キリスト教〗洗礼授与の言葉(私は父と子と聖霊の み名によってあなたに洗礼を授けます). ≈**ge·lüb·de** 中 洗礼のときの誓い. ≈**ge·schenk** 中 (洗礼式の際の)受洗者への贈り物. ≈**ge·sinn·te** 男 女 《形容詞変化》(Mennonit) メノー〔再洗礼〕派教徒.

Tauf≈ka·pel·le 女 〖宗〗洗礼堂. ≈**kind** 中 =Täufling ≈**kir·che** 女 (Baptisterium) 受洗聖堂, 洗礼堂. ≈**kleid** 中 洗礼式用の晴れ着.

Tau·flie·ge[táu..] 女 〖虫〗ショウジョウバエ(猩々蠅)科の昆虫. [<Tau^{1}]

Täuf·ling[tɔ́yflɪŋ] 男 -s/-e 〖宗〗受洗者.

Tauf≈ma·tri·kel[táuf..] 女 《オーストリア》= Taufregister ≈**mut·ter** 女 =Taufpatin ≈**na·me** 男 洗礼名, 受洗名, 霊名. ≈**pa·te I** 男 (洗礼のときの)代父. **II** 女 =Taufpatin ≈**pa·tin** 女 (洗礼のときの)代母. ≈**re·gi·ster** 中 受洗者名簿.

tau·frisch 形 **1** [táufrɪʃ] まだ露にぬれている, (空気などが)新鮮な, (朝などが)すがすがしい. **2** [ㄥㄥ] 《話》まっさらの; 若々しい; (少女が)純潔な. [<Tau^{1}]

Tauf≈ri·tual[táuf..] 中, ≈**ri·tus** 男 洗礼の儀式. ≈**schein** 男 受洗証明書.

Tauf·schein·christ 男 《軽蔑的に》名目だけの〈不熱心な〉キリスト教徒.

Tauf≈schlei·er 男 受洗式のさいに用いられるベール. ≈**schmaus** 男 = Taufessen ≈**stein** 男 = Taufbecken ≈**va·ter** 男 =Taufpate I ≈**was·ser** 中 -s/ 洗礼〔の聖〕水. ≈**zeu·ge** 男 (父母以外の)洗礼立会人, 名親, 代父母. ≈**zeug·nis** 中 =Taufschein

tau·gen[táugən]^{1} 自 (h) **1** 《しばしば否定文で》《für *et.*^{4} / zu *et.*^{3}》(…の)役にたつ, (…に)適している; 有用である: für *jn.* ~ …の役にたつ | Die gleiche Arznei *taugt* nicht für jeden. 同じ薬でも効く人と効かない人がある | Er *taugt* nicht für schwere Arbeit 〈zur schweren Arbeit〉. 彼は重労働には向いていない | zum Lehrer ~ 教師となるべき資質を持っている | zu nichts ~ 何の役にもたたない | zu *et.*^{3} ~ wie der Ochse zum Seiltanzen (→Ochse 1) ‖ etwas 〈nichts〉 ~ いくらか役にたつ〈何の役にもたたない〉 | wenig 〈nicht viel〉 ~ あまり役にたたない.
2 《南部》《*jm.*》(…にとって)具合〈都合〉がいい.
[*mhd.*; ◇Tugend, tüchtig; *gr.* teúchein „bereiten"]

Tau·ge·nichts[táugənɪçts] 男 -〔es〕/-e 《軽蔑的に》何の役にもたたない人, 能なし, ごくつぶし, ろくでなし: 《Aus dem Leben eines ~》『のらくら者の生涯より』(Eichendorff の小説). [*mndd.*]

taug·lich[táuklɪç] 形 **1** 役にたつ, 有用な, (…に)向いている: für *et.*^{4} 〈zu *et.*^{3}〉 ~ sein …に役にたつ, …に向いている. **2** =wehrdiensttauglich

Taug·lich·keit[−kaɪt] 女 -/ (tauglich なこと. 例えば:) 有用性; 適格性.

tau·ig[táuɪç]^{2} 形 《雅》露にぬれた.

Tau·mel[táuməl] 男 -s/ **1** よろめき, めまい, 意識の混迷: von einem ~ erfaßt werden めまいの発作をおこす. **2** 夢中の状態, 興奮状態: im ~ der Wut 怒りに我を忘れて | im ~ des Entzückens うれしさにぼうっとなって. **3** よろめき歩き, 千鳥足.

tau·me·lig[táuməlɪç]^{2} (**taum·lig**[..mlɪç]^{2}) 形 **1** めまいがする: Ich bin 〈Mir ist〉 ~. 私はめまいがする. **2** よろめく, 千鳥足の: ~ gehen よろめきながら〈千鳥足で〉歩く.

Tau·mel≈kä·fer[táuməl..] 男 (Drehkäfer) 〖虫〗ミズスマシ(水澄)科の昆虫. ≈**lolch** 男 〖植〗ドクムギ(毒麦).

tau·meln[táuməln] 《06》 自 (h, s) よろめく, 千鳥足で歩く; (チョウなどが)ふらふら飛ぶ (h, s について: →schwimmen I 1 ☆): vor Müdigkeit ~ 疲労のあまり足がふらつく | durch die Straßen ~ 通りを次から次へふらつきながら歩く | von Blüte zu Blüte ~ (チョウが)花から花へひらひら飛ぶ. [*ahd.*; < *ahd.* tūmōn „sich drehen"; ◇Dunst, tummeln]

Tau·mel·schei·be 女 〖工〗〔回転〕斜板カム; 〖空〗(ヘリコプターの)揺動板.

Tau·mes·ser[táu..] 男 〖気象〗露量計.

taum·lig =taumelig

Tau·ner[táunər] 男 -s/- 《南部》(Tagelöhner) 日給〈日雇い〉労務者. [*mhd.* tagewaner; < *mhd.* tage-wan „Arbeit um Taglohn" (◇Tag, gewinnen)]

der **Tau·nus**[táunus] 地名 男 -/ タウヌス(ドイツ中西部, Rheinisches Schiefergebirge の一部をなす山地. 最高峰 880 m). [*kelt.*−*lat.*; < *kelt.* dun „Höhe"]

Tau≈pflan·ze[táu..] 女 〖植〗ロリジュラ(南アフリカの湿地に生える植物で, 葉から粘液を出して虫を捕らえる). ≈**punkt** 男 -〔es〕/ 〖理〗露点.

Tau·punkt·hy·gro·me·ter 中 (男) 露点〔湿度〕計.

Tau·rin[taurí:n] 中 -s/ 〖化〗タウリン. [< *gr.* taũros (→Stier) + ..in^{2}; 牛の胆汁中に発見されたことから]

Tau·ris[táurɪs] 地名 タウリス (Krim の古名).

Tau·ro·chol·säu·re[tauroxó:l..] 女 〖化〗タウロコール酸. [< *gr.* taũros (→Stier) + cholé (→Galle^{2})]

der **Tau·rus**[táurus] 地名 男 -/ タウルス(トルコ南西部の山脈. トルコ語形トロス). [*aram.* tur „Gebirge"−*gr.*−*lat.*]

Tausch[taʊʃ] 男 -es (-s)/-e 交換; (Tauschgeschäft) 交易, 貿易: ein guter ⟨schlechter⟩ ~ 有利な⟨不利な⟩交換 ‖ *et.*⁴ durch ~ erwerben 交換によって…を手に入れる | *et.*⁴ in ~ geben ⟨nehmen⟩ …を交換に出す⟨交換品として受け取る⟩ | *et.*⁴ (A) im ~ gegen ⟨für⟩ *et.*⁴ (B) erhalten Aとの交換でBを手に入れる.

Tausch·ab·kom·men 中 交換協定.

tau·schen[táʊʃən] ⟪04⟫ **I** 他 (h) **1** ⟪*et.*⁴ 〔mit *jm.*〕⟫ (…を〔…と〕)相互に交換する; 交易⟨貿易⟩する: Pferde ⟨Briefmarken⟩ ~ 馬⟨切手⟩を交換する | Küsse ~ キスをかわす | Gedanken ⟨Meinungen⟩ ~ 意見を交換する | Zärtlichkeiten ~ 愛撫(あいぶ)し合う ‖ das Zimmer mit *jm.* ~ …と部屋をとりかえる | einen Blick mit *jm.* ~ …と目と目を見かわす | 〔mit *jm.*〕 Ringe ~ (→Ring 1 b) ‖〘目的語なしで〙 Wollen wir ~? (場所・席・地位などを)とりかえようか. **2** ⟪*et.*⁴ (A) gegen *et.*⁴ (B)⟫ (Aと交換にBを)手に入れる: eine Briefmarke gegen eine andere ~ 切手をほかの切手と交換する.

II 自 (h) ⟪mit *et.*³⟫ (…を)相互に交換する; ⟪mit *jm.*⟫ (…と地位・役割などを)交換する: mit den Plätzen ⟨den Rollen⟩ ~ 席⟨役割⟩を交換する | Mit ihm möchte ich nicht ~. あいつの境遇なんてまっぴらごめんだ | *Tauschen* ist Täuschen. ⟪諺⟫ 交換とはだますことである.

[< täuschen]

täu·schen[tɔ́ʏʃən] ⟪04⟫ **I** 他 (h) **1 a)** だます, 欺く, 惑わす; 失望させる, 裏切る: *js.* Hoffnungen ⟨Vertrauen⟩ ~ …の期待⟨信頼⟩を裏切る | *sich*⁴ leicht ~ lassen だまされやすい | Der Schein *täuscht* 〔uns〕 oft. 〔我々は〕外見にだまされることが多い ‖ Tauschen ist *Täuschen*. (→tauschen II). **b)** ⟪*jn.*⟫ 〘スポ〙 (…に)フェイントをかける. **2** 再帰 *sich*⁴ ~ 思い違いをする, 間違う, 錯覚を抱く: wenn ich mich nicht *täusche* 私の思い違いでなければ | *sich*⁴ in *jm.* ~ …を見そこなう, …を見くびる | *sich*⁴ in der Zeit ~ 時代⟨時刻⟩を間違える | *sich*⁴ über *et.*⁴ ~ …について間違った判断を抱く. **II täu·schend** 現分 形 人を欺くような, 見違えるほどの: eine ~*e* Ähnlichkeit mit *jm.* haben / *jm.* ~ ähnlich sein ⟨sehen⟩ …と見違えるほどよく似ている.

[*mndd.*–*mhd.*; ◇tauschen]

Täu·scher[tɔ́ʏʃər] 男 -s/- (täuschen する人. 例えば:) **1** ぺてん師, 詐欺師. ᵛ**2** (Roßtäuscher) 抜け目のない⟨こすっからい⟩商人.

Tausch≈ge·schäft[táʊʃ..] 中 交易, 貿易. ≈**han·del** 男 -s/ **1** =Tauschgeschäft **2** =Tauschverkehr

Tau·schier·ar·beit[taʊʃíːr..] 女 **1** 象眼(ぞうがん)すること. **2** 象眼細工.

tau·schie·ren[taʊʃíːrən] 他 (h) **1** ⟪*et.*⁴⟫ (…に)象眼を施す: eine *tauschierte* Klinge 象眼細工をした刀身. **2** ⟪*et.*⁴⟫ (装飾などを)象眼する. [< *arab.* taušīja „Verzierung"]

Tau·schie·rer[..ʃíːrər] 男 -s/- 象眼細工師.

Tau·schie·rung[..ʃíːrʊŋ] 女 -/-en **1** ⟪単数で⟫ tauschieren すること. **2** 象眼細工.

Tausch·ob·jekt 中 交換物.

Täu·schung[tɔ́ʏʃʊŋ] 女 -/-en ((sich) täuschen すること. 例えば:) **1 a)** 詐欺, 欺瞞(ぎまん); 〘法〙 欺罔(ぎもう): eine arglistige ~ 〘法〙 詐欺 | einer ~³ zum Opfer fallen / auf eine ~ hereinfallen まんまとだまされる, 詐欺にひっかかる. **b)** 〘スポ〙 フェイント. **2** 思い違い, 錯覚: eine optische ~ 光学的錯覚, 錯視 | Sinnes*täuschung* 錯覚, 感覚錯誤 ‖ einer ~ erliegen / das Opfer einer ~ werden 錯覚にとらわれる.

Täu·schungs≈an·griff 男 〘軍〙 陽動攻撃; 〘スポ〙 フェイント攻撃. ≈**ma·nö·ver** 中 偽装工作. ≈**ver·such** 男 他人を欺こうとする試み.

Tausch≈ver·kehr[táʊʃ..] 男 物々交換, バーター取引. ≈**ver·trag** 男 交換契約.

tausch·wei·se 副 (→..weise ★) 交換によって, バータ〔一制で〕.

Tausch≈wert 男 交換価値. ≈**wirt·schaft** 女 -/ 交換⟨交易⟩経済.

tau·send[táʊzənt] **I 1** ⟪基数⟫ (英: *thousand*) 千⟨1000⟩〔の〕: ~ Autos 1000台の自動車 | einige ⟨ein paar⟩ ~ Studenten 数千⟨二三千⟩の学生たち; ⟪話⟫ 千人ちょっとの学生たち | ein Dorf mit über ⟨unter⟩ ~ Einwohnern 人口1000以上⟨以下⟩の村 | ein Berg von ~ Meter Höhe 高さ1000メートルの山 | ungefähr ⟨an die⟩ ~ Tonnen Wasser 約1000トンの水 ‖ zehn*tausend* 1万 | hundert*tausend* 10万 ‖〘名詞的に〙 von hundert bis ~ 100から1000まで | der achte Teil von ~ 1000の8分の1 ‖ Ich wette ~ gegen ⟨zu⟩ eins, daß ... 私は九分九厘まで確実に…だと思う.

☆ 2000, 3000など, また1100, 1200などは一語に書かれる: zwei*tausend* 2000 | *tausend*zweihundert 1200 | fünf*tausend*zwanzig 5020 | sechs*tausend*vierhunderteinunddreißig 6431 | elf*tausend* 1万1000.

2 ⟪比⟫ 多数〔の〕, 無数〔の〕: *Tausend* Dank! ほんとにいろいろありがとう | *Tausend* Grüße! くれぐれもよろしく | ~ und aber ~ Menschen 何千という⟨数えきれないくらいの⟩人間 | ~ Einwände haben 異論が山ほどある | *et.*⁴ mit ~ Freuden tun …を喜び勇んでする | mit ~ Zungen predigen ⟨reden⟩ (→Zunge 1 a) | *et.*⁴ in ~ Stücke zerbrechen …を粉々に破壊する | ~ Tode sterben (→sterben I).

II Tau·send[táʊzənt]¹ **1** 女 -/-en 千⟨1000⟩という数〔字〕: eine römische ~ schreiben ローマ数字の千 (M) を書く. **2** 男 -/ ⟪話⟫ (Teufel) 悪魔: **Ei, der ~!** こいつは驚いた; ええい いまいましい. **3** 中 -s/-e (-) **a)** (略 T, Tsd.) (まとまった数・単位としての)千, 1000: das erste ~ der Auflage 初版の1000部 | ᵛdas große ⟨kleine⟩ ~ 1200 ⟨1000⟩ | zwölf Mark das ~ zahlen 1000個につき12マルク払う | vom ~ 千分率(略 v. T., vT; 記号 ‰); 千分の(…), (…)パーミル | drei vom ~ der Einwohner 住民の1000分の3 (参考 drei von tausend Einwohnern 1000人の住民のうち3人) | ein ~ ⟨ein halbes ~⟩ Seifen せっけん1000⟨500⟩個〔入り一箱〕| einige ~ Zigarren 1000本入りの葉巻数箱(参考 einige tausend Zigarren 数千本の葉巻: →I 1). **b)** ⟪複数で⟫ ⟪比⟫ 何千, 多数: ~*e* von Menschen 何千という人間 | ~*e* rote Fahnen / ~*e* roter Fahnen ⟨von roten Fahnen⟩ 何千という赤旗 ‖ Einige ~〔*e*〕 säumen die Straßen. 数千の人々が街路に人垣をつくっている | Die Verluste gehen in die ~*e*. 損失は数千〔マルク〕に達する | Die Fische schwimmen zu ~*en*. 魚が何千となく泳いでいる.

☆ 複数では付加語により格がわかるときは語尾を省略できるが, 付加語のない2格では格を示すため -er をつけることがある: einige ~〔*e*〕 Wörter 数千の単語 | Viele ~〔*e*〕 klatschten Beifall. 何千という人々が拍手かっさいした ‖ das Ziel ~*er* von Demonstranten 数千のデモ参加者たちの目標.

[*germ.* „viel-hundert"; ◇Tumor, Zent; *engl.* thousand]

Tau·send·blatt[táʊzənt..] 中 -〔e〕s/ 〘植〙 フサモ(総〔藻〕)属.

tau·send·ein[táʊzəntláɪn] =tausendundein

Tau·sen·der[táʊzəndər] 男 -s/- **1** 〘数〙 4けた⟨千の位⟩の数; 1000のつく数(2000, 3000など). **2** ⟪話⟫ **a)** 1000マルク紙幣. **b)** 1000メートル以上の高さの山.

tau·sen·der·lei[táʊzəndərláɪ] ⟪種類を表す数詞; 無変化⟫ ⟪話⟫ 千種類もの, 種々さまざまの: auf ~ Weise ありとあらゆるやり方で | an ~ denken やたらにいろんなことに思いをはせる.

Tau·sen·der·stel·le[táʊzəndər..] 女 〘数〙 千の位.

tau·send≈fach[táʊzənt..] (ᵛ≈**fäl·tig**[..fɛltɪç]²) 形 **1** 1000倍の: →fünffach **2** ⟪話⟫ 何千もの: eine ~ bewährte Methode 何千回となく有効性の実証された方法.

Tau·send≈fuß[táʊzəntfuːs] 男, ≈**fü·ßer**[..fyːsər] (≈**füß·ler**[..lər]) 男 -s/- 〘動〙 ムカデ(百足・蜈蚣), 多足類. [*lat.* mīlle-peda (*gr.* chīlió-pous の翻訳借用)の翻訳借用; ◇*engl.* millipede]

Tau·send·gül·den·kraut[taʊzəntgýldən..] (**Tau·send·gul·den·kraut**[..gʊ́l..]) 中 -〔e〕s/ 〘植〙 シマセンブリ(島千振)〔属〕.

Tau·send·jahr·fei·er 女 千年祭.

tau·send·jäh·rig[táuzəntjɛ:rɪç][2] 形 **1** 千年をへた. **2** 千年間の: das *Tausendjährige* Reich〘キリスト教〙(千年至福説における)千年王国.

Tau·send·künst·ler 男《話》何でもできる〈こなせる〉人. [<tausend Künste]

tau·send≈mal[táuzəntma:l] 副 1000回;《比》何千回も; 1000倍;《比》何千倍も: →fünfmal ‖ Ich danke Ihnen ～. 幾重にも御礼申し上げます | Er weiß ～ mehr als ich. 彼は私よりはるかに物知りだ. **≈ma·lig**[..lɪç][2] 形《付加語的》1000回の;《比》何千回もの: →fünfmalig

Tau·send·mark·schein[tauzəntmárk..] 男 1000マルク紙幣.

Tau·send≈sa·sa[táuzənt-sasa·, ..saza·] (**≈sas·sa**[..sasa·]) 男 -s/-〔s〕《戯》**1** (悪魔の申し子のように)何でも器用にこなす男, 万能屋. **2** (Schwerenöter) くわせ者, 海千山千; 女たらし. [<tausend sa! sa!]

Tau·send≈schön[táuzənt-ʃø:n] 中 -s/-e〘植〙**1** サンシキスミレ(三色菫). **2** ヒナギク(雛菊). **≈schön·chen**[..ʃø:nçən] 中 -s/- (Gänseblümchen)〘植〙ヒナギク(雛菊), デージー.

tau·sendst[táuzəntst]《序数》第1000の, 1000番目の: →fünft ‖ Das kann 〈weiß〉 nicht der *Tausendste*. それはほとんどだれもできない〈知らない〉| vom Hundertsten ins *Tausendste* kommen (→hundertst).

tau·send·stel[táuzəntstəl]《分数; 無変化》1000分の1〔の〕: →fünftel

tau·send·stens[táuzəntstəns] 副 (列挙の際などに)第1000に〔は〕.

Tau·send·ton·ner 男 -s/- 1000トン級の船.

tau·send〔·und〕·ein[táuzənt(|ʊnt)|áɪn]《基数》1001〔の〕(→ ein[1] III): 《*Tausendundeine* Nacht》『千〔夜〕一夜物語』『アラビアンナイト』| ein Märchen aus 《*Tausendundeiner* Nacht》『アラビアンナイト』の中の一話.

tau·send·wei·se 副 (→..weise ★) 何千ずつ; 何千となく.

Taut[taʊt] 人名 Bruno ～ ブルーノ タウト(1880-1938; ドイツの建築家. 1933-36年日本に滞在した).

Tau·ta·zis·mus[tautatsísmus] 男 -/..men[..mən]〘修辞〙(特に連続する単語の語頭における)同音〈類音〉反復.

tauto.. 《名詞などにつけて「同じ」を意味する》[<*gr.* tò autó „das Nämliche"]

Tau·to·lo·gie[tautologí:] 女 -/-n[..gí:ən]〘修辞〙類語〈同意語〉反復, トートロジー(例 ein weißer Schimmel, nackt und bloß). [*gr.*–*spätlat.*]

tau·to·lo·gisch[..ló:gɪʃ] 形 類語〈同意語〉反復の.

tau·to·mer[tautomé:r] 形〘化〙互変異性の, 互変異性現象を引き起こす.

Tau·to·me·rie[..merí:] 女 -/〘化〙互変異性.

Tau·trop·fen[táu..] 男 露のしずく, 露滴.

Tau·werk 中 -〔e〕s/《集合的に》〘海〙索具.

Tau≈wet·ter 中 -s/ (春先の)雪解けの陽気;《比》(国際関係などの)雪解け, 緊張緩和. **≈wind** 男 (雪や氷を溶かす春先の)暖風.

Tau·zie·hen 中 -s/ **1**〘スポーツ〙綱引き: ein Wettkampf im ～ 綱引き競技. **2**《比》つばぜり合い, 熾烈(しれつ)な競争.

Ta·ver·ne[tavérnə] 女 -/-n (イタリアの)飲み屋, 居酒屋. [*lat.* taberna „Hütte"–*ait.* taverna; ◇*engl.* tavern]

Ta·xa Taxon の複数.

Ta·xa·me·ter[taksamé:tər] 中 (男) -s/- **1** (タクシーの)料金メーター. ▽**2** = Taxi [<*mlat.* taxa (→Taxe); ◇*engl.* taximeter]

▽**Ta·xa·me·ter·uhr** 女 = Taxameter 1

Tax·amt[táks..] 中 価格査定所. [*lat.*]

Ta·xa·tion[taksatsió:n] 女 -/-en = Taxierung

Ta·xa·tor[taksá:tɔr, ..to:r] 男 -s/-en[..sató:rən] (専門の)価格査定人. [*mlat.*; ◇taxieren]

Tax·baum[táks..] 男 = Taxus

Ta·xe[táksə] 女 -/-n **1** 価格査定, 評価. **2** 公定価格(特に手数料などの), 規定料金. **3** (Gebührenordnung) 料金〈手数料〉規定. **4** = Taxi [*mlat.* taxa; ◇taxieren; *engl.* tax]

Ta·xem[taksé:m] 中 -s/-e〘言〙文法特性素, 配列素. [*amerik.*; ◇Taxis[1]]

ta·xen[táksən]《02》= taxieren

Ta·xen Taxe, Taxis[1] 1 の複数.

Ta·xes Taxis[1] 2 の複数.

tax·frei[táks..] 形 料金免除の, 手数料なしの. [<Taxe]

Tax·ge·büh·ren 複 査定料, 評価手数料.

Ta·xi[táksi·] 中 (スイス: 男) -〔s〕/-〔s〕(<Taxameter) タクシー: Funk*taxi* 無線タクシー ‖ ～ fahren i) タクシーの運転手をしている; ii) タクシーで行く | ein ～ nehmen タクシーを拾う, タクシーに乗る | ein ～ rufen 〈bestellen〉 タクシーを呼ぶ〈予約する〉‖ mit einem ～ 〈in einem ～〉 fahren タクシーで行く. [*fr.*; ◇Taxis[1]]

Ta·xi·chauf·feur[táksiʃɔfø:r] 男 = Taxifahrer

Ta·xi·der·mie[taksidɛrmí:] 女 -/ 剝製(はくせい)術.

Ta·xi·der·mist[..dɛrmíst] 男 -en/-en 剝製(はくせい)製作者. [<Taxis[1]+Derma]

ta·xie·ren[taksí:rən] 他 (h) **1** 《*et.*[4]》(…の)価値〈価格〉を査定する, 評価する: Er *taxierte* das Grundstück 〈den Wert des Grundstücks〉 auf 10 000 Mark. 彼はその地所の価格を1万マルクと査定した | der *taxierte* Wert 査定価格. **2** 《話》《*jn.*》(吟味するように)じろじろ見る. [*lat.* taxāre „anrühren"–*fr.*; ◇tangieren, Taxe; *engl.* tax]

Ta·xie·rer[taksí:rər] 男 -s/- = Taxator

Ta·xie·rung[..rʊŋ] 女 -/-en (taxieren すること. 例えば:) 査定, 評価.

Ta·xi≈fah·rer[táksi..] 男 (女 **≈fah·re·rin**) タクシーの運転手. **≈girl**[..gø:rl] 中 タクシーダンサー(ダンスホールなどに雇われて, 時間ぎめで客と踊る女性職業ダンサー).

Ta·xis[1][táksɪs] 女 **1** -/Taxen[táksən]〘生〙走性(外部からの刺激に対する生物の特定方向への運動性): Chemo*taxis* 走化性 | Photo*taxis* 走光性. **2** -/Taxes[tákse:s]〘医〙(ヘルニアなどの)整復術. [*gr.*; <*gr.* tássein „ordnen"; ◇Taxi]

Ta·xis[2] Taxi の複数.

Ta·xi·stand[táksi..] 男 タクシー乗り場.

Tax·ler[tákslər] 男 -s/-《オーストリア》《話》= Taxifahrer

Ta·xon[táksɔn] 中 -s/Taxa[táksa·]〘生〙分類群.

Ta·xo·no·mie[taksonomí:] 女 -/ (生物などの)分類学(ふつう Systematik という). [<Taxis[1]]

ta·xo·no·misch[..nó:mɪʃ] 形 分類学〔上〕の; 分類学的な.

Tax≈preis[táks..] 男 査定価格. **≈uhr** 女 = Taxameter 1

Ta·xus[táksʊs] 男 -/-〘植〙イチイ(一位)属. [*lat.*]

Ta·xus·hecke 女 イチイの生け垣.

Tax·wert[táks..] 男 査定値, 査定価格. [<Taxe]

taz[tats] 略 女 -/ = Tageszeitung 2

Ta·zet·te[tatsétə] 女 -/-n〘植〙(南欧産の)スイセン(水仙). [*it.*; <*arab.* tāsa (→Tasse)]

Taz·zel·wurm[tátsəl..] = Tatzelwurm

Tb[1][te:bé:] 略 女 -/ = **Tuberkulose** 結核: Mit Aids kommt die ～ zurück. エイズが蔓延(まんえん)するにつれて ふたたび結核が戻ってきた.

Tb[2][te:bé:, tɛ́rbiʊm] 記号 (Terbium)〘化〙テルビウム.

TbB 略 女 -/- = **Tuberkelbakterie**, **Tuberkelbakterium**, **Tuberkelbazillus** 結核菌.

Tbc[te:be:tsé:] 略 女 -/ = Tb[1]

Tbc-krank[te:be:tsé:..] **I** 形 結核の. **II Tbc-kran·ke** 男 女《形容詞変化》結核患者.

Tbi·lis·si[dbilísi·] 地名 トビリシ(ジョージアの首都. ドイツ語形 Tiflis). [*grusin.* „Warmbrunn"; <*grusin.* tbili „warm"]

Tb-krank[te:bé:..] **I** = Tbc-krank **II Tb-kran·ke** = Tbc-Kranke

Tc[te:tsé:, tɛçné:tsiʊm] 記号 (Technetium)〘化〙テクネチウム.

Tct. 略 = Tinktur チンキ〔剤〕.

Te[te:|é:, tɛlú:r] 記号 (Tellur)〘化〙テルル.

Teach-in[ti:tʃ|ín] 中 -〔s〕/-s ティーチ=イン. [*amerik.*; <*engl.* teach (→zeigen)]

Teak[ti:k] 中 -s/ =Teakholz

Teak·baum[tí:k..] 男〘植〙チーク(の木).

tea·ken[tí:kən] 形《付加語的》チーク材の, チーク製の.

Teak·holz 中 -es/ チーク材. [*drawid.*–*port.* teca–*engl.* teak]

Team[ti:m] 中 -s/-s **1** (特定の目的をもって行動を共にする)チーム, 組, 研究グループ: ein ～ von Fachleuten 専門家のチーム | Arbeits*team* 作業〈研究〉チーム ‖ ein ～ bilden 〈zusammenstellen〉 チームを作る〈編成する〉 | in einem ～ arbeiten チームを組んで仕事をする. **2** (Mannschaft) (競技などの)チーム: Fußball*team* サッカーチーム. [*engl.*; ◇Zaum]

Team≈ar·beit[tí:m..] 女 -/ =Teamwork **≈geist** 男 チームの団結心〈連帯感〉. **≈work**[..wə:k] 中 -s/ チームワーク. [*engl.* teamwork; ◇Werk]

Tea-Room[tí:ru:m] 男 -s/-s = Teestube [*engl.*; ◇Tee[1], Raum]

Tech·ne̱·tium[tɛçné:tsiʊm] 中 -s/ 〘化〙テクネチウム(記号 Tc). [＜*gr.* technētós „künstlich" (◇techno..)]

Tech·ni·co·lo̱r[tɛçnikoló:r] 中 -s/ 商標 テクニカラー(天然色映画法). [*amerik.*]

Te̱ch·nik[tέçnɪk] 女 -/-en **1** 《単数で》 **a**) (人間が自然を征服する総体的手段としての)技術, 工業技術, 工学: die moderne ～ 近代技術 | Agrar*technik* 農業技術 | Elektro*technik* 電気工学 ‖ das Zeitalter der ～ 技術時代. **b**) (器具・機械などの)技術的性質, 機構, メカニック: mit der ～ einer Maschine vertraut sein 機械の仕組みに通じている. **c**) 技術陣〈部門〉: in der ～ arbeiten 技術部門で働く.
2 技巧, 技能, 技量, 手法: die ～ des Eislaufs 〈des Geigenspiels〉 アイススケート〈ヴァイオリン演奏〉の技術 | Sprech*technik* 話術 ‖ eine neue ～ erarbeiten 新しい技法〈手法〉を編み出す | alle ～*en* beherrschen あらゆるテクニックをマスターする.
3 《(オーストリア)》 (technische Hochschule) 工業大学. [*fr.*]

Te̱ch·ni·ker[tέçnikər] 男 -s/- (⊛ **Te̱ch·ni·ke·rin**[..kərɪn]-/-nen) **1** 技術者, 工学者; 技師. **2** 技巧〈技術〉のすぐれた人, 技巧家, テクニシャン.

Te̱ch·ni·kum[tέçnikʊm] 中 -s/..ka[..ka·], ..ken[..kən] 工業専門学校.

te̱ch·nisch[tέçnɪʃ] 形 **1** 技術の, 工業技術の, 工学の: eine ～*e* Ausbildung 技術〔専門〕教育 | ～*e* Chemie 工業化学 | ～*er* Fachausdruck 技術用語 | eine ～*e* Hochschule 〈Universität〉 工業〔単科〕大学〈工業〔総合〕大学〉(ただし個々の大学の名称としては, *Technische* Hochschule 略 TH, *Technische* Universität 略 TU のように頭文字を大書する, ふつうの Universität には工学部はない) | ～*es* Maßsystem 工学単位〔系〕 | ～*e* Truppen〘軍〙技術部隊 | *Technischer* Überwachungs-Verein (略 TÜV) (工場施設・自動車の車体・エレベーターなどの定期検査を行うドイツ)技術検査協会 | ein ～*er* Zeichner 工業製図工 | das ～*e* Zeitalter 技術時代 | Er ist ～*er* Leiter dieses Betriebs. 彼はこの工場の技術主任である ‖ ein ～ begabter Mensch 技術方面の才能のある人間.
2 (各種の技芸・職業などの事柄に関して)技術的な; 技巧〈手法〉上の: ein ～*es* Versehen 技術的なミス | ein Drama von hoher ～*er* Vollendung 高度の技術的完成度をもつ戯曲 | wegen ～*er* Schwierigkeiten 技術的な困難さのために ‖ ein ～ hervorragender Boxer テクニックの卓越したボクサー | Das ist ～ 〈aus ～*en* Gründen〉 unmöglich. それは技術的に〈技術的な理由から〉不可能だ.
3 専門的な, 専門上の: ～*er* Ausdruck 専門用語.
[*gr.* technikós „kunstgemäß"–*fr.* technique; ◇techno..]

..technisch[..tεçnɪʃ]《名詞などにつけて「…技術上の, …工学上の」などを意味する形容詞をつくる》: agro*technisch* 農業技術上の | druck*technisch* 印刷技術上の | elektro*technisch* 電気工学上の | produktions*technisch* 生産技術上の | verkehrs*technisch* 交通〈輸送〉技術上の | verwaltungs*technisch* 管理運営上の.

tech·ni·si̱e·ren[tɛçnizí:rən] 他 (h) 技術化〈機械化・工業化〉する: die *technisierte* Produktion 工業化された生産.

Tech·ni·si̱e·rung[..rʊŋ] 女 -/ technisieren すること.

Tech·ni·zi̱s·mus[tɛçnitsísmʊs] 男 -/..men[..mən] **1** 技術用語. **2** 《単数で》技術万能主義.

techno..《名詞などにつけて「技術」を意味する》: *Techno*lekt〘言〙専門語 | *Techno*logie 科学技術, テクノロジー. [*gr.* téchnē „Kunst"; ◇Text, technisch]

Tech·no·kra̱t[tɛçnokrá:t] 男 -en/-en **1** テクノクラート(テクノクラシーの信奉者). **2** 技術者畑の管理者〈行政官〉. [*amerik.*]

Tech·no·kra·ti̱e[..kratí:] 女 -/ テクノクラシー, 技術万能主義; 技術家政治. [*amerik.* technocracy]

tech·no·kra̱·tisch[..krá:tɪʃ] 形 テクノクラシー〈技術万能主義〉の; 技術家政治の. [*amerik.* technocratic]

Tech·no·le̱kt[tɛçnolέkt] 男 -[e]s/-e (Fachsprache)〘言〙専門語. [＜*gr.* légein (→Logos)]

Tech·no·lo̱·ge[tɛçnoló:gə] 男 -n/-n (→..loge) テクノロジーの専門家〈学者〉.

Tech·no·lo·gi̱e[..logí:] 女 -/-n[..gí:ən] (総体的に)科学〈工業〉技術, テクノロジー. [*spätgr.*]

Tech·no·lo·gi̱e·trans·fe̱r 男 技術移転〈導入〉.

tech·no·lo̱·gisch[..ló:gɪʃ] 形 テクノロジーの, 科学〈工業〉技術〔上〕の.

Tech·tel·me̱ch·tel[tɛçtəlmέçtəl, ⌣⌣⌣⌣] 中 -s/- 《話》(Flirt) 戯れの恋, 浮気, 色事(いろごと), 情事: mit *jm.* ein ～ haben …と浮気をしている. [＜*it.* teco meco „(ich) mit dir, (du) mit mir"]

Te̱ckel[tέkəl] 男 -s/- 《北部》=Dachshund

Te̱d·dy[tέdi·] 男 -s/-s, **Te̱d·dy·bär**[tέdi..] 男 -s, -en/-en (おもちゃの)縫いぐるみの熊(くま). [*engl.* teddy bear; Theodore Roosevelt 米国大統領が子熊を見逃してやる漫画から]

Te·de̱·um[tedé:ʊm] 中 -s/-s **1**〘キリスト教〙テ=デウム(ラテン語による神への賛美). **2**〘楽〙テ=デウムの曲. [*lat.* Tē Deum laudāmus „Herr Gott, dich loben wir"]

Tee[1][te:] 男 -s/(種類: -s) **1 a**)〘植〙チャ(茶), 茶の木: ～ anbauen 茶を栽培する. **b**) 茶の葉; (飲み物としての)茶, (特に:) 紅茶; (花びら・薬草などの)茶, 薬湯(やくとう): grüner 〈schwarzer〉 ～ 緑茶〈紅茶〉 | starker 〈dünner〉 ～ 濃い〈薄い〉茶 | Jasmin*tee* ジャスミン茶 | Kräuter*tee* 薬草湯 ‖ ～ mit Milch 〈Zitrone〉 ミルク〈レモン〉入り紅茶 | eine Tasse ～ 1杯の〔紅〕茶 | Herr Ober, drei ～ bitte! ボーイさん紅茶三つお願いします | ～ aufbrühen 〈aufgießen〉 紅茶をいれる | ～ kochen 紅茶を沸かす | ～ trinken 〔紅〕茶を飲む | Abwarten und ～ trinken! (→abwarten 1) ‖ **einen im ～ haben**《話》いささか酔っている. **2** (午後の)お茶の会, ティーパーティー: einen ～ geben お茶の会を催す | *jn.* zum ～ einladen …をお茶に招待する.
[*chines.*–*malai.*; ◇*engl.* tea]

Tee[2][ti:] 中 -s/-s〘ゴルフ〙**1** ティー〔グラウンド〕. **2** ティー(球座). [*engl.*]

TEE[te:|e:|é:] 略 男 -[s]/-[s] = Trans-Europ-Express ヨーロッパ横断国際特急.

Te̱e≈bäcke·rei[té:..] 女《(オーストリア)》=Teegebäck **≈beu·tel** 男 ティーバッグ. **≈blatt** 中 -[e]s/..blätter《ふつう複数で》茶の葉. **≈brett** 中 茶盆. **≈büch·se** 女, **≈do·se** 女 茶筒, 茶入れ.

Te̱e-Ei 中 茶漉(こ)し球(細かい穴のあいた金属球で, 中に茶の葉を入れて熱湯にひたす).

Te̱e≈gän·se·fu̱ß 男〘植〙ケアリタソウ(毛有田草). **≈ge·bäck** 中 (紅茶にそえて出す)クッキー. **≈ge·schirr** 中《集合的に》茶器, 紅茶用食器(茶わん・ポットなど). **≈ge·sell·schaft** 女 ティーパーティー. **≈gla̱s** 中 紅茶用コップ. **≈hau·be** 女 =Teewärmer **≈haus** 中 (中国・日本の)茶店; 茶屋. **≈kan·ne** 女 ティーポット, きゅうす(→ 図 Samowar). **≈kes·sel** 男 **1** (紅茶沸かし用の)やかん. ▽**2** 《話》とんま〈まぬけ〉なやつ. **≈licht** 中 -[e]s/-er ティーポット

T

保温台（Stövchen）用のろうそく. ≠**löf·fel** 男 (略 TL) 茶さじ, ティースプーン: zwei bis drei ～ Kochsalz 茶さじ二三杯の食塩.

tee·löf·fel·wei·se 副（→..weise ★）**1** 茶さじで, 一さじずつ. **2**《話》少量ずつ.

Tee≠ma·schi·ne 女 紅茶沸かし, サモワール. ≠**müt·ze** 女 ＝Teewärmer

Teen[ti:n] 男 -s/-s, **Teen·ager**[tí:ne:dʒər, ..neɪdʒə] 男 -s/- ティーンエージャー（ドイツでは少年より少女を指すことが多い）. [*amerik.*; ＜*lat.* aetās „Alter"（◇Äon）; ◇..zehn]

Tee·nie(**Tee·ny**)[tí:ni·] 男 -s/-s《話》ローティーン. [◇*engl.* teeny „winzig"]

Tee≠pau·se[té:..] 女 紅茶などを飲むための休憩〔時間〕, お茶のための中休み, ティーブレーク. ≠**pott** 男《北部》ティーポット.

Teer[te:r] 男 -〔e〕s/（種類: -e）（石炭・木材などを乾留して得た）タール: Kohlen*teer* コールタール | *et.*[4] mit ～ bestreichen …にタールを塗る. [*mndd.*; ◇Trog; *engl.* tar]

Teer≠be·ton[té:rbetɔŋ] 男《土木》タールコンクリート. ≠**dach** 中《建》タール厚紙で被覆した屋根. ≠**decke** 女《土木》タール舗装〔面〕.

tee·ren[té:rən] 他 (h)《*et.*[4]》(…に)タールを塗る〈しみ込ませる〉; (…に)タール舗装をする: *jn.* ～ und federn《比》…の全身にタールを塗りつけ羽毛で覆う（白人の黒人に対するリンチ）| eine *geteerte* Straße タール舗装の道路.

Teer≠far·be[té:r..] 女 -/-n《ふつう複数で》, ≠**farb·stoff** 男〔コール〕タール染料.

teer·ge·tränkt[té:r..] 形 タールをしみ込ませた.

tee·rig[té:rɪç][2] 形 **1** タール状の. **2** タールを塗った; タールをしみ込ませた.

Teer≠jacke[té:r..] 女《戯》（Matrose）船員, 水夫, 船乗り. ≠**krebs** 男《医》タール癌(がん)（コールタールの反復塗布による皮膚癌）. ≠**öl** 中《化》タール油.

Tee·ro·se[té:..] 女《植》コウシンバラ（庚申薔薇）（中国原産のバラで, これを交配原種として多くの栽培品種が作られた）.

Teer≠pap·pe[té:r..] 女（屋根ふきなどに用いる）タール厚紙, タールフェルト. ≠**sei·fe** 女 タールせっけん. ≠**stra·ße** 女 タール舗装道路.

Tee·rung[té:rʊŋ] 女 -/-en teeren すること.

Tee≠scha·le[té:..] 女《オーストリア》＝Teetasse ≠**ser·vice**[..zɛrvi:s] 中 茶器セット, ティーセット. ≠**sieb** 中 茶こし. ≠**strauch** 男 茶の木. ≠**stu·be** 女 喫茶店, ティールーム. ≠**stun·de** 女（午後の）お茶〈おやつ〉の時間. ≠**tas·se** 女〔紅茶〕茶わん, ティーカップ（→ 図 Tasse）. ≠**tisch** 男 茶卓. ≠**wa·gen** 男（茶器運搬用の）ティーワゴン. ≠**wär·mer** 男（ポットにかぶせる）紅茶保温カバー. ≠**was·ser** 中 -s/〔紅〕茶をいれるための湯. ≠**wurst** 女《料理》ティーヴルスト（上等な Mettwurst）. ≠**ze·re·mo·nie** 女（日本の）茶の湯; 茶会.

TEE-Zug[te:|e:|é:..] 男 ヨーロッパ横断国際特急列車.

Tef[te:f] 男 -〔s〕/ , **Teff**[tɛf] 男 -〔s〕/《植》テフ（アフリカ原産のイネ科の穀物）. [*afrikan.*]

Te·fil·la[tefɪlá:] 女 -/ （ユダヤ教の）祈禱(きとう)〔書〕. [*hebr.*]

Te·flon[téflo:n, ⌣⌐] 中 -s/ 商標 テフロン（弗素(ふっそ)樹脂）. [＜tetra..＋Fluor]

Te·flon·pfan·ne 女 テフロン加工の平なべ〈フライパン〉.

Te·gern·see[té:gərnze:] **I** 地名 テーゲルンゼー（テーゲルン湖畔の町）. **II** der **Te·gern·see** 男 -s/ テーゲルン湖（ドイツの Oberbayern にある風光明媚(めいび)な湖）. [*ahd.* Tegarin-seo „(am) großen See"]

Te·gern·seer[..ze:ər] 男 -s/- テーゲルンゼーの人.

Te·he·ran[té:hәra:n, tehərá:n, ..he..] 地名 テヘラン（イランの首都）. [*iran.*]

Teich[taɪç] 男 -〔e〕s/-e 池, 沼; 貯水池: Feuerlösch*teich* 消火用貯水池 | Fisch*teich* 養魚池 | **der gro·ße ～**《戯》大西洋（＝Atlantik）. [*mhd.*; ◇Deich]

Teich≠fa·den[táɪç..] 男《植》イトクズモ（糸屑藻）. ≠**frosch** 男（Wasserfrosch）（ヨーロッパ産の）食用ガエル. ≠**huhn** 中《鳥》バン（鷭）. ≠**kol·ben** 男《植》ガマ（蒲）属. ≠**lin·se** 女《植》ウキクサ（浮草）属. ≠**mu·schel** 女《貝》ドブガイ（土負貝）. ≠**rohr** 中《植》ヨシ（葦）属. ≠**ro·se** 女《植》スイレン（水蓮）属. ≠**wirt** 男 養魚池経営者. ≠**wirt·schaft** 女 養魚池経営.

teig[taɪk][1] 形 **1**《南部》（果実が）熟しすぎた,（傷んで）やわらかくなった. **2**（パン・ケーキ・ビスケットなどが）生焼けの. **3**《スイス》（疲れて）ぐったりした.

Teig[taɪk][1] 男 -〔e〕s/-e（パン・ケーキなどの）生地, ねり粉, こね粉: Brot*teig* パン生地, パン種, 生パン | ein ～ für Kuchen ケーキ生地 | Hefe*teig* 酵母入りねり粉 ‖ den ～ mit Hefe ansetzen ねった粉に酵母〈イースト〉を混ぜる | den ～ backen 生パンをオーブンで焼く ‖ Der ～ geht.（イーストを混ぜた）ねり粉が発酵してふくらむ. [*germ.*; ◇fingieren; *engl.* dough; *gr.* teĩchos „Mauer"]

Teig·far·be[táɪk..] 女 パステル絵の具.

tei·gig[táɪgɪç][2] 形 **1 a**）ねり粉〈こね粉〉状の, ねり粉〈こね粉〉のようにやわらかい, ぶよぶよ〈ぐじゃぐじゃ〉の: ein ～*es* Gesicht 青ぶくれの顔. **b**）（手・皿などが）ねり粉〈こね粉〉で汚れた. **2**（パン・ケーキ・ビスケットなどが）生焼けの.

Teig≠〔**knet·**〕**ma·schi·ne**[táɪk..] 女 ねり〈こね〉機. ≠**räd·chen** 中 ねり粉〈こね粉〉切り（歯車のついた道具）. ≠**rol·le** 女 麺棒(めんぼう). ≠**schüs·sel** 女 ねり〈こね〉鉢. ≠**wa·re** 女 -/-n《ふつう複数で》《料理》ねり粉〈こね粉〉で作った食品（麺類・パイなど）.

Teil[taɪl]（小 **Teil·chen** → 別出）**I** 男（中）-〔e〕s/-e（全体の）一部, 部分: der obere 〈untere〉 ～ 上部〈下部〉（→II）| der vordere 〈hintere〉 ～ 前部〈後部〉| der nördliche 〈südliche〉 ～ des Landes 国の北部〈南部〉| der erste 〈zweite〉 ～ des Dramas 戯曲の第１〈２〉部 | Der dritte ～ von zwölf ist vier. 12の３分の１は４である | der dritte ～（＝Drittel）der Bevölkerung 人口の３分の１ | ein beträchtlicher 〈wesentlicher〉 ～ かなりの〈重要な〉部分 | der größte ～ der Menschen 大部分の人たち | Ich habe den größten ～ der Nacht schlaflos verbracht. 私は夜の大部分を眠らずに過ごした | **die edlen ～*e***《戯》（男性の）性器 ‖ **ein gut** 〈**groß**〉 **～** かなりの分量 | ein gut ～ Frechheit 相当の厚かましさ | Dem Kranken geht es ein gut ～ besser. 病人の容体はずっとよくなった ‖ Wir wohnen im schönsten ～ der Stadt. 私たちは町の最も美しい地区に住んでいる | *et.*[4] in drei 〔gleiche〕 ～*e* teilen …を三つの〔等しい〕部分に分ける, …を三〔等〕分する | Das Buch ist in vier ～*e* gegliedert. この本は四つの部分から成っている ‖ **zum ～**（略 z.T.）部分的に, 一部は | Ich kann dir nur zum ～ zustimmen. 君の意見には部分的にしか賛成できない | **zum ～ ..., zum ～ ...** 一部は…でまた一部は… | Das war zum ～ Mißgeschick, zum ～ eigene Schuld. それは一部は不運であり一部はみずから招いた罪だった | zum großen 〈größten〉 ～ 相当の部分〈大部分〉| Ich habe das Buch zum großen ～ gelesen. 私はその本をおおよそのところは読んだ.

II 中 -〔e〕s/-e（機械などの）部品, パーツ: das obere ～ des Jackenkleides《服飾》ツーピースの上着 | Ersatz*teil* 補充〈交換〉部品 ‖ ein defektes ～ auswechseln 不良部品を取り替える | aus einer Maschine ein ～ ausbauen 機械の部品を取りはずす.

III 男 -〔e〕s/-e（Partei）《法》（契約・訴訟などの）当事者: der klagende 〈schuldige〉 ～ 原告〈敗訴〉側 ‖ beide ～*e* hören 当事者双方の申し立てを聞く | ein Vertrag zwischen A an einem ～ und B am anderen ～ AB 両当事者間の契約.

IV 男 中 -〔e〕s/-e（Anteil）分け前, 取り分;（関与すべき）割り当て分, 責任分担分: *sein*〔*en*〕 ～ 〔zu *et.*[3]〕 beitragen 〔…に対して〕応分の責任を果たす〈寄与をする〉| **das bessere ～** 〈**den besseren ～**〉 **erwählt** 〈**gewählt**〉 **haben**《雅》他の人よりも恵まれた境遇にある（聖書: ルカ10, 42から）| ***sich***[3] ***sein***〔***en***〕 **～ denken**（口には出さないが）自分なりの考えをもっている | ***jm. sein***〔***en***〕 **～ geben**《話》…に対してあけすけに本当のことを言う | ***sein***〔***en***〕 **～ zu tragen**《比》自分なりに苦労している〈世の苦しみを味わっている〉| ***sein***〔***en***〕 **～ ab-**

T

haben 〈**weghaben**〉 / *sein*〔*en*〕 **~ bekommen haben** すでに自分の分け前をもらっている;《比》大きな痛手を受けている,健康をそこなっている, しかるべき罰を受けている, きびしい運命を負っている ‖ auf *sein*〔*en*〕 ~ verzichten 自分の取り分〈相続分〉を放棄する | Ich für mein〔en〕 ~ bin ganz zufrieden. 私としては全く満足している.

［*germ.*; ◇teilen; *engl.* deal］

Teil≠ab·schnitt[táɪl..] 男 (工事計画の)ある工期の建設予定部分: den ersten ~ der neuen Autobahn fertigstellen 新しい高速自動車道路の第一期計画を完了する. **≠ar·beit** 女 パートタイムの仕事. **≠au·ge** 中《動》(複眼を構成する)個眼.

teil·bar[táɪlba:r] 形 (teilen できる. 例えば:) **1** 分けられる, 分割可能の: ~*e* Leistung《法》可分給付 | ~*e* Sache《法》可分物. **2**《数》割り切れる, 整除しうる: eine ~*e* Zahl 整除数.

Teil·bar·keit[−kaɪt] 女 -/ teilbar なこと.

Teil≠be·schäf·tig·te =Teilzeitbeschäftigte **≠be·sitz** 男《法》一部占有. **≠be·trag** 男 総額の一部, 部分額: einen ~ als Anzahlung entrichten〔支払〕額の一部を頭金として支払う.

Teil·chen[táɪlçən] 中 -s/- **1** (Teil の縮小形. 例えば:) 小部品. **2**《理》粒子; (Elementarteilchen) 素粒子. **3**《方》(個々の)クッキー, ビスケット.

Teil·chen≠be·schleu·ni·ger 男《理》〔素〕粒子加速器. **≠ge·wicht** 中《理》粒子量. **≠ka·no·ne** 女《軍》粒子〔ビーム〕砲. **≠phy·sik** 女〔素〕粒子物理学. **≠strah·lung** 女《理》粒子線.

Teil≠druck 男 -〔e〕s/..drücke《理》分圧. **≠ei·gen·tum** 中 -s/《法》(家屋に関する)一部所有権.

tei·len[táɪlən] 他 (h) **1 a)** (全体を2個または数個の部分に)分ける, 分割する, 区分する: einen Apfel in zwei Teile ~ リンゴを二つに割る | die Schüler in zwei Gruppen ~ 生徒たちを二つのグループに分ける | ein Buch in Kapitel 〈eine Stadt in Bezirke〉 ~ 本をいくつかの章に〈都市をいくつかの区に〉分ける ‖ Ein Vorhang *teilt* das Zimmer. 1枚のカーテンが部屋を仕切っている | Das Schiff *teilt* die Wellen. 船が波を切って進む ‖ 再帰 *sich*[4] ~ 分かれる; (道などが)分岐する; (細胞などが)分裂する | Die Schüler *teilten* sich in zwei Mannschaften. 生徒たちは二つのチームに分かれた | Der Vorhang *teilt* sich. (舞台などの)幕が左右に開く | In diesem Punkt *teilen* sich die Meinungen.《比》この点で意見が分かれる | Hier *teilt* sich unser Weg.《比》私たちが行動を共にできるのもここまでだ ‖〖過去分詞で〗*geteilt*《紋》(盾を)横に〔2〕分割した(→ ⑳ Wappen d) | ein *geteiltes* Land 分割された国 | mit *geteilten* Gefühlen (必ずしもうれしいとばかりは言えない)複雑な気持で | Wir waren *geteilter* Meinung[2]. 私たちは意見が分かれていた. **b)**《数》割る, 除する: zwölf durch drei ~ 12を3で割る | Zwölf *geteilt* durch drei ist〔gleich〕vier. 12割る3は4 (数式は12: 3 = 4).

2 a) (利益・獲物などを)分配〈配分〉する, 分けあう; (品物・食物・空間・喜び・悲しみなどを)分かちあう, 共にする: den Gewinn untereinander 〈unter *sich*[3]〉 ~ 利益を仲間で分けあう | mit *jm.* das Bett ~ (→Bett 1 a) | mit *jm.* das Zimmer ~ …と部屋を共同で使う | Er *teilte* seine Zigaretten mit mir. 彼は彼の紙巻きタバコを私にも吸わせてくれた | Freude und Leid miteinander ~ 苦楽を共にする | *js.* Glück 〈Trauer〉 ~ …と喜び〈悲しみ〉を分かちあう | *Geteilte* Freude ist doppelte Freude, *geteilter* Schmerz ist halber Schmerz. (→Freude) ‖ Ich kann diese Ansicht nicht ~. 私はこの見解には与(くみ)しえない | Sie *teilte* meine Überzeugung. 彼女は私と同じ確信を抱いていた〈信念を共にしていた〉 | Er *teilte* das Schicksal seiner Vorgänger. 彼は先輩たちと同じ運命をたどった ‖〖目的語なしで〗Er *teilt* nicht gern. / Er will mit niemandem ~. 彼は他人にものを分けたがらない(けちである). **b)** 再帰 *sich*[4]〔mit *jm.*〕in *et.*[4] ~〔…と〕…を分かちあう | *sich*[4]〔mit *jm.*〕in die Arbeit 〈die Kosten〉 ~〔…と〕仕事〈費用〉を分担する | *sich*[4]〔mit *jm.*〕in den Gewinn 〈in den Besitz des Gartens〉 ~〔…と〕利益を分けあう〈共同で庭を所有する〉.

［*ahd.*; ◇Teil］

Tei·ler[táɪlər] 男 -s/- (teilen するもの. 特に:)《数》除数, 約数: der〔größte〕gemeinsame ~〔最大〕公約数.

Teil≠er·folg[táɪl..] 男 部分的成功〈成果〉. **≠fa·bri·kat** 中 半製品. **≠fin·ster·nis** 女《天》部分蝕(しょく). **≠for·de·rung** 女《法》分割債権. **≠ge·biet** 中 **1** (地理上・行政上の)区域. **2** (専門分野などの)部分領域.

Teil·ha·be[táɪlha:bə] 女 -/ 参加, 関与; 分け前.

teil|ha·ben*[..ha:bən][1]《64》自 (h)《an *et.*[3]》(…に)参加〈関与〉している; (…の)分け前にあずかっている: an einem Geheimnis ~ 秘密を共にしている | an der Macht ~ 権力に関与している | *jn.* an *seinen* Freuden und Leiden ~ lassen …と苦楽を共にする.

Teil·ha·ber[..ha:bər] 男 -s/- (⊛ **Teil·ha·be·rin**[..bərɪn]-/-nen) (teilhaben する人. 特に:) (会社などの)共同経営者〈出資者〉; 出資社員, 組合員, 株主: ein stiller ~ 匿名社員.

Teil·ha·ber·schaft[..ʃaft] 女 -/ Teilhaber であること; Teilhaber としての地位〈身分〉.

teil·haf·tig[táɪlhaftɪç, −⌣⌣][2] (▽**teil·haft**) 形《ふつう述語的》《雅》*et.*[2] ~ sein …の分け前にあずかっている, …に関与〈参加〉している | *et.*[2] ~ werden …の分け前にあずかる, …に関与〈参加〉する | eines Lobes 〈eines Vorteils〉 ~ werden 賞賛を博す〈利益を得る〉 | der Segnungen der Zivilisation ~ werden 文明の恩恵に浴する | Er wurde allgemeiner Anerkennung ~. 彼は皆から功績を認められた.

..teilig[..taɪlɪç][2]《数詞などにつけて「…の部分に分かれた, …の部分からなる」を意味する形容詞をつくる》: fünf*teilig* 五つに分かれた, 五つの部分からなる.

Teil·kas·ko[..ko·] 女 -/《ふつう無冠詞で》=Teilkaskoversicherung

Teil·kas·ko·ver·si·che·rung[táɪlkasko..] 女 (損害額の一部を補償する)一部船体〈車体・機体〉保険.

Teil·kopf 男 =Teilscheibe

Teil≠kreis 男 円弧;《工》ピッチ円. **≠lei·stung** 女《法》一部給付. **≠lö·sung** 女 部分的解決.

Teil·ma·schi·ne 女《工》(目盛りきざみに用いられる)目盛り機械. ［<teilen］

Teil·men·ge 女 (一定量を構成する)部分量;《数》部分集合.

Teil·nah·me[táɪlna:mə] 女 -/ (teilnehmen すること. 例えば:) **1**《an *et.*[3]》(…への)参加; 加入; 関与; 出席, 出場;《法》共犯: die ~ an einer Veranstaltung 催しへの参加. **2 a)** (Interesse) (…への)関心, 興味: ~ an *et.*[3] zeigen …に関心を示す. **b)**《雅》(Mitgefühl) (他人の喜び・悲しみなどへの)思いやり, いたわり, 同情, 共感; (特に:) (Beileid) くやみ: *jm. seine* herzliche ~ aussprechen …に心からおくやみの言葉を述べる.

teil·nah·me·be·rech·tigt 形 参加〈出場〉資格のある.

teil·nahms·los[táɪlna:mslo:s][1] 形 (周囲の出来事に)興味〈関心〉を示さない, 無関心な.

Teil·nahms·lo·sig·keit[..lo:zɪçkaɪt] 女 -/ teilnahmslos なこと.

teil·nahms·voll 形 思いやりのある, 同情深い.

teil|neh·men*[táɪlne:mən]《104》**I** 自 (h) **1**《an *et.*[3]》(…に)参加する, (…に)加わる; (…に)加入する; (…に)関与する; (…に)出席〈出場〉する: an einem Ausflug 〈einem Wettkampf / einer Versammlung〉 ~ 遠足〈競技・集会〉に参加する | am Unterricht ~ 授業を受ける | Er hat am Zweiten Weltkrieg *teilgenommen.* 彼は第二次世界大戦に参加した. **2**《an *et.*[3]》(他人の喜び・悲しみなどを)共にする, 分かち合う, (…に)関心〈同情・共感〉をもつ: an *js.* Glück ~ …の幸運を共に喜ぶ | Sie *nahm* an meinem Schmerz *teil.* 彼女は私の苦しみに同情してくれた.

II teil·neh·mend 現分 形 他人の苦楽を共にする, 思いやりのある: ein ~*er* Mensch 思いやりのある人 | ~*e* Worte いたわりの言葉 ‖ Er erkundigte sich ~ nach meinem Befinden. 彼は心配そうに私の容体をたずねた.

Teil·neh·mer[táɪlne:mər] 男 -s/- (⊛ **Teil·neh·me-**

T

rin[..mərɪn]-/-nen) **1** 参加者; (会合などの)出席者; (試合の)出場者: die ~ an einem Sportkampf 試合の出場者 | die ~ an einem Wettbewerb コンテストの参加者. **2** (電話・テレックスなどの)加入者. **3** 〘法〙共犯者.

Teil·neh·mer≈ge·mein·schaft 女 〘法〙参加者団体. **≈land** 中 -[e]s/..länder = Teilnehmerstaat **≈li·ste** 女 参加者(出席者・出場者)名簿. **≈staat** 男 (国際会議・国際競技などへの)参加国.

Teil≈pacht 女 一部小作. **≈pro·dukt** 中 〘数〙部分積.

teils[taɪls] 副 (zum Teil) 部分的に: Der Roman hat mir ~ sehr gut gefallen. 私はこの小説を部分的にはとても気に入った ‖ **teils ..., teils ...** 一部は…一部は…, 半ば…半ば… | ~ mit dem Zug, ~ mit dem Auto 一部は列車で一部は自動車で | Wie hat Ihnen sein Vortrag gefallen?—*Teils*, ~. 彼の講演はいかがでしたか—まあまあでしたよ.

Teil·schei·be[táɪl..] 女 〘工〙割り出し台. [< teilen]

Teil·schuld·ver·schrei·bung 女 〘商〙一部社債券.

Teil≈strecke 女 道程(路線)の一部, 部分区間. **≈streik** 男 部分スト[ライキ].

Teil·strich 男 目盛り線(→ ⊗ Mikrometer). [< teilen]

Teil·stück 中 (全体を構成する)部分.

Tei·lung[táɪlʊŋ] 女 -/-en ([sich] teilen すること. 例えば:) **1** 分割, 区分; 分割(区分)目盛り; 分岐; 分配, 配分: die ~ der Arbeit 分業 | die ~ der Beute (des Erbes) 獲物(遺産)の分配 | die ~ in Natur 〘法〙現物分割 | Drei*teilung* 3 分割. **2** 〘生〙分裂: Zell*teilung* 細胞分裂. **3** 〘数〙除法, 割り算. **4** 〘紋〙(盾の)横〔2〕分割図形.

Tei·lungs≈ar·ti·kel 男 〘言〙部分冠詞. **≈ge·we·be** 中 (↔Dauergewebe) (Meristem) 〘植〙分裂組織. **≈kla·ge** 女 〘法〙分割の訴. **≈mas·se** 女 〘法〙配当財団 (債権者に配当されるべき破産財団: →Konkursmasse). **≈zei·chen** 中 〘数〙除法(割り算)記号 (:).

Teil·ur·teil 中 〘法〙一部判決.

teil·wei·se[táɪlvaɪzə] 副 (→..weise ★) (zum Teil) 部分的に: Die Arbeit ist ~ fertig. 仕事は一部できあがっている | Ich habe das Buch nur ~ gelesen. 私はこの本を部分的にしか読んでいない ‖〘付加語的形容詞として〙ein ~*r* Erfolg 部分的成功(成果).

Teil≈wert 男 (価値全体を構成する)部分価値, 〘法〙一部価格(経済的財貨の税法上の評価額). **≈zahl** 女 (Quotient) 〘数〙商. **≈zah·lung** 女 分割払い, 一部払い; 割賦弁済: monatliche ~ 月賦払い | *et.*[4] auf ~ (in ~) kaufen …を分割払いで買う.

Teil·zeit·ar·beit 女 = Teilzeitbeschäftigung

teil·zeit·be·schäf·tigt **I** 形 パートタイムで就業している. **II** **Teil·zeit·be·schäf·tig·te** 男 女 《形容詞変化》パートタイム就業者, パートタイマー.

Teil·zeit≈be·schäf·ti·gung 女 パートタイムの仕事, 短時間(非常勤)労働: die ~ von Beamten 〘法〙公務員の一部時間就業. **≈job**[..dʒɔp] 男 パートタイムの職(アルバイト).

Teil·zeit·ler 男 -s/- パートタイマー.

teil·zeit·lich 形 **1** パートタイムの. **2** 定時制の.

Teil·zeit·schu·le 女 定時制学校.

Teil·zir·kel 男 (製図用の)スプリングコンパス.

Te·in[teíːn] 中 -s/ テイン, 茶素(茶の葉に含まれるカフェイン). [< Tee[1]+..in[2]; ◇ *engl.* thein[e]]

Teint[tɛ̃ː, tɛŋ] 男 -s/-s (主として顔の肌の)色つや, 肌色, 顔色: einen gesunden ~ haben 健康な肌の色をしている, 血色がいい. [*fr.*; < *fr.* teindre „färben" (◇tingieren); ◇Tinte]

T-Ei·sen[téːlaɪzən] 中 〘工〙T 形鋼.

Tei·ste[táɪstə] 女 -/-n (Lumme) 〘鳥〙ウミガラス(海鳥). [*isländ.*—*norw.*]

tek·tie·ren[tɛktíːrən] 他 (h) 《*et.*[4]》〘印〙(…に)訂正用はり紙をはりつける(→Tektur).

Tek·to·ge·ne·se[tɛktogenéːzə] 女 -/-n 〘地〙(地殻の)構造運動.

Tek·to·nik[tɛktóːnɪk] 女 -/ **1** 構造学, 構築学; 構造地質学. **2** 構造, 構成, 骨組み.

tek·to·nisch[..nɪʃ] 形 **1** 構造(構築)学の; 構造地質学の. **2** 構造(構築)に関する, 構造上の; 〘地〙地殻構造に関する: ein ~*es* Erdbeben 〘地〙構造地震 | ein ~*es* Tal 〘地〙構造谷(こく). [< *gr.* téktōn „Zimmermann"]

Tek·to·nit[tɛktoníːt, ..nít] 中 -s/-e 〘地〙テクトナイト(全体として定向性を示す岩石). [< ..it[2]]

Tek·to·no·sphä·re[tɛktonosfɛ́ːrə] 女 -/ 〘地〙(地球内部の)構造圏.

Tek·tur[tɛktúːr] 女 -/-en 〘印〙(書物の)訂正用はり紙(正しい字句が印刷してあって, 訂正個所にはりつけるようになっている). [< *lat.* tēctum „Dach" (◇decken); ◇tektieren]

Tel. 略 = Telefon

Tel Aviv[tɛl|avíːf] 地名 テル アビブ(イスラエルの都市. 1949 年隣接の Jaffa と合併してテル アビブ=ヤッファと称する). [*hebr.*]

tele.. 《名詞などにつけて「遠い」を意味する》: *Tele*skop 望遠鏡 | *Tele*pathie テレパシー. [*gr.* tēle „fern"]

Te·le[téːlə] 中 -[s]/-[s] (< Teleobjektiv) 《ふつう単数で》《話》望遠レンズ.

Te·le·ar·beit 女 パソコンなどを利用しての在宅勤務.

Te·le·fax[téːləfaks] **1** (Fernkopie) [テレ]ファックス. **2** (Fernkopierer) [テレ]ファックス機器.

te·le·fa·xen[téːləfaksən] 《02》 他 (h) [テレ]ファックスで送信する.

Te·le·fax≈ge·rät 中 [テレ]ファックス機器. **≈num·mer** 女 [テレ]ファックス番号.

Te·le·fon[telefóːn, teːlefoːn, téːlə..] 中 -s/-e (略 Tel.) **1** (Fernsprecher) **a)** 電話[接続]: ~ beantragen 電話の加入を申し込む | *sich*[3] ~ legen lassen 電話を引かせる(引いてもらう) | Wir haben kein ~. うちには電話はありません. **b)** 電話機: Karten*telefon* カード式電話機 | Tasten*telefon* 押しボタン式電話機, プッシュホン | Tisch*telefon* 卓上電話機 ‖ ans ~ gehen 電話に出る | *jn.* ans ~ rufen …を電話口に呼び出す | *sich*[4] ans ~ hängen / am ~ hängen 《話》電話する | Sie werden am ~ gewünscht (verlangt). あなたにお電話ですよ ‖ Das ~ läutet (klingelt). 電話が鳴っている ‖ Darf ich Ihr ~ benutzen? お電話を拝借できますか | Gibt es hier ein ~? ここに電話はありますか. **2** 《話》= Telefongespräch **3** 《話》= Telefonanruf

Te·le·fon≈an·ruf 男 電話をかける(電話がかかってくる)こと: einen ~ bekommen 電話を受ける. **≈an·schluß** 男 電話接続. **≈ap·pa·rat** 男 電話機.

Te·le·fo·nat[telefonáːt] 中 -[e]s/-e **1** = Telefongespräch **2** = Telefonanruf

Te·le·fon≈be·ra·tung[telefóːn..] 女 電話相談. **≈buch** 中 電話帳, 電話番号簿. **≈dienst** 男 電話勤務(当番). **≈fir·ma** 女 電話会社. **≈fräu·lein** 中 《話》電話交換嬢. **≈ga·bel** 女 (電話機の)受話器掛け. **≈ge·bühr** 女 -/-en 《ふつう複数で》電話料金. **≈ge·sell·schaft** 女 = Telefonfirma **≈ge·spräch** 中 電話による会話, 通話: ein ~ führen 電話する. **≈häus·chen** 中 = Telefonzelle **≈hö·rer** 男 (電話の)受話器: den ~ abnehmen (abheben) 受話器をとる | den ~ auflegen (anhängen / einhängen) 受話器を置く(かける).

Te·le·fo·nie[telefoníː] 女 -/ (有線または無線の)会話伝送, 電話通信: drahtlose ~ 無線電話.

te·le·fo·nie·ren[telefoníːrən] **I** 自 (h) 電話する(→ anrufen I 2, II): nach Berlin ~ ベルリンに電話する | nach einem Taxi ~ 電話でタクシーを呼ぶ ‖ mit *jm.* ~ …と電話で話す | Ich habe lange mit ihm *telefoniert.* 私は長いこと彼と電話で話した.

II 他 (h) 《話》《*jm. et.*[4]》(…に…を)電話で伝える.

te·le·fo·nisch[telefóːnɪʃ] 形 電話の; 電話による: eine ~*e* Auskunft geben 電話で情報を知らせる ‖ mit *jm.* ~ sprechen …と電話で話す | Er ist ~ nicht erreichbar (zu erreichen). 彼のところには電話連絡ができない.

Te·le·fo·nist[telefoníst] 男 -en/-en (女 **Te·le·fo·ni·stin**[..tɪn]-/-nen) 電話交換手.

Te·le·fo·ni·tis[telefoníːtɪs] 女 -/ 《話》(むやみに電話をかけたがる)電話病. [< ..itis]

Te·le·fon≈ka·bel[telefóːn..] 中 電話ケーブル. **≈ka·**

bị·ne 女 電話ボックス. ≈**kar·te** 女 テレホンカード. ≈**ket·te** 女 電話連絡網. ≈**lei·tung** 女 電話線, 電話の回線. ≈**mu·schel** 女 (受話器の)受話〈送話〉口. ≈**netz** 中 電話網. ≈**num·mer** 女 電話番号: Gib mir deine ~! 君の電話番号を教えてくれ. ≈**säu·le** 女 公衆電話柱 (→ 図 Autobahn). ≈**seel·sor·ge** 女 (牧師による)電話司牧. ≈**sex** 男《話》テレホンセックス. ≈**ver·bin·dung** 女 (通話のための)電話接続. ≈**ver·zeich·nis** 中 =Telefonbuch ≈**zel·le** 女 電話ボックス. ≈**zen·tra·le** 女 (会社・工場・役所など大規模な施設の)電話交換室.

Tẹ·le≈fọ·to[té:lə..] 中, ≈**fo·to·gra·fie** 女〘写〙(望遠レンズによる)望遠(遠距離)写真〔術〕.

te·le·gẹn[telegé:n] 形 (特に人が)テレビ向きの, テレビうつりのよい: eine ~*e* Inszenierung テレビ向きの演出 | Er ist ~. 彼はテレビうつりがよい. [*engl.* telegenic; ◇fotogen]

Te·le·grạf[telegrá:f] 男 -en/-en 電信機, 電信装置(モールス電信機・テレタイプなど). [*fr.* télégraphe]

Te·le·grạ·fen≈amt 中 電信局. ≈**be·am·te** 男 (⊛≈**be·am·tin**) 電信局員. ≈**bo·te** 男 電報配達人. ≈**draht** 男 電信ケーブル, 電線. ≈**glei·chung** 女〘電〙電信方程式. ≈**lei·tung** 女 電信〈電話〉線. ≈**mast** 男 =Telegrafenstange ≈**netz** 中 電信網. ≈**pflan·ze** 女〘植〙マイハギ(舞萩)(東南アジア産マメ科). ≈**schlüs·sel** 男 電信符号. ≈**stan·ge** 女 電信柱, 電柱. ≈**we·sen** 中 -s/ 遠隔通信施設〈制度〉.

Te·le·gra·fị̄e[telegrafí:] 女 -/ (電信機による)遠隔通信, 電信: drahtlose ~ 無線通信〈電信〉. [*fr.*]

te·le·gra·fị̄e·ren[telegrafí:rən] 他 (h) **1** 電報を打つ, 打電する: *jm. et.*[4] ~ …に…を電報で知らせる | Er hat mir *telegrafiert*, daß er morgen kommt. 彼は電報であす来ると知らせてきた ‖〘4格目的語なしで〙nach Wien ~ ウィーンに電報を打つ. **2**《戯》合図で知らせる. [*fr.* télégraphier]

te·le·grạ·fisch[..grá:fɪʃ] 形 電信〈電報〉の; 電信〈電報〉による: eine ~*e* Antwort 返電 | eine ~*e* Nachricht 電報 ‖ *jm.* ~ Geld überweisen …に電報為替で金を送る. [*fr.* télégraphique]

Te·le·gra·fịst[..grafíst] 男 -en/-en (⊛**Te·le·gra·fị·stin**[..tɪn]-/-nen) 電信員, 電信技手. [*fr.*]

Te·le·grạmm[telegrám] 中 -s/-e 電報: ein chiffriertes ~ 暗号電報 | ein dringendes ~ 至急電報, ウナ電 | Beileids*telegramm* 弔電 ‖ ein ~ aufgeben (郵便局などで)電報の発信を依頼する | ein ~ bekommen 〈erhalten〉 電報を受け取る | ein ~ schicken 〈absenden〉 電報を打つ | ein ~ zustellen 電報を配達する. [*engl.* telegram]

Te·le·grạmm≈adres·se 女 電報のあて名. ≈**an·nah·me** 女 (郵便局の)電報受付〔窓口〕: in der ~ sitzen 電報受付係をしている. ≈**an·schrift** 女 =Telegrammadresse ≈**bo·te** 男 電報配達人. ≈**form·blatt** 中, ≈**for·mu·lar** 中 電報頼信紙. ≈**ge·bühr** 女 -/-en《ふつう複数で》電報料金. ≈**stil** 男 -〔e〕s/ 電文体(電報ふうの簡略文体). ≈**wech·sel** 男 電報為替. ≈**zu·stel·lung** 女 電報の配達〈送達〉.

Te·le·grạph[telegrá:f] 男 -en/-en =Telegraf

Te·le·gra·phị̄e[..grafí:] 女 -/ =Telegrafie

te·le·gra·phị̄e·ren[..grafí:rən] =telegrafieren

te·le·grạ·phisch[..grá:fɪʃ] =telegrafisch

Te·le·gra·phịst[..grafíst] 男 -en/-en =Telegrafist

Te·le·gra·phị·stin 女 -/-nen =Telegrafistin

Tẹ·le·ka·me·ra[té:lə..] 女 望遠レンズつきカメラ.

Te·le·ki·nẹ·se[telekiné:zə] 女 -/ (手を触れずに念力によって物を動かす)隔動〔現象〕, 念動〔作用〕.

te·le·ki·nẹ·tisch[..kiné:tɪʃ] 形 **1** 隔動〈念動〉の. **2** 隔動〈念動〉の能力のある. [[<Television]

Tẹ·le·kol·leg[té:lə..] 中 テレビ〔による教養〕講座.

Tẹ·le·kom[té:ləkɔm] 女 -/ (<Telekommunikation) テーレコム(ドイツの電信電話公社).

Tẹ·le·kom·mu·ni·ka·tion[té:ləkɔmunikatsio:n] 女 -/ (電信・電話・ラジオ・テレビなどによる)遠距離通信.

Te·le·kom·mu·ni·ka·tions·netz 中 遠距離通信網.

te·le·ko·pị̄e·ren[telekopí:rən] 他 (h) 模写電送〈ファクシミリ〉によってコピーする.

Tẹ·le·ko·pie·rer[té:ləkopi:rər] 男 -s/-, **Te·le·ko·pier·ge·rät**[telekopí:r..] 中 模写電送〈ファクシミリ〉装置.

Te·le·kra·tie[telekratí:] 女 -/ (テレビによる)大衆〈世論〉支配.

Tẹ·le·mach[té:lemax] 人名〘ギ神〙テレマコス (Odysseus と Penelope の息子). [*gr.*−*lat.*]

Tẹ·le·mann[té:ləman] 人名 Georg Philipp ~ ゲオルク フィーリップ テーレマン(1681-1767; ドイツ=バロックの作曲家).

Tẹ·le·mark[té:ləmark] 男 -s/-s, **Tẹ·le·mark·schwung**〘スキ〙テレマーク(回転技術の一種). [<Telemark (ノルウェー南部の地方名)]

Te·le·mẹ·ter[telemé:tər] 中 (男) -s/- **1** (Entfernungsmesser) 距離計, 測距儀. **2** テレメーター, 遠隔測定装置.

Te·le·me·trị̄e[..metrí:] 女 -/ 遠隔測定.

te·le·mẹ·trisch[..mé:trɪʃ] 形 遠隔測定の; 遠隔測定による. [(→ 図 Kamera).

Tẹ·le·ob·jek·tịv[té:lə|ɔpjɛkti:f][1] 中〘写〙望遠レンズ

Te·leo·lo·gị̄e[teleologí:] 女 -/〘哲〙目的論. [<*gr.* télos „Ende, Vollendung" (◇tele..)]

te·leo·lọ·gisch[teleoló:gɪʃ] 形 目的論の; 目的論的な: ~*er* Gottesbeweis〘哲〙目的論的な神の存在の証明.

Te·le·pạth[telepá:t] 男 -en/-en テレパシー〈精神感応〉の能力のある人. [[*engl.* telepathy]

Te·le·pa·thị̄e[..patí:] 女 -/ テレパシー, 精神感応.

te·le·pạ·thisch[..pá:tɪʃ] 形 **1** テレパシー〈精神感応〉の. **2** テレパシー〈精神感応〉による.

Te·le·phọn[telefó:n, té:lefo:n, té:lə..] 中 -s/-e =[Telefon

Te·le·pho·nạt[telefoná:t] 中 -〔e〕s/-e =Telefonat

Te·le·pho·nị̄e[..foní:] 女 -/ =Telefonie

te·le·pho·nị̄e·ren[..foní:rən] =telefonieren

te·le·phọ·nisch[..fó:nɪʃ] =telefonisch

Te·le·pho·nịst[..foníst] 男 -en/-en =Telefonist

Te·le·pho·nị·stin[..foníst ɪn] 女 -/-nen =Telefonistin

Tẹ·le·pho·to·gra·phie[té:ləfotografi:, telefotografí:] 女 =Telefotografie

Te·le·skọp[telesko:p, ..lɛs..] 中 -s/-e (Fernrohr) 望遠鏡: Spiegel*teleskop* 反射望遠鏡. [<*gr.* tēleskópos „weit-sehend"; ◇*engl.* telescope]

Te·le·skọp≈an·ten·ne 女 入れ子式の〈伸縮自在の〉アンテナ. ≈**au·ge** 中 -s/-n《ふつう複数で》(深海魚などに見られる)望遠鏡のように突出した目. ≈**fe·de·rung** 女〘工〙ダッシュポット緩衝器〈アブソーバー〉(→ 図 Kraftrad). ≈**fisch** 男〘魚〙デメキン(出目金)(目のとび出た金魚).

Te·le·sko·pị̄e[teleskopí:] 女 -/〘テレビ〙視聴率調査.

te·le·skọ·pisch[telesko:pɪʃ, ..lɛs..] 形 **1** 望遠鏡の; 望遠鏡による. **2** (多段式望遠鏡の筒のように) 入れ子〈はめ込み〉式の, 伸縮自在の.

Tẹ·le≈spiel[té:lə..] 中 **1** テレビゲーム. **2** テレビゲーム用機器, ファミコン. ≈**spot**[..spɔt] 男 -s/-s テレビのスポット(短いコマーシャルフィルム). ≈**star** 男 テレビスター. [<Television]

Te·lẹ·sti·chon[teléstɪçɔn] 中 -s/..chen[..çən], ..cha[..ça·]〘詩〙テレスティコン, 行末折り句(各行・各節末の文字・音節を順次に拾っていくと一つの語・句・文になるような詩句). [<*gr.* télos „Ende"+stíchos (→stichisch)]

Te·le·vi·siọn[televizió:n, tɛ́lɪvɪʒən] 女 -/ (略 TV) (Fernsehen) テレビ〔ジョン〕放送. [*engl.*]

te·le·vi·sio·nị̄e·ren[televizioní:rən] 自 (h)《スイ》テレビ放送する.

Tẹ·lex[té:lɛks, tɛ́lɛks] 中 -/-〔e〕 テレックス: per ~ テレックスで. [*engl.*; <*engl.* *tele*printer *ex*change (◇pressen)]

tẹ·le·xen[té:lɛksən] 《02》他 (h) テレックスで送信する.

Tẹ·lex≈netz 中 テレックス網. ≈**ver·kehr** 男 -s/ テレックス交信.

T

Tell[tɛl] 人名 Wilhelm ～ ヴィルヘルム テル(スイスの伝説的英雄. Schiller の戯曲『ヴィルヘルム テル』の主人公).

Tẹl·ler[tɛ́lər] 男 -s/- **1** (食事用の)皿(→ 図 Kaffeetisch): **ein bunter ～** 菓子類や果物などをさまざまに盛り合わせた皿 | ein flacher ⟨tiefer⟩ ～ 浅い⟨深い⟩皿 | ein silberner ～ / ein ～ aus Silber 銀製の皿 | Kuchen*teller* ケーキ皿 | Suppen*teller* スープ皿 ‖ die ～ abtrocknen (ふきんで)皿をふく | den ～ füllen 皿に食物を盛る | *seinen* ～ leeren ⟨leer essen⟩ 皿の料理を平らげる | die ～ auf den Tisch setzen ⟨stellen⟩ 皿を食卓に並べる | die ～ spülen ⟨abwaschen⟩ 皿を洗う | einen ～ 〔voll〕 Suppe essen スープを一皿飲む ‖ Auf dem Tisch steht ein ～. テーブルの上に皿が1枚置いてある.

2 (皿状のもの) **a)** 盆; 円盤. **b)** (Handteller) てのひら. **c)** (Schneeteller) (スキー用ストックの)雪輪. **d)** 《ふつう複数で》〘狩〙(イノシシの)耳. **e)** 〘植〙皿状花(→ 図 Blütenform). ᵛ**f)** (槍(やり)の柄と槍身(そうしん)の中間部にある皿状の)鍔(つば)(→ 図 Spieß).

[*roman.*－*mhd.*; ＜*spätlat.* tāliāre „spalten" (◇Talje)]

Tẹl·ler≈brett[tɛ́lər..] 中 (飾り皿用の)皿棚. **≈dre·hen** 中 -s/ (曲芸としての)皿回し. **≈ei·sen** 中 〘狩〙(野獣を捕らえるための)皿状の踏みわな. **≈flech·te** 女 〘植〙チャシブゴケ(茶渋苔)属(地衣類). **≈fleisch** 中 〘料理〙牛肉⟨豚肉⟩の煮こみ.

tẹl·ler·för·mig 形 皿の形をした, 皿状の.

Tẹl·ler≈kap·pe 女 ＝Tellermütze **≈mi·ne** 女 皿型⟨円盤型⟩地雷. **≈müt·ze** 女 (皿状の)平たい縁なし帽子. **≈samm·lung** 女 **1** (集金用の)皿を回しての募金. **2** 皿の収集⟨コレクション⟩. **≈schrank** 男 食器戸棚. **≈tuch** 中 -〔e〕s/..tücher (皿ふき用の)ふきん. **≈ven·til** 中 〘工〙ポペット弁, きのこ弁. **≈wär·mer** 男 皿温め器, 皿保温台. **≈wä·scher** 男 (ホテル・飲食店などの)皿洗い(人).

Tẹll·mu·schel[tɛ́l..] 女 〘貝〙ニッコウガイ(日光貝). [*gr.* tellínē－*nlat.* Tellīna; ◇*engl.* tellin]

Tel·lur[tɛlú:r] 中 -s/ 〘化〙テルル(希元素名; 記号 Te).

Tel·lu·rat[tɛlurá:t] 中 -〔e〕s/-e 〘化〙テルル酸塩.

Tel·lu·ri·en Tellurium の複数.

tel·lu·rig[tɛlú:rɪç][2] 形 〘化〙亜テルルの: ～e Säure 亜テルル酸.

tel·lu·risch[tɛlú:rɪʃ] 形 地球の, 地上の, 大地の: ～e Linien 〘天〙地球大気線 | ～e Ströme 〘理〙地電流.

Tel·lu·rit[tɛlurí:t, ..rít] 中 -s/-e 〘化〙亜テルル酸塩.

Tel·lu·rium[tɛlú:riʊm] 中 -s/..rien[..riən] 〘天〙地動儀(地球の公転・自転の様子などを示す装置).

Tel·lur·säu·re[tɛlú:r..] 女 〘化〙テルル酸.

Tẹl·lus[tɛ́lʊs] 人名 〘ロ神〙テルス(大地の女神. ギリシア神話の Gäa にあたる). [*lat.* tellūs „Erde"; ◇Diele]

Tẹl·tow[tɛ́lto·] 地名 テルトー(ドイツ, Berlin の南西にある工業都市). [*slaw.*]

Tẹm·pel[tɛ́mpəl] 男 -s/- **1** (キリスト教以外の宗教の)神殿, 寺院, 聖堂(→ 図); 《比》(神聖な)殿堂: ein ～ des Zeus ゼウスの神殿 | ein ägyptischer ～ エジプトの神殿 | ein jüdischer ～ ユダヤ教の礼拝堂(→Synagoge 1) | ein ～ Gottes 《比》(キリスト教の)教会 | ein ～ der Kunst 《比》芸術の殿堂(例えば劇場) ‖ **zum ～ hinausfliegen** 《話》追い出される, 追放される(聖書: マタ21,12から) | ***jn.* zum ～ hinausjagen** ⟨**hinauswerfen**⟩ 《話》(憤然として)…を追い出す⟨追放する⟩(聖書: マタ21,12から). **2** (庭園・公園などに建てられた)園亭, あずまや. [*lat.* templum－*ahd.*; ◇..tomie; *engl.* temple]

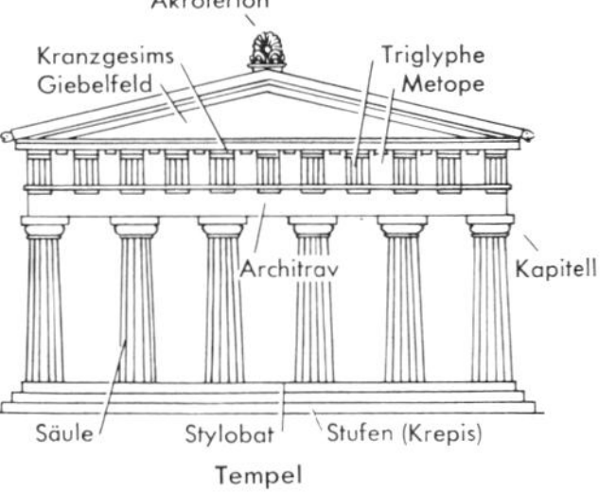

Tempel

Tẹm·pel·herr 男 ＝Templer

Tẹm·pel·hof[tɛ́mpəlho:f] 地名 テンペルホーフ(ベルリン南部の市区. 空港がある).

tẹm·peln[tɛ́mpəln] 《06》 **I** 自 (h) トランプ賭博(とばく)をする. **II Tẹm·peln** 中 -s/ トランプ賭博.

Tẹm·pel≈or·den ＝Templerorden **≈raub** 男 聖物窃盗. **≈räu·ber** 男 聖物窃盗犯, 神殿どろぼう. **≈rit·ter** 男 ＝Templer **≈schän·der** 男 神殿⟨聖所⟩冒瀆(ぼうとく)者. **≈schän·dung** 女 神殿⟨聖所⟩冒瀆. **≈tanz** 男 (神にささげられる)神殿での舞踊, 神楽(かぐら).

Tẹm·pe·ra[tɛ́mpəra·, ..pe..] 女 -/-s **1** ＝Temperafarbe **2** ＝Temperamalerei [*it.* „Auflösungsmittel"]

Tẹm·pe·ra≈far·be[tɛ́mpəra..] 女 テンペラ〔絵の具〕; テンペラペンキ. **≈ma·le·rei** 女 テンペラ画; テンペラ画法.

Tem·pe·ra·mẹnt[tɛmpəramɛ́nt, ..pe..] 中 -〔e〕s/-e **1 a)** 気質(昔の生理学で考えられた人間の感情や情緒の特性): die vier ～*e* 四気質(多血質・胆汁質・憂鬱(ゆううつ)質・粘液質の4種) | ein cholerisches ⟨melancholisches/phlegmatisches/sanguinisches⟩ ～ 胆汁⟨憂鬱・粘液・多血⟩質. **b)** (個々人の)気質, 気性, 性分, 性格; (特定の)気質⟨気性⟩をもった人: ein ruhiges ⟨leicht aufbrausendes⟩ ～ 穏やかな⟨怒りっぽい⟩気性 | Sie ist ein feuriges ～. / Sie hat ein feuriges ～. 彼女は気性の激しい女だ. **2** 《単数で》激しい⟨活発な⟩気性; 情熱, 気力, 活力, 元気: eine Frau mit ～ 勝ち気な⟨個性の強い⟩女 | kein ～ haben おとなしい, 無気力である | *sein* ～ zügeln 自己を抑制する, きかん気を抑える | Sein ～ ging mit ihm durch. 彼本来の気性が顔をのぞかせた(もはや自分を抑えられなかった). [*lat.* temperāmentum „richtige Mischung"; ◇temperieren]

tem·pe·ra·mẹnt·los[－lo:s][1] 形 元気⟨活気⟩のない, 無気力な; おとなしい.

Tem·pe·ra·mẹnt·lo·sig·keit[..lo:zɪçkaɪt] 女 -/ temperamentlos なこと.

tem·pe·ra·mẹnt·voll 形 気性の激しい⟨活発な⟩, 個性の強い; 情熱的な, 活気のある.

Tem·pe·ra·tụr[tɛmpəratú:r, ..pe..] 女 -/-en **1** 温度; 気温: eine hohe ～ 高温 | eine niedrige ⟨tiefe⟩ ～ 低温 | die höchste ⟨niedrigste⟩ ～ 最高⟨最低⟩温度 | die richtige ～ 適温 | eine ～ von 15 Grad 15度の温度 | ～*en* bis zu 30°C 摂氏30度までの温度 | Wasser*temperatur* 水温 | Zimmer*temperatur* 室内温度 ‖ Die ～ steigt ⟨fällt / sinkt⟩. 温度が上がる⟨下がる⟩ | Die ～ ist unter Null ⟨unter den Nullpunkt⟩ gesunken. 温度は零度以下に下がった | Hier herrscht eine milde ～. 当地の気温は温暖である.

2 《ふつう単数で》(Körpertemperatur) 体温; (Fieber) (正常体温よりも高い)熱: ～ bekommen 熱が出る | erhöhte ～ haben 熱がある | *seine* ～ messen (自分の)体温を計る.

3 〘楽〙音律, (鍵盤(けんばん)楽器の)整律, 平均律.

[*lat.*; ＜*lat.* temperāre (→temperieren)]

Tem·pe·ra·tụr ≈ab·fall 男 温度⟨気温⟩下降. **≈an·stieg** 男 温度⟨気温⟩上昇. **≈gra·dient**[..diɛnt] 男 〘気象〙気温傾度. **≈ko·ef·fi·zient**[..tsiɛnt] 男 〘理〙温度係数. **≈mes·ser** 男, **≈meß·ge·rät** 中 温度測定器, 温度計. **≈re·ge·lung** 女 温度調節. **≈reg·ler** 男 〔自動〕温度調節器. **≈rück·gang** 男 温度⟨気温⟩下降. **≈schrei·ber** 男 自記温度計. **≈schwan·kung** 女 -/-en 《ふつう複数で》 **1** 気温の変化. **2** 〘医〙体温の動揺. **≈sinn** 男 〘生理〙温度覚(→ Kältesinn, Wärmesinn). **≈sturz** 男 (急激な)温度⟨気温⟩下降. **≈un·ter·schied** 男 温度⟨気温⟩差. **≈wäh·ler** 男 (湯わかし器などの)温度調節ダイヤル. **≈wech·sel** 男 温度⟨気温⟩変化.

Tem·pe·renz[tɛmpərɛ́nts, ..pe..] 女 -/ 節制; (特に:) 節酒, 禁酒. [*lat.* temperantia „Mäßigung"–*afr.*–*engl.* temperance; < *lat.* temperāre (→temperieren)]

Tem·pe·renz·ge·sell·schaft 女 = Temperenzverein

Tem·pe·renz·ler[tɛmpərɛ́ntslər, ..pe..] 男 -s/- 節制家; 節酒〈禁酒〉家.

Tem·pe·renz·ver·ein 男 節制〈節酒・禁酒〉協会.

Tem·per⸗guß[tɛ́mpər..] 男, **⸗guß·ei·sen** 中《金属》可鍛鋳鉄.

tem·pe·rie·ren[tɛmpəríːrən, ..pe..] 他 (h) **1**《*et.*[4]》(…の)温度を調節する, 適温にする: gut *temperiertes* Badewasser 湯かげんのよいふろの水. **2**《比》(mäßigen) 和らげる, (ほどよく)加減する, 調節する: *seine* Gefühle ～ 自分の感情を静める. **3**《楽》(楽器の)調子を合わせる, (鍵盤(けんばん)楽器を)調律する. [*lat.* temperāre „richtig mischen"; ◇Tempo]

tem·pern[tɛ́mpərn]《05》他 (h) (glühfrischen)《金属》(鋳鉄を焼きもどして)可鍛化する. [*lat.*–*engl.* temper]

Tem·per·ofen 男《金属》焼きなまし炉.

tem·pe·sto·so[tɛmpɛstóːzoˑ] 副 (stürmisch)《楽》テンペストーソ, あらしのように激しく. [*spätlat.*–*it.*; < *lat.* tempestās „Wetter"; ◇Tempo]

Tem·pi Tempo の複数: →*Tempi* passati

tem·pie·ren[tɛmpíːrən] 他 (h)《*et.*[4]》(…の時限信管を)特定の時刻に合わせる.

Tem·pi pas·sa·ti[tɛ́mpiˑ pasáːtiˑ] 複 (vergangene Zeiten) 過ぎし昔〔のこと〕. [*it.*; ◇passieren]

Tem·plei·se[tɛmpláɪzə] 男 -n/-n 《ふつう複数で》(Gralsritter) (中世騎士伝説の)聖杯〔を守る〕騎士. [*mhd.*]

Tem·pler[tɛ́mplər] 男 -s/-《史》テンプル〈聖堂〉騎士団騎士. [*afr.* templier; < *lat.* templum (→Tempel)]

Tem·pler·or·den 男 -s/《史》テンプル〈聖堂〉騎士団(十字軍時代の三大騎士修道会の一つ, 1119-1312).

tempo《イタリア語》→*tempo* giusto, *tempo* primo, *tempo* rubato

Tem·po[tɛ́mpoˑ] 中 -s/-s, ..pi[..piˑ] **1** -s/..pi (Zeitmaß)《楽》テンポ, 速度: das ～ angeben テンポを指示する | das ～ 〈die *Tempi*〉 genau einhalten テンポを厳密に守る ‖ aus dem ～ fallen (演奏者が)テンポをはずす.
2 -s/-s《ふつう単数で》(Geschwindigkeit) 速度, 速力, スピード, 速さ; (車の)走行速度: ein schnelles 〈langsames〉 ～ 速い〈ゆっくりした〉速度 | Arbeits*tempo* 仕事の速度 ‖ in 〈mit〉 hohem ～ 高速度で | in vollem ～ 全速力で ‖ das ～ erhöhen 〈beschleunigen〉 速度を上げる〈速める〉 | das ～ herabsetzen 〈vermindern〉 速度を落とす | ～ machen / **aufs ～ drücken**《話》速度を早める, スピード〈能率〉を上げる ‖ Hier ist ～ 50 vorgeschrieben. / Hier gilt ～ 50.《話》ここは制限時速50キロだ | Mach ～! / *Tempo*, ～!《話》もっと速く, 急げ.
3《チェス》テンポ;《フェンシング》テンポ(相手の攻撃に対する先制攻撃). [*lat.* tempus „Zeit"–*it.*; ◇Tempus 1]

Tem·po·be·gren·zung 女 =Tempolimit

tem·po giu·sto[tɛ́mpoˑ dʒústoˑ]《イタリア語》(im angemessenen Zeitmaß)《楽》テンポ=ジュスト, 正確な〈規定の〉テンポで. [◇Justus]

Tem·po·li·mit[tɛ́mpo..] 中 (Geschwindigkeitsbeschränkung) 速度制限.

tem·po pri·mo[tɛ́mpoˑ príːmoˑ]《イタリア語》(im früheren Zeitmaß)《楽》テンポ=プリーモ, 最初のテンポで. [◇Primus]

tempora《ラテン語》→*tempora* mutantur et nos mutamur in illis

Tem·po·ra Tempus の複数.

tem·po·ral[tɛmporáːl] 形 **1 a)**《言》時の, 時に関する: ～*e* Adverbien 時を表す副詞. [▽]**b)** (weltlich) 現世の, 世俗的な. **2**《解》側頭部〈こめかみ〉の. [〔*spät*〕*lat.*; ◇..al[1]]

Tem·po·ral⸗ad·verb 中《言》時の副詞. **⸗ad·ver·bia·le** 中《言》時の副詞句. **⸗be·stim·mung** 女《言》時の副詞的規定〈状況語〉.

Tem·po·ra·li·en[tɛmporáːliən] 複 (教会・聖職者などの)世俗的所有物(財産・収入など). [*mlat.*]

Tem·po·ral·satz 男《言》(als, während などに導かれる)時の副文〈文節〉.

tem·po·ra mu·tan·tur et nos mu·ta·mur in il·lis[tɛ́mporaˑ múːtantúr ɛt nóːs mutáːmʊr ɪn íliːs]《ラテン語》(die Zeiten ändern sich und wir ändern uns in ihnen) 時代は変わりそれとともに我らもまた変わる.

tem·po·rär[tɛmporɛ́ːr] 形 (zeitweilig) 一時的な; 仮の, 暫定的な, 臨時の: eine ～*e* Kommission 臨時委員会 | nur ～ auftreten 一時的な現象にすぎない. [*lat.*–*fr.*; ◇Tempo; *engl.* temporary]

[▽]**tem·po·rell**[tɛmporɛ́l] 形 (irdisch) 現世の, 世俗の; (zeitlich) はかない, うつろいやすい. [*lat.*–*fr.* temporel; ◇..al[1]]

[▽]**tem·po·ri·sie·ren**[tɛmporizíːrən] **I** 他 (h) (hinhalten)《*jn.*》(…の足を)引きとめておく; (…に)気をもたせる, (うまいことを言って…を)釣っておく. **II** 自 (h) 時勢に順応する. [*mlat.*–*fr.*]

tem·po ru·ba·to[tɛ́mpoˑ rubáːtoˑ]《イタリア語》(nicht im strengen Zeitmaß)《楽》テンポ=ルバート, テンポを自由に加減して. [< *it.* rubare „rauben" (◇rauben)]

Tem·po⸗sün·de[tɛ́mpo..] 女《話》スピード違反. **⸗sün·der** 男《話》スピード違反者.

Tem·pus[tɛ́mpʊs] 中 -/..pora[..poraˑ] **1** (Zeitform)《言》時称, 時制(→Futur, Imperfekt, Perfekt, Plusquamperfekt, Präsens, Präteritum). **2**《ふつう複数で》(Schläfe)《解》側頭部, こめかみ. [1: *lat.*; ◇Tempo; *engl.* tense; 2: *lat.*; ◇Tension; *engl.* temple]

Tem·pus⸗at·trak·tion 女《言》時称牽引(けんいん)(主文の時称の副文の時称への同化作用). **⸗fol·ge** 女 (Consecutio temporum)《言》(主文と副文の)時称〈時制〉の一致.

tem·pus fu·git[tɛ́mpʊs fúːgɪt]《ラテン語》(die Zeit entflieht) 光陰矢のごとし. [◇Fuge[1]]

ten. 略 =**ten**uto

Te·na·kel[tenáːkəl] 中 -s/- **1**《印》(植字工用の)原稿台, 原図枠. **2** (一般に)支持台, 支持器;《医》(まぶた・傷口などを開いたまま固定するのに用いる)支持器. [*spätlat.*]

Te·na·zi·tät[tenatsitɛ́ːt] 女 -/ **1** (Zähigkeit) ねばり強さ;《理》靱性(じんせい), 粘性. **2** しつこさ, 頑固さ. [*lat.*; < *lat.* tenāx „festhaltend" (◇Tenor[1]); ◇*engl.* tenacity]

Ten·denz[tɛndɛ́nts] 女 -/-en **1 a)** 傾向, 趨勢(すうせい), 風潮, 流れ; (景気などの)動向: neue ～*en* in der Literatur 文学における新しい動向 ‖ Die Preise zeigen 〔eine〕 fallende 〈steigende〉 ～. 物価は下降〈上昇〉の傾向を示している | Dieser Hut hat die ～, seitwärts zu rutschen. この帽子は横の方にずり落ちる傾向がある. **b)** (個人の)性向, 性癖: Er hat eine ～ zur Bequemlichkeit. 彼にはとかく楽をしようとする傾向がある. **2** (特定の)意図, 傾向: eine bestimmte ～ verfolgen 特定の目的〈傾向〉を追求する. [*mlat.*–*fr.* tendance; ◇Tension]

Ten·denz⸗be·richt·er·stat·tung 女 (政治的に)偏った報道. **⸗dich·tung** 女《文芸》傾向文学.

ten·den·ziell[tɛndɛntsiɛ́l] 形 傾向〈趨勢(すうせい)〉から見た, 傾向上の. [<..iell]

ten·den·ziös[..tsiøːs][1] 形 特定の意図〈傾向〉をもった, 傾向的な, 偏向した, 偏った: ein ～*er* Bericht (政治的に)偏った報道 | *et.*[4] ～ entstellen …を偏った傾向によってゆがめる. [*fr.* tendancieux; ◇..os]

Ten·denz⸗li·te·ra·tur[tɛndɛ́nts..] 女《文芸》傾向文学. **⸗ro·man** 男《文芸》傾向小説. **⸗stück** 中《文芸》傾向劇.

Ten·der[tɛ́ndər] 男 -s/- **1**《鉄道》(蒸気機関車の)炭水車, テンダー. **2**《海》(石炭・水・食糧などの)補給船. [*engl.*; < *engl.* attender „Begleiter" (◇Attention)]

ten·die·ren[tɛndíːrən] 自 (h)《zu *et.*[3]》(…に)傾いている, (…の)傾向がある: nach links ～ (思想・政党などが)左傾している | Seine Einstellung *tendierte* zum Liberalismus.

T

彼の考え方は自由主義的な傾向をもっていた. [＜Tendenz]
Ten·di·ni·tis[tɛndiníːtɪs] 女 -/..tiden[..nitíːdən] (Sehnenentzündung)〘医〙腱(けん)炎. [＜..itis]
Ten·do·va·gi·ni·tis[tɛndovaginíːtɪs] 女 -/..tiden[..nitíːdən] (Sehnenscheidenentzündung)〘医〙腱鞘(けんしょう)炎. [*mlat.* tendō „Sehne" (◇Tenotomie)]
Ten·dre[tã́ːdər] 中 -s[-]/-s[-] 愛情,(特別の)愛着, 好み, 嗜好(しこう): ein ~ für *et.*[4] haben …を特に好む. [*lat.* tendere (→Tension)−*fr.* „spannen"]
Teng Hsiao-ping[tɛŋsǐaǔpíŋ] 人名 鄧小平, トン シャオピン(1902–97; 中国の政治家).
Ten·ne[tɛ́nə] 女 -/-n (スイス: **Tenn**[tɛn] 中 -s/-e) (納屋の中などにある)打穀場. [*ahd.* tenni; ◇Tann; *engl.* den]
Ten·nis[tɛ́nɪs] 中 -/ テニス, 庭球: Rasen*tennis* ローンテニス | Tisch*tennis* 卓球 ‖ ~ spielen テニスをする | im ~ gewinnen テニスの試合で勝つ. [*afr.* tenez „haltet!"−*engl.*; ＜*lat.* tenēre (→Tenor[1])]
Ten·nis⸗arm 男 =Tennisellbogen ⸗**ball** 男 テニスボール. ⸗**ell·bo·gen,** ⸗**el·len·bo·gen** 男〘医〙テニス肘(ひじ)(テニスによるスポーツ障害で, 上腕骨周辺の疼痛). ⸗**hemd** 中 テニス用シャツ. ⸗**ho·se** 女 テニス用〔半〕ズボン. ⸗**klub** 男 テニス同好会, テニスクラブ. ⸗**match**[..mɛtʃ] 中 =Tenniswettkampf ⸗**netz** 中 テニスのネット. ⸗**part·ner** 男 (女 ⸗**part·ne·rin**)テニスのパートナー. ⸗**platz** 男 テニスコート. ⸗**schlä·ger** 男 テニスのラケット. ⸗**schuh** 男 テニス靴, テニスシューズ. ⸗**spiel** 中 テニス〔の試合〕. ⸗**spie·ler** 男 テニス選手〈競技者〉. ⸗**spiel·platz** 男 テニスコート. ⸗**star** 男 テニスのスター選手. ⸗**tur·nier** 中 テニストーナメント. ⸗**wand** 女 (テニスの)練習板〈ボード〉. ⸗**wett·kampf** 男 テニス競技〈試合〉.
Ten·no[téːnoˑ] 男 -s/-s (日本の)天皇. [*japan.*]
Te·nor[1][téːnɔr, ..noːr] 男 -s/ **1 a)** (発言・論述などの)内容, 大意, 主旨: der ~ seiner Rede 〈seiner Abhandlung〉 彼の演説〈論文〉の趣旨. **b)**〘法〙判決主文. [v]**2** 保持, 持続. **3** -s/-es[tenóːreːs]〘楽〙**a)** (教会旋法での)反復音. **b)** (ポリフォニー音楽の)主声部, 主旋律.
[*lat.* „ununterbrochener Lauf"; ＜*lat.* tenēre „halten" (◇dehnen); ◇Tenuis, Tennis]
Te·nor[2][tenóːr] 男 -s/..nöre[..nǿːrə] (-e) **1** 《ふつう単数で》〘楽〙テノール(男声高音): ~ singen テノールの声部を歌う | Er hat einen kräftigen ~. 彼は朗々としたテノールの声をもっている. **2** テノール歌手. [*lat.*−*it.* tenore]
te·no·ral[tenoráːl] 形〘楽〙テノールの. [＜..al[1]]
Te·nor⸗ba·ri·ton[tenóːr..] 男 **1** 《ふつう単数で》〘楽〙テノール=バリトン(バリトンの高音域). **2** テノール=バリトン歌手. ⸗**baß** 男 **1 a)** 《ふつう単数で》〘楽〙テノール=バス(バスの高音域). **b)** テノール=バス歌手. **2**〘楽〙小バス(金管楽器の一種). ⸗**buf·fo** 男〘楽〙(オペラの)テノールの道化役; 道化役専門のテノール歌手.
Te·nö·re Tenor[2]の複数.
Te·no·res Tenor[1] 3 の複数.
Te·nor·horn[tenóːr..] 中 -〔e〕s/..hörner〘楽〙テノール=ホルン(金管楽器の一種).
Te·no·rist[tenoríst] 男 -en/-en テノール歌手.
Te·nor⸗sän·ger[tenóːr..] 男 =Tenorist ⸗**schlüs·sel** 男〘楽〙テノール記号. ⸗**stim·me** 女 テノールの〔音域をもつ〕声; テノール声部.
Te·no·to·mie[tenotomíː] 女 -/-n[..míːən]〘医〙腱(けん)切断術. [＜*gr.* ténōn „Sehne" (◇Tension)]
Ten·sion[tɛnzióːn] 女 -/-en〘理〙(ガス・蒸気などの)張力, 圧力. [*spätlat.*; ＜*lat.* tendere „spannen" (◇Tenor[1])]
Ten·ta·kel[tɛntáːkəl] 男 中 -s/- 《ふつう複数で》 **1**〘動〙**a)** (下等動物の口の周辺などにある)触手. **b)** (イカなどの)触腕(しょくわん). **2**〘植〙(食虫植物の)腺毛(せんもう)(酵素を含む粘液を分泌して, 昆虫を捕らえ消化する). [◇*engl.* tentacle]
Ten·ta·ku·lit[tɛntakulíːt, ..lít] 男 -en/-en〘動〙テンタクリテス(古生代に死滅したスイショウガイの一種).
Ten·ta·men[tɛntáːmən] 中 -s/..mina[..minaˑ] **1** (特に医学課程の)予備試験. **2**〘医〙実験. [*lat.* temptāmen]
ten·ta·tiv[tɛntatíːf][1] 形 試みの, 試験的な. [*mlat.*]
[v]**ten·tie·ren**[tɛntíːrən] 他 (h) **1** (untersuchen) 検査〈調査〉する, 試験する; (versuchen) 試みる, 実験する. **2** 《オーストリア》(beabsichtigen) 意図する, もくろむ: *tentiert* sein 意図して〈もくろんで〉いる. [*lat.*−*fr.*; ＜*lat.* temptāre „betasten"; ◇*engl.* tempt]
Te·nuis[téːnuɪs] 女 -/..nues[..nueːs] (stimmloser Verschlußlaut)〘言〙無声閉鎖〈破裂〉音([p][t][k]: →Media[1] 1). [*lat.* „dünn"; ◇Tension, dünn]
te·nu·to[tenúːtoˑ] 副 (略 ten.) (gehalten)〘楽〙テヌート, 音〔の長さ〕を十分に保って. [*it.*; ＜*lat.* tenēre (→Tenor[1])]
Te·pi·da·rium[tepidáːriʊm] 中 -s/..rien[..riən] **1** (古代ローマの浴場の)微温浴室. [v]**2** (Gewächshaus) 温室. [*lat.*; ＜*lat.* tepidus „lauwarm"]
Tepp[tɛp] 男 -en/-en (-s/-e) =Depp
tep·pert[tɛ́pərt] 形《オーストリア》《話》(頭の)単純な, まぬけな.
Tep·pich[tɛ́pɪç] 男 -s/-e **1 a)** じゅうたん, カーペット: ein persischer ~ / Perser*teppich* ペルシアじゅうたん | Wand*teppich* (織物などの)飾り壁かけ | ein ~ von Moos もうせんを敷きつめたような苔(こけ), 苔のじゅうたん | Bomben*teppich* じゅうたん爆撃 ‖ den ~ klopfen じゅうたんをたたいてほこりを出す | ~*e* weben 〈knüpfen〉 じゅうたんを織る〈編む〉 ‖ ein Zimmer mit ~*en* auslegen 部屋にじゅうたんを敷く ‖ **auf dem ~ bleiben** 《話》地に足をつけている, 現実に則して行動する | Bleib auf dem ~! 《比》夢みたいなことを言ってはいけない, 事実からかけ離れたことを言うな, 大ぶろしきを広げるな | auf dem ~ sein 《比》好機を利用するすべを心得ている | Das kommt nicht auf den ~! 《比》それは問題にならない | [v]auf den 〔breiten〕 ~ treten 結婚する | *et.*[4] **unter den ~ kehren** 《話》…をやみに葬る. **b)**〘劇〙地がすり(舞台用じゅうたん). **2** 《南部・スイス》(Wolldecke) 毛布.
[*vulgärlat.*−*roman.*−*ahd.*; ＜*gr.* tápēs (→Tapete)]
Tep·pich·beet[tɛ́pɪç..] 中 もうせん花壇.
tep·pich·be·legt 形 じゅうたんを敷いた.
Tep·pich⸗be·sen 男 じゅうたんぼうき(→ 図 Besen). ⸗**bo·den** 男 じゅうたんを敷きつめた床. ⸗**bür·ste** 女 じゅうたん〈カーペット〉ブラシ. ⸗**dü·se** 女 (掃除機の)じゅうたん用吸い口. ⸗**händ·ler** 男 じゅうたん屋〈商人〉. ⸗**kä·fer** 男〘虫〙ハナマルカツオブシムシ(鼻丸鰹節虫)(幼虫はじゅうたんを食害する). ⸗**keh·rer** 男 -s/- (手動の)じゅうたん掃除機. ⸗**kehr·ma·schi·ne** 女 じゅうたん〔電気〕掃除機. ⸗**klop·fer** 男 じゅうたんたたき棒. ⸗**scho·ner** 男 じゅうたんカバー. ⸗**stan·ge** 女 じゅうたん干しざお. ⸗**we·ber** 男, ⸗**wir·ker** 男 じゅうたん織工. ⸗**wir·ke·rei** 女 じゅうたん製造業〈工場〉.
Te·qui·la[tekíːlaˑ] 男 -〔s〕/ テキーラ(竜舌蘭(りゅうぜつらん)からつくるメキシコ産の蒸留酒). [*mexikan.*; 地名から]
tera.. 《単位名につけて「1 兆(10^{12})」を意味する; 記号 T》: *Tera*wattstunde 1兆〈テラ〉ワット時.
terat〔o〕.. 《名詞などにつけて「奇形」を意味する》 [*gr.* téras „〔Vor〕zeichen, Ungeheuer"]
te·ra·to·gen[teratogéːn] 形〘医〙(特に薬剤などが)奇形の原因となる, 奇形を形成する, 催奇の.
Te·ra·to·ge·ne·se[..genéːzə] 女 -/〘医〙奇形発生.
te·ra·to·id[teratoíːt][1] 形〘医〙奇形〔腫(しゅ)〕様の. [＜..oid.]
Te·ra·to·lo·gie[teratologíː] 女 -/〘医〙奇形学.
te·ra·to·lo·gisch[..lóːgɪʃ] 形 奇形学〔上〕の.
Te·ra·tom[teratóːm] 中 -s/-e 〘医〙奇形腫(しゅ) [＜..om]
Ter·bium[tɛ́rbiʊm] 中 -s/〘化〙テルビウム(希土類元素名; 記号 Tb). [＜Ytterby (スウェーデンの地名)]
Te·re·bin·the[terebíntə] 女 -/-n =Terpentinpistazie [*gr.*−*lat.*]
Te·renz[terɛ́nts] 人名 Publius ~ Afer プブリウス テレンティウス アフェル(前195頃–159; ローマの喜劇詩人. ラテン語形 Terentius).
Term[tɛrm] 男 -s/-e **1**〘数〙項;〘論〙名辞, 項. **2** (Ni-

T

veau)〘理〙(分子・原子〔核〕などの)エネルギー準位. **3** =Terminus 1 [*lat.* terminus−*fr.*]

Ter·mịn[tɛrmí:n] 男 -s/-e **1 a)** 期日, 期限;〘商〙支払日; 引き渡し日: der ~ der Abreise ⟨für die Abreise⟩ 出発の期日 | letzter ⟨äußerster⟩ ~ für *et.*[4] …の最終期限 ‖ mit *jm.* einen ~ 〔aus〕machen …と日取りを取りきめる | keinen ~ bekommen 期日⟨日取り⟩を決めてもらえない | einen ~ 〔ein〕halten 期限を厳守する | einen ~ festsetzen 期日⟨期限⟩を定める | 〔*jm.* für *et.*[4]〕 einen ~ stellen 〔…に…のための〕期限をつける | einen ~ überschreiten ⟨versäumen⟩ 期限を過ぎる⟨に遅れる⟩ | den ~ auf den 31. März festlegen 期限を3月31日と定める | viele ~*e* haben スケジュールがつまっている | noch ~*e* frei haben スケジュールにまだあきがある | Die Arbeit hat am 31. März ~. この仕事は3月31日が期限だ ‖ Dieser ~ ist ungünstig ⟨paßt mir nicht⟩. この日は私は都合が悪い ‖ **an** einen 〔festen〕 ~ gebunden sein 期日にしばられている | *et.*[4] **auf** einen späteren ~ verschieben ⟨verlegen⟩ …を後日に延期する | **in** vier ~*en* zahlbar 4期に分けて支払うことのできる | **zum** vereinbarten ~ zahlen 取りきめた期日に支払う | **zu ~ stehen** 予定にはいっている, 期限が近づいている. **b)** (面会・診察・会合などの)予定日時; (特定の日時に取りきめられた)会合の約束: den ~ vergessen 会合の約束を忘れる | Ich habe heute einen ~ beim Zahnarzt. 私はきょう歯医者に行く予約がある.
2〘法〙弁論⟨審理⟩〔の期日〕, 出廷〔日〕: Der Anwalt hat morgen ~. 弁護士はあす出廷することになっている | Dieser Prozeß zieht sich von ~ zu ~. この訴訟は審理が延び延びになっている.
[*lat.* terminus (→Terminus)−*mlat.*−*mhd.*; ◇*engl.* term]

ter·mi·nạl[tɛrminá:l] 形 限界の, 終末の, 末端の;〘医〙末期の; 期限のきまった: die ~*e* Kette〘言〙終端連鎖. [*lat.*]

Ter·mi·nal[tǿ:rminəl, tá:mɪnl] **I** 男 (中) -s/-s〘空〙ターミナルビル⟨ホール⟩. **II** 中 -s/-s〘電算〙端末装置, 端末機. [*lat.*−*engl.*; ◇..al[1]]

ter·mi·na·tị̄v[tɛrminatí:f][1] 形〘言〙(動詞の相・動作態様が)起結的な, 起点⟨終結点⟩をもつ: ein ~*es* Verb 起結動詞(㊞ holen, bringen). [< *lat.* termināre „begrenzen"]

Ter·mịn·ein·la·ge[tɛrmí:n..] 女 (銀行の)定期預金.

ter·mịn≈ge·mäß 形, **≈ge·recht** 形 期日⟨期限⟩どおりの, 期限内の: ~*e* Zahlung 期日払い ‖ eine Arbeit ~ abliefern 仕事を期限内に引き渡す.

Ter·mịn≈ge·schäft 中, **≈han·del** 男 -s/ (Zeitgeschäft)〘商〙定期取引; 先物(さきもの)取引, オプション取引.

Tẹr·mi·ni Terminus の複数.

ter·mi·nie·ren[tɛrminí:rən] **I** 他 (h) **1** (befristen) ⟪*et.*[4]⟫ (…の)期限を切る, 期間を限る; 期限を定める. ▽**2** 終える, 済ます. **II** 自 (h) (修道士が一定の区域を)托鉢(たく)する.

Ter·mi·nịs·mus[tɛrminísmʊs] 男 -/ 〘哲〙(概念は思考の中においてのみ存在すると説く)名辞論⟨主義⟩.

Tẹr·mi·ni tẹch·ni·ci Terminus technicus の複数.

Ter·mịn≈ka·len·der[tɛrmí:n..] 男 **1** 日程記入用カレンダー, メモ帳: *et.*[4] auf dem ~ haben …の日程予定がある. **2**〘法〙訴訟事件表, 公判日程表. **≈kurs** 男〘商〙先物(さきもの)相場.

ter·mịn·lich 形 期日⟨日程⟩上の.

Ter·mịn≈lie·fe·rung 女〘商〙先渡し, 延べ渡し. **≈liste** 女〘法〙公判日程表. **≈markt** 男 (↔ Kassamarkt)〘商〙(有価証券の)定期取引市場, 先物市場.

Ter·mi·no·lo·gie[tɛrminologí:] 女 -/-n[..gí:ən] ⟪集合的に⟫ (特定分野の)専門〔用〕語, 術語: medizinische ~ 医学用語. [<Terminus]

ter·mi·no·lọ·gisch[..ló:gɪʃ] 形 術語⟨専門語⟩の.

Ter·mịn·treue[tɛrmí:n..] 女 (旧東ドイツの経済計画について)期限厳守.

Tẹr·mi·nus[tέrminʊs] 男 -/..ni[..ni·] **1** (Fachausdruck) 術語, 専門〔用〕語. **2** ▽**a)** (Grenze) 境界; 限界. **b)** (Termin) 期日, 期限. **3**〘哲〙名辞. **4** ⟪単数で⟫ (古代ローマの)境界神. [*lat.* terminus „Grenzzeichen"〔−*mlat.*〕; < *gr.* térma „Ende"; ◇*engl.* term]

Tẹr·mi·nus ad quẹm[tέrminʊs at kvέm] (**Tẹr·mi·nus ạn·te quẹm**[− ántə kvέm]) 男 - - -/〘法〙最終期限. [*nlat.*]

Tẹr·mi·nus ạ quọ[tέrminʊs á: kvó:] (**Tẹr·mi·nus pọst quẹm**[− pɔ́st kvέm]) 男 - - -/〘法〙始期. [*nlat.*]

Tẹr·mi·nus tẹch·ni·cus[tέrminʊs tέçnikʊs] 男 -/..ni ..ci[..ni· ..nitsi·] (Fachausdruck) 術語, 専門〔用〕語. [◇technisch; *engl.* technical term]

Ter·mịn≈ver·kauf[tɛrmí:n..] 男〘商〙先物(さきもの)売り. **≈ver·län·ge·rung** 女 期限延長.

ter·mịn·wei·se 副 (→..weise ★) 期限に合わせて, 期日ごとに; 期限を定めて.

Ter·mịn·zah·lung 女 期日払い; 分割払い, 賦払い.

Ter·mị·te[tɛrmí:tə] 女 -/-n〘虫〙シロアリ(白蟻)〔など等翅目の昆虫〕. [< *spätlat.* termes „Holzwurm" + ..it[3]]

Ter·mị·ten≈hü·gel 男, **≈säu·le** 女 シロアリの塔.

ter·när[tɛrnέ:r] 形 3〔要素〕からなる;〘化〙3元の, 3成分の: ~*es* Salz 三成分塩 | ~*e* Säure 三元酸. [*spätlat.*−*fr.*]

Tẹr·ne[tέrnə] 女 -/-n (Dreitreffer) (Lotto の) 3本組み合わせ当たりナンバー(→Ambe 1, Quaterne, Quinterne). [*lat.* ternī „je drei" (◇tri..)−*it.*]

▽**Ter·niọn**[tɛrnió:n] 女 -/-en 三つぞろい, 三つ組. [*lat.*]

Tẹr·no[térno·] 男 -s/-s ⟪オースト⟫ =Terne

Ter·pẹn[tɛrpé:n] 中 -s/-e〘化〙テルペン.

Ter·pen·tị̄n[tɛrpɛntí:n] 中 (オースト: 男) -s/-e **1** テルペンチン(マツ科植物の含油樹脂, 松やに). **2** (Terpentinöl) テレビン油. [*spätlat.* (rēsina) ter〔e〕bentina „(Harz) der Terebinthe"; ◇Terebinthe; *engl.* turpentine]

Ter·pen·tị̄n≈öl 中 テレビン油. **≈pi·sta·zie**[..tsiə] 女〘植〙テレビンピスタシオ(ウルシ科).

Ter·psị·cho·re[tɛrpsí:çore·] 人名〘ギ神〙テルプシコラ(合唱隊叙情詩の女神: →Muse 1). [*gr.*−*lat.*; < *gr.* térpsis „Ergötzung" + chorós (→Chor)]

Tẹr·ra[téra·] 女 -/ **1** 土; 土地, 国: →*Terra* di Siena, *Terra* incognita **2** 大地の女神: ~ Mater 母なる大地, 大地の女神(→Gäa, Tellus). [*lat.* terra „Erde"]

Tẹr·ra di Siẹ·na[téra· di zié:na·] 女 - - -/ 黄土, オーカー(酸化鉄の混入した粘土); シエナ土(赤褐色顔料). [*it.*]

Ter·rain[tɛrɛ̃:, ..rέŋ] 中 -s/-s **1** (Gelände) 地形, 地勢; (Gebiet) 地域; ⟪比⟫ 領域, 分野; 地歩: ein übersichtliches ~ 見通しのきく地形 ‖ **das ~ sondieren** 地形を探る; ⟪比⟫〔慎重に〕様子を探る, 事情⟨状況⟩を詳しく調査する | das ~ wieder aufholen ⟪比⟫ 勢力を挽回(ばん)する, 遅れを取り戻す | ~ gewinnen ⟪比⟫ 勢力⟨地歩⟩を獲得する | ~ verlieren ⟪比⟫ 勢力⟨地歩⟩を失う | politisches ~ ⟨an politischem ~⟩ verlieren 政治力を失う | das ~ für *et.*[4] vorbereiten ⟪比⟫ …のための土台固めをする. **2** 敷地, 建築用地; 土地, 地所. [*lat.* terrēnum „Erdreich" (◇Terra)−*vulgärlat.*−*fr.*]

Ter·rain·auf·nah·me[tɛrɛ̃:..] 女 測地, 測量.

Tẹr·ra in·cọ·gni·ta[téra· ɪnkɔ́gnita·] 女 - -/ 未知の国; ⟪比⟫ 新分野, 未開拓地; 前人未踏の領域. [*lat.* „unbekanntes Land"; ◇inkognito]

Ter·ra·kọt·ta[tɛrakɔ́ta·] 女 -/..ten[..tən], **Ter·ra·kọt·te**[..tə] 女 -/-n **1** ⟪単数で⟫ テラコッタ(素焼き粘土). **2**〘美〙テラコッタ土器(テラコッタで作った塑像・つぼなど). [*it.*; < *lat.* coquere (→kochen)]

Ter·ra·my·cị̄n[tɛramytsí:n] 中 -s/ 商標〘薬〙テラマイシン. [*engl.*; <myko..]

Ter·rạ·rium[tɛrá:riʊm] 中 -s/..rien[..riən]〘動〙(両生類・爬虫(はちゅう)類などの)陸生飼育器, テラリウム. [*nlat.*]

Ter·rạs·se[tɛrásə] 女 -/-n **1** 台地, 段地, テラス; 段庭(→㊞ Park);〘地〙段丘. **2** 〔ハウス〕テラス; 露台, バルコニー(→㊞ Altan): auf der ~ frühstücken テラスで朝食をとる |

T

auf die ~〔hinaus〕treten テラスへ出る. **3** (Dachgarten) 屋上庭園. [*aprovenzal.*－*afr.* terrace „Erdaufhäufung"－*fr.*; ＜*lat.* terra (→Terra); ◇*engl.* terrace]

Ter·ras·sen·dach 中〘建〙**1** 平屋根(→ 図 Dach B). **2** テラス〈バルコニー〉の上のさしかけ屋根.

ter·ras·sen·för·mig 形 段々〈ひな段形〉になった.

Ter·ras·sen·gar·ten 男 ひな段式庭園, 段庭.

ter·ras·sie·ren[tɛrasíːrən] 他 (h)《*et.*[4]》(建物・庭園などを) 階段状〈ひな段式〉につくる, 段々にする, (…に) 段をつける. [*fr.*]

Ter·raz·zo[tɛrátsoˑ] 男 -〔s〕/..zi[..tsiˑ]〘建〙テラゾー, 研ぎ出しコンクリート(セメントに大理石などの砕石をモザイクふうにまぜた床張り材); テラゾー〔張りの〕床. [*aprovenzal.*－*it.*]

Ter·raz·zo·fuß·bo·den[tɛrátso..] 男 テラゾー〔張りの〕床: Im Bad haben wir ~. うちの浴室の床はテラゾー張りだ.

ter·re·strisch[tɛréstrɪʃ] 形 **1 a)** 陸地の. **b)**〘生〙陸生の: ~*e* Tiere 陸生動物. **2 a)** 地球〔上〕の. **b)**〘地〙地球型の: ~*e* Organismen 地球型生物. [*lat.*; ＜*lat.* terra (→Terra)]

▽**ter·ri·bel**[tɛríːbəl] (..ri·bl..) 形 (schrecklich) 恐ろしい, 恐るべき. [*fr.*; ＜*lat.* terrēre „〔er〕schrecken"; ◇Terror]

Ter·ri·er[téríər] 男 -s/- テリヤ(イギリス産の小型の猟犬, また愛玩(あいがん)用). [*fr.* (chien) terrier „Erd(hund)"－*engl.*; ＜*lat.* terra (→Terra)]

ter·ri·gen[tɛrigéːn] 形〘地〙陸源の: ~*e* Ablagerung 陸源堆積(たいせき)物.

Ter·ri·ne[tɛríːnə] 女 -/-n (ふた付きの) どんぶり, 鉢, (特に:) スープ鉢, チューレーン(これから各自のスープを取り分ける: → 図 Eßtisch). [*vulgärlat.*－*fr.* „irdene Schüssel"]

ter·ri·to·ri·al[tɛritoriáːl] 形 領土〈領地・領邦〉の; 領土的な; 地方の, 地域的な: ~*e* Forderungen 領土的要求 | ~*e* Planung〘経〙(旧東ドイツで県・郡などの) 地区〈地方〉計画. [*spätlat.*; ◇..al[1]]

Ter·ri·to·ri·al≈ar·mee 女 (イギリスの) 国防義勇軍, (フランスの) 国民軍. ≈**ge·walt** 女 -/ (封建領主国家における) 領邦支配権, 領主権. ≈**ge·wäs·ser** 複〘法〙領水; 領海. ≈**ho·heit** 女 -/ 領土高権.

Ter·ri·to·ria·lis·mus[tɛritorialísmus] 男 -/ =Territorialsystem

Ter·ri·to·ria·li·tät[..litɛ́ːt] 女 -/ 属地性〈権〉.

Ter·ri·to·ria·li·täts·prin·zip 中 (↔Personalitätsprinzip)〘法〙属地主義.

Ter·ri·to·ri·al≈staat[tɛritoriáːl..] 男〘史〙(1871年の統一以前の) 領邦〔国家〕. ≈**struk·tur** 女 -/ (旧東ドイツで県・郡などにより国家が構成されている) 地区制, 地区構成. ≈**sy·stem** 中 -s/ (特に絶対主義時代の, 教会も領主に従うとする) 領主至上主義, 領主首位説, 領主の教会支配説.

Ter·ri·to·rium[tɛritóːrium] 中 -s/..rien[..riən] **1 a)** (国家に属する) 領土, 領地, 版図: *sich*[4] auf fremdem ~ befinden 外国の領土にある〈いる〉. **b)**〘史〙(1871年の統一以前の) 領邦(領主が国家的主権を行使した地方的領域). **c)** (旧東ドイツで) 地区, 地方(県・郡・市・村など);〘経〙営業領域. **d)** (カナダなどの) 準州, テリトリー. **2** (広大な) 土地, 地域, 地方: das weite ~ der Wüste Sahara サハラ砂漠の広大な地域. **3** (Revier)〘動〙生息区域, なわばり. [*lat.* territōrium „Ackergebiet"; ＜*lat.* terra (→Terra)]

Ter·ror[térɔr, ..roːr] 男 -s/ **1** (非常な) 恐ろしさ, 恐怖; テロ〔リズム〕; 恐怖政治; 威嚇主義: blutiger ~ 血なまぐさいテロ | der rote 〈weiße〉 ~ 赤色〈白色〉テロ | Psycho*terror* 心理テロ ‖ ~ ausüben テロを行う | unter dem ~ stehen 恐怖政治下にある | *sich*[4] durch ~ an der Macht halten 恐怖政治によって政権を握っている. **2**《話》けんか騒ぎ, いがみ合い. [*lat.*; ◇terribel]

Ter·ror≈akt 男 テロ行為. ≈**ak·tion** 女 テロ行動. ≈**an·griff** 男〘軍〙(特に飛行機による) 恐怖〈殲滅(せんめつ)〉攻撃. ≈**ban·de** 女 テロ団. ≈**herr·schaft** 女 テロ〈恐怖〉支配.

ter·ro·ri·sie·ren[tɛrorizíːrən] 他 (h) テロ手段を用いて恐怖に陥れる〈弾圧する〉: Die Gangster haben die ganze Stadt 〈die Bevölkerung〉 *terrorisiert.* ギャングは全市〈住民〉を恐怖に陥れた | Er *terrorisiert* die ganze Familie mit seinen verrückten Ideen.《話》彼は自分の気違いじみた考えをしつこく押しつけて家族全員を困惑させている. [*fr.*]

Ter·ro·ris·mus[tɛrorísmus] 男 -/ テロ〔行為〕; 恐怖政治. [*fr.*]

Ter·ro·rist[tɛroríst] 男 -en/-en (⊛**Ter·ro·ri·stin**[..tɪn]-/-nen) テロリスト: extremistische ~*en* 過激派のテロリストたち. [*fr.*]

Ter·ro·ri·sten≈ban·de[tɛrorístən..] 女 テロリストの一味, テロ団. ≈**sze·ne** 女 -/ テロリストの世界.

ter·ro·ri·stisch[tɛrorístɪʃ] 形 テロ〔行為〕の: eine ~*e* Aktion テロ行為 | eine ~*e* Gruppe テロリストのグループ.

Ter·ror≈ju·stiz[térɔr.., téroːr..] 女 テロ〈恐怖〉支配的な司法. ≈**or·ga·ni·sa·tion** 女 テロ組織. ≈**sze·ne** 女 テロリストの世界. ≈**tat** 女 テロ行為. ≈**wel·le** 女 波状的テロ行為.

Ter·tia[tértsiaˑ] 女 -/..tien[..tsiən] **1 a)** 9年制ギムナジウムの第4, 5学年(→Prima I 1 ☆): Ober*tertia* 第5学年 | Unter*tertia* 第4学年. **b)**《オーストリア》ギムナジウムの第3学年. **2**《単数で》〘印〙テルツィア活字(約16ポイント). [＜*lat.* tertius „dritter" (◇dritt)]

Ter·tia com·pa·ra·tio·nis Tertium comparationis の複数.

Ter·ti·al[tɛrtsiáːl] 中 -s/-e (1年を3期に分けた) 三半期; ▽(4か月の) 学期(→Semester 1): Im zweiten ~ ist der Umsatz gestiegen. 第2三半期に売り上げは上昇した.

Ter·tia·na·fie·ber[tɛrtsiáːna..] 中〘医〙三日熱. [*lat.* febris tertiāna; ◇*engl.* tertian]

Ter·tia·ner[tɛrtsiáːnər] 男 -s/- (⊛**Ter·tia·ne·rin**[..nərɪn]-/-nen) ギムナジウムの Tertia の生徒.

ter·tiär[tɛrtsiɛ́ːr] **I** 形 **1** 第3の, 第3次〈期〉の; 第3位の: ~*er* Alkohol 第三アルコール | ~*e* Syphilis 第3期梅毒. **2**〘地〙第三紀の. **II Ter·tiär** 中 -s/〘地〙第三紀. [*lat.*－*fr.*]

Ter·tiär≈for·ma·tion 女 第三紀層. ≈**strom** 男〘電〙三次電流.

Ter·tia·wech·sel[tértsia..] 男〘商〙三号手形.

Ter·ti·en Tertia の複数.

Ter·tium com·pa·ra·tio·nis[tértsium kɔmparatsióːnɪs] 中 --/..tia -[..tsiaˑ -] 比較のための第三者(二つのものを比較するための共通の尺度として用いられる第3のもの). [＜*spätlat.* tertium „Drittes"; ◇Komparation]

Ter·tius gau·dens[tértsius gáudɛns] 男 --/ 漁夫の利を占める第三者. [*lat.* „der lachende Dritte"; ◇gaudieren]

Terz[tɛrts] 女 -/-en **1**〘楽〙3度〔音程〕: große 〈kleine〉 ~ 長〈短〉3度. **2**〘フェンシング〙チェルス(剣の交差ポジションの第3の構え). **3**〘カトリック〙(聖務日課の) 第3時課. **4**《話》=Tertia 1 [〔*m*〕*lat.*; ＜*lat.* tertius (→Tertia); ◇*engl.* t〔i〕erce]

Ter·zel[tértsəl] 男 -s/- (狩猟用に調教した雄の) タカ(鷹), ハヤブサ(隼). [*mlat.*－*it.*; ◇*engl.* t〔i〕ercel]

Ter·ze·rol[tɛrtsəróːl] 中 -s/-e (2連発の) 小型ピストル. [*it.* terzeruolo]

Ter·ze·ro·ne[tɛrtsəróːnə] 男 -n/-n (⊛**Ter·ze·ro·nin**[..nɪn]-/-nen) テルセロン(白人と Mulatte の女との間の混血児). [*span.* tercerón; ＜*lat.* tertius (→Tertia)]

Ter·zett[tɛrtsɛ́t] 中 -〔e〕s/-e **1 a)**〘楽〙三重奏〈唱〉〔曲〕. **b)** 三重奏〈唱〉団. **2**《話》3人組. **3**〘詩〙テルツェット(ソネットの後半の3詩行からなる詩節: →Quartett 3). [*it.* terzetto; ＜*it.* terzo „dritter" (◇Tertia); ◇*engl.* tiercet]

Ter·zi·ne[tɛrtsíːnə] 女 -/-n〘詩〙テルツィーネ, 3連句, 3行詩節(3行1節で第2行が次節1・3行と韻を踏む詩形. ダンテの神曲, ドイツでは Chamisso などにみられる). [*it.*]

Te·sa·film[téːza..] 男 商標 テーザフィルム(セロテープの一種).

Te·sching[téʃɪŋ, tɛʃɛ́ː] 中 -s/-e, -s テシング(小口径の銃・

ピストル).

Tẹs·la≠strom[tέsla..] 男 〘電〙 テスラ氏電流(高周波の高圧電流). **≠trans·for·ma·tor** 男 〘電〙 テスラコイル(高電圧を得るための変圧器). [<N. Tesla (Kroatien 生まれの電気工学者, †1943)]

Tes·sar[tεsá:r] 中 -s/-e 商標 テッサー(4枚構成の高級「写真レンズ).

tes·sel·la·risch[tεsεlá:rɪʃ] 形 (gewürfelt) 碁盤目状の, 市松〈モザイク〉模様の. [< *lat.* tessella „Würfelchen" (◇tetra..)]

der **Tes·sịn**[1][tεsí:n] 地名 男 -s/ テッスィーン(スイス南部に発する Po 川の支流). [*kelt.*–*lat.*–*it.* Ticino]

das **Tes·sịn**[2][–] 地名 中 -s/ テッスィーン(スイス南部の州).

Tes·sị·ner[tεsí:nər] **I** 男 -s/- テッスィーン州の人. **II** 形《無変化》テッスィーン州の.

tes·sị·nisch[tεsí:nɪʃ] 形 テッスィーン州の.

Test[tεst] 男 -(e)s/-s(-e) テスト, 試験; 資格試験, 適性検査; 〘心・医〙 検査; 〘化〙 試験: ein psychologischer ~ 心理テスト | Intelligenz*test* 知能検査 | Nuklear*test* 核実験 | Waren*test* 商品の品質検査 ‖ *sich*[4] einem ~ unterziehen 〈unterwerfen〉 テストを受ける | An 〈Mit〉 dem Patienten wurde mehrere klinische ~*s* 〈~*e*〉 durchgeführt. その患者に種々の臨床検査が行われた. [*lat.* tēstū „irdenes Gefäß"–*afr.* „Tiegel"–*engl.*; < *lat.* tēsta „Gebranntes"]

Te·sta·mẹnt[tεstamέnt] 中 -(e)s/-e **1 a)** 遺言; 遺言状〈証書〉: eigenhändig geschriebenes ~ 自筆証書による遺言 | öffentliches ~ 公の遺言 ‖ ein ~ aufsetzen 〈errichten〉 遺言を書く〈作成する〉 | ein ~ widerrufen 〈anfechten〉 遺言を撤回する〈取り消す〉 ‖ *sein* ~ machen 遺言状を作る, 遺言する | ***jd.* kann *sein* ~ machen** 《話》…はひどい目にあう〈ひどい点をとる〉かも知れない | Wenn ich dich erwische, kannst du dein ~ machen! 《話》君をつかまえたら ただじゃおかないぞ〈最後だぞ〉 ‖ *jn.* in *seinem* ~ bedenken 遺言で…に遺贈する | ohne ~ sterben 遺言せずに死ぬ. **b)** (政治的な)遺産. **2** 〘聖〙 (神と人との)契約, 聖約: das Alte ~ (略 A. T.) 旧約聖書 | das Neue ~ (略 N. T.) 新約聖書.
[(*kirchen*)*lat.*; < *lat.* tēstārī (→testieren)]

te·sta·men·tạ·risch[tεstamεntá:rɪʃ] 形 遺言〔書〕による, 遺言〔書〕の: eine ~*e* Verfügung 遺言〔による〕指定 | *jn.* ~ als Erben einsetzen …を遺言によって相続人に指定する. [*lat.*]

Te·sta·mẹnts≠be·stä·ti·gung[tεstamέnts..] 女 遺言検認. **≠er·öff·nung** 女 遺言状の開封. **≠voll·strecker** 男 遺言執行者. **≠voll·streckung** 女 遺言の執行. **≠zu·satz** 男 遺言補足書.

Te·stạt[tεstá:t] 中 -(e)s/-e 証明書; (特に大学の)聴講証明書. [*lat.* tēstātus „bezeugt"]

Te·stạ·tor[tεstá:tɔr, ..to:r] 男 -s/-en[..tató:rən] 遺言者, 遺言書作成者. [*lat.*]

Te·sta·zẹe[tεstatsé:ə] 女 -/-n《ふつう複数で》〘動〙 有殻アメーバ類. [< *lat.* tēsta „Schale" (◇Test); ◇Testudo]

Tẹst·bild[tέst..] 中 〘テレビ〙 (画面調整用の)テストパターン.

tẹ·sten[tέstən] (01) 他 (h) テスト〈検査・試験〉する: eine Ware ~ 商品〔の品質〕を検査する | *jn.* 〈*et.*[4]〉 **auf** *et.*[4] ~ …の…をテストする | *jn.* auf *seine* Intelligenz ~ …の知能をテストする | ein Medikament auf Nebenwirkungen ~ 薬の副作用を検査する. [*engl.* test]

Tẹ·ster[tέstər] 男 -s/- 試験〈検査〉者.

Tẹst≠fah·rer[tέst..] 男 テストドライバー. **≠fahrt** 女 試験走行, 試走, 試運転. **≠fall** 男 テストケース. **≠flug** 男 試験飛行. **≠fra·ge** 女 試験〈テスト〉問題.

te·stie·ren[tεstí:rən] **I** 他 (h) **1** 《*et.*[4]》 (…の)証明をする; (特に:)〔聴講〕証明書を交付する: eine Vorlesung 〈den Besuch einer Vorlesung〉 ~ (教授が)講義の聴講証明書を出す. **2** 〘法〙 遺言で指定する〈与える〉. **II** 自 (h) 〘法〙 遺言書を作成する. [*lat.* tēstārī „bezeugen"; < *lat.* tēstis „Zeuge"]

Te·stie·rer[..rər] 男 -s/- 証明〔書発行〕者; 遺言〔作成〕者.

te·stier·fä·hig 形 遺言能力のある.

Te·stị·kel[tεstí:kəl] 男 -s/- (Hoden) 〘解〙 睾丸(こうがん), 精巣. [*lat.*; < *lat.* tēstis „Hode"; ◇ *engl.* testicle]

Te·stị·kel·hor·mon 中 雄性ホルモン.

te·sti·ku·lär[tεstikulέ:r] 形 睾丸(こうがん)〈精巣〉の.

Te·sti·mọ·nium[tεstimó:niʊm] 中 -s/..nien[..niən], ..nia[..nia·] (Zeugnis) 〘法〙 証明〔書〕. [*lat.*; < *lat.* tēstis (→testieren); ◇ *engl.* testimony]

Te·sti·mọ·nium pau·per·tạ·tis[– paʊpεrtá:tɪs] 中 – –/..nia –[..nia· –] 〘法〙 貧困証明〔書〕. [*lat.*; ◇Paupertät]

Tẹst·ob·jekt[tέst..] 中 **1** 試験物体. **2** 被験物体.

Te·sto·ste·rọn[tεstosteró:n] 中 -s/ 〘生化学〙 テストステロン(精巣から分泌される雄性ホルモンの代表的なもの). [◇Testikel, stereo..]

Tẹst≠per·son[tέst..] 女 (実験・検査・調査などの対象となる)被験者, 被調査者. **≠pi·lot** 男 テストパイロット. **≠pup·pe** 女 (自動車衝突事故などの実験に用いる)テスト用人形. **≠sa·tel·lit** 男 実験衛星. **≠stopp** 男 核実験停止.

Tẹst·stopp≠ab·kom·men 中, **≠ver·trag** 男 核実験停止協定.

Tẹst·strecke 女 (鉄道・自動車などの)テストコース.

Te·stụ·do[tεstú:do·] 女 -/..dines[..dine:s] **1** 亀甲(きっこう)型掩蓋(えんがい)(古代ローマ人が攻城作戦中, 兵士を守るため用いた移動可能の掩蓋). **2** 〘医〙 亀甲〔状包〕帯. **3** 〘動〙 ゾウガメ(象亀)などのカメ類. **4** 〘楽〙 (ローマ時代の)リラ; (16-17世紀の)リュート.
[*lat.* „Schildkröte"; < *lat.* tēsta (→Testazee)]

Tẹ·stung[tέstʊŋ] 女 -/-en 試験〈検査〉〔すること〕.

Tẹst≠ver·fah·ren[tέst..] 中 テストの実施〔法〕〈手順・工程〉. **≠wa·gen** 男 試走車.

Te·ta·nie[tetaní:] 女 -/-n[..ní:ən] 〘医〙 テタニー, 強直, 強縮痙攣(けいれん), 強縮症.

te·tạ·nisch[tetá:nɪʃ] 形 〘医〙 強縮性の, 強直性の.

Tẹ·ta·nus[té(:)tanʊs, tέta..] 男 -/ 〘医〙 破傷風, テタヌス; 破傷風強直. [*gr.*–*lat.*; < *gr.* teínein (→Tonus)]

Tẹ·ta·nus≠imp·fung 女 破傷風予防接種. **≠se·rum** 中 〘医〙 破傷風〔治療用〕血清.

[▽]**Tẹ·te**[té:tə, tέ:tə] 女 -/-n (↔Queue) 〘軍〙 (隊列の)先頭: die ~ nehmen 《話》先頭に立つ | an der ~ sein 《話》先頭〈トップ〉に立っている.
[*vulgärlat.* tēsta „Kopf"–*fr.*; ◇Test]

tête-à-tête[tεtatέ:t, tε:..] **I** 副 (vertraulich) 内密に, 二人きりの間で. **II Tête-à-tête** 中 -/-s あいびき, 密会; 密談. [*fr.* „Kopf an Kopf"]

Tẹ·thys[1][té:tʏs] 人名 〘ギ神〙 テテュス (Uranus と Gäa の娘で Okeanos の妻). [*gr.*–*lat.*]

die **Tẹ·thys**[2][–] 女 -/ **1** 〘地〙 テテュス海(アフリカ大陸とユーラシア大陸を分離したと考えられる太古の海). **2** 〘天〙 テテュス (Saturn の第3衛星).

tetra.. 《名詞などにつけて「4」を意味する. 母音の前では tetr.. となることもある: →*Tetr*archie, *Tetr*ode》 [*gr.*; < *gr.* téssares „vier" (◇vier)]

Te·tra·äthyl·blei[tetra|εtý:l..] 中 〘化〙 テトラエチル鉛, 四エチル鉛.

Te·tra·chlor≠äthan[tetrakló:r|εta:n, ◡◡–◡⏑́] 中 〘化〙 テトラクロルエタン. **≠koh·len·stoff**[また: ◡◡–⏑́◡◡] 男 -(e)s/ 〘化〙 四塩化炭素.

Te·tra·chord[..kɔ́rt][1] 男 中 -(e)s/-e 〘楽〙 テトラコルド, 4音音階(4個の全音階的音度による音階); 4弦〔の楽器〕. [*gr.*; ◇Chorda]

Te·tra·chro·mie[..kromí:] 女 -/ 〘印〙 4色刷り. [<chromato..]

Te·tra·ẹder[tetra|é:dər] 中 -s/- (Vierflächner) 〘数〙 正四面体.

Te·tra·edrịt[..|edrí:t, ..rít] 男 -(e)s/-e 〘鉱〙 四面銅鉱, 黝(ゆう)銅鉱. [<..it[2]]

Te·tra·gọn[tetragó:n] 中 -s/-e (Viereck) 〘数〙 四角〔形〕, 四辺形. [*gr.*–*spätlat.*]

te·tra·go·nạl[..goná:l] 形 (viereckig) 四角〔形〕の, 四辺形の. [*spätlat.*; ◇..al[1]]

Te·tra·lịn[tetralí:n] 中 -s/ 商標 テトラリン(油脂・樹脂・塗料の溶剤).

Te·tra·lo·gịe[tetralogí:] 女 -/-n[..gí:ən] **1** (古代ギリシアの)四部劇(悲劇 3, 風刺劇 1 よりなる). **2** (文学・音楽などの)四部作. [*gr.*]

Te·trạ·me·ter[tetrá:metər] 男 -s/- 〘詩〙 4 歩格(四つの同一の詩脚または単位韻律からなる詩行). [*gr.*−*lat.*]

Te·trạrch[tetrárç] 男 -en/-en 〘史〙(古代の)四分領主, 四分統領(一国の 4 分の 1 を治めた領主). [*gr.*−*lat.*]

Te·trar·chịe[tetrarçí:] 女 -/-n[..çí:ən] 〘史〙四分治制. [*gr.*−*lat.*; ◇..archie]

Te·trọ·de[tetró:də] 女 -/-n 〘電〙 4 極〔真空〕管. [<..ode[1]]

Teu·chel[tɔ́yçəl] 男 -s/- 《南部・オーストリア・スイス》(木製の)水道管, 水樋(ﾄｲ). [*mhd.*]

teu·er[tɔ́yər] (teu·r..) 形 **1 a)** (↔billig) 値段の高い, 値の張る, 高価な; 高くつく, 費用のかさむ(→kostbar 1): ein *teures* Buch 高い本 | ein *teures* Pflaster (→Pflaster 1 b) | ein *teurer* Preis 高い値段 | ein *teures* Restaurant 値段の高いレストラン ‖ *teures* Lehrgeld geben ⟨zahlen⟩ (→Lehrgeld) | 〔*sich*[3]〕 *et.*[4] für *teures* Geld erstehen 高い金を払って…を買う;《比》大きな犠牲を払って…を手に入れる | ein *teurer* Spaß sein (→Spaß 2) | wie die *teure* Zeit aussehen《比》やせ衰えている | Es waren damals *teure* Zeiten. 当時は物価高の〔暮らしにくい〕時代だった ‖ Das ist mir 〔viel〕 zu ~. それは私には高すぎて手が出ない | Du bist zu ~ mit deinen Waren. 君の売値は高すぎる | Da ist guter Rat ~. (→Rat 1 b) | Hier ist das Leben ~. ここは生活費が高くつく ‖〘副詞的に〙 *et.*[4] ~ bezahlen …に高い金を払う | *et.*[4] ~ kaufen ⟨verkaufen⟩ …を高い値で買う⟨売る⟩ | *sein* Leben ~ verkaufen《比》むざむざとは死なない, 最後まで激しく抵抗する⟨戦う⟩ | Der Sieg ist ~ erkauft.《比》この勝利の陰には大きな犠牲が払われた | ***jm.* ⟨*jn.*⟩ ~ zu stehen kommen** …にとって高いものにつく;《比》…にとって後々までたたる | Hier lebt sich ~. ここは生活費が高くつく. **b)** (…の)価格⟨値段⟩の: Wie ~ ist der Stoff? この生地はいくらですか.

2 《雅》(wert) 貴重な, かけがえのない, 親愛な: Mein *teurer* Freund ⟨Vater⟩! 親愛なる友⟨父⟩よ | Meine *teure* Göttin! いとしき妻よ | eine *teure* Erinnerung 貴重な思い出〔の品〕 ‖ hoch und ~ 厳粛に | *jm.* 〔lieb und〕 ~ sein …にとってかけがえのない⟨大切な⟩存在である ‖ Mein *Teurer*! / Meine *Teuerste*! 〔かけがえなく〕いとしい者よ.

[*germ.*; ◇dauern[1]; *engl.* dear]

Teu·er·ling[tɔ́yərlɪŋ] 男 -s/-e 〘植〙チャダイゴケ(茶台苔)属のキノコ.

Teue·rung[tɔ́yərʊŋ] (**Teu·rung**[tɔ́yrʊŋ]) 女 -/-en 物価高, 物価騰貴.

Teue·rungs≠ra·te 女 物価上昇率. **≠wel·le** 女 物価高の波, 押し寄せる物価騰貴. **≠zu·la·ge** 女 (物価高のための)物価手当.

Teu·fe[tɔ́yfə] 女 -/-n 〘坑〙深所, 深み, 深さ. [<tief]

Teu·fel[tɔ́yfəl] 男 -s/- **1** (英: *devil*) (⊗ **Teu·fe·lin** → 別出; ⊘ **Teu·fel·chen**[−çən] 中 -s/-) 《単数で》悪魔, サタン; (一般に)悪魔のような⟨悪魔に憑(つ)かれたような⟩やつ: ein armer ⟨dummer⟩ ~《比》あわれな⟨ばかな⟩やつ | ein kleiner ~《比》手に負えぬ子 | der leibhaftige ~ 悪魔の化身 | der stinkende ~ 悪臭ふんぷんたる⟨鼻もちならぬ⟩悪魔 | ein wahrer ⟨der reinste⟩ ~《比》まるで手のつけられぬ暴れ者 | ein ~ der Habgier 強欲の鬼 | ein ~ von einem Weib〔e〕《比》悪女, 悪妻, がみがみ女 | der ~ mit dem Pferdefuß ⟨den Hörnern⟩ 馬の脚をした⟨角を生やした⟩悪魔(悪魔はヤギの角を生やし割れたひづめとコウモリの翼を持っていると思われている) ‖ schwarz wie der ~ sein まっ黒である | wie der ~ fahren ⟨reiten⟩ 狂ったように車⟨馬⟩をとばす | auf das Geld versessen sein wie der ~ auf eine arme Seele / hinter dem Geld hersein wie der ~ hinter der armen Seele まるで金の亡者である ‖〘間投詞的に〙 ***Teufel!*** / **Ei, der ~!** これは驚いた | Du, ~! この野郎め | **pfui ~!** ちくしょうめ, まっぴらだ | ***Teufel* auch!** なんてこった, これは驚いた; 大賛成だ | ***Teufel* nochmal!** / ***Teufel* noch 〔eins / einmal〕!** こんちくしょうめ | Tod und ~! (→Tod 2) ‖ **auf ~ komm raus** 《話》全力をつくして, 精一杯.

‖〘前置詞と〙 **mit** dem ~ im Bund〔e〕 sein 悪魔と結託している | **Es müßte mit dem ~ zugehen, wenn** er gewänne. もし彼が勝つなんてことがあったらただごとじゃない, 彼が勝つなんてことはまずあり得ない | **vom ~ besessen sein** 《話》悪魔にとりつかれている | vom ~ der Eitelkeit ⟨des Geizes⟩ besessen sein 虚栄⟨貪欲(ﾄﾞﾝﾖｸ)⟩の塊になり果てている | *sich*[4] nicht **vor** Tod und ~ fürchten (→Tod 2) | ***jn.* zum ~ jagen ⟨schicken⟩** 《話》…を追っ払う, …をおっぽり出す | **zum ⟨▽beim⟩ ~ sein** なくなっている, だめになっている | ***jn.* zum ~ ⟨zu allen ~*n*⟩ wünschen** 《話》…なんかどこかへ行ってしまえと願う | Geh ⟨Scher dich⟩ zum ~! うせやがれ | Zum ~ 〔nochmal / noch eins〕! こんちくしょうめ | Zum ~ mit deinen Bedenken! 君の疑念などくそくらえだ | Wer zum ~ hat das gesagt? いったいだれがそんなことを言ったんだ.

‖〘主語として〙 **Dort ist der ~ los!** 《比》あそこは上を下への大騒ぎ⟨大混乱⟩だ | Da muß der ~ im Spiel sein. / Da muß der ~ seine Hand im Spiel haben. こいつはただごとじゃないぞ, 悪魔が一枚かんでいるな | **hinter *et.*[3] hersein wie der ~ hinter der 〔armen〕 Seele** …がほしくてたまらない, 夢中で…を追い求めている | **der ~ ist in *jn.* gefahren / *jn.* reitet der ~** 彼は分別をすっかり失っている | Der ~ steckt in ihm. 彼は性悪で手に負えない | Der ~ steckt im Detail. 困難は細部にある | Auf ihm hat der ~ Erbsen gedroschen.《比》彼はあばた⟨そばかす⟩だらけだ | In der Not frißt der ~ Fliegen.《諺》窮した時にはぜいたくは言えぬ, 背に腹はかえられぬ(窮した時には悪魔もハエを食べる) | Kein ~ hat sich darum gekümmert. だれ一人そのことを気にかけなかった ‖ Hol dich der ~! / Der ~ soll dich holen! 君なんかくたばっちまえ | Hol's der ~! / Der ~ soll's holen! そんなことまっぴらごめんだ | Hol mich der ~, wenn ich lüge! 私の言うことがうそだったら悪魔にさらわれたっていい | Das soll der ~ verstehen! そんなこと分かってたまるか | 〔Das〕 weiß der ~! そんなこと知るもんか | Da soll doch gleich der ~ dreinschlagen! そんなこと糞(ｸｿ)くらえだ.

‖〘目的語として〙 *sich*[4] ⟨*seine* Seele⟩ dem ~ verschreiben 魂を悪魔に売り渡す | Gibt man dem ~ den kleinen Finger, so nimmt er die ganze Hand.《諺》悪事に手を染めると悪のとりこになってしまう; 甘くするとつけあがる(悪魔に小指を与えると手全体を取られてしまう) | dem ~ ein Ohr abschwätzen (→Ohr 1) ‖ den ~ austreiben ⟨verjagen⟩ (とりついた)悪魔を追い出す | den ~ mit ⟨durch⟩ Beelzebub austreiben (→Beelzebub) | den ~ nach *et.*[3] fragen …をてんで問題にしない | weder Tod noch ~ fürchten (→Tod 2) | **den ~ im Leib〔e〕 haben** 《話》癇性(ｶﾝｼｮｳ)である | Das hat doch den ~ mit diesem Mechanismus. この機械⟨機構⟩はしょっちゅうトラブルをおこす | ***sich*[3] den ~ auf den Hals laden** 《話》たいへんな面倒を背負いこむ | **den ~ an die Wand malen** 《話》縁起でもないことを言う, 不吉なことを口にする, 不注意によってみすみす不幸を招く(悪魔の名を呼んだりその絵を描いたりすると悪魔がやってくるという民間信仰から) ‖〘文や句を否定する語として〙 **den ~** 全然…しない | *sich*[4] den ~ um *et.*[4] kümmern ⟨scheren⟩ …を全く気にかけない, …を全然問題にしない | den ~ von *et.*[3] wissen …について全然知らない | Den ~ werde ich 〔tun〕! そんなことはまっぴらだ.

‖〘2 格で〙 des ~*s* Gebetbuch ⟨Gesangbuch⟩《戯》トランプ | **in ~*s* Küche kommen** 《話》窮地に陥る; 刑務所にぶち込まれる | ***jn.* in ~*s* Küche bringen** 《話》…を窮地に追い込む | **In 〔des / drei〕 ~*s* Namen!** こんちくしょうめ ‖ Bist du des ~*s*? 君 気でも狂ったのか | Ich will des ~*s* sein, wenn ich lüge. もし私の言うことがうそだったら悪魔にさらわれたっていい.

2 〘動〙フクロアナグマ(袋穴熊).

3 (Seeteufel) 〘魚〙アンコウ(鮟鱇).

[*gr.* diábolos (→ Diabolus)−*kirchenlat.*−*got.*−

ahd.; ◇ *engl.* devil]

Te̱u̱·fel·aus·trei·bung[tɔ́ʏfəl..] 女 〘宗〙 悪魔ばらい.

Te̱u̱·fel·chen Teufel 1の縮小形.

Teu·fe·le̱i̱[tɔʏfəlái] 女 -/-en 悪魔的行為〈意図〉, 非人間的行為〈意図〉, 残虐行為; 悪魔のいたずら.

Te̱u̱·fe·lin[tɔ́ʏfəlɪn] 女 -/-nen (Teufel 1の女性形) 鬼女.

te̱u̱·feln[tɔ́ʏfəln] ⦅06⦆ 自 (h) ⦅南部・ｽｲｽ⦆ 悪魔的に振舞う, 荒れ狂う, 暴れる; ⦅話⦆ のろう, ののしる.

teufels.. ⦅「悪魔」を意味するほか口語では名詞につけて「のろわれた・いまわしい・いやな」を, また「驚嘆すべき」を意味する⦆: *Teufels*zeug いやな〈いまわしい〉事物 ‖ *Teufels*mädchen たいした女の子.

Te̱u̱·fels≠ab·biß[tɔ́ʏfəls..] 男 〘植〙 (ヨーロッパに自生する)マツムシソウ(松虫草)科の一種. **≠ar·beit** 女 ⦅話⦆ 骨の折れる仕事, 難事中の難事. **≠aus·trei·bung** 女, **≠be·schwö̱·rung** 女 (Exorzismus) 悪魔ばらい. **≠bra·ten** 男 ⦅話⦆ ごろつき, 悪党; どえらいやつ. **≠bru̱t** 女 悪魔の一族; 悪党ども. **≠dreck** 男 〘植〙 フェルラ(セリ科の薬用植物). **≠ei** 中 〘植〙 スッポンタケの幼菌. **≠haar** 中 〘植〙 ネナシカズラ(根無葛)〔属〕. **≠kerl** 男 ⦅話⦆ (何でもできる)すごい〔優秀な〕やつ. **≠kir·sche** 女 (Tollkirsche) 〘植〙 ベラドンナ. **≠klaue** 女 〘植〙 チシマスギラン(千島杉蘭)(ヒカゲノカズラ属の一種). **≠kral·le** 女 〘植〙 シデシャジン(四手沙参)属. **≠kreis** 男 悪循環: einen ~ durchbrechen 悪循環を断ち切る. **≠mes·se** 女 (schwarze Messe) 黒ミサ(悪魔崇拝者がカトリックのミサを茶化して行う). **≠na̱·del** 女 〘虫〙 ヤンマ(蜻蜓)科のトンボ. **≠ro·chen** 男 〘魚〙 イトマキエイ(糸巻鱝). **≠streich** 男 悪魔のしわざ〈いたずら〉, 悪だくみ. **≠weib** 中 女の悪魔; 悪魔のような女, 妖婦(ようふ). **≠werk** 中 悪魔のしわざ; 悪魔的行為. **≠zwirn** 男 〘植〙 **1** (Seide) ネナシカズラ(根無葛)属. **2** クコ(枸杞)属.

te̱u̱·fen[tɔ́ʏfən] 他 (h) 〘坑〙 立坑を掘り下げる. [＜Teufe]

te̱u̱f·lisch[tɔ́ʏflɪʃ] 形 **1** 悪魔の〔ような〕, 非人間的な; ひどい, けしからぬ, 恐ろしい, 残虐な. **2** ⦅話⦆ ものすごい, 非常な: eine ~*e* Kälte ものすごい寒さ | Die Wunde tut ~ weh. 傷口がひどく痛む. [*mhd.*; ◇Teufel]

te̱u̱·r.. →teuer

Te̱u̱·rung ＝Teuerung

der **Te̱u̱·to·bur·ger Wa̱ld**[tɔ́ʏtobʊrgər vált][1] 地名 男 -〔e〕s/ トイトブルク山地(ドイツ北西部の山地. 紀元9年, ゲルマン族連合軍がここでローマ軍を撃滅した). [*lat.* Teutoburgiēnsis saltus]

Teu·to̱·ne[tɔʏtó:nə] 男 -n/-n チュートン人(ゲルマン民族の一部族). [*lat.* Teutonī; ◇deutsch]

Teu·to̱·nia[..nia·] **I** 地名 トイトニア (Deutschland のラテン語形). **II** 女 -/ トイトニア(学生組合の名).

teu·to̱·nisch[..nɪʃ] 形 **1** チュートン人の. **2** ⦅比⦆ トイトニア (Deutschland のラテン語形)の. [*lat.* Teutonicus]

▽**teutsch**[tɔʏtʃ] ＝deutsch

Te·xa̱·ner[tɛksá:nər] 男 -s/- テキサスの人.

te·xa̱·nisch[..nɪʃ] 形 テキサスの.

Te̱·xas[téksas, ..səs] 地名 テキサス(アメリカ合衆国南部の州). [*indian.* „Freunde“]

Te̱·xas·fie·ber 中 -s/ 〘畜〙 テキサス熱(ダニが媒介する牛の熱病). [*engl.* Texas fever]

Text[tɛkst] **I** 男 -es(-s)/-e **1** (書かれたもの)テキスト, 本文; 原文, 原典: Änderungen im 〈am〉 ~ vornehmen 原文に変更を加える | die Anmerkungen zum ~ schreiben テキストに注をつける | Weiter im ~! ⦅比⦆ 先を続けなさい, 本題に戻りなさい. **2** 文面, 文言(もんごん); 内容: der ~ eines Vertrages 契約〔書〕の内容〈文言〉| der ~ eines Briefes 手紙の文面 ‖ **aus dem ~ kommen** ⦅話⦆ 話の筋道〈つぎ穂〉を失う, 言葉につまる; まごつく | ***jn.* aus dem ~ bringen** ⦅話⦆ …をまごつかせる〈うろたえさせる〉. **3** 〘言〙 (全体として一つのまとまりをもつ, 文の集まりとしての)文章, テキスト: ein literarischer ~ 文学的なテキスト. **4** (説教の基になる)聖書の章句: ***jm.* den ~ lesen** ⦅話⦆ …にお説教する〈こごとを言う〉| *jm.* den ~ zugrunde legen …を厳しく訓戒する ‖ über einen ~ predigen 〔聖書の〕ある章句に基づいて説教する. **5** 〘楽〙 (歌曲・歌劇などの)歌詞; (歌劇の)台本, リブレット.

II 女 -/ 〘印〙 テキスト活字(約20ポイント).

[*lat.* textus „Gewebe“－*spätlat.*; ＜*lat.* texere „weben“ (◇techno..); ◇textil, Textur]

Tẹxt≠ab·bil·dung[tékst..] 女 (本文中の)さし絵, 図解. **≠ab·druck** 男 -〔e〕s/-e 本文復刻; 復刻版. **≠ana·ly̱·se** 女 〘言〙 テキスト分析. **≠aus·ga̱·be** 女 (注解のない)本文だけの版. **≠bu̱ch** 中 〘楽〙 (歌劇の)台本, リブレット. **≠dich·ter** 男 〘楽〙 作詞家; (歌劇の)台本作家.

tẹx·ten[tékstən] ⦅01⦆ 自 (h) 広告文案を書く; (歌謡曲の)歌詞を書く.

Tẹx·ter[tékstər] 男 -s/- 広告文案作者, コピーライター; (歌謡曲の)作詞家.

tẹxt·ge·mä̱ß 形 原文どおりの, 本文による.

tex·ti̱e̱·ren[tɛkstí:rən] 他 (h) **1** (さし絵・図版などに)説明文をつける. **2** 〘劇〙 せりふを書く.

Tex·ti̱e̱·rung[..rʊŋ] 女 -/-en textieren すること.

tex·ti̱l[tɛkstí:l] 形 紡績の, 織物の; 繊維〈織物〉工業の. [*lat.*－*fr.*; ＜*lat.* texere (→Text)]

Tex·ti̱l·ar·bei·ter 男 繊維労働者, 紡績工, 織工.

tex·ti̱l·arm 形 ⦅話⦆ わずかの衣装しかつけていない, 露出部分の多い.

Tex·ti̱l·fa·brik 女 紡績工場, 繊維工場.

tex·ti̱l≠frei (≠**feind·lich**) 形 ⦅戯⦆ 裸の, 一糸まとわぬ.

Tex·ti̱·li·en[tɛkstí:liən] 複 繊維製品.

Tex·ti̱l≠in·du·strie[tɛkstí:l..] 女 繊維工業, 紡績工業. **≠kom·bi·na̱t** 中 (特に旧東ドイツの)紡績コンビナート.

tex·ti̱l·lo̱s[..lo:s][1] 形 ⦅戯⦆ 裸の, 一糸まとわぬ.

Tex·ti̱l·wa̱·ren 複 ＝Textilien

Tẹxt≠kri·ti̱k[tékst..] 女 本文批評〔学〕, 原典批判(原典の復元を目的とする考証批評). **≠kri̱·ti·ker** 男 本文批評家, 原典批評家.

tẹxt·kri̱·tisch 形 本文批評の, 原典批判の.

tẹxt·lich[tékstlɪç] 形 本文〈原典〉についての.

Tẹxt≠lin·gui·stik 女 〘言〙 テキスト言語学. **≠schrift** 女 〘印〙 本文活字. **≠sor·te** 女 〘言〙 テキストの種類(談話・論説・書簡など).

Tex·tu̱r[tɛkstú:r] 女 -/-en 組織, 構造; 織り地, 織物; 〘建〙 木理, 木目. [*lat.*; ◇Text]

Tex·tu̱r·schrift 女 〘印〙 ゴシック字体.

Tẹxt·ver·ar·bei·tung 女 〘電算〙 テキスト処理.

Tẹxt·ver·ar·bei·tungs≠ge·rät 中 テキスト処理機器(ワープロ・コンピューターなど). **≠tech·nik** 女 テキスト処理技術.

Te̱·zett[té:tsɛt, te(:)tsɛ́t] 中 -/ テーツェット (tz; 昔のドイツ語のアルファベット表では tz はいちばん最後に置かれていた): 〖もっぱら次の成句で〗⦅話⦆ **bis ins ~ / bis zum ~** とことんまで, 徹底的に, すっかり | *jn.* bis zum ~ ausnutzen …をとことんまで利用しつくす | Ich kenne ihn bis ins ~. 私は彼という人間を知りつくしている.

T-för·mig[té:..] 形 T 字形の.

tg[táŋgɛns] 記号 (Tangens) 〘数〙 タンジェント.

TGL[te:ge:|ɛ́l] 略 複 ＝**Technische Normen, Gütervorschriften und Lieferbedingungen** (旧東ドイツで)工業規格(本来は「工業規格・積み荷規定および引き渡し条件」の略. 現ドイツの DIN に当たる).

Th[te:há:, tó:riʊm] 記号 (Thorium) 〘化〙 トリウム.

Th. 略 ＝**Theodor, Thomas** (その他 Th で始まる名前).

TH[te:há:] 略 女 -/-〔s〕＝**Technische Hochschule** 工科大学.

Tha̱d·dä̱dl[tádɛ:dəl] 男 -s/-〔n〕⦅ｵｰｽﾄﾘｱ⦆ ⦅話⦆ 意志薄弱なお人好し, あほう.

Thad·dä̱·us[tadɛ́:ʊs] **I** 男名 タデーウス. **II** 人名 〘聖〙 タダイ, タダイオス(十二使徒の一人). [*gr.*]

Thai[taɪ] **I** 男 -〔s〕/-〔s〕＝Thailänder **II** 中 -/ タイ語.

Tha̱i̱≠bo·xen 中 タイ式ボクシング. **≠bo·xer** 男 タイ〔式〕ボクサー.

Tha̱i̱·land[táɪlant] 地名 タイ(インドシナ半島中央部の王

国. 旧称 Siam で, 首都は Bangkok). [*thailänd.* Muang-Thai „Land der Freien"]
Thai·län·der[..lɛndər] 男 -s/- タイ人(→Siamese).
thai·län·disch[..lɛndɪʃ] 形 タイ〔人・語〕の: →deutsch
Tha·la·mus[tá:lamʊs] 男 -/..mi[..mi·] 《解》視床. [*gr.* thálamos „Lager"; ◇Tal]
tha·las·so·gen[talasogé:n] 形 海洋性の, 海産の, 海洋活動による. [<*gr.* thálassa „Meer"]
Tha·las·so·graph[..grá:f] 男 -en/-en 海洋学者.
Tha·las·so·gra·phie[..grafí:] 女 -/ (Meereskunde) 海洋学.
Tha·las·so·kra·tie[..kratí:] 女 -/-n[..tí:ən] 海上権, 制海権.
Tha·las·so·me·ter[..mé:tər] 中 (男) -s/-〔海底〕深度測定器, 海洋測深器; 潮汐(ちょうせき)測定器, 検潮器.
Tha·las·so·pho·bie[..fobí:] 女 -/ 《医》海洋恐怖〔症〕.
Tha·las·so·the·ra·pie[..terapí:] 女 -/-n[..pí:ən] 《医》海水療法.
Tha·les[tá:lɛs] 人名 タレース(前624頃-546頃; 古代ギリシアの哲学者で七賢人の一人. 万物の根源は水であると説いた). [*gr.*-*lat.*]
Tha·lia[talí:a·] 人名 《ギ神》タレイア(喜劇の女神: →Muse 1; また幸福の女神: →Charis I 1). [*gr.*-*lat.*; <*gr.* thállein „blühen"]
Tha·li·do·mid[talidomí:t][1] 中 -〔e〕s/ 《薬》サリドマイド.
Thal·li Thallus の複数.
Thal·lium[tálіʊm] 中 -s/ 《化》タリウム(希少金属元素名; 記号 Tl). [<*gr.* thallós „Sproß" (◇Thalia)]
Thal·lo·phyt[talofý:t] 男 -en/-en 《ふつう複数で》(↔Kormophyt) (Lagerpflanze) 《植》葉状植物(茎・葉などの器官の分化のない, 不定形の体をもつ植物).
Thal·lus[tálʊs] 男 -/Thalli[..li·] 《植》葉状体.
Than[ta:n] 男 -s/-e, -s (アングロサクソン時代の)従士; (古代スコットランドの)氏族の長, 豪族. [*engl.* thane; ◇Degen[1]]
Tha·na·to·lo·ge[tanatoló:gə] 男 -n/-n (→..loge) 死亡に関する研究者. [<*gr.* thánatos „Tod"]
Tha·na·to·lo·gie[..logí:] 女 -/ (Sterbensforschung) 死亡研究, 死学, タナトロジー(人間の死に関する諸問題を扱う学際領域の学問).
tha·na·to·lo·gisch[..ló:gɪʃ] 形 死学〔上〕の.
Tha·na·to·pho·bie[tanatofobí:] 女 -/ 《医》死亡恐怖〔症〕, 恐死症.
Thau·ma·to·lo·gie[taʊmatologí:] 女 -/ 《神》奇跡論, 奇跡学. [<*gr.* thaũma „Wunder"]
Thau·mat·urg[..tʊ́rk][1] 男 -en/-en 奇跡を行う人; 魔術師, 奇術師. [*gr.*; ◇Ergon]
Thea[té:a·] 女名 (<Dorothea, Theodora, Therese) 「テーア.」
Thea·ter[teá:tər] 中 -s/- **1** 劇場, 芝居小屋(→ 図); 舞台; 一座: ein ~ im Freien 野外劇場 | Film*theater* 映画館 | Opern*theater* オペラハウス, 歌劇場 ‖ ein ~ bauen ⟨eröffnen⟩ 劇場を建てる⟨のこけら落としをする⟩ ‖ am ⟨beim⟩ ~ sein 演劇にたずさわっている, 役者である | ins ~ gehen 観劇に行く | Demnächst in diesem ~. (映画の予告編の中で)近日当館上映; 《比》近々そうする予定だ | zum ~ gehen i) 劇場〔の建物〕へ出かけて行く; ii) 演劇界へ入る ‖ Das ganze ~ klatschte Beifall. 観客は全員拍手喝采(かっさい)した. **2** 《ふつう単数で》上演, 興行, 芝居: das ~ besuchen 芝居を見に行く | ~ spielen 芝居を上演する(→4) | Das ~ fängt um 7 Uhr an. 芝居は7時に開演になる | Wir treffen uns vor ⟨nach⟩ dem ~. お芝居の開演前⟨終演後⟩にお会いしましょう. **3** 《ふつう単数で》演劇, 舞台芸術: das griechische ⟨mittelalterliche⟩ ~ ギリシア⟨中世⟩演劇 | das deutsche ~ im 18. Jahrhundert 18世紀のドイツ演劇. **4** 《単数で》《話》芝居じみたこと, 見せかけ, 偽り; 大騒ぎ, 大げさなこと: **~ spielen** 《話》(相手を欺くために)お芝居をする(→2) | *jm.* **~ vormachen** (…を欺くために)演技をする | viel ⟨ein großes⟩ ~ 〔um *et.*[4] / wegen *et.*[2]〕 machen 〔…のことで〕大騒ぎする | Das ist doch alles nur ein 〔wahres〕 ~. 何もかも〔全くの〕まやかしさ | Mach kein ~! そんな大騒ぎをするな.
[*gr.*-*lat.*; <*gr.* théā „Anschauen"; ◇Theorie]

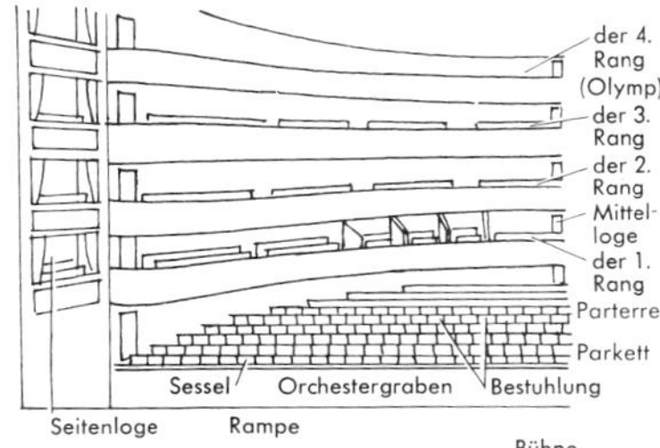

Theater

Thea·ter≠auf·füh·rung[teá:tər..] 女 (芝居の)上演. **≠be·richt** 男 演劇案内, 演劇⟨劇壇⟩〔関係〕記事. **≠be·such** 男 芝居見物, 観劇; 観客数. **≠be·su·cher** 男 芝居を見に行く人, 観客. **≠bil·let**〔**t**〕[..bɪljɛt] 中 《スイ》 = Theaterkarte **≠bil·le·teur**[..bɪljɛtø:r] 男 (女 **≠bil·le·teu·se**[..tø:zə]) 《オーストリア》劇場の案内係. **≠coup** [..ku:] 男 芝居の山, (劇の運びの上の)不意打ち, 急転直下; 《比》思いがけぬ出来事. **≠de·ko·ra·tion** 女 舞台装置. **≠dich·ter** 男 座付作者, 劇作家, 脚本家. **≠di·rek·tor** 男 舞台監督; 劇場支配人. **≠ef·fekt** 男 舞台効果. **≠glas** 中 -es/..gläser オペラグラス(→ 図). **≠grup·pe** 女 劇団; 演劇クラブ. **≠kar·te** 女 芝居の切符. **≠kas·se** 女 劇場の切符売り場. **≠kri·tik** 女 劇評. **≠kri·ti·ker** 男 劇評家. **≠ma·ler** 男 (舞台の)書き割り画家, (塗り専門の)大道具方. **≠pro·be** 女 芝居のけいこ, リハーサル. **≠raum** 男 (舞台・オーケストラボックス・観客席からなる)劇場内部空間. **≠re·zen·sion** 女 劇評. **≠ring** 男 観劇サークル, 演劇同好会. **≠sai·son**[..zɛzɔ̃:] 女 (Spielzeit) 演劇シーズン. **≠stück** 中 戯曲, 脚本, 舞台作品. **≠vor·stel·lung** 女 上演, 劇興行. **≠we·sen** 中 -s/ 《集合的に》演劇; 演劇界の諸事情. **≠wis·sen·schaft** 女 演劇学. **≠zet·tel** 男 芝居のプログラム⟨番付⟩.

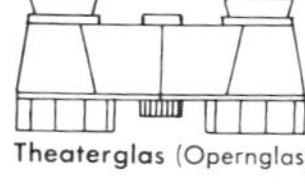
Theaterglas (Opernglas)

Thea·ti·ner[teatí:nər] 男 -s/- 《カトリック》テアティノ会(1524年ローマに創立)会員. [<*lat.* Teate (イタリアの地名)]
Thea·tra·lik[teatrá:lɪk] 女 -/ **1** 演劇的なこと, 演劇性. **2** 《軽蔑的に》大げさな表現⟨身振り⟩, 芝居がかったやり方, 仰々しさ, 不自然.
thea·tra·lisch[..lɪʃ] 形 **1** 《ふつう付加語的》演劇の, 劇場⟨舞台⟩の; 演劇的な, 舞台に適した, 舞台効果のある: ~*e* Laufbahn 劇場人⟨俳優⟩としての経歴. **2** 《軽蔑的に》芝居がかった, 大げさな, わざとらしい, 不自然な: mit ~*en* Gebärden 芝居がかった身振りで | *et.*[4] ~ versichern …をものものしく請け合う. [*lat.*; ◇Theater]
thea·tra·li·sie·ren[teatralizí:rən] 他 (h) 演劇的に誇張する, 大げさに表現する.
The·ba·ner[tebá:nər] 男 -s/- テーバイの人.
the·ba·nisch[..nɪʃ] 形 テーバイの.
The·ben[té:bən] 地名 **1** テーバイ(ギリシア中東部の都市. 古代に都市国家があった). **2** テーベ(ナイル中流にあった古代エジプトの都市. ギリシア人の命名). [*gr.*-*lat.*]
The·is·mus[teísmʊs] 男 -/ (↔Atheismus) 有神論; 人格神論(神は世界の創造者であると同時に, 永遠に世界を支配する人格的な存在であると主張する宗教哲学). [<theo..]
die **Theiß**[taɪs] 地名 女 -/ ティサ(ハンガリーと新ユーゴスラヴィアを流れる Donau 川の支流, ハンガリー語形 Tisza).
The·ist[teíst] 男 -en/-en 有神⟨人格神⟩論者.

T

[<theo..]

thei·stisch[teístɪʃ] 形 有神論の, 人格神論の.

..thek[..te:k]《「…収集所」を意味する女性名詞 (-/-en) をつくる》: Biblio*thek* 図書館 | Pinako*thek* 絵画館 | Photo*thek* 写真資料館〈室〉| Disko*thek* レコード資料館〈室〉; ディスコ〔テーク〕| Karto*thek* カードボックス〈ファイル〉; カード保存室.

The·ke[té:kə] 女 -/-n **1** (Schanktisch) (酒場・バーなどの)カウンター: an der ～ lehnen und Bier trinken カウンターにもたれてビールを飲む. **2**《方》(Ladentisch) (店の)売り台: *et.*[4] **unter der ～** verkaufen 〈kaufen〉 …(禁制品など)をこっそり売る〈手に入れる〉.

[*gr.* thḗkē „Abstellplatz"–*lat.* thēca „Kapsel"; <*gr.* tithénai (→Thesis); ◇Zieche]

The·kla[té:kla·] 女名 テークラ. [*gr.*]

The·le·ma[té(:)lema·] 中 -s/-ta[telé:mata·]《哲》意志; 我意, わがまま. [*gr.*; <*gr.* thélein „wollen"]

The·le·ma·tis·mus[telematísmʊs] 男 -/ , **The·le·ma·to·lo·gie**[..tologí:] 女 -/ (Voluntarismus)《哲》主意説.

the·le·ma·to·lo·gisch[..toló:gɪʃ] 形 主意説の.

The·lis·mus[telísmʊs] 男 -/ ＝Thelematismus

The·li·tis[telí:tɪs] 女 -/..tiden[..lití:dən]《医》乳頭炎. [<*gr.* thēlḗ „Brustwarze"+..itis]

The·ma[té:ma·] 中 -s/..men[..mən], -ta[..ta·] **1** 主題, テーマ; 論題, 話題; 論旨; 素材: ein aktuelles 〈heikles〉 ～ 時事的〈デリケート〉な話題 | das ～ eines Vortrags 講演の演題 | Gesprächs*thema* 話題 | Haupt*thema* 主要テーマ ‖ ein ～ behandeln 〈erschöpfen〉 あるテーマを取り上げる〈論じつくす〉| das ～ wechseln 話題をかえる | *jm.* ein ～ stellen …にある問題を課す ‖ **～**〔**Nummer**〕**eins**《話》i) お好みの〈大好きな〉話題; ii) セックスの話題 | Sein ～ Nummer eins ist der Fußball.《話》彼の何より好きな話題はサッカーだ ‖ auf ein ～ kommen 〈geraten〉 ある問題に行きあたる | beim ～ bleiben 話の本題からそれない | über ein ～ sprechen あるテーマについて語る | von einem ～ abweichen 〈abkommen〉 あるテーマからそれる | Das gehört nicht zum ～. それは話の本筋と関係がない. **2**《楽》主題, テーマ: das ～ einer Fuge フーガの主題 | ein ～ variieren ある主題を変奏する. **3** (↔Rhema)《言》提題, 話題, テーマ(文中で既定とされた叙述の主題).

[*gr.* „Aufgestelltes"–*lat.*; <*gr.* tithénai (→Thesis)]

The·ma·tik[temá:tɪk; ｵｰｽﾄﾘｱ:..mát..] 女 -/-en **1** 主題の範囲, 主題全般; 主題の設定〈選択〉, 問題の立て方. **2**《楽》テーマをさまざまに扱う技法.

the·ma·tisch[..tɪʃ] 形 **1** 主題の, テーマの, 主題〈テーマ〉の面での. **2**《楽》主題〈テーマ〉の: ～*e* Arbeit テーマの展開〔技法〕. **3** (↔athematisch)《言》Themavokal による: ～*e* Konjugation 幹〔添〕母音的動詞変化.

the·ma·ti·sie·ren[tematizí:rən] 他 (h) 主題〈テーマ〉とする, 主題〈テーマ〉として扱う.

The·ma·vo·kal[té:ma..] 男《言》(印欧語の動詞で語幹と人称語尾の間に挿入されることのある)語幹形成母音, 幹〔添〕母音(例 印欧祖語*bher-*e*-ti 彼は運ぶ).

the·ma·vo·ka·lisch 形《言》Themavokal の〈に関する〉.

The·men Thema の複数.

The·men≈be·reich[té:mən..] 男 テーマ領域. **≈kreis** 男 主題〈テーマ〉の範囲; (相互に関連する)一連のテーマ. **≈wahl** 女 主題〈テーマ〉の選択.

The·mis[té:mɪs] 人名《ギ神》テミス(掟(おきて)の女神). [*gr.*–*lat.*; <*gr.* thémis „Gesetz"]

The·mi·sto·kles[temístoklɛs] 人名 テミストクレス(前525頃-462頃; Athen の将軍・政治家. Salamis の海戦でペルシア軍を撃滅). [*gr.*–*lat.*]

die **Them·se**[témzə] 地名 女 -/ テムズ(英国, イングランド南部を東に流れて北海に注ぐ川. 英語形 Thames). [*kelt.*–*lat.* Tamēsa–*aengl.*]

theo..《名詞・形容詞・動詞などにつけて「神」を意味する》: *Theo*manie 宗教狂 | *Theo*sophie 神知学 | *theo*logisch 神学の | *theo*morph / *theo*morphisch 神の姿をした | *theo*logisieren 神学を研究する. [*gr.* theós „Gott"; ◇thio..]

Theo[té:o·] **I** 男名 (<Theodor) テーオ. **II** 女名 (<Theodora) テーオ.

Theo·bald[té:obalt] 男名 テーオバルト. [*ahd.*–*mlat.*; ◇deutsch]

Theo·bro·min[teobromí:n] 中 -s/《薬》テオブロミン(利尿剤). [<*gr.* brõma „Speise"+..in[2]]

Theo·de·rich[teó:dərɪç] 男名 (<Dietrich) テオーデリヒ: ～ der Große テオドリクス大王(456頃-526; 東ゴート族の王).

Theo·di·zee[teoditsé:(ə)] 女 -/-n[..tsé:ən]《哲》弁神論, 神義論(悪の存在が神の属性・神聖と矛盾しないことを主張する説). [*fr.*; <*gr.* díkē „Recht"; ◇*engl.* theodicy]

Theo·do·lit[teodolí:t] 男 -〔e〕s/-e (測量用の)経緯儀. [*engl.* theodolite]

Theo·dor[té:odo:r] 男名 テーオドール. [*gr.* „Gottes-geschenk"; ◇Tudor, Feodor]

Theo·do·ra[teodó:ra·] 女名 テオドーラ.

Theo·do·re[teodó:rə] 女名 テオドーレ.

Theo·do·sius[teodó:ziʊs] 男名 テオドシウス: ～ der Erste 〈der Große〉 テオドシウス一世〈大帝〉(347-395; ローマ皇帝で在位379-395).

Theo·gno·sie[teognozí:] 女 -/ , **Theo·gno·sis** [..gnó:zɪs] 女 -/ 神の認識. [*spätgr.*]

Theo·go·nie[teogoní:] 女 -/-n[..ní:ən] 神統系譜学, 神統記. [*gr.*–*lat.*]

Theo·krat[teokrá:t] 男 -en/-en 神政〈神権〉政治家, 神政〈神権〉主義者(神の代理人として絶対権力を主張する神政国家の支配者, およびそのような政治を信奉する人).

Theo·kra·tie[..kratí:] 女 -/-n[..tí:ən] 神政; 神政〈神権〉主義, 神政〈神権〉政治. [*spätgr.*]

theo·kra·tisch[..krá:tɪʃ] 形 神政〈神権〉政治の, 神政〈神権〉主義の.

Theo·krit[teokrí:t] 人名 テオクリトス(前3世紀前半のギリシアの詩人). [*gr.*–*lat.*]

Theo·la·trie[teolatrí:] 女 -/-n[..rí:ən] 敬神, 神への奉仕. [<*gr.* latreíā „Dienst"]

Theo·lo·ge[teoló:gə] 男 -n/-n (→..loge) 神学者; 神学生. [*gr.*–*lat.*]

Theo·lo·gie[..logí:] 女 -/-n[..gí:ən] 神学: islamische 〈katholische〉 ～ イスラム〈カトリック〉神学. [*gr.*–*spätlat.*]

theo·lo·gisch[..ló:gɪʃ] 形 神学〔上〕の, 神学的な: die ～*e* Fakultät (大学の)神学部.

theo·lo·gi·sie·ren[..logizí:rən] 自 (h) 神学を研究する.

Theo·ma·nie[teomaní:] 女 -/-n[..ní:ən] 宗教狂(自分を神であると信じたり, 特定の宗教的任務を帯びていると信じたりする妄想狂); 神がかり. [<*gr.* theo-manés „von den Göttern rasend gemacht"]

theo·morph[..mɔ́rf] 形 , **theo·mor·phisch**[..fɪʃ] 形 神の姿をした, 神形(しんけい)の.

Theo·pha·nie[teofaní:] 女 -/-n[..ní:ən]《宗》神の顕現, 神現, 公現. [*spätgr.*; <*gr.* phaínesthai „erscheinen"]

Theo·phil[té:ofi:l, teofí:l] 男名 テーオフィール. [<*gr.* theo-philḗs „gott-geliebt"]

Theo·phyl·lin[teofʏlí:n] 中 -s/《薬》テオフィリン(気管支発作の緩和剤または利尿剤). [<Theobromin+*gr.* phýllon „Blatt"+..in[2]]

Theo·pneu·stie[teopnɔʏstí:, teɔp..] 女 -/-n[..tí:ən]《宗》霊感, 聖書神感. [<*gr.* theó-pneustos „von Gott eingegeben" (◇Pneuma)]

Theor·be[teɔ́rbə] 女 -/-n《楽》テオルボ(バロック時代に使われたリュート属の楽器). [*it.* tiorba–*fr.*; ◇*engl.* theorbo]

Theo·rem[teoré:m] 中 -s/-e (Lehrsatz)《数・理・哲》定理. [*gr.* theṓrēma „Angeschautes"–*spätlat.*]

Theo·re·ti·ker[teoré:tikər] 男 -s/- **1** (↔Praktiker) 理論家. **2**《軽蔑的に》空論家.

theo·re·tisch[..tɪʃ] 形 (↔praktisch) 理論的な, 理論上の: eine ~*e* Begabung 理論的才能 | ~*e* Kenntnisse 理論に関する知識 | die ~*e* Physik ⟨Chemie⟩ 理論物理学⟨化学⟩ ‖ *et.*[4] ~ fundieren ⟨untermauern⟩ …を理論的に根拠づける | Das ist ~ richtig, praktisch aber unbrauchbar. それは理屈の上では正しいけれど実際には使いものにならない. [*gr.* theōrētikós „beschauend"－*spätlat.*]

theo·re·ti·sie·ren[teoretizí:rən] **I** 自 (h) **1** 理論を立てる, 学説を作り上げる. **2** (実用を考えず)理論的にのみ考える, 空論をもてあそぶ. **II** 他 (h) 理論化する.

Theo·rie[teorí:] 女 -/-n[..rí:ən] 理論, 学理; 学説; 理屈, 空理, 空論: die ~ des Romans 小説の理論 | die ~ der Valenz 原子価の理論 | Musik*theorie* 音楽理論, 楽理 | Quanten*theorie* 量子論 ‖ eine ~ 〔über *et.*[4]〕 aufstellen 〔…について〕学説を立てる | eine ~ beweisen ⟨widerlegen⟩ 学説を証明⟨反駁(はんばく)⟩する ‖ **graue ~** (実地の役に立たない)灰色の理論 | Das ist reine ⟨bloße⟩ ~. それは単なる空論だ ‖ ~ und Praxis 理論と実際 | *et.*[4] aus der ~ in die Praxis umsetzen …を理論から実用に移す. [*gr.* theōríā „Anschauen"－*spätlat.*; ＜*gr.* theōrós „Zuschauer" (◇Theater)] 〔－*mlat.*〕

Theo·soph[teozó:f] 男 -en/-en 神知学者. [*spätgr.*]

Theo·so·phie[..zofí:] 女 -/-n[..fí:ən] 神知学(学問的知識でなく直観によって神と合一をとげ神と自然の本質を認識しようとする思想). [*spätgr.*－*mlat.*; ◇Sophie]

theo·so·phisch[..zó:fɪʃ] 形 神知学〔上〕の.

The·ra·peut[terapɔ́ʏt] 男 -en/-en (⊛ **The·ra·peu·tin**[..tɪn]-/-nen) テラピスト, 療法士; 臨床医, 治療専門家. [*gr.* therapeutḗs „Diener"]

The·ra·peu·tik[..tɪk] 女 -/ 治療学, 治療法.

The·ra·peu·ti·kum[..tikʊm] 中 -s/..ka[..ka·] 治療薬.

The·ra·peu·tin Therapeut の女性形.

the·ra·peu·tisch[..tɪʃ] 形 治療〔上〕の.

The·ra·pie[terapí:] 女 -/-n[..pí:ən] (病気の)治療; 治療法, 療法: eine allgemeine ⟨symptomatische⟩ ~ 全身⟨対症⟩療法 | eine operative ~ 手術療法 | Pharmako*therapie* 薬物療法 ‖ bei *jm.* in ~ sein …の治療を受けている. [*gr.* therapeíā „Dienen"]

the·ra·pier·bar[terapí:rba:r] 形 治療可能な.

the·ra·pie·ren[..pí:rən] 他 (h) 《*jn.*》(…の病気を)治療する.

The·re·se[teré:zə] 女名 テレーゼ.

The·re·sia[..zia·] **I** 女名 テレージア. **II** →Maria Theresia [＜*gr.* Thḗrā (Kreta 島の北方の島)]

The·re·sia·nisch[terezia:nɪʃ] 形 マリア テレジア〔時代〕の(→Maria Theresia).

The·riak[té:riak] 男 -s/ 〘薬〙テリアク(古代から伝わる解毒薬で, ナルドスタキスの精油を主成分とする). [*gr.*－*spätlat.*; ＜*gr.* thḗr „wildes Tier"]

The·riak〔s〕·wur·zel 女 〘植〙ナルドスタキス(ヒマラヤ原産オミナエシ科の一属で, 根を薬用にする).

therm.. →thermo..

ther·mal[tɛrmá:l] 形 熱⟨温度⟩の; 熱⟨温度⟩に関する.

Ther·mal≠bad 中 **1** 温泉. **2** 温浴. **≠quel·le** 女 温泉.

Therm·an·äs·the·sie[tɛrmanɛstezí:, tɛrm|an|ɛs..] 女 -/ 〘医〙温熱性無感覚, 温度覚消失.

Ther·me[tɛ́rmə] 女 -/-n **1** 温泉. **2** 《複数で》(古代ローマの)公衆浴場. [*lat.* thermae]

Ther·mi·dor[tɛrmidó:r] 男 -〔s〕/-s 〘史〙熱月(フランス革命暦の第11月; 7月19日–8月17日に当たる: →Vendemiaire ★). [*fr.*; ＜*gr.* thérmē „Wärme"＋dō̃ron „Gabe" (◇Dosis)]

Ther·mik[tɛ́rmɪk] 女 -/ **1** 〘気象〙熱上昇風. **2** 〘理〙熱〔量〕学.

Therm·io·nen[tɛrmió:nən] 複 〘理〙熱電子.

therm·io·nisch[..mió:nɪʃ] 形 〘理〙熱電子による. [＜Ion]

ther·misch[tɛ́rmɪʃ] 形 熱⟨温度⟩の; 熱⟨温度⟩による: die ~*e* Analyse 〘理〙熱分析 | der ~*e* Äquator 〘気象〙熱赤道 | ~*er* Wirkungsgrad 〘理〙熱効率.

Ther·mit[tɛrmí:t, ..mít] 中 -s/-e 商標 〘金属〙テルミット. [＜..it²]

Ther·mit≠brand·bom·be 女 〘軍〙テルミット焼夷(しょうい)弾. **≠schwei·ßung** 女 テルミット溶接〔法〕.

thermo.. 《名詞・形容詞などにつけて「熱・温度」を意味する. 母音の前では therm.. となることもある: →Thermanästhesie, thermal》 [*gr.* thermós „warm"; ◇warm]

Ther·mo·ana·ly·se[tɛrmo|analý:zə] 女 -/ 〘理〙熱分析.

Ther·mo·che·mie[..çemí:] 女 -/ 〘化〙熱化学.

ther·mo·che·misch[..çé:mɪʃ] 形 熱化学〔上〕の.

Ther·mo·chro·se[..kró:zə] 女 -/ 〘理〙熱色性. [＜*gr.* chrṓs „Haut〔farbe〕" (◇chromato..)]

Ther·mo·dy·na·mik[..dyná:mɪk] 女 -/ 熱力学.

ther·mo·dy·na·misch[..dyná:mɪʃ] 形 熱力学〔上〕の.

ther·mo·elek·trisch[..|elɛ́ktrɪʃ] 形 熱電〔気〕の.

Ther·mo·elek·tri·zi·tät[..|elɛktritsitɛ́:t] 女 -/ 熱電気.

Ther·mo·ele·ment[..|elemɛ́nt, ◡◡◡◡◡] 中 -〔e〕s/-e 〘理〙熱電対.

ther·mo·fi·xie·ren[..fɪksí:rən] 他 (h) 《*et.*[4]》〘織〙(合成繊維などに)耐熱処理を施す.

Ther·mo·gal·va·no·me·ter[..galvanomé:tər] 中 (男) -s/- 熱電検流計.

Ther·mo·graph[..grá:f] 男 -en/-en 自記温度計.

Ther·mo·gra·phie[..grafí:] 女 -/ 温度⟨体温⟩記録.

Ther·mo·ho·se[tɛ́rmo..] 女 〘服飾〙(軽くて暖かい綿入れの)保温ズボン.

Ther·mo·kau·stik[tɛrmokáustɪk, ◡◡–◡] 女 -/ 〘医〙焼灼(しょうしゃく)術⟨法⟩.

Ther·mo·kau·ter[tɛrmokáutər] 男 -s/- 〘医〙焼灼器.

ther·mo·la·bil[..labí:l] 形 (↔thermostabil) 〘生化学〙(ある種の毒素・酵素などが)非耐熱性の, 熱に侵されやすい.

Ther·mo·ma·gne·tis·mus[..magnetísmʊs] 男 -/ 熱流磁気.

Ther·mo·man·tel[tɛ́rmo..] 男 〘服飾〙(軽くて暖かい綿入れの)保温コート.

Ther·mo·me·ter[tɛrmomé:tər] 中 (男) -s/- 温度計, 寒暖計; 液温計; (Fieberthermometer) 体温計, 検温器: Quecksilber*thermometer* 水銀温度計 | Zimmer*thermometer* 室内温度計 ‖ das Fieber mit dem ~ messen 熱を検温器で計る | die Lufttemperatur mit dem ~ messen 気温を寒暖計で計る ‖ Das ~ fällt ⟨steigt⟩. 寒暖計が下がる⟨上がる⟩ | Das ~ steht auf 10°C (読み方: zehn Grad Celsius) über ⟨unter⟩ Null. 寒暖計は摂氏10度⟨零下10度⟩を示している.

Ther·mo·me·trie[..metrí:] 女 -/-n[..rí:ən] **1** 〘気象〙温度測定〔法〕. **2** 〘医〙検温.

ther·mo·me·trisch[..mé:trɪʃ] 形 温度測定に関する; 検温の.

ther·mo·nu·kle·ar[tɛrmonukleá:r] 形 《付加語的》〘理〙熱核の: eine ~*e* Reaktion 熱核反応 | ~*e* Waffen 熱核兵器.

ther·mo·phil[..fí:l] 形 〘生〙好⟨耐⟩熱性の: ~*e* Bakterien 耐熱菌, 好熱性バクテリア.

Ther·mo·phi·lie[..filí:] 女 -/ 〘生〙好熱⟨耐熱⟩性.

Ther·mo·phor[tɛrmofó:r] 男 -s/-e **1** 〘医〙保温器(湯たんぽなど). **2** 〘理〙伝熱装置.

Ther·mo·plast[..plást] 男 -〔e〕s/-e 〘化〙熱可塑性物質, 熱プラスチック〔ス〕.

ther·mo·pla·stisch[..plástɪʃ] 形 熱可塑性の.

die **Ther·mo·py·len**[tɛrmopý:lən] 地名 複 テルモピュライ(ギリシア南東部の海岸から中部へぬける険路. 前480年スパルタ王 Leonidas がここでペルシアの大軍を防いで戦死). [*gr.* „warme Tore"; ＜*gr.* pýlē „Tor〔flügel〕" (◇Pylon)]

Ther·mo·re·zep·tor[..retsɛ́ptɔr, ..to:r] 男 -s/-en[..tsɛptó:rən] 〘動〙温度受容器.

Ther·mo·säu·le[tɛ́rmo..] 女 〘動〙サーモパイル, 熱電対列.

Ther·mos≠fla·sche[tɛ́rmɔs..] 女 商標 テルモス瓶(魔法瓶). **≠ge·fäß** 中 テルモス⟨魔法瓶式⟩容器. **≠kan·ne**

女 テルモス〈魔法瓶式〉ポット.

Ther·mo·skọp[tɛrmoskóːp, ..mɔs..] 中 -s/-e 〘理〙 測温器.

ther·mo·sta·bịl[tɛrmostabíːl, ..mɔs..] 形 (wärmebeständig) (↔thermolabil) 〘生化学〙(ある種の毒素・酵素などが)耐熱性の.

Ther·mo·stạt[tɛrmostáːt, ..mɔs..] 男 -〔e〕s/-e; -en/-en 恒温〈調温〉装置, サーモスタット; 〘理〙 恒温槽. [<*gr.* statós „gestellt"]

Thẹr·mo·strom[tɛ́rmo..] 男 -〔e〕s/ 〘電〙 熱電流.

Ther·mo·the·ra·pịe[tɛrmoterapíː] 女 -/-n[..píːən] (Wärmebehandlung) 〘医〙 温熱療法.

The·ro·pọ·de[teropóːdə] 男 -n/-n 〘古生物〙 獣脚類〔の動物〕(食肉性恐竜の総称). [<*gr.* thḗr „wildes Tier"]

Ther·sị·tes[tɛrzíːtɛs] 人名 テルシテス (Homer の《Ilias》に登場するひきょうで厚かましい醜男(ぶおとこ)). [*gr.*-*lat.*; <*gr.* thársos „Mut"]

The·sau·ren, The·sau·ri Thesaurus の複数.

the·sau·rie·ren[tezauríːrən] 他 (h) (金銭・貴金属などを)集める, ためこむ, 集積する.

The·sau·rus[tezáurʊs] 男 -/..ren[..rən], ..ri[..riˑ] **1** (古代の神殿などの)宝庫. **2 a)** 知識の宝庫, 語彙(ごい)の宝庫, (特に:) 古典語辞書. **b)** 分類語彙集, シソーラス. [*gr.*-*lat.* thēsaurus „Schatz〔kammer〕"; ◇Tresen]

Thẹ·se[téːzə] 女 -/-n (↔Antithese) (措定された)立言, 主張; (証明されるべき)命題, テーゼ; 綱領; 〘哲〙 (Hegel の弁証法における)定立, テーゼ: Luthers 95 ～*n* ルターの95か条の論題 ‖ eine ～ aufstellen ある命題を定立〈措定〉する ¦ eine ～ beweisen 〈widerlegen〉 あるテーゼを証明〈反駁(はんばく)〉する. [*gr.* thésis-*lat.*-*fr.* thèse]

Thẹ·sen These, Thesis の複数.

Thẹ·sen·stück 中 〘文芸〙(政治的テーゼを主題とする)傾向劇.

Thẹ·seus[téːzɔʏs] 人名 〘ギ神〙 テセウス (Herkules と並ぶ英雄. Kreta の迷宮での Minotaurus 退治など, 数々の冒険談が伝えられる). [*gr.* „Gründer"-*lat.*]

Thẹ·sis[té(ː)zɪs, tézɪs] 女 -/Thesen[téːzən] **1** ＝These **2** (↔Arsis) **a)** (Senkung) 〘詩〙 弱音部(古典詩では強音部). **b)** 〘楽〙 下拍, 強拍. [*gr.* thésis „Setzen"-*lat.*; <*gr.* tithénai „setzen" (◇tun)]

Thẹs·pis[téspɪs] 人名 テスピス(前 6 世紀のギリシアの詩人. 古代ギリシア悲劇の創始者). [*gr.*-*lat.*; <*gr.* thespésios „göttlich〔singend〕"]

Thẹs·pis·kar·ren 男 巡回劇団, 旅の一座 (Thespis が車で各地を巡業したという伝説から).

Thes·sạ·li·en[tɛsáːliən] 地名 テッサリア(ギリシア北東部の地方). [*gr.*-*lat.*]

Thes·sạ·li·er[..liər] 男 -s/- テッサリアの人.

thes·sạ·lisch[..lɪʃ] 形 テッサリアの.

Thes·sa·lọ·nich[tɛsalóːnɪç] Thessaloniki の古形.

Thes·sa·lọ·ni·cher[..çər] 男 -s/- 〘聖〙 テサロニケの人: der erste 〈zweite〉 Brief des Paulus an die ～ (新約聖書の)テサロニケ人への第一〈第二〉の手紙.

Thes·sa·lo·nị·ki[tɛsaloníːkiˑ] 地名 テッサロニキ(ギリシア北東部の港湾都市. 俗称 Saloniki). [*gr.*-*lat.*]

Thẹ·ta[téːtaˑ] 中 -〔s〕/-s テータ(ギリシア字母の第 8 字: Θ, *θ*). [*hebr.*-*gr.*]

Thẹ·tis[téːtɪs] 人名 〘ギ神〙 テティス(海の女神. Nereus の娘で, Achill の母). [*gr.*-*lat.*]

thẹ·tisch[téːtɪʃ] 形 〘哲〙 定立〈措定〉的な; 独断的な. [<*gr.* tithénai (→Thesis)]

The·ụrg[teʊ́rk][1] 男 -en/-en (原始民族において, 神や精霊を呼び起こす力を持っているとされる)呪(じゅ)〔術〕師. [*gr.*-*spätlat.*; <theo..+*gr.* érgon (→Ergon)]

The·ur·gịe[teʊrgíː] 女 -/ 呪術(じゅじゅつ). [*gr.*-*spätlat.*]

thi.. →thio..

Thi·amịn[tiamíːn] 中 -s/-e 〘化〙 チアミン(ビタミン B_1).

Thig·mo·na·stịe[tɪgmonastíː] 女 -/-n[..tíːən] 〘生〙 接触傾性, 傾触性(接触刺激による植物器官の成長運動).

Thig·mo·tạ·xis[..táksɪs] 女 -/..xen[..ksən] 〘生〙 接触走性, 走触性, 走固性(接触刺激に対する走性). [<*gr.* thígēma „Berührung"]

Thịng[tɪŋ] 中 -〔e〕s/-e (古代ゲルマンの)人民〈裁判〉集会, 民会: ein ～ abhalten 〈einberufen〉 人民集会を開催〈召集〉する. [*germ.*; ◇dehnen, Ding]

Thịng·stät·te 女 〘史〙(古代ゲルマンの)民会場.

thio.. 〘化〙《名詞などにつけて「硫黄」を意味する. 母音の前では thi.. となる: →*Thi*amin》 [*gr.* theĩon „Schwefel"; ◇theo..]

Thịo·harn·stoff[tíːo..] 男 -〔e〕s/ 〘化〙 チオ尿素(尿素樹脂などの原料).

Thio·phẹn[tiofeːn] 中 -s/ 〘化〙 チオフェン. [<Phenyl]

Thi·xo·tro·pịe[tɪksotropíː] 女 -/ 〘理〙 チキソトロピー, 揺変性. [<*gr.* thíxis „Berührung"+tropḗ „Wechsel"]

Thọ·los[tó(ː)lɔs, tɔ́lɔs] 女 (男) -/..loi[..lɔʏ], ..len[tóːlən] 〘建〙 トロス, 周柱円形堂(古代ギリシアの円形の建築物). [*gr.* thólos „Wölbung"; ◇Tal]

Thọ·ma[tóːmaˑ] 人名 Ludwig ～ ルートヴィヒ トーマ(1867-1921; ドイツの作家).

Tho·mạ·ner[tomáːnər] 男 -s/- (Leipzig の)トーマス教会少年合唱団員.

Tho·mạ·ner·chor[..koːr] 男 -s/ (Leipzig の)トーマス教会少年合唱団.

Thọ·mas[tóːmas] **I** 男名 トーマス. **II** 人名 **1** 〘聖〙 トマス(十二使徒の一人): **ein ungläubiger ～**《話》 うたぐり深い人(使徒トマスがはじめイエスの復活を疑ったことから. 聖書: ヨハ 20, 24-29). **2** ～ a Kempis トマス ア ケンピス(1380頃-1471; ドイツの神秘思想家・聖職者. 主著『キリストのまねび』). **3** ～ von Aquin トマス アクイナス(1225頃-1274; イタリアの神学者・哲学者. 主著『神学大全』). [*aram.* „Zwilling"]

Thọ·mas·ei·sen 中 〘金属〙 トーマス鉄. [<S. G. Thomas (イギリスの技術者, †1885)]

Tho·mạ·sius[tomáːziʊs] 人名 Christian ～ クリスティアーン トマージウス〈トマーズィウス〉(1655-1728; ドイツの法律家・哲学者で, ドイツ啓蒙主義の先駆者).

Thọ·mas·kan·tor 男 (Leipzig の)トーマス教会合唱指揮者.

Thọ·mas≠mehl 中 -〔e〕s/, **≠phos·phat** 中 トーマス鉱滓(こうさい)粉(燐(りん)肥料として用いる). **≠schlacke** 女 〘金属〙 トーマス鉱滓. **≠stahl** 男 〘金属〙 トーマス鋼. **≠ver·fah·ren** 中 〘金属〙 トーマス〈塩基性製鋼〉法. [◇Thomaseisen]

Tho·mịs·mus[tomísmʊs] 男 -/ 〘哲〙 トマス説〈主義〉, トミズム (Thomas von Aquin の説: →Thomas II 3).

Tho·mịst[tomíst] 男 -en/-en トマス説〈トミズム〉の信奉者.

tho·mị·stisch[..místɪʃ] 形 トマス説〈主義〉の.

Thọn[toːn] 男 -s/-s 《スイ》 (Thunfisch) 〘料理〙 マグロ(鮪), ツナ. [*fr.*]

Thọr[toːr] 人名 〘北欧神〙 トール (Odin の息子で雷神. ドイツ語形 Donar). [*anord.*]

Tho·rạ[toráː, tóːraˑ; オーストリア: ーー] 女 -/ 〘聖〙 モーセ五書〔の律法〕, トーラー. [*hebr.* tōrāh „Lehre"; ◇*engl.* Torah]

tho·ra·kạl[torakáːl] 形 〘解〙 胸郭の, 胸部の. [<..al[1]]

Tho·ra·ko·plạ·stik[torakoplástɪk] 女 -/-en 〘医〙 胸郭形成術.

Tho·ra·ko·skọp[torakoskóːp, ..kɔs..] 中 -s/-e 〘医〙 胸腔(きょうこう)鏡.

Tho·ra·ko·sko·pịe[..skopíː] 女 -/-n[..píːən] 〘医〙 胸腔(きょうこう)鏡検査〔法〕.

Tho·ra·ko·to·mịe[torakotomíː] 女 -/-n[..míːən] 〘医〙 胸郭切開〔術〕, 開胸〔術〕.

Tho·ra·ko·zen·tẹ·se[..tsɛntéːzə] 女 -/-n 〘医〙 胸腔(きょうこう)穿刺(せんし)〔術〕. [<*gr.* kenteĩn (→Zentrum)]

Thọ·rax[tóːraks] 男 -〔es〕/-e **1** (Brustkorb) 〘解〙 胸郭(胸部の外郭を形成する部分). **2** 〘虫〙(昆虫の)胸部. **3** (Brustharnisch) (古代のよろいの)胸当て, 胴よろい. [*gr.* thṓrax „Rumpf"-*lat.*]

Thọ·rium[tóːriʊm] 中 -s/ 〘化〙 トリウム(放射性金属元素

名; (記号) Th). [<Thor]

Thọt[to:t] 人名 《エジプト神》トト(トキまたはヒヒの頭をもつ学芸・技術の神. ギリシアでは Hermes Trimegistos と呼ばれた).

Thrạ·ker[trá:kər] 男 -s/- トラキアの人(別形 Thrazier).

Thrạ·ki·en[..kiən] 地名 トラキア(古代ギリシアの北部地方. 現在はブルガリアの南部とギリシアの北部にまたがる. 別形 Thrazien). [*gr.–lat.*; ◇ *engl.* Thrace]

thrạ·kisch[..kɪʃ] 形 トラキアの.

Thrạ·zi·en[trá:tsiən] =Thrakien

Thrạ·zi·er[..tsiər] 男 -s/- =Thraker

thrạ·zisch[..tsɪʃ] =thrakisch

Thrẹ·ni[tré:ni·] 複 (旧約聖書の)哀歌. [*vulgärlat.*]

Thren·odie[trenodí:] 女 -/-n[..dí:ən] (**Thrẹ·nos**[tré:nɔs] 男 -/..noi[..nɔʏ]) (古代ギリシアの)哀悼歌. [*gr.*; <*gr.* thrēnos „Wehklage"+ōidḗ (→Ode)]

Thril·ler[θrílə] 男 -s/- スリラー(刺激的ではらはらさせるような芝居・映画・小説など). [*amerik.*; <*engl.* thrill „durchbohren" (◇durch)]

Thrips[trɪps, tri:ps] 男 -/-e 《虫》アザミウマ(薊馬)〔など総翅目の昆虫〕. [*gr.*]

Thrọm·ben Thrombus の複数.

Throm·bọ·se[trɔmbó:zə] 女 -/-n 《医》血栓症: Hirn*thrombose* 脳血栓症. [*gr.*; ◇..ose]

throm·bọ·tisch[..bó:tɪʃ] 形 《医》血栓の; 血栓性の.

Throm·bo·zyt[trɔmbotsý:t] 男 -en/-en 《ふつう複数で》《医》血小板, 栓球. [<zyto..]

Thrọm·bus[trɔ́mbʊs] 男 -/..ben[..bən] (Blutpfropf) 《医》血栓: Kranzader*thrombus* 冠〔状〕動脈血栓. [*gr.* thrómbos „Klumpen"]

Thron[tro:n] 男 -〔e〕s/-e **1 a)** 玉座; 王位, 帝位; 支配権: ein goldener ~ 黄金製の玉座 ‖ die Stützen des ~*s* 王の股肱(ここう)の臣下たち ‖ den ~ besteigen 王位につく ‖ auf dem ~ sitzen 王位についている(→3) | ***jn.* auf den ~ erheben** …を王位にのぼらせる | *jm.* auf den ~ folgen …のあとを襲って王位につく | ***jn.* auf den ~ heben** 〈**setzen**〉《雅》…をトップの座につける | **von *seinem* ~ herabsteigen** 《話》不遜(ふそん)〈横柄〉な態度を捨てる | Du solltest von deinem ~ herabsteigen. そんなに威張るのはよしたほうがいいぞ. **b)** 《カトリック》〔司教〕高座.

2 王〔制下の〕政府; 王家: ein Gesuch an den ~ richten 王家あてに請願書を出す.

3 《戯》(子供用の)室内便器, おまる: auf dem ~ sitzen おまるにしゃがんでいる(→1).

[*gr.* thrónos „Sitz"–*lat.*–*afr.*–*mhd.*; ◇firm]

Thrọn≈an·wär·ter[tró:n..] 男 王位〈帝位〉継承権者. **≈be·stei·gung** 女 即位. **≈be·wer·ber** 男 王位〈帝位〉継承立候補者.

thrọ·nen[tró:nən] 自 (h) 王位〈帝位〉についている, 君臨している; 《雅》(王者のように)悠然と座っている: Die Burg *thront* auf der Höhe. その城はあたりを睥睨(へいげい)するように丘の上にそびえている.

Thrọn≈ent·sa·gung[tró:n..] 女 退位, 譲位. **≈er·be** 男 =Thronfolger **≈fol·ge** 女 王位〈帝位〉の継承. **≈fol·ger** 男 王位〈帝位〉継承者. **≈him·mel** 男 玉座の天蓋(てんがい). **≈räu·ber** 男 王位〈帝位〉簒奪(さんだつ)者. **≈re·de** 女 (議会で)王〈皇帝〉の開会式辞. **≈saal** 男 玉座の間, 王の謁見室. **≈ses·sel** 男 玉座〔のいす〕. **≈wech·sel** 男 王位〈帝位〉の交代.

Thrym[trym] 人名 《北欧神》トリム (Thor の魔法の槌(つち)と交換に Freyja を手に入れようとして殺された巨人).

Thụ·ja[tú:ja·] 女 -/..jen[..jən] (オーストリア: **Thụ·je**[..jə] 女 -/-n) (Lebensbaum) 《植》クロベ(黒檜)属. [*gr.*]

Thụ·ja·moos[tú:ja..] 中 《植》シノブゴケ(忍苔)属(蘚類).

Thu·kỵ·di·des[tuký:didɛs] 人名 トゥキュディデス(前460頃-400頃; ギリシアの歴史家). [*gr.–lat.*]

Thụ·le[tú:lə] 地名 **1** トゥーレ(ギリシア・ローマ伝説で極北にあると考えられた島. アイスランドともノルウェーともシェトランド諸島ともいわれる). **2** テューレ(デンマーク領, グリーンランドの北西部の Eskimo の集落). [*gr.–lat.*]

Thụ·lium[tú:liʊm] 中 -s/ 《化》ツリウム(希土類金属元素名; (記号) Tm). [<Thule 1]

Thun[tu:n] 男 -〔e〕s/-e, **Thụn·fisch**[tú:nfɪʃ] 男 《魚》マグロ(鮪), ツナ. [*gr.–lat.* thynnus; ◇ *engl.* tuna, tunny]

die **Thur**[tu:r] 地名 女 -/ トゥール (Rhein 川の支流, スイスの Thurgau 地方などを貫流).

[<*ligur.* dheu „laufen"]

der **Thụr·gau**[tú:rgaʊ] 地名 男 -s/ トゥールガウ(スイス北東部の州. 州都はフラウエンフェルト Frauenfeld).

Thü̱·rin·gen[tý:rɪŋən] 地名 テューリンゲン(ドイツ中部の州で, 州都は Erfurt). [<..ingen]

Thü̱·rin·ger[..ŋər] **I** 男 -s/- テューリンゲンの人. **II** 形 《無変化》テューリンゲンの: der ~ Wald テューリンゲン山地(テューリンゲン地方にある山地. 最高峰982m).

thü̱·rin·gisch[..ŋɪʃ] 形 テューリンゲンの.

Thus·nẹl·da[tʊsnɛ́lda·] (**Thus·nẹl·de**[..də]) 人名 トゥスネルダ (Arminius 1 の妻).

THW[te:ha:vé:] 略 中 -〔s〕/-〔s〕 =Technisches Hilfswerk (連邦)技術支援庁.

Thyẹ·stes[tyɛ́stɛs] 人名 《ギ神》テュエステス (Atreus の弟, Pelops の息子). [*gr.–lat.*]

Thỵ·mi Thymus の複数.

Thỵ·mian[tý:mia:n] 男 -s/-e 《植》ジャコウソウ(麝香草)(香辛料タイムの原料となる). [*mhd.*; <*gr.* thȳmíāma „Räucherwerk"+thýmon „duftende Pflanze"; ◇ *engl.* thyme]

Thy·mị·tis[tymí:tɪs] 女 -/..tiden[..mití:dən] 《医》胸腺(きょうせん)炎. [<..itis]

Thy·mọl[tymó:l] 中 -s/ 《化》チモール(防腐剤・条虫駆除剤). [<..ol]

Thỵ·mus[tý:mʊs] 男 -/..mi[..mi·] 《解》胸腺(きょうせん). [*gr.* thȳmós „Leben〔skraft〕, Herz"; <*gr.* thýein „toben" (◇Dunst)]

Thỵ·mus·drü·se 女 =Thymus

Thỵ·ra·trọn[tý(:)ratro:n, tyratró:n] 中 -s/-e[tyratró:nə] 《電》サイラトロン(熱陰極放電管の一種). [<*gr.* thýrā (→Tür)]

Thy·reo·idị·tis[tyreoidí:tɪs] 女 -/..tiden[..dití:dən] 《医》甲状腺炎. [<*gr.* thyreós „Schild"+..oid, ..itis]

Thy·rị·stor[tyrístɔr, ..to:r] 男 -s/-en[tyrɪstó:rən] 《理》サイリスタ(半導体素子の一種). [<*gr.* thýra (→Tür)+Transistor]

Thỵr·sus[týrzʊs] 男 -/..si[..zi·] (**Thỵr·sos**[..zɔs] 男 -/..soi[..zɔʏ]) 《ギ神》テュルソス(キヅタとブドウの葉を巻きつけた Bacchus と Mänade の杖(つえ)). [*gr.* thýrsos „Stengel"(–*lat.*)]

Thỵr·sus·stab 男 =Thyrsus

Thys·sen[týsən] 《企業名》テュッセン(ドイツの鉄鋼・機械の会社).

Ti[te:|í:, titá:n] 記号 (Titan) 《化》チタニウム.

Tian'an·men[tǐæn-ānmə́n] = Tienan-Men

Tian·jin[tǐændzīn] =Tientsin

Tian·shan[tǐænʃān] =Tienschan

Tiara

Tịa·ra[tiá:ra·] 女 -/..ren[..rən] **1** 《カトリック》(教皇の)三重冠(→図). **2** (古代ペルシア王の)王冠, 頭飾り. [*pers.–gr.* tiā́rā „Turban"–*lat.*]

der **Tị·ber**[tí:bər] 地名 男 -〔s〕/ テヴェレ(イタリア中部に発し, ローマ市内を流れて地中海に注ぐ川. イタリア語形 Tevere). [*lat.* Tiberis]

Tị·bet I[tí:bɛt, tibé:t] 地名 チベット(中国南西部の自治区で, 中国名は西蔵, シーツァン Xizang. 区都は Lhasa).

II[tí:bɛt] 男 -s/-e **1** 《織》チベット毛織物(ウーステッド織り). **2** チベット羊毛皮. [*tibet.* Tö-bhöt–*arab.*]

Ti·be·tạ·ner[tibetá:nər] 男 -s/- =Tibeter

ti·be·tạ·nisch[..nɪʃ] =tibetisch

Ti·bẹ·ter[tibé:tər, tí:bɛtər] 男 -s/- チベット人.

ti·bẹ·tisch[tibé:tɪʃ, tí:bɛt..] 形 チベット〔人・語〕の: →

T

deutsch 「[*fr.*]」

Tic[tɪk] 男 -s/-s 〘医〙チック(顔面などの無痛の痙攣(けいれん)).

tick[tɪk] =ticktack

Tick[tɪk] 男 -〔e〕s/-s **1**《話》気まぐれ, 移り気, 奇妙な考え; うぬぼれ: einen ~ haben 気まぐれである, 頭がおかしい, うぬぼれている. **2** =Tic [*fr.* tic]

ti̱cken[tíkən] **I** 自 (h) (時計・テレタイプなどが)カチカチ〈カタカタ〉音をたてる; (キクイムシなどが)パリパリ音をたてる: Die Uhr *tickt*. 時計がカチカチいっている | Bei ihm *tickt* es nicht 〔ganz〕 richtig.《話》彼は頭が〔いささか〕おかしい. **II** 他 (h)《話》《*jn.*》恐喝する, ゆする. [I: 擬音; ◇ticktack]

Ti̱cker[1][tíkər] 男 -s/-《話》(Fernschreiber) テレタイプ.

Ti̱cker[2][–] 男 -s/-《話》(ばかげた)思いつき. [<Tick 1]

Ti̱cket[tíkət] 中 -s/-s **1** 切符; 乗車〈乗船〉券; (特に:) (Flugticket) (飛行機の)搭乗券, 航空券. **2** (Eintrittskarte) 入場券. [*mfr.* etiquet–*engl.*; ◇Etikette]

ti̱ck·ta̱ck[tíkták] **I** 間 (時計の音)チクタク, カチカチ, コチコチ: Die Uhr macht ~. 時計がカチカチと音をたてる. **II** **Ti̱ck·ta̱ck 1** 中 -s/ ticktack という音: das eintönige ~ der Uhr カチカチという時計の単調な音. **2** 女 -/-s《幼児語》(Uhr) 時計.

Ti̱·de[tí:də] 女 -/-n《北部》**1** 時(とき), 時期. **2**《複数で》(Gezeiten) (潮の)干満. **3** 報知, 知らせ. [*mndd.*; ◇Zeit]

Tie-Break[táıbreık] 男 中 -s/-s 〘テニス〙タイブレーク, 同点決勝戦. [*engl.*]

Tieck[ti:k] 人名 Ludwig ~ ルートヴィヒ ティーク(1773–1853; ドイツ=ロマン派の作家). 「[<Tüder]」

Ti̱e·der[tí:dər] 男 -s/-《北部》家畜をつなぐ杭(くい).

tief[ti:f] **I** 形 **1 a)** (英: *deep*) ① (↔flach) (垂直方向または奥行きが)深い, 奥深い: ein ~*er* Boden 〈Brunnen〉 深い底〈泉〉| ~*e* Falten zwischen den Brauen 眉間(みけん)の深いしわ | in der ~*en* Nacht 深夜に, 夜がふけて | ~*er* Schnee 深く積もった雪 | ein ~*er* Schrank 〈Wald〉 奥行きの深い戸棚〈奥深い森〉| ein ~*er* Teller 〈Topf〉 深皿〈なべ〉| eine ~*e* Verbeugung 深々としたおじぎ | eine ~*e* Wunde 深い傷 ‖ aus ~*er* Brust 胸〈心〉の底から | aus ~*stem* Herzen 心の底から | in ~*stem* Innern 心の奥底では ‖ einen ~*en* Schluck aus dem Glas nehmen グラスからぐいと一飲みする | ein ~*er* Seufzer 深いため息 | in ~*en* Zügen rauchen 深々とタバコを吸いこむ ‖ Der Fluß ist ~. この川は深い | Das Zimmer ist sehr ~. この部屋はたいへん奥行きがある ‖ ein ~ ausgeschnittenes Kleid えりぐりの深いドレス | Das läßt ~ blicken. それはいいヒントだ, それでわかるぞ;《戯》そのドレスは胸開きが大きい | *sich*[4] ~ bücken 深々と身をかがめる | den Hut ~ in die Stirn drücken 帽子をまぶかにかぶる | ~ einatmen 息を深く吸いこむ | ~ in den Wald eindringen 森の奥深く入りこむ | Die Augen sind ~ eingefallen. 目がすっかり落ちくぼんでいる | ~ fallen ずっと下まで落下する;《比》ひどく堕落〈零落〉する | Wer hoch steigt, fällt ~. (→hoch I 1 b) | ~ in den Beutel greifen müssen (→Beutel 1 b) | zu ~ ins Glas geguckt 〈geschaut〉 haben (→Glas 2 a) | *jm.* zu ~ ins Auge gesehen haben (→Auge 1) | ~ verschneit sein 深い雪に埋もれている ‖ *jn.* bis ins ~*ste* erschrecken …の心胆を寒からしめる.

② (…の)深さ〈奥行き〉のある: Wie ~ ist der Teich? この池の深さはどれほどか ‖〘数量を示す 4 格と〙Der See ist 200 m ~. この湖は深さが200メートルある | Die Menschenmauer war drei Mann ~. 人垣は三重〈3 列〉だった | drei Meter ~ graben 3 メートルの深さまで掘る ‖ ein 60 cm ~*er* Bücherschrank 奥行き60センチの本箱.

b)《比》(時間的に)ずっと進行した, まっただ中の: im ~*en* Mittelalter 中世のまっただ中に | Das ist ja ~*stes* Mittelalter! それではまるで中世まっただ中〔のやり口〕だ〈全く古くさい〉| in der ~*en* Nacht 深夜に, 夜がふけて | im ~*sten* Sommer 〈Winter〉 夏〈冬〉のさなかに ‖ vom April bis ~ in den Mai 4 月から 5 月もずっと遅くまで.

c) (↔hoch) (地図で下方の意味で)南方の: im ~*en* Süden はるか南方で.

2 (英: *low*) (↔hoch) (位置・音程などが)低い, 下方の: auf dem ~*en* Niveau stehen 低いレベルにある | einen ~*en* Schmelzpunkt haben 〘理〙融点が低い | eine ~*e* Stimme 低い〈太い〉声 | eine ~*e* Stufe 低い階段 | ~*e* Wolken 〈Zweige〉 低い雲〈枝〉‖ ~ fliegen 低空を飛ぶ | Die Sonne steht schon ~. 太陽はすでに傾いている | geistig ~ stehen 精神的に未発達である | an Begabung 〈im Rang〉 ~ unter *jm.* stehen 才能〈地位〉が…よりずっと劣る | Das Barometer 〈Das Thermometer〉 steht ~. 晴雨計〈寒暖計〉が下がっている | die Kosten zu ~ veranschlagen 費用を安く見積もりすぎる ‖〘数量を示す 4 格と〙eine Etage ~*er* als *jd.* wohnen …より 1 階下に住む | Der Ton liegt eine Oktave ~*er*. この音はもう 1 オクターブ下である.

3 度合いの大きい, 深刻な, 痛切な, 強烈な, 非常な: ein ~*er* Einfluß 〈Groll〉 深い影響〈憤り〉| ~*es* Mitgefühl 深い〈心からの〉共感 | in ~*en* Schlaf sinken ぐっすりと眠りこむ | eine ~*e* Stille しいんとした静けさ | in ~*er* Trauer sein 深く悲しんでいる(→5) ‖ in ~*ster* Not sein ひどく困窮している ‖ *et.*[4] ~ bedauern …をひどく残念がる | ~ betrübt 〈empört〉 sein ものすごくゆううつである〈怒っている〉| **bei *jm.* nicht ~ gehen** …にたいした感銘を与えない | Der Schmerz ging sehr ~. その苦痛は大いにこたえた | ~ in Gedanken versunken sein すっかり考えこんでしまっている ‖ auf das ~*ste* erschüttert sein たいへんなショックを受けている.

4 (↔flach) 深遠な, 深みのある, 内容豊かな: ein ~*es* Buch 内容に深みのある本 | ein ~*er* Denker 深遠な思想家 | den ~*eren* Gründen nachforschen もっと本質的な理由を追究する ‖ ~ veranlagt sein 重厚な人柄に生まれついている.

5 (色について)濃い: ~*es* Blau 濃い青 | ein ~*es* Dunkel 深い〈真の〉やみ | ~*e* Schatten 黒々とした影 | in ~*er* Trauer sein (服喪中に)黒ずくめの服装をしている(→3) ‖ ~*er* erblassen 〈erröten〉 (さらに)いっそう青ざめる〈顔を赤らめる〉.

★ 分詞と複合して形容詞をつくる場合, 比較変化には次の二つの型がある: ⓐ tiefblickend / tiefer blickend / am tiefsten blickend (また tiefstblickend) の型. ⓑ tiefliegend / tiefer liegend / am tiefsten liegend の型.

II Tief 中 -s/-s **1 a)** (略 T) (↔Hoch) 〘気象〙低気圧, 低圧帯: Das ~ rückt näher 〈zieht vorbei〉. 低気圧が接近〈通過〉しつつある. **b)**《比》最低の状態: seelisches ~ 気落ち, 抑鬱(うつ)状態 | *sich*[4] im ~ befinden 最低の状態にある, 落ち込んでいる. **2** (Fahrwasser) 〘海〙(浅い海などの)水路, みお.

[*idg.*; ◇taufen, tupfen; *engl.* deep]

Ti̱ef≈an·griff[tí:f..] 男 〘空〙低空攻撃. **≈aus·läu·fer** 男 〘気象〙気圧の谷. **≈bau** 男 **1** (↔Hochbau) **a)** -〔e〕s/ 地表〈地下〉工事. **b)** -〔e〕s/-ten 地表〈地下〉建造物. **2** -〔es〕/-e (↔Tagebau) 〘坑〙坑内採掘.

ti̱ef≈be·lei·digt 形《付加語的》ひどい侮辱を受けた, 侮辱に憤然とした. **≈be·trü̱bt** 形《付加語的》深く悲しんでいる, うれいに沈んだ. **≈be·we̱gt** 形《付加語的》深く感動した. **≈blau** 形 濃い青色の, 暗青色の, 紺色の, 紺碧(こんぺき)の.

Ti̱ef·blick 男 すぐれた眼力, 洞察.

ti̱ef·blickend 形 (→tief I ★ ⓐ) 鋭い眼力を備えた, 洞察力のある. 「錐(すい)をする.」

ti̱ef|bo̱h·ren 自 (h) 〘坑〙ボーリングを行う,〔深掘り〕試

Ti̱ef≈bo̱h·rer 男 〘坑〙〔深部〕ボーリング錐(きり). **≈bo̱h·rung** 女 〘坑〙ボーリング,〔深掘り〕試錐. **≈bun·ker** 男 (↔Hochbunker) 〘軍〙地下防空室.

Ti̱ef·decker 男 -s/- (↔Hochdecker) 〘空〙低翼単葉機(→ 図 Flugzeug). [<Deck]

Ti̱ef·druck 男 -〔e〕s/-e (↔Hochdruck) **1** 〘印〙凹版印刷(→ 図 Druck). **2**《単数で》(略 T) 〘気象〙低気圧.

Ti̱ef·druck·ge·biet 中 (略 T) (↔Hochdruckgebiet) 〘気象〙低圧域, 低圧部.

Ti̱e·fe[tí:fə] 女 -/-n **1** (垂直の)深さ, 深み; (表層から下へ向かっての)距離, 深さ: die ~ eines Sees ある湖の深さ | Wasser*tiefe* 水深 ‖ eine beträchtliche ~ haben 相当深い | eine ~ von 100 Meter〔n〕 haben 深さ100メートル

である ‖ aus den ~*n* der Gesellschaft aufsteigen《比》社会の底辺からはいのぼる | in die ~ fallen ずっと下の方まで落ちる | 20 Meter in die ~ tauchen 20メートルの深さまでもぐる | nur in die Breite, nicht in die ~ gehen (研究などが) 範囲が広いばかりで深さがない.
2 (水平の) 奥行き, 深さ: die ~ des Schranks 戸棚の奥行き ‖ eine ~ von 60 Zentimeter〔n〕 haben 奥行きが60センチある ‖ aus der ~ des Vergessens aufsteigen (記憶が) 深い忘却の淵(ふち)からよみがえる | in der ~ des Waldes 森の奥で | in der ~ des Herzens 心の奥底で | in die ~ des Landes einbrechen 国境を越えて奥深く侵入する | bis in die innersten 〈letzten / tiefsten〉 ~*n* aufgewühlt sein《雅》心の奥底までかき乱されている.
3 (思想・感情などの) 深さ, (精神的な) 深み, 深遠さ: die ~ der Gedanken 〈der Liebe〉 考え〈愛情〉の深さ.
4 強さ, 強烈さ; (色の) 濃さ: die ~ des Elends nachfühlen 悲惨さがいかにひどいものであるかを追感する ‖ an ~ gewinnen (色が) 濃さを増す.
5 (声の) 低さ: die ~ der Stimme 声の低さ.
[*ahd.*; ◇tief; *engl.* depth]

Tief·ebe·ne 女 (↔Hochebene)〘地〙(海抜200メートル以下の) 平地.
tief·emp·fun·den 形 (→tief I ★ ⓐ) 心〈心底〉からの.
Tie·fen≠be·strah·lung[tí:fən..] 女〘医〙深部照射. **≠ge·stein** 中〘地〙深成岩. **≠in·ter·view**[..vju:] 中〘心〙深層面接 (深層心理を探る面接法). **≠ka·sus** 男〘言〙深層格. **≠kon·trast** 男〘心〙前後対比. **≠lot** 中〘海〙測鉛. **≠mes·sung** 女 深度測定, 測深. **≠psy·cho·lo·gie** 女〘心〙深層心理学. **≠ru·der** 中〘海〙(潜水艦の) 水平舵(だ)〔操縦装置〕. ▽**≠schär·fe** 女 (Schärfentiefe) (レンズの) 焦点深度. **≠struk·tur** 女 (↔Oberflächenstruktur)〘言〙深層構造. **≠wir·kung** 女 **1** 深部効果〈作用〉. **2** (絵・舞台装置などの) 立体効果.
tief·ernst[tí:f|ɛ́rnst] 形 非常にまじめな; きわめて厳粛な.
tief·er·schüt·tert 形《付加語的》深く心を動かされた〈打たれた〉; 強い衝撃を受けた.
Tief·flie·ger 男 低空飛行〔中〕の飛行機.
Tief·flie·ger·an·griff =Tiefangriff
Tief≠flug 男 低空飛行: im ~ 低空を飛んで | zum ~ übergehen 低空飛行に移る. **≠gang** 男 -〔e〕s/ **1** 深さ. **2 a)**〘海〙(船舶の) 喫水: großen 〈geringen〉 ~ haben 喫水が深い〈浅い〉. **b)**《比》(精神的な) 深み. **≠ga·ra·ge**[..gara:ʒə] 女 地下の車庫, 地下駐車場.
tief·ge·beugt 形 低くかがみこんだ;《比》打ちひしがれた.
tief|ge·frie·ren* ⦅50⦆ 他 (h)〔急速〕冷凍する: *tiefgefrorenes* Obst 冷凍果物.
tief≠ge·fro·stet 形〔急速〕冷凍した: ~*e* Fertiggerichte 冷凍インスタント食品. **≠ge·fühlt** 形 (→tief I ★ ⓐ)《付加語的》衷心からの. **≠ge·hend** (→tief I ★ ⓐ) =tiefgreifend **≠ge·kühlt** =tiefgefrostet **≠grei·fend** 形 (→tief I ★ ⓐ) **1** 深部にまで達する. **2** 深刻な: eine ~*e* Krise 深刻な危機. **3** 徹底的な: eine ~*e* Debatte 徹底的な討論. **≠grün** 形 濃い緑色の, 深緑の.
tief·grün·dig[..grʏndɪç][2] 形 **1** (検討が) 徹底的な; (思想が) 深遠な. **2**〘農〙地下の深いところまで達する. [<Grund]
Tief·kühl≠fach 中 (冷蔵庫の) 冷凍室, フリージングボックス. **≠ket·te** 女〘商〙コールドチェーン. **≠kost** 女 -/ 冷凍食品. **≠schrank** 男, **≠tru·he** 女〔食品〕冷凍庫.
Tief·küh·lung 女 (食品の)〔急速〕冷凍.
Tief·la·de·li·nie[..niə] 女〘海〙(船の) 満載喫水線.
Tief·la·der 男, **Tief·la·de·wa·gen** 男〘鉄道〙(貨物積載面の極度に低い) 大物車 (→ 図).

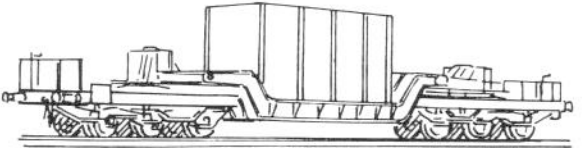
Tiefladewagen

Tief·land[tí:flant][1] 中 -〔e〕s/..länder (-e) (↔Hochland) (海抜200メートル以下の) 平地.
tief·lie·gend 形 (→tief I ★ ⓑ)《付加語的》(雲などが) 低いところにある; (目が) くぼんだ.
Tief≠lot 中〘海〙深海測鉛. **≠punkt** 男 (↔Höhepunkt) 底点, 最低点, どん底; (グラフの) 谷: auf dem ~ angekommen sein 底点に達している | Die Stimmung hatte ihren ~ erreicht. 気分は最低のところまで来ていた.
tief·rot 形 深紅の.
Tief≠schlaf 男 -〔e〕s/ 熟睡. **≠schlag** 男 **1**〘ボクシング〙ローブロー (ベルトラインから下を打つ反則攻撃);《比》フェアでない非難〈攻撃〉. **2**《話》敗北, 運命の打撃.
tief≠schür·fend 形 (→tief I ★ ⓐ)《比》徹底的な, 深奥な: ein ~*er* Essay 重厚な随筆. **≠schwarz** 真っ黒な.
Tief·see 女 (↔Flachsee)〘地〙深海.
Tief·see≠bo·den 男〘地〙深海底. **≠fisch** 男 深海魚. **≠for·schung** 女 -/ (Bathygraphie) 深海海洋学. **≠tauch·ge·rät** 中 深海潜水艇, バチスカーフ.
Tief·sinn 男 -〔e〕s/ **1** 深い〈深遠な〉意味. **2** 思慮深さ, 思想の深み. **3** 沈思. **4** 憂鬱(ゆううつ): in ~ verfallen メランコリックな気分におちいる.
tief·sin·nig 形 **1** 深い〈深遠な〉意味を持った. **2** 思慮深い. **3** 瞑想(めいそう)的な. **4** メランコリックな.
Tief·sin·nig·keit 女 -/ =Tiefsinn
tief·sit·zend 形 根強い.
tiefst.. →tief I ★
Tief·stand 男 -〔e〕s/ 〔最〕低水位;〘経〙不況;〘医〙降下位置, 下垂;《比》低位, どん底, 衰微, 衰退.
tief|sta·peln ⦅06⦆ 自 (h)《話》自分〔の知識・功績・財産〕を必要以上に過小評価する.
Tief·start 男〘陸上〙クラウチングスタート (かがんだ姿勢からのスタートの型).
tief·ste·hend 形 (→tief I ★ ⓐ) **1** 低いところにある. **2**《比》低位の; 下位の; いやしい.
Tief≠stoß 男〘ビリヤード〙下突き. **≠strah·ler** 男 (街路や競技場などを上から照らす) 投光照明機.
Tiefst≠tem·pe·ra·tur 女 (↔Höchsttemperatur) 最低温度〈気温〉. **≠wert** 男 -〔e〕s/-e **1** 最小値, ミニマム. **2**《ふつう複数で》〘気象〙最低温度.
Tief·tem·pe·ra·tur·phy·sik 女 -/ 低温物理学.
Tief·ton 男 -〔e〕s/..töne (↔Hochton) **1** 低音. **2**〘言〙最弱揚音〈アクセント〉.
tief·trau·rig 形 深く悲しんでいる, 非常に悲しい.
tief·wur·zelnd 形 深く根を張った;《比》(感情・習慣などについて) 根深い.
tief|zie·hen* ⦅219⦆ 他 (h)〘金属〙(ブリキ板を) 深絞りする.
Tie·gel[tí:gəl] 男 -s/- **1** (高熱に耐える) るつぼ (→ 図 Chemie). **2**《東中部》(Pfanne) 平(ひら)なべ, フライパン. **3**〘印〙(銅版・凸版印刷の) 加圧盤. [*ahd.* tegel „irdener Topf"]
Tie·gel·druck·pres·se 女〔小型〕凸版印刷機.
Tie·gel·guß·stahl 男〘工〙るつぼ鋼.
Tie·gel≠ofen 男〘工〙るつぼ炉. **≠stahl** =Tiegelgußstahl **≠zan·ge** 女 るつぼばさみ.
Tiek[ti:k] 中 -s/, **Tiek·holz** =Teakholz
das **Tien·an·Men**[tĭɛn|anmén, ◡◡◡] 中 -〔s〕/ 天安門 (中国, 北京 Peking の紫禁城正面の城門).
der **Tien·an·Men-Platz** 地名 男 -es/ 天安門広場.
der **Tien·schan**[tĭɛ́nʃan] 地名 男 -〔s〕/ 天山, ティエンシャン (中国の新疆ウイグル Sinkiang-Uighur 自治区からのキルギスタン共和国にかけて東西に連なる山脈).
Tien·tsin[tĭɛ́ntsɪn] 地名 天津, ティエンチン (中国, 河北 Hopeh 省東部の中央政府直轄都市).
Tier[ti:*r*] 中 -es (-s)/-e (⑪ **Tier·chen** → 別出, **Tier·lein**[tí:*r*laɪn] 中 -s/-) **1 a)** (英: *animal*) (↔Pflanze) 動物 (人間は含まないことがある一方, 昆虫・クモなどごく小さなものでも Tier として意識される); (特に:) 獣, けだもの, 四足獣: ein wildes 〈zahmes〉 ~ 野生の〈飼いならされた〉動物 | ein männliches 〈weibliches〉 ~ 雄〈雌〉の動物 | ein nützliches 〈schädliches〉 ~ 益〈害〉獣 | höhere 〈niedere〉 ~*e*

高等〈下等〉動物 | Haus*tier* 家畜 | Last*tier* 駄獣(馬・ロバ・ラクダなど) | Raub*tier* 猛獣 ‖ ~*e* halten 〈dressieren〉 動物を飼う〈に芸を仕込む〉‖ *sich*[4] wie ein ~ benehmen (人間が)けもののような振舞いをする | Er ist richtig ein ~. 彼は全く畜生のようなやつだ ‖ zum ~ herabsinken (人間が)畜生になりさがる | Ich werd' zum ~! 《話》 おれはほんとうに怒るぞ. **b**) (人間に内在する)獣性: Das ~ brach in ihm durch. けだものの本性が彼の体内で目覚めた.

2 《話》人, やつ: ein armes 〈gutes〉 ~ 気の毒な〈善良な〉やつ | **ein großes** 〈**hohes**〉 **~** 大物, 有力者, お偉方.

3 〔狩〕 雌ジカ.

[*germ.* „atmendes Wesen"; ◇Tau[1]; *engl.* deer]

Tier⸗an·be·tung[tíːr..] 女 〔宗〕動物崇拝. **⸗art** 女 動物の種類. **⸗arzt** 男 (Veterinär) 獣医.

tier·ärzt·lich 形《述語的用法なし》獣医の; 獣医学〔上〕の.

Tier⸗asyl 中 動物(犬・猫など)収容施設; ペット預かり所. **⸗bän·di·ger** 男 (Dompteur) 動物調教師, 猛獣使い. **⸗bild** 中 動物画〈像〉.

Tier·chen[tíːrçən] 中 -s/- Tier の縮小形: **jedem ~ sein Pläsierchen** 《話》どんな人にもそれなりの楽しみを認めよ.

Tier⸗epos 中 動物叙事詩(㊎ Reineke Fuchs). **⸗ex·pe·ri·ment** 中 =Tierversuch **⸗fa·bel** 女 動物寓話(ぐうわ). **⸗fän·ger** 男 動物捕獲業者. **⸗freund** 男 動物好き, 動物愛好家. **⸗gar·ten** 男 (ふつう Zoo よりも小型の)〔小〕動物園. **⸗ge·he·ge** 中 動物のための囲い〔地〕. **⸗geo·gra·phie** 女 -/ 動物地理学. **⸗ge·schich·te** 女 動物物語.

tier·haft 形 =tierisch 2

Tier⸗hal·ter 男 動物飼育者, 動物の飼い主; 〔法〕動物保有者. **⸗hal·tung** 女 -/ 動物〈ペット〉の飼育. **⸗hand·lung** 女 〔愛玩(あいがん)〕動物店. **⸗heil·kun·de** 女 -/ 獣医学. **⸗heim** 中 (野良犬・野良猫などの)家畜収容施設.

tie·risch[tíːrɪʃ] 形 **1** 動物の; 動物性〈質〉の: ~*es* Fett 〈Eiweiß〉 動物性脂肪〈たんぱく質〉| ~*e* Fasern 動物繊維 | ~*e* Stärke 〔生化学〕グリコーゲン(=Glykogen). **2** (人間の行為・性質・感情などに関して)動物的な, けだもの〈畜生〉のような: ~*e* Angst 動物的な恐怖 | ~*er* Ernst (→Ernst[1] 1) | ~*e* Grausamkeit 野獣のような残虐性 ‖ Das ist ja wirklich ~! 《話》なんたる厚かましさ〈恥知らず〉だ. **3** 《若者語》きわめて〔すばらしい〕: Das war ein ~ guter Film. あれはすごくいい映画だった | Hier ist es ~ heiß. ここは実に暑い.

Tier⸗kä·fig[tíːr..] 男 動物の檻(おり). **⸗kli·nik** 女 動物病院. **⸗koh·le** 女 獣炭, 骨炭.

Tier·kör·per·be·sei·ti·gungs·an·stalt 女 動物死体処理施設 (Abdeckerei の公式名称).

Tier·kreis 男 -es/ 〔占星〕獣帯, 黄道(こうどう)十二宮.

Tier·kreis⸗licht 中 -〔e〕s/ 〔天〕黄道光. **⸗zei·chen** 中 〔占星〕獣帯記号.

Tier⸗kult 男 〔宗〕動物崇拝. **⸗kun·de** 女 -/ (Zoologie) 動物学. **⸗laus** 女 〔虫〕ケモノジラミ(獣虱)科の昆虫. **⸗laut** 男 -〔e〕s/-e 《ふつう複数で》動物が出す〔その種に特有な〕音. **⸗le·ben** 中 動物の生態. **⸗leh·rer** 男 (動物の)訓練〈調教〉師; 猛獣使い.

Tier·lein Tier の縮小形(→Tierchen).

tier·lich[tíːrlɪç] 形 《ふつう付加語的》動物の.

tier·lieb 形 動物好きの.

Tier⸗lie·be 女 -/ (人間の)動物に対する愛情, 動物好き. **⸗ma·ler** 男 動物画家. **⸗me·di·zin** 女 -/ 獣医学. **⸗öko·lo·gie** 女 -/ 動物生態学. **⸗park** 男 (大規模な)動物園. **⸗pfle·ger** 男 =Tierwärter **⸗psy·cho·lo·gie** 女 動物心理学. **⸗quä·ler** 男 動物虐待者.

Tier·quä·le·rei[tiːrkvɛːlərái] 女 動物虐待.

Tier⸗reich[tíːr..] 中 -〔e〕s/ 動物界. **⸗schau** 女 (サーカスなどでの)動物の展示〈見世物〉. **⸗schutz** 男 動物保護〈愛護〉.

Tier·schutz⸗ge·biet 中 動物保護地域. **⸗ge·setz** 中 動物保護法. **⸗ver·ein** 男 動物愛護協会.

Tiers-état[tjɛrzetá] 男 -/ 〔史〕第三身分(フランス革命当時の平民階級). [*fr.* „der dritte Stand"]

Tier⸗seu·che[tíːr..] 女 家畜の流行病, 獣疫. **⸗so·zio·lo·gie** 女 動物社会学. **⸗spra·che** 女 動物言語(動物間の意志疎通手段としての鳴き声など). **⸗stim·men·imi·ta·tor** 男 動物の鳴き声を模写する人. **⸗stock** 男 -〔e〕s/..stöcke 〔動〕(海綿・コケムシなどの)群体. **⸗stück** 中 動物画〈像〉. **⸗ver·such** 男 動物実験. **⸗wär·ter** 男 (動物園などの)飼育係. **⸗welt** 女 -/ 動物の世界, 動物界. **⸗zucht** 女 -/ 動物(特に家畜)の飼育改良; 畜産. **⸗züch·ter** 男 畜産家.

Tif·lis[tíflɪs, tíːflɪs] 地名 ティフリス (Tbilissi のドイツ語形). [*grusin.*–*russ.*; <*slaw.* teplu „warm"]

Ti·fo·so[tifóːzoˑ] 男 -/..si[..ziˑ] 《ふつう複数で》(Fan) (スポーツ・芸能などの)ファン. [*it.*]

tif·te·lig[tíftəlɪç][2] =tüftelig

tif·teln[..təln] 《06》=tüfteln

Ti·ger[tíːgər] 男 -s/- (女 **Ti·ge·rin**[..gərɪn]-/-nen) 〔動〕トラ(虎).

[*awest.* „Pfeil"–*gr.*–*lat.* tigris–*ahd.*]

Ti·ger⸗au·ge 中 〔鉱〕虎眼(こがん)石. **⸗blu·me** 女 〔植〕チグリジア, トラユリ(虎百合)(中米原産アヤメ科の草花). **⸗fell** 中 トラの毛皮.

Ti·ge·rin Tiger の女性形.

Ti·ger⸗kä·fer 男 〔虫〕ハンミョウ(斑猫)亜科の昆虫. **⸗kat·ze** 女 〔動〕ヤマネコ(山猫). **⸗li·lie**[..liːliə] 女 〔植〕オニユリ(鬼百合).

ti·gern[1][tíːgərn] 《05》 他 (h) 《*et.*[4]》(…に)虎斑(とらふ)をつける: eine *getigerte* Katze 虎〔ぶちの〕猫.

ti·gern[2][–] 《05》 自 (s) 《話》(徒歩でどこか〔遠く〕へ)急いで出かけて行く. [*Zigeunerspr.*]

Ti·ger⸗pferd[tíːgər..] 中 (Zebra) 〔動〕シマウマ(縞馬). **⸗py·thon** 男, **⸗schlan·ge** 女 〔動〕ニシキヘビ(錦蛇). **⸗schnecke** 女 〔貝〕コヤスガイ(子安貝).

der **Ti·gris**[tíːgrɪs] 地名 男 -/ ティグリス(トルコに発し, Euphrat 川と合してペルシア湾に注ぐ川).

[*pers.*–*gr.*; ◇Tiger]

Til·bu·ry[tílbəriˑ] 男 -s/-s ティルバリー(軽快な二輪馬車). [*engl.*; 考案したロンドンの製造業者の名から]

Til·de[tíldə] 女 -/-n **1** 波形符(˜)(スペイン語で口蓋(こうがい)鼻音[nj] を示すために n の上に付ける発音符. ㊎ señor; ポルトガル語では母音 a, e, o の上に付して鼻音を示す. ㊎ São Paulo). **2** 波形ダッシュ(~)(辞書などに用いられる省略符号). [*lat.* titulus–*span.*; ◇Titulus]

tilg·bar[tílkbaːr] 形 (tilgen できる. 例えば:) **1** 消去できる, 抹消〈抹殺〉しうる. **2** 償却〈返済〉可能な.

til·gen[tílgən][1] 他 (h) **1** 消し去る, 抹消〈抹殺〉する; 除去〈削除〉する; 根絶する: einen Druckfehler ~ ミスプリントを訂正する | die Spuren eines Verbrechens ~ 犯罪の痕跡(こんせき)を消す | *et.*[4] **aus** dem Gedächtnis ~ …を記憶から消し去る | *et.*[4] **vom** Erdboden 〈von der Erde〉 ~ …を地上から抹殺する ‖ ein schwer zu *tilgender* Makel 消しがたい汚点. **2** (負債などを)償却〈償還〉する, 返済〈弁済〉する; (罪を)あがなう: *seine* Schulden durch Ratenzahlung ~ 借金を分割払いで返済する | *seine* Sünden durch Buße ~ 罪を償いによってあがなう.

[*lat.* dēlēre–*angelsächs.*–*ahd.*; ◇ *engl.* delete]

Til·gung[..gʊŋ] 女 -/-en (tilgen すること. 例えば:) **1** 消去, 抹消, 抹殺; 除去, 削除; 根絶: die ~ des Schuldspruchs 〔法〕有罪宣告の取り消し. **2** (負債の)償却, 弁済.

Til·gungs⸗an·lei·he 女 〔商〕漸次償却公債. **⸗auf·schub** 男 〔商〕償却延期, 償還猶予. **⸗dar·le·hen** 中 〔商〕漸次償却消費貸借. **⸗fonds**[..fɔ̃ː] 男 〔商〕償却資金, 減債基金. **⸗quo·te** 女 〔商〕漸次償却定期支払分. **⸗streckung** 女 〔商〕償却〈償還〉期間の延長. **⸗zei·chen** 中 〔印〕削除記号.

Till[tɪl] 男名 (<Dietrich) ティル.

Till Eu·len·spie·gel[tíl ɔ́ʏlənʃpiːgəl] →Eulenspiegel

Til·sit[tílzɪt] 地名 ティルジット(ロシア連邦西部, Memel 川に沿う都市. もとドイツ領 Ostpreußen にあり, 1945年ソ連領となってソヴィエツク Sowjetsk と改称): der Friede von ~

〘史〙ティルジットの和約(→Tilsiter II).
[＜die Tilse (川の名; ◇*litau.* tilszus „sumpfig")]

Tịl·si·ter[..tər] **I** 男 -s/- **1** ティルジットの人. **2** ティルジット産チーズ. **II** 形《無変化》ティルジットの: der ～ Friede〘史〙ティルジットの和約(1807年ナポレオンがロシアおよびプロイセンと結んだ講和条約) | ～ Käse ティルジット産チーズ.

Tim·bre[tɛ̃ːbər, ..br(ə)] 中 -s/-s 音色,(歌声の)音質,(せりふの)つや: ein angenehmes 〈schönes〉 ～ 快い〈美しい〉音色. [*fr.*; ＜*gr.* týmpanon (→Tympanon)]

Tim·bụk·tu[tɪmbʊ́ktu·] 地名 ティンブクトゥ(アフリカ西部, Mali 共和国中部の商業都市. フランス語形 Tombouctou).

ti·men[táɪmən] 他 (h)《話》《*et.*[4]》 **1** (…のために)時間をきめる,(…を)時機に合わせる. **2** (…の)時間〈タイム〉を計る. [*engl.* time]

ti·mịd[timíːt][1] 形, **ti·mị·de**[..də] 形 (schüchtern) 気の小さい, 内気な, おずおずした, おく病な. [*lat.*; ＜*lat.* timēre „fürchten"]

Ti·mi·di·tät[timiditɛ́ːt] 女 -/ 内気, おく病. [*lat.*]

Ti·ming[táɪmɪŋ] 中 -s/-s (所期の効果をあげるのに適した)時機, タイミング. [*engl.*; ◇Tide]

Ti·mo·kra·tie[timokratíː] 女 -/-n[..tíːən] 富人〈財力〉政治(市民の権利や義務がその財力の多寡に応じて決定される政治形態). [*gr.*; ＜*gr.* tīmḗ „Abschätzung"]

▽**ti·mọ·nisch**[timóːnɪʃ] 形 ティモン風の;《比》人間嫌いの. [＜*gr.* Tī́mōn (人間嫌いで有名だった前3世紀のアテナイ人)]

Tị·mor[tíːmɔr] 地名 ティモール(インドネシア領小スンダ列島内の島). [*malai.* „der Osten"]

Ti·mo·thee·gras[timotéː.., tíːmote..] ＝Timotheusgras

Ti·mọ·theus[timóːteʊs] 人名〘聖〙テモテ, ティモテオス(Paulus の弟子): der erste 〈zweite〉 Brief des Paulus an ～ (新約聖書の)テモテへの第一〈第二〉の手紙. [*gr.*－*lat.*; ＜*gr.* tīmḗ „Ehre"＋theo..]

Ti·mọ·theus·gras[timóːteʊs..] (**Ti·mọ·thy·gras**[timóːti.., tíːmoti..]) 中 -es/ (Wiesenlieschgras)〘植〙オオアワガエリ(大粱反). [＜Timothy Hanson (牧草として普及させた18世紀アメリカの農業家)]

Tịm·pa·ni[tímpani·] 複〘楽〙ティンパニー(打楽器の一種). [*it.*; ＜*lat.* tympanum (◇Tympanum)]

Tị·mur[tíːmʊr] 人名 ティムール(1336-1405; アジアの大征服者でティムール王朝の祖. なまって Tamerlan ターメルランともいう). [*tatar.*]

tịn·geln[tíŋəln] ⦅06⦆ 自 **1** (h) (大衆酒場などで)ショーを演じる. **2** (s) (大衆酒場などを)ショーを演じながら渡り歩く.

Tịn·gel·tan·gel[tíŋəltaŋəl; ｵｰｽﾄﾘｱ: ⏑⏑⏑⏑] 中 男 -s/-《話》**1** 安っぽい大衆娯楽のダンス音楽. **2** (にぎやかな鳴り物入りでダンスのできる)大衆酒場, 安キャバレー. [擬音]

tin·gie·ren[tɪŋgíːrən] 他 (h)《*et.*[4]》(…を液体に)浸す; 染色する: eine *tingierte* Münze 薄く銀めっきした硬貨. [*lat.*; ◇tunken]

Tink·tion[tɪŋktsióːn] 女 -/-en 染色. [*spätlat.*]

Tink·tur[..túːr] 女 -/-en **1** (略 Tct.)〘薬〙チンキ〔剤〕: Jod*tinktur* ヨードチンキ. **2**〘紋〙彩色, 地色. ▽**3** ＝Tinktion [*spätlat.*; ＜*lat.* tīnctum „gefärbt" (◇Tinte)]

Tị·nef[tínɛf] 男 -s/《話》くだらぬ〈無価値な〉もの; ばかげたこと. [*hebr.* tinnūf „Schmutz"－*jidd.*]

Tịn·te[tíntə] 女 -/-n **1** インク: blaue 〈rote / schwarze〉 ～ 青〈赤・黒〉インク ‖ eine Flasche ～ 一瓶のインク ‖ Die ～ ist noch feucht 〈schon trocken〉. インクはまだ乾いていない〈もう乾いている〉| die ～ löschen (吸い取り紙で)インクを乾かす | mit ～ schreiben インクで書く ‖ viel rote ～ verbrauchen (赤インクで)たくさん訂正する | Über dieses Thema ist schon viel ～ verspritzt worden. このテーマについてはすでにいろいろと書かれている | Das ist 〔doch〕 klar wie dicke ～. (→klar 2) | Du hast wohl ～ gesoffen?《話》君は気でも狂ったんじゃないか ‖ **in der ～ sitzen**《話》窮境〈苦しい立場〉にある | **in die ～ geraten**《話》窮地〈苦境〉に陥る | *jn.* **in die ～ reiten**《話》…を窮地〈苦境〉に陥れる. **2**《雅》色調, 色合い.
[*mlat.* tīncta (aqua) „gefärbte (Flüssigkeit)"－*ahd.* tincta; ◇Tinktur, Teint; *engl.* tinct]

Tịn·ten·baum[tíntən..] 男 ostindischer ～〘植〙スミウルシノキ(墨漆樹)(インド産ウルシ科の木).

tịn·ten·blau 形 インクのように濃紺の.

Tịn·ten≈blei 中《話》＝Tintenstift ≈**faß** 中 インクつぼ. ≈**fisch** 男〘動〙イカ(烏賊). ≈**fla·sche** 女 インク瓶. ≈**fleck** 男, ≈**klecks** 男 インクのしみ. ≈**kleck·ser** 男, ≈**kụ·li** 男《軽蔑的に》ジャーナリスト, 文士; 書記; 事務員. ≈**lö·scher** 男〔卓上用〕インク吸い取り器. ≈**pilz** 男 ＝Tintling

tịn·ten·schwarz 形 インクのように黒い.

Tịn·ten≈stift 男 (芯(しん)に水溶性色素を含ませた)複写〈コピー〉用鉛筆. ≈**wi·scher** 男 (ペン先の汚れふき取り用の)インクぬぐい.

tịn·tig[tíntɪç][2] 形 **1** インクのような: ein ～*es* Blau インクのような濃紺色 | ～*e* Gewitterwolken 墨を流したような雷雲. **2** インクで汚れた, インクだらけの.

Tịnt·ling[tíntlɪŋ] 男 -s/-e〘植〙ヒトヨタケ(一夜茸)属.

Tin·to·mẹ·ter[tɪntoméːtər] 中 (男) -s/- 色度計.

..tion →..ion

tipp[tɪp] 間《ふつう次の形で》～, tapp (はだしで走る足音)「パタパタ, ピタピタ.」

Tip〔p〕[tɪp] 男 -s/-s **1** 暗示, ヒント; 助言; 秘訣(ひけつ): *jm.* einen ～ geben …にヒント〈助言〉を与える, …に秘訣を教える. **2** (投機, Lotto などの)内密の情報, 予想. [*engl.*; ◇tippen[2]]

Tịp·pel[típəl] 男 -s/- **1** (⊕ **Tịp·pel·chen**[－çən] 中 -s/-)《北部》(Tüpfe) (小さい)点; 小斑点(はんてん). **2**《ｵｰｽﾄﾘｱ》《話》(Beule) こぶ. [＜tippen[1]]

Tịp·pel·brụ·der 男《話》**1** (Landstreicher) 浮浪者. **2** 放浪修業中の徒弟. [＜tippeln]

Tịp·pel·chen Tippel の縮小形.

tịp·pe·lig[típəlɪç][2] (**tịpp·lig**[..plɪç][2]) 形《北部》ささいな, 取るに足らぬ; こせこせした, けちくさい.

tịp·peln[típəln] ⦅06⦆ 自 (s)《話》**1** てくてく歩く; (子供が)ちょこちょこ歩く. **2** (浮浪者が)さすらう.

tịp·pen[1][típən] **I** 他 (h)《話》タイプライターで打つ, タイプライターで書く: einen Brief 〔auf der Maschine〕 ～ 手紙をタイプライターで打つ | ein sauber *getipptes* Manuskript きちんとタイプで打った原稿. **II** 自 (h) **1** (指先などで)トントン〈コツコツ〉たたく, 軽くたたく; (…に)軽くふれる: *jm.* auf die Schulter ～ …の肩を軽くたたく | *sich*[3] an die Stirn ～ (ばかげたなあといった気持で)自分の額を軽くたたく. **2**《比》《an *et.*[4]》(慎重・婉曲に…に)言及する: Daran ist nicht zu ～. それは動かしようがない〈異論のないことだ〉. **3**《話》(maschineschreiben) タイプライターを打つ.
[*ndd.*; 擬音; ◇*engl.* tip]

tịp·pen[2][típən] 自 (h)《話》**1**《auf *et.*[4]》(…だと)推測〈予想〉する, 見込む: Ich *tippe* auf einen Wahlsieg der Regierungspartei. 私は与党が選挙に勝つと思う | Du hast richtig 〈falsch〉 *getippt*. 君の予想は正しかった〈間違っていた〉. **2** (Lotto などで)賭(か)ける: im Lotto 〈Toto〉 ～ ロット〈トトカルチョ〉で賭ける. [＜Tip]

Tịp·per[típər] 男 -s/- (Lotto などで)賭(か)けをする人.

Tịpp≈fẹh·ler[típ..] 男《話》(タイプライターの)打ち間違い, タイプミス. ≈**fräu·lein** 中《話》女性〔速記〕タイピスト.

Tịpp·ler[típlər] 男 -s/- **1**《話》(Landstreicher) 浮浪者. **2**《ｵｰｽﾄﾘｱ》《話》飲んだくれ, アル中. [＜tippeln]

tịpp·lig ＝tippelig

Tịpp·mäd·chen[típ..] 中 ＝Tippfräulein

Tịpp·se[típsə] 女 -/-n《軽蔑的に》＝Tippfräulein

tịpp·tọpp[típtɔ́p] 形《話》最高〈極上〉の, すばらしい, 申し分のない: Es war alles ～. すべてが申し分なかった | Er ist stets ～ gekleidet. 彼はいつでも非の打ちどころのない服装をしている ‖〘まれに付加語的に〙eine ～*e* Küche すてきな台所. [*engl.* tip-top „Spitze-Spitze"]

Tịpp·zet·tel[típ..] 男 (Lotto などの)予想記入用紙. [＜tippen[2]]

Tịp·se[típsə] 女 -/-n ＝Tippse

tịp·tọp[típtɔ́p] ＝tipptopp

Ti·rạ·de[tiráːdə] 女 -/-n **1 a)** 長ばなし, 長談義, 長広舌;

くだらぬおしゃべり: *sich*⁴ in langen ~*n* 〔über *et.*⁴〕 ergehen 〔…について〕長広舌をふるう. **b**) 〘劇〙 長ぜりふ, 長丁場. **2** 〘楽〙 ティラード(装飾音の一種).
[*it.*－*fr.*; <*it.* tirare „ziehen"]

Ti·ra·den·reim 男 〘詩〙 錯韻(→Reim 1).

∇**Ti·rail·leur**[tira(l)jø:r] 男 -s/-e 〘軍〙 散兵. [*fr.*]

∇**ti·rail·lie·ren**[tira(l)jí:rən] 自 (h) 〘軍〙 散開して戦う. [*fr.*; <*fr.* tirer „ziehen" (◇Tirade)]

Ti·ra·mi·su[tiramizú:] 中 -s/-s 〘料理〙 ティラミス(クリームチーズ・泡立てた卵・ラム酒・コーヒーに浸したビスケットなどで作ったイタリアのデザート菓子). [*it.*]

ti·ri·li[tirilí:] **I** 間 (鳥, 特にヒバリの鳴き声)ピピピー, ピーチク, ピーヒョロ. **II Ti·ri·li** 中 -s/ tirili という鳴き声.

ti·ri·lie·ren[tirilí:rən] 自 他 (h) (ヒバリなどが)さえずる, 歌う: Sie *tiriliert* 〔ein altes Lied〕 in hohem Sopran. 彼女は〔ある古い歌を〕高いソプラノで歌う.

Ti·rol[tiró:l] 地名 ティロール, チロール, チロル(オーストリア西部からイタリア北部にわたる地方. イタリア領である南ティーロルは1919年に割譲された部分で, オーストリア領はオーストリア連邦の一州. 州都は Innsbruck). [<Teriolis (ローマ時代の豪族名)]

Ti·ro·ler[..lər] **I** 男 -s/- ティロールの人. **II** 形 《無変化》ティロールの.

Ti·ro·ler·hut 男 ティロリアンハット.

ti·ro·lisch[..lɪʃ] (ｵｰｽﾄﾘｱ: **ti·ro·le·risch**[..lərɪʃ]) 形 ティロールの.

Tisch[tɪʃ] 男 -es (-s)/-e (小 **Tisch·chen**[tíʃçən], **Tisch·lein**[..laɪn] 中 -s/-) **1** テーブル, 卓, 机; (種々の用途に使われる)台; 食卓: ein runder 〈rechteckiger〉 ~ 円い〈四角い〉机 | Arbeits*tisch* 仕事机; 作業台 | Operations*tisch* 手術台 | Schreib*tisch* デスク, 書き物机, 事務机 | Spiel*tisch* 賭博(ﾄﾊﾞｸ)台 ‖ den ~ decken 食卓の用意をする | den ~ abdecken (食後に)食卓の上を片づける | 〔**mit** *et.*³〕 **reinen ~ machen** 《話》〔…の件を〕片づける ‖ 〘前置詞と〙 **am ~** sitzen 机の前に座って〈食卓について〉いる | *et.*⁴ **am grünen ~** 〈**vom grünen ~ aus**〉 entscheiden 《比》 …を(実地の経験なしに)机上の知識だけで決定する | **am runden ~** 円卓で; 《比》対等の立場で, 腹蔵なく(話し合いなど) | am runden ~ verhandeln 円卓会議で交渉する | *sich*⁴ an den ~ setzen 机にむかって腰をおろす, 食卓につく | ***jn.* an einen ~ bringen** 《比》 …を交渉〈話し合い〉の席につかせる | ***sich*⁴ mit *jm.* an einen ~ setzen** …と交渉〈話し合い〉の席につく | *et.*⁴ **auf** den ~ stellen 〈legen〉 …をテーブルの上に置く | die Ellenbogen auf den ~ stützen 机に肘(ﾋｼﾞ)をつく | mit der Faust auf den ~ schlagen 〈hauen〉 (→Faust² 1) | ***et.*⁴ auf den ~ 〔des Hauses〕 legen** 《雅》 …を公の席に持ち出す | bar auf den ~ des Hauses (→bar 1) | ***jn.* über den ~ ziehen** 《話》 …をだます, …をぺてんにかける | **um** den ~ sitzen テーブルを囲んで座っている | **unter den ~ fallen** 机の下に落ちる; 《話》話題にのぼらない, 討議されない; (計画・予定などが)実行〈実施〉されない, 中止される | Warum ist seine Tischrede unter den ~ gefallen? 彼のテーブルスピーチはなぜ取りやめになったのか | **die Beine 〈die Füße〉 unter den ~ stecken 〈strecken〉** 《比》 (仕事・手伝いもせずに)のらくらしている | **die Beine 〈die Füße〉 unter *js.* ~ stecken 〈strecken〉** 《話》 …に食べさせてもらう, …の経済的援助を受ける | die Beine 〈die Füße〉 unter den ~ *seines* Vaters stecken 〈strecken〉 父親のすねをかじっている | ***jn.* unter den ~ trinken** 《話》 …を酔いつぶす〈飲み負かす〉 | **von ~ und Bett getrennt sein** 《比》 (夫婦が)別居している | **vom ~ sein** 《話》すでに片がついている, 解決ずみである | Diese Sache muß vom ~. 《話》この件は片をつけなければならない | ***et.*⁴ vom ~ wischen 〈fegen〉** 《話》 (重要ではないとして)…を無視する | **zum ~ des Herrn gehen** 《雅》 (キリスト教徒が)聖体を拝領する; 聖餐(ｾｲｻﾝ)を受ける.

2 《無冠詞で》食事: Nach*tisch* (食後の)デザート ‖ bei ~ 食事の際に | nach 〈vor〉 ~ 食後〈食前〉に | *sich*⁴ zu ~ setzen 食卓につく | Darf ich zu ~ bitten? / Bitte zu ~! (主人側が客に向かって)どうか食卓におつきください | Herr Schmidt ist zu ~ 〔gegangen〕. シュミットさんは食事に行かれました.
[*gr.* dískos „Wurfscheibe"－*lat.*－*westgerm.*; ◇Diskus; *engl.* dish, desk]

Tisch≠ap·pa·rat[tíʃ..] 男 =Tischtelefon **≠au·to·mat** 男 (レストランの)テーブル備えつけ小型自動販売機. **≠bein** 中 テーブル〈デスク〉の脚. **≠be·sen** 男 食卓用小ぼうき(パンくずなどを掃く: → ⊛ Besen). **≠be·steck** 中 食器(ナイフ・フォーク・スプーンのセット: →Tischgeschirr).

Tisch·chen Tisch の縮小形.

Tisch≠da·me 女 (↔Tischherr) (正式の宴席で特定の客人の右隣の席を割り当てられている)パートナーの婦人. **≠decke** 女 =Tischtuch **≠en·de** 中 食卓の端〔の座〕: am oberen 〈unteren〉 ~ sitzen 食卓の最上席〈末席〉に座っている. **≠fern·spre·cher** 男 =Tischtelefon

tisch·fer·tig 形 (調理済食品・インスタント食品・冷凍食品について)そのまま食卓に供しうる.

Tisch≠feu·er·zeug 中 卓上用のライター. **≠gast** 男 -〔e〕s/..gäste 食事に招かれた客. **≠ge·bet** 中 食前〈食後〉の祈り. **≠ge·nos·se** 男 食卓仲間; 同宿人. **≠ge·schirr** 中 食器類(皿・コップ・ポットなど: →Tischbesteck). **≠ge·sell·schaft** 女 会食; 会食者一同. **≠ge·spräch** 中 食卓での談話〈雑談〉. **≠glocke** 女 卓上呼び鈴(→ ⊛ Glocke). **≠herr** 男 (↔Tischdame) (正式の宴席で特定の婦人の左隣の席を割り当てられている)パートナーの男性客人. **≠ka·len·der** 男 卓上カレンダー. **≠kan·te** 女 テーブルの縁〈へり〉: **an der ~** 《話》 (まともに取り組まずに)ついでに. **≠kar·te** 女 (招待客などの名前を記した)食卓の座席カード. **≠ka·sten** 男 机の引き出し. **≠klam·mer** =Tischtuchklammer **≠klop·fen** 中 机の叩音(ｺｳｵﾝ)(心霊現象: →Tischrücken). **≠kreis·sä·ge** 女 〘工〙 丸鋸(ﾏﾙﾉｺ)盤(→ ⊛ Säge). **≠la·de** 女 =Tischkasten **≠lam·pe** 女 卓上電気スタンド. **≠läu·fer** 男 テーブルセンター(→ ⊛ Couch).

Tisch·lein Tisch の縮小形.

Tisch·lein·deck·dich[tɪʃlaɪndɛ́kdɪç] 中 -/ (願いどおりに次々に好みの飲食物が出てくる Grimm の童話の)魔法の食卓: ein ~ für *jn.* sein 《戯》 …にとって金のなる木である.

Tisch·ler[tíʃlər] 男 -s/- (Schreiner) 家具職人, 指物師, 建具屋: Kunst*tischler* 工芸家具職人 | Möbel*tischler* 家具工 ‖ Der ~ hobelt Bretter. 指物師は板にかんなをかける.

Tisch·le·rei[tɪʃlərái] 女 -/-en 家具製作業, 指物業; 指物師の仕事場, 家具製作所.

Tisch·ler≠hand·werk[tíʃlər..] 中 -〔e〕s/ 家具製作業, 指物業. **≠leim** 男 家具用にかわ〈接着剤〉.

tisch·lern[tíʃlərn] 《05》 **I** 自 (h) 〔趣味として〕家具製作〈指物細工〉をする. **II** 他 (h) (家具を)趣味で作る.

Tisch·ler≠plat·te 女 指物用化粧合板. **≠werk·statt** 女 指物師の仕事場, 家具製作所, 木工所. **≠werk·zeug** 中 指物師の工具.

Tisch≠ma·nie·ren[tíʃ..] 複 = Tischsitten **≠mi·kro·phon** 中 〘電〙 卓上マイク. **≠nach·bar** 男 食卓での隣席者. **≠ord·nung** 女 食卓の座席順序. **≠plat·te** 女 テーブルの甲板. **≠rech·ner** 男 卓上電算機, 電卓. **≠re·de** 女 テーブルスピーチ: eine ~ halten テーブルスピーチをする. **≠rücken** 中 -s/ 机が動くこと(質問に対して机の動きが解答を与える心霊現象). **≠sit·ten** 複 食卓の作法, テーブルマナー; 食事の際の習慣〔的行為〕. **≠te·le·fon** 中 卓上電話機. **≠ten·nis** 中 (Pingpong) 卓球, ピンポン: ~ spielen 卓球をする.

Tisch·ten·nis≠ball 男 卓球のボール. **≠netz** 中 卓球のネット. **≠plat·te** 女 卓球板. **≠schlä·ger** 男 卓球のラケット. **≠spiel** 中 卓球. **≠spie·ler** 男 卓球選手〈競技者〉. **≠tisch** 男 卓球台.

Tisch·tuch 中 -〔e〕s/..tücher テーブル掛け, テーブルクロス: ein ~ auflegen 〈abnehmen〉 テーブルクロスを掛ける〈はずす〉 ‖ **das ~ zwischen *sich*³ und *jm.* zerschneiden 〈entzweischneiden〉** 《雅》 …と絶交する | Zwischen ihnen ist das ~ zerschnitten. 彼らは絶交状態にある.

Tịsch·tuch·klam·mer 女 (テーブル掛けがずり落ちるのを防止する)テーブルクロスばさみ.

Tịsch≠uhr 女 置き時計. **≠ven·ti·la·tor** 男 卓上扇風機. **≠vor·la·ge** 女 (卓上に置かれた)会議資料. **≠wä·sche** 女 食卓用布類(テーブルクロス・ナプキンなど). **≠wein** 男 (Tafelwein)(辛口で軽い)食事用ワイン. **≠zeit** 女 食事時間(特に昼食の),(職場の)昼休み. **≠zeug** 中 食卓用具 (Tischwäsche, Tischbesteck, Tischgeschirr の総称).

Ti·sị·pho·ne[tizí:fone·] 人名 《ギ神》ティシポネ(復讐(ふくしゅう)の女神: →Erinnye). [*gr.*–*lat.*; <*gr.* tísis „Rache“ +phénein „modern“]

Tit. 略 =Titel

Ti·tan[titá:n] **I** 男 -en/-en **1** 《ふつう複数で》《ギ神》ティタン〔神族〕, 巨神 (Uranos と Gäa から生まれた古い神族. Zeus に征服された). **2** 《比》(Riese) 巨人, 大男; 大力無双の男; 偉大な能力をもつ〈業績をあげた〉人, 偉人: die ～*en* der Musik 音楽の巨匠たち. **3** der ～ 《天》ティータン(土星の衛星の一つ). **II** 中 -s/ 《化》チタン(金属元素名; 記号 Ti). [*gr.*–*lat.*]

Ti·ta·nat[titaná:t] 中 -〔e〕s/-e 《化》チタン酸塩.

Ti·tạ·ne[..nə] 男 -n/-n=Titan I

Ti·tạn·ei·sen 中, **Ti·tạn·ei·sen·erz** 中 (Ilmenit) 《鉱》チタン鉄鉱.

ti·tạ·nen·haft[titá:nənhaft] =titanisch

Ti·tạ·nia[titá:nia·] 人名 ティターニア(中世フランス伝説の Oberon の妻で妖精(ようせい)の女王).

Ti·ta·nị·de[titaní:də] 男 -n/-n 《ギ神》ティタン神族の子孫. [<..id[1]]

ti·tạ·nisch[titá:nɪʃ] 形 **1** ティタンの〔ような〕. **2** 巨人の〔ような〕, 巨大な; 大力無双の; 偉大な, 圧倒的な: eine ～*e* Tat 〈Leistung〉 偉大な行為〈業績〉.

Ti·ta·nịt[titaní:t, ..nít] 男 -s/-e 《鉱》チタン石, 榍石(せっせき). [<..it[2]]

Ti·tạn·le·gie·rung[titá:n..] 女 チタン合金.

Ti·ta·no·ma·chịe[titanomaxí:] 女 -/ 《ギ神》ティタノマキア (Zeus に対するティタン神族の戦い). [*gr.*; <*gr.* máchē „Kampf“]

Ti·tạn≠por·zel·lan[titá:n..] 中 チタン磁器. **≠säu·re** 女 -/ 《化》チタン酸. **≠stahl** 男 チタン鋼. **≠ver·bin·dung** 女 《化》チタン化合物. **≠weiß** 中 -〔es〕/ チタン白(二酸化チタンを主成分とする顔料).

Tị·tel[tí:təl, títəl; オーストリア・スイス: ムー, títəl] 男 -s/- (略 Tit.) **1 a)** (英: *title*)題名, 題目, 表題; (章などの)見出し: ein treffender 〈irreführender〉 ～ 適切な〈誤解を招きやすい〉表題 | der ～ eines Filmes 〈eines Romans〉 映画〈小説〉の題名 | Buch*titel* 書名 ‖ ein Film mit dem ～ „Verbotene Spiele“ 「禁じられた遊び」という題名の映画. **b)** (表題をもつ)刊行〈発表〉作品(レコード・映画など): Dieser ～ ist seit langem vergriffen. この題名のものはずっと以前から絶版になっている. **c)** =Titelblatt

2 a) 称号, 肩書: ein akademischer ～ 学位称号 | der ～ eines Doktors der Medizin 医学博士の称号 | Amts*titel* 官職名 ‖ den ～ eines Grafen haben 〈führen〉 伯爵の称号をもつ | *jm.* den ～ eines Professors verleihen …に教授の称号を与える | *jn.* mit *seinem* ～ 〈ohne ～〉 anreden …にその称号で〈肩書抜きで〉呼びかける | Was hilft 〈nützt〉 der ～ ohne Mittel? 称号をもらっても俸給がそれに伴わなければ何になろう. **b)** 《スポ》選手権, タイトル: Meister*titel* 選手権者のタイトル ‖ den ～ eines Weltmeisters erkämpfen 〈erringen〉 世界チャンピオンのタイトルを獲得する | *sich*[3] den ～ im Leichtgewicht holen ライト級のタイトルを手に入れる | *seinen* ～ verlieren タイトルを失う | *seinen* ～ mit Erfolg verteidigen タイトル防衛に成功する.

3 (Rechtstitel) 《法》権原(行為を正当化する法律上の原因).

4 a) 《法》(法令・法律文書などの)章: der zweite ～ des Vertrags 契約の第2章. **b)** (予算などの)費目.

[*lat.* titulus–*ahd.*; ◇Titulus; *engl.* title]

Tị·tel≠an·wär·ter[tí:təl.., títəl..] 男 《スポ》選手権〈タイトル〉獲得の候補者. **≠bild** 中 (書物の)口絵; (雑誌の)表紙絵.

Tị·tel·bild·mäd·chen 中 (雑誌の表紙を飾る)カバーガール.

Tị·tel·blatt 中 **1** (書物の)とびら, 表題紙(書名・著者名・出版社名などを示す巻頭のページ: → 図 Buch). **2** =Titelseite

Ti·te·lei[ti:təlái, tɪtə..] 女 -/-en **1** (書物の)前付け, 前付け事項(とびら・目次・序言など, 本文の前につける部分の総称). **2** 称号〈肩書〉を振り回すこと, 肩書尊重〈偏重〉.

Tị·tel≠fi·gur[tí:təl.., títəl..] 女 =Titelheld **≠fo·to** 中 (書物の)口絵写真. **≠ge·schich·te** 女 (雑誌などの)表紙〔絵〕関連記事, カバーストーリー. **≠ge·stalt** 女 =Titelheld **≠ge·winn** 男 《スポ》選手権〈タイトル〉獲得. **≠hal·ter** 男 =Titelträger 2 **≠held** 男 (文学作品の)題名主人公(その名前が作品の題名となっている作品の主人公. 例 小説『トニオ=クレーガー』のトニオ=クレーガー). **≠in·ha·ber** 男 選手権〈タイトル〉保持者. **≠kampf** 男 《スポ》選手権試合, タイトルマッチ. **≠kar·tei** 女 (カード式の)書名目録. **≠kir·che** 女 《カトリック》(ローマにある枢機卿名義の)名義聖堂. **≠kup·fer** 中 (書物の)口絵の銅版画.

tị·tel·los[tí:tallo:s, títəl..][1] 形 **1** 称号〈肩書〉のない, 無位無官の; 《スポ》タイトルのない. **2** 題名〈表題〉のない.

tị·teln[tí:təln, títəln] 《06》 他 (h) (betiteln) 《*et.*[4]》 (…に)表題〈題名〉をつける.

Tị·tel≠rol·le 女 (芝居・オペラ・映画などの)題名役(名前が題名となっている作品の主人公役. 例えば歌劇『カルメン』のカルメン役). **≠schutz** 男 《法》(著作権法による)題名保護. **≠sei·te** 女 (新聞・雑誌などの)第一面. **≠sucht** 女 -/ 称号〈肩書〉を欲しがること.

tị·tel·süch·tig[..zʏçtɪç][2] 形 称号〈肩書〉を欲しがる.

Tị·tel≠trä·ger 男 **1** 称号〈肩書〉の所有者. **2** 《スポ》選手権〈タイトル〉保持者. **≠ver·lust** 男 《スポ》選手権〈タイトル〉喪失. **≠ver·tei·di·ger** 男 《スポ》選手権〈タイトル〉防衛者. **≠zei·le** 女 見出し, 表題〔を含む行〕.

Tị·ter[tí:tər] 男 -s/- **1** 《化》力価, 滴定濃度(滴定用標準液の作用の強さ). **2** 《織》(糸の)番手. [*fr.* titre]

Tị·ter·ana·ly·se =Titrieranalyse

Tị·to[tí:to·] 人名 Josip ～ ヨシップ チトー(1892–1980; ユーゴスラビアの政治家で初代大統領. 本名 Josip Broz).

Ti·to·ịs·mus[titoísmʊs] 男 -/ (旧ソ連邦の政治支配からの脱却をめざした)チトー主義.

Ti·to·ịst[..íst] 男 -en/-en チトー主義者.

Ti·tra·tiọn[titratsió:n] 女 -/-en 《化》(容量分析のための)滴定.

Ti·tra·tiọns≠feh·ler 男 《化》滴定誤差. **≠kur·ve** 女 《化》滴定曲線.

ᵛ**Tị·tre**[tí:tər] 男 -s/-s =Titer

Ti·trie̱r·ana·ly·se[titrí:r..] 女 (Maßanalyse) 《化》容量分析.

ti·trie̱·ren[titrí:rən] 他 (h) 《化》滴定する. [*fr.*]

Ti·trie̱r≠ex·po·nent[titrí:r..] 男 《化》滴定指数. **≠flüs·sig·keit** 女 《化》滴定用標準液.

Ti·trie̱·rung[titrí:rʊŋ] 女 -/-en 《化》滴定.

Ti·tri·me·trie̱[titrimetrí:] 女 -/ =Titrieranalyse

tịt·schen[títʃən] 《04》 他 (h) 《中部》(eintauchen) (液体に)浸す, 漬ける: Brot in den Kaffee ～ パンをコーヒーに浸す. [<tatschen]

Tịt·te[títə] 女 -/-n 《卑》 **1** (Brustwarze) 乳首, 乳頭: **wie ～ mit Ei schmecken** 《卑》すばらしくおいしい. **2** 《ふつう複数で》(Brüste) (女性の)乳房. [*mndd.*; ◇Zitze]

Tịt·tel[títəl] 中 -s/-, **Tịt·tel·chen**[..çən] 中 -s/- =Tüttel 1

Tịt·ten·hal·ter[títən..] 男 《話》ブラジャー.

Ti·tu·lar[titulá:r] 男 -s/-e **1** 名目だけの肩書所有者. ᵛ**2** =Titelträger [<..ar]

Ti·tu·lar≠bi·schof 男 《カトリック》名義司教. **≠pro·fes·sor** 男 (講座をもたない)名目だけの教授.

Ti·tu·la·tur[titulatú:r] 女 -/-en 称号〈肩書〉〔で呼ぶこと〕. [<..ur]

T

Ti·tu·li Titulus の複数.

ti·tu·lie·ren[titulí:rən] 他 (h) (betiteln) **1** 《*jn.*》 **a)** (…を…の)称号(肩書)で呼ぶ: *jn.* [mit] Herr Professor ～ …に「教授」と言って呼びかける | *sich*⁴ Baron ⟨als Baron / mit Baron⟩ ～ lassen 自分を男爵と呼ばせる. **b)** 《軽蔑的に》(…を…)呼ばわりする: *jn.* [als] Dummkopf ～ …をばか呼ばわりする. **2** 《*et.*⁴》(…に…の)表題⟨題名⟩をつける. [*spätlat.*]

Ti·tu·lie·rung[..ruŋ] 女 -/-en titulieren すること.

ti·tu·lo ple·no[tí:tulo· plé:no·, tít.. –] 《ラテ語》(mit vollständigem Titel) 完全な称号(肩書)をつけて.

Ti·tu·lus[tí(:)tulus, tít..] 男 -/..li[..li·] **1** (中世の)さし絵説明文(多く韻文で: → ⊠ Kreuzigung). **2** 官職名; 称号. [*lat.*; ◇Titel, Tilde]

Ti·tus[tí:tus] 人名 **1** ティトゥス(39–81; ローマ皇帝. 在位79–81). **2** 〘聖〙テトス, ティトス(使徒 Paulus の弟子): der Brief des Paulus an ～ (新約聖書の)テトスへの手紙. [*lat.*]

Ti·tus·kopf 男 ティトゥスふうの髪型(短髪を縮らせた婦人用ヘアスタイル: → ⊠ Haar A).

Tiu[tí:u·] ＝Tyr [*asächs.*]

Ti·vo·li[tí:voli·, tív..] **I** 地名 ティヴォリ(イタリア, ローマ東方の都市で, 古代ローマの住宅区であった). **II** 中 -[s]/-s **1** ティヴォリ公園(遊園地, 特にデンマークの Kopenhagen の公園が有名). **2** ティヴォリ(イタリアの球戯の一種).

ti·zian[tí:tsia:n, titsiá:n] 形 ティツィアーノ色の (Tizian が好んで用いた髪の毛の色: →tizianblond, tizianrot).

Ti·zian[tí:tsia:n, titsiá:n] 人名 Vecelli ⟨Vecello⟩ ～ ヴェチェリ⟨ヴェチェロ⟩ ティツィアーノ(1476頃–1576; イタリア=ルネサンスの画家. イタリア語形 Tiziano. 作品『天の愛と地の愛』『ウルビーノのヴィーナス』など).

ti·zian·blond 形 (毛髪などが)黄褐色⟨金褐色⟩の.

ti·zia·nisch[titsiá:nɪʃ] 形 ティツィアーノふうの; 《大文字で》ティツィアーノの.

ti·zian·rot[tí:tsia:n.., titsiá:n..] 形 (毛髪などが)赤褐色⟨金褐色⟩の.

tja[tja, tja:] 間 《話》(ためらい・迷い・あきらめなどの気持を表して)ううん, さあて, そうねえ; ふん(しようがない): *Tja,* was sollen wir nun tun? ううん どうしようかなあ | *Tja,* da kann man nichts machen. ふん こいつはどうにも仕方がない. [＜ja]

Tjalk[tjalk] 女 -/-en チャルク(北海特有の1本マストの貨物帆船). [*ndl.*; ＜*anord.* kjöll „Schiff" (◇Kiel³)]

Tjin[tʃɪn] ＝Chin

Tjing[tʃɪŋ] ＝Ching

Tjost[tjɔst] 女 -/-en; 男 -[e]s/-e 〘史〙(中世の騎士の)馬上試合. [*afr.* jouste–*mhd.*; ◇Juxta; *engl.* j[o]ust]

tjo·stie·ren[..stí:rən] 自 (h) (中世の騎士が)馬上試合をする. [*afr.* joster „nebeneinanderlegen"–*mhd.*]

tjüs[tjʏs] ＝tschüs

tkm 略 ＝**Tonnenkilometer, Tonne pro Kilometer** 〘商〙トン=キロメートル.

T-Kreuz[té:..] 中 T 形十字.

Tl[te:|ɛ́l, tá:liʊm] 記号 (Thallium) 〘化〙タリウム.

TL 略 男 ＝**Teelöffel**: 1 ～ Stärkemehl スプーン1杯のコーンスターチ.

T-Lym·pho·zyt[té:lʏmfotsy:t] 男 -en/-en 〘免疫〙「Tリンパ球.」

Tm[te:|ɛ́m, tú:liʊm] 記号 (Thulium) 〘化〙ツリウム.

Tme·sis[tmé:zɪs] 女 -/..sen[..zən] (↔Univerbierung) 〘言〙切離(複合語の構成要素を切り離し, その間に他の文成分を挿入すること. 例 *Wo* willst du *hin*? ＜ *Wohin* willst du? 君はどこへ行く気か). [*gr.*; ＜*gr.* témnein (→..tomie)]

TN[te:|ɛ́n] 略 ＝**Tagesnorm** (旧東ドイツで)一日のノルマ.

TNT[te:|ɛnté:] 略 ＝**Trinitrotoluol** トリニトロトルエン, 茶褐薬(強力な爆薬).

TO[te:|ó:] 略 女 -/ ＝**Tagesordnung** 議事日程.

To[to:] (**Tö**[tø:]) 女 -/-s 《話》(Toilette) 便所, トイレ.

Toast[to:st] 男 -es(-s)/-e, -s **1** トースト; トースト用パン: ein Spiegelei auf ～ 目玉焼きをのせたトースト | zwei Scheiben ～ トースト二切れ ‖ ～*s* mit Butter bestreichen トーストにバターを塗る. **2** (Trinkspruch) (宴席での)乾杯の辞: einen ～ auf *jn.* ausbringen …のために乾杯の辞を述べる. [*engl.*]

Toast·brot[tó:st..] 中 **1** トーストにしたパン. **2** トースト「用パン.」

toa·sten[tó:stən] 《01》 **I** 他 (h) (パンを)トーストにする. **II** 自 (h) 乾杯の辞を述べる. [*afr.* toster „rösten"–*engl.* toast; ＜*lat.* torrēre „dörren" (◇darren)]

Toa·ster[tó:stər] 男 -s/-, **Toast·rö·ster**[tó:st..] 男 (パン焼き用)トースター. [*engl.* toaster]

To·ba·go[tobá:go·, təbéɪgoʊ] 地名 トバゴ (Trinidad 北方の島: →Trinidad und Tobago).

To·bak[tó:bak] 男 -[e]s/-e 《戯》(Tabak) タバコ: **starker ～** 《話》前代未聞(もん)のひどいこと, 途方もないこと (→Tabak 2) | →Anno *Tobak* [＜Tabak]

To·bel[tó:bəl] 男 中 (オース・トリア: 男) -s/- 《南部・オース・トリア・スイ・ス》せまい峡谷; (森の中の)凹地. [*ahd.*; ◇tief]

to·ben[tó:bən]¹ 自 (h, s) **1** (人間・自然現象・激情などが)荒れ(たけり)狂う, 暴れる, 熱狂する: vor Eifersucht ～ 嫉妬(しっ)のあまりたけり狂う | vor Schmerz ～ 苦痛のあまり暴れる | vor Wut ～ 怒り狂う | wie ein Berserker ～ (→Berserker) | wie zehn nackte Wilde ～ (→wild II) ‖ Der Sturm ⟨Der Kampf⟩ *tobt.* あらし⟨戦い⟩が猛威をふるう | Der Krieg ist durchs Land *getobt.* 戦争が国じゅうに猛威をふるった ‖ *tobende* Wellen ⟨Leidenschaften⟩ 激浪⟨激情のあらし⟩. **2** (子供などが)はしゃぎ騒ぐ, にぎやかに暴れまわる: Die Kinder sind über den Rasen *getobt.* 子供たちは歓声をあげて芝生の上を走り抜けた.

★ h, s について: →schwimmen I 1 ☆

[*westgerm.* „betäubt sein"; ◇taub]

To·be·rei[to:bəráɪ] 女 -/ [しきりに]toben すること.

To·bias[tobí:as] **I** 男名 トビーアス. **II** 人名 〘聖〙トビア, トビアス. [*hebr.* „Jahwe ist gütig"]

To·bog·gan[tobɔ́gan] 男 -s/-s トボガン(カナダ=インディアン・エスキモーが用いる細長いそり). [*indian.–engl.*]

Tob·sucht[tó:p..] 女 -/ 狂乱状態; 〘医〙躁狂(そう きょう), 重躁病: in ～ verfallen 狂乱状態に陥る. [*mhd.*; ◇toben]

tob·süch·tig 形 怒り狂った, 狂乱状態の; 〘医〙躁狂(そう きょう)⟨重躁病⟩の.

Tob·suchts·an·fall 男 躁狂(そう きょう)⟨重躁病⟩の発作.

Toc·ca·ta[tɔká:ta·] 女 -/..ten[..tən] ＝Tokkata

to·cha·risch[tɔxá:rɪʃ] 形 トカラ[語]の: →deutsch | ～*e* Schrift トカラ文字 | ～*e* Sprache トカラ語(インド=ヨーロッパ語族に属する中央アジアの死滅した言語で, 6–7世紀の文献が発見されている).

To·ches[tɔ́xəs] 男 -/ 《話》(Gesäß) 尻, 臀部(でん ぶ). 「[*jidd.*]」

Toch·ter[tɔ́xtər] 女 -/Töchter[tœ́çtər] (小 **Töch·ter·chen**[tœ́çtərçən], **Töch·ter·lein**[..laɪn] 中 -s/-) **1** (↔Sohn) (親に対して)娘: Mutter und ～ 母と娘 | die älteste ～ 長女 | einzige ～ 一人娘 | eine höhere ～ 良家の子女 | ᵛeine natürliche ～ 庶出の娘 | eine ～ der Freude 《雅》売春婦 | die *Töchter* des Landes この国⟨土地⟩の女たち | Adoptiv*tochter* 養女 ‖ Er hat zwei *Töchter.* 彼には二人の娘がいる | Grüßen Sie Ihr Fräulein ⟨Ihre Frau⟩ ～! お嬢さまによろしく | Sie ist eine echte ～ Evas. 《戯》彼女は典型的な⟨いかにも女らしい⟩女だ | Sie ist ganz die ～ ihres Vaters. 彼女は父親そっくりだ ‖ meine ～ 《比》(年少の女性への呼びかけとして)ねえ娘さん. **2** 《スイ・ス》手伝いの少女⟨女の子⟩: Haus*tochter* 家事見習の娘. **3** ＝Tochtergesellschaft

[*idg.*; ◇*engl.* daughter; *gr.* thygátēr „Tochter"]

Toch·ter≠fir·ma 女 子会社. **≠ge·mein·de** 女 (教区から分離独立した)分教区. **≠ge·ne·ra·tion** 女 〘生〙後代(こう だい). **≠ge·schwulst** 女 〘医〙(原発腫瘍(しゅ よう)からの転移による)娘腫瘍(じょう しゅよう). **≠ge·sell·schaft** 女 子会社. **ᵛ≠kind** 中 娘の子供, 孫. **≠kir·che** 女 〘カト・リック〙(本聖堂に対して)支聖堂, 支部教会.

Töch·ter·lein Tochter の縮小形.

tö̤ch·ter·lich[tœ́çtərlıç] 形 娘の; 娘らしい, 娘のような.

To̤ch·ter·mann[tɔ́xtər..] 男 -〔e〕s/..männer《方》(Schwiegersohn) 娘の夫, むこ(婿).

ᵛ**Tö̤ch·ter·schu̲·le**[tœ́çtər..] 女 =Lyzeum 1

To̤ch·ter≈spra·che[tɔ́xtər..] 女 (↔Muttersprache)〘言〙娘(むすめ)語(例えばラテン語に対するイタリア語・スペイン語・ポルトガル語・フランス語). ≈**zel·le** 女〘生〙(分裂後の)娘(じょう)細胞.

tocki̲e·ren[tɔkí:rən] =tokkieren

To̤d[to:t][1] 男 -es(-s)/-e《ふつう単数で》**1** (↔Leben) 死, 死亡;《比》終末, 終止, 消滅: ein früher ~ 早死に, 夭折(ようせつ) | ein plötzlicher 〈unerwarteter〉 ~ 急死〈思いがけない死〉| ein ruhiger 〈schmerzloser〉 ~ 安らかな死 | der nasse 〈Nasse〉 ~ 水死, 溺死(できし)| **der Schwarze ~** 黒死病(ペスト) | **der Weiße ~**(雪や氷のなかでの)凍死 | Frei*tod* 自殺 | Hunger*tod* 餓死 | Schein*tod* 仮死 | der ~ am Galgen 〈durch den Strang〉 絞首刑による死 | der ~ auf dem Schlachtfeld 戦死 | der ~ durch Altersschwäche 老衰死 | der ~ der freien Marktwirtschaft《比》自由市場経済の終焉(しゅうえん)‖〘2格で〙angesichts des ~*es* 死を目前にして | an 〈auf〉 der Schwelle des ~*es*《雅》いまわの際(きわ)に | eines natürlichen 〈gewaltsamen〉 ~*es* sterben 自然死〈非業の死〉を遂げる | ein Kind des ~*es* sein (→Kind) | Du bist des ~*es*, wenn ... …の場合には君は死ぬことになる. ‖〘3格で〙Er ist dem ~*e* nahe. 彼は死にかけている ‖〘4格で〙*js.* ~ betrauern …の死を悼む | **den ~ finden**《雅》(事故などで) 命を落とす | den ~ fürchten 〈nicht scheuen〉 死を恐れる〈恐れない〉| einen sanften 〈schweren〉 ~ haben 安らかに〈苦しみながら〉死ぬ | den ~ des Helden sterben 英雄的な最期を遂げる | tausend ~*e* sterben (→sterben I) | den ~ suchen 死を求める | *jm.* den ~ wünschen …の死を願う, …が死んでくれればよいと思う.

‖〘前置詞と〙**auf** den ~ krank 〈verwundet〉 sein 致命的な病気にかかって〈致命傷を負って〉いる | *jn.* auf den ~ nicht leiden können …をどうにも我慢できない | *jm.* auf den ~ zuwider sein …とってきわめて不快である〈まことにいとわしい〉| ein Kampf auf Leben und ~ 生きるか死ぬかの戦い | Es geht auf Leben und ~. 生きるか死ぬかの瀬戸際だ | **Für den ~ 〈Gegen den ~〉 ist kein Kraut gewachsen.** (→Kraut 2) | **in** Not und ~ (→Not 2) | bis in den ~ 死ぬまで, 終生かわらず | für *jn.* 〈*et.*[4]〉 in den ~ gehen …のために命を捨てる | Sie folgte ihrem Mann in den ~. 彼女は夫のあとを追って死んだ | *et.*[4] **mit** dem ~*e* büßen …を死によって償う | **mit**〔**dem**〕**~*e* abgehen**《官》死去する | das Leben **nach** dem ~*e* (来世での)死後の生 | *jn.* **über** den ~ hinaus lieben 〈hassen〉 …を死後もなお愛し〈憎み〉続ける | Es geht hier **um** ~ oder Leben. これは生きるか死ぬかの問題だ | *jn.* **vom** ~*e* erretten …の命を救う | **vom ~*e* gezeichnet sein**《雅》死の影が刻まれている, 死相を呈している | **zu** ~*e* erkrankt 〈verwundet〉 sein 致命的な病気にかかって〈致命傷を負って〉いる | **zu ~*e*** betrübt 〈erschrocken〉 sein 死ぬほど悲しんで〈驚いて〉いる | *jn.* vom Leben zum ~*e* bringen (処刑吏が)…に死刑を執行する | **zu ~*e* kommen**《雅》(事故などで) 命を落とす | *sich*[4] zu ~*e* langweilen 〈schämen〉 死ぬほど退屈する〈恥じ入る〉| *sich*[4] zu ~*e* arbeiten 死ぬほど(むちゃくちゃに) 働く | *jn.* zu ~*e* prügeln 〈quälen〉 …を殴り〈いじめ〉殺す | ***et.***[4] **zu ~*e* hetzen** 〈**reiten**〉《比》…を使いすぎてその効力をなくしてしまう | *sich*[4] zu ~*e* fallen 〈trinken〉 転落死する〈飲みすぎて死ぬ〉| bis zum ~*e* 死ぬまで, 終生かわらず | *jn.* zum ~*e* verurteilen …に死刑の宣告を下す.

‖〘主語として〙Der ~ ist bei ihm durch Altersschwäche 〈Ertrinken〉 eingetreten. 彼の死は老衰〈溺死(できし)〉によるものであった | **Umsonst ist**〔**nur**〕**der ~**〔**und der kostet das Leben.**〕《諺》この世で金のかからぬものは死だけ〔それも生命の代償が必要だ〕| Mißtrauen ist der ~ aller Freundschaft.《諺》不信はすべての友情を破壊する.

2《ふつう定冠詞と》(死の象徴としての) 死神(ふつう手に大鎌(おおがま)をもち, 骸骨(がいこつ)の姿で表される): eine Beute des ~*es* werden 死神の手に落ちる ‖ dem ~ entkommen 〈entfliehen〉 あやうく死をまぬがれる | **dem ~ ins Auge sehen** 〈**schauen**〉 死に直面する, 死境をさまよう ‖ **weder ~ noch Teufel fürchten** 何物をもおそれない ‖ **mit dem ~**〔***e***〕**ringen** 死神と戦う;《比》危篤状態である | mit dem ~*e* spielen (命知らずに)死とたわむれる | ***sich***[4] **nicht vor ~ und Teufel fürchten** 何者をもおそれない ‖ ***Tod* und Teufel!** こんちくしょう | Der ~ steht vor der Tür./ Der ~ klopft an. 死がすぐそこまで迫っている | Auf der Straße lauert der ~. 街頭では死が待ち受けている | blaß 〈bleich〉 wie der ~ sein 死神のように青ざめている | Er sieht aus wie der leibhaftige ~. 彼はまるで死神のように骨と皮ばかりだ〈青い顔をしている〉.

3 (Brand)〘農〙(作物の) 黒穂(くろほ)病, さび〈うどんこ〉病.

[*germ.*; ◇tot; *engl.* death]

tod..《「死」を意味するほか口語では形容詞につけて「ひどく・きわめて」を意味し, ふつうアクセントは基礎語にもおかれる》: *tod*langweilig ひどく退屈な | *tod*sicher きわめて確実な.

to̤d≈a̤n·stän·dig[tó:t|ánʃtɛndıç][2] 形《話》きわめて礼儀正しい. ≈**ba̤ng** 形《雅》死ぬほど心配な.

to̤d·be·reit 形《雅》死を覚悟した.

to̤d≈blaß 形, ≈**ble̤ich** 形 (死神のように) ひどく青ざめた, (顔色が) まっさおな.

to̤d·brin·gend 形 死をもたらす, 致命的な.

To̤d·dy[tɔ́di·] 男 -〔s〕/-s **1** (パルミラヤシの樹液を発酵させてつくる) 椰子(やし)酒, 棕櫚(しゅろ)酒. **2** トディ(ウイスキーやブランデーに水か湯を加え, 砂糖・香味料などを加味した飲み物).

[*Hindi*-*engl.*; <*Hindi* tār „Palmyra“]

to̤d≈e̤lend[tó:t|é:lɛnt][1] 形 ひどくみじめな, 悲惨きわまる, 惨憺(さんたん)たる. ≈**e̤rnst** 形《話》ごくまじめな, 真剣な; きわめて深刻〈重大〉な.

To̲·des≈a̲h·nung[tó:dəs..] 女 死の予感. ≈**angst** 女 **1** 死の恐怖〈不安〉;〘医〙死亡恐怖症, 恐死症. **2** 死ぬほどの恐怖〈不安〉, 命も縮まる恐ろしさ. ≈**an·zei·ge** 女 (新聞などに出す) 死亡広告; (書状による) 死亡通知. ≈**a̲rt** 女 死に方, 死にざま. ≈**da̲·tum** 中 死亡年月日. ≈**er·klä̲·rung** 女〘法〙死亡宣告. ≈**fall** 男 (具体的に起こった) 死亡〔例〕: Er hat neulich einen ~ in der Familie. 最近彼の家族が一人死んだ. ≈**fol·ge** 女 -/ 死という結果: Körperverletzung mit ~〘法〙傷害致死. ≈**furcht** 女 =Todesangst ≈**ge·fahr** 女 (Lebensgefahr) 死の危険: *sich*[4] in ~ befinden 生命の危険にさらされている | in ~ schweben 生死の境をさまよっている. ≈**ja̲hr** 中 死亡の年, 没年. ≈**kampf** 男 死〔神〕との戦い, 死に際〈断末魔〉の苦しみ;〘医〙死戦. ≈**kan·di·da̲t** 男 死を間近に控えた〈余命いくばくもない〉人. ≈**kom·man·do** 中 決死的任務; 決死隊. ≈**kuß** 男 死神の口づけ. ≈**mu̲t** 男 決死の覚悟.

to̲·des·mu̲·tig 形 決死の, 死にもの狂いの.

To̲·des≈nach·richt 女 訃報(ふほう). ≈**no̲t** 女 **1** 死〈断末魔〉の苦しみ. **2** 生命の危険に臨んだ苦境. ≈**op·fer** 中 (事故・災害・疫病などの際に死亡した) 犠牲者. ≈**pein** 女 -/《雅》=Todesnot 1 ≈**qual** 女 -/-en《ふつう複数で》《雅》=Todesnot 1 ≈**ra̲·te** 女 死亡率. ≈**schuß** 男 命とりの〈致命的な〉射撃. ≈**schwa·dro̲n** 女 (テロ行為による反対派弾圧などを仕事とする) 殺人中隊. ≈**se̲hn·sucht** 女 死へのあこがれ. ≈**spi·ra̲·le** 女〘スケート〙(フィギュアスケーティングのペアの演技での) デス=スパイラル. ≈**star·re** 女〘医〙死後硬直. ≈**sto̲ß** 男 命とりの〈致命的な〉一突き;《比》最後のとどめ: *jm.* den ~ geben …にとどめを刺す | ***jm.*** 〈***et.***[3]〉 **den ~ geben** 〈**versetzen**〉《雅》…に致命的打撃を与える. ≈**stra̲·fe** 女 死刑: die ~ abschaffen 死刑を廃止する | gegen *jn.* die ~ aussprechen …に死刑を宣告する. ≈**strei·fen** 男 =Todeszone ≈**stun·de** 女 死亡時刻: 臨終. ≈**ta̲g** 男 死亡の日; 忌日, 命日. ≈**trieb** 男〘心〙(Freud の学説の) 死の本能. ≈**u̲r·sa·che** 女 死因. ≈**ur·teil** 中 死刑の宣告. ≈**ver·ach·tung** 女 死を軽んじること: **mit ~**《戯》嫌悪感を抑えて〈隠して〉. ≈**ver·mu̲·tung** 女〘法〙死亡推定. ≈**wun·de** 女 致命傷.

to̲·des·wür·dig 形 死〔罪〕に値する: ein ~*es* Verbrechen 天人ともに許さぬ犯罪.

To̤·des⸗zei·chen 中《医》死徴. **⸗zel·le** 女 死刑囚用の囚人房. **⸗zo̤·ne** 女 (生命の危険のある)立ち入り禁止地帯.

to̤d·fe̤ind[tó:tfáınt] 形《述語的》仇敵(きゅうてき)の: *jm.* ～ sein …に対してはげしい敵意を抱いている, …を仇敵視している.

To̤d·feind[∠－] 男 不倶(ふぐ)戴天(たいてん)の敵, 仇敵(きゅうてき).

To̤d·feind·schaft 女 -/ todfeind なこと〈関係〉.

to̤d·ge·weiht 形 死神にささげられた, 死ぬと決まった, 死を間近に控えた〈のがれられぬ〉.

to̤d⸗gṳt 形《話》きわめて良い〈善良な〉. **⸗hṳng·rig** 形《話》ひどく空腹の. **⸗kra̤nk** 形 (死を予想されるほど)重病の; 危篤の. **⸗la̤ng·wei·lig** 形《話》ひどく退屈な.

tö̤d·lich[tø:tlıç] 形 **1** 命取りとなる, 致命的な, 致死の: eine ～*e* Gefahr 生命をおびやかす危険 | eine ～*e* Verletzung 致命傷 | Körperverletzung mit ～*em* Ausgang 《法》傷害致死 ‖ Er ist ～ verunglückt. 彼は事故で死んだ. **2**《話》極度の, ひどい: ～*er* Haß はげしい憎悪 | mit ～*er* Sicherheit 絶対確実に ‖ *jn.* ～ beleidigen …にひどい侮辱を与える | *sich*[4] ～ langweilen ひどく退屈する.

to̤d⸗matt[tó:tmát] 形, **mṳ̈·de** 形《話》死ぬほど疲れた, 疲労困憊(こんぱい)した, へとへと〈くたくた〉になった. **⸗schi̤ck** 形《話》とても粋(いき)な, きわめて洗練された. **⸗si̤·cher** 形《話》きわめて確実な. **⸗sti̤ll** 形 ひっそりと静まり返った.

To̤d·sün·de 女《カトリック》(神の恩恵を失う)大罪: die sieben ～*n* 七つの大罪(高慢・吝嗇(りんしょく)・肉の快楽・嫉妬(しっと)・飽食・憤怒および懈怠(けたい)).

to̤d⸗traṳ·rig 形《話》ひどく悲しい. **⸗ṳ̈bel** 形《話》きわめて悪い; (気分が)ひどく悪い. **⸗ṳn·glück·lich** 形《話》ひどく不幸な. **⸗wṳnd**[また: ∠⌣] 形 致命傷を負った.

töff[tœf] **I** 間《ふつう töff, töff とくり返して》(オートバイ・小型自動車などのクラクションの音, またその走る音)ブーブー, パッパー, バタバタ. **II Töff** 中 男 -s/-s《スイス》《話》(Motorrad) オートバイ.

To̤f·fee[tɔ́fi·, tɔfé:, tɔ́fe·] 中 -s/-s タフィー(キャンデーの一種). [*engl.*]

To̤f·fel[tɔ́fəl] 男 (**Tö̤f·fel**[tœ́fəl]) 男 -s/- 《話》(不作法で気のきかない)まぬけ野郎, 無骨者. [＜Stoffel]

tö̤f·fen[tœ́fən] 自 (h) (クラクションを)ブーブー鳴らす.

Tö̤ff·töff[tœ́ftœf] 中 -s/-s《幼児語》ブーブー(オートバイや小型自動車を指して).

To̤·fu[tó:fu·] 男 -〔s〕/《料理》豆腐. [*japan.*]

To̤·ga[tó:ga·] 女 -/..gen[..gən] トーガ(古代ローマ人の着用した外出用のゆったりした長上着: → ⊛ Römer). [*lat.*; ＜*lat.* tegere (→decken); ◇Dach]

To̤·go[tó:go·] 地名 トーゴ(西アフリカの共和国. 1960年にフランスから独立した. 首都はロメ Lomé).

To̤·go·er[..goər] 男 -s/- トーゴ人.

to̤·go·isch[..goıʃ] 形 トーゴの.

To·go·le̤·se[togolé:zə] 男 -n/-n ＝Togoer

to·go·le̤·sisch[..zıʃ] ＝togoisch

To·hu·wa·bo̤·hu[to(:)huvabó:hu·, ∠⌣⌣∠⌣] 中 -〔s〕/-s 混沌(こんとん), 混乱, 無秩序(聖書: 創 1, 2 から): Im Haus herrschte ein großes ～. 家の中は大混乱だった. [*hebr.* tōhū wā bōhū „Wüste und Öde"; ◇*engl.* tohubohu]

toi →toi, toi, toi [擬音]

Toile[toá:l, twal] 男 -s/-s《織》トワール(薄地の亜麻や〔人〕絹などの織物の総称). [*lat.* tēla „Gewebe"－*fr.*; ◇Text]

Toi·le̤t·te[toalέtə] 女 -/-n **1 a)** 〔洗面所つきの〕便所, トイレット; 化粧室: eine öffentliche ～ 公衆便所 | auf die ～ 〈in die ～ / zur ～〉 gehen 便所に行く. **b)** (Klosettbecken) (便所の)便器: auf der ～ sitzen 便器に腰を下ろしている. **2** (女性の)晴れ着, 社交用衣装: in großer ～ 盛装して. **3**《単数で》《雅》(女性の)化粧, 身じまい, 身づくろい: die morgendliche ～ 朝のお化粧〈身づくろい〉| ～ machen 化粧する, おめかしをする | Sie ist gerade bei der ～. 彼女はいま化粧中である. [*fr.*; ◇*engl.* toilet]

Toi·le̤t·ten⸗ar·ti̤·kel[toalέtən..] 男 化粧用品. **⸗becken** 中 (便所の)便器. **⸗beu·tel** 男 (旅行用の)洗面用具〈化粧品〉入れ, 化粧ポーチ. **⸗bür·ste** 女 トイレ〈便器〉用ブラシ. **⸗frau** 女 公衆便所の番人兼掃除婦. **⸗gar·ni·tṳr** 女 化粧道具一式(くし・ブラシ・手鏡など). **⸗ge·heim·nis·se** 複 化粧の秘訣(ひけつ). **⸗pa·pier** 中 トイレット=ペーパー. **⸗schüs·sel** 女 (便所の)便器. **⸗sei·fe** 女 化粧せっけん. **⸗spie·gel** 男 化粧鏡, 姿見. **⸗tisch** 男 化粧台, 鏡台. **⸗was·ser** 中 -s/..wässer 化粧水.

Toise[toá:s][1] 女 -/-n[..zən] トワーズ(昔フランスで用いられた長さの単位: 1. 949m). [*vulgärlat.*－*fr.*; ◇Tension]

to̤i, to̤i, to̤i[tɔʏ tɔʏ tɔʏ] 間《話》(本来は嫉妬(しっと)深い悪魔の介入を恐れて唾(つば)を吐く音) **1**《身近の好ましい状態についてうっかり口にした後で指で机などをたたきながら; しばしば unberufen を伴って》くわばらくわばら, まっぴらまっぴら, お助けお助け: Da habe ich wieder Glück gehabt, 〔unberufen〕 ～! 私はまた幸運だったよ〔あ 言わなきゃよかった〕くわばらくわばら. **2** (成功を願って)しっかり, がんばってな, うまくゆくようにな: Ich habe morgen die Prüfung.－Na, dann ～! 私はあす試験を受ける－じゃしっかりね.

To·ka̤i·er ＝Tokajer

To̤·kaj[tó:kaı, tókɔj] 地名 トカイ(ハンガリーの町で, ワインの産地として知られる).

To̤·ka·jer[tó:kaıər, tokáıər, tókajər] (**To·ka̤i·er**[tokáıər]) **I** 男 -s/- **1** トカイの人. **2** トカイ産ワイン. **II** 形《無変化》トカイの.

To̤·ka·jer·wein 男 ＝Tokajer I 2

To̤·kio[tó:kio·] 地名 東京(ドイツでは Tokyo より Tokio とつづることが多い).

To̤·kio·er[tó:kioər] (**To·kio̤·ter**[tokió:tər]) **I** 男 -s/- 東京の人. **II** 形《無変化》東京の.

Tok·ka̤·ta[tɔká:ta·] 女 -/..ten[..tən] 《楽》トッカータ(主として17-18世紀の器楽形式). [*it.* „Schlagen"]

tok·ki̤e·ren[tɔkí:rən] 他 (h) 《美》筆の軽いタッチで描く. [*it.* „berühren"; ◇touchieren]

To·ko·go·ni̤e[tokogoní:] 女 -/-n[..ní:ən] (↔Archigonie) 《生》有親発生. [＜*gr.* tókos „Geburt"]

To·ko·lo·gi̤e[tokologí:] 女 -/ 産科学(分娩(ぶんべん)や妊産婦の看護・処置などを扱う).

to·ko·lo̤·gisch[..ló:gıʃ] 形 産科学〔上〕の.

To̤·kus[tó:kʊs] 男 -/-se《方》(Hintern) 尻(しり), 臀部(でんぶ). [*hebr.*－*jidd.*]

Tö̤·le[tø:lə] 女 -/-n **1**《北部》《話》犬, 野良犬, 駄犬. **2**《話》(女役の)同性愛の男, おかま.

To·le̤·do[tolé:do·, toléðo·] 地名 トレード(スペイン中部の古都).

to·le·ra̤·bel[tolerá:bəl] (..ra·bl..) 形 許容しうる, 我慢できる. [*lat.*]

to·le·ra̤nt[tolerά nt] 形 (↔intolerant) 寛容な, 寛大な; 《話》(性的に)開けた: ein ～*er* Mensch 寛容な人 ‖ gegen *jn.* 〈*et.*[4]〉 ～ sein / gegenüber *jm.* 〈*et.*[3]〉 ～ sein …に対して寛容である | *sich*[4] ～ verhalten 寛大な態度をとる. [*lat.*－*fr.*]

To·le·ra̤nz[toleránts] 女 -/-en **1**《単数で》(↔Intoleranz) 寛容, 寛大, 容認: religiöse ～ 宗教上の寛容 | gegen *jn.* 〈*et.*[4]〉 ～ üben / gegenüber *jm.* 〈*et.*[3]〉 ～ üben …に対して寛容な態度をとる. **2**《工》公差, 許容差(機械の工作寸法などに許される誤差の範囲): eine ～ von plus oder minus 1 mm プラスまたはマイナス 1 ミリの公差. **3**《単数で》(↔Intoleranz) 《医》(薬品・毒物などに対する)耐性. [*lat.*]

To·le·ra̤nz⸗be·reich 男 許容範囲. **⸗brei·te** 女 許容幅(はば). **⸗do̤·sis** 女《医》(放射線の生物にとっての)許容〔線〕量; (有害物質などの生物にとっての)許容〔薬〕量. **⸗edikt** 中《史》宗教寛容法(1689年に成立した英国の信教自由条例). **⸗gren·ze** 女, **⸗schwel·le** 女 許容限界.

to·le·ri̤er·bar[tolerí:rba:r] ＝tolerabel

to·le·ri̤e·ren[tolerí:rən] 他 (h) **1** 許容〈容認〉する, 黙認〈黙許〉する, 大目に見る: *js.* Meinung ～ …の意見を許容する | *js.* Verhalten ～ …の態度を黙認する. **2**《工》(機械の誤差などを)許容する. [*lat.*; ◇dulden; *engl.* tolerate]

To·le·ri̤e·rung[..rʊŋ] 女 -/-en tolerieren すること.

toll[tɔl] 形 **1** 気の狂った; 気違いじみた, ばかげた, とてつもない: ein ~*er* Mensch 狂人 | ein ~*er* (=tollwütiger) Hund 狂犬 ‖ ein ~*er* Lärm ひどい騒音 | eine ~*e* Zumutung ばかげた要求 | auf einen ~*en* Gedanken kommen 突拍子もないことを思いつく ‖ Er war ~ vor Schmerz ⟨Verzweiflung⟩. 彼は痛さ⟨絶望⟩のあまり気も狂わんばかりだった | Bist du wohl ~? (そんなことをするなんて)君は気でも狂ったのか⟨気は確かなのか⟩ | nach *et.*³ 〔wie〕 ~ sein 気の狂ったように…を欲しがる | Dieser Lärm macht mich noch ganz ~. こうやかましくては私は頭がおかしくなってしまう ‖ *sich*⁴ wie ~ benehmen 気違いじみた振舞いをする | Er treibt es zu ~. 彼のやりかたはひどすぎる.

2 羽目をはずした, むちゃくちゃな, 向こう見ずの: ein ~*er* Plan 無謀な計画 | ein ~*er* Streich 無鉄砲ないたずら | in ~*er* Laune sein はしゃいだ気分でいる | in einem ~*en* Tempo fahren むちゃなスピードで車を飛ばす ‖ Auf dem Fest ging es ~ zu. パーティーでは羽目をはずした大騒ぎだった | ~ und voll sein《話》酔っぱらっている | *sich*⁴ ~ und voll essen《話》すごくたくさん食べる.

3《話》(doll) **a**) すばらしい, すてきな: ein ~*er* Bursche すてきな若者 | ein ~*er* Einfall ⟨Wagen⟩ すばらしい思いつき⟨かっこいい車⟩ ‖ Das ist aber ~! そいつはすばらしい ‖ Sie fährt einfach ~. 彼女の運転ぶりは全く大したものだ. **b**) (程度を強めて)ものすごい, たいへんな: eine ~*e* Kälte ものすごい寒さ | ~*en* Durst haben すごくのどが渇いている ‖ Es hat ~ geschneit. 途方もない大雪が降った | Ich freue mich ganz ~ auf dein Kommen. 君が来てくれるのがとても楽しみだ | Er war ~ betrunken. 彼は泥酔していた.

[*westgerm.* „getrübt"; ◇dumm; *engl.* dull]

toll·dreist 形 ひどく厚かましい⟨ずうずうしい⟩.

Tol·le[tɔ́lə] 女 -/-n《話》(Haartolle) (額に垂れた)毛髪の房, 前髪. [<Dolde]

tol·len[tɔ́lən] 自 (h, s) (子供などが)〔気が狂ったように〕騒ぎ⟨はしゃぎ⟩回る (h, s について: →schwimmen I 1 ☆).

Tol·le·rei[tɔlərái] 女 -/-en《話》騒ぎ⟨はしゃぎ⟩回ること: aus 〔lauter〕 Jux ⟨Spaß⟩ und ~ (→Jux, →Spaß 1).

Toll≈haus[tɔ́l..] 中 (Irrenhaus) (昔の)精神病院: Hier geht es zu wie im ⟨in einem⟩ ~.《話》ここはまるで精神病院みたいだ(むちゃくちゃだ) | Das ist ein Stück aus dem ~! これは全くひどい⟨信じられない⟩. **≈häus·ler** 男 (昔の)精神病院の患者, 狂人.

Toll·heit[tɔ́lhaɪt] 女 -/-en **1**《単数で》toll なこと. **2** toll な言動.

Toll≈kir·sche[tɔ́l..] 女〘植〙ベラドンナ(ナス科の有毒植物で, 根茎を薬用とする). **≈ki·ste** 女《話》=Tollhaus **≈kopf** 男《俗》頭のおかしなやつ. **≈kraut** 中〘植〙ハシリドコロ(走野老)属(ナス科の有毒植物で, 根茎を薬用とする).

toll·kühn[tɔ́lky:n] 形 無謀な, 向こう見ずな, 大胆きわまる, 蛮勇⟨暴勇⟩の: ein ~*er* Bursche 向こう見ずな若者 | einen ~*en* Entschluß fassen 無謀な決心をする.

Toll·kühn·heit[−haɪt] 女 -/-en **1**《単数で》tollkühn なこと. **2** tollkühn な言動.

Toll·patsch[tɔ́lpatʃ] 男 -〔e〕s/-e =Tolpatsch

toll·pat·schig[..tʃɪç]² =tolpatschig

Toll·wut[tɔ́lvu:t] 女〘医〙狂犬病, 恐水病.

toll·wü·tig[..vy:tɪç]² 形 狂犬⟨恐水⟩病の: ein ~*er* Hund 狂犬.

Tol·patsch[tɔ́lpatʃ] 男 -〔e〕s/-e《話》不器用な人, 無骨者. [*ungar.* talpas „breitfüßig"; <*ungar.* talp „Sohle"]

tol·pat·schig[..tʃɪç]² 形《話》不器用な, 無骨な.

Töl·pel[tœ́lpəl] 男 -s/- **1**《軽蔑的に》うすのろ, ばか, とんま. **2**〘鳥〙カツオドリ(鰹鳥).

[*mndl.* dorpere−*mhd.*; <*mndl.* dorp (◇Dorf)]

Töl·pe·lei[tœlpəlái] 女 -/-en《軽蔑的に》不器用なこと; とんま, 愚鈍; 間の抜けた言動.

töl·pel·haft[tœ́lpəlhaft] 形《軽蔑的に》ぶきっちょな, 間の抜けた, とんまな.

töl·peln[tœ́lpəln]《06》自 (h, s) 不器用な⟨間の抜けた⟩挙動をする; 不器用に動く (h, s について: →schwimmen I 1 ☆).

töl·pisch[..pɪʃ] =tölpelhaft

Tol·stoi[tɔlstɔ́ʏ] 人名 Lew ~ レフ トルストイ(1828-1910; ロシアの作家. 作品『復活』『戦争と平和』など).

Tol·te·ke[tɔlté:kə] 男 -n/-n トルテック人(10世紀ごろ中央メキシコに栄えたインディオ). [*indian.*−*span.*]

tol·te·kisch[..kɪʃ] 形 トルテック人⟨文化⟩の.

To·lu·bal·sam[tó:lubalzam] 男 -s/ トルーバルサム(中米産マメ科の木であるミロキシロンの芳香樹脂で, 香水などに用いる). [<Tolú (コロンビアの港町); ◇*engl.* tolu]

To·lui·din[toluidí:n] 中 -s/〘化〙トルイジン. [<..id² +..in²]

To·luol[toluó:l] 中 -s/〘化〙トルエン, トルオール. [<*lat.* oleum (→Öl)]

To·luol·ver·gif·tung[toluó:l..] 女 トルエン中毒.

Tom. 略 =Tomus

To·ma·hawk[tɔ́maha:k, ..hɔ:k] 男 -s/-s トマホーク(アメリカ=インディアンの戦の斧(おの): → 図). [*indian.*−*engl.*]

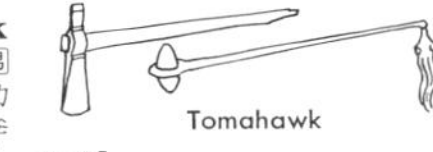

To·ma·te[tomá:tə] 女 -/-n **1**〘植〙トマト: ~*n* anbauen トマトを栽培する. **2** トマト(の実): reife ⟨noch grüne⟩ ~*n* 熟した⟨まだ青い⟩トマト ‖ eine faule ~《話》役立たず | 〔**eine**〕 **treulose ~**《話》信用できない⟨あてにならない⟩人 ‖ rot wie eine ~ werden (羞恥(しゅうち)・狼狽(ろうばい)などのために)真っ赤になる ‖ **~*n* auf den Augen haben**《話》節穴同然の目をもっている | ~*n* unter den Augen haben《話》目にくまがある; 疲れた⟨病気の⟩ような様子をしている | ~*n* auf der Brille haben《話》ばかである. [*aztek.* tomatl−*span.*−*fr.*; <*aztek.* tomana „anschwellen"; ◇*engl.* tomato]

To·ma·ten≈ketch·up (≈**ke·tschup**)[..kɛtʃap] 男 中〘料理〙トマトケチャップ. ≈**mark** 中〘料理〙トマトピューレ.

to·ma·ten·rot 形 トマトのように真っ赤な.

To·ma·ten≈saft 男 トマトジュース. ≈**sa·lat** 男 トマトサラダ. ≈**so·ße** (≈**sau·ce**[..zo:sə]) 女 トマトソース. ≈**sup·pe** 女 トマトスープ.

to·ma·ti·sie·ren[tomatizí:rən] 他 (h)〘料理〙《*et.*⁴》(…に)トマトピューレ⟨トマトソース⟩を混ぜる.

Tom·bak[tɔ́mbak] 男 -s/ トンバック(銅と亜鉛からなる模造金で工芸品に愛用される). [*malai.* „Kupfer"−*ndl.*]

tom·ba·ken[..kən] 形《付加語的》トンバック製の.

Tom·bo·la[tɔ́mbola·] 女 -/-s (..len[..lən]) トンボラ(祝祭や慈善のための催しの際に行われる福引き: → 図 Rummelplatz): eine ~ veranstalten トンボラを催す | *et.*⁴ bei einer ~ gewinnen …をトンボラで手に入れる.

[*it.*; <*it.* tombolare „purzeln"]

▽**To·mi** Tomus の複数.

..tomie[..tomi:]《「切開・切断」を意味する女性名詞 (-/-n) をつくる》: Ana*tomie* 解剖学 | Auto*tomie*〘動〙自切 | Ek*tomie*〘医〙切除術 | Laryngo*tomie*〘医〙喉頭(こうとう)切開〔術〕 | Stereo*tomie* 截石(せっせき)法.

[*gr.*; <*gr.* témnein „schneiden"]

Tom·my[tɔ́mi·] 男 -s/-s《話》英国兵. [*engl.*; <Thomas]

To·mo·graph[tomográ:f] 男 -en/-en〘医〙断層撮影装置.

To·mo·gra·phie[..grafí:] 女 -/ (Schichtenaufnahme)〘医〙断層撮影〔法〕.

▽**To·mus**[tó:mʊs, tɔ́mʊs] 男 -/Tomi[..mi·] (略 T., Tom.) (本の)章; 巻. [*gr.* tómos „Schnitt"−*lat.*; <*gr.* témnein (→..tomie); ◇*engl.* tome]

Ton¹[to:n] 男 -〔e〕s/ (種類: -e) 粘土, 陶土: grober ⟨feiner⟩ ~ きめの粗い⟨細かい⟩粘土 ‖ *et.*⁴ aus ~ kneten 粘土をこねて…を作る | Herr, du bist doch unser Vater! Wir sind ~, du bist unser Töpfer. 主よ あなたはやはり我々の父です. 我々は陶土であるのに対し あなたは陶工です(聖書: イザ64, 8). [*germ.*; ◇dicht]

Ton²[to:n] 男 -〔e〕s/Töne[tǿ:nə] **1 a**) 音, 響き; 音響; 音声: ein lauter ⟨leiser⟩ ~ 大きな⟨静かな⟩音 | der summende ~ eines Motors モーターのブンブンいう音 ‖ schril-

T

le *Töne* hören lassen 金切り声をあげる. **b**) 〘楽〙音, 楽音; (一般に)音色(ねいろ), 音調; 音の高さ; 音の調子: ein ganzer ⟨halber⟩ ~〘楽〙全音⟨半音⟩ | der ~ G〘楽〙ト音 | der angenehme ~ ihrer Stimme 彼女の声の感じのいい響き ‖ den ~ A 〔auf dem Klavier〕 anschlagen 〔ピアノで〕イ音を出す | den Sängern den ~ angeben 歌手たちに出だしの音を出して聞かせる | **den ~ angeben**《比》音頭をとる, 先頭に立つ, 主役を務める(→tonangebend) | In der Gesellschaft gibt sie immer den ~ an. 社交界では彼女はいつもリーダーだ | den ~ halten 音の高さを守る | einen edlen ~ haben (楽器が)上品な音色をしている | den ~ verloren haben《話》我を忘れてしまっている; どうしていいか分からなくなっている | nicht alle *Töne* auf der Flöte ⟨der Zither⟩ haben《話》ちょっと頭が変である ‖ **aus** dem ~ kommen 調子が狂う;《話》冷静さを失う | **in** großen *Tönen* sprechen《俗》大言壮語する | *et.*[4] in allen *Tönen* loben《話》…をさんざん褒めそやす | **in den höchsten *Tönen* von *et.*[3] sprechen**《話》…をやたらと褒める | ein Instrument um einen halben ~ höher ⟨tiefer⟩ stimmen 楽器を半音だけ高く⟨低く⟩調律する ‖ **Der ~ macht die Musik.**《話》ものは言いかたが肝心だ(音調が音楽をつくる). **c**) 〘映・放送〙音, 音声: den ~ steuern ⟨überwachen⟩ 音を調節⟨監視⟩する.

2 a) (Akzent, Betonung) 〘言〙強音, アクセント; 抑揚, イントネーション: den ~ tragen ⟨haben⟩ アクセントを持っている | den ~ auf *et.*[4] legen …にアクセントを置く;《比》…を強調する | mit fallendem ⟨steigendem⟩ ~ enden (文章のイントネーションが)しり下がり⟨しり上がり⟩になっている | Beim Wort „antworten“ liegt der ~ auf der ersten Silbe ⟨fällt der ~ auf die erste Silbe⟩. antworten という単語のアクセントは第 1 音節にある. **b**) (中国語などにおける)音⟨声⟩調(→Tonem): die vier *Töne* (中国語の)四声 | der erste ~ (中国語の)第一声, 上平声.

3 (絵・写真などの)色の調子, 色調, 色あい: ein Gemälde in düsteren *Tönen* 陰鬱(いんうつ)な色調の絵 | *et.*[4] 〔um〕 einen ~ dunkler ausführen …を心もち暗めに描く | Die Farbe ist 〔um〕 einen ~ zu dunkel. 色あいがもうひとつ暗すぎる ‖ Ein grauer ~ lag über der Landschaft. その風景はグレーの色調におおわれていた.

4《単数で》話し方, 口調, 語調, 語気; 文章スタイル, 文体: *jm.* gegenüber einen frechen ~ anschlagen …に対して不作法な口のきき方をする | **einen anderen ⟨schärferen⟩ ~ anschlagen**《比》これまでとは別な⟨より厳しい⟩態度をとる | **einen 〔furchtbaren〕 ~ am Leib haben**《話》ひどい口のきき方をする | Solchen ~ verbitte ich mir! そういう口のきき方は願いさげだよ ‖ mit *jm.* in freundlichem ~ sprechen …と愛想のいい調子で話す | *sich*[4] im ~ vergreifen (…に対して)不適当な口のきき方をする ‖ Der ~ ihres Briefs war höflich. 彼女の手紙の調子はていねいだった | Was ist das für ein ~? そんな口のきき方ってあるかい.

5《話》言葉; 発音: keinen ~ sagen / keinen ~ von *sich*[3] geben うんともすんとも言わない | keinen ~ herausbringen ⟨hervorbringen⟩ (興奮したり声がかれたりして)ちっとも声が出ない | keinen ~ von *sich*[3] hören lassen ちっとも便りをよこさない, 音信不通である | über *et.*[4] keinen ~ verlauten lassen …についてひとこともしゃべらない | **dicke ⟨große⟩ *Töne* reden ⟨schwingen / spucken⟩**《話》大言壮語する | Haste ⟨Hast du⟩ *Töne*? こいつは驚いたなあ; そんなばかな | Red keine *Töne*! ばかなことを言うな.

6《単数で》礼儀, 作法, しきたり: **der gute ⟨feine⟩ ~** エチケット ‖ den guten ~ verletzen エチケットに違反した行為をする | Das gehört zum guten ~. それはエチケットにかなっている | Bei uns herrscht ein freier ~. 我々はざっくばらんな付きあいをしている.

[*gr.* tónos (→Tonus) – *mlat.* – *ahd.*]

Ton·ab·neh·mer[tó:n..] 男 (レコードプレーヤーの)ピックアップ. **·ab·stand** 男 (Intervall) 〘楽〙音程. **·ak·zent** 男 (↔Druckakzent) 〘言〙高さアクセント.

to·nal[toná:l] 形 (↔ atonal) 〘楽〙調性の, 有調の. [*mlat.*]

To·na·li·tät[tonalitɛ́:t] 女 -/ 〘楽〙調性.

ton·an·ge·bend[tó:n..] 形《副詞的用法なし》音頭取りの, 指導的な役割を演じている.

Ton·an·ge·ber 男 音頭取り, 指導者, リーダー. **·an·la·ge** 女 (マイク・スピーカーなど)音響設備. **·arm** 男 (レコードプレーヤーの)トーンアーム. **·art** 女 **1** 〘楽〙 **a**) (長調・短調の)調: ein Stück aus einer ~ in eine andere transponieren ある曲を移調する | In welcher ~ steht das Stück? この曲は何調ですか | in allen ~*en*《比》言葉を尽くして, おどしたりすかしたりしながら. **b**) (Kirchentonart) (中世の)教会旋法: die dorische ⟨ionische⟩ ~ ドーリア⟨イオニア⟩旋法. **2** 語調, 口調: **eine andere ⟨schärfere⟩ ~ anschlagen**《比》これまでとは別な⟨より厳しい⟩態度をとる.

ton·ar·tig[tó:n..] 形 粘土質の.

Ton·art·vor·zeich·nung 女 〘楽〙調号(→ 図 Note).

Ton·as·si·stent 男 (映画スタジオなどの)録音助手. **·auf·nah·me** 女 録音.

Ton·auf·nah·me·ge·rät 中 録音機, 録音装置.

Ton·auf·zeich·nung 女 (レコード・テープなどへの)録音. **·band** 中 -〔e〕s/..bänder 録音テープ: ein ~ abhören ⟨vorführen⟩ テープを聞く⟨聞かせる⟩ | ein ~ besprechen テープに吹き込む | ein ~ einspannen ⟨abspulen⟩ テープをはめる⟨巻き取る⟩ ‖ *et.*[4] auf ~[4] sprechen ⟨aufnehmen⟩ …をテープに吹き込む⟨録音する⟩.

Ton·band·auf·nah·me 女 テープ録音: eine ~ machen テープに録音する | *sich*[3] eine ~ anhören 録音したテープを聞く. **·ge·rät** 中 テープレコーダー. **·kas·set·te** 女 (録音用の)カセットテープ.

Ton·be·zeich·nung 女 〘楽〙音名〔による音の表示〕.

Ton·bild·schau 女 トーキー付きスライド映写.

Ton·blen·de 女 (ラジオなどの)音質調整ダイヤル, トーンコントロール.

Ton·bo·den[tó:n..] 男 〘地〙埴土(しょくど).

Ton·buch·sta·be 男 〘楽〙音名〔に用いられる文字〕. **·dich·ter** 男《雅》(Komponist) 作曲家. **·dich·tung** 女 **1**《雅》作曲. **2** 〘楽〙交響詩.

Ton·do[tóndo·] 中 -s/-s, ..di[..di·] 〘美〙円形絵画(特に15-16世紀のフィレンツェの).
[*it.*; < *lat.* rotundus (→Rotunde)]

Tö·ne Ton[2]の複数.

Ton·ei·sen·stein[tó:n..] 男 〘鉱〙粘土菱(りょう)鉄鉱.

To·nem[toné:m] 中 -s/-e 〘言〙音調⟨声調⟩素, トネーム(中国語などにおける音韻論的に有意な音節音調の型: →Ton[2] 2 b).

to·nen[tó:nən] **I** 他 (h) 〘写〙調色する. [▽]**II** 自 (h) 音を出す, 響きわたる.

tö·nen[tø:nən] **I** 自 (h) **1**《雅》音をたてる, 鳴る, 響く: Die Glocke *tönt.* 鐘が鳴っている. **2**《話》大言壮語する, 得々としゃべる: über *et.*[4] ⟨von *et.*[3]⟩ lang und breit ~ …について長々と吹きまくる. **II** 他 (h) **1** (*et.*[4]) (…の)色をかえる, (…に)ある色調を与える: *sich*[3] das Haar dunkel ~ ⟨~ lassen⟩ 髪を黒く染める⟨染めてもらう⟩ | Die Zimmerdecke ist hellgelb *getönt.* 天井の色調は明るい黄である ‖ *getönte* Brillengläser めがねの色つきレンズ ‖ blond *getöntes* Haar ブロンドに染めた髪. **2**《話》偉そうに宣言する. **3**《話》einen ~ 一杯ひっかける. **III tö·nend** 現分 形 **1** よく響く: mit ~*er* Stimme singen 張りのある声で歌う. **2** 響きはよいが内容空疎な: eine ~*e* Phrase から念仏. [*mhd.*; ◇Ton[2]]

Ton·er·de[tó:n..] 女 -/ 〘鉱〙礬土(ばんど), アルミナ, 泥質土.

Ton·er·de·mi·ne·ral 中 〘鉱〙粘土鉱物.

tö·nern[tø:nərn] 形《付加語的》粘土〔製〕の, 陶器の: ~*es* Geschirr 陶器製の食器 | eine ~*e* Vase 陶器製の花瓶 ‖ auf ~*en* Füßen stehen (→Fuß 1 a) | ein Koloß mit ~*en* Füßen (→Koloß 1).

Ton·fall[tó:n..] 男《ふつう単数で》**1** 音の抑揚: bairischer ~ バイエルン方言流の抑揚. **2** 口調, 語り口: *et.*[4] in freundlichem ~ sagen …を愛想のいい調子で言う. **·far·be** 女 音色. **·film** 男 (↔Stummfilm) 〘映〙トーキー, 発声映画. **·fol·ge** 女 〘楽〙音の連なり, (短い)メロディー. **·fre·quenz** 女 〘電〙音響⟨可聴⟩周波数.

Tọn·ga[tɔ́ŋga·] **I** 地名 トンガ(トンガ諸島にある Polynesien の王国で, 首都はヌクアロファ Nuku'alofa). **II** 中 -〔s〕/ トンガ語.

Tọn·ga·er[tɔ́ŋgaər] 男 -s/- トンガ人.

die **Tọn·ga·in·seln**[tɔ́ŋga|ɪnzəln] 地名 複 トンガ諸島(南太平洋中央部にあり, 三つの群島からなる).

tọn·ga·isch[tɔ́ŋga-ɪʃ] 形 トンガの.

Tọn·ge·bung[tó:nge:bʊŋ] 女 -/ **1**〘楽〙音を出すこと;〔正しい〕音の出し方. **2** (Intonation)〘言〙イントネーション, 抑揚, 音調. [<geben]

Tọn≠ge·fäß[tó:n..] 中 陶土製の容器. **≠ge·schirr** 中《集合的に》陶土製の食器.

Tọn·ge·schlecht 中〘楽〙**1** 教会旋法〔の区別〕. **2** 調性(長・短の別).

Tọn·gru·be 女 粘土坑.

Tọn·hal·le 女 コンサートホール. [<Ton²]

tọn·hal·tig[tó:nhaltɪç]² 形 粘土を含んだ.

Tọn·hö·he 女〘楽〙音の高さ.

Tọ·ni¹[tó:ni·] **I** 男名 (<Anton) トーニ. **II** 女名 (<Antonie) トーニ.

Tọ·ni² Tonus の複数.

Tọ·nic[tɔ́nɪk] 中 -〔s〕/-s, **To·nic·wa·ter**[tɔ́nɪkwɔ́:tə] 中 -s/- トニック〔ウォーター〕.

[*engl.*; ◇Tonikum]

tọ·nig[tó:nɪç]² =tonhaltig

Tọ·ni·ka¹ Tonikum の複数.

Tọ·ni·ka²[tó:nika·] 女 -/..ken[..kən]〘楽〙主音(各音階の第1音). [*it.*; <*it.* tonico „betont"]

Tọ·ni·ka-Dọ-Me·tho·de[tó:nikadó:..] 女 -/〘楽〙階名唱法による音楽〈声楽〉教授法.

Tọ·ni·ken Tonika²の複数.

Tọ·ni·kum[tó:nikʊm] 中 -s/..ka[..ka·]〘薬〙強壮剤〈薬〉.

[*gr.* tonikós „gespannt"; ◇Tonus; *engl.* tonic]

Tọn·in·ge·nieur[tó:n|ɪnʒeniø:r] 男〘映・放送〙録音技師, ミキサー.

tọ·nisch¹[tó:nɪʃ] 形〘楽〙主音の: der ~*e* Dreiklang 主三和音. [◇Tonika²]

tọ·nisch²[−] 形〘医〙**1** 強壮〔性〕の: ein ~*es* Mittel 強壮剤. **2** 強直〔性〕の; 緊張性の: ~*e* Krämpfe 強直痙攣(けいれん). [<*gr.* tónos (→Tonus)]

to·ni·sie·ren[tonizí:rən] 他 (h)〘医〙強壮にする; 緊張させる: ein *tonisierendes* Mittel 強壮剤.

Tọn·ka·baum[tɔ́ŋka..] 男〘植〙トンカ豆の木(南米産. 種子は香水やタバコの香料に用いられる). [*indian.* tonka]

Tọn·ka·bi·ne[tó:n..] 女 =Tonmischraum

Tọn·ka·boh·ne[tɔ́ŋka..] 女 -/-n《ふつう複数で》トンカ豆(→Tonkabaum).

Tọn≠ka·me·ra[tó:n..] 女〘映〙録音〈トーキー〉カメラ. **≠kon·ser·ve** 女《話》音の缶詰(レコード・録音ずみテープなど). **≠kopf** 男 =Tonabnehmer **≠kunst** 女 -/《雅》(Musik) 音楽. **≠künst·ler** 男《雅》(Komponist) 作曲家. **≠la·ge** 女〘楽〙音域: in hoher 〈tiefer〉 ~ singen 高音〈低音〉域で歌う.

Tọn·la·ger 中〘地〙粘土層.

Tọn≠lei·ter 女〘楽〙音階: eine chromatische 〈diatonische〉 ~ 半〈全〉音階 | eine ~ üben (楽器で)音階を練習する. **≠loch** 中〘楽〙(管楽器の)音孔, 指孔.

tọn·los[..lo:s]¹ 形 静かな; 抑揚のない; (声が)気のぬけた.

Tọn·ma·le·rei[to:nma:lərái, ⌐−◡−] 女〘楽〙**1** 音画. **2**〘美〙色調〈トーン〉絵画.

Tọn≠mei·ster[tó:n..] 男〘映・放送〙録音主任. **≠mi·scher** 男 (Mixer)〘映・放送〙**1** (Mischpult) 音声〈音量〉調整盤, ミキサー. **2** 録音技師, ミキサー. **≠misch·raum** 男〘映・放送〙音声調整室, ミキサー室.

Ton·na·ge[tɔná:ʒə; ｵｰｽﾄﾘｱ:..ná:ʒ] 女 -/-n[..ʒən]〘海〙**1** (船舶の)トン(噸)数: ein Schiff mit einer ~ von 50 000 Bruttoregistertonnen 総登録トン数5万トンの船. **2**《集合的に》船腹, 船舶; (一国・一会社などの船舶の)総トン数. **3** =Tonnengeld [*fr.*; ◇..age]

Tọ̈nn·chen[tœ́nçən] 中 -s/- **1** Tonne の縮小形. **2**《俗》(背の低い)太っちょ, でぶ.

Tọn·ne[tɔ́nə] 女 -/-n (⑪ **Tönn·chen** → 別出) **1** (大型の)たる(樽): eine hölzerne ~ / eine ~ aus Holz 木製のたる | eine ~ mit Heringen ニシンの入ったたる | Müll*tonne* (円筒形の)ごみ容器 ‖ dick wie eine ~ sein ものすごく太っている. **2**〘海〙たる形浮標〈ブイ〉: die Fahrrinne mit ~*n* markieren 水路にブイで標識をつける. **3** (略 t) トン(重量の単位: 1000 kg): eine ~ Sand 砂1トン. **4**《話》〘海〙総登録トン(噸): ein Schiff von 4 500 ~*n*〔Wasserverdrängung〕〔排水量〕4500トンの船. **5**《話》太っちょ, でぶ. [*mlat.* tunna „Faß"−*ahd.*; ◇Tunnel; *engl.* tun, ton]

Tọn·nen≠bo·je 女〘海〙(係船用の)円筒ブイ. **≠ge·halt** 男〘海〙登録積載量. **≠geld** 中〘海〙(船舶の)トン税. **≠ge·wöl·be** 中〘建〙半円筒ヴォールト(→図 Gewölbe B). **≠ki·lo·me·ter** 男 (中) (略 tkm)〘商〙トンキロメートル(1トンの荷を1キロメートル輸送すること). **≠le·ger** 男〘海〙設標船. **≠schnecke** 女〘貝〙ヤツシロガイ(八代貝).

tọn·nen·wei·se 副 (→..weise ★)何トンという単位で, 大量に.

..tonner[..tɔnər]《数詞につけて「…トンの車・船」を意味する男性名詞 (-s/-) をつくる》: Anderthalb*tonner* 1トン半車 | Fünfzigtausend*tonner* 5万トン〔級〕の船.

tọnn·lä·gig[tɔ́nlɛ:gɪç]² 形〘坑〙(立坑(たてこう)が)傾斜した.

Tọn·pfei·fe[tó:n..] 女 陶製のパイプ.

Tọn≠qua·li·tät 女 音質. **≠rei·he** 女〘楽〙音列.

Tọn≠röh·re 女 土管. **≠schie·fer** 男 粘板岩.

Tọn≠schöp·fer 男《雅》(ᵛ**≠set·zer** 男) 作曲家. **≠sil·be** 女 アクセントのある音節. [<Ton²]

ton·sil·lar[tɔnzɪlá:r] 形 扁桃(へんとう)の.

Ton·sil·le[tɔnzílə] 女 -/-n《ふつう複数で》(Mandel)〘解〙扁桃(へんとう). [*lat.*; ◇*engl.* tonsil]

Ton·sill·ek·to·mie[tɔnzɪlɛktomí:] 女 -/-n[..mí:ən]〘医〙扁桃(へんとう)摘出〔術〕.

Ton·sil·li·tis[tɔnzɪlí:tɪs] 女 -/..tiden[..lití:dən] (Mandelentzündung)〘医〙扁桃(へんとう)炎. [<..itis]

Ton·sil·lo·to·mie[..lotomí:] 女 -/-n〘医〙扁桃(へんとう)切除〔術〕.

Tọn≠spra·che[tó:n..] 女 **1**〘言〙(中国語のような)音調〈声調〉言語. **2**〘楽〙音言語(ある作曲家・ある時代の音楽などに特徴的な音楽的特性): die ~ Wagners 〈der Romantik〉 ワーグナーの〈ロマン派の〉音言語. **≠spur** 女〘映〙サウンドトラック, サントラ. **≠stär·ke** 女 音の強さ. **≠strei·fen** 男 =Tonspur **≠stück** 中〘楽〙楽曲. **≠stu·dio** 中 録音スタジオ. **≠stu·fe** 女〘楽〙〔音〕度. [<Ton²]

Ton·sur[tɔnzú:r] 女 -/-en〘カトリック〙トンスラ(聖職者の剃髪(ていはつ)した頭: → 図 Haar A).

[*lat.*; <*lat.* tondēre „〔ab〕scheren"]

Tọn·sy·stem[tó:n..] 中〘楽〙音組織.

Tọn·tau·be[tó:n..] =Wurftaube [<Ton¹]

Tọn·tau·ben·schie·ßen =Wurftaubenschießen

Tọn≠tech·ni·ker 男〘映・放送〙録音技師. **≠trä·ger** 男 音を記録保存する媒体(レコード・テープなど). **≠um·fang** 男 **1**〘楽〙**a)** 音域. **b)** 音楽を構成する各パートの音の範囲. **2**〘理〙可聴域(人間の耳が聞きわけることのできる音の範囲).

Tọ·nung[tó:nʊŋ] 女 -/-en〘写〙調色.

Tọ̈·nung[tǿ:nʊŋ] 女 -/-en **1**〘写〙調色. **2**〘理〙共振, 共鳴.

Tọ·nus[tó:nʊs] 男 -/Toni[tó:ni·] **1**〘医〙(筋肉組織などの)緊張, 張力, トーヌス. **2**〘楽〙トーヌス. [*gr.* tónos−*mlat.*; <*gr.* teínein „spannen" (◇dehnen); ◇Ton², Tonikum]

Tọn·wa·re[tó:n..] 女 -/-n《ふつう複数で》陶磁器類.

Tọn≠werk 中《雅》〘楽〙楽曲. **≠wort** 中 -〔e〕s/..wörter〘言〙(文の Rhema として強く発音される)強音語. **≠zei·chen** 中 **1** (Note)〘楽〙音符. **2**〘言〙アクセント〔記号〕. **≠zel·le** 女 =Tonmischraum

Tọn·zie·gel 男 粘土がわら. [<Ton¹]

top..[1] →topo..

top..[2]《名詞・形容詞につけて「最高の・最上の・トップクラスの」を意味する》: *Top*leistung 最高の能力〈成績〉｜*Top*star トップスター ‖ *top*fit 体調が最上の. [*engl.*; ◇Topp]

TOP[tɔp] 略 男 -/《無冠詞で. ふつう基数を伴って》Tagesordnungspunkt（あらかじめ予定された個々の）議題: drei Wortmeldungen zu ～ 2 議題の2に対して3名の発言申し出あり.

To·pas[topá:s; ｵｰｽﾄﾘｱ: tó:pas, ◡⌐][1] 男 -es/-e〘鉱〙トパーズ, 黄玉. [*gr.–lat.–mhd.*; ◇*engl.* topaz]

To·pe[tó:pə] 女 -/-n (Stupa) 仏舎利塔. [*sanskr.–Hindi*]

Topf[tɔpf] 男 -es(-s)/Töpfe[tœpfə] (⑪ **Töpf·chen** → 別出, **Töpf·lein**[tœpflaɪn] 中 -s/-) **1**（陶製・金属製などの丸くて深い容器: → ⑧. 例えば:) **a)** (Kochtopf)（ふつうふたつきで火にかける）深なべ;（食料品貯蔵用などの）つぼ, かめ; 鉢; (Blumentopf) 植木鉢: ein angeschlagener ～ ひびの入ったつぼ〈鉢〉｜ein emaillierter ～ ほうろう引きの深なべ｜ein ～ aus Eisen 鉄なべ｜ein ～ mit 〈voll〉 Brühe ブイヨンの入っているなべ〈なべいっぱいのブイヨン〉｜ein ～ mit Marmelade ジャムの入ったつぼ｜ein ～ Rüben かぶのいっぱい入っているなべ; なべ1杯分のかぶ ‖ den ～ aufs Feuer setzen なべを火にかける｜den ～ beim Henkel fassen なべを柄のところでつかむ;《比》勘どころを押える｜den ～ vom Feuer nehmen なべを火からおろす ‖ Der ～ kocht über. なべが煮こぼれる;《比》失敗する｜Jeder ～ findet seinen Deckel./Für jeden ～ findet sich ein Deckel.《諺》破鍋(ﾜﾚﾅﾍﾞ)に閉じぶた（どんななべにもふたは見つかる）｜Ein kleiner ～ siedet bald.《諺》小人物ほど怒りっぽい｜**wie ～ und Deckel zusammenpassen**《話》（なべとふたのように）ぴったり合う, 好一対である ‖ von den Scherben auf den ～ schließen (→Scherbe 1)｜*sein* Huhn im ～ haben (→Huhn 1 a)｜Es 〈Das〉 ist noch nicht in dem ～, wo's kocht 〈wo es kochen soll〉｜in den großen ～ gehen（収入などが）皆の共有財産となる｜***jm.* in die *Töpfe* gucken**《話》出しゃばって…のことに興味を持つ.《方》《比》それは時機尚早である｜Blumen in *Töpfe* setzen 〈in *Töpfen* ziehen〉草花を鉢に移植する〈鉢で育てる〉｜*seine* Nase in alle *Töpfe* 〈in jeden ～〉 stecken (→Nase 1 a)｜**alles in einen ～ werfen**《話》何もかも一緒くたにする, 区別をいっさい無視する. **b)**（取っ手とつぎ口のついたふたなしの）ポット: ein ～ mit Milch ミルクの入ったポット. **2**《話》**a)** (Nachttopf) 室内用便器, おまる, しびん: auf den ～ müssen《戯》トイレに行く. **b)** (Trinkglas) コップ, グラス. **3** ＝Topfhut [*mhd.*; ◇tief]

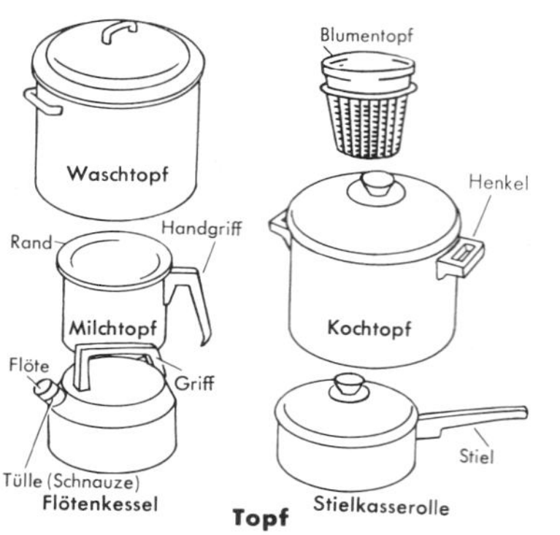

Topf

Topf≀blu·me[tɔ́pf..] 女 (↔Schnittblume) 鉢植えの花: ～*n* halten 鉢植えの花を家に置く〈育てる〉. **≀brett** 中 なべ〈どびん〉しき.

Töpf·chen[tœ́pfçən] 中 -s/- **1** Topf の縮小形. **2**《話》子供用のおまる: ein Kind aufs ～ setzen 子供をおまるに座らせる｜aufs ～ müssen《戯》トイレに行く.

Topf·deckel[tɔ́pf..] 男 なべ〈つぼ〉のふた.

Töp·fe Topf の複数.

top·fen[tɔ́pfən] 他 (h) **1**《*et.*[4]》（草花を）鉢に植える. **2**《話》《*jn.*》（子供を）おまるに座らせる.

Top·fen[tɔ́pfən] 男 -s/《南部・ｵｰｽﾄﾘｱ》(Quark) 凝乳, カード. [＜Tupfen]

Top·fen≀ko·lat·sche 女《ｵｰｽﾄﾘｱ》〘料理〙凝乳〈カード〉をつめたコラッチェ(→Kolatsche). **≀pa·la·tschin·ke** 女《ｵｰｽﾄﾘｱ》〘料理〙凝乳〈カード〉をつめたパラチンケ(→Palatschinke). **≀stru·del** 男《南部・ｵｰｽﾄﾘｱ》〘料理〙凝乳〈カード〉をつめた渦巻きパイ(→Strudel 2).

Töp·fer[tœ́pfər] 男 -s/- **1** 焼き物作りの職人, 陶工. **2**《方》(Ofensetzer) 暖炉工事人〈業者〉. [＜Topf]

Topf·er·de[tɔ́pf..] 女〘園〙鉢植え用の土.

Töp·fe·rei[tœpfəráɪ] 女 -/-en **1**《単数で》焼き物作り, 陶工の仕事; 製陶業. **2** 製陶工場.

Töp·fer≀er·de[tœ́pfər..] 女 -/ 陶土. **≀hand·werk** 中 製陶業.

töp·fern[1][tœ́pfərn]《05》 **I** 自 (h) 焼き物〈陶磁器〉を作る, 陶工として働く. **II** 他 (h)（焼き物を）焼く,（陶磁器を）製造する.

töp·fern[2][–] 形《付加語的》粘土製の, 陶製の.

Töp·fer≀schei·be 女〘工〙轆轤(ﾛｸﾛ)〔台〕. **≀ton** 男 -〔e〕s/-e 陶土. **≀vo·gel** 男〘鳥〙カマドドリ. **≀wa·re** 女 -/-n《ふつう複数で》焼き物, 陶磁器〔類〕.

Topf≀gucker[tɔ́pf..] 男《戯》**1** 食事に何が出るかとなべをのぞいて見る人; 台所のこと〈家事〉に口を出す人. **2** 自分に関係のないことまで聞き〈さぐり〉たがる人, おせっかい屋. **≀helm** 男 鉢形かぶと, たる形ヘルメット(→ ⑧ Helm). **≀hut** 男〘服飾〙クローシュ（なべ型の縁なし婦人帽).

top·fit[tɔ́p-fít, ⌐◡] 形《述語的》（スポーツ選手・競走馬などが）体調〈コンディション〉が最上の.

Topf≀kie·ker 男《北部》＝Topfgucker **≀ku·chen** 男《北部》＝Napfkuchen **≀lap·pen** 男（布製の）なべつかみ.

Töpf·lein Topf の縮小形(→Töpfchen).

Topf≀markt[tɔ́pf..] 男 焼き物〈陶器〉市(ｲﾁ). **≀ma·schi·ne** 女〘園〙鉢植え機械.

Top·form[tɔ́p-fɔrm] 女 -/ (Höchstform)〘ｽﾎﾟｰﾂ〙ベストコンディション: in ～ sein 絶好調である.

Topf≀pflan·ze[tɔ́pf..] 女 鉢植え植物;〘園〙鉢物. **≀rei·ni·ger** 男 なべみがき, たわし. **≀schla·gen** 中 -s/ なべたたき（目隠しをしたまま手さぐりでなべを探してスプーンでたたく子供の遊戯). **≀stür·ze** 女《方》＝Topfdeckel

To·pik[tó:pɪk] 女 -/ **1** Topos に関する学問, トポス論. **2**〘論〙大体論, 前提論. **3**〘言〙話題, トピック. [*gr.–spätlat.*; ◇topisch; *engl.* topic]

to·pi·ka·li·sie·ren[topikalizí:rən] 他 (h)〘言〙（文の特定成分を）話題化する.

To·pi·ka·li·sie·rung[..rʊŋ] 女 -/-en〘言〙話題化.

To·pi·nam·bur[topinambú:r] 男 -s/-s, -e; 女 -/-en〘植〙キクイモ(菊芋). [*fr.* topinambour; インディアンの種族名から]

to·pisch[tó:pɪʃ] 形 **1** (örtlich)〘医〙局所の, 部位的な: ～*e* Diagnose 部位診断｜ein ～*es* Mittel 局所薬, 外用薬. **2** Topos に関する. [*gr.*; ◇*engl.* topical]

Top·lei·stung[tɔ́p..] 女 ＝Spitzenleistung

top·less[tɔ́plɛs] 形《付加語的用法なし》トップレスの（女性の衣服について, 乳房を露出した). [◇..los]

Top≀ma·na·ge·ment[tɔ́p..] 中（大企業の）最高幹部による企業経営. **≀ma·na·ger** 男（大企業の）最高経営者, 最高支配人. **≀mo·dell** 中 トップクラスのモデル.

topo..《名詞・形容詞などにつけて「場所」を意味する. 母音の前では top.. となることもある: →*Top*onymik, *top*isch》[*gr.* tópos „Ort"]

To·po·gno·sie[topognozí:] 女 -/〘医・心〙局所認知.

To·po·graph (**To·po·graf**)[..grá:f] 男 -en/-en 地

形測量技師.

To·po·gra·phie (**To·po·gra·fie**)[..grafíː] 女 -/-n [..fíːən] **1** 地誌; 地形; 地形測量. **2** 〘医〙局所記載; 局所解剖学. [*gr.*－*spätlat.*]

to·po·gra·phisch (**to·po·gra·fisch**)[..gráːfɪʃ] 形 **1** 地形〔測量〕に関する: eine ～*e* Karte 地形図. **2** 〘医〙局所の, 局在の: ～*e* Anatomie 局所解剖学.

To·poi Topos の複数.

To·po·lo·gie[topologíː] 女 -/ **1** 〘数〙 **a**) 位相幾何学, トポロジー. **b**) 位相. **2** 〘言〙配語〔法〕.

to·po·lo·gisch[..lóːgɪʃ] 形《述語的用法なし》**1** 位相〔幾何学〕の: ～*e* Psychologie 位相心理学 | ein ～*er* Raum 〘数〙位相空間. **2** 〘言〙配語〔法〕上の, 配語〔法〕に関する.

Top·ono·ma·stik[toponomástɪk] 女 -/ , **Top·ony·mik**[..nýːmɪk] 女 -/ (Ortsnamenkunde) 地名学. [＜*gr.* ónyma „Name“; ◇ *engl.* toponymy]

To·pos[tóːpɔs, tópɔs] 男 -/..poi[..pɔʏ] 〘文芸〙トポス, 文学的常套(じょうとう)文句, 伝統的言いまわし, 冠辞. [*gr.*]

topp[tɔp] 間 (同意・承認の気持を表して, 特に手打ちの握手をするときに) よし, そうだ, オーケー(そのとおり, 約束した): *Topp*, ich stimme zu ⟨mache mit⟩. よし 賛成だ⟨私もやる⟩. [*ndd.*]

Topp[tɔp] 男 -s/-e, -en, -s **1** 〘海〙マストの先端; (帆船の)檣楼(しょうろう), トップ: **über die** ～***en* flaggen** (船舶が)満艦飾を施す | **vor** ～ **und Takel** treiben (帆船が)帆を下ろして漂流する. **2** 《話》(Galerie) (劇場の)最上階桟敷, 天井桟敷. [*mndd.*; ◇Zopf, Toupet, top..[2]; *engl.* top]

Töp·pel[tœ́pəl] 男 -s/-《北部》**1** (Haube) (鳥の)冠毛. **2** 頭飾り; 帽子.

top·pen[tɔ́pən] **I** 自 (h) (原油からベンジンを)蒸留する. **II** 他 (h) **1** einen Ball ～ 〘ゴルフ〙ボールにトップスピンをかける. **2** (帆桁(ほげた)を索具で)つり上げる. [*engl.* top]

Topp≈flag·ge[tɔ́p..] 女 〘海〙檣頭(しょうとう)旗. ≈**la·ter·ne** 女, ≈**licht** 中 -[e]s/-er 〘海〙檣〔楼〕灯, マスト灯(→ 図 Schiff A). ≈**mast** 男 〘海〙中檣, トップマスト. ≈**se·gel** 中 〘海〙中檣帆, トップスル.

Topps·gast 男 -[e]s/-en 〘海〙(トップで見張りの当直に立つ)檣楼(しょうろう)員.

Top·spie·ler[tɔ́p..] 男 (Spitzenspieler) トップクラスの選手.

Top·spin[tɔ́pspɪn] 男 -s/-s 〘球技〙トップスピン. [*engl.*; *engl.* top „Kreisel“]

Top·star[tɔ́p..] 男 (Spitzenstar) トップスター. [*engl.*]

Toque[tɔk] 女 -/-s 〘服飾〙トーク(つばのない浅い円筒形の婦人帽: → 図 spanisch). [*span.* toca－*fr.*]

Tor[1][toːr] 男 -en/-en (女 **Tö·rin**[tǿːrɪn]-/-nen)《雅》愚か者, ばか者; 世間知らず: ein gutmütiger ～ お人よし. [*mhd.*; ◇dösig, Torheit, töricht]

Tor[2][−] 中 -es (-s)/-e **1** **a**) 門, 出入口(→ 図 Haus A): ein eisernes ～ 鉄の門 | Burg*tor* 城門 ‖ das ～ öffnen ⟨schließen⟩ 門を開ける⟨閉める⟩ | *et.*[3] Tür und ～ öffnen (→Tür) ‖ aus dem ～ treten 門からそとに出る | durch das ～ gehen 門を通り抜ける | dastehen wie die Kuh vorm neuen ～ (→dastehen 1) | zum ～ hinausgehen ⟨herauskommen⟩ 門から出てゆく⟨出てくる⟩. **b**) (Stadttor) (壁で囲まれた中世都市などの)市門: **vor den** ～***en*** 《雅》町の外で | Der Feind steht vor den ～*en.* 敵軍は町のすぐ前まで迫っている. **2** **a**) 〘球技〙ゴール; 〘クリケット〙ウィケット: das ～ hüten (ゴールキーパーとして)ゴールを守る | das ～ verfehlen (シュートが)ゴールをはずれる ‖ aufs ⟨ins⟩ ～ schießen ゴールに向かってシュートする | auf ein ～ spielen (相手チームを)全く自陣に入らせない, ワンサイドゲームにする | im ～ stehen (ゴールキーパーとして)ゴールを守る | **ins eigene** ～ **schießen** 自殺点シュートをしてしまう; 《話》自殺的行為をする | Es brennt vor dem ～. (→brennen I 1 a). **b**) 〘球技〙(ゴールに球を入れての)得点, シュート: das ～ erzielen ⟨treffen⟩ ゴールを決める | ein ～ schießen ⟨einköpfen / werfen⟩ シュート⟨ヘディング・スロー⟩して得点をあげる | mit 5: 3(読み方: fünf zu drei) ～*en* siegen 5 対 3 で勝つ ‖ Bisher sind zwei ～*e* gefallen. これまで 2 点はいっている. **3** (門状のもの. 例えば:) **a**) (Schleusentor) 水門, スルースゲート. **b**) 〘地〙(山腹・岩壁・氷壁などを通り抜ける)峡道, 山峡(→ 図 Gletschertor). **c**) 〘スキ〙(回転競技の)旗門. [*germ.*; ◇Tür]

Tor≈bo·gen[tóːr..] 男 門のアーチ(→ 図 Stadttor). ≈**chan·ce**[..ʃãːsə] 女 〘球技〙ゴールチャンス(ゴールに球を入れるチャンス).

Tord·alk[tɔ́rt|alk] 男 〘鳥〙オオハシウミガラス(大嘴海烏), コウミガラス(小海烏). [*schwed.*; ◇Alk]

Tor·dif·fe·renz[tóːr..] 女 〘球技〙得点差.

To·rea·dor[toreadóːr] 男 -s/-e; -en/-en (騎乗の)闘牛士(→Torero). [*span.*; ＜*lat.* taurus „Stier“ (◇Stier)]

Tor≈ein·fahrt[tóːr..] 女 (門で開閉される車の)出入口. ≈**er·folg** 男 〘球技〙(成功した)ゴール〔シュート〕.

To·re·ro[toréːroˑ] 男 -[s]/-s (女 **To·re·ra**[..raˑ]-/-s) (徒歩の)闘牛士(→Toreador). [*spätlat.*－*span.*]

To·res·schluß[tóːrəs..] 男 ＝Torschluß

To·reut[torɔ́ʏt] 男 -en/-en 金属工芸家, 彫金師. [*gr.*]

To·reu·tik[..tɪk] 女 -/ 金属工芸, 彫金; 金工技法. [*gr.*; ＜*gr.* torós „durchbohrend“ (◇Turnus)]

Torf[tɔrf] 男 -[e]s/ (種類: -e) **1** 《単数で》泥炭〔土〕, ピート: ～ stechen 泥炭を(切り取って)採掘する. **2** (燃料としての)泥炭. [„Abgestochenes“; *mndd.*; ◇Zirbe; *engl.* turf]

Torf≈bal·len[tɔ́rf..] 男 (乾かして圧縮し帯鉄などで)くくった泥炭(→ 図 Ballen). ≈**bo·den** 男, ≈**er·de** 女 -/ 泥炭土.

tor·fig[tɔ́rfɪç][2] 形 泥炭を含む; 泥炭状の.

Torf·la·ger 中 泥炭層⟨床⟩.

Tor·flü·gel[tóːr..] 男 門扉(もん).

Torf≈moor[tɔ́rf..] 中 泥炭地(泥炭を含む湿原). ≈**moos** 中 〘植〙ミズゴケ(水蘚)属. ≈**mull** 男 (乾燥してぼろぼろになった)泥炭腐植土(土壌改良用に, また敷きわらの代用として用いられる). ≈**so·de** 女 (切り取った)泥炭土. ≈**ste·chen** 中 -s/ 泥炭採掘. ≈**ste·cher** 男 泥炭採掘者. ≈**stich** 男 **1** ＝Torfstechen **2** 泥炭採掘場.

Tor≈geld[tóːr..] 中 〘史〙通門料(市門が閉鎖されたあとの夜間通行料). ≈**gra·ben** 男 城門外の濠(ほり)(→ 図 Burg).

Tor·heit[tóːrhaɪt] 女 -/-en **1** 《単数で》愚かさ: eine unbegreifliche ⟨unglaubliche⟩ ～ 理解を絶する⟨信じがたい⟩愚かさ | Alter schützt vor ～ nicht. (→Alter 2). **2** 愚かな行為, 愚行: eine ～ begehen ばかなことをする, 愚行を演じる. [*mhd.*; ◇Tor[1]]

Tor·hü·ter 男 **1** 門番, 門衛, 守衛. **2** ＝Torwart 1

To·ri Torus の複数.

tö·richt[tǿːrɪçt] 形 愚かな, ばかな; 世間知らずの; ばかげた; 無意味な, むだな: ～*e* Gedanken ばかげた考え | eine ～*e* Hoffnung せんない⟨はかない⟩望み | ein ～*er* Mensch 愚か者 ‖ Es ist ～, auf seine Hilfe zu warten. 彼の援助を待つのは愚かなことだ ‖ ～ fragen 愚問を発する. [*mhd.*; ◇Tor[1]]

tö·rich·ter·wei·se 副 愚かにも.

To·ries Tory の複数.

To·rii[tóːriiˑ] 中 -[s]/-[s] (神社の)鳥居. [*japan.*]

Tö·rin Tor[1]の女性形.

Tor·jä·ger[tóːr..] 男 〘球技〙ゴールゲッター(ゴールすることのうまい選手).

Tor·kel[1][tɔ́rkəl] 男 -s/-; 女 -/-n《南部》(旧式の)ぶどう搾り機. [*mlat.*－*ahd.* torcula; ◇torquieren]

Tor·kel[2][−] 男 -s/-《南部・中部》**1** 《単数で》(Schwindel) めまい; (Taumel) よろめき: einen ～ haben めまいがする(→3). **2** 《単数で》(Rausch) 酩酊(めいてい). **3** (賭博(とばく)などでの)思いがけない幸運: ～ haben 思いがけぬ幸運にめぐまれる(→1). **4** 不器用者.

tor·ke·lig[..kəlɪç][2] (**tork·lig**[..klɪç][2]) 形 よろめく, 千鳥足の, 足もとのおぼつかない.

tor·keln[..kəln] 《06》自 (s, h) よろめく, よろける; 千鳥足で⟨ふらふら⟩歩く (s, h について: →schwimmen I 1 ☆).

Tor·kret[tɔrkréːt] 男 -s/ (Spritzbeton) 吹き付けコンク

リート. [<*lat.* tēctōrium concrētum „verdichtete Tünche“]

tor·kre·tie·ren[..kretí:rən] 他 (h) 《*et.*^{4}》(…に)コンクリートを吹き付ける.

Törl[tø:rl] 中 -s/-《ｵｰｽﾄﾘｱ》山間の隘路(あいろ), 山峡(→ 図 Berg A). [<Tor^2 3]

Tor⸗lat·te[tó:r..] 女《球技》(ゴールの)クロスバー. **⸗lauf** 男 (Slalom)《ｽｷｰ》回転競技, スラローム. **⸗li·nie**[..niə] 女《球技》ゴールライン.

tor·los[tó:rlo:s]^1 形《球技》得点〈ゴール〉のない, 無得点の.

Tor·mann 男 -[e]s/..männer =Torwart 1

Tor·men·till[tɔrmɛntíl] **I** 男 -s/ (Blutwurz)《植》キジムシロ(雉蓆)属の草本. **II** 中 -s/ Iの根茎からつくったタンニン剤. [*mlat.*; <*lat.* tormentum „Drehwerk“ (◇torquieren); 苦痛を和らげるのに用いられたことから]

Törn[tœrn] 男 -s/-s **1** 帆走. **2** =Turn 2 [*afr.*−*engl.* turn; ◇Tour, Turn]

Tor·na·do[tɔrná:do·] 男 -s/-s **1**《気象》トルネード(特に米国中南部に起こる局地的な破壊力の大きい竜巻). **2** (競技用の)二人乗り双胴ヨット.
[*span.*−*engl.*; <*lat.* tonāre (→Donner)]

tör·nen[tœ́rnən] =turnen^2

Tor⸗netz[tó:r..] 中《球技》ゴールネット. **⸗ni·sche** 女《工》(水門などの)戸袋(→ 図 Schleuse).

Tor·ni·ster[tɔrnístər] 男 -s/- **1**《軍》背嚢(はいのう): den ~ auf den Rücken nehmen 背嚢を背負う | den Marschallstab im ~ tragen (→Marschallstab). **2**《方》(Schulranzen) ランドセル.
[*mgr.* tágistron „Futtersack für Reiter“−*slaw.*]

Tor·ni·ster·emp·fän·ger 男 携帯用ラジオ受信機.

tor·pe·die·ren[tɔrpedí:rən] 他 (h) **1**《軍》(船舶などを)魚雷で攻撃〈撃破・撃沈〉する. **2**《話》(措置・計画・政策などを)妨害〈阻止・粉砕〉する,(対抗案を持ち出して)つぶす.

Tor·pe·die·rung[..rʊŋ] 女 -/-en torpedieren すること.

Tor·pe·do[tɔrpé:do·] 男 -s/-s **1**《軍》魚〔形水〕雷, 空〔中魚〕雷: einen ~ abschießen 〈abwerfen〉 魚雷を発射〈投下〉する. **2** =Torpedofisch [*lat.* torpēdō „Erstarrung“−*engl.*; <*lat.* torpēre (→torpid)]

Tor·pe·do·boot[tɔrpé:do..] 中《軍》魚雷艇.

Tor·pe·do·boot[s]·zer·stö·rer 男《軍》対魚雷艇駆逐艦.

Tor·pe·do⸗fisch 男 (Zitterrochen)《魚》シビレエイ(痺鱝). **⸗flug·zeug** 中《軍・空》雷撃機. **⸗rohr** 中《軍》魚雷発射管. **⸗schnell·boot** 中《軍》〔高速〕魚雷艇.

Tor·pfo·sten[tó:r..] 男《球技》ゴールポスト.

tor·pid[tɔrpí:t]^1 形 **1** 鈍い, 不活発な; 無気力〈無感覚〉な. **2**《医》遅鈍な: ~*e* Idiotie 遅鈍型白痴. [*lat.*; <*lat.* torpēre „starr sein“ (◇sterben); ◇Torpedo]

Tor·pi·di·tät[tɔrpiditɛ́:t] 女 -/ , **Tor·por**[tɔ́rpɔr] 男 -s/ 鈍麻, 鈍感; 無気力, 無感覚;《医》遅鈍.

tor·quie·ren[tɔrkví:rən] 他 (h) **1**《工》ねじる, 曲げる. ▽**2** (quälen)《*jn.*》苦しめる, いじめる; 拷問にかける.
[*lat.* torquēre „drehen“; ◇drechseln, Torsion, Torkel, Trosse]

Torr[tɔr] 中 -s/-《理》トル(圧力の単位: $^1/_{760}$気圧). [<E. Torricelli (イタリアの物理学者, †1647)]

Tor⸗raum[tó:r..] 男《球技》ゴールエリア. **⸗rich·ter** 男《球技》ゴール審判員. **⸗schluß** 男 ..schlusses/ 門の閉鎖; (昔一定の時刻に市門を閉鎖したことから)門限: **kurz 〈eben〉 vor ~**《比》期限の直前に, 時間ぎりぎりに.

Tor·schluß·pa·nik 女《ふつう単数で》《比》最後の機会を逸するのではないかとの焦燥感.

Tor⸗schuß 男《球技》ゴールシュート. **⸗schüt·ze** 男 (サッカーなどで)シュートを決めた〈よく決める〉選手.

Tor·si Torso の複数.

Tor·sion[tɔrzió:n] 女 -/-en **1**《工》ねじり, ねじれ. **2**《数》(空間曲線の)ねじれ率, 捩率(れいりつ). **3**《医》捻転(ねんてん).
[<*lat.* tortus „gedreht“ (◇torquieren); ◇Tort]

Tor·sions⸗ela·sti·zi·tät 女《理》ねじれ弾性. **⸗fe·stig·keit** 女《理》ねじり強さ. **⸗frak·tur** 女《医》捻転(ねんてん)骨折. **⸗mo·dul** 男《理》ねじれ剛性. **⸗schwin·gung** 女《理》ねじれ振動. **⸗stei·fig·keit** 女 =Torsionsmodul **⸗waa·ge** 女《理》ねじり秤(ばかり).

Tor·so[tɔ́rzo·] 男 -s/-s, ..si[..zi·] **1**《美》トルソー(人体の胴部分のみの彫像). **2**《比》未完成な作品, 断片: ein ~ bleiben (作品などが)未完成のままである, 未完に終わる.
[*gr.* thýrsos (→ Thyrsus)−*spätlat.* tursus „Strunk“−*it.*]

Tor·stan·ge[tó:r..] 女 **1**《球技》ゴールのポール. **2**《ｽｷｰ》(回転競技の)旗門のポール.

Tor·sten[tɔ́rstən] 男名 トルステン.

Tor·stoß 男《ｻｯｶｰ》ゴールキック.

Tort[tɔrt] 男 -[e]s/《話》(Kränkung) 侮辱, いやがらせ; 不正: *jm.* einen ~ antun 〈zufügen〉 (知らずに)…の感情を害する, …に侮辱を加える | *jm.* zum ~ …に対するいやがらせのために. [*spätlat.*−*fr.*; <*lat.* tortus (→Torsion); ◇Tortur]

Tört·chen[tœ́rtçən] 中 -s/- **1** Torte の縮小形. **2** クッキー.

Tor·te[tɔ́rtə] 女 -/-n (⑪ **Tört·chen** → 別出) **1**《料理》タルト, トルテ(果物・クリームなどをのせた大型円形のケーキ・デコレーションケーキの類: → 図 Kuchen): Käse*torte* チーズケーキ | Kirsch*torte* さくらんぼケーキ ‖ eine ~ backen ケーキを焼く. **2**《若者語》若い女の子.
[*spätlat.* tōrta „rundes Brot“−*it.*]

Tor·te·lett[tɔrtəlɛ́t] 中 -s/-s, **Tor·te·let·te**[..tə] 女 -/-n 小型の Torte.

Tor·ten⸗bo·den[tɔ́rtən..] 男《料理》タルト〈トルテ〉の台. **⸗guß** 男 フルーツパイ用のゼリー. **⸗he·ber** 男 ケーキサーバー(→ 図 Kaffeetisch). **⸗plat·te** 女 ケーキ皿(→ 図 Kaffeetisch). **⸗schau·fel** 女 =Tortenheber

Tor·tur[tɔrtú:r] 女 -/-en **1** 拷問; 責め苦. **2**《比》非常な苦痛〈苦悩〉: *jm.* zur ~ werden …にとって苦痛になる.
[*spätlat.*−*mlat.*; <*lat.* tortus (→Torsion); ◇Tort]

Tor·turm[tó:r..] 男 (城壁などの)門櫓(やぐら)(→ 図 Stadttor).

To·rus[tó:rʊs] 男 -/..ri[..ri·] **1**《植》(有縁膜孔の)円節, トールス. **2**《解》隆起. **3**《数》円〈輪〉環面, トーラス. **4**《建》大玉縁(ぶち), トーラス(古代建築の円柱の脚部に見られる半円形の刳形(くりかた): → 図 Basis). [*lat.* torus „Wulst“]

Tor⸗wa·che[tó:r..] 女 **1** 市門の見張り〈警護〉; 門衛所(→ 図 Stadttor). **2**《集合的に》門番, 門衛. **⸗wäch·ter** 男 門番, 守衛. **⸗wart** 男 **1**《球技》(サッカー・ホッケーなどの)ゴールキーパー. ▽**2** =Torwächter **⸗weg** 男 (門を通って玄関に至る)門道. **⸗wurf** 男《ﾊﾝﾄﾞﾎﾞｰﾙ》ゴールスロー.

To·ry[tɔ́ri·, tó:ri·, tɔ́:ri·] 男 -s/-s, ..ries[..ri:s, ..rɪz] **1**《史》トーリー党員(トーリー党はイギリスの政党で, 保守党の前身). **2**《比》(イギリスで)保守派の政治家.
[*ir.*−*engl.*; <*ir.* tōir „verfolgen“]

To·rys·mus[tɔrísmʊs] 男 -/ (イギリスの)トーリー〔党〕主義;《比》保守主義.

to·rys·tisch[..rístɪʃ] 形 トーリー〔党〕主義の;《比》保守主義の.

Tor·zoll[tó:r..] 男 =Torsteuer

Tos·becken[tó:s..] 中《土木》水クッション; 減勢池. [<tosen]

Tos·ca·ni·ni[tɔskaní:ni·, tos..] 人名 Arturo ~ アルトゥーロ トスカニーニ(1867–1957; イタリア生まれの指揮者).

to·sen[tó:zən]^1《02》自 (h, s) (あらし・波などがごうごうと)とどろく, 轟音(ごうおん)をたてながら荒れ狂う; 大音響をたてる: Der Wasserfall hat *getost.* 滝の音は耳を聾(ろう)せんばかりだった | Ein Flugzeug ist über die Dächer *getost.* 飛行機が轟音をたてて屋根の上空を飛び去った ‖ *tosender* Beifall あらしのような〈万雷の〉拍手喝采(かっさい).
[*germ.* „schwellen“; ◇Tumor]

Tos·ka·na[tɔská:na·] 地名 トスカーナ(イタリア中部の地方および州名. イタリア語形 Toscana. まれに女性扱いで定冠詞をそえることがある).

Tos·ka·ner[..nər] **I** 男 -s/- トスカーナの人. **II** 形《無変化》トスカーナの.

tos·ka·nisch[..nɪʃ] 形 トスカーナ〔ふう〕の.

tot[to:t] **I** 形 **1** (英: *dead*) **a**) (↔lebendig) 死んだ, 死んでいる: ein ~*er* Mensch 死人 | ein ~*es* Kind gebären 死産する | den ~*en* Mann machen (→Mann[2] 1) | Er ist ein ~*er* Mann. (→Mann[2] 1) | Wenn sich jemand von euch rührt, dann ist er ein ~*er* Mann. 《話》お前たちのうちのだれかひとりでも動いたりしようものならそいつの命はないぞ | *Tote* Hunde beißen nicht. 《諺》死んだ犬はかみつかない(死んだ人はもう害を与えることはない) ‖ sofort 〈auf der Stelle〉 ~ sein 即死する | **mehr ~ als lebendig sein** 生きているというよりもむしろ死んでいるといったところである, 精も根もつきはてている, へたばって動くこともできない | **~ und begraben sein** 《話》すでに過去の話である | Für mich ist er ~. 《比》私は彼とはもう縁を絶った | Heute rot, morgen ~. (→rot I 1) | einen Vermißten für ~ erklären 〘法〙 失踪(しっそう)者の死亡を宣告する(→Todeserklärung) | wie ~ daliegen 死んだように横たわっている | Er lag ~ im Bett. 彼はベッドの中で死んでいた | Das Kind wurde ~ geboren. その赤ん坊は死産だった | ~ umfallen (卒中などで)ばったり倒れて死ぬ | Er fiel sich[4] ~. 彼は倒れて〈落ちて〉死んだ. **b**) (植物が)枯れた: ein ~*er* Baum 〈Ast〉 枯れ木〈枝〉. **c**) 《話》死ぬほど疲れた, 疲れきった: Ich bin ganz ~. 私はもうくたびれ果てている.

☆ 分離動詞の前つづりとみなされることがある: Sie hat ihn *tot*geschossen 〈*tot* geschossen〉. 彼女は彼を射殺した.

2 死んだような; 生命のない; 感情〈感覚〉のない; 生気〈活気〉のない, 精彩を欠いた; 活動を停止した, 機能を失った; 生産力のない; 効力を失った; 人気(ひとけ)のない, 荒れはてた: ~*e* Augen i) 盲(めし)いた目; ii) どんよりと濁った目 | ~*e* Buchstaben (効力のない)空文, 死文, 閑文字 | Man kann hier nicht 〔nur〕 nach den ~*en* Buchstaben gehen. 《話》このさい現状を〔も〕顧慮しないわけにはいかない | ~*e* Farben にぶい〈さえない〉色 | ein ~*er* Flußarm 水の涸(か)れている支流 | ~*er* Gang 〘工〙 から動き | ein ~*es* Gefühl im Arm haben 腕の感覚がない | eine ~*e* Gegend 人も住まぬ〈荒涼たる〉地域 | ein ~*es* Gesicht 生気のない顔 | das ~*e* Gestein 生命のない〈血の通わぬ冷たい〉岩石(石炭・鉱物を含まない岩石) | ~*es* Gewicht (車両の)自重(じじゅう) | ein ~*es* Gleis 行きどまりの引込線; 使用されない軌道 | aufs ~*e* 〈auf ein ~*es*〉 Gleis geraten (→Gleis 2) | *jn.* 〈*et.*[4]〉 aufs ~*e* 〈auf ein ~*es*〉 Gleis schieben (→Gleis 2) | [▽]*Tote* Hand 〘法〙 死手(譲渡・相続のできない財産を所有する団体, 特に教会)〔の財産〕 | ~*es* Inventar 〘法〙 死せる属具(経済的目的に供せられる生ける属具 lebendes Inventar, すなわち家畜に対して家具什器(じゅうき)類をいう) | ~*es* Kapital 《比》寝かせ資本(習得したが利用しない知識・技能) | ~*e* Last =Totlast | ein ~*er* Mann 〘坑〙 廃坑(→1 a) | das *Tote* Meer 死海 | ein ~*er* Punkt (→Punkt 2 a) | im ~*en* Raum liegen 〘軍〙 死角内に入っている | ein ~*es* Rennen 〘スポ〙 (勝敗を判定できない)引き分けのレース | die ~*e* Saison 閑散期, シーズンオフ | ~*e* Sprachen 死語(ラテン語・サンスクリット語などのように話されなくなった言語) | eine ~*e* Straße 〈Stadt〉 人気のない通り〈町〉 | ~*es* Wasser よどみ〔水〕 | der ~*e* Winkel (→Winkel 1) | ~*es* Wissen 役に立たぬ知識 | ~*e* Zahlen 無意味な数字 | eine ~*e* (=stille) Zeit シーズンオフ, 閑散期(夏枯れ時など) | ~*e* Zone 〘通信〙 不感〔地〕帯 ‖ Das Telefon ist ~. この電話は通じない(なんの信号音も聞こえない) | Ihre Liebe war ~. 彼女〈彼ら〉の恋はさめてしまった | Sie ist ~ für alle Freude. 彼女はどんな喜びも感じない.

II To̤·te[1] 《形容詞変化》 **1** 男 女 死者, 死人: das Reich der ~*n* 死者の国, 黄泉(よみ)の国 | einen ~*n* begraben 死者を埋葬する | der ~*n* gedenken 亡き人々をしのぶ | wie ein ~*r* liegen 〈schlafen〉 死んだように横たわって〈眠って〉いる ‖ Bei dem Unfall gab es fünf ~. その事故で 5 人の死者が出た | **ein Lärm 〈ein Krach〉 um ~ aufzuwecken** 死人も目をさますほどの大変な騒ぎ | Dieser Krach weckt ja ~ auf! こうやかましくては死人でも目を覚ますよ | Die ~*n* schweigen 〈sind stumm〉. 《諺》死人に口なし | Laß die ~*n* ruhen! 《雅》死んだ人の悪口を言うな | Von ~*n* soll man nur Gutes 〈gut〉 reden. 《諺》死者をむち打つなかれ. **2** 中 無生物, 死物.

[*germ.* „gestorben"; ◇Dunst, Tod, töten; *engl.* dead]

to·ta̤l[totá:l] **I** 形 **1** 《ふつう付加語的》 **a**) 全体の, 全面的な; 完全な, 全くの: ein ~*er* Krieg 総力戦 | ein ~*er* Mißerfolg 完全な失敗 | eine ~*e* Sonnenfinsternis 皆既日食 | ~*er* Unsinn 全くのナンセンス ‖ Die Niederlage war ~. 完全な敗北だった. **b**) (totalitär) 全体主義的な: ein ~*er* Staat 全体主義国家. **2** 《副詞的》《話》完全に, 全く: *et.*[4] ~ zerstören …を完全に破壊する | Das habe ich ~ vergessen. そのことを私はすっかり忘れていた | Er ist ~ erschöpft 〈betrunken〉. 《話》彼はくたくたに疲れ果てている〈ぐでんぐでんに酔っぱらっている〉. **II To·ta̤l** 中 -s/-e 《スイ》 **1** 全体. **2** (Gesamtsumme) 総額, トータル.

[*mlat.*–*fr.*; <*lat.* tōtus „ganz"+..al[1]]

To·ta̤l≠an·sicht 女 全景. **≠aus·fall** 男 〘商〙 全損. **≠aus·ver·kauf** 男 在庫一掃大売り出し. **≠be·tra̲g** 男 総額.

To·ta̤·le[totá:lə] 女 -/-n 〘映・写〙 **1** ロングショット. **2** (被写体の)全景.

To·ta̤l≠ein·druck 男 全体的印象. **≠er·ge̲b·nis** 中 全体的結果, 最終結果. **≠fin·ster·nis** 女 〘天〙 皆既食.

To·ta·li·sa̤·tor[totalizá:tɔr, ..to:r] 男 -s/-en [..zató:rən] **1** (公認の)馬券発売機〈所〉(略 Toto). **2** 〘気象〙 積算降水量計. [*fr.* totalisateur; ◇*engl.* totalizator]

to·ta·li·si̲e̲·ren[..zí:rən] 他 (h) [▽]**1** 〘商〙 合計する, 締める. **2** 総括する, 総合的に見る.

to·ta·li·tä̤r[totalitɛ́:r] 形 **1** 全体〈総体〉的な. **2** 全体主義的な: ein ~*er* Staat 全体主義国家.

To·ta·li·ta·ri̤s·mus[..tarísmʊs] 男 -/ 〘政〙 全体主義.

To·ta·li·tä̤t[totalitɛ́:t] 女 -/ **1** 全体〔性〕; 〘哲〙 総体〈全体〉性. **2** 〘政〙 無制限な権力行使. **3** 〘天〙 皆既食.

To·ta·li·tä̤ts·an·spruch 男 全体〈総体〉性の要求; 〘政〙 無制限な権力行使の主張〈要求〉. [*fr.* totalité]

to·ta̤·li·ter[totá:litər] 副 (ganz und gar) 全く, すっかり, 完全に. [*mlat.*]

To·ta̤l≠mo·bi̤l·ma·chung[totá:l..] 女 〘軍〙 総動員. **≠ope·ra·tio̤n** 女 〘医〙 (手術による臓器の)完全摘出. **≠pro·the̤·se** 女 〘歯〙 総入れ歯. **≠re·fle·xio̤n** 女 〘理〙 全反射. **≠scha̤·den** 男 (修理のきかないほどの)完全損害, 全体破損, 全損: **einen 〔geistigen〕 ~ haben** 《話》(精神状態が)完全にいかれている. **≠sum·me** 女 総額. **≠ver·blö̤·der** 男 《戯》総白痴化機(テレビのこと. Television の略語 TV にかけたもの). **≠ver·lust** 男 〘商〙 全損. **≠ver·riß** 男 《話》完膚(かんぷ)なきまでの酷評.

to̤t≠|ar·bei·ten 《01》 自 (h) 《話》 再帰 *sich*[4] ~ 働きすぎて死ぬ; ぶっ倒れる〈くたくたになる〉まで働く. **≠|är·gern** 《05》 他 (h) 《話》《*jn.*》(…を)ひどく〈かんかんに〉怒らせる: 再帰 *sich*[4] ~ かんかんに腹をたてる.

To̤·te[1][tó:tə] →tot II

To̤·te[2][–] 男 -n/-n 《南部》=Gote[2]

To̤·tem[tó:tɛm] 中 -s/-s 〘民族〙 トーテム(未開社会で氏族の象徴として崇拝される自然物, 特に動植物). [*indian.*–*engl.*]

To̤·tem≠fi·gu̲r 女 トーテム像. **≠glau·be** 男 トーテム信仰.

To·te·mi̤s·mus[totemísmʊs] 男 -/ 〘民族〙 トーテミズム(トーテムを中心とする社会的・宗教的制度); トーテム信仰〈崇拝〉.

to·te·mi̤·stisch[..místɪʃ] 形 トーテミズム〈トーテム信仰〉の.

To̤·tem·pfahl[tó:tɛm..] 男 トーテム=ポール(アメリカインディアンに見られる彩色したトーテム像の柱).

tö̤·ten[tǿ:tən] 《01》 他 (h) **1** (英: *kill*) **a**) 《*jn.*》殺す, 死なせる: *jn.* fahrlässig 〈vorsätzlich〉 ~ …を過失によって死なせる〈故意に殺す〉 | *jn.* mit Gift ~ …を毒殺する | Bei dem Unfall wurden zwei Menschen *getötet*. その事故で二人死亡した | Der Kummer wird sie noch ~. 心痛のあまり彼女はいのちを縮めかねない〈いまに死んでしまうだろう〉 | Die Langeweile *tötet* mich. (私は)退屈で死ぬ思いだ ‖ 〘目的語なしで〙 Du sollst nicht ~. あなたは殺してはならない(聖書:

出20,13; 十戒の一つ) | Wenn Blicke ~ könnten!《話》にらみ殺されそうな目だ. **b)** 再帰 *sich*^{4} ~ 自殺する.

2 《*et.*^{4}》破壊する, 滅ぼす, だめにする, だいなしにする; 消滅させる; (感情などを)抑圧する: den Nerv eines Zahns ~ 歯の神経を殺す | *jm.* den 〔letzten〕 Nerv ~ (→Nerv 1) | *js.* Hoffnungen ~ …の希望を断つ | die Zeit ~ 時間をつぶす〈むだに費やす〉‖ ein paar Flaschen Bier ~《話》ビールを二三本あける | die Zigarette ~《話》タバコの火をもみ消す ‖〖目的語なしで〗Lächerlichkeit *tötet.* (→Lächerlichkeit 1). [*germ.*; ◇tot]

Tọ·ten·acker[tó:tən..] 男《雅》(Friedhof) 墓地.

tọ·ten·ähn·lich 形 死んだ人のような: ein ~*er* Schlaf 死んだような眠り, 熟睡.

Tọ·ten⸗amt 中 =Totenmesse ⸗**bah·re** 女 棺台(→図 Bahre). ⸗**be·schwö·rung** 女 死者の霊を呼び出すこと, 交霊術, 口寄せ. ⸗**be·stat·tung** 女 埋葬. ⸗**bett** 中 臨終の床: auf dem ~ 臨終の床で, いまわの際に.

tọ·ten·blaß[tó:tənblás] 形 死人のように青ざめた, 真っ青な.

Tọ·ten·bläs·se 女 死人のような蒼白(はく)さ.

tọ·ten·bleich[tó:tənbláıç] =totenblaß

Tọ·ten⸗blu·me 女 -/-n **1**〖植〗センジュギク(千寿菊). **2**《ふつう複数で》墓地に植える花: Wer an ~*n* riecht, verliert den Geruch. お墓の花をかぐと鼻がきかなくなる(民間信仰). ⸗**fei·er** 女 葬儀, 葬式; 慰霊祭; 法要. ⸗**fest** 中 =Totensonntag ⸗**fleck** 男 -〔e〕s/-e《ふつう複数で》〖医〗死斑(しはん). ⸗**ge·bei·ne** 複 遺骨. ⸗**ge·läut** 中, ⸗**ge·läu·te** 中 (しきりに鳴る)弔いの鐘の音. ⸗**ge·leit** 中 会葬, 葬列につらなること: *jm.* das ~ geben …の葬儀に参列する. ⸗**ge·rip·pe** 中 骸骨(がいこつ). ⸗**glocke** 女 葬式の鐘, 弔鐘(ちょうしょう). ⸗**grä·ber** 男 **1 a)** 墓掘り人夫;《比》墓穴を掘る者: **dem ~ von der Schippe gehüpft 〈gesprungen〉 sein**《話》すんでのところで命拾いをする. $^\nabla$**b)** 墓地管理人, 墓守り. **2**〖虫〗シデムシ(埋葬虫)科の甲虫. ⸗**gruft** 女 地下納骨所〈室〉, 地下墓地. ⸗**hal·le** 女 **1** (埋葬前の)遺体安置所. **2** (冥界(めいかい)の)死者の広間. ⸗**hemd** 中 (Leichenhemd) (死者に着せて埋葬する長く白い)屍衣(しい), 経帷子(きょうかたびら). ⸗**kä·fer** 男〖虫〗ゴミムシダマシ(偽歩行虫)の一種.

tọ·ten·kalt[tó:tənkált] 形 死人のように冷たい.

Tọ·ten⸗kla·ge 女 **1** 死者を悼(いた)むこと. **2** 葬送の歌, 挽歌(ばんか). ⸗**kopf** 男 **1 a)** 死者の首; どくろ, されこうべ. **b)** どくろ印(毒物を表す). **2**〖虫〗ドクロメンガタスズメ(髑髏面形雀蛾). **3**〖化〗ベンガラ. ⸗**köpf·chen** 中〖動〗リスザル(栗鼠猿). ⸗**kranz** 男 葬式〈墓所〉の花輪. ⸗**kult** 男〖民俗〗死者崇拝. ⸗**la·de** 女 **1**〖医〗(慢性骨髄炎の際にできる)骨柩(こつきゅう). **2**《方》(Sarg) 棺〔おけ〕, ひつぎ. ⸗**li·ste** 女 死亡者名簿, 死亡表. ⸗**mahl** 中《雅》葬式のあとの会食. ⸗**marsch** 男 葬送曲. ⸗**mas·ke** 女 (↔Lebendmaske) デスマスク, 死面. ⸗**mes·se** 女〖カトリック〗死者〈葬儀〉ミサ: eine ~ für *jn.* lesen 〈halten〉 …のために死者ミサをささげる. ⸗**op·fer** 中〖民族〗死者に供えるいけにえ. ⸗**raum** 男〖生〗死腔(しくう) (呼吸器官のうちガス交換に関係のない空間). ⸗**reich** 中 -〔e〕s/ 死者の国, 黄泉(よみ): ins ~ hinabsteigen 死者〈黄泉〉の国へ降りて行く. ⸗**schä·del** 男 どくろ, されこうべ. ⸗**schau** 女 (Leichenschau) 検死. ⸗**schein** 男 (医師の)死亡証明〈診断〉書: den ~ ausstellen 死亡証明書を発行する. ⸗**schild** 男〖紋〗忌中紋章. $^\nabla$⸗**schrein** 男 (Sarg) 棺〔おけ〕, ひつぎ. ⸗**sonn·tag** 男〖新教〗死者慰霊日(教会暦の最後の, すなわち Advent の直前の日曜日). ⸗**stadt** 女 =Nekropolis ⸗**star·re** 女〖医〗死体〈死後〉硬直.

tọ·ten·still[tó:tənʃtíl] 形 死のように静かな, 静まりかえった.

Tọ·ten·stil·le 女 死のような静けさ〈しじま〉, 深い静寂.

Tọ·ten⸗tanz 男〖美〗死の舞踏, 髑髏(どくろ)の踊り(中世後期の絵画に好んで扱われた死神のリードする輪舞. あらゆる身分・年齢の人間の踊り相手として骸骨(がいこつ)が描かれ, 死の絶大な力とその前には万人平等であることが示されている. Holbein の木版画などがある). ⸗**trom·pe·te** 女〖植〗クロラッパタケ(黒喇叭茸)(食用となる). ⸗**tuch** 中 -〔e〕s/..tücher=Totenhemd ⸗**uhr** 女〖虫〗シバンムシ(死番虫)の一種(木の中に食い込んでチクチクと音をたてるのが俗信では死の予告と解せられた). ⸗**ur·ne** 女 骨つぼ. ⸗**ver·bren·nung** 女 火葬. ⸗**ver·zeich·nis** 中 死亡者名簿. ⸗**vo·gel** 男 **1**〖鳥〗コキンメフクロウ(小金目梟) (Steinkauz の俗称. その鳴き声から病人を死に誘う不吉な鳥とされている). **2** 死霊の鳥(霊魂はその姿を借りて生きつづけるとされる). ⸗**wa·che** 女 (雅: ⸗**wacht** 女) 通夜: die ~ halten 通夜をする. ⸗**wa·gen** 男 霊柩(れいきゅう)車.

Tö·ter[tǿ:tər] 男 -s/- 殺害者. [<töten]

Tọt·er·klär·te[tó:t|ɛrklɛ:rtə] 男 女《形容詞変化》死亡宣告を受けた人.

tọt|fah·ren* 《37》他 (h) 《*jn.*》(車で)ひき殺す.

tọt·ge·bo·ren 形 (↔lebendgeboren) 死んで生まれた, 死産の: ein ~*es* Kind 死産児 | ein ~*es* Kind sein (→Kind).

Tọt·ge·burt 女 (↔Lebendgeburt)〖医〗死産; 死産児.

Tọt·ge·glaub·te 男 女《形容詞変化》死んだと思われている人. [<glauben]

tọt|ge·hen* 《53》自 (s) 《話》(sterben) 死ぬ.

tọt·ge·sagt I totsagen の過去分詞. **II** 形 死んだとうわさされている: der 〈die〉 *Totgesagte* 死んだと言われている人.

Tọt·holz 中〖海〗(木造船の船首・船尾の)力材.

tọt⸗|krie·gen 他 (h) 《話》《*jn.*》殺す, くたばらせる; 《*et.*^{4}》使ってだめにする:〖ふつう **nicht totzukriegen sein** の形で〗Er ist nicht so leicht *totzukriegen.* 彼は殺したってそう簡単には死なないよ(頑健そのものだ) | Der Mantel ist nicht *totzukriegen.* このコートは〔丈夫で〕なかなかすり切れない. ⸗|**la·chen** 自 (h) 《話》再帰 *sich*^{4} ~ 死ぬ〈息が止まる〉ほど笑う, 笑いこける: Wir haben uns über den Witz fast 〈halb〉 *totgelacht.* 私たちはそのジョークに笑いこけた ‖ Es war zum *Totlachen.* それは笑いが止まらぬほどおかしかった.

Tọt⸗la·ge 女〖工〗(機械の)岐点, よどみ点. ⸗**last** 女〖工〗死荷重.

tọt⸗|lau·fen* 《89》自 (h) 《話》再帰 *sich*^{4} ~ 成果なしに〈不首尾に〉終わる; 自然に〈ひとりでに〉終わる: *sich*^{4} an *jm.* 〈*et.*^{3}〉 ~ …に当たって砕ける, …と戦って敗れる | Die Diskussion hat sich bald *totgelaufen.* 討論は実りのないまますぐに終わった. ⸗|**ma·chen** 他 (h) 《話》**1** (töten) 殺す; (競争によって)抹殺する, やっつける. **2** 再帰 *sich*^{4} für *jn.* 〈*et.*^{4}〉 ~ 〔…のために〕身を滅ぼす〈神経をすりへらす〉.

Tọt·mann⸗brem·se 女〖工〗デッドマン制御装置(手または足を離すと自動的に運転が停止する装置). ⸗**knopf** 男〖工〗(手を離すと運転が停止する)デッドマン制御押しボタン.

Tọ·to[tó:to·] 中 (男) -s/-s **1** =Totalisator 1 **2** トトカルチョ(サッカーなどの勝敗をめぐっての公認のスポーツくじ): im ~ tippen 〈gewinnen〉 トトカルチョで賭(か)ける〈もうける〉.

Tọ·to⸗er·geb·nis[tó:to..] 中 -ses/-se《ふつう複数で》トトカルチョの結果. ⸗**ge·winn** 男 -〔e〕s/-e《ふつう複数で》〔サッカー〕トトカルチョの賞金. ⸗**schein** 男, ⸗**zet·tel** 男〔サッカー〕トトカルチョの投票用紙.

Tọt·punkt[tó:t..] 男〖工〗(ピストン機関の)死点, 止まりセンター. [*engl.* dead point の翻訳借用]

tọt⸗|re·den 《01》他 (h) 《話》《*jn.*》しつこく説得する. ⸗|**rü·sten** 《01》他 (h) 《*et.*^{4}》(…〔の経済〕を)軍備競争によって破綻(はたん)させる.

tọt|sa·gen I 他 (h) 《*jn.*》(間違って…が)死んだと言いふらす. **II tọt·ge·sagt** → 別出

tọt|schie·ßen* 《135》他 (h) 《話》《*jn.*》射殺する: 再帰 *sich*^{4} ~ ピストル自殺する |《相互的》*sich*^{4} 〔gegenseitig〕 ~ 〔お互いに〕銃で殺しあう.

Tọt·schlag[tó:t-ʃla:k][1] 男 殺害, 殺人; 撲殺, 殴殺;〖法〗故殺(→Mord): einen ~ begehen 〈verüben〉 殺人を犯す ‖ es gibt Mord und ~ (→Mord).

tọt|schla·gen* 《138》他 (h) **1**《*jn.*》殴り殺す, 打ち殺す: *jn.* mit einem Hammer ~ …をハンマーで殴り殺す | eine Maus 〈eine Fliege〉 ~ ネズミを打ち〈ハエをたたいて〉殺す ‖ Dafür lasse ich mich 〔auf der Stelle〕 ~.《話》それは絶対たしかだ(間違っていたら即座に殺されたっていい) | Du kannst mich ~ 〈Und wenn du mich *totschlägst*〉, ich weiß es nicht. 《話》何がなんでも〈君に打ち殺されたって〉知らないものは知らないよ. **2** 《話》《*et.*[4]》 **a**) (時間を)つぶす; (良心を)麻痺(まひ)させる: die Zeit ~ (→Zeit 3 b). **b**) 《事物を主語として》(übertreffen) 凌駕(りょうが)する: Dieses Fabrikat *schlug* alles bisher Dagewesene *tot.* この工場製品は在来のすべてのものを圧倒した.

Tot·schlä·ger 男 **1** 殺人者, 殺害者; 〖法〗故殺者. **2** 殺し棒(鉛の柄のついた棍棒(こんぼう), 武器として用いる).

tot|schwei·gen* 《158》 他 (h) 黙殺する, 無視して語らない: die Angelegenheit ~ その件を黙殺する | Er wurde von ihr *totgeschwiegen.* 彼は彼女に無視され〔話題にされなかっ〕た.

tot·si·cher = todsicher

tot⸗|ste·chen* 《180》 他 (h) 《*jn.*》刺し殺す. ⸗**|stel·len** 他 (h) 再帰 *sich*[4] ~ 死んだふりをする. ⸗**stür·zen** 他 (h) 再帰 *sich*[4] ~ 墜落死する. ⸗**|tram·peln** 《06》 他 (h) 《話》, ⸗**|tre·ten*** 《194》 他 (h) 《*jn.*》踏み殺す.

Tö·tung[tǿːtʊŋ] 女 -/-en 《ふつう単数で》(töten すること. 例えば:) **1** 殺害; 〖法〗殺人〔罪〕: fahrlässige ~ 〖法〗過失致死〔罪〕. **2** (感情・欲望などの)抑圧.

Tö·tungs·ab·sicht 女 〖法〗殺害意図.

Tot·zeit[tóːt..] 女 〖工〗むだ時間.

tou·chie·ren[tuʃíːrən, tʊ..] 他 (h) **1** 〖ビリヤード〗球(たま)にさわる(手やキューで不用意に球に触れること). **2** 〖医〗内診する(体腔(たいこう)内部を指で触診すること). [*vulgärlat.*−*fr.*; ◇tokkieren, tuschen[2]; *engl.* touch]

Tou·lon[tulɔ̃́] 地名 トゥーロン(フランス南東部, 地中海に面する港湾都市. 軍港).

Tou·louse-Lau·trec[tuluzlotrɛ́k] 人名 Henri de ~ アンリ ド トゥールーズ=ロートレック(1864–1901; フランス印象派の画家).

Tou·pet[tupéː] 中 -s/-s **1** ヘアピース. **2** (はげをかくすための)かもじ; (かつらの一部として頭頂に付けた)飾りの巻き毛. [*fr.* „Büschel"; ◇Zopf, Topp]

tou·pie·ren[tupíːrən] 他 (h) (髪を)巻き毛にして〈逆毛をたてて〉ふくらませる.

Tour[tuːr] 女 -/-en **1** 遠足, ハイキング, ドライブ, 〔小〕旅行, ツアー: Auto*tour* 自動車旅行 | Rad*tour* サイクリング ‖ eine ~ durch Amerika machen アメリカ一周ツアーをする | eine ~ ins Gebirge machen 山へ遠足に行く | eine ~ nach Paris machen パリ旅行に行く ‖ auf die ~ gehen 遠足〈旅行〉に行く | auf ~ sein 旅行中である. **2** 《複数で》〖工〗(機械の)回転, 旋回: Der Motor läuft 3 000 ~*en* in der Minute. このモーターは毎分3000回転する ‖ eine Maschine auf ~*en* bringen 機械を回転させる | ***jn.* auf ~*en* bringen** 《話》 i) …を駆り〈追い〉立て〔てせっせと働かせ〕る, …にはっぱをかける; ii) …をかんかんに怒らせる〈憤激させる〉 | **auf vollen 〈hohen〉 ~*en* laufen** 全速力〈高速〉で回転する; 《話》フル回転する | **auf ~*en* kommen** 加速する; 《話》活気づく; 興奮〈憤激〉する | auf ~*en* sein 《話》興奮している, 気分が高揚している; 憤激している | **in einer ~** 《話》 i) 一気に, 休むことなく; ii) のべつまくなしに, ひっきりなしに. **3 a**) (Strecke) (一定の)〔距離〕区間, 行路, 行程: die ~ Bonn-Frankfurt ボン・フランクフルト区間 | die ganze ~ zurück laufen 〈mit dem Bus fahren〉 帰路を全部歩く〈バスに乗る〉. **b**) (繰り返される運動の一区切り. 例えば:) ① (ダンスの)一回り, 一替わり. ② (メリーゴーラウンドなどの) 1 回転. ③ (編物で) 1 段: zwei ~*en* links 〈rechts〉 stricken 裏編み〈表編み〉で 2 段編む. **4** 《ふつう単数で》《話》(手練手管を用いた)やり口, 方法, 流儀, 手; もくろみ, 計画: eine alte 〈billige〉 ~ 古い手〈安直なやり方〉 | **eine krumme ~** 《話》不正な手段, 詐欺 | **krumme ~*en* reiten** 《話》不正な手段をとる | ***jm.* die ~ vermasseln** 《話》…のもくろみを台なしにする ‖ **auf die kalte ~** 《話》人目に立たぬように, ひそかに, 暴力を用いずに | ***et.*[4] auf die krumme ~ machen** …を不正なやり方でやる | **auf die dumme 〈krumme〉 ~ reisen** 《話》わざとばかなふりをして〈不正な手段で〉相手をだまそうとする | **auf die schnelle ~** 《話》そそくさと; 短時間で, 手っ取り早く, すばやく(→Schnelle 1) | Komm mir bloß nicht auf diese ~! 私に対してそんなやり方はしないでくれ ‖ Die ~ zieht bei mir nicht. その手はくわないぞ. **5** 《話》むら気, 不機嫌: Er hat wieder einmal seine ~. 彼はまたしても〔いつもの〕むら気をおこしている〈不機嫌である〉.

[*lat.* tornus (→Turnus)−*fr.*; ◇Törn, Turn]

Tou·ren⸗fahr·rad[túːrən..] 中 ツアー用自転車. ⸗**fahrt** 女 クロスカントリー自動車レース. ⸗**rad** 中 **1** ロードスター(二三人乗りのオープンカー). **2** =Tourenfahrrad ⸗**ski**[..ʃiː] 男 ツアー用スキー. ⸗**wa·gen** 男 ツーリングカー. ⸗**zahl** 女 〖工〗毎分回転数. ⸗**zäh·ler** 男 〖工〗回転計, 回転速度計, タコメーター, ピック〈コース〉カウンター.

Tou·ris·mus[turísmʊs] 男 -/ 観光客の往来, 観光, ツーリズム. [*engl.* tourism]

Tou·ris·mus·in·du·strie 女 観光産業.

Tou·rist[turíst] 男 -en/-en 旅行者, 観光客. [*engl.*]

Tou·ri·sten⸗ho·tel[turístən..] 中 観光客用ホテル. ⸗**klas·se** 女 -/ ツーリスト〈エコノミー〉クラス. ⸗**ver·kehr** 男 観光客の往来; 観光客の輸送. ⸗**vi·sum** 中 観光ビザ〈査証〉.

Tou·ri·stik[turístɪk] 女 -/ 観光〔旅行〕; 旅行案内〔業〕.

tou·ri·stisch[..tɪʃ] 形 観光〔旅行〕の.

Tour·né[tʊrnéː] 中 -s/-s 〖トランプ〗札を配った後で切り札をきめるために表にめくった札. [*fr.*]

Tour·nee[–] 女 -/-s, -n[..néːən] (劇団・芸術家などの)巡業, 旅公演: Auslands*tournee* 外国巡業, 国外公演旅行 | auf 〔eine〕 ~ gehen 巡業に出る. [*fr.*]

tour·nie·ren[tʊrníːrən] **I** 自 (h) 〖トランプ〗(切り札をきめるため)札を表にめくる〈裏返す〉.

II 他 (h) 〖料理〗(じゃがいも・バターなどを)一定の形に切る.

[*lat.* tornāre (→turnen[1])−*fr.*]

Tour·ni·quet[tʊrnikéː] 中 -s/-s **1** 〖医〗動脈圧抵器, 止血帯. ▽**2** (人を一人ずつしか通さない)回転木戸. [*fr.*]

Tou·ro·pa[turóːpaˑ] 女 -/ 商標 トゥローパ(ドイツの旅行斡旋(あっせん)業者. München に本拠を置き, 各地に数多くの支店を持つ). [<Tour+Europa]

Tours[tuːr] 地名 トゥール(フランス中部の古都).

To·wa·rischtsch[továːrɪʃtʃ, tɔ..] (**To·wa·ristsch**[..rɪstʃ, ..rɪʃtʃ]) 男 -s/-s (Genosse) 同志, 仲間. [*russ.*; ◇*engl.* tovari〔s〕ch]

Tower[táʊə] 男 -〔s〕/- (Kontrollturm) 〖空〗(空港の)管制塔, コントロールタワー. [*engl.*]

tox.. →toxiko..

Tox·ämie[tɔksɛmíː] (**Tox·hä·mie**[tɔkshɛmíː]) 女 -/-n[..míːən] 〖医〗毒血症.

toxi.. →toxiko..

To·xi·der·mie[tɔksidɛrmíː] 女 -/-n[..míːən] 〖医〗中毒疹(しん). [<Derma]

to·xi·gen[..géːn] 形 〖医〗毒素性の.

toxik.. →toxiko..

To·xi·ka Toxikum の複数.

To·xik·ämie[tɔksikɛmíː] 女 -/-n[..míːən] =Toxämie

toxiko.. 《名詞・形容詞につけて「毒」を意味する. toxi.., toxo.. という形もあり, 母音の前では tox.., toxik.. となる: →*Tox*ämie, *toxi*gen, *Toxik*ämie》

To·xi·ko·lo·ge[tɔksikolóːgə] 男 -n/-n (→..loge) 毒物学者, 毒理学者.

To·xi·ko·lo·gie[..logíː] 女 -/ 毒物学; 毒理学.

to·xi·ko·lo·gisch[..lóːgɪʃ] 形 毒物学〈毒理学〉〔上〕の.

To·xi·ko·se[tɔksikóːzə] 女 -/-n 〖医〗中毒〔症〕. [<..ose]

To·xi·kum[tɔ́ksikʊm] 中 -s/..ka[..kaˑ] (Gift) 毒, 毒物. [*gr.*−*lat.* toxicum „Pfeilgift"; <*gr.* tóxon „Bogen"]

To·xin[tɔksíːn] 中 -s/-e 〖医・生〗毒素(特に細菌性の). [<..in[2]]

to·xisch[tɔ́ksɪʃ] 形 **1** (giftig) 有毒の, 毒性の. **2** 中毒〔性〕の.

To·xi·zi·tät[tɔksitsitɛ́ːt] 女 -/ 毒質, 有毒性.

toxo.. →toxiko..

to·xo·gen[tɔksogéːn] =toxigen

To·xo·id[tɔksoíːt][1] 中 -s/-e 《ふつう複数で》〖化・医〗ト

キソイド, 類毒素, 変性毒素(無毒化されてはいるが抗原性は保っている毒素). [<..oid]

To·xo·plas·mo·se[tɔksoplasmóːzə] 女 -/-n 《医・畜》トキソプラズマ症. [<Plasma+..ose]

TP[triaŋgulatsióːnspʊŋkt] 記号 (Triangulationspunkt) 三角点.

Trab[traːp][1] 男 -[e]s/ (英: *trot*) (馬の) 速歩(はやあし), だく足 (→ 図 reiten); 《比》(人の) 急ぎ足: ~ reiten / im ~ reiten (馬が) 速歩で駆ける ‖ **auf ~ sein** 《話》急いでいる; いそがしくしている, 多忙である, いつも忙しそうにしている | ***jn.* auf ~ 〈in ~〉 bringen** 《話》…をせき立てる | ***jn.* in ~ halten** 《話》(絶えず督促して) …を休ませない | das Pferd in ~ setzen 馬を速歩で駆けさせる, 馬にだくを踏ませる | *sich*[4] in ~ setzen 足を速める, 走りだす; 急ぐ ‖ ~ hinter *et.*[4] machen …のテンポを速める | Ein bißchen ~! / Mach ~! 少しはさっさとやれよ. [*mhd.*; ◇traben]

Tra·bant[trabánt] 男 -en/-en **1** (Satellit) **a)** 《天》衛星: ein künstlicher ~ 人工衛星. **b)** (他国の勢力下にある) 衛星国; (大都市を取り巻く) 衛星都市: die Sowjetunion und ihre ~*en* 旧ソ連邦およびその衛星諸国. **2** 《ふつう複数で》《戯》(わんぱくな) 子供たち. **3 a)** (昔の) 親衛兵, 護衛. **b)** 《軽蔑的に》追従者, 腰巾着(こしぎんちゃく), 取り巻き. **4** 《生》(染色体の) 付随体. **5** 《テレビ》等化パルス. **6** -s/-[s] 商標 トラバント(旧東ドイツの代表的な小型自動車). [*tschech.* drabant]

Tra·ban·ten≈sied·lung[trabántən..] 女 (都市周辺の) 衛星住宅団地. **≈staat** 男 衛星国. **≈stadt** 女 衛星都市.

Trab·bi[trábiˑ] 男 -s/-s トラビー (Trabant 6の愛称).

tra·ben[tráːbən][1] 自 **1** (h, s) (馬が) 速足(はやあし)で駆ける, だくを踏む. **2** (s) 《話》(人が) 急ぎ足で行く, 小走りに行く: zur Schule ~ 学校へ駆けて行く | nach Hause ~ 走って家へ帰る. [*mndd.*–*mhd.* draben; 擬音]

Tra·ber[..bər] 男 -s/- 繋駕(けいが)速歩レース用の馬.

Tra·ber·wa·gen 男 一人乗り1頭立て二輪馬車.

Tra·bi[tráːbiˑ] 男 -s/-s トラビー (Trabant 6の愛称).

Trab≈renn·bahn[tráːp..] 女 繋駕(けいが)速歩レースの走路. **≈ren·nen** 中 繋駕速歩レース.

Tra·cer[tréːsər, tréɪsə] 男 -s/- 《理・医》トレーサー, 追跡子. [*engl.*; ◇Trakt]

Tra·chea[traxéːaˑ, tráxeaˑ] 女 -/..cheen[traxéːən], **Tra·chee**[traxéːə] 女 -/-n **1** (Luftröhre) 《解》気管. **2** (Gefäß) 《植》導管. **3** 《動》(節足動物の) 呼吸管. [*gr.* (artēríā) trācheĩa „rauhe (Arterie)"–*mlat.*; <*gr.* trāchýs (→Trachyt)]

Tra·chei·de[traxeíːdə] 女 -/-n 《植》仮導管, 擬脈管. [<..id[1]]

Tra·chei·tis[traxeíːtɪs] 女 -/..tiden[..xeitíːdən] (Luftröhrenentzündung) 《医》気管炎. [<..itis]

Tra·cheo·bron·chi·tis[traxeobrɔnçíːtɪs] 女 -/..tiden[..çitíːdən] 《医》気管気管支炎.

Tra·cheo·sko·pie[..xeoskopíː, ..xeɔs..] 女 -/-n [..píːən] 《医》気管鏡〔検査〕法.

Tra·cheo·to·mie[..tomíː] 女 -/-n[..míːən] 《医》気管切開〔術〕.

Tra·chom[traxóːm] 中 -s/-e 《医》トラコーマ, トラホーム. [<*gr.* trāchýs (→Trachyt)+..om]

Tracht[traxt] 女 -/-en **1** (ある時代・地方・民族・階級・職業などに特有の) 衣装, 服装; (髪型・ひげの型など) 流行の風俗: die geistliche 〈höfische〉 ~ 僧服〈宮廷衣装〉| die Schwarzwälder ~ シュヴァルツヴァルト地方の衣装 | Bauern*tracht* 農民特有の服装 | Haar*tracht* 髪型 | Volks*tracht* 民族〈民俗〉衣装 ‖ in der ~ einer Rotkreuzschwester 赤十字看護婦の制服を着て. **2 a)** 《方》(一担ぎ分の荷) 一荷, 積み荷〔量〕: eine ~ Holz 〈Wasser〉 一担ぎの薪(まき)〈水〉. **b)** 《方》担ぎ棒; 背負子(しょいこ). **c)** ミツバチの運んでくる花粉と花蜜(かみつ)〔の収穫〕: Die Bienen hatten reiche ~. ミツバチがたくさん蜜を集めて来た. **d)** 《方》(作物の) 収穫: die erste 〈zweite〉 ~ 第一作〈第二作〉. **3** 《話》**eine ~ Prügel** bekommen 〈kriegen〉〔さんざんに〕殴られる | *jm.* eine gehörige 〈tüchtige〉 ~ Prügel verabreichen 〈verpassen〉 …をさんざんに殴る. **4** 鞍褥(あんじょく) (→ 図 Sattel). [*ahd.*; ◇tragen]

trach·ten[tráxtən] 《01》《雅》**I** 自 (h) 《nach *et.*[3]》(…を得ようと) 努める, ねらう, 望む: nach Ehre 〈Reichtum〉 ~ 名誉〈富〉を求め〔て努め〕る | *jm.* nach dem Leben ~ (→leben III 1) | Er *trachtete* danach, möglichst schnell nach Haus zu kommen. 彼はできるだけ早く家に帰りたいと望んだ. **II** 他 (h) 《zu 不定詞〔句〕と》(…しようと) 努める, 試みる: *jn.* einzuholen ~ …に追いつこうとする | Sie *trachteten*, ihn zu töten. 彼らは彼の命をねらっていた. **III Trach·ten** 中 -s/ ねらい, 志望: das Dichten und ~ (→dichten III 2) | *js.* Sinnen und ~ (→sinnen III) | *js.* Tun und ~ (→tun III). [*lat.* tractāre (→traktieren)–*ahd.*]

Trach·ten≈fest[tráxtən..] 中 (参加者がそれぞれの国の民族衣装を着て集まる) 民族衣装祭. **≈grup·pe** 女 民族衣装舞踊団. **≈jan·ker** =Janker **≈zug** 男 民族衣装行列.

träch·tig[tréçtɪç][2] 形 **1** (動物が) 妊娠している, 孕(はら)んでいる: eine ~*e* Kuh 孕み牛 | Die Katze wird 〈ist〉 ~. 猫が孕む〈孕んでいる〉. **2** 《雅》〔多くを〕内蔵する, 豊富な; (雨・風などを) 孕んだ: ein ~*er* Gedanke 含蓄の多い〈将来性のある〉アイディア | ein von 〈mit〉 Gedanken ~*es* Werk 思想豊かな作品 ‖ von Waren ~ sein 品物がいっぱい入っている.

..trächtig[..trɛçtɪç][2] 《名詞につけて「…を孕(はら)んだ, …の可能性をもつ」を意味する形容詞をつくる》erfolgs*trächtig* 成功する可能性の高い | gefahren*trächtig* 危険を孕んだ | unfall*trächtig* 事故の起こりやすい.

Träch·tig·keit[–kaɪt] 女 -/ (動物の) 妊娠.

Tracht·ler[tráxtlər] 男 -s/- 《話》Trachtenfest の参加者.

Tra·chyt[traxýːt, ..xýt] 男 -s/-e 《鉱》粗面岩. [*gr.* trāchýtēs „Rauheit"; <*gr.* trāchýs „rauh"]

Track[trɛk, træk] 男 -s/-s **1** (船舶の) 航路. **2** 《陸上》トラック, 競走路. **3** 《工》(ベルトコンベヤーの) ベルト. [*germ.*–*fr.*–*engl.*]

Tra·des·kan·tie[tradɛskántsiə] 女 -/-n 《植》ムラサキツユクサ(紫露草)属. [<J. Tradescant (イギリス人園芸家, †1662)]

Trade-Union[tréɪdjuːnjən] 女 -/-s 労働組合, 同業組合, トレードユニオン. [*engl.*]

tra·die·ren[tradíːrən] 他 (h) 《雅》(überliefern) 後世に伝える, 伝承する; 口伝する: *tradierte* Geschlechterrollen 旧来の男女の役割 | *tradierte* Werte 伝来の価値. [*lat.*; <trans..+*lat.* dare „geben" (◇Dativ)]

Tra·di·tion[traditsióːn] 女 -/-en 伝統, 伝承; 慣習; しきたり, 因襲: eine mündliche ~ 口承, 言い伝え | Familien*tradition* 家門の伝統 ‖ eine alte ~ bewahren 〈pflegen〉 古い伝統を守る | *sich*[4] einer ~ fügen 伝統〈慣習〉に従う ‖ an der ~ festhalten 因襲を墨守する | mit der ~ brechen 因襲〈伝統のきずな〉を断つ | zur ~ werden 伝統〈慣例〉になる. [*lat.*]

Tra·di·tio·na·lis·mus[traditsionalísmʊs] 男 -/ 伝統主義; 因襲の墨守.

tra·di·tio·nell[..nɛ́l] 形 伝統的な, しきたりによる. [*fr.* traditionnel; ◇..al[1]]

tra·di·tions·be·wußt[traditsióːns..] 形 伝統を意識した.

Tra·di·tions·be·wußt·sein 中 伝統意識.

tra·di·tions≈ge·bun·den[traditsióːns..] 形 伝統に束縛された. **≈ge·mäß** 形 伝統に従った, 慣例〈しきたり〉どおりの.

traf[traːf] treffen の過去.

träf[trɛːf] 形 《スイ》(treffend) 適切な, 的を射た, ぴったりの: eine ~*e* Antwort 適切な答え | ein ~*er* Witz 気のきいた警句.

Tra·fal·gar[trafálgar] 地名 トラファルガー(スペイン南西部, 大西洋に臨む岬. 1805年にここの沖で Nelson のひきいるイギリス艦隊がフランス・スペインの連合艦隊を破った).

trä·fe[trɛ́ːfə] treffen の接続法 II.

Tra·fik[trafík] 女 -/-en 《オーストリア》(Tabaktrafik) タバコ屋. [*it.* traffico „Handel"; ◇*engl.* traffic]

Tra·fi·kạnt[..fikánt] 男 -en/-en (⊛ **Tra·fi·kạn·tin**[..tın]-/-nen) タバコ屋の店主. [*fr.* trafiquant „Händler“]

Tra̱·fo[trá:fo·, tráfo·] 男 -[s]/-s (<Transformator)〘電〙変圧器, トランス.

Tra̱·fo·häus·chen 中 変圧器室.

Traft[traft] 女 -/-en《北部》(Weichsel 川などの)大筏(いかだ). [*poln.*; ◇Trift]

träg[trɛ:k][1] =träge[1]

Tra̱g·al·ta̱r[trá:k..] 男 携帯[用]祭壇. [<tragen]

Tra·gạnt[tragánt] 男 -[e]s/-e〘植〙ゲンゲ(紫雲英)属. [*gr.*－*mlat.*－*mhd.*; <*gr.* trágos „Bock“+ákantha (→Akanthus); ◇*engl.* tragacanth]

Tra·gạnt·gum·mi 中 (男) トラガントゴム(ゲンゲ属の一種から採る乳液で, 接着剤にする).

Tra̱g≠ba̱h·re[trá:k..] 女 担架(→ ⊠ Bahre). ≠**bal·ken** 男〘建〙梁(はり), 支持梁. ≠**band** 中 -[e]s/..bänder **1** (かばんなどの)つり革; (ズボンの)サスペンダー. **2**〘医〙つり包帯. **3**〘建〙方杖(ほうづえ), 筋交い. **4**〘工〙コンベヤー=ベルト.

tra̱g·ba̱r[trá:kba:r] 形 **1** 持ち運びできる, 携帯に便利な, 携帯用〈型〉の: ein ~*er* Fernsehapparat 携帯用〈型〉テレビ | eine ~*e* Schreibmaschine ポータブル=タイプライター. **2** (衣服などが)着る〈身につける〉ことのできる: Dieses Kleid ist für Frauen jeden Alters ~. このドレスはどんな年齢の女性にも着られる〈似合う〉| Diese Mode ist nicht ~. このモードはもう着られない〈流行おくれだ〉. **3** (erträglich) 我慢できる, 耐えられる; 負担できる: Die Steuern sind kaum noch ~. 税金はとても耐えられないほど高い | Dieser Zustand ist nicht mehr ~. この状態はもはや我慢がならない | Der Kandidat ist für seine Partei nicht mehr ~. この候補者は党にとってもうお荷物でしかない ‖ im Rahmen 〈in den Grenzen〉 des *Tragbaren* (経済的に)できる範囲内で.

Tra̱g·ba̱r·keit[–kaıt] 女 -/ tragbar なこと.

Tra̱g≠bin·de[trá:k..] 女〘医〙つり包帯(→ ⊠ Verband). ≠**blatt** 中〘植〙サブテンディング=リーフ(腋芽(えきが)を抱く葉). ≠**büt·te** 女 木製背負いかご(おけ).

Tra̱·ge[trá:gə] 女 -/-n **1** 背負い枠(運搬具の一種), てんびん棒. **2** 担架 [<tragen]

trä̱·ge[1][trɛ́:gə] 形 **1 a)** 不活発な, 緩慢な; 怠惰な, 無精な: ein ~*r* Mensch 怠惰な〈ぐずな〉人間 | geistig ~ sein 頭の働きが鈍い. **b)**〘商〙不振の. **2 a)**〘理〙自動力のない, 慣性〈惰性〉の: eine ~ Masse 慣性質量. **b)**〘化〙不活性の: ~ Gase 不活性ガス. [*westgerm.* „zäh“]

trä̱·ge[2][–] tragen の接続法 II.

Tra̱·ge·griff[trá:gə..] 男 (持ち運びのための)取っ手.

Trag·ela̱ph[tragelá:f] 男 -en/-en **1** 山羊鹿(やぎじか)(さまざまな獣の特性を備えた古代ギリシアの空想の動物). [▽]**2**〘文芸〙ジャンルのはっきりしない作品. [*gr.* trag-élaphos „Bockshirsch“; <*gr.* trágos (→tragisch)]

tra̱·gen*[trá:gən][1]《191》**trug**[tru:k][1] / **ge·tra̱·gen**; 現 *du* trägst[trɛ:kst], *er* trägt; 接II trüge[trý:gə]

I 他 (h) **1 a)** [持ち]運ぶ, 支えて運ぶ, 持って行く〈来る〉, 運び去る; 担って行く: *jn.* 〈*et.*[4]〉 auf dem Rücken ~ …を背負って運ぶ | das Kind auf dem Arm 〈in den Armen〉 ~ 子供を腕に抱いて〈両腕に抱きかかえて〉運ぶ | *jn.* auf Händen ~《比》…を大事に扱う〈甘やかす〉| *et.*[4] in der Hand 〈unter dem Arm〉 ~ …を手に持って〈小わきにかかえて〉運ぶ | *et.*[4] in der Tasche ~ …をバッグに入れて運ぶ | *jm.* den Koffer ~ [helfen] …のトランクを持ってやる ‖ Jeder hat sein Bündel 〈Päckchen〉 zu ~.《諺》人間だれしも悩みはあるものだ | Er ging so weit, wie die Füße ihn *trugen*. 彼は足の続く限り歩いた | Das Pferd *trägt* den Reiter. 馬上には騎手がいる | Das Schiff *trägt* die Fahrgäste. 船が旅客を運ぶ | Der Wind *trägt* den Duft 〈den Schall〉. 風が香り〈音〉を運ぶ ‖〘方向を示す語句と〙*jn.* 〈*et.*[4]〉 ans Ufer ~ (波などが)…を岸へ運ぶ | *et.*[4] aus dem Zimmer ~ …を部屋から運び出す | Der Wagen wurde aus der Kurve *getragen*. 車はカーブを切りそこねた | das Kind ins Bett ~ 子供をベッドへ運ぶ | Eulen nach Athen ~. (→Eule 1 a) | *jn.* über Bord ~ (波風などが甲板から)…を水中にさらう | die Kirche ums Dorf ~ (→Kirche 1) | ein Gerücht von Haus zu Haus ~ うわさをどんどん広める | einen Koffer zum Bahnhof ~ トランクを駅へ運ぶ | *jn.* zu Grabe ~ (→Grab) | *et.*[4] zu Grabe ~ (→Grab) | *sein* Fell 〈*seine* Haut〉 zu Markte ~ (→Markt 1 a) ‖〘結果を示す語句と〙再帰 Ich habe mich müde 〈buckelig〉 [an *et.*[3]] *getragen*. 私は[…を]運び疲れた〈運んだために背中が伸びない〉‖ 再帰 *sich*[4] leicht ~ 運び〈持ち〉やすい | *sich*[4] schwer ~ [重くて]運び〈持ち〉づらい | Diese Last *trägt* sich am besten auf dem Rücken. この荷物は背中に背負って運ぶのがいちばん楽だ ‖〘名詞として〙Das viele *Tragen* hat mich müde gemacht. 私は物を運びすぎて疲れてしまった.

b) 支える, 載せ[てい]る; 持ちこたえる, 持ち上げていられる;《比》支持する: den Arm in der Binde ~ (けがをした)腕を包帯でつる | Die Brücke *trägt* [ein Gewicht von] 20 Tonnen. この橋は20トンの重みに耐える | Der Magnet *trägt* 50 kg. この磁石は50キロのものをつり上げていることができる | Das Eis 〈Die Eisdecke〉 *trägt* einen Erwachsenen. この氷は大人が一人乗っても大丈夫だ | Vier Säulen *tragen* das Dach. 4本の柱が屋根を支えている | Wasser *trägt* Holz. 木は水に浮く | Die Füße *tragen* mich nicht mehr. 私は(疲れて)もう立っていられない | Die Regierung wird vom Vertrauen des Volkes *getragen*.《比》政府は国民の信頼によって支えられている | Diese Entwicklung wird von mehreren Faktoren *getragen*.《比》この発展はさまざまの要因に支えられたものだ ‖ den Kopf 〈die Nase〉 hoch ~ (→Kopf 1, →Nase 1 a) | auf beiden Schultern [Wasser] ~ (→Schulter 1) | das Herz auf dem rechten Fleck ~ (→Herz 1 a) | das Herz auf der Zunge ~ (→Herz 1 a) | *et.*[4] zur Schau ~ (→Schau 1 a) ‖ 再帰 *sich*[4] selbst ~ (企業などが他からの援助なしで)自力でやってゆける(→5 b).

2 a) (費用・損害・責任などを)負担する, 引き受ける, 負う: die Kosten ~ 費用を負担する | den Verlust 〈den Schaden〉 ~ 損失〈損害〉を負担する | die Schuld an *et.*[3] ~ …に責任がある | die Verantwortung für *et.*[4] ~ …のことで責任を負う ‖ Er muß die Folgen seiner Handlung ~. 彼は自分の行為の結果に責任を持たなければならない.

b) (不幸・苦痛などに)耐える: die Krankheit 〈den Kummer〉 tapfer ~ 病気〈悩み〉に気丈に耐える | *sein* Schicksal 〈Unglück〉 mit Geduld ~ 運命〈不幸〉に辛抱強く耐える ‖ Wie *trägt* sie es? 彼女はだいぶこたえている様子ですか〈大丈夫ですか〉.

3 a) 携帯する, 携行する; (姓名・称号・標題などを)持つ; (ラベル・マークなどを)つけている: einen Paß 〈einen Revolver〉 bei *sich*[3] ~ 旅券〈ピストル〉を携帯する | einen berühmten Namen ~ 有名〈著名〉である | den Namen der Mutter ~ 母方の姓を名乗っている | Die Flasche 〈Das Paket〉 *trägt* ein grünes Etikett. この瓶〈小包〉には緑色のレッテルがついている | Der Film *trägt* den Titel „Mutterliebe“. この映画のタイトルは「母の愛」である ‖ Die Erzählung *trägt* den Stempel 〈das Gepräge〉 der Wahrheit.《比》この物語には真実味がある.

b) (ある感情などを)持っている, 心に抱く: Bedenken ~ (…するのに)懸念を抱く | *js.* Bild im Herzen ~ …の姿を心に抱きしめる | *et.*[3] Rechnung ~ (→Rechnung 3) | für *jn.* 〈*et.*[4]〉 Sorge ~ (→Sorge 2) | nach *jm.* 〈*et.*[3]〉 Verlangen ~《雅》…に対して欲望を抱く.

c) 再帰 *sich*[4] mit einem Gedanken 〈einer Absicht〉 ~ ある考え〈計画〉を抱いている | *sich*[4] mit Rücktrittsabsichten 〈Heiratsgedanken〉 ~ 退職〈結婚〉しようと考え[続け]ている | Ich *trage* mich mit dem Gedanken 〈dem Plan〉, das Haus zu verkaufen. 私はこの家を売ろうかと思っている.

4 a) (衣類・装身具などを)身につけている, 着用している; (ひげを)たくわえている; (髪を)…[の型]にしている: eine Brille ~ 眼鏡をかけている | einen Hut ~ 帽子をかぶっている | ein neues Kleid ~ 新しいドレスを着ている | einen Orden ~ 勲章を佩用(はいよう)している | einen Ring [am Finger] ~ 指輪をはめている | Schuhe 〈Socken〉 ~ 靴〈靴下〉をはいている |

T

einen wertvollen Schmuck ～ 高価なアクセサリーを身につけている | Trauer 〈Schwarz〉 ～ 喪服を着ている ‖ einen Bart ～ ひげをたくわえている | das Haar gewellt 〈in Locken〉 ～ 髪にウェーブをかけて〈髪を巻き毛にして〉いる ‖ Dieser Stoff wird gern *getragen*. この服地は好んで用いられる | Diese Farbe kann ich nicht ～. この色は私には似合わない ‖ ㊞再帰 *sich*⁴ gut 〈schlecht〉 ～ (服地などの質が) 持ちがいい〈悪い〉| Das Hemd *trägt* sich angenehm. このシャツは着心地がいい.

b) 再帰 *sich*⁴ ～《様態を示す語句と》(…の)身なりをしている | *sich*⁴ einfach 〈elegant〉 ～ 簡素〈優雅〉な身なりをしている | *sich*⁴ nach der letzten Mode ～ 最新流行の身なりをしている.

5 a) (樹木・耕地などが実りを)もたらす, (実を)つける, 生じる; 《比》(利益・収益を)生む: Der Baum *trägt* Früchte. 木が果実をつける | Der Acker *trägt* Weizen. 畑に小麦が実る ‖ Sein Bemühen *trug* Früchte. 《比》彼の努力は実を結んだ | Die Spareinlagen *tragen* Zinsen. 預金が利息を生む.

ᵛ**b**) 再帰 *sich*⁴ 〔selbst〕～ (商売などが) 採算がとれる, 引き合う (→1 b) | Das Geschäft *trägt* sich nicht mehr. この商売はもう引き合わない.

6《雅》(子供を)身ごもっている; (動物が子を)はらんでいる: ein Kind im Leib 〈unter dem Herzen〉 ～ 身ごもっている | Die Kuh *trägt* ein Kalb. 雌牛が子をはらんでいる ‖ eine *tragende* Katze 子をはらんだ猫.

II 自 (h) **1** 支えきる, 持ちこたえる: Das Eis *trägt* schon 〈noch nicht〉. 氷はもう上に乗っても大丈夫だ〈まだ乗れるほど厚く張っていない〉| auf beiden Schultern 〔Wasser〕 ～ (→ I 1 b).

2 《an *et.*³》(…に)耐える: An dem Verlust hat er schwer zu ～. この損失が彼には重い負担となっている.

3 a) (樹木・耕地などが)実りをもたらす, 実をつける〈生じる〉: Der Acker *trägt* gut 〈schlecht〉. この畑は作物の出来がいい〈悪い〉| Der Baum *trägt* noch nicht. この木はまだ実をつけない.

b) (企業などが)引き合う: Das Unternehmen *trug* nicht. この企業〈企画〉は採算がとれなかった.

4 (動物が)子をはらんでいる: Die Kuh *trägt* 〈ist *tragend*〉. この雌牛ははらんでいる | Die Bärin *trägt* 5-8 (読み方: fünf bis acht) Monate. クマの妊娠期間は5か月から8か月だ.

5 (ある距離まで)届く, 達する; (声などが)よく通る: Das Geschütz *trägt* weit. この大砲は射程が長い | Der Sprung *trug* weit. その跳躍は大きく伸びた | Ihre Stimme *trägt* gut. 彼女の声はよく通る ‖ Er hat eine *tragende* Stimme. 彼はよく通る声をしている.

III Tra·gen 中 -s/ tragen すること: **zum ～ kommen** 《比》用いられる, 使用される; 応用〈適用〉される; 効力を発する, 効果を発揮する.

IV tra·gend 現分 形 支えとなる; (grundlegend) 基本的な, 根本的な, 主な: ein ～*er* Pfeiler 支柱 | die ～*e* Idee des Werkes その作品の基本理念 | eine ～*e* Rolle spielen 主要な役割を果たす; 〔劇〕主役を演ずる.

V ge·tra·gen → 別出

[*germ.*; ◇Tracht, Getreide; *engl.* draw, drag]

Trä·ger[trέːgər] 男 -s/- **1** (⊛ **Trä·ge·rin**[trέːgərɪn] -/-nen) (tragen する人. 例えば:) **a**) 運ぶ人, 荷役人; 運送業者; (Briefträger) 郵便配達員; (Gepäckträger) 赤帽; (Caddie) 〔ゴルフ〕キャディー. **b**) 《比》担い手, 代表者: der ～ der Kultur 文化の担い手 | der ～ des Staates 国家の柱石. **c**) (衣服の)着用者. **d**) (小切手などの)持参人; (証明書などの)所持者. **e**) (Preisträger) 受賞者; (Ordensträger) (勲章などの)所持〈佩用(はいよう)〉者: Titel*träger* タイトル保持者. **f**) 〔医〕病菌保有者, 保菌者, キャリヤー: Virus*träger* ウィルス保菌者.

2 (tragen するもの. 例えば:) **a**) 担い棒; 担架. **b**) サスペンダー, ズボンつり, ストラップ. **c**) 〔土木〕土台, 支柱. **d**) 〔建〕桁(けた), 〔大〕梁(はり) (→ ⊠ Laufkatze): T-*Träger* T 形ばり. **e**) 〔解〕環椎(かんつい). **f**) 〔狩〕シカの頸(くび). **g**) 〔生・化・理〕担体, キャリヤー. **h**) (Trägerwelle) 〔通信〕搬送波. [*ahd.*; ◇tragen]

Trä·ger≠flug·zeug 中 〔軍〕(航空母艦の)艦載機. ≠**fre·quenz** 女 〔電〕搬送周波数.

Trä·ge·rin Träger 1の女性形.

Trä·ger≠kleid 中 ストラップ付きドレス. ≠**lohn** 男 運搬料. ≠**ra·ke·te** 女 推進ロケット(宇宙船などを打ち上げるための推進動力部分). ≠**rock** 男 ジャンパースカート. ≠**schür·ze** 女 つりひも付きエプロン. ≠**wel·le** 女 〔通信〕搬送波.

Tra·ge≠ta·sche[tráːgə..] 女 手提げ袋; 〔写〕カメラケース. ≠**tuch** 中 -〔e〕s/..tücher = Tragbinde ≠**zeit** 女 **1** (動物の)妊娠期間. **2** 〔法〕(胎児の)妊娠月数.

trag·fä·hig[tráːkfɛːɪç]² 形 **1** 支える〈負担する〉力のある: Die Eisdecke ist noch nicht ～. 氷面はまだ十分固まっていない. **2** 生産力のある: ～*e* junge Weinstöcke 実りのよいブドウの若木. [＜tragen]

Trag≠fä·hig·keit[-kaɪt] 女 -/ (tragfähig なこと. 例えば:) **1** 負担能力, 支える力; 負荷能力, 載貨重量, 運送容量; 〔海〕積載量: die ～ einer Brücke 橋の許容重量. **2** (ある地域の)生産力. ≠**fe·der** 女 〔工〕つりばね, 担いばね. ≠**flä·che** 女 〔空〕主翼; 揚力面, 翼面.

Trag·flä·chen≠be·la·stung 女 〔空〕翼面荷重. ≠**boot** 中 水中翼船. ≠**in·halt** 男 〔空〕翼面積.

Trag·flü·gel 男 〔空〕主翼 (→ ⊠ Flugzeug).

Träg·heit[trέːkhaɪt] 女 -/ (träge¹なこと. 例えば:) **1 a**) 無精, 怠惰; 緩慢, 不活発. **b**) 〔商〕不振. **2 a**) 〔理〕慣性, 惰性. **b**) 〔化〕不活性.

Träg·heits≠ge·setz 中 -es/ 〔理〕慣性の法則. ≠**mo·ment** 中 〔理〕慣性モーメント. ≠**na·vi·ga·tion** 女 〔空〕慣性航法.

Trag≠him·mel[tráːk..] 男 天蓋(てんがい). ≠**holz** 中 **1** 〔建〕梁(はり), 横木; 〔園〕添え木. **2** 《方》担い棒. [＜tragen]

tra·gie·ren[tragíːrən] **I** 他 (h) 〔劇〕(役を)悲劇ふうに演じる. **II** 自 (h) 〔劇〕悲劇を演じる.

Tra·gik[tráːgɪk] 女 -/ **1** 悲運, 悲劇的事態〈運命〉, 悲惨, いたましさ. **2** 悲劇的性格, 悲劇性.

Tra·gi·ker[tráːgikər] 男 -s/- 悲劇作者〈詩人〉. [*gr.* tragikós]

Tra·gi·ko·mik[tragikóːmɪk, tráːgikoːmɪk] 女 -/ 悲喜劇性; 悲劇的でもあり同時に喜劇的でもある事態〈運命〉.

tra·gi·ko·misch[tragikóːmɪʃ, tráːgikoː..] 形 悲喜劇の; 悲喜劇的な.

Tra·gi·ko·mö·die[tragikomǿːdiə, tráːgikomǿːdiə] 女 -/-n 悲喜劇. [*spätlat.*]

tra·gisch[tráːgɪʃ] 形 悲劇的な, 悲惨な; 〔文芸〕悲劇の〈に関する〉: ein ～*es* Ende 恐ろしい結末, 非業の最期 | ein ～*es* Schicksal 悲運 | ein ～*er* Unglücksfall いたましい事故 | ein ～*er* Vorfall 悲劇的な事件 ‖ ein ～*er* Dichter i) 悲劇詩人〈作家〉; ii) 悲劇的な詩人 | die ～*e* Heldin 悲劇のヒロイン | eine ～*e* Rolle spielen i) (劇中) 悲劇的な役割を演じる; ii) 《比》悲劇的な役割を演じる ‖ die Theorie des *Tragischen* 悲劇論 ‖ Das ist alles nicht so ～. 《話》それはたいしたことはないよ ‖ ～ enden 悲劇的な結末を迎える〈で終わる〉| *et.*⁴ ～ nehmen …を(実際以上に)深刻に受け取る. [*gr.* tragikós „bocksartig"－*lat.* tragicus; ＜*gr.* trágos „Bock"]

Trag≠ka·bel[tráːk..] 中 (つり橋の)支持ケーブル(→ ⊠ Brücke A). ≠**korb** 男 背負いかご. ≠**kraft** 女 -/ = Tragfähigkeit ≠**kraft·sprit·ze** 女 移動式消防ポンプ. ≠**last** 女 荷, 積み荷; 旅客手荷物; 積載量. [＜tragen]

ᵛ**Tra·gö·de**[tragǿːdə] 男 -n/-n (⊛ **Tra·gö·din**[..dɪn] -/-nen) 悲劇俳優. [*gr.*－*lat.*]

Tra·gö·die[tragǿːdiə] 女 -/-n (↔Komödie) (Trauerspiel)〔古典的〕悲劇; 悲劇作品; 《比》悲劇的な出来事: die antike 〈klassische〉 ～ ギリシア〈古典〉悲劇 ‖ Welche ～! なんたる悲劇 | Mach keine ～ daraus! 《話》そんなに悲観するようなことじゃないじゃないか. [*gr.* „Bocksgesang"－*lat.*; ◇tragisch, Ode; *engl.* tragedy]

Tra·gö·di·en≠dar·stel·ler[tragǿːdiən..] 男 悲劇俳

優〈役者〉. ≈dich·ter 男, ≈schrei·ber 男 悲劇作家〈詩人〉. ≈stoff 男 悲劇の素材.

▽**Tra·gö·din** Tragöde の女性形.

Trag≈pfei·ler[trá:k..] 男〖建〗支柱. **≈rie·men** 男 **1** (ランドセル・ショルダーバッグなどの)つり〈背負い〉革(→ ⊠ Ranzen). **2** 肩つり, ストラップ. **3**〖軍〗(銃の)負い革, つり帯(→ ⊠ Maschinengewehr). **≈sat·tel** 男 (馬の)荷鞍(にぐら). **≈schei·be** 女 (エレベーターの)綱車(→ ⊠ Aufzug). **≈schrau·ber** =Hubschrauber **≈seil** 中 **1**〖工〗荷重ロープ, 支持索; (エレベーターの)昇降索(→ ⊠ Aufzug). **2** 搬送ケーブル. **3**〖鉄道〗吊架線(ちょうかせん). **≈ses·sel** 男 いすかご(17-18世紀に用いられた乗り物).

Träg·spin·ner[trέ:k..] 男 (Schadspinner)〖虫〗ドクガ(毒蛾)〔科のガ, 特にその幼虫〕.

trägst[trε:kst] tragen の現在 2 人称単数.

Trag≈stein[trá:k..] 男 (Konsole)〖建〗コンソール, 持ち送り. **≈stuhl** 男 =Tragsessel

trägt[trε:kt] tragen の現在 3 人称単数.

Trag≈ta·sche[trá:k..] 女 手提げかばん〈バッグ〉. **≈tier** 中 運搬用役畜. **≈wei·te** 女 -/ **1**〖軍〗射程距離; 到達距離;〖海〗光達距離;《比》有効範囲. **2** 効果, 影響; 意義: ein Ereignis von großer ～ 重大事件. **≈werk** 中 **1**〖空〗翼部. **2**〖建・工〗(台・枠・支柱など)支え〔部分〕, 支持物. **≈zeit** =Tragezeit

Trai·ler[tréılə] 男 -s/- **1** トレーラー(自動車などに連結される付随車). **2**〖映〗(映画の)予告編. **3**〖写〗(フィルムの終わりの感光していない)空白部分.

Train[trε̃:; オース/トリア: trε:n] 男 -s/-s (Troß)(昔の軍隊の)輜重(しちょう)隊. [*fr.*]

Trai·ner[trέ:nər, tré:..] 男 -s/- **1** (trainieren する人. 例えば:) **a)**〖スポ〗トレーナー, コーチ, 監督: Fußball*trainer* サッカーの監督〈コーチ〉. **b)**〖馬術〗(馬の)調教師. **2**《スイ》=Trainingsanzug [*engl.*]

trai·nie·ren[trεní:rən, tre..] **I** 他 (h) **1**《*jn.*》(スポーツ選手などを)訓練する, トレーニングする, 鍛える; (動物を)仕込む; (馬を)調教する;《*et.*[4]》(技などを)練習する, みがく: eine Mannschaft ～ (試合に備えて)チームを訓練する | *sein* Gedächtnis ～ 記憶力を鍛錬する | den Rückzieher ～ オーバーヘッドキックの練習をする ‖ ein *trainierter* Körper 鍛えられた体 | auf *et.*[4] geistig *trainiert* sein …に対する心の準備ができている. **2** 再帰 *sich*[4] für *et.*[4] ～ …に備えてトレーニングする | *sich*[4] in *et.*[3] ～ …の腕をみがく.

II 自 (h) (スポーツ選手などが)練習〈トレーニング〉をする: hart ～ ハードトレーニングをする | jeden Tag 〈für die Olympiade〉 ～ 毎日〈オリンピックを目指して〉練習をする.

[*vulgärlat.–afr.–engl.* train; ◇Trakt]

Trai·ning[trέ:nıŋ, tré:..] 中 -s/-s トレーニング, 訓練, 練習; 鍛練; (馬の)調教: ein hartes 〈regelmäßiges〉 ～ きびしい〈規則正しい〉訓練, ハード〈レギュラー〉トレーニング | Muskel*training* 筋肉強化トレーニング ‖ dreimal in der Woche ～ haben 〈machen〉 週に 3 回トレーニングがある〈をする〉| *sich*[4] einem strengen ～ unterziehen きびしい訓練を受ける ‖ am ～ teilnehmen トレーニングに参加する | im ～ sein トレーニングができている, 練習を積んでいる | zum ～ gehen トレーニング〔をし〕に行く. [*engl.*]

Trai·nings≈an·zug[trέ:nıŋs.., tré:..] 男 練習着, トレーニングウェア. **≈ge·rät** 中 トレーニング器具. **≈ho·se** 女 トレーニングパンツ. **≈la·ger** 中 トレーニングキャンプ, 合宿練習所. **≈schuh** 男 -〔e〕s/-e《ふつう複数で》トレーニングシューズ.

Trai·teur[trεtø:r] 男 -s/-e **1** レストランの主人. **2** (レストランなどの)コック長. [*fr.*; <*fr.* traiter (◇trätieren)+..eur]

Tra·jan[trajá:n; オース/トリア: –, trá:jan], **Tra·ja·nus**[trajá:nυs] 人名 トラヤヌス(53-117; ローマ皇帝. 在位98-117. 五賢帝の一人. Trajan はドイツ語形). [*lat.*]

Tra·jekt[trajέkt] 男 中 -〔e〕s/-e **1** (鉄道車両用の)フェリーボート. ▽**2** (川・海峡などの)横断, 渡航. [*lat.*; <*lat.* trāicere „hinüber-werfen" (◇trans..)]

Tra·jek·to·rie[trajεktó:riə] 女 -/-n《ふつう複数で》〖数〗定角軌道. [<*mlat.* trā-iectōrius „hinüberwerfend"]

Tra·jekt·schiff[trajέkt..] 中 =Trajekt 1

Tra·keh·nen[traké:nən] 地名 トラケーネン(ロシア連邦 Kaliningrad 州の町, 馬の種畜場があった).

Tra·keh·ner[..nər] **I** 男 -s/- トラケーネン産の馬. **II** 形《無変化》トラケーネンの: ～ Hengst トラケーネン産の雄馬.

Trakl[trá:kəl] 人名 Georg ～ ゲオルク トラークル(1887-1914; オーストリアの詩人. 表現主義の先駆者).

Trakt[trakt] 男 -〔e〕s/-e **1** (Flügel)〖建〗(建物の横に張り出した)翼部, そで: der nördliche ～ des Gebäudes 建物の北側の側翼. **2**〖解〗(管状臓器の)道, 路; (中枢神経系統の)路: Harn*trakt* 尿路 | Verdauungs*trakt* 消化管. **3** (Strang) 索. [*lat.* tractus „Ziehen"; <*lat.* trahere „ziehen"]

▽**trak·ta·bel**[traktá:bəl] (..ta·bl..) 形 (人が)扱いやすい, つき合いやすい, 言いなりになる. [*lat.*; ◇trätabel]

▽**Trak·ta·ment**[traktamέnt] 中 -s/-e **1 a)** 取り扱い, 処理. **b)** もてなし, 饗応(きょうおう). **2** (兵士の)給料. [*mlat.*]

Trak·tan·dum[traktándυm] 中 -s/..den[..dən]《スイ》交渉の対象, 審議〈商議〉事項. [*lat.*]

Trak·tat[traktá:t] 男 中 -〔e〕s/-e (⊘ **Trak·tät·chen**[..tέ:tçən], **Trak·tät·lein**[..laın] 中 -s/-) **1** (学術的・政治的な)論文. **2** (宗教論争などの)小冊子, パンフレット. [*lat.*]

trak·tie·ren[traktí:rən] **I** 他 (h) **1 a)**《*jn.* mit *et.*[3]》(…を…によって)苦しめる, いじめる: *jn.* mit Schlägen ～ …をさんざん殴りつける | *jn.* mit Vorwürfen ～ …にさんざん非難を浴びせる. **b)**《*jn.* mit *et.*[3]》(…を…で)うんざりするほどもてなす, (…に…を)たっぷりごちそうする: *jn.* mit Kaffee und Kuchen ～ …にコーヒーとケーキをごちそうする. ▽**2**《*et.*[4]》扱う, 論じる. ▽**II** 自 (h) 交渉〈商議〉する. [*lat.* tractāre „herumziehen"; ◇Trakt, trätieren, trachten]

Trak·tion[traktsió:n] 女 -/-en **1**〖理・工〗牽引(けんいん). **2**〖医〗(分娩(ぶんべん)時, 鉗子(かんし)による胎児の)牽引. **3 a)**〖鉄道〗(機関車などによる車両の)牽引. **b)** (タイヤの)牽引性能. [*mlat.*; <*lat.* tractus (→Trakt)]

Trak·tor[tráktɔr, ..to:r] 男 -s/-en[traktó:rən] トラクター, 牽引(けんいん)車. [*engl.*]

Trak·to·rist[traktoríst] 男 -en/-en (⊛ **Trak·to·ri·stin**[..tın]-/-nen)(旧東ドイツで)トラクター運転手. [*russ.*]

Trak·trix[tráktrıks] 女 -/..trizes[traktrí:tse:s]〖数〗トラクトリックス, 追跡線.

Trak·tus[tráktυs] 男 -/-gesänge〖カト/リック〗(ミサの)詠唱(聖書の語句による聖歌で, 詩篇の数節と答唱とからなる). [*mlat.*]

Tral·je[tráljə] 女 -/-n《ふつう複数で》《北部》(手すり・格子などの)支柱; (窓などの)格子. [*afr.* treille–*mndl.*–*mndd.*; ◇Treille]

tral·la·la[tralalá:, trálala·] 間 (陽気な歌を歌詞なしで歌うとき, また歌の始まりや終わりに多く使う)ラララ. [擬音]

träl·lern[trέlərn]《05》自 他 (h) (うきうきした調子でメロディーだけを)ラララと歌う; (trillern)(鳥が)さえずる: Die Lerche *trällert* 〔ihr Lied〕. ヒバリが楽しげに歌っている.

Tram[1][tra:m] 男 -〔e〕s/-e, Träme[trέ:mə]《オース/トリア》(Balken)(太い)角材; 梁(はり). [*westgerm.*; ◇Trumm]

Tram[2][tram] 女 -/-s (スイ: 中 -s/-s)《南部・オース/トリア・スイ》(Straßenbahn) 市街〈路面〉鉄道; 市街電車: mit der ～ fahren 市街電車で行く. [*engl.* tram〔way〕]

Tram·bahn[trám..] 女《南部・オース/トリア》=Tram[2]

Trä·me Tram[1]の複数.

Trä·mel[trέ:məl] 男 -s/- **1** (Sägebock) 鋸挽(のこびき)台. **2**《スイ》(切り倒された)木の幹, 木材.

Tra·men[trá:mən] 男 -s/-《南部》=Tram[1]

Tra·min[tramí:n] 地名 トラミーン(イタリア北部, 南 Tirol の村. イタリア語形 Termeno).

Tra·mi·ner[..nər] **I** 男 -s/- **1** トラミーン種赤ワイン. **2 a)** (白ワイン用)トラミーン種のぶどう. **b)** トラミーン種のぶどうからつくった白ワイン. **II** 形《無変化》トラミーンの.

T

Tra·mon·ta·na[tramɔntá:na·] 女 -/..nen[..nən], **Tra·mon·ta·ne**[..nə] 女 -/-n (北イタリアでの)アルプスおろしの北風. [*lat.*−*it.*; ◇trans.., montan]

Tramp[trɛmp, tramp] 男 -s/-s **1** 放浪者, 流れ者, 渡り労務者. **2**〘海〙不定期船. [*engl.*]

Tramp·damp·fer[trɛ́mp.., trámp..] 男 =Tramp 2

Tram·pel[trámpəl] 男 中 -s/- (女 -/-n)《話》のろま, 鈍重な〈不器用な〉人.

Tram·pel·lo·ge[−lo:ʒə] 女《話》(劇場などの最上階の)天井桟敷.

tram·peln[trámpəln]《06》**I** 自 **1** (h) (足で)ドシンドシン踏む; 足をドンドン踏み鳴らす: auf den Boden ～ トントン床を踏み鳴らす(聴衆が講師や演奏者に対して歓迎・賛意などを示すために) | vor Wut mit den Füßen ～ 地だんだを踏んで怒る ‖〘様態・結果などを示す語句と〙Beifall ～ 足をドンドン踏み鳴らして賛意を表する | *sich*³ den Schnee von den Schuhen ～ 足をドシンドシン踏んで靴の雪を落とす | *sich*³ die Füße warm ～ 足踏みをして足先を温める. **2** (s) (乱暴に)ドシンドシン歩く: durch die Beete ～ 花壇を踏み荒らす | Sie kamen in das Zimmer *getrampelt*. 彼らは部屋の中にドカドカ入りこんできた.

II 他 (h) **1**《*jn.*》《結果を示す語句と》(…を)踏みつけて(…の状態に)する: *jn.* zu Tode ～ (群衆などが)…を踏み殺す ‖ 再帰 *sich*⁴ warm ～ 足踏みをして体をあたためる. **2** einen Pfad〔durch den Schnee〕～ 足で踏んで〔雪に〕道をつける. [*mndd.* trampen; ◇trappen]

Tram·pel≠pfad 男《話》踏みならされて自然にできた道. **≠tier** 中 **1** (zweihöckriges Kamel)〘動〙フタコブラクダ(二瘤駱駝). **2**《話》=Trampel

tram·pen[trɛ́mpən, trám..] 自 (s) **1** 通りすがりの自動車に便乗させてもらって旅行する, ヒッチハイクをする: nach Paris 〈durch ganz Europa〉～ パリへ〈ヨーロッパじゅうを〉ヒッチハイクする. **2** 放浪者〈流れ者〉としてあちこち渡り歩く. [*engl.* tramp]

Tram·per[trɛ́mpər] 男 -s/- ヒッチハイカー. [*engl.*]

Tramp·fahrt[trɛ́mp.., trámp..] =Tampschiffahrt

Tram·po·lin[trampolí:n, ⌣⌣−] 中 -s/-e (**Tram·po·li·ne**[..nə] 女 -/-n)〘体操〙トランポリン(跳躍器具). [*it.* trampolino; <*it.* trampoli „Stelzen"; ◇trampeln]

Tram·po·lin≠sprin·gen 中 -/, **≠sprung** 男 トランポリンによる跳躍. **≠tur·nen** 中 トランポリン体操.

Tramp≠schiff[trɛ́mp.., trámp..] 中〘海〙不定期船. **≠schiffahrt** (**≠schiff·fahrt**) 女 (↔Linienschiffahrt)〘海〙不定期航路〔運行〕.

Tram·way[trámve·, trǽmweı; ｵｰｽﾄﾘｱ: trámvaı] 女 -/-s《ｵｰｽﾄﾘｱ》=Tram²

Tran[tra:n] 男 -〔e〕s/ (種類: -e) 魚油, 鯨油(クジラ・アザラシなどの海産哺乳(ほにゅう)類や魚類から採取した油): Leber*tran* 肝油 ‖ **im ～**《話》(酔って・眠くて)ぼんやりして | *et.*⁴ im ～ vergessen《話》ついぼんやり〈うっかり〉して…を忘れる. [*mndd.*]

Tran·ce[trã:sə, trã:s; まれ: tra:ns] 女 -/-n[..sən] 昏睡(こんすい), 失神, 人事不省, 催眠状態; 忘我の境, 恍惚(こうこつ): *jn.* in ～ versetzen …を昏睡〈催眠〉状態に陥らせる. [*afr.* transe „Hinübergehen"−*engl.*; <*lat.* trānsīre (→ Transition)]

Tran·ce·zu·stand[trã́:s(ə)..] 男 昏睡(こんすい)〈催眠〉状態.

Tranche[trã:ʃ, trã́:ʃə, tráŋʃə] 女 -/-n[..ʃən] **1** (切り分けた肉・魚などの)薄片, スライス. **2 a)** (硬貨の)へり. **b)** (書籍の)裁断した縁, 小口. **3** (分割した部分. 例えば:)(公社債の)分割額. [*fr.*; ◇tranchieren]

Trän·chen Träne の縮小形.

Tran·cheur[trãʃǿ:r] 男 -s/-e tranchieren する人. [*fr.*]

Tran·chier·be·steck[trãʃí:r..] 中 肉切り用大型ナイフとフォーク(カービングナイフとカービングフォークのセット).

tran·chie·ren[trãʃí:rən, traŋ..] 他 (h) (焼いた肉, 特に野獣の肉・鳥肉などを)〔食卓で〕切り分ける. [*lat.* truncāre „beschneiden"−*fr.*]

Tran·chier·mes·ser[trãʃí:r..] 中 肉切り用の大型ナイフ, カービングナイフ(→ 図 Messer).

Trä·ne[trɛ́:nə] 女 -/-n (小 **Trän·chen**[trɛ́:nçən], **Trän·lein**[..laın] 中 -s/-) **1** (英: *tear*) 涙: eine heimliche ～ 人知れず流す涙 | dicke 〈helle〉 ～*n* 大粒の涙 | heiße ～*n* 熱涙 | vorgetäuschte ～*n* 空涙 | ～*n* der Freude 〈des Mitleids / der Reue〉 喜び〈同情・後悔〉の涙 ‖ ～*n* in den Augen haben 目に涙を浮かべている | ～*n* vergießen 〈hinunterschlucken〉 涙を流す〈押しこらえる〉 | *sich*³ die ～*n* abwischen 〈trocknen〉 涙をぬぐう | ～*n* lachen 涙の出るほど笑いころげる | bittere ～*n* weinen (苦痛・後悔などの)苦い涙を流す | ***jm.* 〈*et.*³〉 keine ～*n* nachweinen** …にいささかの未練もない | Der Rauch trieb mir die ～*n* in die Augen. 私は煙が目にしみて涙が出た | Die Sache ist keine ～*n* wert. この件は悲しむに値しない | den ～*n* nahe sein いまにも泣きそうである ‖ **in ～*n* ausbrechen** わっと泣き出す | **in ～*n* gebadet sein** 涙でぐっしょり濡れている | **in ～*n* schwimmen 〈zerfließen〉 / *sich*⁴ in ～*n* auflösen**《雅》涙にかきくれる | **mit ～*n*** in den Augen 目に涙を浮かべて | mit den ～*n* kämpfen 懸命に涙をこらえる | **mit einer ～ im Knopfloch**《戯》目に涙を浮かべて, 涙が出るほど感動して | **unter ～*n*** 涙ながらに | unter ～*n* lachen 泣き笑いをする | **zu ～*n*** gerührt 涙ぐむほど感動して ‖ Eine ～ rollt ihr über die Wange. 一粒の涙がほろりと彼女の頬(ほお)をつたって落ちる | Die ～*n* stürzten ihr aus den Augen. 彼女の目から涙が滝のように流れ落ちた | Nichts vertrocknet bälder als ～*n*.《諺》涙ほど早く乾くものはない. **2**《比》水滴, ごく少量の液体. **3** (涙粒のようなもの. 例えば:) 水玉; (Glasträne) ガラスの玉; (耳飾り用の)こはくの玉. **4**《話》のろまなやつ; 退屈なやつ. [*ahd.*; ◇Zähre, Tran]

trä·nen[trɛ́:nən] 自 (h) (目が)涙を分泌する: Vor Kälte 〈Von dem Rauch〉 *tränten* mir die Augen. 冷たい空気のために〈煙がしみて〉私の目から涙が出た ‖ *tränende* Augen 涙をためた目 | *Tränendes* Herz (→Herz 5).

Trä·nen·bein 中〘解〙涙骨(るいこつ)(→ 図 Schädel).

trä·nen·be·netzt 形 涙にぬれた.

Trä·nen≠drü·cker 男《話》お涙ちょうだいもの(映画・芝居など). **≠drü·se** 女〘解〙涙腺(るいせん): **auf die ～*n* drücken 〈wirken〉**《話》(お涙ちょうだい的な映画・芝居・物語などが)泣かせる.

Trä·nen·drü·sen·ent·zün·dung 女〘医〙涙腺(るいせん)炎.

trä·nen·feucht =tränennaß

Trä·nen≠flüs·sig·keit 女 涙液(るいえき). **≠gas** 中 -es/ 催涙ガス: ～ einsetzen (デモ鎮圧などのために)催涙ガスを使用する.

Trä·nen·gas≠gra·na·te 女 催涙弾. **≠pi·sto·le** 女 催涙弾ピストル, ガス銃.

Trä·nen≠gras 中〘植〙ジュズダマ(数珠玉). **≠ka·näl·chen** 中〘解〙涙(るい)小管. **≠lie·se** 女《話》涙もろい〈泣き虫の〉女.

trä·nen·los[..lo:s]¹ 形 **1** 涙のない, 涙を流さない. **2**《比》血も涙もない, 冷酷無情な.

Trä·nen·na·sen≠gang 男, **≠ka·nal** 男〘解〙鼻涙(びるい)管.

trä·nen·naß 形 涙にぬれた.

Trä·nen·punkt 男〘解〙涙点(るいてん).

trä·nen·reich 形 涙をいっぱいためた; 涙もろい; 非常に悲しい: ～*en* Abschied nehmen 涙ながらに別れる.

Trä·nen≠sack 男〘解〙涙嚢(るいのう). **≠schlei·er** 男 (涙のために目の前がかすんで見える)涙のベール.

trä·nen·se·lig 形 感傷的になって涙ぐんでいる.

Trä·nen≠strom 男 おびただしい涙, 滝のようにあふれ出る涙. **≠tier** 中《話》涙もろい人, 泣き虫; のろまなやつ; 退屈なやつ. **≠träu·feln** 中 -s/〘医〙流涙(りゅうるい). **≠wärz·chen** 中〘解〙涙丘(るいきゅう). **≠wei·de** 女 (Trauerweide)〘植〙シダレヤナギ(枝垂柳).

Trä·ner[trɛ́:nər] 男 -s/- =Trainer

Tran·fun·zel[trá:n..] 女《話》**1** =Tranlampe 1 **2** うす暗い光源. **3** =Transuse

trä·nie·ren[trɛní:rən] =trainieren

tra·nig[trá:nıç]² 形 **1 a)** 魚油〈鯨油〉の; 魚油〈鯨油〉のような: ～ schmecken 魚油〈鯨油〉のような味がする. **b)** 魚油〈鯨油〉だらけの. **2**《話》(人が)ぼんやりした, ねぼけた; 退屈な; のろまな: Sei doch nicht so ~! ぼやぼやするな.

trank[traŋk] trinken の過去.

Trank[traŋk] 男 -(e)s/Tränke[trέŋkə] (⑩ **Tränk·chen**[trέŋkçən], **Tränk·lein**[..laın] 中 -s/-) 《雅》(Getränk) 飲み物, 飲料: Gift*trank* 有毒飲料 | Zauber*trank* 魔法の飲み物(特に媚薬(びやく)・ほれ薬) | Speise und ~ 飲食物 ‖ einen (heilsamen) ~ brauen (体によい)飲み物を調合する | Das war ein bitterer ~ für ihn. 《比》それは彼にとって苦い経験だった. [*germ.*; ◇trinken]

Tränk≠bahn·hof[trέŋk..] 男 《鉄道》(列車の)給水駅. **≠becken** 中 (家畜用の)水おけ. [<tränken]

Tränk·chen Trank の縮小形.

trän·ke[trέŋkə] trinken の接続法 II.

Trän·ke[1] Trank の複数.

Trän·ke[2][trέŋkə] 女 -/-n **1** (家畜の)水飲み〈水飼い〉場: das Vieh zur ~ führen 〈treiben〉 家畜を水飼い場へ連れてゆく. **2** 《話》飲み屋. [*ahd.*; ◇tränken]

Tränk·ei·mer[trέŋk..] 男 (家畜用の)水おけ.

trän·ken[trέŋkən] 他 (h) **1 a)** (家畜に)水を飲ませる, 水飼いする. **b)** 《*et.*[4]》《鉄道》(…に)給水する. **c)** 《雅》《*jn.*》(…に)飲み物を与える; (乳児に)授乳する. **2** 《*et.*[4] mit *et.*[3]》(…に…を)たっぷりしみこませる〈浸透させる〉: einen Lappen mit Öl ~ 布きれに油をしみこませる | Die Erde war vom Regen *getränkt*. 《雅》大地は雨に濡れていた | Seine Rede war mit Hohn und Spott *getränkt*. 《比》彼の話しぶりはあざけりに満ちていた. [*germ.*; ◇trinken; *engl.* drench]

Tränk·lein Trank の縮小形.

Trank·op·fer[tráŋk..] 中 神に供える飲み物, お神酒(みき).

Trank·sa·me[..za:mə] 女 -/ 《スイ》(Getränk) 飲み物, 飲料. [<..sam]

Tränk≠stel·le[trέŋk..] 女 《鉄道》(列車の)給水停車点. **≠stoff** 男 浸透剤. **≠trog** 男 (家畜用の)水おけ.

Trän·kung[trέŋkʊŋ] 女 -/-en tränken すること.

Tran·lam·pe[trá:n..] 女 **1** 魚油〈鯨油〉ランプ. **2** ＝Transuse

Trän·lein Träne の縮小形.

ᵛ**Tran·qui(l)·li·tät**[traŋkvılité:t] 女 -/ (Ruhe) 平静, 沈着. [*lat.*]

Tran·qui·li·zer [trέŋkvilaızər, trǽŋkwılaızə] 男 -s/- 《ふつう複数で》《薬》トランキライザー(鎮静剤). [*engl.*]

tran·quil·lo[traŋkvílo·] 副 (ruhig) 《楽》トランクイロ, 静かに, 穏やかに. [*lat.*-*it.*; <trans..+*lat.* quiēs (→Weile)]

trans.. (↔zis..) 《名詞・形容詞・動詞などにつけて「…を越えて, …を通過して, …のあちら側の」などを意味する》: *Trans*port 輸送 ‖ *trans*leithanisch (オーストリア側から見て)ライタ (Leitha) 川の向こう側の | *trans*parent 透明な ‖ *trans*plantieren 移植する. [*lat.* trāns „jenseits"; ◇durch]

Trans·ak·tion[trans|aktsió:n] 女 -/-en (増資・起債・合併など, 会社の通常業務の枠を越える大がかりな)業務行為. [*spätlat.*; ◇transigieren]

trans≠al·pin[trans|alpí:n] 形, **≠al·pi·nisch**[..nıʃ] 形 (↔zisalpin(isch)) (ローマから見て)アルプス山脈の向こう側の. [*lat.*]

Trans·ami·na·se[trans|aminá:zə] 女 -/-n 《生化学》トランスアミナーゼ, アミノ基転移酵素.

trans·at·lan·tisch[trans|atlántıʃ] 形 大西洋の向こう側の; 大西洋横断の.

tran·schie·ren[tranʃí:rən, trã..] 《オーストリア》＝tranchieren

Trans·duk·tion[transdʊktsió:n] 女 -/-en 《生》形質導入. [<*lat.* trā(ns)-dūcere „hinüber-führen"]

Trans·duk·tor[..dʊ́ktɔr, ..to:r] 男 -s/-en [..dʊktó:rən] 《理》変換器, トランスデューサー.

Tran·sept[tranzέpt] 男 中 -(e)s/-e (Querschiff) 《建》(十字形教会堂の)翼廊, 袖廊(そでろう), トランセプト. [*mlat.*; <trans..+*lat.* saeptum (→Septum)]

Trans-Eu·rop-Ex·press[trans|ɔyró:p|εksprεs, ⌒⌒⌒⌒] 男 -es/-züge (略 TEE) ヨーロッパ横断国際特急(ヨーロッパ各国の主要鉄道幹線を通って走る特急列車). [<Europa]

Trans·fer[transfé:r] 男 -s/-s **1** 外国為替, 外貨による支払い. **2** 《スポ》(プロ選手の)トレード, 移籍. **3** (空港・主要駅などから旅行の最終目的地への旅客の)移送, 乗り換え輸送(多くはバスによる). **4 a)** 《心》《学習》転移(前に学んだ事柄が後の学習に影響を与えること). **b)** 《言》転移(母国語が外国語の学習に影響を与えること). **5** (知識・情報などの)伝達, 転送, 移転: der ~ von Know-how ノウハウの伝達 | Technologie*transfer* 技術移転. [*engl.*]

trans·fe·ra·bel[transferá:bəl] (..ra·bl..) 形 外貨に両替できる. [*engl.* transferable]

trans·fe·rie·ren[..ferí:rən] 他 (h) **1** (金を)外貨に両替する; 外国為替による支払いをする. **2** 《*jn.*》《スポ》(プロの選手を)トレードする, 移籍する. **3** 《オーストリア》《官》《*jn.*》転任させる. [*lat.* trāns-ferre „hinüber-tragen"−*engl.*; ◇Translation]

Trans·fe·rie·rung[..rʊŋ] 女 -/-en transferieren すること.

Trans·fer·stra·ße[transfé:r..] 女 (オートメーション工場などの)自動搬送コンベヤー.

Trans·fi·gu·ra·tion[transfiguratsió:n] 女 -/-en **1** 《単数で》《宗》(キリストの)変容. **2** 《美》キリスト変容の図〈像〉. [*kirchenlat.*]

trans·fi·nit[transfiní:t] 形 《哲・数》超有限の, 無限の.

Trans·fo·ka·tor[..foká:tɔr, ..to:r] 男 -s/-en [..kató:rən] 《写》ズームレンズ, 可変焦点距離レンズ. [<Fokus]

Trans·for·ma·tion[..fɔrmatsió:n] 女 -/-en **1** 変形; 変化, 変質; 変換. **2** 《数》(座標の)変換. **3** 《電》変圧. **4** 《言》変形. **5** 《生》**a)** (外来性遺伝物質による細胞の)形質転換. **b)** (癌(がん)細胞などの)形質転換, トランスフォーメーション. [*spätlat.*]

trans·for·ma·tio·nell[..tsionέl] 形 《言》変形的: ~*e* Grammatik＝Transformationsgrammatik

Trans·for·ma·tions·gram·ma·tik[..tsió:ns..] 女 -/ 《言》変形文法.

Trans·for·ma·tor[..fɔrmá:tɔr, ..to:r] 男 -s/-en [..mató:rən] (Umspanner) 《電》変圧器, トランス(略 Trafo).

Trans·for·ma·to·ren≠häus·chen[..fɔrmató:rən..] ＝Transformatorhäuschen **≠sta·tion** 女 変電所.

Trans·for·ma·tor·häus·chen[..fɔrmá:tɔr..] 中 変圧器室.

trans·for·mie·ren[..fɔrmí:rən] 他 (h) 《*et.*[4]》 **1** (…の)形を変える, 変形させる; 変化〈変質〉させる. **2** 《数》変換する. **3** 《電》変圧する. **4** 《言》変形する. **5** 《生》(細胞の形質を)転換する. [*lat.* trāns-fōrmāre „um-formen"]

trans·fun·die·ren[transfʊndí:rən] 他 (h) 《医》(血管に)注入する, 輸液する: Blut ~ 輸血する. [*lat.* trāns-fundere „hinüber-gießen"; ◇*engl.* transfuse]

Trans·fu·sion[..fuzió:n] 女 -/-en 《医》(血管への)注入, 輸液, 輸注; (Bluttransfusion) 輸血: eine ~ erhalten 〈vornehmen〉 輸血を受ける〈行う〉. [*lat.*]

Trans·fu·sions·lö·sung 女 《医》輸液.

trans·gre·die·ren[transgredí:rən] 他 (h) 《地》(海が陸地に)侵入する. [*lat.* trāns-gredī „hinüber-gehen"; <*lat.* gradī (→Grad); ◇*engl.* transgress]

Trans·gres·sion[..grεsió:n] 女 -/-en 《地》海進. [*lat.*]

Trans·hu·manz[transhumánts] 女 -/-en (家畜の)季節移動(季節ごとに牧草地を変えて家畜を飼うこと). [*fr.* transhumance; <*lat.* humus (→Humus)]

tran·si·gie·ren[tranzigí:rən] 自 (h) 交渉〈折衝〉する; 《法》和解を結ぶ. [*lat.* trāns-igere „durch-führen"; <*lat.* agere (→agieren); ◇*engl.* transact]

Tran·si·stor[tranzístɔr, ..to:r] 男 -s/-en[..zıstó:rən] **1** 《電》トランジスター. **2** ＝Transistorradio [*engl.*; <Transfer+*engl.* resistor „Widerstand"]

Tran·si·stor·ge·rät 中 トランジスターラジオ.

tran·si·sto·rie·ren[tranzıstorí:rən] (**tran·si·sto·**

ri·sie̱·ren[..rizí:rən]] 他 (h) 《*et.*^{4}》〔電〕(…に)トランジスターを装備する, トランジスター化する.

Tran·sị·stor·ra̱·dio[tranzístɔr..] 中 トランジスターラジオ.

Tran·sịt[tranzí:t, ..zít, tránzɪt; オース トリア: ◡◡́] 男 -s/-e **1 a)** 〔商〕通過(通過貿易で, 商品が第三国を単に通過すること): Die Ware gelangt im ~ über Deutschland nach Dänemark. 商品はドイツを通過してデンマークに到着する. **b)** (経由国空港での旅客の)通過. **2** = Transitvisum [*lat.*–*it.*]

Tran·sịt≈ab·kom·men 中 (国家間の)通過貿易〈往来〉に関する協定. **≈han·del** 男 -s/ 〔商〕通過貿易(自国を通過して行われる他国間の貿易).

tran·si·ti̱e·ren[tranzití:rən] **I** 自 (h) **1** (商品が経由国を)通過する. **2** (旅客が経由国空港を)通過する. **II** 他 (h) (商品を)通過させる.

ᵛ**Tran·si·tio̱n**[..tsió:n] 女 -/-en **1** (Übergang) 移行, 推移. **2** (Übergehung) 無視, 看過. [*lat.*; < *lat.* trāns-īre „hinüber-gehen“; ◇Trance]

trạn·si·ti̱v[tránziti:f, ◡◡◡́]^1 **I** 形 (↔intransitiv) 〔言〕他動〔詞〕の: ein ~*es* Verb 他動詞. **II Trạn·si·ti̱v** 中 -s/-e〔言〕他動詞. [*spätlat.*]

Tran·si·tị·va Transitivum の複数.

tran·si·ti·vi̱e·ren[tranzitiví:rən] 他 (h)〔言〕(自動詞を)他動詞化する; 他動詞的に用いる.

Tran·si·ti·vi·tä̱t[..vitɛ́:t] 女 -/ 〔言〕他動詞的なこと, 他動詞性.

Tran·si·tị·vum[tranzití:vʊm] 中 -s/..va[..va·]〔言〕他動詞.

Tran·si·to̱·ri·en Transitorium の複数.

tran·si·to̱·risch[tranzitó:rɪʃ] 形 一時的な, 短期的な: eine ~*e* Erscheinung 一時的な現象. [*spätlat.*]

Tran·si·to̱·rium[..riʊm] 中 -s/..rien[..riən] **1** (国庫の)臨時予算項目. **2** 臨時支出の承認.

Tran·sịt≈raum[tranzí:t.., ..zít.., tránzɪt..] 男 (空港の)通過旅客用待合室. **≈rei·sen·de** 男 女 (経由国空港での)通過旅客.

Trạn·si·tron[tránzitro:n] 中 -s/-e[tranzitró:nə], -s〔電〕トランジトロン. [< Transition + ..tron]

Tran·sịt≈ver·bot[tranzí:t.., ..zít.., tránzɪt..] 中 通過貿易の禁止. **≈ver·ke̱hr** 男 (旅客・商品などの)通過往来. **≈vi̱·sum** 中 通過査証. **≈wa̱·re** 女〔商〕通過商品. **≈zoll** 男〔商〕(通過商品に対する)通過〔関〕税.

Trans·jor·dạ·ni·en[transjɔrdá:niən] 地名 トランスヨルダン (Jordanien の旧称).

trans·jor·dạ·nisch[..jɔrdá:nɪʃ] 形 トランスヨルダンの.

Trans·kau·kạ·si·en[..kaʊká:ziən] 地名 ザカフカズ(ロシア連邦カフカズ山脈の南斜面の地方. 英語形 Transcaucasia).

trans·kau·kạ·sisch[..kaʊká:zɪʃ] 形 ザカフカズの.

trans·kon·ti·nen·ta̱l[..kɔntinɛntá:l] 形 大陸横断の.

tran·skri·bi̱e·ren[transkribí:rən] 他 (h) **1 a)** (書かれたものを他の文字や記号に)書き換える: ein Wort in chinesischer Schrift in lateinische ~ 漢字で書いた語をラテン文字で転写〈音訳〉する. **b)** (音声などを)発音記号〈音素記号〉で書き表す. **2** 〔楽〕(曲を他の楽器用に)編曲する. [*lat.* trān-scrībere „um-schreiben“; ◇trans.., schreiben]

Tran·skrip·tio̱n[..skrɪptsió:n] 女 -/-en **1** 《単数で》(transkribieren すること. 例えば:) **a)** (他の文字や記号による)書き換え; 発音表記. **b)** 〔楽〕編曲. **2** (書き換えに用いられる)文字, 記号. [*spätlat.*]

Trans·la·tio̱n[translatsió:n] 女 -/-en **1** (Übertragung) 翻訳, 翻案. **2** 〔理〕並進. **3** 〔カト リック〕(聖遺物の)移居. [*lat.*; < *lat.* trānsferre (→transferieren)]

Trans·li·te·ra·tio̱n[translɪteratsió:n] 女 -/-en (ラテン文字による)転写, 書き換え, 字訳, 音訳.

trans·li·te·ri̱e·ren[..rí:rən] 他 (h) (ラテン文字以外の文字を使用する言語の文字や語をラテン文字で)転写する, 書き換える, 字訳〈音訳〉する. [< *lat.* lī〔t〕tera (→Litera)]

Trans·lo·ka·tio̱n[translokatsió:n] 女 -/-en ᵛ**1** 場所の移動; 置き換え. **2** 〔生〕(染色体の断片の)転座.

trans·lo·zi̱e·ren[..lotsí:rən] 他 (h) 《*et.*^{4}》 ᵛ**1** (…の)場所を移す, 移動させる; 置き換える. **2** 〔生〕(染色体の断片を)転座させる.

trans·lu·ze̱nt[translutsɛ́nt] 形, **trans·lu·zi̱d**[..lutsí:t]^1 形 半透明の, 透けて見える. [*lat.*; < *lat.* trāns-lūcēre „durch-scheinen“ (◇Lux)]

trans·ma·ri̱n[transmarí:n] 形, **trans·ma·ri̱·nisch**[..nɪʃ] 形 (überseeisch) 海外〔から〕の. [*lat.*]

Trans·mis·sio̱n[transmɪsió:n] 女 -/-en **1** 〔工〕伝動〔装置〕. **2** 〔理〕(光波・音波などの)透過. [*lat.*]

Trans·mis·sio̱ns≈rie·men 男〔工〕伝動装置のベルト, 伝動ベルト. **≈wel·le** 女〔工〕伝動軸.

Trans·mịt·ter[transmítər] 男 -s/- **1** (無線の)送信機. **2** (Neurotransmitter)〔生化学〕〔神経〕伝達物質. [*engl.*]

trans·mit·ti̱e·ren[..mɪtí:rən] 他 (h) **1** 伝える, 伝導する, 送達する. **2** 〔工〕(動力を)伝動する. **3** 〔理〕(光波・音波などを)透過させる. **4** 〔通信〕送信する. [*lat.*]

Trans·mu·ta·tio̱n[transmutatsió:n] 女 -/-en **1** 〔理〕変換. **2** (錬金術での)変換(卑金属が貴金属に変わること). [*spätlat.*]

Trans·o̱zean≈damp·fer[trans|ó:tsea:n.., ◡–◡◡́◡◡] 男 大洋横断汽船. **≈flug** 男 大洋横断飛行.

trans·ozea̱·nisch[..|otseá:nɪʃ] 形 大洋横断の; 大洋の向こうの.

Transp. 略 = **Transport** 〔商〕繰越〔高〕.

trans·pa·dạ·nisch[transpadá:nɪʃ] 形 (↔ zispadanisch) (ローマから見て) Po 川の向こう側の. [*lat.*; < *lat.* Padus (→Po^3); ◇*engl.* transpadane]

trans·pa·re̱nt[transparɛ́nt] **I** 形 **1** (durchsichtig) 透明の, 透きとおった, 透けて見える: ~*es* Papier 透きとおった紙(セロファンなど) | ein ~*er* Vorhang 向こうが透けて見えるカーテン. **2** 《比》一目瞭然(りょう ぜん)の, 明瞭な, 理解しやすい: eine ~*e* Politik ガラス張りの政治 | *et.*^{4} ~ darstellen …をわかりやすく叙述する.

II Trans·pa·re̱nt 中 -〔e〕s/-e **1** (Spruchband) (モットー・スローガンなどを書いた)横断幕. **2** すかし絵, 透視画. [*mlat.*–*fr.*; < *lat.* pārēre (→parieren^1)]

Trans·pa·re̱nt·pa·pier 中 透写紙, トレーシングペーパー.

Trans·pa·re̱nz[..parɛ́nts] 女 -/ (transparent なこと. 例えば:) 透明さ, 透明性〈度〉; 《比》ガラス張り, わかりやすさ.

Tran·spi·ra·tio̱n[transpiratsió:n] 女 -/ **1 a)** 発汗: in der Sauna die ~ anregen サウナぶろで発汗作用を活発にする. **b)** (Schweiß) 汗. **2** 〔植〕蒸散〔作用〕. [*fr.*]

tran·spi·ri̱e·ren[..rí:rən] 自 (h) **1** (schwitzen) 汗をかく, 発汗する. **2** 〔植〕(水分を)蒸散する. [*fr.*; < trans.. + *lat.* spīrāre (→Spirans)]

Trans·plan·ta̱t[transplantá:t] 中 -〔e〕s/-e 〔医〕移植体.

Trans·plan·ta·tio̱n[..tatsió:n] 女 -/-en **1** 〔植〕移植. **2** (Verpflanzung) 〔医〕移植〔術〕: eine ~ des Herzens 心臓移植 | Haut*transplantation* 皮膚移植, 植皮.

Trans·plan·ta·tio̱ns·chir·ur·gie 女 -/ 移植外科〔学〕.

trans·plan·ti̱e·ren[..tí:rən] 他 (h) **1** 〔植〕移植する. **2** (verpflanzen) 〔医〕(器官・組織などを)移植する: *jm.* eine fremde Niere ~ …に他人の腎臓(じん ぞう)を移植する. [*spätlat.*; ◇Pflanze]

trans·po·ni̱e·ren[transponí:rən] 他 (h) (umsetzen) 置き換える; 〔楽〕移調する; 〔数〕移項する. [*lat.* trānspōnere „hinüber-setzen“; ◇*engl.* transpose]

Trans·po·ni̱e·rung[..rʊŋ] 女 -/-en (transponieren すること. 例えば:) 〔楽〕移調; 〔数〕移項.

Trans·pọrt[transpɔ́rt] 男 -〔e〕s/-e **1** (Beförderung) 輸送, 移送, 運送, 運輸; 運搬, 持ち運び: der ~ von Gütern 〈Menschen〉 貨物〈旅客〉輸送 | der ~ mit der Bahn 〈auf dem Schienenweg〉 鉄道輸送 | der ~ auf 〈mit〉 Last〔kraft〕wagen トラック輸送 | Kranken*transport* 患者輸送〈運搬〉 | Waffen*transport* 武器〈兵器〉輸送 ‖ beim 〈auf dem〉 ~ 輸送中に, 運搬の際に | Der Kranke starb auf dem ~ ins Krankenhaus. 患者は病院へ運ばれる途中で死んだ. **2**《集合的に》輸送されるもの〈人々〉: Dieser ~ mit Lebensmitteln 〈Soldaten〉 geht nach Hamburg. この食料品〈兵員〉はハンブルクに輸送される. **3** (略 Transp.) (Übertrag)〖商〗繰越〔高〕. [*fr.*]

trans·por·ta·bel[..pɔrtá:bəl] (..ta·bl..) 形 輸送〈運送〉可能な; 運搬〈持ち運び〉のできる: ein *transportabler* Fernsehapparat ポータブルテレビ. [*fr.*]

Trans·port·ar·bei·ter[transpɔ́rt..] 男 運送作業者.

Trans·por·ta·tion[transpɔrtatsió:n] 女 -/-en =Transport 1 [*fr.*]

Trans·port·band[transpɔ́rt..] 中 -[e]s/..bänder〖工〗コンベヤーベルト.

Trans·por·ter[transpɔ́rtər] 男 -s/- **1** 輸送船; 輸送機; 輸送貨車〈トラック〉. **2** =Transportarbeiter [*engl.*]

Trans·por·teur[transpɔrtǿ:r] 男 -s/-e **1** (Winkelmesser) 分度器. **2**〖工〗(ミシンの) 送り金(布地を針の位置へ送る装置). **3** (Spediteur) 運搬業者. [*fr.*; <..eur]

trans·port·fä·hig[transpɔ́rt..] 形 (病人・負傷者などの状態が) 移送〈運送〉可能な.

Trans·port≈fir·ma 女 運送会社. **≈flug·zeug** 中〖空〗輸送機. **≈füh·rer** 男〖軍〗輸送指揮官. **≈ge·fähr·dung** 女 運輸機関を危険にさらすこと, 交通妨害. **≈ge·schäft** 中 運送業; 輸送業務. **≈he·bel** 男〖写〗フィルム送りレバー(→ 図 Kamera). **≈hub·schrau·ber** 男 輸送用ヘリコプター.

trans·por·tie·ren[transpɔrtí:rən] 他 (h) **1** (befördern) 輸送〈移送・運送〉する; 運搬する, 運ぶ: Güter per Schiff 〈mit der Bahn〉 ~ 貨物を船〈鉄道〉で輸送する | Truppen an die Front ~ 部隊を前線へ輸送する | Er wurde mit einem Hubschrauber ins Krankenhaus *transportiert*. 彼はヘリコプターで病院へ運ばれた | Das Blut *transportiert* den Sauerstoff zu den einzelnen Geweben und Organen. 血液は酸素を個々の組織や器官へ運ぶ. ᵛ**2** (übertragen)〖商〗繰り越す. [*lat.* trāns-portāre „hinüber-bringen" – *fr.*]

Trans·port≈ko·sten[transpɔ́rt..] 複 運送費, 運賃. **≈ma·schi·ne** 女〖空〗輸送機. **≈mit·tel** 中 輸送手段〈機関〉: öffentliche ~ 公共輸送機関. **≈schiff** 中 輸送船. **≈schnecke** 女〖工〗運搬機, スクリューコンベヤー. **≈trup·pe** 女〖軍〗輸送部隊. **≈un·ter·neh·men** 中 運送業; 運送会社. **≈ver·si·che·rung** 女 運送保険. **≈we·sen** 中 -s/ 運輸組織, 輸送制度. **≈zug** 男 輸送列車.

Trans·po·si·tion[transpozitsió:n] 女 -/-en **1** 転換, 置換. **2**〖楽〗移調; (無調や12音音楽における) 移高. [◇transponieren]

Trans·ra·pid[..rapí:t][1] 男 -[s]/《商標》トランスラピート(現在テスト段階にあるリニアモーター式鉄道).

trans·si·bi·risch[transzibí:rɪʃ] 形 シベリア横断の: die *Transsibirische* Bahn シベリア鉄道.

ᵛ**Trans·sil·va·ni·en**[transzɪlvá:niən] 地名 トランシルバニア (Siebenbürgen の旧称. 英語形 Transylvania).

trans·so·nisch[transzó:nɪʃ] 形 遷音速の. [< *lat.* sonus „Schall"; ◇ *engl.* transonic]

Trans·sub·stan·tia·tion[transzʊpstantsiatsió:n] 女 -/-en〖カトリック〗全実体変化(ミサ中の聖変化の際, パンとぶどう酒をキリストの体と血に変化させること). [*mlat.*; ◇Substanz]

Trans·su·dat[transzudá:t] 中 -[e]s/-e〖医〗濾出(ろしゅつ)液, 漏出液. [< *lat.* sūdāre (→schweißen); ◇ *engl.* transudate]

Trans·uran[trans|urá:n] 中 -s/-e《ふつう複数で》〖化〗超ウラン元素.

trans·ura·nisch[..nɪʃ] 形〖化〗超ウランの.

Tran·su·se[trá:nzu:zə] 女 -/-n《話》のろま, ぐず. [<Tran+..suse]

Trans·vaal[transvá:l] 地名 トランスバール(南アフリカ共和国北東部の州). [<trans..+Vaal (川の名)]

trans·ver·sal[transvɛrzá:l] 形 (↔longitudinal)〖理〗横〔方向〕の; 横断の. [*mlat.*; < *lat.* trāns-versus „quer" (◇vertieren[2]) +..al[1]; ◇travers]

Trans·ver·sal·bahn 女 横断鉄道.

Trans·ver·sa·le[..vɛrzá:lə] 女 -/-n《まれに形容詞変化》〖数〗横断線.

Trans·ver·sal≈schwin·gung 女〖理〗横(よこ)振動. **≈wel·le** 女〖理〗横波.

trans·ve·stie·ren[transvɛstí:rən] 自 (h) (倒錯的性向から) 異性の服装をする. [< *lat.* vestīre „kleiden" (◇Weste)]

Trans·ve·stis·mus[..tísmʊs] 男 -/ (好んで異性の服装をする) 服装倒錯.

Trans·ve·stit[..tí:t] 男 -en/-en (女 **Trans·ve·sti·tin**[..tɪn]-/-nen) 服装倒錯者. [<..it[3]]

Trans·ve·sti·tis·mus[..titísmʊs] 男 -/ =Transvestismus

tran·szen·dent[transtsɛndɛ́nt] 形 **1** (↔immanent)〖哲〗超越的な, 超感性的な. **2** (↔algebraisch)〖数〗超越的な(代数的でない): eine ~*e* Funktion 超越関数 | eine ~*e* Zahl 超越数. [*lat.*; ◇ *engl.* transcendent]

tran·szen·den·tal[..dɛntá:l] 形〖哲〗(スコラ哲学で) 超越的な; (カント哲学で) 先験的な: ~*e* Logik 先験的論理学. [*mlat.*; ◇..al[1]]

Tran·szen·den·ta·lis·mus[..dɛntalísmʊs] 男 -/〖哲〗(カント哲学の) 先験主義.

Tran·szen·den·tal·phi·lo·so·phie[..dɛntá:l..] 女 -/ (カント哲学の) 先験哲学.

Tran·szen·denz[transtsɛndɛ́nts] 女 -/ (↔Immanenz)〖哲〗超越. [*spätlat.*]

tran·szen·die·ren[..dí:rən] 他 (h) (経験・感覚などを) 超越する. [*lat.*; < *lat.* scandere (→skandieren)]

Trap[trap] **1** =Traps **2** =Trapschießen [*engl.*]

Tra·pez[trapé:ts] 中 -es/-e **1**〖数〗台形, 梯形(ていけい): ein gleichschenkliges ~ 等脚台形. **2** ein fliegendes ~ (体操・曲芸用の)〔空中〕ぶらんこ(→ 図 Zirkus). [*gr.* trapézion „Tischchen" – *spätlat.*; < *gr.* 〔te〕-trá-peza „Vier-fuß"]

Tra·pez≈akt 男 空中ぶらんこの曲芸. **≈flü·gel** 男〖空〗梯形(ていけい)翼, 先細翼.

tra·pez·för·mig 形 台形〈梯形(ていけい)〉状の.

Tra·pez≈ge·win·de 中〖工〗(横断面が梯形(ていけい)の) 梯形〈アクメ〉ねじ. **≈künst·ler** 男 ぶらんこ乗りの空中曲芸師. **≈mus·kel** 男〖解〗僧帽筋.

Tra·pe·zo·id[trapetsoí:t][1] 中 -[e]s/-e〖数〗(平行する辺のない)〔不等辺〕四辺形. [<..oid]

trapp[trap] 間 **1** (人や馬の足音) パタ, ドン, ドシン, パタン: tripp, ~ パタパタ. **2** (駆りたてる気持を表して) さあ(急げ, 早く): *Trapp*, ins Bett! さあ寝なさい.

Trapp[trap] 男 -[e]s/-e〖鉱〗トラップ(岩床状の粗粒玄武岩・輝緑石などの総称). [*mndd.* – *schwed.* trapp〔a〕 „Treppe"; ◇trappen, Traps, Treppe; *engl.* trap]

Trap·pe[1][trápə] 男 -n/-n; 女 -/-n〖鳥〗ノガン(野雁). [*slaw.* – *mhd.*]

Trap·pe[2][–] 女 -/-n《北部》足跡〔による汚れ〕.

trap·peln[trápəln]《06》自 (h, s) (子供などが) ちょこちょこ歩く, パタパタと小走りする (h, s について: →rattern ★).

trap·pen[trápən] =trapsen [*mndd.*; 擬音]

Trap·per[trápər] 男 -s/- (毛皮獣を捕獲するために) わなを仕掛ける猟師(特に米国で). [*engl.*; ◇Traps]

Trap·pist[trapíst] 男 -en/-en〖カトリック〗トラピスト(厳律シトー会会員: →Trappistenorden). [*fr.*]

Trap·pi·sten≈klo·ster 中 トラピスト修道院. **≈or·den** 男 -s/〖カトリック〗トラピスト〔修道〕会(1664年フランス, ノルマンディーのラトラップ La Trappe 修道院から起こった厳律シトー会 Zisterzienser von der strengeren Observanz の通称).

trapp·sen[trápsən]《02》=trapsen

Traps[traps] 男 -[es]/-e (Geruchverschluß) 防臭弁, 防臭トラップ. [*engl.* trap〔s〕 „Falle〔n〕";

T

◇Trapp]

Trap·schie·ßen 中 -s/ 〘スポ〙 クレー射撃.

trap·sen[trápsən] 《02》 自 (h, s) 《話》 どたりどたり歩く.

tra·ra[trará:] **I** 間 **1** (ホルン・ラッパ・トランペットなどの音) トテトテー. **2** (喜び・感激の気持を表して)うわあい, ブラボー: *Trara*, wir haben gewonnen! ばんざい 我らは勝ったぞ.

II Tra·ra 中 -s/ trara という音; 《比》 (Lärm) 騒ぎ, 大騒ぎ, 空騒ぎ: das Fest mit Trommeln und ～ eröffnen 祝宴を太鼓やラッパを鳴らして華やかに開会する | ein großes ～ um *et.*[4] ⟨wegen *et.*[2]⟩ machen 《比》 …のことで大騒ぎをする ‖ Als der Betrug aufgedeckt wurde, gab es ein großes ～. 《比》 その詐欺が発見されると大騒ぎになった.

tra·sci·nan·do[traʃinándo·] 副 (schleppend) 〘楽〙 ひきずるように, トラシナンド. [*it.*; < *lat.* trahere (→Trakt)]

Traß[tras] 男 Trasses/Trasse[trásə] 〘鉱〙 火山灰, 火山石灰, トラス(粉末状の凝灰岩で, 水硬セメントの原料). [*ndl.*; < *fr.* terrasse (◇Terrasse)]

Tras·sant[trasánt] 男 -en/-en 〘商〙 手形振出人. [< *it.* tratta (→Tratte)]

Tras·sat[..sá:t] 男 -en/-en 〘商〙 手形名宛(あて)人.

Tras·se[1] Traß の複数.

Tras·se[2][trásə] 女 -/-n (スイ: **Tras·see**[..se·] 中 -s/-s) (鉄道・道路・送電線などの) 予定線, 設定路線. [*fr.* trace „Spur"; ◇Trakt]

tras·sie·ren[trasí:rən] 他 (h) **1** (測量して予定線を) 設定⟨選定⟩する. **2** auf *jn.* einen Wechsel ～ 〘商〙 …にあてて手形を振り出す. [1: *fr.* tracer; 2: < Tratte]

Tras·sie·rung[..ruŋ] 女 -/-en trassieren すること.

trat[tra:t] treten の過去.

▽**trä·ta·bel**[trɛtá:bəl] (..ta·bl..) 形 扱いやすい, 御しやすい: ein *trätabler* Mensch 扱いやすい人. [*lat.*−*fr.*; ◇traktabel, trätieren]

trä·te[trɛ́:tə] treten の接続法 II.

▽**trä·tie·ren**[trɛtí:rən] 他 (h) (behandeln) 取り扱う. [*lat.* tractāre−*fr.*; ◇traktieren, Traiteur; *engl.* treat]

Tratsch[tra:tʃ] 男 -(e)s/ 《話》 (Geschwätz) おしゃべり; うわさ話, 陰口: Klatsch und ～ verbreiten うわさを広める.

Trat·sche[trá:tʃə] 女 -/-n 《話》 おしゃべりな人.

trat·schen[trá:tʃən] 《04》 自 (h) 《話》 **1** (klatschen) むだなおしゃべりをする, だべる; うわさ話をする, 陰口をたたく. **2** 不格好に歩く. **3** 《非人称》 (es tratscht) 雨がどしゃ降りである. [擬音]

Trat·sche·rei[tra:tʃəráı] 女 -/-en 《話》 長々と続くおしゃべり⟨陰口⟩.

trat·schig[trá:tʃıç][2] 形 《話》 おしゃべりな.

Tratsch≈maul[trá:tʃ..] 中 《話》 おしゃべり〔好き〕なやつ. ≈**spal·te** 女 《話》 (新聞の) ゴシップ欄.

Trat·te[trátə] 女 -/-n 〘商〙 為替〈振出〉手形: eine ～ auf *jn.* ausstellen …あてに為替手形を振り出す. [*it.* tratta „die Gezogene"; ◇Trakt]

Trat·ten≈avis[trátən|avi:(s)] 男 中 〘商〙 為替手形の振り出し通知. ≈**kre·dit** 男 〘商〙 手形信用.

Trat·to·ria[tratorí:a·] 女 -/..rien[..rí:ən] (イタリアふうの) 小料理店, 飲食店. [*it.*; ◇traktieren]

trat·zen[trátsən] 《02》 他 (h) 《オーストリア》, **trät·zen**[trɛ́tsən] 《02》 他 (h) 《南部》 (necken) 《*jn.*》 からかう, ひやかす.

Trau[trau] 女 -/-en 《方》 **1** 婚約の贈り物, 結納(ゆいのう). **2** 婚約⟨結婚⟩式. [< trauen]

Trau·al·tar[tráu..] 男 婚礼祭壇: 〔mit *jm.*〕 vor den ～ treten 〔…と〕結婚する | *jn.* zum ～ führen …と結婚する.

Trau·be[tráubə] 女 -/-n (小 **Träub·chen**[trɔ́ʏpçən], **Träub·lein**[..laın] 中 -s/-) **1** (果実・花などの) 房: eine ～ der Johannisbeeren 一房のスグリの実. **2** (Weintraube) ぶどうの房; 《複数で》 ぶどう: ～*n* lesen ぶどうを摘む | ～*n* schneiden ぶどうを収穫する ‖ ***jm.* hängen die ～*n* zu hoch** 《比》 …にとってそれは高嶺(たかね)の花である | ***jm.* sind die ～*n* zu sauer** 《比》 それは…にとって恨みのぶどうである(ぶどうは欲しいが届かないから, まだすっぱいとけちをつけたイソップ寓話(ぐうわ)のキツネの話による). **3** 《比》 密集したもの, 群れ, 団: eine ～ von Bienen 一団に群れ集まったハチ | Die Menschen hingen in dichten ～*n* an der Straßenbahn. 市街電車に人が鈴なりに乗っている. **4** 〘植〙 総状柱序, (フジ・ナズナなどの) 総状花序(→ 図 Blütenstand). **5** 〘解〙 ぶどう状腺(せん). [*ahd.* „Klumpen"]

Träu·bel[trɔ́ʏbəl] 中 -s/- 〘植〙 ムスカリ.

trau·ben·ar·tig[tráubən..] 形 房状の; ぶどうのような.

Trau·ben≈bee·re 女 ぶどう. ≈**blut** 中 《雅》 (Wein) ぶどう酒, ワイン.

trau·ben·för·mig 形 房⟨ぶどう⟩状の.

Trau·ben≈git·ter 中 (格子形の) ぶどう棚. ≈**haut** 女 〘解〙 ぶどう膜. ≈**ho·lun·der** 男 〘植〙 セイヨウニワトコ(西洋接骨木). ≈**hya·zin·the** 女 〘植〙 ムスカリ. ≈**kir·sche** 女 〘植〙 エゾノウワミズザクラ(蝦夷上溝桜). ≈**kok·kus** 男 -/..kokken[..kən] 《ふつう複数で》 〘細菌〙 ぶどう〔状〕球菌. ≈**kur** 女 〘医〙 ぶどう療法(肥満・心臓病などに対する食餌(しょくじ)療法の一つ). ≈**le·se** 女 ぶどう摘み, ぶどうの収穫. ≈**most** 男 ぶどうのモスト(まだ十分に発酵しきっていないしぼり汁). ≈**pres·se** 女 ぶどう圧搾機. ≈**saft** 男 グレープジュース. ≈**säu·re** 女 〘化〙 ぶどう酸. ≈**zucker** 男 (Glucose) 〘化〙 ぶどう糖, グルコース.

trau·big[tráubıç][2] 形 **1** ぶどうの味のする. **2** ぶどう状の, 房になった.

Träub·lein Traube の縮小形.

trau·en[tráuən] **I** 自 (h) (vertrauen) 《*jm.* / *et.*[3]》 (…を) 信用⟨信頼⟩する, (…に) 信を置く: dem Freund ⟨den Worten des Freundes⟩ ～ 友人⟨友人の言葉⟩を信用する | *jm.* nicht über den Weg ⟨die Gasse⟩ ～ 《話》 …をぜんぜん信用しない | *jm.* nicht um die Ecke ～ 《話》 …をあまり信用しない | Ich *traute* meinen Ohren kaum, als ich das hörte. 私はそれを聞いたとき自分の耳がほとんど信じられなかった | Ich *traue* dem Frieden ⟨dem Braten⟩ nicht recht. 《話》 (良さそうには見えているが) そのことに私は安心できない, そんなこと私は信用できない | ***Trau*, schau, wem!** 《諺》 簡単に他人を信じるな, 目で確かめてから人を信じよ(だれを信用すべきかを見よ) | Dem Trauen ist nicht zu ～. (→II 1).

II 他 (h) **1** 《*jn.*》 結婚させる, めあわせる: Der Pfarrer *traute* das Ehepaar. 牧師は祝福を与えて二人を夫婦にした | Sie haben sich kirchlich ⟨standesamtlich⟩ ～ lassen. 彼らは教会で⟨戸籍役場に届けを出して⟩結婚した | Sie sind erst seit kurzem *getraut*. 彼らはつい最近結婚したばかりだ ‖ Dem *Trauen* ist nicht zu trauen. 《諺》 結婚は当てにはならぬ.

2 再帰 *sich*[4] ⟨*sich*[3]⟩ ～ 《zu 不定詞〔句〕と》 (…する) 勇気がある, あえて(…)する | *Traust* du dich ⟨dir⟩, ihn anzusprechen? 君は彼に話しかける勇気があるかい | Er *traut* sich nicht, ins Wasser zu springen. 彼は思いきって水の中へ飛び込むことができないでいる ‖ Ich *traue* mich ⟨mir⟩ nicht aus dem Haus. 私は家を出て行く勇気がない | Du *traust* dich ⟨dir⟩ nur nicht! 《話》 (要するに) 君は勇気がないだけさ, びくびくしないで強気に出ろよ(悪事などをけしかけて) | Ich habe mir den Schritt *getraut*. 私はあえて一歩踏み出した.

[*germ.* „fest werden"; ◇treu; *engl.* trow]

Trau·er[tráuər] 女 -/ **1** (人を失った) 悲しみ, 悲痛, 悲嘆: die ～ um *seine* verstorbene Mutter 母親に死なれた悲しみ ‖ tiefe ～ empfinden 深い悲しみをおぼえる ‖ *jn.* in tiefste ～ versetzen …を悲しみの底につき落とす | in tiefer ～ (特に死亡通知の文中で) 深く悲しみつつ | Sein Tod erfüllte mich mit tiefer ～. 彼の死は私を深く悲しませた ‖ *Trauer* ⟨Ein Gefühl der ～⟩ überkam ihn. 悲しみ⟨悲しみの感情⟩が彼を襲った. **2** 喪に服する期間, 喪期; 喪服: eine Dame in ～ 喪装⟨喪中⟩の婦人 ‖ die ～ ablegen 喪服を脱ぐ; 喪をすます | ～ anlegen 喪服を着る; 喪に服する | ～ haben 喪服を着ている; 喪中である | um *jn.* ⟨*js.* Tod⟩ ～ tragen …の喪に服している; …の死を悼んでいる.

Trau·er≈an·zei·ge[tráuər..] 女 **1** (新聞などに出す) 死亡広告. **2** (書状による) 死亡通知. ≈**bin·de** 女 (黒いリボ

T

ンの)喪章. ≈**bot·schaft** 女 訃報(ふほう), 悲報. ≈**brief** 男 **1** (黒枠の)死亡通知状. **2** (死者の遺族への)お悔やみ状. ≈**bu·che** 女〘植〙シダレブナ(枝垂橅). ≈**de·mo** 女, ≈**de·mon·stra·tion** 女 (死者・犠牲者などを悼む)哀悼デモ. ≈**en·te** 女〘鳥〙クロガモ(黒鴨). ≈**esche** 女〘植〙シダレトネリコ. ≈**fah·ne** 女 弔旗. ≈**fall** 男 (Todesfall) 死亡〔例〕. ≈**fal·ter** 男 ミスジチョウ(三条蝶)属のチョウ: Schwarzbrauner ～ コミスジ(小三条蝶) | Schwarzer ～〘虫〙フタスジチョウ(二条蝶). ≈**far·be** 女 喪の色. ≈**fei·er** 女 葬式, 葬儀. ≈**flor** 男 (腕・ボタン穴・帽子・旗などにつける黒の紗(しゃ)の)喪章. ≈**fun·zel** 女《話》薄暗いランプ. ≈**gast** 男 -〔e〕s/..gäste 弔問客. ≈**ge·fol·ge** 中 葬列. ≈**ge·läut** 中, ≈**ge·läu·te** 中 弔いの鐘. ≈**ge·leit** 中 ＝Trauergefolge ≈**ge·rüst** 中 (葬礼で遺体を安置したり運んだりするための)棺台. ≈**got·tes·dienst** 男 ＝Trauerfeier ≈**haus** 中 忌中の家, 不幸のあった家. ≈**jahr** 中 (1年間の)喪期. ≈**kar·te** 女 **1** (黒枠の)死亡通知状(カード形式). **2** (死者の遺族への)お悔やみ状(カード形式). ≈**kleid** 中 (女性の)喪服. ≈**klei·dung** 女 喪服, 喪装. ≈**kloß** 男《話》陰気〈不機嫌〉なやつ, めそめそしたやつ, 興ざめ〈退屈〉なやつ.

trau·er·klö·tig[tráuərklø:tɪç][2] 形《話》不機嫌な, めそめそした, 陰気な; 興ざめな, 退屈な.
[*ndd.*; ◇Trauerkloß]

Trau·er≈man·tel 男〘虫〙キベリタテハ(黄縁立羽蝶). ≈**marsch** 男 葬送行進曲. ≈**mücke** 女〘虫〙クロバネキノコバエ(黒翅茸蠅)科の昆虫. ≈**mu·sik** 女 葬送音楽.

trau·ern[tráuərn]《05》自 (h) **1**《um *jn.* 〈*et.*[4]〉/ über *et.*[4]》(…のことを)嘆き悲しむ, 悼む, 哀悼する; (失ったものを)嘆く: um *jn.* 〈*js.* Tod〉 ～ …の死を悲しむ | um 〈über〉 den Verlust ～ 損失を嘆く. **2** 喪服を着ている; 喪に服している: Die Witwe *trauert* noch. あの未亡人はまだ喪服を着ている〈喪中である〉| die *trauernden* Hinterbliebenen 喪中の遺族; (死亡通知で)遺族一同.
[*germ.* „fallen"; ◇ *engl.* drowse]

Trau·er≈nach·richt 女 訃報(ふほう); 死亡通知〈記事〉. ≈**pa·pier** 中 黒枠のついた便箋(びんせん). ≈**par·te** 女《オーストリア》＝Traueranzeige ≈**rand** 男 **1** (死亡通知の)黒枠: Briefpapier 〈Umschlag〉 mit ～ 黒枠のある便箋〈封筒〉. **2**《戯》(つめにたまった)黒い垢(あか). ≈**re·de** 女 弔辞, 追悼の辞. ≈**schlei·er** 男 喪〈悲しみ〉のベール(→ 図 Schleier). ≈**spiel** 中 **1 a)** (↔Lustspiel) (Tragödie) 悲劇: ein bürgerliches ～ 市民悲劇 | ein ～ aufführen 悲劇を上演する. **b)**《比》不幸, 悲しい〈みじめな〉こと: Es ist wirklich ein ～, daß ... …とは全く悲劇〈情けないこと〉だ. **2**《話》〘トランプ〙勝ち目のないカード. **3**《話》(特にサッカーの)泥試合.

trau·er·voll 形 悲しみ〈嘆き〉にみちた: mit ～*er* Miene 悲嘆の表情で.

Trau·er≈wa·gen 男 (葬儀に列席する人を運ぶ)葬儀車. ≈**wei·de** 女 **1**〘植〙シダレヤナギ(枝垂柳). **2**《比》うちしおれた人. ≈**zeit** 女 服喪期間. ≈**zug** 男 葬列.

Trau·fe[tráufə] 女 -/-n **1** 軒(のき)どい, 雨どい, 軒〈屋根〉の末端(→ 図 Dach A): von den ～*n* tropfen とい〈ひさし〉から滴が落ちる. **2** (軒下の)雨だれ: vom 〈aus dem〉 Regen in die ～ kommen (→Regen 1). [*ahd.*; ◇triefen]

träu·feln[trɔ́yfəln]《06》**I** 他 (h)〔ポタポタ〕したたらす, 滴下させる: einen Tropfen Augenmittel in das linke Auge ～ 目薬を一滴左目にさす. **II** 自 (h, s) (tropfen)〔ポタポタ〕したたり落ちる, 滴下する: Aus der Wunde *träufelt* Blut. 傷口から血がしたたっている.

träu·fen[trɔ́yfən]《南部》＝träufeln

Trauf·faß[tráuf..] 中 雨だれ桶(おけ), 天水桶.

Trau·for·mel[tráu..] 女 (牧師または役所からもらう)結婚のときの言葉.

Trauf≈rin·ne[tráuf..] 女 ＝Traufe 1 ≈**röh·re** 女 (管状の)雨どい. [＜Traufe]

Trau·gott[tráugɔt] 男名 トラウゴット.
[Pietismus 期の造語; ＜traue Gott !]

trau·lich[tráulɪç] 形 わが家のような, くつろいだ気分にさせる, 懐かしい; 心地よい, 気楽な, 親しい, やさしい: im ～*en* Heim 懐かしいわが家で | ～*er* Kerzenschein やさしいろうそくの光 ‖ ～ miteinander plaudern なごやかに歓談し合う.
[＜traut]

Trau·lich·keit[-kaɪt] 女 -/ (traulich なこと. 例えば:) 気楽, 快適, やさしさ, 懐かしさ.

Traum[traum] 男 -es(-s) / Träume[trɔ́ymə] **1** (英: *dream*) (睡眠中の)夢, 夢路: ein süßer 〈schwerer〉 ～ 楽しい〈苦しい〉夢 | ein ～ von *et.*[3] …の夢 | Alp*traum* 悪夢 ‖ einen schönen 〈bösen〉 ～ haben 美しい〈いやな〉夢を見る | *Träume* auslegen 〈deuten〉 夢占いをする ‖ aus dem ～ erwachen 〈aufwachen〉 夢からさめる | *et.*[4] im ～ sehen …の夢を見る | *jm.* im ～ erscheinen …の夢まくらに立つ | im ～ reden 寝言を言う | wie im ～ leben 夢うつつに〈うかうかと〉暮らす ‖ **nicht im ～**《話》決して…でない | *jm.* nicht im ～ einfallen …にとって夢にも思い及ばない | Er denkt nicht im ～ daran. 彼はそんなことをまるで考えもしない ‖ Es ist mir wie ein ～. 私にはまるで夢のようである.
2 a) 幻想, 夢想, 願望, あこがれ, 理想: wacher ～ 白昼夢, 空想 | weißer ～《俗》白い花嫁衣装 | ein ～ von *et.*[3] …へのあこがれ | **der amerikanische ～** アメリカンドリーム(無限の可能性をもつ豊かな民主主義の社会としての) | Menschheits*traum* 人類の夢 | Wunsch*traum* あこがれの夢 ‖ *jm.* *seinen* ～ erfüllen …の夢をかなえる | *jm.* *seinen* ～ zerstören …の幻想を打ち砕く ‖ Das war der ～ seiner Jugend. それが彼の青春時代のあこがれであった | Das ist der ～ meiner Nächte.《比》これは私の最高の願いだ | Sein ～ geht in Erfüllung. 彼の願望がかなう | **Der ～ ist ausgeträumt!** / **Aus der ～!** その夢ははかなく消えた | ***Träume* sind Schäume.**《諺》夢はうたかた, 夢は泡のごとし. **b)**《話》夢のように美しい〈すばらしい〉もの: ein ～ von einem Auto すばらしい自動車 | Das Kleid ist ein ～. このドレスは夢かとまごうばかりにすてきだ.
[*germ.*; ◇trügen, träumen]

traum..《名詞・まれに形容詞につけて「夢のような, すばらしい, 理想的な」などを意味する》: *Traum*beruf 理想的な職業 | *Traum*besetzung 夢の配役.

Trau·ma[tráuma·] 中 -s/..men[..mən], -ta[..mata·] **1**〘医〙外傷〔性傷害〕. **2**〘心〙精神的外傷, トラウマ: bei *jm.* ein anhaltendes ～ auslösen …の心に持続的な精神的外傷〈深く大きな衝撃〉をひき起こす. [*gr.*; ◇Turnus]

traum·ar·tig[tráum..] 形 夢のような.

Trau·ma·ta Trauma の複数.

Trau·ma·tin[traumatí:n] 中 -s/〘植〙傷〈傷害〉ホルモン, 癒傷ホルモン, トラウマチン.

trau·ma·tisch[..má:tɪʃ] 形 **1**〘医〙外傷〔性〕の, 外力〔性〕の: eine ～*e* Abortion 外傷性〈外力性〉流産. **2**〘心〙トラウマ〈精神的外傷〉〔性〕の: ～*e* Erlebnisse 精神的外傷を与えるほどの深刻な体験.

trau·ma·ti·sie·ren[traumatizí:rən] 他 (h)《*jn.*》(…の心に)精神的外傷を与える, 深く大きな衝撃を与える.

Trau·ma·to·lo·gie[traumatologí:] 女 -/〘医〙外傷〈創傷〉学.

trau·ma·to·lo·gisch[..ló:gɪʃ] 形 外傷〈創傷〉学〔上〕の.

Traum≈aus·le·ger[tráum..] 男 ＝Traumdeuter ≈**be·ruf** 男《話》(だれもがあこがれる)夢のような〈すばらしい〉職業. ≈**bild** 中 **1** 夢の中の姿: Sie erscheint mir oft als ～. 彼女はしばしば私の夢に現れる. **2** 幻像, 幻影; 理想の姿: von *jm.* ein ～ machen …から理想像をつくり出す. ≈**buch** 中 夢占いの書. ≈**deu·ter** 男 夢占い師. ≈**deu·tung** 女 **1** 夢判断, 夢占い. **2**〘心〙夢の解釈.

Träu·me Traum の複数.

Trau·men Trauma の複数.

träu·men[trɔ́ymən] **I** 自 (h) **1 a)** 夢を見る;《von *jm.* 〈*et.*[3]〉》(…のことを)夢に見る: schlecht 〈herrlich〉 ～ 悪い〈すばらしい〉夢を見る | von *seinem* Vater 〈bunten Blumen〉 ～ 父親〈色とりどりの花〉の夢を見る ‖ *Träume* süß!《話》良い夢を見てお休み ‖ [V]非人称 Es *träumte* mir 〈Mir *träumte*〉, daß ... 私は…という夢を見た | Mir *träumte* von ihr. 私は彼女の夢を見た. **b)** 夢見る, 夢想する; ぼう然としている, ぼんやりしている, 散漫である: am hellen Tag 〈mit offenen

Augen⟩ ～ 白昼夢を見る; 空想にふける, ぼんやりしている ‖ Du *träumst* wohl?《話》君は夢でも見ているのか, ばかなことを言うな | *Träume* nicht!《話》しっかりしてくれ, 眠るなよ | Der Fahrer des Unfallwagens muß *geträumt* haben. 事故車の運転者はぼんやりしていた(他のことを考えていた)に違いない | *träumend* zum Fenster hinausschauen ぼんやりと窓から外を眺める.

2《von *et.*³》(…のことを)夢想する, 夢に描く, あこがれる: von großen Erfolgen ～ 大成功を夢見る | von einem eigenen Auto ～ 自分の車をもつことを夢に描く | Er *träumt* davon, Schauspieler zu werden. 彼は俳優になることを夢見ている.

II 他 (h) **1**《*et.*⁴》(…を)夢に見る: etwas Schönes ⟨Furchtbares⟩ ～ すばらしい⟨恐ろしい⟩夢を見る | Das hat sie schon öfters *geträumt*. その夢を彼女はもう何度も見た | Ich *träumte*, daß ... 私は…という夢を見た | Ich *träumte* mich schon im Ausland. 私はもう外国へ行った夢を見た(実際に行く前から) ‖〚同族目的語と〛einen bösen Traum ～ 悪い夢を見る.

2《*et.*⁴》(…を)夢想する, 夢に描く, あこがれる: ***sich³ et.⁴* nicht ⟨nie⟩ ～ lassen** …など夢にも思わない⟨夢想だにしない⟩ | Das hätte ich mir nicht ～ lassen! そんなこととは夢にも思わなかった | Alles war so, wie ich es mir *geträumt* hatte. すべては私が思い望んでいたとおりであった ‖〚同族目的語と〛immer noch den alten Traum ～ 相変わらず昔の夢を追いつづけている.

Träu·mer[trɔ́ʏmər] 男 -s/- (女 **Träu·me·rin**[..mərɪn]-/-nen) **1** よく夢を見る人. **2** 夢想家, 空想家, ぼんやりと思いにふける人: ein versponnener ⟨weltfremder⟩ ～ 浮世ばなれした夢想家.

Träu·me·rei[trɔʏmərái] 女 -/-en 夢想〔にふけること〕, 空想〔を楽しむこと〕, 白昼夢〔を追うこと〕: aus *seinen* ～*en* aufwachen 夢想からさめる | Sie hängt gern ～*en* nach. 彼女は幻想を追うのが好きだ.

Träu·me·rin Träumer の女性形.

träu·me·risch[trɔ́ʏmərɪʃ] 形 **1** 夢のような気分の, 夢心地の, 現実とは思えないような: ～ in die Ferne blicken ぼんやりと遠方を見る | Es mutet mich ～ an, daß du hier bist. 君がここにいてくれるとは 私は夢みたいな気がする. **2** 夢見がちな, 夢想⟨空想⟩好きの: ～*e* Augen 夢見るひとみ | Er hat ein ～*es* Wesen. 彼は夢想家タイプだ.

Traum⸗fa·brik[tráʊm..] 女《話》夢を作る工場(映画会社のこと). **⸗fi·gur** 女《話》夢の⟨理想的な⟩体型. **⸗frau** 女《話》(夢に見るような)すばらしい女性. **⸗ge·bil·de** 中 =Traumbild **⸗ge·dan·ke** 男〚心〛(Freud の学説による)夢の思想. **⸗ge·sicht** 中 -[e]s/-e **1** (Traum) 夢. **2** (Traumbild) 夢の中の姿, 幻像, 幻影. **⸗ge·stalt** 女 =Traumbild

traum·haft[tráʊmhaft] 形 夢のような, 夢心地の, 現実のものとも思えぬ; すばらしい, 見事な: ein ～*es* Haus 夢のようにすばらしい家 | mit ～*er* Sicherheit 見事な確実さで ‖ Es ist ～ schön. それは夢のように美しい.

Trau·mi·net[tráʊminɛt, ..nət] (**Trau·mi·ned**[..nɛt, ..nət]) 男 -s/-s《オーストリア》《話》(Feigling) おく病者, 腰抜け, いくじなし. [<(ich) traue mich nicht]

Traum⸗land[tráʊm..] 中 -[e]s/ 夢の国: *jn.* ins ～ schicken《話》(ボクシングで)…をノックアウトする | im ～ sein《話》ノックアウトされて(失神して)いる. **⸗le·ben** 中 -s/ **1** 夢, 夢見: ein reiches ～ haben 多彩な夢を見る. **2** 現実離れした⟨うわの空の⟩生活: ein ～ führen ぼんやりとした⟨夢見がちの⟩生活をする.

traum·los[tráʊmlo:s]¹ 形 夢のない; 夢を見ない: ～ schlafen 夢も見ないで眠る, 安眠する.

Traum⸗no·te 女《話》(スポーツ競技などで)夢に見るようなすばらしい高得点. **⸗schiff** 中《話》(夢に見るような)豪華船. **⸗tän·zer** 男 (現実離れした)夢想家.

traum⸗tän·ze·risch 形 夢想家のような, 現実離れした. **⸗ver·lo·ren** 形, **⸗ver·sun·ken** 形 夢想⟨空想⟩にふけった, ぼんやりと考えこんだ: ein ～*er* Blick 夢想しているようなひとみ | ～ am Tisch sitzen 机に向かってぼんやりと思いにふけっている.

traum·wan·deln《06》《過分 getraumwandelt》自 (s, h) (schlafwandeln) 夢遊する, 夢中歩行する.

Traum·wand·ler 男 (Schlafwandler) 夢遊病者, 夢中歩行者.

traum·wand·le·risch 形 (schlafwandlerisch) 夢遊病者の〔ような〕;《比》悠然とした, 危険を全く感じない様子の(歩行・行動): Der Akrobat schritt mit ～*er* Sicherheit über das Seil. その曲芸師は(なんの危険も感じない)夢遊病者のように悠々と綱を渡った.

Traum⸗welt 女 夢⟨空想⟩の世界. **⸗zu·stand** 男 夢うつつ, 夢心地; 夢幻⟨忘我⟩の境, 恍惚(こう)状態;〚医〛(幻覚を伴う)夢幻様状態.

ᵛ**traun**[traʊn] 間 (fürwahr) まことに, 確かに; 誓って: *Traun!* Das habe ich nicht gesagt. 絶対に私はそんなことは言っていない.

[< *mhd.* en-triuwen „in Treue“ (◇treu)]

Trau·ner[tráʊnər] 男 -s/-《オーストリア》(平たい)貨物運搬船.

[<Traun (Donau の支流の名)]

Trau⸗re·de[tráʊ..] 女 (牧師が行う)結婚式の訓話. **⸗re·gi·ster** 中 婚姻登記簿.

trau·rig[tráʊrɪç]² 形 **1** 悲しい, 悲しんでいる, 悲しみにあふれた; 悲しげな, 悲しそうな, 悄然(しょう)とした: ein ～*er* Mensch 悲しんでいる人 | ein ～*er* Blick 悲しげなまなざし | ein ～*es* Gesicht machen 悲しそうな顔をする ‖ über *et.*⁴ ⟨wegen *et.*²⟩ ～ sein …のことを悲しんでいる | Sie war sehr ～ über den Verlust ihres Rings. 彼女は指輪をなくしてたいそう悲しんでいた | Sei nicht so ～! そんなに悲観するな | *jn.* ～ machen ⟨stimmen⟩ …を悲しい気分にする ‖ *jn.* ～ ansehen …を悲しげに見つめる | ～ aussehen 悲しそうである | ～ den Kopf hängen しょんぼりと首をうなだれる.

2 悲しい, 悲しくするような, 悲しみを与える, 哀れを催させる, 痛ましい, 悲惨な; 荒涼たる, 暗澹(あん)とした, 不幸な: eine ～*e* Nachricht 悲報 | ein ～*er* Vorfall 悲しい出来事 ‖ ein ～*es* Ende nehmen 哀れな結末となる | Sie hat eine ～*e* Jugend gehabt. 彼女は暗い青春を過ごした | ein ～*es* Los haben 悲しい宿命を背負う | Ich habe die ～*e* Pflicht, seinen Tod anzuzeigen. 私には彼の死を告知するという悲しい義務がある ‖ Es ist ～, daß du das nicht einsiehst. 君にそれがわからないとは嘆かわしい.

3 貧弱な, みじめな, 情けない, あさましい, 恥ずべき: eine ～*e* Berühmtheit erlangen 悪名を立てる | ein Ritter von der ～*en* Gestalt 弱そうな姿の騎士 | ein ～*er* Kerl《話》情けないやつ | in ～*en* Verhältnissen leben 貧窮生活をする | Es ist nur noch ein ～*er* Rest vorhanden. もうほんのちょっぴり残っているだけだ ‖ Das Ergebnis der Geldsammlung war ～. 募金の結果はみじめなものであった.

[*ahd.*; ◇trauern; *engl.* dreary]

Trau·rig·keit[–kaɪt] 女 -/-en **1**《単数で》(traurig なこと. 例えば:) 悲しみ, 悲哀: eine große ⟨tiefe⟩ ～ 大きな⟨深い⟩悲しみ | eine süße ～ 甘美な悲哀 ‖ kein Kind von ～ sein (→Kind) | *Traurigkeit* befiel ⟨überkam⟩ ihn. 悲しみが彼の心を襲った. **2** 悲しい出来事.

Trau⸗ring[tráʊ..] 男 (Ehering) 結婚指輪(→ 図 Ring). **⸗schein** 男 婚姻証明書.

traut[traʊt] 形《ふつう付加語的》《雅》**1** (lieb) 愛する, 親愛なる, いとしい; (teuer) 大切な, 大事な: ein ～*er* Freund 親友 | meine *Traute* わがいとしい人(女). **2** (traulich) 打ちとけた, 気楽な, 懐かしい, わが家のような, 心地よい: im ～*en* Heim くつろげる家庭の中で | im ～*en* Kreis 親しい仲間うちで | im ～*en* Verein mit *jm.* (→Verein 2).

[*ahd.*]

Trau·te[tráʊtə] 女 -/《話》(Mut) 勇気; 確信: keine ～ zu *et.*³ haben …をする勇気がない | Ich habe keine ～, allein dorthin zu gehen. 私にはひとりであそこへ行く勇気がない. [<trauen]

Trau·to·nium[traʊtó:niʊm] 中 -s/..nien[..niən] 商標 トラウトニウム(電気楽器). [<F. Trautwein (ドイツの楽器製作者, †1956)+Harmonium]

Trau·ung[tráʊʊŋ] 女 -/-en (Eheschließung) 結婚

〔式〕, 婚礼: die kirchliche 〈standesamtliche〉 ～ 教会〈戸籍役場〉での結婚式 | die ～ vollziehen 結婚式を挙行する.

Trau·ungs·ma·tri·kel 女《ｵｰｽﾄﾘｱ》婚姻登記簿.

Trau·zeu·ge[tráʊ..] 男 結婚立会人.

Tra·vel·ler·scheck[trέvələrʃɛk] 男 (Reisescheck) 旅行者用小切手, トラベラーズチェック.

[< *engl.* trave〔l〕ler „Reisender"]

tra·vers[travέrs][1] 形 **1** (quer) 横の. **2** (quergestreift) 〖服飾〗横じまの.

[*lat.* trānsversus (→transversal) − *fr.*]

Tra·vers[travέ:r, ..vέ:r, ..vέrs] 男 -[..vé:rs, ..vέ:rs, ..vέrs]/ 〖馬術〗トラバー(横歩(ｵｳﾎ))の一種: → ⊠ reiten).

Tra·ver·se[travέrzə] 女 -/-n **1** 〖建〗横ばり, 横げた, ジョイスト. **2** 〖工〗横木, 腕木, 支え. **3** 〖土木〗横堤, ジグザグ堤. **4** 〖軍〗(陣地の)肩墻(ｹﾝｼｮｳ), 横墻(ｵｳｼｮｳ). **5 a)** (Quergang) 〖登山〗斜登降, トラバース. **b)** 〖ｽｷｰ〗斜滑降. **6** (大スタジアム観客席の)階段ベンチ. **7** 〖ﾌｪﾝｼﾝｸﾞ〗(相手の攻撃を避ける)横への移動. [*fr.*]

Tra·vers·flö·te[travέrs..] 女 (Querflöte) 〖楽〗横笛, フルート.

tra·ver·sie·ren[travɛrzí:rən] **I** 他 (h) 《*et.*[4]》 **1 a)** (…を)横断する, 横切る; (…と)交差する. **b)** (…を)妨害する. **2** (…に)横線を引く. **II** 自 (s, h) **1** 横に移動する, 横断する. **2 a)** 〖登山〗(絶壁などを)斜登行する. **b)** 〖ｽｷｰ〗斜滑降する. **3** 〖馬術〗(前進・横進をくり返して)斜めの方向に進む. **4** 〖ﾌｪﾝｼﾝｸﾞ〗(相手の攻撃を)横に移動して避ける. [*spätlat.* − *fr.*]

Tra·ver·tin[travɛrtí:n] 男 -s/-e 〖鉱〗温泉沈殿物, トラバーチン(石灰華の一つ).

[*it.*; < *lat.* Tībur (産地名, 現在の Tivoli)]

Tra·ve·stie[travɛstí:] 女 -/-n[..tí:ən] 〖文芸〗(文学作品の内容は変えずに形式だけをおかしなものに変える)滑稽(ｺｯｹｲ)化〔作品〕, 戯画化〔作品〕. [*engl.* travesty]

tra·ve·stie·ren[..tí:rən] 他 (h) 〖文芸〗(Travestie をつくって…を)滑稽(ｺｯｹｲ)化する, 戯画化する, 茶化す.

[*it.* „verkleiden" − *fr.*; ◇transvestieren]

Trav·ni·cek[trávnitʃɛk] 男 -s/-s 《ｵｰｽﾄﾘｱ》俗物, 小市民, 田舎者(軽喜劇の登場人物). [*tschech.*]

Trawl[tro:l, trɔ:l] 中 -s/-s 〖漁〗トロール網, 遠洋底引き網 (→ ⊠ Schleppnetz).

Traw·ler[tró:lər, trɔ́:lə] 男 -s/- トロール漁船. [*engl.*]

Treat·ment[trí:tmənt] 中 -s/-s 〖映・ﾃﾚﾋﾞ〗筋書き, シナリオ構想(シナリオの前段階).

[*engl.*; ◇trätieren, Traktament]

Tre·be[tré:bə] 女 《話》《もっぱら次の形で》 **auf** 〔**der**〕 **～ sein** / *sich*[4] **auf** 〔**der**〕 **～ befinden** 浮浪者〈浮浪児〉である | **auf** 〔**die**〕 **～ gehen** 浮浪者〈浮浪児〉になる, 家出する.

Tre·be·gän·ger 男, **Tre·ber**[1][tré:bər] 男 -s/- 《話》(若い)浮浪者, 浮浪児.

Tre·ber[2][tré:bər] 複 〖醸〗(ぶどうの圧搾やビール醸造の際に生ずる)かす. [*germ.*; ◇trüben, Trester, Druse[1]]

Tre·cen·tist[tretʃɛntíst] 男 -en/-en 〖文芸〗14世紀イタリアの文学者・芸術家〔の総称〕. [*it.*]

Tre·cen·to[..tʃέnto·] 中 -〔s〕/ 〖文芸〗14世紀イタリアの文学・美術〔様式〕. [*it.* (mille) tre-cento „(tausend) dreihundert"; ◇tri.., Cent]

Treck[trɛk] 男 -s/-s **1** (家財道具などを車に積んで移動する難民・移民などの)群れ, 隊列. **2** 《北部》(Netz) 網. [*mndd.*]

trecken[trέkən] **I** 自 (s, h) (難民・移民などが)隊列を組んで移動する, 行進する. **II** 他 (h) 《話》(特に河岸に沿って馬が引き船を)引く, 引っ張る. [*mhd.* trechen „ziehen"; ◇Trigger, vertrackt; *engl.* trek]

Trecker[trέkər] 男 -s/- 牽引(ｹﾝｲﾝ)車, トラクター.

Treck≈schu·te[trέk..] 女 引き船(河岸に沿って馬が引く). **≈seil** 中 (引き船を引く)引き綱.

Treff[1][trɛf] 中 -s/-s 《無冠詞で》(Kreuz) 〖ﾄﾗﾝﾌﾟ〗クラブ(→Pik[2]): **Da ist ～ Trumpf.** 《話》うまくいくといいが, うまくいかないかもしれない.

[*lat.* trifolium (→Trifolium) − *fr.* trèfle]

Treff[2][−] 男 -s/-s 《話》 **1** (Treffen) 会合, 会談: einen geheimen ～ mit *jm.* vereinbaren …とひそかに会う約束をする. **2** (Treffpunkt) 落ち合う場所, 待ちあわせ場所, 集合地点: einen ～ ausmachen 会う場所を決める.

▽**Treff**[3][−] 男 -〔e〕s/-e **1** (Hieb) 殴打, 打擲(ﾁｮｳﾁｬｸ): *jm.* einen ～ geben …に思いきり一発かます. **2** (Niederlage) 敗北. [*mhd.*; ◇treffen]

Treff·as〔**s**〕(**Treff-As**〔**s**〕) [trέf|as, ⌣⌣́] 中 -ses/-se 〖ﾄﾗﾝﾌﾟ〗クラブのエース.

tref·fen*[trέfən] 《192》 **traf**[tra:f] / **ge·trof·fen**[gətrɔ́fən]; 現 *du* triffst[trɪfst], *er* trifft; 命 triff; 接II träfe[trέ:fə]

I 他 (h) **1 a)** 《*jn.* / *et.*[4]》(人が撃ったり投げたり打ちおろしたりして…に)当てる, 命中させる; (弾丸・打撃・光線などが…に)当たる, 命中する: das Ziel ～ 目標に命中させる〈する〉 | die Mitte der Scheibe ～ 標的の真ん中を撃ち抜く(→II 1) | den Nagel auf den Kopf ～ (→Nagel 1) ‖ *jn.* schwer 〈tödlich〉 ～ (命中して)…に重傷〈致命傷〉を負わせる | *jn.* an *seiner* schwächsten Stelle ～ 《比》…のいちばんの弱点〈痛いところ〉をつく | *jn.* am Kopf ～ …の頭に命中する | *jn.* im Gesicht 〈ins Gesicht〉 ～ …の顔面に命中する | *jn.* in den Rücken ～ …の背中に命中する ‖ *et.*[4] mit einem Stein 〈einem Schuß〉 ～ …に石〈射撃〉を命中させる | *jn.* mit der Faust am Kinn ～ げんこつで…のあごに一発くらわす ‖ Der Blitz *traf* den Baum. 雷がその木に落ちた | Ein Lichtstrahl *traf* meine Augen. 一条の光線が私の目を射た | Seine Worte *trafen* den Kern der Sache. 彼の言葉は事態の本質をうまくとらえていた | Der Schlag hat ihn *getroffen.* i) 《話》彼は大あわてだった; ii) 彼は卒中の発作に見舞われた | Auf der Rückreise *traf* ihn der Tod. 《雅》旅の帰途死が彼を襲った ‖ Das Haus wurde von einer Bombe *getroffen.* 家は爆弾が命中して破壊された | wie vom Blitz 〈vom Schlag〉 *getroffen* (→Blitz 1, →Schlag 5).

b) 《*jn.*》(くじ・順番などが…に)当たる; (災厄などが…を)見舞う; (非難などが…に)向けられている; (責任などが…に)帰せられる: Die Reihe *trifft* ihn. 彼の〔順〕番である | Ein Unglück *traf* seine Familie. 彼の家族はひとつの不幸に見舞われた | Ihn *traf* der Zorn der Götter. 彼は神々の怒りを受けた | Das *trifft* Sie! (非難などについて)これはあなたのこと〔を指しているの〕ですよ | Wen *trifft* die Schuld? だれの責任か | Ihn *trifft* keine Schuld 〈kein Vorwurf〉. 彼には罪〈非難されるべきところ〉は全然ない ‖ *sich*[4] 〔durch *et.*[4]〕 *getroffen* fühlen 〔…で〕図星を指されたと感じる.

c) 《*jn.*》(災厄・非難などが…に)打撃〈ショック〉を与える; (…の)感情を害する: *jn.* in *seinem* Stolz ～ …の自尊心を傷つける | *jn.* bis ins Mark ～ …に深刻なショックを与える | Die Nachricht *traf* alle schwer. その知らせは一同に大きなショックを与えた | Dein Vorwurf *trifft* mich tief. 君の非難は私にとってひどいショックだ.

d) 《*et.*[4]》(対象を)うまく捕らえる, 適切に表現する: den richtigen Ton ～ 〖楽〗音程を正しくとる; 《比》適切な態度をとる, その場にふさわしい言葉づかいをする | den Einsatz ～ 〖楽〗(歌などの)出だしを誤らない | *js.* Geschmack ganz ～ …の趣味に百パーセントかなうようにする | Mit diesem Geschenk hast du es 〈das Richtige〉 *getroffen.* 君のこの贈り物の選択はぴったりだった | Die Vermutung *trifft* das Richtige. その推測は正しい ‖ Du bist auf dem Bild gut *getroffen.* 《話》この君の絵は君そっくりにかけている | 〔Du hast es〕 *getroffen!* 《話》君の推察のとおりだ, 図星だよ ‖〖**es** を形式的目的語とする言い回しで〗 es[4] gut 〈schlecht〉 treffen 《話》運がいい〈悪い〉 | Wir haben es im Urlaub mit der Unterkunft gut *getroffen.* 《話》休暇中我々は宿の件では運がよかった.

2 a) 《*jn.*》(知人などに)出会う, 出くわす; (…と)落ち合う: *jn.* auf dem Spaziergang ～ 散歩の途上…に出会う | *jn.* im Theater ～ 劇場で…に出会う | Gegen Abend *traf* ihn seine Mutter. Sie mußte ihn gesucht haben. 夕刻彼は母親と出会った. 彼女はそれまで彼を探していたに違いなか

T

った | Ich *traf* sie in schlechter Laune 〈im Begriff aufzubrechen〉. 私が行ったとき彼女は不機嫌〈出かけようとしているところ〉だった | Die Trauerbotschaft *traf* ihn gefaßt. 悲報を彼は取り乱さずに受け取った | Wann 〈Wo〉 kann ich Sie ~? いつ〈どこで〉お目にかかれましょうか ‖ Das *trifft* man nicht alle Tage. それはそういつもあることではない (→c) ‖ 再帰《相互的》Ihre Blicke *trafen* sich. 彼らの目と目が合った | Die Linien *treffen* sich alle in einem Punkt. それらの線はすべてある一点で交わっている | Wann 〈Wo〉 wollen wir uns ~? いつ〈どこで〉落ち合うことにしましょうか.

b) 再帰 *sich*⁴ mit *jm.* ~ (あらかじめ約束しておいて)…と落ち合う | Ich *treffe* mich heute mit ihm zum Skat. 私はきょう彼とスカートをやる約束になっている.

c) 《事柄を指す es, das などを主語として》再帰 *sich*⁴ ~ (…が)たまたま起こる, (…という)結果になる | Das *trifft* sich gut! こいつはいいあんばいだ | Es *trifft* sich gut 〈schlecht〉, daß ... …は好都合〈あいにく〉である | wie es sich 〔gerade〕 *trifft* (そのときの)情勢次第で | Das *trifft* sich nicht alle Tage. それはそういつもあることではない(→a) | Es *traf* sich 〔zufällig〕, daß er abwesend war. たまたま彼は不在だった.

3 《特定の動作名詞とともに機能動詞として》ein Abkommen ~ 協定する | Anordnungen ~ 指令する | eine Entscheidung ~ 決定する | Vorbereitungen ~ 準備を行う | *seine* Wahl ~ どちらかに決断する.

II 自 **1** (h) (弾丸・射撃などが)当たる, 命中する; (射手などが)当てる, 命中させる: in die Mitte der Scheibe ~ 標的の真ん中を射抜く(→I 1 a) | ins Schwarze ~ (→schwarz II 5) | ins Blaue ~《比》的外れである | *jm.* ins Gesäß ~ (弾丸などが)…のおしりに当たる, (弾丸などを)…のおしりに当てる | ins Tor ~ (球技で)シュートを成功させる ‖ Der erste Schuß *traf* nicht. 最初の一発は命中しなかった | Die Kugel hat *getroffen.* 弾丸は命中した.

2 (s) 《auf *jn.* 〈*et.*⁴〉》(…に)〔偶然〕ぶつかる, 出会う; 〘スポ〙(…と)対戦する: auf einen starken Gegner ~ 強敵にぶつかる | auf Schwierigkeiten ~ 困難に逢着(ほうちゃく)する | auf einen Sonntag ~ 〔たまたま〕日曜日に当たる | Ich bin in dem Buch auf folgende Stelle *getroffen.* その本の中で私は次のような個所にぶつかった.

III Tref·fen 中 -s/- (treffen すること. 特に:) **1** 会合, 集会, 会談: ein ~ der Außenminister 外相会談 | das regelmäßige ~ 定例会議 | ein ~ von ehemaligen Schülern 同窓会の会合. **2** 〘スポ〙対戦: bei einem ~ siegen 対戦に勝つ. ▽**3** 〘軍〙会戦, 遭遇戦 (Gefecht より大きく Schlacht より小さい): ***et.***⁴ **ins ~ führen** …(援軍など)を戦線に送る;《雅》…を論拠として持ち出す | wenn es zum ~ kommt いざという場合には | Es kam zum ~. いよいよそういう事態になった.

IV tref·fend 現分 形 適切な, 的を射た, 的確な: eine ~*e* Antwort 適切な返事 | ein ~*er* Ausdruck うまい表現 | ein ~*es* Beispiel 好例 | das ~*e* Wort für *et.*⁴ finden …を表現するうまい言葉を思いつく ‖ *jn.* ~ nachahmen …をそっくりまねる | *et.*⁴ kurz und ~ charakterisieren …の特色を簡潔かつ的確に述べる | Das ist ~ gesagt. それは言い得て妙だ ‖ Die Formulierung ist ~. それはうまい表現だ.

[*germ.*; ◇triftig²]

Tref·fer[tréfər] 男 -s/- (命中・的中したもの. 例えば:) **1 a)** 命中弾; 〘サッカー〙ゴールに入った球: einen ~ erzielen 命中弾を出す; 〘サッカー〙球をゴールに入れる | einen ~ erhalten 命中弾をうける. **b)** 当たりくじ: einen großen ~ in der Lotterie machen 富くじで大当たりをとる | einen ~ haben《話》運がいい. **c)** 〘ボクシング〙有効打: mehrere ~ einstecken (ボクサーが)何発も有効打をくう. **2** 《話》大当たり(芝居の大入り・本のベストセラー): Sein Buch ist ein ~. 彼の著書は大評判だ.

Tref·fer≠me·tho·de 女 〘心〙的中法. **≠quo·te** 女 命中〈的中〉率.

Tref·fer-und-Zeit-Me·tho·de 女 -/ 〘心〙的中時間法.

Treff·ge·nau·ig·keit[tréf..] 女 -/ 命中精度.

treff·lich[tréflıç] 形《雅》優秀な, りっぱな, すぐれた, 卓越した: ein ~*es* Buch りっぱな本 | ein ~*er* Sänger すばらしい歌手 | ein ~*es* Gedächtnis haben 並外れた記憶力の持ち主である ‖ ~ singen みごとに歌う.

Treff·lich·keit[-kaıt] 女 -/ (trefflich なこと. 例えば:) 優秀さ, 抜群性.

Treff·punkt[tréf..] 男 **1 a)** 落ち合う場所, 待ちあわせ場所, 集合地点: einen ~ vereinbaren 〈ausmachen〉 集合場所をとりきめる. **b)** 中心地, メッカ. **2** 〘軍〙着弾予定地. **3** 〘数〙接合点. **4** 〘テニス〙インパクトポイント.

treff·si·cher 形 **1** 命中確実の, 的を外さない: ein ~*er* Schütze 的を外さない射手. **2** (判断・表現などの)的確な, 的〈正鵠(せいこく)〉を射た: ein ~*es* Urteil 的確な判断.

Treff·si·cher·heit 女 -/ 命中の確かさ, 確実な命中度;《比》(判断・表現などの)的確さ.

Treib≠ach·se[tráıp..] 女 (↔Laufachse) (機関車などの)動輪車軸, 駆動軸. **≠an·ker** 男 (Schleppanker) 〘海〙ドリフト=アンカー. **≠ar·beit** 女 **1** (金属の)打ち出し細工. **2** 〘金属〙灰吹き法. **≠auf** 男 -s/-s《話》やり手, がんばり屋. **≠beet** 中 〘園〙温床. **≠eis** 中 流氷, 浮氷.

trei·ben*[tráıbən]¹ 《193》 **trieb**[tri:p]¹ / **ge·trie·ben**; 接II triebe

I 他 (h) **1** 《*jn.*》 **a)** 《ふつう方向を示す語句と》① (英: *drive*) (物理的・心理的強制力で〔自分の前を〕一定の方向・場所へ)移動させる, 追い立てる, 駆り〈狩り〉立てる: Vieh heim ~ 家畜を追って帰る | Tiere mit der Peitsche aus dem Stall 〈in den Stall〉 ~ むちを使って動物を小屋から追い出す〈小屋へ追い込む〉 | das Vieh auf die Weide 〈zum Schlachthof〉 ~ 家畜を放牧場〈畜殺場〉へ追い立てる | einen Ochsen im Kreis ~ 雄牛を(円を描くように)ぐるぐる追い回す ‖ *jn.* aus dem Haus 〈den Feind aus dem Lande〉 ~ …を家から〈敵を国土から〉追い払う | einen Haufen auseinander ~ 群衆をけちらす | *jn. jm.* in die Arme ~ …を…の手に引き渡す | *jn.* in die Enge ~ (→Enge 2) | *jn.* in den Tod 〈die Verbannung〉 ~ …を自殺に追いやる〈追放する〉 | *jn.* zu Paaren ~《話》…を追いつめる; …を屈服〈敗退〉させる ‖ 〘方向を示す語句なしで〙Hasen 〔in einen Kessel〕 ~ うさぎを追い込み場へ狩り立てる ‖ *sich*⁴ 〔von *et.*³〕 ~ lassen 〔…の流れに〕身をゆだねる, 〔…を〕傍観する | *sich*⁴ vom Strom der Menschen ~ lassen 人波に押されるままに進んで行く ‖ 〘原因となる状況・感情などを主語として〙Die Kälte *trieb* ihn ins Haus. 彼は寒さに耐えきれず建物の中へ逃げ込んだ | Die Not hat ihn nach Amerika *getrieben.* 生活苦が彼をアメリカへと追いやった | von Unruhe *getrieben* 不安に駆られて ‖ 非人称 Es *trieb* mich immer wieder an den Ort. 私は何回もこの場所へと引きつけられた.

② (ある行動へと〔無理に〕)駆り立てる, 促して…させる: *jn.* zur Arbeit 〈an die Arbeit〉 ~ …のしりをたたいて仕事をさせる | *jn.* zum Diebstahl 〈zur Lüge〉 ~ …を盗みを働く〈うそをつく〉ような状況に追い込む | *jn.* zur Verzweiflung 〈zum Selbstmord〉 ~ …を絶望の淵(ふち)〈自殺〉に追いやる | *jn.* in die Flucht ~ …を敗走させる | *jn.* zum Äußersten ~ …を自暴自棄にさせる | Laß dich nicht zum Äußersten ~! 捨てばちになってはいけない | Hunger 〈Ehrgeiz〉 *trieb* ihn dazu. 彼がそんなことをしたのは空腹〈功名心〉のせいだ ‖ Welche der Geist Gottes *treibt*, die sind Gottes Kinder. 神の霊によって導かれている者は〔すべて〕神の子である(聖書: ロマ 8,14) ‖ 〘zu 不定詞〔句〕・daß 副文と〙Es *treibt* mich 〔dazu〕, dir zu danken.《話》ぜひ君にお礼を言いたい気持ちでいっぱいだ | Und alsbald *trieb* Jesus seine Jünger, daß sie in das Schiff traten. そしてその後すぐイエスは自分の弟子たちを促して舟に乗り込ませられた(聖書: マタ14, 22).

b) ① 急がせる, せかす, せっつく: *jn.* 〔zur Eile〕 ~ …を急がせる | *jn.* stets stoßen und ~ …に絶えずせっつく | *jn.* ständig 〔zu *et.*³〕 ~ …をひっきりなしに〔…しろと〕せき立てる | einen Schuldner ~ 債務者に〔債務の弁済を〕催促する | Mich *treibt* heute nichts.《話》きょうは私は何も急ぎの用がない.

② 〘狩〙(交尾の目的で雌を)追い回す.

2 《*et.*⁴》 **a)** (物理的強制力で〔自分の前を〕一定の方向・場

所へ)移動させる, 押して動かす, 追いやる, 駆り立てる; (風などが…を)吹きつけ〈寄せ〉る; (潮流などが…を)押し流す; 〘球技〙(ボールを)けりながら進む, ドリブルする: das Geschoß ～〔装薬が〕弾を押し出す〈発射する〉| den Kahn ans Ufer ～ (風などが)小舟を岸へ漂着させる | *jm.* den Regen ins Gesicht ～ (風などが)…の顔に雨を吹きつける | einen Kreisel〔mit der Peitsche〕～〔むちでたたいて〕独楽(こま)に勢いをつける | einen Reifen〔vor *sich*^{3} her〕～ 輪を〔自分の前で〕回しながら追う | den Ball bis vors Tor ～ (球技で)ボールをドリブルでゴール前まで持っていく ‖ Der Wind *treibt* den Staub〔vor sich her〕. 風がほこりを巻き上げる ‖〘結果を示す4格と〙Wellen ～ (風などが)波を起こす | Welle *treibt* die Welle. 波が波を呼ぶ.

b) 《方向を示す語句と》(…を…の中に)押し〈打ち〉込む; 掘りぬく; (…の中を)通す; (箍(たが)などを)はめる, 打ちつける: Reifen **aufs** 〈**ans** / **ums**〉 Faß ～ たるに箍(たが)をはめる | die Suppe **durch** ein Haarsieb ～ スープを目の細かい濾器(こしき)でこす | Fleisch durch den Wolf ～ 肉を肉挽(にくひき)機にかける | einen Nagel **in** die Wand ～ 壁にくぎを打ちつける | Pflöcke in den Boden ～ くいを地面に打つ | Keile in den Baumstamm ～ くさびを木の幹に打ち込む | einen Keil **zwischen** zwei Freunde ～ 《比》二人の友人の間の疎隔をはかる〈仲を裂こうとする〉‖〘結果を示す4格と〙einen Tunnel durch den Berg ～ 山にトンネルを通す.

c) (…の)分泌を促す; (特定の状況・感情などが涙・汗などを)にじみ出させる: den Stuhlgang ～ 便通を促進する ‖ *jm.* die Tränen 〈das Wasser〉 in die Augen ～ (悲しみなどが)…の目に涙を浮かべさせる | *jm.* den Schweiß auf die Stirn 〈aus allen Poren〉 ～ (羞恥(しゅうち)心などが)…の額に〈体じゅうに〉汗を噴き出させる | *jm.* alles Blut gegen das Herz ～ (不安などが)…の胸をきゅっと締めつける ‖ harn*treibende* Mittel 利尿剤 | schweiß*treibende* Medikamente 発汗薬 ‖〘目的語なしで〙Bier 〈Lindenblütentee〉 *treibt.* 《話》ビールには利尿〈シナノキの花茶には発汗〉の作用がある(→II 4).

d) (価格などを)押し〈つり〉あげる; (物事を極端まで)推し進める: die Preise 〈die Mieten〉 in die Höhe ～ 値段〈家賃〉を高騰させる(→hochtreiben) | die Inflation in die Höhe ～ インフレをどんどん進行させる | *et.*^{4} auf die Spitze 〈aufs Äußerste〉 ～ …を極端まで〈ぎりぎりのところまで〉推し進める | *et.*^{4} zu weit 〈über *sein* Ziel〉 ～ …をやりすぎる(→5) | den Spaß zu weit ～ いたずらが過ぎる.

3 (機械類を継続的に)動かす, 運転する: Die Feder *treibt* die Uhr. この時計はぜんまい仕掛けだ | vom Wind 〈durch Wasser / mit Dampf〉 *getrieben* werden 風〈水・蒸気〉を動力としている ‖ das *treibende* Rad 動輪; 《比》(政治運動などの)推進力 | die *treibende* Kraft bei 〈in〉 *et.*^{3} sein 《比》…の原動力〈推進力〉である.

4 (betreiben)(ある仕事・作業を〔職業として〕)行う, (…に)従事する: Ackerbau 〈ein Handwerk〉 ～ 農業〈手工業〉に従事する | Handel mit *et.*^{3} ～ …を商う | Handel mit *jm.* ～ …と取引する | Mathematik 〈Sport〉 ～ 数学〈スポーツ〉をやる | *et.*^{4} berufsmäßig 〈aus Liebhaberei〉 ～ …を職業として〈趣味で〉やる | *et.*^{4} nur zu *seinem* Vergnügen ～ …を自分の楽しみだけのためにする.

5 (よからぬこと・あまり感心できないことを)する, 行う, やらかす, しでかす:〔mit *jm.*〕Ehebruch 〈Blutschande〉 ～〔…と〕姦通(かんつう)〈近親相姦〉する | dunkle Geschäfte ～ 危ない商売をする | Luxus ～ ぜいたく三昧(ざんまい)をする | *seinen* Mutwillen ～ 勝手放題をやらかす | schöne Sachen ～ とんだ事をしでかす | Schmuggel 〈Spionage〉 ～ 密輸〈スパイ〉を働く | *sein* Unwesen ～ 乱暴狼藉(ろうぜき)を働く | Wucher ～ 暴利をむさぼる | dummes Zeug ～ ばかげたことをする ‖ mit *jm.* 〈*et.*^{3}〉 Schindluder ～ (→Schindluder) | mit *jm.* ein doppeltes 〈ein falsches〉 Spiel ～ …をだます | mit *jm.* *seinen* Spott ～ …を嘲弄(ちょうろう)する | mit *et.*^{3} Mißbrauch ～ …を乱用する | mit *jm.* einen Kultus ～ …をやたらに持ち上げる ‖ Damit *treibt* man keinen Scherz. これはまじめな話なんだよ ‖〘es を目的語として〙**es zu weit ～** 派手にやりすぎる(→2 d) | es mit *jm.* arg 〈schlimm〉 ～ …に対してひどい仕打ちをする | es mit *jm.* zum Bruche ～ …と決裂するに至る | **es mit *jm.*** 〈miteinander〉 **～** 《婉曲に》…と〈互いに〉情を通じる ‖ Er wird es nicht mehr lange ～. 彼の今のような生活はもう長くは続くまい; 《話》彼の寿命ももう長くはないだろう | So *trieb* ich es acht Tage lang. 私は1週間そういうふうにしてすごした | Wie man's *treibt*, so geht's. 《諺》因果応報, 自業自得.

6 《話》(現に…を)している〔最中である〕, (…に)従事している: Was *treibst* du in deiner Freizeit? 暇なときには何をしているのかね | Was *treibt* sie so den ganzen Tag? 彼女は日がな一日何をやっているのだろう | Was *treibst* du denn? どうだい具合は.

7 《*et.*^{4}》促成栽培する, (…の)成育を促す: die Nelken im Treibhaus ～ ナデシコを温室で〔促成〕栽培する.

8 (芽・葉・根などを)つける, 出す, のばす: Keime ～ 芽を吹く | Knospen ～ 蕾(つぼみ)をつける | Blätter 〈neue Wurzeln〉 ～ 葉〈新しい根〉を出す | Blüten 〈Ähren〉 ～ 花〈穂〉をつける | seltsame 〈üble〉 Blüten ～ 《比》奇妙な〈悪い〉結果を生む.

9 (酵母がパンなどを)発酵させる, ふくらます: den Kuchen 〈den Teig〉 ～ ケーキ〈こね粉〉をふくれさせる.

10 〘狩〙(ある猟場を)狩り立てる: den ersten Kessel ～ 最初の追い込み場を狩り立てる.

11 (さまざまな産業工程を表して. 例えば:)(鉱石を坑道から)出す; (金・銀などを卑金属から)分離する; (金属を)たたいてのばす, (こね粉などを)平たくのばす; (漉(す)いた紙を)型の上に押し広げる: Blech ～ 板金をたたいてのばす ‖〘結果を示す4格と〙ein Muster in Gold 〈Silber〉 ～ 金〈銀〉の板に模様を打ち出す | eine Schale aus Kupfer ～ 銅板から小皿を打ち出す ‖ *getriebene* Arbeit (金属の)打ち出し細工.

12 再帰 *sich*^{4} ～ i) あちこち動く, うろつき回る; ii) (…しようと)急ぐ, (はげしく)活動する: *sich*^{4} mit *et.*^{3} ～ …で苦労する, …に憂き身をやつす | *sich*^{4} an *et.*^{3} müde ～ …をしてくたくたになる.

II 自 (s, h) **1** (潮流・風などのままにあてどなく)漂う, 漂流する; さまよう, 漂泊する; (潮流などが)流れ〈漂い〉去る: steuerlos ～ (船が)漂流する | im Strom des Lebens ～ 《比》人生の波に押し流される | vor Anker ～ 〘海〙ドリフト=アンカーを入れる | von Straße zu Straße ～ 街から街へとうろつく ‖ *getrieben* kommen 漂流してくる, 漂着する ‖ Eis *treibt* im Fluß. 氷が川を流れてくる | Die Wolken *treiben* am Himmel 〈vor dem Winde〉. 雲が空に漂っている〈風に流されている〉 ‖〘方向を示す語句と〙Der Ballon ist ostwärts *getrieben.* その風船は東へ漂っていった ‖ die Dinge ～ lassen 事態をなりゆきに任せる | *sich*^{4} ～ lassen なりゆきに身を任せる.

2 せわしなく動く, あちこちかけめぐる: Sand *treibt.* 砂が移動する | Schnee *treibt.* 雪がふぶく | um *sich*^{4}〔selber〕～ (自分を中心として)ぐるぐる回る.

3 (h)(植物が芽を)出す, 発芽する; (蕾(つぼみ)などが)ふくらむ: Die Rose *treibt.* バラが芽を吹く | Die Saat hat *getrieben.* 種子が発芽した.

4 (h)(酵母などが)発酵する, ふくれあがる: Die Hefe *treibt.* 酵母が発酵する | Der Teig *treibt.* パン生地がふくれる | Das Bier *treibt.* ビールが発酵中である(→I 2 c).

5 (樹液が植物の中を)上昇する, めぐる.

6 (精錬の過程で金属が)分離する.

III Trei·ben 中 -s/- (treiben すること. 例えば:) **1 a**) 《単数で》駆り立てること. **b**) 〘狩〙追い込み猟; 野獣の追い込み場: ein großes ～ veranstalten 一大巻き狩りを催す.

2 《単数で》(たくさんの人々の)あわただしい動き〈往来〉; せわしない状況: das Leben und ～ auf dem Jahrmarkt 年の市の営み〈活況〉.

3 《単数で》(ある人ないしはグループの)行動〔全般〕: *js.* Tun und ～ (→tun III) | sein schändliches ～ 彼の恥ずべき行状 ‖ das ganze ～ verrückt machen 《話》すべてを台なしにする | Das ganze Tun und ～ hier ekelt mich an. 私はここにいる人々のすることなすことのすべてに吐き気を催す.

[*germ.*; ◇Trift; *engl.* drive]

Trei·ber [tráibər] 男 -s/- **1** (treiben する人. 例えば:) 御者; 家畜番; 〘狩〙勢子(せこ); (仕事などに)駆り立てる人; 酷使者; 奴隷監督. **2** (treiben するもの. 例えば:) **a**) 〘工〙動

T

輪, 推進器. **b)** 〘電算〙ドライバー. **c)** 〘織〙ピッカ. **d)** 〘海〙(ヨットの)ミズンスル, 後檣(こうしょう)縦帆. **e)** 〘ゴルフ〙ドライバー, ウッドの1番.

Trei·ber·amei·se 女 (Wanderameise) 〘虫〙サスライアリ(流離蟻).

Trei·be·rei[traɪbəráɪ] 女 -/-en **1** たえず(激しく)せきたてること: ohne ~ leben のんびりと暮らす. **2** 〘農・園〙促成〔栽培〕.

Trei·ber≈mast[tráɪbər..] 男 〘海〙(ヨットの)ミズンマスト. **≈se·gel** 中 〘海〙(ヨットの)ミズンスル.

Treib≈gas[tráɪp..] 中 **1** 燃料用〔液体〕ガス. **2** 噴霧ガス(フロンなど). **≈ge·hölz** 中 〘園〙促成花木. **≈ge·mü·se** 中 〘農〙温室〈促成栽培〉野菜. **≈gut** 中 -〔e〕s/ 〘海〙漂流物. **≈ham·mer** 男 金属打ち出し細工用の小づち. **≈haus** 中 温室.

Treib·haus≈ef·fekt 男 〘気象〙(地球表面の水蒸気や炭酸ガスによる)温室効果. **≈kul·tur** 女 -/ (↔Freilandkultur) 温室栽培. **≈luft** 女 -/ 《ふつう軽蔑的に》(温室の中のように)むし暑い〈むっとする〉空気. **≈pflan·ze** 女 温室栽培植物; 《比》温室育ちの人.

Treib≈herd 男 〘金属〙精錬炉; 灰吹き法の炉. **≈holz** 中 **1** 流木. **2** 桶(おけ)のたがの打ち込みに用いられる棒. **≈jagd** 女 〘狩〙狩り立て猟. **≈kraft** 女 動力, 推進力, 原動力. **≈la·dung** 女 (砲弾に装塡(そうてん)された)発射薬. **≈mi·ne** 女 〘軍〙浮遊機雷. **≈mit·tel** 中 (treiben する手段. 例えば:) (パンの)ふくらし粉; (スチロール・消火液などに含まれる)発泡剤; 燃料. **≈netz** 中 〘漁〙流し網(→ 図 Fischerei).

Treib·netz·fi·sche·rei 女 〘漁〙流し網漁業.

Treib·öl 中 燃料油.

Treib·öl≈tank 男 燃料油タンク. **≈zel·le** 女 (船などの)燃料油タンク.

Treib≈rad 中 (↔Laufrad) 〘工〙動輪; 主輪. **≈rie·men** 男 〘工〙動輪ベルト, 働調帯(→ 図). **≈sand** 男 流砂. **≈schei·be** 女 〘工〙(巻き上げ機の)駆動滑車. **≈stan·ge** 女 〘工〙(機関車などの)主連棒. **≈stoff** 男 (動力用)燃料; (ロケットなどの)推進薬: ein fester 〈flüssiger〉 ~ 固体〈液体〉燃料.

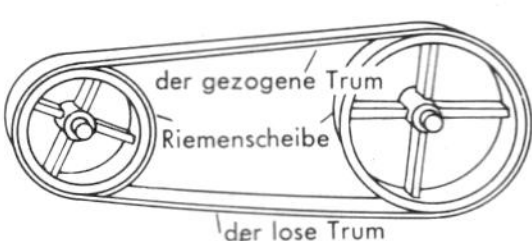

Treibriemen

Treib·stoff≈ko·sten 複 燃料費. **≈la·ger** 中 燃料庫. **≈tank** 男 燃料タンク.

Treib≈we·he 女 -/-n 《ふつう複数で》〘医〙娩出(べんしゅつ)陣痛. **≈werk** =Triebwerk

Trei·del[tráɪdəl] 男 -s/-n (岸から船を引くための)引き綱.

Trei·de·lei[traɪdəláɪ] 女 -/ (岸から船を引く)船引き業.

Trei·de·ler[tráɪdələr] (**Treid·ler**[..dlər]) 男 -s/- (河岸から船を引く)船引き人夫.

trei·deln[tráɪdəln] 《06》 他 (h) (河岸から船引き道に沿って船を)引く. [*vulgärlat.*–*afr.*–*mengl.*–*mndd.*; <*lat.* trāgula „Schleppnetz" (◇Trakt); ◇*engl.* trail]

Trei·del≈pfad 男, **≈weg** 男 (河岸や運河沿いの)船引き道. **≈werk** 中 =Treidelei

Treid·ler =Treideler

trei·fe[tráɪfə] 形 (↔koscher) (ユダヤ教の食事習慣で)食べることを禁じられている, 禁忌の; (食物が)不潔な. [*hebr.*–*jidd.*]

Treil·le[trέːjə] 女 -/-n[..jən] (窓・垣根などの)格子; 階段の手すり〔の枠〕. [*lat.* trichila „Laube"–*fr.*; ◇Tralje]

Treitsch·ke[tráɪtʃkə] 人名 Heinrich von ~ ハインリヒ フォン トライチュケ(1834–96; ドイツの歴史家. 主著『19世紀ドイツ史(未完)』).

Trek·king[trέkɪŋ] 中 -s/-s トレッキング(山岳の難コースなどをガイドつきの少人数のグループで歩くこと).

trem. 略 =**trem**olando

Tre·ma[1][tréːma·] 中 -s/ **1** 戦慄(せんりつ); 不安. **2** =Tremor
[<*lat.* tremere „zittern"; ◇terribel, Tremor]

Tre·ma[2][–] 中 -s/-s, -ta[..ta·] **1** 〘言〙トレマ, 分音符, 分音符号〈記号〉(連続した二つの母音字が一つの長母音や二重母音ではなくそれぞれ別個に発音されることを示す二つの点(¨). 例 フランス語の naïf 素直な). **2** 〘解〙(上門歯間の)空隙(くうげき). [*gr.* trēma „Loch"; ◇Turnus]

Tre·ma·to·de[trematóːdə] 女 -/-n 《ふつう複数で》(Saugwurm) 〘動〙吸虫類. [*gr.*–*nlat.*; ◇..oden]

tre·mo·lan·do[tremolándo·] 副 (略 trem.) (zitternd) 〘楽〙トレモロで, (音を)震わせて. [*it.*]

Tre·mo·li Tremolo の複数.

tre·mo·lie·ren[tremolíːrən] 自 (h) 〘楽〙トレモロで歌う〈演奏する〉.
[*mlat.* tremulāre „zittern"–*it.*; ◇*engl.* tremble]

Tre·mo·lo[tréːmolo·] 中 -s/-s, ..li[..li·] 〘楽〙トレモロ. [*it.*; <*lat.* tremulus „zitternd"]

Tre·mor[tréːmɔr, ..moːr] 男 -s/-es[tremóːreːs] 〘医〙(筋肉の)振戦(しんせん). [*lat.*; ◇Trema[1]]

Trem·se[trέmzə] 女 -/-n 《北部》(Kornblume) 〘植〙ヤグルマギク(矢車菊). [*mndd.*]

Tre·mu·lant[tremulánt] 男 -en/-en **1** 〘楽〙トレムラント(オルガンのトレモロ効果を出す装置). **2** 〘理〙震音.

tre·mu·lie·ren[..líːrən] =tremolieren [*mlat.*]

Trench·coat[trέntʃkoːt, ..koʊt] 男 -〔s〕/-s 〘服飾〙トレンチコート. [*engl.* „Schützengraben-Mantel"; <*afr.* trenche „Schneiden" (◇tranchieren); ◇Kotze[2]]

Trend[trεnt, trεnd] 男 -s/-s (長期にまたがる)傾向, 動向, 趨勢(すうせい): der ~ der Preise 物価の動向 | der allgemeine ~ zur Automation オートメーション化への一般的傾向 ‖ einem ~ folgen 趨勢に従う. [*engl.*]

Tren·del[trέndəl] 男 -s/- **1** 《北部》(Kreisel) こま(独楽). **2** =Trendler [*mhd.*; ◇*engl.* trundle]

tren·deln[trέndəln] 《06》 自 (h) 《北部》(trödeln) ぐずぐず〈のろのろ〉する, 手間どる. [„wirbeln"]

Trend·ler[trέndlər] 男 -s/- 《北部》のろまな人, ぐず.

Trend·set·ter[trέndsεtə] 男 -s/- 流行を作る〈流行の方向を決める〉人. [*engl.*]

Trend≈set·zer[trέnt..] 男 =Trendsetter **≈wen·de** 女 傾向〈動向〉の転回, (時代の流れの)方向転換.

trenn·bar[trέnbaːr] 形 分けることのできる, 分離する〈切り離す〉ことのできる: ~*e* Verben 〘言〙分離動詞.

Trenn·bar·keit[–kaɪt] 女 -/ trennbar なこと.

tren·nen[trέnən] **I** 他 (h) **1** 《*et.*[4] von 〈aus〉 *et.*[3]》(…を…から)引き〈切り〉離す, 分離する; 遠ざける, 隔離する; 切りとる; はずす; 切りほどく; 分ける; 区別する: das Eigelb vom Eiweiß ~ (卵の)黄身と白身を分ける | das Fleisch vom Knochen ~ 肉を骨からはずす | *jm.* den Kopf vom Rumpf ~ …の首をちょん切る | ein Tier von der Herde 〈ein Kind von seiner Familie〉 ~ 動物を群れから〈子供をその家族から〉引き離す | die Tasche aus der Hose 〈dem Mantel〉 ~ ズボン〈コート〉のポケットをほどいてはずす | die Arbeiter von ihren Führern ~ 労働者をその指導者たちから切り離す | Grund und Folge voneinander ~ 原因と結果とを区別して考える | Sauerstoff und Wasserstoff ~ 〘化〙酸素と水素を分離する ‖ Nur der Tod soll mich von dir ~. 死によって引き離されない限り私は君から離れはしない | Wenige Tage *trennten* ihn noch von der Prüfung. 彼は試験まであとほんの二三日だった.

2 《*et.*[4]》 **a)** (何らかの意味で結合して一体をなしているものを)分離〈分割〉する, 分ける, 割る, 切断する; 仲をさく, 割って入る; 切りほどく: die Naht 〈die Nähte〉 ~ 縫い目をほどく | ein Kleid ~ ドレスをほどく | ein Gemisch ~ 〘化〙混合物を分離する | eine telefonische Verbindung 〈ein telefonisches Gespräch〉 ~ (電話の)通話を切る | ein Brett in zwei Hälften ~ 板を半分に切る | eine 〈die〉 Ehe ~ 結婚を解消する | ein Liebespaar ~ 恋人の仲をさく | die beiden Boxer 〈die Streitenden〉 ~ 二人のボクサー〈けんかをし

ている人たち〉の間に割って入って | Silben richtig 〈falsch〉 ~ つづりを正しく〈間違って〉分ける | ein Wort 〔nach Silben〕 ~ 単語を分かち書き〈分綴(ぶんてつ)〉する | zwei Begriffe streng ~ 二つの概念を厳密に区別する ‖ Das Komma *trennt* Haupt- und Nebensatz. コンマが主文と副文を区切る | Nichts, nur der Tod kann uns ~. 死以外の何物も我々の仲をさくことはできない ‖〖目的語なしで〗Dieses Radiogerät *trennt* 〔die Sender〕 gut 〈scharf〉. このラジオは分離性能がいい ‖ ein *getrenntes* Kleid ほどいたドレス | mit *getrennter* Post 別便で | *getrennte* Kasse machen 〈führen〉 会計が別々になっている; 割り勘にする | *getrennt* zahlen 別々に払う, 割り勘でいく | *getrennt* leben 別居生活をする | von Tisch und Bett *getrennt* sein (→Tisch 1) | *getrennt* marschieren, vereint schlagen 分かれて進撃し一緒になって打って出る | Liebe und Freundschaft sind zwei *getrennte* Begriffe. 恋愛と友情とはそれぞれ別の概念である. ᐁ**b**) 〖軍〗潰走(かいそう)させる, けちらす.

3 《*et.*⁴》分けている, 隔てている; (…の間の)境界線になっている: Das Gebirge *trennt* zwei Länder 〈ein Land von dem andern〉. 山脈が二つの国の境界線になっている | Das Rote Meer *trennt* Asien von Afrika. 紅海がアジアとアフリカを隔てている | England ist 〈wird〉 durch den Kanal vom Festland *getrennt.* 英国は海峡によって大陸から隔てられている ‖ Die Lebensauffassung *trennt* uns. 私たちは互いに人生観が違う | Die beiden⁴ *trennten* Welten. 《話》この二人の考え方には天地の開きがあった, 二人はまるで別世界の人間だった.

4 a) 再帰 *sich*⁴ ~ 別れる, (…から)分離する: *sich*⁴ von *jm.* ~ …と別れる; …と別居する; …と離婚する | *sich*⁴ von *seiner* Frau ~ lassen 妻と離婚する | *sich*⁴ von *seinem* Plan ~ 自分の計画を放擲(ほうてき)する | *sich*⁴ von *et.*³ nicht ~ können …から離れられない, …への未練〈執着〉を断ちがたい, …に釘(くぎ)づけになっている ‖ Die Gesellschaft *trennte* sich. パーティーは解散した | Man *trennte* sich erst nach Mitternacht. 夜半すぎになってようやく人々は別れを告げた | Wir müssen uns jetzt ~. 私たちはもうお別れしなければなりません | Hier *trennen* sich unsere Wege. (→Weg 1). **b**) 再帰 *sich*⁴ ~〖スポ〗引き分けになる: *sich*⁴ 2:2 (読み方: zwei zu zwei) ~ 2対2で引き分ける.

II 自 (h) 別れる; 分離する; ほどける, ほころびる: voneinander ~ 互いに別れる〈分離する〉| Die Strumpfnaht *trennt.* ストッキングのシームがほころびる.

[*westgerm.* „spalten"; ◇zehren]

Trẹnn∠li̱·nie[trɛ́nli:niə] 女 分離〈境界〉線: eine ~ ziehen 境界線を引く. **∠mau·er** 女 境界〈仕切り〉の塀. **∠mes·ser** 中 縫い目をほどくのに用いる刃の鋭いナイフ. **∠punkt** 男 -[e]s/-e 《複数で》=Trema² 1 **∠schal·ter** 男〖電〗断路器, 断路開閉器, 切断器.

trẹnn·scharf 形 **1**〖ラジオ〗選択度〈感度・分離度〉の良好な(受信機). **2**〖哲・統計〗区別〈弁別〉の精密な.

Trẹnn∠schär·fe 女 **1**〖ラジオ〗選択度, 感度, 分離度. **2**〖哲・統計〗(精密な)区別〈弁別〉性. **∠schei·be** 女 (防犯用)隔離〈仕切り〉用ガラス〈プラスチック〉板. **∠schleu·der** 女 (Zentrifuge) 遠心分離機.

Trẹn·nung[trɛ́nʊŋ] 女 -/-en (trennen すること. 例えば:) 切断; 分離; 分割; 分岐; 離別, 別居, 決別, 解散; 離脱, 分派; 区分, 区別;〖言〗分綴(ぶんてつ);〖化〗分離: Silben*trennung*〖言〗分綴〔法〕| Güter*trennung*〖法〗(夫婦財産の)別産制 | ᐁdie ~ von Tisch und Bett〖法〗(夫婦の)別居 | Lange ~ ist der Liebe Tod. 《諺》長い別居は愛を滅ぼす; 去る者は日々に疎し.

Trẹn·nungs∠ent·schä·di·gung 女〖経〗(単身赴任者のための)別居手当. **∠geld** 中〖法〗(公務員の)別居手当. **∠li̱·nie**[..niə] =Trennlinie **∠punkt** =Trennpunkt **∠schmerz** 男 別離の悲しみ, 別れのつらさ. **∠strich** 男 **1** (行末などの)分綴符 (-). **2** (Trennlinie) 境界〈分離〉線: zwischen A und B **einen ~ ziehen** 〈**machen**〉《比》A と B をはっきり区別する. **∠stun·de** 女 別離の時間, お別れの時. **∠wand** 女〖建〗間仕切り壁, 隔壁. **∠zei·chen** 中 **1**〖言〗**a**) (Trema) トレマ, 分音符. **b**) =Trennungsstrich 1 **2** (通話の)中断を予告するサイン.

Trẹnn·wand[trɛ́n..] =Trennungswand

Trẹn·se[trɛ́nzə] 女 -/-n **1** (↔Kandare)〖馬術〗小勒(しょうろく), 軽勒(→ 図 Kopfgestell). **2** 《北部》(Litze) 打ちひも, 組み〈編み〉ひも.

[*span.* trenza „Flechte"－*ndl.*; ◇tri..]

trẹn·zen[trɛ́ntsən] 《02》自 (h)〖狩〗(さかりのついた雄ジカが独特の声で)鳴く. 【擬音】

Trẹn·zer[..tsər] 男 -s/-〖狩〗さかりのついた雄ジカの鳴き声.

Tre·pạn[trepá:n] 男 -s/-e〖医〗(脳手術用の)円錐(えんすい)鋸(のこ), トレパン.

[*gr.* trýpanon „Drillbohrer"－*mlat.*－*fr.*]

Tre·pa·na·tio̱n[..panatsió:n] 女 -/-en〖医〗穿頭(せんとう)〈穿孔〉術, 開頭術, 頭蓋(ずがい)開口〔術〕.

Trẹ·pang[tré:paŋ] 男 -s/-e, -s (中華料理に使う)乾燥ナマコ. [*malai.*－*engl.*]

tre·pa·ni̱e·ren[trepaní:rən] 他 (h)〖医〗穿頭(せんとう)する.

[*fr.*; ◇Trepan]

Tre·phị·ne[trefí:nə] 女 -/-n〖医〗(脳手術用の)冠状鋸(のこ), 小穿頭(せんとう)器, トレフィン.

[*engl.*; ＜*lat.* trēs fīnēs „drei Enden"]

trepp∠ạb[trɛp|áp] 副 階段を下へ〈降りて〉: ~ laufen 階段をかけ降りる. **∠auf**[..|áuf] 副 階段を上へ〈のぼって〉: ~ laufen 階段をかけのぼる.

Trẹp·pe[trɛ́pə] 女 -/-n (小 **Trẹpp·chen**[trɛ́pçən], **Trẹpp·lein**[..laın] 中 -s/-) **1** 階段, はしご段(→ 図): eine steile ~ 急な階段 | eine gewendelte ~ / Wendel*treppe* らせん階段 | Roll*treppe* エスカレーター ‖ auf halber ~ zum zweiten Stock 3階へ行く階段の踊り場で ‖ Die ~ führt 〈geht〉 in den Keller. この階段は地下室に通じている ‖ eine ~ hinaufgehen 〈hinaufsteigen〉 階段をのぼる | eine ~ hinuntergehen 〈hinuntersteigen〉 階段を降りる | Er kann keine ~*n* mehr steigen. 彼にはもう階段がのぼれない(足が弱くなって) | **die ~ hinauffallen** 〈**hochfallen**〉 《話》(自分では何もしないで)思いがけず〈棚ぼた式に〉昇進する | **die ~ hinuntergefallen** 〈**runtergefallen**〉 **sein** 《戯》散髪してもらう; とら刈りにされてしまう | die ~ bohnern 〈putzen〉 / 《話》die ~ machen 階段を磨く ‖ Wir haben diese Woche die ~. 《話》今週はうちが階段掃除をする当番だ(アパートなどで) | Er wohnt eine ~ 〈zwei ~*n*〉 hoch. 彼は2階〈3階〉に住んでいる | Sie wohnt eine ~ höher 〈tiefer〉. 彼女は1階上〈下〉に住んでいる | Der Friseur hat ihm ~*n* 〈*Treppchen*〉 〔ins Haar〕 geschnitten. 《戯》床屋は彼の頭をとら刈りにしてしまった. **2** 《方》**a**) (Stufe) (階段の)段: auf der ~ sitzen 階段に腰かけている. **b**) 階段状の土地. [*mndd.*－*mhd.*; ◇Trapp]

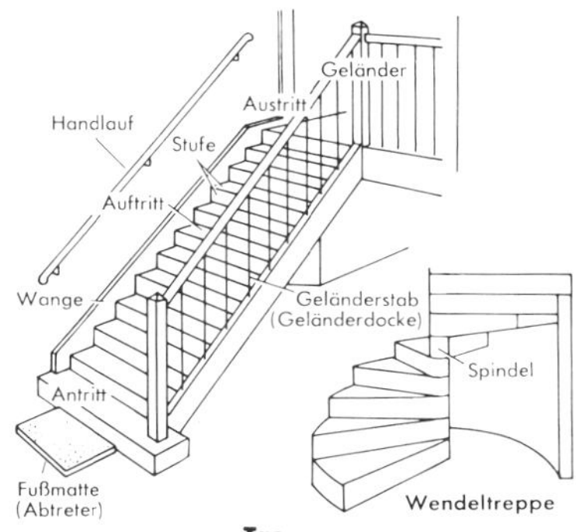

Treppe

T

Trep·pel·weg[trέpəl..]《南部・オーストリア》＝Treidelweg [＜trappeln]

Trep·pen≈ab·satz[trέpən..] 男 階段の踊り場. **≈be·leuch·tung** 女 階段の照明. **≈flur** 男 (階段のある)玄関の間.

trep·pen·för·mig 形 階段状の.

Trep·pen≈ge·län·der 中 階段の手すり〈欄干(らんかん)〉. **≈gie·bel** 男〘建〙(階段状の)いらか段破風(はふ)(→ ⊛ Giebel). **≈haus** 中 階段吹き抜き;〘建〙階段室(→ ⊛ Haus B). **≈kreuz** 中〘紋〙段状先広十字. **≈läu·fer** 男 階段用じゅうたん. **≈rei·ni·gung** 女 階段掃除. **≈rost** 男 (燃焼装置の)階段火格子. **≈schritt** 男〘スキー〙階段登行, サイドステップ. **≈spin·del** 女 らせん階段の親柱. **≈stu·fe** 女 階段の段. **≈wan·ge** 女 階段の側げた.

Trep·pen·witz 男 -es/ (部屋を出てから階段の途中でやっと思いつく)遅まきの気のきいた言葉, 後(あと)知恵: ～ der Weltgeschichte《比》世界史の後知恵(歴史の流れに逆行する, まずいしゃれのような事件).
[*fr.* esprit d'escalier (◇Skala) の翻訳借用]

Trepp·lein Treppe の縮小形.

très《フランス語》→*très* vite

Tre·sen[tré:zən] 男 -s/-《北部・中部》**1** (Ladentisch) (店の)売り台, カウンター. **2** (Schanktisch) (酒場などの)カウンター. [*lat.* thēsaurus (→Thesaurus) – *mhd.* „Schatz〔kammer〕"]

Tre·sor[trezó:r; オーストリア: tré:zɔr, ∪∸] 男 -s/-e (Panzerschrank) (鋼鉄製の)金庫; (銀行などの)金庫室, 貴重品収納室: einen ～ knacken《話》金庫を破る | *et.*[4] in einem ～ aufbewahren …を金庫〔室〕に保管する. [*lat.*–*fr.*; ◇*engl.* treasure]

Tre·sor≈fach 中 金庫室の〔貸し〕ロッカー; (銀行などの)貸し金庫. **≈knacker** 男《話》金庫破り(人). **≈raum** 男 (銀行などの)金庫室, 貴重品収納室. **≈schlüs·sel** 男 金庫のかぎ.

Tres·pe[trέspə] 女 -/-n〘植〙スズメノチャヒキ(雀茶挽)属.

Tres·se[trέsə] 女 -/-n《ふつう複数で》(衣服, 特に制服などの縁飾りに用いる〔金・銀糸を織りこんだ〕)組みひも, 打ちひも, モール, 笹縁(ささべり);〘軍〙(階級などを示す襟章や袖(そで)章の)打ちひも: eine Livree mit goldenen 〈silbernen〉 ～*n* 金〈銀〉モールのついた制服 ‖ die ～*n* bekommen《比》下士官に昇進する. [*fr.*; ◇*engl.* tress]

Tre·ster[trέstər] 複 酒糟(さけかす)(ワインやビールの醸造の際に出る搾りかすで, 家畜の飼料に用いられる).
[*germ.*; ◇trüben, Treber]

Tre·ster·wein 男 (Trester を原料とする)二番搾りのワイン.

très vite[trεvít]《フランス語》(sehr schnell)〘楽〙トレヴィト, きわめて急速に.

Tret≈an·las·ser[tré:t..] 男 (オートバイの)ペダル式始動機, キックスターター. **≈au·to** 中 (子供用の)足踏み自動車, ペダルカー. **≈balg** 男〘楽〙(オルガンの)踏みふいご. **≈boot** 中 ペダル式ボート. **≈ei·mer** 男 ペダル式ごみバケツ.

tre·ten*[tré:tən] (194) **trat**[tra:t] / **ge·tre·ten**; 現 *du* trittst[trɪtst], *er* tritt; 命 tritt; 接II träte[trέ:tə]

I 自 **1** (s) **a)**《方向を示す語句と》(…へ向かって)歩む, (…から)歩み出る; (一般に)移動する, 進む, 出る, 入る: **ans** Fenster ～ 窓辺に歩み寄る | an die Seite ～ わきへ寄る | Wer ist an seine Stelle *getreten*? だれが彼と交代したのか, だれが彼の後任か | **auf** den Balkon 〈die Straße〉 ～ バルコニーへ〈路上に〉出る | auf den Plan ～ (→Plan[1] 2) | auf die Seite ～ わきへ寄る | auf *js.* Seite ～《比》…の側につく, …に味方する | Der Schweiß *trat* ihm auf die Stirn. 汗が彼の額に浮かんだ | **aus** dem Haus ～ 家から外へ出る | Der Mond *trat* aus den Wolken 〈**hinter** die Wolken〉. 月が雲間から顔を出した〈雲に隠れた〉| **ins** Freie ～ 戸外に出る | ins Haus 〈ins Zimmer〉 ～ 家〈部屋〉の中に入る | in die Sonne ～ 日なたに出る | in den Hintergrund 〈den Vordergrund〉 ～《比》背後に退く〈前面に出る〉| *jm.* in den Weg ～ (→Weg 1) | Die Tränen *traten* ihm in die Augen. 涙が彼の目に浮かんだ | Der Saft *tritt* in die Bäume. 樹液がのぼる(根から幹・枝・葉へ) | Plötzlich *trat* alles wieder in sein Bewußtsein. 突然すべてのことが再び彼の意識にのぼった | **nach** vorn 〈hinten〉 ～ 前方へ歩み出る〈後方へ退く〉| **neben** *jn.* ～ …のかたわらへ歩み寄る | Der Fluß ist **über** die Ufer *getreten*. 川が氾濫(はんらん)した | *jm.* **unter** die Augen ～ …の前に姿を見せる | unter die Menge ～ 群衆のなかへ入る | **vor** den Spiegel ～ 鏡の前に立つ | vor den Vorhang ～ (俳優・演出家などがあいさつのために)幕の前へ出る | **zur** Seite ～ わきへ寄る ‖ *Treten* Sie bitte näher! どうぞもっと近くにお寄りください | ***jm.* zu nahe ～**《比》…の感情を害する | zutage ～《比》(隠されていたことが)明るみに出る.

b)《主として前置詞 in を伴う特定の名詞とともに慣用句的に》(…の状態に)入る: in Aktion 〈Tätigkeit〉 ～ 活動を始める | in den Ausstand 〈den Streik〉 ～ ストライキに入る | in die Brunst ～ (動物が)発情期に入る | in den Ehestand ～ 結婚生活に入る | in Erscheinung ～ 姿を現す, 現れる | in Kraft 〈außer Kraft〉 ～ (法律などが)発効〈失効〉する | ins Leben 〈Dasein〉 ～ 生まれる; 成立する; 設立される | Er *tritt* heute in sein 60. Lebensjahr. 彼はきょうで60歳になる | in den Staatsdienst ～ 国家公務員になる | mit *jm.* in Verbindung ～ …と(取引その他の)関係をもつ.

2《方向を示す語句と》**a)** (s, まれに h) (…に)足を踏み入れる; (無意識的に・うっかり)踏む, 踏み込む, 踏みつける; つまずく: Er ist **auf** eine Schnecke 〈seine Brille〉 *getreten*. 彼はカタツムリ〈自分のめがね〉を踏んづけてしまった | Bitte nicht auf den Rasen ～! 芝生に立ち入らないでください | *jm.* auf den Fuß 〈auf die Füße〉 ～ (→Fuß 1 a) | Er ist ihr 〔versehentlich〕 auf den Fuß *getreten*. 彼は彼女の足をうっかり踏みつけてしまった(→b) | *jm.* auf die Hacken ～ (あやまって)…のかかとにつまずく | *jm.* auf die Hühneraugen ～ (→ Hühnerauge) | *jm.* auf den Schlips ～ (→ Schlips) | **in** eine Pfütze ～ 水たまりに足を踏み入れる | in den Schmutz ～ 汚物を踏んづける; どろの中に踏み込む | Du bist 〈hast〉 in etwas *getreten*.《婉曲に》君はなにか(糞(ふん)を)踏んづけたよ | *sich*[3] in den Kleidersaum ～ 自分の服のすそを踏んづける | bei *jm.* ins Fettnäpfchen ～ (→Fettnäpfchen) | in *js.* Fuß〔s〕tapfen ～ (→Fußstapfen) ‖ Hier weiß man nicht, wohin man ～ soll. これでは足の踏み場もない.

b) (h) (意識的に・わざと)足で踏む, 踏みつける; ける, けとばす: **auf** die Bremse 〈das Gaspedal〉 ～ ブレーキ〈アクセル〉を踏む | *jm.* auf den Fuß 〈auf die Füße〉 ～ (→Fuß 1 a) | Er hat ihr 〔absichtlich〕 auf den Fuß *getreten*. 彼は彼女の足をわざと踏みつけた(→a) | **gegen** die Tür ～ ドアをけとばす | *jm.* gegen das Schienbein ～ …の向こうずねをける | mächtig **in** die Pedale ～ 懸命に(自転車の)ペダルを踏む | **nach** *jm.* ～ …をけりつける, …をけろうとする ‖ Vorsicht, das Pferd *tritt*! この馬はけり癖があるから用心せよ.

c) (h) (同じ場所で)足踏みする; (足踏みしながら)立っている: auf der Stelle ～ 足踏みする;《比》(進捗(しんちょく)せずに)足踏み状態である | Wir *treten* mit unserer Produktion auf der Stelle. うちの工場の生産高は目下足踏み状態だ | von einem Fuß auf den anderen ～ (いらいらして)左右の足を交互に踏みかえる ‖ Ich kann kaum mehr ～. 私はもうこれ以上立っていられない(足が痛んで・疲れて) | Ich habe hier lange *getreten*. 私はここでもう長いこと待っていた.

II 他 (h) **1 a)**《*jn.* / *et.*[4]》(意識的・無意識的に)足で踏む, 踏みつける;《比》踏みつけにする: Ich habe ihn versehentlich *getreten*. 私はうっかり彼を踏んでしまった | *jn.* auf den Fuß ～ …の足を踏みつける | *jn.* 〈*et.*[4]〉 mit Füßen ～ …を足で踏みつける;《比》…を踏みつけにする〈踏みにじる〉| *jn.* halbtot ～ …を踏みつけて半殺しにする | *et.*[4] in den Schmutz 〈den Staub〉 ～ (→Schmutz 1, →Staub 1 a) ‖ *seine* Untergebenen ～ 部下を踏みつけにする | Ich lasse mich von ihm nicht ～.《比》彼なんかに踏みつけにされてたまるか | Pflaster ～ (→Pflaster 1 a) | das Recht ～ 法を踏みにじる | Wasser ～ 立ち泳ぎする;〘医〙素足で水を踏む(水治療法) ‖ Der *getretene* Wurm krümmt sich. (→Wurm I 1). **b)** (《*et.*[4]》) (作業として)踏む: die Bremse ～ ブレーキを踏む | die Nähmaschine ～ ミシンを踏む | das Spinnrad 〈den Webstuhl〉 ～ 紡ぎ車〈織機〉を踏む | Trauben ～ ぶどうを踏む(ワイン造りの過程で). **c)** 《結果を示す 4 格と》踏んで作る: einen Pfad durch 〈in〉 den Schnee ～ 雪を踏み固めて道を作る ‖ den Takt ～ 足で拍子を取る. **d)** 踏んでつき通す: *sich*³ *et.*⁴ in den Fuß ～ …(とげ・くぎ・ガラスの破片など)を踏んで足に刺す | Ich habe mir einen Nagel in den Fuß *getreten.* 私はくぎを踏み抜いてしまった.

2 a) 《*jn./et.*⁴》ける, けとばす, 足げにする: *jn.* gegen das Schienbein 〈in den Bauch〉 ～ …の向こうずね〈腹〉をける | den Ball 〈das Leder〉 ～《話》サッカーをする. **b)** 《ｻｯｶｰ》キックする: den Ball ins Tor ～ ボールをキックしてゴールに入れる ‖ eine Ecke ～ コーナーキックをする | einen Freistoß ～ フリーキックをする | ein Tor ～ ゴールキックをする.

3 (begatten) (…と)交尾する, つがう.

[*westgerm.*; ◇Tritt, Trott〔e〕; *engl.* tread]

Tre·ter[tré:tər] 男 -s/- 《ふつう複数で》《話》靴.

Tret≈esel[tré:t..] 男《話》自転車. **≈kur·bel** 女 (自転車・ミシンなどの)ペダルクランク(→ 図 Fahrrad).

Tret≈mi·ne[tré:t..] 女〘軍〙(踏むと爆発する)地雷. **≈müh·le** 女 **1** ＝Tretrad **2** 《軽蔑的に》千編一律の〈単調な〉仕事: Ich muß wieder in die ～ zurück〔kehren〕. (休暇などが終わって)私はまた日常の単調な仕事に舞い戻らなければならない.

Tre·to·mo·bil[tretomobí:l] 中 -s/-e 《話》(Fahrrad) 自転車. [< treten + Automobil]

Tret≈rad[tré:t..] 中 (足踏み動力装置の)踏み車. **≈rol·ler** 男 足踏みスクーター. **≈schei·be** 女 ＝Tretrad **≈sche·mel** 男 (足踏みオルガンの)ペダル, 踏み板(→ 図 Harmonium). **≈schlit·ten** 男 (片足を滑走部にのせ, 別の足で大地をけって滑らせる)人力そりの一種. **≈werk** 中 足踏み動力装置.

treu[trɔʏ] 形 **1** 心変わりのしない, 信義を守る; 忠実な, 誠実な; 忠義な; 貞節な: ein ～*er* Diener 忠僕 | eine ～*e* Ehefrau 貞節な妻 | ein ～*er* Freund 誠実な〈義理堅い〉友 | ein ～*er* Hund 忠犬 | ein ～*es* Gedächtnis 信頼できる〈確かな〉記憶力 | eine ～*e* Liebe 〈Freundschaft〉 変わらぬ愛〈友情〉 ‖ Sie ist eine ～*e* Seele. 彼女は忠実な〈気だてのよい〉女だ | Er hat einen ～*en* Sinn. 彼は誠実な〈義理堅い〉心の持ち主だ | *jm. et.*⁴ zu ～*en* Händen übergeben (→ Hand 1) ‖ *jm.* ～ sein …に忠実である, …に対して信義を守る〈変わらぬ心を持ち続けている〉 | ～ wie Gold sein (→Gold 1) | *sich*³ selbst 〈*seinen* Grundsätzen〉 ～ bleiben 自分自身〈自分の主義〉に忠実でありつづける, おのれの節操を守る | *seinem* Versprechen ～ sein 約束をたがえない | dem Vertrag ～ sein 契約を忠実に履行する | Das Glück ist ihm ～ geblieben. 幸運は終始彼を見捨てなかった ‖ Er dient der Firma ～ seit zwanzig Jahren. 彼は20年来会社に忠勤を励んでいる | *seine* Pflicht ～ erfüllen 義務を忠実に果たす | *jm.* ～ ergeben sein …に心服している.

2 (treuherzig) 純真な, 偽心〈邪心〉のない, (相手を)信じ切った; 無邪気な; 《話》単純愚直な, おめでたい: ein ～*er* Blick 純真なまなざし | Du bist ja ～! 君も単純〈ナイーブ〉だなあ.

3 (getreu) (事実に即して)正確な, 忠実な: ein ～*es* Abbild der Wirklichkeit 現実の正確な模像 | eine ～*e* Übersetzung (原典どおりの)忠実な翻訳, 逐語訳 ‖ die Tatsachen ～ darstellen 事実を正確に叙述する.

[*germ.* „kernholzartig fest"; ◇Trog, Trost, trauen, trimmen; *engl.* true]

Treu[trɔʏ] →Treue 1

Treu·bruch[trɔ́ʏ..] 男 信義を破ること; 違約, 背信, 裏切り; 不実, 不忠; 不義, 不貞: einen ～ begehen 信義を破る, 背信〈裏切り〉行為を犯す.

treu≈brü·chig 形 裏切りの; 不実な, 不忠の; 不義〈不貞〉の: ～ werden 信義を破る. **≈doof** 形《話》単純愚直な, ナイーブな, おめでたい.

Treue[trɔ́ʏə] 女 -/ **1** 変わることのない心〈気持〉; 誠実, 忠実; 忠節, 忠誠; 節操, 操(ﾐｻｵ), 貞節: die eheliche ～ 夫婦の操 | die ～ zu *seinem* Vaterland 祖国への忠誠 ‖ die ～ brechen 信義〈節操〉を破る, 心変わりする | *jm.* 〔ewige〕 ～ geloben 〈schwören〉 …に〔永遠の〕忠節を誓う | *jm.* 〔die〕 ～ halten 〈bewahren〉 …に対して信義を守る〈変わらぬ気持をもちつづける〉 ‖ in guten ～*n* 《ｽｲｽ》 正しいと信じて, 善意で ‖ ***Treu* und Glauben** 〘法〙信義, 信義誠実 | **auf** 〈**in**〉 ***Treu* und Glauben** (相手を)信頼して, 信じきって ‖ ᵛ**meiner *Treu*!** 誓って, 確かに; まあ驚いた, なんてまあ. **2** (事実に即した)正確〈忠実〉さ: die ～ der Wiedergabe 再現の忠実さ | *et.*⁴ mit historischer ～ schildern …を史実どおりに正確に描写する.

Treue·ge·löb·nis 中 信義の誓い〈契り〉.

Treu·eid[trɔ́ʏ|aɪt]¹ 男 **1** 忠誠の誓い. **2** (Lehnseid) 〘史〙(封土受領の際の)忠誠の誓い.

Treue≈pflicht[trɔ́ʏə..] 女 (主君・国家などに対する)忠誠の義務. **≈prä·mie**[..prɛ:miə] 女 勤続手当. **≈ra·batt** 男 現金引換券による割引.

treu·er·ge·ben[trɔ́ʏ..] 形 《*jm.*》 (…に)心服している; 忠実な, 誠実な.

Treue·schwur[trɔ́ʏə..] 男 ＝Treueid

Treu·ga Dei[trɔ́ʏga· dé:i·] 女 --/ (Gottesfriede) 〘史〙神の休戦〈平和〉(中世にローマ=カトリック教会の首唱した平和運動で, 一定期間いっさいの戦闘行為を禁止するもの).

[*mlat.*; < *lat.* deus „Gott"; ◇Treue]

Treu≈ge·ber[trɔ́ʏ..] 男 (↔Treuhänder) 〘法〙信託者. **≈gut** 中〘法〙信託財産. **≈hand** 女 -/ **1** ＝Treuhandschaft **2** ＝Treuhandanstalt **≈hän·der**[..hɛndər] 男 -s/- (↔Treugeber) 〘法〙(他人の財産・権利などの)受託者: der ～ der Arbeit 〘史〙(ナチ政権下の)労働管理官. **≈hän·de·rin**[..dərɪn] 女 -/-nen **1** Treuhänder の女性形. **2** 信託会社.

treu·hän·de·risch[..hɛndərɪʃ] 形 信託の, 受託〈管理〉者による.

Treu·hand≈an·stalt 女 (旧東ドイツの資産を管理する)信託公社(1994年末にその使命を終えて解散). **≈ge·biet** 中〘政〙信託統治領. **≈ge·schäft** 中〘法〙信託行為〈業務〉. **≈ge·sell·schaft** 女 信託会社.

Treu·hand·schaft 女 -/ 〘法〙信託; 信託統治.

treu·her·zig[trɔ́ʏhɛrtsɪç]² 形 純真な, 偽心〈邪心〉のない, (相手を)信じ切った; 無邪気な, あどけない: ein ～*es* Gesicht 純真な〈天真らんまんな〉顔つき | *jn.* ～ anblicken …を信じ切ったように見る.

Treu·her·zig·keit[-kaɪt] 女 -/ treuherzig なこと.

treu·lich[trɔ́ʏlɪç] 副 誠実に, 忠実に: eine Pflicht ～ erfüllen 義務を忠実に果たす.

treu·los[trɔ́ʏlo:s]¹ 形 信義のない, 不実の; 背信的な, 裏切りの; 不貞の, 浮気な: ein ～*er* Freund 不実の友 | 〔eine〕 ～*e* Tomate (→Tomate 2) ‖ ～ an *jm.* handeln …に対して信義を破る〈背信行為をする〉.

Treu·lo·sig·keit[..lo:zɪçkaɪt] 女 -/-en **1** 《単数で》treulos なこと. **2** treulos な言動.

Treu≈pflicht ＝ Treuepflicht **≈prä·mie** [..prɛ:miə] ＝ Treueprämie **≈schwur** ＝ Treueschwur

treu·sor·gend[trɔ́ʏzɔrgənt]¹ 形 心から心配している, 情愛深い.

Tre·ve·rer[tré:vərər] 複 トレヴェリー族(ゲルマンの一部族, のちケルト化された. ラテン語形 Treveri). [◇Trier]

Tre·vi·ra[treví:ra·] 中 -/ 商標 トレヴィーラ(ポリエステル系合成繊維).

tri.. 《名詞・形容詞などにつけて「3」を意味する》: *Tri*angel 〘楽〙トライアングル | *Tri*mester (年 3 学期制の)学期 | *tri*kolor 3 色の | *tri*ennal 3 年間の; 3 年ごとの.

[*gr.*, *lat.*; ◇drei]

Tria·de[triá:də] 女 -/-n (三つで一組をなすもの. 例えば:) 〘宗〙三位(ｻﾝﾐ)神; 〘化〙三つ組元素. [< Trias]

tria·disch[..dɪʃ] 形 三者一組の, 三つ組の.

Tria·ge[triá:ʒə] 女 -/-n (Ausschuß) (最良のものを選抜したあとの)くず, 残りかす; 〘商〙(特に:) 選外コーヒー豆.

[*fr.*; < *fr.* trier (→Trieur) + ..age]

Tri·an·gel[trí:aŋəl; ｵｰｽﾄﾘｱ: triáŋəl] 男 (ｵｰｽﾄﾘｱ: 中) -s/- **1**

T

〘楽〙トライアングル(三角形の打楽器). **2**《話》三角形のかぎざき: *sich*³ einen ～ in die Hosen reißen ズボンにかぎざきを作る.
[*lat.*; < *lat.* angulus „Winkel"; ◇ *engl.* triangle]

tri·an·gu·lär[triaŋgulɛ́:r] 形 (dreieckig) 三角形の. [*spätlat.*]

Tri·an·gu·la·tion[..latsió:n] 女 -/-en 三角測量. [*mlat.*]

Tri·an·gu·la·tions·punkt 男 (三角測量での)三角点(記号 TP).

tri·an·gu·lie·ren[triaŋgulí:rən] 他 (h) 《*et.*⁴》(…の)三角測量をする. [*mlat.*; ◇ *engl.* triangulate]

Tria·non[trianɔ̃́]《宮殿名》中 -s/-s トリアノン (Versailles 宮殿の庭にある離宮で, 大小二つある). [*fr.*]

Tri·ar·chie[triarçí:] 女 -/-n[..çí:ən] (Dreierherrschaft) 三頭政治.

Tria·ri·er[triá:riər] 男 -s/-〘史〙(古代ローマ軍団の)第三戦列兵(強者ぞろいであった);《比》最後の希望. [*lat.*; ◇tri..]

Trias[trí:as] 女 -/- **1**《単数で》〘地〙(中生代の)三畳紀; 三畳系. **2** (Dreiklang)〘楽〙三和音. **3**〘医〙(同時に現れる病気の)三〔対(つい)〕徴候. **4** (Dreiheit)(一般に)三つ組〔のもの〕. [*gr.* triás „Dreizahl"－*spätlat.*; ◇tri..]

Trias·for·ma·tion 女 -/ ＝Trias 1

trias·sisch[triásɪʃ] 形〘地〙三畳紀〈三畳系〉の.

Tri·ath·let[trí:atle:t] 男 -en/-en Triathlon の選手.

Tri·ath·lon[..atlɔn] 中 -s/-s **1**〘スキー〙トライアスロン, 三種競技(距離競技・射撃・大回転). **2**〘スポ〙トライアスロン, 三種競技, 鉄人競技(水泳・自転車競技・マラソン). [< *gr.* ãthlon „Wettkampf" (◇Athlet)]

Tri·ba·de[tribá:də] 女 -/-n 同性愛の女性, レスビアン. [*lat.*; < *gr.* tríbein „reiben"]

Tri·ba·die[..badí:] 女 -/ **, Tri·ba·dis·mus**[..badísmʊs] 男 -/ (女性の)同性愛, レスビアン＝ラブ.

Tri·ba·lis·mus[tribalísmʊs] 男 -/ (未開民族の)部族意識, 部族主義. [*lat.*; < *lat.* Tribus „Stamm"]

Tri·bra·chys[trí:braxys, ..xʏs] 男 -/-〘詩〙トリブラキュス, 短短短〈弱弱弱〉格 (◡◡◡). [*gr.*－*lat.*; <brachy..]

▽**Tri·bu·la·tion**[tribulatsió:n] 女 -/-en **1** 苦しめること. **2** 苦難, 災難, 辛苦. [*lat.*]

▽**tri·bu·lie·ren**[..lí:rən] 他 (h)《*jn.*》(頼みごとや質問で…を)苦しめる, 悩ます,(…に)うるさくせがむ. [*lat.*; < *lat.* trībulum „Dreschwalze" (◇drehen)]

Tri·bun[tribú:n] 男 -s/-e; -en/-en **1**〘史〙(古代ローマの)護民官; (古代ローマの軍団の)総司令官; (紀元前1世紀以降の)参謀将校, 都市司令官, 部隊長. **2**《比》人民の指導者; 民衆煽動(せんどう)者. [*lat.* tribūnus „Tribusvorsteher"]

Tri·bu·nal[tribuná:l] 中 -s/-e **1**〘史〙(古代ローマで)(陣営内の)司令官〈副官〉の席; (選挙・裁判のときの)政務官の席. **2**〔上級〕裁判所, 法廷. [*lat.*(－*fr.*); ◇..al¹]

Tri·bu·nat[..ná:t] 中 -〔e〕s/-e〘史〙(古代ローマの)護民官の職位. [*lat.*; ◇..at]

Tri·bü·ne[tribý:nə] 女 -/-n **1** 演壇. **2 a)** (Zuschauertribüne)(見物者のための)桟敷; (競技場などの)観覧席, スタンド. **b)**《集合的に》観客. [*it.*－*fr.*]

tri·bu·ni·zisch[tribuní:tsɪʃ] 形 Tribun の; Tribun に関する. [*lat.* tribūnīcius]

Tri·bus[trí:bʊs] 女 -/-[..bu:s] **1**〘史〙トリブス(古代ローマの3段階の氏族制社会組織の最大単位). **2**〘動・植〙連, 族(Gattung の上, Familie の下の分類区分). [*lat.*; ◇Tribut; *engl.* tribe]

Tri·but[tribú:t] 男 -〔e〕s/-e **1** (古代ローマの)直接税; (一般に)租税, 年貢(ねんぐ); (戦勝者への)賠償, 貢ぎ物: *jm.* einen ～ auferlegen …に年貢〈租税〉を課する | 〔einen〕 ～ zahlen 〈entrichten〉 年貢を納める, 貢ぎ物を納める. **2**《比》犠牲; (悪事の)報い,(当然払うべき)敬意, 尊敬: einen hohen ～ fordern (災害などが)多大の犠牲を強いる | Die Eisenbahnstrecke forderte einen hohen ～ 〔an Menschenleben〕. その鉄道工事で多くの犠牲者が出た ‖ ***et.***³ 〔*seinen*〕 **～ zollen** …に配慮を払う, …を顧慮する | *js.* Leistung³ 〔den schuldigen〕 ～ zollen 〈entrichten〉 …の業績に当然の敬意を表する | der Mode³ *seinen* ～ zollen 流行に対してそれ相応の配慮をする | der Natur³ *seinen* ～ zollen《比》年貢を納める(死ぬ) ‖ Seine Krankheit ist der ～ dafür, daß er sich nie geschont hat. 彼の病気はこれまで無理ばかりしてきた報いである. [*lat.*; < *lat.* tribuere „einteilen"; ◇Tribus]

▽**tri·bu·tär**[tributɛ́:r] 形 (tributpflichtig) 年貢を納める義務を負った, 臣属的な: ein ～*er* Staat 臣属的国家.

tri·but·pflich·tig[tribú:t..] 形《*jm.*》(…に)年貢〈貢ぎ物〉を納める義務を負った.

trich.. →tricho..

Trich·al·gie[trɪçalgí:] 女 -/-n[..gí:ən]〘医〙毛髪痛.

Tri·chi·ne[trɪçí:nə, tri..] 女 -/-n〘動〙旋毛虫(豚・ネズミなどに寄生する線虫の一種). [*engl.* trichina; < *gr.* tríchinos „hären"]

tri·chi·nen·hal·tig 形 (豚肉などが)旋毛虫に冒されている.

Tri·chi·nen≈krank·heit 女 -/〘畜〙(家畜の)旋毛虫病. **≈schau** 女 (豚肉などの)旋毛虫検査. **≈schau·er** 男 旋毛虫検査官.

tri·chi·nös[trɪçinǿ:s, tri..]¹ 形 **1** 旋毛虫病の. **2** ＝trichinenhaltig

Tri·chi·no·se[..nó:zə] 女 -/-n 〘畜〙旋毛虫病. [<..ose]

Tri·chlor≈äthan[triklo:r|ɛtá:n] 中 -s/〘化〙トリクロロエタン. **≈äthen**[..|ɛté:n] 中 -s/〘化〙トリクロロエテン (＝Trichloräthylen). **≈äthy·len**[..|ɛtylé:n] 中 -s/〘化〙トリクロロエチレン(油脂・樹脂・塗料などの溶剤に用いるが, オゾン破壊物質の一つとされる).

tricho..《名詞などにつけて「毛」を意味する. 母音の前では trich.. となることもある: → *Trich*algie》[*gr.* thríx „Haar"]

Tri·chom[trɪçó:m] 中 -s/-e〘植〙糸状体, 毛, トリコーム. [*gr.* tríchōma „Haarwuchs"]

Tri·cho·mo·nas[trɪçomó:nas, trɪçó:monas, tri..] 女 -/..naden[trɪçomoná:dən]〘動〙トリコモナス原虫. [<Monade]

Tri·cho·mo·nia·se[trɪçomoniá:zə] 女 -/-n〘医〙トリコモナス症. [<..iasis]

Tri·cho·phy·tie[trɪçofytí:] 女 -/-n[..tí:ən]〘医〙白癬(はくせん). [<..phyt]

Tri·cho·se[trɪçó:zə, tri..] 女 -/〘医〙異所発毛〔症〕. [<..ose]

Tri·cho·to·mie[trɪçotomí:] 女 -/-n[..mí:ən] **1**〘論〙三分法(区分肢を三つにする区分法. キリスト教で人間を Leib, Seele, Geist に分け, 法律で犯罪行為を Übertretung, Vergehen, Verbrechen に分けるなど: →Dichotomie 1). **2** (Haarspalterei) 小事にこだわること, せんさく. [1: *spätgr.*; < *gr.* trícha „dreifach"; 2: <tricho..]

tri·cho·to·misch[..tó:mɪʃ] 形〘論〙三分法の.

Trich·ter[trɪ́çtər] 男 -s/- **1** 漏斗, じょうご: *et.*⁴ durch einen ～ 〔in eine Flasche〕 gießen …をじょうごを通して〔瓶に〕注ぐ ‖ der Nürnberger ～ (→Nürnberger II) | ***jn.* auf den** 〔**richtigen**〕 **～ bringen**《話》…にうまい方法を教えてやる | **mit *et.*³ auf den** 〔**richtigen**〕 **～ kommen**《話》…についてうまい考えを思いつく〈解決策を見いだす〉. **2** (漏斗状のもの. 例えば:) **a)** (らっぱ状の)拡声器, メガホン. **b)**〘楽〙(吹奏楽器やオルガンの開口部の)鉢, (鉢形の)オルガン音栓. **c)**〘植〙漏斗形花冠(→ 図 Blütenform). **d)**〘動〙(頭足類などの)漏斗. **e)**〘工〙ホッパー. **f)** (砲弾・爆弾などが爆発したあとにできるすり鉢状の)弾孔; (火山の)噴火口. **g)** (河口部の)三角口. [*mlat.*－*westgerm.*; ◇Trajekt]

trich·ter·för·mig[trɪ́çtər..] 形 漏斗状の.

Trich·ter·ling[..lɪŋ] 男 -s/-e〘植〙カヤタケ属.

Trich·ter·mün·dung 女〘地〙(河口部の)三角口.

trich·tern[trɪ́çtərn]《05》他 (h) **1 a)** じょうご状にする. **b)** (ハンマー投げでハンマーを)じょうご状に回す. **2** (eintrichtern) じょうごで流しこむ.

T

Trịch·ter≈spin·ne 女〘動〙タナグモ(棚蜘蛛). **≈wa̱·gen** 男〘鉄道〙ホッパ車, 底開き貨車. **≈wick·ler** 男〘虫〙オトシブミ(落し文)〔科の昆虫〕(ハンノキの葉を巻いてその中に卵を産む甲虫). **≈win·de** 女〘植〙サツマイモ(薩摩芋)属.

Tri·cị·nium[tritsí:niʊm] 中 -s/..nien[..niən]〘楽〙トリチニウム(15-17世紀ごろの 3 声の声楽曲). [*spätlat.*; < *lat.* cecinī „ich habe gesungen" (◇Kantor)]

Trick[trɪk] 男 -s/-s(-e) **1 a)** (相手をあざむくための)策略, たくらみ, ごまかし; (手品・奇術などの)仕掛け, たね; 妙技;〘映・球技〙トリック: der ~ eines Zauberers 魔術師の早業 | der ~ eines Akrobaten 曲芸師の離れ技 ‖ einen ~ anwenden トリックを使う ‖ auf einen ~ hereinfallen 策略にはまる | hinter *js.* ~ kommen …の術策を見破る. **b)** (仕事などを上手にやるための)こつ, 秘訣(ひけつ): ~ **siebzehn**《話》最大のこつ ‖ einen ~ für *et.*[4] haben …をするこつ〈要領〉を心得ている | den ~ heraushaben 呼吸〈こつ〉をのみ込んでいる. **2**〘トランプ〙(ホイストでの)勝ち札.
[*pikard.* trique „Betrug"–*engl.*]

Trịck≈auf·na̱h·me[trík..] 女 トリック撮影, 特殊撮影. **≈be·tru̱g** 男 ごまかし〈トリック〉による詐欺. **≈be·trü̱·ger** 男 ぺてん師. **≈film** 男 トリック映画: Zeichen*trickfilm* 動画, アニメーション映画.

Trịck·film·zeich·ner 男 アニメ製作者.

Trịck·schla̱g 男〘テニス〙トリックショット.

trịck·sen[tríksən]《02》自 (h) (球技, 特にサッカーで敵の防御をかわすために)トリックを使う, フェイントをかける.

Trịck·ser[tríksər] 男 -s/-《話》tricksen する人.

Trick·se·re̱i[trɪksəráɪ] 女 -/-en《話》tricksen すること.

Trịck·track[tríktrak, ⌣⌣] 中 -s/-s トリックトラック(すごろくの一種). [*fr.* trictrac; 擬音]

Tri·dẹnt[tridént] 男 -[e]s/-e (Dreizack)〘ギ神〙(Poseidon の)三つまたの矛(ほこ). [*lat.*; < *lat.* dēns (→dental)]

Tri·den·tị·ner[tridɛntí:nər] (**Triẹn·ter**[triéntər]) **I** 男 -s/- トリエント〈トレント〉の人(→Trient). **II** 形《無変化》トリエント〈トレント〉の.

tri·den·tị·nisch[..nɪʃ] 形 トリエント〈トレント〉の: das *Tridentinische* Konzil〘史〙トリエント公会議(1545年から63年までトリエントで行われた. 主要議題はプロテスタンティズムと教会刷新). [< *lat.* Tridentum]

Tri·den·tị·num[..nʊm] 中 -s/〘史〙トリエント公会議.

Trị·du·um[trí:duʊm] 中 -s/..duen[..duən] 3 日間. [*lat.*; < *lat.* diēs „Tag"]

trieb[tri:p][1] treiben の過去.

Trieb[tri:p][1] 男 -es(-s)/-e **1** (内心の)衝動, 欲求, 本能; (Hang) 性向, 傾向;〘医・心〙欲動: ein blinder 〈tierischer〉 ~ 盲目的〈動物的〉な衝動 | ein natürlicher ~ 自然の欲求 | Geschlechts*trieb* 性的衝動, 性欲 | Nahrungs*trieb* 摂食本能 | Zwangs*trieb* 強迫欲動 ‖ *seine* ~*e* befriedigen 〈beherrschen〉 欲求を満たす〈おさえる〉| einem inneren 〈dunklen〉 ~ folgen 内なる〈暗い〉衝動のおもむくままに従う | *seinen* ~*en* nachgeben 欲望に負ける | Er hat einen ~ zur Arbeit 〈zum Verbrechen〉. 彼は仕事好きだ〈犯罪者の素質がある〉| Ich habe nicht den geringsten ~ dazu. 私にはそれをしたい気持は全くない ‖ *et.*[4] aus eigenem ~ tun …を自発的に行う. **2 a)** (植物の)発芽〈成長〉〔力〕. **b)** (Sproßtrieb) 新芽, 若枝: frische 〈junge〉 ~*e* (新しく芽生えたばかりの)新芽, 若枝. **3** 駆動; 伝動;〘工〙歯車〈ギア〉〔装置〕; 小歯車, ピニオン: Zahnrad*trieb* 歯車伝動〔装置〕. [▽]**4** (家畜の群れを)追うこと; (家畜の)通路. **5**《スイ》(Sauerteig) パン種, 酵母.

Trie̱b·ach·se[trí:p..] 女〘工〙駆動〈伝動〉軸, 動軸.

trie̱b·ar·tig 形 本能〈衝動〉的な.

Trie̱b·be·frie·di·gung 女 欲求〈欲望〉の充足.

trie̱·be[trí:bə] treiben の接続法 II.

Trie̱b·fe̱·der[trí:p..] 女 (時計などの)ぜんまい, ばね, 発条;《比》(行為などの)原動力, 動機: Haß war die ~ seines Handelns. 憎しみが彼の行動のばねとなった.

trie̱b·haft[..haft] 形 衝動的な, 本能〈欲望〉に支配された: ein ~*er* Mensch 衝動的な人間 | ~ handeln 衝動的に〈欲望のおもむくままに〉行動する.

Trie̱b·haf·tig·keit[..tɪçkaɪt] 女 -/ triebhaft なこと.

Trie̱b≈hand·lung 女 衝動的行為;〘心・医〙欲動行為. **≈kraft** 女 **1** 原動力, 駆動〈推進〉力. **2** (植物の)発芽〈成長〉力. **≈le̱·ben** 中 本能生活; 性生活.

trie̱b·mä̱·ßig =triebartig

Trie̱b≈mit·tel =Treibmittel **≈mör·der** 男 衝動的欲求(とくに性的欲求)からの殺人者. **≈ra̱d** 中〘工〙動輪, 駆動輪. **≈sand** 男 流砂. **≈spit·ze** 女 (植物の)茎頂. **≈stan·ge** =Treibstange **≈ste·cher** 男〘虫〙チョッキリゾウムシ(短截象虫)亜科の昆虫. **≈tä̱·ter** 男 衝動的欲求(とくに性的欲求)から罪を犯す人. **≈ver·bre·chen** 中 衝動的欲求(とくに性的欲求)からの犯罪. **≈wa̱·gen** 男〘鉄道〙動力車(電車・ディーゼルカーなど原動機つきの車両): ein elektrischer ~ 電動車, 電車 | Diesel*triebwagen* ディーゼルカー. **≈wel·le** 女 駆動〈伝動〉軸. **≈werk** 中〘工〙駆動〈伝動〉装置.

Trie̱f·au·ge[trí:f..] 中 -s/-n《ふつう複数で》《話》ただれ目.

trie̱f·äu·gig[..|ɔʏgɪç][2] 形《話》ただれ目の.

trie̱·fen[(*)][trí:fən]《195》**trief·te** (雅: troff[trɔf]) / **ge·trie̱ft** (まれ: getroffen); 接II triefte (雅: tröffe [trœfə]) 自 **1** (s) (液体が)したたる, ポタポタ垂れる: Der Regen *trieft* von den Ästen. 雨が枝からポタポタ垂れる | Der Schweiß *triefte* 〈*troff*〉 ihm von der Stirn. 汗が彼の額からしたたり落ちた ‖ *triefend* naß sein (水滴がポタポタ垂れるほど)ずぶぬれ〈びしょぬれ〉である. **2** (h) 《vor 〈von〉 *et.*[3]》(…で)びしょぬれである;《しばしば軽蔑的に》(…に)満ちあふれている: Er *triefte* 〈*troff*〉 vom Regen. 彼は雨でずぶぬれだった | Seine Stirn hat von Schweiß *getrieft*. 彼の額から汗がポタポタ垂れた | Die Hände des Tyrannen *triefen* von Blut.《比》暴君の手は血で汚れている(多くの生命を奪った) ‖ Er *trieft* von 〈vor〉 Freundlichkeit.《比》彼は気味が悪いほど愛想がよい. **3** (h) (目が)液漏〈膿漏(のうろう)〉症にかかっている, ただれている; (鼻が)鼻水を垂らしている.
[*germ.*; ◇Tropfen, Traufe; *engl.* drip]

Trie̱f·na̱·se[trí:f..] 女 水っぱな〈鼻水〉を垂らしている鼻;《比》鼻垂れ〔小僧〕.

trie̱f·na̱·sig[..na:zɪç][2] 形 水っぱな〈鼻水〉の垂れる, 鼻垂れの.

trie̱f·naß 形《俗》ずぶぬれ〈びしょぬれ〉の.

Triel[1][tri:l] 男 -[e]s/-e〘鳥〙イシチドリ(石千鳥). [擬音]

Triel[2][–] 男 -[e]s/-e《南部》**1** (Maul) (動物の)口. **2** (Wamme) のど袋, 露払い(牛・犬などのあごと胸の間のたるんだ皮). [*germ.*]

Trie̱·ler[trí:lər] 男 -s/-《南部》**1** よだれを垂らす人. **2** (Sabberlätzchen) よだれ掛け.

tri·en·na̱l[triɛná:l] 形 3 年間の; 3 年目ごとの. [*spätlat.*]

Tri·en·na̱·le[..lə] 女 -/-n 3 年目ごとの催し.

Tri·ẹn·nium[triéniʊm] 中 -s/..nien[..niən] 3 年間. [*lat.*; < *lat.* annus „Jahr"]

Triẹnt[triént] 地名 トリエント, トレント(イタリア北部の工業都市. イタリア語形 Trento). [*lat.* Tridentum]

Triẹn·ter =Tridentiner

Trier[tri:r] 地名 トリーア(ドイツ西部, Rheinland-Pfalz 州の都市. 前15年にローマ皇帝 Augustus が Treverer 族の住むこの地に建設したドイツ最古の都市の一つで, ローマ属州文化の中心地として栄えた. Porta Nigra などローマ時代の遺跡が多い). [*lat.* Colōnia Augusta Trēverōrum; ◇Treverer]

Trie̱·re[trié:rə] 女 -/-n (Dreiruderer) 三橈(どう)列船(古代ギリシア・ローマの 3 段こぎ座のガレー船). [*gr.* triḗrēs–*lat.*; < *gr.* eréssein „rudern" (◇Ruder)]

Trie̱·rer[trí:rər] **I** 男 -s/- トリーアの人(→Trier). **II** 形《無変化》トリーアの.

trie̱·risch[..rɪʃ] 形 トリーアの.

Trie·sel[trí:zəl] 男 -s/-《北部》(Kreisel) こま(独楽).
trie·se·lig[..zəlɪç][2] 形《北部》めまいのする.
trie·seln[..zəln]《06》自 (h)《北部》こまを回す. [*mndd.*]

Triest[triɛ́st] 地名 トリエステ(イタリア北東部, スロヴェニアとの国境にある海港都市. 1954年イタリア領とユーゴ領に分割された. イタリア語形 Trieste). [*illyr.*]
Trie·ster[..tər] **I** 男 -s/- トリエステの人. **II** 形《無変化》トリエステの.

Trieur[triø:r] 男 -s/-e (穀粒の)選別機. [*fr.*; < *fr.* trier „auslesen"+..eur; ◇Triage; *engl.* trier]

trie·zen[trí:tsən]《02》他 (h)《話》《*jn.*》苦しめる, (からかったりして)いじめる. [*mndd.*; < *mndd.* tritze „Winde"]

triff[trɪf] treffen の命令法単数.
triffst[..st] treffen の現在 2 人称単数.
trifft[..t] treffen の現在 3 人称単数.

Tri·fo·lium[trifó:liʊm] 中 -s/..lien[..liən] (Klee)〘植〙シロツメクサ(白詰草)属(クローバなど). [*lat.* „Dreiblatt"]

Tri·fo·rium[trifó:riʊm] 中 -s/..rien [..riən]〘建〙トリフォリウム(ロマネスク式またはゴシック式教会堂の内部で, 内陣・中廊・側廊などの窓の下の部分). [*mlat.*; < *lat.* foris (→ Forum)]

Trift[trɪft] 女 -/-en **1 a)** (家畜を)放牧地へ連れてゆくこと. **b)** (放牧地への)通路. **c)** 放牧地; (家畜を放牧地に連れてゆく際に, 他人の地所を通過する)通行権. **2** いかだ流し. **3** =Triftstrom [*germ.*; ◇treiben, Drift]
Trift·eis 中 流氷.
trif·ten[tríftən]《01》他 (h) (材木・いかだなどを)流す.
Trift·holz 中 流木.
trif·tig[1][tríftɪç][2] 形〘海〙漂流の.

trif·tig[2][−] 形 十分に根拠〈説得力〉のある, 納得するに足る: ein ∼*er* Beweis 有力な証拠 | *et.*[4] ∼ begründen …を適切に理由づける. [<treffen]
Trif·tig·keit[−kaɪt] 女 -/ triftig[2]なこと.
Trift·strom[tríft..] 男〘地〙吹送(すいそう)流(同方向に吹き続ける風に起因する海流).

Tri·ga[trí:ga·] 女 -/-s, ..gen[..gən] (Dreigespann) 3 頭立ての二輪馬車. [*spätlat.*; <tri..+*lat.* iuga „Joche" (◇Joch)]

Tri·ge·mi·nus[trigé:minʊs] 男 -/..ni[..ni·]〘解〙三叉(さんさ)神経. [*lat.* „drei-wüchsig"; ◇geminieren]
Tri·ge·mi·nus·neur·al·gie 女〘医〙三叉(さんさ)神経痛.

Tri·gen Triga の複数.

Trig·ger[trígər] 男 -s/- **1**〘電〙トリガー(作動を誘発する引き金となる制動装置). **2** (事件を誘発する)きっかけ, 刺激. [*ndl.* trekker−*engl.*; ◇trecken]

Tri·glyph[triglý:f] 男 -s/-e, **Tri·gly·phe**[..fə] 女 -/-n〘建〙トリグリフ(ドーリス式建築のフリーズを構成する 3 本溝: → 図 Gebälk). [*gr.* „dreifach geschlitzt"−*lat.*]

Tri·gon[trigó:n] 中 -s/-e (Dreieck)〘数〙三角形. [*gr.*−*lat.*]
tri·go·nal[trigoná:l] 形 (dreieckig) 三角〔形〕の: ∼*es* Kristallsystem (結晶の)三方晶系. [*spätlat.*; ◇..al[1]]
Tri·go·no·me·ter[trigonomé:tər] 男 -s/- 三角測量技師.
Tri·go·no·me·trie[..metrí:] 女 -/ (Dreieckmessung)〘数〙三角法: sphärische ∼ 球面三角法.
tri·go·no·me·trisch[..mé:trɪʃ] 形 三角法の: eine ∼*e* Funktion〘数〙三角関数 | eine ∼*e* Reihe〘数〙三角級数 | ∼*er* Punkt (三角測量での)三角点.

tri·klin[triklí:n] 形, **tri·kli·nisch**[..nɪʃ] 形 (結晶が)三斜の, 三斜晶の. [<*gr.* klī́nein „neigen"]
Tri·kli·nium[..niʊm] 中 -s/..nien[..niən] トリクリニウム(古代ローマの三方を寝いすで囲んだ横臥(おうが)食卓); (横臥食卓のある)食堂. [*gr.*−*lat.*; <*gr.* klī́nē (→Klinik)]

Tri·ko·lon[trí(:)kolɔn, trikó:..] 中 -s/-s, ..la[..la·]〘詩〙三重節句, 鼎句(ていく)(類似した構造の三つの文〔節〕・語句からなる重文・詩行など. 例 Die Kerzen leuchten, die Glocke tönt, der Weihrauch ist gestreut. ろうそくがともり 鐘が響き香が立ちこめる). [*gr.*; <*gr.* kōlon (→Kolon[1] 2)]

tri·ko·lor[trí:kolɔr, ..lo:r] 形 (dreifarbig) 3 色の. [*spätlat.*; < *lat.* color (→Couleur)]
Tri·ko·lo·re[trikoló:rə] 女 -/-n 三色旗(特にフランスの国旗). [*fr.*]

Tri·kot[trikó:, tríko·] **I** 男 (中) -s/-s〘織〙トリコット(メリヤス編み・織りの伸縮性のある布地): ein Unterhemd aus ∼ トリコットのアンダーシャツ. **II** 中 -s/-s トリコット地の衣類(シャツ・タイツ・水着など). [*fr.*; <*fr.* tricoter „stricken"]
Tri·ko·ta·ge[trikotá:ʒə; オース・トリア:..tá:ʒ] 女 -/-n[..ʒən]《ふつう複数で》トリコット製品. [*fr.*; <..age]
Tri·kot·hemd[trikó:.., tríko..] 中 トリコット地のシャツ.

tri·kus·pi·dal[trikʊspidá:l] 形〘解〙三尖(せん)〔弁〕の(特に心臓弁膜について). [*lat.* tricuspis; <*lat.* cuspis „Spitze"]
Tri·kus·pi·dal·klap·pe 女〘解〙(心臓の)三尖弁.

tri·la·te·ral[trilaterá:l] 形 三面〈三辺〉の; 三者間の.

Tri·lem·ma[trilɛ́ma·] 中 -s/-s, -ta[..ta·]〘論〙三者択一, トリレンマ;《比》三者択一の窮地. [◇Dilemma]

Tri·lin·gua·lis·mus[trilɪŋualísmʊs] 男 -/〘言〙三言語併用.

Tril·ler[trílər] 男 -s/- **1**〘楽〙顫音(せんおん), トリル(→ 図 Note): einen ∼ spielen トリルを奏する. **2** (鳥の)さえずり: Die Lerchen schlagen ∼. ヒバリがさえずる | **einen ∼ 〔unterm Pony〕 haben**《俗》頭がおかしい. **3**〘理〙震音. [*it.* trillo; 擬音]
tril·lern[trílərn]《05》**I** 自 (h) **1** 顫音(せんおん)〈トリル〉を奏する, トリルで歌う〈演奏する〉; 声をふるわせて歌う; (鳥が)さえずる: auf der Flöte ∼ フルートでトリルを奏する. **2** 警笛〈ホイッスル〉を吹く | **bei *jm.* trillert es**《話》…は頭がおかしい. **II** 他 (h) (…を)トリルで〈声をふるわせて〉歌う; トリルで演奏する; ホイッスルで合図する: Halbzeit ∼〘スポ〙ハーフタイムのホイッスルを吹く | einen ∼《俗》酒を飲む, 一杯やる.
Tril·ler·pfei·fe 女 警笛, ホイッスル(→ 図 Pfeife).

Tril·liar·de[trɪliárdə] 女 -/-n 10万京 (Trillion の1000倍, 10^{21}). [◇Milliarde]
Tril·lion[trɪlió:n] 女 -/-en 百京 (Million の 3 乗, 10^{18}). [◇Million]

Tri·lo·bit[trilobí:t, ..bít] 男 -en/-en〘古生物〙三葉虫(古生代前期の節足動物で, 化石として残っている). [<*gr.* lobós „Lappen" (◇Lappen)]

Tri·lo·gie[trilogí:] 女 -/-n[..gí:ən] (文学・音楽作品などの)三部作〈曲〉. [*gr.*]

Tri·me·ster[trimɛ́stər] 中 -s/- (年 3 学期制の)学期 (→Semester 1). [<*lat.* tri-mē〔n〕stris „drei-monatig" (◇Menses)]

Tri·me·ter[trí:metər] 男 -s/-〘詩〙3 歩格(三つの同一詩脚または単位韻律からなる詩行). [*gr.*−*lat.*]

Trimm[trɪm] 男 -〔e〕s/〘海〙トリム, 船のつり合い; (船体・帆装具などの)良好な整備状態. [*engl.* trim]
Trimm≠Ak·tion[trím..] 女 (健康保持のための)トリム運動. **≠dich-Pfad** 中 トリム運動用の〔森の〕小道.
trim·men[trímən] 他 (h) **1**〘海・空〙(荷重の適当な配置によって船や飛行機を)つり合い〈バランス〉の取れた状態に置く, (…の)つり合い〈バランス〉を保つ; (積み荷を)正しく配置する. **2 a)**〘海〙(石炭を石炭庫から)汽缶室に運ぶ. **b)** (船・帆装具などを良好な状態に)整備する. **3** (無線機などを)調整〈調節〉する. **4** einen Hund ∼ 犬の毛を刈り込む; 犬にブラシをかけてむだ毛をすく. **5**《俗》《*jn.* 〈*et.*[4]〉 auf *et.*[4]》(訓練・調整・整備・装備・装飾などによって…を…の状態に)仕上げる, (スポーツ選手の)体調〈コンディション〉を整える: einen Schauspieler auf einen bestimmten Typ ∼ 俳優を特定のタイプに作り上げる | *seine* Kinder auf Ordnung ∼ 自分の子供たちに整理整頓(せいとん)をしつける | einen Motor auf Höchstleistung ∼ エンジン性能を最高に発揮できる状態に整備する ‖ 再帰 *sich*[4] ∼ (健康保持のためにスポーツなどによって)心身のバランスを取る〈保つ〉, コンディション〈体調〉を整える; (脂肪のつき過ぎた人などがスポーツなどによって)体形を整える, トリム運動をする | *sich*[4] auf

jugendlich ～ 自分の身体を若々しく保つ. **6** (原子炉の出力を)微調整する. **[***engl.* trim; ◇treu**]**

Trịm·mer[trímər] 男 -s/- (trimmen する人. 例えば:) **1**〘海〙積み荷移動(石炭運搬)人夫. **2**《俗》トリム運動をする人.

Trịmm·tank 男〘海〙調整〈トリミング〉タンク(→ 図 Schiff B).

Trịm·mung[trímʊŋ] 女 -/-en **1**《単数で》trimmen すること. **2** (船・飛行機などの)つり合い〈バランス〉〔状態〕. **3**〘空〙トリム=タブ.

tri·mọrph[trimɔ́rf] (**tri·mọr·phisch**[..fɪʃ]) 形 (dreigestaltig)〘生〙三形性の. **[***gr.***]**

Tri·mor·phịs·mus[..mɔrfísmʊs] 男 -/ 〘生〙三形性(同一個体または同一種の生物に異なる 3 種類の形が発生すること).

Tri·mụr·ti[trimʊ́rti·, ..mú:r..] 女 -/ 〘ヒンズー教〙三位一体. **[***sanskr.*; < *sanskr.* mūrti „Gestalt"**]**

Trị·ne[trí:nə] **I** 女名 (< Katharine) トリーネ. **II** 女 -/-n《軽蔑的に》**1** まぬけ〈不器用〉な女: eine dumme ～ ばかな女 ‖ eine Heul*trine* 泣き虫女. **2** (Tunte)(女性的な)同性愛の男,(女役の)ホモ.

..trị·ne[..tri:nə] →..suse

Trị·ni·dad[trínidat] 地名 トリニダード(カリブ海南東にある島). **[***span.* „Trinität"; 南丘陵東端の 3 峰にちなむ**]**

Trị·ni·dad und To·bạ·go[trínidat ʊnt tobá:go·] 地名 トリニダード=トバゴ (Trinidad と Tobago からなる共和国. 1962年英連邦内で独立. 首都はポート オブ スペイン Port of Spain. 英語名 Republic of Trinidad and Tobago).

Tri·ni·tạ·ri·er[trinitá:riər] 男 -s/- **1** 三位一体説の信奉者, 三位一体論者. **2** 聖三位一体修道会〔の修道士〕.

Tri·ni·tạ̈t[..tɛ́:t] 女 -/ (Dreieinigkeit)〘キリスト教〙(父・子・聖霊の)三位一体. **[***spätlat.*; < *lat.* trīnī „drei〔fach〕"**]**

Tri·ni·tạ·tis[..tá:tɪs] 中 -/《ふつう無冠詞で》, **Tri·ni·tạ·tis·fest** 中 -〔e〕s/ 三位一体の祝日(聖霊降臨祭後の最初の主日).

Tri·ni·tro⸗ben·zọl[trinitrobɛntsó:l] 中 -s/ 〘化〙トリニトロベンゾール. ⸗**gly·ze·rịn**[..glytserí:n] 中 -s/ 〘化〙トリニトログリセリン. ⸗**phe·nọl**[..fenó:l] 中 -s/ 〘化〙トリニトロフェノール(ピクリン酸). ⸗**to·luọl**[..toluó:l] 中 -s/ (略 TNT)〘化〙トリニトロトルエン, 茶褐薬(強力な爆薬).

trink·bar[tríŋkba:r] 形 (trinken できる. 例えば:) 飲用に適した;《俗》(酒などが)いける, おいしい: Haben wir noch etwas *Trinkbares* im Haus? 家にまだ何か飲む物はあるのかい.

Trịnk⸗be·cher 男 杯, グラス, コップ. ⸗**brannt·wein** = Branntwein ⸗**brụ·der** 男 飲み仲間; 酒飲み, 大酒家.

trịn·ken* [tríŋkən]《196》**trank**[traŋk] / **ge·trụn·ken**[gətrʊ́ŋkən]; 接II tränke[trɛ́ŋkə]

I 他 (h) **1 a)** (英: *drink*) (スプーンなどを介さずに容器に直接口をつけて)飲む(→essen I): Bier 〈Kaffee〉 ～ ビール〈コーヒー〉を飲む | ein Glas Wein 〈eine Tasse Tee〉 ～ ワイン〈紅茶〉を 1 杯飲む | einen Schluck Wasser ～ 水を一口飲む | **eins 〈einen〉 ～**《話》(酒を)一杯やる | *sich*³ **einen ～**《話》(勇気を奮い起こすために)一杯ひっかける | ein Glas 〈eins / einen〉 über den Durst ～《話》ちょいと酒を過ごす ‖ Er *trinkt* gern Whisky. 彼はウイスキーを好む | Abwarten und Tee ～!《話》まあそうあわてるな(お茶でも飲んで待っていろよ) | Der Wein läßt sich ～. / 再帰 Der Wein *trinkt* sich⁴ gut. このワインは飲める(なかなかうまい). **b)**《結果を示す語句と》*et.*⁴ leer ～ …を飲み干す | *jn.* unter den Tisch ～《話》…を飲み負かす ‖ *sich*³ Mut ～ 飲んで元気〈勇気〉をつける(自分で) |〔mit *jm.*〕Brüderschaft ～ (→ Brüderschaft 1) ‖ 再帰 *sich*⁴ satt ～ 十分に飲む | *sich*⁴ arm 〈krank〉 ～ 酒を飲み過ぎて貧乏〈病気〉になる | *sich*⁴ um den Verstand ～ 酔って理性を失う.

2 a)《雅》(水分を)吸い込む;《比》(genießen) 享受する, 楽しむ: Die ausgedörrte Erde *trank* den Regen. 乾ききった地面は雨を吸い込んだ. ᵛ**b)** (rauchen)(タバコを)吸う.

II 自 (h) 飲む; 酒を飲む; (乳児が)乳を飲む: an einer Quelle ～ 泉の水を飲む | auf *jn.* 〈*js.* Gesundheit〉 ～ …のために〈…の健康を祈って〉乾杯する | aus der Flasche ～ 瓶から直接飲む, らっぱ飲みをする | in kleinen Schlucken 〈vollen Zügen〉 ～ ちびちび〈がぶがぶ〉飲む ‖ Das Kind *trinkt* gerade. 赤ん坊はちょうど乳を飲んでいるところだ | ex ～ (グラスを一息に)飲み干す | Du darfst nicht so kalt ～. そんなに冷たいものを飲んではいけない | unmäßig ～ 度を過ごして〔酒を〕飲む | *jm.* zu ～ geben …に飲み物を与える; …(乳児)に授乳する ‖ Ihr Mann *trinkt*. 彼女の夫は酒を飲んでいる〈酒飲みだ〉 | Er *trinkt* viel. 彼は〔大〕酒飲みだ | **wie ein Bürstenbinder 〈ein Loch〉 ～**《話》底なしの大酒を飲む | Der Fahrer hatte *getrunken*. その運転者は飲酒運転をしていた | Wer *trinkt* ohne Durst und ißt ohne Hunger, stirbt desto junger (＝jünger).《諺》必要以上に飲み食いする者は それだけ早死にする ‖ 再帰・非人称 Aus diesem Glas *trinkt* es sich gut 〈schlecht〉. このコップは飲みやすい〈にくい〉.

III Trịn·ken 中 -s/ 飲むこと; 飲酒: Essen und ～ 飲食, 飲み食い | Essen und ～ hält Leib und Seele zusammen. (→essen II) | *sich*³ das ～ angewöhnen 〈abgewöhnen〉 酒を飲む習慣がつく〈習慣をやめる〉.

[*germ.*; ◇tränken, Trank, Trunk; *engl.* drink**]**

Trịn·ker[tríŋkər] 男 -s/- (trinken する人. 特に:) 酒飲み, 大酒家; 飲酒常習者, アルコール中毒患者.

Trin·ke·rẹi[trɪŋkəráɪ] 女 -/-en (絶えず trinken すること. 例えば:) 常習的な飲酒;《俗》酒宴.

Trịn·ker⸗heil·an·stalt[tríŋkər..] 女, ⸗**heil·stät·te** 女 アルコール中毒患者療養所. ⸗**lẹ·ber** 女〘医〙アルコール肝.

trịnk⸗faul 形 (乳児が)乳を飲みたがらない. ⸗**fest** 形 酒に強い.

Trịnk·fe·stig·keit[..tɪçkaɪt] 女 -/ trinkfest なこと.

trịnk·freu·dig 形 酒好きの.

Trịnk⸗ge·fạ̈ß 中 飲用容器(コップ・グラス・茶わんなど). ⸗**ge·lạ·ge** 中 酒宴. ⸗**geld** 中 酒手(さかて), チップ: *jm.* ein ～ geben …にチップを与える. ⸗**glas** 中 -es/..gläser コップ; グラス. ⸗**hal·le** 女 **1** (湯治場の)鉱泉水を飲むための部屋. **2** (飲料その他を販売する)売店, キオスク. ⸗**halm** 男 (飲み物を吸うための)ストロー: *et.*⁴ mit einem ～ trinken …をストローで飲む. ⸗**horn** 中 -〔e〕s/..hörner 角杯(角製または角形の杯: → 図). ⸗**kur** 女 (鉱泉などの)飲用療法. ⸗**lied** 中 酒宴の歌. ⸗**röhr·chen** 中 = Trinkhalm ⸗**scha·le** 女 (浅い)杯. ⸗**spruch** 男 (宴席での)乾杯の辞: einen ～ auf *jn.* ausbringen 〈halten〉 …のために乾杯の辞を述べる. ⸗**stu·be** 女 (旅館・居酒屋などの)酒場. ⸗**was·ser** 中 -s/ (↔ Brauchwasser) 飲み水, 飲用水.

Trinkhorn

Trịnk·was·ser⸗auf·be·rei·tung 女 飲用水の浄化. ⸗**ver·seu·chung** 女 (伝染病原体・公害などによる)飲用水の汚染. ⸗**ver·sor·gung** 女 給水.

Tri·nọm[trinó:m] 中 -s/-e **1**〘数〙三項式(例 $x+y+z$). **2**〘動〙(属名・種名・亜種名からなる)三〔命〕名法.

tri·nọ·misch[..mɪʃ] 形 **1**〘数〙三項〔式〕の. **2**〘動〙三〔命〕名法の.

Triọ[trí:o·] 中 -s/-s **1**〘楽〙**a)** 三重奏〈唱〉〔曲〕. **b)** (メヌエット・スケルツォなどの)中間部. **2 a)**〘楽〙三重奏〈唱〉団. **b)**《俗》3 人組. **[***it.*; ◇tri..**]**

Tri·ọde[trió:də] 女 -/-n〘電〙3 極〔真空〕管.

Triọ·le[trió:lə] 女 -/-n〘楽〙3 連〔音〕符. **[***it.*; ◇Trio**]**

Trio·lẹtt[triolɛ́t] 中 -〔e〕s/-e〘詩〙トリオレット(元来はフランス詩形で, 8 行からなる. 第 1 行は第 4 行と第 7 行に, 第 2 行は第 8 行にそのまま繰り返される). **[***fr.* triolet**]**

Triọ·so·nạ·te[trí:o..] 女〘楽〙(バロック期に好んで作られた)トリオ〈三声部〉ソナタ.

Trip[trɪp] 男 -s/-s **1** 小旅行; 遠足: einen ～ nach Paris machen 〈unternehmen〉 パリへちょっと旅行する〈小旅行を企てる〉. **2**《話》**a)** トリップ(麻薬による陶酔感・幻覚症状); 夢中で何かをしている時間, ものにつかれたような状態. **b)** (陶酔

T

感をもたらす)一服の麻薬. [*engl.*; ◇trippeln]

▽**Tri·par·ti·tion**[tripartitsió:n] 女 -/-en =Trisektion

tripel..《名詞などにつけて「3・三重」を意味する. triple.. とつづることもある》

Tri·pel[1][trí:pəl] **I** 中 -s/- 3個からなるもの, 三つ組, 三つぞろい;〖数〗三重対, 三つ組(三角形の辺・頂点など). ▽**II** 男 -s/- 三重のもうけ. [*lat.* triplus „dreifach"–*fr.*; ◇tri..; *engl.* triple]

Tri·pel[2][–] 男 -s/ 〖鉱〗トリポリ石(板状珪藻(けいそう)土で, 研磨剤に用いる). [<Tripolis; ◇*engl.* tripoli]

Tri·pel⸗al·lianz[trí:pəl..] 女 (Dreibund)〖史〗三国同盟(特にドイツ・オーストリア・イタリアの秘密軍事同盟. 1882-1915). ⸗**en·tente**[..|ãtã:t(ə)] 女〖史〗三国協商(特にイギリス・フランス・ロシアの同盟関係. 1907-17). ⸗**fu·ge** 女〖楽〗三重フーガ. ⸗**kon·zert** 中〖楽〗三重協奏曲. ⸗**punkt** 男〖理〗(気相・液相・固相の平衡を保つ)三重点. ⸗**takt** 男〖楽〗3拍子.

Tri·phthong[trıftɔ́ŋ] 男 -s/-e〖言〗三重母音(㊀ イタリア語の iei). [<*gr.* phthóggos „Laut"; ◇Diphthong]

Tri·pla Triplum の複数.

triple.. →tripel..

tri·plie·ren[triplí:rən] 他 (h) (verdreifachen) 3倍〈三重〉にする; (書類などを) 3通作成する. [*fr.*]

Tri·plik[triplí:k, ..lík] 女 -/-en〖法〗(被告の再々抗弁 Duplik に対する原告の)第3回目の訴答. [*fr.* triplique]

▽**Tri·pli·kat**[..pliká:t] 中 -[e]s/-e (正本1通・副本2通合わせて3通のうちの) 2番目の副本, 第2副本.

Tri·pli·ka·tion[..katsió:n] 女 -/-en〖修辞〗(同一の語・語群などの)三重複. [*lat.*; <*lat.* tri-plex „dreifach"]

▽**Tri·pli·zi·tät**[..tsitɛ́:t] 女 -/ 3倍〈三重〉になっていること(状態・性質); 三つ組, 三つぞろい. [*spätlat.*]

tri·plo·id[triploí:t][1] 形〖生〗(染色体について)三倍性の, 三倍体の. [<..oid]

Tri·plum[trí(:)plʊm] 中 -s/..pla[..pla·] (三重のもの. 例えば:)〖楽〗三声部; 三声部の曲. [*lat.*; ◇Tripel[1]]

Trip·ma·dam[trípmadam] 女 -/-en〖植〗ベンケイソウ(弁慶草)属の一種(ヨーロッパでは野菜として栽培される). [*mfr.*]

Tri·po·den Tripus の複数.

Tri·po·die[tripodí:] 女 -/-n[..dí:ən]〖詩〗3詩脚〈主副3揚格〉拍節, 3歩句(x́x | x̀x | x̀x) (→Dipodie, Monopodie). [*gr.*]

Tri·po·lis[trí:polıs] (**Tri·po·li**[..li·]) 地名 トリポリ(リビア共和国の首都). [*gr.*–*lat.*; <*gr.* pólis „Stadt"]

Tri·po·li·ta·ner[tripolitá:nər] 男 -s/- トリポリの人.

Tri·po·li·ta·ni·en[..tá:niən] 地名 トリポリタニア(リビア西部, 地中海に面する地方. 中心都市 Tripolis).

tri·po·li·ta·nisch[..tá:nıʃ] 形 トリポリの.

tripp[trıp] 間 →trapp 1

trip·peln[trípəln]《06》自 (s, h) ちょこちょこ歩く.

trip·pen[trípən] 自 (h, s)《北部》=tropfen I

Trip·per[trípər] 男 -s/- (Gonorrhöe)〖医〗淋疾(りんしつ), 淋病: [den / einen] ～ haben 淋病にかかっている | *sich*[3] den ～ holen 淋病にかかる.

Tri·ptik[tríptık] 中 -s/-s =Triptyk

Tri·pty·chon[tríptʏçɔn, ..tyçɔn] 中 -s/..chen[..çən], ..cha[..ça·]〖美〗トリプティーク(3枚折り祭壇画). [*gr.* tríptychos „drei-schichtig"]

Tri·ptyk[..tʏk] 中 -s/-s (自動車・船舶などの)国境通過許可証. [*fr.* triptyque; 三つ折りであることから]

Tri·pus[trí:pu:s, tríp..] 男 -/..poden[tripó:dən] (古代ギリシアの)三脚台. [*gr.*–*lat.*; ◇..pode; *engl.* tripod]

Tri·re·me[triré:mə] 女 -/-n =Triere [*lat.*; <*lat.* rēmus (→Riemen[2])]

tri·schacken[triʃá(:)kən, trí:ʃakən] 他 (h)《南部・オーストリア》《*jn.*》散々に殴る, 痛めつける.

Tri·sek·tion[trizɛktsió:n] 女 -/-en **1** 3分割. **2**〖数〗(角の) 3[等]分.

trist[trıst] 形 もの悲しい, ものさびしい, わびしい, 荒涼とした; 陰鬱(いんうつ)〈憂鬱〉な: einen ～*en* Eindruck machen もの悲しい印象を与える. [*lat.*–*fr.*]

Tri·stan[trístan] 人名 トリスタン(ケルト伝説の人物. Isolde との悲恋物語はしばしば文芸作品の題材となり, ドイツでは特に Gottfried von Straßburg の叙事詩, Wagner の楽劇などが有名. 英語形 Tristram). [*kelt.*–*afr.*–*mhd.*]

Tri·ste[trístə] 女 -/-n《南部・オーストリア・スイス》干し草の山.

Tri·stesse[trıstɛ́s] 女 -/-n[..sən] 悲哀, さびしさ; 陰鬱(いんうつ), 憂鬱. [*fr.*; ◇trist]

Tri·sti·chon[trístıçɔn, ..tiçɔn] 中 -s/..chen[..çən]〖詩〗3行詩. [<*gr.* stíchos (→stichisch)]

tri·syl·la·bisch[trizʏlá:bıʃ] 形 (dreisilbig) 3音節の, 3音綴(おんてつ)の.

Tri·syl·la·bum[..zʏ́labʊm] 中 -s/..ba[..ba·], ..ben[..zʏlá:bən] 3音節の語, 3音綴(おんてつ)の語. [*gr.* trisýllabos „drei-silbig"–*spätlat.*; ◇Silbe]

Trit·ago·nist[tritagoníst] 男 -en/-en〖劇〗(古代ギリシア劇の)第三俳優. [*gr.*; <*gr.* trítos „dritter"]

Tri·the·is·mus[triteísmʊs] 男 -/〖キリスト教〗三神説, 三位異体論.

Tri·tium[trí:tsiʊm] 中 -s/〖化〗トリチウム, 三重水素(記号 T).

Tri·ton[1][trí:tɔn] 中 -s/-en[tritó:nən]〖理〗三重陽子, トリトン. [<*gr.* trítos „dritter"]

Tri·ton[2][–] **I** 人名〖ギ神〗トリトン(Poseidon の息子で半人半魚の海神. ほら貝を吹き鳴らして海を鎮めるという). **II** 男 -en[tritó:nən]/-en **1**〖貝〗ホラガイ(法螺貝). **2**〖動〗イモリ. **III** der **Tri·ton** 男 -s/〖天〗トリトン(海王星の衛星の一つ). [*gr.*–*lat.*]

Tri·tons·horn 中 -[e]s/..hörner〖貝〗ホラガイ.

Tri·to·nus[trí:tonʊs] 男 -/〖楽〗三全音. [*gr.* trítonos „mit drei Tönen"; ◇*engl.* tritone]

tritt[trıt] treten の現在3人称単数および命令法単数.

Tritt[trıt] 男 -es(-s)/-e **1** 足で踏む〈足を踏み出す〉こと; 歩くこと, 歩み; 歩きぶり, 足どり; 足音: einen festen 〈leichten〉 ～ haben 足どりがしっかりしている〈軽い〉| einen falschen ～ tun 足を踏みそこなう, 足首をくじく ‖ Man erkennt ihn sofort am ～. 歩き方を見れば〈足音を聞けば〉すぐに彼だということがわかる | auf Schritt und ～ (→Schritt 1) | Bei jedem ～ knarrten die Dielen. 一歩踏み出すごとに床がきしんだ | mit schwerem ～ / ▽schweren ～*es* 足どりも重く | Ich hörte ～*e* auf dem Flur. 玄関で足音が聞こえた. **2**《単数で》(そろった)歩調, 足並み: **～ fassen** 歩調をとる, 歩調をそろえる;《比》(再び)立ち直る, 安定する | ～ halten 同じ歩調を保つ | falschen ～ haben 歩調が合っていない ‖ *jn.* aus dem ～ bringen …の歩調を乱れさせる | aus dem ～ kommen 歩調が乱れる | im ～ marschieren 歩調をとって行進する | in gleichem Schritt und ～ 歩調〈足並み〉をそろえて | ohne ～ 歩調をとらずに | **ohne ～, marsch!** 歩調やめ(号令). **3 a**) 踏みつけること; ける〈けとばす〉こと, 足げり: **einen ～ bekommen 〈kriegen〉** けとばされる;《話》(突然)くびになる, 解雇される | *jm.* einen ～ geben 〈versetzen〉 …をけとばす;《話》…を(突然)くびにする ‖ durch den ～ eines Pferdes verletzt werden 馬にけられて負傷する | die Tür mit einem ～ öffnen ドアを足でけって開ける. **b**) (球技, 特にラグビーで)キック. **4 a**) 足跡;〖狩〗(野鳥・野獣などの)足跡: ～*e* im Schnee 雪のなかの足跡. **b**)《複数で》(鶏・ハト・小鳥の)足. **5** (Estrade) (窓ぎわなどに設けられた)高座, 壇. **6** =Trittbrett **7** =Trittleiter

Tritt·brett[trít..] 中 **1** (乗り物の昇降用の)踏み段, タラップ. **2** (オルガン・織機などの)踏み板(→ 図 Harmonium).

Tritt·brett·fah·rer 男《軽蔑的に》(自分は仕事をせずに利益だけを求める)便乗者.

Tritt·chen[trítçən] 中 -s/-《ふつう複数で》《話》靴, 長靴.

tritt·fest 形 (台・はしごなどが)踏んでもぐらつかない.

Tritt·lei·ter 女 (二三段の低い)脚立(きゃたつ).

trittst[trıtst] treten の現在2人称単数.

Tri·umph[triʊ́mf] 男 -[e]s/-e **1 a**) 大勝利, 大成功: ein ～ der Technik 技術の勝利 | der ～ eines Schauspielers 俳優の大成功 | ein ~ über *et.*[4] …に対する勝利 ‖ einen ~ erringen 勝利〈大成功〉を収める | einen großen ~ feiern 大成功を収める. **b**) 《単数で》勝利の喜び〈満足感〉, 勝利感: in stillem ~ 心ひそかに凱歌(がいか)をあげながら | *Triumph* spiegelte sich in seiner Miene. 得意の表情が彼の顔に浮かんでいた. **2** 〔古代ローマの〕凱旋行進, 戦勝式: im ~ durch die Straße geleitet werden 勝利のパレードで迎えられる. [*lat.*]

trium·phal[triʊmfá:l] 形 勝利感〈熱狂〉を呼び起こす; 輝かしい, すばらしい, 堂々とした: ein ~*er* Erfolg 輝かしい成功 | *jn.* ~ empfangen …を熱狂的に迎える. [*lat.*; ◇..al[1]]

trium·phant[..fánt] 形 **1** 勝ち誇った, 意気揚々とした, 勝利〈成功〉に酔った. **2** 勝利を収めた, 大成功の.

Trium·pha·tor[..fá:tɔr, ..to:r] 男 -s/-en[..fató:rən] (古代ローマの)凱旋(がいせん)将軍; 《比》(勝ち誇った)勝利者. [*lat.*]

Triumph≈bo·gen[triʊ́mf..] 男 **1** 凱旋(がいせん)門(→ 図). **2** (キリスト教教会堂の)凱旋アーチ(内陣と身廊を区切るアーチで, ふつうその壁面に死に対するキリストの勝利を主題とする壁画が描かれている). **≈ge·schrei** 中 勝ちどき, 凱歌(がいか).

Triumphbogen

trium·phie·ren[triʊmfí:rən] 自 (h) **1** 《über *jn.* 〈*et.*[4]〉》(…に対して)勝利を収める, (…に)打ち勝つ: Sein Geist *triumphierte* über seinen Körper. 彼の精神は肉体に打ち勝った. **2** 勝利〈成功〉を喜ぶ, 勝利感に酔う, 勝ち誇る: Siege, aber *triumphiere* nicht! 勝つのはよいが 勝利におごるな | ein *triumphierendes* Lächeln 得意然とした笑み. [*lat.*]

Triumph≈kreuz[triʊ́mf..] 中 Triumphbogen 2の前にある十字架像. **≈zug** 男 凱旋(がいせん)行列; (勝利・成功を祝う)行列, パレード.

Trium·vir[triʊ́mvɪr] 男 -s, -n/-n (古代ローマの, 三頭政治を行った)執政官.
[*lat.*; < *lat.* vir „Mann"; ◇tri..]

Trium·vi·rat[triʊmvirá:t] 中 -[e]s/-e (古代ローマの)三頭政治. [*lat.*; ◇..at]

tri·va·lent[trivalɛ́nt] 形 (dreiwertig) 〖化〗(原子価が) 3 価の. [< *lat.* valēns „stark" (◇Valenz)]

tri·vial[triviá:l] 形 平凡な, ありふれた; つまらない, くだらない; 通俗的な: ein ~*er* Gedanke 陳腐な〈ありふれた〉考え.
[*lat.*–*fr.*; ◇..al[1]]

Tri·vial·au·tor 男 [triviá:l..] 男 通俗作家.

Tri·via·li·tät[..vialité:t] 女 -/-en **1** 《単数で》trivial なこと. **2** trivial な考え〈意見〉.

Tri·vial·li·te·ra·tur[triviá:l..] 女 通俗文学, 通俗的な〈俗受けのする〉読み物.

Tri·vium[trí:viʊm] 中 -s/ 三学科(中世の大学の教養七学科のうち下位の三科: 文法・修辞学・論理学: →frei I 1 b, Quadrivium).
[*lat.* tri-vium „Drei-weg"–*mlat.*; ◇via]

Tri·zeps[trí:tsɛps] 男 -/-e 〖解〗(上腕の)三頭筋.
[*lat.* tri-ceps „drei-köpfig"; ◇Haupt]

Tro·chä·en Trochäus の複数.

tro·chä·isch[trɔxɛ́:ɪʃ] 形 〖詩〗トロカイオスの, 長短〈揚抑〉格の, 強弱格の. [*gr.*–*lat.*; ◇ *engl.* trochaic]

Tro·chä·us[..xɛ́:ʊs] 男 -/..chäen[..xɛ́:ən] 〖詩〗トロカイオス, 長短〈揚抑〉格 (—◡); (ドイツ語の韻文では)強弱格 (x́x). [*gr.*–*lat.*; < *gr.* tréchein „laufen"; ◇ *engl.* trochee]

Tro·chi·lus[trɔ́xilʊs] 男 -/..len[trɔxí:lən] 〖建〗(古典建築の柱脚の)大えぐり(→ 図 Basis).
[*gr.* trochílos „Läufer"]

trocken[trɔ́kən] (trock·n..) 形 **1** (↔naß, feucht) **a**) かわいた, 乾燥した; 水気のない, 乾性の, かさかさ〈ぱさぱさ〉の; 枯れた, 干からびた: ~*er* Boden 乾燥した土地 | ~*es* Brot (古くて)堅くなったパン(→ 2) | ~*e* Destillation 〖化〗乾留 | ~*es* Haar ぱさぱさの髪 | ~*es* Handtuch 乾いたタオル | ~*e* Haut 乾性〈かさかさ〉の皮膚 | ein ~*er* Husten 空咳(からせき) | ~*es* Land (海に対して)陸地 | ~*es* Laub 枯れ葉 | ~*e* Lippen 乾いた唇 | ~*e* Luft 乾燥した空気 ‖ ~*en* Auges 《比》(涙も流さずに)平然として | keinen ~*en* Faden mehr am Leibe haben 《俗》全身ずぶぬれである | einen ~*en* Hals 〈Mund〉 haben のど〈口の中〉がからからである | eine ~*e* Kehle haben 《話》〔常に〕酒を欲しがっている ‖ Die Wäsche ist schon 〈noch nicht〉 ~. 洗濯物はもう乾いている〈まだ乾いていない〉 | Kein Auge bleibt ~. (→Auge 1) | noch nicht ~ hinter den Ohren sein (→Ohr 1) ‖ *et.*[4] ~ legen …を乾いた〈ぬれない〉場所に移す(ただし: →trockenlegen) | Das Schiff liegt ~. 船は陸(おか)に引き揚げられてある〈座礁している〉 | *sich*[4] ~ rasieren (せっけんを使わずに)電気かみそりでひげをそる | *et.*[4] ~ reinigen …をドライクリーニングする | Die Kuh steht ~. この乳牛は乳が出ない | Wir sind noch ~ heimgekommen. 我々は雨にぬれずに家にたどりつくことができた ‖〖名詞化して〗auf dem *Trock*[*e*]*nen* 陸(おか)〈陸上〉で | **auf dem ~*en* sitzen** 《話》 i) (貯えが底をついて)せっぱ詰まっている, にっちもさっちもいかない; ii) 杯をからにして座っている | ***jn.* auf das ~*e* setzen** 《話》…を干(ほ)す, …を困らせる | im *Trock*[*e*]*nen* 雨にぬれない場所で | **im ~*en* sitzen** 《話》安全な場所にいる, 安全に守られている | *et.*[4] ins *Trock*[*e*]*ne* bringen …を乾いた〈ぬれない〉場所に移す | *sein* Schäfchen ins ~*e* bringen (→Schäfchen 1).
☆ 動詞と用いる場合はふつう分離の前つづりとみなされる.

b) (気候・季節などが)雨の少ない, 乾燥性の: ein ~*er* Sommer 雨の少ない夏 | Das Frühjahr war zu ~. この春は雨が少なすぎた.

2 a) (パンなどに)何もついていない; (食物に)ソースがかかっていない: ~*es* Brot 何もつけてないパン(→1 a) | ~*e* Kartoffeln 塩ゆでしただけのジャガイモ ‖ das Brot ~ essen 何もつけずにパンを食べる.

b) 酒〈アルコール〉抜きの, 飲み物代を含めないで: Das ~*e* Gedeck kostet 8 Mark. 定食は酒なしで 8 マルクする | Er ist schon lange ~. 彼はもう長いこと酒を断っている.

c) 《話》(客などが)チップを払わない, しぶい.

3 《比》無味乾燥な, そっけない; つまらない, 退屈な; 冷静な, 冷淡な: ein ~*er* Büromensch 面白味のない事務屋 | ein ~*er* Humor (にこりともしないで言う)さりげないユーモア | ein ~*er* Vortrag 無味乾燥な講演 | in ~*em* Ton そっけない〈事務的な〉口調で.

4 (酒類が)甘くない, 辛口の: ein ~*er* Sekt 辛口のシャンペン | Der Sherry ist extra ~. このシェリー酒は特別に辛口だ.

5 〖ボクシング〗(パンチなどが)痛烈な.

6 (馬が)筋骨たくましい.
[*ahd.*; ◇trocknen; *engl.* dry]

Trocken≈an·la·ge[trɔ́kən..] 女 乾燥装置. **≈ap·pa·rat** 男 乾燥機, ドライヤー. **≈au·to·mat** 男 (洗濯物の)自動乾燥機. **≈bat·te·rie** 女 〖電〗乾電池. **≈bee·ren** 複 (枝に残して)半ば干からびるほど熟させたぶどう, トロッケンベーレン.

Trocken·bee·ren·aus·le·se 女 トロッケンベーレンアウスレーゼ (Trockenbeeren の粒を精選して作った最高級ワイン), 乾粒選果貴腐(きふ)ワイン.

Trocken≈blu·me 女 〖植〗ムギワラギク(麦藁菊)属(ドライフラワーの材料にする). **≈bo·den** 男 (屋根裏の)乾燥室, 物干し場(→ 図 Haus B). **≈de·stil·la·tion** 女 〖化〗乾留. **≈dock** 中 〖船〗乾ドック. **≈ei** 中 (粉状の)乾燥卵. **≈eis** 中 ドライアイス. **≈ele·ment** 中 〖電〗乾電池. **≈fäu·le** 女 乾燥腐朽, 〖植〗乾腐病. **≈fir·nis** 男 〖電〗焼付ワニス. **≈fleisch** 中 乾燥肉. **≈fut·ter** 中 乾燥飼料(干しまぐさなど). **≈füt·te·rung** 女 (家畜を)乾燥飼料で飼育〈飼養〉すること. **≈ge·biet** 中 乾燥地帯. **≈ge·**

T

mü·se 中 乾燥野菜. ⸗**ge·stell** 中 乾燥架, 干し物掛け. ⸗**gren·ze** 女 -/ 〘地〙乾燥限界(乾燥気候と湿潤気候の境界線). ⸗**guß** 男〘金属〙乾燥鋳造. ⸗**hau·be** 女〘美容〙ボンネット型ヘアドライヤー(→ 図 Haube).

Trọcken·heit[trɔ́kənhaɪt] 女 -/-en《ふつう単数で》(trocken なこと. 例えば:) 乾燥状態; 干魃(かんばつ), ひでり; 無味乾燥.

Trọcken⸗kam·mer 女 **1** 乾燥室. **2** =Trockenofen ⸗**klo** 中, ⸗**klo·sett** 中 (上下水道をもたない)簡易便所. ⸗**kurs** 男 (雪なしでの, スキーの)地上初歩講習〈コース〉.

trọcken|le·gen[trɔ́kənle:gən][1] 他 (h) **1**《*jn.*》(…の)おむつを取り替える. **2** 排水する; (沼沢地などを)干拓する. **3**《話》《*jn.*》(…に)禁酒を命じる, 禁酒療法を施す; (国などに)禁酒令をしく.

★ ただし: trocken legen →trocken 1 a

Trọcken·le·gung[..gʊŋ] 女 -/-en trockenlegen すること.

ᵛ**Trọcken·maß** 中 (穀物・果実などの分量を量る)乾量.

Trọcken⸗mas·se 女 (酪農製品などで水分を除いた)固形分: 20 % in ～ (略 i. Tr.) 固形分20パーセント. ⸗**milch** 女 乾燥〈ドライ〉ミルク, 粉乳. ⸗**mit·tel** 中 乾燥剤. ⸗**obst** 中 乾燥果実. ⸗**ofen** 男〘金属〙乾燥炉〈がま〉. ⸗**pflan·ze** 女 (↔Feuchtpflanze) 乾性植物. ⸗**plat·te** 女〘写〙乾板(かんぱん). ⸗**platz** 男 (洗濯物の)乾燥場, 物干し場. ⸗**ra·sier·ap·pa·rat** 男 =Trockenrasierer 1 ⸗**ra·sie·rer**[..razi:rər] 男 -s/-《話》**1** 電気かみそり. **2** 電気かみそりを使う人. ⸗**ra·sur** 女 (↔Naßrasur)(せっけんを用いない)電気かみそりによるひげそり. ⸗**raum** 男 乾燥室.

trọcken|rei·ben* 《114》他 (h) こすって〈摩擦して〉乾かす, (…のしめりけ・水分などを)きれいにふきとる.

Trọcken·rei·ni·gung 女 ドライクリーニング.

trọcken|ru·dern 《05》自 (h)《ふつう不定詞・分詞で》漕艇(そうてい)〈ボート漕ぎ〉の陸上トレーニングをする.

Trọcken⸗scham·pun 中 ドライシャンプー. ⸗**schleu·der** 女 (洗濯物用の)遠心脱水機. ⸗**schwim·men** 中 水泳の陸上トレーニング. ⸗**se·rum·kon·ser·ve** 女〘医〙乾燥保存血清. ⸗**sham·poo**[..ʃɛmpu:] 中 =Trockenschampun

trọcken|sit·zen* 《171》自 (h)《話》(客などが)酒を供されていない: *jn.* ～ lassen …に酒を出さない.

Trọcken⸗spi·ri·tus 男 -/-se 固形アルコール. ⸗**star·re** 女〘動〙(カエル・ワニなどの)乾燥硬直〈仮死〉. ⸗**stoff** 男 (ペンキ・油絵の具などに混ぜる)乾燥剤. ⸗**sub·stanz** 女 (食料品・木材などの)乾燥分. ⸗**übung** 女 (水泳・漕艇(そうてい)などの)陸上トレーニング; (スキーの)雪なし地上練習. ⸗**wä·sche** 女 (水につける前の)乾いた状態の洗濯物. ⸗**wol·le** 女 防水加工毛糸. ⸗**zeit** 女 (↔Regenzeit)(熱帯・亜熱帯地方の)乾季, 乾期; 〘地〙乾燥期.

Trọcken·zell·the·ra·pie 女〘医〙乾燥細胞療法.

trọck·n.. →trocken

trọck·nen[trɔ́knən] 《01》 **I** 自 (s, h) 乾く, 乾燥する; 干からびる: am Ofen 〈an der Sonne〉 ～ ストーブの熱〈日光〉で乾く ‖ *et.*[4] ～ lassen …を乾かす | *sich*[4] von der Sonne ～ lassen 日光で体を乾かす | Die Wäsche ist 〈hat〉 schon *getrocknet*. 洗濯物はもう乾いた ‖ *et.*[4] zum *Trocknen* aufhängen …を乾かすためにつるす ‖ *trocknendes* Öl 乾性油.

II 他 (h) 乾かす, 乾燥させる, 脱水する; (果実・野菜・肉などを)干す, 乾燥させる; (汗・涙などを)ぬぐう, ふき取る: Fische 〈Pilze〉 ～ 魚〈キノコ〉を干す | die Wäsche ～ 洗濯物を乾かす | *sich*[3] die Haare 〔mit dem Fön〕 ～ 髪を〔ヘアドライヤーで〕乾かす | *sich*[3] die Augen ～ / *seine* Tränen ～ 涙をぬぐう | *js.* Tränen ～《比》…を慰める | *sich*[3] den Schweiß auf der Stirn ～ 額の汗をふく ‖ *getrocknete* Bananen 乾燥バナナ.

[*ahd.*; ◇trocken]

Trọck·ner[trɔ́knər] 男 -s/- =Trockenapparat

Trọck·nung[..nʊŋ] 女 -/ trocknen すること.

Trọd·del[trɔ́dəl] 女 -/-n (Quaste) ふさ〔飾り〕. [< *ahd.* trado „Franse"]

Trọd·del·blu·me 女〘植〙ソルダネラ, イワカガミダマシ(サクラソウ科の高山植物).

Trö·del[trø:dəl] 男 -s/ **1**《話》(無価値な)古物(衣服・家具・道具類など), 使い古し, がらくた. **2** =Trödelmarkt

Trö·del·bu·de 女 =Trödelladen

Trö·de·lei[trø:dəláɪ] 女 -/-en 〔絶えず〕trödeln すること.

Trö·del⸗fritz[trø:dəl..] 男 -en/-en, ⸗**frit·ze** 男 -n/-n《話》ぐず〈のろま〉な男.

trö·de·lig[trø:dəlɪç][2] 形 ぐずの, のろまな.

Trö·del⸗kram 男《話》古物, がらくた. ⸗**la·den** 男《話》古物商の店, 古道具屋. ⸗**lie·se** 女 -/-n《話》ぐず〈のろま〉な女. ⸗**markt** 男 のみの市, がらくた市.

trö·deln[trø:dəln] 《06》自 **1**《話》**a)** (h) ぐずぐず〈のろのろ〉する, のらくらと仕事をする, 道草を食う: bei der Arbeit ～ だらだら働く, のろのろ仕事をする | *Trödle* doch nicht so! そんなにぐずぐずするな. **b)** (s)《方向を示す語句と》ぶらぶら歩く. ᵛ**2** (h) 古物を商う.

Trö·del·wa·re 女 -/-n《ふつう複数で》古物, 古着〈古道具〉類.

Tröd·ler[trø:dlər] 男 -s/- (⊛ **Tröd·le·rin**[..lərɪn]-/-nen) **1** 古物商人. **2** ぐず〈のろま〉な人.

Tro·er[tró:ər] 男 -s/- =Trojaner

troff[trɔf] triefte (triefen の過去)の雅語形.

tröf·fe[trœfə] triefte (triefen の接続法 II)の雅語形.

trog[tro:k][1] trügen の過去.

Trog[tro:k][1] 男 -[e]s/Tröge[trø:gə] (長方形の箱形の)槽(おけ); (特に:) (Futtertrog) (家畜用の)餌(え)入れ, 飼料槽: (Backtrog) (製パン用の)こね槽; (Waschtrog) 洗濯槽. [*germ.*; ◇treu, Truhe, Teer; *engl.* trough, tree; *gr.* dóry „Baumstamm"]

trö·ge[trø:gə] trügen の接続法 II.

Tro·glo·dyt[troglodý:t] 男 -en/-en (氷河期の)穴居人. [*gr.*−*lat.*; < *gr.* trṓglē „Höhle"+dýesthai „eindringen"]

Trog⸗mu·schel[tró:k..] 女〘貝〙バカガイ(馬鹿貝). ⸗**tal** 中〘地〙(横断面が U 字形の) U 字谷(こく)(→ 図 Tal).

Troi·cart[troaká:r] 男 -s/-s =Trokar

Troi·er[trɔ́ʏər] 男 -s/- =Troyer

Troi·ka[trɔ́ʏka·, tró:ika·] 女 -s/- (Dreigespann) トロイカ(ロシアの 3 頭立ての馬車・馬そり); 《比》トロイカ方式〈体制〉, 三頭政治. [*russ.*; < *russ.* troje „drei" (◇drei)]

Troi·kart[troaká:r] 男 -s/-s, -e =Trokar

tro·isch[tró:ɪʃ] =trojanisch

Tro·ja[tró:ja·] 地名 トロイア, トロイ(小アジア北西部, トロアス Troas 地方の古代都市の遺跡. Dardanellen 海峡入口の丘に建てられ,《Ilias》に歌われたトロイア戦争の舞台: →trojanisch). [*gr.*−*lat.*; < *gr.* Trṓs (Troja の建設者とされる); ◇ *engl.* Troy]

Tro·ja·ner[trojá:nər] 男 -s/- トロイアの人.

tro·ja·nisch[..nɪʃ] 形 トロイアの: der *Trojanische* Krieg トロイア戦争 (Homer の《Ilias》に歌われた, トロイア王城の攻防をめぐるギリシアとトロイアの戦) | **das *Trojanische* Pferd** トロイアの木馬(トロイアの城内にギリシア軍を潜入させるために造られた巨大な木馬); 《比》危険な贈り物; (敵の内部を攪乱(かくらん)する)スパイ工作.

Tro·kar[troká:r] 男 -s/-e, -s〘医〙トロカール, 套管(とうかん)針(→ 図 Kanüle). [*fr.* trocart; < *fr.* trois „drei"+carre „Fläche" (◇karieren)]

tro·kie·ren[trokí:rən] 他 (h) (商品を)交換する, 物々交換で入手する. [*fr.* troquer; ◇Truck]

Tröl·bu·ße[trø:l..] 女《スイ》(裁判の進行を遅らせた者に科せられる)遅滞料.

trö·len[trø:lən] 他 (h)《スイ》(裁判の進行などを)遅滞させる. [„wälzen"; ◇trollen]

Troll[trɔl] 男 -[e]s/-e **1**〘北欧神〙(巨人または小人の形をした)魔物, 妖怪(ようかい). **2**〘狩〙(シカ・イノシシなどの)速足. [1: *skand.*; ◇Trulle; 2: < trollen]

Troll·blu·me[trɔ́l..] 女〘植〙キンバイソウ(金梅草)属.

trọl·len[trɔ́lən] **I** 自 (s) **1**《話》ぶらぶら(のんびり)歩く, てくてく歩く. **2**〖狩〗(シカ・イノシシなどが)速足で移動する. **II** 他 (h)《話》再帰 *sich*⁴ ~ 〔すごすごと〕おとなしく立ち去る; (…へ)赴く. [*mhd.*; ◇trölen]

Trọl·ley·bus[trɔ́libʊs] 男《ス イ ス》(Oberleitungsomnibus) トロリーバス. [*engl.*]

Trọl·lin·ger[trɔ́lɪŋər] 男 -s/- **1**《単数で》(赤ワイン用)トロリンガー種のぶどう. **2** トロリンガー種のぶどうからつくった赤ワイン. [<Tirol]

Trọm·be[trɔ́mbə] 女 -/-n (Windhose)〖気象〗(水・砂塵(さじん)などを巻き上げる)竜巻(たつまき).

[*ahd.* trumba—*it.* tromba „Trompete"—*fr.*; ◇Trompe[te], Trommel]

Trom·bọ·ne[trɔmbó:nə] 女 -/..ni[..ni·] (Posaune)〖楽〗トロンボーン. [*it.*]

Trọm·mel[trɔ́məl] 女 -/-n **1** (英: *drum*)〖楽〗太鼓, ドラム: eine große ⟨kleine⟩ ~ 大⟨小⟩太鼓 | Schellen*trommel* タンバリン ‖ die ~ schlagen ⟨rühren⟩ 太鼓を打ち鳴らす, ドラムをたたく | **die ~ für *jn.* ⟨*et.*⁴⟩ rühren**《比》…のために大々的に宣伝する(→Reklametrommel) | der ~ folgen《俗》募兵に応じる | Die ~*n* rasseln ⟨wirbeln⟩. 太鼓が鳴り響く.

2 (太鼓状・円筒状のもの. 例えば:) (Botanisiertrommel) (植物採集用の)胴乱; (Revolvertrommel) (回転式拳銃(けんじゅう)の)回転弾倉; (針金・ケーブルなどを巻きつける)巻き胴⟨枠⟩(→ 図 Kabel); (Waschtrommel)〖坑〗(洗鉱用の)円筒槽; (気圧計・温度計などの)自記円筒; (機械の)円筒部, 胴, ドラム;〖建〗ドラム(ドームの下部の円筒状壁体: → 図 Kuppel): Los*trommel* 回転抽選器.

[*mhd.* tru[m]-me; ◇Trombe; *engl.* drum]

Trọm·mel·brem·se 女 (ブレーキ片がブレーキ胴の内側にある)内側ブレーキ.

Trom·me·lei[trɔməlái] 女 -/-en 〔しきりに〕trommeln すること.

Trọm·mel·fell[trɔ́məl..] 中 **1** 太鼓の皮. **2**〖解〗(中耳の)鼓膜(→ 図 Ohr.)

Trọm·mel·fell·ent·zün·dung 女〖医〗鼓膜炎.

trọm·mel·fell·er·schüt·ternd 形 耳を聾(ろう)するばかりの.

Trọm·mel⸗feu·er 中〖軍〗連続集中砲火;《比》(質問・非難などの)連発, 集中: ein ~ von Fragen やつぎばやの質問. **⸗mi·scher** 男 ドラムミキサー(混合胴が円筒形のコンクリートミキサー).

trọm·meln[trɔ́məln] (06) **I** 自 (h) 太鼓を打つ, ドラムをたたく;《比》トントン⟨コツコツ・ドシンドシン⟩音をたてる; (キツツキが)木をつつく;〖狩〗(ウサギが危険を感じて)前足で地面をたたく: an ⟨gegen⟩ die Tür ~ 戸をドンドンたたく | [nervös] mit den Fingern auf dem Tisch ⟨auf den Tisch⟩ ~ 〔神経質そうに〕指で机をコツコツたたく | Regen *trommelt* gegen die Fensterscheibe. 雨がパラパラと窓ガラスにあたる ‖ 非人称 Es *trommelt* in meinem Kopf. 私は頭がずきずきする.

II 他 (h) 太鼓⟨ドラム⟩で奏する: den Takt ~ 太鼓⟨ドラム⟩で拍子を取る ‖ *jn.* aus dem Schlaf ~ 戸をドンドンたたいて…を起こす, …をたたき起こす | Gott sei's *getrommelt* und gepfiffen! (→Gott)

Trọm·mel⸗ofen 男 筒形⟨回転⟩炉. **⸗re·vol·ver** 男 回転式〔連発〕拳銃(けんじゅう). **⸗schlag** 男 太鼓を打つこと⟨音⟩, ドラムをたたくこと⟨音⟩. **⸗schle·gel** **⸗schlä·gel** 男 -s/-《ふつう複数で》太鼓⟨ドラム⟩のばち. **⸗spei·cher** 男〖電算〗磁気ドラム装置. **⸗spra·che** 女 (未開民族の)太鼓による通信. **⸗stock** 男 -[e]s/..stöcke《ふつう複数で》=Trommelschlegel **⸗sucht** 女 -/〖畜〗(特に反芻(はんすう)動物に見られる)鼓腸. **⸗wasch·ma·schi·ne** 女 回転ドラム型洗濯機. **⸗wir·bel** 男 太鼓の連打⟨すり打ち⟩.

Trom·mẹ·te[trɔmé:tə] 女 -/-n《雅》=Trompete

Trọmm·ler[trɔ́mlər] 男 -s/- 太鼓のたたき手, 鼓手; ドラム奏者, ドラマー. [<trommeln]

Trọm·pe[trɔ́mpə] 女 -/-n〖建〗トロンプ, 穹隅(きゅうぐう) (入隅(いりすみ)の迫持(せりもち)式構造部). [*ahd.* trumba (→Trombe)—*fr.* „Trompete"; ◇ *engl.* trump]

Trompe-l'œil[trɔ̃plœj] 男 -/〖美〗トロンプ=ルイユ(特にマニエリスム期・バロック期のだまし絵. また現代の室内装飾でだまし絵の効果を利用した立体技法).

[*fr.* „Augentäuschung"]

Trom·pẹ·te[trɔmpé:tə] 女 -/-n **1**〖楽〗トランペット(→ 図 Blasinstrument); らっぱ: [die] ~ ⟨auf der ~⟩ blasen トランペットを吹く, らっぱを吹く ‖ **kräftig in die ~ stoßen**《話》大ぼらを吹く, 大言壮語する | mit Pauken und ~*n* (→Pauke 1) ‖ Die ~*n* schmetterten. トランペット⟨らっぱ⟩が鳴り響いた. **2**〖解〗**a)** (Muttertrompete) 卵管, らっぱ管. **b)** (Ohrtrompete) 耳管. [*mfr.* trompette (—*mhd.* trumet); ◇ *engl.* trumpet]

trom·pẹ·ten[trɔmpé:tən] (01)《過分 trompetet》**I** 自 (h) トランペット⟨らっぱ⟩を吹く;《比》(象などがらっぱのような声で)ほえる;《話》大きな音をたてて鼻をかむ; 大声で話す, どなる.

II 他 (h) (トランペット・らっぱなどで)吹奏する;《比》吹聴する: einen Marsch ~ 進軍らっぱを吹く | *jn.* aus dem Schlaf ~ 大声を出して…を起こす | *js.* Schmach ~ …の恥を言いふらす.

Trom·pẹ·ten⸗baum 男〖植〗キササゲ(木豇豆)属. **⸗blu·me** 女〖植〗サルピグロッシス, サルメンバナ(南米産ナス科の草花). **⸗gei·ge** 女 = Trumscheit **⸗ge·schmet·ter** 中 トランペット⟨らっぱ⟩の響き. **⸗ho·se** 女《話》らっぱズボン. **⸗nar·zis·se** 女〖植〗ラッパズイセン(喇叭水仙). **⸗rohr** 中 トランペットの円筒状直管: Scheiße im ~! (→Scheiße 2). **⸗schall** 男 トランペット⟨らっぱ⟩の音. **⸗schnecke** 女〖貝〗ホラガイ(法螺貝). **⸗si·gnal** 中 らっぱ信号, らっぱの合図. **⸗stoß** 男 トランペット⟨らっぱ⟩の一吹き. **⸗tier·chen** 中〖動〗ラッパムシ(喇叭虫) (原生動物). **⸗zun·ge** 女 =Trompetenblume

Trom·pẹ·ter[trɔmpé:tər] 男 -s/- トランペット奏者;〖軍〗らっぱ手.

Trom·pẹ·ter·vo·gel 男〖鳥〗ラッパチョウ(喇叭鳥).

trom·pie·ren[trɔmpí:rən] 他 (h)《南部》《*jn.*》欺く, だます. [*fr.*]

..tron[..trɔn, ..tro:n]〖理〗《中性名詞 (-s/-en) をつくる》**1** (「素粒子」を意味する): Neu*tron* 中性子 | Posi*tron* 陽電子 | Elek*tron* 電子. **2** (「真空管・粒子加速装置」を意味する): Beta*tron* ベータトロン | Synchro*tron* シンクロトロン. [*gr.*]

Trọn·je[trɔ́njə] →Hagen²

Trọ·pe[tró:pə] 女 -/-n〖修辞〗形象的表現, 比喩(ひゆ) (例 Wein の代わりに Bacchus を, Sonne の代わりに Himmelslicht を用いるなど). [<*gr.* trópos (→Tropus)]

Trọ·pen[tró:pən] **I** 複〖地〗熱帯〔地方〕: in den ~ 熱帯〔地方〕で⟨に⟩. **II** Trope, Tropus の複数.

[I: *gr.* tropḗ „Wendung"; ◇Trophäe; *engl.* the tropics]

Trọ·pen·an·zug 男 熱帯服.

trọ·pen·fest 形 熱帯に耐えられる;〖医〗熱帯耐性の: *et.*⁴ ~ machen …を熱帯〔地方〕向きに処理する.

Trọ·pen⸗fie·ber 中 -s/〖医〗熱帯熱, 悪性マラリア. **⸗helm** 男 ヘルメット帽, 防暑帽(→ 図 Helm). **⸗hy·gie·ne** 女 熱帯衛生. **⸗in·sti·tut** 中 熱帯研究所. **⸗kli·ma** 中 熱帯気候. **⸗kol·ler** 男 -s/〖医〗(熱帯地方に長期滞在する人にしばしば見られる)熱帯神経症. **⸗krank·heit** 女 熱帯病(マラリア・黄熱病・デング熱・睡眠病など). **⸗me·di·zin** 女 熱帯医学. **⸗pflan·ze** 女 熱帯植物.

trọ·pen·taug·lich 形 (体質が)熱帯〔の生活〕に適した, 熱帯向きの.

Tropf¹[trɔpf] 男 -[e]s/Tröpfe[trœ́pfə]《話》やつ; (特に:) まぬけ, うすのろ: ein armer ~ かわいそうなやつ.

Tropf²[—] 男 -[e]s/-e〖医〗点滴装置, 灌注(かんちゅう)器, イルリガートル: am ~ hängen (患者が)点滴注射を受ける.

tropf·bar[trɔ́pfba:r] 形 (液体が)したたることのできる, 滴下しうる.

Tröpf·chen Tropfen の縮小形.

Tröpf·chen⸗in·fek·tion[trœ́pfçən..] 女〖医〗(せき・

くしゃみなどによる)飛沫(ひまつ)感染. ≈**mo·dell** 中〘理〙(原子核の)液滴模型.

tröpf·chen·wei·se 副 (→..weise ★)一滴ずつ; ポタポタと; 《比》ごく少量ずつ, 小出しに.

Tröp·fe Tropf[1]の複数.

tröp·feln[trœpfəln] 《06》 **I** 自 **1** (s) (液状のものが)ポタポタしたたる, 滴下する: Blut *tröpfelt* aus der Wunde. 血が傷口からしたたり落ちる. **2** (h) 非人称 《es tröpfelt》しずくがポタポタ落ちる; 雨がポツポツ降る: Es fängt an zu ~. 雨がぱらつきはじめる.

II 他 (h) (träufeln) ポタポタしたたらせる, 滴下させる: *et.*[4] in Wasser 〈die Wunde〉 ~ …を水〈傷口〉に垂らす.

trop·fen[trɔ́pfən] **I** 自 **1 a)** (s) 《方向を示す語句と》(液状のものが)したたる, したたり落ちる, 滴下する: Der Regen *tropft* vom Dach. 雨が屋根からポタポタしたたる | Blut *tropfte* aus der Wunde 〈auf die Erde〉. 血が傷口から〈地面の上に〉したたり落ちた | Der Schweiß *tropfte* ihm von der Stirn. 汗が彼の額からしたたり落ちた.

b) (h) 非人称 《es tropft》しずくがポタポタ落ちる; 雨がポツポツ降る.

2 (h) しずくを垂らす, ポタポタ漏る: Der Wasserhahn *tropft*. 水道の蛇口からポタポタしずくが落ちる | Der Mantel *tropft*. コートはびしょぬれである | Ihm *tropfte* die Nase. 彼は鼻水を垂らした | Diese Kerzen *tropfen*. このろうそくは蠟(ろう)が垂れる.

II 他 (h) (träufeln) したたらせる, 滴下させる: *et.*[4] auf die Wunde 〈in die Augen〉 ~ …(薬など)を傷に垂らす〈点眼する〉.

Trop·fen[trɔ́pfən] 男 -s/- (小 **Tröpf·chen**[trœpfçən], **Tröpf·lein**[..laın] 中 -s/-) **1 a)** しずく, 点滴, したたり; (液体, 特に水薬などの)滴量: Regen*tropfen* 雨滴 | Schweiß*tropfen* 汗のしずく ‖ keinen ~ Alkohol trinken 酒を一滴も飲まない | dreimal täglich vier ~ 〔in Wasser verdünnt〕 einnehmen 1日に3回4滴ずつ〔水にうすめて〕服用のこと | *et.*[4] bis auf den letzten ~ leeren …(グラス・コップなど)を最後の一滴まで飲み干して空にする | Es regnet dicke 〈große〉 ~. / Es regnet in dicken 〈großen〉 ~. 大粒の雨が降る | Der Schweiß rann ihm in ~ von der Stirn. 彼の額から玉のような汗が流れ落ちた ‖ ein bitterer ~ im Becher der Freude 喜びにまじった一滴の苦汁 | **Steter ~ höhlt den Stein.** 《諺》点滴岩をもうがつ(「少量の薬でも常用すれば害になる」のように悪い意味にも用いられる) | Viele ~ machen einen Bach. 《諺》ちりも積もれば山となる | 〔**nur**〕 **ein ~ auf den** 〈**einen**〉 **heißen Stein** 〔単なる〕焼け石に水. **b)** 《複数で》〘医〙滴薬: Augen*tropfen* 点眼薬 | Husten*tropfen* 咳(せき)止め用滴薬 | *jm.* ~ verschreiben …に滴薬を処方する. **c)** 《話》ワイン: einen guten ~ trinken 上等なワインを飲む.

2 《比》少量: ein ~ Haß いささかの憎しみ | Es gibt keinen ~ Milch mehr im Hause. 家の中にはもう牛乳がまったく残っていない.

3 (しずく状のもの. 例えば:) 水滴状の宝石〈真珠〉(耳飾りなど); 〘建〙(ドーリス様式建築に見られる)滴状飾り.

[*germ.*; ◇triefen, Drops; *engl.* drop]

Trop·fen≈fän·ger[trɔ́pfən..] 男 (やかん・ポットなどの注ぎ口に取り付ける)しずく受け; 《話》(鼻の下の)ちょびひげ. ≈**form** 女 しずく〈水滴〉の形.

trop·fen·för·mig 形 しずく状の, 水滴形の.

Trop·fen·in·jek·tion 女 〘医〙点滴〔注入〕.

trop·fen·wei·se 副 (→..weise ★)一滴ずつ; ポタポタと; 《比》少し〈少量〉ずつ, 小出しに: *jm.* eine schlechte Nachricht ~ beibringen …にいやな知らせを小出しに知らせる.

Trop·fen·zäh·ler 男 滴量計.

Tröp·ferl·bad[trœpfərl..] 中 《オーストリア》《話》シャワー〔浴〕; (屋内プールをもたない)公衆浴場.

Tropf≈fla·sche[trɔ́pf..] 女 〘医〙滴瓶(てきびん), 点滴器. ≈**in·fu·sion** 女 〘医〙点滴〔注射〕.

Tröpf·lein Tropfen の縮小形.

tropf·naß[trɔ́pfnás] 形 (したたるほどに)びしょぬれの.

Tropf·öler 男 (機械などの)滴下注油器.

Tropf·öl·schmie·rung 女 滴下注油.

Tropf≈röhr·chen 中 点滴ピペット. ≈**scha·le** 女 点滴受け皿. ≈**stein** 男 〘地〙鍾乳(しょうにゅう)石; 石筍(せきじゅん).

Tropf·stein·höh·le 女 鍾乳(しょうにゅう)洞.

Tropf≈trich·ter 男 滴下漏斗. ≈**wurz** 女 (Wasserschwertlilie) 〘植〙キショウブ(黄菖蒲).

Tro·phäe[trofέ:ə] 女 -/-n 戦勝記念品, 戦利品: (競技の)トロフィー, 優勝記念品(優勝杯・優勝盾など); (狩猟の)記念物(獲物の角や毛皮など). [*gr.* trópaion „Fluchtdenkmal"—*lat.*—*spätlat.*; <*gr.* tropḗ (→Tropen); ◇*engl.* trophy]

tro·phisch[tró:fıʃ] 形 〘生〙(細胞組織の)栄養に関する: ~*er* Nerv 栄養神経. [<*gr.* trophḗ „Ernährung"]

tropho.. 《名詞・形容詞などにつけて「栄養」を意味する》 [<*gr.* tréphein „dick machen, nähren" (◇trüben)]

Tro·pho·bio·se[trofobió:zə] 女 -/-n 〘生〙栄養共生(アリとアリマキのように一方が他方に栄養を与え, そのかわりに外敵からの保護を受ける共生関係). [<*gr.* bíōsis „Lebensweise" (◇bio..)]

Tro·pho·lo·gie[..logí:] 女 -/ 栄養学.

Tro·pho·neu·ro·se[..nɔʏró:zə] 女 -/-n 〘医〙栄養神経症.

Tro·pho·phyll[..fʏ́l] 中 -s/-e (↔Sporophyll) 〘植〙(シダ類などの)栄養葉, 裸葉. [<*gr.* phýllon „Blatt"]

Tro·pi·cal[trɔ́pikəl, ..pıkəl] 男 -s/-s 〘織〙トロピカル. [*engl.*; ◇..al[1]]

Tro·pi·ka[tró:pika·] 女 -/ 〘医〙熱帯熱, (特に:) 悪性マラリア.

Tro·pik≈luft[tró:pık..] 女 -/ 〘気象〙〔亜〕熱帯気団. ≈**vo·gel** 男 〘鳥〙ネッタイチョウ(熱帯鳥).

tro·pisch[tró:pıʃ] 形 **1** 熱帯〔性〕の: 熱帯的な, 熱帯のような: ein ~*er* Fisch 熱帯魚 | eine ~*e* Hitze 熱帯の〈熱帯のような〉暑さ | ein ~*es* Klima 熱帯気候 | ~*e* Pflanzen 熱帯植物 | die ~*e* Zone 熱帯 | ein ~*er* Zyklon 熱帯低気圧. **2** 〘天〙回帰線の, 分点の: ~*es* Jahr 回帰〈分点〉年 | ~*er* Monat 分点月. **3** 〘修辞〙転義の, 比喩(ひゆ)の. [*gr.*—*spätlat.*—*engl.* tropic; ◇Tropen]

Tro·pis·mus[tropísmʊs] 男 -/..men[..mən] **1** 〘植〙屈性(植物器官の屈曲運動の性質の一つ): positiver 〈negativer〉 ~ 正〈負〉の屈性 | Helio*tropismus* 向日性.

2 〘動〙(固着生活をする動物の)向性. [<*gr.* trópos (→Tropus)]

Tro·po·pau·se[tropopáʊzə, tró(:)popaʊzə] 女 〘気象〙圏界面(対流圏と成層圏との境界).

Tro·po·sphä·re[troposfέ:rə, tró(:)posfɛ:rə, ..pɔs..] 女 -/ 〘気象〙対流圏.

trop·po[trɔ́po·] 副 (zu sehr) 〘楽〙トロッポ, あまりに, 極度に: 〔ma〕 non ~ 〔しかし〕あまり過度にならぬように. [*it.*]

Tro·pus[tró:pʊs] 男 -/..pen[..pən] **1** ＝Trope **2** (グレゴリオ聖歌などの)進句, トロープス. [*gr.* trópos „Wendung"—〔*m*〕*lat.*; <*gr.* trépein „drehen"; ◇*engl.* trope]

Troß[trɔs] 男 Trosses/Trosse 〘史〙(戦闘部隊のあとについて軍需品・衣服・糧食などを運ぶ)輜重(しちょう)隊(酒保商人や婦女子も含む); 《比》お供, お付き; (ぞろぞろついてくる)その他大勢: einen großen ~ mit *sich*[3] führen 《比》お供を大勢引き連れている. [*fr.* trousse „Bündel"; ◇Trousseau]

Troß·bu·be[trɔ́s..] 男 (輜重(しちょう)隊の)若い荷役人夫.

Tros·se[trɔ́sə] 女 -/-n 〘海〙大索, 大綱, ホーサー; 鋼索. [*afr.*—*mndl.*—*mndd.*; ◇torquieren; *engl.* truss]

Tros·sen·schlag 男 (索の)ホーサー撚(よ)り(→ 図 Seil).

Troß≈knecht[trɔ́s..] 男 (輜重(しちょう)隊の)荷役人夫. ≈**schiff** 中 〘軍〙補給船. ≈**wa·gen** 男 (輜重隊の)荷物運搬車.

Trost[tro:st] 男 -es(-s)/ 慰め, 慰安; 慰めを与えてくれる〈元気づけてくれる〉もの: *jm.* ~ geben …に慰めを与える | *jm.* ~ zusprechen …を慰める | bei *jm.* 〈in *et.*[3]〉 ~ finden …のもとで〈…に〉慰めを見いだす, …に元気づけられる | aus *et.*[3]

～ schöpfen …に慰めを感じる | Die Kinder waren ihr einziger ⟨ganzer⟩ ～. 子供たちが彼女にとっての唯一の慰めだった | Ein ～, daß er mit leichten Verletzungen davongekommen ist. 彼のけがが軽くてすんだのがせめてもの幸いだ | Das ist ein schlechter ⟨schwacher / schöner⟩ ～. それは慰めにもならない ‖ *et.*⁴ als ～ bekommen …を慰め⟨慰謝⟩の品として受け取る | *et.*⁴ zum ～ sagen せめてもの慰めとして…を告げる | **nicht** 〔**ganz** / **recht**〕 **bei ～ sein**《話》〔少々〕どうかしている, 頭が〔いささか〕おかしい | Du bist wohl nicht ganz bei ～.《話》君は少々頭がおかしいんじゃないか. [*germ.* „〔innere〕 Festigkeit"; ◇treu, Trust, trösten]

trost≈be·dürf·tig[tróːst..] 形 慰めを必要とする.
≈brin·gend 形 慰めをもたらす, 元気づけてくれる.

Tröst·ein·sam·keit[trǿːst..] 女 -/ 〘文芸〙寂寥(せきりょう)の慰め(ドイツ=ロマン派の用語).

trö·sten[trǿːstən]《01》他 (h) **1**《*jn.*》慰める, 元気づける, (…に)慰め⟨希望⟩を与える; 安心させる: *jn.* 〔über *et.*⁴〕 ～ …を〔…について〕慰める⟨元気づける⟩ | Sie *tröstete* ihn in seinem Kummer. 彼女は悲しんでいる彼を慰めた | Dieser Gedanke *tröstete* ihn. この考えが彼に元気を与えた ‖ *sich*⁴ nicht ～ lassen wollen 慰めを受けつけない, どう慰められても気が晴れない ‖ 再帰 *sich*⁴ ～ みずからを慰める, 気をまぎらわせる; (悲しみなどを克服して)元気を取り戻す | Ich habe mich damit *getröstet*, daß es anderen auch so ergangen ist. 他の連中も同じような目にあったということで私は自分を慰めた | *Tröste* dich! 元気を出せよ | Er *tröstete* sich rasch mit einer anderen Frau.《話》彼はすぐに別な女と結婚した⟨を手に入れた⟩ ‖ *tröstende* Worte / ein *tröstender* Zuspruch 慰めの言葉.

ᐁ**2** 再帰 *sich*⁴ *et.*² ～ …を頼み⟨当て⟩にする, …を信頼する; …に甘んじる, …で満足する; …を楽しむ⟨享受する⟩.

Trö·ster[trǿːstər] 男 -s/- (女 **Trö·ste·rin**[..tərɪn]-/-nen) **1** (trösten する人. 例えば:) 慰める⟨元気づけてくれる⟩人, 慰め手. **2** (trösten するもの. 例えば:) 書物; アルコール飲料, (特に:) 火酒; (乳児などがくわえてしゃぶる)親指; (乳児用の)おしゃぶり; 〘聖〙聖霊; 《反語》処罰棒.

tröst·lich[trǿːstlɪç] 形 慰めになる, 元気づけてくれる, よろこばしい: ～*e* Worte 慰めの言葉 | Es ist ～ ⟨nicht sehr ～⟩, daß ... …とはうれしい⟨あまりうれしくない⟩ことだ.

trost·los[tróːstloːs]¹ 形 慰め⟨希望⟩のない, 絶望した; 絶望的な, どうにもしようのない; みじめな, わびしい; 荒涼とした, 殺風景な: in einer ～*en* Lage sein 絶望的な状態⟨立場⟩にある | eine ～*e* Landschaft 荒涼とした風景 ‖ über *et.*⁴ ganz ～ sein …ですっかり悲観している | Der Vortrag war ～ langweilig. 講演はどうしようもなく退屈だった.

Trost·lo·sig·keit[..loːzɪçkaɪt] 女 -/ trostlos なこと.

Trost≈pfla·ster[tróːst..] 中《戯》(わずかばかりの)慰謝料. **≈preis** 男 残念賞.

trost·reich 形 非常に慰めになる, 大いに元気づけてくれる.

Trost·spruch 男 慰めの言葉⟨格言⟩.

Trö·stung[trǿːstʊŋ] 女 -/-en **1**《単数で》trösten すること. **2** 慰めを与えてくれるもの(慰めの言葉・贈り物など).

trost·voll[tróːst..] ＝trostreich

Trost·wort 中 -〔e〕s/-e 慰めの言葉.

Trott[trɔt] 男 -〔e〕s/-e《ふつう単数で》(馬の)だく足; (人の)のろい⟨重い⟩足どり; 《比》千編一律の⟨単に機械的な・旧態依然とした⟩進行状況, 退屈な進行: im ～ gehen (馬が)だく足で歩く ‖ der tägliche ～《比》日常の単調な歩み⟨流れ⟩ | im alten ⟨gleichen⟩ ～《比》昔ながらの⟨相変わらずの⟩調子で. [*roman.*; ◇trotten]

Trot·te[trɔ́tə] 女 -/-n《南部・スイス》(Kelter) ぶどう搾り器. [*ahd.*; < *ahd.* trottōn „treten" (◇treten); ◇trotten]

Trot·tel[trɔ́təl] 男 -s/-《話》とろい⟨どじな⟩やつ, まぬけ, とんま; (もうろくした)おいぼれ: ein gutmütiger ～ お人よし.

trot·tel·haft[‒haft] 形《話》とろい, まぬけ⟨どじ⟩な.

trot·te·lig[trɔ́təlɪç]² 形《話》もうろくした, 頭のぼけた.

trot·teln[trɔ́təln]《06》自 (s)《話》(危なっかしい足取りで)ひょこひょこ⟨ふらふら⟩歩く.

trot·ten[trɔ́tən]《01》自 (s) (馬が)だく足で歩く; のそのそ⟨ぶらぶら⟩と歩く, だらだら⟨ぼんやり⟩歩く: Rinder *trotten* durch das Dorf. 牛がのろのろと村を通り抜ける. [*roman.*; ◇Trott〔e〕; *engl.* trot]

Trot·toir[trɔtoáːr] 中 -s/-e (-s) (Bürgersteig) (車道より一段高くなった)歩道: auf dem ～ 歩道で. [*fr.*]

trotz[trɔts] **I** 前 **1**《2格, まれに3格支配: →laut II ☆》(英: *in spite of*)《逆接・無視》…にもかかわらず, …を無視して; 《譲歩》…とはいえ: ～ seiner ⟨ihm⟩ 彼の意向にかかわりなく | ～ aller Bemühungen ⟨Vorsichtsmaßnahmen⟩ あらゆる努力⟨予防措置⟩にもかかわらず | ～ Schnee〔s〕 雪をついて | *Trotz* eines Glas Biers ⟨eines Glases Bier / einem Glas Bier⟩ hatte er noch Durst. ビールを1杯飲んだのに彼はまだのどが渇いていた ‖〘3格支配で〙～ seinen Aussagen 彼の証言にもかかわらず ‖ ～ dichtem Nebel ⟨dichten Nebels⟩ 濃霧にもかかわらず | ～ allem ⟨alledem⟩ それらすべてにもかかわらず.

☆ 南部では一般に3格支配が好まれる.

2《3格支配》《伯仲・比肩》…に負けず劣らず: Er war geschickt ～ einem Künstler. 彼は芸術家顔負けの巧みさであった ‖ **～ einem** だれよりもすぐれて, だれにも劣らず | Das versteht er ～ einem. 彼はだれにも負けないくらいそれをよく理解している.

II Trotz 男 -es/ 反抗〔心〕, 反逆; 無視, 挑戦; 強情, 頑固: kindischer ～ 子供っぽい反抗〔心〕 ‖ aus ～ 〔gegen *seinen* Vater〕 〔父親に対する〕反抗心から | Das habe ich aus purem ⟨reinem⟩ ～ getan. 私がそれをやったのは全くの意地からだけだ | *jm.* ⟨*et.*³⟩ **zum ～** …に反抗して, …に逆らって, …の言葉⟨勧告・命令⟩を無視して | allen Warnungen zum ～ あらゆる警告を無視して ‖ *jm.* ⟨*et.*³⟩ **～ bieten** …に反抗する, …に抵抗する | dem Schicksal ～ bieten 運命に逆らう.

Trotz·al·ter[trɔ́ts..] 中 〘心〙反抗期.

trotz·dem[trɔ́tsdeːm, ⌣⌐] **I** 副 (dennoch) それにもかかわらず, それでもやはり: Er hatte viel zu tun, ～ kam er. 彼は多忙だったが それでも来た ‖〘しばしば aber, und などを伴って〙Er wußte, daß es verboten war, aber ⟨und⟩ er tat es ～. 彼はそれが禁止されているのを知っていながら あえてそれをした.

II [また: ⌣⌐] 接《従属》(obwohl) …にもかかわらず, …であるのに, …ではあるが: *Trotzdem* 〔ᐁdaß〕 es regnete, ging ich spazieren. 雨にもかかわらず私は散歩に出かけた | Ich gab meine Zustimmung, ～ ich noch Bedenken genug hatte. 危惧(きぐ)される点がたくさんあったにもかかわらず 私は同意を与えた.

Trotz·ein·stel·lung[trɔ́ts..] 女 〘心〙反抗態度.

trot·zen[trɔ́tsən]《02》自 (h) **1**《*jm.* / *et.*³》(…に)反抗する, 逆らう, 抵抗する; (…に)口答えする; ᐁ(…を)軽蔑する, あざける: einer Gefahr ～ 危険をものともしない | allen Versuchungen ～ あらゆる誘惑に抗する | Diese Pflanzen *trotzen* auch der größten Kälte. これらの植物はどんなにひどい寒さにも耐える | Diese Krankheit *trotzte* bisher jeder Therapie. この病にはこれまでいかなる療法もききめがなかった.

2 (子供などが)反抗的である, 強情⟨きかん気⟩である.

3《mit *jm.*》(…に対して)すねている, 怒っている: Sie *trotzen* miteinander. 彼らは互いに腹を立てあっている.

ᐁ**4**《auf *et.*⁴》(…を)自慢する, 鼻にかける. [*mhd.*]

Trot·zer[trɔ́tsər] 男 -s/- **1** (trotzen する人. 例えば:) 反抗的な⟨きかん気の⟩人. **2** 2年目になっても花をつけない二年生植物.

trot·zig[trɔ́tsɪç]² 形 反抗的な, きかん気の, 強情⟨頑固⟩な: ein ～*es* Gesicht 反抗的な顔 | ～ schweigen 強情におしだまる.

Trotz·ki[trɔ́tskiˑ] 人名 Leon ～ レオン トロツキー(1879-1940; ロシアの革命家).

Trotz·kis·mus[trɔtskísmʊs] 男 -/ トロツキズム, トロツキー主義.

Trotz·kist[..kíst] 男 -en/-en トロツキスト, トロツキー主義者.

trotz·ki·stisch[..kístɪʃ] 形 トロツキー主義〔者〕の.

T

Trotz·kopf[trɔ́ts..] 男 反抗的な(きかん気の)子供; 強情な人, 頑固者, つむじ曲がり: ***seinen* ～ aufsetzen**《話》強情をはる, つむじ曲がりである.

trotz·köp·fig 形 きかん坊の, 強情〈頑固〉な.

Trotz≈pha·se 女〘心〙反抗期. **≈re·ak·tion** 女 反抗的な反応.

Trou·ba·dour[trú:badu:r, trubadú:r] 男 -s/-e, -s トルバドゥール(11世紀から14世紀にかけて南フランスのプロヴァンス地方で活躍した吟遊詩人: →Trouvère). [*aprovenzal.* trobador „Dichter"−*fr.*; <*aprovenzal.* trobar „[er]finden"; ◇Trouvère]

Trou·ble[trʌbl] 男 -s/《話》トラブル, 厄介事, 面倒な事態. [*engl.*]

Trou·pier[trupié:] 男 -s/-s〘軍〙(実務に明るいベテランの)古参兵士〈将校〉. [*fr.*; <*fr.* troupe (→Truppe)]

▽**Trous·seau**[trʊsó:] 男 -s/-s (Aussteuer) 嫁入り支度(衣装・道具一式). [*fr.*; <*fr.* trousse (→Troß)]

Trou·vère[truvέ:r] 男 -s/-s トルヴェール(12世紀から14世紀にかけて北フランスで活躍した吟遊詩人: →Troubadour). [*fr.*; <*afr.* trover „finden"; ◇Troubadour]

Troy·er[trɔ́yər] 男 -s/-〘海〙トロイエル(水夫・漁夫が着るウールのアンダーシャツ・カーディガン). [*mndd.*]

Troyes[troá] 地名 トロア(フランス北東部の都市).

Troy·ge·wicht[trɔ́ʏgəvɪçt] 中 金衡(きんこう)(イギリス・アメリカでの貴金属・宝石の重量単位). [*engl.* troy weight]

Trub[tru:p][1] 男 -[e]s/〘醸〙(ビール・ワインなどの醸造過程に生じる)おり, 沈殿物.

trüb[try:p][1] ＝trübe

trü·be[trý:bə] 形 **1** (↔klar) (液体などが)濁った, 混濁した, 不透明の; 光沢のない, くすんだ; (透明な物体が)曇った, よごれた; (空などが)どんよりした, 曇天の; (明かりが)[うす]暗い: ～ Augen 濁った〈泣きはらした〉目 | ein ～*s* Gelb 濁った黄色 | ein ～*r* Himmel 曇り空 | ～*s* Licht うす暗い光 | ein ～*r* Tag 曇り空の一日(→2 a) | eine ～ Tasse《話》つまらぬやつ, 能なし | ～*s* Wasser 濁った水 | ～*s* Wetter 曇天 ‖ Heute ist es ～. きょうは曇り空だ | Der Spiegel ist ～. この鏡は曇っている ‖ Die Lampe brannte ～. ランプの光はうす暗かった.

2《比》**a**) (気分が)暗い, 沈んだ; 陰気な, 陰鬱(いんうつ)な, もの悲しい; (先の見通しが)暗い; 不快な, いやな: eine ～ Miene (顔の)暗い表情 | in ～*r* Stimmung sein 気持が沈んでいる〈ふさいでいる〉| [mit *et.*[3]] ～ Erfahrungen machen [⋯について]いやな経験をする | ein ～*r* Tag 憂鬱な一日(→1) ‖ Die Zukunft ist ～ 〈sieht ～ aus〉. 前途は暗澹(あんたん)としている ‖ Ihm war ～ zumute. 彼は気持が沈んでいた | ～ lächeln 悲しげに〈暗い気持で〉かすかに顔に笑いを浮かべる.

b) 疑わしい, 不透明な: aus ～*n* Quellen schöpfen 疑わしい〈不確かな〉筋から情報を得る | **im ～*n* fischen**《話》混乱に乗じて利を占める, どさくさまぎれに得しようとする.

[*westgerm.* „aufgewühlt"; ◇trüben]

Trü·be[trý:bə] 女 -/ **1** (trübe なこと. 例えば:) 濁り; 曇り, よごれ. **2**〘坑〙泥水, 濁水.

Tru·bel[trú:bəl] 男 -s/ 騒ぎ, 騒動, 混乱; 混雑, 雑踏: Jubel, ～, Heiterkeit (→Jubel) ‖ im ～ verlorengehen 雑踏の中で迷子になる | aus dem ～ nicht herauskommen können 騒ぎの渦中から出られない ‖ Auf dem Jahrmarkt herrschte [ein] großer ～. 年の市は大にぎわいだった. [*fr.* trouble; <*lat.* turba (→turbieren)]

trü·ben[trý:bən][1] 他 (h) **1** (液体などを)濁らせる, 混濁させる; (透明な物体を)曇らせる, よごす; (空などを)どんより曇らせる: Die Abwässer haben das Wasser *getrübt*. 廃水のために水が濁ってしまっている | Keine Wolke *trübte* den Himmel. 空には雲ひとつなかった | kein Wässerchen ～ können (→Wässerchen) ‖ 再帰 *sich*[4] ～ 濁る, 混濁する; 曇る; よごれる | Ihre Augen hatten sich vom Weinen *getrübt*. 彼女は泣いたために目を赤くしていた.

2《比》(気分を)暗くする, 沈ませる; (⋯に)暗影を投じる, (良好な状態・関係などを)そこなう; (眼力・判断力などを)曇らせる; (意識などを)濁らせる: *js.* Glück ～ ⋯の幸福に暗い影を投じる | von keinerlei Sachkenntnis *getrübt* sein (→Sachkenntnis) ‖ 再帰 *sich*[4] ～ (気分が)暗くなる, 沈む; (良好な状態・関係などが)そこなわれる, 悪化する; (眼力・判断力などが)曇る; (意識などが)濁る | Ihr Verhältnis hat sich beträchtlich *getrübt*. 彼らの間柄は大いにそこなわれた ‖ eine *getrübte* Freundschaft ひびの入った友情.

[*germ.* „aufwühlen"; ◇tropho.., Treber, Trester, trübe]

Tru·bez·koi[trubɪtskɔ́j] 人名 Nicolai Sergejewitsch ～ ニコライ セルゲイェヴィッチ トルベツコイ(1890−1938; ロシアに生まれ, オーストリアに亡命した言語学者).

Trüb·glas[trý:p..] 中 -es/ 曇りガラス.

Trüb·heit[trý:phaɪt] 女 -/ trübe なこと.

Trüb·ling[..lɪŋ] 男 -s/-e《話》悲観屋, ペシミスト.

Trüb·nis[..nɪs] 女 -/-se 《ふつう単数で》《雅》**1** ＝Trübheit **2** 悲しみ, 悲哀, 悲しい〈沈んだ〉気分.

Trüb·sal[..za:l] 女 -/-e **1** (人生の)苦難, 辛苦, 難儀, 不幸: viele ～*e* erdulden 数多くの苦難を忍ぶ. **2**《単数で》(Betrübnis) 悲しみ, 悲哀, 憂愁, 悲嘆: **～ blasen**《話》ふさぎ込んで〈くよくよして〉いる. [*ahd.*; ◇trüben]

trüb·se·lig[..ze:lɪç][2] 形 悲しい気分の, 気持の沈んだ; もの悲しい, わびしい, 荒涼とした; みじめな, あわれな: eine ～*e* Stimmung 暗い気分 | ein ～*es* Wetter (雨の多い)陰鬱(いんうつ)な天気 | ein ～*es* Gesicht machen 暗い〈悲しそうな〉顔をする.

Trüb·se·lig·keit[..kaɪt] 女 -/ trübselig なこと.

Trüb·sinn[trý:p..] 男 -[e]s/ 沈んだ〈めいった〉気持, ふさぎ込み, 憂鬱(ゆううつ), 意気消沈;〘医〙[憂]鬱病: in ～ verfallen 気持が沈む〈めいる〉, ふさぎ込む, 憂鬱症におちいる.

trüb·sin·nig 形 気持の沈んだ, ふさぎ込んだ, 落ち込んだ, 憂鬱(ゆううつ)な, 意気消沈した.

Trüb·sin·nig·keit 女 -/ trübsinnig なこと.

Trü·bung[trý:bʊŋ] 女 -/-en ([sich] trüben すること. 例えば:) 濁り, 混濁; 曇り, よごれ; 大気混濁[度];〘医〙(レントゲン写真の)影; (良好な関係などの)悪化: die ～ des Bewußtseins 意識の混濁 | die ～ der Freundschaft 友情にひびが入ること.

Trü·bungs·ana·ly·se 女〘化〙比濁分析.

Truch·seß[trúxzɛs] 男 ..sesses (..sessen) / ..sesse〘史〙(中世宮廷の)司厨(しちゅう)長, 内膳(ないぜん)の正(しょう)(宮内官職中もっとも重要なポストの一つ: →Hofamt). [*ahd.*; <*ahd.* truht „Schar"; ◇Sasse[2]]

Truck[1][trak, trʊk, trʌk] 男 -s/-s (Tausch) 交換; (賃金に代わる)現物支給. [*engl.*; <[*a*]*fr.* troquer (→trokieren)]

Truck[2][trak, trʌk] 男 -s/-s (Lastwagen) トラック, 貨物自動車. [*engl.*]

Trucker[trákər] 男 -s/- (Lastwagenfahrer) トラック運転手. [*engl.*]

Truck·sy·stem[trák..] 中 -s/ (賃金支払いの代わりに現物を支給する)現物賃金制度.

Trud·bert[trú:tbɛrt] 男名 トルートベルト.
[<*ahd.* trud „Stärke"]

Tru·de[trú:də] 女名 (<Gertraude, Gertrud) トルーデ.

tru·deln[trú:dəln]《06》**I** 自 **1 a**) (s)《方向を示す語句と》ふらふらと舞い落ちる, 回転しながらゆっくり落下する: Die welken Blätter *trudeln* auf die Erde. 枯れ葉が地上に舞い落ちる. **b**) (s, h)〘空〙(飛行機が)きりもみ状態で落下する: ins *Trudeln* kommen きりもみ状態におちいる.

2 (s)《戯》ぶらぶら歩く; ゆっくり車を転がす: im Auto durch eine schöne Landschaft ～ 美しい景色の中をゆっくり車で走る.

3 (h)《方》さいころを振る(ばくちで).

II 他 (h)《話》転がして運ぶ.

Tru·di[trú:di·] 女名 (<Gertraude, Gertrud) トルーディ.

Trüf·fel[trʏ́fəl] 女 -/-n (話: 男 -s/-) **1**〘植〙セイヨウショウロ(西洋松露)属, トリュフ(子嚢(しのう)菌類で食用になり, 美味として珍重される: → ⑧ Pilz). **2** トリュフ(ショウロ形のチョコレート菓子). [*fr.* truffle; <*lat.* tūber (→Tuberkel)]

Trüf·fel≈le·ber·pa·ste·te 女 トリュフ入りレバーペースト. **≈le·ber·wurst** 女 トリュフ入りレバーソーセージ.

trüf·feln[trýfəln]《06》他 (h)《*et.*⁴》(…に)トリュフで味をつける: *getrüffelte* Gänseleber〖料理〗トリュフ入りフォアグラ.

trug[tru:k]¹ tragen の過去.

Trug[tru:k]¹ 男 -〔e〕s/ ごまかし, 欺瞞(ぎまん); (感官などの)迷い, 迷妄, 錯覚: ein ~ der Phantasie 妄想 | Lug und ~ (→Lug¹). [*ahd.*; ◇trügen]

Trug≠bild[trú:k..] 中 **1** 錯覚, 幻覚, 幻像. **2** (でっちあげた)虚像, 歪曲(わいきょく)像. ≠**dol·de** 女〖植〗多散花序.

trü·ge[trý:gə] tragen の接続法 II.

trü·gen*[trý:gən]¹《197》**trog**[tro:k]¹ / **ge·tro·gen**; 接II tröge[trø:gə] 他 (h)《*jn.*》欺く, だます; 惑わす, 誤らせる: wenn mich mein Gedächtnis ⟨meine Erinnerung⟩ nicht *trügt* 私の記憶違いでなければ | Seine Ahnung hat ihn nicht *getrogen.* 彼の予感は間違っていなかった ‖〖目的語なしで〗Sein gutes Aussehen *trügt.* 彼が健康そうなのは外見だけだ | Der Schein *trügt.* (→Schein 2).
[*ahd.*; ◇Traum]

trü·ge·risch[..gərɪʃ] 形 虚偽⟨欺瞞(ぎまん)⟩の, いつわりの; 人を惑わす, 見せかけだけの: ~*e* Worte いつわりの言辞 | ~*er* Glanz うわべだけのきらびやかさ | Das Eis war ~. 氷が厚くはっているかに見えたのは間違いだった.

Trug≠ge·bil·de[trú:k..] 中 =Trugbild ≠**hecht** 男〖魚〗サンマ(秋刀魚).

trüg·lich[trý:klɪç] =trügerisch

Trug≠mot·te[trú:k..] 女〖虫〗スイコバネガ(吸小翅蛾)科のガ. ≠**rat·te** 女〖動〗オクトドン(中南米に分布するネズミの一種). ≠**schluß** 男 誤った推論⟨推理・結論⟩;〖哲〗虚偽, 誤謬(ごびゅう), 論過;〖楽〗偽終止: einem ~ erliegen 推論を誤る.

Tru·he[trú:ə] 女 -/-n **1** (英: *chest*)(ふた付きの長方形の)大箱, 長持(ながもち), チェスト: Wäsche*truhe* 肌着⟨下着⟩類用のチェスト. **2** (ラジオ・テレビ・プレーヤーなどを格納した)キャビネット(→ 図 Schrank). **3**《南部》(Sarg) 棺.
[*ahd.*; ◇Trog]

Trul·le[trúlə] 女 -/-n《話》(自堕落な)女, あま; 売春婦, ばいた. [*mhd.*; ◇Troll]

Trum[trʊm] 男 (中) -〔e〕s/-e, Trümer[trý:mər] **1**〖坑〗(立坑などの)仕切り間. **2**〖地〗支〔鉱〕脈, 導脈. **3**〖工〗(伝動ベルトの)車間部分: der gezogene ⟨lose⟩ ~ 張り⟨ゆるみ⟩側(→ 図 Treibriemen).

ᵛ**Tru·meau**[trymó:] 男 -s/-s〖建〗窓間壁; (窓間壁に掛けられた)装飾鏡. [*fr.*]

Trü·mer Trum の複数.

Trumm¹[trʊm] 男 中 -〔e〕s/-e, Trümmer[trýmər] =Trum

Trumm²[–] 中 -〔e〕s/Trümmer (→ 別出)《南部・オーストリア・スイス》**1** (大きい)かけら, 破片, 切れはし: ein ~ Brot ⟨Fleisch⟩ 一切れのパン⟨肉⟩ | ein ~ von einem Kerl でっぷりした大男.
2 端(はし), 末端の部分: in einem ~《比》ひっきりなしに.
[*germ.* „Endstück"; ◇Terminus; *engl.* thrum]

Trüm·mer[trýmər] **I** Trumm¹の複数.
II 複 (Trumm²の複数)破片, かけら; (建物・乗り物などの)残骸(ざんがい); 瓦礫(がれき)〔の山〕, 廃墟(はいきょ): die ~ eines Flugzeuges 飛行機の残骸 | die ~ einer alten Burg 古城の廃墟 | die ~ beseitigen ⟨wegräumen⟩ 瓦礫を取り片づける ‖ in ~ gehen (ガラスなどが)粉々に砕ける | *et.*⁴ in ~ legen …をめちゃくちゃに破壊する⟨こっぱみじんにする⟩ | *et.*⁴ in ~ schlagen …を粉々に打ち砕く | Die Stadt lag in ~*n.* / Die Stadt war in ~*n* gesunken. 町は廃墟と化していた | Viele Menschen waren unter den ~*n* begraben. 多数の人間が瓦礫の下敷きになっていた | Damals stand er vor den ~*n* seines Familienglückes. 当時彼の家庭の幸福はめちゃめちゃになっていた.

Trüm·mer≠berg[trýmər..] 男 **1** 瓦礫(がれき)の山. **2** 瓦礫を積み上げて築いた丘. ≠**feld** 中 廃墟(はいきょ): Die Stadt war in ein wüstes ~ verwandelt. 町は荒涼たる廃墟と化していた. ≠**flo·ra** 女 廃墟の植物相, 廃墟に生える草木. ≠**frau** 女《俗》(第二次大戦直後の廃墟の)瓦礫取り片づけを手伝う女性. ≠**ge·ne·ra·tion** 女 (第二次世界大戦での敗北を体験した)廃墟(はいきょ)の世代 ≠**ge·stein** 中〖地〗砕屑(さいせつ)岩(機械的風化によって破片となった岩石が集積したもの). ≠**grund·stück** 中 建物の廃墟がそのままになっている地所. ≠**hau·fen** 男 瓦礫の山. ≠**stät·te** 女 廃墟.

Trumpf[trʊmpf] 男 -〔e〕s/Trümpfe[trýmpfə] **1**〖トランプ〗切り札;《比》奥の手: **einen ~ ausspielen** 切り札を出す;《比》奥の手を出す | den letzten ~ ausspielen《比》最後の⟨取っておきの⟩切り札を出す | **einen ~ aus dem Ärmel ziehen**《比》奥の手を使う | **einen ~ im Ärmel ⟨in der Hinterhand⟩ haben**《比》奥の手を隠しもっている | **alle** ***Trümpfe*** **aus der Hand geben**《比》すべての切り札を手放す(自分の有利な立場を捨てる) | **alle** ***Trümpfe*** **in der Hand ⟨in〔den〕Händen⟩ haben**《比》すべての切り札を手にしている(相手よりもはるかに有利な立場にある) | ***jm.*** **die** ***Trümpfe*** **aus der Hand nehmen**《比》…の奥の手を封じる ‖ mit ~ stechen 切り札で切る ‖ Herz ⟨Pik⟩ ist ~. ハート⟨スペード⟩が切り札だ | Da ist Treff ~. (→Treff¹) | *jm.* sagen, was ~ ist《比》…に状況を説明する⟨打つべき手を教える⟩.
2《話》人々からもてはやされるもの, 流行, 花形, 時代の寵児(ちょうじ): Das T-Shirt ist heute ~. 今や誰も彼もがTシャツを着ている.
[<Triumph; ◇ *engl.* trump]

Trumpf·as〔**s**〕[trʊ́mpf|as, ⌣⌣́] 中 -ses/-se 切り札のエース.

Trümp·fe Trumpf の複数.

trump·fen[trʊ́mpfən] **I** 自 (h) **1**〖トランプ〗切り札を出す;《比》奥の手を出す.
ᵛ**2**《auf *et.*⁴》(…を)自慢する, 鼻にかける.
II 他 (h)《*et.*⁴》〖トランプ〗切り札で切る;《比》《*jm.*》(…を)凌駕(りょうが)する;《話》《*jn.*》(…を)どなりつける, しかりつける.

Trumpf≠far·be 女 切り札の組札. ≠**kar·te** 女 切り札のカード.

Trum·scheit[trʊ́mʃaɪt] 中〖楽〗トロンバ=マリーナ(14–19世紀の弦楽器). [◇Trumm²]

Trunk[trʊŋk] 男 -〔e〕s/Trünke[trýŋkə]《ふつう単数で》**1**《雅》(現に飲んでいる, あるいは飲もうとしている)飲み物: *jm.* einen kühlen ~ reichen …に冷たい飲み物を出す ‖ der schwedische ~ (→schwedisch). ᵛ**2** (Schluck) 一飲み: einen ~ tun 一口飲む | um einen ~ Wasser bitten 水を1杯所望する. ᵛ**3** 飲酒〔癖〕: *sich*⁴ dem ~ ergeben 飲酒にふける | *sich*⁴ zu einem gemeinsamen ~ zusammensetzen ともに酒をくみかわす | Der ~ ist ein Laster, aber ein schönes.《諺》飲酒は悪徳されど美しき悪徳なり. ᵛ**4** 酔い, 酩酊(めいてい): im ~ 酒に酔って.
[*germ.*; ◇trinken, Drink]

Trun·kel·bee·re[trʊ́ŋkəl..] 女 (Rauschbeere)〖植〗クロマメノキ.

trun·ken[trʊ́ŋkən] 形《雅》(betrunken) 酒に酔った, 酩酊(めいてい)した, 陶然とした;《比》陶酔した: ~*er* Übermut 酔った勢い〔の悪ふざけ〕‖ von ⟨vom⟩ Bier ~ sein ビールに酔っている | von ⟨vor⟩ Glück ~ sein 幸福に酔いしれている | *jn.* ~ machen …を酔わせる⟨酩酊させる⟩; …を陶酔させる.
[*germ.*; ◇trinken; *engl.* drunk〔en〕]

Trun·ken·bold[–bɔlt]¹ 男 -〔e〕s/-e 大酒飲み.

Trun·ken·heit[..haɪt] 女 -/ 酒酔い, 酩酊(めいてい);《比》陶酔: ~ am Steuer 飲酒運転.

Trun·ken·heits·fahrt 女 飲酒⟨酒酔い⟩運転.

Trunk·sucht 女 -/ 飲酒癖.

trunk·süch·tig 形 飲酒癖のある.

Trupp[trʊp] 男 -s/-s (小 **Trüpp·chen**[trýpçən], **Trüpp·lein**[..laɪn] 中 -s/-) 行動中の一団, 群れ, 隊;〖軍〗(特別の任務を帯びた)班, 隊: ein ~ Studenten ⟨Demonstranten⟩ 学生⟨デモ隊⟩の一団 | Späh*trupp* 偵察班 ‖ in einzelnen ~*s* 個々の隊に分かれて, 隊ごとに. [*fr.* troupe; ◇ *engl.* troop]

Trup·pe[trʊ́pə] 女 -/-n **1**〖軍〗**a**) 部隊;《複数で》(総体としての)軍, 軍隊, 兵力: eine motorisierte ~ 機械化部隊 | Fallschirm*truppe* 落下傘部隊 | Panzer*truppe* 戦車⟨機甲⟩部隊 | alliierte ~*n* 連合軍 | feindliche ~*n* 敵

軍 | geschlagene ～*n* 敗残部隊 | Besatzungs*truppen* 占領〈進駐〉軍 ‖ frische 〈neue〉 ～*n* an die Front werfen 新手の兵力を戦線に投入する | *seine* ～*n* zusammenziehen 〈in Marsch setzen〉 軍を集結する〈進軍させる〉 | **von der schnellen ～ sein** 《話》 仕事が早い. **b**) 《単数で》 戦列〈前線〉の軍: die kämpfende ～ 交戦軍 ‖ wegen Entfernung von der ～ bestraft werden 前線離脱のかどで処罰される | *jn.* zur ～ zurückversetzen …に前線復帰を命じる.

2 (英: *troupe*) (芸人・俳優・楽士などの)一座: eine reisende ～ von Artisten 旅芸人の一座.

[*germ.*－*galloroman.* troppus „Herde"－*fr.* troupe; ◇*engl.* troop]

Trụp·pen≈ab·bau 男 兵力削減. **≈arzt** 男 隊付き軍医. **≈be·we·gung** 女 ＝ Truppenverschiebung **≈ein·heit** 女 部隊. **≈füh·rer** 男 部隊長. **≈gat·tung** 女 兵科, 兵種. **≈kör·per** 男 部隊. **≈pa·ra·de** 女 閲兵〔式〕, 観兵式. **≈re·du·zie·rung** 女 兵員削減. **≈schau** 女 ＝Truppenparade **≈stär·ke** 女 兵力, 兵員. **≈teil** 男 **1** ＝Truppenkörper **2** ＝Truppengattung **≈trans·port** 男 部隊〈軍隊〉の輸送. **≈trans·por·ter** 男 (部隊を運ぶ)輸送船〈機〉. **≈übung** 女 (軍隊の)演習.

Trụp·pen·übungs·platz 男 演習場.

Trụp·pen≈ver·band〔s〕·platz 男 (前線の)仮包帯所. **≈ver·schie·bung** 女 部隊〈兵力〉の移動.

Trụpp·füh·rer[trʊ́p..] 男 班長, 隊長.

Trüpp·lein Trupp の縮小形.

trupp·wei·se 副 (→..weise ★)群れをなして, 一団となって; 隊に分かれて, 隊ごとに.

Trü·sche[trýːʃə, trʏ́ʃə] 女 -/-n 〘魚〙 カワメンタイ(タラの一種). [*mhd.*]

Trust[trast, trʊst, trʌst] 男 -〔e〕s/-e, -s 〘経〙 トラスト, 企業合同. [*amerik.* trust company; ◇Trost]

Tru·stee[trastíː] 男 -s/-s (Treuhänder) (他人の財産の)受託者, 被信託人, 保管〈管財〉人. [*engl.*]

Trụ·te[trúːtə] 女 -/-n 《ｽｲ》 ＝Truthenne

Trut≈hahn[trúːt..] 男 (雄の)シチメンチョウ(七面鳥) (元来は雄を指すが, 一般には雌雄の区別なく用いることが多い): wie ein ～ einherstolzieren 雄の七面鳥のようにいばって歩く | Ich esse gern ～. 私は七面鳥を食べるのが好きだ. **≈hen·ne** 女 雌のシチメンチョウ(七面鳥). **≈huhn** 中 -〔e〕s/..hühner **1** (雌雄の区別なく)シチメンチョウ(七面鳥). **2** 《複数で》 〘鳥〙 シチメンチョウ(七面鳥)科.

[＜trut (鳥を呼ぶ声)]

Trutz[trʊts] 男 -es/ ＝Trotz (今日ではもっぱら zu Schutz und Trutz の形で: →Schutz 1).

ᐯ**trut·zen**[trʊ́tsən] 《02》 ＝trotzen

ᐯ**trut·zig**[..tsɪç][2] ＝trotzig

Try·pa·no·sọ·ma[trypanozóːmaˑ] 中 -s/..men [..mən] 〘動〙 トリパノゾーマ(脊椎(せきつい)動物に寄生する鞭毛(べんもう)虫で, アフリカの睡眠病や家畜のナガナ病の病原体).

[＜*gr.* trýpanon (→Trepan)]

Tryp·sịn[trʏpsíːn] 中 -s/ 〘生化学〙 トリプシン(膵液(すいえき)中のたんぱく質分解酵素). [＜*gr.* thrýptein „zerbröckeln"＋Pepsin]

Tryp·to·phạn[trʏptofáːn] 中 -s/ 〘生化学〙 トリプトファン(アミノ酸の一つ).

[＜*gr.* phaínesthai „〔er〕scheinen"]

〔der〕 **Tschad**[1][tʃat, tʃaːt] 地名 男 -s/ チャド(アフリカ中央部の共和国. 1960年フランスから独立. 首都はンジャメナ N'Djamena). [◇*engl.* Chad]

der **Tschad**[2][－] 男 -s/ ＝Tschadsee

Tschạ·der[tʃádər, tʃáːdər] 男 -s/- チャド人.

tschạ·disch[..dɪʃ] 形 チャドの.

Tscha·dọr[tʃadóːr] 男 -s/-s チャドル(イスラム教徒, とくにイランの女性が頭にかぶる黒木棉のベール). [*pers.*]

der **Tschạd·see**[tʃát.., tʃáːt..] 地名 男 -s/ チャド湖(サハラ砂漠南端にある塩湖).

Tschai·kọw·ski[tʃaɪkɔ́fskiˑ] 人名 Pjotr Iljitsch ～ ピョートル イリイチ チャイコフスキー(1840-93; ロシアの作曲家. 作品は交響曲第 6 番『悲愴』, バレエ音楽『白鳥の湖』など).

Tschạ·ko[tʃákoˑ] 男 -s/-s チャコ(筒形の軍帽. 今日では警官帽としてのみ使われている).

[*ungar.* csákó; ◇Zacke; *engl.* shako]

Tschạn·du[tʃándu·] 中 -s/ 喫煙用アヘン. [*Hindi*]

Tschạng·an[tʃáŋ|an] 地名 長安, チャンアン(中国, 陝西 Schensi 省中部にあった古都で, 今日の西安 Hsian).

Tschạng·scha[tʃáŋʃaˑ] 地名 長沙, チャンシャー(中国, 湖南 Hunan 省の省都).

Tschạng·tschun[tʃáŋtʃʊn] 地名 長春, チャンチュン(中国, 吉林 Kirin 省の省都).

Tschạp·ka[tʃápka·] 女 -/-s チャプカ(槍(そう)騎兵の軍帽). [*poln.* czapka]

Tschạr·dasch[tʃárdaʃ] 男 -〔es〕/-〔e〕＝Csárdás

tschau[tʃaʊ] 間 (若者の間で用いられる別れのあいさつ. 特にスイスで)バイバイ, じゃあね. [＜ciao]

Tschau·tschạu[tʃaʊtʃáʊ] 人名 曹操(155-220; 中国, 後漢の武将).

Tschẹ·che[tʃɛ́çə] 男 -n/-n (女 **Tschẹ·chin**[tʃɛ́çɪn]-/-nen) チェコ人(西スラヴ族の一種族).

[*tschech.*; ◇*engl.* Czech]

die **Tsche·chẹi**[tʃɛçáɪ] 地名 女 -/ 《話》 ＝Tschechien

Tschẹ·chien[tʃɛ́çiən] 地名 -s/ チェコ(中部ヨーロッパの共和国. 首都は Prag).

tschẹ·chisch[tʃɛ́çɪʃ] 形 チェコ〔人・語〕の: →deutsch | die *Tschechische* Republik (略 ČR) チェコ共和国.

Tsche·cho·slo·wạ·ke[tʃɛçoslováːkə, ..çɔs..] 男 -n/-n (女 **Tsche·cho·slo·wạ·kin**[..kɪn]-/-nen) チェコスロヴァキア人. [◇*engl.* Czechoslovak]

die **Tsche·cho·slo·wa·kẹi**[..slovakáɪ] 地名 女 -/ 〘史〙 チェコスロヴァキア(中部ヨーロッパの共和国で, 正式名はチェコスロヴァキア連邦共和国→ČSFR. 首都は Prag. 1993年にチェコとスロヴァキアに分かれる).

tsche·cho·slo·wạ·kisch[..slováːkɪʃ] 形 チェコスロヴァキアの: Die Tschechische und Slowakische Föderative Republik (略 ČSFR) 〘史〙 チェコスロヴァキア連邦共和国.

Tschẹ·chow[tʃɛ́xɔf] 人名 Anton Pawlowitsch ～ アントン パーヴロヴィチ チェーホフ(1860-1904; ロシアの小説家・劇作家. 作品『桜の園』など).

Tsche·dschu-dọ[tʃetʃudóː] 地名 済州島, チェジュド(朝鮮半島南方海上にある韓国領の島).

Tschẹ·kiang[tʃéːkǐaŋ] 地名 浙江, チョーチャン(中国, 華東地区東部の省で, 省都は杭州 Hangtschou また Hangzhou).

Tschẹng·tschou[tʃɛ́ŋtʃaʊ] 地名 鄭州, チョンチョウ(中国, 河南 Honan 省の省都).

Tschẹng·tu[tʃɛ́ŋtuˑ] 地名 成都, チョントゥー(中国, 四川 Szetschuan 省の省都).

Tscher·kẹs·se[tʃɛrkɛ́sə] 男 -n/-n (女 **Tscher·kẹs·sin** [..sɪn]-/-nen) チェルケス人 (Kaukasien に住む種族).

tscher·kẹs·sisch[..sɪʃ] 形 チェルケス〔人・語〕の: →deutsch

Tscher·no·sem (**Tscher·no·sjom**)[tʃɛrnoziɔ́m] 中 -s/ 〘地〙 チェルノジョーム土(南ロシアなどに見られる肥沃(ひよく)な黒色土壌). [*russ.*; ◇*engl.* chernozem]

Tsche·ro·kẹ·se[tʃerokéːzə] 男 -n/-n チェロキー人(北アメリカのインディアンで, Irokese 族の一支族).

[*indian.*; ◇*engl.* Cherokee]

Tscher·wọ·nez[tʃɛrvóːnɛts, ..vɔ́n..] 男 -/..wonzen [..vɔ́ntsən] (単位: -/-) チェルヴォネツ(1922年から47年までのソ連邦の貨幣〔単位〕: 10 Rubel). [*russ.*; ＜*russ.* červonnyi „hellrot"; ◇*engl.* chervonets]

Tsche·tschẹ·ne[tʃetʃéːnə] 男 -n/-n チェチェン人(カフカズ〈コーカサス〉の一種族).

Tsche·tschẹ·nien[..tʃéːniən] 地名 -s/ チェチェン(ロシアの北コーカサスに位置する共和国. 1991年に独立を宣言. 首都は Groznyj)

tsche·tschẹ·nisch[..tʃéːnɪʃ] 形 チェチェンの.

T

Tschiang Kai-schek[tʃĭaŋkaɪʃɛ́k] =Chiang Chieh-shih

Tschi·buk[tʃibʊ́k; ｵｰｽﾄﾘｱ: tʃí:bʊk] 男 -s/-s チブーク(トルコの長いタバコ用パイプ). [*türk.*; ◇*engl.* chibouk]

Tschi·kosch[tʃí:ko:ʃ, tʃíko:ʃ, tʃíkɔʃ] 男 -[e]s/-e=Csikós

tschil·pen[tʃílpən] 自 (h) (スズメが)チュッチュッとさえずる.

tsching·bum[tʃɪŋbʊ́m] 間, **tsching·de·ras·sa·bum**[..dərasabʊ́m] 間, **tsching·de·ras·sas·sa**[tʃíŋdərasasa·] 間 (どら・太鼓などの音)ドンチャン, ジャンジャンドンドン.

Tschok·lat[tʃɔklá:t] 男 -s/ 《ｵｰｽﾄﾘｱ》=Schokolade

Tschou[tʃaʊ] =Chou

Tsch[o]u En-lai[tʃu|ɛnláɪ] 人名 周恩来, チョウ エンライ(1898-1976; 中国の政治家).

Tschung·king[tʃʊ́ŋkɪŋ] 地名 重慶, チョンチン(中国, 四川 Szetschuan 省南東部の河港都市. 日中戦争のさい国民政府が南京からここへ移った).

tschüs (**tschüß**)[tʃʏs, tʃy:s] 間《話》バイバイ, じゃあね, さよなら. [*lat.* ad deum (→ade)−*span.* adiós−*ndd.*]

Tsd. 略 =Tausend

Tse-tien Wu-hou[tsetĭɛnvuháʊ] 人名 則天武后(624-705; 中国, 唐の高宗の皇后).

Tse·tse·flie·ge[tsɛ́tse..] 女《虫》ツェツェバエ(熱帯アフリカの野生種のハエで, 睡眠病や家畜のナガナ病などを媒介する). [*Bantuspr.* tsetse; 擬音]

T-Shirt[tí:ʃø:rt, ..ʃœrt, ..ʃə:t] 中 -s/-s《服飾》Tシャツ(丸首・半そでのシャツ). [*engl.*; ◇Schürze]

Tsin[tʃɪn] =Chin

Tsi·nan[tsí:nan] 地名 済南, チーナン(中国, 山東 Schantung 省の省都).

Tsing·hai[tsíŋhaɪ] 地名 青海, チンハイ(中国, 西北地区南部の省で, 省都は西寧 Sining また Xining).

Tsing·tau[tsíŋtaʊ] 地名 青島, チンタオ(中国, 山東 Schantung 省東部の港湾都市).

Tsjao[tsjá:o·] 男 -[s]/-[s] 角, チアオ(中国の貨幣[単位]: 1/10 Yuan). [*chines.*; ◇*engl.* chiao]

T-Stahl[té:..] 男《工》T 形鋼.

T-Stück[té:..] 中《工》T 形継ぎ手(→ 図 Gas).

Tsu·ga[tsú:ga·] 女 -/-s, ..gen[..gən]《植》ツガ(栂)属. [*japan.*]

Tsu·na·mi[tsú:nami·] 男 -/-s (特に日本の沿岸の)津波. [*japan.*]

T-Trä·ger[té:..] 男 -s/-《建・土木》T 形ばり(梁).

tu[tu:] =tue

Tu →Tu Fu

TU[te:|ú:] 略 女 =Technische Universität 工業大学.

Tua·reg[tuá:rɛk, tú:a.., tuarɛ́k] **I** 複 トゥアレグ人(Sahara 地方に住む Berber 系の遊牧民; 単数形は Targi). **II** 中 -s/ トゥアレグ語(Berber 語の一方言). [*berber.*]

tua res agi·tur[tú:a· ré:s á:gitʊr]《ﾗﾃﾝ語》(es handelt sich um deine Sache) これは君にかかわる問題だ. [◇agieren]

Tub[tap, tʌb] 中 -[s]/-s (単位: -/-) 桶(おけ)一杯分(英国のバター・茶などの分量単位. バターは38. 102kg, 茶は27. 216kg): 5 ~ Butter バター5桶. [*ndl.*−*engl.*; ◇Zuber]

Tu·ba[tú:ba·] 女 -/..ben[..bən] **1 a)**《楽》テューバ(低音域の金管楽器: → 図 Blasinstrument). **b)** (古代ローマの)軍用らっぱ. **2**《解》**a)** (Ohrtrompete) 耳管(→ 図 Ohr). **b)** (Eileiter) 卵管. [*lat.* tuba „Röhre"; ◇Tubus]

Tu·bar·gra·vi·di·tät[tubá:r..] 女 =Tubenschwangerschaft

Tüb·bing[tʏ́bɪŋ] 男 -s/-s 《坑》タビング[法]. [<*mndd.* tubbe „Röhre" (◇Tub)]

Tu·be[tú:bə] 女 -/-n **1** (絵の具・練り歯みがき・薬などの容器としての)チューブ: **auf die ~ drücken**《話》(アクセルを踏んで)スピードを上げる; (一般に)速度を早める, 急ぐ, 能率を上げる. **2** =Tuba 2 [*lat.* tubus−*fr.*−*engl.*; ◇Tubus]

Tu·ben Tuba, Tube, Tubus の複数.

Tu·ben≈ka·tarrh[tú:bən..] 男《医》耳管カタル; 卵管カタル. **≈schwan·ger·schaft** 女《医》卵管妊娠.

Tu·ber[tú:bər] 男 -s/-(Höcker)《解》(骨などの)隆起. [*lat.* „Höcker"; ◇Tumor]

Tu·ber·kel[tubɛ́rkəl] 男 -s/- (ｵｰｽﾄﾘｱ: 女 -/-n)《医》結核結節. [<*lat.* tuberculum „Höckerchen"]

Tu·ber·kel≈bak·te·rie[..riə] 女, **≈bak·te·rium** 中, **≈ba·zil·lus** 男 (略 TbB) 結核菌.

tu·ber·ku·lar[tubɛrkulá:r] 形《医》結節状の.

Tu·ber·ku·lid[..lí:t][1] 中 -[e]s/-e《医》結核疹(しん).

Tu·ber·ku·lin[..lí:n] 中 -s/《医》ツベルクリン(結核菌を培養して作った滅菌液). [<..in[2]]

Tu·ber·ku·lin·reak·tion 女《医》ツベルクリン反応.

Tu·ber·ku·lom[tubɛrkuló:m] 中 -s/-e《医》結核腫(しゅ). [<..om]

tu·ber·ku·lös[tubɛrkulǿ:s][1](ｵｰｽﾄﾘｱ: **tu·ber·ku·los**[..ló:s][1]) **I** 形 結核[性]の; 結核に冒された. **II Tu·ber·ku·lö·se** (ｵｰｽﾄﾘｱ: **Tu·ber·ku·lo·se**[1]) 男 女《形容詞変化》結核患者. [*fr.* tuberculeux; ◇..os]

Tu·ber·ku·lo·se[2][tubɛrkuló:zə] 女 -/-n (略 Tb, Tbc)《医》結核[症]: Lungen*tuberkulose* 肺結核[症] | Er hat ~. 彼は結核にかかっている. [<..ose]

Tu·ber·ku·lo·se·für·sor·ge 女 (国の)結核患者保護[事業].

tu·ber·ku·lo·se·krank 形 結核に冒された, 結核[症]にかかった: der ⟨die⟩ *Tuberkulosekranke* 結核患者.

Tu·ber·ku·lo·sta·ti·kum[tubɛrkulostá:tikʊm] 中 -s/..ka[..ka·]《薬》抗結核薬. [<*gr.* statikós (→statisch)]

Tu·be·ro·se[tuberó:zə] 女 -/-n《植》オランダズイセン(水仙), ジャガタラズイセン, チュベロース, ゲッカコウ(月下香). [<*lat.* tūberōsus „höckerartig" (◇Tuberkel)]

Tu·bi·fex[tú:bifɛks] 男 -/..fices[tubí:fitse:s]《動》イトミミズ(糸蚯蚓). [<*lat.* tubus (→Tubus); ◇..fizieren]

Tü·bin·gen[tý:bɪŋən] 地名 テュービンゲン(ドイツ南西部, Baden-Württemberg 州にある大学都市). [<Tuwingin (古形; 人名に由来); →..ingen]

Tü·bin·ger[..ŋər] **I** 男 -s/- テュービンゲンの人. **II** 形《無変化》テュービンゲンの.

tu·bu·lär[tubulɛ́:r] 形, **tu·bu·lös**[..lǿ:s][1] 形 管状の: ~*e* Drüsen《解》管状腺(せん). [<*lat.* tubulus „Röhrchen"]

Tu·bus[tú:bʊs] 男 -/..ben[..bən], -se **1 a)** (望遠鏡・顕微鏡など光学機械の)鏡胴. ᵛ**b)** 望遠鏡. **2**《医》気管カニューレ. [*lat.* tubus; ◇Tube]

Tuch[tu:x] 中 (小 **Tüch·lein**[tý:çlaɪn], **Tü·chel·chen**[tý:çəlçən] 中 -s/-) **1** -es(-s)/(種類: -e)《ふつう無冠詞で》**a)** 布地, 生地, 織物(特に毛織物): ein Stück ~ 一枚の布ぎれ | 3 m ⟨3 Ballen⟩ ~ 3メートル⟨3バレン⟩の布地 ‖ ein Anzug aus feinem ~ 上質の生地で作った背広 ‖ ~ weben ⟨scheren⟩ 布を織る⟨はさみで切る⟩ | Dieses Geschäft führt englische ~*e*. この店は英国製の布地を扱っている ‖ ᵛ**buntes ~** 兵隊(襟などが制服と色を異にしていたことから) | ᵛ**leichtes ~**《方》軽薄な人間.

b) (Segeltuch)《海》帆布.

2 -es(-s)/Tücher (さまざまの用途のために加工した)布切れ(ハンカチーフ・スカーフ・マフラー・手ぬぐい・タオル・ふきん・ぞうきん・テーブル掛けなど): Hals*tuch* ネッカチーフ | Hand*tuch* 手ぬぐい, タオル | Staub*tuch* ちりふき, ダスター | Taschen*tuch* ハンカチーフ | Tisch*tuch* テーブル掛け | Wisch*tuch* ふきん ‖ *et.*[4] mit einem ~ bedecken ⟨zudecken⟩ …を布でおおう | *sich*[3] ein ~ um die Schultern legen 肩にショールを掛ける | ein ~ schwenken ハンカチを振る ‖ **wie ein rotes ~ auf *jn.* wirken / für *jn.* ein rotes ~ sein**《話》…を激怒させる, …をかっかとさせる(闘牛の赤い布のように) | Sie ist für mich ein rotes ~. 私は彼女を見ると頭にくる. [*ahd.*]

Tuch·art[tú:x..] 女 布地の種類.

tuch·ar·tig 形 布状の.

T

Tuch·band 中 -[e]s/..bänder 布製リボン.
Tü·chel·chen Tuch の縮小形.
tu·chen[túːxən] 形《付加語的》布製の.
Tu·chent[tʊ́xənt] 女 -/-en《南部・オーストリア》(Federbett)(羽毛入り)掛けぶとん, 羽ぶとん. [*slaw.*]
Tü·cher Tuch の複数.
Tuch≈fa·brik[túːx..] 女 織物工場. **≈füh·lung** 女 -/ (隊列を組んだ兵隊同士の)袖(そで)と袖の触れ合い; (体と体の)軽い触れ合い;《比》(密接な)関係, 接触, 触れ合い, 連絡: ～ mit *jm.* aufnehmen《比》…と連絡をつける | mit *jm.* ～ halten / mit *jm.* auf ～ sein / mit *jm.* in ～ stehen 〔…と〕袖が触れ合うほど近くにいる;《比》〔…と〕接触〈連絡〉がある | mit *jm.* auf ～ gehen 〈kommen〉《戯》…と〔肉体的に〕接触する. **≈hal·le** 女 織物倉庫. **≈han·del** 男 -s/ 織物取引〈売買〉. **≈händ·ler** 男 織物商人.
Tüch·lein Tuch の縮小形.
Tuch·ma·cher 男 織物工, 織物職人.
Tuch·ma·che·rei[tuːxmaxəráɪ] 女 -/-en **1**《単数で》織物製造. **2** 織物工場.
Tu·chol·sky[tʊxɔ́lskiˑ] 人名 Kurt ～ クルト トゥホルスキー(1890-1935; ドイツのジャーナリスト・文筆家).
Tuch·sei·te[túːx..] 女 (布地・服地などの)表側.
tüch·tig[tʏ́çtɪç]² 形 **1** 有能な, 能力〈手腕・技能〉のある, 役に立つ; (仕事などが)きちんとした, りっぱな, 優れた: eine ～*e* Arbeit 〈Leistung〉 りっぱな仕事〈優れた業績〉 | ein ～*er* Gegner 手ごわい相手 | ein ～*er* Handwerker 〈Kaufmann〉 腕の立つ職人〈やり手の商人〉 ‖ Er ist sehr ～ in seinem Beruf 〈seinem Fach〉. 彼は職業面〈専門分野〉できわめて有能だ | *Tüchtig*, ～! (皮肉をこめて)ごりっぱごりっぱ ‖ etwas *Tüchtiges* essen ちゃんとしたものを食べる | Freie Bahn dem *Tüchtigen*! (→Bahn 1 a).
2《述語的用法なし》《話》(強意語として)したたかの, はなはだしい(分量・大きさなどが): ein ～*es* Stück Holz 大きな木片 | eine ～*e* Tracht Prügel bekommen さんざんに殴られる | ～*e* Zahnschmerzen 激しい歯の痛み ‖ ～ arbeiten せっせとはたらく | ～ essen 大いに〈もりもり〉食べる | *jm.* ～ die Meinung sagen …に思う存分意見を言う | Es ist ～ kalt. ものすごく寒い.
[*mhd.*; < *ahd.* tuht „Tauglichkeit" (◇taugen); ◇ *engl.* doughty]
..tüchtig[..tʏçtɪç]²《名詞・動詞などにつけて「…に関して性能のよい」を意味する形容詞をつくる》: berg*tüchtig* 山登りに適した(靴) | gebrauchs*tüchtig* 使用に耐える | hochsee*tüchtig* 外洋での航海能力のある(船) ‖ fahr*tüchtig* 走行性能の高い(車).
Tüch·tig·keit[-kaɪt] 女 -/ tüchtig なこと.
Tuch≈wal·ke[túːx..] 女 (毛織物の)縮絨(しゅくじゅう)機. **≈wa·ren** 複 織物〈布地〉類, 反物(たんもの).
Tucke[tʊ́kə] 女 -/-n **1**《軽蔑的に》感じのわるい〈不愉快な・出しゃばりの〉女. **2** = Tunte 2
Tücke[tʏ́kə] 女 -/-n 悪意, 陰険; 策略, 術策, 悪だくみ, 奸計(かんけい)(人間の予測できない危険・困難・機械の故障などにも用いられる): **die ～ des Objekts** 事柄特有のむずかしさ | die ～ des Schicksals 〈des Zufalls〉 運命〈偶然〉のいたずら ‖ ***jm.* eine ～ spielen** …をひどい目に合わせる, …をだます | gegen *jn.* eine ～ üben …に対して策謀〈悪だくみ〉を弄(ろう)する | ***sei*ne ～ haben** 一筋なわではいかない, 油断ができない | Der Strom hat seine ～*n*. この川は油断できない(危険がひそんでいる) | *seine* Nücken und ～*n* haben / voller Nücken und ～*n* sein (→Nücke) ‖ Er wurde mit den ～*n* dieser Maschine nicht fertig. 彼はこの気まぐれな機械をうまく扱えなかった | mit List und ～ (→List) | voller ～ sein 〈stecken〉 悪意に満ちている, 陰険きわまりない.
[*mhd.*; < *mhd.* tuc „Anschlag"]
tuckern[tʊ́kərn] 《05》自 **1** (h) (モーターボート・トラクターのエンジンなどが)カタカタ〈ブルブル〉音をたてる; (不調なエンジンが)ノッキングする. **2** (s) カタカタ〈ブルブル〉音をたてながら進む.
tückisch[tʏ́kɪʃ] 形 **1** 悪意のある, 陰険な; 策謀〈悪だくみ〉に満ちた: ein ～*er* Mensch 陰険な人, 策謀家 | mit ～*en* Augen 陰険な目つきで.
2 危険をはらんだ, 油断のならない; (病気が)悪性の: eine ～*e* Kurve 危険なカーブ | Der Strom ist hier sehr ～. この川はここが非常に危険だ.
[< *mhd.* tuc (→Tücke)]
tücksch[tʏkʃ] 形《北部・中部》恨みがましい気持を抱いた, すねた.
tück·schen[tʏ́kʃən] 《04》自 (h) 《北部・中部》《mit *jm.*》(…に)恨みを抱く; すねる, 恨みごとを言う.
tuck·tuck[tʊktʊ́k] 間 (ニワトリを呼ぶ声)コッコッ, トットッ.
tü·de·lig[týːdəlɪç]² 形《北部》(年を取って)ぼけた, もうろくした.
Tü·der[týːdər] 男 -s/-《北部》(放牧場で)家畜をつなぐ綱. [*mndd.*; ◇ *engl.* tether]
tü·dern[týːdərn] 《05》**I** 他 (h) 《北部》(家畜を)綱でつなぐ. **II** 自 (h) 《北部》だらしなく働く, ぞんざいな仕事をする.
Tu·dor[túːdɔr, tjúːdə] 男 -[s]/-s チューダー家(ヘンリー七世からエリザベス一世までつづいたイギリスの王家〔1485-1603〕)の人. [*kymr.*; ◇Theodor]
Tu·dor≈bo·gen[túːdɔr.., ..doːr.., tjúːdə..] 男《建》チューダー式アーチ, 四心迫持(せりもち)(→ 図 Bogen). **≈stil** 男 -[e]s/ 《建》チューダー様式.
tue[túːə] tun の現在 1 人称単数および命令法単数.
tu·end[túːənt]¹ tun の現在分詞.
Tue·rei[tuːəráɪ] 女 -/-en《軽蔑的に》気取り, てらい, (うわべの)取りつくろい, (見せかけの)遠慮. [< tun+..erei]
..tuerisch[..tuːərɪʃ]《形容詞につけて「…めかす, …ぶる」を意味する形容詞をつくる》: groß*tuerisch* / dick*tuerisch* えらぶった; ほらふきの | geheim*tuerisch* もったいぶった.
Tuff[tʊf] 男 -s/(種類: -e), **Tuff·stein**[tʊ́f..] 男《鉱》凝灰岩. [*lat.* tōfus–*it.* tufo〔–*ahd.* tub-stein〕]
Tüf·tel·ar·beit[tʏ́ftəl..] 女《話》めんどうな〈こみ入った〉仕事.
Tüf·te·lei[tʏftəláɪ] 女 -/-en **1**《単数で》しきりに tüfteln すること. **2** = Tüftelarbeit
Tüf·te·ler[tʏ́ftələr] 男 -s/- = Tüftler
Tüf·tel·frit·ze[tʏ́ftəl..] 男 -n/-n《話》= Tüftler
tüf·te·lig[..təlɪç]² (**tüft·lig**[..tlɪç]²) 形 **1** (仕事などが)めんどうな, やっかいな, こみ入った.
2 些事(さじ)にこだわる, 詮索(せんさく)好きの, こせこせした.
tüf·teln[tʏ́ftəln] 《06》自 (h) 《話》やっかいな問題とねばり強く取り組む;《比》小事にこだわる, あれこれくよくよ思案〈詮索(せんさく)〉する.
Tüft·ler[..tlər] 男 -s/- tüfteln する人.
tüft·lig = tüftelig
Tu Fu[tufú:] 人名 杜甫(712-770; 中国, 唐中期の大詩人).
Tu·gend[túːgənt]¹ 女 -/-en **1 a)** (↔Laster) 徳, 美徳; 長所, 美点: die ～ der Bescheidenheit 〈der Geduld〉 謙虚〈忍耐〉という美徳 | ～ und Laster 美徳と悪徳 ‖ ～ üben 徳を行う | auf dem Pfad der ～ wandeln (→Pfad 1) | vom Pfad der ～ abweichen (→Pfad 1) | ein Ausbund an 〈von〉 ～《皮肉》美徳のかたまり ‖ Jeder Mensch hat seine ～*en* und seine Fehler. 人間だれにでも長所もあれば短所もある | Jugend hat 〈kennt〉 keine ～. (→Jugend 3 a) ‖ *Tugend* besteht, Schönheit vergeht.《諺》徳は持続し美はうつろう.
▽**b)** (Keuschheit) 処女性, 童貞, 純潔: *seine* ～ bewahren (少女などが)純潔を守る.
▽**2** 役立つもの, 有用なもの: aus der Not eine ～ machen (→Not 1)
[*westgerm.* „Brauchbarkeit"; ◇taugen]
Tu·gend·bold 男 -[e]s/-e《軽蔑的に》道徳家ぶる人.
tu·gend·haft[..haft] 形 有徳の, 徳の高い, 高潔な; 品行方正な; 貞節な, 貞潔な: ein ～*er* Mensch 有徳の人 | ein ～*es* Leben führen 品行方正な生活を送る.
Tu·gend·haf·tig·keit[..tɪçkaɪt] 女 -/ tugendhaft なこと.
Tu·gend≈held 男 有徳〈高潔〉の士;《軽蔑的に》道徳家ぶる人. **≈leh·re** 女 道徳の教え;《哲》徳論.
tu·gend·los[túːgəntloːs]¹ 形 徳のない, 不品行な, 身持ちの悪い.

Tụ·gend·prẹ·di·ger 男《皮肉》道を説く人, 道学者先生.

tụ·gend·reich 形 徳の高い, 高潔な; きわめて品行方正な.

Tụ·gend≈rich·ter 男《しばしば軽蔑的に》道学者. **≈rọ·se** 女 (Goldene Rose)〘カトリック〙金製ばら章(→Rose 1).

▽**tụ·gend·sạm**[tú:gəntza:m] ＝tugendhaft

Tụ·gend·wäch·ter 男《しばしば軽蔑的に》美徳〈道徳〉の番人.

Tui·le·rị·en[tyilərí:ən] 複《宮殿名》チュイルリー(パリにある旧王宮. 現在はルーブル博物館の一部).
[*fr.*; <*fr.* tuile „Ziegel"]

Tui·sto[tuísto·] 人名〘北欧神〙トゥイスト(誤って Tuisko ともいう. Tacitus の『ゲルマニア』によれば大地から生まれた神. その息子 Mannus は最初の人間で, ゲルマン人の祖).
[*westgerm.*]

Tụ·kan[tú:kan, tuká:n] 男 -s/-e **1** (Pfefferfresser)〘鳥〙オオハシ(巨嘴鳥). **2** der ～〘天〙巨嘴鳥(きょしちょう)座.
[*indian.*－*span.*; ◇ *engl.* toucan]

Tụ·la[tú:la·] 地名 トゥーラ(ロシア連邦, モスクワ南方の工業都市).

Tụ·la·ar·beit[tú:la..] 女 -/-en《ふつう複数で》トゥーラ細工(特に装飾用の銀細工).

Tu·lar·ämiẹ[tularεmí:] 女 -/ 〘畜〙ツラレミア, ノウサギ病. [<Tulare (米国カリフォルニア州の郡; この病気の最初の発見地); ◇ *engl.* tularemia]

Tụ·la·sil·ber[tú:la..] 中 トゥーラ銀細工.

▽**Tu·li·pạ·ne**[tulipá:nə] 女 -/-n＝Tulpe

Tüll[tʏl] 男 -s/(種類: -e)〘服飾〙チュール(ベールなどに用いられる網目状の薄い布). [*fr.*; <Tulle (フランスの原産地名); ◇ *engl.* tulle]

Tül·le[tʏ́lə] 女 -/-n (短い管〔状のもの〕. 例えば:) **1** (やかんなどの)注ぎ口(→ 図 Topf). **2** (燭台(しょくだい)の)ろうそく差し入れ口. **3**〘工〙ノズル. **4** (くわなどの)柄つぼ(→ 図 Schaufel). [*ahd.*; ◇Delle]

Tüll≈gar·di·ne[tʏ́l..] 女 チュール地のカーテン. **≈spit·ze** 女 チュール地のレース. **≈vor·hang** 男 ＝Tüllgardine

Tul·pe[tʊ́lpə] 女 -/-n **1** (英: *tulip*)〘植〙チューリップ: **wie eine ～ tun**《ベルリン方言》何も知らないふりをする.
2 (チューリップ状のもの. 例えば:) **a)** (Biertulpe)(チューリップ形の)ビール用コップ(→ 図 Glas). **b)** (ランプの)ほや.
3《話》変わり者; 期待はずれのやつ.
[*türk.* tülbend (→Turban)－*it.* tulipano]

tul·pen[tʊ́lpən] 自 (h)《話》ビールを飲む.

Tul·pen≈baum 男〘植〙ユリノキ(百合木), ハンテンボク(半纏木): Afrikanischer ～ カエンボク(火炎木)(アフリカ原産ノウゼンカズラ科の花木). **≈beet** 中 チューリップの花壇. **≈feld** 中 チューリップ畑. **≈glas** 中 -〔e〕s/..gläser チューリップ形のグラス〈コップ〉. **≈zucht** 女 チューリップ栽培. **≈zwie·bel** 女 チューリップの鱗茎(りんけい)〈球根〉.

..tum[..tu:m]《名詞, 特に人を表す名詞, まれに形容詞·動詞につけて中性名詞 (-s/..tümer) をつくる. ただし: →6)》**1**《「…に特徴的な性質·行為」を意味する》: Menschen*tum* 人間性, 人間存在 | Volks*tum* 民族性 | Künstler*tum* 芸術家気質 | Spießbürger*tum* 俗物根性 | Gangster*tum* ギャング的行為. **2**《「宗教·思想·文化」などを意味する》: Christen*tum* キリスト教 | Kantianer*tum* カント主義 | Germanen*tum* ゲルマン精神. **3**《「(集合的に)人·もの·階層」などを意味する》: Beamten*tum* 官吏〔階層〕| Bürger*tum* 市民〔階層〕| Ritter*tum* 騎士階級 | Heiden*tum* 異教徒 | Schrift*tum* 文献 | Brauch*tum* 慣習. **4**《「身分」を意味する》: König*tum* 王位 | Papst*tum* 法王の位. **5**《「支配領域」を意味する》: König*tum* 王国 | Scheich*tum* (アラブの)首長国. **6**《形容詞·動詞につけて「…なこと, …するもの」を意味する. 男性名詞をつくることもある》: Alter*tum* 古代; 古代の遺産 | Reich*tum* 男 豊富; 富 | Heilig*tum* 神聖な所; 聖なる遺物 ‖ Irr*tum* 男 誤り | Wachs*tum* 成長.
[*germ.* „Satzung"; ◇tun; *engl.* ..dom, doom]

tumb[tʊmp][1] 形 愚直な, ばか正直な.

Tụm·ba[tʊ́mba·] 女 -/..ben[..bən]〘カトリック〙**1** (中世ヨーロッパの)棺型墓. **2**〘カトリック〙(教会に置かれる)死者ミサ用模造棺.
[*gr.* týmbos „Grabhügel"－*spätlat.*; ◇Tumulus; *engl.* tomb]

Tu·mes·zẹnz[tumεstsέnts] 女 -/-en〘医〙腫脹(しゅちょう)性, 肥大性. [<*lat.* tumēscere „anschwellen" (◇Tumor)]

Tụm·mel·flie·ge 女〘虫〙ヒラタアシバエ(扁脚蠅)科の昆虫.

tụm·meln[tʊ́məln]《06》他 (h) **1** 再帰 *sich*[4] ～ (子供などが)元気に走り(転げ)回る, はしゃぎ回る. **2**《方》再帰 *sich*[4] ～ 急ぐ: *Tummle* dich! 急げ, 早くしろ. **3** ein Pferd ～ 馬を乗り回す(運動させるために) | den Pegasus ～《比》詩作にふける | *sein* Steckenpferd ～《比》道楽にふける.
[*ahd.*; ◇taumeln; *engl.* tumble]

Tụm·mel·platz 男 (子供の)遊び場, 運動場.

Tụm·mler[tʊ́mlər] 男 -s/- **1** (起き上がり小法師式の)底の丸いグラス. **2** (年の市などの)回転木馬.

Tụ̈mm·ler[tʏ́mlər] 男 -s/- **1**〘動〙ネズミイルカ(鼠海豚). **2**〘鳥〙カワラバト(河原鳩).

Tụ·mor[tú:mɔr, ..mo:r, tumó:r] 男 -s/-en[tumó:rən] (-e[..mó:rə]) (Geschwulst)〘医〙腫瘍(しゅよう), 腫瘤(しゅりゅう): ein bösartiger 〈gutartiger〉 ～ 悪性〈良性〉腫瘍 | Gehirn*tumor* 脳腫瘍.
[*lat.*; <*lat.* tumēre „schwellen" (◇Daumen)]

Tụ·mor≈ent·fer·nung 女〘医〙腫瘍(しゅよう)摘出. **≈ge·wẹ·be** 中〘医〙腫瘍組織.

tu·mo·rọ̈s[tumorø̯:s][1] 形〘医〙腫瘍(しゅよう)状の.

Tụ·mor·zel·le 女〘医〙腫瘍(しゅよう)細胞.

Tụ̈m·pel[tʏ́mpəl] 男 -s/- 池, (小さな)沼. [*ahd.* tumphilo „Strudel"; ◇tief; *engl.* dimple]

Tumpf[tʊmpf] 男 -〔e〕s/Tümpfe[tʏ́mpfə] **1**《オーストリア》＝Tümpel **2**《スイス》(Beule) でこぼこ, へこみ.

Tụ̈mp·fel[tʏ́mpfəl] 男 -s/-《南部·オーストリア》＝Tümpel

Tụ·mu·li Tumulus の複数.

Tu·mụlt[tumʊ́lt] 男 -〔e〕s/-e 騒ぎ, 喧噪(けんそう), 騒動; 騒乱, 騒擾(そうじょう), 暴動, 動乱: einen ～ unterdrücken 騒ぎ〈暴動〉を鎮圧する | Bei diesem ～ kann ich nicht arbeiten. こうやかましくては仕事ができない.
[*lat.*; <*lat.* tumēre (→Tumor)]

Tu·mul·tuạnt[tumʊltuánt] 男 -en/-en 騒ぎを起こした人, 暴徒; 煽動(せんどう)者.

tu·mul·tuạ·risch[..tuá:rɪʃ] 形 騒がしい, 騒然とした, 喧噪(けんそう)な; 騒乱状態の, 暴動〈動乱〉の; 煽動(せんどう)的な.
[*lat.*]

tu·mul·tu·ie·ren[..tuí:rən] 他 (h) 騒ぐ, 騒動〈暴動〉を起こす. [*lat.*]

tu·mul·tuọs[..tuó:s][1] 形, **tu·mul·tuọ̈s**[..tuø̯:s][1] 形 騒がしい, 騒然とした, 混乱した. [*lat.*－*fr.*; ◇..os]

Tụ·mu·lus[tú:mulʊs] 男 -/..li[..li·]〘考古〙(先史時代の)古墳.
[*lat.*; <*lat.* tumēre (→Tumor); ◇Tumba]

tun*[tu:n]《198》**tat**[ta:t]/**ge·tạn**[gətá:n]; 現 *ich* tue [tú:ə] (tu[tu:]), *du* tust[tu:st], *er* tut[tu:t], *wir* tun; 命 tu〔e〕[tu:(ə)]; 接II täte[tέ:tə]; 現在分詞: tuend [tú:ənt][1]

I 他 (h) **1 a)**《主に人を主語として》① (英: *do*)《**es tun** などの形で動作を表す動詞の代動詞として》(そう)する: Was macht er da?－Er singt. Das *tut* er immer. 彼はそこで何をしているのですか－歌を歌っているのです. 彼はいつもそうするのです | Er spielt gut Klavier, nicht wahr?－Ja, das *tut* er. 彼はピアノが上手なのですね－ええそうです | Er atmete tief, und ich *tat* es auch. 彼は深く息を吸った. そして私もそうした | Er soll gehorchen, aber das *tut* er nicht. 彼は言うことを聞くべき立場にあるのにそうしない.
②《機能動詞として〔動作〕名詞とともに》(…)する: eine Abbitte ～ 謝罪する(＝abbitten) | für *et.*[4] Buße ～ …の償いをする(＝*et.*[4] büßen) | einen flüchtigen Blick in *et.*[4] ～ …を一瞥(いちべつ)する | einen Fall ～《雅》転倒する | einen Fehltritt ～ へまをする | mit *et.*[3] einen guten Griff *getan* haben《比》…を選んだのは選択がよかった | 〔vor Freude〕 einen Luftsprung ～ 〔うれしさに〕こおどりする | 〔aus

T

der Flasche〕einen Schluck ～〔瓶から〕一飲みする｜einen Schrei ～ 叫び声をあげる｜einen Schritt vorwärts ～ 一歩前進する｜einen Schwur ～ 宣誓する｜einen Seufzer ～ ため息をつく ‖ (非人称) Plötzlich *tat* es einen Schlag, und wir saßen im Dunkeln. 突如雷鳴がして辺りが真っ暗になった ‖〘助動詞的に不定詞とともに口語調で〙Singen *tue* ich gern. 私は歌うのは大好きです｜Er sieht gut aus.－Ja, gut aussehen *tut* er. 彼は立派な風采(ふうさい)ですねーそうです風采は立派です｜Ich *tue* es machen. 私はそうします｜*Tust* du mir jetzt helfen? これから手伝ってくれるかい.

③ 行う, する,(義務などを)はたす: *sein* Bestes ～ 最善をつくす｜*seine* Pflicht〈das *Seinige*〉～ 義務をはたす ‖ **es ～**《話》あれをやる(性交する) ‖ Das *tut* man nicht. そんなことはしないものだ｜Er *tut* nichts als schimpfen. 彼は文句ばかり言っている｜Ich *tue*, was ich kann. 私は自分にできることを〔何でも〕する｜Ich kann ～ und lassen, was ich will. 私は思いのまま行動できる｜Er kann ～, was er will, es gelingt ihm nichts. 彼は何をやってみても何一つうまく行かない｜Was *tust* du hier? 君はここで何をしているんだ〈ここになんの用だ〉｜Was *tust* du mit dem Stock! その棒で何をするつもりだ｜Was ～? 何をなすべきか, どうしようか(困難な状況に直面したときの決まり文句)｜Wir wollen sehen, was sich ～ läßt. どんな手が打てるか〔できるだけ〕やってみることにしよう｜Kann ich etwas für Sie ～? 何かお役に立てましょうか, ご用件は何でしょうか｜So *tu* doch etwas! (ぼんやりしていないで)なんとかしろよ｜nichts gegen *et.*[4] ～ können …に対して手の打ちようがない｜Da muß etwas *getan* werden. ここで何か手を打つ必要がある ‖ (再帰) Das *tut* sich leicht. それは楽にやれる ‖〘量を示す語句と〙nicht genug für *jn.*〈*et.*[4]〉～ …に対する配慮が足りない｜des Guten zuviel ～ やりすぎる｜viel an den Kindern ～《話》子供につくす ‖〘zu 不定詞句で〙noch〔die Hände voll〕zu ～ haben まだ〔いっぱい〕することがある｜nichts zu ～ haben 何もすることがない｜**mit *jn.*〈*et.*[3]〉nichts zu ～ haben** …とはなんのかかわりもない｜Ich habe mit der Affäre nichts zu ～. 私はこの事件とはなんのかかわりもない｜**mit *jm.*〈*et.*[3]〉nichts zu ～ haben wollen** …とかかわり合いになりたがらない｜〔**es**〕**mit *jm.*〈*et.*[3]〉zu ～ haben**《話》…とかかわり合わねばならない; …に苦しめられる｜Ich habe noch in der Stadt zu ～. まだ町で片づけねばならないことがある｜**es mit *jm.* zu ～ bekommen〈kriegen〉** …を相手にすることになる, …といざこざをもつことになる｜Hör auf, sonst bekommst du es mit mir zu ～! やめろ さもないと私が黙っていないぞ｜Im Gebirge bekomme ich es immer mit dem Herzen zu ～. 山に登るといつも心臓の具合が悪くなる｜*jm.* etwas zu ～ geben …に仕事を与える｜Es gibt noch viel zu ～. まだすることがたくさんある｜***jm.* ist**〔**es**〕**um *jn.*〈*et.*[4]〉zu ～** …にとっては…が問題〈重要〉である｜Mir ist es nicht um das Geld zu ～. 私にとっては金は問題じゃない｜Es ist mir sehr darum zu ～, daß … 私にとっては…ということが大事なのだ ‖〘過去分詞で〙Gesagt, *getan*. そうときめたらすぐ実行だ｜Nach *getaner* Arbeit ist gut ruh〔e〕n.《諺》仕事をすませた後は思う存分休める ‖ So, das wäre *getan*! これでやっと片づいたか｜**Damit ist es nicht *getan*.** それで事がすんだわけではない, それで能事足れりとするわけにはいかない｜**es ist um *jn.*〈*et.*[4]〉getan**《雅》…はもう終わりである｜Es ist um ihn *getan*. 彼はもうおしまいだ｜Auch diese Arbeit will *getan* sein. この仕事もどうしても片づけねばならない.

④《*jm. et.*[4]》i)(…に悪いことを)もたらす,(…に危害を)加える: *jm.* etwas〔zuleide〕～ …に危害を加える, …をいじめる｜*sich*[3] an der Stirn was ～ 額にけがをする｜Wenn du mir etwas *tust*, sag's ich meinem großen Bruder. 私に何かしたら兄さんに言いつけてやるよ｜Wer hat dir denn etwas *getan*? いったいだれが君をいじめたのか｜Was hat man dir *getan*? 君は何をされたというのだ｜Der Hund *tut* dir nichts. この犬は君に何もしやしないよ ‖ *jm.* Schaden ～ …に損害を与える.

ii)(…に良いことを)してやる: *jm.* gute Dienste ～ …にとって役に立つ｜*jm.* einen Gefallen ～ …のために一肌ぬぐ｜*jm.* viel Gutes ～ / viel an *jm.* ～ …に親切をつくす｜Ich will deinen Ansprüchen Genüge ～. 君の要求をみたしてやるつもりだ ‖ (再帰) Er *tut* sich[3] eine Güte daran. 彼はそれを楽しんでいる.

⑤《様態を示す語句と》(再帰) *sich*[4] wichtig ～ もったいぶる(→II 2) ‖ Du *tust* dich leichter, wenn du es anders machst. やり方を変えたほうがもっと楽にできますよ｜Man *tut* sich leicht daran. それをするのは楽だ｜Er *tut* sich schwer mit dem Rechnen. 彼は計算が苦手だ.

b)《事物を主語として》① (効果・影響を)もたらす, 発揮する, 役立つ: Das Medikament *tut* seine Wirkung. 薬が効果を現す｜Wunder ～《比》すばらしい効果を示す, 奇跡を現す ‖ Was *tut*'s?－Das〈Es〉*tut* nichts. 何かさしさわりがありますかー何もありません｜Was *tut*'s? / Was *tut* das schon?《話》どうということはないではないか｜Das *tut* nichts zur Sache. それはどうでもよいことだ ‖〘**es** を目的語として〙Worte allein *tun*'s nicht. 言葉だけでは役に立たぬ｜Es muß ja nicht Bier sein, eine Flasche Cola *tut*'s auch. なにもビールである必要はない. コーラ1本でもいい｜Der Mantel *tut* es noch diesen Winter. このコートはこの冬もまだ着られる.

② (再帰) Was *tut* sich[4] da? 何か変わりがあるか｜Es *tut* sich〔et〕was in der Mode. 流行に動きが生じている｜Ich will doch einmal sehen, was sich hier *tut*〈ob sich hier etwas *tut*〉. 何が起こっているか〈何かが起こっているのかどうか〉をともかく調べてみよう｜Wie geht's?－Na, es *tut* sich. 調子はどうだいーまあまあさ.

2《方向を示す語句と》(…を…に)入れる, 入れこむ, はこぶ, 加える, 置く, はめる, つける, する: Wohin soll ich das ～? これをどこに置い〈入れ〉たらよいのですか｜Salz **an** die Suppe ～ スープに塩を加える｜Wasser an die Bäume ～ 樹木に水をやる｜Holz **aufs** Feuer ～ 火にまきをくべる｜den Koffer auf den Boden ～ トランクを床に置く｜*sein* Geld auf die Bank ～ 金を銀行に預ける｜einen Ring auf〈an〉den Finger ～ (＝stecken) 指に指輪をはめる｜*et.*[4] **in** die Tasche ～ …をポケット〈かばん〉に入れる｜Kinder in den Kindergarten ～ 子供を幼稚園に入れる｜das Kind in eine andere Schule ～ 子供を転校させる｜*seinen* Sohn in die Lehre〈nach Paris〉～ 息子を奉公に出す〈パリに遊学させる〉｜Der Papst *tat* den Kaiser in Acht und Bann. 教皇が皇帝を破門した｜die Kleider **von** *sich*[3] ～ 服をぬぎ捨てる｜ein Schloß **vor** den Keller ～ 地下室に錠をおろす｜*Tu* das Buch **zu** den andern! この本を他の本のところに一緒に置いてくれ.

II 自 (h) **1**《様態を示す特定の語句と》(…の)行動をする; (…の)作用をする: **recht〈wohl〉～** 正しい行動をする; 正しく作用する｜**unrecht〈übel〉～** 不当な行動をする; 間違った作用をする｜Wenn man ihn als faul ansieht, tut man ihm unrecht. 彼を怠惰と見なしては不当だ〈彼に悪い〉｜Du *tust* recht daran, lieber zu leiden, als zu lügen. 君がうそをつくよりは苦しむほうを選ぶというのは正しい｜Du *tust* **gut〈klug〉** daran, dich wärmer anzuziehen. 君は厚着をしたほうがいい｜Du *tätest* **besser** daran zu schweigen. / Du *tätest* besser daran, wenn du schweigst. 君は黙っているほうがいいだろう｜Du *tust* übel daran, so zu verschwenden. 君はそんなに浪費してはよくない ‖ Mir *tut* es **not**, daß ich ausspanne. 私には息抜きが必要だ｜Es *tut* mir **leid**, daß ich dich gekränkt habe. 君の感情を害したことは残念だ〈すまない〉｜Er *tut* mir leid. 私は彼がかわいそうだ｜Du weißt nicht, wie das mir leid *tut*. それが私にとってどんなにつらいか君には分からないのだ.

2《様態を示す語句と》(…の)ふりをする,(…に)振舞う: fremd ～ よそよそしくする｜freundlich ～ 親切ぶる｜vornehm ～ 上品ぶる｜wichtig ～ もったいぶる(→I 1 a ⑤)｜wie eine Tulpe ～ (→Tulpe 1)｜Wenn er auch grob *tut*, ist er doch gutmütig. 彼は言行は荒っぽそうに見えるが気だてはいい男だ｜Mancher *tut* kränklicher als er ist. 実際より病気が重そうなふりをする人がいる ‖ *Tu*〔doch〕nicht so! そんなに表面だけ飾るな, 気どるな, そらとぼけるな｜Er *tut*〔aber〕nur so. 彼のは見せかけだけさ｜Er *tat*〔so〕, **als ob**

die Sache unwichtig wäre. 彼はその事が重要じゃないかのような顔をした | *Tu* 〔bitte ganz so〕, als ob du 〔hier〕 zu Hause wärst! 自分の家同然に遠慮なく振舞ってくれたまえ.

III Tun 中 -s/ 行い, 振舞い: ein löbliches ～ 感心な行い | ein widerrechtliches ～ 違法行為 ‖ ***js.* ～ und Trachten** 〈**Treiben** / **Lassen**〉 …のすることなすこと, …の行状 | Dein ～ und Lassen gefällt mir nicht. 君のやることなすこと私の気に入らない | die Verantwortung hinsichtlich meines ～*s* und Lassens 私の行動いっさいに関する責任 ‖ in einem ～《ｽｲｽ》いっぺんに | Das ist ein ～.《ｽｲｽ》それは結局同じことだ.

[*westgerm.*; ◇Tat, ..tum; *engl.* do]

Tün·che[týnçə] 女 -/-n **1** (壁の塗装に用いる)水しっくい, のろ: *et.*⁴ mit ～ bestreichen …に水しっくいを塗る.

2《単数で》《比》うわべの飾り, 見せかけ: unter der ～ der Höflichkeit 丁重さを装って.

tün·chen[týnçən] 他 (h)《*et.*⁴》(…に)水しっくいを塗る, (…に)のろ引きをする: ein weiß *getünchtes* Haus 白くしっくいを塗った家, [*ahd.* „bekleiden"; ＜*lat.* tunica (◇Tunika)]

Tün·cher[..çər] 男 -s/- しっくい職人〈塗装工〉, 左官屋.

Tun·dra[túndra·] 女 -/..dren[..drən]〘地〙ツンドラ, 凍土帯(亜極地の樹木のない平原地帯). [*russ.*]

Tun·dren·step·pe 女 ＝Tundra

Tu·nell[tunέl] 中 -s/-s, -e《南部・ｵｰｽﾄﾘｱ・ｽｲｽ》＝Tunnel

tu·nen[tjúːnən] 他 (h) (frisieren) (自動車・エンジンを)調整する: ein *getunter* Motor 調整したエンジン.

[＜*engl.* tune „abstimmen" (◇Ton²)]

Tu·ner[tjúːnər] 男 -s/- **1**〘電〙(ラジオ・テレビなどの)チューナー, 同調器. **2**〘自動車〙(専門の)エンジン調整者. [*engl.*]

Tu·ne·ser[tunéːzər] **I** 男 -s/- チュニジア人. **II** 形《無変化》チュニジアの.

Tu·ne·ser·blu·me 女〘植〙センジュギク(千寿菊).

Tu·ne·si·en[..ziən] 地名 チュニジア(北アフリカ中央部, 地中海に面する共和国. 1956年フランスから独立. 首都は Tunis). [＜Tunis; ◇*engl.* Tunisia]

Tu·ne·si·er[..ziər] 男 -s/- ＝Tuneser I

tu·ne·sisch[..zɪʃ] 形 チュニジアの.

Tun·fisch[túːn..] 男〘魚〙マグロ.

Tung≈baum[túŋ..] 男〘植〙シナアブラギリ(支那油桐). **≈öl** 中 (シナアブラギリの種子からとる)桐油(とうゆ).

[＜*chines.* 桐]

Tung·stein 男 (Scheelit)〘鉱〙灰重石.

Tung·sten[túŋsteːn] 男 -〔s〕/ (Wolfram)〘化〙タングステン, ウォルフラム.

[*schwed.* „schwerer Stein"−*engl.*]

der **Tung·ting·hu**[túŋtɪŋhu·] 地名 男 -〔s〕/ 洞庭湖, トンティンフー(中国, 湖南 Hunan 省北部にある湖).

Tun·gu·se[tuŋgúːzə] 男 -n/-n ツングース族(シベリア東部から中国東北部にかけて住むモンゴル系種族, 特に Ewenke 族). [*russ.*]

tun·gu·sisch[..zɪʃ] 形 ツングース〔族・語〕の: →deutsch | die ～*en* Sprachen ツングース諸語(広義のツングース族の言語で, モンゴル語・トルコ語とともに Altai 語族をなすという).

Tun·huang[tʊnhŭáŋ] 地名 敦煌, トンホワン(中国, 甘粛 Kansu 省西部のオアシス都市で, 千仏洞によって有名).

Tu·ni·ca[túːnika·] 女 -/-e[..nitsɛ·] **1** (↔Corpus)〘植〙外衣. **2** (Haut)〘解〙膜, 層. [*lat.* ◇Tunika]

Tu·nicht·gut[túːnɪçtguːt] 男 -, -〔e〕s/-e ろくでなし, ごくつぶし. [＜nichts Gutes tun]

Tu·ni·ka[túːnika·] 女 -/..ken [..kən]〘服飾〙チュニカ(古代ローマなどの男女が着用した下着・家庭着: →図). [*semit.*−*lat.*; ◇tünchen; *engl.* tunic]

Tunika

Tu·ni·ka·te[tunikáːtə] 女 -/-n《ふつう複数で》〘動〙被嚢(ひのう)類(ホヤなど). [*lat.* tunicātus „Tunika tragend"]

Tu·ni·ken Tunika の複数.

Tu·ning[tjúːnɪŋ] 中 -s/〘自動車〙エンジン調整. [*engl.*; ◇tunen]

Tu·nis[túːnɪs, tyníːs] 地名 チュニス(チュニジア共和国の首都). [*phöniz.*]

Tu·ni·ser[túːnizər] **I** 男 -s/- チュニスの人.

II 形《無変化》チュニスの.

tu·ni·sisch[tuníːzɪʃ] 形 チュニスの.

Tun·ke[túŋkə] 女 -/-n (Soße)〘料理〙ソース: **in der ～ sitzen**《話》窮境〈苦しい立場〉にある.

tun·ken[túŋkən] 他 (h) **1**《*et.*⁴ in *et.*⁴》(…を…に)浸す, つける: Brot in die Milch ～ パンをミルクに浸す | den Finger ins Wasser ～ 指先を水につける. **2** *jn.* ～ / *jm.* eine ～《話》…を散々に殴る, …を叩きのめす.

[*ahd.*; ◇tingieren]

tun·lich[túːnlɪç] 形 **1** 得策の: Ich halte es nicht für ～, sich mit ihm einzulassen. 彼とはかかり合いにならないほうがいいと思う.

2 なしうる, 実行可能な(→tunlichst): alle ～*en* Mittel 可能なすべての手段.

Tun·lich·keit[−kaɪt] 女 -/ tunlich なこと.

tun·lichst 副《tunlich の最上級》**1** (möglichst) できるだけ, 可能な〈なしうる〉かぎり: ～ bald なるべく早く | Das sollte man ～ vermeiden. それは可能なかぎり避けるべきだろう. **2** 必ず, ぜひ.

Tun·nel[túnəl] 男 -s/-〔s〕 **1** トンネル, 隧道(ずいどう): Unterwasser*tunnel* 水底〈海底〉トンネル ‖ einen ～ bohren 〈bauen〉トンネルを掘る〈建設する〉| Licht am Ende des ～*s* sehen (→Licht 1) ‖ durch einen ～ fahren (列車・自動車などが)トンネルを通る. **2** 地下道: Fußgänger*tunnel* 歩行者用地下道.

[*afr.*−*engl.*; ＜*mlat.* tunna (→Tonne)]

Tun·nel≈bau 男 -〔e〕s/ トンネル建設〈工事〉. **≈di·ode** 女〘理〙トンネル=ダイオード(発明者江崎玲於奈の名をとって Esaki-Diode ともいう). **≈ef·fekt** 男〘理〙トンネル効果.

tun·ne·lie·ren[tʊnəlíːrən] 他 (h)《ｵｰｽﾄﾘｱ》《*et.*⁴》(…に)トンネルを掘る.

Tun·nel≈krank·heit[túnəl..] 女〘医〙トンネル病; 十二指腸虫症. **≈ofen** 男〘工〙トンネル窯(がま).

Tün·nes[týnəs] 男名 (＜Antonius) テュネス (Schäl とともに Köln の民間小話(こばなし)の主人公として有名): ～ und Schäl テュネスとシェール(愉快な仲間).

Tun·te[túntə] 女 -/-n《軽蔑的に》**1** おろかな〈退屈な〉女. **2** (女性的な)同性愛の男, (女役の)ホモ. [*ndd.*; 擬音]

tun·ten·haft[túntənhaft] (**tun·tig**[túntɪç]²) 形 **1** (女が)おろかで退屈な. **2** (男が)女みたいな, 女性的な(ホモ).

Tupf[tʊpf] 男 -〔e〕s/-e《南部・ｵｰｽﾄﾘｱ・ｽｲｽ》＝Tupfen

Tüpf·chen Tupfen の縮小形.

Tüp·fel[týpfəl] 男 中 -s/- (⑪ **Tüp·fel·chen** → 別出) **1** (小さい)点; 小斑点(はんてん), 水玉模様. **2**〘植〙(高等植物の細胞壁の)膜孔(まくこう).

Tüp·fel·ana·ly·se 女〘化〙点滴分析.

Tüp·fel·chen[týpfəlçən] 中 -s/- (Tüpfel の縮小形) 小〔斑(はん)〕点: **das ～ auf dem i** 字母 i の上の点(＝I-Tüpfelchen) | **bis aufs ～** 〔**genau**〕《話》一点一画もゆるがせにせず, きわめて厳密に.

Tüp·fel≈farn 男〘植〙エゾデンダ属. **≈hart·heu** 中〘植〙セイヨウオトギリ(西洋弟切). **≈hyä·ne** 女〘動〙ブチハイエナ(斑鬣犬).

tüp·fe·lig[týpfəlɪç]² 形 **1** (getupft) 斑点(はんてん)〈水玉模様〉のある. **2**《方》＝pingelig

Tüp·fel≈jo·han·nis·kraut[týpfəl..] 中〘植〙セイヨウオトギリ(西洋弟切). **≈kat·ze** 女〘動〙スナドリネコ(漁猫). **≈kus·kus** 男〘動〙ブチ(斑)クスクス.

tüp·feln[týpfəln] (06) **I** 他 (h)《*et.*⁴》(…に)〔小〕斑点(はんてん)〈水玉模様〉をつける. **II ge·tüp·felt** → 別出

tup·fen[túpfən] **I** 他 (h) **1**《*et.*⁴ mit *et.*³》(…を…で)

軽くたたく,(…に…で)軽く触れる,(…に…を)そっと押し当てる: *sich*^{3} mit dem Taschentuch das Gesicht ～ ハンカチで顔を軽くたたく(汗をぬぐうためなど). **2**《*et.*^{4} auf *et.*^{4}》(薬などを…に)軽く塗る: Salbe 〈Jod〉 auf die Wunde ～ 軟膏(なんこう)〈ヨードチンキ〉を傷口につける(軽くたたくようにして). **3**《*et.*^{4}》(…に)斑点(はんてん)〈水玉〔くずし〕模様〉をつける.

II 自 (h) **1**《auf *et.*^{4}》(…を)軽くたたく: *jm.* auf die Schulter ～ …の肩を軽くたたく. **2**《スイス》《auf *jn.*》(…のことを)あてこする.

III ge·tupft → 別出

[*westgerm.* „eintauchen"; I 3: <Tupfen]

Tup·fen[tʊ́pfən] 男 -s/- (小 **Tüpf·chen**[tʏ́pfçən] 中 -s/-) 点, 斑点(はんてん), 水玉〔くずし〕模様.
[*ahd.* 〔s〕topho; ◇stoßen]

Tup·fer[tʊ́pfər] 男 -s/- **1** 水玉〔くずし〕模様; 〔小〕斑点(はんてん). **2** 〘医〙綿球, 綿棒.

tüpf·lig[tʏ́pflɪç]^2 =tüpfelig

Tu·pi[tupíː] **I** 男 -〔s〕/-〔s〕トゥピ族(ブラジル北部に住むインディアンの一種族). **II** 中 -/ トゥピ語. [*indian.*]

Tür[tyːr] 女 -/-en (小 **Tür·chen**[..çən], **Tür·lein**[..laɪn] 中 -s/-) (英: *door*)戸, ドア, とびら; 戸口, 出入口, 玄関, 門戸: eine eiserne ～ 鉄のとびら | eine verglaste ～ ガラスをはめたドア | die ～ zum Garten 庭に通じるドア | Dreh*tür* 回転ドア | Haus*tür* 玄関のドア | Schiebe*tür* 引き戸 ‖〘4 格で〙die ～ anlehnen 戸を半開きにしておく | die ～ abschließen 〈verschließen〉 戸にかぎをかける | die ～ aufmachen 〈öffnen〉 戸を開ける | die ～ schließen 〈zumachen〉 戸を閉める | die ～ zuschlagen 〈zuwerfen / zuknallen〉 戸をバタンと閉める | Du kriegst die ～ nicht zu!《話》君はあきれ返ったやつだ | **die ～ von außen 〈draußen〉 zumachen**《話》出てゆく, 立ち去る | Mach die ～ von außen 〈draußen〉 zu!《話》出てゆけ ‖ ***jm.* die ～ einlaufen 〈einrennen〉**《話》…の家に強引に押しかける, …をしばしば訪問して迷惑をかける | die ～ offenlassen 戸を開け放しておく | **die ～ für *et.*^{4} offenhalten**《比》…のために交渉の余地を残しておく | ***sich*^{3} eine ～ offenhalten**《比》(自分のために)逃げ道を用意しておく | ***et.*^{3} ～ und Tor öffnen**《比》…(好ましくないこと)を手をつかねてはびこるにまかせる | Gold öffnet jede ～. (→Gold 2 a) | *jm.* die ～ aufhalten …のためにドアを開けて待っている(ドアを手で押えて) | ***jm.* die ～ weisen**《雅》…に出てゆけと命じる, …を追い出す ‖ **überall offene ～*en* finden**《比》至る所で歓迎される | **offene ～*en* einrennen**《比》(何の障害も存在しないのに)むだな力こぶを入れる | **Haus der offenen ～** オープンハウス(官庁・学校・研究所などの一般公開日) | **eine Politik der offenen ～** 門戸開放政策 | **Tag der offenen ～**《比》(官庁・学校などが部外者を自由に出入りさせる)自由参観日 ‖〘前置詞と〙**an** die ～ 〈an der ～〉 klopfen ドアをノックする | an die ～ gehen (来客のときなど)玄関〈戸口〉に出る | Wir wohnen ～ an ～. 私たちは隣り合わせに住んでいる | Hast du daheim Säcke an 〈vor〉 den ～*en* 〔hängen〕? (→Sack 1) | **aus** der ～ treten 戸口から出〔てく〕る | **bei verschlossener ～ 〈verschlossenen ～*en*〉 / hinter verschlossenen ～*en***《比》秘密裏に, 非公開で | **in** 〈**unter**〉 der ～ stehen 戸口(の敷居のところ)に立つ | **mit der ～ ins Haus fallen**《話》唐突に(だしぬけに)用件を切り出す | *jm.* von der ～ weisen《比》…に出てゆけと命じる, …を追い出す | von ～ zu ～ gehen 家から家へと歩きまわる(物ごいなど) | **vor der ～ stehen**《比》目前に迫っている | Der Frühling steht vor der ～. もうじき春だ | *et.*^{4} direkt vor der ～ haben …は目と鼻の先にある | **vor verschlossenen ～*en* stehen**《比》至る所で門前払いをくらう | **Jeder kehre 〈fege〉 vor seiner 〔eigenen〕 ～.**《諺》他人のことに気をとられず自分のことに責任をもて(各人自分の門前をはけ) | vor die ～ gehen 外〈戸外〉へ出る | *jm.* den Stuhl vor die ～ setzen 〈stellen〉 (→Stuhl 1 a) | ***jn.* vor die ～ setzen**《比》…を外に追い出す, …をたたき出す; …をくびにする | den Kopf **zur** ～ hereinstecken 戸口からのぞきこむ(くびをつっこんで) | *jn.* zur ～ 〈bis an die ～〉 begleiten …を玄関まで送る | **zwischen ～ und Angel**《話》大急ぎで, せかせかと, 手短に | den Fuß zwischen die ～ setzen (閉まらないように)足を戸口に差し入れる ‖〘1 格で〙Die ～ knarrt 〈quietscht〉. ドアがきしむ | Die ～ öffnet sich 〈schließt sich〉. 戸が開く〈閉まる〉 | Diese ～ geht nicht auf. このドアは開かない | Ihm stehen alle ～*en* offen.《比》彼は至る所に顔がきく | Die ～ geht ins Freie. そのドアは戸外に通じている ‖ Das Büro ist die dritte ～ links. 事務所は左側３番目のドアです | Er wohnt eine ～ weiter. 彼は隣に住んでいる ‖ Sie hörte die ～ gehen. 彼女はドアの(開く・閉じる)音を聞いた.
[*idg.*; ◇Tor^2; *gr.* thýrā „Tür"]

Tu·ran[turáːn] 地名 トゥラン(中央アジア, カスピ海東部の低地). [*pers.*]

Tür·an·gel[týːr..] 女 ドアの蝶番(ちょうつがい).

Tu·ra·ni·er[turáːniər] 男 -s/- トゥランの人.

tu·ra·nisch[..nɪʃ] 形 トゥラン〔人・語〕の: →deutsch | die ～*e* Sprache トゥラン語(ウラル=アルタイ語族に属する).

Tür·an·schlag[týːr..] 男 戸当(とあたり)(ドアを開けた際に壁などに直接当たるのを防ぐ金具).

Tu·ras[túːras] 男 -/-se 〘工〙(浚渫(しゅんせつ)機などの)鎖歯車. [<*fr.* tour „Umdrehung"+*ndd.* as (◇Achse)]

tür·aus[tyːr|áʊs] 副《もっぱら次の成句で》～, türein ドアを出たり入ったり; 家々をまわって.

Tur·ban[tʊ́rbaːn, ..ban] 男 -s/-e (イスラム教徒・ヒンズー教徒が頭に巻く)ターバン(→ 図); 〘服飾〙(婦人用の)ターバン: einen ～ aufsetzen 〈tragen〉 ターバンをかぶる〈かぶっている〉. [*pers.*－*türk.* tülbend－*rumän.*; ◇Tulpe]

Agraffe
Turban

Tür·band[týːr..] 中 -〔e〕s/..bänder＝Türangel

▽**Tur·ba·tion**[tʊrbatsióːn] 女 -/-en 攪乱(かくらん), 治安妨害. [*lat.*]

Tur·bel·la·rie[tʊrbɛláːriə] 女 -/-n《ふつう複数で》〘動〙渦虫類(扁形動物).
[<*lat.* turba (→turbieren)]

Tür·be·schlag[týːr..] 男 ドアの金具(→ 図 Drücker).

▽**tur·bie·ren**[tʊrbíːrən] 他 (h) (治安を)攪乱(かくらん)する, 乱す, (世間を)騒がす. [*lat.*; <*lat.* turba „Unruhe"; ◇Quirl, Trubel, turbulent]

Tur·bi·ne[tʊrbíːnə] 女 -/-n 〘工〙タービン: Dampf*turbine* 蒸気タービン | Gas*turbine* ガスタービン | Wasser*turbine* 水力タービン. [*fr.*; <*lat.* turbō „Wirbel"]

Tur·bi·nen≈an·trieb 男 タービン推進. **≈luft·strahl·trieb·werk** 中 = Turbodüsenmotor **≈schau·fel** 女 〘工〙タービン羽根. **≈schiff** 中 タービン汽船.

turbo..《名詞・形容詞などにつけて「タービンで推進する・ターボの」を意味する》

Tur·bo[tʊ́rbo·] 男 -s/-s《話》ターボエンジン付きの自動車.

Tur·bo≈dü·sen·mo·tor[tʊ́rbo..] 男 ターボジェット=エンジン. **≈dy·na·mo** 男 =Turbogenerator

tur·bo·elek·trisch 形 タービン発電〔式〕の: ～*er* Antrieb タービン電気推進.

Tur·bo≈ge·ne·ra·tor 男 ターボ〈タービン〉発電機. **≈kom·pres·sor** 男 ターボ〈タービン〉圧縮機. **≈la·der** 男 〘工〙ターボ〈タービン式〉過給器. **≈mo·tor** 男 (競走用自動車などの)ターボエンジン. **≈prop** 中 -s/-s (<Propellerturbine) ターボプロップ〔=エンジン〕.

Tur·bo-Prop-Flug·zeug[tʊ́rboprɔp.., tʊrboprɔ́p..] 中 ターボプロペラ=エンジン付きの飛行機, ターボプロップ機.

Tur·bo-Strahl·jä·ger[tʊ́rboʃtráːl..] 男 〘空〙ターボジェット戦闘機. [<Luftstrahl]

Tur·bo≈trieb·werk 中 ターボ〔ジェット〕エンジン. **≈ven·ti·la·tor** 男 ターボ送風〈通風〉機, タービン換気装置.

tur·bu·lent[tʊrbulɛ́nt] 形 荒れ狂った, 乱れた, 混乱〈動揺〉した; 騒然とした, 動乱の: eine ～*e* Strömung 〘理〙乱流 | eine ～*e* Zeit 動乱の時期 ‖ Es ging gestern ～ bei uns zu. きのう我々のところでは大騒ぎだった.

Tur·bu·lẹnz[..lɛ́nts] 女 -/-en **1 a)** 〘理〙(流体の)みだれ. **b)** 〘気象〙(大気の)みだれ, 乱気流.
2 騒ぎ, 動揺, 騒動, 動乱.
[〔*spät*〕*lat.*; < *lat.* turba (→turbieren)]

Tü̱r·chen Tür の縮小形.

Tü̱r·drücker[tý:r..] 男 (Türöffner と連結して作動する)ドアの取っ手(→ 図 Drücker).

Tü̱·re[tý:rə] 女 -/-n《方》= Tür

tür·ẹin[ty:r|áın] 副 →türaus

Turf[tʊrf, tə:f] 男 -s/ **1** (Pferderennbahn) 競馬場. **2** (Pferderennen) 競馬. [*engl.* turf „Rasen"; ◇Torf]

Tü̱r≠fal·le[tý:r..] 女《スイス》= Türklinke **≠flü̱·gel** 男 ドアの扉(ドアの本体を指す: → 図 Flügel). **≠fül·lung** 女 ドアの鏡板(はめ板). **≠fut·ter** 中 (ドアの開口部の)枠張り.

Tur·gẹn·jew[tʊrgɛ́njɛf] 人名 Iwan ～ イヴァン トゥルゲーネフ(1818-83; ロシアの小説家. 作品『父と子』など).

Tur·ges·zẹnz[tʊrgɛstsɛ́nts] 女 -/-en **1** 〘医〙(血液・体液による組織の)膨腫(ぼうしゅ)〔状態〕, 緊満.
2 〘植〙(植物細胞の)緊張.

tur·ges·zi̱e·ren[..tsí:rən] 自 (s) **1** 〘医〙(血液・体液によって組織が)膨張〈緊満〉する. **2** 〘植〙(植物細胞が)緊張する.
[*lat.*; < *lat.* turgēre „geschwollen sein"]

Tụr·gor[tʊ́rgɔr, ..go:r] 男 -s/ **, Tụr·gor·druck** 男 -〔e〕s/ **1** 〘医〙(皮膚などの)緊張度. **2** 〘植〙膨圧.

Tü̱r≠griff[tý:r..] 男 **1** = Türklinke **2** ドアの押し〈引き〉板(→ 図 Drücker). **ᵛ≠hü̱·ter** 男 = Türsteher

..tü̱rig[..ty:rıç][2]《数詞などにつけて「…のドアをもった」を意味する形容詞をつくる》: vier*türig* フォードアの.

Tu·ri̱n[turí:n] 地名 トリノ(イタリア北西部の工業都市. イタリア語形 Torino). [*lat.* Augusta taurīnōrum; < *lat.* Taurīnī (ケルト系タウリア人)]

Tu·ri̱·ner[..nər] **I** 男 -s/- トリノの人. **II** 形《無変化》トリノの.

tu·ri̱·nisch[..nıʃ] 形 トリノの.

Tụ̈r·ke[týrkə] 男 -n/-n **1** (女 **Tụ̈r·kin**[..kın]-/-nen) トルコ人. **2** 《俗》(他人を欺くための)見せかけだけのもの: **einen ～n bauen 〈stellen〉** 見せかけを偽る, 本当と思わせる. **3**《話》ハシッシュ(麻薬)の一種.
[*türk.*－*mlat.* Turcus; ◇ *engl.* Turk]

die **Tür·kẹi**[tyrkáı] 地名 女 -/ トルコ(アジアとヨーロッパにまたがる共和国. 首都は Ankara).
[*fr.*－*mhd.*; ◇ *engl.* Turkey]

tụ̈r·ken[týrkən] 他 (h)《話》(本物に似せて)偽造する, もっともらしく見せかける: Die Meldung ist *getürkt.* この知らせは偽物だ | *getürkte* Papiere 偽造書類.

Tụ̈r·ken[týrkən] 男 -s/《オーストリア》《話》(Mais) トウモロコシ(玉蜀黍).

Tụ̈r·ken≠bro̱t 中 -〔e〕s/ 落花生糖菓. **≠bund** 男 -〔e〕s/..bünde **ᵛ1** (鳥の羽根で飾った)トルコ式ターバン.
2 〘植〙マルタゴン〔ユリ〕(ユリ属の一種).

Tụ̈r·ken·bund·li̱·lie[..li:liə] 女 = Türkenbund 2

Tụ̈r·ken≠krieg 男 -〔e〕s/-e《ふつう複数で》〘史〙トルコ戦争(14世紀以来オスマン帝国とキリスト教諸国との間に行われた). **≠sä·bel** 男 (刀身が上にそり返った)トルコ刀. **≠sat·tel** 男 〘解〙トルコ鞍(くら)(頭蓋(とうがい)底の蝶形(ちょうけい)骨にあり, 脳下垂体を包んでいる). **≠sitz** 男 (Schneidersitz) あぐら: im ～ sitzen あぐらをかいている. **≠tau·be** 女 〘鳥〙シラコバト(白子鳩).

Tụr·ke·sta̱n[tʊ́rkɛsta(:)n, tʊrkɛstá:n, turkıstán] 地名 トルキスタン(中央アジアの南部から中国にかけての地方).
[*pers.* „Türkenland"]

Tụr·ke·sta̱n·lauch 男 〘植〙アリウム=カラタビエンセ(中央アジア原産ネギ属の一種で, ロックガーデンなどに栽培される).

Tü̱r·ket·te[tý:r..] 女 (防犯用の)ドアチェーン.

Tur·key[tə́:ki·] 男 -s/-s《話》(麻薬の)禁断症状: auf 〔den〕 ～ kommen 禁断症状になる | auf 〔dem〕 ～ sein 禁断状態にある. [< *engl.* cold turkey]

Tụ̈r·kin Türke 1 の女性形.

tür·ki̱s[tyrkí:s][1] = türkisfarben

Tür·ki̱s[–] **I** 男 -es/-e 〘鉱〙トルコ玉. **II** 中 -/ 青緑〈碧青(へきせい)〉色の色調.
[*fr.* turquoise „türkischer (Stein)"－*mhd.*; ◇Türke]

tụ̈r·kisch[týrkıʃ] 形 トルコ〔人・語〕の: →deutsch ‖ ein ～*es* Bad トルコぶろ | *Türkischer* Honig トルコ蜜(みつ)(蜂蜜(はちみつ)・砂糖・ゼラチン・泡立てた卵の白味・アーモンド・クルミなどから作られる菓子) | ～*er* Pfeffer トウガラシ(唐辛子) | ～*es* Pfund トルコポンド(トルコの現行通貨単位) | das *Türkische* Reich 〘史〙トルコ〈オスマン〉帝国 | *Türkischer* Weizen (→ Weizen 1).

Tụ̈r·kisch·ro̱t 中 トルコ赤, ターキーレッド.

Tụ̈r·kisch·ro̱t·öl 中 〘化〙ロート油, 硫酸化油(染色・製革・農薬などに用いられる乳化剤).

tür·ki̱s≠far·ben[tyrkí:s..] 形 **, ≠far·big** 形 トルコ玉色の, 青緑〈碧青(へきせい)〉色の.

Tü̱r≠klin·ke[tý:r..] 女 ドアの握り〈ノブ・ハンドル・取っ手〉: die ～ niederdrücken ドアの取っ手を下に押す(開けるために) | ～*n* putzen《比》家から家へ物ごいをして回る | Er hatte schon die ～ in der Hand. 彼はすでにドアの握りに手をかけていた(部屋を出ようとしていた) | ***sich***[3] **die ～ in die Hand geben**《話》(多数の人たちが)次々に訪れる. **≠klo̱·ben** 男 ドアの蝶番(ちょうつがい)〔の軸〕. **≠klop·fer** 男 (玄関のドアの)ノッカー.

Turk·mẹ·ne[tʊrkmé:nə] 男 -n/-n トルクメン人(主としてトルクメンに住むトルコ族の一支族). [*pers.*]

Turk·mẹ·ni·en[..niən] 地名 トルクメン(トルクメニスタンの旧称. 1991年に独立).

turk·mẹ·nisch[..nıʃ] 形 トルクメニスタン〈トルクメン〉〔人・語〕の: →deutsch

Turk·mẹ·ni·sta̱n[..mé:nısta(:)n, ..menıstá:n, turkmınıstán] 地名 トルクメニスタン(中央アジア南西部の共和国. 1991年ソ連邦解体に伴い独立. 首都はアシハバード Aschchabad).

Tur·ko·lo̱·ge[tʊrkoló:gə] 男 -n/-n (→..loge) トルコ学者. [< *mlat.* Turcus (→Türke)]

Tur·ko·lo·gi̱e[..logí:] 女 -/ トルコ学.

tur·ko·lo̱·gisch[..ló:gıʃ] 形 トルコ学の.

Tụrk≠spra̱·chen[tʊ́rk..] 複 チュルク語族(トルコ語・トルクメン語・ウズベク語・キルギス語・ヤクート語等々を含み, Altai 語族に属する). **≠ta·ta̱·ren** 複 **, ≠völ·ker** 複 テュルク(トルコ系)諸民族.

Tü̱r·lein Tür の縮小形.

Turm[tʊrm] 男 -es(-s)/Türme[týrmə] (小 **Tụ̈rm·chen**[týrmçən], **Tụ̈rm·lein**[..laın] 中 -s/-) **1 a)** 塔, タワー, やぐら: ein spitzer ～ 尖塔(せんとう) | der Babylonische ～ / der ～ zu Babel 〘聖〙バベルの塔(→Babel I) | der Schiefe ～ von Pisa ピサの斜塔 | Fernseh*turm* テレビ塔 | Glocken*turm* 鐘楼 | Kirch*turm* 教会の尖塔 | Leucht*turm* 灯台 | Wacht*turm* 監視塔, 物見やぐら ‖ einen ～ besteigen / auf einen ～ steigen 塔にのぼる | **in einem elfenbeinernen ～ leben 〈sitzen〉**《比》象牙(ぞうげ)の塔に閉じこもっている | ***Türme* auf *jn.* bauen**《比》…を心から信頼する. **b)** (Schuldturm) (債務者を収容する昔の)拘留所, 監獄: *jn.* in den ～ werfen 〈stecken〉 …を投獄する.
2 (塔・やぐら状のもの. 例えば:) **a)** (Panzerturm) (軍艦・戦車などの)砲塔. **b)** (Kommandoturm) (軍艦の)司令塔. **c)** (Sprungturm) 〘泳〙(高飛び込み用の)飛び込み台.
3 《チェス》ルーク(→ 図 Schach B).
[*gr.* týrsis－*lat.* turris－*afr.*－*mhd.*; ◇ *engl.* tower, turret]

Tur·ma·li̱n[tʊrmalí:n] 男 -s/-e 〘鉱〙電気石.
[*singhales.*; ◇ *engl.* t〔o〕urmaline]

Tụrm≠bau[tʊ́rm..] 男 -〔e〕s/-ten **1** 《単数で》塔の建設: der ～ zu Babel 〘聖〙バベルの塔の建設. **2** 塔建造物. **≠bla̱·sen** 中 -s/ (祝祭日などに行われる)〔教会の〕塔上吹奏.

Tụ̈rm·chen Turm の縮小形.

Tụrm·dre̱h·kran[tʊ́rm..] 男 塔形ジブクレーン.

Tụ̈r·me Turm の複数.

tụ̈r·men¹[tʏ́rmən] 他 (h) **1** (塔のように)築き〈積み〉上げる: Bücher auf den Boden ～ 本を床の上にうず高く積み上げる. **2** 再帰 *sich*⁴ ～ (塔のように)そびえ立つ; 積み重なる: Die Wolken *türmen* sich am Abendhimmel. 夕空に雲がそびえ立っている.

tür·men²[–] 自 (s) 《話》 逃げる, ずらかる.

Tụ̈r·mer[tʏ́rmər] 男 -s/- (昔の)塔の番人, 望楼の見張り人; 鐘楼守; 牢番(ろうばん).

Tụrm⸗fal·ke[tʊ́rm..] 男 〖鳥〗 チョウゲンボウ(長元坊). **⸗hau·be** 女 塔の円蓋(えんがい).

tụrm·hoch[tʊ́rmhoːx, ⌣́⌣́] **I** 形 塔のように高い, 非常に高い, そびえ立っている: *turmhohe* Häuser 高層の建物 | *turmhohe* Wellen 山なす高波. **II** 副 **1** →I **2** 抜きん出て, はるかに: *jm.* ～ überlegen sein …よりもはるかに優れている.

..türmig[..tʏrmɪç]² 《数詞などにつけて「…の塔をもった」を意味する形容詞をつくる》: zwei*türmig* 二つの塔をもった.

Tụrm·krä·he[tʊ́rm..] 女 (Dohle) 〖鳥〗 コクマルガラス(黒丸烏).

Tụ̈rm·lein Turm の縮小形.

Tụrm⸗schä·del[tʊ́rm..] 男 〖解〗 塔状頭蓋(ずがい). **⸗schnecke** 女 〖貝〗 オニツノガイ(鬼角貝); キリガイダマシ(擬錐貝). **⸗schwal·be** 女 〖鳥〗 ヨーロッパアマツバメ(雨燕). **⸗spit·ze** 女 塔の先端. **⸗sprin·gen** 中 -s/ 〖泳〗 高飛び込み. **⸗sprin·ger** 男 高飛び込みの選手. **⸗uhr** 女 (教会の尖塔(せんとう)・時計台などに取り付けられた)塔時計. **⸗ver·lies** 中 (昔の城の)塔内の牢獄(ろうごく). **⸗wa·gen** 男 〖鉄道〗 塔車. **⸗wär·ter** 男 = Türmer

Turn¹[tøːrn, tœrn, təːn] 男 -s/-s 《話》 **1** 〖空〗 旋回. **2** (薬物による)陶酔, 恍惚(こうこつ): auf dem ～ sein 陶酔〈幻覚〉状態にある. [*engl.*; < *lat.* tornāre (→turnen¹); ◇Törn, turnen²]

▽**Turn**²[turn] = Turm

Tụrn⸗an·zug[tʊ́rn..] 男 体操服, 運動着. **⸗bar·ren** 男 (Barren) 〖体操〗 平行棒. **⸗be·we·gung** 女 〖史〗 体操普及運動(体操の父と呼ばれた F. L. Jahn によって1810年に始められた社会運動).

tụr·nen¹[tʊ́rnən] **I** 自 **1** (h) **a)** 〔器械〕体操をする: am Barren ～ 平行棒をする. **b)** (子供たちが)はね回る. **2** (s) 敏捷(びんしょう)な身のこなしで(障害などを越えて)進む. **II** 他 (h) (体操の器具・演目などを目的語として)(…の)演技をする: Reck 〈Pferd〉 ～ 鉄棒〈跳馬〉をする | eine Riesenwelle ～ (鉄棒で)大車輪の演技をする.

III Tụr·nen 中 -s/ (教科としての)体育; 体操, (特に:) 器械体操: Boden*turnen* 〖体操〗 床運動 | Geräte*turnen* 器械体操 | natürliches ～ 〖体育〗 自然体操 ‖ Wir haben heute ～. きょうは体育の授業がある.

[*lat.* tornāre „drechseln“–*ahd.* „wenden“; < *lat.* tornus (→Turnus); ◇Turn, turnieren]

tur·nen²[tøːrnən, tœ́rnən] 自 (h) **1** (薬物によって)恍惚(こうこつ)状態になる, 幻覚体験をする. **2** (麻薬などが)幻覚作用を有する; 《比》 (音楽などが)恍惚とさせてくれる.

[< anturnen²]

Tụr·ner[tʊ́rnər] 男 -s/- 体操をする人; 体操選手.

Tur·ne·rei[tʊrnəráɪ] 女 -/-en 《話》 **1** 《単数で》 (明けても暮れても)体操すること. **2** (無鉄砲な)登攀(とうはん).

tụr·ne·risch[tʊ́rnərɪʃ] 形 《述語的用法なし》 体操の, 体育の.

Tụr·ner·klet·ter·schluß[tʊ́rnər..] 男 〖登山〗 足がらみ(→ 図 Seil).

Tụr·ner·schaft[tʊ́rnərʃaft] 女 -/-en **1** 体操選手団, 体操チーム. **2** (Turnbewegung から始まった)〔学生〕体操団体; 体操連盟.

Tụrn⸗fest[tʊ́rn..] 中 体操大会, 体育祭. **⸗ge·rät** 中 体操器具. **⸗griff** 男 〖体操〗 (鉄棒・つり輪など体操器具の)握り方(→ 図). **⸗hal·le** 女 体育館, 屋内〈雨天〉体操場. **⸗hemd** 中 (そでなしの)体操シャツ, ランニングシャツ. **⸗ho·se** 女 体操ズボン, トレーニングパンツ.

Tur·nier[tʊrníːr] 中 -s/-e **1** (スポーツ・チェスなどの)勝ち抜き試合, トーナメント; 競技〔大〕会, 試合: ein internationales ～ im Tennis テニスの国際トーナメント | Schach*turnier* チェスの試合〈対局〉 ‖ an einem ～ teilnehmen トーナメントに参加する. **2** (中世の騎士の)馬上試合, 武芸競技.

Tur·nier·bahn 女 = Turnierplatz

tur·nie·ren[tʊrníːrən] 自 (h) (中世の騎士が)馬上試合〈武芸競技〉を行う. [*afr.*–*mhd.*; < *afr.* torn „Wendung“ (◇Turnus); ◇turnen¹]

Tur·nier⸗kra·gen[tʊrníːr..] 男 (英: *label*) 〖紋〗 レイブル(長男の身分を表す帯: → 図 Wappen e). **⸗platz** 男 (中世の)馬上試合〈武芸競技〉場. **⸗tanz** 男 社交ダンス.

Tụrn⸗kunst[tʊ́rn..] 女 -/ 体操術. **⸗leh·rer** 男 体操〈体育〉の教師. **⸗platz** 男 (屋外の)体操場. **⸗rie·ge** 女 体操チーム. **⸗saal** 男 《オーストリア》 = Turnhalle **⸗schuh** 男 体操〈運動〉靴; スニーカー.

Tụrn·schuh·ge·ne·ra·tion 女 -/ (スポーツをしないときにもつねに運動靴を着用する1980年代の)スニーカー族.

Tụrn⸗sper·re 女 〖史〗 (劇作家 Kotzebue 殺害犯人が近代体育の祖 Jahn の崇拝者だったことから発せられた)体育禁止令(1819-42). **⸗stun·de** 女 (学校での)体操〈体育〉の時間. **⸗übung** 女 体操の練習. **⸗un·ter·richt** 男 体操の授業. [< turnen¹]

Tur·nü·re[tʊrnýːrə] 女 -/-n **1** 《単数で》 如才ない態度; 上品な身のこなし. **2** 〖服飾〗 (19世紀末に流行した婦人服の)腰当て, バスル(→ 図). [*fr.*; ◇tournieren]

Turnüre (Cul)

Tụr·nus[tʊ́rnʊs] 男 -/-se **1** (特定の手続きを踏んで循環する)順番, 輪番: im ～ 順番に, 交代〈輪番〉制で. **2** (反復される行為の) 1 回, ラウンド: der letzte ～ der Versuchsreihe 一連の実験の最終ラウンド.

[*gr.* tórnos „Zirkel“–*lat.* tornus „Dreheisen“–*mlat.*; < *gr.* teírein „reiben“ (◇drehen); ◇turnen¹, Tour]

tụr·nus⸗ge·mäß 形, **⸗mä·ßig** 形 順番の, 交代〈輪番〉制の; 一定の順番〈間隔〉で.

Tụrn⸗va·ter[tʊ́rn..] 男 体操の父(→Jahn). **⸗ver·ein** 男 (略 TV) 体操協会; 体育クラブ. **⸗wart** 男 (体操協会などでの)体操の教師〈指導者〉. **⸗zeug** 中 体操具(体操服と体操靴). [< turnen¹]

Tür⸗öff·ner[týːr..] 男 (マンションなどで, 室内でボタンを押すと玄関のドアが作動する)ドア自動開閉装置. **⸗öff·nung** 女 ドアの開口部.

Tu·ron[turóːn] 中 -s/ 〖地〗 チューロン階(上部白亜系).

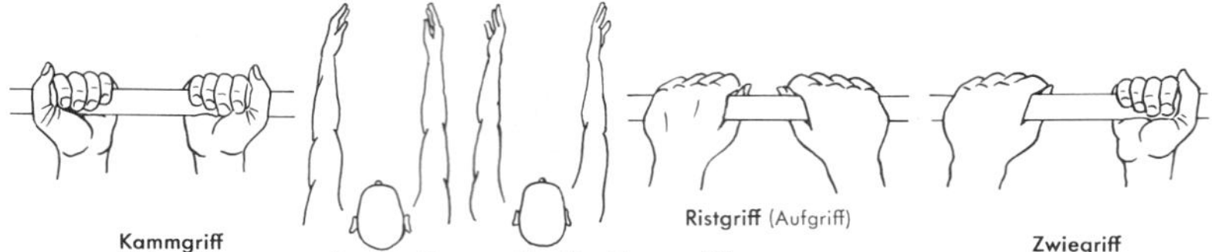

Turngriff

[＜*lat.* (cīvitās) Turonum (フランス西部のトゥレーヌ Touraine 地方の古名)]

Tür≈pfo·sten[tý:r..] 男 戸口の側柱〈抱(だ)き〉. ≈**rah·men** 男 戸〈ドア〉枠, ドア框(かまち); 出入口の枠. ≈**rie·gel** 男 ドアの閂(かんぬき). ≈**säu·le** 女 =Türpfosten ≈**schild** 中 ドア〈戸口〉の表札. ≈**schlie·ßer** 男 **1** (自動式の)ドアチェック. **2** ドア係, ドアマン. ≈**schloß** 中 ドアの錠〔前〕, ドアのロック. ≈**schnal·le** 女《南部・オーストリア》= Türklinke ≈**schwel·le** 女 ドア〈戸口〉の敷居. ≈**spalt** 男, ≈**spal·te** 女 ドアのすき間. ≈**spion** 男《話》ドアののぞき窓. ≈**staf·fel** 女《オーストリア》= Türschwelle ≈**ste·her** 男 門番, 門衛; ドア係, ドアマン. ≈**stock** 男 -[e]s/..stöcke **1**〘坑〙三つ枠, もろ枠. **2**《オーストリア》出入口の枠. ≈**sturz** 男 -es/-e, ..stürze 楣(まぐさ)(出入口上部の梁(はり)).

tur·teln[tʊ́rtəln]《06》自 (h) (ハトが)クウクウ鳴く;《俗》仲むつまじい, 睦言(むつごと)をかわす, いちゃつき合う.

Tur·tel·tau·be 女〘鳥〙コキジバト(小雉鳩): verliebt wie die ～*n* sein《俗》キジバトのように仲むつまじい.

[*lat.* turtur－*ahd.*; 擬音; ◇*engl.* turtle〔dove〕]

Tür≈vor·la·ge[tý:r..] 女《スイス》, ≈**vor·le·ger** 男 (Fußmatte) (靴ぬぐい用の)ドアマット.

Tusch[1][tʊʃ] 男 -es(-s)/-e **1** (管楽器〔と打楽器〕の華やかな)強奏(メロディーはなく, 特定の和音を引き伸ばすだけ. 祝意の表明や景気づけなどのために用いる), (短い)ファンファーレ: einen ～ blasen ファンファーレを1回吹き鳴らす. ▽**2** 侮辱.

[＜tuschen „stoßen“; 2: ◇tuschieren 2]

Tusch[2][−] 男 -es/-e《オーストリア》=Tusche

Tu·sche[tʊ́ʃə] 女 -/-n **1 a)** 墨; 墨汁: ～ reiben 墨をする. **b)**《方》水彩絵の具: mit ～ malen (絵を)水彩絵の具で描く. **2** (Ausziehtusche) 製図用インク. **3** (Wimperntusche)〘美容〙マスカラ. [＜tuschen[2]]

Tu·sche·lei[tʊʃəláɪ] 女 -/-en (〔しきりに〕tuscheln すること. 例えば:) 耳打ち, 私語, 密談.

tu·scheln[tʊ́ʃəln]《06》**I** 自 (h)《mit *jm.*》(…と)ひそひそ話をする, 私語〈密談〉する. **II** 他 (h)《*jm. et.*[4]》(…に…を)ささやく, 耳打ちする: Sie *tuschelte* ihm etwas ins Ohr. 彼女は彼の耳に何事かをささやいた.

tu·schen[1][tʊ́ʃən]《04》他 (h)《北部》《*jn.*》(…を命令などによって)黙らせる, なだめる. [*mhd.*; 擬音]

tu·schen[2][−]《04》他 (h) 墨〈製図用インク〉で描く.

[*fr.* toucher; ◇touchieren]

Tusch·far·be[tʊ́ʃ..] 女 **1** (Wasserfarbe) 水彩画用の絵の具. **2** =Tusche 1 a

tu·schie·ren[tʊʃí:rən, tu..] 他 (h) **1** (金属面を)平らに磨く(完全に平らな板に墨を塗ってこれを金属面に押しつけ, 墨のついた個所を削って磨く). ▽**2** (beleidigen)《*jn.*》侮辱する.

[1: ＜Tusche; 2: *fr.* toucher; ◇touchieren]

Tusch≈ka·sten[tʊ́ʃ..] 男 **1**《方》(水彩画用の)絵の具箱: **in den ～ gefallen sein**《戯》厚化粧(あつげしょう)をしている. **2** (日本・中国などの)すずり箱. ≈**ma·le·rei** 女 (日本・中国などの)墨絵, 水墨画. ≈**ma·nier** 女 (Aquatinta)〘美〙アクアティント(腐食銅版画法の一種). ≈**pin·sel** 男 (水彩画・水墨画用の)絵筆; 毛筆. ≈**zeich·nung** 女 **1** = Tuschmalerei **2** 製図; ペン画. **3**《方》水彩画.

Tus·ku·lum[tʊ́skulʊm] 中 -s/..la[..la·] (静かで快適な)田舎の別荘. [*lat.*; 別荘地として有名な Latium の古都]

Tus·sah≈sei·de[tʊ́sa..] 女 柞蚕(さくさん)絹(インド産の黄褐色の絹). ≈**spin·ner** 男〘虫〙サクサン(柞蚕)(ヤママユ科のガ)の幼虫.

[＜*Hindi* tasar „Weberschiffchen“; ◇*engl.* tussah]

Tus·si[tʊ́si·] 女 -s/-s《軽蔑的に》女, 娘, ガールフレンド.

tust[tu:st] tun の現在2人称単数.

tut[1][tu:t] tun の現在3人称単数・2人称複数.

tut[2][tu:t] 間 (角笛・警笛・号笛などの音)プー, ボー.

Tüt·chen Tüte の縮小形.

Tu·te[tú:tə] 女 -/-n **1**《話》角笛, 警笛; (船などの)号笛. **2**《方》=Tüte

Tü·te[tý:tə] 女 -/-n (⊛ **Tüt·chen**[tý:tçən], **Tüt·lein**[..laɪn] 中 -s/-) **1** (ふつう円錐(えんすい)形の)紙袋, 三角袋(店で粉状の商品・キャンデー・果実類などを入れるのに用いる): Lohn*tüte* 俸給〈給料〉袋 | Papier*tüte* 紙袋 ‖ **～*n* kleben 〈drehen〉**《話》刑務所に入っている(刑務所での紙袋作りの作業に由来する) ‖ *et.*[4] in eine ～ füllen 〈stecken〉…を紙袋に満たす〈入れる〉| eine Wucht in ～*n* sein (→Wucht 3) | **nicht in die ～*n* kommen**《話》問題にならない, 問題外である | Das kommt nicht in die ～.《話》そんなことはまっぴら御免だ ‖ **wie eine ～ 〔voll〕 Mücken angeben**《話》大ぼらを吹く, ひどくいばる. **2** (Eistüte) (アイスクリームを入れる)コーン〔カップ〕: eine ～ Eis コーン入りアイスクリーム. **3** (ドライバーの飲酒量を検査する)アルコール検出用紙袋.

[*mndd.* „Hornförmiges“]

Tu·tel[tuté:l] 女 -/-en (Vormundschaft) 後見. [*lat.*]

tu·te·la·risch[tutelá:rɪʃ] 形 後見の. [*lat.*; ◇Tutor]

tu·ten[tú:tən]《01》自 (h) (角笛・警笛・号笛などを)プープー〈ボーボー〉鳴らす: auf einem Horn ～ 角笛をプーと吹き鳴らす | von *Tuten* und Blasen keine Ahnung haben (→Ahnung 2) ‖ einen ～《話》(酒を)一杯やる.

[*mndd.*; ◇*engl.* toot]

Tut·ench·amun[tutɛnçá:mʊn] 人名 ツタンカーメン(紀元前14世紀, エジプト第18王朝の王).

tü·te·rig[tý:tərɪç][2]《北部》=tüdelig

Tut·horn[tú:t..] 中 -〔e〕s/..hörner《話》警笛, 号笛.

Tu·tio·ris·mus[tutsiorísmʊs] 男 -/ 〘宗・哲〙(二つの可能性のうち常に確実なほうを採る)安全採用主義.

[＜*lat.* tūtior „sicherer“ (◇Tutor)]

Tüt·lein Tüte の縮小形.

Tu·tor[tú:tɔr, ..to:r] 男 -s/-en[tutó:rən] (⊛ **Tu·to·rin**[tutó:rɪn]-/-nen) **1** (上級学生・助手などで下級学生や外国人学生の指導にあたる)助言者, チューター.

2〘史〙(ローマ法における)後見人.

[*lat.* tūtor „Beschützer“; ＜*lat.* tuērī „betrachten“; ◇Tutel]

Tu·to·rium[tutó:riʊm] 中 -s/..rien[..riən] (Tutor 1 によって行われる)補習〔授業〕, 個別指導; チューター制度.

Tüt·tel[tʏ́təl] 男 -s/- (⊛ **Tüt·tel·chen** → 別出) **1** (Pünktchen) 小点. **2** 乳頭. [＜*ahd.* tutta „Brustwarze“ (◇Zitze)]

Tüt·tel·chen[tʏ́təlçən] 中 -s/- (Tüttel の縮小形)小点;《比》ちょっぴり, 微少: kein ～ preisgeben みじんも放棄しない, 少しもあきらめない | An dieser Nachricht ist kein ～ Wahrheit. この知らせは真っ赤なうそだ.

tut·te le cor·de[tútə le kɔ́rdə, ..te· le ..de·]《イタリア語》(↔ una corda) (alle Saiten)〘楽〙(ピアノで)トゥッテ=レ=コルデ, 弱音ペダルをはなして〔全弦で〕. [◇tutti, Kord]

tüt·te·lig[tʏ́təlɪç][2] 形《話》過度にきちょうめんな.

tut·ti[tʊ́ti·] **I** 副 (alle)〘楽〙トゥッティ, 全合奏で, 総奏で(演奏者全員が同時に演奏して). **II Tut·ti** 中 -〔s〕/-〔s〕〘楽〙トゥッティ, 全合奏〈総奏〉〔の部分〕.

[*it.*; ＜*it.* tutto „all“ (◇total)]

Tut·ti·frut·ti[tʊtifrʊ́ti·] 中 -〔s〕/-〔s〕〘料理〙トゥッティフルッティ(さまざまな果物を刻んで砂糖づけにしたもの).

[*it.*; ＜*it.* frutta „Obst“ (◇Frucht)]

tut·ti quan·ti[tʊ́ti· kvanti·]《イタリア語》(alle zusammen) すべてみな, 残らずすべて, 誰もかれも, 何もかも.

TÜV[tʏf] 略 男 -/ = **Technischer Überwachungs-Verein** (ドイツの)技術検査協会(→technisch 1).

Tu·va·lu[tuvá:lu·] 地名 ツバル(南太平洋の島国. 1978年英連邦内で独立. 首都フナフチ Funafuti).

Tu·wort[tú:vɔrt] 中 -〔e〕s/..wörter (Tätigkeitswort)〘言〙動詞. [＜tun]

TV 略 **1** [te:fáʊ, tí:ví:] =**Television** テレビ〔ジョン〕.

2 [te:fáʊ] =**Turnverein** 体操協会.

TWA[te:ve:|á:, tí:dʌblju:éɪ] 女 -/ (米国の)トランスワールド航空. [*engl.*; ＜*engl.* *T*rans *W*orld *A*irlines]

Tweed[tvi:t[1], twi:d] 男 -s/-s, -e〘織〙ツイード: ein Anzug 〈ein Kostüm〉 aus ～ ツイードの背広〈スーツ〉.

[*schott.* tweel－*engl.*; ◇Twill]

Twen[tvɛn] 男 -〔s〕/-s 20代の男(まれに女).

[*engl.* twenty „zwanzig“]

T

Twẹn·ter[tvɛ́ntər] 中 -s/-《北部》2歳馬〈牛・羊〉. [*mndd.* tw-enter „zwei Winter (alt)"]

Twie̱·te[tvíːtə] 女 -/-n《北部》路地. [*anord.*−*mndd.*]

Twill[tvɪl] 男 -s/-s, -e〘織〙綾(ぁゃ)織〔物〕, ツイル. [*engl.*; ◇Zwillich]

Twịn·set[tvínsɛt] 男 中 -〔s〕/-s〘服飾〙ツインセット(同色のセーターと上着のアンサンブル). [*engl.* „Zwillings-garnitur"]

Twist 男 **1** [tvɪst] -es(-s)/-e〘織〙より糸. **2** [-, twɪst] **a**) -s/-s〘ダンス〙ツイスト. **b**)〘テニス〙カーブ, ひねり球. **c**) (Schraube)〘体操〙ひねり. [*engl.*〔−*amerik.*〕; ◇Zwist]

twị·sten[tvístən]《01》自 (h) ツイストを踊る. [*amerik.*]

Two-Beat[túːbíːt] 男 -/ 〘楽〙ツービート(ジャズ奏法の一つ). [*engl.*−*amerik.*; ◇zwei]

Two·step[túːstɛp] 男 -s/-s〘ダンス〙ツーステップ(4分の2拍子の社交ダンス). [*engl.*]

Ty̱·che[tý:çə, ..çeˑ] **I** 人名〘ギ神〙テュケ(幸運の女神, ローマ神話の Fortuna に当たる). **II** 女 -/ 運命; 幸運, 僥倖(ぎょうこう). [*gr.*; <*gr.* tygchánein „treffen" (◇taugen)]

Ty·chị·smus[tyçísmus] 男 -/ 〘哲〙偶然主義.

Ty·coon[taɪkúːn] 男 -s/-s 大君(徳川将軍に対する当時の外国人たちの呼称);《比》(政界・財界の)大立物, 巨頭. [*japan.*−*amerik.*]

Tym·pa·na Tympanon, Tympanum の複数.

Tym·pa·nạl·or·ga̱n[tʏmpanáːl..] 中 (昆虫の)鼓膜器官.

Tym·pa·nie̱[tʏmpaníː] 女 -/ 〘医〙鼓腸〔症〕, 風気症. [*gr.*−*mlat.*; ◇ *engl.* tympany]

Tym·pa·non[tʏ́mpanɔn] 中 -s/..na[..naˑ]〘建〙ティンパヌム, タンパン(特に中世建築で, 玄関上部のアーチと楣(まぐさ)で囲まれた半円形の壁部分: → 図 Portal). [*gr.* týmpanon „Handpauke"; <*gr.* týptein (→Typ); ◇Timpani]

Tym·pa·num[..nʊm] 中 -s/..na[..naˑ] **1** = Tympanon **2** (Paukenhöhle)〘解〙(中耳の)鼓室. **3**〘楽〙**a**) (古代の)ドラム〔類〕. **b**) ティンパニ. [*gr.* týmpanon−*lat.*]

Tyn·dall·ef·fekt[tíndəl|ɛfɛkt] 男〘理〙ティンダル効果. [<J. Tyndall (アイルランド生まれの物理学者, †1893)]

Ty̱p[tyːp] 男 -s/-en **1** (英: *type*) (人・事物に関して, 共通の特徴をもつ)型, 類型, タイプ; (機械・製品などの)型, 型式;〘哲・心〙類型: ein Auto neuen ⟨älteren⟩ ～*s* 新型〈古い型〉の自動車 | eine Maschine des ～*s* ⟨vom ～⟩ Boeing 727 ボーイング727型の飛行機 | ein Mädchen von slawischem ⟨südländischem⟩ ～ スラブ型〈南国型〉の少女 ‖ Er ist ein hagerer ⟨untersetzter⟩ ～. 彼はやせ型〈ずんぐり型〉だ | Sie ist nicht der ～, der so etwas unüberlegt tut. 彼女はそのようなことを無思慮に行うタイプの人間ではない | Es gibt verschiedene ～*en* des Lehrers. 教師にもさまざまなタイプがある ‖ Sie ist mein ～.《話》彼女は私の好みのタイプだ | Blond ist nicht sein ～.《話》ブロンドの娘は彼の好みのタイプではない.

2 (Prototyp) 典型(ある類型の代表的人物): Er ist der ～ des ⟨eines⟩ deutschen Offiziers. 彼はドイツ士官の典型だ.

3《話》(類型の意味が薄れて)人, やつ: ein klasser ～ すてきなやつ | ein seltsamer ～ 変わったやつ ‖ Mit solch einem ～ darfst du dich nicht einlassen. 君はこんな人とかかりあいになってはいけない | Dein ～ ist verlangt. 君に電話〈お客さん〉だよ | Sein ～ ist nicht gefragt. 彼なんかお呼びじゃないよ.

[*gr.* týpos „Schlag"−*lat.* typus „Figur"; <*gr.* týptein „schlagen" (◇stoßen); ◇Tympanon; *engl.* type]

Ty̱·pe[tý:pə] 女 -/-n **1**〘印〙活字; (タイプライターの)活字: ～*n* gießen 活字を鋳造する | die ～*n* der Schreibmaschine reinigen タイプライターの活字をきれいにする(ごみを取り除いて). **2**《話》おかしなやつ, 変人. **3**《オーストリア》(Typ) (機械・製品などの)型, 型式. **4** (Mehltype) ティーペ(穀物をひく際の特定の細かさの度合い).

ty̱·pen[tý:pən] 他 (h) (工業製品を)規格化する.

Ty̱·pen Typ, Type, Typus の複数.

Ty̱·pen≠druck[tý:pən..] 男 -〔e〕s/-e〘印〙**1**《単数で》活字印刷〔法〕. **2** 活字印刷物. ≠**haus** 中 規格型家屋. ≠**he̱·bel** 男 (タイプライターの)タイプバー. ≠**le̱h·re** 女 -/ 類型学. ≠**mö̱·bel** 中 -s/-《ふつう複数で》規格型家具. ≠**psy·cho·lo·gie** 女 類型心理学. ≠**ra̱d** 中 (電子タイプライターの)デイジーホイール. ≠**setz·ma·schi̱·ne** 女〘印〙植字機, 鋳植機. ≠**wo̱hn·haus** 中 規格型住宅.

Ty̱·phla Typhlon の複数.

Ty·phlị·tis[tyflíːtɪs] 女 -/..tiden[..litíːdən] (Blinddarmentzündung)〘医〙盲腸炎(虫垂炎の別名). [<..itis]

Ty̱·phlon[tý(ː)flɔn] 中 -s/..phla[..flaˑ] (Blinddarm)〘解〙盲腸. [<*gr.* typhlós „blind" (◇taub)]

Ty·pho̱n[1][tyfóːn] 中 -s/-e〘海〙タイホン(圧縮空気によって作動する船舶用サイレン). [*gr.*−*lat.*; ◇Typhus]

ᵛ**Ty̱·phon**[2][tý:fɔn] 男 -s/-e[tyfóːnə] 旋風, つむじ風, 竜巻. [*chines.*−*engl.* typhoon; ◇Taifun]

ty·phö̱s[tyfø̱ːs][1] 形 チフス性の; チフス様の. [<..ös]

Ty̱·phus[tý:fʊs] 男 -/ 〘医〙〔腸〕チフス: Fleck*typhus* 発疹(ほっしん)チフス | Unterleibs*typhus* 腸チフス. [*gr.* tȳ̆phos „Qualm"; <*gr.* tȳ́phein „dampfen" (◇Dunst)]

Ty̱·phus≠bak·te̱·rie[..riə] 女, ≠**ba·zil·lus** 男〔腸〕チフス菌. ≠**er·re̱·ger** 男〔腸〕チフスの病原体. ≠**flie·ge** 女〘虫〙イエバエ(家蠅). ≠**kran·ke** 男 女〔腸〕チフス患者. ≠**schutz·imp·fung** 女〔腸〕チフス予防注射.

Ty̱·pik[tý:pɪk] 女 -/-en **1** =Typenpsychologie **2** =Typologie

ty̱·pisch[tý:pɪʃ] 形 **1** (ある類型にとって)特徴的な, 典型的な: ein ～*er* Berliner 典型的なベルリン子 | die für das 18. Jahrhundert ～*en* Stilformen 18世紀特有の文体様式 | Die Krankheit nahm einen ～*en* Verlauf. 病気は典型的な経過をたどった ‖ Dieses Verhalten ist ～ für ihn. この態度は彼特有のものだ | Das ist ～ Klaus. それはいかにもクラウスらしいやり方だ ‖ eine ～ weibliche Frage いかにも女性らしい質問.

2 (個別的でありながらしかも)類型的な: das *Typische* in der Kunst 芸術における類型的なもの.

ty·pi·sie̱·ren[typizíːrən] 他 (h) **1** 類別する. **2** 類型化する. ᵛ**3** =typen

Ty·pi·sie̱·rung[..rʊŋ] 女 -/-en 類別; 類型化; ᵛ規格化.

Ty·po·gra̱ph (**Ty·po·gra̱f**)[typográːf] 男 -en/-en〘印〙**1** 活版植字〈印刷〉工. **2** 活版植字機.

Ty·po·gra·phie̱ (**Ty·po·gra·fie̱**)[..grafíː] 女 -/-n[..fíːən]〘印〙**1**《単数で》活版印刷〔術〕. **2** (書物の)印刷の体裁.

ty·po·grạ·phisch (**ty·po·grạ·fisch**)[..gráːfɪʃ] 形〘印〙活版印刷〔術〕の: ～*es* Maßsystem 活字の大きさのシステム | ～*er* Punkt (活字の大きさの単位としての)ポイント.

Ty·po·lo·gie̱[typologíː] 女 -/-n[..gíːən] **1**《単数で》**a**) 類型学. **b**)〘神〙(新約聖書における事柄や出来事が旧約聖書にすでに予示されているとする)予型〈類型〉論. **c**)〘言〙類型論. **2** 類型〔体系〕.

ty·po·lọ·gisch[..lóːgɪʃ] 形 **1** 類型学〔上〕の; 類型学的な. **2**〘神〙予型〈類型〉論の;〘言〙類型論の.

Ty·po·skript[typoskrípt] 中 -〔e〕s/-e タイプ原稿.

Ty̱·pung[tý:pʊŋ] 女 -/-en (工業製品の)規格化.

Ty̱·pus[tý:pʊs] 男 -/..pen[..pən] =Typ

Ty̱r[tyːr]〘北欧神〙テュール (Odin の息子で剣と正義の神. Tiu, Ziu ともいう). [*anord.*; ◇Zeus, Zierde]

Ty·rạnn[tyrán] 男 -en/-en (⊛ **Ty·rạn·nin**[..nɪn]-/-nen) **1 a**)〘史〙(古代ギリシアの)僭主(せんしゅ); (一般に)専制君主, 専制的支配者. **b**)《比》(一般に)暴君: Haus*tyrann* 家庭の暴君. **2**〘鳥〙タイランチョウ(太蘭鳥)〔科〕. [*gr.*

týrannos „Gebieter“－*lat.*－*mhd.*; ◇ *engl.* tyrant]
Ty·ran·nei[tyranáɪ] 女 -/ **1**〘史〙(古代ギリシアの)僭主(せんしゅ)政治; (一般に)専制政治, 暴政, 虐政. **2**《比》暴虐.
[*mndd.*]
Ty·ran·nen≠herr·schaft[tyránən..] 女 暴政, 圧制.
≠mord 男 暴君(圧制者)殺し. **≠mör·der** 男 暴君(圧制者)殺害者.
Ty·ran·nin Tyrann の女性形.
Ty·ran·nis[tyránɪs] 女 -/ (特に古代ギリシアの)僭主(せんしゅ)政治; 専制政治, 暴政. [*gr.*－*lat.*]
ty·ran·nisch[..nɪʃ] 形 専制的な, 暴君的な; 暴虐な, 専横な.
ty·ran·ni·sie·ren[tyranizí:rən] 他 (h)《*jn.*》(…を)暴君的に支配する, (…に)暴虐を加える, しいたげる. [*fr.*]
Ty·ran·no·sau·rus[tyranozáurus] 男 -/..rier [..riər]〘古生物〙ティラノサウルス(獣脚類に属する恐竜).
[＜*gr.* saũros (→Saurier)]
Ty·ri·er[tý:riər] 男 -s/- テュルスの人. [＜Tyrus]
Ty·ro·sin[tyrozí:n] 中 -s/〘化〙チロシン(アミノ酸の一種).
[＜*gr.* tȳrós „Käse“ (◇turgeszieren)＋..in[2]]
Tyr·rhe·ner[tyré:nər] 男 -s/- ティレニア(エトルリア)人(→Etrusker). [*gr.*－*lat.*]
tyr·rhe·nisch[..nɪʃ] 形 ティレニア(エトルリア)の: das *Tyrrhenische* Meer ティレニア海(イタリア半島とコルシカ・サルジニア・シチリアの3島に囲まれた地中海の一部).
Ty·rus[tý:rus] 地名 テュルス(古代 Phönizien の海港都市. 今日では Libanon のスル Sur: →Tyrier). [*gr.*－*lat.*]
tz[té:tsɛt, te(:)tsέt] →Tezett
T-Zel·le[té:tsɛlə] 女〘免疫〙(リンパ球の) T 細胞, T リンパ球.

T

U

u[uː], **U**[1][−] 中 -/- (→a[1], A[1] ★)ドイツ語のアルファベットの第21字(母音字): →a[1], A[1] 1 | *U* wie Ulrich (通話略語) Ulrich の U(の字)(国際通話では *U* wie Uppsala) ‖ ***jm.* ein X für ein *U* vormachen** …に黒を白と言いくるめる, …をたぶらかす, …をだます(ローマ数字 V の線を下にのばしてあるいは逆 V をつぎ足して X に見せかけ貸しを倍につける, の意から: →★) | *sich*[3] kein X für ein *U* vormachen lassen そう簡単にはだまされない.

★ u, U は元来 v, V の異形で, 古くは区別なく用いられ, 例えば16世紀ごろまでは und を vnd と書いた.

u. 略 =und (会社名ではしばしば&: →Et-Zeichen).

★ um, unser, unter などもしばしば u. と略される.

U[2] 記号 **1** [uː, uráːn] (Uran) 〖化〗ウラン. **2** (U-Bahn) (交通標識) 地下鉄. **3** [ʊ́mdreːʊŋ(ən)] (Umdrehung(en)) 〖工〗回転数(→U/min, U/sec).

ü[yː], **Ü**[−] 中 -/- (→a[1], A[1] ★) u 〈U〉のウムラウト(→Umlaut): →a[1], A[1] 1 | *Ü* wie Übermut (通話略語) Übermut の Ü(の字).

★ ときに ue, Ue ともつづる(特に大文字の場合).

u. a. 略 **1** =und andere およびその他の人々〈事物〉. **2** =und anderes およびその他の事物. **3** =unter anderem, unter anderen (→ander II 1).

u. ä. 略 =und ähnliche(s) その他これに類するもの.

u. a. m. 略 **1** =und andere mehr およびその他の人々〈事物〉. **2** =und anderes mehr およびその他の事物.

u. ä. m. 略 =und ähnliches mehr その他これに類するもの, 等々.

u. A. w. g. (**U. A. w. g.**) 略 =um 〈Um〉 Antwort wird gebeten (招待状などで出欠に関して)ご返事を請う(→R. S. V. P.).

u. A. z. n. 略 =um Abschied zu nehmen お別れのごあいさつまでに(名刺の裏に書く).

UB[uːbéː] 略 女 -/- =Universitätsbibliothek 大学(付属)図書館.

UBA[uːbeːǀáː] 略 =Umweltbundesamt

U-Bahn[úːbaːn] 女 -/-en (<Untergrundbahn) 地下鉄: mit der ~ fahren 地下鉄で行く.

U-Bahn·hof 男 地下鉄の駅.

U-Bahn⸗Netz 中 (大都市の)地下鉄網. **⸗Schacht** 男 (地下鉄用の)地下の掘り抜き空間. **⸗Sta·tion** 女 地下鉄の駅. **⸗Tun·nel** 男 =U-Bahn-Schacht

übel[ýːbəl] **I** 形 (üb·l..) **1** (健康状態・気分が)悪い, よくない, 不快な: *übles* Befinden よくない容体〈健康状態〉| ein *übler* Geruch 〈Geschmack〉 いやなにおい〈味〉‖ ~ riechen 〈schmecken〉 むかつくようなひどいにおい〈味〉がする | Wie geht's?−Danke, nicht ~!《話》どうだい元気かい−悪くないね〈まあまあだよ〉| Es geht ihm ~. 彼は具合(気分)が悪い | Es steht ~ mit ihm 〈um ihn〉. 彼の(健康)状態は悪い ‖ Mir ist 〈wurde〉 ~. 私は気分が悪い〈悪くなった〉| Ich fühle mich ~. 私は気分が悪い | Es kann einem ~ werden, wenn man das liest. これを読むと気分が悪くなるかもしれない.

2 (schlimm) いやな, 困った, 悪い, うれしくない: *üble* Nachrichten 悪い知らせ | ein *übles* Ende 〈einen *üblen* Ausgang〉 nehmen まずい結果に終わる, ろくなことにならない | *üble* Folgen haben 悪い結果を招く | *sich*[4] in einer *üblen* Lage befinden まずい状況〈立場〉におかれている ‖ ~ ablaufen 〈ausgehen〉 まずい結果になる | mit *et.*[3] (bei *jm.*) ~ ankommen《話》…(頼みごとなど)を(…に)はねつけられる | *jm.* ~ anstehen …にしっくりしない | *jm.* ~ bekommen …にとってろくなことにならない〈害になる〉| es[4] mit *et.*[3] ~ treffen …のことでひどい目にあう〈貧乏くじをひく〉| *jn.* (bei *et.*[3]) ~ zurichten (…の際に)…をひどくやっつける ‖ Das ist **nicht ~.**/ Das klingt nicht ~. そいつは悪くない(話)じゃないか | Das läßt sich nicht ~ an. 見通しは悪くないじゃないか | Ich hätte nicht ~ Lust, ihm eins herunterzuhauen. よほど彼を張り倒してやろうかと思う ‖ wohl oder übel (→wohl 1 b).

3 (性格的・道徳的に)よくない, 悪い; いかがわしい, 下品な: eine *üble* Angewohnheit 悪習, 悪癖 | eine *üble* Gesellschaft 悪い仲間 | eine *üble* Person 悪い〈いかがわしい〉やつ | einen *üblen* Ruf 〈Leumund〉 haben 評判が悪い, とかくのうわさがある | *jn.* in *üble* Nachrede bringen …の悪評をたてる | auf *üble* 〈~*ste*〉 Weise / in *übler* 〈der ~*sten*〉 Weise ひどいやり方で ‖ *et.*[4] ~ aufnehmen 〈auslegen〉 …を悪く取る〈解釈する〉| ~ von *jm.* denken …のことを悪く思う | *jm. seine* Hilfe ~ lohnen 〈vergelten〉 …の親切をあだで返す | *jm.* ~ mitspielen …にひどい仕打ちをする | *jm. et.*[4] ~ vermerken (→vermerken 2) ‖ *jm.* ~ gesinnt sein …に悪意をもっている | bei *jm.* ~ angeschrieben sein …に受けが悪い, …にうとんじられている ‖ *Übles* von *jm.* denken 〈sprechen〉 …のことを悪く思う〈言う〉| *jm.* viel *Übles* (an)tun …にいろいろ意地悪をする.

★ 動詞と用いる場合は分離の前つづりともみなされる.

II Übel 中 -s/- **1** 悪, 害, 災い; 災害, 不幸: **ein notwendiges ~** 必要悪 | Grund*übel* 根源悪, 禍根 ‖ der Grund 〈die Wurzel〉 alles 〈allen〉 ~*s* 諸悪の根源 | Geiz ist eine Wurzel alles ~*s*. 金銭の欲はすべての悪の根である(聖書: Iテモ 6 ,10) ‖ **das ~ an der Wurzel fassen** 〈**packen**〉 悪の根源をおさえる | das ~ mit der Wurzel ausrotten 禍根を絶つ | ein ~ durch ein anderes vertreiben 災いを除くに災いをもってする, 毒をもって毒を制する | das kleinere ~ wählen まだしも害の少ないほうを選ぶ ‖ von einem ~ betroffen 〈heimgesucht〉 werden 災難に見舞われる | Das ist von 〈vom〉 ~. それはよくない, それはろくなことにならない | Von zwei ~*n* muß man das kleinere wählen. 二つの災いの中にては小なるほうを選ぶべし (Cicero) | zu allem ~ (わるいことが重なっているのに)おまけになお ‖ Ein ~ kommt selten allein.《諺》弱り目にたたり目, 泣きっ面にはち(災害が単独でやって来ることはまれだ).

2《雅》病気,(特に:) 長患い, 持病: ein chronisches ~ 慢性の病気 | ein unheilbares ~ 不治の病.

[„über das Maß hinausgehend"; *germ.*; ◇über; *engl.* evil]

Übel·be·fin·den[ýːbəl..] 中 気分のすぐれぬ状態, 病気, 不快.

übel⸗be·leum·det 形《付加語的》(↔gutbeleumdet) 評判の悪い. **⸗ge·launt** 形 不機嫌な. **⸗gesinnt** 形《付加語的》悪意のある, 悪意を抱いた.

Übel·keit[ýːbəlkaɪt] 女 -/-en 吐き気, むかつき;《単数で》気分の悪さ,(体の)不快感: ~ empfinden むかつく | von einer ~ überfallen werden 吐き気〈不快感〉におそわれる | Dieser Geruch erregte 〈verursachte〉 mir ~. そのにおいをかいで私は気分が悪くなった.

übel·lau·nig =übelgelaunt

übel|neh·men*[ýːbəlneːmən]《104》他 (h) 《*jm. et.*[4]》(…に対して…を)悪くとる; (…に対して…のことで)気を悪くする, 感情を害する, うらみに思う: Sie hat ihm seine Unhöflichkeit *übelgenommen*. 彼女は彼の非礼を怒った | *Nehmen* Sie es mir bitte nicht *übel*! どうぞ悪く思わな

U

いで〈気を悪くなさらないで〉ください.

ü̲bel·ne̲h·me·risch[..neːmərɪʃ] 形 感情を害しやすい, すぐに気を悪くする, 怒りっぽい.

ü̲bel≈rie·chend 形《付加語的》臭い, 悪臭を発する. **≈schmeckend** 形 味の悪い, まずい.

Ü̲bel≈stand[ýːbəl..] 男 不都合, やっかい事, 弊害, 障害: soziale *Übelstände* 社会的諸悪弊 ‖ einen ~ beseitigen 不都合〈障害〉を除去する | einem ~ abhelfen〔手を貸して〕弊害を除く. **≈ta̲t** 女 悪事, 悪業, 犯罪: eine ~ begehen 悪事を働く, 犯罪を行う. **≈tä̲·ter** 男 悪人, 悪いやつ; 犯罪人: nach einem ~ fahnden 犯人を追跡〈捜査〉する.

ü̲bel|wol·len* 《216》 **I** 自 (h) 《*jm.*》(…に)悪意を抱く.

II Ü̲bel·wol·len 中 -s/ 悪意, 害意.

III ü̲bel·wol·lend 形 悪意を抱いた, 意地の悪い.

ü̲ben[1][ýːbən][1] **I** 他 (h) **1** (繰り返し)練習する, 練習して覚えこむ: Klavier 〈ein Musikstück〉 ~ ピアノ〈ある曲〉を練習する | Grammatik 〈das Lesen〉 ~ 文法規則の使い方〈読み方〉を練習する | Tanz 〈den Handstand〉 ~ ダンス〈逆立ち〉の練習をする | das Einparken ~ / einparken ~ 狭い空間への駐車の練習をする.

2 再帰 *sich*[4] ~ 練習する, 修業する: *sich*[4] am Barren ~ 平行棒の練習をする | *sich*[4] im Schwimmen ~ 水泳の練習をする | *sich*[4] in Geduld 〈Nachsicht〉 ~《比》我慢する〈大目に見る〉| *sich*[4] im Nichtstun ~《比》何もしない, 無為に過ごす ‖ Früh *übt* sich, was ein Meister werden will. (→Meister 2 a).

3 (練習によって)鍛える, 訓練する: die Augen 〈die Hand〉 ~ 目〈手〔先〕〉を訓練する | *sein* Gedächtnis ~ 記憶力を訓練する | *seine* Klasse ~ 自分の〔担当〕クラスを鍛える.

4 (行動・態度で)示す, 行使する, 行う: 〔gegen *jn.*〕 Barmherzigkeit 〈Erbarmen〉 ~ 〔…に〕慈悲〈あわれみ〉を示す | 〔gegen *jn.*〕 Gnade 〈Nachsicht〉 ~ 〔…に〕恩恵を施す〈思いやりを示す〉| 〔gegen *jn.*〕 Gerechtigkeit 〈Gewalt〉 ~ 〔…に〕正義を行う〈暴力をふるう〉| an *jm.* 〈*et.*[3]〉 Kritik ~ …を批判する | an *jm.* Rache 〈Verrat〉 ~ …に報復する〈…を裏切る〉| *Üb* immer Treu und Redlichkeit! 常に誠実であれ.

II 自 (h) 練習〈けいこ〉をする: geduldig 〈tüchtig〉 ~ 辛抱強く〈熱心に〉練習する | am Barren 〈auf dem Klavier〉 ~ 平行棒〈ピアノ〉の練習をする.

III ge·ü̲bt → 別出

[*ahd.* uoben „Landbau treiben"; ◇Opus]

ü̲ben[2][ýːbən] 副《南部》**1** (hüben, herüben) (…を越えた)こちら側で〈に〉. ▽**2** (drüben) (…を越えた)あちら側で〈に〉.

ü̲ber[ýːbər]

I 前《位置を示すときは3格支配, 方向・移動・通過を示すときは4格支配》
- **1**《空間的》(↔unter)
  - **a**)《上方・上部・上位》(英: *over, above*)
    - ①《接触を伴わずに: 上方》…の〔真〕上に, …の上方〈上部〉に, …より高く
    - ②《優位・上位》…に優先して, …より上位に
    - ③《4格と》(上方から)…の上へと
  - **b**)《表面の被覆・重畳》(英: *over, upon*)…を覆って; …に重ねて;《比》…にさらに加えて
  - **c**)《通過》《4格と》(英: *over, across*)
    - ①《上方での移動》…の上を通過して
    - ②《面上の移動・拡張》…の表面にそって, …の上を通って; …を渡って
    - ③《乗り越え・横断》…を乗り越えて向こう側へ, …の障害を克服して; …を横切って
    - ④《経由》(英: *by, via*)…を経由して;《仲介・媒介》(英: *through*) …を仲立ちとして, …を通して
    - ⑤《超過》(英: *beyond*) …を越えてさらに先まで;《比》…以上に
    - ⑥《時間的》…を過ぎて
    - ⑦《**einen über das andere** などの形で「一つおき」を示して》
    - ⑧《オーストリア》《雅》(auf) …に基づき
  - **d**)《通過・横断した位置》《3格と》《俗》…の向こう側で
- **2**《従事・支配》
  - **a**)《従事》《3格と》…しているときに, …しながら;《没頭》…にかまけて;《誘因》…のあまり
  - **b**)《対象》《4格と》…について
    - ①《感情などの誘因・対象》(英: *about, at*)…のことで, …のことを
    - ②《精神活動の対象・主題》(英: *about, on*)…に関して, …をテーマとして
    - ③〘商〙(小切手などについて)…の額に達する, …と等価の
  - **c**)《支配・制圧》《4格と》…を支配〈制圧〉して
- **3**《時間的》《4格と》
  - **a**)《期間中》…の間〔じゅう〕; …の間のある時点に
  - **b**)《一定期間の後》《方》(in) (今から)…たった後で
  - **c**)《超過》…を過ぎて

II 副

I 前《位置を示すときなどは3格支配, 方向・移動・通過を示すときなどは4格支配. 口語調では定冠詞 dem と融合して überm, den と融合して übern, das と融合して übers となることがある》**1**《空間的》(↔unter) **a**)《上方・上部・上位》(英: *over, above*) ①《接触を伴わずに: 上方》…の〔真〕上に, …の上方〈上部〉に, …より高く: 〘3格と〙Der Mond steht hoch ~ den Bäumen. 月が樹上高く昇っている | Der Berg erhebt sich ~ dem Dorf. 山は村の上の方にそびえている | Das Flugzeug kreist ~ der Stadt. 飛行機は町の上を旋回している | *Über* dem Tisch hängt ein Bild. テーブルの上方の壁に絵がかかっている | Die Fliege kriecht ~ dem Tisch. ハエはテーブルの上方の壁〈天井〉をはっている | Er hat die Hände ~ dem Kopf 〈den Kopf〉 zusammengeschlagen. 彼は頭上で手を打った(絶望・驚きのしぐさ) ‖ das Haus, ~ dem eine Fahne weht 〔上方に〕旗のひるがえっている家 | Er wohnt ~ uns. 彼は私たちの上〔の階〕の部屋に住んでいる | Er stand ~ mir auf einer Mauer. 彼は塀の上に立って私を見下ろす位置にいた ‖ ~ den Büchern sitzen《比》書物に読みふけっている | 1 000 Meter ~ dem Meeresspiegel (略 ü. d. M.) liegen 海抜1000メートルに位置する | ~ Tage arbeiten〘坑〙坑外作業に従事する | *sich*[4] ~ Wasser halten (自分の体が)沈まないようにする;《比》かろうじて無事である.

‖〘4格と〙ein Bild ~ den Tisch hängen 絵をテーブルの上方の壁にかける | Das Wasser stieg mir 〔bis〕 ~ die Knie. 水は私のひざの上まで来た.

☆ auf と über の違い: →auf I 1 a ☆

②《優位・上位》…に優先して, …より上〔の地〕位に: 〘3格と〙Er steht ~ mir. i) 彼は私よりも地位が上だ; ii) 私は彼よりも劣る | Er will niemanden ~ sich[3] haben. 彼はだれにもひけを取りたくないと思っている | ~ den Parteien stehen 党派を超越している | ~ den Dingen stehen 超然としている, 大局的見地に立つ | ~ dem Durchschnitt liegen 平均より上にある(→c ⑤).

‖〘4格と〙Er wurde rangmäßig ~ seine Kollegen gestellt. 序列の上で彼は同僚たちの上位におかれた | Musik geht ihm ~ alles. 彼にとっては音楽にまさるものはない | Es geht 〔ihm〕 nichts ~ ein gutes Glas Bier.〔彼にとっては〕1杯のうまいビールにまさるものはない ‖ Die Temperatur steigt ~ Null. 気温が零度以上になる.

③《4格と》(上方から)…の上へと: ~ *jn.* herfallen …〔の上〕に襲いかかる | Eine schwere Prüfung kam ~ ihn. 苦しい試練が彼の身にふりかかった | Fluch ~ dich! 君なんかくたばるがよい | Weh ~ die Schurken! 悪党どもに災いあれ ‖〘表面の被覆の意味も加わって: →b〙Wasser ~ die Blumen gießen 花に水をかける | das Kleid ~ den Stuhl werfen ドレスをいすの上に投げかける | Unglück ~ ein Land bringen 国全体に災いをもたらす | vom Turm ~ die Stadt blicken 塔の上から町を見下ろす〈見渡す〉.

b)《表面の被覆・重畳》(英: *over*, *upon*)…を覆って; …に重ねて;《比》…にさらに加えて:〖3 格と〗Teppich ～ dem Boden 床に敷きつめられたじゅうたん | *Über* dem Tisch liegt eine Decke. テーブルにクロスがかかっている | Eine leichte Schneedecke lag ～ der Erde. わずかに積もった雪が地表を覆っていた | *Über* der Stadt liegt ein dichter Nebel. 町を濃い霧が覆っている | Es liegt ～ der Sache ein Geheimnis. その事柄は秘密に包まれている | einen Mantel ～ dem Kleid tragen ドレスの上にコートを着ている | Seine Leiche lag ～ der seines Gegners. 彼の死体は相手の死体に覆いかぶさっていた.

‖〖4 格と〗die Decke ～ den Tisch legen テーブルにクロスをかける | einen Schleier ～ das Gesicht ziehen 顔にベールをかける ‖ *über*dies その上に, おまけに, かてて加えて ‖〖同一名詞を結びつけて〗Blumen ～ Blumen stehen auf dem Tisch. テーブルの上は花で埋めつくされている | Es sind Fehler ～ Fehler gemacht worden. 何重にも間違いが重ねられた | Fragen ～ Fragen stellen やたらに質問する ‖ **einen Brief über den ander〔e〕n** schreiben 次々と手紙を書く | *jn.* einmal ⟨ein Mal⟩ ～ das andere loben …を再三再四ほめる(→c ⑦).

c)《通過》《4 格と》(英: *over*, *across*) ①《上方での移動》…の上を通過して: Die Wolken ziehen ～ den Berg. 雲が山の上を流れていく | Wir fliegen ～ die Alpen. 私たちはアルプス山脈を飛行機で越える(→③) | *jn.* ～ die Achsel ansehen …を〔見下すように〕肩ごしに見やる.

②《面上の移動・拡張》…の表面にそって, …の上を通って; …を渡って⟨横切って⟩: ～ die Wiese hin 牧草地を通って | eine Reise *übers* Meer 海の旅 | ～ den Platz gehen 広場を横切る | ～ die Brücke gehen 橋を渡る | *et.*[4] ～ die Straße verkaufen …(飲食物)を持ち帰り用に⟨店外で⟩売る | Ein Auto fährt ～ die Straße. 自動車が路上を走る | Das Boot gleitete ～ den See〔hin〕. ボートは湖面をすべるように走った | Die Fliege kriecht ～ den Tisch. ハエが机の上をはって進む | Sie streicht dem Kind ～ das Haar. 彼女はその子の頭をなでてやる | Die Tränen fließen ～ die Wangen. 涙がほおを伝う | Die Wellen rollen ～ das Ufer. 波が岸辺〔の砂上〕におし寄せる | Mir lief es eiskalt ～ den Rücken. 私は背筋が冷たくなった ‖ Der Wald dehnt sich[4] ～ den ganzen Abhang aus. 森は斜面全体に広がっている.

③《乗り越え・横断》…を乗り越えて向こう側へ; …の障害を克服して; …を横切って: ～ die Mauer klettern 塀をよじ登って越える | ～ einen Zaun ⟨einen Graben⟩ springen 垣根⟨溝⟩をとび越える | ～ Berg und Tal 山を越え谷を越え | 〔längst〕 ～ alle Berge sein (→Berg[3] 1 a) | ～ Leichen gehen (→Leiche 1 a) ‖ *sich*[4] ～ *et.*[4] hinwegsetzen …をものともしない, …を無視する | Er brachte es nicht ～ sich[4] ⟨*übers* Herz⟩, Fisch roh zu essen. 彼はどうしても魚を生で食べる勇気が持てなかった ‖ ～ die Grenze gehen 国境を越える | ～ die Straße gehen 道路を横断する | ～ den Fluß schwimmen 川を泳いで渡る | der Übergang ～ einen Fluß 渡河, 渡河地点 | Eine Brücke führt ～ den Fluß. 橋が川にかかっている(→①).

④《経由》(英: *by*, *via*)…を経由して, …を経て, …を通って;《仲介・媒介》(英: *through*) (durch) …を仲立ちとして, …を通して: von Frankfurt ～ Würzburg nach München フランクフルトからヴュルツブルクを経由してミュンヒェンへ | Dieser Zug fährt nicht ～ Bonn. この列車はボンを通らない | *Über* eine schmale Treppe gelangt man in sein Zimmer. 狭い階段を通って彼の部屋にたどりつく ‖ ein Zimmer ～ den Makler bekommen 不動産屋を通して部屋を見つける | einen Aufruf ～ den Rundfunk verlesen ラジオを通じてアピールを読み上げる | ein Telegramm ～ Fernsprecher aufgeben 電話で電報の発信を依頼する.

⑤《超過》(英: *beyond*)…を越えてさらに先まで;《比》…以上に: ～ das Ziel hinaus 目標を通り過ぎて先まで | ～ die Grenze hinaus 国境を通り越して先まで | Das Wasser ging ihm〔bis〕～ die Schultern. 水は彼の肩の高さを越えた | bis ～ die Knie im Schnee stecken ひざの上まで雪に足をつっこんでいる | Die Röcke reichen wieder ～ die Knie. スカート丈はまたひざの下までにのびた | Der Fluß trat ～ die Ufer. 川は岸を越えて氾濫(はんらん)した ‖〖量的超過〗～ den Durst trinken やたらに飲む | ～ alles Erwarten 予想以上に | ～ alle Maßen 並はずれて | ～ *seine* Verhältnisse leben 分不相応な生活をする | Das geht ～ meine Kräfte. それは私の力にあまる | Ich bin ～ mein Verdienst gelobt worden. 私は過分のほめ言葉を受けた ‖〖数詞を伴う 4 格の名詞と: →II 2〗Kinder ～ zwölf Jahre 12歳を越えた子供 | Städte ～ 50 000 Einwohner 人口 5 万を越す都市(＝Städte von ～ 50 000 Einwohnern: →II 2).

⑥《時間的な通過: →3》…を過ぎて: weit ～ Mitternacht 真夜中をかなり過ぎたころに | zwanzig Minuten ～ acht《北部》8 時20分に(→nach I 3 b ①) | Sie ist ～ die besten Jahre hinaus. 彼女は女盛りを過ぎている | ～ die Zeit arbeiten 規定の時間以上働く | Sie ist zwei Stunden ～ die Zeit.《俗》彼女は来るのが 2 時間も遅れている.

⑦《**einen über das andere** などの形で「一つおき」を示して: →b》ein ～ den anderen Tag / einen Tag ～ den anderen 1 日おきに | ein Jahr ～ das andere 隔年に.

⑧《オーストリア》《雅》(auf) …に基づき: ～ Verordnung 条例により.

d)《通過・横断した位置》《3 格と》《話》…の向こう側で: *überm* Berg ⟨～ der Straße⟩ wohnen 山⟨道路⟩を越した向こう側に住んでいる | Das Theater befindet sich ～ dem Platz. 劇場は広場の向こうにある | In einer Stunde wird er ～ dem Strom sein. 彼は 1 時間後には川の向こうについているだろう.

2《従事・支配》**a)**《従事》《3 格と》(英: *over*)…しているときに, …しながら;《没頭》…にかまけて;《誘因》…のあまり: ～ dem Lesen einschlafen 本を読みながら眠りこんでしまう | ～ den neuen Freunden die alten vergessen 新しい友人にかまけて昔の友人を忘れる | *et.*[4] ～ einem Glas Wein besprechen ワインを飲みながら…について話しあう | ～ dem Lärm erwachen 騒ぎで目をさます | Er war lange ～ den Rechenaufgaben. 彼はずっとこの算数の問題に熱中していた | *Über* dem Lesen vergaß sie, ihn anzurufen. 本を読むのに夢中になって彼女は彼に電話するのを忘れてしまった.

b)《対象》《4 格と》…について: ①《感情などの誘因・対象》(英: *about*, *at*)…のことで, …のことを: *Über* was (＝Wor*über*) lachst du? 君は何のことを笑っているのか | *Über* wen ist er verärgert? 彼はだれのことで腹を立てているのか | *sich*[4] ～ das Geschenk freuen 贈り物をうれしく思う | ～ den Bericht erstaunen その知らせに驚く | *sich*[3] ～ *et.*[4] keine grauen Haare wachsen lassen …について余計な心配をしない ‖〖呪(のろ)いなどの感嘆句を導いて〗O ～ die Jugend! ああ青春とは | O ～ diese Narren! あのばかどもときたら.

②《精神活動の対象・主題》(英: *about*, *on*)…に関して, …をテーマとして: ～ *et.*[4] einig werden …について意見が一致する | ～ *et.*[4] berichten ⟨schreiben⟩ …について報告する⟨書く⟩ | *jn.* ～ *et.*[4] unterrichten …に…についての情報を与える | die Frau, ～ die wir gesprochen haben 我々がうわさの種にした女 | Wie denken Sie ～ diese Angelegenheit? この件についてはいかがお考えですか ‖ deine Meinung ～ ihn 彼に対する君の見方 | ein Vortrag ～ moderne Architektur 近代建築についての講演 | ein Buch ～ Goethe ゲーテに関する書物.

☆ **über** と **von** の違い: über が詳細に論じたり知っているという場合に用いられるのに対し, ただ単に通りいっぺんに言及したり聞き及んだりする場合には von が用いられる. また人間を対象とする場合には, über を用いると論議の対象とするという意味から否定的評価のニュアンスが加わる: Wir haben *über* dieses Problem gesprochen. 我々はこの問題を詳細に論じた | Wir haben *von* diesem Problem gesprochen. 我々はこの問題を話題にした ‖ Ich habe *über* die Sache noch nichts Genaues gehört. 私はその件については詳しいことをまだ何も聞いていない | Ich habe *von* der Sache noch nichts gehört. 私はその件についてはまだ何も聞いていない ‖ Es wurde viel *über* ihn gespro-

chen. いろいろと彼の陰口がたたかれた | Es wurde viel *von* ihm gesprochen. いろいろと彼のことがうわさにのぼった.
③〘商〙(小切手などについて)…の額に達する, …と等価の: ein Scheck ～ 500 Mark 500マルクの小切手.
c)《支配・制圧》《4格と》(英: *over*)…を支配〈制圧〉して: Herr ～ *et.*^{4} sein …を自由にできる力を持っている | ein Sieg ～ die Aggressoren 侵略者に対する勝利 | die Aufsicht ～ die Schüler 生徒たちを見張ること | Ich habe keine Gewalt ～ ihn. 彼を動かす力は私にはない ‖ ～ ein Volk herrschen ある民族を支配する | Sie vermag viel ～ ihn. 彼女は彼に相当影響力を持っている | Er verfügt ～ außergewöhnliche Körperkraft. 彼は並はずれた体力を持っている.
3《時間的》《4格と》**a**)《期間中》…の間〔じゅう〕; …の間のある時点に, …のうちに: ～ den Winter in Italien sein 冬〔じゅう〕をイタリアで過ごす | eine Sache ～ Mittag erledigen ある用件を昼の休み時間のうちにすませる | *Über* Mittag kommt er nach Hause. 彼は昼の休みの間に一時家に戻って来る | Das Theater ist ～ die Feiertage geschlossen. 劇場はこの(数日にわたる)休日の間は休演する | Bleibst du ～ Nacht? 君は今晩泊まっていくのか | *Über* Nacht hat es geschneit. 夜の間(のある時間)に雪が降った | Seine Haare sind ～ Nacht weiß geworden. 彼の髪は一夜にして白くなった | Du kannst den Wagen ～ das Wochenende behalten. 君はその車を週末の間じゅう使っていてかまわない.
b)《未来の一定期間の後》《方》(in)(今から)…たった後で: heute ～ acht Tage 1週間後のきょう | ～ Jahr und Tag ずっと後になって; 1年たって | *Übers* Jahr sehen wir uns wieder. 1年後にまた会おう ‖ ～ kurz oder lange 遅かれ早かれ.
c)《超過》…を過ぎて: weit ～ Mitternacht (→1 c ⑥).
II 副 **1**《空間的; 上部》上へ, 上方へ;《被覆》(全面的に)覆って: Gewehr ～! 〘軍〙になえ銃(つつ)(号令) | ***über* und *über*** 全面的に, すっかり, とことんまで | ～ und ～ in Schulden stecken 借金で全く首が回らない | Er war ～ und ～ mit Schmutz bedeckt. 彼は全身泥まみれであった | Sie wurde ～ und ～ rot. 彼女は顔じゅう真っ赤になった.
2《数詞と; 超過》(mehr als)…を越えて(→I 1 c ⑥): seit ～ einem Jahr 1年以上も前から | Städte von ～ 5 000 Einwohnern 人口5千を越す都市 | Sie ist ～ vierzig〔alt〕. 彼女は40を過ぎている | Der Graben ist ～ zwei Meter breit. 堀の幅は2メートルを越える | Es waren ～ hundert Personen. 100人を越える人がいた, 人数は100名を越えていた ‖ die ～ Sechzigjährigen 60歳を越えている人々.
3《時間的; 期間》…〔の間〕じゅう(→I 3 a): die ganze Nacht ～ aufbleiben 一晩じゅう起きている | den Sommer ～ 一夏じゅうずっと.
4《話》《sein とともに述語形容詞的に》**a**)《*jm.* in *et.*^{3}》(…の点で…)より優れて: Darin ist er mir ～. その点では彼のほうが私より上だ. **b**) 食傷して: Mir ist die Sache ～. 私はそれにはもうあきあきしている(→überhaben 3). **c**)(時代などについて)過ぎ去って. **d**)《方》(肉などについて)いたんでいる(→übergehen^1 3). **e**) 余って: Es ist noch Kaffee ～. まだコーヒーが余っている.
[*idg.*; ◇hyper.., super.., auf, ob^2, übel; *engl.* over]

über.. **I**《動詞につけて》**1**《分離動詞の前つづり. つねにアクセントをもつ. ふつう空間的な意味で》**a**) ①《上部・被覆・重畳》: *über*legen 上に置く〈重ねる〉| *über*ziehen 上に着る〈羽織る〉. ②《上部張り出し・前傾・転覆》: *über*hängen 張り〈突き〉出す | *über*kippen (逆さまに)ひっくり返る, 転覆する.
b) ①《乗り越え・横断》: *über*setzen (対岸に)渡る, 渡す(→hinüber, herüber). ②《移行》: *über*gehen 移る, 移行する | *über*laufen 投じる, 寝返る.
c)《充溢(じゅういつ)》: *über*laufen あふれ出る.
▽**d**)《話》《残余》: *über*lassen 残す.
2《非分離動詞の前つづり. アクセントをもたない. しばしば比喩的にも》**a**)《(感情などの)襲来》: *über*laufen (恐怖などが)襲う | *über*raschen 不意に襲う.
b)《全面被覆》: *über*ziehen 一面に覆う, 一面に張る〈敷く〉| *über*sehen 見渡す.
c) ①《乗り越え・飛び越し》: *über*springen 飛び越える | *über*treten (国境などを)越える. ②《違反》: *über*treten (法律などに)違反する. ③《省略・無視・看過》: *über*gehen 無視する; とばす | *über*sehen 無視する; 見のがす, 大目に見る.
d) (↔unter..) ①《超過・凌駕(りょうが)・圧倒》: *über*leben 長生きする | *über*treffen しのぐ, まさる | *über*winden 打ち勝つ. ②《過度》: *über*anstrengen 酷使する | *über*fordern 過大な要求をする | *über*schätzen 過大評価する.
e) ①《移転》: *über*setzen 翻訳する. ②《委譲・委任》: *über*geben 手渡す, 引き渡す | *über*lassen 譲り渡す; 任せる.
f)《über＋期間を示す名詞から共成されて》: *über*nachten 泊まる(＜über Nacht) | *über*wintern 越冬する(＜über Winter).
★ 非分離動詞でありながら, 前つづりにアクセントをもつものがある: *über*beanspruchen 負担をかけすぎる(過 überbeanspruchte; 過分 überbeansprucht; ただし: zu 不定詞は überzubeanspruchen).
II《形容詞につけて「過度・超越」を意味する》: *über*groß 大きすぎる | *über*irdisch 超自然的な | *über*menschlich 超人的な.
III **1**《über.. を前つづりとする複合動詞に対応する動作名詞において》: *Über*gang 移行(＜übergehen[⌐◡－◡]) | *Über*sicht 展望(＜übersehen[－◡⌐◡]).
2 **a**) (↔ unter..)《名詞につけて「過度」を意味する》: *Über*gewicht 過重 | *Über*maß 過度, 過多.
b)《前置詞句に対応する形で》: *Über*see 海外 | *Über*rock オーバー〔コート〕| *Über*strumpf 靴下カバー.
c)《「超越・優越」を意味する über.. を前つづりとする合成形容詞から逆成して》: *Über*macht 優勢(＜übermächtig) | *Über*mensch 超人(＜übermenschlich).
..über[..(ˈ)y:bər]《副詞・名詞などにつけて「…を越えて, …を過ぎて, …の間じゅう, …を先にして, …について」などを意味する副詞をつくる》: schräg*über* 斜め向かいに | gegen*über* 向かいに | hin*über* 向こうへ | her*über* こちらへ | dar*über* その上に; それを越えて; その間に; それについて | berg*über* 山を越えて | vor*über* 通り越して | tags*über* 一日じゅう | sommer*über* 夏の間じゅう | kopf*über* 頭から | hinten*über* 後ろ向きに | hier*über* これについて.
über・ak・tiv[ý:bər|akti:f]^1 形 過度に活動的な, 活動しすぎの.
Über・ak・ti・vi・tät[..tivitɛ:t] 女 -/-en 過度の活動.
über・all[y:bər|ál, ⌐◡◡] 副 **1** (↔nirgends) 至る所で〈に〉, どこ〔に〕でも;《比》何ごとにでも: von ～ 至る所から, 四方八方から, あっちからもこっちからも ‖ *seine* Augen ～ haben (→Auge 1) | *seine* Nase ～ hineistecken (→Nase 1 a) | ～ suchen 方々さがし回る | *sich*^{4} ～ vordrängen 何にでも出しゃばる | ～ Bescheid wissen どこの地理〈事情〉にも詳しい; どんなことにも通じている ‖ ～〔vorhanden / zu finden〕sein 至る所にある | **～ und nirgends zu Haus〔e〕sein** 腰が落ちつかない, しょっちゅう出歩いている ‖ *Überall!* 〘海〙総員甲板へ〔集合〕.

2《西部》(überhaupt) およそ, そもそも: Wenn dies ～ möglich ist, … もしそれがそもそも可能であるとすれば.
über・all・her[y:bər|alhé:r, ─◡◡⌐, ─◡◡─] 副《前置詞 von とともに》von ～ 至る所から, 四方八方から, あっちからもこっちからも. **・hin**[y:bər|alhín, ─◡◡⌐, ─◡◡─] 副 至る所へ, 四方八方へ, どこへでも.
über・al・tert[y:bər|áltərt] 形 **1** 高齢化した, 老人層が多数を占める. **2** (機械・組織などが)老朽化した, 新しい状況にそぐわない, 古くさい.
Über・al・te・rung[..tərʊŋ] 女 -/ 高齢化, 老年層過剰; 老朽〔化〕; 時代遅れ.
Über・an・ge・bot[ý:bər|angəbo:t] 中 -〔e〕s/-e 供給過剰: ～ an Arbeitskräften 〈Waren〉労働力〈商品〉の供給過剰.
über・ängst・lich[..ɛŋstlɪç] 形 気の小さい, 心配しすぎる.

ụ̈ber·ạn·stren·gen[y:bər|ánʃtrɛŋən] 他 (h) (過度の肉体的・精神的緊張で)過労させる, 酷使する: *seine* Augen ~ 目を酷使する | *Überanstrenge* dich nicht! あんまり根をつめ〔て無理をす〕るなよ ‖ müde und *überanstrengt* aussehen 疲れて無理が重なったような様子をしている ‖ 再帰 *sich*^{4} ~ 過労になる, 無理をする.

Ü̧ber·ạn·stren·gung[..ŋʊŋ] 女 -/-en 過労, 無理; 酷使.

ụ̈ber·ạnt·wor·ten[y:bər|ántvɔrtən] ⦅01⦆ 他 (h) ⦅雅⦆ ⦅*jm. et.*^{4} ⟨*jn.*⟩⦆ (…に…を)任せる, ゆだねる, 引き渡す: den Großeltern das Kind ~ 子供を祖父母〔の保護〕に任せる | *jn.* dem Gericht ⟨der Gerechtigkeit⟩ ~ …を司直の手にゆだねる.

Ü̧ber·ạnt·wor·tung[..tʊŋ] 女 -/-en ⦅ふつう単数で⦆ 委任, 引き渡し.

Ü̧ber·an·zug[ý:bər|antsu:k][1] 男 -〔e〕s/..züge [..tsy:gə] 上っぱり, 仕事着; オーバーオール.

Ü̧ber·ar·beit[ý:bər|arbaɪt] 女 -/ 超過労働.

ü̧ber|ar·bei·ten[1][ý:bər|arbaɪtən] ⦅01⦆ 自 (h) ⦅話⦆ 規定以上に働く, 超過労働をする: Er hat einige Stunden *übergearbeitet.* 彼は数時間超勤した.

ü̧ber·ạr·bei·ten[2][–◡⏊–◡] ⦅01⦆ 他 (h) **1** (特に原稿などを)改訂する, さらに手を入れる: eine wissenschaftliche Abhandlung ~ 学術論文に手を加える | den Artikel ~ 記事を推敲(すいこう)する ‖ eine *überarbeitete* Auflage 改訂版. **2** 再帰 *sich*^{4} ~ 働き過ぎる, 過労になる: Er hat sich völlig *überarbeitet.* 彼はすっかり働き疲れてしまった | Er ist völlig *überarbeitet.* 彼はすっかり働き疲れている.

Ü̧ber·ạr·bei·tung[y:bər|árbaɪtʊŋ] 女 -/-en **1** 改訂, 推敲(すいこう), 加筆. **2** 過労, 働き過ぎ.

Ü̧ber·är·mel[ý:bər|ɛrməl] 男 -s/- そでカバー.

∇**ü̧ber·äu·gig**[ý:bər|ɔʏgɪç][2] 形 (schielend) 斜視の, やぶにらみの.

ü̧ber·aus[ý:bər|aʊs, –◡⏊, ⏊◡⏊] 副 ⦅雅⦆ ⦅ふつう副詞・形容詞の前に置かれて⦆ きわめて, 非常に: Das hat mir ~ gut gefallen. それは特に私の気に入った | eine ~ schwierige Lage きわめて困難な状況.

ü̧ber·bạcken(*)[y:bərbákən] ⦅11⦆ 他 (h) 〘料理〙 (こげめがつく程度に天火で)さっと焼く: die Makkaroni mit Käse ~ マカロニにチーズをかけて天火でさっと焼く.

Ü̧ber·bau[ý:bərbaʊ] 男 **1** -〔e〕s/-ten (-e) 〘建〙 (橋梁(きょうりょう)の)上部構造, (建物の)上部突出部(ひさし・上屋(うわや)など); 〘法〙 境界踰越(ゆえつ)建築〔物〕. **2** -〔e〕s/-e (↔Basis, Unterbau) (マルクス主義の用語で)上部構造(社会の経済的構造を下部構造とし, それに照応して生じる政治的・法律的・宗教的・芸術的・哲学的イデオロギーおよびそれに対応する諸制度・組織).

ü̧ber|bau·en[1][ý:bərbaʊən] 他 自 (h) 〘法〙 地所の境界を越えて(境界踰越(ゆえつ)建築物を)建てる.

ü̧ber·bau̧·en[2][–◡⏊◡] 他 (h) ⦅*et.*^{4}⦆ (…に)上部構造(ひさし・上屋(うわや)など)をつける, (…の)上部に増築する: die Brücke 〔mit einem Dach〕 ~ 橋に屋根をつける.

ü̧ber·be·an·spru·chen[ý:bərbə|anʃprʊxən] (→über.. I ★) 他 (h) (肉体的・精神的に)負担をかけすぎる, 無理な仕事をさせる, 過労させる: Er hat seine Kräfte ⟨seine Nerven⟩ *überbeansprucht.* 彼は体力⟨神経⟩を酷使しすぎた.

Ü̧ber·be·an·spru·chung[..xʊŋ] 女 -/-en (肉体や精神の)酷使, 過重労働, 過労.

ü̧ber|be·hal·ten*[ý:bərbəhaltən] ⦅65⦆ 他 (h) ⦅話⦆ 残す, 余す: beim Einkaufen kein Geld ~ 買い物で一銭残らず遣ってしまう.

Ü̧ber·bein[ý:bərbaɪn] 中 -〔e〕s/-e 〘医〙 外骨症, 〔外〕骨腫(こつしゅ), 骨瘤(こつりゅう).

[*mhd.* „obenliegender Knochen"]

ü̧ber|be·kom·men*[ý:bərbəkɔmən] ⦅80⦆ 他 (h) ⦅話⦆ **1** ⦅*et.*^{4}⦆ (…に)あきあきする, うんざりする: Er *bekam* ihr ständiges Gerede *über.* 彼は彼女の絶え間ないおしゃべりにうんざりした. **2** ⦅次の成句で⦆ **eins ⟨einen⟩ ~** 一発殴られる.

ü̧ber·be·la·sten[ý:bərbəlastən] ⦅01⦆ (→über.. I ★) 他 (h) **1** ⦅*et.*^{4}⦆ (…に)過重な荷を積む: einen Wagen ⟨ein Schiff⟩ ~ 車⟨船⟩に過重な荷を積む. **2** ⦅*jn.*⦆ (…に)過重な負担をかける: die Schüler ~ 生徒たちに過度の負担をかける.

Ü̧ber·be·la·stung[..tʊŋ] 女 -/-en **1** 負担⟨負荷⟩過重. **2** 〘電〙 過負荷.

ü̧ber·be·lȩ·gen[ý:bərbəle:gən][1] (→über.. I ★) 他 (h) ⦅*et.*^{4}⦆ (ホテル・病院などに)〔定員以上に〕多くの人間をつめこむ: ein *überbelegtes* Krankenhaus 定員オーバーの病院.

Ü̧ber·be·lȩ·gung[..gʊŋ] 女 -/-en 定員超過, 超満員.

ü̧ber·be·lich·ten[ý:bərbəlɪçtən] ⦅01⦆ (→über.. I ★) **I** 他 (h) 〘写〙 過度に露出する.

II ü̧ber·be·lich·tet 過分 形 〘写〙 露出過度の: Er ist ~. ⦅話⦆ 彼は頭がおかしい.

Ü̧ber·be·lich·tung[..tʊŋ] 女 -/-en 〘写〙 露出過度.

ü̧ber·be·schäf·tigt[ý:bərbəʃɛftɪçt] 形 仕事の多すぎる, 忙しすぎる, 負担過重の.

Ü̧ber·be·schäf·ti·gung[..tɪgʊŋ] 女 -/ 〘経〙 超完全雇用.

ü̧ber·be·setzt[ý:bərbəzɛtst] 形 超満員の, 定員オーバーの.

ü̧ber·be·to̲·nen[ý:bərbəto:nən] (→über.. I ★) 他 (h) 過度に強調する.

Ü̧ber·be·to̲·nung[..nʊŋ] 女 -/-en überbetonen すること.

ü̧ber·be·trieb·lich[ý:bərbətri:plɪç] 形 個々の企業を超えた; 企業相互間の(協定など): eine ~*e* Ausbildung 超企業的職業教育.

Ü̧ber·bett[ý:bərbɛt] 中 -〔e〕s/-en (Deckbett) (羽毛入りの)掛けぶとん.

ü̧ber·be·völ·kert[ý:bərbəfœlkərt] 形 人口過剰の, 人口過密の.

Ü̧ber·be·völ·ke·rung[..kərʊŋ] 女 -/ 人口過剰, 人口過密.

ü̧ber·be·we̲r·ten[ý:bərbəve:rtən] ⦅01⦆ (→über.. I ★) 他 (h) (実際の価値よりも)過大に評価する, 買いかぶる.

Ü̧ber·be·we̲r·tung[..tʊŋ] 女 -/-en 過大評価.

ü̧ber·be·za̲h·len[ý:bərbətsa:lən] (→über.. I ★) 他 (h) ⦅*jn.*⦆ (…に対して)過度の支払いをする, 余計に払いすぎる: Er wurde *überbezahlt.* 彼は不当に多額の報酬を受けた.

ü̧ber·bie̲·ten*[y:bərbí:tən] ⦅17⦆ 他 (h) (↔unterbieten) ⦅*jn.* / *et.*^{4}⦆ (競売などで…より)高い値をつける, (…に)せり勝つ; ⦅*et.*^{4}⦆ (競技で記録を)のばす; ⦅比⦆ ⦅*jn.* / *et.*^{4}⦆ 凌駕(りょうが)する, 上回る, (…より)勝る: den bisherigen Rekord um zwei Zentimeter ~ (幅跳びなどで)これまでの記録を2センチだけのばす | Er *überbietet* an Eifer alle anderen. 彼は熱心さにかけてはだれにもひけを取らない ‖ 再帰 *sich*^{4} selbst ~ 能力以上の力を出す ‖ 再帰 ⦅相互的⦆ Sie *überboten* sich gegenseitig in Lobeshymnen ⟨an Höflichkeit⟩. 彼らは互いに競い合って相手をほめたたえた⟨相手に礼を尽くした⟩.

Ü̧ber·bie̲·tung[..tʊŋ] 女 -/-en überbieten すること.

ü̧ber·bịn·den*[y:bərbíndən][1] ⦅18⦆ 他 (h) ⦅スイス⦆ ⦅*jm. et.*^{4}⦆ (…に…を)義務として負わせる, 課する.

Ü̧ber·bin·der[ý:bərbɪndər] 男 -s/- (いかだの丸太の)連結材.

Ü̧ber·biß[ý:bərbɪs] 男 ⦅話⦆ 噛み合わせ; 〘医〙 被蓋(ひがい)咬合(こうごう)(下歯の上に上歯が重なり合う状態).

ü̧ber·bla̲·sen*[y:bərblá:zən][1] ⦅20⦆ 自 (h) 〘楽〙 オーバーブローする(管楽器で基音の代わりにより高い部分音を引き出す).

∇**ü̧ber·blạt·ten**[y:bərblátən] ⦅01⦆ 他 (h) 〘建〙 (板を)合欠(あいがき)で継ぐ, 合じゃくりではぐ.

Ü̧ber·blạt·tung[..tʊŋ] 女 -/-en 〘建〙 合欠(あいがき)〔継ぎ手〕, 合じゃくり, 違いはぎ.

ü̧ber|blei·ben[1]*[ý:bərblaɪbən][1] ⦅21⦆ 自 (s) ⦅話⦆ (übrigbleiben) 残って⟨余って⟩いる.

ü̧ber·ble̲i·ben[2]*[–◡⏊◡] ⦅21⦆ 自 (s) 生き残る: der ⟨die⟩ *Überbliebene* 生き残り, 生存者.

Ü̧ber·bleib·sel[ý:bərblaɪpsəl] 中 -s/- ⦅話⦆ 残り〔物〕, 余り, 残渣(ざんさ), 残滓(ざんし); 〘化〙 残留物; ⦅比⦆ 痕跡(こんせき); 〘キリスト教〙 〔聖〕遺物: die ~ der Mahlzeit (食事の)食べ残し | die ~ der Vergangenheit 過去の痕跡.

U

über|blen·den[1][ý:bərblɛndən][1] 《01》 ＝überblenden[2]

über·blen·den[2][−⌣⌣́⌣] 《01》 他 (h) **1** 〘映・放送〙フェード=オーバーする(一つの場面が溶暗し次の場面が溶明する技法). **2** 〘写〙二重写しをする. **3** 《比》(より強い効果で他の効果を)弱める, 影を薄くさせる.

Über·blen·dung[..dʊŋ] 女 -/-en **1** 〘映・放送〙フェード=オーバー. **2** 〘写〙二重写し.

Über·blick[ý:bərblɪk] 男 -[e]s/-e **1** 見晴らし, 眺望, 展望: Von hier aus hat man einen guten ～ über das Tal 〈die Stadt〉. ここからは谷(町)がよく見晴らせる.

2 a) (特定の分野についての)概観〔的知識〕, 見通し: einen ～ über die moderne Kunst geben 〈gewinnen〉 近代芸術の概観〔的知識〕を与える〈得る〉 | *sich*[3] einen ～ über *et.*[4] verschaffen …についての見通しを得る. **b)** (特定の分野についての)概論, 通論: ～ über die deutsche Literatur / deutsche Literatur im ～ ドイツ文学概説. **c)** 《単数で》(ある特定の分野を)概観する能力, 識見, 眼識, 洞察力: Es fehlt ihm noch an ～. 彼にはまだ識見がない | den ～ 〔über das Ganze〕 verlieren 大局を見誤る.

über·blịcken[y:bərblɪ́kən] 他 (h) **1** (高い所から)見晴らす, 見渡す, 眺望〈展望〉する: eine Landschaft 〈den Garten〉 ～ 景色〈庭園〉を見渡す.

2 概観する, 見通す: eine Epoche 〈eine Situation〉 ～ ある時代〈状況〉を概観する.

Über·blie·be·ne 男 女 《形容詞変化》→überbleiben[2]

über·bor·den[y:bərbɔ́rdən][1] 《01》 **I** 自 (s, h) **1** (川などが)岸を越えてあふれる. **2** 《比》限度を越える: ein *überbordendes* Temperament 過度に走りやすい気質.

II 他 (h) 《*et.*[4]》(…を)越えてあふれる: den Damm ～ 堤防を越えて〔水が〕あふれる.

[＜Bord]

über·bo·ten[y:bərbó:tən] überbieten の過去分詞; 過去 1・3 人称複数.

über·brin·gen*[y:bərbrɪ́ŋən] 《26》 他 (h) 《雅》《*jm. et.*[4]》(…に…を)持参する, 届ける; 伝達する: *jm.* einen Brief 〈eine Nachricht〉 ～ …に手紙を届ける〈知らせを伝える〉 | Glückwünsche von *jm.* ～ …からのお祝いの言葉を伝える.

Über·brin·ger[..ŋər] 男 -s/- (小切手などの)持参人, (手紙などの)使者; 伝達者.

Über·brin·gung[..ŋʊŋ] 女 -/-en 持参; 伝達.

über·brụ̈cken[y:bərbrʏ́kən] 他 (h) ᐁ**1** 《*et.*[4]》(…に)橋をかける: einen Fluß 〈ein Tal〉 ～ 川〈谷〉に橋をかける. **2** 《比》橋渡しをする, 調停する; (困難な状況を)〔とりあえず〕切り抜ける: Schwierigkeiten ～ 難問を切り抜ける | Gegensätze ～ 対立を調停する | den Zwiespalt zwischen die beiden ～ 両者の争いをとりなす.

Über·brụ̈ckung[..kʊŋ] 女 -/-en ᐁ**1** 架橋. **2** 《比》橋渡し, 調停; 〔当座の〕解決, 一時しのぎ.

Über·brụ̈ckungs≠[**bei·**]**hil·fe** 女 (苦境を救済するための)補助金. ≠**kre·dit** 男 〘商〙(一時的な金融逼迫(ひっぱく)を克服するための)短期〔信用〕貸付, (運転資金等調達のための)短期金融.

über·bür·den[y:bərbʏ́rdən][1] 《01》 他 (h) 《雅》《*jn.*》(…に)過重な負担を課す: *jn.* mit Aufgaben 〈Verpflichtungen〉 ～ …に重すぎる任務〈義務〉を負わす.

Über·bür·dung[..dʊŋ] 女 -/-en 過重負担.

Über·chlor·säu·re[ý:bərklo:rzɔʏrə] 女 -/ 〘化〙過塩素酸.

Über·dach[ý:bərdax] 中 -[e]s/..dächer[..dɛçər] 差し掛け屋根, 庇(ひさし), 日よけ.

über·da·chen[y:bərdáxən] 他 (h) 《*et.*[4]》(比較的広い場所に)屋根をつける, 屋根でおおう; (並木などが…を)屋根状におおう: die Halle 〈die Terrasse〉 ～ ロビー〈テラス〉に屋根をつける | ein *überdachter* Bahnsteig 屋根つきのプラットホーム.

Über·da·chung[..xʊŋ] 女 -/-en **1** 《単数で》überdachen すること. **2** 屋根, 庇(ひさし); (プラットホームなどの)上屋.

ᐁ**über·das**[y:bərdás] ＝überdies

über·dau·ern[y:bərdáʊərn] 《05》 他 (h) 《*et.*[4]》(…より)長持ちする, 長続きする; (…を耐え抜いて)生き残る: Diese Kirche hat den Krieg 〈viele Jahrhunderte〉 *überdauert.* この教会は戦争にも破壊されなかった〈何世紀も経ている〉 | Sein Werk hat sein Leben *überdauert.* 彼の作品は彼の死後も価値を失わなかった.

Über·decke[ý:bərdɛkə] 女 -/-n 上おおい, カバー(テーブルカバー・ベッドカバー・シートカバーなど).

über|decken[1][ý:bərdɛkən] 他 (h) 《*jm. et.*[4]》(…に…を)掛けてやる.

über·dẹcken[2][−⌣⌣́⌣] 他 (h) **1** 覆う, 覆いかくす: Eine Schneeschicht *überdeckt* die Landschaft. あたり一面雪にすっぽり包まれている. **2** かくす, 隠蔽(いんぺい)する, (…を)見せない; (…より)優勢である: die Verlegenheit durch Lächeln ～ 当惑を微笑でごまかす | Eine Erbanlage *überdeckt* eine andere. 一方の遺伝因子が他方より優勢である.

Über·dẹckung[y:bərdɛ́kʊŋ] 女 -/-en かぶせること, 覆うこと; 覆い; 隠蔽(いんぺい).

über·deh·nen[y:bərdé:nən] 他 (h) (腱・筋肉などを)伸ばしすぎる, 過度に伸ばす.

ᐁ**über·dẹm**[y:bərdé:m] ＝überdies

über·dẹn·ken*[y:bərdɛ́ŋkən] 《28》 他 (h) 《*et.*[4]》(…について)よく考える, 考え抜く, 熟考する.

über·deut·lich[ý:bərdɔʏtlɪç] 形 あまりにも明白〈明確〉な; きわめて明白〈明確〉な.

über·dies[y:bərdí:s] 副 **1** (außerdem, zudem) そのうえ, おまけに: Ich bin sehr müde, und ～ habe ich Hunger. 私はとても疲れており おまけに腹までへっている. **2** (ohnehin, sowieso) いずれにしろ, どっちみち: Du brauchst dich jetzt nicht mehr zu bemühen, die Sache ist ～ erledigt. 君はもう骨を折る必要はないよ. 例の件はもういずれにしろ片づいてしまったんだ.

über·di·men·sio·nal[ý:bərdimɛnziona:l] 形 通常の尺度を超えた, 巨大な, 並はずれた.

über·do·sie·ren[ý:bərdozi:rən] (→über.. I ★) 他 (h) (薬などを)適量以上に配量する.

Über·do·sie·rung[..rʊŋ] 女 -/-en **1** (薬などの)適量以上の処方〈配量〉. **2** ＝Überdosis

Über·do·sis[..do:zɪs] 女 -/..sen[..zən] (薬などの)過度の服用量, 服用量過多, 多すぎる量: eine ～ Schlaftabletten nehmen 適量以上の睡眠薬を飲む.

über·dra·ma·ti·sie·ren[ý:bərdramatizi:rən] 他 (h) 過度に劇的に誇張する.

über·dre·hen[y:bərdré:ən] **I** 他 (h) **1** (ねじ・ぜんまいなどを)巻き〈ひねり〉すぎる; 巻き〈ひねり〉すぎて壊す: die Schraube ～ (→Schraube 1 a). **2** 〘工〙(モーター・エンジンの)回転数をあげすぎる, スピードを出しすぎる. **3** 〘映〙(フィルムを)普通以上の速度で送る, 早送りする.

II über·dreht 過分 形 《話》 **1** (疲労・緊張などで)異常に神経が高ぶっている, 興奮している. **2** いばりくさった.

Über·druck[1][ý:bərdrʊk] 男 -[e]s/-e **1** 〘印〙刷り重ね, 刷り込み. **2** 〘切手〙(切手の文字・価格などの変更・追加のために後から行われる)加刷.

Über·druck[2][−] 男 -[e]s/..drücke[..drʏkə] **1** 〘工〙過剰圧力, 超過圧力, 正圧, ゲージ圧. **2** 〘理〙超過圧.

Über·druck·an·zug 男 気密服, 与圧服.

über·drụcken[y:bərdrʊ́kən] 他 (h) 〘印〙重ね刷りする.

Über·druck≠**ka·bi·ne**[ý:bərdrʊk..] 女 〘空〙気密〈与圧〉室. ≠**tur·bi·ne** 女 〘工〙反動タービン. ≠**ven·til** 中 〘工〙安全弁.

Über·druß[ý:bərdrʊs] 男 ..drusses/ あきあきすること, いや気, 嫌悪〈倦怠(けんたい)〉〔感〕: der ～ am Leben 人生にいや気がさすこと | der ～ am 〈gegen〉 Ehepartner 配偶者への倦怠感 ‖ *et.*[4] bis zum ～ gehört 〈gesehen〉 haben …をうんざりするほど聞く〈見る〉 | Das ist mir schon zum ～ geworden. 私はもうそれにあきあき〈うんざり〉した. [◇Verdruß]

über·drüs·sig[..drʏsɪç][2] 形 《もっぱら次の形で》 ***js.* 〈*et.*[2]〉 ～ sein / *jn.* 〈*et.*[4]〉 ～ sein** …にあきあきしている, …にいや気がさしている | ***js.* 〈*et.*[2]〉 ～ werden / *jn.* 〈*et.*[4]〉 ～**

werden …にあきあきする, …にいや気がさす | des langen Wartens 〈der langen Diskussionen〉 ～ sein 長く待つこと〈長い討議〉にあきあきしている | Sie scheint meiner ～ zu sein. 彼女は私にすっかりいや気がさしたようだ | Ich bin dieses Treibens 〈dieses Treiben〉 ～. 私はこんなことするのはもういやになった | Du wirst es bald ～ sein 〈werden〉, hier zu bleiben. 君は間もなくここにいることにあきてしまうだろう.

über·dün·gen[y:bərdʏ́ŋən] 他 (h) 《*et.*[4]》 (…に)肥料をやりすぎる.

Über·dün·gung[..dʏ́ŋʊŋ] 女 -/-en überdüngen すること.

über·durch·schnitt·lich 形 平均〈水準・標準〉以上の, 平均値を上回る.

über·eck[y:bər|ɛ́k] (**über·ecks**[..|ɛ́ks]) 副 (部屋などの隅のところに)斜めに, はすに: *et.*[4] ～ stellen …を隅〈角〉のところに斜めに置く | Die Decke liegt ～ auf dem Tisch. テーブル掛けがはすに〔角のところをあけて〕掛けてある. **[<Ecke]**

Über·ei·fer[ý:bər|aɪfər] 男 -s/ 過度の熱心さ, 張り切り過ぎ.

über·eif·rig[..|aɪfrɪç][2] 形 過度に熱心な, 熱心すぎる.

über·eig·nen[y:bər|áɪgnən] 《01》 他 (h) 《*jm. et.*[4]》 (…に財産・土地などを)ゆずる, 譲渡する, 委譲する.

Über·eig·nung[..nʊŋ] 女 -/-en (財産などの)譲渡, 委譲.

Über·ei·le[ý:bər|aɪlə] 女 -/ 急ぎすぎ, 火急, 性急.

über·ei·len[y:bər|áɪlən] **I** 他 (h) **1** 《*et.*[4]》 (…を)あわてて〈よく考えずに〉する: die Abreise ～ あわてて旅立つ | den Entschluß ～ よく考えずに決断する. **2** 再帰 *sich*[4] ～ あわてる, 急ぎすぎる, 早まる, 軽率に振舞う.

II über·eilt 過分 形 急ぎすぎた, 性急〈早計〉な, 無思慮な: eine ～*e* Handlung 〈Heirat〉 性急すぎた行為〈結婚〉.

über·ei·lig[ý:bər|aɪlɪç][2] 形 《述語的》 急ぎすぎの; 性急すぎる.

Über·ei·lung[y:bər|áɪlʊŋ] 女 -/-en 急ぎすぎ, 性急, 早計, 軽率, 無思慮.

überein.. 《分離動詞の前つづり. つねにアクセントをもつ. 「一致して・合致して」を意味する》: mit *et.*[3] 〈*jm.*〉 *übereins*timmen …と一致する, …と同意見である | mit *et.*[3] *übereint*reffen …と符合する. **[***mhd.* „zusammenstimmend"; <ein[1]**]**

über·ein·an·der[y:bər|aɪnándər] 副 《über＋相互代名詞に相当: →sich 2 ★ ii》 重なり合って; お互いについて: ～ wohnen (2階と3階など)上下に住む | *sich*[4] ～ unterhalten お互いのことを話題にして歓談する.

★ 動詞と用いる場合は分離の前つづりともみなされる.

über·ein·an·der≈|le·gen 他 (h) 重ね〔合わせ〕て置く. ≈**|lie·gen*** 《93》 自 (h) 重なっている. ≈**|schla·gen*** 《138》 他 (h) 〔折り〕重ねる: die Arme 〈die Beine〉 ～ 腕〈脚〉を組む | mit *übereinandergeschlagenen* Armen 腕組みをして. ≈**|stel·len** 他 (h) 重ね〔合わせ〕て置く〈立てる〉. ≈**|wer·fen*** 《209》 他 (h) (積み重なるように)投げる.

über·ein|kom·men*[y:bər|áɪnkɔmən] 《80》 **I** 自 (s) 一致する, 折り合う; 取り決める: mit *jm.* ～ …と意見が一致する | Wir sind *übereingekommen*, diese Arbeit zusammen zu machen. 私たちはこの仕事を一緒にやることで意見が一致した〈一緒にやることにした〉.

II Über·ein·kom·men[1] 中 -s/- 一致, 合意; 協定, 取り決め: ein stillschweigendes ～ 暗黙の合意 | ein ～ treffen 〈erzielen〉 協定を結ぶ.

Über·ein·kom·men[2][ý:bər|aɪnkɔmən] 中 -s/ 予期〈予定〉以上の収入, 臨時収入.

Über·ein·kunft[y:bər|áɪnkʊnft] 女 -/..künfte [..kʏnftə] 一致, 合意; 協定, 取り決め: nach ～ 合意〈協定〉によって | zu einer ～ gelangen 合意に達する.

über·ein|stim·men[y:bər|áɪnʃtɪmən] 自 (h) **1** 一致する, 合致する: Ihre Aussagen *stimmten überein*. 彼らの証言は一致していた | Seine Handlungen haben mit seinen Worten nicht *übereingestimmt*. 彼の行動は彼の言うことと一致しなかった ‖ *übereinstimmende* Ansichten aller Vereinsmitglieder 協会員全員の一致した見解.

2 《mit *et.*[3]》 (…と)調和している, (…と)よく合う: Der Schmuck *stimmt* mit dem Kleid gut *überein*. その装身具はドレスとよく合っている.

3 《mit *jm.* 〔in *et.*[3]〕》 (…と〔…の点で〕)意見が一致する, 合意する: Ich *stimme* mit Ihnen vollkommen in dieser Ansicht *überein*. 私はあなたと全く同一見解です.

Über·ein·stim·mung[..mʊŋ] 女 -/-en 一致, 合致; 同意見, 合意: die ～ der Zeugenaussagen 証言の一致 | die ～ von Theorie und Praxis 理論と実践〈実際〉の一致 | die ～ von Wort und Tat 言行一致 | beiderseitige ～ 双方の合意 ‖ in ～ mit *jm.* …と合意の上で | zwei Dinge in ～ bringen 二つのものを一致〈調和〉させる.

über·ein|tref·fen*[y:bər|áɪntrɛfən] 《192》 自 (s) 一致する, 合致する, 符合する, 適合する.

über·ei·sen[y:bər|áɪzən][1] 《02》 他 (h) 氷で覆う. **[<Eis**[2]**]**

über·emp·find·lich[ý:bər|ɛmpfɪntlɪç] 形 **1** 〔神経〕過敏な, 敏感すぎる. **2** 〘医〙 過敏性〈症〉の, アレルギー性の.

Über·emp·find·lich·keit[–kaɪt] 女 -/-en **1** 〔神経〕過敏. **2** 〘医〙 過敏性, 過敏症, アレルギー性〈疾患〉.

Über·emp·find·lich·keits·re·ak·tion 女 過敏反応.

über·ent·wickelt[ý:bər|ɛntvɪkəlt] 形 過度に発達した.

Über·ent·wick·lung 女 -/ [..vɪklʊŋ] 女 過度の発達; (Hypertrophie) 〘医〙 肥大.

über·er·fül·len[ý:bər|ɛrfʏlən] (→über.. I ★) 他 (h) (計画などを)予定〈目標〉以上に満たす〈達成する〉: den Plan mit 〈um〉 25 Prozent ～ 計画を25パーセント上回って達成する.

Über·er·fül·lung[..lʊŋ] 女 -/-en 予定〈目標〉以上の達成.

Über·er·näh·rung[ý:bər|ɛrnɛ:rʊŋ] 女 -/ 栄養過多.

über·er·reg·bar[ý:bər|ɛrre:kba:r] 形 興奮しすぎる, 興奮過剰の, 過度に刺激を受けやすい.

Über·er·reg·bar·keit[–kaɪt] 女 -/ übererregbar なこと.

über|es·sen[1]*[ý:bər|ɛsən] 《36》 他 (h) 再帰 *sich*[3] *et.*[4] ～ …を食べ飽きる〈飽食する〉 | *sich*[3] den Kuchen ～ ケーキをいやというほど食べる.

über·es·sen[2]*[–⌣⌣] 《36》 他 (h) 再帰 *sich*[4] ～ 食べすぎる, 食べすぎて体をこわす: *sich*[4] an 〈mit〉 Kuchen ～ ケーキを食べすぎる | Du hast dich bei der Feier *übergessen*, und jetzt bist du krank. 君はお祝いのとき食べすぎて病気になったのだ.

Über·ex·po·si·tion[ý:bər|ɛkspozitsio:n] 女 -/-en (Überbelichtung) 〘写〙 露出過度.

über|fah·ren[1]*[ý:bərfa:rən] 《37》 **I** 他 (h) 《*jn.*》 (…を川向こうなどへ)渡す. **II** 自 (s) (川向こうなどへ舟などで)渡る.

über·fah·ren[2]*[–⌣⌣] 《37》 他 (h) **1** (乗り物が人・動物などを)轢(ひ)く: einen Fußgänger ～ 歩行者を轢く | von einem Auto *überfahren* werden 自動車に轢かれる. **2 a)** 《*et.*[4]》 (…を)無視して通過する: ein Signal ～ 信号を無視して突っ走る. **b)** 《*et.*[4]》 (…を)さっとかすめ過ぎる, (線などを)素早くよぎる: die Ziellinie ～ ゴールを走り抜ける. **c)** 《比》 《*jn.*》 (…を)無視する, すっぽかす: In dieser Sache hat man mich *überfahren*. この件に関して私は無視された. **3** 《比》 《*jn.*》 **a)** 言いくるめる, 言い負かす: *sich*[4] ～ lassen 言いくるめられる. **b)** (競技などで相手に)圧勝する. **4** 〘坑〙 (鉱床などに)坑道を〔横切って〕通す.

Über·fahrt[ý:bərfa:rt] 女 -/-en (船で海・川などを)越えること, 渡航: Die ～ über den Atlantik war stürmisch. 大西洋横断航海は荒れ模様だった.

Über·fall[ý:bərfal] 男 -[e]s/..fälle[..fɛlə] **1** (突然の)攻撃, 襲撃, 奇襲, 不意打ち; 《話》 不意の訪問: ein feindlicher 〈räuberischer〉 ～ 敵〈強盗〉の襲撃 | ein ～ auf *jn.* 〈*et.*[4]〉 …への襲撃 ‖ *sich*[4] gegen einen ～ wappnen 攻撃にそなえて武装する | Verzeihen Sie meinen ～! 突然お邪魔して相すみません. **2** 〘土木〙 越流口(ダム・堤防などで余分の

水を流出させる個所). **3**〘法〙(隣地にある果樹からの果実の)落下.

über|fal·len[1]*[ý:bərfalən]《38》自 (s) 垂れかかる, 覆いかぶさる: den Schleier ～ lassen ベールを〔顔の上に〕垂らす.

über·fal·len[2]*[−◡◡́◡]《38》他 (h) **1 a)** (敵・犯人などが)襲う, 襲撃する, 奇襲する: Die feindlichen Truppen *überfielen* Patrouillen. 敵の軍隊がパトロール隊を襲った | Der Kassierer wurde auf dem Weg zur Bank *überfallen.* 会計係が銀行への途上襲われた. **b)**《話》《*jn.*》不意に〈予告なしに〉訪問する; (…に向かって)わっと押し寄せる; (突然・容赦なく)責め立てる: *jn.* mit Bitten ～ …にうるさく頼みごとをする | *jn.* mit Fragen ～ …を質問攻めにする. **2**《*jn.*》(感情・感覚などが…を)襲う, 圧倒する, 打ち負かす: Der Schlaf 〈Ein gewaltiger Schreck〉 *überfiel* mich. 私は睡魔〈激しい恐怖〉に襲われた.

Über·fall·ho·se[ý:bərfal..] 女〘服飾〙ニッカーボッカー.

über·fäl·lig[ý:bərfɛlɪç][2] 形 **1** (乗り物などが)予定日時を過ぎてまだ到着しない: das ～*e* Flugzeug 予定時刻になっても到着しない飛行機 | Das Schiff ist seit zwei Tagen ～. 船は2日前に到着していなければならないはずだ.

2 a) 期限切れの; 時機を失した: Unser Kinobesuch ist ～. 映画を見に行こうと思っているうちに時機を失してしまった.

b)〘経〙(為替・手形などが)満期を過ぎた, 期日を過ぎた: Die Rechnung ist ～. 勘定は期限を過ぎている〔にもかかわらずまだ支払われていない〕.

Über·fall≠kom·man·do[ý:bərfal..] 中 (警察などの)特別出動隊. **≠rohr** 中〘土木〙越流管, 溢流(いつりゅう)管.

Über·falls≠kom·man·do《オーストリア》= Überfallkommando **≠recht** 中 -〔e〕s/〘法〙(隣の地所からの)落下果実拾得権.

Über·fall·wa·gen 男 (警察の)特別出動隊車両, パトロールカー.

Über·fang[ý:bərfaŋ] 男 -〔e〕s/..fänge[..fɛŋə]〘工芸〙(無色のガラスの上に溶かしつける)薄い色ガラスの被膜.

über·fan·gen*[y:bərfáŋən]《39》他 (h)〘工芸〙(無色ガラスに)薄い色ガラスを溶かしてかぶせる.

Über·fang·glas[ý:bərfaŋ..] 中 -es/〘工芸〙(無色ガラスの上に薄い色ガラスを溶かしつけて作った)かぶせ色ガラス.

über·fein[ý:bərfaɪn] 形 過度に繊細な, 上品すぎる; 極上の.

über·fei·nern[y:bərfáɪnərn]《05》 **I** 他 (h) 非常に〈過度に〉繊細にする; 洗練〈精製〉しすぎる.

II über·fei·nert 過分 形 繊細すぎる, 洗練されすぎた; 爛熟(らんじゅく)した: ein ～*er* Geschmack 極端に繊細な趣味 | eine ～*e* Kultur 爛熟文化.

Über·fei·ne·rung[..nəruŋ] 女 -/ 洗練の極み, 爛熟.

über·flie·gen*[y:bərflí:gən][1]《45》他 (h) **1**《*et.*[4]》(航空機・鳥などが…の上を)飛び越す, 飛んで渡る: den Ozean 〈eine Stadt〉 ～ 大洋〈町の上〉を飛び越す.

2 a)《*et.*[4]》(…に)ざっと目を通す, さっと読む: den Brief 〈die Zeitung〉 ～ 手紙〈新聞〉にざっと目を通す. **b)** 一わたり見渡す: die Versammlung ～ 集まった人々をざっと見渡す | In Gedanken *überflog* er die einzelnen Möglichkeiten. 頭の中で彼はいろいろな可能性を素早く一わたり検討した.

3《雅》《*et.*[4]》(…の上を)さっと覆う: Ein zartes Rot *überflog* ihre Wangen. ほんのりとした朱が彼女の頬(ほお)を染めた, 彼女は頬をほんのり赤らめた.

über|flie·ßen[1]*[ý:bərfli:sən]《47》自 (s) **1** (ふちから)あふれ出る, こぼれる;《比》あふれるばかりに満ち満ちている: Das Wasser 〈Der Bierschaum〉 *floß über.* 水〈ビールの泡〉があふれた | Das Gefäß 〈Der Eimer〉 ist *übergeflossen.* 容器〈バケツ〉の中の液体があふれた ‖ vor Dankbarkeit ～ 感謝の念でいっぱいである.

2《ineinander überfließen の形で》(互いに)混じり〈溶け〉合う: Die beiden Farben *fließen* ineinander *über.* 二つの色が互いに溶け合う.

über·flie·ßen[2]*[−◡◡́◡]《47》他 (h) (水などが)一面に覆う, 水浸しにする: Das Wasser *überfloß* die Felder. 畑が水浸しになった | ein von Tränen *überflossenes* Gesicht 涙にぬれた顔.

über·flo·gen[y:bərfló:gən] überfliegen の過去分詞; 過去1・3人称複数.

über·flü·geln[y:bərflý:gəln]《06》他 (h) **1**《*jn.*》(…を)〔易々と〕しのぐ, 凌駕(りょうが)する, (…に)まさる, (…に)先んじる: *seine* Mitschüler ～ 同級生たちを凌駕する. **2**〘軍〙(敵を)側面から包囲する, 裏をかく.

Über·flü·ge·lung[..gəluŋ] (**Über·flüg·lung** [..gluŋ]) 女 -/-en《ふつう単数で》überflügeln すること.

Über·fluß[ý:bərflʊs] 男 ..flusses/ **1** (必要以上の)豊富, 過剰, 過多; ぜいたく: einen ～ an *et.*[3] haben / *et.*[4] im 〈in〉 ～ besitzen …をあり余るほど持っている | im ～ leben ぜいたくな暮らしをする. **2** 余計なもの〈こと〉:〘もっぱら次の成句で〙**zum 〈zu allem〉 ～** 余計なことには, そのうえ悪いことには: Zum 〈Zu allem〉 ～ war auch noch ein Autoreifen geplatzt. おまけに〔いやなことには〕タイヤが一つパンクしてしまった. [<überfließen[1]; *mlat.* super-fluitās (◇fluid) の翻訳借用]

Über·fluß·ge·sell·schaft 女 -/ 物のあり余った〔消費〕社会.

über·flüs·sig[ý:bərflʏsɪç][2] 形 あり余るほどの, 余計な, 不必要な, 無駄な: eine ～*e* Arbeit 余計な仕事 | ～*e* Worte 〈Zeremonien〉 あらずもがなの言葉〈儀式〉‖ Du sorgst dich ganz ～. 君は全くいらない心配をしている | Ich kam mir hier ～ vor. 私は自分がここでは全く用のない人間〈邪魔者〉のような気がした | ～ sein wie ein Kropf (→Kropf 1 a).

über·flüs·si·ger·wei·se[..gər..] 副 余計なことに, 不必要にも.

Über·flüs·sig·keit[ý:bərflʏsɪçkaɪt] 女 -/-en überflüssig なこと.

über|flu·ten[1][ý:bərflu:tən]《01》自 (s) (水・川が)あふれる: Der Strom ist *übergeflutet.* 川があふれた〈氾濫(はんらん)した〉.

über·flu·ten[2][−◡◡́◡]《01》他 (h) **1**《*et.*[4]》(…を水などで)覆う, (…に)氾濫(はんらん)する, 水浸しにする: die Wiesen hinter dem Deich ～ 堤防を越えて草原にあふれ出る | Der Strom hat die Felder *überflutet.* 川の水があふれて畑を水浸しにした. **2**《雅》《*jn.* / *et.*[4]》(…を)いっぱいに満たす, (…に)あふれる: Angst *überflutete* ihn. 彼は不安でいっぱいになった | Der Platz war von Licht *überflutet.* 光が広場にあふれていた.

Über·flu·tung[y:bərflú:tʊŋ] 女 -/-en 氾濫, 洪水.

über·for·dern[y:bərfɔ́rdərn]《05》他《*jn.*》**1** (…に)過大な要求をする: Die Eltern dürfen das Kind nicht ～. 両親は子供に過大な要求をしてはいけない | Mit dieser Aufgabe bin ich *überfordert.* この課題は私には荷が重すぎる.

2〘商〙(…に)不当な値段を要求する, 掛け値する.

Über·for·de·rung[..dərʊŋ] 女 -/-en **1** 過大な〈能力以上の〉要求. **2**〘商〙掛け値, 不当な値段.

Über·for·mat[ý:bərfɔrma:t] 中 -〔e〕s/-e 特大サイズ〔の物〕.

Über·fracht[ý:bərfraxt] 女 -/-en (制限重量を超えた)超過貨物.

über·frach·ten[y:bərfráxtən]《01》他 (h)《*et.*[4]》(…に)荷を積みすぎる.

über·fra·gen[y:bərfrá:gən][1] 他 (h)《*jn.*》(…に)相手の能力〈権限〉を超えた質問をする:〘ふつう überfragt sein の形で〙Es tut mir leid, da bin ich *überfragt.* 残念ですがそのご質問は私の守備範囲を超えています | In diesem Punkt war er sichtlich *überfragt.* この点については彼は明らかに何も知らなかった(答えられるはずがなかった).

über·frem·den[y:bərfrɛ́mdən][1]《01》他 (h)《*et.*[4]》(異質のもの・異文化・外国語などが…に)過度の影響を及ぼす;〘経〙(…に)過度に外資を導入する:〘ふつう überfremdet sein 〈werden〉 の形で〙Dieses Unternehmen ist 〔mit ausländischem Kapital〕 *überfremdet.* この企業は過度に外資を導入している.

Über·frem·dung[..dʊŋ] 女 -/-en 異文化〈外国語〉の過度の影響; 過度の外資導入; (人口構成上)外国人の占める割合の過度の増大.

über·fres·sen*[y:bərfrɛ́sən]《49》他 (h) 再帰 *sich*[4] ～ (動物が)食べすぎる;《話》(人間が)〔がつがつ〕食べすぎる.

über·frie·ren*[y:bərfrí:rən]《50》自 (s) (池・道路などが)一面に凍る, 一面氷が張る.

Über·fuhr[ý:bərfu:r] 女 -/-en《オースト》(Fähre) 渡し船, フェリー=ボート: die ～ verpassen フェリー=ボートに乗りおくれる. [<überfahren[1]]

über|füh·ren[1][ý:bərfy:rən] 他 (h) **1** 《*jn./et.*[4]》運ぶ, 移す, 輸送する: *jn.* ins Krankenhaus ～ …を病院に運ぶ | *et.*[4] nach Berlin ～ …をベルリンへ輸送する. **2** 《*et.*[4] in *et.*[4]》(…を…に)移行させる, 変える, 転換する: *et.*[4] in den Staatsbesitz ～ …を国有化する | neue Erfindungen in die Praxis ～ 新しい発明を実用化する | eine chemische Verbindung in eine andere ～ ある化合物を他の化合物に変える.

über·füh·ren[2][–◡⏑́◡] 他 (h) **1** = überführen[1] **2** 《*jn.* 〔*et.*[2]〕》(…が〔…の〕)犯罪を犯したことを証明する, (…に〔…の〕)罪を認めさせる: Das Gericht hat ihn *überführt.* 法廷は彼の罪を証明した | Er wurde des Diebstahls 〈des Mordes〉 *überführt.* 彼は窃盗〈殺人〉の罪を認めさせられた, 彼の窃盗罪〈殺人罪〉は確定した. **3** 〘交通〙(他の交通路の上に橋などをかけて)またいで道を通す: Man *überführte* die Straße 〈den Kanal〉. 道路〈運河〉の上に橋をかけて道を通した | Den Fluß *überführt* nur eine Brücke. その川を渡るには 1 本の橋しかない.

Über·füh·rung[y:bərfý:rʊŋ] 女 -/-en **1** 運送, 輸送, 移送: die ～ des Kranken 〈einer Leiche〉 病人〈死体〉の移送. **2** 転換, 変換: die ～ der Erfindung in die Praxis 発明の実用化. **3** 罪状立証, 有罪認定: die ～ des Diebstahls 窃盗罪の立証〈認定〉. **4** (↔Unterführung) (他の交通路の上にまたがる交通路. 例えば:) 陸橋, 跨線橋(こせんきょう), 架道橋(→ 図 Autobahn).

Über·fül·le[ý:bərfʏlə] 女 -/ 過多, 過剰, 充満.

über·fül·len[y:bərfʏ́lən] 他 (h)《ふつう過去分詞で》(定量・定員以上に)詰めすぎる, 満たしすぎる: Die Straßenbahn 〈Der Saal〉 war *überfüllt.* 市街電車〈ホール〉は超満員だった | *sich*[3] den Magen ～ 食べすぎる ‖ ein *überfülltes* Kino 〈Hotel〉 超満員の映画館〈ホテル〉.

Über·fül·lung[..fʏ́lʊŋ] 女 -/-en 詰め込みすぎ, 超満員, 大混雑; 過食: wegen der ～ geschlossen 超満員のため閉店〈入場停止〉.

Über·funk·tion[ý:bərfʊŋktsio:n] 女 -/-en (↔Unterfunktion) 〘医〙機能亢進(こうしん).

über·füt·tern[y:bərfʏ́tərn]《05》他 (h) **1 a)** (家畜などに)飼料を与えすぎる: Die Katze ist *überfüttert.* この猫はえさの取りすぎだ. **b)** 《話》(特に子供に)食べさせすぎる: ein Kind mit Süßigkeiten ～ 子供に甘い物を与えすぎる. **2** 《比》(知識などを)過度に与える, 詰め込む.

Über·füt·te·rung[..tərʊŋ] 女 -/ überfüttern すること.

Über·ga·be[ý:bərga:bə] 女 -/-n 引き渡し, 手交, 譲渡; 〘軍〙降伏: die ～ der Schlüssel an den neuen Mieter 新しい借家人への鍵(かぎ)の引き渡し | ～ einer Festung 開城. [<übergeben[2]]

Über·ga·be⸗ver·hand·lung 女 -/-en《ふつう複数で》引き渡し折衝; 降伏交渉. **⸗ver·trag** 男 (財産などの)譲渡契約.

Über·gang[ý:bərgaŋ] 男 -〔e〕s/..gänge[..gɛŋə] **1** (山・川などを越えて)向こうへ行く〈渡る〉こと, 山越え, 渡河: der ～ der Truppen über den Rhein 軍隊のライン渡河.

2 (山・川・道路などを向こう側へ渡る地点. 例えば:) 橋; 峠道, 山道; 踏切; 横断歩道: der ～ über die Grenze 国境の通過点 | ein ～ für Fußgänger 横断歩道 ‖ alle *Übergänge* des Flusses bewachen 川にかかるすべての橋〈渡河地点〉を見張る.

3 a) (ある状態から他の状態への)移行, 経過, 変更; 過渡期, 〔季節の〕変わり目; 過渡的〈一時的〉なもの: der ～ des Hauses in andere Hände 家の他人への譲渡 | der ～ vom Schlafen zum Wachen 目覚め | der ～ vom Schul- ins Berufsleben 学生生活から職業人としての生活への移行 ‖ Diese Maßnahmen sind nur ein ～. これらの処置は単に過渡的なものだ | ein Mantel für den ～ 合着のコート. **b)** 〘美〙(濃い色から淡い色への)ぼかし; 〘楽〙推移, 経過部; 〘劇〙(場面と場面の)つなぎ; 感情の推移. **c)** 〘言〙(発音上ある音から次の音に移行する際の)わたり(→Ausgang 5, Eingang 5). **4** 〘鉄道〙(一段上の等級の座席などへの)変更券.
[<übergehen[1]]

Über·gangs⸗bahn·hof 男 〘鉄道〙中継駅; (Grenzbahnhof) 国境駅. **⸗bei·hil·fe** 女 (兵役義務後に 1 回だけ与えられる免税の)補助金. **⸗be·stim·mung** 女 〘法〙経過規定. **⸗er·schei·nung** 女 過渡的現象; 〘工〙過渡現象; 〘化〙転移〈遷移〉現象. **⸗far·be** 女 中間色; 変遷色, 移行色. **⸗klei·dung** 女 合服, 合着.

über·gangs·los[..lo:s][1] 形 移行段階なしの, 直接の.

Über·gangs⸗lö·sung 女 暫定的解決〔策〕. **⸗man·tel** 男 合着のコート, スプリングコート. **⸗pe·ri·ode** 女 過渡期. **⸗pha·se** 女 過渡的な段階〈局面〉. **⸗punkt** 男 通過地点; 〘理〙遷移点, 転移点; 〘医〙転移点. **⸗ri·tus** 男 -/..ten《ふつう複数で》〘社〙通過儀礼, 移行の儀礼, 過渡の儀礼(個人がある集団から他の集団に移るとき行われる儀礼. 例えば入信式・入門式など. また個人の出生・成年・結婚・死亡などに際しての儀礼も言う). **⸗sta·dium** 中 過渡的段階; 〘医〙転換期, 転位期, 移行期. **⸗sta·tion** 女 〘鉄道〙連絡駅, 中継駅, 行き違い駅; 国境駅. **⸗stel·le** 女 **1** (川・山・国境・道路・線路などを)越えて行く〈渡る〉場所〈地点〉. **2** 〘理〙遷移点, 転移点. **⸗stil** 男 過渡的様式. **⸗wahr·schein·lich·keit** 女 〘理〙遷移確率. **⸗zeit** 女 **1** 過渡期; 季節の変わり目. **2** 〘理〙遷移時間. **⸗zu·stand** 男 **1** 過渡的状態. **2** 〘理〙遷移状態, 過渡状態.

Über·gar·di·ne[ý:bərgardi:nə] 女 -/-n《ふつう複数で》(二重カーテンの)内側〈部屋側〉のカーテン(→ 図 Gardine).

über|ge·ben[1]*[ý:bərge:bən][1]《52》他 (h)《話》**1** 《*jm. et.*[4]》(…に…を)掛けてやる. **2** 《もっぱら次の形で》*jm.* eins 〈einen〉 ～ …に一発食らわせる.

über·ge·ben[2]*[–◡⏑́◡]《52》他 (h) **1** 《*jm. et.*[4]》(正当な受取人に…を)手渡す, 手交する: *jm.* 〈an *jn.*〉 einen Brief ～ …に手紙を渡す. **2** 《*jm. et.*[4]》(…をしかるべき人・筋に)委任〈委託〉する, 譲渡する, ゆだねる, 任せる: *jm.* das Geschäft ～ …に店を譲る | *jm. et.*[4] zu treuen Händen ～ (→Hand 1) | den Verbrecher der Polizei ～ 犯罪人を警察に引き渡す | *jm.* die Leitung 〈die Aufsicht〉 ～ …に指導〈監督〉を任せる | die Leiche der Erde ～ 《雅》遺骸(いがい)を埋葬する | *et.*[4] den Flammen ～ (→Flamme 1 a). **3** 《*jm. et.*[4]》(…に…を)公開する, 開放する: das Museum 〈das Hotel〉 der Öffentlichkeit ～ 博物館を開館する〈ホテルを開業する〉 | eine Autobahn dem Verkehr ～ アウトバーンが開通する. **4** 《*jm. et.*[4]》(…に…を)明け渡す: 〔dem Gegner〕 die Festung 〈die Stadt〉 ～ 〔敵に〕城〈町〉を明け渡す. **5** 再帰 *sich*[4] ～ 吐く, 嘔吐(おうと)する: Sie mußte sich mehrmals ～. 彼女は何度も吐かずにはいられなかった.
[◇ Übergabe]

Über·ge·bot[ý:bərgəbo:t] 中 -〔e〕s/-e 〘商〙(競売で他人よりも)高い指し値.

über|ge·hen[1]*[ý:bərge:ən]《53》自 (s) **1 a)** (向こう側に)移る, 変わる: zum Feind ～ 敵側に回る | ins feindliche Lager ～ 敵の陣営に走る | mit fliegenden Fahnen zu *jm.* ～ (→Fahne 1 b). [▽]**b)** (川を対岸へ)渡る: auf das linke Ufer ～ 左岸に渡る.

2 《zu *et.*[3]》(あることをやめて他のことに)移る, 移行する; 〘楽〙推移する, (一時的に)転調する: zu einem anderen Thema 〈auf ein anderes Thema〉 ～ 別のテーマに移る | zum Angriff 〈zur Offensive〉 ～ 攻撃に移る, 攻勢に転じる | von der Weidewirtschaft zum Ackerbau ～ 放牧から農耕へ移行する | Man ist dazu *übergegangen*, natürliche Farben zu verwenden. 天然色素が用いられるようになった.

3 《in *et.*[4]》(他の状態に)〔しだいに〕変わる, 移行する: in Fäulnis ～ 腐敗する | Das Gewitter *ging* in Regen *über.* 雷が鳴ってやがて雨になった | Die Unterhaltung *ging* in lautes Schreien *über.* 会話は声高の叫び声に変わった.

4 《in *et.*[4] / auf *jn.*》(所有が)移る, 受け継がれる: in andere 〈fremde〉 Hände ～ 人手に渡る | in *js.* Besitz ～ …の所有に移る | *jm.* in Fleisch und Blut ～ (→Fleisch 1

a) ‖ Der Druckfehler ist in alle folgenden Ausgaben *übergegangen.* その誤植はそれ以後のすべての版に受け継がれた.

5 (überfließen) あふれる: Die Augen *gingen* ihm *über.* 《雅》彼の目から涙があふれた | Dir werden noch die Augen ～! 《話》君はいまに泣き面をかくぞ | Dem sind die Augen *übergegangen.* 《話》やつをぎゅうという目にあわせてやった | Wes das Herz voll ist, des *geht* der Mund *über.* / Wem das Herz voll ist, dem *geht* der Mund *über.* (→Herz 2).

6 〚海〛 **a**) (貨物が船内で)移動する. **b**) (波浪が甲板などを)越える.

7 〚狩〛(ひづめのある野獣の雌が)子をはらんでいない.

über·ge·hen²* [－◡⌣́◡] 《53》 他 (h) **1** 《*et.*⁴》(…を)見過ごす, 無視する; 放置する: eine Anordnung 〈ein Gesetz〉 ～ 指定〈法律〉を守らない | *js.* Einwand ～ …の抗議を無視する | den Hunger 〈den Schlaf〉 ～ 空腹〈眠気〉を忘れる, 食う間〈寝る間〉も惜しむ | eine Fährte ～ 〚狩〛(獣の)足跡を追わない〈見過ごす〉.

2 《*jn.*》(…を)無視〈黙殺〉する, (…に)知らん顔をする: Man hat ihn bei der Begrüßung *übergangen.* あいさつのとき彼のことは無視されてしまった | Ich fühle mich *übergangen.* 私は無視〈黙殺〉されているような気がする.

Über·ge·hung [..gé:ʊŋ] 女 -/ 看過, 無視, 黙殺; 見落とし.

über·ge·nau [ý:bərgənaʊ] 形 綿密すぎる, きちょうめんすぎる; (pedantisch) 細かいことに小うるさい〈こだわりすぎる〉.

über·ge·nug [ý:bərgənu:k] 副 あり余るほど, 十二分に: Er hat genug und ～ davon. 彼はそれにもうあきあきしている.

über·ge·ord·net [ý:bərgə|ɔrdnət] **I** überordnen の過去分詞. **II** 形 上位の: ein ～*er* Begriff 〚哲〛上位概念 | *jm.* ～ sein …の上位にある, …の上役である.

Über·ge·päck [ý:bərgəpɛk] 中 -[e]s/ 〚空〛重量超過手荷物.

über·ge·setz·lich [ý:bərgəzɛtslɪç] 形 法律を超えた, 超法規的な: ein ～*er* Notstand 〚法〛超法律〈法規〉的緊急状態.

Über·ge·wicht [ý:bərgəvɪçt] 中 -[e]s/ **1 a**) (郵便物・荷物などの)重量超過, 超過重量: ～ haben 重量が超過している. **b**) (人間の)太りすぎ: *Übergewicht* gefährdet die Gesundheit. 太りすぎは健康を害する. **2** 《ふつう次の形で》 **das ～ bekommen 〈kriegen〉** 平衡を失う, (バランスを失って)倒れる | Auf der Leiter bekam er plötzlich ～ und stürzte hinab. はしごの上で彼は突然平衡を失い転げ落ちた. **3** 《比》優位, 優勢: das ～ [über *jn.*] bekommen 〈behalten〉 [...に対して]優位に立つ〈を保つ〉 | das wirtschaftliche 〈militärische〉 ～ gewinnen 経済的〈軍事的〉優位を獲得する.

über·ge·wich·tig [ý:bərgəvɪçtɪç]² 形 体重超過の, 太りすぎの.

über|gie·ßen¹* [ý:bərgi:sən] 《56》 他 (h) こぼれるほど注ぐ; (一つの容器から他の容器に)つぎ移す; 《[*jm.*] *et.*⁴》([…に]…を)上からかける, 注ぎかける: Er hat mir einen Eimer Wasser *übergegossen.* 彼は私の頭にバケツ 1 杯の水を浴びせた.

über·gie·ßen²* [－◡⌣́◡] 《56》 他 (h) **1** 《*jn.* 〈*et.*⁴〉 mit *et.*³》(…に…を)注ぎかける, ふりかける: den Tee mit kochendem Wasser ～ お茶[の葉]に熱湯を注ぐ | Braten mit Soße ～ 焼き肉にたれをかける | wie mit kaltem Wasser *übergossen* (→Wasser 1). **2** 《比》(光・色などを)あふれるほど注ぐ: Die Scheinwerfer *übergossen* den Platz mit Licht. サーチライトが広場にまばゆい光を投げかけた | Ihr Gesicht war mit 〈von〉 flammender Röte *übergossen.* 彼女の顔は朱を注いだように赤くなっていた.

[◇Überguß]

Über·gie·ßung [y:bərgí:sʊŋ] 女 -/-en 注ぎかける〈ふりかける〉こと.

über·gip·sen [y:bərgípsən] 《02》 他 (h) しっくい〈石膏(せっこう)〉を塗る.

über·glän·zen [y:bərglɛ́ntsən] 《02》 他 (h) 光で覆う, 明るく照らす: Mondschein *überglänzte* das Tal. 月光が谷間を明るく照らす | Ein Lächeln *überglänzt* sein Gesicht. 彼の顔にほほえみが輝いている.

über·gla·sen [y:bərglá:zən]¹ 《02》 他 (h) ガラスで覆う: Der Balkon ist *überglast.* バルコニーの屋根はガラス張りだ.

Über·gla·sung [..zʊŋ] 女 -/-en ガラスで覆うこと, ガラス屋根[をつけること].

über·glück·lich [ý:bərglʏklɪç] 形 非常に幸福な, 大喜びの.

über·gol·den [y:bərgɔ́ldən]¹ 《01》 他 (h) 金めっきする, 金[色]をかぶせる; 《比》輝かしいものにする: ein *übergoldeter* gotischer Altar 金[色]をかぶせたゴシックの祭壇 | Die Sonne *übergoldete* die Welt. 太陽はこの世を金色で飾った.

über|grei·fen* [ý:bərgraɪfən] 《63》 **I** 自 (h) **1** 《auf *et.*⁴》(…へ)とび移る, 広がる, 波及する: Der Brand *griff* auf die anderen Häuser *über.* 火災が他の家々にも燃え広がった | das *Übergreifen* des Feuers 〈der Seuche〉 verhindern 火事の延焼〈疫病の蔓延(まんえん)〉を阻止する. **2** 《in *et.*⁴》(…に自分の権限を逸脱して)干渉する: Er *griff* in meine Befugnisse *über.* 彼は私の権限を侵害した. **3** (体操・ピアノ演奏などで)手を交差させる.

II über·grei·fend 現分 形 決定的な, 支配的な, 優位の: der ～*e* Moment 決定的瞬間.

Über·griff [..grɪf] 男 -[e]s/-e (不当な)干渉, (権利などの)侵害: *sich*³ ～*e* erlauben あえて干渉する | *sich*⁴ gegen feindliche ～*e* schützen 敵対者の干渉に対して身を守る.

über·groß [ý:bərgro:s] 形 非常に大きな, 巨大な; 膨大な, 途方もない, はなはだしい: ～*e* Freude 非常な喜び | eine ～*e* Menschenmenge 途方もない数の群衆 | eine ～*e* Statue 巨大な立像.

Über·grö·ße [..grø:sə] 女 -/-n 〚服飾〛特大サイズ.

Über·guß [ý:bərgʊs] 男 ..gusses/..güsse [..gʏsə] **1** 《単数で》übergießen²すること. **2** (注ぎかけて作った)外被(例えば菓子の糖衣など).

über|ha·ben* [ý:bərha:bən]¹ 《64》 他 (h) 《話》 **1** (衣類を)上に着て〈ひっかけて・羽織って〉いる: einen Mantel ～ コートを着ている. **2** (übrig haben) 残して[持って]いる, 余している: Er *hat* von seinem Geld nichts mehr *über.* 彼はお金がもう全然残っていない. **3** 《*et.*⁴ / *jn.*》(…に)飽いている, 飽き飽きしている, いやになっている: *seine* Frau 〈die Süßigkeiten〉 ～ 妻〈甘いもの〉に飽き飽きしている | Ich *habe* es *über*, immer wieder auf dieselbe Frage zu antworten. 何度も同じ質問に答えることに私はうんざりしている.

über|hal·ten¹* [ý:bərhaltən] 《65》 他 (h) **1** 《*jm. et.*⁴》(…の)上方に(…を)保つ〈支える・かざす〉: *jm.* einen Schirm ～ …に傘をさしかける. **2** 〚林〛(伐採の際に)切らずに残しておく (→Überhälter).

ᵛ**über·hal·ten**²* [－◡⌣́◡] 《65》 《南部・オーストリア》 = übervorteilen

Über·häl·ter [ý:bərhɛltər] 男 -s/- 〚林〛(森林伐採のときに切らずに残しておく)保存木.

Über·hand [y:bərhánt] =Oberhand

Über·hand·nah·me [–na:mə] 女 -/ überhandnehmen すること.

über·hand|neh·men* [..ne:mən] 《104》 自 (h) 激増する, 急激に広まる, 蔓延(まんえん)する: Die Mäuse 〈Die Raubüberfälle〉 haben in letzter Zeit stark *überhandgenommen.* ネズミ〈強盗事件〉が最近目立って増加した | Der radikale revolutionäre Geist *nimmt überhand.* 過激な革命思想が広がりつつある.

★ 2 語につづられることがある.

Über·hang [ý:bərhaŋ] 男 -[e]s/..hänge [..hɛŋə] **1** (上からぶらさがるもの・頭上に突き出たもの. 例えば:) **a**) 張り出した上階. **b**) 隣地から垂れかかる枝; 〚法〛(樹木の)境界踰越(ゆえつ). **c**) (90度以上傾斜して)頭上に出っぱった岩壁, オーバーハング(→ 図 Berg A). **d**) (カーテンの)バランス. **2** 〚商〛(商品の)過剰, 残余; 在庫[品]; (一般に)(必要以上の)手持ちの超過分; (前年度から持ち越した)未消化の有給休暇: ～ an Fleischkonserven 肉の缶詰の余剰〈在庫品〉. **3** (上に羽織る・ひっかけるもの. 例えば:) 肩かけ, ケープ, マント.

über|han·gen[1]* [..haŋən] 《66》 = überhängen[1] I

über·han·gen[2] [–⌣⌣́⌣] überhängen[2]の過去分詞.

über|hän·gen[1(*)] [ý:bərhɛŋən] 《66》 **I** 自 (h) 《不規則変化》 上から垂れかかっている, 頭上に突き出ている: Der Felsbrocken *hängt über*. 岩塊が張り出している | ein *überhängendes* Dach 張り出し屋根, 庇(ひさし).

II 他 (h) 《規則変化》 (衣類などを) 上に羽織る, 身にかける: *sich*[3] einen Mantel ~ コートをひっかける | *sich*[3] das Gewehr ~ 小銃を肩に担う.

▽**über·hän·gen**[2]* [–⌣⌣́⌣] 《66》 他 (h) 《*et.*[4]》 (…に) 垂れさがって覆う: 〘ふつう過去分詞で〙 mit 〈von〉 *et.*[3] *überhangen* …がいっぱいに垂れさがった, 一面に…で覆われた | eine von Efeu *überhangene* Mauer 木蔦(きづた)が一面にからみついた外壁〈塀〉.

Über·hang·man·dat [ý:bərhaŋ..] 中 〘政〙 (ドイツで, 比例代表制選挙での) 超過議席, 過剰代表.

Über·hangs·recht 中 -〔e〕s/ 〘法〙 (隣の地所から越境してきた樹木の) 樹枝木根剪除(せんじょ)権.

über·hap〔p〕s [y:bərháps] 副 《オーストリア》《話》 **1** 目算で, おおよそ, 大体のところ, ざっと. **2** (obenhin) うわべだけ, ぞんざいに, なおざりに. [◇überhaupt]

über·ha·sten [y:bərhástən] 《01》 **I** 他 (h) **1** 《*et.*[4]》 あわてふためいて (…を) する, (…を) するのに急ぎすぎる. **2** 再帰 *sich*[4] ~ 急ぎ〈あわて〉すぎる, あわてて軽率なことをする〈失言する〉; (言葉が) 矢継ぎ早やに出てくる | Er *überhastete* sich beim Anziehen. 彼は大あわてで服を着た.

II über·ha·stet 過分 形 あわて〈急ぎ〉すぎた, あまりに急いだ: ein ~*er* Wohnungsumzug 大あわての引っ越し | Er spielte das Allegro ~. 彼はアレグロをひくのに急ぎすぎた〈テンポを上げすぎた〉.

Über·ha·stung [..tʊŋ] 女 -/-en 急ぎ〈あわて〉すぎ.

über·häu·fen [y:bərhɔ́ʏfən] 他 (h) **1** 《*et.*[4] mit *et.*[3]》 (…の) 上に (…を) たくさん〈ぎっしりと〉積み重ねる: den Tisch mit Akten 〈Büchern〉 ~ 机の上に書類〈書物〉をたくさん積む. **2** 《*jn.* mit *et.*[3]》 (…に…を) おびただしく与える〈供給する〉: *jn.* mit Arbeit 〈Aufträgen〉 ~ …に仕事を次々と押しつける | *jn.* mit Geschenken ~ …を贈り物責めにする | *jn.* mit Ehren 〈Vorwürfen〉 ~ …にたび重なる名誉を与える〈非難を浴びせる〉 ‖ Er ist mit Arbeit *überhäuft*. 彼はおびただしい量の仕事を背負わされている.

Über·häu·fung [..fʊŋ] 女 -/ (überhäufen すること. 例えば:) 堆積(たいせき), 累積; 供給過剰; (仕事の) 繁忙: Wegen ~ mit Arbeit kam ich nicht eher dazu, Ihnen zu schreiben. 仕事がたくさんあってあなたにもっと早く手紙を書くことができませんでした.

über·haupt [y:bərháʊpt] 副 **1 a)** 一般に, 全般に, 全体として, 大体, 総じて, 概して, そもそも: in Asien ~, besonders aber in Japan 一般にアジアで中でも特に日本で | Das Leben ~, die Ehe insbesondere ist ein Kampf. 人生はおしなべてそうだが とりわけ結婚生活は闘争である | Ich habe ihn gestern nicht gesehen, er ist ~ selten im Büro. 私はきのう彼に会わなかった. 彼は大体からしてめったに事務所にはいないんだ | Besuche mich doch bald einmal, ~ habe ich dir viel zu erzählen 〈~, ich habe dir viel zu erzählen〉. 近々一度訪ねてくれよ. いろいろと君に話すこともあるんだし.

b) 《疑問・非難の口調を強めて》 大体〔からして〕, いったいぜんたい, そもそも: Was tust du ~? 君はいったい何をやっているのか | Wie war das ~ möglich? そんなことが大体どのようにして可能だったのか | Kannst du ~ schwimmen? いったい君は泳げるのか | Hast du heute ~ schon etwas gegessen? 君はきょう そもそも もう何か食べたのか ‖ Du könntest ~ etwas freundlicher sein! 君は大体もう少し愛想よくできるはずだ | *Überhaupt*, habe ich dir das nicht neulich schon gesagt? 大体からして そのことは君にもう先日言わなかったかね (言ったじゃないか) | Und ~, warum kommt er nicht selbst zu mir, wenn er etwas will? それに大体〈そもそも〉何か希望があるというのなら なぜ彼が自分で私のところへ来ないのだ.

c) 《否定を表す語句とともに用いて否定を強める》 全然, まるっきり, さっぱり: Ich habe ~ kein Geld 〈keine Zeit〉. 私には全然金〈暇〉がない | Ich will ~ nichts mehr tun. 私はもう全く何もする気がしない | Das ist ~ nicht wahr. それは全く真実でない | Er besucht mich ~ nicht. 彼は全然私を訪ねて来ない | Ich habe ihn ~ nicht verstanden. 私には彼の言うことがさっぱり分からなかった.

d) 《条件文の中で不確実の気持を強めて》 そもそも, およそ, 仮に, ともかく (…ならば, …として, …のかぎり): Wenn er ~ etwas für die anderen tut, dann immer in seinem eigenen Interesse. 彼がそもそも他人に何かをするときは いつも自分自身の利益のためにしているのだ | Ich werde kommen, soweit ich ~ heute 〈heute ~〉 schon etwas Bestimmtes sagen kann. 今のところ確言はできませんが 私は参れると思います.

2 (besonders) 特に, とりわけ, まして, 中でも: Wie schön ist doch der See, ~ im Herbst! この湖はなんて美しいんだろう 特に秋には.

3 それに〔加えて〕, おまけに: Ach, ~, da fällt mir noch etwas ein! ああ そうだ 私はもうひとつ別のことを思い出した.

[„ohne die einzelnen Stücke zu zählen“; < *mhd.* houbet „ein Stück Vieh“]

über|he·ben[1]* [ý:bərhe:bən][1] 《68》 他 (h) 《話》 持ち上げて向こう側へ渡す.

über·he·ben[2]* [–⌣⌣́⌣] 《68》 他 (h) ▽**1** 《*jn.* *et.*[2]》 (…を…から) 解放する, (…の…を) 免除する: Wir sind dieser Arbeit 〈Sorge〉 *überhoben*. 私たちはこの仕事〈心配〉をしなくてもいい. **2** 《方》 再帰 *sich*[4] ~ 重い物を無理に持ち上げ〔て体を痛め〕る. **3** 再帰 *sich*[4] ~ 思いあがる, 尊大な態度をとる.

über·heb·lich [..hé:plɪç] 形 不遜(ふそん)〈僭越(せんえつ)〉な, 尊大な, 思いあがった, うぬぼれた; いばった, 横柄な: ein ~*er* Mensch 〈Ton〉 思いあがった人〈調子〉 | ~ sprechen 〈antworten〉 横柄に話す〈答える〉.

Über·heb·lich·keit [..kaɪt] 女 -/-en **1** 《単数で》 (überheblich なこと. 例えば:) 僭越(せんえつ), 不遜(ふそん), 横柄. ▽**2** 横柄な言動.

Über·he·bung [..hé:bʊŋ] 女 -/-en 《ふつう単数で》 = Überheblichkeit

über·hei·zen [y:bərháɪtsən] 《02》 他 (h) 暖め〈暖房し〉すぎる: einen Raum ~ 部屋を暖めすぎる | Das Zimmer ist *überheizt*. その部屋は暖房がききすぎている.

über·hell [ý:bərhɛl] 形 極度に明るい, 明るすぎる.

▽**über·hin** [y:bərhín] 副 **1** (obenan) 表面的に, ざっと. **2** 《方》 それに加えて, その上.

über·hit·zen [y:bərhítsən] 《02》 他 (h) 熱しすぎる, 過熱〈オーバーヒート〉させる; 《比》 熱中〈興奮〉させすぎる: *überhitzte* Maschine 〈Atmosphäre〉 過熱した機械〈雰囲気〉 | *überhitzte* Konjunktur 〘経〙 景気過熱.

Über·hit·zer [..tsər] 男 -s/- 〘工〙 (過熱蒸気をつくる) オーバーヒーター, 過熱器.

Über·hit·zung [..tsʊŋ] 女 -/ 過熱: die ~ der Konjunktur 〘経〙 景気過熱.

über·hö·hen [y:bərhǿ:ən] 他 (h) **1** 一段と高くする, 盛り上げる, 突出させる, 浮き上がらせる: die Straße 〈die Eisenbahnstrecke〉 in der Kurve ~ 道路〈鉄道〉(の内側より外側) をカーブの個所で高くする | Der Damm wird *überhöht*. 堤防はさらに高く盛り上げられる | Ihr glückliches Gefühl wurde durch ein herrliches Geschenk *überhöht*. 《比》 彼女の幸福感はすばらしい贈り物で一層高められた ‖ eine *überhöhte* Kurve 片勾配(こうばい)の〈外側が内側より高くなった〉カーブ; 〘鉄道〙 カント付き曲線. **2** 《比》 高め〈上げ〉すぎる: eine *überhöhte* Forderung 過大要求 | *überhöhte* Geschwindigkeit スピードの出しすぎ | der *überhöhte* Preis 法外につり上げられた価格. **3** 《比》《*et.*[4]》 (…に) 大きな意味を与える, (…の) 効果をさらに高める: Der Schauspieler *überhöhte* die unbedeutende Rolle durch eine gute Darstellung. その俳優はすぐれた演技でつまらない役を重要なものに高めた.

Über·hö·hung [..hǿ:ʊŋ] 女 -/ **1** (überhöhen すること. 例えば:) 盛り上げ, 突出; 高めすぎ; (価格などの) 法外なつり上げ. **2 a)** 〘鉄道・土木〙 カント; そり. **b)** 〘建〙 盛り土.

über|ho·len[1] [ý:bərho:lən] **I** 他 (h) **1** (舟をやって) 対岸

からこちらへ渡す〈運ぶ〉: *Hol über!* おおい 船頭〔舟をよこして渡してくれ〕(昔の船頭への呼びかけ). **2** die Segel ～〘海〙帆の向きを変える.

II 自 (h) (船が)傾く: Das Schiff *holt* nach Backbord *über*. 船が左舷(さげん)に傾く.

über·ho·len²[–◡⏑◡] **I** 他 (h) **1** 《*jn.*》追い越す, 追い抜く(→einholen 3 b): ein Auto ～ 自動車を追い越す | einen Fußgänger ～ 歩行者を追い越す | Er war so fleißig, daß er bald alle Mitschüler *überholte*. 《比》彼はとても勤勉で じきにクラス中の同級生を追い抜いた ‖〘目的語なしで〙links 〈falsch〉 ～ (自動車が)左側から〈間違ったやり方で〉追い越す. **2** (英: *overhaul*)〘工〙(機械などを)分解検査〈解体修理〉する, オーバーホールする: ein Auto 〈einen Motor〉 ～ 自動車〈エンジン〉を分解修理する.

II über·holt 過分 形 時代おくれの, 古くなった, もう使いものにならない: eine ～*e* Ansicht 時代おくれの見解.

Über·hol≠ma·nö·ver[y:bərhó:l..] 中 (他車に)追い越しをかけること; 追い越しの運転操作. **≠spur** 女 =Überholstreifen **≠strei·fen** 男 (高速道路の)追い越し車線 (→ ⊠ Autobahn).

Über·ho·lung[y:bərhó:lʊŋ] 女 -/-en (überholen²すること. 特に:)〘工〙オーバーホール, 分解検査, 解体修理.

über·ho·lungs·be·dürf·tig 形〘工〙オーバーホールが必要な.

Über·hol≠ver·bot[y:bərhó:l..] 中 (交通規則で)追い越し禁止. **≠ver·such** 男 = Überholmanöver **≠vor·gang** 男 (自動車の)追い越し.

über|hö·ren¹[ý:bərhø:rən] 他 (h) 《話》《*et.*⁴》(…を)聞きあきる: Ich habe mir diese Musik *übergehört*. 私はこの音楽はもう聞きあきた.

über·hö·ren²[–◡⏑◡] 他 (h) **1** (不注意で)聞きもらす〈落とす〉; (故意に)聞き流す, 聞かぬふりをする: *js.* Kommen ～ …がやって来る音に気づかない〔ふりをする〕| eine Mahnung ～ 警告を聞きもらす〈流す〉| Er hat das Klingelzeichen 〈meine Frage〉 *überhört*. 彼はベルの音〈私の質問〉を聞き落とした〔ふりをした〕| Diese Bemerkung möchte ich lieber *überhört* haben. この言葉を私はむしろ聞かなかったことにしておきたい. ▽**2** =abhören 1 a

Über·ho·se[ý:bərho:zə] 女 -/-n〘服飾〙(作業衣の)胸あてズボン, オーバーオール; (スキーなどではく)オーバーズボン.

über|hu·deln¹[ý:bərhu:dəln] 《06》自 (h) 《話》やっつけ仕事をする.

über·hu·deln²[–◡⏑◡] 《06》他 (h) 《話》過重な働かせ方で扱う, 無茶な扱い方で使う.

Über-Ich[ý:bər|ɪç] 中 -〔s〕/-〔s〕〘心〙(Freud の学説の) 超自我(→Es¹ 2, Ich).

Über·in·ter·pre·ta·tion[ý:bər|ɪntərpretatsio:n] 女 -/-en 解釈過剰.

über·in·ter·pre·tie·ren[..ti:rən] (→über.. I ★) 他 (h) 過剰に解釈する.

über·ir·disch[ý:bər|ɪrdɪʃ] 形 **1** (↔irdisch) この世のものでない, 天国の, 超越的な, 超自然の; 現世のものとも思われない, 神〈霊〉のような, 神々しい, 崇高な: ein Mädchen von ～*er* Schönheit 天使のように美しい少女. **2** (↔unterirdisch) 地上の.

▽**über·jäh·rig**[ý:bərjɛ:rɪç]² 形 **1** 1歳を越えた. **2**〘畜〙(牛が) 4歳でやっと子を生む. **3** 長年にわたる: ein ～*es* Leiden 長年の病気. **4** (ワインなどが)古くなりすぎた.

über·kan·di·delt[ý:bərkandi:dəlt] 形 《話》張り切りすぎた.

Über·ka·pa·zi·tät[ý:bərkapatsitɛ:t] 女 -/-en 《ふつう複数で》(企業・工場などの)過剰生産能力.

Über·ka·pi·ta·li·sie·rung[ý:bərkapitalizi:rʊŋ] 女 -/〘経〙過大資本化, 資本過剰.

über|kip·pen[ý:bərkɪpən] 自 (s) (一方が重くなりすぎて)ぐらりと倒れる, ひっくり返る, 転覆する: Das Kind lehnte sich zu weit aus dem Fenster und *kippte über*. 子供は窓から身をのり出しすぎて転落した | Seine Stimme *kippte über*. 《比》彼の声は急に金切り声になった.

über·kle·ben[y:bərklé:bən]¹ 他 (h) 《*et.*⁴》(…の)上に張って覆う: *et.*⁴ mit Papier ～ …の上にべったりと紙を張る.

Über·kleid[ý:bərklaɪt]¹ 中 -〔e〕s/-er 上っぱり, チュニック〔コート〕.

über·klei·den[y:bərkláɪdən]¹ 《01》他 (h) 《*et.*⁴ mit *et.*³》(…を…で)覆う, (…に…を)かぶせる, 着せる, 張りつめる: die Wand mit Stoff ～ 壁に布を張りつめる.

Über·klei·dung¹[..dʊŋ] 女 -/-en (ドア・壁などの)かぶせ〈覆い〉張り.

Über·klei·dung²[ý:bərklaɪdʊŋ] 女 -/-en (下着に対して)上着, 上に着るもの.

über·klet·tern[y:bərklɛ́tərn] 《05》他 (h) よじ登って越える.

über·klug[ý:bərklu:k]¹ 形 利口すぎる, 頭のまわりがよすぎる; 知恵を見せたがる, 小なまいきな, 小ざかしい, 知ったかぶりの.

über·knö·cheln[y:bərknœçəln] 《06》他 (h) 《ｵｰｽﾄﾘｱ》(足・足首を)くじく, 捻挫(ねんざ)する: *sich*³ den Fuß ～ 足をくじく. [<Knöchel]

über|ko·chen¹[ý:bərkɔxən] 自 (s) **1** 煮〈吹き〉こぼれる: Die Milch 〈Die Suppe〉 ist *übergekocht*. ミルク〈スープ〉が吹きこぼれた. **2** 《比》かっかと怒る, 我を忘れて憤る: vor Zorn ～ かんかんに憤る | Er *kocht* ganz leicht *über*. 彼はすぐかっかとする.

über·ko·chen²[–◡⏑◡] 他 (h) 《ｵｰｽﾄﾘｱ》もう一度煮る〈ゆでる〉; (料理のしめくくりに)さっと煮る.

über|kom·men¹*[ý:bərkɔmən] 《80》自 (s) **1**〘海〙(波浪が船の)デッキを洗う. ▽**2** 向こうに着く.

über·kom·men²*[–◡⏑◡] 《80》 **I** 他 (h) **1** 《*jn.*》(感情などが…を)襲う, 征服する: Die Furcht 〈Die Rührung〉 *überkommt* ihn. 恐怖〈感動〉が彼を襲う | Ein Gefühl der Verlassenheit 〈des Neides〉 *überkam* mich. 孤独〈嫉妬(しっと)〉の思いが私を襲った ‖ 非人称 Bei diesem Gedanken *überkam* es mich kalt 〈heiß〉. それを考えたとき私は(驚き・恐怖で)ぞっと寒気がした〈(驚き・恥ずかしさなどで)かっと体が熱くなった〉. ▽**2** 《*et.*⁴ von *jm.*》(…を…から)受けつぐ, もらい受ける.

II 過分 形 伝えられた, 伝わった, 受けつがれてきた, 伝統的な: die ～*e* Sitte 〈Tradition〉 伝えられてきた風習〈伝統〉| Der Brauch ist uns seit alters her 〈von unseren Vorfahren〉 ～. その習慣は我々に昔から〈我々の祖先から〉伝えられている.

Über·kom·pen·sa·tion[ý:bərkɔmpɛnzatsio:n] 女 -/-en〘心〙過〔剰〕補償, 補償過剰(ある劣等性を隠そうとして別の性質を極度に誇示すること).

über·kom·pen·sie·ren[..zi:rən] (→über.. I ★) 他 (h)〘心〙過剰補償する: *seine* innere Schüchternheit durch anmaßendes Auftreten ～ 自分の内気な性格を横柄な態度で過剰補償する.

über·kon·fes·sio·nell[..kɔnfɛsionɛl] 形 超宗派の, 超宗派的な.

Über·kon·junk·tur[..kɔnjʊŋktu:r] 女 -/-en〘経〙過熱景気.

über·kreuz[y:bərkrɔ́yts] 副 《ｵｰｽﾄﾘｱ》十文字に, 交差して.

über·kreu·zen[y:bərkrɔ́ytsən] 《02》他 (h) **1** (広場などを)横切る, 横断する. **2** (腕・足などを)組む. **3** 再帰 *sich*⁴ ～ (線などが)十字に交差する.

über|krie·gen[ý:bərkri:gən]¹ 他 (h) 《話》**1** (服を頭から)かぶって着ることができる. **2** (überbekommen) 《*et.*⁴》(…に)うんざり〈飽き飽き〉する. **3** 《次の成句で》**eins 〈einen〉 ～** 一発殴られる, どやされる.

über·kri·tisch[ý:bərkri:tɪʃ] 形 **1** あまりにも批判的な, 批判しすぎる; 酷評の. **2**〘電〙臨界超過の.

über·kro·nen[y:bərkró:nən] 他 (h) einen Zahn ～ 歯に人工歯冠(金冠など)をかぶせる.

über·kru·sten[y:bərkrústən] 《01》他 (h) **1** 《*et.*⁴》(…に)堅い皮殻をかぶせる, (…を)皮殻状のものですっぽり覆う: Er war ganz von Sand *überkrustet*. 《比》彼は全身砂まみれだった. **2** (gratinieren)〘料理〙《*et.*⁴》(…の)グラタンを作る. [<Kruste]

über·küh·len[y:bərký:lən] 他 (h) 《ｵｰｽﾄﾘｱ》〘料理〙(時間をかけて徐々に)冷やす, さます.

Über·kul·tur[ý:bɐrkʊltu:r] 女 -/ 文化の過剰, 爛熟(らんじゅく)文化, 過度の洗練.

über·kün·steln[y:bɐrkýnstəln] (06) 他 (h) 《*et.*⁴》(…に)細工をしすぎる, 手を入れすぎる.

über·kur·belt[y:bɐrkʊ́rbəlt] 形 《話》働きすぎで神経が高ぶっている.

über|la·den¹*[ý:bɐrla:dən]¹ (86) 他 (h) (umladen) (荷物を)積みかえる.

über·la·den²*[‒⏑⏑́⏑] (86) **I** 他 (h) 《*et.*⁴》(…に)荷を積みすぎる, 重量をかけすぎる; 《比》《*jn.*》(…に)過度の負担をかける, (…の)重荷となる; 〖電・工〗過充電〈過負荷〉する: den Wagen 〈den Aufzug〉 ～ 車〈エレベーター〉にたくさん積みすぎる | *sich*³ den Magen ～ (胃の負担になるほど)食いすぎる | *jn.* mit Steuern ～ …に重税を課する ‖ 再帰 *sich*⁴ ～ 荷〈負担〉を負いすぎる.

II 過分 形 **1** 荷を積みすぎた; 《比》負担過剰の: ein mit Steinen ～*er* Lastwagen 石を積みすぎたトラック | Ich bin zur Zeit mit Arbeit ～. 私はこのところ仕事がつまりすぎている. **2** 《比》(建築・文化などについて)ごてごてと飾りすぎた, けばけばしい, 誇張しすぎた: die mit Bildern ～*en* Wände ごてごてと絵がいっぱい飾ってある壁 | Die Fassade des Hauses ist mit Verzierungen ～. その建物の正面は装飾過剰だ | Sein Stil ist viel zu ～. 彼の文体は飾りが多すぎる.

Über·la·den·heit[..haɪt] 女 -/ ごてごてと飾りすぎていること, 装飾過剰〔の状態〕.

Über·la·dung[y:bɐrlá:dʊŋ] 女 -/-en 積みすぎ; 過重負担; 《比》(ごてごてとした)飾りすぎ; 〖電・工〗過充電, 過負荷; ハイパーチャージ.

Über·la·ger[ý:bɐrla:gɐr] 中 -s/- **1** 重畳, 層状の積み重なり. **2** 〖商〗在庫過剰, ストックのしすぎ.

über·la·gern[y:bɐrlá:gɐrn] (05) 他 (h) **1** 《*et.*⁴》(…の上に)層をなして重なる, (…に)覆いかぶさる: Der Schmutz *überlagerte* die Dielen. よごれが層をなして床板を覆っていた ‖ 再帰 *sich*⁴ ～ 層をなして重なる | Die Ereignisse haben sich *überlagert*. 事件が重なった. **2** 〖電〗(ある電波に)別の電波を重ねる; 別の周波数をまぜてヘテロダイン効果を出す: Der Sender wird auf dieser Wellenlänge von einem anderen *überlagert*. この放送局はこの波長のところでは別の局と混信を起こす. **3** 《*et.*⁴》長期間貯蔵〈ストック〉して(…の品質を)だめにする: *überlagerte* Medikamente 有効期限のきれた薬.

Über·la·ge·rung[..gərʊŋ] 女 -/-en (層をなして)重なること, 重なってできたもの, 積み重なり; 〖電〗(電波の)重なり; スーパーヘテロダイン; 〖土木〗表土.

Über·la·ge·rungs≠emp·fang 男 〖電〗スーパーヘテロダイン受信. **≠emp·fän·ger** 男 〖電〗スーパーヘテロダイン受信機.

Über·land≠bahn[ý:bɐrlant.., y:bɐrlánt..] 女 **1** (都市と都市, または都市と周辺の町を結ぶ)郊外電車〈鉄道〉. ᐁ**2** 大陸横断鉄道. **≠bus** =Überlandomnibus **≠fahrt** 女 (自動車などの)長距離走行〈ドライブ〉. **≠flug** 男 大陸横断飛行. **≠kraft·werk** 中 遠距離〈広域〉発電所. **≠lei·tung** 女 遠距離送電線. **≠om·ni·bus** 男 (都市と都市, または都市と周辺の町を結ぶ)郊外バス, 長距離バス. **≠stra·ße** 女 (都市と都市を結ぶ)主要道路, 本街道, 幹線道路. **≠trans·port** 男 (長距離の)陸上運輸〈運送〉. **≠ver·kehr** 男 (長距離の)陸上交通, 都市間交通. **≠zen·tra·le** 女 =Überlandkraftwerk

über·lang[ý:bɐrlaŋ] 形 長すぎる, ひどく〈異常に〉長い: ～*es* Haar tragen ひどく髪が長い | eine ～*e* Wartezeit 法外に長い待ち時間.

Über·län·ge[..lɛŋə] 女 -/-en 異常に長い寸法〈時間〉.

über·lap·pen[y:bɐrlápən] 他 (h) 《*et.*⁴》(…の上に)部分的に重なる, (…の)一部を覆う; (…と)部分的に一致する: 再帰 *sich*⁴ mit *et.*³ ～ …と〔部分的に〕重なりあう.
[◇ *engl.* overlap]

Über·lap·pung[..lápʊŋ] 女 -/-en 〔sich〕überlappen すること.

über|las·sen¹*[ý:bɐrlasən] (88) 他 (h) 《話》(übriglassen) 残す, あます; 残して〈余して〉置く.

über·las·sen²*[‒⏑⏑́⏑] (88) 他 (h) **1 a)** 《*jm. et.*⁴》(…に…を)任せる, ゆだねる, 委託する; 貸す, 与える, 引き渡す, 譲渡する; 〖商〗売る: *jm.* die Wahl 〈die Entscheidung〉 ～ …に選択〈決定〉をゆだねる | *jm.* das Foto zur Erinnerung ～ …に写真を思い出のために与える | *jm. et.*⁴ käuflich 〈leihweise〉 ～ …に…を売り渡す〈貸し与える〉 | *jm.* die Ware billig ～〖商〗…に商品を安く売る | Sein Freund hat ihm das Fahrrad über das Wochenende *überlassen*. 彼の友人が彼に自転車を週末のあいだ貸した | Ich werde es dem Zufall ～, ob ich ihn noch einmal wiedersehe. 私が彼とまた会うことがあるかどうか 私はそれを偶然にゆだねよう | *Überlaß* das bitte mir! それは私に任せてくれ, それには口を出さないでくれ.

b) 《*jn. et.*³》(…を…に)任せる, ゆだねる: *jn.* der Gefahr ～ …を危険にさらす | *jn. seinem* Schicksal ～ …をその運命に任せる | Sie *überläßt* das Kind der Fürsorge der Großmutter. 彼女は子供を祖母に世話してもらう ‖ 再帰 *sich*⁴ *et.*³ ～ …に身を任せる〈ふける〉 | *sich*⁴ der Freude 〈der Trauer〉 ～ 喜び〈悲しみ〉にひたる | *sich*⁴ *seinen* Träumen ～ 夢想にふける.

2 *jn. sich*³ selbst ～ (*sich*³ は *jn.* と同一人物)…を放任〈放置〉する, …をうっちゃっておく, …にそばから手を出さない | Man kann ihn für eine Weile sich selbst ～. 彼をしばらくのあいだ自由〈ひとり〉にさせておいてかまわない | Sie war zuviel sich selbst *überlassen*. 彼女はあまりに自由〈ひとりぼっち〉でありすぎた.

Über·las·sung[y:bɐrlásʊŋ] 女 -/-en 《ふつう単数で》(überlassen²すること. 例えば:) 引き渡し, 譲渡; 委託; 遺棄.

Über·last[ý:bɐrlast] 女 -/-en 超過重量, 重量超過, 過重〔の荷物〕, 積みすぎ; 〖電・工〗過負荷.

über·la·sten[y:bɐrlástən] (01) 他 (h) 《*et.*⁴》(…に)荷を積みすぎる, 重量をかけすぎる; 《比》《*jn.*》(…に)過度の負担をかける, (…の)重荷となる; 〖電・工〗過充電〈過負荷〉する; 〖工〗(…に)過〔度〕ひずみをおこさせる: das Schiff mit Fracht ～ 船に貨物を積みすぎる | *seinen* Magen 〈*sein* Herz〉 ～ 胃〈心臓〉に過度の負担をかける ‖ Die Züge sind während der Sommerferien stark *überlastet*. 列車は夏休みの間ひどく混んでいる | Ich bin augenblicklich mit Arbeit *überlastet*. 私はこのところ仕事がぎっしりつまりすぎている.

Über·la·stung[..tʊŋ] 女 -/-en (überlasten する・されること. 例えば:) 重量超過, 負担過剰; 〖電・工〗過負荷; 〖工〗過〔度〕ひずみ: Arbeits*überlastung* 労働負担の過剰.

Über·lauf[ý:bɐrlaʊf] 男 -〔e〕s/..läufe 〖工・土木〗(機械・ダム・堰(せき)などであふれた不用の水を流す)越流〔口〕, 溢流(いつりゅう)〔口〕, 余水吐き(→ 図 Talsperre); あふれ, オーバーフロー: der ～ einer Talsperre ダムの越流口 | der ～ einer Badewanne 浴槽の溢水(いっすい)口.

über|lau·fen¹*[ý:bɐrlaʊfən] (89) 自 (s) **1** (液体が余って)あふれ流れる; (煮えたって)吹きこぼれる: Das Benzin *läuft* 〔aus dem Tank〕 *über*. ガソリンが〔タンクから〕あふれる | Die Milch ist *übergelaufen*. ミルクが(器から)あふれ出た〈吹きこぼれた〉 | Die Wanne ist *übergelaufen*. ふろの水があふれた ‖ *jm. läuft* die Galle *über* (→Galle 1).
2 敵方にまわる, 寝返る: zum Feind 〈Gegner〉 ～ 敵〈相手方〉にまわる | mit fliegenden Fahnen zu *jm.* ～ (→Fahne 1 b).
3 《in *et.*⁴》(色が…と)まじりあう: Die Farben *laufen* ineinander *über*. 色が互いにまじりあう.

über·lau·fen²*[‒⏑⏑́⏑] (89) 他 (h) **1** 《*jn.* / *et.*⁴》(…に向かって)殺到する, (…のところへ)うるさく押しかける; 忙殺する, ひどくわずらわせる: Gute Freunde soll man nicht zuviel ～. よき友をあまりわずらわせてはならぬ ‖ Der Arzt ist sehr *überlaufen*. その医者はとてもはやっている | Der Park ist sonntags *überlaufen*. 公園は日曜日には人でいっぱいだ.
2 《*jn.*》(恐怖などの感情が…を)襲う: Angst 〈Ein Schauder〉 *überläuft* mich. 恐怖〈戦慄(せんりつ)〉が私を襲う ‖ 非人称 *jn. überläuft* es kalt 〈heiß〉. …は(驚き・恐怖で)ぞっと寒気がする〈(驚き・恥などで)かっと体が熱くなる〉.
3 《*et.*⁴ / *jn.*》(…を)走り越す, 走り抜ける, 走って突破する:

die Hürden ～ ハードルを走り越える | die ganze Abwehr ～〖ｻｯｶｰ〗(相手方の)防御陣をドリブルで抜き去る.
4 (うすく)色をつける: rötlich *überlaufene* Blüten 薄紅色に色づいた花.

Ü̲ber·läu·fer[ý:bərlɔʏfər] 男 -s/- **1** (敵方に)寝返った者, 投降者, 変節者, 改宗者. **2**〖狩〗2歳のイノシシ.

Ü̲ber·lauf≈rohr[ý:bərlauf..] 中〖土木〗越流〈溢流(いつりゅう)〉管, あふれ管. **≈ven·til** 中〖工〗越流〈溢流〉弁, あふれ弁.

ü̲ber·laut[ý:bərlaut] 形 声〈音〉の大きすぎる, 騒々し〈やかまし〉すぎる: ～ sprechen 〈schimpfen〉 ひどく大きな声で話す〈ののしる〉.

über·le̲·ben[y:bərlé:bən][1] **I** 他 (h) **1** 《*et.*^{4}》(…に)耐えて生き残る, (…を)生きのびる, 生きぬく: den Krieg 〈die Katastrophe〉 ～ 戦争〈災害〉の中を生きのびる | Der Kranke wird diese Nacht 〈den nächsten Anfall〉 wohl nicht ～. 病人はたぶん今夜じゅうはもつまい〈つぎに発作が起きたら生きのびられまい〉 | Ich glaube, ich werde den Tod meines Mannes nicht ～. 私は夫が死んだら生きてゆけないと思う ‖ Das *überlebe* ich nicht!《比》こいつはとても耐えられない | Du wirst's wohl ～.《比》君はそんなことにへこたれはしないだろう, 君は我慢できるだろう. **2** 《*jn.*》(…より)長く生きる, 生き長らえる: Sie hat ihren Mann 〔um zehn Jahre〕 *überlebt*. 彼女は夫より〔10年〕長生きした ‖ 再帰 *sich*^{4} ～ 老朽化する, 時代遅れになる | Die Mode 〈Die Sitte〉 hat sich *überlebt*. その流行〈風習〉は時代遅れになった.

II über·le̲·bend 現分 形 生き残りの, 生存の: ～*es* Organ〖医〗生残臓器 | der ～*e* Teil〖法〗(夫婦のうち一方が死亡したのちの)生存配偶者.

III Über·le̲·ben·de 男 女《形容詞変化》(事故などの)生き残り, 生存者; 遺族: die ～*n* des Schiffbruchs 船舶遭難事故の生存者たち.

IV über·le̲bt → 別出

Über·le̲·bens≈chan·ce[..ʃã:s(ə)] 女 生きのびる〈生き残る〉可能性. **≈fall** 男 生き残る場合: im ～〖法〗生存の場合には.

ü̲ber·le·bens·groß[ý:bərle:bənsgro:s; ─◡⏊◡─] 形 (画像・彫像などが)等身大以上の: eine ～*e* Büste 等身大より大きな胸像.

Ü̲ber·le·bens·grö·ße 女 -/ (画像・彫像などの)等身大以上の大きさ: ein Bild in ～ 等身大以上の絵.

Über·le̲·bens≈kampf[y:bərlé:bəns..] 男 生き残るための戦い. **≈künst·ler** 男 生き残りの名人〈達人〉. **≈trai·ning** 中 生き残る能力を身につけるための訓練〈トレーニング〉.

über·le̲bt[y:bərlé:pt] **I** überleben の過去分詞. **II** 形 古くなった, 老朽化した, 時代遅れの: die längst ～*e* Gesellschaftsordnung とっくに時代遅れとなった社会秩序 | Das Gesetz ist schon ～. その法律はもう時代にそぐわなくなっている.

ü̲ber|le·gen[1][ý:bərle:gən][1] 他 (h) **1** 《*et.*^{4}》(…を)上に置く〈のせる・かぶせる・かける〉: ein Brett 〔über den Graben〕 ～ 板を〔溝の〕上にかぶせる | Ich *legte* ihm den Mantel *über*. 私は彼にコートをかけてやった | Ich habe mir noch eine Decke *übergelegt*. 私はふとんをもう一枚かけた.
2 《話》《*jn.*》(子供に対する罰として…を)ひざにのせてしりをたたく: Der Vater hat den Jungen ordentlich *übergelegt*. 父親は少年のしりをしたたかに打った | Ich werde dich gleich mal ～! おしりをたたきますよ.
3 再帰 *sich*^{4} ～ 傾く; 身をのり出す: Er *legt* sich über das Geländer *über*. 彼は手すりから体をのり出す | Das Schiff hat 〔sich〕 weit *übergelegt*. 船は大きく傾斜した.

über·le̲·gen[2][─◡⏊◡] **I** 他 (h) 《〔*sich*^{3}〕 *et.*^{4}》(…のことを)熟慮する, じっくりと考える; (…について)考えを練る: *et.*^{4} gründlich 〈reiflich〉 ～ …についてとっくりと考える | eine bessere Lösung ～ もっといい解決策を考える ‖ Das muß alles gut *überlegt* sein. それらはすべて入念〈慎重〉に考えておかなければならない ‖ Ich werde es mir ～, wie wir das machen können. どうしたらそうできるか私はよく考えてみよう | Ich habe es mir anders *überlegt*. 私は熟慮した結果べつの意見になった ‖〖目的語なしで〗**hin und her ～** (さまざまな可能性について)あれこれ考える | *Überleg* nicht so lange! そんなにいつまでも考えるな | Ohne zu ～, stürzte er aus dem Haus. あれこれ考えずに彼は家をとび出した.

II über·le̲gt → 別出
[*mhd.* „über-ziehen, über-rechnen"]

über·le̲·gen[3][y:bərlé:gən] 形 **1** (↔unterlegen) まさっている, 凌駕(りょうが)している, 優勢の: *jm.* ～ sein …より優れている | *jm.* geistig 〈an Talent〉 weit ～ sein …よりも精神的に〈才能の点で〉はるかに優れている | Er ist mir in jeder Beziehung ～. 彼はあらゆる点で私より上だ ‖ 〔gegen *jn.*〕 ～ siegen 〔…に〕圧倒的な強さで勝つ | Die Mannschaft hat ～ 〔mit〕 10: 3 gewonnen. そのチームは10対3で圧勝した ‖ die ihm geistig *Überlegenen* 彼よりも知的に優れた人たち.
2 卓越した, すぐれた; 優越感をもった, 人を見下した, 偉そうな: ein ～*er* Geist 卓越した精神 | mit ～*er* Ruhe 落ち着きはらって | eine ～*e* Miene aufsetzen 偉そうな顔をする.
[＜*mhd.* über-liegen „oben zu liegen kommen" (◇liegen)]

Über·le̲·gen·heit[−haɪt] 女 -/ まさっていること, 優勢; 卓越, 優越: die zahlenmäßige ～ 数の上でまさっていること | das Gefühl der ～ 優越感 | die ～ über *jn.* 〈*et.*^{4}〉 …に対して優勢なこと, …に優越していること.

Über·le̲·gen·heits·ge·fühl 中 優越感.

über·le̲gt[y:bərlé:kt] **I** überlegen[2]の過去分詞.
II 形 よく考えてある, 熟慮された; 慎重な, 入念な: ein 〔gut〕 ～*es* Urteil よく考えた判断 | ein nüchterner, ～*er* Mann 理性的で慎重な男 ‖ ～ handeln 慎重に行動する.

Über·le̲gt·heit[−haɪt] 女 -/ (überlegt なこと. 例えば:) 思慮深さ, 慎重さ, 入念さ.

Über·le̲·gung[y:bərlé:gʊŋ] 女 -/-en 熟慮, 熟考, 考慮, 思慮; 慎重さ; (熟慮した結果としての)論述, 意見表明: ～*en* über *et.*^{4} anstellen …について熟慮〈考察〉する | Ihm fehlt die nötige ～. 彼には必要な慎重さが欠けている ‖ **bei** nüchterner 〈ruhiger〉 ～ 冷静に〈落ち着いて〉考えると | **mit** ～ 慎重に; 計画的に | **nach** einiger 〈reiflicher〉 ～ 少し〈とっくりと〉考えた上で | Nach sorgfältiger ～ sagte er zu. 考えに考えた末に彼は承諾した | **ohne ～** よく考えずに, 無思慮に, 軽率に ‖ Das ist sicher eine ～. それも確かにひとつの考え方だ.

ü̲ber|lei·ten[ý:bərlaɪtən] 《01》 **I** 自 (h) (他の段階・状態に)移る, 移行する, 導かれる: zum nächsten Abschnitt ～ (論述などが)つぎの章へと移行する | Mit diesen Worten *leitet* der Vortragende auf ein anderes Thema 〈zum neuen Thema〉 *über*. この言葉をもって講演者の話は別の〈新しい〉テーマへと移った | von einer Tonart in die andere ～〖楽〗ある調から他の調に転調する.
II 他 (h) 向こうへもたらす, 移す; (他の段階・状態に)導く: neue Erfindungen in die Produktion ～ 新発明を生産段階に移す.

Ü̲ber·lei·tung[..tʊŋ] 女 -/-en (つぎの段階への)つながり, つなぎ目, とっかかり; 移行, 過渡;〖医〗輸血;〖楽〗経過部〈句〉: eine geschickte ～ zum nächsten Thema finden (講演者などが)つぎのテーマへのうまいひっかかりを見つける | ohne ～ das Thema wechseln つながりもないのに(突然)テーマを変える ‖ die ～ neuer Forschungsergebnisse in die Praxis 新しい研究成果の実用段階への移行.

über·le̲·sen*[y:bərlé:zən][1] 《92》 他 (h) **1** 《*et.*^{4}》(…を)急いで通読する, (…に)ざっと目を通す: Papiere 〈das Manuskript〉 noch einmal ～ 書類〈原稿〉にもう一度ざっと目を通す | Den Roman habe ich nur ～ können. その小説には私は急いで目を通すことしかできなかった. **2** 読み落とす, 読んでいて見落とす: Bei der Korrektur *überliest* er immer viele Druckfehler. 校正のとき彼はいつもたくさん誤植を見落とす | Diesen Hinweis muß ich in der Eile *überlesen* haben. この指示を私はあわてて読み落としたらしい.

über·li̲ch·ten[y:bərlíçtən] 《01》 他 (h) **1**〖写〗露出しすぎる. **2**〖林〗間伐しすぎる, 間引きすぎる.

über·li̲e·fern[y:bərlí:fərn] 《05》 **I** 他 (h) **1** 伝える, 伝承する: ein Werk der Nachwelt ～ ある作品を後世に伝える | Diese Sage hat uns eine Handschrift aus dem

U

12. Jahrhundert *überliefert*. この伝説を12世紀の写本が我々に伝えている ‖ Dieses Märchen ist mündlich ⟨schriftlich⟩ *überliefert*. このおとぎ話は口伝えによって⟨文字に記録されて⟩伝承されたものである | Das Epos ist nur in Bruchstücken ⟨einer Handschrift⟩ *überliefert*. その叙事詩は断片⟨一つの写本⟩でしか伝承されていない | Dieser Brauch ⟨Diese Technik⟩ ist uns von unseren Vorfahren *überliefert*. この習慣⟨技術⟩は先祖から我々に伝わったものである. **2** 引き渡す, ゆだねる: *jn.* der Justiz ⟨dem Schicksal⟩ ~ …を法⟨運命⟩の手にゆだねる | die Festung dem Feind ~〘軍〙要塞(ようさい)を敵に明け渡す.

II über·lie·fert 過分 形 (古くから)伝わった, 伝承の, 伝統の: ~*e* Sitten 伝承されてきた風俗⟨風習⟩ | alt*überliefert* 古来の.

Über·lie·fe·rung[..fərʊŋ] 女 -/-en **1** 伝承, 口碑; 伝承されてきたもの; 伝統, 慣習: die mündliche ⟨schriftliche⟩ ~ von Märchen おとぎ話の口碑⟨記録⟩による伝承 ‖ *et.*[4] aus den ~*en* erschließen 伝わっているものから…を推論する | an der ~ festhalten 伝統に依存する⟨しがみつく⟩. **2** 引き渡し, 明け渡し, 譲渡; 委託.

Über·lie·ge·geld[ý:bərli:gə..] 中〘海〙(用船者が船主に支払う)日数超過割増金, 滞船料.

über|lie·gen*[ý:bərli:gən][1] ⟪93⟫ 自 (h)〘海〙超過停泊する, (貨物の積み込み・積み下ろしの遅れのため)滞船する.

Über·lie·ge·zeit 女 滞船⟨超過停泊⟩期間.

über·li·sten[y:bərlístən] ⟪01⟫ 他 (h) ⟪*jn.*⟫ (…を)策にのせる, 欺く, だまして手玉にとる, 策略を使って(…に)勝つ: *seinen* Gegner ~ 相手を策略でだます | Es gelang ihm, seine Verfolger zu ~. 彼は策を使ってうまく追跡者の手を逃れた.

Über·li·stung[..tʊŋ] 女 -/-en ⟪ふつう単数で⟫ überlisten すること.

überm[ý:bərm] ＜über dem

über|ma·chen[1][ý:bərmaxən] 他 (h) かぶせる, 羽織らせる.

über·ma·chen[2][–⏑⏑́⏑] 他 (h) ⟪*jm. et.*[4]⟫ **1** (…に…を)送り届ける, 送付⟨送達⟩する. **2** (…に…を)遺贈する.

Über·macht[ý:bərmaxt] 女 -/ (数量の)優勢, 優位: der erdrückenden ⟨vielfachen⟩ ~[3] des Feindes erliegen 敵の圧倒的⟨何倍もの⟩優勢に屈する | über *et.*[4] die ~ haben …に対して優勢で⟨優位に⟩ある | ein Kampf gegen feindliche ~ 優勢な敵との戦い | 〔von〕 der ~ weichen 優勢な敵軍の前に敗退する | Wir sind in der ~. 我々は優勢だ⟨優位にある⟩.

über·mäch·tig[..mɛçtɪç][2] 形 優勢な, 優位の; 非常に強力な: ein ~*er* Gegner 優勢な敵 | ein ~*er* Einfluß きわめて強い影響 ‖ Der Haß flammte ~ auf. 憎しみがむらむらと⟨はげしく⟩燃え上がった.

über|ma·len[1][ý:bərma:lən] 自 (h)⟪話⟫ 線の上をなぞって彩色する, 上塗りする.

über·ma·len[2][–⏑⏑́⏑] 他 (h) ⟪*et.*[4]⟫ (…の上に)もう一度彩色補筆する; ペンキ⟨絵の具⟩で塗りつぶして見えないようにする: den Namen eines Schiffes zur Tarnung ~ 船名をカムフラージュのため塗りつぶす.

Über·ma·lung[y:bərmá:lʊŋ] 女 -/-en (übermalen[2] すること. 例えば:) 絵に加えられた補筆; (補筆された)絵の具の層.

über·man·gan·sau·er[ý:bərmaŋga:nzauər] 形〘化〙過マンガン酸の.

Über·man·gan·säu·re[..zɔyrə] 女 -/〘化〙過マンガン酸.

über·man·geln[y:bərmáŋəln] ⟪06⟫ 他 (h) ⟪話⟫ ⟪*jn.*⟫ (車などが…を轢(ひ)いてぺちゃんこに)押しつぶす. [＜Mangel[1]]

über·man·nen[y:bərmánən] 他 (h) **1** (眠気・苦痛などが…を)襲う, 圧倒する: Der Zorn ⟨Die Rührung⟩ *übermannte* ihn. 彼は怒り⟨感動⟩を抑えきれなかった. ▽**2** (戦いで)打ち負かす: Wir *übermannten* den Feind. 我々は敵を倒した. [＜Mann[2]]

über·manns·hoch[ý:bərmansho:x, –⏑⏑́–] 形 大人の背丈より高い: eine *übermannshohe* Mauer 人の背よりも高い壁.

Über·man·nung[y:bərmánʊŋ] 女 -/-en 打ち負かすこと, 圧倒.

Über·maß[ý:bərma:s] 中 -es/-e **1** ⟪単数で⟫ 過度, 過量, 過剰, 過多: ein ~ an Arbeit 過度の労働 | ein ~ von ⟨an⟩ Freude 非常に大きな喜び | Das ~ der Angst hat ihn verwirrt. 非常に大きな不安のために彼はうろたえた ‖ **im ~** 過度に | im ~ essen 食べすぎる | *et.*[4] im ~ haben …をありあまるほど持っている | Ich bin im ~ ⟨bis zum ~⟩ beschäftigt. 私はひどく忙しい. **2**〘工〙(部品のはめ込み穴などの)内径過大.

über·mä·ßig[..mɛ:sɪç][2] **I** 形 過度な, 過多の;〘楽〙増音の: das ~*e* Rauchen 過度の喫煙 | der ~*e* Gebrauch von Arzneimitteln 薬の〔適量を超過した〕乱用 | ~*es* Intervall〘楽〙増音程. **II** 副 過度に, あまりにひどく, 法外に: ~ hohe Kosten 法外に高い費用 | *jn.* ~ beanspruchen …をめちゃくちゃに忙しくする.

über·me·cha·ni·siert[ý:bərmeçanizi:rt] 形 機械化されすぎた.

Über·mensch[ý:bərmɛnʃ] 男 超人 (Herder, Goethe らも用いているが, 特に Nietzsche にあっては神に代わる理想的人間); ⟪戯⟫ スーパーマン, 完全無欠の人.

über·mensch·lich[–lɪç] 形 超人の, 超人的な: eine ~*e* Tat 超人的行為, 神わざ | mit ~*er* Anstrengung 超人的努力で.

Über·mi·kro·skop[ý:bərmikrosko:p, ..rɔs..] 中 -s/-e (Elektronenmikroskop) 電子顕微鏡.

über·mit·teln[y:bərmítəln] ⟪06⟫ 他 (h) ⟪*jm. et.*[4]⟫ (文書・電信・電話などで…に…を)伝える, 送る; (仲介して)伝達する, 伝言する; 引き渡す: *jm.* eine Einladung telefonisch ~ …に電話で招待を伝える | *jm.* herzliche Glückwünsche zum Geburtstag ~ …の誕生日に心からのお祝いの言葉を送る.

Über·mitt·lung[..tlʊŋ] (**Über·mit·te·lung**[..təlʊŋ]) 女 -/-en 伝達, 送付, 送達, 引き渡し.

über·mo·dern[ý:bərmodɛrn] 形 超モダンな.

▽**über·mö·gen***[y:bərmǿ:gən][1] ⟪102⟫ 他 (h) (überwältigen) ⟪*jn.*⟫ 打ち負かす, 征服する.

über·mor·gen[ý:bərmɔrgən] 副 明後日, あさって: bis ~ abend あさっての晩まで.

über·mor·gig[ý:bərmɔrgɪç][2] 形 明後日の, あさっての.

über·mü·den[y:bərmý:dən][1] ⟪01⟫ **I** 他 (h) **1** ⟪*jn.*⟫ (…を)過度に⟨くたくたに⟩疲れさせる. **2** 再帰 *sich*[4] ~ ひどく⟨くたくたに⟩疲れる.

II über·mü·det 過分 形 くたくたに疲れた: ein ~*er* Mensch ひどく疲れた人 | Er ist ~. 彼はへとへとに疲れている ‖ ~ einschlafen ひどく疲れて寝込む.

Über·mü·dung[..dʊŋ] 女 -/-en ⟪ふつう単数で⟫ 過労.

Über·mü·dungs·rin·ge 複 過労による目のふちの隈(くま).

Über·mut[ý:bərmu:t] 男 -[e]s/ **1** はしゃぎすぎ, 調子に乗りすぎること; やんちゃ, 悪ふざけ: aus ~ 調子に乗って, はめを外して | Die Kinder wußten sich vor lauter ~ nicht zu lassen. 子供たちは大はしゃぎして手がつけられなかった ‖ *Übermut* tut selten gut. はしゃぎすぎるとろくなことはない(→2). ▽**2** (Hochmut) 高慢, 思い上がり, 尊大: *Übermut* tut selten gut. 思いあがっているとろくなことはない(→1).

über·mü·tig[ý:bərmy:tɪç][2] 形 **1** 大はしゃぎの, ひどく浮き浮きした, 調子に乗りすぎた; ひどくやんちゃな: ein ~*er* Streich 図に乗ったいたずら ‖ Die Gesellschaft war sehr ~. パーティーはひどくはしゃいだ気分だった | Die Kinder tollten ~ durchs Haus. 子供たちは大はしゃぎで家中をあばれ回った. ▽**2** 高慢な, 思い上がった: ~ auftreten 高慢な態度をとる | Der Erfolg hat ihn ~ gemacht. 成功して彼は尊大になった.

übern[ý:bərn] ＜über den

über·nächst[ý:bərnɛ:çst] 形 次の次の: ~*es* Jahr 再来年〔に〕 | am ~*en* Tag 翌々日に | in die ~*e* Querstraße links einbiegen 次の次⟨二つ先⟩の横町を左へ曲がる | Er ist mir der ～*e* 〈der *Übernächste*〉 in der Reihe. 彼は順番が私の次の次である.

über·nach·ten[y:bɚnáxtən]《01》 **I** 自 (h) 夜を過ごす, 泊まる, 宿泊する: bei *jm.* ～ …のところに泊まる | im Freien ～ 野宿する | im Hotel ～ ホテルに泊まる.
▽**II** 他 (h) **1** (beherbergen) 泊める, 宿泊させる. **2**《雅》夜のやみで包む.

über·näch·tigt[y:bɚnέçtıçt] (オーストリア: **über·näch·tig**[ý:bɚnεçtıç][2]) 形 徹夜して〈寝不足で〉ひどく疲れた: blasse, ～*e* Gestalten 青白い寝不足の顔をした人々 | ～ aussehen 寝不足のように見える.

Über·nach·tung[y:bɚnáxtʊŋ] 女 -/-en 宿泊: Zimmer mit ～ und Frühstück 朝食付きの〔ホテルの〕部屋.

Über·nach·tungs≠geld 中 宿泊手当. ≠**ko·sten** 複 宿泊料. ≠**mög·lich·keit** 女 宿泊設備.

Über·nah·me[ý:bɚna:mə] 女 -/-n (übernehmen[2]すること. 例えば:) 引き受け, 担当; 受け継ぎ; (思想・テーマなどの) 借用; (商品の) 引き取り; (企業の) 吸収, 合併: Macht*übernahme* 権力の掌握.

Über·nah·me≠be·din·gung 女 引受〈請負〉条件. ≠**preis** 男 引受〈請負〉価格.

Über·nahms·stel·le 《オーストリア》＝Annahmestelle

Über·na·me[ý:bɚna:mə] 男 2 格 -ns, 3 格 -n, 4 格 -n, 複数 -n《スイス》 (Beiname) 別名, あだ名, 異名. [*mhd.*; *mlat.* super-nōmen の翻訳借用; ◇ *engl.* surname]

über·na·tio·nal[ý:bɚnatsiona:l] 形 超国家的な.

über·na·tür·lich[ý:bɚnaty:rlıç] 形 超自然の, 超自然的な; 不思議な.

über|neh·men[1]*[ý:bɚne:mən]《104》 他 (h) **1 a)** (肩かけなどを) まとう, 引っ掛ける, ひっかぶる;《軍》(銃を肩に) 担う: Er *nahm* sich den Mantel *über*. 彼はコートを〔身に〕まとった〈引っ掛けた〉. **b)**《海》(荒天で船が水を) かぶる.
2 a)《海》＝übernehmen[2] 1 b **b)** (überstechen)《トランプ》(カードを上位のカードで) 切って取る.

über·neh·men[2]*[⏑⏑́⏑]《104》 他 (h) **1 a)** (商品などを) 引き取る, 受け取る; (店などを) 買い取る; (遺産などを) 引き継ぐ: die Fackel mit dem olympischen ～ オリンピックの聖火〔のたいまつ〕を受け継ぐ | *et.*[4] kostenlos 〈billig〉 ～ …を無料で譲り受ける〈安く買い取る〉.
b) (他家の子・他企業の職員などを) 引き取る; (企業が他企業などを) 吸収〈併合〉する;《海》(他船の旅客や積み荷を) 引き取る.
c)《放送》(他局の番組を) 中継する.
2 (用務・任務・責任などを) 引き継ぐ, 引き受ける, 請け負う; (…の) 肩代わりをする: ein Amt ～ 職務につく | einen Auftrag ～ 任務を引き受ける | die Bürgschaft 〔für *et.*[4] 〈*jn.*〉〕 ～ 〔…を〕保証する | die Kosten ～ 費用をもつ | die Leitung ～ (代わって) 指揮をとる | eine Rolle in einem Theaterstück ～ ある役〔の代役〕を引き受ける | die Verantwortung 〈die Verteidigung〉 ～ 責任〈弁護〉を引き受ける.
3 (entnehmen) (他人の文章・アイディア・方法などを) 借用する: *et.*[4] wörtlich aus einem Buch ～ …(文句) を書物から字句どおり借用する.
4 《*jn.*》 **a)** (überanstrengen) (…に) 無理を強いる, (…を) 酷使する; (…に) 無理な金を払わせる: die Pferde ～ 馬を酷使する ‖ 再帰 *sich*[4] ～ 無理をする | *sich*[4] beim Arbeiten 〈mit der Arbeit〉 ～ 過度の仕事をする | *sich*[4] im Essen ～ 食べすぎる. **b)** (überwältigen) (感情・状況などが…を) うちひしぐ.
5 《オーストリア》《話》くどき落とす, だます.

Über·neh·mer[y:bɚné:mɚ] 男 -s/- (übernehmen[2]する人. 特に:)《商》引受人, 請負人;《法》譲り受け人.

über·nor·mal[ý:bɚnɔrma:l] 形 正常さを超えた: die ～*e* Phase《動・医》過常期.

über|ord·nen[ý:bɚ|ɔrdnən]《01》 **I** 他 (h) 《*et.*[4] *et.*[3]》 (…を…の) 上位に置く; (…を…に) 優先させる: den Beruf der Familie ～ 仕事を家庭より優先させる | *et.*[4] allen anderen Fragen ～ …を他のすべての問題よりも優先的に取り上げる. **II über·ge·ord·net** → 別出

Über·ord·nung[..nʊŋ] 女 -/ überordnen すること.

Über·or·ga·ni·sa·tion[ý:bɚ|ɔrganizatsio:n] 女 -/ 過度の組織化.

über·or·ga·ni·sie·ren[..zi:rən] (→über.. I ★) 他 (h) 過度に組織化する: Der Betrieb ist *überorganisiert*. この企業は機構がひどく複雑化している.

über·par·tei·lich[ý:bɚpartaılıç] 形 超党派の: eine ～*e* Zeitung 超党派的新聞. 「場」.

Über·par·tei·lich·keit[–kaıt] 女 -/ 超党派〔的立

Über·pflan·ze[ý:bɚpflantsə] 女 -/-n (Epiphyt)《植》着生植物. 「pflanzen[2] 1 a」

über|pflan·zen[1][ý:bɚpflantsən]《02》＝ über-

über·pflan·zen[2][⏑⏑́⏑]《02》 他 (h) **1 a)** (verpflanzen) 移植する. **b)** (transplantieren)《医》(組織などを) 移植する. **2** 植物で覆う: mit Gras *überpflanzte* Hänge 草に覆われた斜面.

Über·pflan·zung[y:bɚpflántsʊŋ] 女 -/-en《医》移植.

über|pin·seln[1][ý:bɚpınzəln]《06》 自 (h) 上に色を塗る.

über·pin·seln[2][⏑⏑́⏑]《06》 他 (h) 《*et.*[4]》 (…の上に) もう一度色を塗る.

über·plan·mä·ßig[ý:bɚpla:nmε:sıç][2] 形《経》計画以上の〔成果をあげた〕.

Über·preis[ý:bɚpraıs][1] 男 -es/-e ずいぶんな高値, 法外な値段: von *jm.* ～*e* verlangen …に法外な代金を請求する.

Über·pro·duk·tion[ý:bɚprodʊktsio:n] 女 -/-en《ふつう単数で》《経》過剰生産;《医》過剰分泌.

über·pro·por·tio·nal[ý:bɚprɔpɔrtsiona:l] 形 不つり合いに大きい.

über·prü·fen[y:bɚprý:fən] 他 (h) (計算・機械などを) 〔再〕検査する, 点検する; (性質・能力などを) 調べる, 審査する; (もう一度) 熟考〈熟慮〉する: eine Rechnung ～ 検算する | ein Alibi ～ アリバイを調査する | eine Entscheidung ～ 決定を再考する.

Über·prü·fung[..fʊŋ] 女 -/-en 〔再〕検査, 監査, 点検; 審査; 熟慮, 再考.

über|quel·len*[ý:bɚkvεlən]《111》 自 (s) (容器から) あふれ出る, こぼれる;《比》満ちあふれる: Der Brei ist *übergequollen*. かゆが吹きこぼれた | Die Tribüne *quillt* von Zuschauern *über*. 観覧席には観客があふれている, 観覧席は超満員だ | von 〈vor〉 Freude ～《比》喜びにあふれている ‖ 〔eine〕 *überquellende* Dankbarkeit あふれるばかりの感謝の念.

über·quer[y:bɚkvé:r] 副 斜めに, はすに〔横切って〕; 交差して: **Mir ging alles ～.**《比》私には万事うまくいかなかった | **mit *jm.* ～ sein**《比》…と仲たがいしている | Wir sind ～ gekommen.《比》私たちは仲たがいしてしまった.

über·que·ren[y:bɚkvé:rən] 他 (h) 《*et.*[4]》 (…の上を) 横切る, 横断する: eine Straße 〈einen Fluß〉 ～ 通り〈川〉を横切る | den Pazifischen Ozean ～ 太平洋を横断する ‖ bei dem *Überqueren* der Straße 街路を横断する際に.

Über·que·rung[..rʊŋ] 女 -/-en 横断.

über|ra·gen[1][ý:bɚra:gən][1] 自 (h) 〔横に〕突き出〔ている〕: ein *überragender* Balken 突き出た角材〈梁(はり)〉.

über·ra·gen[2][⏑⏑́⏑] **I** 他 (h) **1** 《*et.*[4] / *jn.*》 (…の) 上にそびえ立つ, (…を) 見下ろす: Der Turm *überragt* die Stadt. 塔は町にそそり立っている〈町を見下ろしている〉 | Er *überragt* seinen Vater um einen Kopf. 彼は父親より頭ひとつ背が高い. **2**《比》《*jn.*》 (…に) たちまさる, ぬきんでる, (…を) 凌駕(りょうが)する: *jn.* **an** Mut 〈**in** der Leistung〉 ～ …より勇気がまさっている〈業績が優れている〉.
II über·ra·gend 現分 形 ぬきんでた, 優れた: eine ～*e* Persönlichkeit 〈Arbeit〉 卓越した人物〈作品〉 | ein Problem von ～*er* Bedeutung 格別重要な問題.

über·ra·schen[y:bɚráʃən]《04》 **I** 他 (h) **1 a)** (予期しないことで) 驚かせる, びっくりさせる: Die Nachricht hat alle *überrascht*. その知らせにみんなはびっくりした | Du *überraschst* mich! 君には驚いた〈あきれた〉よ | Es *überrascht*, daß ... …というのは驚くべきことだ.

b) (予期しないことで)喜ばせる: *jn.* **mit** *et.*^{3} ～ …を…で不意に喜ばせる | Er hat mich mit einem Geschenk ⟨mit seinem Besuch / durch seinen Besuch⟩ *überrascht*. 思いがけぬ彼のプレゼントに⟨彼が不意に訪ねてきてくれて⟩私はとてもうれしかった ‖ Lassen wir uns ～!《話》私たちは楽しみに待つことにしましょう.

2 a) (うしろ暗い行為の最中に)捕らえる, 不意打ちする: *jn.* **bei** *et.*^{3} ～ …が…しているところを捕らえる | *jn.* beim Naschen ⟨Diebstahl⟩ ～ …のつまみ食い⟨窃盗⟩の現場を押える. **b)** 《*jn.*》(…に)不意にふりかかる: vom Regen ⟨Erdbeben⟩ *überrascht* werden (思いがけず)雨⟨地震⟩に見舞われる.

II über·rạ·schend [現分] [形] 驚くべき, 意外な, 不意の: eine ～*e* Lösung finden 思いがけない解決を見る | eine ～*e* Wendung nehmen (事態・話題などが)意外な方向に変わる ‖ Sein Tod kam für uns völlig ～. 彼の死は私たちにとって全く突然だった⟨思いもよらなかった⟩.

III über·rạscht [過分] [形] びっくりした, 驚いた: ein ～*es* Gesicht machen びっくりした顔をする ‖ über *et.*^{4} ⟨von *et.*^{3}⟩ ～ sein …に驚いている | Ich bin ～, daß ... …ということが私には意外だ | Am ～*esten* war die Mutter. いちばん驚いたのは母だった | *Überrascht* und verwirrt öffnete ich den Brief. (思いもうけぬことなので)驚きうろたえて私は手紙の封を切った.

[＜rasch]

Ü̲ber·rạ·schung [..ʃʊŋ] [女] -/-en **1** 《単数で》(予期しないことで)びっくりすること, 驚き: vor ～ sprachlos sein びっくりして口がきけない | zur allgemeinen ～ みんなが驚いたことには | Zu meiner größten ～ mußte ich hören, daß ... …ということを聞いて私は〔突然のことで〕びっくりせずにはいられなかった. **2** 予期しない突然の出来事; 思いがけないうれしいこと⟨贈り物⟩, 急な来訪: eine angenehme ⟨unangenehme⟩ ～ 思いがけぬ喜び⟨不快事⟩ | für *jn.* eine kleine ～ kaufen …を喜ばせるためにちょっとしたプレゼントを買う | Ich habe eine ～ für dich. 君をびっくりさせるもの⟨贈り物⟩があるよ | Das ist ja ⟨aber⟩ eine ～! / Ist das eine ～! これは思いがけないうれしいことだ; (突然の来客を歓迎して)これはこれはようこそ.

Ü̲ber·rạ·schungs≠an·griff [男]〘軍〙奇襲〔攻撃〕. ≠**ef·fekt** [男] 不意討ち⟨意外性⟩の効果. ≠**sieg** [男]〘スポ〙予想外の勝利.

ü̲ber·rea·gie·ren [ý:bərreagi:rən] (→über.. I ★) [自] (h) 《auf *et.*^{4}》(…に対して)過敏に反応する, 過剰反応を示す.

Ü̲ber·reak·tion [ý:bərreaktsio:n] [女] -/-en 過敏な⟨過度の⟩反応, 過剰反応.

ü̲ber·rẹch·nen [y:bərrɛ́çnən] 《01》[他] (h) **1** 概算する: die Ausgaben ⟨den Schaden⟩ ～ 費用⟨損害⟩をおおざっぱに見積もる. **2** 検算する.

ü̲ber·re̱·den [y:bərré:dən]^1 《01》[他] (h) 《*jn.* zu *et.*^{3}》(…に…するよう)説得する, 説き伏せる, くどく: Sie *überredete* ihn zum Mitkommen ⟨mitzukommen⟩. 彼女は彼を説きつけてとうとう同行させた | Er ließ sich ～, mit mir ins Theater zu gehen. 彼は説き伏せられて私と一緒に芝居を見に行くことになった | Wir lassen uns wohl überzeugen, aber nicht ～. 我々は納得することはあっても 説得されることはない.

Ü̲ber·re̱·dung [..dʊŋ] [女] -/-en 説得, 説き勧め⟨伏せ⟩.

Ü̲ber·re̱·dungs≠ga̱·be [女] 説得の才. ≠**kraft** [女] 説得力. ≠**kunst** [女] 説得の術⟨テクニック⟩, くどきの手.

ü̲ber·re·gio·na̱l [ý:bərregiona:l] [形] 特定の地方⟨地域⟩の枠を超えた, 超地域的な.

Ü̲ber·re·gu·lie·rung [女] -/-en 規制過多⟨過剰⟩.

ü̲ber·reich [ý:bərraɪç] [形] きわめて豊富な, 非常にたくさんの; きわめて豪華な: eine ～*e* Ernte 〔あり余るほどの〕大豊作 ‖ **an** *et.*^{3} ～ sein おびただしく…がある ‖ **mit** *et.*^{3} ～ ausgestattet …が非常にたくさん調え⟨備え・与え⟩られた | *jn.* ～ beschenken …に非常にたくさんの贈り物をする | Das Tor ist ～ verziert. 門には非常に豪華に装飾が施されている.

ü̲ber·re̱i·chen [y:bərráiçən] [他] (h) 《〔*jn.*〕 *et.*^{4}》(〔…に〕…をおごそかに)授与する, 授ける; 贈呈する, 進呈する; 提出する, 手渡す, 手交する; 奉呈する: *jn.* eine Urkunde ⟨ein Geschenk⟩ ～ …に証書を手渡す⟨贈り物を進呈する⟩ | 〔*jn.*〕 das Beglaubigungsschreiben ～ 〔…に〕信任状を提出する | *jn.* in der Anlage die Preisliste ～〘商〙…に価格表を同封して送る ‖ *überreicht* von *jm.* (名刺などで)謹呈⟨贈呈⟩…より.

ü̲ber·reich·lich [ý:bərraɪçlɪç] [形] 非常にたくさんの⟨豊富な⟩: eine ～*e* Mahlzeit ⟨Gabe⟩ おびただしいごちそう⟨贈り物⟩ | Das Essen war ～. 料理はたっぷりすぎるほどだった ‖ ～ spenden 非常に多額の寄付をする.

Ü̲ber·re̱i·chung [y:bərráiçʊŋ] [女] -/-en (überreichen すること. 例えば:) 授与, 手交; 提出, 奉呈; 贈呈: die ～ des Beglaubigungsschreibens 信任状の提出.

ü̲ber·reif [ý:bərraɪf] [形]《副詞的用法なし》(果物などが)熟しすぎた; 〘医〙過熟の: ～*e* Tomaten 熟しすぎたトマト ‖ Die Zeit ist ～. 《比》時⟨機⟩は熟している | Er war ～ für den Urlaub. 《戯》彼はぜひとも休暇が必要な状態だった.

Ü̲ber·rei·fe [女] -/ 熟しすぎ, 爛熟(らんじゅく); 〘医〙過熟.

ü̲ber·re̱i·ten* [y:bərráitən] 《116》[他] (h) **1** 《*jn.* / *et.*^{4}》(…を)馬蹄(ばてい)にかけて倒す⟨傷つける⟩, 馬で蹂躪(じゅうりん)する. **2** (馬を)乗りつぶす, 乗って疲れさせる.

ü̲ber·re̱i·zen [y:bərráitsən] 《02》 **I** [他] (h) **1** 過度に刺激する⟨興奮させる⟩: die Nerven ⟨die Einbildungskraft⟩ ～ 過度に神経を緊張させる⟨想像力を刺激する⟩. **2** [再帰] *sich*^{4} ～〘トランプ〙持ち札以上にせり上げる.

II über·re̱izt [過分] [形] 過度に興奮した, 神経過敏の: ein ～*er* Mensch 神経過敏の人 | Er ist durch zu viele Arbeit ～. 彼は忙しすぎて神経が高ぶっている.

Ü̲ber·re̱izt·heit [..haɪt] [女] -/ 過度の興奮〔状態〕, 神経過敏な状態.

Ü̲ber·re̱i·zung [..tsʊŋ] [女] -/-en 過度の刺激〔を与えること〕; 過度の興奮〔状態〕.

ü̲ber·rẹn·nen* [y:bərrɛ́nən] 《117》[他] (h) **1** 走って突き倒す, 乗り越えて走る: Als ich in vollem Lauf um die Ecke bog, hätte ich beinahe ein Kind *überrannt*. 全速力で角を回ったとき私はあやうく子供を突きとばすところだった. **2** (敵・敵陣を急襲して)蹂躪(じゅうりん)する, 踏みにじる, け散らす. **3** 《比》《*jn.*》(…に熟考・反対の暇を与えず)一気に押しまくる, 圧倒する, 撃破する: *jn.* mit Argumenten ～ …を数々の論拠をあげて一気に論破する⟨説き伏せる⟩.

ü̲ber·re·prä·sen·tiert [ý:bərreprɛzɛnti:rt] [形] (↔unterrepräsentiert)〘統計〙(平均値・正常値より) 数値の上回った.

Ü̲ber·rest [ý:bərrɛst] [男] -〔e〕s/-e 〔最後の〕残り物, 残余; 残り布; 《複数で》(食事の)残り, 残飯; 《複数で》(建物などの)残骸(ざんがい), 廃墟(はいきょ), 遺跡: die ～*e* eines Autos 自動車の残骸 | **die sterblichen ～*e*** 《雅》なきがら ‖ Nur ein kläglicher ～ von Selbstachtung war noch vorhanden. まだほんのわずかばかり自尊心が残っていた.

▽**ü̲ber·rhei·nisch** [ý:bərraɪnɪʃ] [形] (linksrheinisch) ライン川左岸の.

Ü̲ber·rie·se [ý:bərri:zə] [男] -n/-n〘天〙超巨星.

ü̲ber·rie̱·seln [y:bərrí:zəln] 《06》[他] (h) 《*et.*^{4}》(…の上を)さらさらと流れる; 《比》(…に)あまねく注ぐ; 〘医〙灌注(かんちゅう)する: Bäche *überrieseln* die Wiesen. いくつもの小川が草原を流れている | Ein 〔kalter〕 Schauer *überrieselte* mich. / [非人称] Es *überrieselte* mich kalt. 私は体がぞくぞくした.

Ü̲ber·rie̱·se·lung [..zəlʊŋ] (**Ü̲ber·rie̱s·lung** [..zlʊŋ]) [女] -/-en (überrieseln すること. 例えば:)〘農〙灌漑(かんがい); 〘医〙灌注, 圧注.

Ü̲ber·rock [ý:bərrɔk] [男] -〔e〕s/..röcke [..rœkə] **1** (紳士用の)オーバー, トップコート, 外套(がいとう). ▽**2** ＝Gehrock

ü̲ber·rọl·len [y:bərrɔ́lən] [他] (h) 《*jn.* / *et.*^{4}》(波・雪崩などが転がるように…の上に)押し寄せる, (…を)のみ込んで過ぎ去る; (戦車で)蹂躪(じゅうりん)し去る, 踏みにじる, 引き倒す: von einer Lawine *überrollt* werden 雪崩にのみ込まれる.

ü̲ber·rụm·peln [y:bərrʊ́mpəln] 《06》[他] (h) 不意打ちする, 奇襲する: den Gegner ⟨das feindliche Lager⟩ ～ 敵⟨敵陣⟩を奇襲する | *jn.* mit *et.*^{3} ～《比》…を…で不意打ちする | Sie hat ihn mit ihrer Frage ⟨ihrem Besuch⟩

überrumpelt. 彼女は不意に質問〈訪問〉して彼をとまどわせた | Ich ließ mich nicht von ihm ～. 私は彼につけこまれることはなかった.

[„lärmend überfallen"]

Über·rum·pe·lung[..pəlʊŋ] (**Über·rump·lung** [..plʊŋ]) 女 -/ überrumpeln すること.

über·run·den[y:bərrʊ́ndən]¹ 《01》 他 (h) (競走・オートレースで)トラック1周分抜く;《話》はるかにまさる: *jn.* beim 8 000m-Lauf ～ …を8000メートル競走で1周抜く | Er hat in Latein alle seine Mitschüler *überrundet*. 彼はラテン語では同級生の中でひとり抜きん出ている. [＜Runde]

Über·rü·stung[ý:bərrʏstʊŋ] 女 -/-en 過剰軍備.

übers[ý:bərs] ＜über das

über·sä·en[y:bərzɛ́:ən] **I** 他 (h) 《*et.*⁴》 (…の上に)種を一面にまく;《比》《*et.*⁴ mit *et.*³》 (…を…で)一面におおう.

II über·sät 過分 形 種を一面にまいた;《比》一面にまき散らされた〈おおわれた〉: ein von Sommersprossen ～*es* Gesicht そばかすだらけの顔 | Der Himmel ist mit Sternen ～. 空は一面の星である.

über·satt[ý:bərzat] 形《von *et.*³ / ᵛ*et.*²》 (…で)すっかり満腹した; (…に)あきあきした, 全くうんざりした.

über·sät·ti·gen[y:bərzɛ́tɪgən]² **I** 他 (h) **1** あきあきさせる;〘化〙過飽和させる. **2** 再帰 *sich*⁴ ～ あきあきする; 食傷〈飽食〉する;〘化〙過飽和する.

II über·sät·tigt 過分 形《von *et.*³》 (…に)あきあきした;〘化・工〙過飽和の: ～*er* Dampf 過飽和蒸気 | ～*e* Lösung 過飽和溶液 ‖ Er ist von den Huldigungen seiner Freunde ～. 彼は友人たちの大歓迎にうんざりしている.

Über·sät·ti·gung[..gʊŋ] 女 -/-en《ふつう単数で》あきあきすること, 飽満; 飽食, 食傷;〘化・工・心〙過飽和.

Über·satz[ý:bərzats] 男 -es/..sätze **1** 〘楽〙(ピアノ奏法で)他の指を親指の上を越えさせること. **2** 〘印〙(見積もり行数・ページ数からの)はみ出し.

über·säu·ern[y:bərzɔ́ʏərn] 《05》 他 (h) すっぱくしすぎる;〘化〙過酸性にする;〘医〙〔胃〕酸過多にする.

Über·säue·rung[..ərʊŋ] 女 -/ **1** 過度に酸性にすること, 過酸化. **2** 〘医〙過酸化症; 酸性症, アシドーシス: an einer ～ des Magensaftes leiden 胃酸過多症にかかっている.

Über·schall[ý:bərʃal] ＝Ultraschall

über·schal·len[y:bərʃálən] 他 (h) (übertönen) (より大きな音で)聞こえなくする, 消す, かき消す, 圧倒する.

Über·schall≈flug[ý:bərʃal..] 男〘空〙超音速飛行. **≈flug·zeug** 中 超音速航空機. **≈ge·schwin·dig·keit** 女〘理〙超音速. **≈knall** 男 ソニックブーム(飛行機が音速の壁を突破するときの大音響). **≈wind·ka·nal** 男 超音速風洞.

Über·schar[ý:bərʃa:r] 女 -/-en〘坑〙中間地(鉱区の間にあって狭いために採掘の行われなかった土地).

über·schat·ten[y:bərʃátən] 《01》 他 (h) ᵛ**1** 《*et.*⁴》 (…に)影を投げかける, (…を)影でおおう, 陰にする: Ein großer Baum *überschattet* den Hof. 大きな木が中庭じゅうを陰にしている.

2 《比》《*et.*⁴ / *jn.*》 (…に)暗影を投げる, (…を)暗くする, くもらせる; 見劣りさせる, (…の)輝きを奪う: Der Ruhm des Vaters *überschattet* den Sohn. 父親の名声のために息子の影が薄くなる | Ein tödlicher Unfall *überschattete* die Veranstaltung. 死亡事故のため催しは暗い空気に包まれた.

über·schät·zen[y:bərʃɛ́tsən] 《02》 他 (h) (↔ unterschätzen) (実際の価値よりも)より高く評価する〈見積もる〉, 過大に評価する; 買いかぶる: *jn.* 〈*js.* Talent〉 ～ …を〈…の才能を〉買いかぶる | Ich habe die Entfernung *überschätzt*. 私は距離を過大に見積もっていた ‖ 再帰 *sich*⁴ 〔selbst〕 ～ 自分の能力を過信する.

Über·schät·zung[..tsʊŋ] 女 -/-en《ふつう単数で》(↔ Unterschätzung) (überschätzen すること. 例えば:) 過大評価; 買いかぶり.

Über·schau[ý:bərʃaʊ] 女 -/-en《ふつう単数で》(簡潔な)概観, 概要, 要約: eine kurze ～ über *et.*⁴ geben …について簡単に概要を述べる.

über·schau·en[y:bərʃáʊən] 他 (h) (überblicken) (高い場所から)見渡す, 見晴らす;《比》(状況などを総括的視点から)見通す, 評価する, 判定する: Er *überschaute* vom Fenster aus den Garten. 彼は窓から庭を見渡した | *Überschauend* läßt sich sagen, daß ... 総括的に見て…ということができる.

über|schäu·men[ý:bərʃɔʏmən] 自 (s) 泡立ってあふれる〈こぼれる〉;《比》(喜び・怒りなどで感情が)沸き立つ; (活気などが)満ちあふれる, ほとばしり出る: Der Sekt ist *übergeschäumt*. シャンパンが泡立ちこぼれた | vor Wut 〈Freude〉 ～《比》激怒〈狂喜〉する ‖ ein *überschäumendes* Temperament ほとばしり出る活力 | *überschäumende* Begeisterung 沸き立つ〈抑えきれない〉感激.

Über·schei·ße[ý:bərʃaɪsə] 女 -/ 《話》ひどくいやな事態, いまいましいこと.

Über·schicht[..ʃɪçt] 女 -/-en 時間外労働, (特に:)〘坑〙残業工数: ～*en* machen 時間外労働〈残業〉をする.

über·schi̱cken[y:bərʃɪ́kən] ＝übersenden

Über·schie·bung[y:bərʃí:bʊŋ] 女 -/ 〘地〙押しかぶせ断層(断層面の傾斜が10° 以下の衝上断層); (Aufschiebung) 衝上断層(傾斜45° 以下).

über|schie·ßen¹*[ý:bərʃi:sən] 《135》 自 (s) **1** 勢いよく〈はげしく〉あふれ出る, わき出る: Die Milch ist *übergeschossen*. 牛乳が〔沸騰して〕どっと泡立ちあふれ出た. **2** あり余る, 多すぎる: *überschießender* Ballast 過重底荷 | *überschießender* Betrag 超過〈過剰〉額. **3** のめって〈のけぞって〉倒れる: nach hinten ～ あお向けに倒れる.

über·schie·ßen²*[－⌣⌣́⌣] 《135》 他 (h) **1 a)** (ねらいが外れて…よりも)遠いところに着弾させる, (…を)射越す. **b)** (味方の部隊の)頭ごしに射撃する. **2** (矢などが)飛んで追い越す. **3 a)** die Fährte ～〘狩〙(犬が)獣の足跡に気づかずに走り過ぎる. **b)** 読み落とす. **4** ein Revier ～〘狩〙猟区の獲物を取りすぎる. [◇Überschuß]

über·schläch·tig[y:bərʃlɛçtɪç]² ＝oberschlächtig

über·schla·fen*[y:bərʃlá:fən] 《137》 他 (h) **1** (即決せず)一晩熟考する: Dieses Problem will ich noch einmal ～. この問題は一晩再考しよう. **2** (verschlafen) 眠って過ごす; 眠っていて取り逃がす. **3** 再帰 *sich*⁴ ～ 眠りすぎる, ねぼける.

Über·schlag[ý:bərʃla:k]¹ 男 -[e]s/..schläge[..ʃlɛ:gə] **1** 概算, 見積もり: einen ～ machen (費用・数量などについて)概算する, だいたいを見積もる | bei flüchtigem ～ ざっと見積もったところでは. **2** 〘体操〙回転; 倒立回転; (Salto) 宙返り; (Looping)〘空〙宙返り; 機首下げ: einen ～ am Pferd machen 鞍馬(あんば)で回転する | zwei *Überschläge* machen 2回転する. **3** (衣服の)折り返し. **4** 〘電〙フラッシュオーバー; 弧絡; 火花連絡.

über|schla·gen¹*[ý:bərʃla:gən]¹ 《138》 **I** 他 (h) **1** (übereinanderschlagen) (脚・腕を)組む; (衣服の打ち合わせを)重ね〔合わせ〕る: mit *übergeschlagenen* Beinen dasitzen 脚を組んで座っている ‖ das *Überschlagen* i) ＝Übersatz 1; ii) (ピアノで)手を交差させて演奏すること.

2 (überziehen) (布・ベールなどを)かぶせる, 掛ける: *jm.* eins ～《比》…に一発かませる.

II 自 (s) **1** (überspringen) (火花が)飛ぶ, (電光が)走る;〘電〙フラッシュオーバーする, 弧絡する.

2 (波浪が)甲板を洗う, 船にかぶる: Die Wellen *schlugen über*. 波が甲板を洗った.

3 a) 《in *et.*⁴》 (感情・状態などが…に)急変する: Seine Begeisterung ist in Fanatismus *übergeschlagen*. 彼の感動は熱狂に転じてしまった. **b)** (声が)かん高くなる, 裏声に変わる: Ihre Stimme ist *übergeschlagen*. 彼女の声は急にかん高くなった.

über·schla·gen²*[－⌣⌣́⌣] 《138》 **I** 他 (h) **1 a)** 再帰 *sich*⁴ ～ もんどり打つ, でんぐり返る; 転覆する; (飛行機が)宙返りする: *sich*⁴ beinahe vor Freude 〈Wut〉 ～《比》うれしさ〈怒り〉のあまり身の置きどころを知らない | *sich*⁴ fast vor Liebenswürdigkeit ～《比》愛想をふりまくのにやっきになる〈きりきり舞いする〉. **b)** 再帰 *sich*⁴ ～ (波浪が)重なり合う, もり上がっては崩れる, 逆巻く;《比》(事件・報知・考えなどが)次々と重なる: Die Wellen 〈Die Ereignisse〉 *überschlugen* sich. 波が次々と押し寄せた〈事件が次々と起こった〉. **c)**

再帰 *sich*⁴ ～ (声などが) 急にかん高くなる, 裏声に変わる.
2 (食事などを) 抜かす, (本のページなどを) とばす: eine Mahlzeit ～ 食事を1回抜く | ein Kapitel ～ 1章(読まずに)とばす | Er hat einen Bus *überschlagen* und ist mit dem übernächsten gefahren. 彼はバスを1台見送ってその次のバスで行った.
3 概算する, (ざっと) 見積もってみる: die Kosten ～ / 〔sich³〕 ～, was es kosten wird 費用を概算する | Er *überschlug*, ob sein Geld reichte. 彼は自分の金で足りるかどうか概算してみた.
II 過分 形 (lau) (液体・室温などが) なまあたたかい, ぬるい.

über·schlä·gig[ý:bɐrʃlɛ:gɪç]² ＝überschläglich

Über·schlag·la·ken[ý:bɐrʃla:k..] 中 -s/- (掛けぶとんの襟もとで折り返す) 上掛けシーツ (→ 図 Bett).

über·schläg·lich[ý:bɐrʃlɛ:klɪç] 形 概算の: die ～*en* Kosten おおよその費用 | *et.*⁴ ～ berechnen …を概算する.

über·schlau[ý:bɐrʃlaʊ] 形 ひどく利口な(抜け目のない), ひどくずるがしこい.

über|schnap·pen[ý:bɐrʃnapən] 自 **1** (s, h) (錠などが) カチンと音をたてて外れる: Der Riegel ist 〈hat〉 *übergeschnappt*. 掛け金がパチンと音をたてて外れた.
2 (s) 《話》 **a**) (声が) 調子外れになる, きいきい声になる: Ihre Stimme *schnappte über*. 彼女は金切り声になった. **b**) 理性を失う: Du bist wohl *übergeschnappt*? 君はおおかた気でも変なんだろう.

über·schnei·den*[y:bɐrʃnáidən]¹ 《148》 他 (h) **1** 交差させる; 〖建〗(木材に) 切り欠きを入れて接合する. **2** 再帰 *sich*⁴ ～ (線などが) 交差する; 《比》(催し物などが) かち合う, 重なり合う; 《比》(テーマ・問題などが) 部分的に重なり合う: Die Linien *überschneiden* sich. 線が交差する | Die beiden Sendungen *überschneiden* sich 〔um eine halbe Stunde〕. その両方の放送時間は〔30分だけ〕かち合う | Die Arbeitsgebiete der beiden Forscher *überschneiden* sich. この二人の研究者の研究領域は一部重なり合っている.

Über·schnei·dung[..dʊŋ] 女 -/-en **1** 交差; (催しなどの) かち合い; (テーマなどの) 部分的な重なり; 〖建〗欠き入れ.
2 ＝Enjambement

über·schnei·en[y:bɐrʃnáiən] 他 (h) 雪〔のようなもの〕で覆う: *überschneit* sein 雪で覆われている.

über·schnit·ten[y:bɐrʃnítən] überschneiden の過去分詞; 過去1・3人称複数.

Über·schnul·ze[ý:bɐrʃnʊltsə] 女 -/-n 《話》ひどくセンチメンタルな流行歌.

über·schrau·ben[y:bɐrʃráʊbən]¹ **I** 他 (h) ねじで締めすぎる(きつく締める).
II **über·schraubt** 過分 形 (verschroben) つむじ曲がりの, ひねくれた, エクセントリックな.

über|schrei·ben¹*[ý:bɐrʃraɪbən]¹ 《152》 他 (h) **1** 《*et.*⁴》(…の) 上に字を書く. **2** ＝überschreiben² 3

über·schrei·ben²*[–⏑⏊⏑] 《152》 他 (h) **1** 《*et.*⁴》(…に) 表題をつける; 上書きを書く: Das Gedicht ist 〔mit dem Titel〕 „Im Nebel“ *überschrieben*. この詩は「霧の中で」という題がついている. **2** 《*jm. et.*⁴ / *et.*⁴ auf *jn.*》 **a**) (…を…の名義に) 書き換える, (…に…を) 譲渡する: *et.*⁴ auf *js.* Namen⁴ ～ …を…の名義に書き換える | *jm.* ein Grundstück ～ …に土地を譲渡する(名義換えする) | Er *überschrieb* sein Geschäft auf seinen Sohn 〈auf den Namen seines Sohns〉. 彼は店を息子の名義に換えた. **b**) 〖商〗(金額などを) 繰り入れる, 繰り越す. **c**) 〖商〗書面で通知する: *jm.* 〈auf *jn.*〉 einen Auftrag ～ …に発注する. **3** 転記する, 転写する; 振り替える: eine Summe auf *js.* Konto ～ ある額を…の口座に転記する(振り替える).

Über·schrei·bung¹[ý:bɐrʃraɪbʊŋ] 女 -/-en (überschreiben¹すること. 例えば:) 重ね書き.

Über·schrei·bung²[–⏑⏊⏑] 女 -/-en (überschreiben²すること. 例えば:) 名義書き換え, 譲渡.

über·schrei·en*[y:bɐrʃráiən] 《153》 他 (h) **1** 《*jn.* / *et.*⁴》(…の声・音を) もっと大きな声で圧倒する(聞こえなくする): Der Redner wurde von der Menge *überschrien*. 演説者の声は群衆の叫びにかき消された. **2** 再帰 *sich*⁴ ～ どなりすぎて声をからす(つぶす).

über·schreit·bar[y:bɐrʃráitba:r] 形 越える(渡る)ことのできる, 横断可能な.

über·schrei·ten*[y:bɐrʃráitən] 《154》 他 (h) **1** 〔歩いて〕越える: eine Brücke ～ 橋を渡る | eine Fahrbahn ～ 車道を横断する | die Grenze ～ 国境を越える | den Rubikon ～ (→Rubikon) | die Schwelle ～ 敷居をまたぐ | 〔Das〕 *Überschreiten* der Gleise 〔ist〕 verboten! (掲示で) 線路の横断を禁ず. **2** 《比》超過する, 越える: die Siebzig ～ 70歳を越える | den Höhepunkt ～ 最高潮をすぎる, 峠を越える | Die Ausgaben *überschreiten* die Einnahmen. 支出が収入を超過する. **3** (きまり・限度などを) 越える, 犯す: die vorgeschriebene Geschwindigkeit ～ 規定の速度を越える | ein Gesetz ～ 法律を犯す | jedes 〈alles〉 Maß ～ 度を越す, 言語道断である.

Über·schrei·tung[..tʊŋ] 女 -/-en (überschreiten すること. 例えば:) 超過; 違反.

über·schrie·ben[y:bɐrʃrí:bən] überschreiben²の過去分詞; 過去1・3人称複数.

über·schrie·en[..ʃrí:ən] überschreien の過去分詞; 過去1・3人称複数.

Über·schrift[ý:bɐrʃrɪft] 女 -/-en (論文・詩などの) 表題; (新聞の) 見出し; (章・節などの) 題名, 中見出し.

über·schrit·ten[y:bɐrʃrítən] überschreiten の過去分詞; 過去1・3人称複数.

Über·schuh[ý:bɐrʃu:] 男 -〔e〕s/-e オーバーシューズ.

über·schul·den[y:bɐrʃʊ́ldən]¹ 《01》 **I** 他 (h) (…に) 極度に大きな負債を負わせる. **II** **über·schul·det** 過分 形 債務超過の, 赤字だらけの: ein ～*er* Unternehmer 借金で首の回らない企業家.

Über·schul·dung[..dʊŋ] 女 -/-en あまりにも多額の負債を負っていること; 〖法〗債務超過.

Über·schuß[ý:bɐrʃʊs] 男 ..schusses/..schüsse[..ʃʏsə] 過剰; 余剰, 余り; 利潤, 黒字: Geburten*überschuß* 出生過剰 | ein ～ an Geburten 出生の過剰, 死亡を上回る出生 | ein ～ an Frauen 女子の過剰 | einen ～ an Kraft³ besitzen 〈haben〉 余力をもっている ‖ einen ～ abwerfen 利潤をあげる, 黒字になる | hohe *Überschüsse* haben 大きな利潤をあげる.
[*mhd.*; < *mhd.* über-schiezen „hinaus-ragen“ (◇überschießen)]

Über·schuß·ge·biet 中 生産物過剰地域.

über·schüs·sig[ý:bɐrʃʏsɪç]² 形 過剰の, 余分の, 超過した, 余った: ～*e* Erzeugnisse 過剰生産物 | *seine* ～*en* Kräfte austoben あり余る力を存分に発散する.

Über·schuß≠pro·dukt[ý:bɐrʃʊs..] 中 -〔e〕s/-e 《ふつう複数で》〖経〗過剰生産物. ≠**pro·duk·tion** 女 過剰生産.

über|schüt·ten¹[ý:bɐrʃʏtən] 《01》 他 (h) 《話》(水などを) 注ぎこぼす; 《*jm. et.*⁴》(…の上に…を) 注ぎかける: den Kaffee ～ コーヒーをこぼす | *jm.* einen Eimer Wasser ～ …にバケツ1杯の水をかける.

über·schüt·ten²[–⏑⏊⏑] 《01》 他 (h) 《*jn.* 〈*et.*⁴〉 mit *et.*³》(…の上に…を) いっぱいに注ぎ(振り)かける: *jn.* mit einem Eimer Wasser ～ …にバケツ1杯の水をかける | den Gartenweg mit Kies ～ 庭園の道に砂利をまく | *jn.* mit Geschenken 〈Vorwürfen〉 ～ …にどっさりプレゼントをする〈非難を浴びせる〉 | Er wurde in dem Interview mit Fragen *überschüttet*. 彼はインタビューで質問攻めにあった.

Über·schwang[ý:bɐrʃvaŋ] 男 -〔e〕s/ **1** (感情の) 横溢(おういつ): im ～ der Freude 喜びにあふれて | im ～ der Gefühle 万感胸に満ちて | in jugendlichem ～ / im ～ der Jugend 若さにあふれて. ▽**2** あふれるばかりの豊富さ.

Über·schwän·ge·rung[y:bɐrʃvɛ́ŋərʊŋ, ⏊⏑⏑⏑⏑] 女 -/-en 《ふつう単数で》〖医〗過妊娠.

über·schwäng·lich[ý:bɐrʃvɛŋlɪç] ＝überschwenglich

Über·schwäng·lich·keit ＝Überschwenglichkeit

über|schwap·pen[ý:bɐrʃvapən] **I** 自 (s) 《話》(容器から) パチャッとこぼれる; (いっぱいになって) あふれる, こぼれる:

U

Die Suppe ist beim Servieren *übergeschwappt*. スープは食卓に置いたときパチャッとこぼれた.

II 他 (h)《話》パチャッとこぼす.

über·schwem·men[y:bərʃvɛ́mən] 他 (h) **1**《*et.*⁴》(ある場所に) 氾濫(はんらん)する, (…を) 水浸しにする: Der Fluß hat weite Landstriche *überschwemmt*. 川が広い地域にわたって氾濫した | Die Straße ist *überschwemmt*. 通りが水につかっている. **2**《比》《*et.*⁴》(ある場所に) あふれる;《*jn.* 〈*et.*⁴〉 mit *et.*³》(…を…で) あふれさせる, (…に…を) あり余るほど与える〈供給する〉, 殺到させる: Das Land wird mit ausländischen Waren 〈von Touristen〉 *überschwemmt*. 国じゅうに外国製品が氾濫している〈観光客があふれている〉| Die Leser werden heute mit 〔einer Flut von〕 Zeitschriften *überschwemmt*. 読者は今日では雑誌の洪水に見舞われている.

Über·schwem·mung[..mʊŋ] 女 -/-en (水の) 氾濫(はんらん), 大水, 洪水;《比》(供給・在庫などの) 過剰: die ～ des Rheins ライン川の氾濫 | die ～ der Niederungen 低地の水浸し ‖ Er hat im Bad eine ～ angerichtet.《戯》彼は浴室を水浸しにした.

Über·schwem·mungs⸗ge·biet 中 水害地域. ⸗**ka·ta·stro·phe** 女 水害.

über·schweng·lich[ý:bərʃvɛŋlɪç] 形 過度に感情のあふれた, 熱狂的な, オーバーな: mit ～*en* Worten 大げさな言葉で | *jm.* ～ danken …におおぎょうにお礼を言う.
[*mhd.*; ◇Überschwang]

Über·schweng·lich·keit[−kaɪt] 女 -/-en überschwenglich なこと〈言動〉.

über·schwer[ý:bərʃve:r] 形 非常に重い: ein ～*er* Panzer 超重戦車.

Über·schwung[ý:bərʃvʊŋ] 男 -〔e〕s/..schwünge [..ʃvʏŋə]《オーストリア》軍服のベルト.

Über·see[ý:bərze:] 女 -/《無冠詞で》海外〔諸国〕:〖ふつう前置詞と〗Waren **aus** 〈von〉 **～** 舶来品 | Brief **für ～** 海外への手紙 | **in ～** leben 海外で暮らす | **nach ～** auswandern 〈exportieren〉 海外へ移住〈輸出〉する.

Über·see⸗bank 女 -/-en 海外銀行. ⸗**damp·fer** 男 外洋〔航行の〕汽船. ⸗**han·del** 男 -s/ 海外貿易.

über·see·isch[ý:bərze:ɪʃ] 形 海外の; 海外からの; 海外向けの; 海洋横断の: ～*e* Länder 海外諸国 | ～*e* Schiffsroute 外洋航路.

Über·see⸗li·nie[..niə] 女 外洋航路. ⸗**markt** 男 海外市場.

Über·seer[ý:bərze:ər] 男 -s/- **1** ＝Überseedampfer **2** 海外から来た人, 海外に住む人.

Über·see⸗te·le·gramm 中 海外電報. ⸗**ver·kehr** 男 海外交通, 海外との往来; 海外通信.

über·se·geln[y:bərzé:gəln]《06》他 (h) **1** (ある場所を) 帆走して通り過ぎてゆく. **2** (他船を) 帆走して追い越す; 衝突して沈没させる.

über·seg·men·tal[ý:bərzɛgmɛnta:l] 形 (suprasegmental)〖言〗超分節的な.

über·seh·bar[y:bərzé:ba:r] 形 **1** 見渡せる, 展望できる;《比》見通せる, 見当のつく: ein gut ～*es* Gelände 見晴らしのきく地形 | Der bei dem Unglück entstandene Schaden ist noch nicht ～. その事故で生じた損害はまだ見当もつかない.
2 見落とす可能性のある, 看過しうる: leicht ～ sein 容易に見落としがちである.

über|se·hen¹*[ý:bərze:ən]《164》他 (h)《話》再帰 *sich*³ *et.*⁴ ～ …を見あきる〈あきるほど見る〉; …にあきあきする | Man *sieht* sich so etwas schnell *über*. そんなものはすぐ〔見〕あきてしまうものだ.

über·se·hen²*[−◡◡́◡]《164》他 (h) **1** 見渡す, 見晴らす, 展望する; 概観する; (全体の状況・分野などを) 見通す, (全体から) 判断する, 見積もる: Von hier aus kann man die ganze Stadt ～. ここから全市を見渡すことができる | Ob es möglich ist, läßt sich noch nicht ～. それが可能かどうかはまだ見当もつけられない.
2《*et.*⁴ / *jn.*》(うっかりして) 見落とす, (…に) 気づかない, 見のがす; (故意に) 見ない, 見のがす, 大目に見る, 無視する: einen Fehler 〈ein Verkehrsschild〉 ～ 誤り〈交通標識〉を見落とす ‖ *js.* Taktlosigkeit stillschweigend ～ …の不作法を黙って見のがす | von *jm.* absichtlich *übersehen* werden …に故意に無視される.

über|sein*[ý:bərzaɪn]《165》自 (s)《話》《in *et.*³ *jm.*》(…において…に) まさっている: Im Rechnen *ist* er mir *über*. 計算は彼のほうが私よりうまい.
★ ふつう 2 語に書く.

über·se·lig[ý:bərze:lɪç]² 形 この上なく幸せな, 天にも昇る心地の.

über·sen·den⁽*⁾[y:bərzɛ́ndən]¹《166》他 (h)《*jm.* *et.*⁴》(…に…を) 送る, 送付する: *jm.* ein Paket ～ …に小包を送る | *jm.* Glückwünsche ～ …に祝辞を送る | Er hat mir das Buch *übersandt* 〈*übersendet*〉. 彼は私にその本を送ってくれた.

Über·sen·der[..dər] 男 -s/- **1** 送り主, 発送人, 差出人. **2**〖工〗伝送器, 送信器.

Über·sen·dung[..dʊŋ] 女 -/-en übersenden すること.

über·sen·si·bel[ý:bərzɛnzi:bəl] (..si·bl..) 形 ひどく感じやすい, 敏感な.

über·setz·bar[y:bərzɛ́tsba:r] 形 翻訳可能な, 訳せる: Das ist nicht ins Deutsche ～. それはドイツ語には訳せない.

über|set·zen¹[ý:bərzɛtsən]《02》**I** 他 (h) **1**〔舟で向こう岸へ〕渡す: *jn.* an 〈auf〉 das andere Ufer ～ …を向こう岸へ渡す | *sich*⁴ mit 〈von〉 der Fähre ～ lassen 渡し舟で川を渡してもらう ‖ Der Fährmann hat uns *übergesetzt*. 渡し守が私たちを向こう岸へ渡してくれた. **2** 向こうへ(越えて・またいで) 置く: den Fuß ～〖ダンス〗足を交差させる | das *Übersetzen* üben〖楽〗(ピアノで) Übersatz の練習をする.
II 自 (s, h)〔向こう岸へ〕渡る: Wir sind 〈haben〉 mit zwei Booten *übergesetzt*. 私たちは 2 そうのボートで川を渡った.

über·set·zen²[−◡◡́◡]《02》他 (h) **1 a)** 翻訳する, 訳す; 通訳する: *et.*⁴ wörtlich 〈frei〉 ～ …を逐語訳〈意訳〉する | einen Roman aus dem 〈vom〉 Deutschen ins Japanische ～ 長編小説をドイツ語から日本語に翻訳する ‖ ein in mehrere Sprachen *übersetzter* Roman 数か国語に翻訳された長編小説. **b)**《*et.*⁴ in *et.*⁴》移す, 変形する, 直す: eine Novelle ins Dramatische 〈in Musik〉 ～ 小説をドラマ化する〈音楽作品に仕立てる〉| die wirkliche Welt in die Gedankenwelt ～ 現実の世界を想念の世界へ移す | Zoll in das metrische System ～ ツォルをメートル法に換算する.
2〖工〗伝動する; ギアをかける.
3《スイス》いちだんと高める: *übersetzte* Preise 〈Forderungen〉 法外に高い掛け値〈要求〉| in *übersetztem* Tempo ぐんと速度を高めて.

Über·set·zer[..tsər] 男 -s/- **1** (女 **Über·set·ze·rin** [..tsərɪn]-/-nen)〔翻〕訳者; 通訳者. **2** 翻訳機; 符号解読器.

Über·set·zung¹[ý:bərzɛtsʊŋ] 女 -/-en 向こう岸へ渡る〈渡す〉こと, 渡河.

Über·set·zung²[−◡◡́◡] 女 -/-en **1** 翻訳; 翻訳されたもの, 翻訳書, 訳本: eine ～ aus dem 〈vom〉 Deutschen ins Japanische ドイツ語からの日本語〔への翻〕訳 | eine wörtliche 〈freie〉 ～ 逐語訳〈意訳〉| maschinelle ～ 機械翻訳 ‖ eine ～ von *et.*³ machen …の翻訳をする | einen Schriftsteller 〈ein Werk〉 in der ～ lesen ある作家〈作品〉を翻訳で読む | Von diesem Buch ist jetzt eine ～ erschienen. この書物はこんど翻訳〔書〕が出版された.
2〖工〗**a)** 伝動, 伝達; 伝動装置, トランスミッション, ギア: die ～ wechseln ギアを変える. **b)** 歯車比; 変圧〈変成〉比: eine große 〈kleine〉 ～ (自転車などの) 大きな〈小さな〉歯車比;《話》足の長い〈短い〉こと | mit kleiner ～《話》あわてずに.

Über·set·zungs⸗bü·ro 中 翻訳事務所, 翻訳会社. ⸗**feh·ler** 男 誤訳. ⸗**ge·trie·be** 中〖工〗増速歯車装置. ⸗**ma·schi·ne** 女 翻訳機〈械〉. ⸗**preis** 男 (優れた翻訳に与えられる) 翻訳賞. ⸗**ver·hält·nis** 中〖工〗変速〈歯車〉比;〖電〗変圧〈変成〉比.

Über·sicht[ý:bərzɪçt] 女 -/-en **1**《単数で》(全体を) 見

通す力, 洞察力: die ~ über *et.*[4] gewinnen 〈verlieren〉 …の見通しがつく〈見通しがつかなくなる・大局を見失う〉 | keine ~ über *et.*[4] haben …の見通しがついていない. **2** 概要, 摘要; 一覧〔表〕: eine ~ über *et.*[4] geben …の概要を述べる, …を概括する〈展望する〉 | eine ~ über die deutsche Literatur herausgeben ドイツ文学の概説書を出版する | eine vergleichende ~ der Deklination der Substantive 名詞変化比較一覧表 | *et.*[4] in einer ~ darstellen …を概観的に叙述する. [<übersehen[2] 1]

▽**über·sich·tig**[..tıç][2] 形 (weitsichtig) 遠視の.

▽**Über·sich·tig·keit**[..kaıt] 女 -/ 遠視.

über·sicht·lich[ý:bərzıçtlıç] 形 **1** 見通しのきく, 見晴らしのよい: ein *~es* Gelände 見通しのきく〈見渡せる〉地形. **2** 一目瞭然(りょうぜん)の, 一読して理解できる, 明快な: eine *~e* Anordnung 整然たる配列 | eine *~e* Darstellung 明快な叙述 ‖ ~ gegliedert sein 整然と分類されている.

Über·sicht·lich·keit[–kaıt] 女 -/ (übersichtlich なこと. 例えば:) 見通しのきくこと; 一目瞭然(りょうぜん)であること.

Über·sichts≠kar·te[ý:bərzıçts..] 女 (かなりの広地域を概観するための)一般〔地〕図, 略〔地〕図. **≠plan** 男 (都市などの)調査図, 基本設計図. **≠ta·bel·le** 女 一覧図. **≠ta·fel** 女 一覧表.

über|sie·deln[1][ý:bərzi:dəln] ⦅06⦆ 自 (s) 移転する, 移り住む, 引っ越す; 移住する: nach Bonn ~ ボンへ移る | aufs Land ~ 田舎へ引っ越す | Wir *siedeln* in ein neues Haus *über*. 私たちは新しい家へ移り住む.

über·sie·deln[2][–◡⏝◡] ⦅06⦆ **I** 自 (s) = übersiedeln[1] ▽**II** 他 (h) 移住させる.

Über·sie·de·lung[ý:bərzi:dəlʊŋ, –◡⏝◡◡] (**Über·sied·lung**[..dlʊŋ, –◡⏝◡]) 女 -/ 移住.

über|sie·den[(*)][ý:bərzi:dən][1] ⦅167⦆ 自 (s) 煮こぼれる.

über·sinn·lich[ý:bərzınlıç] 形 超感覚的な; 〘哲〙超感性的な; 超自然的な.

Über·sinn·lich·keit[–kaıt] 女 -/ übersinnlich なこと.

über|span·nen[1][ý:bərʃpanən] 他 (h) ⦅*et.*[4]⦆ (…の)上に張る.

über·span·nen[2][–◡⏝◡] **I** 他 (h) **1 a)** ⦅*et.*[4] mit *et.*[3]⦆ (…の上に…を)張る, (…を…で)張っておおう: *et.*[4] mit einem Tuch ~ …の上一面に布を張る. **b)** ⦅*et.*[4]⦆ (…の上に)〔弓状に〕掛かっている: Eine Hängebrücke *überspannt* das Tal. つり橋が谷の上に掛かっている. **2** (弦・綱などを)強く張りつめる, あまりに強く張りすぎる; ⦅比⦆ 過度に緊張させる: den Bogen ~ (→Bogen 2 a) | Diese Arbeit *überspannte* seine Kräfte. この仕事は彼の手に余った.

II über·spannt 過分 形 ⦅比⦆ (考え・行動などが)極端な, 行きすぎた; 法外な, とっぴな; 気違いじみた: *~e* Einfälle とっぴょうしもない思いつき | *~e* Forderungen 度を過ごした〈法外な〉要求 | ein etwas *~er* Mensch いささか常軌を逸した人 ‖ Er ist ~. 彼は気違いじみている.

Über·spannt·heit[..haıt] 女 -/ überspannt なこと.

Über·span·nung[1][y:bərʃpánʊŋ] 女 -/-en (überspannen[2]すること. 例えば:) 過度の緊張; 誇張; 被覆.

Über·span·nung[2][⏝◡◡◡] 女 -/-en 〘電〙 過電圧.

über·spie·len[y:bərʃpí:lən] 他 (h) **1** (録音・録画されたものを)他のテープに移す, 再録〔音〕する; (録音・録画されたものを)中継する: eine Platte 〈ein Rundfunkkonzert〉 auf ein Tonband ~ レコード〈ラジオコンサート〉をテープに録音する | das *Überspielen* von Band auf Band テープからテープへの録音 | Die Aufzeichnung wurde uns aus dem Studio in Hamburg *überspielt*. ただ今の放送はハンブルク放送局からの中継録音〈録画〉でした. **2** (不快なこと・弱点などを)他の人に気づかせないようにする, 巧みに隠す; (演技・伴奏などによって故意に)隠す, カバーする; オーバーアクトする: Er weiß seine Fehler geschickt zu ~. 彼は自分の欠点を巧みに隠すすべを知っている. **3** 〘スポ〙 (苦もなく)打ち負かす, 圧勝する, 楽勝する; (ausspielen) (相手を)巧みにかわす, (守備陣を)抜く. **4** (überlisten) ⦅*jn.*⦆ (…を)だしぬく, (…の)裏をかく. **5** 再帰 *sich*[4] ~ プレー〈演奏〉のし過ぎで過労に陥る: Die Mannschaft ist *überspielt*. チームはハードスケジュールで疲れ果てている. **6** ⦅オーストリア⦆ (楽器などを)使い古す: ein *überspieltes* Klavier 使い古されたピアノ.

über·spin·nen*[y:bərʃpínən] ⦅175⦆ 他 (h) ⦅*et.*[4]⦆ (…を)紡いだもので覆う〈巻く〉, (網などを…に)からみつける; (クモが…を)糸でくるむ: *übersponnener* Kupferdraht 被覆銅線.

über·spit·zen[y:bərʃpítsən] ⦅02⦆ **I** 他 (h) とがらせすぎる; ⦅比⦆ 強調〈誇張〉しすぎる, 極端に考える〈表現する〉: Wir wollen die Angelegenheit nicht ~. 私たちはその問題を大げさに扱うつもりはない.

II über·spitzt 過分 形 とがりすぎた; ⦅比⦆ 極端に走った, 誇張した: *~e* Maßnahmen 極端な処置 | *et.*[4] ~ formulieren …を誇張して表現する.

Über·spit·zung[..tsʊŋ] 女 -/ überspitzen すること.

über·spre·chen*[y:bərʃpréçən] ⦅177⦆ 他 (h) **1** ein Band ~ (録音ずみの)テープに重ねて吹き込む, ダビングする. **2** einen Film ~ 映画に吹き替え録音をつける | ein deutscher Film japanisch *übersprochen* 日本語吹き替えのドイツ映画.

über|sprin·gen[1]*[ý:bərʃprıŋən] ⦅179⦆ 自 (s) (特に電光・火花などが空間を)越えて飛ぶ, 飛び移る: Die Funken *springen* von dem einen zum anderen Pol *über*. 火花が一方の電極からもう一方の電極へ飛ぶ | Das Feuer *sprang* von der brennenden Scheune auf das Haus *über*. 燃えている納屋から家屋へ火が燃え移った ‖ auf ein anderes Thema ~ ⦅比⦆ (急に)別の話題に移る.

über·sprin·gen[2]*[–◡⏝◡] ⦅179⦆ 他 (h) **1** 飛び越える: einen Graben 〈einen Zaun〉 ~ 堀〈垣根〉を飛び越す | im Stabhochsprung 5 Meter ~ 棒高跳びで5メートルを跳び越える | Das Pferd hat die Hindernisse fehlerfrei 〈mühelos〉 *übersprungen*. 馬はミスをせずに〈苦もなく〉障害物を跳び越えた. **2** ⦅比⦆ (間のものを)とばす, 省く, 略する: ein Kapitel 〈einige Seiten〉 〔im Buch〕 ~ 〔本の〕ある章〈数ページ〉をとばす | eine Mahlzeit ~ 食事を1回抜かす | eine Klasse ~ 1学年とび越して進級する | einen Zug ~ 一列車やりすごす.

über|spru·deln[ý:bərʃpru:dəln] ⦅06⦆ **I** 自 (s) ほとばしり出る, わき〈泡立ち〉あふれる; ⦅比⦆ (才気・感情などが)あふれる: Das Mineralwasser 〈Das kochende Wasser〉 ist *übergesprudelt*. 炭酸水〈煮たった湯〉があふれた | Die Flasche ist *übergesprudelt*. 液体が瓶からあふれている ‖ von 〈vor〉 Witz ~ ⦅比⦆ 機知にあふれる | Er *sprudelt* von guten Einfällen 〈von neuen Ideen〉 *über*. ⦅比⦆ 彼には次々といい思いつき〈新しいアイディア〉がわき出てくる.

II über·spru·delnd 現分 形 あふれんばかりの, ほとばしる〈泡立つ〉ような: *~es* Temperament あふれるほどの元気〈快活さ〉.

Über·sprung≠be·we·gung [ý:bərʃprʊŋ..] 女, **≠hand·lung** 女 〘心・動〙 転位行動(例えば闘争中の鶏がとつぜん食物をあさるように地面をつつくなど, 闘争と無関係の行動). [<überspringen[1]]

über·spü·len[y:bərʃpý:lən] 他 (h) ⦅*et.*[4] / *jn.*⦆ (…を)そっくり水に浸す, (…の全体に)水をかける: *jn.* mit warmem Wasser ~ …の体に湯をかける | Die Wellen *überspülen* den Strand. 波が岸を洗う | Die Straßen waren vom Hochwasser *überspült*. 道路は洪水で水浸しになっていた.

über·staat·lich[y:bərʃta:tlıç] 形 超国家的な.

Über·stand[ý:bərʃtant][1] 男 -[e]s/..stände **1** 〘建〙 (突出部. 例えば:) ひさし, のき(→ 図 Giebel). **2** 〘化〙 上ずみ液.

über·stan·den[y:bərʃtándən] überstehen[2]の過去分詞; 過去1・3人称複数.

Über·stän·der[ý:bərʃtɛndər] 男 -s/- 〘林〙 (伐採されずに残った)放置老木.

über·stän·dig[..dıç][2] 形 **1** 〔生き〕残った, 古くなった, 老朽の, 老廃の; 〘農・林〙 収穫〈伐採〉されずに残った, 時期をすぎた, もはや成長能力のない: *~e* Ware 残品, 売れ残り品. **2** 古めかしくなった, 時代おくれの: ein *~er* Brauch 時代おくれの習慣.

über·ste·chen*[y:bərʃtéçən] ⦅180⦆ 他 (h) 〘トランプ〙 上位の札で負かす: die Dame 〈die Karte des Gegners〉 ~ クイーン〈相手の札〉をより強い札で切る.

U

über|ste·hen¹* [ý:bər∫te:ən] 《182》 **I** 自 (h) (横に)突き出ている, 張り出している: Das Obergeschoß *steht* 〔um〕 einen halben Meter *über*. 上階が半メートル張り出している | Der Balken *steht* am Dach *über*. 梁(はり)が屋根のところから突き出ている.

II über·ste·hend 現分 形 突き出た, 張り出した: ～*es* Dach 張り出した屋根, ひさし, のき | ～*e* Zähne 出っ歯, 反っ歯.

über·ste·hen²* [─◡⌐◡] 《182》 他 (h) (困難・病気・苦痛などを)切り抜ける, 克服する, もちこたえる: eine Gefahr 〈eine Krankheit〉 ～ 危険〈病気〉を克服する | die Hitze 〈die Strapazen〉 ～ 暑さ〈はげしい労働〉に負けず頑張り通す | den Bombenangriff lebend ～ 空襲を生きのびる | eine anstrengende Reise gut 〈glücklich〉 ～ つらい旅行を無事に終える ‖ Der Kranke hat die Krise 〈die Nacht〉 *überstanden*. 病人は危機〈その夜〉をもちこたえた | Er hat es *überstanden*. 《婉曲に》彼は死んだ | Haben Sie die Ferien gut *überstanden*? 《話》あなたは休暇を無事に過ごしましたか | Du wirst's schon ～! 《話》君はきっとなんとかやってのけるさ〈そうひどくはなかろうよ〉 | Das hätten wir *überstanden*! / Das wäre *überstanden*! やれやれよかった, これで終わったか.

über|stei·gen¹* [ý:bər∫taɪgən]¹ 《184》 自 (s) 《方向を示す語句と》 (…へ)乗り移る, 乗りかえる: in ein anderes Boot ～ 別のボートへ乗り移る | Der Dieb ist vom Nachbarhaus 〔aus〕 auf unser Dach *übergestiegen*. どろぼうは隣家からわが家の屋根に飛び移った.

über·stei·gen²* [─◡⌐◡] 《184》 他 (h) **1** のり越える, (登って)越える, 踏破する; (上昇して)越す, (川水などが)越えあふれる: einen Zaun ～ 垣根を越える | den Berg 〈den Grat〉 ～ 山〈尾根〉を越える | Der Fluß *übersteigt* das Ufer. 川の水が岸からあふれる. **2** 《比》上まわる, 凌駕(りょうが)する: alle Begriffe ～ 完全に理解の範囲を越える | die Grenze des Erlaubten ～ 許された範囲を越える ‖ Der Erfolg *überstieg* alle meine Erwartungen. 私の予想〈期待〉を上まわる大成功だった | Das *übersteigt* meine Kräfte 〈meinen Horizont〉. それは私の力〈理解〉を越える | Die Ausgabe *übersteigt* die Einnahme. 支出が収入を上まわる.

über·stei·gern [y:bər∫táɪgərn] 《05》 他 (h) 度を越えて高める, つり〈せり〉上げすぎる: die Forderung 〈den Preis〉 ～ 要求〈価格〉をあまりに高くする ‖ 再帰 *sich*⁴ 〔in *et.*³〕 ～ 〔…をするのに〕度を越す | Er *übersteigerte* sich in seinem Zorn. 彼はどこまでも怒りをつのらせた ‖ ein *übersteigertes* Selbstbewußtsein 過剰な自意識.

Über·stei·ge·rung [..gərʊŋ] 女 -/-en つり上げ, せり上げ, 過大化.

Über·stei·gung [y:bər∫táɪgʊŋ] 女 -/-en 登り〈のり〉越えること, 踏破; 凌駕(りょうが).

über·stel·len [y:bər∫télən] 他 (h) 《官》 《*jn.*》 (法に従って…を他の部署に)引き渡す: den Häftling dem Gericht ～ 拘留者を法廷へ送る.

über·stem·peln [y:bər∫témpəln] 《06》 他 (h) 《*et.*⁴》 (…に)スタンプ〈消印〉を押す; (…に)訂正印を押す.

über·steu·ern [y:bər∫tɔ́ʏərn] 《05》 他 (h) **1** 《*jn.*》 (…に)税をかけすぎる, (…から)法外に徴税する. **2** 《*et.*⁴》 (…の)ハンドルを切りすぎる: beim Überholen *seinen* Wagen ～ 他車追い越しの際にハンドルを切りすぎる. **3** 〔電〕過度挽向(ばんこう)〈オーバーステアリング〉させる, 過変調させる, ボリュームのつまみをあげすぎる.

Über·steu·e·rung [..∫tɔ́ʏərʊŋ] 女 -/-en **1** 過度徴税, 税金の取り過ぎ. **2** (ハンドルの)切りすぎ. **3** 〔電〕過度挽向(ばんこう), オーバーステアリング, 過変調.

über·stie·gen [y:bər∫tí:gən] übersteigen²の過去分詞; 過去1・3人称複数.

über·stim·men [y:bər∫tímən] 他 (h) 《*jn.*》投票〈多数決〉で負かす; 《*et.*⁴》否決する: den Gegner knapp ～ 投票で辛うじて相手に勝つ | Er wurde mit seinem Vorschlag 〔von der Mehrheit〕 *überstimmt*. 彼の提案は〔多数によって〕否決された | Sein Antrag wurde *überstimmt*. 彼の動議は否決された.

über·strah·len [y:bər∫trá:lən] 他 (h) **1** 《*et.*⁴》 (…を)光で覆う, 一面に照らす: Scheinwerfer *überstrahlen* das Stadion. 照明ライトが競技場をくまなく照らしている | Ein Lächeln *überstrahlte* ihr Gesicht. 《比》彼女は満面に笑みを浮かべた. **2** 《*et.*⁴》 (より強い光によって…を)目立たなくする; 《比》(…の)輝き〈顔色〉を奪う: Sein Ruhm wird von dem seines Schülers *überstrahlt*. 彼の名声は彼の弟子の名声の陰にかくれてしまう.

über|stra·pa·zie·ren [ý:bər∫trapatsi:rən] 他 (h) 《*jn.*/*et.*⁴》 (…を)極度に酷使する: *js.* Geduld ～ 《比》…に極度の忍耐を強いる.

über·strei·chen* [y:bər∫tráɪçən] 《189》 他 (h) **1** 《*et.*⁴ mit *et.*³》 (…に…を)一面に塗る: die Fläche 〈die Wand〉 mit Firnis ～ 面〈壁〉にワニスを塗る. **2** 《*et.*⁴》 (…の)上を流れる: Die kalten Winde *überstreichen* die Wiesen. 冷たい風が草原をかすめて吹く.

über|strei·fen [ý:bər∫traɪfən] 他 (h) (衣類を)さっと着せる, かぶせる, 羽織らせる: *jm.* einen Pullover ～ …にプルオーバーをさっと着せる〈かぶせる〉 | *sich*³ ein Hemd ～ シャツを着る | *sich*³ die Handschuhe ～ 手袋をはめる.

über·streu·en [y:bər∫trɔ́ʏən] 他 (h) 《*et.*⁴ mit *et.*³》 (…に…を)一面にふりかける, ばらまく: den Kuchen mit Zucker ～ スポンジケーキに砂糖をふりかける | mit Tannennadeln *überstreuter* Boden モミの針葉が一面に落ちている地面.

über|strö·men¹ [ý:bər∫trø:mən] 自 (s) **1** どっとあふれる, 氾濫(はんらん)する: Das Wasser 〈Der Fluß〉 ist *übergeströmt*. 水〈川〉があふれた ‖ vor Seligkeit 〈Glück〉 ～ 《比》幸福にあふれる | Er ist von Dankesworten *übergeströmt*. 《比》彼はあふれんばかりに感謝の言葉を述べたてた ‖ *überströmende* Freude 《比》あふれる喜び. **2** 《auf *jn.*》 (感情などが…に)〔のり〕移る, 感染する: Seine gute Laune *strömte* auf uns alle *über*. 彼の上機嫌が我々みんなに感染した.

über·strö·men² [─◡⌐◡] 他 (h) 《*et.*⁴》 (…を)浸して流れる, (…に)あふれる, 氾濫(はんらん)する: Der Fluß hat die Ebene *überströmt*. 川が氾濫して平野を水浸しにした ‖ von Schweiß *überströmt* sein 汗まみれになっている | tränen*überströmt* sein 涙にかきくれている | Die Stadt ist von Touristen *überströmt*. 《比》その都市は旅行者であふれている.

Über·strumpf [ý:bər∫trʊmpf] 男 -〔e〕s/ ..strümpfe [..∫trʏmpfə] **1** 靴下カバー, ソックス. ᵛ**2** (Gamasche) ゲートル, すね当て.

über|stül·pen [ý:bər∫tʏlpən] 他 (h) 《*jm.* *et.*⁴》 (…に…を)〔すっぽり〕かぶせる: *sich*³ die Mütze 〈den Helm〉 ～ 帽子〈ヘルメット〉をかぶる.

Über·stun·de [ý:bər∫tʊndə] 女 -/-n 《ふつう複数で》 **1** 残業〈超過勤務〉〔時間数〕, 時間外労働: bezahlte ～*n* 手当つき時間外労働 | ～*n* machen 残業〈超過勤務〉をする. **2** 《話》(生徒に罰として課する)居残り授業.

Über·stun·den≈ar·beit 女 超過勤務, 残業, 時間外労働. ≈**geld** 中, ≈**zu·schlag** 男 残業手当, 超過勤務手当.

über|stür·zen¹ [ý:bər∫tʏrtsən] 《02》 **I** 自 (s) あお向けに倒れる. **II** 他 (h) 急いで〈あわてて〉覆う.

über·stür·zen² [─◡⌐◡] 《02》 **I** 他 (h) **1 a)** 《*et.*⁴》 (熟考せずに)大急ぎで〈あわてて〉(…を)する, (…するのに)あわてすぎる: eine Entscheidung ～ 大急ぎで決定を下す | Er hat seine Abreise *überstürzt*. 彼は大あわてで旅立った | *Überstürzen* Sie nichts! 万事よく考えて行動しなさい. **b)** 再帰 *sich*⁴ ～ 大あわてする, せかせかと落ちつかない: *sich*⁴ beim Essen 〈Sprechen〉 ～ 大急ぎで食事する〈話す〉 | Er hat sich bei der Arbeit noch nie *überstürzt*. 彼はまだ仕事であわてたということがない(いつも悠然としている). **2** 再帰 *sich*⁴ ～ 次々と〈矢つぎ早に〉つながる, 絶え間なしに出てくる〈起こる〉: Die Wogen *überstürzen* sich. 大波が絶え間なく寄せる | Die Ereignisse *überstürzten* sich. 《比》事件が次々と起こった.

II über·stürzt 過分 形 大急ぎの, あわてふためいた, 性急な,

軽率な, 突然の: eine ~*e* Abreise あわただしい出発 ‖ ~ handeln 性急(軽率)な行動をとる | Die Sitzung wurde ~ einberufen. 会議は急きょ召集された.

Über·stür·zung[y:bɐ̯ʃtýrtsʊŋ] 女 -/ 大急ぎ, 大あわて, 性急, 軽率: Nur keine ~! あわてるな, 落ちつけ.

über·süß[ý:bɐzy:s] 形 甘すぎる.

über·ta·ge[y:bɐtá:gə] 副〘坑〙坑外で.

Über·ta·ge≈ar·beit[y:bɐtá:gə..] 女〘坑〙坑外作業. **≈ar·bei·ter** 男〘坑〙坑外労務者, 坑外夫.

über·ta·rif·lich[..tari:flɪç] 形 料金表〈税率〉以上の; 給与表以上に支払われた: ~*e* Zulage (給与規定以上に支払われた)特別手当 | *jm.* ~ bezahlen …に給与表〈料金表〉の規定以上に支払う.

über·täu·ben[y:bɐtɔ́ybən][1] 他 (h) (別の音・においなどによって)感じられなくする;《比》(他の何かによって良心・本心などを)おさえつける, 沈黙〈まひ〉させる, まぎらす: Der Lärm *übertäubte* alles. 騒音でほかの何も聞こえなかった | Selbst das Parfüm konnte den üblen Geruch nicht ~. 香水もその悪臭を消すことはできなかった | Er versuchte, seine Unruhe 〈sein schlechtes Gewissen〉 durch Scherze zu ~. 彼はふざけることで不安〈良心のとがめ〉をまぎらわそうとした. [<taub]

Über·täu·bung[..bʊŋ] 女 -/-en《ふつう単数で》übertäuben すること.

über·tau·chen[y:bɐtáuxən] 他 (h)《ｵｰｽﾄﾘｱ》(病気・危機などを)やすやすと克服する: Er hat eine Grippe *übertaucht.* 彼は特別な治療も受けずにインフルエンザを治してしまった. [<tauchen „schieben“]

über·tech·ni·siert[ý:bɐtɛçnizi:ɐt] 形 技術〔化〕過剰の.

über·teu·ern[y:bɐtɔ́yɐn]《05》他 (h)《ふつう不定詞・過去分詞で》《*et.*[4]》(…に)法外に高い値段をつける: *überteuerte* Waren 法外な値段の商品. [<teuer]

Über·teue·rung[..tɔ́yərʊŋ] 女 -/-en 法外な値上げ, 価格つり上げ.

über·ti·teln[y:bɐtí:təln, ..tí́təln]《06》他 (h) (betiteln)《*et.*[4]》(…に)表題をつける: Wie ist der Aufsatz *übertitelt*? その論文は何という表題か. [<Titel]

über·töl·peln[y:bɐtœ́lpəln]《06》他 (h)《*jn.*》だます, 詐欺〈ぺてん〉にかける: *sich*[4] nicht ~ lassen ごまかされない. [<über den Tölpel werfen „über ein Stück Holz werfen“]

Über·töl·pe·lung[..pəlʊŋ] (**Über·tölp·lung**[..plʊŋ]) 女 -/-en 詐欺〈ぺてん〉〔にかけること〕.

über·tö·nen[y:bɐtǿ:nən] 他 (h) **1** (より大きな音などが…を)聞こえなくする, かき消す, 圧倒する;《比》感じられなくする, まぎらす: Der Chor *übertönte* die Solisten. 合唱団の声で独唱者の声がかき消された | Der Lärm der Flugzeuge wurde durch das Rauschen des Wasserfalls *übertönt.* 飛行機の爆音は滝の音にかき消された. **2**《*et.*[4] mit *et.*[3]》(…を…で)まぎらす: Das Ehepaar versuchte, ihr unglückliches Gefühl mit guten Erinnerungen zu ~. 夫妻はよい思い出を呼びさますことによって彼らの不幸な気持をかき消そうと努めた.

Über·topf[ý:bɐtɔpf] 男 -〔e〕s/..töpfe[..tœpfə] 植木鉢カバー.

über·tou·rig[ý:bɐtu:rɪç][2] 形 (↔untertourig) (エンジンなどが)〔過度に〕高回転の: ein Auto ~ fahren (ギア操作の具合で)自動車のエンジンを過度に回転させながら走る. [<Tour]

Über·trag[ý:bɐtra:k][1] 男 -〔e〕s/..träge[..trɛ:gə]〘商〙(簿記で, 帳簿の次のページあるいは別の帳簿への)繰り越し; 繰越高.

über·trag·bar[y:bɐtrá:kba:ɐ] 形 (übertragen できる. 例えば:) (他の領域に)転用できる; (他人に)譲渡〈委譲〉できる; (病気が)伝染〈感染〉性の: eine ~*e* Krankheit 伝染病 | Dieser Ausweis ist nicht ~. この証明書は他人が使うことはできない.

Über·trag·bar·keit[‒kaɪt] 女 -/ übertragbar なこと.

über·tra·gen*[y:bɐtrá:gən][1]《191》**I** 他 (h) **1 a)** (ラジオ・テレビで)中継〔放送〕する: ein Fußballspiel direkt 〈live〉〔aus dem Stadion〕 ~ サッカーの試合を〔サッカー場から〕生中継する | ein Konzert im Rundfunk 〈Fernsehen〉 ~ 演奏会をラジオ〈テレビ〉で中継する | Das Konzert wird von allen Sendern *übertragen.* 演奏会はすべての放送局によって中継される. **b)** (他のテープやレコードに)移す: eine Schallplattenaufnahme auf Band ~ レコード録音をテープにコピーする.

2 a) 書き写す, 転記〈転写〉する: *et.*[4] ins Heft 〈ins reine〉 ~ …をノートに写し取る〈清書する〉 | ein Muster auf einen Stoff ~ (染め物の際に)図柄を生地に印花する. **b)**〘商〙繰り越す: die Zwischensumme auf die nächste Seite ~ 中間集計を次のページに繰り越す.

3 a) 翻訳する; 翻案する; (transkribieren)〘楽〙(曲を他の楽器用に)編曲する: *et.*[4] vom 〈aus dem〉 Englischen ins Deutsche ~ …を英語からドイツ語に翻訳する | einen Prosatext in Verse ~ 散文のテキストを韻文形式に書き改める. **b)** (記号を他の記号に)移す, 書き換える: ein Stenogramm in Maschinenschrift ~ 速記原稿をタイプに打ち直す | Die Daten werden auf Lochkarten *übertragen.* データはパンチカードに打ちこまれる.

4《*et.*[4] auf *et.*[4]》(…を他の領域に)転用する; (語の意味を…に)転用する: Diese Methode kann man nicht auf andere Sachgebiete ~. この方法は他の分野に転用はできない.

5《*jm. et.*[4]》(…に任務・権限などを)ゆだねる, 委任〈委嘱〉する, 委譲〈付与〉する: *jm.* eine Aufgabe 〈einen Posten〉 ~ …に任務を委託する〈ポストをゆだねる〉 | Befugnisse an *jn.* ~ 権限を…に委譲する.

6《*et.*[4] auf *jn.*》(病気などを…に)うつす, 伝染〈感染〉させる: Sie *übertrug* ihre Begeisterung auf alle andern. 彼女の感激が皆に伝染した | Es besteht die Gefahr, daß diese Krankheit 〔auf andere Personen〕 *übertragen* wird. この病気は〔他人に〕感染する危険がある ‖ 再帰 *sich*[4] auf *jn.* ~ …にうつる〈伝染する〉 | Ihre Unruhe *übertrug* sich auf ihn. 彼女の落ちつきのなさが彼にうつった.

7 伝送〈伝達〉する; 移送する;〘電〙送電する;〘工〙伝動する;〘電算〙伝送する: Blut ~〘医〙輸血する | die Kraft des Motors auf die Räder ~ エンジンの動力を車輪に伝達する.

8〘医〙(胎児を)臨月〈出産予定日〉を越えて懐胎する.

▽**9** (ertragen) 耐え忍ぶ, 我慢する; 甘受する, 大目に見る.

II 過分 形 **1** 転義の, 比喩(ゆ)的な: ein Wort in ~*er* Bedeutung gebrauchen 語を比喩的な意味で用いる.

2〘医〙延期妊娠の: ein ~*es* Kind 妊娠期間の長びいた子供.

3《ｵｰｽﾄﾘｱ》(abgetragen) 使い古した; 着古しの.

Über·tra·ger[y:bɐtrá:gɐ] 男 -s/-〘電〙**1** 変圧器, トランス. **2** (電話回線などの)中継器, レピータ.

Über·trä·ger[..trɛ́:gɐ] 男 -s/- (übertragen する人・もの. 特に:)〘医〙保菌者; 伝達物質.

Über·tra·gung[..trá:gʊŋ] 女 -/-en (übertragen すること. 例えば:) (ラジオ・テレビの)中継〔放送〕; 転記, 転写;〘商〙繰り越し; 翻訳, 翻案; 転用; 転義; (任務・仕事などの)委任, 委嘱; (権限の)譲渡, 委譲, 付与; 伝送, 移送;〘電算〙伝送; (Infektion)〘医〙(病気の)伝染, 感染;〘電〙送電;〘工〙動力伝達, 伝動;〘数〙接続: die ~ eines Fußballspiels サッカー試合の中継 | Direkt*übertragung* 生中継 ‖ Blut*übertragung* 輸血 | die ~ einer Krankheit verhindern 病気の感染を防ぐ.

Über·tra·gungs≈be·feh·lung 女〘電算〙伝送命令. **≈ge·schwin·dig·keit**〘電算〙転送速度. **≈lei·tung** 女〘電〙伝送線. **≈quel·le** 女 (病気の)感染源. **≈recht** 中 (テレビなどの)中継放送権, 放映権. **≈ur·kun·de** 女 譲渡証書. **≈ver·merk** 男〘商〙(手形の)譲渡記入, 裏書. **≈wa·gen** 男 (ラジオ・テレビの)放送中継車(略 Ü-Wagen). **≈weg** 男〘医〙(病気の)感染経路.

über·trai·nie·ren[ý:bɐtrɛni:rən, ..tren..] (→über.. I ★) 他 (h)《不定詞・過去分詞で》〘ｽﾎﾟｰﾂ〙過度にトレーニング〈練習〉させる: Die Mannschaft ist *übertrainiert.* チームは練習をしすぎて調子をくずしている.

U

Über·trai·ning[..trɛːnɪŋ, ..treː..] 中 -s/ 〖スポーツ〗過度のトレーニング.

über·tref·fen*[yːbərtréfən]《192》他 (h)《*et.*⁴ / *jn.*》凌駕(りょうが)する, 上まわる, 越える,(…に)まさる,(…より)優れている: Das Ergebnis *übertrifft* die kühnsten Hoffnungen. その結果はあらゆる期待を上まわっている | Der Reichtum *übertrifft* jede Vorstellung. その富はあらゆる想像を絶している | Das *übertraf* meine schlimmsten Befürchtungen. それは私の恐れていた最悪のものよりもっとひどい ‖ Er *übertrifft* mich **an** Körperkraft. 彼は体力にかけては私よりまさっている | Diese Maschine *übertrifft* die andere an Genauigkeit. この機械は精確さの点でもう一つのものより優れている ‖ *jn.* **in** der Leistung ～ …より業績の点で優れている | Er hat mich in dieser Kunst weit *übertroffen.* 彼はこの業(わざ)にかけては私をはるかに凌駕した | Im Sport ist er nicht zu ～. スポーツにかけては彼はだれにも負けない ‖ 再帰 *sich*⁴ ～ 今までの自分を凌駕する, 進境を示す, 自分に求められているものより上まわった力量を示す | Du hast dich selbst *übertroffen.* 君はふだんの君を上まわった力量を見せた.

über·trei·ben*[yːbərtráɪbən]¹《193》**I** 他 (h) **1**《*et.*⁴ / es mit *et.*³》(…を)やりすぎる, しすぎる,(…の)度をすごす: die Sparsamkeit ～ / es mit der Sparsamkeit ～ 度を越した倹約をする | Du darfst das Training ⟨es mit dem Training⟩ nicht ～. 君はトレーニングをやりすぎてはいけない.

2 (↔untertreiben)(実際の量・程度よりも)大げさに述べる, 誇張する: Du *übertreibst* seine Schwächen. 君は彼の短所を誇張して言っている | Die Zahl der Verletzten wurde absichtlich *übertrieben.* 負傷者の数は故意に誇張して伝えられた ‖〖目的語なしで〗Er *übertreibt* in seiner Rolle. 彼は自分の役を大げさに演じすぎる | Du sollst nicht immer so ～. いつもそんなに大げさな言い方をするのはよしたほうがいい | Ich *übertreibe* nicht ⟨Es ist nicht *übertrieben*⟩, wenn ich sage, daß ... …と申しあげるのもけっして誇張ではありません ‖ stark *übertreibende* Worte ひどく誇張した(針小棒大な)言葉.

3〖坑〗(立坑巻き上げの際に)巻きすぎる.

II über·trie·ben → 別出

Über·trei·bung[..bʊŋ] 女 -/-en **1**《単数で》(übertreiben すること. 例えば:) やりすぎ; 誇張. **2** 行きすぎた行為; 誇張した言動⟨表現⟩.

über|tre·ten¹*[ýːbərtreːtən]《194》自 (s) **1 a)** (川の水が)氾濫(はんらん)する. **b)**《in *et.*⁴》(…に)入りこむ, 侵入する: Der Gallenfarbstoff *tritt* ins Blut *über.* 胆汁色素が血液に入りこむ. **2** (s, h)〖陸上〗(走り幅跳び・三段跳び・やり投げ・砲丸投げ・円盤投げなどで)踏み切り線⟨足留め材⟩を踏み越えてファウルする. **3 a)**《オーストリア》《[von *et.*³] in *et.*⁴》([…から]…へ)進学する; ([…から]…へ)身分が変わる: Er ist in den Ruhestand *übergetreten.* 彼は退職して年金生活者になっている. **b)**《zu *et.*³》(従来の立場を捨てて…に)鞍(くら)替え⟨宗旨変え⟩する: zum Katholizismus ⟨zur katholischen Kirche⟩ ～ カトリックに改宗する | zu einer anderen Partei ～ 別の党に移る.

über·tre·ten²*[—◡⏊◡]《194》他 (h) **1**《*et.*⁴》(敷居・境界などを)越える; (限度を)踏み越える; (規則・法律などに)違反する: ein Gesetz ～ 法律を犯す. **2** *sich*³ den Fuß ～ 足を踏み違えて足首を痛める.

Über·tre·ter[yːbərtréːtər] 男 -s/- 違反者.

Über·tre·tung[..tʊŋ] 女 -/-en (規則・法律などの)違反, 反則;〖法〗軽犯罪(→Vergehen 2, Verbrechen).

Über·tre·tungs·fall 男 im ～[e] 違反した場合には.

über·trie·ben[yːbərtríːbən] **I** übertreiben の過去分詞. **II** 形 度をすごした, 過度の, 過剰⟨過大⟩な; 誇張された, 大げさな: ～*e* Ausdrucksweise 大げさな表現の仕方 | ～*e* Höflichkeit 過度のていねいさ | ～*e* Hoffnungen hegen 過大な希望⟨期待⟩をいだく ‖ Es ist nicht ～, wenn ich sage, daß... (→übertreiben 2) ‖ ～ vorsichtig sein 極度に用心深い, あまりに慎重すぎる.

Über·trie·ben·heit[—haɪt] 女 -/-en =Übertreibung 2

Über·tritt[ýːbərtrɪt] 男 -[e]s/-e (übertreten¹すること. 例えば:) 移行, 鞍(くら)替え; 宗旨変え, 改宗; 移籍, 転属: der ～ zum Islam イスラム教への改宗 | der ～ in den Ruhestand《オーストリア》年金生活入り, 定年退職.

über·trock·nen[yːbərtrɔ́knən]《01》自 (h)《オーストリア》表面が乾燥する⟨干からびる⟩.

über·trump·fen[yːbərtrʊ́mpfən] 他 (h)《*jn.* / *et.*⁴》〖トランプ〗上位の切り札で切る⟨負かす⟩;《比》凌駕(りょうが)する,(…より)まさる: Sie *übertrumpfte* ihn ⟨seine Karte⟩. 彼女は上位の切り札を出して彼を負かした | Damit hat er deine Leistung *übertrumpft.*《比》これによって彼は君の業績をしのいでしまった.

über|tun¹*[ýːbərtuːn]《198》他 (h)《話》《*jm.* *et.*⁴》(…の体に衣類などを)かぶせる, 羽織らせる, 着せる: *jm.* einen Schal ～ …にショールを掛けてやる | Du solltest dir eine Jacke ～. 君は上着を羽織ったほうがいい.

ᵛ**über·tun**²*[—◡⏊]《198》他 (h) 再帰 *sich*⁴ ～ 体を酷使する, やりすぎて過労になる.

über·tün·chen[yːbərtʏ́nçən] 他 (h)《*et.*⁴》(…に)水しっくいを塗る, のろ引きをする;《比》(…の)うわべを飾る: die Wände ～ 壁にしっくいを塗る | mit Höflichkeit ⟨durch Höflichkeit⟩ *übertünchte* Erpressung《比》うわべだけはていねいな恐喝.

über·über·mor·gen[ýːbər|yːbərmɔrgən] 副《話》しあさって, 明明後日.

Über·va·ter[ýːbərfaːtər] 男 (特定の領域で絶大な尊敬を受けている)超父親的な存在.

über|ver·si·chern[ýːbərfɛrzɪçərn]《05》他 (h)《*jn.* / *et.*⁴》〖経〗(…に)超過保険をかける.

Über·ver·si·che·rung[..çərʊŋ] 女 -/-en〖経〗超過保険.

über·ver·sorgt[yːbərfɛrzɔrkt] 形 供給過剰の.

über·völ·kern[yːbərfœ́lkərn]《05》**I** 他 (h)《*et.*⁴》人口過剰⟨過密⟩にする,(…に)大勢住みすぎる; (…に)人が集まりすぎる: Tausende von Urlaubern *übervölkern* den Kurort. 何千という休暇客でその保養地は込みあっている.

II über·völ·kert 過分 形 人口過剰⟨過密⟩の, 人の集まりすぎた, ぎっしり込みあった: eine schmale, ～*e* Straße せまくてぎっしりと人の住んでいる通り | ein ～*er* Campingplatz 人の集まりすぎたキャンプ場 ‖ Die Stadt ist ～. その都市は人口過剰⟨過密⟩だ. [<Volk]

Über·völ·ke·rung[..kərʊŋ] 女 -/ (↔Untervölkerung) 人口過剰, 人口過密.

über·voll[ýːbərfɔl] 形 あふれる⟨こぼれる⟩くらいいっぱいの, ひどく込みあった: ein ～*es* Gefäß あふれるばかりに満たされた容器 | ein ～*er* Zug 超満員の列車 ‖ Das Zimmer ist ～ von Möbeln. その部屋は家具でいっぱいだ.

über·vor·sich·tig[ýːbərfoːrzɪçtɪç]² 形 過度に用心深い, 慎重すぎる.

über·vor·tei·len[yːbərfɔ́rtaɪlən] 他 (h)《*jn.*》(取引などで…を)だまして得をする,(…に)損をさせて甘い汁を吸う: *jn.* bei dem Tauschgeschäft ～ …との交換取引で甘い汁を吸う | Bei dem Kauf des Hauses ist er sehr *übervorteilt* worden. その家の購入のときに彼はうまくのせられて大損をした.

Über·vor·tei·lung[..lʊŋ] 女 -/-en (übervorteilen すること. 例えば:) ぺてん, 詐欺. [<Vorteil]

über·wach[ýːbərvax] 形 (意識が)極度にさめた⟨緊張した⟩, 非常にはっきりした; (特に: 興奮剤をのんで)目がさえている.

über·wa·chen[yːbərváxən] 他 (h)《*jn.* / *et.*⁴》監督する, 監視する, 見張る; 査察する: *jn.* heimlich ⟨scharf⟩ ～ …をこっそり⟨きびしく⟩監視する | *jn.* bei Tag und Nacht ⟨auf Schritt und Tritt⟩ ～ …を日夜にわたって⟨…のあらゆる行動を⟩監視する | die Ausführung einer Arbeit ⟨eines Befehls⟩ ～ 仕事の実施⟨命令の実行⟩を監督する | den Verdächtigen durch einen Detektiv ～ lassen 容疑者を探偵に見張らせる.

über|wach·sen¹*[ýːbərvaksən]《199》自 (s) 向こうの方へのびる, 成長して向こうに達する.

über·wach·sen²*[—◡⏊◡]《199》**I** 他 (h) **1**《*et.*⁴》(…を)覆って茂る,(…に)一面にはびこる: Das Unkraut *überwächst* das Feld. 雑草が野原一面に茂っている. **2** 《*jn.*》(…を)越えて成長する,(…より)大きくなる: alle Klassenkameraden ～ クラスメートのだれよりも大きくなる. **II** 過分 形 いっぱいに茂った, 一面にはびこった: moos*überwachsen* 一面にこけの生えた | das von Wein ～*e* Gitter ぶどうの蔓(つる)のたくさんからまった格子.

über·wäch·tet[y:bɐrvέçtət] 形 雪庇(せっぴ)状の, 雪庇の覆いかぶさった〈たれさがった〉. [＜Wächte]

Über·wa·chung[y:bɐrváxʊŋ] 女 -/-en 監督, 監視, 見張り, 取り締まり; 査察: Luft*überwachung* 空中査察.

Über·wa·chungs≈aus·schuß 男 監視〈取締〉委員会. **≈dienst** 男 **1** 監督〈査察〉業務〈勤務〉. **2** 監督〈査察〉部. **≈fir·ma** 女 警備保障会社. **≈ka·me·ra** 女 監視カメラ. **≈ver·ein** 男 Technischer ～ (→technisch 1).

über|wal·len[1][ý:bɐrvalən] 自 (s) **1** 沸きこぼれる: Die kochende Milch ist *übergewallt.* 沸騰したミルクがふきこぼれた. **2** 《比》ふきあふれる, ほとばしり出る: vor Glück 〈Zorn〉 ～ 喜び〈怒り〉の声がほとばしり出る | Sein Zorn *wallte über.* 彼の怒りは爆発した ‖ die *überwallende* Freude あふれる喜び.

über·wal·len[2][–◡́◡] 他 (h) **1** 《*et.*[4]》(…に)あふれる, (…に)いっぱいに広がる: Der rötliche Schein *überwallte* ihr Gesicht. 赤い火照りが彼女の顔いっぱいに広がった. **2** 《比》《*jn.*》(激しい感情などが…の)胸にあふれる: Gefühle der Liebe *überwallen* die beiden. 愛の感情が二人の胸にあふれる.

über·wäl·ti·gen[y:bɐrvέltɪgən][2] **I** 他 (h) 《*jn.*》打ち負かす, 圧倒する; 取り押える: den Gegner ～ 敵を圧倒する | Der Dieb wurde *überwältigt* und abgeführt. 泥棒は取り押えられ連行された | Wir haben den Einbrecher nach kurzem Handgemenge *überwältigt.* 我々はしばらく渡り合った末にその押し込み強盗を取り押えた ‖ Das Schauspiel 〈Die Schönheit der Landschaft〉 *überwältigte* mich. その芝居〈景色の美しさ〉が私の心をとらえてしまった | Angst 〈Die Erinnerung〉 *überwältigte* ihn. 不安〈その思い出〉が彼の心をいっぱいにした ‖ Ich bin von seiner Güte ganz 〈völlig〉 *überwältigt.* 私は彼の善意にすっかりまいってしまった | Er wurde vom Schlaf *überwältigt.* 彼は睡魔に負けてしまった | Von Müdigkeit *überwältigt*, schlief er ein. 疲れはてて彼は眠りこんでしまった.

II über·wäl·ti·gend 現分 形 圧倒的な, 抗しがたい, 強烈な, 強力な; 目ざましい, 圧倒的な: ein ～*er* Anblick 強烈な印象を与える光景 | ein ～*er* Erfolg 〈Sieg〉 目ざましい成果〈勝利〉 | ein ～*es* Erlebnis 強烈な体験 | einen ～*en* Eindruck machen 非常に強い印象を与える | Er wurde mit ～*er* Mehrheit gewählt. 彼は圧倒的多数で選ばれた ‖ Deine Leistungen sind ja nicht gerade ～. 君の成績はそれほどずば抜けたものではない(まあまあという程度でしかない). [◇gewältigen]

Über·wäl·ti·gung[..gʊŋ] 女 -/-en 圧倒, 制圧, 征服.

über·wäl·zen[y:bɐrvέltsən] 《02》 他 (h) **1** 《*et.*[4]》(ローラーなどを…の上で)転がす. **2** 《比》《*et.*[4] auf *jn.*》(罪・責任・出費などを…に)押しつける, 転嫁する: die Schuld 〈die Verantwortung〉 auf *jn.* ～ 罪〈責任〉を…に転嫁する.

Über·wär·mung[y:bɐrvέrmʊŋ] 女 -/-en 《医》(療法としての)過温, 過熱.

Über·wär·mungs·bad 中 《医》過熱浴.

Über·was·ser≈fahr·zeug[ý:bɐrvasɐr..] 中 (↔Unterwasserfahrzeug) 水上船舶〈艦艇〉. **≈schiff** 中 ＝Überwasserfahrzeug **≈streit·kräf·te** 複 《軍》水上部隊.

über|wech·seln[ý:bɐrvɛksəln] 《06》 自 (s) (ある場所から他の場所へ)移る, 移動する: von der linken auf die rechte Fahrspur ～ (車が)左の車線から右の車線へ移る | ins feindliche Lager ～ 敵の陣営に寝返る | vom Medizin- zum Chemiestudium ～ 大学での専攻分野を医学から化学へ鞍(くら)替えする.

über·wech·tet[y:bɐrvέçtət] ＝überwächtet

über·weg[y:bɐrvέ:k] 副 **1** 越えて向こうに, 向かい側に. **2** 通り過ぎて, 過ぎ去って. **3** 表面的に. **4** 一致して.

Über·weg[ý:bɐrve:k][1] 男 -[e]s/-e (Fußgängerüberweg) 横断歩道.

über·wei·sen*[y:bɐrváɪzən][1] 《205》 他 (h) **1** 《*jm.* 〈an *jn.*〉 *et.*[4]》《商》(銀行・郵便局を通じて…に金を)振り替える, 振替で送る; (…に…を)譲渡する; (…に対して…の)裏書きをする: *jm.* 〈an *jn.*〉 den Betrag ～ …にその金額を振替で送る | *jm.* 〈an *jn.*〉 das Honorar durch die Bank ～ …に謝礼金を銀行振替で送る | *jm.* 〈auf *js.* Konto〉 100 DM ～ …に〈…の口座に〉100マルクを振替で送る | Sein Gehalt wird 〈Er bekommt sein Gehalt〉 auf sein Girokonto *überwiesen.* 彼の給料は振替口座に入金される.
2 《*jn.*/*et.*[4]》(所見を添えて…を他の機関に)まわす, 差し向ける, まかせる, ゆだねる, 委託する; 《法》(事件を他の裁判所へ)移送する; (債権を債務者に)移付する: den Patienten zu einem 〈an einen〉 Facharzt ～ 患者を専門医にまわす | Der Arzt hat den Kranken in die Universitätsklinik *überwiesen.* 医師はその病人を大学病院に送った | Ich bin von Dr. X zu Ihnen *überwiesen* worden. 私は X 博士からあなたの所にまわされて来ました ‖ die Akten einer anderen 〈an eine andere〉 Behörde ～ 書類を他の役所へまわす.

über·wei·ßen[y:bɐrváɪsən] 《02》 他 (h) 《*et.*[4]》(…に)白い塗料を塗る.

Über·wei·sung[..zʊŋ] 女 -/-en **1** 《商》振替[で送金された金銭]; 裏書: die ～ des Gehalts auf das Konto 給料の口座への振替入金 | Ich habe Ihre ～ heute erhalten. 私はあなたからの振替送金をきょう受領しました. **2** 委託[状], 付託, 譲渡; 《法》移送; 移付: die ～ des Patienten ins Krankenhaus (医師が)患者を病院にまわすこと | eine ～ für den Facharzt (ホームドクターからの)専門医あての所見状〈委託状〉.

Über·wei·sungs≈auf·trag 男 《商》振替指示, 送金命令. **≈for·mu·lar** 中 《商》振替用紙. **≈scheck** 男 《商》振替為替, 送金小切手. **≈schein** 男 (専門医あての)患者の紹介〈依頼・委託〉状.

über·weit[ý:bɐrvaɪt] 形 非常に〈過度に〉広い.

Über·wei·te[..vaɪtə] 女 -/-n 《服飾》特大サイズ.

Über·welt[ý:bɐrvɛlt] 女 -/-en **1** 超越的世界, 形而上(けいじじょう)の世界. **2** 天国, 彼岸, 来世.

über·welt·lich[–lɪç] 形 **1** 超現世的な, 形而上[世界]の. **2** 天国の, 来世の.

über·wend·lich[y:bɐrvέntlɪç] 形 《服飾》くけ縫いをした, かがり縫いの: *et.*[4] ～ nähen …をかがり縫いする〈くける〉. [＜winden[1]; ◇überwindeln]

über|wer·fen[1]*[ý:bɐrvɛrfən] 《209》 他 (h) **1** 《*jm. et.*[4]》(…の体に衣類などを)さっとかける, 羽織らせる, まとわせる: Sie *wirft* sich rasch einen Mantel 〈einen Schal〉 *über.* 彼女はコート〈ショール〉を急いで身に羽織る. **2** 向こうへ投げる, 投げ渡す. [◇Überwurf]

über·wer·fen[2]*[–◡́◡] 《209》 他 (h) 再帰 *sich*[4] [mit *jm.*] ～ [(…と)]不和〈不仲〉になる, [(…と)]仲たがい〈けんか〉する | Sie hat sich mit ihrem Mann *überworfen.* 彼女は夫と仲たがいをした | Wir haben uns wegen der Erbschaft 〈einer Kleinigkeit〉 *überworfen.* 私たちは遺産のこと〈つまらないこと〉で不和になった.

Über·wert[ý:bɐrve:rt] 男 -[e]s/-e 《経》超過価値.

über·wer·ten[y:bɐrvé:rtən] 《01》 他 (h) (überbewerten) (実際の価値よりも)過大に評価する, 買いかぶる.

über·wer·tig[ý:bɐrve:rtɪç][2] 形 **1** 過大に評価された, 異常に重要視された: ～*e* Ideen 〈Vorstellungen〉 《心》(ついには妄想に導くくらい執拗(しつよう)に思考を占めてしまう)過大観念, 支配観念. **2** 《経》超過価値の.

Über·wer·tung[y:bɐrvé:rtʊŋ] 女 -/-en 過大評価.

Über·we·sen[ý:bɐrve:zən] 中 -s/- 超越的〈超人的〉存在.

über|wie·gen[1]*[ý:bɐrvi:gən][1] 《210》 自 (h) 《俗》重量が超過する, 重すぎる: Der Brief *wiegt über.* この手紙は重量超過だ.

über·wie·gen[2]*[–◡́◡] 《210》 **I** 他 (h) 《*et.*[4]》(…より)重い目方がある; (…より)多数〈優勢〉である, 重要である, 優

U

位を占めている; 凌駕(りょうが)する, 負かす, おさえる, 圧倒する: Die Neugier *überwog* meine Bedenken. 好奇心が私の懸念に勝った〈を抑えた〉| Der Vorteil der Sache *überwiegt* ihre Nachteile. その事のプラス面はマイナス面よりも大きい.

II 自 (h) まさ〔ってい〕る, 有力〈優勢〉である, 優位にある〈なる〉, 支配的である〈になる〉: In dieser Sache *überwiegt* das Gute. これは全体としていいことだ | Hier *überwiegt* das Nadelholz. ここでは針葉樹が圧倒的に多い | Es *überwog* die Meinung, daß ... …という意見が優位を占めた.

III über·wie·gend 現分 形 優勢な, 圧倒的〈支配的〉な, 主たる: der ～*e* Teil der Bevölkerung 住民の最大多数 | *jn.* mit ～*er* Mehrheit wählen …を圧倒的多数で選出する ‖ Es waren ～ Studenten. それは主として学生たちであった | Das Wetter wird ～ heiter und trocken sein. 天気は大体晴れで乾燥しているだろう.

über·wie·sen[y:bərví:zən] überweisen の過去分詞; 過去1・3人称複数.

über·wind·bar[y:bərvíntba:r] 形《副詞的用法なし》克服〈排除〉できる: ～*e* Ängste 自制できる(程度の)不安.

über·win·deln[y:bərvíndəln]《06》他 (h)《ｵｰｽﾄﾘｱ》〔服飾〕(ふちを)かがる: den Saum ～ ふちかがりをする.

über|win·den[1]*[ý:bərvındən][1]《211》他 (h) 包む, くるむ, 巻きつける.

über·win·den[2]*[‒◡⏑◡]《211》**I** 他 (h) **1**《*et.*[4] / *jn.*》(…に)打ち勝つ; 克服する, 乗り越える, 過去のものにしてしまう: Hindernisse 〈Schwierigkeiten〉 ～ 障害〈困難〉を克服する | eine Krise 〈eine Krankheit〉 ～ 危機〈病気〉を克服する | *seine* Angst 〈*seine* Abneigung〉 ～ おのれの不安〈嫌悪の情〉に打ち勝つ | *seine* Bedenken 〈*sein* Mißtrauen〉 ～ 危惧(きぐ)の念〈不信感〉を捨て去る | Diesen Standpunkt hat man heute längst *überwunden.* この立場〈見解〉は今日ではもうとっくに過去のものとなった | *seinen* Gegner nach hartem Kampf ～ 相手をはげしい闘いの末に征服する | Der Zorn *überwand* mich. 私は怒りの感情に負けた. **2** 再帰 *sich*[4] ～ 自分に打ち勝つ, 克己する, 自制する: Man muß sich auch einmal ～. 人はときには自分を抑えなければ〈自分に強制しなければ〉ならない | Ich muß mich erst ～, ehe ich das tue. 私はまず自分に打ち勝たなければ〈自分を無理に強制しないと〉それができない ‖〔zu 不定詞〔句〕と〕Sie mußte sich ～, ihn anzurufen. 彼女はいやいやながらも彼に電話をかけねばならなかった | Ich kann mich nicht ～, ihm die Wahrheit zu sagen. 私は彼に真実を語るに忍びない.

II über·wun·den → 別出

[*ahd.*; < *ahd.* winnan „kämpfen" (◇gewinnen); ◇verwinden]

Über·win·der[y:bərvíndər] 男 -s/- 打ち勝った人, 乗り越えた人, 克服者, 勝利者, 征服者.

über·wind·lich[..víntlıç] ＝überwindbar

Über·win·dung[..dʊŋ] 女 -/ (überwinden[2]すること. 例えば:) 克服, 征服; 克己, 自制, 決意: Es hat mich einige ～ gekostet, das zu tun. それをするのに私はかなりの決意〈自制心〉を必要とした.

über·win·tern[y:bərvíntərn]《05》**I** 自 (h) (人・動植物が)越冬する, 冬ごもりする; (野菜・果物が)冬を越す; (動物が)冬眠する: Der Jäger *überwintert* südlich vom Gipfel. 猟師は頂上の南側で越冬する | Diese Tiere *überwintern* in Erdhöhlen. これらの動物は地中の穴の中で冬を過ごす〈冬眠する〉‖ *überwintertes* Obst 〈Gemüse〉 冬を越した果物〈野菜〉.

II 他 (h) 冬越しさせる, 冬ごもりさせる, 冬のあいだ囲って育てる: Man muß diese Pflanze im Treibhaus ～./ Diese Pflanze muß im Treibhaus *überwintert* werden. この植物は冬のあいだ温室に置かねばならない.

III über·win·ternd 現分 形 (perennierend)〔植〕越冬性の.

Über·win·te·rung[..tərʊŋ] 女 -/-en 越冬, 冬ごもり; (Winterschlaf) 冬眠.

Über·win·te·rungs·mann·schaft 女 (南極観測基地などの)越冬隊.

über·wo·gen[y:bərvó:gən] überwiegen[2]の過去分詞; 過去1・3人称複数.

über·wöl·ben[y:bərvœ́lbən][1] **I** 他 (h)《*et.*[4]》**1**〔建〕(…の)上に丸天井〈アーチ〉をつける. **2** (…の上に)アーチ状にかぶさる;《比》(…より)一段と高くそびえる: Der Friedhof *überwölbt* die Stadt.《比》墓地は市街より一段と高いところにある.

II über·wölbt 過分 形 丸天井〈アーチ〉のついた, (屋根・天井が水平型でなく)ドーム〈アーチ〉型の, 高く盛り上がった: Das Haus 〈Der Raum〉 ist von der Kuppel ～. その建物〈部屋〉は上が丸屋根〈丸天井〉になっている.

Über·wöl·bung[..bʊŋ] 女 -/-en **1**《単数で》überwölben すること. **2** (Gewölbe) 丸天井, 丸屋根.

über·wöl·ken[y:bərvœ́lkən] 他 (h) 再帰 *sich*[4] ～ (空が)曇る.

über|wu·chern[1][ý:bərvu:xərn]《05》自 (s) (草などが)勢いよく生長する, おい茂る, はびこる.

über·wu·chern[2][‒◡⏑◡]《05》他 (h)《*et.*[4]》茂って覆ってしまう, (…に)いっぱいにはびこる;《比》うずめ〈覆い〉つくす: Das Unkraut *überwuchert* den Garten 〈das Moos〉. 雑草が庭一面に茂る〈はびこって苔(こけ)をかくしてしまう〉| ein von Schnitzwerk *überwucherter* Altar 彫刻が豊富に施された祭壇.

Über·wu·che·rung[y:bərvú:xərʊŋ] 女 -/-en 繁茂, 蔓延(まんえん), はびこること.

über·wun·den[y:bərvʊ́ndən] **I** überwinden[2]の過去分詞. **II** 形 克服された, 乗り越えられた, 征服された, 敗れた: ein ～*er* Standpunkt すでに乗り越えられた〈時代おくれの〉見解 | *sich*[4] für ～ erklären 自分の敗北を声明する.

Über·wurf[ý:bərvʊrf] 男 -[e]s/..würfe[..vʏrfə] **1** マント: *sich*[3] einen ～ umhängen マントを羽織る. **2**《ｵｰｽﾄﾘｱ・ｽｲｽ》(ベッド・ソファーを覆う)装飾用カバー. **3** (南京錠の)掛け金. **4**〔ﾚｽﾘﾝｸﾞ〕バック投げ. **5**〔畜〕(特に牛の)脱腸. [< überwerfen[1]]

Über·wurf·mut·ter 女 -/-n〔工〕小ねじ, 袋ナット, キャップナット.

Über·zahl[ý:bərtsa:l] 女 -/ **1** おびただしい数, 多数: eine ～ von Zuschauern 大勢の観客 | aus der ～ der Bewerber nur einige auswählen おびただしい数の応募者の中からほんの数名を選びだす. **2** (比較的)多数, 優勢: in der ～ sein 多数〈優勢〉である | Auf der Versammlung waren die Frauen in der ～. その会合では女性のほうが多数だった | Der Feind erschien in großer ～. (味方より)はるかに優勢な敵が現れた.

über·zah·len[y:bərtsá:lən] 他 (h)《*et.*[4]》(…に対して)高すぎる代価を支払う, 余計に払いすぎる: Mit 100 DM ist diese Ware *überzahlt.* この品は100マルクでは高すぎる.

über|zäh·len[1][ý:bərtsɛ:lən] 他 (h)《話》《もっぱら次の成句で》*jm.* eins 〈ein paar〉 ～ …に(平手打ち・殴打を)一発〈何発か〉見舞う.

über·zäh·len[2][‒◡⏑◡] 他 (h) 数えなおす, もう一度計算して調べる, 検算する: *sein* Geld ～ 手持ちの金を数えなおす.

über·zäh·lig[ý:bərtsɛ:lıç][2] 形 余った, 過剰の, 剰余の, 多すぎる; 余計な, 余分の, 不要の; 定数〈定員〉外の: ～*e* Exemplare 余った部数 | ein ～*er* Zahn 過剰歯, 八重歯 ‖ Wir sind hier ～. 我々はここでは余計〈不要〉な存在だ.

Über·zahn[ý:bərtsa:n] 男 -[e]s/..zähne[..tsɛ:nə] **1**〔医〕過剰歯, 八重歯. **2**《話》かわい子ちゃん.

über|zeich·nen[1][ý:bərtsaıçnən]《01》自 (h) (字・スケッチなどを欄・枠から)はみ出してかく.

über·zeich·nen[2][‒◡⏑◡]《01》他 (h) **1**《*et.*[4]》〔商〕(…に対して)募集数を上まわった申し込みを行う: Die Anleihe ist um 10 Prozent *überzeichnet* worden. 公債は10パーセントの申し込み超過である. **2** (小説・劇などで)誇張して描く: Die Personen in diesem Roman sind *überzeichnet.* この小説の人物はオーバーに描かれている.

Über·zeich·nung[y:bərtsáıçnʊŋ] 女 -/-en überzeichnen[2]すること.

Über·zeit[ý:bərtsaıt] 女 -/-en《ｽｲｽ》＝Überstunde

Über·zeit·ar·beit 女 -/《ｽｲｽ》＝Überstundenarbeit

über·zeit·lich[..lıç] 形 時間を超越した; 永遠の, 不朽の,

不滅の.

über·zeu·gen[y:bərtsɔ́ʏgən][1] **I** 他 (h) 《*jn.* von *et.*[3]》(…に…を)納得〈承服〉させる, 得心させる, なるほどと思わせる; (…を…のことで)納得させる: *jn.* von der Richtigkeit dieser Auffassung ～ …にこの見解の正しいことを納得させる | Ich habe ihn auch durch Beweise von meiner Unschuld nicht ～ können. 私は証拠を並べても彼に私の無罪を認めさせることはできなかった | Er ließ sich nicht 〔davon〕 ～, daß .../ Er war nicht 〔davon〕 zu ～, daß ... 彼に…を納得させる〈認めさせる〉ことはできなかった | Deine Argumente haben mich *überzeugt.* 君の主張は私を納得させた | Meine Eltern 〈Die Einwände meiner Eltern〉 *überzeugen* mich nicht. 私の両親〈私の両親の唱える異議〉に私は納得がいかない ‖ In diesem Spiel wußte die Mannschaft zu ～. この試合でチームは期待にこたえる活躍をした ‖ 再帰 *sich*[4] von *et.*[3] ～ …について納得〈得心〉する, …を自分で確かめて認める | Ich habe mich selbst davon *überzeugt*, daß alles in Ordnung ist. 私は万事うまくいっていることを自分で確かめた.

II über·zeu·gend 現分 形 納得のゆく, 説得力のある, うなずかせる, 確かな: ein ～*es* Argument 納得のゆく論拠 | ein ～*er* Beweis 確かな証拠〈証明〉 ‖ *seine* Rolle ～ spielen 〘劇〙説得力のある演技で役を演じる | Was du sagst, klingt ～. 君の言うことは本当らしい.

III über·zeugt 過分 形 確信のある; 信念を持った: ein ～*er* Marxist 筋金入りのマルクス主義者 ‖ **von** *et.*[3] ～ sein …を確信している, …を信じて疑わない | von *jm.* 〈*js.* Aufrichtigkeit〉 ～ sein …のこと〈…の正直さ〉を信じている | Ich bin von dieser Meinung 〈von seinen Fähigkeiten〉 völlig ～. 私はこの意見(の正しいこと)〈彼の能力〉を確信している | Ich bin davon 〈ᵛdessen〉 ～, daß sie mich liebt. 彼女が私を愛していることを私は信じて疑わない | Seien Sie ～ 〔davon〕, daß wir alles für Sie tun werden, was möglich ist! 私たちはあなたのために可能なことは何でもするということを信じていてください | Sie ist von sich selber ～. 《話》彼女は自信家〈うぬぼれ屋〉だ ‖ Niemand ist von seiner Unschuld ～*er* als ich. 彼の無実を私ほど固く信じている者はほかにはいない.

Über·zeu·gung[y:bərtsɔ́ʏgʊŋ] 女 -/-en 確信, 信念, 信条, 主義: die politische 〈religiöse〉 ～ 政治的信念〈宗教的信条〉 ‖ *et.*[4] aus 〈in / mit〉 fester ～ tun …を確固とした信念をもって行う | gegen *seine* ～ handeln 自分の主義に反した行動をとる | nach *seiner* ～ / *seiner* ～ nach 自分の信じるところによれば | *jn.* von *seiner* ～ abbringen …にその確信〈信念〉を捨てさせる | zu einer ～ kommen 〈gelangen〉 ある確信に到達する ‖ Es war seine feste 〈ehrliche〉 ～, daß ... …ということは彼が固く〈心から〉信じていることだった ‖ im Brustton der ～ (→Brustton) | Ich bin der ～[2], daß ... …ということを私は確信している ‖ Ich habe die ～ gewonnen, daß ... 私は…という確信〈信念〉を得た.

Über·zeu·gungs≠ar·beit 女 (旧東ドイツで)説得のための宣伝活動. **≠kraft** 女 -/ 説得力. **≠tat** 女 〘法〙確信犯. **≠tä·ter** 男 〘法〙確信犯人.

Über·zieh·är·mel[ý:bərtsi:..] 男 袖(そで)カバー.

über|zie·hen[1]*[ý:bərtsi:ən] 《219》 他 (h) **1** 《〔*sich*[3]〕 *et.*[4]》(衣類を)上に着る, 羽織る, かぶる: Ich habe mir meinen Mantel *übergezogen.* 私はコートを着た. **2** 《話》 ***jm.* eins 〈ein paar〉 ～** 《話》…に一発〈二三発〉くらわす | Er *zieht* dem Hund eins mit der Peitsche *über.* 彼は犬に一むちくれてやる.

über·zie·hen[2]*[‐◡́◡] 《219》 **I** 他 (h) **1 a)** 《*et.*[4] 〔mit *et.*[3]〕》(…を〔…で〕)覆う, (…に〔…を〕)張る, かぶせる; (…の表面を〔…で〕)薄く覆う〈塗る〉, めっきする: das Bett frisch ～ ベッドのふとんカバーやシーツを洗濯したてのものに替える | den Sessel mit Leder ～ 安楽いすを革張りにする | Eisen mit Gold ～ 鉄に金めっきをする | den Kuchen mit Schokolade ～ ケーキの表面にチョコレートをかぶせる | Das Land wurde mit Krieg *überzogen.* 《比》国土は戦乱の巷(ちまた)と化した.

b) 《*et.*[4]》(…を)覆う, (…の上に)広がる: Nebel *überzog* das Tal. 霧が谷を覆った | Die Trauer *überzog* ihr Gesicht. 悲しみが彼女の顔を覆った ‖ 再帰 *sich*[4] mit *et.*[3] ～ …で覆われる | Der Himmel hat sich mit Wolken *überzogen.* 空は雲で覆われた ‖ 再帰・非人称 Es *überzieht* sich[4]. (空が)曇る.

2 やりすぎる, (限度を)越える; (時間を)超過する; (時計のねじを)巻きすぎる: den Etat ～ 予算以上に支出する ‖ *sein* Konto ～ 預金を引き出しすぎる, 残高以上に引き出す | Ich habe diesen Monat 50 DM *überzogen.* 私は今月預金を50マルクおろしすぎた.

3 〘テニス・卓球〙(ボールに)トップスピンをかける.

4 〘空〙(機体を)急上昇させる.

II über·zo·gen → 別出

Über·zie·her[ý:bərtsi:ər] 男 -s/- **1** (紳士用)コート, オーバー. **2** 《話》(Präservativ)(男性用)避妊〈性病予防〉用具, コンドーム.

Über·zieh≠ho·se =Überhose **≠socke** 女 (靴下の上に重ねる)上ばきソックス.

Über·zie·hung[y:bərtsí:ʊŋ] 女 -/-en 〘商〙(預金の)超過引き出し, 過振(かぶ)り, 当座貸し越し.

Über·zie·hungs·kre·dit 男 〘商〙当座貸越し.

über·zo·gen[y:bərtsó:gən] **I** überziehen[2]の過去分詞. **II** 形 **1** 覆われた: ein von einer dünnen Eisschicht ～*er* Teich 薄い氷で覆われた池 ‖ von 〈mit〉 *et.*[3] ～ sein …によって覆われている | Das Messer ist von 〈mit〉 Rost ～. そのナイフには一面にさびがついている. **2** 誇張された, 大げさな: Die Kritik ist ～. その批評はゆきすぎだ. **3** 《述語的》《戯》(überzeugt) 確信のある, (人が)確信している.

über·züch·tet[y:bərtsʏ́çtət] 形 《副詞的用法なし》(動植物の生命力が)極端〈一面的〉な品種育成のために弱められた; 《比》(エンジンなどが)性能を高めすぎて故障しやすくなった: Die Rasse ist ～. その品種は改良されすぎて弱くなった.

über·zuckern[y:bərtsʊ́kərn] 《05》 他 (h) **1** 《*et.*[4]》(…に)砂糖をかける; 糖衣をかぶせる; 《比》(…を)甘く〈快適なものに〉する: Früchte ～ 果実に砂糖をまぶす; 果実を砂糖づけにする | *jm.* eine bittere Pille ～ 《比》…の不快を和らげようとする. **2** 《*et.*[4]》(…に)砂糖を入れすぎる, (…を)甘くしすぎる.

Über·zug[ý:bərtsu:k][1] 男 -〔e〕s/ ..züge[..tsy:gə] **1** (家具・寝具の)カバー, シーツ; 覆い, ケース: Kissen*überzug* まくらカバー | *Überzüge* der Möbel 〈über die Möbel〉 家具のカバー ‖ einen ～ für den Sessel nähen 安楽いすのカバーを縫う. **2** (表面の)薄皮; (ケーキ・薬品などの)衣, 外皮; 〘医〙外被, 被覆: Zucker*überzug* 糖衣 | Holz mit einem feinen ～ aus klarem Lack versehen 透明の塗料で木材に薄い被膜をつくる. [＜überziehen[2]]

über·zwerch[ý:bərtsvɛrç] **I** 副 斜めに, 交差させて: die Beine ～ legen 足を組む.

II 形 **1** 頭のおかしい, ひねくれた, 偏屈な; 不機嫌な; 不快な, 敵意のある: ein ～*er* Kerl ひねくれ野郎. **2** 《方》浮かれた, 調子に乗りすぎた, ひどくやんちゃな.

ubi be·ne, ibi pa·tria[ú:bi· bé:nə í:bi· pá:tria·, úbi· béne· íbi· pátria·] 《ラテ語》(wo 〔es mir〕 gut 〔geht〕, da 〔ist mein〕 Vaterland) 幸せのあるところ そこが私の祖国だ(Cicero).

ᵛ**Ubi·ka·tion**[ubikatsió:n] 女 -/-en 《オーストリア》(軍隊の)宿舎. [＜*lat.* ubi „wo"]

Ubi·quist[ubikvíst] 男 -en/-en (Kosmopolit) 〘生〙(動植物の)汎存(はんそん)〈広布〉種. [＜*lat.* ubī-que „überall"]

ubi·qui·tär[..kvitɛ́:r] 形 (動植物などが)広い地域に分布する, 汎存の.

Ubi·qui·tät[..tɛ́:t] 女 -/ 至る所に存在すること, 遍在: die ～ Gottes 神の遍在.

üb·l..[ý:bl..] →übel I

üb·lich[ý:plɪç] 形 通例の, 慣例の, 普通〈一般〉に行われている: die ～*e* Ausrede 型どおりの逃げ口上 | in ～*er* Weise いつものやり方で | zur ～*en* Zeit いつもの時間に | Er kam mit der ～*en* Verspätung. 彼は例によって遅れてやって来た ‖ wie ～ いつものように, 慣例どおり | Es ist bei uns ～, daß ... …がここでの慣例である ‖ vom *Üblichen* 〈vom

U

魚でそのうろこからできる白色塗料は人工真珠に塗られる). [*slaw.*]

die **Ukrai·ne**[ukraí:nə, ukráɪnə] 地名 女 -/ ウクライナ(ヨーロッパ東部の共和国. 1991年ソ連邦解体に伴い独立. 旧称小ロシア. 首都キエフ Kiew: →USSR). [*russ.* „Grenzland"]

Ukrai·ner[..nər] 男 -s/- ウクライナの人.

ukrai·nisch[..nɪʃ] 形 ウクライナ〔人・語〕の: →deutsch

Uku·le·le[ukulé:lə] 女 -/-n《楽》ウクレレ. [*polynes.*]

UKW[u:ka:vé:, ⌐ – –] 略 =**Ultrakurzwelle** 超短波〔の周波数範囲〕.

UKW⸗-Emp·fän·ger[u:ka:vé:.., ú:ka:ve:..] 男 超短波受信機〈装置〉. **⸗-Sen·der** 男 超短波送信所〈装置〉.

UL[u:l] 女 -/-en《北部》**1** = Uhl **2** = Eule 4 [*mndd.*]

Ulan[ulá:n] 男 -en/-en (昔の)槍(ﾔﾘ)騎兵. [*türk.* oghlān „Knabe"–*poln.*]

Ulan·ka[ulá̱ŋka·] 女 -/-s ウランカ(槍(ﾔﾘ)騎兵の軍服). [*poln.*]

Ul·bricht[ʊ́lbrɪçt] 人名 Walter ～ ヴァルター ウルブリヒト(1893-1973; 旧東ドイツの政治家, 国家評議会議長).

Ul·cus[ʊ́lkʊs] 中 -/Ulcera[ʊ́ltsera·] = Ulkus

Ule·ma[ulemá:] 男 -s/-s ウレマー(イスラム教の法学者). [*arab.*]

ulen[ú:lən] 他 (h)《北部》(fegen)(ほうきで)掃く. [◇Ul]

Ul·fi·las[ʊ́lfilas] (**Ul·fi·la**[..la·]) = Wulfila

Uli[ú:li·, ʊ́li·] 男名 (< Ulrich) ウーリ.

Uli·tis[ulí:tɪs] 女 -/..tiden[..lití:dən] (Zahnfleischentzündung)《医》歯肉炎.

Uli·xes[ulíksɛs] 人名《ギ神》ウリクセス (Odysseus のラテン語形). [◇ *engl.* Ulysses]

Ulk[ʊlk] 男 -s (-es)/-e《ふつう単数で》冗談, いたずら, ふざけ: 〔einen〕 ～ machen いたずらをする, ふざける | Das habe ich nur aus ～ gesagt. 私はそれを冗談に言っただけだ. [*mndd.*]

Ülk[ʏlk] 男 -〔e〕s/-e《北部》(Iltis)《動》ケナガイタチ(毛皮「長鼬」).

ul·ken[ʊ́lkən] 自 (h) いたずらをする, ふざける, 冗談を言う: mit *jm.* ～ ふざけて〈冗談を言って〉…をからかう.

Ul·ke·rei[ʊlkəráɪ] 女 -/-en 絶えず〈しきりに〉ulken すること.

ul·kig[ʊ́lkɪç][2] 形 こっけいな, おかしい;《話》奇妙な, 変な: eine ～*e* Geschichte こっけいな話 | ein ～*er* Kerl おどけた〈おかしな〉やつ ‖ *et.*[4] ～ erzählen …を面白おかしく話す.

Ulk·nu·del 女《話》おかしな人.

Ul·kus[ʊ́lkʊs] 中 -/Ulzera[ʊ́ltsera·] (Geschwür)《医》潰瘍(かいよう). [*lat.* ulcus; ◇ *engl.* ulcer]

Ul·la[ʊ́la·] 女名 (< Ursula, Ulrike) ウラ.

Ulm[1][ʊlm] 地名 ウルム(ドイツ Baden-Württemberg 州の都市. 聖堂の塔は教会の塔としては世界最高で161m). [< Ulma (市内を流れるブラウ Blau 川の古名)]

Ulm[2][–] 女 -/-en, **Ul·me**[1][ʊ́lmə] 女 -/-n《坑》(坑内の)側壁. [< Hulbe „Riegel"; ◇ Holm[1]]

Ul·me[2][ʊ́lmə] 女 -/-n《植》ニレ(楡)属. [*lat.* ulmus; ◇ Eller; *engl.* elm]

Ul·men⸗baum 男 ニレの木. **⸗ster·ben** 中 -s/《園》ダッチ=エルム病(ニレの立ち枯れ病). **⸗zip·fel·fal·ter** 男《虫》カラスシジミ(烏蜆蝶).

Ul·mer[ʊ́lmər] **I** 男 -s/- ウルムの人(→Ulm[1]).
II 形《無変化》ウルムの.

Ul·rich[ʊ́lrɪç] 男名 ウルリヒ: **den Heiligen ～ anrufen**《話》嘔吐(おうと)する. [< *ahd.* uodal (→Udo) + ..rich]

Ul·ri·ke[ʊlrí:kə] 女名 ウルリーケ.

Ul·san[ʊlzán] 地名 蔚山, ウルサン(韓国, 慶尚南道の港湾「都市」).

Ul·ster[ʊ́lstər] 男 -s/-《服飾》アルスター(ベルト付きの防寒用長コート). [*engl.*; 生地の原産地名から]

ult. 略 =**ultimo** 月の最終日に, 月末に: ～ April 4月末日に.

Ul·ti·ma[ʊ́ltima·] 女 -/..mä[..mɛ·], ..men[..mən]《言》(語の)最終音節, 末尾音節. [*lat.* ultimus „letzter"; ◇ ultra..]

Ul·ti·ma ra·tio[– rá:tsio·] 女 --/ (letztes Mittel) 最後の手段(打開策). [*lat.*]

Ul·ti·ma·ten Ultimatum の複数.

ul·ti·ma·tiv[ʊltimatí:f][1] 形 最後通牒(つうちょう)〈通告〉の形での, 最後通牒〈通告〉的な.

Ul·ti·ma·tum[..má:tʊm] 中 -s/..ten[..tən], -s 最後通牒(つうちょう)〈通告〉: *jm.* ein ～ stellen …に最後通牒を発する〈つきつける〉.

Ul·ti·men Ultima の複数.

ul·ti·mo[ʊ́ltimo·] **I** 副 (略 ult.) (am Letzten 〔des Monats〕) 月の最終日に, 月末に, みそかに: ～ Mai 5月末日に. **II** **Ul·ti·mo** 男 -s/-s《商》月の最終日, 月末, みそか: per ～ 月末〔まで〕に, 月末勘定で. [*it.*]

Ul·ti·mo⸗ab·rech·nung[ʊ́ltimo..] 女《商》月末決算. **⸗ge·schäft** 中《商》月末取引. **⸗re·gu·lie·rung** 女《商》月末清算. **⸗wech·sel** 男《商》月末払いの手形.

ultra《ﾗﾃﾝ語》→ *ultra* posse nemo obligatur

ultra..《名詞・形容詞などにつけて「越えて・極端に」などを意味する》: *Ultra*kurzwelle《電》超短波 | *Ultra*schall《理》超音波 | *ultra*violett 紫外の. [*lat.*; < *lat.* ulter „jenseitig" (◇ Ultima)]

Ul·tra[ʊ́ltra·] 男 -s/-s (政治的な)急進〈過激〉論者, 過激派の人(極右・極左など).

Ul·tra⸗fil·ter[ʊ́ltra..] 男 中《化》(コロイド溶液濾過(ろか)用の)限外濾過器〈濾過膜〉. **⸗fil·tra·tion** 女《化》限外濾過.

ul·tra⸗groß 形 超大型の. **⸗hart** 形《理》(〔射〕線が)きわめて高エネルギーの. **⸗hoch** 形 超高周波の.

Ul·tra·hoch·fre·quenz·wel·le[ʊltrahó:x.., ⏑⏑–⏑⏑⏑⏑] 女 (略 UHF)《電》極超短波, デシメートル波.

ul·tra·kon·ser·va·tiv[ʊ́ltrakɔnzɛrvati:f][1] 形 超保守的な, 極端に保守主義の, 極右の.

ul·tra·kurz[ʊ́ltrakʊrts] 形《電》超短波の.

Ul·tra·kurz·wel·le[ʊltrakʊ́rts.., ⏑⏑⏑⏑⏑] 女 (略 UKW) 超短波〔の周波数範囲〕.

Ul·tra·kurz·wel·len⸗emp·fän·ger 男 超短波受信機〈装置〉. **⸗sen·der** 男 超短波送信所〈装置〉. **⸗the·ra·pie** 女《医》超短波療法.

Ul·tra·lin·ke[ʊ́ltra..] 女 -/-n (特にワイマル共和国 KPD 内部の)極左派.

ul·tra·ma·rin[ʊltramarí:n] **I** 形 ウルトラマリンの, 紺青色の, 群青(ぐんじょう)色の.
II **Ul·tra·ma·rin** 中 -s/ ウルトラマリン, 紺青〔色〕, 群青〔色〕.
[*mlat.* „über-seeisch"]

Ul·tra⸗mi·kro·skop[ʊ́ltra..] 中 限外顕微鏡, 暗視野顕微鏡. **⸗mi·kro·sko·pie** 女 限外顕微鏡検査.

ul·tra·mon·tan[ʊltramɔntá:n] **I** 形 **1** 山のかなたの, 山の向こうの. **2 a)** (アルプス以北のヨーロッパから見て)アルプス以南の, イタリアの. **b)**《ｶﾄﾘｯｸ》教皇権至上主義の. **II** **Ul·tra·mon·ta·ne** 男 女《形容詞変化》教皇権至上主義者. [*mlat.*]

Ul·tra·mon·ta·nis·mus[..tanísmʊs] 男 -/《ｶﾄﾘｯｸ》教皇権至上主義, ウルトラモンタニズム.

ul·tra pos·se ne·mo ob·li·ga·tur[ʊ́ltra· pɔ́sə né:mo· obligá:tʊr, – ..se· – –]《ﾗﾃﾝ語》(über sein Können hinaus kann niemand verpflichtet werden) 何人(なんぴと)も能力以上には義務を負うことがない(古代ローマ法の原理). [◇ potent, obligieren]

ul·tra·rot[ʊ́ltraro:t] **I** 形《理》(スペクトルの)赤外〔部〕の, 赤外線の: ～*e* Photographie 赤外線写真 | ～*e* Strahlen 赤外線.
II **Ul·tra·rot** 中 -s/ 赤外線.

Ul·tra·schall[ʊ́ltraʃal] 男 -〔e〕s/《理》超音波.

Ul·tra·schall⸗be·hand·lung 女《医》超音波治療〈療法〉. **⸗schwei·ßung** 女《工》超音波溶接〈はんだ付け〉. **⸗the·ra·pie**[また: ⏑⏑–⏑⏑–] 女《医》超音波療法. **⸗un·ter·su·chung** 女《医》超音波検査. **⸗wel·le** 女 = Ultraschall

Ul·tra≠so·no·gra·phie[últrazonografi:, ◡◡◡◡◡◡⌐] 女 -/ 〖医〗超音波検査〔法〕. **≠strah·lung** 女〖理〗宇宙線.

ul·tra·vio·lett[..violɛt, ◡◡◡◡⌐] **I** 形〖理〗(スペクトルの)紫外〔部〕の, 紫外線の: ～*e* Strahlen 紫外線.

II Ul·tra·vio·lett[また: ◡◡◡◡⌐] 中 -s/ (略 UV) 紫外線(略 Uviol).

Ul·tra·zen·tri·fu·ge 女 超遠心〔分離〕機.

Ulys·ses[ulýsɛs] ＝Ulixes

Ul·ze·ra Ulkus の複数.

Ul·ze·ra·tion[ultseratsió:n] 女 -/-en〖医〗潰瘍(かいよう)形成. [*lat.*]

ul·ze·rie·ren[ultserí:rən] 自 (s)〖医〗潰瘍(かいよう)状になる.

ul·ze·rös[ultserø:s][1] 形〖医〗潰瘍(かいよう)状の; 潰瘍性の: ～*e* Entzündung 潰瘍性炎症. [*lat.*; ◇Ulkus; *engl.* ulcerate, ulcerous]

um[ʊm]

> **I** 前《4格支配》
> **1**《空間的》(英: *around*)
> **a**)《対象の周囲; しばしば後に herum をそえる》
> ①《運動に関して》《周回》…のまわり〈周囲〉を, …を回って〈めぐって〉;《包囲》…を囲んで, …を包囲して, …を取り巻いて;《回避・迂回(うかい)》…を曲がって〈回って〉
> ②《位置・配置に関して》…のまわり〈周囲〉に, …を囲んで; …を曲がったところに;《比》…をめぐって
> **b**)《um *sich*[4]＋動詞の形で; しばしば周囲への拡散》まわり〈周囲〉に〔ひろがって〕
> **2**《時間的》
> **a**)《年月日・時間帯などを表す名詞と; おおよその時点》…ごろ〈前後〉に
> **b**)《正確な時刻》…時〔…分〕に
> **3**《関連・関与対象》(英: *about*) …について, …に関して, …について言えばそれは
> **4**《目的・理由・原因》
> **a**) …のために, …を求めて〈めざして〉, …のゆえに
> **b**) **um ... willen** …のために, …のゆえに
> **5a**)《交替》
> ①《同一名詞を結びつけて; 連続的交替》…と入れ替わり〈交替〉に…, …に次ぐ…
> ②《**ein ... um das andere** などの形で; 一つおきの交替または連続的交替》一つおいてまた…; 次々と連続的に
> **b**)《交換・代償・対価・価格》…と引き替えに; …の価格で
> **6**《比較や変化における差異》
> **a**) …だけ
> **b**)《um so＋比較級の形で》
> ①《単独で》それだけ(いっそう…), だから〔逆に〕(ますます…)
> ②《je＋比較級に始まる副文と呼応して》(…であればあるほど)それだけ〔逆に〕(ますます…)
> ③《als, da, weil と呼応して》(…だから, …なので)それだけ〔逆に〕(ますます…)
> **7**《回避・迂回から転じて喪失の意味で》～ *et.*[4] kommen …を失う
> **II** 接
> **III** 副
> **IV Um** 中 -/

I 前《4格支配; 定冠詞 das と融合して ums となることがある》**1**《空間的》(英: *around*) **a**)《対象の周囲; 意味を強調・明示化するためにしばしば後に副詞 herum をそえる》
①《運動に関して》《周回の運動》…のまわり〈周囲〉を, …を回って〈めぐって〉;《包囲》…を囲んで, …を包囲して, …を取り巻いて, …に巻いて;《回避・迂回(うかい)》…を曲がって〈回って〉: *sich*[4] ～ die eigene Achse drehen / *sich*[4] ～ *sich*[4] selbst drehen 自転する | Alles dreht sich nur ～ ihn.《比》すべてが彼を中心に回転している | Die Touristen sammelten sich ～ den Reiseleiter. 観光客たちは添乗員のまわりに集まった | Wir gehen ～ den Teich 〔herum〕. 私たちは池をめぐる〈池のまわりを一周する〉 | *Um* den Garten läuft ein Zaun. 庭のまわりには垣根がめぐらされている | ～ die Ecke 〔herum〕 gehen 角を曲がって行く〈曲がる〉 | *sich*[3] ein Tuch ～ den Hals binden スカーフを首のまわりに巻く | *jm.* ～ den Hals fallen …の首に抱きつく | Die Falter fliegen *ums* Licht. 蛾(が)は明かりのまわりを飛び回っている.
②《位置・配置に関して》…のまわり〈周囲〉に, …を囲んで; …を曲がったところに;《比》…をめぐって: die Seen ～ Berlin 〔herum〕 ベルリン周辺の湖 | Rings ～ ihn war Dunkelheit 〈tiefe Stille〉. 彼のまわりには暗やみ〈深い静寂〉があった ‖ 〔schwarze〕 Ringe ～ die Augen haben 目のまわりに〔黒い〕くまができている | *Um* das Dorf lagen die Felder. 村の周囲には田畑があった | Wir wohnen gleich ～ die Ecke 〔herum〕. 我々はすぐそこの角を曲がったところに住んでいる | Er wohnt ～ den Marktplatz herum. 彼は中央広場近く〈辺り〉に住んでいる | ～ den Tisch 〔herum〕 sitzen テーブルのまわりに座っている ‖ Gerüchte 〈Spekulationen〉 ～ die Firma 会社をめぐるうわさ〈思惑〉 | die Frauen ～ Goethe ゲーテをめぐる女性たち | Es ist immer jemand ～ sie 〔herum〕. 彼女の周囲にはいつもだれか(いて彼女の面倒を見て)いる, 彼女はいつもだれか取り巻きがいる | Er hat gern viele Menschen ～ sich. 彼は大勢の人に取り巻かれているのが好きだ, 彼はにぎやかなのが好きだ | Ihr wurde leicht *ums* Herz. 彼女はほっとした〈心の重荷がおりた〉 | Wenn du wüßtest, wie mir *ums* Herz ist! 私の気持が君にわかってもらえたらなあ, 私の気持は君にはわかるまい.
b)《um *sich*[4]＋動詞の形で; しばしば周囲への拡散を示して; この場合 um にアクセントがある》まわり〈周囲〉に〔ひろがって〕: ～ *sich*[4] greifen (疫病などが)蔓延(まんえん)する, (火などが)燃え広がる; (暗がりの中などを)あちこち手探りする | ängstlich ～ *sich*[4] schauen こわごわ辺りを見回す | wild ～ *sich*[4] schlagen 当たるを幸い殴り〈切り〉まくる; じたばた暴れ回る | Er wirft mit dem Geld nur so ～ sich. 彼はただもう散財して回っている〈金を湯水のごとく遣っている〉 | Er warf mit Fremdwörtern nur so ～ sich. 彼は外来語ばかりやたらに振り回した.
2《時間的》**a**)《年月日・時間帯などを表す名詞とともに用いられておおよその時点を示す; しばしば後に副詞 herum をそえる》(英: *about*) …ごろ〈前後〉に(→III 2): ～ das Jahr 1 000 〔herum〕 およそ1000年ごろに | ～ den 5. (読み方: fünften) Juli 7月5日ごろに | ～ Mittag 〈Mitternacht〉 昼〈真夜中〉ごろに | ～ die 6. (読み方: sechste) Stunde (→Stunde 3) | ～ Weihnachten 〈Ostern〉〔herum〕クリスマス〈イースター〉前後に | *Um* diese Zeit 〔herum〕 muß es geschehen sein. そのころにそれは起こったに違いない.
b)《正確な時刻を示して: →gegen I 1 b》…時〔…分〕に: ～ 12.25 Uhr (読み方: um zwölf Uhr fünfundzwanzig) 12時25分に | ～ halb fünf 4時半に | *Um* wieviel Uhr 〔kommen Sie〕? 何時に〔来ますか〕 | etwa ～ zehn Uhr 10時ごろに ‖〖後に herum をそえて〗Kannst du morgen ～ zehn Uhr herum (＝gegen zehn Uhr) kommen? あす10時ごろに来ることができますか.
3《関連・関与対象》(英: *about*) …について, …に関して, …について言えばそれは: Geschichte ～ Tiere 動物にまつわる話(→1 a ②) | Ich weiß ～ die Sache 〈das Geheimnis〉. 私はその事柄について承知している〈その秘密を知っている〉 | Er tut, als wisse er ～ alles. 彼は何もかも知っているようなそぶりをする | Das habe ich wirklich nicht ～ dich verdient. 君にそんなことをされる覚えは全くない | *Um* wen hast du Sorge? 君はだれのことが心配なのか(→4 a) ‖〖非人称の成句的表現で〗Es ist eine ernste Sache ～ den Tod. 死は厳粛な事実だ | Es ist ihm nur ～ Geld 〔zu tun〕. 彼は金だけが問題だ | Es steht 〈ist〉 schlecht ～ ihn. 彼は(経済状態・健康状態の)調子が悪い | Es ist aus ～ ihn. 彼もおしまいだ | Es handelt sich ～ folgendes. 実は〈問題は〉次のようなことなのです | Es geht ～ Tod und Leben. それは死活の問題です ‖ Jeder weiß, wor*um* es geht. 何のことなのかだれでも知っている.

U

4《目的・理由・原因》**a**）…のために, …を求めて〈めざして〉, …のゆえに, …のせいで, …であるから: ～ Geld betteln 金を無心する | ～ Geld spielen (ゲーム・ばくちなどを)金を賭(か)けてやる | *jn.* ～ Verzeihung bitten …に許しを請う | *jn.* ～ Rat fragen …に助言を求める | ～ *sein* Leben kämpfen 生存のために闘う | ～ Gnade flehen 慈悲を請う | ～ *js.* Tod klagen 〈trauern〉 …の死を悲しむ | ～ Hilfe rufen 助けを呼ぶ | *sich*[4] ～ *et.*[4] streiten …をめぐって相争う | das Erbe, ～ das der Streit ging 争いの対象になった遺産 | ～ Ruhm 〈ein Mädchen〉 werben 名声を求める〈女の子に求婚する〉 | 〔mit *jm.*〕 ～ 10 Mark wetten 〔…を相手に〕10マルク賭ける ‖ ～ die Wette 競争で〈して〉,(賭金目当てに)張りあって, しのぎをけずって, われがちに | 〔mit *jm.*〕 ～ die Wette laufen 〈arbeiten〉〔…と〕競走する〈競争して働く〉.

b）**um ... willen**《2格をはさんで》(英: *for the sake of* ...) …のために, …のゆえに: ～ des Friedens 〈der Gerechtigkeit〉 willen 平和〈正義〉のために ‖〖間投詞的に〗～ Gottes willen i) 大変だ, とんでもない, めっそうもない; こいつは驚いた, これは一体まあ; ii) 後生だから, 是非とも, 頼むから ‖〖代名詞が willen と一語に融合して〗～ seinet**willen** 〈dessent**willen**〉 彼の〈その〉ために.

☆ um は willen (本来単数4格の名詞)を支配し, 2格は willen の付加語で, 元来は「…の意志により」を意味した.

5 a)《交替》①《同一名詞を結びつけて; 連続的交替》…と入れ替わり〈交替〉に…, …に次ぐ…: Absage ～ Absage bekommen いくつも続けざまに断り状を受け取る | Vertreter ～ Vertreter besuchten uns. セールスマンが入れ替わり立ち替わり我々のところにおしかけた | Es verging Woche ～ Woche. 一週また一週と過ぎ去っていった.

②《**ein ... um das andere** などの形で; 一つおきの交替または連続的交替: →①》一つおいてまた…; …が次々と連続的に: einen Tag ～ den anderen i) 一日おきに; ii) 毎日, くる日もくる日も | Er arbeitet nur einen Tag ～ den anderen 〈einen ～ den anderen Tag〉. 彼は一日おきにしか働かない | Es verging ein Tag ～ den anderen. 日一日と過ぎていった | Manche Bäume tragen nur ein Jahr ～ das andere. 隔年しか実のならない木もある | Ich fragte ihn einmal ～ das andere. 何度も何度も〈たて続けに〉私は彼に質問した ‖ Einer ～ den anderen verließ den Raum. i) 一人おきに部屋を去っていった; ii) 一人また一人と〈次から次へと〉部屋を去っていった.

b)《交換・代償・対価・価格》…と引き替えに; …の価格で: Auge ～ Auge, Zahn ～ Zahn (→Auge 1) | ～ Lohn arbeiten 賃金労働をする | Alles ist ～ 100 Mark 〈einen billigen Preis〉 zu haben. どれも100マルク〈安いお値段〉で買えます ‖ ～ jeden Preis (→Preis 1) | ～ keinen Preis (→Preis 1) | *Ums* Verrecken 〈Leben〉 möchte ich das nicht tun.《話》私は死んでもそんなことはしたくない | *Um* alle Welt!/ *Um* **alles** in der Welt! (驚き・怒り・焦燥などを表して)こりゃ驚いた, なんてこった, こん畜生 | ～ alles 〔in der Welt〕 ... nicht / ～ nichts in der Welt ... / ～ die 〔ganze〕 Welt ... nicht (どんな代償を得ても)断じて〈絶対に〉…しない.

☆ 南部・オーストリア以外ではこの用法は成句的表現を除いてすたれつつあり, 今日ではふつう **für** や **gegen** を用いる.

6《比較や変化における差異》**a**）…だけ: Sie hat sich ～ zehn Mark verrechnet. 彼女は10マルク勘定を間違えた | Der Rock ist ～ fünf Zentimeter gekürzt. スカートは5センチだけ短くつめてある | Du bist ～ eine Stunde zu spät gekommen. 君は1時間遅刻した ‖ *et.*[4] ～ einen wichtigen Teil erweitern …に重要な部分を追加して拡充〈増補〉する | Er hat sich ～ nichts gebessert. 彼は少しも進歩していない | *Um* ein Haar wären wir zusammengestoßen. 間一髪で我々は衝突するところであった ‖〖比較級を含む表現で〗Du bist ～ einen Kopf 〈zehn Zentimeter〉 kleiner **als** ich. 君は私より頭一つ〈10センチ〉だけ背が低い | Hier kauft man ～ die Hälfte billiger. ここでは半値で買える | ～ nichts 〈vieles〉 besser sein 少しもよく〔なって〕いない〈大いにまさっている〉 | ～ ein bedeutendes (→bedeuten II 1 c) | um ein beträchtliches (→beträchtlich) | ～ ein Mehrfaches 〈das Achtfache〉 größer sein 何倍〈8倍〉も大きい | Wir haben diese Arbeit zu zweit geleistet, ～ wieviel mehr werden wir zu acht schaffen. 我々はこの仕事を二人でやってのけたが8人でやればどんなに多くのことをやりとげられるだろうか.

b)《um so＋比較級の形で; 結果としてのいっそうの増減を示して》①《単独で》それだけ(いっそう…), だから〔逆に〕(ますます…): Die Zeit ist so knapp, ～ so 〈*um*so〉 besser muß man sie benutzen. 時間はもうごくわずかしかない. それだけいっそう大事に使わなければならない.

②《je＋比較級に始まる副文と呼応して》(…であればあるほど)それだけ〔逆に〕(ますます…): **Je** besser du arbeitest, **～ so** 〈*um*so〉 mehr wirst du verdienen. もっとよく働けば君はそれだけよけいかせげる.

☆ 古くは um desto 〈so viel〉＋比較級などの形も使われた.

③《als, da, weil と呼応して》(…だから, …なので)それだけ〔逆に〕(いよいよ・ますます…): Dein Besuch freute mich **～ so** mehr, **als** ich dich nicht erwartet hatte. 君の来訪は予期していなかっただけに私にとってはいっそううれしかった.

7《回避・迂回から転じて喪失の意味で》～ *et.*[4] kommen …を失う | *ums* Leben kommen 命を落とす(＝umkommen) | Durch den Besuch bin ich ～ meinen Mittagschlaf gekommen. 来客のために私は昼寝をしそこなった ‖ ～ *et.*[4] bringen …を失わせる〈失うはめに追い込む〉 | *jn. ums* Leben bringen …の命を奪う(＝*jn.* umbringen) | Er hat mich ～ mein ganzes Vermögen gebracht. 彼のせいで(直接的・間接的に)私は全財産を失った | Die unerwünschte Heirat hat ihn ～ sein Erbteil gebracht. 周囲の反対を押しきって結婚したせいで彼は相続できたはずの財産を棒にふった ‖ Es ist ～ ihn geschehen. 彼もおしまいだ〈一巻の終わりだ〉.

II 接《zu 不定詞〔句〕と》**1**《目的》**a**）(…する)ために: Er kam, 〔～〕 mir **zu** gratulieren. 彼は私にお祝いを言いに来た | Das hast du nur getan, ～ mich zu ärgern. 私を怒らせるだけのために君はそんなことをしたのだ, 君のしたことは私へのいやがらせ以外の何ものでもない | Der König schickte Leute, ～ ihn zu vergiften. 王は彼を毒殺しようと幾人かの人を派遣した | *Um* das zu schaffen 〈*Um* das schaffen zu können〉, ist die Hilfe aller nötig. それをなしとげるには皆の助力が必要だ(→damit II) ‖〖対応する主文を省略した形で断り書き的挿入句として, 後続文の語順に影響を与えずに〗～ kurz zu **sagen** 簡単に言うと | *Um* gleich zu sagen, ich kann hier nicht lange bleiben. 最初にお断りしておきますが私はここに長くはいられません | Wir sind, ～ die Wahrheit zu sagen, mit ihm nicht zufrieden. 本当のことを言うと〈正直のところ〉我々は彼には不満があります ‖ ～ nicht zu sagen ... …とは言わないまでも, …と〔まで〕は言えないが | Sie ist ziemlich rundlich, ～ nicht zu sagen dick. 彼女はでぶとまでは言わないとしてもかなり肉付きがよい.

b)《過度を示す zu と呼応して》(…する)には(あまりにも…), (あまりにも…で)そのために(…できない): Sie ist noch **zu** jung, ～ das zu verstehen. 彼女はまだ若すぎてそんなことは理解できない, それを理解するには彼女はもう少し年をとらなければならない | Ich weiß zu genau Bescheid, ～ mir hier etwas weismachen zu lassen. 私は事情を知りすぎるくらい知っているのでこんなことではごまかされない.

c)《genug や so と呼応して; ただし um は省略可能》(…する)のに(足るほど…): Er war vernünftig **genug** 〈**so** vernünftig〉, 〔～〕 das sogleich einzusehen. 彼も多少は分別があったからそれがすぐにわかった.

2《目的の意味が消滅して〔逆接的に〕後続結果を示して; この場合 zu 不定詞〔句〕内にしばしば dann, 〔so〕 gleich など時間を示す副詞〔句〕が挿入される》(…であった)が意外にも〈結局〉(…となった): Er kam, **～ gleich** wieder wegzugehen. 彼は来たかと思ったらすぐにまた行ってしまった | Sie heirateten, ～ sich schon nach wenigen Monaten wieder scheiden zu lassen. 二人は結婚したと思ったら数か月もたたないうちにもう離婚してしまった | Er hat mit Novellen angefangen, ～ erst im Alter Romane zu schreiben. 彼

は最初短編を書いていたが晩年になってやっと長編にも筆を染めるようになった.

☆ 不定詞句の動作主は主文の主語と一致しなければならないが, 主文が非人称的表現などで意味の上で動作主が一致する場合にはこの表現ができる: Es ist zu kalt, ～ in der Sonne zu liegen. 日なたぼっこをするには寒すぎる.

III 副 **1** 《方》まわりに, 周囲に, ぐるりと; 方向転換して, ひっくり返して: ***um und um*** i) 辺り一面, 四方八方〔から〕; ii) ひっくり返して, 裏返しに; iii) 全面的に, 完全に | Feinde ～ und ～ 辺り一面敵また敵 | die Schublade ～ und ～ kehren 引き出しをひっくり返して捜す | ～ und ～ verdorren すっかり干からびる ‖ *Um* mit diesem Baume! この木を倒せ | Rechts 〈Links〉 ～!/ Rechts*um* 〈Links*um*〉! 右〈左〉折せよ; 右向け右〈左向け左〉(号令) ‖ rings*um* / rund*um* 周囲をぐるりと, 辺り一面.

2 《um 〔die〕 … 〔herum〕の形で: 概数を示して: →I 2 a》およそ, 約, ほぼ: Er war so ～ die Fünfzig 〔herum〕. 彼は50歳前後だった | Sie kam mit ～ 〔die〕 zwanzig Mädchen. 彼女は20人ほどの少女たちをつれて来た | Das Buch kostet ～ 〔die〕 zehn Mark. その本はおよそ10マルクする.

3 a) 《um sein の形で分離動詞的に》 ① 《時間的》過ぎ去って, 経過して, 経(た)って, 満了して: Seine Zeit **ist ～.** 彼の時代は終わった; 彼の持ち時間はきれた | Ich wartete, bis der Monat ～ war. 私は月が変わるまで待った.
② 《空間的》迂回(うかい)して, 遠回りで: Dieser Weg ist weit ～. この道は大変な遠回りだ.
b) (…を)まとって, 首に巻いて: Ich weiß nicht, ob sie ein Tuch **～ hatte.** 私は彼女がスカーフをしていたかどうか知らない.

IV Um 中 -/ 《南部》《ふつう次の成句で》das ～ und Auf かけがえのない〈大事な・肝心の〉もの; 全財産 | mein ～ und Auf in der Welt 世界じゅうで私のいちばん大事なもの.
[*idg.*; ◇amphi.., bei〔de〕]

um.. **I** 《動詞につけて》 **1** 《分離動詞の前つづり. つねにアクセントをもつ》 **a)** 《「包囲・巻き付け」を意味する》: *um*binden 巻く, 巻き付ける | *um*geben まとわせる, 着せかける. **b)** 《「周囲に向かって」を意味する》: *um*schauen 見回す. **c)** 《「徘徊(はいかい)・流布」を意味する》: *um*gehen (うわさなどが)流れる. **d)** 《「迂回(うかい)」を意味する》: *um*fahren (乗り物で)回り道する, 迂回する. **e)** 《「回転」を意味する》: *um*drehen まわす, ひねる. **f)** 《「反転・方向転換」を意味する》: *um*kehren 引き返す; ひっくり返す | *um*blättern (ページなどを)めくる | *um*schauen ふり返ってみる. **g)** 《「転倒・転覆」を意味する》: *um*fahren ひき倒す | *um*kippen 転覆する. **h)** 《「やり直し・転換」を意味する》: *um*denken 考え直す | *um*kleiden 着替える | *um*pflanzen 移植する | *um*schreiben 書き直す | *um*steigen 乗り換える. **i)** 《「喪失」を意味する》: *um*bringen 命を落とさせる, 殺す | *um*kommen 命を落とす, 死ぬ.
2 《非分離動詞の前つづり. しばしば自動詞を他動詞に転化する. つねにアクセントをもたない》 **a)** 《「包囲・囲繞(いじょう)・巻き付け」を意味する》: *um*binden 巻く | *um*drängen まわりに殺到する | *um*geben とり囲む | *um*pflanzen まわりに植える | *um*golden 金で縁どりする. **b)** 《「周囲」を意味する》: *um*fahren (乗り物で…の周囲を)まわる. **c)** 《「迂回」を意味する》: *um*gehen 迂回する.
II 《名詞につけて「周囲・迂回」を意味する》: *Um*blatt (葉巻の)巻き葉 | *Um*welt 環境 | *Um*weg まわり道.

u. M. 略 =unter dem Meeresspiegel 海面下….

ü. M. 略 =über dem Meeresspiegel 海抜….

um|ackern[ʊ́m|akərn] 《05》 他 (h) (畑を)鋤(す)き返す.

um|adres·sie·ren[ʊ́m|adrɛsiːrən] 他 (h) 《*et.*⁴》 (…の)あて名を書き換える.

um·ad·um[ʊmadʊ́m] 《南部・オーストリア》 =herum

um·an·and[ʊmanánt] 《南部・オーストリア》 =umher

um|än·dern[ʊ́m|ɛndərn] 《05》 他 (h) 変える, 変更〈改訂〉する: einen Plan ～ 計画を変更する.
Um·än·de·rung[..dərʊŋ] 女 -/-en 変更, 改訂.

um|ar·bei·ten[ʊ́m|arbaɪtən] 《01》 他 (h) 作り変える, 作り直す, 改造する; 改作する: ein Kleid ～ ドレスを仕立て直す | einen Roman zu einem Drama ～ 小説を戯曲に仕立てる.
Um·ar·bei·tung[..tʊŋ] 女 -/-en **1** umarbeiten すること. **2** umarbeiten されたもの.

um·är·meln[ʊm|ɛ́rməln] 《06》 《話》 =umarmen
Um·är·me·lung[..lʊŋ] 女 -/-en 《話》 =Umarmung

um·ar·men[ʊm|ármən] 他 (h) 《*jn.*》 抱きしめる, 抱擁する: *jn.* zärtlich ～ …をやさしく抱きしめる ‖ 再帰 《相互的》 Sie *umarmten* sich 〈einander〉. 彼らは互いに抱き合った ‖ ein *umarmender* Reim 〔詩〕 包韻, 抱擁韻(→Reim 1).
[<Arm]
Um·ar·mung[..mʊŋ] 女 -/-en 抱擁.

Um·bau[ʊ́mbaʊ] 男 -〔e〕s/-e, -ten[-tən] **1** 《単数で》建て直し, 改築, 改造; (舞台装置の)転換; 《比》(機構などの)改造, 編成替え. **2** 改築〈改造〉家屋. **3** (ベッド・ソファーなどの)外装.

um|bau·en¹[ʊ́mbaʊən] 他 (h) 建て直す, 改築〈改造〉する: ein Haus 〈einen Laden〉 ～ 家〈店〉を改築する | ein Bühnenbild ～ 舞台装置を転換する | die Verwaltung ～ 《比》事務機構を改造〈編成替え〉する | Der Saal wurde zu einem Kino *umgebaut.* そのホールは映画館に改造された.

um·bau·en²[⌣⌣́⌣] 他 (h) 《*et.*⁴ mit *et.*³》 (…を建造物などで)囲む: *et.*⁴ mit einer Mauer ～ …を塀で囲む | Der Platz ist mit modernen Hochhäusern *umbaut.* 広場は近代的な高層建築物に囲まれている ‖ *umbauter* Raum (外壁面から測った)建物の容積(建築費算定の基準となる).

um|be·hal·ten*[ʊ́mbəhaltən] 《65》 他 (h) 《話》 (ショール・コートなどを)身につけたままでいる.

um|be·nen·nen*[ʊ́mbənɛnən] 《105》 他 (h) 《*et.*⁴ in *et.*⁴》 (…の)名称を(…に)改める, (…を…と)改称する.
Um·be·nen·nung[..nʊŋ] 女 -/-en 改称.

Um·ber[ʊ́mbər] 男 -s/-n **1** 《単数で》アンバー(褐色顔料). **2** =Umberfisch [*lat.* umbra „Schatten"; ◇Umbra]
Um·ber·fisch 男 〔魚〕ニベ.

um|be·set·zen[ʊ́mbəzɛtsən] 《02》 他 (h) (地位・芝居の配役などを)変更する, 別の人間でうめる: eine Rolle ～ (ある役の)配役をかえる | die Mannschaft ～ チームのメンバーを入れかえる ‖ Die Stelle wurde *umbesetzt.* そのポストは〔人の〕配置換えが行われた, そのポストには別の人が任命された.
Um·be·set·zung[..tsʊŋ] 女 -/-en (umbesetzen すること. 例えば:) 配役の変更, 配置転換.

um|bet·ten[ʊ́mbɛtən] 《01》 他 (h) **1** 《*jn.*》 (…の)ベッドを新しくする; (…を)別のベッドに移す: einen Kranken ～ 病人を他のベッドに移す | eine Leiche ～ (改葬して)死体を別の墓に葬る. **2** (川などを)別の川床に移しかえる.
Um·bet·tung[..tʊŋ] 女 -/-en umbetten すること.

um|bie·gen*[ʊ́mbiːgən]¹ 《16》 **I** 他 (h) 曲げる; 《比》ゆがめる, 歪曲(わいきょく)する: ein Stück Draht ～ 針金を曲げる | die Wahrheit ～ 真実を歪曲する.
II 自 (s) (道などが急に反対方向に)折れ曲がる: Der Weg *biegt* hier *um.* 道はここで急に折れ曲がっている.

um|bil·den[ʊ́mbɪldən]¹ 《01》 他 (h) **1** 変形〈変更〉する; 改造〈改革〉する; 再編成する: ein Gedicht ～ ある詩に手を加える | das Kabinett ～ 内閣を改造する. **2** 再帰 *sich*⁴ zu *et.*³ ～ …にかわる, …へと姿を変える.
Um·bil·dung[..dʊŋ] 女 -/-en (〔sich〕 umbilden すること. 例えば:) (内閣の)改造; (組織の)再編〔成〕.

um|bin·den¹*[ʊ́mbɪndən]¹ 《18》 他 (h) **1** 《*jm. et.*⁴》 (…に…を)巻き〈結び〉つける: *jm.* eine Schürze ～ …にエプロンを結んでやる ‖ *sich*³ einen Gürtel ～ ベルトをしめる | 〔*sich*³〕 eine Krawatte ～ ネクタイをしめる. **2** 再製本する.

um·bin·den²*[⌣⌣́⌣] 《18》 他 (h) 《*et.*⁴ mit *et.*³》 (…のまわりを…で)巻く, (…のまわりに…を)巻きつける: Pakete mit einem Strick ～ 小包をひもでしばる.

um|bla·sen¹*[ʊ́mblaːzən]¹ 《20》 他 (h) **1** 吹き倒す: Der Wind hat den Zaun *umgeblasen.* 風で垣根が倒れた ‖ zum *Umblasen* 〔dünn〕 sein 《話》 (吹けば飛んでしまいそうに)ひどくやせている. **2** 《話》 (umlegen) 殴り倒す.

um·bla·sen²*[⌣⌣́⌣] 《20》 他 (h) 《*jn.* / *et.*⁴》 (風などが…の)まわりを吹く.

Um·blatt[ʊ́mblat] 中 -〔e〕s/..blätter[..blɛtər] (葉巻の)巻き葉.

U

um|blät·tern[ʊ́mblɛtərn] ⟪05⟫ 他 (h) ⟪*et.*⁴⟫ (本などの)ページをめくる: die Zeitung ~ 新聞のページをめくる | *jm.* beim *Umblättern* der Noten behilflich sein …のために譜めくりをする.

Um·blick[ʊ́mblɪk] 男 -〔e〕s/-e **1** (高所から四方への)見晴らし, 展望; (精神的な)視野の広さ. **2** 見まわすこと.

um|blicken[ʊ́mblɪkən] 他 (h) **1** 再帰 *sich*⁴ ~ 見まわす: *sich*⁴ nach allen Seiten ~ 四方八方を見る. **2** 再帰 *sich*⁴ ~ ふりかえる: Sie ging fort, ohne sich *umzublicken*. 彼女はふり向きもせずに立ち去った.

Um·bra[ʊ́mbra·] 女 -/ **1** 〘天〙アンブラ(太陽の黒点の暗黒部). **2** (Kernschatten) 〘理・天〙本影, アンブラ. **3** = Umber 1 [*lat.*]

Um·bra·braun[ʊ́mbra..] 中 = Umber 1

Um·bral·glas[ʊmbrá:l..] 中 -es/..gläser 商標 ウンブラル=ガラス(サングラス用レンズ). [<..al¹]

um·bran·den[ʊmbrándən]¹ ⟪01⟫ 他 (h) ⟪雅⟫ ⟪*et.*⁴⟫ (…のまわりに)波〈泡〉立ち砕ける.

um·brau·sen[ʊmbráʊzən]¹ ⟪02⟫ 他 (h) ⟪*jn.* / *et.*⁴⟫ (…の)周囲でごうごうと音をたてる: von Beifall *umbraust* ⟪比⟫万雷の拍手に包まれて.

um|bre·chen¹*[ʊ́mbrɛçən] ⟪24⟫ **I** 他 (h) **1** 折って地面に倒す: Der Sturm hat eine große Menge Bäume *umgebrochen*. あらしでたくさんの木が折れた. **2** (紙を)折り曲げる. **3** (畑を)掘り返す: *umgebrochenes* Brachland 掘り返された休耕地.

II 自 (s) 折れて地面に倒れる: Der Zaun ist *umgebrochen*. 垣根はくずれ落ちた.

um·bre·chen²*[◡⏑́◡] ⟪24⟫ 他 (h) 〘印〙(組み版を)ページに組む, メーキャップする: neu ~ 新たに組む, 組みかえる.

Um·bri·en[ʊ́mbriən] 地名 ウンブリア(イタリア中部の地方). [*lat.* Umbria]

um|brin·gen*[ʊ́mbrɪŋən] ⟪26⟫ 他 (h) **1** ⟪*jn.*⟫ (故意に)殺す, 殺害する: *jn.* mit Gift ~ …を毒殺する | *jn.* aus Eifersucht ~ …を嫉妬(しっと)から殺す | Diese ewige Nörgelei *bringt* mich noch *um*. ⟪話⟫こんなにしょっちゅう不平ばかり聞かされては全くうんざりする ‖ **nicht *umzubringen* sein** ⟪話⟫(人について)殺したって死なない; (物について)絶対に壊れない. **2** 再帰 *sich*⁴ ~ 自殺する: *sich*⁴ fast vor Begeisterung ~ ⟪話⟫命も縮めるばかりの熱狂ぶりである | Du *bringst* dich ja noch *um*. そんなに無理をしたら体をこわしてしまうぞ.

★ töten よりは暴力的で残酷なニュアンスが強い.

um·brisch[ʊ́mbrɪʃ] 形 ウンブリアの(→Umbrien).

Um·bruch[ʊ́mbrʊx] 男 -〔e〕s/..brüche[ʊ́mbrʏçə] **1** (特に政治上の根本的)変革, 大改革. **2** 〘印〙ページに組むこと; 仕上げ〈ページ〉組み, メーキャップ: ein Werk auf ~ setzen ある著作の本組みにかかる | den ~ korrigieren 本組みを校正する. **3** 〘坑〙回り坑道.

um|bu·chen[ʊ́mbu:xən] 他 (h) **1** 〘商〙転記する, 振り替える: einen Betrag auf ein anderes Konto ~ ある金額をほかの口座に振り替える. **2** (旅行の)予約を変更する: den Flug auf Donnerstag ~〔lassen〕飛行機の予約を木曜日にかえる.

Um·bu·chung[..xʊŋ] 女 -/-en umbuchen すること; umbuchen されたもの: eine ~ vornehmen (旅行の)予約を変更する.

Um·bu·chungs·ge·bühr 女 (旅行の)予約変更手数料.

um|decken[ʊ́mdɛkən] 他 (h) ⟪*et.*⁴⟫ (…の)覆いを新たにする〈変更する〉: ein Dach ~ 屋根をふきかえる | den Tisch ~ (人数の変更などに応じて)食卓を整え直す.

um|den·ken*[ʊ́mdɛŋkən] ⟪28⟫ **I** 自 (h) 考え方を〔根本的に〕改める〈一新する〉.

II Um·den·ken 中 -s/ umdenken すること.

Um·denk·pro·zeß[ʊ́mdɛŋk..] 男 umdenken する過程.

um|deu·ten[ʊ́mdɔʏtən] ⟪01⟫ 他 (h) ⟪*et.*⁴⟫ (…についての)解釈を変える, (…に)新解釈を施す.

Um·deu·tung[..tʊŋ] 女 -/-en **1** 解釈のし直し, 新解釈. **2** (Konversion) 〘法〙〔無効の〕転換.

um|dich·ten[ʊ́mdɪçtən] ⟪01⟫ 他 (h) (文学作品を)作り変える, 改作する: ein Drama ~ ある芝居を改作する.

Um·dich·tung[..tʊŋ] 女 -/-en (文学作品の)改作.

um|di·ri·gie·ren[ʊ́mdirigi:rən] 他 (h) 別の〈予定外の〉場所へ誘導する: wegen Nebels das Flugzeug nach einem anderen Flughafen ~ 霧のため飛行機を別の空港へ誘導する.

um|dis·po·nie·ren[ʊ́mdɪsponi:rən] 他 (h) (予定・手配を)変更する, (計画を)手直しする.

um·drän·gen[ʊmdrɛ́ŋən] 他 (h) ⟪*jn.* / *et.*⁴⟫ (…の)周囲に群がる〈殺到する〉.

um|dre·hen[ʊ́mdre:ən] **I** 他 (h) **1** 回転させる, ぐるりと回す, ひねる; (…の)向きを変える; 裏返す; (ページを)めくる: *jm.* den Arm ~ …の腕をねじ上げる | einem Huhn den Hals ~ 鶏の首をひねる(殺すために) | *jm.* den Hals ~ (→Hals 1 a) | die Hand ~ てのひらをかえす | wie man die Hand *umdreht* ⟪比⟫またたく間に(→Handumdrehen) | *jm.* den Magen ~ (→Magen) | **jede Mark 〈jeden Pfennig〉〔zweimal / dreimal / zehnmal〕~** ⟪話⟫一文も無駄にしない; けちんぼうである | den Schlüssel ~ 鍵(かぎ)を(鍵穴に入れて)回す | den Spieß ~ (→Spieß² 1) | Strümpfe ~ 靴下を裏返しにする | *jm.* das Wort im Munde ~ (→Wort 2 a).

2 再帰 *sich*⁴ ~ 回転する, ぐるりと回る; うしろに向きを変える, 反転する, ふり返る: *sich*⁴ auf dem Absatz ~ (→Absatz 4) | *sich*⁴ nach *jm.* 〈*et.*³〉 ~ …の方をふり向く, ふり返って…の方を見る | *jm. dreht* sich das Herz im Leibe *um* (→Herz 1 a) | *jm. dreht* sich der Magen *um* (→Magen) | Dein Vater würde sich noch im Grabe ~, wenn er das wüßte. ⟪比⟫君の父親がそれを知ったら さぞかし草葉の陰で嘆き悲しむことだろう | *jm. dreht* sich der Magen *um* (→Magen).

II 自 (h, s) 向きを変える, 反転する: Das Auto *drehte um*. その自動車は U ターンした.

Um·dre·hung¹[ʊ́mdre:ʊŋ] 女 -/-en 反転; 裏返し.

Um·dre·hung²[◡⏑́◡] 女 -/-en **1** 回転: eine ~ nach links 左への方向転換 | eine halbe 〈ganze〉 ~ 半〈一〉回転 | 500 ~*en* in der Sekunde 毎秒500回転. **2** 〘天〙(天体の)自転. **3** 〘医〙捻転(ねんてん).

Um·dre·hungs⸗ach·se 女 回転軸〔線〕. **⸗be·we·gung** 女 回転運動. **⸗ge·schwin·dig·keit** 女 回転速度. **⸗zahl** 女 回転数. **⸗zäh·ler** 男 積算回転計.

Um·druck[ʊ́mdrʊk] 男 -〔e〕s/-e **1** (石版印刷などの)転写. **2** 転写版.

Um·druck·pa·pier 中 〘印〙転写紙; 透明紙.

um·dü·stern[ʊmdý:stərn] ⟪05⟫ 他 (h) ⟪雅⟫ 再帰 *sich*⁴ ~ すっかり曇る, 暗くなる: Der Himmel hat sich *umdüstert*. 空はすっかり雲に覆われた ‖ ein *umdüstertes* Gemüt ⟪比⟫憂いに閉ざされた心.

um·ein·an·der[ʊmaɪnándər] 副 ⟪um＋相互代名詞に相当: →sich 2 ★ ii⟫ 互いに相手をめぐって; 互いに相手のことを: *sich*⁴ ~ kümmern 互いに相手のことを気にかける.

um·ein·an·der|dre·hen 他 (h) (ひもなどを)より合わせる.

um|er·zie·hen*[ʊ́m|ɛrtsi:ən] ⟪219⟫ 他 (h) 教育しなおす, 再教育する.

Um·er·zie·hung[..tsi:ʊŋ] 女 -/-en 再教育.

um·fä·cheln[ʊmfɛ́çəln] ⟪06⟫ 他 (h) ⟪雅⟫ ⟪*jn.* / *et.*⁴⟫ (…に)四方八方からあおいで風を送る.

um|fah·ren¹*[ʊ́mfa:rən] ⟪37⟫ **I** 他 (h) 乗り物をぶつけて倒す: ein Verkehrsschild ~ 車をぶつけて交通標識をひっくり返す. **II** 自 (s) ⟪話⟫(乗り物で)まわり道をする.

um·fah·ren²*[◡⏑́◡] ⟪37⟫ 他 (h) **1** ⟪*et.*⁴⟫ (乗り物で…の)周囲をまわる: die Insel mit dem Motorboot ~ モーターボートでその島のまわりを回る | die Grenze eines Landes auf der Karte〔mit dem Finger〕~ 地図の上である国〈州〉の境界を〔指で〕なぞる. **2** ⟪*et.*⁴⟫ (乗り物で…を)よけて通る, 迂回(うかい)する: eine Schneewehe ~ 雪の吹きだまりをよけて通る.

Um·fahrt[ʊ́mfa:rt] 女 -/-en **1** 周遊ドライブ; 周航. **2**

U

《話》(乗り物による)まわり道, 迂回(うかい).

Um·fah·rung[ʊmfá:rʊŋ] 女 -/-en **1** umfahren²すること. **2** 《オース・スイ》=Umgehungsstraße

Um·fah·rungs·stra·ße 《オース》=Umgehungsstraße

Um·fall[ʊ́mfal] 男 -[e]s/..fälle[..fɛlə] 《話》(心境・態度などの)急変, 突然の心変わり; 変節, 豹変(ひょうへん).

um|fal·len*[ʊ́mfalən] 《38》 自 (s) **1** (平衡を失って)転倒〈転覆〉する,(意識を失って)倒れる: Die Leiter droht *umzufallen*. そのはしごは今にも倒れそうだ | tot ~ (卒中などで)ばったり倒れて死ぬ | vor Durst 〈Hunger / Müdigkeit〉 [bald] ~ 《話》のどが渇いて〈空腹で・疲れ切って〉今にも死にそうである | zum *Umfallen* müde sein 《話》そのまま倒れたいほど疲れている | bis zum *Umfallen* kämpfen 倒れるまで戦う. **2** 《話》とつぜん考えを変える; (政治家などが)公約を破る, 変節する; (抵抗したあげく)自白する, 屈服する. **3** 《話》(疲労のあまり)ぶっ倒れるように横になる.

Um·fang[ʊ́mfaŋ] 男 -[e]s/..fänge[..fɛŋə] **1** (ある物の)周囲〈まわり〉の長さ; 〖数〗円周: Der Kreis 〈Das Dreieck〉 hat einen ~ von 50 cm. その円の円周〈その三角形の周辺[の和]〉は50センチメートルである | Der ~ des Baumes beträgt 5 m. その木の胴まわりは5メートルある.

2 a) かさ, 大きさ,[総]量, ひろがり, 範囲; 〖商〗(保険の)補償範囲: der ~ eines Begriffes ある概念のひろがり | der ~ der Bibliothek 図書館の蔵書総数 | der ~ des Schadens 損害の大きさ | der ~ des Verkehrs 交通量 ‖ 300 Seiten ~ haben 300ページある | einen ~ von fünf Bänden haben 5巻本である | den geplanten ~ überschreiten (本などが)予定の分量をオーバーする | einen ~ von zwanzig Quadratkilometer[n] haben (土地が)20平方キロメートルの広さである | einen ganz schönen ~ haben 《話》(人間について)かなり太っている | ein Problem in seinem vollen ~[*e*] übersehen ある問題の全体を見渡す ‖ in vollem ~[*e*] 大量に, 大規模に | in vollem ~[*e*] geständig sein (容疑者が)全面的に自白する ‖ Der ~ der Stadt ist gewachsen. その町の面積は広がった.

b) (Tonumfang) 〖楽〗音域: einen großen ~ haben (声について)音域が広い.

um·fan·gen*[ʊmfáŋən] 《39》 他 (h) **1** 包みこむ, 取りまく: Wohlige Wärme *umfing* uns im Zimmer. 室内では快適な暖かさが我々を包んだ. **2** 《雅》(umarmen) 抱く, 抱きしめる: *jn.* mit *seinen* Blicken ~ 《比》…をじっと見つめる.

um·fäng·lich[ʊ́mfɛŋlɪç] =umfangreich

Um·fäng·lich·keit[−kaɪt] 女 -/ umfänglich なこと.

um·fang·reich[ʊ́mfaŋraɪç] 形 **1** 範囲の広い, 大規模な; 膨大な; 容積の大きい, かさばった; 音域の広い: ein ~*es* Buch 大きな本 | ~*e* Vorbereitungen treffen 大々的な準備をする | ~*e* Beziehungen haben あちこちにコネを持っている. **2** 《戯》(dick) 太った.

Um·fangs≠be·rech·nung 女 分量の見積もり: die ~ eines Buches 〖印〗書物の組みページ数見積もり. **≠win·kel** 男 〖数〗円周角(→ 図 Kreis).

um|fär·ben[ʊ́mfɛrbən][1] 他 (h) (衣料品などを)染め直す.

um|fas·sen[1][ʊ́mfasən] 《03》 他 (h) **1** 《*et.*[4]》(宝石を台に)はめかえる. **2** 《北部》《*jn.*》抱きしめる: *umgefaßt* sitzen お互いの体に腕をまわした格好で座っている.

um·fas·sen[2][◡⌣◡] 《03》 **I** 他 (h) **1** 抱きしめる, 抱擁する: *js.* Hände ~ …の手を握りしめる ‖ 再帰 *sich*[4] [gegenseitig] ~ 互いに抱きあう ‖ *et.*[4] fest *umfaßt* halten …をしっかり握ったままでいる. **2** 囲う, 包囲する: den Garten mit einem Zaun ~ 庭に垣をめぐらす | das feindliche Heer ~ 敵軍を包囲する. **3** 《ふつう受動態なし》包括する, 含む: Das Werk *umfaßt* vier Bände. その著作は4巻になっている | Die Bibliothek *umfaßt* mehrere Millionen Bücher. この図書館は数百万の蔵書を擁している.

II um·fas·send 現分 形 包括〈網羅〉的な, 内容豊かな; 広範囲に及ぶ; 該博な: eine ~*e* Bildung besitzen 広い教養を身につけている | ein ~*es* Geständnis ablegen 全面的に白状してしまう.

Um·fas·sung[ʊmfásʊŋ] 女 -/-en **1** umfassen²すること. **2** 囲い, 枠; (周囲にめぐらされた)柵(さく), 垣根.

Um·fas·sungs·mau·er 女 囲い塀, 囲壁, 牆壁(しょうへき).

Um·feld[ʊ́mfɛlt][1] 中 -[e]s/-er **1** (個人を取り巻く)環境. **2** 周辺の地域.

um·flat·tern[ʊmflátərn] 《05》 他 (h) (…の)まわりをひらひら飛ぶ, ひらひらしながら取り囲む.

um·flech·ten*[ʊmflɛ́çtən] 《43》 他 (h) 編んだもので包みこむ; からみつく, がんじがらめにする: ein *umflochtener* Draht 〖電〗編組線.

um|flie·gen[1*][ʊ́mfli:gən][1] 《45》 自 (s) **1** 迂回(うかい)して〈回り道をして〉飛ぶ. **2** 《俗》倒れる, こける.

um·flie·gen[2*][◡⌣◡] 《45》 他 (h) **1** 《*jn.*/*et.*[4]》(…の)まわりを飛ぶ. **2** 《*et.*[4]》(…を)避けて飛ぶ.

um·flie·ßen*[ʊmflí:sən] 《47》 他 (h) 《*jn.*/*et.*[4]》(円ないし弧を描いて…の)まわりを流れる: Die Stadt wird von drei Seiten *umflossen*. この町は三方を川に取り囲まれている ‖ von Licht *umflossen* 《雅》光の流れに包まれて ‖ ein eng die Figur *umfließendes* Kleid ぴったりと肢体を包んでいるドレス.

um·floch·ten[ʊmflɔ́xtən] umflechten の過去分詞; 過去1・3人称複数.

um·flo·ren[ʊmfló:rən] 他 (h) **1** 《もっぱら過去分詞で》*umflort* sein (喪をあらわす黒の)ベールがかかっている | Das Bild war schwarz *umflort*. その絵〈写真〉には黒のベールがかかっていた. **2** 《雅》再帰 *sich*[4] ~ (山などが)濃い雲に覆われる; (目などが)涙でかすむ: Ihr Blick *umflorte* sich. 彼女の目は涙で曇った | eine von Trauer *umflorte* Stimme 悲しみのこもった声, 涙声. [<Flor[1]]

um·flos·sen[ʊmflɔ́sən] umfließen の過去分詞; 過去1・3人称複数.

um·flu·ten[ʊmflú:tən] 《01》 他 (h) (水が…の)まわりを勢いよく(滔々(とうとう)と)流れる.

um|for·men[ʊ́mfɔrmən] 他 (h) **1** 《*et.*[4]》(…の)形を変える, 変形させる; 改造する: ein System allmählich ~ 制度〈組織〉を徐々に変える | Die Technik hat den Menschen *umgeformt*. 技術は人間を変えてしまった ‖ *et.*[4] in *et.*[4] ~ …を…に変える〈変形させる〉. **2** 〖電〗変流する.

Um·for·mer[..mər] 男 -s/- 〖電〗変換器〈機〉.

Um·for·mer·grup·pe 女 〖電〗電動発電機.

Um·for·mung[..mʊŋ] 女 -/-en **1** 変形; 改変; 改造. **2** 〖電〗変換.

Um·for·mungs·reim 男 〖詩〗包韻, 抱擁韻(=umarmender Reim: →Reim 1).

Um·fra·ge[ʊ́mfra:gə] 女 -/-n アンケート, 世論調査: Blitz*umfrage* 電撃世論調査 ‖ eine ~ halten 〈machen〉 アンケートをとる | eine ~ zu *et.*[3] 〈über *et.*[4]〉 veranstalten …についてのアンケート調査を行う ‖ Die ~ hat ergeben, daß ... アンケートの結果は…であった.

Um·fra·ge·for·schung 女 世論調査.

um|fra·gen[ʊ́mfra:gən][1] 自 (h) 《ふつう不定詞・過去分詞で》アンケートをとる.

um·frie·den[ʊmfrí:dən][1] 《01》 (**um·frie·di·gen**[..frí:dɪgən][2]) 他 (h) 《*et.*[4]》(柵(さく)・塀などで…の)まわりを囲う.

Um·frie·dung[..dʊŋ] (**Um·frie·di·gung**[..dɪgʊŋ]) 女 -/-en **1** 《単数で》umfrieden すること. **2** 囲い, 塀, 柵(さく).

um|fri·sie·ren[ʊ́mfrizi:rən] 他 (h) 《話》**1** 《*et.*[4]》(…の)様子をすっかり変えてしまう, 改竄(かいざん)する: Sie haben die Autonummer *umgefrisiert*. 彼らは車のナンバープレートを書きかえて分からないようにした. **2** (自動車・オートバイなどを)改造する; パワーアップする.

um|fül·len[ʊ́mfʏlən] 他 (h) (ある容器から他の容器に)入れ〈詰め〉替える: Wein [aus dem Faß in Flaschen[4]] ~ ワインを[たるから瓶に]詰め替える.

Um·fül·lung[..lʊŋ] 女 -/-en (酒などの)詰め替え.

um|funk·tio·nie·ren[ʊ́mfʊŋktsioni:rən] 他 (h) 《*et.*[4]》(…の)機能を変えて他の用途にあてる〈ほかのものとして使用する〉: einen Passagierdampfer zu einem Lazarettschiff ～ 客船を病院船に仕立てる | das Treffen in eine politische Diskussion ～ 集会を(当初の計画になかった)政治討論会に切り替える.

Um·funk·tio·nie·rung[..rʊŋ] 女 -/-en umfunktionieren すること.

Um·gang[ʊ́mgaŋ] 男 -[e]s/..gänge[..gɛŋə] **1** 《単数で》 **a**) (社交上などの)交際, つきあい: ～ mit *jm.* haben 〈pflegen〉 …と交際している | in vertrautem ～ mit *jm.* leben …とごく親しくつきあっている | jeden ～ mit *jm.* meiden …と一切つきあわないようにする ‖ ～ mit Büchern haben 〈pflegen〉 書籍に慣れ親しんでいる. **b**) 交際相手, つきあいの仲間: kein ～ für *jn.* sein …にとってふさわしい交際相手ではない. **c**) 《卑》(Geschlechtsverkehr) 性交.

2 (教会における)礼拝の行列.

3 〘建〙周歩廊(教会の聖歌隊席または内陣のうしろの部分をとりまいている回廊).

4 a) (ぶらぶら)歩き回ること. **b**) (機械などの)回転.

ᐁ**5** 回避: von *et.*³ ～ nehmen / *et.*² ～ haben …を回避する.

ᐁ**6** 周囲(の長さ).

um·gäng·lich[ʊ́mgɛŋlɪç] 形 気さくな, つきあいやすい, 愛想のいい, 社交的な: ein ～*er* Mann 愛想のいい男.

Um·gäng·lich·keit[–kaɪt] 女 -/ umgänglich なこと.

Um·gangs≠form[ʊ́mgaŋs..] 女 -/-en **1** 交際形式. **2** 《ふつう複数で》礼儀作法: gute 〈keine〉 ～*en* haben エチケットを心得ている〈いない〉 | *jm.* [gute] ～*en* beibringen …に作法を教えこむ. **≠spra·che** 女 〘言〙(標準語と方言の中間に位置する)日常語, 口語(→Mundart, Hochsprache).

um·gangs·sprach·lich 形 日常語の, 口語的な: eine ～*e* Redewendung 日常語的な言いまわし.

Um·gangs≠ton 男 -[e]s/..töne (他人と交際するときの)調子, 口調, 話し方: [zu *jm.*] den richtigen ～ finden [...とつきあう際に]相手にふさわしい調子〈口のきき方〉を見つける. **≠ver·bot** 中 (親権者が未成年者に対して行う特定人物との)交際の禁止.

um·gar·nen[ʊmgárnən] 他 (h) **1** 網でからめ取る. **2** 《比》《*jn.*》籠絡(ろうらく)する, まるめこむ: *jn.* mit Verführungskünsten ～ …を手練手管でたらしこむ. [<Garn 2]

um·gau·keln[ʊmgáʊkəln] 《06》 他 (h) 《*jn.*/*et.*⁴》 (…の)まわりをひらひらと飛びかう.

um|ge·ben¹*[ʊ́mge:bən]¹ 《52》 他 (h) 《*jm. et.*⁴》 (…に…を)着せかける: *jm.* den Mantel ～ …にコートを着せてやる.

um·ge·ben²*[◡⌒◡] 《52》 他 (h) **1** 《*jn.*/*et.*⁴》 (…の)まわりを囲む, 取りまく: das Anwesen mit einem Zaun ～ 敷地を柵(さく)で囲う〈囲わせる〉 | Ein Zaun *umgibt* das Anwesen. その敷地は柵で囲われている | *jn.* mit Liebe ～ 《比》…を大事に大事にする ‖ die uns *umgebende* Welt 我々のまわりの世界 | die *umgebende* Luft 取り巻く空気, 〘工〙周囲空気 ‖ von Freunden *umgeben* sein 友人〈味方〉に取り囲まれている. **2** 再帰 *sich*⁴ mit *et.*³ ～ 自分の周囲を…で固める | Er *umgab* sich mit Schmeichlern. 彼は周囲をおべっか使いどもで固めた | *jn.* mit einem Heiligenschein ～ (→Heiligenschein). [*ahd.*; *lat.* circum-dāre (◇zirkum.., Dativ) の翻訳借用]

Um·ge·bung[ʊmgé:bʊŋ] 女 -/-en **1 a**) 周囲〈周辺〉の地域: die ～ Münchens 〈von München〉 ミュンヒェンの周辺地域 | München und ～ ミュンヒェンとその周辺 ‖ ein Ausflug in die nähere ～ 近郊への遠足 | eine schöne ～ haben (都市などが)美しい自然に囲まれている. **b**) (Umwelt) 〘生〙環境. **c**) 〘数〙近傍. **2** 周囲の世界, 環境; 《集合的に》まわりの人々, 側近グループ: die ～ des Präsidenten 大統領の側近 ‖ in einer vertrauten 〈fremden〉 ～ 親しい〈見知らぬ〉人々のあいだで | *sich*⁴ an eine neue ～ gewöhnen 新しい[人的]環境に慣れる | Nur seine nähere ～ wußte davon. それを知っていたのは彼のごく身近の人々だけだった | Er gehört zu meiner nächsten ～. 彼は私の最も身近な人の一人だ.

Um·ge·bungs≠luft 女 〘工〙(飛行体などの)周囲空気. **≠tem·pe·ra·tur** 女 〘工〙(飛行体などの)周囲温度.

Um·ge·gend[ʊ́mge:gənt]¹ 女 -/-en 《話》= Umgebung 1

um|ge·hen¹*[ʊ́mge:ən] 《53》 **I** 自 (s) **1 a**) (回覧文書・募金箱などが)回る. **b**) (うわさなどが)広まる, 流布する; (病気などが)広がる, 流行する. **c**) (herumgehen) うろつく; (幽霊が)出没する: Auf dem Schloß sollen Gespenster ～. / 非人称 In dem Schloß soll es ～. この城にはおばけが出るそうだ.

2 a) 《mit *et.*³》《しばしば様態を示す語句と》(…を)扱う, あしらう: mit dem Geld leichtsinnig 〈sparsam〉 ～ お金をそまつにする〈節約する〉 | mit *seinen* Sachen liederlich 〈unordentlich〉 ～ [自分の]物をぞんざいに扱う | mit einem Werkzeug [gut] ～ können 道具の扱い方がじょうずである | Ich lernte[,] mit Zirkel und Lineal *umzugehen*. 私は定規とコンパスの使い方を習った | Er weiß mit Kindern 〈Tieren〉 *umzugehen*. 彼は子供〈動物〉の扱い方を心得ている. **b**) 《mit *jm.*》 (…と)交際する, つき合う: Sage mir, mit wem du *umgehst*, so sage ich 〈und ich sage〉 dir, wer du bist. 《諺》交際の範囲から当人の人柄が知れる | Wie *gehst* du eigentlich mit mir *um*! 《話》(そんなことを言うなんて)そもそも君は私を何だと思っているんだ.

3 《mit *et.*³》 (計画などを)胸中に抱いている: Er war schon lange mit dem Gedanken 〈dem Plan〉 *umgegangen*, ins Ausland zu reisen. 彼はもう長いこと外国へ旅行しようと考えて(計画して)いた.

4 《話》(あやまって)回り道〈遠回り〉をする: Auf diesem Wege sind wir 2 km 〈zwei Stunden〉 *umgegangen*. この道をとったために私たちは 2 キロ〈2 時間〉も遠回りになった.

II um·ge·hend 現分 形 折り返しの, さっそくの: ～ 〈mit ～*er* Post〉 antworten 折り返し返事をする | *et.*⁴ ～ zurückschicken …をすぐに返送する.

um·ge·hen²*[ʊmgé:ən] 《53》 他 (h) **1 a**) 迂回(うかい)する, 避けて通る: Die Bahn 〈Die Straße〉 *umgeht* das Gebirge. その鉄道〈街道〉は山脈を迂回して走っている. **b**) 〘軍〙(敵の)後方に回る: den Feind auf *seiner* linken Flanke ～ 敵の左後方に回る. **2** 《比》回避する, 避け[て通]る; (法律などを)すり抜ける: eine deutliche 〈klare〉 Antwort ～ 明確な返答を避ける | Schwierigkeiten ～ 難点を避けて通る | Gesetze ～ 法の網の目をくぐる | Ich kann es nicht ～, ihm einen Besuch zu machen. 私はどうしても一度彼を訪ねなければならない.

Um·ge·hung[ʊmgé:ʊŋ] 女 -/-en **1** 《単数で》umgehen²すること. **2** =Umgehungsstraße

Um·ge·hungs·stra·ße 女 (市街地などを避けて通じる)迂回道路, バイパス.

um·ge·kehrt[ʊ́mgəke:rt] **I** umkehren の過去分詞. **II** 形 逆の, さかさまの, 反対の, 裏の: den ～*en* Eindruck von *et.*³ gewinnen …についてあべこべの印象を受ける | im ～*en* Fall[e] 逆の場合に | mit ～*er* Hand 手のひらを返して | in ～*er* Reihenfolge 〈Richtung〉 逆の順序〈方向〉で | zu *et.*³ im ～*en* Verhältnis stehen …と逆の関係にある ‖ ... und ～ …そして逆もまたそのとおりである | aus dem Deutschen ins Japanische und ～ ドイツ語から日本語へ また逆に日本語からドイツ語へ | ～ essen 《話》吐く, もどす | Es kam ～. 反対の事態になった | Die Sache verhielt sich gerade ～. 事情はまさに逆[の関係]だった ‖ *Umgekehrt!* さかさまだよ | *Umgekehrt* ist es richtig. [その]逆が正しい | *Umgekehrt* wird ein Schuh draus. (→Schuh 1).

um|ge·stal·ten[ʊ́mgəʃtaltən] 《01》 他 (h) 形を変える, 手を加える, 改造する, 変革する.

Um·ge·stal·tung[..tʊŋ] 女 -/-en (umgestalten すること. 例えば:) 変形; 改造; 変革.

um|ge·wöh·nen[ʊ́mgəvø:nən] 他 (h) 再帰 *sich*⁴ ～ 新しい環境に順応する; 習慣を変える.

um|gie·ßen*[ʊ́mgi:sən] 《56》 他 (h) **1** (液体を)移しかえる, あけかえる: Kaffee in die Thermosflasche ～ コーヒーを[他の容器から]魔法瓶に移す. **2 a**) 〘金属〙鋳なおす: eine Glocke ～ 鐘を改鋳する. **b**) 《雅》《*et.*⁴ in *et.*⁴》 (…を別の[形の]…に)変える. **3** 《話》(液体を)こぼす, ぶちまける.

Um·gie·ßung[..sʊŋ] 女 -/-en umgießen すること.

um·git·tern[ʊmgítərn] 《05》 他 (h) 《*et.*⁴》 (…の)まわりに

格子をつける: ein *umgitterter* Käfig 格子つきの檻(おり).

um·glän·zen[ʊmglɛ́ntsən]《02》他 (h)《雅》《*et.*[4]》(…の)周囲を輝きで包む: ein von Mondlicht *umglänzter* Strand 月光にくまなく照らされた海浜.

ụm|glie·dern[ʊ́mgliːdərn]《05》他 (h) 再組織する, 改組する, 再編成する, 再区分する.

ụm|gra̱·ben*[ʊ́mgraːbən][1]《62》他 (h) 掘りおこす, 掘りかえす: Erde 〈ein Beet〉 ～ 土〈花壇〉を掘りおこす.

ụm|grei·fen[1]*[ʊ́mgraɪfən]《63》自 (h) (病気・火災などが)広がる, 蔓延(まんえん)する.

um·grei̱·fen[2]*[◡⌣́◡]《63》他 (h) **1** (手で)つかむ, 握る: *js.* Hände fest ～ …の両手をしっかと握りしめる. **2**《*et.*[4]》(…を)包摂する, 包みこむ, (…に)及ぶ: Das Buch *umgreift* mehrere Geschichtsepochen. この本はいくつもの時代を扱っている.

um·grẹn·zen[ʊmgrɛ́ntsən]《02》他 (h)《*et.*[4]》**1** (…の)まわりに境界を設定する: Ein Wassergraben *umgrenzt* das Schloß. その城はまわりを濠(ほり)で囲まれている | eine von Wald *umgrenzte* Wiese 森に囲まれた草原. **2**《比》(…の範囲を)限定する: eine Aufgabe ～ 課題を〔具体的に〕限定する, 課題に明確な輪郭を与える.

Um·grẹn·zung[..tsʊŋ] 女 -/-en umgrenzen すること.

ụm|grup·pie·ren[ʊ́mgrʊpiːrən] 他 (h) 編成し直す, 組み替える.

Ụm·grup·pie·rung[..rʊŋ] 女 -/-en 編成替え, 組み替え.

ụm|gucken[ʊ́mgʊkən] 他 (h)《話》(umsehen) **1** 再帰 *sich*[4] ～ 辺りを見回す; 見て回る: *sich*[4] nach *et.*[3] ～ …を探し求めてあちこちに目をやる. **2** 再帰 *sich*[4] ～ (後ろを)ふり返る, ふりむく: *sich*[4] noch einmal ～ もう一度ふり返る | **Du wirst dich noch ～.** (そんなことをしていると)いまにびっくりするようなことになるぞ.

▽**ụm|gür·ten**[1][ʊ́mgʏrtən]《01》他 (h) (体のまわりに)〔帯のように〕巻きつける: 〔*sich*[3]〕 das Schwert ～ 帯剣する.

um·gụ̈r·ten[2][◡⌣́◡]《01》他 (h) (帯のようなもので)巻く: 再帰 *sich*[4] mit einem Schwert ～ 帯剣する.

Ụm·guß[ʊ́mgʊs] 男 ..gusses/..güsse[..gʏsə] = Umgießung

ụm|ha̱·ben*[ʊ́mhaːbən][1]《64》他 (h)《話》着ている, 身にまとっている: einen Schal ～ ショールをしている | eine Uhr ～ 時計をしている | **nichts *um*- und 〔nichts〕 an*haben*** 《話》裸も同然である.

ụm|hacken[ʊ́mhakən] 他 (h) (鍬(くわ)などで)掘りおこす.

um·hạl·sen[ʊmhálzən][1]《02》他 (h)《*jn.*》(…の)首に抱きつく: 再帰《相互的》*sich*[4] ～ お互いの首に抱きつく.

Um·hạl·sung[..zʊŋ] 女 -/-en 抱擁.

Ụm·hang[ʊ́mhaŋ] 男 -〔e〕s/..hänge[..hɛŋə] (まわりにかけるもの. 例えば:) 肩かけ, ケープ, ペルリーヌ.

ụm|hän·gen[1][ʊ́mhɛŋən] 他 (h) **1**《*et.*[4]》(…を別のものと・別の場所に)かけ替える: die Bilder ～ 絵をかけ替える. **2**《*jm. et.*[4]》(…の)体のまわりに(…を)かけてやる: dem Kind den Mantel ～ 子供にコートを着せかけてやる | *sich*[3] eine Kette ～ ネックレスをする | der Katze die Schelle ～ (→Katze 1 a) | *et.*[3] ein Mäntelchen ～ (→Mantel 1).

um·hän·gen[2(*)][◡⌣́◡]《方: 66》他 (h)《*et.*[4] mit *et.*[3]》(…の)まわりに(…を)ぶらさげる, (…を…で)覆う: ein Denkmal mit Blumen ～ 記念碑に花をいっぱい飾る.

Ụm·hän·ge≠ta·sche[ʊ́mhɛŋə..] 女 ショルダーバッグ. **≠tuch** 中 -〔e〕s/..tücher 肩にかける布(ショール・ケープ・ネッカチーフなど).

Ụm·häng≠ta·sche = Umhängetasche **≠tuch** = Umhängetuch

ụm|hau·en[(*)][ʊ́mhaʊən]《67》他 (h) **1** (過去 haute 〈雅: hieb〉 um; 過分 umgehauen) (木などを)切り倒す. **2** (過去 haute um; 過分 umgehauen, umgehaut)《話》**a**)《*jn.*》(…に)引っくり返らんばかりのショックを与える, (…の)気を転倒させる; (…を)ひどくびっくり〈憤慨〉させる: Das Gläschen Wein wird dich nicht gleich ～. ワイン1杯ぐらいで君はすぐ酔っぱらったりはしないよ | Der Gestank *haut* mich *um*! こいつはたまらん臭(にお)いだ | Das *haut* einen ja *um*! そいつは実にけしからん; こいつはたまげたね | Das *haut* den stärksten Neger 〈Seemann〉 *um*. (→Neger 1, →Seemann). **b**) 再帰 *sich*[4] ～ 横になる.

Ụm·hau·er[..haʊər] 男 -s/-《話》度の強い火酒.

um·hẹ·gen[ʊmhéːgən][1] 他 (h) **1**《雅》《*jn.*》大事に〈丁重に〉扱う: von mütterlicher Liebe *umhegt* werden 母親の〈母親のような〉愛情に温かく包まれる. **2** 取り囲む, 囲繞(いにょう)する.

um·hẹr[ʊmhéːr] 副 あたり一面に; ぐるっと取り巻いて: weit ～ verstreut sein あたり一面にまき散らされている | die Gegend ～ あたり一帯の地域.

umher..《分離動詞の前つづり. つねにアクセントをもつ》**1** 《「まわりをぐるっと」を意味する》: *umher*sehen あたりをぐるりと見回す. **2** 《「あちこちと」を意味する》: *umher*laufen あちこち駆けずり回る | *umher*wandern あちこちさまよう.

um·hẹr≠|blicken[ʊmhéːr..] 自 (h) あちこち見回す, きょろきょろする: ängstlich ～ 不安げにきょろきょろあたりに目をやる | im Zimmer ～ 部屋の中をあちこち見回す. **≠|ge·hen***《53》自 (s) あちこち歩く, ぶらつく, 徘徊(はいかい)する: im Zimmer ～ 部屋の中を歩き回る. **≠|ir·ren** 自 (s) あちこちさまよう, 放浪する: im Wald ～ 森をさまよい歩く. **≠|ja·gen** **I** 自 (s) せかせかとあちこち駆けずり回る. **II** 他 (h)《*jn.*》(…に)次々と仕事を押しつける, (…を)奔命に疲れさせる. **≠|lau·fen***《89》自 (s) あちこち駆けずり回る. **≠|lie·gen***《93》自 (h) あちこちに散らばって〈散乱して〉いる. **≠|rei·sen**《02》自 (s) あちこち旅行して回る. **≠|schwei·fen** 自 (s) あちこちさまよう: *seine* Augen ～ lassen あちこち見回す | Seine Gedanken *schweiften umher*. 彼はとつおいつ いろんなことを考えた. **≠|stol·zie·ren** 自 (s) いばって〈気取って〉あちこち歩き回る: wie der Hahn auf dem Mist ～ (→Hahn 1 a). **≠|strei·fen** 自 (h, s) あちこち歩き回る, 跋渉(ばっしょう)する: im Wald ～ 森をうろつき回る | des *Umherstreifens* müde werden 歩き回ってくたびれる. **≠|trei·ben***《193》**I** 自 (s) (風や流れのままに)漂流する: steuerlos auf dem Meer ～ 舵(かじ)もなく洋上を漂う. **II** 他 (h) **1** あちこち駆り立てる. **2** 再帰 *sich*[4] ～ i) あちこちうろつく, ほっつき歩く; ii) いいかげん〈でたらめ〉な生活を送る. **≠|wan·dern**《05》自 (s) あちこちさまよう, 放浪する: im Park ～ 公園内をうろつく. **≠|zie·hen***《219》**I** 自 (s) 放浪〈流浪〉する: im Lande ～ (サーカスなどが)国じゅうを流れ歩く | *umherziehende* Zigeuner 放浪のジプシーたち. **II** 他 (h) あちこち引っぱり回す〈歩く〉.

▽**um·hịn**[ʊmhín] 副 (…のまわりを)回って, (…を)避けて.

um·hịn|kön·nen*[ʊmhínkœnən]《81》自 (h) 回避できる: 〖今日ではもっぱら否定詞と〗Ich *kann* nicht *umhin* 〈Ich habe nicht *umhingekonnt*〉, es ihm mitzuteilen. 私はそれを彼に知らせないわけにはいかない〈いかなかった〉 | Wir werden kaum ～, auch die anderen einzuladen. 我々としてはほかの連中も招待しないわけにはまずいかないだろう | Willst du ihn mitnehmen?—Ich werde wohl nicht ～! 君は彼を連れていくつもりかい — そうせざるを得ないだろうな.

ụm|hö·ren[ʊ́mhøːrən] 他 (h) 再帰 *sich*[4] ～ 聞いて回る, 照会する: *sich*[4] nach *et.*[3] ～ …の件をあちこちに照会する | *sich*[4] ～, ob ... …かどうかあちこち問いあわせる.

um·hụ̈l·len[ʊmhʏ́lən] 他 (h)《*jn.* 〈*et.*[4]〉 mit *et.*[3]》(…を…で)覆う, 包みかくす: *jn.* mit einer Decke ～ …を毛布にくるむ | von einem Geheimnis *umhüllt* sein 秘密のベールに包まれている | Dunkelheit *umhüllte* uns. 我々は暗やみにとざされた.

Um·hụ̈l·lung[..lʊŋ] 女 -/-en **1** (umhüllen すること. 例えば:) 覆い, 包装: die ～ entfernen 包装を取る. **2 a**) 〖理〗包晶. **b**) 〖医〗包被.

U/min[ʊ́mdreːʊŋ(ən) proː minúːtə] 記号 (Umdrehung〔en〕 pro Minute) 毎分回転数.

ụm|in·ter·pre·tie·ren[ʊ́m|ɪntərpretiːrən] 他 (h)《*et.*[4]》(…を)解釈しなおす, (…に)新たな解釈を施す.

um·ju̱·beln[ʊmjúːbəln]《06》他 (h)《*jn.*》(…を)取り囲んで歓呼する, (…を)熱狂的に歓迎する.

um·kạ̈mp·fen[ʊmkɛ́mpfən] 他 (h)《*et.*[4]》**1** (…を四方八方から包囲して)戦う. **2**《ふつう過去分詞で》(…を得ようと)

U

激しく争う: ein heiß 〈hart〉 *umkämpfter* Sieg 激戦の末の勝利.

Ụm·kehr[ʊ́mkeːr] 女 -/ **1** (反対方向への)転換, あと戻り, 引き返すこと; 折り返し, 反転: Ein heftiger Regen zwang uns zur ～. 激しい雨のために私たちは引き返さざるを得なかった | Für ihn gab es keine ～ mehr. 彼にとっては もはや前進あるのみだった. **2** 《比》(Besserung) 改心, 翻意.

ụm·kehr·bar[–baːr] 形 (umkehren できる. 例えば:) **1** ひっくり返す〈転換する〉ことができる, 逆にできる. **2** 〖理〗可逆の: eine ～*e* Änderung 〈Reaktion〉〖理〗可逆変化〈反応〉| eine ～*e* Kette〖電〗可逆電池.

Ụm·kehr·bar·keit[..kaɪt] 女 -/ (umkehrbar なこと. 例えば:) **1** 転換が可能なこと. **2** 〖理〗可逆性.

ụm|keh·ren[ʊ́mkeːrən] **I** 自 (s) 回れ右をする, 引き返す; 《比》改心する, 行状を改める: Wir mußten ～, weil die Straße gesperrt war. 通行止めになっていたので我々は引き返さざるを得なかった | auf halbem Wege ～ (→Weg 1) | Er muß 〔auf diesem Wege〕 ～. 《比》彼は根性を入れ替える必要がある.

II 他 (h) **1** 《*et.*^{4}》(…の)向きを反対にする, 反対向きにする; ひっくり返す: die Reihenfolge ～ 順序を逆にする | Strümpfe ～ 靴下〔の表と裏〕をひっくり返す | das ganze Haus ～ 《話》家捜しする | den Spieß ～ (→Spieß^2 1) ‖ *umgekehrt* stehen (机などが)上下さかさまに立っている ‖ 再帰 *jm. kehrte* sich^4 der Magen *um* (→Magen).

2 再帰 *sich*^{4} ～ くるりと向きをかえる, 振り向く: *sich*^{4} nach *jm.* ～ …の方を振りかえる.

3 正反対のものに変える, あべこべにする: *et.*^{4} in *et.*^{4} ～ …を(それとは正反対の)…に変える ‖ 再帰 *sich*^{4} ～ あべこべになる | Die Verhältnisse haben sich in diesem Fall völlig *umgekehrt*. この件の場合事態はすっかり逆になってしまった.

III ụm·ge·kehrt → 別出

Ụm·kehr≠farb·film 男 [ʊ́mkeːr..], **≠film** 男〖写〗反転〈リヴァーサル〉フィルム(スライド用カラーフィルム). **≠funk·tion** 女〖数〗逆関数. **≠pro·zeß** 男〖写〗反転〔現像〕処理, 反転工程. **≠schluß** 男 逆の推論.

Ụm·keh·rung[ʊ́mkeːrʊŋ] 女 -/-en (umkehren すること. 例えば:) 逆戻り; 裏返し;〖理〗反転;〖化〗転化;〖楽〗転回〔形〕.

Ụm·kehr·ver·fah·ren[ʊ́mkeːr..] 中〖写〗反転処理法.

ụm|kip·pen[ʊ́mkɪpən] **I** 自 (s) **1** 倒れる, ひっくり返る, 転覆〈転倒〉する: Die Flasche ist *umgekippt*. 瓶が倒れた | mit dem Stuhl ～ 椅子(いす)ごとひっくり返る. **2** (声が)変わる, 声がわりする. **3** 《話》**a**) 気絶する; へたばる. **b**) (思想・信条などを)変える, 変節する; 共犯者の名前をあげる, 泥を吐く. **c**) (雰囲気などが)とつぜん正反対のものに変わる. **d**) (ワインが古くなって)変質する.

II 他 (h) 倒す, ひっくり返す, 転倒させる: *et.*^{4} versehentlich ～ 誤って…を倒す | Der Sturm hat das kleine Boot *umgekippt*. その小さなボートはあらしのため転覆した.

um·klạm·mern[ʊmklámərn] 《05》他 (h) **1** 《*et.*^{4}》(両側・四方八方から…を)はさみつける; (…に)からみ〈しがみ〉つく: *et.*^{4} mit beiden Armen ～ …に両腕をからませる; …を両腕で抱きすくめる | *et.*^{4} fest *umklammert* halten …をしっかり握りしめて放さない. **2** 《*jn.*》(…を)握り〈抱き〉しめる;〖軍〗包囲する: den Feind ～ 敵を包囲〈挟撃〉する ‖ 再帰 《相互的》*sich*^{4} ～ 互いに絡みあう;〖ボクシング〗互いにクリンチする.

Um·klạm·me·rung[..mərʊŋ] 女 -/-en (umklammern すること. 例えば:)〖ボクシング〗クリンチ;〖軍〗包囲.

ụm·klapp·bar[ʊ́mklapbaːr] 形 折りたたみ式の(いす).

ụm|klap·pen[ʊ́mklapən] **I** 他 (h) (いす・机などを)ぱたんと折りたたむ, (上または下に)ぱちんと折り返す: die Lehne eines Sitzes ～ 座席の背もたれをぱたんとたたむ.

II 自 (s) 《話》**1** 卒倒する, 気絶する, 失神する. **2** 譲歩する, 抵抗をあきらめる. **3** (ついに)白状する, 泥を吐く. **4** 反対陣営に走る, 脱走する.

Ụm·klei·de·ka·bi·ne[ʊ́mklaɪdə..] 女 (小さく仕切った)更衣室.

ụm|klei·den^1[ʊ́mklaɪdən]^1 《01》他 (h) 《*jn.*》(…に)着替えをさせる: ein Kind ～ 子供に着替えさせる ‖ 再帰 *sich*^{4} ～ 着替える | *jm.* beim *Umkleiden* helfen 〈behilflich sein〉 …の着替えを手伝う.

um·klei·den^2[⌣⌣́⌣] 《01》他 (h) 《*et.*^{4} mit *et.*^{3}》(…に…を)着せる, かぶせる, (…を…で)包む, 覆う: einen Kasten mit Stoff ～ 箱に布をかぶせる | *et.*^{4} mit Heimlichkeiten ～ 《比》…に秘密のベールをかぶせる | *et.*^{4} mit schönen Worten ～ 《比》…のことを美化〔潤色〕して言う.

Ụm·klei·de·raum[ʊ́mklaɪdə..] 男 更衣室.

Ụm·klei·dung^1[..dʊŋ] 女 -/-en 《ふつう単数で》(〔sich〕 umkleiden^{1}すること. 例えば:) 更衣, 着替え〔すること〕.

Um·klei·dung^2[ʊmkláɪdʊŋ] 女 -/-en **1** 《ふつう単数で》umkleiden^{2}すること. **2** 覆い, 被覆.

ụm|kluf·ten[ʊ́mklʊftən] 《01》《話》＝umkleiden^1 [＜Kluft^1]

ụm|knicken[ʊ́mknɪkən] **I** 自 (s) (草や木などが)ぽきんと折れる; 足をくじく: 〔mit dem Fuß〕 ～ 足をくじく. **II** 他 (h) ぽきんと折る〈折り曲げる〉: ein Blatt Papier ～ 紙を折る〈折りたたむ〉| einen Zweig ～ 枝をぽきりと折る.

ụm|kom·men*[ʊ́mkɔmən] 《80》自 (s) **1** (事故や天災などで)命を失う, 死ぬ: im Kriege 〈bei einem Erdbeben〉 ～ 戦争〈地震〉で死ぬ | vor Hitze fast 〈bald / beinahe〉 ～ 《話》暑さのあまり今にも死にそうである | Davon wirst du nicht ～. 《話》君 そんなこと心配いらないよ | Wer sich in Gefahr begibt, *kommt* darin *um*. (→Gefahr) ‖ Es ist eine Hitze zum *Umkommen*. 《話》とてもやりきれない暑さだ. **2** 《話》(特に食料品について)だめになる, 腐る: nichts ～ lassen 何ひとつ腐らせない | alles verbrauchen, damit nichts *umkommt* 何ひとつ腐らせないよう全部使い切る.

um·krạl·len[ʊmkrálən] 他 (h) (猛鳥などが)爪(つめ)でつかむ; ぎゅうとつかむ, しがみつく: Angst *umkrallt* mein Herz. 《比》私は不安に胸をしめつけられる思いだ.

um·krạ̈n·zen[ʊmkrɛ́ntsən] 《02》他 (h) 花輪で飾る; 輪状に囲んで飾る.

Ụm·kreis[ʊ́mkraɪs]^1 男 -es/-e **1** 《単数で》(一定の広さの)周辺地域, 周囲: 5 Kilometer im ～ 周辺5キロメートル | im ～ von 5 Kilometer〔n〕 周辺5キロメートルの地帯で | Im ganzen ～ war kein Haus zu sehen. あたり一帯に建物など一軒も見あたらなかった | über den ～ der Stadt hinauskommen 郊外に足を伸ばす. **2** 《単数で》(ある人の)周辺〈近隣〉の人々, 交際範囲: im ganzen ～ berühmt sein 近辺の人々みんなに有名である | Nur sein engster ～ wußte von dem Vorfall. その事件のことを知っていたのは彼にごく近しい人たちだけだった. **3** (↔Inkreis)〖数〗外接円.

um·krei·sen[ʊmkráɪzən]^1 《02》他 (h) 《*et.*^{4}》(…の)まわりを円形に回る: Die Erde *umkreist* die Sonne. 地球は太陽のまわりを回っている | Die Sonne wird von den Planeten *umkreist*. 惑星が太陽のまわりを回る | Seine Gedanken *umkreisen* immer wieder das Problem. 彼の考えはその問題のまわりを堂々めぐりする.

Um·krei·sung[..zʊŋ] 女 -/-en umkreisen すること.

ụm|krem·peln[ʊ́mkrɛmpəln] 《06》他 (h) **1** (そで口などを)折り返す, まくりあげる; (靴下などを)裏返しにする: die Hosenbeine ～ ズボン〔のすそ〕を折りまげる | die Handschuhe ～ 手袋を裏返す | die ganze Wohnung ～ 《話》家じゅうひっくり返して探す, 家捜しする. **2** 《話》すっかり変えてしまう, 根本から改める: einen Plan völlig ～ ある計画を全面的に変更する | Man kann einen Menschen nicht 〔einfach〕 ～. 人間の性格なんてそう〔簡単に〕変わるものではない ‖ 再帰 *sich*^{4} ～ 〔自分の〕信条〈考え・性格〉を変える.

Ụm·la·de·bahn·hof[ʊ́mlaːdə..] 男〖鉄道〗〔貨物〕積みかえ駅.

ụm|la·den*[ʊ́mlaːdən]^1 《86》他 (h) **1** (荷を)積みかえる: *et.*^{4} in Waggons 〈auf Schiffe〉 ～ …を貨車〈船〉に積みかえる. **2** 《*et.*^{4}》(…の)荷を積みかえる: einen Frachter ～ 貨物船の荷を積みかえる ‖〖目的語なしで〗Wir haben auf Singapur *umgeladen*. 我々はシンガポールで荷を積みかえた.

Ụm·la·dung[..dʊŋ] 女 -/-en 積みかえ.

Ụm·la·ge[ʊ́mlaːgə] 女 -/-n 割当額, 分担金, 賦課〔金〕.

u̧m|la̧·gern[1][ʊ́mla:gərn]《05》他 (h)(他の保管場所・倉庫へ)移す; (クレジットを他へ)振り替える.

um·la̧·gern[2][◡⏊◡]《05》他 (h)(びっしり)取り巻く, 取り囲む: von Neugierigen *umlagert* werden やじ馬に取り巻かれる.

U̧m·la·ge·rung[1][ʊ́mla:gərʊŋ] 女 -/-en (umlagern[1]すること. 例えば:)〘医〙転換;〘理〙〔分子内〕転位.

Um·la̧·ge·rung[2][◡⏊◡◡] 女 -/-en umlagern[2]すること.

U̧m·land[ʊ́mlant][1] 中 -〔e〕s/ (都市の)周辺地域.

U̧m·lauf[ʊ́mlaʊf] 男 -〔e〕s/..läufe[..lɔʏfə] **1**《ふつう単数で》**a**) 回転, 円運動;〘天〙(天体の)運行, 公転: der ~ des Uhrzeigers 時計の針の進行 | der ~ der Erde um die Sonne 太陽をめぐる地球の公転. **b**) 循環, 流布;〘医〙(血液の)循環;〘経〙(資本・貨幣の)流通: Geldscheine **aus** dem ~ ziehen〘経〙紙幣を〔流通市場から〕引き上げる | *jn.* aus dem ~ ziehen《俗》…を懲役刑にする | Geld **in** ~ bringen ⟨setzen⟩〘経〙貨幣を流通させる | ein Gerücht in ~ bringen うわさを広める | Die neuen Münzen sind seit einem Monat in ⟨im⟩ ~. 新しい硬貨が1か月前から使われている | Das Herz hält das Blut in ~. 心臓が血液を循環させる | Diese Redewendung ist erst in diesen Tagen in ~ gekommen. この言いまわしはつい最近広まった | Das Gerücht ist in ~, daß ... …という噂(うわさ)が広まっている. **c**)〘農〙輪作.
2 回し文⟨状⟩, 回覧文: einen ~ erhalten ⟨weitergeben⟩ 回し状を受け取る⟨次へ回す⟩ | *et.*[4] durch 〔einen〕 ~ bekanntgeben …を回覧文で知らせる.
3 (食卓などの)掛け布.
4 (馬の)鞍帯(くらおび), 腹帯.
5《ふつう単数で》〘医〙瘭疽(ひょうそ).

U̧m·lauf≠auf·zug[ʊ́mlaʊf..] 男 回転⟨循環⟩エレベーター. **≠bahn** 女〘天〙(天体・人工衛星の)軌道: die ~ des Mondes um die Erde 地球を中心とする月の公転軌道 | einen Satelliten in eine ~ um die Erde bringen ⟨schießen⟩ 人工衛星を〔発射して〕地球をめぐる軌道に乗せる.

U̧m·läu·fe Umlauf の複数.

u̧m|lau·fen[1]*[ʊ́mlaʊfən]《89》**I** 自 (s) **1** 回転する, 円運動をする;〘天〙(天体が)運行⟨公転⟩する. **2** 循環する; 流布する, (うわさが)広まる, (言葉が)はやる;〘経〙(資本・貨幣が)流通する: Über ihn *laufen* allerlei Gerüchte *um*. 彼についてはさまざまな噂(うわさ)が流れている | Das Kapital *läuft um*. 資本は回転⟨循環⟩する | Eine Menge Falschgeld *läuft um*. 大量の偽金が流通している. **3** (間違って)回り道⟨遠回り⟩をする: Wir sind ziemlich ⟨eine Meile⟩ *umgelaufen*. 私たちはかなり⟨1マイルも⟩回り道をした. **4**《比》(時が)過ぎ去る, うつろう: Ein Jahr *läuft* schnell *um*. 1年はすぐに過ぎる.

II 他 (h) 走って突き倒す: Die Demonstranten haben eine alte Frau *umgelaufen*. デモ隊が一人の老婦人を押し倒した.
III u̧m·lau·fend 現分 形 **1 a**) 回転している: das ~*e* Zahnrad 回っている歯車. **b**) 循環している; 流布している; 流通している: das ~*e* Geld ⟨Kapital⟩〘経〙流通貨幣⟨資本⟩.
2 取り巻いて⟨囲んで⟩いる: ein Hof mit ~*er* Galerie 回廊のある中庭.

um·la̧u·fen[2]*[◡⏊◡]《89》他 (h)《*et.*[4]》(…の)まわりを回転⟨循環⟩する; (…の)周囲を回る: Die Erde *umläuft* die Sonne. 地球は太陽のまわりを公転している | Er hat den ganzen See *umlaufen*. 彼は湖の周囲をぐるっと回った.

U̧m·lau·fer[ʊ́mlaʊfər] 男 -s/-《オーストリア》回覧文書: *et.*[4] durch einen ~ bekanntmachen …を回覧で知らせる.

U̧m·lauf≠ge·schwin·dig·keit 女 回転速度;〘理〙軌道速度. **≠ge·trie·be** 中 (Planetengetriebe)〘工〙遊星歯車装置. **≠kü̧h·lung** 女〘化〙回転冷却. **≠mit·tel** 中 -s/-〘経〙流通手段;《複数で》通貨. **≠za̧hl** 女 (Drehzahl) 回転数. **≠zeit** 女 **1**〘天〙(天体の)周期(天体が1回の公転に必要とする時間): Die ~ der Erde um die Sonne ist ein Jahr. 太陽をめぐる地球の公転周期は1年である. **2**〘経〙流通期間; 有効期間. **3**〘医〙循環期間.
4 (車両・船の)回送時間.

U̧m·laut[ʊ́mlaʊt] 男 -〔e〕s/-e〘言〙ウムラウト(母音の変音, およびその結果として生じた変母音. 例 ä<a, ö<o, ü<u, äu<au これらのうち8世紀の古高ドイツ語時代に表記され始めた e<a を第一次ウムラウト Primärumlaut, その他の10世紀以降の中高ドイツ語時代に表記されるようになったものを第二次ウムラウト Sekundärumlaut と呼ぶ).

u̧m|lau·ten[ʊ́mlaʊtən]《01》他 (h)〘言〙(母音を)変音⟨ウムラウト⟩させる, 変母音化する.

U̧m·lau·tung[..tʊŋ] 女 -/〘言〙変母音化.

U̧m·le·ge≠ka·len·der[ʊ́mle:gə..] 男 日めくり卓上カレンダー. **≠kra̧·gen** 男〘服飾〙折り襟, ターンダウン=カラー.

u̧m|lȩ·gen[1][ʊ́mle:gən][1] **I** 他 (h) **1**《*jm. et.*[4]》(…に衣類などを)まとわせる, 羽織らせる; 巻きつける: *jm.* eine Decke ~ …にふとんを掛ける | *jm.* einen Verband ~ …の体に包帯を巻く ‖ *sich*[3] eine Halskette ~ ネックレスをつける.
2 a) 横たえる, 寝かせる, 横に倒す;〘海〙(船体を)傾ける, 横倒しにする: einen alten Baum ~ 老木を切り倒す | die Rückenlehne des Autositzes ~ 自動車の座席の背もたれを倒す ‖ Der Sturm hat den Reis *umgelegt*. あらしが稲を倒した ‖ 再帰 *sich*[4] ~ 横たわる, 寝る, 横に倒れる;〘海〙(船体が)傾く, 横倒しになる | Das Boot *legte* sich *um*. ボートが転覆した | Ich muß mich ~. 私は寝なくてはならない. **b**)《話》《*jn.*》投げ倒す;〘レスリング〙フォールする;〘ボクシング〙ダウンさせる: *jn.* mit einem kräftigen Schlag ~ …を激しい一撃で殴り倒す. **c**)〘狩〙(獲物を)しとめる, 撃ち倒す;《話》《*jn.*》(冷酷に)殺害⟨射殺⟩する: Er hat schon viel Wild *umgelegt*. (特に密猟で)彼はもうたくさんの野獣を殺した. **d**)《卑》《*jn.*》(女と)寝る, やる: ein Mädchen ~ 女の子と寝る.
3 折り返す, 折り曲げる: Manschetten ⟨den Kragen⟩ ~ カフス⟨襟⟩を折り曲げる.
4 置き⟨敷き⟩かえる, 移す: die elektrischen Leitungen ⟨die Eisenbahnschienen⟩ ~ 電線⟨鉄道線路⟩を敷設し直す | den Patienten in ein anderes Zimmer ~ 患者を他の部屋に移す ‖ den Termin ~《比》期日を変更する.
5 (費用などを)配分する, 割り当てる: die Unkosten auf die einzelnen Mitglieder 〔nach dem Verhältnis unserer Beteiligung〕 ~ 費用を個々の会員に〔我々の持ち分に比例して〕割り当てる.
II 自 (h)〘海〙(船が)方向を変える.

um·lȩ·gen[2][◡⏊◡] 他 (h)《*et.*[4]》(…の)まわりに置く: den Braten mit verschiedenen Gemüsen ~ 焼き肉のまわりにいろんな野菜を添える.

U̧m·lȩ·ge·plat·te[ʊ́mle:gə..] 女 (ストーブなどの)下敷き, 敷台.

U̧m·lȩg≠ka·len·der[ʊ́mle:k..] =Umlegekalender **≠kra̧·gen** =Umlegekragen

U̧m·lȩ·gung[ʊ́mle:gʊŋ] 女 -/-en (umlegen[1]すること. 例えば:) 打倒; 転置, 移転; (期日などの)変更; (費用などの)配分, 割り当て.

u̧m|lei·ten[ʊ́mlaɪtən]《01》他 (h) 迂回(うかい)させる, 他の道筋に導く: den Verkehr wegen Straßenarbeiten ~ 道路工事のために交通を迂回させる | Die Post wurde *umgeleitet*. その郵便物は転送された.

U̧m·lei·tung[..tʊŋ] 女 -/-en **1** (特に道路事情などのための)迂回(うかい)〔させること〕. **2** 迂回路: eine ~ fahren (車で)迂回路をとる⟨行く⟩.

U̧m·lei·tungs≠schild 中 迂回(うかい)路標識. **≠stra̧·ße** 女 迂回道路, バイパス.

u̧m|len·ken[ʊ́mlɛŋkən] **I** 他 (h)《*et.*[4]》(…の)向き⟨進路⟩を逆にする; (…を)大きく方向転換させる: den Wagen ~ 車を U ターン⟨方向転換⟩させる | In etwa 30 000 m Höhe wird die Rakete langsam *umgelenkt*. 高度約3万メートルでロケットは徐々に他の軌道に誘導される.
II 自 (h) 向き⟨進路⟩を逆にする; 大きく方向転換する.

u̧m|ler·nen[ʊ́mlɛrnən] 自 (h) **1** (以前とは違ったふうに)学び⟨習い⟩直す, 考えを変える: Du mußt ~, weil vieles anders geworden ist. 多くのことが変わったので君は学び直さねば⟨考えを変えねば⟩ならないよ.
2 (すでに習得しているものとは違った)新しい仕事⟨方法⟩を習う: Nach der Schließung der Fabrik mußten wir

schnell ～. 工場閉鎖ののち私たちはすみやかに新しい仕事を習得せねばならなかった.

um·leuch·ten[ʊmlɔ́ʏçtən]《01》他 (h)《*et.*⁴》(…の)まわりを照らす,(…を)まわりから照明する.

um·lie·gend[ʊ́mli:gənt]¹ 形《付加語的》付近の, 周辺の: die ～*en* Häuser〈Dörfer〉近くの家々〈村々〉.

Um·luft[ʊ́mlʊft] 女 -/ 〖工〗換気.

um·man·teln[ʊmmántəln]《06》他 (h)《*et.*⁴ mit *et.*³》(…に…を)かぶせる, すっぽり着せる;〖電〗(…を…で)被覆する.

um·mau·ern[ʊmmáʊərn]《05》他 (h)《*et.*⁴》(…に)外壁〈石塀〉をめぐらす,(…を)囲壁で囲む: ein *ummauerter* Garten 塀で囲まれた庭.

um|mel·den[ʊ́mmɛldən]《01》他 (h) **1** 再帰 *sich*⁴ ～ 転居届を出す: *sich*⁴ polizeilich〈bei der Polizei〉～ 警察に住所変更を届ける. **2**《*et.*⁴》(…の)名義変更をする, 登録換えをする: Das Auto wurde auf seinen Namen *umgemeldet*. その自動車は彼の名義に変更された.

Um·mel·dung[..dʊŋ] 女 -/-en〔sich〕ummelden すること.

um·mi[ʊ́mi·] 副《オーストリア》(hinüber) 向こうへ.

um|mo·deln[ʊ́mmo:dəln]《06》他 (h)《*et.*⁴》(少しずつ手を加えて…の)形を変える,(…を)改造〈改作〉する;《比》改変する: ein Haus ～ (いろいろと細工を施して)家を改造する | Sie hat die Jacke mehrmals *umgemodelt*. 彼女は何度も手を加えて上着の形を変えた ‖ die Erzählung in ein Hörspiel ～ 物語を放送劇に脚色する | Der neue Chef hat alles *umgemodelt*. 新任のチーフは万事を改変した ‖ Er wurde zu einem ganz anderen Menschen *umgemodelt*. 彼は全く人が変わった〈別人のようになった〉.

Um·mo·de·lung[..dəlʊŋ] (**Um·mod·lung**[..dlʊŋ]) 女 -/-en 改造, 改作; 改変.

um|mon·tie·ren[ʊ́mmɔnti:rən] 他 (h) すえ〈はめ〉替える, 組み立て直す; 装備し直す.

um|mün·zen[ʊ́mmʏntsən]《02》他 (h) **1** (貨幣を)改鋳する. **2**《比》《*et.*⁴ in *et.*⁴》(…を…に転換して)利用する, 活用する: die Erfahrungen in wirksames Handeln ～ 経験を実生活で有効に生かす. **3**《比》《*et.*⁴ in *et.*⁴〈zu *et.*³〉》(…を…だと)曲げて解釈〈主張〉する, 言いのがれる: jede Vernachlässigung in Unvermeidlichkeit ～ 怠慢によるミスをぜんぶ不可抗力だと強弁する.

Um·mün·zung[ʊ́mmʏntsʊŋ] 女 -/-en (ummünzen すること. 例えば:) 貨幣の改鋳.

um·nach·ten[ʊmnáxtən]《01》**I** 他 (h) 闇(やみ)で包む, 暗くする: *js.* Verstand ～《比》…の精神を混迷に陥れる〈錯乱させる〉. **II um·nach·tet** 過分 形 精神錯乱の: Sein Geist ist ～. / Er ist〔geistig〕～. 彼は精神が錯乱している.

Um·nach·tung[..tʊŋ] 女 -/-en 闇(やみ)で包むこと; 混迷; 狂気, 錯乱: geistige ～ 精神錯乱.

um|nä·hen¹[ʊ́mnɛ:ən] 他 (h)《*et.*⁴》(…の)ふちを折り返して縫う: den Unterrock ～ ペチコートのすそを折り返して縫う.

um·nä·hen²[◡⌐◡] 他 (h) (ふちを)縫いつける: den Saum des Kleides ～ ドレスのふちを縫う.

um·ne·beln[ʊmné:bəln]《06》他 (h) (霧・もや・煙などで)もうろうと包む;《比》(精神を)混迷させる: Wolkenschleier *umnebeln* die Sonne. 雲のベールが太陽をぼんやりと包む | Angst〈Der Alkohol〉hat seine Sinne *umnebelt*. 不安〈酒〉が彼の感覚を鈍くした ‖ ein〔vom Weingenuß〕*umnebelter* Blick〔飲酒のために〕とろんとしたまなざし.

um|neh·men*[ʊ́mne:mən]《104》他 (h)《話》《*sich*³ *et.*⁴》(…を)身にまとう, 羽織る: *sich*³ einen Mantel〈einen Schal〉～ コート〈ショール〉をまとう.

um|ord·nen[ʊ́m|ɔrdnən]《01》他 (h)《*et.*⁴》(…の)順序〈配列〉を変える,(…を)整理し直す: die Bücher ～ 本を並べかえる.

um|or·ga·ni·sie·ren[ʊ́m|ɔrganizi:rən] 他 (h) 編成変えする, 再編成する, 改組する: das Schulwesen ～ 学校制度を改変する.

um|packen[ʊ́mpakən] 他 (h) 包装〈荷造り〉し直す; (荷物を)詰めかえる: den Koffer ～ トランクを詰め直す.

um·pan·zern[ʊmpántsərn]《05》他 (h) **1**《*jn.*》〖史〗(…に)甲冑(かっちゅう)を着せる. **2**《*et.*⁴》〖軍〗(…に)重装備を施す.

um·pfäh·len[ʊmpfɛ́:lən] 他 (h)《*et.*⁴》(…の)まわりに柵(さく)をめぐらす.

um|pflan·zen¹[ʊ́mpflantsən]《02》他 (h) 植えかえる, 移植する: einen Baum ～ 木を植えかえる.

um·pflan·zen²[◡⌐◡]《02》他 (h)《*et.*⁴ mit *et.*³》(…の)まわりに(…を)植える: einen Garten mit Bäumen ～ 庭のまわりに木を植える.

Um·pflan·zung¹[ʊ́mpflantsʊŋ] 女 -/-en 移植.

Um·pflan·zung²[◡⌐◡] 女 -/-en **1** umpflanzen²すること. **2** 周囲に植えた樹木.

um|pflü·gen[ʊ́mpfly:gən]¹ 他 (h) **1** (畑を)鋤(す)き返す: den Acker ～ 耕地を鋤き返す. **2** 鋤いて倒す〈除去する〉: den Klee ～ 鋤いてクローバを地中にうずめる.

Um·pire[ʌ́mpaɪə] 男 -/-s (Schiedsrichter)〖スポーツ〗審判員, レフェリー, アンパイア. [*engl.*]

um|po·len[ʊ́mpo:lən] 他 自 (h) **1**〖電〗電極を交換する. **2**《話》《*jn.*》(…の)考え方・生活習慣などをすっかり変えさせる.

Um·po·lung[..lʊŋ] 女 -/-en〖電〗電極交換.

um|prä·gen[ʊ́mprɛ:gən]¹ 他 (h) **1** (貨幣を)改鋳する. **2**《比》(性格などを)改変する, 大きく変える: Er wurde durch den Krieg *umgeprägt*. 彼〔の性格〕は戦争で大きく変わった.

Um·prä·gung[..gʊŋ] 女 -/-en umprägen すること.

um|pro·gram·mie·ren[ʊ́mprogrami:rən] 他 (h) プログラミングし直す.

um|pu·sten[ʊ́mpu:stən]《01》他 (h)《話》(umblasen) 吹き倒す: zum *Umpusten* sein ひどくやせている.

um|quar·tie·ren[ʊ́mkvarti:rən] 他 (h)《*jn.*》転宿させる,(…に)別の宿〈部屋〉をあてがう: einen Kranken in ein anderes Zimmer ～ 病人を他の部屋に移す | Truppen ～〖軍〗転営させる.

Um·quar·tie·rung[..rʊŋ] 女 -/-en 転宿;〖軍〗転営.

um|rah·men¹[ʊ́mra:mən] 他 (h)《*et.*⁴》(…の)枠〈額縁〉を替える,(…を)別の枠に入れる: das Bild ～ 絵〈写真〉の額縁を替える.

um·rah·men²[◡⌐◡] 他 (h) **1** 枠〈額縁〉に入れる: ein Bild ～ 絵〈写真〉を額縁に入れる. **2**《比》縁どる, 囲む: Ihr Gesicht war von blonden Locken *umrahmt*. 彼女の顔はブロンドの巻き毛で縁どられていた | Der Vortrag wurde musikalisch〈von musikalischen Darbietungen〉*umrahmt*. 講演の前後に音楽が演奏された.

Um·rah·mung[ʊmrá:mʊŋ] 女 -/-en **1** umrahmen²すること. **2** 枠, 額縁.

um·ran·den[ʊmrándən]¹《01》他 (h)《*et.*⁴》(…に)縁をつける,(…の)縁を囲む,(…の)縁を飾る: das Beet mit Steinen ～ 花壇に石の縁どりをする | das Taschentuch mit einer Spitze ～ ハンカチにレースの縁飾りをつける | eine Stelle im Text zur Hervorhebung ～ テキストのある個所を目立つように線で囲む | Die Todesanzeige ist schwarz *umrandet*. 死亡広告は黒枠で囲まれている.

um·rän·dern[ʊmrɛ́ndərn]《05》他 (h)《俗》(umranden)《*et.*⁴》(…に)縁をつける,(…の)縁を囲む: den Druckfehler im Text mit Rotstift ～ テキストの中のミスプリントを赤鉛筆で囲む | Ihre Augen waren rot *umrändert*. (泣きはらして)彼女の目のまわりには赤い隈(くま)ができていた ‖ ein schwarz *umränderter* Brief 黒で縁どりされた手紙.

Um·ran·dung[ʊmrándʊŋ] 女 -/-en **1** umranden すること. **2** 縁飾り, 枠; (サッカーなどの)ゴールの枠.

um|ran·gie·ren[ʊ́mrãʒi:rən, ..raŋʒ..] **I** 他 (h)〖鉄道〗(列車などを)他の線に入れる; (車両を)編成替えする.

II 自 (s)〖鉄道〗(列車などが)他の線に移される.

um·ran·ken[ʊmráŋkən] 他 (h)《*et.*⁴》(…に)巻きつく, からむ: die von Efeu *umrankte* Mauer 木蔦(きづた)のからみついた外壁〈塀〉| Merkwürdige Geschichten *umranken* diese Frau. この婦人にはいろいろ奇妙な話がまつわりついている.

Ụm·raum[ʊ́mraʊm] 男 -(e)s/..räume[..rɔʏmə] 周囲の空間.

ụm|räu·men[ʊ́mrɔʏmən] 他 (h) 《*et.*⁴》(…の)配置をかえる, 模様替えをする; (…を)置きかえる, 整頓(せいとん)し直す: das Zimmer ～ 室内の配置をかえる | die Bücher 〈die Waren〉 ～ 本〈商品〉を置きかえる.

um·rau̲·schen[ʊmráʊʃən] 《04》 他 (h) 《*jn.*/*et.*⁴》(風などが…の)まわりでざわめく.

ụm|rech·nen[ʊ́mrɛçnən] 《01》 他 (h) 換算する: einen Betrag ～ 金額を換算する(他の通貨・単位に) | Yen in Mark ～ 円をマルクに換算する | Meter in Zentimeter ～ メートルをセンチメートルに換算する.

Ụm·rech·nung[..nʊŋ] 女 -/-en 換算.

Ụm·rech·nungs≠kurs 男, **≠satz** 男 〘商〙為替相場〈レート〉, 換算〈両替〉率. **≠ta·bel·le** 女 換算表; 〘商〙為替相場表. **≠we̲rt** 男 〘商〙換算価格; 〘経〙交換価値.

um·re̲i·sen[ʊmráɪzən][1] 《02》 他 (h) 《*et.*⁴》(…を)旅行して回る, 周遊〈漫遊〉する: die ganze Welt ～ 世界じゅうを旅行して回る.

ụm|rei·ßen[1]*[ʊ́mraɪsən] 《115》 他 (h) 〔吹き・引き・突き〕倒す, 倒壊させる; (車が)轢(ひ)き倒す: Der Sturm *reißt* den Zaun *um*. あらしが垣〈さく〉を吹き倒す | Das Auto hat einen Fußgänger *umgerissen*. 自動車が一人の歩行者を轢い〔て倒し〕た ‖ Er tut, als ob er alles ～ wollte. 《話》彼は(何もかも自分一人で片づけてしまうような)ものすごい働きぶりだ.

um·re̲i·ßen[2]*[◡⏊◡] 《115》 **I** 他 (h) 《*et.*⁴》 **1** (…の)輪郭を書く, 略図〈見取り図〉を描く, スケッチをする. **2** 《比》要点〈概略〉を述べる: *et.*⁴ kurz ～ …を手短に述べる | die politische Situation in wenigen Worten ～ 政治情勢を簡単に要約する.

II um·rị·ssen → 別出 [◇Umriß]

ụm|rei·ten[1]*[ʊ́mraɪtən] 《116》 **I** 他 (h) 馬で蹴(け)倒す, 馬蹄(ばてい)にかける. **II** 自 (s, h) 馬で迂回(うかい)する; 馬で巡回する.

um·re̲i·ten[2]*[◡⏊◡] 《116》 他 (h) 《*et.*⁴》(…の)まわりを馬で回る. [◇Umritt]

ụm|ren·nen[1]*[ʊ́mrɛnən] 《117》 他 (h) 走って突き倒す: einen Eimer ～ (走っている足にひっかけて)バケツを蹴(け)倒す | Fast hätte ich eine alte Frau *umgerannt*, als ich um die Ecke bog. 走って角を曲がったとき私はあやうく一人の老婦人を突き倒すところだった.

um·rẹn·nen[2]*[◡⏊◡] 《117》 他 (h) 《*et.*⁴》(…の)まわりを走り回る.

Ụm·rich·ter[ʊ́mrɪçtər] 男 -s/- 〘電〙変圧整流器, トランスバータ.

um·rị·ngen[ʊmríŋən] 他 (h) 囲む, 取り巻く; 包囲する: Ein großer Garten *umringt* das Haus. 広い庭が家のまわりを取り巻いている | Die Kinder *umringen* den Vater. 子供たちが父親のまわりにまつわりつく. [*ahd.*; < *ahd.* umbi-〔h〕ring „Um-kreis" (◇Ring)]

Ụm·riß[ʊ́mrɪs] 男 ..risses/..risse **1** 輪郭, シルエット: Die *Umrisse* des Gebäudes waren in der Dunkelheit kaum zu erkennen. 暗がりの中で建物の輪郭はほとんど見分けられなかった | Der Plan zu dem neuen Werk nahm allmählich feste *Umrisse* an. 《比》新しい仕事の計画はしだいにはっきりした輪郭をとってきた. **2** 略図, 見取り図, スケッチ; 《比》概略, あらすじ, アウトライン: Deutsche Literaturgeschichte in *Umrissen* ドイツ文学史概要 | in groben 〈knappen〉 *Umrissen* 大略〈要点〉をかいつまんで〔言えば〕 | *et.*⁴ im ～ 〈in *Umrissen*〉 zeichnen …の略図を描く; …の概要を示す.

um·rị·ssen[ʊmrísən] **I** umreißen²の過去分詞; 過去1・3人称複数. **II** 形 《様態を示す語句と》(…の)輪郭をもった, (…の)形のある: ein scharf ～*es* Gesicht くっきりした顔立ち | eine fest ～*e* Vorstellung 《比》輪郭のはっきりしたイメージ.

Ụm·riß≠〔land·〕kar·te[ʊ́mrɪs..] 女 〘地〙白〔地〕図. **≠zeich·nung** 女 見取り図, 略図, スケッチ, デッサン.

Ụm·ritt[ʊ́mrɪt] 男 -(e)s/-e **1** (特にサーカスの演技場で)馬でぐるっと回ること. **2** 騎馬による回り道. [< umreiten]

ụm|rü̲h·ren[ʊ́mry:rən] 他 (h) (液体を)かき混ぜる, 攪拌(かくはん)する: die Suppe 〈die Soße〉 ～ スープ〈ソース〉をかき混ぜる | unter ständigem *Umrühren* たえずかき回しながら.

um·rụn·den[ʊmrʊ́ndən] 《01》 他 (h) 《*et.*⁴》(…の周囲を)ぐるりと回る, 一周する.

ụm|rü·sten[ʊ́mrʏstən] 《01》 他 (h) (軍隊の)装備を変える; (機械などの)装置を変える.

ums[ʊms] < um das

um's[−] 《俗》< um des: *Um's* Himmels willen! とんでもない.

ụm|sä̲·gen[ʊ́mzɛ:gən][1] 他 (h) のこぎりで挽(ひ)き倒す.

ụm|sat·teln[ʊ́mzatəln] 《06》 **I** 他 (h) 《ふつう次の形で》ein Pferd ～ 馬に別の鞍(くら)を置く, 馬の鞍を取り替える.

II 自 (h) 鞍〈馬〉を替える; 《話》鞍替えする, 転業〈転職〉する, 専門を変える; 変節する, 他党〈他派〉に寝返る: von *et.*³ zu *et.*³ 〈auf *et.*⁴〉 ～ …から…に転業する, …から…に転科する | von Jura zu 〈zur〉 Volkswirtschaft ～ 法律から経済に転科する.

Ụm·sat·te·lung[..təlʊŋ] (**Ụm·satt·lung**[..tlʊŋ]) 女 -/-en umsatteln すること.

Ụm·satz[ʊ́mzats] 男 -es/..sätze[..zɛtsə] **1** 〘商〙売上〔高〕, 売れ行き: ein großer 〈hoher / guter〉 ～ 多い売り上げ, 結構な売れ行き | Jahres*umsatz* 年間売上高 | Tages*umsatz* 一日の売上高 ‖ den ～ erhöhen 〈steigern〉 売り上げを伸ばす | einen ～ von über 1 Million Mark erreichen 売り上げが100万マルク以上に達する | den ～ halten 売り上げを保つ ‖ Der ～ ist dieses Jahr nur gering gewesen. 今年の売り上げはほんのわずかだった | Der ～ stagniert. 売れ行きが停滞する | Der ～ an Medikamenten steigt sprunghaft an. 薬品の売れ行きが飛躍的に上昇する. **2** 〘生〙代謝: Energie*umsatz* エネルギー代謝. [1: *mndd.*; ◇umsetzen¹]

Ụm·satz≠ge·schwin·dig·keit[ʊ́mzats..] 女 販売〈売れ行き〉速度. **≠ka·pi·ta̲l** 中 〘商〙運転〈流通〉資本. **≠steu·er** 女 〘商〙売上〈取引〉税. **≠ver·gü̲·tung** 女 〘商〙売上報奨金. **≠zif·fer** 女 -/-n 《ふつう複数で》売上額〈高〉.

ụm|säu·men[1][ʊ́mzɔʏmən] 他 (h) 〘服飾〙(布の端を)折り返す, 折り返してまつる: die Schnittkanten des Stoffs ～ 布地の裁ち目を折り返してまつる.

um·säu̲·men[2][◡⏊◡] 他 (h) 《*et.*⁴》(…に)縁をつける, 縁飾りをつける; 《比》(…を)縁どる: das Taschentuch mit einer Spitze ～ ハンカチにレースの縁飾りをつける | Die Wiese ist von Bäumen *umsäumt*. 牧場は樹木で縁どられている.

ụm|schaf·fen*[ʊ́mʃafən] 《125》 他 (h) 変形する, 改造〈改作〉する: die Erzählung zu einem Drama ～ 物語をドラマに作り変える.

Ụm·schaf·fung[..fʊŋ] 女 -/-en 改造, 改作.

ụm|schal·ten[ʊ́mʃaltən] 《01》 **I** 自 (h) (スイッチ・ギアなどの)切り替え〈転換〉をする: auf einen anderen Sender ～ (ラジオ・テレビを)他の局に切り替える | nach Hamburg ～ (放送を)ハンブルクに切り替える | nach den Ferien wieder auf den Alltag ～ 《比》休暇の後でまた平常の生活に切り替える. **II** 他 (h) (スイッチ・ギアなどを)切り替える, 転換する: den Strom ～ 電流を切り替える | das Netz von Gleichstrom auf Wechselstrom ～ 〘電〙回路網を直流から交流に切り替える | das Radio 〈den Fernseher〉 auf einen anderen Sender ～ ラジオ〈テレビ〉を他の局に切り替える | das Auto vom zweiten in den dritten Gang ～ 自動車のギアをセカンドからサードに切り替える.

Ụm·schal·ter[..tər] 男 -s/- **1** (タイプライターの)シフトキー. **2** 〘電〙スイッチ, 切り替え〈二路〉スイッチ: ein selbsttätiger ～ 自動切り替えスイッチ.

Ụm·schal·ter·stöp·sel[..ʃtœpsəl] 男 〘工〙切り替え栓, スイッチプラグ.

Ụm·schalt≠he·bel 男 **1** 〘工〙チェンジレバー. **2** 〘電〙変速てこ. **≠ta·ste** 女 シフトキー.

Ụm·schal·tung[ʊ́mʃaltʊŋ] 女 -/-en **1** (umschalten

U

すること. 例えば:)〖電〗切り替え, 開閉. **2** 切り替え装置; (タイプライターの)シフトレバー〈キー〉(→ 図 Schreibmaschine).

um·schat·ten[ʊmʃátən] ⦅01⦆ 他 (h) 影で覆う, 闇(やみ)で包む: Bäume *umschatten* das Haus. 木陰がその家を覆っている ‖ Seine Augen waren tief *umschattet*. ⦅比⦆ 彼の目は深い悲しみの陰に包まれていた | vom Tod *umschattet* sein ⦅雅⦆ 死病にとりつかれている.

Um·schau[ʊ́mʃaʊ] 女 -/ 見回すこと, ぐるりを見ること; ⦅比⦆ 展望: nach *et.*³ ～ halten …を探してあちこち見回す | Nach sorgfältiger ～ im Kaufhaus wählte sie den Mantel aus. デパートで入念に見て〈探し〉回ってから彼女はそのコートを選んだ.

um|schau·en[ʊ́mʃaʊən] 他 (h) (umsehen) 再帰 *sich*⁴ ～ 見回す, ぐるりを見る; (後ろを)ふりかえる, ふりむく: *sich*⁴ flüchtig ～ 辺り〈後ろ〉をさっと見る | *sich*⁴ auf verschiedenen Gebieten ～ ⦅比⦆ いろいろな分野に触れてみる | Ich habe mich ein bißchen in der Stadt *umgeschaut*. 私は少しばかり市街を見て回った ‖ *sich*⁴ nach *et.*³ ～ …を探してあちこち見回す | *sich*⁴ nach einem Nachtquartier ～ 夜の宿を探す.

um|schau·feln[ʊ́mʃaʊfəln] ⦅06⦆ 他 (h) **1** シャベルで掘り返す〈起こす〉. **2** (シャベル・スプーンなどで)すくって移す: Salz in einen anderen Behälter ～ 塩をすくってほかの容器に移す.

Um·schicht[ʊ́mʃɪçt] 女 -/-en 〖坑〗〔作業〕交代.

um|schich·ten[ʊ́mʃɪçtən] ⦅01⦆ 他 (h) 重ね直す, 積み替える; ⦅比⦆ (社会的)階層を変革する: 再帰 *sich*⁴ ～ 階層が変化する | Die Bevölkerung hat sich durch den Krieg *umgeschichtet*. 戦争によって住民の階層構成が変化した.

um·schich·tig[..tɪç]² 形 (作業が)〔時間〕交代制の, かわるがわるの: ～ arbeiten 交代制で働く | Die Ärzte halten ～*e* Krankenwache. 医師たちは交代制で患者を担当する.

Um·schich·tung[..tʊŋ] 女 -/-en 重ね直すこと, 積み替え; ⦅比⦆ 階層の変化: die soziale ～ 社会階層の変動.

um|schie·ßen*[ʊ́mʃi:sən] ⦅135⦆ **I** 他 (h) **1** 射倒す, 射殺する. **2** 〖印〗 組み直す.

II 自 (s) **1** 逆さまに落ちる, 急に倒れる. **2** 〖海〗 (風向きが)急に変わる.

um|schif·fen¹[ʊ́mʃɪfən] 他 (h) 〖海〗 他の船に移す, 他の船に積み替える〈乗り換えさせる〉: Güter 〈Passagiere〉 ～ 貨物〈船客〉を他の船に移す.

um·schif·fen²[⌣⌣́⌣] 他 (h) 〖海〗 迂回(うかい)して航行する; 周航〈回航〉する: ein Kap 〈eine Klippe〉 ～ (船が・船で) 岬〈暗礁〉を回って航行する | Ich habe im Gespräch alle Klippen *umschifft*. ⦅比⦆ 私は話し合いの際に危険な点はすべて避けて通った.

Um·schif·fung¹[ʊ́mʃɪfʊŋ] 女 -/-en umschiffen¹すること.

Um·schif·fung²[⌣⌣́⌣] 女 -/-en umschiffen²すること.

Um·schlag[ʊ́mʃla:k]¹ 男 -[e]s/..schläge[..ʃlɛ:gə] **1** (覆い包むもの) **a)** (Buchumschlag) 本のカバー, ブックカバー; (ノート・仮とじ本などの)紙表紙: einen ～ um ein Buch legen 本にカバーをする. **b)** (Briefumschlag) 封筒: ein einfacher 〈gefütterter〉 ～ 一重〈二重〉封筒 | ein frankierter 〈freigemachter〉 ～ 切手のはってある封筒 ‖ die Adresse 〈den Absender〉 auf den ～ schreiben あて名〈差出人の名前〉を封筒に書く | den Brief in einen ～ stecken 手紙を封筒に入れる ‖ den ～ adressieren 封筒にあて先を書く | den ～ öffnen 〈aufreißen〉 開封する | den ～ zukleben 封筒の封をする. **c)** (Wickel) 〖医〗 罨法(あんぽう), 湿布: ein kalter 〈warmer〉 ～ 冷〈温〉罨法 | Brust*umschlag* 胸部湿布 ‖ *jm.* einen ～ um den Hals 〈auf die Nieren〉 machen …の首〈腎臓(じんぞう)〉に罨法を施す. **2** (袖(そで)・ズボンなどの)折り返し: Hosen mit *Umschlägen* 〈ohne *Umschläge*〉 折り返しのある〈ない〉ズボン. **3** ⦅単数で⦆ 〖商〗 (貨物の)積み替え: der ～ vom Schiff auf die Eisenbahn 船から鉄道への積み替え. **4** ⦅単数で⦆ **a)** 急激に〈ぱっと〉変わること, 急変, 激変: der ～ des Wetters 〈der Stimmung〉 天候〈気分〉の急変. **b)** (正反対のものへの)転化, 転換: der 〔dialektische〕 ～ von der Quantität in eine neue Qualität 量から質への〔弁証法的〕転換.

Um·schlag≠bahn·hof[ʊ́mʃla:k..] 男 〖鉄道〗 (貨物の)積み替え駅. **≠bild** 中 (本の)カバーの絵〈写真〉.

um|schla·gen¹*[ʊ́mʃla:gən]¹ ⦅138⦆ **I** 自 (s) **1** (車・船などが)ひっくり返る, 転覆する: Der Wagen geriet ins Schleudern und *schlug um*. 車がスリップしてひっくり返った. **2** (風向き・天候・気分などが)急激に変わる, 急変〈激変〉する; (正反対のものに)転化〈転換〉する: Der Wind 〈Das Wetter〉 ist plötzlich *umgeschlagen*. 風向き〈天候〉が突然変わった | Seine Laune *schlägt* rasch *um*. 彼は気分屋だ | Das Glück *schlug* in sein Gegenteil *um*. 運〈つき〉が逆転した | Quantität *schlägt* in Qualität *um*. 量が質に転換する. **3** (声・音が)うわずる,〔うら声に〕変わる: Die Stimme *schlägt* ihm *um*. 彼の声はうわずる〈うら声になる〉. **4** (ワインが)変質する(にごって芳香・酸味を失う); (ミルクなどが)酸っぱくなる.

II 他 (h) **1 a)** 打ち倒す; (木などを)切り倒す; (車・船などを)ひっくり返す, 転覆させる: den Baum ～ 木を切り倒す ‖ Eine riesige Welle hat das Boot *umgeschlagen*. ものすごい大波がボートを転覆させた. **b)** (衣類の端などを)折り返す〈曲げる〉: Manschetten 〈den Kragen〉 ～ カフス〈襟〉を折り返す | die Ärmel 〈die Hosenbeine〉 ～ 袖(そで)〈ズボンのすそ〉を折り返す. **c)** (さっと)裏返す; (本のページを)めくる. **d)** 巻きつける; ⦅*jm. et.*⁴⦆ (…に衣類を)まとわせる, 羽織らせる: Sie *schlug* sich³ einen Schal 〔um die Schultern〕 *um*. 彼女は〔肩に〕ショールをまとった. **2** (umladen) (貨物を)積み替える: die Ware von der Bahn aufs Schiff ～ 商品を鉄道から船に積み替える. **3** (umsetzen) 〖商〗 (商品を)売却する. **4** (umprägen) (貨幣を)改鋳する.

um·schla·gen²*[⌣⌣́⌣] ⦅138⦆ 他 (h) **1** 包装する, くるむ. **2** (wenden) 裏返す.

Um·schla·ge≠pa·pier[ʊ́mʃla:gə..] ＝Umschlagpapier **≠platz** ＝Umschlagplatz **≠tuch** ＝Umschlagtuch

Um·schlag≠gang[ʊ́mʃla:k..] 男 (包帯の)折転巻き(→ 図 Verband). **≠ge·schwin·dig·keit** 女 **1** 〖商〗 (商品の)回転速度. **2** (貨物の)積み替え速度. **≠ha·fen** 男 〖海・商〗 積み替え港. **≠man·schet·ten** 複 〖服飾〗 ターンバック＝カフス, ターナップ＝カフス. **≠pa·pier** 中 包み紙, 包装紙. **≠platz** 男 (貨物の)積み替え地〈所〉. **≠tuch** 中 -[e]s/..tücher 肩掛け, ショール(→ 図 Mantille). **≠zeich·nung** 女 (本の)カバー＝デザイン. **≠zeit** 女 **1** 〖商〗 (商品の)回転時間. **2** (貨物の)積み替え時間.

um|schlei·chen¹*[ʊ́mʃlaɪçən] ⦅139⦆ 自 (s) 忍び足で(こそこそと)歩き回る.

um·schlei·chen²*[⌣⌣́⌣] ⦅139⦆ 他 (h) ⦅*et.*⁴⦆ (…の)まわりを忍び足で歩く; (…を)こっそり取り囲む: Die Katze *umschleicht* das Haus. 猫が家のまわりを忍び足で歩き回る.

um·schlei·ern[ʊmʃláɪərn] ⦅05⦆ 他 (h) ベールで覆う.

um·schlie·ßen*[ʊmʃlí:sən] ⦅143⦆ 他 (h) **1** 取り巻く〈囲む〉, 包みこむ; 〖軍〗 包囲する; ⦅比⦆ 含む, 算入する, 勘定に入れる: feindliche Stellungen ～ 〖軍〗 敵陣を包囲する | Der Fluß *umschließt* die Burg von drei Seiten. 川は城を三方から取り囲んでいる | Die Erzählung *umschließt* den Zeitraum von der Bismarckzeit bis zur Gegenwart. ⦅比⦆ その物語はビスマルク時代から現代に至る時代にまたがっている | Sein Vorschlag *umschließt* auch diese Möglichkeit. 彼の提案にはこの可能性も考慮に入っている. **2** (両腕の中に)抱く: *jn.* mit beiden Armen ～ …を両腕で抱く | Von ihrer mütterlichen Wärme *umschlossen*, schläft der Junge. ⦅雅⦆ 母親の温かさに包まれてその少年は眠っている ‖ ein *umschließender* Reim 〖詩〗 包韻, 抱擁韻 (→Reim 1).

Um·schlie·ßung[..sʊŋ] 女 -/-en umschließen すること.

um|schlin·gen¹*[ʊ́mʃlɪŋən] ⦅144⦆ 他 (h) ⦅*jm. et.*⁴⦆ (…に…をゆるやかに)巻きつける, からませる: *sich*³ den Schal ～ 首にショールを巻く.

um·schlin·gen²*[⌣⌣́⌣] ⦅144⦆ 他 (h) **1** ⦅*et.*⁴⦆ (…に)巻きつく, からみつく; 抱きつく; (…を)からみ合わせる, 結びつける: Der Efeu *umschlingt* den Baumstamm. 木蔦(きづた)

が木の幹に巻きつく | Das Kind *umschlingt* mit beiden Armen den Hals der Mutter. 子供は両手で母親の首に抱きつく | Ein Band der Freundschaft *umschlang* sie. 友情の絆(きずな)が彼らを結び合わせていた. **2** 《*jn.*》 (…に) 抱きつく: *jn.* mit beiden Armen ～ …を両腕でかき抱く | Die beiden hielten sich fest *umschlungen*. 二人はしっかり抱き合っていた | ein eng *umschlungenes* Liebespaar ぴったりと抱き合った恋人同士 | Seid *umschlungen*, Millionen! さあ 抱きあおう 千万の人よ (Schiller) ‖ 再帰 《相互的》 *sich*[4] ～ 互いに抱き合う.

Ụm·schlin·gung[1] [ʊ́mʃlɪŋʊŋ] 女 -/-en (umschlingen[1]すること. 例えば:) 〖医〗 巻絡(けんらく).

Um·schlịn·gung[2] [◡◡́◡] 女 -/-en (umschlingen[2]すること. 例えば:) 抱擁.

um·schlọs·sen [ʊmʃlɔ́sən] umschließen の過去分詞; 過去1・3人称複数.

um·schlụn·gen [ʊmʃlʊ́ŋən] umschlingen[2]の過去分詞.

um·schmei̯·cheln [ʊmʃmáɪçəln] 《06》 他 (h) 《*jn.*》 **1** (…を) 取り巻いて媚(こ)びる〈ちやほや言う〉. **2** 愛情で包む, やさしく扱う.

ụm|schmei·ßen* [ʊ́mʃmaɪsən] 《145》 他 (h) 《話》 (umwerfen) **1** ひっくり返す, 投げ〈突き〉倒す; 《*jn.*》 (…の心・態度を) かき乱す: einen Stuhl ～ いすを突き倒す | Der Sturm hat das Boot *umgeschmissen*. あらしがボートを転覆させた ‖ Das Gläschen Wein wird dich nicht gleich ～. ワインの1杯くらいで君はすぐ酔っぱらったりはしないよ | Ihn kann so leicht nichts ～. 何だってそう簡単に彼をうろたえさせることはできないよ. **2** 《*et.*[4]》 (予定・計画などを) ひっくり返す, 台無しにする, ぶちこわす, (…の) 根本からの変更を余儀なくさせる: den Plan ～ 計画をぶちこわす〈初めから作り直す〉. [◇Umschmiß]

ụm|schmel·zen* [ʊ́mʃmɛltsən] 《146》 他 (h) 溶かし直す; 〖金属〗 鋳なおす, 鋳て造りかえる; 《比》 改造する, 転換する: Roheisen zu Stahl ～ 銑鉄を鋳て鋼鉄にする.

Ụm·schmel·zung [..tsʊŋ] 女 -/-en 〖化〗 再融; 〖金属〗 改鋳; 《比》 改造.

Ụm·schmiß [ʊ́mʃmɪs] 男 ..sses/..sse 《話》 (主張などの) 取り消し, 撤回; 破約. [＜umschmeißen]

ụm|schnal·len [ʊ́mʃnalən] 他 (h) 《*et.*[4]》 (…を体に) 締め金具でつける, (体のまわりに…を) 金具〈バックル〉で締める: *jm.* einen Gürtel ～ …の体にベルトを締める | *sich*[3] den Rucksack ～ リュックサックを背負って金具で締める ‖ Beim Start des Flugzeugs *schnallen* sich[3] die Passagiere die Sicherheitsgurte *um*. 飛行機が離陸するとき乗客たちは安全ベルトを締める.

um·schnụ̈·ren [ʊmʃnýːrən] 他 (h) **1** 《*et.*[4]》 (…に) ひもをかける, (…を) ひもで縛る: ein Paket ～ 荷物をひもで縛る. **2** 《比》 《*jn.*》 がんじがらめにする, しめつける. **3** 〖軍〗 (敵を) 包囲する.

Um·schnụ̈·rung [..rʊŋ] 女 -/-en **1** umschnüren すること. **2** 結びつき.

ụm|schrei·ben[1]* [ʊ́mʃraɪbən][1] 《152》 他 (h) **1 a)** 書き改める, 書き直す, 書き換える: das Manuskript 〈den Text〉 ～ 原稿〈テキスト〉を書き改める ‖ Der Komponist hat das Streichquartett in eine Sinfonie *umgeschrieben*. その作曲家は弦楽四重奏をシンフォニーに書き換えた ‖ das Kind in eine andere Schule ～ 《比》 子供を他の学校に転校させる. **b)** (別の文字に) 書き改める: chinesische Schriftzeichen in lateinische Schrift ～ 漢字をラテン文字で転写〈音訳〉する. **2** 《*et.*[4] auf *jn.*》 〖商〗 (…を…の名義に) 書き換える, 改める; (為替・手形などを…に) 振り替える: das Grundstück auf *jn.* 〈*js.* Namen〉 ～ 土地の名義を…に書き換える.

um·schrei̯·ben[2]* [◡◡́◡] 《152》 **I** 他 (h) **1** 《*et.*[4]》 (…の) まわりに書く〈描く〉; (メダルなどの) まわりに銘文〈文字〉を入れる; 《比》 (…の) 輪郭をはっきりさせる, 範囲を限定する: ein Dreieck mit einem Kreis ～ 三角形を円で囲む | ein neues Forschungsgebiet ～ 新しい研究分野を画定する | *js.* Pflichten 〈Rechte〉 ～ …の義務〈権利〉の範囲を限定する | den Schmerz ～ 〖医〗 痛みの場所を限局する. **2** 他の言葉で表現する, 易しい〈適当な〉言葉で言い換える, パラフレーズする; 釈義する; 意訳する: unangenehme Sache geschickt ～ 不快な事柄を巧みに言い表す | Wenn dir das treffende Wort nicht einfällt, mußt du es 〔durch andere Wörter〕 ～. 適切な語が思いつかなければ君はそれを他の語句で表さねばならない.

II um·schrei̯·bend 形 (periphrastisch) 〖修辞〗 遠回しな, 婉曲な, 迂言(うげん)的な.

III um·schrie̯·ben → 別出

Ụm·schrei·bung[1] [ʊ́mʃraɪbʊŋ] 女 -/-en umschreiben[1]すること.

Um·schrei̯·bung[2] [◡◡́◡] 女 -/-en **1** (umschreiben[2]すること. 例えば:) (範囲の) 限定; 言い換え, パラフレーズ. **2** (Periphrase) 〖修辞〗 迂言(うげん)法.

um·schrie̯·ben [ʊmʃríːbən] **I** umschreiben[2]の過去分詞; 過去1・3人称複数. **II** 形 **1** 限定された; 〖医〗 限局された, 限局性の, 局在の: ein ～*es* Ekzem 限局された湿疹(しっしん) | ein ～*er* Schmerz 限局された痛み. **2** 言い換えられた, パラフレーズされた.

Ụm·schrift [ʊ́mʃrɪft] 女 -/-en **1** (貨幣・メダルなどの) 周囲の文字〈刻銘〉 (→ ⊛ Münze). **2** 書き換え: phonetische ～ 〖言〗 発音記号による書き換え〈表記〉.

ụm|schul·den [ʊ́mʃʊldən][1] 《01》 他 (h) 〖商〗 **1** (負債を) 別の〈より有利な〉負債に乗り換える. **2** 《*et.*[4]》 (…の) 負債期限を変更する.

Ụm·schul·dung [..dʊŋ] 女 -/-en 〖商〗 **1** 借り換え; 負債期限変更. **2** 負債返却, 償還.

ụm|schu̲·len [ʊ́mʃuːlən] 他 (h) **1** 《*jn.*》 転校させる: den Jungen wegen des Umzugs ～ 引っ越しのために少年を転校させる. **2** 《*jn.*》 (…に今までの仕事とは) 別の仕事を覚えさせる, (転職などのために) 再教育〈再訓練〉する, 教育し直す: die Taxifahrer für den Busverkehr ～ タクシー運転手たちをバス運転手として再教育する | den Piloten auf einen anderen Flugzeugtyp ～ パイロットに今までとは別の型の飛行機を操縦するための再教育をする.

Ụm·schü̲·ler [..ʃyːlər] 男 -s/- (⊛ **Ụm·schü̲·le·rin** [..lərɪn]-/-nen) **1** 転校生. **2** (転職などのために) 再教育〈再訓練〉を受ける者.

Ụm·schu̲·lung [..ʃuːlʊŋ] 女 -/-en (umschulen すること. 例えば:) 転校; 再教育, (転職のための) 再訓練.

ụm|schüt·teln [ʊ́mʃʏtəln] 《06》 他 (h) 振り動かす, 振って混ぜる.

ụm|schüt·ten [ʊ́mʃʏtən] 《01》 他 (h) **1** ひっくり返してこぼす, ぶちまける: Sie hat die Milch 〈die Weinflasche〉 *umgeschüttet*. 彼女はミルク〈ワインの瓶〉をひっくり返してこぼした. **2** (液体・粉末を) 他の容器にあける, 入れ替える: Wasser 〈Zucker〉 in einen anderen Behälter ～ 水〈砂糖〉を別の容器に移す.

um·schwạ̈r·men [ʊmʃvɛ́rmən] 他 (h) **1** 《*et.*[4]》 (…の) まわりに群がる: Bienen *umschwärmen* die Blüten. ミツバチが花に群がる.

2 《*jn.*》 好意を得ようとして取り巻く, 夢中になって崇拝する: Die Schauspielerin wird von vielen Verehrern *umschwärmt*. その女優は大勢のファンに取り巻かれる | Sie war immer sehr *umschwärmt*. 彼女はいつも多くの人たちから慕われていた〈大いにもてていた〉.

um·schwe̱·ben [ʊmʃvéːbən][1] 他 (h) 《*et.*[4]》 (…の) まわりを漂う, まわりに浮かぶ: Schmetterlinge *umschweben* die Blumen. ちょうが花のまわりをひらひら飛んでいる.

Ụm·schweif [ʊ́mʃvaɪf] 男 -〔e〕s/-e 《ふつう複数で》 回りくどさ, 冗長さ: ～*e* machen 回りくどい言い方〈やり方〉をする | Mach keine 〔langen〕 ～*e*! もたもたするな, さっさと言え ‖ **ohne ～**〔*e*〕 率直に, 単刀直入に | *et.*[4] ohne ～*e* sagen …をずばりと〈単刀直入に〉言う. [*mhd.* „Kreisbewegung"; ◇Schweif]

ụm·schwei·fig [..fɪç][2] 形 回りくどい, 冗長な.

ụm|schwen·ken [ʊ́mʃvɛŋkən] 自 (s) **1** 方向転換する, 向きが変わる: Sie *schwenkte um* und eilte davon. 彼女はくるりと向こうを向いて走り去った | Der Wind *schwenkt* von Süden nach Norden *um*. 風が南風から北風に変わる.

2 《比》鞍(くら)替えする,(党派を)乗り換える, 変節する: Als er sah, daß diese Haltung mit Gefahren verbunden war, *schwenkte* er sogleich *um.* このやり方が危険を伴うことを見てとると彼は直ちに考え〈方法〉を変えた | Die Partei *schwenkte* auf einen anderen Kurs *um.* 党は別の政治方針に乗り換えた.

▽**um|schwin·gen*** [ʊ́mʃvɪŋən] 《162》 他 (h) ぐるぐる振り回す.

um·schwir·ren [ʊmʃvɪ́rən] 他 (h) 《*jn.* / *et.*[4]》(虫が…の)まわりでブンブンうなる, まわりにブンブン群がる.

Um·schwung [ʊ́mʃvʊŋ] 男 -[e]s/..schwünge [..ʃvʏŋə] **1** (政情・方針・意見・雰囲気などの)急変, 激変: ein ～ der öffentlichen Meinung 世論の急激な変化 | ein ～ in der Politik 〈seinem Denken〉 政情〈彼の考え方〉の急変 ‖ einen ～ herbeiführen 〈auslösen〉 急変をもたらす〈ひき起こす〉 | Plötzlich 〈Unerwartet〉 trat ein ～ ein. 突然〈思いがけず〉急激な変化が起こった. **2** 〔体操〕 回転: einen ～ nach vorn machen 〈ausführen〉 前方回転を行う. **3** 《単数で》《ｽｲｽ》(家屋の)周囲の敷地: ein Haus mit großem ～ 周囲に広い敷地のついた家屋.

▽**um|se·geln**[1] [ʊ́mze:gəln] 《06》 他 (h) (ヨット・帆船が他の船に)衝突して転覆させる.

um·se·geln[2] [◡⏝◡] 《06》 他 (h) **1** (ヨット・帆船で)周航する, 漫遊する: die Erde ～ 世界を周航する | die Insel ～ 島のまわりを航行する. **2** (ヨット・帆船で…を)迂回(うかい)する: eine Klippe ～ 岩礁を回る | Hindernisse ～ 《比》障害を避けて通る.

Um·se·ge·lung [ʊmzé:gəlʊŋ] (**Um·seg·lung** [..glʊŋ]) 女 -/-en (ヨット・帆船による)周航, 漫遊; 迂回(うかい): Welt*umsegelung* ヨット〈帆船〉による世界旅行.

um|se·hen* [ʊ́mze:ən] 《164》 **I** 他 (h) **1 a)** 再帰 *sich*[4] ～ 辺りを見回す; 見て回る, 見物して歩く: *sich*[4] neugierig 〈verwundert〉 im Zimmer ～ 好奇心をもって〈変に思って〉部屋の中を見回す | *sich*[4] in der Stadt ～ 町の中を見て回る ‖ Ich werde mich ～, ob ich etwas Passendes finde. 《比》何か適当なものが見つかるかどうか当たって〈探して〉みよう | **Du wirst dich noch ～.** 《話》(そんなことをしていると)君は自分の考えの間違いを思い知るよ. **b)** 再帰 *sich*[4] nach *jm.* 〈*et.*[3]〉 ～ …を探す, …を探し回る | *sich*[4] nach einem passenden Geschenk ～ 適当な贈り物を探す | *sich*[4] nach Arbeit 〈einer Stelle〉 ～ 仕事〈地位〉を探し求める | *sich*[4] nach einem Taxi ～ タクシーを探す | *sich*[4] nach einer Frau ～ 嫁探しをする | Er *sah* sich nach einer neuen Sekretärin *um.* 彼は新しい女性秘書を探した.

2 再帰 *sich*[4] ～ (後ろを)ふり返る, ふりむく: Er ging weg, ohne sich nach uns *umzusehen.* 彼は私たちの方をふりむきもしないで立ち去った.

II Um·se·hen 中 -s/ 見回すこと; ふりむくこと: im ～ 《比》見る間に, あっと言う間に, たちまち.

[◇Umsicht]

um|sein* [ʊ́mzaɪn] 《165》 自 (s) 《話》過ぎて〈終わって〉いる: Ein Jahr 〈Die Pause〉 *ist um.* 1年〈休憩時間〉が過ぎた.

★ ふつう2語に書く.

um·sei·tig [ʊ́mzaɪtɪç][2] 形 《述語的用法なし》(紙などの)裏面の, 裏側の, 裏ページの: Das Foto ist ～ abgebildet. 写真は裏面に掲載してある.

um·seits [ʊ́mzaɪts] 副 (紙などの)裏面に, 裏ページに: Erläuterung ～! 説明は裏面〔にあります〕.

um·setz·bar [ʊ́mzɛtsba:r] 形 umsetzen[1]できる.

um|set·zen[1] [ʊ́mzɛtsən] 《02》 他 (h) **1 a)** 《*et.*[4]》(…の位置・場所を)移す, 移動させる, 置きかえる; 《*jn.*》(…の席を)移す: einen Baum ～ 木を移植する | den Ofen ～ ストーブの位置を移す | Der Lehrer hat den Schüler *umgesetzt.* 先生は生徒の席を変えた ‖ 再帰 *sich*[4] ～ 別の席に座る, 席を移す. **b)** 〔数〕移項する. **c)** 〔鉄道〕(列車などを)他の線〈留置線〉に入れる.

2 《*et.*[4] in *et.*[4]》 **a)** (…を…〔の形・状態〕に)変える, 変換〈転換〉する, 転化する; 言いかえる, 翻訳する: Wasserkraft in Strom 〈Energie〉 ～ 水力を電力〈エネルギー〉に転換する | *sein* Geld in Bücher ～ 金を本に換える | *et.*[4] in klingende Münze ～ …を現金に換える, …で金をかせぐ | *et.*[4] in die Tat ～ (→Tat) | *et.*[4] in Zucker ～ …を糖化する | Prosa in Verse ～ 散文を詩に改める ‖ 再帰 *sich*[4] ～ (他の形・状態に)変わる | Die Bewegung *setzt* sich in Wärme *um.* 〔理〕運動が熱に変わる. **b)** 〔楽〕(…を…に)移調する. **c)** 〔印〕(…を…に)組み替える.

3 〔商〕売る, 売却〈処分〉する, 換金する: Waren im Wert von 1 000 DM ～ 1000マルク相当の商品を売る | für etwa 10 Millionen Mark Bücher ～ 約1000万マルク相当の書籍を売る ‖ Das Kaffeehaus hat während des Sommers viele Getränke *umgesetzt.* その喫茶店は夏の間に飲み物をたくさん売りさばいた | Es wurde wenig *umgesetzt.* 売れ行きは悪かった.

4 〔重量挙〕(順手で持ち上げたバーベルを両手首を上に返して)クリーンする.

[3: *mndd.*; ◇Umsatz]

um·set·zen[2] [◡⏝◡] 《02》 他 (h) 《*et.*[4] mit *et.*[3]》(…を…で)囲む, (…のまわりに…を)めぐらせる.

Um·set·zer [ʊ́mzɛtsər] 男 -s/- 〔工〕デコーダー; トランスレーター; 〔電算〕変換器.

Um·set·zung [ʊ́mzɛtsʊŋ] 女 -/-en umsetzen[1]すること.

Um·sich·grei·fen [ʊ́mzɪçgraɪfən] 中 -s/ 四方八方に広がること, 蔓延(まんえん) (→greifen I).

Um·sicht [ʊ́mzɪçt] 女 -/ 思慮, 用意周到, 深謀遠慮: bei *et.*[3] große ～ beweisen …に際して深い思慮を示す | mit ～ zu Werke gehen (あらゆる事情を考慮して)慎重にとりかかる.

um·sich·tig [ʊ́mzɪçtɪç][2] 形 慎重な, 用意周到な, 思慮深い: eine ～*e* Sekretärin 慎重で遺漏のない秘書 ‖ ～ handeln (すべての状況を考慮して)慎重に行動する. [*mhd.*; *lat.* circum-spectus (◇zirkum.., spähen) の翻訳借用]

Um·sich·tig·keit [−kaɪt] 女 -/ umsichtig なこと.

um|sie·deln [ʊ́mzi:dəln] 《06》 **I** 自 (s) 《方向を示す語句と》(…へ)移住する, 移り住む, 転居する: in ein anderes Land ～ 他の土地へ移る | Nach dem Krieg sind wir nach Bonn *umgesiedelt.* 戦争ののち私たちはボンへ移った.

II 他 (h) 《*jn.*》(…を)移住させる, 転居させる.

Um·sie·de·lung [..dəlʊŋ] (**Um·sied·lung** [..dlʊŋ]) 女 -/-en umsiedeln すること.

Um·sied·ler [..dlər] 男 -s/- 移住者, 移民.

um|sin·ken* [ʊ́mzɪŋkən] 《169》 自 (s) (ゆっくりと)倒れる: ohnmächtig 〈vor Müdigkeit〉 ～ 気を失って〈疲労のために〉倒れる.

um·so [ʊ́mzo·] 副 (um so) それだけいっそう, それだけいよいよ〈ますます〉(→um I 6 b).

um·so·mehr [ʊmzomé:r] 副 (um so mehr) それだけいっそう多く(→um I 6 b: umso mehr とも書く).

um·sonst [ʊmzɔ́nst] 副 **1** 無料で, 無償で, ただで: *et.*[4] fast ～ bekommen …をほとんどただ同然で手に入れる | *et.*[4] 〔für〕 ～ tun …をただでする | bei *jm.* 〔für〕 ～ wohnen …のところに金を払わずに住む ‖ *Umsonst* ist 〔nur〕 der Tod, und der kostet das Leben. (→Tod 1). **2** (vergebens) むだに, 無益に, いたずらに: Alle Mühe war ～. 苦労はすべて無駄だった | Er hat ～ auf sie gewartet. 彼は彼女を待ったが無駄だった | Das hast du nicht ～ getan. 《話》このお礼は必ずしてやるからな. **3** 《否定詞を伴って》 **nicht ～** いわれなく…ではない | Das habe ich nicht ～ gesagt. それを私が言ったのは理由があってのことだ.

um·sor·gen [ʊmzɔ́rgən][1] 他 (h) 《*jn.*》(まめまめしく…の)世話をする, 面倒をみる, 看護する: *jn.* mit großer Hingabe ～ 献身的に…の世話をする.

um|sor·tie·ren [ʊ́mzɔrti:rən] 他 (h) 《*et.*[4]》分類〈整理〉し直す, (…の)区分けの方法を変える.

um·so·we·ni·ger [ʊmzové:nɪgər] 副 (um so weniger) それだけいっそう少なく(→um I 6 b: umso weniger とも書く).

um|span·nen[1] [ʊ́mʃpanən] 他 (h) **1** (馬・牛など役畜を)車につなぎ替える: die Pferde 〈den Wagen〉 ～ 馬車の馬を取り替える ‖ 〔目的語なしで〕 Der Kutscher ließ ～. 御者は

馬を替えさせた. **2**〖電〗変圧〈変成〉する: den Strom von 220 Volt auf 20 Volt ～ 電流を220ボルトから20ボルトに変圧する. **3**（弦などを）張り替える.

um·spạn·nen²[◡◡́◡] 他 (h) **1**（両腕で）抱きかかえる;（手で包みこむようにして）握りしめる: *js.* Handgelenk ～ …の手首を握りしめる | einen Baumstamm mit beiden Armen ～ 木の幹を両腕で抱きかかえる. **2**《比》包含する,（ある領域・期間に）わたる: einen Zeitraum von zehn Jahren ～（…の期間が）10年間にわたる | Das Römische Reich *umspannte* den ganzen Mittelmeerraum. ローマ帝国〔の版図〕は地中海全域を包含していた ‖ eine die ganze Welt *umspannende* Entwicklung 全世界にまたがる発展.

Ụm·span·ner[ʊ́mʃpanər] 男 -s/- (Transformator)〖電〗変圧器, トランス.

Ụm·spann·sta·tiọn 女〖電〗変電所.

Ụm·span·nung¹[ʊ́mʃpanʊŋ] 女 -/-en umspannen¹すること.

Um·spạn·nung²[◡◡́◡] 女 -/-en umspannen²すること.

Ụm·spann·werk 中 ＝Umspannstation

ụm|spie·len¹[ʊ́mʃpi:lən] 他 (h)（録音を）再生する.

um·spie̱·len²[◡◡́◡] 他 (h) **1**《*et.*⁴》（…の）まわりに戯れ動く;（…の）まわりに漂う: Die Wellen *umspielen* das Boot. 波がボートのまわりで戯れている | Ein spöttisches Lächeln *umspielt* seinen Mund. あざけるような薄ら笑いが彼の口もとに漂っている. **2**《*jn.*》〖球技〗（…の）まわりをドリブル〈パス〉しながらあちこち動く. **3**〖楽〗パラフレーズする.

um·spịn·nen*[ʊmʃpínən]《175》他 (h) **1** 紡いで包む. **2**（電線などを）被覆する: *umsponnener* Draht〖電〗被覆線.

ụm|sprin·gen¹*[ʊ́mʃprɪŋən]《179》**I** 自 (s) **1**（天候・風向きなどが）突然変わる, 急変する;《比》（気分などが）急に変わる: Der Wind ist〔nach Norden〕*umgesprungen.* 風向きが急に〔北へ〕変わった | Die Ampel ist schon〔auf Rot〕*umgesprungen.* 信号はもう〔赤に〕変わった ‖ der *umgesprungene* Wind 急変した風. **2**〖スキ〗ジャンプターンする. **3**《mit *jn.*》《様態を示す語句と》（…を不当に・ひどく）取り扱う: mit *jn.* grob〈rücksichtslos〉～ …を手荒に〈容赦なく〉扱う | So können Sie nicht mit ihm〈mit ihm nicht〉～! 彼をそんなふうに扱ってはなりません.

II 他 (h) はねとばす, はね倒す.

um·sprịn·gen²*[◡◡́◡]《179》他 (h)《*jn.* / *et.*⁴》（…の）まわりをとび〈はね〉回る: Der Hund *umsprang* aufgeregt den Jäger. 犬は興奮して猟師のまわりをとび回った.

ụm|spu̱·len[ʊ́mʃpu:lən] 他 (h)（フィルム・テープなどを）巻き戻す.

ụm|spü̱·len¹[ʊ́mʃpy:lən] 他 (h)（波などが木・岸などを）洗って倒す〈崩す〉.

um·spü̱·len²[◡◡́◡] 他 (h)《*et.*⁴》（波などが…の）まわりを洗う.

Ụm·spu̱·ler[ʊ́mʃpu:lər] 男 -s/- ＝Umspulvorrichtung

Ụm·spu̱l≠ta·ste 女（録音機などの）巻き戻しボタン. **≠vo̱r·rich·tung** 女（フィルム・テープなどの）巻き戻し装置.

Ụm·stand[ʊ́mʃtant]¹ 男 -〔e〕s/..stände[..ʃtɛndə] **1**（英: *circumstance*）事情, 事態, 状況, 境遇;〖法〗情状: ein entscheidender〈unvorhergesehener〉～ 決定的な〈予測しなかった〉事態 | ein ungünstiger ～ 都合の悪い事情 ‖ den ～ außer acht lassen 事情を無視する ‖ den *Umständen* entsprechend sein（…の）調子〈病状〉はまずまずである | den veränderten *Umständen* Rechnung tragen 状況の変化を考慮に入れる | mildernde *Umstände* zubilligen〖法〗情状を酌量する | wenn es die *Umstände* erlauben〈gestatten〉事情が許せば | Das haben die *Umstände*〔so〕mit sich gebracht. それは事情で（必然的に）そうなったのだ ‖〖前置詞と〗**bei** den gegebenen *Umständen* 現状では | gewisser *Umstände* **halber**〈wegen〉事情があって | **in** allen *Umständen* どんなことがあっても | **in anderen**〈雅: **gesegneten**〉***Umständen* sein**《婉曲に》妊娠している, おめでたである | **in andere**〈雅: **gesegnete**〉***Umstände* kommen**《婉曲に》妊娠する, 身ごもる | in guten〈schlechten〉*Umständen* leben 順境〈逆境〉にある | je **nach** den *Umständen* 状況しだいで | *sich*⁴〔je〕nach den *Umständen* richten 状況しだいで変わる | den *Umständen* nach〈gemäß〉状況に応じて, それなりに | **unter *Umständen***（略 u. U.）事情によっては | unter allen *Umständen* どんなことがあっても | **unter keinen *Umständen*** どんなことがあっても決して…ない | unter anderen *Umständen* 状況が別なら, 事情が違えば | unter diesen〈solchen〉*Umständen* こういう〔ような〕状況のもとでは | unter den obwaltenden *Umständen* 現状では.

2《ふつう複数で》形式的な手順; 手数, 面倒: ohne *Umstände* さっさと, あっさりと ‖〔viel〕*Umstände* **machen** 手数がかかる |〔mit *jm.*〈*et.*³〉〕viel *Umstände* machen〔…を〕仰々しく扱う,〔…に〕手数をかける | wenn es Ihnen keine *Umstände* macht お手数でなければ | Machen Sie〔sich³〕meinetwegen keine〔großen〕*Umstände*! どうぞおかまいなく.

ᵛ**3**《集合的に》（まわりに立っている）目撃者, 観衆.

ụm·stän·de·hal·ber[ʊ́mʃtɛndə..] 副 事情があって, 都合により.

um·stạn·den[ʊmʃtándən] umstehen²の過去分詞; 過去1・3人称複数.

ụm·ständ·lich[ʊ́mʃtɛntlɪç] 形 **1** 不必要に形式ばった, 仰々しい, やたらに念が入った; 長たらしい, くだくだしい, もたもたした: ein sehr ～*er* Mensch やたらに形式ばった人 | *et.*⁴ ～ erzählen …をだらだらと〈長たらしく〉物語る. **2** 手数のかかる, 面倒〈やっかい〉な: ～*e* Vorbereitungen わずらわしい準備作業. ᵛ**3** (ausführlich) 詳しい, 詳細な.

Ụm·ständ·lich·keit[–kaɪt] 女 -/ umständlich なこと.

Ụm·stands≠an·ga·be[ʊ́mʃtants..] 女〖言〗状況添加語. **≠be·stim·mung** 女〖言〗状況語, 副詞的規定詞. **≠er·gän·zung** 女〖言〗状況補足語. **≠fü̱r·wort** 中 (Pronominaladverb)〖言〗代名詞的副詞.

ụm·stands·hal·ber ＝umständehalber

Ụm·stands≠ka·sten 男 ＝ Umstandskrämer **≠kleid** 中 妊婦服, マタニティドレス. **≠klei·dung** 女 妊婦服, マタニティウェア. **≠kom·mis·sar** 男, **≠krä·mer** 男《話》いやに形式ばった〈杓子(しゃくし)定規な〉人. **≠satz** 男 (Adverbialsatz)〖言〗状況〔語〕文, 副詞〔文〕節. **≠wort** 中 -〔e〕s/..wörter (Adverb)〖言〗副詞.

ụm·stands·wört·lich 形 (adverbial)〖言〗副詞的な.

ụm|ste·chen¹*[ʊ́mʃtɛçən]《180》他 (h) **1 a)**（苗床などを）掘り返す. **b)**（穀物などを）ショベルでかきまぜる. **2**（銅版を）彫り直す.

um·stẹ·chen²*[◡◡́◡]《180》他 (h)（…の）縁をかがる;〖医〗周絡結紮(けっさつ)する: ein Kleid ～ ドレスの縁をかがる.

Um·stẹ·chung[..çʊŋ] 女 -/-en〖医〗周絡結紮法.

ụm|stecken¹[ʊ́mʃtɛkən] 他 (h) 差し替える, 刺し直す: einen Stecker ～ プラグを他のコンセントに差し替える | ein Kleid ～ ドレスの縁を折り返してピンで留める.

um·stẹcken²[◡◡́◡] 他 (h)（…の）まわりに差す〈刺す〉.

ụm|ste̱·hen¹*[ʊ́mʃte:ən]《182》自 (s)《南部・オーストリア》**1**（動物が）死ぬ;（植物が）枯れる. **2**（場所を離れて）わきへ寄る.

um·ste̱·hen²*[◡◡́◡]《182》他 (h)（…の）まわりに立っている, 囲んでいる: Die Ärzte *umstanden* sein Bett. 医師たちが彼のベッドを取り囲んでいた | ein von Bäumen *umstandener* Teich 周囲に木が植えられている池.

ụm·ste̱·hend[ʊ́mʃte:ənt]¹ **I** umstehen¹の現在分詞. **II** 形 **1**《付加語的》まわりに立っている: die ～*en* Leute / die *Umstehenden* まわりに立っている人たち, 周囲を取り巻く人たち. **2** 裏面にある, 裏ページの: die ～*e* Tabelle 裏ページの図表 | Auf der ～*en* Seite〈Im *Umstehenden*〉finden Sie die Auflösung des Rätsels. 裏ページになぞの解答があります ‖ Nähere Angaben sind ～ aufgeführt. 詳細は裏面に記載してある ‖ das *Umstehende* 裏ページに述べられていること.

Ụm·steig≠ba̱hn·ho̱f[ʊ́mʃtaɪk..] ＝Umsteigebahnhof **≠bil·let**[..bɪljɛt] ＝Umsteigebillet

Ụm·stei·ge⸗bahn·hof[ʊ́mʃtaɪgə..] 男 乗り換え駅. ⸗**bil·let**[..bɪljɛt] 中 《スイ》, ⸗**fahr·kar·te** 女, ⸗**fahr·schein** 男, ⸗**kar·te** 女 乗り換え切符.

ụm|stei·gen*[ʊ́mʃtaɪgən][1] 《184》 自 (s) **1** (他の列車・バスなどに)乗り換える: in München[3] ～ ミュンヒェンで乗り換える | in einen Bus ～ バスに乗り換える | von der Linie 2 in die Linie 5 ～ 2番線から5番線へ乗り換える | nach Berlin ～ ベルリン行きに乗り換える ‖ beim *Umsteigen* 乗り換えの際に. **2** 《話》《auf *et.*[4] / zu *et.*[3]》(…へ)くら替えする; 転職する; 転向する; 改宗する: von Zigaretten auf Zigarren ～ 紙巻きタバコから葉巻にくら替えする.

Ụm·stei·ger[..gər] 男 -s/- 《話》= Umsteigefahrschein

Ụm·stei·ge·sta·tion[ʊ́mʃtaɪgə..] 女 乗り換え駅.

Ụm·steig⸗fahr·kar·te[ʊ́mʃtaɪk..] = Umsteigefahrkarte ⸗**fahr·schein** = Umsteigefahrschein ⸗**kar·te** = Umsteigekarte ⸗**sta·tion** = Umsteigestation

Ụm·stell·bahn·hof[ʊ́mʃtɛl..] 男 《鉄道》入れ替え駅.

ụm·stell·bar[..ba:r] 形 umstellen[1]できる.

ụm|stel·len[1][ʊ́mʃtɛlən] 他 (h) **1** 《*et.*[4]》 **a)** (他の場所へ)置き換える, 移す; (…の)配置〈位置〉を変える: Möbel ～ 家具の配置を変える | die Mannschaft ～ 《球技》チームのメンバーを入れ替える. **b)** 《言》(文中の語順を)変える, (語・句・文などの位置を)置き換える. **2** (スイッチなどを)切り替える: einen Hebel 〈einen Schalter〉 ～ レバー〈スイッチ〉を切り替える | die Uhr ～ 時計の針を調節する | Weichen ～ 《鉄道》転轍(てつ)する. **3** 《*et.*[4] auf *et.*[4]》(…を…に)切り替える: eine Fabrik auf Automation ～ 工場をオートメーションに切り替える | das Telefon vom Geschäft auf die Wohnung ～ 電話を店から自宅に切り替える ‖ 再帰 *sich*[4] auf *et.*[4] ～ …に切り替わる | Das Kaufhaus *stellte* sich auf Selbstbedienung *um.* そのデパートはセルフサービスに変わった. **4** 《*et.*[4] auf *et.*[4]》(…を…に)適合〈適応〉させる: 再帰 *sich*[4] auf *et.*[4] ～ …(これまでとは異なった環境など)に適応〈順応〉する | *sich*[4] schnell ～ すぐに環境に順応する | Ich konnte mich nur schwer auf solche Verhältnisse ～. 私はそのような境遇になかなかなじめなかった.

um·stẹl·len[2][◡◡́◡] 他 (h) (逃げられないように)取り巻く, 包囲する: das Wild ～ 野獣を包囲する | Die Polizei *umstellte* das Haus. 警察はその家を包囲した.

Ụm·stell⸗he·bel[ʊ́mʃtɛl..] 男 《工》逆転てこ. ⸗**pro·be** 女 《言》(文中の語順を変える)置き換えテスト.

Ụm·stel·lung[1][ʊ́mʃtɛlʊŋ] 女 -/-en 〔sich〕 umstellen[1]すること.

Um·stẹl·lung[2][◡◡́◡] 女 -/-en umstellen[2]すること.

Ụm·steu·er⸗ge·trie·be[ʊ́mʃtɔʏər..] 中 逆動〈逆進〉ギア. ⸗**he·bel** 男 逆転〈反転〉レバー.

ụm|steu·ern[ʊ́mʃtɔʏərn] 《05》 他 (h) (舵(かじ)を取って…の)方向を転換する, 他の方向に導く.

Ụm·steue·rung[..ərʊŋ] 女 -/-en **1** 方向転換, 逆転, 反転. **2** 《工》逆転装置.

ụm|stim·men[ʊ́mʃtɪmən] 他 (h) **1** 《楽》(弦楽器の)調子を変える. **2** 《*jn.*》(…の)気持〈考え〉を変えさせる: Er ließ sich nicht ～. 彼は気持を変えなかった.

Ụm·stim·mung[..mʊŋ] 女 -/-en umstimmen すること.

ụm|sto·ßen*[ʊ́mʃto:sən] 《188》 他 (h) **1** 《*jn.* / *et.*[4]》(…を)突き倒す, 押し倒す; 突き当たってひっくり返す: einen Eimer ～ (ぶつかって)おけをひっくり返す. **2** (計画・決定などを)ひっくり返す, くつがえす; 取り消す, 無効にする, 破棄する: einen Plan ～ 計画を変更する | ein Testament ～ 遺言を無効とする.

Ụm·sto·ßung[..sʊŋ] 女 -/ umstoßen すること.

um·strạh·len[ʊmʃtrá:lən] 他 (h) 《雅》(…の)周囲を光で包む.

ụm|stricken[1][ʊ́mʃtrɪkən] 他 (h) 編み直す: den Pullover ～ プルオーバーを編み変える.

um·strịcken[2][◡◡́◡] 他 (h) **1** 《*et.*[4]》(…の)まわりを編む, 編み包む; 《比》しっかり抱きしめる: *js.* Hals mit den Armen ～ …の首を両腕で抱く. **2** (umgarnen) 《*jn.*》(…を)籠絡(ろうらく)する, まるめ込む: *jn.* mit Schmeicheleien ～ …をおべっかでまるめ込む.

Um·strịckung[ʊmʃtrɪ́kʊŋ] 女 -/-en umstricken[2]すること.

um·strịt·ten[ʊmʃtrɪ́tən] 形 《副詞的用法なし》(それをめぐって)議論の行われている, 異論〔の余地〕のある, 評価の定まらない: eine ～*e* Frage 議論の余地のある問題 | ein ～*er* Autor 評価の定まらない著者 | ein heiß ～*es* Thema 白熱の議論が戦わされているテーマ ‖ Die Etymologie dieses Wortes ist ～. この語の語源は十分解明されていない〈定説がない〉. [<umstreiten „streiten"]

um·strö̩·men[ʊmʃtrǿ:mən] 他 (h) 《*et.*[4]》(…の)周囲を流れる; 環流する.

ụm|struk·tu·rie·ren[ʊ́mʃtrʊkturi:rən, ..st..] 他 (h) 《*et.*[4]》(…の)構造を改変〈変革〉する, (…の)組織〈機構〉を変える, 改造する, 改組する.

Ụm·struk·tu·rie·rung[..rʊŋ] 女 -/-en 構造改変, 機構の変革, 組織変え; 《心》構造転換.

ụm|stül·pen[ʊ́mʃtʏlpən] 他 (h) **1** (桶(おけ)などの上下を)逆にする, 逆さまにする: auf einem *umgestülpten* Faß sitzen 樽(たる)を逆さにして腰をかけている. **2** (袋などを)裏返しにする; (そでなどを)折り返す; (まぶたなどを)反転する, ひっくり返す: Der Wind *stülpte* den Schirm *um.* 風のために傘がおちょこになった | Ich habe das ganze Zimmer *umgestülpt*, aber das Geld nicht gefunden. 部屋じゅうひっくり返してみたが そのお金は見つからなかった ‖ 再帰 *sich*[4] ～ (袋などが)裏返しになる.

Ụm·stül·pung[..pʊŋ] 女 -/-en umstülpen すること.

Ụm·sturz[ʊ́mʃtʊrts] 男 -es/..stürze[..ʃtʏrtsə] (既成の制度などを)くつがえすこと, 力による改変; (特に政体・政府の)転覆, 変革, 革命.

Ụm·sturz·be·we·gung 女 革命運動.

ụm|stür·zen[ʊ́mʃtʏrtsən] 《02》 **I** 他 (h) 《*et.*[4]》ひっくり返す, くつがえす, 転覆させる: einen Stuhl ～ いすをひっくり返す | Die erregte Menge hat einige Wagen *umgestürzt.* 興奮した群衆は数台の自動車をひっくり返した | Der Sturm *stürzte* den Zaun *um.* 暴風が垣根を倒した | die Puddingform ～ プディング型を逆さにする(中身を出すために) ‖ die alte Ordnung ～ 《比》古い秩序〈制度〉をくつがえす ‖ *umstürzende* Änderungen 革命的〈過激な〉変革.

II 自 (s) 転倒する, ひっくり返る, 転覆する: Bei dem Erdbeben ist der Turm *umgestürzt.* 地震のとき塔が倒れた ‖ *umgestürzte* Bäume 倒れた木.

Ụm·stürz·ler[..lər] 男 -s/- 《しばしば軽蔑的に》(政府などの)転覆を企てる人, 革命家, 革命屋.

ụm·stürz·le·risch[..lərɪʃ] 形 国家の転覆を企てる, 革命的な.

Ụm·sturz·par·tei[ʊ́mʃtʊrts..] 女 革命党.

um·tạn·zen[ʊmtántsən] 《02》 他 (h) 《*jn.* / *et.*[4]》(…の)まわりを踊り回る.

ụm|tau·fen[ʊ́mtaʊfən] 他 (h) 《*jn.*》《宗》(…に)再洗礼を施す; 《話》改名〈改称〉する: eine Straße ～ 通りの名を改める | *sich*[4] ～ lassen 《話》改宗する.

Ụm·tausch[ʊ́mtaʊʃ] 男 -〔e〕s/-e 《ふつう単数で》 **1** 取り替え, 交換: 〔Der〕 ～ ist nur innerhalb einer Woche möglich. お取り替えは1週間以内に限ります | Waren zu herabgesetzten Preisen sind vom ～ ausgeschlossen. 値下げ品はお取り替えいたしかねます. **2** 両替: der ～ von Dollars in Mark[4] ドルのマルクへの両替.

ụm·tausch·bar[-ba:r] 形 取り替え〈交換〉できる; (有価証券などが)換金できる.

ụm|tau·schen[ʊ́mtaʊʃən] 《04》 他 (h) 《*et.*[4] in 〈gegen〉 *et.*[4]》(…を…と)交換する; (貨幣を他の貨幣と)替える, 両替する | *et.*[4] gegen Lebensmittel ～ …を食糧品に換える | Dollars in Mark ～ ドルをマルクに替える | ein Geschenk ～ 他人からの贈り物を店に返して他の商品と取り替える.

ụm|tip·pen[ʊ́mtɪpən] 他 (h) 《話》《*et.*[4]》(…を)タイプライターで打ち直す.

um·to·ben[ʊmtóːbən][1] 他 (h) 《雅》《et.[4]》(…の)まわりを暴れ〈騒ぎ〉回る, まわりを荒れ狂う.

um|top·fen[ʊ́mtɔpfən] 他 (h) (植物を)他の鉢に植え替える, 鉢替えする.

um·to·sen[ʊmtóːzən][1] 《02》他 (h) 《雅》《et.[4]》(風や波などが…の)まわりにごうごうと音をたてて騒ぎ荒れる.

um|trei·ben*[ʊ́mtraɪbən][1] 《193》他 (h) **1 a)** 《jn.》(休みなく)駆り立てる, 追い回す: Sein schlechtes Gewissen *trieb* ihn *um.* 良心の呵責(かしゃく)に彼は責めたてられた ‖ ein *umgetriebener* Mensch 絶えず不安に駆られている〈落ち着きのない〉人. **b)** 《雅》再帰 *sich*[4] ～ あちこち歩き回る, 流浪する. **2** 循環させる.

Um·trieb[ʊ́mtriːp][1] 男 -[e]s/-e **1** 《ふつう複数で》**a)** (ふつう反政府・反体制的な)策動, 画策, 政治運動: geheime ～*e* 秘密運動, 陰謀. **b)** 《方》(個人の)活動. **2** 〘林〙輪伐期. **3** 〘坑〙回り線.

um·trie·big[..triːbɪç][2] 形 《方》(betriebsam) 活動的な, 仕事熱心な.

Um·triebs·zeit[ʊ́mtriːps..] 女 〘林〙輪伐期.

Um·trunk[ʊ́mtrʊŋk] 男 -[e]s/..trünke[..trʏŋkə] **1** 《ふつう単数で》回し飲み: einen ～ halten 回し飲みする. **2** (新しい仲間などとの)酒飲みパーティー.

um|tun*[ʊ́mtuːn] 《198》他 (h) 《話》**1** 《jm. et.[4]》…の体に(衣類などを)まとわせる, 羽織らせる; 巻きつける: *jm.* einen Mantel ～ …にコートを掛けてやる | *sich*[3] einen Schal 〈eine Schürze〉 ～ ショールを巻く〈エプロンをしめる〉. **2 a)** 再帰 *sich*[4] nach *jm.* 〈*et.*[3]〉 ～ …を得ようと探し求める; …のことを気にかける | *sich*[4] nach einer Sekretärin 〈nach einer neuen Stellung〉 ～ 秘書〈新しい勤め口〉を探し求める | Er *tat* sich nicht nach mir *um.* 彼は私のことをかまってくれなかった. **b)** 再帰 *sich*[4] in *et.*[3] ～ i) …の中を見て〈探し〉回る; ii) …を手掛ける | *sich*[4] in der Welt ～ 世界じゅう見て回る | Er hat sich ein wenig im Buchhandel *umgetan.* 彼はちょっと書籍販売に関係したことがあった.

U-Mu·sik[úːmuziːk] 女 -/ (＜Unterhaltungsmusik) (↔E-Musik) 軽音楽, 娯楽音楽.

um|ver·tei·len[ʊ́mfɛrtaɪlən] 他 (h) 〘経〙(国民所得・剰余価値などを)分配し直す, 再分配する.

Um·ver·tei·lung[..lʊŋ] 女 -/-en umverteilen すること.

um·wach·sen*[ʊmváksən] 《199》他 (h) 《et.[4]》(…の)周囲に生い茂る: ein von Efeu *umwachsener* Baum 木蔦(きづた)に覆われた木.

um·wal·len[ʊmválən] 他 (h) **1** 《雅》《et.[4]》(霧などが…の)まわりに立ちこめる, 包む; (波が…の)まわりに立つ; (髪などが…の)まわりに波打つ. **2** 《et.[4]》〘軍〙(…を)城壁で囲む, (…に)城壁をめぐらす.

Um·wal·lung[..lʊŋ] 女 -/-en **1** 《単数で》umwallen すること. **2** 囲壁, 塁壁.

um|wäl·zen[ʊ́mvɛltsən] 《02》他 (h) **1** (石などを)転がす, 回転させる; 循環させる: 再帰 *sich*[4] ～ 転がる. **2** 《比》力で変える, くつがえす; すっかり〈根本的に〉変える; 変革する: eine *umwälzende* Wirkung 画期的〈革命的〉な効果.

Um·wälz·pum·pe 女 (暖房用などの)循環ポンプ.

Um·wäl·zung[..tsʊŋ] 女 -/-en (umwälzen すること. 特に:) (社会的・政治的)大変動, 変革, 革命.

um·wan·del·bar[ʊ́mvandəlbaːr] 形 umwandeln[1]できる.

um|wan·deln[1][ʊ́mvandəln] 《06》他 (h) 《*et.*[4] in *et.*[4] 〈zu *et.*[3]〉》(…を…に)変える, 変形〈変容・変質・変色〉させる, 変化させる; 〘化〙転移させる; 〘理・電〙変換する; 〘生〙物質交代させる; 〘法〙(会社などを)変更する; 〘チェス〙(駒(こま)を望みの駒に)成らせる, 変える: ein Handelsschiff **in** ein Kriegsschiff ～ 商船を軍艦に改装する | die Kapitalgesellschaft in eine Personalgesellschaft ～ 物的会社を人的会社に変更する | die Freiheitsstrafe in eine Geldstrafe ～ 自由刑を罰金刑に代える | Wasser in Energie ～ 水をエネルギーに変える | *et.*[4] in klingende Münze ～ …を現金に換える, …で金をかせぐ | die Halle **zu** Wohnräumen ～ そのホールを〔いくつかの〕居室に改造する ‖ Seit dem Unfall ist sie wie *umgewandelt.* 《話》その事故以来彼女はまるで人が変わったようだ ‖ 再帰 *sich*[4] ～ (人柄などが)すっかり変わる | Er hat sich von Grund auf *umgewandelt.* 彼はすっかり人間が変わった.

um·wan·deln[2][◡◡́◡] 《06》他 (h) 《雅》《*et.*[4]》(…の)まわりを逍遥(しょうよう)〈散策〉する.

Um·wan·de·lung[ʊ́mvandəlʊŋ] 女 -/-en ＝Umwandlung

Um·wand·ler[..dlər] 男 -s/- 〘電〙変成器, 変換器.

Um·wand·lung[ʊ́mvandlʊŋ] 女 -/-en ([sich] umwandeln[1]すること. 例えば:) 変化, 変更; 〘理・電〙変換, 変成, 〘化〙転移: Energie*umwandlung* エネルギーの変換 | die ～ einer Gesellschaft 会社の組織変更 | die ～ von Handelsschiffen in Kriegsschiffe 商船の軍艦への改装.

Um·wand·lungs≠pro·dukt 中 〘理〙(原子の)崩壊生成物. **≠punkt** 男 〘理〙転移点. **≠tem·pe·ra·tur** 女 〘理〙転移温度. **≠ver·hält·nis** 中 〘電〙変成比. **≠wär·me** 女 〘理〙転移熱.

um·we·ben*[ʊmvéːbən][1] 《202》他 (h) 《雅》《*et.*[4] mit *et.*[3]》(…を…で)織り包む; 《比》(神秘的に)包む, 取り囲む: Der Ort ist von vielen Sagen *umwoben.* この地は多くの伝説に取り巻かれている(→sagenumwoben).

um|wech·seln[ʊ́mvɛksəln] 《06》他 (h) **1** (貨幣を他の貨幣に)替える, 両替する: Lire in Mark[4] ～ リラをマルクに両替する | Papiergeld in Münzen ～ 紙幣を硬貨に替える. **2** 《話》交換する, 取り替える: einen Reifen ～ タイヤを取り替える ‖ Er ist wie *umgewechselt.* 彼はすっかり人が変わってしまったようだ.

Um·wech·se·lung[..səlʊŋ] (**Um·wechs·lung**[..slʊŋ]) 女 -/ (umwechseln する・されること. 例えば:) 両替; 交換, 取り替え.

Um·weg[ʊ́mveːk][1] 男 -[e]s/-e 回り道, 迂回(うかい)路: ein großer 〈weiter〉 ～ 大回り〈遠回り〉‖ einen ～ machen 回り道をする ‖ **auf** einem ～ / auf ～*en* 回り道をして; 《比》遠回しに, 間接に; 不法手段で | *et.*[4] auf ～*en* erfahren …を人づてに聞き知る | *et.*[4] auf ～*en* 〈auf einem ～ / **über** einen ～ / über ～*e*〉 zu erreichen suchen …に回りくどい方法で達しようと試みる | **ohne** ～*e* 回り道をしないで, ストレートに, 率直に.

um·we·gig[..veːgɪç][2] 形 回り道の, 遠回りの.

um|we·hen[1][ʊ́mveːən] 他 (h) 《*et.*[4]》(風が…を)吹き倒す.

um·we·hen[2][◡◡́◡] 他 (h) 《*jn.* / *et.*[4]》(風が…の)まわりを吹く: Sie ist von einem Geheimnis *umweht.* 《比》彼女はなぞに包まれている.

Um·welt[ʊ́mvɛlt] 女 -/-en 《ふつう単数で》**1** (個人を取り巻く)周囲の世界, 環境; 〘生〙環境(生物体を取り巻く自然界): die natürliche 〈soziale〉 ～ 自然〈社会的〉環境 | eine ungewohnte ～ 慣れない環境 ‖ *sich*[4] der ～ anpassen 環境に順応する | die Verschmutzung der ～ bekämpfen 環境の汚染を防止する. **2** (個人の周辺にいる)人々: von seiner ～ geliebt sein 周囲の人々から愛されている.

umwelt.. 《名詞につけて「環境を損なわない, 無〈低〉公害の」などを意味する》: *Umwelt*auto 低公害車 | *Umwelt*papier 再生紙.

Um·welt·au·to 中 《話》低公害〔自動〕車.

um·welt·be·dingt 形 環境の制約を受けた, 環境に左右された: ～*e* Schäden 環境〔悪化〕による損害.

Um·welt≠be·din·gun·gen 複 環境の諸条件. **≠be·la·stung** 女 環境悪化. **≠bun·des·amt** 中 (略 UBA) (ドイツの)連邦環境庁. **≠ein·fluß** 男 環境の及ぼす影響. **≠fak·tor** 男 〘生〙環境要因〈因子〉.

um·welt·feind·lich 形 (汚染などで)環境を損なう, 公害を生む.

Um·welt≠for·schung 女 -/ (Ökologie) 〘生〙生態学; 〘社〙環境研究. **≠fra·ge** 女 環境問題.

um·welt·freund·lich 形 (汚染などで)環境を損なわない, 無〈低〉公害の.

Um·welt·ge·fähr·dung 女 環境破壊〈汚染〉.

um·welt·ge·recht ＝umweltverträglich

Um·welt≠ge·setz·ge·bung 女 環境立法. **≠hy·**

gie·ne 女 環境衛生. **⸗in·du·strie** 女 環境〔保全〕産業. **⸗ka·ta·stro·phe** 女 とり返しのつかない環境破壊. **⸗krank·heit** 女 公害病. **⸗kri·mi·na·li·tät** 女 環境汚染〈破壊〉犯罪. **⸗kri·se** 女 環境〔破壊〕の危機. **⸗me·di·zin** 女 -/ 環境医学. **⸗mi·ni·ster** 男 環境大臣. **⸗mi·ni·ste·rium** 中 環境省.

um·welt·neu·tral 形 自然環境を損なわない, 無公害の.

Um·welt·po·li·tik 女 環境政策.

um·welt·po·li·tisch 形 環境政策〔上〕の.

Um·welt·schä·den 複 (人的汚染によって)環境のこうむる被害.

um·welt⸗schäd·lich 形 (汚染などで)環境を損なう, 環境にとって有害な. **⸗scho·nend** 形 環境をいたわる, 環境を汚染〈破壊〉しない.

Um·welt⸗schutz 男 (公害からの)環境保護, 環境保全. **⸗schüt·zer** 男 環境保護論者.

Um·welt·schutz⸗ge·setz 中〘法〙自然環境保全法. **⸗in·du·strie** 女 環境保全産業. **⸗pa·pier** 中 環境保護のための再生紙.

Um·welt⸗steu·er 女 (環境保全のための)環境税. **⸗sün·der** 男《話》環境汚染〈破壊〉の罪を犯す人. **⸗tech·nik** 女, **⸗tech·no·lo·gie** 女 (環境保全に役立つ)環境技術. **⸗ver·bre·chen** 中 = Umweltkriminalität **⸗ver·gif·tung** 女, **⸗ver·schmut·zung** 女 -/ 環境汚染, 公害.

um·welt·ver·träg·lich 形 環境と共存できる, 環境を損なわない: eine ~*e* Technologie 環境と両立する技術.

Um·welt·zer·stö·rung 女 -/ 環境破壊.

um|wen·den(*)[ʊ́mvɛndən][1]《206》 **I** 他 (h) **1**《*et.*[4]》(…の)向きを変える; 裏返す: die Seiten eines Buches ~ 本のページをめくる | die Strümpfe ~ 靴下を裏返す | den Wagen ~ 車の向きを変える. **2** 再帰 *sich*[4] ~ 後ろに向きを変える, 反転する, ふり返る: Er *wandte* 〈*wendete*〉 sich nach ihr *um.* 彼は彼女の方をふり返った.

II 自 (h, s)《規則変化》《01》向きを変える, 反転する; (車が) U ターンする.

Um·wen·dung[..dʊŋ] 女 -/-en 〔sich〕 umwenden すること.

um·wer·ben*[ʊmvɛ́rbən][1]《207》他 (h)《*jn.*》(…に)求愛する, 言い寄る;《比》(…に)気に入られようと努力する.

Um·wer·bung[..bʊŋ] 女 -/ umwerben すること.

um|wer·fen*[ʊ́mvɛrfən]《209》 **I** 他 (h) **1 a)**《*jn.* / *et.*[4]》ひっくり返す, 投げ〈突き〉倒す: einen Stuhl 〈eine Vase〉 ~ いす〈花瓶〉をひっくり返す | Die Brandung *warf* ihn *um.* 打ち寄せる波が彼を転倒させた | Das eine Glas Whisky wird dich nicht gleich ~.《比》君はこんなグラス 1 杯ぐらいのウイスキーを飲んだだけで酔っぱらうことはあるまい. **b)**《話》《*jn.*》(…に)衝撃を与える, 動転〈仰天〉させる: Die Nachricht hat ihn *umgeworfen.* この知らせは彼をひどく驚かせた. **c)**《比》《*et.*[4]》(予定・計画などを)ひっくり返す, 台無しにする, ぶちこわす, (…の)根本からの変更を余儀なくさせる. **2**《*jm. et.*[4]》(…の体に衣類などを)掛けてやる: *jm.* einen Schal ~ …の肩にショールを掛けてやる | Er hat sich[3] einen Mantel *umgeworfen.* 彼はコートを肩に羽織った(そでに手を通さずに).

II um·wer·fend 現分 形 衝撃的な, 驚くべき: eine ~*e* Entdeckung 驚くべき発見 | von ~*er* Komik sein / ~ komisch sein まことに滑稽(こっけい)である.

um|wer·ten[ʊ́mveːrtən]《01》他 (h)《*et.*[4]》(…の)評価を変える, 評価し直す, 再評価する.

Um·wer·tung[..tʊŋ] 女 -/-en umwerten すること: ~ aller Werte すべての価値の転換 (Nietzsche の用語).

um|wickeln[1][ʊ́mvɪkəln]《06》他 (h) **1**《*et.*[4] um *et.*[4]》(…を…のまわりに)巻きつける. **2** (糸・コイルなどを)新しく巻き直す; (別な枠に)巻きかえる.

um·wickeln[2][‿⌒‿]《06》他 (h)《*et.*[4] mit *et.*[3]》(…の周囲に…を)巻きつける: die Hand mit einem Verband ~ 手に包帯を巻く | ein Kabel mit Isolierband ~ 電線に絶縁テープを巻きつける.

um|wid·men[ʊ́mvɪtmən]《01》他 (h)《*et.*[4] in *et.*[4] 〈zu *et.*[3]〉》(…の使用目的を…に)変更する, (…を…に)改めて使用〈利用〉する: ein Gelände in Bauland ~ 土地を建設用地に利用する | Wohnungen zu Büroräumen ~ 住居を事務室に変える.

Um·wid·mung[..mʊŋ] 女 -/-en umwidmen すること.

um ... wil·len[ʊm .. vɪlən] →um I 4 b

um·win·den*[ʊmvɪ́ndən][1]《211》他 (h)《*et.*[4] mit *et.*[3]》(…の周囲に…を)巻きつける: *et.*[4] mit rotem Band ~ …のまわりに赤いリボンを結ぶ.

um·wit·tern[ʊmvɪ́tərn]《05》他 (h)《*et.*[4]》(妖気(ようき)・秘密・危険などが…の)まわりを取り巻く:〘ふつう過去分詞で〙Seine Herkunft ist von Geheimnissen *umwittert.* 彼の素性は秘密に包まれている.

um·wo·ben[ʊmvóːbən] umweben の過去分詞; 過去 1・3 人称複数.

um·wo·gen[ʊmvóːgən][1] 他 (h)《*et.*[4]》(…の)まわりに波立つ, (…の)まわりを波で洗う: von großem Jubel *umwogt* 大歓声の波に取り囲まれて.

um·woh·nend[ʊ́mvoːnənt][1] 形《付加語的》周囲〈近隣〉に住む: die ~*e* Bevölkerung des Mittelmeeres 地中海周辺の住民たち ‖ die *Umwohnenden* 周辺〈近所〉に住んでいる人たち.

Um·woh·ner[..nər] 男 -s/- 周囲〈近隣〉に住む人.

um·wöl·ken[ʊmvœ́lkən] 他 (h) (雲・霧などが)覆う, 包む: 再帰 *sich*[4] ~ (雲・霧などで)覆われる, 包まれる, 曇る;《比》(怒り・不機嫌などのために顔の表情が)暗くなる | Der Himmel *umwölkte* sich. 空が雲で覆われた | Sein Blick *umwölkte* sich. 彼の目つきは暗くなった ‖ eine von Zigarrendunst *umwölkte* Bühne 葉巻の煙の立ちこめる舞台.

um|wüh·len[ʊ́mvyːlən] 他 (h) **1**《*et.*[4]》ほじくり返す, (めちゃめちゃに)かき回す: Schubläden ~ ひき出しをひっかき回す(探しものをして). **2**《*jn.*》(…の気持を)かき乱す, 攪乱(かくらん)する.

Um·wüh·lung[..lʊŋ] 女 -/-en umwühlen すること.

um·zäu·nen[ʊmtsɔ́ʏnən] 他 (h) 柵(さく)〈垣根〉で囲む.

Um·zäu·nung[..nʊŋ] 女 -/-en **1**《単数で》umzäunen すること. **2** (周囲にめぐらされた)柵(さく), 垣根.

um|zeich·nen[ʊ́mtsaɪçnən]《01》他 (h) **1** (絵・図などを)描き直す. **2**《*et.*[4]》(…に)別なしるし〈マーク〉をつける; (…の)商標をかえる.

Um·zen·trie·rung[ʊ́mtsɛntriːrʊŋ] 女 -/-en〘心〙中心転換, 中心移動. [<Zentrum]

um|zie·hen[1]*[ʊ́mtsiːən]《219》 **I** 自 (s)《方向を示す語句と》(…へ)引っ越す, 転居する, 移転する: Wir sind in eine größere Wohnung 〈nach Hamburg〉 *umgezogen.* 我々はこれまでよりも大きい住居に〈ハンブルクに〉引っ越した | **Dreimal *umgezogen* ist 〔so gut 〈schlimm〉 wie〕 einmal abgebrannt.**《諺》三度の引っ越しは一度の火事と同じ.

II 他 (h) **1**《*jn.*》(…に)着替えをさせる: *jn.* völlig ~ …を上から下まですっかり着替えさせる ‖ 再帰 *sich*[4] ~ 着替える | *sich*[4] für das Essen 〈zum Essen〉 ~ 食事のために着替えをする ‖ Sie ist gerade beim *Umziehen.* 彼女はちょうど着替えの最中だ. **2**《*et.*[4]》(…を)他の場所へ移す: einen Schrank ~ 戸棚の位置を変える.

um·zie·hen[2]*[‿⌒‿]《219》他 (h) **1** (雲・霧などが)覆う, 包む: Wolken *umzogen* den Gipfel. 雲が山頂を包んだ ‖ 再帰 *sich*[4] ~ (空などが)雲で覆われる;《比》(顔の表情などが)暗くなる. **2**《*et.*[4]》(…の)まわりを囲む: ein von einer Gebirgskette *umzogener* See 山々に取り囲まれた湖.

um·zin·geln[ʊmtsɪ́ŋəln]《06》他 (h) 取り囲む, 包囲する: feindliche Truppen ~ 敵の部隊を包囲する.

Um·zin·ge·lung[..ŋəlʊŋ] (**Um·zing·lung**[..ŋlʊŋ]) 女 -/-en umzingeln すること.

Um·zug[ʊ́mtsuːk][1] 男 -〔e〕s/..züge[..tsyːgə] **1** 引っ越し, 転居, 移転: der ~ in die neue Wohnung 新しい住居への引っ越し | Wir haben schon drei *Umzüge* hinter uns. 我々はこれまでにすでに 3 回も引っ越しをした. **2** (特定の行事としての)行進, 行列: ein politischer ~ 政治的なデモ行進 | Karnevals*umzug* カーニバルの〔仮装〕行列. [1: <umziehen[1]; 2: < *mhd.* umbe-ziehen „umher-ziehen"]

Um·züg·ler[ʊ́mtsy:klər] 男 -s/- **1** 引っ越しをする人. **2** 行進〈行列〉の参加者.

um·zugs·hal·ber[ʊ́mtsu:ks..] 副 引っ越しのために.

Um·zugs·ko·sten 複 引っ越しの費用, 移転費.

um·zün·geln[ʊmtsʏ́ŋəln] 《06》 他 (h) (炎が)めらめらと燃えながら取り囲む.

un《イタリア語》→*un* poco

un.. **I**《形容詞につけてその「否定・反対」を意味する》**1 a**)《..bar, ..haft, ..ig, ..isch, ..lich, ..mäßig, ..sam などの接尾辞により動詞・名詞から派生した形容詞につけて》: *un*annehmbar 受けいれがたい | *un*zweifelhaft 疑う余地のない | *un*gläubig 信じようとしない, 信仰のない | *un*moralisch 不道徳な | *un*möglich 不可能な | *un*vorschriftsmäßig 規則違反の | *un*duldsam 寛容でない ‖〘対応する肯定形を欠く場合〙*un*ablässig 絶え間のない | *un*säglich 言うに言われぬ.
☆「受動＋可能」の意味の..bar による動詞からの派生形容詞は原則としてすべて un.. をつけることができる(→..bar 1 a).
b)《形容詞化した現在分詞・過去分詞につけて》: *un*bedeutend 重要でない | *un*erfahren 経験のない ‖〘独自の意味を獲得して〙*un*erhört 前代未聞の; (願いが)聞き入れられない ‖〘分詞を形容詞化して〙*un*erörtert 論議されない〔ままの〕| *un*genutzt 使われない〔ままの〕.
2《独立の反意語を持たない非派生形容詞につけて》: *un*echt 真正〈本物〉でない | *un*treu 信義のない | *un*modern 近代的でない, 流行遅れの.
★ i) 反対概念を定めがたい色彩形容詞には un.. をつけない.
ii) böse, übel などそれ自体否定的な意味の形容詞にもふつう un.. をつけない.
iii) 独立の反意語を持っていると考えられる形容詞に un.. をつけた場合はその反意語よりも意味が弱い. 例えば unschwer は leicht より意味が弱い.
II《名詞につけて》**1**《「反対」を意味する》: *Un*ordnung 無秩序, 混乱 | *Un*recht 不正, 不当.
2 a)《「劣悪・不良」を意味する》: *Un*fall 事故 | *Un*geziefer 有害小動物 | *Un*tat 非行. **b**)《「ばく大」を意味する》: *Un*menge 非常な多数〈多量〉.
[*idg.*; ◇a..[1], in.., nein]

UN[u:|ɛ́n] 複 (VN) 国際連合. [*engl.*; <*engl.* *U*nited *N*ations]

una《イタリア語》→*una* corda

un·ab·än·der·lich[ʊn|ap|ɛ́ndərlɪç, ⌣◡◡◡◡; オーストリア: ⌣◡◡◡◡] 形 変えることのできない, 変更〈修正〉不能の: eine ～*e* Tatsache 変更不能の事実 | Mein Entschluß ist ～. 私の決心は変わらない.

Un·ab·än·der·lich·keit[..kaɪt, ⌣◡◡◡◡–] 女 -/ unabänderlich なこと.

un·ab·ding·bar[ʊn|apdɪ́ŋba:r, ⌣◡◡–] 形 **1** 絶対に必要な, 不可欠な: eine ～*e* Voraussetzung für *et.*[4] …のための不可欠な前提. **2** 折衝によって変更する余地のない;〘法〙合意によっても変更〈排除〉しえない.

Un·ab·ding·bar·keit[..kaɪt, ⌣◡◡––] 女 -/ unabdingbar なこと.

un·ab·ge·fer·tigt[ʊ́n|apgəfɛrtɪçt] 形 (郵便物・貨物などが)発送手続き未完了の, 未発送の.

un·ab·hän·gig[ʊ́n|aphɛŋɪç][2] 形《von *et.*[3]》(…に)依存していない, (…に)左右されない, (…から)独立した; 自主的な, 独立の;〘政〙党派に左右されない: ein ～*er* Staat 独立国家 | eine ～*e* Wochenzeitung 政治色のない〈一党一派にかたよらない〉週刊新聞 | die *Unabhängige* Sozialdemokratische Partei Deutschlands〘史〙ドイツ独立社会民主党(→USPD) ‖ Sie ist finanziell ～ von ihren Eltern. 彼女は経済的に両親から独立している | Unser Vorhaben ist vom Wetter ～. 我々の計画は天候には左右されない ‖ ～ davon, daß ... 〈ob ...〉 …は〈…かどうかは〉別として, …とはかかわりなく | Nimm bitte an der Versammlung teil, ～ davon, ob ich komme oder nicht! 私が行くかどうかは別として ぜひこの集まりに出てくれ ‖ der 〈die〉 *Unabhängige*〘政〙党派に左右されない人, 無所属の人.

Un·ab·hän·gig·keit[–kaɪt] 女 -/ (unabhängig なこと. 例えば:) 自主, 独立: die ～ des Urteils 判断の自主性 | die ～ eines Staates anerkennen 国家の独立を承認する.

Un·ab·hän·gig·keits≈be·we·gung 女 独立運動. **≈er·klä·rung** 女 独立宣言. **≈krieg** 男 独立戦争: der amerikanische ～〘史〙アメリカ独立戦争.

un·ab·kömm·lich[ʊn|apkœ́mlɪç, ⌣◡◡◡] 形 (勤務・仕事などから)抜け出せない, 手が離せない; いなくてはならない, 不可欠な: Er ist im Augenblick ～. 彼はいま仕事中で手がはなせない | Er ist in unserem Betrieb ～. 彼はうちの工場にとってなくてはならぬ人物だ.

Un·ab·kömm·lich·keit[..kaɪt, ⌣◡◡◡–] 女 -/ unabkömmlich なこと.

un·ab·läs·sig[ʊn|aplɛ́sɪç, ⌣◡◡◡; オーストリア: ⌣◡◡◡][2] 形 間断〈絶え間〉のない, 不断の: eine ～*e* Wiederholung 間断ない反復 ‖ ～ an *jn.* denken 絶えず…のことを考える | Es regnete ～. 雨は絶え間なく降り続いていた.

Un·ab·läs·sig·keit[..kaɪt, ⌣◡◡◡–] 女 -/ unablässig なこと. [<Ablaß]

un·ab·lös·bar[ʊn|aplǿ:sba:r, ⌣◡––] 形, **un·ab·lös·lich**[..lɪç, ⌣◡–◡] 形 (負債などが)償却〈償還〉できない; 買い戻せない.

un·ab·seh·bar[ʊn|apzé:ba:r, ⌣◡––; オーストリア: ⌣◡––] 形 **1** (広くて・遠くて)見渡しえない: Das Meer lag in ～*er* Weite vor ihm. 海ははてしなく広々と彼の前に横たわっていた. **2** 見きわめ〈見通し〉のきかない, 予測のつかない: Diese Entscheidung kann ～*e* Folgen haben. この決定は想像もつかなかったような結果をもたらすかもしれない.

Un·ab·seh·bar·keit[..kaɪt, ⌣◡–––] 女 -/ unabsehbar なこと.

un·ab·setz·bar[ʊn|apzɛ́tsba:r, ⌣◡◡–; オーストリア: ⌣◡◡–] 形 absetzen できない; 免官できない, 終身職の.

un·ab·sicht·lich[ʊ́n|apzɪçtlɪç] 形 故意でない, 意図的でない: *jn.* ～ kränken それと気づかずに…の気持をそこねる.

Un·ab·sicht·lich·keit[–kaɪt] 女 -/ unabsichtlich なこと.

un·ab·weis·bar[ʊn|apváɪsba:r, ⌣◡––; オーストリア: ⌣◡––] 形, **un·ab·weis·lich**[..lɪç, ⌣◡–◡; オーストリア: ⌣◡–◡] 形 退けえない, 拒否できない; 強制的〈必然的〉な: eine ～*e* Pflicht 不可避の義務. [<abweisen]

un·ab·wend·bar[ʊn|apvɛ́ntba:r, ⌣◡◡–; オーストリア: ⌣◡◡–] 形 防止〈阻止・回避〉できない, 不可避な: ein ～*es* Schicksal 逃れえぬ運命 | Eine Operation ist ～. 手術はどうしても必要だ.

Un·ab·wend·bar·keit[..kaɪt, ⌣◡◡––] 女 -/ unabwendbar なこと.

un·acht·sam[ʊ́n|axtza:m] 形 **1** 注意を怠った, 注意の足りない, 不注意な; (仕事などが)ずさんな, なげやりな. **2** 慎重さを欠いた, 不用意な, 軽率な.

Un·acht·sam·keit[–kaɪt] 女 -/ unachtsam なこと.

una cor·da[ú:na· kɔ́rda·]《イタリア語》(↔tutte le corde) (auf einer Saite)〘楽〙(ピアノで)ウナ=コルダ, 弱音ペダルを踏んで〔1弦だけで〕. [◇uni.., Chorda]

un·ähn·lich[ʊ́n|ɛ:nlɪç] 形《*jm.* / *et.*[3]》(…に)似ていない: Der Sohn war dem Vater 〔ganz〕 ～ im Charakter. 息子は父親と性格が〔全く〕違っていた | Die beiden sind einander nicht ～. あの二人はお互いに似ていなくもない.

Un·ähn·lich·keit[–kaɪt] 女 -/ unähnlich なこと.

un·an·bring·lich[ʊ́n|anbrɪŋlɪç, ◡◡⌣◡] 形〘郵〙(郵便物などがあて先人不明で)配達不能の. [<anbringen]

un·an·fecht·bar[ʊn|anfɛ́çtba:r, ⌣◡◡–] 形 議論の余地のない, 疑わしい点のない.

Un·an·fecht·bar·keit[..kaɪt, ⌣◡◡––] 女 -/ unanfechtbar なこと.

un·an·ge·bracht[ʊ́n|angəbraxt] 形 (その場の状況から見て)適当〈適切〉でない, 当を得ていない: eine höchst ～*e* Bemerkung きわめて不穏当〈場違い〉な発言.

un·an·ge·foch·ten[ʊ́n|angəfɔxtən] 形 異議をとなえられ

U

ない, 争いの対象とならない, 一般に認められている; (人が)だれにも邪魔されない: Das Urteil blieb ~. 判決は上告されなかった | Er gelangte ~ über die Grenze. 彼はだれにも妨げられずに国境を越えた | Er lief ~ als Sieger ins Ziel. 彼は悠々と(他の走者を引き離して) 1 着でゴールに入った. [＜anfechten]

un·an·ge·mel·det[ʊ́n|angəmɛldət] 形 予告のない, だしぬけの; (役所などに)届け出のない: ein ~*er* Gast 突然の来客 ‖ Er kam ~. 彼は予告なしにやってきた | Er lebt irgendwo ~. 彼はだれにも知らせずにどこかで暮らしている.

un·an·ge·mes·sen[ʊ́n|angəmɛsən] 形 (事情・状況などから見て)適当でない, ふさわしくない, 不相応〈不釣り合い〉な: eine dem Wert der Arbeit ~*e* Bezahlung 仕事の価値に釣り合わない報酬 | ~*e* Forderungen 不当な要求.

Un·an·ge·mes·sen·heit[−haɪt] 女 -/ unangemessen なこと.

un·an·ge·nehm[ʊ́n|angəne:m] 形 快適でない, 好ましくない, 不愉快な, 不快な, いやな: ein ~*es* Gefühl 不快感 | ein ~*er* Geruch いやなにおい | eine ~*e* Nachricht うれしくない知らせ | ein ~*er* Mensch いやな〈感じの悪い〉やつ | eine ~*e* Situation 困った状況 ‖ ~ werden (状況が)まずい〈困った〉ことになる; (人が)つむじを曲げる | Es war mir sehr ~, ihn belügen zu müssen. 彼にうそをつかなければならないのはとてもいやだった ‖ Es ist ~ kalt. いやな寒さだ | Sie war ~ berührt, als sie das hörte. 彼女はそれを聞いたときいやな気がした.

un·an·ge·paßt[ʊ́n|angəpast] 形 (周囲の環境や大勢に)順応しない.

Un·an·ge·paßt·heit[−haɪt] 女 -/ unangepaßt なこと.

un·an·ge·se·hen[ʊ́n|angəze:ən] **I** 形 名声〈声望〉のない, (世間から)尊敬されていない, 並の, 平凡な.

II 前《2 格または 4 格支配》《官》(ungeachtet) …にもかかわらず, …を顧慮せずに: ~ der 〈die〉 Umstände 状況を顧慮せずに.

un·an·ge·ta·stet[ʊ́n|angətastət] 形 手を触れられ〔てい〕ない; (権利・名誉などが)侵害されていない: die Ersparnisse ~ lassen 貯金に手をつけずにおく.

un·an·greif·bar[ʊn|angráɪfba:r, ᷄◡−−; ｵｰｽﾄﾘｱ: ᷄◡−−] 形 (強大すぎて)攻撃不能の, 難攻不落の; (意見・施策などが)批判の余地のない, 弱点〈すき〉のない; 損なわれることのない, 丈夫な, 耐久性のある: eine ~*e* Festung 難攻不落の城塞(じょうさい) | ein ~*es* Urteil 反論の余地のない判決.

una·nim[unaní:m] 形 (einhellig) 全員〈満場〉一致の, 異口同音の. [*lat.*−*fr.*; ◇uni.., Animus]

Una·ni·mi·tät[..nimitɛ́:t] 女 -/ unanim なこと. [*lat.* −*fr.*]

un·an·nehm·bar[ʊn|anné:mba:r, ᷄◡−−; ｵｰｽﾄﾘｱ: ᷄◡−−] 形 受けいれがたい, 受諾できない: ~*e* Bedingungen 受けいれがたい条件 | Sein Vorschlag ist ~. 彼の提案は受けいれることができない.

Un·an·nehm·bar·keit[..kaɪt, ᷄◡−−−] 女 -/ unannehmbar なこと.

Un·an·nehm·lich·keit[ʊ́n|anne:mlɪçkaɪt] 女 -/ -en《ふつう複数で》不愉快なこと, いやなこと: *jm.* ~*en* machen 〈bereiten〉 …にいやな思いをさせる, …に迷惑をかける | Das gibt leicht ~*en*. それはへたをするとまずいことになるぞ | Wenn man sich genau an die Vorschrift hält, kann man sich unnötige ~*en* ersparen. 規則を厳守すれば 無用のトラブルは避けられる.

un·an·schau·lich[ʊ́n|anʃaʊlɪç] 形 **1** 具象的〈具体的〉でない. **2**〖哲〗非直観的な.

un·an·sehn·lich[ʊ́n|anze:nlɪç] 形 **1** (数量が)大したことのない, わずかな, 乏しい: ein ~*es* Vermögen わずかな財産. **2** (外見が)りっぱでない, 見ばえのしない, 貧相な, 見すぼらしい: ein ~*er* Mann 風采(ふうさい)の上がらぬ男.

Un·an·sehn·lich·keit[−kaɪt] 女 -/ unansehnlich なこと.

un·an·stän·dig[ʊ́n|anʃtɛndɪç][2] **I** 形 **1** 礼儀〈作法〉に反する, 不作法な, ぶしつけな; (特に:) いかがわしい, 卑猥(ひわい)〈わいせつ〉な, みだらな: eine ~*e* Geste 卑猥な身ぶり | ~*e* Lieder singen わいせつな歌を歌う. **2** 不公正な, 不当な: ein ~*es* Geschäft 汚い商売.

II 副《強調して》《話》(不作法なほど・気恥ずかしくなるほど)ひどく: Er ist ~ dick. 彼はひどく太っている.

Un·an·stän·dig·keit[−kaɪt] 女 -/-en **1**《単数で》unanständig なこと. **2** 卑猥(ひわい)〈わいせつ〉な言動. **3** わいせつ図書〈出版物〉.

un·an·stö·ßig[ʊ́n|anʃtø:sɪç][2] 形 (言動が)気にさわらない, おとなしい, 控え目な; いやらしくない, 卑猥(ひわい)でない.

Un·an·stö·ßig·keit[−kaɪt] 女 -/ unanstößig なこと.

un·an·tast·bar[ʊn|antástba:r, ᷄◡◡−; ｵｰｽﾄﾘｱ: ᷄◡◡−] 形 **1** 手を触れることのできない; (権利・名誉などが)侵害できない, 不可侵の: ~*e* Rechte 侵すべからざる権利 | Die Würde des Menschen ist ~. 人間の尊厳は不可侵である. **2** 文句のつけようのない, 非の打ちどころのない: Er hat einen ~*en* Ruf. 彼の評判は申し分がない. [＜antasten]

Un·an·tast·bar·keit[..kaɪt, ᷄◡◡−−] 女 -/ unantastbar なこと.

un·an·wend·bar[ʊn|anvɛ́ntba:r, ᷄◡◡−] 形 応用〈適用〉できない, 使用不可能な.

un·ap·pe·tit·lich[ʊ́n|apeti:tlɪç, ..pət..] 形 **1** 食欲をそそらない, まずそうな. **2**《比》不潔な, 汚らしい; いやらしい: ein ~ aussehender Stadtstreicher 汚らしい風体の町の浮浪者.

Un·art[ʊ́n|a:rt] **I** 女 -/-en **1** (個人が身につけている)よくないやり方〈流儀〉, 悪い癖〈習慣〉; 不作法: *sich*[3] eine ~ abgewöhnen 悪い癖をやめる | Es ist eine 〔alte〕 ~ von ihm, während des Essens dauernd zu rauchen. 食事の際に絶えずタバコを吸うのは彼の〔昔からの〕悪い癖だ. **2** (子供の)いたずら.

II 男 -〔e〕s/-e《方》いたずらっ子, 腕白小僧.

un·ar·tig[ʊ́n|a:rtɪç][2] 形 (特に子供に関して)行儀のよくない, 腕白〈いたずら〉な, 言うことを聞かない: ein ~*es* Benehmen 不作法な振舞い.

Un·ar·tig·keit[−kaɪt] 女 -/-en **1**《単数で》unartig なこと. **2** unartig な言動.

un·ar·ti·ku·liert[ʊ́n|artikuli:rt] 形 **1** (音節の区切りが悪くて)発音の不明瞭(ふめいりょう)な. **2** 大声の, がなりたてる, 獣じみた: ein ~*er* Schrei どなり声, 獣じみた叫び. ᵛ**3**〖言〗冠詞のつかない, 無冠詞の.

un·äs·the·tisch[ʊ́n|ɛste:tɪʃ] 形 美的でない; 汚らしい, 不快な, いやらしい.

Unau[ú:naʊ] 中 -s/-s〖動〗(南米産の)フタツユビナマケモノ. [*indian.*−*fr.*]

un·auf·dring·lich[ʊ́n|aʊfdrɪŋlɪç] 形 押しつけがましくない; 控え目な, 地味な.

Un·auf·dring·lich·keit[−kaɪt] 女 -/ unaufdringlich なこと.

un·auf·fäl·lig[ʊ́n|aʊffɛlɪç][2] 形 **1** 目立たない, 人目に立たない; 控え目な, 地味な: eine ~*e* Kleidung 地味な服装. **2** (人に)気づかれない: *jm.* ~ folgen こっそり…のあとをつける.

Un·auf·fäl·lig·keit[−kaɪt] 女 -/ unauffällig なこと.

un·auf·find·bar[ʊn|aʊffíntba:r, ᷄−◡−] 形 見いだし得ない, 発見できない: Der Schlüssel war 〈blieb〉 ~. そのかぎは見つからなかった.

un·auf·ge·for·dert[ʊ́n|aʊfgəfɔrdərt] 副 要請〈要求〉されずに, 自発的に: *et.*[4] ~ tun 自発的に…をする.

un·auf·ge·klärt[ʊ́n|aʊfgəklɛ:rt] 形 **1** (誤解・犯罪などが)未解明の. **2** 啓蒙(けいもう)されていない; (性教育を受けずに)性的に無知な.

un·auf·halt·bar[ʊn|aʊfháltba:r, ᷄−◡−; ｵｰｽﾄﾘｱ: ᷄−◡−] ＝unaufhaltsam

Un·auf·halt·bar·keit[..kaɪt, ᷄−◡−−] 女 -/ unaufhaltbar なこと.

un·auf·halt·sam[ʊn|aʊfháltza:m, ᷄−◡−; ｵｰｽﾄﾘｱ: ᷄−◡−] 形 引きとめがたい, 阻止できない, とどまることのない: Die Entwicklung ist ~. 発展はとどまるところを知らない | Der Termin rückte ~. 期限は刻々と迫ってきた. [＜aufhalten]

Un·auf·halt·sam·keit[..kaɪt, ᷄−◡−−] 女 -/ unaufhaltsam なこと.

un·auf·hör·lich[ʊn|aʊfhǿːrlɪç, ⌣——⌣; オース トリア: ⌣——⌣] 形 間断〈絶え間〉のない, 不断の: in ～*er* Bewegung sein 絶えず動いている | Das Telefon klingelte ～. 電話のベルがひっきりなしに鳴った. [＜aufhören]

un·auf·lös·bar[ʊn|aʊflǿːsbaːr, ⌣———; オース トリア: ⌣———] 形 **1** (もつれなどが)解くことのできない; 分解〈解消〉できない; 解答不能の: ein ～*es* Rätsel 解きがたいなぞ | Die Ehe ist ～. 婚姻を解消することは許されない. **2** 《化》不溶性の.

Un·auf·lös·bar·keit[..kaɪt, ⌣————] 女 -/ unauflösbar なこと.

un·auf·lös·lich[ʊn|aʊflǿːslɪç, ⌣——⌣; オース トリア: ⌣——⌣] ＝unauflösbar

Un·auf·lös·lich·keit[..kaɪt, ⌣——⌣—] 女 -/ unauflöslich なこと.

un·auf·merk·sam[ʊ́n|aʊfmɛrkzaːm] 形 **1** 注意を怠った, 注意の足りない, 不注意な; 気の散った, ぼんやりした: ein ～*er* Schüler 注意力の足りない生徒. **2** (他人に対して)気くばりの足りない, 思いやりのない; 失礼な.

Un·auf·merk·sam·keit[−kaɪt] 女 -/ unaufmerksam なこと: *et.*[4] aus ～ übersehen …をうっかり見落とす.

un·auf·rich·tig[ʊ́n|aʊfrɪçtɪç][2] 形 正直〈誠実〉でない, 不正直〈不誠実〉な, 率直でない, 本心を見せない: ein ～*es* Lob 口先だけのほめ言葉.

Un·auf·rich·tig·keit[−kaɪt] 女 -/-en **1** 《単数で》unaufrichtig なこと. **2** unaufrichtig な言動.

un·auf·schieb·bar[ʊn|aʊfʃíːpbaːr, ⌣———; オース トリア: ⌣———] 形 延期不可能な.

un·aus·bleib·lich[ʊn|aʊsbláɪplɪç, ⌣——⌣; オース トリア: ⌣——⌣] 形 起こらずにはすまない, 必ず起こる, 必至の: ～*e* Folgen 必然の成り行き | Mißverständnisse sind manchmal ～. 誤解はときに避けられぬものだ. [＜ausbleiben]

un·aus·denk·bar[ʊn|aʊsdɛ́ŋkbaːr, ⌣—⌣—; オース トリア: ⌣—⌣—] 形 考えられない, 想像もつかない; 予測できない: eine ～*e* Weite 想像もできないほどの広さ | Die Auswirkungen sind ～. 影響の大きさは計り知れない.

un·aus·führ·bar[ʊn|aʊsfýːrbaːr, ⌣———; オース トリア: ⌣———] 形 (計画・提案などが)実行〈実現〉不可能な.

Un·aus·führ·bar·keit[..kaɪt, ⌣————] 女 -/ unausführbar なこと.

un·aus·ge·backen[ʊ́n|aʊsgəbakən] 形《話》(精神的に)未熟な, まだ一人前でない.

un·aus·ge·bil·det[ʊ́n|aʊsgəbɪldət] 形 (専門的に)教育〈訓練〉されていない, 教育〈訓練〉の不十分な.

un·aus·ge·führt[ʊ́n|aʊsgəfyːrt] 形 実行〈遂行〉され[てい]ない: einen Plan ～ lassen 計画を実行しないで放置する.

un·aus·ge·füllt[ʊ́n|aʊsgəfʏlt] 形 **1** 満たされていない; 《比》(精神的に)満たされていない, 不満のある. **2** (書式用紙・アンケート用紙などが)記入されていない: *et.*[4] ～ zurückgeben …を未記入のまま返す.

un·aus·ge·gli·chen[ʊ́n|aʊsgəglɪçən] 形 **1** 釣り合いのとれていない, 調和〈均整〉のとれていない; 一様でない, むらのある: ein ～*er* Charakter 気まぐれな性格. **2** 《商》(収支が)不均衡な.

Un·aus·ge·gli·chen·heit[−haɪt] 女 -/ unausgeglichen なこと.

un·aus·ge·go·ren[ʊ́n|aʊsgəgoːrən] 形 (思想・理論・計画などが)十分に練り上がっていない.

un·aus·ge·schla·fen[ʊ́n|aʊsgəʃlaːfən] 形 十分に睡眠の取れていない, 寝不足の.

un·aus·ge·setzt[ʊ́n|aʊsgəzɛtst] 形 間断〈絶え間〉のない, 不断の: *sich*[4] ～ bemühen 絶えず努力を続ける.

un·aus·ge·spro·chen[ʊ́n|aʊsgəʃprɔxən] 形 口に出されていない; 暗黙の: ein ～*es* Einverständnis 暗黙の了解.

un·aus·lösch·lich[ʊn|aʊslœ́ʃlɪç, ⌣—⌣⌣; オース トリア: ⌣—⌣⌣] 形 消しがたい; 抹消〈抹殺〉不能の: ein ～*er* Eindruck 忘れがたい印象 | eine ～*e* Schmach ぬぐい得ぬ汚辱. [＜auslöschen]

un·aus·rott·bar[ʊn|aʊsrɔ́tbaːr, ⌣—⌣—; オース トリア: ⌣—⌣—] 形 根絶〈絶滅〉しがたい: ein ～*es* Vorurteil 抜きがたい偏見. [＜ausrotten]

un·aus·sprech·bar[ʊn|aʊsʃprɛ́çbaːr, ⌣—⌣—; オース トリア: ⌣—⌣—] 形 **1** 発音しにくい: ein ～*es* Wort 発音しにくい語. **2** ＝unaussprechlich

un·aus·sprech·lich[ʊn|aʊsʃprɛ́çlɪç, ⌣—⌣⌣; オース トリア: ⌣—⌣⌣] **I** 形 (表現などが)口に出せない; (気持・感情などが)言い表し得ない, 表現不可能な, 筆舌に尽くしがたい: ～*e* Angst 言い知れぬ不安 | ～*e* Freude 言い尽くせぬ喜び ‖ Ich bin ～ dankbar. 私は口では言い表せぬほど感謝している.

II Un·aus·sprech·li·che 男《形容詞変化》《戯》**1** (Gesäß) 尻(しり). **2** 《複数で》《戯》(Unterhose) ズボン下(口に出すことをはばかられるものの意).

un·aus·steh·lich[ʊn|aʊsʃtéːlɪç, ⌣——⌣; オース トリア: ⌣——⌣] 形 (不快感で)耐えがたい, 我慢できない: ein ～*er* Geruch 息のつまりそうな悪臭 | ein ～*er* Kerl 手に負えぬやつ ‖ Sie ist ～ freundlich. 彼女はいやらしいほど愛想がいい. [＜ausstehen]

Un·aus·steh·lich·keit[..kaɪt, ⌣——⌣—] 女 -/ unausstehlich なこと.

un·aus·tilg·bar[ʊn|aʊstílkbaːr, ⌣—⌣—; オース トリア: ⌣—⌣—] 形 消すことのできない, 抹殺〈抹消〉しがたい: Das Ereignis hinterließ ～*e* Spuren. その事件は消しがたい痕跡(こんせき)を残した. [＜austilgen]

un·aus·weich·lich[ʊn|aʊsváɪçlɪç, ⌣——⌣; オース トリア: ⌣——⌣] 形 かわす〈回避する〉ことのできない, 不可避の, 逃れられない: eine ～*e* Pflicht 果たさざるを得ない義務. [＜ausweichen]

un·au·to·ri·tär[ʊ́n|aʊtoritɛːr] 形 権威主義的でない, 権柄ずくでない.

Un·band[ʊ́nbant][1] 男 -[e]s/-e, ..bände[..bɛndə] 《ふつう単数で》《話》いたずらっ子; 腕白小僧; おてんば.

un·bän·dig[ʊ́nbɛndɪç][2] 形 制御〈抑制〉できない, 手に負えない; 非常な: ein ～*er* Junge 手に負えぬ腕白少年 | ein ～*es* Pferd 悍馬(かんば) | ein ～*es* Temperament 奔放な気質 | eine ～*e* Wut 激怒 ‖ *sich*[4] ～ freuen ものすごく喜ぶ. [*mhd.*; ＜*mhd.* bendec (→bändigen)]

Un·bän·dig·keit[−kaɪt] 女 -/ unbändig なこと.

un·bar[ʊ́nbaːr] 形 現金でない: eine Rechnung ～ bezahlen 勘定を現金でなく(小切手・銀行振込などで)支払う.

un·barm·her·zig[ʊ́nbarmhɛrtsɪç][2] 形 無慈悲な, あわれみのない, 冷酷な, 容赦のない: ein ～*er* Mensch 冷酷な人間 | Die Uhr geht ～ weiter. 時計の針は情け容赦なく進む.

Un·barm·her·zig·keit[−kaɪt] 女 -/ unbarmherzig なこと.

un·be·ab·sich·tigt[ʊ́nbə|apzɪçtɪçt] 形 故意でない: *jn.* ～ beleidigen …をそれと気づかずに侮辱する.

un·be·ach·tet[ʊ́nbə|axtət] 形 注意を払われない, 顧みられない, 顧慮されない: *jn.* 〈*et.*[4]〉 ～ lassen …を無視する.

un·be·an·stan·det[ʊ́nbə|anʃtandət] 形 異議を唱えられない, 文句をつけられない: einen Fehler ～ lassen ミスに目をつぶる | ～ durch die Kontrolle gehen 無事に検査を通る.

un·be·ant·wor·tet[ʊ́nbə|antvɔrtət] 形 答え〈返事〉のない: Er ließ den Brief ～. 彼はその手紙を返事を出さずにほうっておいた.

un·be·ar·bei·tet[ʊ́nbə|arbaɪtət] 形 手の加えられていない; (木・石・金属・皮革などが)加工〈細工〉されていない; (土地が)耕されていない; (問題・テーマなどが)取り扱われて〈論じられて〉いない; (書物・文学作品などが)改作〈翻案〉されていない; (文書などが)処理されていない, 未処理の.

un·be·auf·sich·tigt[ʊ́nbə|aʊfzɪçtɪçt] 形 監督〈監視〉され[てい]ない.

un·be·baut[ʊ́nbəbaʊt] 形 **1** (土地に)建物の立っていない: ein ～*es* Grundstück 空き地, さら地. **2** (土地が)耕されていない; 未開墾の.

un·be·dacht[ʊ́nbədaxt] 形 無思慮な, 軽率な: eine ～*e* Äußerung 不注意な発言 | ～ handeln 軽率に行動する ‖ 《もっぱら次の形で名詞的に》aus *Unbedacht* 無思慮が原因で, 不注意から.

un·be·dach·ter·wei·se 副 無思慮にも, 軽率にも.

Un·be·dacht·heit[..haɪt] 女 -/ unbedacht なこと.

un·be·dacht·sam[..za:m]《雅》＝unbedacht
un·be·dacht·sa·mer·wei·se《雅》＝unbedachterweise
Un·be·dacht·sam·keit[..kaɪt] 女 -/-en unbedachtsam なこと.
un·be·darft[ʊ́nbədarft] 形《話》(unerfahren) 経験のない〈乏しい〉, 無経験な, 未熟な; 素朴な, ナイーブな. [*ndd.*; <*mndd.* bederve „tüchtig" (◇bieder)]
Un·be·darft·heit[‒haɪt] 女 -/ unbedarft なこと.
un·be·deckt[ʊ́nbədɛkt] 形 覆われていない, 露出した: mit ～*em* Kopf 何もかぶらずに, 無帽で.
un·be·denk·lich[ʊ́nbədɛŋklɪç] 形 **1**《副詞的用法なし》危惧(きぐ)〈憂慮〉する必要のない, 案ずるに足りない, 心配のない; (人物が) 危険〈問題〉のない: Der Gesundheitszustand des Kranken ist ～. 病人の健康状態は心配するほどではない. **2**《ふつう副詞的》(人が) 懸念〈ためらい〉のない, 安心した: *et.*[4] ～ tun …をためらわずにする | Diese Geschichte kann man den Kindern ～ in die Hand geben. この物語なら安心して子供たちに読ませられる.
Un·be·denk·lich·keit[‒kaɪt] 女 -/ unbedenklich なこと.
Un·be·denk·lich·keits·be·schei·ni·gung 女 **1**〘法〙**a**) (土地移転登記の際の) 担税能力証明書. **b**) (公共事業引き受けの際の) 納税証明書. **2**《比》(思想上の) 人物保証.
un·be·deu·tend[ʊ́nbədɔʏtənt][1] 形 重要でない, あまり価値のない, 大したことのない; (数量が) わずかな, 些細(ささい)な: ein ～*er* Mensch 平凡な人間 | ein ～*er* Schaden 取るに足らぬ損害 ‖ Als Wissenschaftler war er völlig ～. 学者としては彼は全く問題にならなかった ‖ *sich*[4] nur ～ verändern ほんのわずかしか変化しない.
Un·be·deu·tend·heit[‒haɪt] 女 -/ unbedeutend なこと.
un·be·dingt[ʊ́nbədɪŋt, ⏑⏑◡́] 形 **1** 無条件の, 無制限の, 絶対の: ～*e* Bettruhe (医者が患者に命じる) 絶対安静 | ein ～*er* Reflex〘生理〙無条件反射 | zu *jm.* ～*es* Vertrauen haben / *jm.* ～ vertrauen …を無条件に信頼する ‖ Ich muß ihn ～ sprechen. 私はぜひとも彼と話さなければならない | Soll ich mitkommen?－Ja, ～! 一緒に来いというのか－ああ ぜひ来てくれ | Das ist nicht ～ erforderlich. それはどうしても必要というわけではない | Das ist nicht ～ mein Geschmack. それは必ずしも私の趣味〈好み〉ではない.
2《スイ》〘法〙執行停止期間なしの.
Un·be·dingt·heit[..haɪt, ⏑⏑◡́‒] 女 -/ unbedingt なこと.
un·be·ein·druckt[ʊ́nbə|aɪndrʊkt, ⏑⏑‒́⏑] 形 印象の残らない, 感銘のない.
un·be·ein·fluß·bar[ʊnbə|áɪnflʊsba:r, ◡́⏑‒⏑‒] 形 影響を与えることができない, 干渉しにくい.
un·be·ein·flußt[ʊ́nbə|aɪnflʊst] 形 影響されていない; だれの影響〈干渉〉も受けていない.
un·be·en·det[ʊ́nbə|ɛndət] 形〔まだ〕終わっていない, 未完〔成〕の: einen Brief ～ liegenlassen 手紙を書きかけのまま放置する.
un·be·fahr·bar[ʊnbəfá:rba:r, ◡́⏑‒‒] 形 **1** (道路・軌道などが) 走行できない, 車の通れない; (河川などが) 航行不能な. **2**〘坑〙入坑不能の.
un·be·fah·ren[ʊ́nbəfa:rən, ⏑⏑‒́⏑] 形 **1** (道路・軌道などが)〔まだ〕車両が通行していない; (海・河川などが)〔まだ〕船舶が航行していない. **2**〘海〙(船員などが) 航海の経験のない〈乏しい〉;《比》(一般に) 経験のない〈乏しい〉.
un·be·fan·gen[ʊ́nbəfaŋən] 形 **1** 無邪気な, 気取り〈こだわり〉のない, のびのびした: ein ～*es* Benehmen 自然な振舞い | ein ～*es* Kind 無心な子供 ‖ ～ *seine* Meinung sagen 平気で自分の意見を述べる. **2** (特定の考え方に) とらわれていない, 偏見をもたない;〘法〙予断をもたない: ein ～*er* Gutachter 予断をもたない鑑定人 | *et.*[4] ～ beurteilen …を公正に判断する.
Un·be·fan·gen·heit[‒haɪt] 女 -/ unbefangen なこと: Sie war die ～ in Person. 彼女は無邪気そのものだった.

un·be·fe·stigt[ʊ́nbəfɛstɪçt] 形 **1** 固定されていない. **2** 強固にしてない;〘軍〙防護工事が施されていない: eine ～*e* Straße 舗装されてない道路.
un·be·fleckt[ʊ́nbəflɛkt] 形 **1** しみ〈汚れ〉のない: ein ～*es* Tischtuch しみ一つないテーブル掛け. **2** けがれを知らない, 汚点のない; 無垢(むく)〈純潔〉の: die *Unbefleckte* Empfängnis der Jungfrau Maria〘カトリック〙(聖マリアの) 無原罪のお宿り.
un·be·frie·di·gend[ʊ́nbəfri:dɪgənt][1] 形 不満足な, 不十分な: eine ～*e* Antwort 不十分な答え | Seine Arbeit war ～. 彼の仕事は不満足な出来であった.
un·be·frie·digt[..dɪçt] 形 満足して〈満ち足りて〉いない: ～*e* Triebe 欲求不満 | Sie ist vom Leben ～. 彼女は自分の生活に満足していない.
Un·be·frie·digt·heit[..haɪt] 女 -/ unbefriedigt なこと.
un·be·fri·stet[ʊ́nbəfrɪstət] 形 期限のつかない, 期限付きでない.
un·be·fruch·tet[ʊ́nbəfrʊxtət] 形〘生〙受精していない: ein ～*es* Ei 未受精卵, 無精卵.
un·be·fugt[ʊ́nbəfu:kt] **I** 形 権能〈資格〉のない: ～*er* Waffenbesitz 武器不法所持. **II** **Un·be·fug·te** 男 女《形容詞変化》権能〈資格〉のない人: *Unbefugten*[3] ist der Eintritt verboten. 関係者以外立ち入り禁止.
un·be·gabt[ʊ́nbəga:pt] 形 才能〈天分〉のない, (…の) 素質をもっていない: Er ist für Sprachen 〈in Mathematik〉 ～. 彼には語学〈数学〉の才がない.
Un·be·gabt·heit[‒haɪt] 女 -/ unbegabt なこと.
un·be·gli·chen[ʊ́nbəglɪçən] 形〔まだ〕支払われていない, 未払いの, 未返済の.
un·be·greif·lich[ʊnbəgráɪflɪç, ◡́⏑‒⏑; オーストリア: ◡́⏑‒⏑] 形 理解できない, 不可解な; 想像を絶する, 考えられないほどの: eine ～*e* Dummheit 想像もつかぬほどの愚かさ | Es ist mir ～, wie so etwas passieren konnte. どうしてこんなことが起こり得たのか私には理解できない ‖ Die Melodie war ～ schön. そのメロディーは想像を絶する美しさだった.
un·be·greif·li·cher·wei·se[ʊ́nbəgraɪflɪçərváɪzə] 副《陳述内容に対する話し手の判断・評価を示して》不可解なことに.
Un·be·greif·lich·keit[ʊnbəgráɪflɪçkaɪt, ◡́⏑‒⏑‒] 女 -/ unbegreiflich なこと.
un·be·grenzt[ʊ́nbəgrɛntst, ⏑⏑◡́] 形 制限〈制約〉のない, 無制限な; 限界のない, 限りない, 無限の: die ～*e* Weite des Meeres 海の果てしない広さ | zu *jm.* ～*es* Vertrauen haben …を全面的に信頼している ‖ Meine Mittel sind nicht ～. 私の資金にも限りがある.
Un·be·grenzt·heit[..haɪt, ⏑⏑◡́‒] 女 -/ unbegrenzt なこと.
un·be·grün·det[ʊ́nbəgrʏndət] 形 根拠〈理由づけ〉のない, いわれのない: ein ～*er* Verdacht 根拠のない嫌疑 | Es war nicht ～, was er sagte. 彼の言ったことには理由がないわけでもなかった.

un·be·haart[ʊ́nbəha:rt, ⏑⏑‒́] 形 毛の生えていない, 無毛の.
Un·be·ha·gen[ʊ́nbəha:gən] 中 -s/ 不快〔感〕; 不愉快; 居心地の悪さ; うしろめたさ: ein körperliches ～ 肉体的な不快感 | ein ～ über *et.*[4] …に対する不快な気持 ‖ *jm.* ～ bereiten …を不快にする | ein leichtes ～ empfinden かすかな不快感〈いささか不愉快な気持〉をおぼえる.
un·be·hag·lich[..ha:klɪç] 形 不愉快な; 居心地のよくない; うしろめたい: eine ～*e* Atmosphäre 不愉快な雰囲気 | ein ～*es* Zimmer 居心地の悪い部屋 ‖ *sich*[4] ～ fühlen 不快感をおぼえる; 居心地がよくない; 気持が落ち着かない.
Un·be·hag·lich·keit[..kaɪt] 女 -/ unbehaglich なこと.
un·be·han·delt[ʊ́nbəhandəlt] 形 (化学的に) 未処理の, 加工されていない.
un·be·hau·en[ʊ́nbəhaʊən] 形 (石材・木材などが)〔まだ〕削られて〈切られて〉いない.
un·be·haust[ʊ́nbəhaʊst] 形《雅》**1** 宿なしの, 住所不定の: ein ～*er* Mensch 宿なし | ein ～*es* Leben führen 放

浪生活を送る. **2** (土地などに) 人の住んでいない, 無人の.

un·be·hel·ligt[ʊnbəhɛ́lɪçt, ◡́◡◡◡] 形 邪魔されない, 煩わされない: *jn.* ~ lassen …の邪魔をしない, …をそっとしておく | Hier kann man ~ arbeiten. ここならば煩わされずに仕事ができる.

un·be·herrscht[ʊ́nbəhɛrʃt] 形 自制心のない, 感情のおもむくままの.

Un·be·herrscht·heit[−haɪt] 女 -/-en **1** 《単数で》 unbeherrscht なこと. **2** unbeherrscht な言動.

un·be·hilf·lich[ʊ́nbəhɪlflɪç] =unbeholfen

un·be·hin·dert[ʊnbəhɪ́ndərt, ◡́◡◡◡] 形 妨害されない, 邪魔物のない: ~*en* Zutritt haben 自由に出入りできる.

un·be·hol·fen[ʊ́nbəhɔlfən] 形 (動作などが) 頼りなげな, ぎごちない; (一般に) 不器用な, へたな: eine ~*e* Bewegung 危なっかしい動作 | ~ sprechen ぎごちなく話す.

Un·be·hol·fen·heit[−haɪt] 女 -/ unbeholfen なこと.

un·be·irr·bar[ʊnbəǀɪ́rba:r, ◡́◡◡−; ｵｰｽﾄﾘｱ: ◡́◡◡−] 形 惑わされることのない, (気持が) 動揺することのない; (視線が) じっと動かない: mit ~*er* Entschlossenheit 断固として | ~ *sein* Ziel verfolgen 一途(ｲﾁｽﾞ)に目標を追い求める.

un·be·irrt[ʊnbəǀɪ́rt, ◡́◡◡] 形 惑わされない, (気持が) 動揺しない; (視線が) じっと動かない: *jn.* ~ ansehen …をじっと見つめる | Er blieb durch alles ~, was auch immer geschah. 何が起ころうとも彼は一切気持を乱されなかった.

un·be·kannt[ʊ́nbəkant] **I** 形 《*jm.*》 (…に) 知られていない, 未知の; 面識のない; 著名〈有名〉でない, 無名の: eine ~*e* Gegend 知らない土地 | eine ~*e* Größe 〘数〙 未知数; 《比》 未知数の人 | ein mir ~*er* Schriftsteller 私の知らない作家 | ~*e* Ursachen 不明な原因 | ein bisher ~*es* Verfahren これまで知られていなかった方法 | das Grab des *Unbekannten* Soldaten 無名戦士の墓 ‖ Sein Name ist ~. 彼の名前は知られていない | Er ist mir ~. 彼を私は知らない | Ich bin hier völlig ~. i) 私はここでは全然人に知られていない〈一人も知人がいない〉; ii) 私はここは全く不案内である | Angst ist ihm ~. 彼はこわいもの知らずだ | Empfänger ~ 〘郵〙 あて先人不明 | Er ist 〔nach〕 ~ verzogen. 彼の引っ越し先は不明だ ‖ eine Strafanzeige 〈ein Verfahren〉 gegen *Unbekannt* 〘法〙 〔氏名〕不詳の被疑者に対する告発.

II Un·be·kann·te 《形容詞変化》 **1** 男 女 知らない〈見たこともない〉人, 未知の人; 無名の人. **2** 中 未知の事柄. **3** 女 〘数〙 未知数: eine Gleichung mit zwei ~*n* 2種類の未知数 (x, y) をもつ方程式, 二元方程式.

un·be·kann·ter·wei·se 副 面識はないが: 〘ふつう次のような形で〙 Grüßen Sie Ihre Frau ~ von mir! まだ存じ上げておりませんが 奥様によろしく.

Un·be·kannt·heit[..haɪt] 女 -/ unbekannt なこと.

un·be·klei·det[ʊ́nbəklaɪdət] 形 衣類を身に着けてない, 裸の: mit ~*em* Oberkörper 上半身裸で.

un·be·küm·mert[ʊnbəkʏ́mərt, ◡́◡◡◡; ｵｰｽﾄﾘｱ: ◡́◡◡◡] 形 むとんじゃくな, 平気な; 悩み〈憂い〉を知らない, のんきな: ein ~*er* Mensch むとんじゃくな〈のんきな〉人 | ~ um die Vorwürfe der anderen 他人の非難にとんじゃくせずに.

Un·be·küm·mert·heit[..haɪt, ◡́◡◡◡−] 女 -/ unbekümmert なこと.

un·be·la·stet[ʊ́nbəlastət] 形 **1** (仕事・心配・苦労などの) 重荷をしょいこんでいない; 罪を背負っていない, (過去に) 悪事を犯したことのない: völlig ~ 〔von Sorgen〕 leben 何の苦労もなくのんきに暮らす | politisch ~ sein 政治的に悪い前歴は持っていない. **2** 債務を負っていない, (地所・家屋などが) 抵当に入っていない: Das Grundstück ist ~. この地所は抵当に入っていない. **3** 〘電〙 無負荷〈無装荷〉の.

un·be·lebt[ʊ́nbəle:pt] 形 **1** 生命をもたない: die ~*e* Natur 無機物〔の世界〕. **2** 生物の住んでいない; 活気のない, 不活発な: eine ~*e* Straße 人通りの少ない〈さびしい〉通り.

un·be·leckt[ʊ́nbəlɛkt] 形 《話》 《von *et.*^{3}》 (…の) 洗礼を受けていない; (…によって) 磨きをかけられていない; (…についての) 知識をもたない: von der Kultur ~ sein 文明の波に洗われていない | Er ist von klassischer Musik ~. 彼はクラシック音楽について何も知らない.

un·be·lehr·bar[ʊnbəlé:rba:r, ◡́◡−−; ｵｰｽﾄﾘｱ: ◡́◡−−] 形 (助言・忠告・自分の失敗などから) 教えられることのない, 度しがたい: ein ~*er* Mensch 教訓から学ぶことのできない人. [<belehren]

Un·be·lehr·bar·keit[..kaɪt, ◡́◡−−−] 女 -/ unbelehrbar なこと.

un·be·le·sen[ʊ́nbəle:zən] 形 本を〔あまり〕読んでいない, 無学の: Er ist auf diesem Gebiet völlig ~. 彼はこの領域での知識は皆無だ.

Un·be·le·sen·heit[−haɪt] 女 -/ unbelesen なこと.

un·be·leuch·tet[ʊ́nbəlɔʏçtət] 形 明かりがついていない, 照明されていない, 無灯火の.

un·be·lich·tet[ʊ́nbəlɪçtət] 形 **1** 〘写〙 (フィルム・乾板などが) 〔まだ〕露出していない, 未感光の. **2** 《話》 頭の悪い.

un·be·liebt[ʊ́nbəli:pt] 形 (人々に) 好かれていない, 人気のない, 嫌われた: *sich*^{4} 〔mit *et.*^{3} / durch *et.*^{4}〕 ~ machen 〔…によって〕人気〈評判〉を落とす | Er ist bei seinen Kollegen ~. 彼は同僚の間で嫌われている.

Un·be·liebt·heit[−haɪt] 女 -/ unbeliebt なこと.

un·be·lohnt[ʊ́nbəlo:nt] 形 (労苦・行為などが) 報いられない, 無報酬の.

un·be·mannt[ʊ́nbəmant] 形 **1** (船・飛行機・大砲などが) 人員の配置されていない; (ロケット・宇宙船などが) 無人の: eine ~*e* Rakete 無人ロケット | ein ~*er* Raumflug 無人宇宙飛行. **2** 《戯》 (女性が) 結婚していない.

un·be·merk·bar[ʊnbəmɛ́rkba:r, ◡́◡◡−] 形 〔ほとんど〕目につかない〈感じ取れない〉.

un·be·merkt[ʊ́nbəmɛrkt] 形 〔だれにも〕気づかれない: Sein Verschwinden blieb ~. 彼が姿を消したことに気づいた者はなかった | *sich*^{4} ~ ins Haus schleichen だれにも気づかれずに家の中に忍び込む.

un·be·mit·telt[ʊ́nbəmɪtəlt] 形 資産のない, 貧乏な.

un·be·nannt[ʊ́nbənant] 形 命名されていない, 無名の; 名指されて〈明記されて〉いない: ~*e* Zahl 〘数〙 無名〈不名〉数.

un·be·nom·men[ʊnbənɔ́mən, ◡́◡◡◡; ｵｰｽﾄﾘｱ: ◡́◡◡◡] 形 《ふつう次の形で》 ***jm.* ~ sein** 〈**bleiben**〉 …の自由裁量に任されている | Es bleibt ihm ~, zu gehen oder zu bleiben. 行くか行かないかは彼の自由だ.

un·be·nutz·bar[ʊnbənʊ́tsba:r, ◡́◡◡−] 形 使えない, 利用〈使用〉不能の.

un·be·nutzt[ʊ́nbənʊtst] (**un·be·nützt**[..nʏtst]) 形 利用〈使用〉されていない; 未使用の.

un·be·ob·ach·tet[ʊ́nbəǀo:baxtət] 形 (他人から) 観察〈監視〉され〔てい〕ない: *sich*^{4} ~ glauben 自分がだれにも見られていないと思う | ~ 〈in einem ~*en* Augenblick〉 entkommen だれにも見つからずに〈だれも見ていないすきに〉脱出する.

un·be·quem[ʊ́nbəkve:m] 形 **1** 快適でない, 楽でない, 窮屈な: eine ~*e* Haltung 窮屈な姿勢 | ~*e* Schuhe はきにくい〈窮屈な〉靴 ‖ Der Stuhl ist ~. このいすは座り心地がよくない. **2** 煩わしい, 不愉快な, やっかいな: ein ~*er* Kritiker うるさい批評家 | eine ~*e* Meinung 耳の痛い意見 ‖ Er wurde ihnen allmählich ~. 彼は彼らにとってしだいに邪魔な存在になった.

Un·be·quem·lich·keit[−lɪçkaɪt] 女 -/-en **1** 《単数で》 unbequem なこと. **2** unbequem な事物: die ~*en* einer Reise 旅行に伴うさまざまの不便さ.

un·be·re·chen·bar[ʊnbərɛ́çənba:r, ◡́◡◡◡−; ｵｰｽﾄﾘｱ: ◡́◡◡◡−] 形 (berechnen できない. 例えば:) 計算〈算定〉できない; 予測のつかない; (人物・性格などが) 不安定な, 気まぐれな: ein ~*er* Mensch (気まぐれで) いつ何をするかわからない人.

Un·be·re·chen·bar·keit[..kaɪt, ◡́◡◡◡−−] 女 -/ unberechenbar なこと.

un·be·rech·tigt[ʊ́nbərɛçtɪçt] 形 権利〈資格・権限〉のない; 理由〈根拠〉のない, 不当な: ~*e* Forderungen 不当な要求.

un·be·rech·tig·ter·wei·se 副 権利〈資格・権限〉なしに, 不当にも.

un·be·rück·sich·tigt[ʊnbərʏ́kzɪçtɪçt, ◡́◡◡◡◡] 形 顧慮され〔てい〕ない: *et.*^{4} ~ lassen …を顧慮せずにおく | Seine Einwände blieben ~. 彼の異論は結局無視された.

un·be·ru·fen[ʊnbərú:fən, ◡́◡−◡; ｵｰｽﾄﾘｱ: ◡́◡−◡] 形 **1** 資

格〈権限〉のない, 不適格な: eine ～*e* Einmischung 余計な〈いらざる〉干渉 | Der Brief fiel in ～*e* Hände. 手紙は他人の手に渡った | *et.*[4] aus ～*em* Munde erfahren …を当事者でない人の口から知らされる. **2** (望ましい状態などが)口に出されていない(→berufen I 5 a): *et.*[4] ～ lassen …を口に出さずにおく(口に出したために望ましい状態がだめになるという迷信から) ‖〖間投詞的に〗*Unberufen!* (口に出してはいけないことをつい言ってしまったあとで)言わなかったことにしよう(→toi, toi, toi 1) | Ich habe noch keinen Unfall gehabt, ～ toi, toi, toi! 私はこれまで事故を起こしたことがない. あっ 言わなきゃよかった くわばらくわばら.

un·be·rühmt[ʊ́nbəry:mt] 形 〔まだ〕有名〈高名〉でない.

un·be·rühr·bar[ʊnbərý:rba:*r*, ˊ◡––] 形 触れることのできない: die *Unberührbaren* (インド南部の)不可触賤民(せんみん), パリア(→Paria).

un·be·rührt[ʊ́nbəry:*r*t] 形 **1** 触れられていない, 手つかずの; 自然のままの; 処女のままの: ein ～*es* Mädchen 処女 | die Speisen ～ 〔stehen〕 lassen 食べ物に手をつけずにおく. **2** ＝ungerührt

Un·be·rührt·heit[–haɪt] 女 -/ unberührt なこと.

un·be·scha·det[ʊnbəʃá:dət, ˊ◡–◡; オース トリア: ˊ◡–◡] **I** 前《2 格支配; しばしば名詞に後置されて》…を害することなく, …にかかわりなく, …は別として: ～ seiner Verdienste 彼の功績は別として〈否定しないが〉| *Unbeschadet* einiger Mängel 〈Einiger Mängel ～〉 ist es doch ein wertvolles Buch. 若干の欠点はあるとしても これはやはり貴重な本だ.

II 形 損なわれて〈損害を受けて〉いない, 無事の, 無傷の.

un·be·schä·digt[ʊ́nbəʃɛ:dɪçt] 形 **1** 損なわれていない, 破損していない, 無傷の. ▽**2** (人が)負傷していない.

un·be·schäf·tigt[ʊ́nbəʃɛftɪçt] 形 仕事のない, 手の空いている; 職のない, 失業した.

un·be·schalt[ʊ́nbəʃa:lt] 形 〖動〗甲殻のない. [＜Schale[2]]

un·be·schei·den[ʊ́nbəʃaɪdən] 形 控え目でない, 要求の多い, 厚かましい; 不遜(ふそん)な, 出すぎた: ～*e* Forderungen 厚かましい要求 | Ist es sehr ～, wenn ich Sie darum bitte? こんなことをお願いしては失礼でしょうか.

Un·be·schei·den·heit[–haɪt] 女 -/ unbescheiden なこと.

un·be·schol·ten[ʊ́nbəʃɔltən] 形 非のうちどころのない, 申し分のない; 品行方正の; 〖法〗性行上非難のない: einen ～*en* Lebenswandel führen 非の打ちどころのない〈ごくまじめな〉生活を送る.

Un·be·schol·ten·heit[–haɪt] 女 -/ unbescholten なこと.

un·be·schrankt[ʊ́nbəʃraŋkt] 形 柵(さく)のない: ein ～*er* Bahnübergang 遮断機のない踏切. [＜Schranke]

un·be·schränkt[ʊnbəʃrɛ́ŋkt, ˊ◡◡; オース トリア: ˊ◡◡] 形 制限〈局限〉されていない, 無制限の: eine ～*e* Macht 絶対の権力 | ～*e* Möglichkeiten 無限の可能性 | ein ～*es* Vertrauen 全幅の信頼 ‖ Eingetragene 〈eingetragene〉 Genossenschaft mit ～*er* Haftpflicht (略 EGmuH, eGmuH) 登録無限責任会社.

un·be·schreib·lich[ʊnbəʃráɪplɪç, ˊ◡–◡; オース トリア: ˊ◡–◡] 形 言葉に表せないほどの, 筆舌につくしがたい, 言語に絶する, 名状〈形容〉しがたい, 非常な: eine ～*e* Angst 言い知れぬ不安 | eine ～*e* Frechheit お話にならない厚かましさ ‖ Die Gegend ist ～ schön. この辺りの風景は実に美しい | Die Unfälle haben in letzter Zeit ～ zugenommen. 事故件数は最近ひどく増加した.

un·be·schrie·ben[ʊ́nbəʃri:bən] 形 (紙などに)何も書かれていない, 空白の: ein ～*es* Blatt Papier 1 枚の白紙 | 〔noch〕 ein ～*es* Blatt sein (→Blatt 2).

un·be·schuht[ʊ́nbəʃu:t] 形 靴をはいていない, はだしの: die *Unbeschuhten* Karmeliten 〖カトリック〗跣足(せんそく)カルメル会〔修道士〕(→Karmeliterorden). [＜Schuh]

un·be·schützt[ʊ́nbəʃʏtst, ◡◡ˊ] 形 保護されていない; 無防備の.

un·be·schwert[ʊ́nbəʃve:*r*t] 形 (心に)悩み〈苦しみ〉のない, 屈託〈心配事〉のない: ein ～*es* Gewissen やましいところのない良心.

Un·be·schwert·heit[–haɪt] 女 -/ unbeschwert なこと.

un·be·seelt[ʊ́nbəze:lt] 形 魂のない, 生命のない; 生気〈活気〉のない.

un·be·se·hen[ʊnbəzé:ən, ˊ◡–◡; オース トリア: ˊ◡–◡] **I** 形《述語的用法なし》調査〈吟味〉なしの; ためらいのない: die ～*e* Hinnahme der Entscheidung 決定の鵜呑(うのみ)‖ *et.*[4] ～ kaufen …を調べもせずに買う | Das glaube ich ～. それを私は頭から信じる.

II 副 **1** →I **2** 《南部》 (plötzlich) 突然, いきなり.

un·be·setzt[ʊ́nbəzɛtst] 形 (場所などが)ふさがれていない; (地位・役割などが)埋められて〈占められて〉いない; 占拠〈占領〉されていない: ein ～*er* Platz 空席 | Die Stelle ist noch ～. このポストはまだ埋められていない.

un·be·sieg·bar[ʊnbəzí:kba:*r*, ˊ◡––; オース トリア: ˊ◡––] 形 征服〈克服〉できない, 無敵の.

Un·be·sieg·bar·keit[..kaɪt, ˊ◡–––] 女 -/ unbesiegbar なこと.

un·be·sieg·lich[ʊnbəzí:klɪç, ˊ◡–◡; オース トリア: ˊ◡–◡] ＝unbesiegbar

un·be·siegt[ʊnbəzí:kt, ˊ◡–] 形 打ち破られたことのない, 不敗〈無敗〉の.

un·be·son·nen[ʊ́nbəzɔnən] 形 無思慮な, 軽率な.

Un·be·son·nen·heit[–haɪt] 女 -/-en **1** 《単数で》unbesonnen なこと. **2** unbesonnen な言動.

un·be·sorgt[ʊ́nbəzɔrkt, ◡◡ˊ] 形 気づかって〈心配して〉いない: Seien Sie ～! どうぞご心配なく.

un·be·spielt[ʊ́nbəʃpi:lt] 形 (録音テープなどが)未使用の(→bespielen 1).

un·be·stän·dig[ʊ́nbəʃtɛndɪç][2] 形 安定していない, 変わりやすい; 移り気な, 気まぐれな: ein ～*er* Charakter 気まぐれな性格 | Das Wetter ist ～. 天気が不安定である.

Un·be·stän·dig·keit[–kaɪt] 女 -/ unbeständig なこと.

un·be·stä·tigt[ʊ́nbəʃtɛ:tɪçt, ◡◡ˊ–] 形 (真実であることが)確認されていない; 確実でない, 非公式の: nach ～*en* Meldungen 非公式の報道によれば.

un·be·stech·lich[ʊnbəʃtɛ́çlɪç, ˊ◡◡◡; オース トリア: ˊ◡◡◡] 形 **1** 買収できない, わいろのきかない: ein ～*er* Richter そでの下のきかない〈清廉潔白な〉裁判官. **2** 何物にも左右されない〈惑わされない〉; 動かしがたい, はっきり決まった: ～*e* Wahrheitsliebe ゆるぎない真理愛 | ～*e* Fakten 動かぬ事実.

Un·be·stech·lich·keit[..kaɪt, ˊ◡◡◡–] 女 -/ unbestechlich なこと.

un·be·stell·bar[ʊnbəʃtɛ́lba:*r*, ˊ◡◡–] 形 **1** (土地が)耕作不能の. **2** (郵便などが)配達不能の.

un·be·stellt[ʊ́nbəʃtɛlt] 形 **1** (土地が)耕作されていない. **2** (郵便などが)配達されていない. **3** (品物が)注文されていない.

un·be·steu·ert[ʊ́nbəʃtɔʏərt] 形 課税され〔てい〕ない, 非課税の, 免税の.

un·be·stimm·bar[ʊnbəʃtímba:*r*, ˊ◡◡–; オース トリア: ˊ◡◡–] 形 決められない, 定めがたい; 〖生〗(分類学上の帰属を)決定できない; 漠とした, さだかでない: eine Frau ～*en* Alters 〈von ～*em* Alter〉 年齢のさだかでない女性.

un·be·stimmt[ʊ́nbəʃtɪmt] 形 **1** 決まっていない, はっきりし〔てい〕ない; 確実でない, 不確かな; さだかでない, 漠然とした: eine ～*e* Angst 漠とした不安 | eine ～*e* Geste あいまいな身ぶり | *et.*[4] auf ～*e* Zeit vertagen …を無期延期する ‖ Ob er kommt, ist noch ～. 彼が来るかどうかは未定である ‖ *sich*[4] ～ an *et.*[4] erinnern …をぼんやりと思い出す〈覚えている〉. **2** 《付加語的》〖言〗不定の: der ～*e* Artikel 不定冠詞 | ～*e* Zahlwörter 不定数詞.

Un·be·stimmt·heit[–haɪt] 女 -/ unbestimmt なこと.

Un·be·stimmt·heits≈prin·zip 中 -s/ 不確定性原理 (Heisenberg が定式化した量子力学の原理). **≈re·la·tion** 女 (量子力学での二つの量の)不確定性的関係.

un·be·straft[ʊ́nbəʃtra:ft] 形 処罰され〔てい〕ない, 処罰をまぬがれた.

un·be·streit·bar[ʊnbəʃtráɪtba:*r*, ˊ◡––; オース トリア: ˊ◡––]

I 形 反論〈議論〉の余地のない, 疑いをいれない, 明白な: eine ～*e* Tatsache 争われぬ事実. **II** ＝unbestritten II

un·be·strit·ten[ʊ́nbəʃtrɪtən, ⌣⌣⌣⌣] **I** 形 反論されていない, 争われていない, 一般に認められている; 確実な, 明白な: eine ～*e* Tatsache だれもが認める事実 | Das Vorrecht soll dir ～ bleiben. この特権を君に認めることにしよう.
II 副《陳述内容に対する話し手の判断・評価を示して》反論の余地なく, 明らかに: Er ist ～ der beste Tänzer. だれが見ても彼がいちばんダンスが上手だ.

un·be·tei·ligt[ʊnbətáɪlɪçt, ⌣⌣–⌣] 形 関与〈参加〉していない; 関心のない, 無関心な, 冷淡な: eine ～*e* Miene aussetzen そしらぬ顔をする | Er ist an dem Mord ～. 彼はその殺人〔事件〕に加担していない ‖ der 〈die〉 *Unbeteiligte* (関与していない)第三者.

Un·be·tei·ligt·heit[..haɪt, ⌣⌣–⌣–] 女 -/ unbeteiligt なこと.

un·be·tont[ʊ́nbəto:nt] 形 (音節・単語などが)強勢〈アクセント〉のない.

un·be·trächt·lich[ʊnbətrɛ́çtlɪç, ⌣⌣⌣⌣; オーストリア: ⌣⌣⌣⌣] 形 取るに足らない, ごくわずかな: eine nicht ～*e* Summe 少なからぬ額 ‖ Meine Schulden sind nicht ～. 私の借財はかなりの額だ | Die Temperatur ist nur ～ gestiegen. 温度はほんのわずかだけ上昇した.

un·be·tre·ten[ʊ́nbətre:tən] 形 人が足を踏み入れたことのない, 人跡未踏の.

un·beug·bar[ʊnbɔ́ʏkba:r, ⌣––; オーストリア: ⌣––] 形 **1** 曲げられない. **2** (unflektierbar)〘言〙語形変化のできない.

un·beug·sam[ʊnbɔ́ʏkza:m, ⌣––; オーストリア: ⌣––] 形 曲げられない;《比》ひるむことのない, 不屈の; 妥協しない, 強情な: ein ～*er* Mensch 不屈の〈強情な〉人間.

Un·beug·sam·keit[..kaɪt, ⌣–––] 女 -/ unbeugsam なこと.

un·be·wacht[ʊ́nbəvaxt] 形 監視されていない; 見張り〈番人〉のいない: in einem ～*en* Augenblick 人の見ていないすきに.

un·be·waff·net[ʊ́nbəvafnət] 形 武器をもたない, 武装していない; 非武装〈無防備〉の: ein ～*er* Dieb 凶器を持たない泥棒 | mit ～*em* Auge《戯》肉眼で.

un·be·wäl·tigt[ʊ́nbəvɛltɪçt, ⌣⌣⌣⌣] 形 (困難・障害などが)克服されていない; (課題・仕事などが)片のついていない: ein ～*es* Problem 未解決の問題.

un·be·wan·dert[ʊ́nbəvandərt] 形 in 〈auf〉 *et.*[3] ～ sein …の領域に精通していない, …の点で無知である, …について未経験である | Er war im Umgang mit Frauen völlig ～. 彼は女性との交際に全く経験がなかった.

un·be·weg·lich[ʊ́nbəve:klɪç, ⌣⌣⌣⌣] 形 動かない, 動かせない; 不動の, 固定した: ein ～*es* Fest 固定祝祭日(クリスマスなど, 年によって日付の変わらない祝祭) | ～*e* Güter 不動産 | ein ～*es* Maschinenteil 機械の固定部分 | mit ～*em* Gesicht 顔の表情を変えずに | ～*e* Sachen (→Sache 2 b) ‖ Er saß ～ auf seinem Platz. 彼は身動きもせずにじっと彼の席に座っていた.

Un·be·weg·lich·keit[..kaɪt, ⌣⌣⌣⌣–] 女 -/ unbeweglich なこと.

un·be·wegt[ʊ́nbəve:kt] 形 動かない, 動きのない: ～*es* Wasser よどんだ水 | mit ～*er* Miene zuhören 顔の表情を変えずに〈無表情な顔で〉耳を傾ける ‖ Er blieb eine Weile ～ stehen. 彼はしばらくの間じっと立ちつくしていた.

un·be·wehrt[ʊ́nbəve:rt] 形 **1** 武装していない. **2**〘建〙補強されていない.

un·be·weibt[ʊ́nbəvaɪpt] 形《戯》妻帯していない.

un·be·weis·bar[ʊnbəváɪsba:r, ⌣⌣––] 形 証明〈立証〉不可能な.

Un·be·weis·bar·keit[..kaɪt, ⌣⌣–––] 女 -/ unbeweisbar なこと.

un·be·wie·sen[ʊ́nbəvi:zən] 形〔まだ〕証明〈立証〉されていない: eine ～*e* Hypothese 未証明の仮説.

un·be·wirt·schaf·tet[ʊ́nbəvɪrt-ʃaftət, ⌣⌣⌣⌣⌣] 形 (土地が)耕作されていない: ～*er* Boden 未耕地.

un·be·wohn·bar[ʊnbəvó:nba:r, ⌣⌣––] 形 住むことのできない, 居住に適さない.

un·be·wohnt[ʊ́nbəvo:nt] 形 人の住んでいない: ein ～*es* Gebiet 〈Haus〉 人の住んでいない地域〈建物〉.

un·be·wußt[ʊ́nbəvʊst] **I** 形 意識〈自覚〉していない, 自分で気づいていない; 無意識の, 本能的な; 意図的でない, 故意でない: *sich*[3] *et.*[2] ～ sein …を意識〈自覚〉していない, …に気づいていない ‖ ～ handeln 無意識的〈本能的〉に行動する | Ich habe es ～ getan. 私はそれをついうっかりやってしまった.
II Un·be·wuß·te 中《形容詞変化》〘心〙無意識.

Un·be·wußt·heit[–haɪt] 女 -/ unbewußt なこと.

un·be·zahl·bar[ʊnbətsá:lba:r, ⌣⌣––; オーストリア: ⌣⌣––] 形 **1** (金額から見て)支払うことのできない, 支払い不能の: ein ～*er* Preis 高くて手の出ない値段. **2** (あまりにも貴重で)金で買えない, 値のつけられない;《話》なくてはならない, 欠かすことのできない: Er ist einfach ～!《話》彼は本当にすてきなやつだ.

un·be·zahlt[ʊ́nbətsa:lt] 形 支払われない; 〔まだ〕支払いの済んでいない: ein ～*er* Urlaub 無給休暇 | eine ～*e* Rechnung 未払い勘定.

un·be·zähm·bar[ʊnbətsɛ́:mba:r, ⌣⌣––; オーストリア: ⌣⌣––] 形 制御〈抑制〉できない: ein ～*er* Durst 〈Hunger〉 耐えがたい渇き〈空腹〉 | ～*e* Neugier 抑えきれない好奇心.

un·be·zwei·fel·bar[ʊnbətsváɪfəlba:r, ⌣⌣–⌣–] **I** 形 疑う余地のない, 疑いをいれない, 確実な.
II 副《陳述内容に対する話し手の判断・評価を示して》疑いもなく, 明らかに: Er ist ～ sehr begabt. 彼は明らかに才能に恵まれている.
[＜bezweifeln]

un·be·zwing·bar[ʊnbətsvíŋba:r, ⌣⌣⌣–; オーストリア: ⌣⌣⌣–] 形, **un·be·zwing·lich**[..lɪç, ⌣⌣⌣⌣] 形 (敵が)屈服させられない, 征服〈攻略〉しがたい; (困難・障害が)克服しがたい; (感情・欲望・苦痛などが)抑えきれない: eine ～*e* Burg 難攻不落の城 | eine ～*e* Neugier 抑えがたい好奇心.

Un·bil·den[ʊ́nbɪldən] 複《雅》不快さ, つらさ, きびしさ: die ～ des Winters 冬のきびしさ | die ～ der schweren Krankheit ertragen 重病のつらさに耐える.
[*ahd.* un-pilide „Un-förmlichkeit"]

Un·bil·dung[ʊ́nbɪldʊŋ] 女 -/ 無教育, 無教養.

Un·bill[ʊ́nbɪl] 女 -/ **1** 不公正, 不法, 不当; ひどい仕打ち: *jm.* mancherlei ～ antun 〈zufügen〉 …にさまざまのひどい仕打ちを加える. **2** ＝Unbilden
[＜*mhd.* un-bil „un-gemäß"]

un·bil·lig[ʊ́nbɪlɪç][2] 形 正当でない, 公正でない, 不当な: eine ～*e* Forderung 不当な要求.

Un·bil·lig·keit[–kaɪt] 女 -/ unbillig なこと.

un·blu·tig[ʊ́nblu:tɪç][2] 形 **1** 血を流さない, 流血を見ない: eine ～*e* Revolution 無血革命. **2**〘医〙非観血の: eine ～*e* Behandlung 非観血処置(マッサージ・放射線治療など).

un·bot·mä·ßig[ʊ́nbo:tmɛ:sɪç][2] 形 不従順な, 反抗的な.

Un·bot·mä·ßig·keit[–kaɪt] 女 -/-en unbotmäßig なこと.

un·brauch·bar[ʊ́nbraʊxba:r] 形 使えない, 使用不能の; 役に立たない, 無用の: eine ～*e* Methode 役に立たない方法 ‖ *et.*[4] ～ machen …を使えなくする〈廃棄処分にする〉 | Er ist für diese Tätigkeit 〈zu dieser Tätigkeit〉 ～. 彼はこの仕事には使いものにならない.

Un·brauch·bar·keit[–kaɪt] 女 -/ unbrauchbar なこと.

un·bür·ger·lich[ʊ́nbʏrgərlɪç] 形 (考え方・生活様式などが)市民的でない; プチブル的でない.

un·bü·ro·kra·tisch[ʊ́nbyrokra:tɪʃ] 形 官僚〔主義〕的でない, 杓子(しゃくし)定規でない.

un·buß·fer·tig[ʊ́nbu:sfɛrtɪç][2] 形 罪をあがなう気持のない, 改悛(かいしゅん)の情のない.

Un·buß·fer·tig·keit[–kaɪt] 女 -/ unbußfertig なこと.

un·christ·lich[ʊ́nkrɪstlɪç] 形 キリストの教えに反する; キリスト教会の教義に反する; 非キリスト教的な; キリスト教徒らしくない.

Un·christ·lich·keit[–kaɪt] 女 -/ unchristlich なこと.

U

UNCTAD[ʊ́ŋktat] 女 -/ アンクタッド(国連貿易開発会議). ［*engl.*; ＜*engl.* *U*nited *N*ations *C*onference on *T*rade *a*nd *D*evelopment］

und[ʊnt] 接《並列》**1**《〔同一品詞に属する〕語と語, 句と句を対等に並列して》**a**) (英: *and*)…と…, …や…, および, 並びに(略 u.; 記号 &); (plus)〖数〗(…を)加えて, プラス(記号＋): Tag ～ Nacht 昼と夜, 日夜 ‖ du ～ ich 君と私 | Karl, mein Sohn ～ ich カールと息子と私 | Karl, mein Sohn, ～ ich 息子のカールと私 | alt ～ jung / Alte ～ Junge 老いも若きも ‖ Berg-～-Tal-Bahn ジェットコースター | Ein- ～ Ausgang 出入口 | gut ～ billig 良くて安い | essen ～ trinken 飲みかつ食べる | ab- ～ zunehmen 増えたり減ったりする | ein ～ dasselbe 同じ一つの, 同一の | von ～ nach Berlin ベルリン発とベルリン行き ‖〔je〕zwei ～ zwei gehen 二人ずつ並んでいく〈歩く〉‖ Siemens & Halske AG ジーメンス=ハルスケ〔株式〕会社 ‖ Drei ～ drei ist 〈macht / gibt〉 sechs. 3たす3は6である ‖〖主語＋und＋不定詞化された述語・述語名詞句の形で不釣り合いを示して〗Du ～ arbeiten! 君が働くだって(ちゃんちゃらおかしい) | Er ～ ein guter Rechner! 彼が計算の名人だって(冗談いっちゃいけない) ‖〖成句で〗bei Nacht ～ Nebel (→Nacht I) | vor Jahr ～ Tag (→Jahr 1) | leben ～ leben lassen 共存共栄を計る ‖〖列挙などをしめくくる句として〗… **～ ähnliche〔s〕** (略 u. ä.) / … **～ dem ähnliche〔s〕** (略 u. d. ä.) …その他これに類するもの | … **～ and〔e〕re 〈and〔e〕res〉〔mehr〕** (略 u. a. 〔m.〕) …等々 | … **～ dergleichen 〈desgleichen〉〔mehr〕** (略 u. dgl. 〔m.〕) …等々, 以下これに類するもの | … **～ folgende〔Seite〕** (略 f.) …ページおよび次ページ | … **～ folgende〔Seiten〕** (略 ff.) …ページおよび次ページ以下 | … **～ so fort** (略 usf.) / … **～ so weiter** (略 usw.) …等々 | … **und, und, und**《話》…等々 | … **～ viele〔s〕 andere〔mehr〕** (→u. v. a. 〔m.〕) | …, **～ zwar** (略 u. zw.) (先行の発言内容を限定または精密化して)くわしく言うと; …しかも, …それも.

b) ①《同一の副詞・名詞・比較級などを反復並列して漸増・強意を示して》…また(そして)…: durch ～ durch 徹頭徹尾, 完全に | fort ～ fort のべつ幕なしに | nach ～ nach しだいしだいに ‖ besser ～ besser 〈schlimmer ～ schlimmer〉 werden だんだん良く〈ひどく〉なる ‖ Da war nur Wasser ～ Wasser. 辺り一面水また水であった. ②《〔同一の〕指示代名詞・副詞を反復並列して明確な規定を避けて》…かまたは…: da ～ da しかじかのところで | der ～ der これこれの男 | an dem ～ dem Platz〔e〕しかじかの場所で | so ～ so かくかくしかじか(の由).

★ und で結ばれた2個以上の名詞・代名詞が主語の場合, 定動詞はふつう複数形となる: Peter ～ Klaus *sind* gute Freunde. ペーターとクラウスは仲良しだ.

2《文と文を結合して》**a**)《主文と主文・副文と副文を対等に並列して》そして, それから, また: Der Vater liest, ～ der Sohn spielt. 父親は読書をし そして息子は遊んでいる ‖ Ich nehme an, daß er fortgegangen ist ～〔daß er〕nicht so bald zurückkommt. 彼は出かけていてそうすぐには戻らないと私は思う ‖ Ich wartete eine Weile, ～ als er nicht kam, bin ich gegangen. 私はしばらく待ってみたが 彼が来なかったので立ち去った | Tue recht ～ scheue niemand.《諺》正義を行い何者をも恐れるな ‖ ▽〖und で結ばれる二つの副文の後の方の副文が主文の形をとって〗Wenn du mich liebhaben willst, ～ ich soll dein Geselle und Spielkamerad sein, so will ich … もし君が私を好きになり私を君の仲間や遊び相手にしてくれる気があるのならば 私は… ‖〖並列される文に共通する成分(主語・目的語・述語など)を反復せずに省略した形で, und の前にコンマを置かずに〗Wir stiegen ein ～ fuhren zum Bahnhof. 我々は乗り物に乗って駅まで行った | Hans hackte ～ Klaus schichtete das Holz. ハンスは薪を割り そしてクラウスはそれを積み重ねた | Ich las eine Zeitung ～ mein Sohn ein Buch. 私は新聞を読み 息子は本を読んでいた | Morgen reist meine Tochter ab ～ kommt mein Sohn. あすは私の娘が旅だち(入れ替わりに)息子がやって来る ‖〖同一の動詞を反復並列して漸増・強調を示す〗Er grübelte ～ grübelte. 彼は悩みに悩んだ | Der Brief kommt ～ kommt nicht. 手紙は待てど暮らせど来ない ‖〖他の副詞と〗… ～ dabei noch … …そしてその上おまけに… | … ～ damit basta!《話》…そしてそれ以上もう話すことはない(それ以上はつべこべ言うな).

b) ①《対比・対照を示して》一方, その間; それなのに: Ich warte hier, ～ du gehst rasch zum Briefkasten. 私はここで待っているから君は大急ぎでポストへ行って来てくれたまえ | Alle reisen, ～ er muß zu Hause bleiben. 皆が旅行に出かけるというのに彼は留守番をしなければならない. ②《und＋条件文の形で譲歩を示して》たとえ…であっても: Er will es durchsetzen, ～ wenn alle geschlossen dagegen sind. 彼はそれを押し通すつもりだ. たとえ皆が一致して反対しても | *Und* fülltest du mir auch alle Taschen mit Gold, ich würde doch auf deinen Vorschlag nicht eingehen. 君が私のポケット全部を黄金で満たしても君の申し出は承諾しないぞ. ③《先行する条件に対する結論を示して》そうすれば: Es kostet dich nur ein Wort, ～ ich kann mitfahren. 君が一言口添えしてくれさえすれば私も一緒に連れて行ってもらえる | Frage ihn, ～ du wirst alles erfahren. 彼に聞くがいい. 何もかも話してくれるよ.

c)《und による並列構文が従属構文の代わりをしている場合》:〖zu 不定詞〔句〕に対応する場合〗Er hub an ～ sprach (＝zu sprechen). 彼は話し始めた | Er ist imstande ～ betrügt seine Kollegen (＝… imstande, seine Kollegen zu betrügen). 彼は同僚を欺きかねない男だ | Seien Sie so freundlich ～ reichen Sie mir meinen Mantel (＝… freundlich, mir meinen Mantel zu reichen). 恐れいりますが私のコートを取っていただけませんでしょうか ‖〖daß 副文に対応する場合〗Es fehlte nicht viel, ～ wir hätten einen Unfall gehabt. (＝Es fehlte nicht viel〔daran〕, daß wir einen Unfall gehabt hätten). 我々はすんでのところで事故に遭うところだった.

▽**d**)《und に続く平叙文の定動詞が文頭に置かれて》Er ist seit drei Jahren weg, ～ hört man ～ sieht man nichts von ihm. 彼は3年前からいなくなり 消息も聞かず姿にも接しない (Goethe).

3《相手の説明・弁明を促す言葉として》〔**Na**〕**～?** (しばしば挑発的反問として)それでどうだと言うんだ, それがどうしたんだ.

4《話》《ob や wie とともに用いられて強い肯定を示す: →ob 1 b ②, →wie I 1 c》Hat er es geschafft?—*Und* ob〔er es geschafft hat〕! 彼にそれができたんだって — あったりまえさ 言うまでもないことだよ | Ich war erkältet, ～ wie! 私は風邪をひいていたが その風邪たるやひどいものだった.

［*westgerm.*; ◇ *engl.* and］

Ụn·dank[ʊ́ndaŋk] 男 -〔e〕s/ 忘恩, 背恩, 恩知らず: eine gute Tat mit ～ lohnen 善行に報いるに忘恩をもってする | ***Undank* ist der Welt Lohn.**《諺》忘恩は世の習い.

ụn·dank·ba̱r[ʊ́ndaŋkba:r] 形 **1** 恩知らずの, 忘恩の: ein ～*er* Mensch 忘恩の徒 | Es wäre ～ von mir, ihn jetzt im Stich zu lassen. もし私がいま彼を見殺しにしたらそれは恩知らずというものだ. **2**《付加語的》(仕事・役割などが)割に合わない: eine ～*e* Aufgabe (労多くして得るところの少ない)ありがたくない任務 | Es ist meistens eine ～*e* Sache, einen Streit zu schlichten. けんかの仲裁などというものはたいてい割に合わないものだ.

Ụn·dank·bar·keit[–kaɪt] 女 -/ undankbar なこと.

ụn·da·tiert[ʊ́ndati:rt] 形 日付のない.

un·de·fi·ni̱e̱r·bar[ʊndefiní:rba:r, ⏑⏑⏑––; オーストリア: ⏑⏑⏑––] 形 定義できない, 説明しにくい; はっきりしない, つかみどころのない: eine ～*e* Angst 名状しがたい恐怖 | ein ～*es* Geräusch 何かはっきりしない物音 ‖ Der Kaffee war ～. そのコーヒーは何とも言えぬ奇妙な代物だった.

un·de·kli·ni̱e̱r·bar[ʊndekliní:rba:r, ⏑⏑⏑––] 形〖言〗(名詞・形容詞類に関して)語形変化のできない.

un·de·mo·kra̱·tisch[ʊndemokrá:tɪʃ, ⏑⏑⏑–⏑] 形 民主的でない, 非民主的な.

un·dẹnk·bar[ʊndɛ́ŋkba:r, ⏑–⏑; オーストリア: ⏑⏑–] 形 **1**《述語的》考えられない, 想像もできない: Das war früher ～. こんなことは昔だったらおよそあり得なかったことだ | Ich halte es für ～, daß er so gemein ist. 彼がそんなに卑劣な人間だとはと

ても考えられない. **2** 《付加語的》＝undenklich

un·dẹnk·lich[ʊndɛ́ŋklɪç, ⏑⏑⏑; ｵｰｽﾄﾘｱ: ⏑⏑⏑] 形《付加語的》記憶の及ばない:〖もっぱら次の成句で〗**seit ~*er* Zeit / seit ~*en* Zeiten** 大昔から, 太古以来 | **vor ~*er* Zeit / vor ~*en* Zeiten** 大昔に.

Un·der·dog[ʌ́ndədɔg] 男 -s/-s 負け犬, 敗北者, 敗残者. [*engl.*]

Un·der·ground[ʌ́ndəgraʊnd] 男 -s/ **1** (反政府・反体制の)地下組織, 地下運動; (映画・演劇などの実験的・前衛的な)アングラ集団〈運動〉; アングラ音楽. **2** (イギリスの)地下鉄. [*engl.*; ◇Untergrund]

Un·der·state·ment[ʌ́ndəstéɪtmənt] 中 -s/-s 控え目な表現. [*engl.*; ◇Status]

ụn·deut·lich[ʊ́ndɔʏtlɪç] 形 はっきりしない, 不明確〈不明瞭(ふめいりょう)〉な: eine ~*e* Aussprache 不明瞭な発音 | eine ~*e* Erinnerung おぼろげな〈あいまいな〉記憶 ‖ Ich kann es nur ~ sehen. 私にはそれがぼんやりとしか見えない.

Ụn·deut·lich·keit[–kaɪt] 女 -/ undeutlich なこと.

ụn·deutsch[ʊ́ndɔʏtʃ] 形 ドイツ的でない, ドイツ〔人〕では珍しい; 非ドイツ的な; ドイツ語らしくない: ~*e* Kunst 非ドイツ的芸術 | mit einer ~*en* Lässigkeit ドイツ人らしからぬだらしなさで.

Un·dẹ·zi·me[ʊndé:tsimə] 女 -/-n〖楽〗11度〔音程〕. [*lat.* ūn-decimus „elfter"; ◇uni.., Dezem]

ụn·dia·lek·tisch[ʊ́ndialɛktɪʃ] 形 **1** 弁証法的でない, 非弁証法的な. **2** 《比》あまりに一面的〈図式的〉な, 硬直した: ~*es* Denken 硬直した考え方 | einen Standpunkt ~ vertreten ある立場をかたくなに主張する.

ụn·dicht[ʊ́ndɪçt] 形 (水・空気・光などに対して)密でない, すきまのある: ein ~*es* Dach 雨の漏る屋根 ‖ Das Ventil ist ~. この弁は水漏れがする | Er ist ~. 《話》彼は口が堅くない.

Ụn·dich·tig·keit[..tɪçkaɪt] 女 -/ undicht なこと.

ụn·dif·fe·ren·ziert[ʊ́ndɪfərɛntsi:rt, ..dɪfer..] 形 **1** 細分化されない, 未分化の; きめ細かくない. **2** (形態・色などが)差異のない, 画一的な.

Ụn·dif·fe·ren·ziert·heit[–haɪt] 女 -/ undifferenziert なこと.

Un·dị·ne[ʊndí:nə] **I** 女 -/-n ウンディーネ(女性の水の精). **II** 女名 ウンディーネ. [＜*lat.* unda „Welle" (◇hydro..)]

Ụn·ding[ʊ́ndɪŋ] 中 -〔e〕s/-e **1** ばかげたこと, ナンセンス: **ein ~ sein** まったくのナンセンスである | Es ist ein ~, so etwas zu behaupten. そんなことを主張するのはばかげている. **2** 不気味な〈恐ろしい〉もの.

ụn·di·plo·ma·tisch[ʊ́ndiploma:tɪʃ] 形 外交的でない, 如才なさに欠けた, かけひきのへたな.

ụn·dis·ku·ta·bel[ʊ́ndɪskuta:bəl, ⏑⏑⏑⏑́⏑](..ta·bl..) ＝indiskutabel

ụn·dis·zi·pli·niert[ʊ́ndɪstsiplini:rt] 形 規律のない, しつけ〈訓練〉の行き届いていない, だらしのない.

Ụn·dis·zi·pli·niert·heit[–haɪt] 女 -/ undiszipliniert なこと.

ụn·dra·ma·tisch[ʊ́ndrama:tɪʃ] 形 戯曲的でない; 《比》劇的でない, 平板な.

Ụnd·set[ʊ́ntsɛt, ʏ́nsɛt] 人名 Sigrid ~ シグリッド ウンセット(1882-1949; ノルウェーの女流作家. 1928年ノーベル文学賞受賞. 作品『クリスチン=ラヴランスダッテル』など).

Ụnd-Sum·me[ʊ́ntzʊmə] 女〖心〗(要素の)寄せ集め.

Ụnd-Sum·men·haf·tig·keit[..haftɪçkaɪt] 女 -/〖心〗寄せ集め性, 烏合(うごう)性.

Un·du·la·tiọn[ʊndulatsió:n] 女 -/-en 波状運動, 波動. [＜*spätlat.* undula „kleine Welle"; ◇undulieren, ondulieren]

Un·du·la·tiọns·theo·rie 女 -/〖理〗(光の)波動説.

un·du·la·tọ·risch[ʊndulató:rɪʃ] 形 波状の; 波動の.

ụn·duld·sam[ʊ́ndʊltza:m] 形 寛大〈寛容〉でない, 容赦しない, 厳格な: ein ~*er* Mensch 情け容赦のない人.

Ụn·duld·sam·keit[–kaɪt] 女 -/ unduldsam なこと.

un·du·lie·ren[ʊndulí:rən] 自 (h) 波動する: *undulierende* Membran〖動〗(鞭毛(べんもう)虫類・繊毛虫類などの)波動膜, 波状膜. [◇Undulation, ondulieren; *engl.* undulate]

ụn·dumm[ʊ́ndʊm] 形《話》ばかではない, けっこう頭のいい.

un·durch·bọhr·bar[ʊndʊrçbó:rba:r] 形 穿孔(せんこう)不能な. [＜durchbohren]

ụn·durch·dacht[ʊ́ndʊrçdaxt] 形 十分検討されていない, 練られていない(計画など).

un·durch·drịng·lich[ʊndʊrçdrɪ́ŋlɪç, ⏑⏑⏑⏑; ｵｰｽﾄﾘｱ: ⏑⏑⏑⏑] (**un·durch·drịng·bar**[..ba:r, ⏑⏑⏑–; ｵｰｽﾄﾘｱ: ⏑⏑⏑–]) 形 (durchdringen[2]できない. 例えば:) 通り抜けられない, 貫通不能の; (内部に)入り込めない, 見通しのきかない;〖理〗不可入の: ein ~*es* Dickicht 通り抜けられない〈入り込めない〉やぶ | ein ~*er* Mensch (何を考えているか)得体の知れない人 | ein ~*er* Nebel 見通しのきかない濃霧.

Un·durch·drịng·lich·keit[..kaɪt, ⏑⏑⏑⏑–] 女 -/ (undurchdringlich なこと. 例えば:) 貫通不能, 透視不能;〖理〗不可入性.

un·durch·fụ̈hr·bar[ʊndʊrçfý:rba:r, ⏑⏑––; ｵｰｽﾄﾘｱ: ⏑⏑––] 形 実行〈実施〉不可能な: ~*e* Pläne 実行不能の計画.

Un·durch·fụ̈hr·bar·keit[..kaɪt, ⏑⏑–––] 女 -/ undurchführbar なこと.

ụn·durch·läs·sig[ʊ́ndʊrçlɛsɪç][2] 形 (光線・液体・気体などを)透過させない: Diese Schuhe sind ~. この靴は水がしみ込まない.

Ụn·durch·läs·sig·keit[–kaɪt] 女 -/ undurchlässig なこと.

un·durch·schau·bar[ʊndʊrçʃáʊba:r, ⏑⏑––] 形 (事柄の本質・連関などが)見抜けない; (心底・意図などが)見破れない, 得体の知れない: eine ~*e* Miene なぞめいた顔つき | ~*e* Ursachen よくわからない原因. [＜durchschauen[2]]

ụn·durch·sich·tig[ʊ́ndʊrçzɪçtɪç][2] 形 **1** 不透明な; すけて見えない, 見通しのきかない: ~*es* Glas 曇りガラス. **2** ＝undurchschaubar

Ụn·durch·sich·tig·keit[–kaɪt] 女 -/ undurchsichtig なこと.

Ụnd≈-Ver·bin·dung[ʊ́nt..] 女〖心〗と結合(要素と要素の併存). **≈-Zei·chen** ＝Et-Zeichen

ụn·ẹben[ʊ́n|e:bən] 形 **1** 平ら〈平坦(へいたん)〉でない; なめらか〈平滑〉でない: ein ~*es* Gelände 起伏のある土地 | ein ~*er* Weg でこぼこの道 | Er schreibt einen ~*en* Stil. 彼はごつごつした文章を書く. **2** 《話》**nicht ~** 悪くない, けっこういける | ein nicht ~*er* Plan どうにか実行できそうな計画 | Dein Vorschlag ist nicht ~. 君の提案はまあまあだ.

ụn·ẹben·bür·tig[ʊ́n|e:bənbʏrtɪç][2] 形《*jm.*》(能力・地位・家柄などが…と)同等〈対等〉でない, 育ち〈力量〉が違う.

Ụn·ẹben·heit[ʊ́n|e:bənhaɪt] 女 -/-en **1** 《単数で》uneben なこと. **2** uneben な個所: Die Straße ist voller ~*en*. この道はでこぼこだらけだ.

ụn·echt[ʊ́n|ɛçt] 形 **1** 真正〈本物〉でない; にせの, まがいの; 模造の; うわべだけ〈見せかけ〉の: ein ~*er* Bruch〖数〗仮分数 | eine ~*e* Freude〈Freundschaft〉見せかけの喜び〈好意〉| ᵛein ~*es* Kind 庶子 | ~*e* Perlen 模造真珠 | ~*e* Zähne 義歯 | Sie trägt ~*es* Haar. 彼女はかつらをつけている ‖ *sich*[4] als ~ erweisen にせものであることが判明する. **2** (塗料・布などが)色あせのする.

Ụn·echt·heit[–haɪt] 女 -/ unecht なこと.

ụn·edel[ʊ́n|e:dəl](..ed·l..) 形 高貴でない; 高潔〈高尚〉でない: *unedle* Metalle 卑金属類 | ein *unedles* Verhalten いやしい態度〈振舞い〉.

ụn·ẹhe·lich[ʊ́n|e:əlɪç] 形 正式の結婚によらない; (子供が)非嫡出の, 庶出の: ein ~*es* Kind 私生児;〖法〗非嫡出子, 庶出子 | eine ~*e* Mutter 未婚の母.

Ụn·ẹhe·lich·keit[–kaɪt] 女 -/ unehelich なこと.

Ụn·ẹh·re[ʊ́n|e:rə] 女 -/《雅》不名誉, 恥辱: *jm.* ~ machen …の名をはずかしめる | Sein Verhalten gereicht ihm zur ~. 彼の振舞いは彼の面目を傷つける.

ụn·ẹh·ren·haft[ʊ́n|e:rənhaft] 形 不名誉な, 恥ずべき: ~*e* Taten 恥ずべき行為.

ụn·ẹhr·er·bie·tig[ʊ́n|e:r|ɛrbi:tɪç][2] 形 尊敬の念を欠い

た, 失敬〈失礼〉な: *sich*[4] *jm.* gegenüber ～ benehmen …に対して非礼な振舞いをする.

Ụn·ẹhr·er·bie·tig·keit[–kaɪt] 女 -/ unehrerbietig なこと.

ụn·ẹhr·lich[ʊ́n|eːrlɪç] 形 正直〈誠実〉でない, 不正直〈不誠実〉な, ごまかし〈うそいつわり〉のある: ein ～*er* Angestellter 信用のおけない使用人 | ein ～*er* Freund 不誠実な友人 | auf ～*e* Weise 不正な〈ずるい〉方法で.

Ụn·ẹhr·lich·keit[–kaɪt] 女 -/ 不正直, 不誠実.

ụn·ei·gen·nüt·zig[ʊ́n|aɪgənnʏtsɪç][2] 形 利己的〈自己本位〉でない, 私心のない: ein ～*er* Freund 自己の利害を考えない〔誠実な〕友人 | ～*e* Hilfe 私心のない援助.

Ụn·ei·gen·nüt·zig·keit[–kaɪt] 女 -/ uneigennützig なこと.

ụn·ei·gent·lich[ʊ́n|aɪgəntlɪç] **I** 形《付加語的》本来的でない; 転義の, 比喩(ゆ)的な. **II** 副《戯》本来でなければ: Eigentlich habe ich keine Lust dazu.—Aber ～ könntest du es doch tun. 本当は私はやりたくないんだ — でもまあ君はやってもいいんだよ.

ụn·ein·ge·denk[ʊ́n|aɪngədɛŋk] 形《述語的》*et.*[2] ～ sein …を覚えていない; …を顧慮しない | Die Kinder, ～ der Warnungen ihrer Eltern, spielten auf der Straße. 子供たちは両親の言いつけを忘れて路上で遊んでいた.

ụn·ein·ge·schränkt[ʊ́n|aɪngəʃrɛŋkt, ◡◡–◡́] 形 無制限の, 制約〈拘束〉のない: ein ～*es* Vertrauen 全幅の〈無条件の〉信頼 | ～*es* Lob verdienen 絶賛に値する.

ụn·ein·ge·weiht[ʊ́n|aɪngəvaɪt] **I** 形 事情に通じていない; 門外漢の. **II Ụn·ein·ge·weih·te** 男 女《形容詞変化》事情に通じていない〈内情を知らぬ〉人; 門外漢, しろうと.

ụn·ein·heit·lich[ʊ́n|aɪnhaɪtlɪç] 形 不統一な, 一貫していない; 画一的でない, ばらばらの.

ụn·ei·nig[ʊ́n|aɪnɪç][2] 形 同意見でない, (考えが)不一致の; 不和の, 団結していない: eine ～*e* Partei 内部統一のとれていない党 ‖ In diesem Punkt sind sie〔sich[3]〕immer noch ～. この点で彼らはいまだに意見が分かれている.

Ụn·ei·nig·keit[–kaɪt] 女 -/-en (uneinig なこと. 例えば:) (意見の)不一致; 不和.

un·ein·nẹhm·bar[ʊn|aɪnnéːmbaːr, ◡́–––; オーストリア: ◡́–––] 形 (都市・要塞(さい)などが)攻略不能の, 難攻不落の.

ụn·eins[ʊ́n|aɪns] 形《述語的》(uneinig)《mit *jm.*》(…と)同意見でない; (…と)不和の: In dieser Frage war er mit seinem Lehrer ～. この問題について彼は先生と考えが違っていた | Er ist mit sich selbst ～. 彼はまだ決心がつかずにいる.

ụn·ein·sich·tig[ʊ́n|aɪnzɪçtɪç][2] 形 分別のない, 聞きわけのない; がんこな.

ụn·emp·fäng·lich[ʊ́n|ɛmpfɛŋlɪç] 形《für *et.*[4]》(…に対して)感じやすく〈影響を受けやすく〉ない, 鈍感な, 感受性のない: Er ist für Naturschönheiten ～. 彼には自然の美しさを味わう心がない. [< empfangen]

Ụn·emp·fäng·lich·keit[–kaɪt] 女 -/ unempfänglich なこと.

ụn·emp·find·lich[ʊ́n|ɛmpfɪntlɪç] 形 感じやすくない, 鈍感〈無感覚〉な; (病気などに対して)抵抗力の強い; (布地などが)汚れにくい, 変色しにくい: ～*e* Tapete 汚れにくい〈色のあせない〉壁紙 ‖ gegen Hitze 〈Kälte〉 ～ sein 暑さ〈寒さ〉に強い | Er ist gegen Beleidigungen ～. 彼は侮辱されても平気だ.

Ụn·emp·find·lich·keit[–kaɪt] 女 -/ unempfindlich なこと.

un·ẹnd·lich[ʊn|ɛ́ntlɪç, ◡́◡◡] 形 **1** 限りのない, 無限の; 果てしない, きりのない, 計り知れない: ～*e* Mühe 際限のない苦労 | die ～*e* Weite des Meeres 海の果てしない広さ | eine ～*e* Geduld haben 無限の忍耐力を備えている, 決して怒らない ‖ **bis ins *Unendliche*** 無限のかなたまで, 果てしなく ‖ Die Minuten schienen uns ～. その数分間は我々には無限の長さに思われた ‖〖副詞的に〗～ viele Menschen 無数の人々 | Er war ～ müde. 彼は疲れ果てていた | *sich*[4] ～ freuen 非常に喜ぶ. **2** (↔endlich)〖数・理〗無限の: ～*e* Reihen 無限級数 ‖ das Objektiv auf „～" einstellen〖写〗レンズの焦点距離を「無限大」に合わせる | Zwei parallele Linien schneiden sich im *Unendlichen*. 2本の平行線は無限のかなたにおいて交わる.

un·ẹnd·li·che·mal 副 たいへん頻繁に, 実にしばしば; 幾層倍も.

Un·ẹnd·lich·keit[ʊn|ɛ́ntlɪçkaɪt, ◡́◡◡–] 女 -/ 無限, 無窮, 無際限; 永久, 永劫(ごう): die ～ des Weltraumes 宇宙の無限の広さ | Es dauerte eine ～, bis sie zurückkam. 彼女が戻ってくるまでひどく長くかかった.

un·ẹnd·lich·mal = unendlichemal

un·ent·bẹhr·lich[ʊn|ɛntbéːrlɪç, ◡́◡–◡; オーストリア: ◡́◡–◡] 形 なくてはならぬ, 不可欠の, どうしても必要な, 必須(ひっす)の: ein ～*es* Werkzeug 必要不可欠な道具 ‖ Er ist hier ～. 彼はここには欠くことのできぬ人物だ | Für das Verständnis des Textes ist eine kurze Erläuterung ～. このテキストを理解するためには簡単な注釈が必要だ ‖ ***sich*[4] ～ machen** (りっぱな仕事をして)自分を不可欠な〈なくてはならぬ〉存在にする.

Un·ent·bẹhr·lich·keit[..kaɪt, ◡́◡–◡–] 女 -/ unentbehrlich なこと.

ụn·ent·deckt[ʊ́n|ɛntdɛkt, ◡◡◡́] 形 **1** 未発見の, 未知の: ein noch ～*es* Virus 未発見〈未知〉のウィルス. **2** だれにも見つからない, 気づかれない: ein ～*es* Talent 人に知られない才能 | ～ leben 人に気づかれずに〔かくれて〕暮らす.

un·ent·gẹlt·lich[ʊn|ɛntgɛ́ltlɪç, ◡́◡◡◡; オーストリア: ◡́◡◡◡] 形 無償の, 無料の, ただの: eine ～*e* Dienstleistung 無料サービス ‖ ～ arbeiten ただで働く | Der Transport ist ～. 輸送費は無料です. [< entgelten]

ụn·ent·halt·sam[ʊ́n|ɛnthaltzaːm] 形 (特に性的に)不節制な.

un·ent·rịnn·bar[ʊn|ɛntrɪ́nbaːr, ◡́◡◡–] 形 免れることのできない, 逃れられない: ein ～*es* Schicksal 逃れ得ぬ運命. [< entrinnen]

ụn·ent·schie·den[ʊ́n|ɛnt-ʃiːdən] **I** 形 **1**〔まだ〕決定されない, 未決定の; 不明確な,〔まだ〕疑わしい〈はっきりしない〉: *et.*[4] ～ lassen …を決定せずに〈はっきりさせずに〉おく | Es ist noch ～, ob er das Angebot annimmt. 彼がこの申し出を受諾するかどうかはまだ分からない. **2**〖スポ〗(勝負について)引き分けの: Das Spiel endete ～. 試合は引き分けに終わった. **3** = unentschlossen

II Ụn·ent·schie·den 中 -s/-〖スポ〗引き分け: ein ～ erreichen (試合を)引き分けに持ちこむ | mit einem ～ enden (試合が)引き分けに終わる.

Ụn·ent·schie·den·heit[–haɪt] 女 -/ unentschieden なこと.

ụn·ent·schlos·sen[ʊ́n|ɛnt-ʃlɔsən] 形 心の決まらない, 決心のつかない; 不決断の, (態度の)煮え切らない: ein ～*er* Mensch 優柔不断な人 | Ich bin noch ～, wann ich verreise. 私はいつ旅に出るかまだ決心がつかないでいる.

Ụn·ent·schlos·sen·heit[–haɪt] 女 -/ unentschlossen なこと.

un·ent·schụld·bar[ʊn|ɛnt-ʃʊ́ltbaːr, ◡́◡◡–] 形 (過失・行為などが)許しがたい, 言いわけの立たない: Sein Verhalten ist ～. 彼の態度は許せない.

ụn·ent·schul·digt[ʊ́n|ɛntʃʊldɪçt] 形 弁明〈弁解〉されない: wegen ～*en* Fernbleibens 無断欠席〈欠勤〉のために | in der Schule ～ fehlen 学校を無断で欠席する.

un·ent·wẹgt[ʊn|ɛntvéːkt, ◡́◡–; オーストリア: ◡́◡–] 形《述語的用法なし》不屈の, 根気のよい, 頑固な, しぶとい, 倦(う)むことを知らない; 絶えざる, ひっきりなしの: Er war das ganze Leben hindurch ein ～*er* Kämpfer für Frieden. 彼は一生涯あくまで平和のために戦い続けた | der 〈die〉 *Unentwegte* 頑迷な人, (特に政治的に)こちこちの保守主義者 ‖ *sein* Ziel ～ verfolgen 目標を執拗(しつよう)に追い求める | Das Telefon klingelte ～. 電話はいつまでも〈ひっきりなしに〉鳴り続けた. [< *mhd.* entwegen „auseinander-bewegen" (◇wegen[1])]

ụn·ent·wi·ckelt[ʊ́n|ɛntvɪkəlt] 形 **1**〔まだ〕十分に発育していない, 発育不全の; 未発達の, 発展の遅れた. **2**〖写〗(フィルムが)未現像の.

un·ent·wịrr·bar[ʊn|ɛntvɪ́rbaːr, ◡́◡◡–] 形 (もつれなどが)解きほぐせない, こんがらかった;《比》(錯雑して)整理のつかな

い, 収拾不能の: ～*e* Fäden もつれた糸 | ein ～*es* Durcheinander 収拾のつかない混乱. [<entwirren]

un·ent·zif·fer·bar[ʊn|ɛnttsɪ́fərba:r, ◡́◡◡◡–] 形 解読不能の, 判読しがたい. [<entziffern]

▽**un·er·ach·tet**[ʊn|ɛr|áxtət, ◡́◡◡◡; オーストリア: ◡́◡◡◡] 前《2格支配; しばしば後置》(trotz) …にもかかわらず, …を顧慮せずに; …は別として, …はさておき: *Unerachtet* einiger Mängel 〈Einiger Mängel ～〉 ist es ein gutes Buch. 二三の欠点はあるもののこれはよい本だ.

un·er·bitt·lich[ʊn|ɛrbɪ́tlɪç, ◡́◡◡◡; オーストリア: ◡́◡◡◡] 形 (どんなに頼んでも)聞き入れない, 頑として動かない, 容赦のない, 冷酷〈無情〉な; 冷厳な, きびしい: ein ～*er* Lehrer 厳格な教師 | das ～*e* Schicksal 冷酷な運命 ‖ *et.*[4] ～ fordern …を遠慮会釈もなく要求する. [<erbitten]

Un·er·bitt·lich·keit[..kaɪt, ◡́◡◡◡–] 女 -/ unerbittlich なこと.

un·er·fah·ren[ʊ́n|ɛrfa:rən] 形 経験のない〈乏しい〉, 無〈未〉経験の, 未熟〈不慣れ〉な: ～*e* junge Menschen 〔人生〕経験の乏しい若い人たち | ein ～*es*, junges Ding《話》青二才 | ein ～*es* Mädchen 世間知らずの〈まだ男を知らない〉娘 ‖ In der Liebe war sie noch ziemlich ～. 愛の世界のことに関しては彼女はまだあまり経験がなかった.

Un·er·fah·ren·heit[–haɪt] 女 -/ unerfahren なこと.

un·er·find·lich[ʊn|ɛrfɪ́ntlɪç, ◡́◡◡◡; オーストリア: ◡́◡◡◡] 形 見当のつかない, 納得のゆかない, 不可解な: aus ～*en* Gründen なぜかよく分からない理由で | Es ist mir ～, warum er nicht gekommen ist. なぜ彼が来なかったのか私には見当がつかない.

un·er·forsch·lich[ʊn|ɛrfɔ́rʃlɪç, ◡́◡◡◡; オーストリア: ◡́◡◡◡] 形 探究しがたい, 究めがたい; 計りがたい, 不可解な: nach dem ～*en* Ratschluß Gottes 神の計りがたきおぼしめしにより(死亡通知などに使われる表現). [<erforschen]

Un·er·forsch·lich·keit[..kaɪt, ◡́◡◡◡–] 女 -/ unerforschlich なこと.

un·er·forscht 形 〔まだ〕探究されていない, 究めつくされていない: ein ～*es* Problem 未探究の問題.

un·er·freu·lich[ʊ́n|ɛrfrɔʏlɪç] 形 うれしくない, 喜ばしくない; 好ましく〈かんばしく〉ない, 不愉快な: eine ～*e* Nachricht うれしくない〈よくない〉知らせ.

un·er·füll·bar[ʊn|ɛrfʏ́lba:r, ◡́◡◡–; オーストリア: ◡́◡◡–] 形 (要求・願望などが)満たせない, 実現不可能な; (約束などが)果たしがたい; (目標が)達成不可能な.

un·er·füllt[ʊ́n|ɛrfʏlt] 形 (要求・願望などが)満たされていない; 欲求不満の; (義務などが)果たされていない; (目標が)達成されていない.

un·er·gie·big[ʊ́n|ɛrgi:bɪç][2] 形 収量の乏しい, 収穫〈利益〉の少ない; (土地が)不毛の; 《比》実りの少ない, 非生産的な.

Un·er·gie·big·keit[–kaɪt] 女 -/ unergiebig なこと.

un·er·gründ·bar[ʊn|ɛrgrʏ́ntba:r, ◡́◡◡–] 形, **un·er·gründ·lich**[..lɪç, ◡́◡◡◡; オーストリア: ◡́◡◡◡] 形 底をきわめがたい, 計り知れぬほど深い; 《比》探究しがたい, 茫洋(ぼう)とした, 不可解な, なぞめいた: das ～*e* Meer 底知れぬ海 | ein ～*es* Lächeln なぞめいた微笑. [<ergründen]

un·er·heb·lich[ʊ́n|ɛrhe:plɪç] 形 大したことのない, 取るに足りない, 些細(さい)な: ein ～*er* Schaden 軽微な損害 | ein nicht ～*er* Betrag 少なからぬ額.

Un·er·heb·lich·keit[–kaɪt] 女 -/ unerheblich なこと.

un·er·hört 形 **1** [ʊ́n|ɛrhø:rt] これまで聞いたことのない, 前代未聞の; 途方もない, 法外な; 信じられないほどひどい: eine ～*e* Begebenheit 前代未聞の出来事 | eine ～*e* Dreistigkeit 信じられぬほどの厚かましさ | eine ～*e* Menge とてつもない量 ‖ Das ist doch ～! こんなひどいことは初めてだ ‖ *sich*[4] ～ benehmen 非常識な振舞いをする | Der Vortrag war ～ interessant. その講演は途方もなく面白かった. **2** [◡́◡–] (願いが)聞き入れられない: Seine Bitte blieb ～. 彼の願いは聞き届けられなかった | Seine Liebe blieb ～. 彼の愛は片思いに終わった.

un·er·kannt[ʊ́n|ɛrkant] 形 見分けられ〔てい〕ない, 見抜かれ〔てい〕ない: Er gelangte ～ in die Stadt. 彼は〔彼であることを〕だれにもさとられずに町に入った.

un·er·kenn·bar[ʊn|ɛrkɛ́nba:r, ◡́◡◡–] 形 認識〈識別〉できない, 見分けのつかない.

un·er·klär·bar[ʊn|ɛrklɛ́:rba:r, ◡́◡––; オーストリア: ◡́◡––] 形, **un·er·klär·lich**[..lɪç, ◡́◡–◡; オーストリア: ◡́◡–◡] 形 説明のつかない, 納得のゆかない, 不可解な: eine ～*e* Angst わけの分からない〈言い知れぬ〉不安 | Aus ～*en* Gründen blieb er fern. 理由はよく分からないが彼は来なかった ‖ Es ist mir ～, wie das geschehen konnte. どうしてそんなことが起こったのか私には理解できない. [<erklären]

Un·er·klär·lich·keit[..kaɪt, ◡́◡–◡–] 女 -/ unerklärlich なこと.

un·er·läß·lich[ʊn|ɛrlɛ́slɪç, ◡́◡◡◡; オーストリア: ◡́◡◡◡] 形 欠くことのできない, どうしても必要な, 必須(ひっす)の: eine ～*e* Bedingung 〈Voraussetzung〉 不可欠な条件〈前提〉.

un·er·laubt[ʊ́n|ɛrlaʊpt] 形 許されて〈許可されて〉いない, 禁じられた; 不法な: eine ～*e* Handlung《法》不法行為.

Un·er·laubt·heit[–haɪt] 女 -/ unerlaubt なこと.

un·er·le·digt[ʊ́n|ɛrle:dɪçt] 形 (仕事などが)〔まだ〕片のついていない, 未処理の; (事件などが)未解決の: ～*e* Post 未処理の〈まだ返事を書いていない〉郵便物 | ～*e* Fälle (犯罪などの)未解決事件.

un·er·meß·lich[ʊn|ɛrmɛ́slɪç, ◡́◡◡◡; オーストリア: ◡́◡◡◡] 形 計り知れないほどの; 途方もない; 非常な, 法外な: ～*es* Elend 計り知れぬ不幸 | ein ～*es* Vermögen ばく大な財産 | die ～*e* Weite des Meeres 海の無限の広さ ‖ 〔**bis**〕 **ins ～*e*** 無限に, 際限なく | Seine Ansprüche wuchsen ins ～*e*. 彼の要求はとどまるところなく大きくなっていった ‖ ～ reich sein 途方もない金持ちである. [<ermessen]

Un·er·meß·lich·keit[..kaɪt, ◡́◡◡◡–] 女 -/ unermeßlich なこと.

un·er·müd·lich[ʊn|ɛrmý:tlɪç, ◡́◡–◡] 形 疲れを知らない, 飽きることのない, 根気強い, 不撓(とう)不屈の: ～*e* Bemühungen たゆまぬ骨折り | mit ～*em* Fleiß せっせと, こつこつと ‖ ～ arbeiten うまずたゆまず働く〈仕事をする〉. [<ermüden]

Un·er·müd·lich·keit[..kaɪt, ◡́◡–◡–] 女 -/ unermüdlich なこと.

un·ernst[ʊ́n|ɛrnst] 形 ふまじめな, 真剣でない.

un·er·quick·lich[ʊ́n|ɛrkvɪklɪç] 形 喜ばしくない, 不愉快な: eine ～*e* Auseinandersetzung 不愉快な口論 | ein ～*es* Thema いやなテーマ.

un·er·reich·bar[ʊn|ɛrráɪçba:r, ◡́◡––; オーストリア: ◡́◡––] 形 到達〈達成〉しがたい; 手の届かない; 連絡のとれない: ein ～*es* Ideal 実現不可能な理想 | Er ist momentan ～. 彼とはいまのところ連絡がとれない.

Un·er·reich·bar·keit[..kaɪt, ◡́◡–––] 女 -/ unerreichbar なこと.

un·er·reicht[ʊn|ɛrráɪçt, ◡́◡–; オーストリア: ◡́◡–] 形 (いまだかつて)達成されたことのない, 前人未到の, 空前の, 比類のない: Dieser Rekord ist bis heute ～. この記録は今日に至るまで更新されていない | Die Leistung des Orchesters ist ～. このオーケストラの力量は他に及ぶものがない.

un·er·sätt·lich[ʊn|ɛrzɛ́tlɪç, ◡́◡◡◡; オーストリア: ◡́◡◡◡] 形 飽くことを知らない, 満足することのない, 貪欲(どんよく)な: ～*e* Neugier 飽くことを知らぬ好奇心 | ～*er* Wissensdurst 貪婪(どんらん)な知識欲. [<ersättigen]

Un·er·sätt·lich·keit[..kaɪt, ◡́◡◡◡–] 女 -/ unersättlich なこと.

un·er·schlos·sen[ʊ́n|ɛrʃlɔsən] 形 〔まだ〕開発されていない, 未開発の: ～*e* Rohstoffquellen 未開発資源.

un·er·schöpf·lich[ʊn|ɛrʃœ́pflɪç, ◡́◡◡◡; オーストリア: ◡́◡◡◡] 形 汲(く)めども尽きぬ, 無尽蔵の; 限りない, 無限の: ein ～*er* Vorrat 無尽蔵の蓄え〈ストック〉 ‖ Meine Geduld ist nicht ～. 私の忍耐にも限度がある.

un·er·schrocken[ʊ́n|ɛrʃrɔkən] 形 恐れを知らない, びくともしない, 豪胆〈勇敢〉な: ein ～*er* Mensch 大胆不敵な人 | ein ～*es* Handeln 恐れを知らぬ行為.

Un·er·schrocken·heit[–haɪt] 女 -/ unerschrocken なこと.

un·er·schüt·ter·lich[ʊn|ɛrʃʏ́tərlɪç, ◡́◡◡◡◡; ｵｰｽﾄﾘｱ: ◡́◡◡◡◡] 形 ゆるがない, ぐらつかない, びくともしない, 不動の, 確固とした: mit ～*er* Ruhe 落ち着きはらって | Mein Vertrauen zu ihm ist ～. 私の彼に対する信頼はゆるぎないものだ. [＜erschüttern]

un·er·schwịng·lich[ʊn|ɛrʃvɪ́ŋlɪç, ◡́◡◡◡; ｵｰｽﾄﾘｱ: ◡́◡◡◡] 形 (価格・費用などがその金額から見て)調達不可能な, 工面のつかない: ～ teuer 手が届かぬほど高価な.

un·er·sẹtz·bar[ʊn|ɛrzɛ́tsba:r, ◡́◡◡—; ｵｰｽﾄﾘｱ: ◡́◡◡—] 形, **un·er·sẹtz·lich**[..lɪç, ◡́◡◡◡; ｵｰｽﾄﾘｱ: ◡́◡◡◡] 形 代わりのない, 代用〈取り替え〉のきかない; かけがえのない: ein ～*er* Verlust かけがえのない損失 | Er ist hier ～. 彼はここではなくてはならぬ存在だ. [＜ersetzen]

Un·er·sẹtz·lich·keit[..kaɪt, ◡́◡◡◡—] 女 -/ unersetzlich なこと.

un·er·sprieß·lich[ʊn|ɛrʃprí:slɪç, ◡́◡—◡; ｵｰｽﾄﾘｱ: ◡́◡—◡] 形 利益をもたらさない, 無益〈無用〉の; 効果〈効能〉のない: ein ～*es* Gespräch むだな会話 | eine ～*e* Zusammenarbeit 実りのない共同作業.

un·er·steig·bar[ʊn|ɛrʃtáɪkba:r, ◡́◡——] 形 (頂上まで)登り得ない, 頂上をきわめがたい.

un·er·träg·lich[ʊn|ɛrtrɛ́:klɪç, ◡́◡—◡; ｵｰｽﾄﾘｱ: ◡́◡—◡] 形 我慢のできない, 耐えがたい; 鼻もちのならない: ein ～*er* Kerl 鼻もちのならない〈いやみな〉やつ | ～*e* Schmerzen 耐えがたい苦痛 ‖ Es ist ～ heiß hier. ここは我慢できないほど暑い.

Un·er·träg·lich·keit[..kaɪt, ◡́◡—◡—] 女 -/ unerträglich なこと.

ụn·er·wähnt[ʊ́n|ɛrvɛ:nt] 形 述べられない, 言及されない: *et.*[4] ～ lassen …について述べず〈言及せず〉におく | Es soll nicht ～ bleiben, daß … …についてもぜひ一言述べておこう.

ụn·er·war·tet[ʊ́n|ɛrvartət, ◡◡◡́◡] 形 予期しない, 思いがけない, 予想外の, 意外な; 不意の, 突然の: eine ～*e* Nachricht 不意の〈意外な〉知らせ ‖ Er kam ～ zurück. 彼は突然戻ってきた | Die Nachricht kam mir nicht ～. 私にとってこの知らせは思いがけないものではなかった.

un·er·weis·bar[ʊn|ɛrváɪsba:r, ◡́◡——; ｵｰｽﾄﾘｱ: ◡́◡——] 形, **un·er·weis·lich**[..lɪç, ◡́◡—◡; ｵｰｽﾄﾘｱ: ◡́◡—◡] 形 証明できない, 実証不能の.

ụn·er·wi·dert[ʊ́n|ɛrvi:dərt] 形 答えられない, 返答〈応答〉されない; 返礼〈お返し〉のない, 報いられない: eine ～*e* Liebe 片思い | Sein Brief 〈Seine Frage〉 blieb ～. 彼の手紙〈質問〉には結局返事がなかった.

ụn·er·wie·sen[ʊ́n|ɛrvi:zən] 形 〔まだ〕証明〈実証〉されていない.

ụn·er·wünscht[ʊ́n|ɛrvʏnʃt] 形 望ましくない, ありがたくない, 都合の悪い: eine ～*e* Person 望ましからざる人物 (＝Persona ingrata) | In diesem Hotel sind Gäste mit Hunden ～. 当ホテルでは犬をお連れのお客様はお断りします.

ụn·er·zo·gen[ʊ́n|ɛrtso:gən] 形 しつけの悪い, 不作法な.

Ụn·er·zo·gen·heit[–haɪt] 女 -/ unerzogen なこと.

UNESCO[unɛ́sko·] 女 -/ ユネスコ, 国際連合教育科学文化機関. [*engl.*; ＜*engl.* *U*nited *N*ations *E*ducational, *S*cientific, and *C*ultural *O*rganization]

ụn·fä·hig[ʊ́nfɛ:ɪç][2] 形 **1** 才能〈力量〉のない, 無能な: ein ～*er* Politiker 無能な政治家 ‖ Er ist einfach ～. 彼は全くの能なし〈役立たず〉だ. **2** 《*et.*[2] / zu *et.*[3]》(…の)能力〈素質〉のない, (…の)資格〈権限〉のない, (…に)適していない: Er ist einer solchen Tat 〈zu einer solchen Tat〉 ～. 彼にはこのような行為はできない ‖〖zu 不定詞〔句〕と〗Ich bin momentan ～, darüber zu entscheiden. 私は今のところそれについて決定を下すことはできない | Seit dem Unfall ist er ～ zu arbeiten. 事故以来彼は働けない状態である.

Ụn·fä·hig·keit[–kaɪt] 女 -/ (unfähig なこと. 例えば:) 無能力, 無能; 無資格.

un·fahr·bar[ʊnfá:rba:r, ◡́——] ＝unbefahrbar

ụn·fair[ʊ́nfɛ:r] 形 公平〈公正〉でない, フェアでない, 不正な, ずるい: zu ～*en* Mitteln greifen 卑劣な手を使う.

Ụn·fair·neß[–nɛs] 女 -/ unfair なこと〈態度〉.

Ụn·fall[ʊ́nfal] 男 -〔e〕s/..fälle[..fɛlə] (不慮の)事故(鉄道事故や航空機事故のように多数の死傷者を出す大規模な事故は: →Unglück 1): ein tödlicher ～ / ein ～ mit tödlichem Ausgang 死亡事故 | Verkehrs*unfall* 交通事故 ‖ einen ～ bauen 事故を起こす | einen ～ haben 〈erleiden〉 事故にあう | einen ～ verursachen 事故をひき起こす | *Unfälle* verhüten / *Unfällen* vorbeugen 事故を防止する ‖ bei einem ～ verletzt werden 事故で負傷する | in einen ～ verwickelt werden 事故に巻き込まれる ‖ Der ～ forderte drei Todesopfer. この事故で 3 人の死者が出た. [*mhd.* un-gevall „Miß-geschick“; ◇Fall[1]]

Ụn·fall≈be·tei·lig·te 男 女 《形容詞変化》交通事故の当事者. **≈chir·ur·gie** 女 災害外科. **≈ent·schä·di·gung** 女 事故災害補償. **≈flucht** 女 (Fahrerflucht)〖法〗ひき逃げ.

ụn·fall·flüch·tig 形 ひき逃げをした: ein ～*er* Fahrer ひき逃げの運転者.

Ụn·fall·fol·gen 複 事故〔災害〕後遺症.

ụn·fall·frei 形 (運転者などが)事故を起こしたことのない, 無事故の; (車が)事故にあったことのない: Er fährt schon 10 Jahre lang ～. 彼はもう10年も無事故運転だ.

Ụn·fall≈ge·fahr 女 事故の危険. **≈ge·schä·dig·te** 男 女 〔交通〕事故による身体障害者. **≈kli·nik** 女 救急病院. **≈kom·man·do** 中 事故処理班. **≈me·di·zin** 女 災害〈救急〉医学. **≈neu·ro·se** 女〖心〗災害神経症. **≈ort** 男 -〔e〕s/-e 事故のあった場所, 事故現場. **≈quo·te** 女, **≈ra·te** 女 事故発生率. **≈ren·te** 女 傷害年金.

Ụn·falls·ren·te《ｵｰｽﾄﾘｱ》＝Unfallrente

Ụn·fall≈sta·tion 女 (病院の)救急病棟〈処置室〉. **≈sta·ti·stik** 女 事故統計. **≈stel·le** 女 ＝Unfallort **≈tod** 男 事故死. **≈to·te** 男 女 事故死した人.

ụn·fall·träch·tig 形 (急カーブ・交差点などが)事故の危険をはらんだ, 事故の起こりやすい.

Ụn·fall≈ur·sa·che 女 事故原因. **≈ver·hü·tung** 女 事故防止. **≈ver·letz·te** 男 女 事故による負傷者. **≈ver·si·che·rung** 女 傷害保険. **≈wa·gen** 男 **1** 事故にあっ〔て壊れ〕た車. **2** 救急車. **≈zeit** 女 事故発生時刻. **≈zeu·ge** 男 事故の目撃〈証言〉者.

un·faß·bar[ʊnfásba:r, ◡́◡—] 形, **un·faß·lich**[..lɪç, ◡́◡◡] 形 理解できない, 不可解な; 想像〈言語〉を絶する: eine ～*e* Armut 想像もつかぬほどの貧困 | Es ist mir ～, wie er das hat tun können. どうして彼にそれをすることができたのか不可解だ. [＜fassen]

un·fẹhl·bar[ʊnfé:lba:r, ◡́——] 形 **1** あやまち〈誤謬(ごびゅう)〉を犯すことのない: Kein Mensch ist ～. 間違いを犯さぬ人間はいない. **2** 絶対に信頼の置ける, 確実な: einen ～*en* Instinkt 〈Geruchssinn〉 haben 確かな本能〈嗅覚(きゅうかく)〉をもっている ‖ Die Katastrophe wird ～ kommen. 破局はきっとやってくるだろう. [＜fehlen]

Un·fẹhl·bar·keit[..kaɪt, ◡́———] 女 -/ unfehlbar なこと: die ～ des Papstes〖カトリック〗教皇の不謬(ふびゅう)性.

Un·fẹhl·bar·keits·dog·ma 中〖カトリック〗教皇の不謬性の教義.

ụn·fein[ʊ́nfaɪn] 形 上品でない, 洗練されていない, 不作法な: ein ～*es* Benehmen 不作法な振舞い.

Ụn·fein·heit[–haɪt] 女 -/ unfein なこと.

ụn·fern[ʊ́nfɛrn] **I** 前《2格支配》(unweit) …から遠くないところで: ～ der Stadt 町からほど遠からぬところで ‖〖無冠詞の地名につけて〗～ München〔s〕 ミュンヒェンから遠からぬところで. **II** 副 (…から)遠くないところで: ～ von der Stadt 町からほど遠からぬところで.

ụn·fer·tig[ʊ́nfɛrtɪç][2] 形 未完成の, 出来上がって〈仕上がって〉いない; (人・考えなどが)まだ円熟していない, 未熟な: ein ～*er* Aufsatz 〔内容的に〕未完成の論文 | ein ～*er* Künstler 未熟な芸術家 ‖ *et.*[4] ～ liegenlassen …を未完のまま放置する.

Ụn·flat[ʊ́nfla:t] 男 -〔e〕s/ 汚物; 《比》不潔さ, 汚辱; 罵詈(ばり)雑言(ぞうごん). [*mhd.*; ＜*ahd.* flāt „Sauberkeit“]

ụn·flä·tig[ʊ́nflɛ:tɪç][2] 形 汚い, 不潔な; けがらわしい, 卑猥(ひわい)な: ein ～*es* Benehmen けがらわしい振舞い | *jn.* ～ 〈in ～*er* Weise〉 beschimpfen …を口汚くののしる.

U

Ụn·flä·tig·keit[–kaɪt] 女 -/-en **1**《単数で》unflätig なこと. **2** unflätig な言動.

un·flek·tier·bar[ʊnflɛktíːrbaːr, ⌣́⌣––] 形《言》語形変化のできない: ～*e* Wortarten 不変化詞(前置詞・接続詞・副詞・心態詞など).

ụn·flek·tiert[ʊ́nflɛktiːrt] 形 (ungebeugt)《言》〔語形〕変化し〔てい〕ない.

ụn·flott[ʊ́nflɔt] 形《話》《ふつう次の形で》nicht ～ 悪くない, けっこういける | Das Mädchen 〈Das Kleid〉 ist nicht ～. あの女の子〈ドレス〉はなかなかいい | Es wäre nicht ～, wenn du die Sache übernähmest. 君がこの件を引き受けてくれればよいのだが.

ụn·folg·sam[ʊ́nfɔlkzaːm] 形 不従順な,(他人の)言うことをきかない: ein ～*es* Kind ききわけのない子.

Ụn·folg·sam·keit[–kaɪt] 女 -/ unfolgsam なこと.

Ụn·form[ʊ́nfɔrm] 女 -/-en《ふつう単数で》不格好.

ụn·för·mig[ʊ́nfœrmɪç][2] 形 (太って・ふくらんで)不格好な.

Ụn·för·mig·keit[–kaɪt] 女 -/ unförmig なこと.

ụn·förm·lich[ʊ́nfœrmlɪç] 形 **1** 形式(儀式)ばらない, くだけた: ein ～*es* Betragen 四角ばらない〈打ち解けた〉態度. ▽**2** ＝unförmig

ụn·fran·kiert[ʊ́nfraŋkiːrt] 形 郵税未納の,(郵便物に)切手のはってない.

ụn·frau·lich[ʊ́nfraʊlɪç] 形 女らしくない.

ụn·frei[ʊ́nfraɪ] **I** 形 **1 a)** 自由でない, 不自由な; 制約(束縛)された: Ich bin in meinen Entscheidungen ～. 私は〔束縛があって〕自分で自由に決定を下すことはできない. **b)**《史》不自由身分の, 隷属した: die ～*en* Bauern 農奴. **2** 自由に身動きできない, 窮屈な; (気持が)のびのびしていない, ぎごちない: Ich fühle mich in seiner Gegenwart ～. 私は彼の前では気分が窮屈だ. **3** ＝unfrankiert

II Ụn·freie 男 女《形容詞変化》《史》不自由身分の人(奴隷・農奴など).

ụn·frei·ge·big[ʊ́nfraɪgeːbɪç][2] 形 気前のよくない, 物惜しみする.

Ụn·frei·heit[ʊ́nfraɪhaɪt] 女 -/ (unfrei なこと. 例えば:) 非自由, 不自由, 束縛;《史》不自由身分, 隷属状態; 窮屈, ぎごちなさ.

ụn·frei·wil·lig[ʊ́nfraɪvɪlɪç][2] 形 **1** 自由意志からでない, 自発的でない,(強制されて)やむを得ず行った, 不本意の: *et.*[4] ～ tun 心ならずも…をする. **2** 意図しない, 思わず知らずの: ～*er* Humor たくまざるユーモア | Er hat ein ～*es* Bad genommen.《戯》彼はあやまって水に落ちた.

ụn·freund·lich[ʊ́nfrɔʏntlɪç] 形 **1** 友好(好意)的でない, 友情のない; 不親切な; 無愛想な, 不機嫌な: eine ～*e* Antwort つっけんどんな返事 | ein ～*es* Gesicht machen 無愛想な顔をする ‖ *jn.* ～ behandeln …を親切にあしらう. **2** 好ましくない, 快適でない, 陰鬱(いんうつ)な: ein ～*er* Anblick 不愉快な光景 | ein ～*es* Wetter (寒冷・雨などの)いやな天気.

Ụn·freund·lich·keit[–kaɪt] 女 -/-en **1**《単数で》unfreundlich なこと. **2** unfreundlich な言動.

ụn·freund·schaft·lich[..ʃaftlɪç] 形《述語的用法なし》友情のない, 非友好的な.

Ụn·frie·de[ʊ́nfriːdə] 男 2格 -ns, 3格 -n, 4格 -n, 複数なし ＝Unfrieden

Ụn·frie·den[..dən] 男 -s/ 不和, いさかい, あつれき: ～ stiften 争いの種をまく | mit *jm.* in ～ leben …と仲たがいしている | Frieden ernährt, ～ verzehrt.《諺》平和は人を養い不和は人を衰えさせる.

ụn·fri·siert[ʊ́nfriziːrt] 形 **1** 調髪していない, 髪をととのえていない: ～*e* Haare 調髪していない髪. **2**《比》粉飾されていない, 手を加えてない, ありのままの; (自動車などが性能を高めるための)改造をしていない: eine ～*e* Bilanz 粉飾されていない決算.

ụn·froh[ʊ́nfroː] 形 (気分が)楽しくない, 愉快でない.

ụn·fromm[ʊ́nfrɔm] 形 不信心な, 不敬な.

ụn·frucht·bar[ʊ́nfrʊxtbaːr] 形 **1** 実りをもたらさない, 実りの乏しい; (土地が)不毛の, 地味のやせた: ～*es* Land 不毛の土地 | auf ～*en* Boden fallen《比》(思想・提案などが)受け入れられない, 反響を呼ばない. **2** 繁殖力のない, 子を産む能力のない, 妊娠不能の; (植物が)実を結ばない: Die Frau ist ～. あの女は子供ができない体だ. **3**《比》実りのない, 生産的でない: eine ～*e* Diskussion 実りのない討論.

Ụn·frucht·bar·keit[–kaɪt] 女 -/ unfruchtbar なこと.

Ụn·frucht·bar·ma·chung 女 -/-en《医》断種〔法〕; 避妊〔法〕.

Ụn·fug[ʊ́nfuːk][1] 男 -〔e〕s/ **1** (他人の迷惑となる)悪さ, 乱暴な行為, 狼藉(ろうぜき): ～ treiben 悪さ〈乱暴狼藉〉をはたらく. **2** (Unsinn) ばかげたこと: Mach keinen ～! ばかなまねはやめろ.

..ung[..ʊŋ]《動詞の語幹につけて女性名詞 (-/-en) をつくる》 **1**《もっぱら単数で.「…すること」を意味する》: Lenk*ung* 操縦すること | Verdeutlich*ung* 明確にすること. **2**《「事柄・物・道具・装置」などを意味する》: Bezieh*ung* 関係 | Wirk*ung* 効果 | Ordn*ung* 秩序 | Versamml*ung* 集まり | Beding*ung* 条件 | Umgeb*ung* 環境 | Erfind*ung* 発明されたもの | Begab*ung* 天分 | Vorstell*ung* 観念 | Pack*ung* 包み | Kleid*ung* 衣服 | Lad*ung* 積み荷 | Nachahm*ung* 模造品 | Zusammensetz*ung* 複合語 | Kuppl*ung* (自動車の)クラッチ | Heiz*ung* 暖房装置 | Üb*ung* 練習問題. **3**《「…する場所・機関・人」などを意味する》: Wohn*ung* 住まい | Münd*ung* 河口; 合流点 | Reinig*ung* クリーニング店 | Öffn*ung* 穴 | Kreuz*ung* 交差点 | Siedl*ung* 入植地 | Vertret*ung* 代理店, 代理人 | Regier*ung* 政府 | Führ*ung* 指導者層 | Bevölker*ung* 住民 | Verwalt*ung* 管理部, 管理人. [*germ.*; ◇ *engl.* ..ing]

ụn·ga·lant[ʊ́ngalant] 形 (特に女性に対して)礼儀正しくない, 不親切な, いんぎんでない, 非礼〈不作法〉な: ein ～*es* Benehmen (女性に対する)非礼な振舞い.

un·gang·bar[ʊ́ngaŋbaːr, ⌣⌣́–] 形 (道などが)通れない, 通行不能の.

ụn·gar[ʊ́ngaːr] 形《農》(土地についてその物理的・化学的・生物学的条件が)農耕に適さない.

Ụn·gar[ʊ́ŋgar] 男 -n/-n (⇔ **Ụn·ga·rin**[..rɪn]-/-nen) ハンガリー人. [*mlat.* Ung〔a〕rī]

ụn·ga·risch[ʊ́ŋgarɪʃ] 形 ハンガリー〔人・語〕の : → deutsch ‖ ～*es* Gulasch《料理》ハンガリーふうグーラシュ |《*Ungarische* Rhapsodien》(Liszt 作曲の『ハンガリー狂詩曲』| die *Ungarische* Volksrepublik ハンガリー人民共和国(1989年まで).

Ụn·garn[ʊ́ŋgarn] 地名 ハンガリー(東ヨーロッパ中部にあり, 1989年以来共和国. 首都は Budapest): Republik ～ ハンガリー共和国.

ụn·gast·lich[ʊ́ngastlɪç] 形 客あしらいの悪い, 客に無愛想な;《比》(土地・家屋などが)滞在する気持を起こさせない, 魅力のない, 荒涼とした.

ụn·ge·ach·tet[ʊ́ngə|axtət, ⌣⌣⌣́⌣] **I** 前《2格支配; しばしば後置》(trotz) …にもかかわらず, …を顧慮せずに: ～ wiederholter Mahnungen 度重なる警告にもかかわらず | ～ des schlechten Wetters / des schlechten Wetters ～ 悪天候を冒して | ～ dessen, daß ... …を顧慮せずに.

▽**II** 接《従属》(obwohl) …にもかかわらず: ～ ich schon wußte, daß ... 私はすでに…ということを知ってはいたのだが.

ụn·ge·ahn·det[ʊ́ngə|aːndət, ⌣⌣⌣́⌣] ＝unbestraft

ụn·ge·ahnt[ʊ́ngə|aːnt, ⌣⌣⌣́] 形 予期しない, 予想外の: ～*e* Fähigkeiten 〈Schwierigkeiten〉 予想外の能力〈困難〉.

ụn·ge·bär·dig[ʊ́ngəbɛːrdɪç][2] 形 粗暴な, 乱暴な; 不作法〈ぶしつけ〉な: ein ～*es* Temperament 荒々しい気性.

Ụn·ge·bär·dig·keit[–kaɪt] 女 -/ ungebärdig なこと.

ụn·ge·be·ten[ʊ́ngəbeːtən] 形 招かれていない: ein ～*er* Gast 招かれざる客 ‖ *sich*[4] ～ einmischen 頼まれもしないのに干渉する〈口を出す〉.

ụn·ge·beugt[ʊ́ngəbɔʏkt] 形 **1** (不運・挫折(ざせつ)にもかかわらず)不撓(ふとう)不屈の,(困難に)くじけない: Trotz aller Schwierigkeiten blieb er ～. あらゆる困難にもかかわらず彼の気持はくじけなかった. **2** 曲がっていない: der ～*e* Rücken 真っすぐな背. **3** ＝unflektiert

ụn·ge·bil·det[ʊ́ngəbɪldət] 形 教養〈教育〉のない, 無教養

〈無教育〉な.

un·ge·bleicht[ʊ́ngəblaɪçt] 形 漂白されていない.

un·ge·bo·ren[ʊ́ngəbo:rən] 形〔まだ〕生まれ〔てい〕ない.

un·ge·brannt[ʊ́ngəbrant] 形 (陶器・れんがなどが)〔まだ〕焼けてない; (コーヒー豆などが)〔まだ〕煎(い)ってない: ～*e* Asche《話》棒〔でたたくこと〕, むち〔打ち〕.

un·ge·bräuch·lich[ʊ́ngəbrɔʏçlɪç] 形 一般に用いられていない〈行われていない〉: eine ～*e* Methode あまり用いられない方法 | ein ～*es* Wort まれにしか使われない語.

un·ge·braucht[..braʊxt] 形〔まだ〕使われていない, 未使用の: Das Hemd ist noch ～. このシャツはまだ新品である.

un·ge·bro·chen[ʊ́ngəbrɔxən] 形 **1** (重荷・困難・不幸・失敗にも)くじけることのない, 不撓(ふとう)不屈の. **2 a)**〘理〙(光線・音波などが)屈折していない. **b)** (色などが)くすんでいない.

Un·ge·bühr[ʊ́ngəby:r] 女 -/ 不相応, 不適当; 無礼, 不作法; 不当, 不都合, 不正: wegen ～ vor Gericht bestraft werden〘法〙法廷侮辱の罪で罰せられる.

un·ge·büh·rend[ʊ́ngəby:rənt, ◡◡⏊◡][1] 形, **un·ge·bühr·lich**[..by:rlɪç, ◡◡⏊◡] 形 (社会通念に)ふさわしくない, 不適当な, 不穏当な, 不相応な; 不当な: ein ～*es* Verhalten 不穏当な振舞い ‖ ～ lange arbeiten とんでもなく長いあいだ働く | ein ～ hoher Preis 法外な値段.

Un·ge·bühr·lich·keit[..kaɪt, ◡◡⏊◡—] 女 -/ **1**《単数で》ungebührlich なこと. **2** ungebührlich な言動.

un·ge·bun·den[ʊ́ngəbʊndən] 形 **1** 束縛〈拘束・制約〉されていない, 自由な: ein ～*es* Leben führen (家庭・職業などに束縛されない)自由な生活を送る. **2**〔まだ〕製本されていない: ein ～*es* Buch 仮とじの本. **3**〘料理〙とろみのついていない: eine ～*e* Suppe 澄んだスープ, コンソメ. **4**〘詩〙韻律形式をもたない: ～*e* Rede 散文. **5**〘楽〙レガートしていない, (音を)一つ一つ切った.

Un·ge·bun·den·heit[−haɪt] 女 -/ ungebunden なこと.

un·ge·deckt[ʊ́ngədɛkt] 形 (decken されていない. 例えば:) おおわれていない; 食事の用意ができていない(食卓); (戦線・競技者などが)援護されていない;〘商〙(手形・小切手などが)現金の裏づけのない, 不渡りの; (借款などが)無担保の: ein ～*er* Wechsel 不渡り手形.

Un·ge·deih[ʊ́ngədaɪ] 男 -〔e〕s/《もっぱら次の形で》auf Gedeih und ～ (→Gedeih).

un·ge·dient[ʊ́ngədi:nt] 形《付加語的》兵役をすませていない.

un·ge·druckt[ʊ́ngədrʊkt] 形〔まだ〕印刷されていない: ～*e* Manuskripte〈Schriften〉印刷されていない原稿〈文書〉.

Un·ge·duld[ʊ́ngədʊlt] 女 -/ 短気, 性急, せっかち; 待ち切れない気持, 焦燥, あせり, いらだち: mit ～ / voll〔er〕～ 待ち切れぬ思いで, いらいらしながら.

un·ge·dul·dig[..dʊldɪç][2] 形 短気な, 性急〈せっかち〉な; (待ち切れない気持で)もどかしい, いらいらした: ein ～*er* Mensch 気の短い人間 ‖ ～ auf *jn.*〈*et.*[4]〉warten …を待ち焦がれる | Sei nicht so ～! そんなに急(せ)くな, そんなにいらいらするな.

un·ge·eig·net[ʊ́ngə|aɪgnət] 形 不適当な, ふさわしくない: Er ist für diesen Beruf〈zum Lehrer〉～. 彼はこの職業〈教師〉には向いていない.

un·ge·fähr[ʊ́ngəfɛ:r, ◡◡⏊] **I** 副 **1** およそ, ほぼ, 約: ～ drei Mark 約 3 マルク | ～ 20 Personen およそ20人ばかり | ～ in acht Tagen〈in ～ acht Tagen/in acht Tagen ～〉約 1 週間後に ‖ Ich weiß ～ Bescheid. 私はだいたい事情を知っている | **So ～** acht Tage wird er bei uns bleiben. だいたい 1 週間ぐらい彼は私たちのところに滞在するだろう | Hast du alles allein bezahlen müssen?—So ～! 君はひとりで全部支払わなくてはならなかったのかい — まあ そういうことさ. **2 von ～** 偶然に | **wie von ～** 偶然であるかのように | Er näherte sich ihr wie von ～. 彼は偶然を装って彼女に近づいた | Seine schlechte Note in Mathematik kommt nicht von ～. 彼の数学の点が悪いのも偶然ではない(それなりの理由がある).

II 形《付加語的》おおよその, 概略の: eine ～*e* Zahl 概数 | Davon habe ich nur eine ～*e* Ahnung. それについてはおおよその見当しかつかない.

III Un·ge·fähr[また: ◡◡⏊] 中 -s/ 運命, 偶然.

[*mhd.* āne gevære „ohne böse Absicht" (こまかい数値の違いの責任を問われないための断り書き); ◇ohne, Gefahr]

un·ge·fähr·det[ʊ́ngəfɛ:rdət, ◡◡⏊◡] 形 危険にさらされていない, 安全な; (競争で)安全圏にある: Hier können die Kinder ～ spielen. ここなら子供たちも安心して遊べる.

un·ge·fähr·lich[ʊ́ngəfɛ:rlɪç] 形 危険のない, 危なくない: verhältnismäßig ～ sein 比較的危険が少ない | Er ist für dich nicht ～. 彼は君にとってかなり危険な人物だ.

un·ge·fäl·lig[ʊ́ngəfɛlɪç][2] 形 不親切な, 無愛想な: ein ～*es* Verhalten つっけんどんな態度.

Un·ge·fäl·lig·keit[−kaɪt] 女 -/ ungefällig なこと.

un·ge·färbt[ʊ́ngəfɛrpt] 形 染めてない, 無着色の;《比》〔主観的な〕色のつかない; 粉飾のない, ありのままの: ～*e* Wolle 染めてない毛糸 | die ～*e* Wahrheit ありのままの真実.

un·ge·fragt[ʊ́ngəfra:kt] 形《述語的》**1** 質問されずに: ～ sprechen 聞かれもしないのに口を開く. **2** 質問をしないで; 断りもなく.

un·ge·freut[ʊ́ngəfrɔʏt] 形《ス$^{イ}_{ス}$》(unerfreulich) 喜ばしくない, 好ましくない: eine ～*e* Situation かんばしくない状況.

un·ge·früh·stückt[ʊ́ngəfry:ʃtʏkt] 形《述語的》《話》朝飯を食べていない, 朝食抜きの.

un·ge·fü·ge[ʊ́ngəfy:gə] 形《雅》**1** 大きくて不格好な, かさばった: ein ～*r* Bursche 大きな図体(ずうたい)の若者 | schwere und ～ Möbel 重く扱いにくい家具. **2** 不器用な, ぎごちない: eine ～ Rede ぎごちない話し方.

un·ge·fü·gig[..gɪç][2] 形 **1** ＝ungefüge 1 **2** 従順でない, 反抗的な: ein ～*es* Kind 言うことを聞かない子供.

un·ge·ges·sen[ʊ́ngəgɛsən] 形 **1** (料理が)食べ残しの. **2**《述語的》《話》何も食べていない, 食事をしていない.

un·ge·hal·ten[ʊ́ngəhaltən] 形 不機嫌な, 気を悪くした: ～ den Kopf schütteln 腹立たしげに頭(かぶ)を振る ‖ Er war sehr ～ über diese Störung. 彼はこんな邪魔が入ったことにひどく気を悪くしていた | wegen einer Angelegenheit ～ sein ある件で気を悪くしている.

Un·ge·hal·ten·heit[−haɪt] 女 -/ ungehalten なこと.

un·ge·hei·ßen[ʊ́ngəhaɪsən] 形《述語的》《雅》命令〈要求〉されていない, 自発的な.

un·ge·heizt[ʊ́ngəhaɪtst] 形 (部屋などが)暖められていない, 暖房の入っていない.

un·ge·hemmt[ʊ́ngəhɛmt] 形 **1** 気おくれしない, 臆(おく)するところのない: ～ *seine* Meinung äußern 平気で自分の考えを述べる. **2** (hemmungslos) 自制心のない, 抑制のきかない: ～*e* Freude 手放しの喜び | ～*e* Wut あたりかまわぬ怒り ‖ ～ trinken (酒を)飲みたい放題飲む. **3** なんの束縛もうけない: eine ～*e* Bewegung 自由な動き.

un·ge·heu·er[ʊ́ngəhɔʏər, ◡◡⏊◡] (ungeheu·r..) **I** 形 **1** (数量・力などが)途方〈とてつ〉もない, ものすごい, 恐ろしい, 非常な: eine *ungeheure* Angst 底知れぬ不安 | eine *ungeheure* Summe ばく大な金額 | eine *ungeheure* Weite 途方もない広さ | *ungeheures* Aufsehen erregen ものすごいセンセーションを巻き起こす | eine *ungeheure* Rolle spielen とてつもなく重要な役割を演じる | ein *ungeheures* Wissen besitzen 恐ろしく博識である ‖ Die Kosten stiegen ins *ungeheure*. 経費は巨額に達した ‖ Der Beifall war ～. 拍手喝采(かっさい)はものすごかった ‖〘副詞的に〙～ groß〈stark〉とてつもなく大きい〈強い〉| *sich*[4] ～ freuen ものすごく喜ぶ | Das ist ～ wichtig. それはきわめて重要である. ▽**2** (nicht geheuer) 薄気味悪い, 不気味な.

II Un·ge·heu·er[⏊◡—◡] 中 -s/- **1** (伝説上の)怪物, 怪獣;《比》人でなし, 残忍〈極悪非道〉な人: ein drachenartiges ～ 竜のような姿の怪獣 | Er ist ein wahres ～. 彼は全くの極悪人だ. **2** (一般に)巨大な〈不格好な・みっともない〉もの: ein ～ von〔einem〕Hut ばかでかい〈不格好な〉帽子.

un·ge·heu·er·lich[ʊngəhɔ́ʏərlɪç, ⏊◡—◡◡] 形 **1** ひどい, 言語道断な, けしからぬ: Ihre Behauptung ist ～. あなたの主張はまことに心外だ. **2** 不気味な, 恐ろしい. **3** ＝ungeheuer 1

Un·ge·heu·er·lich·keit[..kaɪt, ⌣́⌣−⌣⌣−] 女 -/-en **1**《単数で》ungeheuerlich なこと. **2** ungeheuerlich な言動.

un·ge·hin·dert[ʊ́ngəhɪndərt] 形 妨げられない, 妨害〈邪魔〉されない: ～ passieren 阻止されずに無事通過する.

un·ge·ho·belt[ʊ́ngəho:bəlt, ⌣⌣⌣́⌣] 形 **1** (板などに)かんなのかかっていない. **2**《比》**a**) (性格・態度・振舞いなどが)荒削りな, 粗野〈不作法〉な: ein ～*er* Bursche 粗野な若者. **b**) (表現などが)ごつごつした, やぼったい, ぎごちない.

un·ge·hö·rig[ʊ́ngəhø:rɪç][2] 形 (社会通念に)ふさわしくない, 不相応な, 不適当〈不穏当〉な; けしからぬ, 不都合な: eine ～*e* Antwort 無礼な返事.

Un·ge·hö·rig·keit[−kaɪt] 女 -/-en **1**《単数で》ungehörig なこと. **2** ungehörig な言動.

un·ge·hor·sam[ʊ́ngəho:rza:m] **I** 形 不従順な, 言うことを聞かない: ～*e* Kinder 反抗的な子供たち | Er ist seinen Eltern gegenüber ～. 彼は両親の言いつけを守らない.

II Un·ge·hor·sam 男 -s/ 不従順, 不服従;〖軍〗抗命.

un·ge·hört[ʊ́ngəhø:rt] 形 (他人に)聞かれない; (要求などが)聞き入れられない: Seine Forderung blieb ～. 彼の要求は無視された | Sein Ruf verhallte ～. 彼の叫び声はだれの耳にも届かずに消えた.

un·geil[ʊ́ngaɪl] 形《若者語》つまらない, 退屈な.

Un·geist[ʊ́ngaɪst] 男 -[e]s/《軽蔑的に》精神の欠如, 空疎な〔反動的〕イデオロギー: der ～ des Militarismus 軍国主義という空疎な思想.

un·ge·kämmt[ʊ́ngəkɛmt] 形 (髪に)くしを入れない, くしけずらない: Er ist immer ～. 彼はいつもぼさぼさの髪をしている.

un·ge·klärt[ʊ́ngəklɛ:rt] 形 明らかにされていない,〔まだ〕解明されていない: Diese Frage ist 〈bleibt〉 noch ～. この問題はまだ解決がついていない.

un·ge·kocht[ʊ́ngəkɔxt] 形 (水が)沸いていない; (食物が)煮えて〈料理されて〉いない, 生(なま)の.

un·ge·krönt[ʊ́ngəkrø:nt] 形 (王・皇帝などが)無冠の: ein ～*er* König《比》無冠の王(陰の実力者) | der ～*e* König des Jazz ジャズ界の帝王.

un·ge·kün·digt[ʊ́ngəkʏndɪçt] 形 解雇〈解職〉予告のされていない.

un·ge·kün·stelt[ʊ́ngəkʏnstəlt] 形 作為のない, たくまざる; ありのままの, 自然の: ein ～*es* Benehmen ごく自然な振舞い | einen ～*en* Stil schreiben 飾り気のない文章を書く.

un·ge·kürzt[ʊ́ngəkʏrtst] 形 (語句・テキストなどが)短縮されていない: eine ～*e* Übersetzung (抄訳に対して)完訳.

Un·geld[ʊ́ngɛlt][1] 中 -[e]s/-er **1**《話》ばく大な金, 大金. ▽**2** (中世の)税金.

un·ge·le·gen[ʊ́ngəle:gən] 形 (時間的・時期的に)都合〈ぐあい〉の悪い, 不都合な: zu ～*er* Stunde あいにくな時刻に, 折あしく ‖ Diese Reise kommt mir sehr ～. この旅行は私にとって時期的にまことに都合が悪い | Komme ich ～? (私が来たのは)お邪魔でしょうか.

Un·ge·le·gen·heit[−haɪt] 女 -/-en《ふつう複数で》不都合, 面倒, やっかい: *jm.* ～*en* bereiten 〈machen〉 …に迷惑をかける.

un·ge·legt[ʊ́ngəle:kt] 形 まだ産んでない(卵): **～*e* Eier**《比》まだ海のものとも山のものともつかぬもの, 不確定な事柄 | *sich*[4] um ～*e* Eier kümmern 取り越し苦労をする.

un·ge·leh·rig[ʊ́ngəle:rɪç][2] 形 (人・動物などが)教え〈仕込み〉にくい, 物覚えの悪い, のみこみの遅い.

un·ge·lehrt[..le:rt] 形 学識のない, 無学〈無教育〉な.

un·ge·lenk[ʊ́ngəlɛŋk] 形 しなやかでない, 柔軟さを欠いた, こわばった, 硬直した;《比》ぎごちない, 不器用な: ein ～*er* Mann (動きが)ぎくしゃくした男 | ～*e* Schrift 下手くそな字.

un·ge·len·kig[..kɪç][2] ＝ungelenk

Un·ge·len·kig·keit[..kaɪt] 女 -/ ungelenk〔ig〕なこと.

un·ge·lernt[ʊ́ngəlɛrnt] 形 (専門の)職業訓練を受けていない, 見習いの: ein ～*er* Arbeiter 未熟練労働者, 見習工.

un·ge·liebt[ʊ́ngəli:pt] 形 嫌いな, いやな: den ～*en* Beruf aufgeben 気にそまない職業をやめる.

un·ge·lo·gen[ʊ́ngəlo:gən] 副《話》うそでなく, 本当に: *Ungelogen*, das hat er gesagt. 本当に彼がそう言ったんだ | Ich habe ～ keinen Pfennig mehr. 私は本当にもう一文なしなんだ.

un·ge·löscht[ʊ́ngəlœʃt] 形 〔まだ〕消されていない: ～*er* Kalk (消石灰に対して)生(き)石灰.

un·ge·löst[ʊ́ngəlø:st] 形 (結び目などが)解かれていない; (問題などが)未解決の.

Un·ge·mach[ʊ́ngəma:x] 中 -[e]s/《雅》不都合〈やっかい〉なこと, 面倒; わざわい, 災難; 不幸: *jm.* ～ bereiten …に面倒をかける.

un·ge·mäß[ʊ́ngəmɛ:s] 形《*jm.* / *et.*[3]》(…に)ふさわしくない, 不相応の, 適合しない: eine der Leistung ～*e* Belohnung 仕事に見合わぬ〈ふさわしくない〉報酬.

un·ge·mein[ʊ́ngəmaɪn, ⌣⌣⌣́] 形 (量・程度が)普通でない, 並はずれた, 非常な: mit ～*em* Eifer 非常な熱意をもって | ～*e* Fortschritte machen 非常な進歩をとげる ‖ Sie ist ～ hübsch 〈klug〉. 彼女は並はずれて美しい〈頭がいい〉| Es freut mich ～, daß du kommst. 君が来てくれてとてもうれしい.

un·ge·mes·sen[ʊ́ngəmɛsən, ⌣⌣⌣́⌣] 形 (数・量が)計り知れぬ, ばく大な; (程度が)際限のない: ～*e* Ruhmsucht 果てしない名誉欲 ‖ 〔**bis**〕 **ins ～*e*** 際限なく.

un·ge·min·dert[ʊ́ngəmɪndərt] ＝unvermindert

un·ge·mischt[ʊ́ngəmɪʃt] 形 混ぜ物のない, 純粋な.

un·ge·müt·lich[ʊ́ngəmy:tlɪç] 形 **1** 居心地のよくない, (気分の)くつろがない, なんとなく落ち着かない; (状況・雰囲気などが)いたたまれない, 険悪な: ein ～*es* Zimmer 居心地の悪い部屋 | Mir wurde es allmählich ～. 私はしだいにいたたまれない気持になってきた. **2** (人が)つむじを曲げた, 不機嫌な: ～ werden (憤慨して)つむじを曲げる.

Un·ge·müt·lich·keit[−kaɪt] 女 -/ ungemütlich なこと.

..ungen[..ʊŋən]《本来は「由来・所属」を意味し, 地名にみられる: →..ingen》: Bad Salz*ungen* | Mels*ungen*

un·ge·nannt[ʊ́ngənant] 形 名前を秘した, 匿名の: ein ～*er* Kritiker 匿名の批評家 | Er will ～ bleiben. 彼は匿名を希望している.

un·ge·nau[ʊ́ngənaʊ] 形 精確〈精密〉でない, 綿密〈詳細〉でない; 細心でない; 厳密〈厳正〉でない: eine ～*e* Messung 不精確な測定 | ～*e* Angaben machen あいまいな陳述をする ‖ Die Uhr geht ～. この時計は不精確だ | Er arbeitet zu ～. 彼の仕事はあまりにずさんである.

Un·ge·nau·ig·keit[−ɪçkaɪt] 女 -/-en (ungenau なこと. 例えば:) 不精確; ずさん; 誤り, ミス; 期待はずれなこと.

un·ge·niert[ʊ́nʒeni:rt, ⌣⌣⌣́] 形 遠慮〈こだわり〉のない, のびのびした, あけっぴろげな; (人前をはばからずに)平気な: ein ～*es* Benehmen 無遠慮〈あけっぴろげ〉な態度 ‖ ～ *seine* Meinung sagen 平気で〈臆(おく)せずに〉自分の意見を言う | Langen Sie bitte ～ zu! (食べ物などを客にすすめて)どうかご遠慮なくお取りください.

Un·ge·niert·heit[..haɪt, ⌣⌣⌣́−] 女 -/-en **1**《単数で》ungeniert なこと. **2** ungeniert な言動.

un·ge·nieß·bar[ʊ́ngəni:sba:r, ⌣⌣⌣́−] 形 **1** 食べられない, 飲めない, 飲食に適さない;《比》鑑賞に堪えない: ～*e* Pilze 食用にならぬキノコ | Das Essen in der Kantine ist ～. 職員食堂の食事は食べられたものじゃない. **2**《話》(人が不機嫌で他人にとって)鼻もちならない: Der Lehrer ist heute ～. 先生はきょうひどく不機嫌だ.

Un·ge·nieß·bar·keit[..kaɪt, ⌣⌣⌣́−−] 女 -/ ungenießbar なこと.

Un·ge·nü·gen[ʊ́ngəny:gən] 中 -s/《雅》**1** 不十分, 不足. **2** 不満足感, 不満.

un·ge·nü·gend[ʊ́ngəny:gənt][1] 形 **1** 不十分な, 不足な: eine ～*e* Erklärung 不十分な説明 | ～*e* Kenntnisse 不十分な知識 ‖ ～ vorbereitet sein 準備不足である | Das Zimmer war ～ beleuchtet. 部屋は照明が不十分だった. **2** (成績評語で)不可の下(6 段階中の最下位: →ausreichend 2, Note 2 ☆).

un·ge·nüg·sam[..gəny:kza:m] 形 足ることを知らない, 満足することのない, 貪欲(どんよく)な.

un·ge·nützt[ʊ́ngənʏtst] (**un·ge·nutzt**[..nʊtst]) 形 使われない〔ままの〕; まだ利用されていない, 未利用〈未開発〉の: eine günstige Gelegenheit ～ verstreichen 〈vorüber-

U

gehen〉 lassen 絶好の機会をみすみすのがす.

un·ge·ord·net[ʊ́ngəǀɔrdnət] 形 無秩序な, 整理されていない, 乱雑な: Die Akten sind noch ～. 書類はまだ整理ができていない.

un·ge·pflegt[ʊ́ngəpfle:kt] 形 手入れの行き届いていない; 身だしなみのよくない: ein ～*er* Garten 荒れた庭.

Un·ge·pflegt·heit[−haıt] 女 -/ ungepflegt なこと.

un·ge·rächt[ʊ́ngərɛçt] 形 復讐〈報復〉のなされていない.

un·ge·ra·de[1][ʊ́ngəra:də] 形《副詞的用法なし》(↔gerade) 奇数の: eine ～ Zahl 奇数 | ein ～*r* Zwölfender 〘狩〙(一方が 5 本, 他方が 6 本の枝のある角(つの)をもつ)十一叉(さ)角のシカ.

un·ge·ra·de[2][−] 形 まっすぐでない, 一直線でない: eine ～ Linie まっすぐでない〈曲がった〉線, 非直線.

un·ge·ra·ten[ʊ́ngəra:tən] 形 できそこないの, できの悪い: ein ～*er* Sohn できそこないの息子.

un·ge·rech·net[ʊ́ngərɛçnət] **I** 形 計算に入れない, 勘定に含まれない: Die Verpackungs- und Versandkosten sind hierbei ～. 包装料と運送料はこれに含まれていない | Alle sonstigen Ausgaben ～, haben wir 200 Mark bezahlt. その他のすべての出費は別として我々は200マルクを支払った.

II 前《2 格支配》…を計算に入れずに, …を別として: ～ der zusätzlichen Unkosten 諸雑費を別にして.

un·ge·recht[ʊ́ngərɛçt] 形 正しくない, 不正な; 公正でない, 不公平な; 正義に反する; 正当な理由のない, 不当な: eine ～*e* Behandlung 不当な取り扱い | ein ～*er* Mensch 公正でない人間 ‖ gegen *jn.* 〈*jm.* gegenüber〉 ～ sein …に対して公正を欠く, …に対して不公平である | Es ist ～ von dir, das nicht anzuerkennen. それを認めないのは君が間違っている ‖ ～ urteilen 公正でない判断〈判定〉を下す.

un·ge·rech·ter·wei·se[ʊ́ngərɛçtərwáızə] 副 不正に; 不公平に; 不当に.

un·ge·recht·fer·tigt[ʊ́ngərɛçtfɛrtıçt] 形 正当化できない, 不当な: ～*e* Bereicherung 不当利得 | ein ～*er* Verdacht いわれのない嫌疑 ‖ Es ist ～, so etwas zu sagen. そのようなことを言うのは不当だ.

Un·ge·rech·tig·keit[ʊ́ngərɛçtıçkaıt] 女 -/-en **1**《単数で》(ungerecht なこと. 例えば:) 不正, 不公平, 不当: eine himmelschreiende ～ 言語道断な不正. **2** ungerecht な言動.

un·ge·re·gelt[ʊ́ngəre:gəlt] 形 **1** 規制されていない, 無規律〈無秩序〉な: ein ～*es* Leben führen 自堕落な生活を送る. [▽]**2** 未払いの: ～*e* Rechnungen 精算のすんでいない勘定.

un·ge·reimt[ʊ́ngəraımt] 形 **1**〘詩〙韻を踏んでいない, 無韻の: ～*e* Verse 韻を踏んでいない詩句. **2**《比》つじつまの合わない, ばかげた: ein ～*es* Geschwätz くだらぬおしゃべり.

Un·ge·reimt·heit[−haıt] 女 -/-en **1**《単数で》ungereimt なこと. **2** つじつまの合わない〈ばかげた〉言動.

un·gern[ʊ́ngɛrn] 副 気が進まずに, いやいや: *et.*[4] ～ tun いやいや…をする, …することを好まない | Ich gehe ～ zu Fuß. 私は歩くのはいやだ | Ich lese nicht ～. 私は読書が嫌いではない | Sie hat 〈sieht〉 es ～, wenn er raucht. 彼女は彼がタバコを吸うことを好まない | Er ist nur ～ von hier weggezogen. 彼はいやいや当地を去った | ein ～ gesehener Gast 歓迎されざる客.

un·ge·ro·chen[ʊ́ngərɔxən]《雅》＝ungerächt

un·ge·rührt[ʊ́ngəry:rt] 形 感情を動かされない, 無感動の, 平然〈冷然〉とした: mit ～*er* Miene 顔色も変えずに, 平然として | ～ zusehen 平気で見ている.

un·ge·rupft[ʊ́ngərʊpft] 形 (鳥が)毛をむしられていない; 《比》損害なしの, 無事の: ～ davonkommen (危険から)無事にのがれる.

un·ge·sagt[ʊ́ngəza:kt] 形 言われない〔ままの〕: Das versöhnende Wort blieb ～. 和解の言葉はついに語られずに終わった | Diese Bemerkung wäre besser ～ geblieben. この言葉は言わずにおいたほうがよかった.

un·ge·sal·zen[ʊ́ngəzaltsən] 形 (食物に)塩の入っていない, 無塩の; 塩に漬けてない.

un·ge·sat·telt[ʊ́ngəzatəlt] 形 (馬などに)鞍(くら)の置いていない: auf ～*em* Pferd reiten 裸馬に乗って行く.

un·ge·sät·tigt[ʊ́ngəzɛtıçt] 形 **1** 〔まだ〕満ち足りていない, 飽き足りない; 満腹していない. **2**〘化〙不飽和の: eine ～*e* Verbindung 不飽和化合物.

un·ge·säu·ert[ʊ́ngəzɔyərt] 形 酵母〈パン種〉を入れない: ～*es* Brot 種なしパン.

un·ge·säumt[1][ʊ́ngəzɔymt, ◡◡⊥] 副《雅》ためらわずに, 遅滞なく, さっそく, ただちに.

un·ge·säumt[2][ʊ́ngəzɔymt] 形 縁をつけてない, 縁なしの.

un·ge·schält[ʊ́ngəʃɛ:lt] 形 脱穀しない; (果物・ジャガイモなどの)皮のむいていない.

un·ge·sche·hen[ʊ́ngəʃe:ən] 形 〔まだ〕起こって〈行われて〉いない: 〘もっぱら次の形で〙 ***et.***[4] **～ machen** …を起こらない前の状態に戻す, …を起こらなかったことにする | Das Geschehene kann man nicht ～ machen. (→geschehen I 1).

un·ge·scheut[ʊ́ngəʃɔyt, ◡◡⊥] 副 恐れずに, はばからずに, 平気で.

un·ge·schicht·lich[ʊ́ngəʃıçtlıç] 形 非歴史的な, 史実に合わない.

Un·ge·schick[ʊ́ngəʃık] 中 -〔e〕s/ (手先の)不器用; (身ごなしの)ぎごちなさ; (対人関係での)不手際, まずさ: Es ist durch mein ～ passiert. それは私の不手際で起こったことだ | ***Ungeschick* läßt grüßen!**《話》しまった(まずいことをした時に発する言葉).

Un·ge·schick·lich·keit[−lıçkaıt] 女 -/-en 不器用; ぎごちなさ; 不手際: *sich*[4] für eine ～ entschuldigen 不手際をわびる.

un·ge·schickt[ʊ́ngəʃıkt] 形 (手先が)不器用な; (身ごなしが)ぎごちない; (対人関係で)不手際な, へたな; (時機的に)まずい: ein ～*er* Mensch 不器用な人間 | ～*e* Finger 〈Hände〉 haben 手先が不器用である | im ～*esten* Augenblick 最も間の悪い時に ‖ *sich*[4] ～ ausdrücken へたな表現を用いる | *sich*[4] ～ benehmen 不器用に振舞う.

Un·ge·schickt·heit[−haıt] 女 -/ ungeschickt なこと.

un·ge·schlacht[ʊ́ngəʃlaxt] 形 **1** (大きくて)不格好な, 巨大な: ein ～*er* Mann 巨漢. **2** 粗野な, 不作法な: ein ～*es* Benehmen 粗野な振舞い.

[*ahd.*; ＜*ahd.* gislaht (→schlacht)]

un·ge·schla·gen[ʊ́ngəʃla:gən, ◡◡⊥◡] 形 (試合に)敗れたことのない, 無敗〈不敗〉の.

un·ge·schlecht·lich[ʊ́ngəʃlɛçtlıç] 形〘生〙無性の: ～*e* Fortpflanzung 無性生殖.

un·ge·schlif·fen[ʊ́ngəʃlıfən] 形 **1** (刃物・宝石などが)研磨されていない, 研がれて〈磨かれて〉いない: ein ～*er* Edelstein 未研磨の宝石. **2**《比》洗練されていない, 粗野な: ein ～*es* Benehmen 粗野な振舞い.

Un·ge·schlif·fen·heit[−haıt] 女 -/-en《ふつう単数で》ungeschliffen なこと.

Un·ge·schmack[ʊ́ngəʃmak] 男 -〔e〕s/ 没趣味, 無趣味.

un·ge·schmä·lert[ʊ́ngəʃmɛ:lərt, ◡◡⊥◡] 形 減らされて〈削減されて〉いない: ～*er* Dank 満腔(まんこう)の感謝 | Die Firma genießt ～*en* Kredit. この会社はこれまでどおりの信用を得ている ‖ Sein Gewinn soll ～ ihm zukommen. 彼のもうけはそっくりそのまま彼に渡してやろう.

un·ge·schmei·dig[ʊ́ngəʃmaıdıç][2] 形 しなやかでない, 柔軟性のない, 曲がりにくい; 《比》融通のきかない.

un·ge·schminkt[ʊ́ngəʃmıŋkt] 形 **1** 化粧〈メーキャップ〉をしていない: ein ～*es* Gesicht 素顔 | ～*e* Lippen 口紅をつけていない唇. **2**《比》粉飾のない, ありのままの: die ～*e* Wahrheit ありのままの事実 ‖ *jm.* ～ *seine* Meinung sagen …に率直に自分の意見を言う.

un·ge·scho·ren[ʊ́ngəʃo:rən] 形 **1** (羊などが)毛を刈られていない.

2《述語的》《比》煩わされない, 邪魔されない, 迷惑をこうむらない: *jn.* ～ lassen …をそっとしておく | ～ bleiben / ～ davonkommen 迷惑〈被害〉を受けずにすむ.

un·ge·schrie·ben[ʊ́ngəʃri:bən] 形 書かれていない: **ein ～*es* Gesetz** 不文律 | Der Brief blieb ～. 手紙は書かれずに終わった.

un·ge·schult[ʊ́ngəʃu:lt] 形 訓練を受けていない, 未熟な;

U

不慣れな.

un·ge·schützt[ʊ́ngəʃʏtst] 形 保護されていない, 無防備の; 覆い(カバー)のない; 雨ざらし(野ざらし)の: mit ~*em* Kopf 頭に何もかぶらずに.

un·ge·se·hen[ʊ́ngəze:ən] 副 (他人に)見られずに: Er gelangte ~ in sein Zimmer. 彼は人に見られずに自分の部屋にたどり着いた.

un·ge·sel·lig[ʊ́ngəzɛlɪç][2] 形 **1** 交際ぎらいの, 人づきあいの悪い, 非社交的な: ein ~*er* Mensch 人づきあいのよくない人. **2** 〖動〗 非群居性の.

Un·ge·sel·lig·keit[-kaɪt] 女 -/ ungesellig なこと.

un·ge·setz·lich[ʊ́ngəzɛtslɪç] 形 非合法的な, 不法(違法)な: *et.*[4] auf ~*e* Weise beschaffen …を不法に入手する.

Un·ge·setz·lich·keit[-kaɪt] 女 -/-en **1** 《単数で》 非合法性, 違法性. **2** 不法(違法)行為.

un·ge·setz·mä·ßig 形 **1** 法則に反する, 規則的でない. **2** =ungesetzlich

un·ge·sinnt[ʊ́ngəzɪnt] 《スイ》 =unerwartet

un·ge·sit·tet[ʊ́ngəzɪtət] 形 不作法な, 行儀の悪い.

un·ge·spitzt[ʊ́ngəʃpɪtst] 形 とがらされていない, (鉛筆などが)けずられていない: Dich hau' ich ~ in den 〔Erd〕boden! 《話》 きさまなぞただではおかないぞ.

un·ge·sprä·chig[ʊ́ngəʃprɛ:çɪç][2] 形 無口な, 寡黙な.

▽**un·ge·stalt**[ʊ́ngəʃtalt] **I** 形 できそこないの, 奇形(異形(いぎょう))の; 不格好な, 醜い. **II Un·ge·stalt** 女 -/-en **1** 《単数で》 奇形, 異形(いぎょう); 不格好. **2** 異形のもの, 怪物.

[*ahd.*; < *ahd.* gistalt (→Gestalt)]

un·ge·stem·pelt[ʊ́ngəʃtɛmpəlt] 形 印判(スタンプ)の押してない; (郵便物に)消印の押してない.

un·ge·stillt[ʊ́ngəʃtɪlt] 形 《雅》 (飢え・渇き・欲望などが)〔まだ〕満たされない, いやされない.

un·ge·stört[ʊ́ngəʃtø:rt, ⌣⌣⌐] 形 (だれにも)妨げられない, 妨害(邪魔)されない: ein ~*er* Ablauf 円滑(スムーズ)な進行 ‖ Hier ist man ~. ここにいればだれにも邪魔されない | Bei diesem Lärm kann man nicht ~ arbeiten. こうやかましくてはおちおち仕事もできない.

Un·ge·stört·heit[..haɪt] 女 -/ ungestört なこと.

un·ge·straft[ʊ́ngəʃtra:ft] 形 罰せられない, 処罰を受けない: Die Tat blieb ~. その行為は処罰されずにすんだ ‖ ~ davonkommen (人が)罰を受けずにすむ | Das macht man nicht ~. そんなことをすれば必ず罰を受ける.

un·ge·stüm[ʊ́ngəʃty:m] **I** 形 激しい, 猛烈な; 熱烈な, 性急な: ein ~*er* Bursche 血気さかんな若者 | das ~*e* Meer 荒れ狂う海 | eine ~*e* Umarmung 熱烈な抱擁 ‖ ~ aufspringen 勢いよく立ち上がる | *et.*[4] ~ begehren …を熱望する | *jn.* ~ küssen …に熱烈な口づけをする.

II Un·ge·stüm 中 -〔e〕s/ 激しさ, 猛烈さ; 熱烈さ, 性急さ: jugendliches ~ 若者の血気 | mit ~ 激しく; 熱烈に.

[*ahd.*; < *ahd.* gi-stemen „besänftigen" (◇stemmen)]

un·ge·sühnt[ʊ́ngəzy:nt] 形 罪が償われない; 処罰されていない.

un·ge·sund[ʊ́ngəzʊnt][1] 形 **1** 健康でない, 不健康な: eine ~*e* Gesichtsfarbe 不健康な顔色 | einen ~*en* Eindruck machen (人が)不健康であるかのような印象を与える.

2 健康によくない, 不健康な; 不健全な: ein ~*es* Klima 健康によくない気候 | ein ~*er* Ehrgeiz 不健全な名誉欲 ‖ Das Rauchen ist ~. 喫煙は健康をそこなう | Allzuviel ist ~ (→allzuviel).

un·ge·süßt[ʊ́ngəzy:st] 形 甘味の入っていない: Kaffee ~ trinken コーヒーを砂糖を入れずに飲む.

un·ge·tan[ʊ́ngəta:n] 形 〔まだ〕行われない: *et.*[4] ~ lassen …(なすべきことなど)をせずにおく.

un·ge·tauft[ʊ́ngətaʊft] 形 **1** 〖宗〗 受洗していない.

2 《話》 (ワインが)水で薄められていない.

un·ge·teilt[ʊ́ngətaɪlt] 形 **1** 分けられない, 分割されない: *jm. et.*[4] ~ vererben …に…を分割せずに相続させる. **2** まちまちでない, 全員一致の; 十全の, 完全な: mit ~*er* Freude 心から喜んで | ~*e* Zustimmung finden 全員の賛成を得る.

un·ge·treu[ʊ́ngətrɔʏ] 形 (人が)信頼の置けない, 忠実でない, 不誠実な.

un·ge·trübt[ʊ́ngətry:pt] 形 濁って(曇って)いない, 濁り(曇り)のない: ein ~*es* Glück 欠けるところのない(一点の影もない)幸福 | von jeglicher Sachkenntnis ~ sein (→Sachkenntnis).

Un·ge·tüm[ʊ́ngəty:m] 中 -〔e〕s/-e (伝説上の)怪物, 怪獣; 《話》 (一般に)巨大な(不格好な・みっともない)もの: ein ~ von Schrank ばかでかい戸棚.

[„was nicht seine rechte Stelle hat"; ◇..tum]

un·ge·übt[ʊ́ngəǀy:pt] 形 練習(訓練)を積んでいない, 未熟な: mit ~*er* Hand / mit ~*en* Händen 不慣れな手つきで ‖ ~ in *et.*[3] sein …の練習(訓練)を積んでいない, …に熟達していない | im Autofahren ~ sein 車の運転に慣れていない.

un·ge·wandt[ʊ́ngəvant] 形 不器用な, へたな; ぎごちない; 練達でない, 熟練(熟達)していない: ein ~*er* Redner 話(演説)のへたな人 | Er ist ~ im Verhandeln. 彼は他人との交渉がうまくない.

Un·ge·wandt·heit[-haɪt] 女 -/ ungewandt なこと.

un·ge·wa·schen[ʊ́ngəvaʃən] 形 **1** 洗ってない, 汚れたままの: mit ~*en* Händen 手を洗わずに, 汚れたままの手で | Obst ~ essen 果物を洗わずにそのまま食べる. **2** 《比》 けがらわしい, 卑猥な: ein ~*es* Maul haben (→Maul 2).

un·ge·wiß[ʊ́ngəvɪs] 形 **1** (事柄が)確実でない, 不確かな, 不確定の; 不明確な, あいまいな, 漠然とした, ぼんやりした: eine *ungewisse* Angst 漠然とした不安 | in *ungewisser* Ferne さだかならぬ遠方に | ein *ungewisses* Licht ぼんやりした明かり | eine *ungewisse* Zukunft 不確定要素の多い未来 ‖ Es ist 〔noch〕 ~, ob er kommt. 彼が来るかどうかは〔まだ〕はっきりしていない | *et.*[4] ~ 〈im *ungewissen*〉 lassen …をあいまいにしておく ‖ ein Sprung ins *Ungewisse* (→Sprung 1 a).

2 (人が)確信をもてない, 自信のない; 事情のよくわからない; 決心のつかない: Ich bin mir noch ~ 〈im *ungewissen*〉, ob ich das Angebot annehme. この申し出を受けたものかどうか私はまだ決めかねている | über *et.*[4] im *ungewissen* sein …について確信がもてない(はっきりしたことを知らない) | *jn.* über *et.*[4] im *ungewissen* lassen …に…についてはっきりしたことを知らせない.

Un·ge·wiß·heit[-haɪt] 女 -/ (ungewiß なこと. 例えば:) 不確実, 不確か〔な状態〕, 確信(自信)のなさ: über *et.*[4] in ~ sein …についてはっきりしたことを知らない | *jn.* über *et.*[4] in ~ lassen …に…についてはっきりしたことを知らせない.

Un·ge·wiß·heits·fak·tor 男 不確定要素.

▽**Un·ge·wit·ter**[ʊ́ngəvɪtər] 中 -s/- 激しい雷雨; 《比》 怒りの爆発.

un·ge·wöhn·lich[ʊ́ngəvø:nlɪç] 形 日常(通常)と違った, 異例の; 普通でない, 異常な; 並はずれの, 非常な; 非凡な, 稀有(けう)の: eine ~*e* Hitze 〈Kälte〉 異常な暑さ(寒さ) | ein ~*es* Kind 並はずれた子供; 〖心〗 異常児童 | ein ~*es* Talent 非凡な才能 ‖ Die Methode ist sehr ~. この方法はまことに異例である ‖ ein ~ kalter Winter 異常に寒い冬 | Er ißt ~ viel. 彼は並はずれた大食漢だ.

Un·ge·wöhn·lich·keit[-kaɪt] 女 -/ ungewöhnlich なこと.

un·ge·wohnt[ʊ́ngəvo:nt] 形 慣れていない, ふだん(いつも)と違った: eine ~*e* Arbeit 不慣れな仕事 | eine ~*e* Umgebung 慣れない環境 ‖ Diese Arbeit ist mir noch ~. この仕事に私はまだ慣れていない.

Un·ge·wohnt·heit[-haɪt] 女 -/ ungewohnt なこと.

un·ge·wollt[ʊ́ngəvɔlt] 形 故意でない, 意図のない: eine ~*e* Schwangerschaft 望まざる妊娠 | eine ~*e* Wirkung 意図せざる(思いがけない)効果 ‖ *jn.* ~ kränken それと知らずに…の感情を傷つける.

un·ge·wünscht[ʊ́ngəvʏnʃt] 形 望まれていない, 所望されていない.

un·ge·würzt[ʊ́ngəvʏrtst] 形 薬味を入れてない.

un·ge·zählt[ʊ́ngətsɛ:lt] 形 **1** 数えない; 数に入れない: Er steckte das Geld ~ in die Tasche. 彼はその金を数えもせずにポケットに突っこんだ. **2** 《付加語的》 数えられないほどの, 無数の: ~*e* Male いくたびとなく, 何回も〔くり返して〕.

U

un·ge·zähmt[úngətsɛ:mt] 形 (動物が)飼いならされていない, 野性のままの; 《比》抑制〈制御〉されていない, 放恣〈放縦〉な.

Un·ge·zie·fer[úngətsi:fər] 中 -s/ 《集合的に》有害小動物(ネズミ・ゴキブリ・ノミ・シラミ・ナンキンムシなど),(特に:) 害虫: ～ bekämpfen 〈vernichten〉 害虫を駆除する.
[„unreines Tier“; *mhd.*; <*ahd.* zebar „Opfertier“]

Un·ge·zie·fer·be·kämp·fung 女 害虫駆除.

un·ge·zo·gen[úngətso:gən] 形 しつけの悪い, 不作法な; (子供が)わんぱくな: ein ～*es* Kind しつけの悪い子供 | eine ～*e* Antwort geben ぞんざい〈生意気〉な返事をする ‖ *sich*[4] ～ benehmen 不作法に振舞う.

Un·ge·zo·gen·heit[–haɪt] 女 -/-en **1** 《単数で》ungezogen なこと. **2** ungezogen な言動.

un·ge·zü·gelt[úngətsy:gəlt] 形 拘束〈抑制〉されていない, 放恣(ほう)〈放縦〉な: ～*er* Haß 度を超した憎しみ.

un·ge·zwun·gen[úngətsvʊŋən] 形 強制されない, 強いられない; 無理のない, 自然の, のびのびした: *sich*[4] ～ benehmen 自然に〈のびのびと〉振舞う.

Un·ge·zwun·gen·heit[–haɪt] 女 -/ ungezwungen なこと.

un·gif·tig[úngɪftɪç][2] 形 毒のない, 無毒の; 無害の.

▽**un·gil·tig**[úngɪltɪç][2] ＝ungültig

Un·glau·be[únglaʊbə] 男 2格 -ns, 3格 -n, 4格 -n, 複数なし (**Un·glau·ben**[..bən] 男 -s/)信じ〔ようとし〕ないこと,(特に:) 不信仰, 不信心,(神に対する)懐疑.

un·glaub·haft[únglaʊphaft] 形 **1** 信用できそうもない, 事実〈真実〉らしくない: eine ～*e* Geschichte 疑わしい話. **2** ＝unglaublich

un·gläu·big[únglɔʏbɪç][2] **I** 形 **1** 信じようとしない, 信用していない, 疑いを抱いている: ein ～*er* Thomas (→Thomas II) | *jn.* ～ ansehen …を疑わしげな目つきで見る. **2** 信仰のない, 不信心な.

II Un·gläu·bi·ge 男 女 《形容詞変化》不信心者.

Un·gläu·big·keit[..bɪçkaɪt] 女 -/ ungläubig なこと.

un·glaub·lich[ʊngláʊplɪç, ⌣–⌣; オース: ⌣––] 形 信じられない〔ほどの〕; 驚くべき, 法外な: eine ～*e* Dummheit 信じられないほどの愚かさ | eine ～*e* Frechheit 驚くべき厚かましさ | eine ～*e* Geschichte 信じられない話 ‖ Es ist ～, wie schnell er läuft. 彼の足の速さときたら信じられないくらいだ | Das grenzt ans *Unglaubliche.* / Das geht ins *Unglaubliche.* それはほとんど信じられないほどだ ‖ Der Sonnenuntergang war ～ schön. その日没は信じられないほど美しかった.

un·glaub·wür·dig[únglaʊpvʏrdɪç][2] 形 信用する価値のない, 信じるに足りない: ein ～*er* Zeuge 信用のおけない証人.

Un·glaub·wür·dig·keit[–kaɪt] 女 -/ unglaubwürdig なこと.

un·gleich[únglaɪç] **I** 形 **1** 同じ〈同一〉でない, 等しくない, 不同の; 同等でない; 均一でない, 不ぞろいな; 不釣り合いな; 不平等〈不公平〉な: zwei Gläser von ～*er* Größe 大きさの異なる2個のコップ | ein ～*er* Kampf 力量が違う者の間の戦い〈試合〉 | ein ～*es* Paar 不釣り合いなペア ‖ Der Boden ist ～. 床は平らでない ‖ 《副詞的に》～ groß 〈lang〉 sein 大きさ〈長さ〉が異なる | ～ verteilt sein 不平等に分けられて〈分配されて〉いる. **2** 《雅》《*et.*[3] / *jm.*》(…とは)異なって: Er war, ～ seinem Vater, bei allen beliebt. 彼は父とは異なりみんなに好かれていた.

II 副 **1** →I **2** 《比較級と》(bei weitem) 比較にならないほど, はるかに, ずっと: Sie ist ～ schöner als ihre Mutter. 彼女のほうが母親よりはるかに美人だ | Heute geht es mir ～ besser 〔als gestern〕. きょうは〔きのうより〕気分〈調子〉がずっといい. ▽**3** **～ denken** (…について)悪く考える〈悪い想像をする〉.

un·gleich·ar·tig[únglaɪç|a:rtɪç][2] 形 **1** (他のものと)同種〈同質〉でない, 異種〈異質〉の, 同様でない. **2** (それ自身)均質でない, むらのある.

Un·gleich·ar·tig·keit[–kaɪt] 女 -/ ungleichartig なこと.

Un·gleich·be·hand·lung[únglaɪç..] 女 不平等な取り扱い.

Un·gleich·flüg·ler[únglaɪçfly:glər] 男 -s/- 《虫》異翅(し)類(カメムシなど).

un·gleich·för·mig[únglaɪçfœrmɪç][2] 形 同形でない; 同様〈一様〉でない.

Un·gleich·ge·wicht[únglaɪçgəvɪçt] 中 -〔e〕s/-e 不均衡, アンバランス.

Un·gleich·heit[únglaɪçhaɪt] 女 -/ (ungleich なこと. 例えば:) 不同; 不平等; 不釣り合い; 不均一; 不均等; 《数》不等.

Un·gleich·heits·zei·chen 中 《数》不等号(≠).

un·gleich·mä·ßig[únglaɪçmɛ:sɪç][2] 形 均等〈一様〉でない, 不規則な; (リズムなどの)不安定な; 均整〈釣り合い〉のとれていない, 不ぞろいの: ein ～*er* Puls 不整〈不規則〉な脈拍 | *et.*[4] ～ verteilen …を不均等に分配〈配分〉する.

Un·gleich·mä·ßig·keit[–kaɪt] 女 -/ ungleichmäßig なこと.

un·gleich·na·mig[únglaɪçna:mɪç][2] 形 《付加語的》**1** 《理》異種の, 異質の: die ～*e* Ladung 《電》異種電荷 | ～*e* Pole 《電》異極. **2** 《数》異分母の: ～*e* Brüche 分母の等しくない分数.

un·gleich·sei·tig[únglaɪçzaɪtɪç][2] 形 《数》不等辺の: ein ～*es* Dreieck 不等辺三角形.

un·gleich·stof·fig[únglaɪçʃtɔfɪç][2] 形 (inhomogen) 同種〈同質〉でない, 不等質〈不均質〉の. [<Stoff]

Un·gleich·stof·fig·keit[–kaɪt] 女 -/ 不等質〈不均質〉性.

Un·glei·chung[únglaɪçʊŋ] 女 -/-en 《数》不等式.

▽**Un·glimpf**[únglɪmpf] 男 -〔e〕s/ 恥辱, 汚辱; 侮辱, はずかしめ; 不正: *jm.* ～ zufügen …に侮辱〈はずかしめ〉を加える, …に乱暴をはたらく.

▽**un·glimpf·lich**[–lɪç] 形 屈辱的な, 過酷な; 不当な.

Un·glück[únglʏk] 中 -〔e〕s/-e **1** (大規模な)事故(普通の事故の場合は: →Unfall): ein schweres 〈großes〉 ～ 大惨事 | Eisenbahn*unglück* 鉄道事故 | Flugzeug*unglück* 飛行機事故 ‖ ein ～ verhindern 〈verhüten〉 大事故を未然に防ぐ | ein ～ verursachen 事故をひき起こす ‖ Ein schweres ～ ist geschehen 〈passiert〉. 大事故が発生した | Ein schreckliches ～ hat sich ereignet. 大惨事が起こった. **2** 《単数で》(Elend, Unheil) 不幸, ふしあわせ; わざわい, 災難, 災厄; (Mißgeschick) 不運, 悪いめぐりあわせ, 不首尾, 不成功, へま: ～ in der Liebe 恋の不成功, 片思い ‖ *jm.* ～ bringen …に不幸をもたらす | Ich hatte das ～, keine einzige Eintrittskarte zu bekommen. 運悪く私は入場券が一枚も手に入らなかった | Hoffentlich richtet er kein ～ an. 彼がとんでもないことを仕出かさなければよいのだが ‖ ein Glück **im ～** 不幸中の幸い | Glück im ～ haben (→Glück 1) | ***jn.* ins ～ bringen 〈stoßen / stürzen〉** 《雅》…を不幸に陥れる | **in *sein* ～ rennen** 《話》(それと知らずに)不幸に向かって突き進む | **von einem ～ betroffen werden** 不幸に見舞われる | **vom ～ verfolgt werden** 不運につきまとわれる | **zu allem ～** さらに悪いことには ‖ wie ein Häufchen ～ dastehen 〈aussehen〉 (→Häufchen) | Laß nur, das ist kein ～! なに大したことじゃないさ | **Ein ～ bietet dem andern die Hand.** 《諺》不幸は不幸を呼ぶ, 泣き面に蜂(はち) | **Ein ～ kommt selten allein.** 《諺》泣き面に蜂(はち)(不幸は単独で来ることはまれである) | Das ～ wollte es, daß ich ausgerechnet an dem Tag krank wurde. 不運にも私はよりにもよってその日に病気になってしまった.

un·glück·lich[únglʏklɪç] 形 **1** 不運な; 不首尾な, 不成功の; かんばしくない; (表現などが)不適切な, まずい: eine ～*e* Liebe 実らぬ恋, 悲恋, 片思い | ein ～*er* Zufall 不幸な偶然 ‖ einen ～*en* Ausgang nehmen 不首尾〈不幸な結末〉に終わる | eine ～*e* Figur machen (人が)不利な印象を与える, 見てくれがよくない | eine ～*e* Hand haben 不器用である | eine ～*e* Wahl treffen 選択を誤る ‖ Die Bezeichnung ist ～. その名称は不適当だ ‖ Er ist so ～ gestürzt, daß er sich einen Arm gebrochen hat. 彼は不運な転び方をして片腕を折ってしまった ‖ der 〈die〉 *Unglückliche* 運の悪い人. **2** 不幸な, ふしあわせな, 悲しんでいる, みじめな; 不満

足な: ein ～es Leben ふしあわせな生活 | ～e Menschen / *Unglückliche* ふしあわせな人々 ‖ ein ～es Gesicht machen 悲しげな顔をする ‖ Ich bin sehr ～ darüber, daß ... 私は…を非常に悲しんでいる〈残念に思っている〉.

un·glück·li·cher·wei·se 副 不幸〈不運〉にも, 運悪く.

Un·glücks≠bo·te 男 凶報〈悲報〉の使者. **≠bot·schaft** 女 凶報, 悲報. **≠brin·ger** 男 不幸〈ふしあわせ〉をもたらす人〈物〉, 不吉な人〈物〉, 縁起の悪い物, ジンクス.

un·glück·se·lig[ʊ́nglʏkze:lɪç][2] 形《付加語的》不幸な; 不運〈ふしあわせ〉な, 非運の; 悲惨な, みじめな: eine ～e Affäre 不幸な事件 | die ～e Zeit des Krieges 戦争中の悲惨な時代.

un·glück·se·li·ger·wei·se[ʊ́nglʏkze:lɪgərváɪzə] 副 不幸〈不運〉にも, 運の悪いことには.

Un·glücks≠fah·rer[ʊ́nglʏks..] 男 自動車事故を起こしたドライバー. **≠fall** 男 不幸なケース〈出来事〉; 事故, 災難. **≠jahr** 中 凶年. ▽**≠kind** 中 = Unglücksmensch **≠ma·schi·ne** 女 事故にあっ〔て墜落し〕た飛行機. **≠mensch** 男 不運な〈運の悪い〉人. **≠ort** 男 事故の起こった場所, 事故現場. **≠ra·be** 男《話》= Unglücksmensch

un·glücks·schwan·ger 形《雅》不幸〈不運〉をはらんだ.

Un·glücks≠stät·te 女《雅》, **≠stel·le** 女 事故現場. **≠stern** = Unstern **≠tag** 男 不運な〈不幸の起こった〉日; 悪日, 凶日. **≠vo·gel** 男 = Unglücksmensch **≠wa·gen** 男 事故にあった自動車. **≠wurm** 男 -〔e〕s/..würmer = Unglücksmensch **≠zahl** 女 不吉な数, 凶数. **≠zei·chen** 中 不吉な徴候, 凶兆.

Un·gna·de[ʊ́ngna:də] 女 -/ 不興, 不機嫌: *sich*[3] *js.* ～ zuziehen / **bei *jm.* in ～ fallen** …の機嫌をそこねる, …の怒り〈不興〉を買う, …の勘気をこうむる | *jn.* in ～ fallen lassen …に好意を示すことをやめる, …を見放す | **bei *jm.* in ～ sein** …の機嫌をそこねている, …の怒り〈不興〉を買っている ‖ auf Gnade und 〈oder〉 ～ (→Gnade 1).

un·gnä·dig[ʊ́ngnɛ:dɪç][2] 形 **1** 不機嫌な; 無愛想な, 不親切な: Er ist heute sehr ～. 彼はきょうひどく機嫌が悪い | ～ behandelt werden つっけんどんに扱われる. **2**《雅》情け容赦のない: ein ～es Schicksal 無慈悲な運命.

un·grad[ʊ́ngra:t][1], **un·gra·de**[ʊ́ngra:də] = ungerade

un·gram·ma·tisch[ʊ́ngramatɪʃ] 形《比較変化なし》文法規則に違反した, 文法的に正しくない.

un·gra·ziös[ʊ́ngratsiø:s][1] 形 優美でない, 見苦しい, 醜い.

Un·gu·en·tum[ʊŋguɛ́ntʊm] 中 -s/..ta[..ta·] (Salbe)〖薬〗軟膏(なんこう). [*lat.*; < *lat.* ung〔u〕ere (→Anken)]

Un·gu·lat[ʊŋgulá:t] 男 -en/-en《ふつう複数で》(Huftier)〖動〗有蹄(ゆうてい)類.
[< *lat.* ungula „Huf" (◇Nagel)]

un·gül·tig[ʊ́ngʏltɪç][2] 形 無効な, 効力のない; 通用しない: eine ～e Fahrkarte 無効になった切符 ‖ *et.*[4] für ～ erklären …の無効〈失効〉を宣言する | Der Paß wird am 20. April ～. このパスは4月20日に期限が切れる.

Un·gül·tig·keit[−kaɪt] 女 -/ 無効; 失効.

Un·gül·tig·keits·er·klä·rung 女 無効〈失効〉宣言.

Un·gunst[ʊ́ngʊnst] 女 -/-en **1** 不都合, 不利〔益〕; (気候・天候の) 厳しさ: die ～ der Verhältnisse 厳しい状況 | die ～ der Witterung 荒れ模様の天候 ‖ **zu *js.* ～en** …にとって不利な結果になるように(→zuungunsten) | Die Entscheidung fiel zu seinen ～*en.* 裁決の結果は彼に不利であった | Ich habe mich zu Ihren ～*en* verrechnet. 私は計算を間違えてあなたに損をさせてしまった.
2《単数で》(Ungnade) 不興, 不機嫌: *sich*[3] *js.* ～ zuziehen …の機嫌をそこねる, …の怒り〈不興〉を買う.

un·gün·stig[ʊ́ngʏnstɪç][2] 形 **1** 都合の悪い, 不利な: ein ～er Vertrag 不利な契約 | unter ～*en* Bedingungen 不利な条件のもとで | bei *jm.* einen ～*en* Eindruck erwecken …によくない印象を与える | in ein ～es Licht geraten 〈kommen〉 (→Licht 1) ‖ Das Wetter war für eine Ausfahrt ～. 天候はドライブには向いていなかった ‖ *jn.* ～ beurteilen …に対して不利な評価をする | für *jn.* ～ ausgehen …にとって不利な結果となる. **2**《*jm.* / *et.*[3]》(…に) 好意をもたない, 好意的でない: Er steht dem Vorschlag gegenüber ～. 彼はこの提案に対して不賛成の立場をとっている.

un·gu·stiös[ʊ́ngʊstiø:s][1]《ｵｰｽﾄﾘｱ》= unappetitlich 1

un·gut[ʊ́ngu:t] 形 よくない, 好ましく〈喜ばしく〉ない: ein ～es Zeichen 不吉な徴候 | ein ～es Gefühl haben (なんとなく) いやな気持がする | Zwischen den beiden sind ～e Worte gefallen. 二人の間で険しい言葉が交わされた ‖ *et.*[4] für ～ nehmen …を悪くとる〈解釈する〉| **nichts für ～!** どうかあしからず.

un·halt·bar[ʊ́nhaltba:r, ◡⌣́−] 形 (halten できない. 例えば:) (状態が) 維持できない, 持ちこたえられない, 変更〈改善〉を必要とする; (陣地などが) 支えきれない; (意見・主張などが) 保持できない, 根拠のない〈薄弱な〉; (約束が) 守れない; 〖ｽﾎﾟｰﾂ〗(相手の攻撃・シュートなどが) 阻止できない: eine logisch ～e Aussage 論理的に根拠薄弱な陳述 | ～e Vorwürfe いわれのない非難 ‖ Ein solcher Zustand ist ～. かかる状態は放置するわけにゆかない.

Un·halt·bar·keit[..kaɪt, ◡⌣́−−] 女 -/ unhaltbar なこと.

un·hand·lich[ʊ́nhantlɪç] 形 手で扱えない; 《比》扱いにくい, 手ごろ〈ハンディー〉でない.

Un·hand·lich·keit[−kaɪt] 女 -/ unhandlich なこと.

un·har·mo·nisch[ʊ́nharmo:nɪʃ] 形 **1** 不調和の, 調和〈均整〉のとれない; 協調〈融和〉的でない: ein ～er Mensch 性格の円満でない〈他人との折り合いの悪い〉人. **2**〖楽〗不協和〔音〕の.

Un·heil[ʊ́nhaɪl] 中 -〔e〕s/ 災い, 災厄, 不幸, 害悪; 災害, 災禍: das ～ des Kriegs 戦争の災禍 ‖ ～ anrichten 〈stiften〉 災いをひき起こす | Gib acht, daß er in meiner Abwesenheit kein ～ anrichtet! 彼が私の留守中にろくでもないことを仕出かさないように注意しなさい.

un·heil·bar[ʊ́nhaɪlba:r, ◡⌣́−] 形 **1** (病気・けがなどが) 治療できない, 癒(いや)せない, 不治の; 《比》(損失・不和などが) 回復の見込みのない, 取り返しのつかない: eine ～e Krankheit 不治の病 | Er ist ～ krank. 彼は不治の病にかかっている.
2《話》救いがたい, 度しがたい: ein ～er Egoist どうしようもないエゴイスト.

Un·heil·bar·keit[..kaɪt, ◡⌣́−−] 女 -/ unheilbar なこと.

un·heil≠brin·gend[ʊ́nhaɪl..] 形 災い〈不幸〉をもたらす. **≠dro·hend** 形 非常に脅威的〈危険〉な, ひどく悪くなりそうな.

un·hei·lig[ʊ́nhaɪlɪç][2] 形 神聖でない, 世俗の; 敬虔(けいけん)でない, 信仰心のない.

un·heil≠schwan·ger[ʊ́nhaɪl..] 形 災い〈危険〉をはらんだ. **≠ver·kün·dend** 形 災いを知らせる, 不幸の起こりそうな: eine ～e Nachricht 不吉な知らせ. **≠voll** 形 災い〈危険〉に満ちた.

un·heim·lich[ʊ́nhaɪmlɪç, ◡⌣́◡] 形 **1** 不気味な, うす気味悪い, 恐ろしい: eine ～e Gestalt 気味の悪い姿 | eine ～e Stille 不気味な静けさ | einen ～*en* Eindruck machen 不気味な印象を与える ‖ Mir ist 〔es〕 ～ zumute. 私は気味が悪い. **2**《話》不気味なほどの, ものすごい, 非常な: eine ～e Angst すごい不安 | einen ～*en* Hunger haben ものすごく腹がへっている | Es herrschte ein ～es Durcheinander. ひどい大混乱であった ‖ Er kann ～ 〔viel〕 essen. 彼はすごい大食漢だ | Sie ist ～ dick. 彼女はものすごく太っている.

Un·heim·lich·keit[−kaɪt] 女 -/ unheimlich なこと.

un·hi·sto·risch[ʊ́nhɪsto:rɪʃ] 形 歴史的関連を無視した, 非歴史的な.

un·höf·lich[ʊ́nhø:flɪç] 形 礼儀をわきまえない, 不作法な, 失礼〈無礼〉な; 粗野な: eine ～e Antwort 失礼な返答 | ein ～er Mensch 不作法な人間 ‖ Er 〈Sein Benehmen〉 war sehr ～. 彼はひどく不作法だった〈彼の態度は実に失礼だった〉.

Un·höf·lich·keit[−kaɪt] 女 -/-en **1**《単数で》unhöflich なこと. **2** unhöflich な言動.

un·hold[ʊ́nhɔlt][1] **I** 形《雅》悪意〈敵意〉を抱いた: ***jm.* 〈*et.*[3]〉 ～ sein** (→abhold) …に好意的でない, …に対して悪意を抱いている, …に敵意をもっている, …が好きでない.
II Un·hold 男 -〔e〕s/-e (⊛ **Un·hol·din**[..hɔldɪn] -/-nen) 悪魔, 妖怪(ようかい), 怪物; 鬼畜のような残忍な人; 変質者.

U

un·hör·bar[ʊnhǿ:rba:r, ⌣́ー–] 形 (音・声・言葉などが)聞こえない, 聞きとれない.
Un·hör·bar·keit[..kaɪt, ⌣́ー––] 女 -/ unhörbar なこと.

un·hy·gie·nisch[ʊ́nhygie:nɪʃ] 形 衛生的でない, 不衛生〈非衛生〉な, 不潔な.

uni[ynı́:, ýni·] **I** 形《無変化》(einfarbig) 単色〈一色〉の; (生地などが)無地の: eine ～ Krawatte 無地のネクタイ.
II Uni[1] 中 -s/-s 単色, 無地.
[*fr.*; <*kirchenlat.* ūnīre (→unieren)]

uni..《名詞・形容詞などにつけて「唯一の・統一的な」を意味する》: *Uni*form 制服 | *uni*lateral 片面だけの, 一方的な | *uni*valent《化》1 価の | *uni*fizieren 統一する.
[*lat.*; <*lat.* ūnus „einer" (◇ein[1])]

Uni[2][ʊ́ni·, ú:ni·] 女 -/-s (<Universität)《話》大学: Er ist auf der ～. 彼は大学生だ | Ich gehe jetzt in die ～. 私はこれから大学へ行く.

UNICEF[ú:nitsɛf] 女 -/ ユニセフ, 国連児童基金.
[*engl.*; <*engl.* *U*nited *N*ations *I*nternational *C*hildren's *E*mergency *F*und]

unie·ren[unı́:rən] **I** 他 (h) (vereinigen) (合わせて)一つにする, 一体化する, 統一〈統合〉する, 合併する: *unierte* Kirchen i)《キリスト教》東方帰一教会; ii)《新教》合同教会.
II Unier·te[unı́:rtə] 男 女《形容詞変化》東方帰一教会の信徒.
[*kirchenlat.*; ◇uni..; *engl.* unite]

Uni·fi·ka·tion[unifikatsió:n] 女 -/-en ＝Unifizierung
uni·fi·zie·ren[..tsı́:rən] 他 (h) (まとめて)一つにする, 統一〈統合〉する. [*mlat.*; ◇*engl.* unify]
Uni·fi·zie·rung[..rʊŋ] 女 -/-en 統一, 統合.

uni·form[unifɔ́rm] 形 **1** 同じ形〈形式〉をもった, 同形〈同形式〉の: eine ～*e* Schulkleidung 学校の制服. **2**《軽蔑的に》画一的な, 一様の: eine ～*e* Denkart 画一的なものの考え方.
[*lat.*–*fr.*]
Uni·form[unifɔ́rm, ʊ́nifɔrm; オーストリア: ú:nifɔrm, úni..] 女 -/-en (↔Zivil) (軍人・警官・官公庁職員その他の)制服: die ～ anziehen 制服を着る;《比》軍人になる | die ～ ausziehen 制服を脱ぐ;《比》軍人をやめる | ～ tragen 制服を着用している ‖ in ～ 制服を着て | Bürger in ～ (→Bürger 1) | Er steckt in der ～.《話》彼は軍人だ. [*fr.*]
uni·for·mie·ren[unifɔrmı́:rən] 他 (h) **1**《*jn.*》(…に)制服を着せる: Von den beiden Polizisten war nur einer *uniformiert.* 二人の警官のうち一人だけが制服を着ていた | ein *uniformierter* Mann / ein *Uniformierter* 制服を着た男. **2**《しばしば軽蔑的に》均一〈一様〉にする, 画一化する: das Denken ～ ものの考え方を画一的にする.
Uni·for·mie·rung[..rʊŋ] 女 -/ uniformieren すること.
Uni·for·mi·tät[unifɔrmitɛ́:t] 女 -/ 均一〈一様〉なこと, 画一性. [*spätlat.*]
Uni·for·mi·täts·re·gel 女 -/ (遺伝の)斉一の法則, 同型律 (Mendel の法則の一つ).
Uni·form≠pflicht[unifɔ́rm..] 女 制服着用の義務. **≠rock** 男 -〔e〕s/..röcke 制服の上着. **≠trä·ger** 男 制服着用者. **≠zwang** 男 ＝Uniformpflicht

uni·ge·färbt[ynı́:gəfɛrpt, ýni..] 形 単色〈一色〉に染められた; (生地などが)無地の.

Uni·ka Unikum の複数.
uni·kal[uniká:l] 形 たった一つしかない; ユニークな, 無比〈無類〉の. [<..al[1]]
Uni·kat[uniká:t] 中 -〔e〕s/-e **1** (コピーのない) 1 通だけの書類, (副本のない)正本. **2** ＝Unikum 1 [◇Duplikat]
Uni·kum[ú:nikʊm] 中 **1** -s/..ka[..ka·] たった一つしかないもの: Diese Briefmarke ist ein ～. この切手はたった一枚しかない珍品だ. **2** -s/-s (..ka)《軽蔑的に》特異〈独特〉なもの, 珍品; 変わり者, 奇人. [*lat.* ūnicus „einzig"; ◇uni..; *engl.* unique]

uni·la·te·ral[unilaterá:l, ú:nilatera:l] 形 (einseitig) 片側〈片面〉〔だけ〕の; (相互的でなく)一方的な, 片務的な: ein ～*er* Vertrag 片務契約.

un·in·ter·es·sant[ʊ́nɪntərɛsant] 形 興味〈関心〉をそそらない, 興味のない, 面白くない: ein ～*es* Buch 面白くない〈退屈な〉書物 | Seine Meinung ist für mich ～. 彼がどう考えているかなど私にとってはどうでもよいことだ.
un·in·ter·es·siert[..si:rt] 形 **1** 興味〈関心〉をもっていない, 無関心の: ein ～*es* Gesicht machen 無関心な〈つまらなそうな〉顔をする | an *jm.* 〈*et.*[3]〉 ～ sein …に興味を抱いていない, …に関心がない. [▽]**2** 利己的〈打算的〉でない, 私欲のない; 党派的でない, 公正な.
Un·in·ter·es·siert·heit[..haɪt] 女 -/ uninteressiert なこと.

Unio my·sti·ca[ú:nio· mýstika·] 女 --/《キリスト教》(神との)神秘的一致〈合一〉. [*lat.*; ◇mystisch]
Union[unió:n] 女 -/-en (Bund) (団体・国家などの)連合〔組織〕, 同盟, 連盟, 組合; 連邦: die Christlich-Demokratische ～ キリスト教民主同盟(→CDU) | die Christlich-Soziale ～ キリスト教社会同盟(→CSU) | die Protestantische ～《史》(三十年戦争時代の)新教徒同盟 | Sowjet*union* ソビエト同盟, ソ連邦 | Zoll*union* 関税同盟 ‖ einer ～ angehören 〈beitreten〉 同盟に属する〈加わる〉 | eine ～ schließen 同盟〈連盟〉を結成する.
[*kirchenlat.*; ◇uni..]
Unio·nist[unionı́st] 男 -en/-en **1 a**) 連合〈合同・連邦〉主義者, 統一論者. **b**)《史》(米国の南北戦争当時の)連邦主義者. **2** 同盟の一員.
Union Jack[jú:njən dʒǽk] 男 --s/--s ユニオン＝ジャック(英国国旗).
[*engl.*; <*engl.* jack „Schiffsflagge"]
Unions≠kir·che[unió:ns..] 女《キリスト教》連合プロテスタント教会. **≠par·tei·en** 複 同盟二党(特に CDU, CSU).

uni·pe·tal[unipetá:l] 形 (einblättrig)《植》単葉〈単花弁〉の.

uni·po·lar[..polá:r] 形 (einpolig) **1**《理》(磁極・電極が)単極の. **2**《解》(神経細胞が)単極性の.
Uni·po·lar≠in·duk·tion 女《電》単極誘導. **≠ma·schi·ne** 女《電》単極発電機.

un·ir·disch[ʊ́nɪrdɪʃ] 形 世俗的でない; この世のものではない.

Uni·sex[ýnizɛks, ynı́:.., ..sɛks] 男 -〔es〕/ ユニセックス(服装・髪型など, 男女の区別のなくなる風俗現象的な傾向).
[*engl.*; <uni..+Sex]

uni·so·no[unizó:no·, unı́:zono·] **I** 副 (im Einklang)《楽》ユニゾンで, 同音で;《比》異口同音に, 声をそろえて.
II Uni·so·no 中 -s/-s, ..ni[..ni·]《楽》同度, 同音, ユニゾン, 斉唱, 斉奏.
[*spätlat.*–*it.*; <*lat.* sonus „Klang"]

uni·tär[unitɛ́:r] ＝unitarisch 2 [*fr.* unitaire]
Uni·ta·ri·er[..tá:riər] 男 -s/-《キリスト教》ユニテリアン派の信者(三位一体説に反対するプロテスタントの一派).
uni·ta·risch[unitá:rɪʃ] 形 **1**《キリスト教》ユニテリアン派〈主義〉の. **2** 統一〈合一〉を目指す.
Uni·ta·ris·mus[..tarı́smʊs] 男 -/ **1**《政》統一論, 中央集権主義. **2**《キリスト教》ユニテリアン主義, ユニテリアン派の教義.
Uni·ta·rist[..tarı́st] 男 -en/-en 統一論者, 中央集権主義者.
uni·ta·ri·stisch[..rı́stɪʃ] 形 統一論の, 中央集権主義の.
Uni·tät[unitɛ́:t] 女 -/-en **1**《ふつう単数で》(Einigkeit) 一致, 調和; 合意; (Einheit) 単一〔体〕. [▽]**2** (<Universität) 大学. [1: *lat.*]

Uni·ted Na·tions[junáɪtɪd néɪʃənz] 複 (略 UN) (Vereinte Nationen) 国際連合. [*engl.*; ◇unieren]
Uni·ted States 〔of Ame·ri·ca〕[junáɪtɪd stéɪts (əv əmɛ́rɪkə)] 地名 複 (略 US〔A〕) (Vereinigte Staaten 〔von Amerika〕)〔アメリカ〕合衆国. [*engl.*]

uni·va·lent[univalɛ́nt] 形 (einwertig)《化》1 価の.
[<*lat.* valēns „stark" (◇Valenz)]

Uni·ver·bie·rung[univɛrbı́:rʊŋ] 女 -/-en (↔Tmesis)《言》一語化(二つの語が意味変化を伴わずに一語とされ一続きに書かれること. 例 obschon<ob schon (…)にもかかわら

U

ず). [<Verbum]

uni·ver·sal[univɛrzá:l] 形 全体の, 全般的な; 宇宙の, 万物(万有)の; 全世界の; 普遍的な, 総括的な; (器具・装置などが)万能(自在)の: eine ~*e* Begabung 幅広い才能〔の持ち主〕| ein ~*es* Wissen 該博な知識 | *sich*³ eine ~*e* Bildung aneignen 幅広い教養を身につける.
[*spätlat.*; < *lat.* ūniversus (→Universum)+..al¹]

Uni·ver·sal≠bank 女 (すべての金融サービスを提供し得る)ユニバーサル銀行(ドイツでは Deutsche Bank, Dresdener Bank など). ≠**be·griff** 男〘哲〙普遍概念. ≠**bil·dung** 女 普遍的(幅広い)教養. ≠**emp·fän·ger** 男 だれからでも血液をもらえる人(AB 型の血液の所有者). ≠**er·be** 男〘法〙包括(単独)相続人. ≠**ge·lenk** 中〘工〙自在(カルダン)継ぎ手, ユニバーサルジョイント(→ 図 Gelenk). ≠**ge·nie**[..ʒeni:] 中 **1** 万能の天才. **2**《話》(Alleskönner) 万能(多芸)の人, 万能選手. ≠**ge·schich·te** 女 -/ (Weltgeschichte) 世界史. ≠**idiot** 男《話》全くのばか(能なし).

Uni·ver·sa·li·en[univɛrzá:liən] 複 普遍(一般)概念, 普遍性: sprachliche (linguistische) ~〘言〙(各言語間に共通する)言語的普遍性. [*mlat.*]

Uni·ver·sa·li·en·streit 男〘哲〙普遍論争(普遍は実在するか否かに関する中世スコラ哲学の論争).

Uni·ver·sa·lis·mus[univɛrzalísmus] 男 -/ **1** 普遍主義. **2**〘キリスト教〙万人救済説(神の救いの意志によって人類はすべて結局は救済されるとする説).

Uni·ver·sa·list[..líst] 男 -en/-en **1** 普遍主義者. **2** 万人救済派の信者.

Uni·ver·sa·li·tät[univɛrzalitɛ́:t] 女 -/ **1** 普遍性; 一般性. **2** (知識・教養・関心などの)広範(多方面)性; 該博な知識, 普遍的教養. [*spätlat.*]

Uni·ver·sal≠le·xi·kon[univɛrzá:l..] 女 (Enzyklopädie) 百科事典. ≠**mit·tel** 中〘医〙万能薬. ≠**mo·tor** 男〘電〙交直両用電動機. ≠**re·li·gion** = Weltreligion ≠**schrau·ben·schlüs·sel** 男 自在スパナ. ≠**spen·der** 男 だれにでも血液を提供できる人(O 型の血液の所有者). ≠**spra·che** = Welthilfssprache ≠**suk·zes·sion** 女 (↔Singularsukzession)〘法〙共同相続.

uni·ver·sell[univɛrzɛ́l] 形 全体の, 全般的な; 宇宙の, 万物(万有)の; 普遍的な, 総括的な: ~*e* Gravitation〘理〙(Newton の発見した)万有引力 | ~*e* Konstante〘理〙普遍定数 ‖ ein ~ begabter Mensch 広範な才能の持ち主. [*spätlat.*-*fr.* universel]

Uni·ver·sia·de[univɛrziá:də] 女 -/-n ユニバーシアード(国際学生スポーツ大会). [<Universität+Olympiade]

uni·ver·si·tär[univɛrzitɛ́:r] 形 大学の, 大学に関する.

Uni·ver·si·tas[univɛ́rzitas] 女 -/ (Gesamtheit) 全体, 総体; (Gemeinschaft) 共同体. [*lat.*]

Uni·ver·si·tas lit·te·ra·rum[– lɪterá:rum] 女 -/ 〔総合〕大学 (Universität のラテン語名称). [*mlat.* „Gesamtheit der Wissenschaften"]

Uni·ver·si·tät[univɛrzitɛ́:t] 女 -/-en (ふつういくつかの学部をもった)〔総合〕大学(略 Uni) (→Hochschule): eine private (staatliche) ~ 私立(国立)大学 | eine Technische ~ (略 TU) 工業〔総合〕大学 | die ~ Heidelberg ハイデルベルク大学 ‖ die ~ besuchen 大学に通学する ‖ **an** der ~ immatrikuliert sein 大学に学生登録をしてある | an einer ~ lehren (studieren) 大学で教える(勉強する) | Dozent an einer ~ 大学講師 | an eine ~ 〔als Professor〕 berufen werden 〔教授として〕大学に招聘(しょうへい)される | *seine* Söhne **auf** die ~ schicken 息子たちを大学に進学させる | Unser Sohn geht auf die ~. うちの息子は大学生だ.
[*mlat.* ūniversitās (magistrōrum et scolārium) „Gesamtheit (der Lehrenden und Lernenden)"– *mhd.*]

Uni·ver·si·täts≠bi·blio·thek 女 (略 UB) 大学図書館. ≠**do·zent** 男 大学講師. ≠**ge·län·de** 中 大学の敷地(キャンパス). ≠**ge·setz** 中 大学法. ≠**in·sti·tut** 中 大学付属研究所. ≠**jah·re** 複 大学(学生)時代. ≠**kli·nik** 女 大学付属病院. ≠**lauf·bahn** 女 大学教師としての経歴(人生). ≠**le·ben** 中 大学生活. ≠**leh·rer** 男 大学教師. ≠**pro·fes·sor** 男 大学教授. ≠**re·form** 女 大学改革. ≠**rek·tor** 男 大学学長. ≠**stadt** 女 大学都市. ≠**stu·dium** 中 (大学生の)大学での勉学. ≠**we·sen** 中 -/ 大学の組織(制度). ≠**zeit** 女 大学(学生)時代. ≠**zei·tung** 女 大学新聞.

Uni·ver·sum[univɛ́rzum] 中 -s/ (Weltall) 宇宙, 万有;《比》無限の多様性. [*lat.*; < *lat.* ūni-versus „in eins gekehrt, gesamt" (◇vertieren²)]

un·ka·me·rad·schaft·lich[ʊ́nkamera:t-ʃaftlɪç] 形 仲間(僚友)らしくない, 友情のない.

Un·ke[ʊ́ŋkə] 女 -/-n **1**〘動〙スズガエル(鈴蛙). **2**《話》=Unker [< *ahd.* unc „Schlange"+ūcha „Kröte"]

un·ken[ʊ́ŋkən] 自 (h)《話》不幸(凶事)を予言する; 物事を悲観的に見る: „Bald regnet es", *unkte* er.「間もなく雨になるよ」と彼はいやな予言をした.

un·kennt·lich[ʊ́nkɛntlɪç] 形 識別(判別)できない, 見分けにくい: *et.*⁴ ~ machen …を識別できなく(見分けにくく)する | die durch das Alter fast ~ gewordene Schrift 年代がたってほとんど判読のできなくなった文字.

Un·kennt·lich·keit[−kaɪt] 女 -/ 識別(判別)不可能: bis zur ~ 見分けがつかぬまでに.

Un·kennt·nis[ʊ́nkɛntnɪs] 女 -/ 知らないこと; 無知, 知識の欠如: aus ~ einen Fehler machen 無知から失敗(間違い)を犯す | in ~ der Vorschriften 規則を知らずに | *jn.* 〔über *et.*⁴〕 in ~ lassen …に〔…について〕知らせずにおく ‖ *Unkenntnis* schützt nicht vor Strafe. 〔法律を〕知らなかったからといって処罰を免れるわけにはいかない.

Un·ker[ʊ́ŋkər] 男 -s/-《話》不幸(凶事)を予言する人, 物事を悲観的に見る人.

un·keusch[ʊ́nkɔʏʃ] 形 純潔(貞潔)でない; (性的に)清らかでない, みだら(ふしだら)な.

Un·keusch·heit[−haɪt] 女 -/ unkeusch なこと: ~ treiben ふしだらな行いをする, 乱行にふける.

un·kind·lich[ʊ́nkɪntlɪç] 形 **1** 子供らしくない, 早熟の, ませた. **2** (親に対して)子供としてあるまじき, 親不孝の.

Un·kind·lich·keit[−kaɪt] 女 -/ unkindlich なこと.

un·kirch·lich[ʊ́nkɪrçlɪç] 形 教会にふさわしくない, 教会の規則に反する; 世俗的な.

un·klar[ʊ́nkla:r] 形 **1** (trübe) 濁った, 不透明な; 曇りの, どんよりした: ~*es* Wasser 濁った水 | ~*es* Wetter 曇った天気. **2** はっきりしない, 不明確な; 不鮮明な, ぼんやりした; 明白でない, 不明瞭(ふめいりょう)な; わかりにくい: ein ~*es* Bild 不鮮明な像 | ein ~*er* Satz (文意の)不明瞭な文 ‖ Wie das möglich war, ist mir völlig ~. どうしてそのようなことが可能であったのか私には全然見当がつかない ‖ *sich*⁴ ~ ausdrücken あいまいな表現をする | Die Berge erkennt man in der Ferne nur ~. 山が遠くにぼんやりとしか見えない ‖ *sich*³ über *et.*⁴ im ~*en* sein …がはっきり分かっていない, …について明確な見通しをもたない | *jn.* 〔über *et.*⁴〕 im ~*en* lassen …に〔…について〕真相を知らせないで(あいまいにして)おく.

Un·klar·heit[−haɪt] 女 -/-en unklar なこと: Bestehen noch ~*en*? まだはっきりしない点がありますか | Darüber herrscht noch ~. それについてはまだはっきり分からない.

un·klug[ʊ́nklu:k]¹ 形 賢くない, 賢明でない, 無思慮な: ein ~*es* Verhalten 無思慮な振舞い | Es wäre ~, so etwas zu tun. そのようなことをするのは得策ではなかろう.

Un·klug·heit[−haɪt] 女 -/-en **1**《単数で》unklug なこと. **2** unklug な言動.

un·kol·le·gial[ʊ́nkɔlegia:l] (**un·kol·le·gia·lisch** [..lɪʃ]) 形 同僚らしくない, 友誼(ゆうぎ)的でない, 不親切な.

un·kom·pli·ziert[ʊ́nkɔmplitsi:rt] 形 複雑(面倒・やっかい)でない, 扱いにくくない: ein ~*es* Gerät 扱いやすい道具 | ein ~*er* Knochenbruch〘医〙単純骨折 | ein ~*er* Mensch 気むずかしくない(つき合いやすい)人.

un·kon·trol·lier·bar[ʊ́nkɔntrɔli:rba:r, ◡◡◡⏊−] 形 検査(監査)できない; 点検不能の; 制御(支配)できない, 手に負えない: ~*e* Gerüchte 調べようのない(手に負えない)うわさ.

un·kon·ven·tio·nell[ʊ́nkɔnvɛntsionɛl] 形 **1** 伝統(因習)にとらわれない. **2** 型にはまらない.

U

un·kör·per·lich[ʊ́nkœrpərlɪç] 形 肉体を伴わない, 実体のない, 無形の; 非物質的な.

un·kor·rekt[ʊ́nkɔrɛkt] 形 正しくない, 不正確な, 間違った; 公正でない, 不正な; 不適切な: ~*es* Deutsch 不正確なドイツ語 | ein ~*es* Verhalten 不穏当な振舞い.

Un·kor·rekt·heit[−haɪt] 女 -/-en **1** 《単数で》unkorrekt なこと. **2** unkorrekt な言動.

Un·ko·sten[ʊ́nkɔstən] 複 (正規の経費・通常経費以外の)雑費; 《俗》支出, 出費, 物入り: ***sich***⁴ **in ~ stürzen** 《話》大金を遣う, 散財する | ***sich***⁴ **in geistige ~ stürzen** 大いに頭を使う〈骨を折る〉| ohne große ~ 大した出費もなしに ‖ Durch seinen Umzug sind ihm diesen Monat große ~ entstanden. 引っ越しのために彼は今月余分の出費が相当にかさんだ | Die Einnahmen decken nicht einmal ~. 収入はとても出費に追いつかない.

Un·ko·sten·bei·trag 男 雑費負担.

Un·kraut[ʊ́nkraʊt] 中 -[e]s/..kräuter[..krɔʏtər] 雑草: ~ jäten 〈ausreißen〉 雑草を取る〈引き抜く〉| das ~ mit der Wurzel ausreißen 〈ausrotten〉《比》悪の根を断つ ‖ Das ~ wuchert. 雑草がはびこる | ***Unkraut* vergeht 〈verdirbt〉 nicht.** 《話》おれたちみたいな人間はそうやすやすとはくたばらないさ(雑草は絶えることなし).

Un·kraut≠be·kämp·fungs·mit·tel 中, **≠ver·nich·ter** 男 除草剤.

un·krie·ge·risch[ʊ́nkri:gərɪʃ] 形 戦闘的〈好戦的〉でない, 平和的な; 戦士らしくない, 軍人にふさわしくない.

un·kri·tisch[ʊ́nkri:tɪʃ] 形 **1** 批判的でない, 無批判な: alles ~ hinnehmen すべてを無批判に受け入れる. **2** 問題のない, 危険のない.

Unk·tion[ʊŋktsió:n] 女 -/-en (Einreibung) 《医》(軟膏(なんこう)などの) 塗擦.
[*lat.*; <*lat.* ung[u]ere (→Anken)]

un·kul·ti·viert[ʊ́nkʊltivi:rt] 形 **1** (土地が)未開墾の. **2** 洗練されていない, 不作法な, 野蛮な; 無教養の: ein ~*es* Benehmen 粗野な振舞い.

Un·kul·tur[..kʊltu:r] 女 -/ **1** 教養の欠如, 無教養; 野卑, 野蛮. **2** 文化〈文明〉の欠如, 未開.

un·künd·bar[ʊ́nkʏntba:r, ◡⌣−] 形 (契約などが)解約不可能な, 取り消す〈破棄する〉ことのできない: Als Beamter ist er ~. 公務員として彼の身分は保証されている.

Un·künd·bar·keit[..kaɪt, ◡⌣−−] 女 -/ unkündbar なこと.

un·kun·dig[ʊ́nkʊndɪç]² 形 〔専門〕知識のない; 《*et.*²》(…の)知識をもたない, (…を)知らない, (…に)不案内な: Er ist des Lesens 〈des Schreibens〉 ~. 彼は字が読めない〈書けない〉.

un·künst·le·risch[ʊ́nkʏnstlərɪʃ] 形 芸術的でない, 非芸術的な; 芸術家的でない.

Un·land[ʊ́nlant]¹ 中 -[e]s/..länder[..lɛndər] 不毛の土地, 荒れ地.

un·längst[ʊ́nlɛŋst] 副 つい先ごろ, 最近: Sie hat ~ geheiratet. 彼女は最近結婚した.

un·lau·ter[ʊ́nlaʊtər] 形 《雅》不純な, 公正でない, 不当〈不正〉な: ~*e* Absichten 不純な意図 | ~*er* Wettbewerb (商売などの)不正〈不公正〉競争 | ***sich***⁴ ~*er* Mittel bedienen 不正な手段を用いる.

un·leid·lich[ʊ́nlaɪtlɪç] (ᵛ**un·lei·dig**[ʊ́nlaɪdɪç]²) 形 **1** 不機嫌な, ふくれっ面をした, 無愛想な: Sei doch nicht immer ~! そんなにぶすっとしてばかりいるなよ. **2** (unerträglich) 我慢のできない, 耐えがたい.

un·lenk·sam[ʊ́nlɛŋkza:m, ◡⌣−] 形 操縦しにくい; 御しにくい, 扱いにくい.

un·les·bar[ʊ́nle:sba:r, ◡⌣−] 形, **un·le·ser·lich**[ʊ́nle:zərlɪç, ◡⌣◡◡] 形 (筆跡などが)読みにくい; 判読不能の: ~ schreiben 読みづらい字を書く.

Un·le·ser·lich·keit[..kaɪt, ◡⌣◡◡−] 女 -/ unleserlich なこと.

un·leug·bar[ʊ́nlɔʏkba:r, ◡⌣−] 形 否定〈否認〉できない, 論議の余地のない, 明白な: eine ~*e* Tatsache 否定できぬ事実. [<leugnen]

un·lieb[ʊ́nli:p]¹ 形 **1** 《ふつう述語的》好ましくない, 不快な: Es ist mir ~, dies hören zu müssen. このようなことを耳にしなければならぬとは不愉快だ | Sein Besuch zu diesem Zeitpunkt ist mir nicht ~. 彼がこの時期に訪ねてくることは私にとっても好都合だ. **2** 《方》=unliebenswürdig

un·lie·bens·wür·dig[ʊ́nli:bənsvʏrdɪç]² 形 無愛想な; 不親切な.

un·lieb·sam[ʊ́nli:pza:m] 形 好ましくない, 不快な, やっかいな: ein ~*es* Vorkommnis 不愉快な出来事 | Er ist ~ aufgefallen. 彼は感じの悪さで人目についた.

un·li·mi·tiert[ʊ́nlimiti:rt] 形 制限〈限定〉されていない, 無制限〈無限定〉の, 無限の.

un·li·niert[ʊnliní:rt] 形 (用紙などに)罫(けい)〈線〉の入っていない.

Un·lo·gik[ʊ́nlo:gɪk] 女 -/ 非論理性, 不条理.

un·lo·gisch[..gɪʃ] 形 論理的でない, 非論理的な, 辻褄(つじつま)の合わない, 筋道の通らない.

un·lös·bar[ʊnlǿ:sba:r, ⌣−−; オーストリア: ⌣−−] 形 **1** (結び目などが)解けない; (問題・なぞなどが)解けない, 解答不能の, 解決できない: ein ~*es* Rätsel 解けないなぞ ‖ Das Problem ist ~. この問題は解決不能だ | Für den Katholiken ist die Ehe ~. カトリック教徒にとって婚姻を解消することは許されない ‖ ~ verbunden sein 分かちがたく結ばれている.
2 =unlöslich

Un·lös·bar·keit[..kaɪt, ⌣−−−] 女 -/ unlösbar なこと.

un·lös·lich[ʊnlǿ:slɪç, ⌣−◡] 形 溶けない, 溶解不能の; 《化》不溶性の: in Wasser ~ sein 水に溶けない.

Un·lös·lich·keit[..kaɪt, ⌣−◡−] 女 -/ unlöslich なこと.

Un·lust[ʊ́nlʊst] 女 -/ **1** 気の進まない〈気乗りのしない〉こと; いや気, 大儀, おっくう: *seine* ~ überwinden 進まぬ気持をむりに励ます | mit ~ an die Arbeit gehen いやいや仕事に取りかかる. **2** 《商》(株式市場での)いや気.

Un·lust≠emp·fin·dung 女, **≠ge·fühl** 中 気乗りのしない感じ, おっくうな気持, いや気, けだるさ.

un·lu·stig[ʊ́nlʊstɪç]² 形 気の進まない, 気乗りのしない, いやいやながらの.

un·ma·nier·lich[ʊ́nmani:rlɪç] 形 行儀〈しつけ〉の悪い, 不作法な, 粗野な: ~ essen 不作法な食べ方をする.
[<Manier]

un·männ·lich[ʊ́nmɛnlɪç] 男 男らしくない, 女々しい.

Un·männ·lich·keit[−kaɪt] 女 -/ unmännlich なこと.

un·mas·kiert[ʊ́nmaski:rt] 形 〔仮〕面をつけていない, 覆面をしていない; 仮装〈変装〉していない.

Un·maß[ʊ́nma:s] 中 -es/ **1** 過剰, 過度: ein ~ an 〈von〉 Arbeit ありあまる仕事 | im ~ 過剰〈過度〉に.
ᵛ**2** =Unziemlichkeit 1

Un·mas·se[ʊ́nmasə] 女 -/-n =Unmenge

un·maß·geb·lich[ʊ́nma:sge:plɪç, ◡−⌣◡] 形 標準的でない, 一般の標準にならない: nach meiner ~*en* Meinung (謙遜(けんそん)の表現として)私の勝手な意見によれば.

un·mä·ßig[ʊ́nmɛ:sɪç]² 形 節度のない, 過度の: einen ~*en* Durst haben のどが非常に渇いている | mit ~*er* Freude 手放しに喜んで ‖ Er ist ~ in seinen Forderungen. 彼の要求には節度がない ‖ Sein Hunger war ~ groß. 彼の空腹は非常なものだった.

Un·mä·ßig·keit[−kaɪt] 女 -/ (unmäßig なこと. 例えば:) 過度, 不節制.

un·me·lo·disch[ʊ́nmelo:dɪʃ] 形 旋律的でない, 非旋律的な, メロディーに乏しい.

Un·men·ge[ʊ́nmɛŋə] 女 -/-n 非常な多数〈多量〉, ばく大な数〈量〉: eine ~ Bücher 〈von Büchern〉 非常に多くの書物 ‖ eine ~ Geld ausgeben ばく大な金額を支出する | Er besitzt ~*n* von alten Münzen. 彼は古いコインをたくさん持っている ‖ in ~*n* 多量に, 無数に.

Un·mensch[ʊ́nmɛnʃ] 男 -en/-en 冷酷〈無情・非情〉な人, 人でなし: **kein ~ sein** 《話》全然話のわからない人間ではない.

un·mensch·lich[ʊ́nmɛnʃlɪç, ◡⌣◡] 形 **1** 非人間的な, 非情な, 残酷〈残忍〉な: ~*e* Härte 非人間的な過酷さ | ein

～*er* Tyrann 残忍な暴君 ‖ *jn.* ～ behandeln …を残酷に取り扱う. **2** 《話》ひどい, ものすごい, 非常な: eine ～*e* Hitze 〈Kälte〉 ものすごい暑さ〈寒さ〉 | ～*e* Schmerzen 耐えがたい苦痛 ‖ Es ist ～ schwül heute. きょうはひどく蒸し暑い.

Un·mensch·lich·keit[..kaɪt, ⌣⌣⌣–] 女 -/-en **1** 《単数で》 unmenschlich なこと. **2** unmenschlich な言動.

un·merk·bar[ʊnmɛ́rkba:r, ⌣⌣–] 形, **un·merk·lich**[..lɪç, ⌣⌣⌣; ｵｰｽﾄﾘｱ: ⌣⌣⌣] 形 〔ほとんど〕知覚〈感知〉できない,〔ほとんど〕気がつかない: eine ～*e* Veränderung 目に見えぬほどの〈ごくわずかな〉変化 | Es war ～ dunkel geworden. いつの間にかあたりは暗くなっていた.

un·meß·bar[ʊnmɛ́sba:r, ⌣⌣–] 形 **1** 測ることのできない, 測定不能の. **2** 《雅》 (unermeßlich) 計り知れぬほどの.

un·me·tho·disch[ʊ́nmeto:dɪʃ] 形 一定の方法をもたない, 体系〈組織〉的でない, 場あたり式の.

un·mi·li·tä·risch[ʊ́nmilitɛ:rɪʃ] 形 軍隊ふうでない, 軍人らしくない.

un·miß·ver·ständ·lich[ʊ́nmɪsfɛrʃtɛntlɪç, ⌣⌣⌣⌣⌣] 形 誤解のおそれのない, 明瞭(めいりょう)な, きっぱりした: eine ～*e* Ablehnung きっぱりとした拒絶 | eine ～*e* Sprache 〔mit *jm.*〕 reden 〈sprechen〉 (→Sprache 3) ‖ Der Vertrag ist ～. 契約の文面は誤解の余地はない ‖ *seine* Meinung ～ sagen 自分の意見をはっきり述べる.

un·mit·tel·bar[ʊ́nmɪtəlba:r] 形 (direkt) (中間に介在するものがなく)直接の, じかの, じきじきの; すぐの: der ～*e* Anlaß 直接のきっかけ | in ～*er* Nähe des Bahnhofs 駅のすぐ近くに | eine ～*e* Täterschaft 《法》直接正犯 | Er ist mein ～*er* Vorgesetzter. 彼は私の直属の上司だ ‖ ～ nach dem Unfall 事故の直後に | ～ vor der Tür ドアのすぐ前で | *sich*[4] ～ an *jn.* wenden 直接…のところに話をもってゆく | Das geht mich ～ an. それは直接私にかかわりのあることだ.

Un·mit·tel·bar·keit[−kaɪt] 女 -/ 直接〔性〕.

un·mö·bliert[ʊ́nmøbli:rt] 形 (部屋・住居などが)家具〈調度〉備えつけでない.

un·mo·dern[ʊ́nmodɛrn] 形 近代的でない, 現代〈当世〉ふうでない, 古くさい, 流行遅れの.

un·mo·disch[ʊ́nmo:dɪʃ] 形 流行遅れの, 古くさい, 旧弊な.

un·mög·lich[ʊ́nmø:klɪç, ⌣–⌣] **I** 形 **1** 《副詞的用法なし》不可能な, ありえない, あるはずがない, 起こりえない, 考えられない: ein ～*es* Verlangen 実現不可能な要求 | alle möglichen und ～*en* Gegenstände 《話》ありとあらゆるもの ‖ Dieser Plan ist 〔technisch〕 ～. この計画は〔技術的に〕実行不可能だ | Es ist ganz 〈absolut〉 ～, daß ... …ということは全く考えられない | Es ist 〔mir〕 ～, deinen Wunsch zu erfüllen. 君の願いをかなえることは〔私には〕できない ‖ *et.*[4] ～ machen …を不可能にする | Das Unwetter hat mein Kommen ～ gemacht. あらしのために私は来られなかった ‖ 《名詞化して》 das *Unmögliche* möglich machen 不可能事を可能にする | fast *Unmögliches* leisten 〈schaffen〉 ほとんど不可能に近いことをやってのける | Damit verlange ich nichts *Unmögliches*. だからといって私は不可能なことを要求しているわけではない.

2 a) 《話》とんでもない, 非常識な, およそ場違いな, ひどくとっぴな; どうにも我慢のならない, ひどい, だめな: ein ～*es* Benehmen ひどい振舞い | ein ～*er* Mensch とんでもない〈全くいやな〉やつ ‖ Er hat eine ～*e* Aussprache. 彼の発音は全くひどい | Sie trug einen ～*en* Hut. 彼女はとっぴな帽子をかぶっていた ‖ Du bist ～. 君はどうしようもないやつだ ‖ *sich*[4] ～ benehmen 非常識な〈場違いな〉振舞いをする. **b)** ***jn.*** **～ machen** …の立場〈面目〉を失わせる, …に恥をかかせる | Damit hast du dich als Erzieher ～ gemacht. これで君の教育者としての立場はなくなってしまったよ.

II 副 《助動詞 können などを伴って》《話》～ können …は不可能である, …であるはずはない, …するわけにはゆかない | Ich kann ～ darauf verzichten. 私はそれを断念するわけにはゆかない | Er kann ～ der Täter gewesen sein. 彼が犯人であったはずはない.

Un·mög·lich·keit[..kaɪt, ⌣–⌣–] 女 -/-en (unmöglich なこと. 例えば:) 不可能: objektive 〈subjektive〉 ～ 《法》客観的〈主観的〉不能 | Das ist ein Ding der ～. (→Ding 2 a).

Un·mo·ral[ʊ́nmora:l] 女 -/ 不道徳, 不倫.

un·mo·ra·lisch[..lɪʃ] 形 道徳に反する, 不道徳な: ein ～*es* Leben führen 不品行な生活を送る.

un·mo·ti·viert[ʊ́nmotivi:rt] 形 動機〈理由〉のない.

un·mün·dig[ʊ́nmʏndɪç][2] 形 **1** 成年〈丁年〉に達していない, 未成年の(→mündig): *jn.* für ～ erklären …を禁治産者と宣告する(→entmündigen) ‖ der 〈die〉 *Unmündige* 未成年者. **2** 《比》一人前でない, 未熟の.

Un·mün·dig·keit[−kaɪt] 女 -/ unmündig なこと.

un·mu·si·ka·lisch[ʊ́nmuzika:lɪʃ] 形 音楽的でない, 非音楽的な; 音楽の才能のない, 音楽を解さない.

Un·mut[ʊ́nmu:t] 男 -[e]s/ 不機嫌; 不満の念, 怒り: der ～ über *et.*[4] …に対する不満〈怒り〉 | *seinem* ～ Luft machen 《話》不満をぶちまける.

un·mu·tig[..tɪç][2] 形 不機嫌な; 不満にみちた: über *et.*[4] ～ sein …について気を悪くしている.

un·nach·ahm·lich[ʊ́nna:x|a:mlɪç, ⌣–⌣–⌣] 形 まねのできない, 模倣を許さない; 無類〈無比〉の. [<nachahmen]

un·nach·gie·big[ʊ́nna:xgi:bɪç][2] 形 譲歩しない, 人の言いなりにならない, 頑固〈強情〉な: eine ～*e* Haltung einnehmen 頑固な態度をとる | ～ bleiben あくまでも譲歩しない.

Un·nach·gie·big·keit[−kaɪt] 女 -/ unnachgiebig なこと.

un·nach·sich·tig[ʊ́nna:xzɪçtɪç][2] 形 寛大でない, 容赦しない, 厳しい, 厳格な: mit ～*er* Strenge 仮借ない厳しさで | *jn.* ～ bestrafen …を厳しく処罰する.

Un·nach·sich·tig·keit[−kaɪt] 女 -/ unnachsichtig なこと.

▽**un·nach·sicht·lich** =unnachsichtig

un·nah·bar[ʊnná:ba:r, ⌣––; ｵｰｽﾄﾘｱ: ⌣––] 形 近づきにくい, 近寄りがたい, とっつきにくい: ein ～*er* Mensch とっつきにくい人 | Sie wirkt ～. 彼女は近寄りがたい印象を与える. [<nahen]

Un·nah·bar·keit[..kaɪt, ⌣–––] 女 -/ unnahbar なこと.

Un·na·tur[ʊ́nnatu:r] 女 -/ **1** 自然に反すること, 不自然. **2** 不自然な〈装った〉態度.

un·na·tür·lich[ʊ́nnaty:rlɪç] 形 **1** 自然に反する, 不自然な: eine ～*e* Lebensweise 自然に反する生活の仕方 | eines ～*en* Todes sterben 変死〈横死〉する, 非業の死をとげる ‖ ein ～ kalter Winter 異常に寒い冬.
2 人為的な, わざとらしい, 見せかけの, 装った: Seine Fröhlichkeit war ～. 彼の快活さは不自然〈作りもの〉だった.

Un·na·tür·lich·keit[−kaɪt] 女 -/-en **1** unnatürlich なこと. **2** unnatürlich な言動〈事物〉.

un·nenn·bar[ʊnnɛ́nba:r, ⌣⌣–] 形 **1** 口では言えない, 言葉で言い表せない. **2** (unsagbar) 言うに言われぬ, 名状しがたい, 言語に絶する.

un·nor·mal[ʊ́nnɔrma:l] 形 正常〈普通〉でない, 異常な: ein ～*er* Zustand 異常な状態 ‖ Er ist ～ groß. 彼は異常に背が高い | ein ～ kalter Winter 異常に寒い冬.

un·no·tiert[ʊ́nnoti:rt] 形 《商》相場〈値段〉のつけられていない; (株式が)上場されていない.

un·nö·tig[ʊ́nnø:tɪç][2] 形 不必要な, 無用の, 余計な: ～*e* Ausgaben むだな出費 | ～*e* Sorgen 無用の心配 ‖ Es ist ～, sich darüber Gedanken zu machen. そのことで頭を悩ます必要はない ‖ Ich habe mich ～ angestrengt. 私はむだ骨を折ってしまった | Du darfst ihn nicht ～ stören. 君は必要もないのに彼の邪魔をしてはいけない.

un·nö·ti·ger·wei·se[..gər..] 副 《陳述内容に対する話し手の判断・評価を示して》不必要に.

un·nütz[ʊ́nnʏts] 形 無益な, 無用の, むだな, 詮(せん)ない; 役に立たない, つまらない, くだらない: ～*es* Gerede 無用のおしゃべり | *sich*[3] ～*e* Mühe machen むだ骨を折る ‖ Es ist ～, darüber zu streiten. そのことで争ってみても仕方がない | *sich*[4] ～ machen (つまらぬことをして)人に迷惑をかける ‖ die Zeit ～ vertun むだに時を過ごす ‖ Kauf doch nichts *Unnützes*! つまらぬものを買うんじゃないよ.

U

ụn·nüt·zer·wei·se 副《陳述内容に対する話し手の判断・評価を示して》むだに, いたずらに.

▽**ụn·nütz·lich**[ʊ́nnʏtslɪç] =unnütz

UNO (**Ụno**)[ú:no·] 女 -/ 国際連合(→ UN, VN, OVN).
[*engl.*; <*engl.* *U*nited *N*ations *O*rganization]

ụn·öko·no·misch[ʊ́n|økono:mɪʃ] 形 不経済な, 節約的でない.

ụn·or·dent·lich[ʊ́n|ɔrdəntlɪç] 形 **1** (事物が)無秩序な, 整理〈整頓(せいとん)〉されていない, 乱雑な, 雑然とした; (生活などが)だらしのない, 不まじめな; (人が)身だしなみのよくない, だらしない服装の: eine ~*e* Frisur 乱れた髪型 | ein ~*es* Leben だらしのない〈乱れた〉生活 | ein ~*es* Zimmer 散らかった部屋 ‖ Er macht seine Arbeit ~. 彼は仕事ぶりがだらしない. **2** (人が)秩序〈整理・規律〉を尊ぶ気持のない, だらしのない性質の.

Ụn·or·dent·lich·keit[−kaɪt] 女 -/ unordentlich なこと.

Ụn·ord·nung[ʊ́n|ɔrdnʊŋ] 女 -/-en 無秩序, 混乱, 不整頓(せいとん), 乱雑, 乱脈: die ~ beheben 混乱を取り除く, 整理〈整頓〉する ‖ *et.*[4] in ~ bringen …を混乱させる, …を乱雑〈乱脈〉にする | in ~ geraten 混乱に陥る, 乱雑〈乱脈〉になる ‖ Hier herrscht eine fürchterliche ~. ここはひどい混乱〈乱雑〉ぶりだ, ここはすべてがめちゃくちゃだ.

ụn·or·ga·nisch[ʊ́n|ɔrga:nɪʃ] 形 **1** 〘化〙無機の, 無機物〈体〉の: ~*e* Chemie 無機化学. **2** 《比》有機的でない; (全体との結びつきが)不自然な; 不安定な.

ụn·or·tho·dox[ʊ́n|ɔrtodɔks] 形 正統派でない, 非正統的な; 異端の: eine ~*e* Auffassung 特異な見解.

ụn·or·tho·gra·phisch[ʊ́n|ɔrtogra:fɪʃ] 形 正字〈正書〉法に反する, 正字〈正書〉法にかなっていない.

ụn·paar[ʊ́npa:r] 形 **1** 対(つい)になっていない: ~*e* Blätter 対をなしていない 2 枚の葉. **2** 〘数〙2 で割れない, 奇数の: ~*e* Zahlen 奇数.

Ụn·paar·hu·fer[−hu:fər] 男 -s/- 〘動〙奇蹄(きてい)類〔の動物〕.

ụn·paar·hu·fig[..hu:fɪç][2] 形 〘動〙奇蹄(きてい)〔類〕の.

ụn·paa·rig[ʊ́npa:rɪç][2] =unpaar

Ụn·paar·ze·her[ʊ́npa:rtse:ər] 男 -s/- =Unpaarhufer

ụn·päd·ago·gisch[ʊ́npɛdago:gɪʃ] 形 教育的でない, 非教育的な.

ụn·par·la·men·ta·risch[ʊ́nparlamɛnta:rɪʃ] 形 議会〈国会〉の制度・慣行に反する, 議会〈国会〉にふさわしくない.

ụn·par·tei·isch[ʊ́npartaɪɪʃ] **I** 形 党派的でない, 不偏不党の, 偏らない, 中立の, 公正〈公平〉な: eine ~*e* Meinung 公平な〈偏らない〉意見 | eine ~*e* Haltung einnehmen 公正な態度をとる ‖ ~ richten 公平に裁く.

II Ụn·par·tei·ische 男 女《形容詞変化》(Schiedsrichter)(競技などの)審判, レフェリー, アンパイア.

ụn·par·tei·lich[..lɪç] 形 **1** 党派に属さない, 無所属の. **2** =unparteiisch

Ụn·par·tei·lich·keit[..kaɪt] 女 -/ (unparteilich なこと. 例えば:) 不偏不党, 中立, 無所属, 公正, 公平.

ụn·paß[ʊ́npas] 形 **1** 《述語的》=unpäßlich **2** 《次の形で》***jm.*** **~ kommen** …にとって都合が悪い | Sein Vorschlag kam mir sehr ~. 彼の提案は私にはたいへん都合が悪かった.

ụn·pas·send[ʊ́npasənt][1] 形 適当〈適切〉でない, 不適当〈不適切〉な; ふさわしくない; 都合の悪い: eine ~*e* Bemerkung machen 場違いな〈場所柄をわきまえない〉ことを言う | zu ~*er* Zeit 都合の悪い〈あいにくな〉ときに ‖ *sich*[4] ~ benehmen その場にふさわしくない振舞いをする.

ụn·pas·sier·bar[ʊ́npasi:rba:r, ◡◡⏊−] 形 (橋・道路などが)通行〈通過〉不能な, (川が)渡ることができない.

ụn·päß·lich[ʊ́npɛslɪç] 形 体の調子のよくない, 健康〈気分〉のすぐれない: Ich fühlte mich ~. 私は気分がすぐれなかった.
[<unpaß]

Ụn·päß·lich·keit[−kaɪt] 女 -/-en unpäßlich なこと〈状態〉.

ụn·pa·trio·tisch[ʊ́npatrio:tɪʃ] 形 愛国心のない, 非愛国的な.

Ụn·per·son[ʊ́npɛrzo:n] 女 -/-en (政治的・思想的にその存在を故意に無視された)過去の人, 抹殺された人物(特にかつての地位や影響力を失った政治家など).
[*engl.*; <*engl.* unperson (英国の作家オーウェル G. Orwell の小説『1984年』での用語)]

ụn·per·sön·lich[ʊ́npɛrzø:nlɪç] 形 **1** 個人的でない, 特定の個人に関係しない, 一般的な; 個人的な感情〈趣味〉の入らない, 事務的〈即物的〉な; 非個性的な, 個人的特色のない: in ~*em* Stil schreiben (手紙などを)事務的な調子で書く ‖ *jn.* ~ behandeln (個人的感情をまじえずに)…を事務的〈そっけなく〉あしらう | ein völlig ~ eingerichtetes Zimmer 室内調度に個性の全然ない部屋. **2** 〘言〙非人称の: ein ~*es* Fürwort 非人称代名詞 | ein ~*es* Verb 非人称動詞.

ụn·pfänd·bar[ʊ́npfɛntba:r, ◡⏊−] 形 (担保物件として)差し押えのできない.

un po·co[ʊn pɔ́ko·, − pó:ko·] 《ｲﾀﾘｱ語》(ein wenig) 〘楽〙ウン=ポーコ, やや, 少し.

ụn·poe·tisch[ʊ́npoe:tɪʃ] 形 詩的でない, 詩情〈詩趣〉に乏しい.

ụn·po·liert[ʊ́npoli:rt] 形 **1** 磨かれていない, つや〈光沢〉のない. **2** 《比》(文章などに)磨きのかかっていない; 洗練されていない, 無骨〈粗野〉な.

ụn·po·li·tisch[ʊ́npoli:tɪʃ] 形 非政治的な, 政治に関心のない, ノンポリの; 不得策な.

ụn·po·pu·lär[ʊ́npopulɛ:r] 形 一般的〈通俗的〉でない; 大衆向きでない, 人気のない, 評判の悪い: eine ~*e* Meinung 俗受けのしない意見 | Diese Maßnahmen der Regierung waren ~. 政府のこの処置は評判が悪かった.

Ụn·po·pu·la·ri·tät[..laritɛ:t] 女 -/ 非大衆性, 不人気.

ụn·prak·tisch[ʊ́npraktɪʃ] 形 **1** 実際の役に立たない, 非実用的な, 取り扱いの不便な: ein ~*es* Gerät 使いにくい器具. **2** (人が)実務的でない, 手際のよくない: ein ~*er* Mensch 実務的でない人間.

ụn·prä·ten·tiös[ʊ́nprɛtɛntsiø:s][1] 形 気負いのない, もったいぶらない, 気さくな, 地味な.

ụn·prä·zis[ʊ́nprɛtsi:s][1] 形, **ụn·prä·zi·se**[..tsi:zə] 形 明確〈的確〉でない, 不正確な; 精密でない: eine *unpräzise* Formulierung 不明確な言い回し | eine *unpräzise* Meßmethode 精密さを欠く測定法 ‖ *sich*[4] ~ ausdrücken 不正確〈あいまい〉な表現を使う.

ụn·pro·ble·ma·tisch[ʊ́nproblema:tɪʃ] 形 問題のない, 疑問点のない: ein ~*er* Mensch 気むずかしくない〈単純明快な〉人間 | nicht ganz ~ sein かならずしも問題がないわけではない.

ụn·pro·duk·tiv[ʊ́nprodʊkti:f][1] 形 生産的でない, 非生産的な, 生産力をもたない.

ụn·pro·por·tio·niert[ʊ́nproporrtsioni:rt] 形 釣り合い〈均整〉のとれていない.

ụn·pünkt·lich[ʊ́npʏŋktlɪç] 形 時間どおりでない, 時間を守らない; きちょうめんでない, 不正確な: Er ist immer ~. 彼はいつも時間が不正確だ | ~ zahlen (期日までに)きちんと支払わない.

Ụn·pünkt·lich·keit[−kaɪt] 女 -/ unpünktlich なこと.

ụn·qua·li·fi·zier·bar[ʊ́nkvalifitsi:rba:r, ◡◡◡◡⏊−] 形 判定〈認定〉不能の; 何とも言いようもない, 言語道断の, ひどい.

ụn·qua·li·fi·ziert[ʊ́nkvalifitsi:rt] 形 **1** 資格〈能力〉のない, 不適格な: ein ~*er* Hilfsarbeiter 無資格の見習工. **2** 《軽蔑的に》水準以下の: ~*e* Bemerkungen 不適当な〈愚かな〉発言.

ụn·ra·siert[ʊ́nrazi:rt] 形 ひげ〈顔〉をそっていない, 無精ひげを生やした: **~ und fern der Heimat** 《戯》久しく家に戻らずひげも剃らずに.

Ụn·rast[ʊ́nrast] **I** 女 -/ 落ち着きのなさ, (内心の)不安. ▽**II** 男 -〔e〕s/-e《話》落ち着きのない〈じっとしていない〉人(特に子供).

Ụn·rat[ʊ́nra:t] 男 -〔e〕s/ 汚物, ごみ, くず; 排泄(はいせつ)物:

den ~ beseitigen ⟨wegschaffen⟩ ごみを片づける | **~ wittern**《比》悪事などをかぎつける, 不審をいだく.
[*ahd.* „übler Rat"]

un·ra·tio·nell[ʊ́nratsionɛl] 形 **1** 効率のよくない, 非能率的な, 不経済な: ~ arbeiten 非能率的な仕事をする. **2** 合理的でない, 筋道の立たない.

un·rat·sam[ʊ́nra:tza:m] (▽**un·rät·lich**[..rɛ:tlɪç]) 形 勧めるに値しない, 不得策の, 不利⟨不賢明⟩な.

un·real[ʊ́nrea:l] 形 (irreal) 非現実的な.

un·rea·li·stisch[ʊ́nrealɪstɪʃ] 形 現実に即さない.

un·recht[ʊ́nrɛçt] **I** 形 正しくない, 間違った; 適切⟨適当⟩でない, 当を得ていない; 不都合な: eine ~*e* Tat 不当な行為 | ein ~*es* Verhalten 間違った態度 ‖ auf ~*e* Gedanken kommen よくない考えを起こす | Der Brief ist in ~*e* Hände geraten. 手紙は間違った相手に届けられた | *et.*⁴ in die ~*e* Kehle bekommen …を悪意に取って憤慨する | am ~*en* Ort ⟨Platz⟩ sein 場違いである | zu ~*er* Zeit 都合⟨具合⟩の悪いときに | *Unrecht* Gut gedeihet nicht. / *Unrecht* Gut tut selten gut. (→Gut 1) ‖ Das ist ~. それは正しくない⟨間違っている⟩ ‖ ~ handeln 間違った行動をする | Komme ich ~? (私が来ては)お邪魔でしょうか | **~ daran tun**《zu 不定詞〔句〕と》…するのはまちがっている | Du tust ~ daran, alles in Frage zu stellen. きみがなにもかも疑ってかかるのはよくないよ ‖ ***jn.* ins *Unrechte* setzen** …が正しくないという結果を招く, …を悪者に仕立てる | etwas *Unrechtes* tun よくないことをする | Er war der *Unrechte* dafür. 彼はそれには不適任だった | **an den *Unrechten* ⟨an die *Unrechte*⟩ geraten ⟨kommen⟩** (頼みごとなどで)相手を間違える, お門(かど)違いのあやまちを犯す.

☆ unrecht bekommen などの慣用的表現: 慣用的に unrecht と書かれるが本来は名詞と考えることができる(→II 2).

II Un·recht 中 -〔e〕s/ **1** 正しくない⟨間違った⟩こと, 公正でない⟨道理に反する⟩こと, 不正, 不当;〖法〗不法行為: Recht und ~ 正邪, 当否 | ein schweres ⟨himmelschreiendes⟩ ~ ひどい⟨天人ともに許さざる⟩不正 ‖ *jm.* ein ~ antun ⟨zufügen⟩ …に対して不正を働く | ein ~ begehen 不正を犯す | ein ~ bekämpfen 不正と戦う | Besser ~ leiden, als ~ tun.《諺》不正を働くより不正を忍ぶほうがよい ‖ Ihm geschieht ⟨widerfährt⟩〔ein〕~. 彼は不当な目にあう ‖〖前置詞と〗**im ~** sein / *sich*⁴ im ~ befinden (人が)正しくない, 間違っている | Er war entschieden im ~. 非はあきらかに彼にあった | *jn.* ins ~ setzen …を悪者にする(事実はそうでないのに) | *sich*⁴〔mit *et.*³ / durch *et.*⁴〕selbst ins ~ setzen 〔…によって〕みずからの首をしめる | **mit ⟨zu⟩ ~** 不当に | Du behauptest das sehr mit ⟨zu⟩ ~. 君がそれを主張するのは全く間違っている | Man hat ihn zu ~ verdächtigt. 彼は不当にも嫌疑をかけられた.

2《特定の動詞と慣用的表現をつくり, ふつう小文字で書かれる》***unrecht* bekommen** (人から)お前は間違っていると言われる, (人から)間違いを指摘⟨証明⟩される | ***jm. unrecht* geben** …の言動が間違っていると判断する | ***unrecht* haben** 間違っている | Er hat nicht so ganz *unrecht*. 彼は全く間違っているわけでもない, 彼の言うことにも一理がある | ***jm. unrecht* tun** …に不当なことをする, …を不当に非難する.

un·recht·mä·ßig[ʊ́nrɛçtmɛ:sɪç]² 形 法にかなっていない, 不適法の, 非合法の, 不法⟨違法⟩の; 不当な: *sich*³ *et.*⁴ ~ aneignen …を横領する.

un·recht·mä·ßi·ger·wei·se[..gər..] 副 不法にも.

Un·recht·mä·ßig·keit[..sɪçkaɪt] 女 -/-en **1**《単数で》unrechtmäßig なこと. **2** unrechtmäßig な言動.

Un·rechts≠be·wußt·sein[ʊ́nrɛçts..] 中 自分が不正⟨不当⟩なことをしているという意識. **≠staat** 男 非法治国家(国家権力による不正のまかり通る〔独裁〕国家).

un·red·lich[ʊ́nre:tlɪç] 形 不正直な, 不まじめな, 不誠実な: ein ~*er* Kaufmann 不誠実な⟨ずるい⟩商人.

Un·red·lich·keit[–kaɪt] 女 -/-en **1**《単数で》unredlich なこと. **2** unredlich な言動.

un·re·ell[ʊ́nreɛl] 形 不正直な, まとも⟨まっとう⟩でない, 堅実でない, 信用の置けない, いかがわしい, うさんくさい.

un·re·flek·tiert[ʊ́nreflɛkti:rt] 形 熟考されていない, 考慮不十分の.

un·re·gel·mä·ßig[ʊ́nre:gəlmɛ:sɪç]² 形 不規則な, 変則的な; 均等⟨一様⟩でない, 不ぞろいな; 不定期の: ~*e* Verben〖言〗不規則動詞 | ein ~*es* Vieleck 正多角形でない多角形 | ein ~*es* Leben führen 不規則な生活を送る ‖ Er kommt sehr ~ zum Unterricht. 彼の授業への出席は(来たり来なかったりで)きわめて変則的だ.

Un·re·gel·mä·ßig·keit[–kaɪt] 女 -/-en **1**《単数で》unregelmäßig なこと. **2**《ふつう複数で》違反, 不正: Bei der Überprüfung der Kasse wurden ~*en* aufgedeckt. 会計検査の際に不正が発見された.

un·reif[ʊ́nraɪf] 形 (果物・穀物などが)熟れて⟨熟して⟩いない, 未熟の; (チーズ・ワインなどが)熟成していない;《比》(人・考え・計画などが)未熟の; (機が)熟していない.

Un·rei·fe[..raɪfə] 女 -/ unreif なこと.

un·rein[ʊ́nraɪn] 形 純粋でない, 不純な; 清潔⟨きれい⟩でない, 汚れた; 不道徳な, みだら⟨わいせつ⟩な; 整えられていない, (音程が)不正確な; (宝石に)きずのある: ~*e* Haut (しみ・そばかすなどで)汚れた肌 | ~*e* Gedanken haben みだらな考えを抱いている | ein ~*er* Reim〖詩〗不純韻(→Reim 1) ‖ ***et.*⁴ ins ~*e* schreiben** …を下書きする | **ins ~*e* sprechen ⟨reden⟩**《話》(ろくによく考えていないことを)場当たり的に話す, いい加減なことを言う ‖ ~ singen 不正確な音程で歌う.

Un·rein·heit[–haɪt] 女 -/-en **1**《単数で》unrein なこと. **2** (unrein なもの. 例えば:) 不純物; 汚れ; きず.

un·rein·lich[..lɪç] 形 清潔でない, 不潔な, 汚れた.

Un·rein·lich·keit[..kaɪt] 女 -/ unreinlich なこと.

un·ren·ta·bel[ʊ́nrɛnta:bəl] (..ta·bl..) 形 (商売などが)利潤のあがらない, もうからない, 採算がとれない, 引き合わない;《比》(仕事・労力などが)割に合わない, やりがいのない.

un·rett·bar[ʊnrɛ́tba:r, ◡–◡–; オーストリア: ◡–◡–] 形 救うことのできない, 救いがたい: ~ verloren sein もはや絶望である⟨済度しがたい⟩.

un·re·tu·schiert[ʊ́nretuʃi:rt] 形 (写真などが)無修正の.

un·rich·tig[ʊ́nrɪçtɪç]² 形 正しくない, 不正確な, 間違った; 正当でない, 不適当⟨不適切⟩な: ~*e* Angaben 不正確な⟨間違った⟩申し立て; 虚偽の申告.

un·rich·ti·ger·wei·se[..tɪgər..] 副 不正確に, 間違って.

Un·rich·tig·keit[..tɪçkaɪt] 女 -/-en (unrichtig なこと. 例えば:) 間違い, 誤謬(ごびゅう).

un·rit·ter·lich[ʊ́nrɪtərlɪç] 形 **1** 騎士にふさわしくない; フェアでない; 高尚な心ばえ⟨義侠(ぎきょう)心⟩のない; (女性に対して)慇懃(いんぎん)でない. ▽**2** 騎士でない.

un·ro·man·tisch[ʊ́nromantɪʃ] 形 ロマンチックでない.

Un·ruh[ʊ́nru:] 女 -/-en **1** (時計の)テンプ輪. **2**《話》=Unruhe 1, 2

Un·ruh≠ach·se 女 (時計の)テンプ輪軸. **≠an·trieb** 男 (時計の)テンプ輪駆動〔装置〕.

Un·ru·he[ʊ́nru:ə] 女 -/-n **1**《単数で》落ち着きのなさ, 騒がしさ, 動揺; 騒ぎ, 不穏な状態; (内心の)不安, 心配, 懸念, 憂慮: ~ stiften 騒ぎをひき起こす | *jm.* ~ bereiten ⟨verursachen⟩ …に心配をかける ‖ *jn.* **in** ~⁴ versetzen …を不安に陥れる | in ~³ sein 動揺している; 不安にかられている | Der Vulkan ist in ständiger ~. この火山は絶えず活動している | Sie ist in großer ~ um ihn. 彼女は彼のことでひどく心配している ‖ *Unruhe* ergriff ⟨überfiel⟩ ihn. 不安の念が彼を襲った | In der Klasse herrscht dauernd ~. このクラス⟨教室⟩は絶えず騒がしい.

2《ふつう複数で》騒乱, 騒擾(そうじょう), 暴動: Studenten*unruhen* (大学紛争などによる)学生騒動 ‖ die ~*n* unterdrücken 騒乱⟨暴動⟩を鎮圧する | In manchen Städten kam es zu ~*n*. いくつかの町で暴動が起こった.

3 =Unruh 1

Un·ru·he≠herd 男 不穏⟨騒動⟩の中心, 紛争の火種⟨原因⟩. **≠stif·ter** 男 悶着(もんちゃく)⟨ごたごた⟩を起こす人, 平和の攪乱(かくらん)者; (騒擾(そうじょう)・暴動などの)煽動(せんどう)者.

un·ru·he·voll =unruhvoll

Un·ruh·herd[ʊ́nru:..] =Unruheherd

un·ru·hig[ʊ́nru:ɪç]² 形 落ち着かない, 動揺した; 騒がしい,

U

騒然とした; 不穏な; (心が)不安な, 心配〈憂慮〉している: ein ～*er* Mensch 落ち着かない人 | eine ～*e* See 荒海 | eine ～*e* Straße 騒がしい通り | ein ～*es* Leben führen 落ち着かない〈せわしない〉生活を送る | einen ～*en* Schlaf haben (絶えず目が覚めたりして)ぐっすり眠れない ‖ Die Kinder sind dauernd ～. 子供たちは少しもじっとしていない | Sie wartete ～ auf die Rückkehr ihres Mannes. 彼女は夫の帰りを心配しながら待っていた.

un·rühm·lich[ʊ́nry:mlɪç] 形 賞賛できない, 不名誉な, 恥ずべき: ein ～*es* Ende nehmen (事が)不首尾〈恥ずかしい結果〉に終わる; (人が)不名誉な最期をとげる.

Un·rühm·lich·keit[–kaɪt] 女 -/ unrühmlich なこと.

Un·ruh·stif·ter[ʊ́nru:..] ＝Unruhestifter

un·ruh·voll ＝unruhig

un·rund[ʊ́nrʊnt][1] 形 **1** (車輪・シャフトなどが磨滅して)丸くなくなった, いびつな. **2** 《話》(エンジンの回転などが)不円滑な, むらのある.

uns[ʊns] wir の 3・4 格. [*germ.*; ◇unser; *lat.* nōs „wir"; *engl.* us]

un·sach·ge·mäß[ʊ́nzaxgəmɛ:s] 形 事柄〈事実〉に即さない, 非実際的な; 目的にかなわない, 不適切な.

un·sach·lich[..lɪç] 形 事柄〈事実〉に即さない; 客観的でない, 私情を交えた, 偏見にとらわれた: *et.*[4] ～ beurteilen …を主観的に判断する | Bitte nicht ～ werden! どうか私的な感情は抜きにしてください.

Un·sach·lich·keit[..kaɪt] 女 -/ unsachlich なこと.

un·sag·bar[ʊnzá:kba:r, ◡–◡; ｵｰｽﾄﾘｱ: ◡––](雅: **un·säg·lich**[..zɛ́:klɪç, ◡–◡; ｵｰｽﾄﾘｱ: ◡–◡]) 形 **1** 言うに言われぬ, 名状しがたい, 言語に絶する; 非常な: ～*e* Schmerzen 筆舌につくしがたい苦痛 | *sich*[4] ～ freuen この上もなく喜ぶ. **2** 口では言えない, 言葉で言い表せない.

un·sanft[ʊ́nzanft] 形 手荒な, 荒っぽい, 乱暴な: *jn.* ～ aus dem Schlaf rütteln …を乱暴に揺り起こす.

un·sau·ber[ʊ́nzaʊbər](..saub·r..) 形 **1** 不潔な,〔うす〕汚れた: ～*e* Bettwäsche 清潔でないシーツ類 | ～*e* Hände 汚れた手 | eine ～*e* Küche 不潔な〈乱雑な〉台所. **2** ぞんざいな; 不正確な: eine ～*e* Arbeit ぞんざいな仕事 | eine ～*e* Definition 不正確な定義. **3** 《比》汚い, 不正な, フェアでない: ein ～*es* Geschäft 怪しげな商売 | ～*e* Mittel anwenden 不正な手段を用いる ‖ hart aber nicht ～ spielen 〘ｽﾎﾟｰﾂ〙激しくはあるが フェアなプレーをする.

Un·sau·ber·keit[–kaɪt] 女 -/-en **1** 《単数で》unsauber なこと. **2** unsauber な言動.

un·schäd·lich[ʊ́nʃɛ:tlɪç] 形 害を与えない, 無害な: ～*e* Insekten (人畜にとって)無害な昆虫 | Dieses Mittel ist für das Herz ～. この薬は心臓に害を与えない ‖ *jn.* 〈*et.*[4]〉 **～ machen** …(邪魔者・犯罪者など)を排除する, …(害虫など)を駆除する, …(毒物)を中和する, …(爆弾など)を不発にする; 〘法〙…(危険性のある人)を排害処分にする | den Elfmeter ～ machen 〘ｻｯｶｰ〙(ゴールキーパーが)ペナルティキックを防いで得点させない.

Un·schäd·lich·keit[–kaɪt] 女 -/ unschädlich なこと.

Un·schäd·lich·ma·chung[..maxʊŋ] 女 -/ 無害化〈無力化〉すること; 〘法〙排害処分.

un·scharf[ʊ́nʃarf] 形 (映像・輪郭・区分などが)はっきり〈くっきり〉しない, 不鮮明な; 精密でない; 〘写〙ピントのぼけた.

Un·schär·fe[..ʃɛrfə] 女 -/-en **1** 《単数で》不鮮明; 〘写〙(ピントの)ぼけ. **2** 〘写〙(ピントの)ぼけた個所.

Un·schär·fe≠be·zie·hung 女, **≠re·la·tion** 女 ＝Unbestimmtheitsrelation

un·schätz·bar[ʊnʃɛ́tsba:r, ◡–◡] 形 《副詞的用法なし》評価できないほど大きい〈貴重な〉, 計り知れないほどの: einen ～*en* Wert haben 計り知れないほどの値うちがある | Er hat ～*e* Verdienste um den Staat. 彼は国家に対して多大の功績がある ‖ Seine Hilfe ist für uns ～. 彼の助力は我々にとってまことにありがたい.

Un·schätz·bar·keit[..kaɪt, ◡–––] 女 -/ unschätzbar なこと.

un·schein·bar[ʊ́nʃaɪnba:r] 形 (外見・振舞いなどが)目だたない, 地味な, 人目をひかない, 見栄えのしない, ぱっとしない.

Un·schein·bar·keit[–kaɪt] 女 -/ unscheinbar なこと.

[▽]**un·schein·lich** ＝unscheinbar

un·schick·lich[ʊ́nʃɪklɪç] 形 適切でない,(その場の状況に)ふさわしくない, 場所柄をわきまえない, 時宜をえない, 穏当でない, ぶしつけな, 見〈聞き〉苦しい.

Un·schick·lich·keit[–kaɪt] 女 -/-en **1** 《単数で》unschicklich なこと. **2** unschicklich な言動.

un·schlag·bar[ʊnʃlá:kba:r, ◡–◡] 形 打ち負かすことのできない, 無敵の, かなう〈右に出る〉者のない.

Un·schlag·bar·keit[..kaɪt, ◡–––] 女 -/ unschlagbar なこと.

Un·schlitt[ʊ́nʃlɪt] 中 -[e]s/ (種類: -e) (Talg) (牛・羊・ヤギなどの)獣脂. [„Eingeweide"; *ahd.* unsliht]

Un·schlitt·ker·ze 女 獣脂ろうそく.

un·schlüs·sig[ʊ́nʃlʏsɪç][2] 形 **1** 決心のつかない, ためらっている; 決断力のない, 優柔不断の: eine ～*e* Haltung einnehmen どっちつかずの態度を取る | Ich bin 〔mir〕 noch ～, was ich tun soll. 私は何をなすべきかまだ決心がつかない. [▽]**2** 論理が一貫しない, 筋の通らない.

Un·schlüs·sig·keit[–kaɪt] 女 -/ unschlüssig なこと.

un·schmack·haft[ʊ́nʃmakhaft] 形 おいしくない, 風味のない, まずい.

un·schmelz·bar[ʊnʃmɛ́ltsba:r, ◡–◡] 形 融解〈溶解〉不能の.

un·schön[ʊ́nʃø:n] 形 **1** 美しくない, 醜い, 見た目に良くない: eine ～*e* Farbe 見た目に悪い〈汚い〉色 ‖ Sie ist nicht ～. 彼女はなかなかの美人だ. **2** 感心しない, 公明正大でない, フェアでない: Es war ～ von dir, ihn so zu behandeln. 彼にあんな仕打ちをするなんて君はよくなかったよ. **3** 不愉快な, いやな; 不親切な: ein ～*es* Wetter いやな天候.

Un·schuld[ʊ́nʃʊlt] 女 -/ **1** 罪〈責任〉のないこと, 無罪, 無実, 潔白: *seine* ～ beteuern 〈beweisen〉 身の潔白を誓う〈証明する〉 | **die gekränkte ～ spielen** 身に覚えがないと憤慨する〈してみせる〉 ‖ *seine* Hände in ～ waschen (→Hand 1).

2 汚れを知らぬこと, 純真, 無垢(ᵏ); 無邪気, 天真爛漫(ﾗﾝﾏﾝ): *et.*[4] in aller ～ sagen …を全く無邪気に〈何の悪気もなしに〉言う ‖ **eine ～ vom Lande** 《戯》田舎出のおぼこ娘.

3 純潔, 童貞, 処女性: *seine* ～ verlieren 純潔を失う | *jm.* die ～ nehmen 〈rauben〉 …の純潔を奪う.

un·schul·dig[ʊ́nʃʊldɪç][2] 形 **1** 罪のない,(不都合な事柄について)責任のない, 無罪の, 純白な: an *et.*[3] ～ sein …について罪〈責任〉がない | **～ wie ein neugeborenes Kind 〈Lamm〉 sein** まったく罪がない | *jn.* für ～ erklären …に無罪の判決を下す | eine ～*e* Miene aufsetzen 何食わぬ顔をする | ～ im Gefängnis sitzen 無実の罪で入獄している ‖ einen *Unschuldigen* bestrafen 罪のない者を罰する | den *Unschuldigen* spielen 無実を装う(→2). **2** 罪〈汚れ〉を知らない, 純真な, 無垢(ᵏ)な; 無邪気な, 悪意〈他意〉のない, 天真爛漫(ﾗﾝﾏﾝ)な; 純潔な, 童貞〈処女〉の: ein ～*es* Kind 罪を知らぬ〈あどけない〉子供 | ein ～*es* Vergnügen 罪のない〈無邪気な〉楽しみ | das Fest der *Unschuldigen* Kinder 〘ｶﾄﾘｯｸ〙罪なき聖嬰児(ｾｲｴｲｼﾞ)の記念日(12月28日) ‖ Sie ist noch ～. 彼女はまだ処女だ ‖ nur ganz ～ fragen なんの他意もなく尋ねる ‖ den *Unschuldigen* spielen 純真を装う, かまととぶる (→1).

un·schul·di·ger·wei·se[..gər..] 副 罪なく; 無邪気に, 何も知らずに: ～ im Gefängnis sitzen 無実の罪で入獄している.

Un·schulds≠be·teue·rung[ʊ́nʃʊlts..] 女 (わが身の)潔白〈無実〉の誓い. **≠blick** 男 **1** 無邪気な目つき. **2** 何食わぬ目つき. **≠en·gel** 男 《皮肉》無垢(ᵏ)の天使. **≠lamm** 中 《皮肉をこめて》無垢の子羊(悪いことのまったくできない人). **≠mie·ne** 女 何食わぬ顔: eine ～ aufsetzen 何食わぬ顔をする.

un·schulds·voll 形 罪のない; 汚れを知らない, 純真な; 無邪気〈天真爛漫(ﾗﾝﾏﾝ)〉な.

un·schwer[ʊ́nʃve:r] 副 困難でなく, 難しくなく, たやすく:

Das kann man ～ erraten. それは容易に察知できる.

Ụn·se̱·gen[ύnze:gən] 男 -s/ 不運, 不幸, 災厄; 呪詛(じゅそ), 呪(のろ)い: Es liegt ein ～ über dem Haus. この家には呪いがかかっている.

ụn·selb·stän·dig[ύnzεlpʃtεndıç][2] (**ụn·selbst·stän·dig**[..zεlpst-ʃt..]) 形 **1** 独立〈一本立ち〉していない, 自立〈自活〉していない; 自主的でない: ein ～*er* Mensch 独立していない人間 | Er ist noch sehr ～. 彼はまだまだ一人前でない. **2** 被雇用の: eine ～*e* Erwerbsperson 給与所得者 | Einkünfte aus ～*er* Arbeit 給与所得.

Ụn·selb·stän·dig·keit[−kaıt] (**Ụn·selbst·stän·dig·keit**[..kaıt]) 女 -/ unselbständig なこと.

ụn·se̱·lig[ύnze:lıç, ◡ᐨ◡][2] 形《ふつう付加語的》**1** 不幸な〔めぐりあわせの〕, 不運な, 不幸せな: ein ～*er* Mensch 不運なめぐりあわせの人間 | Die *Unselige*! 不幸せな女よ. **2** 呪(のろ)われた, 災いをはらんだ, 不吉な, まがまがしい, 運命的な, 呪うべき, 悲しむべき: eine ～*e* Leidenschaft 災いを招く情熱 | eine ～*e* Veranlagung 呪うべき資質 | ～*en* Angedenkens (→Angedenken 2) 暗い思い出の | an diesem ～*en* Tag この運命的な日に.

ụn·sen·si̱·bel[ύnzεnzi:bəl] (..si·bl..) 形 感受性に乏しい; (感情の)繊細さに欠けた, 鈍感な.

Ụn·sen·si·bi·li·tä̱t[..zεnzibilitε:t] 女 -/ unsensibel なこと.

ụn·ser[ύnzər] **I**《所有代名詞, 1人称複数: →wir; 変化は mein に準じるが, 次のような別形もある: unsre[..zrə] ＝unsere, unsres[..zrəs]〈まれに unsers[..zərs]〉＝unseres, unsrer[..zrər]＝unserer, unsrem[..zrəm]〈unserm[..zərm]〉＝unserem, unsren[..zrən]〈unsern[..zərn]〉＝unseren》(英: *our*) 私たち〈我々〉の: →mein I ‖〘大文字で: →mein I 2 c〙das *Uns*〔*e*〕*re* 我々の義務〈財産〉| die *Uns*〔*e*〕*ren* 我々の家族〈仲間・部下〉.

II《人称代名詞》wir の2格.

[*ahd.*; ◇uns]

ụn·ser≠ei·ner[ύnzər|aınər]《不定代名詞; 変化については: →ein[1] II》我々の一人; 我々のような者, 我々など〈なんか〉; 私〔みたいな者〕など〈なんか〉; こちとら: *Unsereiner* hat es schwer. 我々のような者は生活が楽ではない | *Unsereiner* ist ja schon mit wenigem zufrieden. 我々のような者〈我々など〉はささやかなものでもう満足する | An *unsereinen* denkt niemand. 我々のような者〈我々なんか〉をだれも思い出してはくれない. **≠eins**《不定代名詞》**1**《無変化》＝unsereiner **2** ＝unsereines (unsereiner の2格).

ụn·se·rer·se̱its[ύnzərərzáıts] 副 私たちの側〈立場〉で: →meinerseits | *Unsererseits* ist nichts dagegen einzuwenden. 我々のほうではそれに異議はない.

ụn·se·res≠gle̱i·chen[ύnzərəsgláıçən]《指示代名詞; 無変化》私たちと同様〈同等〉な人々: →meinesgleichen **≠te̱ils** ＝unsererseits

ụn·se·ri·ge[ύnzərıgə]《所有代名詞, 1人称複数; 変化は meinige に準じる》私たちのもの: →meinige | Wir haben das *Uns*〔*e*〕*rige* getan. 我々は義務を果たした.

ụn·se·riö̱s[ύnzeriø:s][1] 形 いかがわしい, 信用できない(人物・会社など).

ụn·serm[ύnzərm], **ụn·sern**[..zərn], **ụn·sers**[..zərs] →unser I

ụn·ser·se̱its[ύnzərzáıts] ＝unsererseits

ụn·sers·gle̱i·chen[ύnzərsgláıçən] ＝unseresgleichen

[▽]**ụn·sert·hạl·ben**[ύnzərthálbən] ＝unsertwegen

ụn·sert≠we̱·gen 副 私たちのために: →meinetwegen **≠wi̱l·len** 副 um ～ ＝unsertwegen

Ụn·ser·va̱·ter[また: ◡◡ᐨ◡] 中 -s/-《スイ》＝Vaterunser

ụn·si·cher[ύnzıçər] 形 **1** 安全でない, 安心のできない, 心配な, 危険〈物騒〉な: ein ～*es* Fahrzeug 安全でない乗り物 ‖ Diese Straßen sind nach Einbruch der Dunkelheit ～. これらの通りは日が暮れてからは物騒だ | die Gegend ～ machen (→Gegend 2 a) | Er macht jetzt die Stadt ～.《戯》彼は今この町に滞在している.

2 不確実な; 信頼のおけない, あてにならない, 疑わしい; 不安定な: ein ～*er* Kantonist (→Kantonist) | ～*e* Wetterlage 不安定な〈変わりやすい〉天候 ‖ Es ist noch ～, ob er kommt. 彼が来るかどうかはまだ確かでない.

3《述語的》確信がもてない, 自信がない: Ich bin noch ～〈Ich bin mir noch im ～*en*〉, ob ich das tun werde. 私は自分がそれをするかどうか まだはっきり言えない.

4 (心の持ち方・態度・行動などが)危なげな, 自信のなさそうな, 落ち着かない: ein ～*es* Auftreten 自信なげな振舞い ‖ *jn.* ～ machen …の気持を動揺させる | Das Kind ist noch ～ auf den Beinen. その子はまだ足もとがおぼつかない.

Ụn·si·cher·heit[−haıt] 女 -/ unsicher なこと.

Ụn·si·cher·heits·fak·tor 男 不確定要素.

ụn·sicht·ba̱r[ύnzıçtba:r] 形 目に見えない, 不可視の; 目立たない, 人目につかない: ～*e* Strahlen 不可視光線 | der *Unsichtbare*〔目に見えぬ〕神 ‖ Diese Lebewesen sind mit bloßem Auge ～. これらの生物は肉眼では見えない | ***sich***[4] **～ machen** 姿を消す;《話》姿をくらます, ずらかる | Werde ～!《話》消えてなくなれ, とっとと失(う)せろ.

Ụn·sicht·ba̱r·keit[−kaıt] 女 -/ unsichtbar なこと.

ụn·sich·tig[ύnzıçtıç][2] 形 (水が)不透明な, 濁った; (空気が)かすんだ, もやのかかった, 曇った: ～*es* Wetter どんよりした天気.

ụn·sil·bisch[ύnzılbıʃ] 形〘言〙非音節の, 非音節的な.

[＜Silbe]

Ụn·sinn[ύnzın] 男 -〔e〕s/ 無意味〔なこと〕, ばかげた〈くだらない〉こと, ナンセンス; たわごと; 愚行: ～ machen〈treiben〉ばかげたことをする; 不適切なことをする ‖ ～ reden たわごとを言う ‖ Das ist glatter〈reiner / vollkommener〉～. それは全くのナンセンスだ | Es ist ～, so etwas zu behaupten. そんなことを主張するなんてばかげている〈ナンセンスだ〉| *Unsinn!*《話》とんでもありません, そんなことはありません.

ụn·sin·nig[ύnzınıç][2] 形 **1** 無意味な, ばかげた, くだらない: ～*es* Gerede〈Geschwätz〉くだらぬおしゃべり | ein ～*er* Plan ばかげた計画 | ～*e* Forderungen stellen ばかげた要求をする(→2) ‖ Es ist ～, so etwas zu tun. そんなことをするなんてばかげている〈ナンセンスだ〉. **2**《述語的用法なし》《話》非常な, 法外な: einen ～*en* Durst haben ひどくのどが渇いている | ～*e* Forderungen stellen 法外な要求をする(→1) ‖ *sich*[4] ～ freuen ものすごく喜ぶ | ～ teuer sein ひどく高価である.

Ụn·sin·nig·keit[−kaıt] 女 -/-en **1**《単数で》unsinnig なこと. **2** unsinnig な言動.

ụn·sinn·lich[ύnzınlıç] 形 感性的〈具象的〉でない; 官能的でない.

Ụn·sit·te[ύnzıtə] 女 -/-n 悪習, 悪い風習, 悪癖: eine ～ ablegen 悪い習慣をやめる | *jm.* eine ～ abgewöhnen …の悪癖をやめさせる ‖ Es ist eine ～ von dir, beim Essen dauernd zu rauchen. 食事の際にひっきりなしにタバコを吸うのは君の悪い癖だ.

ụn·sitt·lich[..zıtlıç] 形 不道徳な, 背徳の; 不倫な, みだらな; 猥褻(わいせつ)な;〘法〙公序良俗に反する: *sich*[4] ～ aufführen 不道徳な振舞いをする.

Ụn·sitt·lich·keit[..kaıt] 女 -/-en **1**《単数で》unsittlich なこと. **2** unsittlich な言動.

ụn·sol·da·tisch[ύnzɔlda:tıʃ] 形 軍人らしくない, 軍人に似つかわしくない.

ụn·so·li·da̱·risch[ύnzolida:rıʃ] 形《軽蔑的に》連帯感をもたない, 連帯意識に欠けた.

ụn·so·li̱·de[ύnzoli:də][1] (**ụn·so·li̱d**[..li:t][1]) 形 しっかりしていない, 堅牢(けんろう)〈丈夫〉でない; 信頼のおけない, 堅実〈まとも〉でない, だらしのない: ein *unsolides* Leben führen / ～ leben ルーズな生活を送る.

Ụn·so·li·di·tä̱t[..zoliditε:t] 女 -/ unsolide なこと.

ụn·so·zia̱l[ύnzotsia:l] 形 **1** 反社会的な, 社会正義に反する, 社会的弱者を圧迫する: ～*e* Mieten 不当な賃貸料. **2**〘動〙非群居性の.

ụn·sport·lich[ύnʃpɔrtlıç] 形 スポーツの下手な〈嫌いな〉; スポーツマンタイプでない; スポーツ精神〈スポーツマンシップ〉に反する; (服などが)スポーティーでない.

を…の指揮下に置く | *jn.* ~ Druck setzen …に抑圧を加える | eine Stadt ~ Beschuß nehmen 都市に砲撃を加える.

⑤《所属・分類の位置》…に所属して, …〔という見出し語〕のもとに, …〔という見出し語〕でもって;《時間的・空間的位置》…付けで:〖3格と〗~ der Rubrik … …の項目のもとに | Was verstehen Sie ~ diesem Begriff? この概念をどのように理解されますか | ~ falschem Namen 名前を騙(かた)って | Was soll man ~ seinen Worten verstehen? 彼の言葉はどう解したらよいのでしょうか | *Unter* diesem Stichwort lesen wir folgendes. この見出し語の項目のところに次のように書いてある | ~ folgendem Titel bekannt sein 次のような表題で知られている | Ich bin ~ dieser Rufnummer zu erreichen. この電話番号で私に電話が通じます ‖〖数詞などとともに〗~ dem 1. April 4月1日付で | ~ dem heutigen Datum〖商〗本日付で ‖ ~ 40° (読み方: vierzig Grad) nördlicher Breite liegen 北緯40度に位置する | Die beiden Geraden schneiden sich ~ einem Winkel von 40 Grad. この両直線は40度の角度で交差する.

‖〖4格と〗~ einen Bereich fallen ある領域に属する | einen Dichter ~ die Klassiker rechnen ある詩人を古典派の中に数える.

b)《未満: 数量的上限に関して》《3格と》(weniger als) …に達しない数の, 数値的に…未満で, …に達しない(→II): Kinder ~ zehn Jahren 10歳未満の子供 | *et.*[4] ~ zwanzig Mark kaufen …を20マルクに達しない価格で買う | *Unter* einer Stunde kann ich nicht zurück sein. 1時間以上たたないと私は〔とうてい〕戻って来ることはできない.

c)《同類多者間の介在・混在》(英: *among*) …のあいだで, …の中〔だけ〕で:〖3格と〗der Älteste ~ ihnen 彼らの中の最年長者 | *Unter* ihnen ist ein Verräter. 彼らの中に裏切り者がひとりいる | Viele ~ ihnen bezweifeln das. 彼らの中の多くの者がそれを疑っている | Er ist einer ~ vielen anderen. 彼の同類はたくさんいる | *Unter* ihnen fanden rege Diskussionen statt. 彼らのあいだで活発な討論が行われた | Zwist ~ Eheleuten 夫婦間のいさかい | *et.*[4] ~ Männern besprechen …を男同士で話し合う | Der Brief lag ~ Papieren. 手紙は書類の中にまじっていた; 手紙は書類の下に隠れていた(→a ②) ‖〖成句の形で〗**~ anderem** (略 u. a.) 数ある中で, ほかにもいろいろあるが特に, (…をも)含めて, 例えば, なかんずく | Da wurde ~ anderem unser Vorschlag besprochen. そこでほかの件とともに私たちの提案についても討議が行われた | ~ anderen = ~ anderem (ふつう人について用いる) | ~ uns〔gesagt〕ここだけの話であるが, 他聞をはばかるけれども | Das bleibt ~ uns. これはここだけの話で人には漏らさないようにしよう | Sie wollten ganz ~ sich sein. 彼らは他の人から邪魔されたくなかった | *et.*[4] ~ *sich*[3] teilen …を自分たちだけで分ける ‖ ~ vier Augen 二人だけで〔内密に〕| ~ Brüdern〔仲間のよしみで〕掛け値なしに.

‖〖4格と〗~ die Hunde einen Knochen werfen 犬の群れの中に骨を投げる | Geld ~ die Leute bringen 金をばらまく | wenn das ~ die Leute kommt それが人々に知れたら | Er ist mitten ~ sie getreten. 彼はその連中の中に入って行った | Er ging nie ~ Menschen. 彼は決して人と交わろうとしなかった | ~ die Räuber fallen 盗賊の餌食(えじき)になる | ~ die Soldaten gehen 兵隊になる.

2《3格と》**a**)《随伴状況・進行中の行為》(mit) …しながら, …ながらに, …する中で, …のうちに: ~ Angst びくびくしながら | ~ der Arbeit ⟨dem Essen⟩ 仕事⟨食事⟩中に | ~ Scherz 冗談を言いながら | ~ großen Schmerzen 大いに苦しみながら | ~ Tränen 涙ながらに ‖〖動作名詞などと〗~ Aufbietung aller Kräfte 全力をあげて | ~ Ausschluß der Öffentlichkeit 非公開で | ~ Berufung auf Tatsachen 事実を引き合いに出しながら | die Zeitung ~ dem Kaffeetrinken lesen コーヒーを飲みながら新聞を読む | ~ vielen Verbeugungen 幾度も頭を下げながら | ~ Zittern ふるえながら.

b)《条件・状況》…〔の状態〕のもとで⟨に⟩: ~ der Bedingung, daß … …という条件のもとで | ~ der Voraussetzung, daß … …ということを前提として | ~ großem Beifall 拍手喝采(かっさい)を受けながら | ~ Protest der Anwesenden 列席者の抗議を受けながら | ~ dem Schutz der Nacht 夜のやみに乗じて | den Hochofen ~ Feuer halten 溶鉱炉を火を入れた状態にしておく | Der Kessel steht ~ Druck ⟨Dampf⟩. ボイラーが沸騰している.

▽**3**《時間的: 最中・期間》《南部》《話》…のあいだに:〖3格と〗~ Mittag einkaufen 昼の休みに買い物をすます | ~ der Woche〔その〕週のあいだは | ~ der Zeit その間は ‖ ~ einem《オーストリア》同時に, 一挙に ‖〖2格と〗~ Tages 昼間に.

II 副《数詞と; 未満》(weniger als) …未満で, …に達しない(→I 1 b): Städte von ~ 100 000 (読み方: hunderttausend) Einwohnern 人口10万未満の都市 | Diese Soldaten sind alle ~ dreißig Jahre alt. この兵士たちは皆30歳に達していない | Es waren ~ hundert Personen. 100名に満たない人たちがいた, 人数は100名足らずであった ‖ die ~ Achtzehnjährigen 18歳に達していない人たち.

III 形《比較級なし; 最上級: **ụn·terst** → 別出》《付加語的》(↔ober) **1**《空間的》**a**) 下〔方〕の, 下部⟨下側⟩の, 下流の: der ~*e* Rhein ライン川下流 | die linke ~*e* Schublade 左下の方の引き出し | die ~*e* Seite 下側 | die ~*en* Stockwerke 下の階 | das ~*e* Tischende 下座, 末席. **b**) 裏側の, 背面の: die ~*e* Seite von *et.*[3] …の裏側. **2**《階層》下層の, 下級の, 下位⟨低位⟩の: die ~*e* Beamtenlaufbahn 下級公務員職 | die ~*en* Klassen der Schule 学校の低学年 | Er gehört zu den ~*en* Mitarbeitern. 彼は下級職員の一人である | die ~*en* Schichten des Volkes 下層民.

★ 副詞的・述語的には unten を用いる.

IV Ụn·ter 男 -s/- (↔Ober) (ドイツ式トランプの)ジャック.

[*germ.*; ◇inter.., infra..; *engl.* under]

unter.. **I**《動詞につけて》**1**《分離動詞の前つづり. つねにアクセントをもつ》**a**) ①《「下から(ささえる)・下を⟨に⟩(抱える)」を意味する》: *unter*fassen わきの下に抱える. ②《「下に⟨へ⟩(入る・入れる・しまう)」を意味する》: *unter*gehen 沈む | *unter*graben 埋める | *unter*stellen〔下に〕しまう.

▽**b**)《「多者・二者間(の混在)」を意味する. ただし今日では非分離動詞となることが多い》: *unter*laufen まぎれ込む.

2《非分離動詞の前つづり. アクセントをもたない》**a**) ①《空間》i)《「下から(築く・崩す)」を意味する》: *unter*bauen 基礎を作る | *unter*graben (…の)下を掘り崩す. ii)《「下〔の方〕を(通る・通す)」を意味する》: *unter*fahren 下を通る | *unter*queren 下を横断する. iii)《「(書かれたもの)下に(書く・記す)」を意味する》: *unter*streichen 下線を引く | *unter*zeichnen 署名する. ②《比》i)《「下位(区分)」などを意味する. 分離動詞となることもある》: *unter*gliedern 下位区分する. ii) (↔über..)《「過小・不足・未満」を意味する》: *unter*fordern 過小な要求で楽をさせる | *unter*schätzen 過小評価する | *unter*treiben 控え目に言う. iii)《「抑圧・支配」などを意味する》: *unter*drücken 抑圧する. iv)《「配下・配属」などを意味する》: *unter*stellen 配下に置く.

b)《「多者・二者間への(介入・離間)」などの意味で》: *unter*brechen 中断する | *unter*scheiden 区別する.

★ 非分離動詞でありながら, 前つづりにアクセントをもつものがある: *unter*bewerten 過小に評価する(過 unterbewertete; 過分 unterbewertet; zu 不定詞: unterzubewerten).

II《名詞につけて》**1** (↔ober..) **a**)《空間》《「下・下部・地下」などを意味する》: *Unter*bau 下部構造 | *Unter*lippe 下唇 | *Unter*hemd 下着 | *Unter*wasser 地下水. **b**)《比》《「(位階・組織の)下位」などを意味する》: *Unter*begriff 下位概念 | *Unter*offizier 下士官 | *Unter*organisation 下部組織. **2** (↔über..)《「過小・不足・未満」などを意味する》: *Unter*beschäftigung 不完全雇用 | *Unter*gewicht 標準以下の体重.

III《形容詞をつくって》**1** (↔ober..)《「…下の」を意味する》: *unter*irdisch 地下の. **2** (↔über..)《「低…の」を意味する》: *unter*wertig 低価値の.

Ụn·ter·ab·satz [ʊ́ntər|apzats] 男 -es/..sätze (Absatz の下位区分. 例えば:) 小節; (条文の)款(かん).

Ụn·ter·ab·tei·lung [ʊ́ntər|aptaɪlʊŋ] 女 -/-en (Abteilung の下位区分. 例えば:) (局に対する)部, (部に対する)課;

〖動・植〗(分類上の門に対する)亜門; 〖論〗(範疇(はんちゅう)に対する)下位範疇.

Ụn·ter·an·ge·bot[ʊ́ntər|angəbo:t] 中 -[e]s/-e 供給不足.

Ụn·ter·arm 男 -[e]s/-e **1** 前腕(ぜんわん), 下膊(かはく), 一の腕(→ 図 Mensch A). **2** 《卑》(Penis) 陰茎, 男根.

ụn·ter|är·meln[ʊ́ntər|ɛrməln] 《06》 =unterhaken

Ụn·ter·art[ʊ́ntər|a:rt] 女 -/-en 〖動・植〗亜種.

Ụn·ter·auf·se·her 男 -s/- 副監督者〈管理人〉; 副監視人; 副看守.

Ụn·ter·aus·schuß[ʊ́ntər|ausʃʊs] 男 ..schusses / ..schüsse 小委員会, 分科委員会.

Ụn·ter·bau[ʊ́ntərbau] 男 -[e]s/-ten[-tən] **1** (建造物などの)下部構造, 基礎工事, 土台; (鉄道・道路などの)路床, 路盤; 《比》基盤, 基礎. **2** (↔Überbau) (Basis) (マルクス主義の用語で)下部構造. **3** 〖林〗(まばらな森林の中に人工的につくられた)低樹林.

Ụn·ter·bauch[ʊ́ntərbaux] 男 -[e]s/..bäuche [..bɔʏçə] 下腹[部].

un·ter·bau·en[ʊntərbáuən] 他 (h) **1** 《*et.*⁴》(…に)土台〈基礎〉をすえる, (…の)土台〈基礎〉を築く; 《比》(…の)基盤を作る, (…の)基礎を固める. **2** 〖坑〗(…の)下を採掘する.

Ụn·ter·bau·ten Unterbau の複数.

Ụn·ter·be·am·te[ʊ́ntərbə|amtə] 男 《形容詞変化》下級官吏, 属吏.

Ụn·ter·be·fehls·ha·ber[ʊ́ntərbəfe:lsha:bər] 男 -s/- 〖軍〗副司令官〈指揮官〉.

ụn·ter·be·gabt[ʊ́ntərbəga:pt] 形 才能の乏しい.

Ụn·ter·be·griff[ʊ́ntərbəgrɪf] 男 -[e]s/-e 下位概念.

Ụn·ter·bein·kleid[ʊ́ntərbaɪnklaɪt]¹ 中 =Unterhose

ụn·ter|be·kom·men*[ʊ́ntərbəkɔmən] 《80》 =unterkriegen

ụn·ter·be·legt[ʊ́ntərbəle:kt] 形 (ホテル・病院などについて)部屋〈ベッド〉がうまっていない, すいている: zu 30 Prozent ~ sein (収容能力の) 30パーセント空きがある.

ụn·ter·be·lich·ten[ʊ́ntərbəlɪçtən] 《01》 **I** (→unter.. I ★) 他 (h) 〖写〗不十分に露出する.

II ụn·ter·be·lich·tet 過分 形 **1** 〖写〗露出不足の. **2** 《話》知能程度の低い, 頭の悪い.

Ụn·ter·be·lich·tung[..tʊŋ] 女 -/-en 〖写〗露出不足.

ụn·ter·be·schäf·tigt[ʊ́ntərbəʃɛftɪçt] 形 仕事の少なすぎる, 暇すぎる, 負担過少の.

Ụn·ter·be·schäf·ti·gung[..tɪgʊŋ] 女 -/ 〖経〗不完全雇用.

ụn·ter·be·setzt[ʊ́ntərbəzɛtst] 形 定員に満たない, 人員不足の.

Ụn·ter·bett[ʊ́ntərbɛt] 中 -[e]s/-e **1** (寝台のマットレスの上に敷く)ベッドパッド. **2** (多段式ベッドの)下段ベッド.

ụn·ter·be·völ·kert[ʊ́ntərbəfœlkərt] 形 人口過少〈過疎〉の.

Ụn·ter·be·völ·ke·rung[..kərʊŋ] 女 -/ 人口過少〈過疎〉.

ụn·ter·be·wer·ten[ʊ́ntərbəve:rtən] 《01》 (→unter.. I ★) 他 (h) (実際の価値よりも)過小に評価する.

Ụn·ter·be·wer·tung[..tʊŋ] 女 -/ 過小評価.

ụn·ter·be·wußt[ʊ́ntərbəvʊst] **I** 形 意識に上らない, 意識下の, 潜在意識の. **II Ụn·ter·be·wuß·te** 中 《形容詞変化》〖心〗下意識, 潜在意識.

Ụn·ter·be·wußt·sein[-zaɪn] 中 -s/ (↔Oberbewußtsein) 〖心〗下意識, 潜在意識.

ụn·ter·be·zah·len[ʊ́ntərbətsa:lən] (→unter.. I ★) 他 (h) 《*jn.*》(…に)一般より〈仕事量に比べて〉少なく給料を支払う, 十分に給料を支払わない.

Ụn·ter·be·zah·lung[..lʊŋ] 女 -/-en 《ふつう単数で》 unterbezahlen する〈される〉こと.

un·ter·bie·ten*[ʊntərbí:tən] 《17》 他 (h) (↔überbieten) 《*jn.* / *et.*⁴》(入札・価格競争などで…より)安い値をつける, (…に)入札〈価格競争〉で勝つ; 《*et.*⁴》(競技で記録・タイムを)短縮する: den Preis des Konkurrenten beträchtlich ~ 商売がたきの価格をはるかに下まわる | Das schlechte Niveau ist kaum noch zu ~. 《比》これ以下の水準はまず考えられない | den Rekord 〈die Zeit〉 um eine Zehntelsekunde ~ (速さを競う競技で)記録〈タイム〉を0.1秒縮める.

Un·ter·bie·tung[..tʊŋ] 女 -/ unterbieten すること.

Ụn·ter·bi·lanz[ʊ́ntərbilants] 女 -/-en 〖商〗赤字決算.

ụn·ter|bin·den¹*[ʊ́ntərbɪndən]¹ 《18》 他 (h) 《話》下[の方]に結びつける.

un·ter·bin·den²*[◡◡◡́◡] 《18》 他 (h) **1** 差し止める, 阻止〈禁止〉する, 妨げる, 阻む: jede Diskussion ~ 論議をいっさい許さない | den Handelsverkehr ~ 通商を断つ | Der Vater *unterband* meinen Verkehr mit ihr. 父は私が彼女と付き合うことを禁止した. **2** 〖医〗(止血のために血管などを)くくる, 結紮(けっさつ)する: *jm.* die Lebensader ~ 《比》…の息の根を止める.

Un·ter·bin·dung[ʊntərbɪ́ndʊŋ] 女 -/-en (unterbinden²すること. 例えば:) 阻止, 禁止, 差し止め; 〖医〗結紮(けっさつ).

un·ter·blei·ben*[ʊntərbláɪbən]¹ 《21》 自 (s) なされないままでいる, 起こらない, 行われない, せずにすまされる: Jede Störung ist *unterblieben*. 邪魔は全く入らなかった | Das hat in Zukunft zu ~. このようなことは今後再び起こってはならない | Das kann ~. それはやらなくてもよい.

Ụn·ter·bo·den[ʊ́ntərbo:dən] 男 -s/..böden[..bø:dən] **1** 〖建〗下張り床; (車両などの)床の裏面部. **2** 〖地〗(表土に対して)心土(しんど), 底土(ていど).

un·ter·bo·ten[ʊntərbó:tən] unterbieten の過去分詞; 過去 1・3 人称複数.

un·ter·bre·chen*[ʊntərbrɛ́çən] 《24》 他 (h) **1** 《*et.*⁴》[一時的に]中断〈遮断〉する, 中絶する; 妨げる, 妨害する; 〖電〗(電流を)遮断する: *seine* Reise 〈*sein* Studium〉 ~ 旅行〈大学での勉学〉を中断する | die Schwangerschaft ~ 妊娠を中絶する | die Stille ~ 静寂を破る | Der Verkehr ist durch einen Unfall *unterbrochen* worden. 交通は事故のために遮断された | Die Hecke wird 〈ist〉 von einer kleinen Pforte *unterbrochen*. 続いている生け垣の途中に小さな門がある ‖ ein *unterbrochener* Reim 〖詩〗断続韻 (→Reim 1) | *unterbrochener* Strom 〖電〗断続電流 ‖ 再帰 *sich*⁴ ~ 中断〈遮断〉する, とぎれる, 途絶する.

2 《*jn.* / *et.*⁴》(…の言葉を)さえぎる, (…の)話の腰を折る: *Unterbrich* mich nicht dauernd! しょっちゅう口をさしはさまないでくれ | Seine Rede wurde mehrfach durch Zwischenrufe *unterbrochen*. 彼の演説は何度かやじによって中断された.

Un·ter·bre·cher[ʊntərbrɛ́çər] 男 -s/- **1** unterbrechen する人. **2** 〖電〗遮断器, 断続器.

Un·ter·bre·chung[..çʊŋ] 女 -/-en 中断, 遮断, 中絶; 妨害; 〖電〗遮断: die ~ der Fahrt 途中下車 | mit ~*en* 断続的に, とぎれとぎれに | ohne ~ 間断なく, 絶えず.

Un·ter·bre·chungs·bad 中 〖写〗(現像の際の)停止浴.

ụn·ter|brei·ten¹[ʊ́ntərbraɪtən] 《01》 他 (h) (毛布などを)下に敷く, 下に広げる.

un·ter·brei·ten²[◡◡◡́◡] 《01》 他 (h) 《*jm.* *et.*⁴》 **1** (…に書類・願書などを)提出する, 手渡す: dem Vorgesetzten *sein* Abschiedsgesuch ~ 上役に辞表を出す.

2 (…に提案・計画などを)提示して説明する: Eines Tages *unterbreitete* er seinen Eltern, daß er auswandern wolle. ある日彼は両親に向かって彼が海外に移住したいと思っていることを話した.

Un·ter·brei·tung[..tʊŋ] 女 -/-en 《ふつう単数で》 unterbreiten²すること.

ụn·ter|brin·gen*[ʊ́ntərbrɪŋən] 《26》 他 (h) **1** 《*et.*⁴》《場所を示す語句と》(…を…に)しまう, 格納する: *et.*⁴ im Koffer 〈auf dem Gepäcknetz〉 ~ …をトランクにしまう〈網棚に置く〉 | Waren im Lager ~ 商品を倉庫に入れる | Wo kann ich den Wagen ~? この車はどこに置いたらいいでしょうか.

2 《*jn.*》《場所を示す語句と》(…を…に)宿泊させる, 泊める; 収容する; 〖軍〗宿営させる: die Gäste im Hotel 〈im eigenen Haus〉 ~ 客をホテル〈自分の家〉に泊める | *sein* Kind [für die Ferien] bei Verwandten ~ 子供を[休暇の間]

親戚(しんせき)に預ける | Ich kann ihn nirgends ～. 私は彼にどこにも宿を世話してやれない(→3) | Wo sind Sie *untergebracht*? あなたはどこにお泊まりですか.

3 《比》《*jn.*》就職させる,(職場などに)配属する; (娘を)稼がせる; 《*et.*⁴》(資金を)投下する, 投資する; (原稿・作品などを出版社や新聞社に)採用してもらう; (特定の分類項目に)帰属させる; 《*jn.*》(いかなる人物かその帰属を)突きとめる: *jn.* auf einem Posten ～ …をある地位〈ポスト〉につける | *jn.* bei einer Firma ～ …をある会社に雇ってもらう | Er hat sein Hörspiel bei einem Sender *untergebracht*. 彼は自分の書いたラジオドラマをある放送局に採用してもらった | Ich kann ihn nirgends ～. 私には彼がどういう人物か全くわからない(→2).

Ụn·ter·brin·gung[..ŋʊŋ] 女 -/ **1** unterbringen すること. **2** 泊まる場所, 宿, 宿舎.

Ụn·ter·brin·gungs·mög·lich·keit 女 収容〔能〕力.

un·ter·bro·chen[ʊntərbrɔ́xən] unterbrechen の過去分詞.

Ụn·ter·bruch[ʊ́ntərbrʊx] 男 -〔e〕s/..brüche[..brʏçə] 《スイ》= Unterbrechung

Ụn·ter·büh·ne[ʊ́ntərby:nə] 女 -/-n 〘劇〙(舞台空間を上下に仕切ったときの)下部空間.

ụn·ter|but·tern[ʊ́ntərbʊtərn] 《05》他 (h) 《話》 **1** 《*jn.*》(…の自立を)抑えつける,(…の力を)そぐ. **2** (金などを)つぎ込んで浪費する.

un·ter·chlo·rig[ʊ́ntərklo:rɪç]² 形 〘化〙次亜塩素酸の.

Ụn·ter·deck[ʊntərdɛk] 中 -〔e〕s/-s 〘海〙(船の)下甲板.

un·ter·der·hand[ʊntərde:rhánt, ..der..] (＜unter der Hand) 副 ひそかに, こっそりと, 秘密裏に.

un·ter·des·sen[ʊntərdɛ́sən] (**un·ter·des**[..dɛ́s]) **I** 副《時間的》(inzwischen) その間に, そうするうちに, かれこれするうちに: Trag doch das Gepäck zum Wagen, ich schließe ～ die Wohnung ab. 手荷物を車に運んでくれ. そのあいだに私は家の戸締まりをするから.

ᐁ**II** 接《従属》(während) **1** 《時間的》…しているあいだに. **2** 《対照・対比》…であるのにひきかえ.

Ụn·ter·de·ter·mi·nan·te[ʊ́ntərdetɛrminantə] 女 -/-n 〘数〙小行列式.

Ụn·ter·do·mi·nan·te[ʊ́ntərdominantə] 女 -/-n 〘楽〙下属音.

Ụn·ter·druck[ʊ́ntərdrʊk] 男 -〔e〕s/..drücke[..drʏkə] 低圧(気圧より小さい圧力); 〘工〙負圧: arterieller ～ 〘医〙低血圧.

un·ter·drụ̈cken[ʊntərdrʏ́kən] 他 (h) **1** (心的活動・感情などを)抑える, 抑制する; (笑い・あくび・叫びなどを)こらえる, 我慢する: eine Äußerung ～ 発言を控える | ein Gähnen ～ あくびをかみ殺す | *seinen* Zorn ～ 怒りを抑える | Er konnte das Lachen nicht mehr ～. 彼はもはや笑いをこらえきれなかった ‖ mit *unterdrückter* Stimme 押し殺した声で.

2 (事実を) 隠蔽(いんぺい)〈秘匿〉する; (名前などを)伏せる, 公表しない; (報道などを)差し止める, 押える: gewisse Nachrichten ～ 特定のニュースを差し止める.

3 (権力・暴力をもって)抑圧〈弾圧〉する; (騒乱・暴動などを)鎮圧する: einen Aufstand ～ 反乱を鎮圧する | Minderheiten ～ 少数派〈少数民族〉を弾圧する.

Un·ter·drụ̈cker[..kər] 男 -s/- (unterdrücken する人. 例えば:) 暴君; 弾圧〈圧制〉者.

un·ter·drụ̈cke·risch[..kərɪʃ] 形 抑圧〈弾圧・圧制〉的な.

Ụn·ter·druck≠gä·rung[ʊ́ntərdrʊk..] 女 〘醸〙低圧発酵. **≠kam·mer** 女 (人工的に気圧を低くした)低圧室.

Un·ter·drụ̈ckung[ʊntərdrʏ́kʊŋ] 女 -/-en (unterdrücken すること. 例えば:) 抑制; 隠蔽(いんぺい), 秘匿; 公表差し止め; 抑圧, 弾圧, 圧制; 鎮圧.

ụn·ter|ducken[ʊ́ntərdʊkən] 他 (h) 《方》《*jn.*》(…の頭を押えて)水に沈める: 再帰 *sich*⁴ ～ 水にもぐる.

ụn·ter·durch·schnitt·lich[ʊ́ntərdʊrçʃnɪtlɪç] 形 平均〈水準・標準〉以下の, 平均値を下回る.

Ụn·ter·ei·gen·tum[ʊ́ntər|aɪgəntu:m] 中 -s/ (↔Obereigentum) 〘法〙(昔のドイツ法で)下位所有権.

un·ter·ein·ạn·der[ʊntər|aɪnándər] **I** 副《unter+相互代名詞に相当: →sich 2 ★ ii》**1** (互いに)上下に, 重なり合って: drei Bilder ～ 上下に並んだ〈積み重ねた〉3 枚の絵.

2 a) お互いの間で: *et.*⁴ ～ teilen …を分け合う | ～ reden (互いに)話し合う | ～ heiraten 血族〈近親〉結婚をする. ᐁ**b)** (durcheinander) 混乱して, 乱雑に: Die Papiere waren alle ～. 書類はみなごちゃまぜになっていた.

II Un·ter·ein·ạn·der 中 -s/- 混乱, 乱雑.

un·ter·ein·ạn·der≠|ste·hen* 《182》自 (h) 重なり合って〈積み重ねられて〉いる. **≠|stel·len** 他 (h) 積み重ねる.

Ụn·ter·ein·heit[ʊ́ntər|aɪnhaɪt] 女 -/-en **1** 亜〈下位〉単位. **2** 〘軍〙(下位の)小部隊.

Ụn·ter·ein·tei·lung[ʊ́ntər|aɪntaɪlʊŋ] 女 -/-en 下位区分, 小分け, 細別.

ụn·ter·ent·wickelt[ʊ́ntər|ɛntvɪkəlt] 形 **1** 発達〈発展・開発〉の遅れた; 発育不全〈不十分〉の: ein ～*es* Land 低開発国, 後進国(→Entwicklungsland). **2** 〘写〙現像時間の不足した.

Ụn·ter·ent·wick·lung[..klʊŋ] 女 -/-en 《ふつう単数で》**1** 発達〈発展・開発〉の遅れていること; 発育不全. **2** 〘写〙現像時間の不足.

ụn·ter·er·nährt[ʊ́ntər|ɛrnɛ:rt] 形 栄養不良〈不足〉の, 食物不十分の.

Ụn·ter·er·näh·rung[..nɛ:rʊŋ] 女 -/ 栄養不良〈不足〉.

un·ter·fah·ren*[ʊntərfá:rən] 《37》他 (h) **1** 《*et.*⁴》(乗り物で・乗り物が橋などの)下を通〔り抜け〕る. **2** 《*et.*⁴》〘建〙(…の)下にトンネルを掘る; 〘坑〙(鉱床・坑道などの)下を掘進する. **3** 《*et.*⁴》〘建〙(…の)土台を改修する, 基礎を補強〈根継ぎ〉する. **4** 《*jn.*》(…の)話をさえぎる,(…の)話の腰を折る. **5** 《*et.*⁴》(…の)下に手を差し入れる.

Ụn·ter·fahrt[ʊ́ntərfa:rt] 女 -/-en (車両通行用の)地下道, ガード下の車両用道路.

Ụn·ter·fa·mi·lie[ʊ́ntərfami:liə] 女 -/-n 〘動・植〙亜科.

un·ter·fạn·gen*[ʊntərfáŋən] 《39》 **I** 他 (h) **1** = unterfahren 3 **2** 《雅》再帰 *sich*⁴ *et.*² ～ …をあえてする, 大胆にも…を企てる ‖〘zu 不定詞〔句〕と〙Wie konntest du dich ～, ihm dieses ins Gesicht zu sagen? 彼にこんなことを面と向かって言うなんて 君もずいぶん大それたことをしたものだ.

II Un·ter·fạn·gen 中 -s/ (unterfangen すること. 例えば:) 大胆な企て, 大それた行為: Es ist ein kühnes 〈aussichtsloses〉 ～, so etwas zu tun. そんなことをするなんてずいぶん思い切った話だ〈とても成功の見込みはないさ〉.

ụn·ter|fas·sen[ʊ́ntərfasən] 《03》他 (h) 《*jn.*》(…の)腕を取る,(…を)わきの下から支える: *untergefaßt* gehen 腕を組み合って歩く ‖ 再帰 *sich*⁴ ～ 互いに腕を組み合う.

Ụn·ter·feld·we·bel[ʊ́ntərfɛltve:bəl] 男 -s/- (旧東ドイツで陸軍・空軍の)軍曹勤務伍長(ごちょう).

un·ter·fẹr·ti·gen[ʊntərfɛ́rtɪgən]² 《官》= unterzeichnen

Un·ter·fẹr·ti·ger[..tɪgər] 男 -s/-, **Un·ter·fẹr·tig·te**[..tɪçtə] 男 女 《形容詞変化》= Unterzeichnete

un·ter·flie·gen*[ʊntərflí:gən]¹ 《45》他 (h) 《*et.*⁴》(…の)下を飛ぶ,(…より)低いところを飛ぶ: den feindlichen Radarschirm ～ 低く飛んで敵のレーダースクリーンをかわす.

ụn·ter·flur[ʊ́ntərflu:r] 副 (エンジンなどを)床下に(とりつける),(通路などを)地下に(造る).

Un·ter·flur·mo·tor[ʊntərflú:r..] 男 〘工〙(自動車の)床下エンジン.

un·ter·for·dern[ʊntərfɔ́rdərn] 《05》他 (h) 《*jn.*》(…に)過小な要求をする, 楽をさせる.

Ụn·ter·fran·ken[ʊ́ntərfraŋkən] 地名 ウンターフランケン(→Franken¹).

un·ter·füh·ren[ʊntərfý:rən] 他 (h) **1** 《*et.*⁴》(道路・鉄道などを)下に通す: einen Verkehrsweg ～ 交通路を下に通す | Die Straße wird *unterführt*. 道路は下に通される〈地下道方式に造られる〉. **2** ein Wort ～ 〘印〙単語を(全書するかわりに)反復符号で示す(→Unterführungszeichen).

Ụn·ter·füh·rer[ʊ́ntərfy:rər] 男 -s/- 〘軍〙小部隊の指揮官, 下級指揮官.

Un·ter·füh·rung[ʊntərfý:rʊŋ] 女 -/-en **1**《単数で》unterführen すること. **2** (↔Überführung)(他の交通路の下をくぐる交通路. 例えば:) 地下〔歩〕道, ガード下の通路, 陸橋の下の鉄道.

Un·ter·füh·rungs·zei·chen 中《印》(一覧表などで「同上」を示す)反復符〔号〕(„).

Ụn·ter·funk·tion[ʊ́ntərfʊŋktsio:n] 女 -/-en (↔Überfunktion)《医》機能低下.

Ụn·ter·fut·ter[ʊ́ntərfʊtər] 中 -s/-《服飾》(衣服の)裏地, 裏あて.

un·ter·füt·tern[ʊntərfýtərn]《05》他 (h)《*et.*[4]》《服飾》(…に)裏地をつける, 裏打ちをする.

Ụn·ter·gang[ʊ́ntərgaŋ] 男 -〔e〕s/..gänge[..gɛŋə]《ふつう単数で》**1** (↔Aufgang)(太陽・月などが)沈む〈没する〉こと, (天体の)入り: der ～ der Sonne / Sonnen*untergang* 日没 | nach dem ～ der Sonne 日没後に, 日が暮れてから. **2 a)** (水中に)没すること, 沈没: der ～ der Titanic タイタニック号の沈没. **b)**《比》没落, 破滅, 滅亡; 零落; 堕落: der ～ des Römischen Reiches ローマ帝国の没落 ‖ *jn.* vor dem ～ bewahren …の破滅〈堕落〉を食い止める | Der Alkohol ist 〔noch〕 sein ～. アルコールは〔いずれは〕彼の命取りになる〈彼の身を滅ぼすことになる〉.

Ụn·ter·gangs≈punkt 男 (Deszendent)《天》(天体の)降交点. **≈stim·mung** 女 没落〈破滅〉の暗い気分.

ụn·ter·gä·rig[ʊ́ntərgɛ:rɪç][2] 形《醸》液底〈下面〉発酵の: ～*e* Hefe 液底〈下面〉酵母.

Ụn·ter·gä·rung[..rʊŋ] 女 -/-en《醸》液底〈下面〉発酵.

Ụn·ter·gat·tung[ʊ́ntərgatʊŋ] 女 -/-en《動・植》亜属.

un·ter·ge·ben[ʊntərgé:bən] **I** 形 *jm.* ～ sein …に服従〈臣従・隷属〉している, …の部下である. **II Un·ter·ge·be·ne** 男 女《形容詞変化》臣下; 部下, 下位〈目下〉の者.

Ụn·ter·ge·bot[ʊ́ntərgəbo:t] 中 -〔e〕s/-e＝Unterangebot

ụn·ter|ge·hen*[ʊ́ntərge:ən]《53》自 (s) **1** (↔aufgehen)(太陽・月などが)沈む, 没する: Die Sonne *geht* im Westen 〈heute um 19. 10 Uhr〉 *unter*. 太陽が西に沈む〈きょうの日没は19時10分だ〉‖ Sein Stern ist im *Untergehen* 〔begriffen〕.《比》彼の人気は落ち目だ ‖ die *untergehende* Sonne 沈みゆく太陽, 入り日, 落日.
2 (水中に)没する, (船などが)沈没する;《比》没落する, 破滅〈滅亡〉する; 零落する, 落ちぶれる; 堕落する: Er *ging* sofort *unter*, da er nicht schwimmen konnte. 彼は泳げなかったのですぐに溺(おぼ)れてしまった | mit Mann und Maus ～ (→Mann[2] 3 a) | Seine Worte *gingen* im Lärm *unter*. 彼の言葉は喧噪(けんそう)にかき消されて聞こえなかった | Dieses Volk ist vor etwa tausend Jahren *untergegangen*. この民族は約1000年ほど前に滅亡した | Sie ist in der Großstadt *untergegangen*. 彼女は大都会の中で身を持ち崩してしまった | mit fliegenden Fahnen ～ (→Fahne 1 b).

ụn·ter·ge·ord·net[ʊ́ntərgəlɔrdnət] **I** unterordnen の過去分詞.
II 形 下位の, 従属した; 副の, 従の, 副次的な: ein ～*er* Begriff《哲》下位概念 | ein ～*er* Satz《言》従属文〈節〉, 副文 | von ～*er* Bedeutung sein 二義的である | nur eine ～*e* Rolle spielen 副次的な役割しか演じない ‖ *jm.* ～ sein …の下位にある, …に従属している, …の部下である.

Ụn·ter·ge·schoß[ʊ́ntərgəʃɔs] 中 ..sses/..sse《建》〔半〕地階; 一階.

Ụn·ter·ge·senk[ʊ́ntərgəzɛŋk] 中 -〔e〕s/-e《工》(型鍛造用の)下型, 下タップ.

Ụn·ter·ge·stell[ʊ́ntərgəʃtɛl] 中 -〔e〕s/-e **1** (下で支えとなるもの. 例えば:) 台座; 台枠; 車台, シャーシー; (飛行機の)降着装置. **2**《戯》(Bein) 足.

Ụn·ter·ge·wand[ʊ́ntərgəvant][1] 中 -〔e〕s/..wänder [..vɛndər] **1** 下着. **2**《南部・オーストリア》スリップ, ペチコート.

Ụn·ter·ge·wicht[ʊ́ntərgəvɪçt] 中 -〔e〕s/ 標準以下の重量, 重量不足: Der Kranke hat ～. この病人は体重が少なすぎる.

ụn·ter·ge·wich·tig[..tɪç][2] 形 重量〈量目〉不足の.

un·ter·glie·dern[ʊntərglí:dərn]《05》他 (h) (さらに)小分けする, 細分する.

Un·ter·glie·de·rung[1][..dərʊŋ] 女 -/-en untergliedern すること.

Ụn·ter·glie·de·rung[2][ʊ́ntərgli:dərʊŋ] 女 -/-en 下位区分, 細目.

ụn·ter|gra·ben[1]*[ʊ́ntərgra:bən][1]《62》他 (h) (肥料などを)地中へ埋め込む.

un·ter·gra·ben[2]*[◡◡⏊◡]《62》他 (h)《*et.*[4]》(…の)下を掘り崩す〈削り取る〉;《比》(内部から)徐々に弱らせる〈破壊する〉: *js.* Gesundheit ～ …の健康をむしばむ | Die Gerüchte *untergruben* seine Autorität. これらのうわさは彼の権威をしだいに低下させた.

Un·ter·gra·bung[ʊntərgrá:bʊŋ] 女 -/-en untergraben[2]すること.

Ụn·ter·gren·ze[ʊ́ntərgrɛntsə] 女 -/-n (↔Obergrenze) 下限.

Ụn·ter·griff[ʊ́ntərgrɪf] 男 -〔e〕s/-e (Kammgriff)《体操》(鉄棒の)逆手(さかて)〔握り〕(→ ⊛ Turngriff).

Ụn·ter·grund[ʊ́ntərgrʊnt][1] 男 -〔e〕s/..gründe [..grʏndə]《ふつう単数で》**1** ＝Unterboden 2 **2** 土台, 基礎, 基盤; (道路の)路床; (海などの)水底. **3**《美》(絵画の)下塗り, 地塗り. **4** 地下;《比》(反政府・反体制の)地下組織, 地下運動: im ～ arbeiten (非合法政党などが)地下活動をする | in den ～ gehen 地下にもぐる. **5** (演劇などの)アングラ.

Ụn·ter·grund·bahn ＝U-Bahn
[*engl.* underground railway の翻訳借用]

Ụn·ter·grund≈be·we·gung 女 (反政府・反体制の)地下運動. **≈film** 男 アングラ映画.

ụn·ter·grün·dig[ʊ́ntərgrʏndɪç][2] 形 地下の;《比》潜在の, 隠された.

Ụn·ter·grund≈ka·bel[ʊ́ntərgrʊnt..] 中 地下ケーブル. **≈li·te·ra·tur** 女 (反政府・反体制の)地下文学. **≈or·ga·ni·sa·tion** 女 地下組織. **≈pres·se** 女 地下出版物. **≈sen·der** 男 地下放送局. **≈zei·tung** 女 アングラ新聞.

Ụn·ter·grup·pe[ʊ́ntərgrʊpə] 女 -/-n (Gruppe[1] 1 の下位区分. 例えば:) 小群, 小グループ;《数》部分群.

ụn·ter|ha·ken[ʊ́ntərha:kən] 他 (h)《*jn.*》(…と)腕を組む: *untergehakt* gehen 腕を組み合って歩く ‖ 再帰 *sich*[4] ～ 互いに腕を組み合う | *sich*[4] bei 〈mit〉 *jm.* ～ …と腕を組む.

ụn·ter·halb[ʊ́ntərhalp] **I** 前《2格支配》(↔oberhalb) **1** …の下方〔の位置〕に, …の下手(しもて)に; …より低い位置に: Verletzung ～ des Knies ひざ下の負傷 | Kurz ～ des Gipfels steht eine Hütte. 頂上のすぐ下に小屋がある | Die Wiese liegt ～ des Weges. 牧草地は道より低い位置にある. **2** …の下流地域に: Linz liegt ～ Passau〔s〕. リンツはパッサウより下流に位置している. **3** (地図で)…の南の方に: Italien liegt ～ der Alpen. イタリアはアルプスの南に位置している.
II 副 **1** 下方に, 下手に: weiter ～ さらに下の方に | ～ von der Brücke 橋の下手に | *Unterhalb* von uns sehen wir Salzburg liegen. 私たちの眼下にザルツブルクが横たわっている. **2** (地図で)もっと南の位置に.

Ụn·ter·halt[ʊ́ntərhalt] 男 -〔e〕s/ **1** 生計〔費〕; (家族などの)扶養〔料〕; (離婚した妻に対する)扶養料; (庶子に対する)養育費: *seinen* ～ von *et.*[3] bestreiten …で生計を立てる | *sich*[3] *seinen* ～ verdienen 自分で生活費をかせぐ ‖ für *js.* ～ aufkommen 〈sorgen〉 …の生活の面倒を見る | zu *js.* ～ beitragen …の生活費を援助する. **2** (施設などの)維持〔費〕.

ụn·ter|hal·ten[1]*[ʊ́ntərhaltən]《65》他 (h)《*et.*[4]》(…を何かの)下に保持する〈あてがう〉: einen Eimer ～ バケツを(蛇口などの)下にあてがう.

un·ter·hal·ten[2]*[◡◡⏊◡]《65》**I** 他 (h) **1**《*jn.*》養う, 扶養する: eine große Familie ～ おおぜいの家族を養う ‖ *sich*[4] von *jm.* ～ lassen …に養って〈食べさせて〉もらう; …の囲われ者になっている. **2**《*et.*[4]》維持〈保存〉する; (手入れ・整備をして)良好な状態に保つ; (仕事を)経営〈運営〉する: das Feuer im Herd 〈Ofen〉 ～ かまど〈ストーブ〉の火を燃やしつづ

ける(消えないように) | Er hat früher mehrere Gaststätten *unterhalten*. 彼は以前レストランをいくつか経営していた ‖ gut *unterhaltene* Straßen よく整備された道路. **3** 《*et.*[4]》(対人関係を)保つ, 維持する, もち続ける: einen Briefwechsel ～ 文通をする | enge 〈freundschaftliche〉 Beziehungen zu *jm.* ～ …と密接な関係を保つ〈友好関係を維持する〉. **4** 《*jn.*》もてなす, 接待する, 楽しませる: *seine* Gäste mit Musik ～ 客を音楽でもてなす ‖ 再帰 *sich*[4] 〔mit *et.*[3]〕 ～ 〔…で〕楽しむ〈楽しく過ごす〉 | Ich habe mich im Theater gut *unterhalten*. 私は劇場で楽しい時を過ごした(芝居が面白かった). **5** 再帰 *sich*[4] mit *jm.* 〔über *et.*[4] / von *et.*[3]〕 ～ …と〔…について〕語り合う, …と〔…について〕歓談する | Ich habe mich mit ihm auf englisch 〈über politische Fragen〉 *unterhalten*. 私は彼と英語で〈政治問題について〉話し合った | Man kann sich mit ihm gut ～. 彼と話をするのは面白い(話題・内容など) ‖ Wir haben uns lebhaft *unterhalten*. 私たちは活発に語り合った.

II un·ter·hal·tend 現分 形 楽しい, 面白い, 娯楽的な: ～*e* Lektüre 娯楽読み物 | Der Abend war recht ～. その晩はなかなか楽しかった.

Un·ter·hal·ter[ʊntərháltər] 男 -s/- (客などを)もてなす人, 接待者, 話し相手: ein guter ～ もてなしの上手な人, 話し上手な人.

▽**un·ter·halt·lich**[..háltlɪç] =unterhaltend

un·ter·halt·sam[..za:m] 形 **1** 楽しい, 面白い: ein ～*er* Abend 楽しい晩. **2** (人が)もてなしの上手な, 話し上手な.

Un·ter·halt·sam·keit[..kaɪt] 女 -/ unterhaltsam なこと.

Un·ter·halts≈an·spruch[ʊ́ntərhalts..] 男 〘法〙 生活費〈扶養料〉の支払い請求〔権〕. **≈bei·trag** 男 生活扶助金; 扶養料; 養育費.

un·ter·halts·be·rech·tigt 形 扶養を受ける権利のある.

Un·ter·halts≈kla·ge 女 〘法〙 扶養訴訟. **≈ko·sten** 複 生計〈生活〉費; 扶養料; 養育費; (施設などの)維持費. **≈pflicht** 女 扶養義務.

un·ter·halts≈pflich·tig[..pflɪçtɪç][2] 形, **≈ver·pflich·tet** 形 扶養義務のある.

Un·ter·halts·zah·lung 女 生活費〈扶養料〉の支払い.

Un·ter·hal·tung[ʊntərháltʊŋ] 女 -/-en **1** 《単数で》(unterhalten[2]すること. 例えば:) 維持, 保存; 手入れ, 整備; 経営, 運営: die ～ der Gebäude 〈der Straßen〉 建物〈道路〉の維持 | Das Auto ist in der ～ sehr teuer. この自動車は維持費がとても高くかかる. **2** 談話, 会話, おしゃべり; 話し合い: eine angenehme ～ 歓談 ‖ die ～ allein bestreiten ほとんど一人でしゃべりまくる | mit *jm.* 〔über *et.*[4]〕 eine ～ führen …と〔…について〕話し合いをする. **3** もてなし, 接待; 楽しみ, 慰安, 娯楽: zur ～ der Gäste 客をもてなすために.

Un·ter·hal·tungs≈bei·la·ge 女 (新聞の)付録娯楽版〈面〉. **≈elek·tro·nik** 女 -/ 《集合的に》娯楽用電子機器類(テープレコーダー・ステレオ・ビデオ装置など). **≈film** 男 娯楽映画. **≈in·du·strie** 女 娯楽産業. **≈ko·sten** = Unterhaltskosten **≈lek·tü·re** 女 娯楽読み物. **≈li·te·ra·tur** 女 -/ 娯楽〈通俗〉文学. **≈mu·sik** 女 軽音楽. **≈pflicht** 女 扶養義務. **≈pro·gramm** 中 娯楽番組. **≈ro·man** 男 娯楽〈通俗〉小説. **≈sen·dung** 女 (ラジオ・テレビの)娯楽番組の放送. **≈stück** 中 娯楽劇; 娯楽的な楽曲. **≈teil** 男 (新聞の)娯楽面〈欄〉.

un·ter·han·deln[ʊntərhándəln] 《06》 自 (h) mit *jm.* 〔über *et.*[4] / wegen *et.*[2]〕 ～ …と〔…について〕交渉〈談判・商議・協議〉する.

Un·ter·händ·ler[ʊ́ntərhɛndlər, ⏑⏑⏑́⏑] 男 -s/- 交渉人, 談判者; 〘軍〙 軍使.

Un·ter·hand·lung[ʊntərhándlʊŋ] 女 -/-en 交渉, 談判, 商議, 協議: mit *jm.* in ～〔*en*〕 treten …と交渉に入る | mit *jm.* in ～ stehen …と交渉中である.

Un·ter·haus[ʊ́ntərhaʊs][1] 中 -es/..häuser[..hɔʏzər] (↔Oberhaus) 〘政〙 下院: Ruhe im ～! (→Ruhe 3).

Un·ter·haut[ʊ́ntərhaʊt] 女 -/ 〘解〙 下皮, 真皮.

Un·ter·haut≈fett·ge·we·be 中 〘解〙 皮下脂肪〔組織〕. **≈ge·we·be** 中 〘解〙 皮下組織.

Un·ter·hemd[ʊ́ntərhɛmt][1] 中 -〔e〕s/-en 下着, 肌着, アンダーシャツ.

un·ter·höh·len[ʊntərhǿ:lən] 他 (h) 《*et.*[4]》(…の)下をえぐる〈くり抜く〉; 《比》(内部から)徐々に弱らせる〈破壊する〉: Das Wasser *unterhöhlt* einen Brückenpfeiler. 水が橋脚の下をえぐる | die Fundamente des Staates ～ 国家の基盤を危うくする.

Un·ter·holz[ʊ́ntərhɔlts] 中 -es/ (木陰の)下生え, 下草; (森林の中の)茂み, やぶ.

Un·ter·ho·se[ʊ́ntərho:zə] 女 -/-n ズボン下.

un·ter·ir·disch[ʊ́ntər|ɪrdɪʃ] 形 **1 a)** (↔oberirdisch) 地下の, 地中の; 〘電〙 地下埋設の: ein ～*er* Gang 地下道, 地下トンネル | ein ～*er* Versuch (原爆・水爆などの)地下実験 ‖ Hier fährt die Bahn ～. 鉄道はこの区間は地下を走る. **b)** 《比》秘密の, 隠れた: ～*e* Machenschaften ひそかな陰謀. **2** 冥界(めいかい)の, 黄泉(よみ)の(→Unterwelt 1).

Un·ter·jacke[ʊ́ntərjakə] 女 -/-n 半そでシャツ, アンダーシャツ.

un·ter·jo·chen[ʊntərjɔ́xən] 他 (h) 《*jn.*》屈服させる, 制圧〈征服〉する, (力ずくで)むりやり押えつける, 隷属させる. [*spätlat.* sub-iugāre (◇Subjunktion) の翻訳借用]

Un·ter·jo·chung[..xʊŋ] 女 -/ unterjochen すること.

un·ter|ju·beln[ʊ́ntərju:bəln] 《06》 他 (h) 《俗》《*jm. et.*[4]》(…に…を)つかませる, 売りつける, (…に…を)負担させる, 押しつける, (…に…を)なすりつける: *jm.* einen Auftrag ～ …に頼みごとを押しつける.

Un·ter·ka·nal[ʊ́ntərkana:l] 男 -s/..kanäle[..kanɛ:lə] (発電所・水車場などの)〔地下〕放水路.

un·ter·kel·lern[ʊntərkɛ́lərn] 《05》 他 (h) 《*et.*[4]》(…に)地下室〈穴蔵〉をつける: ein *unterkellertes* Haus 地下室のある家. [<Keller[2]]

Un·ter·kel·le·rung[..lərʊŋ] 女 -/-en unterkellern すること.

Un·ter·kie·fer[ʊ́ntərki:fər] 男 -s/- **1** 下あご(→ 図 Schädel): *sich*[3] den ～ verrenken 《話》あごが外れるほど大あくびをする | Sein ～ fällt 〈klappt〉 herunter. 彼はびっくり仰天する. **2** 〘虫〙 (昆虫の)小腮(しょうさい).

Un·ter·kie·fer·kno·chen 男 〘解〙 下顎(かがく)骨.

Un·ter·kinn[ʊ́ntərkɪn] 中 -〔e〕s/-e (肥満のためあごの下にできる)二重あご.

Un·ter·klas·se[ʊ́ntərklasə] 女 -/-n **1 a)** (学校などの)下級クラス, 低学年. **b)** (社会の)下層階級. **2** 〘動・植〙 亜綱.

Un·ter·kleid[ʊ́ntərklaɪt][1] 中 -〔e〕s/-er **1** (婦人用の)スリップ; ペチコート. **2** 《複数で》=Unterkleidung

Un·ter·klei·dung[..dʊŋ] 女 -/-en 《集合的に》下着, 肌着類.

un·ter|kom·men*[ʊ́ntərkɔmən] 《80》 **I** 自 (s) **1** 《ふつう場所を示す語句と》宿を見つける, 宿泊〈投宿〉する; 収容される; 《話》職にありつく, 雇ってもらう: bei Verwandten ～ 親戚(しんせき)のところに泊めてもらう | bei einer Firma ～ 会社に雇われる | in einem Altersheim ～ 老人ホームに収容される ‖ Ich bin gut *untergekommen*. 私はいい宿を見つけた | Wir konnten nirgends ～. 我々はどこにも泊まれなかった〈雇ってもらえなかった〉 ‖ mit *et.*[3] ～ …(小説など)を(出版社などに)採用してもらう. **2** 《オーストリア》(vorkommen) 起こる, 生じる; 《*jm.*》(…の身に)起こる: So etwas ist mir bisher noch nicht *untergekommen*. このようなことは私はこれまで初めてだ.

II Un·ter·kom·men 中 -s/- 《ふつう単数で》(Unterkunft) 泊まること, 宿泊; 泊まる場所, 宿; 収容先; 就職口: ein ～ suchen 宿〈職〉を探す | Ich habe noch kein ～. 私はまだ泊まる〈働く〉場所がない.

Un·ter·kör·per[ʊ́ntərkœrpər] 男 -s/- 下半身.

un·ter·kö·tig[ʊ́ntərkø:tɪç][2] 形 《北部》皮下で化膿(かのう)した. [<Köte „Geschwür"]

un·ter|krie·chen*[ʊ́ntərkri:çən] 《83》 自 (s) (難を避けて・保護を求めて)下に這(は)い込む; 隠れる, 避難する.

un·ter|krie·gen[ʊ́ntərkri:gən][1] 他 (h) 《話》《*jn.*》打ち負かす, 屈服〈降参〉させる: *sich*[4] nicht ～ lassen 屈しない, 降参しない.

un·ter·kụ̈h·len[ʊntərký:lən] **I** 他 (h) 《*jn.*》(…の体温を)標準体温以下に下げる; 《*et.*[4]》〔理〕過冷〔却〕する(液体や気体を相の転移を起こさずに転移温度以下に冷やす).

II un·ter·kụ̈hlt 過分 形 **1** 冷静な, 冷たい, クールな. **2** 《話》冷感症の.

Un·ter·kụ̈h·lung[..lʊŋ] 女 -/-en 過冷〔却〕.

Ụn·ter·kunft[ʊ́ntərkʊnft] 女 -/..künfte[..kʏnftə] 泊まること, 宿泊; 泊まる場所, 宿, 宿舎: eine ～ für eine Nacht 一夜の宿 ‖ 〔*sich*[3]〕 eine billige ～ suchen 安宿を探す | *Unterkunft* und Verpflegung sind im Preis inbegriffen. 宿泊料も食事代も料金に含まれている. [＜unterkommen]

Ụn·ter·kunfts·mög·lich·keit 女 宿泊設備.

Ụn·ter·la·ge[ʊ́ntərla:gə] 女 -/-n **1** (下に置かれて支えになるもの. 例えば:) 基礎, 土台; 路盤, 路床; 台, 台座; (てこの)支点; 支柱; 腕木; 〔地〕下層土; 〔園〕(接ぎ木の)台木; 〔医〕(担架の)床(→ 図 Bahre). **2** (下に敷かれるもの. 例えば:) 敷物, 下敷き: eine ～ aus Gummi 〈Plastik〉 ゴム〈プラスチック〉製の敷物 | eine ～ zum Schreiben ものを書くための下敷き. **3** (裏打ち・裏張りに使うもの. 例えば:) (服の)裏地; 内張り, ライニング. **4** 《ふつう複数で》(基礎・下敷きとなる)資料; 証拠書類; (一般に)必要書類: einer Bewerbung die üblichen ～*n* beilegen 願書に通例の書類を添付する. **5** 〔レスリング〕グラウンド=ポジション; 下位置.

Ụn·ter·land[ʊ́ntərlant][1] 中 -〔e〕s/ 低地.

Ụn·ter·län·der[..lɛndər] 男 -s/- (女 **Ụn·ter·län·de·rin**[..dərɪn]-/-nen) 低地の住民.

Ụn·ter·län·ge[ʊ́ntərlɛŋə] 女 -/-n (↔Oberlänge) (アルファベットの小文字で, g, j, p, q, y のように, 一般の小文字よりも)下に突き出た部分.

Ụn·ter·laß[ʊ́ntərlas] 男 《もっぱら次の形で》**ohne ～** 《雅》間断なく, 絶えず.

un·ter·lạs·sen*[ʊntərlásən] 《88》 他 (h) (行為・習慣・企図・計画などを)やめる, よす; 慎む, 控える; (なすべきことを)しない, 怠る: eine Reise ～ 旅行をやめる | Er will das Rauchen künftig ～. 彼は今後禁煙するつもりだ | *Unterlassen* Sie bitte das Rauchen! 喫煙はご遠慮ください | *Unterlaß* diese Albernheiten! そんなばかなことはやめろ | Er hat es *unterlassen*, die Miete zu bezahlen. 彼は家賃の支払いを怠った ‖ Er wurde wegen *unterlassener* Hilfeleistung bestraft. 彼は救助を怠ったために罰せられた.

Un·ter·lạs·sung[..sʊŋ] 女 -/-en (unterlassen すること. 例えば:) やめる〈控える〉こと; 不実行, 不履行, 怠り; 〔法〕不作為.

Un·ter·lạs·sungs≠de·likt 中 〔法〕不作為犯(罪). **≠kla·ge** 女 〔法〕不作為の訴え. **≠sün·de** 女 (なすべきことをしなかった)怠慢の罪.

Ụn·ter·lauf[ʊ́ntərlaʊf] 男 -〔e〕s/..läufe[..lɔʏfə] (河川の)下流.

ụn·ter|lau·fen[1]*[ʊ́ntərlaʊfən] 《89》 ＝unterlaufen[2] I 1 a

un·ter·lau·fen[2]*[◡◡⏊◡] 《89》 **I** 自 (s) **1 a)** (誤りなどが知らぬまに)入り込む, まぎれ込む: Beim Rechnen *unterlaufen* ihm ständig Fehler. 計算のさい彼はいつも間違いをする | Dieses Wort ist mir *unterlaufen*. 私はついこんな失言をしてしまった. **b)** 《話》(begegnen) 《*jm.*》(…に)出会う, 出くわす; (…の身に)起こる: So ein Mensch ist mir noch nie *unterlaufen*. こんな人間には私はまだ出くわしたことがない.

2 《ふつう過去分詞で》皮下に出血する: Sein Auge ist mit Blut *unterlaufen*. 彼の目は充血している | eine blau 〈mit Blut〉 *unterlaufene* Stelle 青あざになった〈内出血した〉個所.

II 他 (h) **1** 《*jn.*》(…の)下をかいくぐって攻める(サッカー・レスリングなどで). **2** 《*et.*[4]》(…の)裏をかいて効果を失わせる: die Zensur ～ 検閲の裏をかく.

Ụn·ter·le·der[ʊ́ntərle:dər] 中 -s/- (靴の)底革.

ụn·ter|le·gen[1][ʊ́ntərle:gən][1] 他 (h) 《*jm.* 〈*et.*[3]〉 *et.*[4]》(…を…の)下に置く, 敷く, 下に押し入れる: *jm.* ein weiches Kissen ～ …の背に柔らかいクッションをあててやる | einer Henne Eier ～ 雌鶏(めんどり)に卵を抱かせる | der französischen Melodie einen deutschen Text ～ 《比》フランスの曲にドイツ語の歌詞を付ける(→unterlegen[2] 2) | Er hat meinen Worten einen anderen Sinn *untergelegt*. 《比》彼は私の言葉に別の意味をこじつけた.

un·ter·lẹ·gen[2][◡◡⏊◡] 他 (h) **1** 《*et.*[4] mit *et.*[3]》(…の)下に(…を)敷く; (…を…で)裏打ち〈裏張り〉する: Die Platte war mit Kork *unterlegt*. その板の裏にはコルクが張ってあった | mit Seide *unterlegte* Spitzen 絹で裏打ちしたレース. **2** 《*et.*[3] *et.*[4]》(…を…の)下に置く, 敷く, 入れる: einer Melodie einen Text ～ 《比》メロディーに歌詞を付ける(→unterlegen[1]).

un·ter·lẹ·gen[3][◡◡⏊◡] **I** unterliegen[2]の過去分詞.

II 形 (↔überlegen) 劣っている, 劣勢の: *jm.* ～ sein …より劣っている | *jm.* geistig 〈technisch〉 weit ～ sein …よりも精神的〈技術的〉にはるかに劣っている.

III Un·ter·lẹ·ge·ne 男 女 《形容詞変化》敗者.

Un·ter·lẹ·gen·heit[..haɪt] 女 -/-en 《ふつう単数で》劣っていること, 劣勢: die zahlenmäßige ～ 数の上で劣っていること | das Gefühl der ～ 劣等感.

Un·ter·lẹ·gen·heits·ge·fühl 中 劣等感.

Ụn·ter·leg≠keil[ʊ́ntərle:k..] 男 , **≠klotz** 男 (車の)輪止め. **≠ring** 男 〔工〕(環状の)座金. **≠schei·be** 女 〔工〕(円盤状の)座金.

Ụn·ter·le·gung[1][ʊ́ntərle:gʊŋ] 女 -/-en unterlegen[1]すること.

Un·ter·lẹ·gung[2][◡◡⏊◡] 女 -/-en unterlegen[2]すること.

Ụn·ter·leib[ʊ́ntərlaɪp][1] 男 -〔e〕s/-er 下腹部.

Ụn·ter·leib·chen[..laɪpçən] 中 -s/- 〔服飾〕キャミソール(そでなしで腰までの女性用下着).

Ụn·ter·leibs≠krank·heit 女 下腹部の病気(骨盤内の器官の病気, 女性の場合は特に婦人病を指す). **≠lei·den** 中 , **≠ty·phus** 男 〔医〕腸チフス.

Ụn·ter·leut·nant[ʊ́ntərlɔʏtnant] 男 -s/-s, -e (旧東ドイツで)少尉(軍隊の最下級士官及び最下級の高級警察官); (旧ドイツ軍隊の)少尉(→Leutnant 1): ～ zur See 海軍少尉.

Ụn·ter·lid[ʊ́ntərli:t][1] 中 -〔e〕s/-er 下まぶた.

Ụn·ter·lie·fe·rant[ʊ́ntərlifərant] 男 -en/-en 下請契約者.

ụn·ter|lie·gen[1]*[ʊ́ntərli:gən][1] 《93》 自 (h) 下に横たわっている, 下に置いて〈敷いて〉ある; 基礎〈土台〉になっている.

un·ter·lie·gen[2]*[◡◡⏊◡] 《93》 **I** 自 (s) **1** 《*jm.*》(…に)屈〔服〕する, (…に)負ける, 敗れる: den Feinden ～ 敵に敗れる | der Krankheit ～ 病に倒れる | der Versuchung ～ 誘惑に負ける ‖ 〖目的語なしで〗in einem Kampf 〈in einem Wettbewerb〉 ～ 戦い〈競争〉に敗れる | im Prozeß ～ 敗訴する | bei der Wahl ～ 選挙で負ける | nach Punkten ～ (ボクサーなどが)判定で負ける ‖ die *unterliegende* Prozeßpartei 〔法〕敗訴側 | die *unterlegene* Mannschaft 敗れたチーム. **2** 《*et.*[3]》(…の)支配〈影響〉下にある; (…を)義務づけられている, (…を)免れない; (…を)必要とする, (…を)受ける: strenger Geheimhaltung ～ 厳重に秘匿されている | der Kritik ～ 批判を免れない | der Zensur ～ 検閲される | Es *unterliegt* keinem Zweifel, daß ... …は疑う余地のない事実である | Die Mode *unterliegt* dem Wechsel der Zeit. 流行は時代とともに移り変わる.

II un·ter·lẹ·gen → 別出

Ụn·ter·liek[ʊ́ntərli:k] 中 -〔e〕s/-en 〔海〕(帆の)下縁(ふち)索; 足場綱.

Ụn·ter·lip·pe[ʊ́ntərlɪpə] 女 -/-n **1** 下くちびる〔およびその下の部分〕: eine wulstige ～ 厚ぼったい〈ふっくらした〉下くちびる | *jm.* bis 〔zur〕 Oberkante ～ stehen (→Oberkante). **2** 〔虫〕(昆虫の)下唇(かしん).

ụn·term[ʊ́ntərm] ＜unter dem

un·ter·ma·len[ʊntərmá:lən] 他 (h) **1** 〔美〕(絵画を)下塗り〈地塗り〉する. **2** 《*et.*[4]》(…に)背景〈効果〉音楽を入れる: einen Film mit *et.*[3] ～ 映画に…をバックミュージックとして流す.

Un·ter·mạ·lung[..lʊŋ] 女 -/-en **1** 〔美〕(絵画の)下塗

り, 地塗り. **2** 背景〈効果〉音楽.

Ụn·ter·mann[ʊ́ntərman] 男 -〔e〕s/..männer [..mɛnər]（軽業で人間ピラミッドなどの）最下列の人.

Ụn·ter·maß[ʊ́ntərma:s] 中 -es/-e（基準に満たない）不足量目.

un·ter·mau·ern[ʊntərmáʊərn]《05》他 (h) **1**《*et.*[4]》〘建〙基礎壁で下から支える;（…の）基礎を補強する, 根継ぎをする. **2**《比》強固に根拠づける, 確かな論拠で支える, 裏付ける: *seine* Behauptung ～ 自分の主張を根拠づける.

Un·ter·maue·rung[..máʊərʊŋ] 女 -/-en **1**《単数で》untermauern すること. **2**〘建〙基礎壁, 基礎の補強物.

ụn·ter·mee·risch[ʊ́ntərme:rɪʃ] ＝unterseeisch [＜Meer]

Ụn·ter·men·ge[ʊ́ntərmɛŋə] 女 -/-n（Teilmenge）（一定量を構成する）部分量.

ụn·ter|men·gen[1][ʊ́ntərmɛŋən] 他 (h)《*et.*[4]》（…を）混入する, 混ぜ入れる: *et.*[4] mit ～ …を一緒に混ぜ込む.

un·ter·mẹn·gen[2][◡◡⏑◡] 他 (h)《*et.*[4] mit *et.*[3]》（…を…と）混ぜ合わせる,（…に…を）混ぜ入れる, 添加する.

Ụn·ter·mensch[ʊ́ntərmɛnʃ] 男 -en/-en 下等な人間; 人でなし, 人非人.

Ụn·ter·men·schen·tum[..ʃəntu:m] 中 -s/（人間らしからぬ）野獣性; 残忍な行為.

Ụn·ter·mie·te[ʊ́ntərmi:tə] 女 -/（住居などの）転貸借〔賃〕, また貸し〈借り〉〔賃〕: ein Zimmer in ～[3] abgeben 〈vergeben〉 部屋をまた貸しする | *jn.* in ～[3] 〈zur ～〉 nehmen …に住居をまた貸しする | in ～[3] 〈zur ～〉 wohnen 住居をまた借りする.

Ụn·ter·mie·ter[..tər] 男 -s/-（他人の借りている住居の一部を）また借りしている人, 転借人（→Hauptmieter）.

Ụn·ter·miet[s]·ver·hält·nis 中〘法〙転貸借関係.

Ụn·ter·miet·zim·mer 中《オーストリア》また貸し〈借り〉の部屋.

un·ter·mi·nie·ren[ʊntərminí:rən] 他 (h)《*et.*[4]》（…の）下に坑道を掘る（敵の陣地などを爆破するために）;《比》（内部から）徐々に弱らせる,（…に対して）破壊工作をする: den Staat ～ 国家に対する破壊工作をする | *js.* Ansehen ～（陰の工作によって）…の声望を傷つける.

Un·ter·mi·nie·rung[..rʊŋ] 女 -/-en unterminieren すること.

ụn·ter|mi·schen[1][ʊ́ntərmɪʃən]《04》＝untermengen[1]

un·ter·mị·schen[2][◡◡⏑◡]《04》＝untermengen[2]

Ụn·ter·mi·schung[1][ʊ́ntərmɪʃʊŋ] 女 -/-en untermischen[1]すること.

Un·ter·mị·schung[2][◡◡⏑◡] 女 -/-en untermischen[2]すること.

ụn·tern[ʊ́ntərn] ＜unter den

Ụn·ter·näch·te[ʊ́ntərnɛçtə]《方》＝Rauchnächte

ụn·ter|nẹh·men[1]*[ʊ́ntərne:mən]《104》他 (h)《*jn.*》わきの下に抱える;（…の腕の下に手を入れて）肩を貸す.

un·ter·nẹh·men[2]*[◡◡⏑◡]《104》**I** 他 (h)《*et.*[4]》企てる, 試みる,（…に）着手する,（思い切って）やってみる;（策・措置などを）講じる;（一般的に）する, 行う: eine Reise 〈einen Spaziergang〉 ～ 旅行〈散歩〉をする | Was wollen Sie heute ～? きょうは何をなさるおつもりですか | etwas gegen die Mißstände ～ 苦境打開のためになんらかの手をうつ | Ich werde vorläufig nichts ～. 私は当面何もしない〈事態を静観する〉つもりだ | Mit hundert Mark kann man nicht viel ～. 100マルクではあまり大したことはやれない | Er *unternahm* es, die Sache aufzuklären. 彼はこの件の解明に手をつけた.

II Un·ter·nẹh·men 中 -s/- **1** 企て, 試み, 計画, 企画, 事業;（Operation）〘軍〙作戦〔行動〕: ein aussichtsloses ～ 成功する見込みのない企て, はかない試み | ein gewagtes ～ 思い切った企て, 冒険. **2** 企業,（大きい）会社: ein großes 〈kleines〉 ～ 大〈小〉企業 | kleine und mittlere ～ 中小企業 | ein öffentliches ～ 公共企業体 | Privat*unternehmen* 私企業 ‖ ein ～ gründen 〈auflösen〉 企業〔体〕を設立〈解散〉する.

III un·ter·nẹh·mend 現分 形 進取の気性に富んだ, 積極的〈意欲的〉な: ein sehr ～*er* Mensch きわめて意欲的な〈やる気のある〉人.

Un·ter·nẹh·mens≈be·ra·ter 男 企業コンサルタント. **≈be·ra·tung** 女 企業コンサルタント業務. **≈füh·rung** 女 企業経営. **≈ge·heim·nis** 中 企業秘密. **≈po·li·tik** 女 **1** 企業〈会社〉の政策. **2** 経営上のやり方. **≈stra·te·gie** 女 企業戦略.

Un·ter·nẹh·mer[ʊntərné:mər] 男 -s/- **1** 企業家, 事業家; 事業主, 経営者: Bau*unternehmer* 建設業者. **2**〘劇〙制作者.

un·ter·nẹh·me·risch[..mərɪʃ] 形 企業家〈経営者〉の〔ような〕.

Un·ter·nẹh·mer·schaft[..mərʃaft] 女 -/ ＝Unternehmertum 1

Un·ter·nẹh·mer·tum[..tu:m] 中 -s/ **1**《集合的に》企業家, 事業家; 経営者. **2** 企業家精神〈気質〉.

Un·ter·nẹh·mer·ver·band 男 企業家〈経営者〉団体.

Un·ter·nẹh·mung[ʊntərné:mʊŋ] 女 -/-en **1** ＝Unternehmen 1 ᵛ**2** ＝Unternehmen 2

Un·ter·nẹh·mungs≈geist 男 -〔e〕s/ , **≈lust** 女 -/ 進取の精神〈気性〉, 冒険心.

un·ter·nẹh·mungs·lu·stig 形 進取の気性に富んだ, 意欲的な, 冒険好きな.

Ụn·ter·of·fi·zier[ʊ́ntər|ɔfitsi:r] 男 -s/-e（略 Uffz.; スイ: Uof.）（陸軍・空軍の）伍長(ごちょう);（広義で）下士官: ～ vom Dienst（略 UvD）当直下士官 | ～*e* und Mannschaften 下士官兵.

Ụn·ter·of·fi·ziers≈an·wär·ter 男 下士官候補生. **≈mes·se** 女（海軍の）下士官食堂. **≈schu·le** 女 下士官学校.

ụn·ter|ord·nen[ʊ́ntər|ɔrdnən]《01》**I** 他 (h) **1**《*jn. jm.* 〈*et.*[3]〉 / *et.*[4] *jm.* 〈*et.*[3]〉》（…を…の）下位に置く,（…を…に）従属させる: die eigenen Interessen dem Gemeinwohl ～ 自分自身の利害よりも公共の福祉を優先させる | die Dinge der Welt einem göttlichen Urheber ～ 世界の事物を神なる創造主に従属させる（Kant）‖ 再帰 *sich*[4] *jm.* ～ …に従う, …に順応する | Es fällt ihm nicht leicht, sich〔andern〕*unterzuordnen*. 他人の言いなりになるのは彼には容易なことではない. **2**（↔nebenordnen）《*et.*[4] *et.*[3]》〘言〙（…を…に）従属させる: ein *unterordnendes* Bindewort 従属接続詞.

II ụn·ter·ge·ord·net → 別出

Ụn·ter·ord·nung[..nʊŋ] 女 -/-en **1**《単数で》**a)**〔sich〕unterordnen すること. **b)**（↔Nebenordnung）〘言〙従属〔関係〕. **2 a)** 下位区分. **b)**〘動・植〙亜目(あもく).

Ụn·ter·or·ga·ni·sa·tion[ʊ́ntər|ɔrganizatsio:n] 女 -/-en 下部組織, 下部機構.

Ụn·ter·pacht[ʊ́ntərpaxt] 女 -/-en〘法〙転用益賃貸借, 転貸借.

Ụn·ter·päch·ter[..pɛçtər] 男 -s/- 転借人, また借り人.

Ụn·ter·pfand[ʊ́ntərpfant][1] 中 -〔e〕s/..pfänder [..pfɛndər] **1**《雅》しるし, あかし: das Kind als ～ einer Liebe 愛のあかしである子供. ᵛ**2**（Pfand）担保, 抵当.

Ụn·ter·pfla·ster·〔stra·ßen·〕bahn[ʊntərpflástər..] 女（路線の一部を道路の下にもぐらせた）路面電車（略 U-Strab）.

ụn·ter|pflü·gen[ʊ́ntərpfly:gən][1] 他 (h)《*et.*[4]》（…を）鋤(すき)で地中に埋め込む, 地中に鋤(す)き込む.

Ụn·ter·pri·ma[ʊ́ntərpri:ma·, ◡◡⏑◡] 女 -/..men [..mən] 9年制ギムナジウムの第8学年（→Prima I 1 ☆）.

Ụn·ter·pri·ma·ner[..prima:nər, ◡◡◡⏑◡] 男（女 **Ụn·ter·pri·ma·ne·rin**[..nərɪn, ◡◡◡⏑◡◡]）ギムナジウムの8年生.

ụn·ter·pri·vi·le·giert[ʊ́ntərprivilegi:rt] **I** 形（社会的に）恵まれていない, 抑圧された.

II Ụn·ter·pri·vi·le·gier·te 男 女《形容詞変化》（社会的に）抑圧された人.

Ụn·ter·pro·gramm[ʊ́ntərprogram] 中 -s/-e（英: *subroutine*）〘電算〙サブルーチン.

Ụn·ter·punkt[ʊ́ntərpʊŋkt] 男 -〔e〕s/-e **1** 下位の点〈条項〉. **2**（文字などの）下に付けられた点.

un·ter·quẹ·ren[ʊntərkvé:rən] 他 (h) 《*et.*⁴》(…の)下を横切る〈横断する〉: Die Straße *unterquert* die Autobahn. その道路はアウトバーンの下を横切っている.

un·ter·rẹ·den[ʊntərré:dən]¹ 《01》 他 (h) 再帰 *sich*⁴ mit *jm.* ～ …と話し合う, …と協議〈相談〉する.

Un·ter·rẹ·dung[..dʊŋ] 女 -/-en (二人または少人数による, 多くは公式の)話し合い, 協議, 相談, 会談, 要談; (新聞記者などとの)インタビュー: eine ～ unter vier Augen 二人だけでの話し合い | mit *jm.* eine ～ führen …と話し合いをする.

Ụn·ter·rei·he[ʊ́ntərraɪə] 女 -/-n (Unterordnung) 〘動·植〙亜目(あもく).

ụn·ter·re·prä·sen·tiert[ʊ́ntərreprɛzɛnti:rt] 形 (↔ überrepräsentiert) 〘統計〙(平均値·正常値より)数値の下回った: Arbeiterkinder sind an den Hochschulen ～. 労働者の子弟の大学進学率は平均を下回っている.

Ụn·ter·richt[ʊ́ntərrɪçt] 男 -[e]s/-e 《ふつう単数で》(学校·講習会などでの)授業, 教授; 教育: ein langweiliger 〈lebendiger〉 ～ 退屈な〈活気のある〉授業 | ～ für Ausländer 外国人に対する授業 | ～ in Deutsch / Deutsch*unterricht* ドイツ語の授業 | Fern*unterricht* 通信教育 | Privat*unterricht* 個人教授〈レッスン〉‖ [*jm.*] ～ geben 〈erteilen〉 [(…に)]授業をする | [sechs Stunden] ～ haben [6時間]授業を受けている | Wir haben heute keinen ～. きょうは授業がない〈学校が休みだ〉| [bei *jm.*] ～ nehmen [(…に)]授業を受ける | den ～ in einer Klasse übernehmen あるクラスの授業を担当する | den ～ schwänzen 〈versäumen〉 授業を怠ける ‖ dem ～ fernbleiben 授業に欠席する ‖ Der ～ beginnt um 8 Uhr 〈dauert von 8 bis 12 Uhr〉. 授業は8時に始まる〈8時から12時までである〉| Der ～ fällt heute aus. きょうは授業がない | Der ～ geht bald zu Ende. 授業が間もなく終わる | Heute ist kein ～. きょうは授業がない〈学校が休みだ〉‖ am ～ teilnehmen 授業に出席する | *sich*⁴ auf 〈für〉 den ～ vorbereiten 授業の準備をする | im ～ sein 授業を受けているところである | Er ist im ～ unaufmerksam. 彼は授業中注意力が散漫である | nach dem ～ 授業が終わってから | während des ～*s* 授業[時間]中に.

un·ter·rịch·ten[ʊntərrɪ́çtən] 《01》 他 (h) **1** 《*jn.* in *et.*³》(…に…を)教える, 教授する; 《*et.*⁴》(…を)教える, 教授する; 授業をする: Latein 〈*jn.* in Latein〉 ～ ラテン語を〈…にラテン語を〉教える | Erwachsene 〈die Oberprima〉 ～ 成人〈高校最上級の組〉の授業を受け持つ | Er *unterrichtet* schon seit drei Jahren diese Klasse. 彼はすでに3年前からこのクラスの授業を受けもっている ‖ 〘目的語なしで〙 Ich *unterrichte* täglich fünf Stunden. 私は1日に5時間の授業をもっている | Er *unterrichtet* an einem Gymnasium 〈in den oberen Klassen〉. 彼はギムナジウム〈上級のクラス〉で教えている.

2 《*jn.* über *et.*⁴ 〈von *et.*³〉》(…に…について)知らせる, 情報を与える: Ich *unterrichtete* ihn sofort über den Vorfall. 私は彼にただちにこの出来事を知らせた | Das Buch *unterrichtet* über den neuesten Stand der Weltraumforschung. この本は宇宙研究の最新の知識を与えてくれる | Erst durch einen Brief wurden wir von dem Ereignis *unterrichtet.* 私たちは手紙を受けとってはじめて事件のことを知った ‖ über *et.*⁴ gut 〈schlecht〉 *unterrichtet* sein …についてよく事情に通じている〈あまり事情に通じていない〉| Er ist darüber leider falsch *unterrichtet.* 彼はそれについて残念ながら間違った情報を得ている | Von gut *unterrichteter* Seite erfahren wir, daß ... 確かな筋からの情報によれば… ‖ 再帰 *sich*⁴ über *et.*⁴ ～ …について知識〈情報〉を得る | Ich habe vor, mich an Ort und Stelle über den Unfall genau zu ～. 私は現場に行ってこの事故について詳しく聞いてくるつもりだ.

ụn·ter·richt·lich[ʊ́ntərrɪçtlɪç] 形 《述語的用法なし》授業の, 教授〈教育〉上の.

Ụn·ter·richts≈an·stalt[ʊ́ntərrɪçts..] 女 学校, 教習〈養成〉所. ≈**be·hör·de** 女 教育庁. ≈**brief** 男 (独学用の)通信講座教材. ≈**fach** 中 教授〈授業〉科目, 学科. ≈**ge·gen·stand** 男 授業で扱う対象. ≈**hilfs·mit·tel** 中 = Unterrichtsmittel ≈**kun·de** 女 -/, ≈**leh·re** 女 -/ 教授学, 教授法. ≈**ma·te·rial** 中 = Unterrichtsstoff ≈**me·tho·de** 女 授業の方法, 教授法. ≈**mit·tel** 中, ≈**stoff** 男 教材. ≈**stun·de** 女 授業時間. ≈**wei·se** 女 教授法, 教え方. ≈**we·sen** 中 -s/ 教育制度, 学制.

Un·ter·rịch·tung[ʊntərrɪ́çtʊŋ] 女 -/-en [sich] unterrichten すること.

Ụn·ter·rie·se[ʊ́ntərri:zə] 男 -n/-n 〘天〙亜巨星.

Ụn·ter·rock[ʊ́ntərrɔk] 男 -[e]s/..röcke[..rœkə] 〘服飾〙ペチコート; スリップ: Er läuft jedem ～ nach. 《話》彼は女と見ればすぐに尻(しり)を追いかけまわす.

Ụn·ter·rohr 中 -[e]s/-e (自転車の)下パイプ(→ 図 Fahrrad).

ụn·ters[ʊ́ntərs] ＜unter das

Ụn·ter·saat[ʊ́ntərza:t] 女 -/-en (Zwischenfrucht) 〘農〙間作[用]作物.

un·ter·sạ·gen[ʊntərzá:gən]¹ 他 (h) 《*jm. et.*⁴》(…に…を)禁じる, 禁止する, 差し止める: Der Arzt *untersagte* ihm, Zigaretten und Zigarren zu rauchen. 医者は彼に紙巻きタバコおよび葉巻を吸うことを禁じた | Es ist strengstens *untersagt*, die Baustelle zu betreten. 工事現場への立ち入りは厳禁されている.

Un·ter·sạ·gung[..gʊŋ] 女 -/-en 禁止, 差し止め.

Ụn·ter·satz[ʊ́ntərzats] 男 -es/..sätze[..zɛtsə] **1 a)** (食器·花瓶·植木鉢·置物などの)下敷き, 敷物; 下皿, 受け皿; (物を置く)台(→ 図 Blumenstock, Kaffeetisch). **b)** 《戯》**ein fahrbarer ～** 乗り物(バイク·オートバイ·自動車など). **2** (↔Obersatz) 〘論〙(三段論法の)小前提. **3** 〘楽〙(オルガンの最低音を出す)ペダル音栓. **4** 〘楽〙(ピアノ奏法で)親指を他の指の下にくぐらせること. [*mhd.*; ◇untersetzen¹]

Ụn·ter·schall·ge·schwin·dig·keit[ʊ́ntərʃalgəʃvɪndɪçkaɪt] 女 -/-en 〘理〙亜音速.

un·ter·schät·zen[ʊntərʃɛ́tsən] 《02》 他 (h) (↔ überschätzen) (実際の価値よりも)より低く評価する〈見積もる〉, 過小に評価する; 見くびる, 軽視する: den Gegner 〈das Können des Gegners〉 ～ 相手〈相手の能力〉を見くびる | die Kosten des Plans ～ 計画に要する費用を過小に見積もる.

Un·ter·schät·zung[..tsʊŋ] 女 -/-en (↔Überschätzung) (unterschätzen すること. 例えば:) 過小評価; 軽視.

un·ter·schei·d·bar[ʊntərʃáɪtba:r] 形 区別のつく, 識別〈判別·弁別〉できる, 見〈聞き〉分けることのできる.

un·ter·schei·den*[ʊntərʃáɪdən]¹ 《129》 **I** 他 (h) **1** 区別する, 類別する; 識別〈判別·弁別〉する, 見〈聞き〉分ける: das Gute vom Bösen ～ 善と悪を区別する | mein und dein nicht ～ können (→mein 2) ‖ Die Vernunft *unterscheidet* den Menschen vom Tier. 理性が人間を動物と区別する | Der Hund *unterscheidet* die Besucher. この犬は客の見分けがつく | Diese Zwillinge kann man nicht ～. この双生児は見分けがつかない | Ich *unterscheide* deutlich zwei Schiffe am Horizont. 私には水平線上に2隻の船がはっきり見える ‖ das *unterscheidende* Merkmal 弁別的特徴 | ein scharf *unterscheidender* Verstand 物事を鋭敏に判別する知力.

2 再帰 *sich*⁴ von *et.*³ [in *et.*³ / durch *et.*⁴] ～ …と[…の点で]区別される〈区別がつく〉| Er *unterscheidet* sich von seinem Bruder durch die Haarfarbe. 彼は彼の兄〈弟〉と髪の色で区別がつく | Seine Methode *unterscheidet* sich in nichts von meiner. 彼の方法は私のと全く違うところがない.

II 自 (h) 《zwischen *et.*³ und *et.*³》(…と…とを)区別する: zwischen Richtigem und Falschem 〈zwischen gut und böse〉 ～ 正解と誤り〈善と悪〉とを区別する | Das Kind *unterscheidet* zwischen 〈unter〉 den Autos. その子は車の型の違いがわかる.

III un·ter·schie·den → 別出

Un·ter·schei·dung[..ʃáɪdʊŋ] 女 -/-en **1** 《単数で》unterscheiden すること. **2** = Unterschied 2

Un·ter·schei·dungs≈fä·hig·keit 女, ≈**ga·be** 女

U

＝Unterscheidungsvermögen **⸗merk·mal** 中 識別のための特徴〈目印〉; 識別標識, 弁別素性〈特徴〉. **⸗ver·mö·gen** 中 -s/ 識別〈判別・弁別〉能力.

Un·ter·schen·kel[ʊ́ntərʃɛŋkəl] 男 -s/- **1** 〘解〙下腿(かたい)〔部〕, すね(ひざから足首までの部分: → ⊛ Mensch A). **2** 〘虫〙脛節(けいせつ)(→ ⊛ Kerbtier)

Un·ter·schen·kel⸗ge·schwür 中〘医〙下腿(かたい)潰瘍(かいよう). **⸗mus·kel** 男〘解〙下腿(かたい)筋.

Un·ter·schicht[ʊ́ntərʃɪçt] 女 -/-en **1** 下層. **2** (社会の)下層階級.

un·ter|schie·ben[1]*[ʊ́ntərʃi:bən][1] 《134》 他 (h) **1** 下に押し〈差し〉込む: *jm.* einen Stuhl ～ …(座ろうとする人)にいすを差し入れてやる | Er *schob* seinen Arm 〔bei ihr〕 *unter.* 彼は自分の腕を〔彼女の腕の下に〕差し入れた.

2 a) 《*jm. et.*[4]》(…に偽物などを)こっそり押しつける: Die Hebamme hat ihr ein fremdes Kind *untergeschoben.* 産婆は彼女に他人の子をすりかえて渡した ‖ ein *untergeschobenes* Kind すりかえられた子 | das mir *untergeschobene* Testament 私が書いたことにされた遺言状. ▽**b)** ＝unterschieben[2]

un·ter·schie·ben[2]*[◡◡⏊◡] 《134》 他 (h) 《*jm. et.*[4]》(…にありもしない事柄を)なすりつける: Diese Äußerung habe ich nie getan, man hat sie mir *unterschoben.* そんなことを言った覚えは決してないが 言ったことにされてしまったのだ | Warum *unterschiebst* du mir diese Absicht? なぜ君は私にそんな意図があるなどと言うのか.

Un·ter·schie·ber[ʊ́ntərʃi:bər] 男 -s/- (病人用の)差し込み便器.

Un·ter·schie·bung[1][..bʊŋ] 女 -/-en unterschieben[1]すること.

Un·ter·schie·bung[2][ʊntərʃí:bʊŋ] 女 -/-en unterschieben[2]すること.

un·ter·schied[ʊntərʃí:t][1] unterscheiden の過去.

Un·ter·schied[ʊ́ntərʃi:t][1] 男 -〔e〕s/-e **1 a)** 相違〔点〕, 差異, 違い: ein großer 〈geringer〉 ～ 大きな〈わずかな〉違い | ein himmelweiter ～ / ein ～ wie Tag und Nacht 雲泥の差 | **ein kleiner ～** 《戯》男根, ペニス(男と女の小さな相違点) | ～*e* in der Farbe 〈Qualität〉 色〈質〉の違い | ～*e* im Preis 値段の差 | ein ～ zwischen Armen und Reichen 〈arm und reich〉 貧富の差 | Alters*unterschied* 年齢差 | Meinungs*unterschied* 意見の相違 ‖ Zwischen den beiden Wörtern besteht ein feiner ～ in der Bedeutung. この2語の間には意味の上で微妙な違いがある | Zwischen Arbeit und Arbeit ist noch ein ～. 同じ仕事でも質の上で開きがある, 問題は仕事の質だ | Es ist ein großer ～, ob du es sagst oder ob er es sagt. 君がそれを言うのと彼がそれを言うのとでは大変な違いだ ‖ Hier gibt es keine ～*e* in den Jahreszeiten. 当地は四季の差がない | Das macht einen 〈keinen〉 ～. 《話》それは大事な〈どうでもよい〉ことだ ‖ Ich bin gleicher Ansicht, aber nur mit dem ～, daß ... 私も同意見だがただ違う点は….

b) (Differenz) 〘数〙差.

2 (Unterscheidung) 区別〔付け〕, 差別(だて): 〔zwischen A und B〕 einen ～ machen 〈～*e* machen〉〔A と B を〕区別する,〔A と B を〕差別扱いする | Hier macht man keine ～*e* 〈Hier kennt man keinen ～〉 zwischen Schwarzen und Weißen. ここでは黒人と白人の間に差別待遇はない ‖ **im ～ zu** *jm.* 〈*et.*[3]〉 / **zum ～ von** *jm.* 〈*et.*[3]〉 …と区別して, …とは異なって | Im ～ zu ihrer Mutter ist sie blond. 母親とは違って彼女の髪はブロンドだ | **ohne ～** 区別なく, 差別なく | ohne ～ des Geschlechts 〈der Nationalität〉 男女〈国籍〉のいかんを問わず | Das gilt ohne ～ für alle. それはすべての人に例外なく〈平等に〉当てはまる.

▽**3** 仕切り, 隔壁.

un·ter·schie·den[ʊntərʃí:dən] **I** unterscheiden の過去分詞; 過去1・3人称複数.

II 形 違う, 異なった, 別種の.

Un·ter·schie·den·heit[–haɪt] 女 -/ (他と)異なった点, 独自性, 特殊性.

un·ter·schied·lich[ʊ́ntərʃi:tlɪç] 形 異なった; 区別〈差別〉のある: zwei Häuser von ～*er* Größe 大きさの異なる二つの家屋 | ～*e* Meinungen haben (それぞれ)異なった意見を持っている ‖ Die Qualität der Waren ist ～. 商品の品質はまちまちである | Hast du oft Besuch?－Es ist ～. 君のところは来客が多いのか — 時によっていろいろさ ‖ die Kinder ～ behandeln 子供たちの取り扱いが不平等である.

un·ter·schieds·los[..ʃi:tslo:s][1] 形 違い〈区別〉のない; 無差別の: Die Kinder werden hier ～ behandelt. 子供たちはここではみな平等に扱われている.

un·ter·schläch·tig[ʊ́ntərʃlɛçtɪç][2] 形 (水車の下側に水流の力を加えて動かす)下位射水方式〈下掛け〉の: ein ～*es* Wasserrad 下掛け水車(→ ⊛ Wasserrad).

Un·ter·schlag[ʊ́ntərʃla:k][1] 男 -〔e〕s/..schläge [..ʃlɛːgə] **1** 《単数で》(Schneidersitz) あぐら. **2** 〘印〙(ページの最後を埋める)込め物.

un·ter|schla·gen[1]*[ʊ́ntərʃla:gən][1] 《138》 他 (h) (腕・足などを)組む, 重ね合わせる: mit *untergeschlagenen* Armen 腕組みをして | die Beine beim Sitzen ～ 座る際に足を組む(一方の足を他方の足の上にのせて).

un·ter·schla·gen[2]*[◡◡⏊◡] 《138》 他 (h) 《*et.*[4]》 **1** (他人の金・文書などを)横領する, 着服する, 横取りする: Sie *unterschlug* sein Testament. 彼女は彼の遺言状を握りつぶした.

2 《話》(事実・情報などを)秘匿する, 隠蔽(いんぺい)する, 握りつぶす, 公表しない: Warum hast du mir diese Neuigkeit *unterschlagen*? なぜ君はこのニュースを私に黙っていたのか.

Un·ter·schla·gung[ʊntərʃlá:gʊŋ] 女 -/-en (unterschlagen[2]すること. 例えば:) **1** 着服, 横取り; 〘法〙横領〔罪〕. **2** 《話》秘匿, 隠蔽(いんぺい), 握りつぶし.

Un·ter·schleif[ʊ́ntərʃlaɪf] 男 -〔e〕s/-e ▽**1** ＝Unterschlagung **2** 《オース・スイ トリア・ス》＝Unterschlupf
[＜*mhd.* underslei〔p〕fen „heimlich beiseite bringen" (◇ schleifen[2])]

Un·ter·schlupf[ʊ́ntərʃlʊpf] 男 -〔e〕s/..schlüpfe [..ʃlʏpfə] 《ふつう単数で》もぐり込める場所, 避難所, 逃げ場; 隠れ家: bei *jm.* ～ finden …のところに泊めて〈かくまって〉もらう.

un·ter|schlüp·fen[..ʃlʏpfən] (**un·ter|schlup·fen** [..ʃlʊpfən]) 自 (s) もぐり込む, 逃げ込む, 避難する, 身を隠す: bei *jm.* ～ …のもとに身を隠す.

Un·ter·schnecke[ʊ́ntərʃnɛkə] 女 -/-n 〘貝〙タマキビガイ(玉黍貝).

un·ter·schnei·den*[ʊntərʃnáɪdən][1] 《148》 他 (h) 《*et.*[4]》 **1** (…の)下側を斜めに切り取る.

2 〘卓球〙(ボールを)切る, カットする.

Un·ter·schnei·dung[..dʊŋ] 女 -/-en **1** 《単数で》unterschneiden すること. **2** (unterschneiden された個所. 例えば:) 〘建〙(蛇腹(じゃばら)の下面などの)水切り(→ ⊛ Gesims).

Un·ter·schnitt[ʊ́ntərʃnɪt] 男 -〔e〕s/-e 〘卓球〙カット.

un·ter·scho·ben[ʊntərʃó:bən] unterschieben[2]の過去分詞; 過去1・3人称複数.

un·ter·schrei·ben*[ʊntərʃráɪbən][1] 《152》 他 (h) 《*et.*[4]》 **1** (手紙・文書などの末尾にその効力をもたせるために)署名する, サインする: einen Brief 〈einen Vertrag〉 ～ 手紙〈契約書〉に署名する ‖ 〔目的語なしで〕mit Tinte 〈vollem Namen〉 ～ インク〈フルネーム〉で署名する.

2 《話》(無条件で)是認する,(…に)同意する: Das kann ich nur ～! 私はそれに大賛成だ. [◇ Unterschrift]

un·ter·schrei·ten*[ʊntərʃráɪtən] 《154》 他 (h) (金額などが予定より)下回る, 少なくてすむ: Die Baukosten haben den Voranschlag *unterschritten.* 建築費は見積もりより安かった.

un·ter·schrie·ben[ʊntərʃrí:bən] unterschreiben の過去分詞; 過去1・3人称複数.

Un·ter·schrift[ʊ́ntərʃrɪft] 女 -/-en **1** 署名〔すること〕: eigenhändige ～ 自署 | eine unleserliche ～ 判読不能の署名 ‖ die ～ leisten 《官》署名をする | *seine* ～ für *et.*[4] 〈zu *et.*[3]〉 geben 署名して…を承認する, 署名して…に対する賛意を表する | Der Brief trägt seine ～. この手紙には彼の署名がある | für *et.*[4] ～*en* sammeln …のために署名を集める

(署名運動) ‖ mit eigenhändiger ~ 署名入りで〈の〉 | *et.*[4] mit *seiner* ~ versehen …に署名する | Der Vertrag ist ohne ~ nicht gültig. 契約は署名がなければ無効だ.
2 (Bildunterschrift) さし絵〈図版〉の説明文.

Ụn·ter·schrif·ten≈ak·tio̲n 女 , **≈kam·pa·gne** [..kampanjə] 女 署名運動〈行動〉. **≈map·pe** 女 (署名を必要とする手紙・書類などを入れておくための)署名書類入れ. **≈samm·lung** 女 署名集め, 署名運動.

ụn·ter·schrift·lich [..lɪç] 副《官》署名〔すること〕により.

ụn·ter·schrifts·reif 形 (書類などが)署名するばかりになっている.

Ụn·ter·schrift·stem·pel 男 (自署の代用として用いられる姓名入りの)署名印.

ᵛ**Ụn·ter·schuß** [ʊ́ntərʃʊs] 男 ..schusses / ..schüsse [..ʃʏsə] (Defizit) 不足額; 欠損, 赤字.

ụn·ter·schwe̲f·lig [ʊ́ntərʃve:flɪç][2] 形 ~*e* Säure〘化〙次亜硫酸.

ụn·ter·schwel·lig [ʊ́ntərʃvɛlɪç][2] 形《心》閾下(いき)の, 意識下〈潜在意識〉の;《比》表面には現れない, 隠された, 底流としてある: ein ~*er* Reiz〘心〙閾下刺激. [<Schwelle]

Ụn·ter·schwung [ʊ́ntərʃvʊŋ] 男 -〔e〕s/ 〘体操〙棒下振り出し(→ 図).

Unterschwung

Ụn·ter·see·boot [ʊ́ntərze:..] 中〘軍〙潜水艦, 潜水〈潜航〉艇 (略 U-Boot): Atom*unterseeboot* 原子力潜水艦.

Ụn·ter·see·boot≈jä̲·ger 男〘軍〙駆潜艇. **≈krieg** 男 潜水艦戦.

ụn·ter·see·isch [ʊ́ntərze:ɪʃ] 形 海中〈海底〉の; 海中〈海底〉に生息する: ein ~*er* Vulkan 海底火山. [<See]

Ụn·ter·see≈ka̲·bel 中 海底電線〈ケーブル〉. **≈tun·nel** 男 海底トンネル.

Ụn·ter·sei·te [ʊ́ntərzaɪtə] 女 -/-n 下側; 裏側, 裏面.

Ụn·ter·se·kun·da [ʊ́ntərzekʊnda·, ⏑⏑⏑⏑́⏑] 女 -/..den [..dən] 9年制ギムナジウムの第6学年 (→Prima I 1 ☆).

Ụn·ter·se·kun·da̲·ner [ʊ́ntərzekʊnda:nər, ⏑⏑⏑⏑́⏑] 男 (⊛ **Ụn·ter·se·kun·da̲·ne·rin** [..nərɪn, ⏑⏑⏑⏑́⏑⏑]) ギムナジウムの6年生.

ụn·ter|set·zen[1] [ʊ́ntərzɛtsən] 《02》他 (h) 《*et.*[4]》(…をある物の)下に置く: Weil der Hahn immer noch tropfte, habe ich den Eimer *untergesetzt.* 水道の栓から相変わらず水がポタポタ漏れていたので私はバケツをその下に置いた | das *Untersetzen* üben〘楽〙(ピアノで) Untersatz 4の練習をする.

un·ter·sẹt·zen[2] [⏑⏑⏑́⏑] 《02》 **I** 他 (h) **1** 《*et.*[4] mit *et.*[3]》(…に…を)混ぜる, 混合する. **2** 《*et.*[4]》〘工〙(…を)減速する.

II un·ter·sẹtzt 過分 形 ずんぐりした, 小太りの: ein Mann von ~*er* Gestalt ずんぐりした体格の男.
[II: < *mhd.* undersetzen „stützen"]

Ụn·ter·set·zer[1] [ʊ́ntərzɛtsər] 男 -s/- =Untersatz 1 a

Un·ter·sẹt·zer[2] [⏑⏑⏑́⏑] 男 -s/-〘工〙減速器.

Un·ter·sẹtzt·heit [ʊntərzɛ́tsthaɪt] 女 -/ ずんぐりしていること, 小太り.

Un·ter·sẹt·zung [..tsʊŋ] 女 -/-en (untersetzen[2]すること. 例えば:) 減速.

Un·ter·sẹt·zungs·ge·trie·be 中〘工〙減速ギア〈歯車装置〉.

un·ter·si̲e̲·geln [ʊntərzí:gəln] 《06》他 (h) 《官》《*et.*[4]》(…の)下に捺印(なつ)〈押印〉する, (…に)調印する.

ụn·ter|sin·ken* [ʊ́ntərzɪŋkən] 《169》自 (s) 沈む, 沈没する.

un·ter·spịckt [ʊntərʃpɪ́kt] 形《オーストリア》(肉に)脂肪が縞(しま)状〈網状〉にまじっている: ~*es* Rindfleisch 霜降りの牛肉. [<spicken]

un·ter·spie̲·len [ʊntərʃpí:lən] **I** 他 (h) **1** (herunterspielen) (事柄・事件・事態などを)故意に軽く扱う, 軽視〈過小評価〉する. **2** (役などを)控え目に演じる.
II 自 (h) 控え目な演技をする, おさえた演技をする.

un·ter·spü̲·len [ʊntərʃpý:lən] =unterwaschen

ụn·terst [ʊ́ntərst] **I** 形《unter の最上級》《付加語的》いちばん下の, 最下〈最低〉の; 末尾〈末席〉の: die ~*e* Schicht 最下層; (社会の)最下層階級 | Das Buch steht im ~*en* Fach des Regals. その本は本棚の最下段にある.
II Ụn·ter·ste 《形容詞変化》**1** 男 女 末席者, 最劣等生. **2** 中 いちばん下〈下位〉のもの: das ~ zuoberst kehren (→kehren[1] I 1).

Un·ter·sta̲a̲ts·se·kre·tä̲r [ʊntərʃtá:tszekretɛ:r, ⏑⏑́⏑⏑⏑⏑́] 男 -s/-e (各省の)次官補.

Ụn·ter·stand [ʊ́ntərʃtant][1] 男 -〔e〕s/..stände [..ʃtɛndə] **1 a)** (風雨に対する)避難場所, 雨宿りの場所. **b)** 地下壕(ごう): ein bombensicherer ~ 防空壕. **2** =Unterholz **3** 《オーストリア》=Unterkunft [*mhd.*; ◇unterstehen[1]]

un·ter·sta̲n·den [ʊntərʃtándən] unterstehen[2]の過去分詞; 過去1・3人称複数.

ụn·ter·stän·dig [ʊ́ntərʃtɛndɪç][2] 形 **1** (↔oberständig)〘植〙(子房が花被・雄蕊(ずい)よりも)下位の: ein ~*er* Fruchtknoten 下位子房. **2** (馬などが)斜脚の.

ụn·ter·stands·lo̲s [..ʃtantslo:s][1] 形《オーストリア》(obdachlos) 家のない, 宿なしの.

ụn·ter|stecken [ʊ́ntərʃtɛkən] 他 (h) 《*et.*[4]》(…をある物の)下に差し込む, 下に入れる.

ụn·ter|ste̲·hen[1]* [ʊ́ntərʃte:ən] 《182》自 (h) (ある物の)下に立っている; (頭上を守るために)物陰に入っている(→unterstellen[1] 2): Hier kann man beim Regen ~. ここなら雨の際に雨宿りできる. [*mhd.*; ◇Unterstand]

un·ter·stẹ·hen[2]* [⏑⏑⏑́⏑] 《182》 **I** 自 (h) **1** 《*jm.* / *et.*[3]》(…の)下〈下位・配下〉にある, (…に)従属している, (…の)管轄下にある: Sämtliche Abteilungen *unterstehen* unmittelbar dem Direktor. すべての部局は社長に直属している | Diese Behörde *untersteht* dem Kultusministerium. この役所は文部省の管轄下にある | Von nun an *unterstehen* Sie mir. 今後あなたは私の指揮下に入る. **2** 《*et.*[3]》(…を)免れない, (…)される: ständiger Kontrolle ~ 常に監督〈検査〉される | Es *untersteht* keinem Zweifel, daß … …であることは疑う余地がない.
II 他 (h) 再帰 *sich*[4] ~《zu 不定詞〔句〕と》あえて(…)する, 生意気にも〈厚かましくも〉(…)する | Er hat sich *unterstanden*, dem Vorgesetzten zu widersprechen. 彼はあえて上役にたてついた | *Untersteh* dich! やれるものならやってみろ.

ụn·ter|stel·len[1] [ʊ́ntərʃtɛlən] 他 (h) **1** 下に置く, 下にあてる; (…を)しまう, 格納する: einen Wagen in der Garage ~ 車をガレージに入れる | Darf ich mein Fahrrad bei dir ~? 僕の自転車を君の家に置かせてもらってもいいかい. **2** 再帰 *sich*[4] ~ (ある物の)下に立つ; (頭上を守るためにある物の下に)避難する, 物陰に入る〈よける〉(→unterstehen[1]): *sich*[4] vor dem Regen 〔in einer Hütte / unter dem Balkon〕 ~ 〔小屋で・バルコニーの下で〕雨宿りする.

un·ter·stẹl·len[2] [⏑⏑⏑́⏑] 他 (h) **1** 《*jn.* *jm.* 〈*et.*[3]〉/ *et.*[4] *jm.* 〈*et.*[3]〉》(…を…の)下〈下位・配下〉に置く, (…を…に)従属させる, (…を…の)管轄下に置く: die neue Abteilung dem Direktor unmittelbar ~ 新しい部局を社長に直属させる | Er wurde meiner Aufsicht *unterstellt.* 彼は私の監督のもとに置かれた | Diese Behörde ist dem Finanzministerium *unterstellt.* この役所は大蔵省の管轄下にある | Ihm sind 20 Leute *unterstellt.* 彼には20人の部下がいる. **2** 《*jm.* *et.*[4]》(…にありもしない事柄を)なすりつける: Er *unterstellt* mir diese Absicht 〈diese Bemerkung〉. 彼は私がこのような意図をもっていた〈このようなことを言った〉と主張している | Willst du 〔mir〕 ~, daß ich es getan habe? 君は私がそれをしたとでも言いたいのか. **3** (annehmen) 仮定する, 想定する: Wir wollen einmal ~, daß alles so gewesen ist, wie er behauptet. すべてが彼の主張するとおりであったと想定してみよう.

Ụn·ter·stel·lung[1] [ʊ́ntərʃtɛlʊŋ] 女 -/-en unterstellen[1]すること.

Un·ter·stel·lung[2][◡◡⌣́◡] 女 -/-en **1** unterstellen[2] すること.
2 a) いわれなき主張, 勝手な憶測, 邪推. **b)** 仮定, 想定.

Un·ter·steu·er·mann[ʊ́ntɐʃtɔʏɐrman] 男 -[e]s/ ..leute[..lɔʏtə] 《海》2 等航海士.

Un·ter·stock[ʊ́ntɐʃtɔk] 男 -[e]s/ , **Un·ter·stock·werk**[−vɛrk] 中 -[e]s/-e =Untergeschoß

un·ter·strei·chen*[ʊntɐʃtráiçən] 《189》他 (h) 《*et.*[4]》 **1** (…の)下に線を引く,(…に)アンダーラインを引く: einen Fehler rot ~ 間違いの下に赤い線を引く | *et.*[4] durch *Unterstreichen* hervorheben アンダーラインを引いて…を強調する. **2** 《比》強調〈力説〉する: *js.* Verdienste ~ …の功績を特筆する | *seine* Worte mit Gesten ~ 言葉を身振りで強調する | Das kann ich nur ~. 私はそれに大賛成だ.

Un·ter·strei·chung[..çʊŋ] 女 -/-en unterstreichen すること.

un·ter·stri·chen[ʊntɐʃtríçən] unterstreichen の過去分詞; 過去 1・3 人称複数.

Un·ter·strö·mung[ʊ́ntɐʃtrø:mʊŋ] 女 -/-en **1** 底流, 暗流: revolutionäre ~ 《比》革命的な底流.
2 《地》(海面下の一定の深さを中心として流れる)潜流.

Un·ter·stück[ʊ́ntɐʃtʏk] 中 -[e]s/-e 《工》(プレスの)下ダイス型(→ ⊛ Gesenk).

Un·ter·stu·fe[ʊ́ntɐʃtu:fə] 女 -/-n **1** 初級〔の段階〕(→ Mittelstufe, Oberstufe). **2** (9 年制ギムナジウムの)下級 3 学年 (Sexta, Quinta, Quarta).

un·ter·stüt·zen[ʊntɐʃtʏ́tsən] 《02》他 (h) **1** 《*jn.*/*et.*[4]》支持する, 支援〈後援〉する; 援助する, 扶助する; (…に)補助〈助成〉金を出す; 《法》幇助(ほうじょ)する: *jn.* finanziell 〈mit Geld〉 ~ …を金銭的に助ける | *jn.* bei *seiner* Arbeit 〈mit Rat und Tat〉 ~ …の仕事を〈…をあらゆる方法で〉援助する | Ich *unterstütze* Ihren Vorschlag. 私はあなたの提案を支持します ‖ staatlich 〈vom Staat〉 *unterstützt* werden 国庫補助を受ける.
▽**2** (stützen) (つっかい棒などで下から)支える.

Un·ter·stüt·zung[..tsʊŋ] 女 -/-en **1** 支持, 支援, 後援; 援助, 扶助; 補助金, 助成金; 《法》幇助(ほうじょ): ~ bekommen 〈erhalten〉 援助を受ける; 補助金を受ける | *jm.* ~ geben 〈gewähren〉 …に援助を与える; …に補助金を出す | Von ihm erwarte ich keine ~. 私は彼から援助〈支持〉してもらえるとは思っていない. ▽**2** (下からの)支え.

un·ter·stüt·zungs·be·dürf·tig 形 援助〈補助・扶助〉を必要とする.

Un·ter·stüt·zungs≠emp·fän·ger 男 援助〈補助・扶助〉を受け〔てい〕る人. **≠geld** 中 補助金, 助成金. **≠kas·se** 女 共済金庫.

Un·ter·such[ʊntɐrzú:x, ⌣́◡−] 男 -s/-e 《スイ》=Untersuchung

un·ter·su·chen[ʊntɐrzú:xən] 他 (h) 調べる, 調査する; 検査〈精査〉する; (学問的に)研究する; 審査する; (医者が)診察する; (化学的に)試験する; 《法》審理〈審問〉する: *jn.* ~ …を身体検査する(身につけているものなどを); …を診察する | ein Thema ~ あるテーマについて研究する | die gesellschaftlichen Verhältnisse ~ 社会的状況を分析する | einen Unfall 〈die Ursachen des Unfalls〉 ~ 事故〈事故の原因〉を調査する | *et.*[4] gerichtlich ~ …を法廷で審理する | *sich*[4] ärztlich 〈vom Arzt〉 ~ lassen 医者の診察を受ける ‖ das Blut **auf** Zucker ~ 血液の糖分を検査する | *jn.* auf *seinen* Geisteszustand ~ …の精神状態を調べる | das Auto auf seine Verkehrssicherheit ~ 車の安全性を検査する | Die Soldaten *untersuchten* das Fahrzeug auf 〈nach〉 Bomben. 兵士たちはその車両に爆弾が仕掛けられてないかどうか調べた.

Un·ter·su·chung[..xʊŋ] 女 -/-en (untersuchen すること. 例えば:) 調査; 検査, 精査; 研究; 審査; 診察; 試験; 《法》審理, 審問; (警察の)取り調べ: eine chemische ~ 化学的検査〈試験〉| die ~ des Blutes / Blut*untersuchung* 血液検査 | die ~ der Unfallursache 事故原因の調査 | eine ~ über Goethe ゲーテに関する研究 ‖ eine ~ vornehmen 調査を行う | *sich*[4] einer ärztlichen ~ unterziehen 医者の診察を受ける.

Un·ter·su·chungs≠an·stalt 女 《法》未決監. **≠aus·schuß** 男 調査委員会: der ~ des Bundestages 連邦議会の調査委員会. **≠be·fund** 男 **1** 調査〈検査〉結果. **2** 《医》検査所見. **≠boh·rung** 女 《坑》探査ボーリング, 試錐(しすい). **≠ge·fan·ge·ne** 男 女 《法》未決囚. **≠ge·fäng·nis** 中 《法》未決監. **≠haft** 女 《法》〔未決〕勾留(こうりゅう) (⊛ U-Haft): *jn.* in ~ nehmen …を勾留する | *sich*[4] in ~ befinden 勾留されている. **≠häft·ling** 男 《法》未決囚. **≠kom·mis·sion** 女 調査委員会. **≠rich·ter** 男 《法》予審判事. **≠sta·tion** 女 研究所, 試験〈検査〉場. **≠stol·len** 男 《坑》試掘横坑.

Un·ter·ta·ge≠ar·beit[ʊntɐrtá:gə..] 女 《坑》坑内作業, 坑内労働. **≠ar·bei·ter** 男 《坑》坑内労務者, 坑内夫. **≠bau** 男 -[e]s/ 《坑》坑内採掘, 坑内掘り; 鉱山施設. **≠ver·ga·sung** 女 《坑》地下ガス化.

un·ter·tags[ʊntɐrtá:ks] 副 《オーストリア》(tagsüber) 昼の間ずっと.

Un·ter·tail·le[ʊ́ntɐrtaljə] 女 -/-n =Unterleibchen

un·ter·tan[ʊ́ntɐrta:n] **I** 形 《述語的》《*jm.*》(…の)家臣〈臣下〉である,(…に)臣従〈隷属〉した; 《比》《*et.*[3]》(…に)支配されている: dem Kaiser ~ sein 皇帝の臣下である, 皇帝に臣従している | ***sich***[3] ***jn.*** 〈***et.***[4]〉 **~ machen** …を自分に従わせる, …を支配する ‖ Er ist seinen Trieben ~. 彼は本能のとりこになっている.

II Un·ter·tan 男 -s (▽-en)/-en 家臣, 臣下, 臣民: Wenn die Herren miteinander raufen, müssen die ~*en* das Haar herhalten. 《諺》お偉方たちが争えば家臣どもが苦しむ羽目になる.
[*ahd.*; < *ahd.* untar-tuon „unterwerfen" (◇tun)]

Un·ter·ta·nen≠eid[ʊ́ntɐrta:nən..] 男 臣従の誓い. **≠geist** 男 -[e]s/ (卑屈な)家来〈奴隷〉根性. **≠pflicht** 女 家臣〈臣下〉の義務. **≠treue** 女 家臣〈臣下〉の忠誠, 忠義.

un·ter·tä·nig[ʊ́ntɐrtɛ:nɪç][2] 形 恭順な, 従順な; 卑下した, へりくだった: Ihr ~*ster* Diener 頓首(とんしゅ)九拝(手紙の古風な結語) | Ich bitte ~*st*, … 謹んでお願い申し上げますが….

Un·ter·tä·nig·keit[−kaɪt] 女 -/ untertänig なこと.

Un·ter·tas·se[ʊ́ntɐrtasə] 女 -/-n (カップの)下皿, 受け皿(→ ⊛ Tasse): **eine fliegende ~** 空飛ぶ円盤(英語の flying saucer のドイツ語訳: →UFO).

Un·ter·ta·ste[ʊ́ntɐrtastə] 女 -/-n (↔Obertaste) (ピアノの)白鍵(はっけん).

un·ter|tau·chen[1][ʊ́ntɐrtaʊxən] **I** 自 (s) 水にもぐる, 水中に沈む〈没する〉; 《比》姿を消す; (警察などの追及をのがれて)身を隠す, 姿をくらます, 潜伏する; 地下にもぐる: in der Menge ~ 人ごみに姿を消す.
II 他 (h) 《*et.*[4] in *et.*[3]》(…を…に)沈める; (…を液の中に)浸す: Stoff in der Farbbrühe ~ 生地を染液につける.

un·ter·tau·chen[2][◡◡⌣́◡] 他 (h) 《*et.*[4]》(…の)下にもぐる.

Un·ter·teil[ʊ́ntɐrtaɪl] 中 男 -[e]s/-e 下の部分, 下部.

un·ter·tei·len[ʊntɐrtáilən] 他 (h) (下の単位に)区分〈分割〉する; 小分けする, 細分〈細別〉する; 分類する: einen Schrank in mehrere Fächer ~ 戸棚をいくつかの棚に仕切る.

Un·ter·tei·lung[..lʊŋ] 女 -/-en **1** 《単数で》unterteilen すること. **2** unterteilen された部分.

Un·ter·tem·pe·ra·tur[ʊ́ntɐrtɛmpəratu:r] 女 -/-en 《医》低体温〔症〕.

Un·ter·ter·tia[ʊ́ntɐrtɛrtsia·, ◡◡⌣́◡◡] 女 -/..tien [..tsiən] 9 年制ギムナジウムの第 4 学年(→Prima I 1 ☆).

Un·ter·ter·tia·ner[..tɛrtsia:nɐr, ◡◡◡◡⌣́◡] 男 (⊛ **Un·ter·ter·tia·ne·rin**[..nərɪn, ◡◡◡◡⌣́◡◡]) ギムナジウムの 4 年生.

Un·ter·ti·tel[ʊ́ntɐrti:təl, ..tɪtəl] 男 -s/- **1** (↔Haupttitel) (文学作品・論文・書物などの, 多くは説明的な)副題, サブタイトル. **2** 《映》字幕, スーパーインポーズ: ein Film mit englischen ~*n* 英語字幕つきの映画.

un·ter·tị·teln[ʊntərtíːtəln, ..tít..] 《06》 他 (h) 《*et.*⁴》 **1** (論文などに)副題をつける. **2** (映画に)字幕をつける. **3** (絵・写真の下に)説明の文句を記す: eine Abbildung zweisprachig ～ 図の下に2か国語で説明をつける.

Ụn·ter·ton[ʊ́ntərtoːn] 男 -〔e〕s/..töne[..tøːnə] **1** 〖楽〗下音; 下方倍音. **2** 《比》言葉の底にひそむ調子, 言外の響き: mit einem ～ von Spott かすかな嘲(ちょう)りの調子をこめて | In seiner Stimme schwang ein drohender ～. 彼の声にはおどすような響きがあった.

Ụn·ter·tor[ʊ́ntərtoːr] 中 -〔e〕s/-e 〖土木〗(閘門(こうもん)の)下ロックゲート(→ 図 Schleuse).

ụn·ter·tou·rig[ʊ́ntərtuːrɪç]² 形 (↔übertourig) (エンジンなどが)〔過度に〕低回転の. [＜Tour]

un·ter·trei·ben*[ʊntərtráɪbən]¹ 《193》 他 (h) (↔übertreiben) (実際の数量・程度よりも)内輪に〈控えめに〉述べる.

Un·ter·trei·bung[..bʊŋ] 女 -/-en untertreiben すること; 〖修辞〗過小表現.

ụn·ter|tre·ten*[ʊ́ntərtreːtən] 《194》 自 (s) (ある物の)下に入る, (頭上を守るために)物陰に入る〈よける〉: vor dem Regen ～ 雨を避けて物陰〈軒下〉に入る.

un·ter·tụn·neln[ʊntərtʊ́nəln] 《06》 他 (h) 《*et.*⁴》 (…の)下にトンネルを掘る.

Ụn·ter·ver·mächt·nis[ʊ́ntərfɛrmɛçtnɪs] 中 -ses/-se 〖法〗転遺贈.

ụn·ter·ver·mie·ten[ʊ́ntərfɛrmiːtən] 《01》 (→unter.. I ★) 他 (h) (住居などを)転貸する, また貸しする.

Ụn·ter·ver·mie·ter[..tər] 男 -s/- 転貸〈また貸し〉人.

Ụn·ter·ver·mie·tung[..tʊŋ] 女 -/-en 転貸, また貸し.

ụn·ter·ver·si·chern[ʊ́ntərfɛrzɪçərn] 《05》 (→unter.. I ★) 他 (h) 《*et.*⁴》 (…に)一部保険(保険金額が保険価格を下回る保険)をかける: Mein Haus ist *unterversichert.* 私の家は一部保険がかけてある.

Ụn·ter·ver·si·che·rung[..çərʊŋ] 女 -/-en 一部保険.

ụn·ter·ver·sor·gen[ʊ́ntərfɛrzɔrgən]¹ (→unter.. I ★) 他 (h) 《ふつう過去分詞で》 《*et.*⁴ 〔mit *et.*³〕》 (…に〔…の〕)供給が不足する: Der Markt ist *unterversorgt.* 市場は品不足だ.

Un·ter·vọ̈l·ke·rung[ʊntərfœlkərʊŋ] 女 -/ (↔Übervölkerung) 人口過少, 人口過疎. [＜Volk]

Ụn·ter·voll·macht[ʊ́ntərfɔlmaxt] 女 -/-en 〖法〗復代理.

Ụn·ter·wal·den[ʊ́ntərvaldən] 地名 ウンターヴァルデン(スイスのいわゆる「原初三州」の一つ. Obwalden と Nidwalden からなる: →Urkanton). [„zwischen den Wäldern“]

Ụn·ter·wal·den nịd dem Wạld[– niːt dem vált, – niːt – –] 地名 ウンターヴァルデン ニート デム ヴァルト (Unterwalden ob dem Wald と共に Unterwalden を構成する. 短縮形 Nidwalden).

Ụn·ter·wal·den ọb dem Wạld[– ɔ́p dem vált, – ɔp – –] 地名 ウンターヴァルデン オプ デム ヴァルト(→Unterwalden nid dem Wald; 短縮形 Obwalden).

Ụn·ter·wald·ner[ʊ́ntərvaldnər] **I** 男 -s/- ウンターヴァルデンの人(→Unterwalden nid dem Wald).
II 形 《無変化》ウンターヴァルデンの.

ụn·ter·wald·ne·risch[..nərɪʃ] 形 ウンターヴァルデンの.

un·ter·wạn·dern[ʊntərvándərn] 《05》 他 (h) ᵛ**1** (移住民などが他民族の中に)徐々に入り込む. **2** 《*et.*⁴》 (破壊工作などのために…の中に)潜入〈浸入・浸透〉する: eine Partei 〈Organisation〉 ～ 党〈組織〉に潜入する.

Un·ter·wạn·de·rung[..dərʊŋ] 女 -/-en unterwandern すること.

ụn·ter·wärts[ʊ́ntərvɛrts] **I** 副 下方へ, 下へ向かって; 下で, 下方で. ᵛ**II** 前 《2格支配》…の下方に, …の下側に.

Ụn·ter·wä·sche[ʊ́ntərvɛʃə] 女 -/ 下着〈肌着〉類: frische 〈neue〉 ～ anziehen 新しい下着を身につける.

un·ter·wạ·schen*[ʊntərváʃən] 《201》 他 (h) 《*et.*⁴》 (…の)下を洗う, (流水が…の)下をえぐる〈浸食する〉; 〖地〗波食〈海食〉する.

Un·ter·wạ·schung[..ʃʊŋ] 女 -/-en unterwaschen すること.

Ụn·ter·was·ser[ʊ́ntərvasər] 中 -s/ **1** (Grundwasser) 地下水. **2** (↔Oberwasser) (ダムの)堰(せき)の下手に吐き出される水; (水車を回す)下掛け水.

Un·ter·wạs·ser⸗bau[ʊntərvásər..] 男 -〔e〕s/ 〖坑〗水底〈海底〉採掘. ⸗**be·hand·lung** 女 ＝Unterwassermassage ⸗**bom·be** 女 (対潜水艦用の)〔水中〕爆雷. ⸗**fa̱hrt** 女 (潜水艦の)水中航行. ⸗**fa̱hr·zeug** 中 (↔Überwasserfahrzeug) 水中船, 水中艦艇(潜水艦など). ⸗**flo̱·ra** 女 《集合的に》水生植物. ⸗**fo·to·gra·fie** 女 水中写真〔撮影〕. ⸗**horch·ge·rä̱t** 中 水中聴音機. ⸗**ka·me·ra** 女 〖写〗水中カメラ. ⸗**ka·na̱l** ＝Unterkanal ⸗**kraft·werk** 中 水中発電所. ⸗**la·bo̱r** 中 水底〈海底〉実験室. ⸗**mas·sa̱·ge**[..masaːʒə] 女 〖医〗水中マッサージ〔治療〕. ⸗**or·tungs·ge·rä̱t** 中 水中音響探信機, ソナー. ⸗**schall·an·la̱·ge** 女 (水中通信用・位置測定用などの)水中音響装置. ⸗**schiff** 中 ＝Unterwasserfahrzeug ⸗**tun·nel** 男 水底〈海底〉トンネル. ⸗**vul·ka̱n** 男 〖地〗海底火山.

un·ter·wẹgs[ʊntərvéːks] (ᵛ**un·ter·wẹ·gen〔s〕**[..véːgən(s)]) 副 途中で; 旅〈外出〉の途次で; 航行中で; 輸送〈郵送〉中で; 戸外で, 外で: Ich habe ～ einen Bekannten getroffen. 私は途中で知人に出会った | Ich war den ganzen Tag ～. 私は一日じゅう出歩いていた | Der Brief ist ～. 手紙はもう出してある(やがて着くだろう) | Schreiben Sie mir doch von ～ eine Karte! ぜひ旅先からお葉書ください | Er ist ～ nach Berlin. 彼はベルリンに向かっている | Das ganze Dorf war ～. 村じゅうの人が集まってきた | Bei ihr ist ein Kind ～. 《話》彼女は妊娠している ‖ *et.*⁴ ～ lassen 《話》…を中途で放置する.

ᵛ**un·ter·wei̱·len**[ʊntərváɪlən] 副 **1** (bisweilen) ときおり, ときどき. **2** ＝unterdessen I

un·ter·wei̱·sen*[ʊntərváɪzən]¹ 《205》 他 (h) 《*jn.* in *et.*³》 (…に…を)教える, 教授〈伝授〉する: *jn.* in Deutsch 〈im Rechnen〉 ～ …にドイツ語〈算術〉を教える.

Un·ter·wei̱·sung[..zʊŋ] 女 -/-en **1** unterweisen すること. **2** 《(スイ)》 (Konfirmandenunterricht) 〖新教〗堅信のための〔教養学習〕授業.

Ụn·ter·welt[ʊ́ntərvɛlt] 女 -/ **1** (↔Oberwelt) 冥府(めいふ), 黄泉(よみ)の国. **2** (大都会などの)悪の世界, 暗黒街: der König der ～ 暗黒街の帝王.

Ụn·ter·welt·ler[–lər] 男 -s/- 暗黒街の住人.

ụn·ter·welt·lich[..lɪç] 形 **1** 冥府(めいふ)〈黄泉(よみ)の国〉の. **2** 悪の世界〈暗黒街〉の.

Ụn·ter·welt·or·ga·ni·sa·tio̱n 女 (犯罪者の)地下「組織.」

un·ter·wẹr·fen*[ʊntərvɛ́rfən] 《209》 他 (h) **1 a)** 《*jn.*》 征服する, 屈服〈隷属〉させる; 服従させる, 従わせる: ein Land 〈ein Volk〉 ～ 国〈民族〉を征服する ‖ ***jm.*** 〈***et.***³〉 ***unterworfen sein*** …に隷属している, …の支配下にある | Alles Seiende ist der Vergänglichkeit *unterworfen.* 存在するものはすべて無常の法則に従う. **b)** 再帰 *sich*⁴ ～ 屈服〈降伏〉する: *sich*⁴ bedingungslos ～ 無条件降伏する | *sich*⁴ *jm.* 〈*et.*³〉 ～ …に屈する, …に服する, …に従う | *sich*⁴ *js.* Willen 〈*js.* Bedingungen〉 ～ …の意志に従う〈条件を受け入れる〉 | *sich*⁴ den Regeln ～ 規則に服する. **2** (unterziehen) **a)** 《*jn. et.*³》 (…に…を)被らせる, 受けさせる: *jn.* einem Verhör ～ …を尋問にかける | *et.*⁴ einer Zensur ～ …を検閲する. **b)** 再帰 *sich*⁴ *et.*³ ～ …を被る, …を受ける | *sich*⁴ einer Leibesvisitation ～ 身体検査をされる.

Un·ter·wẹr·fung[..fʊŋ] 女 -/-en 〔sich〕 unterwerfen すること.

Ụn·ter·werk[ʊ́ntərvɛrk] 中 -〔e〕s/-e **1** 〖楽〗(オルガンの)第1マニュアル〈手鍵盤〉; クワイアオルガン. **2** 〖電〗変電所.

Un·ter·wẹrks·bau[ʊntərvɛ́rks.., ⌣⌣⌣–] 男 -〔e〕s/ (↔Oberwerksbau) 〖坑〗地並下採掘.

ụn·ter·we̱r·tig[ʊ́ntərveːrtɪç]² 形 (標準より)価値の低い, 低価値の.

Ụn·ter·we̱r·tig·keit[–kaɪt] 女 -/ unterwertig なこと.

U

un·ter·wie·sen[ʊntərví:zən] unterweisen の過去分詞; 過去 1・3 人称複数.

▽**un·ter·win·den***[ʊntərvíndən][1] 《211》 他 (h) 再帰 *sich*[4] *et.*[2] ～ …を引き受ける, …を思い切ってやる〈敢行する〉.

un·ter·wor·fen[ʊntərvɔ́rfən] unterwerfen の過去分詞.

un·ter·wüh·len[ʊntərvý:lən] 他 (h) 《*et.*[4]》 (…の)下を掘り返す〈掘り崩す〉; 《比》 (…の)土台を崩す, (ひそかに…に対する)破壊工作をする.

un·ter·wür·fig[ʊntərvʏ́rfɪç, ◡◡◡◡][2] 形 隷属〈屈従〉した; 卑下した, 卑屈な: eine ～*e* Haltung へりくだった〈へいこらした〉態度 | *sich*[3] *jn.* ～ machen …を自分の言いなりにさせる. [◇unterwerfen]

Un·ter·wür·fig·keit[..kaɪt, ◡◡◡◡−] 女 -/ (unterwürfig なこと. 例えば:) 卑下, 卑屈, 屈従, へつらい.

Un·ter·zahn[ʊ́ntərtsa:n] 男 -[e]s/..zähne[..tsɛ:nə] (↔Oberzahn) 下歯.

un·ter·zeich·nen[ʊntərtsáɪçnən] 《01》 **I** 他 (h) **1** 《*et.*[4]》 (手紙・文書などの末尾にその効力をもたせるために)署名する, サインする; (条約などに)調印する: einen Brief ～ 手紙に署名する | einen Vertrag ～ 契約書に署名する; 条約に署名する ‖ 〖目的語なしで〗 links 〈mit vollem Namen〉 ～ 左側に〈フルネームで〉署名する. ▽**2** 再帰 *sich*[4] ～ 署名する.

II Un·ter·zeich·ne·te → 別出

Un·ter·zeich·ner[..nər] 男 -s/- 署名者.

Un·ter·zeich·ner·staat 男 (条約などの)署名国.

Un·ter·zeich·ne·te[..tsáɪçnətə] 男 女 《形容詞変化》 《官》 (文書の末尾に)署名した人, 下名の者, 署名者.

Un·ter·zeich·nung[..tsáɪçnʊŋ] 女 -/-en 署名; (条約などの)調印.

Un·ter·zeug[ʊ́ntərtsɔʏk][1] 中 -[e]s/ 《話》 = Unterwäsche

un·ter|zie·hen[1]*[ʊ́ntərtsi:ən] 《219》 他 (h) **1** 《*et.*[4]》 (…を)下に着る: Ich habe [mir] eine warme Unterhose *untergezogen.* 私はあたたかいズボン下を下に着込んだ. **2** (支えを)下に差し込む: einen Balken [unter die Decke] ～ 梁(はり)を[屋根の下に]差し入れる. **3** 混ぜ入れる: Eischnee in Teig ～ 泡立てた卵白を練り粉に混ぜ入れる.

un·ter·zie·hen[2]*[◡◡◡́◡] 《219》 他 (h) **1 a)** 《*jn.* 〈*et.*[4]〉 *et.*[3]》 (…に…を)被らせる, (…に…を)受けさせる: *jn.* einer Untersuchung ～ …を診察する | *et.*[4] einer Überprüfung ～ …を検査する | *et.*[4] einer gründlichen Reinigung ～ …を徹底的に掃除〈清掃〉する. **b)** 再帰 *sich*[4] *et.*[3] ～ …を被る, …を受ける | *sich*[4] einem chirurgischen Eingriff ～ 外科手術を受ける.

2 再帰 *sich*[4] *et.*[3] ～ …(仕事・苦労など)を引き受ける | Ich habe mich der Mühe *unterzogen*, alles noch einmal zu lesen. 私は労をいとわずにすべてをもう一度読み直した.

Un·ter·zug[ʊ́ntərtsu:k][1] 男 -[e]s/..züge[..tsy:gə] 〖建〗 支えの梁(はり), 桁(けた).

Un·ter·zwerg[ʊ́ntərtsvɛrk][1] 男 -[e]s/-e 〖天〗 準矮星(わいせい).

un·tief[ʊ́nti:f] 形 深くない, 浅い.

Un·tie·fe[ʊ́nti:fə] 女 -/-n **1** (海・湖・川などの)浅い所, 浅瀬; 《比》 浅薄さ: auf 〈in〉 die ～ geraten (船などが)浅瀬に乗り上げる. **2** (海・湖・川などの)きわめて深い所, 深み; 《雅》 深淵(しんえん), 究めつくせぬ深み, 千尋(ちひろ)の底: Die ～*n* unweit des Ufers machen das Baden gefährlich. 岸にほど近いところに深みがあるので海水浴は危険である | die ～*n* der menschlichen Seele 《比》 人間の心の深淵.

Un·tier[ʊ́nti:r] 中 -[e]s/-e **1** (Ungeheuer) 怪物, 怪獣. **2** 《比》 残忍な人, 人非人.

un·tilg·bar[ʊntílkba:r, ◡◡−; ｵｰｽﾄﾘｱ: ◡◡−] 形 消去できない, 抹消〈抹殺〉しえない; 償却〈返済〉不能の.

Un·to·te[ʊ́nto:tə] 男 女 《形容詞変化》 《ふつう複数で》 (Vampir) 吸血鬼.

un·trag·bar[ʊntrá:kba:r, ◡−−; ｵｰｽﾄﾘｱ: ◡−−] 男 **1** 耐えられない, 我慢できない: ～*e* Zustände もはや放置できぬほどひどい状態 | Er ist in dieser Stellung ～. 彼はこのポストには不適格だ. **2** (価格・費用などが)負担できない: finanziell ～ sein 財政的に負担不能である | Die Spesen sind für uns ～. この経費は我々の負担能力を越える.

Un·trag·bar·keit[..kaɪt, ◡−−−] 女 -/ untragbar なこと.

un·trenn·bar[ʊntrɛ́nba:r, ◡◡−; ｵｰｽﾄﾘｱ: ◡◡−] 形 分かちがたい, 分離する〈切り離す〉ことのできない, 不可分の: ～*e* Verben 〖言〗 非分離動詞 | mit *et.*[3] ～ verbunden 〈verknüpft〉 sein …と分かちがたく結ばれている.

Un·trenn·bar·keit[..kaɪt, ◡◡−−] 女 -/ untrennbar なこと.

un·treu[ʊ́ntrɔʏ] 形 信義のない, 忠実〈誠実〉でない, 不実の; 背信的な, 裏切りの; 不貞の: ein ～*er* Ehemann 不実の夫 ‖ *jm.* ～ werden …に対して信義を破る〈背信行為をする〉, …を裏切る; …に対して不義をはたらく | *seinen* Schwüren ～ werden 誓いを破る.

Un·treue[ʊ́ntrɔʏə] 女 -/ (untreu なこと. 例えば:) 不実, 不誠実, 裏切り, 背信; 不貞, 浮気; 〖法〗 背任: *Untreue* schlägt ihren eigenen Herrn. 《諺》 裏切りは身の破滅.

un·trink·bar[ʊntríŋkba:r, ◡◡−] 形 飲めない, 飲用に適さない.

un·tröst·lich[ʊntrø:stlɪç, ◡−◡; ｵｰｽﾄﾘｱ: ◡−◡] (**un·tröst·bar**[ʊntrø:stba:r, ◡−−]) 形 慰められない, 慰めようのない, 悲嘆にくれた: Ich bin ～ [darüber], daß ich mich verspätet habe. 私は遅刻してしまったことをまことに心苦しく思っている.

un·trüg·lich[ʊntrý:klɪç, ◡−◡; ｵｰｽﾄﾘｱ: ◡−◡] 形 **1** 欺くことのない, 間違いようのない, まぎれもない, 絶対確実な: ein ～*es* Zeichen まぎれもない徴候 | einen ～*en* Instinkt haben 確実な本能をもっている. **2** (人が)誤ることのない, 信頼のおける.

un·tüch·tig[ʊ́ntʏçtɪç][2] 形 能力〈手腕・技能〉のない, 無能な, 役に立たない.

Un·tüch·tig·keit[−kaɪt] 女 -/ untüchtig なこと.

Un·tu·gend[ʊ́ntu:gənt][1] 女 -/-en 悪徳; 悪癖, 悪習.

un·tun·lich[ʊ́ntu:nlɪç] 形 しないほうがよい; しても無駄な〈効果のない〉; 実行不可能な, できない.

Un·tun·lich·keit[−kaɪt] 女 -/ untunlich なこと.

un·ty·pisch[ʊ́nty:pɪʃ] 形 典型的〈類型的〉でない; 代表的[なもの]ではない.

un·übel[ʊ́n|y:bəl] (..üb·l..) 形 《話》 悪くない, けっこう〈まあまあ〉よい.

un·über·biet·bar[ʊn|y:bərbí:tba:r, ◡−◡−−] 形 まさるものがない, 無比の. [<überbieten]

un·über·brück·bar[ʊn|y:bərbrʏ́kba:r, ◡−◡◡−; ｵｰｽﾄﾘｱ: ◡−◡◡−] 形 橋渡しのできない, 越えがたい溝のある, 調停不能の(対立など). [<überbrücken]

un·über·hör·bar[ʊn|y:bərhø:rba:r, ◡−◡−−] 形 聞き逃すことのできない. [<überhören[2]]

un·über·legt[ʊ́n|y:bərle:kt] 形 思慮のない, 無分別な, 軽率な: eine ～*e* Antwort 軽はずみな返事.

Un·über·legt·heit[−haɪt] 女 -/-en unüberlegt なこと.

un·über·schau·bar[ʊn|y:bərʃáʊba:r, ◡−◡−−] = unübersehbar 1

un·über·schreit·bar[ʊn|y:bərʃráɪtba:r, ◡−◡−−] 形 踏み越えられない, 渡ることのできない(川など).

un·über·seh·bar[ʊn|y:bərzé:ba:r, ◡−◡−−; ｵｰｽﾄﾘｱ: ◡−◡−−] 形 **1** 見渡しきれない, 見通せない; 《比》 見通しのきかない, 見当のつかない; 果てしのない: eine ～*e* Menge von Menschen 見渡しきれないほど多数の人たち | eine ～*e* Zahl 計り知れぬ数 ‖ ～ groß sein (土地などが)見渡せぬほど広大である. **2** 見落とすことのできない, 見逃し〈看過し〉得ない, 歴然とした: ein ～*er* Fehler 見逃し得ぬミス.

Un·über·seh·bar·keit[..kaɪt, ◡−◡−−−] 女 -/ unübersehbar なこと.

un·über·setz·bar[ʊn|y:bərzɛ́tsba:r, ◡−◡◡−; ｵｰｽﾄﾘｱ: ◡−◡◡−] 形 翻訳不能の.

un·über·sicht·lich[ʊ́n|y:bərzɪçtlɪç] 形 見通し〈見晴らし〉のきかない; 《比》 (全体の見通しがきかなくて)分かりにくい, ごちゃごちゃした.

Un·über·sicht·lich·keit[−kaɪt] 女 -/ unübersichtlich なこと.

un·über·steig·bar[ʊn|yːbɐʃtáɪkbaːr, ◡–◡––] 形, **un·über·steig·lich**[..lɪç, ◡–◡–◡] 形 乗り越えられない, 越せない; 《比》乗り越え〈打ち勝ち〉がたい. [＜übersteigen²]

un·über·trag·bar[ʊn|yːbɐtráːkbaːr, ◡–◡––; ｵｰｽﾄﾘｱ: ◡–◡––] 形 (他の領域に)転用できない; (他人に)譲渡〈委譲〉できない; (病気が)伝染性でない.

un·über·treff·lich[ʊn|yːbɐtréflɪç, ◡–◡◡◡; ｵｰｽﾄﾘｱ: ◡–◡◡◡] 形 凌駕(りょうが)することのできない; 無比〈無類〉の, 卓越〈卓絶〉した. [＜übertreffen]

Un·über·treff·lich·keit[..kaɪt, ◡–◡◡◡–] 女 -/ unübertrefflich なこと.

un·über·trof·fen[ʊn|yːbɐtrɔ́fən, ◡–◡◡◡; ｵｰｽﾄﾘｱ: ◡–◡◡◡] 形 (いまだかつて)凌駕(りょうが)されたことのない: eine bisher *~e* Leistung これまでだれにも凌駕されたことのない優れた業績.

un·über·wind·bar[ʊn|yːbɐvíntbaːr, ◡–◡◡–; ｵｰｽﾄﾘｱ: ◡–◡◡–] 形, **un·über·wind·lich**[..lɪç, ◡–◡◡◡; ｵｰｽﾄﾘｱ: ◡–◡◡◡] 形 打ち勝ちがたい, 克服しがたい; 攻略〈征服〉不能の; 無敵の: *~e* Schwierigkeiten 克服しがたい困難.

Un·über·wind·lich·keit[..kaɪt, ◡–◡◡◡–] 女 -/ unüberwindlich なこと.

un·über·wun·den[ʊ́n|yːbɐvʊndən, ◡–◡◡◡] 形 (いまだかつて)克服されたことのない; 征服されたことのない, 無敵の.

un·üb·lich[ʊ́n|yːplɪç] 形《副詞的用法なし》慣例でない, ふつう行われていない: Es ist hier ~, daß ... …はここでは慣例ではない.

un·um·gäng·lich¹[ʊ́n|ʊmgɛŋlɪç] 形 交際嫌いの, 社交性のない, 無愛想な. [＜umgehen¹]

un·um·gäng·lich²[◡◡◡◡, ◡◡◡◡; ｵｰｽﾄﾘｱ: ◡◡◡◡] 形 避けられない, 不可避の, 絶対必要な, 必然的な: Diese Maßnahmen sind ~. これらの措置はどうしても必要だ. [＜umgehen²]

Un·um·gäng·lich·keit¹[ʊ́n|ʊmgɛŋlɪçkaɪt] 女 -/ unumgänglich¹なこと.

Un·um·gäng·lich·keit²[◡◡◡◡–, ◡◡◡◡–] 女 -/ unumgänglich²なこと.

un·um·schränkt[ʊn|ʊmʃrɛ́ŋkt, ◡◡◡] 形 制限〈際限〉のない, 無制限〈無際限〉の: *~e* Gewalt ausüben 暴力をほしいままにする | *~es* Vertrauen 全幅の信頼 ‖ ~ herrschen 完全な支配権を握る, 専制支配をする. [＜*mhd.* umbeschrenken „mit Schranken umgeben" (◇Schranke)]

un·um·stöß·lich[ʊn|ʊmʃtǿːslɪç, ◡◡–◡; ｵｰｽﾄﾘｱ: ◡◡–◡] 形 くつがえすことのできない, 変更〈破棄〉しえない: eine *~e* Entscheidung くつがえすことのできない決定 | eine *~e* Tatsache 決定的な事実 ‖ ~ feststehen 確定して変更できない. [＜umstoßen]

Un·um·stöß·lich·keit[..kaɪt, ◡◡–◡–] 女 -/ unumstößlich なこと.

un·um·strit·ten[ʊn|ʊmʃtrítən, ◡◡◡◡] 形 論議の余地のない, 異論のない: eine *~e* Tatsache 明々白々の事実 | Es ist ~, daß ... …は議論の余地がない.

un·um·wun·den[ʊ́n|ʊmvʊndən, ◡◡◡◡] 形《ふつう副詞的》回りくどくない, 単刀直入の, あからさまな, 率直な: *jm.* ~ *seine* Meinung sagen …に対してはっきりと自分の意見を述べる | *seine* Schuld ~ zugeben 自分の罪を率直に認める. [＜umwinden]

un·un·ter·bro·chen[ʊ́n|ʊntɐbrɔxən, ◡◡◡◡◡] 形《述語的用法なし》間断〈絶え間〉のない, 不断の, 連続した: in *~er* Reihenfolge 連続して次々に ‖ ~ eine Woche lang 1週間ぶっ通しで | Seine Frau redet ~. 彼の妻君はひっきりなしにしゃべっている. [＜unterbrechen]

un·un·ter·scheid·bar[ʊn|ʊntɐʃáɪtbaːr, ◡◡◡––] 形 区別〈見分け〉のつかない, 識別〈判別・弁別〉不能の.

unus pro mul·tis[úːnʊs proː mʊ́ltiːs]《ﾗﾃﾝ語》(einer für viele) 多数の代わりに一人が. [◇uni.., multi..]

un·ver·än·der·lich[ʊnfɛr|ɛ́ndɐlɪç, ◡◡◡◡◡; ｵｰｽﾄﾘｱ: ◡◡◡◡◡] 形 変えられない; 変わらない, 不変の, 不易の: eine *~e* Größe / eine *Unveränderliche*《数》定数, 常数. [＜verändern]

Un·ver·än·der·lich·keit[..kaɪt, ◡◡◡◡◡–] 女 -/ unveränderlich なこと.

un·ver·än·dert[ʊ́nfɛr|ɛndɐrt, ◡◡◡◡] 形 変わっていない, 変更のない: ein *~er* Nachdruck 原本〔のままの〕復刻〔版〕‖ *et.*⁴ ~ lassen …をもとのままにしておく | Er war völlig ~. 彼は全然変わっていなかった ‖ Er ist ~ freundlich. 彼は相変わらず親切である.

un·ver·ant·wort·lich[ʊnfɛr|ántvɔrtlɪç, ◡◡◡◡◡; ｵｰｽﾄﾘｱ: ◡◡◡◡◡] 形 無責任な: ein *~er* Autofahrer 責任感のない〈無責任な〉ドライバー | ein *~es* Verhalten 無責任な態度 ‖ Es ist ~ von dir, so etwas zu sagen. そんなことを言うなんて君は無責任だ.

Un·ver·ant·wort·lich·keit[..kaɪt, ◡◡◡◡◡–] 女 -/ unverantwortlich なこと.

un·ver·ar·bei·tet[ʊ́nfɛr|arbaɪtət, ◡◡◡–◡] 形 加工されない, 未加工の, 素材〈原料・材料〉のままの;《比》消化〈理解〉不十分の, 生硬な.

un·ver·äu·ßer·lich[ʊnfɛr|ɔ́ʏsɐlɪç, ◡◡–◡◡; ｵｰｽﾄﾘｱ: ◡◡–◡◡] 形 譲渡〈売却〉できない;《雅》手放す〈放棄する〉ことのできない: *~e* Rechte《法》譲渡不能の権利.

Un·ver·äu·ßer·lich·keit[..kaɪt, ◡◡–◡◡–] 女 -/ unveräußerlich なこと.

un·ver·bes·ser·lich[ʊnfɛrbɛ́sɐlɪç, ◡◡◡◡◡; ｵｰｽﾄﾘｱ: ◡◡◡◡◡] 形 **1** 改善〈矯正〉できない, 直しようのない, 手のつけられない, どうしようもない(人・性格など): ein *~er* Optimist 手放しの楽天家 | Du bist wirklich ~. 君には全く困ったものだ. **2** 回復〈治癒〉の見込みのない. [＜verbessern]

Un·ver·bes·ser·lich·keit[..kaɪt, ◡◡◡◡◡–] 女 -/ unverbesserlich なこと.

un·ver·bil·det[ʊ́nfɛrbɪldət] 形 自然のままで損なわれていない, 素朴で純真な, ひねこびていない.

un·ver·bind·lich[ʊ́nfɛrbɪntlɪç, ◡◡◡◡] 形 **1** 拘束力のない, 義務を負わせることのない: Ich kann Ihnen leider nur eine *~e* Auskunft geben. 残念ながらいまお答えすることは百パーセント確実というわけではありません ‖ Diese Abmachungen sind für uns ~. これらの取り決めは我々を拘束するものではない | Die genannten Preise sind ~. いま述べた価格は変更されることもある ‖ In diesem Geschäft kann man sich alles ~ ansehen. この店ではすべての商品を自由に(買う義務なしに)見ることができる. **2** 無愛想な, よそよそしい: ein *~er* Mensch 愛想のない〈打ち解けない〉人 ‖ Seine Antwort war kurz und ~. 彼の返事は短くそっけないものだった ‖ *jm.* ~ antworten …にそっけなく答える.

Un·ver·bind·lich·keit[..kaɪt, ◡◡◡◡–] 女 -/ unverbindlich なこと.

un·ver·blümt[ʊnfɛrblýːmt, ◡◡–; ｵｰｽﾄﾘｱ: ◡◡–] 形 (表現などが)飾らない, あからさまな, あけすけな: *~e* Drohungen 露骨な脅迫 | mit *~er* Offenheit あけすけに ‖ *jm.* ~ *seine* Meinung sagen …に歯に衣(きぬ)着せずに自分の意見を言う.

un·ver·braucht[ʊ́nfɛrbraʊxt] 形 使い古されていない; 消耗されていない; まだ新鮮な.

un·ver·brenn·bar[ʊnfɛrbrɛ́nbaːr, ◡◡◡–] 形 燃えない, 燃えにくい, 不燃性の.

un·ver·brüch·lich[ʊnfɛrbrʏ́çlɪç, ◡◡◡◡; ｵｰｽﾄﾘｱ: ◡◡◡◡] 形 (約束・誓いなどが)破ることのできない, (決心・信念・愛情などが)しっかりした, 確固不動の: *~e* Treue 変わらぬ忠誠 | *~es* Schweigen bewahren 固い沈黙を守る ‖ an *seinem* Versprechen ~ festhalten 約束を固く守る. [＜*ahd.* farbrechan „zer-brechen" (◇verbrechen)]

Un·ver·brüch·lich·keit[..kaɪt, ◡◡◡◡–] 女 -/ unverbrüchlich なこと.

un·ver·bürgt[ʊnfɛrbʏ́rkt, ◡◡◡; ｵｰｽﾄﾘｱ: ◡◡◡] 形 保証されていない, 不確実な: nach einer *~en* Nachricht 不確かな情報によれば.

un·ver·däch·tig[ʊ́nfɛrdɛçtɪç, ◡◡◡◡]² 形 疑わしくない, 怪しくない.

un·ver·dau·lich[ʊ́nfɛrdaʊlɪç, ◡◡–◡] 形 消化しにくい;《比》理解しにくい; 我慢できない, ひどく不快な(人): eine *~e*

Lektüre 難解な読み物.

Ụn·ver·dau·lich·keit[..kaɪt, ◡◡–́◡–] 女 -/ unverdaulich なこと.

ụn·ver·daut[ʊ́nfɛrdaʊt, ◡◡–́] 形 消化されない, 不消化の; 《比》十分理解されていない: ~*es* Zeug reden 自分でもよく分かっていないことをしゃべる.

ụn·ver·derb·lich[ʊ́nfɛrdɛrplɪç, ◡◡◡́◡] 形 (食品などが)腐らない, 腐敗しない; 《比》堕落しない, 清廉な.

ụn·ver·derbt[ʊ́nfɛrdɛrpt] =unverdorben 2

ụn·ver·dient[ʊ́nfɛrdiːnt, ◡◡–́] 形 本来受けるに値しない, 不当な; 労せずに得た: eine ~*e* Ehre 身に余る栄誉 | ein ~*es* Lob 過分な賞賛 | ~*e* Vorwürfe 不当な非難.

ụn·ver·dien·ter≈ma̲·ßen 副, **≈we̲i·se** 副 受ける値うちもないのに, 不当〈過分〉にも, 身に覚えがないのに.

ụn·ver·dor·ben[ʊ́nfɛrdɔrbən] 形 **1** (果実・食品などが)腐敗して〈そこなわれて〉いない. **2** 《比》堕落していない; 素朴〈純真・清純〉な; 清廉な.

Ụn·ver·dor·ben·heit[−haɪt] 女 -/ unverdorben なこと.

ụn·ver·dros·sen[ʊ́nfɛrdrɔsən, ◡◡◡́◡] 形 倦(う)まない, たゆみのない, 根気のよい, 辛抱強い: ~ arbeiten こつこつ働く.

Ụn·ver·dros·sen·heit[..haɪt, ◡◡◡́◡–] 女 -/ unverdrossen なこと. [<verdrießen]

ụn·ver·dünnt[ʊ́nfɛrdʏnt] 形 薄められていない; 生(き)のままの(酒など).

ụn·ver·e̲he·licht[ʊ́nfɛr|eːlɪçt] 形 《官》未婚の, 独身の.

un·ver·e̲in·ba̲r[ʊnfɛr|áɪnbaːr, ◡́◡––; オーストリア: ◡́◡––] 形 相いれない, 両立しない: mit *et.*^{3} ~ sein …と相いれない〈両立しない〉.

Un·ver·e̲in·ba̲r·keit[..kaɪt, ◡́◡–––] 女 -/ unvereinbar なこと.

ụn·ver·fälscht[ʊ́nfɛrfɛlʃt, ◡◡◡́] 形 混ぜ物〈まじり気〉のない, 純粋な: ~*es* Berlinisch sprechen 生粋のベルリン方言を話す.

Ụn·ver·fälscht·heit[..haɪt, ◡◡◡́–] 女 -/ unverfälscht なこと.

ụn·ver·fäng·lich[ʊ́nfɛrfɛŋlɪç, ◡◡◡́◡] 形 (表面的には)危険〈悪意〉のない, 他意〈底意〉のない, 無害〈無難〉な, 無邪気〈素直〉な: eine möglichst ~*e* Antwort geben なるべく無難な返事をする | Die Bedingungen des Vertrags schienen dem Laien ganz ~. 契約の条件は素人の目には何でもないように見えた.

Ụn·ver·fäng·lich·keit[..kaɪt, ◡◡◡́◡–] 女 -/ unverfänglich なこと.

ụn·ver·fro̲·ren[ʊ́nfɛrfroːrən, ◡◡–́◡] 形 厚かましい, ずうずうしい; 無礼な, 生意気な; ずぶとい, 動じない, 平気な: eine ~*e* Antwort geben 生意気な返答をする.
[*ndd.* unverfehrt; < *mndd.* (vor)vēren „erschrecken" (◇Fahr)]

Ụn·ver·fro̲·ren·heit[..haɪt, ◡◡–́◡–] 女 -/-en **1** 《単数で》unverfroren なこと. **2** unverfroren な言動.

ụn·ver·gäng·lich[ʊ́nfɛrgɛŋlɪç, ◡◡◡́◡] 形 消え去ることのない; 不滅の, 不朽の: ein ~*es* Kunstwerk 不朽の芸術品.

Ụn·ver·gäng·lich·keit[..kaɪt, ◡◡◡́◡–] 女 -/ unvergänglich なこと. [<vergehen]

ụn·ver·ges·sen[ʊ́nfɛrgɛsən] 形 忘れられていない, 覚えている: ~*e* Ermahnungen 心に刻み込まれた戒めの言葉 | Er wird uns immer ~ bleiben. 彼のことは私たちはいつまでも忘れないだろう.

un·ver·gẹß·lich[ʊnfɛrgɛ́slɪç, ◡́◡◡◡] 形 (いつまでも)忘れられない: ~*e* Eindrücke 忘れがたい印象 | Das ist mir ~. それは私にとっていつまでも忘れられない.

un·ver·gle̲ich·ba̲r[ʊnfɛrgláɪçbaːr, ◡́◡––; オーストリア: ◡́◡––] 形 比較することのできない, 比較の対象とならない.

Un·ver·gle̲ich·ba̲r·keit[..kaɪt, ◡́◡–––] 女 -/ unvergleichbar なこと.

un·ver·gle̲ich·lich[ʊnfɛrgláɪçlɪç, ◡́◡–◡; オーストリア: ◡́◡–◡] 形 比較にならない, 比較を絶する, 比類のない, 無比〈無類〉の, 卓越〈傑出〉した: eine ~*e* Tat 比類のない行為 | von ~*er* Schönheit sein たぐいまれな美しさである, 比べもののないほど美しい ‖ eine ~ schöne Frau 絶世の〈たぐいまれな〉美女 | Es geht ihm gesundheitlich ~ besser als vor Jahren. 彼の健康状態は数年前に比べてはるかによくなっている.

ụn·ver·go̲·ren[ʊ́nfɛrgoːrən] 形 発酵していない.

ụn·ver·hält·nis·mä̲·ßig[ʊ́nfɛrhɛltnɪsmɛːsɪç, ◡◡◡́◡–◡]^2 副 不釣り合いなほどに, 過度〈極端〉に: Er ist für sein Alter ~ groß. 彼は年のわりにひどく背が高い.

ụn·ver·hei·ra̲·tet[ʊ́nfɛrhaɪraːtət] 形 未婚の, 独身の.

ụn·ver·hofft[ʊ́nfɛrhɔft, ◡◡◡́] 形 予期しない, 思いがけない: ein ~*es* Wiedersehen 思いがけない再会 | ***Unverhofft* kommt oft.** 《諺》思いがけないことはよくあるもの.

ụn·ver·ho̲h·len[ʊ́nfɛrhoːlən, ◡◡–́◡] 形 隠されていない, あからさまの, むき出しの: mit ~*er* Neugier 好奇心をむき出しにして ‖ *et.*^{4} ~ gestehen …を包み隠さず白状する | *jm. et.*^{4} ~ sagen …に…をあからさまに言う. [<verhehlen]

ụn·ver·hüllt[ʊ́nfɛrhʏlt, ◡◡◡́] 形 覆われて〈包み隠されて〉いない, むき出しの, あらわな: ~*e* Neugier あからさまな好奇心 | die ~*e* Wahrheit 赤裸々な真実.

ụn·ver·jähr·ba̲r[ʊnfɛrjɛ́ːrbaːr, ◡́◡––] 形 《法》時効の適用されない.

ụn·ver·käuf·lich[ʊ́nfɛrkɔʏflɪç, ◡◡–́◡] 形 **1** 売り物でない, 非売品の. **2** 売れない, 買い手のつかない.

Ụn·ver·käuf·lich·keit[..kaɪt, ◡◡–́◡–] 女 -/ unverkäuflich なこと.

ụn·ver·kauft[ʊ́nfɛrkaʊft] 形 売れていない, 売れ残りの.

un·ver·kẹnn·ba̲r[ʊnfɛrkɛ́nbaːr, ◡́◡◡–; オーストリア: ◡́◡◡–] 形 〔見〕間違えようのない, まぎれもない, きわめて明白な: ein ~*es* Anzeichen はっきりした徴候 | Das ist ~ seine Schrift. これはまぎれもなく彼の筆跡だ. [<verkennen]

ụn·ver·kürzt[ʊ́nfɛrkʏrtst] 形 省略〈短縮〉のない.

ụn·ver·langt[ʊ́nfɛrlaŋt] 形 求められない, 要求されない: ~ eingesandte Manuskripte 頼みもしないのに送られてきた原稿.

ụn·ver·läß·lich[ʊ́nfɛrlɛslɪç, ◡◡◡́◡] =unzuverlässig

un·ver·lẹtz·ba̲r[ʊnfɛrlɛ́tsbaːr, ◡́◡◡–; オーストリア: ◡́◡◡–] **1** =unverwundbar **2** =unverletzlich

Un·ver·lẹtz·ba̲r·keit[..kaɪt, ◡́◡◡––] 女 -/ unverletzbar なこと.

un·ver·lẹtz·lich[ʊnfɛrlɛ́tslɪç, ◡́◡◡◡; オーストリア: ◡́◡◡◡] 形 (法律・身分・権利・領土などが)犯すべからざる, 侵害を許されない, 不可侵の: Die Wohnung ist ~. 住居は不可侵である(ドイツの基本法第13条).

Un·ver·lẹtz·lich·keit[..kaɪt, ◡́◡◡◡–] 女 -/ unverletzlich なこと: die ~ der Wohnung (ドイツの基本法に定められた)住居の不可侵性.

ụn·ver·letzt[ʊ́nfɛrlɛtst] 形 傷を負わない, 無傷の; 犯されない, 侵害されない: Bei dem Unfall blieb er ~. 事故のさい彼はけがをしないですんだ.

un·ver·lie̲r·ba̲r[ʊnfɛrlíːrbaːr, ◡́◡––] 形 失われることのない. [<verlieren]

un·ver·lö̲sch·ba̲r[ʊnfɛrlœ́ʃbaːr, ◡́◡––], **un·ver·lö̲sch·lich**[..lɪç, ◡́◡◡◡; オーストリア: ◡́◡◡◡] =unauslöschlich [<verlöschen]

ụn·ver·mählt[ʊ́nfɛrmɛːlt] 《雅》=unverheiratet

un·ver·me̲id·ba̲r[ʊnfɛrmáɪtbaːr, ◡́◡––; オーストリア: ◡́◡––] 形 避けられない.

un·ver·me̲id·lich[..lɪç, ◡́◡–◡; オーストリア: ◡́◡–◡] 形 《副詞的用法なし》避けられない, 不可避の; (いささか皮肉をこめて)おさだまりの, 恒例の, 相も変わらぬ: ~*es* Übel 必然悪 | Der ~*e* Max war natürlich auch da. 《話》何かと言えば必ず姿を見せるあのマックスももちろん来ていた ‖ Eine Verzögerung war ~. 遅延は避けられなかった ‖ *sich*^{4} ins *Unvermeidliche* fügen 運命を甘受する.

Un·ver·me̲id·lich·keit[..kaɪt, ◡́◡–◡–] 女 -/ unvermeidlich なこと.

ụn·ver·merkt 副 **1** 気づかれずに: ~ verschwinden そっと姿を消す. **2** 気づかずに.

ụn·ver·min·dert[ʊ́nfɛrmɪndərt] 形 減少していない, 前と

変わらない: mit ～*er* Heftigkeit 相変わらずの激しさで.

ụn·ver·mischt[ʊ́nfɛrmɪʃt] 形 まじりけのない, 純粋な.

ụn·ver·mit·telt[ʊ́nfɛrmɪtəlt] 形《ふつう副詞的》突然の, 出し抜けの: Er reiste ～ ab. 彼は(何の前ぶれもなしに)突然旅に出た ‖ eine ～*e* Frage 出し抜けの質問.

Ụn·ver·mit·telt·heit[–haɪt] 女 -/ unvermittelt なこと.

Ụn·ver·mö·gen[ʊ́nfɛrmøːgən] 中 -s/ **1** 無能力, 無力: Sein ～, sich einer Situation schnell anzupassen, hat ihm schon manchmal geschadet. 彼は状況にすぐに順応することができないために これまで何度か不利益を被った. **2** (Zahlungsunfähigkeit)《商》支払い不能.

ụn·ver·mö·gend[–t][1] 形 **1** 財産〈資産〉のない, 貧しい: ein ～*es* Mädchen heiraten 貧乏な少女と結婚する | Die Witwe ist nicht ～. その未亡人はかなりの資産家だ. **2**《雅》《zu 不定詞〔句〕と》(…することが)できない, (…の)能力のない: Er war ～, ihr Hilfe zu leisten. 彼は彼女を助けることができなかった.

Ụn·ver·mö·gend·heit[..haɪt] 女 -/ unvermögend なこと.

Ụn·ver·mö·gen·heit 女 -/ 無力〈無能力〉なこと.

Ụn·ver·mö·gens·fall 男 -〔e〕s/《官》《ふつう次の形で》im ～〔*e*〕 支払い不能の場合は.

ụn·ver·mu·tet[ʊ́nfɛrmuːtət] 形 予期しない, 思いがけない, 不意〈突然〉の: ein ～*es* Hindernis 予期せぬ障害 | Wir trafen ihn ganz ～. 私たちは思いがけなくも彼に出会った.

Ụn·ver·nunft[ʊ́nfɛrnʊnft] 女 -/ 無思慮, 無分別: Das ist der Gipfel der ～! それは無分別もいいとこだ | Es ist 〔die〕 reine ～, das zu tun. そんなことをするなんて全く無謀です.

ụn·ver·nünf·tig[..nʏnftɪç][2] 形 無思慮な, 無分別な: eine ～*e* Handlung 無分別な行動 | Es ist ～, bei dieser Kälte schwimmen zu gehen. こんなに寒いのに泳ぎに行くなんて非常識だ.

ụn·ver·öf·fent·licht[ʊ́nfɛr|œfəntlɪçt] 形 未刊〈未出版〉の: ein ～*es* Manuskript 未公刊の原稿.

ụn·ver·packt[ʊ́nfɛrpakt] 形 包装〈梱包(こんぽう)〉されていない.

ụn·ver·putzt[ʊ́nfɛrpʊtst] 形 しっくい〈モルタル〉の塗ってない, 化粧塗りのされていない.

ụn·ver·rich·tet[ʊ́nfɛrrɪçtət] 形 実行〈遂行〉されない: ～*er* Dinge 〈Sache〉《オーストリア・スイス》→unverrichteterdinge

ụn·ver·rich·te·ter≠dị̱n·ge 副, **≠sạ·che** 副 なすところなく, 目的を果たさずに: ～ wieder umkehren むなしく引き返す. [＜verrichten]

ụn·ver·ritzt[ʊ́nfɛrrɪtst] 形《坑》未採掘の: ～*es* Feld 処女〈未採掘〉区域, 地山. [＜ver-ritzen „in Bau nehmen"]

un·ver·rụ̈ck·ba̱r[ʊnfɛrrʏ́kbaːr, ◡◡◡–; オーストリア: ◡◡◡–] 形 動かす〈位置をずらす〉ことのできない; 《比》不動の, 確固とした: ein ～*es* Ziel 確固たる目標 | Die Tatsache steht ～ fest. その事実は厳然として動かすことのできぬものである.

ụn·ver·rückt[ʊ́nfɛrrʏkt] 形 動かない, 不動の: Mein Standpunkt blieb ～. 私の立場は依然として変わらなかった.

ụn·ver·schä̱mt[ʊ́nfɛrʃɛːmt] 形 **1** 恥知らずな, 厚かましい: ein ～*er* Bursche 恥知らずな〈ずうずうしい〉若者 | *sich*[4] ～ benehmen 恥知らずな振舞いをする. **2**《話》法外な, けたはずれの: ～*e* Preise べらぼうな値段 | ～*es* Glück haben めっぽう幸せである ‖ ～ lügen しゃあしゃあと〈ぬけぬけと〉うそをつく | ～ teuer sein (値段が)べらぼうに高い | Du siehst ～ gut aus. 君はやけに元気そうじゃないか.

Ụn·ver·schä̱mt·heit[–haɪt] 女 -/-en **1**《単数で》unverschämt なこと. **2** unverschämt な言動.

un·ver·schlie̱ß·ba̱r[ʊnfɛrʃlíːsbaːr, ◡◡––] 形 鍵(かぎ)〈錠〉のかからない.

ụn·ver·schlos·sen[ʊ́nfɛrʃlɔsən, ◡◡◡◡] 形 鍵(かぎ)〈錠〉のかかっていない; (手紙などが)封のしてない.

ụn·ver·schlüs·selt[ʊ́nfɛrʃlʏsəlt] 形 暗号化されていない; 生の, あからさまの.

ụn·ver·schnit·ten[ʊ́nfɛrʃnɪtən] 形 (植物が)剪定(せんてい)されていない; (家畜などが)去勢されていない; 《宗》(男子が)割礼を受けていない; (ワインなどが)混ぜ物のない.

ụn·ver·schont[ʊ́nfɛrʃoːnt] 形 容赦されない, 免れない: Niemand blieb ～. だれ一人として容赦されなかった.

ụn·ver·schul·det[ʊ́nfɛrʃʊldət, ◡◡◡◡] 形 **1** 罪のない, (…を受ける)いわれのない: ein ～*er* Verkehrsunfall 自分の落ち度なしに起こった交通事故 | Er ist ～ in Not geraten. 彼は罪なくして苦境に陥った. **2** (schuldenfrei) 負債〈借金〉のない: ein ～*er* Grundbesitz 抵当に入っていない所有地.

ụn·ver·schul·de·ter≠ma̱·ßen 副, **≠wei̱·se** 副 罪もないのに, 自分は悪くないのに, 身に覚えもないのに.

un·ver·se̱·hens[ʊ́nfɛrzeːəns, ◡◡◡◡] 副 予期せぬうちに, いつのまにか; 思いがけず, 突然: *Unversehens* war der Winter da. いつのまにか冬が来ていた | Er trat ～ ins Zimmer. 彼が不意に部屋に入ってきた. [＜versehen I 5]

un·ver·se̱hr·ba̱r[ʊnfɛrzéːrbaːr, ◡◡––] 形 傷つけられない; 損傷〈破損〉のおそれのない.

ụn·ver·se̱hrt[ʊ́nfɛrzeːrt, ◡◡◡] 形 無傷の, けがのない; 損傷〈破損〉なしの.

Ụn·ver·se̱hrt·heit[..haɪt, ◡◡◡–] 女 -/ unversehrt なこと.

un·ver·sei̱f·ba̱r[ʊnfɛrzáɪfbaːr, ◡◡––] 形《化》鹼化(けんか)不能の: ～*er* Stoff 不鹼化物(アルカリで鹼化されない物質の総称). [＜verseifen]

ụn·ver·si·chert[ʊ́nfɛrzɪçərt] 形 保険のかかっていない.

un·ver·sie̱g·ba̱r[ʊnfɛrzíːkbaːr, ◡◡––; オーストリア: ◡◡––] ＝unversieglich

ụn·ver·sie·gelt[ʊ́nfɛrziːgəlt, ◡◡◡◡] 形 (手紙などが)封印のない.

un·ver·sie̱g·lich[ʊnfɛrzíːklɪç, ◡◡◡; オーストリア: ◡◡◡] 形 (泉・水源などが)涸(か)れることのない; 《比》尽きることのない, 無尽蔵の. [＜versiegen]

ụn·ver·söhn·lich[ʊ́nfɛrzøːnlɪç, ◡◡◡◡] 形 和解〈仲直り〉できない, 和解的でない, 非宥和(ゆうわ)的な: ～ bleiben いつまでもかたくなな態度を続ける.

Ụn·ver·söhn·lich·keit[..kaɪt, ◡◡◡◡–] 女 -/ unversöhnlich なこと.

ụn·ver·sorgt[ʊ́nfɛrzɔrkt] 形 **1** 扶養者のない, 生活のあてのない. **2** (物資などの)補給のない; (電気・水道・ガスなどの)供給のない.

Ụn·ver·stand[ʊ́nfɛrʃtant][1] 男 -〔e〕s/ 判断力〈理解力〉の無さ, 無思慮, 無分別: In seinem ～ hat er einen großen Fehler gemacht. 無分別にも彼は大失策を犯した.

ụn·ver·stan·den[ʊ́nfɛrʃtandən] 形 理解されない; 誤解された: Er fühlte sich ～. 彼は自分が理解してもらえないことを感じた.

ụn·ver·stän·dig[..ʃtɛndɪç][2] 形 思慮〈分別〉のない; ものわかりの悪い; 愚鈍な.

Ụn·ver·stän·dig·keit[..kaɪt] 女 -/ unverständig なこと.

ụn·ver·ständ·lich[ʊ́nfɛrʃtɛntlɪç] 形 **1** 理解できない, 不可解な: Sein Verhalten ist mir ～. 彼の態度が私には分からない. **2** よく聞きとれない: ～*e* Worte murmeln 不明瞭な言葉をつぶやく.

ụn·ver·ständ·li·cher·wei̱·se ＝unbegreiflicherweise

Ụn·ver·ständ·lich·keit[..kaɪt] 女 -/ unverständlich なこと.

Ụn·ver·ständ·nis[ʊ́nfɛrʃtɛntnɪs] 中 -ses/ 無理解: Er stieß überall auf ～. 彼はどこでも理解されなかった.

un·ver·stẹll·ba̱r[ʊnfɛrʃtɛ́lbaːr, ◡◡◡–; オーストリア: ◡◡◡–] 形 調節〈調整〉できない; 移動できない, 固定した.

ụn·ver·stellt[ʊ́nfɛrʃtɛlt, ◡◡◡] 形 偽らない, 取りつくろわない: ～*e* Freude ありのままの喜び.

ụn·ver·steu·ert[ʊ́nfɛrʃtɔʏərt, ◡◡◡◡] 形 税金のかからない, 免税〈非課税〉の; 税金未納の: ～*e* Einnahmen 課税の対象とならない収入 | Löhne unter 300 Mark bleiben ～. 300マルク以下の賃金には税金が課せられない.

ụn·ver·su̱cht[ʊ́nfɛrzuːxt, ◡◡◡] 形 試みて〈試して〉いない: **nichts ～ lassen** あらゆる手段を尽くす.

un·ver·träg·lich[ʊ́nfɛrtrɛːklɪç, ⌣⌣–́⌣] 形 **1** (人が)協調性のない, 片意地な; けんか好きの; (考え方・主義などが)相いれない, 両立しない. **2** (食物が)消化しにくい, 胃にもたれる.

Un·ver·träg·lich·keit[..kaɪt, ⌣⌣–́⌣–] 女 -/ unverträglich なこと.

un·ver·traut[ʊ́nfɛrtraʊt] 形 **1** 〔あまり〕なじみのない. **2** 《方》信頼のおけない.

un·ver·tret·bar[ʊnfɛrtréːtbaːr, ⌣́⌣––] 形 (vertreten できない. 特に:) **1** (考え方・行動などが)是認〈正当化〉できない, 支持〈弁護〉できない, 責任を負えない. **2** 《法》代替(だいたい)不可能の: eine ～*e* Sache 不代替物(土地・芸術作品などのように, その物の個性が大切で, 他の物で代えることのできない物).

un·ver·wandt[ʊ́nfɛrvant] 形 《述語的用法なし》(目が)そらされない, じっと注がれた: *jn.* ～ 〈～*en* Blickes / mit ～*em* Blick〉 ansehen …をじっと見つめる.

un·ver·wech·sel·bar[ʊnfɛrvɛ́ksəlbaːr, ⌣́⌣⌣⌣–] 形 (他人・他の物と)取り違えようのない, まごうことのない. [＜verwechseln]

un·ver·wehrt[ʊ́nfɛrveːrt, ⌣⌣–́] 形 拒まれて〈禁じられて〉いない: Es ist jedem ～, nach Hause zu gehen. だれでも家へ帰りたい者は帰ってよい.

un·ver·weilt[ʊ́nfɛrvaɪlt, ⌣⌣–́] ＝unverzüglich

un·ver·welk·lich[ʊnfɛrvɛ́lklɪç, ⌣́⌣⌣⌣] 形 しおれる〈枯れる〉ことのない; 《比》不朽の, 不滅の. [＜verwelken]

un·ver·wert·bar[ʊnfɛrvéːrtbaːr, ⌣́⌣––] 形 利用できない; 《商》換金できない.

un·ver·wes·lich[ʊ́nfɛrveːslɪç, ⌣⌣–́⌣] 形 腐敗しない; 《比》不朽の, 不滅の.

un·ver·wind·bar[ʊnfɛrvɪ́ntbaːr, ⌣́⌣⌣–] 形 (苦痛などが)耐えきれない, 打ち勝ちがたい. [＜verwinden]

un·ver·wirk·licht[ʊ́nfɛrvɪrklɪçt, ⌣⌣⌣́⌣] 形 実現されていない.

un·ver·wisch·bar[ʊnfɛrvɪ́ʃbaːr, ⌣́⌣⌣–; ｵｰｽﾄﾘｱ: ⌣́⌣⌣–] 形 ぬぐい消すことのできない: eine ～*e* Erinnerung 消すことのできない思い出. [＜verwischen]

un·ver·wund·bar[ʊnfɛrvʊ́ntbaːr, ⌣́⌣⌣–; ｵｰｽﾄﾘｱ: ⌣́⌣⌣–] 形 傷つけられない, 傷つかない, 不死身の.

Un·ver·wund·bar·keit[..kaɪt, ⌣́⌣⌣––] 女 -/ unverwundbar なこと.

un·ver·wun·det[ʊ́nfɛrvʊndət] 形 負傷していない, 無傷の.

un·ver·wüst·lich[ʊnfɛrvýːstlɪç, ⌣́⌣–⌣; ｵｰｽﾄﾘｱ: ⌣́⌣–⌣] 形 破壊されることのない; 頑丈〈丈夫〉な, 長持ちする; (勇気が)くじけることのない, 不屈の: ～*e* Gesundheit 不死身の健康, 頑健さ | ein ～*er* Optimist 何事にも動じない楽天家 ‖ Dieser Stoff ist ～. この生地は丈夫だ. [＜verwüsten]

Un·ver·wüst·lich·keit[..kaɪt, ⌣́⌣–⌣–] 女 -/ unverwüstlich なこと.

un·ver·zagt[ʊ́nfɛrtsaːkt] 形 物おじ〈気おくれ〉しない, ひるまない; 意気盛んな, 大胆不敵な.

Un·ver·zagt·heit[–haɪt] 女 -/ unverzagt なこと.

un·ver·zeih·bar[ʊnfɛrtsáɪbaːr, ⌣́⌣––; ｵｰｽﾄﾘｱ: ⌣́⌣––] 形, **un·ver·zeih·lich**[..lɪç, ⌣́⌣–⌣; ｵｰｽﾄﾘｱ: ⌣́⌣–⌣] 形 許すことのできない: ein ～*er* Fehler 〈Leichtsinn〉 許せないミス〈軽率さ〉.

un·ver·zicht·bar[ʊnfɛrtsɪ́çtbaːr, ⌣́⌣⌣–] 形 不可欠の: eine ～*e* Bedingung 必須(ひっす)条件. [＜verzichten]

un·ver·zins·lich[ʊnfɛrtsɪ́nslɪç, ⌣́⌣⌣⌣; ｵｰｽﾄﾘｱ: ⌣́⌣⌣⌣] 形 無利子〈無利息〉の.

un·ver·zollt[ʊ́nfɛrtsɔlt] 形 関税のかからない, 免税〈非課税〉の; 関税未納の.

un·ver·züg·lich[ʊnfɛrtsýːklɪç, ⌣́⌣–⌣; ｵｰｽﾄﾘｱ: ⌣́⌣–⌣] 形 《述語的用法なし》遅滞のない, 即刻の, 即座の: eine ～*e* Antwort 即答 | Ich muß ～ abreisen. 私はすぐに旅に出なければならない. [＜verziehen[2] II 8]

un·voll·en·det[ʊ́nfɔl(|)ɛndət, ⌣⌣⌣́⌣] 形 未完成の〔ままの〕: ein ～*es* Gedicht 未完の詩 | der ～*e* Aspekt 《言》(動詞の)未完了〈継続〉相 | 《〔die〕 *Unvollendete* 〔Symphonie〕》(Schubert の)『未完成交響曲』.

un·voll·kom·men[ʊ́nfɔlkɔmən, ⌣⌣⌣́⌣] 形 不完全な, 不十分な, 不備〈欠点・欠陥〉のある: nur ～*e* Kenntnisse haben 不十分な知識しか持ち合わせていない.

Un·voll·kom·men·heit[..haɪt, ⌣⌣⌣́⌣–] 女 -/-en **1** 《単数で》 unvollkommen なこと. **2** 不完全な点, 不備な個所.

un·voll·stän·dig[ʊ́nfɔlʃtɛndɪç, ⌣⌣⌣́⌣][2] 形 不完全な; 不備〈欠けたところ〉のある, 全部そろっていない: Diese Goethe-Ausgabe ist ～. このゲーテ全集には欠巻がある.

Un·voll·stän·dig·keit[..kaɪt, ⌣⌣⌣́⌣–] 女 -/ unvollständig なこと.

un·voll·zäh·lig[ʊ́nfɔltsɛːlɪç, ⌣⌣–́⌣][2] 形 数のそろっていない, 定数に満たない.

Un·voll·zäh·lig·keit[..kaɪt, ⌣⌣–́⌣–] 女 -/ unvollzählig なこと.

un·vor·be·rei·tet[ʊ́nfoːrbəraɪtət] 形 〔心の〕準備のできていない: eine ～*e* Rede ぶっつけ本番のスピーチ | ～ ins Examen gehen 準備なしに試験を受けに行く.

un·vor·denk·lich[ʊ́nfoːrdɛŋklɪç] 形 《述語的用法なし》考えられぬほど古い, 人類の記憶の及ばない: seit ～*en* Zeiten 太古の昔から. [＜verdenken „sich erinnern"]

un·vor·ein·ge·nom·men[ʊ́nfoːr|aɪngənɔmən] 形 先入観〈先入主〉にとらわれない.

Un·vor·ein·ge·nom·men·heit[–haɪt] 女 -/ unvoreingenommen なこと.

ᵛ**un·vor·greif·lich**[ʊnfoːrgráɪflɪç, ⌣́––⌣; ｵｰｽﾄﾘｱ: ⌣́––⌣] 形 他人の判断を先取りしない; (unmaßgeblich) 一般の標準とならない.

un·vor·her·ge·se·hen[ʊ́nfoːrheːrgəzeːən] 形 予見〈予測〉していなかった, 不測の, 予想外の: ～*e* Schwierigkeiten 思いがけない障害 ‖ Das kam ganz ～. それは全く寝耳に水だった ‖ Etwas *Unvorhergesehenes* ereignete sich. 不測の事態が起こった.

un·vor·her·seh·bar[..zeːbaːr] 形 予見〈予測〉できない.

un·vor·sätz·lich[ʊ́nfoːrzɛtslɪç] 形 意図的〈計画的〉でない, 故意でない.

un·vor·schrifts·mä·ßig[ʊ́nfoːrʃrɪftsmɛːsɪç][2] 形 規定〈規則〉違反の.

un·vor·sich·tig[ʊ́nfoːrzɪçtɪç][2] 形 慎重さを欠いた, 不注意な, 軽率な, 軽はずみな: eine ～*e* Äußerung 不用意な発言 | ～*es* Fahren 不注意〈無謀〉運転 ‖ ～ handeln 軽はずみな行動をする.

un·vor·sich·ti·ger·wei·se[..tɪgər..] 副 慎重さを欠いて, 不注意に〔も〕, 軽率〈軽はずみ〉に〔も〕.

Un·vor·sich·tig·keit[..tɪçkaɪt] 女 -/-en **1** 《単数で》 unvorsichtig なこと: Das ist aus ～ passiert. それは不注意から起こったことだ. **2** unvorsichtig な言動: eine ～ begehen 軽はずみなことをする.

un·vor·stell·bar[ʊnfoːrʃtɛ́lbaːr, ⌣́–⌣–] 形 想像できない〔ほどの〕, 考えられない〔ような〕: eine ～*e* Entfernung 想像を絶する距離 | Es ist mir ～, daß er uns verrät. 彼が我々を裏切るなんてとても考えられない.

un·vor·teil·haft[ʊ́nfɔrtaɪlhaft] 形 不利益な, 損になる; 不利な: Sie hat eine ～*e* Figur. 彼女は見てくれがよくない.

un·wäg·bar[ʊnvɛ́ːkbaːr, ⌣́––] 形 量ることのできない, 計量不能の.

Un·wäg·bar·keit[..kaɪt, ⌣́–––] 女 -/-en **1** 《単数で》 unwägbar なこと. **2** (Imponderabilien) 不可量物.

un·wahr[ʊ́nvaːr] 形 真実〈本当〉でない, 虚偽の, 虚構の: eine ～*e* Behauptung 虚偽の主張 | Das ist ～. それはうそだ.

un·wahr·haf·tig[ʊ́nvaːrhaftɪç][2] 形 不正直〈不誠実〉な; 偽りの.

Un·wahr·haf·tig·keit[–kaɪt] 女 -/-en **1** 《単数で》 unwahrhaftig なこと. **2** unwahrhaftig な言動.

Un·wahr·heit[ʊ́nvaːrhaɪt] 女 -/-en 真実〈本当〉でないこと, 虚偽, 虚構性, うそ: die ～ sagen うそを言う.

un·wahr·schein·lich[ʊ́nvaːrʃaɪnlɪç] 形 ありそうにない, 本当と思えない; とてつもない, ものすごい: eine ～*e* Geschichte 信じられない〔ほど驚くべき〕話 ‖ Es ist ～, daß er kommt. 彼がやって来ることはまずないだろう | Der Wagen fährt ～ schnell. この車はものすごく速い.

Ụn·wahr·schein·lich·keit[–kaɪt] 女 -/-en **1**《単数で》unwahrscheinlich なこと.

2 unwahrscheinlich な事物.

un·wạn·del·bar[ʊnvándəlba:r, ◡̀◡◡–; オース トリア: ◡̀◡◡–] 形 変わることのない, 不変の, 恒常的な: ～*e* Liebe 変わらぬ愛.

Un·wạn·del·bar·keit[..kaɪt, ◡̀◡◡––] 女 -/ unwandelbar なこと.

ụn·weg·sam[ʊ́nve:kza:m] 形 (森・野原などが)歩きにくい, (徒歩・車で)なかなか通れない: eine ～*e* Wildnis 踏破しにくい〈車の走りにくい〉荒地. [*ahd.*; ◇Weg]

Ụn·weg·sam·keit[–kaɪt] 女 -/ unwegsam なこと.

ụn·weib·lich[ʊ́nvaɪplɪç] 形 女らしさのない.

un·wei·ger·lich[ʊnváɪgərlɪç, ◡̀–◡◡; オース トリア: ◡̀–◡◡] 形《述語的用法なし》不可抗力的な, 必然的な, 絶対確実の, いやおうなしの: die ～*e* Folge von *et.*[3] …の必然的な結果 ‖ Wenn er weiterhin so faulenzt, fällt er ～ durch. もしも彼が今後もあんなに怠けていれば必ず落第する.

[*mhd.*; ◇weigern]

ụn·weit[ʊ́nvaɪt] **I** 副 (…から)遠くないところで: Sie wohnt ～ vom Wald 〈von München〉. 彼女は森〈ミュンヒェン〉から遠くないところに住んでいる.

II 前《2格支配》…から遠くないところで: Das Haus liegt ～ des Flusses. その家は川から遠くないところにある ‖〖無冠詞の地名につけて〗～ München〔s〕ミュンヒェンから遠くないところで.

ụn·wert[ʊ́nve:rt] **I** 形 **1**《雅》《*et.*[2] / *et.*[4]》(…に)値しない, (…の)価値のない: Er ist der Hilfe ～. / Er ist es ～, daß man ihm hilft. 彼は助けてやる値打ちがない. **2**《スイ》＝unwillkommen

II Ụn·wert 男 -〔e〕s/ 価値のなさ, 無価値: **Wert und 〈oder〉 ～** 価値〈効用〉の有無 | *sich*[4] über Wert und ～ eines Romans streiten ある小説の価値の有無について論争する.

ụn·wer·tig[..tɪç][2] 形 価値のない, 無価値な.

Ụn·we·sen[ʊ́nve:zən] 中 -s/ **1** 悪事, ふらちな所業, 狼藉(ろうぜき): ***sein* ～ treiben** 悪事〈狼藉〉を働く, 横行する.

2《雅》無秩序な〈乱れた〉状態.

ụn·we·sent·lich[ʊ́nve:zəntlɪç] 形 本質的でない, 二義的な, 重要でない: ～*e* Kleinigkeiten つまらぬ些事(さじ) | Das ist ganz ～ für nus. それは我々にはどうでもよいことだ | Sein Zustand hat sich nicht ～ gebessert. 彼の容体は少なからず回復した ‖ das Wesentliche vom *Unwesentlichen* unterscheiden 本質的なものとそうでないものとを区別する〈見分ける〉.

Ụn·we·sent·lich·keit[–kaɪt] 女 -/-en **1**《単数で》unwesentlich なこと. **2** unwesentlich な事物.

Ụn·wet·ter[ʊ́nvɛtər] 中 -s/- 悪天候, 荒天, 〔暴〕風雨, あらし;《比》怒りの爆発: ein schweres 〈tobendes〉 ～ ひどい悪天候 | Ein ～ brach los 〈entlud sich〉. あらしがおそってきた.

ụn·wich·tig[ʊ́nvɪçtɪç][2] 形 重要でない, 些細(ささい)〈瑣末(さまつ)〉な, どうでもよい.

Ụn·wich·tig·keit[–kaɪt] 女 -/-en **1**《単数で》unwichtig なこと. **2** unwichtig な事物.

un·wi·der·lẹg·bar[ʊnvi:dərlé:kba:r, ◡̀–◡––; オース トリア: ◡̀–◡––] 形 反論の余地のない, 否定できない: eine ～*e* Logik 〈Wahrheit〉 否定できない論理〈真理〉.

Un·wi·der·lẹg·bar·keit[..kaɪt, ◡̀–◡–––] 女 -/ unwiderlegbar なこと.

un·wi·der·lẹg·lich[..lɪç, ◡̀–◡–◡; オース トリア: ◡̀–◡–◡] ＝unwiderlegbar

un·wi·der·rụf·lich[ʊnvi:dərrú:flɪç, ◡̀–◡–◡; オース トリア: ◡̀–◡–◡] 形 取り消しのきかない, 撤回できない, 変更の余地のない, 最終的な: ein ～*es* Urteil 最終判決 | Jetzt ist es ～ zu Ende. こんどこそ本当に最後だ.

un·wi·der·sprọ·chen[ʊnvi:dərʃprɔ́xən, ◡̀–◡◡◡; オース トリア: ◡̀–◡◡◡] 形 反論〈反駁(はんばく)〉され〔てい〕ない: Diese Behauptung kann nicht ～ bleiben. このような主張は反論なしで通るわけがない.

un·wi·der·stẹh·lich[ʊnvi:dərʃté:lɪç, ◡̀–◡–◡; オース トリア: ◡̀–◡–◡] 形 抵抗できない, 抗しがたい, あらがいがたい, 圧倒的な; いやおうなしに人をひきつける: ein ～*er* Drang やむにやまれぬ衝動 | von ～*em* Reiz sein 抗しがたい魅力をもっている | Sie ist einfach ～. 彼女には全く抵抗できない(魅力がありすぎて). [<widerstehen]

Un·wi·der·stẹh·lich·keit[..kaɪt, ◡̀–◡–◡–] 女 -/ unwiderstehlich なこと.

un·wie·der·brịng·lich[ʊnvi:dərbrɪ́ŋlɪç, ◡̀–◡◡◡; オース トリア: ◡̀–◡◡◡] 形 取り返しのつかない, 回復不能の: ein ～*er* Verlust 償いようのない〈決定的な〉損失 | Das Geld ist ～ verloren. その金は二度と戻ってこない.

[<wiederbringen]

Un·wie·der·brịng·lich·keit[..kaɪt, ◡̀–◡◡◡–] 女 -/ unwiederbringlich なこと.

Ụn·wil·le[ʊ́nvɪlə] 男 2格 -ns, 3格 -n, 4格 -n《複数なし》不機嫌, 立腹, 憤懣(ふんまん): *js.* ～*n* erregen 〈hervorrufen〉 …の怒りを招く | *seinem* ～*n* Luft machen 憤懣をぶちまける.

Ụn·wil·len[..lən] 男 -s/ ＝Unwille

ụn·wil·lent·lich[ʊ́nvɪləntlɪç] 形《雅》自分の意志とかかわりのない, 否応なしの.

ụn·wil·lig[ʊ́nvɪlɪç][2] 形 不機嫌な, 腹を立てた, いらいらした; (widerwillig) いやいやながらの.

ụn·will·kom·men[ʊ́nvɪlkɔmən] 形 歓迎されない, ありがたくない, 迷惑な: ein ～*er* Besuch 喜ばれない訪問〈来客〉| Wenn Sie mir helfen wollen, so ist mir das nicht ～. あなたが助けてくれるのならありがたいのですが.

ụn·will·kür·lich[ʊ́nvɪlky:rlɪç, ◡◡´◡] 形 みずからの意志によらない, 思わず知らずの, 無意識的な;〖心〗無意識的な: eine ～*e* Bewegung〖生理〗不随意運動 | ～*e* Muskeln〖解〗不随意筋 ‖ Sie machte ～ einen Schritt zurück. 彼女は思わず一歩後にさがった.

Ụn·will·kür·lich·keit[..kaɪt, ◡◡´◡–] 女 -/ unwillkürlich なこと.

ụn·wirk·lich[ʊ́nvɪrklɪç] 形 事実でない, 実在しない; 非現実的な, 架空の.

Ụn·wirk·lich·keit[–kaɪt] 女 -/ unwirklich なこと.

ụn·wirk·sam[ʊ́nvɪrkza:m] 形 効力〈実効〉のない, 無効な: eine ～*e* Maßnahme 〈Methode〉 効果のない処置〈方法〉.

Ụn·wirk·sam·keit[–kaɪt] 女 -/ unwirksam なこと.

ụn·wirsch[ʊ́nvɪrʃ] 形 無愛想な, そっけない: eine ～*e* Antwort geben つっけんどんな返事をする. [*mhd.* unwirdesch „un-wert"; <*mhd.* wirde (◇Würde)]

ụn·wirt·lich[ʊ́nvɪrtlɪç] 形 **1** (客に対して)もてなしの悪い, 客を冷遇する, 無愛想な. **2** (土地・風景などが)荒涼とした, 不毛の, ものさびしい; (気候・天候が)きびしい.

Ụn·wirt·lich·keit[–kaɪt] 女 -/ unwirtlich なこと.

ụn·wirt·schaft·lich[ʊ́nvɪrt-ʃaftlɪç] 形 不経済な, 浪費的な, 金のかかる; (家計などの)やりくりの下手な.

Ụn·wirt·schaft·lich·keit[–kaɪt] 女 -/ unwirtschaftlich なこと.

Ụn·wis·sen[ʊ́nvɪsən] 中 -s/ (Nichtwissen) 知らないこと, 無知.

ụn·wis·send[ʊ́nvɪsənt][1] 形 ものを知らない, 無知〈無学〉な, 経験の乏しい; (特定の事実を)知らない, 知らされていない; (unwissentlich) それと知らずに: ein ～*es* Kind まだ何も知らない子供 | *sich*[4] ～ stellen 知らないふりをする.

Ụn·wis·sen·heit[..vɪsənhaɪt] 女 -/ **1** (特定の事実を)知らない〈知らされていない〉こと: *jn.* 〔bewußt〕 in ～ halten 〈lassen〉 …に〔故意に〕事情を知らせずにおく | Darüber besteht noch allgemeine ～. それについてはまだ一般に知られていない | *Unwissenheit* schützt nicht vor Strafe. 知らなかったからといって許されるわけではない. **2** 無知, 無学, 経験の乏しさ.

ụn·wis·sen·schaft·lich[ʊ́nvɪsənʃaftlɪç] 形 学問的でない, 非科学的な.

Ụn·wis·sen·schaft·lich·keit[–kaɪt] 女 -/ unwissenschaftlich なこと.

un·wis·sent·lich[ʊ́nvɪsəntlɪç] 副 知らないで, それと知らず〈気づかず〉に: *jn.* ～ beleidigen 知らずに…の心を傷つける.

un·wohl[ʊ́nvo:l] 形 **1** 気分のすぐれない, 不快な(生理期間中の女性に関しても用いられる): Mir ist ～. / Ich bin ～. / Ich fühle mich ～. 私は気分〈体の調子〉がよくない. **2** (unbehaglich) 居心地のよくない; (危惧(きぐ)・懸念などで)なんとなく落ち着かない〈うしろめたい〉: ein ～*es* Gefühl bei *et.*³ haben …の際にあまりいい気持がしない.

Un·wohl·sein[−zaɪn] 中 -s/ unwohl なこと.

un·wohn·lich[ʊ́nvo:nlɪç] 形 人の住めない; 住み心地の悪い.

Un·wort[ʊ́nvɔrt] 中 **1** -[e]s/..wörter 粗悪な語, 美しくない単語. **2** -[e]s/..worte 粗悪な言葉, 不快な表現.

Un·wucht[ʊ́nvʊxt] 女 -/-en 〘工〙(車輪などの)不平衡, アンバランス〔な状態〕.

un·wür·dig[ʊ́nvʏrdɪç]² 形 **1** 品位を落とす, 体面を傷つける: ein ～*es* Benehmen 体面にふさわしくない振舞い. **2** 《*et.*²》(…に)ふさわしくない, (…に)値しない: Er ist solcher Ehre ～. 彼はこのような栄誉を受けるに値しない.

Un·wür·dig·keit[−kaɪt] 女 -/ unwürdig なこと.

Un·zahl[ʊ́ntsa:l] 女 -/ 無数: eine ～ von Briefen 〈Menschen〉 無数の手紙〈人たち〉 | Er hat Freunde in ～. 彼には友人が数えきれないほどいる.

un·zähl·bar[ʊntsɛ́:lba:r, ⌣́−−; オース・トリア: ⌣́−−] **1** = unzählig **2** (↔zählbar) 〘言〙不可算の.

un·zäh·lig[ʊntsɛ́:lɪç, ⌣́−⌣; オース・トリア: ⌣́−⌣]² 形 無数の, 数えきれないほどの: ～*e* Menschen / ～ viele Menschen 無数の〈数えきれないほど多数の〉人たち. [*mhd.*; ◇zählen]

un·zäh·li·ge·mal[..lɪgə..] 副 何度も何度も, 何回となく.

un·zähm·bar[ʊntsɛ́:mba:r, ⌣́−−] 形 飼いならす〈しつける〉ことのできない, 調教不能の.

Un·zahn[ʊ́ntsa:n] 男 -[e]s/..zähne[..tsɛ:nə] 《話》気位の高い〈つんとすました〉少女. [＜Zahn 4]

un·zart[ʊ́ntsa:rt] 形 繊細でない, やさしさ〈思いやり〉のない, 粗野な: eine ～*e* Frage 無神経な質問.

Un·zart·heit[−haɪt] 女 -/-en **1** 《単数で》unzart なこと. **2** unzart な言動.

Un·ze¹[ʊ́ntsə] 女 -/-n (英: *ounce*) オンス(ヤード・ポンド法の重量単位で1/16ポンド, 約28. 35g にあたる. また貴金属・薬品の場合は1/12ポンド, 約31. 10g に当たる): ein Boxhandschuh von 8 ～*n* 8 オンスのボクシング用グローブ.
[*lat.* uncia(−*afr.*−*engl.*); ＜*lat.* ūnus (→uni..); ◇Inch, Unziale; *engl.* ounce]

Un·ze²[−] 女 -/-n (Schneeleopard) 〘動〙ユキヒョウ(雪豹)(ヒマラヤ産).
[*vulgärlat.*−*fr.* once; ＜*gr.* lýgx (→Luchs)]

Un·zeit[ʊ́ntsaɪt] 女 -/ 《ふつう次の形で》**zur** ～ 都合の悪いとき〈時刻〉に.

un·zeit·ge·mäß[ʊ́ntsaɪtgəmɛ:s] 形 時代に合わない, 時代から外れた; 時代ばなれした, 季節はずれの: 《*Unzeitgemäße* Betrachtungen》『反時代的考察』(Nietzsche の著書).

un·zei·tig[ʊ́ntsaɪtɪç]² 形 時宜(じぎ)を得ない, 時期遅れ〈尚早〉の; 不都合〈非常識〉な時刻の: ～*es* Obst 《方》(時期が早すぎて)未熟な果物.

un·zen·siert[ʊ́ntsɛnzi:rt] 形 検閲され〔てい〕ない.

un·zen·wei·se[ʊ́ntsən..] 副 (→..weise ★) オンス〔単位〕で.

un·zer·brech·lich[ʊntsɛrbrɛ́çlɪç, ⌣́⌣⌣⌣; オース・トリア: ⌣́⌣⌣⌣] 形 壊れない, 割れない, 頑丈〈丈夫〉な; (意志などが)ゆるがぬ, 不動の: das ～*e* Material 〈Spielzeug〉 壊れない材料〈玩具〉.

Un·zer·brech·lich·keit[..kaɪt, ⌣́⌣⌣⌣−] 女 -/ unzerbrechlich なこと.

un·zer·kaut[ʊ́ntsɛrkaut] 形 かみ砕かれない〔ままの〕: ～ schlucken (錠剤などを)かまないで〈まるごと〉のみ込む.

un·zer·leg·bar[ʊntsɛrlé:kba:r, ⌣́⌣−−] 形 分けられない, 分割〈解体〉できない.

un·zer·reiß·bar[ʊntsɛrráɪsba:r, ⌣́⌣−−; オース・トリア: ⌣́⌣−−] 形 切れ〈引きちぎれ〉ない, 裂けない: ein ～*es* Seil 切れないザイル | ein ～*es* Band かたい絆(きずな).

un·zer·stör·bar[ʊntsɛrʃtǿ:rba:r, ⌣́⌣−−; オース・トリア: ⌣́⌣−−] 形 破壊できない; 《比》不滅の.

Un·zer·stör·bar·keit[..kaɪt, ⌣́⌣−−−] 女 -/ unzerstörbar なこと.

un·zer·teil·bar[ʊntsɛrtáɪlba:r, ⌣́⌣−−] 形 分割〈細分〉できない. [＜zerteilen]

un·zer·trenn·bar[ʊntsɛrtrɛ́nba:r, ⌣́⌣⌣−; オース・トリア: ⌣́⌣⌣−] 形 ばらばらにすることができない; (縫い合わせてあるものが)ほどけない.

un·zer·trenn·lich[ʊntsɛrtrɛ́nlɪç, ⌣́⌣⌣⌣; オース・トリア: ⌣́⌣⌣⌣] **I** 形 離れることのない, つねに一緒にいる; (離れられないほど)仲のよい, 親密な: ～*e* Freunde 無二の親友同士.
II Un·zer·trenn·li·che 複 《形容詞変化》(Inseparables) 〘鳥〙ボタンインコ(牡丹鸚哥)(つがいでないと飼育がむずかしい). [＜zertrennen]

Un·zi·al·buch·sta·be[ʊntsiá:l..] 男 アンシアル字体〔の字母〕.

Un·zia·le[ʊntsiá:lə] 女 -/-n, **Un·zi·al·schrift** 女 アンシアル文字〈字体〉(紀元前 3 世紀ごろからギリシアで, また紀元後 3 世紀ごろからローマで用いられた, 大文字のみによる丸みを帯びた独特の字体).
[＜*lat.* uncia (→Unze¹)＋..al¹; ◇*engl.* uncial]

un·ziem·lich[ʊ́ntsi:mlɪç] (**un·zie·mend**[ʊ́ntsi:mənt]¹) 形《雅》(ungehörig) 適切でない, (その場の状況に)ふさわしくない, 場所柄をわきまえない, ぶしつけな, 見〈聞き〉苦しい: ein ～*es* Benehmen 不適当な行動.

Un·ziem·lich·keit[..kaɪt] 女 -/-en **1** 《単数で》unziemlich なこと. **2** unziemlich な言動.

Un·zier·de[ʊ́ntsi:rdə] 女 -/ 美をそこなう〈目ざわりな〉もの, 汚点: *jm.* zur ～ gereichen …にとって恥〈不名誉〉となる.

un·zi·vi·li·siert[ʊ́ntsivilizi:rt] 形 未開の, 文明の恩恵に浴していない.

Un·zucht[ʊ́ntsʊxt] 女 -/ 猥褻(わいせつ)〔行為〕: gewerbsmäßige ～ 営利目的の猥褻行為, 売春〔行為〕| ～ mit Abhängigen 〈Minderjährigen〉 被保護者〈未成年者〉との猥褻〔行為〕| ～ treiben 猥褻行為を行う | *jn.* zur ～ verführen 〈verleiten〉 …を誘惑して猥褻行為をさせる.

un·züch·tig[ʊ́ntsʏçtɪç]² 形 卑猥(ひわい)な, 猥褻(わいせつ)な; (性的に)乱脈な, ふしだらな: ～*e* Gebärden 卑猥な身ぶり〈所作〉| ～*e* Bilder 〈Schriften〉 猥褻図画〈文書〉| ～ leben ふしだらな生活をする.

Un·züch·tig·keit[−kaɪt] 女 -/-en **1** 《単数で》unzüchtig なこと. **2** unzüchtig な言動.

un·zu·frie·den[ʊ́ntsufri:dən] 形 満足していない; 不満な, 不平を抱いた: mit *jm.* 〈*et.*³〉 ～ sein …に不満である | ein ～*es* Gesicht machen 不満〈不服〉そうな顔をする ‖ der 〈die〉 *Unzufriedene* 不平家, 不満分子.

Un·zu·frie·den·heit[−haɪt] 女 -/ unzufrieden なこと.

un·zu·gäng·lich[ʊ́ntsu:gɛŋlɪç] 形 **1** (ある場所が自然の障害のために)〔なかなか〕近寄れない, 到達〈立ち入り〉不能の: ein ～*es* Sumpfgebiet 人を寄せつけない沼沢地. **2** (人が非社交的で)近寄りがたい, 無愛想な; (頼みごとなどを)受けつけない: Er ist allen Einwänden gegenüber ～. 彼はいかなる異論にも耳を貸そうとしない. [＜Zugang]

Un·zu·gäng·lich·keit[−kaɪt] 女 -/ unzugänglich なこと.

un·zu·kömm·lich[ʊ́ntsu:kœmlɪç] 形 **1** 《オース・トリア》 **a)** (unzulänglich) 不十分な. **b)** ふさわしくない, 不当な: *jn.* in ～*er* Weise begünstigen …を不当に優遇する. **2** 《スイス》(unzuträglich) 健康によくない. [＜zukommen]

Un·zu·kömm·lich·keit[−kaɪt] 女 -/-en **1** 《単数で》unzukömmlich なこと. **2** 《複数で》《スイス》やっかいごと.

un·zu·läng·lich[ʊ́ntsu:lɛŋlɪç] 形 不十分な, 不足な: ～*e* Kenntnisse 不十分な知識 | Die Versorgung der Bevölkerung mit Lebensmitteln war ～. 住民への食料の供給は不足していた.

Un·zu·läng·lich·keit[−kaɪt] 女 -/-en **1** 《単数で》unzulänglich なこと. **2** unzulänglich な事物.

un·zu·läs·sig[ʊ́ntsu:lɛsɪç]² 形 許されていない, 許容できな

い, 禁じられた: eine ～*e* Einmischung 〈Methode〉 許されない介入〈方法〉.

Un·zu·läs·sig·keit[–kaɪt] 女 -/ unzulässig なこと.

un·zu·mut·bar[ʊ́ntsu:mu:tba:*r*] 形 (不当・不適切で)要求できない: *et.*[4] als ～ ablehnen …を過当〈不当〉な要求として拒否する. [＜zumuten]

Un·zu·mut·bar·keit[–kaɪt] 女 -/-en **1** 《単数で》 unzumutbar なこと. **2** unzumutbar な言動.

un·zu·rech·nungs·fä·hig[ʊ́ntsu:rɛçnʊŋsfɛ:ɪç][2] 形 (自分の行動に対して)責任能力のない(心神耗弱(こうじゃく)・心神喪失などで). [＜Zurechnung]

Un·zu·rech·nungs·fä·hig·keit[–kaɪt] 女 -/ 〖法〗 責任不能力.

un·zu·rei·chend[ʊ́ntsu:raɪçənt][1] 形 不十分な.

un·zu·sam·men·hän·gend[ʊ́ntsuzamənhɛŋənt][1] 形 (相互に)関連のない, 脈絡のない, 支離滅裂の.

un·zu·stän·dig[ʊ́ntsu:ʃtɛndɪç][2] 形 権限〈資格〉のない; 管轄外の.

Un·zu·stän·dig·keit[–kaɪt] 女 -/ unzuständig なこと.

un·zu·stell·bar[ʊ́ntsu:ʃtɛlba:*r*] 形 (郵便物などが)配達不能の. [＜zustellen]

un·zu·träg·lich[ʊ́ntsu:trɛ:klɪç] 形 健康によくない, 有害な: Alkohol ist mir 〈meiner Gesundheit〉 ～. アルコールは私〈私の健康〉によくない.

Un·zu·träg·lich·keit[–kaɪt] 女 -/-en **1** 《単数で》 unzuträglich なこと. **2** unzuträglich な事物.

un·zu·tref·fend[ʊ́ntsu:trɛfənt][1] 形 的中しない, 当たらない, 適切でない, 該当しない: Was er behauptet, ist ～. 彼の主張は当を得ていない | *Unzutreffendes* bitte streichen. (アンケート用紙などで)該当しない項目を消してください.

un·zu·ver·läs·sig[ʊ́ntsu:fɛrlɛsɪç][2] 形 信頼できない, 当てにならない: ～*es* Wetter 変わりやすい天気 | Er ist politisch ～. 彼は政治的に信用できない.

Un·zu·ver·läs·sig·keit[–kaɪt] 女 -/ unzuverlässig なこと.

un·zweck·mä·ßig[ʊ́ntsvɛkmɛ:sɪç][2] 形 目的にかなわない, 合目的的でない, 役に立たない, 適当でない.

Un·zweck·mä·ßig·keit[–kaɪt] 女 -/ unzweckmäßig なこと.

un·zwei·deu·tig[ʊ́ntsvaɪdɔʏtɪç][2] 形 あいまいでない; (eindeutig) 明白な, 明らかな; 明確な, はっきりとした; あからさまの, 露骨な(猥談(わいだん)など): *jm. et.*[4] ～ zu verstehen geben …に…をはっきりと言ってやる.

Un·zwei·deu·tig·keit[–kaɪt] 女 -/-en **1** 《単数で》 unzweideutig なこと. **2** unzweideutig な言動.

un·zwei·fel·haft[ʊ́ntsvaɪfəlhaft, ◡⏊◡◡] **I** 形 疑う余地のない, 明白な: eine ～*e* Tatsache 明らかな事実.

II 副 《陳述内容の現実度に対する話し手の判断・評価を示して》 (zweifellos) 疑いもなく, 明らかに, 確かに: Das war ～ ein großer Erfolg. これは明らかに大成功だった.

Uof.[ú:|ɔf] 略 《スイス》 = Unteroffizier 下士官.

up 《英語》 → *up* to date

Upa·ni·schad[upá:niʃat][1] 女 -/-en[upaniʃá:dən] 《ふつう複数で》 〖ヒンズー教〗 ウパニシャッド(古代インドの哲学書で, 紀元前 8 世紀と 6 世紀の間に作られ,1300年ごろに初めて文字になった). [*sanskr.*; ◇auf, nid, sitzen]

Upe·ri·sa·tion[uperizatsió:n] 女 -/-en (牛乳の)〔超高温〕滅菌. [＜ultra+Pasteurisation]

UPI[jú:pi:áɪ] 女 -/ ユーピーアイ(アメリカの国際通信社). [*engl.*; ＜*engl.* *U*nited *P*ress *I*nternational]

Up·per·cut[ápərkat, ʌ́pəkʌt] 男 -s/-s 〖ボクシング〗 アッパーカット. [*engl.* „Aufwärtshaken"]

Up·per ten[ʌ́pə tén] 複 最上流階級. [*engl.* upper ten 〔thousand〕 „die oberen Zehntausend"]

üp·pig[ʏ́pɪç][2] 形 **1** (植物などが)繁茂した, 鬱蒼(うっそう)とした; 非常に豊富な, おびただしい, たっぷりの; (想像力が)あふれるばかりの, 豊かな; ぜいたくな, 豪華な: ein ～*es* Mahl ぜいたくな食事 | ein ～*es* Trinkgeld たっぷりのチップ | ein ～*es* Leben führen / ～ leben 豪華な暮らしをする ‖ es[4] nicht ～ haben (経済的に)あまり余裕がない, 金に困っている | Das Haar quillt ～ unter der Mütze hervor. 髪の毛が帽子からふさふさとはみ出ている. **2** (女性の肉体に関して)肉づきのいい, 豊満な: eine ～*e* Blondine グラマーな金髪女性 | ein ～*er* Busen 豊かな胸. **3** 《話》 無遠慮な, 生意気な, 厚かましい: Werde nicht zu ～! あまり図に乗るな. [*ahd.* „überflüssig"]

Üp·pig·keit[–kaɪt] 女 -/ üppig なこと.

Upp·sa·la[ʊ́psala·] (ᵛ**Up·sa·la**[–, ʊpsá:la·]) 地名 ウプサラ(スウェーデン, ストックホルム北方の都市で大学の所在地). [＜*schwed.* op Säla „das obere Sala (村の名)"]

Upp·sa·la·er[ʊ́psalaər] **I** 男 -s/- ウプサラの人.

II 形 《無変化》 ウプサラの.

up to date[ʌ́p tə déɪt] 《英語》 (bis auf den heutigen Tag) 現代的な, 当世ふうの; 時代の先端をゆく, 最新の: Er ist in seinen Ansichten nicht mehr ganz ～. 彼は物の考え方がどうも古い. [◇auf, zu, Datum]

ur..[1] 《ほとんどつねにアクセントをもつ》 **I** 《名詞・形容詞につけて「始・源」を意味する》: *Ur*mensch 〖人類〗 原人 | *Ur*wald 原始林 | *Ur*einwohner 原住民 | *Ur*aufführung 初演 | *Ur*faust (Goethe の) Faust の初稿 ‖ *ur*alt 非常に古い; 高齢の.

II 《血縁関係を表す名詞につけて「一代前・先の」を意味する》: *Ur*großvater 曾(そう)祖父 | *Ur*urgroßvater 高祖父 | *Ur*enkel 曾孫.

III 《形容詞につけてその意味を強め, ふつうアクセントは同時に基礎語にもおかれる》: *ur*plötzlich 全く突然の.

[*germ.* „〔her〕aus"; ◇aus, er..]

ur..[2] →uro..

..ur[..u:*r*] 《「…すること, …したことの結果」を意味する女性名詞 (-/-en) をつくる. ..atur となることもある》: Dress*ur* (動物の)調教 | Proзed*ur* 手続き | Repar*atur* 修理 | Fris*ur* 髪型 | Sign*atur* 署名; 記号 | Kre*atur* 被創造物; 生物. [*lat.*]

Ur[1][u:*r*] 男 -〔e〕s/-e (Auerochs) 〖動〗 オーロクス(17世紀に絶滅した牛の一種).

[*germ.* „Befeuchter"; ◇uro..; *engl.* aurochs]

Ur[2][–] 地名 ウル(イラク南部にあった古代 Babylonien の都).

u. R. 略 = unter Rückerbittung (閲覧後の)返却を願って.

Ur·ab·stim·mung[ú:*r*|apʃtɪmʊŋ] 女 -/-en (ストライキ実行の可否を決定するための)組合員全員による直接投票.

Ur·adel[ú:*r*|a:dəl] 男 -s/ 〖史〗 (14世紀後半に皇帝による叙爵が始まる以前からの)古貴族.

Ur·af·fekt[ú:*r*|afɛkt] 男 -〔e〕s/-e 〖心〗 基本情動.

Ur·ahn[ú:*r*|a:n] 男 -〔e〕s, -en/-en **1** 始祖. **2** = Urgroßvater

Ur·ah·ne[..|a:nə] **I** 男 -n/-n = Urahn

II 女 -/-n **1** 女の始祖. **2** = Urgroßmutter

der **Ural**[urá:l] 地名 男 -〔s〕/ **1** ウラル(アジアとヨーロッパの境界をなして南北につらなる山脈). **2** ウラル(ウラル山脈の南に発して Kaspisee に注ぐ川). [*ostjakut.* „Gürtel"]

ural·al·ta·isch[urá:l|altá:ɪʃ] 形 ウラル=アルタイの: ～*e* Sprachen ウラル=アルタイ系諸語(北アジアからヨーロッパの一部にわたる諸言語で, フィンランド語・ハンガリー語などのウラル系, トルコ語・モンゴル語などのアルタイ系に大別される).

Ural·ge·biet 地名 中 -〔e〕s/ ウラル地方(ロシア連邦, ウラル山脈を中心とする重工業地帯).

das **Ural·ge·bir·ge** 地名 中 -s/ ウラル山脈.

ura·lisch[urá:lɪʃ] 形 ウラル〔地方〕の.

ur·alt[ú:*r*|alt] 形 非常に古い, 太古の; 高齢の: aus ～*en* Zeiten 大昔からの ‖ Der Trick ist ～. それは古い手だ | ～ Lavendel sein (→Lavendel II).

Ur·al·ter[ú:*r*|altər] 中 -s/ 太古, 大昔; 高齢.

ur·al·ters[–s] 副 大昔: 〖もっぱら次の成句で〗 von ～ her 大昔から.

Ur·ämie[urɛmí:] 女 -/ (Harnvergiftung) 〖医〗 尿毒症.

ur·ämisch[urɛ́:mɪʃ] 形 尿毒症の. [＜uro..]

Uran[urá:n] 中 -s/ 〖化〗 ウラン, ウラニウム(放射性金属元素名; 記号 U): angereichertes ～ 濃縮ウラン.

[＜Uranus; ◇*engl.* uranium]

Uran≈berg·werk 中 ウラン鉱山. **≈bomb·be** 女 ウラン爆弾. **≈bren·ner** 男 =Uranmeiler **≈di·oxid** 中〘化〙二酸化ウラン. **≈erz** 中 ウラン鉱石.

Ur·an·fang[ú:r|anfaŋ] 男 -〔e〕s/..fänge[..fɛŋə] そもそもの初め, 最初, 発端.

ur·an·fäng·lich[..fɛŋlɪç] 形 いちばん初めの, そもそもの; 最初からの.

Uran·glim·mer[urá:n..] 男〘鉱〙ウラン雲母(うんも)(銅ウラン鉱・灰ウラン鉱など).

Ur·angst[ú:r|aŋst] 女〘精神分析〙(誕生のさい母胎から離れることによって生じる)原不安.

uran·hal·tig[urá:nhaltɪç][2] 形 ウランを含有した.

Ura·nia[urá:nia·] 人名〘ギ神〙**1** ウラニア(天文の女神: → Muse 1). **2** ウラニア (Aphrodite の別名).
[*gr.*－*lat.* ◇urano.., Uranus]

Ura·ni·nit[uraniní:t, ..nít] 中 -〔e〕s/ 〘鉱〙閃(せん)ウラン鉱, 瀝青(れきせい)ウラン鉱. [<Uran+..it[2]; ◇*engl.* uranite]

Ura·nis·mus[uranísmʊs] 男 -/ (男性の)同性愛, 男色. [<Urania 2]

Ura·nist[..níst] 男 -en/-en 同性愛の男, 男色者.

Ur·an·la·ge[ú:r|anla:gə] 女 -/-n 元来の素質;〘生〙原基.

Uran≈mei·ler[urá:n..] 男 ウラン燃料原子炉. **≈mi·ne** 女 =Uranbergwerk

urano..《名詞などにつけて「天・空」を意味する》[*gr.* ouranós „Himmel"; ◇Uranus]

Ura·no·gra·phie[uranografí:] 女 -/ 天体誌学, 記述天文学.

Ura·no·lo·gie[..logí:] 女 -/ (Himmelskunde) 天体学.

Ura·no·me·trie[..metrí:] 女 -/-n[..trí:ən] 天体位置誌; 天体測量.

Ura·nos[ú:ranɔs] =Uranus I

▽**Ura·no·skop**[uranoskó:p, ..nɔs..] 中 -s/-e 天体望遠鏡.

▽**Ura·no·sko·pie**[..skopí:] 女 -/ 天体観測.

Uran≈oxid[urá:n..] 中〘化〙酸化ウラン. **≈pech·blen·de** 女, **≈pech·erz** 中〘鉱〙瀝青(れきせい)ウラン鉱, 閃(せん)ウラン鉱. **≈rei·he** 女〘化〙ウラン〔ラジウム〕系(ウラン238にはじまる放射性核種の崩壊系列).

Ura·nus[ú:ranʊs] **I** 人名〘ギ神〙ウラノス(天空の神. Gäa と結婚して Titan 神族の祖となった). **II** der **Ura·nus** 男 -/ 〘天〙天王星(太陽系の内側から 7 番目の惑星).
[*gr.*; ◇urano..]

Uran·ver·bin·dung[urá:n..] 女〘化〙ウラン化合物.

Urat[urá:t] 中 -〔e〕s/-e〘化・医〙尿酸塩.
[<uro..+..at]

ur·auf|füh·ren[ú:r|aʊffy:rən] 他 (h)《不定詞・過去分詞で》(芝居・オペラなどを)初演する; (映画を)封切る.

Ur·auf·füh·rung[..rʊŋ] 女 -/-en (芝居・オペラなどの)初演; (映画の)封切り.

Ur·aus·ga·be[ú:r|aʊsga:bə] 女 原版, 初版.

ur·ban[ʊrbá:n] 形 都市の; 都会的な, 都会ふうの;《比》上品な, 洗練された, みやびやかな, あかぬけた: ein ～*es* Gebaren 都会的な洗練された物腰. [*lat.*; <*lat.* urbs „Stadt"]

Ur·ban[ʊ́rba:n] 男名 ウルバーン.

Ur·ba·ni·sa·tion[ʊrbanizatsió:n] 女 -/-en=Urbanisierung

ur·ba·ni·sie·ren[..zí:rən] 他 (h) **1** (土地開発によって)都市化する. **2** 都会化する, 都会ふうにする; 洗練する.

Ur·ba·ni·sie·rung[..rʊŋ] 女 -/-en **1** (土地開発による)都市化. **2** 都会化; 洗練.

Ur·ba·ni·stik[ʊrbanístɪk] 女 -/ 都会学.

Ur·ba·ni·tät[ʊrbanitɛ́:t] 女 -/ 都会ふう, みやび, 上品. [*lat.*]

Ur·ba·nus[ʊrbá:nʊs] 男名 ウルバーヌス. [*lat.*]

ur·bar[ú:rba:r; オーストリア: ʊ́rba:r] 形 耕作可能の: *et.*[4] ～ machen …を開墾する. [„ertragreich"; *ndd.*]

Ur·bar[ʊrbá:r, ú:rba:r] 中 -s/-e=Urbarium

Ur·ba·ri·en Urbarium の複数.

ur·ba·ri·sie·ren[u:rbarizí:rən] 他 (h)《スイス》開墾する.

Ur·ba·ri·sie·rung[..rʊŋ] 女 -/-en《スイス》= Urbarmachung

Ur·ba·rium[ʊrbá:riʊm] 中 -s/..rien[..riən] **1** (中世の)土地台帳. **2** 地代収入. [*mhd.* urbor; <*ahd.* urberan „hervor-bringen" (◇gebären)]

Ur·bar·ma·chung[ú:rba:r..] 女 -/-en 開墾.

Ur·be·deu·tung[ú:rbədɔʏtʊŋ] 女 -/-en 元来の意味, 原義.

Ur·be·ginn[ú:rbəgɪn] 男 -〔e〕s/ =Uranfang

Ur·be·stand·teil[ú:rbəʃtanttaɪl] 男 -〔e〕s/-e〘化〙原成分.

Ur·be·völ·ke·rung[ú:rbəfœlkərʊŋ] 女 -/-en《集合的に》(ある地域の)原住民.

Ur·be·woh·ner[ú:rbəvo:nər] 男 -s/- 原住民.

Ur·bie·ne[ú:rbi:nə] 女 -/-n〘虫〙ミツバチモドキ(擬蜜蜂)科の昆虫.

ur·bi et or·bi[ʊ́rbi· ɛt ɔ́rbi·]《ラテン語》(der Stadt und dem Erdkreis) ローマ内外の信徒に(教皇の大勅書などの呼び掛けの言葉); あまねく全世界〔の人たち〕に. [◇urban, Orbis]

Ur·bild[ú:rbɪlt][1] 中 -〔e〕s/-er **1** 原像, 原型;〘数〙原像, 逆像. **2** 理想像, 典型.

ur·bild·lich[－lɪç] 形 **1** 原像〈原型〉の. **2** 理想的な, 典型的な.

Urbs ae·ter·na[ʊ́rps ɛtɛ́rna·] 女 - -/ (die Ewige Stadt) 永遠の都(ローマの異名).
[*lat.*; ◇urban, eternisieren]

ur·chig[ʊ́rçɪç][2]《スイス》=urwüchsig [<urig]

Ur·chri·sten·tum[ú:rkrɪstəntu:m] 中 -s/ (紀元200年ごろまでの)原始〈初期〉キリスト教.

ur·christ·lich[..lɪç] 形 原始〈初期〉キリスト教の.

Urd[ʊrt] 人名〘北欧神〙ウルト(過去をつかさどる運命の女神: →Norne). [*anord.*]

Ur·darm[ú:rdarm] 男 -〔e〕s/〘動〙原腸.

ur·deutsch[ú:rdɔʏtʃ] 形 生粋のドイツの, きわめてドイツ的な.

Ur·du[ʊ́rdu·] 中 -/ ウルドゥー語(ヒンドスタニー語の一種で, パキスタンの公用語). [*türk.*－*Hindi*]

Urea[ú:rea·] 女 -/ (Harnstoff) 尿素. [<uro..]

Ure·id[ureí:t][1] 中 -〔e〕s/-e〘化〙ウレイド, カルバミド.
[<..id[2]]

ur·ei·gen[ú:r|aɪgən] 形 生来そなわった, 独自〈独特〉の; まさに自分自身の: Das liegt in deinem ～*sten* Interesse. それはまさに君自身の利益になることだ.

ur·ei·gen·tüm·lich[ú:r|aɪgənty:mlɪç] 形 まさに特有の, 全く固有の.

Ur·ein·woh·ner[ú:r|aɪnvo:nər] 男 -s/- 原住民.

Ur·el·tern[ú:r|ɛltərn] 複 人類の祖(例えば旧約聖書の Adam と Eva); (一般に)始祖.

Ur·en·kel[ú:r|ɛŋkəl] 男 -s/- (女 **Ur·en·ke·lin**[..kəlɪn]-/-nen) ひまご, 曾孫(そうそん); (一般に)子孫.

Ure·ter[uré:tər] 男 -s/-en[ureté:rən] (Harnleiter)〘解〙〔輸〕尿管.
[*gr.*; <*gr.* oureĩn „harnen" (◇uro..)]

Ure·than[uretá:n] 中 -s/〘化〙ウレタン.
[<Urea+Äthan]

Ure·thra[uré:tra·] 女 -/..thren[..trən] (Harnröhre)〘解〙尿道. [*gr.*; ◇Ureter]

ure·thral[uretrá:l] 形 尿道の; 尿道に関する. [<..al[1]]

Ure·thren Urethra の複数.

Ure·thri·tis[..trí:tɪs] 女 -/..tiden[..trití:dən] (Harnröhrenentzündung)〘医〙尿道炎. [<..itis]

Ure·thro·skop[..troskó:p, ..rɔs..] 中 -s/-e〘医〙尿道鏡.

ure·tisch[uré:tɪʃ] 形 (harntreibend)〘医〙利尿〔性〕の.
[*gr.* ourētikós; ◇Ureter]

ur·ewig[ú:r|é:vɪç][2] 形 悠久の: seit ～*er* Zeit 悠久の昔から.

Ur·far·be[ú:rfarbə] 女 /-n 原色.

Ur·fas·sung[úːrfasʊŋ] 女 -/-en (文芸作品などの)初稿.
Ur·faust[úːrfaʊst] 男 -[e]s/ 〘文芸〙(Goethe の)ファウスト初稿(→Faust[1]).
Ur·feh·de[úːrfeːdə] 女 -/-n (中世の)復讐(ふくしゅう)断念誓約: ~ schwören 復讐断念を誓う.
Ur·feind[úːrfaɪnt][1] 男 -[e]s/-e 仇敵(きゅうてき), 宿敵.
Ur·fels[úːrfɛls][1] 男 -en/-en＝Urgestein
Ur·form[úːrfɔrm] 女 -/-en 原形, 原型; 〘地〙原地形; 〘医〙原始形.
die **Urft**[ʊrft] 地名 女 -/ ウルフト (Rur 川の支流). [*kelt.*]
Ur·ge·bir·ge[úːrgəbɪrgə] 中 -s/- 〘地〙始原岩層.
ur·ge·müt·lich[úːrgəmýːtlɪç] 形 すこぶる気持のよい⟨快適な⟩.
ur·gent[ʊrgɛ́nt] 形 (dringend) 切迫した, 緊急の, 急を要する. [< *lat.* urgēre (→urgieren)]
Ur·genz[ʊrgɛ́nts] 女 -/-en 切迫, 緊急. [*mlat.*]
ur·ger·ma·nisch[úːrgɛrmaːnɪʃ] 形 原始ゲルマン〔人・語〕の: →deutsch
Ur·ge·schich·te[úːrgəʃɪçtə] 女 -/ 原〔初〕史時代; 原史学.
Ur·ge·schicht·ler[..lər] 男 -s/- 原〔初〕史学者.
ur·ge·schicht·lich[..lɪç] 形 原〔初〕史時代の.
Ur·ge·schlechts·zel·le[úːrgəʃlɛçts..] 女 〘動〙始原生殖細胞.
Ur·ge·sell·schaft[úːrgəzɛlʃaft] 女 -/-en 原始社会.
Ur·ge·stalt[úːrgəʃtalt] 女 -/-en もともとの姿; 原形.
Ur·ge·stein[úːrgəʃtaɪn] 中 -[e]s/-e 〘地〙原成岩.
Ur·ge·walt[úːrgəvalt] 女 -/-en《雅》(自然の)根源的な力, 自然の暴力: die ~ des Meers 海のもつ絶大な力.
ur·gie·ren[ʊrgíːrən] 他 (h)《オーストリア》《*jn.*》せきたてる, (…に)催促する; 《*et.*[4]》急がせる, 促進する. [*lat.* urgēre „(be)drängen"; ◇rächen; *engl.* urge]
Ur·groß·el·tern[úːrgroːs|ɛltərn] 複 曾(そう)祖父母.
Ur·groß·mut·ter[..mʊtər] 女 曾祖母.
ur·groß·müt·ter·lich[..mʏtərlɪç] 形 曾祖母の.
Ur·groß·va·ter[..faːtər] 男 曾祖父.
ur·groß·vä·ter·lich[..fɛːtərlɪç] 形 曾祖父の.
Ur·grund[úːrgrʊnt][1] 男 -[e]s/..gründe[..grʏndə] 根源; 根本原因: Gott ist der ~ alles Seins. 神は万有の根源である.
Ur·he·ber[úːrheːbər] 男 -s/- (⊛ **Ur·he·be·rin**[..bərɪn]-/-nen) **1** 創始者, 元祖, 発起人, 首唱者; 張本人: Er ist sozusagen der geistige ⟨moralische⟩ ~ dieser Bewegung. 彼はこの運動のいわば精神的生みの親である. **2** (芸術作品などの)原作者; 〘法〙著作者.
[< *ahd.* ur-hab „Ursprung" (◇erheben)]
Ur·he·ber·recht 中 〘法〙著作権: gegen das ~ verstoßen 著作権を侵害する.
ur·he·ber·recht·lich[..lɪç] 形 著作権〔上〕の.
Ur·he·ber·rechts⸗ge·setz 中 〘法〙著作権法. **⸗schutz** 男 著作権保護.
Ur·he·ber·schaft[..ʃaft] 女 -/ 原作者であること.
Ur·he·ber·schutz 男 著作権保護.
Ur·hei·mat[úːrhaɪmaːt] 女 -/-en《ふつう単数で》(種族などの)元来の故郷.
Uri[úːri·] 地名 ウーリ(スイス中部の州でいわゆる「原初三州」の一つ. 州都は Altdorf: →Urkanton). [◇Ur[1]]
Uria[uríːa·] 人名 〘聖〙ウリヤ (David の計略にかかって死んだ, David 軍の部将. IIサム11). [*hebr.*; ◇*engl.* Uriah]
Urian[úːriaːn] 男 -s/-e **1**《単数で》ウーリアン(婉曲な表現で Teufel の別称): Hans ~ (→Hans III) | Meister ~ (→Meister 5). [▽]**2** 好ましからぬ客.
Urias·brief[uríːas..] 男 〘聖〙ウリヤの手紙(IIサム11); 《比》(その書状の持参人を危険に陥れる)裏切りの書状.
Uriel[úːrieːl, úːriɛl] 人名 〘聖〙ウリエル(大天使の一人. 旧約外伝エズラ第二書 4). [*hebr.* „mein Licht ist Gott"]
urig[úːrɪç][2] 形 **1**《南部》＝urwüchsig **2** おかしな, 変な: ein ~*er* Kauz 変わり者. [*mhd.* urich; ◇ur..[1]]
Urin[uríːn] 男 -s/-e (Harn) 尿, 小便: [ein] trüber ⟨eiweißhaltiger⟩ ~ にごった⟨たんぱくを含んだ⟩尿 ‖ den ~ halten 小便をがまんする | ~ lassen 排尿⟨放尿⟩する | den ~ auf Zucker untersuchen 尿の糖分を検査する ‖ *et.*[4] **im ~ spüren ⟨haben⟩** / *et.*[4] aus dem ~ wissen《卑》…を予感する, …に感づく(検尿に由来する比喩). [*lat.* ūrīna]
uri·nal[urináːl] **I** 形 尿の, 尿に関する.
II Uri·nal 中 -s/-e **1** 尿瓶(しびん), 尿器. **2** (男性用便所の)小便器.
[*spätlat.*; ◇..al[1]]
Urin⸗fla·sche[uríːn..] 女 , **⸗glas** 中 -es/..gläser ＝Urinal
uri·nie·ren[uriníːrən] 自 (h) (harnen) 排尿⟨放尿⟩する, 小便をする.
[*mlat.* urināre; ◇uro..; *engl.* urinate]
Urin·pro·be[uríːn..] 女 (検尿用の)尿のサンプル.
Ur·in·sekt[úːr|ɪnzɛkt] 中 -s/-en 〘虫〙**1** ゲンチュウ(原虫)科の昆虫. **2**《複数で》無翅(むし)亜綱.
Ur·in·stinkt[úːr|ɪnstɪŋkt] 男 -[e]s/-e (潜在意識の中にとどまっている)原本能.
urin·trei·bend[uríːn..] 形 利尿〔性〕の.
Urin·un·ter·su·chung 女 〘医〙検尿.
Ur·kan·ton[úːrkantoːn] 男 -s/-e 〘史〙(13-14世紀ごろのスイス連邦の)原〔初〕州 (Schwyz, Unterwalden, Uri の 3 州): die drei ~*e* 原初三州.
Ur·keim[úːrkaɪm] 男 -[e]s/-e 〘生〙原始芽胞.
Ur·keim·zel·le ＝Urgeschlechtszelle
Ur·kir·che[úːrkɪrçə] 女 -/ 原始キリスト教会.
Ur·knall[úːrknal] 男 -[e]s/ 〘天〙ビッグバン(宇宙起源説の一つとされる水素原子の大爆発). [< *engl.* big bang]
ur·ko·misch[úːrkóːmɪʃ] 形 ひどく⟨すこぶる⟩こっけいな.
Ur·kraft[úːrkraft] 女 -/..kräfte[..krɛftə] 根源的な力.
Ur·kun·de[úːrkʊndə] 女 -/-n **1** (思考の結果や意志などを伝え, 保存する)記録; (ある事実を確認・証明する各種の)文書, 証書; 〘史〙古文書, 史料: eine alte ⟨historische⟩ ~ 古文書 | eine notarielle ~ 公正証書 | eine öffentliche ~ 公文書 | Ehren*urkunde* 賞状; 勲記 | Geburts*urkunde* 出生証明書 ‖ eine ~ ausstellen 証〔明〕書を発行する | eine ~ fälschen 文書を偽造する. [▽]**2** 証拠, あかし: zur ~ dessen / dessen zur ~ その証拠として.
[„Erkenntnis"; *ahd.*; ◇erkennen]
[▽]**ur·kun·den**[úːrkʊndən][1]《01》自 (h) 〘史〙**1** 史料⟨文書⟩を残している. **2** 史料⟨文書⟩に現れている.
Ur·kun·den⸗fäl·schung 女 文書偽造. **⸗for·schung** 女 古文書研究. **⸗leh·re** 女 -/ 古文書学.
ur·kund·lich[úːrkʊntlɪç] 形 文書⟨証書⟩の; 文書⟨証書⟩に基づく: *et.*[4] ~ beweisen …を文書によって証明する.
Ur·kunds·be·am·te 男 文書係の役人, 書記官.
Ur·land·schaft[úːrlant-ʃaft] 女 -/-en 太古のままの景観.
Ur·laub[úːrlaʊp][1] 男 -[e]s/-e (個人が役所・会社・軍隊などから許可を得てもらう)〔有給〕休暇, 賜暇(→Ferien); 〘軍〙外出⟨上陸⟩許可: ein bezahlter ~ 有給休暇 | ein tariflich festgelegter ~ 労働協約によって定められた休暇 | ~ bis zum Wecken 〘軍〙(起床ラッパまでの)夜間外出許可 ‖ ~ beantragen 休暇願を出す | den ⟨*seinen*⟩ ~ antreten 休暇に入る | ~ bekommen ⟨erhalten⟩ 休暇をもらう | *jm.* ~ gewähren ⟨genehmigen⟩ …に休暇を与える⟨許可する⟩ | von *jm.* ⟨*et.*[3]⟩ ~ machen《戯》…から離れて過ごす | **~ auf Staats kosten machen**《婉曲に》刑務所に入る | ~ nehmen 休暇をとる; [▽](目上の人に)いとまを告げる | den ~ zusammenhängend nehmen 休暇をまとめてとる | *jm.* den ~ sperren …の休暇を停止する⟨取り上げる⟩(→Urlaubssperre 1) | Mir steht noch ~ zu. 私には休暇が残っている | *seinen* ~ an der See ⟨in den Bergen / im Ausland⟩ verbringen 休暇を海辺⟨山・外国⟩で過ごす ‖ 〘前置詞と〙**auf ~** sein 休暇中である | auf ~ gehen ⟨fahren⟩ 休暇の旅に出かける | eine Leiche auf ~ (→Leiche 1 a) | *jn.* **aus** dem ~ zurückrufen …を休暇先から呼び戻す | **in** ⟨im⟩ ~ sein 休暇中である | in ~ gehen ⟨fahren⟩ 休暇の旅に出かける | Ich werde in meinem ~ zu

U

Hause bleiben. 私は休暇中家にいるつもりだ | **um ~** bitten 休暇を請う.
[*ahd.* „Erlaubnis“; ◇erlauben, Verlaub]
ụr·lau·ben[ú:rlaʊbən][1] 自 (h) 《話》 休暇をとる, 休暇を過ごす.
Ụr·lau·ber[ú:rlaʊbər] 男 -s/- **1** 休暇中の人, 休暇旅行者. **2** 〘軍〙 帰休兵.
Ụr·laubs≠an·spruch[ú:rlaʊps..] 男 休暇請求〔の権利〕: einen ~ von 24 Tagen haben 24日間の休暇をとる権利がある. **≠geld** 中 **1** (役所・会社などが支払う)休暇手当. **2** 休暇のための積立金. **≠ge·such** 中 休暇〈賜暇〉願. **≠ort** 男 -〔e〕s/-e **1** 休暇を過ごす場所. **2** 保養地, 行楽地. **≠plan** 男 (会社などの)年間休暇計画.
ụr·laubs·reif 形 (過労などで)休暇を必要としている.
Ụr·laubs≠rei·se 女 休暇旅行. **≠rei·sen·de** 男 女 休暇旅行者. **≠schein** 男 〘軍〙 外出〈上陸〉許可証; 帰休証明書. **≠sper·re** 女 **1** 休暇の停止; (特に:) 〘軍〙 外出禁止令. **2** 《特に: オーストリア》(商店などの)休暇閉店. **≠tag** 男 休暇日. **≠ver·län·ge·rung** 女 休暇の延長. **≠zeit** 女 休暇期間; 休暇シーズン.
Ụr·maß[ú:rma:s] 中 -es/-e (度量単位の基準となる)原器.
Ụr·mensch[ú:rmɛnʃ] 男 -en/-en **1** 〘人類〙 **a)** 原始人. **b)** 原人.
2 人類の祖(例えば旧約聖書の Adam と Eva).
ụr·mensch·lich[-lɪç] 形 **1 a)** 原始人の. **b)** 人類の始祖の. **2** 人間本来の, 本源的〈典型的〉に人間の.
Ụr·me·ter[ú:rme:tər] 中 -s/ メートル原器(パリ近郊の Sèvres にある).
Ụr·mot·te[ú:rmɔtə] 女 -/-n 〘虫〙 コバネガ(小翅蛾)科のガ.
Ụr·mücke[ú:rmʏkə] 女 -/-n 《ふつう複数で》〘虫〙 原蚊(げんぶん)類.
Ụr·mund[ú:rmʊnt][1] 男 -〔e〕s/ 〘動〙 原口(げんこう).
Ụr·mut·ter[ú:rmʊtər] 女 -/..mütter[..mʏtər] 人類の(女性の)祖(例えば旧約聖書の Eva).
Ụr·ne[ʊ́rnə] 女 -/-n **1** 壺(つぼ), 瓶(かめ)(→ 図 Gefäß); (Gebeinurne) 骨壺(→ 図): die Beisetzung der ~ 骨壺埋葬, 納骨. **2 a)** (Wahlurne)(選挙用の)投票箱(→ 図): **an die ~** 〈zur ~ / **zu den ~*n***〉 **gehen** 投票をしに行く | *jn.* zu den ~*n* rufen …に投票を求める. **b)** (Losurne)(くじ引き用の)くじ箱.
[*lat.*; < *lat.* urceus „Krug“; ◇ *engl.* urn]

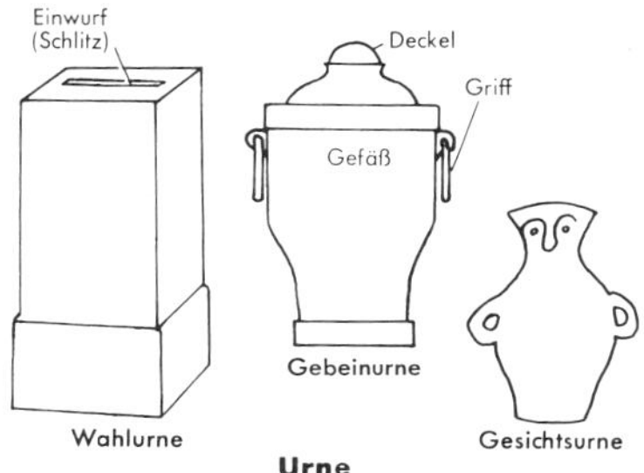

Urne

Ụr·nen·feld 中 〘考古〙 (青銅器時代後期およびハルシュタット期の)骨壺(こつつぼ)葬地.
Ụr·nen·fel·der·kul·tur 女 -/ 〘考古〙 骨壺葬地文化.
Ụr·nen≠fried·hof 男 納骨墓地. **≠hal·le** 女, **≠haus** 中 (骨壺安置用の)納骨堂.
Ụr·ner[ʊ́rnər] **I** 男 -s/- ウーリ (Uri) の人.
II 形 《無変化》 ウーリの: der ~ See ウーリ湖 (Vierwaldstätter See の東端部).
ụr·ne·risch[ʊ́rnərɪʃ] 形 ウーリの.
Ur·nịn·de[ʊrníndə] 女 -/-n 同性愛の女.
Ụr·ning[ʊ́rnɪŋ] 男 -s/-e 同性愛の男, 男色家.
Ụr·nings·lie·be 女 (男性の)同性愛, 男色.
ụr·nisch[ʊ́rnɪʃ] 形 (男性の)同性愛の, 男色の.
[< Urania (→Uranismus)]
uro.. 《名詞などにつけて「尿」を意味する. 母音の前では ur.. となることが多い: → *Urämie*》 [*gr.* oũron „Harn“; ◇ Urin]
Uro·bi·lịn[urobilí:n] 中 -s/ 〘化〙 ウロビリン.
[< *lat.* bīlis (→biliös) + ..in[2]]
uro·ge·ni·tạl[urogenitá:l] 形 〘解〙 泌尿生殖器の.
Uro·ge·ni·tạl·sy·stem 中 〘解〙 泌尿生殖器系.
Ụ-Rohr-Ma·no·me·ter[ú:ro:r..] 中 (男) 〘理〙 U 字管圧力計.
Uro·lịth[urolí:t, ..lít] 男 -s/-e; -en/-en (Harnstein) 〘医〙 尿〔結〕石.
Uro·lọ·ge[..ló:gə] 男 -n/-n (→..loge) 泌尿器科専門医.
Uro·lo·gie[..logí:] 女 -/ 泌尿器〔科〕学.
uro·lọ·gisch[..ló:gɪʃ] 形 泌尿器〔科〕学〔上〕の.
Ụr·oma[ú:r|o:ma·] 女 -/-s 《話》 = Urgroßmutter
Uro·me·ter[uromé:tər] 中 (男) -s/- 尿比重計.
Ụr·opa[ú:r|o:pa·] 男 -s/-s 《話》 = Urgroßvater
Uro·sko·pie[uroskopí:, urɔs..] 女 -/-n[..pí:ən] 〘医〙 尿検査, 検尿〔法〕.
Ụr·pflan·ze[ú:rpflantsə] 女 -/-n 原植物, 根本植物 (Goethe が現実の植物の背後に想定した理念的な原型).
Ụr·phä·no·men[ú:rfɛnome:n] 中 -s/-e 根源現象.
ụr·plötz·lich[ú:rplœtslɪç] 形 全く突然の, 出しぬけの.
Ụr·pro·dukt[ú:rprodʊkt] 中 -〔e〕s/-e 原始生産物, (自然のままの)原料.
Ụr·pro·duk·tion[..tsio:n] 女 原始〈原料〉生産.
Ụr·quel·le[ú:rkvɛlə] 女 -/-n (雅: **Ụr·quell**[ú:rkvɛl] 男 -〔e〕s/-e) 源泉; 《比》 源泉, 根源, 起源.
Ụr·sa·che[ú:rzaxə] 女 -/-n 原因, もと; 理由, 動機, いわれ: die eigentliche 〈unmittelbare〉 ~ もともと〈直接〉の原因 | die ~ des Todes 死因 | die ~ einer Krankheit 〈von Unruhen〉 病気〈騒乱〉の原因 | ~ und Wirkung 原因と結果 | ohne alle ~ なんの理由〈いわれ〉もなく ‖ die ~ klären 〈feststellen〉 原因を解明する〈突き止める〉 | Die ~ des Unfalls ist noch unbekannt 〈nicht geklärt〉. 事故の原因はまだわかっていない | einer ~ nachgehen 〈auf den Grund gehen〉 原因を究明する | Was ist 〈Wo liegt〉 die ~ dafür? その理由は何か〈どこにあるのか〉 | Alles hat seine ~. 物事にはすべてその原因がある | Ich habe alle ~ anzunehmen, daß er der Täter ist. どう見ても彼が犯人としか思えない | **Keine ~!** (礼を言われて)どういたしまして, とんでもない | **Kleine ~*n*, große Wirkungen.** 《諺》 小因大果, 小事が大事を招く.
[„eigentlicher Anlaß zur Streitsache“]
ụr·säch·lich[ú:rzɛçlɪç] 形 原因の, 原因となる; 因果関係の: mit *et.*[3] in einem ~*en* Zusammenhang stehen …と因果関係にある.
Ụr·säch·lich·keit[-kaɪt] 女 -/-en 《ふつう単数で》 原因性; 因果関係.
ụr·schen[ʊ́rʃən] 《04》 他 (h) 《中部》 浪費する. [< *ahd.* ur-ezzan „aus-essen“ (◇ausessen); ◇ *engl.* ort]
Ụr·schleim[ú:rʃlaɪm] 男 -〔e〕s/-e (Protoplasma) 〘生〙 原形質: **vom ~ an** 《戯》 最初の最初から.
Ụr·schrift[ú:rʃrɪft] 女 -/-en (清書・コピーなどに対して)原本; 原稿, 草稿, 草案.
ụr·schrift·lich[-lɪç] 形 原本の; 原稿〈草稿・草案〉の.
die **Ụr·schweiz**[ú:rʃvaɪts] 女 -/ 〘史〙 (13-14世紀ごろの)原初スイス(原初三州である Schwyz, Unterwalden, Uri を合わせた地域).
Ụr·sel[ʊ́rzəl] 女名 (< Ursula) ウルゼル.
Ụr·sen·dung[ú:rzɛndʊŋ] 女 -/-en (ドラマなどの)初放送〈放映〉.
Ụr·sitz[ú:rzɪts] 男 -es/-e (種族などの)元来の居住地.
urspr. 略 = **ursprünglich**
Ụr·spra·che[ú:rʃpra:xə] 女 -/-n **1** 太古の言語; 〘言〙 祖語. **2** (Originalsprache)(翻訳語に対する)原語.
Ụr·sprung[ú:rʃprʊŋ] 男 -s/..sprünge[..ʃprʏŋə] 水源, 源泉; 《比》 起源, 根源, 出所, 原因; 原産地: der ~ der

Donau ドナウ川の水源 | der ~ der Erde ⟨der Menschheit⟩ 地球⟨人類⟩の起源 | der ~ allen Übels 諸悪の根源 | ein Wort germanischen ~s ゲルマン語に由来する単語 ‖ dem ~ von *et.*[3] nachgehen …の起源をさぐる | Der ~ des Christentums liegt in Palästina. キリスト教の故郷はパレスチナである | Der Brauch hat seinen ~ im Mittelalter. この風習は中世に始まった | Die Revolte hatte ihren ~ in der Unzufriedenheit des Volks. 反乱の原因は人民の不満にあった ‖〖2格で〗Diese Ware ist japanischen ~*s*. この商品は日本製である.

[*ahd.*; < *ahd.* ir-springan „ent-springen"]

ur·sprüng·lich[úːrʃprʏŋlɪç, ‒⌣̷⌣] (略 urspr.) **I** 形 **1**《付加語的》起源⟨根源⟩の; もとの, 最初の, 本来⟨元来⟩の: die ~*e* Farbe des Stoffes 布地のもともとの色(変色する前の) | der ~*e* Plan 当初の計画.

2 太古以来の, 自然のままの, 原始的な; 純朴な; 新鮮な, みずみずしい: Die Landschaft ist hier noch ganz ~. この土地の風景はまだ大昔のままである ‖ einfach und ~ leben 簡素で自然のままの生活をする.

II 副 最初は, 本来⟨元来⟩は, もともとは: Ich hatte ~ einen ganz anderen Plan. 私はもともとは全然別な計画をもっていた | *Ursprünglich* hatte ich nicht die Absicht, Sie zu stören. 初めはお邪魔をするつもりはなかったのです.

Ur·sprüng·lich·keit[..kaɪt, ‒⌣̷⌣‒] 女 -/ ursprünglich なこと.

ur·sprungs[úːrʃprʊŋs] = ursprünglich II

Ur·sprungs≈be·schei·ni·gung 女 = Ursprungszeugnis ≈**land** 中 -[e]s/..länder (商品などの)生産⟨原産⟩地. ≈**nach·weis** 男, ≈**zeug·nis** 中〖商〗原産地証明書.

urst[ʊrst] 形《述語的》《話》(großartig) すばらしい, すごい. [< ur..[1]]

∇**Ur·stand**[úːrʃtant][1] 男 -[e]s/..stände[..ʃtɛndə] (Urzustand) 原初の状態, 原状;〖カトリック〗原始義の状態.

Ur·ständ[úːrʃtɛnt] 女 -/ (Auferstehung) 復活:〖もっぱら次の形で〗[**fröhliche**] ~ **feiern**《話》(忘れられていた, 特に好ましくないものが)復活する, 再び頭をもたげる.

[*mhd.*; ◇ erstehen]

∇**ur·ständ·lich**[‒lɪç] 形 原始状態にある.

Ur·stech·mücke[úːrʃtɛçmʏkə] 女 -/-n〖虫〗ホソカ(細蚊)科の昆虫.

Ur·stoff[úːrʃtɔf] 男 -[e]s/-e〖哲・理〗元素.

Ur·strom·tal[úːrʃtroːm..] 中〖地〗氷河(の融水によってつくられた)渓谷.

Ur·su·la[ʊ́rzulaˑ] 女名 ウルズラ. [*lat.*; < *lat.* ursus „Bär"]

Ur·su·li·ne[ʊrzulíːnə] 女 -/-n〖カトリック〗聖ウルスラ会(1535年イタリアで創設された女子修道会)の修道女.

Ur·su·li·nen·schu·le 女 聖ウルスラ会付属学校.

Ur·su·li·ne·rin[..nərɪn] 女 -/-nen = Ursuline

Ür·te[ýrtə, ýːrtə] 女 -/-n《スイ》飲食代, 飲み代: aus der ~ laufen 飲食代を踏み倒す.

[*mhd.*; ◇ Wirt; *gr.* heortḗ „Fest(tag)"]

Ur·teil[ʊ́rtaɪl; スイ: ‒, úːr..] 中 -s/-e **1**〖法〗判決: ein hartes ⟨mildes⟩ ~ 厳しい⟨寛大な⟩判決 | ein salomonisches ~《比》名判決, 大岡裁き ‖ das ~ begründen 判決理由を述べる | das ~ fällen ⟨verkünden⟩ 判決を下す⟨言い渡す⟩ | das ~ vollstrecken (判決の)刑を執行する | gegen ⟨über⟩ *jn.* das ~ sprechen …に対して⟨関して⟩判決を言い渡す | *sich*[3] selbst *sein* ~ sprechen《比》みずからを裁く | *sich*[4] einem ~ unterwerfen 判決に服する | gegen ein ~ Berufung einlegen 判決を不服として控訴する | Das ~ lautet auf 15 Jahre [Freiheitsstrafe]. 判決は15年(の自由刑)である.

2 a) 判断, 判定; 意見: ein objektives ⟨unparteiisches⟩ ~ 客観的⟨公正⟩な判断 | das ~ der Fachleute 専門家たちの意見 ‖ *sich*[3] über *et.*[4] ein ~ bilden …に関して自分なりの判断を下す | *sich*[4] eines ~*s* enthalten 判断を差し控える | über *et.*[4] kein ~ haben …についてなんの意見もない | Auf sein ~ gebe ich viel ⟨nichts⟩. 彼の判断を私は高く評価している⟨全然評価していない⟩. **b**)〖哲〗判断: ein analytisches ⟨synthetisches⟩ ~ 分析⟨総合⟩判断 | ein kategorisches ⟨hypothetisches / disjunktives⟩ ~ 定言的⟨仮言的・選言的⟩判断.

[*ahd.*; ◇ erteilen]

ur·tei·len[ʊ́rtaɪlən] 自 (h) 《über *jn.* ⟨*et.*[4]⟩》(…について)判断する, 判断⟨判定⟩を下す; (…について)意見を述べる: objektiv ⟨sachlich⟩ ~ 客観的に判断する | vorschnell ⟨nach dem äußeren Schein⟩ ~ 軽率に⟨外観から⟩判断する | Sie *urteilte* sehr hart über ihn. 彼女の彼についての意見はきわめて厳しいものであった.

Ur·teils≈auf·he·bung 女〖法〗判決の取り消し. ≈**be·grün·dung** 女 **1** 判断⟨判定⟩の理由づけ. **2**〖法〗判決理由.

ur·teils·fä·hig 形 判断力のある.

Ur·teils≈fä·hig·keit 女 -/ 判断力. ≈**fäl·lung** 女 判決を下すこと. ≈**fin·dung** 女 (正しい)判決への到達. ≈**for·mel** 女〖法〗判決主文. ≈**kraft** 女 -/ 判断力: politische ~ 政治的な判断力 ‖《Kritik der ~》『判断力批判』(Kant の著書).

ur·teils·los[ʊ́rtaɪlsloːs][1] 形 判断力⟨自分の意見⟩のない.

Ur·teils≈lö·schung 女《スイ》〖法〗(前科表からの)判決抹消. ≈**satz** 男〖言〗判断文. ≈**spruch** 男 判決(の言い渡し), (刑の)宣告. ≈**ver·fah·ren** 中〖法〗判決手続き. ≈**ver·kün·dung** 女〖法〗判決の言い渡し. ≈**ver·mö·gen** 中 -s/ 判断力. ≈**voll·streckung** 女 判決の執行.

∇**Ur·tel**[ʊ́rtəl] 中 -s/- = Urteil

∇**ur·teln**[ʊ́rtəln] 《06》= urteilen

Ur·text[úːrtɛkst] 男 -[e]s/-e もとのテキスト, 原本; (翻訳に対して)原文, 原典.

Ur·tier[úːrtiːr] 中 -[e]s/-e, **Ur·tier·chen**[‒çən] 中 -s/- 《ふつう複数で》〖動〗原生動物, 原虫類.

Ur·ti·ka·ria[ʊrtikáːriaˑ] 女 -/ (Nesselsucht)〖医〗じんま疹(しん). [< *lat.* urtīca „Brennessel"]

Ur·trieb[úːrtriːp][1] 男 -[e]s/ 根源的欲求, 本能.

ur·tüm·lich[úːrtyːmlɪç] 形 原初⟨本源⟩の, 本然の; 自然のままの: eine ~*e* Gegend 太古のままの姿をとどめた土地.

Ur·tüm·lich·keit[‒kaɪt] 女 -/ urtümlich なこと.

[< ur..[1], ..tum]

Ur·typ[úːrtyːp] 男 -s/-en, **Ur·ty·pus**[..pʊs] 男 -/..pen[..pən] 原型.

Uru·guay[úːrugvaɪ, ʊ́r.., uruguáɪ] **I** 地名 ウルグアイ(南アメリカ南東部の共和国. 首都は Montevideo): die Republik östlich des ~ ウルグアイ東方共和国.

II der **Uru·guay** 地名 男 -[s]/ ウルグアイ川.

[*indian.* guay „Fluß"]

Uru·gua·yer[uːrugváɪər, ʊ́.., uruguáɪər] **I** 男 -s/- ウルグアイ人. **II** 形《無変化》ウルグアイの.

uru·gua·yisch[úːrugvaɪɪʃ, ʊ́.., uruguáɪɪʃ] 形 ウルグアイ(人)の.

die **Uru·guay-Run·de** 女 -/ ウルグアイラウンド(1986年に開始された国際間の多角貿易交渉).

Urum·tschi[urʊ́mtʃiˑ] 地名 烏魯木斉, ウルムチ(中国, 新彊ウイグル Sinkiang-Uighur 自治区の区都).

Ur·ur·ahn[úːr|uːr|aːn] 男 **1** = Urahn 1 **2** = Ururgroßvater

Ur·ur·en·kel[..|ɛŋkəl] 男 (女 **Ur·ur·en·ke·lin**[..kəlɪn]) やしゃご, 玄孫.

Ur·ur·groß·el·tern 複 高祖(父母).

Ur·ur·groß·mut·ter 女 高祖母.

Ur·ur·groß·va·ter 男 高祖父.

Ur·va·ter[úːrfaːtər] 男 -s/..väter[..fɛːtər] 人類の(男性の)祖(例えば旧約聖書の Adam).

Ur·vä·ter·zeit[úːrfɛːtər..] 女 太古, (大)昔: zur ~ 昔は, 大昔に.

ur·ver·wandt[úːrfɛrvant] 形 同じ祖先から出た, 祖先が共通の; (単語などが)同系⟨同根⟩の.

Ur·ver·wandt·schaft[‒ʃaft] 女 -/ urverwandt なこと.

U

Ụr·viech[ú:rfi:ç] 中 -〔e〕s/-er, **Ụr·vieh**[..fi:] 中 -〔e〕s/..viecher[..fi:çər]《話》(素朴屈強な)自然児; ひどくおかしな変わり者.

Ụr·vo̱·gel[ú:rfo:gəl] 男 -s/..vögel[..fø:gəl] (Archäopteryx)〖古生物〗始祖鳥.

Ụr·volk[ú:rfɔlk] 中 -〔e〕s../völker[..fœlkər] 原住種族.

Ụr·wahl[ú:rva:l] 女 -/-en (間接選挙で, 本選挙の選挙人を選出する)予備選挙.

Ụr·wä̱h·ler[..vɛ:lər] 男 -s/- 予備選挙の選挙権者.

Ụr·wald[ú:rvalt][1] 男 -〔e〕s/..wälder[..vɛldər] 原始林, (特に熱帯地方の)原生林: ein Benehmen wie im ~ (→ benehmen II 1).

Ụr·welt[ú:rvɛlt] 女 -/-en 原始世界, 太古の世界.

ụr·welt·lich[–lɪç] 形 原始世界〈太古の世界〉の.

Ụr·we̱·sen[ú:rve:zən] 中 -s/- **1** 原始生物. **2**《単数で》根源的な存在〈本質〉.

Ụr·wil·le[ú:rvɪlə] 男 2格 -ns, 3格 -n, 4格 -n, 複数 -n〖哲〗原的意志 (Schopenhauer の用語).

ụr·wü̱ch·sig[ú:rvy:ksɪç][2] 形 自然のままの, 野生の, 荒削りな, 素朴な, 気取りのない: ein *~er* Kerl 自然児 | eine *~e* Sprache 素朴で力強い言葉. [< Wuchs]

Ụr·wü̱ch·sig·keit[–kaɪt] 女 -/ urwüchsig なこと.

Ụr·zeit[ú:rtsaɪt] 女 -/-en 太古, 原始時代: **in** 〈**vor** / **zu**〉 ***~en*** 太古に | **seit** ***~en*** 太古以来〔今日まで〕; 今日までずっと.

ụr·zeit·lich[–lɪç] 形 太古〈原始時代〉の.

Ụr·zel·le[ú:rtsɛlə] 女 -/-n〖生〗(仮説としての)原細胞.

Ụr·zeu·gung[ú:rtsɔʏgʊŋ] 女 -/-en〖生〗(生物の)自然〈偶然〉発生.

Ụr·zu̱·stand[ú:rtsu:ʃtant][1] 男 -〔e〕s/..stände[..ʃtɛndə] そもそも〈いちばん初め〉の状態, 原状, 原始状態.

u. s. 略 = ut supra

USA[u:|ɛs|á:, jú:ɛséɪ] (**US**[u:|ɛ́s, jú:ɛ́s]) 複〔アメリカ〕合衆国(= die Vereinigten Staaten von Amerika; 英語ではふつう U.S.A.): in den ~〔アメリカ〕合衆国で | in die ~ fliegen〔アメリカ〕合衆国へ飛ぶ.
[*engl.*; < *engl.* *U*nited *S*tates 〔of *A*merica〕]

Usam·ba̱·ra[uzambá:ra·, ..bára·] 地名 ウサンバラ(アフリカ東部 Tansania の山地).

Usam·ba̱·ra·veil·chen[uzambá:rafaɪlçən, ..bára..] 中〖植〗セントポーリア, アフリカスミレ(イワタバコ科の草花).

US-ame·ri·ka̱·nisch[u:|ɛ́s..] 形 アメリカ合衆国の.

Usance[yzã́:s] 女 -/-n[..sən] (Brauch) 慣習, 慣行, しきたり; (特に:) (Handelsbrauch) 商慣習.
[*fr.*; < *lat.* ūsus (◇Usus)]

usance·mä̱·ßig[yzã́:smɛ:sɪç][2] 形 商慣習による.

Usan·cen·han·del[yzã́:sənhandəl] 男 -s/ (外国通貨による)外国為替取引.

Usa̱nz[uzánts] 女 -/-en《スイ》= Usance

Us·be̱·ke[ʊsbé:kə] 男 -n/-n (⊛ **Us·be̱·kin**[..kɪn]-/-nen) ウズベク人(主として Usbekistan に住むトルコ系民族). [*türk.*; < Uzbek (14世紀の Khan の名)]

us·be̱·kisch[ʊsbé:kɪʃ] 形 ウズベク〔人・語〕の: →deutsch

Us·be̱·ki·sta̱n[ʊsbé:kista(:)n, ʊsbekɪstá:n] 地名 ウズベキスタン(中央アジアにある, 旧ソ連邦を構成していた共和国. 1991ソ連邦解体に伴い独立. 首都はタシケント Taschkent).

Ụschi[ʊ́ʃi·] 女名 (< Ursula) ウシ.

U̱/sec[ʊmdré:ʊŋ(ən) pro· zekʊ́ndə] 記号 (Umdrehung〔en〕 pro Sekunde) 毎秒回転数.

Ụse·dom[ú:zədɔm] 地名 ウーゼドム(バルト海にある島. ポーランド領の東端部を除いて大部分はドイツ領). [*slaw.*]

User[jú:zər] 男 -s/-《話》麻薬常用者.
[*engl.*; < *engl.* use „gebrauchen" (◇Usus)]

usf. (**u. s. f.**) 略 = **und so fort** …等々.

Ụso[ú:zo·] 男 -s/ = Usance [*lat.* ūsus–*it.*]

Ụso·wech·sel[ú:zo..] 男〖商〗慣習期限つき手形.

USPD[u:|ɛspe:dé:] 略 女 -/ = **U**nabhängige **S**ozialdemokratische **P**artei **D**eutschlands ドイツ独立社会民主党(ワイマル共和国時代の左翼政党. 1917年に結成).

USSR[u:|ɛs|ɛs|ɛ́r] 略 女 -/ = **U**krainische **S**ozialistische **S**owjet**r**epublik ウクライナ社会主義ソビエト共和国(旧ソ連邦を構成していた共和国. 首都は Kiew).

U̱-Stahl[ú:..] 男〖工〗U 形鋼.

U̱-Strab[ú:ʃtra(:)p] 女 -/-s (< Unterpflasterstraßenbahn) (路線の一部を道路の下にもぐらせた)路面電車.

usue̱ll[uzuɛ́l] 形 **1** 慣習〈慣例〉の, しきたりとなった. **2** (↔ okkasionell) 普通〈通常〉の.
[*spätlat.*–*fr.* usuel; ◇Usus; *engl.* usual]

Usu·ka·pio̱n[uzukapió:n] 女 -/-en (Ersitzung)〖法〗取得時効. [*lat.*; ◇Usus, kapieren]

Usu̱r[uzú:r] 女 -/-en〖医〗(骨・軟骨などの)損耗, 磨滅.
[*lat.* ūsūra „Gebrauch"; < *lat.* ūtī (→Usus)]

Usur·pa·tio̱n[uzʊrpatsió:n] 女 -/-en (地位・権力などの)強奪, 横奪; (王位の)簒奪(さんだつ). [*lat.*]

Usur·pa̱·tor[..pá:tɔr, ..to:r] 男 -s/-en[..pató:rən] (地位・権力などの)強奪〈横奪〉者; (王位の)簒奪(さんだつ)者.

usur·pa·to̱·risch[..pató:rɪʃ] 形 不法に手に入れる, 強奪〈横奪〉〔者〕の; 簒奪(さんだつ)〔者〕の.

usur·pie̱·ren[..pí:rən] 他 (h) (地位・権力などを)不法に〈法的権利なしに〉手に入れる, 奪い取る; (王位を) 簒奪(さんだつ)する: die Staatsgewalt ~ 国家権力を横奪する.
[*lat.*; < *lat.* ūsū rapere „durch Gebrauch rauben" (◇Usus, Raptus)]

Ụsus[ú:zʊs] 男 -/ (Brauch) 慣習, 慣例, 慣行, しきたり: allgemeinem ~ folgend 一般のしきたり〈慣行〉に従って | Es ist bei uns 〔so〕 ~, daß ... …が我々のところのしきたりだ.
[*lat.*; < *lat.* ūtī „gebrauchen"; ◇Utensil, Usance, usuell]

Usus·fru̱k·tus[u:zʊsfrʊ́ktʊs] 男 -/ (Nießbrauch)〖法〗用益権. [*lat.*; < *lat.* frūctus (→Frucht)]

usw. (**u. s. w.**) 略 = **und so weiter** …等々.

ut[1][ʊt]《イタリア語》〖楽〗ド(階名唱法の第1音).
[*mlat.*〔–*fr.*〕]

ut[2]《ラテン語》→*ut* infra, *ut* supra

Ụta[ú:ta·] 女名 ウータ.

Ụte[ú:tə] 女名 ウーテ. [*ahd.*; < *asächs.* ōd „Besitz"]

Uten·si̱l[utɛnzí:l] 中 -s/-ien[..liən]《ふつう複数で》(特定の目的に必要な)用具〈道具〉類, 小道具: Schreib*utensilien* 筆記用具. [*lat.*; < *lat.* ūtī (→Usus)]

Ụte·ri Uterus の複数.

ute·ri̱n[uterí:n] 形〖医〗子宮の. [*spätlat.*]

Ute·ro·sko̱p[uteroskó:p] 中 -s/-e〖医〗子宮検査鏡.

Ụte·rus[ú:terʊs] 男 -/..ri[..ri·] (Gebärmutter)〖解〗子宮. [*lat.*; ◇hystero..]

Ụte·rus≠kar·zi·no̱m 中〖医〗子宮癌(がん). **≠myo̱m** 中〖医〗子宮筋腫(しゅ).

Ụt·gard[ú:tgart, ʊ́t..] 地名〖北欧神〗ウートガルト(巨人・魔神の国). [*anord.*]

[▽]**uti·li·sie̱·ren**[utilizí:rən] 他 (h) 利用する. [*fr.*; < *lat.* ūtilis „brauchbar" (◇Usus); ◇Utensil]

Uti·li·ta̱·ri·er[..tá:riər] 男 -s/- = Utilitarist

Uti·li·ta·ri̱s·mus[..tarísmʊs] 男 -/〖哲〗功利主義, 功利説.

Uti·li·ta·ri̱st[..ríst] 男 -en/-en 功利主義信奉者.

uti·li·ta·ri̱·stisch[..rístɪʃ] 形 功利主義の.

[▽]**Uti·li·tä̱t**[utilitɛ́:t] 女 -/ (Nützlichkeit) 実利. [*lat.*]

Uti·li·tä̱ts·le̱h·re 女 -/ = Utilitarismus

ụt i̱n·fra[ʊ́t ínfra·]《ラテン語》(略 u. i.) (↔ut supra) (wie unten 〔angegeben〕) 下記のように, 下に述べるごとく.

Uto̱·pia[utó:pia·] 中 -s/ ユートピア(イギリスの人文主義者トーマス モアの小説に描かれた空想の島の名);《比》理想郷, 理想社会. [< *gr.* ou „nicht" + tópos (→topo..)]

Uto·pie̱[utopí:] 女 -/-n[..pí:ən] (ユートピアのように現実性のない)空想の産物, 夢物語: Eine Fahrt zum Mond ist keine ~ mehr. 月旅行はもはや夢物語ではない.

Uto̱·pi·en[utó:piən] 中 -s/ = Utopia

uto̱·pisch[utó:pɪʃ] 形 ユートピアの; 空想〈夢想〉的な, 現実性のない, 非実際的な: ein *~er* Roman ユートピア小説 |

～*er* Sozialismus 空想的社会主義 | ～*e* Pläne 非現実的な計画 ‖ Dieses Ziel ist ～. この目標は達成不可能だ.

Uto·pis·mus[utopísmʊs] 男 -/..men[..mən] ユートピア的理想論(社会改良論); (現実性のない)空想, 夢想.

Uto·pist[..píst] 男 -en/-en ユートピアン, 空想的社会改良家; 空想(夢想)家.

UTP[u:te:pé:] 略 男 -s/- = **Unterrichtstag in der sozialistischen Produktion** 社会主義生産授業日(旧東ドイツの総合技術学校上学年の生徒が企業に出かけて生産作業の手ほどきを受けた授業日).

Utra·quis·mus[utrakvísmʊs] 男 -/ 《キリスト教》(聖体拝領に関する)両形色(けいしき)〈二種聖餐(せいさん)〉論(信者の聖体拝領はパンだけでなく, パンとぶどう酒の二つの形色によるべきであるとする説). [< *lat.* utraque „jede von beiden"]

Utra·quist[..kvíst] 男 -en/-en 両形色(けいしき)〈二種聖餐(せいさん)〉論者(→Kalixtiner).

utra·qui·stisch[..kvístɪʃ] 形 両形色(けいしき)〈二種聖餐(せいさん)〉論の.

Ut·recht[ú:trɛçt] 地名 ユトレヒト(オランダ中部の都市). [< *ndd.* ut „außerhalb" + *lat.* Trāiectum (ad Rhēnum) „Überfahrt (über den Rhein)" (◇Trajekt); ◇Maastricht]

Ut·rech·ter[ú:trɛçtər] **I** 男 -s/- ユトレヒトの人.
II 形《無変化》ユトレヒトの: der ～ Friede 〖史〗ユトレヒト〔平和〕条約(1713; 18世紀のヨーロッパ国際関係を規定した).

Utril·lo[utríljo·] 人名 Maurice ～ モーリス ユトリロ(1883–1955; フランスの画家).

ut su·pra[ʊt zú:pra·] 《ラテン語》(略 u. s.) (↔ut infra) (wie oben 〔angegeben〕) 上記のように, 上述のごとく.

Utz[ʊts] 男名 (< Ulrich) ウッツ.

u. U. 略 = **unter Umständen** 事情によっては.

u. ü. V. 略 = **unter üblichem Vorbehalt** 慣例の留保〔条件〕つきで.

UV[u:fáʊ] 略 = **Ultraviolett**

u. v. a. 〔**m.**〕 略 **1** = **und viele andere** 〔**mehr**〕 およびその他多数の人々〈事物〉. **2** = **und vieles andere** 〔**mehr**〕 およびその他多数の事物.

UvD[u:faʊdé:] 略 = **Unteroffizier vom Dienst** 〖軍〗当直下士官.

Uviol[uvió:l] 中 -s/ (< Ultraviolett) 〖理〗紫外線.

Uviol·glas 中 -es/ 紫外線透過ガラス.

UV≈-Lam·pe[u:fáʊ..] 女 〖医〗(紫外線療法用の)太陽灯. **≈-Strah·len** 複 〖理〗紫外線.

Uvu·la[ú:vula·] 女 -/..lae[..lɛ·] 〖解〗口蓋(こうがい)垂, 懸壅(けんよう)垂, のどひこ. [*mlat.*; < *lat.* ūva „Traube"]

uvu·lar[uvulá:r] **I** 形 口蓋(こうがい)垂〈懸壅(けんよう)垂〉の, のどひこの.
II Uvu·lar 男 -s/-e 〖言〗口蓋垂〈懸壅垂〉音, のどひこ音(例 [R] [ʁ])

u. W. 略 = **unseres Wissens** 我々の知るところでは.

Ü-Wa·gen[ý:va:gən] = **Übertragungswagen**

Uwe[ú:və] 男名 ウーヴェ. [*fries.*; ◇Udo, Ulrich]

u. Z. 略 = **unserer Zeitrechnung** 西暦紀元後.

Uz[u:ts] 男 -es/-e 《話》からかい, ひやかし. [< Utz]

Uz·bru·der 男 《話》好んで人をからかう〈ひやかす〉人.

uzen[ú:tsən] 《02》 他 (h) 《話》《*jn.*》からかう, ひやかす.

Uze·rei[u:tsəráɪ] 女 -/-en 《話》絶えず〈しきりに〉uzen すること.

Uz·vo·gel[ú:ts..] 男 = Uzbruder

u. zw. 略 = **und zwar** (→zwar 2)

U

V

v^{1}[faʊ], **V**^{1}[–] 中 -/- (→a^{1}, A^{1} ★) ドイツ語のアルファベットの第22字(子音字: →u, U^{1} ★): →a^{1}, A^{1} 1 | *V* wie Viktor (通話略語) Viktor の V(の字)(国際通話では *V* wie Valencia).

v^{2}[vέrzo· fó:lio·] 記号 (↔r) (verso folio) 裏ページに: 10^{v} 10丁〈枚目〉裏ページ.

v. 略 **1 a)** =vom, von: *v.* (vom) 2. April 4月2日の〈から〉| Otto *v.* (von) Bismarck オットー フォン ビスマルク. **b)** =vor: fünf Minuten *v.* zwei 2時5分前. **2 a)** =verte **b)** =vide **c)** =vidi [ví:di·] 《ラテ語》私は見た.

V^{2} **I** 記号 **1** [vɔlt] (Volt) 《電》ボルト. **2** [faʊ, vaná:diʊm] (Vanadium) 《化》バナジウム. **3** (国名略号: →A^{2} II 3) バチカン市国 (Vatikanstadt). **4** [fʏnf] (fünf) (ローマ数字の) 5 (→付録).

II 略 **1** =Verband, Vereinigung, Verein 協会, 連盟. **2** =Vergeltung 報復: *V* 1〈2〉 V1〈2〉号(→V-Waffe). **3** =Volumen 容積, 体積.

V. 略 =Vers 詩行, 詩句; (聖書の)節.

v. a. 略 =vor allem とりわけ, 特に, 何よりも.

VA[vɔlt|ampé:r, ..pέ:r] 記号 (Voltampere) 《電》ボルトアンペア.

va banque[vabã́:k] 《フランス語》(es gilt die Bank) すべてを賭(か)けて, 一か八かで: 《ふつう次の形で》**～ spielen** (賭事で) のるかそるかの大勝負をする; 《比》大きなリスクをおかす. [◇Bank^{2}]

Va·banque·spiel[vabã́:k..] 中 -[e]s/ のるかそるかの大勝負; 《比》大きなリスク[をおかすこと].

$^{\nabla}$**vạ·cat**[vá:kat] 《ラテ語》(es fehlt) (この個所) 欠, なし. [< *lat.* vacāre (→vazieren)]

Vache·lẹ·der[vá∫..] 中 ワシュ革(靴の材料となる柔らかな牛革). [< *fr.* vache „Kuh" (◇Vakzine)]

Va·de·mẹ·kum[vademé:kʊm] 中 -s/-s (携帯用の) ハンドブック, マニュアル, 便覧; 手引き, 案内書: ein ～ der Phonetik 音声学便覧. [*lat.* vāde mē-cum „geh mit mir!"; ◇waten, kon..]

Vạ·dium[vá:diʊm] 中 -s/..dien[..diən] (古代ドイツで) 負債のしるし(草の茎・木の枝のような象徴的なもので, 借り手が貸し手にこれを手渡し, 返済の際に返してもらう). [*mlat.*; < *lat.* vās (→Wette)]

va·dọs[vadó:s]^{1} 形 《地》(降雨・地表水などが) 地殻の中で循環する: ～*es* Wasser 循環水. [*lat.* vadōsus „seicht"; < *lat.* vadum „Furt" (◇Watt^{2}); ◇*engl.* vadose]

Va·dụz[fadʊ́ts, vadú:ts] 地名 ファドーツ(リヒテンシュタイン侯国の首都). [< *lat.* vallis dulcis „liebliches Tal"]

vae vic·tịs[vέ: víkti:s] 《ラテ語》(wehe den Besiegten) 無残なるかな 征服されし者は. [< *lat.* vincere „siegen" (◇weigern)]

vag[va:k]^{1} =vage

Va·ga·bon·dạ·ge[vagabɔndá:ʒə, ..bɔ̃dá:ʒə] 女 -/ 《オーストリア》=Vagabundage

Va·ga·bụnd[vagabʊ́nt; スイ: –, fa..]^{1} 男 -en/-en (女 **Va·ga·bụn·din**[..dɪn]-/-nen) (Landstreicher) 浮浪者; 放浪者, 流浪の旅人, 無宿者. [*spätlat.*–*fr.* vagabond; ◇vagieren]

Va·ga·bun·dạ·ge[vagabʊndá:ʒə] 女 -/ 放浪[生活]; 放浪癖. [*fr.* vagabondage; <..age]

Va·ga·bụn·den·lẹ·ben[vagabʊ́ndən..] 中 -s/ 放浪生活.

Va·ga·bụn·den·tụm[..tu:m] 中 -s/ 放浪[性].

va·ga·bun·dịe·ren[..bʊndí:rən] 自 **1** (h) 浮浪者として生活する, 放浪生活を送る. **2** (s) 放浪する, さまよう: *vagabundierender* Strom 《電》漂遊〈迷走〉電流.

Va·gạnt[vagánt; スイ: –, fa..] 男 -en/-en **1** (中世の) さすらい人(特に詩人・楽人・学生・聖職者など). **2** =Vagabund

Va·gạn·ten·dich·tung 女 -/ 遍歴詩人による詩歌.

vạ·ge[vá:gə] 形 漠然とした, はっきりしない, あいまいな: eine ～ Gebärde あいまいな身ぶり | eine ～ Erinnerung 〈Vermutung〉 漠然とした記憶〈推測〉‖ *et.*^{4} ～ andeuten …を漠然とほのめかす. [*lat.* vagus (→Vagus)–*fr.* vague]

Vạg·heit[vá:khaɪt] 女 -/-en 《ふつう単数で》vage なこと.

va·gịe·ren[vagí:rən] 自 (h, s) (住所不定で) さまよう, 放浪〈流浪〉する. [*lat.* vagārī; ◇Vagabund]

va·gịl[vagí:l] 形 《動》(水中で) 自由に移動できる, 自由運動性の.

Va·gi·li·tạ̈t[vagilitέ:t] 女 -/ 《動》(水中での) 自由運動性.

Va·gị·na[vagí:na·] 女 -/..nen[..nən] **1** 《解》膣(ちつ), ワギナ. **2** (Blattscheide) 《植》葉鞘(ようしょう). [*lat.* vagīna „Scheide"]

va·gi·nạl[vaginá:l] 形 膣(ちつ)〈ワギナ〉の. [<..al^{1}]

Va·gi·nạl·spie·gel 男 《医》膣鏡(ちつきょう).

Va·gị·nen Vagina の複数.

Va·gi·nịs·mus[vaginísmʊs] 男 -/ (Scheidenkrampf) 《医》膣痙(ちつけい) (局所知覚過敏による膣のけいれん).

Va·gi·nị·tis[vaginí:tɪs] 女 -/..tiden[..nití:dən] (Scheidenentzündung) 《医》膣(ちつ)炎. [<..itis]

Va·gi·no·sko·pịe[vaginoskopí:] 女 -/-n[..pí:ən] 《医》膣鏡(ちつきょう)検査[法].

Va·go·to·mịe[vagotomí:] 女 -/-n[..mí:ən] 《医》迷走神経切断[術].

Va·go·to·nịe[..toní:] 女 -/-n[..ní:ən] 《医》迷走神経緊張[症]. [< *lat.* tonus (→Tonus)]

Va·go·tọ·ni·ker[..tó:nikər] 男 -s/- 《医》迷走神経緊張症患者.

Vạ·gus[vá:gʊs] 男 -/ 《解》迷走神経. [*lat.* vagus „umherschweifend"; ◇wanken, vage]

va·kạnt[vakánt] 形 からの; 空位〈空席〉の, 欠員の: ein ～*er* Posten 空席のポスト | Dieser Lehrstuhl ist immer noch ～. この講座は相変わらず欠員のままだ. [*lat.*]

Va·kạnz[vakánts] 女 -/-en **1 a)** 《単数で》vakant なこと. **b)** 空席の地位, 空位, 欠員のポスト. **2** 《方》(Ferien) (学校などの) 休暇, バカンス. [*spätlat.*; ◇*engl.* vacancy]

Vạ·kat[vá:kat] 中 -[s]/-s (**Vạ·kat·sei·te** 女) 《印》白(しろ)ページ. [*lat.* vacātus „leer"]

Vạ·kua, Vạ·ku·en Vakuum の複数.

Va·kuọ·le[vakuó:lə] 女 -/-n 《生》(動植物の細胞内の) 空胞, 液胞.

Vạ·ku·um[vá:kuʊm] 中 -s/..kua[..kua·], ..kuen [..kuən] **1** 《理》真空; 真空状態: ein ～ künstlich herstellen 真空状態を人工的に作り出す. **2** 《比》真空〈空白〉状態: Nach dem Krieg war in Mitteleuropa ein politisches ～ entstanden. 戦後中部ヨーロッパには政治的な真空状態ができあがっていた. [*lat.*; < *lat.* vacuus „leer"; ◇vazieren]

Vạ·ku·um≠ap·pa·rạt 男 真空装置. **≠brem·se** 女 真空ブレーキ. **≠de·stil·la·tiọn** 女 真空蒸留. **≠ent·lạ·dung** 女 《理》真空放電.

Vạ·ku·um·ex·trak·tor[..|ɛkstraktɔr, ..to:r] 男 -s/ -en[..to:rən]〘医〙吸引分娩(ぶんべん)器. [<extrahieren]

Vạ·ku·um≈gra̱d 男〘理〙真空度. ≈**mes·ser** 男, ≈**me̱·ter** 中 (男)〘理〙真空計. ≈**pum·pe** 女 真空ポンプ. ≈**rö̱h·re** 女〘電〙真空管. ≈**sau·ger** 男 真空掃除機. ≈**sta̱hl** 男 真空精錬鋼. ≈**treib·kraft** 女 (ロケットの)真空推力. ≈**trock·nung** 女 (食品などの)真空乾燥.

vạ·ku·um·ver·packt 形 (食品などが)真空包装〈パック〉された.

Vạ·ku·um·ver·packung 女 (食品などの)真空包装, 真空パック.

Vak·zi̱n[vaktsí:n] 中 -s/-e =Vakzine

Vak·zi·na·tio̱n[vaktsinatsió:n] 女 -/-en〘医〙ワクチン接種, 予防接種; (Pockenschutzimpfung) 種痘.

Vak·zi̱·ne[vaktsí:nə] 女 -/-n〘医〙(一般に)ワクチン; 痘苗(とうびょう), 牛痘種. [<*lat.* vacca „Kuh"; ◇*engl.* vaccine]

vak·zi·ni̱e·ren[vaktsiní:rən] 他 (h)《*jn.*》(…に)ワクチン接種をする; (…に)種痘する.

Vak·zi·ni̱e·rung[..rʊŋ] 女 -/-en vakzinieren すること.

Va̱·land[fá:lant]¹ 男 -[e]s/ =Voland

va̱·le[vá:le·]《ラテン語》(lebe wohl!) さよなら, ごきげんよう(単数の相手に対する別れの言葉. ただし: →valete). [<*lat.* valēre (→valieren)]

∇**Va·le·dik·tio̱n**[valedɪktsió:n] 女 -/-en **1** 別離, 別れ. **2** 別れの言葉, 送別の辞.

∇**va·le·di·zi̱e·ren**[..ditsí:rən] 自 (h) **1** 別れ〈いとま〉を告げる. **2** 別れの言葉〈送別の辞〉を述べる. [*lat.*]

Va·lẹn·cia[valɛ́ntsia·, valɛ́nsia·] 地名 バレンシア(スペイン東部, 地中海沿岸の港湾都市). [*lat.* Valentia]

Va·len·ciennes·spit·ze[valãsjɛ́nʃpɪtsə] 女〘織〙(ふつう花模様の)バレンシアン=レース. [<Valenciennes (原産地のフランス北部の町)]

Va̱·len·ti̱n[vá:lɛnti:n, vál..] 男名 ヴァーレンティーン, ヴァレンティーン. [*lat.*; <*lat.* valēns „stark"]

Va·len·ti̱·ne[valɛntí:nə] 女名 ヴァレンティーネ.

Va̱·len·ti̱ns·ta̱g[vá:lɛnti:ns..] 男 聖ヴァレンティヌス祭, バレンタインデー(2月14日).

Va·lẹnz[valɛ́nts] 女 -/-en (Wertigkeit)〘化〙原子価;〘電〙イオン価;〘言〙(動詞などの)結合価. [*spätlat.* valentia „Kraft"; ◇Valor; *engl.* valence]

Va·lẹnz≈e̱lek·tron 中 -s/-en《ふつう複数で》〘化〙価電子, 原子価電子. ≈**theo·rie** 女 原子価の理論;〘言〙結合価の理論.

Va·le·ria̱·na[valeriá:na·] 女 -/..nen[..nən] (Baldrian)〘植〙カノコソウ(鹿子草)属, 吉草(きっそう)(根を鎮静剤として用いる). [*mlat.*; <Valeria (古代ローマの原産地名); ◇Baldrian]

Va·le·ria̱n·säu·re[valeriá:n..] 女 -/ (Baldriansäure)〘化〙吉草(きっそう)酸.

Va·lé·ry[valerí(:)] 人名 Paul ～ ポール ヴァレリー(1871–1945; フランスの詩人・思想家. 作品はエッセー『テスト氏との一夜』, 長詩『若きパルク』など).

Va·lẹs·ka[valɛ́ska·] 女名 ヴァレスカ. [*poln.*; ◇vale]

Va·let¹[valé:] 男 -s/-s (Bube) (フランス式トランプでの)ジャック. [*afr.* vaslet „Knappe"–*fr.*; ◇Vasall; *engl.* va-[r]let]

Va·lẹt²[valɛ́t, valé:t] 中 -s/-s (Lebewohl) さよなら(別れのあいさつ) *jm.* ein ～ zurufen …にさよならと呼びかける | *jm.* 〈*et.*³〉 ～ **sagen**《雅》…と決別する; …を断念する | *seiner* Heimat ～ sagen 故郷を離れる | einem Plan ～ sagen 計画を放棄する.

va·lẹ·te[valé:tə, ..te·]《ラテン語》(lebt wohl!) さよなら, ごきげんよう(複数の相手に対する別れの言葉. ただし: →vale).

va·le·ti̱e·ren[valetí:rən] 他 (h)《スイス》(aufbügeln) (衣服などに)アイロンをかけて形を整える〈新品同様にする〉. [*fr.*; <*fr.* valet (◇Valet¹)]

Va·leur[valǿ:r] 男 -s/-s (女 -/-s) **1**《ふつう複数で》〘美〙(絵画の色彩の)色価(しきか), バルール. ∇**2** (Wertpapier)〘商〙有価証券. [*spätlat.* valor–*fr.*; ◇Valor; *engl.* value]

va·li̱d[valí:t]¹ 形 **1** (論証などが)信頼の置ける, 確かな. ∇**2** (法的に)有効な. ∇**3** (↔invalid) 強健な, 健康な. [*lat.*]

Va·li·da·tio̱n[validatsió:n] 女 -/-en **1** validieren すること. ∇**2** (法的な)有効性の確認.

va·li·di̱e·ren[..dí:rən] 他 (h)《*et.*⁴》**1** (…の学問的な)重要性〈信頼性〉を認める. ∇**2** (…を法的に)有効と認める, (…の法的な)有効性を確認する.

Va·li·di·tä̱t[validitɛ́:t] 女 -/ **1** (一般に)妥当性, 正当性, 信頼性. ∇**2** (法的な)有効性, 効力. [*spätlat.*–*fr.*]

∇**va·li̱e·ren**[valí:rən] 自 (h) (gelten) 価値がある; 有効である, 通用する. [*lat.* valēre „stark sein"; ◇walten]

val·le·ra̱[falərá:, va..] 間《ふつう valleri, vallera の形で》(陽気に騒ぐ声. 特に歌の中で)やんややんや, ワッハッハ.

val·le·ri̱[falərí:, va..] →vallera

Val·my[valmí(:)] 地名 ヴァルミー(フランス北東部の村. 1792年9月にフランス革命軍がここでプロイセン軍を破った).

Va̱·lor[vá:lɔr, ..lo:r] 男 -s/-en[való:rən] **1**《単数で》(Wert) 価値. **2**《複数で》貴重品類(宝石・貴金属など); 有価証券類. [*spätlat.*; <*lat.* valēre (→valieren); ◇Valeur, Valenz, Valuta]

Va·lo̱·ren·ver·si·che·rung[való:rən..] 女 貴重品類に対する〔運送〕保険.

Va·lo·ri·sa·tio̱n[valorizatsió:n] 女 -/-en (政府による商品の)価格調整.

va·lo·ri·si̱e·ren[..zí:rən] 他 (h) (政府が経済政策の見地から商品の)価格を調整する(政府による買い上げ・生産制限などによる物価の維持など).

Va·lo·ri·si̱e·rung[..rʊŋ] 女 -/-en =Valorisation

Val·pa·rai̱·ser[valparaí:zər] **I** 男 -s/- バルパライソの人. **II** 形《無変化》バルパライソの.

Val·pa·rai̱·so[valparaí:zo·, ..so·, ..raízo·] 地名 バルパライソ(Chile 中部, 太平洋岸の港湾都市). [*span.* „Paradies-Tal"]

Va·lu̱·ta[valú:ta·] 女 -/..ten[..tən] **1** 価値; 対価; (特に:) (他国通貨との)交換価値. **2** 外国通貨〈貨幣〉, 外貨: mit ～ zahlen 外国の貨幣で支払う. **3**〘商〙利子起算日. [*it.*; <*lat.* valēre (→valieren); ◇Valor, Valeur]

Va·lu̱·ta≈ge·schäft[valú:ta..] 中 為替業務. ≈**klau·sel** 女 **1** (手形に記載された)対価支払い文句. **2** (外貨で表示された)対価保証文句. ≈**kre·di̱t** 男 外貨クレジット. ≈**kurs** 男〔対外〕為替相場.

Va·lu̱·ten Valuta の複数.

va·lu·ti̱e·ren[valutí:rən] 他 (h) **1**《*et.*⁴》評価する, (…の)価値〈価格〉を査定する. **2**《*et.*⁴》〘商〙(…の)利子起算日を定める.

Val·va·tio̱n[valvatsió:n] 女 -/-en 価値の評価〈査定〉. [<Evalvation; ◇*engl.* valuation]

Vamp[vɛmp] 男 -s/-s 妖婦(ようふ), バンプ. [*engl.*]

Vạm·pi̱r[vámpi:r, ⌣⌐] 男 -s/-e **1**〘民俗〙吸血鬼(墓穴から深夜よみがえり, 眠っている人の血を吸うといわれる魔性の死者);《比》吸血鬼のような人(高利貸し・冷酷な搾取者など). **2**〘動〙チスイコウモリ(血吸蝙蝠). [*serbokroat.*]

Vam·pi·rịs·mus[vampirísmʊs] 男 -/ **1** 吸血鬼の存在を信じる迷信. **2**〘医〙屍姦(しかん), 死体〔性〕愛.

van[fan, van]《オランダ系の人名の姓によく用いられ, 元来は出身地を示す》Anthonis ～ Dyck アントーニス ファン ダイク. [◇von]

VAN[faʊ|a:|ɛ́n] 略 女 -/ = **vorläufig begründete Arbeitsnorm** (↔TAN) (旧東ドイツで, 新規作業に適用する)暫定労働ノルマ.

Va·na·di̱n[vanadí:n] 中 -s/〘化〙バナジウム(希元素名; 記号 V). [<*anord.* Vanadīs (Freyja の異名)]

Va·na·di·ni̱t[..diní:t, ..diníːt] 男 -s/〘鉱〙褐鉛鉱.

Va·na̱·dium[vaná:diʊm] 中 -s/ =Vanadin

Va·na̱·dium·sta̱hl 男〘金属〙バナジウム鋼.

Van-Al·len-Gür·tel[væn|ǽlɪn.., vænǽlɪn..] 男 -s/〘理〙(地球を取り巻く)バン=アレン帯.

[<J. A. Van Allen (米国の物理学者; 1914-)]

Van·da·le[vandá:lə] 男 -n/-n =Wandale

van·da·lisch[vandá:lɪʃ] =wandalisch

Van·da·lis·mus[vandalísmus] 男 -/ =Wandalismus

va·nil·le[vaníljə; ｵｰｽﾄﾘｱ:..nílə; ｽｲｽ: vánil] **I** 形《無変化》バニラ色の, 淡黄色の.

II Va·nil·le 女 -/ **1**〘植〙バニラ(熱帯産ラン科の植物, 実から香料用のエキスが抽出される). **2** (香料としての)バニラ(→ 図 Gewürz): Eis mit ～ バニラ入りアイスクリーム.

[*span.* vainilla „Schötchen"–*fr.*; <*lat.* vagīna (→Vagina)]

Va·nil·le≠aro·ma[vaníljə..] 中 バニラの芳香(かおり). **≠eis** 中 バニラアイスクリーム. **≠ge·schmack** 男 バニラの味〈風味〉. **≠pud·ding** 男 バニラ入りプディング〈プリン〉. **≠sau·ce**[..zo:sə] 女 =Vanillesoße **≠scho·te** 女 バニラ棒(バニラ豆をさやごと乾燥させたもの). **≠so·ße** 女 バニラ入りソース. **≠zucker** 男 バニラ入り砂糖.

Va·nil·lin[vanılí:n] 中 -s/ 〘化〙バニリン(バニラ豆などから抽出され, 香料として用いる). [<..in[2]]

va·ni·tas va·ni·ta·tum[vá:nitas vanitá:tum]《ﾗﾃﾝ語》(Eitelkeit der Eitelkeiten) 空(くう)の空, ものみなすべて空虚なり(聖書: 伝 1, 2). [<*lat.* vānus „leer" (◇vazieren)]

Va·nua·tu[vanú:atu·] 地名 バヌアツ(南太平洋の島国. 1980年英連邦内で独立した共和国. 首都ポートビラ Port Vila).

Va·peur[vapǿ:r] 男 -s/-s **1**《単数で》〘織〙ヴァプール(薄地の綿織物). **2**《複数で》(Blähungen)(体内の)ガス, 放屁(ほうひ). **3**《複数で》不機嫌, 気まぐれ.

[*lat.* vapor „Dampf"–*fr.*; ◇*engl.* vapo(u)r]

Va·po·ri·me·ter[vaporimé:tər] 中 (男) -s/- 〘理〙(液体中のアルコール含有量を測定する)蒸気圧計.

Va·po·ri·sa·tion[..zatsió:n] 女 -/-en **1** =Vaporisierung **2**〘医〙蒸気腐食〈止血〉法.

va·po·ri·sie·ren[..zí:rən] **I** 自 (s) (verdampfen)(液体が)蒸発〈気化〉する.

II 他 (h) **1** (液体を)蒸発〈気化〉させる. **2** (蒸気圧計を用いて液体中の)アルコール含有量を測定する.

Va·po·ri·sie·rung[..ruŋ] 女 -/-en vaporisieren すること.

var. 略 =Varietät〘生〙変種.

VAR[faυ|a:|ɛ́r] 略 女 -/ = Vereinigte Arabische Republik アラブ連合共和国(1958-61: →Ägypten).

Va·ria[vá:ria·] 複 (種々雑多なもの. 例えば:) 雑報, 雑録; 雑貨; 雑費.

[<*lat.* varius „bunt"; ◇Varietät, variieren]

va·ria·bel[variá:bəl](..ria·bl..) **I** 形 (↔invariabel) 変えられる, 可変の; 変化〈変動〉する, 変わりやすい, 不定の: eine *variable* Größe〘数〙変数(→konstant) | *variable* Kosten 変動費(操業の度合いに応じて変化する費用). **II Va·ria·ble**[variá:blə] 女《形容詞変化》(また: -/-n) (↔Konstante)〘数〙変数. [*spätlat.*–*fr.*]

Va·ria·bi·li·tät[variabilité:t] 女 -/-en (variabel なこと. 例えば:) 可変性;〘生〙変化〈変異〉性.

va·ri·ant[variánt] 形 (↔invariant) 変化する, 可変の. [*fr.*; <*lat.* variāre (→variieren)]

Va·rian·te[variántə] 女 -/-n《まれ: 形容詞変化》**1** (他・一般と異なるもの, または同一物のさまざまな形. 例えば:) 異体, 異形, 別形, 変形; 変種: Sein Plan ist nur eine ～ zu den früheren Vorschlägen. 彼の案は以前の諸提案の変形にすぎない. **2** (写本などの)異文. **3**〘楽〙バリアンテ(転調の手法を用いない長調から短調への, またはその逆の急な変化). [*fr.*]

va·rian·ten·reich 形 変化に富んだ.

va·ria·tio de·lec·tat[variá:tsio· delɛ́ktat]《ﾗﾃﾝ語》(Abwechslung ergötzt) 変化は人を楽しませる.

[◇delektieren]

Va·ria·tion[variatsió:n] 女 -/-en **1 a)** 変化, 変動. **b)** (変化したもの. 例えば:) 変形, 異形, 異体. **2**〘生〙変異. **3**〘数〙変分. **4**〘天〙二均(にきん)差. **5**〘楽〙変奏(曲): Thema und ～*en* 主題と変奏. [*lat.*–*fr.*]

Va·ria·tions·brei·te 女 変化の幅, 変動幅.

va·ria·tions·fä·hig 形 変わりうる, 可変の.

Va·ria·tions·rech·nung 女〘数〙変分法.

Va·ria·tor[variá:tɔr, ..to:r] 男 -s/-en[variató:rən] =Variometer

Va·rie·tät[varieté:t] 女 -/-en (略 var.) (Abart)〘生〙変種.

[*lat.*; <*lat.* varius (→Varia); ◇*engl.* variety]

Va·rie·té (Va·rie·tee)[varieté:] 中 -s/-s バリエテ, バラエティー=ショー(歌・踊り・手品・曲芸などバラエティーに富んだ出し物を見せる寄席): ins ～ gehen バリエテを見に行く.

[*fr.* théâtre des variétés]

Va·rie·té≠ar·tist[varieté:..] 男 バリエテの芸人. **≠thea·ter** 中 =Varieté

VARIG[vá:rık] 女 -/ バリグ=ブラジル航空. [*port.*; <*port.* *V*iacao *A*érea *R*io *G*randense]

va·ri·ie·ren[varií:rən] **I** 自 (h) **1** (一致しないで)異なる, 違う. **2 a)** (部分的に)変わる, 変化する. **b)**〘生〙変異する.

II 他 (h) (部分的に)変える, (…に)変化をつける;〘楽〙(主題を)変奏する. [*lat.*; ◇Varia, variant; *engl.* vary]

va·ri·kös[varikǿ:s][1] 形〘医〙静脈瘤(りゅう)の.

[◇Varix; *engl.* varicose]

Va·ri·ko·si·tät[varikozité:t] 女 -/-en〘医〙静脈瘤(りゅう)様腫脹(しゅちょう).

Va·ri·ko·ze·le[..tsé:lə] 女 -/-n〘医〙精索静脈瘤(りゅう).

[<*gr.* kḗlē „Geschwulst, Bruch"]

Va·ri·nas[vá:rinas, varí:nas] 男 -/ (種類: -) バリナス産タバコ. [<Barinas (Venezuela 西部の町)]

Va·rio·la[varí:ola·] 女 -/..lä[..lɛ·], ..len[..rió:lən]《ふつう複数で》(Pocken)〘医〙天然痘, 痘瘡(とうそう). [*mlat.*]

Va·rio·la·tion[variolatsió:n] 女 -/-en〘医〙人痘接種(法)(牛痘ワクチンでなく人痘を接種する).

Va·rio·le[varió:lə] 女 -/-n =Variola

Va·rio·me·ter[variomé:tər] 中 (男) -s/- **1**〘電〙バリオメータ. **2** 磁気偏差計. **3**〘空〙昇降速度計.

Va·rio·ob·jek·tiv[vá:rio..] 中〘写〙ズームレンズ.

Va·ri·stor[varístɔr, ..to:r] 男 -s/-en[varıstó:rən]〘電〙バリスター. [*engl.*; <*lat.* varius (→Varia)+*engl.* resistor (◇resistieren)]

va·rium et mu·ta·bi·le sem·per fe·mi·na [vá:rium ɛt mutá:bile· zɛ́mpər fé:mina·]《ﾗﾃﾝ語》(stets ist die Frau launisch und unberechenbar) 女は常に気まぐれで移り気だ (Vergil の《Äneide》のなかの言葉).

[◇Varia, mutieren, feminin]

Va·rix[vá:rıks] 女 -/..rizen[varí:tsən], **Va·ri·ze** [varí:tsə] 女 -/-n (Krampfader)〘医〙静脈瘤(りゅう).

[*lat.*]

Va·ri·zel·le[varitsɛ́lə] 女 -/-n《ふつう複数で》(Windpocken)〘医〙水痘, 水ぼうそう. [<Variola]

Va·ri·zen Varix, Varize の複数.

Va·rus[vá:rus] 人名 Publius Quintilius ～ プブリウス クインティリウス ウァルス(ローマの将軍. 紀元 9 年ゲルマン人との戦いに敗れて自殺した).

Va·rus·schlacht 女 -/ 〘史〙ウァルスの戦い(紀元 9 年, Teutoburger Wald でローマの将軍 Varus が Arminius (別名 Hermann) のひきいるゲルマン人に殲滅(せんめつ)的打撃を受けて自殺した. トイトブルクの戦いともいう).

va·sal[vazá:l] 形〘生・医〙脈管〈血管〉の.

Va·sall[vazál] 男 -en/-en (Lehnsmann)〘史〙(封建時代の)封建家臣, 封臣, 家士; (一般に)家臣, 臣下, 家来.

[*mlat.*–*afr.*–*mhd.* vassal; <*kymr.* gwas „Knecht"; ◇Valet[1]]

Va·sal·len≠eid 男〘史〙(封土受領の際の)忠誠の誓い. **≠staat** 男《軽蔑的に》属国.

Va·sal·len·tum[..tu:m] 中 -s/ **1**《集合的に》封臣〈家臣〉たち. **2** 封臣〈家臣〉の身分. **3** =Vasallität

va·sal·lisch[vazálıʃ] 形 封臣〈家臣〉の; 従属〈隷属〉的な.

Va·sal·li·tät[vazalité:t] 女 -/ (封臣の封主に対する)従

属, 隷属, 家士制.

Va·sa·ri[vazá:ri·] 人名 Giorgio ～ ジョルジョ ヴァザーリ(1511-74; イタリアの画家・建築家・美術史家. 主著『美術家列伝』).

Väs·chen Vase の縮小形.

Vas·co da Ga·ma[vásko· da gá:ma·] 人名 ヴァスコ ダ ガマ(1469-1524; ポルトガルの航海者. 1498年喜望峰を回ってインド航路を開拓した).

Va·se[vá:zə] 女 -/-n (⑪ **Väs·chen**[vɛ́:sçən], **Väs·lein**[..laın] 中 -s/-) つぼ; (特に:) 花瓶(→ ⑳ Gefäß): Kristall*vase* クリスタルガラス製の花瓶 | eine ～ mit Rosen バラを生けた花瓶 ‖ Blumen in eine ～ stellen 花を花瓶に生ける. [*lat.* vās (→vaso..) − *fr.*]

Vas·ek·to·mie[vazɛktomí:] 女 -/-n[..mí:ən] 《医》 精管切除〔術〕. [＜vaso..]

Va·se·lin[vazelí:n] 中 -s/ , **Va·se·li·ne**[..nə; オーストリア: ..lí:n] 女 -/ ワセリン.
[*amerik.*; ＜Wasser＋*gr.* élaion (→Öl)]

va·sen·för·mig[vá:zən..] 形 つぼ(花瓶)の形をした.

Va·sen·ma·le·rei 女 《美》(特に古代ギリシアの)壺絵(つぼえ).

vas·ku·lar[vaskulá:r] 形, **vas·ku·lär**[..lɛ́:r] 形 《生・医》 脈管の, 血管の.

Vas·ku·la·ri·sa·tion[..larizatsió:n] 女 -/-en 《医》 血管新生. [＜*lat.* vāsculum „Gefäßchen" (◇vaso..)]

vas·ku·lös[..lǿ:s][1] 形 血管の多い. [＜..ös]

Väs·lein Vase の縮小形.

vaso.. 《名詞・形容詞などにつけて「脈管・血管」を意味する》
[＜*lat.* vās „Gefäß" (◇Vase)]

Va·so·di·la·ta·tor[vazodilatá:tɔr, ..to:r] 男 -s/-en[..tató:rən] **1** 《解》 血管拡張神経. **2** 《薬》 血管拡張薬.

Va·so·gra·phie[..grafí:] 女 -/-n[..fí:ən] 《医》 脈管撮影(造影)〔法〕.

Va·so·kon·strik·tor[..kɔnstríktɔr] 男 -s/-en[..strıktó:rən] **1** 《解》 血管収縮神経. **2** 《薬》 血管収縮薬. [＜konstringieren]

Va·so·li·ga·tur[..ligatú:r] 女 -/-en 《医》 精管結紮(けっさつ)〔術〕.

Va·so·mo·to·ren[..motó:rən] 複 《解》 血管運動神経.

va·so·mo·to·risch[..motó:rıʃ] 形 血管運動〔神経〕の.

Va·so·neu·ro·se[..nɔyró:zə] 女 -/-n (Gefäßneurose) 《医》 血管神経症.

Va·so·ple·gie[..plegí:] 女 -/-n[..gí:ən] (Gefäßlähmung) 《医》 血管麻痺(まひ). [＜*gr.* plēgḗ „Schlag" (◇Plektron)]

Va·so·to·mie[vazotomí:] 女 -/-n[..mí:ən] 《医》 精管切開〔術〕.

▽**vast**[vast] 形 **1** (ausgedehnt) 広大な. **2** (wüst) 荒廃した.

▽**Va·sta·tion**[vastatsió:n] 女 -/-en (Verwüstung) 荒廃. [*lat.*; ＜*lat.* vāstāre „öde machen" (◇wüst)]

Va·ter[fá:tər] 男 -s/Väter[fɛ́:tər] **1 a)** (⑪ **Vä·ter·chen**[fɛ́:tərçən], **Vä·ter·lein**[..laın] 中 -s/-) (英: *father*) 父, 父親; 《比》 父と仰がれる存在; 保護者; 創始者, 元祖, 生みの親: ～ und Mutter 父母, 両親 | Schwieger*vater* しゅうと | Stief*vater* 継父(ままちち) | der echte 〈leibliche〉 ～ 実父 | ein strenger ～ 厳格な父親 | **der himmlische ～** 父なる神 | der Heilige ～ 《カトリック》 教皇 | **kesser ～** 《話》 男みたいな女(とくにレスビアンの) ‖ **～ Rhein** 《雅》 父なるライン(ライン川の詩的通称) | **～ Staat** 《戯》(経済的に国民を養うものとしての)お国 | *Väterchen* Frost 《戯》(非常な)寒さ, 寒波(ロシア語 Ded Moroz の直訳借用語) ‖ Er ist wie mein eigener ～. 彼は私の実の父親のような存在だ | Er ist ganz der ～. 《話》 彼は父親にそっくりだ ‖ 〔Alles〕 aus, dein treuer ～! 《話》 もうおしまいだ, もうだめだ | **ach, du dicker ～!** 《話》 おやこれはたまげた ‖ die *Väter* der Stadt 町の長老たち | Er war der geistige ～ dieses Plans. 彼がこの計画のそもそもの発案者だった | Der Wunsch ist oft der ～ des Gedankens. 《諺》 願望はしばしば着想を生み出す ‖ ～[1] werden 父親になる | *Vater* werden ist nicht schwer, ～ sein dagegen sehr. 父親になることは簡単だがそれに対して父親であること(子供を育てること)は難しい(Busch) ‖ Er hat seinen ～ nie gekannt. 彼は父を知らずに育った | Grüßen Sie bitte Ihren 〔Herrn〕 ～! どうかお父様によろしく ‖ Das hat er vom ～. 《話》 それは彼が父親から受けついだものだ. **b)** (Pater) 《カトリック》 神父. **c)** 《複数で》 父祖: **zu *seinen Vätern* heimgehen** / ***sich***[4] **zu den *Vätern* versammeln** / **zu *seinen Vätern* versammelt werden** 《雅》 死ぬ.

▽**2** (Patrize) 《工・印》 父型.
[*idg.*; ◇Pater, Patriarch, Vetter; *engl.* father]

Va·ter≈au·ge[fá:tər..] 中 父〔なる神〕の目: Das ～ wacht. 神はすべてをみそなわす; 《戯》 父の目がきびしく光っている. **≈bild** 中 父親像. **≈bin·dung** 女 《心》 父固着.

Vä·ter·chen Vater の縮小形.

Va·ter≈fi·gur[fá:tər..] 女 父親的な人物; 父親としての理想像. **≈freu·den** 複 父親である喜び: 〖もっぱら次の成句で〗 **～ entgegensehen** 《戯》 もうすぐ父親になる. **≈haus** 中 生まれ育った家, 生家. **≈kom·plex** 男 《心》 父親コンプレックス.

Va·ter·land[fá:tərlant][1] 中 -〔e〕s/..länder 祖国, 故国: *sein* ～ lieben 祖国を愛する ‖ für das ～ kämpfen 祖国のために戦う | in *sein* ～ zurückkehren 故国に帰る ‖ Wo es mir wohl geht, da ist mein ～. 《諺》 幸せのあるところ そこが私の祖国だ.

va·ter·län·disch[..lɛndıʃ] 形 祖国の, 故国の; 愛国的な: ～*e* Lieder 故国の歌; 愛国歌 | ～ gesinnt sein 愛国心をもっている.

Va·ter·lands·lie·be[fá:tərlants..] 女 祖国愛, 愛国心: mehr Angst als ～ haben (→Angst I).

va·ter·lands≈lie·bend 形 祖国を愛する, 愛国の. **≈los**[..lo:s][1] 形 祖国のない, 祖国を失った.

Va·ter·lands≈ver·rä·ter 男 売国奴. **≈ver·tei·di·ger** 男 祖国の防衛〈擁護〉者; 《雅》 軍人. **≈ver·tei·di·gung** 女 祖国防衛.

Vä·ter·lein Vater の縮小形.

vä·ter·lich[fɛ́:tərlıç] 形 **1** 《付加語的》 父〔親〕の; 父方の: die ～*e* Linie 父方の家系〈血筋〉 | das ～*e* Geschäft übernehmen 父の商売を引きつぐ. **2** 父親らしい, 父性的な, 慈父のような: ein ～*er* Freund 父親のような友人 | ～*e* Liebe 父性愛 ‖ *jm.* ～ zureden …に父親のように言って聞かせる.

vä·ter·li·cher·seits 副 父方〔の血すじ〕で: mein Großvater ～ 私の父方の祖父 | die Schwester ～ 父の姉〈妹〉, 父方のおば.

Vä·ter·lich·keit[..kaıt] 女 -/ 父親らしさ.

Va·ter·lie·be[fá:tər..] 女 父の愛, 父性愛.

va·ter·los[..lo:s][1] 形 父親のない.

Va·ter·lo·sig·keit[..lo:zıçkaıt] 女 -/ vaterlos なこと.

Va·ter≈mord 男 父親殺し. **≈mör·der** 男 **1** 父親殺し(人). **2** 《話》(Biedermeier 時代の)高くて硬いカラー(→ ⑳ Garrick). **≈na·me** 男 (Familienname) 姓, 名字. **≈pflicht** 女 -/-en 《ふつう複数で》 父親としての義務. **≈recht** 中 父親の権利; 《史》 父権〔制度〕.

Va·ters·bru·der 男 父方のおじ.

Va·ter·schaft[fá:tərʃaft] 女 -/ 父親であること; 父としての存在〈身分〉; 父性: die ～ anerkennen 父親であることを認める, (父親として)子供を認知する | die ～ ablehnen 〈feststellen〉 父親であることを否認〈確認〉する.

Va·ter·schafts≈an·er·kennt·nis 中, **≈an·er·ken·nung** 女 父親であることの認知. **≈be·stim·mung** 女 だれが父親であるかの決定. **≈kla·ge** 女 《法》 認知請求の訴え, 父子関係存在確認訴訟. **≈nach·weis** 男 父親であることの証明.

Va·ters≈na·me[fá:tərs..] ＝Vatername **≈schwe·ster** 女 父方のおば.

Va·ter≈stadt 女 生まれ故郷の町. **≈stel·le** 女 父親の地位: 〖もっぱら次の成句で〗 **bei 〈an〉 *jm.* ～ vertreten** …の父親の役目をつとめる. **≈tag** 男 父の日(ドイツではふつう

Himmelfahrtstag, つまり復活祭後40日目). ≈**tier** 中 (特に家畜の)父獣.

Va·ter·un·ser[fá:tər|ʊ́nzər, ─⌣⌣⌣] 中 -s/- 《キリスト教》主の祈り, 主禱(しゅとう)文 (Vater unser, der du bist ... で始まる祈り. 聖書: マタ 6, 9): ein 〈das〉 ~ beten 主の祈りを唱える. [*ahd.*; ◇Paternoster]

Va·ti[fá:ti·] 男 -s/-s 《幼児語》(Vater) お父さん, お父ちゃん, パパ.

der **Va·ti·kan**[vatiká:n; オーストリア: ⌣⌣─] 男 -s/ **1** 《宮殿名》バチカン宮殿(ローマの北西部バチカン丘にある壮大な建物でカトリックの総本山, 教皇の邸宅や教皇庁がある). **2** 教皇庁; 教皇政治. [*lat.*(-*mlat.*)]

va·ti·ka·nisch[..nɪʃ] 形 バチカン〔宮殿・聖庁〕の: das *Vatikanische* Konzil 《カトリック》バチカン公会議(=Vatikanum) | *Vatikanische* Museen バチカン美術館.

die **Va·ti·kan·stadt** 地名 女 -/ バチカン市国(ローマの北西部にある, ローマ教皇を元首とする独立国. 1929年に成立. 公称 der Staat 〔der〕 ~ バチカン市国. イタリア語形 Città del Vaticano).

Va·ti·ka·num[vatiká:nʊm] 中 -s/ 《カトリック》バチカン公会議(第1回1869-70, 第2回1962-65).

▽**Va·ti·zi·nium**[vatitsí:niʊm] 中 -s/..nien[..niən] (Weissagung) 予言.
[<*lat.* vāti-cinus „weis-sagend"]

Vau·de·ville[vodəví:l; オーストリア・スイス: ─, vodvíl] 中 -s/-s **1** (フランスの)風刺的な俗謡; 風刺喜歌劇. **2** ボードビル(歌・踊り・アクロバットなどからなる寄席演芸).
[*fr.*; <Vau-de-Vire (ノルマンディーの渓谷の名)]

V-Aus·schnitt[fáʊ..] 男 《服飾》V ネック(ドレス・セーターなどの V 字形の襟ぐり).

va·zie·ren[vatsí:rən] 自 ▽**1** (h) (地位・ポストなどが)空席〈欠員〉である. **2** (s) 《オーストリア》(行商人・職人などが)あちこち歩き回る, 渡り歩く.
[*lat.* vacāre „leer sein"; ◇vacat, Vakat]

VBE[faʊbe:|é:] 略 =**Vollbeschäftigteneinheit**

VBK[faʊbe:ká:] 略 =**Verband Bildender Künstler** der DDR (旧東ドイツの)ドイツ民主共和国造形美術家連盟.

v. c. 略 =**verbi causa** 例えば.

v. Chr. 略 =**vor Christo** 〈**Christus**〉(↔n. Chr.)〔西暦〕紀元前.

v. Chr. G. 略 =**vor Christi Geburt** 〔西暦〕紀元前.

v. D. 略 =**vom Dienst** 勤務中の, 当直の.

VDE[faʊde:|é:] 略 男 -/ =**Verband Deutscher Elektrotechniker** ドイツ電気技師連盟.

VdgB[faʊde:ge:bé:] 略 女 -/ =**Vereinigung der gegenseitigen Bauernhilfe** (旧東ドイツの)農家相互援助連盟.

VDI[faʊde:|í:] 略 男 -/ =**Verein Deutscher Ingenieure** ドイツ技術者協会(1856年創立され, 1946年再建).

VdJ[faʊde:jɔ́t] 略 男 -〔s〕/ =**Verband der Journalisten der DDR** (旧東ドイツの)ドイツ民主共和国ジャーナリスト連盟.

VDS[faʊde:|ɛ́s] 略 男 -/ =**Verband Deutscher Studentenschaften** ドイツ学生連盟(1975年以降は **Vereinigte Deutsche Studentenschaften**).

vdt. 略 =**vidit** 彼〈彼女〉は見た.

VEB[faʊ|e:bé:] 略 男 -/- =**Volkseigener Betrieb** (旧東ドイツの)人民所有企業, 国営企業: ~ Verlag X 国営 X 出版社.

VEBA, Veba[fé:ba·] 略 女 -/ =**Vereinigte Elektrizitäts- und Bergwerks-Aktiengesellschaft** フェーバ(ドイツのエネルギー・化学関係の会社).

Ve·da[vé:da·] 男 -〔s〕/..den[..dən], -s =Weda

Ve·det·te[vedɛ́tə] 女 -/-n **1** 《軍》騎馬哨兵(しょうへい). **2** 有名な〔映画〕俳優, スター. [*it.*-*fr.*]

ve·disch[vé:dɪʃ] =wedisch

Ve·du·te[vedú:tə] 女 -/-n 《美》(都市・山野などの)絵図, 街景図; 風景画. [*it.*; <*it.* vedere „sehen" (◇vide)]

VEG[faʊ|e:gé:] 略 中 -/- =**Volkseigenes Gut** (旧東ドイツの)人民所有農場, 国営農場.

Ve·ga[vé:ga·] 人名 Lope de ~ ローペデヴェーガ(1562-1635; スペインの詩人・劇作家).

ve·ge·ta·bil[vegetabí:l] =vegetabilisch

Ve·ge·ta·bi·li·en[..liən] 複 植物性食品, 野菜類.
[*mlat.*; <*spätlat.* vegetābilis „belebend"; ◇*engl.* vegetable]

ve·ge·ta·bi·lisch[..lɪʃ] 形 (pflanzlich) 植物の; 植物性の, 植物質の: ~*es* Elfenbein ゾウゲヤシ(象牙椰子)の実 | ~*es* Fett 植物性脂肪.

Ve·ge·ta·ria·ner[vegetariá:nər] 男 -s/- =Vegetarier

Ve·ge·ta·ria·nis·mus[..rianísmʊs] 男 -/ =Vegetarismus

Ve·ge·ta·ri·er[..tá:riər] 男 -s/- 菜食主義者. [*engl.* vegetarian]

ve·ge·ta·risch[vegetá:rɪʃ] 形 菜食〔主義〕の: ~ leben 菜食生活をする.

Ve·ge·ta·ris·mus[..tarísmʊs] 男 -/ 菜食主義.

Ve·ge·ta·tion[vegetatsió:n] 女 -/-en 《ふつう単数で》**1** 《植》植生, 植被(ある地域に生えている植物群落の性質および景観): natürliche ~ 自然植生 | die ~ der Tropen 熱帯地方の植生. **2** ▽**a**) (植物の)生育, 生長, 成長. **b**) 《医》(組織などの)増殖. [*spätlat.*-*mlat.*]

Ve·ge·ta·tions≈gür·tel 男 《植》植生帯, 群落帯. ≈**kar·te** 女 植生図. ≈**ke·gel** 男 《植》生長円錐(すい). ≈**pe·ri·ode** 女 (植物の)生育期間. ≈**punkt** 男 《植》生長〈成長〉点. ≈**zo·ne** 女 《植》**1** 植物帯. **2** =Vegetationsgürtel

ve·ge·ta·tiv[vegetatí:f][1] 形 **1** 植物の; 植物的な. **2** 《生理》植物性の, 自律神経の: das ~*e* Nervensystem 《生理》植物神経系 | ~*e* Neurose 《医》自律神経症. **3** 《植》栄養に関する; 無性生殖の: ~*es* Organ 栄養器官(根・茎・葉など) | ~*e* Vermehrung 栄養生殖〈繁殖〉. [*mlat.*]

Ve·ge·ta·ti·vum[..tí:vʊm] 中 -s/..va[..va·] 《生理》植物神経系.

ve·ge·tie·ren[vegetí:rən] 自 (h) (人が植物のように)無気力に〈細々と〉暮らす. [*lat.* vegetāre „beleben"; <*lat.* vegetus „lebhaft" (◇wecken[1])]

ve·he·ment[vehemɛ́nt] 形 (heftig) 激しい, 激烈な, 猛烈な: eine ~*e* Äußerung 激しい言葉 | ein ~*er* Kampf 激闘 ‖ gegen *et.*[4] ~ protestieren …に対して激しく抗議する. [*lat.*; ◇mental]

Ve·he·menz[..mɛ́nts] 女 -/ 激しさ, 激烈〈猛烈〉さ: mit großer ~ 猛烈な勢いで. [*lat.*]

Ve·hi·kel[vehí:kəl; オーストリア: ..híkəl] 中 -s/- **1** 乗り物; 《軽蔑的に》(旧式の)ぼろ車: ein klappriges ~ ガタガタのおんぼろ車. **2** 《比》(目標を達成するための)媒体, 手段; (思想などの)表現〈伝達〉手段: die Sprache als ~ der dichterischen Idee 詩的観念の表現手段としての言語. **3** 《薬》賦形剤.
[*lat.*; <*lat.* vehere „tragen" (◇wegen[1]); ◇Vektor; *engl.* vehicle]

VEI[faʊ|e:|í:] 略 女 -/- =**Volkseigene Industrie** (旧東ドイツの)人民所有工場.

▽**Vei·ge·lein**[fáɪgəlaɪn] 中 -s/- =Veilchen

Vei·gerl[fáɪgərl] 中 -s/-n 《南部・オーストリア》=Veilchen

Veil·chen[fáɪlçən] 中 -s/- 《植》スミレ(菫): Alpen*veilchen* シクラメン ‖ ~ pflücken スミレの花を摘む | ein ~ haben 《話》目のまわりが青くはれあがっている(殴られて・ぶつけて) | ein Gemüt wie ein ~ haben (→Gemüt 1) ‖ blau wie ein ~ sein (→blau I 3).
[*mhd.* vīel; ◇Viola[1]; *engl.* violet]

Veil·chen·au·gen 複 《話》**1** (殴られて)青くはれあがった目. **2** 汚れを知らぬ純真な目.

veil·chen≈blau 形 **1** すみれ色の. **2** 《話》ひどく酔った. ≈**far·ben** 形, ≈**far·big** 形 すみれ色の.

Veil·chen≈schnecke 女 《貝》アサガオガイ(朝顔貝). ≈**wur·zel** 女 **1** スミレの根. **2** (乾燥させた)アイリスの根茎(せき止め薬として用いる).

Veit[faɪt] 男名 (<Vitus) ファイト.

Vei·tel[fáɪtəl] 男 -s/- =Feitel

Veits·boh·ne[fáɪts..] 女〘植〙インゲンマメ(隠元豆).
[< Veit (シチリアの殉教者聖 Vitus のドイツ語形); その祭日 6 月15日ごろに開花することから]

Veits·tanz[fáɪts..] 男 -es/ 〘医〙〔小〕舞踏病. [*mlat.* chorea (sanctī) Vitī の翻訳借用; 患者が聖者に祈ることから]

Vek·tor[vέktɔr, ..to:r] 男 -s/-en[vɛktó:rən] **1** (↔Skalar)〘数・理〙ベクトル. **2**〘電算〙ベクトル. **3**〘遺伝〙ベクター(ウイルスやプラスミドから他の細胞に注入される DNA 断片).
[*lat.* vector „Träger"; < *lat.* vehere (→Vehikel)]

Vek·tor≠feld 中〘数・理〙ベクトル場. **≠funk·tion** 女〘数〙ベクトル関数.

vek·to·riell[vɛktoriέl] 形 ベクトル〔計算〕の: ein ~*es* Produkt〘数〙ベクトル積. [<..ell]

Vek·tor≠kar·dio·graph[vέktɔr..] 男〘医〙ベクトル心電計. **≠pro·dukt** 中〘数〙ベクトル積. **≠raum** 男〘数〙ベクトル空間. **≠rech·nung** 女 ベクトル計算.

Ve·la Velum の複数.

Ve·la pa·la·ti·na Velum palatinum の複数.

ve·lar[velá:r] **I** 形 (↔palatal) 軟口蓋(ﾌﾞｳ)の;〘言〙軟口蓋音の. **II Ve·lar** 男 -s/-e (Hintergaumenlaut)〘言〙軟口蓋音(例 [k][g][ŋ][x]). [<Velum]

▽**Ve·la·ris**[velá:rɪs] 女 -/..ren[..rən], ..res[..re:s], **Ve·lar·laut** 男 =Velar

Ve·laz·quez[veláskɛs] 人名 Diego de Silva y ~ ディエゴ デ シルバ イ ヴェラスケス(1599-1660; スペインの画家. 作品『ブレーダの開城』など).

Ve·lin[velí:n, velέ:] 中 -s/ **1** ベーラム(羊皮紙の一種). **2** ベーラムペーパー(ベーラムに似せた上質紙).
[*fr.*; < *lat.* vitulus „Kalb"; ◇ *engl.* vellum]

Ve·lin·pa·pier 中 =Velin 2

Vel·lei·tät[vɛleitέ:t] 女 -/-en〘哲〙(努力・行動を伴わぬ)単なる願望, 弱い意欲.
[*mlat.*; < *lat.* velle (→wollen[2])]

Ve·lo[vé:lo·] 中 -s/-s (<Veloziped)《ｽｲｽ》自転車: ~ fahren / mit dem ~ fahren 自転車に乗る, サイクリングする.

ve·lo·ce[veló:tʃə, ..tʃe·] 副 (schnell)〘楽〙ヴェローチェ, 急速に. [*lat.* vēlōx–*it.*]

Ve·lo·drom[velodró:m] 中 -s/-e 〔屋内〕自転車競技場,〔屋内〕競輪場. [*fr.*; < *gr.* drómos „Lauf〔bahn〕"]

Ve·lour[vəlú:r, ve..] 中 -s/-s, -e, **Ve·lour·le·der** =Veloursleder

Ve·lours[vəlú:r, ve..] **I** 男 -[-s]/-[-s]〘織〙ベロア. **II** 中 -[-s]/-[-s]=Veloursleder
[*lat.* villōsus „zottig"–*aprovenzal.*–*fr.*; < *lat.* villus „zottiges Haar" (◇Wolle)]

Ve·lours≠le·der[vəlú:r.., ve..] 中 スエード革. **≠tep·pich** 男 ビロード仕上げのじゅうたん〈カーペット〉.

▽**Ve·lo·zi·ped**[velotsipé:t][1] 中 -[e]s/-e (Fahrrad) 自転車(略 Velo). [*fr.*; < *lat.* vēlōx (→veloce)+pēs „Fuß" (◇Fuß)]

▽**Ve·lo·zi·pe·dist**[..pedíst] 男 -en/-en (Radfahrer) 自転車に乗る人. [*fr.* vélocipédiste]

Vel·pel[fέlpəl] 男 -s/-〘織〙ベルベチーン, 別珍.
[*it.* felpa]

Vel·ten[fέltən] 男名 (<Valentin) フェルテン.

das **Velt·lin**[vɛltlí:n, fɛ..] 地名 中 -s/ ヴェルトリーン, ヴァルテルリーナ(イタリア北部, Comer See の東, アッダ川の河谷地方. イタリア語形 Valtellina).

Velt·li·ner[..nər] **I** 男 -s/- **1** ヴェルトリーン〈ヴァルテルリーナ〉の人. **2** ヴェルトリーン〈ヴァルテルリーナ〉産ワイン.
II 形《無変化》ヴェルトリーン〈ヴァルテルリーナ〉の.

Ve·lum[vé:lʊm] 中 -s/..la[..la·] **1**《ｶﾄﾘｯｸ》**a**) (敬意のしるしとして)聖なる人や物にかけるおおい. **b**) 聖体容器にかけるベール. **2** (Gaumensegel)〘解〙口蓋(ﾌﾞｳ)帆; 軟口蓋. **3**〘生〙(ヒドロクラゲの)縁膜(ｴﾝ); (軟体動物の)面盤.
[*lat.* vēlum „Segel〔tuch〕"; ◇ *engl.* veil]

Ve·lum pa·la·ti·num[vé:lʊm palatí:nʊm] 中 --/ ..la ..na[..la· ..na·] (Gaumensegel)〘解〙口蓋(ﾌﾞｳ)帆.
[< *lat.* palātum (→palatal)]

Vel·vet[vέlvət] 男 中 -s/ (種類: -s)〘織〙ビロード, ベルベット. [*mlat.*–*engl.*; < *lat.* villus (→Velours)]

Ven·de·miaire[vɑ̃demiέ:r] 男 -[s]/-s〘史〙葡萄(ﾌﾞﾄﾞｳ)月(フランス革命暦の第 1 月; 9 月22日-10月21日に当たる).
★ フランス革命暦 Kalender der Französischen Revolution は1793年に採用され, 1805年にグレゴリオ暦に復帰した. 第 2 月以降は: 2 Brumaire 3 Frimaire 4 Nivose 5 Pluviose 6 Ventose 7 Germinal 8 Floreal 9 Prairial 10 Messidor 11 Thermidor 12 Fruktidor
[*fr.*; < *lat.* vīn-dēmia „Wein-lese" (◇Wein)]

Ven·det·ta[vɛndέta·] 女 -/..detten[..tən] (Blutrache) 血縁者による復讐(ﾌｸｼｭｳ)〈仇(ｶﾀｷ)討ち〉. [*lat.* vindicta „Befreiung"–*it.*; < *lat.* vindicāre (→vindizieren)]

Ve·ne[vé:nə] 女 -/-n (↔Arterie) (Blutader)〘解〙静脈. [*lat.*; ◇venös; *engl.* vein]

Ve·ne·dig[vené:dɪç] 地名 ヴェネツィア, ヴェニス(イタリア北東部, Adria 海岸の港湾都市. イタリア語形 Venezia): die Lagune von ~ ヴェネツィア潟湖(ｾｷｺ). [◇Venetien]

ven·ek·ta·sie[venɛktazí:] 女 -/-n[..zí:ən]〘医〙静脈拡張〔症〕.

Ve·nen≠ent·zün·dung[vé:nən..] 女〘医〙静脈炎. **≠klap·pe** 女〘解〙静脈弁.

ve·ne·nös[venenǿ:s][1] 形 (giftig) 毒性のある, 毒物〔性〕の. [*spätlat.*; < *lat.* venēnum „Zaubertrank" (◇Venus)+..os]

Ve·nen≠pla·stik[vé:nən..] 女〘医〙静脈形成〔術〕. **≠skle·ro·se** 女〘医〙静脈硬化〔症〕.

▽**ve·ne·ra·bel**[venerá:bəl] (..ra·bl..) 形 尊敬すべき, 崇敬するに値する, 尊い. [*lat.*]

Ve·ne·ra·bi·le[venerá:bile·] 中 -[s]/《ｶﾄﾘｯｸ》聖体.
[*kirchenlat.*]

▽**Ve·ne·ra·tion**[veneratsió:n] 女 -/-en 尊敬, 崇敬.

▽**ve·ne·rie·ren**[venerí:rən] 他 (h) 尊敬〈崇敬〉する.

ve·ne·risch[vené:rɪʃ] 形〘医〙性病の: eine ~*e* Krankheit / ein ~*es* Leiden 性病.
[*lat.*; < *lat.* venus (→Venus)]

Ve·ne·ro·lo·ge[veneroló:gə] 男 -n/-n (→..loge) 性病学者.

Ve·ne·ro·lo·gie[..logí:] 女 -/ 性病学.

ve·ne·ro·lo·gisch[..ló:gɪʃ] 形 性病学〔上〕の.

Ve·ne·ro·pho·bie[..fobí:] 女 -/-n[..bí:ən] 性病恐怖〔症〕.

Ve·ne·ter[vé:netər] 男 -s/- ヴェネツィアの人.

Ve·ne·ti·en[vené:tsiən] 地名 **1** ヴェネツィア(イタリア北東部, Po 川とアルプスの中間の古代の一地方. イタリア語形 Venezia). **2** ヴェネト(ほぼ 1 に等しいイタリアの州. イタリア語形 Veneto). [*lat.*; ◇Venedig]

Ve·ne·zia[vené:tsia·] **1** =Venedig **2** =Venetien

Ve·ne·zia·ner[venetsiá:nər] 男 -s/- (女 **Ve·ne·zia·ne·rin**[..nərɪn]-/-nen) ヴェネツィアの人.

ve·ne·zia·nisch[..nɪʃ] 形 ヴェネツィアの: *Venezianische* Gläser ヴェネツィアン=グラス | die *Venezianische* Schule〘美〙ヴェネツィア派(15-16世紀のヴェネチアを中心とする絵画様式).

Ve·ne·zia·nisch·rot 中 ヴェネツィアン=レッド(赤色顔料).

Ve·ne·zo·la·ner[venetsolá:nər] **I** 男 -s/- (女 **Ve·ne·zo·la·ne·rin**[..nərɪn]-/-nen) ヴェネズエラ人.
II 形《無変化》ヴェネズエラの.

ve·ne·zo·la·nisch[..nɪʃ] 形 ヴェネズエラの.

Ve·ne·zue·la[venetsué:la·] 地名 ヴェネズエラ(南アメリカ北部の共和国. 首都は Caracas).
[*span.* „Klein-Venedig"]

Ve·ne·zue·ler[..lər] 男 -s/- =Venezolaner

▽**Ve·nia**[vé:nia·] 女 -/ (Erlaubnis) 許し, 許可; 赦免.
[*lat.*; ◇Venus]

Ve·nia le·gen·di[– legéndi·] 女 --/ (大学での)教授資格認可. [*lat.*; < *lat.* legere (→Lektion)]

ve̩·ni, vi̩·di, vi̩·ci[véːni· víːdi· víːtsi·]《ﾗﾃﾝ語》(ich kam, ich sah, ich siegte) われ来たり われ見たり われ勝てり (Cäsar がローマ元老院に戦勝を報告したときの言葉).

Venn[1][fɛn] 中 -[e]s/-e ＝Fenn

das **Venn**[2][fɛn] 地名 中 -s/ フェン: das Hohe ～ ホーエフェン (das Rheinische Schiefergebirge の一部をなし, ベルギーとドイツにまたがる高原沼沢地. 最高692m: →Schiefergebirge).

Ve̩n·ner[fɛ́nər] 男 -s/-《ｽｲｽ》(Fähnrich)〘軍〙士官候補生, 見習士官. [*ahd.*; ◇Fahne]

ve·nö̩s[venǿːs][1] 形 静脈の; 静脈性の. [*lat.*; ◇Vene]

Ven·ti̩l[vɛntíːl; ｽｲｽ: fɛn..] 中 -s/-e **1** (気体・液体などの出入調節を行う)弁〔装置〕, バルブ;《比》(不満・怒りなどの)はけ口, 安全弁: das ～ an einem Motor 〈einem Wasserhahn〉 エンジン〈水道の蛇口〉のバルブ | Dampf*ventil* 蒸気弁 | Sicherheits*ventil* 安全弁 ‖ ein ～ öffnen 〈schließen〉 バルブを開く〈閉じる〉| Demonstrationen sind oft ein ～ für die Unzufriedenheit der Bevölkerung. デモ行進はしばしば住民の不満のはけ口である.

2〘楽〙**a**) (金管楽器の)ピストン, 活栓〔鍵(けん)〕; (迂回(うかい))管の)弁. **b**) (オルガンの風箱の)弁(→ 図 Orgel).

[*mlat.* ventile „Kanalschleuse"]

Ven·ti·la·tio̩n[vɛntilatsióːn] 女 -/-en **1**《単数で》換気, 通風; 送風: für eine gute ～ sorgen 換気がうまく行われるよう配慮する. **2** 換気〈通風〉装置. [*lat.*－*fr.*]

Ven·ti·la̩·tor[..láːtɔr, ..toːr] 男 -s/-en[..latóːrən] 換気装置, 通風機, 換気筒; 扇風機, 送風機, 換気扇, 換気口. [*engl.*]

ven·ti·lie̩·ren[..líːrən] 他 (h) **1** (部屋などを)換気する, (…に)通風する. **2** 慎重に検討〈考慮〉する, 熟慮する: Wir haben diesen Vorschlag *ventiliert.* 我々はこの提案を慎重に検討した. **3** (提案などを)用心深くほのめかす.

[*lat.*－*fr.*]

Ven·ti·lie̩·rung[..rʊŋ] 女 -/ ventilieren すること.

Ven·ti̩l≠kol·ben[vɛntíːl..] 男〘工〙ピストン弁. **≠lei·ne** 女〘空〙(落下傘の)曳索(ひきづな). **≠po·sau·ne** 女〘楽〙ピストン式トロンボーン. **≠rö̩h·re** 女 (Gleichrichterröhre)〘電〙整流管. **≠stö̩·ßel** 男〘工〙バルブタペット. **≠tel·ler** 男〘工〙弁頭. **≠trom·pe̩·te** 女〘楽〙ピストン式トランペット.

Ven·tose[vãtóːs] 男 -[s]/-s[-]〘史〙風月(フランス革命暦の第 6 月; 2 月19日－3 月20日に当たる: →Vendemiaire ★). [*lat.* ventōsus „windig"－*fr.*; ＜*lat.* ventus (→Wind)]

ven·tra̩l[vɛntráːl] 形 (↔dorsal)〘医〙腹〈腹部〉の; 腹側の. [*lat.*; ＜*lat.* venter „Bauch" (◇Vesica)＋..al[1]]

Ven·tri̩·kel[..tríːkəl] 男 -s/-〘解〙**1** (Kammer) 室(しつ); (特に:) (Herzkammer) 心室; (Hirnkammer) 脳室. **2** (Magen) 胃; (一般に)腔(こう). [*spätlat.*]

ven·tri·ku·la̩r[..trikuláːr] 形, **ven·tri·ku·lä̩r**[..lɛ́ːr] 形 **1** 室(しつ)の; 心室の; 脳室の. **2** 胃の; 腔(こう)の.

Ven·tri·lo·qui̩st[vɛntrilokvíst] 男 -en/-en (Bauchredner) 腹話術師. [*spätlat.* ventri-loquus; ＜*lat.* loquī (→Lokution)]

Ven·tu̩·ri≠dü̩·se[vɛntúːri..] 女〘理〙ベンチュリ管〔のノズル〕. **≠ro̩hr** 中〘理〙ベンチュリ管(流速測定に用いられる). [＜G. B. Venturi (イタリアの物理学者, †1822)]

Ve̩·nus[véːnʊs] **I** 人名〘ロ神〙ウェヌス, ビーナス(魅力の女神. ギリシア神話の Aphrodite に当たる): die ～ von Milo〘美〙ミロのビーナス.

II die **Ve̩·nus** 女 -/〘天〙金星(太陽系の内側から 2 番目の惑星).

[*lat.*; ＜*lat.* venus „Liebe"; ◇Wonne, Venia, venerisch]

Ve̩·nus≠berg 男 **1** ヴェーヌスベルク(ドイツの各地, 特に Schwaben と Thüringen にあるいくつかの山や丘. 一般には Tannhäuser 伝説と結びついて, Venus が住むと伝えられる Eisenach に近い Hörselberg を指すことが多い). **2** (Schamberg)〘解〙恥丘. **≠flie·gen·fal·le** 女〘植〙ディオネア, ハエジゴク(蠅地獄)(米国, 南北カロライナ州原産の食虫植物). **≠gür·tel** 男 **1** 女神ウェヌスの帯. **2**〘動〙オビクラゲ(帯水母). **≠haar** 中〘植〙ホウライシダ(蓬莱羊歯). **≠hü̩·gel** 男 ＝Venusberg 2 **≠kamm** 男〘植〙ナガミノセリモドキ. **≠korb** 男〘動〙カイロウドウケツ(偕老同穴). **≠kro̩·ne** 女〘医〙ウェヌスの冠(かんむり)(前額の髪の生え際にできる冠状の梅毒疹(しん)). **≠mu·schel** 女〘貝〙マルスダレガイ. **≠schu̩h** 男〘植〙パフィオペジルム(温室で栽培されるラン科の一属で, 園芸家の言うシプリペジウム). **≠son·de** 女〘宇宙〙金星探査機.

ver..《非分離動詞の前つづりで, 意味上 er.., zer.. と競合することがある. つねにアクセントをもたない》**1 a**)《「代理」を意味する》: *ver*antworten 責任を負う | *ver*treten 代行する. **b**)《「時間的限度の超過」を意味する》: *ver*passen (機会などを)逸する | *ver*säumen (物事を)しそこなう. **c**)《「場所の変更」を意味する》: *ver*pflanzen 移植する | *ver*setzen 移す. **d**)《「閉鎖・阻止」を意味する》: *ver*schneien 雪で覆われる | *ver*stecken 隠す. **e**)《「消滅」を意味する》: *ver*fließen 流れ去る | *ver*klingen (音がしだいに)消える. **f**)《「除去・破壊・消費・浪費」を意味する》: *ver*bannen 追放する | *ver*brennen 焼失する | *ver*zehren 食い〈飲み〉つくす | *ver*brauchen 消費する | *ver*trinken (時・金などを)酒を飲んで浪費する | *ver*plaudern (時を)おしゃべりして過ごす. **g**)《「歪曲(わいきょく)・失策・逆の行為」を意味する》: *ver*bilden いびつに作る | *ver*führen 誘惑する | sich *ver*lesen 読み誤る | sich *ver*sprechen 言いそこなう | *ver*achten 軽蔑する | *ver*lernen (習得したことを)忘れる. **h**)《強意》: *ver*künden 告げる | *ver*sinken 沈む. **i**)《その他》①《もとの動詞と意味の違うもの》: *ver*dienen (働いて)得る | *ver*folgen 迫害する | *ver*schweigen 秘密にする | *ver*stehen 理解する. ②《もとの動詞が消滅したもの》: *ver*derben だめにする | *ver*gessen 忘れる | *ver*lieren 失う.

2《形容詞などから派生して「結果」を意味する》: *ver*armen 貧乏になる | *ver*fälschen 偽造する | *ver*bessern 改良する | *ver*allgemeinern 一般化する | *ver*neinen 否定する.

3《名詞から派生して》**a**)《「結果」を意味する》: *ver*knöchern 骨化する | *ver*filmen 映画化する | *ver*körpern 具体化する. **b**)《「付与・添加」を意味する》: *ver*schleiern ベールをかぶせる | *ver*golden 金めっきする. **c**)《ふつう過去分詞で用いられるもの》: *ver*teufelt 呪(のろ)われた | *ver*waist 孤児になった; 人気(ひとけ)のない.

[*idg.*; ◇per[1], pro, vor, fern]

Ve̩·ra[1][véːra·] 女名 ヴェーラ.

[*russ.* „Glaube"; ◇wahr]

Ve̩·ra[2][−] 女名 (＜Veronika) ヴェーラ.

ver·a̱a̱·sen[fɛr|áːzən][1]《02》他 (h)《話》浪費する, むだにする; そこなう, だめにする.

ver·a̩b·fol·gen[fɛr|áp-fɔlgən][1] 他 (h) **1**《*jm. et.*[4]》(…に…を)引き渡す, 交付する; 配達する. **2** ＝verabreichen

[＜〔ab〕folgen „zuteilen"]

Ver·a̩b·fol·gung[..gʊŋ] 女 -/-en verabfolgen すること.

ver·a̩b·re̩·den[fɛr|áprezdən][1]《01》他 (h)《*et.*[4] mit *jm.*》(会見・待ち合わせなどを…と〔口頭で〕)取りきめる, 申し合わせる: ein Stelldichein mit *jm.* ～ …とデート(の時間・場所など)の約束をする | den nächsten Termin mit *jm.* ～ …と次の期日を申し合わせる | Ich habe 〔es〕 mit ihm *verabredet*, am Sonntag ins Kino zu gehen. 私は彼と日曜日に映画を見に行くことを約束した ‖ 再帰 *sich*[4] mit *jm.* ～ …と会う約束をする | *sich*[4] auf ein Glas Wein 〈zum Baden / für den nächsten Sonntag〉 ～ ワインを一杯やる〈泳ぎに行く・次の日曜日に会う〉約束をする | Ich habe mich mit ihm um 14 Uhr vor dem Kino *verabredet.* 私は彼と午後 2 時に映画館の前で落ちあう約束をした ‖ Ich bin heute abend mit ihm *verabredet.* 私は今晩 彼と会う約束をしてある | zur *verabredeten* Zeit 約束の時刻に.

ver·a̩b·re̩·de·ter·ma̩·ßen 副 申し合わせどおりに, 約束に従って.

Ver·a̩b·re̩·dung[..dʊŋ] 女 -/-en (会見・待ち合わせなどの)取りきめ, 申し合わせ, 約束: mit *jm.* eine ～ treffen …と会う約束をする(時間・場所などを決めて) | Ich habe heute abend eine ~. 私は今晩人と会う約束がある.

ver·ạb·rei·chen[fɛr|ápraɪçən] 他 (h) 《*jm. et.*⁴》(…に…を)与える: *jm.* Arznei 〈eine Spritze〉 ~ …に薬を投与する〈注射をする〉| *jm.* eine Ohrfeige ~《戯》…に一発びんたをくらわせる.

Ver·ạb·rei·chung[..çʊŋ] 女 -/-en verabreichen すること. [<reichen]

ver·ạb·säu·men[fɛr|ápzɔʏmən] =versäumen

ver·ạb·scheu·en[fɛr|ápʃɔʏən] 他 (h) 嫌悪する, 忌み嫌う: Er *verabscheute* jede Art von Schmeichelei. 彼はこびへつらいに類するものはすべて嫌いだった. [<Abscheu]

ver·ạb·scheu·ens≠wẹrt 形, **≠wür·dig** 形《雅》嫌悪すべき, いとうべき.

Ver·ạb·scheu·ung[..ʃɔʏʊŋ] 女 -/《雅》verabscheuen すること.

ver·ạb·scheu·ungs≠wẹrt, ≠wür·dig = verabscheuenswert

ver·ạb·schie·den[fɛr|ápʃi:dən]¹ 《01》他 (h) **1** 《*jn.*》 **a**) (…に)いとまをとらせる, 別れを告げる: Die ausländischen Gäste wurden auf dem Flughafen *verabschiedet.* 外国の賓客たちは空港で見送りを受けた ‖ 再帰 *sich*⁴ von *jm.* ~ …に別れ〈いとま〉を告げる, …に別れのあいさつを述べる | Darf ich mich ~? では おいとましたいと存じます | *sich*⁴ 〔auf〕 französisch ~ (→französisch). **b**) (しばしば労をねぎらう儀礼を伴って…を)退職〈退官〉させる, 解任する: einen General ~ 将軍を退役させる. **2** 《*et.*⁴》(議案などを)通過〈成立〉させる, 可決〈議決〉する: Das Gesetz wurde *verabschiedet.* その法案は可決された. [<Abschied]

Ver·ạb·schie·dung[..dʊŋ] 女 -/-en verabschieden すること.

ver·ab·so·lu·tie̱·ren[fɛr|apzolutí:rən] 他 (h) 絶対化する, 絶対視する. [<absolut]

Ver·ab·so·lu·tie̱·rung[..rʊŋ] 女 -/-en 絶対化, 絶対視.

ver·ạch·ten[fɛr|áxtən] 《01》他 (h) (↔achten) 軽蔑する, 侮蔑する, 侮る, さげすむ, 軽んじる, 軽視する, 見くびる: die Masse ~ 大衆を侮蔑する | Sie *verachtete* ihn wegen seiner Feigheit. 彼女は彼をそのおく病さのゆえに軽蔑した | Er hat die Gefahr stets *verachtet.* 彼は常に危険をものともしなかった | Ich *verachte* es, die Notlage anderer auszunutzen. 他人の困っているのにつけいるのを私は軽蔑する ‖ **nicht zu ~ sein**《話》ばかにならない | Dieser Wein ist nicht zu ~. このワインは悪くない | Ein Urlaub im Süden ist nicht zu ~. 南国での休暇もなかなかいいものだ.

ver·ạch·tens≠wẹrt 形, **≠wür·dig** 形 軽蔑に値する, 軽蔑すべき.

Ver·ạ̈ch·ter[fɛr|ɛ́çtər] 男 -s/- (女 **Ver·ạ̈ch·te·rin**[..tərɪn]-/-nen) 軽蔑する人, 侮る〈さげすむ〉人.

ver·ạ̈cht·lich[..|ɛ́çtlɪç] 形 **1** 軽蔑的な, さげすむような: ein ~*er* Blick 軽蔑的なまなざし | *jn.* ~ ansehen …をさげすむように〈ばかにしたような顔つきで〉見る. **2** 軽蔑に値する, 軽蔑すべき: eine ~*e* Gesinnung 軽蔑すべき根性 | *jn.* 〈*et.*⁴〉 ~ machen …を物笑いの種にする.

Ver·ạ̈cht·lich·keit[..kaɪt] 女 -/ verächtlich なこと.

Ver·ạ̈cht·lich·ma·chung 女 -/ 物笑いの種にすること.

Ver·ạch·tung[fɛr|áxtʊŋ] 女 -/ 軽蔑, 侮蔑, あなどり, さげすみ, 軽視: *jn.* **mit ~ strafen** …を軽蔑的に無視する, …にさげすみの気持を見せつける | *jn.* voll ~ ansehen …を軽蔑に満ちた目つきで見る ‖ Er war der allgemeinen ~ preisgegeben. 彼は皆の物笑いの種になった.

ver·ạch·tungs≠voll 形 軽蔑に満ちた, さげすみのこもった. **≠wür·dig** =verachtenswürdig

Ve·ra·krụz[verakrú:s] 地名 ヴェラクルス(メキシコ東部, メキシコ湾に臨む港湾都市. スペイン語形 Veracruz). [*span.* „wahres Kreuz"]

ver·ạl·bern[fɛr|álbərn] 《05》他 (h)《話》《*jn.*》からかう, 愚弄(ぐろう)する.

Ver·ạl·be·rung[..bərʊŋ] 女 -/-en veralbern すること.

ver·ạll·ge·mei̱·nern[fɛr|álgəmáɪnərn, ◡◡◡⁄◡] 《05》他 (h) (個別的な事象を)一般〔法則〕化する, 普遍化する: Du darfst diese Feststellung nicht gleich ~. 君はここで確認された事実をすぐに一般化してはいけない. [<allgemein]

Ver·ạll·ge·mei̱·ne·rung[..nərʊŋ] 女 -/-en 一般〔法則〕化, 普遍化;《哲》概括;《心》般化, 汎化(はんか).

ver·all·täg·li·chen[fɛr|altɛ́:klɪçən, ◡◡⁄◡◡] 他 (h) 日常化させる. [<alltäglich]

ver·ạl·ten[fɛr|áltən] 《01》 **I** 自 (s) (時がたって)古くなる, 時代遅れになる, すたれる: Eine Mode *veraltet* immer. 流行は必ずすたれる | ein *veraltendes* Wort すたれかかっている語. **II ver·ạl·tet** 過分 形 古めかしい, 古風な, 時代遅れの: ~*e* Anschauungen 古い物の考え方 | ein ~*er* Ausdruck (すでにすたれた)古風な表現.

Ve·rạn·da[veránda·] 女 -/..den[..dən]《建》ベランダ(室内の延長として家屋から張り出して設けられた部分. 屋根つきで側面がガラス張りのことが多い: → 図): in der ~ sitzen ベランダに座っている. [*port.*—*Hindi*—*engl.*]

Veranda

ver·ạ̈n·der·ba̱r[fɛr|ɛ́ndərba:r] 形 変えられうる, 変わりうる, 変化しうる.

ver·ạ̈n·der·lich[..lɪç] **I** 形 **1** 変わりやすい, 不安定な: ein ~*er* Stern《天》変光星 ‖ Das Wetter bleibt noch ~. 天気はまだ変わりやすい | Er hat ein ~*es* Wesen. 彼は不安定な性格の持ち主だ. **2** (veränderbar) 変わりうる, 変動する;《理》可変の: ~*e* Größen《数》変数 | ein ~*er* Kondensator《電》可変コンデンサー.

II Ver·ạ̈n·der·li·che《形容詞変化》**1** 女《数》変数. **2** 男《ふつう複数で》《天》変光星.

Ver·ạ̈n·der·lich·keit[..kaɪt] 女 -/ veränderlich なこと.

ver·ạ̈n·dern[fɛr|ɛ́ndərn] 《05》他 (h) **1** 変える, 変化させる: einen Raum ~ 部屋の内装を変える〈模様替えをする〉| die Welt ~ 世界を変革する | Dieses Ereignis hat ihn völlig *verändert.* この出来事が彼をすっかり変えてしまった ‖ 再帰 *sich*⁴ ~ 変わる, 変化する | Sein Gesicht *veränderte* sich sehr. (以前に比べて)彼の顔はずいぶん変わった | Sie hat sich zu ihrem Vorteil 〈Nachteil〉 *verändert.* 彼女は以前よりも良く〈悪く〉なった ‖ eine *veränderte* Haltung (前とは)違った態度 | Seit dem Unglück ist er vollkommen *verändert.* あの不幸な出来事以来彼はすっかり変わってしまった.

2 再帰 *sich*⁴ ~ **a**)《話》職〈仕事・勤め口〉を変える. ᵛ**b**) 結婚する, 世帯をもつ.

Ver·ạ̈n·de·rung[..dərʊŋ] 女 -/-en (〔sich〕 verändern すること. 例えば:) **1** 変化; 変更; 変革; 変動, 異動: eine starke 〈entscheidende〉 ~ はなはだしい〈決定的な〉変化 ‖ Nicht jede ~ bedeutet eine Verbesserung. 改変がすべて改良を意味するわけではない | Mit ihm ist eine starke ~ vorgegangen. 彼はすっかり変わってしまった. **2**《地》(岩石・鉱物などの)変質作用(→Metamorphose 2 b).

ver·ạ̈ng·sti·gen[fɛr|ɛ́ŋstɪgən]² **I** 他 (h) 《*jn.*》(…を)こわがらせる, おびえさせる. **II ver·ạ̈ng·stigt** 過分 形 おびえた, 畏縮(いしゅく)した, おどおどした. [<Angst]

Ver·ạ̈ng·sti·gung[..stɪgʊŋ] 女 -/ **1** verängstigen すること. **2** おびえた〈おどおどした〉状態.

ver·ạn·kern[fɛr|áŋkərn] 《05》他 (h) (船を)錨(いかり)で固定〈係留〉する;《比》(地中などに)固定する;《比》(…に)定着させる, しっかりと根づかせる: Die Hütte ist mit Pfählen fest *verankert.* 小屋はくいでしっかりと固定されている | Die Partei konnte ihre Stellung unter den Arbeitern fest ~. 党は労働者たちのあいだに確固たる地位を占めることができた ‖ in *et.*³ *verankert* sein …に定着して〈根を下ろして〉いる; …に根拠をもっている | Dieses Recht ist in der Verfassung *verankert.* この権利は憲法で保証されている ‖ ein verfassungsmäßig *verankertes* Recht 憲法上保証されている権利. [<Anker]

Ver·ạn·ke·rung[..kərʊŋ] 女 -/-en **1** (verankern す

V

ること. 例えば:) (船の)停泊, 係留; 固定; 定着. **2** 固定装置; (つり橋の)アンカー(→ 図 Brücke A).

ver·ạn·la·gen[fɛr|ánla:gən][1] **I** 他 (h) 《*jn.*/*et.*[4]》(…の課税対象額を)査定する: Er wurde mit 50 000 Mark *veranlagt.* 彼の課税対象額は5万マルクと査定された | die Steuern ~ 税額を査定する.

II ver·ạn·lagt 過分 形 《様態を示す語句と》(…の)素質〈体質〉のある; (…の)天分〈才能〉のある: ein musikalisch ~*es* Kind 音楽的な天分のある子供 ‖ Sie ist praktisch ~. 彼女は実務的な才能がある | zu *et.*[3] 〈für *et.*[4]〉 ~ sein …の才能がある.

[< Anlage 8]

Ver·ạn·la·gung[..la:gʊŋ] 女 -/-en **1** (課税対象額などの)査定: die ~ zur Einkommen〔s〕steuer 所得税のための査定. **2** 素質, 体質; 天分, 才能: eine erbliche 〈krankhafte〉 ~ 遺伝的な〈病的な〉素質 | eine künstlerische ~ 芸術的才能 ‖ Er hat eine ~ zum Lehrer. 彼は生まれつき教師に向いている.

ver·ạn·las·sen[fɛr|ánlasən] 《03》 他 (h) **1** 《*et.*[4]》(…の)きっかけを作る, (…の)誘因となる; (措置などの手配を)指示〈指令〉する: Dieses Ereignis *veranlaßte* scharfe Gegenmaßnahmen. この事件がきっかけとなって厳しい対抗措置が取られることとなった | Ich habe bereits alles Notwendige *veranlaßt.* 私はすでに必要な手配をすべてすませた | Er *veranlaßte* eine genaue Prüfung des Vorfalls. 彼は事件の詳しい調査を命じた. **2** 《*jn.* zu *et.*[3]》(…にとって…の)きっかけとなる, (…の心を動かして…を)させる: Was hat ihn zu diesem Entschluß *veranlaßt*? 何が彼にこのような決心をさせたのか | Ich fühle mich *veranlaßt*, dir von der Reise dringend abzuraten. 私は君にこの旅行をぜひ中止してもらいたいと思う(それを勧告する義務を感じる).

[*mhd.*; ◇ Anlaß]

Ver·ạn·las·ser[..lasər] 男 -s/- (veranlassen する人. 例えば:) 発議者, 発起人.

Ver·ạn·las·sung[..sʊŋ] 女 -/-en **1** veranlassen すること: auf ~ der Regierung 政府の指示に基づいて. **2** (Anlaß) 誘因, 動機, きっかけ: die unmittelbare ~ des Streites 〈zum Streit〉 争いの直接のきっかけ ‖ die ~ zu *et.*[3] geben …のきっかけを作る, …を誘発〈惹起(じゃっき)〉する | Du hast keine ~, unzufrieden zu sein. 君には不満をもついわれはないはずだ.

Ver·ạn·las·sungs≠verb 中, **≠wort** 中 -〔e〕s/..wörter (Kausativ) 〘言〙 作為〈使役〉動詞.

ver·ạn·schau·li·chen[fɛr|ánʃaʊlɪçən] 他 (h) (実例・図解などを用いてわかりやすく)具体的〈具象的〉に説明する.

Ver·ạn·schau·li·chung[..çʊŋ] 女 -/-en veranschaulichen すること. [< anschaulich]

ver·ạn·schla·gen[fɛr|ánʃla:gən][1] 他 (h) (数量, 特に経費などを)あらかじめ計算する, 見積もる; 《比》評価する: die Baukosten 〔mit 60 000 Mark〕 ~ 建築費を〔6万マルクと〕見積もる | Er hat für die Dauer der Reise 3 Wochen *veranschlagt.* 彼は旅行の日数を3週間と予定していた | Man hat seinen Besitz auf 500 000 Mark *veranschlagt.* 彼の財産は50万マルクと評価された | Man sollte die Bedeutung dieses Ereignisses nicht zu gering ~. この出来事の意味を過小に評価してはならない.

Ver·ạn·schla·gung[..gʊŋ] 女 -/-en 《ふつう単数で》(veranschlagen すること. 例えば:) 見積もり; 評価.

ver·ạn·stal·ten[fɛr|ánʃtaltən] 《01》 他 (h) **1** (会合・行事などを)催す, とり行う, 開催する; (企画を)実施する: eine Ausstellung 〈ein Konzert〉 ~ 展示会〈音楽会〉を催す | eine Umfrage ~ アンケート調査を実施する. **2** 《話》(一般に)行う, する: Lärm ~ 騒ぐ. [< Anstalt]

Ver·ạn·stal·ter[..tər] 男 -s/- (◎ **Ver·ạn·stal·te·rin**[..tərɪn]-/-nen) (veranstalten する人. 例えば:) 主催者.

Ver·ạn·stal·tung[..tʊŋ] 女 -/-en **1** 《単数で》veranstalten すること: Die ~ der Olympischen Spiele erfordert riesige Summen. オリンピックを開催するには巨額の金がかかる. **2** 催し〔物〕, 行事: eine feierliche ~ 式典.

Ver·ạn·stal·tungs·ka·len·der 男 (カレンダー形式の)行事予定表.

ver·ạnt·wort·bar[fɛr|ántvɔrtba:r] 形 (事柄に関して)責任を負うことの可能な.

ver·ạnt·wor·ten[fɛr|ántvɔrtən] 《01》 他 (h) **1** 《*et.*[4]》(…の)責任を負う: einen Befehl 〈eine Maßnahme〉 ~ ある命令〈措置〉の責任を負う | Das kann niemand ~. このことの責任はだれにも負えない | Er wird sein Tun selbst ~ müssen. 彼は彼の行為の責任を自分で負わなければならないだろう.

2 再帰 *sich*[4] 〔für *et.*[4] / wegen *et.*[2]〕 ~ 〔…のことで〕申し開きをする〈責任を取る〉| Er mußte sich wegen seiner Taten vor Gericht ~. 彼は自分の行為を法廷で弁明しなければならなかった | Du wirst dich vor Gott ~ müssen. 君は神の前で申し開きをしなければならないだろう.

ver·ạnt·wort·lich[fɛr|ántvɔrtlɪç] 形 **1** 《副詞的用法なし》(人が)責任のある, 責任を負うべき, 弁明〈申し開き〉の義務のある: der ~*e* Redakteur 責任編集者 ‖ für *et.*[4] ~ sein …に対して責任を負っている | 〔für *et.*[4]〕 ~ zeichnen (署名により)…の責任者となる, …に対して文責を明らかにする | Die Eltern sind für ihre Kinder ~. 両親は子供に対して責任がある | Dafür bin ich nicht ~. それに対する責任は私にはない | Er ist nur dem Chef ~. 彼が責任を取らなければならないのは長に対してだけである ‖ *jn.* für *et.*[4] ~ machen …に…の責任を負わせる | Für den Unfall kann man ihn nicht ~ machen. この事故の責任を彼に負わせることはできない ‖ die *Verantwortlichen* bestrafen 責任者たちを処罰する.

2 《副詞的用法なし》(職・地位などが)責任を伴った, 責任の重い: eine ~*e* Stellung 責任のある地位.

3 《述語的用法なし》(行動などが)責任を自覚した, 慎重な.

Ver·ạnt·wort·lich·keit[–kaɪt] 女 -/-en **1** 《単数で》verantwortlich なこと. **2** 責任事項〈範囲〉. **3** 《単数で》責任感.

Ver·ạnt·wor·tung[fɛr|ántvɔrtʊŋ] 女 -/-en **1 a)** 責任: eine schwere 〈große〉 ~ 重い〈重大な〉責任 | die strafrechtliche ~ des Täters 犯人の刑法上の責任 | Mit*verantwortung* 共同〈連帯〉責任 ‖ eine ~ tragen 責任を担う | eine ~ übernehmen 〈auf *sich*[4] nehmen〉 責任を引き受ける | *jm.* die ~ aufbürden 〈zuschieben〉 …に責任を担わせる〈押しつける〉| *sich*[4] der ~[2] entziehen 責任を免れる ‖ Die ~ lastet schwer auf ihm. 責任が彼の肩に重くのしかかっている | Es ist auf meine ~ 〔hin〕 geschehen. それは私の責任でやったことだ | Ich tue es auf deine ~. (私の行為の)責任は君に取ってもらうよ | Er hat keinen Mut zur ~. 彼には自分で責任を取る勇気がない.

b) (Verantwortungsgefühl) 責任感: Er ist ohne jede ~. 彼には責任感が全く欠如している.

2 (verantworten すること. 例えば:) 申し開き, 弁明: ***jn.*** **〔für *et.*[4]〕 zur ~ ziehen** …に〔…の〕申し開きを求める, …に〔…の〕責任を問う.

Ver·ạnt·wor·tungs·be·reich 男 責任範囲.

ver·ạnt·wor·tungs·be·wußt 形 責任を自覚した.

Ver·ạnt·wor·tungs≠be·wußt·sein 中 責任の自覚, 責任感. **≠flucht** 女 責任回避, 責任のがれ.

ver·ạnt·wor·tungs·freu·dig 形 喜んで責任を引き受ける, 責任のがれをしない.

Ver·ạnt·wor·tungs·ge·fühl 中 -〔e〕s/ 責任感: großes ~ haben 責任感が強い.

ver·ạnt·wor·tungs·los[..lo:s][1] 形 責任感のない, 無責任な.

Ver·ạnt·wor·tungs·lo·sig·keit[..lo:zɪçkaɪt] 女 -/ verantwortungslos なこと.

ver·ạnt·wor·tungs·voll 形 **1** (任務・仕事などが)責任の重い. **2** (人が)責任感の強い, 責任を強く自覚した.

ver·äp·peln[fɛr|ɛ́pəln] 《06》 = veralbern [„mit faulen Äpfeln bewerfen"; < *ndd.* Äppel „Äpfel"]

Ver·äp·pe·lung[..ləʊŋ] 女 -/-en veräppeln すること.

ver·ar·beit·bar[fɛr|árbaɪtba:r] 形 (verarbeiten できる. 例えば:) 加工できる; 消化できる; 摂取〈処理〉可能な.

Ver·ar·beit·bar·keit[–kaɪt] 女 -/ verarbeitbar な

こと.

ver·ar·bei·ten[fɛr|árbaɪtən]《01》 **I** 他 (h) **1 a)** (原料を)加工する;《*et.*[4] zu *et.*[3]》(…に)手を加えて(…を)作る: Gold zu Schmuckgegenständen ～ 金を細工してさまざまな装飾品を作る | Sie *verarbeitete* den Stoff zu einem Mantel. 彼女はその布地をコートに仕立て上げた ‖〘様態を示す語句と〙 再帰 Das Holz *verarbeitet* sich[4] gut. この木材は使い〈加工し〉やすい ‖ die *verarbeitende* Industrie 加工産業. **b)** (加工段階で原料を)消費する: Sie hat 700 g Wolle für diesen Pullover *verarbeitet.* 彼女はこのセーターに700グラムの毛糸を使った.

2 (飲食物を)消化する; (精神的に)消化〈整理・摂取〉する; (データなどを)処理する: Ich muß diese Neuigkeit erst einmal〔in mir〕～. 私はこの新しい事実をまず頭のなかで整理しなければならない.

II ver·ar·bei·tet 過分 形 **1** 働き疲れた; (手足などが)仕事で荒れた. **2**《様態を示す語句と》(…の)出来〈仕立て〉の: ein gut〈schlecht〉～*er* Mantel 仕立てのよい〈わるい〉コート.

Ver·ar·bei·tung[..tʊŋ] 女 -/-en (verarbeiten すること. 例えば:) 加工; 消化; (精神的な)消化, 整理, 摂取; (データなどの)処理.

ver·ar·gen[fɛr|árgən][1] 他 (h)《雅》(verübeln)《*jm. et.*[4]》(…に対して…を)悪くとる, 恨みに思う.
[*mhd.*; ◇arg]

ver·är·gern[fɛr|ɛ́rgərn]《05》他 (h)《*jn.*》(…の)感情を害する, (…を)怒らせる: über *et.*[4] *verärgert* sein …のことで怒って〈感情を害して〉いる.

Ver·är·ge·rung[..gərʊŋ] 女 -/-en《ふつう単数で》**1** verärgern すること. **2** 不興, 立腹.

ver·ar·men[fɛr|ármən] **I** 自 (s) 貧乏になる, 貧困化する; 零落する, 落ちぶれる. **II ver·armt** 過分 形 貧しい, 貧乏になった; 零落した, 落ちぶれた: ～*er* Adel 没落貴族.
[*mhd.*; ◇arm]

Ver·ar·mung[..mʊŋ] 女 -/-en《ふつう単数で》貧困化, 零落.

ver·ar·schen[fɛr|árʃən, ..|á:rʃən]《04》他 (h)《卑》(veralbern)《*jn.*》からかう, 愚弄(ぐ)する; ばかにする, 軽蔑する. [<Arsch]

ver·arz·ten[fɛr|á:rtstən, ..|árts..]《01》他 (h)《話》**1**《*jn.*》(病人・けが人などに)応急手当てをする. **2**《*et.*[4]》(傷などを)手当てする. **3** (地区・集団を)医者として担当する.
[<Arzt]

Ver·arz·tung[..tʊŋ] 女 -/-en verarzten すること.

ver·aschen[fɛr|áʃən]《04》 **I** 他 (h)〘化〙灰(は)化する. **II** 自 (s) 灰になる. [<Asche]

Ver·aschung[..ʃʊŋ] 女 -/-en《ふつう単数で》〘化〙灰化.

ver·ästeln[fɛr|ɛ́stəln]《06》 **I** 他 (h) 再帰 *sich*[4] ～ (木の枝が)小枝に分かれる, 分枝する;《比》(組織・機構が)細分化する. **II ver·ästelt** 過分 形 分枝した;《比》細分化した.

Ver·äste·lung[..təlʊŋ] (**Ver·äst·lung**[..tlʊŋ]) 女 -/-en **1**《単数で》sich verästeln すること. **2** 枝分かれした部分, 枝分かれ, 分枝; 細分化. [<Ast]

ver·asten[fɛr|ástən]《01》＝veralbern

Ve·ra·trin[veratrí:n] 中 -s/〘化〙ベラトリン(有毒性アルカロイド混合物). [<*lat.* vērātrum „Nieswurz" (◇wahr)]

ver·ät·zen[fɛr|ɛ́tsən]《02》他 (h) (酸やアルカリなどが…を)腐食させる.

Ver·ät·zung[..tsʊŋ] 女 -/-en **1**《ふつう単数で》腐食. **2** 腐食した傷.

ver·auk·tio·nie·ren[fɛr|aʊktsioní:rən] 他 (h) (versteigern) 競売にかける, せり売りする.

Ver·auk·tio·nie·rung[..rʊŋ] 女 -/-en 競売, せり売り.

ver·aus·ga·ben[fɛr|áʊsga:bən][1] 他 (h) **1** (金を)支出する;《比》(力などを)出(し尽く)す: Beim Bau dieses Hauses wurde eine halbe Million Mark *verausgabt.* この家の建築に際して50万マルクが支払われた ‖ 再帰 *sich*[4] ～ 金を遣い果たす;《比》全力を出し尽くす.

2 ＝herausgeben I

Ver·aus·ga·bung[..bʊŋ] 女 -/-en《ふつう単数で》〔sich〕verausgaben すること. [<Ausgabe]

ver·aus·la·gen[fɛr|áʊsla:gən][1] 他 (h) (auslegen)《*jm. et.*[4] / *et.*[4] für *jn.*》(…のために一時的に金を)立て替える.

Ver·aus·la·gung[..gʊŋ] 女 -/-en《ふつう単数で》(金の)立て替え. [<Auslage]

Ver·äu·ße·rer[fɛr|ɔ́ʏsərər] 男 -s/- 売却人;〘法〙譲渡人.

ver·äu·ßer·lich[fɛr|ɔ́ʏsərlıç] 形 売却しうる; (権利などが)譲渡可能な.

ver·äu·ßer·li·chen[..lıçən] **I** 他 (h) 外面的なものにする, 浅薄化させる.
II 自 (s) 外面的なものになる, 浅薄化する.

Ver·äu·ßer·li·chung[..çʊŋ] 女 -/ veräußerlichen すること.

ver·äu·ßern[fɛr|ɔ́ʏsərn]《05》他 (h) 売る, 売却〈処分〉する; (権利などを)譲渡する.

Ver·äu·ße·rung[..sərʊŋ] 女 -/-en 売却; (権利などの)譲渡.

Ver·äu·ße·rungs·recht 中 売却〈処分〉の権利;〘法〙譲渡権.

▽**Ve·ra·zi·tät**[veratsitɛ́:t] 女 -/ (Wahrhaftigkeit) 誠実さ, 正直. [*mlat.*; <*lat.* vērāx „wahrredend" (◇wahr)]

Verb[vɛrp][1] 中 -s/-en〘言〙動詞: ein transitives〈intransitives〉～ 他〈自〉動詞 | ein reflexives〈unpersönliches〉～ 再帰〈非人称〉動詞 | ein modifizierendes ～ 修飾動詞(助動詞的に用いられる brauchen, pflegen, scheinen など) | ein morphematisches ～ 形態素的動詞(一定の形態素を加えて過去形・過去分詞形を作るもの: 弱変化動詞) | ein phonematisches ～ 音素的動詞(語幹の音素を変えて過去形・過去分詞形をつくるもの: 強変化動詞など) | Hilfs*verb* 助動詞 | Modal*verb* 話法の助動詞.
[<Verbum]

Ver·ba Verbum の複数.

ver·bab·beln[fɛrbábəln]《06》《話》＝verschwatzen

ver·backen[(*)][fɛrbákən]《11》他 (h) **1** (小麦粉などを)焼く: *et.*[4] zu *et.*[3] ～ …を焼いて…にする ‖ 再帰 *sich*[4] gut ～ 焼きよい, 焼き上がりがよい. **2** (パンなどを焼いて)消費する. **3** 再帰 *sich*[4] ～ (パンなどが)焼けすぎて味が悪くなる.

Ver·ba fi·ni·ta Verbum finitum の複数.

Ver·ba in·fi·ni·ta Verbum infinitum の複数.

ver·bal[vɛrbá:l] **I** 形 **1** 動詞の; 動詞的な. **2** 語の, 言葉の; 言葉による, 口頭の: Das läßt sich ～ nicht ausdrücken. それは口では言い表せない. **II Ver·bal** 中 -〔e〕s/-e《スイ》報告; 記録; 調書. [*spätlat.*; ◇..al[1]]

Ver·bal≠ab·strak·tum 中〘言〙動詞的抽象名詞(例 Hilfe, Fahrt). **≠ad·jek·tiv** 中〘言〙**1** 動詞的形容詞(例 blühend, verstorben). **2** 動詞派生形容詞(例 eßbar, erstaunlich).

Ver·ba·le[vɛrbá:lə] **I** 中 -s/..lien[..liən]〘言〙動詞派生語. **II** Verbal の複数.

Ver·bal≠form ＝ Verbform **≠in·ju·rie**[..|ınju:riə] 女〘法〙口頭侮辱〔罪〕.

Ver·bal·in·spi·ra·tions·leh·re 女〘神〙逐語霊感〈神感〉説(聖書の語句はすべて聖霊の啓示によるものとする説).

ver·ba·li·sie·ren[vɛrbalizí:rən] 他 (h) **1** 言葉に表す, 言葉で表現する. **2**《*et.*[4]》〘言〙(…から)動詞をつくる, (…を)動詞化する.

Ver·ba·lis·mus[vɛrbalísmʊs] 男 -/ (内容よりも言語表現を重んじる)言語重視〈偏重〉.

Ver·ba·list[..líst] 男 -en/-en 言語重視主義者.

ver·ba·li·stisch[..lístıʃ] 形 言語重視の.

ver·ba·li·ter[vɛrbá:litər, ..tɛr] 副 (wörtlich) 言葉〈文字〉どおり. [*nlat.*]

Ver·bal≠klam·mer[vɛrbá:l..] 女〘言〙動詞による枠構造(→Klammer 2 c). **≠kon·trakt** 男〘法〙口頭契約.

ver·bal·lern[fɛrbálərn]《05》他 (h)《話》**1** (verprügeln) さんざんに殴る, ぶちのめす. **2** (弾丸などを)むだに撃つ; (サッカーなどでボールを)シュートしそこなう. **3** 売って金に換える.

ver·ball·hor·nen[fɛrbálhɔrnən] 他 (h) 《話》(字句などを)訂正するつもりでかえって悪くしてしまう, 改良しようとしてかえって改悪する. [◇balhornisieren]

Ver·ball·hor·nung[..nʊŋ] 女 -/-en verballhornen すること.

Ver·bal≠no·te[vɛrbá:l..] 女 〘政〙(外交上の)口上書. **≠phra·se** 女 (略 VP)〘言〙動詞句. **≠prä·fix** 中〘言〙動詞の接頭辞〈前つづり〉(例 be.., ver..). **≠stil** 男〘言〙(動詞的要素が支配的な)動詞的文体. **≠sub·stan·tiv** 中〘言〙**1** 動詞的名詞(例 Gehen, Betreten). **2** 動詞派生名詞(例 Gang, Übung).

ver·band[fɛrbánt][1] verbinden の過去.

Ver·band[fɛrbánt][1] 男 -(e)s/..bände[..bɛ́ndə] **1** 包帯(→ 図): einen ~ anlegen 〈abnehmen〉 包帯をする〈はずす〉| den ~ erneuern 〈wechseln〉 包帯を取り替える | Der ~ rutscht 〈verschiebt sich〉. 包帯がずれる.

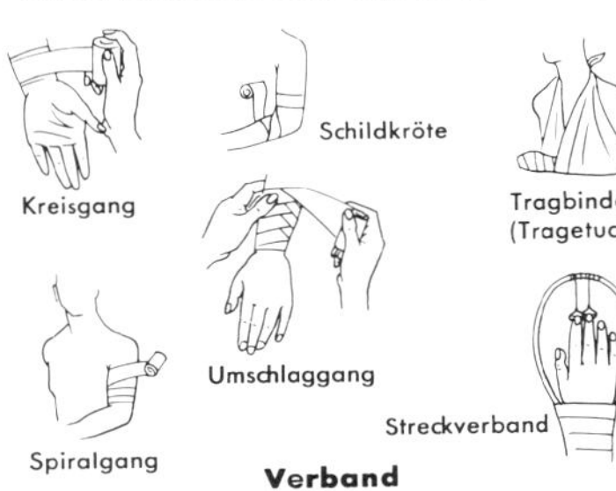

Verband

2 a) (会・協会・団体などの連合体としての)連盟, 同盟, 連合会: ein politischer 〈karitativer / kultureller〉 ~ 政治〈慈善・文化〉団体 | ~ Deutscher Elektrotechniker (略 VDE) ドイツ電気技師連盟(1893年設立) | ~ Deutscher Studentenschaften (略 VDS) ドイツ学生連盟(大学生の連合組織) | Leichtathletik*verband* 陸上競技連盟 | Schriftsteller*verband* 作家同盟 ‖ einen ~ gründen 連盟〈連合会〉を設立する | einem ~ angehören 〈beitreten〉 連盟に所属〈加盟〉する. **b**) 〘軍〙(より小さな編制の隊の集合体としての)部隊; (飛行機の)編隊: Bomber*verband* (複数の編隊からなる)爆撃〔機〕隊 | im ~ (艦船・飛行機などが)部隊編制で; (飛行機が)編隊を組んで. **c**) (同類の人間や動物の)集まり, 群れ, グループ. **d**) 〘植〙(植生単位としての)群団.
3 〘建〙仕口(しぐち)(木材の交差結合〔部〕); (れんがなどの)接合.
4 (庭園などの樹木の)配置, 配列.

Ver·bän·de·rung[fɛrbɛ́ndərʊŋ] 女 -/-en (Fasziation) 〘植〙帯化(茎の一部の異常な扁平(へんぺい)化). [<Band[3]]

Ver·band≠ka·sten[fɛrbánt..] 男 包帯箱, 救急箱. **≠ma·te·rial** 中 包帯材料. **≠mull** 男 包帯用ガーゼ. **≠päck·chen** 中 (救急用)包帯包み. **≠platz** 男 (戦場・被災地などの)仮包帯所, 救護所, 応急治療所. **≠sche·re** 女 包帯用はさみ.

Ver·bands≠flug[fɛrbánts..] 男 編隊飛行. **≠ga·ze** [..ga:zə] 女 =Verbandmull **≠ka·sten** =Verbandkasten **≠ma·te·rial** =Verbandmaterial **≠mull** =Verbandmull **≠päck·chen** =Verbandpäckchen **≠platz** =Verbandplatz

Ver·band(s)·stoff 男 =Verbandmaterial

Ver·bands≠vor·sit·zen·de 男 (連盟・連合会などの)会長, 理事長. **≠vor·stand** 男 (連盟・連合会などの)役員会, 理事会.

Ver·band(s)≠wat·te 女 包帯用脱脂綿. **≠wech·sel** 男 包帯交換. **≠zeug** 中 -(e)s/ =Verbandmaterial **≠zim·mer** 中 仮包帯室, 救護室, 応急治療室.

ver·ban·nen[fɛrbánən] 他 (h) 《*jn.*》《方向を示す語句と》(…を国外などに)追放する, 放逐する, 流罪〈流刑〉に処する; (一般に団体・グループなどから)締め出す, 除名する; 《*et.*[4]》(考え・気分などを)追いはらう: *jn.* auf eine Insel 〈aus *seinem* Vaterland〉 ~ …を島流しにする〈祖国から追放する〉| Sie *verbannte* ihn 〈jeden Gedanken an ihn〉 aus ihrem Herzen. 彼女は彼のことは一切考えまいとした | *et.*[4] ins Reich der Fabel ~ (→Reich 2 a) ‖ der 〈die〉 *Verbannte* (国外に)追放された人, 流刑者.

Ver·ban·nung[..bánʊŋ] 女 -/-en **1** verbannen すること: lebenslängliche ~ / ~ auf Lebenszeit 終身追放. **2** 追放の身分, 流刑の生活: *jn.* in die ~ schicken …を追放する, …を流罪に処する | Er lebt in der ~. 彼は追放の身である.

Ver·ban·nungs·ort 男 -(e)s/-e 流刑の地, 配所.

ver·barg[fɛrbárk][1] verbergen の過去.

ver·bar·ri·ka·die·ren[fɛrbarikadí:rən] 他 (h) **1** 《*et.*[4]》(…に)バリケードを築く, バリケードでふさぐ〈固める〉: eine Straße ~ 道路にバリケードを築く. **2** 再帰 *sich*[4] in *et.*[3] ~ バリケードを築いて…に立てこもる. [<Barrikade]

Ver·bar·ri·ka·die·rung[..rʊŋ] 女 -/ (sich) verbarrikadieren すること.

Ver·bas·kum[vɛrbáskʊm] 中 -s/..ken[..kən] (Königskerze) 〘植〙モウズイカ属. [*lat.*]

ver·bau·en[fɛrbáuən] 他 (h) **1** 《*jm. et.*[4]》(…に対して…を)建造〔物〕によってふさぐ〈遮断する〉; 《比》(可能性などを)阻害〈阻止〉する: Durch sein unkluges Verhalten hat er sich seine Zukunft gründlich *verbaut*. 無分別な態度によって彼は自分の将来をすっかり駄目にしてしまった. **2** 《*et.*[4]》(材料・資金などを)建築〈建造〉のために消費する: Er hat sein ganzes Geld *verbaut*. 彼は建築のために金を全部遣い果たした. **3** (家屋などを)建てそこなう, 間違った〈拙劣な〉建て方をする; 《話》(仕事を)やりそこなう, 不手際にする: ein *verbautes* Haus 出来の良くない家. **4** 《*et.*[4]》建築〈建造〉物によって(…の)美観をそこねる. **5** 《*et.*[4] mit *et.*[3]》〘建〙(…を…で)補強する.

ver·bau·ern[fɛrbáuərn] 《05》自 (s) 《話》粗野〈野卑〉になる, やぼったくなる, 俗物化する. [<Bauer[1]]

ver·be·am·ten[fɛrbə|ámtən] 《01》他 (h) **1** 《*jn.*》官吏〈公務員〉に任用する. **2** 《*et.*[4]》官僚の勢力下に置く.

Ver·be·am·tung[..tʊŋ] 女 -/ verbeamten すること.

ver·bei·ßen*[fɛrbáisən] 《13》 **I** 他 (h) **1 a**) 《(*sich*[3]) *et.*[4]》(…を)歯を食いしばってこらえる: *sich*[3] das Lachen ~ 笑いをかみ殺す | (*sich*[3]) die Schmerzen ~ 痛みを必死にこらえる | Nur mit Mühe *verbiß* ich mir eine boshafte Bemerkung. 私は毒舌を吐きたかったのをようやくの思いで我慢した. **b**) die Zähne ~ 歯を食いしばる. **2 a**) 再帰 *sich*[4] in *jn.* 〈*et.*[4]〉 ~ …にしっかりと食らいつく, …にかみついて離れない. **b**) 《比》再帰 *sich*[4] in *et.*[4] ~ …(仕事など)に打ち込む, …に熱心〈執拗(しつよう)〉に取り組む | Er *verbeißt* sich in dieses schwierige Problem. 彼はこの困難な問題と根気強く取り組んでいる. **3** 《*et.*[4]》〘狩〙(野獣が)かんで傷つける, 食いちぎる.
II ver·bis·sen → 別出

ver·bel·len[fɛrbɛ́lən] 他 (h) **1 a**) (犬が)ほえかける, ほえつく. **b**) 《話》《*jn.*》きびしく批判する. **2** 《*et.*[4]》〘狩〙(猟犬が野獣の)居場所をほえて教える.

Ver·ben Verb, Verbum の複数.

Ver·be·ne[vɛrbé:nə] 女 -/-n (Eisenkraut) 〘植〙バーベナ〔属〕, クマツヅラ(熊葛)〔属〕, 美女桜.
[*lat.*; < *lat.* verber „Schlag, Rute"; ◇Rhabdom; *engl.* verbena, vervain]

ver·ber·gen*[fɛrbɛ́rgən][1] 《14》 **I** 他 (h) **1** 隠す, 隠し〔持っ〕ている, 隠匿する; 秘密にする, 秘匿する: den Schmerz ~ 苦痛を押し隠す | das Lachen ~ 笑いを押し殺す | *seine* Meinung 〈*seine* wahre Absicht〉 ~ 自分の考え〈本当の意図〉を口に出さない | Liebe läßt sich nicht ~. 《諺》恋は隠してもあらわれる ‖〘場所を示す語句と〙einen Flüchtling im Haus 〈bei *sich*[3]〉 ~ 逃亡者を自宅にかくまう | *sein* Gesicht in 〈hinter〉 den Händen ~ (見られないように)顔を両

手で隠す | *et.*^{4} unter dem Mantel ~ …をコートの下に隠し持っている ‖ Er *verbirgt* etwas vor uns. / Er *verbirgt* uns etwas. 彼は我々に何かを隠している.

2 再帰 *sich*^{4} ~ 身を隠す, 潜伏する: *sich*^{4} im Wald 〈hinter einem Baum〉 ~ 森の中に〈木の後ろに〉隠れる | *sich*^{4} vor der Polizei ~ 警察から身を隠す.

II ver·bọr·gen → 別出

Ver·bẹrg·fär·bung 女 〘動〙 隠蔽色.

Ver·bẹr·gung[..gʊŋ] 女 -/ verbergen すること.

$^\triangledown$**ver·be·schei·den***[fɛrbəʃáɪdən]^1 《129》 他 (h) 《官》 (bescheiden) (…に対して)決定事項を通知する, (…に)回答する.

Ver·bẹs·se·rer[fɛrbɛ́sərər] 男 -s/- 改良〈改善〉者; 改革者; 訂正〈修正〉者.

ver·bẹs·sern[..bɛ́sərn] 《05》 他 (h) **1 a)** 《*et.*^{4}》 よりよくする, 改良〈改善〉する; 改革する; (誤りなどを)訂正〈修正〉する: *js.* Aussprache ~ …の発音を直す | einen Fehler ~ 誤りを正す | *seine* finanzielle Lage ~ 経済状態を改善する | einen Rekord ~ 記録を更新する | die Welt ~ 世の中をよくする, 世直しをする ‖ 再帰 *sich*^{4} ~ よりよくなる, 改良〈改善〉される | Die Lage hat sich allmählich *verbessert*. 状況はしだいによくなってきた | eine *verbesserte* Auflage (書籍の)改訂版.

b) 《*jn.*》 (…の)言葉を訂正する; (…の)発言の誤りを指摘する: Es paßt ihm nicht, wenn man ihn *verbessert*. 彼は人に誤りを指摘されることを好まない ‖ 再帰 *sich*^{4} ~ 自分の言葉〈発言〉を訂正する | Er versprach sich, *verbesserte* sich aber sofort. 彼は言い違いをしたが すぐに言い直した.

2 a) 再帰 *sich*^{4} ~ (昇格・転職・転居などによって)生活条件〈環境〉が改善される, 暮らし向きがよくなる: Durch seine neue Stellung hat er sich sehr *verbessert*. 新しい職のおかげで彼の生活はずっと楽になった. **b)** 再帰 *sich*^{4} ~ 〘スポーツ〙 能力が向上する, 自己の記録を更新する.

Ver·bẹs·se·rung[..sərʊŋ] 女 -/-en (〔sich〕 verbessern すること. 例えば:) 改良, 改善; 改革; (誤りの)訂正, 修正; 改訂; (記録の)更新.

ver·bẹs·se·rungs≈be·dürf·tig 形 改良〈改善〉の必要な. **≈fä·hig** 形 改良〈改善〉の余地のある, 改革可能な.

Ver·bẹs·se·rungs·vor·schlag 男 改良〈改善〉の提案.

Ver·bẹß·rer[..bɛ́srər] 男 -s/- ＝Verbesserer

Ver·bẹß·rung[..rʊŋ] 女 -/-en ＝Verbesserung

ver·beu·gen[fɛrbɔ́ʏgən]^1 他 (h) 再帰 *sich*^{4} ~ 腰をかがめてあいさつする, おじぎをする: Er *verbeugte* sich tief 〈ehrfurchtsvoll〉 vor ihr. 彼は彼女に向かって深く〈うやうやしく〉おじぎをした.

Ver·beu·gung[..gʊŋ] 女 -/-en 腰をかがめてのあいさつ, おじぎ: eine kleine 〈tiefe〉 ~ vor *jm.* machen …に軽く〈深々と〉おじぎをする.

ver·beu·len[fɛrbɔ́ʏlən] 他 (h) **1** 《*et.*^{4}》 (打撃・衝突などで…を)へこませる, でこぼこにする: ein *verbeulter* Kotflügel (自転車の)へこんだフェンダー | *sich*^{3} die Gießkanne ~ (→Gießkanne). **2** 《話》 《*jn.*》 ひどく殴る.

Ver·beu·lung[..lʊŋ] 女 -/-en へこみ, でこぼこ.

Vẹrb·form[vɛ́rp..] 女 〘言〙 動詞〔変化〕形: eine finite ~ 定形, 定動詞 | eine infinite ~ 不定形(不定詞・分詞など).

verbi 《ラテン語》 →*verbi* causa, *verbi* gratia

$^\triangledown$**vẹr·bi cau·sa**[vɛ́rbi· káuza·] 《ラテン語》 (略 v. c.) (zum Beispiel) 例えば. [◇Verbum]

ver·bie·gen*[fɛrbí:gən]^1 《16》 他 (h) 曲げてだめに〈使いものにならなく〉する: einen Nagel ~ (打ち損じて)くぎを曲げてしまう | *sich*^{3} die Gießkanne ~ (→Gießkanne) ‖ 再帰 *sich*^{4} ~ 曲がってだめに〈使いものにならなく〉なる, ゆがむ, ねじれる | Die Schienen haben sich *verbogen*. レールが曲がってしまった ‖ Er hat ein *verbogenes* Rückgrat. 彼は背骨が曲がっている.

Ver·bie·gung[..gʊŋ] 女 -/-en **1** 《単数で》 verbiegen すること. **2** ゆがみ, ねじれ.

ver·bie·stern[fɛrbí:stərn] 《05》 他 (h) **1** 《*jn.*》 **a)** (…の頭を)混乱させる, 困惑〈狼狽(ろうばい)〉させる: *verbiestert* sein 頭が混乱している, 当惑〈狼狽〉している(→b) ‖ 再帰 *sich*^{4} ~ 混乱する, 困惑する, 誤る. **b)** 《方》 (verärgern) 怒らせる, 不機嫌にする: *verbiestert* sein 不機嫌である(→a). **2** 《方》 再帰 *sich*^{4} ~ 道に迷う, 方向を見失う. **3** 再帰 *sich*^{4} in *et.*^{4} ~ …に固執する.

[*mndd.*; ＜*mndl.* bijster „gereizt"]

ver·bie·ten*[fɛrbí:tən] 《17》 **I** 他 (h) **1** 《〔*jm.*〕 *et.*^{4}》 (権限などによって)禁じる, 禁止する; (…への)出入りを差し止める; (気持・事情などが)許さない: eine Demonstration ~ デモを禁止する | ein Buch ~ 本を発禁処分にする | einen Film ~ 映画の上映を禁止する ‖ *jm.* das Haus ~ (→Haus 2) | *jm.* den Mund 〈das Maul〉 ~ (→Mund 1, →Maul 2 a) | *sich*^{3} *et.*^{4} ~ …をみずからに禁じる, …を断念〈自制〉する ‖ Der Arzt hat mir Alkohol 〈den Genuß von Alkohol〉 *verboten*. 医者は私に禁酒を命じた | Eine solche Handlungsweise *verbietet* mir mein Ehrgefühl. このような行動は私の自尊心が許さない | Eine solche Reise *verbietet* mir mein Geldbeutel. 《戯》 そのような旅行は私の財布が許さない ‖ Das Betreten des Grundstücks ist bei Strafe *verboten*. この地所へ立ち入る者は罰せられる | Unbefugten^3 〔ist der〕 Zutritt *verboten*. 部外者の立ち入りを禁ずる | Rauchen *verboten*! 禁煙 | Durchgang *verboten*! 通り抜け禁止 | Was nicht *verboten* ist, das ist erlaubt. 禁じられていないことは許されているということだ ‖〘zu 不定詞〔句〕・daß 副文と〙 Ich *verbiete* euch, auf der Straße zu spielen. 君たちは道路で遊んではいけないよ | Sie hat mir *verboten*, daß ich zu dir gehe. 彼女は私に君のところへは行くなと言った. **2** 再帰 *sich*^{4} ~ (事の性質上)不可能である, 問題にならない: Es *verbietet* sich von selbst, daß ... …は全くありえない.

II ver·bọ·ten → 別出

[*ahd.*; ◇bieten; *engl.* forbid]

$^\triangledown$**vẹr·bi grạ·tia**[vɛ́rbi· grá:tsia·] 《ラテン語》 (略 v. g.) (zum Beispiel) 例えば. [◇Verbum, Grazie]

ver·bịl·den[fɛrbíldən]^1 《01》 他 (h) **1** 《*et.*^{4}》 いびつに作る, (…の)造形を誤る: *verbildete* Füße いびつな〈奇形の〉足. **2** 《*jn.*/*et.*^{4}》 教育によってそこなう〈ゆがめる〉: ein *verbildeter* Geschmack (教育が悪くて)ゆがめられた趣味.

ver·bịld·li·chen[fɛrbíltlɪçən] 他 (h) 《雅》 具象化する, 具象的〈具体的〉にわかりやすく〔説明〕する. [＜bildlich]

Ver·bịld·li·chung[..çʊŋ] 女 -/-en 《ふつう単数で》 verbildlichen すること.

Ver·bịl·dung[fɛrbíldʊŋ] 女 -/-en **1** 《単数で》 verbilden すること. **2** いびつ, ゆがみ, ひずみ, 奇形.

ver·bịl·li·gen[fɛrbílɪgən]^2 他 (h) **1** (価格・料金などを)安くする, 引き下げる; 値引き〈割引〉する: die Produktion ~ 生産のコストを下げる ‖ eine *verbilligte* Eintrittskarte 割引入場券 | zu *verbilligten* Preisen 割引した値段で, 値引きして. **2** 再帰 *sich*^{4} ~ (価格・料金などが)安くなる, (コストが)下がる. [＜billig]

Ver·bịl·li·gung[..gʊŋ] 女 -/-en 《ふつう単数で》 (価格・料金などの)引き下げ; 値引き, 割引.

ver·bịm·sen[fɛrbímzən]^1 《02》 他 (h) 《話》 (verprügeln) 《*jn.*》 さんざんに殴る, ぶちのめす.

ver·bịn·den*[fɛrbíndən]^1 《18》 **I** 他 (h) **1** 《*jn.* / *et.*^{4}》 覆ってゆわえる; (布で)包む; (…に)包帯をする, (…を)包帯で巻く: Die Schwester *verband* das Kind. 看護婦はその子供に包帯を巻いた | *jm.* die Augen ~ …に目かくしをする; …の目に包帯をする | *sich*^{3} den Fuß ~ 足に包帯を巻く | eine Wunde 〈einen Verwundeten〉 ~ 傷口〈負傷者〉に包帯をする ‖ mit *verbundener* Hand 手に包帯をして.

2 a) 《*et.*^{4} 〔mit *et.*^{3}〕》 (…を〔…と〕)結び合わせる, 結合する, 連結〈接合〉する: zwei Drahtenden ~ 針金の両端を結び合わせる | Ein Kabel *verbindet* Mikrophon und Lautsprecher. コードがマイクとスピーカーを連結する ‖ zwei Städte durch eine Straße 〈eine Buslinie〉 miteinander ~ 二つの都市を道路〈バス路線〉で結ぶ | Der Kanal *verbindet* die Nordsee mit der Ostsee. この運河は北海をバルト海とつないでいる ‖ Die beiden Ufer sind durch eine

Brücke ⟨mit einer Brücke⟩ *verbunden*. 両岸は橋で結ばれている.

b) 《比》《*et.*⁴ mit *et.*³》(…を…と)結び合わせる, 結びつける: das Angenehme mit dem Nützlichen ～ 快適性と有用性とを結びつける〈両立させる〉| Er *verbindet* Großzügigkeit mit einer gewissen Strenge. 彼は心の広さとある種の厳しさとをあわせもっている | Mit diesem Begriff *verbinde* ich keine Vorstellung. 私にはこの概念が具体的に何を指すのか見当がつかない ‖ 再帰 *sich*⁴ mit *et.*³ ～ …と結びつく | Mit dieser Melodie *verbinden* sich für mich schöne Erinnerungen. このメロディーには私にとってすばらしい思い出が結びついている ‖ Diese Aufgabe ist mit großen Schwierigkeiten *verbunden*. この任務には非常な困難が伴っている | Das alles war für mich mit einer gewissen Genugtuung *verbunden*. これらすべては私にとって一種の満足感を伴うものであった ‖ die damit *verbundenen* Kosten それに伴う費用.

c) 《*jn.* 〔mit *jm.*〕》(愛情や共通の利害・体験などが…を〔…と〕精神的・社会的に)結びつける: Uns *verbinden* gemeinsame Interessen. 我々を結びつけているのは共通の利害だ | Sie *verbindet* nichts mehr 〔miteinander〕. 彼らを結びつけるものは もはや何ひとつとしてない ‖ 再帰 *sich*⁴ mit *jm.* ～ …と手を結ぶ; …と結婚する | *sich*⁴ ehelich ⟨für das Leben⟩ ～ 結婚する | *sich*⁴ gegen den gemeinsamen Feind ～ 一体となって共通の敵に当たる ‖ mit *jm.* freundschaftlich ⟨in Freundschaft⟩ *verbunden* sein …と友情によって結ばれている | *Verbunden* werden auch die Schwachen mächtig. 団結すれば弱者も強力になる (Schiller).

3 〖化〗 再帰 *sich*⁴ mit *et.*³ ～ …と化合する | Gold *verbindet* sich mit fast keinem anderen Element. 金は他のほとんどいかなる元素とも化合しない | Eisen *verbindet* sich mit Sauerstoff zu Rost. 鉄は酸素と化合してさびとなる.

4 《*jn.* mit *jm.* ⟨*et.*³⟩》(電話交換手が…を…と)つなぐ: Bitte *verbinden* Sie mich mit München 43 42 38! ミュンヒェンの434238番につないでください | Mit wem darf ich Sie ～? どなたにおつなぎしましょうか ‖ 〖目的語なしで〗 Bleiben Sie bitte am Apparat, ich *verbinde*. どうかそのままでお待ちください おつなぎしますから | Falsch *verbunden*! (番号を)間違えました.

5 a) 《雅》《〔*sich*³〕 *jn.*》(…に自分に対する)感謝の義務を負わせる(→verbunden II): Sie würden mich 〔Ihnen〕 sehr ～, wenn Sie meiner Bitte entsprächen. 私の願いをかなえていただけたらまことに有難いのですが.

▽**b**) 《*jn.* zu *et.*³》(…に…を)義務づける: *jn.* zum Stillschweigen ～ …に沈黙の義務を負わせる.

6 《*et.*⁴》〖印〗 (書物を)綴(と)じ違える, (…の)製本をあやまる.

II ver·bun·den → 別出

Ver·bin·der [..dər] 男 -s/- (verbinden する人. 特に:) 〖サッカー〗 (センターと両翼を中継する左右の)インナー, インサイド=フォワード.

ver·bind·lich [fɛrbíntlɪç] 形 **1** あいそのいい, 親切な; 丁寧〈丁重〉な, いんぎんな: eine ～*e* Geste あいそのよい身振り | ～*e* Worte ⟨Redensarten⟩ miteinander wechseln 丁重なあいさつをかわす | *Verbindlich*〔*st*〕*en* Dank! まことにありがとうございます ‖ *jn.* ～ behandeln …を親切に扱う | ～ lächeln あいそよく〈にこやかに〉ほほえむ. **2** 束縛する, 義務を負わせる; (法的に)拘束力をもつ: eine ～*e* Zusage 拘束力をもつ承諾(承諾したからには約束を守る義務を生じるような) | eine für beide Teile ～*e* Abmachung 当事者双方を拘束する協定 ‖ Der Schiedsspruch ist ～. この裁定には法的拘束力がある.

Ver·bind·lich·keit [−kaɪt] 女 -/-en **1 a**) 《単数で》親切さ, 丁寧さ. **b**) おあいそ, お世辞: *jm.* ～*en* sagen …におあいそを言う. **2 a**) 《単数で》(約束・契約などの)拘束力; 〖法〗 羈束(きそく)力: die ～ eines Abkommens ⟨eines Schiedsspruchs⟩ 協定〈裁定〉の拘束力. **b**) 《複数で》(Schulden) 債務: die Erledigung von ～*en* 債務の処理〈弁済〉‖ ～*en* eingehen 債務を負う | gegen *jn.* ～*en* haben …に対して債務がある. **c**) 《ふつう複数で》責務, 義務.

Ver·bin·dung [fɛrbíndʊŋ] 女 -/-en **1** (〔sich〕 verbinden すること. 特に:) 結合, 連結, 接合; 接続; 連絡; 〖化〗 化合: die ～ der beiden Städte durch die Eisenbahn 鉄道による両都市の連絡 | die ～ der einzelnen Vorstellungen zu einem geordneten System 個々の観念を結び合わせて秩序ある体系を作り上げること.

2 (verbinden された状態. 例えば:) **a**) 結合, 結びつき, 連結, 接合; 接続; 連絡; 連関, 関連, 関係: eine enge ⟨lose⟩ ～ 緊密な〈ゆるやかな〉結びつき | eine briefliche ～ 手紙による連絡 | eine eheliche ～ 婚姻〔関係〕| eine elektrische ～ 電気接続 | eine geschäftliche ～ 取引関係 ‖ mit *jm.* eine ～ anknüpfen …と交わりを結ぶ | die ～ mit *jm.* abbrechen ⟨lösen⟩ …との関係を絶つ〈解消する〉‖ **in ～ mit *et.***³ …と関連して | Ich bitte darum, mich nicht in ～ mit dieser Sache zu nennen. この件との関連でどうか私の名前を出さないでいただきたい | *jn.* ⟨*et.*⁴⟩ mit *et.*³ in ～ bringen …を…と関係づける, …を…と関連があると見なす | ***sich***⁴ **mit *jm.* in ～ setzen** …と連絡をとる | Ich werde mich sofort mit ihm in ～ setzen. 私はすぐに彼と連絡をとりましょう | **mit *jm.* in ～ stehen** …と交わりを結んでいる, …と(取引|その他の)関係がある; …と連絡をとっている | mit *et.*³ in ～ stehen …と関連がある | mit *jm.* in ～ treten …と(取引|その他の)関係をもつ.

b) 《ふつう複数で》縁故関係, つて, コネ: gute ～*en* zu *jm.* haben …と親しくしている, …への有力な手づるをもっている | *seine* ～*en* spielen lassen コネに物を言わせる.

c) (2点間を結ぶ)連絡線; 交通路; 交通〈連絡〉手段; (列車・バスなどの)接続: Die Gerade ist die kürzeste ～ zweier Punkte. 直線は2点間を結ぶ最短路である | Der Paß bildet die einzige ～ über das Gebirge. この峠道は山脈を越える唯一の交通路である | Nach Leipzig gibt es von hier eine direkte ～. ライプツィヒへはここから直通(乗り換えなしで)行ける | Wir mußten lange auf die nächste ～ warten. 我々は次の列車〈バス〉が来るまで長く待たねばならなかった.

d) (通話のための)電話の接続: Ich habe keine ～ bekommen. (電話しようとしたが)電話が通じなかった | Die ～ ist abgebrochen. (通話中に)電話が切れてしまった | Geben Sie mir bitte eine ～! (通話申し込みの際に)電話をつないでください.

3 (verbinden されたもの. 例えば:) **a**) 〖化〗 化合物: Chlor*verbindung* 塩化物 | Wasserstoff*verbindung* 水素化合物.

b) 結社, 組合; (特に:) 学生組合(→Studentenverbindung): eine geheime ～ 秘密結社 | eine farbentragende ⟨nichtfarbentragende⟩ ～ (固有の)クラブカラーをもつ〈もたない〉学生組合 | eine schlagende ⟨nichtschlagende⟩ ～ 決闘規約をもつ〈もたない〉学生組合 ‖ in eine ～ eintreten 〔学生〕組合に加入する.

Ver·bin·dungs≠bahn [fɛrbíndʊŋs..] 女 〖鉄道〗 (2地点を結ぶ)接続鉄道. **≠bru·der** 男 (同じ〔学生〕組合に所属する)組合仲間. **≠bü·ro** 中 連絡事務所. **≠far·be** 女 -/-n 《ふつう複数で》学生組合の標識カラー(旗・帽子など). **≠gang** 男 連絡通路, 渡り廊下. **≠gra·ben** 男 〖軍〗 連絡壕(ごう). **≠ka·bel** 中 〖電〗 接続コード〈ケーブル〉. **≠li·nie** [..li:niə] 女 〔2点間を〕結ぶ線; (2地点を結ぶ)連絡路線. **≠mann** 男 -〔e〕s/..männer, ..leute (秘密の)連絡員, レポ(略 V-Mann); 仲介人. **≠of·fi·zier** 男 〖軍〗 連絡将校. **≠schnur** 女 -/..schnüre 〖電〗 接続ひも〈コード〉. **≠stan·ge** 女 〖工〗 連接棒(→図 Weiche). **≠stecker** 男 〖電〗 接続プラグ. **≠stra·ße** 女 連絡道路. **≠stück** 中 接合部, 接続子, 継ぎ手. **≠stu·dent** 男 (学生組合に所属する)組合学生, 学生組合員. **≠tür** 女 (二つの部屋を結ぶ)連絡ドア. **≠weg** 男 連絡路. **≠wort** 中 -〔e〕s/..wörter (Bindewort) 〖言〗 接続詞.

ver·birgt [fɛrbírkt] verbergen の現在3人称単数.

Ver·biß [fɛrbís] 男 ..bisses/..bisse 〖狩・林〗 (動物による)植物の被害(かみ取られたつぼみ・若枝など: →verbeißen I 3).

ver·bis·sen[fɛrbísən] **I** verbeißen の過去分詞; 過去1・3人称複数.

II 形 **1** 歯を食いしばっての, しぶとい, しつこい, ねばり強い, 頑強な: ein ~*er* Gegner 頑強な敵 | mit ~*er* Hartnäckigkeit 懸命のねばり強さで ‖ ~ um den Sieg kämpfen 勝利を求めて必死に戦う. **2** 怒りをこらえた: ein ~*er* Gesichtsausdruck 引きつった顔 | mit ~*er* Wut 怒りを抑えて. **3** 《話》小うるさい, やたらと細かい.

Ver·bis·sen·heit[–haɪt] 女 -/ verbissen なこと.

Ver·biß·scha·den 男 = Verbiß

ver·bit·ten*[fɛrbítən] 《19》他 (h) 《*sich*[3] *et.*[4]》謝絶する, 断る: Ich *verbitte* mir jede Einmischung 〈solche Frechheiten〉. 干渉は一切しないでもらいたい〈このような無礼な言動は慎んでもらいたい〉| Das möchte ich mir *verbeten* haben. それはお断りだ, それは願い下げにしてもらいたい.

ver·bit·tern[fɛrbítərn] 《05》 **I** 他 (h) **1** 《*et.*[4]》苦い〈つらい〉ものにする, 不快なものにする: *jm.* das Leben ~ …の人生をつらいものにする | Krankheit *verbitterte* die letzten Jahre seines Lebens. 病気が彼の晩年を暗いものにした. **2** 《*jn.*》(…の気持を)不快〈みじめ〉にする, すねさせる: Die schweren Schicksalsschläge hatten ihn *verbittert*. こうした過酷な運命の仕打ちのために彼はすね者になっていた.

II 自 (s) (不満・憤りなどで)すねる, ひねくれる.

III ver·bit·tert 過分 形 (不満・憤りなどで)すねた, ひねくれた, 気むずかしい.

Ver·bit·te·rung[..tərʊŋ] 女 -/-en 《ふつう単数で》verbittert なこと: voller ~ sein すっかりすねて〈ひねくれて〉いる.

ver·bla·sen*[fɛrblá:zən][1] 《20》 **I** 他 (h) **1** 《*et.*[4]》〖狩〗(…を射止めたことを)角笛を吹いて知らせる. **2** 再帰 *sich*[4] ~ (吹奏楽器を)吹きそこなう, 吹奏のミスを犯す.

II 過分 形 (表現などが)ぼやけた, あいまいな, 不明瞭(ふめいりょう)な.

ver·blas·sen[fɛrblásən] 《03》自 (s) **1** 色あせる, 退色する: Die Tapeten sind schon etwas *verblaßt*. これらの壁紙はもういくらか色あせている. **2** 《比》(記憶・印象などが)うすれる: Neben seinem Erfolg *verblaßten* die Leistungen der anderen. 彼の成功のかげに隠れて他の人たちの働きは色あせて見えた.

ver·blat·ten[fɛrblátən] 《01》他 (h) **1** = überblatten **2** 〖狩〗(シカを)へたな木の葉笛を吹いてとり逃がす.

ver·blät·tern[fɛrblɛ́tərn] 《05》他 (h) **1** (本などのページを)めくりそこねる. **2** 再帰 *sich*[4] ~ (本などの)ページをめくりそこねる.

ver·blau·en[fɛrbláʊən] 自 (s) 青くなる; (材木などが菌類のために)青く変色する.

ver·bläu·en[fɛrblɔ́ʏən] 他 (h) **1** 青く染めすぎる. **2** = verbleuen

Ver·bleib[fɛrbláɪp][1] 男 -[e]s/ **1** 所在, ありか; 行方(ゆくえ): Wissen Sie etwas über seinen ~? 彼の行き先について何かご存じですか. **2** (ある場所に)とどま[り続け]ること.

ver·blei·ben*[fɛrbláɪbən][1] 《21》 **I** 自 (s) **1 a)** 《雅》《場所を示す語句と》(…に)とどまる, 居続ける: Er *verbleibt* weiterhin an seinem Arbeitsplatz. 彼は今後も引き続き同じ職場にとどまる | Sie *verblieb* in Unwissenheit. 彼女は依然として何も知らなかった. **b)** 《述語名詞と》いつまでも〈依然として〉(…の)ままである: Er *verblieb* zeit seines Lebens ein Idealist. 彼は一生涯理想家であり続けた | Mit den besten Grüßen *verbleibe* ich Ihr Hans Schmidt (手紙の末尾に用いられる慣用的表現)心からのごあいさつを添えて ハンス シュミット. **2** (あとに)残る, あまる: Von sieben Kindern waren ihr nur noch drei *verblieben*. 7人の子供のうち彼女に残されたのは3人だけだった | das ihm *verbliebene* Geld 彼の手もとに残った金. **3** 《様態を示す語句と》(…のように)取り決める, 申し合わせる: Wie *verbleiben* wir? どのように決めようか | Sie *verblieben* folgendermaßen. 彼らは次のように申し合わせた.

II Ver·blei·ben 中 -s/ verbleiben すること: Ein ~ des Ministers in seinem Amt war unmöglich. 大臣がこれ以上職にとどまることは不可能だった.

ver·blei·chen(*)[fɛrbláɪçən] 《22》 **I** 自 (s) **1** 色あせる, 退色する; 《比》(栄光などが)あせる, 輝きを失う: Der Zauber seiner Stimme ist *verblichen* 〈*verbleicht*〉. 彼の声の魅力も衰えてしまった. **2** 《雅》(sterben) 死ぬ.

II ver·bli·chen → 別出

[*ahd.*; < *ahd.* blīchan „glänzen" (◇bleich)]

ver·blei·en[fɛrbláɪən] 他 (h) 《*et.*[4]》(…に)鉛を詰める; 鉛で被覆〈封印〉する; (ガソリンなどに)テトラエチル鉛を混ぜる.

ver·blen·den[fɛrblɛ́ndən][1] 《01》他 (h) **1** 《*jn.*》(激情・欲望などが…の)目をくらませる, 眩惑(げんわく)する, (…の)分別〈理性〉を失わせる: Er ist vom Ehrgeiz 〈von seinen Erfolgen〉 völlig *verblendet*. 彼は功名心にすっかり目がくらんで〈成功にすっかり有頂天になって〉いる | ein *verblendeter* Mensch (激情・欲望などで)目のくらんだ人. **2** 《*et.*[4]》 **a)** (壁面などに)化粧〈外装〉をする: ein Gebäude mit Fliesen 〈Aluminium〉 ~ 建物をタイル〈アルミニウム〉で外装する. **b)** 〖歯〗(歯冠を)外装する.

Ver·blend≈kro·ne[fɛrblɛ́nt..] 女 外装歯冠. **≈mau·er** 女 (れんがやコンクリートの外装を施した)化粧壁〈塀〉.

Ver·blen·dung[..dʊŋ] 女 -/-en **1** verblenden すること. **2** verblenden された状態.

Ver·blend·zie·gel[fɛrblɛ́nt..] 男 化粧れんが, 外装タイル.

ver·bleu·en[fɛrblɔ́ʏən] 他 (h) **1** 《話》(verprügeln) 《*jn.*》さんざん殴る, ぶちのめす. ▽**2** 青くする, 青く染める.

[2: < bleu]

ver·bli·chen[fɛrblɪ́çən] **I** verbleichen の過去分詞.

II 形 **1** 色あせた, 退色した; (栄光などが)あせた, 輝きを失った: ein ~*er* Vorhang 色あせたカーテン | ~*er* Ruhm 色あせた名声. **2** 《雅》死亡した.

III Ver·bli·che·ne 男 女 《形容詞変化》《雅》(最近)死亡した人, 故人.

ver·blö·den[fɛrblǿ:dən][1] 《01》 **I** 自 (s) (verdummen) 頭がぼける, 白痴になる, 痴呆(ちほう)化する.

II 他 (h) 《*jn.*》(…の)頭をぼけさせる, 痴呆化させる.

Ver·blö·dung[..dʊŋ] 女 -/ verblöden すること.

ver·blüf·fen[fɛrblʏ́fən] **I** 他 (h) 《*jn.*》唖然(あぜん)とさせる, びっくりさせる, あきれ返らせる: Seine Antwort *verblüffte* uns. 彼の返事は我々を唖然とさせた | *sich*[4] ~ lassen 唖然とする, びっくりする, あきれ返る.

II ver·blüf·fend 現分 形 唖然とするほどの, 驚く〈あきれる〉ほどの: ein ~*es* Ergebnis erzielen 驚くべき成果をあげる | Er hat eine ~*e* Ähnlichkeit mit seinem Vater. 彼は父親とびっくりするほどよく似ている.

III ver·blüfft 現分 形 唖然とした, あっけにとられた, 茫然(ぼうぜん)とした: ~ dastehen 茫然と立ちつくす.

[*mndd.*; ◇Bluff]

Ver·blüfft·heit[..haɪt] 女 -/ verblüfft なこと.

Ver·blüf·fung[..fʊŋ] 女 -/ verblüffen すること: Zu meiner ~ stand er plötzlich auf. 彼が突然立ち上がったので私はあっけにとられた.

ver·blü·hen[fɛrblʏ́:ən] 自 (s) **1** (花が)咲き終わる, しぼむ; 《比》盛りを過ぎる, 容色が衰える: eine *verblühte* Schönheit (年を取って)容色の衰えた美人, うば桜. **2** 《話》ひそかに逃げる, ずらかる.

ver·blümt[fɛrblʏ́:mt] 形 (表現などが)婉曲(えんきょく)な, あからさまでない, 遠まわしの: ein ~*er* Vorwurf 遠まわしの非難 | *et.*[4] ~ ausdrücken …を婉曲に表現する.

[< *mhd.* verblüemen „beschönigen" (◇Blume)]

ver·blu·ten[fɛrblú:tən] 《01》 **I** 自 (s) 出血多量で死ぬ.

II 他 (h) 再帰 *sich*[4] ~ 出血多量で死ぬ; 《比》(軍隊などが)甚大な損害をこうむる.

Ver·blu·tung[..tʊŋ] 女 -/ ([sich] verbluten すること. 例えば:) 〖医〗出血, 失血.

Ver·blu·tungs·tod 男 〖医〗出血死.

ver·bocken[fɛrbɔ́kən] 他 (h) 《話》 **1** (不注意・軽率さなどから)やりそこなう, だめにする. **2** 再帰 *sich*[4] ~ 頑固〈かたくな・依怙地(いこじ)〉な態度を取る: ein *verbocktes* Kind 強情っぱりな子供. [< einen Bock schießen]

▽**ver·bod·men**[fɛrbó:dmən] 《01》 = bodmen

▽**Ver·bod·mung**[..mʊŋ] 女 -/-en = Bodmerei

ver·bo·gen[fɛrbóːgən] verbiegen の過去分詞; 過去 1・3 人称複数.

ver·boh·ren[fɛrbóːrən] **I** 他 (h) 再帰 *sich*⁴ in *et.*⁴ ~ …に固執する, …に頑固にしがみつく | *sich*⁴ in *seine* Meinung ~ 自説を固持する | Er *verbohrte* sich in seinen Entschluß. 彼はあくまで決心を変えなかった.

II ver·bohrt 過分 形 頑固(頑迷)な, (自分の考えに)凝り固まった, かたくなな, 依怙地(ぃこじ)な: ein ~*er* Mensch (あくまで自分の考えに執着する)頑固者.

Ver·bohrt·heit[..haɪt] 女 -/ verbohrt なこと.

ver·bol·zen[fɛrbɔ́ltsən] 《02》他 (h) **1** ボルトで締める(固定する). **2** 《話》(verprügeln) さんざんに殴る, ぶちのめす.

ver·bor·gen¹[fɛrbɔ́rgən]¹ 他 (h) 《*jm. et.*⁴》(…に…を)貸す, 貸与する; 掛けで売る.

ver·bor·gen²[−] **I** verbergen の過去分詞.

II 形 隠(さ)れた, 人目につかない, 秘密(内密)の: eine ~*e* Gefahr 目に見えぬ危険 | *sich*⁴ ~ halten 隠れて(身を隠して)いる ‖ im ~*en* 人に気づかれずに, ひそかに ‖ Gott sieht das *Verborgene* (ins *Verborgene*). 神はすべてを見通す.

Ver·bor·gen·heit[..haɪt] 女 -/ verborgen²なこと: in der ~ leben 隠遁(いんとん)生活をする, 隠棲(いんせい)する.

▽**ver·bos**[vɛrbóːs]¹ 形 (wortreich) 口数(言葉数)の多い, 冗漫な. [*lat.*; ◇Verbum, ..os; *engl.* verbose]

ver·bö·sern[fɛrbǿːzərn] 《05》他 (h) 《戯》(意図に反して)より悪く(ひどく)する, (逆に)悪化させる, 改悪する. [＜böse]

Ver·bö·se·rung[..zərʊŋ] 女 -/-en **1** 《戯》verbösern すること. **2** 〖法〗(決定の)当事者に不利な改定.

ver·bot[fɛrbóːt] verbieten の過去.

Ver·bot[−] 中 -[e]s/-e 禁止, 差し止め; 禁令, 禁制: ein strenges ~ 厳禁 | Ausgeh*verbot* 外出禁止 | Gebote und ~*e* 命令と禁止 ‖ ein ~ erlassen 禁令を出す | das ~ aufheben 禁止を解く | ein ~ befolgen (einhalten) 禁止の命令を守る | gegen das ~ verstoßen 禁令に違反する.

ver·bo·ten[fɛrbóːtən] **I** verbieten の過去分詞; 過去 1・3 人称複数.

II 形 **1** 禁じられた, 禁制の: ~*e* Bücher 禁書 | ~*e* Früchte (→Frucht 1 a) | ~*e* Griffe 〖レスリング〗フォウルホールド, 禁じ手 | die *Verbotene* Stadt (中国の北京にある)紫禁城 ‖ *Verbotener* Eingang! この入口の使用を禁ずる.

2 《話》(unmöglich) 常識では考えられないような, お話にならない, ひどい: **~ aussehen** 全くひどい格好である, 見るに耐えない | In dem Kleid siehst du ~ aus. このドレスを着ると君は見られたもんじゃないよ.

ver·bo·te·ner·wei·se[..nər..] 副 禁止されていることを知りながら: *et.*⁴ ~ tun 禁を犯して…をする.

▽**ver·bo·te·nus**[vɛrbóːtenʊs] 副 (wortwörtlich) 全く言葉(文字)どおりに. [*lat.*; ＜*lat.* tenus „bis an" (◇tendieren); ◇Verbum]

Ver·bots≠be·stim·mung[fɛrbóːts..] 女 禁止規程. **≠irr·tum** 男 〖法〗禁止の錯誤. **≠schild** 中 **1** 〖交通〗禁止標識板. **2** ＝Verbotstafel **≠ta·fel** 女 禁札.

ver·bots·wid·rig 形 禁止(禁令)違反の.

Ver·bots·zei·chen 中 〖交通〗禁止標識.

ver·brä·men[fɛrbrɛ́ːmən] 他 (h) 《*et.*⁴ mit *et.*³》**1** (…に毛皮などで)縁飾りを付ける: einen Mantel mit Pelz ~ コートに毛皮の縁を付ける. **2** (…を美辞麗句で)婉曲(えんきょく)に表現する: eine mit schönen Worten *verbrämte* Absage 美辞麗句で包んだ拒絶回答. [*mhd.*; ◇Bräme]

Ver·brä·mung[..mʊŋ] 女 -/-en **1** 《単数で》verbrämen すること. **2** (Bräme) 〖服飾〗(衣服の)縁飾り.

ver·brannt[fɛrbránt] verbrennen の過去分詞.

ver·bra·ten[fɛrbráːtən]* 《23》他 (h) **1** (肉などを)焼き(あぶり)すぎる. **2** (バターなどを)いため料理で消費する; 《話》(金を)遣い果たす. **3** 再帰 *sich*⁴ ~ 焼き(あぶり)すぎて味が悪くなる. **4** 《話》(äußern) 口に出す.

Ver·brauch[fɛrbráʊx] 男 -[e]s/ 消費(量); 消耗, 磨滅, 摩損: der jährliche ~ von Gas (Benzin) ガス(ガソリン)の年間消費量 | einen großen ~ an *et.*³ haben 《話》…を大量に消費する | Die Seife ist sparsam im ~. このせっけんは使い減りが少なくて経済的だ.

ver·brau·chen[fɛrbráʊxən] 他 (h) **1 a)** 消費する, (電気・水道・ガスなどを)使用する: Geld ~ 金を遣う | viel Strom (Kohlen) ~ 多量の電気(石炭)を消費する | Der Wagen *verbraucht* 12 Liter Benzin auf (für) 100 km. この車は100キロにつき12リットルのガソリンを消費する | Für das Kleid *verbrauchte* sie drei Meter Stoff. このドレスを作るのに彼女は布地を 3 メートル使った. **b)** 使い果たす; 消耗する, 使い減らす; 使い古す: die Schuhe ~ 靴をはき減らす | den ganzen Vorrat ~ 貯蔵(ストック)をすべて使い果たす | Bei dieser Arbeit hatten sie ihre Kräfte völlig *verbraucht*. この仕事で彼らは全精力を使い果たしていた ‖ *verbrauchte* Luft (換気の悪い室内などの)濁った空気. **2** 再帰 *sich*⁴ ~ 力を使い果たす, 体力(精力)を消耗する: ein *verbrauchter* Mensch (長年の労苦で)くたびれ果てた人.

Ver·brau·cher[fɛrbráʊxər] 男 -s/- (↔Erzeuger) 消費者; (電気・水道・ガスなどの)使用者.

Ver·brau·cher≠auf·klä·rung 女 -/ (消費者団体の)消費者啓蒙(けいもう). **≠ge·nos·sen·schaft** 女 消費者協同組合, 消費組合. **≠markt** 男 (売場面積2000 m²以上の)大スーパーマーケット. **≠netz** 中 (電気・水道・ガスなどの使用者への)供給網. **≠preis** 男 -es/-e 消費者価格; 《複数で》消費者物価. **≠schutz** 男 消費者保護(の施策). **≠ver·band** 男 消費者団体.

Ver·brauchs≠ge·gen·stand[fɛrbráʊxs..] 男 消費財, 消耗品. **≠gut** 中 -[e]s/..güter 《ふつう複数で》消費財(物質). **≠len·kung** 女 (宣伝などによる)消費操作.

Ver·brauch[s]·steu·er 女 消費税.

ver·bre·chen*[fɛrbrɛ́çən] 《24》 **I** 他 (h) **1** (悪事を)はたらく, (罪を)犯す: Er hat nichts *verbrochen*. 彼は何も悪いことはしていない | Was soll ich *verbrochen* haben? 私が何をしたというのだ | Wer hat das *verbrochen*? だれがこんなことをしたのか ‖ Wer hat diesen Roman *verbrochen*? 《戯》だれがこんな小説を書いたのか. **2** (かどを)削(そ)ぐ, けずる. **3** 〖狩〗(猟師が野獣の通った跡を示す目印に)枝を折る.

II Ver·bre·chen 中 -s/- 犯罪; 犯罪的な(恥ずべき)行為; 〖法〗重罪(→Übertretung, Vergehen 2): das ~ des Mordes (der Gleichgültigkeit) 殺人(無関心)の罪 | das organisierte ~ 組織犯罪 | ein ~ an der Menschheit 人類に対する犯罪的行為 | ein ~ gegen die Menschlichkeit 人間性に対する犯罪 | Kriegs*verbrechen* 戦争犯罪 ‖ ein ~ [an *jm.*] begehen (verüben) [(…に対して)]罪を犯す | ein ~ aufdecken (aufklären) 犯罪をあばく(解明する) | Ich habe mir kein ~ zuschulden kommen lassen. 私は何も悪いことはしなかった ‖ Ist es denn ein ~, wenn ich einmal etwas später nach Hause komme? 《戯》私がたまに少し遅く帰るくらいかまわないじゃないか.

Ver·bre·chens≠be·kämp·fung 女 -/ 犯罪防止(撲滅). **≠in·du·strie** 女 (マフィアなどの)犯罪産業. **≠quo·te** 女, **≠ra·te** 女 犯罪発生率. **≠ver·hü·tung** 女 犯罪防止(予防). **≠vor·beu·gung** 女 犯罪予防.

Ver·bre·cher[fɛrbrɛ́çər] 男 -s/- (女 **Ver·bre·che·rin**[..çərɪn]-/-nen) 犯罪者; (犯罪を犯した)犯人: Kriegs*verbrecher* 戦争犯罪人.

Ver·bre·cher≠al·bum 中 (警察に保管されている)犯罪者写真帳. **≠ban·de** 女 犯罪者の一味, 犯罪者集団.

Ver·bre·che·rin Verbrecher の女性形.

ver·bre·che·risch[fɛrbrɛ́çərɪʃ] 形 犯罪[者]の; ほとんど犯罪とも呼ぶべき, 犯罪的な: eine ~*e* Handlung 犯罪的行為 | Das ist ja ~*er* Leichtsinn. これは犯罪的な(ひどい)軽率さだ ‖ ~ veranlagt sein 生まれつき犯罪者の素質がある.

Ver·bre·cher≠jagd[fɛrbrɛ́çər..] 女 (警察の)犯人追跡. **≠kar·tei** 女 (警察に保管されている)犯罪者カードファイル. **≠ko·lo·nie** 女 流刑地. **≠or·ga·ni·sa·tion** 女 犯罪組織. **≠syn·di·kat** 中 (ギャングなどの)犯罪シンジケート.

Ver·bre·cher·tum[..tuːm] 中 -s/ **1** (Kriminalität) 犯罪性. **2** 《集合的に》犯罪者; 犯罪者の世界, 暗黒街.

Ver·bre·cher·welt 女 -/ 犯罪者の世界, 暗黒街.

ver·brei·ten[fɛrbráɪtən]《01》他 (h) **1** (世間に)広める, 広く伝える; 流布させる, 普及させる; (文書などを)配布する; 伝播(でんぱ)させる, (恐怖などを)まき散らす; (熱・においなどを)放射する: ein Gerücht ～ うわさを広める | Die Meldung wurde über Rundfunk und Fernsehen *verbreitet*. このニュースはラジオとテレビを通じて流された | Diese Flüssigkeit *verbreitet* einen unangenehmen Geruch. この液体は不快なにおいを発散する ‖ 再帰 *sich*⁴ ～ (世間に)広まる, 広く伝わる; 流布〈普及〉する; (ある地域に)広がる, 行き渡る; (病気が)蔓延(まんえん)する; (動植物が)分布する | Das Gerücht hat sich sehr schnell *verbreitet*. このうわさはたちまち広まった | Sein Ruf *verbreitet* sich auch im Ausland. 彼の評判は外国でも広く行き渡っている | Das Hoch *verbreitete* sich über den größten Teil von Osteuropa. 高気圧は東ヨーロッパのほぼ全域を広くおおっていた ‖〖過去分詞で〗eine weit *verbreitete* Ansicht 広く行き渡った見解 | Die Zeitung ist sehr *verbreitet*. この新聞は広く読まれている.
2 再帰 *sich*⁴ über *et.*⁴ ～ …について詳論〈詳述〉する, …について長広舌をふるう.

Ver·brei·ter[fɛrbráɪtər] 男 -s/- verbreiten する人.

ver·brei·tern[fɛrbráɪtərn]《05》他 (h)《*et.*⁴》(…の幅を)広げる, 拡張する: eine Straße ～ 道路の幅を広くする ‖ 再帰 *sich*⁴ ～ (幅が)広がる. [＜breiter ＜breit]

Ver·brei·te·rung[..tərʊŋ] 女 -/-en verbreitern すること.

Ver·brei·tung[fɛrbráɪtʊŋ] 女 -/ (〔sich〕verbreiten すること. 例えば:) 広める〈広まる〉こと; 流布, 普及; 伝播(でんぱ); (病気の)蔓延(まんえん); (文書の)配布; (動植物の)分布: **～ finden** (世間に)広まる, 広く知られる, 普及する.

Ver·brei·tungs≠ge·biet 中 (動植物の)分布区域; (病気の)蔓延(まんえん)している地域. ≠**recht** 中〖法〗(著作物の)頒布権.

ver·brenn·bar[fɛrbrɛ́nbaːr] 形 燃やすことのできる, 可燃性の.

ver·bren·nen*[fɛrbrɛ́nən]《25》**I** 自 (s) **1** 燃えて無くなる, 焼失する, 灰になる; 焼け死ぬ;〖化〗燃焼する: zu Asche ～ 燃えて灰になる | bei lebendigem Leib ～ 生きながらにして焼け死ぬ | Papier *verbrennt* schnell. 紙はすぐに燃えてしまう | Alle meine Bücher sind beim Bombenangriff *verbrannt*. 私の本は空襲の際に全部焼けてしまった. **2** 焼け焦げる: Der Kuchen ist total *verbrannt*. ケーキはすっかり焦げてしまった(オーブンで焼きすぎて) | Die Wiesen sind durch die Hitze ganz *verbrannt*. 草原は炎暑のためにすっかり赤茶けてしまった.

II 他 (h) **1**《*et.*⁴》燃やす, 焼く, 灰にする, 焼却する; (村・町などを)焦土化する;〖化〗燃焼させる;《*jn.*》焼き殺す, 火刑に処する; (死体を)火葬にする: Abfälle ～ ごみを焼却する | Holz ～ 薪(まき)をたく | Papier ～ 紙を燃やす | *jn.* als Hexe ～ …を魔女として火刑に処する | Ich habe diesen Monat wenig Gas *verbrannt*. 今月はあまりガスを使わなかった ‖ 再帰 *sich*⁴ selbst ～ 焼身自殺をする ‖ die Taktik der *verbrannten* Erde (→Taktik). **2** 焦がす; やけどさせる: Die heiße Sonne hat den Rasen *verbrannt*. 熱い日照りのために芝生が赤茶けてしまった ‖ *sich*³ die Hand ～ 手にやけどをする | *sich*³ die Finger 〈die Pfoten〉〔an *et.*³ / bei *et.*³〕～ (→Finger 1, →Pfote 2) | *sich*³ die Flügel ～ (→Flügel 1) | *sich*³ den Mund 〈das Maul〉～ (→Mund 1, →Maul 2 a) | *sich*³ den Schwanz ～ (→Schwanz 2 e) | *sich*³ die Zunge ～ (→Zunge 1 a) ‖ 再帰 *sich*⁴ ～ やけどをする. **3**《話》日焼けさせる: ein von der Sonne *verbranntes* Gesicht 日焼けした顔.

Ver·bren·nung[fɛrbrɛ́nʊŋ] 女 -/-en **1**《単数で》(verbrennen すること. 例えば:) 焼失; 焼却; 焼死; 火刑; 火葬: Bücher*verbrennung* 焚書(ふんしょ) | Müll*verbrennung* ごみ焼却 | Selbst*verbrennung* 焼身自殺;〖化〗自然燃焼. **2** やけど, 火傷: ～*en* erleiden やけどを負う.

Ver·bren·nungs≠an·la·ge[fɛrbrɛ́nʊŋs..] 女 焼却施設. ≠**kam·mer** 女〖工〗燃焼室. ≠〔**kraft·**〕**ma·schi·ne** 女, ≠**mo·tor** 男〖工〗内燃機関. ≠**ofen** 男 焼却炉;〖化〗燃焼炉. ≠**tem·pe·ra·tur** 女 燃焼温度. ≠**wär·me** 女〖化〗燃焼熱.

ver·brie·fen[fɛrbríːfən] 他 (h) (権利・負債などを)文書で確認する; (借金・抵当などの)証書を出す;《比》保証する: *verbriefte* Rechte (文書によって保証された)既得権. [*mhd.*; ◇Brief]

Ver·brie·fung[..fʊŋ] 女 -/-en verbriefen すること.

ver·brin·gen*[fɛrbríŋən]《26》他 (h) **1** (時を)過ごす: die Zeit mit Lesen ～ 読書をして時を過ごす | Wir *verbrachten* unseren Urlaub am Meer 〈in den Bergen〉. 我々は休暇を海辺〈山〉で過ごした. **2**《官》(bringen)《*jn.*》《方向を示す語句と》(…を…へ)運ぶ, 連れてゆく: Er wurde ins Krankenhaus *verbracht*. 彼は病院へ入れられた. **3**《方》(verschwenden) 浪費する, 遣い果たす.

Ver·brin·gung[..bríŋʊŋ] 女 -/-en verbringen する〈される〉こと.

Ver·brin·gungs·ver·bot 中〖法〗(有害文書などの)国内持ち込み禁止.

ver·brü·dern[fɛrbrýːdərn]《05》他 (h) 再帰 *sich*⁴ mit *jm.* ～ …と兄弟の交わりを結ぶ, …と親交を結ぶ. [＜Bruder]

Ver·brü·de·rung[..dərʊŋ] 女 -/-en 兄弟の契り, 親交, 親睦.

ver·brü·hen[fɛrbrýːən] 他 (h) (熱湯で)やけどをさせる: *sich*³ den Arm 〈die Hand〉～ (熱湯で)腕〈手〉にやけどをする ‖ 再帰 *sich*⁴ ～ (熱湯で)やけどをする.

Ver·brü·hung[..brýːʊŋ] 女 -/-en (熱湯での)やけど;〖医〗熱湯傷.

ver·brut·zeln[fɛrbrʊ́tsəln]《06》自 (s)《話》(焼け過ぎた肉が)黒焦げになって縮まる.

ver·bu·chen[fɛrbúːxən] 他 (h)〖商〗帳簿に記入する, 記帳する;《比》(成功・失敗などとして)記録する: *et.*⁴ als Verlust 〈im Haben〉～ …を欠損として〈貸方に〉記入する | Das Ergebnis kann als Erfolg *verbucht* werden. この成果は成功と見なしうる.

Ver·bu·chung[..xʊŋ] 女 -/-en〖商〗帳簿への記入, 記帳.

ver·bud·deln[fɛrbʊ́dəln]《06》《話》= vergraben

Ver·bum[vɛ́rbʊm] 中 -s/..ba[..ba·], ..ben[..bən] (Verb)〖言〗動詞: →*Verbum* finitum, *Verbum* infinitum [*lat.*; „Wort"; ◇Wort]

ver·bum·fei·en[fɛrbʊ́mfaɪən] 自 (s)《方》落ちぶれる, 堕落する. [＜*ndd.* 〔fidel〕fumfei „Tanzvergnügen"; 擬音]

ver·bum·fi〔**e**〕**·deln**[fɛrbʊ́mfiːdəln]《06》他 (h)《方》軽率に使う, 浪費する.

Ver·bum fi·ni·tum[vɛ́rbʊm finíːtʊm] 中 -s -/..ba ..ta[..ba· ..ta·]〖言〗定動詞. [*lat.*; ◇finit]

Ver·bum in·fi·ni·tum[– ínfiniːtʊm] 中 -s -/..ba ..ta[..ba· ..ta·]〖言〗動詞の不定形(不定詞・分詞など). [*lat.*; ◇infinit]

ver·bum·meln[fɛrbʊ́məln]《06》**I** 他 (h)《話》**1** (時を)むだに〈怠惰に〉過ごす, 空費する: Er hat ein Semester *verbummelt*. 彼は1学期を無為に過ごしてしまった. **2** (物などを不注意から)置き忘れる; (なすべきことを)うっかり忘れる: Akten ～ 書類を置き忘れる | eine Verabredung ～ (不注意から)待ち合わせの約束をすっぽかす.

II 自 (s)《話》(無為・怠惰のために)身を持ち崩す, 自堕落になる: ein *verbummeltes* Genie 身を持ち崩した天才.

Ver·bund[fɛrbʊ́nt][1] 男 -〔e〕s/-e **1** 結合, 接合 **2**〖経〗(企業などの)結合, 合同, 提携. **3**〖工〗(素材・部品などの)結合, 合成, 組み合わせ;〖建〗(建材相互の, 例えば鉄筋とコンクリートの)付着. ▽**4** 盟約; 同盟.

Ver·bund·dampf·ma·schi·ne 女〖工〗複式〈二段膨脹〉機関.

ver·bun·den[fɛrbʊ́ndən] **I** verbinden の過去分詞.
II 形《雅》*jm.* **～ sein** …に感謝の義務を負っている, …に恩義を感じている, …に対して有難いと思っている | Für Ihre Hilfe bin ich Ihnen sehr 〈aufrichtig〉～. あなたのご助力を心から有難く存じます.

ver·bün·den[fɛrbýndən][1]《01》**I** 他 (h) 再帰 *sich*⁴

mit *jm.* ~ …と盟約〈同盟〉を結ぶ | Damals waren Japan und England *verbündet*. 当時日本と英国は同盟を結んでいた. **II Ver·bün·de·te** 男 女《形容詞変化》盟約〈同盟〉を結んでいる人;《複数で》同盟〈連合〉国; 同盟〈連合〉軍. [<Bund]

Ver·bun·den·heit[fɛrbʊ́ndənhaɪt] 女 -/ **1**《mit *jm.*》(…と精神的に)結ばれていること, 団結, 結束, 連帯: das Gefühl der ~ 連帯感. **2** 恩義を感じていること, 感謝の気持を抱いていること.

Ver·bund≠glas[fɛrbʊ́nt..] 中 -es/ (2枚以上のガラスをはり合わせた)合わせ板ガラス. **≠guß** 男〘金属〙複合鋳造. **≠kar·te** =Verbundlochkarte **≠lam·pe** 女〘坑〙複合灯. **≠loch·kar·te** 女〘電算〙複合パンチ〈穿孔(せんこう)〉カード. **≠lo·ko·mo·ti·ve** 女〘鉄道〙複式〈二段膨脹〉機関車. **≠ma·schi·ne** = Verbunddampfmaschine **≠mo·tor** 男〘空〙複合発動機;〘電〙複巻き電動機. **≠netz** 中 (発電所から消費者への)給電網. **≠röh·re** 女〘電〙複合管. **≠stahl** 男〘金属〙複合鋼. **≠sy·stem** 中 (ガス・水道などの配管, 電気の配線および鉄道などの)結合機構〈システム〉, ネットワーク: Computer*verbundsystem* コンピューター・ネットワーク. **≠trä·ger** 男〘建〙合成桁(けた). **≠trieb·werk** 中 複合タービンエンジン. **≠wirt·schaft** 女 -/ (経済性の向上を目的とした, 複合企業間の)結合〈合同〉経済.

ver·bür·gen[fɛrbʏ́rgən][1] **I** 他 (h) **1**《*et.*[4]》保証する: Eine gute Werbung *verbürgt* den guten Absatz der Ware. 巧みな宣伝は商品の売れ行きのよさを保証する | Guter Wille allein *verbürgt* noch nicht das Gelingen der Sache. 善意があれば事がうまくゆくとはかぎらない. **2** 再帰 *sich*[4] für *jn.* 〈*et.*[4]〉 ~ …について保証する, …を請け合う | Ich *verbürge* mich für ihn 〈seine Zuverlässigkeit〉. 私は彼の人物について〈彼が信頼できる人間であることを〉保証する.

II ver·bürgt → 別出

ver·bür·ger·li·chen[fɛrbʏ́rgərlɪçən] 自 (s) ブルジョア〈プチブル〉化する. [<bürgerlich]

Ver·bür·ger·li·chung[..çʊŋ] 女 -/ ブルジョア化.

ver·bürgt[fɛrbʏ́rkt] **I** verbürgen の過去分詞.
II 形 保証つきの, 確実な; 正真正銘の, 本物の: eine ~*e* Tatsache 確かな事実 | Diese Nachricht ist ~. この知らせは間違いない.

ver·bü·ro·kra·ti·sie·ren[fɛrbyrokratizí:rən] 自 (s) 官僚主義化する. [<Bürokratie]

ver·bü·ßen[fɛrbý:sən]《02》他 (h) (罪を)償う; (特に:) (刑に)服する, (刑期を)勤め上げる: Er hat eine Strafe von drei Wochen Gefängnis *verbüßt*. 彼は3週間の禁固刑に服した. [<Buße]

Ver·bü·ßung[..sʊŋ] 女 -/ (罪の)償い; 服役.

ver·but·tern[fɛrbʊ́tərn]《05》他 (h) **1**《*et.*[4]》(…から)バターを作る. **2**《話》むだに使う, 浪費する. [<Butter]

ver·bü·xen[fɛrbýksən]《02》他 (h)《北部》(verprügeln)《*jn.*》さんざんに殴る, ぶちのめす. [<Büx]

Verb·zu·satz[vɛ́rptsu:zats] 男〘言〙動詞付加語(分離動詞の前つづり. 例 ab, zu).

ver·char·tern[fɛrtʃártərn, fɛrʃár..]《05》他 (h) (船・飛行機などを)チャーターする.

ver·chro·men[fɛrkró:mən] 他 (h) クロムめっきする: *verchromt* sein クロムめっきされている. [<Chrom]

Ver·chro·mung[..mʊŋ] 女 -/-en クロムめっき.

Ver·dacht[fɛrdáxt] 男 -[e]s/-e, ..dächte[..dɛ́çtə]《ふつう単数で》(英: *suspicion*) (…ではあるまいかとの)疑い, 疑惑, 嫌疑, 容疑(→Zweifel): ein begründeter 〈unbegründeter〉 ~ 根拠のある〈いわれのない〉疑惑 ‖ einen ~ hegen 疑いを抱く | einen ~ erhärten 嫌疑を裏づける, 容疑を固める | *js.* ~ erregen 〈erwecken / wachrufen〉 …の疑惑を呼び起こす | den ~ auf *jn.* lenken 〈wälzen〉 嫌疑を…に向けさせる | gegen *jn.* ~ schöpfen …に対して疑念を抱く ‖ Es besteht der dringende ~, daß er der Täter war. 彼が犯人であったという疑いがきわめて濃厚だ | Bei dem Patienten besteht ~ auf Typhus. この患者はチフスの疑いがある | Der ~ fiel auf ihn. / Der ~ richtete sich gegen ihn. 疑いは彼に向けられた ‖〘前置詞と〙**auf ~**《話》あてずっぽうで, たぶんよかろうと考えて | **in ~** kommen 〈geraten〉 嫌疑をこうむる | in 〈im〉 ~ stehen 嫌疑をかけられている | Er steht im ~, einen Mord begangen zu haben. 彼は殺人の疑いをかけられている | *jn.* in 〈im〉 ~ haben …を疑っている | Ich habe ihn in ~. 私は彼が怪しいと思っている | Ich habe dich als Initiator in ~. 私は君が首謀者ではないかと疑っている | **über allen 〈jeden〉 ~ erhaben sein** 全く疑惑の余地がない, 清廉潔白である. [<verdenken]

ver·däch·tig[fɛrdɛ́çtɪç][2] 形 疑わしい, 怪しい, 不審な; 怪しげな, いかがわしい, うさんくさい:《*et.*[2]》(…の)疑惑〈嫌疑〉のある: ein ~*es* Geräusch 怪しげな物音 | eine ~*e* Person 怪しい〈うさんくさい〉人物, 不審者 ‖ der 〈die〉 *Verdächtige* 容疑者 ‖ Die Sache ist mir ~. / Die Sache kommt mir ~ vor. この件はどうもうさんくさい | Er ist ~, den Koffer gestohlen zu haben. 彼はトランクを盗んだ疑いがある | *sich*[4] ~ machen 他人の疑惑を買う ‖ des Mordes 〈der Unterschlagung〉 ~ sein 殺人〈横領〉の疑いがある ‖ *sich*[4] ~ benehmen 怪しい振舞いをする.

..verdächtig[..fɛrdɛçtɪç][2]《名詞などにつけて「…の疑いのある, …の見込み〈可能性〉のある」などを意味する形容詞をつくる》: bestseller*verdächtig* ベストセラーになる可能性のある | olympia*verdächtig* オリンピック競技に参加できる見込みのある | pleite*verdächtig* 破産〈倒産〉のおそれのある.

ver·däch·ti·gen[..tɪgən][2] 他 (h) (英: *suspect*)《*jn.* [*et.*[2]]》(…に[…の])疑い〈嫌疑〉をかける: *jn.* des Diebstahls ~ …に盗みの疑いをかける | Man *verdächtigte* ihn, das Geld entwendet zu haben. 彼はその金を盗んだという嫌疑をかけられた.

Ver·däch·ti·gung[..gʊŋ] 女 -/-en verdächtigen すること.

Ver·dachts≠grund[fɛrdáxts..] 男 疑念〈嫌疑〉の根拠, 容疑理由. **≠mo·ment** 中 -[e]s/-e《ふつう複数で》容疑事実. **≠per·son** 女 容疑者.

ver·dam·men[fɛrdámən] **I** 他 (h) **1**《*jn.* / *et.*[4]》(不当であるとして)弾劾する, 間違いであると決めつける, 非難する: Ich will niemanden ~. 私はだれも責めるつもりはない. **2**《*jn.* zu *et.*[3]》(…に…の)刑を宣告する;《比》(…に…を)余儀なくさせる, 運命づける: *jn.* zum Tode ~ …に死刑の宣告を下す | Er war durch den Unfall zum Nichtstun *verdammt*. 彼はこの事故のために無為に時を過ごすことを余儀なくされていた | Das Unternehmen war zum Scheitern *verdammt*. この企ては挫折(ざせつ)すべき運命にあった. **3**《*jn.*》〘キリスト教〙(…に)永劫(えいごう)の罰を下す, 地獄に落とす.

II ver·dammt → 別出

[*lat.* damnāre „verurteilen"–*ahd.*; ◇damnatur]

ver·dam·mens·wert 形 弾劾〈非難〉すべき;〘キリスト教〙永劫(えいごう)の罰に値する.

Ver·damm·nis[fɛrdámnɪs] 女 -/ 〘キリスト教〙劫罰(ごうばつ), 永遠の断罪.

ver·dammt[fɛrdámt] **I** verdammen の過去分詞.
II 形《話》**1** 呪(のろ)うべき, いまいましい: ein ~*er* Kerl いまいましいやつ, ふてえ野郎 ‖〘間投詞的に〙***verdammt* [nochmal]**! / ***verdammt* noch eins!** / ***verdammt* und zugenäht!** くそいまいましい, こんちくしょう | ***verdammter* Mist!** (→Mist 2). **2** とてつもない, べらぼうな, 非常な: einen ~*en* Hunger haben ひどく空腹である | Ich hatte [ein] ~*es* Glück. 私はものすごく運がよかった | *js.* ~*e* Pflicht und Schuldigkeit sein (→Pflicht 1) ‖ Es ist ~ kalt heute. きょうはひどく寒い | Sie ist ~ hübsch. 彼女はすごい美人だ.

III Ver·damm·te 男 女《形容詞変化》〘キリスト教〙永劫(えいごう)の罰を受けた人: Die Hölle ist der Ort der ~*n*. 地獄は永劫の罰を受けた人たちの住む場所である(→verdammen 3).

Ver·dam·mung[..mʊŋ] 女 -/-en verdammen すること.

ver·dam·mungs·wür·dig =verdammenswert

ver·damp·fen[fɛrdámpfən] **I** 自 (s) **1** (液体が)蒸発

する, 気化する;《比》雲散霧消する. **2**《話》逃げる, ずらかる. **II** 他 (h) **1** (液体を)蒸発させる, 気化させる. **2**《話》再帰 *sich*⁴ ～ 逃げる, ずらかる.

Ver·dạmp·fer[..pfər] 男 -s/- 蒸発装置, 蒸化器.

Ver·dạmp·fung[..pfʊŋ] 女 -/-en 蒸発; 気化.

Ver·dạmp·fungs≠kur·ve 女〘理〙蒸発曲線. **≠wär·me** 女〘理〙気化熱.

Vẹr·dan·di[vέrdandi·] = Werdandi

ver·dạn·ken[fɛrdáŋkən] 他 (h) **1 a)**《*jm. et.*⁴》(…に…を)負うている,(…に…の)おかげをこうむっている: Ich *verdanke* ihm meine Rettung. 私が助かったのは彼のおかげだ | Wir *verdanken* ihm sehr viel. 我々は彼に非常なおかげをこうむっている | Die Erhaltung der Statue ist einem glücklichen Zufall zu ～. この彫像が現在まで保存されているのは幸運な偶然によるものである | Dieses Mißgeschick haben Sie nur sich selbst zu ～. この不幸な出来事はひとえにあなた自身に帰せられるべきものだ. **b)** 再帰 *sich*⁴ *et.*³ ～ …に基づいている, …の結果として生じたものである | Sein Urteil *verdankt* sich einer sorgfältigen Beschäftigung mit dem Problem. 彼の判断は彼がこの問題に注意深く取り組んだ結果の産物だ.

2《スイス・オーストリア》《*et.*⁴》(…に対して)感謝する; (…の)礼を言う, (…に対する)謝辞を述べる.

ver·dạrb[fɛrdárp]¹ verderben の過去.

ver·dạ·ten[fɛrdá:tən]《01》他 (h)〘電算〙データ化する.

ver·dạt·tert[fɛrdátərt] 形《話》びっくりした, 度肝(どぎも)を抜かれた, 泡を食った, どぎまぎした. [＜tattern]

ver·dau·en[fɛrdáʊən] 他 (h) (食物を)消化する, こなす;《比》(精神的に)消化する, 理解して自分のものにする; (新しい事実などを)頭のなかで整理する: Diese Speise ist leicht 〈schwer〉 zu ～. この食物は消化しやすい〈しにくい〉| Diese Nachricht muß ich erst einmal ～. この知らせについては私はまずそれに対する気持の整理をしなければならない | Ich kann ihn nicht ～. / Er ist nicht zu ～.《話》彼は鼻もちのならないやつだ ‖〘目的語なしで〙Der Kranke *verdaut* schlecht. この病人は消化機能が不良だ | Gut gekaut ist halb *verdaut* (→kauen I). [*ahd.*; ◇tauen²]

ver·dau·lich[..lɪç] 形 消化の良い: leicht 〈schwer〉 ～*e* Speisen 消化の良い〈悪い〉食物.

Ver·dau·lich·keit[..kaɪt] 女 -/ verdaulich なこと.

Ver·dau·ung[fɛrdáʊʊŋ] 女 -/ (verdauen すること. 例えば:) 消化, こなれ; 理解: Dieses Mittel fördert die ～. この薬は消化を促進する | Er leidet an schlechter ～. 彼は消化不良に悩まされている | unter beschleunigter ～ leiden《戯》下痢をしている.

Ver·dau·ungs≠ap·pa·rat[fɛrdáʊʊŋs..] 男〘解〙消化器〔官〕. **≠be·schwer·den** 複〘医〙消化不良. **≠drü·se** 女〘解〙消化腺(せん). **≠fer·ment** 中 消化酵素. **≠ka·nal** 男〘解〙消化管. **≠krank·heit** 女 消化器〔系〕疾患. **≠mit·tel** 中〘薬〙消化剤. **≠or·gan** 中〘解〙消化器〔官〕. **≠schwä·che** 女 消化機能減退. **≠spa·zier·gang** 男 腹ごなしの散歩. **≠stö·rung** 女 消化不良〈障害〉. **≠trakt** 男〘解〙消化管. **≠zi·ga·ret·te** 女《話》食後の一服.

Ver·dẹck[fɛrdέk] 中 -[e]s/-e **1** (上から覆うもの. 例えば:) (馬車・自動車などの)幌(ほろ), 車蓋(しゃがい); (一般に)覆い: das ～ herunterklappen 幌〈覆い〉を下ろす. **2** (船・ボートなどの)〔最上〕甲板(→ 図 Faltboot). [*mndd.*; ◇Deck]

ver·dẹcken[fɛrdέkən] 他 (h)《*et.*⁴》覆う, 覆い隠す; 遮蔽(しゃへい)〈隠蔽(いんぺい)〉する,(…への)視野を遮る; 隠す, 隠匿〈秘匿〉する: Der Hut *verdeckte* halb sein Gesicht. 帽子が彼の顔を半ば覆い隠していた | Die Bäume *verdecken* die Aussicht auf die Straße. 樹木が道路への眺望を遮っている | Er versuchte, seine Absichten zu ～. 彼は自分の意図を隠そうと試みた ‖〘過去分詞で〙*verdeckte* Oktave〘楽〙隠伏 8 度 | eine *verdeckte* Stellung〘軍〙遮蔽陣地 | ein *verdeckter* Vorwurf 婉曲な非難 | mit *verdeckten* Karten spielen (→Karte 2).

ver·dẹck·ter·wei·se[..tər..] 副 隠密に, ひそかに; (あからさまでなく)婉曲(えんきょく)に, 間接的に.

Ver·dẹckung[fɛrdέkʊŋ] 女 -/-en verdecken すること.

Ver·dẹckungs·ma·nö·ver 中 隠蔽(いんぺい)〈隠匿〉工作.

ver·dẹn·ken*[fɛrdέŋkən]《28》他 (h)《雅》(verübeln)《*jm. et.*⁴》(…に対して…のことで)気を悪くする, 感情を害する, 恨みに思う; (…に対して…を)悪くとる: Man kann es ihm nicht ～, wenn er nicht kommt. 彼が来ないからといって彼を恨むわけにはいかない. [◇Verdacht]

ver·dẹp·schen[fɛrdέpʃən]《04》他 (h)《オーストリア》《話》《*et.*⁴》押しつぶす, ひしゃぐ;《*jn.*》(…の)頭を混乱させる. [＜Depesche]

Ver·dẹrb[fɛrdέrp]¹ 男 -s(-es)/ **1** (食料品の)腐敗. **2**《雅》破滅, 滅亡: auf Gedeih und ～ (→Gedeih) | Sie wird noch sein ～ werden. 彼女はいずれ彼の命取りになるだろう.

ver·dẹr·ben⁽*⁾[fɛrdέrbən]¹《29》 **ver·dạrb**[fɛrdárp]¹/**ver·dọr·ben**[fɛrdɔ́rbən] (ᵛverderbt); 現 *du* verdirbst[fɛrdírpst], *er* verdirbt; 命 verdirb; 接II verdürbe[fɛrdʏ́rbə]

I 自 (s) **1** (食料品などが)いたむ, だめになる, 腐敗する: Das ganze Obst ist *verdorben*. 果物は全部(1個残らず)いたんでしまった. **2** (精神的・道徳的に)堕落する: Durch schlechten Umgang *verdarb* er schließlich völlig. 悪い連中との交際によって彼は結局完全に堕落した. ᵛ**3** 滅びる, 破滅〈死滅〉する, 死ぬ: Unkraut *verdirbt* nicht. (→Unkraut)

II 他 (h) **1**《〔*jm.*〕 *et.*⁴》(〔…の〕…を)いためる, そこなう; だめにする, だいなしにする: *sich*³ die Augen 〈den Magen〉 ～ 目〈胃〉を悪くする | *jm.* den Appetit 〈die Stimmung〉 ～ …の食欲を失わせる〈気分をこわす〉| *jm.* das Konzept 〈das Spiel〉 ～ …の計画をだいなしにする ‖ Sie hat den Kuchen *verdorben*. 彼女はケーキを焼きそこなった | An der Handtasche ist nichts mehr zu ～. このハンドバッグはどっちみちもう使いものにならない | Viele Köche *verderben* den Brei (→Koch² I) ‖〘es を目的語として〙**es mit *jm.* ～** …と仲たがいする, …の機嫌をそこねる | Er wollte es mit niemandem ～. 彼はだれも敵にしたくなかった. **2**《*jn.*》(精神的・道徳的に)堕落させる: Diese Leute haben ihn *verdorben*. この連中が彼を悪くしたのだ | Geld *verdirbt* den Charakter.《諺》金は性格をゆがめる | Viele Köche *verderben* den Brei. (→Koch² I).

III Ver·dẹr·ben 中 -s/ (verderben すること. 例えば:) 腐敗; 堕落; (特に:) 破滅, 滅亡: dem ～ entrinnen 破滅を免れる | ins ～ 〈in *sein* ～〉 rennen 破滅に向かって突き進む | *jn.* ins ～ stürzen 〈stoßen〉 …を破滅に追い込む | *jm.* zum ～ werden …の命取りになる | Der Alkohol ist sein ～. 酒は彼の命取りだ.

IV ver·dẹrbt → 別出, **ver·dọr·ben** → 別出 [*mhd.*]

ver·dẹr·ben·brin·gend 形 破滅的な, 破滅を招く.

Ver·dẹr·ber[fɛrdέrbər] 男 -s/- (verderben する人. 例えば:) (楽しみなどを)だいなしにする人; (他人を誘惑して)堕落させる人;《比》悪魔.

ver·dẹrb·lich[..dέrplɪç] 形 **1** (食料品などが)いたみやすい, 腐りやすい. **2** 破滅をもたらす; (精神的・道徳的に)有害な: ein ～*er* Einfluß 好ましくない影響.

Ver·dẹrb·lich·keit[..kaɪt] 女 -/ verderblich なこと.

Ver·dẹrb·nis[fɛrdέrpnɪs] 女 -/-se[..nɪsə]《雅》(精神的な)堕落, 退廃.

ver·dẹrbt[fɛrdέrpt] **I** verdorben (verderben の過去分詞)の古形.

II 形 **1**《雅》(精神的・道徳的に)堕落〈腐敗〉した; 劣悪な, 下劣な: ein ～*er* Mensch 堕落した人間. **2** (古文書などが誤写・改変などによって)そこなわれた.

Ver·dẹrbt·heit[−haɪt] 女 -/ verderbt なこと.

ver·deu·t·li·chen[fɛrdɔ́ʏtlɪçən] 他 (h) 明らかにする, 明瞭(めいりょう)〈明確〉にする: *seinen* Standpunkt ～ 自分の立場をはっきりさせる. [＜deutlich]

Ver·deu·t·li·chung[..çʊŋ] 女 -/ 明瞭化, 明確化.

ver·deut·schen[fɛrdɔ́ʏtʃən]《04》他 (h) **1** ドイツ化する; (外来語などを)ドイツ語化する, ドイツ語に翻訳する. **2**《話》

《*jm. et.*^{4}》(わかりやすく)説明する. [<deutsch]

Ver·deut·schung[..tʃʊŋ] 女 -/-en ドイツ化; ドイツ語訳.

▽**Ver·deut·schungs·〔wör·ter·〕buch** 中 (外来語などの)ドイツ語訳辞典, 外来語辞典.

Vẹr·di[vɛ́rdi·] 人名 Giuseppe ～ ジュゼッペ ヴェルディ(1813–1901; イタリアの作曲家. 作品は歌劇『アイーダ』『リゴレット』など).

ver·dịch·ten[fɛrdɪ́çtən] 《01》 他 (h) **1** 濃厚〈濃密〉にする, 濃縮する, 濃くする: das Verkehrsnetz ～ 交通網の網の目を密にする | Seine Erlebnisse *verdichtete* er in einem Roman. 自分の体験を彼は小説のなかに結晶させた ‖ 再帰 *sich*^{4} ～ 濃厚〈濃密〉になる, 濃くなる; 《比》強まる, 増大する | Der Nebel *verdichtet* sich. 霧が濃くなる | Der Verdacht *verdichtete* sich immer mehr. 疑いはますます濃くなる一方だった | Die Gerüchte haben sich *verdichtet*. そのうわさは一層本当である疑いが濃くなった. **2** 〘理・工〙圧縮する: ein Gas ～ 気体を圧縮する. [<dicht]

Ver·dịch·ter[..tər] 男 -s/- 圧縮機, 圧縮装置.

Ver·dịch·tung[..tʊŋ] 女 -/-en (〔sich〕 verdichten すること. 例えば:) 濃密化; 〘理・工〙圧縮; 〘地〙(未固結堆積(たいせき)物の)圧密.

Ver·dịch·tungs≈pum·pe 女 圧縮ポンプ. **≈raum** 男 人口稠密(ちゅうみつ)地域. **≈ver·hält·nis** 中 〘理〙圧縮比. **≈wel·le** 女 〘理〙圧縮波, 粗密波.

ver·dịcken[fɛrdɪ́kən] 他 (h) 太く〈厚く〉する; 〘医〙肥厚させる; (液体を)濃くする, 濃縮する: 再帰 *sich*^{4} ～ 太く〈厚く〉なる; 〘医〙肥厚する; (液体が)濃くなる. [<dick]

Ver·dịckung[..kʊŋ] 女 -/-en **1** 《単数で》(〔sich〕 verdicken すること. 例えば:) 濃密; 〘医〙肥厚. **2** 太く〈厚く〉なった部分; 〘医〙肥厚した個所.

Ver·dịckungs·mit·tel 中 〘化〙粘稠(ねんちゅう)剤.

ver·die·nen[fɛrdíːnən] **I** 他 (h) **1 a)** 《*et.*^{4}》(働いた報酬として)得る, 受け取る, 稼ぐ; (仕事・商売などで)もうける: Geld ～ 金を稼ぐ | viel 〈wenig〉 ～ 稼ぎが多い〈少ない〉 | Wieviel *verdienst* du im Monat? 君の月収はいくらですか | Bei dem Geschäft ist nicht viel zu ～. この仕事〈商売〉はもうけが多くない ‖ 〘目的語なしで〙 Er *verdient* gut. 彼は収入が多い | In unserer Familie *verdienen* drei Personen. うちの家族には稼ぎ手が 3 人いる ‖ ehrlich 〈sauer〉 *verdientes* Geld まじめに〈あくせく働いて〉稼いだ金.
b) 《*sich*^{3} *et.*^{4}》(…の)資金を稼ぐ; 稼いだ金で(…を)手に入れる: 〔*sich*^{3}〕 *sein* Brot ～ 生活費を稼ぐ, 生計を立てる | *sich*^{3} die goldene Nase ～ (→Nase 1 a) | Er hat sich das Studium selbst *verdient*. 彼は(大学の)学資を自分で稼いだ | Ich habe mir mein Auto durch zusätzliche Arbeit *verdient*. 私は私の車を余分に働いた金で買った ‖ *sich*^{3} die 〔ersten〕 Sporen ～ (→Sporn 1 a).
2 《*et.*^{4}》(報酬・賞賛・罰・非難などを)受けるにふさわしい, (…に)値する: Diese Tat *verdient* Lob. この行為は賞賛に値する | Er *verdient* kein Vertrauen. 彼は信頼の置けない男だ | Du hast deine Frau wirklich nicht *verdient*. 君の奥さんは君には全くもったいなさすぎるよ | Er hat es nicht besser 〈nicht anders〉 *verdient*. / Er hat nichts Besseres *verdient*. 彼がこのような目にあうのは当然だ | Das habe ich nicht um dich *verdient*! 君にこんな仕打ちを受ける覚えはない ‖ 〘zu 不定詞〔句〕・daß 副文と〙 Diese Tat *verdient* 〔es〕, gelobt zu werden. / Diese Tat *verdient* 〔es〕, daß man sie lobt. この行為は賞賛に値する ‖ 〘過去分詞で〙 ein *verdientes* Lob 受けるに値する賞賛 | *seine verdiente* Strafe erhalten 当然の罰を受ける.
▽**3** 再帰 *sich*^{4} um *jn.* 〈*et.*^{4}〉 ～ …に対して功績を立てる, …に貢献する.
II ver·dient → 別出

Ver·die·ner[fɛrdíːnər] 男 -s/- 働いて報酬を得ている人, 〔一家の〕稼ぎ手.

Ver·dienst[fɛrdíːnst] **I** 男 -〔e〕s/-e (働いて得た)稼ぎ, 収入; (仕事・商売などの)利得, もうけ: *js.* monatlicher ～ …の月々の稼ぎ, …の月収 | Neben*verdienst* 副収入 ‖ Er hat einen guten 〈geringen〉 ～. 彼はかなりの収入がある〈わずかの収入しかない〉.
II 中 -〔e〕s/-e 功績, 功労, てがら: ein historisches ～ 歴史的功績 ‖ *jn.* nach ～ belohnen …にその功績に応じて報酬を与える | *sich*^{3} um *jn.* 〈*et.*^{4}〉 〔große〕 ～*e* erwerben …のために〔多大の〕貢献をする | Er hat bedeutende ～*e* um den Wiederaufbau der Fabrik. 彼はこの工場の再建に多大の功績がある ‖ Es ist sein ～, daß … …は彼の功績である.

Ver·dienst≈adel 男 (↔Geburtsadel) 〘史〙功労貴族. **≈kreuz** 中 功労十字勲章.

ver·dienst·lich[fɛrdíːnstlɪç] =verdienstvoll

ver·dienst·los[..loːs][1] 形 稼ぎ〈収入〉のない; もうけ〈利益〉のない.

Ver·dienst·lo·sig·keit[..loːzɪçkaɪt] 女 -/ ver-「dienstlos なこと.」

Ver·dienst≈me·dail·le[..medaljə] 女 功労メダル. **≈or·den** 男 功労〔勲〕章: Vaterländischer ～ (旧東ドイツの)祖国功労勲章. **≈quel·le** 女 収入源. **≈span·ne** 女 〘商〙販売利益, 差益, 利ざや.

ver·dienst·voll 形 功績〈功労〉のある, 多とすべき, 賞賛に値する.

ver·dient[fɛrdíːnt] **I** verdienen の過去分詞. **II** 形 功績〈功労〉のある: eine ～*e* Persönlichkeit 功労者 | *Verdienter* Meister des Sports (旧東ドイツの)功労スポーツマスター(称号) ‖ ***sich***^{4} **um** ***jn.*** 〈***et.***^{4}〉 **～ machen** …に対して功績を立てる, …に貢献する | Er hat sich um die Firma sehr ～ gemacht. 彼は会社のために大いに貢献した.

ver·dien·ter≈ma·ßen 副, **≈wei·se** 副 功績〈功労〉にふさわしく; 所業に応じて; それ相応に, しかるべく.

ver·die·seln[fɛrdíːzəln] 《06》 他 (h) 〘鉄道〙ディーゼル化する. [<Diesel]

▽**Ver·dikt**[vɛrdɪ́kt; スイ: –, fɛr..] 中 -〔e〕s/-e **1** 〘法〙(陪審員による)表決; (一般に)判断, 裁断, 判定. **2** 不当である〈許しがたい〉とする裁断, 弾劾; (批評家などによる)手厳しい批評. [*mlat.* vēr〔ē〕-dictum „Wahr-spruch" (◇wahr, Diktum) – *engl.* verdict]

▽**Ver·ding**[fɛrdɪ́ŋ] 男 -〔e〕s/-e 請負; 雇用; 賃貸; 請負〈雇用・賃貸〉契約: *et.*^{4} im ～ tun …を請負仕事として〈賃金をもらって〉する.

ver·din·gen$^{(*)}$[fɛrdɪ́ŋən] 《30》 他 (h) **1** (仕事などを)請け負わせる: einen Bau ～ 建設工事を請け負わせる.
2 《*jn.*》勤めに出す, 奉公に出す: *jm.* 〈bei *jm.*〉 *seinen* Sohn als Knecht ～ 息子を下男として…のもとに奉公させる ‖ 再帰 *sich*^{4} bei *jm.* ～ …のもとで奉公する, …に雇われる | Er *verdingte* sich als Knecht 〈zum Knecht〉 bei einem Bauer. 彼はある農家に下男として雇われた.
3 《*et.*^{4}》賃貸する.

ver·ding·li·chen[fɛrdɪ́ŋlɪçən] 他 (h) 《*et.*^{4}》(…に)具体性を付与する, 具体化〈具象化〉する: 再帰 *sich*^{4} ～ 具体的な形を取る, 具体化する. [<dinglich]

Ver·ding·li·chung[..çʊŋ] 女 -/-en 具体化, 具象化.

Ver·din·gung[fɛrdɪ́ŋʊŋ] 女 -/-en verdingen すること.

ver·dirb[fɛrdɪ́rp] verderben の命令法単数.

ver·dirbst[..st] verderben の現在 2 人称単数.

ver·dirbt[..t] verderben の現在 3 人称単数.

ver·do·len[fɛrdóːlən] 他 (h) (通水路・排水溝などにふたをして)暗渠(あんきょ)にする. [<Dole]

ver·dol·met·schen[fɛrdɔ́lmɛtʃən] 《04》 他 (h) 《*jm. et.*^{4}》(…に外国語などを)通訳する, 翻訳する; 《比》解釈する, 説明する.

Ver·dol·met·schung[..tʃʊŋ] 女 -/-en 通訳, 翻訳; 解釈, 説明.

Ver·do·lung[fɛrdóːlʊŋ] 女 -/-en verdolen すること.

ver·don·nern[fɛrdɔ́nərn] 《05》 **I** 他 (h) 《話》《*jn.* zu *et.*^{3}》(…に…の)刑を宣告する; 《比》(…にいやな仕事などを)命令する: *jn.* zu zehn Monaten Gefängnis ～ …に禁固10か月の刑を言い渡す | Ich wurde von meiner Mutter 〔dazu〕 *verdonnert*, alle Fenster zu putzen. 私は母から窓を全部みがくように言いつかった.
II ver·don·nert 過分 形 《話》愕然(がくぜん)とした, (口もきけないほど)びっくりした.

ver·dop·peln[fɛrdɔ́pəln] ⟪06⟫ 他 (h) 〔2〕倍にする, 倍加〈倍増〉する; 二重にする, 重複させる; ⟪比⟫ 増大させる, 強化する: die Geschwindigkeit ～ 速度を倍にする | die Zahl der Mitarbeiter ～ 協力者の数を2倍にする ‖ *seine* Schritte ～ 歩度を速める | Du mußt deine Anstrengungen ～. 君はこれまでの倍も努力しなければならない ‖ 再帰 *sich*⁴ ～ 〔2〕倍になる, 倍増する; 二重になる | Die Erträge werden sich innerhalb eines Jahres ～. 収穫は1年間で倍になるだろう.

Ver·dop·pe·lung[..pəlʊŋ] (**Ver·dopp·lung**[..plʊŋ]) 女 -/-en (〔sich〕 verdoppeln すること. 例えば:) 倍加, 倍増; 重複; ⟪比⟫ 増大, 強化.

ver·dor·ben[fɛrdɔ́rbən] **I** verderben の過去分詞.
II 形 **1** いたんだ, そこなわれた; 腐敗した; だめ〈だいなし〉になった: ein ～*es* Fest だいなしになったパーティー | ～*es* Fleisch いたんだ肉 | ～*e* Luft よごれた空気 | einen ～*en* Magen haben 胃を悪くしている. **2** (精神的・道徳的に) 堕落〈腐敗〉した; 劣悪な, 下劣な: ein ～*er* Geschmack 下品な趣味 | ein ～*er* Mensch 堕落した人.

Ver·dor·ben·heit[–haɪt] 女 -/ verdorben なこと.

ver·dor·ren[fɛrdɔ́rən] 自 (s) (植物などが) 乾ききる, 干からびる: Die Felder sind *verdorrt*. (炎暑・日照りなどで) 畑が乾ききってしまった.

ver·dö·sen[fɛrdǿːzən]¹ ⟪02⟫ **I** 他 (h) ⟪話⟫ **1** (うとうとしながら時を) 無為に〈ぼんやり〉過ごす. **2** うっかり忘れる, おろそかにする: die Verabredung ～ (うっかり) 約束をすっぽかす.
II ver·döst 過分 形 ⟪話⟫ ぼんやりした, 頭がぼうっとした.

ver·drah·ten[fɛrdráːtən] ⟪01⟫ 他 (h) **1** 針金〈有刺鉄線〉で囲う. **2** 〘電〙 針金〈導線〉でつなぐ, 配線する.

ver·drän·gen[fɛrdrɛ́ŋən] 他 (h) **1** 押しのける, 排除する; 〘海〙 (船舶が) 排水する: Er wollte mich aus meiner Stellung ～. 彼は私を私の地位から追い出そうとした (自分がその地位を占めるために) | Das Schiff *verdrängt* 2 000 Tonnen 〔Wasser〕. その船の排水量は2000トンである. **2** (思い出したくない体験などを無意識のうちに) 排除する; 〘心〙 抑圧する: ein Schuldgefühl ～ 罪悪感を抑圧する | *verdrängte* Affekte 抑圧された情動.

Ver·drän·gung[..ŋʊŋ] 女 -/-en (verdrängen すること. 例えば:) **1** 押しのけ, 排除. **2** 〘心〙 抑圧. **3** (Wasserverdrängung) 〘海〙 (船舶の) 排水〔量〕.

ver·drecken[fɛrdrɛ́kən] **I** 他 (h) ⟪話⟫ 泥だらけにする, ひどく汚す. **II** 自 (s) ⟪話⟫ 泥だらけになる, ひどく汚れる: *verdreckte* Kleidung ひどく汚れた〈不潔な〉服装.

ver·dreck·sau·en[fɛrdrɛ́kzauən] 他 (h) ⟪卑⟫ ⟪*jn.*⟫ 口汚く罵倒(ばとう)する. [＜Drecksau]

ver·dre·hen[fɛrdréːən] **I** 他 (h) **1** (不自然に) ねじる, ひねる, ねじ曲げる; 〘医〙 捻挫(ねんざ)する: die Augen ～ 白目をむき出す | *jm.* das Handgelenk ～ …の手首をねじりあげる | *jm.* den Kopf ～ (→Kopf 1) | *sich*³ den Hals ～ 首の筋をちがえる; (後ろを見ようとして) むりに首をねじ曲げる. **2** ⟪比⟫ (事実などを) ねじ曲げる, ゆがめる, 歪曲(わいきょく)〈曲解〉する: das Recht ～ 法を曲げる | die Wahrheit ～ 真実をゆがめる | *js.* Worte ～ …の言葉を曲解する.
II ver·dreht 過分 形 ⟪話⟫ 頭のおかしい, 気の狂った; 気違いじみた: ～*e* Ansichten おかしな〈途方もない〉見解 | Du machst mich noch ganz ～. 君のおかげで頭がすっかりおかしくなりそうだよ.

Ver·dreht·heit[..haɪt] 女 -/ verdreht なこと.

Ver·dre·hung[fɛrdréːʊŋ] 女 -/-en ねじり, ひねり, ねじ曲げ; 歪曲(わいきょく), 曲解; 〘医〙 捻挫(ねんざ).

ver·drei·fa·chen[fɛrdráɪfaxən] 他 (h) 3倍にする; 三重にする: 再帰 *sich*⁴ ～ 3倍になる, 三重になる.
[＜dreifach]

Ver·drei·fa·chung[..xʊŋ] 女 -/ 〔sich〕 verdreifachen すること.

ver·dre·schen*[fɛrdrɛ́ʃən] ⟪31⟫ 他 (h) ⟪話⟫ (verprügeln) ⟪*jn.*⟫ さんざんに殴る, ぶちのめす.

ver·drie·ßen*[fɛrdríːsən] ⟪32⟫ **ver·droß**[fɛrdrɔ́s]/**ver·dros·sen**; 接II verdrösse[fɛrdrœ́sə]
I 他 (h) ⟪*jn.*⟫ (…の) 気持を傷つける, 不愉快な気分にする, 不機嫌にする, 怒らせる: Sein ungezogenes Benehmen hat mich sehr *verdrossen*. / Es hat mich sehr *verdrossen*, daß er sich ungezogen benommen hat. 彼の不作法な振舞いはひどく不愉快だった ‖ **es *sich*⁴ nicht ～ lassen** ⟪雅⟫ いや気を起こさない, 労力を惜しまない | Er ließ 〔es〕 sich keine Mühe ～ 〈Er ließ sich durch keine Mühe ～〉, uns zu helfen. 彼は少しも労をいとわずに我々を助けてくれた.
II ver·dros·sen → 別出
[*mhd.*; ◇ *lat.* trūdere „stoßen"]

ver·drieß·lich[..lɪç] 形 **1** 不機嫌な, 無愛想な, ぶすっとした: Er sieht immer ～ aus. 彼はいつも不機嫌な様子をしている. **2** 不快な, 腹立たしい; 面倒な, やっかいな: eine ～*e* Arbeit. 面倒な仕事.

Ver·drieß·lich·keit[..kaɪt] 女 -/-en **1** ⟪単数で⟫ verdrießlich なこと. **2** ⟪ふつう複数で⟫ 面倒〈やっかい〉な事柄.

ver·dril·len[fɛrdrílən] 他 (h) (糸・針金などを) ねじる, 縒(よ)る: 再帰 *sich*⁴ ～ ねじれる, よじれる.

Ver·dril·lung[..lʊŋ] 女 -/-en **1** ⟪単数で⟫ 〔sich〕 verdrillen すること. **2** (Torsion) 〘工〙 ねじり, ねじれ.

ver·dro·schen[fɛrdrɔ́ʃən] verdreschen の過去分詞; 過去1・3人称複数.

ver·droß[fɛrdrɔ́s] verdrießen の過去.

ver·drös·se[..drœ́sə] verdrießen の接続法 II.

ver·dros·sen[..drɔ́sən] **I** verdrießen の過去分詞; 過去1・3人称複数. **II** 形 機嫌をそこねた, 不機嫌な; 嫌気のさした: ein ～*es* Gesicht 仏頂面(づら).

Ver·dros·sen·heit[..haɪt] 女 -/ verdrossen なこと.

ver·drucken[fɛrdrúkən] 他 (h) **1** 印刷しそこなう, (…の) 印刷ミスを犯す. **2** (紙などを) 印刷して消費する.

ver·drücken[fɛrdrýkən] 他 (h) **1** 押しつぶす, ひしゃぐ; (圧力で衣服などを) しわくちゃにする. **2** ⟪話⟫ (食物を) 〔苦もなく〕平らげる. **3** ⟪比⟫ 再帰 *sich*⁴ ～ ひそかに立ち去る, 逃げ出す. **4** 再帰 *sich*⁴ ～ 〘坑〙 (鉱脈が) つぶれる (厚みが急に薄くなる).

Ver·drückung[..kʊŋ] 女 -/ **1** (〔sich〕 verdrücken すること. 例えば:) 〘坑〙 (鉱脈の) つぶれ. **2** ⟪比⟫ 苦境, 窮地: in ～ geraten 〈kommen〉 窮地に陥る.

Ver·druß[fɛrdrús] 男 ..drusses/..drusse ⟪ふつう単数で⟫ 不愉快な〈腹立たしい〉気分, 不機嫌; 不快な〈面倒な・やっかいな〉こと: ～ empfinden 腹立たしさを覚える | *jm.* ～ bereiten …を不愉快な気分にする | Mit ihm habe ich nur ～. 彼にはいやな思いばかりさせられる.
[*mhd.*; ◇verdrießen, Überdruß]

ver·dü·beln[fɛrdýːbəln] ⟪06⟫ 他 (h) 〘建〙 (木材と木材を) 車知(しゃち)接ぎする (→ 図 Balken B). [＜Dübel]

ver·duf·ten[fɛrdúftən] ⟪01⟫ **I** 自 (s) **1** 香りを失う. **2** ⟪話⟫ こっそり逃げ出す, ずらかる: *Verdufte!* 逃げろ.
II 他 (h) 再帰 *sich*⁴ ～ = I 2

ver·dum·men[fɛrdúmən] **I** 他 (h) ⟪*jn.*⟫ 愚鈍にする, 白痴化する. **II** 自 (s) (知的関心が減退して) ばか〈愚鈍〉になる, 白痴化する: Bei dieser langweiligen Arbeit *verdummt* man allmählich. こんな退屈な仕事をしているとだんだんばかになる. [*mhd.*; ◇dumm]

Ver·dum·mung[..mʊŋ] 女 -/ verdummen すること.

Ver·dun[vɛrdœ̃(ː)] 地名 ヴェルダン (フランス北東部の都市で, 第一次世界大戦時の激戦地).

ver·dun·keln[fɛrdúŋkəln] ⟪06⟫ **I** 他 (h) **1** 暗くする; (輝きなどを) 曇らせる; (色彩を) 濃くする, 黒ずませる; (光が外部に漏れないように) 遮光する: einen Raum ～ 部屋を暗くする | Im Krieg mußte allabendlich *verdunkelt* werden. 戦時中は毎晩灯火管制をしなければならなかった ‖ 再帰 *sich*⁴ ～ 暗くなる; (輝きが) 曇る | Der Himmel *verdunkelte* sich. 空が暗くなった. **2** 不明瞭(ふめいりょう)〈あいまい〉にする; (事実を) 隠蔽(いんぺい)する, 隠滅する.
ᵛ**II** 自 (s) 暗くなる; (輝きが) 曇る.

Ver·dun·ke·lung[..kəlʊŋ] (**Ver·dunk·lung**[..klʊŋ]) 女 -/-en **1** ⟪単数で⟫ (〔sich〕 verdunkeln すること. 例えば:) **a)** 暗くする〈なる〉こと; 灯火管制; 〘劇〙 暗転. **b)** (事実の) 隠蔽(いんぺい); 〘法〙 証拠隠滅.
2 ＝Verdunk〔e〕lungsvorhang

Ver·dunk(e)·lungs≈ge·fahr 女 -/ 〘法〙証拠隠滅の恐れ. **≈vor·hang** 男 遮光幕, 暗幕.

ver·dün·nen[fɛrdʏ́nən] 他 (h) **1** (濃度を)薄くする, 薄める, 希薄にする; 〘化〙希釈する: Milch 〈Wein〉 ～ ミルク〈ワイン〉を薄める | Whisky mit Wasser ～ ウィスキーを水で割る ‖ 再帰 *sich*[4] ～ (濃度が)薄くなる, 希薄になる | Sein Blut hat sich *verdünnt*. 彼の血液は薄くなった ‖ *verdünntes* Gas 〘化〙希薄気体 | *verdünnte* Lösung 〘化〙希〔薄〕溶液 | *verdünnte* Luft 希薄な空気 | *verdünnte* Salzsäure 〘化〙希塩酸. **2** 再帰 *sich*[4] ～ (厚さが)薄くなる; (太さが)細くなる.

ver·dün·ni·sie·ren[fɛrdynizí:rən] 他 (h) 《話》再帰 *sich*[4] ～ (ひそかに)立ち去る.

Ver·dün·nung[..dʏ́nʊŋ] 女 -/-en **1** (〔sich〕verdünnen すること. 例えば:) 希薄化: bis zur ～ 《話》間断なく, いやになるほどくり返して. **2** 〘化〙希釈度.

Ver·dün·nungs≈mit·tel 中 希釈剤, シンナー, 薄め液. **≈wär·me** 女 〘化〙希釈熱.

ver·duns·ten[fɛrdʊ́nstən] 《01》 **I** 自 (s) **1** 蒸発する, 気化する. **2** 《話》逃げ出す, ずらかる.
II 他 (h) 蒸発させる, 気化させる.

ver·düns·ten[..dʏ́nstən] 《01》 ＝verdunsten II

Ver·duns·ter[..dʊ́nstər] 男 -s/- 加湿器.

Ver·duns·tung[..dʊ́nstʊŋ] 女 -/ 蒸発, 気化.

Ver·düns·tung[..dʏ́nstʊŋ] 女 -/ verdünsten すること.

Ver·duns·tungs≈mes·ser[..dʊ́nstʊŋs..] 男 〘理〙蒸発計. **≈wär·me** 女 〘理〙蒸発〈気化〉熱.

ver·dür·be[fɛrdʏ́rbə] verderben の接続法 II.

ver·durs·ten[fɛrdʊ́rstən] 《01》 自 (s) のどが渇いて死ぬ: Ich *verdurste* 〔fast〕. 《話》私は死にそうなほどのどが渇いている.

ver·du·seln[fɛrdú:zəln] 《06》 他 (h) 《話》 **1** (vertrinken) 酒を飲んで浪費する. **2** 酔っぱらって忘れる.

ver·dus·seln[fɛrdʊ́səln] 《06》 **I** 他 (h) 《方》うっかり忘れる, (忘れて)すっぽかす. **II** 自 (s) 《方》＝verdummen II

ver·düs·tern[fɛrdý:stərn] 《05》 他 (h) 暗くする; 《比》陰鬱(いんうつ)にする: Wolken *verdüstern* den Himmel. 雲が空を暗くする ‖ 再帰 *sich*[4] ～ 暗くなる; 《比》陰鬱になる | Sein Gesicht *verdüsterte* sich. 彼の顔には暗い影がさした.

ver·dutzt[fɛrdʊ́tst] 形 啞然(あぜん)とした, あっけにとられた.
[＜*mndd.* vor-dutten „verwirren" (◇Dotter)]

Ver·dutzt·heit[–haɪt] 女 -/ verdutzt なこと.

ver·eb·ben[fɛr|ɛ́bən][1] 自 (s) (潮が引くように)しだいに弱まる〈衰える〉, 徐々に静まる: Der Beifall 〈Die Empörung〉 *verebbte*. 喝采(かっさい)〈憤激〉はしだいに静まった.

ver·edeln[fɛr|é:dəln] 《06》 他 (h) **1** 《*jn.* / *et.*[4]》(人間の品性などを)高める, 高尚〈高貴〉にする; 洗練〈醇化(じゅんか)・教化〉する: Erziehung *veredelt* den Charakter. 教育は人間の性格を醇化する ‖ *veredelte* Züge 崇高な表情. **2** 《*et.*[4]》改良する; 精製〈純化〉する; (鉱石などを)精錬する; (原料を)加工する; 〘園〙(接ぎ木によって…の)品種を改良する, 芽接ぎ〈接ぎ木〉する; 〘料理〙味をよくする, 味つけする: einen Boden ～ 土壌を改良する(農産物などの収穫が増加するように). [＜edel]

Ver·ede·lung[..dəlʊŋ] (**Ver·ed·lung**[..dlʊŋ]) 女 -/-en (veredeln すること. 例えば:) 洗練, 醇化(じゅんか); 改良; 精製, 純化; (鉱石などの)精錬; (原料の)加工; 〘園〙芽接ぎ, 接ぎ木〔による品種改良〕.

Ver·ed(e)·lungs≈in·du·strie 女 加工産業〈工業〉. **≈ver·fah·ren** 中 精製〈精錬〉方式.

ver·ehe·li·chen[fɛr|é:əlɪçən] 他 (h) 《官》 **1** 再帰 *sich*[4] 〔mit *jm.*〕 ～ 〔…と〕結婚する ‖ Annemarie Schmidt, *verehelichte* Poser アンネマリー シュミット 結婚後の現在ポーザー夫人. **2** 《*jn.*》(…と)結婚する.

Ver·ehe·li·chung[..çʊŋ] 女 -/-en 《官》結婚.

ver·eh·ren[fɛr|é:rən] 他 (h) **1** 《*jn.*》尊敬する, 崇拝〈敬慕〉する; (…に)思いを寄せる: *jn.* tief 〈wie *seinen* Vater〉 ～ …を深く尊敬する〈父親のように慕う〉 | Die Griechen *verehrten* viele Götter. ギリシア人は多くの神々をあがめていた ‖ 〘手紙・講演などの冒頭での呼びかけ〙Mein *verehrter* Lehrer 私の敬愛する先生 | Sehr *verehrte* gnädige Frau 深く尊敬する奥様(年配の女性に対して) | Meine 〔sehr〕 *verehrten* Damen und Herren! / 〔Sehr〕 *verehrte* Anwesende! ご出席の皆様. **2** 《雅》《*jm.* *et.*[4]》(…に…をささやかな物として)贈る: Er *verehrte* ihr einen Blumenstrauß. 彼は彼女に花束を贈った.

Ver·eh·rer[fɛr|é:rər] 男 -s/- (女 **Ver·eh·re·rin** [..rərɪn]-/-nen) (verehren する人. 例えば:) 崇拝者, 賛美者; ファン: Sie hat viele ～. 彼女には崇拝者が大勢いる.

Ver·eh·rer·post 女 《話》ファンレター.

Ver·eh·rung[..|é:rʊŋ] 女 -/-en 尊敬, 崇拝, 敬慕: die ～ der Jungfrau Maria 処女マリア崇拝 | *jm.* ～ entgegenbringen …を尊敬する.

ver·eh·rungs≈voll 形 尊敬の念に満ちた. **≈wür·dig** 形 尊敬に値する, 尊敬すべき.

ver·ei·di·gen[fɛr|áɪdɪgən][2] (▽**ver·ei·den**[fɛr|áɪdən][1] 《01》) 他 (h) 《*jn.*》(公務員・軍人・証人などを)宣誓によって義務づける, (…に)宣誓をさせる: Der Präsident wurde auf die Verfassung *vereidigt*. (就任に際して)大統領は憲法への忠誠を誓った ‖ ein *vereidigter* Zeuge 宣誓をした証人. [＜Eid]

Ver·ei·di·gung[..|áɪdɪgʊŋ] (▽**Ver·ei·dung**[..|áɪdʊŋ]) 女 -/-en 宣誓.

Ver·ein[fɛr|áɪn] 男 -〔e〕s/-e **1 a)** (共通の目的をもって集まった人々によって設立された)会, 協会, 団体, 社団, 結社, 組合, クラブ (Verein の連合体はしばしば Verband と呼ばれる: →Verband 2 a): ein eingetragener 〈Eingetragener〉 ～ (略 e. V., E. V.) 〘法〙登記済社団 | ～ Deutscher Ingenieure (略 VDI) ドイツ技術者協会(1856年設立) | Fußball*verein* サッカー協会 | Tierschutz*verein* 動物愛護協会 ‖ einen ～ gründen 〈stiften〉 会を設立する | einen ～ auflösen 会を解散する | einem ～ beitreten 〈angehören〉 会に入会する〈所属する〉 | aus einem ～ austreten 〈ausgeschlossen werden〉 会から脱会する〈除名される〉 | in einen ～ eintreten 会に入会する. **b)** 《話》一味: In dem ～ bist du? 君はこんな連中の仲間なのか.
2 《単数で》連合, 提携, 協同, 協力: **im ～ mit *jm.*** …と協力〈提携〉して, …と協同で | **in trautem ～ mit *jm.*** 《戯》…と仲よく協力して; 《反語》(思いがけず)…(好ましくない相手)と一緒に, …と呉越同舟で.
[＜vereinen]

ver·ein·bar[fɛr|áɪnba:r] 形 《述語的》《mit *et.*[3]》(…と)一致〈調和〉できる, (…と)両立しうる: Solche Methoden sind mit unseren Grundsätzen nicht ～. このような手段は我々の原則とは相いれない. [＜vereinen]

ver·ein·ba·ren[fɛr|áɪnba:rən] 他 (h) **1** 《*et.*[4] mit *jm.*》(…に関して…と)合意する, (…を…と)取り決める, 協定する: einen Termin 〈einen Treffpunkt〉 mit *jm.* ～ 期日〈会合場所〉を…と取り決める | Bedingungen ～ 条件を取り決める | einen Preis ～ 価格を協定する ‖ zu den *vereinbarten* Preisen 協定価格で | Er erschien zur *vereinbarten* Zeit. 彼は約束の時間に姿を見せた. **2** 《*et.*[4] mit *et.*[3]》(…を…と)一致させる, 調和させる: 〘ふつう否定の形で〙Ein solches Verhalten konnte ich mit meiner politischen Überzeugung nicht ～. このような態度は私の政治的信条とは相いれない〈両立しえない〉ものだった | Das läßt sich mit meinem Beruf nicht ～. / Das ist mit meinem Beruf nicht zu ～. それは私の職業とは相いれない.
[*mhd.*; ＜*mhd.* einbær „einträchtig" (◇ein[1] II)]

Ver·ein·bar·keit[..ba:rkaɪt] 女 -/-en 《ふつう単数で》vereinbar なこと.

Ver·ein·ba·rung[..ba:rʊŋ] 女 -/-en **1** (vereinbaren すること. 例えば:) 取り決め, 協定, 申し合わせ: eine ～ über *et.*[4] …に関する取り決め | eine ～ mit *jm.* treffen …と取り決め〈申し合わせ〉をする. **2** 協定〈取り決め・申し合わせ〉事項: die ～ einhalten 〈verletzen〉 協定を守る〈破る〉.

ver·ein·ba·rungs·ge·mäß 副 協定〈取り決め〉どおりに, 申し合わせに従って.

ver·ein·deu·ti·gen[fɛr|áɪndɔʏtɪgən][2] 他 (h) 《*et.*[4]》(…の)意味を明白〈明確〉にする. [＜eindeutig]

ver·ein·dring·li·chen[fɛr|áɪndrɪŋlɪçən] 他 (h) 《*et.*[4]》(聞き手・読み手などの心に…を)深く印象づける.

[<eindringlich]

ver·ei·nen[fɛr|áinən] 他 (h) **1** (合わせて)一つにする, 一つにまとめる〈結合させる〉, 一体化する; 合併する, 合同させる: Er *vereint* Mut und Besonnenheit in sich. 彼は勇気と分別とを兼ね備えている ‖ 再帰 *sich*^{4} ~ 一つになる〈まとまる〉, 一体となる ‖ mit *vereinten* Kräften 力を合わせて | die *Vereinten* Nationen (→Nation 1 b). **2** 《*et.*^{4} mit *et.*^{3}》(…を…と)一致〈調和〉させる: 再帰 *sich*^{4} mit *et.*^{3} ~ …と一致〈調和〉する.

ver·ein·fa·chen[fɛr|áinfaxən] 他 (h) 簡単〈簡略〉にする, 簡素化〈単純化〉する: ein Verfahren ~ 手続きを簡略化する ‖ ein *vereinfachtes* Verfahren 簡易化された手続き | *et.*^{4} *vereinfacht* darstellen …を簡略に述べる.
[<einfach]

Ver·ein·fa·chung[..xʊŋ] 女 -/-en 簡略化, 簡素化, 単純化.

ver·ein·heit·li·chen[fɛr|áinhaitlɪçən] 他 (h) 統一する, 単一化する; (工業製品などを)規格統一する, 規格化する: die Rechtschreibung ~ 正書法を統一する. [<einheitlich]

Ver·ein·heit·li·chung[..çʊŋ] 女 -/-en 統一, 単一化; (工業製品などの)規格統一, 規格化.

ver·ei·ni·gen[fɛr|áinɪgən][2] 他 (h) **1** 一つにまとめる〈結合させる〉, 一体化する; 合併する, 合同させる: die Macht in einer Hand ~ 権力を一手に掌握する | verschiedene Eigenschaften in *sich*^{3} ~ さまざまな性質をあわせもつ | Er konnte die Mehrheit auf sich^4 ~. 彼は過半数の票を獲得することができた ‖ 再帰 *sich*^{4} ~ 一つにまとまる〈結合する〉, 一体になる; 合併される, 合同する | *sich*^{4} mit *jm.* ~ …と手を結ぶ〈提携する〉| Sie haben sich gegen mich *vereinigt.* 彼らは私に対抗して手を結んだ | Hier *vereinigt* sich die Isar mit der Donau. ここでイーザル川がドナウ川と合流する ‖ die *Vereinigte* Arabische Republik (略 VAR) アラブ連合共和国(1958-61) | die *Vereinigten* Staaten von Amerika アメリカ合衆国. **2** 《*et.*^{4} mit *et.*^{3}》(…を…と)一致〈調和〉させる: Sein Handeln läßt sich mit seinen Grundsätzen nicht ~. 彼の行動は彼の主義とは相いれないものだ ‖ 再帰 *sich*^{4} mit *et.*^{3} ~ …と一致〈調和〉する. **3** 《雅》 再帰 *sich*^{4} geschlechtlich 〈körperlich〉 ~ 性交する.
[<einig]

Ver·ei·ni·gung[..gʊŋ] 女 -/-en **1** (〔sich〕 vereinigen すること. 例えば:) 合一, 一体化, 結合, 統合, 連合, 合併, 合同; (土地の)合筆(ごうひつ), 併合; 集中; 提携, 協同; 一致, 調和: die ~ der beiden Unternehmen 両企業の合併 | die sexuelle ~ 性交. **2** (共通の目的で作られた)結社, 団体; 連盟, 協会: eine ~ für alte Musik 古典音楽協会 | eine ~ Volkseigener Betriebe (略 VVB) (旧東ドイツの)人民経営〈国営企業〉連合. **3** 〖数〗(集合の)和: ~ von A und B A と B の和〔集合〕(記号 A ∪ B) (→Durchschnitt).

Ver·ei·ni·gungs·frei·heit 女 -/ 〖法〗結社の自由.

ver·ein·nah·men[fɛr|áinna:mən] 他 (h) **1 a)** 〖商〗(金を)受け取る, 徴収する. **b)** 《話》横領する: *et.*^{4} ganz für *sich*^{4} ~ …を独占してしまう. **2** 《話》《*jn.*》 **a)** (verhaften) 逮捕する. **b)** (軍務に)召集する. [<Einnahme]

Ver·ein·nah·mung[..mʊŋ] 女 -/-en vereinnahmen すること.

ver·ein·sa·men[fɛr|áinza:mən] **I** 自 (s) 孤独になる, (交際がへって)寂しくなる, 孤立する. **II** 他 (h) 《*jn.*》孤独にする, 孤立させる. [<einsam]

Ver·ein·sa·mung[..mʊŋ] 女 -/-en vereinsamen すること.

ver·ein·sei·ti·gen[fɛr|áinzaitɪgən][2] 他 (h) 《*et.*^{4}》一面的なものにする; 一面的に示す. [<einseitig]

Ver·ein·sei·ti·gung[..gʊŋ] 女 -/-en 《ふつう単数で》vereinseitigen すること.

Ver·eins≠elf[fɛr|áins..] 女 〖サッカー〗(11人からなる)クラブのチーム. ≠**frei·heit** =Vereinigungsfreiheit ≠**ge·setz** 中 〖法〗結社法. ≠**haus** 中 (Verein の)集会所, 会館, クラブハウス. ≠**mann·schaft** 女 スポーツ協会〈クラブ〉のチーム. ≠**mei·er** 男 《軽蔑的に》会やクラブの活動に打ち込む〈熱中する〉人. ≠**meie·rei**[また: ◡–––◡⊥] 女 -/ 《軽蔑的に》会やクラブの活動に打ち込む〈熱中する〉こと. ≠**mit·glied** 中 (Verein の)会員, 協会員, 組合員. ≠**recht** 中 -〔e〕s/ 〖法〗社団に関する法律. ≠**re·gi·ster** 中 〖法〗社団登記簿.

ver·ein·zeln[fɛr|áintsəln] 《06》 **I** 他 (h) **1** 個別化する, 別々〈ばらばら〉にする. **2** 〖農・林・園〗間引きする, 透かす.
II ver·ein·zelt 過分 形 ばらばらの; 散発的な, ときたまの: Es fielen nur noch ~*e* Schüsse. 射撃の音はもはや散発的にしか聞かれなかった ‖ Solche Fälle treten nur ~ auf. このようなケースはたまに起こるだけだ.
[<einzeln]

Ver·ein·ze·lung[..tsəlʊŋ] 女 -/-en **1** 《単数で》vereinzeln すること. **2** vereinzelt な状態.

ver·ei·sen[fɛr|áizən][1] 《02》 **I** 自 (s) 氷になる, 氷結する; 着氷する, (表面・内部などが)凍結する; 《比》(顔などが)硬い表情になる: Die Straße ist *vereist.* 道路が凍結している | Seine Miene *vereiste.* 彼の表情はこわばった ‖ *vereiste* Fensterscheiben 凍りついた窓ガラス.
II 他 (h) 《*et.*^{4}》〖医〗(…に)寒冷〈冷却〉麻酔を施す.
[<Eis]

Ver·ei·sung[..zʊŋ] 女 -/-en **1** 氷結; 着氷, 凍結. **2** 〖医〗寒冷〈冷却〉麻酔.

ver·ei·teln[fɛr|áitəln] 《06》 他 (h) (企図・計画などを)挫折(ざせつ)させる, 無に帰せしめる. [*mhd.*; ◇eitel]

Ver·ei·te·lung[..təlʊŋ] (**Ver·eit·lung**[..tlʊŋ]) 女 -/ **1** 挫折(ざせつ)させる〈無に帰せしめる〉こと. **2** 挫折, 無に帰すること.

ver·ei·tern[fɛr|áitərn] 《05》 自 (s) (傷口などが)膿(う)む, 化膿(かのう)する: *vereiterte* Mandeln 化膿した扁桃腺(へんとうせん).

Ver·ei·te·rung[..tərʊŋ] 女 -/-en 化膿(かのう).

Ver·eit·lung =Vereitelung

ver·ekeln[fɛr|é:kəln] 《06》 他 (h) 《*jm. et.*^{4}》(…に…への)嫌悪感を催させる, (…に…を)いやになさせる, (…の…への)興をそぐ, 喜びをそこなわせる.

ver·elen·den[fɛr|é:lɛndən][1] 《01》 自 (s) 悲惨な状態に陥る, 窮乏化〈貧困化〉する. [<elend]

Ver·elen·dung[..dʊŋ] 女 -/ 窮乏化, 貧困化.

ver·en·den[fɛr|ɛ́ndən][1] 《01》 自 (s) **1** (家畜などが)死ぬ; 《比》(人が)のたれ死にする. **2** 〖狩〗(野獣が銃傷によって)死ぬ.

Ver·en·dung[..dʊŋ] 女 -/-en verenden すること.

ver·en·gen[fɛr|ɛ́ŋən] 他 (h) 《*et.*^{4}》(…の幅を)狭くする, せばめる; 窮屈にする: das Blickfeld ~ (建造物などが)視界をせばめる ‖ 再帰 *sich*^{4} ~ (幅が)狭くなる, せばまる; 窮屈になる | Die Straße *verengte* sich allmählich. 道幅はしだいに狭くなった.

ver·en·gern[fɛr|ɛ́ŋərn] 《05》 他 (h) 《*et.*^{4}》(…の幅を)より狭くする, せばめる; (衣服を)小さくする, つめる: 再帰 *sich*^{4} ~ (幅が)より狭くなる, せばまる. [<enger]

Ver·en·ge·rung[..|ɛ́ŋərʊŋ] 女 -/-en **1** 《単数で》〔sich〕 verengern すること. **2 a)** (幅などの)より狭くなった状態〈個所〉. **b)** 〖医〗(食道・尿道・胆管などの)狭窄(きょうさく)〔症〕.

Ver·en·gung[..|ɛ́ŋʊŋ] 女 -/-en **1** 《単数で》〔sich〕 verengen すること. **2 a)** (幅などの)狭くなった状態〈個所〉. **b)** =Verengerung 2 b

ver·erb·bar[fɛr|ɛ́rpba:r] =vererblich

ver·er·ben[fɛr|ɛ́rbən][1] 他 (h) **1** 《*jm. et.*^{4} / *et.*^{4} an *jn.*》(…に…を)遺産として残す〈与える〉, 遺贈する: *jm. sein* ganzes Vermögen ~ …に全財産を遺贈する | Kannst du mir nicht deinen Mantel ~? 《戯》君のコートを私に譲ってくれないか.
2 《*jm. et.*^{4} / *et.*^{4} auf *jn.*》(…に素質・病気などを)遺伝させる: Die zarte Konstitution hat ihm sein Vater *vererbt.* 彼のきゃしゃな体質は父親譲りだ ‖ 再帰 *sich*^{4} ~ (素質・病気などが)遺伝する, 代々受けつがれる | Erworbene Eigenschaften *vererben* sich nicht. 後天的な性質は遺伝しない ‖ eine *vererbte* Disposition 〖医〗遺伝性素因.

ver·erb·lich[fɛr|ɛ́rplɪç] 形 《副詞的用法なし》 **1** 遺産として与えうる, (財産などが)相続可能な.
2 (素質・病気などが)遺伝性の.

Ver·ẹr·bung[..|ɛ́rbʊŋ] 女 -/-en 《ふつう単数で》(〔sich〕 vererben すること. 例えば:) 遺伝; (風習などの)継承, 伝承.

Ver·ẹr·bungs≈ge·setz 中 -es/-e《ふつう複数で》遺伝法則. **≈leh·re** 女 -/ 遺伝学.

ver·ẹstern[fɛr|ɛ́stərn]《05》他 (h)〖化〗エステル化する. [＜Ester]

Ver·ẹste·rung[..tərʊŋ] 女 -/-en〖化〗エステル化.

ver·ẹwi·gen[fɛr|é:vɪgən][2] **I** 他 (h) 不朽〈不滅〉のものにする,(名前・名声などを)永遠に伝える: In diesem Roman hat er seine Frau *verewigt.* この小説の中で彼は自分の妻〔の名〕を(作中人物として描くことで)不滅のものとした ‖ 再帰 *sich*[4] ～ 自分自身を不朽〈不滅〉のものとする, 自分の名を永遠に伝える;《戯》(芳名録などに)自分の名を書き記す,(記念のために)自分の名を刻み込む; (犬が)小便をする.

II ver·ẹwigt[..|é:vɪçt] 過分 形 **1** 永遠のものとなった. **2**《雅》故人となった: mein *verewigter* Vater 亡父 ‖ der 〈die〉 *Verewigte* 故人.
[＜ewig]

Ver·ẹwi·gung[..|é:vɪgʊŋ] 女 -/ verewigen すること.

ver·fạh·ren*[fɛrfá:rən]《37》**I** 自 (s)《様態を示す語句と》(…の)やり方をする,(…の)態度をとる,(…に)振舞う: eigenmächtig ～ 独断専行する | rücksichtslos ～ 傍若無人な態度をとる | gegen *jn.* streng ～ …に対して厳格な態度をとる | mit *jm.* ohne Schonung ～ …に対して容赦なく振舞う | Er *verfährt* immer nach demselben Schema. 彼はいつも同じパターンの行動をする.

II 他 (h) **1** 再帰 *sich*[4] ～ (乗り物で・乗り物が)道を間違える, 道に迷う: Ich habe mich im Nebel 〈auf dem Heimweg〉 gründlich *verfahren.* 私は霧の中で〈家へ帰る途中で〉すっかり道に迷ってしまった | *sich*[4] in *seiner* Argumentation ～《比》論証の方法をあやまる. **2** (時間・費用・燃料などを)走行に費やす: viel Benzin ～ (走行の際に)多くのガソリンを消費する. **3**〖坑〗(作業直(ちょく)を)果たす, 勤めあげる.

III 過分 形《比》行き詰まった: eine ～*e* Lage 行き詰まりの状態 | Das ist eine ～*e* Geschichte. これはお手あげだ | Die Karre 〈Der Karren〉 ist total ～. (→Karren).

IV Ver·fạh·ren 中 -s/- **1**《単数で》verfahren すること. **2** やり方, 仕方; 態度, 振舞い; (作業・処理などの)方法, 方式: ein geschicktes 〈rücksichtsloses〉 ～ 巧みな〈傍若無人な〉やり方 | ein neues 〈vereinfachtes〉 ～ 新しい〈簡素化された〉方法 | nach dem modernsten ～ 最新の方法で. **3**〖法〗手続き; (Prozeßverfahren)訴訟手続き: Schnell*verfahren* 即決裁判手続き | Vergleichs*verfahren* 和解手続き ‖ ein ～ gegen *jn.* einleiten …に対して〔訴訟〕手続きを開始する | ein ～ aussetzen 〈einstellen / unterbrechen〉〔訴訟〕手続きを中止〈停止・中断〉する.

Ver·fạh·rens·recht 中 -〔e〕s/〖法〗手続き法.

ver·fạh·rens·recht·lich 形〖法〗手続き法〔上〕の.

Ver·fạh·rens≈tech·nik 女 プロセス工学. **≈wei·se** 女 やり方, 仕方; 方法, 方式.

Ver·fạll[fɛrfál] 男 -〔e〕s/ **1** (建造物などの)腐朽, 老朽, 荒廃; 崩壊; (権力機構などの)瓦解(がかい), 没落; (体力などの)衰弱; (文化・道徳などの)衰退, 衰微, 退廃: der ～ des Körpers 〈der Kräfte〉 肉体〈体力〉の衰え | der ～ der Kunst 芸術の衰退 | der ～ des Römischen Reiches ローマ帝国の没落 | kultureller 〈sittlicher〉 ～ 文化的〈道徳的〉退廃 ‖ ein Gebäude dem ～ preisgeben 建物を荒れるにまかせる | in ～ geraten ＝verfallen 1 **2** (有効期間の)期限切れ;〖商〗(手形債務などの)満期: der Tag des ～*s* 満期日. **3**〖法〗帰属. **4**〖建〗(高さの異なる)棟(むね)と棟を結ぶつなぎ.

Ver·fạll·da·tum 中 (手形債務などの)満期の日付.

ver·fạl·len*[fɛrfálən]《38》自 (s) **1** (建造物などが)腐朽〈老朽〉する, 荒廃する; 崩壊する; (権力機構などが)衰える, 瓦解(がかい)〈没落〉する; (体力などが)衰弱する; (文化・道徳などが)衰退〈衰微〉する, 退廃する: Das Gebäude 〈Das Römische Reich〉 *verfiel* immer mehr. その建物はますます荒廃するばかりだった〈ローマ帝国は没落の一途をたどった〉| Der Kranke *verfiel* zusehends. 病人は目に見えて衰弱した ‖ ein *verfallenes* Schloß 荒れ果てた館(やかた) | Sein Gesicht sah ganz *verfallen* aus. 彼の顔はやつれきったように見えた. **2** 有効期限が切れる;〖商〗(手形債務などが)満期になる: Die Eintrittskarte *verfällt* am 1. Mai. この入場券は5月1日に有効期限が切れる | Der Wechsel ist *verfallen.* この手形は満期になった.

3《auf *et.*[4]》(…を)思いつく: auf einen absonderlichen Gedanken ～ 突拍子もないことを思いつく | Es ist niemand darauf *verfallen*, ihn einzuladen. 彼を招待することなどだれひとりとして考えもしなかった.

4《in *et.*[4]》(…の状態に)陥る: in Nachdenken ～ 思いに沈む | in Schlaf 〈Schweigen〉 ～ 眠り〈黙り〉込む | in eine traurige Stimmung ～ 悲しい気分になる | Er *verfiel* wieder in den alten Fehler. 彼は再び以前のあやまちを犯した.

5《*jm.* / *et.*[3]》**a**) (…の)手中に陥る;《比》(…の)とりこになる: einem Laster 〈dem Trunk〉 ～ 悪徳〈飲酒〉におぼれる | den Verlockungen der Großstadt ～ 大都会の誘惑に負ける | dem Zauber der Musik ～ 音楽の魔力のとりこになる | Er ist ihr *verfallen.* 彼は彼女のいいなりだ〈彼女に首ったけだ〉| Sie ist dem Tode *verfallen.*《雅》彼女は死神の手に落ちてしまった(彼女の死は確実だ). **b**) (…の)所有に帰する,(…に)帰属する: Sein ganzer Besitz ist dem Staat *verfallen.* 彼の全財産は国に没収された. **c**)《官》(…の)扱いになる: der Ablehnung ～ 拒否される.

ver·fäl·len[fɛrfɛ́lən]《スイス》＝verurteilen 1

Ver·fall·er·klä·rung[fɛrfál..] 女〖法〗満期宣告.

Ver·fạlls≈da·tum 1 (食品などの)保存〈賞味〉期限. **2** ＝Verfalldatum **≈er·schei·nung** 女 衰退〈退廃〉現象.

Ver·fạll〔s〕≈tag 男 (手形などの)満期日, 支払期日. **≈zeit** 女 (手形などの)満期〔時〕, 支払期限.

Ver·fäl·lung[fɛrfɛ́lʊŋ] 女 -/-en verfällen すること.

ver·fäl·schen[fɛrfɛ́lʃən]《04》他 (h)《*et.*[4]》(…の)品質を落とす, 不純〈粗悪〉にする, 変造〈偽造〉する;〖化〗偽和(ぎわ)する: einen Text ～ テキストを改竄(かいざん)する | die Wahrheit ～ 真実を曲げる | Wein ～ ワインに混ぜ物をする.
[＜falsch]

Ver·fäl·scher[..ʃər] 男 -s/- 偽造者, 粗悪品〈不純物〉製造者.

Ver·fäl·schung[..ʃʊŋ] 女 -/-en (verfälschen すること. 例えば:) 変造; 歪曲(わいきょく).

ver·fạn·gen*[fɛrfáŋən]《39》**I** 他 (h) 再帰 *sich*[4] in *et.*[3] ～ …にからまる〈ひっかかる〉; …に巻き込まれる | *sich*[4] in einem Netz ～ 網にかかる | *sich*[4] in Widersprüchen ～ 矛盾に陥る | Das Seil *verfing* sich im Baum. 綱が木にからまった. **II** 自 (h) 効果〈効きめ〉がある, 役に立つ: Solche Ausreden 〈Mittel〉 *verfangen* bei ihm nicht. このような言いのがれ〈手段〉は彼には通じない | Hier *verfängt* nichts mehr. この場合もはや何をやっても効きめがない.

ver·fäng·lich[fɛrfɛ́ŋlɪç] 形 油断のできない, 命取りになりかねない, 危ない, 危険な; きわどい, いかがわしい: eine ～*e* Frage 油断のならない質問 | in eine ～*e* Situation geraten 危険な〈きわどい〉状況に陥る.

Ver·fäng·lich·keit[–kaɪt] 女 -/-en **1**《単数で》verfänglich なこと. **2** verfänglich な言動.

ver·fär·ben[fɛrfɛ́rbən][1] **I** 他 (h) **1** (染色の際に)染めそこなう; 異なった〈くすんだ〉色に染める, 変色させる. **2** 再帰 *sich*[4] ～ (布地などが)変色〈退色〉する; (人が)顔色を変える, 青ざめる. **3** 再帰 *sich*[4] ～ ＝II

II 自 (h)〖狩〗(野獣が季節の変わり目に)毛色が変わる.

Ver·fär·bung[..bʊŋ] 女 -/-en **1**《単数で》〔sich〕 verfärben すること. **2** 変色した個所.

ver·fạs·sen[fɛrfásən]《03》他 (h) **1** (文言・文書などを)起草〈作成〉する,(作品などを)書く, 著述する: eine Rede ～ 演説の草稿を作る | einen Roman ～ 小説を書く.
▽**2** (宝石などを台座に)はめこむ.

Ver·fạs·ser[..sər] 男 -s/- (女 **Ver·fạs·se·rin**[..sərɪn] -/-nen) (文言・文書などの)起草〈作成〉者; (一般に本・論文・文学作品などの)著者, 執筆者: Wer ist der ～ dieses Briefes 〈Dramas〉? この手紙〈戯曲〉はだれが書いたのか.

Ver·fạs·ser·schaft[..ʃaft] 女 -/ Verfasser であること.

Ver·fas·sung[fɛrfásʊŋ] 女 -/-en **1**《単数で》verfassen すること.
2《ふつう単数で》(心身の)状態, 調子: in guter 〈schlechter〉 ~ sein 調子が良い〈悪い〉| Er befindet sich in bester gesundheitlicher ~. 彼は最良の健康状態にある | Ich fühle mich nicht in der ~ mitzugehen. 私は一緒に行く気持にはなれない.
3 a) (国家・社会などの)体制, 制度; 構造, 組織: die politische ~ Deutschlands ドイツの政治体制. **b**) 憲法; (法人などの)定款(「その他の定め」をも含む); 規則: eine demokratische 〈sozialistische〉 ~ 民主〈社会〉主義的な憲法 ‖ eine richtige 〈falsche〉 Auslegung der ~ 憲法の正しい〈間違った〉解釈 ‖ die ~ ändern 憲法を改正する | gegen die ~ verstoßen 憲法に違反する.

ver·fas·sung·ge·bend 形 憲法制定に関する権能をもつ: die ~*e* Versammlung 制憲議会.

Ver·fas·sungs≈än·de·rung 女 憲法改正. **≈be·schwer·de** 女《法》違憲抗告, 憲法異議の訴え. **≈bruch** 男 憲法違反, 違憲.

ver·fas·sungs·feind·lich 形 憲法反対の.

Ver·fas·sungs≈ge·richt 中 (ドイツの)憲法裁判所. **≈ge·richts·bar·keit** 女 憲法裁判〔権〕. **≈ge·schich·te** 女 憲法史. **≈kon·flikt** 男 (国家機関, 例えば議会と政府の間の)憲法〈合憲〉紛争.

ver·fas·sungs≈kon·form 形 憲法〔の精神〕に合致した, 合憲の. **≈mä·ßig** 形 憲法に基づく; 憲法上の; 定款〔その他の定め〕による.

Ver·fas·sungs≈recht 中 憲法. **≈recht·ler**[..lər] 男 -s/- 憲法学者.

ver·fas·sungs·recht·lich 形 憲法に関する; 憲法の.

Ver·fas·sungs≈re·form 女, **≈re·vi·sion** 女 ＝Verfassungsänderung **≈schutz** 男 憲法擁護, 護憲: Bundesamt für ~ (略 BfV) (ドイツの)連邦憲法擁護庁. **≈schüt·zer** 男《話》憲法擁護庁の役人. **≈staat** 男 立憲国. **≈streit** 男 憲法論争.

ver·fas·sungs·treu 形 憲法に忠実な.

Ver·fas·sungs≈ur·kun·de 女 憲法〔文書〕, 憲章. **≈ver·stoß** 男 憲法違反.

ver·fas·sungs·wid·rig 形 憲法に違反した, 違憲の.

Ver·fas·sungs·wid·rig·keit 女 -/ 憲法違反.

ver·fau·len[fɛrfáulən] 自 (s) 腐る, 腐敗〈腐朽〉する: *verfaultes* Obst 腐った果物.

ver·fech·ten*[fɛrfɛ́çtən] 《40》他 (h) 《*et.*[4]》(…を守るために)戦う, 擁護する; (自説・自分の権利などを)あくまでも主張〈固持〉する: *seinen* Standpunkt ~ 自分の立場を堅持する.

Ver·fech·ter[..tər] 男 -s/- verfechten する人.

Ver·fech·tung[..tʊŋ] 女 -/-en verfechten すること.

ver·feh·len[fɛrfé:lən] **I** 他 (h) **1**《*et.*[4]》(的を)はずす, (目標に)当てそこなう; (物事を)やりそこなう, 仕損じる; 誤る, 間違える: Der Pfeil *verfehlte* sein Ziel. 矢は的をはずれた | Diese Maßnahme hat ihren Sinn *verfehlt.* この措置は無意味なものに終わった | Seine Rede hat ihre Wirkung nicht *verfehlt.* 彼の演説は予想どおりの反響を呼んだ | Er hat seinen Beruf *verfehlt.* 彼は職業の選択を誤った(本職以外のすぐれた才能がある場合にも褒め言葉として用いる) ‖ 再帰 Wir haben uns[4] 〈einander〉 *verfehlt.* 我々は行き違いになった. **2**《雅》(機会などを)逸する, のがす: eine Chance ~ チャンスを逸する | den Zug ~ 列車に乗りそこねる | 〔es〕 nicht ~《zu 不定詞〔句〕と》必ず(…)する, 間違いなく(…)の結果を生じる | Ich werde nicht ~, zu kommen. 私は必ず参ります | Er *verfehlte* 〔es〕 niemals, seinem Nachbarn einen guten Morgen zu wünschen. 彼は毎朝きちんと隣人におはようとあいさつした. [▽]**3** 再帰 *sich*[4] ~ あやまち〈間違い〉を犯す: *sich*[4] gegen *et.*[4] ~ …に違反する.

II ver·fehlt 過分 形 誤った, 間違いの, 見当はずれの: ein ~*es* Leben 生活設計を誤った生活 | Es ist gänzlich ~, so etwas zu glauben. そんなことを信じるのは見当違いもはなはだしい.

Ver·feh·lung[..fé:lʊŋ] 女 -/-en あやまち, 間違い, 過失; 違反; (少年などの)非行;《法》過誤: eine schwere ~ 重大な過誤〈あやまち〉| *sich*[3] eine ~ zuschulden kommen lassen あやまちを犯す.

ver·fein·den[fɛrfáindən][1] 《01》他 (h) 《*jn.* mit *jm.*》(…を…と)仲たがいさせる, 不和にする: Die Eifersucht hat uns beide 〔miteinander〕 *verfeindet.* 嫉妬(しっと)が我々二人の仲を裂いた ‖ 再帰 *sich*[4] mit *jm.* ~ …と仲たがいする〈不和になる〉| Ich habe mich mit meinem besten Freund *verfeindet.* 私は一番の親友と仲たがいしてしまった ‖ mit *jm.* *verfeindet* sein …と仲たがいしている | Die beiden Länder sind seit langem *verfeindet.* 両国は久しい以前から敵対関係にある | die beiden 〔miteinander〕 *verfeindeten* Familien 〔互いに〕いがみ合っている両家族. [<Feind]

Ver·fein·dung[..dʊŋ] 女 -/-en 仲たがい, 不和, 敵対〔関係〕.

ver·fei·nern[fɛrfáinərn] 《05》他 (h) (粒・粒子などを)より細かくする; 精製する, 純化する; (顔つき・振舞い・作法・趣味などを)洗練する, 上品にする: *seinen* Geschmack ~ 趣味を洗練する | eine Soße durch etwas Wein ~ ワインを少量加えてソースに風味をつける ‖ 再帰 *sich*[4] ~ より細かくなる; 精製される, 純化する; 洗練される, 上品になる | Die Kultur dieses Volkes hat sich im Lauf der Zeit *verfeinert.* この民族の文化は時がたつにつれて洗練された ‖ ein *verfeinerter* Geschmack 洗練された味; 高尚な〈あかぬけした〉趣味. [<feiner]

Ver·fei·ne·rung[..nərʊŋ] 女 -/-en (〔sich〕 verfeinern すること. 例えば:) 精製, 純化; 洗練, あかぬけしていること.

ver·fe·men[fɛrfé:mən] 他 (h)《雅》**1**《*jn.*》(…の)法律保護を奪う; (社会的に)追放する: ein *verfemter* Schriftsteller 追放された作家 | der 〈die〉 *Verfemte* 追放された人. **2**《比》(ある芸術傾向を)禁止する. [*mhd.*; ◇Feme]

Ver·fe·mung[..mʊŋ] 女 -/-en《雅》verfemen すること.

ver·fer·ti·gen[fɛrfɛ́rtɪgən][2] 他 (h) 作る, 作成する; 製造する, 製作する; 調製する; 制作する.

Ver·fer·ti·gung[..gʊŋ] 女 -/-en 作成; 製造, 製作; 調製; 制作.

ver·fe·sti·gen[fɛrfɛ́stɪgən][2] 他 (h) 堅くする, 硬化させる; 固める, 凝固させる: 再帰 *sich*[4] ~ 堅くなる, 硬化する; 固まる, 凝固する | Der Brei hat sich *verfestigt.* かゆが固まった.

Ver·fe·sti·gung[..gʊŋ] 女 -/-en (〔sich〕 verfestigen すること. 例えば:) 硬化; 固化, 凝固.

ver·fet·ten[fɛrfɛ́tən] 《01》自 (s) 脂肪化する; 脂肪がつく, 肥満する.

Ver·fet·tung[..tʊŋ] 女 -/-en 脂肪化; 肥満;《医》脂肪変性.

ver·feu·ern[fɛrfɔ́yərn] 《05》他 (h) **1 a**) (燃料として)燃やす, 焚(た)く. **b**) (燃料として)燃やし〈焚き〉つくす.
2 (弾薬などを)撃ちつくす.

Ver·feue·rung[..fɔ́yərʊŋ] 女 -/-en verfeuern すること.

ver·fiel[fɛrfí:l] verfallen の過去.

ver·fil·men[fɛrfílmən] 他 (h) 映画化する: einen Roman ~ 小説を映画化する. [<Film 2]

Ver·fil·mung[..mʊŋ] 女 -/-en 映画化; 映画化されたもの.

ver·fil·zen[fɛrfíltsən] 《02》 **I** 自 (s) フェルト状になる, (糸・毛髪などが)もつれる, (毛糸の繊毛がもつれて)毛玉ができる;《比》(話の筋が)もつれる, こんがらかる: Der Pullover ist *verfilzt.* セーターに毛玉ができてしまっている.
II 他 (h) 再帰 *sich*[4] ~ ＝ I

Ver·fil·zung[..tsʊŋ] 女 -/-en **1**《単数で》〔sich〕 verfilzen すること. **2** もつれ; (毛糸・セーターなどの)毛玉.

ver·fin·stern[fɛrfínstərn] 《05》他 (h) **1** 暗くする;《比》(真理・美徳・名声などを)曇らせる; (怒り・不満・心痛などが気持を)陰鬱(いんうつ)にする;《天》食する: den Himmel ~ (雲などが)空を暗くする. **2** 再帰 *sich*[4] ~ 暗くなる;《比》曇る; 陰鬱になる;《天》食になる: Der Himmel *verfinsterte* sich zusehends. 空は見る見る暗くなった | Seine Miene *verfinsterte* sich. 彼の表情は暗くなった(不機嫌・心配などで). [<finster]

V

Ver·fin·ste·rung[..tərʊŋ] 女 -/-en **1**《単数で》〔sich〕verfinstern すること. **2** (Finsternis)〘天〙食.

Ver·fin·ste·rungs·grad 男〘天〙食分.

ver·fit·zen[fɛrfítsən]《02》他 (h)《話》(糸などを)もつれさせる: 再帰 *sich*[4] ～ もつれる.

ver·fla·chen[fɛrfláxən] **I** 他 (h) 平らにする, 平坦(へいたん)にする; (水深を)浅くする. **II** 自 (s) 平らになる, 平坦になる; (水深が)浅くなる;《比》浅薄〈皮相〉化する.

ver·flach·sen[fɛrfláksən]《02》他 (h)《話》《*jn.*》からかう, 嘲弄(ちょうろう)する.

Ver·fla·chung[..fláxʊŋ] 女 -/-en **1**《単数で》verflachen すること. **2** 平らな〈平坦(へいたん)な〉場所; 浅瀬.

ver·flackern[fɛrflákərn]《05》自 (s) (炎などが)ゆらめきながら消える.

ver·flech·ten*[fɛrflέçtən]《43》他 (h) **1**《*et.*[4] mit *et.*[3]》(…を…と)編み合わせる, からみ合わせる, 組み合わせる;《*et.*[4] in *et.*[4]》(…を…のなかに)編み込む, 組み入れる: Bänder〔miteinander〕～ リボンを編み合わせる | zwei Unternehmen〔miteinander〕～ 二つの企業を結合する ‖ 再帰 *sich*[4] ～ からみ合う, 結合する; もつれ合う | Die Wurzeln hatten sich eng ineinander *verflochten.* 根はびっしりと互いにからみ合っていた.

2《比》《*jn.* in *et.*[4]》(…を…に)巻き込む, 巻き添えにする: in *et.*[4] *verflochten* werden …に巻き込まれる, …の巻き添えを食う.

Ver·flech·tung[..tʊŋ] 女 -/-en 編み合わせ, 組み合わせ; からみあい, 結合; 密接な関連;《比》巻き添え, かかり合い.

ver·flie·gen*[fɛrflí:gən][1]《45》**I** 自 (s) **1** (発散して)消え去る;《比》(跡形もなく)消えうせる: Der Geruch wird bald ～. このにおいはじきに消えるだろう | Sein Ärger ist rasch *verflogen.* 彼の怒りはすぐに消え去った. **2** (時が)飛ぶように過ぎる: Die Stunden *verflogen* im Nu. 時間はまたたくまに過ぎ去っていった.

II 他 (h) 再帰 *sich*[4] ～ (鳥・航空機などが)飛んでいて方角を見失う.

ver·flie·ßen*[fɛrflí:sən]《47》自 (s) **1** (時が)流れ去る, 経過する: Seitdem sind schon drei Monate *verflossen.* あれからすでに 3 か月という時が過ぎ去った ‖〘過去分詞で〙im *verflossenen* Jahr 昨年に | seine *verflossene* Freundin《話》彼の昔のガールフレンド | ihr *Verflossener*《話》彼女の昔の恋人〈前の夫〉. **2** (画面の絵の具などが水ににじんで)まざり合う,(インクなどが)にじむ;《比》(境界が)不明確〈あいまい〉になる: Die beiden Begriffe beginnen hier zu ～. この二つの概念はここでその区別がぼやけ始める.

ver·flixt[fɛrflíkst] 形《話》**1** いまいましい, 腹立たしい, 不愉快な: ein ～*er* Kerl いまいましいやつ ‖〘間投詞的に〙***verflixt***〔**nochmal**〕! / ***verflixt* noch eins!** / ***verflixt* und zugenäht!** くそいまいましい, ちくしょうめ. **2** とてつもない, べらぼうな, 非常な: Ich hatte ～*es* Glück. 私はものすごく運がよかった | Es ging alles ～ schnell. すべてはおそろしく〈とてつもなく〉早く進行した. [<verflucht]

ver·floch·ten[fɛrflɔ́xtən] verflechten の過去分詞; 過去 1・3 人称複数.

Ver·floch·ten·heit[–haɪt] 女 -/-en verflechten されていること.

ver·flo·gen[fɛrfló:gən] verfliegen の過去分詞; 過去 1・3 人称複数.

ver·flö·ten[fɛrflǿ:tən]《01》他 (h)《話》《*jn.*》(仲間などを)裏切る, 敵に売る.

ver·flu·chen[fɛrflú:xən] **I** 他 (h) **1**《*et.*[4]》のろう, 呪詛(じゅそ)する; (後悔の念をこめて)のろわしく〈いまいましく〉思う: *seinen* Leichtsinn ～ 自分の軽率さをのろう | Er hat schon oft *verflucht*, daß er sie damals im Stich gelassen hat. 彼は自分があのとき彼女を見殺しにしたことをすでに何度も悔やんだ.

2《*jn.*》**a)** 弾劾する, ののしる. **b)**〘宗〙破門する.

II ver·flucht 過分 形《話》**1** のろわしい, いまいましい: Das ist eine ganz ～*e* Geschichte. それは全くいまいましい話だ | Er ist ein ganz ～*er* Kerl. 彼は全くあきれたやつだ(しばしば褒め言葉としても) | ***verflucht***〔**nochmal**〕! / ***verflucht* noch eins!** / ***verflucht* und zugenäht!** (ののしり語として)くそいまいましい, ちくしょうめ. **2** とてつもない, べらぼうな, 非常な: Ich habe ～*es* Schwein gehabt. 私はものすごく運がよかった | Er ist ～ gescheit. 彼はべらぼうに頭がいい.

ver·flüch·ti·gen[fɛrflʏ́çtɪgən][2] 他 (h) **1** (液体を)気化〈蒸発・揮発〉させる. **2 a)** 再帰 *sich*[4] ～ (液体が)気化〈蒸発・揮発〉する: Alkohol *verflüchtigt* sich leicht. アルコールは蒸発しやすい. **b)**《比》再帰 *sich*[4] ～ 雲散霧消する, 消え去る;《話》(人が)こっそりいなくなる: Mein Füller hat sich *verflüchtigt.* 私の万年筆が消えてなくなった. [<flüchtig]

Ver·flüch·ti·gung[..gʊŋ] 女 -/-en (〔sich〕verflüchtigen すること. 例えば:) 気化, 蒸発, 揮発.

Ver·flu·chung[fɛrflú:xʊŋ] 女 -/-en (verfluchen すること. 例えば:) のろい; ののしり.

ver·flüs·si·gen[fɛrflʏ́sɪgən][2] 他 (h) (気体や固体を)液体にする, 液化する: Gas〈Kohle〉～ ガス〈石炭〉を液化する ‖ 再帰 *sich*[4] ～ 液体になる, 液化する ‖ *verflüssigtes* Petroleumgas 液化石油ガス. [<flüssig]

Ver·flüs·si·ger[..gər] 男 -s/- 液化器, 液化装置.

Ver·flüs·si·gung[..gʊŋ] 女 -/-en (気体や固体の)液体化, 液化.

ver·foch·ten[fɛrfɔ́xtən] verfechten の過去分詞; 過去 1・3 人称複数.

Ver·folg[fɛrfɔ́lk][1] 男 -[e]s/《官》(Fortgang) 進行, 経過:〘ふつう次の形で〙im〈in〉～ dieser Angelegenheit〈dieser Sache〉この件の経過において.

ver·fol·gen[fɛrfɔ́lgən][1] 他 (h) **1**《*jn./et.*[4]》(…〔の跡〕を)追う, 追いかける, 追跡する; つけまわす,(…に)ついてまわる;〘軍〙追撃する: einen Flüchtling〈den Täter〉～ 逃亡者〈犯人〉の跡を追う | Jagdhunde *verfolgen* das Wild〈die Spur des Wildes〉. 猟犬が野獣〈野獣の足跡〉を追う | Er ist vom Unglück〈Pech〉*verfolgt.* 彼は不運につきまとわれている | Eine dunkle Ahnung *verfolgte* ihn. 暗い予感が彼の念頭を去らなかった ‖ *jn.* gerichtlich ～〘法〙…を訴追する. **2**《*jn.* / *et.*[4]》(…の動きを)目で追う, 見守る, 注目する: *jn.* mit den Augen ～ …の行動を目で追う〈見守る〉| Wir haben die jüngste politische Entwicklung aufmerksam *verfolgt.* 我々は最近の政治の動向を注意深く見守ってきた. **3 a)**《*jn.* mit *et.*[3]》(…を…で)責めたてる,(…を…で)悩ます: *jn.* mit Vorwürfen ～ …にしきりに非難を浴びせる | Sie *verfolgte* ihn mit ihren Bitten. 彼女は彼にしつこくせがんだ. **b)**《*jn.*》迫害する: *jn.* aus politischen〈rassischen〉Gründen ～ …を政治的〈人種的〉な理由で迫害する | Sie sind *Verfolgte* des Naziregimes. 彼らはナチ政権によって迫害された犠牲者だ. **4**《*et.*[4]》(道を)どこまでもたどる; (目的・計画・政策などを)追求する: eine Absicht ～ 意図を追求する | Er *verfolgte* stets eine vorsichtige Politik. 彼はつねに用心深い政策をとりつづけた.

Ver·fol·ger[fɛrfɔ́lgər] 男 -s/- (verfolgen する人. 例えば:) 追跡者, 追っ手; 迫害者.

Ver·fol·gung[..gʊŋ] 女 -/-en (verfolgen すること. 例えば:) 追跡; 追求; 迫害; 注目;〘軍〙追撃;〘法〙訴追: die ～ des Täters 犯人追跡 | die ～ eines Zieles 目標の追求 | Juden*verfolgung* ユダヤ人迫害 | Straf*verfolgung*〘法〙刑事訴追.

Ver·fol·gungs≠angst 女 自分が追跡〈迫害〉されているという不安. **≠fahrt** 女 = Verfolgungsrennen **≠jagd** 女 犯人〈逃亡者〉狩り. **≠ren·nen** 中 (自転車競技の)追い抜きレース. **≠wahn** 男〘心〙追跡〈迫害〉妄想.

ver·for·men[fɛrfɔ́rmən] 他 (h) **1**《*et.*[4]》(…の)形をゆがめる〈ひずませる〉, 変形する: 再帰 *sich*[4] ～ 形がゆがむ〈ひずむ〉, 変形する. **2** 成形する.

Ver·for·mung[..mʊŋ] 女 -/-en **1**《単数で》〔sich〕verformen すること.

2 ひずみ, 変形: bleibende ～〘理〙永久ひずみ.

ver·frach·ten[fɛrfráxtən]《01》他 (h) **1**《*et.*[4]》(貨物として)送り出す, 発送する; 積み込む; 運送する. **2**《話》《*jn.*》連れてゆく, 送り出す; 貨物なみの扱いで輸送する: *jn.* ins Bett〈in den Zug〉～ …を〔むりやり〕寝かせる〈列車に乗せる〉.

Ver·frach·ter[..tər] 男 -s/- 貨物運送業者; (特に:)

海上運送業者, 回漕(かいそう)業者; 用船主, 荷主.

Ver·frạch·tung[..tʊŋ] 女 -/-en (貨物の)発送, 荷積み; 運送; 用船.

ver·frạn·zen[fɛrfrántsən] ((02)) 他 (h) **1** 再帰 *sich*[4] ～ 〚空〛(航空機が)コースからはずれる, 方角を見失う. **2** ((話)) 再帰 *sich*[4] ～ 道に迷う.

ver·frẹm·den[fɛrfrɛ́mdən][1] ((01)) 他 (h) ((*et.*[4])) 見慣れぬ〈そぐわぬ〉ものにする; 〚文芸〛異化する (Brecht の唱えた手法).

Ver·frẹm·dung[..dʊŋ] 女 -/-en 〚文芸〛異化.

Ver·frẹm·dungs·ef·fekt 男 〚文芸〛異化効果.

ver·frẹs·sen*[fɛrfrɛ́sən] ((49)) **I** 他 (h) ((話)) **1** 残らず食べる, ((比)) (金(かね)などを)飲み食いに使い果たす. **2** 再帰 *sich*[4] an *et.*[3] ～ …を食べすぎて胃をこわす.

II 過分 形 大食の, 食いしんぼうの: ein ～*er* Kerl 大食漢.

Ver·frẹs·sen·heit[-haɪt] 女 -/ ((話)) 大食, 食いしんぼう.

ver·frọ·ren[fɛrfró:rən] 形 **1** 冷え切った, こごえた: ～*e* Hände すっかりかじかんだ手. **2** 寒がりの. [＜verfrieren „erfrieren"]

ver·frụ̈·hen[fɛrfrý:ən] **I** 他 (h) 再帰 *sich*[4] ～ (時間的・時期的に予定より)早く起こる〈現れる〉; (人が予定より)早く到着する: Der Winter hat sich dieses Jahr *verfrüht.* 今年は冬のはじまるのが早すぎた | Ich habe mich etwas *verfrüht.* 私は少し早く着きすぎた.

II ver·frụ̈ht 過分 形 早すぎた, 時期尚早の: ein ～*er* Besuch 早すぎた訪問 ‖ *et.*[4] für ～ halten …を時期尚早とみなす | Der Triumph ist 〔noch〕 ～. 勝ち誇るのは〔まだ〕早すぎる.

[＜früh]

ver·frụ̈h·stücken[fɛrfry:ʃtʏkən] 他 (h) ((話)) (金などを考えもせずに)ぱっぱと使う. [＜Frühstück]

ver·fụ̈g·bar[fɛrfý:kba:r] 形 (verfügen できる. 例えば:) 意のままになる, 自由に処分〈裁量〉できる: So viel Geld habe ich nicht ～. そんな大金は私の自由にならない.

ver·fụ̈·gen[fɛrfý:gən][1] **I** 他 (h) **1** (職務・職権によって)命令〈指令〉する, 定める: Der Minister *verfügte* den Bau der Talsperre. 大臣はダムの建設を命じた | Ich *verfüge*, daß ... 私は…を定める(遺言状などで).

2 ((官)) 再帰 *sich*[4] ～ ((方向を示す語句と)) (…へ)行く, (…に)赴く; (…に)出頭する | *sich*[4] nach Hause ～ 帰宅する | Ich *verfügte* mich unverzüglich zur Polizei. 私はただちに警察に出頭した.

II 自 (h) ((über *jn.* 〈*et.*[4]〉)) (…を)意のままにする〈できる〉, 自由に処理する〈できる〉; (知識・能力・資金・手段などを)もっている, 手中にしている, 使える: über *sein* Geld frei ～ können 自分の金を自由に遣える | Er *verfügt* über reiche Erfahrungen 〈übernatürliche Kräfte〉. 彼は豊かな経験〈超能力〉の持ち主だ | Du kannst nicht nach Belieben über mich ～. 私はすべて君の思いどおりというわけにはいかないよ | *Verfügen* Sie über mich! ご用があれば何でも私におっしゃってください.

Ver·fụ̈·gung[fɛrfý:gʊŋ] 女 -/-en **1 a)** (職務・職権などによる)命令, 指令. **b)** 〚法〛処分: eine einstweilige ～ 仮処分 | eine letztwillige ～ 終意処分(遺言) | ～ von Todes wegen 死因処分(遺言と相続契約の総称) ‖ eine ～ erlassen 〈aufheben〉 処分を命じる〈取り消す〉.

2 ((単数で)) 意のままにすること, 任意の処理, 自由な使用: *et.*[4] zur ～ haben …を自由に処理〈使用〉できる | Wir haben nicht genügend Geldmittel zur ～. 我々の自由になる資金は十分ではない | *sich*[4] zur ～ halten (準備をととのえて)待機する | ***jm.* zur ～ stehen** …の自由〈意のまま〉になる | Das Zimmer steht dir zur ～. この部屋は君の好きなように使っていいよ | Ich stehe 〈stelle mich〉 dir jederzeit zur ～. 私にしてもらいたいことがあったらいつでも言ってくれ | ***jm. et.*[4] zur ～ stellen** …に…を任意に処理させる〈自由に使わせる〉 | Ich stelle Ihnen gern meinen Wagen zur ～. どうか私の車をご遠慮なくお使いください | Er stellte sein Amt zur ～. 彼は辞任〈進退伺い〉を申し出た | Er stellte sich sofort für die Rettungsarbeiten zur ～. 彼はただちに救助作業への参加を申し出た.

ver·fụ̈·gungs·be·rech·tigt 形 処分権のある.

Ver·fụ̈·gungs·recht 中 〚法〛処分権.

ver·fụhr[fɛrfú:r] verfahren の過去.

ver·fụ̈h·ren[fɛrfý:rən] 他 (h) **1** ((*jn.* zu *et.*[3])) (…を)惑わして〈そそのかして〉(…を)させる, (…を…へと)誘惑する: *jn.* zum Meineid 〈Trinken〉 ～ …をそそのかして偽証をさせる〈酒を飲ませる〉 | Darf ich Sie zu einem Glas Whisky ～? ((戯)) ウィスキーを1杯いかがですか | Der niedrige Preis *verführt* 〔zum Kauf〕. 値段が安いとつい買いたくなる.

2 ((*jn.*)) (性的に)誘惑する, たらし込む: ein Mädchen ～ 少女を誘惑する.

Ver·fụ̈h·rer[fɛrfý:rər] 男 -s/- (女 **Ver·fụ̈h·re·rin** [..rərɪn]-/-nen) 誘惑者.

ver·fụ̈h·re·risch[..rərɪʃ] 形 誘惑的な, 魅惑的な, 心を惑わす〈気持をそそる〉ような: ein ～*es* Angebot 魅力的な申し出 | eine ～*e* Schönheit 蠱惑(こわく)的な美女.

Ver·fụ̈h·rung[..rʊŋ] 女 -/-en (verführen すること. 例えば:) 誘惑, そそのかし; たらし込み: die ～*en* der Werbung 宣伝の魅力〈効果〉.

Ver·fụ̈h·rungs·kunst 女 誘惑術, 誘惑の手管.

ver·fụhr·wer·ken[fɛrfú:rvɛrkən] ((スイ)) ＝ verpfuschen

ver·fụ̈l·len[fɛrfʏ́lən] 他 (h) 〚坑〛(土砂などで)埋める, 充塡(じゅうてん)する.

ver·fụt·tern[fɛrfʊ́tərn] ((05)) 他 (h) ((話)) (金(かね)などを)飲み食いに使い果たす.

ver·fụ̈t·tern[fɛrfʏ́tərn] ((05)) 他 (h) 飼料として用いる〈消費する〉. [＜Futter[1]]

ver·gạb[fɛrgá:p][1] vergeben の過去.

Ver·gạ·be[fɛrgá:bə] 女 -/-n ((ふつう単数で)) (vergeben すること. 例えば:) 授与, 譲与; (仕事などの)委託.

ver·gạ·ben[..gá:bən][1] 他 (h) ((スイ)) (schenken) 贈与〈寄贈〉する; (vermachen) 遺贈する.

[＜*mhd.* gāben „beschenken" (◇Gabe)]

Ver·gạ·bung[..bʊŋ] 女 -/-en ((スイ)) 贈与, 寄贈; 遺贈.

ver·gạck·ei·ern[fɛrgák|aɪərn] ((05)) 他 (h) ((話)) 嘲弄(ちょうろう)〈愚弄〉する. [＜Gackei]

ver·gạf·fen[fɛrgáfən] 他 (h) ((話)) 再帰 *sich*[4] in *jn.* ～ …に惚(ほ)れ込む.

ver·gạ̈l·len[fɛrgɛ́lən] 他 (h) **1** (denaturieren) (アルコールなどを)変性させる: *vergällter* Spiritus 変性アルコール.

2 ((*jm. et.*[4])) (…を…にとって)苦い〈不愉快な〉ものにする: *jm.* die Freude ～ …の喜びをだいなしにする.

[*mhd.*; ◇Galle[1]]

Ver·gạ̈l·lung[..lʊŋ] 女 -/-en vergällen すること.

Ver·gạ̈l·lungs·mit·tel 中 〚化〛変性剤.

ver·ga·lop·piẹ·ren[fɛrgalɔpí:rən] 他 (h) ((話)) 再帰 *sich*[4] ～ 早まってへまをやる, 早とちりする. [＜Galopp]

ver·gạm·meln[fɛrgáməln] ((06)) **I** 自 (s) ((話)) かびが生える, かびて〈朽ちて〉使い物にならなくなる; (人が)だらしなくなる, 怠惰〈自堕落〉になる: *vergammeltes* Brot かびの生えたパン | ein *vergammelter* Laden さびれた店.

II 他 (h) ((話)) かびる〈朽ちる〉がままに放置する, だめにする; (時を)むだに〈無為に〉過ごす.

ver·gạn·gen[fɛrgáŋən] **I** vergehen の過去分詞.

II 形 過ぎ去った, 過去の, 以前の: ～*e* Nacht 昨夜〔に〕 | am ～*en* Montag この前の月曜日に | im ～*en* Jahr 昨年〔中〕に ‖ das *Vergangene* lebendig werden lassen 過去をよみがえらせる.

Ver·gạn·gen·heit[-haɪt] 女 -/-en **1** ((ふつう単数で)) 過去, 過ぎ去ったこと; これまでの人生〔遍歴〕: die jüngste ～ 〔ごく〕最近の過去 ‖ die Gespenster der ～ 過去の亡霊 | der ～ angehören すでに過去のものである ‖ eine dunkle 〈bewegte〉 ～ haben 暗い〈波瀾(はらん)に富む〉過去をもっている | Jeder Mensch schleppt 〈trägt〉 seine ～ mit sich 〔herum〕. 人はだれしも自分の過去を引きずっている | Lassen wir die ～ ruhen. 過ぎたことはそのままにしておこう, 過去のことは問うまい ‖ eine Frau mit ～ 過去をもった女, とかくうわさのある女 | mit der ～ brechen 〔自分の〕過去と決別する.

2 (Präteritum)〘言〙過去〔時称〕: die drei ～*en* des Verbs 動詞の3種類の過去(過去・現在完了・過去完了) | die erste 〈zweite〉 ～ 過去〈現在完了〉 | die dritte 〈vollendete〉 ～ 過去完了 ‖ ein Verb in die ～ setzen 動詞を過去形にする.

Ver·gạn·gen·heits≈be·wäl·ti·gung 女 -/ 過去の克服〈清算〉(とくに自分の犯した罪や戦争犯罪などに関して).
≈form 女〘言〙過去形.

ver·gäng·lich[fɛrgɛ́ŋlɪç] 形 (↔beständig) (永続せずに)過ぎ去る, うつろいやすい, つかの間の; はかない, 無常の: ～*er* Ruhm はかない〈つかの間の〉名声 ‖ Die Jugend ist ～. 青春とは過ぎ行くもの | Alles ist ～. ものみなすべてうつろう, 諸行無常.

Ver·gäng·lich·keit[–kaɪt] 女 -/ vergänglich なこと.

ver·gạn·ten[fɛrgántən] ⦅01⦆ 他 (h) ⦅スイ⦆⦅*et.*^{4}⦆ (…に対して)破産の強制執行手続きをとる; 強制競売に付する. [<Gant]

Ver·gạn·tung[..tʊŋ] 女 -/-en ⦅スイ⦆ 強制競売〔処分〕.

ver·gä·ren$^{(*)}$[fɛrgɛ́:rən] ⦅51⦆ **I** 他 (h) 発酵させる. **II** 自 (s) 発酵する.

Ver·gä·rung[..rʊŋ] 女 -/-en 発酵.

ver·ga·sen[fɛrgá:zən]^1 ⦅02⦆ 他 (h) **1** ガス状にする, ガス化する, 気化する: 再帰 *sich*^{4} ～ ガス状になる, 気化する. **2** ⦅*jn.*⦆ 毒ガスで殺す; (害虫などを)毒ガスで駆除する. **3** (空間を)〔有毒〕ガスで満たす. [<Gas]

Ver·ga·ser[..zər] 男 -s/- (内燃機関などの)気化器, キャブレター.

Ver·ga·ser·brand 男 (自動車の)キャブレターの発火.

ver·gaß[fɛrgá:s] vergessen の過去.

ver·gä·ße[..gɛ́:sə] vergessen の接続法 II.

Ver·ga·sung[fɛrgá:zʊŋ] 女 -/-en (vergasen すること. 例えば:) **1** ガス化, 気化: **bis zur ～**⦅話⦆うんざりするほど. **2** 毒ガスによる殺害〈駆除〉.

ver·gat·tern[fɛrgátərn] ⦅05⦆ 他 (h) **1** ⦅*et.*^{4}⦆ (…に)格子をつける. **2** die Wache ～〘軍〙衛兵を服務させる(本来の隊務から解放して衛兵勤務の特別の指揮下に置く). **3** ⦅話⦆⦅*jn.* zu *et.*^{3}⦆ (…に…を)厳しく命令する: *jn.* zu strengem Schweigen ～ …に絶対に口外を禁じる. [*mhd.* vergatern „versammeln"; ◇Gatte〔r〕; *engl.* gather]

Ver·gat·te·rung[..tərʊŋ] 女 -/-en vergattern すること.

ver·ge·ben*[fɛrgé:bən]^1 ⦅52⦆ **I** 他 (h) **1** (英: *forgive*) ⦅雅⦆⦅*jm. et.*^{4}⦆ (…の罪・過失・非礼などを)許す: Ich *vergab* ihm sein Vergehen. 私は彼の過失を許してやった | Und *vergib* uns unsere Schuld, wie wir *vergeben* unsern Schuldigern. そして私たちに負債のある者をゆるしましたように私たちの負債をもおゆるしください(聖書: マタ6,12) ‖〘目的語なしで〙Bitte *vergib* mir! どうか許してくれ ‖ Es sei alles *vergeben* und vergessen! 何もかも水に流すとしよう.
2 a) ⦅*et.*^{4} 〔an *jn.*〕⦆ (…を〔…に〕)与える, 授ける, 授与〈譲与〉する: eine Arbeit ～ (請負の)仕事を委託する | ein Stipendium ～ 奨学金を与える | Er *vergab* den Posten an den Fähigsten. 彼は一番有能な男をそのポストにつけた | Die Stelle ist schon lange *vergeben.* その地位はとうにふさがっている | Es waren noch einige Eintrittskarten zu ～. 入場券がまだ数枚余っていた. **b)** (あらかじめ)与えることを約束する: Ich habe diesen Abend 〈den nächsten Tanz〉 bereits *vergeben.* 私は今晩〈つぎのダンス〉はもう予約ずみだ | Er ist für heute schon *vergeben.* 彼はきょうはすでにほかの予定がある | Unsere Tochter ist schon *vergeben.* うちの娘はすでに結婚している〈結婚の相手がきまっている〉.
3 (機会を)のがす, 逸する: ein Tor ～ (サッカーなどで球を)ゴールに入れそこなう.
4 ⦅*jm.*/*et.*^{3}⦆⦅不定代名詞の4格と⦆ (…を)損なう: *et.*^{3} nichts ～ …をいささかも損なわない ‖ ***sich***^{3} **etwas** 〈**nichts**〉 **～** 自分の体面をいくぶん傷つける〈少しも傷つけない〉 | Du *vergibst* dir 〈deinem Ansehen〉 nichts, wenn du körperlich arbeitest. 肉体労働をすることは君にとってちっとも恥ではない | Ich kann das tun, ohne mir dabei 〈damit〉 etwas zu ～. それをしたからといって私の品位が傷つくわけではない.
5 〘トランプ〙 **a)** (カードを)誤って配る. **b)** 再帰 *sich*^{4} ～ カードの配り方を間違える.
ᵛ**II** 過分 形 =vergeblich
[◇*engl.* forgive]

ver·ge·bens[fɛrgé:bəns] 副 (umsonst) むだに, 無益に, いたずらに: *sich*^{4} ～ bemühen むだ骨を折る | Alles Bemühen 〈Bitten〉 war ～. 努力〈懇願〉もすべてむなしかった. [<*mhd.* vergeben „geschenkt"]

ver·geb·lich[fɛrgé:plɪç] 形 (erfolglos) むだな, 無益の, むなしい, 効果のない: ～*e* Anstrengungen むなしい努力 | ein ～*es* Bemühen むだな骨折り ‖ Sein Besuch war ～. 彼の訪問はむだ足だった ‖ *sich*^{4} ～ bemühen むだ骨を折る.

Ver·geb·lich·keit[–kaɪt] 女 -/ vergeblich なこと.

Ver·ge·bung[fɛrgé:bʊŋ] 女 -/-en (vergeben すること. 特に:) **1** ⦅雅⦆赦(ゆる)し, 容赦: die ～ der Sünden 罪の赦(ゆる)し, 赦免 | *jn.* um ～ bitten …に許しを請う.
2 ⦅ふつう単数で⦆ (Vergabe) 授与, 譲与.

ver·ge·gen·ständ·li·chen[fɛrgé:gənʃtɛntlɪçən] 他 (h) ⦅*et.*^{4} in *et.*^{3}⦆〘哲〙(…を…〔の中〕に)対象化〈具象化・実体化〉する; (…に…の中で)具体性を与える, 具現する: 再帰 *sich*^{4} in *et.*^{3} ～ …の中で対象化〈具象化〉される, …で自己を客観的〈具体的〉に表す. [<gegenständlich]

ver·ge·gen·wär·ti·gen[fɛrgé:gənvɛrtɪgən, ◡–◡◡◡◡]^2 他 (h) *sich*^{3} *jn.* 〈*et.*^{4}〉 ～ …をありありと思い浮かべる. [<gegenwärtig]

Ver·ge·gen·wär·ti·gung[..gʊŋ, ◡–◡◡◡◡] 女 -/-en vergegenwärtigen すること.

ver·ge·hen*[fɛrgé:ən] ⦅53⦆ **I** 自 (s) **1** (時が)過ぎ去る, 経過する, 過去のものとなる; ⦅雅⦆(世代などが)滅び去る: Die Zeit *vergeht* wie im Fluge. 時が飛ぶように過ぎてゆく | Wie rasch das Leben *vergeht*! 人生はなんと早く過ぎ去ることか.
2 消え去る, 消滅する; (気分・感情・生理的状態などが)消えうせる, なくなる: Die Liebe *vergeht.* 愛は消滅する | Der Mut ist 〈Die Schmerzen sind〉 mir *vergangen.* 私は勇気〈苦痛〉が消えうせた | Mir *vergingen* die Sinne. 私は意識を失った〈何が何だかわからなくなった〉 | Da *vergeht* einem der Appetit! これじゃあ食欲がなくなるよ; ⦅話⦆これじゃあ嫌気もさすよ | *jm. vergeht* Hören und Sehen (→hören III) | *jm. vergeht* 〔noch〕 das Lachen (→lachen II).
3 ⦅vor *et.*^{3}⦆ (…のあまり)消え入りそうになる, 死ぬ思いがする: Ich *vergehe* vor Durst. 私はのどが渇いて死にそうだ | Sie *verging* beinahe vor Angst 〈Scham〉. 彼女はこわくて〈恥ずかしくて〉死ぬ思いだった.
4 ⦅雅⦆死ぬ; (植物が)枯死する.
II 他 (h) **1** 再帰 *sich*^{4} gegen *et.*^{4} ～ …に違反する | *sich*^{4} gegen das Gesetz ～ 法律に違反する | *sich*^{4} gegen die guten Sitten ～ 風紀を乱す行為をする | *sich*^{4} an fremdem Eigentum ～ ⦅雅⦆他人の所有物に手をつける〈を盗む〉.
2 再帰 *sich*^{4} an *jm.* ～ …に対して暴行する〈性犯罪を犯す〉 | *sich*^{4} an einem Mädchen ～ 少女に暴行する〈いたずらをする〉.

III Ver·ge·hen 中 -s/- **1** ⦅単数で⦆ (vergehen すること. 例えば:) (時の)経過; 消滅, 消失: das Werden und ～ in der Natur 自然界における生成と消滅. **2** 違反行為, 犯行, 非行; 〘法〙軽罪 (→Übertretung, Verbrechen): ein leichtes 〈schweres〉 ～ 軽い〈重大な〉違反行為 | *sich*^{4} eines ～*s* schuldig machen 罪を犯す.
IV ver·gan·gen → 別出

ver·gei·len[fɛrgáɪlən] 自 (s) 〘植〙(植物が光の欠乏などのために)黄化する. 「黄化.」

Ver·gei·lung[..lʊŋ] 女 -/-en (Etiolement) 〘植〙

ver·gei·sti·gen[fɛrgáɪstɪgən]^2 他 (h) 精神的にする, 精神化する; 知的なものにする: ein *vergeistigtes* Gesicht 超俗的な顔. [<geistig]

Ver·gei·sti·gung[..gʊŋ] 女 -/-en 精神化.

ver·gel·ten*[fɛrgɛ́ltən] ⦅54⦆ 他 (h) ⦅*et.*^{4}⦆ (…に)報いる, (…の)お返しをする; (…の)報復をする, 復讐(ふくしゅう)〈仕返し〉をする; ⦅*jm. et.*^{4}⦆ (…に…の)返礼〈お返し〉をする: Böses mit

Gutem ～ 悪に報いるに善をもってする | Gleiches mit Gleichem ～ (→gleich III) | Haß mit Liebe ～ 憎しみに対して愛をもって報いる | Wie soll ich Ihnen das ～? どうやってあなたにこのお返しをしたらよいのか | *Vergelt*'s Gott! ありがとう(慣用句的なお礼の表現).

Ver·gel·tung[..tʊŋ] 女 -/-en《ふつう単数で》報い, お返し; 報復, 返報, 復讐(ふくしゅう), 仕返し: ～ üben 報復する, 仕返しをする.

Ver·gel·tungs≈an·griff 男 報復攻撃. ≈**maß·nah·me** 女 報復措置. ≈**schlag** 男 報復の一撃〈打撃〉. ≈**waf·fe** 女 報復兵器(略 V-Waffe).

Ver·ge·nos·sen·schaft·li·chung [fɛrgənɔ́sənʃaftlɪçʊŋ] 女 -/ (旧東ドイツで)協同組合化. [＜genossenschaftlich]

ver·ge·sell·schaf·ten[fɛrgəzɛ́lʃaftən]《01》他 (h) **1** 社会化する, 公共のものにする, 公営〈国営〉化する, 国有化する. **2** 再帰 *sich*^{4} mit *jm.* ～ …と仲間を作る, …と共同〈提携〉する;〘生〙(…と)共存〈共生〉する. [＜Gesellschaft]

Ver·ge·sell·schaf·tung[..tʊŋ] 女 -/-en **1** 社会化, 公営〈国営〉化, 国有化. **2** 共同, 提携;〘生〙(ある自然環境のもとでのさまざまな生物の)共存, 共生.

ver·ges·sen*[fɛrgɛ́sən]《55》**ver·gaß**[fɛrgá:s]/ **ver·ges·sen**; 現 *du* vergißt[fɛrgíst] (vergissest), *er* vergißt; 命 vergiß; 接II vergäße[fɛrgɛ́:sə]

I 他 (h) **1** (英: *forget*) **a)**《*et.*^{4}》(…〔のこと〕を)忘れる, 失念〈忘却〉する; (うっかり…するのを)忘れる, 怠る: den Termin ～ 会合の約束を忘れる | Ich habe seinen Namen 〈seine Telefonnummer〉 *vergessen.* 私は彼の名前〈電話番号〉を忘れた | Ich habe den Schlüssel *vergessen.* 私はかぎを〔持ってくるのを〕忘れた | Wir *vergaßen* über dem Spielen das Essen. 我々は遊びに夢中になって食事のことを忘れていた | Beim Verteilen des Kuchens habe ich mich selbst *vergessen.* ケーキを切り分けるさい私は自分の分を忘れてしまった | ***jm. et.***^{4} **nicht** 〈**nie**〉 **～** …に対して…(自分の受けた恩恵・仕打など)を忘れずに覚えている | Das werde ich dir nie ～. 君のこの仕打ち〈親切〉は決して忘れないよ | Das kannst du ～.《話》そんなこと 気にしなくていいよ | Seine Güte ließ mich viele unangenehme Erinnerungen ～. 彼の親切は私に多くの不愉快な思い出を忘れさせてくれた ‖〘zu 不定詞〔句〕と〙Ich habe *vergessen*, den Schlüssel mitzunehmen. 私はかぎを持ってくるのを忘れた ‖〘目的語なしで〙Ich *vergesse* sehr leicht. 私はひどく忘れっぽい ‖ 再帰 *sich*^{4} leicht 〈schnell〉 ～ (事件などが)容易に〈すぐ〉忘れ去られる ‖〘過去分詞で〙ein *vergessener* Schriftsteller (世間から)忘れ去られた作家 | Es sei alles 〔vergeben und〕 *vergessen.* 何もかも水に流すとしよう.
b)《*et.*^{4}》《場所を示す語句と》(…を特定の場所に)置き忘れる: *seine* Brille im Hotelzimmer ～ めがねをホテルの部屋に置き忘れる | Ich habe meinen Schirm bei euch *vergessen.* 私は傘を君たちのところに置き忘れてきた.
2 再帰 *sich*^{4} 〔selbst〕 ～ (かっとなって)我を忘れる, 逆上する | Er hat sich soweit *vergessen*, daß er sie sogar geschlagen hat. 彼はかっとなったあまり彼女を殴ってしまった | Hinaus, oder ich *vergesse* mich! とっとと出て行け. さもないと私は何をしでかすか分からないぞ.
II 自 (h) **1**《雅》《*js.* / *et.*^{2}》(…〔のこと〕を)忘れる, 失念する: *Vergiß* mein 〈meiner〉 nicht! 私のことを忘れないでくれ (→Vergißmeinnicht) | Er *vergaß* seiner Pflicht. 彼は自分の義務を忘れた. **2**《南部・オーストリア》《auf *jn.* 〈*et.*^{4}〉/ an *jn.* 〈*et.*^{4}〉》(…〔のこと〕を)忘れる, 失念する.
III Ver·ges·sen 中 -s/ 失念, 忘却: dem ～ anheimfallen《雅》(時とともに)忘れ去られる | den Schleier des ～s über *et.*^{4} breiten (→Schleier 2).
[*westgerm.*; ◇ergötzen; *engl.* forget]

Ver·ges·sen·heit[fɛrgɛ́sənhaɪt] 女 -/ 忘れられていること, 忘却状態: der ～ anheimfallen《雅》(時とともに)忘れ去られる ‖ aus der ～ wieder auftauchen 忘却からよみがえる | **in ～ geraten** 忘れ去られる, 忘却のかなたに沈む.

ver·geß·lich[fɛrgɛ́slɪç] 形 忘れっぽい, 健忘症の: ein ～*er* Mensch 忘れっぽい人.

Ver·geß·lich·keit[–kaɪt] 女 -/ 忘れっぽさ, 健忘症.

ver·geu·den[fɛrgɔ́ʏdən]^1《01》他 (h) (金・労力・時間などを)むだに遣う, 浪費する. [*mhd.*; ＜*mhd.* giuden „prassen" (◇gähnen)]

Ver·geu·der[..dər] 男 -s/- むだ遣いする人, 浪費家.

ver·geu·de·risch[..dərɪʃ] 形 むだ遣いの, 浪費的な.

Ver·geu·dung[..dʊŋ] 女 -/-en むだ遣い, 浪費.

ver·ge·wal·ti·gen[fɛrgəváltɪgən]^2 他 (h) **1**《*jn.*》(…に)暴力的に〈むりやり〉強制する; 暴力で犯す, 強姦(ごうかん)〈凌辱(りょうじょく)〉する, レイプする. **2**《*et.*^{4}》(…に)暴力を加える; 暴力的に押えつける; 暴力的にねじまげる: das Recht ～ むりやり法をねじまげる. [＜gewaltig]

Ver·ge·wal·ti·gung[..gʊŋ] 女 -/-en (vergewaltigen すること. 例えば:) 暴力的な強制; 強姦(ごうかん), 凌辱(りょうじょく), 暴行, レイプ; ねじまげ.

ver·ge·wis·sern[fɛrgəvísərn]《05》他 (h) **1** 再帰 *sich*^{4} *et.*^{2} 〈über *et.*^{4}〉 ～ …を確かめる, …を確認する | *sich*^{4} der Zuverlässigkeit des Berichtes ～ 報告の信憑(しんぴょう)性を確かめる | Ich muß mich ～, ob die Tür abgeschlossen ist. 私は戸に錠がかかっているかどうか確認しなければならない. **2** 再帰 *sich*^{4} *js.* 〈über *jn.*〉 ～ …が信頼の置ける人であることを確かめる. [＜gewiß]

Ver·ge·wis·se·rung[..sərʊŋ] (**Ver·ge·wiß·rung**[..srʊŋ]) 女 -/ 確認.

ver·gie·ßen*[fɛrgí:sən]《56》他 (h) **1** 注ぎそこなう, (注ぐ際に)こぼす: die ganze Milch ～ ミルクを全部こぼす. **2** (血・汗・涙などを)流す: Tränen ～ さめざめと泣く | viel Schweiß ～ 汗水たらしてがんばる | *sein* Blut fürs Vaterland ～《雅》祖国のために血を流す〈死ぬ〉. **3** (植物を)水をやりすぎて腐らせる〈だめにする〉. **4** 鋳込む; 鋳固める.

Ver·gie·ßung[..sʊŋ] 女 -/ vergießen すること.

ver·gif·ten[fɛrgíftən]《01》他 (h) **1**《*et.*^{4}》(…に)毒を入れる〈まぜる・塗る〉; 有毒にする;《比》(…に)害を与える, 毒する: eine Speise mit Blausäure ～ 食物に青酸を入れる(毒殺の目的で) | die Seele eines Kindes ～ 子供の魂を毒する(有害な影響などが) ‖ durch Autoabgase *vergiftete* Luft 自動車の排気ガスで汚れた空気 | ein *vergifteter* Pfeil 毒矢. **2**《*jn.*》(…に)毒を飲ませる, 毒殺する: *seine* Frau ～ 妻を毒殺する ‖ 再帰 *sich*^{4} 〔mit Tabletten〕 ～ 服毒〈服毒自殺〉する.
3 再帰 *sich*^{4} ～ 食中毒にかかる: *sich*^{4} an Pilzen 〈durch verdorbenes Fleisch〉 ～ キノコ〈腐った肉〉にあたる.
[＜Gift I 1]

Ver·gif·tung[..tʊŋ] 女 -/-en 〔sich〕 vergiften すること: Alkohol*vergiftung* アルコール中毒 | Selbst*vergiftung* 自家中毒 ‖ an einer ～ sterben 中毒死する.

Ver·gif·tungs≈er·schei·nung 女, ≈**sym·ptom** 中〘医〙中毒症状. ≈**tod** 男〘医〙中毒死.

Ver·gil[vɛrgí:l] 人名 Publius *Vergilius* Maro プブリウス ウェルギリウス マロ(前70–前19; 古代ローマの詩人. 作品《Äneide》など).

ver·gil·ben[fɛrgílbən]^1 自 (s) (紙などが時とともに)黄色に変色する, 黄変する: *vergilbte* Briefe 黄色く変色した手紙. [◇gelb]

Ver·gil·bung[..bʊŋ] 女 -/-en 黄変;〘医〙皮膚黄染.

ver·ging[fɛrgíŋ] vergehen の過去.

ver·gip·sen[fɛrgípsən]《02》他 (h) **1** 石膏(せっこう)で固める, しっくいで塗りつぶす. **2** (骨折個所などを)ギプスで固定する.

ver·giß[fɛrgís] vergessen の命令法単数.

ver·gis·sest[..səst] vergißt (vergessen の現在 2 人称単数)の別形.

Ver·giß·mein·nicht[fɛrgísmaɪnnɪçt] 中 -〔e〕s/-〔e〕 **1**〘植〙ワスレナグサ(勿忘草)属(薄青色の花で友愛のシンボル). **2**《話》(殴られてできた)青あざ. [◇*engl.* forget-me-not]

Ver·giß·mein·nicht·au·ge 中 -s/-n《ふつう複数で》**1** 薄青色の目. **2**《話》殴られてまわりに青あざのできた目.

ver·gißt[fɛrgíst] vergessen の現在 2・3 人称単数.

ver·git·tern[fɛrgítərn]《05》他 (h)《*et.*^{4}》(…に)格子をつける: ein *vergittertes* Fenster 格子窓 | hinter *vergit-*

terten Fenstern sitzen《話》牢(ろう)に入っている.

Ver·gi̱t·te·rung[..tərʊŋ] 女 -/-en **1**《単数で》vergittern すること. **2** 格子〔細工〕.

ver·gla̱·sen[fɛrglá:zən][1]《02》**I** 他 (h) **1**《*et.*[4]》(…に)ガラスを入れる〈はめる〉; (建物などに)ガラス窓を付ける: **Du kannst dich ~ lassen.** / **Laß dich ~!**《方》君はどうにもしようのないやつだ; 君には何もできっこない. **2** ガラス質にする, ガラス化する.

II 自 (s) (エナメル・うわぐすりなどが)ガラス状〈質〉になる, 透化〈ガラス化〉する: ein *verglaster* Blick《比》どんよりした目つき.

Ver·gla̱·sung[..zʊŋ] 女 -/-en **1**《単数で》verglasen すること. **2** (窓などの)ガラス; (建物の)ガラス窓.

Ver·gle̱ich[fɛrgláiç] 男 -[e]s/-e **1** 比較; 対比, 照合, 校合(きょうごう); 参照; たとえ;〘修辞〙直喩(ちょくゆ)(㊞ schwarz wie die Nacht 夜のように暗黒の): ein passender 〈treffender〉 ~ 適切な比較 ‖ einen ~ anstellen 〈ziehen〉 比較する | einen ~ zwischen zwei Möglichkeiten ziehen 二つの可能性を比較する | keinen ~ mit *et.*[3] aushalten …との比較に耐えない, …に比べてはるかに劣る ‖ **im ~ zu 〈mit〉 *jm.* 〈*et.*[3]〉** …と比べて, …と比較して | Im ~ zu meiner Mutter ist mein Vater sehr freigebig. 母と比べて父はとても気前がいい | *et.*[4] zum ~ heranziehen …と比較する ‖ Das ist ja kein ~! それは全く比較にならない〔ほど良い・悪い〕| Er arbeitet gut, aber es ist kein ~ zu dir. 彼はよく働くが君にははるかに及ばない | Jeder ~ hinkt. 比較〈たとえ〉というものは必ずしも完全にはしっくりしないものだ.

2〘法〙和解, 和議: einen ~ schließen 和解する, 和議を結ぶ | einen ~ vorschlagen 和解〈和議〉を提案する ‖ auf einen ~ eingehen 和解〈和議〉に応じる | Zwischen beiden Parteien kam es zu einem ~. 両当事者間に和解〈和議〉が成立した ‖ Besser ein magerer ~ als ein fetter Prozeß.《諺》不利な和解も有利な訴訟にまさる.

3 =Vergleichskampf

ver·gle̱ich·ba̱r[fɛrgláiçba:*r*] 形《mit *jm.* 〈*et.*[3]〉》(…と)比べうる, 比較できる; (…に)匹敵〈比肩〉する.

Ver·gle̱ich·ba̱r·keit[−kaıt] 女 -/ vergleichbar なこと.

ver·gle̱i·chen*[fɛrgláiçən]《58》他 (h) **1**《*jn.* 〈*et.*[4]〉 mit *jm.* 〈*et.*[3]〉》(…を…と)比べる, 比較する; 対比する, 照合〈校合(きょうごう)〉する; (…を…に)比する, たとえる: die Abschrift mit dem Original ~ 写しを原文とつき合わせる〈校合する〉| Der Dichter *verglich* sie mit einer Blume. 詩人は彼女を花にたとえた | Sie ist mit ihrer Mutter nicht zu ~. 彼女は母親とは比べものにならない | Ich habe die beiden Bilder 〔miteinander〕 *verglichen.* 私はその2枚の絵〈写真〉を比べてみた | *Vergleiche* Seite 12! (㊞ vgl. S. 12) 12ページ参照 ‖ *vergleichende* Anatomie 〈Sprachwissenschaft〉 比較解剖学〈言語学〉. **2** 再帰 *sich*[4] mit *jm.* ~ …に匹敵〈比肩〉する | Er kann sich nicht mit dir ~. 彼は君と肩を並べることはできない〈君にはかなわない〉. **3**〘法〙再帰 *sich*[4] mit *jm.* ~ …と和解する〈和議を結ぶ〉| Die beiden haben sich schließlich *verglichen.* 両者は結局和解した.

Ver·gle̱ichs≠form[fɛrgláiçs..] 女〘言〙(形容詞・副詞の)比較変化形. **≠ge·richt** 中 和議裁判所. **≠ja̱hr** 中 (統計で)比較される年. **≠kampf** 男〘スポ〙(チーム間の)対抗試合. **≠ma̱ß·stab** 男 比較の基準. **≠ord·nung** 女〘法〙和議法. **≠par·ti̱·kel** 女〘言〙比較の不変化詞(㊞ als, wie). **≠punkt** 男 比較の対象となる点; 類似点. **≠satz** =Komparativsatz **≠stu̱·fe** 女〘言〙(形容詞・副詞の)比較の等級(原級・比較級・最上級). **≠ver·fa̱h·ren** 中〘法〙和議手続き. **≠ver·wal·ter** 男〘法〙和議管財人.

ver·gle̱ichs·wei·se 副 比喩(ひゆ)〈たとえ〉を用いて; (relativ) 比較的〔に〕.

Ver·gle̱i·chung[fɛrgláiçʊŋ] 女 -/-en (vergleichen すること. 例えば:) 比較; 対比, 照合; 参照.

ver·gle̱t·schern[fɛrglɛ́tʃərn]《05》自 (s)〘地〙氷〈氷河〉で覆われる, 氷河化する. [<Gletscher]

Ver·gle̱t·sche·rung[..tʃərʊŋ] 女 -/-en〘地〙氷河化.

ver·gli̱ch[fɛrglíç] vergleichen の過去.

ver·gli̱·chen[..çən] vergleichen の過去分詞; 過去1・3人称複数.

ver·glim·men[(*)][fɛrglímən]《61》自 (s) (微光を発しながら)しだいに消えてゆく.

ver·glü̱·hen[fɛrglý:ən] 自 (s) (流星・ロケットなどが)灼熱(しゃくねつ)〈白熱〉して燃えつきる; (灼熱光が)しだいに消えてゆく.

ver·gnü̱·gen[fɛrgný:gən][1] **I** 他 (h) **1**《*jn.*》楽しませる, 面白がらせる: Meine Antwort *vergnügte* ihn. 彼は私の返答を面白がった. **2** 再帰 *sich*[4] ~ 楽しむ, 興じる, 愉快に時を過ごす: *sich*[4] auf dem Jahrmarkt ~ 年の市を楽しむ | Die Kinder *vergnügten* sich mit Ballspielen. 子供たちはボール遊びをして楽しく時を過ごした.

II Ver·gnü̱·gen 中 -s/- **1**《単数で》楽しみ, 喜び: ein kindliches 〈zweifelhaftes〉 ~ 無邪気な〈いかがわしい〉楽しみ | ein diebisches ~《話》痛快な喜び | das ~ des Radfahrens サイクリングの楽しみ ‖ *jm.* ein großes ~ machen 〈bereiten〉 …を大いに喜ばせる | *jm.* das ~ verderben …の喜びをだいなしにする ‖ Es war mir ein ~, Sie kennengelernt zu haben. お近づきになれてうれしく思いました | Das ~ ist ganz auf meiner Seite. いいえ こちらこそうれしく存じます | Bei so überfüllten Straßen ist das Autofahren kein ~ mehr. 道路がこんなに込んでいては車の運転も楽じゃない | **ein teures ~ sein**《話》ずいぶん高いものにつく, たいへんな出費である ‖ Ich wünsche dir viel ~./ Viel ~! (遊びに出かける人に)大いにお楽しみください(いやなことを目前に控えている人にも反語的に用いる) | **Mit wem habe ich das ~ 〔zu sprechen〕?** (電話で)失礼ですがどなた様でしょうか | Er machte sich ein ~ daraus, uns zu begleiten. 彼は快く我々に同行してくれた | Erst die Arbeit, dann das ~. まず仕事 楽しみはそのあとだ ‖ Mit 〔dem größten〕 ~! (相手の依頼に対して)喜んでいたします | eine Reise zum ~ 行楽の旅 | *et.*[4] zum 〈zu *seinem*〉 ~ tun …を自分の楽しみのためにする | Ich erfahre zu meinem ~, daß ... …を知って私はうれしく思う. **2** 娯楽の催し; ▽ダンスパーティー: an einem ~ teilnehmen 催しに参加する | auf ein ~ 〈zu einem ~〉 gehen 催しに出かける | **Rin ins ~!**《話》(映画館などに)さあ入って楽しもう.

III ver·gnü̱gt → 別出

[*mhd.*; ◇genug]

ver·gnü̱·gens·hal·ber[fɛrgný:gənshalbər] 副 楽しみのために, 気晴らしに, 慰みに.

ver·gnü̱g·lich[fɛrgný:klıç] 形 楽しい, 愉快な: ein ~*er* Abend 楽しい夕べ〔の催し〕| ein ~*es* Spiel 楽しいゲーム | in ~*er* Laune 〈Stimmung〉 sein 愉快な気分である.

ver·gnü̱gt[fɛrgný:kt] **I** vergnügen の過去分詞.

II 形 満足した, 楽しげな, 陽気な; 楽しい: eine ~*e* Gesellschaft 楽しい集まり〈パーティー〉| ein ~*es* Lachen 陽気な笑い〔声〕| ein ~*es* Haus 〈Huhn〉《話》陽気なやつ | *sich*[3] einen ~*en* Tag machen 一日を楽しく過ごす ‖ ~ leben 楽しく暮らす.

Ver·gnü̱gt·heit[−haıt] 女 -/ vergnügt なこと.

Ver·gnü̱·gung[..gný:gʊŋ] 女 -/-en《ふつう複数で》楽しみ, 気晴らし, 娯楽; 娯楽の催し, パーティー.

Ver·gnü̱·gungs-Cen·ter[..sɛntər] 中 娯楽センター.

ver·gnü̱·gungs·hal·ber =vergnügenshalber

Ver·gnü̱·gungs≠in·du·strie 女 娯楽産業. **≠lo·ka̱l** 中 (バー・キャバレー・ダンスホールなどの)遊興店. **≠park** 男 遊園地, 娯楽センター. **≠rei·se** 女 行楽の旅. **≠rei·sen·de** 男 女 行楽客, 遊覧者. **≠stät·te** 女 **1** 娯楽場; 遊園地. **2** =Vergnügungslokal **≠steu·er** 女 遊興〈娯楽〉税. **≠sucht** 女 -/ (過度の)遊び好き, 享楽癖.

ver·gnü̱·gungs·süch·tig 形 遊び好きの, 享楽的な.

Ver·gnü̱·gung·steu·er 女 遊興〈娯楽〉税.

Ver·gnü̱·gungs·vier·tel[..fırtəl] 中 歓楽街, 盛り場.

ver·go̱l·den[fɛrgɔ́ldən][1]《01》他 (h)《*et.*[4]》(…に)金めっきをする; (…に)金を着せる, (…に)金箔(きんぱく)をかぶせる; 金色に染める;《比》(実際よりも)美しく見せる; (暗い生活などを)楽しくする: Die Abendsonne *vergoldete* die Dächer. 夕日が家々の屋根を金色に染めた | Die Erinnerung *vergoldete* die schweren Jahre. 思い出はあのつらい年月をも甘美なものに変えた ‖ eine *vergoldete* Uhr 金張りの時計.

[*mhd.*; <Gold]
Ver·gol·der[..dər] 男 -s/- 金めっき職人, 箔(ﾊ)置き師.
Ver·gol·dung[..dʊŋ] 女 -/-en **1** 《単数で》 vergolden すること. **2** 金のめっき, 金箔(ぱく); 《比》うわべの飾り.
ver·gön·nen[fɛrgœ́nən] 他 (h) 《*jm. et.*[4]》 (…に楽しみ・喜びなどを)許す: Es war ihm nicht *vergönnt*, diesen Tag zu erleben. 彼は生きてこの日にあうことができなかった.
ver·go·ren[fɛrgó:rən] vergären の過去分詞; 過去 1・3 人称複数.
ver·gos·sen[fɛrgɔ́sən] vergießen の過去分詞; 過去 1・3 人称複数.
ver·got·ten[fɛrgɔ́tən] 《01》 他 (h) 神にする, 神として祭る.
ver·göt·tern[..gœ́tərn] 《05》 他 (h) 偶像視する, (神のように)崇拝〈賛美〉する, 熱愛する: *seinen* Lehrer ～ 先生を熱烈に崇拝する. [<Gott]
Ver·göt·te·rung[..tərʊŋ] 女 -/-en 偶像視, 崇拝, 賛美, 熱愛.
ver·gött·li·chen[fɛrgœ́tlɪçən] 他 (h) 神として〈のように〉崇拝する. [<göttlich]
Ver·gött·li·chung[..çʊŋ] 女 -/-en vergöttlichen すること.
Ver·got·tung[..gɔ́tʊŋ] 女 -/-en vergotten すること.
ver·gra·ben*[fɛrgrá:bən][1] 《62》 他 (h) **1 a)** 《*et.*[4]》 土の中に埋める〈埋蔵する〉: einen Schatz ～ 宝物を土に埋める | *sein* Pfund ～ (→Pfund 2 c). **b)** 《*et.*[4] in *et.*[3] 〈in *et.*[4]〉》 (…を…の中に)埋める, 隠す: die Hände in den Hosentaschen 〈in die Hosentaschen〉 ～ 両手をズボンのポケットに突っ込む | *sein* Gesicht in beiden Händen 〈in beide Hände〉 ～ 顔を両手の中に隠す | Der tote Hund wurde 〔in der Erde / in die Erde〕 *vergraben.* 死んだ犬は土中に埋められた.
2 再帰 *sich*[4] in *et.*[3] 〈in *et.*[4]〉 ～ …の中にもぐり込む; 《比》…に没頭する | Der Maulwurf *vergrub* sich in der Erde 〈in die Erde〉. モグラは土の中にもぐり込んだ ‖ *sich*[4] in die Arbeit ～ 仕事に没頭する | Du darfst dich nicht nur in deinen Büchern 〈in deine Bücher〉 ～. 君は本ばかり読んでいてはいけない.
ver·grä·men[fɛrgrɛ́:mən] **I** 他 (h) **1** 《*jn.*》 (…の)感情を害する, 怒らせる; ▽悲しませる. **2** 〔狩〕 (野獣・野鳥を)おどして追い立てる.
II ver·grämt 過分 形 悲しみに沈んだ, 悲しみにやつれた, 心を痛めた: ein ～*es* Gesicht 悲しみ〈心痛〉にやつれた顔 | Sie ist ～. 彼女は悲しみにやつれている | Ihre Stirn ist ～. 彼女のひたいには心痛の色が濃い.
ver·grät·zen[fɛrgrɛ́(:)tsən] 《02》 他 (h) 《方》 (verärgern) 《*jn.*》 (…の)感情を害する, (…を)怒らせる. [*mndd.*; < *mhd.* graz „zornig"]
ver·grau·len[fɛrgráʊlən] 他 (h) 《話》 **1** (無愛想な態度で怒らせて)追っぱらう. **2** 《*jm. et.*[4]》 (…の…の)楽しみ〈喜び〉を台なしにする.
ver·grei·fen*[fɛrgráɪfən] 《63》 **I** 他 (h) **1** 再帰 *sich*[4] ～ つかみそこねる; (ピアノ・オルガンなどで)弾き違いをする. **2** 再帰 *sich*[4] in *et.*[3] ～ …の選択を誤る | *sich*[4] im Ausdruck 〈im Ton / in der Wahl der Mittel〉 ～ 表現を間違える〈礼儀作法にはずれる/手段の選択を誤る〉. **3** 再帰 *sich*[4] an *jm.* ～ …に暴力を加える; …に暴行する, …を強姦(ごう)する. **4 a)** 再帰 *sich*[4] an *et.*[3] ～ …に不当に手をつける, …を横領する | *sich*[4] an fremdem Eigentum ～ 他人の持ち物に手をつける. **b)** 《話》 再帰 *sich*[4] an *et.*[3] ～ …をいじくりまわす.
II ver·grif·fen → 別出
ver·grei·sen[fɛrgráɪzən][1] 《02》 自 (s) **1** 〔年齢以上に〕老け込む, 老人化する. **2** (人員構成などが)高齢化する.
Ver·grei·sung[..gráɪzʊŋ] 女 -/ vergreisen すること.
ver·grif·fen[fɛrgrɪ́fən] **I** vergreifen の過去分詞; 過去 1・3 人称複数. **II** 形 (書籍などが版元で)品切れの; 絶版の: ein ～*es* Buch 品切れの本 | Dieses Buch ist beim Verlag ～. この本は版元で品切れだ.
ver·grö·bern[fɛrgrø:bərn] 《05》 他 (h) (粒・粒子などを)より粗くする; 粗雑にする; (顔つき・振舞いなどを)粗野〈がさつ〉にする, 粗暴にする: 再帰 *sich*[4] ～ より粗くなる; 粗野〈がさつ〉になる, 粗暴になる | Ihr Gesicht hat sich *vergröbert.* 彼女の顔つきはすさんできた. [<gröber <grob]

Ver·grö·be·rung[..bərʊŋ] 女 -/-en 〔sich〕 vergröbern すること.
Ver·grö·ße·rer[fɛrgrø:sərər] 男 -s/- ＝Vergrößerungsapparat
ver·grö·ßern[fɛrgrø:sərn] 《05》 他 (h) (↔verkleinern) **1** より大きくする, 拡大〈拡張〉する; 増大〈増加〉させる: einen Garten ～ 庭を広げる | *sein* Kapital ～ 資本を増やす | Damit *vergrößert* man das Übel nur. そんなことをすれば事態はいっそう悪化するばかりだ ‖ 再帰 *sich*[4] ～ より大きくなる, 拡大〈拡張〉される; 増大〈増加〉する; 《話》より大きな住居〈ビル〉に引っ越す | Sein Bekanntenkreis *vergrößerte* sich ständig. 彼の交友範囲は広がる一方だった. **2** 〔写〕 (写真を)引き伸ばす: Das Bild ist vierfach *vergrößert.* この写真は原画の 4 倍に引き伸ばしてある. [<größer <groß]
Ver·grö·ße·rung[..sərʊŋ] 女 -/-en **1** 《単数で》 (〔sich〕 vergrößern すること. 例えば:) **a)** 拡大, 拡張; 増大, 増加. **b)** 〔写〕 (写真の)引き伸ばし. **2** 引き伸ばし写真: von jedem Negativ drei ～*en* machen 〈anfertigen〉 1 枚のネガから 3 枚ずつ引き伸ばしをつくる. **3** 《単数で》〔理〕倍率.
Ver·grö·ße·rungs·ap·pa·rat 男 〔写〕引き伸ばし機.
ver·grö·ße·rungs·fä·hig 形 〔写〕引き伸ばし可能な; 引き伸ばす価値のある.
Ver·grö·ße·rungs≈ge·rät 中 〔写〕引き伸ばし機. ≈**glas** 中 -es/..gläser 拡大鏡〈レンズ〉, ルーペ, 虫めがね, 天眼鏡.
ver·groß·städ·tern[fɛrgró:sʃtɛ(:)tərn] 《05》 自 (s) (都市が)大都市になる, 大都市化する; (人が)都会人になる. [<Großstadt]
Ver·groß·städ·te·rung[..ʃtɛ(:)tərʊŋ] 女 -/-en vergroßstädtern すること.
ver·grub[fɛrgrú:p][1] vergraben の過去.
ver·gucken[fɛrgʊ́kən] 他 (h) 《話》 **1** 再帰 *sich*[4] in *jn.* ～ …に惚(ほ)れ込む. **2** 再帰 *sich*[4] in *et.*[3] ～ …を見違える〈見誤る〉.
ver·gül·den[fɛrgʏ́ldən][1] 《01》 《雅》 ＝vergolden
▽**Ver·gunst**[fɛrgʊ́nst] 女 -/ (Erlaubnis) 許し, 許可: 〚もっぱら次の形で〛 mit ～ お許しを願って.
▽**ver·gün·sti·gen**[fɛrgʏ́nstɪgən][2] 他 (h) 《*jm. et.*[4]》 (…に…を)恩恵〈特典〉として与える, 特に許可する. [<günstig]
Ver·gün·sti·gung[..stɪgʊŋ] 女 -/-en 特典, 優遇措置, 優待; 割引: steuerliche ～*en* 税制上の特典 | *jm.* 〔als Strafe〕 ～*en* entziehen …から〔罰として〕特典を取り上げる.
ver·gur·ken[fɛrgʊ́rkən] 他 (h) 《話》 《*et.*[4]》 むだに使い果たす, 浪費する.
ver·gü·ten[fɛrgý:tən] 《01》 他 (h) **1** 《*jm. et.*[4]》 (…に立て替え金などを)返済する; (…に損害などを)補償する; (…の労に)報いる, (…に仕事などの)報酬を支払う. **2** 《*et.*[4]》 **a)** 〔金属〕 (鋼などを)焼き戻し〈焼き入れ〉する. **b)** (レンズを)コーティングする. [<gut]
Ver·gü·tung[..tʊŋ] 女 -/-en **1** 返済, 弁済; 弁償, 補償; 〔法〕報酬〔の支払い〕. **2** 〔金属〕焼き戻し〔による鋼質の調整〕, 〔熱〕調質; (レンズの)コーティング.
verh. 略 ＝verheiratet 既婚の.
▽**Ver·hack**[fɛrhák] 男 -〔e〕s/-e ＝Verhau
ver·hack·stücken[..hákʃtʏkən] 他 (h) 《話》 (子細に論じて)酷評する. [<Hack[2]]
Ver·hae·ren[vɛrarén] 人名 Emil ～ エミール ヴェルアーレン, ベルハーレン (1855–1916; ベルギーの詩人).
▽**Ver·haft**[fɛrháft] 男 -〔e〕s/ (Haft) 拘留, 拘禁: in ～ sein 拘禁されている | *jn.* in ～ nehmen …を拘留する.
ver·haf·ten[fɛrháftən] 《01》 **I** 他 (h) **1** (↔enthaften) 《*jn.*》 逮捕〈拘禁〉する: *jn.* auf frischer Tat ～ …を現行犯として逮捕する | Er ist unschuldig *verhaftet* worden. 彼は罪なくして逮捕された ‖ der 〈die〉 *Verhaftete* 逮捕〈拘禁〉者. **2** 再帰 *sich*[4] *jm.* 〈*et.*[3]〉 ～ …〔の記憶〕に刻みこまれる.
II ver·haf·tet 過分 形 《*et.*[3]》 (…と)しっかり結ばれている, (…から)離れられない, (…に)とらわれている: Er ist zu sehr 〔in〕 der Tradition 〈den veralteten Ideen〉 ～. 彼は伝

統〈古い観念〉にとらわれすぎている.

Ver·hạf·tung[..tʊŋ] 女 -/-en **1** 〘法〙逮捕; 拘禁. **2** (精神的に)縛られて〈とらわれて〉いること.

Ver·hạf·tungs≠be·fehl 男〘法〙逮捕〈拘留〉命令. **≠wel·le** 女 (波状的な)大量逮捕.

ver·ha̱·geln[fɛrhá:gəln]《06》 **I** 自 (s) (農作物などが)雹(ひょう)で被害を受ける, 雹でだいなしになる: ***jm.* ist die Petersilie 〈die ganze Ernte〉 *verhagelt***《話》(事がうまくゆかなくて)…は意気消沈している.

II ver·ha̱·gelt 過分 形《話》酔っぱらった.

ver·ha̱·ken[fɛrhá:kən] 他 (h) (留め金・ホックなどで)しっかり固定する: 再帰 *sich*^{4} ～ 引っかかって〈はさまって〉動かなくなる.

ver·hạl·len[fɛrhálən] 自 **1** (s) (音・響きなどが)しだいに弱まって消え去る〈鳴りやむ〉;《比》(懇願・要求などが)顧みられぬまま放置される: Sein Ruhm ist längst *verhallt.* 彼の名声はとうに忘れ去られてしまった. **2** (h) (音楽の録音で)余韻効果が出る.

ver·hạl·ten*[fɛrháltən]《65》 **I** 他 (h) **1 a)** 再帰 *sich*^{4} ～《様態を示す語句と》(…の)態度〈行動〉をとる, (…のように)振舞う | *sich*^{4} ruhig 〈still〉 ～ 落ち着いた態度をとる〈静かにしている〉| *sich*^{4} abweisend 〈passiv〉 ～ 拒否的な〈消極的な〉態度をとる | *sich*^{4} vorsichtig ～ 慎重に振舞う | Wie soll ich mich in diesem Fall ～? 私はこの場合どういう態度をとれば〈どのように行動すれば〉よいのだろうか. **b)**《方》再帰 *sich*^{4} mit *jm.* ～ …と仲がよい, …に対して親切な態度をとる. **2** 再帰 *sich*^{4} ～《様態を示す語句と》(…のような)状態〈状況〉である, 事情は(…)である | Die Sache *verhält* sich folgendermaßen 〈ganz anders〉./ 再帰・非人称 Mit der Sache *verhält* es sich folgendermaßen 〈ganz anders〉. この件については事情は次のとおり〈全く別〉である. **3** 再帰 *sich*^{4} zu *et.*^{3} wie ... ～ …に対して…の〔比例〕関係にある | Die Höhe *verhält* sich zur Breite wie 1 zu 2. 高さと幅との比は1対2である | Die beiden Vorgänge *verhalten* sich wie Ursache und Wirkung. この二つの出来事は原因と結果の関係にある. **4 a)**《雅》《*et.*^{4}》抑制する, 抑える; 我慢する, こらえる: den Atem ～ 息を殺す | den Harn ～ 小便をがまんする | die Tränen 〈das Lachen〉 ～ 涙〈笑い〉をこらえる | den Schritt ～ 歩みをとめる, 立ちどまる | *verhaltener* Abort〘医〙滞留(たいりゅう)流産. **b)** (parieren)〘馬術〙(手綱を)引き締める(馬の歩度を落とすために), (馬を)停止させる: mit *verhaltenen* Zügeln reiten 手綱を締めてゆっくり馬を進める. ᵛ**5** = verschweigen **6**《オーストリア・スイス》《官》(verpflichten)《*jn.* 〔zu *et.*^{3}〕》(…に〔…の〕)義務を負わせる, (…に〔…を〕)義務づける: zu *et.*^{3} *verhalten* sein …の義務を負わされている. **7**《スイス》(口・耳などを手で)ふさぐ.

II 自 (h)《雅》足をとめる, 立ちどまる.

III 過分 形 **1** (感情などについて)無理に抑えた, 押し殺した: mit ～*er* Stimme 声をひそめて | mit ～*em* Zorn 怒りを抑えて. **2** 控え目な, ほどほどの; 地味な: ～*e* Farbtöne くすんだ色調 | ein ～*es* Wesen しとやかな人柄 ‖ ～ fahren スピードを殺して車を走らせる.

IV Ver·hạl·ten 中 -s/ (〔sich〕 verhalten すること. 特に:) **1** 態度, 振舞い, 行動: ein kluges 〈seltsames〉 ～ 賢明な〈奇妙な〉態度 ‖ Ich kann mir sein ～ nicht erklären. 私には彼の態度〈振舞い〉が理解できない. **2**〘化〙反応: Säuren und Basen unterscheiden sich durch ihr ～ gegen Lackmuspapier. 酸と塩基はリトマス試験紙に対する反応の仕方によって区別できる. **3**〘医〙(排出物などの)停滞: das ～ des Urins 閉尿.

Ver·hạl·ten·heit[fɛrháltənhaɪt] 女 -/ 抑制, 控え目なこと.

ver·hạl·tens·auf·fäl·lig 形〘医・心〙行動が異様〈異常〉な.

Ver·hạl·tens≠for·scher 男 動物行動学者. **≠for·schung** 女 (Ethologie) (ヒトを含む)動物行動学, エソロジー. **≠ko̱·dex** 男 振舞いに関する規範, 行動基準. **≠maß·re·gel** 女 -/-n《ふつう複数で》振舞いに関する規則〈基準〉, 行動のルール. **≠mu·ster** 中〘心〙行動の型〈パターン〉. **≠norm** 女 行動規範. **≠stö·rung** 女 -/-en《ふつう複数で》〘医・心〙行動障害〈異常〉. **≠the·ra·pie** 女〘医〙行動療法. **≠wei·se** 女 態度, 振舞いかた; 行動様式. **≠wis·sen·schaft** 女 行動科学.

Ver·hạ̈lt·nis[fɛrhɛ́ltnɪs] 中 -ses/-se **1** (Proportion) 比, 比率, 割合;〘数〙比例: **im ～ zu *et.***^{3} …と比べて | Im ～ zum Aufwand war der Erfolg zu gering. 経費のわりには成果は貧弱だった | Im ～ zu früher ist er jetzt viel fleißiger geworden. 以前と比べて彼はずっと勤勉になった | im ～ 〔von〕 3 zu 2 stehen 3対2の割合になっている | *et.*^{4} im ～ 〔von〕 3 zu 1 teilen …を3対1の割合に分ける | Aufwand und Erfolg stehen in keinem ～ zueinander. 経費と成果とが全然釣り合っていない | im umgekehrten ～ zu *et.*^{3} stehen …に反比例している(→proportional) | Der Gewinn wird **nach** dem ～ der eingezahlten Beträge verteilt. 利益は払込金額に応じて分配される. **2 a)** 〔対人〕関係, 間柄; 内面的な関係, 親近感, 理解: das ～ zwischen Japan und Deutschland 日本とドイツの関係 ‖ in einem freundschaftlichen 〈gespannten〉 ～ zu *jm.* stehen …と親しい〈緊張した〉関係にある, …と仲がいい〈悪い〉| In welchem ～ stehst du zu ihm? 君は彼とどんな関係にあるのか ‖ Er hat ein inneres ～ zur Musik. 彼は音楽を心から愛している | Ich finde kein rechtes ～ zur Malerei. 私は絵画というものが本当には分からない. **b)**《話》(Liebesverhältnis) 恋愛〈肉体〉関係; 愛人, 浮気の相手: ein dreieckiges ～ 三角関係 ‖ ein ～ mit *jm.* haben …と関係している | ein ～ zu *jm.* aufnehmen …を愛人にする | *sich*^{3} ein ～ anschaffen 愛人〈浮気の相手〉を作る.

3《複数で》**a)** 境遇, 生活環境: in ärmlichen 〈bescheidenen〉 ～*sen* leben 貧しい〈つましい〉生活をする | in guten 〈gesicherten〉 ～*sen* leben 楽な〈安定した〉生活をしている | über *seine* ～*se* leben 分不相応な生活をする ‖ Meine ～*se* erlauben mir solche Ausgaben nicht. 私の身分〈ふところ具合〉ではそのような出費は無理だ. **b)** 状況, 事情, 情勢: politische 〈soziale〉 ～*se* 政治〈社会〉情勢 ‖ unter den obwaltenden ～*sen* 現状のもとでは | unter dem Druck 〈dem Zwang〉 der ～*se* やむを得ず | Wie sind die akustischen ～*se* in diesem Saal? このホールの音響効果の状況はどうか.

Ver·hạ̈lt·nis≠er·gän·zung[fɛrhɛ́ltnɪs..] 女 (Präpositionalobjekt)〘言〙前置詞格目的語. **≠fak·tor** 男〘数〙比例因数. **≠glei·chung** 女〘数〙比例式.

ver·hạ̈lt·nis·mä̱·ßig I 副 比較的に, 割合に; かなり, 相当に: Es waren ～ viele Leute gekommen. 比較的多数の人たちが来ていた | Er hat ein ～ hohes Einkommen. 彼は割合に収入が多い.

II 形 比例した, 割合どおりの, 釣り合いのとれた: *et.*^{4} ～ aufteilen …を〔一定の〕比率によって分配する.

Ver·hạ̈lt·nis·mä̱·ßig·keit 女 -/ (verhältnismäßig なこと. 例えば:) 釣り合いのとれていること: ～ der Mittel (目的に照らして)手段が適切なこと.

Ver·hạ̈lt·nis≠wa̱hl 女 (↔Mehrheitswahl)〘政〙比例代表制選挙. **≠wort** 中 -〔e〕s/..wörter (Präposition)〘言〙前置詞. **≠za̱hl** 女〘数〙比例数, 比例項.

Ver·hạl·tung[fɛrháltʊŋ] 女 -/ (〔sich〕 verhalten すること. 例えば:) 態度, 振舞い, 行動;〘医〙(病的な)抑制.

Ver·hạl·tungs≠for·scher 男 = Verhaltensforscher **≠for·schung** 女 = Verhaltensforschung **≠maß·re·gel** = Verhaltensmaßregel

ver·hạn·deln[fɛrhándəln]《06》 **I** 自 (h) **1**《mit *jm.* 〔über *et.*^{4}〕》(…と〔…について〕)話し合う, 交渉〈談判〉する, 折衝する: mit *jm.* über die Beilegung des Streites ～ …と紛争の処理について話し合う | Die Vertreter der beiden Regierungen *verhandelten* über den Abzug der Truppen. 両国政府の代表は撤兵問題について交渉した. **2**《gegen *jn.*》〘法〙(…に対する)審理を行う.

II 他 (h) **1 a)**《*et.*^{4} 〔mit *jm.*〕》(…について〔…と〕)交渉する; 討議〈審議〉する. **b)**《*et.*^{4}》〘法〙(…を)審理する. **2**《*et.*^{4}》売る; 売りつける. **3**《スイス》《*jn.*》(…に)拍手を送る; (…を)ほめそやす.

Ver·hạnd·lung[..dlʊŋ] 女 -/-en **1** 話し合い, 交渉, 談判, 折衝; 討議, 討論, 審議: diplomatische ～*en* 外交交

V

渉 | eine geheime ~ 秘密交渉 ‖ die ~ führen 交渉を行う | die ~ eröffnen ⟨abbrechen⟩ 交渉を開始する⟨打ち切る⟩ ‖ mit *jm.* in ~*en* 〔ein〕treten …と交渉に入る | mit *jm.* in ~ stehen …と話し合っている, …と交渉中である | zu ~*en* bereit sein 話し合いの用意がある | zur ~ kommen 《官》交渉⟨討議⟩の対象となる ‖ Die ~*en* führten zu keinem Ergebnis./ Die ~*en* verliefen ergebnislos ⟨erfolglos⟩. 交渉は不首尾に終わった.

2 (Gerichtsverhandlung)〖法〗審理; 公判.

Ver·hand·lungs·ba·sis 女 = Verhandlungsgrundlage

ver·hand·lungs≈be·reit 形 交渉の用意がある. **≈fä·hig** 女〖法〗(被告などが心身の面で)審理に耐え得る. **≈un·fä·hig** 形〖法〗(被告などが心身の面で)審理に耐え得ない.

Ver·hand·lungs≈fä·hig·keit 女〖法〗審理される(公判で取り調べを受ける)能力. **≈frie·de〔n〕** 男 協定による平和. **≈grund·la·ge** 女 交渉の基盤(話し合いの基礎となるもの). **≈part·ner** 男 交渉の相手方. **≈pro·to·koll** 中〖法〗公判調書. **≈punkt** 男 交渉の問題点. **≈saal** 男 (交渉の行われる)会議室; 法廷, 公判廷. **≈ter·min** 男 交渉期日; 公判期日. **≈tisch** 男 交渉の行われるテーブル: am ~ 交渉の席で | *jn.* an den ~ bringen …を話し合いの席につかせる | an den ~ zurückkehren 再び話し合いの席につく, 交渉を再開する. **≈un·fä·hig·keit** 女〖法〗審理される能力の欠如.

ver·han·gen[fɛrháŋən] **I** verhängt (verhängen の過去分詞)の方言形.

II 形 雲⟨もや⟩に覆われた, 曇った; (物で)覆われた: ein ~*er* Himmel 雲に覆われた空 | ein ~*es* Fenster カーテンのかかった窓 ‖ Die Rumpelkammer ist mit Spinnweben ~. 物置はくもの巣だらけだ.

ver·hän·gen(*)[fɛrhɛ́ŋən]《方: 66》他 (h) **1** 《*et.*^{4} mit *et.*^{3}》(…に…を)掛けて覆う, (…を…で)覆う: ein Fenster 〔mit einem Vorhang〕 ~ 窓にカーテンを掛ける | Er *verhängte* ⟨方: *verhing*⟩ die Spalte in der Tür mit einem Tuch./ Er hat die Spalte in der Tür mit einem Tuch *verhängt* ⟨方: *verhangen*⟩. 彼はドアの割れ目を布で覆った ‖ ein mit dunklen Wolken *verhängter* Himmel 黒雲の垂れこめた空. **2** (手綱を)ゆるめる: einem Pferd die Zügel ~ 馬の好きなように走らせる ‖ mit *verhängten* Zügeln reiten (手綱をゆるめたままで)馬を疾駆させる. **3 a)** (神・運命などがいやなことや恐ろしいことを)定める, 起こらせる. **b)** 《*et.*^{4}》(…の)決定を下す; (非常措置などを)命令⟨布告⟩する; (刑罰などを)下す, 科する: den Belagerungszustand ~ 戒厳令を敷く | eine schwere Strafe über *jn.* ~ …に重罰を下す | einen Elfmeter ~〖サッカー〗(審判が)ペナルティキックを与える | Über die Stadt wurde eine Ausgehsperre *verhängt.* 町には外出禁止令が出された. **4 a)** 間違った場所に掛ける⟨つるす⟩. **b)** 再帰 *sich*^{4} ~ 間違った場所に引っかかる⟨絡まる⟩.

Ver·häng·nis[fɛrhɛ́ŋnɪs] 中 -ses/-se (個人の身にふりかかる恐ろしい)運命, 宿命, 不運, 非運: *jm.* zum ~ werden …にとって命取りとなる.

ver·häng·nis·voll 形 重大な⟨取り返しのつかない⟩結果を招くような, 命取りとなるような: ein ~*er* Irrtum 決定的な⟨取り返しのつかない⟩誤り | Diese Entscheidung war ~. この決定は重大な結果を招くものだった.

Ver·hän·gung[..hɛ́ŋʊŋ] 女 -/-en verhängen すること.

ver·harm·lo·sen[fɛrhármlo:zən][1]《02》他 (h) (重大なことを)些細(ささい)なことのように見せる, 瑣末(さまつ)視する, (故意に)過小評価する.

Ver·harm·lo·sung[..zʊŋ] 女 -/-en verharmlosen すること. [<harmlos]

ver·härmt[fɛrhɛ́rmt] 形 悲しみに⟨心痛のために⟩やつれた(人・顔など). [<härmen]

ver·har·ren[fɛrhárən] 自 (h)《雅》(同じ場所・状態などに)いつまでもとどまる; (同じ姿勢・立場などを)とり続ける, 固執する: auf ⟨bei / in⟩ *seiner* Meinung ~ あくまで自説を守る | in *seinem* Entschluß ~ 決心を変えない | in Schweigen ~ 黙りこくっている ‖ Er *verharrte* regungslos an der Tür. 彼はじっとドアのかたわらに立ちつくしていた.

Ver·har·rung[..rʊŋ] 女 -/ verharren すること.

ver·har·schen[fɛrhárʃən]《04》自 (s) **1** (雪が)表面が凍結する, 硬雪化する. **2** (傷口などが)かさぶた状になる, 結痂(けっか)する.

ver·här·ten[fɛrhɛ́rtən]《01》**I** 他 (h) 堅くする, 硬化させる; 《比》非情⟨冷酷⟩にする: Sein Schicksal hat ihn *verhärtet.* 彼の運命が彼を非情な人間に変えた ‖ 再帰 *sich*^{4} ~ 堅くなる, 硬化する; 《比》非情⟨冷酷⟩になる | Die Geschwulst hat sich *verhärtet.* 腫瘍(しゅよう)が堅くなった.

II 自 (s) 堅くなる, 硬化する; 《比》非情⟨冷酷⟩になる.

Ver·här·tung[..tʊŋ] 女 -/-en **1** 《単数で》(〔sich〕 verhärten すること. 例えば:) 硬化. **2** 堅くなった個所(硬皮・たこなど).

ver·har·zen[fɛrhá:rtsən, ..hártsən]《02》自 (s) 樹脂になる, 樹脂化する.

ver·has·peln[fɛrháspəln]《06》他 (h)《話》**1** 再帰 *sich*^{4} ~ (話し手が)話の筋道を失って混乱する, 何度も言い間違える. **2** 再帰 *sich*^{4} in *et.*^{3} ~ …に絡まる⟨引っかかる⟩, …に巻きこまれる.

Ver·has·pe·lung[..pəlʊŋ] (**Ver·hasp·lung**[..plʊŋ]) 女 -/ sich verhaspeln すること.

ver·haßt[fɛrhást] 形 いとわしい, いやな; 憎まれた, 嫌われた: eine ~*e* Arbeit いやな仕事 | ein ~*er* Mensch いやな人間 ‖ *sich*^{4} ~ machen 人に嫌われる | Es ist mir ~, lügen zu müssen. うそをつかなければならないのは私にとっていやなことだ. [<hassen]

ver·hät·scheln[fɛrhɛ́:tʃəln; スイス: –, ..hɛ́tʃ..]《06》他 (h)《話》《*jn.*》甘やかす, 甘やかしてわがままにする: ein *verhätscheltes* Kind 甘ったれ, だだっ子.

Ver·hät·sche·lung[..hɛ́:tʃəlʊŋ] (**Ver·hätsch·lung**[..hɛ́:tʃlʊŋ]) 女 -/-en 甘やかし.

ver·hatscht[fɛrhá:tʃt] 形《オーストリア》(靴などが)はきつぶされた: einen ~*en* Schuhabsatz haben かかとのすり切れた靴をはいている. [<hatschen]

Ver·hau[fɛrháʊ] 男 中 -〔e〕s/-e〖軍〗逆茂木(さかもぎ), 鹿砦(ろくさい); 《比》混乱, 紛糾: Draht*verhau* 鉄条網. [<*mhd.* verhouwen „durch Fällen von Bäumen versperren" (◇verhauen)]

ver·hau·chen[fɛrháʊxən] **I** 他 (h) (息を)吐き出す: die Seele ⟨das Leben⟩ ~ 《雅》息が絶える, こと切れる.

II 自 (s)《雅》(炎などが)おもむろに消え去る.

Ver·haue[fɛrháʊə] 女 -/《話》へま, しくじり.

ver·hau·en*[fɛrháʊən]《67》(過去 verhaute; 過分 verhauen)他 (h) **1** 《話》= verprügeln **2** 《話》(学校の答案・宿題などを)しくじる: eine Rechenarbeit gründlich ~ 計算問題をひどく間違える. **3** 《話》再帰 *sich*^{4} ~ 間違える, へまをやる: *sich*^{4} auf der Schreibmaschine ~ タイプライターを打ち間違える | *sich*^{4} bei der Berechnung ~ 見積もりを間違える, 計算違いをする. **4** 〖坑〗(石炭・鉱石などを)切り取る, 採掘する. **5** 《話》(金などを)浪費する; 安く(たたき)売る.

ver·he·ben*[fɛrhé:bən][1]《68》他 (h) 再帰 *sich*^{4} ~ 重いものを持ち上げて体をいためる⟨けがをする⟩.

ver·hed·dern[fɛrhɛ́dərn]《05》他 (h)《話》**1** (容易にはほどけないほど)こんがらからせる. **2** = verhaspeln

[*ndd.*; ◇Hede[2]]

ver·hee·ren[fɛrhé:rən] **I** 他 (h) (戦争・天災などが)荒らす, 荒廃⟨壊滅⟩させる, 破壊する: Die Epidemie *verheerte* das ganze Land. 疫病が全土に猛威をふるった.

II ver·hee·rend 現分 形 荒廃させる, 破壊⟨壊滅⟩的な; 《話》恐るべき, ひどい, とんでもない: ~*e* Zustände 手のつけられぬ状態 | ein ~*es* Kleid ひどく悪趣味なドレス ‖ Sie sah ~ aus. 彼女の様子⟨服装⟩ときたら見られたものではなかった.

[*ahd.*; ◇Heer; *engl.* harry, harrow]

Ver·hee·rung[..rʊŋ] 女 -/-en 荒らすこと, 破壊; 破壊のあと, 荒廃, 惨害: ~*en* anrichten 荒廃させる, 惨害をもたらす.

ver·heh·len(*)[fɛrhé:lən]《69》**ver·hehl·te** / **ver·hehlt**, **ver·hoh·len**[fɛrhó:lən] **I** 他 (h) **1** 《雅》《*jm.*

*et.*⁴》(…に…を)隠す, 秘密にする, 口外しない: *jm.* die Wahrheit ～ …に対して真実を隠す | Er hat seine Neugier ⟨seine Enttäuschung⟩ nicht *verhehlt.* 彼は好奇心⟨失望の色⟩を隠さなかった ‖ mit kaum *verhehlter* Wut ほとんど怒りを制することができずに. **2** (盗んだものなどを)隠匿する, 秘匿する, 隠蔽(いんぺい)する. **II ver·hoh·len** → 別出

ver·hei·len[fɛrháɪlən] 自 (s) (傷口などが)ふさがる, (傷が)治る.

Ver·hei·lung[..lʊŋ] 女 -/-en verheilen すること.

ver·heim·li·chen[fɛrháɪmlɪçən] 他 (h) 《*jm. et.*⁴》(…に…を)言わずにおく, 隠す, 秘匿する: *jm.* eine schlechte Nachricht ～ …に悪い知らせを言わずにおく | Du *verheimlichst* mir etwas! 君は私に何か隠しているね.
[＜heimlich]

Ver·heim·li·chung[..çʊŋ] 女 -/-en verheimlichen すること.

ver·hei·ra·ten[fɛrháɪra:tən] 《01》 **I** 他 (h) 《*jn.*》 結婚させる: *seine* Tochter an *jn.* ⟨mit *jm.*⟩ ～ 娘を…と結婚させる ‖ 再帰 *sich*⁴ mit *jm.* ～ …と結婚する ‖ glücklich ⟨unglücklich⟩ *verheiratet* sein 幸福な⟨不幸な⟩結婚生活を送っている | Ich bin doch nicht mit der Firma *verheiratet.* 《話》私はなにもこの会社と結婚しているわけではない(やめようと思えばいつでもやめられる).

II ver·hei·ra·tet 過分 形 (略 verh.) (↔ledig) 既婚の(記号 ⚭): ein ～*er* Mann 既婚の男性.

III Ver·hei·ra·te·te 男 女 《形容詞変化》 既婚者.

Ver·hei·ra·tung[..tʊŋ] 女 -/-en 結婚, 婚姻.

ver·hei·ßen*[fɛrháɪsən] 《70》 他 (h) 《雅》 《*jm. et.*⁴》(…に…〔を与えること〕を)約束する; 予告する: *jm.* eine Belohnung ～ …に報酬を約束する ‖ nichts Gutes *verheißend* 不吉な | glück*verheißend* 幸運を約束する, さい先⟨縁起⟩のよい.

Ver·hei·ßung[..sʊŋ] 女 -/-en 《雅》 約束: das Land der ～ 〖聖〗約束の地(神が Abraham とその子孫に約束した土地: →Kanaan).

ver·hei·ßungs·voll 形 先の見込みのある, 前途の有望な, 期待するに足る: ein ～*er* Anfang さい先のよい門出, 好調な出だし.

ver·hei·zen[fɛrháɪtsən] 《02》 他 (h) **1** (燃料として)焚(た)く, 火にくべる. **2** 《話》 《*jn.*》(むちゃな扱いで)精力を消耗させる, 犠牲にする: Truppen ～ 軍隊をむだに投入する.

ver·hel·fen*[fɛrhɛ́lfən] 《71》 自 (h) 《*jm.* zu *et.*³》(…を)助けて(…を)取得させる: *jm.* zum Sieg ～ …に力をかして勝利を得させる | *jm.* zu einer Frau ～ …に嫁を世話する.

ver·herr·li·chen[fɛrhɛ́rlɪçən] 他 (h) 賛美する, 賞賛⟨称揚⟩する: Man *verherrlichte* seine Taten. 人々は彼の業績をほめたたえた. [＜herrlich]

Ver·herr·li·chung[..çʊŋ] 女 -/-en 賛美, 賞賛, 称揚.

ver·het·zen[fɛrhɛ́tsən] 《02》 他 (h) 《*jn.*》 けしかける, そそのかす, 煽動(せんどう)⟨使嗾(しそう)⟩する.

Ver·het·zung[..tsʊŋ] 女 -/-en けしかけ, そそのかし, 煽動(せんどう), 使嗾(しそう).

ver·heu·len[fɛrhɔ́ʏlən] 《話》 ＝verweinen

ver·he·xen[fɛrhɛ́ksən] 《02》 他 (h) 《*jn.*》(…を)魔法にかけ〔て姿を変え〕る: *jn.* in *et.*⁴ ～ …を魔法で…の姿に変えてしまう | Sie starrte ihn wie *verhext* an. 彼女はキツネにつままれたような顔をして彼を見つめた | Das ist doch wie *verhext!* 《話》これは妙だ(まるで魔法にかかったみたいだ)(事がどうしてもうまくゆかない場合の表現).

Ver·hieb[fɛrhí:p]¹ 男 -〔e〕s/-e 〖坑〗切り取り; 切羽(きりは)進行. [＜verhauen 4]

ver·hielt[fɛrhí:lt] verhalten の過去.

ver·him·meln[fɛrhíməln] 《06》 他 (h) 《話》 《*jn.*》(神のように)崇拝する, 熱烈に賛美する.

Ver·him·me·lung[..məlʊŋ] 女 -/-en 《話》 崇拝, 熱烈な賛美.

ver·hin·dern[fɛrhíndərn] 《05》 他 (h) **1** 《*et.*⁴》(…の実現を)妨げる, 阻止する, はばむ: den Krieg ～ 戦争を阻止する | ein Unglück ～ 事故⟨災害⟩を防止する. **2** 《*jn.*》(…の行動を)妨げる, 邪魔する: Die Krankheit hat ihn *verhindert*, die Reise anzutreten. 病気のため彼は旅行に出かけられなかった | Seine Frau *verhinderte*, daß er noch mehr trank. 彼の奥さんは彼にそれ以上飲ませなかった | Ich bin am Kommen *verhindert.* / Ich bin *verhindert*, zu kommen. 私は差しつかえがあって出席できない ‖ Er ist ein *verhinderter* Dichter. 《話》彼は詩人になりそこねた男である.

☆ behindern, hindern, verhindern の違い(→behindern ☆).

Ver·hin·de·rung[..dərʊŋ] 女 -/-en 妨げ, 阻止, 妨害; 支障, 差しつかえ.

Ver·hin·de·rungs·fall 男 支障⟨差しつかえ⟩のある場合: im ～ 《官》 支障⟨差しつかえ⟩のある場合〔に〕.

ver·hing[fɛrhíŋ] verhängte (verhängen の過去)の方言形.

ver·hoch·deut·schen[fɛrhó:xdɔʏtʃən] 《04》 他 (h) (方言などを)高地⟨標準⟩ドイツ語に直す; 高地⟨標準⟩ドイツ語で表現する. [＜hochdeutsch]

ver·hof·fen[fɛrhɔ́fən] **I** 自 (h) 〖狩〗(野獣が)立ち止まって辺りを警戒する. ᵛ**II** 他 (h) (hoffen) 期待する.

ver·ho·fie·ren[fɛrhofí:rən] 他 (h) 《スイ》 汚す, 汚くする.

ver·hoh·len[fɛrhó:lən] **I** verhehlen の過去分詞.
II 形 隠された, 内密の, ひそかな: mit ～*em* Grimm 心中の憤りを隠して | mit kaum ～*er* Neugier 好奇心をあらわにして ‖ ～ gähnen (他人に見られぬように)そっとあくびをする.

ver·höh·nen[fɛrhǿ:nən] 他 (h) あざける, 嘲弄(ちょうろう)⟨嘲笑⟩する: *seinen* Gegner ～ 敵⟨相手⟩をあざけり面罵(めんば)する.

ver·hoh·ne·pi·peln[fɛrhó:nəpi:pəln] 《06》 他 (h) 《話》 嘲弄(ちょうろう)⟨茶化⟩して物笑いの種にする.
[＜*mhd.* holhipen „schmähen" (◇hohl, Hippe³)]

Ver·hoh·ne·pi·pe·lung[..pəlʊŋ] 女 -/-en verhohnepipeln すること.

Ver·höh·nung[fɛrhǿ:nʊŋ] 女 -/-en あざけり, 嘲弄.

ver·hö·kern[fɛrhǿ:kərn] 《05》 他 (h) 《話》 売りとばす, 金(かね)にかえる.

Ver·hol·bo·je[fɛrhó:l..] 女 〖海〗船体移動用浮標⟨ブイ⟩.

ver·ho·len[fɛrhó:lən] 他 (h) 〖海〗(船を)綱で引いて別の位置に係留する.

Ver·hol·spill 中 〖海〗索(さく)巻きキャプスタン(→ 図 Schiff A).

ver·hol·zen[fɛrhɔ́ltsən] 《02》 **I** 自 (s) 木質化する.
II 他 (h) 《話》 (verprügeln) 《*jn.*》 さんざんに殴る, ぶちのめす.

Ver·hör[fɛrhǿ:r] 中 -〔e〕s/-e 〖法〗尋問; 審問: mit *jm.* ein ～ anstellen / *jn.* einem ～ unterziehen / *jn.* ins ～ nehmen …を尋問する | *sich*⁴ einem ～ unterziehen 尋問を受ける.

ver·hö·ren[fɛrhǿ:rən] 他 (h) **1** 《*jn.*》 〖法〗尋問⟨審問⟩する: einen Zeugen ⟨einen Angeklagten⟩ ～ 証人⟨被告⟩を尋問する | Er wurde stundenlang *verhört.* 彼は数時間にわたって尋問を受けた.
2 再帰 *sich*⁴ ～ 聞き違いをする: Ich habe mich wohl *verhört.* どうやら私の聞き違いだったらしい.

ver·hor·nen[fɛrhɔ́rnən] 自 (s) 角質化する, 角質層を形成する. [＜Horn]

Ver·hor·nung[..nʊŋ] 女 -/-en 角質化.

Ver·hör·rich·ter[fɛrhǿ:r..] 男 《スイ》 予審判事.

ver·hu·deln[fɛrhú:dəln] 《06》 《話》 **I** 他 (h) (ずさん・不手際などによって)だめにする, 台なしにする: eine Arbeit ～ 仕事をぞんざいにやって台なしにする.
II 自 (s) 落ちぶれる, 零落する.

ver·hül·len[fɛrhʏ́lən] 他 (h) 覆う, 包む; 覆い隠す, 包み隠す: *sich*³ das Gesicht mit einem Schleier ～ 顔をベールで覆う⟨隠す⟩ | das ⟨*sein*⟩ Haupt ～ (哀悼・恥じらい・畏敬(いけい)などを表して)顔を覆う | Die Berge sind von Wolken *verhüllt.* 山々は雲に覆われている ‖ 再帰 *sich*⁴ 〔mit *et.*³〕 ～ 〔…で〕(自分の)体を覆う⟨身を包む⟩; 〔…で〕覆面する ‖ ein *verhüllender* Ausdruck (あからさまでない)婉曲(えんきょく)な表現 | eine *verhüllte* Drohung 隠された威嚇 | eine tief *verhüllte* Frau 布⟨ベール⟩ですっかり顔を覆った女性 | mit kaum *verhülltem* Haß 憎悪をほとんどむきだしにして.

Ver·hụl·lung[..lʊŋ] 女 -/-en **1**《単数で》verhüllen すること: ～ der Bedeutung〘修辞〙過小〈婉曲(えんきょく)〉表現. **2** 覆い, ベール, 外被.

ver·hụn·dert·fa·chen[fɛrhʊ́ndərtfaxən] 他 (h) 100倍〈百重〉にする: 再帰 *sich*⁴ ～ 100倍〈百重〉になる. [＜hundertfach]

ver·hụn·gern[fɛrhʊ́ŋərn]《05》 **I** 自 (s) 餓死〈飢え死に〉する: *jn.* am steifen 〈ausgestreckten〉 Arm ～ lassen (→Arm 1 a) | *verhungert* aussehen 飢えやつれて見える.

II Ver·hụn·gern 中 -s/ 餓死, 飢え死に: Ich bin schon am ～.《話》私は腹がへって飢え死にしそうだ.

ver·hụn·zen[fɛrhʊ́ntsən]《02》他 (h)《話》(ずさん・不手際などによって)だめにする, 台なしにする.

ver·hurt[fɛrhú:rt] 形《話》ふしだら〈不品行〉な, 好色な. [＜huren]

ver·hü·ten[fɛrhý:tən]《01》他 (h) (不幸・災いなどを)防止する, 予防する: einen Unfall ～ 事故を防止する | eine Schwangerschaft 〈eine Empfängnis〉 ～ 避妊する | Es gelang ihm gerade noch, das Schlimmste zu ～. 彼はかろうじて最悪の事態を避けることに成功した ‖ Das *verhüte* Gott! そのようなことはまっぴらだ | Gott *verhüte* 〈Wir müssen ～〉, daß sie ihn heiratet. 彼女が彼と結婚するようなことはあってはならない ‖ eine *verhütende* Maßnahme 予防措置.

ver·hụ̈t·ten[fɛrhʏ́tən]《01》他 (h) (鉱石などを)精錬する.

Ver·hụ̈t·tung[..tʊŋ] 女 -/-en 精錬. [＜Hütte 3]

Ver·hü·tung[fɛrhý:tʊŋ] 女 -/-en 防止, 予防: die ～ der Empfängnis / Empfängnis*verhütung* 避妊 | zur ～ von Unfällen 事故を防止するために.

Ver·hü·tungs·mit·tel 中 予防薬〈手段〉; (特に:) 避妊薬〈器具〉.

ver·hụt·zelt[fɛrhʊ́tsəlt] 形《副詞的用法なし》しぼんだ, しなびた; (年を取って)しわの寄った: ein ～*er* Apfel しなびたりんご | ein ～*es* Frauchen しなびた〈しわだらけの〉老婆 | ein ～*es* Gesicht しわだらけの顔. [＜hutzeln]

Ve·ri·fi·ka·tion[verifikatsió:n] 女 -/-en (↔Falsifikation) 正しさの証明, 立証, 検証. [*mlat.*]

ve·ri·fi·zier·bar[..tsí:rba:r] 形 確かめうる, 証明〈立証・検証〉可能な.

ve·ri·fi·zie·ren[..tsí:rən] 他 (h) (↔falsifizieren) (主張・学説などの)正さを確かめる〈証明する〉, 立証〈検証・確証〉する; 認証する: eine Hypothese ～ 仮説の正しさを証明する. [*mlat.*; ＜*lat.* vērus (→wahr)]

Ve·ri·fi·zie·rung[..rʊŋ] 女 -/-en (仮説などの)証明, 立証, 検証.

ver·ịn·ner·li·chen[fɛr|ínərlıçən] 他 (h) **1** 内面化する, 精神的に深める: ein *verinnerlichter* Mensch 内面的な人間. **2** ＝internalisieren 1 [＜innerlich]

Ver·ịn·ner·li·chung[..çʊŋ] 女 -/-en 内面化, 精神的深化.

ver·ịr·ren[fɛr|írən] 他 (h) 再帰 *sich*⁴ ～ 道に迷う;《比》道を誤る〈踏み外す〉; (思考が)間違った筋道に陥る: Wir haben uns im Wald 〈Nebel〉 *verirrt*. 我々は森〈霧〉の中で道に迷った | Er hat sich ins Sperrgebiet *verirrt*. 彼は立ち入り禁止区域へ迷い込んでしまった ‖ eine *verirrte* Kugel 流れ弾 | ein *verirrtes* Schaf《比》迷える羊(正道を踏み外した人).

Ver·ịr·rung[..rʊŋ] 女 -/-en 道に迷うこと;《比》道を誤ること; 過ち, 逸脱, 錯誤: eine jugendliche ～ 若気の過ち.

Ve·rịs·mo[verísmo·] 男 -/ (19世紀後半のイタリアの)真実〈写実〉主義. [*it.*; ＜*lat.* vērus (→wahr)]

Ve·rịs·mus[..mʊs] 男 -/ ＝Verismo

Ve·rịst[veríst] 男 -en/-en 真実〈写実〉主義者.

ve·rị·stisch[..tıʃ] 形 **1** 真実〈写実〉主義の. **2** 現実を赤裸々に写実した.

ᵛ**ve·ri·ta·bel**[veritá:bəl] (..ta·bl..) 形 真実の, 本当の; 本物の; 誠実な. [*fr.*; ＜*lat.* vēritās „Wahrheit"＋..abel]

ver·ja·gen[fɛrjá:gən]¹ **I** 他 (h) 追い払う, 駆逐する, 放逐する; (想念などを)払いのける: die Feinde 〈die Fliegen〉 ～ 敵〈ハエ〉を追い払う | *jn.* aus dem Lande ～ …を国外に追放する | Der Wein *verjagt* Kummer. ワインはうさを晴らしてくれる.

II ver·jagt 過分 形《方》ぎょっとした, おびえた.

ver·jähr·bar[fɛrjɛ́:rba:r] 形〘法〙時効の対象となりうる.

ver·jäh·ren[fɛrjɛ́:rən] **I** 自 (s)〘法〙時効になる, 時効にかかる: Mord *verjährt* nach dreißig Jahren. 殺人は30年後に時効になる.

II ver·jährt 過分 形 **1** 時効になった: Die Anklage ist noch nicht ～. 告訴はまだ時効になっていない. **2** 古びた: ein ～*es* Foto 古い色あせた写真.

Ver·jäh·rung[..jɛ́:rʊŋ] 女 -/-en〘法〙〔消滅〕時効.

Ver·jäh·rungs·frist 女〔消滅〕時効期間.

ver·jaz·zen[fɛrdʒɛ́sən, ..játsən] 他 (h) (曲を)ジャズふうに変える.

ver·ju·beln[fɛrjú:bəln]《06》(**ver·ju·chen**[..júxən], **ver·juch·hei·en**[..jʊxháıən, ..ju:x..], **ver·jụcken**[..jʊ́kən]) 他 (h)《話》(金などを)遊びのために遣う; (時を)遊びで過ごす: Er hat gestern abend sein ganzes Geld *verjubelt*. 彼は昨晩有り金全部を遊びに遣い果たした.

ver·jụ̈n·gen[fɛrjʏ́ŋən] 他 (h) **1** 若返らせる, 若々しくする: das Personal 〈die Mannschaft〉 ～ スタッフ〈チーム〉の若返りをはかる ‖ 再帰 *sich*⁴ ～ 若返る, 若々しくなる | Er hat sich um Jahre *verjüngt*. 彼は前よりもずっと若々しくなった.

2 再帰 *sich*⁴ ～ (先が)しだいに細く〈薄く〉なる: Die Säule *verjüngt* sich nach oben. この柱は上の方ほど細くなっている.

3 縮尺する, 縮写する. [＜jung]

Ver·jụ̈n·gung[..jʏŋʊŋ] 女 -/-en (〔sich〕 verjüngen すること. 例えば:) 若返り; 先細り;〘工・建〙テーパー; 縮尺, 縮写;〘数〙縮約.

Ver·jụ̈n·gungs≠kur 女 若返り療法. ≠**mit·tel** 中 若返りの手段; 回春剤.

ver·ju·xen[fɛrjʊ́ksən]《02》他 (h)《話》**1** ＝verjubeln **2**《*jn.*》からかう, ひやかす.

ver·ka·beln[fɛrká:bəln]《06》他 (h) **1** (電気などを)ケーブル電線で流す. **2**《*et.*⁴》(…を)電話〈電線〉ケーブルでつなぐ; (…に)ケーブルを敷設する. [＜Kabel²]

ver·kạck·ei·ern[fɛrkák|aıərn]《05》＝vergackeiern

ver·kạd·men[fɛrkátmən]《01》他 (h) (kadmieren)《*et.*⁴》(…に)カドミウムめっきをする. [＜Kadmium]

ver·kah·len[fɛrká:lən] **I** 自 (s) 枯れ木になる, 葉を落とす: ein *verkahlter* Ast 枯れ枝. **II** 他 (h)〘林〙(乱伐・皆伐などによって)はげ山にする. [＜kahl]

ver·kạl·ben[fɛrkálbən]¹ 自 (h) (牛が)流産〈早産〉する.

ver·kạl·ken[fɛrkálkən] 自 (s) **1** 石灰化する; 石灰沈着のため硬化する, (血管などが)硬化する; (洗濯機などが)石灰分でつまって機能が低下する. **2**《話》(人が)動脈が硬化する; 老化する, 年を取って思考の柔軟性を失う: Er ist total *verkalkt*. 彼はすっかり老いぼれてしまった.

ver·kal·ku·lie·ren[fɛrkalkulí:rən] 他 (h)《話》再帰 *sich*⁴ ～ 計算を間違える; 思い違いをする.

Ver·kạl·kung[fɛrkálkʊŋ] 女 -/-en (verkalken すること. 例えば:) 石灰化; (血管などの)硬化, 石灰沈着.

ver·ka·mi·so·len[fɛrkamizó:lən] 他 (h)《話》《*jn.*》さんざんに殴る. [＜Kamisol]

ver·kạ̈m·men[fɛrkɛ́mən] ＝kämmen I 3

ver·kạnnt[fɛrkánt] verkennen の過去分詞.

ver·kạn·ten[fɛrkántən]《01》他 (h) (誤って)傾ける, 傾けて倒す; (一方の側に)傾けて置く〈据える〉: Er hat das Gewehr *verkantet*. 彼は(照準の際に)銃身を傾けて〔的を外して〕しまった.

Ver·kạn·tung[..tʊŋ] 女 -/ verkanten すること.

ver·kạp·pen[fɛrkápən] 他 (h) **1**《*jn.*/*et.*⁴》(正体を隠すために)変装させる, (…に)偽装を施す: 再帰 *sich*⁴ 〔als *et.*⁴〕 ～ 〔…の〕変装〈偽装〉をする | ein *verkappter* Spion 変装したスパイ. **2**〘狩〙(タカに)ずきんをかぶせて目隠しする. [＜Kappe]

Ver·kạp·pung[..pʊŋ] 女 -/-en 変装, 偽装.

ver·kap·seln[fɛrkápsəln]《06》他（h）再帰 *sich*[4] ～〘生〙莢膜(きょう)〈包嚢(ほう)〉に包まれる;《比》自分の殻の中に閉じこもる: eine *verkapselte* Tuberkulose〘医〙閉鎖結核.

Ver·kap·se·lung[..səlʊŋ]（**Ver·kaps·lung**[..slʊŋ]）女 -/-en sich verkapseln すること.

ver·kar·sten[fɛrkárstən]《01》自（s）〘地〙カルスト化する;（森林の乱伐などによって土地が）不毛化する: ein *verkarstetes* Gebiet カルスト〔化した〕地域（＝Karstgebiet）. [＜Karst[2]]

Ver·kar·stung[..tʊŋ] 女 -/-en〘地〙カルスト化;（土地の）不毛化.

ver·kar·ten[fɛrkártən]《01》他（h）（統計用などに）カード化する.

ver·ka·se·ma·tuckeln[fɛrka:zəmatúkəln]《06》他（h）《話》**1**（短時間に）多量に消費する. **2** 詳しく説明する.

ver·kä·sen[fɛrkɛ́:zən][1]《02》**I** 自（s）**1**（ミルクなどが）チーズ〔状〕になる, チーズ化する. **2**〘生・医〙（細胞組織が）乾酪化する. **II** 他（h）（ミルクなどを）チーズにする, チーズ化する.

Ver·kä·sung[..zʊŋ] 女 -/ チーズ化;〘生・医〙乾酪化.

ver·ka·tert[fɛrká:tərt] 形《話》二日酔いの. [＜Kater 2]

Ver·kauf[fɛrkáʊf] 男 -〔e〕s/..käufe[..kɔ́ʏfə]（↔ Kauf）売ること, 売り, 売却; 販売: der ～ von Waren 商品の販売 | Einzel*verkauf* 小売り | Sommerschluß*verkauf* 夏物一掃大売り出し ‖ *et.*[4] zum ～ anbieten …を売りに出す | *et.*[4] zum ～ bringen …を売る | zum ～ kommen 売られる, 売却される | **zum ～ stehen** 売りに出ている.

Ver·kau·fe[fɛrkáʊfə] 女 -/《話》（商品などの）売り込み.

ver·kau·fen[fɛrkáʊfən] 他（h）**1**（↔ kaufen）**a)**《〔*jm.*〕*et.*[4] / *et.*[4]〔an *jn.*〕》（〔…に〕…を）売る, 売却する; 販売する: den Nachbarn Eier ～ 近所の人に卵を売る | *sein* Land an den Staat ～ 所有地を国に売る | *et.*[4] billig〈teuer〉～ …を安く〈高く〉売る | *et.*[4] auf Abbruch ～（→Abbruch 1 a）| *et.*[4] für〈um〉50 Mark ～ …を50マルクで売る | *sich*[4] nicht für dumm ～ lassen（→dumm 1）| *et.*[4] mit Verlust〈unter *seinem* Wert〉～ …を損をして〈値打ち以下の価格で〉売る | *et.*[4] unter dem Tisch ～ …をひそかに〈非合法的に〉売る | *et.*[4] über die Straße ～（→Straße 1 a）| die Gefangenen als Sklaven in fremde Länder ～ 捕虜たちを奴隷として外国に売り飛ばす | Bier über die Straße ～ ビールを店頭売りする（立ち飲み用に）‖ Diese Mädchen *verkaufen* ihren Körper. この少女たちは売春をしている（→3）| *sein* Leben teuer ～（→Leben III 1）| Das Haus war leider schon *verkauft*. その家は残念ながらもう売却済みだった | verraten und *verkauft* sein（→verraten 1）

b)《話》（大衆に）売り込む, 売り出す, 宣伝する: *et.*[4] als große Leistung ～ …を大成果として宣伝する.

2 再帰 *sich*[4] gut〈schlecht〉～（商品などが）よく売れる〈売れ行きが悪い〉| *sich*[4] leicht〈schwer〉～（商品などが）はけやすい〈にくい〉.

3 再帰 *sich*[4] ～ 自分の体を売る, 身売りする; 売春をする: *sich*[4] teuer ～（契約の際などに）自分を高く売りつける.

4 再帰 *sich*[4] *jm.*〈an *jn.*〉～ …に買収される | Er hat sich an den Gegner *verkauft*. 彼は敵に買収された.

5《方》再帰 *sich*[4] mit *et.*[3] ～ …を買うのに選択をあやまる | Ich habe mich mit dem Wagen *verkauft*. この車を買ったのは私の失敗だった.

Ver·käu·fer[fɛrkɔ́ʏfər] 男 -s/-（女 **Ver·käu·fe·rin**[..fərɪn]-/-nen）**1** 売り手, 売り主, 売却者. **2**（商店・デパートなどの）店員, 売り子; 販売人, セールスマン: Blumen*verkäuferin* 花売り娘 | Zeitungs*verkäufer* 新聞の売り子.

ver·käu·fe·risch[fɛrkɔ́ʏfərɪʃ] 形《述語的用法なし》販売〔人〕に関する, 店員としての: ～*e* Erfahrung セールスマンとしての経験.

Ver·käu·fer·markt 男〘経〙売り手市場.

ver·käuf·lich[fɛrkɔ́ʏflɪç] 形 **1** 売り物の; 売るに適した; 売れる: Die Waren sind gut〈schlecht〉～. これらの商品は売れ行きがいい〈悪い〉. **2** 売り物用の, 店頭で買える: Dieses Medikament ist frei ～. この薬は処方箋(せん)なしで買える. ▽**3**（käuflich）金で意のままになる, 買収できる.

Ver·käuf·lich·keit[–kaɪt] 女 -/ verkäuflich なこと.

Ver·kaufs≠ab·tei·lung[fɛrkáʊfs..] 女 販売部. **≠aus·stel·lung** 女 展示即売会. **≠au·to·mat** 男 自動販売機. **≠be·din·gung** 女 -/-en《ふつう複数で》販売〈売却〉条件. **≠fah·rer** 男 商品運搬車の運転手. **≠flä·che** 女（百貨店などの）売り場面積.

ver·kaufs·för·dernd 形 販売を促進する.

Ver·kaufs≠för·de·rung 女 販売促進, セールスプロモーション. **≠ge·spräch** 中 売り込みの勧誘. **≠in·ge·nieur**[..ɪnʒeniø:r] 男 販売担当技術員, セールスエンジニア. **≠ka·no·ne** 女《話》強引な販売員〈セールスマン〉. **≠kraft** 女 販売スタッフ, 店員. **≠lei·ter** 男 販売主任.

ver·kaufs·of·fen 形《副詞的用法なし》（休日などについて）時間外に〈例外的に〉店が開いている: ein ～*er* Samstag 例外的に夕刻まで店が開かれる土曜日（→Samstag）.

Ver·kaufs≠or·ga·ni·sa·tion 女 販売組織. **≠po·li·tik** 女 販売政策. **≠preis** 男 販売価格. **≠psy·cho·lo·gie** 女〘心〙販売心理学. **≠raum** 男 売り場. **≠schla·ger** 男 大当たりの〈売れ行きのすばらしい〉商品, ベストセラー. **≠schluß** ＝Ladenschluß **≠schu·lung** 女 販売員教育.

ver·kaufs·schwach 形 売れ行きの悪い: eine ～*e* Saison 売れ足が鈍る時期.

Ver·kaufs≠stand 男（駅などの）売店. **≠stel·le** 女 販売所. **≠stra·te·gie** 女 販売戦略. **≠trai·ner**[..trɛ:nər, ..tre:..] 男 販売員教育担当者. **≠ver·tre·tung** 女 販売代理〔店〕. **≠zahl** 女（商品の）販売数量.

Ver·kehr[fɛrké:r] 男 -s（-es）/-e《ふつう単数で》**1** 交際, つきあい; 交流; 交渉:〔wirtschaftlicher〕～ zwischen Völkern 諸国民の間の〔経済〕交流 ‖ den ～ **mit** *jm.* abbrechen〈wiederaufnehmen〉…との交際をやめる〈再開する〉| den ～ mit *jm.* pflegen〈einschränken〉…との交際を大切にする〈控え目にする〉‖ in brieflichem ～ mit *jm.* stehen …と文通をしている | Er ist unerfahren im ～ mit Behörden. 彼は役所との交渉のやり方に慣れていない ‖ Der ～ mit ihm ist nichts für dich. / Er ist kein ～ für dich. 彼とつきあうのは君にとってろくなことはない.

2 交通, 運輸（シンボルは: → 図 Symbol）;（人・車などの）往来: der ～ auf der Autobahn 高速道路での交通 | fließender〈starker / dichter〉～ スムーズな〈激しい〉車の流れ | ruhender ～ 車両の駐停車 | Einbahn*verkehr* 一方通行〈交通〉| Links*verkehr* 左側通行 | Rechts*verkehr* 右側通行 | Straßen*verkehr* 道路交通 ‖ den ～ regeln〈sperren〉交通を整理〈遮断〉する | den ～ stören〈behindern〉交通を妨げる ‖ Der ～ stockt〈bricht zusammen〉. 交通が渋滞〈まひ〉する | Der ～ staut sich an der Kreuzung. 交通が交差点でつまる | Der ～ hat zugenommen. 交通量が増加した | Es herrscht ein starker〈schwacher〉～. 交通がはげしい〈閑散としている〉| Die neue Brücke wird morgen dem〔öffentlichen〕～ übergeben. この新しい橋はあすから一般に開放される.

3 a)（貨幣・切手などの）流通: *et.*[4] **aus dem ～ ziehen** …（不用のもの・不良品など）を回収する | *et.*[4] **in den ～ bringen** …を新しく流通させる.

b)（Handelsverkehr）商取引, 交易.

4《婉曲に》（Geschlechtsverkehr）性交:〔mit *jm.*〕vorehelichen ～ haben〔…と〕婚前交渉を持つ.

ver·keh·ren[fɛrké:rən] **I** 自 **1**（h）**a)**《mit *jm.*》（…と）交際する, つきあう: mit *jm.* brieflich ～ …と文通する | mit *jm.* geschlechtlich ～ …と性的な交渉を持つ | Sie *verkehrt* mit niemandem〈mit mehreren Männern〉. 彼女はだれともつきあわない〈幾人もの男性とつきあっている〉.

b)《bei *jm.* / in *et.*[3]》（客として）出入りする, 訪れる: In diesem Restaurant *verkehren* hauptsächlich Künstler. このレストランには主として芸術家連中が出入りする.

2（h, s）（鉄道・バス・船舶・航空機など交通機関が）運行〈運航〉する, 往来する: zwischen Hamburg und Kiel ～ ハンブ

V

ルクとキールの間を運行している | Die Straßenbahn *verkehrt* alle 15 Minuten ⟨nur an Wochentagen⟩. 市街電車は15分ごとに⟨平日だけ⟩運行する | Der Omnibus hat ⟨ist⟩ damals nicht so oft *verkehrt*. バスは当時はそれほど頻繁には走っていなかった.

II 他 (h) 《*et.*⁴ in *et.*⁴》(…をその正反対の…に)変える, 逆さまにする: Traurigkeit in Freude ~ 悲しみを喜びに変える | den Sinn einer Aussage 〔ins Gegenteil〕 ~ 陳述内容を正反対に歪曲(わいきょく)⟨曲解⟩する ‖ 再帰 *sich*⁴ ~ (正反対のものに)変わる, 逆さまになる | Seine Liebe hat sich in Haß *verkehrt*. 彼の愛は憎しみに変わった.

III ver·kehrt → 別出

[*mhd.*; ◇kehren¹]

ver·kehr·lich[fɛrké:rlɪç] 形《述語的用法なし》交通に関する, 交通上の.

Ver·kehrs≠ader[fɛrké:rs..] 女 交通の動脈(主要幹線). **≠am·pel** 女 交通信号灯(→ 図 Ampel): Die ~ zeigt Grün ⟨Rot⟩. 信号は青⟨赤⟩である. **≠amt** 中 **1** (Verkehrsbüro)〔市の〕観光案内所, 観光課. **2**〔鉄道〕旅客案内所. **≠an·schluß** 男 交通の便.

ver·kehrs·arm 形 交通量の少ない, 往来の少ない.

Ver·kehrs≠auf·kom·men 中 (道路・線路の)通過車両数. **≠be·hin·de·rung** 女 交通妨害.

ver·kehrs≠be·ru·hi·gend 形〔交通〕通過車両数緩和のための. **≠be·ru·higt** 形〔交通〕通過車両数が緩和された: eine ~*e* Zone 道路交通量の緩和された地域.

Ver·kehrs≠be·trieb 男 -〔e〕s/-e《ふつう複数で》交通企業体, 交通営団. **≠bü·ro** 中 = Verkehrsamt 1 **≠chaos**[..ka:ɔs] 中 交通の大混乱. **≠de·likt** 中 交通違反行為. **≠dich·te** 女 交通量(通過車両数など). **≠er·zie·hung** 女 交通〔安全〕教育.

Ver·kehrs·er·zie·hungs·wo·che 女 交通安全〔教育〕週間.

Ver·kehrs≠flug·zeug 中 (民間航空会社の)定期航空機, 旅客機. **≠funk** 男 ラジオ交通情報. **≠ge·fähr·dung** 女 交通を危険に陥れること. **≠geo·gra·phie** 女 -/ 交通地理学.

ver·kehrs·gün·stig[..gʏnstɪç]² 形 交通の便利な: in ~*er* Lage sein 交通の便利な場所にある.

Ver·kehrs≠hel·fer 男 (旧東ドイツの)交通警官助手. **≠hin·der·nis** 中 **1** 交通障害. **2**《話》(速度の遅い)自動車. **≠in·sel** 女 (路面より一段高い)安全地帯(市街電車の停留所など: → 図 Straße). **≠kon·trol·le** 女 (警察などによる)交通検問. **≠la·ge** 女 **1** 道路交通状況. **2** (場所・建物について)交通の便〔の善しあし〕. **≠lärm** 男 交通騒音. **≠leit·sy·stem** 中 交通誘導システム. **≠ma·schi·ne** 女 = Verkehrsflugzeug **≠me·di·zin** 女 -/ 交通医学. **≠mel·dung** 女 ラジオ交通情報. **≠mi·ni·ster** 男 交通⟨運輸⟩大臣. **≠mi·ni·ste·rium** 中 交通⟨運輸⟩省. **≠mit·tel** 中 交通⟨輸送⟩機関(鉄道・バス・船舶・航空機など). **≠nach·richt** 女 -/-en《ふつう複数で》〔ラジオ〕交通情報. **≠netz** 中 交通網. **≠op·fer** 中 交通事故による犠牲者. **≠ord·nung** 女 交通法規. **≠pla·nung** 女 交通〔網整備〕計画. **≠po·li·tik** 女 交通政策.

ver·kehrs·po·li·tisch 形 交通政策〔上〕の.

Ver·kehrs≠po·li·zei 女 交通警察. **≠po·li·zist** 男 交通警官⟨巡査⟩. **≠psy·cho·lo·gie** 女〔心〕交通心理学. **≠recht** 中 -〔e〕s/ **1**〔法〕(親が子に対して有する)交流する権利. **2** 交通法規. **≠re·gel** 女 -/-n《ふつう複数で》交通規則. **≠re·ge·lung** (≠**reg·lung**) 女 交通整理⟨規制⟩.

ver·kehrs·reich 形 交通量の多い, 交通の激しい.

Ver·kehrs≠row·dy[..raʊdi·] 男, **≠rü·pel** 男《話》(交通規則を無視する)乱暴⟨無謀⟩な運転者. **≠schild** 中 交通⟨道路⟩標識板(→ 図 Schild). **≠schrift** 女 **1** (初歩段階の)速記文字⟨術⟩. **2** = Schreibschrift **≠schutz·mann** 男 = Verkehrspolizist

ver·kehrs≠schwach 形 交通量の少ない, 交通が閑散な. **≠si·cher** 形 (車両などが)安全運行のできる〔状態にある〕, 整備の行き届いた.

Ver·kehrs≠si·cher·heit 女 -/ 交通安全. **≠sit·te** 女〔法〕取引慣行⟨慣習⟩. **≠spit·ze** 女 交通ピーク時, 最高ラッシュ時. **≠spra·che** 女〔言〕通用⟨交際⟩語.

ver·kehrs·stark 形 交通量の多い, 交通の激しい.

Ver·kehrs≠stau 男, **≠stau·ung** 女 交通渋滞. **≠steu·er** 女 取引税. **≠stockung** 女 交通渋滞. **≠stö·rung** 女 交通妨害⟨障害⟩. **≠stra·ße** 女 交通用の道路, 公道. **≠sün·der** 男《話》交通〔規則〕違反者.

Ver·kehrs·sün·der·kar·tei 女 交通違反者記録カードファイル⟨ボックス⟩.

Ver·kehrs≠teil·neh·mer 男 道路使用者(運転者・歩行者など). **≠to·te** 男 女 (統計表などで)交通事故による死亡者. **≠un·fall** 男 交通事故. **≠un·ter·richt** 男 交通〔安全〕教育の授業⟨講習⟩. **≠ver·bin·dung** 女 交通の便. **≠ver·bot** 中 通行⟨進入⟩禁止. **≠ver·bund** 男 交通企業体連合. **≠ver·ein** 男 観光協会. **≠ver·trag** 男 (旧東西両ドイツ間の)交通条約. **≠vor·schrift** 女 交通規則. **≠wacht** 女 (ドイツの)交通監視協会. **≠weg** 男 **1** 交通路(道路・鉄道・航路); 交通の便. **2**《単数で》(会社などの)通達⟨下達⟩経路. **≠wert** 男 (地所などの)販売価格. **≠we·sen** 中 -s/ 交通制度⟨体系・業務⟩.

ver·kehrs·wid·rig 形 交通違反の.

Ver·kehrs≠wid·rig·keit 女 交通違反〔行為〕. **≠zäh·lung** 女 (通行車両数などを数える)交通量調査. **≠zei·chen** 中 交通⟨道路⟩標識(→ 図 Straße).

ver·kehrt[fɛrké:rt] **I** verkehren の過去分詞. **II** 形 正反対の, 逆さまの, あべこべの; 倒錯した; 本末転倒の, 間違った: eine ~*e* Erziehung 本末転倒の⟨間違った⟩教育 | an die ~*e* Adresse kommen ⟨geraten⟩ (→Adresse 1) | **an den *Verkehrten* kommen ⟨geraten⟩**《話》相手を間違える; 門前払いをくらう, (願いが)はねつけられる | eine Zigarette am ~*en* Ende anzünden タバコの火を逆さまにつける | mit dem ~*en* Bein zuerst aufgestanden sein (→ Bein 1 a) ‖ Kaffee ~《話》(コーヒーより)ミルクのほうが多く入ったコーヒー ‖ Der Vorschlag ist gar nicht ~. この提案は悪くない⟨なかなかいい⟩ | Es wäre das ~*este*, so etwas zu tun. そんなことをするなんて本末転倒もはなはだしい | Er ist ~ herum.《話》彼はホモだ ‖ Er macht alles ~. 彼は何をやってもへまばかりする | Er hat den Pullover ~ angezogen. 彼はセーターを後ろ前⟨裏返し⟩に着た.

Ver·kehrt·heit[–haɪt] 女 -/-en **1**《単数で》verkehrt なこと. **2** 間違った行為, へま.

ver·kehrt≠her·um[fɛrké:rthɛrʊm, ⌣⌣⌣⌣] (話 : **≠rum**[..rʊm]) 副 **1** 間違った方向に; 逆さまに, あべこべに; 裏返しに: einen Pullover ~ anziehen セーターを後ろ前⟨裏返し⟩に着る | ~ essen《話》(食べたものを)吐く, 嘔吐(おうと)する. **2**《話》(性的に)倒錯した, 同性愛の.

Ver·keh·rung[..ké:rʊŋ] 女 -/-en (verkehren II すること. 例えば:) 間違い; 本末転倒.

ver·kei·len[fɛrkáɪlən] 他 (h) **1**《*et.*⁴》くさびで固定する; (…に)くさびをあてて動かないようにする: einen Mast ~ マストをくさびで固定する | ein Fahrzeug ~ 自動車(の車輪)にくさび形の車止めをあてがう | *sich*³ den Kopf ~ (→Kopf 1) ‖ Der Eingang ist *verkeilt*. 入口は人で詰まって通れない ‖ 再帰 *sich*⁴ in *et.*⁴ ~ (くさびのように)…に食い込む | Beim Unfall haben sich die beiden Autos ineinander *verkeilt*. 事故のさい双方の自動車は互いに相手の中に食い込んだ. **2**《話》(verprügeln)《*jn.*》さんざんに殴る, ぶちのめす. **3**《話》再帰 *sich*⁴ in *jn.* ~ …に惚(ほ)れ込む. **4**《話》(verkaufen) 売る, 売却する.

ver·ken·nen*[fɛrkɛ́nən]《73》他 (h) 見誤る, 見そこなう, 誤認⟨誤解⟩する, (…についての)判断を誤る: die tatsächliche Lage ⟨den Ernst der Sache⟩ ~ 実際の状況⟨事の重大さ⟩を見誤る | Seine Absicht war nicht zu ~. 彼の意図は明らかだった | Er wird von allen *verkannt*. 彼はだれからも誤解される(真価を認められない) | Ich will nicht ~, daß ... …ということは認めます ‖ ein *verkanntes* Genie 埋もれた天才.

Ver·ken·nung[..nʊŋ] 女 -/-en 見誤り, 見そこない, 誤認, 誤解: in völliger ~ der Lage 状況を完全に誤認して.

ver·ket·ten[fɛrkɛ́tən]《01》他 (h) 鎖でつなぐ⟨固定する⟩;

(連鎖状に)連結〈結合〉する; 《比》〔固く〕つなぎ合わせる: die Tür ～ ドアに安全チェーンをかける | zwei Gegenstände ～ 二つのものを〔鎖で〕つなぎ合わせる〈連結・連動させる〉‖ 再帰 *sich*⁴ ～ つながり合う, 連鎖状に起こる | Unglückliche Mißverständnisse *verketteten* sich. 不幸な誤解が次々と〔連鎖的に〕生じた ‖ Sie waren in Freundschaft fest miteinander *verkettet*. 彼らは互いに固く友情で結ばれていた.

Ver·kẹt·tung[..tʊŋ] 女 -/-en (〔sich〕 verketten すること. 例えば:) 連鎖, 連結: eine ～ unglückseliger Umstände 不幸な事情の重なり合い.

ver·kẹt·zern[fɛrkɛ́tsərn] 《05》 他 (h) 《*jn.*》(…に)異端者〈邪宗徒〉の烙印(らくいん)を押す; 《比》(…に)汚名を着せる, (…のことを)悪く言う. [＜Ketzer]

Ver·kẹt·ze·rung[..tsərʊŋ] 女 -/-en verketzern すること.

ver·kie̱·nen[fɛrkí:nən] 自 (s) 〘林〙 樹脂過剰のため枯死する. [＜Kien²]

ver·kie̱·seln[fɛrkí:zəln] 《06》 自 (s) 〘化〙 硅化(けいか)する.

Ver·kie̱·se·lung[..zəlʊŋ] 女 -/-en 〘化〙 硅化.

ᵛ**ver·kịn·den**[fɛrkíndən]¹ 《01》 自 (s) (老衰などによって)子供っぽくなる, 幼児化する. [＜Kind]

ver·kịt·schen[fɛrkítʃən] 《04》 他 (h) **1** (大衆に迎合して芸術作品などを)低俗化する, 通俗的に仕上げる. **2** 《話》投げ売りする, 捨て値で安売りする. [1: ＜Kitsch]

Ver·kịt·schung[..tʃʊŋ] 女 -/-en verkitschen すること.

ver·kịt·ten[fɛrkítən] 《01》 他 (h) 接合〈充塡(じゅうてん)〉剤で固定する, パテ〈セメント〉で接合する.

ver·kla̱·gen[fɛrklá:gən]¹ 他 (h) **1** 《*jn.*》〘法〙 訴える, 告訴する: *jn.* auf Schadenersatz ～ …に対して損害賠償の訴えを起こす | *jn.* wegen Körperverletzung ～ …を傷害のかどで訴える. **2** 《方》《*jn.* bei *jm.*》(…のことを…に)告げ口する.

ver·klạm·men[fɛrklámən] 自 (s) (手や足が寒さ・冷たさのために)かじかむ.

ver·klạm·mern[fɛrklámərn] 《05》 他 (h) かすがいで固定する; 〘印〙 括弧に入れる: eine Wunde ～ 傷口をかすがい縫合する ‖ 再帰 *sich*⁴ ～ 《比》(離れがたく)しっかり絡み合う.

Ver·klạm·me·rung[..mərʊŋ] 女 -/-en **1** 《単数で》 verklammern すること. **2** かすがいで固定された状態; 《比》しっかり絡み合った状態.

ver·klạp·pen[fɛrklápən] 他 (h) 〘海〙 (平底浚渫(しゅんせつ)船で)海洋投棄する.

ver·klạp·sen[fɛrklápsən] 《02》 ＝veralbern

ver·kla̱·ren[fɛrklá:rən] **I** 他 (h) 《北部》 ＝erklären **II** 自 (h) 〘海〙 (船長が)海難に関する報告〔書〕を提出する. [*ndd.*]

ver·klä̱·ren[fɛrklɛ́:rən] 他 (h) **1** 〘キリスト教〙 変容させる: Sein Leib wurde *verklärt*. 彼の肉体は変容した. **2** (顔・容姿などを)輝かしいものにする, 神々しくする; 美化する, 理想化する: Die Freude *verklärte* sein Gesicht. 喜びが彼の顔を明るく輝かせた | Die Erinnerung *verklärte* die schweren Jahre. 思い出がつらい年月を甘美なものにした ‖ 再帰 *sich*⁴ ～ 輝かしく晴れやかになる; 美化〈理想化〉される ‖ ein *verklärtes* Gesicht 晴れ晴れとした顔 | mit *verklärten* Blicken 喜びにあふれた目をして | *verklärt* lächeln 晴れやかにほほえむ.

Ver·kla̱·rung[..klá:rʊŋ] 女 -/-en **1** 《単数で》 verklaren すること. **2** (Seeprotest) 〘海〙 (海難船舶の船長が監督官庁に提出する)海難報告書.

Ver·klä̱·rung[..klɛ́:rʊŋ] 女 -/-en 〔sich〕 verklären すること: die ～ Christi キリストの変容.

ver·klạt·schen[fɛrklátʃən] 《04》 他 (h) 《話》《*jn.* 〔bei *jm.*〕》(…のことを〔…に〕)告げ口する, 密告する.

ver·klau̱·seln[fɛrkláuzəln] 《06》 ＝verklausulieren

Ver·klau̱·se·lung[..zəlʊŋ] 女 -/-en ＝Verklausulierung

ver·klau·su·lie̱·ren[..klauzulí:rən] 他 (h) 《*et.*⁴》(…に)但し書きをつける; 《比》(…に)さまざまの留保〈付帯〉条件をつける: einen Vertrag ～ 契約書にさまざまの付帯条件をつける | *sich*⁴ sehr *verklausuliert* ausdrücken ひどく回りくどい〈ややこしい〉言い方をする.

Ver·klau·su·lie̱·rung[..rʊŋ] 女 -/-en 但し書き〈付帯条件〉〔をつけること〕.

ver·kle̱·ben[fɛrklé:bən]¹ **I** 他 (h) **1** (べとつかせて)くっつき合わせる: Der Schweiß und Staub *verklebten* mir die Augenlider. 汗とほこりで私のまぶたはふさがった ‖ von Blut *verklebte* Haare 血のりで固まった毛髪 | *verklebte* Hände べとついた手. **2** (zukleben) はってふさぐ: einen Riß im Papier ～ 紙のやぶれ目をはりつくろう | eine Wunde mit Pflaster ～ 傷口に絆創膏(ばんそうこう)をはる. **3** (プラタイル・リノリウムなどを床に)張りつける. **4** (切手・絆創膏・プラタイルなどを)はって消費する〈使い果たす〉.

II 自 (s) (粘着性のものによって)はりつく: Der Verband ist *verklebt*. 包帯がはりついてしまった(膿(うみ)などで).

Ver·kle̱·bung[..bʊŋ] 女 -/-en verkleben すること.

ver·klẹckern[fɛrklɛ́kərn] 《05》 他 (h) 《話》 **1** 《*et.*⁴》(…をこぼして)しみをつける. **2** 浪費する, むだ遣いする.

ver·klei̱·den[fɛrkláidən]¹ 《01》 他 (h) **1** 《*jn.*》扮装(ふんそう)〈仮装・変装〉させる: *jn.* als Matrose ～ …に船員の扮装をさせる ‖ 再帰 *sich*⁴ ～ 扮装〈仮装・変装〉する | *sich*⁴ als Mann 〈Frau〉 ～ 男装〈女装〉する | Im Karneval *verkleidete* er sich als Clown. カーニバルで彼は道化師に扮した. **2** 《*et.*⁴ 〔mit *et.*³〕》(…に〔…で〕)上張り〈化粧張り〉をする, (…に〔…を〕)かぶせる, 着せる: Wände mit Holz 〈Fliesen〉 ～ 壁を板張り〈タイル張り〉にする | Heizkörper mit einem Gitter ～ 放熱体を格子で覆う | einen Schacht ～ 立坑の周囲に木組みをめぐらす | das Kabel mit einem Seidengespinst ～ 〔銅〕線を絹のより糸で被覆する. **3** 美化して描く: die Tatsachen mit schönen Worten ～ 事実を粉飾して伝える.

Ver·klei̱·dung[..dʊŋ] 女 -/-en **1** 扮装(ふんそう), 仮装, 変装. **2** 上張り, 化粧張り; 被覆, ライニング; 〘工〙 ケーシング: Holz*verkleidung* 板張り; 羽目板.

ver·klei̱·nern[fɛrkláinərn] 《05》 他 (h) (↔ vergrößern) **1** より小さくする, 縮小〈縮尺〉する, 縮める; (…の)縮刷〈簡約〉版を作る; 減少させる, 縮減する: den Abstand ～ 間隔を狭める | einen Betrieb ～ 事業を縮小する | ein Bild ～ 写真を縮尺する ‖ 再帰 *sich*⁴ ～ より小さくなる, 縮小〈縮尺〉される; 減少する | Unser Vermögen hat sich *verkleinert*. わが家の財産は減少してしまった. **2** 故意に小さく見せる; けなす, けちをつける: *jn.* ～ …をけなす, …にけちをつける | *js.* Verdienste ～ …の功績にけちをつける | Er versuchte, seine Schuld zu ～. 彼は自分の罪を軽くしようと試みた. **3** 《話》 再帰 *sich*⁴ ～ 前より小さな住まい〈店〉に移る; 仕事の規模を縮小する. [＜kleiner ＜klein]

Ver·klei̱·ne·rung[..nərʊŋ] 女 -/-en **1** 《ふつう単数で》〔sich〕 verkleinern すること. **2** 縮写したもの, 縮小写真〈コピー〉.

Ver·klei̱·ne·rungs≠form 女 (Diminutiv) 〘言〙 縮小形, 指小形(例 Blümchen, Blümlein＜Blume). **≠glas** 中 -es/..gläser (ものを実物より小さく見せる)縮小鏡〈レンズ〉, 凹レンズ. **≠sil·be** 女, **≠suf·fix** 中 〘言〙 縮小語尾, 指小接尾辞(例..chen, ..lein). **≠wort** 中 -〔e〕s/..wörter 〘言〙 縮小語, 指小詞.

ver·klei̱·stern[fɛrkláistərn] 《05》 他 (h) **1** 《話》《*et.*⁴》(裂け目などを)のりで張りつくろう; 《比》(…の表面を)糊塗(こと)する: ***jm.* die Augen ～** 《比》…を買収する | Widersprüche ～ 矛盾を糊塗する. **2** くっつき合わせる. **3** 〘理〙 糊(のり)状にする.

ver·klẹm·men[fɛrklɛ́mən] **I** 他 (h) 挟んで動かなくする, 締めつける: 再帰 *sich*⁴ ～ 挟まって〈ひっかかって〉動かなくなる. **II ver·klẹmmt** 過分 形 (人が)心理的抑制〈葛藤(かっとう)〉のある, いじけた, こわばった, 気おくれした, ぎごちない.

Ver·klẹmmt·heit[..hait] 女 -/-en **1** 《単数で》 verklemmt なこと. **2** verklemmt な言動.

Ver·klẹm·mung[..mʊŋ] 女 -/-en **1** 《単数で》 sich verklemmen すること. **2 a)** ひっかかって動きのとれない状態. **b)** いじけた状態.

ver·klịckern[fɛrklíkərn] 《05》 他 (h) 《俗》《*jm. et.*⁴》

(…に…を)よく説明する, わからせる.

ver·klin·gen*[fɛrklíŋən]《77》自 (s) (音・響きなどが)しだいに弱まって消え去る〈鳴りやむ〉;《比》(感激などが)さめる; (季節・祭りなどが)しだいに終わりに近づく: Der Beifall *verklang.* 拍手が鳴りやんだ.

ver·klit·schen[fɛrklítʃən]《04》他 (h)《方》安値で売りとばす.

ver·klom·men[fɛrklɔ́mən] 形 (手や足が寒さ・冷たさのために)かじかんだ. [<klimmen]

ver·klop·pen[fɛrklɔ́pən] (**ver·klop·fen**[..klɔ́pfən]) 他 (h)《話》**1** (verprügeln)《*jn.*》さんざんに殴る, ぶちのめす. **2**《*et.*^{4}》(価格以下で)売る, 安売りする.

ver·klüf·ten[fɛrklʏ́ftən]《01》他 (h) 再帰 *sich*^{4} ～〖狩〗(キツネ・アナグマなどが猟犬から身を隠すために)巣の穴の中にもぐり込む.

ver·knacken[fɛrknákən] 他 (h)《話》**1**《*jn.* zu *et.*^{3}》(…を…の)刑に処する: *jn.* zu drei Jahren Gefängnis ～ …を3年の禁固刑に処する. **2**《*jn.*》からかう. [<Knacki]

ver·knack·sen[..knáksən]《02》他 (h) **1**《話》(verstauchen)《*sich*^{3} *et.*^{4}》(…を)捻挫(ねんざ)する, くじく: *sich*^{3} den Fuß ～ 足首を捻挫する. **2** =verknacken 1

ver·knal·len[fɛrknálən] 他 (h)《話》**1** (弾丸などを)やたらに撃つ, 撃ちつくす.
2 (verlieben) 再帰 *sich*^{4} in *jn.* 〈*et.*^{4}〉 ～ …に惚(ほ)れ込む, …に夢中になる | Sie ist in ihn *verknallt.* 彼女は彼に夢中になっている.
3 =verknacken 1

ver·knap·pen[fɛrknápən] 他 (h) 乏しくする; 縮小〈削減〉する: die Rationen ～ 配給量を切りつめる ‖ 再帰 *sich*^{4} ～ 乏しくなる, 欠乏する, 不足〈払底〉する. [<knapp]

Ver·knap·pung[..pʊŋ] 女 -/ 欠乏, 不足, 払底: eine ～ von Lebensmitteln 食料品の欠乏.

ver·knas·sen[fɛrknásən]《03》, **ver·kna·sten**[..knástən]《01》他 (h)《話》《*jn.*》刑務所にぶちこむ. [<*jidd.* knas (→Knast^2)]

ver·knaut·schen[fɛrknáutʃən]《04》《話》**I** 他 (h) しわくちゃにする. **II** 自 (s) しわになる.

ver·knei·fen*[fɛrknáifən]《78》**I** 他 (h) **1** (目を)細める; (口もとを)きっと〈への字に〉結ぶ. **2**《話》*sich*^{3} *et.*^{4} ～ …を無理にがまんする〈こらえる〉; …をあきらめる | *sich*^{3} das Lachen ～ 笑いをかみ殺す | *sich*^{3} den Schmerz ～ 苦痛をこらえる | Ich konnte mir nicht ～, das zu sagen. 私はどうしてもそれを言わずにはいられなかった | Ich werde mir heute das Mittagessen ～ müssen. 私はきょうは昼食をあきらめねばなるまい.

II ver·knif·fen[..knífən] 過分 形 (顔の表情が)怒り〈不満〉でゆがんだ, ひねくれた: ein ～*es* Gesicht しかめつら | Sein Mund war ～. 彼は口をへの字に結んでいた.

ver·knit·tern[fɛrknítərn]《05》他 (h) しわくちゃ〈くしゃくしゃ〉にする.

ver·knö·chern[fɛrknœ́çərn]《05》自 (s) **1** (年をとって)かたくなになる, 硬直化する, 柔軟性を失う: ein *verknöcherter* Beamter 頑固な役人.
2〖医〗骨状になる, 骨化〈化骨〉する.

Ver·knö·che·rung[..çərʊŋ] 女 -/-en (verknöchern すること. 例えば:) 硬直化;〖医〗骨化, 化骨.

ver·knor·peln[fɛrknɔ́rpəln]《06》自 (s)〖医〗軟骨状になる, 軟骨化する. [<Knorpel]

Ver·knor·pe·lung[..pəlʊŋ] (**Ver·knorp·lung**[..plʊŋ]) 女 -/-en〖医〗軟骨化.

ver·kno·ten[fɛrknó:tən]《01》他 (h) **1**《*et.*^{4}》(…の両端を)結び合わせる(結び目を作って). **2** (二つのものを)結び合わせる. **3** 再帰 *sich*^{4} ～ もつれて結び目ができてしまう. **4** (綱などを)結び目によって外れないように固定する.

ver·knüp·fen[fɛrknʏ́pfən] 他 (h)《*et.*^{4} mit *et.*^{3}》(…を…と)結びつける, 結び合わせる: die Enden einer Schnur miteinander ～ ひもの両端を結び合わせる | zwei Gedanken logisch ～ 二つの考えを論理的に結びつける | die Urlaubsreise mit einem Besuch bei Eltern ～ 休暇旅行を兼ねて両親を訪問する ‖ Die Reform ist mit erheblichen Ausgaben *verknüpft.* 改革はばく大な出費を伴う.

Ver·knüp·fung[..pfʊŋ] 女 -/-en (verknüpfen する・していること. 例えば:) 結合; 結びつき.

ver·knur·ren[fɛrknʊ́rən] **I** 他 (h)《話》**1**《*jn.* zu *et.*^{3}》(…に…の)刑を宣告する. **2** 再帰 *sich*^{4} mit *jm.* ～ …と仲たがいする. **II ver·knurrt** 過分 形《話》腹をたてている, 頭に来ている; 仲たがいをした: Sie sind miteinander ～. 彼らは仲たがいをしている.

ver·knu·sen[fɛrknú:zən]^1《02》他 (h)《北部》(verdauen) 消化する:〖もっぱら次の形で〗*jn.* 〈*et.*^{4}〉 **nicht ～ können**《話》…を我慢できない, …が鼻もちならない.
[*ndd.*; ◇knüseln]

ver·ko·chen[fɛrkɔ́xən] **I** 自 (s) (料理などが)煮えすぎてだめになる〈水分がなくなる・ぐしゃぐしゃになる〉; 煮つまる: Sein Zorn *verkochte* bald.《比》彼の怒りはやがて収まった.
II 他 (h) (料理などを)煮すぎてだめにする; 煮つめる: 再帰 *sich*^{4} ～ 煮つまる; 煮くずれる.

ver·koh·len^1[fɛrkó:lən] 他 (h)《話》《*jn.*》かつぐ, ぺてんにかける.

ver·koh·len^2[–] **I** 他 (h) (焼いて)炭にする, 炭化する.
II 自 (s) 炭になる, 炭化する: Die Leiche war bis zur Unkenntlichkeit *verkohlt.* その死体は識別できぬまでに焼け焦げていた.

Ver·koh·lung[..lʊŋ] 女 -/-en 炭化.

ver·ko·ken[fɛrkó:kən] **I** 他 (h) (石炭を高温乾留して)コークスにする, コークス化する. **II** 自 (s) (石炭が)コークスになる, コークス化する. [<Koks^2]

Ver·ko·kung[..kʊŋ] 女 -/-en コークス化.

ver·kom·men*[fɛrkɔ́mən]《80》**I** 自 (s) **1** (しだいに)堕落する, 不良化する, 身を持ち崩す; 零落する, 落ちぶれる: im Elend ～ 悲惨な境遇の中で身をほろぼす | zu *et.*^{3} ～ 堕落して…になる, …に堕する | In dieser Gesellschaft wird er bestimmt ～. この仲間とつきあっていたら彼はきっと堕落するだろう. **2 a)** (家屋などが)しだいに腐る〈朽ちる〉, いたむ, 荒廃する, 朽ち果てる: einen Garten ～ lassen 庭を荒れるにまかせておく. **b)** (食料などが)しだいに傷む, 腐る. **3**《スイス》(übereinkommen)《mit *jm.*》(…と)意見が一致する, 合意する: Wir sind *verkommen*, das nicht zu tun. 私たちはそれをしない申し合わせをした. **4**《オーストリア》逃れる, 急いで遠ざかる: *Verkomm!* 逃げろ.
II 過分 形 堕落した, 身を持ち崩した; 落ちぶれた, 零落〈落魄(らくはく)〉した; 腐敗した, 朽ち果てた, 荒廃した: ein ～*er* Fußballspieler サッカー選手のなれの果て | ein ～*es* Subjekt《話》自堕落なやつ, 無頼の徒 ‖ Der Garten sah ziemlich ～ aus. その庭は相当に荒れ果てて見えた.

Ver·kom·men·heit[–hait] 女 -/ verkommen II なこと.

Ver·komm·nis[fɛrkɔ́mnɪs] 中 -ses/-se《スイス》意見の一致, 合意; (Abkommen) 協定; (Vertrag) 契約.

ver·kom·pli·zie·ren[fɛrkɔmplitsí:rən] 他 (h)〔不必要に〕複雑にする.

ver·kon·su·mie·ren[fɛrkɔnzumí:rən] 他 (h)《話》(多量に)消費する; 食べつくす, 平らげる.

ver·kop·peln[fɛrkɔ́pəln]《06》他 (h) **1**《*et.*^{4} mit *et.*^{3}》(…を…と)つなぎ合わせる, 結合する. ${}^\nabla$**2** (耕地を)整理統合する.

Ver·kop·pe·lung[..pəlʊŋ] (**Ver·kopp·lung**[..plʊŋ]) 女 -/-en verkoppeln すること.

ver·kor·ken[fɛrkɔ́rkən] **I** 他 (h)《*et.*^{4}》(…に)コルクで栓をする. **II** 自 (s) コルク化する.

ver·kork·sen[fɛrkɔ́rksən]《02》他 (h)《話》《〔*jm.*〕 *et.*^{4}》(〔…の〕…を)だめにする, 台なしにする: *jm.* den ganzen Abend ～ …の(楽しかるべき)一晩をめちゃめちゃにしてしまう | *sich*^{3} den Magen ～ 胃を悪くする ‖ Diese Kinder sind völlig *verkorkst.* この子供たちは全くのでき損ないだ ‖ eine *verkorkste* Urlaubsreise 台なしになった休暇旅行. [<gorksen „aufstoßen“+verkorken]

ver·kör·nen[fɛrkœ́rnən] 他 (h) (加工して)粒状にする, 顆粒(かりゅう)化する.

ver·kör·pern[fɛrkœ́rpərn]《05》他 (h) **1**《*et.*^{4}》具体化する, 具現〈体現〉する, (…の)化身〈権化〉である: Faust *ver-*

körpert den Wissensdrang des Menschen. ファウストは人間の知識欲の化身である ‖ 再帰 *sich*^{4} ～ 具現〈体現〉される | In ihm hatte sich das Ideal dieser Generation *verkörpert*. 彼のなかにこの世代の理想が具現されていた ‖ Er ist die *verkörperte* Gerechtigkeit. 彼は正義の権化だ.
2 《*et.*^{4}》(…の)役になりきる: Sie hat Gretchen 〈ihre Rolle〉 vorbildlich *verkörpert*. 彼女はグレートヒェン〈自分の役〉を模範的に演じた.

Ver·kọ̈r·pe·rung[..pərʊŋ] 女 -/-en **1**《単数で》(〔sich〕 verkörpern すること. 例えば:) 具体化, 具現, 体現. **2** (〔sich〕 verkörpern したもの. 例えば:) 化身, 権化. [＜Körper]

ver·kọ·sten[fɛrkɔ́stən] 《01》他 (h) **1**《オーストリア》(kosten) 《*et.*^{4}》(…の)味を見る, 試食〈試飲〉する. **2** (特にワインを)試飲する.

ver·kọst·gel·den[fɛrkɔ́stgɛldən]^{1} 《01》他 (h) 《スイス》《*jn.*》(…を他家に)寄食させる. [＜Kostgeld]

ver·kọ̈·sti·gen[fɛrkœ́stɪgən]^{2} 他 (h) 《*jn.*》(…に)食事を給する, 賄う: 再帰 *sich*^{4} 〔selbst〕 ～ 自炊する. [＜Kost]

Ver·kọ̈·sti·gung[..gʊŋ] 女 -/-en 賄い, 給食.

ver·krạ·chen[fɛrkráxən]《話》 **I** 自 (s) 破産する, 破滅する, (人生に)落後する: eine *verkrachte* Existenz 人生の敗北〈敗残〉者.
II 他 (h) **1** 再帰 *sich*^{4} mit *jm.* ～ …と仲たがいする, …と不和になる | Die beiden haben sich 〔miteinander〕 *verkracht*. 二人は仲たがいをした ‖ mit *jm. verkracht* sein …と仲たがいをしている. **2** 再帰 *sich*^{4} in *jn.* ～ …にぞっこん惚(ほ)れ込む, …に夢中になる.

ver·krạf·ten[fɛrkráftən] 《01》他 (h) **1**《話》自力でやってのける, 処理〈消化〉する: Diese Aufgabe kann ich kaum ～. この任務はいささか私の手に余る | Die Stadt kann den Verkehr nicht mehr ～. 町は交通問題をもはや処理しきれない | Noch ein Stück Kuchen müßtest du ～ können. ケーキをもう1個ぐらいなら君にも食べられるだろう. **2**〔鉄道〕(ある区間を)バス路線に切り替える. [＜Kraft]

ver·krạl·len[fɛrkrálən] 他 (h) **1** 再帰 *sich*^{4} in *et.*^{3} ～ …につめを立てる, …につめを立ててつかまる | Das Eichhörnchen *verkrallte* sich in der Rinde. リスが樹皮につめを立ててつかまっていた. **2**《比》再帰 *sich*^{4} in *et.*^{4} ～ …とがっちり取り組む, 熱心に…の仕事をする: Er hat sich in diese Arbeit *verkrallt*. 彼はこの仕事に熱心に取り組んでいた.

ver·krạ·men[fɛrkrá:mən] 他 (h) 《話》しまい忘れる, 置き忘れる.

ver·krạmp·fen[fɛrkrámpfən] 他 (h) **1** 再帰 *sich*^{4} ～ (筋肉などがけいれんを起こして)こわばる, ひきつる; 《比》(心理的に)硬直する, 極度に緊張する: Er ist völlig *verkrampft*. 彼は極度に緊張してこわばった様子をしている | *verkrampft* lächeln ひきつった笑いを浮かべる.
2 (手などを)けいれん的にこわばらせる: die Hände zu Fäusten ～ 両手をぶるぶると握りしめる.

Ver·krạmp·fung[..pfʊŋ] 女 -/-en (〔sich〕 verkrampfen すること. 例えば:) けいれん, こわばり, 硬直.

ver·krạt·zen[fɛrkrátsən] 《02》他 (h) 《*et.*^{4}》(…に)かき傷をつける, (…を)ひっかく.

ver·kra̱u̱·ten[fɛrkráʊtən] 《01》自 (s) (地面などが)しだいに雑草に覆われる. [＜Kraut^{1}]

ver·kre̱bst[fɛrkré:pst] 形《話》広範囲にわたって癌(がん)におかされた. [＜Krebs 2 a]

ver·krie̱·chen*[fɛrkrí:çən] 《83》他 (h) 再帰 *sich*^{4} ～ (…の中に・後ろに・下に)這(は)い込む, もぐり込む; (恐怖・不安・恥ずかしさなどで)身を隠す, 隠れる: *sich*^{4} im Bett 〈ins Bett〉 ～ ベッドの中にもぐり込む | *sich*^{4} unter der Bank 〈unter die Bank〉 ～ ベンチの下に這い込む | Die Sonne *verkriecht* sich 〔hinter Wolken〕. 太陽が雲に隠れる | Ich hätte mich vor Verlegenheit am liebsten irgendwo *verkrochen*. 私は穴があれば入りたい気持だった | Neben ihm kannst du dich ～. 《比》君なんか彼の足もとにも及ばない.

ver·krọ̈p·fen[fɛrkrœ́pfən] 他 (h) 〔建〕(軒蛇腹・飾り縁などを)めぐらす.

Ver·krọ̈p·fung[..pfʊŋ] 女 -/-en **1**《単数で》verkröpfen すること. **2**〔建〕(めぐらされた)軒蛇腹, 飾り縁.

ver·krü̱·meln[fɛrkrý:məln] 《06》他 (h) **1** (パンくずなどを)ぼろぼろに砕いて〈崩して〉まきちらす. **2**《話》再帰 *sich*^{4} ～ ひそかに立ち去る, そっと姿を消す; (物が)消えうせる.

ver·krụ̈m·men[fɛrkrʏ́mən] **I** 自 (h) (背中・背骨などが)曲がる, 湾曲する.
II 他 (h) 曲げる, ゆがめる, 湾曲させる: Sein Rückgrat wurde beim Unfall *verkrümmt*. 彼の背骨は事故でゆがんでしまった ‖ 再帰 *sich*^{4} ～ 曲がる, ゆがむ, 湾曲する.

Ver·krụ̈m·mung[..mʊŋ] 女 -/-en ゆがみ, 湾曲: Rückgrat*verkrümmung*〔医〕脊椎(せきつい)湾曲.

ver·krụ̈p·peln[fɛrkrʏ́pəln] 《06》 **I** 自 (s) 不具になる, (発育不全で)奇形化する: einen *verkrüppelten* Fuß haben 片足が奇形である. **II** 他 (h) 不具にする. [＜Krüppel]

Ver·krụ̈p·pe·lung[..pəlʊŋ] (**Ver·krụ̈pp·lung**[..plʊŋ]) 女 -/-en **1**《単数で》verkrüppeln すること. **2** 不具, 奇形.

ver·krụ·sten[fɛrkrʊ́stən] 《01》自 (s) (固まって)堅い表皮を生じる; かさぶたになる: eine *verkrustete* Wunde かさぶたになった傷跡. [＜Kruste]

ver·kü̱h·len[fɛrký:lən] 他 (h) **1** 再帰 *sich*^{4} ～ 冷える, 冷却する. **2**《オーストリア》(erkälten) 再帰 *sich*^{4} ～ かぜをひく.

Ver·kü̱h·lung[..lʊŋ] 女 -/-en **1** 冷却. **2**《オーストリア》(Erkältung) かぜ〔ひき〕, 感冒.

ver·kụ̈m·mern[fɛrkʏ́mərn] 《05》 **I** 自 (s) (植物などが)除々に枯死する; 成長〈発育〉が止まる; (器官などが)萎縮(いしゅく)〈退化〉する; 《比》元気がなくなる, いじける, 消耗する: *sein* Talent ～ lassen 才能を腐らせる.
II 他 (h) (mindern) 低下〈減少〉させる.

Ver·kụ̈m·me·rung[..mərʊŋ] 女 -/-en verkümmern すること.

ver·kụ̈n·den[fɛrkʏ́ndən]^{1} 《01》他 (h) **1** 公(おおやけ)〈一般〉に知らせる, 告知する, 発表〈公表〉する, 公示〈布告・公布〉する; (判決などを)言い渡す; (誇らしげに)告げる, 明言する: ein Gesetz ～ 法律を公布する | ein Urteil ～ 判決を言い渡す | die Verlobung ～ 婚約を発表〈公表〉する.
2 ＝verkündigen 1

Ver·kụ̈n·der[..dər] 男 -s/- verkünden する人.

ver·kụ̈n·di·gen[..kʏ́ndɪgən]^{2} 他 (h) **1**《雅》予言する, (神の教えなどを)告知する: das Evangelium ～ 福音を伝える. **2** ＝verkünden 1

Ver·kụ̈n·di·ger[..gər] 男 -s/- verkündigen する人.

Ver·kụ̈n·di·gung[..gʊŋ] 女 -/-en verkündigen すること: Mariä ～〔カトリック〕マリアへのお告げ, 受胎告知; マリアへのお告げの祝日(3月25日).

Ver·kụ̈n·dung[..kʏ́ndʊŋ] 女 -/-en verkünden すること.

ver·kụn·geln[fɛrkʊ́ŋəln] 《06》他 (h) 《話》ひそかに〈非合法的に〉売却する.

ver·kụp·fern[fɛrkʊ́pfərn] 《05》他 (h) 《*et.*^{4}》(…に)銅めっきをする; (…に)銅を着せる〈かぶせる〉, 銅張りする. [＜Kupfer]

Ver·kụp·fe·rung[..pfərʊŋ] 女 -/-en 銅めっき; 銅張り.

ver·kụp·peln[fɛrkʊ́pəln] 《06》他 (h) **1** つなぐ, 連結する. **2** 《*jn.* an *jn.* 〈mit *jm.*〉》(…を…に)取りもつ(金をもらって情事を仲介する): *seine* Tochter ～ 娘に財産目あての結婚をさせる.

Ver·kụp·pe·lung[..pəlʊŋ] (**Ver·kụpp·lung**[..plʊŋ]) 女 -/-en verkuppeln すること.

ver·kụ̈r·zen[fɛrkʏ́rtsən] 《02》 **I** 他 (h) **1** (空間的に)短くする, (長さを)縮める, 短縮する; (分量を)切りつめる: ein Brett 〔um 5 cm〕 ～ 板の長さを〔5センチだけ〕短くする | *et.*^{4} perspektivisch ～〔美〕…を遠近法によって縮めて描く ‖ 再帰 *sich*^{4} ～ (長さが)短くなる, 縮まる ‖ eine *verkürzte* Fassung (小説などの)ダイジェスト版 | ein *verkürzter* Satz〔言〕短縮文. **2** (時間的に)短くする, 短縮する; (…の)継続

時間を短縮する: die Arbeitszeit ~ 労働時間を短縮する | *sich*[3] die Wartezeit durch *et.*[4] ⟨mit *et.*[3]⟩ ~ …によって待ち時間の退屈をしのぐ | die Qualen eines verletzten Pferdes ~ (殺すことによって)負傷した馬の苦しみを早く終わらせてやる ‖ 再帰 *sich*[4] ~ (時間・期間が)短くなる. ᵛ**3** (希望・要求などの)一部を失わせる⟨奪い取る⟩: *js.* Hoffnungen ~ …の希望を薄れさせる.

II 自 (h) (競技で)点差を縮める: auf 4 : 3 (読み方: vier zu drei) ~ 4対3まで追い上げる.

Ver·kür·zung[..tsʊŋ] 女 -/-en ([sich] verkürzen すること. 例えば:) 短縮, 切りつめ; 〘工〙縮み: perspektivische ~ 〘美〙遠近法による短縮.

Verl. 略 =Verlag 出版社.

ver·la·chen[fɛrláxən] 他 (h) 嘲笑(ちょう)する, あざける.

ver·lacken[fɛrlákən] 他 (h) (lackieren) 《*et.*[4]》(…に)ラックニス⟨ワニス・ラッカー・うるし⟩を塗る.

Ver·lad[fɛrlá:t] 男 -s/ 《スイ》=Verladung

Ver·la·de≈bahn·hof[..lá:də..] 男 〔貨物〕積み込み駅. **≈brücke** 女 橋形クレーン. **≈kran** 男 積み込み用クレーン.

ver·la·den*[fɛrlá:dən][1] 《86》他 (h) **1** (貨物などを)積む, 積み込む, 積載する: Güter auf einen Lastwagen ⟨in einen Güterwagen⟩ ~ 貨物をトラック⟨貨車⟩に積み込む | Die Soldaten werden *verladen*. 兵隊が乗り物に積み込まれる.

2 《話》(betrügen) 《*jn.*》だます, 欺く, ぺてんにかける: Er fühlte sich regulär *verladen*. 彼はうまくのせられたと気づいた.

Ver·la·de≈pa·pie·re 複 積荷表⟨証明書⟩. **≈platz** 男 荷積み場, 積み込み場.

Ver·la·der[fɛrlá:dər] 男 -s/- **1** 貨物積み込み業者, 運送仲立ち人. **2** (貨物の)積み込み機.

Ver·la·de≈ram·pe[fɛrlá:də..] 女 〔貨物〕積み込みホーム. **≈schein** 男 = Verladepapiere **≈stel·le** 女 =Verladeplatz

Ver·la·dung[fɛrlá:dʊŋ] 女 -/-en (貨物などの)積み込み, 荷積み, 積載.

Ver·lag[fɛrlá:k][1] 男 -[e]s/-e (オーストリア: ..läge[..lɛ́:gə]) **1 a)** (略 Verl., Vlg.) 出版社, 発行所: ein medizinischer ~ 医学書専門の出版社 | Zeitungs*verlag* 新聞社 ‖ einen ~ gründen 出版社を設立する | In welchem ~ erscheint das Buch? その本はどの出版社から刊行されるのか. **b)** 《単数で》出版, 刊行: Selbst*verlag* 自費出版 | ein Buch in ~ nehmen ⟨geben⟩ 本を出版する⟨出版させる⟩. ᵛ**c)** 《集合的に》出版物, 刊行物. **2** 問屋業, 配給⟨取次⟩業, 卸売業: ein ~ für Bier ビール卸売業. ᵛ**3** (費用の)立て替え: Geld in ~ geben 金を立て替える. **4** 《スイ》(乱雑に)あちこち散らばっていること. [< verlegen[1] 6, 8]

ver·la·gern[fɛrlá:gərn] 《05》他 (h) 《*et.*[4]》(…を他の場所へ)移す, 移動⟨移転⟩させる; 転位⟨変位⟩させる; (重心などを一方から他方へ)移す: Die wertvollen Bilder wurden aufs Land *verlagert*. 貴重な絵画は田舎に疎開させられた | das Gewicht von einem Bein aufs andere ~ 体の重心を一方の足から他方の足に移す | den Schwerpunkt auf *et.*[4] ~ 重点を…に移す ‖ 再帰 *sich*[4] ~ (他の場所に)移る, 移動⟨移転⟩する; 転位⟨変位⟩する.

Ver·la·ge·rung[..gərʊŋ] 女 -/-en ([sich] verlagern すること. 例えば:) 移動, 移転; 〘生・医〙転位, 変位.

Ver·lags≈an·stalt[fɛrlá:ks..] 女 出版社. **≈buch·han·del** 男 -s/ 出版業. **≈buch·händ·ler** 男 出版業者. **≈buch·hand·lung** 女 出版社. **≈ge·setz** 中 出版法. **≈haus** 中 出版社. **≈ka·ta·log** 男 (出版社の)出版図書目録. **≈lek·tor** 男 (出版社の)原稿審査係. **≈recht** 中 **1** 出版権. **2** 出版法〔規〕. **≈sy·stem** 中 〘史〙問屋制度(商人が原料と販路を独占し, 家内工業に従事する生産者を市場から遮断する中世から近世にかけての経済体制). **≈ver·trag** 男 出版契約. **≈werk** 中 出版⟨刊行⟩物. **≈we·sen** 中 -s/ 出版.

Ver·laine[vɛrlɛ́:n] 人名 Paul ~ ポール ヴェルレーヌ(1844-96; フランス象徴派の詩人).

ver·lan·den[fɛrlándən][1] 《01》自 (s) (海・湖・河川などが砂や泥で埋まって)しだいに陸地になる.

Ver·lan·dung[..dʊŋ] 女 -/-en 陸地化.

ver·lan·gen[fɛrláŋən] **I** 他 (h) **1** 《[von *jm.*] *et.*[4]》(人が[…に]…を)求める, 要求する, 請求する: von *jm.* eine Antwort ⟨eine Erklärung⟩ ~ …に返答⟨説明⟩を求める | Bezahlung ⟨hundert Mark⟩ ~ 支払い⟨100マルク⟩を請求する | Unmögliches ~ 不可能なことを要求する | Das kannst du von mir nicht ~. 君はそんなことを私に要求することはできないはずだ | Wieviel *verlangt* er dafür? 彼はその代価としていくら要求しているのか | Er *verlangt* zu sprechen. 彼は発言を求めている | Er *verlangt*, entschädigt zu werden. 彼は損害の補償を要求している | Ich *verlange*, daß er sich ausweist. 私は彼が身分を明らかにすることを要求する | Es wird von jedem *verlangt*, daß er seine Pflicht tut. 各人が義務を果たすことを求められている | Wer zuviel *verlangt*, bekommt gar nichts. 《諺》多くを望みすぎる者は何も得られない ‖ Das ist zuviel *verlangt*. それは要求が過大だ | Die Ware ist sehr *verlangt*. この品は需要が多い(よく売れる).

2 《*et.*[4]》(事柄が…を)要求する, 必要とする, (事柄には…が)必要である: Diese Arbeit *verlangt* Geduld ⟨Zeit⟩. この仕事には忍耐⟨時間⟩がいる | Eine solche Aufgabe *verlangt* den ganzen Menschen. このような任務は全力投球が必要だ | Der Anstand *verlangt*, daß ... 礼儀からいうと…することが必要だ.

3 《*jn.*》(…を)電話に呼び出す; (…と)話をすることを要求する: Sie werden am Telefon ⟨am Apparat⟩ *verlangt*. あなたにお電話です | Du bist aus Berlin ⟨von Herrn Schmidt⟩ *verlangt*. 君にベルリン⟨シュミットさん⟩から電話がかかっているよ | Bei Kartenbestellungen *verlangen* Sie bitte die Kasse! 切符のご注文の際は電話は切符売り場にお かけください.

4 非人称 《es verlangt *jn.* nach *et.*[3] ⟨*jm.*⟩》(…が…を)欲しがる, (…が…に)会いたがる: Es *verlangt* ihn nach Liebe ⟨einer Zigarette⟩. 彼は愛情⟨タバコ⟩を欲しがっている | Ihn *verlangte* nach dir. 彼は君に会いたがった | Mich *verlangt*, dich zu sehen. 私は君に会いたい.

II 自 (h) 《nach *jm.* ⟨*et.*[3]⟩》(…を)求める, 欲しがる, 必要とする; 《nach *jm.*》(…に)会いたがる, (…を)呼んでもらう, (…に)来てもらいたいと要求する: nach dem Arzt ~ 医者を呼ばせる | nach dem Mond ~ (→Mond 1 a) | Der Kranke *verlangte* nach einem Schluck Wasser. 病人は水を欲しがった ‖ *verlangende* Blicke nach *et.*[3] werfen …を欲しそうに眺める | die Hände *verlangend* nach *et.*[3] ausstrecken 欲しそうに…に向かって両手をさしのべる.

III Ver·lan·gen 中 -s/- 欲求, 欲望, 願望; 要求, 要望: ein heißes ~ 熱望 | ein berechtigtes ~ 当然の要求 | ein ~ nach Macht 権力欲 ‖ ein großes ⟨starkes⟩ ~ nach *et.*[3] haben ⟨tragen⟩ …をとても欲しがっている | ein ~ erfüllen ⟨befriedigen⟩ 要求を満たす⟨満足させる⟩ | ein ~ erregen ⟨wecken⟩ 欲求をおこさせる | Sie zeigte kein ~, ihn zu sehen. 彼女は彼に会うことを特に望まなかった ‖ auf Ihr ~ あなたの要求に基づいて | auf allgemeines ~ [hin] 一般の要望に応じて | Der Ausweis ist auf ~ vorzuzeigen. 証明書は要求があれば呈示しなければならない | mit ~ ⟨voll ~⟩ nach *et.*[3] schauen 欲しそうに…の方を見る. [*mhd.*; ◇langen; *engl.* long]

Ver·län·ge·rer[fɛrlɛ́ŋərər] 男 -s/- 《話》(短くなった鉛筆にはめる)ペンシルホルダー.

ver·län·gern[fɛrlɛ́ŋərn] 《05》**I** 他 (h) **1** (空間的に)より長くする, (長さを)伸ばす, 延長する: eine Strecke ~ 区間を延長する | einen Rock [um 10 cm] ~ スカートの丈を[10センチだけ]長くする | eine Flanke mit dem Kopf ins Tor ~ 〘サッカー〙センタリングをそのままヘディングでゴールに流しこむ ‖ 再帰 *sich*[4] ~ 伸びる, 長くなる ‖ *js. verlängerter* Arm sein (→Arm 1 a) | das *verlängerte* Mark 〘解〙延髄 | der *verlängerte* Rücken (→Rücken 1). **2** (時間を)延ばす; (…の継続・有効期間を)延長する; 更新する: ein Spiel ⟨*seinen* Urlaub⟩ ~ 試合時間⟨休暇の期間⟩を延長する | einen Wechsel ~ 手形の支払期限を延期する | *seinen* Reisepaß ~ lassen 旅券を更新してもらう ‖ 再帰 *sich*⁴ ~ (時間・期間が)長くなる, 延びる. **3** 〘料理〙(ソース・スープなどを)のばす, 薄める.

II 自 (h) 《zu *jm.*》〘球技〙(…に)送球する, パスをつなぐ.
[< länger < lang]

Ver·län·ge·rung[..ŋərʊŋ] 女 -/-en **1** 《単数で》(〔sich〕verlängern すること. 例えば:) 延長, 伸長; (有効期限の)延長, 更新; 〘工〙伸び, 伸度. **2** 延長部分.

Ver·län·ge·rungs≠schnur 女 -/..schnüre 〘電〙延長コード. **≠stück** 中 延長部品; (手形の)付箋(ふせん).

ver·lang·sa·men[fɛrláŋza:mən] 他 (h) 《*et.*⁴》(…の)速度をゆるめる, 遅くする, 減速する: den Schritt ~ 歩度をゆるめる | das Tempo ~ テンポを遅くする ‖ 再帰 *sich*⁴ ~ 速度がゆるむ, 遅くなる. [< langsam]

Ver·lang·sa·mung[..mʊŋ] 女 -/-en 〔sich〕 verlangsamen すること.

ver·läp·pern[fɛrlɛ́pərn] 《05》 他 (h) 《話》(金銭・時間などを)なしくずしに遣う, 浪費する.
[„in Lappen zerschneiden"; < Lappen]

ver·la·schen[fɛrláʃən] 《04》 他 (h) 〘鉄道〙(レールなどを)継ぎ目板で接続する.

Ver·laß[fɛrlás] 男 ..lasses/ **1** 信頼〔できること〕: 〘ふつう次の成句で〙 **auf** *jn.* 〈*et.*⁴〉 **ist** ~ …は信用が置ける〈頼りになる〉 | **auf** *jn.* 〈*et.*⁴〉 **ist kein** ~ …は信用ができない, …は頼りに〈あてに〉ならない. ᵛ**2** (Nachlaß) 遺産. ᵛ**3** (Abrede) 申し合わせ, 取り決め.

ver·las·sen*[fɛrlásən] 《88》 **I** 他 (h) **1 a)** 《*jn.* / *et.*⁴》(人・事物・場所などを)去る, 離れる, 後にする: *seine* Eltern ~ 両親のもとを去る | die Heimat ~ 郷里を離れる | die Autobahn ~ アウトバーンを離れる(一般の道路へ入るために) | die Bühne ~ (→Bühne 1) | die Welt ~ 世を去る, 死ぬ | Er hat gegen 10 Uhr das Haus *verlassen*. 彼は10時ごろその家を出た | *Verlassen* Sie sofort unsere Wohnung! 即刻わが家から出て行ってもらいたい | Die Ratten *verlassen* das sinkende Schiff. (→Schiff 1 a) ‖ Das Fieber hat ihn wieder *verlassen*. 彼は再び熱が下がった(平熱にもどった) | Wir wollen dieses Thema jetzt ~. このテーマはこれで打ち切ることにしよう. **b)** 《*jn.*》見捨てる, 見放す: *seine* Frau ~ 妻を見捨てる | Aller Mut *verließ* ihn. 彼はすっかり勇気を失った | Da *verließ* ihn die Besinnung. 彼はそこで気を失った | Und da *verließen* sie ihn. 《話》そしてそのとき彼らは彼を見捨てた(思考の筋道が突然失われたり, 事柄が行き詰まってどうしていいか分からなくなったときなどに使う慣用句的表現) ‖ von allen guten Geistern *verlassen* sein (→Geist 3 a ③) | *jd.* ist wohl ganz von Gott 〈allen guten Göttern〉 *verlassen* (→Gott).

2 再帰 *sich*⁴ auf *jn.* 〈*et.*⁴〉 ~ …を信用する, …を信頼する | *sich*⁴ auf *js.* Worte ~ …の言葉を信用する | *sich*⁴ auf *jn.* hundertprozentig ~ können …に全幅の信頼をおくことができる | Du *verläßt* dich zu sehr auf andere. 君は他人を信用しすぎる | Kann ich mich darauf ~? それは確かなことか | Wir können uns darauf ~, daß ... 私たちは…ということをあてにすることができる.

II 過分 形 見捨てられた; 孤独な, さびしい; 人の住まない, 荒涼とした: eine ~*e* Gegend 人気のないさびしい場所 | ein ~*er* Wagen 乗り捨てられた車 ‖ Das Haus war ~. その家は空き家だった | *sich*⁴ ganz ~ fühlen ひどく心細く感じる | Das Dorf liegt ~ in einem abgelegenen Tal. その村はへんぴな谷間にぽつんとある.

Ver·las·sen·heit[−haɪt] 女 -/ verlassen II なこと.

Ver·las·sen·schaft[..ʃaft] 女 -/-en 《オーストリア・スイス》(Hinterlassenschaft)(故人が)残したもの, 遺産.

ᵛ**ver·läs·sig**[fɛrlɛ́sɪç]² = verläßlich

ver·läß·lich[fɛrlɛ́slɪç] 形 信頼のおける, 信用できる, 頼りになる: ein ~*er* Mensch 信頼するに足る人間 | ~*e* Nachrichten 信ずべき筋からの報道 | *et.*⁴ aus ~*er* Quelle erfahren …を確かな筋から聞く ‖ Dieser Mann ist nicht ~. この男は信用できない.

Ver·läß·lich·keit[−kaɪt] 女 -/ verläßlich なこと.

ver·lä·stern[fɛrlɛ́stərn] 《05》 他 (h) 《*jn.*》(…の)悪口を言う, (…を)誹謗(ひぼう)する.

Ver·lä·ste·rung[..tərʊŋ] 女 -/-en 悪口, 誹謗(ひぼう).

ver·lat·schen[fɛrlá:tʃən] 《04》 他 (h) 《話》(靴を)形が崩れるほどはく, はきつぶす.

Ver·laub[fɛrláʊp]¹ 男 《雅》(Erlaubnis) 許し, 許可: 〘もっぱら次の形で〙 **mit** ~ あなたのお許しを得て, 失礼ながら | Das ist, mit ~ zu sagen, eine Frechheit. これはあえて申し上げれば厚かましい行為です. [*mndd.* verlōf; ◇erlauben]

Ver·lauf[fɛrláʊf] 男 -〔e〕s/..läufe[..lɔ́ʏfə] 《ふつう単数で》 **1** 経過, 過程; 推移, 進行, なりゆき: der ~ einer Krankheit 病気の経過 | den ~ einer Feier schildern 祝典の経過を述べる ‖ einen guten 〈verhängnisvollen〉 ~ nehmen 順調〈不運〉な経過をたどる | Die Sache nahm einen überraschenden ~. この件は思いがけない方向に進展した | Ich wünsche Ihnen einen erfolgreichen ~ der Tagung. 会議のご成功を祈ります ‖ **im** ~ der Debatte 議論の過程で | im ~ von drei Monaten 3か月経過するうちに | **nach** ~ einiger Stunden 数時間たって.

2 (線状のものの)延び〈走り〉具合, 延長方向: der ~ einer Kurve カーブの流れ方 | den ~ einer Grenze festlegen (具体的な)境界線を確定する.

ver·lau·fen*[fɛrláʊfən] 《89》 **I** 他 (h) **1** 再帰 *sich*⁴ ~ (歩いていて)道に迷う, 迷子になる: Ich habe mich im Wald *verlaufen*. 私は森の中で道に迷った. **2 a)** 再帰 *sich*⁴ ~ (群衆などが)散らばる, 四散する: Die Demonstranten *verliefen* sich langsam. デモ隊は徐々に解散した | Während das Geschäft geschlossen war, hatte sich die Kundschaft *verlaufen*. 店が休業していた間に顧客たちは散り散りになってしまった. **b)** 再帰 *sich*⁴ ~ (水が)ひく, 吸い込まれる: Das Hochwasser hat sich wieder *verlaufen*. 洪水〈高潮〉はひいた | Das Rinnsal *verlief* sich im Sand. 水の流れは砂の中に吸い込まれるようにしだいに姿を没した. **c)** 再帰 *sich*⁴ ~ (丘陵などが緩やかに傾斜しながら)しだいに低くなる. **3** (時間を)歩き回ってつぶす〈空費する〉.

II 自 (s) **1** 《様態・場所などを示す語句と》(線状のものが)延びる, 走る: Die Straße *verläuft* schnurgerade 〈in Windungen / durch eine Wiese〉. 道路はまっすぐに〈曲がりくねって・草原を通って〉走っている | Die beiden Linien *verlaufen* parallel. その二つの線は平行して走っている. **2** 《様態を示す語句と》(時が)過ぎ行く; 経過する, 推移する, 進行する; (…の)結果に終わる: Die Zeit ist sehr schnell *verlaufen*. 時は非常に速く過ぎ去った | Es ist alles glatt 〈gut / ohne Zwischenfall〉 *verlaufen*. すべてが順調に〈うまく・差しさわりなく〉進んだ | Die Untersuchung *verlief* erfolgreich 〈ergebnislos〉. 調査は大成功だった〈徒労に終わった〉. **3 a)** (絵の具・インクなどが)にじむ; 《in *et.*⁴》(…の中へ)まじり込む: Die Tinte *verläuft* auf dem nassen 〈schlechten〉 Papier. インクがぬれた〈粗悪な〉紙ににじむ | Das Blau ist ins Rot *verlaufen*. 青が赤色にまじってしまった. **b)** 《in *et.*³》(…の中に)吸い込まれる, 姿を消す: Die Fährte *verlief* im Sand. (野獣の)足跡は砂の中に消えていた | im Sand〔e〕 ~ (→Sand 1). **4** (バターなどが熱で)溶ける.

Ver·laufs·form[fɛrláʊfs..] 女 〘言〙進行形.

ver·lau·sen[fɛrláʊzən]¹ 《02》 **I** 自 (s) 《ふつう過去分詞で》シラミにたかられる: *verlaustes* Haar シラミのたかった髪の毛. **II** 他 (h) 《*jn.* / *et.*⁴》(…に)シラミを移す. [< Laus]

Ver·lau·sung[..zʊŋ] 女 -/-en verlausen すること.

ver·laut·ba·ren[fɛrláʊtba:rən] 《官》 **I** 他 (h) (正式に)知らせる, 発表する, 表明する, 声明する; 告知〈告示〉する: *et.*⁴ amtlich ~ …を公示する | Er ließ ~, daß er nicht kandidieren werde. 彼は選挙に出馬しないことを正式に表明した | Darüber wurde noch nichts *verlautbart*. それに関してはまだ何も発表されなかった.

II 自 (s) 知れわたる; (…と)言われている: Es *verlautbarte*, daß der Bürgermeister erkrankt sei. 市長は病気だと言われていた.
[< lautbar]

Ver·laut·ba·rung[..rʊŋ] 女 -/-en (正式の)発表, 表明, 声明; 告知, 告示.

ver·lau·ten[fɛrláʊtən] 《01》 **I** 自 (s) (情報などが)知れ

〔わた〕る,(非公式に)漏れる: *et.*[4] ～ lassen …を口外する〈漏らす〉‖ wie *verlautet* 発表〔されたところ〕によれば｜Aus amtlicher Quelle *verlautet*, daß ... 官辺筋からの非公式の情報によれば…. **II** 他 (h) 発表する, 公表する.

ver·lẹ·ben[fɛrléːbən][1] **I** 他 (h) **1** (時を)〔楽しく〕過ごす: eine glückliche Jugend ～ 幸福な青春時代を送る｜den Urlaub in den Bergen ～ 休暇を山で過ごす‖die in München *verlebten* Tage ミュンヒェンで過ごした日々. **2** 《話》(生活費として)消費する. [V]**II** 自 (s) 老いる, 老い込む. **III ver·lẹbt** → 別出

ver·le·bẹn·di·gen[fɛrlebɛ́ndɪgən][2] 他 (h) 《*et.*[4]》(…に)活気を与える, 生き生きと描く, 眼前に彷彿(ほうふつ)とさせる. [＜lebendig]

ver·lẹbt[fɛrléːpt] **I** verleben の過去分詞.
II 形 (享楽・不節制などで)年齢以上に老い込んだ, 生気のなくなった: ein ～*es* Gesicht ふけ込んだ〈生気のない〉顔.

Ver·lẹbt·heit[−haɪt] 女 −/ verlebt なこと.

ver·lẹ·dern[fɛrléːdərn] 《05》他 (h) 《話》(verprügeln) 《*jn.*》さんざんに殴る, ぶちのめす.

ver·lẹ·gen[1][fɛrléːgən][1] 他 (h) **1** 《方向を示す語句と》**a)** 《*jn./et.*[4]》(…を…へ)場所を移す, 移転する: *seinen* Wohnsitz 〔von Köln〕 nach München ～ 住居を〔ケルンから〕ミュンヒェンへ移す｜Die Universität wurde in eine andere Stadt *verlegt*. 大学は他の町へ移転された｜Der Arzt hat mich auf eine andere Station *verlegt*. 医者は私を別の病棟に移した. **b)** 《*et.*[4]》(小説などの舞台を…へ)移す, 設定する: die Handlung des Romans ins Mittelalter ～ 小説の舞台を中世に設定する｜den dritten Akt nach Italien ～ 第 3 幕の舞台をイタリアに移す.
2 《*et.*[4]》(…の期日などを)変更する: den Termin ～ 期日を変更する｜Die Tagung ist auf die nächste Woche 〈um zwei Wochen〉 *verlegt* worden. 会議は次週に〈2 週間〉延期された.
3 《*et.*[4]》(どこかに)置き忘れる, しまい忘れる: Ich habe die Quittung 〈meine Brille〉 *verlegt*. 私は領収書をどこかにしまい〈めがねをどこかに置き〉忘れてしまった.
4 a) (レール・導管などを)敷設する: Kabel 〈Minen〉 ～ ケーブル〈地雷〉を敷設する. **b)** (床に板・タイルなどを)張る, 敷く: Steinplatten ～ 石板を張る. **c)** 《*et.*[4]》(床に…を)敷きつめる: den Teppichboden ～ じゅうたんを敷きつめる.
5 (versperren) 《*jm. et.*[4]》(…の通路・進路などを)ふさぐ, さえぎる, 遮断する: dem Feind den Rückzug ～ 敵の退路を断つ.
6 (出版社が)出版する, 刊行〈発行〉する: Zeitungen 〈Kinderbücher〉 ～ 新聞〈児童図書〉を出版する｜In diesem Verlag werden ausschließlich wissenschaftliche Bücher *verlegt*. この出版社ではもっぱら学術書が刊行されている.
7 再帰 *sich*[4] auf *et.*[4] ～ (それまでの態度・方針などを変えて)…に切り替える, …にくら替えする, 新たに…に専念する｜*sich*[4] auf den Handel mit *et.*[3] ～ 売買の対象を…に切り替える｜Dann *verlegte* sie sich aufs Schmeicheln. すると彼女は今度は懸命にご機嫌を取り始めた.
[V]**8** 《*jm. et.*[4]》(…に金を)立て替える, 前貸しする.

V

ver·lẹ·gen[2][fɛrléːgən] 形 **1** (どうしてよいか分からなくて)当惑〈困惑〉した, 途方に暮れた; 間の悪い: eine ～*e* Miene 当惑した表情｜ein ～*es* Schweigen 気まずい沈黙‖**um *et.*[4] ～ sein** …に困って〈窮して〉いる｜um Geld ～ sein 金に困っている｜Sie war nie um eine Antwort 〈eine Ausrede〉 ～. 彼女は返答〈言いわけ〉に窮することがなかった‖～ lächeln ばつの悪そうな笑いを浮かべる. **2** 長く置いたために破損した〈いたんだ〉; 寝たために形の崩れた: ～*es* Bettzeug 寝じわのついた寝具｜eine ～*e* Frisur 寝乱れた髪型. [*mhd.*; ＜*mhd.* ver-ligen „durch Liegen verderben" (◇liegen)]

Ver·lẹ·gen·heit[−haɪt] 女 −/−en **1** 《ふつう単数で》当惑, 困惑; 間(ばつ)の悪さ, 気まずさ: *jn.* in ～ bringen …を当惑させる｜in ～ kommen 〈geraten〉 当惑する｜Er wurde vor ～ rot. 彼はばつの悪さに顔を赤らめた.
2 困った状況, 窮境: *jm.* ～*en* bereiten …を窮地に陥れる‖*jm.* aus einer ～ helfen …の窮状を救う｜Er war in einer finanziellen ～. 彼は経済的に困っていた.

Ver·lẹ·gen·heits≠ge·schenk 中 間に合わせの贈り物. **≠kan·di·dat** 男 (人選難による)間に合わせの候補者. **≠lö·sung** 女 (Notlösung) (困り抜いた末の)不満足な解決〔策〕, 間に合わせ, 応急策. **≠pau·se** 女 (にぎやかな会話の途中の)気まずい沈黙の一瞬.

Ver·lẹ·ger[fɛrléːgər] 男 −s/− **1** 出版業者; (図書の)発行者. **2 a)** 卸売商, 問屋, 配給〈取次〉業者. **b)** 《史》問屋制前貸し人.

ver·lẹ·ge·risch[..gərɪʃ] 形 《述語的用法なし》出版業の; 出版業に関する.

Ver·lẹ·gung[..gʊŋ] 女 −/−en verlegen[1]すること.

ver·lei·den[fɛrláɪdən][1] 《01》他 (h) 《*jm. et.*[4]》(…の…を)不快な〈いとわしい〉ものにする, (…の…を)台なしにする: Durch den Vorfall wurde mir der Urlaub *verleidet*. この出来事のおかげで私の休暇の楽しみは台なしにされてしまった｜Die vielen Mücken *verleideten* uns den Aufenthalt im Garten. ブヨがたくさんいて庭にいるのがすっかりいやになった. [*ahd.*; ◇leid]

Ver·lei·der[fɛrláɪdər] 男 −s/− 《スイ》(Überdruß) あきあきすること, いや気: den ～ bekommen あきあきしてしまう.

Ver·leih[fɛrláɪ] 男 −[e]s/−e **1** 《単数で》賃貸し, 貸し出し. **2** 賃貸業, 貸出業: ein ～ für *et.*[4] …の貸出店｜Film*verleih* 映画配給業〈会社〉｜Kostüm*verleih* 貸衣装業〈屋〉.

ver·lei·hen*[fɛrláɪən] 《91》他 (h) **1** 《*et.*[4] 〔an *jn.*〕》貸す, 貸与する; (特に:) 賃貸しする, 賃貸する: Geld ～ 金を貸す｜Boote 〈Fahrräder〉 ～ ボート〈自転車〉を賃貸しする(商売として)｜Er *verleiht* nicht gern Bücher an andere. 彼は本を他人に貸すことを好まない‖Das Buch ist *verliehen*. その本は貸し出し中である. **2** 《*jm. et.*[4]》**a)** (…に称号・勲章などを)授ける, 授与する: *jm.* die Doktorwürde ～ …にドクターの学位を授ける. **b)** 《雅》(…に…を)付与する, 与える: *et.*[3] Ausdruck ～ (→Ausdruck[1] 2)｜*jm.* Flügel ～ (→Flügel 1)｜Diese Arbeit *verlieh* seinem Leben ein wenig Inhalt. この仕事のおかげで彼の生活は少しは内容のあるものになった｜Die Angst *verlieh* ihm übermenschliche Kräfte. 恐怖は彼に超人的な力を与えた.

Ver·lei·her[..láɪər] 男 −s/− verleihen する人: Boots*verleiher* 貸しボート屋｜Geld*verleiher* 金貸業者.

Ver·lei·hung[..láɪʊŋ] 女 −/−en (verleihen すること. 例えば:) **1** 貸与, 貸し出し; 賃貸し: Film*verleihung* 映画配給〈貸し出し〉. **2** (称号・勲章などの)授与; (一般に)付与.

ver·lei·men[fɛrláɪmən] 他 (h) にかわ〈接着剤〉で張りつける, にかわ〈接着剤〉で固着させる.

ver·lei·ten[fɛrláɪtən] 《01》他 (h) 《*jn.* zu *et.*[3]》(…を)惑わせて〈そそのかして〉(…を)させる, (…を…へと)誘惑する: *jn.* zu einer Sünde ～ …を悪の道に誘う｜Sein Zorn *verleitete* ihn zu dieser Tat. 彼の怒りが彼をこの行為に誘ったのだった‖*sich*[4] durch *jn.* zu einer unvorsichtigen Äußerung ～ lassen …につられてついうっかり不用意な発言をしてしまう.

ver·leit·ge·ben*[fɛrláɪtgeːbən][1] 《52》自 (h) 《方》(飲み屋で客に)酒をつぐ. [＜*mhd.* līt-gebe „Wirt" (◇Leitkauf, Geber)]

Ver·lei·tung[fɛrláɪtʊŋ] 女 −/−en verleiten すること.

ver·lẹr·nen[fɛrlɛ́rnən] 他 (h) (習得したことを)忘れる: Das Schwimmen *verlernt* man nie. 泳ぎは一度覚えたら決して忘れることはない｜Sie hat das Lachen *verlernt*. 彼女は笑いを忘れてしまった(快活さを失ってしまった)‖再帰 Die Angst *verlernt* sich[4] rasch. 不安はすぐ消え去るものだ.

ver·lẹ·sen*[fɛrléːzən][1] 《92》他 (h) **1 a)** (通達などを)読み上げる: einen Befehl 〈die Liste der Teilnehmer〉 ～ 命令〈参加者の名簿〉を読み上げる｜Du bist nicht mit *verlesen* worden. 君は読み上げられた名前のなかに入っていなかった. **b)** 再帰 *sich*[4] ～ 読み違える. **2** (果物・野菜などを)より分ける, 選別する(粗悪品を取り除くために).

Ver·lẹ·se·tisch 男 (果実などの)選別台.

Ver·lẹ·sung[..zʊŋ] 女 −/−en 名簿〈通達〉の読み上げ.

ver·lẹtz·bar[fɛrlɛ́tsbaːr] 形 《副詞的用法なし》傷つけることのできる; (気持が)傷つきやすい, 感情を害しやすい: Sie ist leicht ～. 彼女はすぐに感情を害する.

Ver·letz·bar·keit[‒kaɪt] 女 -/ verletzbar なこと.

ver·let·zen[fɛrlɛ́tsən] 《02》 **I** 他 (h) **1 a)** 傷つける, 負傷させる: *jn.* mit einem Messer ～ …にナイフで傷を負わせる | *sich*[3] den Kopf 〈das Knie〉 ～ 頭〈ひざ〉にけがをする | Bei dem Unfall wurde er schwer 〈tödlich〉 *verletzt*. 事故のさい彼は重傷〈致命傷〉を負った. **b)** 再帰 *sich*[4] ～ 負傷する, けがをする: *sich*[4] am Kopf 〈Knie〉 ～ 頭〈ひざ〉にけがをする | *sich*[4] am Stacheldraht ～ 有刺鉄線でけがをする.

2 a) 《*jn.*》(…の)気持を損ねる, 感情を害する, 怒らせる; 《*et.*[4]》(誇り・名誉心・感情などを)傷つける: Deine Bemerkung hat ihn 〈seine Gefühle〉 sehr *verletzt*. 君の言葉は彼の気持を深く傷つけた | Dieses Bild *verletzt* mein Schönheitsgefühl. この絵は私の美的感情を傷つける ‖ ein *verletzendes* Lächeln 気にさわる微笑 | Seine Worte waren geradezu *verletzend*. 彼の言葉はまさに相手を傷つけるものだった ‖ *verletzter* Stolz 傷つけられた誇り | Er ist leicht *verletzt*. 彼は傷つきやすい(すぐに感情を害する) | Er ist in seiner Ehre *verletzt*. 彼は名誉を傷つけられたと感じている | *sich*[4] *verletzt* fühlen (侮辱されたと感じて)気を悪くする. **b)** (境界・おきて・社会的通念などに)そむく, 違反する: das Briefgeheimnis ～ 信書の秘密を侵害する | das Gesetz ～ 法を犯す | Seine Rechte wurden *verletzt*. 彼の権利が侵害された.

II Ver·letz·te → 別出

ver·letz·lich[fɛrlɛ́tslɪç] =verletzbar

Ver·letz·lich·keit[‒kaɪt] 女 -/ verletzlich なこと.

ver·letzt[fɛrlɛ́tst] **I** verletzen の過去分詞. **II Ver·letz·te** 男 女 《形容詞変化》 負傷者, けが人.

Ver·let·zung[fɛrlɛ́tsʊŋ] 女 -/-en **1** 傷害; 損傷, 負傷, 傷〔口〕, けが: leichte 〈schwere〉 ～*en* 軽い〈重い〉けが | eine tödliche ～ 致命傷 | Gehirn*verletzung* 脳損傷 ‖ *seinen* ～*en* erliegen けががもとで死ぬ | *jm.* eine ～ zufügen …にけがをさせる | *sich*[3] eine ～ 〔am Kopf〕 zuziehen 〔頭に〕負傷する. **2 a)** 気持を傷つける〈感情を害する〉こと. **b)** 違反; 侵犯; 不履行: die ～ einer Vorschrift 規則違反 | Gebiets*verletzung* 領土侵犯.

ver·let·zungs·an·fäl·lig 形 (スポーツ選手などが)負傷〈けが〉をしやすい.

ver·leug·nen[fɛrlɔ́ʏgnən] 《01》 他 (h) **1** 《*jn.* / *et.*[4]》 否認する, 否定する, (…の事実性を)認めない: *seinen* Freund ～ その人が友人であることを否定する | *seinen* Glauben ～ 信仰を放棄する | Er kann *sein* Alter 〈*seine* Herkunft〉 nicht ～. 彼がいくら否定しても彼の年齢〈素性〉は争われない | Das läßt sich nicht ～. それは明らかな事実だ | Wenn ich so handelte, müßte ich mich selbst ～. もしも私がそのような行動をとれば みずから自分自身を否定する(自分の本心に逆らう)ようなものだ ‖ ***sich***[4] 〔am Telefon〕 **～ lassen** 〔電話がかかったときに〕居留守を使う. [▽]**2** *sich*[4] 〔selbst〕 ～ 自分の欲望を抑える, 自制する.

Ver·leug·nung[..nʊŋ] 女 -/-en 否認, 否定.

ver·leum·den[fɛrlɔ́ʏmdən][1] 《01》 他 (h) 《*jn.*》 (不当に・悪意から…の)悪口を言う, 誹謗(ひぼう)する, 中傷する: *jn.* aus Neid 〈als Betrüger〉 ～ …をねたみから〈詐欺師だとして〉そしる | von den Nachbarn *verleumdet* werden 近所の人たちから中傷される. **[*mhd.*; ◇Leumund]**

Ver·leum·der[..dər] 男 -s/- 誹謗(ひぼう)者, 中傷者.

ver·leum·de·risch[..dərɪʃ] 形 誹謗〈中傷〉〔者〕的な.

Ver·leum·dung[..dʊŋ] 女 -/-en 誹謗(ひぼう), 中傷; 名誉毀損(きそん).

Ver·leum·dungs≠feld·zug 男, **≠kam·pa·gne** [..kampanjə] 女 中傷するためのキャンペーン.

ver·lie·ben[fɛrlíːbən][1] **I** 他 (h) 再帰 *sich*[4] in *jn.* 〈*et.*[4]〉 ～ …に惚(ほ)れ込む, …に夢中になる | Er *verliebt* sich leicht. 彼は惚れっぽい男だ ‖ Heute abend sieht sie zum *Verlieben* aus. 今夜の彼女はほれぼれするほどきれいだ.

II ver·liebt 過分 形 惚れ込んだ, 夢中になった: ein ～*es* Paar 惚れ合った二人 | *jm.* ～*e* Augen machen 《話》 …をうっとりした〈熱っぽい〉目つきで見る ‖ in *jn.* 〈*et.*[4]〉 ～ sein …に夢中になっている | bis über die 〈beide〉 Ohren ～ sein (→Ohr 1) | Ich bin in das Bild ganz ～. 私はこの絵にすっかり惚れ込んでいる ‖ Er sah sie ～ an. 彼は熱っぽい目つきで彼女を見た.

III Ver·lieb·te 男 女 《形容詞変化》 恋をしている人, 恋に夢中になった人: die ～*n* 惚れ合った二人.

Ver·liebt·heit[..haɪt] 女 -/ verliebt なこと.

ver·lief[fɛrlíːf] verlaufen の過去.

ver·lieh[fɛrlíː] verleihen の過去.

ver·lie·hen[..líːən] verleihen の過去分詞; 過去 1・3 人称複数.

ver·lie·ren*[fɛrlíːrən] 《94》 **ver·lor**[fɛrlóːr]/**ver·lo·ren**; 接II verlöre[fɛrløːrə]

I 他 (h) **1 a)** ① (大切なものを)失う, なくす, 喪失する; 見失う, 紛失する, 落とす: ein Auge 〈ein Bein〉 ～ 片目〈片足〉を失う | Blut ～ (出血によって)失血する | die Brieftasche ～ 紙入れをなくす | *seine* Eltern 〈einen Freund〉 ～ 両親〈友人〉を失う | Geld ～ 金をなくす | die Haare 〈die Zähne〉 ～ 毛〈歯〉がぬける ‖ den Appetit ～ 食欲を失う | Aroma ～ 香りがなくなる | das Augenlicht ～ 失明する | das Bewußtsein ～ 意識を失う | den Boden unter den Füßen ～ 足もと〈自信〉がぐらつく | den Faden ～ (思考の)筋道を失う | Farbe ～ 色があせる | die Fassung ～ 度を失う, うろたえる | das Gedächtnis 〈die Erinnerung〉 ～ 記憶を喪失する | die Geduld ～ もはや我慢ができなくなる | den Geschmack an *et.*[3] ～ …が好きでなくなる | das 〈*sein*〉 Gesicht ～ (→Gesicht 1 c) | das Gleichgewicht ～ バランスを失う; 心の平静さを失う | *sein* Herz an *jn.* ～ …に惚(ほ)れ込む〈夢中になる〉 | die Hoffnung auf *et.*[4] ～ …に対する望みを失う | den Kopf ～ 頭がかあっとなる, 度を失う | das Leben ～ 命を落とす | die Lust zu *et.*[3] ～ …する気をなくす | den Mut ～ 勇気を失う | die Nerven ～ 自制心を失う, 頭がかあっとなる | die Richtung ～ 方向が分からなくなる | die Sprache ～ 口がきけなくなる | die Stimme ～ 声が出なくなる | die Unschuld ～ 童貞〈純潔〉を失う ‖ *sein* Ansehen ～ 人望を失う | *seinen* Einfluß 〈*seine* Macht〉 ～ 影響力〈権力〉を失う | *seinen* Arbeitsplatz 〈*seine* Stellung〉 ～ 職場〈地位〉を失う ‖ *jn.* 〈*et.*[4]〉 aus dem Auge 〈den Augen / dem Gesicht〉 ～ …を見失う | *jn.* 〈*et.*[4]〉 aus dem Gedächtnis 〈dem Sinn〉 ～ …のことを忘れ去る ‖ Der Baum *verliert* seine Blätter. 木が落葉する | Der Reifen *verliert* Luft. タイヤの空気が抜ける | Der Stoff *verliert* seine Farbe. 布地が色あせる | Nach diesem Vorfall haben wir das Vertrauen in ihm *verloren*. この出来事があってから我々は彼が信頼できなくなった | Die Sache hat allen Reiz für mich *verloren*. この件はもはや私にとってなんの魅力もない | An ihm ist ein Schauspieler *verloren*. 彼はりっぱな俳優になれたのに | **nichts zu ～ haben** 《比》 失うべきものが何もない, リスクが皆無である | **Du hast hier nichts *verloren*.** 《話》 君はこんなところでうろうろする理由はないはずだ.

② (不安・恐怖などを)なくす, 持たないようになる: die Scheu vor *et.*[3] ～ …に対するおじけをなくす | Er hat seine Angst *verloren*. 彼の恐怖感は消え去っている(→3 a).

b) (時間・労力などを)むだに費やす, 浪費する: Es ist keine Zeit 〈kein Augenblick〉 zu ～. 一刻もむだにできない | Du brauchst darüber kein Wort 〈keine Worte〉 zu ～. 君はそれについて一言もしゃべる必要はない | Die ärztliche Kunst war an ihm 〈bei ihm〉 *verloren*. 医術も彼には効果がなかった | Bei ihm ist Hopfen und Malz *verloren*. 《話》 彼はどうしようもない(いくら教えようと努力してもむだだ) ‖ *verlorene* Mühe 徒労 | *verlorene* Zeit 時間のむだ.

2 (↔gewinnen) (勝負などに)敗れる, 負ける: ein Fußballspiel 〔mit〕 1 : 3 (読み方: eins zu drei) ～ 1対3でサッカーの試合に負ける | einen Krieg ～ 戦争に敗れる | einen Prozeß ～ 敗訴する | eine Wette ～ 賭(か)けに負ける ‖ eine *verlorene* Schlacht 負けいくさ.

3 a) 再帰 *sich*[4] ～ (しばしば望ましくないものについて)消えてなくなる, 消失〈消滅〉する, 雲散霧消する: Der Geruch *verliert* sich. においが消える | Meine Angst 〈Scheu〉 *verlor* sich allmählich. 私の不安〈おじけ〉はしだいに消えうせた | Seine Erinnerung hat sich *verloren*. これについての彼の記憶はすっかり薄れてしまった.

b) 再帰 *sich*[4] ～《場所を示す語句と》(〔しだいに遠ざかって〕…の中に)姿を消す, 見えなくなる | *sich*[4] in der Menge 〈unter der Menge〉 ～ 群衆の中にまぎれ込む | bis er sich in der Ferne *verloren* hat 彼の姿がしだいに遠ざかって見えなくなるまで | Die Spur *verlor* sich im Wald. 足跡は森の中で消えた.

4 再帰 *sich*[4] in *et.*[3] 〈*et.*[4]〉 ～ …に我を忘れる, …に没頭する, …に夢中になる | *sich*[4] in Einzelheiten ～ 細目にとらわれる | *sich*[4] in Träumen ～ 夢想にふける.

II 自 (h) **1 a)** 《an *et.*[3]》(…を)失う, なくす, 喪失する: an Ansehen 〈Einfluß〉 ～ 人望〈影響力〉を失う | an Bedeutung ～ 意味を失う | an Geschmack ～ 味が落ちる | an Höhe ～ (航空機が)高度を失う, 急に降下する | an Reiz ～ 魅力を失う | an Schönheit ～ 美しさを失う; 容色が衰える | Die Sache hat dadurch an Wert *verloren*. この件はそれによって価値をなくした〈値うちが下がった〉.

b) 美しさ〈値うち〉を失う, 形無しになる: Sie hat in letzter Zeit stark *verloren*. 彼女は最近はなはだ容色が衰えた | Er *verliert* sehr bei näherer Bekanntschaft. 彼はつき合いが深まるほど真価が下がる.

2 (↔gewinnen)(勝負などに)敗れる, 負ける; (ばくちなどで)損をする: Wer nicht ～ will, spiele nicht. 負けるのがいやなら勝負事はやめろ | Er hat nach Punkten *verloren*. 彼は判定で負けた.

III ver·lo·ren → 別出

[*germ.*; ◇los, Verlust]

Ver·lie·rer[fɛrlíːrər] 男 -s/- (verlieren する〈した〉人. 特に:) 敗者: der erste ～ bei der Wahl 選挙での次点者 | Der ～ hat immer Unrecht. 《諺》〔勝てば官軍〕負ければ賊軍.

Ver·lie·rer·stra·ße 女《もっぱら次の成句で》**auf der ～ sein** 〖スポ〗(試合で)負けそうである, 劣勢である; (一般に)敗北への道を歩む, 敗北を目前にしている.

Ver·lies[fɛrlíːs][1] 中 -es/-e (昔の城砦(じょうさい)などの)地下の牢獄(ろうごく), 地下牢. [„Verlust“; *ndd.*]

ver·ließ[fɛrlíːs] verlassen の過去.

ver·lo·ben[fɛrlóːbən][1] **I** 他 (h) **1 a)** (↔entloben) 再帰 *sich*[4] mit *jm.* ～ …と婚約する | Er hat sich heimlich 〈offiziell〉 mit ihr *verlobt*. 彼は彼女とひそかに〈正式に〉婚約した | Sie haben sich 〔miteinander〕 *verlobt*. 彼らは婚約した. [v]**b)** 《*jn. jm.* 〈mit *jm.*〉》(…を…と)婚約させる. **2** 《雅》再帰 *sich*[4] *jm.* 〈*et.*[3]〉 ～ …に身をささげる.

II ver·lobt → 別出

Ver·löb·nis[..løːpnɪs] 中 -ses/-se 《雅》(Verlobung) 婚約(現行法では Verlobung の代わりに用いる): ein ～ eingehen 〈lösen〉 婚約を結ぶ〈解消する〉.

Ver·löb·nis·bruch 男〖法〗婚約破棄〈不履行〉.

ver·lobt[fɛrlóːpt] **I** verloben の過去分詞. **II** 形 婚約した: Sie sind seit drei Wochen *verlobt*. 彼らは3週間前から婚約している.

III Ver·lob·te 男 女《形容詞変化》婚約者, いいなずけ.

Ver·lo·bung[fɛrlóːbʊŋ] 女 -/-en **1** (↔Entlobung) 婚約(→Verlöbnis): eine ～ auflösen 〈rückgängig machen〉 婚約を解消する. **2** 婚約パーティー.

Ver·lo·bungs≈an·zei·ge 女 **1** (新聞などに出す)婚約広告. **2** (書状による)婚約通知. **≈fei·er** 女 婚約パーティー. **≈ring** 男 婚約指輪, エンゲージリング.

ver·lo·chen[fɛrlɔ́xən] 《スイ》=verscharren

ver·locken[fɛrlɔ́kən] **I** 他 (h) 《*jn.* zu *et.*[3]》(…を…へ)誘う, いざなう, そそのかす, 誘惑する: *jn.* zu einem Abenteuer ～ …を冒険へ誘う | Der blaue See *verlockt* 〔uns〕 zum Baden. その青い湖を見ていると〔私たちは〕無性に泳ぎたくなる. **II ver·lockend** 現分 形 気持をそそる, 誘惑的な: ein ～*es* Angebot 心をそそられる申し出 ‖ Das ist nicht sehr ～. それはとくに魅力的というわけではない | Der Kuchen sieht ～ aus. このケーキは見るからにおいしそうだ.

Ver·lockung[..kʊŋ] 女 -/-en 誘い, そそのかし, 誘惑.

ver·lo·dern[fɛrlóːdərn] 《05》自 (s) **1** (炎が)しだいに消える. **2** 炎をあげて燃える.

ver·lo·gen[fɛrlóːgən] 形 うそつきの, 不誠実〈不正直〉な; 虚偽の, 偽りの: ein ～*er* Mensch うそばかりつく〈不誠実な〉人間 | eine ～*e* Moral 偽りの道徳 ‖ Sie ist durch und durch ～. 彼女は全くのうそつきだ. [＜*mhd.* ver-liegen „durch Lügen falsch darstellen“ (◇lügen)]

Ver·lo·gen·heit[−haɪt] 女 -/-en verlogen なこと.

ver·lo·hen[fɛrlóːən] 《雅》=verlodern

ver·loh·nen[fɛrlóːnən] **I** 他 (h) 《*et.*[4]》(…に)値する, (…の)価値〈甲斐(かい)〉がある: Es *verlohnt* die Mühe nicht. それは骨折り甲斐がない ‖ 再帰 *sich*[4] ～ 《zu 不定詞〔句〕と》(…する)価値〈甲斐〉がある | Es *verlohnt* sich, diese Ausstellung zu besuchen. この展覧会は見に行く価値がある.

II 自 (h) **1** 《*et.*[2]》(…に)値する, (…の)価値〈甲斐〉がある: Es *verlohnt* durchaus der Mühe. それは十分骨折り甲斐がある. **2** むだにならない: Die Mühe hat *verlohnt*. その骨折りはむだではなかった | *Verlohnt* das denn? そんなことが何か役に立つのか.

ver·lor[fɛrlóːr] verlieren の過去.

ver·lö·re[..løːrə] verlieren の接続法 II.

ver·lo·ren[fɛrlóːrən] **I** verlieren の過去分詞; 過去1・3人称複数.

II 形 **1** 失われた, なくなってしまった, 取り返しがきかない状態になった; 見捨てられた, 見放された, 希望〈救い〉のない, 破滅した; 堕落した: ～*e* Eier〖料理〗落とし卵 | die ～*e* Generation 失われた世代(特に第一次世界大戦を体験して人生の幻滅を味わった1920年代の成年世代) | ein ～*er* Mann 破滅した男 | 《das ～*e* Paradies》『失楽園』(Milton の叙事詩) | auf ～*em* Posten stehen 〈kämpfen〉 (→Posten[1] 2 a) | ein ～*es* Schaf (→Schaf 1) | der ～*e* Sohn (→Sohn) ‖ ***jn.* 〈*et.*[4]〉 ～ geben** …をあきらめる(失われたものとして) | Napoleon gab nach Waterloo die Partie ～. ナポレオンはワーテルローの戦いのあと自分の敗北を認めた | das Spiel ～ geben (→Spiel 1) ‖ **für *jn.* 〈*et.*[4]〉 ～ sein** …にとって存在しないものになっている | Er ist für unsere Mannschaft ～. わがチームは彼をメンバーから失ってしまった ‖ Es ist noch nicht alles ～. まだ望みが全くなくなったわけではない | Sie ist hoffnungslos 〈rettungslos〉 ～. もはや彼女を救い出す道はない | Noch ist Polen nicht ～. (→Polen I) | *Verloren* stand sie im Gedränge. 途方にくれて〈頼りなさそうに〉彼女は雑踏の中に立っていた | Such ～! 〖狩〗(猟犬に向かって)探しにゆけ.

2 忘我の: Er war ganz in Gedanken 〈in den Anblick des Sonnenuntergangs〉 *verloren*. 彼はすっかり考えにふけって〈日の沈む光景に見とれて〉いた.

ver·lo·ren|ge·hen*[fɛrlóːrən..] 《53》自 (s) **1** 失われる, 紛失する, なくなる: Mein Portemonnaie ist *verlorengegangen*. 私の財布が見えなくなってしまった | Damit *geht* nur unnötig Zeit *verloren*. それは時間の浪費にすぎない ‖ An ihm ist ein Arzt 〈ein Künstler〉 *verlorengegangen*. 彼は医者〈芸術家〉になればよかったのに. **2** (戦いが)負けになる, 敗戦に終わる.

Ver·lo·ren·heit[..haɪt] 女 -/ **1** 忘我の境地. **2** 孤独, 孤立無援の状態.

ver·lö·schen[(*)] [fɛrlœ́ʃən] 《96》 **I** 自 (s) (不規則変化)(火・光などが)消える;《比》消え去る, 消滅する: Die Kerze *verlischt*. ろうそくが消える | Sein Ruhm wird nicht ～. 彼の名声は永遠に消え去ることはないであろう | Sein Lebenslicht ist *verloschen*. 彼の生命のともしびは消えた(彼は死んだ).

II 他 (h) 《規則変化》《04》(火・光などを)消す;《比》消し去る, 抹消する: die Kerze ～ ろうそくの火を消す.

ver·lo·sen[fɛrlóːzən][1] 《02》他 (h) 《*et.*[4]》くじ引きで(…を)もらう人を決める, 抽選で分配する: Bücher ～ 抽選で本を配る.

Ver·lo·sung[..zʊŋ] 女 -/-en verlosen すること.

ver·lö·ten[fɛrløːtən] 《01》他 (h) **1** はんだで接合する, はんだ付け(鑞(ろう)付け)する. **2** 《戯》**einen ～** 一杯やる.

ver·lot·tern[fɛrlɔ́tərn] 《05》 **I** 自 (s) 《話》**1** 身を持ち

V

崩す,(放蕩(ほうとう)して)零落する, 落ちぶれる: *verlotterte* Jugendliche 不良青少年. **2** (手入れをしないために)だめになる, 荒廃する.

II 他 (h) (財産などを)放蕩生活で失う〈遣い果たす〉.

Ver·lot·te·rung[..tərʊŋ] 女 -/-en 放蕩, 零落; 荒廃.

ver·lu·dern[fɛrlúːdərn] 《05》《話》 **I** 自 (s) **1** =verlottern I **2** 〘狩〙(獣が)のたれ死にする. **II** 他 (h) **1** =verlottern II **2** 《比》(生活・人生などを)めちゃめちゃにする.

ver·lum·pen[fɛrlúmpən] **I** 自 (s) **1** =verlottern I **2** 《スイス》破産する.

II 他 (h) 《話》(楽しみ・享楽などのために)浪費する.

Ver·lust[fɛrlúst] 男 -es (-s) /-e **1** (verlieren すること. 例えば:) 喪失; 紛失; むだ遣い, 浪費; 敗北: Blut*verlust* (出血による)失血 | Zeit*verlust* 時間の浪費 | ~ eines Prozesses 敗訴 | der ~ des Vaters 父親を亡くすこと | der ~ des Vermögens 財産を失うこと ‖ Ich habe den ~ des Personalausweises erst später bemerkt. 私は身分証明書をなくしたことに後になってやっと気づいた | Wir beklagen den ~ eines so treuen Mitarbeiters. 私たちはかくも忠実な協力者を(死によって)失ったことを悲しんでいる ‖ in ~ geraten 《官》失われる, なくなる.

2 a) 損失, 損害; 減損: ~ an Gewicht 目減り ‖ ohne Rücksicht auf ~*e* (→Rücksicht 1) | mit ~ arbeiten 持ち出しで〈損をしながら〉働く | einen großen 〈schweren〉 ~ erleiden 甚大な損害を被る ‖ Der ~ geht in die Millionen. 損害の額は数百万マルクにのぼる | Sein Tod ist ein unersetzlicher ~. 彼の死はかけがえのない損失だ. **b)** 〘商〙欠損, 赤字. **c)** 《ふつう複数で》(戦闘などでの)損害, 死傷者: dem Gegner erhebliche ~*e* zufügen 敵に多大の損害を与える.

[*ahd.*; ◇verlieren]

ver·lust·brin·gend[fɛrlúst..] 形《話》損失〈赤字〉をもたらす.

Ver·lust·brin·ger 男 -s/- 《話》損失〈赤字〉をもたらすもの(商品・産業部門など).

Ver·lust≈fir·ma[fɛrlúst..] 女 赤字会社. **≈ge·schäft** 中 赤字の商売〈取引〉.

ver·lu·stie·ren[fɛrlustíːrən] 他 (h) 《軽蔑的に》再帰 *sich*⁴ ~ 楽しみにうつつを抜かして時を過ごす: *sich*⁴ auf einer Party ~ パーティーにうつつを抜かす | *sich*⁴ mit einem Mädchen im Bett ~ ベッドで女の子といちゃついて時を過ごす. [<Lust]

ver·lu·stig[fɛrlústɪç]² 形《*et.*²》(…を)失った: ***et.*² ~ gehen** …を失う, …を喪失する | Er ist seiner Stellung 〈seiner Vorrechte〉 ~ gegangen. 彼は地位〈特権〉を失った ‖ ***jn. et.*² für ~ erklären** … が…を失ったことを宣告〈宣言〉する | Er wurde seiner Staatsbürgerschaft für ~ erklärt. 彼は国籍剝奪(はくだつ)を宣告された.

Ver·lust≈li·ste[fɛrlúst..] 女 〘軍〙死傷者名簿. **≈mel·dung** 女 紛失届.

ver·lust·reich 形 損失〈損害〉の多い.

Ver·lust≈strecke 女 〘交通〙赤字路線. **≈win·kel** 男 〘理〙損失角.

verm. 略 **1** =vermählt 既婚の(→vermählen II). **2** =vermehrt 増補された(→vermehren 1).

ver·ma·chen[fɛrmáxən] 他 (h) **1** 《*jm. et.*⁴》 **a)** (…に…を)遺贈する, 遺産として残す: *jm. sein* ganzes Vermögen ~ …に全財産を遺贈する. **b)** 《戯》(…に…を)贈る, くれてやる. **2** 《スイス》《*et.*⁴》(木材・まきなどを)小さく割る〈砕く〉; (継ぎ目などを)ふさぐ.

Ver·mächt·nis[..mɛ́çtnɪs] 中 -ses/-se **1** 〘法〙遺贈. **2** 遺贈物, 遺産; 《比》(故人の)遺志: *jm. et.*⁴ als ~ hinterlassen …に…を遺産として残す.

Ver·mächt·nis·neh·mer 男 遺産受取人; 〘法〙受遺者.

ver·mag·geln[fɛrmágəln] 《06》他 (h) 《話》安値で売る, 安売りする. [<makeln]

ver·mah·len[fɛrmáːlən] 他 (h) (穀粒などを)ひく, 製粉する.

ver·mäh·len[fɛrmɛ́ːlən] **I** 他 (h) **1** 再帰 *sich*⁴ mit *jm.* ~ …と結婚する | Sie haben sich zu Weihnachten 〔miteinander〕 *vermählt.* 彼らはクリスマスに結婚した. **2** 《*jn.* 〔mit *jm.*〕》(…を〔…と〕)結婚させる: *seine* Tochter mit *jm.* ~ 娘を…と結婚させる.

II ver·mählt 過分 形 (略 verm.; 記号 ∞) 既婚の: neu*vermählt* 新婚の ‖ mit *jm.* ~ sein …と結婚している | jung ~ sein 結婚したばかりである.

III Ver·mähl·te 男 女 《形容詞変化》既婚者.

[<*ahd.* mahalen „vermählen“ (◇Gemahl)]

Ver·mäh·lung[..lʊŋ] 女 -/-en 結婚, 婚姻.

ver·mah·nen[fɛrmáːnən] 他 (h) 《*jn.*》(…を)戒める, (…に)訓戒を与える.

Ver·mah·nung[..nʊŋ] 女 -/-en 戒め, 訓戒.

ver·ma·keln[fɛrmáːkəln] 《06》他 (h) 《話》(不動産を)売買する.

ver·ma·le·dei·en[fɛrmaledáɪən] ᵛ **I** 他 (h) =verfluchen **II ver·ma·le·deit** 過分 形 (自分を困惑させるものについて)いまいましい, 腹の立つ: Dieses ~*e* Auto! このいまいましい自動車め.

ver·ma·len[fɛrmáːlən] 他 (h) **1** (ペンキ・絵の具などを)塗って使い果たす. **2** 《*et.*⁴》(…に)色を塗りたくる.

ver·männ·li·chen[fɛrmɛ́nlɪçən] 他 (h) 《*jn.*》(女性を)男性化する. [<männlich]

ver·man·schen[fɛrmánʃən] 《04》他 (h) 《話》(vermischen) まぜ合わせる; ごたまぜにして駄目にしてしまう: das Essen ~ 料理をごたまぜにして台なしにする.

ver·mar·ken[fɛrmárkən] 他 (h) 《*et.*⁴》**1** (…に)境界線を引く, 区切る. **2** (vermessen) 測定〈測量〉する.

ver·mark·ten[fɛrmárktən] 《01》他 (h) **1** (商品などを)市場の要求に合わせる. **2** (商品として)市場に出す, 商品化する. [<Markt]

Ver·mar·kung[fɛrmárkʊŋ] 女 -/-en vermarken すること.

ver·mas·seln[fɛrmásəln] 《06》他 (h) 《話》**1** 《*jm. et.*⁴》(…の…を)台なしにする: *jm.* ein Geschäft ~ …の取引を邪魔する〈だめにする〉 | *jm.* die Tour ~ (→Tour 4). **2** (仕事・試験などを)やりそこなう, しくじる.

[<Massel²]

ver·mas·sen[fɛrmásən] 《03》自 (s) 大衆化〈マス化〉する. [<Masse]

Ver·mas·sung[..sʊŋ] 女 -/ 大衆化, マス化.

ver·mau·ern[fɛrmáʊərn] 《05》他 (h) **1** (穴・入口などを)壁でふさぐ, 壁で塗り込める; 壁の中に閉じ込める. **2** (砂などを)壁塗りで消費する.

Ver·maue·rung[..máʊərʊŋ] 女 -/ vermauern すること.

Ver·meer[vərméːr, vɛr.., fɛr.., fər..] 人名 ~ van Delft フェルメール ファン デルフト(1632-75; オランダの画家).

ver·meh·ren[fɛrméːrən] 他 (h) **1** 《*et.*⁴》(…〔の数量〕を)ふやす, 増す, 増加させる; (書物を)増補する: *seinen* Besitz 〈*sein* Vermögen〉 ~ 財産をふやす | die Zahl der Züge ~ 列車の本数をふやす ‖ 再帰 *sich*⁴ ~ (…〔の数量〕が)ふえる, 増加〈増大〉する | Die Zahl der Unfälle hat sich von Jahr zu Jahr *vermehrt.* 事故の数は年々増加した ‖ eine *vermehrte* Auflage (書物の)増補版(今日では erweitert を多く用いる) | Diese Aufgabe erfordert *vermehrte* Anstrengungen. この課題と取り組むにはさらに一層の努力が必要だ. **2** (動植物を)増殖〈繁殖〉させる: 再帰 *sich*⁴ ~ (動植物が)増殖〈繁殖〉する: *sich*⁴ durch Eier ~ 卵によって繁殖する | Das Unkraut *vermehrt* sich rasch. 雑草は急速にはびこる | *sich*⁴ wie die Kaninchen 〈wie die Karnickel〉 ~ (→Kaninchen, →Karnickel 1).

[<mehr]

Ver·meh·rung[..rʊŋ] 女 -/-en (〔sich〕 vermehren すること. 例えば:) 増加, 増大; 増殖, 繁殖.

ver·meid·bar[fɛrmáɪtbaːr] 形《副詞的用法なし》避けられる, 回避できる: ein ~*er* Fehler 避けられるはずの誤り.

ver·mei·den*[fɛrmáɪdən]¹ 《99》他 (h) 《*et.*⁴》避ける, 回避する; 予防〈防止〉する: Fehler 〈Irrtümer〉 ~ 過ち〈間違い〉を避ける | einen Skandal ~ スキャンダルを避ける | den Verkehr mit *jm.* ~ …との交際を避ける | Zusammenstöße ~ 衝突を回避する | Ich *vermied* es peinlich, ihm zu

V

begegnen. 私は彼に出会うことを極力避けた | Es läßt sich leider nicht ～, daß ... 残念ながら…は避けられない.

ver·meid·lich[..máɪtlɪç] =vermeidbar

Ver·mei·dung[..máɪdʊŋ] 女 -/-en (vermeiden すること. 例えば:) 回避; 防止.

ver·meil[vɛrmɛ́:j, ..mɛ́j] **I** 形《無変化》(hochrot) 真紅の, まっかな. **II Ver·meil** 中 -s/ **1** 真紅. **2** 金めっきした銀. [*fr.*; <*lat.* vermis „Wurm" (◇Wurm)]

ver·mei·nen[fɛrmáɪnən] 他 (h) **1** (…と)思い込む, 誤信する, 思い違える: Er *vermeinte*, ihre Stimme zu hören. 彼は彼女の声を聞いたと錯覚した. **2**《官》=meinen

ver·meint·lich[..máɪntlɪç] 形《述語的用法なし》**1** (…であると)誤って考えられた〈憶測された〉, 勘違いされた: der ～*e* Täter (誤って)犯人と思われていた人. **2** 推定上の: ein ～*er* Erbe 推定相続人.

ver·mel·den[fɛrmɛ́ldən][1]《01》他 (h)《雅》《[*jm.*] *et.*[4]》([…に]…を)知らせる, 通知〈通告〉する, 報告する.

ver·men·gen[fɛrmɛ́ŋən] 他 (h) **1**《*et.*[4] mit *et.*[3]》(…を…と)混ぜ[合わせ]る, 混合させる: Butter muß mit Mehl gut *vermengt* werden. バターはメリケン粉とよく混ぜ合わせなければならない ‖ 再帰 *sich*[4] mit *et.*[3] ～ …と混じり合う | Die Tränen *vermengen* sich mit dem Schmutz. 涙と汚れが混じり合う. **2**《*et.*[4] mit *et.*[3]》(…を…と)ごちゃ混ぜにする, 混同する: zwei völlig verschiedene Begriffe miteinander ～ 二つの全く異なる概念を混同する | Er *vermengt* alles. 彼はすべてをごちゃ混ぜにしてしまう. ∇**3 a)** 再帰 *sich*[4] mit *et.*[3] ～ …と掛かり合いになる. **b)** 再帰 *sich*[4] mit *jm.* ～ …と性交する.

Ver·men·gung[..mɛ́ŋʊŋ] 女 -/-en (sich) vermengen すること.

ver·mensch·li·chen[fɛrmɛ́nʃlɪçən] 他 (h)《*et.*[4]》(…に)人間の姿を与える, 人間として表現する, 人間化〈擬人化〉する. [<menschlich]

Ver·mensch·li·chung[..çʊŋ] 女 -/-en (vermenschlichen すること. 例えば:) 人間化, 擬人化.

Ver·merk[fɛrmɛ́rk] 男 -[e]s/-e メモ, 控え, 覚書; 備考, 注.

ver·mer·ken[fɛrmɛ́rkən] 他 (h) **1** 書き留める, メモする: einen Termin im Kalender ～ カレンダーに期日をメモする | Das sei nur am Rand *vermerkt*.《比》このことはついでに言い添えておこう. **2** しっかりと記憶にとどめる: *et.*[4] als Besonderheit 〈mit Dankbarkeit〉 ～ …を特別のこととして〈感謝の念をもって〉心にとどめる | ***jm. et.***[4] **übel ～** …に対して…を悪くとる〈根に持つ〉.

ver·mes·sen*[fɛrmɛ́sən]《101》**I** 他 (h) **1 a)** (土地などを厳密に)測定する, 測量する: einen Bauplatz ～ 建設地を測量する. **b)** 再帰 *sich*[4] ～ 測りそこなう, 測量を誤る. **2**《雅》再帰 *sich*[4] ～《zu 不定詞[句]と》僭越(せんえつ)にもあえて…する | Du *vermißt* dich, ihn zu kritisieren? 君は生意気にも彼を批判しようというのか.

II 過分 形 不遜(ふそん)な, 生意気な; 向こう見ず〈無鉄砲〉な, 大胆不敵な: eine ～*e* Tat 向こう見ずな行為 | ein ～*er* Wunsch 身のほど知らずの願望 ‖ Es ist ～, so etwas zu behaupten. そのようなことを主張するのは思い上がりだ.

Ver·mes·sen·heit[–haɪt] 女 -/-en vermessen II なこと.

Ver·mes·ser[fɛrmɛ́sər] 男 -s/- 土地測量師.

Ver·mes·sung[..sʊŋ] 女 -/-en 測定, 測量.

Ver·mes·sungs≈amt = Katasteramt **≈in·ge·nieur**[..ɪnʒeniø:r] 男 (略 Verm.-Ing.) 測量技師, 測量士. **≈kun·de** 女 -/ 測地学, 測量学. **≈schiff** 中 測量船.

ver·mickert[fɛrmɪ́kərt] 形《話》**1** 虚弱な, いじけた, 萎縮(いしゅく)した, ひ弱な, 病身の. **2** 不機嫌な, 気むずかしい. [<*ndd.* mickern „zurückgeblieben sein"]

ver·mied[fɛrmí:t][1] vermeiden の過去.

ver·mie·den[..dən] vermeiden の過去分詞; 過去1・3人称複数.

ver·mie·kert[fɛrmí:kərt]《方》=vermickert

ver·mie·sen[fɛrmí:zən][1]《02》**I** 他 (h)《話》=verleiden **II ver·miest** 過分 形《話》不機嫌な, 気のめいった; 気乗りのしない. [<mies]

ver·mie·ten[fɛrmí:tən]《01》他 (h) (↔mieten) **1** (賃貸料をもらって)貸す, 賃貸しする: ein Auto 〈eine Garage〉 ～ 自動車〈ガレージ〉を賃貸する | *jm.* 〈an *jn.*〉 *seine* Wohnung ～ …に自分の住居を貸す | Zimmer zu ～! 貸間あり. ∇**2** 再帰 *sich*[4] bei *jm.* ～ …のところに雇われる | *sich*[4] als Knecht 〈Magd〉 ～ 下男〈下女〉として雇われる.

Ver·mie·ter[..tər] 男 -s/- (女 **Ver·mie·te·rin**[..tərɪn]-/-nen) (↔Mieter) 賃貸し人, 貸主; 家主;〔法〕使用賃貸人.

Ver·mie·tung[..tʊŋ] 女 -/-en 賃貸し, 賃貸.

ver·mi·fug[vɛrmifú:k][1] 形 駆虫〈虫下し〉の[効力のある].

Ver·mi·fu·gum[..mí:fugʊm] 中 -s/..ga[..ga·]《ふつう複数で》〔薬〕駆虫薬, 虫下し. [<*lat.* vermis „Wurm" +fugāre „vertreiben" (◇Fuge[1]); ◇*engl.* vermifuge]

Ver·mil·lon[vɛrmijɔ̃:] 中 -s/ 朱(赤色硫化水銀). [*fr.*; ◇vermeil; *engl.* vermil[l]ion]

ver·min·dern[fɛrmɪ́ndərn]《05》他 (h) **1**《*et.*[4]》(…[の数量]を)より少なくする, 減らす, 減少〈低下〉させる: die Gefahr ～ 危険を減らす | die Geschwindigkeit ～ スピードを落とす | die Steuerlast ～ 税負担を軽減する ‖ 再帰 *sich*[4] ～ (…[の数量]が)減る, 減少〈低下〉する | Sein Einfluß *verminderte* sich allmählich. 彼の影響はしだいに弱まった | Die Einnahmen haben sich um die Hälfte *vermindert*. 収入は半分に減った.

2〔楽〕(音程を)半音狭くする: ein *vermindertes* Intervall 減音程 | eine *verminderte* Terz 〈Quint〉 減3度〈5度〉.

[<minder]

Ver·min·de·rung[..dərʊŋ] 女 -/-en ((sich) vermindern すること. 例えば:) 減少, 低下: Qualitäts*verminderung* 質の低下.

ver·mi·nen[fɛrmí:nən] 他 (h)《*et.*[4]》(…に)地雷〈機雷〉を敷設する. [<Mine[3]]

Verm.-Ing. 略 =Vermessungsingenieur 測量技師.

Ver·mi·nung[fɛrmí:nʊŋ] 女 -/-en 地雷〈機雷〉敷設.

ver·mi·schen[fɛrmɪ́ʃən]《04》**I** 他 (h) **1**《*et.*[4] mit *et.*[3]》(…を…と)混ぜ[合わせ]る, 混合する: Whisky mit Wasser ～ ウイスキーを水で割る | Alles muß gut [miteinander] *vermischt* werden. すべてをよく混ぜ合わせなければならない ‖ 再帰 *sich*[4] mit *et.*[3] ～ …と混ざり合う, …と混合〈混和〉する | Wasser *vermischt* sich nicht mit Öl. 水は油と溶け合わない | Die beiden Rassen haben sich miteinander *vermischt*. 両種族が混ざり合って〈混血して〉いる. ∇**2**《*et.*[4] mit *et.*[3]》(…を…と)ごちゃまぜにする, 混同する. ∇**3** 再帰 *sich*[4] mit *jm.* ～ …と性交する.

II ver·mischt 過分 形 混ざり合った, まぜこぜの, 種々雑多の: ～*e* Aufsätze in einem Buch 1冊の本にまとめられたさまざまな論文 ‖ *Vermischtes* (新聞などの)雑報欄.

Ver·mi·schung[..ʃʊŋ] 女 -/-en **1**《単数で》((sich) vermischen すること. 例えば:) 混合, 混和; (Blutvermischung) 混血. **2** 混合物, 混成物.

ver·mis·sen[fɛrmɪ́sən]《03》**I** 他 (h)《*et.*[4] / *jn.*》(…が)ない〈いない〉ことに気づく; (…が)なくて〈いなくて〉困る, (…に)会いたがる, (…を)欲しいと思う: Ich *vermisse* seit gestern meine Brieftasche. きのうから私の札(さつ)入れが見つからなくて困っている | Er *vermißte* seine Kinder. 彼は子供たちに会いたがった | Ich habe dich sehr *vermißt*. 君がいなくてとても寂しかった〈残念だった〉‖ ***et.***[4] **～ lassen** …が欠けている, …を欠いている | Die Einrichtung seiner Wohnung läßt jeden Geschmack ～. 彼の住居の調度は趣味の良さというものが全く感じられない.

II ver·mißt 過分 形 行方不明の, 失踪(しっそう)した: Sein Sohn ist im Krieg ～. 彼の息子は戦争で行方不明になった.

III Ver·miß·te 男 女《形容詞変化》行方不明者, [戦時] 失踪者.

Ver·miß·ten·an·zei·ge 女 (警察に出す)行方不明届, 捜索願.

V

ver·mịt·teln[fɛɾmítəln]《06》 **I** 自 (h) (争いなどの当事者間を)仲介〈仲裁〉する, 調停する: in einem Streit ~ 争いを仲裁する | zwischen den beiden Streitenden ~ 争い合っている双方の間をとりもつ ‖ in eine Auseinandersetzung *vermittelnd* eingreifen 論争の調停に乗り出す | *vermittelnde* Schritte unternehmen 仲介〈仲裁〉の労をとる.
II 他 (h) **1** 《*et.*⁴》仲裁〈調停〉して(…を)成立させる: zwischen den Ehepartnern eine Einigung ~ 夫婦げんかをとりなして和解を成立させる | zwischen Kriegsführenden einen Waffenstillstand ~ 交戦国間に停戦を仲介する.
2 a) 《*jm. jn.* 〈*et.*⁴〉》(…に…を)仲介する, 斡旋(あっせん)する, 世話する: *jm.* Arbeit 〈eine Wohnung〉 ~ …に仕事〈住居〉を世話する | *jm.* einen Briefpartner im Ausland ~ …に外国のペンフレンドを紹介する | Er 〈Seine Schilderung〉 *vermittelt* uns ein getreues Bild der damaligen Situation. 彼の筆は我々に当時の状況の忠実な姿を伝えてくれる. **b)** 《*jn.* an *et.*⁴》(…を…に)仲介〈斡旋〉する, 世話する: Wer hat dich an diese Firma *vermittelt*? 君はだれの斡旋でこの会社に入ったのか. [<mittel]

ver·mịt·tels〔**t**〕[fɛɾmítəls(t)] 前《2格, まれに3格支配: →laut II ☆》《雅》(mittels) …を手段として, …を用いて, …によって. [<mittels+vermitteln]

Ver·mịtt·ler[fɛɾmítlər] 男 -s/- (vermitteln する人. 例えば:) **1** 仲裁〈調停〉者. **2** 仲介者, 斡旋(あっせん)人;〘商〙仲買人, ブローカー.

Ver·mịtt·ler≈pro·vi·sion 女 仲介手数料. **≈rol·le** 女 仲介〈斡旋(あっせん)〉役; 仲裁〈調停〉者の役割.

Ver·mịtt·lung[fɛɾmítlʊŋ] 女 -/-en **1 a)** 仲裁, 調停: *js.* ~ annehmen 〈ablehnen〉 …の調停に応じる〈を拒否する〉. **b)** 仲介, 斡旋: Heirats*vermittlung* 結婚の仲介 | Stellen*vermittlung* 就業斡旋, 職業紹介.
2 電話交換局〈室〉.

Ver·mịtt·lungs≈amt 中 電話交換局. **≈aus·schuß** 男 **1** 調停委員会. **2** (ドイツの連邦議会・連邦参議院の)両院協議会. **≈ge·bühr** 女 仲介手数料. **≈stel·le** 女 **1** 電話交換局〈室〉. **2** 仲介〈斡旋(あっせん)〉所. **≈vor·schlag** 男 仲裁〈調停〉の申し出.

ver·mö̱·beln[fɛɾmǿːbəln]《06》他 (h)《話》**1** (verprügeln)《*jn.*》さんざんに殴る, ぶちのめす. **2** 《*et.*⁴》**a)** 安値で売り払う. **b)** むだ遣いする, 浪費する.
[„ausklopfen"; <Möbel]

Ver·mö̱·be·lung[..bəlʊŋ] 女 -/-en vermöbeln すること.

ver·mo̱·dern[fɛɾmóːdərn]《05》自 (s) かびて朽ちる, 腐朽する.

ver·mö̱·ge[fɛɾmǿːgə] 前《2格支配》…の力で, …によって, …のおかげで: ~ meiner Stellung 私の地位のおかげで | ein Vorschlag, ~ dessen man die Arbeit besser einrichten kann 仕事の手はずをより良いものにするための提案 | *Vermöge* seiner Beziehungen hat er einen sehr guten Posten bekommen. コネのおかげで彼はたいへんいいポストを手に入れた. [< *mndd.* vermoge „Kraft"]

ver·mö̱·gen*[fɛɾmǿːgən][1]《102》 **I** 他 (h) **1** 《zu 不定詞〔句〕と》(…することが)できる, (…する)能力がある: Ich *vermag* 〔es〕 nicht (=bin nicht imstande), ihn zu überreden. 私は彼を説得することができない | Vor Schreck *vermochte* sie nicht, sich zu rühren. 彼女は恐怖のあまり体を動かすことができなかった | Er allein hat es *vermocht*, die Leute zur Vernunft zu bringen. 彼だけが人々を正気に返らせることができた ‖〘助動詞に近い用法でコンマを伴わずに〙Er *vermag* seine Schulden nicht zu bezahlen. 彼は借金を支払うことができない(=Er kann seine Schulden nicht bezahlen.) | Man fragte ihn, ob er die Arbeit zu übernehmen *vermöchte* (=übernehmen könnte). 彼はその仕事を引き受けられるかどうかと尋ねられた | Ich will alles tun, was ich 〔zu tun〕 *vermag*. 私は自分でできることはなんでもするつもりだ | Was *vermagst* du gegen ihn? 彼に対して君に何ができるというのか.
2 なしとげる, 実現する, 達成する: das einzige, was wir noch *vermögen* 私たちがまだできる唯一のこと | Geld 〈Der gute Wille〉 *vermag* viel. 金(かね)〈善意〉は多くのことをなしとげる | Sie *vermag* bei ihm alles. 彼女の言うことなら彼はなんでも聞く | Daß sie diese Selbstüberwindung *vermochte*, überraschte uns. 彼女がこのような自己抑制ができたことが私たちを驚かせた ‖ ein viel *vermögender* Mann 勢力のある〈顔のきく〉男(→III).
▽**3** 《*jn.* zu *et.*³》(…に…する)気を起こさせる: Ich versuchte, ihn zu einem Entschluß zu ~. 私は彼に決心をさせようと試みた ‖ Diese Nachricht *vermochte* ihn, selbst ins Kloster zu gehen. この知らせを聞いて彼は修道院に行く気になった.
4 《方》***sich*⁴ *et.*² nicht ~** …には責任がない.
II Ver·mö̱·gen 中 -s/- **1** 《単数で》能力, 力: Anpassungs*vermögen* 順応力 | Seh*vermögen* 視力 | Urteils*vermögen* 判断力 ‖ soviel in meinem ~ liegt 〈steht〉 私の力の及ぶかぎり | nach bestem ~ 全力をつくして | Das geht über sein ~. それは彼の力に余る ‖ Sein ~, andere Menschen zu verstehen, ist nicht groß. 彼には他人を理解する能力があまりない.
2 a) 財産, 資産: bewegliches ~ 動産 | unbewegliches ~ 不動産 | National*vermögen* / Volks*vermögen* 国民資産 | Privat*vermögen* 個人資産; 私有財産 ‖ ein 〔großes〕 ~ erwerben 一財産つくる | viel ~ haben 裕福である | zu ~ kommen 財産を手に入れる, 裕福になる. **b)** 《話》ばく大な金額: Er hat sein ganzes ~ durchgebracht 〈verpraßt〉. 彼は全財産を使い果たした ‖ Das Bild ist ein ~ wert. この絵には大変な値うちがある | Das kostet ja ein ~! それはばく大な金がかかるじゃないか.
III ver·mö̱·gend 現分 形 **1** 財産〈資産〉のある, 裕福な: Er hat eine ~*e* Frau geheiratet. 彼は金持ちの女と結婚した | Sie ist ~. 彼女は裕福である. **2** 《zu 不定詞〔句〕と》(…することが)できる, (…の)能力のある: Ich bin vor Freuden nicht ~, mehr zu reden. 私はうれしくてこれ以上話を続けることができない.

Ver·mö̱·gens≈ab·ga·be[fɛɾmǿːgəns..] 女 (特別な機会に課せられる)財産税. **≈ab·schät·zung** 女 財産査定, 資産評価. **≈an·la·ge** 女 財産投資. **≈auf·stel·lung** 女 財産目録. **≈auf·tei·lung** 女 財産分配. **≈be·stand** 男 資産額. **≈bil·dung** 女 財産形成; 財形貯蓄.

Ver·mö̱·gens·bil·dungs·ge·setz 中〘法〙財産形成〔促進〕法.

Ver·mö̱·gens≈er·klä̱·rung 女 財産申告. **≈la̱·ge** 女 資産状況.

ver·mö̱·gens·lo̱s[..loːs][1] 形 財産〈資産〉のない.

Ver·mö̱·gens≈ma·na·ge·ment[..mænɪdʒmənt] 中 財産管理. **≈recht** 中 -〔e〕s/ 財産権. **≈steu·er** 女 財産〈資産〉税.

Ver·mö̱·gen·steu·er =Vermögenssteuer

Ver·mö̱·gens≈ver·hält·nis·se 複 資産状態. **≈ver·si·che·rung** 女 財産保険. **≈ver·tei·lung** 女 財産分配. **≈ver·wal·ter** 男 財産管理人, 管財人. **≈ver·wal·tung** 女 財産管理.

ver·mö̱·gens·wirk·sa̱m 形〘法〙財産形成に役立つ: ~*e* Leistung (勤労者に対する)財産形成のための給付.

ver·mög·lich[fɛɾmǿːklɪç]《南部・スイス》=vermögend 1

ver·mo̱r·schen[fɛɾmɔ́rʃən]《04》自 (s) 朽ちる, 腐朽する.

ver·mo̱t·tet[fɛɾmɔ́tət] 形 (布地などについて)虫食いになった. [<Motte]

ver·mụ̈ckert[fɛɾmýkərt] (**ver·mü̱·kert**[..mýːkərt])《方》=vermickert

ver·mụm·men[fɛɾmʊ́mən] 他 (h) **1** すっぽり包む〈くるむ〉: 再帰 *sich*⁴ in eine Decke ~ 毛布にくるまる. **2** 覆面させる; 変装させる: 再帰 *sich*⁴ ~ 覆面する; 変装する ‖ mit *vermummtem* Gesicht 覆面をして. [<Mumme[2]]

Ver·mụm·mung[..mʊŋ] 女 -/-en **1** 〔sich〕 vermummen すること. **2** 覆面; 変装, 仮装.

Ver·mụm·mungs·ver·bo̱t 中 (デモ参加者などに対する)覆面の禁止.

ver·mu̩·ren[1][fɛrmúːrən] 他 (h) 〚海〛(船を)二つの錨(いかり)で係留する, 双錨(そうびょう)泊させる. [<*engl.* moor „vertäuen"; ◇Muring]

ver·mu̩·ren[2][–] 他 (h) 《南部》(土地などを)泥〈瓦礫(がれき)〉で覆う, 荒廃させる. [<Mur]

ver·mu̩rk·sen[fɛrmúrksən] 《02》 他 (h) 《話》(不手際な仕事のために)だめにする, 台なしにする.

ver·mu̩t·bar[fɛrmúːtbaːr] 形 推測〈推察・推量〉されうる, 想像〈予想〉可能な.

ver·mu̩·ten[fɛrmúːtən] 《01》 **I** 他 (h) **1** (…と)推測〈推察・推定〉する, 想像する; 予想する: 〚副文・zu 不定詞〔句〕と〛 Ich *vermute*, er kommt nicht 〈daß er nicht kommt〉. 彼は来ないと思う | Es ist 〈steht〉 zu ～ 〈Es läßt sich ～〉, daß er nicht kommt. 彼は来ないと推測される | Ich *vermute*, ihn zu treffen. / Ich *vermute*, daß ich ihn treffe. 彼に出会えると思う | Die bisherige Untersuchung läßt ～, daß ... これまでの調査から…ということが推定される | Wann *vermuten* Sie, daß er wieder kommt? 彼は次はいつ来ると予想しますか ‖ 〚4格目的語＋場所を示す語句などと: →glauben I 1, meinen 1 a〛 Ich habe dich in Berlin *vermutet.* 君はベルリンにいると思っていた(＝Ich habe *vermutet*, daß du in Berlin seist.) | Wir haben ihn noch gar nicht so früh *vermutet.* 私たちは彼がそんなに早くやって来るとは全く思っていなかった.

2 《*et.*^{4}》(…を)推定する, (…が)事実であろうと考える: Wer hätte das *vermutet*? だれがこんなことを予想したろうか | Es wird Brandstiftung *vermutet.* 放火が行われたものと推測される.

II Ver·mu̩·ten 中 -s/ 推測, 推察, 推量, 想像; 予想: gegen 〔alles〕 ～ 〔全く〕予期に反して, 〔全く〕意外にも | dem ～ nach 察するところ.

[*mndd.* 〔vor〕moden; ◇Mut]

ver·mu̩t·lich[fɛrmúːtlɪç] **I** 形 推測〈推定・推量〉上の: das ～*e* Ergebnis der Wahl 選挙の予想結果.

II 副 《陳述内容の現実度に対する話し手の判断・評価を示して》察するところ〔…らしい〕, おそらく, どうやら, たぶん: Er kommt ～ nicht. 彼は来ないらしい | Ich habe mich ～ geirrt. どうやら私の思い違いらしい | Ist er krank? — *Vermutlich.* 彼は病気かい—たぶんね.

Ver·mu̩·tung[..tʊŋ] 女 -/-en 推測, 推察, 推量, 想像; 予想, 予期: gegen alle ～ 全く予期に反して, 全く意外にも | Es liegt die ～ nahe, daß ... どうやら…らしい.

ver·mu̩·tungs·wei·se ＝vermutlich II

ver·na̩ch·läs·si·gen[fɛrnáːxlɛsɪgən][2] 他 (h) おろそか〈ゆるがせ〉にする, なおざりにする; かまわずにほうって置く, 粗末にする: *seine* Arbeit ～ 仕事をおろそかにする | *seine* Familie ～ 家族をほったらかしにする | *seine* Kleidung ～ 服装にかまわない | die Stellen hinter dem Komma ～ 小数点以下を無視する ‖ Die Kinder sehen *vernachlässigt* aus. 子供たちは(親からほったらかしにされているような)みっともないかっこうをしている | Sie fühlt sich 〔von ihrem Mann〕 *vernachlässigt.* 彼女は自分が〔夫に〕大切にされていないと感じている. [<nachlässig]

Ver·nach·läs·si·gung[..gʊŋ] 女 -/-en vernachlässigen すること.

ᐁ**ver·na̩·dern**[fɛrnáːdərn] 《05》 他 (h) 《オーストリア》《話》《*jn.*》(…のことを)密告〈告げ口〉する. [◇Naderer]

ver·na̩·geln[fɛrnáːgəln] 《06》 **I** 他 (h) **1** 釘(くぎ)で固定する, 釘づけにする: eine Kiste ～ 箱のふたを釘づけにする | ein Fenster 〈eine Tür〉 〔mit Brettern〕 ～ 〔前に板を張って〕窓〈戸口〉を釘づけにする | ein Loch mit Brettern ～ 穴に板を釘づけにしてふさぐ ‖ **wie *vernagelt* sein** 《話》(釘づけになったように)考えが先に進まない, どうしてよいか分からない. **2** ein Pferd ～ (蹄鉄(ていてつ)を打つ際に)馬の足を釘で傷つける.

II ver·na̩·gelt 過分 形 《話》頭の働きの鈍い, 愚鈍な.

ver·nä̩·hen[fɛrnɛ́ːən] 他 (h) **1** 縫い合わせる, 縫合する; 縫いつける, (糸〔の端〕を布地に)止める: einen Riß 〈eine Wunde〉 ～ 破れ目〈傷口〉を縫合する. **2** (糸を)縫い物で使い果たす.

Ver·na·li·sa·tio̩n[vɛrnalizatsióːn] 女 -/-en (Jarowisation) 〚農〛 春化処理(植物の生長を速めるために種子や球根に施す低温処理).

ver·na·li·sie̩·ren[..zíːrən] 他 (h) (種子・球根などを)春化〔処理〕する. [<*lat.* vēr „Frühling"＋..al[1]]

ver·na̩r·ben[fɛrnárbən][1] 自 (s) (傷口が癒合して)瘢痕(はんこん)になる: ein *vernarbtes* Gesicht 瘢痕のある顔.

Ver·na̩r·bung[..bʊŋ] 女 -/-en (傷口の)瘢痕(はんこん)化.

ver·na̩r·ren[fɛrnárən] **I** 他 (h) 再帰 *sich*^{4} in *jn.* 〈*et.*^{4}〉 ～ …に惚(ほ)れ込む, …に夢中になる | Er hatte sich in das Mädchen *vernarrt.* 彼はその女の子に夢中になっていた. **II ver·na̩rrt** 過分 形 惚れ込んだ, 夢中になった: in *jn.* 〈*et.*^{4}〉 ～ sein …に惚れ込んでいる, …に夢中になっている | Ich bin in diese Stadt ganz ～. 私はこの町にぞっこん惚れ込んでいる.

Ver·na̩rrt·heit[..haɪt] 女 -/-en 《ふつう単数で》vernarrt なこと.

ver·na̩·schen[fɛrnáʃən] 《04》 **I** 他 (h) **1** 《*et.*^{4}》(金を)甘いものを食べるのに遣う, 食道楽のために費やす. **2** 《話》《*jn.*》 **a**) (…を誘惑して)ものにする, ひっかける. **b**) (相手を)あっさり打ち負かす.

II ver·na̩scht 過分 形 (naschhaft) 甘いものの好きな, よくつまみ食いをする: Sie ist ～*er* als ich. 彼女は私よりも食いしん坊だ.

Verne[vɛrn] 人名 Jules ～ ジュール ヴェルヌ(1828–1905; フランスの小説家. 作品『月世界一周』『八十日間世界一周』など).

ver·ne̩·beln[fɛrnéːbəln] 《06》 他 (h) 《*et.*^{4}》 **1 a**) (ある地域を)煙幕で覆う; 《話》(ほろ酔いで頭を)ぼんやりさせる. **b**) 《比》(事実・真相などを)ぼかす, 隠蔽(いんぺい)する: wichtige Tatbestände ～ 重要な事実をぼかして伝える.

2 (農薬などを)霧状にする, 噴霧器でまく.

Ver·ne̩·be·lung[..bəlʊŋ] (**Ver·ne̩b·lung**[..blʊŋ]) 女 -/-en vernebeln すること.

ver·ne̩hm·bar[fɛrnéːmbaːr] 形 **1** (音などが)聞こえる, (はっきり)聞きとれる. **2** ＝vernehmungsfähig

ver·ne̩h·men*[fɛrnéːmən] 《104》 **I** 他 (h) **1** 《*et.*^{4}》 **a**) (声・物音などを)聞く, 耳にする; 聞きとる, 聞き分ける: Ich *vernahm* seine Stimme 〈ein leises Geräusch〉 im Nebenzimmer. 隣の部屋で彼の声〈かすかな物音〉が聞こえた | Die Worte des Kranken waren kaum zu ～. 病人の言葉はほとんど聞きとれなかった ‖ *sich*^{4} ～ lassen (声・物音などが)聞こえる; (人が)発言する, 意見を述べる. **b**) (知らせ・風聞などを)聞く, 耳にする, (聞いて)知る: Wir *vernahmen*, daß er wieder gesund ist. 我々は彼が再び健康になったということを耳にした.

2 《*jn.*》〚法〛(裁判官・警察官などが)尋問する, 審問する, (…から)事情を聴取する: einen Zeugen ～ 証人を尋問する | *jn.* zur Person ～ (→Person 1 b).

ᐁ**3** (wahrnehmen) 知覚する.

II Ver·ne̩h·men 中 -s/ **1** (vernehmen すること. 特に:) 聞く〈耳にする〉こと: **dem 〈allem〉 ～ nach** 聞くところによれば | **gutem 〈sicherem〉 ～ nach** 確かな筋からの情報によると. ᐁ**2** ＝Einvernehmen

Ver·ne̩hm·las·sung[fɛrnéːmlasʊŋ] 女 -/-en 《スイス》 **1** ＝Verlautbarung **2** 態度〔決定〕. [<lassen]

ver·ne̩hm·lich[..lɪç] 形 **1** 聞こえる, (はっきり)聞きとれる: mit ～*er* Stimme はっきりと聞きとれる声で | Ich räusperte mich ～. 私はわざと周りに聞こえるように咳(せき)ばらいした. ᐁ**2** ＝verständlich 2

Ver·ne̩h·mung[..mʊŋ] 女 -/-en 〚法〛尋問, 審問, 事情聴取.

ver·ne̩h·mungs·fä̩·hig 形 (心身の状態から見て)尋問〈事情聴取〉に耐えうる.

ver·ne̩i·gen[fɛrnáɪgən][1] 他 (h) 《雅》(verbeugen) 再帰 *sich*^{4} ～ 腰をかがめてあいさつする, おじぎをする: *sich*^{4} vor *jm.* 〔tief〕 ～ …に向かって〔深々と〕おじぎをする.

Ver·ne̩i·gung[..gʊŋ] 女 -/-en 《雅》(Verbeugung) 腰をかがめてのあいさつ, おじぎ.

ver·ne̩i·nen[fɛrnáɪnən] 他 (h) (↔bejahen) 《*et.*^{4}》(…に対して)否(いな)〈ノー〉と答える, 否定する, 否認〈反対〉する: eine Frage ～ 問いに対して否〈ノー〉と答える | die Freiheit des Willens 〈den Sinn des Lebens〉 ～ 意志の自由〈人生の意

味〉を否定する ‖ eine *verneinende* Antwort 否定の答え | ein *verneinender* Satz〘言〙否定文 | *verneinend* den Kopf schütteln 否定して頭を横に振る. [<nein]

Ver·nei·nung[..nʊŋ] 女 -/-en 否定, 否認: doppelte ~〘言〙二重否定.

Ver·nei·nungs≠ar·ti·kel 男〘言〙否定冠詞 (kein). **≠fall** 男《官》《次の形で》**im ~**〔*e*〕そうでない場合には. **≠par·ti·kel** 女〘言〙否定の不変化詞 (nein, nicht, nie など). **≠satz** 男〘言〙否定文. **≠wort** 中 -〔e〕s/..wörter〘言〙否定詞.

Ver·ner[vɛ́rnər, fɛ́rnər] 人名 Karl ~ カール ヴェルナー (1846-96; デンマークの言語学者).

Ver·nersch[-ʃ] 形 ヴェルナーの: das ~*e* Gesetz〘言〙ヴェルナーの法則 (第1次子音推移ののちゲルマン語の無声摩擦音は直前にアクセントがない場合は有声摩擦音になったこと: → Lautverschiebung).

ver·net·zen[fɛrnɛ́tsən]《02》他 (h) 網目状に結合する. [<Netz]

ver·nich·ten[fɛrníçtən]《01》他 (h) 滅ぼす, 全滅〈壊滅〉させる, 破壊しつくす, 根絶〈絶滅〉する; (希望・計画などを) 無に帰せしめる; (文書などを) 破棄する, 処分〈焼却〉する: Akten 〈Briefe〉 ~ 文書〈手紙〉を処分する | den Feind ~ 敵を殲滅(せんめつ)する | Schädlinge 〈Unkraut〉 ~ 害虫〈雑草〉を撲滅する | Der Hagel hat die Ernte *vernichtet.* 雹(ひょう)が収穫を全滅させた | Ein einziger Luftangriff *vernichtete* die ganze Stadt. たった一回の空襲で全市が完全に破壊された | Meine Hoffnungen wurden dadurch *vernichtet.* 私の希望はそれによって水泡に帰した ‖ ein *vernichtender* Blick 非難〈軽蔑〉に満ちたまなざし | eine *vernichtende* Kritik bekommen さんざんに酷評される | *jm.* eine *vernichtende* Niederlage zufügen …に壊滅的な打撃を与える. [*mhd.*; ◇nicht]

Ver·nich·tung[..tʊŋ] 女 -/-en《ふつう単数で》vernichten する〈される〉こと.

Ver·nich·tungs≠feld·zug 男 殲滅(せんめつ)戦. **≠feu·er** 中 殲滅砲火. **≠haft** 女 廃人にすることをねらった投獄. **≠krieg** 男 殲滅戦争. **≠la·ger** 中 (ナチ政権下の) 絶滅〈死の〉収容所 (ここでユダヤ人の大量虐殺が行われた: → Konzentrationslager). **≠schlacht** 女 殲滅戦. **≠waf·fe** 女 大量殺戮(さつりく)兵器.

ver·nickeln[fɛrníkəln]《06》他 (h)《*et.*[4]》(…に) ニッケルめっきをする; ニッケルを張る. [<Nickel]

Ver·nicke·lung[..kəlʊŋ] (**Ver·nick·lung**[..klʊŋ]) 女 -/-en ニッケルめっき.

ver·nied·li·chen[fɛrní:tlıçən] 他 (h) (重大なことを) 些細(ささい)なことのように見せる, 瑣末(さまつ)視する, (故意に) 過小評価する. [<niedlich]

ver·nie·ten[fɛrní:tən]《01》他 (h) 鋲(びょう)で留める, リベットで締める.

Ver·nie·tung[..tʊŋ] 女 -/-en **1** vernieten すること. **2** 鋲(びょう)留め〈リベット締め〉の個所.

Ver·nis·sa·ge[vɛrnısá:ʒə] 女 -/-n (美術展覧会初日の) 特別招待日, 内覧.
[*fr.*; <*fr.* vernir „lackieren" (◇Firnis); 開会前日に出品画に仕上げの手を加えたことから]

Ver·nunft[fɛrnʊ́nft] 女 -/ 理性, 理知; (健全・正常な) 思考〈判断〉力, 分別, 思慮; (道理をわきまえた) 常識;〘哲〙理性: keine ~ haben 思慮分別がない | **~ annehmen** 分別を取り戻す, 正気に立ち返る | Nimm doch ~ an! 落ち着いて考えろ, 分別をわきまえろ ‖ Das ist gegen alle ~. それは非常識きわまることだ | ohne ~ handeln 無分別に行動する | ***jn.* zur ~ bringen** …(思慮を失った人など) を正気に立ち返らせる | **zur ~ kommen** 分別を取り戻す, 正気に立ち返る ‖《Kritik der reinen ~》『純粋理性批判』(Kant の著書).
[*ahd.*; ◇vernehmen]

ver·nunft·be·gabt 形 理性的〈理知的〉な, (健全・正常な) 思考〈判断〉力に恵まれた, 思慮分別にたけた.

Ver·nunft·ehe 女 思慮分別からの〈打算的な〉結婚生活.

Ver·nünf·te·lei[fɛrnʏnftəlái] 女 -/-en へりくつ〔をこねること〕, 詭弁(きべん)〔を弄(ろう)すること〕: ~ betreiben へりくつをこねる.

ver·nünf·teln[..nʏ́nftəln]《06》自 (h) へりくつをこねる, 詭弁(きべん)を弄(ろう)する.

ver·nunft·ge·mäß[fɛrnʊ́nft..] 形 理性的な: ~*es* Handeln 理性的な行動.

Ver·nunft≠glau·be〔**n**〕男 理性信仰, 合理主義. **≠hei·rat** 女 (↔Liebesheirat) 思慮分別からの〈打算的な〉結婚.

ver·nünf·tig[fɛrnʏ́nftıç][2] 形 **1** (人について) 理性的な, 健全な, 判断力のある, 分別のある, 思慮深い: ein ~*er* Mensch 理性的な〈分別のある〉人間 ‖ Er ist sonst ganz ~. 彼はふだんはしっかりした分別をもっている | Sei doch ~! ばかなまねはよせ ‖ ~ handeln 分別をもって行動する.
2 (事柄について) 健全な判断力に裏付けられた, 分別のある, 筋の通った;《話》まともな, ちゃんとした: eine ~*e* Ansicht しっかりした見解 | ~*e* Preise 手ごろな値段 | ein ~*er* Vorschlag まともな提案 ‖ Mit ihm kann man ~ reden. 彼とはまともに話ができる.

ver·nünf·ti·ger·wei·se[fɛrnʏ́nftıgərváızə] 副 思慮分別に従って, 思慮分別からいって当然のことながら.

Ver·nünf·tig·keit[..tıçkaıt] 女 -/ vernünftig なこと.

Ver·nünft·ler[fɛrnʏ́nftlər] 男 -s/- へりくつをこねる人, 詭弁(きべん)家.

ver·nunft·los[fɛrnʊ́nftlo:s][1] 形 理性を欠いた, 無分別な, 非常識な, 道理をわきまえない.

Ver·nunft·mensch 男 理性的〈理知的〉な人, 合理主義者.

ver·nunft·wi·drig 形 理性に反する, 思慮分別にそむいた, 道理〈常識〉に反する.

ver·nu·ten[fɛrnú:tən]《01》他 (h) (板などを) 切り込み溝にはめ込んで接合する. [<Nut]

Ver·nu·tung[..tʊŋ] 女 -/-en vernuten すること.

ver·ö·den[fɛr|ǿ:dən][1]《01》**I** 自 (s) **1** 荒れ果てる, 荒廃する: Das Land *verödete.* その土地は荒れ果てた〈不毛になった〉. **2** 人気(ひとけ)がなくなる: Der Platz liegt *verödet* da. 広場には人影もない | *verödete* Häuser 人の住まぬ〈人影のない〉家々. **3**〘医〙(血管腔・神経などが) 萎縮する.
II 他 (h)〘医〙(薬剤により, または外科的に血管腔などを) 閉塞(へいそく)する; 萎縮させる; 切除する: *sich*[3] Krampfadern ~ lassen 静脈瘤の切除手術を受ける.

Ver·ö·dung[..dʊŋ] 女 -/-en veröden すること.

ver·öf·fent·li·chen[fɛr|œ́fəntlıçən] 他 (h) (印刷した形で) 公にする, 公表〈発表〉する; 公刊〈刊行〉する, 出版する: einen Roman 〈eine wissenschaftliche Arbeit〉 ~ 小説〈学術論文〉を出版する. [<öffentlich]

Ver·öf·fent·li·chung[..çʊŋ] 女 -/-en **1**《単数で》veröffentlichen すること. **2** (印刷した形で) 発表されたもの, 刊行〈出版〉物: wissenschaftliche ~*en* 学術的業績.

Ve·ro·na[veró:na·] 地名 ヴェローナ (イタリア北部の商業都市).

Ve·ro·nal[veroná:l] 中 -s/ 商標 ベロナール (睡眠薬バルビタール).

Ve·ro·ne·se[1][veroné:zə] 男 -n/-n ヴェローナの人.

Ve·ro·ne·se[2][–, ..ze·] 人名 Paolo ~ パオロ ヴェロネーゼ (1528-88; イタリア, ヴェネツィア派の代表的画家).

Ve·ro·ne·ser[..zər] **I** 男 -s/- = Veronese[1]
II 形《無変化》ヴェローナの.

ve·ro·ne·sisch[..zıʃ] 形 ヴェローナの.

Ve·ro·ni·ka[veró:nika·; ｽｲｽ: –, fe..] **I** 女名 ヴェローニカ.
II 女 -/..ken[..kən] (Ehrenpreis)〘植〙クワガタソウ (鍬形草) 属. [*mlat.*]

ver·ord·nen[fɛr|ɔ́rdnən]《01》他 (h) **1** (医者が治療法などを) 指示する, (薬などを) 処方する: *jm.* ein Medikament 〈eine Brille〉 ~ …に薬〈眼鏡〉を処方する | Der Arzt *verordnete* ihm absolute Ruhe 〈einen täglichen Spaziergang von zwei Stunden〉. 医者は彼に絶対安静〈毎日2時間散歩すること〉を命じた | Wenn vom Arzt nicht anders *verordnet*, dreimal täglich eine Tablette. 医師の特別の指示のないかぎり1日3回1錠ずつ服用のこと (薬の使用説明書など). **2** (行政当局などが) 命令〈指令〉する.

Ver·ord·nung[..nʊŋ] 女 -/-en **1** (医者の)指示, 処方. **2** 命令, 指令; 政令; 条令: Rechts*verordnung* 法規命令 | Verwaltungs*verordnung* 行政命令.

Ver·ord·nungs·blatt 中 官報.

ver·paa·ren[fɛrpá:rən] 他 (h) **1** 再帰 *sich*⁴ ～ (動物が)つがいになる. **2** (家畜などを)交配させる, つがわせる.

ver·pach·ten[fɛrpáxtən] 《01》 他 (h) 《*et.*⁴》 賃貸しする, (…の)〔用益〕賃貸契約をする; (土地を)小作に出す: ein Grundstück ～ 土地を賃貸しする | eine Jagd ～ 狩猟権を貸す.

Ver·päch·ter[..pɛ́çtər] 男 -s/- (↔Pächter)〔用益〕賃貸し人, 貸主; (小作人に対して)地主.

Ver·pach·tung[..páxtʊŋ] 女 -/-en 賃貸し,〔用益〕賃貸〔契約〕.

ver·packen[fɛrpákən] 他 (h) 包む, 包装する; 梱包(こんぽう)〈荷造り〉する: *et.*⁴ in Zeitungspapier ～ …を新聞紙に包む | Flaschen in eine Kiste 〈einer Kiste〉 ～ 瓶を木箱に詰める | *et.*⁴ als Geschenk ～ …を贈答品として包装する ‖ hart *verpackt* sein (→hart I 1 a).

Ver·packung[..kʊŋ] 女 -/-en **1** 《単数で》 (verpacken すること. 例えば:) 包装; 梱包(こんぽう), 荷造り. **2** 包装に使われているもの; 風袋(ふうたい).

Ver·packungs·ap·pa·rat 男 包装機械. ≈**ge·wicht** 中 風袋(ふうたい)重量. ≈**ma·schi·ne** 女 包装機械. ≈**ma·te·rial** 中 包装資材, 梱包(こんぽう)材料. ≈**sack** 男 《空》 パラシュート〔収納〕カバー.

ver·paf·fen[fɛrpáfən] 他 (h) 《話》 (verrauchen) (金を)喫煙のために費やす, タバコ代に遣う.

ver·päp·peln[fɛrpɛ́pəln] 《06》 他 (h) 《話》 《*jn.*》 甘やかす, (甘やかして)柔弱に育てる.

ver·pas·sen[fɛrpásən] 《03》 他 (h) **1** (機会などを)逸する, のがす, (時間に遅れて列車・バスなどに)乗り損ねる, (人と)行き違いになる: den Anschluß ～ (→Anschluß 1 c) | eine Chance ～ チャンスをのがす | den Zug ～ 列車に乗り遅れる | *jn.* einige Minuten ～ 数分違いで…に会い損ねる ‖ einer *verpaßten* Gelegenheit nachtrauern のがしたチャンスを惜しがる. **2** 《話》 《*jm. et.*⁴》 (…にあまり有難くないものを)支給する, 割り当てる, 渡す: den Rekruten Uniformen ～ 新兵に制服を支給する | *jm.* eine Spritze ～ …に注射をする | ***jm.* eins 〈eine〉 ～** 《話》 …に平手打ちを一発くらわす | *jm.* eine Zigarre ～ (→Zigarre 2) ‖ **eine *verpaßt* kriegen** 《話》 平手打ちを一発くらう. ▽**3** 《*et.*⁴》 待ちながら(…を)過ごす, やりすごす: den Regen unter einem Baum ～ 木の下で雨宿りをする.

ver·pat·zen[fɛrpátsən] 《02》 他 (h) 《話》 《*et.*⁴》 (…を)やりそこなう, しくじる; 駄目にする, 台なしにする.

ver·pen·nen[fɛrpɛ́nən] **I** 他 (h) 《話》 ＝verschlafen I 1, 2 **II ver·pennt** 過分 形 (verschlafen) ねぼけた.

ver·pe·sten[fɛrpɛ́stən] 《01》 他 (h) 悪臭で満たす; (自然環境を)汚染する: die Luft mit Abgasen ～ 大気を排気ガスで汚染する. [＜Pest¹]

Ver·pe·stung[..tʊŋ] 女 -/-en 《ふつう単数で》 verpesten すること.

ver·pet·zen[fɛrpɛ́tsən] 《02》 他 (h) 《話》 《*jn.*》 (…のことを)告げ口〈密告〉する: *jn.* beim Lehrer ～ …のことを先生に告げ口する.

ver·pfäh·len[fɛrpfɛ́:lən] 他 (h) 《*et.*⁴》 (…に)杭(くい)打ちを施す; (…に)柵(さく)をめぐらす. [＜Pfahl]

Ver·pfäh·lung[..lʊŋ] 女 -/-en 《ふつう単数で》 verpfählen すること.

ver·pfän·den[fɛrpfɛ́ndən]¹ 《01》 他 (h) 《*et.*⁴》 担保〈抵当〉として与える, 質に入れる: *seine* Uhr ～ 時計を質に入れる | *jm. sein* Wort ～ 《雅》 …に言質を与える.

Ver·pfän·dung[..dʊŋ] 女 -/-en verpfänden すること.

ver·pfei·fen*[fɛrpfáifən] 《108》 他 (h) 《話》 《*jn.* / *et.*⁴》 (…のことを)密告〈告げ口〉する: einen Plan ～ 計画を漏らす | *jn.* bei der Polizei ～ …を警察に密告する.

ver·pfif·fen[..pfífən] verpfeifen の過去分詞; 過去 1・3 人称複数.

ver·pflan·zen[fɛrpflántsən] 《02》 他 (h) **1** 《*et.*⁴》 **a)** (植物を)移し植える, 移植する: Alte Bäume 〈Einen alten Baum〉 soll man nicht ～. (→Baum 1 a). **b)** (transplantieren) 《医》 (器官・組織などを)移植する: ein Herz 〈eine Niere〉 ～ 心臓〈腎臓(じんぞう)〉を移植する. **2** 《*jn.*》 移住させる.

Ver·pflan·zung[..tsʊŋ] 女 -/-en (verpflanzen すること. 例えば:) **1** (植物の)移し植え, 移植. **2** (Transplantation) 《医》 移植〔術〕: Herz*verpflanzung* 心臓移植.

ver·pfla·stern[fɛrpflástərn] 《05》 他 (h) 《話》 (verprügeln) 《*jn.*》 さんざんに殴る, ぶちのめす.

ver·pflau·men[fɛrpfláumən] 他 (h) 《話》 《*jn.*》 からかう, あざける.

ver·pfle·gen[fɛrpflé:gən]¹ 他 (h) **1** 《*jn.*》 (…に)食事を給する, ごはんを食べさせる; 糧食を支給する: 再帰 *sich*⁴ selbst ～ müssen 自炊を強いられる. **2** 《*jn.*》 (…の)世話をする, 面倒を見る; (病人を)看護する.

Ver·pfle·gung[..gʊŋ] 女 -/-en **1** 賄い, 給食; 糧食支給: bei *jm.* in ～ sein …のところに賄いつきで下宿する | mit voller ～ 3食つきの(下宿・ペンションなど) | *sich*⁴ von der ～ abmelden (兵士が)死ぬ. **2** 食事, 糧食: warme ～ (火を使った)温かい料理 | Die ～ im Hotel war ausgezeichnet. ホテルの食事はすばらしかった.

Ver·pfle·gungs≈amt 中 《軍》 食糧調達〈補給〉所. ≈**geld** 中 食費, 賄い費. ≈**satz** 男 (Ration) 食糧配給料; 1日分の割当食料.

ver·pflich·ten[fɛrpflíçtən] 《01》 他 (h) 《*jn.* 〔zu *et.*³〕》 (…に〔…の〕)義務を負わせる, (…に〔…を〕)義務づける; (俳優・歌手・スポーツ選手などを)契約によって縛る〈義務づける〉: *jn.* zum Schweigen ～ …に沈黙を守る〈口外せぬ〉ことを誓わせる | Man hat ihn dazu 〈darauf〉 *verpflichtet*, die Unkosten zu übernehmen. 彼は諸雑費を支払う義務を負っている | einen Sänger an die Staatsoper ～ 歌手に国立歌劇場出演の契約を結ばせる | Er wurde auf zwei Jahre als Trainer *verpflichtet.* 彼は2年間コーチの契約を結んだ ‖ 《目的語なしで》 Adel *verpflichtet.* (→Adel 1) ‖ 再帰 *sich*⁴ zu *et.*³ ～ …の義務を負う, …を約束する; (俳優・歌手・スポーツ選手などが)…の契約を結ぶ | Ich habe mich zur Übernahme der Unkosten *verpflichtet.* / Ich habe mich *verpflichtet*, die Unkosten zu übernehmen. 私は諸雑費の支払いを引き受けることを約束した | Ich kann mich zu nichts ～. 私はいかなる義務を負うことも約束できない | Der Schauspieler hat sich auf 〈für〉 zwei Jahre *verpflichtet.* その俳優は2年間の出演契約を結んだ ‖ 《過去分詞で》 *jm. verpflichtet* sein …に感謝すべき立場にある〈恩義を受けている〉 | zu *et.*³ *verpflichtet* sein …の義務を負っている | Ich bin ihm zu Dank *verpflichtet.* 私は彼に感謝しなければならない | Ich fühle mich *verpflichtet*, ihnen zu helfen. 私は彼らを援助すべき立場にあると感じている. [*mhd.*; ◇Pflicht]

Ver·pflich·tung[..tʊŋ] 女 -/-en **1** 《単数で》 〔sich〕 verpflichten すること. **2 a)** 義務, 責務: dienstliche 〈soziale〉 ～*en* 職務上の〈社会的な〉義務 ‖ *seine* ～*en* erfüllen / *seinen* ～*en* nachkommen 義務を果たす | Ich habe viele gesellschaftliche ～*en.* 私には社交上の義務(訪問・招待・パーティーへの出席など)がたくさんある. **b)** 《法》 債務: finanzielle ～*en* haben 債務がある.

ver·pfrün·den[fɛrpfrʏ́ndən]¹ 《01》 他 (h) 《南部・スイス》 《*jn.*》 (…に)資産提供と引き換えに終身年金を支給する.

Ver·pfrün·dung[..dʊŋ] 女 -/-en verpfründen すること. [＜Pfründe]

ver·pfu·schen[fɛrpfʊ́ʃən] 《04》 他 (h) 《話》 《*et.*⁴》 (…を)やりそこなう, しくじる; だめにする, 台なしにする: ein Kleid ～ ドレスの仕立てをしくじる ‖ ein *verpfuschtes* Leben できそこないの人生.

ver·pi·chen[fɛrpíçən] **I** 他 (h) 《*et.*⁴》 ピッチ〈瀝青(れきせい)〉で塗り固める. **II ver·picht** 過分 形 《話》 **auf *et.*⁴ ～ sein** …に執心している, …に執念をもやしている.

ver·pie·seln[fɛrpí:zəln] 《06》 他 (h) 《方》 《話》 **1** 再帰 *sich*⁴ ～ (水などが)地中に染みこむ, しだいに消える. **2** 再帰

V

*sich*⁴ ～ (人が)こっそり姿を消す. [＜pissen]

ver·pịm·peln[fɛɐ̯pímpəln] 《06》 他 (h) 《話》 (verpäppeln) 《*jn.*》 甘やかす, (甘やかして)柔弱に育てる.

ver·pịn·keln[fɛɐ̯píŋkəln] 《06》 他 (h) 《話》 (パンツなどを)小便で汚す.

ver·pịs·sen[fɛɐ̯písən] 《03》 他 (h) 《話》 **1** 再帰 *sich*⁴ ～ ひそかに立ち去る. **2** (パンツなどを)小便で汚す.

ver·pla̱·nen[fɛɐ̯plá:nən] 他 (h) **1** 《*et.*⁴》 (…の)計画を誤る. **2 a)** 《*et.*⁴》 (…についての)計画を立てる: Meine Freizeit ist bereits *verplant.* 私の余暇の使い方はもう決めてしまってある. **b)** 《*jn.*》 (…の仕事・日程などについて)計画を作る: Er ist auf Monate hinaus *verplant.* 彼は何か月も先まで予定がぎっしりつまっている.

ver·plạp·pern[fɛɐ̯plápərn] 《05》 他 (h) 《話》 再帰 *sich*⁴ ～ うっかり口をすべらせる.

ver·plạt·ten[fɛɐ̯plátən] 《01》 他 (h) (壁などを)タイル〈パネル〉張りにする. [＜Platte 1]

ver·plau̱·dern[fɛɐ̯pláudərn] 《05》 他 (h) **1 a)** (時を)雑談〈おしゃべり〉して過ごす. **b)** 再帰 *sich*⁴ ～ おしゃべりに思わぬ時を過ごす. **c)** おしゃべりにかまけて忘れる〈逸する〉.

2 (秘密などを)うっかりしゃべる: 再帰 *sich*⁴ ～ うっかり口をすべらせる.

ver·plẹm·pern[fɛɐ̯plɛ́mpərn] 《05》 他 (h) 《話》 **1** (金・時間などを)むだに遣う, 浪費する. **2** 再帰 *sich*⁴ mit *seinen* Liebschaften ～ 火遊びにうつつをぬかして一生を台なしにする. **3** 《方》 (水などを)うっかりこぼす.

ver·plọm·ben[fɛɐ̯plɔ́mbən]¹ 他 (h) (plombieren) 《*et.*⁴》 (部屋・容器などに)鉛の封印をする. [＜Plombe]

ver·pö̱·nen[fɛɐ̯pø:nən] ▽ **I** 他 (h) (罰則を設けて)固く禁じる, 厳禁する. **II ver·pö̱nt** 過分 形 禁じられた, 忌み嫌われた, タブーの: ein ～*er* Dichter 発禁処分を受けている作家 | ein ～*es* Wort 禁句 ‖ Der Minirock war in diesen Kreisen sehr ～. ミニスカートをはくことはこの仲間内では絶対にタブーだった.

[*mhd.*; ＜*mhd.* pēn[e] „Strafe" (◇Pein)]

ver·pọp·pen[fɛɐ̯pɔ́pən] 他 (h) 《ふつう過去分詞で》 (メロディー・映画・服装などを)ポップアート化する, ポップアートふうにする: *sich*⁴ *verpoppt* anziehen ポップアートふうの服を着る. [◇poppig]

ver·prạs·sen[fɛɐ̯prásən] 《03》 他 (h) (金・時などを遊興などのために)浪費する.

ver·prẹl·len[fɛɐ̯prɛ́lən] 他 (h) **1** 〖狩〗 (野獣などを)驚かせる, 追い立てる.

2 《*jn.*》 おびえさせる, おどかす; いら立たせる, 怒らせる.

ver·pro·le·ta·ri·si̱e·ren[fɛɐ̯proletarizí:rən] 他 (h) プロレタリア化する. [＜Proletarier]

Ver·pro·le·ta·ri·si̱e·rung[..rʊŋ] 女 -/ プロレタリア化.

ver·pro·vian·ti̱e·ren[fɛɐ̯proviantí:rən] 他 (h) 《*jn.*》 (…に)食糧を支給する〈持たせてやる〉: 再帰 *sich*⁴ für die Reise ～ 旅の食糧を準備する. [＜Proviant]

Ver·pro·vian·ti̱e·rung[..rʊŋ] 女 -/ 食糧支給.

ver·prü̱·geln[fɛɐ̯prý:gəln] 《06》 他 (h) 《*jn.*》 さんざんに殴る, ぶちのめす: *jn.* nach Noten ～ (→Note 1 b) ‖ 再帰 *sich*⁴ ordentlich ～ 激しく殴り合う.

ver·pụf·fen[fɛɐ̯púfən] 自 (s) **1** 〔微弱な〕爆発を起こす; 〖化〗 突燃する.

2 《比》 むなしく〈はかなく〉消える, 効果なく終わる.

Ver·pụf·fung[..fʊŋ] 女 -/-en (verpuffen すること. 例えば:) 〔微弱な〕爆発; 〖化〗 突燃.

Ver·pụf·fungs-Stra̱hl·trieb·werk 中 〖空〗 突燃ターボラム=ジェットエンジン.

ver·pụl·vern[fɛɐ̯púlfərn, ..lvərn] 《05》 他 (h) **1** 《*et.*⁴》 粉末状にする. **2** 《話》 (金を)むだ遣いする, 浪費する.

ver·pụm·pen[fɛɐ̯púmpən] 他 (h) 《話》 《〔*jn.*〕 *et.*⁴》 (〔…に〕…を)貸す; 掛けで売る.

ver·pụp·pen[fɛɐ̯púpən] 他 (h) 再帰 *sich*⁴ ～ (幼虫が)蛹(さなぎ)になる, 蛹化(ようか)する. [＜Puppe]

Ver·pụp·pung[..pʊŋ] 女 -/-en 蛹化(ようか).

ver·pu̱·sten[fɛɐ̯pú:stən] 《01》 《北部》 《話》 = verschnaufen

Ver·pụtz[fɛɐ̯púts] 男 -es/ **1 a)** (壁などの)しっくい, モルタル, プラスター, 化粧塗り(→ 図 Haus A). **b)** 塗壁, 左官工事. **2** 《話》 化粧, メーキャップ.

ver·pụt·zen[fɛɐ̯pútsən] 《02》 他 (h) **1** 《*et.*⁴》 (…に)しっくい〈モルタル・プラスター〉を塗る, 化粧塗りする: die Wände ～ 壁をしっくいで化粧塗りする. **2** 《話》 《*et.*⁴》 **a)** むしゃむしゃ食べる, 平らげる: *et.*⁴ restlos ～ …を残らず平らげる | Ich kann ihn nicht ～. 私には彼が鼻もちならない. **b)** (金などを)むだ遣いする, 浪費する: Das ganze Geld ist *verputzt.* その金はすっかり遣い果たされてしまった. **3** 《話》 《*jn.*》 〖スポーツ〗 (…に)楽勝する.

ver·quạckeln[fɛɐ̯kvákəln] 《06》 他 (h) 《話》 (秘密などを)うっかりしゃべる.

ver·quạl·men[fɛɐ̯kválmən] **I** 自 (h) (タバコなどが)くすぶる, 煙を出す. **II** 他 (h) 《話》 **1** 〔タバコの〕煙で満たす: Das Zimmer war völlig *verqualmt.* 部屋の中には〔タバコの〕煙がもうもうと立ちこめていた. **2** (verrauchen) (金を)喫煙のために費やす, タバコ代に遣う.

ver·quä̱lt[fɛɐ̯kvɛ́:lt] 形 苦悩に満ちた, (心労で)やつれ果てた. [＜verquälen „quälend behandeln" (◇quälen)]

ver·qua̱·sen[fɛɐ̯kvá:zən]¹ 《02》 他 (h) 《北部》 むだ遣いする, 浪費する. [＜Quas]

ver·quạs·seln[fɛɐ̯kvásəln] 《06》 他 (h) 《話》 **1** (時間を)おしゃべりに費やす. **2** 再帰 *sich*⁴ ～ うっかり口をすべらせる.

ver·qua̱st[fɛɐ̯kvá:st] **I** verquasen の過去分詞.

II 形 《方》 (verworren) 混乱した, 支離滅裂な.

[＜*ndd.* verdwars „verquer" (◇dwars)]

ver·quạt·schen[fɛɐ̯kvátʃən] 《04》 《話》 = verplaudern

ver·quẹl·len*[fɛɐ̯kvɛ́lən] 《111》 自 (s) (水分を吸って)膨脹する, ふくれ上がる: *verquollene* Augen はれぼったい〈泣きはらした〉目.

ver·que̱r[fɛɐ̯kvé:r] **I** 形 **1** 斜めの, まがった, ずれた: eine ～*e* Stellung まがった〈ずれた〉位置. **2** 風変わりな, 妙な: ～*e* Vorstellungen 妙な考え | *sich*⁴ ～ aufführen 奇妙な振舞いをする. **II** 副 **1** →I **2** まずく, 不都合に: *jm.* ～ gehen …にとってうまく行かない〈失敗に終わる〉| Heute geht mir alles ～. 私はきょうは何をやってもうまく行かない | *jm.* ～ kommen …にとって具合が悪いことになる.

ver·quịcken[fɛɐ̯kvíkən] 他 (h) **1** 〖金属〗 混汞(こう)〈汞和〉させる, アマルガムにする. **2** 《比》 (元来別個のものを)混和〈融合〉させる, (分かちがたく)結合させる: zwei verschiedene Behauptungen miteinander ～ 二つの異なる主張を結び合わせる | Hier sind politische und wirtschaftliche Probleme eng miteinander *verquickt.* ここでは政治問題と経済問題とが密接にからみ合っている.

Ver·quịckung[..kʊŋ] 女 -/-en **1** 〖金属〗 混汞(こう), 汞和, アマルガム化. **2** 《比》 混和, 融合, 結合, からみ合い.

ver·quịr·len[fɛɐ̯kvírlən] 他 (h) 泡立て器〈攪拌(かくはん)棒〉でよくかきまぜる.

ver·qui̱·sten[fɛɐ̯kví:stən] 《01》 《北部》 = verquasen

[*mndd.*; ＜*ahd.* quistan „verderben"]

ver·quọl·len[fɛɐ̯kvɔ́lən] verquellen の過去分詞; 過去1・3人称複数.

ver·rạb·be·sacken[fɛɐ̯rábəzakən] (**ver·rạb·ben·sacken**[..bən..]) 自 (s) 《方》 (verkommen) 零落する, 落ちぶれる; 荒廃する.

ver·rạm·meln[fɛɐ̯ráməln] 《06》 他 (h) (ドアなどをバリケードなどで)閉鎖する: Der Eingang ist *verrammelt.* 入口はバリケード封鎖されている.

Ver·rạm·me·lung[..məlʊŋ] (**Ver·rạmm·lung**[..mlʊŋ]) 女 -/-en **1** 《単数で》 verrammeln すること.

2 防柵(ぼうさく), バリケード.

ver·rạm·men[fɛɐ̯rámən] = verrammeln

ver·rạm·schen[fɛɐ̯rámʃən] 《04》 他 (h) 《話》 捨て値で売りとばす, 投げ売りする.

ver·rạnnt[fɛɐ̯ránt] verrennen の過去分詞.

Ver·ra̱t[fɛɐ̯rá:t] 男 -[e]s/ 裏切り, 背信; (秘密などを背信的に)漏らすこと: ein gemeiner ～ 卑劣な背信行為 | ～

am Staat ⟨an der Arbeiterklasse⟩ 国家⟨労働者階級⟩に対する裏切り | Hoch*verrat* 大逆〔罪〕‖ ~ üben ⟨treiben⟩ 裏切る, 背信行為をする | ~ an *jm.* ⟨*et.*^{3}⟩ begehen …を裏切る ‖ *jn.* wegen ~〔*s*〕 von militärischen Geheimnissen bestrafen 軍事機密漏洩(ろうえい)のかどで…を処罰する.

ver·ra̱·ten*[fɛrrá:tən]《113》他 (h) **1** (仲間・祖国などを)裏切る,(敵に)売り渡す; 見捨てる, 見殺しにする: *seinen* Freund schnöde ~ 友人を卑劣に裏切る | die Wahrheit ~ 真実にそむく ‖ ***verraten* und verkauft sein**《話》すべてから見放されて絶望的な状況にある.

2 a)《*jm. et.*^{4} / *et.*^{4} an *jn.*》(…に秘密などを)漏らす, こっそり教える: einen Plan ⟨*seine* Absicht⟩ ~ 計画⟨自分の意図⟩を漏らす | *jm.* ⟨an *jn.*⟩ den Verlauf einer geheimen Sitzung ~ …に秘密会議の経過をひそかに教える | Ich will dir ~, wohin ich fahre. 君に私の行き先をそっと教えてあげよう ‖ 再帰 *sich*^{4} ~ 自分の秘密をばらす, 本心を悟られる. **b)**《*et.*^{4}》露呈⟨暴露⟩する, 明るみに出す, 現す: *seine* Begabung ~ 才能〔のあること〕を示す | Das Licht im Zimmer *verriet* seine Anwesenheit. 部屋の明かりが彼の居ることを示していた | Seine Miene *verrät* Verlegenheit. 彼の表情には当惑の色が現れている ‖ 再帰 *sich*^{4} ~ 正体が露見する, お里が知れる | Du *verrätst* dich durch deinen Dialekt. 君は隠そうとしても言葉のなまりで出身地がわかってしまう.

Ver·rä̱·ter[fɛrrɛ́:tər] 男 -s/- (⊛ **Ver·rä̱·te·rin**[..tərɪn]-/-nen) (verraten する人. 例えば:) 裏切り者, 背信者; 内通〔密告〕者; 秘密漏洩(ろうえい)者.

Ver·rä·te·re̱i[..rɛ:tərái] 女 -/-en 裏切り⟨背信⟩行為; 秘密漏洩(ろうえい)行為.

ver·rä̱·te·risch[..rɛ́:tərɪʃ] 形 裏切りの, 背信的な; 暴露的効果のある: ~*e* Pläne 裏切り計画 | ~*e* Türangeln (きしんで人の出入りがわかってしまう)裏切り者の蝶番(ちょうつがい)‖ Ihr Erröten war sehr ~. 彼女は赤面したため気持の動揺がはっきりと分かってしまった.

ver·ra̱t·schen[fɛrrá:tʃən]《04》他 (h)《話》(秘密などを)うっかりしゃべる.

ver·ra̱tzt[fɛrrátst] 形《ふつう次の形で》~ sein 困難な立場にある, 途方にくれている.

ver·ra̱u·chen[fɛrráuxən] **I** 自 (s) 煙になる, 煙と化する;《比》煙と消える, 雲散霧消する: Sein Zorn *verrauchte.* 彼の怒りは消えた. **II** 他 (h) **1** (金を)喫煙のために費やす, タバコ代に遣う. **2** (部屋などを)〔タバコの〕煙でいっぱいにする: ein *verrauchtes* Zimmer 〔タバコの〕煙でもうもうとした部屋.

ver·rä̱u·chern[..rɔ́yçərn]《05》他 (h) **1** (部屋などを)煙で満たす; 煙でいぶす, 煤(すす)けさせる: ein altes, *verräuchertes* Haus 煤で汚れた古い家.

▽**2** (魚・獣肉などを)いぶす, 燻製(くんせい)にする.

ver·ra̱u·schen[fɛrráuʃən]《04》自 (s) **1** ざわざわ⟨さらさら⟩と流れ去る; ざわめきが静まる⟨消え去る⟩: Der Beifall *verrauschte.* 喝采(かっさい)がやんだ. **2** (陶酔・情熱などが)消え去る.

ver·re̱ch·nen[fɛrrɛ́çnən]《01》他 (h) **1** 差引勘定する, 清算⟨決済⟩する; 貸方〔借方〕に記入する: einen Scheck ~ 小切手〔の金額〕を口座に繰り入れる | Wir haben die Forderung eines Kunden mit unserer eigenen *verrechnet.* 我々は取引先の請求額をこちらの請求額と差引勘定にした.

2 再帰 *sich*^{4} ~ 計算を間違える;《比》誤算⟨見込み違い⟩をする: *sich*^{4} um 5 Mark ~ 勘定を5マルク間違える | *sich*^{4} in einem Menschen ~ 人の評価を誤る | Da hast du dich aber ganz gewaltig *verrechnet.* それは君の大変な見込み違いだよ.

Ver·re̱ch·nung[..nʊŋ] 女 -/-en **1** 差引勘定, 清算; 手形交換; 為替決済. **2** 計算違い;《比》誤算, 見込み違い.

Ver·re̱ch·nungs⸗ab·kom·men 中 (国際間の)為替決済協定. **⸗ein·heit** 女 (国際間の)為替決済単位. **⸗scheck** 男〘商〙計算〔振替〕小切手(現金に換金できず, 口座に入金する). **⸗stel·le** 女〘商〙手形交換所.

ver·re̱cken[fɛrrɛ́kən] 自 (s)《話》(動物などが)死ぬ; (人が)のたれ死にする, くたばる; (物が)だめになる, こわれる: im Krieg ~ 戦争でのたれ死にする | Da möchtest du ~! 君なんぞくたばってしまえ | Unser Geld *verreckte.* 私たちの金は(インフレで)すっかり値うちのないものになった ‖〔bis〕zum *Verrecken* きわめて, はなはだしく | **nicht ums *Verrecken***《卑》どんなことがあっても⟨決して⟩…しない | Er wollte ums *Verrecken* nicht mitkommen. 彼は絶対に同行しようとしなかった | Nicht ums *Verrecken*! とんでもない, 断じていやだ | Es ist zum *Verrecken*! 全くいやになるなあ(絶望的心境を示す間投詞的表現).

ver·re̱·den[fɛrré:dən]^1《01》他 (h) **1** =verplappern

2《*et.*^{4}》(…についてうんざりするほど)長々としゃべる.

ver·re̱g·nen[fɛrré:gnən]《01》**I** 自 (s) 雨で台なしになる: Unser Urlaub ist völlig *verregnet.* 私たちの休暇は雨ですっかり駄目になった ‖ ein *verregneter* Sonntag 雨に降られた日曜日 | eine *verregnete* Ernte 長雨による不作. **II** 他 (h)《*et.*^{4}》(…に)散水器で水をまく.

ver·re̱i·ben*[fɛrráibən]^1《114》他 (h) **1** (軟膏などを皮膚に)すり込む. **2** (細かく)すりつぶす. **3** (しみなどを)こすり消す.

Ver·re̱i·bung[..bʊŋ] 女 -/-en verreiben すること.

ver·re̱i·sen[fɛrráizən]^1《02》**I** 自 (s) 旅に出る, 旅行に出かける: Ich *verreise* morgen〔für ⟨auf⟩ einige Wochen〕. 私はあす〔数週間の〕旅に出る ‖ *verreist* sein 旅行に出かけて留守である;《話》刑務所に入っている.

▽**II** 他 (h) (金・財産・時間などを)旅で費やす, 浪費する.

ver·re̱i·ßen*[fɛrráisən]《115》他 (h) **1** (着古して)すり切れさせる, ぼろぼろにする. **2**《話》酷評する, こき下ろす: Das Buch ⟨Der Schauspieler⟩ wurde in der Zeitung *verrissen.* この本⟨俳優⟩は新聞でさんざんな酷評を受けた. **3**《話》(車やハンドルを)切り損ねる, スリップさせる: den Wagen ~ 車をスリップさせる | das Steuer ~ ハンドルを切り損ねる ‖ 非人称 In dem Augenblick *verriß* es den Wagen. その瞬間車はスリップした. **4**〘球技〙(ボールを)とんでもない方向に打つ⟨ける⟩.

ver·re̱i·ten*[fɛrráitən]《116》他 (h) **1** (馬を)乗りつぶす.

2 再帰 *sich*^{4} ~ 乗馬で道に迷う.

ver·re̱n·ken[fɛrrɛ́ŋkən] 他 (h) **1**《*jm. et.*^{4}》(…の関節を)脱臼(だっきゅう)させる; (脱臼するほど)むりにねじ曲げる: *sich*^{3} die Hand ⟨den Fuß⟩ ~ 手首⟨足首⟩の関節を脱臼する | Er *verrenkte* sich fast den Hals, um besser zu sehen. もっとよく見ようとして彼はむりやり首をねじ曲げた | *sich*^{3} nach *et.*^{3} den Hals ~ (→Hals 1 a) | *sich*^{3} den Steiß ~ (→Steiß 2) | Bei diesem Wort *verrenkt* man sich die Zunge.《話》この言葉は舌をかみそうなほど発音しにくい.

2《*et.*^{4}》むりにねじ曲げる: die Glieder ~ 手足をねじ曲げる ‖ 再帰 *sich*^{4} ~ 身をよじる.

Ver·re̱n·kung[..kʊŋ] 女 -/-en ([sich] verrenken すること. 例えば:)〘医〙脱臼(だっきゅう); 無理な姿勢: eine gewohnheitsmäßige ~ 習慣性脱臼 | eine ~〔wieder〕einrichten 脱臼を整復する.

ver·re̱n·nen*[fɛrrɛ́nən]《117》他 (h) **1 a)** 再帰 *sich*^{4} ~ 間違った方向に考えを進める: Er *verrennt* sich immer mehr. 彼の考えはますますずれていく | ein völlig *verrannter* Mensch すっかり考えのずれてしまった人間. **b)** 再帰 *sich*^{4} in *et.*^{4} ~ (袋小路に入り込んでしまったように)…にはまり込む, …にのめり込む, …を思いつめる | *sich*^{4} in eine Idee ~ ある観念に凝り固まる. ▽**2** 再帰 *sich*^{4} ~ 走って道に迷う.

ver·re̱n·ten[fɛrrɛ́ntən]《01》他 (h)《官》《*jn.*》(…を)退職させて年金を支給する. **[<Rente]**

ver·ri̱ch·ten[fɛrríçtən]《01》他 (h) (なすべきことなどをきちんと)行う, する, 片づける, 果たす, 遂行する: eine Arbeit ⟨*seine* Pflicht⟩ ~ 仕事を片づける⟨義務を果たす⟩| *sein* Gebet ~ お祈りをする | *seine* Notdurft ⟨*sein* Bedürfnis⟩ ~ (→Notdurft 1, →Bedürfnis 1 b).

Ver·ri̱ch·tung[..tʊŋ] 女 -/-en **1**《単数で》verrichten すること. **2** (なすべき)仕事, 勤め; 業務, 行事: häusliche ⟨tägliche⟩ ~*en* 家事⟨日々の勤め⟩| gottesdienstliche ~*en* 礼拝の勤め, 勤行(ごんぎょう). **3** (精神・肉体などの)はたらき, 活動, 作用.

ver·ri̱e·ben[fɛrrí:bən] verreiben の過去分詞; 過去1・3人称複数.

ver·ri̱e·geln[fɛrrí:gəln]《06》他 (h) (↔ entriegeln)《*et.*^{4}》(…に)閂(かんぬき)をかける⟨下ろす⟩;《比》閉鎖⟨封鎖⟩する:

Die Türen sind von innen *verriegelt.* ドアは内側から閂がかけられている.

Ver·rie̤·ge·lung[..gəlʊŋ] 女 -/ verriegeln すること.

ver·rie̤t[fɛrríːt] verraten の過去.

ver·rịn·gern[fɛrríŋərn]《05》他 (h)(…〔の数量〕を)より少なくする, 減らす, 減少〈低下〉させる: den Abstand ~ 間隔を縮める | die Geschwindigkeit ~ スピードを落とす | die Qualität ~ 質を低下させる | die Menge ~ 数量を減らす ‖ 再帰 *sich*[4] ~ (…〔の数量〕が)減る, 減少〈低下〉する | Unsere Aussichten haben sich *verringert.* 我々の見通しは暗くなった. [＜gering]

Ver·rịn·ge·rung[..ŋərʊŋ] 女 -/ (〔sich〕 verringern すること. 例えば:) 減少, 低下, 減量.

ver·rịn·nen*[fɛrrínən]《120》自 (s) **1** (水などが)流れるにしたがって地中に染みこむ, しだいに消える.

2 (時が)過ぎ去る; (時とともに)消え去る: Stunde um Stunde *verrann.* 刻一刻と時が過ぎた | Wieder ist ein Jahr *verronnen.* またもや1年が過ぎ去った.

Ver·rịß[fɛrrís] 男 ..risses/..risse《話》痛烈な〈容赦ない〉批評, 酷評: einen ~ über einen Film schreiben (新聞などで)映画を酷評する.

ver·rịs·sen[..rísən] verreißen の過去分詞; 過去1・3人称複数.

ver·ro̤·hen[fɛrróːən] **I** 他 (h) 粗野にする, 野蛮化する. **II** 自 (s) 粗野〈粗暴〉になる, 野蛮化する. [＜roh]

ver·ro̤h·ren[fɛrróːrən] 他 (h)《*et.*[4]》(…に)管〈導管〉を敷設する.

Ver·ro̤·hung[..róːʊŋ] 女 -/ verrohen すること.

ver·rọl·len[fɛrrɔ́lən] **I** 自 (s) (にぶい轟音(ごうおん)が)鳴りやむ: Der Donner *verrollte* in der Ferne. 雷鳴が遠ざかって聞こえなくなった.

II 他 (h)《話》**1** 再帰 *sich*[4] ~ 就寝する, 横になる. **2** (verprügeln)《*jn.*》さんざんに殴る, ぶちのめす.

ver·ro̤·sten[fɛrrɔ́stən]《01》自 (s) 錆(さ)びる, 錆(さび)がつく; 錆びて使いものにならなくなる: ein *verrosteter* Nagel 錆び釘(くぎ) | ein ganz *verrosteter* Wagen あちこち錆びた車 ‖ eine *verrostete* Stimme《比》しわがれた〈ハスキーな〉声.

ver·rọt·ten[fɛrrɔ́tən]《01》自 (s) **1** くさる, 腐敗〈腐朽〉する; (いたんで)ぼろぼろになる: Das Holz *verrottet.* 木材が腐る | Das Gebäude *verrottet.* 建物が風雨にうたれて老朽化する. **2**《話》(道義が)腐敗する; 退廃する, 堕落する: eine *verrottete* Gesellschaft 腐敗した社会.

Ver·rọt·tung[..tʊŋ] 女 -/ verrotten すること.

ver·rṳcht[fɛrrúːxt] 形 極悪非道な, 不埒(ふらち)な, 恥ずべき, 破廉恥な: ein ~*er* Mörder 極悪非道な殺人者 | eine ~*e* Tat 天を恐れぬ所業 | ein ~*es* Viertel いかがわしい界隈(かいわい). [*mhd.*; ＜*mhd.* ver-ruochen „sich nicht kümmern" (◇geruhen)]

Ver·rṳcht·heit[–haɪt] 女 -/ verrucht なこと.

ver·rụ̈cken[fɛrrʏ́kən] **I** 他 (h) **1** (他の場所へ)動かす, 移す; (あるべき場所から)わきへずらす, 位置を狂わせる: einen Tisch ~ 机を動かす | Die Grenzen dürfen nicht *verrückt* werden. 境界線は〔勝手に〕動かしてはならない.

▽**2**《比》《*jn.*》(…の頭を)おかしくする, 混乱させる, 狂わせる(→II).

II ver·rụ̈ckt 過分 形 **1** 頭のおかしい, 気の狂った;《auf *jn.* 〈*et.*[4]〉 / nach *jm.* 〈*et.*[3]〉》(…が欲しくて)夢中になった: ein ~*er* Mensch 頭のおかしな人, 狂人 ‖ **wie ~**《話》めったやたらに, 狂ったように | Es hat die ganze Nacht wie ~ geregnet. 夜どおしひどい土砂降りだった ‖ *jn.* ~ machen …の頭をおかしくする | Du bist ~. 君は頭がどうかしているよ | Bei diesem Lärm kann man ja ~ werden. こうやかましくては気が変になるよ | Ich werde ~! これはまた驚いたことだ | Das ist zum *Verrückt*werden! これはやりきれない(→Verrücktwerden) ‖ **auf *et.*[4] 〈nach *et.*[3]〉 ~ sein**《話》…が欲しくてたまらない, …に目がない | **auf *jn.* 〈nach *jm.*〉 ~ sein**《話》…に惚(ほ)れ込んでいる, …に首ったけである ‖ **~ spielen**《話》〔頭に来て〕いつもと様子が違う; (時計などが)調子が狂っている | Das Wetter spielt völlig ~. 天候が全く不順である. **2 a)** とっぴな, 非常識な, ばかげた: eine ~*e* Idee 途方もない思いつき, とっぴな考え | Die Dame kleidet sich ~*er* als alle andern. その女性はだれよりもとっぴな服装をしている ‖ etwas ganz *Verrücktes* anstellen とんでもないことをしでかす. **b)**《副詞的に》途方もなく, たいへん, やたらに: Die Suppe war ~ heiß. スープはやたらに熱かった.

III Ver·rụ̈ck·te 男 女《形容詞変化》頭のおかしな人, 狂人.

Ver·rụ̈ckt·heit[fɛrrʏ́kthaɪt] 女 -/-en **1**《単数で》verrückt なこと. **2** verrückt な言動.

Ver·rụ̈ckt·we̤r·den 中 -s/《ふつう次の形で》**Das ist zum ~.**《話》これはやりきれない.

Ver·rụ̈ckung[..kʊŋ] 女 -/-en verrücken すること.

Ver·rṳf[fɛrrúːf] 男 -〔e〕s/ 悪評, 悪名:〖ふつう次の成句で〗**in ~ kommen 〈geraten〉** 評判を落とす, 信用を失う, 悪い評判を立てられる | ***jn.* in ~ bringen** …の評判を悪くする, …の信用を失わせる.

ver·rṳ·fen[fɛrrúːfən] 形 評判のよくない, 悪名の高い; とかくの風評のある, いかがわしい: ein ~*es* Viertel 〈Lokal〉 いかがわしい界隈(かいわい)〈飲み屋〉| Als Lehrer war er ziemlich ~. 教師としての彼の評判はあまりかんばしくなかった. [＜*mhd.* verruofen „für ungültig erklären" (◇rufen)]

ver·rṳ̈h·ren[fɛrrýːrən] 他 (h) かきまわして〈攪拌(かくはん)しながら〉混ぜ合わせる.

ver·rụn·zelt[fɛrrʊ́ntsəlt] 形 しわだらけの, しわくちゃな: ein ~*es* Gesicht しわだらけの顔. [＜Runzel]

ver·rṳ·ßen[fɛrrúːsən]《02》**I** 自 (s) 煤(す)で汚れる, 煤ける. **II** 他 (h) 煤で汚す.

ver·rṳt·schen[fɛrrʊ́tʃən]《04》自 (s) (積んであるもの・帽子・ネクタイなどが)すべって位置がずれる.

Vers[fɛrs; オーストリア: –, vɛrs][1] 男 -es/-e (略 V.) **1**〖詩〗詩行, 詩句 (Strophe を構成する詩の1行);《話》(Strophe) 詩節, 連;《ふつう複数で》(一般に)詩, 韻文: ein Drama in ~*en* 詩劇, 韻文劇 | *et.*[4] in ~*e* setzen …を詩〈韻文〉にする | *et.*[4] in ~*en* abfassen 〈schreiben〉 …を韻文で書く | ~*e* dichten 〈machen〉 詩を作る, 詩作する | ***sich*[3] einen ~ auf *et.*[4] 〈aus *et.*[3]〉 machen können**《話》…が理解できる, …の説明がつけられる | **~*e* schmieden** 〔へたな〕詩を作る | ~*e* 〔von Goethe〕 sprechen 〈vortragen〉 〔ゲーテの〕詩を朗読する. **2** (聖書の)節(テキストの最小単位).

[*lat.* versus „Furche, Reihe"–*ahd.*; ＜*lat.* vertere (→vertieren[2]); ◇*engl.* verse]

ver·sạch·li·chen[fɛrzáxlɪçən] 他 (h) 客体化する, 客観的〈即物的〉に叙述する. [＜sachlich]

ver·sạcken[fɛrzákən] 自 (s) **1 a)**〖海〗(船舶が)沈没する. **b)**《in *et.*[3]》(車輪などが…の中に)もぐり込んで動きがとれなくなる. **2** (エンジンが)オーバーフローになる. **3**《話》堕落する, 自堕落になる; (飲んだくれて)羽目をはずす.

ver·sa̤·gen[fɛrzáːgən][1] **I** 他 (h) **1 a)**《*jm. et.*[4]》(…に…を)拒む, 拒否〈拒絶〉する; (…に…を)与えない: *jm.* eine Bitte ~ …の頼みをはねつける | *jm.* den Dienst ~ (→Dienst 2) | *jm.* den Gehorsam 〈*seine* Unterstützung〉 ~ …に対して服従を拒む〈援助することを拒否する〉| Ich kann ihm meine Bewunderung 〈meine Zustimmung〉 nicht ~. 私は彼に驚嘆〈同意〉せざるをえない | Die Natur hatte ihr ein hübsches Gesicht *versagt.* 生まれつき彼女は美貌(びぼう)に恵まれていなかった ‖ Kinder blieben uns *versagt.* 私たち夫婦は子宝に恵まれなかった | Die Erfüllung seines Wunsches blieb ihm *versagt.* 彼の願いはいつまでもかなえられなかった ‖ Es ist uns *versagt*, ihn zu besuchen. 彼を訪ねることは私たちには許されていない. **b)**《雅》再帰 *sich*[4] *jm.* ~ …の言うままにならない, …に身を任せることを拒む. **2**《*sich*[3] *et.*[4]》(楽しみなどを)断つ, 断念する, あきらめる: *sich*[3] ein Vergnügen ~ 楽しみを我慢する | Er *versagte* sich alles. 彼は一切の楽しみを断った | Ich kann es mir nicht ~, darauf hinzuweisen. 私はどうしてもこのことを指摘せずにはいられない | Er *versagte* 〔es〕 sich, die Aufgabe zu übernehmen. 彼はその件は引き受けない決心をした.

▽**3 a)**《*jn.*》(…を)嫁として与えることを約束する: *seine* Tochter an *jn.* ~ 娘を…と婚約させる. **b)** 再帰 *sich*[4] *jm.* ~ …と会うことを約束する ‖ Ich bin heute abend schon

versagt. 私は今晩すでに先約がある.

II 自 (h) 機能を発揮しない, うまく作動しない, 役に立たない; 期待された成果をあげえない, 無力をさらけ出す: Die Beine *versagten* mir. 私の足は言うことをきかなかった | Plötzlich *versagten* die Bremsen. 突然ブレーキが利かなくなった | Vor Aufregung *versagte* seine Stimme. 興奮のあまり彼は声が出なかった | Die Regierung 〈Die Schule〉 hat *versagt.* 政府〈学校〔教育〕〉は無能ぶりをさらけ出した ‖ Sie hat im Examen vollkommen *versagt.* 彼女は試験に完全に失敗した | Die Polizei hat auch diesmal *versagt.* 警察は今度もまた役に立たなかった ‖ Das Unglück ist auf menschliches *Versagen* zurückzuführen. 事故の原因は人的なミスに帰せられる.

III Ver·sa̱·gen 中 -s/ (versagen すること. 例えば:) 《医》不全: Herz*versagen* 心不全 | Kreislauf*versagen* 循環不全.

Ver·sa̱·ger[fɛrzá:gər] 男 -s/- **1** (versagen する人. 特に:) 期待はずれの人, 無能な人. **2** 期待はずれのもの, 不人気な芝居, 売れない商品; うまく作動しないもの〈こと〉, 不良品; 不発弾; 故障: Das Buch war ein ~. その本はさっぱり売れなかった | Auf der ganzen Fahrt gab es keinen ~. 全走行期間にわたって一度も故障がなかった.

Ver·sa̱·ger·knopf 男 (自動販売機の)硬貨戻しボタン.

Ver·sa̱·gung[..gʊŋ] 女 -/-en versagen すること.

ver·sa̱h[fɛrzá:] versehen の過去.

Ver·sail·ler[vɛrzáɪər] 形《無変化》ヴェルサイユの: der ~ Vertrag《史》ヴェルサイユ条約(1919年にヴェルサイユで結ばれた第一次世界大戦の講和条約).

Ver·sailles[vɛrzáɪ, ..sá:j] 地名 ヴェルサイユ(パリ南西郊外にある都市. ルイ王朝のヴェルサイユ宮殿がある): das Schloß von ~ ヴェルサイユ宮殿(=das Versailler Schloß).

Ver·sa̱l[vɛrzá:l] 男 -s/-ien[..liən]《ふつう複数で》(↔ Gemeine)《印》大文字, キャピタル〔レター〕. [<Vers+..al[1]]

Ver·sa̱l·bu̱ch·sta·be 男 =Versal

Ver·sa̱·li·en Versal の複数.

ver·sa̱l·zen(*)[fɛrzáltsən]《122》 **I** 他 (h)《*et.*[4]》(…に)塩を入れすぎる, 塩辛くしすぎる: Die Suppe ist *versalzen.* このスープは塩が入りすぎている ‖ *jm.* die Suppe ~ (→ Suppe 1) | *jm.* die Freude ~《話》…の楽しみを台なしにする. **II** 自 (s)《規則変化》《02》(湖・土地などについて)塩分が増す, 塩で覆われる.

ver·sa̱m·meln[fɛrzáməln]《06》他 (h) **1**《*jn.*》集める, 集合〈集結〉させる, 招集する: *seine* Familie um *sich*[4] ~ 家族を自分のまわりに呼び集める | die Schülerschaft in der Aula ~ 生徒たちを講堂に集合させる | zu *seinen* Vätern *versammelt* werden (→Vater 1 c) ‖ 再帰 *sich*[4] ~ 集まる, 集合〈集結〉する | Die Belegschaft *versammelte* sich in der Kantine. 従業員たちは社員食堂に集合した ‖ *versammelt* sein 集まっている, 集合している ‖ vor *versammelter* Mannschaft (→Mannschaft 2) | vor *versammelter* Zuhörerschaft 集まった聴衆の前で. **2**《馬術》(馬に)収縮姿勢をとらせる. [V]**3** =sammeln 1

Ver·sa̱mm·lung[fɛrzámlʊŋ] 女 -/-en **1**《単数で》〔sich〕 versammeln すること. **2** 集会, 集まり, 会合; 会議, 大会: National*versammlung* 国民会議 | Partei*versammlung* 党大会 ‖ eine ~ abhalten 〈verbieten〉 集会を催す〈禁止する〉 | eine ~ einberufen 会議〈大会〉を召集する | Die ~ war gut besucht. 集会は集まりがよかった ‖ an einer ~ teilnehmen 集会に参加する | auf einer ~ sprechen 集会で発言する | zu einer ~ gehen 集会に行く.

Ver·sa̱mm·lungs≠frei·heit 女 -/ 《法》集会の自由. **≠ort** 男 -〔e〕s/-e 集会の場所; 集合場所, 集結地点. **≠raum** 男 **1** 集会〈会議〉室. **2** (軍隊などの)集結地域. **≠recht** 中 -〔e〕s/ 集会の権利. **≠ver·bo̱t** 中 集会禁止.

Ver·sa̱nd[fɛrzánt][1] 男 -〔e〕s/ **1** (商品などの)発送, 出荷. **2** =Versandabteilung [<versenden]

Ver·sa̱nd≠ab·tei·lung[fɛrzánt..] 女 (会社などの)発送〈出荷〉部. **≠ba̱hn·ho̱f** 男《鉄道》(貨物の)発駅.

ver·sa̱nd·be·reit =versandfertig

Ver·sa̱nd≠bu̱ch 中 発送簿. **≠bu̱ch·han·del** 男 -s/ 図書通信販売. **≠bu̱ch·händ·ler** 男 図書通信販売業者.

ver·sa̱n·den[fɛrzándən][1]《01》自 (s) **1** (河口・港湾などが)砂で埋まる〈浅くなる〉; (水流などが)砂の中に消え去る; (足跡などが)砂に埋もれる: Der Hafen *versandete* immer mehr. 港は砂の沈積でどんどん浅くなった. **2**《比》(しだいに弱まりながら)消え去る, とだえる: Verhandlungen sind *versandet.* 交渉はしだいに間隔があき ついにとだえた. [<Sand]

ver·sa̱nd·fer·tig[fɛrzánt..] 形 (商品について)発送準備のできた.

Ver·sa̱nd≠ge·schäft 中〔カタログ〕通信販売業. **≠han·del** 男 -s/〔カタログ〕通信販売. **≠haus** 中〔カタログ〕通信販売〔百貨〕店.

Ver·sa̱nd·haus·ka·ta·lo̱g 男 通信販売〔店〕のカタログ.

Ver·sa̱nd·ko·sten 複 送料, 運送費.

ver·sa̱ndt[fɛrzánt] versenden の過去分詞.

Ver·sa̱nd·ta·sche 女 (書籍郵送用の)開封封筒.

Ver·sa̱n·dung[fɛrzándʊŋ] 女 -/ versanden すること.

ver·sa̱nk[fɛrzáŋk] versinken の過去.

ver·sa·ti̱l[vɛrzatí:l] 形 **1** 融通のきく, 器用な, 何でもこなす. **2** 落ち着きのない,(気分の)不安定な, 気まぐれな. [*lat.*; <*lat.* versāre „herumdrehen" (◇vertieren[2]); ◇versiert]

Ver·sa·ti·li·tä̱t[..tilité:t] 女 -/ versatil なこと.

Ver·sa̱tz[fɛrzáts] 男 -es/ **1** 質に入れる〈担保として与える〉こと. **2**《坑》(採掘したあとの)充塡(じゅうてん), ぼた詰め〔用の石〕: Abbau mit ~ 充塡式採掘. [<versetzen]

Ver·sa̱tz≠amt 中《オースト》(Leihhaus)(公営の)質屋. **≠bau** 男 -〔e〕s/《坑》充塡(じゅうてん)式採掘. **≠stück** 中 **1**《劇》(舞台装置の)持ち出し装置, 置き道具. **2**《オースト》(Pfand) 担保, 抵当; (借金の)かた; 質ぐさ.

ver·sa̱u·beu·teln[fɛrzáʊbɔʏtəln]《06》他 (h)《話》**1** (服などを)ぞんざいな扱いで汚してしまう, 台なしにしてしまう. **2** (鍵などを)不注意で紛失してしまう.

ver·sa̱u·en[fɛrzáʊən] 他 (h)《卑》(服などを)よごす; 台なしにする, だめにする: *jm.* den ganzen Abend ~ …の一晩〔の楽しみ〕を台なしにしてしまう.

ver·sa̱u·ern[fɛrzáʊərn]《05》自 (s) **1** (土壌が)酸性化する; (食品が)酸敗する, すっぱくなる: Der Wein *versauert.* ワインがすっぱくなる. **2** 気むずかしくなる, ひねくれる; (物事に)無関心になる, 心の張りがなくなる.

ver·sa̱u·fen*[fɛrzáʊfən]《123》 **I** 他 (h)《卑》(vertrinken)(金・時間などを)酒を飲んで浪費する; 酒を飲んで消滅させる: *sein* Fell ~ (→Fell 2)

II 自 (s) **1**《話》(ertrinken) おぼれ死ぬ, 溺死(できし)する. **2** (ersaufen)《坑》水没する.

III ver·so̱f·fen → 別出

ver·sä̱u·men[fɛrzɔ́ʏmən] 他 (h) **1** (機会などを)のがす, 逸する, 失する; (物事を)しそこなう; (定刻・期日などに)遅れる; (なすべきことなどを)怠る, なおざりにする, 欠席する, さぼる; (時間を)空費する: *sein* Glück 〈eine gute Gelegenheit〉 ~ 幸運〈好機〉を取りのがす | *seine* Pflicht ~ 義務を果たさない | die Schule 〈den Unterricht〉 ~ 授業をさぼる | den Termin ~ 期限に遅れる ‖ eine Verabredung ~ 約束をすっぽかす | den Zug ~ 列車に乗り遅れる | Es ist keine Zeit zu ~. 一刻も無駄にはできない ‖ **nichts zu ~ haben** べつに急いでいない(遅れたために失うものはない) | Du hast nichts *versäumt*, wenn du den Vortrag nicht gehört hast. 君はこの講演を聞かなくても損はしなかったよ(講演はたいしたものではなかった) | Ich habe lange *versäumt*, Ihnen zu schreiben. 私はお手紙を差し上げるのを長らく怠っておりました | *Versäume* nicht, dieses Buch zu lesen! ぜひこの本を読みたまえ ‖ das *Versäumte* nachholen しなかった分を取り戻す, 遅れを取り返す.

2《スイス》《*jn.*》引き留める,(…に)ひまどらせる: Frau Meyer hat mich *versäumt.* マイヤー夫人に引き留められてしまった ‖

再帰 *sich*⁴ ～ ひまどる, ぐずぐずする | *sich*⁴ bei der Arbeit ～ 仕事に手間どる.

Ver·säu·m·nis[fɛrzɔ́ʏmnɪs] 中 -ses/-se (ᵛ女 -/-se) (versäumen すること. 特に:) 怠慢,(義務などの)不履行; 〘法〙懈怠(かいたい); (授業・喚問などに対する)出頭不履行, 欠席: *sich*³ ein schweres ～ zuschulden kommen lassen 重大な怠慢〈懈怠〉の罪を犯す.

Ver·säum·nis≠ur·teil 中〘法〙欠席判決. **≠ver·fah·ren** 中〘法〙欠席手続き.

Ver·säu·mung[fɛrzɔ́ʏmʊŋ] 女 -/-en versäumen すること.

Vers≠aus·gang[fέrs..] 男〘詩〙詩行末. **≠bau** 男 -[e]s/ 〘詩〙詩行〈詩句〉の構造; (詩の)韻律構造.

ver·scha·chern[fɛrʃáxərn] 《05》 他 (h) 《話》高く売りつける, 掛け値をつけて売る.

ver·schach·telt[fɛrʃáxtəlt] 形 重なり合った, 入り組んだ; 入れ子式の: ～*e* Straßen 入り組んだ通り | ein ～*er* Satz 〘言〙(副文の重畳した)箱入り文. [＜schachteln]

Ver·schach·te·lung[..təlʊŋ] 女 -/-en verschachtelt なこと〈状態〉.

ver·schaf·fen[fɛrʃáfən] 他 (h) **1** 《*jm. et.*⁴》(…に…を)得させる, 手に入れさせる, 世話する, 調達してやる: *jm.* eine Arbeit 〈eine Wohnung〉 ～ …に仕事〈住居〉を世話してやる | Das Medikament *verschaffte* ihm etwas Erleichterung. この薬は彼の苦痛をいくらか軽くした | Was *verschafft* mir die Ehre [Ihres Besuches]? (→Ehre). **2** 《*sich*³ *et.*⁴》(…を)手に入れる,(…を)調達する: *sich*³ ein Alibi ～ アリバイを作る | *sich*³ Geld ～ 金を工面する | *sich*³ eine Genehmigung für *et.*⁴ ～ …の許可を取りつける ‖ *sich*³ einen guten Abgang ～ (→Abgang 2 a) | *sich*³ Gehör ～ (→Gehör 2) | *sich*³ Luft ～ (→Luft 7 a).

ver·scha·len[fɛrʃá:lən] 他 (h) 《*et.*⁴》(…に)板〈羽目板〉を張る, 板張りにする. [＜Schale²]

Ver·scha·lung[..lʊŋ] 女 -/-en **1** verschalen すること. **2 a)** 板張り, 羽目板(→ 図 Dach A). **b)** (コンクリートの)型枠.

ver·schämt[fɛrʃέ:mt] 形 はにかんだ, きまりが悪い, 気恥ずかしい: eine ～*e* Geste 恥ずかしそうな身振り ‖ ～ lächeln はにかんでほほえむ | ～ die Augen niederschlagen 恥ずかしそうに目を伏せる. [*mhd.*; ＜*mhd.* ver-schemen „in Scham versetzen" (◇schämen)]

Ver·schämt·heit[−haɪt] 女 -/ verschämt なこと.

ver·schan·deln[fɛrʃándəln] 《06》 他 (h) 《話》(verunstalten) 《*et.*⁴》(…の)外見〈外観〉をそこねる, 醜くする: ein Stadtbild ～ 町の景観を醜くする. [＜Schande]

Ver·schan·de·lung[..dəlʊŋ] (**Ver·schand·lung** [..dlʊŋ]) 女 -/-en verschandeln すること.

ver·schan·zen[fɛrʃántsən] 《02》 他 (h) **1** (陣営などを)堡塁(ほうるい)〈とりで〉で固める. **2** 再帰 *sich*⁴ ～ 堡塁〈とりで〉に立てこもる: *sich*⁴ auf dem Berg ～ 山上に立てこもる | *sich*⁴ hinter *et.*³ ～ …の背後に陣をしいて立てこもる; 《比》…を盾に取る, …を口実に利用する | *sich*⁴ hinter einer Zeitung ～ 新聞をひろげてその背後に身をかくす | *sich*⁴ in *seinem* Büro ～ (人を避けて)事務所にこも[って仕事に没頭す]る.

Ver·schan·zung[..tsʊŋ] 女 -/-en **1** 《単数で》[sich] verschanzen すること. **2** 堡塁(ほうるい), とりで.

ver·schär·fen[fɛrʃέrfən] 他 (h) より鋭くする,(さらに一段と)激しく〈厳しく〉する, 激化〈先鋭化〉させる: die Gegensätze ～ 対立を激化させる | die Krise ～ 危機を一段と高める | die politischen Spannungen ～ 政治的緊張を増大させる | die Strafe ～ 罰をより厳しくする | das Tempo ～ 速度を速める | die Zensur ～ 検閲を強化する ‖ 再帰 *sich*⁴ ～ より鋭くなる,(さらに一段と)激しく〈厳しく〉なる, 激化〈先鋭化〉する | Die Lage hat sich *verschärft.* 状況は悪化した ‖ *verschärfte* Bedingungen より厳しい条件 | mit *verschärftem* Tempo さらにテンポを速めて.

Ver·schär·fung[..fʊŋ] 女 -/-en [sich] verschärfen すること.

ver·schar·ren[fɛrʃárən] 他 (h) (地面を掻(か)いて掘って)埋める, 浅く埋め込む; 埋葬する.

ver·schat·ten[fɛrʃátən] 《01》 他 (h) 《雅》《*et.*⁴》(…に)影を投げる.

ver·schät·zen[fɛrʃέtsən] 《02》 他 (h) **1** (距離・大きさなどを)誤って判断する. **2** 再帰 *sich*⁴ in *et.*³ 〈bei *et.*³〉 ～ …に関して判断する際に誤りを犯す.

ver·schau·en[fɛrʃáʊən] 他 (h) 《オーストリア》(verlieben) 再帰 *sich*⁴ in *jn.* ～ …に惚(ほ)れ込む, …に夢中になる.

ver·schau·keln[fɛrʃáʊkəln] 《06》 他 (h) 《俗》《*jn.*》からかう, 愚弄(ぐろう)する; 欺く, だます: von der Werbung *verschaukelt* werden 宣伝にだまされる.

ver·schei·den*[fɛrʃáɪdən]¹ 《129》 **I** 自 (s) 《雅》死ぬ, 亡くなる, この世を去る, みまかる: nach langer Krankheit ～ 長い病気の末に世を去る. **II ver·schie·den** → 別出 [*ahd.* „fortgehen"; ◇scheiden]

ver·schei·ßen*[fɛrʃáɪsən] 《131》 他 (h) 《卑》《*et.*⁴》糞便(ふんべん)で汚す: [**es**] **bei** *jm.* 〈**mit** *jm.*〉 ***verschissen* haben** …と仲たがいしてしまう, …の機嫌を損じてしまう.

ver·schei·ßern[fɛrʃáɪsərn] 《05》 他 (h) 《卑》(veralbern) 《*jn.*》からかう, 愚弄(ぐろう)する.

ver·schen·ken[fɛrʃέŋkən] 他 (h) **1 a)** 《*et.*⁴ [an *jn.*]》(…を[…に])贈り物として与える, ただであげて〈やって〉しまう: alle *seine* Sachen an *jn.* ～ 持ち物すべてを…にやってしまう | *sein* Herz ～ (→Herz 2) | den Sieg ～ みすみす勝利をのがす | beim Weitsprung 40 cm ～ 走り幅跳びの際40センチむだにする(踏み切り線の手前40センチのところで踏み切ってしまう) | Er *verschenkt* nichts. 《話》彼はただでは何もしない. **b)** 再帰 *sich*⁴ [an *jn.*] ～ […に]身をささげる.

ᵛ**2** (酒類を)注いで供する; (酒類を)小売り〈升売り〉する.

ver·scher·beln[fɛrʃέrbəln] 《06》 他 (h) 《話》投げ売りをする, 安値で売る. [＜Scherf]

ver·scher·zen[fɛrʃέrtsən] 《02》 他 (h) **1** 《*sich*³ *et.*⁴》(ぼんやり・うかうかしていて)取り逃がす,(軽はずみなことをして)失う, 棒にふる: *sich*³ eine Gelegenheit ～ うっかりしてせっかくの機会を逸する | Ich habe mir seine Freundschaft *verscherzt.* 私は彼の友情を失った.

2 《*et.*⁴》(時を)ふざけながら過ごす.

ver·scheu·chen[fɛrʃɔ́ʏçən] 他 (h) 《*jn.*》追い払う; 《*et.*⁴》(考え・心配などを)払いのける, 一掃する: Fliegen ～ ハエを追い払う | die Müdigkeit 〈*js.* Bedenken〉 ～ 疲れ〈…の懸念〉を吹き飛ばす.

ver·scheu·ern[fɛrʃɔ́ʏərn] 《05》 他 (h) 《話》たたき売る, 安値で売る. [＜*ndd.* verschutern „tauschen"]

ver·schi·cken[fɛrʃíkən] 他 (h) **1** ＝versenden 1

2 《*jn.*》 **a)** (…を療養・保養などに)送り出す, 派遣する: Der Kranke wurde an die See *verschickt.* 病人は海岸に転地させられた. **b)** (deportieren) (囚人などを流刑地へ)移送する,[国外]追放〈流刑〉に処する.

Ver·schi·ckung[..kʊŋ] 女 -/-en verschicken すること.

ver·schieb·bar[fɛrʃí:pba:r] 形 verschieben できる.

Ver·schie·be≠bahn·hof[fɛrʃí:bə..] 男〘鉄道〙操車場(→ 図 Bahnhof B). **≠dienst** 男〘鉄道〙入れ替え作業. **≠gleis** 中〘鉄道〙仕分け線, 入れ替え線.

ver·schie·ben*[fɛrʃí:bən]¹ 《134》 他 (h) **1 a)** 《*et.*⁴》(…の)位置を変える〈ずらす〉,(…を)移動する; (…の)位置を狂わせる; 〘鉄道〙(車両を)入れ替える: einen Schrank ～ 戸棚の位置を変える | Eisenbahnwagen auf ein anderes Gleis ～ 車両を別の線路に入れ替える | Das *verschiebt* die Perspektive etwas. 《比》それによって先への見通しがいくらか変わってくる. **b)** 再帰 *sich*⁴ ～ 位置がずれる〈狂う〉: Die Krawatte hat sich *verschoben.* ネクタイがずれた | Die Besitzverhältnisse haben sich allmählich *verschoben.* 《比》所有関係がしだいに変化した.

2 《*et.*⁴》(…の期日などを)先にずらす, あとに延ばす, 延期する: die Abreise 〈den Urlaub〉 ～ 出発〈休暇の時期〉を先へ延ばす | eine Arbeit auf den nächsten Tag ～ 仕事を翌日に延期する | Die Operation mußte *verschoben* werden. 手術は延期するほかはなかった | ***Verschiebe* nicht auf morgen, was du heute kannst besorgen!** 《諺》きょうできることはあすに延ばすな ‖ 再帰 *sich*⁴ ～ (時期が)先にずれる, 延期される | Der Termin hat sich *verschoben.* 期限が

先に延びた | Der Beginn der Vorstellung *verschiebt* sich um einige Minuten. 上演の開始が数分遅れる.
3 《話》(不正な手段で手に入れた品物を)やみで売る, 密売する.
Ver·schie·be·pro·be[fɛrʃí:bə..] 女 〘言〙(文の内部での語順に関する)置き換え操作, 換位テスト.
Ver·schie·bung[fɛrʃí:bʊŋ] 女 -/-en **1** ([sich] verschieben すること. 例えば:) **a**) (位置の)移動; 転位; 〘理〙変位: Laut*verschiebung* 〘言〙音韻推移 | Truppen*verschiebung* 〘軍〙部隊(兵力)の移動. **b**) (時期・期日などの)延期. **c**) 《俗》不正販売, 密売. **2** 〘楽〙(ピアノの)弱音ペダル装置, ソフトペダル. **3** 〘坑〙横すべり断層.
Ver·schie·bungs·strom 男 〘電〙変位電流.
ver·schie·den[fɛrʃí:dən] **I** verscheiden の過去分詞; 過去 1・3 人称複数.
II 形 **1** 《雅》いまはなき, 故人の: der 〈die〉 *Verschiedene* 故人.
2 《比較級なし》《ふつう二つのものについて》(unterschiedlich) (…と)異なった, 相違のある, 別の: ~*er* Ansicht² 〈Meinung²〉 sein 見解を異にする | zwei ganz ~*e* Farben 全く別の2色 | ~*e* Größe haben 大きさ(サイズ)が異なる | die ~*sten* Interessen haben 全く別の利害関係を持っている | *et.*⁴ auf ~*e* Weise ausdrücken …を別の表現で言う ‖ von Fall zu Fall ~ sein 事例ごとにそれぞれ異なる | **wie Tag und Nacht ~ sein** 全く異なっている, 似ても似つかない | Mein Standpunkt ist **von** deinem sehr ~. 私の立場は君とは大いに(まるっきり)異なっている | Die Geschmäcke[r] sind ~. (→Geschmack 1 b) ‖ *et.*⁴ ~ beurteilen …に異なった判断を下す | Die beiden Bretter sind ~ dick. この2枚の板は厚さが異なる.
3 《付加語的》《三つ以上のものについて不定数詞的に》(mehrer, manch) いくつかの, 若干の; あれやこれやの, さまざまの: ~*e* Male 幾度か, 何度も | Ich habe noch ~*e* Fragen an dich. 私は君にまだいくつか聞きたいことがある ‖ ~*e* 何人かの人々 | ~*es* いくつかのこと | *Verschiedenes* 相互に異なるさまざまなこと; (新聞などの)雑報欄; (議事日程などで)雑件 | **Da hört sich doch ~*es* auf!** 《話》そんなばかなことがあるか, これじゃあんまりだ.
☆ さらに形容詞を伴う場合, 冠詞類に準じた扱いになることもある: der Einspruch ~*er* Delegierter 〈Delegierten〉 派遣代表団の幾人かの異議.
ver·schie·den·ar·tig 形 別種の; さまざまな.
Ver·schie·den·ar·tig·keit 女 -/ verschiedenartig なこと.
ver·schie·de·ne·mal[fɛrʃí:dənə.., ⌣⊥⌣⌣⊥] 副 幾度か, 何度も.
ver·schie·de·ner·lei[fɛrʃí:dənərlái] 形 《無変化》種々の, さまざまな.
ver·schie·den≈far·big (オーストリア: ≈**fär·big**) [fɛrʃí:dən..] 形 異なる色の; さまざまな色の. ≈**ge·stal·tig** 形 さまざまな形の.
Ver·schie·den·heit[fɛrʃí:dənhaɪt] 女 -/-en (verschieden なこと. 例えば:) 相違, 差異.

ver·schie·dent·lich[..tlɪç] 副 **1** 異なったやり方で, 違ったふうに; さまざまに. **2** 幾度か, たびたび: Ich habe ihn ~ davor gewarnt. 私は彼に何度かこのことを警告した.
ver·schie·ßen*[fɛrʃí:sən] 《135》 **I** 他 (h) **1** (弾丸を)撃ちつくす; (矢を)射つくす: alle Munition ~ 弾丸をすべて撃ちつくす | [alle] *seine* Pfeile *verschossen* haben (→Pfeil 1) | *sein* Pulver *verschossen* haben (→Pulver 2). **2** 〘サッカー〙不正確なキックでゴールを逸する: einen Elfmeter ~ ペナルティキックに失敗する. **3** 《話》再帰 *sich*⁴ in *jn.* ~ …に惚(ほ)れ込む | in *jn.* ganz [bis über die Ohren] *verschossen* sein …にぞっこん惚れ込んでいる, …に首ったけである.
II 自 (s) 色があせる: Grün *verschießt* bald 〈leicht〉. 緑色はあせやすい | eine *verschossene* Mütze 色あせた帽子.
ver·schif·fen[fɛrʃífən] 他 (h) **1** (*et.*⁴) 《方向を示す語句と》(商品・軍隊などを…へ)船で送り出す(発送する), 積み出す: nach Europa *verschifft* werden ヨーロッパに向け船積みされる. **2** 《話》再帰 *sich*⁴ ~ ずらかる, [こっそり]逃げる.
Ver·schif·fung[..fʊŋ] 女 -/-en verschiffen すること.
Ver·schif·fungs·ha·fen 男 積み出し港.
ver·schil·fen[fɛrʃílfən] 自 (s) (湖沼などが)ヨシ(アシ)で覆われる: ein *verschilftes* Ufer ヨシ(アシ)が密生した浜.
ver·schim·meln[fɛrʃíməln] 《06》 **I** 自 (s) かびで覆われる, かびが生える: Das Brot *verschimmelte.* パンがかびた.
II ver·schim·melt 過分 形 かびの生えた; 《比》かびくさい, 古くさい, 時代遅れの.
ver·schimp·fie·ren[fɛrʃɪmpfí:rən] 《話》 **1** = verunstalten **2** = verunglimpfen
Ver·schiß[fɛrʃís] 男 《話》《もっぱら次の形で》 **in ~ geraten** 名望を失う, 評判を落とす | ***jn.* in ~ tun** …をおとしめる.
ver·schis·sen[fɛrʃísən] verscheißen の過去分詞; 過去 1・3 人称複数.
ver·schlạcken[fɛrʃlákən] 自 (s) **1** 鉱滓(さい)を生じる, (炉などが)スラグ(石炭がら)でいっぱいになる. **2** 〘地〙噴石化する. [＜Schlacke]
Ver·schlạckung[..kʊŋ] 女 -/-en verschlacken すること.
ver·schla·fen*[fɛrʃlá:fən] 《137》 **I** 他 (h) **1** (時を)眠って過ごす: den ganzen Tag ~ 一日じゅう寝て暮らす. **2** (時を)寝過ごす; (*et.*⁴) 寝過ごして(…を)逸する; 《話》ぐずぐずして(…を)逸する, ぼやぼやして(…を)すっかり忘れる: den Zug 〈die Verabredung〉 ~ 寝過ごして列車に乗り遅れる(約束をすっぽかす) | die Zeit ~ 寝過ごす, 寝坊する | Er hatte völlig *verschlafen*, daß er mich besuchen wollte. 彼はぼうっとして私を訪ねようとしていたことをすっかり忘れてしまっていた.
3 (*et.*⁴) (…を)睡眠によって克服する, 眠って(…から)立ち直る: *seine* Sorgen ~ 眠って心配事を忘れる | Ich habe die Kopfschmerzen 〈die Müdigkeit〉 *verschlafen.* 一眠りしたら頭痛(疲れ)がとれた. **4** 再帰 *sich*⁴ ~ 寝過ごす, 寝坊する.
II 自 (h) 寝過ごす, 寝坊する: Stell dir den Wecker, damit du nicht *verschläfst*! 寝過ごさないように目覚まし時計をかけなさい.
III 過分 形 寝ぼけた; (目覚めたばかりで)まだ眠い; 《比》眠っているような, ものうげな, ぼんやりした: *sich*³ *seine* ~*en* Augen reiben 寝ぼけまなこをする ‖ ein ~*er* Mensch 寝ぼけたような退屈な人間 | ein ~*es* Städtchen 眠ったように静かな町.
Ver·schla·fen·heit[−haɪt] 女 -/ verschlafen III なこと.
Ver·schlag[fɛrʃlá:k]¹ 男 -[e]s/..schläge[..ʃlɛ́:gə] **1** (板囲いの)仕切り[部屋], 物置[小屋]; 《スイス》木枠. **2** 《スイス》(Versteck) 隠れ場所; 隠し場所. **3** 《スイス》(Rehe) (馬の)蹄葉(ていよう)炎.
ver·schla·gen*[fɛrʃlá:gən]¹ 《138》 **I** 他 (h) **1 a**) (*et.*⁴) (…に)板を張る(打ちつける) (閉鎖・補強のために); 板でふたをする: eine Kiste ~ 箱にふたを打ちつける | einen Raum mit Brettern ~ 部屋の壁に板を張る | die Tür mit Brettern ~ ドアに板を打ちつける(出入りができぬように). **b**) 《比》(*jm.* *et.*⁴) (…に対して…を)遮る, 妨げる, 拒む: *jm.* den Atem ~ (→Atem) | *jm.* die Rede 〈die Sprache〉 ~ (→Rede 2 a, →Sprache 2 a) ‖ 非人称 Der Kuh hat es die Milch *verschlagen.* その雌牛は乳が出なくなった.
2 a) (ボールなどを)打ちそこなう, 打ち誤る. **b**) (本のページを)めくりそこねる, 誤ってめくる(その結果必要な個所がわからなくなる): Der Wind hat mir die richtige Seite 〈Stelle〉 *verschlagen.* 風のためにページがめくれて肝心の個所がわからなくなった.
3 《*jn.* / *et.*⁴》《方向を示す語句と》(風波・偶然・運命のいたずらなどが思いがけぬ場所へ)押し流す, 漂着させる: Der Sturm hat das Schiff an eine unbewohnte Küste *verschlagen.* あらしのためにその船は人の住まぬ岸辺に漂着した | Er wurde als Arzt in ein kleines Dorf *verschlagen.* 彼は医者としてとある小さな村に住みつくことになった | Wie bist denn du hierher *verschlagen* worden? 君はいったいどういうめぐり合わせでここに来たのか.
4 a) 《南部》= verprügeln
b) 〘狩〙(猟犬を)ひどくたたいておびえさせる: Der Hund ist *verschlagen.* この犬は殴られすぎて人をこわがる.
5 〘料理〙強くかき混ぜる: Öl und Salz ~ 油と塩をよくかき

混ぜる.

II 自 (h) 《しばしば不定代名詞などの 4 格と》 **1** (nutzen) 役立つ, 有益〈有効〉である; (薬・治療などが) 効く: Die Arznei *verschlug* bei ihm nicht〔s〕. この薬は彼には効き目がなかった | Was *verschlägt* das alles? これらすべては何の役に立つのか.

2 (ausmachen) 意味〈重要性〉がある, 影響〈差しつかえ〉がある: Es *verschlägt* nichts, daß er nicht kommt. 彼が来なくてもちっともかまわない | Was *verschlägt* es, wenn ich mal eine Stunde länger bleibe? 私がたまに 1 時間ぐらい余計にいたっていいじゃないか.

III 過分 形 **1** ずるがしこい, 抜け目のない, 狡猾(こうかつ)な: eine ～*e* Antwort 抜け目のない答え | ein ～*er* Blick ずるそうな目つき. **2** 《北部》 (lauwarm) ぬるい,〔なま〕あたたかい: ～*es* Bier なまぬるいビール.

Ver·schlạ·gen·heit[−haɪt] 女 −/ (verschlagen III なこと. 例えば:) ずるがしこさ, 抜け目のなさ, 狡猾(こうかつ).

ver·schlạm·men[fɛrʃlámən] 自 (s) (川・堀・土管などが) 泥〈ごみ・汚物〉で埋まる〈ふさがる〉; (道などが) 泥だらけになる. [＜Schlamm]

ver·schlạ̈m·men[..ʃlɛ́mən] 他 (h) 泥〈ごみ・汚物〉で埋める, 泥〈ごみ・汚物〉でふさぐ.

Ver·schlạm·mung[..ʃlámʊŋ] 女 −/−en verschlammen すること.

Ver·schlạ̈m·mung[..ʃlɛ́mʊŋ] 女 −/−en verschlämmen すること.

ver·schlam·pạm·pen[fɛrʃlampámpən] 《話》 ＝verschwenden

ver·schlạm·pen[fɛrʃlámpən] **I** 自 (s) 《話》 (服装・生活などが) だらしなくなる, 自堕落になる; (建物・庭園・田畑などが放置されて) 荒れる: den Garten ～ lassen 庭を荒れるにまかせる.

II 他 (h) 《話》 (放置して) 荒れさせる, だめにする; (不注意から) 紛失する, 忘れる: den Paß ～ うっかり旅券を忘れる.

ver·schlạn·ken[fɛrʃláŋkən] 他 (h) スリム化する, 縮小〈削減〉する. [＜schlank]

Ver·schlạn·kung[..kʊŋ] 女 −/−en verschlanken する〈される〉こと.

ver·schlẹch·tern[fɛrʃlɛ́çtərn] 《05》 他 (h) **1** より悪くする, (状態・情勢などを) 悪化させる, (質を) 低下させる: die Aussicht auf Erfolg ～ 成功への見通しを暗くする | den Gesundheitszustand ～ 健康状態を悪化させる ‖ 再帰 *sich*⁴ ～ より悪くなる, (状態・情勢などが) 悪化する, (質が) 低下する | Die politische Lage hat sich immer mehr *verschlechtert.* 政治情勢はますます悪化した. **2** 再帰 *sich*⁴ ～ 《人を主語として》 (転職・転居などによって) 生活条件〈環境〉が悪くなる; (スポーツで) 能力が低下する. [＜schlechter]

Ver·schlẹch·te·rung[..tərʊŋ] 女 −/−en (〔sich〕 verschlechtern すること. 例えば:) 悪化, 低下.

ver·schlẹi·ern[fɛrʃláɪərn] 《05》 他 (h) **1** (↔ entschleiern) 《*et.*⁴》 (…に) ベールをかぶせる, ベールで覆う〈隠す〉; 《比》 (ベール状のもので) 覆い隠す: *sein* Gesicht 〈*sich*³ das Gesicht〉 ～ 顔をベールで覆う ‖ 再帰 *sich*⁴ ～ ベールをかぶる; (ベール状のもので) 覆い隠される | Der Himmel *verschleierte* sich 〔mit einer dünnen Wolkenschicht〕. 空は薄雲で覆われた | Sein Blick 〈Seine Stimme〉 *verschleierte* sich. 彼の目はうるんだ〈彼の声はかすれた〉 ‖ *verschleierte* Augen うるんだ目 | mit *verschleierter* Stimme sprechen かすれた声で話す. **2** 《比》 (本心・真相などを) 偽って隠す, 隠蔽(いんぺい)する; 偽装〈カムフラージュ〉する; (帳じりなどを) ごまかす, 粉飾する: *seine* Absicht ～ 自分の意図を隠す〈ぼやかす〉 | Es läßt sich nichts mehr ～. もはやごまかしはきかない. [＜Schleier]

Ver·schlẹie·rung[..ʃláɪərʊŋ] 女 −/−en 〔sich〕 verschleiern すること.

Ver·schlẹie·rungs·tak·tik 女 隠蔽(いんぺい)戦術.

ver·schlẹi·fen*[fɛrʃláɪfən] 《140》 他 (h) (でこぼこのものを) 削って平らに〈滑らかに〉する; (単語・音節などを) 不明瞭(ふめいりょう)に〔続けて〕発音する; 〘楽〙 (音〔符〕を) 滑らかに歌う〈奏する〉.

ver·schlẹi·men[fɛrʃláɪmən] **I** 他 (h) 粘液でふさぐ.

II 自 (s) 粘液を分泌する, 粘液でふさがる. **III ver·schlẹimt** 過分 形 粘液でふさがった, (のどに) 痰(たん)のつまった; 〘医〙 粘液性カタルをおこした.

Ver·schlẹi·mung[..mʊŋ] 女 −/−en **1** verschleimen すること. **2** 〘医〙 粘液性カタル.

Ver·schlẹiß[fɛrʃláɪs] 男 −es/−e 《ふつう単数で》 **1** (verschleißen すること. 例えば:) 磨損, 磨滅, 磨耗; 損耗, 消耗. **2** 《オーストリア》 (Kleinhandel) 小売り.

ver·schlẹi·ßen⁽*⁾[fɛrʃláɪsən] 《141》 **I** 他 (h) **1** 《不規則変化》 (衣服などをはげしい使用によって)〔ふつうより早く〕すりへらす, すり切らす; (機械・部品などを) 磨損〈磨滅・磨耗〉させる; (精力を) 消耗する: alle drei Monate eine Hose ～ 3か月に 1 着ズボンをはきつぶす | Durch die lange Fahrt sind die Reifen *verschlissen* worden. 長時間の走行によってタイヤが磨滅した | ein *verschlissener* Anzug すり切れた背広 ‖ 再帰 *sich*⁴ ～ すりへる, すり切れる; 磨損〈磨滅・磨耗〉する | *sich*⁴ in *et.*³ ～ …〔をすること〕で神経をすりへらす. **2** 《オーストリア》 小売りする.

II 《不規則変化》 自 (s) (衣服などが)〔ふつうより早く〕すりへる, すり切れる; (機械・部品などが) 磨損〈磨滅・磨耗〉する.

Ver·schlẹi·ßer[..sər] 男 −s/− 《オーストリア》 小売商人.

Ver·schlẹiß·er·schei·nung 女 (機械・部品などの) 磨損〈磨滅・磨耗〉現象.

ver·schlẹiß·fest 形 磨損〈磨滅・磨耗〉しにくい.

Ver·schlẹiß≠fe·stig·keit 女 −/ (verschleißfest なこと. 例えば:) 耐磨耗性. ≠**krieg** 男 消耗戦. ≠**preis** 男 《オーストリア》 小売価格. ≠**prü·fung** 女 磨耗テスト. ≠**stel·le** 女 《オーストリア》 小売店, 販売所.

ver·schlẹm·men[fɛrʃlɛ́mən] ＝verprassen

ver·schlẹp·pen[fɛrʃlɛ́pən] 他 (h) **1** 引きずるようにして連れて〈運んで〉ゆく, むりやり連れ去る〈運び去る〉, 拉致(らち)する: Sie wurden als Geiseln an einen unbekannten Ort *verschleppt.* 彼らは人質として見知らぬ場所に連れ去られた | Wer hat meine Schere *verschleppt*? 《話》 だれが私のはさみを持っていったのか. **2** (伝染病などを) 広める, 伝播(でんぱ)させる: Die Ratten *verschleppten* die Seuche. ネズミがこの伝染病を広めた. **3** 長引かせる, 延引させる, 引き延ばす; だらけさせる: einen Prozeß 〈Verhandlungen〉 ～ 審理〈交渉〉を長引かせる ‖ eine *verschleppte* Grippe (こじらせて) 長引いた流感 | eine *verschleppte* Inszenierung だらだらした演出.

Ver·schlẹp·pung[..pʊŋ] 女 −/−en verschleppen すること.

Ver·schlẹp·pungs·tak·tik 女 引き延ばし戦術.

ver·schlẹu·dern[fɛrʃlɔ́ʏdərn] 《05》 他 (h) **1** (金などを) 浪費する, むだ遣いする. **2** (品物を) 投げ売りする, 捨て値で売る.

Ver·schlẹu·de·rung[..dərʊŋ] 女 −/−en verschleudern すること.

ver·schlief[fɛrʃlí:f] verschlafen の過去.

ver·schließ·bar[fɛrʃlí:sba:r] 形 (verschließen できる. 例えば:) 錠の下ろせる, 鍵(かぎ)の掛かる, 閉鎖〈密封〉可能の.

ver·schlie·ßen*[fɛrʃlí:sən] 《143》 **I** 他 (h) **1 a)** 《*et.*⁴》 (…に) 錠を下ろす, 鍵(かぎ)〈閂(かんぬき)〉を掛ける, (…を) 閉鎖する, 密封する; 《比》 閉ざす: eine Tür 〈einen Schrank / ein Zimmer〉 ～ ドア〈戸棚・部屋〉に錠を下ろす | eine Flasche mit einem Korken ～ 瓶にコルクで栓をする | den Zugang ～ 通路を閉鎖する ‖ die Augen vor *et.*³ ～ (→Auge 1) | *sein* Herz gegen *jn.* 〈vor *jm.*〉 ～ 《比》 …に対して心を閉ざす (打ち解けない) | *sein* Herz gegen *js.* Flehen ～ 《比》 …の切願に対して心を閉ざす (冷ややかに聞き流す) | vor *jm.* die Ohren ～ (→Ohr 1) | Diese Möglichkeit ist mir *verschlossen.* この可能性は私には閉ざされている | *jm.* die Tür ～ 《比》 …に対して門を閉ざす, …に門前払いをくらわす, …を閉め出す ‖ eine *verschlossene* Schublade 鍵の掛かった引き出し | hinter *verschlossenen* Türen (→Tür) | überall *verschlossene* Türen finden 《比》 どこへ行っても門前払いを食う, だれからも相手にされない | Das Buch 〈Sein Charakter〉 bleibt mir *verschlossen.*

V

《比》この本〈彼の性格〉は私にはどうもよく分からない.
b) 再帰 *sich*⁴ *jm.* 〈*et.*³〉 ～ …に対して心を閉ざす, …に対して心中を打ち明けない; …に耳を貸そうとしない | *sich*⁴ *seinen* Freunden ～ 自分の殻に閉じこもって友人たちに心を開かない | *sich*⁴ *js.* Argumenten ～ …の論拠に耳を貸そうとしない | Ich habe mich seinen Vorschlägen nie *verschlossen.* 私は彼の提案にはいつでも喜んで耳を傾けてきた | Ich kann mich dieser Tatsache nicht ～. この事実に対して目をつぶるわけにはいかない.

2 《*et.*⁴ 〔in *et.*³〕》(…を〔…の中に〕)しまい込む(鍵を掛けて), 閉じ込める, 保管する; 《比》秘める, 隠す: *sein* Geld in einer Kassette ～ 金を手提げ金庫にしまう | *seine* Liebe in *seiner* Brust 〈in *seinem* Innern〉 ～ 愛を胸のうちに秘める | ein Geheimnis 〈*seinen* Kummer〉 in *sich*³ ～ 秘密〈悩み〉を胸中に秘める | *seine* Sorgen vor *jm.* ～ 心配事を…に対して隠す.

II ver·schlos·sen → 別出

Ver·schlie·ßung[..sʊŋ] 女 -/-en 〔sich〕 verschließen すること.

ver·schlimm·bes·sern[fɛrʃlímbɛsərn] 《05》 他 (h) 《話》改悪する, よくしようとしてかえって悪くする.

Ver·schlimm·bes·se·rung[..bɛsərʊŋ] (**Ver·schlimm·beß·rung**[..bɛsrʊŋ]) 女 -/-en verschlimmbessern すること.

ver·schlim·mern[fɛrʃlímərn] 《05》 他 (h) (状態などを)より悪く〈ひどく〉する, 悪化させる: die Lage ～ 状況〈情勢〉を悪化させる ‖ 再帰 *sich*⁴ ～ より悪く〈ひどく〉なる, 悪化する, 重大化〈深刻化〉する | Die Krankheit hat sich *verschlimmert.* 病気は悪化した. [<schlimmer]

Ver·schlim·me·rung[..mərʊŋ] 女 -/-en (〔sich〕 verschlimmern すること. 例えば:) 悪化, 重大化, 深刻化.

ver·schlin·gen¹*[fɛrʃlíŋən] 《144》 他 (h) からみ合わせる, より合わせる; もつれさせる, 錯綜(さくそう)させる: die Finger 〈die Hände〉 ～ 指と指〈手と手〉をからみ合わせる | die Fäden miteinander ～ 糸をより合わせる ‖ *verschlungene* Wege くねくね折れ曲がった道 | ein *verschlungener* Reim 《詩》錯韻(＝Tiradenreim: →Reim 1) | Die Interessen der beiden Staaten waren eng miteinander *verschlungen.* 両国の利害は密接にからみ合っていた.

ver·schlin·gen²*[－] 《144》 他 (h) (食物を)よくかまずに飲み込む, がつがつ食べる, むさぼるように食べる; 《比》むさぼるように見る; むさぼり読む; がつがつ吸収する; (ばく大な金額を)くう: von einem Hai *verschlungen* werden サメにぱっくり食われる | *jn.* 〈*et.*⁴〉 mit den Augen ～ (→Auge 1) | einen Roman ～ 小説をむさぼるように読む | Der Lärm *verschlang* seine Worte. 騒音が彼の言葉をかき消してしまった | Das Projekt wird Millionen ～. このプロジェクトには数百万の金がかかるだろう.

Ver·schlin·gung¹[fɛrʃlíŋʊŋ] 女 -/-en (verschlingen¹ すること. 例えば:) からみ合い, もつれ合い; 糸の結び目.

Ver·schlin·gung²[－] 女 -/-en verschlingen²すること.

ver·schloß[fɛrʃlɔ́s] verschließen の過去.

ver·schlos·sen[fɛrʃlɔ́sən] **I** verschließen の過去分詞; 過去1・3人称複数. **II** 形 (性格が)閉鎖的な, 打ち解けない, 人を寄せつけない, 無口な, 無愛想な: ein ～*er* Mensch 閉鎖的な性格の〈人づきあいの悪い〉人 | Er wurde mit zunehmendem Alter immer ～*er.* 彼は年をとるにつれてますます無愛想になった.

Ver·schlos·sen·heit[－haɪt] 女 -/ verschlossen なこと.

ver·schlu·cken[fɛrʃlʊ́kən] 他 (h) **1 a**) 飲み込む, 飲みくだす, 嚥下(えんか)する; 《比》(…を)見えなく〈聞こえなく〉する, かき消す; (ばく大な金額を)くう: eine Tablette ～ 錠剤を飲みくだす | aus Versehen einen Kern ～ 誤って種を飲み込む | Sie hat wohl einen Besenstiel *verschluckt.* (→Besenstiel) ‖ Das Dunkel der Nacht hatte ihn *verschluckt.* 彼の姿は夜のやみに飲み込まれるように消え去っていた | Dieser Bau hat große Summen *verschluckt.* これの建設にはばく大な費用がかかった | wie vom Erdboden *verschluckt* sein (→Erdboden 1). **b**) (出かかった言葉などを)口に出さずにすませる; (怒り・不快・悲しみ・涙などを)抑える, こらえる, かみ殺す: eine Frage ～ 口もとまで出かかった質問をとりやめる | die Tränen ～ 涙をこらえる. **c**) 口ごもって不明瞭(ふめいりょう)に発音する: halbe Sätze ～ (言葉じりを不明瞭に)ぼそぼそと話す. **2** 再帰 *sich*⁴ ～ (飲み込みそこなって)むせる.

Ver·schluß[fɛrʃlʊ́s] 男 ..schlusses/..schlüsse[..ʃlʏ́sə] **1** 《単数で》 **a**) (verschließen すること. 例えば:) (鍵(かぎ)を掛けての)保管; 閉鎖, 施錠; 密封; 封緘(ふうかん): *et.*⁴ in ～ legen 《商》…を保税倉庫に入れる | *et.*⁴ unter 〈hinter〉 ～ halten …を鍵を掛けて保管する. **b**) 《医》閉塞(へいそく)症: Darm*verschluß* 腸閉塞〔症〕.

2 (verschließen する装置. 例えば:) 蓋(ふた), 栓(→ 図 Flasche), 弁; 締め金, ジッパー; 錠, 錠前; (銃の)遊底(→ 図 Karabiner), (砲の)尾栓; 《写》シャッター: Geruch*verschluß* 防臭装置 | Reiß*verschluß* ファスナー.

ver·schlüs·seln[fɛrʃlʏ́səln] 《06》 他 (h) (↔entschlüsseln) (kodieren) (伝達情報を)組号する, 符号〈コード・暗号〉化する; (コンピューター用などに)機械語に直す, コード化する: Daten ～ データをコード化する | ein *verschlüsseltes* Telegramm 暗号電報. [<Schlüssel]

Ver·schlüs·se·lung[..səlʊŋ] (**Ver·schlüß·lung**[..slʊŋ]) 女 -/-en 《ふつう単数で》暗号化; コード化.

Ver·schlüs·se·lungs·ge·rät 中 暗号機.

Ver·schluß≠he·bel[fɛrʃlʊ́s..] 男 鎖錠てこ. ≠**kon·so·nant** 男 《言》閉鎖子音. ≠**laut** 男 《言》閉鎖音, 破裂音(→Plosiv).

Ver·schlüß·lung ＝Verschlüsselung

Ver·schluß≠sa·che[fɛrʃlʊ́s..] 女 (鍵をかけて保管するような)内密の事柄, 秘密事項. ≠**schrau·be** 女 締め付けボルト. ≠**stück** 中 鎖錠金具; 《軍》(砲の)尾栓.

ver·schmach·ten[fɛrʃmáxtən] 《01》 自 (s) (飢え・渇き・退屈・渇望などで)弱り果てて死ぬ, 死にそうなほど苦しむ, やつれ果てる: in der Hitze ～ 暑さですっかり弱り果てる | nach *et.*³ ～ …を渇望する | vor Langeweile ～ 退屈で死にそうである.

ver·schmä·hen[fɛrʃmɛ́:ən] 他 (h) さげすむ, 軽蔑する; (申し出などを)侮蔑的に退ける, はねつける: *js.* Hilfe ～ …の助力を断る | *js.* Liebe ～ …の求愛をはねつける | Er *verschmähte* es, dich zu übervorteilen. 彼は君の無知を利用して利益を上げることをいさぎよしとしなかった ‖ *sich*⁴ von *jm. verschmäht* fühlen …からさげすまれた〈嫌われた〉と感じる | aus *verschmähter* Liebe 失恋の痛みから.

Ver·schmä·hung[..ʃmɛ́:ʊŋ] 女 -/ verschmähen すること.

ver·schmä·lern[fɛrʃmɛ́:lərn] 《05》 他 (h) (幅を)より狭くする, 狭める; (厚さを)より薄くする: 再帰 *sich*⁴ ～ (幅が)より狭くなる, 狭まる; (厚さが)より薄くなる.

Ver·schmä·le·rung[..lərʊŋ] 女 -/-en **1** 〔sich〕 verschmälern すること. **2** 〔sich〕 verschmälern した個所.

ver·schmau·sen[fɛrʃmáuzən]¹ 《02》 他 (h) **1** (ごちそうを)楽しく味わう, 賞味する. **2** (時を)飲み食いしながら過ごす.

ver·schmel·zen(*)[fɛrʃmɛ́ltsən] 《146》 **I** 他 (h) (金属などを)溶かし合わせる; 《比》融合させる: Kupfer und Zinn ～ 銅と錫(すず)を溶かし合わせる | zwei Dinge zu einer Einheit ～ 二つのものを一つに融合させる.

II 自 (s) (金属・色彩などが)溶け合う; 《比》融合する; 合体する; (企業などが)合併する.

Ver·schmel·zung[..tsʊŋ] 女 -/-en (verschmelzen すること. 例えば:) 融合; 合体; 合併: ～ von Präposition und Artikel 《言》前置詞と冠詞との融合(例 am<an dem).

ver·schmer·zen[fɛrʃmɛ́rtsən] 《02》 他 (h) (苦しみ・悲しみなどを)克服する, (心の痛手から)立ち直る: Diesen Verlust kann er immer noch nicht ～. この損失を彼はいまだにあきらめきれずにいる.

ver·schmie·ren[fɛrʃmí:rən] 他 (h) **1** (表面に)塗りつける; (軟膏(なんこう)などを皮膚に)すり込む. **2** 塗って〈字や絵をぬたくって〉よごす: Sein Gesicht ist ganz *verschmiert.* 彼の顔は汚れにまみれている(泥・油・ペンキなどで). **3** (穴・裂け目などを)塗りつぶす, 塗りこめる. **4** 《比》いいかげんにやってのける, ごまかす.

ver·schmịtzt[fɛrʃmítst] 形 いたずらっぽい, ひょうきんな; ずるそうな, こすからい: ～ lächeln いたずらっぽく〈ずるそうに〉笑う. [＜verschmitzen „mit Ruten schlagen" (◇schmitzen[1])]

Ver·schmịtzt·heit[–haɪt] 女 -/ verschmitzt なこと.

ver·schmọckt[fɛrʃmɔ́kt] 形《話》(見せかけだけで)中味のない, 空疎な, もったいぶった; (ジャーナリストなどが)饒舌(じょうぜつ)で無責任な.

ver·schmọl·zen[fɛrʃmɔ́ltsən] verschmelzen の過去分詞; 過去 1・3 人称複数.

ver·schmụt·zen[fɛrʃmʊ́tsən]《02》 **I** 他 (h) よごす, 汚くする, 汚染する: die Luft ～ 大気を汚染する.

II 自 (s) よごれる, 汚くなる.

Ver·schmụt·zung[..tsʊŋ] 女 -/-en verschmutzen すること: Meeres*verschmutzung* 海洋汚染.

Ver·schmụt·zungs·grad 男 (水・大気などの)汚染度.

ver·schnạp·pen[fɛrʃnápən] 他 (h)《話》再帰 *sich*[4] ～ うっかり口をすべらせる.

ver·schnau̯·fen[fɛrʃnáʊfən] **I** 自 (h) 一息入れる, 一休み〈一服〉する. **II** 他 (h) 再帰 *sich*[4] ～＝ I

Ver·schnau̯f·pau·se 女 一息入れる休憩: eine ～ machen 〈einlegen〉 一休みする, 一服する.

ver·schnei̯·den*[fɛrʃnáɪdən][1]《148》 **I** 他 (h) **1** (beschneiden) 切りつめる, 刈りこむ, 剪定(せんてい)する: Bäume ～ 木の枝打ちをする | die Hecke ～ 生け垣を刈りこむ ‖ *sich*[3] die Nägel ～ つめを切る | *sich*[3] das Haar ～ lassen 散髪してもらう.

2 a) (服の)裁断を誤る: die Bluse ～ ブラウスの裁断を誤る. **b)** (布地を)裁断して使い果たす: 2 m Seidenstoff für die Bluse ～ ブラウス用に 2 メートルの絹地を使い果たす.

3 (酒類を)混ぜ合わせる, (酒類に)混ぜ物をする.

4 (kastrieren) 去勢する: einen Bullen ～ 雄牛を去勢する.

II Ver·schnịt·te·ne → 別出

Ver·schnei̯·dung[..dʊŋ] 女 -/-en verschneiden すること.

ver·schnei̯·en[fɛrʃnáɪən] **I** 自 (s) 雪で覆われる, 雪に埋まる: Die Wege waren völlig *verschneit*. 道はすっかり雪に埋もれてしまった.

II ver·schnei̯t 過分 形 雪に覆われた, 雪に埋もれた: ～*e* Wälder 雪に覆われた森 | ein ～*er* Wintertag 大雪の冬の一日.

Ver·schnịtt[fɛrʃnít] 男 -[e]s/-e **1** 混ぜ合わせた〈混ぜ物をした〉アルコール飲料. **2** 裁断くず; (板などの)切りくず.

ver·schnịt·ten[..ʃnítən] **I** verschneiden の過去分詞; 過去 1・3 人称複数. **II Ver·schnịt·te·ne** 男《形容詞変化》(Eunuch) 去勢された男; 宦官(かんがん).

ver·schnọ̈r·keln[fɛrʃnœ́rkəln]《06》 他 (h)《*et.*[4]》(…に)曲線〈渦巻き〉装飾をつける, 唐草模様で飾る: eine *verschnörkelte* Schrift 飾り文字.

Ver·schnọ̈r·ke·lung[..kəlʊŋ] (**Ver·schnọ̈rk·lung**[..klʊŋ]) 女 -/-en **1**《単数で》verschnörkeln すること. **2** 曲線〈渦巻き〉装飾, 唐草模様.

ver·schnụl·zen[fɛrʃnʊ́ltsən]《02》 他 (h)《話》(歌・読み物・芝居・映画などを)感傷的〈お涙ちょうだいふう〉に仕立てる.

ver·schnụp·fen[fɛrʃnʊ́pfən] **I** 他 (h)《話》《*jn.*》(…の)機嫌をそこねる, (…の)感情を害する: *jn.* mit einer Bemerkung ～ ある発言〈指摘〉によって…の感情をそこねる.

II ver·schnụpft 過分 形 **1** 鼻かぜをひいた(→Schnupfen 1). **2**《話》機嫌をそこねた, 感情を害した.

ver·schnü̯·ren[fɛrʃný:rən] 他 (h) ひもでしばる, ひもでくくる〈からげる〉: ein Paket ～ 包み〈小包〉をひもでしばる.

Ver·schnü̯·rung[..rʊŋ] 女 -/-en **1**《単数で》verschnüren すること. **2** (包装に用いられた)ひも.

ver·schọb[fɛrʃó:p][1] verschieben の過去.

ver·schọ·ben[..bən] verschieben の過去分詞; 過去 1・3 人称複数.

ver·schọl·len[fɛrʃɔ́lən] **I** 形 **1** 消息〈行方〉不明の;〘法〙失踪(しっそう)した: Er ist im Krieg 〈seit zehn Jahren〉 ～. 彼は戦争で〈10年前から〉行方がわからない | Das Schiff ist in der Arktis ～. その船は北極海で消息を絶った. **2** とうに過ぎ去った, はるか昔の. **II Ver·schọl·le·ne** 男 女《形容詞変化》行方不明者;〘法〙失踪者. [＜verschallen „verklingen" (◇schallen)]

Ver·schọl·len·heit[–haɪt] 女 -/ 消息〈行方〉不明;〘法〙失踪(しっそう).

ver·schọ·nen[fɛrʃó:nən] 他 (h) **1**《*jn.*》(…を)いたわる, (…に)危害を加えない; 容赦する;《*et.*[4]》(…を)傷つけない: Der Krieg hat auch die Kinder 〈diese Gegend〉 nicht *verschont*. 子供たちも〈この辺りも〉戦争の被害を免れなかった ‖ von *et.*[3] *verschont* werden …を免れる | Sie sind von der Epidemie *verschont* geblieben. 彼らは疫病にかからずにすんだ. **2**《*jn.* mit *et.*[3]》(…に…を)免じてやる, (…を…で)煩わさない: Er hat mich mit seinem Besuch *verschont*. 彼は私のところへの来訪を遠慮してくれた | *Verschone* mich mit deinen Ratschlägen! 君の忠告などご免こうむる.

ver·schọ̈·nen[fɛrʃǿ:nən] 他 (h) 美しくする, 美化する. [＜schön]

ver·schọ̈·nern[..ʃǿ:nərn]《05》 他 (h) より美しくする, きれいにする, 美化する; 修飾する, 飾る, 化粧する: einen Balkon mit Blumen ～ バルコニーを花で美しく飾る ‖ 再帰 *sich*[4] ～ より美しくなる, きれいになる; 化粧をする. [＜schöner ＜schön]

Ver·schọ̈·ne·rung[..nərʊŋ] 女 -/-en **1** 〔sich〕 verschönern すること. **2** verschönern されたもの.

Ver·schọ·nung[fɛrʃó:nʊŋ] 女 -/-en verschonen すること.

Ver·schọ̈·nung[fɛrʃǿ:nʊŋ] 女 -/ verschönen すること.

ver·schọr·fen[fɛrʃɔ́rfən] 自 (s) (傷口が)かさぶたを生じる, かさぶたで覆われる: Die Wunde ist schnell *verschorft*. 傷はすぐにかさぶたで覆われた. [＜Schorf]

ver·schọs·sen[fɛrʃɔ́sən] verschießen の過去分詞; 過去 1・3 人称複数.

ver·schrạm·men[fɛrʃrámən] **I** 他 (h)《*et.*[4]》(…に)掻(か)き〈擦り〉傷をつくる: *sich*[3] das Knie ～ ひざをすりむく | ein *verschrammter* alter Tisch 掻き傷だらけの古テーブル.

II 自 (s) 掻き〈擦り〉傷ができる.

Ver·schrạm·mung[..mʊŋ] 女 -/-en **1**《単数で》verschrammen すること. **2** 掻(か)き〈擦り〉傷.

ver·schrạ̈n·ken[fɛrʃrɛ́ŋkən] 他 (h) **1** (十字に)交差させる; (手・足などを)組み合わせる: die Arme vor der Brust ～ 腕組みをする | die Hände hinter dem Kopf ～ 両手を頭の後ろで組み合わせる ‖ mit *verschränkten* Armen (→Arm 1 a) | ein *verschränkter* Reim〘詩〙組み合わせ韻(→Reim 1).

2 die Säge ～ (のこぎりの歯を左右に開いて)目立てする.

▽**3**《*jm. et.*[4]》(…に…を)禁じる, 拒む, 妨げる.

Ver·schrạ̈n·kung[..kʊŋ] 女 -/-en verschränken すること.

ver·schrau̯·ben(*)[fɛrʃráʊbən][1]《150》 **I** 他 (h) **1** ねじで締める〈固定する〉. **2** ねじで締めすぎる〈締めそこなう〉;《比》ねじ曲げる, ゆがめる. **II ver·schrọ·ben** → 別出

Ver·schrau̯·bung[..bʊŋ] 女 -/-en **1**《単数で》verschrauben すること. **2**〘工〙ねじ継ぎ手, ねじ連結器.

ver·schrẹcken[fɛrʃrɛ́kən] 他 (h)《*jn.*》驚愕(きょうがく)させる, 驚かせる, うろたえさせる.

ver·schrei̯·ben*[fɛrʃráɪbən][1]《152》 他 (h) **1**《*jm. et.*[4]》 **a)** (医師が患者に薬剤・療法などを)指示する, 処方する: *jm.* Bestrahlungen 〈eine vierwöchige Kur〉 ～ …に放射線照射〈4 週間の療養〉を命じる | Ich muß mir etwas gegen meinen Husten ～ lassen. 私は何か咳(せき)止めの薬を医者に処方してもらわねばならない.

▽**b)** (…に…を文書によって)譲渡する; (遺言によって)贈与する, 遺贈する: den Hof *seinem* Sohn ～ 屋敷を息子に譲渡〈遺贈〉する | Er hat sich 〈seine Seele〉 dem Teufel *verschrieben*. 彼は魂を悪魔に売り渡した.

2《*et.*[4]》(紙などを)書いて消費する, 書きつぶす.

3《*et.*[4]》(…を)書き誤る, 書き損じる: die Zahl ～ 数を書き間違える ‖ 再帰 *sich*[4] ～ 書き誤り〈書き間違い〉をする.

4 再帰 *sich*[4] *et.*[3] ～ …に身をささげる, …に専念〈没頭〉する,

…に打ち込む | sich⁴ der Musik 〈*seinem* Beruf〉 ～ 音楽〈自分の職業〉に専念する | Ich habe mich dem Sport mit Leib und Seele *verschrieben*. 私はスポーツに全身全霊を打ち込んだ.

ᵛ5 《*jn.*》(…を)手紙で呼び寄せる,(…に)手紙を書いて来てもらう.

Ver·schrei·bung[..bʊŋ] 女 -/-en **1** (verschreiben すること. 例えば:) **a**) (Rezept) 〘医〙処方〔箋(せん)〕. **b**) 遺贈. **2** =Schuldverschreibung

Ver·schrei·bungs·pflicht 女 (特定の薬の販売にさいして薬剤師に課せられた)処方箋の提示を求める義務.

ver·schrei·bungs·pflich·tig 形 (薬について)処方箋(せん)の必要な, 処方箋なしでは入手できない.

ver·schrei·en*[fɛrʃráiən] 《153》 **I** 他 (h) 《*jn.* / *et.*⁴》(…を)非難する, ののしる; (…について)悪い評判をたてる: *jn.* als Geizhals ～ …をけちん坊とののしる.

II ver·schrie·en → 別出

ver·schrieb[fɛrʃríːp]¹ verschreiben の過去.

ver·schrie·ben[..bən] verschreiben の過去分詞; 過去1・3人称複数.

ver·schrie·en[fɛrʃríːən] (**ver·schrien**[..ʃríːn]) **I** verschreien の過去分詞; 過去1・3人称複数.

II 形 評判のよくない, 悪評のある, 悪名の高い: als Geizhals ～ sein けちん坊であるとして評判が悪い.

ver·schro·ben[fɛrʃróːbən] **I** verschraubt (verschrauben の過去分詞)の古形; verschraubten (verschrauben の過去1・3人称単数)の古形.

II 形 ねじ曲がった, ゆがんだ; ひねくれた, 偏屈な, つむじ曲がりの: ein ～*er* Mensch ひねくれ者 | ～*e* Ansichten つむじ曲がりの〈ひねくれた〉意見.

Ver·schro·ben·heit[–haɪt] 女 -/-en **1** 《単数で》verschroben なこと. **2** verschroben な言動.

ver·schro·ten[fɛrʃróːtən] 《01》 他 (h) (穀物を)荒びきする, ひき割りにする. [＜Schrot 2]

ver·schrot·ten[fɛrʃrɔ́tən] 《01》 他 (h) くず鉄〈スクラップ〉にする: alte Autos ～ 古自動車をスクラップにする. [＜Schrott]

Ver·schrot·tung[..tʊŋ] 女 -/-en verschrotten すること.

ver·schrum·peln[fɛrʃrʊ́mpəln] 《06》 自 (s) 《俗》(縮んで)しわが寄る: ein *verschrumpeltes* Gesicht しわだらけの顔.

Ver·schrum·pe·lung[..pəlʊŋ] (**Ver·schrump·lung**[..plʊŋ]) 女 -/-en verschrumpeln すること.

ver·schrump·fen[fɛrʃrʊ́mpfən] =verschrumpeln

Ver·schrump·fung[..pfʊŋ] 女 -/-en verschrumpfen すること.

ver·schüch·tern[fɛrʃʏ́çtərn] 《05》 他 (h) 《*jn.*》(…を)怖気(おじけ)づかせる, こわがらせる, おびえさせる: *jn.* mit Drohungen ～ …をおどして怖気づかせる ‖ *verschüchtert* sein 怖気づいている, おびえている | einen *verschüchterten* Eindruck machen おどおどした印象を与える. [◇schüchtern]

Ver·schüch·te·rung[..tərʊŋ] 女 -/-en **1** verschüchtern すること. **2** 怖気(おじけ)づいて〈おびえて〉いること.

ver·schuf·ten[fɛrʃʊ́ftən] 《01》 他 (h) 《*jn.*》(…を)警察に売り渡す, 密告する. [＜Schuft]

ver·schul·den[fɛrʃʊ́ldən]¹ 《01》 **I** 他 (h) **1** 《*et.*⁴》(自分の罪・過失などで…を)招く, ひき起こす, 惹起(じゃっき)する: einen Unfall durch *seine* Nachlässigkeit ～ 不注意から事故をひき起こす | Das hat er selbst *verschuldet*. それは彼がみずから招いたことだ. **2** 再帰 *sich*⁴ ～＝ II

II 自 (s) 借金〈負債〉を背負い込む: *jm.* 〈an *jn.*〉 *verschuldet* sein …に借金がある | schwer *verschuldet* sein 重い負債を背負っている ‖ eine *verschuldete* Firma 赤字を背負い込んだ会社 | ein *verschuldetes* Grundstück 抵当に入っている地所.

III Ver·schul·den 中 -s/ 罪過, 過失, 責任, 落ち度, とが: durch 〔*sein*〕 eigenes ～ みずからの落ち度で, 自業自得で | ohne eigenes ～ みずからの落ち度なしで, 自分は悪くないのに | Ihn trifft kein ～. 彼にはなんの責任もない.

ver·schul·de·ter·ma·ßen 副 みずから招いた罪で, 自業自得で, 当然の報いで.

Ver·schul·dung[fɛrʃʊ́ldʊŋ] 女 -/-en 負債〈債務〉を負っていること; 負債, 債務.

Ver·schul·dungs·gren·ze 女 (国家の)借り入れ〈負債〉限度.

ver·schu·len[fɛrʃúːlən] 他 (h) **1** 〘林〙(苗木などを)移植する. **2** 《軽蔑的に》(大学教育を)高校なみのやり方にする. [＜Schule]

Ver·schu·lung[..lʊŋ] 女 -/-en 〘林〙(苗木の)移植.

ver·schus·seln[fɛrʃʊ́səln] 《06》 《話》 **1** (verlieren) うっかり紛失する, なくす; (verlegen) 置き忘れる. **2** (vergessen) 忘れる, 失念〈忘却〉する: einen Termin ～ 会合の約束を忘れる. [＜Schussel]

ver·schu·stern[fɛrʃúːstərn] 《05》 他 (h) 《話》 **1** ＝verschwenden **2** 置き忘れる.

ver·schüt·ten[fɛrʃʏ́tən] 《01》 他 (h) **1** 《*et.*⁴》(土砂などで…を)埋める; 《*jn.*》(…を)生き埋めにする: einen alten Brunnen ～ 古井戸を埋める | von einer Lawine *verschüttet* werden 雪崩の下敷きになる ‖ der 〈die〉 *Verschüttete* (事故で)生き埋めになった人. **2** 注ぎそこなう, こぼす: Zucker 〈Milch〉 ～ 砂糖〈ミルク〉をこぼす | ohne einen Tropfen zu ～ 一滴もこぼさずに ‖ **es bei *jm.* *verschüttet* haben** 《話》…の機嫌をそこねている; …と仲たがいしている.

ver·schütt|ge·hen*[fɛrʃʏ́t..] 《53》 自 (s) 《話》 **1 a**) 失われる, 消えてなくなる. **b**) 死ぬ; 没落する. **2** 逮捕される, つかまる. [＜*mndd.* schutten „einsperren" (◇schützen)]

Ver·schüt·tung[fɛrʃʏ́tʊŋ] 女 -/-en verschütten する〈される〉こと.

ver·schwä·gern[fɛrʃvɛ́ːgərn] 《05》 他 (h) 再帰 *sich*⁴ mit *jm.* ～ (結婚を通じて)…と姻戚(いんせき)になる | mit *jm.* *verschwägert* sein …と姻戚関係にある. [＜Schwager]

Ver·schwä·ge·rung[..gərʊŋ] 女 -/-en (結婚による)姻戚(いんせき)関係〔を結ぶこと〕.

ver·schwand[fɛrʃvánt]¹ verschwinden の過去.

ver·schwat·zen[fɛrʃvátsən] 《02》 他 (h) **1** (時を)雑談〈おしゃべり〉して過ごす. **2** 再帰 *sich*⁴ ～ (秘密などを)うっかりしゃべってしまう. **3** 《オーストリア》(verpetzen) 《*jn.*》(…のことを)密告〈告げ口〉する.

ver·schwei·gen*[fɛrʃváɪgən]¹ 《158》 **I** 他 (h) 《*jm.* *et.*⁴》(…に…のことを)黙っている, 秘匿する, 口外しない: *jm.* den wahren Sachverhalt ～ …に対して本当の事情を言わずにおく | Das *verschweigt* des Sängers Höflichkeit. (→Höflichkeit 1) | Er *verschwieg* ihr, daß er vorbestraft war. 彼は自分に前科のあることを彼女に黙っていた | Ich habe nichts zu ～. 私は隠し立てしなければならぬようなことは何もない. **II ver·schwie·gen** → 別出

Ver·schwei·gung[..gʊŋ] 女 -/ verschweigen すること.

ver·schwei·ßen[fɛrʃváɪsən] 《02》 他 (h) 溶接する.

Ver·schwei·ßung[..sʊŋ] 女 -/-en 溶接.

ver·schwe·len[fɛrʃvéːlən] **I** 自 (s) **1** くすぶりながら燃える. **2** くすぶりながら消えてしまう. **II** 他 (h) 〘化〙乾留する.

ver·schwel·len⁽*⁾[fɛrʃvɛ́lən] 《159》 **I** 自 (s) 《不規則変化》(病的に)ふくれる, はれる. **II** 他 (h) 《規則変化》(目などを)はれあがらせる. **III ver·schwol·len** → 別出

ver·schwen·den[fɛrʃvɛ́ndən]¹ 《01》 他 (h) むだ遣いする, 浪費〈乱費〉する: *sein* Geld 〈*seine* Zeit / *seine* Kräfte〉 〔für *et.*⁴〕 ～ 金〈時間・精力〉を〔…のために〕浪費する | *sein* ganzes Vermögen ～ 全財産を蕩尽(とうじん)する | Sie hat ihre Liebe an ihn *verschwendet*. 彼女が彼に注いだ愛情は報いられなかった | An ihn 〈Bei ihm〉 ist jedes gute Wort *verschwendet*. 彼には何を言ってもむだだ. [*ahd.* „verschwinden machen"; ◇〔ver〕schwinden]

Ver·schwen·der[fɛrʃvɛ́ndər] 男 -s/- 浪費家.

ver·schwen·de·risch[..dərɪʃ] 形 浪費〈乱費〉好きの, 金遣いの荒い; あり余るほどの, 豊富な, ぜいたくな: ein ～*es* Leben führen 金遣いの荒い生活を送る | mit *et.*³ ～ umgehen …を惜しげもなく〈湯水のように〉遣う | Der Saal war ~ mit Blumen geschmückt. 広間にあふれるほどの花が飾られていた.

Ver·schwen·dung[..dʊŋ] 女 -/-en むだ遣い, 浪費, 乱費: eine ~ von Steuergeldern 税金のむだ遣い.

Ver·schwen·dungs·sucht 女 -/ 浪費癖.

ver·schwen·dungs·süch·tig 形 浪費癖のある.

ver·schwieg[fɛrʃví:k]^1 verschweigen の過去.

ver·schwie·gen[fɛrʃví:gən] **I** verschweigen の過去分詞; 過去 1・3 人称複数.

II 形 **1** 口の堅い, 秘密を守る: ~ wie ein Grab bleiben 〈sein〉 (→Grab). **2** 人目につかない, 人気(ひとけ)のない, 秘密の: einen ~*en* Ort aufsuchen《話》便所に行く.

Ver·schwie·gen·heit[−haɪt] 女 -/ verschwiegen なこと: unter dem Siegel der ~ (→Siegel 1) | Er ist die ~ selbst. 彼は絶対に秘密を口外しない男だ.

Ver·schwie·gen·heits·pflicht 女 -/ (職務上知り得た事柄に関する)黙秘〈守秘〉義務.

ver·schwie·melt[fɛrʃví:məlt] 形《話》(目・顔などが)はれぼったい, むくんだ. [<Schwiemel]

ver·schwim·men*[fɛrʃvímən]《160》 **I** 自 (s) (…の輪郭が)ぼやける, (…の境界が)さだかでなくなる; (色などが)溶けあう: Die Berge *verschwimmen* im Dunst. 山々の姿がもやの中にかすんで見える | Es *verschwamm* mir alles vor den Augen. 私の目の前がすべて朦朧(もうろう)となった.

II ver·schwom·men → 別出

ver·schwin·den*[fɛrʃvíndən]^1《161》 **I** 自 (s) 見えなくなる, (視界から)消える, 姿を消す; なくなる, いなくなる; 消滅する;《話》便所に行く: Der Fleck ist mit der Zeit *verschwunden*. しみは時がたつにつれて見えなくなった | Das Kind ist seit gestern spurlos *verschwunden*. その子供はきのうから杳(よう)として行方が知れない ‖〖場所を示す語句と〗in der Ferne ~ 遠くに消える | im Haus 〈俗: ins Haus〉 ~ 家の中に姿を消す | Die Sonne *verschwand* hinter den Wolken. 太陽は雲のうしろに隠れた ‖ Er *verschwindet* neben seinem Vater.《比》彼は父親よりもはるかに小さい; 彼は父親と比べると影の薄い存在だ | Du mußt hier ~. 君は姿を消したほうがいいぞ(ここにいては危ないから) | *Verschwinde!* 失せろ ‖〖出発点を示す語句と〗aus der Öffentlichkeit ~ 公の場から姿を消す | von der Bildfläche ~ (→Bildfläche) | von der Bühne ~ (→Bühne 1) | vom Erdboden ~ (→Erdboden 1) ‖ Ich muß mal ~.《話》ちょっと失礼する(特に便所へ行くときの表現) ‖ *et.*^{4} ~ lassen …を視界から消す, …を見えなくする; …(書類など)を処分〈焼却〉する;《話》…を盗む, …を横領〈着服〉する.

II ver·schwin·dend 現分 形 ごくわずかの, 微量の: ~*e* Ausnahmen ごくわずかの例外 | Der Fehlbetrag ist ~ klein 〈gering〉. 欠損額はごくわずかだ.

Ver·schwind·fahr·werk 中 (飛行機の)引き込み脚.

ver·schwi·stern[fɛrʃvístərn]《05》 他 (h) 兄弟姉妹として〈のように〉結びつける: 再帰 *sich*^{4} mit *jm.* ~ …と兄弟姉妹の契りを結ぶ, …と親交〈盟約〉を結ぶ ‖ Sie sind *verschwistert*. 彼らは兄弟姉妹の〔ように親しい〕間柄である. [*mhd.*; ◇Schwester]

Ver·schwi·ste·rung[..tərʊŋ] 女 -/-en 〔sich〕 verschwistern すること.

ver·schwit·zen[fɛrʃvítsən]《02》 **I** 他 (h) **1** 汗まみれにする, 汗でよごす〈台なしにする〉: den Kragen ~ カラーを汗でよごす ‖ ein *verschwitztes* Hemd 汗でよごれた〈ぐっしょりぬれた〉シャツ | Ich war ganz *verschwitzt*. 私は汗びっしょりだった. **2**《俗》忘れる, 失念する: einen Termin ~ 約束の日時を忘れる. **II** 自 (h) 汗をかく, 発汗する.

ver·schwol·len[fɛrʃvɔ́lən] **I** verschwellen Iの過去分詞; 過去 1・3 人称複数. **II** 形 (顔などが)はれあがった: Sie hat vom Weinen ~*e* Augen. 彼女は目を泣きはらしている.

ver·schwom·men[fɛrʃvɔ́mən] **I** verschwimmen の過去分詞. **II** 形 ぼやけた, ぼんやりした, 朦朧(もうろう)とした, 不明瞭(ふめいりょう)な, 判然としない;《比》漠然とした, あいまいな: eine ~*e* Erinnerung ぼんやりした記憶 | ~*e* Umrisse ぼやけた輪郭 ‖ *sich*^{4} ~ ausdrücken あいまいな表現をする.

Ver·schwom·men·heit[−haɪt] 女 -/ verschwommen なこと.

ver·schwo·ren[fɛrʃvó:rən] **I** verschwören の過去分詞.

II 形 共謀〈結託〉した, 徒党を組んだ.

III Ver·schwo·re·ne 男 女《形容詞変化》**1** 共謀者. **2** (あることに)専心〈全力を傾注〉している人.

ver·schwö·ren*[fɛrʃvø:rən]《163》 **I** 他 (h) **1** 再帰 *sich*^{4} mit *jm.* ~ …と共謀〈結託〉する, …と徒党を組む〈ぐるになる〉 | *sich*^{4} mit *jm.* zu einem Bund ~ …と密約して同盟を結ぶ | Er hat sich mit anderen Offizieren gegen die Regierung 〈zu einem Attentat〉 *verschworen*. 彼は他の将校たちと語らって反政府の陰謀をめぐらした〈暗殺を計画した〉 | Alles scheint sich gegen uns *verschworen* zu haben.《比》我々は何をやってもうまくゆかない(まわりが皆ぐるになって我々に敵対しているみたいだ).

2 再帰 *sich*^{4} *et.*^{3} ~ …に身をささげる〈全力を傾注する〉〔ことを心に誓う〕 | *sich*^{4} dem Studium ~ 勉学に全力をつくす.

▽**3**《*et.*^{4}》(…を)断念することを誓う, 誓ってやめる; (…をしないと)誓う: den Alkohol ~ 禁酒する | Ich habe *verschworen*, nicht mehr an sie zu denken. 私はもはや彼女のことを考えまいと心に誓った.

II ver·schwo·ren → 別出

Ver·schwö·rer[fɛrʃvø:rər] 男 -s/- (陰謀などの)共謀者; 謀反人.

ver·schwö·re·risch[fɛrʃvø:rərɪʃ] 形 陰謀の, 共謀の.

Ver·schwö·rung[..rʊŋ] 女 -/-en **1**《単数で》〔sich〕 verschwören すること. **2** 陰謀,〔共同〕謀議, 謀略; 謀反の企て: eine ~ gegen die Regierung 反政府の陰謀.

ver·schwun·den[fɛrʃvʊ́ndən] verschwinden の過去分詞.

Vers·dra·ma[fɛ́rs..] 中 詩劇, 韻文劇.

ver·se·hen*[fɛrzé:ən]《164》 **I** 他 (h) **1 a)**《*et.*^{4}》(職務・役割などを)果たす, 執行する; 管理する, (…の)面倒を見る: *seinen* Dienst gewissenhaft ~ 職務を忠実に果たす | *js.* Amt ~ …の職務を代行する | Sie *versieht* bei uns den Haushalt. 彼女は私たちの家政をつかさどって〈家事の面倒を見て〉いる. **b)**《*jn.*》《カトリック》(…に)臨終の秘跡を授ける.

2 a)《*jn.* mit *et.*^{3}》(…に…を)与える, 授ける, 供給〈提供〉する, あてがう: *jn.* mit Kleidung 〈Lebensmitteln〉 ~ …に衣服〈食料品〉を支給する | *jn.* mit den Sterbesakramenten ~ …に臨終の秘跡を授ける ‖ 再帰 *sich*^{4} mit *et.*^{3} ~ …を用意する〈ととのえる〉 | Ich habe mich reichlich mit Geld *versehen*. 私は金を十分に用意した ‖〖過去分詞で〗Wir waren mit allem Nötigen *versehen*. 我々には必要なものはすべてととのっていた | Alles *versehen*? / Ist alles mit Fahrscheinen *versehen*? (車掌が乗客に向かって)どなたさまも乗車券をお持ちですか | Mit ihm bin ich gut 〈schlecht〉 *versehen*.《スイス》彼に対しては私は信頼が置ける〈置けない〉. **b)**《*et.*^{4} mit *et.*^{3}》(…に…を)備える, 用意する; 備えつける, 装備する: ein Schriftstück mit einem Stempel 〈*seiner* Unterschrift〉 ~ 書類に印を押す〈署名をする〉 | die Tür mit einem Schloß ~ ドアに錠前を取りつける | einen Text mit Anmerkungen ~ 本文に注をつける ‖ Die Fenster sind mit Gittern *versehen*. 窓には格子が取りつけられている.

3《*et.*^{4}》(…を)見誤る, 間違える: die Zahl ~ 数字を読み違える ‖ 再帰 *sich*^{4} ~ 見間違いをする | Bei der schlechten Beleuchtung habe ich mich *versehen*. 照明が暗かったので私は見間違いをしてしまった.

4 a)《*et.*^{4}》(うっかりして…を)しそこねる, きちんとやらない: Das hat er nur *versehen*. それは彼がうっかりしたのだ | Er hat nichts an seinen Kindern *versehen*. 彼は子供たちになすべきことはすべてしている. **b)** 再帰 *sich*^{4} ~ (うっかりして)過ち〈失策〉を犯す, しくじる: Ich habe mich beim Ausfüllen eines Formulars *versehen*. 私は用紙の記入を間違った.

5《雅》再帰 *sich*^{4} *et.*^{2} ~ …を予期する | Bei ihm hat man sich jedes Verbrechens zu ~. 彼ならどんな犯罪でも犯しかねない ‖〖es を目的語として〗**ehe man sich's *versieht*** / ohne daß man sich's *versieht* 予期せぬうちに, あっという

間に, 気がついてみたらすでに | Ehe du dich's *versiehst*, ist die Zeit vorüber. ぼやぼやしていると時が過ぎてしまうぞ.

II Ver·se·hen 中 -s/- (うっかりして犯してしまう)過失, 間違い, しくじり, 手落ち: aus ~ 誤って, うっかりして | Es war nur ein ~. / Es war ein reines ~. それは全くの過失にすぎなかった | Ich bedaure mein ~. 私は自分の手落ちを申しわけなく思っている.

ver·se·hent·lich[fɛrzé:əntlɪç] 形 誤り〈間違い〉から起こった, うっかりしての: das ~*e* Betreten des fremden Zimmers ついうっかり他人の部屋に入ってしまうこと ‖ Ich bin ~ in den falschen Zug eingestiegen. 私は誤って違う列車に乗ってしまった.

Ver·seh·gang 男 〘カトリック〙(司祭が危篤の信者に)臨終の秘跡を授けに行くこと.

ver·seh·ren[fɛrzé:rən] **I** 他 (h) 《*jn.*》(…を)傷つける, そこなう. **II ver·sehrt** 過分 形 身体障害の. **III Ver·sehr·te** 男 女 《形容詞変化》身体障害者.

Ver·sehr·ten·sport 男 身体障害者スポーツ.

Ver·sehrt·heit[..haɪt] 女 -/ versehrt なこと.

ver·sei·fen[fɛrzáɪfən] **I** 他 (h) 〘化〙(脂肪などを)鹼化(けんか)する. **II** 自 (s) 〘化〙(脂肪などが)鹼化する.

Ver·sei·fung[..fʊŋ] 女 -/-en 〘化〙鹼化(けんか) [<Seife 1]

Ver·sei·fungs·zahl 女 (略 VZ) 〘化〙鹼化(けんか)価.

ver·selb·stän·di·gen[fɛrzɛ́lpʃtɛndɪgən][2] (**ver·selbst·stän·di·gen**[..zɛlpst-ʃt..][2]) 他 (h) 《*et.*[4]》(…をより大きな組織から切り離して)独立させる: 再帰 *sich*[4] ~ 独立する, 自立する, ひとり立ちする; 《比》(うわさなどが)ひとり歩きする. [<selbständig]

Ver·selb·stän·di·gung (**Ver·selbst·stän·di·gung**)[..gʊŋ] 女 -/-en 独立, 自立, ひとり立ち.

Ver·se·ma·cher[fɛ́rzəmaxər] 男 -s/- 《ふつう軽蔑的に》へっぽこ詩人.

ver·sen·den(*)[fɛrzɛ́ndən][1] 《166》他 (h) **1** 《*et.*[4]》(手紙・商品などを〔多数の人々に〕)発送する, (貨物を)積み出す, 出荷する: Todesanzeigen ~ 死亡通知を発送する. ▽**2** 《*jn.*》派遣する: Truppen ~ 軍隊を派遣する. ▽**3** 《比》(光・視線などを)送る, 投げかける; (矢を)射かける.

Ver·sen·der[..dər] 男 -s/- 発送人, 送り主; 荷送人, 荷主.

Ver·sen·dung[..dʊŋ] 女 -/-en versenden すること.

Ver·sen·dungs·kauf 男 〘法〙送付売買.

ver·sen·gen[fɛrzɛ́ŋən] 他 (h) 《*et.*[4]》(…の表面を)焦がす: Ich habe mir die Haare *versengt*. 私は髪の毛を焦がしてしまった.

Ver·sen·gung[..ŋʊŋ] 女 -/ versengen すること.

ver·senk·bar[fɛrzɛ́ŋkba:r] 形 versenken できる: ein nicht ~*es* Kriegsschiff 不沈艦 | eine ~*e* Nähmaschine 格納式ミシン.

Ver·senk·büh·ne 女 〘劇〙昇降舞台.

ver·sen·ken[fɛrzɛ́ŋkən] 他 (h) **1** (下方に)落とす, 降ろす, 下降させる; (表面下に)沈める, 沈没〈埋没〉させる: *et.*[4] in die Erde ~ …を地中に埋め込む | die Hände in die Taschen ~ 両手をポケットに突っ込む | ein Schiff ~ 船を沈没させる | eine Leiche im Meer 〈ins Meer〉 ~ 死体を海中に沈める ‖ eine *versenkte* Schraube = Versenkschraube **2** 再帰 *sich*[4] in *et.*[4] ~ …に没頭する, …に沈潜する | *sich*[4] in ein Buch 〈eine Arbeit〉 ~ 本に読みふける〈仕事に没頭する〉 | Ich hatte mich in den Anblick des Bildes *versenkt*. 私は我を忘れてその絵に見とれていた.

Ver·senk·schrau·be 女 〘工〙沈頭ねじ.

Ver·sen·kung[fɛrzɛ́ŋkʊŋ] 女 -/-en **1** 《単数で》**a)** (versenken すること. 例えば:) 沈没, 埋没. **b)** (sich versenken すること. 例えば:) 没頭, 沈潜, 沈思.

2 〘劇〙迫(せ)り: **in der ~ verschwinden** (下降する)迫りに乗って姿を消す; 《話》世に忘れ去られる; 影も形もなくなる, 見えなくなる | **aus der ~ 〔wieder〕 auftauchen** 《話》(忘れ去られていたものが)〔再び〕舞台に姿を現す〈脚光を浴びる〉.

Ver·se·schmied[fɛ́rzə..] 男 《軽蔑的に》へぼ詩人.

ver·ses·sen[fɛrzɛ́sən] **I** versitzen の過去分詞. **II** 形 auf *jn.* 〈*et.*[4]〉 ~ sein …に執心している, …に夢中である | auf Geld ~ sein 金もうけに夢中である | Er ist ganz auf das Buch ~. 彼はこの本をなんとかして手に入れたがっている.

Ver·ses·sen·heit[–haɪt] 女 -/ versessen なこと.

ver·setz·bar[fɛrzɛ́tsba:r] 形 versetzen できる: ein ~*er* Aufzug 〈Kran〉 走行ホイスト〈クレーン〉.

ver·set·zen[fɛrzɛ́tsən] 《02》他 (h) **1 a)** 《*et.*[4]》(…を)他の場所へ移す, 移動させる, 移し替える, 置き換える: einen Baum 〔an einen anderen Platz〕 ~ 木を〔別な場所に〕移す〈移植する〉 | Der Glaube *versetzt* Berge. (→Glaube 2) | Berge ~ 〔können〕 (→Berg 1 a) | einen Grenzstein ~ 境界石を移動させる. **b)** 〘楽〙(音を)半音上げる〈下げる〉(→Versetzungszeichen). **c)** 《*jn.*》《方向を示す語句と》(…の席を…へ)移す, 移動させる; 配置替えする, 転勤〈転属〉させる: *jn.* in eine andere Abteilung 〈in eine Zweigstelle〉 ~ …を他の部局に転属させる〈支店に転勤させる〉 | *jn.* in den Ruhestand ~ …を退職させる | Er wurde nach Berlin *versetzt*. 彼はベルリンに転勤になった. **d)** 《*jn.*》(…を)昇格〈昇級〉させる; (生徒を)進級させる: Wegen schlechter Leistungen wurde er nicht *versetzt*. 成績が悪かったために彼は進級できなかった.

2 《*jn.* 〈*et.*[4]〉 in *et.*[4]》(…を…の状態・状況・立場に)置く, 陥らせる: *jn.* in Aufregung 〈Verlegenheit〉 ~ …を興奮〈困惑〉させる | *jn.* in Wut ~ …を憤激〈激怒〉させる | *et.*[4] in Bewegung ~ …を動かす | Seine Unterstützung hat mich in die Lage *versetzt*, mein Studium erfolgreich abzuschließen. 彼の援助のおかげで私は大学での勉強を無事に終えることができた | Ich bin in die Notwendigkeit *versetzt*, dieses zu tun. 私はこのことをせざるを得ない立場に追い込まれている ‖ 再帰 *sich*[4] in *et.*[4] ~ …〔の立場〕に身を置く | *Versetzen* Sie sich bitte in meine Lage! 私の身になってください | Er kann sich nur schwer in einen anderen ~. 彼は他人の立場に立って考えることがほとんどできない | *sich*[4] in *js.* Rolle ~ 〔können〕 (→Rolle 5).

3 《*jm.* *et.*[4]》(…に打撃などを)加える, 食らわす: *jm.* eine Ohrfeige ~ …にびんたを食らわす | ***jm.* eine 〈eins〉 ~** 《話》…に一発食らわす | *jm.* einen Schlag ~ (→Schlag I 1 a) | *jm.* 〈*et.*[3]〉 den Todesstoß ~ (→Todesstoß).

4 《*et.*[4]》(…と)答える, 返事する: „Nein, ich will nicht", *versetzte* er. 「いやだ」と彼は答えた | Auf meine Frage *versetzte* er, er wisse nichts davon. 私の問いに対して彼はそれについては何も知らないと答えた.

5 《*et.*[4] mit *et.*[3]》(…を…と)混ぜる, 混合する: Wein mit Wasser ~ ワインに水を割る | Der Sand ist mit etwas Lehm *versetzt*. この砂にはいくらか粘土がまじっている.

6 《*et.*[4]》 **a)** (verpfänden) (…を)担保〈抵当〉として与える, 質に入れる: *seine* Uhr 〔im Leihhaus〕 ~ 時計を質に入れる. **b)** (verkaufen) (…を)売る, 売却〈処分〉する: die Beute ~ 獲物を金(かね)にかえる.

7 《*et.*[4]》(開口部などを)ふさぐ; 詰まらせる; 〘坑〙(採掘したあとを)充塡(じゅうてん)する, (…に)ぼたを詰める: den Eingang mit Steinen 〈die Tür mit Möbeln〉 ~ 入口を石〈戸口を家具〉でふさぐ | ***jm.* den Atem ~** 《比》(驚きなどが)…に息も止まる思いをさせる | Die Teeblätter haben den Ausguß *versetzt*./ 再帰 Der Ausguß hat sich[4] mit Teeblättern *versetzt*. 流しの口がお茶の葉で詰まった ‖ *versetzte* Winde 〈Blähungen〉 腸内にたまったガス.

8 《話》《*jn.*》(約束をすっぽかして…に)待ちぼうけを食わせる.

9 《*et.*[4]》(積み重ねた石・れんがなどの継ぎ目を)互い違いにずらす: *versetzte* Fugen 〘建〙破り目地(めじ).

Ver·set·zung[fɛrzɛ́tsʊŋ] 女 -/-en versetzen する〈される〉こと.

Ver·set·zungs·zei·chen 中 〘楽〙臨時記号(曲の途中で音の高さを一時的に変える. ♯, ♭, ♮ など).

ver·seu·chen[fɛrzɔ́ʏçən] 他 (h) (病原菌などで)汚染する; 《比》(思想的に)染める: *et.*[4] radioaktiv ~ …を放射能で汚染する. [<Seuche]

Ver·seu·chung[..çʊŋ] 女 -/-en verseuchen すること.

Vers≠form[fɛ́rs..] 女 詩句の形式, 詩形. **≠fuß** 男 〘詩〙詩脚(詩句のリズムの単位で, 音節の長短や強弱の組み合わせ).

ver·si·cher·bar[fɛrzíçərba:r] 形 保険のかけられる.

Ver·si·che·rer[..çərər] 男 -s/- (↔Versicherte) 保険者; 保険会社.

ver·si·chern[fɛrzíçərn] 《05》 **I** 他 (h) **1 a**) 《(*jm.*) *et.*4》 ((…に)…を)請け合う, 保証する, 確言(断言)する: *et.*4 hoch und heilig ～ …を神にかけて断言する | *et.*4 auf Ehre und Gewissen ～ …を名誉にかけて請け合う(保証する) | Ich *versichere* dir, daß keine Gefahr besteht. 絶対に危険がないことを君に約束するよ(→b). **b**) 《*jn.* 〔*et.*2〕》 (…に〔…を〕)請け合う, 保証する; (…に…を与えることを)約束する: *jn. seines* Beistandes ～ …に助力を約束する | Ich *versichere* dich, daß keine Gefahr besteht. 絶対に危険がないことを君に約束するよ(→a) ‖ Seien Sie unserer Teilnahme *versichert*! 我々は必ず参加します | Sei *versichert* 〈Du kannst *versichert* sein〉, daß ich mein Bestes tun werde. 心配するな 私は必ず全力を尽くすから.

2 a) 再帰 *sich*4 *et.*2 〈*js.*〉 ～ …について確かめる, …を確認する, …を確保しておく | Ich wollte mich erst deiner Einwilligung ～. 私はあらかじめ君の同意を得ておきたかったのだ | Wir haben uns zunächst des Ministers *versichert*. 我々はまず第一に大臣の同意を取りつけた. **b**) 再帰 *sich*4 *et.*2 〈*js.*〉 ～ …をわが物とする, …を占有する; …を捕らえる.

3 《*jn.* 〈*et.*4〉〔gegen *et.*4〕》 (…に〔…に対して〕)保険をかける: *et.*4 gegen Feuer ～ …に火災保険をかける | Ich habe meine Familie gegen Unfall *versichert*. 私は私の家族に災害保険をかけた ‖ 再帰 *sich*4 gegen Diebstahl ～ 盗難保険に入る ‖ Diese Krankenkasse *versichert* 〔ihre Mitglieder〕 nicht gut. この健康保険組合は〔加入者にとって〕有利ではない.

II Ver·si·cher·te 男 女 《形容詞変化》 (↔Versicherer) 被保険者.

Ver·si·che·rung[fɛrzíçərʊŋ] 女 -/-en **1** 請け合い, 保証, 確言, 断言, 約束: eine schriftliche ～ 確認書, 証文, 念書 | *jm.* die ～ geben, daß ... …に…のことを請け合う(保証する). **2 a**) 保険〔契約〕: eine ～ gegen Diebstahl 〈Feuer〉 盗難〈火災〉保険 | Arbeitslosen*versicherung* 失業保険 | Kranken*versicherung* 健康保険 | Lebens*versicherung* 生命保険 ‖ eine ～ abschließen 〈erneuern / kündigen〉 保険の契約を結ぶ〈更新する・解約する〉. **b**) 保険会社: In solchen Fällen zahlt die ～ nicht. このような場合には保険会社は支払いをしない. **c**) 保険料. **d**) 保険証書.

Ver·si·che·rungs≈agent 男 =Versicherungsvertreter ≈**auf·sicht** 女 保険会社に対する(国家の)監督. ≈**bei·trag** 男 =Versicherungsprämie ≈**be·trag** 男 =Versicherungssumme ≈**be·trug** 男 保険詐欺. ≈**fall** 男 保険事故. ≈**ge·ber** 男 =Versicherer ≈**ge·sell·schaft** 女 保険会社. ≈**ma·the·ma·tik** 女 保険数理. ≈**ma·the·ma·ti·ker** 男 保険計理士〈人〉. ≈**neh·mer** 男 =Versicherte ≈**pflicht** 女 保険加入の義務. ≈**po·li·ce**[..poli:s(ə)] 女 = Versicherungsschein ≈**prä·mie**[..prɛ:miə] 女 保険料. ≈**schein** 男 保険証券〈証書〉. ≈**schwin·del** 男 《話》 保険詐欺. ≈**sum·me** 女 保険金〔額〕. ≈**ver·trag** 男 保険契約. ≈**ver·tre·ter** 男 保険代理商; 保険勧誘員. ≈**wert** 男 保険価額. ≈**we·sen** 中 -s/ 保険制度.

ver·si·ckern[fɛrzíkərn] 《05》 自 (s) (液体が)にじみ出〔てなくな〕る, 漏る; (水が地中などに)しみ込む, 浸透する; 干上がる, 涸(か)れる; 《比》 (しだいに)枯渇〈消滅〉する: Das Gespräch *versickerte*. 会話がしだいに途絶えた.

Ver·si·cke·rung[..kərʊŋ] 女 -/-en versickern すること.

ver·sie·ben[fɛrzí:bən]1 他 (h) 《話》 **1** 忘れる; 置き忘れる, 紛失する. **2** (仕事などを)やりそこなう, 台なしにする: **es bei *jm.* ～** 《話》 …の信用を失う, …の機嫌をそこねる. [＜Sieb]

ver·sie·geln[fɛrzí:gəln] 《06》 他 (h) **1** 《*et.*4》 (…に)封をする, 封印する: einen Brief 〈ein Testament〉 ～ 手紙〈遺言状〉に封印をする | eine Wohnung ～ 住居に封印する(差し押さえ処分で) | *jm.* den Mund 〈die Lippen〉 ～ 《比》 …の口を封じる | *jm.* den Mund 〈die Lippen〉 mit einem Kuß ～ キスで…の口をふさぐ. **2** (塗料・防水剤・防腐剤などを塗って)持ちをよくする.

Ver·sie·ge·lung[..gəlʊŋ] (**Ver·sieg·lung**[..glʊŋ]) 女 -/-en versiegeln すること.

ver·sie·gen[fɛrzí:gən]1 自 (s) (泉・井戸などが)涸(か)れる, 枯渇する, 干上がる; 《比》 尽きる: Ihre Tränen *versiegten*. 彼女の涙は涸れ果てた | Unsere Geldquelle ist *versiegt*. 我々の財源は枯渇した ‖ einen nie *versiegenden* Humor besitzen くめども尽きぬ〈あふれるばかりの〉ユーモアの持ち主である.

[*mhd.* versīhen „vertrocknen“; ◇seihen]

ver·siert[vɛrzí:rt] 形 《in *et.*3》 (…に)通暁〈精通〉した, (…に)堪能(たんのう)な; 経験の豊かな, 老練な, 練達の: Er ist in Finanzfragen sehr ～. 彼は財政問題に精通している.

[＜*lat.* versārī „sich herumdrehen“ (◇versatil)]

Ver·siert·heit[–haɪt] 女 -/ versiert なこと.

▽**Ver·si·fex**[vέrzifɛks] 男 -es/-e (Verseschmied) へぼ詩人. [＜Vers]

Ver·si·fi·ka·tion[vɛrzifikatsió:n] 女 -/-en 作詩; (散文の)韻文化. [*lat.*]

ver·si·fi·zie·ren[..fitsí:rən] 他 (h) 詩に作る, 詩句で表現する; (散文を)韻文に変える. [*lat.*]

Ver·sil·be·rer[fɛrzílbərər] 男 -s/- 銀めっき工.

ver·sil·bern[..zílbərn] 《05》 他 (h) **1** 《*et.*4》 (…に)銀めっきをする; (…に)銀を着せる, (…に)銀箔(ぎんぱく)をかぶせる; (…を)銀張りにする: ein *versilberter* Löffel 銀めっきしたさじ | *jm.* die Hände ～ (→Hand 1). **2** 《戯》 金(かね)に換える, 売る: Möbel ～ 家具を金に換える. **3** 《雅》 銀色の光で満たす, 銀色に輝かせる: Der Mond *versilbert* den See. 月が湖を銀色に輝かせている. [＜Silber]

Ver·sil·be·rung[..bərʊŋ] 女 -/-en **1** versilbern すること. **2** 銀めっき.

ver·sim·peln[fɛrzímpəln] 《06》 **I** 他 (h) 単純にする; うすのろにする. **II** 自 (s) ばか〈うすのろ〉になる: Er ist total *versimpelt*. 彼はすっかりばかになった. [＜simpel]

ver·sin·ken*[fɛrzíŋkən] 《169》 **I** 自 (s) **1** 《ふつう場所を示す語句と》 (…に)沈む, 没する, 沈没する; はまり込む, めり込む: im Meer 〈in den Wellen〉 ～ 海中〈波間〉に沈む | Er *versank* bis zu den Knien im Schnee. 彼は膝(ひざ)まで雪の中にはまり込んだ | Ich hätte im 〈in den〉 Boden ～ mögen. 私は消え入りたい気持だった, 私は穴があったら入りたかった | Die Sonne *versank* hinter den Bergen. 太陽は山々のうしろに沈んだ | Bäume und Häuser *versanken* in der Dämmerung. 木々や家々が暮色の中に姿を没した | Wenn er auf der Bühne stand, *versank* für ihn die Welt. いったん舞台に立つと 彼は他のことをいっさい忘れた. **2** 《比》 《in *et.*4》 (行為・状態などに)没入する, 沈潜する: in Schlaf ～ 眠り込む | in Gedanken ～ 思いにふける | in Trauer ～ 悲しみに沈む | in Schutt und Asche ～ (→Schutt 1).

II ver·sun·ken → 別出

ver·sinn·bild·li·chen[fɛrzínbɪltlɪçən] (**ver·sinn·bil·den**[fɛrzínbɪldən]1 《01》) 他 (h) 象徴化する, 比喩(ひゆ)で表す: Die weiße Farbe *versinnbildlicht* die Reinheit. 白い色は純潔の象徴である. [＜Sinnbild]

Ver·sinn·bild·li·chung[..çʊŋ] 女 -/-en 象徴化.

ver·sinn·li·chen[fɛrzínlɪçən] 他 (h) **1** 感覚的に知覚できるようにする. **2** 官能的にする.

Ver·sion[vɛrzió:n] 女 -/-en **1** (Fassung) (あるものの特別な)型, 形式, 表現様式; 稿本, 版; (ある事件などについてのそれぞれの立場からの)説明, 解釈, 見解: eine amtliche 〈offizielle〉 ～ 公式の解釈, 公式見解 | mehrere ～*en* eines Gedichtes 詩のいくつかの草稿〈異文〉 | die neue ～ eines Fernsehgeräts テレビ受像機の新型 | Von dem Hergang des Unfalls gibt es verschiedene ～*en*. 事故の経過については説がいくつかに分かれている. ▽**2** (Übersetzung) 翻訳.

[*fr.*; ＜*lat.* versus (→Vers)]

ver·sip·pen[fɛrzípən] **I** 他 (h) 《*jn.* mit *jm.*》 (…を…と)親戚(しんせき)〈姻戚〉にする: 再帰 *sich*4 mit *jm.* ～ …と親戚になる. **II ver·sippt** 過分 形 親戚の, 姻戚の: Wir sind miteinander ～. 私たちは親戚同士だ. [＜Sippe]

ver·sit·zen*[fɛrzítsən] 《171》 **I** 他 (h) **1** (時を)座って

〔無為に〕過ごす. **2** 《*et.*[4]》(…を)座ってだめにする: Ich habe mir den Rock *versessen*. 私は座っていたためにスカートがしわになってしまった | Das Sofa ist schon sehr *versessen*. このソファーはすでにだいぶへこんでいる.

II ver·ses·sen → 別出

ver·skla·ven[fɛrsklá:vən[1], ..fən] 他 (h) 《*jn.*》(…を)奴隷にする; 奴隷化する, 隷属させる. [<Sklave]

Ver·skla·vung[..vʊŋ, ..fʊŋ] 女 -/-en 奴隷化.

Vers≈kunst[fɛ́rs..] 女 -/ 作詩法, 詩学. **≈leh·re** 女 -/ (Metrik) 韻律論.

ver·slu·men[fɛrslámən] 自 (s) (都市の一部が)スラム〔街〕化する. [<Slum]

Ver·slu·mung[..slámʊŋ] 女 -/-en スラム〔街〕化.

Vers·maß[fɛ́rs..] 中 (Metrum) 《詩》韻律.

ver·smogt[fɛrsmɔ́kt] 形 スモッグに汚染された. [<Smog]

ver·snobt[fɛrsnɔ́pt] 形 紳士〈専門家〉気取りの, 俗物根性の, きざな: ein ~*er* Kunstliebhaber 通ぶった芸術愛好家 | eine ~*e* Mode (ひどく目立つ)きざなモード. [<Snob]

Ver·so[vɛ́rzo·] 中 -s/-s (↔Rekto) (紙の)裏側, 裏ページ. [<verso folio]

ver·sof·fen[fɛrzɔ́fən] **I** versaufen の過去分詞; 過去 1・3 人称複数. **II** 形 《話》飲んだくれの, 大酒飲みの.

ver·so fo·lio[vɛ́rzo· fó:lio·] 《ラテ語》(↔recto folio) 紙の裏側に, 裏ページに(記号 v; 例 10[v]). [< *lat.* vertere (→vertieren[2])]

ver·soh·len[fɛrzó:lən] 他 (h) **1** 《話》(verprügeln) さんざんに殴る, ぶちのめす: *jm.* das Leder ~ (→Leder 1). **2** 《スイ》《*jn.*》だます, 欺く; からかう. [<Sohle]

ver·söh·nen[fɛrzǿ:nən] 他 (h) 《*jn.* mit *jm.*》(…を…と)和解〈仲直り〉させる; 《*jn.*》(…の気持を)なだめる, (…の怒りを)しずめる, やわらげる: die Streitenden ~ 争っている人たちを仲直りさせる | die Götter ~ 神々の怒りをしずめる | Die schöne Umgebung *versöhnte* ihn mit den Nachteilen der Wohnung. 《比》周囲の美しい景色のおかげで 彼は住居の欠点を忘れた ‖ 再帰 *sich*[4] mit *jm.* ~ …と和解〈仲直り〉する | Ich habe mich entschlossen, mich mit ihm zu ~. 私は彼と和解することを決心した ‖ Sie sind wieder *versöhnt*. 彼らはもとどおり仲直りした | ein *versöhnendes* Wort 和解の言葉. [*mhd.*; ◇sühnen]

Ver·söh·ner[fɛrzǿ:nər] 男 -s/- versöhnen する人.

Ver·söhn·ler[fɛrzǿ:nlər] 男 -s/- 《軽蔑的に》日和見主義者.

ver·söhn·le·risch[..lərɪʃ] 形 《軽蔑的に》日和見主義の.

Ver·söhn·ler·tum[..lərtu:m] 中 -s/ 《軽蔑的に》日和見主義.

ver·söhn·lich[fɛrzǿ:nlɪç] 形 和解的な, 宥和(ゆうわ)的な: *sich*[4] ~ zeigen 和解的な態度を示す.

Ver·söhn·lich·keit[-kaɪt] 女 -/ versöhnlich なこと.

Ver·söh·nung[fɛrzǿ:nʊŋ] 女 -/-en (〔sich〕 versöhnen すること. 例えば:) 和解, 宥和(ゆうわ): *jm.* die Hand zur ~ reichen …に和解の意思を示す.

Ver·söh·nungs≈fest 中 **1** 和解の祝い. **2** =Versöhnungstag **≈po·li·tik** 女 宥和(ゆうわ)政策. **≈tag** 男 (Jom Kippur) 贖罪(しょくざい)の日, ヨム=キプル(ユダヤ教の大祭日).

ver·son·nen[fɛrzɔ́nən] 形 瞑想(めいそう)〈物思い〉にふけっている; 空想にふけっている, 夢想的な. [<sich versinnen „sich in Gedanken verlieren" (◇sinnen)]

Ver·son·nen·heit[-haɪt] 女 -/ versonnen なこと.

ver·sor·gen[fɛrzɔ́rgən][1] **I** 他 (h) **1** 《*jn.* / *et.*[4]》(…の)世話をする, 面倒を見る; 責任をもって管理〈処理〉する: *seine* Familie ~ 家族を扶養する | einen Kranken ~ 病人の面倒を見る | den Haushalt 〈die Küche〉 ~ 所帯〈台所〉を切り盛りする | eine Wunde ~ 傷口を手当てする | Wer *versorgt* die Zentralheizung dieses Hauses? この建物のセントラルヒーティングはだれが管理しているのか ‖ 再帰 Ich *versorge* mich selbst. 《話》私は自炊生活をしている.

2 《*jn.* mit *et.*[3]》(…に…を)与える, 支給する, 供給〈補給〉する, 提供する: *jn.* mit Kleidung 〈Nahrung〉 ~ …に衣服〈食糧〉を与える | die Stadt mit Strom 〈Trinkwasser〉 ~ 町に電力〈飲料水〉を供給する ‖ 再帰 *sich*[4] mit *et.*[3] ~ …を手元に備える〈用意する〉 | Ich habe mich mit allem Nötigen *versorgt*. 私は必要なものをすっかり用意してある ‖ Darf ich Ihnen eine Zigarette anbieten?—Danke, ich bin *versorgt*. タバコをひとついかがですか — ありがとう 手持ちがありますから | Er ist gut *versorgt*. 彼は不自由のない暮らしをしている | Seine älteste Tochter ist *versorgt*. 彼のいちばん上の娘はもう心配のない状態にある〈結婚している〉.

3 《スイ》(安全な場所に…を)しまう, 保管する; 《*jn.*》(…を)かくまう, (治療施設・精神病院などに)収容する.

II ver·sorgt 過分 形 **1** 憂慮した, 心配のためにやつれた: ein ~*es* Gesicht うれいに沈んだ〈心配にやつれた〉顔.

2 (十分に)世話〈配慮〉されている, 不自由していない.

Ver·sor·ger[fɛrzɔ́rgər] 男 -s/- (versorgen する人. 例えば:) 扶養者; 供給者.

Ver·sor·gung[..gʊŋ] 女 -/ **1** (versorgen すること. 例えば:) 世話, 扶養; 支給, 供給, 補給; 《軍》給養: Selbst*versorgung* 自給〔自足〕 | Wasser*versorgung* 給水.

2 (年金による老齢者・遺族・身障者などへの)扶養, 生活保障.

Ver·sor·gungs≈amt 中 〔戦時犠牲者〕援護庁. **≈an·spruch** 男 年金請求権. **≈aus·gleich** 男 -〔e〕s/ 《法》(離婚後における夫婦の)恩給等の配分与. **≈ba·sis** 女 補給基地.

ver·sor·gungs·be·rech·tigt 形 年金請求権のある.

Ver·sor·gungs≈be·trieb 男 公益事業. **≈haus** 中 (Altersheim) (オーストリアの)老人ホーム. **≈li·nie**[..niə] 女 (物資などの)補給線. **≈netz** 中 供給〈補給〉網. **≈schiff** 中 補給船; 《軍》補給艦. **≈staat** 男 福祉国家. **≈teil** 男 (宇宙船の)サービスモジュール. **≈trup·pe** 女 補給部隊. **≈un·ter·neh·men** =Versorgungsbetrieb

ver·sot·ten[fɛrzɔ́tən] 《01》 自 (s) (煙突・暖炉などが)内壁にタール分がしみ込んで通気が悪くなる. [<Sott]

Ver·sot·tung[..tʊŋ] 女 -/-en versotten すること.

ver·spaakt[fɛrʃpá:kt] =verspakt

ver·spach·teln[fɛrʃpáxtəln] 《06》 他 (h) 《話》がつがつ食べる, 平らげる.

ver·spakt[fɛrʃpá:kt] 形 《北部》 **1** (木材などが)腐朽した, ぼろぼろになった. **2** (空気が)息詰まるような, むっとする. [<spack]

ver·span·nen[fɛrʃpánən] 他 (h) **1** 《*et.*[4] mit *et.*[3]》(マストなどを綱・鋼索などで)固定する, ぴんと張る. **2** (じゅうたんなどを)敷きつめる. **3** 再帰 *sich*[4] ~ 硬直する, けいれんをおこす: *verspannte* Schultern bekommen 肩が凝(こ)る.

Ver·span·nung[..nʊŋ] 女 -/-en **1** 《単数で》verspannen すること. **2** 支索, 張線. **3** けいれん.

ver·spa·ren[fɛrʃpá:rən] 他 (h) (後のために)とっておく, 延期する: den Besuch ~ 訪問を延期する.

ver·spä·ten[fɛrʃpɛ́:tən] 《01》 **I** 他 (h) **1** 再帰 *sich*[4] ~ 遅れる, 遅刻する: Der Zug 〈Seine Ankunft〉 *verspätete* sich 〔um〕 20 Minuten. 列車〈彼の到着〉は20分遅れた | Ich habe mich leider *verspätet*. 私は残念ながら遅刻した.

[▽]**2** 《*et.*[4]》(…の到着・到来を)遅らせる, 遅延させる.

[▽]**3** 《*et.*[4]》(…を)遅刻して逸する〈のがす〉: den Zug ~ 列車に乗り遅れる.

II 自 (h) 遅れる, 遅刻する.

III ver·spä·tet 過分 形 遅れた, 遅刻した; 時期遅れの, 遅きに失した: ~*e* Glückwünsche 遅まきながらの祝詞 | eine ~*e* Rose (季節が終わったあとで咲いている)遅咲きのバラ ‖ Der Zug kam ~ an. 列車は延着した. [*mhd.*; ◇spät]

Ver·spä·tung[..ʃpɛ́:tʊŋ] 女 -/-en 遅れ, 遅延, 遅刻: die ~ wieder aufholen 〈einholen〉 遅れを取り戻す | mit einer kleinen 〈großen〉 ~ eintreffen 少し〈大幅に〉遅れて到着する | Der Zug hat zehn Minuten ~ 〈eine ~ von zehn Minuten〉. 列車は10分遅れている | Entschuldigen Sie bitte meine ~! 遅刻して申し訳ありません.

Ver·spä·tungs·ta·fel 女 (駅などの)延着告知板.

ver·spei·sen[fɛrʃpáɪzən][1] 《02》(《スイ》: 過分 verspiesen [..ʃpí:zən]) (h) 《雅》食べる, 賞味する; 食べ尽くす, 平らげる.

ver·spe·ku·lie·ren[fɛɐ̯ʃpekulíːrən] 他 (h) **1** (金・財産などを)投機によって失う. **2** 再帰 *sich*⁴ ～ i) 投機に失敗する; 投機で身を滅ぼす; ii) 誤算(見込み違い)をする.

▽**ver·spen·den**[fɛɐ̯ʃpɛ́ndən]¹ 《01》 他 (h) (金品などを)分かち与える, 施与(喜捨)する; むだに遣い果たす, 浪費する.

▽**ver·spen·die·ren**[fɛɐ̯ʃpɛndíːrən] 他 (h) (金品などを)分かち与える; (酒などを)おごる; (金を)浪費する, (財産を)蕩尽(とうじん)する.

ver·sper·ren[fɛɐ̯ʃpɛ́rən] 他 (h) **1** (通路・進路などを)ふさぐ, さえぎる, 遮断する; (道路をバリケードなどで)閉鎖する; (港・海岸などを)封鎖する: die Einfahrt ～ 進入を遮断する | *jm.* den Weg ～ …の行く手をさえぎる | *jm.* die Sicht ⟨die Aussicht⟩ ～ …に対して眺望をさえぎる.

2 《南部・オーストリア》 **a)** 《*et.*⁴》 (…にかぎをかけて)開けられなくする: einen Schrank ⟨ein Zimmer⟩ ～ 戸棚(部屋)にかぎをかける. **b)** 再帰 *sich*⁴ ～ 閉じこもる; 《比》心を閉ざす.

Ver·sper·rung[..ruŋ] 女 -/-en (versperren すること. 例えば:) 遮断, 封鎖; 閉鎖.

ver·spie·geln[fɛɐ̯ʃpíːɡəln] 他 (h) **1** 《*et.*⁴》 (…に)鏡を備えつける. **2** 《*et.*⁴》 (…に)鏡面を張りつける: eine *verspiegelte* Brille 表側が鏡になっているめがね. [＜Spiegel]

ver·spie·len[fɛɐ̯ʃpíːlən] **I** 他 (h) **1** 賭事(かけごと)で失う, 賭博(とばく)(ばくち)でする; 《比》(自分の責任で)失う, 棒にふる: *sein* ganzes Vermögen ～ 賭事で全財産を失う | eine Chance ～ せっかくのチャンスを棒にふる. **2** 賭(か)ける, 賭金として投じる. **3** (時を)遊んで過ごす: den ganzen Tag ～ 一日じゅう遊んで暮らす. **4** 再帰 *sich*⁴ ～ 間違って演奏する, 弾き間違える.

II 自 (h) **1** (賭事・ゲームなどで)敗れる, 負ける. **2** 〘次の成句で〙 **bei *jm.* verspielt haben** …の信用(寵愛(ちょうあい))を失ってしまう, …に嫌われている | Bei mir hat er endgültig ⟨für immer⟩ *verspielt*. 私は彼のことなんか今後いっさい信用しない.

III ver·spielt 過分 形 **1** (子供などが)遊び好きの, すぐに気の散る. **2** (spielerisch) たわむれ〔てい〕るような, 軽やかな.

Ver·spie·ler[fɛɐ̯ʃpíːlɐr] 男 -s/- 《話》弾き間違い, 演奏ミス.

ver·spie·sen[fɛɐ̯ʃpíːzən] 《スイス》 verspeisen の過去分詞.

ver·spie·ßern[fɛɐ̯ʃpíːsɐrn] 《05》 自 (s) 偏狭固陋(ころう)な俗物に成り下がる. [＜Spießer²]

ver·spil·lern[fɛɐ̯ʃpílɐrn] 《05》 ＝vergeilen [*ndd.*; ◇Spille]

ver·spin·nen*[fɛɐ̯ʃpínən] 《175》 **I** 他 (h) **1** (綿花・亜麻・繭などを)紡いで糸にする; 紡いで消費する. **2** 再帰 *sich*⁴ in *et.*⁴ ～ …に没頭する | *sich*⁴ in einen Gedanken ～ 思いふける. **II ver·spon·nen** 過分 形 奇妙な, おかしな; 妙な考えにとりつかれた.

ver·splei·ßen*[fɛɐ̯ʃpláɪsən] 《176》 他 (h) 〘海〙 (ロープなど〔の端〕を)組み継ぎする.

ver·spot·ten[fɛɐ̯ʃpɔ́tən] 《01》 他 (h) あざける, ばかにする, 嘲弄(ちょうろう)(嘲笑)する: *jn.* ⟨*js.* Ungeschicklichkeit⟩ ～ …(…の不器用さ)をあざける.

Ver·spot·tung[..tuŋ] 女 -/-en あざけり, 嘲弄, 嘲笑.

ver·sprach[fɛɐ̯ʃpráːx] versprechen の過去.

ver·sprach·li·chen[fɛɐ̯ʃpráːxlɪçən] 他 (h) 言葉にする, 言語化する. [＜sprachlich]

ver·spre·chen*[fɛɐ̯ʃprɛ́çən] 《177》 **I** 他 (h) **1 a)** 《*jm. et.*⁴》 (…に…を)約束する; (…に…することを)誓う: *jm.* Belohnung ⟨Hilfe / Unterstützung⟩ ～ …に報酬(助力・援助)を約束する | *jm.* die Ehe ～ …に結婚の約束をする | *jm.* Gehorsam ⟨Treue⟩ ～ …に服従(忠誠)を誓う | *jm.* goldene Berge ～ (→Berg 1 a) | *jm.* das Blaue vom Himmel 〔herunter〕 ～ (→blau III 2) | *jm. et.*⁴ fest ⟨hoch und heilig / in die Hand / mit Handschlag⟩ ～ …に…を確約する | Er *versprach* mir sein Auto./ Er *versprach* mir, sein Auto zu leihen. 彼は私に車を貸してくれると約束した | Er hat mir *versprochen*, er werde pünktlich kommen. / Er hat mir *versprochen*, pünktlich zu kommen. 彼は定刻に来ると私に約束した | *Versprich* mir, daß du dich nicht verspätest! 遅刻しないと約束してくれ | Was man *verspricht*, muß man halten. 約束は守らねばならない | ***Versprich* wenig, aber halte viel.** 《諺》約束は少なく実行は多くせよ ‖ Das *versprochene* Geld ist noch nicht da. 約束の金はまだ来ていない | Wie *versprochen*, schicke ich Ihnen anbei meinen Lebenslauf. お約束したように同封にて私の履歴書をお送りします. ▽**b)** 再帰 *sich*⁴ mit *jm.* ～ …と婚約する | Sie sind miteinander *versprochen*. 彼らは婚約している.

2 a) 《*et.*⁴》 (…を)期待させる, (…の)望み(おそれ)を抱かせる: Das Barometer *verspricht* gutes Wetter. 気圧計によればよい天気になりそうだ | Seine Miene *versprach* nichts Gutes. 彼の顔つきから見てろくなことはなさそうだった. **b)** 《ふつう現在または過去時称で, werden の zu 不定詞句を伴って》 (scheinen) (…になるように)思われる: Das Kind *verspricht* etwas zu werden. この子はものになりそうだ | Er *verspricht* ein guter Schwimmer zu werden. 彼は将来すぐれた水泳選手になりそうだ(参考 Er hat uns *versprochen*, ein guter Schwimmer zu werden. 彼はすぐれた水泳選手になると私たちに約束した: →1 a). **c)** 《*sich*³ von *et.*³ ⟨*jm.*⟩ *et.*⁴》 (…から…を)期待する, あてにする: Von ihm hatte ich mir eigentlich mehr *versprochen*. 彼はもっと能力のある(もう少しましな)男かと私は思っていた | Ich *verspreche* mir hiervon einen guten Erfolg. 私はこのことについて良い成果があがると期待している.

3 再帰 *sich*⁴ ～ 言い間違える, 言いそこないをする: Er *verspricht* sich ständig. 彼は絶えず言い間違いをする.

II Ver·spre·chen 中 -s/- **1 a)** 《単数で》約束すること: *Versprechen* und Halten ist zweierlei. / *Versprechen* ist eins und Halten ist ein anderes. 《諺》約束するのと約束を守るのとは別のことだ. **b)** 約束, 誓い: ein ～ halten ⟨einhalten⟩ 約束を守る | ein ～ einlösen ⟨erfüllen⟩ 約束を果たす | ein ～ brechen 約束を破る | *jm.* ein ～ abnehmen …から約束を取りつける | Er hat mir das ～ gegeben, es nicht weiterzusagen. 彼はそれを他言しないと私に約束した ‖ Seinem ～ gemäß ⟨nach⟩ kam er heute zu mir. 約束どおり彼はきょう私のところへ来た | Auf dein ～ habe ich es getan. 君の約束を信じて私はそれをやったのだ | Ich habe ihn von seinem ～ entbunden. 私は彼の約束をなかったことにしてやった.

2 言い間違い.

Ver·spre·cher[fɛɐ̯ʃprɛ́çɐr] 男 -s/- 《話》言い間違い, 失言.

Ver·spre·chung[..çuŋ] 女 -/-en 《ふつう複数で》約束, 誓い: leere ～*en* 空(から)約束 | ～*en* halten ⟨brechen⟩ 約束を守る(破る) | Er hat seine ～*en* nicht erfüllt. 彼は約束を果たさなかった.

ver·spren·gen[fɛɐ̯ʃprɛ́ŋən] **I** 他 (h) はね散らす, はね飛ばす; (敵の部隊などを)追い散らす, 壊乱(敗走)させる.

II Ver·spreng·te 男 《形容詞変化》 〘軍〙 敗走(敗残)兵.

Ver·spren·gung[..ŋuŋ] 女 -/-en versprengen すること.

ver·sprit·zen[fɛɐ̯ʃprítsən] 《02》 他 (h) (液体を)飛散させる, はね散らす: *seine* Galle ～ (→Galle² 1) | *sein* Gift ～ (→Gift I).

ver·spro·chen[fɛɐ̯ʃprɔ́xən] versprechen の過去分詞.

ver·spro·che·ner·ma·ßen[fɛɐ̯ʃprɔ́xənɐrmáːsən] (**ver·sproch·ner·ma·ßen**[..ʃprɔ́xnɐr..]) 副 約束に従って, 約束どおりに.

▽**Ver·spruch**[fɛɐ̯ʃprúx] 男 -〔e〕s/..sprüche[..ʃprʏ́çə] 約束; (特に:) 婚約.

ver·spru·deln[fɛɐ̯ʃprúːdəln] 《06》 《オーストリア》 ＝verquirlen

ver·sprü·hen[fɛɐ̯ʃprýːən] **I** 他 (h) 噴霧する, (噴霧器などで)撒(ま)く; 撒き散らす; (火花を)発する: Geist ～ 《比》才気のきらめきを見せる | Witz ～ 機知をとばす.

II 自 (s) 《雅》しぶきとなる; (火花が)飛び散る.

ver·spu·len[fɛɐ̯ʃpúːlən] 《話》 ＝verzehren

ver·spun·den[fɛɐ̯ʃpʊ́ndən]¹ (**ver·spün·den**[fɛɐ̯ʃpʏ́ndən]¹) 《01》 他 (h) **1** (樽(たる)などを)栓で密封する. **2** 〘工〙 (板を)さねはぎ(さねつぎ)する.

ver·spü·ren[fɛɐ̯ʃpýːrən] 他 (h) 感じる, 感知する, 気がつ

く; (…の気持を)覚える: Schmerz 〈Hunger〉 ~ 苦痛〈空腹〉を覚える | Er *verspürte* große Lust, Bier zu trinken. 彼はビールが飲みたくてたまらなかった | ein menschliches Rühren ~ (→rühren III).

verst. 略 =**verstorben** 死去した, 亡くなった, 故人の.

ver·staat·li·chen[fɛɾʃtáːtlɪçən] 他 (h) (↔privatisieren) 国有〈国営〉にする, 国有化〈国営化〉する: Eisenbahnen ~ 鉄道を国営化する. [＜staatlich]

Ver·staat·li·chung[..çʊŋ] 女 -/-en 国有化, 国営化.

ver·städ·tern[fɛɾʃtɛ́ːtərn, ..ʃtɛ́tərn] 《05》 **I** 自 (s) (ある地域が)都市化〈都会化〉する; (人が)都会ふうになる. **II** 他 (h) 都市化〈都会化〉する, 都会ふうにする. [＜Städter]

Ver·städ·te·rung[..tərʊŋ] 女 -/ 都市化, 都会化.

▽**ver·stadt·li·chen**[..ʃtátlɪçən] 他 (h) 市有〈市営〉にする, 市有化〈市営化〉する. [＜Stadt]

Ver·stadt·li·chung[..çʊŋ] 女 -/-en 市有〈市営〉化.

ver·stäh·len[fɛɾʃtɛ́ːlən] 他 (h) 《*et.*⁴》〚工〛(…に)鋼の層をかぶせる.

Ver·stäh·lung[..lʊŋ] 女 -/-en verstählen すること.

ver·stand[fɛɾʃtánt]¹ verstehen の過去.

Ver·stand[−] 男 -[e]s/ **1** 知力, 思考力, 理解〈判断〉力; 分別, 理性;〚哲〛悟性: ein klarer ~ 明晰(めいせき)な知力 | ein scharfer ~ 鋭い思考力 | der gesunde ~ / der Menschen*verstand* 良識, 常識 ‖ Langes Haare, kurzer ~ (→Haar 1) ‖〚4格で〛Nimm doch ~ an! ばかなまねはよせよ | einen kühlen 〈nüchternen〉 ~ haben 冷静な頭の持ち主である | wenig ~ haben 頭がよくない | mehr Glück als ~ haben (→Glück 1) | **Bei dir hat man wohl den ~ geklaut.** 《話》きみは頭がおかしいんじゃないのか | den ~ schärfen 頭脳をみがく | **den ~ verlieren** 分別を失う; 正気を失う | *sich*³ den ~ verrenken / all *seinen* ~ zusammennehmen 《話》脳みそをしぼって一生懸命に考える | Ich hätte ihm mehr ~ zugetraut. 彼にはもっと分別があると思っていたのに ‖〚前置詞と〛**bei** klarem ~ 頭のはっきりした〈頭脳明晰な〉状態で | bei [vollem] ~ sein 正気である | nicht recht 〈nicht ganz〉 bei ~ sein 頭が少々おかしい | ein Mensch **mit** [viel] ~ 分別のある〈思慮深い〉人間 | ***et.***⁴ **mit ~ essen 〈trinken / rauchen〉** 《話》…を心して(十分に味わいながら)食べる〈飲む・喫煙する〉| Diese Zigarre muß man mit ~ rauchen. この葉巻は(上等だから)よく味わって吸わなければいけない | mit *seinem* ~ am Ende sein 《話》(理解できなくて)途方にくれている | ein Mensch **ohne** ~ 無分別な〈思慮のない〉人間 | ohne Sinn und ~ (→Sinn 3 a) | Das geht **über** meinen ~. それはもはや私の理解の及ばぬことだ, それは私ではとても判断がつかない | **um** den ~ kommen 頭がおかしくなる, 気が狂う | Du bringst mich noch um den ~. 君のおかげで頭がおかしくなりそうだ | [wieder] **zu** ~ kommen 正気に返る | Mit deinen 18 Jahren müßtest du schon zu ~ gekommen sein. 君はもう18歳なんだから分別がついていなくてはいけないのに ‖〚主語として〛***jm.*** **steht der ~ still** / ***jm.*** **bleibt der ~ stehen** 《話》…にはさっぱり理解できない〈判断がつかない〉| Der ~ wächst mit den Jahren. 《諺》亀(かめ)の甲より年の功(分別は年とともにつく).

▽**2** (Sinn) 意味: im eigentlichen ~ 本来の意味で | in gewissem ~ ある意味で ‖ keinen ~ haben 意味がない, 無意味である | weder Sinn noch ~ haben (→Sinn 4).
[*ahd.*; ◇verstehen]

ver·stan·den[fɛɾʃtándən] verstehen の過去分詞; 過去 1・3 人称複数.

ver·stan·des·ge·mäß[fɛɾʃtándəs..] =verstandesmäßig

Ver·stan·des·kraft 女 知力, 判断力.

ver·stan·des·mä·ßig 形 (↔gefühlsmäßig) 分別〈理性〉による; 理性的な.

Ver·stan·des≠mensch 男 (↔Gefühlsmensch) 理知的な人, (感情より)理性の勝った人. **≠schär·fe** 女 -/ 判断力の鋭さ, 明敏な頭脳.

ver·stän·dig[fɛɾʃtɛ́ndɪç]² 形 思慮〈分別〉のある; 利口な, 賢い; 理解のある, ものわかりのいい: Das Kind ist für sein Alter schon sehr ~. この子は年のわりにとても思慮深い | *sich*⁴ ~ zeigen ものわかりのいい態度を示す.
[*mhd.*; ◇Verstand]

ver·stän·di·gen[fɛɾʃtɛ́ndɪgən]² 他 (h) **1** 《*jn.* von *et.*³ 〈über *et.*⁴〉》(…に…について)知らせる, 通知する, 通報する: Wir haben ihn von ihrem Tod *verständigt*. 我々は彼に彼女の死を知らせた | Die Polizei ist von dem Vorfall 〈über den Vorfall〉 *verständigt* worden. 警察はこの出来事について通報を受けた.

2 再帰 *sich*⁴ mit *jm.* ~ …と意志を疎通させる, …と了解しあう, …と気持を通じさせる, …と合意に達する〈折り合いをつける〉| Ich konnte mich mit den Eingeborenen trotz der Sprachschwierigkeiten ~. 私は言語の障害にもかかわらず土地の人たちと意志を疎通させることができた | Ich habe mich mit ihm über alle strittige Punkte *verständigt*. 私はすべての争点に関して彼と合意に達した ‖ Wir *verständigten* uns durch Lichtsignale. 我々は発光信号で連絡を取り合った.

Ver·stän·dig·keit[fɛɾʃtɛ́ndɪçkaɪt] 女 -/ verständig なこと.

Ver·stän·di·gung[..dɪgʊŋ] 女 -/-en 《ふつう単数で》**1** ([sich] verständigen すること. 例えば:) 通知, 通報; 意志の疎通〈伝達〉: die ~ der Polizei 警察への通報 | Die ~ am Telefon war sehr schlecht. 電話がとても聞き取りにくかった.

2 合意, 折り合い; 協調: eine ~ erzielen 合意に達する | eine friedliche ~ der Völker anstreben 国際間の平和的協調に向かって努力する | Endlich kam es zu einer ~. ついに合意が成立した.

ver·stän·di·gungs·be·reit 形 折り合う用意のある, 協調的な.

Ver·stän·di·gungs≠frie·de 男〚史〛協調〈妥協〉による平和(第一次世界大戦中唱えられたスローガン). **≠po·li·tik** 女〚政〛親善〈協調〉政策. **≠schwie·rig·keit** 女 -/-en 《ふつう複数で》意志疎通の困難; 言葉の障害.

ver·ständ·lich[fɛɾʃtɛ́ntlɪç] 形 **1** (hörbar) 聞き取れる: kaum ~*e* Worte murmeln ほとんど聞き取れぬ言葉をつぶやく | *sich*⁴ ~ machen (自分の言葉を)相手に聞き取らせる(→2) ‖ leise aber ~ sprechen 小声ではあるが聞き取れるように話す. **2** (begreiflich) 理解できる; もっともな, 納得のゆく, 筋のとおった, 無理からぬ: eine ~*e* Bitte もっともな頼み | ein [leicht] ~*es* Buch わかりやすい本 ‖ Der Vortrag war schwer ~. その講演はわかりにくかった | Sein Verhalten ist ~. 彼のとった態度は理解できる〈無理もない〉| Es ist mir nicht ~, warum er nicht gekommen ist. なぜ彼が来なかったのか私には理解できない ‖ *jm. et.*⁴ ~ machen …に…を理解〈納得〉させる | *sich*⁴ ~ machen 自分の言うことを相手に理解させる〈わからせる〉(→1) ‖ *et.*⁴ ~ darstellen …をわかりやすく述べる〈表現する〉.

ver·ständ·li·cher·wei·se[fɛɾʃtɛ́ntlɪçərváizə] 副 《陳述内容に対する話し手の判断・評価を示して》納得のゆく〈もっともな〉ことながら, 当然.

Ver·ständ·lich·keit[fɛɾʃtɛ́ntlɪçkaɪt] 女 -/ verständlich なこと.

Ver·ständ·nis[fɛɾʃtɛ́ntnɪs] 中 -ses/-se 《ふつう単数で》**1** 理解[すること]; 理解力: ~ 〈kein ~〉 **für** *et.*⁴ haben …に対して理解がある〈ない〉| Er hat wenig 〈nicht viel〉 ~ für Musik. 彼には音楽があまりよく分からない | Ich habe volles ~ dafür. それはよく分かっていますよ, それはすっかり了承〈了解〉していますとも | ~ für *et.*⁴ zeigen …に対して理解を示す | ~ für *jn.* aufbringen / *jm.* ~ entgegenbringen …に対して理解のあるところを見せる, …を理解しようと努力する | *jm.* ~ für *et.*⁴ beibringen …に…を[教えて]理解させる ‖ Ihm geht jedes ~ für Kunst 〈meine Lage〉 ab. / Ihm fehlt jedes ~ für Kunst 〈meine Lage〉. 彼には芸術というもの〈私の立場〉が全然わからない ‖ Sie blickte mich ohne ~ an. 彼女はきょとんとした様子で私を見た | Zum ~ dieses Textes braucht man Fachkenntnisse. このテキストを理解するためには専門知識が必要だ. ▽**2** (秘密の)了解, 合意: *jn.* ins ~ ziehen …と[ひそかに]話をつける.

[*ahd.*; ◇verstehen]

Ver·stạ̈nd·nis·fra·ge[fɛrʃtɛ́ntnɪs..] 女 相手の発言内容をよりよく理解するための質問.

ver·stạ̈nd·nis≠in·nig 形 理解に満ちた(まなざしなど). **≠los**[..loːs][1] 形 理解できない, わけが分からない; 理解のない, 無理解な: *jn.* ～ ansehen …をきょとんとした様子で見る.

Ver·stạ̈nd·nis·lo·sig·keit[..loːzɪçkaɪt] 女 -/ verständnislos なこと.

ver·stạ̈nd·nis·voll 形 理解に満ちた, 理解のある, 物のわかった, 物わかりのいい.

ver·stạ̈n·kern[fɛrʃtɛ́ŋkərn] 《05》 他 (h) 《話》 (部屋などを)悪臭で満たす.

ver·stạ̈r·ken[fɛrʃtɛ́rkən] 他 (h) 強くする, 強める, 強化する; 強固にする, 補強する; 増加させる, 増員する, 増強する; 〘電〙増幅する; 〘写〙(ネガを)補力する; 〘化〙(溶液などを)濃縮する: eine Mauer 〈einen Pfeiler〉 ～ 囲壁〈支柱〉を補強する | den elektrischen Strom ～ 電流を増幅する | den Ton ～ 音量を増大する | eine Mannschaft ～ チームを強化する | ein Orchester ～ オーケストラを増員する | die Wachen ～ 警備隊を増強する | *seine* Anstrengungen ～ さらに一段と努力する | *js.* Zweifel ～ …の疑惑を強める | Diese Mitteilung *verstärkte* seine Vermutung zur Gewißheit. この知らせによって彼の推測は確信に変わった ‖ 再帰 *sich*[4] ～ 強くなる, 強まる, 増大する; 補強〈強化〉される | Der Druck *verstärkt* sich, wenn man das Ventil schließt. バルブを閉じると圧力が高まる | Der Sturm hat sich *verstärkt*. あらしは激しくなった | Mein Unbehagen *verstärkte* sich immer mehr. 私の不快感はつのる一方だった ‖ 〘過去分詞で〙 *verstärkter* Beton 鉄筋コンクリート | *verstärkter* Kunststoff 強化プラスチック | in *verstärktem* Maß〔e〕これまでよりもいっそう多く〈強く〉.

Ver·stạ̈r·ker[fɛrʃtɛ́rkər] 男 -s/- (verstärken するもの. 例えば:) 〘電〙増幅器; 〘写〙補力剤; 〘化〙助触媒.

Ver·stạ̈r·ker·röh·re 女 〘電〙増幅管.

Ver·stạ̈r·kung[fɛrʃtɛ́rkʊŋ] 女 -/-en **1** 《単数で》(〔sich〕 verstärken すること. 例えば:) 強化, 補強; 増大; 増援, 増強, 増員; 〘電〙増幅; 〘写〙補力: die ～ eines Deiches 堤防の補強 | die ～ des Negativs 〘写〙ネガの補力 | Eine ～ der Polizei ist dringend nötig. 警察の増強はぜひとも必要だ. **2** 増援部隊, 援軍: Die ～ kam zu spät. 援軍の到着したときにはすでに手遅れだった.

Ver·stạ̈r·kungs≠pfei·ler 男 〘建〙補強支柱〈ピア〉. **≠stan·ge** 女 〘建〙補強筋. **≠trup·pe** 女 -/-n 《ふつう複数で》増援部隊, 援軍.

ver·stạ̈·ten[fɛrʃtɛ́ːtən] 《01》 他 (h) 《ｽｲｽ》 (糸に結び目を作って縫い目を)留める. [＜stet]

▽**ver·stạt·ten**[fɛrʃtátən] 《01》 他 (h) (gestatten) 《*jm. et.*[4]》 (…に…を)許可する, 許す.
[＜*ahd.* stata (→statthaft); ◇gestatten]

▽**Ver·stạt·tung**[..tʊŋ] 女 -/ 許可, 許し.

ver·stau·ben[fɛrʃtáʊbən][1] **I** 自 (s) ほこりだらけになる, ほこりにまみれる. **II ver·staubt** 過分 形 ほこりだらけの, ほこりにまみれた; 《比》古くさい, 時代遅れの: ～*e* Ansichten 時代遅れの見解.

ver·stäu·ben[..ʃtɔ́ʏbən][1] 他 (h) (ちり状に)飛散させる, (噴霧器などで)撒(ま)く.

ver·stau·chen[fɛrʃtáʊxən] 他 (h) 《*sich*[3] *et.*[4]》 (…を)捻挫(ねんざ)する, くじく: *sich*[3] den Arm 〈den Fuß〉 ～ 腕〈足首〉を捻挫する | *sich*[3] die Pupille〔n〕 ～ (→Pupille).
[*ndd.* verstūken; ◇stuckern]

Ver·stau·chung[..xʊŋ] 女 -/-en 〘医〙捻挫(ねんざ).

ver·stau·en[fɛrʃtáʊən] 他 (h) 《*et.*[4]》《ふつう場所を示す語句と》(荷物などを狭い空間に)手際よく積み込む, (なんとか)詰め込む; 《話》(食べ物をむりやり)詰め込む: alle Koffer im Auto ～ トランクを全部自動車に積み込む | *seine* Sachen im Rucksack 〈in den Rucksack〉 ～ 持ち物いっさいをリュックサックに詰め込む | alte Möbel auf dem Boden ～ 古家具を屋根裏の物置に詰め込む.

Ver·stẹck[fɛrʃtɛ́k] 中 (男) -〔e〕s/-e **1** 隠れた〈人目につかぬ〉場所; 隠れ場所, 隠れ家, 潜伏所; 隠し場所: einen ～ für *sein* Geld suchen 金を隠す場所を探す.
2 《単数で》(Verstecken) 〔sich〕 verstecken すること: ～ **spielen** (子供が)隠れんぼうをして遊ぶ | ～ 〔**mit** *jm.* / **vor** *jm.*〕 **spielen** 〔…に対して〕隠しごとをする.

ver·stẹ·cken[fɛrʃtɛ́kən] **I** 他 (h) 《*jn.* / *et.*[4]》隠す, 隠匿〈秘匿〉する: *seine* Verlegenheit **hinter** einem Lächeln ～ 狼狽(ろうばい)を微笑でごまかす | *sein* Geld **im** Schreibtisch 〈in den Schreibtisch〉 ～ 金を机の引き出しに隠す | *et.*[4] **vor** *jm.* ～ …を…に対して隠す | ein Geheimnis vor *jm.* ～ …に対して秘密を隠す ‖ 再帰 *sich*[4] ～ 隠れる, 身を隠す, 潜伏する; 本心を隠す; (物が)まぎれ込む | *sich*[4] hinter einem Baum ～ 木のうしろに隠れる | *sich*[4] hinter *seinem* Chef 〈den Vorschriften〉 ～ 上役〈規則〉を盾にとって言いのがれる | ***sich***[4] **vor** 〈**neben**〉 ***jm.*** **～ müssen** 《比》…と比べてはるかに劣っている | ***sich***[4] **vor** 〈**neben**〉 ***jm.*** **nicht zu ～ brauchen** 《比》…と比べて少しも劣っていない | Weshalb *versteckst* du dich vor mir? なぜ君は私からこそこそ隠れようとするのか; なぜ君は私に本心を見せないのか | Der gesuchte Brief hatte sich zwischen anderen Schriften *versteckt*. 探していた手紙は他の書類の間にまぎれ込んでいた.
II Ver·stẹ·cken 中 -s/ 〔sich〕 verstecken すること: ～ spielen (子供が)隠れんぼうをして遊ぶ | ～ 〔**mit** *jm.* / **vor** *jm.*〕 **spielen** 《比》〔…に対して〕隠しごとをする.
III ver·stẹckt → 別出

Ver·stẹ·cken·spie·len 中 -s/ , **Ver·stẹck·spiel** 中 -〔e〕s/ (ｵｰｽﾄﾘｱ: **Ver·stẹ·ckerl·spiel**[..ʃtɛ́kərl..] 中 -s/)隠れんぼう(子供の遊び).

ver·stẹckt[fɛrʃtɛ́kt] **I** verstecken の過去分詞. **II** 形 人目につかない, 隠された; ひそかな, 秘密の, 隠密(おんみつ)の; 底意のある: eine ～*e* Bosheit 隠された悪意 | eine ～*e* Gefahr 目に見えぬ危険 | mit ～*er* Kamera 隠しカメラで | ein ～*er* Vorwurf 遠回しの非難 ‖ *et.*[4] ～ halten …を隠しておく | *sich*[4] ～ halten 身をひそめている.

Ver·stẹckt·heit[-haɪt] 女 -/ versteckt なこと.

ver·stẹ·hen*[fɛrʃtéːən] 《182》 他 (h) **1** 《*jn.* / *et.*[4]》(聴覚的に)理解する, はっきり聞き取る: Du mußt deutlicher sprechen, ich *verstehe* dich sonst nicht. もっとはっきりしゃべってくれないと 君の言っていることが聞き取れないよ | Man *versteht* bei diesem Lärm sein eigenes Wort nicht. この騒音では自分の言葉さえ聞き取れない.
2 (begreifen) **a)** 《*et.*[4]》(…を)理解できる, 了解する, (…の意味が)わかる; (…に対する)理解がある: einen Gedankengang 〈*js.* Argumente〉 ～ 考えの筋道〈…の論拠〉を理解する | Ich *verstehe* dein Verhalten 〈den Sinn deiner Worte〉 nicht. 私には君の態度〈言っていること〉が理解できない | Ich *verstehe* Englisch, kann es aber kaum sprechen. 私は英語はわかるがほとんど話せない | Du *verstehst* wohl kein Deutsch mehr 〈nicht mehr Deutsch〉? 《話》君は聞く耳をもたないのか | Die kleinen Kinder *verstehen* die Verkehrszeichen noch nicht. 小さい子供たちはまだ交通標識の意味がわからない | Daß er Angst hat, kann ich gut ～. 彼が不安を抱いている気持は私にもよく理解できる | Ich *verstehe* nicht, weshalb er das nicht tun will. 彼がなぜそれをしたがらないのか 私には理解できない | Das *versteht* doch kein Mensch! そんなこと〈あんなこと〉わかるわけないよ | keinen Spaß ～ ユーモアを解さない | 〔immer〕 nur Bahnhof ～ (→Bahnhof) ‖ Das Buch ist schwer zu ～. この本はわかりにくい | Es ist leicht 〈schwer〉 zu ～, warum er so etwas getan hat. なぜ彼がそんなことをしたのか容易に理解できる〈理解に苦しむ〉 | ***jm. et.***[4] **zu ～ geben** …に…をほのめかす〈暗示する〉 | Er gab mir zu ～, daß ich gut täte, jetzt zu schweigen. 彼は私に今は黙っているほうが得策だとほのめかした ‖ 〘目的語なしで〙 Ich *verstehe*. (相手の言葉に応じて)わかります, わかりました | *Verstehst* du? / 〔Hast du〕 *verstanden*? (相手にだめを押して)わかったね, いいね | Du bleibst hier! *Verstehst* du! 君はここに残るんだ いいね ‖ 再帰 ***sich***[4] 〔**von selbst**〕 **～** 自明の〈わかりきった〉ことである | Das *versteht* sich doch von selbst 〈am Rande〉, daß ich dir helfe. 私が君を助けるのは当然のことさ | Kommst du mit?— *Versteht* sich! 君も一緒に来るか — もちろんさ ‖

〚現在分詞で〛*verstehende* Liebe 理解をもった愛情 | *verstehende* Psychologie 了解心理学.

b)《*jn.*》(…の言葉の意味を)理解できる; (…の気持・言動などが)わかる: Ich *verstehe* dich nicht. 私には君の言う意味がわからない〈君の気持がわからない〉| Seine Frau allein *verstand* ihn. 彼の妻だけが彼を理解していた | Ich kann Sie gut ～. あなたのお気持がよくわかります | Sie fühlte sich von ihrem Mann 〈der Welt〉 nicht *verstanden*. 彼女は自分が夫〈世間〉から理解されていないと感じた ‖ 再帰 *sich*[4] ～ わかりあう, 互いに理解する | Die beiden Brüder *verstehen* sich 〈einander〉 gut. その二人の兄弟は互いに相手をよく理解しあっている.

c) 再帰 *sich*[4] mit *jm.* ～ …と仲よくやってゆける, …と話〈意見〉が合う | Ich *verstehe* mich sehr gut mit ihm. 私は彼とはとてもよくうまが合う.

3 a)《*et.*[4]》(…の)心得がある, (…に)熟達〈練達〉している: *seinen* Beruf 〈*sein* Handwerk〉 ～ 職業〈手仕事〉に熟練している | Er *versteht* seine Sache gründlich 〈俗: aus dem Effeff〉. 彼は大のベテランである ‖〚zu 不定詞〔句〕と〛Er *versteht* zu reden. 彼は話が上手だ | Sie *versteht* 〔es〕, mit Menschen umzugehen. 彼女は人づきあいのすべを心得ている.

b)《von *et.*[3]》《不定代名詞の 4 格と》(…について)〔多少の〕知識〈心得〉がある: Er *versteht* etwas von Physik. 彼はいささか物理学の心得がある | Ich *verstehe* nichts 〈nicht viel〉 von Politik. 私は政治のことは何もわからない.

c) 再帰 *sich*[4] auf *et.*[4] ～ …の心得がある, …に熟達〈練達〉している | Er *versteht* sich auf Frauen 〈aufs Lügen〉. 彼は女性の扱いが〈うそをつくのが〉上手だ.

4 (auslegen) **a)** 解する, 解釈する: *et.*[4] falsch 〈richtig〉 ～ …を誤解する〈正しく解釈する〉| *et.*[4] wörtlich 〈bildlich〉 ～ …を字句どおりに〈比喩(ひゆ)的に〉解する | *Verstehen* Sie mich bitte richtig 〈nicht falsch〉! どうか私の言うことを誤解しないでください ‖ Wie soll ich seine Worte ～? 彼の言葉をどのように解釈したらよいのだろうか | *et.*[4] als Drohung 〈Aufforderung〉 ～ …をおどし〈命令・要求〉とうけとる | *sich*[4] als Revolutionär ～ 革命家と自任している ‖〚目的語なしで〛wenn ich recht *verstehe* 私の理解が正しければ | Habe ich recht *verstanden*? (おっしゃったことを)私は聞き間違えてはいないでしょうね; (相手の意外な言葉に対して自分の耳を疑って)まさかそんなことが(→1).

b)《unter *et.*[3] *et.*[4]》(…を…と)理解する, 解釈する: Unter „Freiheit“ *versteht* jeder etwas anderes. 「自由」という言葉の解釈は各人各様である | Was *versteht* man gemeinhin unter diesem Begriff? この概念は一般にどのような内容と解されているのか.

c) 再帰 *sich*[4] ～《様態を示す語句と》〚商〛(…であると)理解される | Der Preis *versteht* sich ab Werk 〈mit Verpackung〉. この価格は工場渡し〈包装代込み〉の価格だ.

5 再帰 *sich*[4] zu *et.*[3] ～〔しぶしぶ〕…に同意する,〔いやいや〕…を承諾する | *sich*[4] zum Schadenersatz ～ 〔しぶしぶ〕損害賠償に応じる | Wir müssen uns zum Nachgeben ～. 我々は譲歩に踏み切らざるをえない.

6 a) (時間を)立ったままむだに〈むなしく〉過ごす: Wir können nicht hier unsere Zeit ～. 私たちはここで立ったまま時間を空費するわけにはゆかない.

b) *sich*[3] die Beine ～ 長時間立ったままで足が棒になる.

[*westgerm.* „(vor dem Thing) vertreten“; ◇stehen]

ver·stei·fen[fɛrʃtáɪfən] **I** 他 (h) **1** 硬くする, こわばらせる: einen Kragen mit Steifleinen ～ 襟をバックラムで硬くする ‖ 再帰 *sich*[4] ～ 硬くなる, こわばる;《比》(態度などが)硬化する, かたくなになる, 強硬になる; 〚商〛(市場・値段などが)引き締まる | Der Arm *versteift* sich. 腕がこわばる(筋肉が硬直して) | Der Widerstand der Aufständischen *versteifte* sich. 反乱軍の抵抗はさらに頑強になった ‖ *versteifte* Glieder こわばった手足. **2** (支柱・突っ張りなどで)支える, 補強する: einen Zaun durch Latten ～ 垣根を木摺(きずり)で支える. **3** 再帰 *sich*[4] auf *et.*[4] ～ …に固執する, …をかたくなに主張する | Er *versteift* sich auf sein Recht. 彼はあくまでも自分の権利を主張する | Sie *versteifte* sich darauf, Medizin zu studieren. 彼女は何が何でも大学で医学を勉強したいと思っていた.

II 自 (s) 硬くなる, こわばる.

Ver·stei·fung[..fʊŋ] 女 -/-en **1** 〔sich〕 versteifen すること. **2** 支柱, 突っ張り, 補強材(→ 図 Boot C).

ver·stei·gen*[fɛrʃtáɪgən][1]《184》 **I** 他 (h) **1** 再帰 *sich*[4] ～ (登山などで)登り道を誤る, 登り間違えて道に迷う. **2** 再帰 *sich*[4] zu *et.*[3] ～ 大胆にも〈極端に走って〉…をする, 思い上がって…をする | Er *verstieg* sich zu diesen übertriebenen Forderungen. 彼は身のほども忘れてこのような極端な要求をした. **II ver·stie·gen** → 別出

Ver·stei·ge·rer[fɛrʃtáɪgərər] 男 -s/- 競売人, せり売り人.

ver·stei·gern[fɛrʃtáɪgərn]《05》他 (h) 競売にかける, せり売りする: ein Gemälde 〈eine Bibliothek〉 ～ 絵〈蔵書〉を競売にかける.

Ver·stei·ge·rung[..gərʊŋ] 女 -/-en 競売, せり売り: eine zwangsmäßige ～ 強制競売 | *et.*[4] zur ～ geben …を競売に出す〈せり売りにかける〉| Das Haus kam zur ～. その家は競売にかけられた.

ver·stei·nern[fɛrʃtáɪnərn]《05》 **I** 自 (s) 石になる, 石化する, 化石になる: ein *versteinertes* Tier 動物の化石 | wie *versteinert* dastehen ぼう然と立ちつくす. **II** 他 (h) 石に変える, 石化する;《比》堅くする, 硬直させる; (表情などを)こわばらせる: 再帰 *sich*[4] ～ 堅くなる, 硬直する; こわばる | Sein Lachen *versteinerte* sich. 彼の笑いはそのまま凍りついた. [<Stein]

Ver·stei·ne·rung[..nərʊŋ] 女 -/-en **1**《単数で》〔sich〕 versteinern すること. **2** (Fossil) 化石.

Ver·stei·ne·rungs·kun·de 女 -/ 化石学.

ver·stell·bar[fɛrʃtɛ́lbaːr] 形 (位置などの)調節〈調整〉可能な: ein ～*er* Liegestuhl 角度〈高さ〉を調節できる寝いす.

Ver·stell·bar·keit[–kaɪt] 女 -/ verstellbar なこと.

ver·stel·len[fɛrʃtɛ́lən] 他 (h) **1 a)**《*et.*[4]》(誤って…の)位置を変える, 置き違える, (…の配列を)狂わせる: Wer hat die Bücher im Regal *verstellt*? 本棚の本の並べ方を狂わせたのはだれだ ‖ 再帰 *sich*[4] ～ 位置が狂う. **b)**《*et.*[4]》(使用目的にかなうように…の)位置を変える, 位置を調節〈調整〉する: das Notenpult ～ 譜面台の高さを調節する | den Rückspiegel im Wagen ～ 車内のバックミラーの向きを調節する.

2 (物を置いて窓・通路などを)ふさぐ, さえぎる: den Durchgang mit Möbeln ～ 通路を家具類でふさぐ | Er *verstellte* mir den Weg. 彼は私の行く手をさえぎった.

3《(スイ)》わきへどける: die alten Möbel ～ 古い家具を片づける | Das Problem wollen wir zunächst ～. この問題はとりあえず後回しにしよう.

4 a) (他人を欺くために)意図的に変える, 偽る: die Handschrift ～ 筆跡を偽る ‖ mit *verstellter* Stimme 作り声で, 声を偽って. **b)** 再帰 *sich*[4] ～ うわべを装う, (…の)ふりをする; そらとぼける, しらばくれる, 本心を隠す: Ich *verstellte* mich und tat, als ob ich nicht hörte. 私はとぼけて聞こえないふりをした.

Ver·stell≠flü·gel 男 〚空〛可変翼. **≠he·bel** 男 調整レバー. **≠pro·pel·ler** 男 〚空〛可変ピッチプロペラ.

Ver·stel·lung[fɛrʃtɛ́lʊŋ] 女 -/-en (〔sich〕 verstellen すること. 例えば:) 調整; 偽態, 偽装; 〚劇〛役に扮(ふん)すること.

Ver·stel·lungs·kunst 女 偽装術; おとぼけの技術.

ver·step·pen[fɛrʃtɛ́pən] 自 (s) (土地が)ステップ〈荒野〉化する. [<Steppe]

Ver·step·pung[..pʊŋ] 女 -/-en ステップ化.

ver·ster·ben*[fɛrʃtɛ́rbən][1]《185》 **I** 自 (s)《ふつう過去・過去分詞で》死ぬ, 死亡する.

II ver·stor·ben → 別出

ver·ste·ten[fɛrʃtéːtən]《01》《(スイ)》＝verknoten [<stet]

ver·ste·ti·gen[fɛrʃtéːtɪgən][2] 他 (h) 恒常化する: 再帰 Das wirtschaftliche Wachstum hat sich[4] *verstetigt*. 経済成長は安定した. [<stetig]

Ver·ste·ti·gung[..gʊŋ] 女 -/-en 恒常化.

ver·steu·ern[fɛrʃtɔ́ʏərn]《05》他 (h)《*et.*⁴》(…に応じて)税を支払う, 納税する: *sein* Einkommen ~ 所得税を納める | Diese Einkünfte sind nicht zu ~. この収入に対しては税を支払う必要はない.

Ver·steue·rung[..ʃtɔ́ʏərʊŋ] 女 -/-en 納税.

ver·stie·gen[fɛrʃtíːgən] **I** versteigen の過去分詞; 過去1・3人称複数. **II** 形《副詞的用法なし》極端な, 行き過ぎの, とっぴな, 奇矯な; だいそれた, 思い上がった: ~*e* Ansichten 極端な見解 | Seine Vorschläge sind ziemlich ~. 彼の提案はいささかとっぴだ.

Ver·stie·gen·heit[–haɪt] 女 -/-en **1**《単数で》verstiegen なこと. **2** verstiegen な言動.

ver·stim·men[fɛrʃtímən] **I** 他 (h) **1**《*et.*⁴》(楽器などの)調子を狂わせる;〘電〙同調をはずす: 再帰 *sich*⁴ ~ (楽器などが)調子が狂う | Die Geige *verstimmt* sich bei der Feuchtigkeit. ヴァイオリンは湿気があると調子が狂う. **2**《比》《*jn.*》不機嫌にする, 怒らせる, (…の)感情を害する: Laß dich doch nicht durch diese Kleinigkeit ~! こんなつまらないことで気を悪くするな. **3**〘商〙(株式市場などを)不景気にする.

II 自 (s) (楽器などが)調子が狂う.

III ver·stimmt 過分 形 (楽器などが)調子の狂った;《比》不機嫌な, 感情を害した;〘商〙(株式市場などが)不景気の, 不況の: ein ~*es* Klavier 調子の狂ったピアノ | einen ~*en* Magen haben 胃の調子が悪い.

Ver·stimmt·heit[..haɪt] 女 -/ verstimmt なこと.

Ver·stim·mung[fɛrʃtímʊŋ] 女 -/-en **1** 調子の狂い, 不調, 変調;〘電〙離調. **2** 不機嫌, 感情のこじれ〈もつれ〉.

ver·stocken[fɛrʃtɔ́kən] **I** 他 (h) かたくなにする: 再帰 *sich*⁴ gegen *jn.* ~ …にたてつく〈意地を張る〉.

II ver·stockt 過分 形 強情な, 頑固な, かたくなな, しぶとい: ein ~*er* Mensch 強情な人, 頑固者 ‖ ~ schweigen かたくなに黙りこくる. [„steif wie ein Stock werden"]

Ver·stockt·heit[..haɪt] 女 -/ 強情, 頑固, かたくななこと, しぶとさ.

ver·stoh·len[fɛrʃtóːlən] 形 人目を忍んだ, ひそかな: *jm.* ~*e* Blicke zuwerfen …の方をそっと見る〈盗み見る〉| *et.*⁴ ~ in die Tasche stecken …をこっそりポケットに入れる. [*mhd.*; < *mhd.* ver-steln „stehlen" (◇stehlen)]

ver·stoh·le·ner⸗ma·ßen[..nər..] 副, **⸗wei·se** 副 ひそかに, こっそりと.

ver·stop·fen[fɛrʃtɔ́pfən] **I** 他 (h)《*et.*⁴》(…に)栓をする, (ものを詰めて)ふさぐ, 詰まらせる; 通行不能にする; 便秘させる: ein Loch 〈eine Ritze〉 ~ 穴〈すきま〉をふさぐ | *sich*³ die Ohren mit Watte ~ 耳に綿で栓をする ‖ Schokolade wirkt *verstopfend*. / Schokolade *verstopft*. チョコレートは便秘を起こさせる ‖〖過去分詞で〗Die Nase ist *verstopft*. 鼻がつまっている | Ich bin *verstopft*. 私は便秘している | Der Ausguß ist *verstopft*. 流しが詰まっている | Die Straße ist *verstopft*. 道路が渋滞している.

II 自 (s) **1** 詰まる, ふさがる. **2**〘園〙(植物が)根づまりする.

Ver·stop·fung[..pfʊŋ] 女 -/-en (verstopfen すること. 例えば:) 穴ふさぎ; 詰まった状態; 便秘; (交通の)渋滞.

ver·stor·ben[fɛrʃtɔ́rbən] **I** versterben の過去分詞.

II 形 (略 verst.) 死去した, 亡くなった, 故人の.

III Ver·stor·be·ne 男 女《形容詞変化》故人.

ver·stö·ren[fɛrʃtǿːrən] **I** 他 (h)《*jn.*》(…の)心の平衡を失わせる, 気持を混乱させる: Der Anblick *verstörte* ihn. その光景は彼をうろたえさせた.

II ver·stört 過分 形 心の平衡を失った, 取り乱した, うろたえた, 精神的打撃を受けた: Sie war durch den plötzlichen Tod ihres Mannes ganz ~. 彼女は夫の突然の死で心に深い打撃を受けていた.

Ver·stört·heit[..haɪt] 女 -/ verstört なこと.

Ver·stoß[fɛrʃtóːs] 男 -es/..stöße[..ʃtǿːsə] **1** (法規などに対する)違反, 抵触: ein ~ gegen das Gesetz 〈die Verfassung〉 法律〈憲法〉違反 | Devisen*verstoß* 外国為替条例違反 ‖ *sich*³ einen schweren 〈leichten〉 ~ zuschulden kommen lassen 重大な〈軽い〉違反を犯す. **2**《ｵｰｽﾄﾘｱ》**in ~ geraten** 失われる, なくなる.

ver·sto·ßen*[fɛrʃtóːsən]《188》**I** 他 (h)《*jn.*》(仲間から)追い出す, 追放する, 除名する: *seine* Tochter 〈*seinen* Sohn〉 ~ 娘〈息子〉を勘当する.

II 自 (h)《gegen *et.*⁴》(法規などに)違反〈抵触〉する, (…を)犯す: gegen die Moral ~ 道徳に反する | gegen die Verkehrsregeln ~ 交通規則に違反する.

Ver·sto·ßung[..sʊŋ] 女 -/-en (verstoßen すること. 特に:) 追放, 除名, 勘当.

ver·strah·len[fɛrʃtráːlən] 他 (h) **1** (熱・魅力などを)発散する. **2** 放射能で汚染する: ein *verstrahltes* Gebiet 放射能汚染地域.

ver·stre·ben[fɛrʃtréːbən][1] 他 (h) 支柱で補強する, 突っ張りで支える. [< Strebe]

Ver·stre·bung[..bʊŋ] 女 -/-en **1**《単数で》verstreben すること. **2** 補強材(支柱・突っ張り・筋かい・添え柱など).

ver·strei·chen*[fɛrʃtráɪçən]《189》**I** 他 (h) **1** (穴・裂け目などを)塗りつぶす, 塗りこめる: ein Loch in der Wand mit Gips ~ 壁の穴をしっくいで塗りつぶす. **2** 塗って広げる, まんべんなく塗る: die Butter auf dem Brot ~ パンにバターを塗る. **3** (塗料などを)消費する, 使いきる.

II 自 (s) **1**《雅》(vergehen) (時が)経過する, 過ぎ去る: Ein Tag nach dem andern *verstrich* ungenützt. 一日また一日とむなしく過ぎた. **2**〘狩〙(野鳥が狩猟区などを)去る, 離れる.

ver·streu·en[fɛrʃtrɔ́ʏən] 他 (h) **1 a)** (うっかり)まき散らす, ばらまく; (だらしなく)散乱させる, ちらかす: die Streichhölzer auf dem Boden ~ マッチを床にばらまく | Er hat seine Kleider im ganzen Zimmer *verstreut*. 彼は衣類を部屋じゅうにちらかした. **b)** あちこちにばらまく, 分散させる:〖しばしば過去分詞で〗*verstreute* Dörfer 点在する村々 | *verstreut* liegen ちらばっている, 散在する | Die Familie ist in alle Winde *verstreut*. 家族はちりぢりになっている | Die Hochschulen sind über ganze Land *verstreut*. 大学は全国に分散している. **c)** 散布する: Asche auf dem vereisten Fußweg ~ 灰を凍りついた歩道にまく.

2 (粉・餌(え)などを)まいて消費する.

ver·stri·chen[fɛrʃtríçən] verstreichen の過去分詞; 過去1・3人称複数.

ver·stricken[fɛrʃtríkən] 他 (h) **1** (糸などを)編物に使う, すっかり編み尽くす; (時を)編物をして過ごす.

2《*et.*⁴》編み合わせる, からみ合わせる: die Finger ~ 指と指をからませる ‖ 再帰 *sich*⁴ ~ 編み方を間違える | *sich*⁴ gut ~ (毛糸などが)編みやすい.

3《比》《*jn.* in *et.*⁴》(…を…に)巻き込む, 巻き添えにする: *jn.* in ein Gespräch ~ …を話にひっぱり込む ‖ 再帰 *sich*⁴ in *et.*⁴ ~ …に巻き込まれる, …とかかり合いになる | *sich*⁴ im eigenen Netz 〈in den eigenen Netzen〉 ~ (→Netz 1) | *sich*⁴ in *et.*³ ~ …にからまれて身動きができなくなっている | *sich*⁴ in Widersprüche ~ 矛盾に陥る ‖ Er ist in Streitigkeiten *verstrickt*. 彼は争いに巻き込まれている.

Ver·strickung[..kʊŋ] 女 -/-en ([sich] verstricken すること. 例えば:) 巻き添え, かかり合い.

ver·stro·men[fɛrʃtróːmən] 他 (h) (石炭・石油などを)発電に消費する.

ver·strö·men[..ʃtrǿːmən] 他 (h) **1** (熱・香気などを)発散する: Vertrauen ~《比》周囲の人々に信頼感を覚えさせる. **2**《雅》再帰 *sich*⁴ in *et.*⁴ ~ (川が)…に流入する.

ver·stüm·meln[fɛrʃtʏ́məln]《06》他 (h) **1**《*jn.*》(…の手足や体の一部を)切断する, 傷つけて損なう: Der Ermordete war bis zur Unkenntlichkeit *verstümmelt*. 殺された男の体は識別できぬまでに切り刻まれていた ‖ 再帰 *sich*⁴ selbst ~ (指を切断するなどして)みずからわが身を傷つける(徴兵忌避などの目的で) ‖ Er hat eine *verstümmelte* Hand. 彼は片手の手首から先がない. **2**《比》《*et.*⁴》(不注意・誤解・無理解などから原形を識別できぬまでに)ゆがめる, 台なしにする: ein völlig *verstümmeltes* Telegramm 解読不能の電報.

Ver·stüm·me·lung[..məlʊŋ] 女 -/-en **1**《単数で》(verstümmeln すること. 例えば:) (手足などの)切断;〘医〙断節. **2** (身体の)切断〈毀損(きそん)〉個所.

ver·stum·men[fɛrʃtʊ́mən] 自 (s) **1** (急に)黙り込む; (音

が)鳴りやむ: vor Freude 〈Schreck〉 ～ うれしくて〈恐怖のあまり〉口がきけなくなる | für immer ～《比》死ぬ | Der Beifall 〈Das Gespräch〉 *verstummte*. 喝采(かっさい)が鳴りやんだ〈会話がとだえた〉 | Jede Kritik ist *verstummt*. 批判はいっさい聞かれなくなった ‖ *jn.* 〈*et.*⁴〉 zum *Verstummen* bringen …を黙らせる. ▽**2** 啞(おし)になる. **3**〘言〙黙音になる.
[*mhd.*; ◇stumm]

Ver·stụ̈mm·lung[..ʃtʏ́mlʊŋ] 女 -/-en = Verstümmelung

Ver·stụm·mung[..ʃtʊ́mʊŋ] 女 -/ verstummen すること.

ver·stu̱·ren[fɛrʃtú:rən]《話》= verblöden I [＜stur]

Ver. St. 〔**v. A.**〕 略 複 = **V**ereinigte **St**aaten 〔von **A**merika〕〔アメリカ〕合衆国(→USA).

Ver·su̱ch[fɛrzú:x] 男 -〔e〕s/-e **1** 試み, ためし; 試論, 試作, 習作: ein bescheidener ～ ささやかな試み | ein kühner 〈gewagter〉 ～ 大胆な〈思い切った〉試み | der erste 〈letzte〉 ～ 最初〈最後〉の試み | ～ und Irrtum 試行錯誤 ‖ einen ～ machen 試みをする, 試みる | Er machte einen vergeblichen ～, aufzustehen. 彼は立ち上がろうとしたがだめだった | Der ～ ist gelungen 〈mißlungen / gescheitert〉. 試みは成功した〈失敗に終わった〉. **2** (Experiment) 実験, 試験: ein chemischer 〈psychologischer〉 ～ 化学〈心理〉実験 | Tier*versuch* 動物実験 ‖ einen ～ vorbereiten 実験の準備をする. **3**〘法〙未遂: Mord*versuch* 殺人未遂. **4 a)**〘スポーツ〙試技. **b)**〘ラグビー〙トライ: einen ～ erzielen トライに成功する.

ver·su̱·chen[fɛrzú:xən] 他 (h) **1 a)** 《*et.*⁴》試みる, (試しに)やってみる; 試す; 努力する: das Äußerste 〈*sein* Bestes〉 ～ 全力をつくしてやってみる | alles 〔mögliche〕 ～ できるだけのことをやってみる | *sein* Glück 〈*sein* Heil〉 ～ 運を試す | *seine* Kräfte ～ 自分の力を試す ‖〘zu 不定詞〔句〕と〙Er *versuchte* zu entfliehen. 彼は逃げようとした | Ich will ～, ihn umzustimmen. 私は彼の気持を変えさせる努力をしてみよう ‖〘間接疑問文と〙Er *versucht*, ob er es kann 〈was daraus wird〉. 彼は自分にそれができるかどうか〈それがどういう結果になるか〉やってみる ‖ es mit *jm.* 〈*et.*³〉 ～ …を使ってやってみる, …が役に立つかどうか試してみる | Ich will es noch einmal mit ihm ～. (能力を知るために)もう一度彼にチャンスを与えてやる | *Versuch* es doch einmal mit diesem Medikament! 一度この薬を試してごらん ‖ eine *versuchte* Erpressung 恐喝未遂 | ein *versuchter* Mord 殺人未遂.
b) 再帰 *sich*⁴ ～ 自分の力を試してみる, (…を)手がけてみる: Verschiedene Dichter haben sich schon an diesem Thema *versucht*. 何人もの詩人がすでにこのテーマを手がけた | Ich habe mich bisher in verschiedenen Berufen *versucht*. 私はこれまでいろいろの職業について自分を試した | Er *versuchte* sich darin, ein Auto zu fahren. 彼は車が運転できるかどうかやってみた | *sich*⁴ auf der Flöte ～ フルートが吹けるかどうか試してみる | *sich*⁴ als Schauspieler ～ 俳優になれるかどうかやってみる.
2《雅》《*jn.*》試す, 試練にかける; 誘惑する, 誘って(…)する気にさせる, そそのかす: Gott ～ 神を試す, (不遜(ふそん)にも)神を怒らせるような危険を冒す | Der Teufel *versucht* den Menschen auf mannigfache Weise. 悪魔はさまざまな方法で人間を誘惑する | Damit kannst du mich nicht ～. その手には乗らないよ ‖ ***versucht* sein** / ***sich*⁴ *versucht* fühlen** 《zu 不定詞〔句〕と》…したい欲求をおぼえる, …したい気持である | Ich bin 〈fühle mich〉 *versucht*, dieser Meinung beizupflichten. 私はこの意見に同意してしまいたいくらいだ | Er war nahezu *versucht*, ihr zu glauben. 彼は彼女を信じたい気持に駆られた.
3《*et.*⁴》(試しに)味わってみる, 試食〈試飲〉する, 味見する: Wollen Sie ～? 食べて〈飲んで〉みませんか.

Ver·su̱·cher[fɛrzú:xər] 男 -s/- **1** (⇔ **Ver·su̱·che·rin**[..xərɪn]-/-nen)《雅》(悪への)誘惑者: Jesus und der ～〘キリスト教〙イエス〔キリスト〕と悪魔.
2 味見用のひとつまみ〈少量〉.

▽**ver·su̱·che·risch**[..zú:xərɪʃ] 形 悪に誘惑する.

Ver·su̱chs≈ab·tei·lung[fɛrzú:xs..] 女 (新製品の)テスト部門. ≈**an·la·ge** 女 実験設備; 実験施設. ≈**an·stalt** 女 試験〈実験〉所. ≈**bal·lon**[..balɔŋ] 男 観測用気球;《比》観測気球(相手方の反応をさぐる発言, 世間の評判を知るための試作品など): einen ～ steigen lassen《比》観測気球を上げる, 世論に探りを入れる. ≈**da·ten** 複 実験データ. ≈**fah·rer** 男 (新型自動車などの)テストドライバー. ≈**ka·nin·chen** 中 (俗: ≈**kar·nickel** 中)〘動〙実験用ウサギ;《比》モルモット(思いどおりに扱われる被験者): *jn.* als ～ verwenden …をモルモット扱いする. ≈**mo·dell** 中 (Prototyp) 試作モデル. ≈**ob·jekt** 中 被験物体. ≈**per·son** 女 (略 VP, Vp.) (各種実験, 特に心理学実験などの)被験者. ≈**rei·he** 女 一連の実験. ≈**sta·dium** 中 (実用に供する前の)実験〈試作〉段階. ≈**strecke** 女 (鉄道・自動車などの)テストコース;〘坑〙試験〈採鉱〉坑道. ≈**tier** 中 実験用動物.

ver·su̱chs·wei·se 副 (→..weise ★) 試験〈実験〉的に, 試みに.

Ver·su̱chs·zweck 男 -〔e〕s/-e《ふつう複数で》実験目的: zu ～*en* 実験の目的で, 実験用として.

Ver·su̱·chung[fɛrzú:xʊŋ] 女 -/-en (人を)試すこと; 誘惑: die ～ Jesu (悪魔の)イエス〔キリスト〕に対する誘惑 | die ～*en* der Großstadt 大都会の誘惑 ‖ einer ～ entgehen 〈widerstehen〉 誘惑をのがれる〈誘惑と戦う〉 | einer ～ erliegen 〈nachgeben / unterliegen〉 誘惑に負ける ‖ **in** 〔die〕 ～ geraten 〈fallen / kommen〉 誘惑に陥る, (…)したい気持に駆られる | Ich war sehr 〈stark〉 in ～, ihn anzurufen. 私は彼に電話をかけたくてたまらなかった | *jn.* in 〔die〕 ～ bringen …を誘惑に陥れる, …に(…)したい気を起こさせる | *jn.* in ～ führen …を誘惑に陥れる ‖ Junge Menschen sind vielen ～*en* ausgesetzt. 若者たちは多くの誘惑にさらされている | Er wurde der ～² Herr. 彼は誘惑に打ち勝った.

ver·sụmp·fen[fɛrzʊ́mpfən] 自 (s) **1** 沼地になる, 沼沢化する. **2**《俗》自堕落になる, 身を持ち崩す, 放蕩(ほうとう)する: Wir sind diese Nacht wieder *versumpft*.《戯》我々は昨夜また飲んだくれてしまった.

Ver·sụmp·fung[..pfʊŋ] 女 -/-en versumpfen すること.

ver·sụm·sen[fɛrzʊ́mzən][1] 《02》《話》= vergeuden

ver·sü̱n·di·gen[fɛrzʏ́ndɪgən][2] 他 (h) 再帰 *sich*⁴ an *jm.* 〈*et.*³〉 ～ …に対して罪を犯す, …に対して不正をはたらく.

Ver·sü̱n·di·gung[..dɪgʊŋ] 女 -/-en sich versündigen すること.

ver·sụn·ken[fɛrzʊ́ŋkən] **I** versinken の過去分詞.
II 形 没入〈没頭〉した, 沈潜した: in *et.*⁴ ～ sein …に没入〈没頭・沈潜〉している | in *seine* Arbeit ～ sein 仕事に没頭している | in Gedanken ～ sein 思いにふけっている | Er war in den Anblick der Landschaft ～. 彼は景色に見とれていた.

Ver·sụn·ken·heit[-haɪt] 女 -/ versunken なこと.

▽**Ver·su̱r**[vɛrzú:r] 女 -/-en (Umsatz)〘商〙(会社などの)売上高. [*lat.* „Umwenden"; ◇vertieren²]

vẹr·sus[vɛ́rzʊs]《ラテン語》(略 vs.) (gegen) …対(たい), …に対して: SPD ～ CDU 社会民主党対キリスト教民主同盟.

ver·sü̱·ßen[fɛrzý:sən] 《02》他 (h) 《*et.*⁴》甘くする, (…に)甘味をつける;《比》(つらいこと・不愉快なことなどを)和らげる, 楽しいものにする: *jm.* eine bittere Pille ～ (→Pille 1 a) | *sich*³ das Leben ～ 人生を楽しくする.

vert. 略 = **vert**atur 1

ver·tä̱·feln[fɛrtέ:fəln] 《06》他 (h) 板で張る: eine Wand ～ 壁を板張りにする.

ver·ta̱·gen[fɛrtá:gən][1] 他 (h) **1** (会議・裁判などを他の期日に)持ち越す, 延期する; 休会〈休廷〉にする: einen Termin ～〘法〙(裁判の)期日を延期する | *et.*⁴ auf unbestimmte Zeit ～ …を無期延期にする ‖ 再帰 *sich*⁴ ～ (会議の主体・議会・法廷などが)延期〈休会・休廷〉を決定する. **2**《スイス》《*et.*⁴》(…の)期日〈日取り〉を決める.
[*fr.* ajourner (◇à jour) の翻訳借用; ◇*engl.* adjourn]

Ver·ta̱·gung[..gʊŋ] 女 -/-en (〔sich〕 vertagen すること. 例えば:)〘法〙(期日の)延期.

ver·tan[fɛrtá:n] vertun の過去分詞.
ver·tän·deln[fɛrtɛ́ndəln] ((06)) 他 (h) (金・時間などを)むだ遣いする, 浪費する.
ver·tat[fɛrtá:t] vertun の過去.
∇**ver·ta·tur**[vɛrtá:tʊr] ((ﾗﾃﾝ語)) **1** (略 vert.; 記号 _√) (man wende!) 〘印〙 (転倒した文字・記号などを)まっすぐにせよ(校正指示). **2** =verte [*lat.* vertere (→vertieren[2])]
ver·tau·ben[fɛrtáʊbən][1] 自 (s) 〘坑〙 (鉱脈の鉱石含有量が)乏しくなる, 貧化する. [＜taub]
Ver·täu·bo·je[fɛrtɔ́y..] 女 〘海〙 アンカーブイ, 係船ブイ. [＜vertäuen]
Ver·tau·bung[fɛrtáʊbʊŋ] 女 -/ 〘坑〙 (鉱石の)貧化.
ver·täu·en[fɛrtɔ́yən] 他 (h) 〘海〙 (船を)係留する. [*mndd.* vortoien „vor zwei Anker legen"]
ver·tausch·bar[fɛrtáʊʃba:r] 形 交換可能な.
ver·tau·schen[fɛrtáʊʃən] ((04)) 他 (h) **1** 誤って交換する, 取り違える: Er hat meinen Mantel *vertauscht.* 彼は私のコートを自分のコートと間違えてしまった | Wir haben unsere Schirme *vertauscht.* 我々は雨傘を互いに取り違えてしまった. **2** ((*et.*[4] mit *et.*[3] 〈gegen *et.*[4]〉)) (…を…と)交換する, 取り替える: Er *vertauschte* den Pinsel mit der Feder. 彼は絵筆を捨てて文筆家になった | Er hat Hamburg mit München *vertauscht.* 彼はハンブルクからミュンヒェンに引っ越した | Die beiden haben ihre Rollen *vertauscht.* 両者は互いに役割を交換した.
Ver·tau·schung[..ʃʊŋ] 女 -/-en vertauschen すること.
Ver·tau·schungs·re·la·tion 女 〘数・理〙 交換関係.
ver·tau·send·fa·chen[fɛrtáʊzəntfaxən] 他 (h) 千倍にする: 再帰 *sich*[4] ～ 千倍になる. [＜tausendfach]
Ver·täu·ung[fɛrtɔ́yʊŋ] 女 -/-en 〘海〙 **1** (船の)係留, 係船. **2** 係留索具.
ver·te[vɛ́rtə, ..te·] ((ﾗﾃﾝ語)) (略 v.) (wende um!) (譜面の注記で)ページをめくれ, 裏返せ: →*verte*, si placet; *verte* subito
Ver·te·bra[vɛ́rtebra·] 女 -/..brae[..brɛ·] 〘解〙 椎骨(ついこつ), 脊椎(せきつい)骨. [*lat.*; ＜*lat.* vertere (→vertieren[2])]
ver·te·bral[vɛrtebrá:l] 形 椎骨(ついこつ)〈脊椎(せきつい)骨〉の.
Ver·te·brat[vɛrtebrá:t] 男 -en/-en, **Ver·te·bra·te** [..tə] 女 -/-n ((ふつう複数で)) 脊椎(せきつい)動物.
ver·tech·ni·sie·ren[fɛrtɛçnizí:rən] 他 (h) 〔過度に〕技術化(機械化・工業化)する.
ver·tei·di·gen[fɛrtáɪdɪgən][2] 他 (h) **1** 防ぐ, 防御する, 防衛する; 守る, 守備する: die Grenze 〈das Land〉 ～ 国境〈国土〉を防衛する | eine Stellung ～ 陣地を守る | *seinen* Standpunkt ～ 自分の立場を守る ‖ 再帰 *sich*[4] ～ 身を守る, 自衛する | *sich*[4] gegen die feindlichen Soldaten tapfer 〈hartnäckig〉 ～ 敵兵に対して勇敢〈頑強〉に身を守る. **2** 擁護する, 弁護する; (弁護人が被告を)弁護する: *seine* Frau ～ 妻〔の立場〕を弁護する | *seine* Dissertation erfolgreich ～ ドクター学位請求論文の審査にパスする ‖ 再帰 *sich*[4] ～ 自分の立場を弁護する, 弁解する.
3 〘ｽﾎﾟｰﾂ〙 **a)** 〘球技〙 守る, 防御〈守備〉する: das Tor ～ (ゴールキーパーが)ゴールを守る ‖ 〘目的語なしで〙 Die Mannschaft mußte mit aller Kraft ～. そのチームは全力をあげて守り〈ディフェンス〉にまわらねばならなかった. **b)** (自分が獲得したタイトルを)防衛する: *seinen* Titel ～ タイトルを防衛する.
[*mhd.* vertagedingen „vor Gericht vertreten"; ＜*ahd.* taga-ding „Verhandlung an einem Tag" (◇Tag, Ding)]
Ver·tei·di·ger[..gər] 男 -s/- (verteidigen する人. 例えば:) **1** 防御〈防衛・守備〉者. **2** 擁護〈弁護〉者; 〘法〙 弁護人: der gesellschaftliche ～ 〘法〙 (旧東ドイツの)特別一般弁護人 | Pflicht*verteidiger* 〘法〙 国選弁護人 | Wahl*verteidiger* 私選弁護人. **3** 〘ｽﾎﾟｰﾂ〙 **a)** (サッカーなどの)後衛, バック; (ホッケーなどの)ディフェンス. **b)** 選手権〈タイトル〉防衛者: Titel*verteidiger* タイトル防衛者.
Ver·tei·di·gung[fɛrtáɪdɪgʊŋ] 女 -/-en **1** (↔Angriff) ([sich] verteidigen すること. 例えば:) **a)** 守り, 防御, 防衛, 守備: die ～ des Vaterlandes 祖国の防衛 | die ～ der Meisterschaft 〘ｽﾎﾟｰﾂ〙 選手権の防衛 ‖ Bundesministerium der ～ (ドイツの)連邦国防省 | Ministerium für Nationale ～ (旧東ドイツの)国家防衛省 ‖ auf ～ spielen 〘ｽﾎﾟｰﾂ〙 守備〈ディフェンス〉にまわる | in die ～ gedrängt werden 守勢に立たされる. **b)** 擁護, 弁護; 自己弁護, 弁解: die ～ des Angeklagten 被告の弁護.
2 a) ((集合的に)) 〘法〙 弁護人側: Auf Antrag der ～ wurden neue Zeugen vorgeladen. 弁護人側の要請で新たな証人が喚問された. **b)** ((集合的に)) (サッカーなどの)後衛, バック; (ホッケーなどの)ディフェンス.
Ver·tei·di·gungs≠amt 中 (日本などの)防衛庁. **≠bei·trag** 男 防衛分担〔金〕. **≠bünd·nis** 中 防衛同盟. **≠etat**[..|eta:] 男 = Verteidigungshaushalt **≠fall** 男 〘法〙 防衛上の緊急事態(武力攻撃を受けた場合): im ～ 防衛〔上の緊急事態〕に際しては. **≠haus·halt** 男 国防〈防衛〉予算. **≠in·du·strie** 女 防衛〈兵器〉産業. **≠krieg** 男 防衛戦争. **≠li·nie**[..niə] 女 〘軍〙 防衛線. **≠mi·ni·ster** 男 国防大臣; (日本などの)防衛庁長官. **≠mi·ni·ste·rium** 中 国防省. **≠mit·tel** 中 防御〈防衛〉手段. **≠po·li·tik** 女 防衛政策. **≠rat** 男 -〔e〕s/ (ドイツの)〔最高〕国防会議: der Nationale ～ (旧東ドイツの)国家防衛評議会. **≠re·de** 女 **1** 〘法〙 (弁護人の)弁論. **2** 〔自己〕弁明. **≠schrift** 女 弁明書. **≠stel·lung** 女 〘軍〙 防御陣地. **≠stra·te·gie** 女 防衛戦略. **≠waf·fe** 女 防御用兵器. **≠zu·stand** 男 防衛準備態勢.
ver·tei·len[fɛrtáɪlən] 他 (h) **1** 分ける, 分け与える, 配る, 分配する; (適当に)配分する, 割り当てる, 割り振る, 分散させる; 配置する: *et.*[4] gleichmäßig ～ …をバランスよく〈均等に〉配分する ‖ Autogramme ～ (スターなどがファンに)サインする | Flugblätter an die Passanten ～ ビラを通行人に配布する | Geld unter 〈an〉 die Armen ～ / Geld unter den Armen ～ 貧しい人たちに金を分配する | Ohrfeigen an *jn.* ～ ((比)) …にびんたをくらわす | die Rollen ～ 〘劇〙 役を割り振る, 配役する; ((比)) 役割〈任務〉を割り振る | Blumen auf die Tische 〈den Tischen〉 ～ 花をそれぞれのテーブルに配置する | Farbe über die ganze Wand ～ 塗料を壁全体にまんべんなく塗る ‖ ein Drama mit 〈in〉 *verteilten* Rollen lesen それぞれの配役でドラマの読み合わせをする.
2 再帰 *sich*[4] ～ 分かれる, 分散する, 散らばる; 分布する: Die Gäste *verteilten* sich an die einzelnen Tische. 客たちは個々のテーブルに分かれて座った | Die Kabel *verteilen* sich von hier aus in verschiedene Richtungen. ケーブルはここからさまざまな方向に分かれる | Der Geruch *verteilte* sich über das ganze Haus. においが家じゅうに広がった | Die Hälfte der Bevölkerung *verteilt* sich auf diese beiden Städte. 住民の半数がこの両都市に住んでいる ‖ Die Filialen sind in der ganzen Stadt *verteilt.* 支店は全市に分散配置されている.
Ver·tei·ler[fɛrtáɪlər] 男 -s/- **1** (verteilen する人. 例えば:) 分配者, 配布者; 配送者. **2** (文書などの)指定配布先. **3** 〘電〙 配電器; 〘工〙 (エンジンの)ディストリビューター. **4** (ガス・電気などを需要者に供給する)配給機関; 配電所.
Ver·tei·ler≠netz 中 (電気・ガスなどの)配給〈供給〉網. **≠schlüs·sel** 男 分配率. **≠ta·fel** 女 〘電〙 分電盤.
Ver·teil·ma·schi·ne =Briefverteilmaschine
Ver·tei·lung[fɛrtáɪlʊŋ] 女 -/-en (verteilen すること. 例えば:) 分配, 配布; 配分, 割り当て; 分散; 分布; 配置; 〘論〙 周延: eine gerechte ～ der Subventionen 補助金の公平な分配 | die ～ von Licht und Schatten 〘美〙 光と影の配分, 画面分割 | Rollen*verteilung* 〘劇〙 配役 | die ～ der Wiederholung 〘心〙 分散学習 | zur ～ kommen 〈gelangen〉 ((官)) 分配〈配分〉される.
Ver·tei·lungs≠funk·tion 女 (確率論の)分布関数; (統計力学の)分配関数. **≠kampf** 男 分配〈割り当て〉をめぐる争い. **≠netz** =Verteilernetz **≠zahl·wort** 中 -〔e〕s/..wörter=Distributivum
ver·te, si pla·cet[vɛ́rtə zi: plá:tsɛt, ..te· ––] ((ﾗﾃﾝ語)) (略 v. s. pl.) (bitte wenden!) (譜面の注記で)ページをめくって〈裏返して〉ください. [＜*lat.* si „wenn"; ◇Plazet]

vẹr·te sụ·bi·to[vέrtə zú:bito·, ..te· –]《ラテン語》(略 v. s.)(rasch wenden!)(譜面の注記で)急いでページをめくれ(裏返せ). [< *lat.* subitus „plötzlich"]

ver·teu̯·ern[fεrtɔ́yərn]《05》他(h)《*et.*4》(…の)価格を上げる, 値段を高くする; (物価を)騰貴させる: 再帰 *sich*4 ~ 値段が高くなる; (物価が)騰貴する. [*mhd.*; ◇teuer]

Ver·teu̯e·rung[..tɔ́yərʊŋ] 女 -/-en ((sich) verteuern すること. 例えば:) 値上げ; 値上がり; (物価の)騰貴.

ver·teu̯·feln[fεrtɔ́yfəln]《06》**I** 他(h)《*jn.* / *et.*4》(…に)悪魔の烙印(らくいん)を押す, (ことさら)悪者に仕立てる.

II ver·teu̯·felt 過分 形《話》のろわれた, いまいましい, 途方もない: eine ~*e* Angelegenheit やっかいな問題 | ein ~*er* Kerl 途方もないやつ(しばしば賛嘆の気持をこめて) ‖ 《副詞的に》eine ~ schwierige Aufgabe 途方もなく難しい課題 | Es ist ~ kalt. とてつもなく寒い.

Ver·teu̯·fe·lung[..tɔ́yfəlʊŋ] (**Ver·teu̯f·lung**[..flʊŋ]) 女 -/ verteufeln すること.

ver·tie̯·fen[fεrtí:fən] 他(h) **1** より深くする, さらに掘り下げる; より低くする: ein Loch ~ 穴を深くする ‖ 再帰 *sich*4 ~ より深くなる; より低くなる | Die Kluft zwischen den beiden Parteien hat sich noch *vertieft.* 両党間の亀裂(きれつ)はなおいっそう深まった.

2《比》深める, 深化する; 強める, 強化する; (色を)濃くする; 〔楽〕(音を)低くする: die Freundschaft ~ 友情を深める | *seine* Kenntnisse 〈*sein* Wissen〉 ~ 知識を深める | Dieser Vorfall hat ihre Abneigung gegen ihn *vertieft.* この出来事は彼女の彼に対する嫌悪の念を強めた ‖ 再帰 *sich*4 ~ 深まる, 強まる; (色が)濃くなる | Die Dämmerung *vertiefte* sich. 夕やみが濃くなった | Der Eindruck des Romans *vertiefte* sich noch beim zweiten Lesen. 小説の印象は2度目に読んだときさらに強まった.

3 再帰 *sich*4 in *et.*4 ~ …に沈潜(没頭)する | *sich*4 in *seine* Arbeit ~ 仕事に没頭〈熱中〉する | *sich*4 in eine Zeitung ~ 新聞を読みふける ‖ in *et.*4 *vertieft* sein …に沈潜〈没頭・熱中〉している | Er war in Gedanken 〈ein Gespräch mit einem Freund〉 *vertieft.* 彼は物思いにふけっていた〈友人と熱心に話し込んでいた〉.
[< tief]

Ver·tie̯·fung[fεrtí:fʊŋ] 女 -/-en **1**《単数で》(sich) vertiefen すること. **2** (深くなった個所. 例えば:) へこみ, くぼみ, みぞ, 穴: eine ~ in der Mauer 壁のくぼみ.

ver·tie̯·ren1[fεrtí:rən] 自(s)(人間が)野獣のようになる, 野獣化する, 狂暴〈残忍〉になる: ein *vertierter* Verbrecher 野獣のように残忍な犯罪者. [< Tier]

▽**ver·tie̯·ren**2[vεrtí:rən] 他(h) **1** 裏返す; (ページを)めくる. **2** 翻訳する: *et.*4 ins Deutsche ~ …をドイツ語に翻訳する. [*lat.* vertere „wenden"; ◇werden, Vers]

ver·ti·ka̯l[vεrtiká:l] **I** 形 (↔ horizontal)(senkrecht) 垂直の, 鉛直の, 直立した: eine ~*e* Linie 垂直(鉛直)線 | ~*e* Bindung〔法〕垂直的価格拘束 ‖ ~ stehen 垂直に立っている. **II Ver·ti·ka̯·le** 女《形容詞変化》(また: -/-n) 垂直〈鉛直〉線; 垂直状態.
[*spätlat.*; < *lat.* vertex „Wirbel"+..al1]

Ver·ti·ka̯l≠ebe·ne 女 垂直面. **≠in·ten·si·tät** 女 (地磁気の)垂直強度.

Ver·ti·ka·lịs·mus[vεrtikalísmʊs] 男 -/〔建〕(ゴシック様式などで垂直線を強調した)垂直様式.

Ver·ti·ka̯l≠kon·zern[vεrtiká:l..] 男 (↔Horizontalkonzern)〔経〕(順次的生産段階の諸企業を結合する)垂直型コンツェルン. **≠kreis** 男 -es/-e《ふつう複数で》〔天〕鉛直圏. **≠schnitt** 男 垂直断面.

Ver·ti·ka̯l·star·ter 男 -s/-, **Ver·ti·ka̯l·start·flug·zeug** 中〔空〕垂直離着陸機.

Vẹr·ti·ko[vέrtiko·] 中(男) -s/-s 飾り戸棚.
[< Vertikow (ベルリンの指物師)]

ver·ti·ku·tie̯·ren[vεrtikutí:rən] (**ver·ti·ku·lie̯·ren**[..lí:rən]) 他(h)〔園〕(芝生を)突いて通気性を高める.

ver·tịl·gen[fεrtílgən]1 他(h) **1** 抹殺する, 根絶する, 根絶やしにする, 撲滅する: Ungeziefer ~ 害虫を撲滅する. **2**《話》すっかり食べつくす, 残らず平らげる.

Ver·tịl·gung[..gʊŋ] 女 -/-en《ふつう単数で》vertilgen すること.

Ver·tịl·gungs·mit·tel 中 殺虫剤; 除草剤.

ver·tịp·pen[fεrtípən] 他(h)(タイプライターで文字を)打ちそこなう, (電算機で数字・記号などを)打ち間違える: 再帰 *sich*4 ~ (タイプライター・電算機で)打ちそこないをする.

ver·to̯·ba·ken (**ver·to̯·backen**)[fεrtó:bakən] =verprügeln

ver·to̯·nen1[fεrtó:nən] 他(h)《*et.*4》(詩・劇・台本などに)曲をつける, 作曲する; 〔映〕音声〈音楽〉を入れる: Dieses Gedicht ist von Schubert *vertont* worden. この詩はシューベルトによって作曲された.

ver·to̯·nen2[–] 他(h)〔海〕(海岸線を)海図に記入する; (船上から見た海岸を)絵図にする. [*mndd.* „vor Augen stellen"]

ver·tö̯·nen[fεrtǿ:nən] 自(s)(音・響きなどが)しだいに弱まって消え去る〈鳴りやむ〉.

Ver·to̯·nung1[fεrtó:nʊŋ] 女 -/-en **1**《単数で》(vertonen1すること. 例えば:) 作曲. **2** (詩などにつけられた)曲, メロディー: Von diesem Gedicht gibt es drei ~*en.* この詩には曲が三つある.

Ver·to̯·nung2[–] 女 -/-en〔海〕海岸線描写図.

ver·to̯r·fen[fεrtɔ́rfən] 自(s)〔植〕泥炭化する. [< Torf]

Ver·to̯r·fung[..fʊŋ] 女 -/-en〔植〕泥炭化(作用).

ver·trạckt[fεrtrákt] 形《話》**1** 不快な, いやな: ~*es* Wetter いやな天気. **2** こみ入った, やっかいな, 面倒な: eine ~*e* Geschichte やっかいな話. [< ver-trecken „verziehen" (◇trecken)]

Ver·trạckt·heit[–haɪt] 女 -/-en《ふつう単数で》vertrackt なこと.

Ver·tra̯g[fεrtrá:k]1 男 -(e)s/..träge[..trέ:gə] 契約, 協定; 条約: ein günstiger 〈vorteilhafter〉 ~ 有利な契約 | ein ungünstiger 〈unvorteilhafter〉 ~ 不利な契約 | ein einseitiger 〈zweiseitiger〉 ~ 片務〈双務〉契約 | ein kurzfristiger 〈langfristiger〉 ~ 短期〈長期〉契約 | Dienst*vertrag* 雇用契約 | Friedens*vertrag* 平和条約 | Handels*vertrag* 通商条約 ‖ mit *jm.* einen ~ (ab)schließen 〈machen〉 …と契約を結ぶ | einen ~ brechen 〈verletzen〉 契約を破る〈に違反する〉 | einen ~ einhalten 契約を守る | einen ~ ratifizieren 条約を批准する | einen ~ unterschreiben 〈unterzeichnen〉 契約書に署名する ‖ *sich*4 an den ~ 〈an den Wortlaut des ~*es*〉 halten 契約〈契約の字句〉を厳密に守る | *sich*4 auf den ~ berufen 契約をたてに取る | kraft des ~*es* / laut ~ 契約に基づいて | *jn.* unter ~ nehmen …を契約によって雇う | Der Filmstar steht unter ~ mit einer Filmgesellschaft. この映画俳優はある映画会社と契約している.

ver·tra̯·gen*[fεrtrá:gən]1《191》他(h) **1**《*et.*4》(…に)耐える, がまんする; (気質・体質的に)耐えられる, 耐える能力がある: Diese Pflanze *verträgt* viel Nässe 〈Hitze〉. この植物は湿気〈暑熱〉に強い | Ich kann Milch nicht ~. 牛乳は私の胃に合わない | Ich *vertrage* keinen Alkohol. 私は酒が飲めない | Er kann viel ~. 《話》彼はかなりいける〈飲める〉| Sie *verträgt* keinen Spaß 〈keinen Widerspruch〉. 彼女は冗談を解しない〈反論されると機嫌が悪くなる〉| Ich kann ihn nicht ~. 私は彼が嫌いだ | Die Sache *verträgt* keinen Aufschub. 事態は時間的余裕がない〈一刻の猶予も許さない〉| einen Puff 〈einige Püffe〉 ~ können (→Puff II 1) | einen guten 〈tüchtigen / ordentlichen〉 Stiefel ~ können (→Stiefel 2).

2 a) 再帰 *sich*4 mit *jm.* ~ …と(うまく)折り合う, …と仲よくやっていく | Ich habe mich mit ihm immer gut *vertragen.* 私はこれまで彼といつも仲よくやってきた | Die beiden *vertragen* sich schlecht miteinander. この二人は折り合いが悪い〈仲がよくない〉| *sich*4 wie Hund und Katze ~ (→Hund 1 a) ‖ *sich*4 mit *jm.* wieder ~ …と仲なおりする | Pack schlägt sich, Pack *verträgt* sich. (→Pack2). **b)** 再帰 *sich*4 mit *et.*3 ~ …と調和する | Sein Verhalten *verträgt* sich nicht mit seinen Ansichten.

彼の態度は彼の考え方と矛盾する | Diese Farben *vertragen* sich schlecht. これらの色は調和〈取り合わせ〉がよくない.
3 《方》(abtragen) (服などを)着古す: ein *vertragener* Mantel 着古しのコート.
4 《方》運んで移す, 運び去る.
5 《スイス》(austragen) (新聞などを)配達する.
Ver·trä·ger[fɛrtrɛ́:gər] 男 -s/- 《スイス》新聞配達員.
ver·trag·lich[fɛrtrá:klɪç] 形 契約〈条約〉の; 契約〈条約〉上の, 契約〈条約〉による: ~*e* Vereinbarungen 契約による合意事項 ‖ *et.*^{4} ~ festlegen …を契約によって定める | *jm.* ~ zustehen 契約上…に帰属する.
ver·träg·lich[..trɛ́:klɪç] 形 **1** (飲食物などが体に)合った, 障らない, 消化しやすい: gut ~*e* Speisen 消化のよい食物 | Das Essen ist leicht 〈schwer〉 ~. この食物は消化しやすい〈しにくい〉| Das Medikament ist auch bei Kindern gut ~. この薬は子供でも障らない.
2 他人との折り合いのよい, 人づきあいのよい, おとなしい: ~ miteinander leben 互いに仲よく暮らす.
Ver·träg·lich·keit[..kaɪt] 女 -/ verträglich なこと.
ver·trag·los[fɛrtrá:klo:s][1] 形 契約〈協定・条約〉のない.
Ver·trags≈ab·schluß[fɛrtrá:ks..] 男 契約〈条約〉締結. ≈**arzt** 男 (官公庁・施設などの)嘱託医. ≈**bruch** 男 契約〈条約〉違反.
ver·trags≈brü·chig 形 契約〈条約〉違反の: ~ werden 契約違反を犯す. ≈**ge·mäß** 形 契約〈条約〉上の, 契約〈条約〉による.
Ver·trags≈ge·setz 中 〘法〙条約法. ≈**ha·fen** 男 〘史〙(19 世紀中国の)条約港(条約による開港場). ≈**händ·ler** 男 販売商(製造業者の製品の一手販売権をもつ自営商人). ≈**leh·re** 女 -/ 〘哲〙社会契約説.
ver·trags·los =vertraglos
Ver·trags≈par·tei 女, ≈**part·ner** 男 契約の当事者〈相手方〉. ≈**recht** 中 -[e]s/ 〘法〙契約法. ≈**spie·ler** 男 (契約により給料を支払われるサッカーなどの)契約選手. ≈**staa·ten** 複 (英: *Trucial Oman*) トルーシャル=オマン(イギリスと保護条約を結んだペルシア湾岸の七アラブ首長国. もと Piratenküste と呼ばれ, のち Vereinigte Arabische Emirate「アラブ首長国連邦」と改称). ≈**stra·fe** 女 (Konventionalstrafe) 〘法〙(契約違反・不履行に対する)違約罰. ≈**theo·rie** 女 〘哲〙社会契約説; 〘法〙(証券発行者の債務に関する)契約説. ≈**ver·stoß** 男 契約〈条約〉違反. ≈**werk** 中 (一連の)契約, 条約. ≈**werk·statt** 女 (生産会社の正式の認可を受けた)契約〈指定〉修理工場.
ver·trags·wid·rig 形 契約〈条約〉違反の(行為など).
Ver·trags·zeit 女 契約期間.
ver·trallt[fɛrtrált] 形 《話》悪乗りした, はめをはずした. [< Trall „Spaß“ (◇trallala)]
ver·tram·peln[fɛrtrámpəln] 《06》《話》= zertrampeln
ver·trant[fɛrtrá:nt] 形 《話》(頭が)ぼんやりした, 注意散漫な. [< Tran]
ver·trat[fɛrtrá:t] vertreten の過去.
ver·trat·schen[fɛrtrá:tʃən] 《04》《話》=verplaudern
ver·trau·en[fɛrtráuən] **I** 自 (h) 《*jm.* / *et.*^{3} / auf *jn.* 〈*et.*^{4}〉》(…を)信用する, 信頼する, あてに〈頼りに〉する: *seinem* Freund 〈auf *seinen* Freund〉 ~ 友人を信頼する | *jm.* 〈auf *jn.*〉 blind[lings] ~ …を盲目的に信用する, …を盲信する | Ich *vertraue* auf seine Ehrlichkeit 〈deine Hilfe〉. 私は彼の誠実さを信じている〈君の助けをあてにしている〉| Ich *vertraue* darauf, daß er kommt. 私は彼が来てくれるものと信じている.
II 他 (h) 《雅》**1** (anvertrauen) 《*jm. et.*^{4}》(…に…を)ゆだねる, まかせる; (秘密などを)打ち明ける: *jm.* die Wahrheit ~ …に真実を打ち明ける ‖ 再帰 *sich*^{4} *jm.* ~ …に自分の身をゆだねる; …に心中を打ち明ける. **2** (antrauen) 《*jn. jm.*》(…を…と)めあわせる, 結婚させる.
III Ver·trau·en 中 -s/ 信用, 信頼, 信任, あてに〈頼りに〉すること: ein grenzenloses 〈unbegrenztes〉 ~ 無限の信頼 ‖ *js.* ~ besitzen 〈genießen〉 …の信用を得ている, …に信頼されている | *js.* ~ gewinnen 〈verlieren〉 …の信用を得る〈失う〉| *js.* ~ enttäuschen 〈täuschen〉 …の信頼を裏切る | *js.* ~ mißbrauchen …の信頼を悪用する | *jm.* ~ schenken …に信頼を寄せる, …を信用〈信頼〉する | auf 〈in〉 *jn.* ~ setzen …を信頼する | Ich habe großes ~ zu dir 〈deinen Fähigkeiten〉. 私は君〈君の能力〉を大いに信頼している | Er verdient dein ~. 彼は君の信頼に値する男だ | Nach diesem Vorfall hat sie das ~ in ihn 〈zu ihm〉 verloren. この出来事があってから彼女は彼を信用できなくなった ‖ *Vertrauen* gegen ~! 信頼には信頼を | im ~ gesagt ここだけの話だが, 君を信頼して言うのだが | im ~ auf *jn.* 〈*et.*^{4}〉…を信頼して, …を信用して, …をあてにして | im ~ auf *sein* Glück 運にまかせて | ***jn.* ins ~ ziehen** (信用して)…に秘密を打ち明ける ‖ ***Vertrauen* ist gut, Kontrolle ist besser.** 信頼するのもいいがチェックするほうがさらにいい | *Vertrauen* erweckt ~. 信頼が信頼を呼ぶ.
IV ver·traut → 別出
ver·trau·en·er·weckend[fɛrtráuən..] 形 信頼の念を起こさせる: einen ~*en* Eindruck machen 頼もしい印象を与える.
Ver·trau·ens≈an·walt 男 (Wahlverteidiger) 私選弁護人. ≈**arzt** 男 (健康保険組合に依頼されて患者の健康状態を判定する)保険検査医. ≈**bruch** 男 信頼の裏切り; 背任[行為]. ≈**fra·ge** 女 **1** (政府などによる)信任投票の提案: die ~ stellen 信任を問う. **2** =Vertrauenssache 1 ≈**in·ter·es·se** 中 〘法〙信頼利益. ≈**kri·se** 女 信頼関係の危機. ≈**mann** 男 **1** -[e]s/..männer (安心して秘密を打ち明けられ, 重要な事項を代行してくれるような)腹心の友. **2** -[e]s/..leute (組合の)職場委員, 代議員. **3** -[e]s/..männer 〘法〙代理権者, 代弁人, (財産などの)保管人. **4** -[e]s/..leute, ..männer 〘法〙(警察に雇われた)情報提供者, 諜報(ちょうほう)勤務員, 秘密の人(略 V-Mann). **5** -[e]s/..männer, ..leute (重度身体障害従業員などの企業に対する)利益代表者. ≈**per·son** 女 (重要な仕事を任せることのできる)信頼できる人物. ≈**po·sten** 男 =Vertrauensstellung ≈**sa·che** 女 **1** 信頼の問題: Das ist ~. これは信頼するかしないかだけの問題だ. **2** 内密に取り扱われるべき事柄〈事件〉, 機密事項. ≈**scha·den** 男 〘法〙信頼利益喪失による損害(→Vertrauensinteresse).
ver·trau·ens·se·lig 形 無条件で信用〈信頼〉する: Du bist immer zu ~. 君はいつも人を盲信しすぎる.
Ver·trau·ens·se·lig·keit 女 -/ vertrauensselig なこと.
Ver·trau·ens≈stel·lung 女 (職務上の秘密保持などが要求される)枢要な地位. ≈**ver·hält·nis** 中 信頼関係. ≈**ver·lust** 男 信頼の喪失.
ver·trau·ens·voll 形 信頼に満ちた, 信じて疑わない; (互いに)信頼関係にある.
Ver·trau·ens·vo·tum 中 信任投票.
ver·trau·ens·wür·dig 形 信用に値する, 信頼するに足る.
Ver·trau·ens·wür·dig·keit 女 -/ vertrauenswürdig なこと.
ver·trau·ern[fɛrtráuərn] 《05》他 (h) **1** (時を)悲しみ〈悲嘆〉のうちに過ごす. **2** 再帰 *sich*^{4} ~ 悲しみにやつれる.

ver·trau·lich[fɛrtráulɪç] 形 **1** 内密の, 秘密の, 内々の: eine ~*e* Besprechung 内密の話し合い | *et.*^{4} streng ~ behandeln …を極秘に取り扱う.
2 親しい, 親密な, 打ち解けた; 馴(な)れ馴れしい: *sich*^{4} plump ~ benehmen いやに馴れ馴れしく振舞う.
▽**3** =vertraut II 2 [< vertrauen]
Ver·trau·lich·keit[–kaɪt] 女 -/-en **1** 《単数で》(vertraulich なこと. 例えば:) 内密; 親しさ, 親密さ, 無遠慮さ: *et.*^{4} mit aller ~ behandeln …を極秘〈ごく内密〉に取り扱う | Seine ~ fällt mir auf die Nerven. 彼の馴(な)れ馴れしさは私の神経にさわる. **2** 《ふつう複数で》馴れ馴れしい〈無遠慮な〉言動.
ver·träu·men[fɛrtrɔ́ʏmən] **I** 他 (h) (時を)夢うつつに〈夢想にふけって・ぼんやりと〉過ごす; (チャンスなどを)うかうかと取り逃がす. **II ver·träumt** 過分 形 **1** 夢想家的な; 浮世離れした, 世事にうとい. **2** (場所などが)騒がしくない, 牧歌的な.
Ver·träumt·heit[..haɪt] 女 -/ verträumt なこと.

ver·traut[fɛrtráʊt] **I** vertrauen の過去分詞.

II 形 **1** 親しい, 親密な, 懇意な: ein ～*er* Freund 親友 | mit *jm.* auf ～*em* Fuß stehen … (→Fuß 1 a) | mit *jm.* ～*en* Umgang haben …と親しくつき合っている ‖ mit *jm.* ～ werden …と親しくなる. **2** よく知っている, 習熟(熟知)している: ein ～*es* Gesicht 見慣れた顔 ‖ mit *et.*^{3} ～ sein …を熟知している | *sich*^{4} mit *et.*^{3} ～ machen …に習熟する.

III Ver·trau·te 男 女《形容詞変化》親しい人; 信頼の置ける〈気の許せる〉人, 腹心の友〈部下〉.

Ver·traut·heit[−haɪt] 女 -/ vertraut なこと.

ver·trei·ben*[fɛrtráɪbən][1]《193》 **I** 他 (h) **1**《*jn.*/*et.*^{4}》追い出す, 追い払う, 駆逐する; 放逐する, 追放する; 払いのける; 取り除く, 駆除する: den Feind ～ 敵を追い払う | Fliegen ～ ハエを追い払う〈駆除する〉| Der Wind *vertreibt* die Wolken. 風が雲を吹き払う | das Fieber 〈den Husten〉 ～ (治療をして)熱〈咳(せき)〉を取り除く ‖ *jm.* die Grillen ～ (→Grille 2) | *jm.* die Sorgen 〈die schlechte Laune〉 ～ …の心配〈不機嫌〉を吹き払ってやる | *sich*^{3} die Langeweile 〈den Schlaf〉 ～ 退屈をしのぐ〈眠気を払いのける〉| *sich*^{3} 〔mit *et.*^{3}〕 die Zeit ～ (→Zeit 3 b) ‖ *jn.* aus der Heimat 〈dem Land〉 ～ …を故郷から〈国外に〉追放する | Die Hitze hat uns aus dem Zimmer *vertrieben.* 暑さ〈熱気〉に耐えきれずに我々はその部屋から逃げ出した. **2**《*et.*^{4}》(商品を)売る, 販売する: Bücher massenhaft ～ 書籍を大量に売りさばく. **3**〘美〙(輪郭などを)ぼかす.

II ver·trie·ben → 別出

Ver·trei·bung[fɛrtráɪbʊŋ] 女 -/-en **1** 放逐, 追放; 駆逐, 駆除: die ～ aus dem Paradies〘聖〙(Adam と Eva の)楽園追放(創: 3, 23). **2** ＝Vertrieb 1

ver·tret·bar[fɛrtré:tba:r] 形 (vertreten できる. 特に:) **1** (考え方・行動などが)正当化できる, 支持〈弁護・是認〉できる, 責任を負える: Eine solche Maßnahme ist nicht ～. このような措置は是認できない〈責任が負えない〉. **2** (fungibel)〘法〙代替可能の: eine ～*e* Sache 代替物(金銭・食料品などのようにその個性を問題にせず, 同種類の他の物で代えうる物).

ver·tre·ten*[fɛrtré:tən]《194》他 (h) **1 a)**《*jn.*》(…の)代理〈代役〉を務める, (…の仕事を)代行する: *seinen* kranken Kollegen ～ 病気の同僚の代理をする | *jn.* in *seinem* Amt ～ …の職務を代行する | Hier *vertritt* das Kamel das Pferd. ここではラクダが馬の代役を務めている.

b)《*jn.* / *et.*^{4}》(…を)代表する; (…の)利益を代表する: als Diplomat einen Staat ～ 外交官として国家を代表する | die Interessen einer Firma ～ 会社の利益を代表する | Die Abgeordneten *vertreten* ihren Wahlkreis. 代議士たちは彼らの選挙区の代表である〈利益を代表する〉| Ein bekannter Anwalt *vertritt* ihn vor Gericht. ある著名な弁護士が彼の法廷代理人を務める ‖〘過去分詞で〙*vertreten* sein (…によって)代表されている; (…が)代表として出席している | Die Vögel sind hier vor allem durch die Finken *vertreten.* ここにすむ鳥類の代表的なものはとりわけアトリである |

Bei der Besprechung war die Geschäftsleitung nicht *vertreten.* 話し合いには経営陣側の代表は出席していなかった | In dieser Anthologie sind von der jüngeren Generation nur drei Lyriker *vertreten.* このアンソロジーには若い世代から叙情詩人が3人入っているだけだ | In unserem Orchester sind die Frauen nur schwach *vertreten.* 我々のオーケストラには女性の団員はわずかしかいない.

c)《*jn.* / *et.*^{4}》〘商〙(…の)代理商〈取次人〉を務める: eine Firma ～ ある会社の代理商〈取次店〉である | Unsere Produkte werden in Europa durch eine Tochtergesellschaft 〈von einer Tochtergesellschaft〉 *vertreten.* わが社の製品はヨーロッパでは子会社がこれを取り次いで販売している.

d)《*et.*^{4}》(意見・立場などを)代表〈代弁〉する, 主張する, 信奉する; (考え方・行動などを)よしとする, 支持〈弁護・是認〉する; (…の)責任を負う: einen Grundsatz 〈einen Standpunkt〉 ～ ある原則〈立場〉を主張する | Vorsatz und Fahrlässigkeit ～〘法〙故意と過失について責任を負う | Er *vertritt* dieselbe Ansicht wie ich. 彼は私と同じ見解だ | Er *vertrat* die ältere Schule der Medizin. 彼は医学の旧学派を代表していた〈旧学派に属していた〉| Das kann ich ihm gegenüber 〈vor meinem Gewissen〉 nicht ～. このようなことを私は彼〈私の良心〉に対して申し開きできない.

2 a)《*et.*^{4}》(はき物を)はきつぶす: die Schuhe 〈die Sandalen〉 ～ 靴〈サンダル〉をはきつぶす | die Kinderschuhe *vertreten* haben (→Kinderschuh). **b)**《*et.*^{4}》踏んで〈歩いて〉だめにする: eine Spur ～ 足跡を踏み消す | Treppenstufen ～ (階段の)段を踏みへらす ‖ ein *vertretener* Teppich すり切れたじゅうたん. **c)** *sich*^{3} den Fuß ～ 足首を踏み違える〈くじく〉| Der Fuß ist nur *vertreten.* 足首は(折れたのではなく)捻挫(ねんざ)しただけだ. **d)**《話》*sich*^{3} **die Beine** 〈**die Füße**〉 ～ (長時間じっとしていた後などに)歩いて足をほぐす | Ich habe mir etwa eine Stunde die Füße *vertreten.* 私は1時間ほど散歩した. **e)**《*jm.* *et.*^{4}》(…の進行などを)立ちふさがって妨げる: *jm.* den Weg ～ …の行く手を遮る.

Ver·tre·ter[fɛrtré:tər] 男 -s/- (女 **Ver·tre·te·rin**[..tərɪn]-/-nen) (vertreten する人. 例えば:) **1** (Stellvertreter) 代理〔人〕, 代理役, 代行者: *js.* ～ im Amt …の職務代行者 | einen ～ stellen 代理を立てる. **2** 代表者, 利益代表; 〘スポ〙代表選手: der diplomatische ～ eines Staates 国家の外交代表(大使・公使など) | ein gewählter ～ des Volks 選挙で選ばれた国民の代表(代議士). **3** (Handelsvertreter) 代理商, 取次人; (特に:) 訪問販売員, 外交員, セールスマン: ein ～ für Waschmittel 洗剤の外交販売員〈代理商〉| ein ～ einer Versicherungsgesellschaft 保険勧誘員. **4** (意見・立場などの)代弁者, 主張者, 主唱者, 信奉者; (考え方・行動などの)支持者, 擁護者, 弁護者: ein ～ einer fragwürdigen Ideologie 怪しげなイデオロギーの信奉者.

Ver·tre·ter⸗be·such 男 セールスマンの販売訪問: Kein ～! 訪問販売お断り. **⸗ver·samm·lung** 女 代表者会議.

Ver·tre·tung[fɛrtré:tʊŋ] 女 -/-en **1**《単数で》(vertreten すること. 例えば:) 代理, 代行; 代表; 〘商〙販売の代理〈取次〉, 外交販売〈勧誘〉: aktive 〈passive〉 ～〘法〙積極〈受方〉代理 ‖ die ～ übernehmen 代理を引き受ける | Herr Schmidt hat meine ～. シュミット氏が私の代理だ | eine ～ in Staubsaugern 〈für Staubsauger〉 haben 電気掃除機の代理商である ‖ in ～ (略 i. V., I. V.) 代理として(代理者の署名の前などに) | in ～ des Herrn Meyer マイヤー氏の代わりに | *jn.* mit der ～ beauftragen …に代行を委託する. **2** (vertreten する人・もの. 例えば:) 代理〔人〕, 代行〔者〕; 代表, 代表者; 代表部, 代表団; 〘スポ〙代表選手団; 代理商, 代理店, 取次店: die diplomatische ～ (在外の)〔外交〕代表部, 在外公館 | Herr Müller ist meine ～. ミュラー氏が私の代理〔人〕だ | *Vertretung* für kosmetische Artikel gesucht! 化粧品販売員を求む(求人の文面). **3** (足首の)捻挫(ねんざ): *sich*^{3} eine ～ zuziehen 足首を捻挫する.

Ver·tre·tungs⸗macht 女〘法〙代理権. **⸗stun·de** 女 代行授業.

ver·tre·tungs·wei·se 副 代理として; 代表として.

ver·trieb[fɛrtrí:p][1] vertreiben の過去.

Ver·trieb[−] 男 -〔e〕s/-e **1**《単数で》販売: den ～ übernehmen 販売を引き受ける. **2** ＝Vertriebsabteilung

ver·trie·ben[fɛrtrí:bən] **I** vertreiben の過去分詞; 過去1・3人称複数.

II 形 追い払われた, 追放された.

III Ver·trie·be·ne 男 女《形容詞変化》〔国外〕追放者; (住みなれた土地を戦争や政治上の理由で追われた)難民.

Ver·triebs⸗ab·tei·lung[fɛrtrí:ps..] 女 (会社の)販売部. **⸗fir·ma** 女, **⸗ge·sell·schaft** 女 販売会社. **⸗kar·tell** 中 販売カルテル. **⸗ko·sten** 複 (商品の)販売費. **⸗lei·ter** 男 販売主任. **⸗netz** 中 (商品の)販売網. **⸗recht** 中 販売権. **⸗sy·stem** 中 販売組織; 流通機構. **⸗weg** 男 (商品の)販路.

ver·trim·men[fɛrtrímən]《話》＝verprügeln

ver·trin·ken*[fɛrtríŋkən]《196》他 (h) (金・時間などを)酒を飲んで浪費する; 酒を飲んで消滅させる: *seinen* Kummer ～ 酒を飲んで憂さをはらす.

ver·tritt[fɛrtrít] vertreten の現在3人称単数.

ver·trock·nen[fɛrtrɔ́knən]《01》自 (s) 干からびる; (泉

などが)枯渇する: *vertrocknetes* Gras 干からびた草 | ein *vertrockneter* Mann《比》干からびた〈生気のない〉男.

ver·trö·deln[fɛrtrǿːdəln]《06》他 (h)《話》**1** (時間を)むだに過ごす, 空費する. ▽**2** ＝verkaufen

ver·trö·len[fɛrtrǿːlən]《ｽｲｽ》**1** ＝vertrödeln 1 **2** ＝versäumen

ver·trom·meln[fɛrtrɔ́məln]《06》《話》＝verprügeln

ver·trö·sten[fɛrtrǿːstən]《01》他 (h)《*jn.*》慰めて〈なだめて〉先への希望を抱かせる, ごまかしを言って慰める, うまいことを言って釣っておく: *jn.* auf später 〈von einem Tag auf den anderen〉 ～ …をなだめて後日への希望をつながせる〈一日延ばしに言い逃れる〉‖ 再帰 *sich*[4] ～ みずから慰めてむなしい希望をつなぐ.

Ver·trö·stung[..tʊŋ] 女 -/-en vertrösten すること.

ver·trot·teln[fɛrtrɔ́təln]《06》自 (s)《話》痴呆(ちほう)化〈愚鈍化〉する, もうろくする.

ver·trug[fɛrtrúːk][1] vertragen の過去.

ver·tru·sten[fɛrtrástən, ..trústən]《01》他 (h)〘経〙(企業を)トラスト〈企業合同〉に結合する. [＜Trust]

Ver·tru·stung[..tʊŋ] 女 -/-en トラスト〈企業合同〉化.

ver·tun*[fɛrtúːn]《198》他 (h) **1** (金・時間などを)浪費する, むだに費やす: *seine* Zeit mit nutzlosen Debatten ～ くだらぬ議論で時間を空費する ‖〘過去分詞で〙Die Mühe war *vertan.* 苦労はむだだった | eine *vertane* Gelegenheit つかみそこねた〈逃がした〉チャンス. **2** 再帰 *sich*[4] ～ 間違える; 思い違いをする: *sich*[4] bei der Berechnung ～ 見積もりを間違える, 誤算をする | **Da gibt es kein *Vertun*!** 断じてそれに間違いない. **3**《ｽｲｽ》再帰 *sich*[4] ～ のんびり体を横たえる.

ver·tu·schen[fɛrtúʃən]《04》他 (h)(悪事・醜聞などを)もみ消す,(外部に漏れないように)取りつくろう: ein Verbrechen ～ 犯罪をもみ消す | einen Skandal vor der Presse ～ スキャンダルが新聞に出ないようにする. [*mhd.*]

Ver·tu·schung[..ʃʊŋ] 女 -/-en vertuschen すること.

ver·tü·tern[fɛrtýːtərn]《05》他 (h)《北部》編み合わせる, からみ合わせる;《比》混乱〈紛糾〉させる.

ver·übeln[fɛr|ýːbəln]《06》他 (h)《*jm. et.*[4]》(…に対して…のことで)気を悪くする, 感情を害する, うらみに思う; (…に対して…を)悪くとる: Er hat mir mein Verhalten sehr *verübelt.* 彼は私の態度に対してひどく感情を害した. [＜übel]

ver·üben[fɛr|ýːbən][1] 他 (h)(悪事などを)行う: einen Einbruch 〈eine Erpressung〉 ～ 押し込み強盗〈恐喝〉をする | Selbstmord ～ 自殺する | Streiche 〈Unfug〉 ～ わるさをする.

ver·ul·ken[fɛr|ʊ́lkən] 他 (h) からかう, ひやかす.

ver·um·ständ·li·chen[fɛr|ʊ́mʃtɛntlɪçən] 他 (h)《ｽｲｽ》複雑〈面倒〉にする.

ver·un·ech·ten[fɛr|ʊ́n|ɛçtən]《01》(歴史資料などを)ゆがめる, 改竄(かいざん)する. [＜unecht]

▽**ver·un·eh·ren**[fɛr|ʊ́n|eːrən] 他 (h)《*jn.* / *et.*[4]》(…の)名誉を汚す,(…に)はずかしめを加える. [＜Unehre]

ver·un·ei·ni·gen[fɛr|ʊ́n|aɪnɪɡən][2] 他 (h) 不和にする, 仲たがいさせる: 再帰 *sich*[4] ～ 仲たがいする. [＜uneinig]

Ver·un·ei·ni·gung[..ɡʊŋ] 女 -/-en **1**《単数で》〔sich〕veruneinigen すること. **2** 不和, 仲たがい, いさかい.

ver·un·fal·len[fɛr|ʊ́nfalən]《ｽｲｽ》**I** ＝verunglücken 1 **II Ver·un·fall·te** 男 女《形容詞変化》＝Verunglückte [＜Unfall]

ver·un·glimp·fen[fɛr|ʊ́nɡlɪmpfən] 他 (h)《雅》そしる, 誹謗(ひぼう)する; 侮辱する,(…の)名誉を傷つける.

Ver·un·glimp·fung[..pfʊŋ] 女 -/-en 誹謗(ひぼう), 中傷; 侮辱, 名誉毀損(きそん). [＜Unglimpf]

ver·un·glücken[fɛr|ʊ́nɡlʏkən] **I** 自 (s) **1** 事故〈災難〉にあう, 遭難する: tödlich ～ 事故で〈遭難して〉死ぬ | mit dem Auto ～ 自動車事故にあう(自動車に乗っていて). **2**《戯》失敗する, しくじる: Die Rede ist *verunglückt.* 演説は失敗に終わった | ein *verunglücktes* Foto うまく撮れなかった写真.

II Ver·un·glück·te 男 女《形容詞変化》事故にあった人, 遭難者. [＜Unglück]

ver·un·kla·ren[fɛr|ʊ́nklaːrən](ｽｲｽ: **ver·un·klä·ren**[..klɛːrən]) 他 (h)(事態を)混乱〈紛糾〉させる. [＜unklar]

ver·un·krau·ten[fɛr|ʊ́nkraʊtən]《01》自 (s) 雑草におおわれる. [＜Unkraut]

ver·un·mög·li·chen[fɛr|ʊ́nmøːklɪçən, ◡◡⏊◡◡] 他 (h)《ｽｲｽ》(企図・計画などを)実現不可能にさせる, 阻止する. [＜unmöglich]

ver·un·rei·ni·gen[fɛr|ʊ́nraɪnɪɡən][2] 他 (h)(verschmutzen) 汚くする, よごす, 不潔にする; (大気・河川などを)汚染する. [＜unrein]

Ver·un·rei·ni·gung[..ɡʊŋ] 女 -/-en verunreinigen すること.

ver·un·si·chern[fɛr|ʊ́nzɪçərn]《05》他 (h)(立場・信念などを)ぐらつかせる, 不安〔定〕にする; 安全でなくする, 危険〈物騒〉にする. [＜unsicher]

Ver·un·si·che·rung[..çərʊŋ] 女 -/-en (verunsichern すること. 例えば:) 不安定; 不安感.

ver·un·stal·ten[fɛr|ʊ́nʃtaltən]《01》他 (h)《*jn.* / *et.*[4]》(…の)外見〈外観〉をそこねる, 醜くする: ein durch eine Narbe *verunstaltetes* Gesicht 瘢痕(はんこん)〈傷跡〉のために醜くなった顔. [＜ungestalt]

Ver·un·stal·tung[..tʊŋ] 女 -/-en verunstalten すること.

ver·un·treu·en[fɛr|ʊ́ntrɔʏən] 他 (h)(金品を)着服する, 横領する; (金を)遣い込む: Wertpapiere ～ 有価証券を横領する. [*mhd.*; ◇untreu]

Ver·un·treu·er[..trɔʏər] 男 -s/- 着服〈横領〉者.

Ver·un·treu·ung[..trɔʏʊŋ] 女 -/-en 横領, 着服; 遣い込み.

ver·un·zie·ren[fɛr|ʊ́ntsiːrən] ＝verunstalten

Ver·un·zie·rung[..rʊŋ] 女 -/-en verunzieren すること. [＜Unzier „Unzierde"]

ver·ur·kun·den[fɛr|úːrkʊndən][1]《01》他 (h)《ｽｲｽ》(beurkunden) 文書で証明する; 公証する; 記録〈調書〉にとる.

ver·ur·sa·chen[fɛr|úːrzaxən] 他 (h)《*et.*[4]》(…の)原因となる,(…を)ひき起こす, 惹起(じゃっき)する, 生ぜしめる: Ärger ～ 憤慨のもととなる | Lärm ～ 騒音のもととなる | großen Schaden ～ 大損害を招く | einen Unfall ～ 事故をひき起こす | *jm.* Umstände ～ …に面倒〈やっかい〉をかける | Dieses Problem hat mir manches Kopfzerbrechen *verursacht.* この問題はたびたび私の頭痛の種となった. [＜Ursache]

Ver·ur·sa·cher[..xər] 男 -s/- (…の)原因となった人,(…を)ひき起こした人: der ～ des Unfalls 事故の責任者.

Ver·ur·sa·chung[..xʊŋ] 女 -/ verursachen すること.

ver·ur·tei·len[fɛr|ʊ́rtaɪlən] 他 (h) **1**《*jn.*》(…に)有罪〈敗訴〉の判決を下す;《*jn.* zu *et.*[3]》(…に…の)刑を宣告する〈申し渡す〉: *jn.* zu einer Geldstrafe 〈zum Tod durch Erschießen〉 ～ …に罰金刑〈銃殺刑〉を申し渡す | *jn.* zu einem Jahr Gefängnis 〈Zuchthaus〉 ～ …に禁固〈懲役〉1年の刑を宣告する | Er wurde wegen Fahrerflucht *verurteilt.* 彼は轢(ひ)き逃げのかどで有罪の判決を受けた ‖ Das Unternehmen war von Anfang an zum Scheitern *verurteilt.*《比》この企てははじめから挫折(ざせつ)すべき運命にあった | Er war 〔dazu〕 *verurteilt*, sein Leben als kleiner Beamter zu verbringen.《比》彼は小役人として一生を送る運命であった ‖ der 〈die〉 *Verurteilte* 有罪の判決を受けた人.

2 (けしからぬこととして)排撃〈非難〉する, 非とする: *js.* Verhalten aufs schärfste ～ …の態度を厳しく非難する.

Ver·ur·tei·lung[..lʊŋ] 女 -/-en (verurteilen すること. 例えば:) 有罪の判決, 刑の宣告〈申し渡し〉: eine bedingte ～ 条件つき有罪判決(被告に更正の機会を与えるための配慮で, 保護観察期間が無事にすめば前科としない).

ver·u·zen[fɛr|úːtsən]《02》《話》＝verulken

Ver·ve[vɛ́rvə] 女 -/ (仕事の際などの)気持のはずみ, 活気, 情熱: mit ～ 熱中して, 情熱をこめて, 張り切って. [*lat.* verba－*fr.*; ◇Verbum]

ver·viel·fa·chen[fɛrfíːlfaxən] 他 (h) **1** 何倍にもする;

幾重にもする: 再帰 *sich*⁴ ~ 何倍にもなる; 幾重にもなる | Der Verkehr hat sich in den letzten Jahren *vervielfacht.* 交通量はこの数年間に数倍になった. **2** (multiplizieren) 《*et.*⁴ mit *et.*³》〘数〙(…に…を)乗じる, 掛ける.
[＜vielfach]

Ver·vi̱el·fa·chung[..xʊŋ] 女 -/-en **1**《単数で》〔sich〕vervielfachen すること. **2** (Multiplikation)〘数〙乗法, 掛け算.

ver·vi̱el·fäl·ti·gen[fɛrfíːlfɛltɪgən]² 他 (h) 複写する, コピー〈プリント・リプリント〉する; 複製する: einen Text ~ lassen テキストのコピーを取らせる ‖ *vervielfältigender* Mitbesitz〘法〙重畳的共同占有. [＜vielfältig]

Ver·vi̱el·fäl·ti·ger[..gər] 男 -s/- = Vervielfältigungsapparat

Ver·vi̱el·fäl·ti·gung[..gʊŋ] 女 -/-en 複写, コピー, プリント, リプリント; 複製.

Ver·vi̱el·fäl·ti·gungs≠ap·pa·ra̱t 男 複写機; 謄写器. **≠pa·pier** 中 複写紙. **≠recht** 中 (Copyright) 複製権, 版権. **≠ver·fa̱h·ren** 中 複写方法; 複製工程. **≠za̱hl·wort** 中 -〔e〕s/..wörter〘言〙倍数, 重数(例 zwei*fach*, zwei*fältig* 2倍〈二重〉の).

ver·vi̱er·fa·chen[fɛrfíːrfaxən] 他 (h) 4倍にする; 四重にする: 再帰 *sich*⁴ ~ 4倍になる; 四重になる.
[＜vierfach]

ver·vọll·komm·nen[fɛrfɔ́lkɔmnən]《01》他 (h) **1**《*et.*⁴》(手を加えたり, 磨きをかけたりして)完全な〈申し分のない〉ものにする, (改良・改善して)完璧(かんぺき)なものに近づける: *seine* Kenntnisse ~ 知識を充実させる | Das Herstellungsverfahren ist allmählich *vervollkommnet* worden. 製法はしだいに改良されて完全なものとなった ‖ eine *vervollkommnete* Maschine 完璧な〈完成度の高い〉機械. **2** 再帰 *sich*⁴ in *et.*³ ~ (人が)…の分野で腕に磨きをかける | Ich möchte mich in der deutschen Sprache noch mehr ~. 私は自分のドイツ語の力をさらにいっそう完全なものにしたい.
[＜vollkommen]

Ver·vọll·komm·nung[..nʊŋ] 女 -/-en **1** vervollkommnen する〈されている〉こと. **2** 完璧(かんぺき)なもの.

ver·vọll·stän·di·gen[fɛrfɔ́lʃtɛndɪgən]² 他 (h) (補足して)完全なものにする, 完備したものにする, 完全にそろえる: *seine* Sammlung ~ コレクションを完全なものにする ‖ 再帰 *sich*⁴ ~ (欠けたところのない)完全なものになる, 完全にそろう, 完備する.
[＜vollständig]

Ver·vọll·stän·di·gung[..dɪgʊŋ] 女 -/ vervollständigen すること.

verw. 略 = verwitwet

ver·wạch·sen¹[fɛrváksən]《02》**I** 自 (h)〘スキー〙間違ったワックスを塗る. **II** 他 (h) 再帰 *sich*⁴ ~ = I

ver·wạch·sen²*[–]《199》**I** 自 (s) **1 a)** (傷口などが)ふさがる, 癒合する: Die Wunde ist gut 〈schnell〉 *verwachsen.* 傷口はうまく〈すぐに〉ふさがった | eine völlig *verwachsene* Wunde すっかり癒着した傷口. **b)** (器官などが)合体〈合生〉する; 癒合する: mit *et.*³ ~ …と合体〈癒合〉する | Die Kelchblätter *verwachsen* langsam miteinander. 萼片(がくへん)が徐々に合生する | zu *et.*³ ~ 合体〈癒合〉して…になる | zu einer Gemeinschaft ~ 一致団結して共同体をつくる | Bei ihm sind zwei Zehen *verwachsen.* 彼は足指2本が癒合している ‖ mit *jm.* *verwachsen* sein《比》…と緊密に結ばれている, …と一体化している〈一心同体である〉| Er ist mit seiner Arbeit ganz *verwachsen.*《比》彼はすっかり仕事に打ち込んでいる. **2** (道・庭などが)草木〈下草・雑草〉で覆われる: Dieser Waldweg *verwächst* immer mehr. この山道は草が生い茂る一方だ ‖ ein *verwachsener* Garten 草ぼうぼうの庭.

II 他 (h) **1** 再帰 *sich*⁴ ~ (傷口などが)ふさがる; (傷あとなどが)きれいに〈あとかたもなく〉癒(い)える. **2**《俗》(成長して衣服などを)はみ出す: Das Kind hat das Kleid schon wieder *verwachsen.* この子はもうまた服が小さくなってしまった ‖ eine *verwachsene* Jacke 小さくなって着られない上着.

III 過分 形 発育しそこねた, 奇形の: der 〈die〉 *Verwachsene* (先天性の)身体障害者.

ver·wạch·sen≠blu̱·men·blätt·rig (≠kro̱n·blätt·rig) 形 (sympetal)〘植〙(花冠が)合弁の.

Ver·wạch·sung[fɛrváksʊŋ] 女 -/-en (verwachsen² すること. 特に:)〘生〙癒合, 合生;〘医〙癒着;〘鉱〙(結晶の)連晶.

ver·wạckeln[fɛrvákəln]《06》他 (h) (撮影の際にカメラが動いて画像を)ぶれさせる, 不鮮明にする: ein *verwackeltes* Bild ぶれた写真.

ver·wä̱h·len[fɛrvɛ́ːlən] 他 (h) 再帰 *sich*⁴ ~ (電話番号などの)選択を間違える, ダイヤルを間違える.

ᵛ**Ver·wa̱hr**[fɛrváːr] 男 -s/ (Verwahrung) 保管: *et.*⁴ in ~ geben 〈nehmen〉 …を寄託する〈預かる〉.

ver·wa̱h·ren[fɛrváːrən] 他 (h) **1 a)** 《*et.*⁴》(安全に)しまっておく, 保管する;《俗》(あとのために)使わずにとっておく〈残しておく〉: Geld 〈Papiere〉 im Safe ~ 金〈書類〉を金庫に保管する | *sich*³ die Kuchen ~ ケーキをとっておく〈残しておく〉| *jm.* *et.*⁴ zu ~ geben …に…を預ける〈寄託する〉. ᵛ**b)** (gefangenhalten)《*jn.*》(監獄などに…を)拘禁する, 拘置する. ᵛ**c)** (錠・門(かんぬき)などをかけて)安全にする, 閉める.
2 ᵛ**a)** (schützen) 守る, 防護する; 妨げる, 防ぐ, 防止する. **b)** 再帰 *sich*⁴ gegen *et.*⁴ ~ …に対して抗議する〈異議を唱える・抵抗する〉, …をはげしく拒否する | *sich*⁴ gegen die Verdächtigung ~ 疑いをかけられたことに対して抗議する.

Ver·wa̱h·rer[fɛrváːrər] 男 -s/- (verwahren する人. 例えば:) 保管者, 受託者;〘法〙受寄者.

ver·wa̱hr·lo̱·sen[fɛrváːrloːzən]¹《02》自 (s) (放置・放任されて)荒れる; だらしなくなる; (青少年が)ぐれる, 不良化する: einen Garten ~ lassen 庭を荒れるにまかせる ‖ *verwahrloste* Kinder ぐれた子供たち. [*mhd.*; ＜*ahd.* wara-lōs „achtlos" (◇wahren)]

Ver·wa̱hr·lo̱·sung[..loːzʊŋ] 女 -/ verwahrlosen すること.

Ver·wa̱hr·sa̱m[fɛrváːrzaːm] 男 -s/ **1** = Verwahr
2 拘禁, 拘置: *jn.* in ~ nehmen …を拘置する.

Ver·wa̱h·rung[fɛrváːrʊŋ] 女 -/-en **1**《単数で》保管;〘法〙寄託: *jm.* *et.*⁴ in ~⁴ 〈zur ~〉 geben …に…を預ける, 寄託する | *et.*⁴ in ~³ haben 〈halten〉 …を保管している | *et.*⁴ in ~⁴ nehmen …を預かる. **2**《単数で》拘禁, 拘置: *jn.* in ~⁴ nehmen …を拘置する. **3** 抗議, 異議申し立て: gegen *et.*⁴ ~ einlegen …に対して抗議する〈異議を申し立てる〉.

ver·wa̱i·sen[fɛrváɪzən]¹《02》自 (s) 孤児〈みなしご〉になる, 両親を失う;《比》(見捨てられて)孤独になる, 孤立する: *sich*⁴ *verwaist* fühlen《雅》孤独感を味わう | Der Lehrstuhl ist schon lange *verwaist.*《比》その講座はもう長いあいだ空席である | ein *verwaistes* Kind 孤児 | eine *verwaiste* Wohnung《比》人気(ひとけ)のない住居.
[*mhd.*; ◇Waise]

Ver·wa̱i·sung[..zʊŋ] 女 -/ verwaisen すること.

ver·wạl·ken[fɛrválkən]《話》= verprügeln

ver·wạl·ten[fɛrváltən]《01》他 (h) (職務・業務などを)つかさどる, 処理する; 管理する, 運営〈経営〉する: ein Amt ~ 職務をつかさどる | Gelder 〈ein Vermögen〉 ~ 金銭〈財産〉を管理する | das Hauswesen ~ 家事を切り盛りする ‖ die *verwaltete* Welt 管理世界〈社会〉.

Ver·wạl·ter[..tər] 男 -s/- (女 **Ver·wạl·te·rin** [..tərɪn]-/-nen) (verwalten する人. 例えば:) 管理人; 農場管理人: Haus*verwalter* 家屋管理人 | Vermögens*verwalter* 管財人.

Ver·wạl·tung[fɛrváltʊŋ] 女 -/-en **1**《単数で》(verwalten すること. 例えば:) **a)** (職務・業務などの)処理; 管理, 運営, 経営: Gesundheits*verwaltung* 健康管理 | Selbst*verwaltung* 自治 ‖ *et.*⁴ in ~ nehmen …を管理下に置く.
b) 行政: Stadt*verwaltung* 市〈町〉の行政 ‖ unter städtischer ~ stehen 市の管理下にある.
2 管理部, 管理機関;《集合的に》管理当局, 管理者; 行政機関〈官庁〉: Schul*verwaltung* 学校当局.

Ver·wạl·tungs≠ab·tei·lung 女 管理部. **≠akt** 男 行政行為. **≠an·ge·stell·te** 男 女 行政事務職員. **≠ap·pa·ra̱t** 男 行政機構; 管理機構. **≠aus·schuß**

男 行政委員会; 管理委員会. ≈**be·am·te** 男 行政官. ≈**be·hör·de** 女 行政官庁. ≈**be·zirk** 男〖政〗行政区画〈管区〉. ≈**burg** 女《話》= Verwaltungsgebäude ≈**dienst** 男 -〔e〕s/（官公吏の）行政職務. ≈**ge·bäu·de** 中（管理部門の入っている）管理棟, 本部棟, 本部の建物, 管理棟. ≈**ge·bühr** 女 行政事務処理上の手数料. ≈**ge·richt** 中 行政裁判所. ≈**ge·richts·bar·keit** 女 行政裁判権. ≈**kon·trol·le** 女 行政監査. ≈**ko·sten** 複 管理費; 行政費. ≈**or·gan** 中 管理機関. ≈**po·li·zei** 女 行政警察. ≈**rat** 男 -〔e〕s/..räte 管理委員会; 評議会. ≈**recht** 中 -〔e〕s/〖法〗行政法. ≈**re·form** 女 行政改革.

ver·wal·tungs·tech·nisch 形 管理〈経営〉上の; 行政上の.

Ver·wal·tungs≈ver·ein·fa·chung 女 行政簡素化. ≈**ver·fah·ren** 中〖法〗行政手続き. ≈**ver·ord·nung** 女（↔ Rechtsverordnung）〖法〗行政命令. ≈**vor·schrift** 女 行政規則. ≈**weg** 男 auf dem ～ 行政処分で. ≈**we·sen** 中 -s/ 行政組織〈制度〉. ≈**wis·sen·schaft** 女 -/ 行政学. ≈**zweig** 男（個別的な）行政部門.

ver·wam·sen[fɛrvámzən][1]《02》《話》= verprügeln

ver·wand[fɛrvánt][1] verwinden の過去.

ver·wan·del·bar[fɛrvándəlba:r] 形 変えられる, 変化〈変形・変身・転換〉できる.

ver·wan·deln[fɛrvándəln]《06》他 (h) **1**《*jn.* / *et.*[4]》（すっかり）変える, 変化させる: die Szene ～〖劇〗場面を転換する | Der Vorfall hat ihn völlig *verwandelt.* この出来事は彼をすっかり変えてしまった ‖ 再帰 *sich*[4] ～（すっかり）変わる, 変化する | Seit dem Tod seines Vaters hat er sich sehr *verwandelt.* 父親の死以後彼は人間がすっかり変わった ‖ Er ist wie *verwandelt.* 彼は別人のようである.

2《*jn.*〈*et.*[4]〉in *et.*[4] / *et.*[4] zu *et.*[3]》（…を…に）変える, 変化させる, 変貌(へんぼう)〈変身〉させる: ein rotes Tuch in ein grünes ～（手品師が）赤い布を緑色の布に変える | Die Hexe〈Ein Zauber〉hat den Prinzen in einen Frosch *verwandelt.* 魔女〈魔法〉が王子をカエルの姿に変えた | die Wohnung in ein Büro ～ 住居を事務所に模様替えする | Der Bombenangriff hat die Stadt in einen Trümmerhaufen *verwandelt.* 爆撃が町を瓦礫(がれき)の山に変えた ‖ 再帰 *sich*[4] in *et.*[4]〈zu *et.*[3]〉～ …に変わる, …に姿を変える, …に変貌する | Seine Zuneigung *verwandelte* sich in Haß. 彼の愛情は憎しみに変わった | Er *verwandelte* sich in einen Polizisten. 彼は警官に変装した.

3〖サッカー〗*et.*[4] in ein Tor〈zu einem Tor〉～ …（シュート・ペナルティキックなど）を得点にする | einen Freistoß〔in ein Tor〕～ フリーキックをゴールに入れて得点をあげる ‖ ein *verwandelter* Elfmeter 得点になったペナルティキック.

Ver·wand·lung[fɛrvándlʊŋ] 女 -/-en（〔sich〕verwandeln すること. 例えば:）変化, 変貌(へんぼう), 変身;〖動〗変態;〖劇〗場面の転換: Mit ihm ist eine ～ vorgegangen. 彼〔の身の上〕に変化が起こった.

Ver·wand·lungs·künst·ler 男（寄席などの）早変わり芸人.

ver·wandt[fɛrvánt] **I** verwenden の過去分詞.

II 形 **1**《mit *jm.*/〖スイス〗: *jm.*》（…と）血縁関係にある, 親戚(しんせき)〈親類〉の, 血族の;〖言〗（言語が）同系〈同族〉の;〖化〗親和性の: eine〔mit〕mir ～*e* Dame 私と親戚の女性 | ～*e* Sprachen 同系の諸言語 ‖ mit *jm.*〔nahe〕～ sein …と〔近い〕親類である | mit *jm.* entfernt〈weitläufig〉～ sein /《話》mit *jm.* um sieben Ecken ～ sein …と遠い親類である | mit *jm.* im dritten Grad ～ sein …と三等親の間柄である | Wie bist du mit ihm ～? 君は彼とどんな親戚関係にあるのか. **2**《*et.*[3]/*jm.*》（…と）類似の, 似かよった: sinn*verwandt* 意味の似かよった, 類義の | ～*e* Erscheinungen 類似の諸現象 | ein dem Granit ～*es* Gestein 花崗(かこう)岩に似た岩石 | in *jm.* eine ～*e* Saite klingen lassen（→Saite 1）| *Verwandte* Seelen finden sich zu Wasser und zu Lande.《諺》類は友を呼ぶ ‖ Sie sind sich[3] geistig sehr ～. 彼らは精神的にたいへん通じるところがある | Ich fühle mich ihm ～. 私は彼に親近感を覚える（ものの考え方などが彼とよく似ている）.

III Ver·wand·te 男 女《形容詞変化》血縁者, 近親者, 親族, 親類, 親戚;〖法〗血族: entfernte〈weitläufige〉～ 遠い親類の人々 | ein〔naher〕～*r* von mir 私の〔近い〕親類の男性 | eine ～ väterlicherseits〈väterlicher Seite〉父方の親類である女性 | ～ gerader Linie 直系の血族 | Ich habe ～ auf dem Lande. 私には田舎に親戚がいる | Freunde und ～ einladen 親戚友人を招待する.

Ver·wand·ten·ehe 女 近親〈血族〉結婚.

Ver·wandt·schaft[fɛrvánt-ʃaft] 女 -/-en **1**（verwandt なこと. 例えば:）**a**）血縁〈血族〉関係, 親類関係;（言語の）同系〈同族〉性;〖化〗親和性: die ～ durch Heirat 姻戚(いんせき)関係 | meine ～ zu ihm 私の彼との親類関係 ‖ Wahl*verwandtschaft*〖化〗親和力. **b**）類似性, 親縁〈親近〉性: die geistige ～ 精神的親縁性 | Zwischen den beiden Plänen besteht eine gewisse ～. この二つの計画の間にはある種の類似性がある. **2**《単数で》《集合的に》親族, 親戚, 親類: die ganze ～ 親類全員 | eine große ～ haben 親類が多い | zur ～ gehören 親戚筋にあたる.

ver·wandt·schaft·lich[‒lɪç] 形《付加語的》血縁の, 親族〈親類〉の: die ～*en* Bande 血族のきずな | mit *jm.* in ～*em* Verhältnis stehen …と親戚(しんせき)関係にある.

Ver·wandt·schafts≈grad 男〖法〗親等. ≈**ver·hält·nis** 中 親戚(しんせき)関係, 縁戚.

ver·wan·zen[fɛrvántsən]《01》**I** 自 (s) ナンキンムシ(南京虫)にたかられる. **II** 他 (h)《話》《*et.*[4]》（…に）小型盗聴器を取りつける. [＜Wanze]

ver·war·nen[fɛrvárnən] 他 (h)《*jn.*》戒める,（…に）警告する,（…に）注意〈訓戒〉を与える, 叱責(しっせき)する, 戒告する.

Ver·war·nung[..nʊŋ] 女 -/-en 戒め, 警告, 訓戒, 叱責(しっせき),〖法〗（秩序違反などに対する）戒告.

Ver·war·nungs·geld 中〖法〗戒告金.

ver·war·ten[fɛrvártən]《01》他 (h)《*et.*[4]》（時間を）待つことでむなしく費やす, 空費する: den ganzen Vormittag ～ 午前中をずっと待ちながら過ごす | *verwartete* Zeit 待ちぼうけを食った時間.

ver·wa·schen[fɛrváʃən] 形（衣類などが）洗いざらしの; 色あせた,（色があせて）ぼやけた;《比》不明確な, はっきりしない, あいまいな: ～*e* Jeans 洗いざらしのジーンズ | ein ～*er* Ausdruck あいまいな表現.

ver·wäs·sern[fɛrvɛ́sərn]《05》他 (h) 水で薄める, 水っぽくする;〖法〗希釈する;《比》（内容を）水増しする: Wein ～ ワインを水で薄める | Der Film wurde durch unnötige Einschübe *verwässert.* その映画は不必要な場面を挿入したために冗慢になった ‖ *verwässerte* Aktien〖商〗水増し〈水割り〉株 | eine *verwässerte* Darstellung 気の抜けたような叙述.

Ver·wäs·se·rung[..vɛ́sərʊŋ]（**Ver·wäß·rung**[..vɛ́srʊŋ]）女 -/-en（verwässern すること. 例えば:）水増し;〖法〗希釈化.

ver·we·ben(*)[fɛrvé:bən][1]《202》他 (h) **1 a**）《*et.*[4] in *et.*[4]》（…を…の中に）織り込む: Goldfäden in einen Stoff ～ 生地に金糸を織り込む | Er hat alte Märchen in seinen Roman *verwoben.* 彼は古い童話を彼の小説の中に織り込んだ. **b**）《不規則変化》《雅》《*et.*[4] mit *et.*[3]》（…を…と）織り合わせる;《比》（…を…と）からみ合わせる: 再帰 *sich*[4] ～《比》からみ合う | Die Angelegenheiten sind miteinander *verwoben.* これらの問題は互いにからみ合っている. **2**《規則変化》（糸を）織物に使用〈費消〉する: Zu diesem Stoff werden nur reinwollene Garne *verwebt.* この生地を織るには純毛の毛糸だけが用いられる.

ver·wech·seln[fɛrvɛ́ksəln]《06》他 (h) **1**《*jn.*〈*et.*[4]〉mit *jm.*/*jn.*〈*et.*[4]〉mit *et.*[3]》（…を…と）取り違える, 思い違える, 混同する: Ich hatte ihn mit seinem Bruder *verwechselt.* 私は彼を彼の兄〈弟〉と思い違いしていた | Jemand hat meine Schuhe *verwechselt.* だれかが私の靴を間違えてはいてしまった | mein und dein ～（→mein 2 a）| Du *verwechselst* wohl die Begriffe?《話》君は頭がおかしいんじゃないか ‖ Die beiden sehen sich zum *Verwechseln* ähnlich. あの二人は見間違えるほどよく似ている. **2**〖紋〗（分割した区画を）色違いにする.

Ver·wech·se·lung[..vɛ́ksəlʊŋ]（**Ver·wechs·**

lung[..slʊŋ]) 女 -/-en 取り違え, 混同.

ver·wẹ·gen[fɛrvé:gən] 形 大胆な, 向こう見ずな, 無鉄砲な; 不敵な, ずぶとい, ふてぶてしい; (服装・しぐさなどが) 人目をはばからぬ, 奇抜な: ein ～*er* Bursche 向こう見ずな若者 | eine ～*e* Tat 大胆不敵な行為 ‖ Er hatte den Schal ～ über die Schulter geworfen. 彼はマフラーをきざっぽく肩の後ろにはね上げていた. [*mhd.*; < *mhd.* sich verwegen „sich schnell entschließen" (◇wegen^1)]

Ver·wẹ·gen·heit[‒haɪt] 女 -/-en **1** 《単数で》 verwegen なこと. **2** verwegen な言動.

ver·wẹ·hen[fɛrvé:ən] **I** 自 (s) (風などに) 吹き飛ばされる, 吹き消される; (吹きだまりの雪や砂に) 埋もれる; 《比》 消えてなくなる: Seine Worte *verwehten* im Sturm. 彼の言葉はあらしにかき消された | ein vom ⟨mit⟩ Schnee *verwehter* Weg 雪に埋もれた道.

II 他 (h) (風などが) 吹き飛ばす, 吹き消す; (吹きだまりの雪や砂で) 埋め隠す: Der Schneesturm hat seine Fußspuren *verweht.* 吹雪が彼の足跡を消した | 〔Das ist〕 vom Wind *verweht!* 《比》 風と共に去りぬだ (すっかり忘れてしまった).

ver·wẹh·ren[fɛrvé:rən] 他 (h) 《*jm. et.*^{4}》 (…に…を) 禁じる, 拒む, 妨げる: *jm.* den Eintritt ～ …に立ち入りを拒む.

Ver·wẹ·hung[fɛrvé:ʊŋ] 女 -/-en **1** 《単数で》 verwehen すること. **2** (雪・砂などの) 吹きだまり.

ver·weib·li·chen[fɛrváɪplɪçən] 他 (h) 《*jn.*》 (男性を) 女性化する. [< weiblich]

▽**ver·wei·chen***[fɛrváɪçən] 《204》 **I** 自 (s) (vergehen) (時が) 経過する, 過ぎ去る. **II ver·wị·chen** → 別出

ver·weich·li·chen[fɛrváɪçlɪçən] **I** 自 (s) 柔弱になる, 弱くなる. **II** 他 (h) 《*jn.*》 柔弱にする, 甘やかす, (甘やかして) 無気力 ⟨甘ったれ⟩ にする; 虚弱にする: ein *verweichlichter* Mensch 柔弱 ⟨甘ったれ⟩ な人; 弱虫. [< weichlich]

Ver·weich·li·chung[..çʊŋ] 女 -/ 柔弱化; 甘やかし.

Ver·wei·ge·rer[fɛrváɪgərər] 男 -s/- (verweigern する人. 特に:) 兵役拒否者 (→Wehrdienstverweigerer).

ver·wei·gern[fɛrváɪgərn] 《05》 他 (h) **1** (〔*jm.*〕 *et.*^{4}) (〔…に〕…を) 拒む, 拒否 ⟨拒絶⟩ する, 断る: die Aussage ～ 供述を拒む; 〚法〛 黙秘する | die Einreise ～ 入国を拒否する | den Gehorsam ～ 服従を拒む | den Kriegsdienst ～ 兵役を拒否する | *jm.* Hilfe ⟨die Zahlung⟩ ～ …に対して助力 ⟨支払い⟩ を拒む | Das Pferd hat 〔das Hindernis〕 *verweigert.* 馬は障害物を飛び越すことを拒んだ. **2** 再帰 *sich*^{4} *jm.* ～ …に身を任せることを拒む (女性が).

Ver·wei·ge·rung[..gərʊŋ] 女 -/-en 拒否, 拒絶.

Ver·wei·ge·rungs·fall 男 《ふつう次の形で》 im ～〔e〕 〚法〛 拒否する場合には.

ver·wei·len[fɛrváɪlən] **I** 自 (h) 《場所を示す語句と》 (…に) とどまる, 滞在する: in einer Stadt ⟨bei *jm.* als Gast⟩ ～ 町に ⟨…のところに客として⟩ 滞在する | in Gedanken bei *jm.* ～ いつまでも…のことを考え続ける | Er *verweilte* hartnäckig bei diesem Thema. 彼はあくまでこのテーマから離れようとしなかった. **II** 他 (h) 再帰 *sich*^{4} ～ = I

Ver·weil·zeit 女 滞在 ⟨滞留⟩ 時間.

ver·wei·nen[fɛrváɪnən] 他 (h) **1** 《雅》 (時間を) 泣いて過ごす: eine Nacht ～ 一夜を涙で過ごす. **2** (目を) 泣きはらす: *verweinte* Augen haben 目を泣きはらしている. [< *mhd.* „durch Weinen schädigen"]

Ver·weis^1[fɛrváɪs]^1 男 -es/-e 叱責(しっせき); 〚法〛 (公務員などに対する) 戒告; 譴責(けんせき): ein strenger ～ きびしい叱責; 厳重な戒告 ‖ einen ～ bekommen ⟨erhalten⟩ しかられる, 叱責される | *jm.* einen ～ erteilen ⟨geben⟩ …をしかる, …に注意を与える.

Ver·weis^2[‒] 男 -es/-e (書物・論文などの) 参照指示, 参照記号.

ver·wei·sen^1*[fɛrváɪzən]^1 《205》 他 (h) 《*jm. et.*^{4}》 しかる, 叱責(しっせき)する, 譴責(けんせき)する: Die Mutter *verwies* mir meine vorlauten Worte. 母は私の出すぎた言葉をたしなめた. [*ahd.*; ◇wissen]

ver·wei·sen^2*[fɛrváɪzən]^1 《205》 他 (h) **1 a)** 《*jn.* auf *et.*^{4}》 (…に…を) 参照するように指示する. **b)** 《*jn.* an *jn.*》 (…に…のところへ) 行くように指示する: Ich bin von Herrn Meyer an Sie *verwiesen.* マイヤー氏からあなたのところへ行くようにと言われました.

2 a) 《*jn.* aus ⟨von⟩ *et.*^{3}》 (…を…から) 追放する, (…に…からの) 退去を命じる: *jn.* aus dem Saal ～ …に退場を命じる | *jn.* von der Schule ～ …を放校処分にする. **b)** 《雅》 《*jn. et.*^{2}》 (…を…から) 追放する, (…に…からの) 退去を命じる: *jn.* des Landes ⟨der Schule⟩ ～ …を国外に追放する ⟨放校処分にする⟩. **c)** 《*jn.* auf *et.*^{4}》 〚スポ〛 (自分が勝つことによって他の選手を下位に) 押しやる: Er hat seinen Rivalen auf den zweiten Platz *verwiesen.* 彼はライバルを2位に追い落とした | *jn.* auf die Plätze ～ (→Platz 3 b).

Ver·wei·sungs·zei·chen[fɛrváɪzʊŋs..] 中, **Ver·weis·zei·chen**[fɛrváɪs..] 中 参照記号.

ver·wẹl·ken[fɛrvɛ́lkən] 自 (s) (草花が) しぼむ; 《比》 しなびる, 色香が失(う)せる: ein *verwelktes* Gesicht はりを失った ⟨容色の衰えた⟩ 顔 | eine *verwelkte* Schönheit 色香の失せた美人, うば桜.

ver·wẹl·schen[fɛrvɛ́lʃən] 《04》 他 (h) ロマン〔ス〕化する, フランス ⟨イタリア⟩ かぶれさせる. [< welsch]

Ver·wẹl·schung[..ʃʊŋ] 女 -/-en ロマン〔ス〕化, フランス ⟨イタリア⟩ かぶれ.

ver·wẹlt·li·chen[fɛrvɛ́ltlɪçən] **I** 自 (s) (宗教色を失って) 世俗化する, 現世的になる.

II 他 (h) 《*et.*^{4}》 (…を) 世俗化する, 現世的にする. [< weltlich]

Ver·wẹlt·li·chung[..çʊŋ] 女 -/ 世俗化, 俗化.

ver·wẹnd·bar[fɛrvɛ́ntba:r] 形 《zu *et.*^{3}》 (…に) 使える, 利用できる: Diese Methode ist hier nicht ～. その方法はここでは使えない.

Ver·wẹnd·bar·keit[‒kaɪt] 女 -/ verwendbar なこと.

ver·wẹn·den$^{(*)}$[fɛrvɛ́ndən]^1 《206》 **I** 他 (h) **1** 《*jn.* / *et.*^{4}》 使う, 用いる, 使用する; 利用する, 役立てる: *et.*^{4} auf *et.*^{4} ⟨für *et.*^{4} / zu *et.*^{3}⟩ ～ …を…のために使う | viel Mühe und Zeit auf *et.*^{4} ～ …に多大な労力と時間をかける | Geld für einen guten Zweck ⟨zu *seinem* Nutzen⟩ ～ 金をよい目的のために ⟨自分の利益のために⟩ 遣う | Für diese Arbeit kann man ihn nicht ～. この仕事には彼は使えない | *et.*^{4} zu hinterlistigen Zwecken ～ (→Zweck 1) ‖ Die alte Gardine können wir nicht mehr ～. この古いカーテンはもう使いものにならない. **2** 再帰 *sich*^{4} für *jn.* ⟨*et.*^{4}⟩ ～ …のために尽力する, …のために斡旋(あっせん)する, …のためにとりなす | Er hat sich schon öfter für mich *verwandt* ⟨*verwendet*⟩. 彼はすでに何度か私のために力を貸してくれた | Er versprach mir, sich bei ihr dafür zu ～. 彼は彼女にそのことを斡旋することを私に約束してくれた. **3** 《雅》 (目を) わきに向ける ⟨転じる⟩, そらす: Er *verwandte* die ganze Zeit kein Auge ⟨keinen Blick⟩ von ihr. 彼はその間じゅう彼女から目をそらさなかった.

II ver·wạndt → 別出

Ver·wẹn·der[fɛrvɛ́ndər] 男 -s/- 使用 ⟨利用⟩ 者.

Ver·wẹn·dung[fɛrvɛ́ndʊŋ] 女 -/-en **1 a)** 使用, 利用: ～ finden / zur ～ kommen 使われる, 使用される | Das fand seine angemessene ～. それは適切な使われ方をした ‖ Ich habe dafür keine ～. 私にはそれの使いみちがない | Dafür werden wir schon noch eine ～ finden. それはきっとまだ使いようがあるだろう ‖ Beamte ⟨Offiziere⟩ zur besonderen ～ (略 z. b. V.) 特別の任務をもった官吏 ⟨士官⟩ | *et.*^{4} in ～ nehmen 《オーストリア》 …を使い始める (= *et.*^{4} in Gebrauch nehmen) | in ～ stehen 《オーストリア》 使われている (= in Gebrauch sein). **b)** 《ふつう複数で》 〚法〛 (修繕などに要する) 費用.

2 《単数で》 《雅》 尽力, 斡旋(あっせん), とりなし: auf *js.* ～ hin …の斡旋で.

Ver·wẹn·dungs·be·reich 男 使用 ⟨利用⟩ 範囲.

ver·wẹn·dungs·fä·hig 形 使用 ⟨利用⟩ 可能な; 〚軍〛 任務に適した, 物の用に立つ.

Ver·wẹn·dungs≠mög·lich·keit 女 使用 ⟨利用⟩ の可能性, 使いみち. ≠**wei·se** 女 使い方. ≠**zweck** 男 使用 ⟨利用⟩ 目的.

ver·wẹr·fen* [fɛrvɛ́rfən] 《209》 **I** 他 (h) **1** 《*et.*^{4}》 (受け入れがたいもの・不適当なものとして) 退ける, はねつける, 拒否する, こばむ; 〖法〗 棄却〈却下〉する: eine Beschwerde ～ 苦情をはねつける | einen Vorschlag ～ 提案を退ける | eine Revision ～ 〖法〗 上告を棄却する | eine Klage ～ 〖法〗 訴えを却下する | Eine solche Ansicht ist unbedingt zu ～. かかる見解は絶対に退けるべきだ | Er hat die Handlungsweise *verworfen.* 彼はその行状を〔不道徳であると〕非難した. **2** 《*et.*^{4}》 (ボールなどを) 投げそこねて見失う. **3** 再帰 *sich*^{4} ～ 〖ﾄﾗﾝﾌﾟ〗 間違ったカードを出す. **4** 再帰 *sich*^{4} ～ (板などが) 反る, ゆがむ; 〖地〗 (岩層などが) 断層を生じる: Die Tür hat sich *verworfen.* ドアが反ってしまった. **5** 《ｽｲｽ》 die Hände ～ 手まねで話す; (驚いて) 頭の上で両手を打ち鳴らす.

II 自 (h) (家畜などが) お産を失敗する, 流産〈早産〉する.

III ver·wọr·fen → 別出

ver·wẹrf·lich [fɛrvɛ́rflɪç] 形 《雅》 (道徳的見地などから) 退けるべき, 排すべき, 非難すべき, いまわしい: eine ～*e* Tat 非難すべき行為 | Solche Mittel sind äußerst ～. かかる手段はきわめて好ましくない.

Ver·wẹrf·lich·keit [–kaɪt] 女 -/ verwerflich なこと.

Ver·wẹr·fung [fɛrvɛ́rfʊŋ] 女 -/-en **1** 《単数で》 (〔sich〕 verwerfen すること. 例えば:) 退ける〈はねつける〉こと, 拒否; 〖法〗 棄却; 却下. **2 a)** (板などの) 反り, ゆがみ. **b)** 〖地〗 断層.

Ver·wẹr·fungs≠li·nie [..li:niə] 女 〖地〗 断層線. **≠spal·te** 女 〖地〗 断層亀裂(きれつ)〈(割れ目)〉.

ver·wẹrt·bar [fɛrvé:rtba:r] 形 利用〈活用〉できる, (まだ) 使える, 役にたつ.

Ver·wẹrt·bar·keit [–kaɪt] 女 -/ verwertbar なこと.

ver·wẹr·ten [fɛrvé:rtən] 《01》 他 (h) **1** (有効・有意義に) 利用する, 活用する, 役立てる: altes Eisen 〈alte Kleider〉 ～ くず鉄〈古着〉を利用する | eine Erfindung nützlich ～ 発明を有効に役立てる | *seine* Erlebnisse in einem Roman ～ 自分の体験を小説の中で材料として使う.

▽**2** (diskontieren) 〖商〗 割引する: einen Wechsel ～ 手形を割り引く.

Ver·wẹr·ter [..tər] 男 -s/- (Benutzer) 利用者.

Ver·wẹr·tung [..tʊŋ] 女 -/-en verwerten すること.

Ver·wẹr·tungs·ge·sell·schaft 女 〖法〗 著作権利用会社.

ver·wẹ·sen^1 [fɛrvé:zən]^1 《02》 自 (s) **1** 腐敗する, 朽ちる, (有機物が) 分解する: ein *verwesender* Leichnam 腐敗しかかった死体. **2** 《雅》 死ぬ, 死滅〈消滅〉する. [*ahd.*; < *ahd.* wesan „verwelkt" (◇Virus); ◇*engl.* wizen]

▽**ver·wẹ·sen**^{2} [–] 《02》 他 (h) (代理として) つかさどる, 管理する. [*ahd.*; ◇wesen]

Ver·wẹ·ser [..zər] 男 -s/- (verwesen^{2}する人. 例えば:) 代理としてつかさどる人, 代理者: Pfarr*verweser* 代理牧師〈司祭〉 | Reichs*verweser* 摂政.

ver·wẹs·lich [fɛrvé:slɪç] 形 腐敗しやすい: ～*e* Stoffe 腐敗しやすい物質. [< verwesen^1]

Ver·wẹs·lich·keit [–kaɪt] 女 -/ verweslich なこと.

ver·wẹst·li·chen [fɛrvɛ́stlɪçən] **I** 他 (h) 西欧化する. **II** 自 (s) 西欧化する. [< westlich]

Ver·wẹ·sung [fɛrvé:zʊŋ] 女 -/ **1** 腐敗, 腐朽, 分解: in ～ übergehen 腐敗する. **2** 《雅》 死滅, 消滅.

Ver·wẹ·sungs·ge·ruch 男 腐敗臭, 腐臭.

ver·wẹt·ten [fɛrvɛ́tən] 《01》 他 (h) **1** 賭(か)で失う: *sein* ganzes Vermögen ～ 賭で全財産を失う. ▽**2** (…を) 賭(か)ける: für *et.*^{4} *seinen* Kopf ～ 《比》 …に自分の首を賭ける, …を確信している.

▽**ver·wẹt·tern** [fɛrvɛ́tərn] 《05》 = verwittern 1

▽**ver·wị·chen** [fɛrvɪ́çən] **I** verweichen の過去分詞. **II** 形 過ぎ去った, 最近の: im ～*en* Jahre 昨年.

ver·wịch·sen [fɛrvɪ́ksən] 《02》 他 (h) 《話》 **1** = verprügeln **2** (vergeuden) (金を) 浪費する.

ver·wịckeln [fɛrvɪ́kəln] 《06》 **I** 他 (h) **1** 《*et.*^{4}》 (糸・ひもなどを) もつれさせる, こんがらからせる: 再帰 *sich*^{4} ～ もつれる, こんがらかる, からまる. **2** 《*jn.* in *et.*^{4}》 (…を…に) 巻き込む; (…を…の) 巻き添えにする: *jn.* in ein Gespräch ～ …を話に引っぱり込む | Er wurde in einen Streit 〈einen Skandal〉 *verwickelt.* 彼は争い〈スキャンダル〉に巻き込まれた ‖ 再帰 *sich*^{4} in *et.*^{4} ～ …に巻き込まれる | *sich*^{4} in Widersprüche ～ 矛盾に陥る. **3** 《方》 (umwickeln) ぐるぐる巻く: eine *verwickelte* Hand haben 手を包帯で巻いている.

II ver·wịckelt 過分 形 複雑な, こみ入った, やっかいな, 面倒な: ein ～*er* Fall 複雑〈やっかい〉なケース.

Ver·wịck·lung [..vɪ́klʊŋ] (**Ver·wịcke·lung** [..kəlʊŋ]) 女 -/-en **1** 《単数で》 〔sich〕 verwickeln すること. **2** もつれ, 混乱, 紛糾, いざこざ, 面倒: diplomatische ～*en* 外交上の難問題.

ver·wie̱·gen* [fɛrví:gən]^1 《210》 他 (h) **1** 再帰 *sich*^{4} ～ (重さを) 量り間違える, 計量を誤る. **2** 《官》 (重さを) 量る.

ver·wịl·dern [fɛrvɪ́ldərn] 《05》 自 (s) **1** 野性化する. **2** (庭園・田畑などが) 荒れる, 荒廃する; (人が) 粗野〈粗暴〉になる, 手に負えなくなる; (人の心が) すさむ: einen Garten ～ lassen 庭を荒れるにまかせる ‖ *verwilderte* Jugend 荒れる若者たち | *verwilderte* Haare ぼうぼうの髪の毛.
[< *mhd.* verwilden „entfremden" (◇wild)]

Ver·wịl·de·rung [..dərʊŋ] 女 -/ verwildern すること.

ver·wịn·den* [fɛrvɪ́ndən]^1 《211》 他 (h) **1** (苦痛・打撃などに) 打ち勝つ, 克服する: eine Enttäuschung ～ 幻滅の悲哀を乗り越える | Er hat es noch nicht *verwunden,* daß er die Prüfung nicht bestehen konnte. 彼は試験に落ちた痛手からまだ立ち直っていない. **2** 〖工〗 ねじる.
[1: *mhd.* verwinnen; < *ahd.* winnan (→gewinnen); ◇überwinden^2]

Ver·wịn·dung [..dʊŋ] 女 -/-en **1** 《単数で》 verwinden 1 すること. **2** (Torsion) 〖工〗 ねじり, ねじれ.

ver·wịn·kelt [fɛrvɪ́ŋkəlt] 形 (通路などが) 曲がり角の多い. [< Winkel]

ver·wịr·ken [fɛrvɪ́rkən] 他 (h) **1** 《*et.*^{4}》 (罪・過失などの報いとして権利・資格などを) 失う, 喪失する, ふいにする: *seine* Freiheit 〈*js.* Vertrauen〉 ～ 自由〈…の信頼〉を失う | die elterliche Gewalt ～ 親権を喪失する | Er hat sein Leben *verwirkt.* 彼は命をふいにした (自分の罪から死なねばならぬことになった). **2** 〖法〗 (罪・過失などから処罰を) 招く: eine *verwirkte* Strafe 科せられた刑罰. [*ahd.*; ◇wirken]

ver·wịrk·li·chen [fɛrvɪ́rklɪçən] 他 (h) **1** (希望・計画などを) 実現する, 現実化する: eine Absicht 〈einen Plan〉 ～ 意図〈計画〉を実現する | Ziele ～ 目標を達成する ‖ 再帰 *sich*^{4} ～ 実現される, 現実のものとなる | Sein Traum hat sich endlich *verwirklicht.* 彼の夢はついに実現した.
2 再帰 *sich*^{4} in *et.*^{3} ～ …に自分の生きがいを見いだす〈本領を発揮する〉. [<wirklich]

Ver·wịrk·li·chung [..çʊŋ] 女 -/-en (〔sich〕 verwirklichen すること. 例えば:) 実現, 現実化.

Ver·wịr·kung [fɛrvɪ́rkʊŋ] 女 -/-en (verwirken すること. 例えば:) (権利・資格などの) 喪失, 失効.

Ver·wịr·kungs·klau·sel 女 〖法〗 失権約款.

ver·wịr·ren$^{(*)}$ [fɛrvɪ́rən] 《214》 **ver·wịrr·te** / **ver·wịrrt** (verworren [fɛrvɔ́rən]) **I** 他 (h) **1** 《*et.*^{4}》 (糸などを) もつれさせる, (髪の毛を) くしゃくしゃにする; 《比》 紛糾〈混乱〉させる: Begriffe ～ 概念を混乱させる | *jm.* die Sinne ～ …の頭を混乱させる ‖ 再帰 *sich*^{4} ～ (糸などが) もつれる, (髪の毛が) くしゃくしゃになる; 《比》 紛糾する, 混乱する | Seine Gedanken *verwirrten* sich. 彼の思考は混乱した.

2 《*jn.*》 (…の心を) 混乱〈動揺・困惑〉させる, 狼狽(ろうばい)〈どぎまぎ〉させる: Die Zwischenrufe *verwirrten* ihn. やじが彼を混乱させた.

II ver·wịr·rend 現分 形 混乱させる, まぎらわしい: eine ～*e* Fülle von neuen Eindrücken 途方にくれるほど〈頭がおかしくなりそうなほど〉たくさんの新しい印象 | Das ist ～ für mich. それは私にはまぎらわしい.

III ver·wịrrt 過分 形 頭の混乱した, 気持の動揺した, 困惑〈どぎまぎ〉した: Ich bin ganz ～. 私は気持がすっかり混乱してしまった | Du machst mich ～. 君のおかげで頭がおかしくなるよ.

IV ver·wọr·ren → 別出

Ver·wịrr·spiel [fɛrvɪ́rʃpi:l] 中 (相手を惑わすための) 攪乱演技〈プレー〉.

Ver·wirrt·heit[..vírthaɪt] 女 -/ verwirrt なこと.

Ver·wir·rung[..vírʊŋ] 女 -/-en **1** 混乱, 紛糾: geistige ～ / Geistes*verwirrung* 精神錯乱 ‖ ～ anrichten 〈hervorrufen〉 混乱をひき起こす | *et.*^{4} in ～ bringen …を混乱〈紛糾〉させる | in ～ geraten 混乱に陥る | Du machst dadurch die ～ nur noch größer. 君がそんなことをすれば混乱をいっそう大きくするだけだ. **2** (気持の)混乱, 動揺, 困惑, 狼狽(ろうばい): *jn.* in ～ bringen …の頭を混乱させる, …を困惑〈狼狽〉させる | in ～ geraten 頭が混乱する, 困惑〈狼狽〉する | in ～ sein 頭が混乱している, 困惑〈狼狽〉している.

ver·wirt·schaf·ten[fɛrvírt-ʃaftən] 《01》 他 (h) (やりくりがへたで)乱費する; 浪費する.

ver·wi·schen[fɛrvíʃən] 《04》 他 (h) (こすったりして輪郭を)ぼやけさせる; ぬぐい去る, 消し去る: die Spuren eines Verbrechens ～ 犯罪の痕跡(こんせき)をくらます | *Verwischen* Sie die Schrift nicht! (インクが乾いていないので)文字〈書面〉に触れてよごさないようにしてください ‖ 再帰 *sich*^{4} ～ (輪郭などが)ぼやける, 不明確になる | Im Laufe der Zeit *verwischen* sich die Eindrücke. 時がたつにつれて印象が薄れる | Die sozialen Unterschiede haben sich weitgehend *verwischt.* 社会的な階級差は大幅に解消した ‖ *verwischte* Konturen ぼやけた輪郭 | Die Unterschrift war *verwischt.* 署名は消えかかっていた.

Ver·wi·schung[..ʃʊŋ] 女 -/-en verwischen すること.

ver·wit·tern[fɛrvítərn] 《05》 自 (s) **1** 風雨にさらされて損なわれる〈ぼろぼろになる〉, 風化する: *verwittertes* Geröll 〖地〗風化礫(れき) | ein *verwittertes* Gesicht 《比》(長年の風雪に耐えて)日焼けした顔. **2** 〖狩〗(野獣を刺激するために)強い臭いを出す. [＜Wetter^2; ◇*engl.* wither]

Ver·wit·te·rung[..tərʊŋ] 女 -/-en 風化(作用).

Ver·wit·te·rungs·kru·ste 女 〖地〗風化殻.

ver·wit·wet[fɛrvítvət] 形 (略 verw.) やもめとなった, 夫〈妻〉を失った: die ～*e* Frau Becker ベッカー未亡人 | Sie 〈Er〉 ist seit drei Jahren ～. 彼女〈彼〉は3年前に未亡人〈男やもめ〉になった ‖ die *Verwitwete* 未亡人 | der *Verwitwete* 男やもめ. [＜Witwe]

ver·wo·gen[fɛrvó:gən] **I** verwiegen の過去分詞; 過去1・3人称複数. **II** 形 《中部》＝verwegen

ver·woh·nen[fɛrvó:nən] 他 (h) (家・部屋などを)住み古す, 住み荒らす.

ver·wöh·nen[fɛrvǿ:nən] **I** 他 (h) (英: *spoil*) 《*jn.*》わがままに育てる; 甘やかす, (何でも望みをかなえてやって…の)わがままを許す; ぜいたくに慣れさせる: Er *verwöhnt* sie zu sehr. 彼は彼女を甘やかしすぎる | Das Leben hat uns nicht gerade *verwöhnt.* 我々の人生は必ずしも楽なものではなかった ‖ 再帰 *sich*^{4} ～ 自分を甘やかす | Lassen Sie sich^4 mal etwas ～! たまにはそうお固いことをおっしゃらないで.

II ver·wöhnt 過分 形 わがままな, 甘やかされた; ぜいたくに慣れた: ein ～*er* Geschmack ぜいたくな趣味 | einen ～*en* Gaumen haben 口がおごっている.

[*mhd.*; ＜*ahd.* (gi)wennen (→gewöhnen)]

Ver·wöhnt·heit[..vǿ:nthaɪt] 女 -/ verwöhnt なこと.

Ver·wöh·nung[..vǿ:nʊŋ] 女 -/ verwöhnen すること.

ver·wor·da·kelt[fɛrvó:rdakəlt] 形 《オーストリア》(外見・外観が)損なわれた, ゆがんだ, 醜くなった.

ver·wor·fen[fɛrvɔ́rfən] **I** verwerfen の過去分詞. **II** 形 いまわしい, 非難すべき, 邪悪な, 悪徳の; 《雅》神に見放された, 永劫(えいごう)の罰を受けた: ein ～*er* Gedanke いまわしい〈不道徳な〉考え | ein ～*er* Mensch 極悪人, 見下げはてた人.

Ver·wor·fen·heit[–haɪt] 女 -/ verworfen なこと.

ver·wor·ren[fɛrvɔ́rən] **I** verwirrt (verwirren の過去分詞)の別形.

II 形 (糸などが)もつれた, (髪の毛が)くしゃくしゃの; 《比》紛糾した, 混乱した, ごちゃまぜの, 支離滅裂な: ein ～*er* Mensch 頭のおかしな人間 | eine ～*e* Rede 支離滅裂な話〈スピーチ〉.

Ver·wor·ren·heit[–haɪt] 女 -/ verworren なこと.

ver·wund·bar[fɛrvʊ́ntba:r] 形 傷つけることのできる; (気持が)傷つきやすい, 感情を害しやすい: Das ist seine ～*e* Stelle. これが彼の急所だ.

Ver·wund·bar·keit[–kaɪt] 女 -/ verwundbar なこと.

ver·wun·den^1[fɛrvʊ́ndən]^1 《01》 **I** 他 (h) 《*jn.*》負傷させる, (…に)けがをさせる; 《比》(…の)心を傷つける, (…の)気持をそこねる: *jn.* leicht 〈schwer / tödlich〉 ～ …に軽傷〈重傷・致命傷〉を負わせる | *jn.* am Oberarm ～ …の上腕に傷を負わせる | Er wurde im Krieg *verwundet.* 彼は戦争で負傷した. **II ver·wun·det** → 別出

[*mhd.*; ＜*ahd.* wuntōn „verletzen" (◇wund)]

ver·wun·den^2[–] verwinden の過去分詞.

ver·wun·der·lich[fɛrvʊ́ndərlɪç] 形 奇異な, 不思議な, おかしい: Ich finde es nicht weiter ～, wenn er nicht kommt. 彼が来なくても別に不思議ではない.

ver·wun·dern[fɛrvʊ́ndərn] 《05》 他 (h) **1** 《*jn.*》(…に)不審の念を起こさせる, いぶかしがらせる, 不思議がらせる: Es *verwundert* mich, daß er nicht gekommen ist. 私は彼が来なかったことを不思議に思う | Seine Enttäuschung ist nicht zu ～. 彼の失望は驚くにあたらない ‖ mit *verwunderten* Blicken 不審そうな目つきで | ein *verwundertes* Gesicht machen 不思議そうな顔をする ‖ *jn. verwundert* ansehen …をいぶかしげに見つめる. **2** 再帰 *sich*^{4} über *et.*^{4} ～ …を不審に〈いぶかしく〉思う, …を不思議がる | Sie *verwunderte* sich über sein Benehmen. 彼女は彼の態度をいぶかしく思った.

Ver·wun·de·rung[..dərʊŋ] 女 -/ (sich) verwundern すること: *jn.* in ～ setzen …をいぶかしがらせる〈不思議がらせる〉 | Zu meiner großen ～ hat er abgesagt. 驚いたことに彼は出席を断ってきた.

Ver·wun·de·rungs·fra·ge 女 〖言〗慨嘆疑問文(修辞的疑問文の一種. 例 Was mache ich? 私としたことが何をしているんだ).

ver·wun·det[fɛrvʊ́ndət] **I** verwunden^{1}の過去分詞. **II** 形 負傷した, けがをした: leicht 〈schwer〉 ～ sein 軽傷〈重傷〉を負っている. **III Ver·wun·de·te** 男 女 《形容詞変化》負傷者, けが人.

Ver·wun·de·ten·ab·zei·chen 中 傷痍(しょうい)軍人記章.

Ver·wun·dung[fɛrvʊ́ndʊŋ] 女 -/-en 負傷, けが.

ver·wun·schen[fɛrvʊ́nʃən] 形 (verzaubert) 魔法をかけられた: ein ～*es* Schloß 魔法の城 ‖ wie ～ 魔法をかけられたように.

ver·wün·schen[..výnʃən] 《04》 **I** 他 (h) **1** 《*jn.* / *et.*^{4}》呪(のろ)う, (…のことを)呪わしく〈いまいましく・腹立たしく〉思う: *sein* Schicksal ～ 自分の運命を呪う. **2** (verzaubern) (…に)魔法をかける.

II ver·wünscht 過分 形 呪わしい, いまいましい: Das ist eine ganz ～*e* Geschichte. 全く腹立たしい話だ | *Verwünscht*, daß ich ihm begegnen mußte! くそいまいましいあいつに出くわすなんて.

Ver·wün·schung[..ʃʊŋ] 女 -/-en **1** 《単数で》verwünschen すること. **2** 呪(のろ)いの言葉; ののしり, 悪態: ～*en* ausstoßen ののしる, 悪態をつく.

ver·wur·steln[fɛrvʊ́rstəln] (**ver·wursch·teln**[..vʊ́rʃtəln]) 《06》 他 (h) 《話》(不注意から)混乱させる; 台なしにする: 再帰 *sich*^{4} ～ 乱雑になる, 台なしになる | eine ganz *verwurstelte* Krawatte すっかりよれよれになったネクタイ.

ver·wur·zeln[fɛrvʊ́rtsəln] 《06》 自 (s) 《in *et.*^{3}》(植物が…に)根づく, 根を張る; 《比》(…に)定着する: Der umgepflanzte Baum ist gut *verwurzelt.* 移植した木はりっぱに根づいた ‖ in *et.*^{3} *verwurzelt* sein …に根づいている | tief in der Tradition ～ 深く伝統に根をおろしている | Er ist in seiner Heimatstadt fest *verwurzelt.* 彼は故郷の町にしっかりと腰を据えている.

Ver·wur·ze·lung[..tsəlʊŋ] (**Ver·wurz·lung**[..tslʊŋ]) 女 -/ verwurzeln すること.

ver·wür·zen[fɛrvýrtsən] 《02》 他 (h) 《*et.*^{4}》(…に)薬味を加え〈きかし〉過ぎる.

ver·wü·sten[fɛrvý:stən] 《01》 他 (h) 荒らす, 荒廃させる, 廃墟(はいきょ)にする: Sein Gesicht ist durch sein ausschweifendes Leben *verwüstet.* 彼の顔は自堕落な生活ですさんでいる.

Ver·wü·stung[..tʊŋ] 女 -/-en 荒廃: ～*en* anrichten

荒廃をもたらす.

ver·za̱·gen[fɛrtsá:gən][1] **I** 自 (s, まれに h) 気おくれする, ひるむ, 勇気を喪失する, 弱気になる. **II ver·za̱gt** 過分 形 気おくれ〈物怖(ぉ)じ〉した, ひるんだ, 弱気になった, 意気消沈した.

Ver·za̱gt·heit[..haɪt] 女 -/ verzagt なこと.

ver·zä̱h·len[fɛrtsɛ́:lən] 他 (h) **1** 再帰 *sich*[4] ～ 数えそこなう, 計算を間違える. **2** 《方》(erzählen) 話す, 物語る.

ver·za̱h·nen[fɛrtsá:nən] 他 (h) **1 a)** (歯車・接合部などを互いに)かみ合わせる, はめ合わせる; 〘工〙(木材と木材を)枘(ほ)でつなぐ〈接合する〉, 蟻(あり)つぎ〈そぎつぎ〉する(→ 図 Balken B): 再帰 *sich*[4] ～ 互いにかみ合う, はまり合う, 接合する. **b)** 《比》互いに照応させる, 互いに関連させる: die Kapitel eines Textes ～ テキストの各章を照応させる(参照の指示をつけたりして) ‖ 再帰 *sich*[4] ～ 互いに照応する〈関連し合う〉.

2 《*et.*[4]》(…に)歯をつける, 刻み目をつける, 歯切りする: ein *verzahntes* Rad 歯車.

Ver·za̱h·nung[..nʊŋ] 女 -/-en ([sich] verzahnen すること. 例えば:) かみ合わせ, かみ合い; 〘工〙蟻(あり)つぎ, そぎつぎ (→ 図 Balken B); 歯切り.

ver·zan·ken[fɛrtsáŋkən] 他 (h) 再帰 *sich*[4] mit *jm.* ～ …と仲たがいする〈けんかする〉| Sie haben sich *verzankt.* 彼らは口論した | Die beiden sind [miteinander] *verzankt.* 二人は仲たがいしている.

ver·zap·fen[fɛrtsápfən] 他 (h) **1** (酒類を)樽(たる)から注ぐ, 量り売り〈升売り〉する. **2** 〘工〙(木材と木材を)枘(ほ)でつなぐ〈接合する〉, 枘つぎ〈枘さし〉する. **3** 《話》(座興として)持ち出す, 話す, 書く: Unsinn ～ ばかげたことをしゃべる.

Ver·zap·fung[..pfʊŋ] 女 -/-en (verzapfen すること. 例えば:) (酒類の)量り売り, 升売り; 〘工〙枘(ほ)さし.

ver·zä̱r·teln[fɛrtsɛ́:rtəln] 《06》他 (h) 《*jn.*》甘やかす, 大事にしすぎる, 柔弱〈甘ったれ〉にする: ein *verzärteltes* Kind 甘やかされて育った〔弱々しい〕子.

Ver·zä̱r·te·lung[..təlʊŋ] 女 -/ verzärteln すること.

ver·za̱u·bern[fɛrtsáʊbərn] 《05》他 (h) (…に)魔法をかける; 《比》魅了する, うっとりさせる: *jn.* in einen Vogel ～ …に魔法をかけて鳥の姿に変える | Die Musik hat uns alle *verzaubert.* その音楽は我々みんなを魅了した ‖ ein *verzauberter* Prinz 魔法をかけられた王子 | wie *verzaubert* 魔法にかけられたように.

Ver·za̱u·be·rung[..bərʊŋ] 女 -/ verzaubern すること.

ver·zä̱u·nen[fɛrtsɔ́ʏnən] 他 (h) 《*et.*[4]》(…に)垣をめぐらす, 垣根で囲む.

Ver·zä̱u·nung[..nʊŋ] 女 -/-en **1** 《単数で》verzäunen すること. **2** 垣, 垣根, 囲い.

ver·ze̱·chen[fɛrtsɛ́çən] 他 (h) (金・時間などを)飲酒に浪費する: die Nacht ～ 飲み明かす.

ver·ze̱hn·fa·chen[fɛrtsé:nfaxən] 他 (h) 10倍にする; 十重(え)にする: 再帰 *sich*[4] ～ 10倍になる; 十重になる. [＜zehnfach]

▽**ver·ze̱hn·ten**[fɛrtsé:ntən] 《01》他 (h) 《*et.*[4]》(…の)10分の1を供出する; (…に対する)十分の一税を納付する.

Ver·ze̱hr[fɛrtsé:r] **I** 男 -[e]s/ (飲食物の)消費, 飲食: Zum baldigen ～ bestimmt! (食品のラベルで)早目にお召し上がりください.

II 男 (中) -[e]s/ 飲食代金; 飲食したもの.

ver·ze̱h·ren[fɛrtsé:rən] 他 (h) **1** 《*et.*[4]》(飲食物を)〔すっかり〕食べる〈飲む〉, 食べ〈飲み〉つくす, 平らげる; (金・財産などを)費消する, 遣い果たす: das Mittagessen ～ 昼食を食べる〈平らげる〉| *sein* ganzes Erbe ～ 相続した財産を全部遣い果たす | Der Gast hat nichts *verzehrt.* 客は食べ物には全く手をつけなかった.

2 (力などを)消耗させる, 衰弱させる: Die Arbeit hat seine Kräfte völlig *verzehrt.* その仕事は彼の精力をすっかり消耗させた ‖ *verzehrendes* Fieber 〘医〙消耗熱 | eine *verzehrende* Krankheit 〘医〙消耗性疾患 | eine *verzehrende* Leidenschaft 身を焼きつくすような情熱.

3 再帰 *sich*[4] ～ (悲嘆・憧憬(しょうけい)・欲望などで)憔悴(しょうすい)する, やつれる, 消耗する: *sich*[4] nach *jm.* ⟨*et.*[3]⟩ ～ …を恋い焦がれる | Sie *verzehrte* sich vor Sehnsucht nach der Heimat. 彼女は故郷が恋しくてたまらなかった ‖ *jn.* mit *verzehrenden* Blicken ansehen …を熱烈な〈欲望・あこがれに満ちた〉まなざしで見る.

Ver·ze̱h·rung[..tsé:rʊŋ] 女 -/ [sich] verzehren すること.

Ver·ze̱hr·zwang 男 -[e]s/ (飲食店・旅館などでの客の)飲食の義務.

ver·ze̱ich·nen[fɛrtsáɪçnən] 《01》他 (h) **1 a)** 《*et.*[4]》(形・釣り合いなどに関して)描き誤る, 描きそこなう; 《比》(小説の人物などを)描きそこなう: Die Nase auf dem Porträt ist etwas *verzeichnet.* この肖像画の鼻はいささか描きそこないだ. **b)** 再帰 *sich*[4] ～ 描き誤り〈描きそこない〉をする.

2 (verzerren) 《*et.*[4]》(事実などを)ゆがめる, 歪曲(わいきょく)する: In seinem Bericht werden die wirklichen Verhältnisse völlig *verzeichnet* dargestellt. 彼の報告では実際の事情がすっかりゆがめられて描かれている.

3 《*et.*[4]》書き留める, 記録〈記載〉する; (…の)目録〈一覧表〉を作る: *et.*[4] im Protokoll ～ …を調書にとる | Inventar ～ 在庫〈備品〉目録を作成する ‖ Auf dieser Karte sind alle Sehenswürdigkeiten *verzeichnet.* この地図には名所旧跡がもれなく記載されている | Auch diesmal wurden Fortschritte nicht *verzeichnet.* 《比》今回も進歩〈進捗(しんちょく)〉は見られなかった ‖ Unsere Mannschaft hatte einen Sieg ⟨eine Niederlage⟩ zu ～. 《比》我々のチームは勝利をおさめた〈敗北を喫した〉| Es sind leider drei Todesfälle zu ～ gewesen. 《比》残念ながら死亡例〈死亡事故〉が 3 回あった.

Ver·ze̱ich·nis[fɛrtsáɪçnɪs] 中 -ses/-se 目録, 一覧表, リスト; (書物などの)索引; 記録〈登録〉簿: Adressen*verzeichnis* 住所録 | Inhalts*verzeichnis* (書物などの)目次 | Preis*verzeichnis* 価格表.

Ver·ze̱ich·nung[..nʊŋ] 女 -/-en **1** 《単数で》verzeichnen すること. **2** (verzeichnen されたもの. 例えば:) 描きそこないの絵; ゆがめられた描写. **3** (レンズやブラウン管による像の)ひずみ, ゆがみ.

ver·ze̱ich·nungs·frei 形 (像の)ひずみのない.

ver·ze̱i·gen[fɛrtsáɪgən][1] 他 (h) 《スイ》(anzeigen) 《*jn.* / *et.*[4]》(…のことを)告げ口する; 警察に届け出る, 告発する.

ver·ze̱i·hen*[fɛrtsáɪən] 《218》他 (h) 《*jm. et.*[4]》(…に対して不正・非礼などを)許す, 容赦する, 勘弁する: *Verzeihen* Sie [mir] die Verspätung! 遅刻して申し訳ありません | Gott *verzeih'* mir die Sünde! 神よわが罪を許したまえ | So etwas ist nicht zu ～. そのようなことは勘弁できない | *Verzeihen* Sie, können Sie mir sagen, wie spät es ist? 失礼ですがいま何時でしょうか ‖ 再帰 Ich kann es mir nicht ～, daß ich sie verraten habe. 彼女を裏切った自分が許せない. [◇Verzicht]

ver·ze̱ih·lich[fɛrtsáɪlɪç] 形 許すことのできる, 許容できる, 無理もない: ein ～*er* Fehler 許せる〈無理もない〉あやまち.

Ver·ze̱i·hung[fɛrtsáɪʊŋ] 女 -/ 許し, 容赦: *jn.* um ～ bitten …に謝る〈許しを請う〉| Ich bitte Sie tausendmal um ～. まことに失礼いたしました | [Ich bitte um] ～, ich habe mich geirrt. すみません. 私の思い違いでした.

ver·ze̱r·ren[fɛrtsɛ́rən] 他 (h) **1** (苦痛・恐怖などが顔の表情を)ゆがめる; (画像・音声などを)ひずませる; (事実などを)ゆがめる, 歪曲(わいきょく)する; 戯画化する: das Gesicht vor Schmerz ～ 苦痛のあまり顔をしかめる | Angst *verzerrte* seine Züge. 恐怖のために彼の表情がゆがんだ | die Tatsachen völlig ～ 事実を完全にゆがめる | *et.*[4] ins Lächerliche ～ …を歪曲して滑稽(こっけい)にする ‖ 再帰 *sich*[4] ～ ゆがむ, ひずむ | Sein Gesicht *verzerrte* sich vor Wut. 彼の顔は怒りにゆがんだ ‖ 〖過去分詞で〗Das Bild auf dem Fernsehschirm war *verzerrt.* テレビの映像はゆがんでいた | ein *verzerrtes* Bild von *et.*[3] geben (報道などの際に)…を歪曲して伝える ‖ Die Stimmen auf dem Tonband klingen *verzerrt.* 録音テープに採録された声がひずんで聞こえる.

2 再帰 *sich*[3] *et.*[4] ～ (あやまって腱(けん)・筋肉などを)ねじる, 捻転(ねんてん)する | *sich*[3] eine Sehne ～ 筋を違える.

Ver·ze̱r·rung[fɛrtsɛ́rʊŋ] 女 -/-en **1** 《単数で》verzerren すること. **2** ゆがみ, ひずみ, ねじれ; 〘理〙ひずみ; (地図作製の際に生じる)ひずみ; (Zerrbild) 戯画, カリカチュア.

Ver·ze̱r·rungs≈el·lip·se 女 (Indikatrix) (地図投

影法での)ひずみ楕円(だえん). ≈**ener·gie** 女〘理〙ひずみのエネルギー, 弾性エネルギー.

ver·zer·rungs·frei 形 ゆがみ(ひずみ)のない: einen Ton ～ wiedergeben 音をひずみなく再生する.

ver·zet·teln[1][fɛrtsɛ́təln]《06》他 (h)《*et.*[4]》(カード式索引・目録・一覧表などを作るために…を)カードにとる〈整理記入する〉. [*mhd.* zedeln; ◇Zettel[2]]

ver·zet·teln[2][–]《06》他 (h)(金・時間・精力などをつまらぬことで)浪費する: *seine* Kraft in 〈mit〉 nutzlosen Anstrengungen ～ むだな骨折りで精力を浪費する ‖ 再帰 *sich*[4] in 〈mit〉 *et.*[3] ～ …で精力を浪費する.
[*mhd.* verzetten; ＜*ahd.* zetten „ausstreuen"; ◇Zotte[2], Zettel[1]; *engl.* ted]

Ver·zet·te·lung[1][fɛrtsɛ́təlʊŋ] (**Ver·zett·lung**[1][..tlʊŋ]) 女 -/-en verzetteln[1]する〈される〉こと.

Ver·zet·te·lung[2][..təlʊŋ] (**Ver·zett·lung**[2][..tlʊŋ]) 女 -/-en〔sich〕verzetteln[2]すること.

Ver·zicht[fɛrtsɪ́çt] 男 -[e]s/-e 断念; 放棄, 棄権: auf *et.*[4] ～ leisten 〈üben〉 …をあきらめる, …を断念する; …を放棄する | Der ～ auf die Reise fiel mir sehr schwer. 旅行をあきらめるのは私にはとてもつらかった.
[*mhd.*; ◇verzeihen]

ver·zich·ten[fɛrtsɪ́çtən]《01》自 (h)《auf *et.*[4]》(…を)あきらめる, 断念する; (…を)放棄する: auf *sein* Erbe ～ 遺産相続権を放棄する | Auf deine Hilfe kann ich ～. 君の助力はいらない〈お断りだ〉.

Ver·zicht≈er·klä·rung[fɛrtsɪ́çt..] 女 放棄〈棄権〉宣言. ≈**lei·stung** 女 断念; 放棄.

ver·zieh[fɛrtsíː] verzeihen の過去.

ver·zie·hen[1][..tsíːən] verzeihen の過去分詞; 過去1・3人称複数.

ver·zie·hen[2]*[fɛrtsíːən]《219》**I** 自 **1** (s) (umziehen) 引っ越す, 転居〈移転〉する: in eine andere Stadt 〈nach Wien〉 ～ 他の町〈ウィーン〉へ引っ越す | Adressat 〈Empfänger〉〔ist〕*verzogen*, neuer Wohnsitz unbekannt.〘郵〙宛先(あてさき)人転居, 転居先不明. ▽**2** (h) **a**) ぐずつく, 待たせる; (zögern) ためらう: Er *verzog* mit seiner Antwort. 彼はなかなか返事をしなかった. **b**) (verweilen) 滞在する, とどまる.

II 他 (h) **1**《*et.*[4]》(顔・口もとなどを)ゆがめる: das Gesicht zu einer Grimasse ～ 顔をしかめる | den Mund zum Lachen ～ 口をゆがめて笑う | keine Miene ～ (→Miene) | ohne eine Miene zu ～ (→Miene) ‖ 再帰 *sich*[4] ～ (顔・口もとなどが)ゆがむ, ほころびる | Sein Gesicht *verzog* sich zu einem Lächeln. 彼の顔はほころびて笑顔となった. **2**《*et.*[4]》(引っぱって…の)形をゆがめる, いびつにする, 型を崩す; (板などを)そり返らせる: Gummi ～ (引っぱり過ぎて)ゴムを伸びきらせる | Gicht *verzieht* die Glieder. 痛風のために手足がゆがむ ‖ 再帰 *sich*[4] ～ 形がゆがむ〈いびつになる〉, 型が崩れる; (板などが)そり返る | Das Kleid hat sich beim Waschen *verzogen*. クリーニングの際にドレスが型崩れした | Durch die Feuchtigkeit *verzog* sich die Tür. 湿気のためにドアがそり返った. **3**《*jn.*》(…に)間違った教育〈育て方〉をする, 甘やかして育てる: ein *verzogener* Junge わがままに育った少年. **4**〘農・林〙(密生しすぎた作物の苗などを)間引く. **5**〘球技〙ボールを誤った方向にける〈打つ〉. ▽**6** 再帰 *sich*[4] ～ (チェスなどで)駒(こま)の動かし方を間違える. **7** 再帰 *sich*[4] ～ **a**) 徐々に消えてゆく, 霧散〈雲散霧消〉する: Der Nebel 〈Das Gewitter〉 *verzieht* sich allmählich. 霧〈雷雨〉がしだいに晴れ上がる | Der Schmerz hat sich *verzogen*. 痛みは消えうせた. **b**)《話》(人が)〔こっそり〕姿を消す, 退散する: Sie *verzog* sich ins Badezimmer 〈Bett〉. 彼女は浴室に姿を消した〈寝室に引っこんだ〉| *Verzieh* dich! うせろ. ▽**8** 再帰 *sich*[4] ～ 遅延する, 遅滞する: *sich*[4] in die Länge ～ 長びく.

Ver·zie·hung[fɛrtsíːʊŋ] 女 -/ verziehen[2]すること.

ver·zie·ren[fɛrtsíːrən] 他 (h) **1** 飾る, 装飾する, (…に)装飾を施す: ein Kleid mit Spitzen 〈Stickerei〉 ～ ドレスにレースの飾りをつける〈刺しゅうを施す〉. **2**〘楽〙(音や旋律を)装飾する: eine Melodie ～ メロディーに装飾音をつけ〔て演奏す〕る.

Ver·zie·rung[..tsíːrʊŋ] 女 -/-en **1**《単数で》(verzieren すること. 例えば:) 装飾;〘楽〙(音やメロディーの)装飾. **2 a**) 飾り, 装飾: Brich dir keine ～ ab!《話》そんなに気取るな. **b**)〘楽〙装飾音.

ver·zim·mern[fɛrtsɪ́mərn]《05》他 (h)〘建〙木組みで支える.

Ver·zim·me·rung[..mərʊŋ] 女 -/-en〘建〙**1** 木組み〔作業〕. **2** 木組み材.

ver·zin·ken[1][fɛrtsɪ́ŋkən] 他 (h)《*et.*[4]》(…に)亜鉛を着せる, 亜鉛引き〈亜鉛めっき〉する. [＜Zink[2]]

ver·zin·ken[2][–] 他 (h)《話》(verraten)《*jn.*》裏切る.

Ver·zin·kung[1][fɛrtsɪ́ŋkʊŋ] 女 -/-en 亜鉛引き, 亜鉛めっき.

Ver·zin·kung[2][–] 女 -/-en《話》密告, 裏切り.

ver·zin·nen[fɛrtsɪ́nən] 他 (h)《*et.*[4]》(…に)錫(すず)を着せる, 錫引き〈錫めっき〉する. [*mhd.*; ◇Zinn]

Ver·zin·nung[..nʊŋ] 女 -/-en 錫(すず)引き, 錫めっき.

ver·zins·bar[fɛrtsɪ́nsbaːr] ＝verzinslich

ver·zin·sen[..tsɪ́nzən][1]《02》他 (h) **1**《*et.*[4]》(…に対して)利子〈利息〉をつける: *et.*[4] mit 3 Prozent ～ …に対して3パーセントの利子をつける. **2** 再帰 *sich*[4] ～ 利子〈利息〉を生む: Das Kapital *verzinst* sich mit 6 Prozent. この資本は6パーセントの利回りがある. [＜Zins]

ver·zins·lich[..tsɪ́nslɪç] 形 利子〈利息〉のつく: mit 〈zu〉 3 Prozent ～ 3パーセントの利子のつく, 利回り3パーセントの.

Ver·zins·lich·keit[..kaɪt] 女 -/ verzinslich なこと.

Ver·zin·sung[..tsɪ́nzʊŋ] 女 -/〔sich〕verzinsen すること: ～ mit 〈zu〉 5 Prozent 5パーセントの利回り.

ver·zog[fɛrtsóːk][1] verziehen[2]の過去.

ver·zo·gen[..tsóːgən] verziehen[2]の過去分詞; 過去1・3人称複数.

ver·zö·gern[fɛrtsǿːgərn]《05》他 (h) (速度を)遅く〈のろく〉する; 滞らせる, 遅滞させる; (時期を)遅らせる, 先へ延ばす, 遅延させる: die Abreise ～ 出発を遅らせる | den Schritt ～ 歩度をゆるめる | Durch Materialmangel wurde der Bau *verzögert*. 材料不足のために建設が遅れた ‖ 再帰 *sich*[4] ～ (速度が)遅く〈のろく〉なる; 滞る, 遅滞する; (時期が)遅れる, 先へ延びる, 遅延〈延引〉する | Seine Ankunft hat sich um eine Stunde *verzögert*. 彼の到着は1時間遅れた.

Ver·zö·ge·rung[..gərʊŋ] 女 -/-en (〔sich〕verzögern すること. 例えば:) 遅れ, 遅延, 延引, 遅滞; 引き延ばし;〘工〙減速〔度〕.

Ver·zö·ge·rungs≈kreis 男〘電〙遅延回路〈サーキット〉. ≈**ma·nö·ver** 中 引き延ばし工作. ≈**po·li·tik** 女 引き延ばし政策. ≈**tak·tik** 女 引き延ばし戦術. ≈**zin·sen** ＝Verzugszinsen

ver·zol·len[fɛrtsɔ́lən] 他 (h)《*et.*[4]》(…に対して)関税を払う〈納付する〉: Haben Sie etwas zu ～? (通関手続きの際に)何か課税品をお持ちですか | Die Waren sind *verzollt*. これらの品は関税納付済みだ ‖ *verzollte* Waren 関税納付済みの品物. [＜Zoll[2]]

Ver·zol·lung[..lʊŋ] 女 -/-en 関税納付.

ver·zot·telt[fɛrtsɔ́təlt] 形 (髪の毛などが)乱雑な, もじゃもじゃの. [＜Zottel]

ver·zücken[fɛrtsʏ́kən] **I** 他 (h)《*jn.*》恍惚(こうこつ)〈うっとり〉とさせる, 有頂天にさせる, 狂喜させる.
II ver·zückt → 別出
[*mhd.* „entrücken"]

ver·zuckern[fɛrtsʊ́kərn]《05》他 (h) **1**〘化〙(澱粉(でんぷん)などを)糖化する.
2《*et.*[4]》(…に)砂糖をかける〈まぶす〉, (…に)糖衣をかぶせる, 砂糖づけにする;《比》(つらいこと・不愉快なことなどを)和らげる, 楽しいものにする: *jm.* eine bittere Pille ～ (→Pille 1 a).

Ver·zucke·rung[..kərʊŋ] 女 -/-en (verzuckern すること. 例えば:) 砂糖をかける〈まぶす〉こと;〘化〙糖化.

ver·zückt[fɛrtsʏ́kt] **I** verzücken の過去分詞.
II 形 恍惚(こうこつ)とした, うっとりとした, 有頂天の: *et.*[3] ～ zusehen …にうっとりと見とれる.

Ver·zückt·heit[–haɪt] 女 -/ verzückt なこと.

Ver·zückung[..tsʏ́kʊŋ] 女 -/-en **1**《単数で》verzücken すること. **2** 恍惚(こうこつ)状態, エクスタシー, 有頂天, 狂

喜: in ～ geraten 恍惚〈うっとり〉となる, 有頂天になる.

Ver·zug[fɛrtsúːk][1] 男 -[e]s/ **1 a**) 遅延, 遅滞: der ～ des Schuldners 〘法〙債務者の履行遅滞 ‖ bei ～ der Zahlung 支払いの遅延の場合は | **mit** ***et.***[3] **im ～ sein** …が遅延〈遅滞〉している | Er ist mit seinen Zahlungen im ～. 彼は支払いが滞っている | **mit** ***et.***[3] **in ～ kommen** 〈**geraten**〉 …を滞らせる | **ohne ～** 遅滞なく, 即刻, 即座に, ただちに. **b**) **Es ist Gefahr im ～.** / Gefahr ist im ～. 危険が迫っている.
2 《話》(Liebling) 特に目をかけられた〈甘やかされた〉子.
3 〘坑〙支保板, 矢板.
[*mhd.*; ◇verziehen[2]]

Ver·zugs⸗brett 中 = Verzug 3 **⸗scha·den** 男 〘法〙遅滞による損害. **⸗zin·sen** 複 〘商〙延滞利子.

ver·zun·dern[fɛrtsúndərn] 《05》 他 (h) (金属に)酸化被膜をつける. [<Zunder]

ver·zup·fen[fɛrtsúpfən] 他 (h) 《オーストリア》 再帰 *sich*[4] ～ (こっそりと)立ち去る, 姿を消す.

ver·zwackt[fɛrtsvákt] =verzwickt

ver·zwat·zeln[fɛrtsvátsəln] 《06》 自 (s) 《方》(我慢しきれないほど)いらいらする.

ver·zwei·fa·chen[fɛrtsváɪfaxən] 他 (h) 2倍にする, 倍加する; 二重にする. [<zweifach]

ver·zwei·feln[fɛrtsváɪfəln] 《06》 **I** 自 (s, h) 《an *et.*[3]》 (…に)絶望する, (…への)希望を失う; 絶望的な気持になる, すてばちになる: am Leben 〈an den Menschen〉 ～ 人生〈人間〉に絶望する | an *seinem* Talent ～ 自分の才能に絶望する | an der Genesung 〈am Gelingen des Plans〉 ～ 回復〈計画の成功〉への望みを失う | Nur nicht ～! やけを起こすな, 希望を捨てるな ‖ 〘zum Verzweifeln の形で〙 Es besteht kein Grund zum *Verzweifeln.* 絶望するにはあたらない | Es ist wirklich zum *Verzweifeln.* 全く泣きたくなる〈絶望的な心境だ〉 | Es ist zum *Verzweifeln* mit seiner Faulheit. 彼の怠惰なことときたら全くいやになる.
II ver·zwei·felt 過分 形 絶望した, 自暴自棄の, 破れかぶれの, すてばちの; 絶望的な; (絶望的状況を打開しようとして)必死の: [ganz] ～ sein [すっかり]絶望している ‖ eine ～*e* Lage 絶望的な情勢 | ein ～*er* Versuch 必死の試み ‖ *sich*[4] ～ anstrengen 死にもの狂いでがんばる ‖ 〘副詞的に〙 Die Situation ist ～ ernst. 情勢はきわめて深刻だ | Er hat das Geld ～ nötig. 彼にはその金がなんとしても必要だ.

Ver·zweif·lung[fɛrtsváɪflʊŋ] 女 -/-en 絶望, 絶望感; 自暴自棄, すてばち, 破れかぶれ: Das war eine Tat der ～. それは破れかぶれの行為だった | mit dem Mut der ～ 捨て身〈すてばち〉の勇気で, 必死になって ‖ *et.*[4] aus 〈in / vor〉 ～ tun 絶望して…をする | in ～ geraten 絶望に陥る; すてばちになる | *jn.* zur ～ bringen …を絶望的な〈すてばちな〉気分にさせる | *jn.* zur ～ treiben …を絶望に駆りたてる ‖ *Verzweiflung* packte 〈überkam〉 ihn. 絶望感が彼をとらえた〈襲った〉.

Ver·zweif·lungs⸗ruf 男 悲鳴. **⸗tat** 女 すてばち〈破れかぶれ〉の行為.

ver·zwei·gen[fɛrtsváɪgən][1] 他 (h) 再帰 *sich*[4] ～ 枝に分かれる, 分枝する; 分岐する; 分派に分かれる: Der Ast 〈Der Weg〉 *verzweigt* sich. 大枝が小枝に分かれる〈道が分岐する〉 ‖ *verzweigt* sein 枝分かれしている; 細分化している ‖ ein weit *verzweigtes* Geschlecht 〈Unternehmen〉 多くの分家をもつ一族〈多くの部門に細分化した企業〉.

Ver·zwei·gung[..gʊŋ] 女 -/-en **1** 《単数で》 (sich verzweigen すること. 例えば:) 枝分かれ, 分枝; 分岐; 分派すること, 細分化. **2** (sich verzweigen したもの. 例えば:) (分かれてできた)枝, 分枝; 分派. **3** 《スイス》 (Kreuzung) 交差点, 十字路.

ver·zwer·gen[fɛrtsvérgən][1] **I** 他 (h) 矮小(わいしょう)化する, 低く小さく見せる. **II** 自 (s) **1** 矮小化する, ちっぽけに見える. **2** 〘園〙(植物が)矮化する. [<Zwerg]

ver·zwickt[fɛrtsvíkt] 形 こみ入った, やっかいな, 面倒な; 不快な, いやな: eine ～*e* Angelegenheit こみ入った〈やっかいな〉問題. [<*mhd.* verzwicken „mit Zwecken zusammenfügen" (◇zwicken)]

Ver·zwickt·heit[–haɪt] 女 -/ verzwickt なこと.

ver·zwit·schern[fɛrtsvítʃərn] 《05》 《話》 = vertrinken

Ve·si·ca[vezíːka·] 女 -/..cae[..tsɛ·] (Harnblase) 〘解〙膀胱(ぼうこう). [*lat.*; ◇Wanst] 「[*mlat.*]」

ve·si·kal[vezikáːl] 形 〘解〙嚢(のう)の; 膀胱(ぼうこう)の.

Ve·si·kans[vezíːkans] 中 -/..kantia[vezikántsia·], ..kanzien[..zikántsiən] =Vesikatorium

Ve·si·ka·to·rium[vezikatóːriʊm] 中 -s/..rien[..riən] 〘医〙発泡膏(こう).

ve·si·ku·lär[..kulɛ́ːr] 形 〘解〙小嚢(しょうのう)〈小胞〉状の; 肺胞の: ～*es* Atmen 〈Atmungsgeräusch〉 〘医〙肺胞音.
[< *lat.* vēsīcula „Bläschen"; ◇ *engl.* vesicular]

Ves·pa·sian[vɛspaziáːn] (**Ves·pa·sia·nus**[..nʊs]) 人名 Titus Flavius ～ ティトゥス フラウィウス ウェスパシアヌス(ローマ皇帝, 在位69-79). [*lat.*]

Ves·per[féspər] **I** 女 -/-n **1** [オーストリア: vés..] 夕方, 日暮れ; 〘カトリック〙晩課(夕方に行われる礼拝); 晩禱(ばんとう), 夕べの祈り: in die 〈zur〉 ～ gehen 夕べの祈りに(教会に)行く | zur ～ läuten 晩課の鐘を鳴らす, 晩鐘を鳴らす ‖ die Sizilianische ～ (→sizilianisch). **2** 《南部・オーストリア》午後〈夕方〉の間食, おやつ.
II 中 -s/- 《南部》 = I 2
[*lat.* vespera „Abend[zeit]" – *ahd.*; ◇Hesperus, Westen]

Ves·per⸗bild 中 =Pieta **⸗brot** 中 《南部・オーストリア》午後〈夕方〉の間食, おやつ; おやつのパン. **⸗glocke** 女 晩課〈晩禱(ばんとう)〉の鐘, 晩鐘. **⸗läu·ten** 中 -s/ 晩鐘の響き; 晩鐘をつくこと.

ves·pern[féspərn] 《05》 自 (h) 《南部・オーストリア》午後〈夕方〉の間食を食べる, おやつを食べる.

Ves·puc·ci[vɛspútʃi·] 人名 Amerigo ～ アメリゴ ヴェスプッチ(1451-1512; イタリアの航海者. アメリカ大陸は彼の名にちなむ).

Ve·sta[vésta·] 人名 〘ロ神〙ウェスタ(かまどの女神. ギリシア神話の Hestia に当たる). [*lat.*; ◇wesen, Hestia]

Ve·sta·lin[vɛstáːlɪn] 女 -/-nen (古代ローマの)ウェスタの処女 (Vesta の祭壇の聖火を守る).
[*lat.* [virgō] Vestālis; ◇..al[1]; *engl.* vestal virgin]

▽**Ve·ste**[féstə] 女 -/-n =Feste 1

Ve·sti·bül[vɛstibýːl] 中 -s/-e (Vorhalle) (建物・大邸宅などの)玄関〈入口〉の間(ま), (劇場などの入口の)ホール. [*lat.* vestibulum – *fr.* vestibule]

Ve·sti·bu·la Vestibulum の複数.

Ve·sti·bu·lar·ap·pa·rat[vɛstibuláːr..] 男 〘解〙(内耳の)前庭器官.

Ve·sti·bu·lum[vɛstíːbulʊm] 中 -s/..la[..la·] **1** 〘建〙(古代ローマの住宅の)玄関; 前庭. **2** 〘解〙(器官の)前庭, 前房. [*lat.*; ◇ *engl.* vestibule]

Ve·sti·tur[vɛstitúːr] 女 -/-en =Investitur

der **Ve·suv**[vezúːf] 地名 男 -[s]/ ヴェスヴィオ(イタリア南部の活火山. 標高約1280m. イタリア語形 Vesuvio). [*lat.*]

ve·su·visch[..zúːvɪʃ] 形 ヴェスヴィオ[山]の.

Ve·te·ran[veteráːn] 男 -en/-en **1** (以前の戦争に参加して戦った)老練兵, 古強者(こわもの); 退役〈在郷〉軍人: die ～*en* aus dem Ersten Weltkrieg 第一次世界大戦で戦った人たち. **2** (女 **Ve·te·ra·nin**[veteráːnɪn]-/-nen) **a**) 《比》(経験豊かな)老練家, ベテラン; 古参者, 古参の会員. **b**) (旧東ドイツで, 年配の)熟練労働者, (特に1945年以前からの)古参党員. **3** クラシックカー. [*lat.*; < *lat.* vetus „bejahrt" (◇Widder); ◇Vettel]

Ve·te·ra·nen·flin·te 女 《話》(Regenschirm) 雨傘.

ve·te·ri·när[veterinɛ́ːr] **I** 形 獣医[学]の, 獣医[学]に関する. **II Ve·te·ri·när** 男 -s/-e (Tierarzt) 獣医.
[*lat.*–*fr.*; < *lat.* veterīna „Zugvieh"]

Ve·te·ri·när⸗arzt 男 =Veterinär **⸗kli·nik** 女 動物病院. **⸗me·di·zin** 女 -/ 獣医学.

ve·te·ri·när·me·di·zi·nisch 形 獣医学[上]の.

Ve·to[véːto·] 中 -s/-s 拒否[権の行使]; 拒否権: [gegen *et.*[4]] *sein* 〈ein〉 ～ einlegen [(…に対して)]拒否権を発動す

る | von *seinem* ~ Gebrauch machen 拒否権を行使する. [*lat.* vetō „ich verbiete"–*fr.*]

Vẹ·to·recht[vé:to..] 中 拒否権.

Vẹt·tel[fɛ́təl] 女 -/-n 自堕落な〈だらしない〉老婆, 醜い〈いやらしい〉老婆, 鬼ばばあ. [*lat.* vetula; < *lat.* vetulus „ält-lich"; ◇ Veteran]

Vẹt·ter[fɛ́tər] 男 -s/-n **1** (Cousin) (男の)いとこ(→Cousine): ein ~ zweiten Grades またいとこ | Wer den Papst zum ~ hat, kann Kardinal wohl werden. (→Papst 1). **2** 《南部》親類の人, 縁者.
[*westgerm.* „Vatersbruder"; ◇ Vater]

▽**Vẹt·te·rin**[fɛ́tərın] 女 -/-nen **1** = Cousine **2** 親類の女.

vẹt·ter·lich[fɛ́tərlıç] 形 いとこの(ような).

Vẹt·ter·li·wirt·schaft[fɛ́tərli..] 《ｽｲｽ》 = Vetternwirtschaft

Vẹt·tern·hei·rat[fɛ́tərn..] 女 いとこ同士の結婚.

Vẹt·ter(n)·schaft[fɛ́tər(n)ʃaft] 女 -/ **1** いとこ関係, いとこ同士の間柄. **2** 《集合的に》いとこたち.

Vẹt·tern·wirt·schaft 女 -/ 《軽蔑的に》縁者びいき, 閥族主義, 情実.

▽**Vet·tu·rị·no**[vɛturí:no·] 男 -s/..ni[..ni·] (イタリアの)辻馬車の御者.
[*it.*; < *it.* vettura „Wagen" (◇ Vehikel)]

▽**Ve·xa·tion**[vɛksatsió:n] 女 -/-en 悩ませる〈苦しめる〉こと; からかい, ひやかし. [*lat.*]

Ve·xier·bild[vɛksí:r..] 中 (絵の中に一目では分からないように書いてある他の絵や文字をあてさせる)隠し絵, 判じ絵.

ve·xie·ren[vɛksí:rən] 他 (h) 《*jn.*》 **1** (quälen) 悩ませる, 困らせる, 苦しめる; 惑わせる, だます. **2** (necken) からかう, ひやかす. [*lat.* vexāre „hin und her reißen"; ◇ *engl.* vex]

Ve·xier≈glas[vɛksí:r..] 中 -es/..gläser (飲むのに技巧を要する)魔法のグラス. ≈**schloß** 中 組み合わせ〈文字合わせ〉錠. ≈**spie·gel** 男 (像を多様にゆがめる)魔法の鏡, マジックミラー.

Ve·xịl·lum[vɛksílum] 中 -s/..la[..la·], ..len[..lən] **1** (古代ローマの)軍旗. **2** (古代ローマの)軍旗下の部隊. [*lat.*; < *lat.* vēlum (→Velum)]

Ve·zier[vezí:r] 男 -s/-e = Wesir

V-för·mig[fáufœrmıç][2] 形 V 字形の.

v. g. 略 = verbi gratia 例えば.

V-Ge·spräch[fáu..] 中 (国際電話の)指名通話(→Voranmeldung 1).

vgl. 略 = vergleich(e) 参照せよ.

v., g., u. 略 = vorgelesen, genehmigt, unterschrieben 《官》決裁済み.

v. H. (**vH**) 略 = vom Hundert 百分の(…), (…)パーセント.

VHF[faoha:|ɛ́f] 略 = Very High Frequency 超短波(ドイツ語の UKW と同じ). [*engl.*]

vị·a[ví:a·] 前 《無冠詞の名詞, 特に固有名詞と》 **1** …を経て, …経由で; …(手続きなど)を通して: ~ München nach Wien fliegen ミュンヒェン経由でウィーンに飛ぶ | ~ Bildschirm テレビで | ~ Gericht 裁判所を通じて. **2** 《話》…の方向に向かって, …に向けて: Er reiste ~ Prag. 彼はプラハに向かって旅をした. [*lat.* viā; < *lat.* via „Weg"]

Via·dụkt[viadúkt] 男 (中) -(e)s/-e 陸橋, 高架橋(→ 図).

Brückenbogen

Brückenpfeiler

Viadukt

VIAG[fí:ak] 複 (< Vereinigte Industrie-Unternehmungen AG) フィーアク(ドイツの, セメント・非鉄金属・化学製品製造会社).

Via·ti·kum[viá:tikum] 中 -s/..ka[..ka·], ..ken[..kən] 《ｶﾄﾘｯｸ》臨終の聖体拝領. [*lat.* viāticum „Reisegeld"; ◇ via]

Vi·brạnt[vibránt] 男 -en/-en = Schwinglaut

Vi·bra·phon (**Vi·bra·fon**)[vibrafó:n] 中 -s/-e 《楽》ヴァイブラフォン.

Vi·bra·pho·nịst (**Vi·bra·fo·nịst**)[..foníst] 男 -en/-en ヴァイブラフォン奏者.

Vi·brạ·ti Vibrato の複数.

Vi·bra·tion[vibratsió:n] 女 -/-en 振動, 顫動(せんどう), バイブレーション. [*spätlat.*]

Vi·bra·tions≈mas·sa·ge[..masa:ʒə] 女 《医》振動マッサージ(法). ≈**sinn** 男 《動》振動覚.

vi·brạ·to[vibrá:to·] **I** 副 (bebend) 《楽》ヴィブラートで, 音をふるわせて. **II Vi·brạ·to** 中 -s/-s, ..ti[..ti·] 《楽》ヴィブラート(で演奏すること). [*it.*]

Vi·brạ·tor[vibrá:tɔr, ..to:r] 男 -s/-en[..bratό:rən] 振動器, 振動装置; (マッサージ用の)振動器; 《電》バイブレーター.

vi·brie·ren[vibrí:rən] 自 (h) (zittern) 振動〈顫動(せんどう)〉する, 震える: Seine Stimme *vibrierte*. 彼の声は震えていた. [*lat.*; ◇ weifen; *engl.* vibrate]

Vị·brio[ví:brio·] 男 -/-nen[vibrió:nən] 《細菌》ビブリオ, 弧菌(コレラの病原菌など, ビブリオ属細菌の総称). [< ..ion]

Vi·bro·graph[vibrográ:f] 男 -en/-en 振動計.

Vị·bro·mas·sa·ge[ví:bromasa:ʒə] = Vibrationsmassage

vị·ce vẹr·sa[ví:tsə vɛ́rza·, ..tse· –] 《ﾗﾃﾝ語》 (略 v. v.) (umgekehrt) 逆に, 反対に. [◇ vize.., versus]

Vi·chy[viʃí] 地名 ヴィシー(フランス中部の保養都市. 1940–44 の間ペタン政府の所在地であった). [*lat.* vīcus (calidus) „(warmes) Dorf" (◇ Villa)]

Vịcki (**Vịcky**)[víki·] 女名 ヴィキ. [*engl.*; ◇ Viktoria]

Vi·comte[vikɔ̃́:t] 男 -s/-s (フランスの)子爵 (Graf と Baron の中間の爵位). [*fr.*; ◇ Visconte]

Vi·com·tesse[vikɔ̃tɛ́s] 女 -/-n[..sən] **1** Vicomte の地位にある女性. **2** 子爵夫人. [*fr.*; < ..esse]

Vic·ti·mo·lo·gie[vıktimologí:] = Viktimologie

vid. 略 = videatur

▽**vị·de**[ví:də, ví:de·] 《ﾗﾃﾝ語》 (略 v.) (siehe!) 見よ, 参照せよ. [< *lat.* vidēre „sehen" (◇ wissen)]

▽**vi·dea·tur**[videá:tur] 《ﾗﾃﾝ語》 (略 vid.) (es werde (nach)gesehen) 見よ, 参照せよ.

video.. 《名詞などにつけて「(テレビ)映像」を意味する》
[*engl.*; < *lat.* videō „ich sehe"]

Vị·deo[ví:deo·] 中 -s/ **1** (一般に)ビデオ(装置・技術・施設など): digitales ~ デジタルビデオ. **2** ビデオテープ; ビデオ映画.

Vị·deo≈auf·zeich·nung[ví:deo..] 女 ビデオレコーディング. ≈**band** 中 -(e)s/..bänder ビデオテープ. ≈**film** 男 ビデオ映画. ≈**in·du·strie** 女 ビデオ産業. ≈**ka·me·ra** 女 ビデオカメラ. ≈**kas·set·te** 女 ビデオカセット. ≈**plat·te** 女 ビデオディスク. ≈**re·cor·der** 男 ビデオレコーダー. ≈**si·gnal** 中 ビデオ〈映像〉信号. ≈**spiel** 中 ビデオゲーム. ≈**tech·nik** 女 -/ ビデオ技術. ≈**te·le·fon** 中 テレビ電話. ≈**text** 男 《ﾃﾚﾋﾞ》ビデオテクスト, テレテクスト, 文字多重放送.

Vi·deo·thẹk[videoté:k] 女 -/-en ビデオテーク(録画テープの収集・貸出施設またはビデオカセット販売店); ビデオ専門店, ビデオレンタル店. [◇ Bibliothek]

Vị·deo≈über·wa·chung[ví:deo..] 女 ビデオによる監視. ≈**ver·leih** 男 ビデオレンタル(業).

▽**Vị·di**[ví:di·] 中 -(s)/-(s) (書類などの)閲覧証明; 許可, 認可. [*lat.* vīdī „ich habe (es) gesehen"]

▽**vi·die·ren**[vidí:rən] 他 (h) (beglaubigen) 保証〈証明〉する; 認証〈公証〉する.

▽**Vi·di·ma·tion**[vidimatsió:n] 女 -/-en (▽**Vi·di·mạ·tum**[..má:tum] 中 -s/-s, ..ta[..ta·]) vidimieren すること.

▽**vi·di·mie·ren**[..mí:rən] 他 (h) 《*et.*[4]》 (書類などに)閲覧証明をする; 認証〈確認・認可〉する. [< *lat.* vīdimus „wir haben (es) gesehen"] ᵛ**vi·dit**[víːdɪt]《ラテ語》(略 vdt.)(er 〈sie〉 hat 〔es〕 gesehen) 彼〈彼女〉は見た; 彼〈彼女〉は認めた.

Viech[fiːç] 中 -〔e〕s/-er **1**《話》《しばしば軽蔑的に》(Tier) 動物, けもの, 畜生. **2**《卑》《軽蔑的に》(粗野な)乱暴者, ならず者, ごろつき.

Vie·che·rei[fiːçəráɪ] 女 -/-en《話》**1** 卑劣な行為, 汚いやり口. **2** 猥褻(わいせつ); 猥談. **3** 労苦, 辛酸.

Viechs·kerl[fíːçs..] 男 =Vieh 2

Vieh[fiː] 中 -〔e〕s/Viecher[fíːçər] **1**《単数で》《集合的に》家畜(家禽(かきん)を含み, さらに広義では犬猫その他ペットも含む): Feder*vieh* 家禽 | Zug*vieh* 役畜(えきちく) | zehn Stück ～ 家畜10頭 ‖ das ～ füttern 家畜に餌(え)をやる | ～ halten 家畜を飼う | das ～ hüten 家畜の番をする ‖ **wie das liebe ～**《皮肉》家畜同然に(人間の品位にふさわしくなく) | *jn.* **wie ein Stück ～ behandeln** …を家畜並みに扱う.
2 a)《話》(Tier) 動物, 獣; 畜生. **b)**《卑》野郎, ならず者; 人間: Er ist ein richtiges ～. あいつはまるでけだもののようなやつだ〈全くの人非人だ〉| Sein Vater ist ein hohes 〈großes〉 ～ bei der Polizei. 彼のおやじは警察の大物だ.
[*idg.* „Wolltier“; ◇pekuniär; *gr.* pékein „kämmen“; *engl.* fee]

Vieh≠aus·stel·lung[fíː..] 女 家畜品評会〈共進会〉. ≠**be·stand** 男 家畜保有数. ≠**boh·ne** 女〖植〗ソラマメ(空豆). ≠**brem·se** 女 ウシバエ(牛蠅), サシバエ(刺蠅)(家畜につきまとうハエ・アブ類の俗称). ≠**dieb** 男 家畜どろぼう. ≠**dok·tor** 男《戯》(Tierarzt) 獣医. ≠**fut·ter** 中 家畜のえさ, 家畜用飼料. ≠**ha·be** 女《スイ》=Viehbestand ≠**hal·ter** 男 家畜飼育者. ≠**hal·tung** 女 家畜の飼育. ≠**han·del** 男 -s/ 家畜売買. ≠**händ·ler** 男 家畜商人. ≠**her·de** 女 家畜の群れ. ≠**hof** 男 (畜殺場などの)家畜収容所.

vie·hisch[fíːɪʃ] 形 **1** 家畜同然の: ein ～*es* Leben 家畜並みの生活 | ～ hausen 家畜小屋のような場所に住む. **2** けだもののような, 残忍粗暴な: ein ～*er* Mann けだもののような男 | *jn.* ～ ermorden …を残忍な方法で殺害する. **3**《話》ひどい, すごい: ～*e* Schmerzen 耐えがたい苦痛 ‖ Er ist ～ betrunken. 彼はひどく酔っぱらっている.

Vieh≠markt 男 家畜市場. ≠**salz** 中 -es/ 家畜用食塩. ≠**seu·che** 女 家畜の伝染病, 獣疫. ≠**stall** 男 家畜小屋. ≠**trei·ber** 男 家畜の群れを牧場に追ってゆく人. ≠**ver·si·che·rung** 女 家畜保険. ≠**wa·gen** 男〖鉄道〗家畜〔運搬専用〕車. ≠**wei·de** 女 放牧地. ≠**wirt·schaft** 女 畜産〈牧畜〉業. ≠**zäh·lung** 女 家畜頭数調査. ≠**zeug** 中《話》**1** (Kleinvieh)《集合的に》小家畜; (家で飼う)ペット(犬・猫など). **2**《軽蔑的に》動物, 畜生(虫なども含む). ≠**zucht** 女 -/ 畜産, 牧畜: von Ackerbau und ～ keine Ahnung haben (→Ahnung 2). ≠**züch·ter** 男 畜産〈牧畜〉業者.

viel[fiːl] **mehr** → 別出 / **meist** → 別出 **I** 形《不定数詞・不定代名詞として用いられ, 付加語的用法では2格を除いて無語尾のことも多い》
1 (英: *many, much*) (↔wenig) 多くの, たくさんの, 多数の, 多量の, おびただしい, たっぷりの; たいそうな; いろいろな, あれこれの: **a)**《付加語的》〖物質名詞・集合名詞・抽象名詞につけて〗～ Geld 大金 | das ～*e* Geld その大金 | ～ Wasser 〈Wein〉 多量の水〈ワイン〉| mit ～*em* Wasser 多量の水を用いて | ～〔*en*〕 Wein trinken ワインを多量に飲む | ～*e* Weine trinken いろいろな種類のワインをあれこれと飲む ‖ ～ Getreide 多量の穀物 | mit ～〔*em*〕 Gepäck たくさんの手荷物を携えて | ～ Schmuck たくさんの装飾品 | so ～ Spielzeug haben おもちゃをたくさん持っている ‖ ～ Freude 〈Glück〉 たいそうな喜び〈幸福〉| ～ Hitze 大変な暑さ | ～ Kummer 〈Mühe〉 大変な苦悩〈骨折り〉| ～ Lärm um nichts 空騒ぎ | in ～*er* Hinsicht 多くの点で | mit ～〔*er*〕 Mühe うんと〈さんざん〉苦労して | *Viel* Vergnügen! 大いにお楽しみください | *Vielen* Dank! どうもありがとう | Wo ～ Licht ist, ist auch ～ Schatten.《諺》長所には短所がつきもの(光が多ければ影も多い) | *Vieles* Rauchen schadet der Gesundheit. タバコの吸いすぎは健康に悪い ‖ Das Kind bedarf ～*es* Schlafes. 子供はたっぷりと睡眠をとる必要がある ‖ 〖数えられる概念を表す語につけて〗～*e* Dinge たくさんの物 | ～*e* Menschen 大勢の人 | die ～*en* Menschen その大勢の人 | ～*e* hundert 〈tausend〉 Menschen 何百〈何千〉の人々 | ～*e* Male 幾度も ‖〖wie viel などの形で〗Wie ～*e* Male? 何回ぐらい, どのくらいたびたび(→wieviel ★) | Dazu brauche ich so und so ～ Geld. それには私はこれこれの金額が必要だ | Welche ～*e* 〈～*en*〉 Blumen! なんとまあ たくさんの花が.
‖〖付加語形容詞の直前で; viel が変化語尾を持つ場合は形容詞はふつう強変化. ただし中性1・4格と男・中性3格だけは弱変化のほうがふつう〗～ schöner 〈～*er* schöner〉 Schmuck たくさんの美しい装飾品 | ～〔*e*〕 neue Häuser 多くの新しい家, 新しい家がたくさん | ～*e* ältere Studenten 大勢の年輩学生(参考 viel ältere Studenten ずっと年長の学生たち) | ～*e* vermögende Personen 大勢の資産家(参考 viel vermögende Personen たいへんな資産家たち) | das Ergebnis ～*er* geheimer 〈geheimen〉 Verhandlungen 何回もの秘密交渉の結果 | mit ～*er* natürlicher Anmut あり余るほどの自然な優雅さを備えて ‖ ～*es* überflüssige Verhandeln 幾度もの余計な交渉 | mit ～*em* kalten Wasser 多量の〔冷たい〕水を用いて | mit ～*em* unnötigen Fleiß ばかみたいな勤勉さで.
b)《述語的》Das ist sehr 〈recht〉 ～. それはたいへん多い | Das war ziemlich ～. それはかなりの数〈量〉だった | Hundert Mark ist 〈sind〉 nicht ～. 100マルクは大した額ではない | Das ist mir zu ～. それは私には無理だ〈荷が重すぎる〉.
2《名詞的》**a)**《複数で》多数の人々; 多数の物〈こと〉: ～*e* dieser Bücher 〈von diesen Büchern〉 これらの本〔のうち〕の多く | ～*e* von den Schülern 生徒の多数 | ～*e* unter den Besuchern 訪問者の中の幾人もの人 | und ～*e* andere mehr (略 u. v. a. m.) およびその他多数の人々〈事物〉| Es sind ihrer ～*e*. 彼らは大勢だ | Es waren ～*e* unter ihnen, die ich kannte. その人たちの中には私の知り合いが大勢いた | Solche wie ihn gibt es ～*e*. 彼のような人は大勢いる | einer statt ～*er* 多くの人に代わって一人が | in Gegenwart ～*er* 〈von ～*en*〉 大勢の人のいる前で | Er ist nur einer von ～*en*. 彼は(特別の存在ではなく)大勢の中の一人にすぎない.
b)《単数で》多数の物, 多数のこと: ～*es* いろいろのこと〈物〉| ～*es*, was ich gesehen habe 私の見た多くの〈いろいろな〉もの | und ～*es* andere mehr (略 u. v. a. m.) およびその他多数の事物 | ～*es* Schöne / ～ Schönes たくさんのすばらしいこと〈物〉(前者は個別的, 後者は総括的にとらえた表現) ‖ Er hat ～*es* erlebt. 彼はいろいろと経験を積んでいる | Ich habe dir ～*es* zu erzählen. 私は君に話すことがいろいろある | **Wer ～*es* bringt, wird manchem etwas bringen.** 数多く提供する者は 多くの人に何かをもたらすだろう (Goethe: *Faust* I) ‖ in ～*em* 多くの点で | mit ～*em* 多くの点に関して | um ～*es* größer はるかに大きい ‖〖無語尾で, ときに副詞的とも解される用法で: →3〗～ ausmachen 重大である | ～ essen 〈lesen〉 大食〈多読〉する | Beide besitzen gleich ～. 二人は同じくらいの財産を持っている | Er hat ～ von seinem Vater. 彼には父親ゆずりのところが多い | ～ Aufheben〔s〕〈Wesen〔s〕〉 von *et.*³ machen …のことで騒ぎたてる | ～ Gutes tun よいことをたくさん行う | ～ Schönes sehen たくさんのすばらしいこと〈物〉を目にする ‖〖**nicht viel** の形で〗Es hätte nicht ～ gefehlt, und ... すんでのところで…するところだった | Er kann nicht ～ vertragen.《比》彼は酒が強くない ‖ Das hat nicht ～ zu bedeuten 〈besagen〉. それはたいして重要でない | An dem Buch ist nicht ～. その本はたいしたことはない | Mit ihm ist nicht ～ los. 彼はたいしたやつではない | Sie macht mit ihm nicht ～ Federlesen 〔s〕. 彼女は彼に対して(無用の遠慮をせずに)てきぱきと事をやってのける.
3《副詞的》**a)** 大いに, さかんに, たっぷりと, やたらに, 十分に, しばしば: ～ arbeiten うんと働く | ～ schlafen たっぷりと眠る | Es wurde ～ gelacht 〈getrunken〉. 大笑いだった〈大いに酒を飲んだ〉| Er ist ～ unterwegs 〈auf Reisen〉. 彼はしょっちゅう出歩いている〈しばしば旅に出る〉.
b)《しばしば比較級とともに; 差異の大きさを示して》はるかに, ず

っと, 一段と, うんと: ~ größer はるかに大きい | ~ ältere Studenten ずっと年長の学生たち | So ist das〔sehr〕~ besser. そのほうが〔ずっと〕ずっといい | Ich bleibe ~ lieber hier. 私はここにとどまるほうがずっといい ‖ ~ zu groß ひどく大きすぎる | Dort ist es nicht ~ anders〔als hier〕. あそこも〔こちらと〕大して変わらない | Er ist nicht ~ über ⟨*mehr* als⟩ dreißig Jahren. 彼は30歳そこそこだ.

★ 分詞と複合して形容詞をつくる場合は, ふつう比較変化をしないが, vielbefahren における meistbefahren のような最上級をもつものがある.

II Viel 中 -s/ 多数, 多量: Viele Wenig geben ⟨machen⟩ ein ~. (→wenig II).
[*germ.*; ◇poly.., voll]

viel⸗ar·tig[fíːl|aːrtɪç]² 形 多くの種類の, 多種多様な. **⸗ato·mig**[..atoːmɪç]² 形〘理〙多原子の, 多価の. **⸗bän·dig**[..bɛndɪç]² 形 (書物が)巻数の多い. **⸗be·fah·ren** 形 (→viel I ★)《付加語的》(道路が)交通量の多い. **⸗be·schäf·tigt** 形《付加語的》仕事の多い, 多忙な. **⸗be·spro·chen** 形 (→viel I ★)《付加語的》よく話題にされる, いろいろと論議された. **⸗be·sucht** 形 (→viel I ★)《付加語的》(場所が)訪れる人の多い. **⸗be·sun·gen** 形《付加語的》〘雅〙しばしば歌に歌われた. **⸗blät·te·rig** 形, **⸗blätt·rig** 形 葉の多い. **⸗blü·tig** 形 花の多い.

Viel·bor·ster[..bɔrstər] 男 -s/- (Polychäte)〘動〙多毛類(ウロコムシ・ゴカイなどの環形動物). [< Borste]

viel·deu·tig[fíːldɔʏtɪç]² 形 さまざまの意味に解釈される, 多義的な, 意味のあいまいな.

Viel·deu·tig·keit[–kaɪt] 女 -/ 多義性, 意味のあいまいさ.

viel·dis·ku·tiert 形《付加語的》しばしば論議された.

Viel·eck[fíːl|ɛk] 中 -s/-e (Polygon) 多角形.

viel·eckig[..|ɛkɪç]² 形 多角〔形〕の.

Viel·ehe[fíːl|eːə] 女 (Polygamie) 一夫多妻〔制〕; (Polyandrie) 一妻多夫〔制〕.

viel·ehig[..|eːɪç]² 形 一夫多妻⟨一妻多夫⟩〔制〕の.

vie·len·orts[fíːlən|ɔrts] 副 多くの場所で, あちこちで.

vie·ler·lei[fíːlərláɪ, ⌐⌣–, fiːlərláɪ] 形《無変化》いろいろな, 多種多様な: ~ interessante Beobachtungen さまざまな興味深い観察 ‖〘名詞的に〙Ich habe noch ~ zu tun. 私にはまだいろいろしなければならないことがある.

viel·er·ör·tert[fíːl|ɛr|œrtərt] 形 いろいろと論議された, 多くの論議の的となった.

vie·ler·orts[fíːlər|ɔrts] = vielenorts

viel·fach[fíːlfax] **I** 形 **1** 幾重もの, 何倍もの; 多重〔式〕の, 複式の: ein ~*es* Kabel 多重⟨複式⟩ケーブル | ein ~*er* Millionär 百万長者を何人も合わせたような大金持ち | Er ist ~*er* Meister im Tennis. 彼はテニスの選手権を幾つも持っている ‖ *jm.* den Schaden ~ ersetzen …の損害を何倍にもして補償する | ein ~ gewundener Weg 幾重にも折れ曲がった道.

2 さまざまの, 多方面〔から〕の; たび重なる, しばしば⟨たびたび⟩の: auf ~*en* Wunsch 多くの人たちの要望に応じて ‖ ein ~ begabter Mann 多方面の才能に恵まれた男 | Diese Ansicht hört man ~. この見解はたびたび耳にする | Im Zusammenhang mit dem Unfall wurde sein Name ~ genannt. その事故に関連してたびたび彼の名前が挙げられた ‖ Des Menschen Bedürfnisse sind recht ~. 人間の欲求はきわめて多様である.

II Viel·fa·che 中《形容詞変化》**1** 何倍もの数量: um ein ~*s* ⟨*vielfaches*⟩ 何倍も; 何度も繰り返して;《しばしば比較級の前で》はるかに, 断然 | eine Zahl um ihr ~*s* vermehren ある数をその倍数で⟨何倍にも⟩ふやす | *jn.* um ein ~*s* übertreffen …よりはるかにすぐれている | Ein Düsenflugzeug fliegt um ein *vielfaches* schneller als ein Propellerflugzeug. ジェット機はプロペラ機より何倍も速く飛ぶ | Dieser Weg ist um ein ~*s* kürzer. この道が断然近い. **2**〘数〙倍数: kleinstes gemeinsames ~*s* (略 k. g. V., kgV) 最小公倍数.

Viel·fach·ge·rät 中 多目的農機具.

Viel·fach·heit[fíːlfaxhaɪt] 女 -/ vielfach なこと.

Viel·fach·stern 男〘天〙多重星.

Viel·falt[fíːlfalt] 女 -/-en《ふつう単数で》多様⟨多彩⟩〔さ〕: die〔bunte〕~ der Farben 色彩の多様さ, 多彩な彩り | die ~ der Möglichkeiten 多様な可能性.

viel⸗fal·tig[..faltɪç]² 形 ひだの多い, 幾重もの. **⸗fäl·tig**[..fɛltɪç]² 形 多様な, 多彩な.

Viel·fäl·tig·keit[..kaɪt] 女 -/ vielfältig なこと.

viel⸗far·big[fíːlfarbɪç]² (ｵｰｽﾄﾘｱ: **⸗fär·big**[..fɛrbɪç]²) 形 多色の, 多彩な.

Viel·flach[fíːlflax] 中 -〔e〕s/-e〘数〙多面体.

viel·flä·chig[..flɛçɪç]² 形〘数〙多面体の.

Viel·fläch·ner 男 -s/-〘数〙多面体.

viel·för·mig 形 さまざまの形をもつ.

Viel·fraß[fíːlfraːs] 男 **1**〘話〙大食漢, 大食いの人. **2**〘動〙クズリ(屈狸). [1: *ahd.*; ◇Fraß; 2: *norw.* fjeldfross „Berg-kater"–*mndd.*]

Viel⸗fü·ßer 複, **⸗füß·ler** 複〘動〙多足類.

viel⸗ge·braucht[fíːl..] 形 (→viel I ★)《付加語的》多用される, 使用者の多い. **⸗ge·fragt** 形 (→viel I ★)《付加語的》〘商〙需要の多い. **⸗ge·le·sen** 形 (→viel I ★)《付加語的》読者の多い. **⸗ge·nannt** 形 (→viel I ★)《付加語的》よく名前の挙げられる, たびたび人々の口にのぼる. **⸗ge·reist** 形《付加語的》広く旅行したことのある, 見聞の広い. **⸗ge·schmäht** 形《付加語的》〘雅〙悪名の高い. **⸗ge·stal·tig**[..gəʃtaltɪç]² 形 形態の多様な, 形態の変化に富む. **⸗glie·de·rig**[..gliːdərɪç]² 形, **⸗glied·rig**[..gliːdrɪç]² 形 多くの分節〔部分〕からなる;〘数〙多項の.

Viel·göt·te·rei[fiːlgœtəráɪ] 女 -/ (Polytheismus) 多神教, 多神信仰. [< viele Götter+..ei]

Viel·heit[fíːlhaɪt] 女 -/ たくさん, 多数⟨多量⟩であること.

viel·hun·dert·mal[fiːlhʊ́ndərtmaːl] 副 何百回も; 何百倍も.

viel⸗jäh·rig[fíːljɛːrɪç]² 形《付加語的》多年の, 長年にわたる: ein ~*er* Freund 長年の友人. **⸗köp·fig**[..kœpfɪç]² 形 **1** 頭の数の多い(怪物など). **2**《付加語的》頭数(あたま)の多い, 多人数の: eine ~*e* Familie 多人数の家族.

viel·leicht[filáɪçt] 副 **1**《文を修飾して》《陳述内容の現実度に対する話し手の判断・評価を示して》**a**) ひょっとすると, もしかすると, 場合によっては, あるいは…かもしれない: *Vielleicht* hast du dich getäuscht. もしかすると君の錯覚だったかもしれない | *Vielleicht* kommt er, ~ kommt er nicht. 彼は来るかもしれないし 来ないかもしれない | Kommst du mit?— *Vielleicht*. 君も一緒に来るかい — 場合によってはね | Er blieb aus, ~ weil er nichts davon wußte. 彼が来なかったのは もしかするとそのことを全然知らなかったからかもしれない.

b)《丁重な問いかけや依頼の疑問文で》もしや, ひょっとして: Haben Sie ~ Geld bei sich? もしやお金のお持ち合わせはございませんか | Würden Sie ~ das Fenster schließen? / *Vielleicht* sind Sie so freundlich, das Fenster zu schließen? 窓を閉めてはいただけませんか.

c)《反語的に強い期待を表して》…(してくれる)ね: *Vielleicht* sind Sie so freundlich und stecken Sie den Brief für mich ein! 恐れ入りますが この手紙を投函(とうかん)していただけませんか | *Vielleicht* benimmst du dich anständig! 行儀よくしろ.

2《文中でのアクセントなしで; 話し手の主観的心情, 特に驚きの気持を反映して》Darüber habe ich mich ~ geärgert! あれには全く腹が立ったなあ | Du bist〔mir〕~ ein Früchtchen ⟨ein Spinner⟩! 君ってやつは何ともはや ろくでなし⟨おかしなやつ⟩だ | Das war ~ ein dummes Zeug! そいつは全くばかげたことだった | Der hat ~ Nerven! あいつの神経には全く恐れいったよ.

3《数詞とともに》ほぼ, およそ, 約: ein Mann von ~ fünfzig Jahren およそ50歳くらいの男 | Es waren ~ zwanzig Leute da. そこにはほぼ20人の人たちがいた | Ich bin ~ in einer Stunde fertig. 私はほぼ1時間ほどで仕事を終わる.
[< *mhd.* vil „sehr"+līhte (◇leicht)]

ᐁ**viel·lieb**[fiːlíːp]¹ 形 いとしい, 心から愛する, 大好きな.

Viel·lieb·chen[fiːlíːpçən] 中 -s/- **1** 核(さね)の2個ある

〈ふたごの〉アーモンド(恋人同士などがこれを分けて食べ, 次に会ったときに口に出すべきあいさつの言葉をあらかじめ決めておき, 再会の際にこれを先に思い出して言ったほうが勝者として相手から贈り物をもらう古くからの風習で, Valentinstag と関係があるといわれる): ein ～ mit *jm.* essen 核の2個あるアーモンドを…と分け合って食べる. ▽**2** いとしい〈最愛の〉人.

▽**viel≠mal**[fí:lma:l] ＝vielmals **≠ma·lig**[..ma:lıç][2] 形《付加語的》何回もの, たびたびの.

viel·mals[fí:lma:ls] 副 **1** 幾度も, 何回も, たびたび. **2** 幾重にも, 重ねがさね, くれぐれも: Ich danke Ihnen ～. どうもありがとうございます | Ich bitte ～ um Entschuldigung. 重々おわび申し上げます | Er läßt dich ～ grüßen. 彼から君にくれぐれもよろしくとのことだ.

Viel·män·ne·rei[fi:lmɛnərái] 女 -/ (↔Vielweiberei) (Polyandrie) 一妻多夫〔制〕. [＜viele Männer＋..ei]

viel·mehr[fi:lmé:r, ⌐–] 副 (…というよりは)むしろ, (…どころか)かえって, 反対に; 〔いや〕もっと正確に言うと: Es ist möglich, ～ wahrscheinlich. それは可能だ というよりはむしろ確からしい | Er hat nicht gelogen, er hat sich ～ geirrt. 彼はうそをついたのではなく むしろ間違えたのだ | Er ist nicht dumm, ～ ist er faul. 彼はばかというよりは怠け者だ | nicht so sehr ..., als ～ (→sehr).

viel≠pha·sig[fí:lfa:zıç][2] 形〘電〙多相の. **≠sa·gend** [..za:gənt][1] 形 示唆に富む, 意味深長な; 表情豊かな: mit den ～*sten* Gesichtern きわめて意味深長な表情で | *jn.* ～ ansehen …を意味ありげに〈訴えるような目つきで〉見つめる. **≠schich·tig**[..ʃıçtıç][2] 形 **1** 多くの層からなる, 多層の. **2** 多種多様の成分からなる, 多面的な, 複雑な.

Viel·schich·tig·keit[..kaıt] 女 -/ vielschichtig なこと.

Viel·schrei·ber 男《軽蔑的に》やたらに書きまくる人, 多作〈乱作〉家.

viel·sei·tig[fí:lzaıtıç][2] 形 **1**〘数〙多辺〔形〕の. **2**《比》多面的な, 多方面にわたる, 広範な, 幅の広い: eine ～*e* Bildung 幅の広い教養 | ein ～*er* Sänger レパートリーの広い歌手 | ein ～*er* Wunsch 多くの人々の要望 ‖ Er ist ～. 彼は多面的な人間だ(才能・教養・関心などが多方面にわたる) | Das Gerät läßt sich ～ verwenden. この器具は用途が広い.

Viel·sei·tig·keit[–kaıt] 女 -/ (vielseitig なこと. 例えば:) 多面性, 幅の広さ.

Viel·sei·tig·keits·prü·fung 女 総合馬術競技.

viel·sil·big[fí:lzılbıç][2] 形〘言〙多音節の.

Viel·spra·chen·staat 男 多言語国家.

viel·spra·chig[..ʃpra:xıç][2] 形 多言語による, 多くの言語を話す.

Viel·staa·te·rei[fi:lʃta:tərái] 女 -/ 小国分立〔主義〕. [＜viele Staaten＋..ei]

viel≠stel·lig[fí:lʃtɛlıç][2] 形〘数〙桁(けた)数の多い. **≠stim·mig**[..ʃtımıç][2] 形 **1** 多くの声の〔まじり合った〕. **2**〘楽〙多声〔部〕の, ポリフォニーの.

viel·tau·send·mal[fi:ltáuzəntma:l] 副 何千回も; 何千倍も.

viel≠tei·lig[fí:ltaılıç][2] 形 多くの部分からなる. **≠türmig** 形 (→viel I ★) 塔のたくさんある(町など). **≠umstrit·ten** 形 (→viel I ★)《付加語的》論議のやかましい, あれこれと論議されている. **≠um·wor·ben** 形《付加語的》大勢の人から言い寄られる, 引く手あまたの. **≠ver·heißend** 形《雅》前途有望な, 幸先(さいさき)のよい. **≠verkauft** 形 (→viel I ★)《付加語的》売れ行きのよい. **≠ver·spre·chend** 形 大いに期待のもてる, 将来性のある, 前途有望な, 末頼もしい: ein ～*er* Anfang 幸先のよいスタート | ein ～*er* junger Mann 末頼もしい若者 | Er zählt zu den ～*sten* Begabungen. 彼は最も将来性のある才能の持ち主の一人である ‖ Das sieht ja ganz ～ aus. これは大いに有望そうだ.

Viel·völ·ker·staat[fi:lfœlkər.., ⌐◡◡–] 男 多民族国家.

Viel·wei·be·rei[fi:lvaıbərái] 女 -/ (↔Vielmännerei) (Polygamie) 一夫多妻〔制〕. [＜viele Weiber＋..ei]

viel·wer·tig[fí:lve:rtıç][2] 形 **1** 多元的価値をもつ. **2**〘化・数〙多価の.

Viel·wis·ser[fí:lvısər] 男 -s/-《軽蔑的に》博識を鼻にかける人, 知ったかぶり屋, 雑学屋.

Viel·wis·se·rei[fi:lvısərái] 女 -/-en 博識ぶること〈行為〉, 知ったかぶり, 雑学.

Viel·zahl[fí:ltsa:l] 女 -/ 多数.

viel≠zel·lig[fí:ltsɛlıç][2] 形〘生〙多細胞の. **≠zi·tiert** 形 (→viel I ★)《付加語的》しばしば引用される.

Viel·zweck≠au·to 中 多目的自動車. **≠mö·bel** 中 多目的家具. **≠tuch** 中 -〔e〕s/..tücher 多用途の布ぎれ.

Vien·tiane[vjɛntján, viɛntiá:nə] 地名 ビエンチャン(ラオス人民民主共和国の首都).

vier[fi:r] **I**《基数》(英語: *four*) 4, 四つ〔の〕: →fünf ‖ die ～ Elemente 四大(しだい)(古代哲学における地水風火の四元素) | die ～ Jahreszeiten 四季 | ～ Wochen 4 週間; 〔約〕1 か月 | unter ～ Augen (→Auge 1) | in *seinen* ～ Pfählen 〈Wänden〉 (→Pfahl 1, →Wand 1) | in alle ～ Winde (→Wind 1 a) | *sich*[4] auf *seine* ～ Buchstaben setzen《戯》でんと座る(～ Buchstaben は Popo の 4 文字をさす) ‖ **alle ～*e* von *sich*[3] strecken**《話》手足をのばす, 大の字になる;《比》死ぬ, 眠る | **auf allen ～*en*** よつんばいになって | Das ist so klar, wie zweimal zwei ～ ist. それは火を見るよりも明らかだ(二二が四であるように).

II Vier 女 -/-en 4という数; 4という数字; (トランプの) 4 の札; (さいころの) 4 の目; 評点 4 (中の下: →Note 2); 4 番コースの路面電車: →Fünf

[*idg.*; ◇Quader, tetra..; *engl.* four]

Vier·ach·ser[fí:r|aksər] 男 -s/- 4 車軸の車両.

vier·ach·sig[..sıç][2] 形 4 軸の.

Vier·ach·tel·takt[fi:r|áxtəl..] 男 -〔e〕s/〘楽〙8 分の 4 拍子.

Vier·ak·ter[fí:r|aktər] 男 -s/-〘劇〙4 幕物.

vier≠ak·tig[..|aktıç][2] 形〘劇〙4 幕の. **≠ar·mig**[..|armıç][2] 形 (燭台(しょくだい)などが) 4 本腕の.

Vier·au·gen·ge·spräch[fi:r|áugən..] 中《話》二人だけでの内密の話し合い.

vier≠ba·sisch[fí:rba:zıʃ], **≠ba·sig**[..ba:zıç][2] 形《付加語的》〘化〙4 塩基の.

Vier·bei·ner 男 -s/- 四つ足の動物(特に: 犬, 馬).

vier·bei·nig[..baınıç][2] 形 四つ足の, 4 脚の(いすなど).

Vier·blatt[fí:rblat] 中 **1** 四つ葉の植物(特に: クルマバソウ). **2** ＝Vierpaß **3**〘トランプ〙4 枚続きの札. **4**〘紋〙四つ葉図形.

vier≠blät·te·rig 形, **≠blätt·rig** 形 四つ葉の: ein ～*es* Kleeblatt 四つ葉のクローバ(幸運のシンボル).

Vier≠bund 男, **≠bünd·nis** 中 四国同盟.

vier·di·men·sio·nal 形 四次元的な.

Vier·eck 中 -s/-e 四角形; 四辺形; 長方形; 正方形;〘軍〙方陣.

vier·eckig[fí:r|ɛkıç][2] 形 四角〔形〕の.

[＜*mhd.* vier-ecke〔ht〕„vier-eckig"; *spätlat.* quadrangulus (◇Quadrangel) の翻訳借用]

vier·ein·halb[fí:r|aınhálp]《分数; 無変化》4 と 2 分の 1〔の〕: →fünfeinhalb

▽**vie·ren**[fí:rən] **I** 他 (h) **1 a)** 4 分する. **b)**〘紋〙(盾を) 十字分割する. **2** 四角にする.

II ge·viert → 別出

Vier·en·der[fí:r|ɛndər] 男 -s/-〘狩〙角(つの)またが四つに分かれたシカ(→Ende 4).

Vie·rer[fí:rər] 男 -s/- **1** (4 の記号をもつもの. 例えば:) 4 番コースのバス; 1904年産ワイン; 第 4 連隊員; (トランプの) 4 の札; 評点 4 (中の下: →Note 2); 4 人組〈会〉の一員: →Fünfer **2** (合計して 4 のもの. 例えば:) 4 人乗りボート〈車〉; 4 行詩; 4 字〈項〉的中の富くじ; 4 人組〈会〉; 4 人でする競技〈遊技〉, (ゴルフの) フォアサム;《俗》4 人でのセックスプレー;〘電〙四重送信線: →Fünfer | ein ～ mit 〈ohne〉 Steuermann〘ボート〙舵手(だしゅ)付き〈無し〉フォア(→ ⊛ Boot B). **3** アラビア数

字の 4, 4 字形: →Fünfer

Vie·rer·ban·de 女 -/ 〖史〗四人組(とくに中国文化大革命期の).

vie·rer·lei[fíːrərláɪ, ⌐∪−] 《種類を表す数詞; 無変化》4 種類の: →fünferlei

Vie·rer≈mann·schaft[fíːrər..] 女 4 人チーム. **≈pakt** =Viermächtepakt **≈rei·he** 女 4 列: in ~*n* antreten 4 列に並んで位置につく. **≈vek·tor** 男〖理〗四元ベクトル. **≈zug** 男(Viergespann) 4 頭立て馬車.

vier·fach 形 4 倍(四重)の: →fünffach

Vier·fach·bo·gen 男〖印〗全紙の 4 倍の大きさの紙(→Borgen 3).

ᵛ**vier·fäl·tig**[..fɛltɪç][2] =vierfach

Vier·far·ben·druck[fiːrfárbəndrʊk] 男 -[e]s/-e 〖印〗4 色刷り.

Vier·fel·der·wirt·schaft[fiːrfɛ́ldər..] 女 -/ 〖農〗(中世以来の)四圃(ほ)農法, 四圃式輪作(→Dreifelderwirtschaft).

Vier·flach[fíːrflax] 中 -[e]s/-e〖数〗四面体.

vier·flä·chig[..flɛçɪç][2] 形〖数〗四面体の.

Vier·fläch·ner 男 -s/-〖数〗四面体.

vier≈flü·ge·lig[..flyːgəlɪç][2] (**≈flüg·lig**[..glɪç][2]) 形 4 翼の, 4 枚羽の.

Vier·fürst[fíːrfʏrst] 男(Tetrarch)〖史〗四分領太守, 四分治領の統治者.

Vier·fü·ßer[fíːrfyːsər] 男 -s/- 四足動物.

vier·fü·ßig[..sɪç][2] 形 **1** 四足の. **2**〖詩〗4 詩脚の.

Vier·füß·ler[..slər] 男 -s/- **1** =Vierfüßer **2**〖詩〗4 詩脚詩句.

Vier·gang·ge·trie·be 中 =Viergangschaltung

vier·gän·gig 形 **1**〖工〗(ギアが) 4 段式の. **2**(ねじ山が)四重の.

Vier·gang·schal·tung 女(自動車などの) 4 段変速装置, 4 段ギア.

vier·ge·schos·sig 形 5 階建ての; 4 階建ての(→..geschossig).

Vier·ge·spann 中 4 頭立ての馬車.

vier≈ge·stri·chen 形〖楽〗4 点音の: →fünfgestrichen **≈ge·teilt** 形 4 分された. **≈glie·de·rig**[..gliːdərɪç][2] 形, **≈glied·rig**[..drɪç][2] 形 四つの部分からなる;〖数〗4 項の;〖軍〗4 列の.

Vier·hal·be·takt[fiːrhálbə..] 男 -[e]s/ 〖楽〗2 分の 4 拍子.

Vier·hän·der[fíːr..] 男 -s/-〖動〗四手獣(四肢が手の働きをする動物). [*nlat.* quadru-mana (◇Quadrumane) の翻訳借用]

vier·hän·dig[fíːrhɛndɪç][2] 形 **1** 四つ手の. **2**〖楽〗連弾の: ~ spielen (二人で)連弾する.

Vier≈he·ber 男 -s/-〖詩〗4 詩脚詩句. **≈herr·schaft** 女 四頭政治.

Vier·horn·an·ti·lo·pe 女〖動〗ヨツヅノレイヨウ(四角羚羊).

vier·hun·dert[fíːrhʊ́ndərt]《基数》400[の]: →hundert

Vier·hun·dert·jahr·fei·er[fiːrhʊndərtjáːr..] 女 四百年祭.

Vier·jah·res·plan[fiːrjáːrəs..] 男 4 か年計画. [＜vier Jahre]

vier≈jäh·rig[fíːrjɛːrɪç][2] 形 4 年を経た, 4 歳の; 4 年間の. **≈jähr·lich** 形 4 年ごとの.

vier·kant[fíːrkant] **I** 副〖海〗垂直線に直角に, 水平に. **II Vier·kant** 中(男) -[e]s/-e〖数〗**1**(4 平面の構成する)四面角, 四稜(りょう)角. **2** 四面角をもつ立体.

Vier·kant·ei·sen 中 断面が四角形の鋼材, 角鋼.

vier·kan·tig[..kantɪç][2] 形 かど(稜(りょう))が四つある.

Vier·kant≈schrau·be 女 四角ボルト. **≈-Topp·se·gel** 中〖海〗ガフトップスル(→ ⊗ Kutter).

Vier·klang 男〖楽〗四和音.

vier·köp·fig[fíːrkœpfɪç][2] 形 **1**(怪物などが)四つの頭を持つ. **2**(家族などが) 4 人からなる.

Vier·ling[fíːrlɪŋ] 男 -s/-e **1** 四つ子(の一人);《複数で》四つ子. **2**(四つ組のもの. 例えば:) 銃身 4 本組みの猟銃(対空火器);〖詩〗4 行連句. **3**(昔の) 4 ペニヒ(4 分の 1 ペニヒ)硬貨;(昔の単位で) 4 分の 1 ポンド; フィアリング(地方により異なった昔の容積単位).

Vier·mäch·te≈ab·kom·men[fiːrmɛ́çtə..] 中〖史〗(1971年英米仏ソのベルリンに関する)四か国協定. **≈pakt** 男〖史〗(1933年英仏独伊の)四か国協定[条件].

vier≈mal[fíːrmaːl] 副 4 回; 4 倍: →fünfmal **≈ma·lig**[..lɪç][2] 形《付加語的》4 回の: →fünfmalig

Vier·ma·ster 男 -s/- 4 本マストの帆船.

vier≈ma·stig 形 4 本マストの. **≈mo·na·tig** 形 4 か月を経た; 生後 4 か月の; 4 か月間の. **≈mo·nat·lich** 形 4 か月ごとの. **≈mo·to·rig**[..motoːrɪç][2] 形〖空〗4 発[エンジン]の.

Vier≈paß 男 ..passes/..passe〖建〗(Maßwerk の)四つ葉飾り(→ ⊗ Maßwerk). **≈plät·zer** 男 -s/-《スイ》=Viersitzer

vier·plät·zig[..plɛtsɪç][2]《スイ》=viersitzig

Vier·pol 男〖電〗4 端子網.

Vier·pol·röh·re 女(Tetrode)〖電〗4 極[真空]管.

Vier·punkt·schrift 女〖印〗4 ポイント活字.

Vier·rad 中 四輪車.

Vier·rad≈an·trieb 男(自動車などの) 4 輪駆動. **≈brem·se** 女〖自動車〗4 輪ブレーキ.

vier≈rä·de·rig[..rɛːdərɪç][2] (**≈räd·rig**[..drɪç][2]) 形 4 輪の.

Vier≈ru·de·rer[..ruːdərər] (**≈rud·rer**[..drər]) 男 -s/-(Quadrireme) 四橈(じょう)列船(古代ギリシア・ローマの 4 段こぎ座のガレー船).

vier·sai·tig[fíːrzaɪtɪç][2] 形 4 弦の(楽器など).

vier·schrö·tig[..ʃrøːtɪç][2] 形 [四]角ばった, ごつい. [*mhd.*; ◇Schrot]

vier·sei·tig[..zaɪtɪç][2] 形 **1**〖数〗四辺(四角)形の. **2**(協定などが)四者間の. **3** 4 ページの.

Vier·sil·ber[fíːrzɪlbər] 男 -s/- 4 音節の語.

vier·sil·big[..bɪç][2] 形〖言〗4 音節の.

Vier·silb·ler[..zɪlplər] -s/- =Viersilber

Vier·sit·zer 男 -s/- 4 人乗りの乗り物.

vier≈sit·zig[..zɪtsɪç][2] 形(自動車などが) 4 人乗りの, 4 座席の. **≈spal·tig**[..ʃpaltɪç][2] 形 **1**〖植〗(葉が)四つに裂けた. **2**〖印〗4 段組みの.

Vier·spän·ner 男 -s/- 4 頭立ての馬車.

vier≈spän·nig[fíːrʃpɛnɪç][2] 形 4 頭立ての. **≈spra·chig**[..ʃpraːxɪç][2] 形 4 言語による; 4 言語を話す. **≈stel·lig**[..ʃtɛlɪç][2] 形 **1**〖数〗4 けたの. **2**(vierwertig)〖言〗4 価の, 結合価 4 の. **≈stim·mig**[..ʃtɪmɪç][2] 形〖楽〗4 声[部]の, 4 声部からなる. **≈stöckig**[..ʃtœkɪç][2] 形 5 階建ての; 4 階建ての(→..stöckig). **≈stün·dig**[..ʃtʏndɪç][2] 形 4 時間の. **≈stünd·lich** 形 4 時間ごとの.

viert[fiːrt]《序数》第 4 の, 4 番目の: →fünft ‖ der ~*e* Stand 第四階級(労働者).

vier≈tä·gig[fíːrtɛːgɪç][2] 形 4 日間の; 4 日を経た, 生後 4 日の. **≈täg·lich** 形 4 日ごとの.

Vier≈takt 男 =Viertaktmotor **≈tak·ter** 男 -s/- **1** 4 サイクルエンジン[車]. **2**〖詩〗4 詩脚詩句.

Vier·takt≈mo·tor 男 4 サイクルエンジン. **≈ver·fah·ren** 中〖工〗4 サイクル工程(方式).

vier·tau·send[fíːrtáʊzənt]《基数》4000[の]: →tausend

Vier·tau·sen·der[..zəndər] 男 -s/- 4000メートル級の山.

ᵛ**vier·te·halb**[fíːrtəhálp] =vierthalb

vier·tei·len[fíːrtaɪlən]《過分 viergeteilt》他(h) **1** 4 分する. **2**〖史〗(罪人を)四つ裂きにする.

vier·tei·lig[..lɪç][2] 形 4[等]分された, 四つの部分からなる.

vier·tel[fírtəl; まれ: fíːrtəl] **I**《分数; 無変化》4 分の 1 [の]: →fünftel ‖ eine ~ Stunde 15分間 | drei ~ Stunden 45分間 | drei ~ acht 7 時45分(→II 1 b; →dreiviertel).

II Vier·tel 中 (ｽｲ: 男) -s/- (英: *quarter*) **1 a)** 4分の1, 四半分: →Fünftel | ein ~ Wein ワイン4分の1リットル | im ersten ~ des 20. Jahrhunderts 20世紀の初頭に. **b)** 4分の1時間,15分: das akademische ~ (→akademisch 1) ‖ 〔ein〕 ~ vor ⟨nach⟩ eins 1時15分前⟨過ぎ⟩ | Es ist ein ⟨drei⟩ ~ acht. 7時15⟨45⟩分である.
2 =Viertelnote
3 (Stadtviertel)(都市・町などの特定の)区域, 地区: ein verrufenes ~ いかがわしい界隈(ｶｲﾜｲ) | Vergnügungs*viertel* 歓楽街, 盛り場 | Wohn*viertel* 住宅地域.
★ drei viertel, drei Viertel は dreiviertel, Dreiviertel ともつづられる.
Vier·tel≠blatt[fírtəl..] 中〘印〙4分の1枚, 4分の1丁(全紙の1/32: →Blatt 2). **≠bo·gen** 男〘印〙4分の1全紙(→Bogen 3). **≠dre·hung** 女 (90度回る) 4分の1回転. **≠fi·na·le** 女〘ｽﾎﾟ〙準々決勝, クオーターファイナル.
Vier·tel·jahr[fırtəljá:r] 中 4分の1年, 季, 3か月〔間〕: vor ⟨nach⟩ einem ~ 3か月前⟨後⟩に.
Vier·tel·jah·res·schrift[fırtəljá:rəs..] =Vierteljahrsschrift
Vier·tel·jahr·hun·dert[fırtəlja:rhúndərt] 中 4分の1世紀, 四半世紀, 25年〔間〕.
vier·tel≠jäh·rig[fírtəljɛ:rıç, ◡◡⏊◡][2] 形 3か月を経た; 3か月間の. **≠jähr·lich**[..jɛ:rlıç, ◡◡⏊◡] 形 3か月〔目〕ごとの; 季刊の.
Vier·tel·jahrs·schrift[fırtəljá:rs..] 女 季刊誌.
Vier·tel≠kreis[fírtəl..] 男 (Quadrant)〘数〙**1** 四分円. **2** 四分円弧(円周の4分の1, 中心角90度の弧). **≠li·ter**[また: ◡◡⏊◡] 男 4分の1リットル. **≠mei·le** 女 4分の1マイル.
vier·teln[fírtəln] 《06》他 (h) 《*et.*[4]》(…を) 4〔等〕分する: Tomaten ~ トマトを四つに切る.
Vier·tel≠no·te[fírtəl..] 女〘楽〙4分音符. **≠pau·se** 女〘楽〙4分休〔止〕符. **≠pfund** [また: ◡◡⏊] 中 4分の1ポンド(ドイツでは125 g). **≠stab** 男〘建〙(断面が四半円形の)玉縁〔材〕.
Vier·tel·stun·de[fırtəlʃtúndə] 女 (小 **Vier·tel·stünd·chen**[..ʃtʏntçən] 中) 4分の1時間,15分〔間〕: alle ~*n* 15分ごとに.
vier·tel≠stün·dig[fírtəlʃtʏndıç, ◡◡⏊◡][2] 形 15分〔間〕の. **≠stünd·lich**[..ʃtʏntlıç, ◡◡⏊◡] 形 15分ごとの.
Vier·tel·ton[fírtəl..] 男 -[e]s/..töne〘楽〙4分〔の1〕音(半音階オクターブの1/24).
Vier·tel·ton·mu·sik[fírtəl..] 女 -/ 4分音音楽.
Vier·tel≠ton·ne[fírtəl..] 女 4分の1トン(250 kg). **≠zent·ner**[また: ◡◡⏊◡] 男 4分の1ツェントナー(12.5 kg, 25ポンド).
vier·tens[fí:rtəns] 副 (列挙の際などに) 第4に〔は〕.
[▽]**viert·halb**[fí:rthálp] 《分数: 無変化》(dreieinhalb) 3と2分の1〔の〕.
vier·tü·rig[fí:rty:rıç][2] 形 4〈フォア〉ドアの: ein ~*es* Auto 4ドアの自動車.
Vier·uhr·blu·me[fí:r|u:r..] 女〘植〙オシロイバナ(白粉花).
vier·und·ein·halb =viereinhalb
Vier·und·sech·zig·stel·no·te 女〘楽〙64分音符.
Vie·rung[fí:rʊŋ] 女 -/-en **1**〘建〙(十字形をした教会堂の)中央方形部(→ 図 Kirche A). [▽]**2 a)** 《単数で》4分〔すること〕;〘紋〙(盾面の)十字分割. **b)** (Quadrat)〔正〕方形.
Vie·rungs≠kup·pel 女〘建〙中央ドーム. **≠pfei·ler** 男〘建〙中央方形部主柱(→ 図 Kirche B).
Vier·vier·tel·takt[fi:rfírtəltakt] 男 -[e]s/〘楽〙4分の4拍子.
der **Vier·wald·stät·ter See**[fi:rvált-ʃtɛtər zé:] 地名 男 --s/ フィーアヴァルトシュテッテ湖(スイス中部の, 四つのヴァルトシュタット Uri, Schwyz, Unterwalden, Luzern の間にあるので, この名がある: →Waldstatt).
Vier·we·ge·hahn[fi:rvé:gə.., ⏊–◡–] 男, **Vier·weg·hahn**[fi:rvé:k.., ⏊––] 男〘工〙4方コック.
vier·wer·tig[fí:r..] 形〘化・数・言〙4価の.
vier≠wö·chent·lich[fí:rvœçəntlıç, ⏊◡◡◡] 形 4週間〈1か月〉ごとの. **≠wö·chig**[..vœçıç, ⏊◡◡][2] 形 4週間〈1か月〉の; 4週間を経た, 生後4週間の.
vier·zehn[fírtse:n; まれ: fí:r..] 《基数》14〔の〕: →fünfzehn ‖ ~ Tage 2週間 | binnen ⟨nach⟩ ~ Tagen 2週間以内⟨後⟩に | heute in ~ Tagen ⟨über ~ Tage⟩ 来々週のきょう | Mittwoch vor ~ Tagen 前々週の水曜 ‖ die *Vierzehn* Nothelfer (→Nothelfer 2).
[◇ *engl.* fourteen]
Vier·zehn·en·der[fírtse:n|ɛndər] 男 -s/-〘狩〙角(ﾂﾉ)またが14に分かれたシカ(→Ende 4).
Vier·zehn·hei·li·gen[fırtse:nháilıgən] 地名 フィルツェーンハイリゲン(バイエルンのリヒターフェルスにある巡礼地.「十四救難聖人」die Vierzehn Nothelfer に献ぜられたこの巡礼教会の聖堂はバロック建築として有名).
vier·zehn·hun·dert[fírtse:nhúndərt] 《基数》(eintausendvierhundert) 1400〔の〕: →fünfzehnhundert
vier·zehn·jäh·rig[fírtse:n..] 形 14年を経た,14歳の; 14年間の.
Vier·zehn·punkt·schrift[fírtse:n..] 女〘印〙14ポイント活字.
vier·zehnt[fírtse:nt] 《序数》第14の,14番目の: →fünft
vier·zehn≠tä·gig[fírtse:n..] 形 14日間〈2週間〉の; 14日〈2週間〉を経た. **≠täg·lich** 形 14日間〈2週間〉ごとの, 隔週の.
vier·zehn·tel[fírtse:ntəl] 《分数; 無変化》14分の1〔の〕: →fünftel
vier·zehn·tens[fírtse:ntəns] 副 (列挙の際などに) 第14に〔は〕.
Vier·zei·ler[fí:rtsailər] 男 -s/-〘詩〙4行詩; 4行詩節.
vier·zei·lig 形 (詩・詩節などが) 4行の⟨からなる⟩.
Vier·zel·len·bad[fi:rtsɛ́lən..] 中〘医〙電気四槽浴.
[<Zelle]
vier·zig[fírtsıç; まれ: fí:r..] 《基数》40〔の〕: →fünfzig
[◇ *engl.* fourty]
vier·zi·ger[fírtsıgər] **I** 形《無変化》40年代⟨40歳台⟩の: →fünfziger **II Vier·zi·ger**[fírtsıgər] 男 -s/- 40歳台の人; 40という数をもつもの: →Fünfziger
Vier·zi·ger·jah·re[fírtsıgərja:rə; ⏊◡◡⏊◡] 複 **1** 40歳台: →Fünfzigerjahre [▽]**2** 40年代.
vier·zigst[fírtsıçst] 《序数》第40の,40番目の: →fünft
vier·zig·stel[fírtsıçstəl] 《分数; 無変化》40分の1〔の〕: →fünftel
vier·zig·stens[fírtsıçstəns] 副 (列挙の際などに) 第40に〔は〕.
Vier·zig·stun·den·wo·che[fırtsıçʃtúndən..] 女 週40時間〔労働〕制(40-Stunden-Woche とも書く).
Vier·zim·mer·woh·nung[fi:rtsímər..] 女 4室からなる住居.
vier·zöl·lig[fí:r..] 形 4インチの.
Vier·zy·lin·der·mo·tor[fi:rtsilındər.., ..tsyl..] 男 (俗: **Vier·zy·lin·der** 男) 4気筒エンジン〔を備えた自動車〕.
vier·zy·lin·drig[..tsilındrıç, ..tsyl..][2] 形 4気筒〔エンジン〕を備えた.
Viet·cong[viɛtkɔ́ŋ, ◡⏊◡] 男 -s/-[s]〘史〙**1** 《単数で》ベトコン(南ベトナム民族解放戦線の俗称). **2** ベトコンの一員.
[*vietnames.* „Kommunisten von Vietnam"]
Viet·nam[viɛtnám, ◡⏊◡] 地名 ベトナム(インドシナ東部に南北に細長く連なる国. もとフランス領であったが, 日本軍の軍政を経て1945年に独立. 1954年のジュネーブ協定により, 北のベトナム民主共和国(首都 Hanoi) と南のベトナム共和国(首都 Saigon) に分割されたが, ベトナム戦争を経て1976年ベトナム社会主義共和国に再統一された. 首都は Hanoi): die Sozialistische Republik ~ ベトナム社会主義共和国.
[*vietnames.* „Land des Südens"]
Viet·na·me·se[viɛtnamé:zə] 男 -n/-n (女 **Viet·na·me·sin**[..zın]-/-nen) ベトナム人.
viet·na·me·sisch[..zıʃ] 形 ベトナム〔人・語〕の : →

deutsch

Viet·nam·krieg[viɛtnám.., ◡◡́◡‿] 男〘史〙ベトナム戦争(1960年代前半 –75).

vif[vi:f] 形 生き生きした, 活発な, 元気な. [*lat.* vīvus „lebend"–*fr.*; ◇vivat; *engl.* vivid]

vi·gil[vigí:l] 形〘医〙覚醒(かくせい)〈不眠〉状態の. [*lat.*; <*lat.* vegēre „bewegen" (◇wachen)]

Vi·gil[–] 女 -/-ien[..liən]〘カトリック〙(大祝日の前日または前夜の)徹夜の祈り, 前夜祭; 徹夜課. [◇vigilieren]

vi·gi·lant[vigilánt] **I** 形《話》利発な, 利口な, 抜け目のない. ▽**II Vi·gi·lant** 男 -en/-en 警察の密偵〈スパイ〉. [*lat.*]

Vi·gi·lanz[vigilánts] 女 -/ **1**〘医・心〙覚醒(かくせい)〔状態〕, 覚性. **2** (警察による)監視, 見張り. [*lat.*]

Vi·gi·lia[vigí:lia·] 女 -/〘医〙不眠症. [*lat.* „Wachen"]

Vi·gi·lie[..liə] 女 -/-n **1** (古代ローマの軍隊での)不寝番(晩の6時から朝の6時まで3時間交代の4回). **2** =Vigil

Vi·gi·li·en Vigil, Vigilie の複数.

vi·gi·lie·ren[vigilí:rən] 自 (h)《auf *et.*[4]》(…に)用心する,(…を)警戒する; (…を)注意深く見張る. [*lat.* vigilāre „wachen"; ◇vigil]

Vi·gnet·te[vɪnjɛ́tə] 女 -/-n **1 a)** ビネット(中世の手写本などに見られる唐草模様やぶどうのつるなどの装飾図案). **b)**〘印〙ビネット(書物のとびらや本文のカット). **2**〘写〙ビネット(焼き付けのさい印画紙に当てて, 写真の輪郭のぼかしに用いる枠). **3**《スイス・オーストリア》アウトバーン利用料金券. [*fr.*; <*lat.* vīnea „Weinstock" (◇Wein)]

Vi·go·gne[vigɔ́njə] 女 -/-n, **Vi·go·gne·wol·le** 女 -/〘織〙ビキューナ (Vikunja の毛から作った高級毛糸・毛織物). [*span.* vicuña (→Vikunja)–*fr.* vigogne „Kamelziege"]

▽**Vi·gor**[ví:gɔr, ..go:r] 男 -s/ 活力, 生気, 活気; 元気さ, 強さ. [*lat.*; <*lat.* vigēre „kräftig sein" (◇wacker)]

▽**vi·go·rös**[vigorǿ:s][1] 形 活力〈活気〉にあふれた, 元気旺盛(おうせい)な. [*fr.*; ◇..os; *engl.* vigorous]

vi·go·ro·so[vigoró:zo·] 副 (kräftig)〘楽〙ヴィゴローソ, 力強く. [*mlat.*–*it.*]

Vi·kar[viká:r; スイス: –, fi..] 男 -s/-e (⊛ **Vi·ka·rin**[..rɪn] -/-nen) **1 a)**〘カトリック〙代理〈助任〉司祭. **b)**〘新教〙副牧師. **2**《スイス》代用教員. [*lat.* vicārius „stellvertretend, Stellvertreter"; <*lat.* vicis (→vize..)]

Vi·ka·riat[vikariá:t] 中 -[e]s/-e Vikar 1の職. [*mlat.*]

vi·ka·ri·ie·ren[..rií:rən] **I** 自 (h) **1** Vikar 1の職をつかさどる. ▽**2** 代理を務める, 代行する. **II vi·ka·ri·ie·rend** 現分 形〘医〙代償〔性〕の: ～*e* Blutung 〈Menstruation〉 代償月経.

Vi·ka·rin Vikar の女性形.

Vik·ti·mo·lo·gie[vɪktimologí:] 女 -/〘法〙被害者学. [*lat.*; <*lat.* victima „Opfertier"]

Vik·tor[víktɔr, ..to:r] 男名 ヴィクトル, ヴィクトール.

Vik·to·ria[vɪktó:ria·] **I** 人名〘ロ神〙ウィクトーリア(勝利の女神. ギリシア神話の Nike に当たる). **II** 女名 ヴィクトーリア: Königin ～ (英国の)ヴィクトリア女王. **III** 中 -s/-s (女 -/-s) (Sieg) 勝利: ～ rufen 勝利の叫びをあげる | ～ schießen 勝利の祝砲を放つ. **IV** 地名 ヴィクトリア(オーストラリア南東部の州. 州都は Melbourne. 英語形 Victoria). [*lat.*; <*lat.* victor „Sieger" (◇weigern)]

Vik·to·ria·nisch[vɪktoriá:nɪʃ] 形 (英国の)ヴィクトリア女王時代の; ヴィクトリア王朝〔様式〕の.

▽**Vik·tua·li·en**[vɪktuá:liən] 複 (Lebensmittel) 食料品. [*spätlat.*; <*lat.* vīctus „Unterhalt" (◇vivat)]

Vik·tua·li·en≠brü·der 複 Vitalienbrüder の誤形. ▽**≠hand·lung** 女 (Lebensmittelgeschäft) 食料品店. ▽**≠markt** 男 食料品市場.

Vi·kun·ja[vikúnja·] 中 -s/-s; 女 -/..jen[..jən]〘動〙ビクーナ, ビキューナ(南アメリカに生息するラクダ科の動物). [*indian.*–*span.* vicuña; ◇Vigogne]

Vi·kun·ja·wol·le[vikúnja..] 女 =Vigogne

Vil·la[víla·] 女 -/Villen[..lən] **1** (庭園をめぐらした)邸宅, 屋敷. **2** (郊外・田舎などの)別邸, 別荘. [*lat.*–*it.*; <*lat.* vīcus „Dorf"; ◇Weiler]

Vil·la·nel·la[vɪlanɛ́la·] 女 -/..len[..lən], **Vil·la·nel·le**[..lə] 女 -/-n ヴィラネルラ(16-17世紀イタリアの農民や牧人の歌に由来する多声歌曲). [*it.*; <*spätlat.* vīllānus „Bauer"]

Vil·len Villa の複数.

vil·len·ar·tig[vílən..] 形 お屋敷〈大邸宅〉ふうの.

Vil·len≠ge·gend 女, **≠ko·lo·nie** 女, **≠vier·tel** [..fɪrtəl] 中 お屋敷町, 高級住宅街〈地域〉.

Vil·lon[vijɔ̃] 人名 François ～ フランソワ ヴィヨン(1431–63頃; フランスの詩人).

Vin·ai·gret·te[vinɛgrɛ́tə] 女 -/-n〘料理〙ヴィネグレットソース, フレンチドレッシング. [*fr.*; <*fr.* vin-aigre „Essig" (◇Wein, Acidum)]

Vin·ci[víntʃi·] 人名 Leonardo da[leonárdo· da] ～ レオナルド ダ ヴィンチ(1452–1519; イタリア=ルネサンス期の芸術家・科学者).

Vin·di·ka·tion[vɪndikatsió:n] 女 -/-en〘法〙(所有権に基づく)返還請求〔権〕. [*lat.*]

vin·di·zie·ren[..tsí:rən] 他 (h) (所有権に基づいて)返還を請求する. [*lat.*; <*lat.* vindex „Verteidiger"]

Vin·di·zie·rung[..ruŋ] 女 -/-en =Vindikation

Vi·ne·ta[viné:ta·]〘伝説〙ヴィネータ (Wollin 島にあったが, バルト海にのまれたといわれる商業都市).

Vingt-et-un[vɛ̃teœ́:] (**Vingt-un**[vɛ̃tœ́:]) 中 -/〘トランプ〙二十一, トゥウェンティーワン. [*fr.* vingt et un; <*lat.* vīgintī „zwanzig"]

Vin·ku·la·tion[vɪŋkulatsió:n] 女 -/-en〘商〙(有価証券の)譲渡権制限.

vin·ku·lie·ren[..lí:rən] 他 (h)〘商〙(有価証券の)譲渡権を制限する(発行者の許可を得なければ譲渡できないように): *vinkulierte* Namensaktien 譲渡制限つき記名株券. [*spätlat.* „binden"; <*lat.* vinculum „Band"]

Vin·ku·lie·rung[..lí:ruŋ] 女 -/-en =Vinkulation

Vi·no·thek[vinoté:k] 女 -/-en (貴重な)ワインのコレクション. [<*lat.* vīnum „Wein"+..thek]

Vi·nyl[viný:l] 中 -s/〘化〙ビニル. [◇..yl]

Vi·nyl≠ben·zol 中 (Styrol)〘化〙スチロール, スチレン. **≠chlo·rid** 中〘化〙塩化ビニル. **≠grup·pe** 女〘化〙ビニル基. **≠harz** 中 ビニル樹脂. **≠ver·bin·dung** 女 ビニル化合物.

Vin·zen·ti·ner[vɪntsɛntí:nər] 男 -s/-〘カトリック〙聖ヴィンセンシオの宣教会会員, 聖ラザロ会会員(→Lazarist).

Vin·zenz[víntsɛnts] 男名 ヴィンツェンツ. [*lat.*; <*lat.* vincēns „siegend"; ◇Weigand; *engl.* Vincent]

Vio·la[1][ví:ola·] 女 -/..len[vió:lən] (Veilchen)〘植〙スミレ(菫)属. [*lat.* viola[–*ahd.*]; ◇Ionon, Viole]

Vio·la[2][ví:ola·, vió:la·] 女名 ヴィーオラ, ヴィオーラ.

Vio·la[3][vió:la·] 女 -/-s, ..len[..lən] (Bratsche)〘楽〙ヴィオラ. [*aprovenzal.*–*it.*]

Vio·la da brac·cio[– da brátʃo·] 女 ---/..le --[..lə --] (Armgeige)〘楽〙ヴィオラ=ダ=ブラッチョ(ヴィオール属の古い弦楽器). [*it.*; ◇Bratsche]

Vio·la da gam·ba[– da gámba·] 女 ---/..le --[..lə --] (Kniegeige)〘楽〙ヴィオラ=ダ=ガンバ(ヴィオール属の古い低音弦楽器). [*it.*; ◇Gambit]

Vio·la d'amo·re[– damó:rə] 女 --/..le -[..lə –]〘楽〙ヴィオラ=ダモーレ(ヴィオール属の古い弦楽器). [*it.*; ◇Amor]

▽**Vio·la·tion**[violatsió:n] 女 -/-en 侵害, 妨害; 暴行, 凌辱(りょうじょく); 冒瀆(ぼうとく). [*lat.*; ◇violent]

Vio·la tri·co·lor[vió:la· trí:kolɔr, – ..lo:r] 女 --/ (Stiefmütterchen)〘植〙サンシキスミレ(三色菫), パンジー. [*lat.*]

Vio·le[vió:lə] 女 -/-n (Veilchen)〘植〙スミレ(菫)属. [*lat.* viola–*mhd.* viol[e]; ◇Viola[1]]

Vio·len Viola[1], Viola[3], Viole の複数.

ᐁ**vio·lent**[violɛ́nt] 形 激しい, 激烈〈猛烈〉な; 暴力的な. [*lat.*; < *lat.* vīs „Kraft“; ◇Violation]

ᐁ**Vio·lenz**[..lɛ́nts] 女 -/ violent なこと. [*lat.*]

vio·lett[violɛ́t; ｽｲ: –, fi..] **I** 形 すみれ色の, 紫色の.
II Vio·lett 中 -s/-(-s) すみれ色, 紫色: ein kräftiges ~ 派手な紫 | in ~ gekleidet 紫色の服を着て.
[*fr.*; < *lat.* viola (→Viola[1])]

Vio·lin·bo·gen[violí:n..] 男 ヴァイオリンの弓(→ 図 Bogen).

Vio·li·ne[violí:nə] 女 -/-n (Geige) ヴァイオリン, 提琴: ~ spielen ヴァイオリンをひく | Das spielt keine ~.《話》それは重要ではない〈些細(ささい)なことだ〉.
[*it.* violino; ◇Viola[3]]

Vio·li·nist[violiníst] 男 -en/-en ヴァイオリン奏者, ヴァイオリニスト.

Vio·lin≈kon·zert[violí:n..] 中 ヴァイオリンコンチェルト〈協奏曲〉. **≈schlüs·sel** 男《楽》高音部記号, ト音記号(→ 図 Note). **≈so·na·te** 女 ヴァイオリンソナタ〈奏鳴曲〉.

Vio·lon≈cell[violɔntʃɛ́l] 中 -s/-e = Violoncello
≈cel·list[..tʃɛlíst] 男 -en/-en チェロ奏者, チェリスト.
≈cel·lo[..tʃɛ́lo·] 中 -s/-s, ..li[..li·] (Cello)《楽》チェロ.

Vio·lo·ne[violó:nə] 男 -[s]/-s, ..ni[..ni·]《楽》**1** ヴィオローネ(ヴィオール属の古い低音弦楽器でコントラバスの前身). **2** ヴィオローネ(チェロに似た音を出すオルガン音栓).
[*it.*; ◇Viola[3]]

VIP[vɪp, ví:aɪpí:] (**V. I. P.**[ví:aɪpí:]) 女 -/-s 重要人物, 要人, 貴賓. [*engl.*; < *engl.* very important person]

Vi·per[ví:pər; ｽｲ: –, víp..] 女 -/-n **1**《動》クサリヘビ; (一般に)毒蛇. **2**《話》(かつての)麻薬〈覚醒(かくせい)剤〉中毒患者. [*lat.*–*mhd.*]

vi·ral[virá:l] 形《医》ウイルスによる, ウイルス性の(→Virus). [*lat.*; < *lat.* virus „Schleim“]

Vir·chow[fírço·, vír..] 人名 Rudolf ~ ルードルフ フィルヒョー(1821–1902; ドイツの病理学者).

Vi·re·ment[virəmã́:] 中 -s/-s (国家予算などでの)費目変更〈流用〉. [*fr.*; < *fr.* virer „wenden“]

Vi·ren Virus の複数.

Vir·gel[vírgəl] 女 -/-n (Schrägstrich) 斜線(/). [*lat.*; < *lat.* virga „Rute“; ◇ *engl.* virgule]

Vir·gil[vɪrgí:l] **I** 男名 ヴィルギール. ᐁ**II** = Vergil

Vir·gi·nia[1][vɪrgí:nia·] 女名 ヴィルギーニア. [*lat.*; < *lat.* Vergīnius (古代ローマの家系)]

Vir·gi·nia[2][vɪrgí:nia·, vɪrdʒí:nia·] **I** 地名 ヴァージニア(アメリカ合衆国の大西洋岸にある州). **II** 女 -/-s ヴァージニア産タバコ〈葉巻〉(→ 図 Tabak). [< *engl.* the Virgin Queen „die jungfräuliche Königin“]

Vir·gi·nia·ta·bak[..nia..] 男 = Virginia[2] II

Vir·gi·ni·er[..gí:niər] 男 -s/- ヴァージニアの人.

vir·gi·nisch[..gí:nɪʃ] 形 ヴァージニアの.

Vir·gi·ni·tät[vɪrginitɛ́:t] 女 -/ (Jungfräulichkeit) 処女であること, 純潔. [*lat.*; < *lat.* virgō „Jungfrau“]

vi·ri·bus uni·tis[ví:ribʊs uní:ti:s]《ラテン語》(mit vereinten Kräften) 力を合わせて, 協力して. [< *lat.* vīs (→violent); ◇unieren]

vi·ril[virí:l] 形 **1** 男性の, 男性に関する. **2 a)** 男性の特徴を顕著に備えた, 男性的な, 男らしい, 男っぽい. **b)** (女性が)男性化した, 男みたいな. [*lat.*; < *lat.* vir „Mann“]

Vi·ri·lis·mus[virilísmʊs] 男 -/《医》**1** (女性の)男性化〔症〕. **2** (少年の)性的早熟.

Vi·ri·li·tät[virilitɛ́:t] 女 -/ 男性であること; 男らしさ; 男っぽさ; 生殖能力. [*lat.*]

Vi·ril·stim·me[virí:l..] 女 (↔Kuriatstimme) (旧ドイツ帝国議会などでの)単独〈個人〉票.

Vi·ro·lo·ge[viroló:gə] 男 -n/-n (→..loge) ウイルス学者.

Vi·ro·lo·gie[..logí:] 女 -/ ウイルス学. [< Virus]

vi·ro·lo·gisch[..ló:gɪʃ] 形 ウイルス学〔上〕の.

ᐁ**vir·tual**[vɪrtuá:l] = virtuell

Vir·tua·li·tät[vɪrtualitɛ́:t] 女 -/-en 潜在力; 潜在的可能性. [*fr.*]

vir·tuell[vɪrtuɛ́l] 形 **1** (能力・可能性などが)潜在する, 潜勢の;《比》実質上の, 実際上の. **2** (↔reell)《理》仮の, 仮想の: ein ~*es* Bild《光》虚像 | ~*e* Masse《理》仮想質量 | ~*e* Realität (略 VR) (コンピューターなどによる)仮想現実〔感〕, バーチャルリアリティー | ~*e* Temperatur《理》仮温度.
[*mlat.* virtuālis–*fr.*; < *lat.* virtūs „Mannhaftigkeit“ (◇viril)+..al[1]]

vir·tuos[vɪrtuó:s][1] 形 技量の卓越した, 名人芸の.

Vir·tuo·se[vɪrtuó:zə] 男 -n/-n (⊛ **Vir·tuo·sin**[..zɪn]-/-nen) (芸術, 特に音楽の分野で)ヴィルトゥオーゾ, 卓越した技量をもつ人, 巨匠, 名人, 大家: Er ist ein ~ auf dem Klavier. 彼はピアノの名手だ. [*it.*]

Vir·tuo·sen·stück[..zən..] 中 名人〈ヴィルトゥオーゾ〉用の楽曲〈難曲〉.

Vir·tuo·sen·tum[..zəntu:m] 中 -s/ 巨匠〈名人〉気質.

Vir·tuo·sin Virtuose の女性形.

Vir·tuo·si·tät[vɪrtuozitɛ́:t] 女 -/ 卓越した技量, 妙技, 名人芸.

vi·ru·lent[virulɛ́nt] 形 **1**《医》毒性のある; 伝染性の. **2** 危険な, 害毒を及ぼす. [*lat.*]

Vi·ru·lenz[..lɛ́nts] 女 -/ 毒性;《医》毒力, 菌力.

Vi·rus[ví:rʊs] 中 (男) -/Viren[ví:rən]《細菌》ウイルス, ビールス(濾過(ろか)性病原体): das ~ der Kinderlähmung 小児麻痺(まひ)のウイルス | Pocken*virus* 痘瘡(とうそう)ウイルス ‖ Die Grippe wird durch ein ~ hervorgerufen 〈übertragen〉. 流感はウイルスによって起こる〈感染する〉.
[*lat.* vīrus „Schleim“]

Vi·rus≈for·schung 女 ウイルス研究. **≈grip·pe** 女《医》ウイルス性流感. **≈he·pa·ti·tis** 女《医》ウイルス性肝炎. **≈im·mu·ni·tät** 女《医》ウイルス免疫. **≈in·fek·tion** 女《医》ウイルス感染. **≈krank·heit** 女 **1**《医》ウイルス性疾患. **2**《農》ウイルス病. **≈trä·ger** 男 ウイルス保菌者.

Vis → *Vis* major

Vi·sa Visum の複数.

Vi·sa·ge[vizá:ʒə; ｵｰｽﾄﾘｱ:..zá:ʒ] 女 -/-n[..ʒən]《軽蔑的に》(Gesicht) 顔, つら; 顔つき: eine widerliche ~ いやなつら ‖ eine enttäuschte ~ machen がっかりした顔をする | *jm.* eins 〈eine〉 in die ~ hauen …のつらに一発くらわす.
[*fr.*; ◇Visier[1]]

Vi·sa·gist[vizaʒíst] 男 -en/-en (⊛ **Vi·sa·gi·stin**[..tɪn]-/-nen) 顔面美容師, 美顔術師;《劇・映》美粧係, メーキャップ師.

vis-à-vis[vizaví:] **I** 前《3格支配. 後置されることが多く, 人称代名詞を支配するときはつねに後置》(gegenüber) …と向かい合わせに, …の向かい側に: Die Post steht dem Hotel ~ 〈~ dem Hotel〉. 郵便局はホテルの向かいにある | Wir wohnen ihm ~. 我々は彼の向かい側に住んでいる.
II 副 (gegenüber) 向かい合って, 向かい合わせに: ~ von mir 私と向かい合って, 私と向かい合わせに | machtlos ~ stehen (→machtlos).
III Vi·sa·vis[vizaví:] 中 -[..ví:(s)]/-[..ví:s] **1**《単数で》向かい合い. **2** 向かい合っている人〈もの〉: Mein ~ war eine attraktive Blondine. 私の向かいに座ったのは魅力的なブロンド女だった. **3** ヴィザヴィ(馬車の一種: → 図).

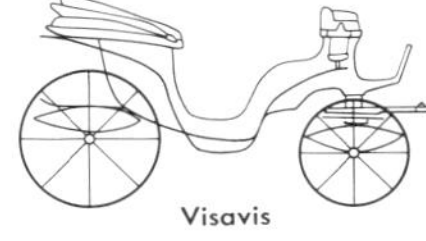
Visavis

[*fr.*; < *afr.* vis „Gesicht“+*fr.* à „zu“]

Vis·ce·ra[vístsera·] 複 = Viszera

Vis·con·te[vɪskɔ́ntə] 男 -/..ti[..ti·] (イタリアの)子爵.

Vis·con·tes·sa[..kɔntɛ́sa·] 女 -/..tesse[..tɛ́sə] (イタリアの)子爵夫人; 子爵令嬢.
[*it.*; ◇vize.., Conte[2], Vicomte〔sse〕]

Vis·count[váɪkaʊnt] 男 -s/-s (英国の)子爵. [*afr.*–*engl.*]

Vis·coun·tess[váɪkaʊntɪs] 女 -/..tesses[..tɪsɪs, ..sɪz]（英国の）子爵夫人; 子爵令嬢. [*engl.*]

Vị·sen Visum の複数.

vi·sị·bel[vizí:bəl]（..si·bl..）形（↔invisibel）目に見える, 可視の; 明白な, 明らかな. [*lat.*; ◇Visum, Vision]

Vi·sier[1][vizí:r; スイス: −, fi..] 中 -s/-e **1**（中世の甲冑(かっちゅう)の）かぶとの頰(ほお)当て, 面頰(めんぽお), 兜庇(とうひ), 眉庇(まゆびさし)（→ 図 Helm）: das ～ öffnen 〈aufschlagen〉 兜庇を開く〈上にあげる〉| das ～ schließen 〈herunterschlagen〉 兜庇を閉じる〈おろす〉（顔を保護するために）| **mit offenem ～ kämpfen**《比》手の内を見せて堂々と戦う. **2**〘スポーツ〙（レーサーなどの）バイザー. [*fr.*; < *afr.* vis „Gesicht" （◇Visum）]

Vi·sier[2][−] 中 -s/-e （銃の）照尺（→ 図 Luftgewehr）: *et.*^{4} im ～ haben …にねらいを定めている, …をねらっている | ein Wild ins ～ bekommen 野獣にねらいをつける | ***et.***^{4} **ins ～ fassen**《比》…にねらいを定める, …を注視する | ***jn.*** **ins ～ nehmen**《比》…を〔敵意をもって〕厳しく監視〈批判〉する. [*fr.*]

Vi·sier·ein·rich·tung 女（銃の）照準装置.

vi·sie·ren[vizí:rən] **I** 他（h）**1**《*et.*^{4}》（…に）ねらいをつける;（…に）目を向ける: den Gegner ～ 敵をねらう. **2**（旅券を）査証する（→Visum）. **3**（eichen）（度量衡器を）検定する. ▽**4**（beglaubigen）（正式に）認定する, 認証する.
II 自（s）《auf *et.*^{4}》（…に）ねらいを定める,（…に）照準をあてる;（…の方を）注目〈注視〉する.
[*fr.*; ◇vide, Vision; I 2: ◇Visum]

Vi·sier⸗fern·rohr[vizí:r..] 中〘天〙照準望遠鏡. **⸗helm** 男（中世の）面頰(めんぽお)つきのかぶと. **⸗kim·me** 女（銃の）照門. **⸗korn** 中 -〔e〕s/-e（銃の）照星. **⸗li·nie**[..niə] 女 照準線. **⸗schie·ber** 男（照尺の）遊標.

Vi·sie·rung[vizí:rʊŋ] 女 -/-en **1**《単数で》visieren すること. **2**〘美〙（作品の）構想, 原案, 下絵.

Vi·sier·win·kel[vizí:r..] 男 照準角.

Vi·sion[vizió:n] 女 -/-en 幻覚, 幻視; まぼろし, 幻影; 幻想, 空想;《比》未来像, ビジョン: apokalyptische ～*en* 黙示録を思わせる恐ろしい災いのまぼろし | *seine* politische ～ verwirklichen 自分の政治的ビジョンを実現する. [*lat.* vīsiō „Sehen"; < *lat.* vidēre（→vide）; ◇Visum]

vi·sio·när[vizionɛ́:r] **I** 形 幻覚〈幻視〉の; まぼろし〈幻影〉の; 幻想的〈夢幻的〉な; 空想上の, 架空の.
II Vi·sio·när 男 -s/-e 幻覚〈幻視〉者, 幻影を見る人; 夢想家, 空想家.

Vi·sions·ra·dius[vizió:ns..] 男〘光〙視軸.

Vi·si·ta·tion[vizitatsió:n] 女 -/-en **1** 捜査, 捜索,（所持品などの）検査: Leibes*visitation*（所持品などを調べる）身体検査. **2 a**)（監督官庁などによる）査察, 視察. **b**)〘史〙（紋章官の）紋章巡検. [*lat.*－*fr.*]

Vi·si·ta·tor[..tá:tɔr, ..to:r] 男 -s/-en[..tató:rən] **1** 捜索官, 検査官. **2** 査察〈視察〉官. [*spätlat.*]

Vi·si·te[vizí:tə, ..zítə; オーストリア:..zít] 女 -/-n[..tən] **1 a**)（病院での医師の）回診: die morgendliche ～ 朝の回診 | ～ machen 回診する. **b**)（回診の）医師団. **2**〔儀礼的な〕訪問: bei *jm.* ～ machen …を訪問する.
[*fr.*; ◇*engl.* visit]

Vi·si·ten·kar·te 女 **1** 名刺: *jm. seine* ～ geben 〈überreichen〉 …に名刺を渡す | *seine* ～ abgeben《比》（ある場所を訪れて）その実力〈真価〉を示す | ***seine* ～ hinterlassen**《軽蔑的に》（客が）悪名〈悪評〉を残す; 汚物（排泄物など）をあとに残す ‖ Das Schaufenster ist die ～ eines Geschäfts.《比》ショーウインドーは店の名刺代わりだ（ショーウインドーを見れば店の特色・善しあしは一目でわかる）.
2《話》**a**)（獣などの）残していった糞(ふん). **b**)（刑事の）身分証明書, バッジ. **c**)（手土産代わりの）功績, サービス.

vi·si·tie·ren[vizití:rən] 他（h）**1**（durchsuchen）捜査〈捜索〉する,（所持品などを）検査する: *js.* Gepäck ～ …の荷物を検査する（税関などで）. **2**（監督官庁などが）査察〈視察〉する: eine Schule ～ 学校を視察する（視学官が）.
[*lat.*－*fr.*; < *lat.* vīsere „besichtigen"（◇Visum）]

Vi·sit·kar·te[vizí:t..]《オーストリア》＝Visitenkarte

vis·kos[vɪskó:s][1]（**vis·kös**[..kø:s][1]）形〘化〙粘性の, 粘着性の, ねばねばした. [*spätlat.*; < *lat.* viscum „〔Vogelleim aus〕 Mistel"; ◇*engl.* viscous, viscid]

Vis·ko·se[..kó:zə] 女 -/〘化〙ビスコース（セルロースの処理によって得られるコロイド溶液で, 人造繊維などの原料）.

Vis·ko·se⸗fa·ser 女 ビスコース繊維. **⸗schwamm** 男 ビスコース海綿〈スポンジ〉.

Vis·ko·si·me·ter[vɪskozimé:tər] 中（男）-s/-〘理〙粘度計.

Vis·ko·si·tät[vɪskozitɛ́:t] 女 -/ **1**〘化〙粘性, 粘着性. **2**〘理〙（流体の）粘性. [*mlat.*]

Vis·ko·si·täts·ko·ef·fi·zient[..tsiɛnt] 男〘理〙（流体の）粘性率.

Vis ma·jor[ví:s má:jɔr] 女 --/〘法〙不可抗力. [*lat.*; < *lat.* vīs（→violent）]

vista《イタリア語》→a prima *vista*, a *vista*, prima *vista*

Vi·sta[vísta·] 女 -/〘商〙（手形の）一覧, 提示（→a vista 1）. [*it.* „Sicht"; ◇Visum]

Vi·sta·wech·sel[vísta..] 男〘商〙一覧払い手形.

Vi·stra[vístra·] 女 -/ 商標 ビストラ（Viskose を原料とする人造繊維）.

vi·sua·li·sie·ren[vizualizí:rən] 他（h）目に見えるようにする, 視覚的に効果をもつように表現する. [*engl.* visualize]

vi·suell[vizuɛ́l] 形 **1**（↔akustisch）視覚の, 視覚による; 視覚的な: audio*visuell* 視聴覚〔教育〕の ‖ ～*e* Eindrücke 視覚的な印象 | ein ～*er* Typ 視覚型〔の人間〕. **2** 目に見える, 可視の: ～*e* Doppelsterne〘天〙実視連星.
[*spätlat.*－*fr.*; ◇visibel; *engl.* visual]

Vi·sum[ví:zʊm] 中 -s/Visa[..za·], Visen[..zən]（Sichtvermerk）（旅券の）査証, ビザ: Einreise*visum* 入国査証 | Touristen*visum* 観光ビザ ‖ ein ～ beantragen 査証〈ビザ〉を申請する | einen Reisepaß mit einem ～ versehen 旅券に査証のスタンプを押す.
[*lat.* vīsum „gesehen"; < *lat.* vidēre（→vide）; ◇Vision; *engl.* visa]

Vi·sum·an·trag 査証〈ビザ〉の申請.

vi·sum·frei 形 査証免除の, ビザの不要な.

Vi·sum·zwang 男 -〔e〕s/（査証相互免除国以外の外国への入国に際しての）査証〔所持・呈示〕の義務.

Vis·ze·ra[vístsera·] 複〘医〙（Eingeweide）内臓. [*lat.* vīscera; ◇Wisch]

vis·ze·ral[vɪstserá:l] 形〘医〙内臓の, 内臓に関する. [*mlat.*]

vis·zid[vɪstsí:t][1] ＝viskos

Vi·ta[ví:ta·] 女 -/..ten[..tən], ..tae[..tɛ·] **1** 生活; 生涯; 伝記. **2** 履歴, 経歴. [*lat.*; < *lat.* vīvere（→vivat）]

vi·ta bre·vis, ars lon·ga[ví:ta· bré:vɪs árs lɔ́ŋga·]《ラテン語》（das Leben ist kurz, die Kunst ist lang）人生は短く 学術の道は遠い（古代ギリシアの名医 Hippokrates に基づく Seneca の言葉）. [◇Art, lang]

Vi·tae Vita の複数.

vi·tae, non scho·lae dis·ci·mus[ví:tɛ· nó:n sçó:lɛ· dístsimʊs, −− skó:lɛ· −]《ラテン語》（für das Leben, nicht für die Schule lernen wir）私たちが学ぶのは人生のためであって 学派のためではない.
[< *lat.* dīscere „lernen"; ◇Schule]

vi·tal[vitá:l] 形 **1** 生命の, 生命に関する: ～ gefährdet sein 生命の危険にさらされている. **2**《付加語的》生命〈死活〉にかかわる, 重要な, きわめて重大な: die ～*en* Interessen eines Volkes 民族の存亡にかかわる重要な利害. **3** 生気にあふれた, 活気のある, 活発な: ein ～*er* Mensch 生気にあふれた人 | Er ist nicht mehr jung, aber noch sehr ～. 彼はもう若くはないが まだとても元気だ. **4**〘生〙生体の: ～*e* Färbung 生体染色. [*lat.*－*fr.*]

Vi·tal⸗fär·bung 女〘生〙生体染色. **⸗funk·tion** 女〘生理〙生体機能（呼吸・血液循環・体温調節・新陳代謝など）.

Vi·ta·li·en·brü·der[vitá:liənbry:dər]（**Vi·ta·lia·ner**[vitaliá:nər]）複〘史〙ヴィタリエン兄弟, リケンデーラー（14世紀末から15世紀初頭にかけて北海やバルト海に出没した海賊団. Vitalien は「食糧」の意で元来ハンザ同盟の委託を受けてデンマーク軍攻囲下のストックホルムへの食糧補給にあたったためにこの名を生じた. 1401年にハンザ同盟によって制圧された. リケンデーラー Likendeeler は低地ドイツ語で「平等者」の意).

Vi·ta·lis·mus[vitalísmus] 男 -/ 《哲》生気論, 活力説. [*fr.*]

Vi·ta·list[..líst] 男 -en/-en 生気論〈活力説〉の信奉者.

vi·ta·li·stisch[..lístɪʃ] 形 生気論の, 活力説の.

Vi·ta·li·tät[vitalitɛ́:t] 女 -/ 生命力, 活力; 生気, 活気, 旺盛(おうせい)な精力. [*lat.*－*fr.*]

Vi·tal≈ka·pa·zi·tät[vitá:l..] 女 -/ 《医》肺活量. **≈reak·tion** 女《医》生活反応;《生》生体反応. **≈zei·chen** 中《医》生命〈生存〉徴候(脈拍・呼吸・体温など).

Vit··amin[vitamí:n] 中 -s/-e ビタミン: Orangen enthalten viel ～ C. オレンジはビタミン C を多量に含んでいる | ～ **B haben**《戯》(不正な利得に通じる)コネがある (B は Beziehung の頭文字: →Beziehung 1).
[＜*lat.* vīta „Leben"＋Amin]

vit·amin·arm 形 ビタミンの乏しい.

Vit·amin-B-Man·gel-Krank·heit[vitami:nbé:..] 女《医》ビタミン B 欠乏症, 脚気(かっけ).

Vit·amin·ge·halt[vitamí:n..] 男 ビタミン含有量.

vit·amin≈hal·tig[vitamí:nhaltɪç][2]《オーストリア》: **≈häl·tig**[..hɛltɪç][2]) 形 ビタミンを含有する.

vit·ami·nie·ren[vitaminí:rən] (**vit·ami·ni·sie·ren**[..nizí:rən]) 他 (h)《*et.*[4]》(…に)ビタミンを添加する.

Vit·amin·man·gel[vitamí:n..] 男 -s/ ビタミン欠乏〈不足〉.

Vit·amin·man·gel≈er·schei·nung 女 ビタミン欠乏症状. **≈krank·heit** 女 ビタミン欠乏症. **≈prä·pa·rat** 中 ビタミン剤.

vit·amin·reich 形 ビタミンの豊富な.

Vit·amin≈sprit·ze 女《医》ビタミン注射. **≈stoß** 男《医》ビタミンの大量投与. **≈ta·blet·te** 女 ビタミン錠剤. **≈the·ra·pie** 女《医》ビタミン療法.

vite[vi:t, vɪt] 副 (schnell)《楽》ヴィト, 急速に. [*fr.*]

Vi·ten Vita の複数.

Vi·tia Vitium の複数.

vi·tiös[vitsiǿ:s][1] 形 **1** 欠点〈欠陥〉のある, 誤った: ein ～*er* Zirkel 悪循環. **2** 悪徳〈背徳〉の, 不道徳〈不品行〉な. [*lat.*; ◇*engl.* vicious]

Vi·tium[ví:tsium] 中 -s/..tia[..tsia·] **1**《医》欠陥, 不全, 障害, 奇形. **2** 悪徳. [*lat.*; ◇*engl.* vice]

Vi·tra Vitrum の複数.

[▽]**Vi·tra·ge**[vitrá:ʒə] 女 -/-n 窓のカーテン. [*fr.*]

Vi·tren Vitrum の複数.

Vi·tri·ne[vitrí:nə] 女 -/-n **1** (Schaukasten) (博物館・デパートなどのガラス張りの)陳列棚, 展示ケース. **2** (Glasschrank) ガラス戸棚.
[*fr.*; ＜*fr.* verrine „Glaskasten"]

[▽]**Vi·tri·ol**[vitrió:l] 中 -s/-e《化》礬(ばん)類(鉄・銅・亜鉛などの硫酸塩): blaues ～ 胆礬(たんばん)(硫酸銅) | grünes ～ 緑礬(硫酸鉄) | weißes ～ 皓礬(こうばん)(硫酸亜鉛). [*mlat.*]

Vi·tri·ol·öl 中 (粗製の)硫酸.

Vi·trit[vitrí:t, ..rít] 男 -[e]s/-e ビトリット(石炭組織成分の一つ).

Vi·trum[ví:trum] 中 -s/..tra[..tra·], ..tren[..trən] (Arzneiflasche) 薬瓶. [*lat.*]

Vi·tus[ví:tus] 男名 ヴィートゥス. [*mlat.*; ◇Veit]

Vitz·li·putz·li[vɪtslipútsli·, fɪ..] 男 -[s]/《方》**1** 妖怪(ようかい), お化け. **2**《婉曲に》(Teufel) 悪魔.
[Azteke の神の名から]

viv[vi:f][1] ＝vif

vi·va·ce[vivá:tʃə] **I** 副 (lebhaft)《楽》ヴィヴァーチェ, 活発に, 速く. **II Vi·va·ce** 中 -/-《楽》vivace に演奏される楽曲〈楽章〉.
[*it.*; ＜*lat.* vīvax „langlebig" (◇vivat)]

vi·va·cis·si·mo[vivatʃísimo·] **I** 副 (sehr lebhaft)《楽》ヴィヴァチッシモ, きわめて活発に, 非常に速く.
II Vi·va·cis·si·mo 中 -s/-s, ..mi[..mi·]《楽》vivacissimo に演奏される楽曲〈楽章〉. [*it.*]

Vi·val·di[viváldi·] 人名 Antonio ～ アントニオ ヴィヴァルディ(1678-1741; バロックを代表するイタリアの作曲家. 作品『四季』など).

vi·vant[ví:vant]《ラテン語》(sie sollen leben!) (複数の人に向かって言う)万歳.

vi·vant se·quen·tes[ví:vant zekvɛ́nte:s, – ..tɛs]《ラテン語》(es sollen leben die Folgenden!) 我々に続いて飲む諸君万歳(学生の酒宴でのかけ声) (→vivat sequens).

Vi·va·rium[vivá:rium] 中 -s/..rien[..riən] (Aquarium, Terrarium など, 小動物の)生態飼育箱; 生態飼育室〈場〉. [*lat.*; ＜*lat.* vīvus (→vif); ◇Weiher]

vi·vat[ví:vat] **I**《ラテン語》(er 〈sie〉 lebe!) (単数の人に向かって言う)万歳: → *vivat* sequens
II Vi·vat 中 -s/-s 万歳〔の叫び〕: ein ～ ausbringen 万歳を唱える.
[＜*lat.* vīvere „leben" (◇keck); ◇Vitamin]

Vi·vat·ruf 男 万歳の叫び, 歓呼の声.

vi·vat se·quens[ví:vat zé:kvɛns]《ラテン語》(es lebe der Folgende!) 私に続いて飲む者万歳(学生の酒宴でのかけ声) (→vivant sequentes).

Vi·via·nit[vivianí:t, ..nít] 中 -s/-e (Blaueisenerz)《鉱》藍(らん)鉄鉱. [＜J. G. Vivian (19世紀の英国の鉱物学者)＋..it[2]]

vi·vi·par[vivipá:r] 形 (↔ovipar)《生》胎性の: ～*e* Samen《植》胎生種子. [*spätlat.*; ＜*lat.* vīvus „lebend" ＋parere (→parieren[2]); ◇*engl.* viviparous]

Vi·vi·pa·rie[..parí:] 女 -/《生》胎生.

Vi·vi·sek·tion[vivizɛktsió:n] 女 -/-en (実験動物などの)生体解剖.

vi·vi·se·zie·ren[..zetsí:rən] 他 (h) 生体解剖する.

vize..《名詞につけて「代理・副」を意味する》: *Vize*kanzler 副首相 | *Vize*präsident 副大統領. [*lat.* vice „statt"; ＜*lat.* vicis „Wechsel" (◇Wechsel)]

Vi·ze[fí:tsə, ví:..] 男 -s/-s (⊛ **Vi·zin**[..tsɪn]-/-nen)《話》副(…の人)(副大統領・副議長・副会長など).

Vi·ze≈ad·mi·ral[fí:tsə.., ví:tsə..] 男《軍》海軍中将. **≈kanz·ler** 男 副首相, 副総理. **≈kö·nig** 男 副王, 大守, 総督. **≈kon·sul** 男 副領事. **≈mei·ster** 男《hinter *jm.*》《スポーツ》(…に次ぐ)第 2 位の競技者, 次点者. **≈prä·si·dent** 男 副大統領; 副議長; 副会長.

Vi·zin Vize の女性形.

[▽]**vi·zi·nal**[vitsiná:l] 形《ふつう付加語的》近所の, 近隣の; 隣接した.
[*lat.*; ＜*lat.* vīcīnus „benachbart" (◇Villa)]

[▽]**Vi·zi·nal≈bahn** 女 地方〈軽便〉鉄道. **≈stra·ße** 女, **≈weg** 男 (市町村間を結ぶ)里道, 間道.

Viz·tum[fítstu:m, ví:ts..] 男 -s/-e (中世諸侯の)財産管理人, 代官. [*mlat.* vice-dominus „Vertreter des Herrn"－*mhd.*; ◇vize.., Dominus]

v. J. 略 **1** ＝vorigen 〈vergangenen〉 Jahres 昨年に, 昨年の. **2** ＝voriges 〈vergangenes〉 Jahr[4] 昨年に. **3** ＝vom Jahr〔e〕 … …年の.

V-Leu·te V-Mann の複数.

Vlg. 略 ＝Verlag 出版社.

Vlies[fli:s][1] ([▽]**Vließ**[fli:s]) 中 -es/-e《雅》羊の毛皮; 羊毛: das Goldene ～ i)《ギ神》金羊毛皮(英雄 Jason が Argo 船に乗ってコルキスに捜しに行った秘宝); ii)《史》金羊毛皮勲爵士〔章〕(1430年に設立されたブルグントの騎士団ないしはその勲章).
[*westgerm.*－*mndl.*; ◇Flausch; *engl.* fleece]

Vlis·sin·gen[flísɪŋən] 地名 フリシンゲン(オランダ南西部, 北海に臨む港湾都市).

v. l. n. r. 略 ＝von **l**inks **n**ach **r**echts 左から右へ(グループ写真の人物説明などで).

vm. 略 ＝vormittags 午前〔中〕に.

v. M. 略 **1** ＝vorigen 〈vergangenen〉 **M**onats 先月に, 先月の. **2** ＝vorigen 〈vergangenen〉 **M**onat[4] 先月に.

V-Mann[fáuman] 男 -[e]s/V-Leute[..lɔytə] **1** ＝Verbindungsmann **2** ＝Vertrauensmann 4

V-Mo·tor[fáu..] 男 V 型エンジン.

V

Vn. 略 =**V**or**n**ame (家族名の前に付く)名, 洗礼名.
VN[faʊ|ɛ́n] 略 複 =die **V**ereinten **N**ationen 国際連合.
v. o. 略 =von oben 上から(何行目).
Vo̩·ce[vó:tʃə] 女 -/..ci[..tʃi·] 〘楽〙歌声; 声〔部〕(→mezza voce, sotto voce). [*it.*; ◇vokal]
Vo̩·ces ni̩·hi·li Vox nihili の複数.
Vo̩·gel[fó:gəl] 男 -s/Vögel[fø:gəl] (小 **Vö̩·gel·chen**[fø:gəlçən], **Vö̩·ge·lein**[fø:gəlaın], **Vö̩g·lein**[fø:glaın] 中 -s/)
1 a) 鳥(→ 図); 小鳥: Raub*vogel* 猛禽(もうきん) | Sing*vogel* 鳴禽 | Wasser*vogel* 水鳥 | Zug*vogel* 渡り鳥 ‖ frei wie ein ~ in der Luft 空飛ぶ鳥のように自由な〈に〉‖ einen ~ fangen 〈halten〉 鳥を捕らえる〈飼う〉| einen ~ füttern 〈tränken〉 鳥にえさ〈水〉をやる | einen ~ wieder fliegen lassen (捕らえた)鳥を逃がしてやる | Du hast wohl einen ~ unter dem Hut? (脱帽しない相手をからかって・たしなめて)君の帽子の中には鳥でもいるのか ‖ Der ~ fliegt 〈schlägt mit den Flügeln〉. 鳥が飛ぶ〈羽ばたく〉| Der ~ schwingt sich in die Lüfte 〈schwebt in der Luft〉. 鳥が空に舞い上がる〈空中に浮かんでいる〉| Der ~ singt 〈zwitschert〉. 鳥が歌う〈さえずる〉| Viele *Vögel* sitzen auf den Telegrafendrähten. たくさんの鳥が電線にとまっている | Nicht alle *Vögel* können fliegen. 鳥がすべて飛べるわけではない | Jeder ~ liebt sein Nest. / Einem jeden ~ gefällt sein Nest. 《諺》だれでも自分の家がいちばんいいものだ | Der ~ ist ins Garn 〈auf den Leim〉 gegangen. 鳥が罠(わな)にかかった; 《比》やつはまんまと罠(わな)にはめられた | **Der ~ ist ausgeflogen.** 《話》(訪ねる)相手はいなかった〈留守で会えなかった〉; (探す)相手は逃亡して〈ずらかって〉いた | Der ~ brutzelt im Ofen. 《話》ガチョウ〈カモ〉がオーブンでジュージュー焼けている ‖ **Friß, ~, oder stirb!** 《話》(目的を達するには)やってみるより仕方がない, ほかに手はない, のるかそるかだ. **b)** (形が鳥に似たもの. 例えば:)(鳥の形に似せた)標的; 《話》飛行機: **den ~ abschießen** i) 標的を射落とす; 《比》他の人たちを凌駕(りょうが)する; 一番の成績をあげる; ii) (カタパルトで)飛行機を射出する. **c)** (頭のおかしな人は, 頭の中に鳥が巣くっているという発想から): **einen ~ haben** 《話》頭がおかしい | Du hast wohl einen 〔ausgewachsenen〕 ~! 君は頭が〔だいぶ〕いかれているんじゃないか | ***jm.* den 〈einen〉 ~ zeigen** 《話》…にお前の頭はおかしいぞというしぐさをする(指で自分の額をつつく).

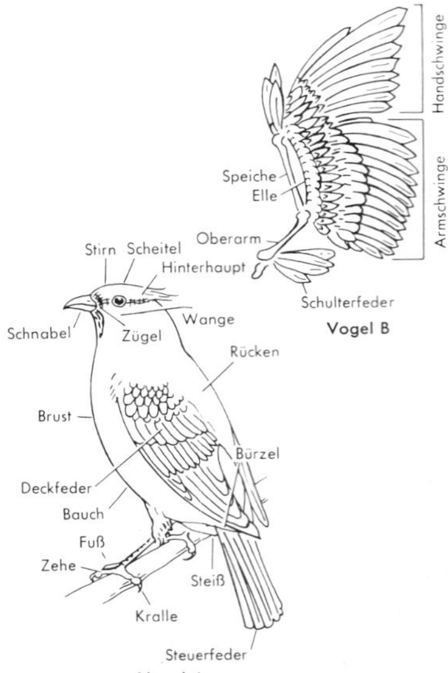

2 《話》〔おかしな〕やつ: ein komischer 〈seltsamer〉 ~ おかしなやつ, 変人 | ein lockerer 〈loser〉 ~ 軽薄なやつ | ein lustiger ~ 愉快なやつ | ein schräger ~ (→schräg 2).
[*germ.*; ◇fliegen; *engl.* fowl]
Vö̩·gel Vogel の複数.
Vo̩·gel·bau·er[fó:gəl..] 中 (男) -s/- **1** 鳥かご. **2** 《話》独房; 狭苦しい住宅.
Vo̩·gel·beer·baum 男 〘植〙(ヨーロッパに自生する)ナナカマド(七竈)の一種〔の木〕.
Vo̩·gel≈bee·re 女 〘植〙ナナカマド(七竈)の一種〔の実〕.
≈be·o̲b·ach·ter 男 バードウォッチングをする人. **≈be·o̲b·ach·tung** 女 野鳥の観察, バードウォッチング.
Vö̩·gel·chen Vogel の縮小形.
Vo̩·gel·dunst[fó:gəl..] 男 -es/ 〘狩〙鳥撃ち用の散弾.
Vö̩·ge·lein Vogel の縮小形.
Vo̩·ge·ler[1][fó:gələr] 男 -s/- =Vogler
Vo̩·ge·ler[2][—] 人名 Heinrich ~ ハインリヒ フォーゲラー (1872-1942; ドイツの版画家・画家).
Vo̩·gel≈fang 男 -〔e〕s/ 鳥の捕獲, 捕鳥. **≈fän·ger** 男 捕鳥者. **≈fe̲·der** 女 鳥の羽毛. **≈flu̲g** 男 鳥の飛翔(ひしょう). **≈flü̲·gel** 男 鳥の翼.
Vo̩·gel·flug·li̲·nie[..niə] 女 -/ 渡り鳥コース (Hamburg と Kopenhagen を結ぶフェリー連絡航路の通称).
vo̩·gel·frei 形 法の恩典〈保護〉を奪われた, 法益を剝奪(はくだつ)された: *jn.* für ~ erklären …から法の恩典〈保護〉を奪う. [„den Vögeln (zum Fraß) freigegeben"]
Vo̩·gel≈fu̲ß 男 **1** 鳥の脚. **2** =Serradella **≈fut·ter** 中 鳥のえさ. **≈ge·sang** 男 -〔e〕s/ 鳥の歌声〈さえずり〉. **≈ge·sicht** 中 異常に下あごの小さい顔; 〘医〙鳥顔, 鳥相. **≈ge·zwit·scher** 中 鳥のさえずり. **≈händ·ler** 男 小鳥屋(人). **≈hand·lung** 女 小鳥屋(店). **≈haus** 中 小鳥小屋, 禽舎(きんしゃ); 《話》獄舎, 監獄. **≈häus·chen** =Futterhäuschen [▽]**≈he̲rd** 男 (かすみ網を張った)捕鳥場. **≈kä̲·fig** 男 = Vogelbauer 1 **≈kir·sche** 女 (Süßkirsche)〘植〙セイヨウミザクラ(西洋実桜). **≈klaue** 女 鳥のつめ. **≈knö̲·te·rich** 男 〘植〙ミチヤナギ(道柳). **≈kun·de** 女 -/ (Ornithologie) 鳥類学. **≈leim** 男 (捕鳥用の)鳥もち. **≈lieb·ha̲·ber** 男 愛鳥家. **≈mie·re** 女 〘植〙ハコベ(繁縷). **≈milch** 女 〘植〙オルニトガルム(ユリ科の草花). **≈mist** 男 鳥の糞(ふん).
[▽]**vo̩·geln**[fó:gəln] 《06》 自 (h) **1** 鳥を捕獲する. **2** 鳥の飛び方で占う.
vö̩·geln[fø:gəln] 《06》《卑》(koitieren) **I** 自 (h) 《mit *jm.*》(…と)性交する. **II** 他 (h) 《*jn.*》(…と)性交する. [*mhd.* vogelen „begatten (von Vögeln)"]
Vo̩·gel·nest[fó:gəl..] 中 **1** 鳥の巣. **2** 〘植〙サカネラン(逆根蘭).
Vo̩·gel·nest≈farn 男 〘植〙シマオオタニワタリ(島大谷渡). **≈pilz** 男 (Teuerling)〘植〙チャダイゴケ(茶台苔)属のキノコ.
Vo̩·gel≈netz 中 捕鳥網. **≈per·spek·ti̲·ve** 女 -/ (↔Froschperspektive) 鳥瞰(ちょうかん)(上から見おろす眺め・視点): aus der ~ 上から, 空中から | ein Bild aus der ~ 鳥瞰図. **≈pfei·fe** 女 鳥〔寄せ〕笛. **≈reu·se** 女 〘狩〙鳥わな. **≈scha̲r** 女 鳥の群れ. **≈schau** 女 -/ **1** =Vogelperspektive **2** 鳥の飛行による運命占い. **≈scheu·che** 女 **1** かかし(案山子). **2** 《話》(服装の悪趣味な)やせっぽちの人. **≈schie·ßen** 中 射撃会(元来は木製の鳥を標的として用いた). **≈schro̲t** 男 中 =Vogeldunst **≈schutz** 男 鳥類〈野鳥〉保護.
Vo̩·gel·schutz≈ge·biet 中 鳥類保護〔指定〕区域. **≈war·te** 女 鳥類〈野鳥〉保護監視所.
Vo̩·gel≈spin·ne 女 〘動〙トリクイグモ(鳥食蜘蛛), オオツチグモ(大土蜘蛛). **≈stan·ge** 女 止まり木. **≈stel·ler** 男 =Vogelfänger **≈stim·me** 女 鳥の声.
Vo̩·gel-Strau̲ß-Po·li·ti̲k[fo:gəlʃtráus..] 女 -/ 駝鳥(だちょう)政策(危険や不都合な事実を故意に無視する姑息(こそく)な

政策. ダチョウは危険に際して砂の中に頭を突っ込む習性をもつという伝説から).

Vo̜·gel⸗war·te[fó:gəl..] 女 (鳥類, 特に渡り鳥の生態を調査する)鳥類観察所. **⸗wei·de** 女 **1** 鳥の餌場(えさば)(餌の豊富にある場所). **2** →Walther von der Vogelweide **⸗wicke** 女〘植〙クサフジ(草藤). **⸗zug** 男 (春秋の)鳥の渡り(→Zugvogel).

Vo̜·gerl·sa·la̱t[fó:gərl..] 男《オース トリア》(Feldsalat) チシャ(萵苣)(サラダ菜としても用いる).

die **Vo·ge̜·sen**[vogé:zən; スイス: –, fo..] 地名 複 ヴォゲーゼン, ヴォージュ(フランス中東部, Rhein 左岸に南北につらなる山脈. フランス語形 Vosges).
[*lat.* Vosegus, Vogesus; ◇Wasgau, Wasgenwald]

Vö̜g·lein Vogel の縮小形.

∇**Vo̜g·ler**[fó:glər] 男 -s/- 捕鳥者. [*ahd.*; ◇vogeln]

Vo̜gt[fo:kt] 男 -(e)s/ Vögte[fǿ:ktə] **1**〘史〙(中世の封建領主の権限を代行する管理者. 例えば:) 執事; (Burgvogt) 城代, 城守(しろもり); (Landvogt) (帝国直轄地の)知事, 代官. **2** (昔の)保護者, 後援者, パトロン: Kirchen*vogt* 教会の保護者〈パトロン〉. **3** (昔の種々な取締役人. 例えば:) 法官; (監獄の)看守: Bettel*vogt* 乞食(こじき)取締役人 | Fron*vogt* 賦役監視役人. ∇**4**《スイス》(Vormund) 後見人.
[*lat.* advocātus (→Advokat)–*mlat.* vocātus–*ahd.*]

Vo̜g·te̜i[fo:ktáı] 女 -/-en **1** Vogt の職. **2** Vogt の役所〈執務場所〉.

Vogtl. 略 =**Vogt**land

das **Vo̜gt·land**[fó:ktlant][1] 地名 中 -(e)s/ (略 Vogtl.) フォークトラント(ドイツ Sachsen 地方南西部の丘陵地帯).

Vo̜gt·län·der[..lɛndər] 男 -s/- フォークトラントの人.

vo̜gt·län·disch[..lɛndıʃ] 形 フォークトラントの.

∇**Vogue**[vo:k, vɔg] 女 -/ 流行, 人気: in ～ sein 流行している, 人気がある(→en vogue). [*fr.* vogue „Schwung"; ◇Woge]

Voile[voá:l] 男 -/-s〘服飾〙ボイル(薄地の織物の総称).
[*lat.* vēlum (→Velum)–*fr.* voile „Schleier"]

Vo·ka̜·bel[voká:bəl] 女 -/-n (オース トリア: 中 -s/-) (特に外国語の)単語: ～*n* lernen 単語を習う〈覚える〉. [*lat.* vocābulum „Benennung"; <*lat.* vocāre (→vozieren)]

Vo·ka̜·bel·heft 中 単語帳.

Vo·ka·bu·la̜r[vokabulá:r] 中 -s/-e, ∇**Vo·ka·bu·la̜·rium**[..lá:riʊm] 中 -s/..rien[..riən] **1** (Wortschatz)《集合的に》語彙(ごい). **2** 語彙〈単語〉表; 語彙索引.
[*mlat.*; <*mlat.* vocābulārius „die Wörter betreffend"; ◇*engl.* vocabulary]

vo·ka̜l[voká:l] **I** 形 声楽(用)の, 歌の. **II Vo·ka̜l** 男 -s/-e (↔Konsonant)〘言〙**1** (Selbstlaut) 母音: ein kurzer〈langer〉～ 短〈長〉母音 | ein oraler〈nasaler〉～ 口〈鼻〉母音. **2** 母音字(母音を表す字). [*lat.* vōcālis „klangvoll"; <*lat.* vōx „Stimme" (◇Epos)]

Vo·ka̜l⸗drei·eck 中〘言〙母音三角形(例えば1781年にハルヴェーク Ch. F. Hallweg の作った音声図: → 図). **⸗har·mo·nie** 女 -/〘言〙母音調和.

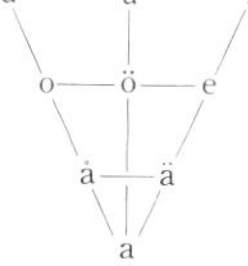

Vokaldreieck

Vo·ka·li·sa·tio̜n[vokalizatsió:n] 女 -/-en (vokalisieren すること. 例えば:)〘言〙母音化;〘楽〙母音唱法.

vo·ka̜·lisch[voká:lıʃ] 形〘言〙母音の; 母音性の: ～*e* Deklination (名詞の)強変化.

Vo·ka·li̜·se[vokalí:zə] 女 -/-n〘楽〙母音〔で行う〕唱法. [*fr.*]

vo·ka·li·sie̜·ren[vokalizí:rən] **I** 他 (h) **1**〘言〙(子音を)母音化する. **2**《*et.*[4]》(ヘブライ語などの子音字だけで表記されたテキストに)母音符号をつける.
II 自 (h)〘楽〙(音階・曲などを)母音で歌う.

Vo·ka·li·sie̜·rung[..rʊŋ] 女 -/-en vokalisieren すること.

Vo·ka·li̜s·mus[vokalísmʊs] 男 -/〘言〙(特定の言語の)母音組織〈体系〉〔の全体〕(→Vokalsystem).

Vo·ka·li̜st[..líst] 男 -en/-en (女 **Vo·ka·li̜·stin**[..lístın]-/-nen) 歌手, 声楽家.

Vo·ka̜l⸗mu·si̜k[voká:l..] 女 声楽. **⸗pa·la·ta·li·sie·rung** 女〘言〙母音の口蓋(こうがい)化. **⸗quar·tett** 中 四重唱〔曲〕; 四重唱団.

vo·ka̜l·reich 形〘言〙多くの母音を含む, 母音の多い.

Vo·ka̜l⸗stück 中 声楽曲. **⸗sy·ste̜m** 中〘言〙(特定の言語の)母音組織〈体系〉. **⸗vier·eck** 中〘言〙母音四角形(→ 図). **⸗wech·sel** 男〘言〙(Ablaut, Umlaut などによる)母音の交替〈変化〉.

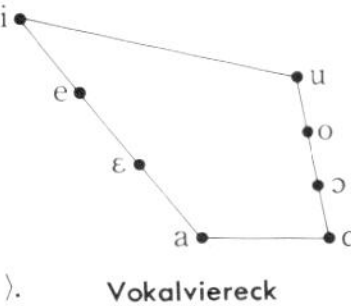

Vokalviereck

Vo·ka·tio̜n[vokatsió:n] 女 -/-en (Berufung) (高位・官職などへの)招聘(しょうへい), 任用; (神による)召命, 天職〈使命〉の賦与. [*lat.*; <*lat.* vocāre (→vozieren)]

Vo̜·ka·ti̜v[vó:kati:f, vók.., vokatí:f][1] 男 -s/-e〘言〙呼格. [*lat.* (cāsus) vocātīvus „Anrufungs(fall)"]

vol. 略 =**volumen** 巻.

∇**Vo̜·land**[fó:lant][1] 男 -(e)s/ (Teufel) 悪魔: Junker ～ 悪魔の若だんな. [*mhd.* vālant „Schreckender"]

Vo·lant[volã́:; スイス: vó:lã·] 男 (スイス: 中) -s/-s **1**〘服飾〙(婦人服などの)ひだ飾り(→ 図). **2**《オーストリア・スイス》(Steuerrad) (自動車の)ハンドル.
[*fr.*; <*lat.* volāre „fliegen"]

Volant

Vo·la·pü̜k[volapý:k; オーストリア:..pýk] 中 -s/ ヴォラピューク語(コンスタンツの司祭シュライヤー J. M. Schleyer が考案した人工世界語). [<vol „world"+pük „speak"; 英語に基づく造語]

Vol-au-vent[volová:] 男 -/-s[–]〘料理〙肉パイ.
[*fr.*; <*fr.* vol „Flug"+au vent „im Wind"]

Vo·lie̜·re[volié:rə, ..lié:rə] 女 -/-n (鳥が飛び回ることのできる)大型の鳥かご, 小鳥小屋, 禽舎(きんしゃ).
[*fr.*; <*fr.* voler „fliegen" (◇Volant)]

Volk[fɔlk] 中 -es (-s)/Völker[fœlkər] (小 **Vö̜lk·chen**[fœlkçən], **Vö̜lk·lein**[..laın] 中 -s/-) **1** (人種的概念としての Rasse に対して, 歴史的・文化的概念としての)民族, 国民(→Nation 1 a): das deutsche〈japanische〉～ ドイツ〈日本〉民族, ドイツ〈日本〉国民 | die europäischen *Völker* / die *Völker* Europas ヨーロッパ諸民族〈諸国民〉| **das auserwählte** ～〘聖〙選ばれた民(ユダヤ民族) | Natur*volk* 未開民族 | See*volk* 海洋民族 ‖ Jedes ～ hat die Regierung, die es verdient. いかなる国民もおのれにふさわしい政府をもつ〈しかもてない〉.

2《単数で》《集合的に》**a)** (統治者・支配階級・上流階級などに対して)民衆, 庶民, 平民, 人民, 大衆, 民草(たみくさ): das arbeitende〈werktätige〉～ 勤労大衆 | das einfache ～ (学問などのない)素朴な一般庶民 ‖ **dem ～ aufs Maul schauen** 一般庶民の言葉に注目する(聖書翻訳のさいの心がまえについて述べた Luther のことばに由来) | das ～ auf *seiner* Seite haben 民衆を味方にもっている, 大衆の支持を受けている ‖ ein Mann〈eine Frau〉aus dem ～ 庶民階級出身の男〈女〉‖ *Volkes* Stimme〔ist〕Gottes Stimme.《諺》民衆の声は神の声(→vox populi vox Dei).
b) (一般に)人々; 群衆: **fahrendes ～** (中世の)流浪の人々; 流れ者, 旅芸人たち | das junge ～/junges ～《話》若者たち | **das kleine ～**《話》子供たち | ein lustiges *Völkchen*《話》陽気な連中 | das neugierige ～《話》物見高い人たち, やじ馬たち | viel ～ / viel ～*s* 大勢の人たち | *Völker*《軽蔑的に》連中, やつら | Manns*volk*《俗》男衆; 野郎ども | Schiffs*volk*《雅》(船の)乗組員 ‖ Auf dem

Platz hatte sich das aufgeregte ~ versammelt. 広場には興奮した群衆が集まっていた | Ich kann dieses ~ nicht ausstehen. 私にはこの連中が我慢ならない.
3 (特定の動物の)群れ: Bienen*volk* ミツバチの群れ | ein ~ Tauben 一群のハト | mehrere *Völker* Ameisen 数群のアリ.
[*germ.* „Heerhaufe"; ◇bevölkern; *engl.* folk]

Vol·kard[fɔ́lkart] 男名 (<Volkhard) フォルカルト.

volk·arm[fɔ́lk..] 形 (↔volkreich) 人口の少ない, 人口希薄な.

Völk·chen Volk の縮小形.

Vol·ker[fɔ́lkər] 男名 フォルカー: ~ von Alzey アルツァイのフォルカー(《Nibelungenlied》に登場する楽人で勇猛な騎士).
[< *ahd.* folc „Kriegerschar" (◇Volk)+heri „Heer"]

Völ·ker Volk の複数.

Völ·ker≈ball[fœ́lkər..] 男 -(e)s/ 《球技》ドッジボール. **≈bund** 男 -(e)s/ 《史》国際連盟(1920-46). **≈fa·mi·lie**[..liə] 女 -/ 《雅》(共存共栄する)民族群, 国際共同体. **≈freund·schaft** 女 -/ 民族間の友好関係. **≈ge·misch** 中 民族を異にする人々のいりまじり, 民族のるつぼ. **≈ge·wohn·heits·recht** 中 《法》国際慣習法. **≈kun·de** 女 -/ (Ethnologie) 民族学, 人種学.

Völ·ker·kund·ler[..kʊntlər] 男 -s/- 民族学者, 人種学者.

völ·ker·kund·lich[..lɪç] 形 民族学〈人種学〉〔上〕の.

Völ·ker≈mord 男 -(e)s/ (Genozid) (ある人種・民族などに対する計画的・組織的な)大量殺戮(さつりく), 集団虐殺, ジェノサイド. **≈na·me** 男 民族名. **≈psy·cho·lo·gie** 女 民族心理学. **≈recht** 中 -(e)s/ 《法》国際法.

Völ·ker·recht·ler[..lər] 男 -s/- 国際法学者.

völ·ker·recht·lich 形 国際法〔上〕の: ~*e* Verträge 国際条約.

Völ·ker·schaft[fœ́lkərʃaft] 女 -/-en 種族, 部族.

Völ·ker≈schlacht[fœ́lkər..] 女 -/ 《史》諸国民戦争(1813年10月ライプツィヒ近郊で, プロイセン・オーストリア・ロシアの連合軍とフランス軍との間に行われ, これを転機として Napoleon の欧州支配の夢が破れたライプツィヒの戦いのこと). **≈ver·stän·di·gung** 女 国際間の協調〈意志疎通〉.

Völ·ker·wan·de·rung 女 **1** 《史》民族〔大〕移動(特に 2-8 世紀におけるゲルマン諸族の西方・南方への大移動). **2** 《話》多数の人々の移動. [*lat.* migrātiō gentium (◇Migration, Gens) の翻訳借用]

Volk·hard[fɔ́lkhart] 男名 フォルクハルト. [< *ahd.* folc „Kriegerschar" (◇Volk)+harti „hart"]

völ·kisch[fœ́lkɪʃ] 形 **1** 《述語的用法なし》民族〈国民〉の: eine ~*e* Eigenart 民族の特性. **2** (ナチ政権下の用語として)民族主義的な, 国粋的な.

Völk·lein Volk の縮小形.

volk·lich[fɔ́lklɪç] 形 民族〈国民〉の.

Volk·mar[fɔ́lkmar] 男名 フォルクマル. [< *ahd.* folc „Kriegerschar" (◇Volk)+māren „rühmen"]

volk·reich[fɔ́lk..] 形 (↔volkarm) 人口の多い, 人口稠密(ちゅうみつ)な.

Volks≈ab·stim·mung[fɔ́lks..] 女 (Plebiszit) 国民〈住民〉投票. **≈ak·tie**[..|aktsiə] 女 (ドイツ・オーストリアで, 広範囲の国民各層を対象とする)公募株, 大衆株. **≈ar·mee** 女 人民軍: Nationale ~ (略 NVA) 国家人民軍(旧東ドイツ国防軍の正式名). **≈ar·mist** 男 人民軍兵士. **≈auf·stand** 男 民衆の蜂起(ほうき)〈暴動・反乱〉. **≈aus·ga·be** 女 (書籍の)普及〈廉価〉版. **≈bank** 女 -/-en 《経》国民銀行, 信用組合. **≈be·fra·gung** 女 = Volksabstimmung

Volks·be·frei·ungs·ar·mee 女 (中国などの)人民解放軍.

Volks≈be·geh·ren 中 《政》国民発案; 住民〈国民〉請願. **≈be·lu·sti·gung** 女 大衆娯楽. **≈be·wußt·sein** 中 国民〈民族〉意識. **≈bi·blio·thek** 女 公共図書館. **≈bi·blio·the·kar** 男 公共図書館司書. **≈bil·dung** 女 -/ ᵛ**1** (Erwachsenenbildung) 成人教育. **2** 国民教育, 大衆教育: Ministerium für ~ (旧東ドイツの)国民教育省.

Volks·bil·dungs·werk 中 成人教育機関.

Volks≈brauch 男 民族の習俗〈風俗習慣〉, 民俗, お国ぶり. **≈buch** 中 《文芸》民衆〈通俗〉本(1450-1700ごろ民間に流布した読み物で, 騎士物語・冒険物語・童話・伝説・笑話など). **≈bü·che·rei** 女 = Volksbibliothek **≈büh·ne** 女 民衆劇場: Freie ~ 《劇》自由民衆舞台(1890年ブルーノ ヴィレ Bruno Wille の提唱で自由劇場 Freie Bühne から分かれて発足した演劇大衆化運動の観客組織; またその運動の中心であったベルリンの劇場). **≈but·ter** 女 《話》マーガリン. **≈cha·rak·ter** 男 民族〈国民〉性. **≈de·mo·kra·tie** 女 《政》(共産党の支配する)人民民主主義.

volks·de·mo·kra·tisch 形 人民民主主義の.

Volks≈deut·sche 男 女 (ナチ政権下の用語として)民族上のドイツ人(1937年当時のドイツおよびオーストリア国境の外, 特に東欧諸国に居住していた外国籍のドイツ人の呼称). **≈dich·te** 女 人口密度. **≈dich·ter** 男 民衆詩人; 国民作家. **≈dich·tung** 女 民衆文学.

volks·ei·gen[fɔ́lks|aɪgən] 形 (旧東ドイツで)人民の所有する, 国営の: *Volkseigener* Betrieb (略 VEB) 人民所有企業, 国営企業 | *Volkseigenes* Gut (略 VEG) 人民所有農場, 国営農場.

Volks≈ei·gen·tum 中 (旧東ドイツの)人民〔所有〕財産: *et.*[4] in ~ überführen …を人民の所有に移行させる, …を国有化する. **≈ein·kom·men** 中 《経》国民所得. **≈emp·fin·den** 中 -s/ 国民〈庶民〉感情, 大衆の感覚; 国民感情. **≈ent·scheid** 男 《政》国民〈住民〉表決. **≈epos** 中 民衆叙事詩. **≈er·he·bung** 女 民衆の蜂起(ほうき). **≈ety·mo·lo·gie** 女 《言》語源俗解, 通俗〈民間〉語源〔説〕(学問的に根拠のない語源解釈, およびそれによって生じる語の転化. 例 Sündflut < Sintflut). **≈feind** 男 民衆〈人民〉の敵. **≈fest** 中 民間の祭り, 民俗祭礼: *jm.* **ein ~ sein** 《話》…にとってたいへんうれしいことである.

volks·fremd[fɔ́lksfrɛmt][1] 形 **1** ある民族にとって異質な. **2** 民衆〈大衆〉とは無縁の.

Volks≈freund 男 民衆〈人民〉の友. **≈front** 女 《史》人民戦線(フランス・スペインで1934-36年ファシズムに対抗して結成された左翼連合). **≈geist** 男 -es/ 民族〈国民〉精神. **≈ge·mein·schaft** 女 民族共同体. **≈ge·nos·se** 男 (女 ≈ge·nos·sin) 国民同胞(ナチ政権下で用いられていた語). **≈ge·richt** 中 (人民裁判の行われる)人民法廷. **≈ge·richts·hof** 男 民族裁判所(1934年に設置され, 政治犯などを扱ったナチ政権下の特別法廷). **≈ge·sund·heit** 女 -/ 国民の健康.

Volks·ge·sund·heits·pfle·ge 女 国民保健.

Volks≈glau·be(n) 男 民間信仰. **≈grup·pe** 女 (ある国の中での)民族集団, 少数民族. **≈gut** 中 (旧東ドイツの)人民〔所有〕財産. **≈heer** 中 (国民皆兵義務による)国民軍. **≈held** 男 国民的〈民族的〉英雄. **≈herr·schaft** 女 -/ 民主制, 民主主義 (Demokratie の直訳語). **≈hoch·schu·le** 女 成人学校, 市民大学. **≈ju·stiz** 女 **1** 人民裁判. **2** 《史》(ゲルマンの)人民司法. **≈kam·mer** 女 人民議会(旧東ドイツの最高国家権力機関で議員定数500のうち SED が127, DBD, CDU, LDPD, NDPD が各52を占めた一院制議会). **≈kom·mis·sar** 男 人民委員(1946年までの旧ソ連邦で省長官・大臣に当たる). **≈kom·mis·sa·riat** 中 人民委員会(1946年までの旧ソ連邦で省に当たる). **≈kom·mu·ne** 女 (中国の)人民公社. **≈kon·trol·le** 女 人民管理. **≈kor·re·spon·dent** 男 (旧東ドイツの)人民特派員. **≈krank·heit** 女 国民病(国民全体に長期にわたって広がる病気・悪癖). **≈kü·che** 女 (貧民のための)公営給食所. **≈kun·de** 女 -/ 民俗学.

Volks·kund·ler[..kʊntlər] 男 -s/- 民俗学者.

volks·kund·lich[..lɪç] 形 民俗学〔上〕の.

Volks≈kunst 女 -/ 民衆〈民族〉芸術, 民芸. **≈lauf** 男 《スポ》市民〈民衆〉マラソン大会. **≈lied** 中 (↔Kunstlied) 民謡, 俗謡. **≈mär·chen** 中 (↔Kunstmärchen) 民間〈伝承〉童話, 民話. **≈ma·ri·ne** 女 (Seestreitkräfte) (旧東ドイツで)海軍. **≈mas·se** 女 -/-n **1** 《ふつう複数で》

大衆, 民衆. **2** ＝Volksmenge

vo̱lks·mä̱·ßig 形 民衆的な, 大衆受けのする, 通俗的な.

Vo̱lks⸗me·di·zin 女 -/ 民間療法. **⸗mei·nung** 女 世論, 民意. **⸗men·ge** 女 群衆, 人ごみ. **⸗mis·sion** 女 (信者の信仰心を高めるための, 教会による)大衆伝道〔活動〕. **⸗mund** 男 -〔e〕s/ 民衆の口〈ことば〉: im ∼ 世間一般に使われている表現では, 俗に. **⸗mu·sik** 女 民族〈民俗〉音楽.

vo̱lks·nah[fɔ́lksna:] 形 民衆に近い, 大衆的な.

Vo̱lks⸗par·tei 女 **1** 国民党, 人民党: die Deutsche ∼ (略 DVP) 〖史〗ドイツ人民党 | Österreichische ∼ (略 ÖVP) オーストリア国民党. **2** (一般に)国民政党. **⸗poe·sie** 女 民衆詩. **⸗po·li·zei** 女 -/ (略 VP) (旧東ドイツの)ドイツ人民警察(正式名は die Deutsche Volkspolizei; 俗 Vopo). **⸗po·li·zist** 男 (旧東ドイツの)人民警察官(俗 Vopo). **⸗recht** 中 -〔e〕s/ 〖史〗(ゲルマンの)部族法. **⸗re̱·de** 女 群衆相手の演説; 《話》長広舌: Halt keine ∼*n*! 長広舌は無用, かいつまんで話せ. **⸗red·ner** 男 群衆相手の演説家. **⸗re·pu·blik** 女 (略 VR) 人民共和国: ∼ China 中華人民共和国. **⸗sa̱·ge** 女 民間伝説. **⸗sän·ger** 男 流行歌手 , ポピュラーソングの歌手. **⸗schau·spie·ler** 男 民衆劇俳優. **⸗schicht** 女 -/-en 《ふつう複数で》国民〈社会〉階層: die niederen ∼*en* 下層階級. **⸗schrift·stel·ler** 男 大衆作家.

Vo̱lks·schu̱l·bil·dung 女 小学校〈国民学校〉教育.

Vo̱lks·schu̱·le 女 小学校, 国民学校(義務教育だけを受ける生徒は 9〈8〉年間, 上級学校に進学する生徒は 4 年間通う. 最初の 4 学年を Grundschule, 5 学年から上を Hauptschule と呼ぶ. 旧東ドイツでは10年制の義務教育学校を allgemeinbildende polytechnische Oberschule「一般教育総合技術学校」と呼んだ. オーストリアでは Volksschule がドイツの Grundschule に当たる).

Vo̱lks·schü̱·ler 男 (女 **Vo̱lks·schü̱·le·rin**) 小学生.

Vo̱lks·schu̱l⸗le̱h·rer 男 小学校教師. **⸗we̱·sen** 中 -s/ 初等〈小学校〉教育〔制度〕.

Vo̱lks⸗see·le 女 -/ 民族の魂; 《話》民衆〔の心〕, 人心: die empörte 〈kochende〉 ∼ 民衆の憤激. **⸗seu·che** 女 《話》＝Volkskrankheit **⸗sit·te** 女 ＝Volksbrauch **⸗so·li·da·ri·tät** 女 (略 VS) 人民連帯組織(1945年に戦後の苦難期を乗り越えるために旧東ドイツで組織された人民救済組織). **⸗sou·ve·rä̱n**[..zuvərɛ:n] 男 主権者としての国民〈人民〉. **⸗sou·ve·rä·ni·tä̱t**[..zuvə..] 女 〖政〗国民〈人民〉主権, 主権在民. **⸗sport** 男 (Massensport) 大衆スポーツ. **⸗spra̱·che** 女 民衆語.

vo̱lks·spra̱ch·lich[fɔ́lks..] 形 民衆語の.

Vo̱lks⸗staat 男 民治国, 民主国(→Obrigkeitsstaat). **⸗stamm** 男 (ある民族内部の)部族, 種族. **⸗stim·me** 女 民衆の声, 世論. **⸗stim·mung** 女 国民〈民衆〉感情. **⸗stück** 中 民衆〈大衆〉劇. **⸗sturm** 男 〖史〗国民突撃隊(ナチ政権の末期16歳から60歳までの男子で結成された). **⸗tanz** 男 民族〈民俗〉舞踊, フォークダンス. **⸗ton** 男 -〔e〕s/..töne (メロディーなどの)民謡調. **⸗tracht** 女 民族〈民俗〉衣装. **⸗trau·er·tag** 男 国民哀悼の日(両次大戦の戦死者, 特にナチの犠牲者を敬弔するためのドイツの国民祭日で, 待降節前の第 2 日曜日). **⸗tri·bu̱n** 男 〖史〗(古代ローマの)護民官.

Vo̱lks·tu̱m[fɔ́lkstu:m] 中 -s/ 民族性, 国民性.

vo̱lks·tü̱·meln[fɔ́lksty:məln] 《06》 自 (h) 《軽蔑的に》(意識して)通俗性を重んじる, 通俗ぶる, 俗受けをねらう.

vo̱lks·tü̱m·lich[fɔ́lksty:mlɪç] 形 **1** 民族〈国民〉固有の, 民族〈国民〉性に合致した. **2** (populär) 大衆〈庶民〉的な, 大衆向きの, 通俗的な; 大衆〈庶民〉に好まれる, 人気のある: Er schreibt sehr ∼. 彼は非常に通俗的な〈わかりやすい〉文章を書く.

Vo̱lks·tü̱m·lich·keit[−kaɪt] 女 -/ volkstümlich なこと.

vo̱lks·ver·bun·den 形 民衆と密接に結びついた.

Vo̱lks·ver·bun·den·heit 女 -/ volksverbunden なこと.

Vo̱lks⸗ver·dum·mung 女 国民白痴化. **⸗ver·fü̱h·rer** 男 (Demagoge) 民衆煽動(せんどう)家, デマゴーグ. **⸗ver·het·zung** 女 民衆煽動. **⸗ver·mö̱·gen** 中 国民資産, 国富. **⸗ver·rä̱·ter** 男 売国奴. **⸗ver·samm·lung** 女 大衆〔の政治的な〕集会; 国民〈人民〉会議. **⸗ver·tre̱·ter** 男 (国民の代表としての)代議士, 国会議員. **⸗ver·tre̱·tung** 女 (国民を代表する機関としての)議会, 国会. **⸗wa̱·gen** 男 商標 (略 VW) フォルクスワーゲン (Volkswagenwerk 製の自動車.「民衆車・国民車」の意).

Vo̱lks·wa̱·gen·werk 中 フォルクスワーゲン社(ドイツの自動車製造会社. 1969年以降の正式名〔die〕∼ AG).

Vo̱lks⸗wa̱hl 女 -/-en **1** 直接選挙. **2** 《ふつう複数で》(旧東ドイツの)人民代表選挙. **⸗wei·se** 女 民謡; 民謡調の旋律〈メロディー〉. **⸗weis·heit** 女 庶民の知恵. **⸗wil·le** 男 国民の政治的意志. **⸗wirt** 男 ＝Volkswirtschaftler

Vo̱lks·wirt·schaft 女 国民経済. [*engl.* national economy (◇Nationalökonomie) の翻訳借用]

Vo̱lks·wirt·schaft·ler(スイ: **Vo̱lks·wirt·schaf·ter**) 男 -s/- 経済学者.

vo̱lks·wirt·schaft·lich 形 〔国民〕経済〔学〕の.

Vo̱lks·wirt·schafts·le̱h·re 女 -/ (Nationalökonomie)〔国民〕経済学.

Vo̱lks⸗wo̱hl 中 国民の福祉. **⸗wo̱hl·stand** 男 国民の福利繁栄. **⸗zä̱h·lung** 女 人口〈国勢〉調査, センサス. **⸗zorn** 男 民衆〈人民〉の怒り.

voll[fɔl] 形 **1** (英: *full*) **a**) (gefüllt) 満ちた, いっぱいに詰まった; 満員の: ein ∼*er* Bus 満員のバス | ein ∼*es* Glas なみなみとついだグラス | ein ∼*es* Haus haben 満員の観衆〈聴衆〉を集める | ein ∼*es* Herz haben 《比》胸がいっぱいである | aus ∼*em* Herzen danken 《比》心から感謝する | aus ∼*er* Kehle singen 《比》声を張りあげて歌う | mit ∼*en* Händen schenken 〈ausgeben〉 《比》じゃんじゃん贈り物をする〈金を遣う〉 | mit ∼*em* Mund sprechen 食べ物をほおばったままで話す | mit ∼*en* Backen kauen 口いっぱいにほおばってもぐもぐかむ | mit ∼*en* Backen ausposaunen 《話》大げさに吹聴(ふいちょう)する | mit ∼*en* Segeln auf *et.*^{4} zusteuern 《比》全力をあげて…を目ざす | Ein ∼*er* Bauch studiert nicht gern. 《諺》腹の皮が張ると目の皮がたるむ(腹いっぱい食うと勉強がいやになる) ‖ 〖述語的に〗∼ sein いっぱい〈満員〉である; 《話》酔っぱらっている | 〔bis obenhin〕 ∼ sein 満腹である | brechend 〈zum Brechen〉 ∼ sein (→brechen III, IV) | gestopft 〈gepackt / gepfropft / gerammelt / gerappelt / gerüttelt〉 ∼ sein 《話》ぎっしり詰っている, ぎゅうぎゅう詰めである | ∼ wie Haubitze sein (→Haubitze) | ∼ wie Sack sein (→Sack 1) | Der Koffer ist nur halb ∼. トランクは半分しか詰まっていない | Es war sehr ∼ in der Straßenbahn. 市街電車はとても混んでいた | Das Maß ist ∼. 《比》これが限界だ, もう我慢(かんべん)できない ‖ alle Hände ∼ zu tun haben 《比》仕事を山ほどかかえている | die Hände ∼ haben 《比》手がふさがっている | die Hose〔n〕〔gestrichen〕 ∼ haben (→Hose 1) | den Kopf ∼ haben (→Kopf 1) | 〔von *jm.* 〈*et.*^{3}〉〕 die Nase 〈die Fresse / die Schnauze〉 ∼ haben (→Nase 1 a, →Fresse 1, →Schnauze 2 a) | den Mund ∼ haben 口いっぱいにほおばっている | den Mund ∼ nehmen (→Mund 1) | *jm.* die Hucke ∼ hauen 〈lügen〉 (→Hucke 1) | *jm.* die Ohren ∼ blasen 〈jammern〉 (→Ohr 1) | *sich*^{4} ∼ machen 《話》〔粗相して〕体〈服〉をよごす(→vollmachen 3) | *sich*^{4} toll und ∼ trinken 〈saufen〉 《話》へべれけに酔う.

b) 〖量を示す語とともに名詞を修飾する; 無変化の voll をはさむ前後の名詞は同格〗 ein Glas ∼ Wein グラス 1 杯のワイン | ein Korb ∼ Eier 一かごの卵 | zwei Teelöffel ∼ Salz 茶さじ 2 杯の塩 | von der Suppe drei Teller ∼ essen スープを 3 杯飲む.

c) 〖voll von *et.*^{3} の形で〗 ein von Sorgen ∼*es* Herz 心配事でいっぱいの心 | ganz ∼ von *et.*^{3} sein …でぎりぎりいっぱいである; 《比》…に夢中である, …のことしか目に入らない〈口にしない〉 | ∼ von 〈mit〉 Menschen sein 人でいっぱいである | ∼ von Fehlern sein 欠点〈間違い〉だらけである | Der Koffer ist ∼ von Kleidern. トランクは服がいっぱい詰まっている | Die Augen stehen 〈sind〉 ∼ von Tränen. 目には涙がい

っぱいたまっている | Die ganze Stadt ist ~ von der Neuigkeit. 町じゅうがそのニュースでもちきりである.

d) 〘voll *et.*² の形で〙~ staunender Bewunderung 賛嘆しきって | ~ des Lobes 〈des Lobes ~〉〔über *et.*⁴〕sein 〔…を〕ほめちぎる | ~ des innigsten Mitleids sein 心底から同情しきっている | ~ des süßen Weines sein 《雅》(快く)酔いが回っている | Wes das Herz ~ ist, des geht der Mund über. 心のうちにあふれる思いはおのずと言葉になって出るものだ(聖書: マタ12,34) ‖ 〘voll *et.*³ の形で〙eine Wanne ~ heißem Wasser たらい1杯の熱い湯 | Seine Worte waren ~ bitterem Ernst. 彼の言葉はあくまで真剣そのものだった.

e) 〘voll〔er〕+格の明示されない名詞の形で〙~〔*er*〕Angst 〈Begeisterung〉不安〈感激〉でいっぱいになって ‖ ein Gesicht ~〔*er*〕Sommersprossen そばかすだらけの顔 | ein Herz ~〔*er*〕Liebe 愛情にあふれる心 | den Kopf ~〔*er*〕Sorgen haben 心配で頭がいっぱいである | ein Leben ~〔*er*〕Arbeit 仕事に追われどおしの生活 | Der Saal ist ~〔*er*〕Menschen. 広間は人でいっぱいである | Er ist ~〔*er*〕Mut. 彼は勇気りんりんとしている | Der Himmel ist ~〔*er*〕Sterne. 天空は星でいっぱいである | Die Hose ist ~〔*er*〕Löcher. そのズボンは穴だらけである ‖ Der Tisch liegt ~〔*er*〕Zeitungen. テーブルの上は新聞でいっぱいである | Der Garten liegt 〈ist〉 ~〔*er*〕Schnee. 庭は一面の雪である | Das Wartezimmer saß ~〔*er*〕Patienten. 待合室は患者でいっぱいだった | Die Augen stehen 〈sind〉 ~〔*er*〕Tränen. 目には涙がいっぱいたまっている | Er steckt 〈ist〉 ~〔*er*〕Zweifel. 彼の心は疑惑でいっぱいである.

f) 〘名詞的に. もっぱら次の成句で〙**aus dem ~*en* leben** 〈**wirtschaften**〉《比》裕福に暮らす | **aus dem ~*en* schöpfen / ins ~*e* greifen** 《比》(金を)ぱっぱと遣う | **im ~*en* leben** ぜいたくに暮らす.

2 (füllig) ふっくらした, ふくよかな, 豊かな; 八重咲きの(花); まん丸な(月); 力強い(響き): ~*e* Armen 〈Wangen〉 ふっくらした両腕〈ほお〉 | ~*e* Formen ふくよかな肉づき | ~*es* Haar 豊かな髪 | der ~*e* Mond 満月 | ein ~*es* Gesicht 〈einen ~*en* Busen〉 haben 顔〈胸〉がふっくらしている ‖ Der Mond ist ~. 月は満月である | Sie ist ~ 〔im Gesicht〕. 彼女は〔顔が〕ふっくらしている | Sie ist ~*er* geworden. 彼女は前よりもふっくらしてきた〈太った〉.

3 《述語的用法なし》**a**) (völlig) 十分な, 完全な; (vollwertig) 値うちが規格どおりの, 一人前の: ein ~*es* Dutzend まるまる1ダース | ein ~*es* Jahr まる1年 | drei ~*e* Wochen まる3週間 ‖ zum ~*en* Preis 値引きなしで | den ~*en* Einsatz verlieren 賭金(かけきん)をそっくり取られる | *seinen* ~*en* Lohn erhalten 給料を全額もらう | die ~*e* Summe 〔be〕zahlen 全額支払う ‖ auf ~*en* Touren laufen (モーターなどが)フル回転をしている | in ~*er* Fahrt (→Fahrt 2 a) | in ~*em* Gange sein (→Gang 2) | in ~*em* Lauf 〈Galopp〉 kommen 全速力でやってくる | in ~*er* Tätigkeit sein 活動のまっ最中である | in ~*en* Zügen trinken ぐいぐい飲む ‖ bei ~*em* Tageslicht まっ昼間に | bei ~*er* Besinnung 完全に正気で | bei ~*em* Bewußtsein 十分意識して | mit ~*er* Überlegung 十分考慮の上で | mit ~*er* Kraft 全力で, 全力を出して | mit ~*em* Recht 全く正当に | in ~*stem* Ernst 大まじめで | in ~*er* Uniform 正装して | in ~*em* Maße 十分に | in ~*er* Größe 実物大に〈で〉 | *sich*⁴ zur ~*en* Größe aufrichten 全身を起こす | zu meiner ~*en* 〈~*sten*〉 Zufriedenheit 私が十分満足できるように | ~*e* Gewißheit 〔über *et.*⁴〕 haben 〔…について〕十分確信がもてる | ~*es* Vertrauen zu *jm.* haben …に全幅の信頼を寄せている | Das ist die ~*e* Wahrheit. これが真相のすべて〈完全な真実〉だ ‖ 〘副詞的に〙**~ und ganz** 全く, 完全に(=völlig, vollkommen) | Ich unterstütze Ihren Vorschlag ~ und ganz. 私はあなたの提案を全面的に支持します | Die Kosten werden ~ und ganz durch private Spenden abgedeckt. その費用はすべて個人の寄付金によってまかなわれる | *et.*⁴ ~ anerkennen 〈würdigen〉 …の価値を十分に認める | *seine* Schuld ~ bezahlen 負債を皆済する | *sich*⁴ ~ aufrichten 全身を起こす | *jn.* ~ ansehen …を正面からまともに見る | *jm.* ~ vertrauen …を全面的に信頼する | für *et.*⁴ ~ einstehen …を完全に保証する, …に関して完全に責任をもつ | ~ zur Geltung kommen よさを十分に発揮する | Der Junge muß jetzt in der Bahn ~ bezahlen. この男の子はもう鉄道は大人料金だ ‖ 〘前置詞と〙*jn.* nicht 〔ganz〕 für ~ nehmen 《話》…を〔完全には〕一人前として扱わない ‖ 〘名詞的に〙**in die ~*en* gehen** 《話》勢いこんで取りかかる, 全力を投入する.

b) 《話》(時刻が)正時の: zur ~*en* Stunde 正時ごとに, (…)時きっかりに | Die Uhr schlägt 〔nur〕 ~ 〈die ~*e* Stunde / die ~*en* Stunden〉. この時計は正時に〔だけ〕鳴る(…時半には鳴らずに) ‖ 〘前置詞と〙um ~ 正時に | 〔ein〕 Viertel nach ~ (正時の) 15分すぎ | Der Zeiger steht auf ~. (時計の)針は正時〈ちょうどの時刻〉を指している.

[*germ.* „gefüllt"; ◇viel, Plenum, völlig *engl.* full]

voll.. **I** 《動詞につけて》**1** 《分離動詞の前つづり. つねにアクセントをもつ. 複合を解いて2語につづることも多い》《基礎動詞の表す動作の結果を示して「いっぱいに」を意味する》: *sich*⁴ *voll*essen 腹いっぱい食べる | *voll*tanken 満タンにする. **2** 《非分離動詞の前つづり. つねにアクセントをもたない》《「完遂・成就」を意味する》: *voll*enden 完成する | *voll*ziehen 実行〈遂行〉する.

II 《名詞・形容詞につけて「豊満・完全」を意味する. ふつうアクセントをもつ》: 〘名詞につけて〙*Voll*bart 総ひげ | *Voll*macht 全権 | *Voll*milch (脱脂していない)全乳 ‖ 〘形容詞につけて〙*voll*automatisch 全自動の | *voll*gültig 完全に有効な | *voll*klimatisiert 完全空調の, 空調完備の ‖ *voll*tönend 朗々たる.

III 《形容詞 voll を付加語とする名詞句から接尾辞..ig, ..lich により共成された共成語において. ふつうアクセントをもつ》: *voll*busig 豊かな胸をした | *voll*zählig 全部〈全員〉そろった.

..voll[..fɔl] 《抽象名詞につけて「…に満ちた」を意味する形容詞をつくる》: kraft*voll* 力強い | mühe*voll* 苦労の多い | hoffnungs*voll* 希望のある | eindrucks*voll* 印象深い.

vol̩la·den* (**vol̩l|la·den***) [fɔ́lla:dən]¹ 《86》 他 (h) 《*et.*⁴》(…に)いっぱいに〈ぎっしり〉荷を積み込む.

Vol̩l·ak·tie[fɔ́l|aktsiə] 女 《経》全額払込株.

vol̩l·auf[fɔ́l|auf, ⌣⌐] 副 (reichlich) 十分に, たっぷりと: Das genügt ~. それで十分に足りる | Er hat damit ~ zu tun. 彼はそのことで忙殺されている.

vol̩lau·fen* (**vol̩l|lau·fen***) [fɔ́llaufən] 《89》 自 (s) (容器などが液体で)いっぱいになる, 満ちあふれる: die Wanne ~ lassen 浴槽に水を満たす ‖ ***jn.* ~ lassen** 《話》…を酔わす | ***sich*⁴ ~ lassen** 《話》酔っぱらう | *sich*³ den Kanal ~ lassen (→Kanal 2).

Vol̩l·au·to·mat[fɔ́l|automa:t] 男 -〔e〕s/-e 完全自動機械〈装置〉.

voll≈au·to·ma·tisch 形 完全自動の, 全自動の. **≈au·to·ma·ti·siert** 形 完全自動化された.

Vol̩l·bad[fɔ́lba:t]¹ 中 -〔e〕s/..bäder[..bɛ:dər] (↔Sitzbad) 全身浴.

Vol̩l·bart[fɔ́lba:rt] 男 -〔e〕s/..bärte[..bɛ:rtə] (ほおひげ・あごひげ・口ひげなどすべてを含む)総ひげ, 顔一面のひげ(→ 図 Bart): *sich*³ einen ~ stehen lassen 顔じゅうにひげを生やす.

Vol̩l·bau·er[fɔ́lbauər] 男 -n(-s)/-n **1** (Großbauer) 大農. **2** 《史》(中世の)完全〔自作〕農民(→**Halbbauer 2**).

vol̩l·be·schäf·tigt[fɔ́lbəʃɛftɪçt] 形 全日雇用の, フルタイムの, 専任の.

Vol̩l·be·schäf·tig·ten·ein·heit 女 (略 VBE) (旧東ドイツで)全日仕事量単位(一人が1日の規定労働時間をフルに働いた場合の仕事量を表す).

Vol̩l·be·schäf·ti·gung[..gʊŋ] 女 -/ 《経》完全雇用.

vol̩l·be·setzt[fɔ́lbəzɛtst] 形 (席・部屋・地位などが)すべてふさがった, 満員の, 満席の.

Vol̩l·be·sitz[fɔ́lbəzɪts] 男 -es/ 完全な所有〈保持〉: Er ist noch im ~ seiner Kräfte. 彼の力はまだ少しも衰えを見せていない.

Vol̩l·bier[fɔ́lbi:r] 中 -〔e〕s/ (麦汁エキス濃度11-14%の)フォルビール.

Voll·blut[fɔ́lblu:t] 中 -[e]s/-e **1** (↔Halbblut) (動物, 特に馬の) 純血種, サラブレッド. **2** 〖医〗 (すべての成分を具備した) 全血. [*engl.* full blood の翻訳借用]

Voll·blü·ter[fɔ́lbly:tər] 男 -s/- ＝Vollblut 1

Voll·blut·idiot[fɔ́lblu:t..] ＝Vollidiot

voll·blü·tig[fɔ́lbly:tɪç]² 形 **1** (特に馬について) 純血種の. **2** 気象の勝った〈激しい〉, 活発な, 血気さかんな, 熱血漢的な: eine ～*e* Frau 勝ち気な女.

Voll·blü·tig·keit[-kaɪt] 女 -/ vollblütig なこと.

Voll·blut≠pferd[fɔ́lblu:t..] 中 純血種〈サラブレッド〉の馬. **≠schau·spie·ler** 男 《話》 (身も心も) 根っからの役者. **≠weib** 中 勝ち気な〈奔放な〉女.

Voll·brem·sung[fɔ́lbrɛmzʊŋ] 女 (車両が完全に静止するまで作動する) 完全制動, フルブレーキ.

voll·brin·gen*[fɔlbrɪ́ŋən] 《26》 他 (h) (行為・仕事などを) 成し遂げる, 成就する, 遂行する: ein Wunder 〈eine große Tat〉 ～ 奇跡〈偉大な行為〉を成し遂げる.

Voll·brin·gung[..ŋʊŋ] 女 -/-en (vollbringen すること. 例えば:) 遂行, 成就.

voll·bu·sig[fɔ́lbu:zɪç]² 形 豊かな胸をした, バストの大きい.

voll·com·pu·te·ri·siert[fɔ́lkɔmpjutərizi:rt] 形 完全にコンピュータ化された.

Voll·dampf[fɔ́ldampf] 男 -[e]s/ 〖海〗 全蒸気圧: mit ～ fahren (船が) 全速力で航行する | [Mit] ～ voraus! 全速前進, エンジン全開 (号令) | mit ～ 《話》 全速力で, 大急ぎで | mit ～ an die Arbeit gehen 《話》 さっそく〈張り切って〉仕事にとりかかる ‖ ～ hinter *et.*⁴ machen 《話》 …をせきたてる〈急ぎに急がせる〉.

Voll·dün·ger[fɔ́ldʏŋər] 男 -s/- 完全肥料.

Völ·le[fœ́lə] 女 -/ (胃の) 充満, 満腹: ein Gefühl der ～ ＝Völlegefühl [＜voll]

Völ·le·ge·fühl 中 -s/ 満腹〈飽食〉感: Ich habe ein ～ [im Magen]. 私は腹がいっぱいだ〈胃がもたれる〉.

voll·en·den[fɔl|ɛ́ndən, fɔlɛ́..] 《01》 **I** 他 (h) 完成する, 完結〈完了〉する, 仕上げる: eine Arbeit ～ 仕事を完成する | einen Brief ～ 手紙を書き上げる | *sein* Leben ～ 《雅》 生涯を閉じる | *sein* sechzigstes Lebensjahr ～ 還暦になる ‖ 再帰 *sich*⁴ ～ 完成する, 完結〈完了〉する; 実現する, 成就する | Ihre Liebe *vollendete* sich. 彼女の愛は実を結んだ ‖ *vollendete* Gegenwart 〈Vergangenheit〉 〖言〗 現在完了〈過去完了〉 | eine *vollendete* Tatsache 既成事実 | *jn.* vor eine *vollendete* Tatsache 〈vor *vollendete* Tatsachen〉 stellen (→Tatsache).

II voll·en·det 過分 形 完全無欠な, 完璧(かんぺき)な, 申し分のない: Sie ist eine ～*e* Dame. 彼女は非の打ちどころのない女性だ | ein ～*er* Unsinn 《話》 まったくのナンセンス ‖ Er hat das Stück ～ gespielt. 彼はその曲を完璧に演奏した; 彼はその作品を完璧に演じた.

[*mhd.* „zu vollem Ende bringen"]

Voll·en·der[..dər] 男 -s/- 完成者.

voll·ends[fɔ́lɛnts] 副 **1** 完全に, すっかり: ein zu Tode verwundetes Tier ～ töten 瀕死(ひんし)の重傷を負った獣にとどめを刺す | Er wird bald seine Sehkraft ～ verlieren. 彼はまもなく完全に失明するだろう. **2** (erst recht) まして や, …にいたってはなおさら: Ich gebe ihm nicht nach, ～ wenn er mich zwingen will. 私は彼に屈服しない. 彼が私に圧力を加えるつもりならばなおさらだ.

[＜*mhd.* (en) vollen „(in) Fülle" (◇voll)]

Voll·en·dung[fɔl|ɛ́ndʊŋ, fɔlɛ́..] 女 -/-en **1** [sich] vollenden すること. **2** 《単数で》 完全無欠, 完璧(かんぺき)さ, 申し分のなさ: von höchster ～ sein 完全無欠である.

Voll·en·dungs·form 女 (Partizip Perfekt) 〖言〗 過去分詞.

voll·ent·wickelt[fɔ́l|ɛntvɪkəlt] 形 完全に発達〈発展・成長・展開〉した.

vol·ler[fɔ́lər] **I** →voll 1

II voll の比較級.

Völ·le·rei[fœlərái] 女 -/-en 《軽蔑的に》 たらふく飲み食いすること. [＜Völler „sich Anfüllender" (◇füllen)＋..ei]

voll|es·sen*[fɔ́l|ɛsən] 《36》 他 (h) 《話》 再帰 *sich*⁴ ～ 腹いっぱい食う.

vol·ley[vɔ́li·] **I** 副 〖サッカー・テニス〗 ボレーで (ボールが地面に着く前に): den Ball ～ nehmen (相手の) ボールをボレーで受ける.

II Vol·ley 男 -s/-s 〖テニス〗 ボレー.

[*engl.*; ＜*engl.* volley „Flug" (◇Volant)]

Vol·ley·ball[vɔ́li..] 男 **1** 《単数で》 バレーボール: ～ spielen バレーボールをする. **2** バレーボール用のボール.

Vol·ley·ball≠spiel[vɔ́li..] 中 バレーボール[大会]. **≠spie·ler** 男 バレーボールの選手〈競技者〉.

Vol·ley·schuß[vɔ́li..] 男 〖サッカー〗 (ボールが地面に着く前にける) ボレーシュート.

voll·fett[fɔ́lfɛt] 形 (固形分中脂肪含有量45％以上の) フルクリームの (チーズなど).

Voll≠flie·ge[fɔ́l..] 女 〖虫〗 イエバエ (家蠅) 科の昆虫. **≠form** ＝Lentoform

voll|fres·sen*[fɔ́lfrɛsən] 《49》 他 (h) **1** 再帰 *sich*⁴ ～ (動物が) 腹いっぱい食う. **2** 《話》 ＝vollessen

voll·füh·ren[fɔlfý:rən] 他 (h) 行う, 実行する; 成し遂げる, 遂行する: etwas Böses ～ 悪事をはたらく | vor Freude einen Luftsprung ～ 喜びのあまり飛び上がる.

Voll·füh·rung[..rʊŋ] 女 -/ vollführen すること.

voll|fül·len[fɔ́lfʏlən] 他 (h) (容器などを) いっぱいに満たす.

Voll·gas[fɔ́lga:s]¹ 中 -es/ 《ふつう次の形で》 mit ～ (自動車が) エンジン全開で, 全速力で, フルスピードで | ～ geben アクセルを思い切り踏み込む; 《話》 急ぐ, あわただしく去る.

voll·ge·fres·sen[fɔ́lgəfrɛsən] **I** vollfressen の過去分詞. **II** 形 《話》 **1** 腹いっぱいに食べた, 満腹の. **2** とても太った, 太っちょの.

Voll·ge·fühl[fɔ́lgəfy:l] 中 -[e]s/ 十分な〈完全な〉自覚: 〖ふつう次の形で〗 im ～ *seiner* Überlegenheit 自分の優位を十分に意識して, 満々たる自信をもって.

Voll·ge·nuß 男 ..sses/ 満喫, 完全な享受: 〖ふつう次の形で〗 im ～ von *et.*³ sein …(権利など) を完全に享受している | in den ～ von *et.*³ kommen …を完全に享受する.

voll·ge·tankt[fɔ́lgətaŋkt] **I** volltanken の過去分詞. **II** 形 《話》 **1** (volltrunken) 完全に酩酊(めいてい)した, 泥酔した. **2** 金をしこたま手に入れた[ばかりの].

voll|gie·ßen*[fɔ́lgi:sən] 《56》 他 (h) 《*et.*⁴》 (…に液体を) いっぱいに注ぐ, (…を) ふちまで満たす.

voll·gül·tig[fɔ́lgʏltɪç]² 形 完全に有効な, 完全な効力を有する: ein ～*er* Beweis 確証.

Voll·gum·mi·rei·fen[fɔ́lgʊmi..] 男 (中空部分のない) 充実〈内実〉タイヤ, ソリッドタイヤ. 「実.」

Voll·heit[fɔ́lhaɪt] 女 -/ (voll なこと. 例えば:) 充満, 充

voll·hol·zig[fɔ́lhɔltsɪç]² 形 (樹木の幹が) 上まで太さが変わらない, 円柱状の (→abholzig).

Voll·huf·ner[fɔ́lhu:fnər] 男 -s/- ＝Vollbauer 2

Voll·idiot[fɔ́l|idio:t] 男 -en/-en 《話》 大ばか者.

vol·lie·ren[vɔlí:rən] 他 (h) 〖テニス〗 (ボールを) ボレーで打つ〈打ち込む〉 (→volley).

völ·lig[fœ́lɪç]² 形 《述語的用法なし》 全くの, 完全な: ～*e* Einigung 〈Übereinstimmung〉 (意見の) 完全な一致 | ～*e* Unkenntnis 〈Verständnislosigkeit〉 全くの無知〈無理解〉 | Ich arbeitete bis zur ～*en* Erschöpfung. 私は疲れ果てるまで働いた ‖ *jn.* ～ mißverstehen …を完全に誤解する | Das ist ～ ausgeschlossen. それは絶対にあり得ない | Du bist ja ～ betrunken. 君は泥酔しているじゃないか.

[*mhd.*; ◇voll]

voll·in·halt·lich[fɔ́l|ɪnhaltlɪç] 形 内容全体についての: ～ übereinstimmen (細部にわたって) 完全に一致する.

Voll·in·sekt[fɔ́l|ɪnzɛkt] 中 -[e]s/-en (Imago) 〖動〗 (昆虫や蛛形(ちゅけい)類の) 成虫.

Voll·in·va·li·di·tät[fɔ́l|ɪnvaliditɛ:t] 女 -/ (身体または精神障害による) 全くの作業不能, 完全廃疾.

voll·jäh·rig[fɔ́ljɛ:rɪç]² 形 (↔minderjährig) 成年の: Er ist noch nicht ～. 彼はまだ成年に達していない.

Voll·jäh·rig·keit[-kaɪt] 女 -/ 成年.

Voll·jäh·rig·keits·er·klä·rung 女 〖法〗 (18歳以上の未成年者に対する後見裁判所による) 成年宣告 (1975年以

後は成年年齢が18歳に引き下げられ, この制度は消滅した).

Voll·ju·rist[fɔ́ljurɪst] 男 -en/-en (司法修習終了後第二次国家試験に合格した)裁判官資格取得者.

Voll·kas·ko·ver·si·che·rung[fɔ́lkasko..] 女 (話: **Voll·kas·ko**[..ko·] 女 -/ 《ふつう無冠詞で》) (損害額全部を補償する)完全船体〈車体・機体〉保険.

Voll·kauf·mann[fɔ́lkaufman] 男 -[e]s/..leute [..lɔʏtə] (↔Scheinkaufmann) 〘法〙(商業登記簿に登記された)完全商人.

Voll·kerf[fɔ́lkɛrf] 男 -[e]s/-e ＝Vollinsekt

voll·kli·ma·ti·siert[fɔ́lklimatizi:rt] 形 完全冷暖房の.

Voll·kli·ma·ti·sie·rung[..ruŋ] 女 完全冷暖房.

voll·kom·men[fɔlkɔ́mən, ⌣⌣⌣] 形 完全[無欠]な, 完璧(かんぺき)な, 申し分のない, 非の打ちどころのない, 理想的な; 《話》全くの: ~*e* Freiheit 完全な自由 | ~*es* Gas 〘理〙完全〈理想〉気体 | eine ~*e* Niederlage 完全な敗北 | ~*e* Verwandlung 〘生〙完全変態 | eine ~*e* Zahl 〘数〙完全数 | Sie ist eine ~*e* Schönheit. 彼女は非の打ちどころのない美人だ ‖ Kein Mensch ist ~. 完全無欠な人間はいない | Die Verzweiflung war nun ~. 絶望はいまや決定的だった ‖ ein ~ gesunder Mensch まさに健康そのものの人 | *jm.* ~ vertrauen …に全幅の信頼を寄せる | Das ist ~ ausgeschlossen. そんなことは絶対にありえない | Du hast ~ recht. 全く君の言うとおりだ | Das genügt ~. それで十分に足りる. [*mhd.*; < *ahd.* folla-queman „zum Ziel kommen"]

Voll·kom·men·heit[..haɪt, ⌣⌣⌣–] 女 -/ (vollkommen なこと. 例えば:) 完全無欠, 完璧(かんぺき)さ, 理想的な状態〈境地〉, 極致: nach ~ streben 完全〈完璧〉を追い求める.

Voll·korn[fɔ́lkɔrn] 中 **1** -[e]s/..körner[..kœrnər] (ひいていない)完全な穀粒; あらびきの穀粒.
2 -[e]s/-e 《ふつう単数で》〘射撃〙盈星(えいせい)(銃の照星の先端が上に出すぎた状態: → ⑧ Korn): ~ nehmen (照準を合わせる際に)高目にねらいすぎる.

Voll·korn·brot 中 (ライ麦の穀粒があらびきのまま入っている)黒パン.

voll·kör·nig[..kœrnɪç][2] 形 完全な穀粒の形をした; あらびきの.

Voll·korn·mehl[fɔ́lkɔrn..] 中 あらびきの穀粉.

Voll·kraft[fɔ́lkraft] 女 -/ 全力; 力〈精気〉の充溢(じゅういつ).

voll|la·den ＝volladen

voll|lau·fen ＝vollaufen

voll|ma·chen[fɔ́lmaxən] 他 (h) **1** (数・量などを)完全にする: um das Unglück *vollzumachen* 不幸をさらに決定的にするために, 泣き面に蜂(はち)とばかりに. **2** 《話》(容器などを)いっぱいにする, 満たす: die Tüte mit Bonbons ~ 袋にボンボンをいっぱい詰める | ***jn.* ~** 《比》(酒をたっぷり飲ませて)…を酔っぱらわせる | das Maß ~ (→Maß I 3 a). **3** 《話》(汚物などで)よごす: die Hose ~ (子供などが)ズボンの中におもらしする | *sich*[3] die Hosen ~ 《比》ものすごくおびえる ‖ 再帰 *sich*[4] ~ 粗相して体〈服〉をよごす. **4** 《話》再帰 *sich*[4] ~ (つまらぬことで)大げさに騒ぐ: *Mach* dich nur nicht *voll*! そんな大げさなまねはやめろ.

Voll·macht[fɔ́lmaxt] 女 -/-en **1** 全権, 代理権: die ~ erteilen 代理権を授与する, 全権を委任する | in ~ (略 i. V., I. V.) 全権を委任されて, 代理権をもって.
2 委任状: eine ~ unterschreiben 委任状に署名する.

Voll·macht·ge·ber 男 〘法〙代理権授与者, 委任〈授権〉者.

Voll·machts≠schein 男, **≠ur·kun·de** 女 委任状.

voll·mast[fɔ́lmast] 副 (↔halbmast) 〘海〙帆柱〈マスト〉の先端の位置に: ~ flaggen / die Flagge auf ~ hissen 旗をマストのてっぺんに掲げる.

Voll·ma·tro·se[fɔ́lmatro:zə] 男 -n/-n 一人前の水夫, 有資格船員.

Voll·milch[fɔ́lmɪlç] 女 -/ (脱脂していない)全乳.

Voll·mit·glied[fɔ́lmɪtgli:t][1] 中 -[e]s/-er (すべての権利と義務をもつ)正会員.

Voll·mond[fɔ́lmo:nt][1] 男 -[e]s/ **1 a)** 満月: Wir haben heute ~. きょうは満月だ | **wie ein ~ strahlen** 《戯》満足げににこにこしている. **b)** 〘天〙望(ぼう). **2** 《話》はげ頭.

Voll·mond≠ge·sicht 中 -[e]s/-er 《話》まんまるな顔〔の人〕. **≠nacht** 女 満月の夜.

voll·mun·dig[fɔ́lmʊndɪç][2] 形 **1** (ワイン・ビールなどが)こくのある. **2** 《話》(großsprecherisch) 大口をたたく, ほら吹きの.

Voll·na·me[fɔ́lna:mə] 男 2格 -ns, 3格 -n, 4格 -n, 複数 -n (苗字(みょうじ)と名前を含んだ)フルネーム, 氏名, 姓名.

Voll·nar·ko·se[fɔ́lnarko:zə] 女 -/ 〘医〙全身麻酔.

voll|packen[fɔ́lpakən] 他 (h) 《*et.*[4] [mit *et.*[3]]》(…に[荷物などを])いっぱいに〈ぎっしり〉詰め込む: den Koffer ~ トランクに中身をいっぱい詰める | den Wagen ~ 車に載せられるだけ荷を積む | *jm.* den Teller ~ 《話》…の皿に食物を山盛りによそう.

Voll·pen·sion[fɔ́lpãzio:n, ..sio:n, ..pɛn..] 女 -/-en (↔Halbpension) 3食付きの下宿〈ペンション・ホテル〉: ~ nehmen 3食付きのところに宿をとる | in ~ wohnen 3食付きの宿に泊まっている.

voll|pfrop·fen[fɔ́lpfrɔpfən] ＝vollstopfen

voll|pum·pen[fɔ́lpʊmpən] 他 (h) 《*et.*[4] mit *et.*[3]》(…に…をポンプで)いっぱいにくみ入れる; 《話》《*jn.*》(酒をたくさん飲ませて)酔っぱらわせる: den Reifen mit Luft ~ タイヤに空気をいっぱい入れる ‖ 再帰 *sich*[4] ~ 《話》 i) (飲み過ぎて)酔っぱらう; ii) 知識をいっぱい[自分の]頭に詰め込む.

voll|qual·men[fɔ́lkvalmən] 他 (h) 《話》もうもうたる煙で満たす.

Voll·rausch[fɔ́lraʊʃ] 男 -[e]s/ 完全酩酊(めいてい): *et.*[4] im ~ tun …を完全に酩酊した状態で行う.

voll·reif[fɔ́lraɪf] 形 (果実・穀物などが)十分〈完全〉に熟した, 完熟した.

Voll·rei·fe 女 -/ 十分〈完全〉な成熟, 完熟.

Voll·rei·fen[fɔ́lraɪfən] 男 -s/- ＝Vollgummireifen

Voll·rei·hen·me·tho·de[fɔ́lraɪən..] 女 〘心〙全系列法.

Voll·reim[fɔ́lraɪm] 男 -[e]s/-e (↔Halbreim) (Konsonanz) 〘詩〙完全韻(母音および子音同士の押韻).

Voll·ren·te[fɔ́lrɛntə] 女 -/-n (災害保険の)全額定期金.

Voll·salz[fɔ́lzalts] 中 -es/ (食塩に沃化(ようか)カリウムを添加した)完全食塩.

voll|sau·fen*[fɔ́lzaufən] 《123》 他 (h) 《話》再帰 *sich*[4] ~ (飲み過ぎて)泥酔する, ぐでんぐでんに酔っぱらう.

voll|sau·gen[(*)][fɔ́lzaʊgən][1] 《124》 他 (h) 再帰 *sich*[4] ~ (布地・スポンジなどが)水分をいっぱいに吸い込む: eine mit Blut *vollgesaugte* 〈*vollgesogene*〉 Mücke 血をいっぱい吸った蚊.

voll|schen·ken[fɔ́lʃɛŋkən] 他 (h) 《*et.*[4] mit *et.*[3]》(…に…を)なみなみと注(つ)ぐ.

Voll·schiff[fɔ́lʃɪf] 中 -[e]s/-e 〘海〙フル=リッグド船(3本マスト帆船の一種).

voll|schla·gen*[fɔ́lʃla:gən][1] 《138》 **I** 自 (s) 〘海〙(船が)突然の浸水で水びたしになる.
II 他 (h) **1** 《話》 **a)** *sich*[3] den Bauch 〈den Magen / den Ranzen〉 ~ たらふく食べる. **b)** 再帰 *sich*[4] ~ たらふく食べる. **2** 《話》《*et.*[4] mit *et.*[3]》(…を…で)満たす, (…に…を)ぎっしり詰め込む.

voll·schlank[fɔ́lʃlaŋk] 形 小太りの, ふくよかな(しばしば dick の婉曲な表現として).

voll|schmie·ren[fɔ́lʃmi:rən] 他 (h) 《話》《*et.*[4]》(…に)いっぱいに塗りたくる.

voll|schrei·ben*[fɔ́lʃraɪbən][1] 《152》 他 (h) 《*et.*[4]》(…に)いっぱいに書く: ein Blatt ~ 紙面を埋めつくす.

Voll·sit·zung[fɔ́lzɪtsʊŋ] 女 -/-en ＝Vollversammlung

Voll·spän·ner[fɔ́lʃpɛnər] 男 -s/- ＝Vollbauer 2

Voll·spur[fɔ́lʃpu:r] 女 -/ 〘鉄道〙標準軌[間] (→Breitspur, Schmalspur).

Voll·spur·bahn 女 〘鉄道〙標準軌鉄道.

voll·spu·rig[..ʃpu:rɪç][2] 形 〘鉄道〙標準軌[間]の.

voll·stän·dig[fɔ́lʃtɛndɪç][2] 形 **1** (欠落なしに)全部そろった, 完備した: eine ~*e* Ausgabe der Werke Goethes (すべての作品を網羅収録した)決定版ゲーテ全集 | Das Teeservice ist nicht mehr ~. このティーカップのセットはもはや全部そろってはいない. **2** 完全な, 全くの: ~*e* Freiheit 完全な自由 ‖ Er hat mich ~ mißverstanden. 彼は私を完全に誤解した | Du hast ~ recht. 全く君の言うとおりだ. [＜Stand]

Voll·stän·dig·keit[−kaɪt] 女 -/ vollständig なこと: der ~ halber 完璧(かんぺき)を期するために, 念のために.

voll·stock[fɔ́lʃtɔk] =vollmast

voll|stop·fen[fɔ́lʃtɔpfən] 他 (h) 《話》《*et.*⁴ mit *et.*³》(…に…を)いっぱいに〈ぎっしり〉詰め込む: *sich*³ den Mund mit Kuchen ~ ケーキを口いっぱいにほおばる | *sich*³ den Bauch ~ / 再帰 *sich*⁴ ~ 腹いっぱい食べる.

voll·streck·bar[fɔlʃtrɛ́kba:r] 形 〖法〗執行力のある.

Voll·streck·bar·keit[−kaɪt] 女 -/ (vollstreckbar なこと. 例えば:)〖法〗執行力.

voll·strecken[fɔlʃtrɛ́kən] 他 (h) **1** 〖法〗(判決・遺言などを)執行する: die Pfändung ~ 差し押えを執行する | ein Todesurteil an *jm.* ~ …に対して死刑を執行する.
2 《雅》再帰 *sich*⁴ ~ =vollziehen 2
3 〖球技〗(ボールを)シュートしてゴールに入れる: einen Strafstoß ~ ペナルティキックをゴールに決める.

Voll·strecker[..kər] 男 -s/- (vollstrecken する人. 例えば:) **1** 実行〈実施〉者. **2** 〖球技〗シューター.

Voll·streckung[..kʊŋ] 女 -/-en〖法〗執行.

Voll·streckungs≠be·am·te 男〖法〗執行官, 執行〈執達〉吏. **≠be·fehl** 男〖法〗〔強制〕執行命令. **≠be·hör·de** 女 執行官庁. **≠ge·richt** 中〖法〗執行裁判所. **≠klau·sel** 女〖法〗執行文. **≠ti·tel** 男〖法〗執行名義.

voll|tan·ken[fɔ́ltaŋkən] 他 (h) **1** (車などに)容量いっぱいに給油する,(…を)満タンにする. **2** 《話》《*jn.*》(…を)酔っぱらわせる: 再帰 *sich*⁴ ~ 腹いっぱい食う; (飲みすぎて)酔っぱらう.

voll≠tö·nend[fɔ́ltø:nənt]¹ 形, **≠tö·nig**[..tø:nɪç]² 形 響きの豊かな, 朗々たる. [＜Ton²]

voll·tran·si·sto·r[i·s]iert[fɔltranzɪstor(iz)i:rt] 形〖電〗完全にトランジスタ化された(装置など).

Voll·tref·fer[fɔ́ltrɛfər] 男 -s/- 完全命中弾, 直撃弾; 《比》きわめて効果的な一発, 大当たり,(富くじなどの) 1 等: einen ~ landen (ボクサーが相手に)効果百パーセントのパンチをくらわす; 金的を射とめる; 大当たりをとる | ein ~ werden 大ヒットする.

voll|trich·tern[fɔ́ltrɪçtərn] 《05》他 (h) 《話》《*jn.*》(酒をたくさん飲ませて)酔っぱらわせる.

voll|trin·ken*[fɔ́ltrɪŋkən] 《196》他 (h) **1** 再帰 *sich*⁴ ~ (飲み過ぎて)泥酔する, ぐでんぐでんに酔っぱらう. **2** 再帰 *sich*⁴ mit *et.*³ ~《比》…をどんらんに吸収する.

voll·trun·ken[fɔ́ltrʊŋkən] 形 完全に酩酊(めいてい)した, 泥酔した, 前後不覚に〈ぐでんぐでんに〉酔った.

Voll·trun·ken·heit[−haɪt] 女 -/ volltrunken なこと.

Voll·verb[fɔ́lvɛrp]¹ 中 -s/-en〖言〗(助動詞に対して)本動詞(→Hilfsverb).

Voll·ver·samm·lung 女 -/-en 本会議; 総会; 大会.

Voll·wai·se[fɔ́lvaɪzə] 女 -/-n (両親を失った)遺児, 孤児, みなしご(→Halbwaise).

Voll·wasch·mit·tel 中 -s/- 全温度洗剤(煮沸洗濯にも低い温度の洗濯にも使える).

Voll·wert·ge·richt 中 栄養満点の料理.

voll·wer·tig[fɔ́lve:rtɪç]² 形 **1** (そのものとして)十分に値うちのある〈資格を備えた〉: eine ~*e* Ernährung 栄養満点の食事. **2** 完全に等価の(賠償・代替品など): ein ~*er* Ersatz 完全に見合った代償〈補償〉.

Voll·wer·tig·keit[−kaɪt] 女 -/ vollwertig なこと.

Voll·wert·kost 女 栄養満点の食物, 完全栄養食.

voll·wich·tig[fɔ́lvɪçtɪç]² 形 完全な〈規定どおりの〉重量を有する(貨幣). [◇Gewicht]

voll·zäh·lend[fɔ́ltsɛ:lənt]¹ 形 十分の価値をそなえた, 一人前の.

voll·zäh·lig[fɔ́ltsɛ:lɪç]² 形 全部〈全員〉そろった: die ~*e* Liste der Mitglieder 全会員の名簿〈リスト〉| Die Familie war ~ versammelt. 家族は全員顔をそろえていた.

Voll·zäh·lig·keit[−kaɪt] 女 -/ vollzählig なこと.

voll|zeich·nen[fɔ́ltsaɪçnən] 《01》他 (h) 《*et.*⁴》(…に)いっぱいに〈ぎっしり〉描く.

Voll·zeit≠ar·beit[fɔ́ltsaɪt..] 女, **≠be·schäf·ti·gung** 女 フルタイムの仕事, 全日勤務の労働. **≠haus·frau** 女 専業主婦. **≠job** 男 フルタイムの職, 全日勤務のアルバイト.

voll·zeit·lich[fɔ́ltsaɪtlɪç] 形 全日制の; フルタイムの.

Voll·zeit·schu·le 女 (週平均30時間の授業のある)全日制学校.

voll·zieh·bar[fɔltsí:ba:r] 形 vollziehen できる.

Voll·zieh·bar·keit[−kaɪt] 女 -/ vollziehbar なこと.

voll·zie·hen*[fɔltsí:ən] 《219》他 (h) **1** 実行する, 遂行する; 実施〈施行〉する; 執行する: einen Befehl ~ 命令を実行する | eine Strafe an *jm.* ~ …に対して刑を執行する | eine Trauung ~ 結婚式を挙行する | eine Unterschrift ~ 署名をする ‖ die *vollziehende* Gewalt〖法〗執行権.
2 再帰 *sich*⁴ ~ 起こる, 生じる, 行われる: Eine große Wandlung hat sich in ihm *vollzogen*. 彼の内部に大きな変化が起こった.

Voll·zie·her[..tsí:ər] 男 (vollziehen する人. 例えば:) 実行者, 実施者, 執行官.

Voll·zie·hung[..tsí:ʊŋ] 女 -/-en (vollziehen すること. 例えば:) 実行, 遂行; 実施, 施行; 執行.

Voll·zug[fɔltsú:k]¹ 男 -[e]s/ **1** =Vollziehung
2 a) (Strafvollzug)〖法〗行刑(ぎょうけい)(刑の執行). **b)** 《話》=Vollzugsanstalt

Voll·zugs≠an·stalt 女 刑務所. **≠ge·walt** 女 -/〖法〗執行権. **≠or·gan** 中 執行機関.

Vo·lon·tär[volɔntɛ́:r, volɔ̃t..] 男 -s/-e (女 **Vo·lon·tä·rin**[..rɪn]-/-nen) (会社などの)〔無給〕見習生, 実習生.
[*lat.* voluntārius „freiwillig"−*fr.*; ＜*lat.* voluntās „Wille" (◇wollen²); *engl.* volunteer]

Vo·lon·ta·riat[..tariá:t] 中 -[e]s/-e **1** 〔無給〕見習生〈実習生〉の研修期間. **2** 〔無給〕見習生〈実習生〉の職〈地位〉.

vo·lon·tie·ren[..tí:rən] 自 (h) 〔無給〕見習生〈実習生〉として働く.

Volt[vɔlt] 中 -, -[e]s/- (単位: -/-)〖電〗ボルト(電位・電圧および起電力の単位; 記号 V). [＜Volta²]

vol·ta[vɔ́lta·] **I** 副 (mal)〖楽〗…回目, …度目: prima 〈seconda〉 ~ プリマ〈セコンダ〉=ボルタ, 1〈2〉回目〔にはこの個所を演奏せよ〕(楽曲〔の一部〕を反復する際の指示).
II Vol·ta¹ 女 -/..ten[..tən] ボルタ(16世紀から17世紀にかけて南フランスに起こったテンポの速い 3 拍子の宮廷舞踊).
[*it.*; ＜*lat.* volvere „wälzen" (◇walken); ◇volubel, Volute]

Vol·ta²[vɔ́lta·] 人名 Alessandro ~ アレッサンドロ ヴォルタ(1745-1827; イタリアの物理学者. 電圧の単位 Volt は彼の名にちなむ).

Vol·ta·ele·ment[vɔ́lta..] 中〖電〗ボルタ電池.

Vol·taire[vɔltɛ́:r] 人名 François Marie ~ フランソワ マリ ヴォルテール(1694-1778; フランスの著作家・啓蒙(けいもう)思想家. 作品は『哲学書簡』, 小説『カンディード』など).

vol·ta·isch[vɔ́lta·ɪʃ] 形〖電〗ボルタ〔式〕の: ~*e* Säule ボルタの電堆(でんたい).

Vol·ta·me·ter[vɔltamé:tər] 中 (男) -s/-〖電〗〔電解〕電量計, ボルタメーター.

Volt·am·pere[vɔlt|ampé:r, ..pɛ́:r] 中 -s/- (単位: -/-)〖電〗ボルトアンペア(皮相電力の単位; 記号 VA).

Vol·te[vɔ́ltə] 女 -/-n **1** 〖馬術〗巻き乗り,(直径 6 m 以上の円を描く場合は)輪乗り: eine ~ reiten 巻き乗り〈輪乗り〉をする. **2** 〖フェンシング〗(体をかわして相手の突きを避ける)はずし. **3** 〖トランプ〗(カードを切る際に特定のカードが特定の場所にくるように細工する)いかさま切り: die 〈eine〉 ~ schlagen いかさま切りをする;《比》巧みに策を弄する. [*it.* volta; ◇volta]

Vol·ten Volta¹, Volte の複数.

vol·tie·ren[vɔltí:rən] 自 (h) **1** (馬術で)巻き乗り〈輪乗り〉をする. **2** 〖フェンシング〗体をかわして相手の突きをはずす. [*it.*−*fr.*]

Vol·ti·geur[vɔltiʒǿ:r] 男 -s/-e 曲馬師, 曲芸師. [*fr.*]

vol·ti·gie·ren[..ʒí:rən] 自 (h) 曲馬〈馬の曲芸乗り〉をす

る;〘体操〙鞍馬(あんば)〈跳馬〉をする. [*it.* volteggiare－*fr.*]

Volt·me·ter[vɔ́ltme:tər, ◡⏊◡] 中 (男) -s/- 〘電〙電圧計.

ᵛ**vo·lu·bel**[volú:bəl] (..lu·bl..) 形 **1** すばやい, 敏捷(びんしょう)な. **2** 流暢(りゅうちょう)な, 口達者な. [*lat.* volūbilis „drehbar“; ＜*lat.* volvere (→volta)]

ᵛ**Vo·lu·bi·li·tät**[volubilitɛ́:t] 女 -/ volubel なこと. [*lat.*]

vo·lub·l..[volú:bl..] →volubel

Vo·lu·men[volú:mən] 中 **1** -s/-, ..mina[..mina·] **a**) (略 V) (Rauminhalt)〘数〙体積, 容積, 容量: das ～ eines Körpers messen ある物体の体積〈容積〉を測定する. **b**) (一般に) かさ, 大きさ, [総]量. **c**) 〘美〙量感.
2 -s/..mina (略 vol.) (書物の) 巻, 冊.
[*lat.* volūmen „Gerolltes“ (－*fr.*); ＜*lat.* volvere (→volta)]

Vo·lu·men≈ge·wicht ＝Volumgewicht **≈kraft** ＝Volumkraft

Vo·lu·me·no·me·ter[volumenomé:tər] 中 (男) -s/- 体積〈容積〉計.

Vo·lu·men·pro·zent[volú:mən..] ＝Volumprozent

Vo·lu·me·trie[volumetrí:] 女 -/ 体積〈容積〉測定; 容量分析.

vo·lu·me·trisch[..mé:trɪʃ] 形 体積〈容積〉測定の: eine ～*e* Analyse 〘化〙容量分析.

Vo·lum·ge·wicht[volú:m..] 中 単位容積の重量, 比重.

Vo·lu·mi·na Volumen の複数.

vo·lu·mi·nös[voluminǿ:s][1] 形 容積の大きい, かさばった; 大量の; (著作などが) 大部の, 浩瀚(こうかん)な, 巻数の多い. [*fr.*]

Vo·lum≈kraft[volú:m..] 女 〘理〙体積力. **≈pro·zent** 中 体積〈容積〉百分率.

Vo·lun·ta·ris·mus[voluntarísmʊs] 男 -/ 〘哲〙主意説, 主意主義. [＜*lat.* voluntās (→Volontär)]

Vo·lun·ta·rist[..ríst] 男 -en/-en 主意論〈主義〉者.

vo·lun·ta·ri·stisch[..rístɪʃ] 形 主意説〈主義〉の.

vo·lup·tuös[voluptuǿ:s][1] 形 情欲をそそる, 肉感的な; 肉欲的な, 淫蕩(いんとう)な. [*lat.*－*fr.*; ＜*lat.* voluptās „Lust“]

Vo·lu·te[volú:tə] 女 -/-n 〘建〙(イオニア式建築などの柱頭の) 渦巻き装飾 (→ 図 Säule). [*lat.* volūtus „gewälzt“]

Vol·vu·lus[vɔ́lvulʊs] 男 -/..li[..li·] 〘医〙軸捻(じくねん); (Darmverschlingung) 腸捻転. [＜*lat.* volvere (→volta)]

vom[fɔm] ＜von dem

Vom·hun·dert·satz[fɔmhʊ́ndərt..] 男 (Prozentsatz) 百分率, パーセント.

vo·mie·ren[vomí:rən] 自 (h) 吐く, もどす, 嘔吐(おうと)する.

Vo·mi·tio[vomí:tsio·] 女 -/..tiones[..mitsió:ne:s] ＝Vomitus [*lat.*; ◇Emesis; *engl.* vomit]

Vo·mi·tiv[vomití:f][1] 中 -s/-e, **Vo·mi·ti·vum**[..tí:vʊm] 中 -s/..va[..va·], **Vo·mi·to·rium**[..tó:riʊm] 中 -s/..rien[..riən] (Brechmittel) 〘医〙催吐(さいと)剤.

Vo·mi·tus[vó:mitʊs] 男 -/ (Erbrechen) 〘医〙嘔吐(おうと). [*lat.*]

Vom·tau·send·satz[fɔmtáʊzənt..] 男 (Promillesatz) 千分率, パーミル.

von[fɔn]

> 前《3格支配》
> **1**(英: *from*) (↔zu, nach, bis) …から
> **a**)《空間的》《運動・動作などの起点・出発点, 方向・位置などの基点を示す》
> **b**)《時間的》《時間的起点を示す》
> **2**《分離・離脱・除去》(英: *from*) …から〔離れて・引き離して〕
> **3**《由来・出所・起源》
> **a**) (英: *from*) …から〔出て〕
> **b**)《貴族の家名の一部として; 元来は出身地を表す》(略 v.) フォン
> **4a**)《原因・理由》…のために, …で, …がもとで
> **b**)《依拠》…によって, …に基づいて
> **c**)《動作主・起動者》(英: *by*) …によって, …による
> ①《受動〔的な〕文で》
> ②《受動文以外で》
> **5a**)《関与部分》…について, …に関して, …のことを
> **b**)《関与主体》(英: *of*) …に関して
> **c**)《限定》(英: *of*) …の点で, …については
> **6**《2格と同じ機能をもつ前置詞句を導く》(英: *of*)
> **a**)《具備する性質などを示して》…の
> ①《性状》
> ᵛ②《材質・構成要素》…〔製〕の, …でできた
> ③《時点・日付》
> ④《数量を示す語句と》…の量の
> **b**)《修飾・比喩》…みたいな, …という
> **c**)《部分・包含関係》…の〔中の〕, …のうちの
> **d**)《動作名詞と; 行為の主体や対象を示して》
> **e**)《分離・方向を示す副詞・形容詞と》
> **f**)《2格の代用》

前《3格支配》《定冠詞 dem と融合して vom となることがある》 **1** (英: *from*) (↔zu, nach, bis) …から: **a**)《空間的》《運動・動作などの起点・出発点, 方向・位置などの基点を示す》*Von* wo (＝Woher) kam der Stein geflogen? 石はどこから飛んで来たのか | Ich komme gerade ～ ihm. 今彼の所へ行って来たばかりだ | Die Blätter fallen ～ den Bäumen. 葉が木から落ちる | Die Sonne strahlt *vom* Himmel. 空から陽光がふりそそぐ | ein Buch *vom* Regal nehmen 本棚から本を取る | Der Wind weht ～ Osten. 風が東から吹く | *jn.* ～ der Seite sehen …を横から眺める | ～ weitem 遠くから ‖〘副詞と〙～ außen 〈innen〉 外〈内〉から | ～ links 〈rechts〉 左〈右〉から | ～ oben (略 v. o.) 上から (…行目に) | ～ nah und fern 遠近を問わずあらゆる所から ‖ ～ jenseits des Flusses 川向こうから | ～ zu Hause fortgehen 家を出る | ～ seiten → 別出 ‖〘**von ... an** 〈**auf** / **aus**〉 / 話: **von ... ab** の形で〙*et.*[4] ～ Grund auf 〈aus〉 ändern …を根本から変える | *Von* hier an muß in dem Manuskript gestrichen werden. 原稿はここから先は少し削らなければならない | *Von* Mannheim aus sind es bis Heidelberg ungefähr zwölf Kilometer. マンハイムからだとハイデルベルクまではおよそ12キロメートルである ‖〘**von ... nach** 〈**bis** 〔**zu**〕/ **zu**〉 **...** の形で〙ein Zug ～ Berlin nach München ベルリン発ミュンヒェン行きの列車 | Wie weit ist es ～ hier bis zum Bahnhof? ここから駅まではどのくらいの距離ですか | *vom* Keller bis zum Boden durchsehen 地下室から屋根裏までしらみつぶしに捜索する | ～ einem Ufer zum anderen schwimmen 一方の岸から対岸へと泳ぐ | ～ Land zu Land ziehen 国から国へと渡り歩く | ～ Fall zu Fall entscheiden ケースバイケースで決めていく | ～ den Vakuumröhren über die Transistoren bis zu den neuesten Elementen 真空管に始まりトランジスターを経て最新の素子に至るまで.

☆ von と aus の違い: ともに場所の移動の出発点を示すが, 位置を示すのにふつう in が用いられる語には aus を, an, auf, bei などが用いられる語には von を用いる: im Feld 戦場で→*aus* dem Feld heimkehren 戦場から帰って来る | auf dem Feld 畑で→*vom* Feld heimkehren 畑から帰って来る. ただし地名の場合には, 乗り物などの出発点を示すときは von が, 出身や由来を示すときは aus が用いられる: Der Zug kommt *von* Köln. その列車はケルンからの列車だ | Der Wagen mit dem Buchstaben K auf dem Schild kommt *aus* Köln. ナンバープレートに K の字のあるのはケルンの車両だ | Er kommt 〈stammt〉 *aus* Köln. 彼はケルンの出身だ (ただし動詞が sein のときは Er ist *von* Köln. という形もある: →3 a). また hier などの副詞には aus は用いられない: Er stammt nicht *von* hier. 彼は当地の出身ではない.

b)《時間的》《時間的起点を示す》～ alters her 昔から | ～

vorn herein 最初から | ~ neuem 改めて ‖〖**von ... an 〈auf〉** の形で〗~ Anfang an 最初から | ~ Schulbeginn an 小学校入学時から | *vom* 2.(読み方: zweiten) Oktober an 10月2日から(㊟ seit dem 2. Oktober 10月2日からきょうまで: →☆) | ~ heute an 〈話: ab〉 きょうから | ~ nun an これからは | ~ Jugend 〈klein〉 auf 子供のときから ‖〖**von ... bis 〔zu〕 ...** の形で期間の起点を示す〗~ Anfang bis 〔zu〕 Ende 最初から最後まで | ~ Dienstag bis 〔zu〕 Freitag 火曜日から金曜日まで | *vom* Morgen bis zum Abend / ~ morgens bis abends 朝から晩まで | ~ 10 bis 12 Uhr 10時から12時まで | Meißner Porzellan *vom* 18. Jahrhundert bis zur Gegenwart 18世紀から現代までのマイセン磁器 ‖〖**von ... auf 〈zu〉 ...** の形で移行・推移を示す〗in der Nacht ~ Montag auf 〈zu〉 Dienstag 月曜日から火曜日にかけての夜に | Das läßt sich nicht ~ heute auf morgen erledigen. それはきょう言ってあすというわけにはいかない ‖〖**von ... zu ...** の形で〗*et.*[4] ~ Tag zu Tag verschieben …を日一日と先へのばす | ~ Zeit zu Zeit 時おり.

☆ von ... an と seit の違い: ともに開始の時点を示すが, seit が発話時点(現在)までの継続にのみ用いられるのに対し, von ... an は過去または未来のある時点までの継続にも用いられる: Er kränkelt *seit* Schulbeginn. 彼は小学校入学以来今日までずっと病気がちだ | Er kränkelte *von* Schulbeginn *an*. 彼は小学校入学の時からその時まで病気がちだった.

2《分離・離脱・除去》(英: *from*)…から〔離れて・引き離して〕: *sich*[4] ~ *jm.* losreißen …の手をふりほどく | Ich komme nicht ~ ihr los.《比》私は彼女のことが忘れられない | Sie ist für immer ~ uns gegangen. 彼女は永遠に我々のもとから去っていった ‖ keinen Ton ~ *sich*[3] geben うんともすんとも言わない | das Essen ~ *sich*[3] geben 食べたものをもどす | *seine* Kleider ~ *sich*[3] werfen 衣服を脱ぎ捨てる ‖ *vom* Baum einen Zweig reißen 木から枝を折り取る | 5 % *vom* Preis abziehen 価格から5パーセント差し引く | Laß die Finger ~ der Sache! 指をふれるんじゃない;《比》手を出すな | halb 〈wie〉 ~ Sinnen sein 気も狂わんばかりになっている, 半狂乱である | Weiche nicht ~ der Stelle! その場所から動く〈後へ引く〉な | Er ist frei ~ Schuld. 彼は罪がない〈罪を免れている〉.

3《由来・出所・起源》**a)** (英: *from*)…から〔出て〕: *et.*[4] ~ *jm.* hören …を…の口から聞く | ~ *jm.* Geld bekommen …から金を受け取る | Was wollen Sie ~ mir? 私になんのご用でしょうか | Der Brief ist ~ deiner Mutter. この手紙は君のお母さんからきたものです | Er ist ~ (=aus) Berlin. 彼はベルリンの出身です(→1 a ☆) | *Von* woher stammt er? 彼はどこの出身ですか(→1 a ☆) ‖ *von* mir aus (→aus II 2 b, →ich I 3) | ~ *sich*[3] aus / ~ selbst 自分から, 自発的に | Ich hätte eigentlich ~ mir aus darauf kommen müssen. 私は自分でそれに気づくべきでした ‖ Viele Grüße ~ meinem Vater! 父からもくれぐれもよろしくとのことです | Bier *vom* Faß 生ビール | Ich kenne ihn ~ der Schule. 彼のことは学校時代から知っています | Ich kenne ihn nur *vom* Sehen. 私は彼は顔を知っているだけだ | *von* ganzem Herzen 衷心から ‖ ~ ungefähr 偶然に ‖〖**von *et.*[2] wegen** の形で〗~ Amts wegen 職務上, 職権上 | ~ Rechts wegen (㊕ v. R. w.) 法によって〈従って〉;《比》当然, 本来 ‖〖von wegen *et.*[2] の形で〗*Von* wegen seiner Pünktlichkeit ist er sehr beliebt. 時間を守るので彼は人に好かれている ‖ *Von* wegen!《話》とんでもない, それは無理だ, それは問題外だ, まさか.

b)《貴族の家名の一部として; 元来は出身地を表す》(㊕ v.) フォン: Otto ~ Bismarck オットー フォン ビスマルク | Freiherr *vom* und zum Stein フォム ウント ツム シュタイン男爵(→zu I 2 a) | Zuerst erschien *von* Gruber 〈*v.* Gruber〉. 最初に姿を現したのはフォン グルーバーだった | Er schreibt sich[3] ~. 彼の姓にはフォンがつく | Man kann sich[3] ~ schreiben, wenn ...《話》…であるならば御(おん)の字だ.

4 a)《原因・理由》…のために, …で, …がもとで: Er ist ~ der Reise müde. 彼は旅行で疲れている | *vom* langen Warten ungeduldig werden 長いこと待たされていらいらしてくる | Der Saal dröhnte ~ Beifall. ホールは喝采(かっさい)でどよめいた | Das kommt *vom* Rauchen. それはタバコのせいだ.

b)《依拠》…によって, …に基づいて: ~ Pflanzen leben 菜食である | Sie lebt ~ ihrer Hände Arbeit. 彼女は手仕事で生計をたてている | Seine Zukunft hängt ~ dieser Entscheidung ab. 彼の将来はこの決定のいかんにかかっている.

c)《動作主・起動者》(英: *by*)…によって, …による: ①《受動〔的な〕文で》Er wird oft ~ seinem Chef gelobt. 彼はよく上役にほめられる(㊟ 能動文: Sein Chef lobt ihn oft.) | Die Stadt wurde ~ einem Erdbeben zerstört. 町は地震で破壊された ‖ Ich lasse mich nicht ~ dir leiten. 君の指図など受けないぞ | Die Kinder lassen sich[3] ~ ihrer Mutter eine Geschichte erzählen. 子供たちは母親からお話をしてもらう.

☆ 受動文における von と durch の違い:

i) 人間などの場合は, 動詞の表す行為がみずからの意志によるときは von が, 他の意志を受けて実行されるときや, その行為の一因や仲介者にすぎないときは durch が用いられる. したがって durch と von との使い分けが微妙な差を表現することがある: Der Brief wurde *von* dem Dichter selbst geschrieben. その手紙は詩人みずからの手になるものだ | Der Brief wurde *durch* einen Boten überbracht. その手紙は使いのものが持って来た ‖ Er wurde *von* einer begeisterten Menge aufgehalten. 熱狂した群衆が彼をつかまえて先へ進ませようとしなかった | Er wurde *durch* eine begeisterte Menge aufgehalten. 熱狂した群衆のために彼は先へ進めなかった ‖ Sie wurde *von* ihm in den Tod getrieben. 彼女を死に追いやったのは彼である | Sie wurde *durch* ihn in den Tod getrieben. 彼女は彼が原因で死んだ, 彼女を死に至らしめた責任の一端は彼にある.

ii) 意志のない無生物の場合は, 事物のときは von が, 現象のときは durch が用いられることが多い. また媒介物は durch で表される: Das Gebäude wurde *von* einer Zeitbombe zerstört. 建物は時限爆弾によって破壊された | Das Gebäude wurde *durch* die Explosion einer Zeitbombe zerstört. 建物は時限爆弾の爆発によって破壊された ‖ Tetanus wird *durch* Tetanusbazillen ausgelöst. 破傷風は破傷風菌によってひき起こされる.

iii) また次のように4格目的語に相当する名詞が2格または von を伴う形で動作名詞の付加語となる(受動文の名詞化ともいえる)場合には, 動作主を表す語は von でなく durch で示される(→6 f): die Ermordung Cäsars 〈von Cäsar〉 *durch* Brutus (㊫ von Brutus) ブルートゥスによるカエサルの殺害(㊟ Cäsar wurde *von* Brutus 〈*durch* Brutus〉 ermordet. カエサルはブルートゥスに殺害された).

②《受動文以外で》eine Oper ~ Mozart モーツァルト〔作曲〕のオペラ | deutscher Kaiser ~ Gottes Gnaden 神の恩寵(おんちょう)によるドイツ皇帝(公文書における称号として) | *Von* diesem Mann hat sie zwei Kinder. 彼女はこの男の子供を二人産んだ.

5 a)《関与部分》…について, …に関して, …のことを: *Von* wem hast du gehört? 君はだれの消息を耳にしたのか | *Von* wem sprechen Sie? だれのことをおっしゃっているのですか | Man sagt ~ dir, daß du geizig seist. 君はけちだとの評判だよ | der Mann, ~ dem man behauptet, daß er geizig sei けちだと言われている男 ‖ Der Roman handelt ~ einer Adelsfamilie. この小説はある貴族の一家を描いている | Ich halte nichts ~ deinem Plan. 私は君の計画など全く問題にしていない | *jn.* ~ dem Vorfall in Kenntnis setzen …にその事件について知らせる | Er weiß ~ der Sache. 彼はその事について知っている | Ich habe dies ~ meinem Vater sagen hören. 私は父についてこのように言われるのを耳にしたことがある ‖〖davon が分離した形で〗Da weiß ich nichts ~.《北部》その点については私は何も知りません.

☆ von と über の違い: →über I 2 b ② ☆

b)《関与主体》(英: *of*)…に関して: Das ist sehr nett ~ Ihnen. それはどうもご親切に | Es ist sehr vernünftig ~ ihm, daß er darauf verzichtet hat. それを断念したのは

彼として賢明な策だった｜Das war ein dummer Streich ～ mir. 私としたことがばかなまねをしたものだ｜Ich finde das doch unerhört ～ dir! そんなことをするとは君はけしからんではないか.

c)《限定》(英: *of*) …の点で, …については: Sie ist groß ～ Wuchs. 彼女は大柄だ Er ist schwer ～ Begriff. 彼はのみこみが悪い｜Ich kenne ihn ～ Person. 彼とは面識がある｜Was sind Sie ～ Beruf? ご職業は何ですか.

6《2格と同じ機能をもつ前置詞句を導く》(英: *of*) **a)**《具備する性質などを示して》…の: ①《性状》ein Mann ～ Tat 行動の人｜Leute ～ Rang und Namen 地位や名のある上流階級の人々｜ein Schmuckstück ～ großem Wert 高価な装身具｜eine Frau ～ stolzem Wesen (＝des stolzen Wesens) 誇り高き女性 ‖〖述語的に〗～ Bedeutung sein 重要である｜Sie ist ～ vornehmer Herkunft. 彼女は名門の出だ｜Das ist für dich ～ Nutzen. それは君にとって役に立つ〈有利である〉. ᵛ②《材質・構成要素》…〔製〕の, …でできた: ein Ring ～ Gold 金の指輪｜ein Kranz ～ Blumen 花の冠｜eine Allee ～ Nußbäumen クルミの木の並木道 ‖ ein Herz ～ Stein《比》石のような心.

☆ 原材料を表すにはふつう aus を用いる: →aus I 4

③《時点・日付》meine Schulden *vom* letzten Jahr 昨年の私の負債｜Ihr Brief *vom* 1. Mai 5月1日付のお手紙｜die Zeitung ～ gestern 昨日の新聞｜die Frau ～ heute 現代の女性 ‖ Ihr Brief ～ vor drei Wochen 3週間前のお手紙.

④《数量を示す語句と》…の量の: eine Entfernung ～ drei Metern 3メートルの距離｜ein Buch ～ 500 Seiten 500ページの本｜Kinder ～〔unter〕10 Jahren 10歳〔以下〕の子供｜Kleider ～ 200 Mark aufwärts 200マルクから上の服｜Fremdenkapitalanteil ～ bis zu 80 Prozent 80パーセントにものぼる他人資本率.

b)《修飾・比喩》…みたいな, …という: eine Seele ～ Mensch 善良この上ない人｜ein Teufel ～ einem Vorgesetzten 鬼のような上役｜Du alter Schlaukopf ～ Bettler! したたか者のこじきめ｜Sie ist ein Bild ～ einem Mädchen. 彼女は絵のように美しい少女だ.

c)《部分・包含関係》…の〔中の〕, …のうちの: der älteste ～ den Brüdern (＝der Brüder) 長兄｜der Klügste ～ allen だれよりも賢い男｜einer ～ uns 我々のうちの一人｜zwei ～ drei 3個のうちの2個｜18 ～ hundert 〈vom Hundert〉 100分の18, 18パーセント(＝18 Prozent)｜wenige ～ ihnen 彼らの中の少数のもの(＝ᵛihrer wenige)｜ein Teil ～ Deutschland (＝Deutschlands) ドイツの一部〔分〕｜Tausende ～ Menschen 何千という人間｜eine Art ～ Roman 長編小説の一種 ‖ Er hat etwas ～ einem Schauspieler. 彼には役者じみたところがある｜Sie begreift nichts ～ dem, was er da sagt. 彼がいま言っていることが彼女にはまるで分かっていない ‖ *Von* den Mädchen war nur Brigitte da. 少女たちのうちそこに居あわせたのはブリギッテだけだった｜*Von* 40 möglichen Punkten erreichte er 38. 彼は40点満点のうち38点を獲得した ‖ Er trank ～ dem Wein. 彼はそのワインに口をつけた｜Du hast mehr ～ deinen Ferien, wenn … …すれば君は休暇をもっとたくさん楽しむことができるよ ‖〖**was … von …** の形で〗alles, was meine Kinderzeit ～ Freud und Schmerz gebracht hat 幼年時代が私にもたらした喜びや悲しみ〔のすべて〕｜Was sonst ～ Menschen im Hof lebte, lag und schlief. 農場で生活しているその他の人たちはみんな横になって眠っていた.

d)《動作名詞と; 行為の主体や対象を示して》unter der Leitung ～ Karajan カラヤンの指揮で｜der Bau ～ Autobahnen アウトバーンの建設.

e)《分離・方向を示す副詞・形容詞と》abseits *vom* Verkehr liegen 交通不便な場所に位置する｜Der Ort liegt südlich ～ Salzburg. その村はザルツブルクの南方にある.

f)《その他一般に2格の代用: 特に2格が形態的に不明確な場合や..s, ..ß, ..t, ..z に終わる固有名詞の場合など. また: →4 c ① ☆ iii)》〖無冠詞・無変化の語などと〗der Export ～ Kohle 石炭の輸出｜der Bau ～ Kraftwerken 発電所の建設｜der Einfluß ～ Wind und Wetter 風化｜der Vater ～ fünf Söhnen 5人の息子を持つ父親｜eine Sendung ～ ZDF ドイツ第二テレビ｜die Leute ～ hier 当地の人々 ‖ innerhalb ～ vier Wochen 4週間以内に ‖〖固有名詞と〗das Bild ～ Goethe (＝Goethes Bild) i) ゲーテを描いた絵; ii) ゲーテ作の絵(→4 c ②); iii) ゲーテ所有の絵｜die Königin ～ England 英国女王(＝Englands Königin)｜die Belagerung ～ Mainz durch die feindlichen Truppen 敵部隊によるマインツ市の包囲(→4 c ① ☆ iii)) ‖〖2格の付加語の重複を避けて〗die Antwort ～ Peters Freund ペーターの友達の返事｜der Tag ～ meines Vaters Tod 私の父の死んだ日 ‖〖所有代名詞と同じ機能で〗das Haus ～ ihm 彼の家(＝sein Haus)｜ein Freund ～ mir 私の友人.

[*ahd.*]

von·ein·ạn·der[fɔn|aınándər] 副《von＋相互代名詞に相当: →sich 2 ★ ii)》お互いから〔離れて〕; お互いについて: weit ～ wohnen 互いに遠く離れて住んでいる｜Wir haben lange nichts ～ gehört. 私たちは久しく互いに音信不通であった〈ごぶさたしていた〉.

von·ein·ạn·der|ge·hen* 《53》自 (s) 互いに別れる〈遠ざかる〉: Hier *gehen* die Wege 〈die Meinungen〉 *voneinander*. ここで道〈意見〉が分かれる.

von·nọ̈·ten[fɔnnǿːtən] 形《もっぱら次の形で》～ sein 必要である｜Eile ist nicht ～. 急ぐ必要はない. [*mhd.* von nōt „von Not"]

von·sẹi·ten (**von sẹi·ten, von Sẹi·ten**)[fɔn záıtən] 前《2格支配》…の側から: ～ des Feindes 敵方から.

von·stạt·ten[fɔnʃtátən] 副《もっぱら次の形で》**～ gehen** i) (stattfinden) 行われる; ii)《様態を示す語句と》進行する, 進捗(しんちょく)する: Die Verhandlungen gingen nur sehr langsam ～. 交渉は遅々として進まなかった.

[＜*ahd.* stata (→statt)]

Vọ·po[fóːpoˑ] **I** 女 -/ (＜Volkspolizei) (旧東ドイツの) 人民警察. **II** 男 -s/-s (＜Volkspolizist) (旧東ドイツの) 人民警察官.

vo̱r[foːr]

I 前《位置を示すときは3格支配, 方向を示すときは4格支配》

1《空間的》(英: *before*) …の前に〈で〉
- **a)** (↔hinter) …の前面に, …の正面で
- **b)** …の面前で, …の目の前で, …の見ているところで
- **c)**《比喩的に》
  - ①《3格と》…の立場から見ると
  - ②…(裁判所など審理機関)の場で
  - ③…に直面して
- **d)** (↔hinter) …の行く手に, …の前途に, …の将来に
- **e)** (außerhalb) …の外側に
- **f)**《3格と》なお…の手前のところで, …に行きつかないうちに
- **g)** (↔gegen)《3格と》…を背に受けて

2《順番・序列》(英: *before*) …より前〈先〉に
- **a)**《順位先行》(↔hinter, nach) …より先〔の場所〕に, …の先に立って, …の先頭に
- **b)**《優先・優越・上位》…より上位に, …より優れて

3《時間的》《3格と》
- **a)**《期間を表す語と》
  - ① (↔in) 今(発話時点)から…だけ前に
  - ②《ふつう否定文で》今から…だけ経過する前には(…しない)
- **b)** (英: *before*) (↔nach)
  - ①《時点・行事・出来事・行為を表す語と》…になる前に, …以前に, …が行われるより前の時点に
  - ②《人を示す語と》…〔の行為〕に先んじて(同じ行為をする)

4《感情の対象: 恐怖・畏敬(いけい)・恥じらい》《3格と》…に対して, …の前で

5《防護・避難》《3格と》…に対し〔用心して〕, …から〔逃れて〕

6《不随意的行動の原因》《無冠詞 3 格の名詞と》…のゆえ〈ため〉に, …のあまり
7 (für)
a)《無冠詞 4 格の同一名詞を結びつけて》…また…
b)《代替》…の代わりに
II 副

I 前《位置を示すときなどは 3 格支配, 方向を示すときなどは 4 格支配. 俗語調では定冠詞 dem と融合して vorm, den と融合して vorn, das と融合して vors となることがある》**1**《空間的》(英: *before*)…の前に〈で〉: **a**) (↔hinter) …の前面に, …の正面で:〖3 格と〗~ dem Rathaus 市庁舎の前〈正面〉に | die Kirche, ~ der ein Denkmal steht 前に記念碑の立っている教会 | genau ~ *jm.* sitzen …の真正面に座っている | ~ dem Spiegel stehen 鏡の前に立っている | ein Tuch ~ den Augen haben 目隠しをしている | Der Brief lag ~ ihm auf dem Tisch. 手紙は彼の目の前のテーブルの上に置かれていた ‖ Er hat den Brief ~ sich liegen. 彼の目の前にその手紙が置いてある | Er machte mir die Tür ~ der Nase zu. 彼は私の鼻先で戸を閉めた | *Vor* diesem Hintergrund sieht die Vase sehr gut aus. これを背景にすると花瓶は非常に引き立つ.
‖〖4 格と〗〔bis〕 *vors* 〈~ das〉 Rathaus fahren 市庁舎の前まで乗りつける | ~ den Altar 〈den Spiegel〉 treten 祭壇〈鏡〉の前に歩みよる | Er ging hinunter ~ das Haus. 彼は階下へ降りて家の前に出た ‖ Ich schlug mir ~ den Kopf. (しまったと気づいて) 私はぴしゃりと額を打った | *sich*^{3} eine Kugel ~ den Kopf schießen 頭を撃って自殺する | *jm.* ~ das Schienbein treten …の向こうずねをけとばす.
☆ 人間・建物・車などと違って, 前後・表裏の別のない事物 (例えば: Berg, Tisch) の場合は, 位置関係は話者の視点によってきまり, 視点の置かれた方の側 (手前) を指す: Er sitzt ~ seinem Schreibtisch. 彼は自分のデスクの前に座っている〈デスクに向かっている〉 | Der Arzt hatte sich hinter seinen Schreibtisch gesetzt, während ich da*vor* auf einem Besucherstuhl saß. 医者はデスクの向こう側で席につき 私はデスクの前の来訪者用のいすに座っていた | *Vor* dem Berg fließt ein Fluß. 山の前 (こちらから見て手前) を川が流れている.
b) …の面前で, …の目の前で, …の見ているところで:〖3 格と〗~ aller Augen 衆人環視の中で | ~ vielen Zuschauern 多くの観衆の面前で | *et.*^{4} ~ Zeugen erklären …を証人の前で宣言する | ~ *jm.* erscheinen / *sich*^{4} ~ *jm.* sehen lassen …の面前に姿を現す | ~ *jm.* den Hut abnehmen …に敬意を表して脱帽する | *seine* Sünde ~ Gott bekennen 神の前で罪を告白する | *Vor* wem glauben Sie zu sprechen? だれの面前でしゃべっていると思っているのか ‖〖4 格と〗~ den Richter treten 裁判官の前に進み出る.
c) 《比喩的に》① 《3 格と》…の立場から見ると: *Vor* dem Gesetz sind alle gleich. 法の前ではすべての人が平等だ | *et.*^{4} ~ *seinem* Gewissen nicht verantworten können 良心に照らすと…の責任を負いきれない.
② …(裁判所など審理機関) の場で:〖3 格と〗~ dem Gericht 法廷で ‖〖4 格と〗~ Gericht kommen (事件が) 裁判にかかる | eine Frage ~ den Bundestag bringen ある問題を連邦議会の審議に付する | Ein solcher Fall gehört ~ ein höheres Gericht. この種の事件はもっと上級の裁判所の管轄だ.
③ …に直面して:〖3 格と〗~ Untergang stehen 破滅に瀕(ひん)している ‖〖4 格と〗*jn.* ~ eine Entscheidung 〈ein Ultimatum〉 stellen …に決断を迫る〈最後通牒(つうちょう)を突きつける〉.
d) (↔hinter) …の行く手に, …の前途に, …の将来に:〖3 格と〗immer ein Ziel ~ 〔den〕 Augen haben つねに前途に目標を持っている, いつでも目標が念頭にある | Ein langer Tag lag ~ ihnen. 彼らの前にはまだ長い一日があった | Auf einmal hatten wir den See ~ uns. 突然湖が行く手に現れた | Sie haben das Examen 〈ihren Urlaub〉 noch ~ sich. 彼らは試験〈休暇〉を前にしている.
‖〖4 格と〗*sich*^{4} ~ den Zug werfen 走る列車の前に身を投げる ‖ Die Veränderung ging langsam ~ sich^4. 変化は徐々に起こった | Weißt du, wie so eine Prüfung ~ sich^4 geht? 君はこういう試験がどんなふうに行われるのか知っているのか ‖ **vor sich^4 hin** 何にということもなくぼんやりと | ~ *sich*^{4} hin sehen 〈starren〉 何にということもなく前方に目をやる〈前方を見つめる〉 | ~ *sich*^{4} hin sprechen だれにともなく独り言をいう.
e) (außerhalb) …の外側に:〖3 格と〗~ der Stadt wohnen 郊外に住む | ~ dem Haus おもてで | ~ der Tür 戸口の外で, 玄関の前に;《比》(時期などが) 目前に | Die Vögel zwitschern ~ dem Fenster. 鳥が窓の外でさえずっている ‖〖4 格と〗~ die Tür gehen 〈treten〉 戸の外に出る | *jn.* ~ die Tür setzen …を追い出す | den Tisch ~ das Fenster stellen i) テーブルを窓の外へ出す; ii) テーブルを窓の前に置く (→a) | die Gäste noch 〔bis〕 ~ die Tür bringen 客を戸口の外まで送る.
f) 《3 格と》なお…の手前のところで, …に行きつかないうちに: kurz ~ dem Fluß umkehren 川につき当たるすぐ手前で引き返す | kurz *vorm* Rathaus aussteigen 市庁舎のすぐ手前のところで下車する | zwei Kilometer ~ Hamburg ハンブルクの手前 2 キロのところで.
g) (↔gegen) 《3 格と》…を背に受けて: ~ dem Wind segeln 〖海〗追い風を背に受けて帆走する.
2 《順番・序列》(英: *before*) …より前〈先〉に: **a**) 《順位先行: →3 b ②》(↔hinter, nach) …より先〔の場所〕に, …の先に立って, …の先頭に:〖3 格と〗~ *jm.* sitzen …より前の席に座っている | Ich komme ~ dir in der Schlange. 私の方が君より列に並んだ順番が先だ | Das Adjektiv steht ~ dem Substantiv. 形容詞は名詞の前に置かれる | Im Alphabet kommt M ~ N. アルファベットでは M が N より先に来る ‖〖her とともに用いられて, 一定の距離を保った先行を表す〗Er geht ~ mir her. 彼は私の先に立って進む | Er trug die Fahne ~ ihnen her. 彼は彼らの先頭に旗をささげて進んだ | Er treibt das Pferd ~ sich^3 her. 彼は馬を追い立てながら歩く.
‖〖4 格と〗den Titel ~ den Namen setzen 名前の前に称号をそえる | die Pferde ~ den Wagen spannen 馬を馬車の前につなぐ | *sich*^{4} ~ die übrigen Läufer setzen 他の走者を抜く | In der Tabelle rückte Berlin ~ München. (サッカーなどの) 成績順位表でベルリンがミュンヒェンを抜いた.
b) 《優先・優越・上位》…より上位に, …より優れて:〖3 格と〗**vor allem** (略 v. a.) / ~ allen Dingen とりわけ, 特に, 何よりも (→Ding 2 a) | *Vor* allem die alten Leute leiden unter der Einsamkeit. 特に老人たちが孤独に悩んでいるのである | ~ *jm.* Vorrang haben …よりも優位に立つ, …に優先する | Er wurde Sieger ~ uns allen. 彼は我々全員を押えて優勝した | Er hat sich^4 ~ allen anderen ausgezeichnet. 彼は一頭地を抜いていた | Bei ihm kommt das Auto noch ~ seiner Frau. 彼にとっては自動車の方が奥さんよりももっと大事なのだ ‖〖4 格と〗die Pflicht ~ das Vergnügen stellen 楽しみより義務を優先させる.
3 《時間的》《3 格と》**a**) 《期間を表す語と》① (↔in) 今 (発話時点) から…だけ前に, …だけさかのぼって: ~ zehn Minuten 今から10分前に | heute ~ drei Monaten 3 か月前のきょう | unser ~ 3 Tagen eröffnetes Schuhgeschäft 我々が 3 日前に開店した靴屋 | Er ist ~ zwei Tagen gestorben. 彼は今から 2 日前に死んだ ‖ ~ Jahren 数年前に | ~ wenigen Augenblicken ほんのちょっと前に | ~ langer Zeit ずっと昔に | ~ alters / ~ Zeiten 昔 | ~ kurzem 最近, つい先ごろ.
☆ vor と seit の違い: sterben, eröffnen などのような完了相でなく, sein, arbeiten など継続相の動詞の場合には, seit が用いられる (→seit I ★ i): Er ist *seit* drei Jahren tot. 彼は 3 年前から故人である.
② 《ふつう否定文で》今から…だけ経過する前には (…しない): *Vor* zwei Stunden wird er nicht zurückkommen. 2 時間後でないと彼は戻って来ないだろう.
b) (英: *before*) (↔nach) ① 《時点・行事・出来事・行為を表す語と》…になる前に, …以前に, …より早い時期に, …が行わ

れるより前の時点に: zwei〔Minuten〕～ drei 3時2分前｜Sie ging schon ～ acht〔Uhr〕. 彼女は8時前にもう出かけた｜～ 1945 1945年以前には｜～ dem 1. 4.（読み方: ersten vierten）4月1日になる前に｜im Jahre 23 ～ Christi Geburt ⟨～ Christus⟩/23 Jahre ～ Christi Geburt ⟨～ Christus⟩（㊘ v. Chr.〔G.〕）〔西暦〕紀元前23年に｜～ Weihnachten クリスマスになる前に｜in der Zeit ～ dem Krieg 戦前の時代に｜～ der Zeit 時期が来ないうちに, 早めに｜Das war ～ meiner Zeit. それは私の来る⟨生まれる⟩前のことだった｜am Tage ～ der Hochzeit 結婚式の前日に｜～ Sonnenaufgang 日の出前に｜～ dem Ablauf von drei Tagen 3日たたないうちに｜～ dem Essen / ～ Tisch 食前に ‖ zwei Tage da*vor* ⟨～ der Hochzeit⟩ その⟨結婚式の⟩2日前に ‖〖未来の時点を示す語とともに, ふつう否定文で: →a ②〗Wir erwarten ihn nicht ～ heute abend. 我々は彼はきょうの夕刻前には来ないと思っている｜Er wird nicht ～ Anbruch der Dunkelheit hier sein. 彼は夕暮れまでに来はしないだろう.

②《人を示す語と》…〔の行為〕に先んじて(同じ行為をする)（→2 a; →nach I 3 b ②）: Seine Frau ist ～ ihm gestorben. 彼の妻は彼より先(彼が死ぬより前)に死んだ｜Ich war ～ Ihnen da! 私の方があなたより先にここへ来たのですよ｜Wir kamen zehn Minuten ～ ihm an. 我々は彼より10分早く着いた｜Er wurde noch ～ den anderen hereingelassen. 彼は他の人に先んじて中に通された ‖ Sie hatte ～ mir noch einen Freund. 彼女には私の前(私とつきあう前)にも男がひとりいた.

4《感情の対象: 恐怖・畏敬(㊦)・恥じらい》《3格と》…に対して, …の前で: die Furcht ～〔der〕Strafe 罰を恐れる気持｜Achtung ～ dem Gesetz 法を尊ぶ気持｜*sich*⁴ ～ *jm.* fürchten …を恐れる｜*sich*⁴ ～ *jm.* schämen …の手前はずかしく思う｜*Vor* diesem Mann graut〔es〕mir. 私にはこの男は気味が悪い⟨恐ろしい⟩.

5《防護・避難》《3格と》…に対し〔用心して〕, …から〔逃れて〕: Schutz ～ dem Sturm suchen あらしから身を守る場所を探す｜*sich*⁴ ～ der Kälte schützen 寒さから身を守る｜Hüte dich ～ ihm! 彼には気をつけろよ｜*sich*⁴ ～ dem Feind verstecken 敵から身を隠す｜～ dem Hochwasser fliehen 洪水から逃れる｜ein Geheimnis ～ *jm.* wahren …に対して秘密を守る｜～ Taschendieben warnen すりに気をつけるよう警告する ‖ keine Ruhe ～ *et.*³ haben …に悩まされ通しである｜Der Raum ist sicher ～ Dieben. この部屋は泥棒に対して安全だ ‖〖davor, wovor が分離した形で〗ᵛDa sei Gott ～（＝für）. くわばら くわばら(神の御加護によりそんなことになりませんように)｜Wo hast du denn Angst ～? 君はいったい何を心配しているんだ.

6《不随意的行動の原因》《無冠詞3格の名詞と》…のゆえ⟨ため⟩に, …のあまり: ～ Furcht ⟨Kälte⟩ zittern 恐怖⟨寒さ⟩に震える｜～ Schmerz schreien 苦痛のあまり叫び声をあげる｜～ Scham erröten 恥ずかしさで赤面する｜～ Hunger sterben 飢え死にする｜～ Sauberkeit strahlen ぴかぴか輝くほど清潔である｜*sich*⁴ ～ Lachen nicht halten können どうしても笑いが止まらない ‖ ～ lauter Arbeit das Essen vergessen 仕事が忙しすぎて食事も忘れてしまう（→1 c ③）｜den Wald ～ lauter Bäumen nicht sehen《比》木を見て森を見ない(小事にこだわって全体・肝心なことを見失う).

☆ 随意的動作の際の原因には aus を用いる（→aus I 3 b）: *aus* Furcht lügen 恐怖のためにうそをつく.

7（für）**a**)《無冠詞4格の同一名詞を結びつけて》…また…: Schritt ～（＝für）Schritt〔一〕歩一歩, 着々と. **b**)《代替》…の代わりに: Gnade ～（＝für）Recht ergehen lassen 寛大な処置をとる.

☆ vor と für: 元来は同じ語であって, für が方向を示して4格支配, vor が位置を示して3格支配であった. この2語の混用は18世紀にまで及び, 今日も名残が見られる.

II 副 **1**《空間的》(nach vorn)（号令などで）前へ: Freiwillige ⟨Ablösung⟩ ～! 志願者⟨交代兵⟩は前へ｜weder ～ noch zurück können 進退きわまる.

2《時間的》(zuvor) 以前に:〖もっぱら次の形で〗nach wie ～ /ᵛ～ wie nach（→nach II 2）.

[*idg.*; ◇ver.., para.., für; *engl.* for, before]

vor.. **1**《分離動詞の前つづり. つねにアクセントをもつ》**a**)《「前方へ・前で」を意味する》: *vor*dringen 前へおし進む｜*vor*springen とび出す ‖ *vor*liegen 前にある｜*vor*binden (エプロンなどを結んで)前にかける. **b**)《「前もって」を意味する》: *vor*bereiten 準備する｜*vor*beugen 予防する. **c**)《「(予定よりも)先に」を意味する》: *vor*verlegen 早める｜*vor*ziehen (後に予定されていたものを)先にする. **d**)《「模範として」を意味する》: *vor*schreiben 書いてみせる｜*vor*lesen 読んできかせる. **e**)《「まさって」を意味する》: *vor*herrschen 優勢である｜*vor*wiegen まさる｜*vor*ziehen 優先する. **f**)《「つきつけて」を意味する》: *vor*halten 非難する｜*vor*rechnen 数えたてる. **g**)《「瞞着(まんちゃく)」を意味する》: *vor*lügen うそを言う｜*vor*geben (偽って)申したてる｜*vor*täuschen 見せかける. **h**)《「保持」を意味する》: *vor*haben 予定している｜*vor*behalten (手もとに)残しておく. **i**)《「現れ出て」を意味する》: *vor*gehen 行われる｜*vor*kommen 生じる.

2《名詞につけて》**a**)《「(空間的に)前の」を意味する》: *Vor*garten 前庭｜*Vor*hang カーテン｜*Vor*stadt 郊外. **b**)《「(時間的に)前の」を意味する》: *Vor*mittag 午前｜*Vor*jahr 前年｜*Vor*welt 前世｜*Vor*ahnung 予感. **c**)《「まさった」を意味する》: *Vor*macht 優勢｜*Vor*rang 上位｜*Vor*teil 長所. **d**)《「模範的」を意味する》: *Vor*bild 模範｜*Vor*lage 手本. **e**)《「前部の」を意味する》: *Vor*deck 前甲板｜*Vor*schiff 船の前半部.

☆ i) a, b においては, vor.. は「(基礎語のさすものの)前の」という意味の場合(㊀ Vorstadt, Vormittag)と,「何か他のものの前の…(基礎語のさすもの)」という意味の場合(㊀ Vorgarten, Vorjahr)とがある.
ii) e の場合の vor.. は vorder.. となることもある.

3《副詞につけて「(空間的に)前に」,「(時間的に)先に・前に」を意味する》: *vor*wärts 前方へ｜*vor*bei 通り過ぎて｜*vor*erst まず第一に｜*vor*her 前もって｜*vor*gestern 一昨日.

4《形容詞につけて「あまりに」を意味する》: *vor*schnell / *vor*eilig 性急な｜*vor*laut 出すぎた, 生意気な.

vor·ab[fo:r|áp] 副 前もって; まず第一に, さしあたり; とりわけ, 特に.

Vor·ab·druck[fó:r|apdruk] 男 -〔e〕s/-e **1**（文学作品の）公刊前の印刷(単行本にする前に〔部分的に〕新聞などに掲載すること). **2** 公刊前の印刷物.

Vor·abend[fó:r|a:bənt]¹ 男 -s/-e 前の晩, 前夜: am ～ der Prüfung 試験の前夜に｜am ～ des zweiten Weltkrieges《比》第二次世界大戦の前夜(直前)に.

Vor·ah·nung[fó:r|a:nuŋ] 女 -/-en 予感, 虫の知らせ, 胸騒ぎ.

Vor·alarm[fó:r|alarm] 男 -〔e〕s/-e 警戒警報.

die **Vor·al·pen**[fó:r|alpən] 地名 複 プレアルプス(アルプス山脈東北部の山地).

vor·an[forán] 副 **1**（↔hinterher）先頭に〔立って〕; 先行して;《比》ぬきんでて, まさって: *jm.* weit ～ sein …よりはるかに先行している;《比》…にはるかにまさっている ‖ mit dem Kopf ～ 頭から先に, まっさかさまに(落ちる)｜der Lehrer ～, die Kinder hinterdrein 先生を先頭に子どもたちはあとから続いて. **2** 前方へ: Immer langsam ～! あわてずにゆっくりやれ｜Die Straße war gesperrt, es gab kein *Voran.* 道路は通行止めになっていて先へ進めなかった. **3** なかんずく, とりわけ.

★ 動詞と用いる場合は分離の前つづりともみなされる.

vor·an⸗|brin·gen* ⁽26⁾ 他 (h) 先へ進める, 促進する. **⸗|ei·len** 自 (s) 先に立って急ぐ. **⸗|ge·ben*** ⁽52⁾ ＝voranstellen **⸗|ge·hen*** ⁽53⁾ 自 (s) **1 a**) 先に立って行く, 先頭を進む;《*jm.*》(…よりも)先に行く: *jm.* mit gutem Beispiel ～（→Beispiel 2）｜*jn.* ～ lassen …を先に行かせる;(出入りの際などに)…に先をゆずる｜Der Esel *geht voran.*（→Esel 2）｜Hannemann, *geh* du *voran*!（→Hannemann）. **b**)（時間的に）先行する: am *vorangehenden* Tag その前日に｜im *vorangehenden* 前述の個所で｜am *vorangegangenen* Tag その前日に｜das *Vorangegangene* 前述のこと. **2**（事柄・状態などが）進行する, 進歩⟨進捗(しんちょく)⟩する: Die Arbeit *geht* gut *voran.*/

非人称 Mit der Arbeit *geht* es gut *voran.* 仕事は順調にはかどっている. ≠|**kom·men*** 《80》 自 (s) 先へ進む, 前進する; 《比》成果をあげる, 成功をおさめる: Sie *kamen* im Schnee nur mühsam *voran.* 彼らは雪のなかを思うように前に進めなかった | Ich bin heute mit meiner Arbeit gut *vorangekommen.* 私はきょうは仕事がだいぶはかどった.

Vor·an·kün·di·gung[fóːr|ankʏndɪgʊŋ] 女 -/-en 事前の通告, 予告.

vor·an|ma·chen[forán..] 自 (h) 《話》急ぐ.

Vor·an·mel·dung[fóːr|anmɛldʊŋ] 女 -/-en **1** (電話で) パーソナル=コール(指名通話)の申し込み. **2** (特許権の) 優先出願.

Vor·an·schlag[fóːr|anʃlaːk][1] 男 -[e]s/..schläge [..ʃlɛːgə] 見積もり, 概算.

vor·an≠|schrei·ten*[forán..] 《154》 自 (s) 先に立って歩く, 先頭を進む. ≠|**stel·len** 他 (h) 《*et.*[4]》前に〈先頭に〉置く; (叙述などに…を) 前置きする: einem Buch ein Vorwort ～ 本に序文を付ける. ≠|**trei·ben*** 《193》 他 (h) 先へ進める, 促進する: die Verhandlung ～ 交渉を進捗(しんちょく)させる.

Vor·an·zei·ge[fóːr|antsaɪgə] 女 -/-n (新しい本・映画・芝居などの) 予告; (映画の) 予告編.

Vor·ar·beit[fóːr|arbaɪt] 女 -/-en (仕事の) 下準備, 下ごしらえ, 準備作業; 予備工作, 根まわし: gute 〈gründliche〉 ～ leisten 十分に下準備をする.

vor|ar·bei·ten[fóːr|arbaɪtən] 《01》 **I** 自 (h) **1** (仕事の) 下準備〈下ごしらえ〉をする, 準備作業をする; 予備工作(根まわし) をする. **2** あらかじめ〈前もって〉仕事をしておく: für Weihnachten einen Tag ～ クリスマスに休むために 1 日分余計に働いておく. **3** 《*jm.*》(…に) 仕事の手本を示す.

II 他 (h) 再帰 *sich*[4] ～ 努力して上位に進出する: Er hat sich vom fünften auf den ersten Platz *vorgearbeitet.* 彼はがんばって 5 位から 1 位に上がった.

Vor·ar·bei·ter[..tər] 男 -s/- (職工の) 監督, (工場の) 組長, 職[工]長, 工夫長, 職工頭, 人夫頭.

Vor·arl·berg[fóːr|arlbɛrk, ⌣⌣⌣] 地名 フォーアアルルベルク (オーストリア最西端の州. 州都は Bregenz).

Vor·arl·ber·ger[..gər, ⌣⌣⌣⌣] **I** 男 -s/- フォーアアルルベルクの人. **II** 形 《無変化》フォーアアルルベルクの.

vor·arl·ber·gisch[..gɪʃ, ⌣⌣⌣⌣] 形 フォーアアルルベルクの.

vor·auf[foráʊf] **1** =voran **2** =vorher **3** =vorwärts

vor·auf|ge·hen* 《53》 =vorangehen

vor·aus[foráʊs] **I** 副 **1** 先頭に; 先行して; 《比》ぬきんでて, まさって: sie immer ～, die anderen hinterdrein 彼女は終始先頭に 他の人たちは後から ‖ *jm.* weit ～ sein …より[はるかに]先行している; 《比》…にはるかにまさっている | *seiner* Zeit ～ sein 時代に先んじている | In Latein ist er seinen Mitschülern weit ～. ラテン語は彼は同級生たちよりもずっとよくできる. **2** あらかじめ, 前もって: Nimm ～ meinen Dank dafür! 前もって君に礼を言うよ ‖ **im ～** / **zum ～** [fóːraʊs, foráʊs] あらかじめ, 前もって | Ich weiß schon im ～, was er mir antworten wird. 私には彼が何と答えるかあらかじめ分かっている. **3** 前方に; 前方へ: Schiff backbord ～! 《海》左舷(さげん)前方に船あり(注意) | Mit Volldampf ～! 《海》全速前進(号令).

★ 動詞と用いる場合は分離の前つづりともみなされる.

II Vor·aus 男 -/ 《法》特定遺贈.

Vor·aus·ab·tei·lung[foráʊs..] 女 先遣隊, 先発隊.

vor·aus≠|be·den·ken* 《28》 他 (h) あらかじめ考慮する. ▽≠|**be·din·gen**[(*)] 《30》 他 (h) あらかじめ取り決める〈約定する〉. ≠|**be·rech·nen** 《01》 他 (h) あらかじめ計算〈算定〉する, 見積もる.

Vor·aus·be·rech·nung[..nʊŋ] 女 (事前の) 見積もり, 概算.

vor·aus|be·stim·men 他 (h) あらかじめ決めておく; 予告する.

Vor·aus·be·stim·mung 女 -/ vorausbestimmen すること.

vor·aus|be·zah·len 他 (h) (↔nachbezahlen) 前払いする, 前納する.

Vor·aus·be·zah·lung 女 前払い, 前納.

vor·aus≠|da·tie·ren 他 (h) (↔ zurückdatieren) (vordatieren) 《*et.*[4]》(手紙・書類などに実際の作成日よりも) あとの日付を記入する, (…の) 日付を遅らせる. ≠|**ei·len** 自 (s) 先に立って〈先頭を〉急ぐ; 急いで先に行く〈先行する〉: *seiner* Zeit ～ (性急に) 時代に先んじる. ≠|**fah·ren*** 《37》 自 (s) (乗り物が・乗り物で) 先頭を走る; (乗り物が・乗り物で) 先に行く, 先発する. ≠|**ge·hen*** 《53》 自 (s) 先頭に立って行く; 先に行く; 《比》先行する: Ich *gehe* schon *voraus.* 先に行きますよ | *jm.* in den Tod ～ …より先に死ぬ | Seinem Tod ist ein jahrelanges Siechtum *vorausgegangen.* 彼が死ぬ前に何年間もの闘病生活があった | Der Verfasser ließ ein Vorwort ～. 著者は冒頭に序文を入れた ‖ im *vorausgehenden* 前述の個所で | das *Vorausgehende* / das *Vorausgegangene* 前述のこと.

vor·aus·ge·setzt voraussetzen の過去分詞.

vor·aus|ha·ben* 《64》 他 (h) 《*jm.* 〈vor *jm.*〉 *et.*[4]》(…よりも…を) より多くもっている; (…よりも…において) まさっている: Er *hat* mir 〈vor mir〉 die Erfahrung *voraus.* 彼は私よりも経験豊かである.

Vor·aus≠kas·se 女 《商》前払い, 前納: gegen ～ 前払いで. ≠**kom·man·do** 中 先遣隊. ≠**kor·rek·tor** 男 (出版社の) 予備校正係(組み版の前に原稿の字句の校正を担当する). ≠**kor·rek·tur** 女 (組み版前の原稿の) 予備校正.

vor·aus≠|lau·fen* 《89》 自 (s) 先に立って〈先頭を〉走る〈歩く〉; 先に走って〈歩いて〉行く. ≠|**neh·men*** 《104》 =vorwegnehmen

Vor·aus·sa·ge[foráʊszaːgə] 女 予言; 予報; 予想: eine ～ machen 予言する, 予想を述べる.

vor·aus|sa·gen 他 (h) 予言する; 予報する: das Mißlingen des Planes ～ 計画の失敗を予言する.

Vor·aus·sa·gung 女 -/-en = Voraussage

vor·aus|schau·en I 自 (h) 先を見越す, 将来を見通す. **II vor·aus·schau·end** 現分 形 先見の明のある.

Vor·aus·schei·dung 女 《スポ》予選.

vor·aus≠|schicken 他 (h) **1** 《*jn.*》先に派遣する, 先発させる. **2** 《*et.*[4]》前置きとして〈前もって〉述べる, あらかじめ断っておく. ≠|**se·hen*** 《164》 他 (h) 予見する, 予知する, 予測〈予想〉する: Niemand hat ～ können, daß das geschehen würde. こんなことが起ころうとは だれにも予測できなかった.

vor·aus|set·zen 《02》 他 (h) **1** (事物・事態などが) 前提とする, 前提条件として必要とする: Dieser Posten *setzt* Fachkenntnisse *voraus.* このポストは専門知識を必要とする | Eine Verständigung *setzt* guten Willen auf beiden Seiten *voraus.* 協調は双方に善意があってはじめて成り立つ ‖ 《過去分詞で》*vorausgesetzt*, daß ... …を前提として, …という条件で, …と仮定して | Ich komme gegen Abend zu dir, *vorausgesetzt*, du bist um diese Zeit zu Hause. 夕方には君のところに行くよ. そのころ君が家にいればの話だが.

2 (当然のこととして) 仮定する, 予期する, (…と) 決めてかかる: Ich hatte seine Zustimmung *vorausgesetzt.* 私は彼の同意をあてにしていた | Diese Kenntnisse kann man bei ihm nicht ～. 彼にこういう知識があると決めてかかるわけにはいかない.

Vor·aus·set·zung 女 -/-en 前提, 前提〈必要〉条件; (当然のこととしての) 仮定: eine notwendige 〈unerläßliche / unumgängliche〉 ～ für *et.*[4] …のための不可欠な前提[条件] ‖ die ～*en* für *et.*[4] schaffen …に必要な諸条件を作り出す | Alle ～*en* [dafür] sind gegeben. [そのための]すべての条件はととのっている ‖ unter der ～, daß ... …という前提のもとに, …という条件で | von falschen ～*en* ausgehen 誤った前提〈仮定〉から出発する | Er ließ sich von der irrigen ～ leiten, daß sie damit einverstanden wäre. 彼は彼女がそれを了解しているものと誤って思い込んでいた.

vor·aus·set·zungs·los[..loːs][1] 形 なんら前提のない, 無条件の.

Vor·aus·sicht[foráʊszɪçt] 女 -/ 先の見通し, 見込み, 予見, 予測; 将来への配慮: in weiser ~《戯》先見の明をもって, 賢明にも | **aller ~ nach** / nach menschlicher ~ ほぼ確実に, 十中八九は ‖ Er hat keine ~. / Ihm fehlt die ~. 彼には先を見る目がない.

vor·aus·sicht·lich[-lɪç] **I** 形 (先の見通しとして)予測される, 見込まれる, 公算の大きい: die ~*e* Verspätung des Zuges 予想される列車の遅れ.

II 副《陳述内容の現実度に対する話し手の判断・評価を示して》先の見通しとしては,(今の見込みでは)たぶん〔…だろう〕: Er kommt ~ erst morgen. 今の見通しでは彼はあすにならなければ来ないだろう | *Voraussichtlich* werden alle zustimmen. たぶん全員が賛成するだろう.

Vor·aus≠ver·mächt·nis 中〘法〙先取遺贈. **≠wahl** 女 仮〈一次〉選択.

vor·aus≠|wer·fen* 《209》他 (h)《*et.*[4]》(…を)あらかじめ〈前もって〉投げる:〚もっぱら次の成句で〛*seine* Schatten ~ (→Schatten 3). **≠|wis·sen*** 《215》他 (h) あらかじめ知っている. **≠|zah·len** 他 (h) (↔nachzahlen) 前払いする, 前納する.

Vor·aus·zah·lung 女 前払い, 前納.

Vo·ra·zi·tät[voratsitɛ́:t] 女 -/ (異常に)旺盛(おう)な食欲, 大食; 貪欲(どん). [*lat.*; < *lat.* vorāx „gefräßig" (◇Gurgel)]

Vor·bau[fó:rbaʊ] 男 -[e]s/-ten[-tən] **1 a)** 〘建〙(建物の前部の)突出部分, 張り出し部分(バルコニー・ポルチコ・ベランダなど). **b)**《話》豊満な胸(乳房); 突き出た腹; 大きい鼻. **2**《単数で》(↔Rückbau)〘坑〙前進式採掘, 前進払(ばら).

vor|bau·en[fó:rbaʊən] **I** 他 (h) **1**《*et.*[4]》(…を他の建物の)前面に建てる; (他の建物の)前につけ足して〈張り出して〉建てる: eine Veranda ~ ベランダを前に張り出す. **2**《*jm. et.*[4]》(…に…の)模型を建ててみせる.

II 自 (h) (vorbeugen)《*et.*[3]》(…を)予防する, 防止する; (将来などに)備える: Mißverständnissen ~ (あらかじめ)誤解を防ぐ | Der kluge Mann *baut vor*. (→Mann 1).

vor·be·dacht[fó:rbədaxt] **I** vorbedenken の過去分詞. **II** 形 あらかじめ考慮された, 事前に熟慮された; 意図的な, 計画的な, 故意の: Besser ~ als nachgeklagt.《諺》転ばぬ先の杖(つえ).

III Vor·be·dacht 男 -[e]s/ あらかじめの考慮, 事前の熟慮: **aus 〈mit〉 ~** / **voll ~** あらかじめよく考えて | **ohne ~** ろくに考えもせずに, 軽々に.

vor|be·den·ken*[..bədɛŋkən]《28》**I** 他 (h) あらかじめ考慮する, 事前に熟慮する. **II vor·be·dacht** → 別出

Vor·be·deu·tung[fó:rbədɔʏtʊŋ] 女 -/-en 前兆, 前ぶれ: eine böse 〈gute〉 ~ 凶兆〈吉兆〉.

Vor·be·din·gung[fó:rbədɪŋʊŋ] 女 -/-en あらかじめの条件, 先決〈前提〉条件.

Vor·be·halt[fó:rbəhalt] 男 -[e]s/-e 留保, 保留, 制限: ein geheimer 〈innerer / stiller / versteckter〉 ~〘法〙心裡(り)留保 ‖ ohne ~ 留保なしで, 無条件で | unter 〈mit〉 ~ zusagen 条件つきで承諾する | unter üblichem ~ (略 u. ü. V.) 慣例の留保〈条件〉つきで ‖ Meine ~*e* sind nicht unbegründet. 私が条件をつけるのも根拠がないわけではない.

vor|be·hal·ten*[fó:rbəhaltən]《65》**I** 他 (h)《*sich*[3] *et.*[4]》(…を手もとに)残しておく, 取っておく, 保留〈留保〉する: *sich*[3] alle Rechte ~ いっさいの権利を留保する | Ich *behalte* mir die letzte Entscheidung *vor*. 最後の決定は私に任せてもらう.

II 過分 形《*jm.*》(…のために)残された; 留保された: Alle Rechte ~.(書物の扉などで)版権所有 ‖ ***jm.* 〈*et.*[3]〉 ~ sein 〈bleiben〉** …のために残されている | Es bleibt Ihnen ~, ob Sie dem Vorschlag zustimmen. あなたがこの提案に同意されるかどうかはあなたのお決めになることです | Es bleibt der Zukunft ~, ob ... …かどうかは先になってみなければ分からない.

vor·be·halt·lich[..bəhaltlɪç](スイ: **vor·be·hält·lich**[..hɛlt..]) 前《2格支配》《官》…を留保して, …を〔留保〕条件として, …を前提として: ~ der Genehmigung des Vorstandes 理事会の承認を条件として.

vor·be·halt·los[..haltlo:s][1] 形 留保のつかない, 無条件の: die ~*e* Annahme〘法〙単純承認 ‖ *et.*[3] ~ zustimmen …に無条件で賛成する.

Vor·be·halts≠gut 中〘法〙留保財産. **≠klau·sel** 女〘法〙留保条款. **≠ur·teil** 中〘法〙留保判決.

vor|be·han·deln[fó:rbəhandəln]《06》他 (h) 前もって取り扱う, 下準備する;〘医〙(手術などの前に)予備処置をする.

Vor·be·hand·lung[..dlʊŋ] 女 -/-en vorbehandeln すること.

vor·bei[fɔrbáɪ, fo:rbáɪ] 副 **1**《an *jm.* 〈*et.*[3]〉》(…のかたわらを)通って, 通り過ぎて;《bei *jm.* 〈*et.*[3]〉》(…のところに)立ち寄って: Wir sind schon an Mannheim ~. (列車などで)我々はマンハイムをすでに通過した | Ich muß noch beim Bäcker ~. 私はこれからまだパン屋に寄らなければならない | **Dicht 〈knapp〉 ~ ist auch daneben.**《戯》正解すれすれでも間違いは間違い.

2 過ぎ去って, 終わって: Die Gefahr ist ~. 危険は通り過ぎた | Der Sommer ist schnell ~. 夏はあっという間に終わった | Es ist ~ mit ihm. 彼はもうおしまいだ | *Vorbei* ist ~. 過ぎたことは過ぎたことだ(いまさらどうにもならない) | aus und ~ sein (→aus II 1 b).

vorbei..《分離動詞の前つづり. つねにアクセントをもつ》**1**《空間的・時間的に「通り過ぎて」を意味する》: *vorbei*gehen 通り過ぎる; 過ぎ去る. **2**《比喩的に「的をはずれて」を意味する》: *vorbei*reden (肝心な点に触れずに)それて話す.

vor·bei≠|be·neh·men*[fɔrbáɪ.., fo:rbáɪ..]《104》他 (h)《俗》再帰 *sich*[4] ~ 的はずれな振舞いをする, 不作法なことをする. **≠|drücken** 他 (h)《話》再帰 *sich*[4] an *et.*[3] ~ …(義務など)を巧みに逃れる. **≠|ei·len** 自 (s)《an *jm.* 〈*et.*[3]〉》(…のかたわらを)急いで通り過ぎる. **≠|fah·ren***《37》自 (s) **1**《an *jm.* 〈*et.*[3]〉》(乗り物が・乗り物で…のかたわらを)通り過ぎる. **2**《bei *jm.* 〈*et.*[3]〉》(乗り物で…の家に)立ち寄る. **≠|flie·gen***《45》自 (s)《an *jm.* 〈*et.*[3]〉》(…のかたわらを)飛び去る, かすめて飛ぶ; (宇宙探査機が)フライバイ〈接近通過〉する. **≠|flie·ßen***《47》自 (s)《an *jm.* 〈*et.*[3]〉》(…のかたわらを)流れ過ぎる: An unserem Garten *fließt* ein Bach *vorbei*. うちの庭のかたわらを小川が流れている. **≠|flit·zen**《02》自 (s)《話》《an *jm.* 〈*et.*[3]〉》(…のかたわらを)矢のように速く通り過ぎる. **≠|füh·ren I** 他 (h)《*jn.* 〈*et.*[4]〉 an *jm.* / *jn.* 〈*et.*[4]〉 an *et.*[3]》(…を)導いて〈引率して〉(…のかたわらを)通り過ぎる. **II** 自 (h)《an *et.*[3]》(道などが…に)沿って通じている: Der Weg *führte* an einem See *vorbei*. 道は湖畔に沿って通じていた. **≠|ge·hen***《53》自 (s) **1 a)**《an *jm.* 〈*et.*[3]〉》(…のかたわらを)通り過ぎる;〘スポ〙追い抜く; (銃弾などが)かすめる: Er *ging* grußlos an ihr *vorbei*. 彼は会釈もせずに彼女のかたわらを通り過ぎた | Seine Ansichten *gehen* an der Wirklichkeit *vorbei*.《比》彼の見解は現実を無視したものだ | *jm.* am Arsch ~ (→Arsch 1 a) ‖ **im 〈beim〉 *Vorbeigehen*** 通りすがりに;《比》片手間に. **b)**《bei *jm.* 〈*et.*[3]〉》(…のところに)通りすがりに立ち寄る: Beim Einkaufen werde ich bei ihm 〈der Post〉 ~. 買い物の途中で彼のところ〈郵便局〉に寄ろう. **2** 過ぎ去る, 消え去る: Das Gewitter *ging* schnell *vorbei*. 雷雨はたちまち過ぎ去った | eine Gelegenheit ungenutzt ~ lassen みすみす機会をのがす ‖ Die Gefahr ist im *Vorbeigehen*. 危険は去りつつある. **≠|ge·lin·gen***《95》自 (s)《話》(mißlingen) 不成功に終わる, 失敗する. **≠|kom·men***《80》自 (s) **1 a)**《an *jm.* 〈*et.*[3]〉》(…のかたわらを)通り過ぎる, (…のそばを)通りかかる: an einer Buchhandlung ~ 本屋の前を通りかかる. **b)**《bei *jm.* 〈*et.*[3]〉》(…のところに)通りすがりに立ち寄る: *Kommen* Sie einmal abends bei uns *vorbei*! 一度晩にでも遊びに来てください. **2** 通ることができる, 通過できる: Wir *kommen* hier mit dem Wagen nicht *vorbei*. ここはこの車では通れない | Man *kommt* an dieser Tatsache nicht *vorbei*. この事実は避けて通れない | Er ist gerade noch am Gefängnis *vorbeigekommen*. 彼はかろうじて牢獄(ろう)にぶちこまれるのはまぬがれた. **≠|las·sen***《88》他 (h)《*jn.*》(かたわらを)通らせる, 通してやる, やり過ごす. **≠|lau·fen***《89》自 (s)《an *jm.* 〈*et.*[3]〉》(…のかたわらを)〔気づかずに〕通り過ぎる, 走り過ぎる. **≠|le·ben** 自 (h) aneinander ~ 他人同士のように〈よそよそしく〉暮らす.

Vor·bei·marsch[fɔrbáɪ.., fo:*r*báɪ..] 男 行進して通り過ぎること; パレード, 分列行進: ***jm.* ein innerer ～ sein**《話》…にとってとてもうれしいことである.

vor·bei⸗|mar·schie·ren 自 (s) 《an *jm.* 〈*et.*³〉》(…のかたわらを)行進して通り過ぎる; パレード〈分列行進〉する. **⸗|pla·nen** 自 (h) 《an *et.*³》(…を配慮せずに)計画を立てる. **⸗|re·den** 《01》自 (h) 《an *et.*³》(肝心な点に触れずに…を)それて話す, 枝葉末節のことばかりを話す: am eigentlichen Thema ～ 本来のテーマから外れたことを話す | **aneinander ～** 互いに話がかみ合わない. **⸗|ren·nen*** 《117》自 (s) 《an *jm.* 〈*et.*³〉》(…のかたわらを)走り過ぎる. **⸗|schau·en** 自 (h) (様子を見に)ちょっと立ち寄る〈訪ねる〉; 往診する. **⸗|schie·ßen*** 《135》自 **1** (s) 《an *jm.* 〈*et.*³〉》(…のかたわらを)矢のように速く通り過ぎる. **2** (h) (射撃で)的をはずす;《比》的はずれになる. **⸗|se·hen*** 《164》自 (h) 《an *jm.* 〈*et.*³〉》(…を)無視する. **⸗|tref·fen*** 《192》自 (h) 的をはずす, 当てそこなう. **⸗|zie·hen*** 《219》 **I** 自 (s) **1 a**) 《an *jm.* 〈*et.*³〉》(…のかたわらを)列をなして通り過ぎる. **b**) 《an *jm.*》〘スポ〙(…を)追い抜いて行く. **2** (年月などが)過ぎ去る;《比》(過去の面影などが)走馬灯のように浮かんでは消えて行く: die Ereignisse an *sich*³ ～ lassen それらの出来事を次々に思い浮かべる. **II** 他 (h) 《*jn.* 〈*et.*⁴〉 an *et.*³》(…を…の)そばを引っぱって通り過ぎる.

vor·be·la·stet[fó:*r*bəlastət] 形 (前歴・遺伝素質などの)重荷〈不利な条件〉を背負った: Er ist durch seine politische Vergangenheit ～. 彼には好ましくない政治上の前歴がある.

Vor·be·la·stung[..tʊŋ] 女 -/-en **1** (前歴・遺伝素質などによる)重荷, ハンディキャップ. **2** 〘建〙事前荷重.

Vor·be·mer·kung[fó:*r*bəmɛrkʊŋ] 女 -/-en (本題に入る前の)前置き; (著述などの)序言, 序論.

vor·be·nannt[fó:*r*bənant] 形 前述の, 上記の.

Vor·be·ra·tung[fó:*r*bəra:tʊŋ] 女 -/-en 下相談, 予備協議.

vor|be·rei·ten[fó:*r*bəraɪtən] 《01》 **I** 他 (h) **1 a**) 《*et.*⁴》(…の)準備をする, (…の)用意〈支度〉をする; (↔nachbereiten) (授業などの)予習をする: eine Reise 〈ein Experiment〉 ～ 旅行〈実験〉の準備をととのえる | den Boden für die Aussaat ～ 種まきのために土地を準備する(耕したり, 肥料を入れたりして) | den Boden für *jn.* 〈*et.*⁴〉 ～ (→Boden 1 a). **b**) 再帰 *sich*⁴ ～ 兆す, (…の)前兆〈動き〉が見える.

2 《*jn.* auf 〈für〉 *et.*⁴》(…に…に対する)準備〈用意〉をさせる; (…に…に対する)心構え〈心の準備〉をさせる: *jn.* auf 〈für〉 eine Prüfung ～ …に受験準備をさせる | *jn.* auf eine schlimme Botschaft ～ …に悪い知らせに対する心の準備をさせる ‖ 再帰 *sich*⁴ auf 〈für〉 *et.*⁴ ～ …に対する準備をする; …に対する心構えをする | *sich*⁴ auf den Unterricht ～ 授業の下調べをする ‖ auf *et.*⁴ *vorbereitet* sein …に対する覚悟〈心構え〉ができている | Darauf war ich nicht *vorbereitet*. そのことは私は予期していなかった.

II vor·be·rei·tend 現分 形 準備の, 準備的な: eine ～*e* Maßnahme 準備措置 | ein ～*er* Schriftsatz 〘法〙準備書面.

Vor·be·rei·tung[fó:*r*bəraɪtʊŋ] 女 -/-en **1** 《単数で》〔sich〕 vorbereiten すること. **2** 準備〔措置〕, 用意, 支度: die ～ auf 〈für〉 die Prüfung 受験準備 ‖ ～*en* für *et.*⁴ treffen …の準備をする | die ～*en* beenden 〈abschließen〉 準備を終わる〈完了する〉‖ Eine Neuauflage ist 〈befindet sich〉 in ～. 新版は目下準備中である | mit den ～*en* beginnen 準備を始める.

Vor·be·rei·tungs⸗dienst 男 (Referendar が Assessor になるための第二次国家試験を受ける前に課せられる)準備実習勤務. **⸗hand·lung** 女 〘法〙予備(犯罪の準備行為で実行の着手に至らないもの). **⸗kurs** 男, **⸗kur·sus** 男 準備課程〈コース〉. **⸗zeit** 女 準備期間.

Vor·ber·ge[fó:*r*bɛrgə] 複 〘地〙前山(まえやま) (山地の前面にある丘陵).

Vor·be·richt[fó:*r*bərɪçt] 男 -〔e〕s/-e (正式の報告の前に出される)仮報告, 予備〈中間〉報告.

ᵛ**vor·be·sagt**[fó:*r*bəza:kt] =vorbenannt

Vor·be·scheid[fó:*r*bəʃaɪt]¹ 男 -〔e〕s/-e (正式回答前の)仮回答.

Vor·be·sit·zer[fó:*r*bəzɪtsə*r*] 男 -s/- 前の所有者〈持ち主〉; 〘法〙前占有者.

Vor·be·spre·chung[fó:*r*bəʃprɛçʊŋ] 女 -/-en 事前の話し合い, 下相談, 予備討議.

vor|be·stel·len[fó:*r*bəʃtɛlən] 他 (h) 前もって注文する, 予約〔注文〕する: Karten für ein Konzert ～ 音楽会の切符を予約する.

Vor·be·stel·lung[..lʊŋ] 女 -/-en 予約〔注文〕.

vor·be·straft[fó:*r*bəʃtra:ft] **I** 形 以前に有罪の宣告を受けたことのある, 前科のある: Der Angeklagte ist zweimal ～. 被告は前科2犯である. **II Vor·be·straf·te** 男 女 《形容詞変化》前科者, 刑余の人.

vor|be·ten[fó:*r*be:tən] 《01》 **I** 自 (h) (祈禱(きとう)の際に)先に立って朗唱する. **II** 他 (h) 《*jm. et.*⁴》(祈禱の際などに…に…を)朗唱して聞かせる;《比》繰り返して言って聞かせる.

Vor·be·ter[..tə*r*] 男 -s/- 祈禱(きとう)の先唱者.

Vor·beu·ge·haft[fó:*r*bɔʏgə..] 女 〘法〙予防拘禁.

vor|beu·gen[fó:*r*bɔʏgən]¹ **I** 他 (h) 前方へ曲げる, 前へかがめる: den Körper ～ 体を前にかがめる ‖ 再帰 *sich*⁴ ～ 前方へ身をかがめる, 身を乗り出す.

II 自 (h) 《*et.*³》(…を)予防する, 防止する: einer Gefahr ～ 危険を防止する | einer Krankheit ～ 病気を予防する ‖ eine *vorbeugende* Maßnahme 予防措置.

III Vor·beu·gen 中 -s/ vorbeugen すること; 〘体操〙体前屈: ***Vorbeugen* ist besser als Heilen.**《諺》転ばぬ先の杖(つえ) (なおすより予防せよ).

Vor·beu·gung[..gʊŋ] 女 -/ (〔sich〕 vorbeugen すること. 例えば:) **1** 前屈, 前方への屈伸. **2** 予防, 防止: zur ～ gegen Unfälle 事故を防止するために.

Vor·beu·gungs⸗haft 女 〘法〙予防拘禁. **⸗maß·nah·me** 女 -/-n 予防措置. **⸗me·di·zin** 女 予防医学. **⸗mit·tel** 中 **1** 予防策, 予防手段. **2** 予防薬.

Vor·be·wuß·te[fó:*r*bəvʊstə] 中 《形容詞変化》〘心〙前意識. [<bewußt]

ᵛ**vor·be·zeich·net**[fó:*r*bətsaɪçnət] =vorbenannt

Vor·bild[fó:*r*bɪlt]¹ 中 -〔e〕s/-er 手本, 模範; 範例, 典型: ein schlechtes 〈gefährliches〉 ～ 悪い〈危険な〉手本 | ein leuchtendes ～ von Fleiß und Treue 勤勉さと誠実さの輝かしい見本 ‖ *sich*³ *jn.* zum ～ nehmen …を手本とする | Er war das große ～ der damaligen Jugend. 彼は当時の若者たちの偶像的存在だった.

vor|bil·den[fó:*r*bɪldən]¹ 《01》他 (h) 《*jn.*》(…に)準備教育を施す, 素養〈基礎知識〉を身につけさせる.

vor·bild·lich[fó:*r*bɪltlɪç] 形 手本とすべき, 模範的な; 典型的な: ein ～*er* Lehrer 〈Schüler〉 模範的な教師〈生徒〉‖ Sein Verhalten war ～. 彼の振舞いは範とするに足るものだった ‖ *sich*⁴ ～ benehmen 模範的に振舞う.

Vor·bild·lich·keit[–kaɪt] 女 -/ vorbildlich なこと.

Vor·bil·dung[fó:*r*bɪldʊŋ] 女 -/ **1** vorbilden すること. **2** 素養, 基礎知識, 基礎的能力.

vor|bin·den*[fó:*r*bɪndən]¹ 《18》他 (h) **1** 前に結ぶ: *sich*³ eine Schürze ～ エプロンを掛ける. **2** 《話》=vorknöpfen

Vor·blatt[fó:*r*blat] 中 -〔e〕s/..blätter[..blɛtə*r*] 〘植〙前出葉.

vor|boh·ren[fó:*r*bo:rən] 他 (h) **1** (穴を)あらかじめ〈準備的に〉あける. **2** 《比》《bei *jm.*》(…に)予備〈事前〉工作をする, 根回しをする.

Vor·boh·rung[..rʊŋ] 女 -/ vorbohren すること.

Vor·bör·se[fó:*r*bœrzə, ..bø:*r*zə] 女 -/-n (↔Nachbörse) 〘商〙(証券取引所での立ち会い開始前の)前取引.

vor·börs·lich[..bœrslɪç, ..bø:*r*slɪç] 形 〘商〙立ち会い開始前の.

Vor·bo·te[fó:*r*bo:tə] 男 -n/-n 先触れの使者;《比》前触れ, 前兆: ein Schnupfen als ～ einer Grippe 流感の前駆症状としての鼻かぜ | Krokusse sind ～*n* des Frühlings. クロッカスは春の先触れである.

Vor·bram·se·gel 中 〘海〙フォア=トゲルンスル(→ ⊛ Segel A).

vor|brin·gen*[fó:rbrɪŋən]《26》他(h) **1** 前(前方)へもってゆく: *et.*⁴ von hinten ~ …を後ろから前へもってゆく | Munition 〈Nachschub〉 ~ 弾薬(補給物資)を前線に運ぶ. **2** (心中にあることを)持ち出す, 述べる, 申し立てる: eine Beschwerde ~ 苦情を述べる | *seine* Forderungen ~ 要求を持ち出す | *seine* Wünsche ~ 希望を述べる | Haben Sie dagegen etwas *vorzubringen*? 何かこれに対して異議がおありですか.

vor|buch·sta·bie·ren[fó:rbu:xʃtabi:rən] 他(h)《*jm. et.*⁴》(…に…の)つづりを言う.

Vor·büh·ne[fó:rby:nə] 女 -/-n《劇》前舞台, 張り出し, エプロンステージ(→ 図 Bühne).

vor·christ·lich[fó:rkrɪstlɪç] 形《付加語的》(↔nachchristlich) キリスト生誕以前の; 西暦紀元前の(→v. Chr.): das zweite *~e* Jahrhundert 紀元前2世紀 | in *~er* Zeit キリスト生誕以前の時代に.

Vor·dach[fó:rdax] 中 -[e]s/..dächer[..dɛçər] 差し掛け屋根, 庇(ひさし), 軒(のき).

vor|da·tie·ren[fó:rdati:rən] 他(h) **1** (↔nachdatieren, rückdatieren) (vorausdatieren)《*et.*⁴》(手紙・書類などに実際の作成日よりも)あとの日付を記入する, (…の)日付を遅らせる. ▽**2** =zurückdatieren

Vor·da·tie·rung[..ruŋ] 女 -/ vordatieren すること.

Vor·deck[fó:rdɛk] 中 -[e]s/-e《海》(船の)前[部]甲板.

vor·dem[fo:rdé:m, ⌐—] 副 それより以前に; 昔, かつて.

vor|den·ken*[fó:rdɛŋkən]《28》自(h) (Vordenker として)時代に先駆けて考える(思索する).

Vor·den·ker[..kər] 男 先駆的な考えの持ち主, 先駆的な思索家(思想家).

vor·der[fɔ́rdər] **I** 形《比較級なし; 最上級: **vor·derst** → 別出》《付加語的》(↔hinter) 前の; 前方の, 手前の; 表(おもて)の: die *~e* Reihe 前列 | die *~e* Seite 表側 | *~e* Zähne 前歯 | der *Vordere* Orient 近東.

II Vor·de·re 男 女《形容詞変化》前にいる人: die *~n* 前にいる人たち; ▽祖先の人たち.

[*germ.*; ◇vor, fördern]

vorder..《名詞などにつけて「前部」を意味する: →vor.. 2 ☆ ii》

Vor·der≠ach·se[fɔ́rdər..] 女 (↔Hinterachse)《工》前車軸. **≠an·sicht** 女 (↔Hinteransicht)《建》正面[図]. **≠arm** 男 (人の)前腕; (馬の)前脚(→ 図 Pferd A).

Vor·der·asi·en[fɔ́rdər|á:ziən] 地名 前部アジア, 西南アジア(北アフリカをのぞき, ほぼオリエントと同義).

Vor·der≠aus·gang[fɔ́rdər..] 男 正面出口. **≠bein** 中 (↔Hinterbein) (四足獣の)前足, 前肢; 《虫》前脚. **≠darm** 男《動》(脊椎(せきつい)動物の)前腸. **≠deck** 中 (↔Achterdeck) (船の)前[部]甲板.

Vor·de·re →vorder II

Vor·der≠ein·gang[fɔ́rdər..] 男 正面入口. **≠flä·che** 女 (物体の)前面. **≠flos·se** 女《話》(Hand) 手; (Arm) 腕. **≠flug** 男 (よろいの)前肩(→ 図 Harnisch). **≠flü·gel** 男《虫》前翅(ぜんし), (甲虫の)翅鞘(ししょう)(→ 図 Kerbtier). **≠front** 女 (↔ Hinterfront)《建》正面. **≠fuß** 男 (↔Hinterfuß) (四足獣の)前足. **≠gau·men** 男 (↔Hintergaumen)《解》硬口蓋(こうこうがい).

Vor·der·gau·men·laut 男 =Palatal

Vor·der≠ge·bäu·de 中 =Vorderhaus **≠glied** 中 (↔Hinterglied) **1**《動》前肢. **2**《数》前項. **3**《軍》前列[兵]. **4**《論》前命題, 前提[部]. **≠grund** 男《ふつう単数で》(↔Hintergrund) (絵・風景などの)前景; 《比》前面, 目立つ場所, 注目の的: ***jn.* in den ~ drängen 〈rücken / schieben / spielen〉**《比》…を前面に押し出す, …を注目の的にする | ***sich*⁴ in den ~ drängen 〈rücken / schieben / spielen〉**《比》前面にのさばり(しゃしゃり)出る | **in den ~ treten 〈rücken〉**《比》前面に出てくる | *et.*⁴ in den ~ rücken 〈stellen〉《比》…を前面に押し出す, …を大いに強調する | **im ~ stehen**《比》中心(重要な位置)を占める | Das Thema steht im ~ der Tagung. そのテーマが会議の中心になっている.

vor·der·grün·dig[..grʏndɪç]² 形 **1** (oberflächlich) 皮相な, うわべだけの. **2** (↔hintergründig) 明らかな; わかりやすい. **3** (wichtig) 重要な.

vor·der·hand[fɔ́rdərhant, fó:rde:rhant, ⌣⌣⌐, ⌐⌣⌐] 副 (vorläufig) さしあたり, 当分は; そうこうする間に. [<vor I]

Vor·der≠hand[fɔ́rdər..] 女 -/ = Vorhand 2, 3 **≠haupt** 中 (↔Hinterhaupt)《解》前頭[部].

Vor·der·haupt[s]·la·ge 女《医》(胎児の)前頭位.

Vor·der≠haus 中 (↔Hinterhaus) (直接に街路に面した)表の家屋. **≠hirn** 中 (↔ Hinterhirn)《解》前脳. **≠in·di·en**[..ɪndiən] 地名 前部インド(インド洋に突出しているインド半島の別名). **≠kie·mer**[..ki:mər] 男 -s/- (↔ Hinterkiemer)《動》前鰓(ぜんさい)類. **≠kip·per** 男 (↔ Hinterkipper) (荷台を前方へ傾ける)前方ダンプトラック. **≠kopf** 男 (↔Hinterkopf) 前頭部. **≠la·der** 男 (↔ Hinterlader)《軍》前装銃(砲).

vor·der·la·stig 形 (↔achterlastig)《海》船首に荷を積みすぎた, おもて下がりの; 《空》機首の重い, 頭重(あたまおも)の.

Vor·der≠lauf 男 (↔Hinterlauf)《狩》(犬・ウサギ・シカなどの)前足. **≠mann** 男 -[e]s/..männer (↔Hintermann) (自分の)前にいる人; 《軍》前列兵; 《スポ》先手番の人; 《商》(手形の)前の裏書人; 《比》上位の人, 上役: ~ halten (整列して)前へならえする | ***jn.* auf ~ bringen**《話》(しかりつけて)…に規律を身につけさせる(規律を守らせる) | ***et.*⁴ auf ~ bringen**《話》…をきちんと整える | den Haushalt ~ 家事のやりくりをきちんとつける. **≠mast** =Vormast **≠öster·reich**[..|ø:stəraɪç] 地名 前部オーストリア(ドイツ南西部にあった Habsburg 家の領地: Elsaß, Breisgau, Vorarlberg など). **≠pfo·te** 女 (四足獣の)前足[の先端]. **≠rad** 中 (↔Hinterrad) 前[車]輪(→ 図 Fahrrad).

Vor·der·rad·an·trieb 男 (↔ Hinterradantrieb) (自動車などの)前輪駆動.

Vor·der≠rei·he 女 前列. **≠satz** 男 (↔Nachsatz) **1**《言》前置[副]文. **2**《論》前提. **3**《楽》前楽節. **≠schiff** 中 (↔Achterschiff)《海》船体の前半部, 船首[部分]. **≠schin·ken** 男 (豚の)前もも肉(→ 図 Schwein). **≠sei·te** 女 **1** (↔Rückseite) 表側. **2** (↔Hinterseite) 前面, 正面. **3**《印》(開いた本の)右ページ. **≠sitz** 男 (↔ Rücksitz) (自動車などの)前部座席.

vor·derst[fɔ́rdərst] 形《vorder の最上級》いちばん前の, 先頭の: die *~e* Front《軍》最前線 | in der *~en* Reihe sitzen 最前列の席に座っている ‖ Er will immer der *Vorderste* sein. 彼はいつも先頭(最前列)にいたがる, 彼は目立ちたがり屋だ.

Vor·der≠ste·ven 男 (↔Achtersteven)《海》船首材. **≠teil** 中 男 (↔Hinterteil) 前部. **≠trep·pe** 女 表階段. **≠tür** 女 **1** 正面[玄関]口. **2** (自動車などの)前部ドア. **≠wa·gen** 男 (連結した車のうちの)前車. **≠zahn** 男 前歯. **≠zim·mer** 中 (↔Hinterzimmer) (建物の)手前側(表側)の部屋.

Vor·der·zun·gen·vo·kal 男 (↔Hinterzungenvokal)《言》前舌母音(例 [i][e][ø][y]).

Vor·der·zwie·sel 男 (馬の)鞍頭(くらがしら)(→ 図 Sattel).

Vor·deutsch[fó:rdɔʏtʃ] 中《言》先期ドイツ語(文献記録のない750年ごろまでのドイツ語: →Frühdeutsch).

vor|drän·geln[fó:rdrɛŋəln]《06》他(h)《話》再帰 *sich*⁴ ~ 他人を押しのけながら前へ出[ようとす]る.

vor|drän·gen[fó:rdrɛŋən] **I** 他(h) 再帰 *sich*⁴ ~ 強引に前に出[ようとす]る; 《比》出しゃばる, 差し出た振舞いをする. **II** 自(h) 前に出[ようとす]る.

vor|drin·gen*[fó:rdrɪŋən]《33》自(s) 前方へ押し(突き)進む, 強引に前に出る; 進出する; 《比》浸透する, 広まる, 普及する: in unerforschte Gebiete ~ 未知の分野に分け入る(足を踏み入れる) | Der Feind ist bis an die Außenbezirke der Stadt *vorgedrungen*. 敵軍は町の周辺部にまで迫った | Er *drang* mit seiner Beschwerde bis zum Minister *vor*. 彼は大臣のところにまで苦情をもちこんだ | Das

V

Christentum ist bis in alle Teile der Welt *vorgedrungen*. キリスト教は世界のすみずみにまで広まった.

vor·dring·lich[..lıç] 形 緊急な, 焦眉(しょうび)の, 特に重要な: eine ~*e* Aufgabe 焦眉の課題 | eine ~*e* Frage 緊急問題 ‖ Dieser Fall ist ~. このケースは緊急を要する ‖ *et.*⁴ ~ behandeln …を優先的に取り扱う.

Vor·dring·lich·keit[..kaıt] 女 -/ (vordringlich なこと. 例えば:) 緊急性.

Vor·dring·lich·keits·li·ste 女 (緊急度から見た) 優先順位表.

Vor·druck[fó:rdrʊk] 男 -[e]s/-e **1** (前もって印刷してある) 書式用紙, 記入〈書き込み〉用紙: einen ~ ausfüllen 用紙に記入する. **2** 〖印〗 見本刷り.

vor|drucken[fó:rdrʊkən] 他 (h) 《ふつう過去分詞で》(用紙・書状などを前もって) 印刷しておく: *vorgedruckte* Bestellkarten 前もって印刷してある注文用紙.

Vor·druck·wal·ze 女 (Egoutteur) 〖製紙〗 ダンディ=ロール (紙にすき模様を入れる機械).

vor·ehe·lich[fó:r|e:əlıç] 形 結婚前の, 婚前の, 婚前に行われる: ~*e* geschlechtliche Beziehungen 婚前交渉 ‖ Ihr Kind ist ~. 彼女の子供は結婚前に生まれた子だ.

vor|ei·len[fó:r|aılən] =vorauseilen

vor·ei·lig[..aılıç]² 形 急ぎすぎの, 性急な, 早まった, 早計の, 軽率な: eine ~*e* Entscheidung treffen 早まった決定を下す ‖ ~ urteilen 性急に判断する.

Vor·ei·lig·keit[..kaıt] 女 -/ voreilig なこと.

vor·ein·an·der[fo:r|aınándər] 副 《vor+相互代名詞に相当: →sich 2 ★ ii》 **1** 向かい合って; 相対して: *sich*⁴ ~ hinstellen 向かい合って立つ | *sich*⁴ ~ schämen 互いに相手に対して恥じる. **2** 前後に[並んで].

vor·ein·ge·nom·men[fó:r|aıngənɔmən] 形 先入観〈先入主〉にとらわれた, あらかじめ偏見をいだいた: eine ~*e* Haltung 偏見をもった態度 | für 〈gegen〉 *jn.* ~ sein / für 〈gegen〉 *et.*⁴ ~ sein …をはじめからいい〈悪い〉と決めこんでいる.

Vor·ein·ge·nom·men·heit[−haıt] 女 -/ voreingenommen なこと.

Vor·ein·sen·dung[fó:r|aınzɛndʊŋ] 女 -/-en あらかじめの〈前もっての〉送付: gegen ~ des Betrages 代金を先に送ればそれと引き換えに.

vor·einst[fo:r|áınst] 副 《雅》 はるか昔に.

vor·eis·zeit·lich[fó:r|aıstsaıtlıç] 形 (präglazial) 〖地〗 前氷期の.

Vor·el·tern[fó:r|ɛltərn] 複 先祖.

Vor·emp·fan·ge·ne[fó:r|ɛmpfaŋənə] 中 《形容詞変化》 =Vorerbe II 【<empfangen】

Vor·en·de[fó:r|ɛndə] 中 -s/-n =Vorgewende

vor|ent·hal·ten*[fó:r|ɛnthaltən] 《65》《まれに非分離》 他 (h) 《*jm. et.*⁴》 (…に…を) 渡すこと〈知らせること〉を差し控える, (不当に) 渡さずに〈知らせずに〉おく: *jm. sein* Erbe ~ …に対して(当然受け取るべき) 相続分を与えずにおく | Warum hast du mir diese Tatsache *vorenthalten*? なぜ君は私にこの事実を知らせてくれなかったのか.

Vor·ent·hal·tung[..tʊŋ] 女 -/ vorenthalten すること.

Vor·ent·la·dung[fó:r|ɛntla:dʊŋ] 女 -/-en 〖電〗 (アーク放電に先行する) グロー放電.

Vor·ent·schei·dung[fó:r|ɛnt-ʃaıdʊŋ] 女 -/-en **1** 仮決定: eine ~ treffen 仮決定を下す. **2** 〖スポ〗 予選.

Vor·ent·schei·dungs≠kampf 男 〖スポ〗 予選[試合].
≠lauf 男 〖スポ〗 予選レース.

Vor·ent·wurf[fó:r|ɛntvʊrf] 男 -[e]s/..würfe 〖建〗 (検討用の) 予備〈事前〉設計[図].

Vor·er·be[fó:r|ɛrbə] (↔Nacherbe) **I** 男 -n/-n 〖法〗 先位相続人. **II** 中 -s/ 〖法〗 先位相続財産.

Vor·erb·schaft[..|ɛrpʃaft] 女 -/-en =Vorerbe II

vor|er·hit·zen[fó:r|ɛrhıtsən] 《02》 他 (h) あらかじめ加熱する〈火を通す〉, 予熱する.

Vor·ern·te[fó:r|ɛrntə] 女 -/-n 〖農〗 (本格的収穫に先立っての) 予備収穫, 一番刈り.

vor·erst[fó:r|e:rst, −´] 副 **1** まず第一に, 最初に. **2** さしあたり, 当分: Bitte erzähle ~ nichts davon! そのことは当分黙っていてくれ.

vor·er·wähnt[fó:r|ɛrvɛ:nt] 形 上述の, 前記の.

vor|er·zäh·len[fó:r|ɛrtsɛ:lən] 他 (h) 《*jm. et.*⁴》 (…に作り話などを) もっともらしく話して聞かせる: Du kannst mir doch nichts ~! まさかそんなばかなことがあるものか.

Vor·es·sen[fó:r|ɛsən] 中 -s/- 《スイス》 (Ragout) 〖料理〗 ラグー, シチュー.

Vor·ex·amen[fó:r|ɛksa:mən] 中 -s/-, ..mina[..mina·] =Vorprüfung

vor|ex·er·zie·ren[fó:r|ɛksɛrtsi:rən] 他 (h) 《*jm. et.*⁴》 (…に…を) お手本としてやってみせる, 実演してみせる.

Vor·fa·bri·ka·tion[fó:rfabrikatsio:n] 女 -/-en 〖建〗 (組み立て家屋の) 部材生産, プレハブ生産.

vor|fa·bri·zie·ren[fó:rfabritsi:rən] 他 (h) 組み立て部品として大量生産する, プレハブ方式で作る; 前もって作りあげる: ein *vorfabriziertes* Wohnhaus プレハブ住宅 | eine *vorfabrizierte* Lösung parat haben 《比》 あらかじめ解答の用意がある.

Vor·fahr[fó:rfa:r] 男 -en/-en, **Vor·fah·re**[..fa:rə] 男 -n/-n (女 **Vor·fah·rin**[..fa:rın]-/-nen) (↔Nachkomme) **1** (直系の) 先祖 (父母・祖父母・曾(そう)祖父母など): die väterlichen 〈mütterlichen〉 *Vorfahren* 父方〈母方〉の先祖. ᵛ**2** 先任者. 【*mhd.* vor-var „Vor-gänger"】

vor|fah·ren*[fó:rfa:rən] 《37》 **I** 自 (s) **1** (乗り物が・乗り物で) [一定距離] 前へ進む: Ich *fahre* noch ein paar Meter *vor*. 私はあと数メートル前へ出るよ(車で). **2** (乗り物が・乗り物で) 先に行く, 先行する. **3** (乗り物が・乗り物で) 玄関先まで乗り入れる〈乗りつける〉: Das Taxi ist unten *vorgefahren*. (ホテルなどで) タクシーが下に参りました. **4** 〖交通〗 優先権がある, 優先権を行使する.

II 他 (h) **1** (乗り物を) [一定距離] 前へ進ませる: Ich *fahre* meinen Wagen noch ein Stück *vor*. 私は車をもう少し前へ出すよ. **2** (乗り物を) 玄関先まで乗り入れる〈乗りつける〉.

Vor·fah·rin Vorfahr, Vorfahre の女性形.

Vor·fahrt[fó:rfa:rt] 女 -/ **1** (交差点・合流点での車両の) 先行[権], 優先通行[権]: die ~ beachten 〈verletzen〉 先行権を守る〈に違反する〉 | Welcher Wagen hat hier [die] ~? ここではどちらの車に優先権があるのか. ᵛ**2** 乗り物で乗りつけること.

vor·fahrt[s]·be·rech·tigt 形 先行権〈優先通行権〉をもった.

Vor·fahrt[s]≠recht 中 -[e]s/ 先行権, 優先通行権.
≠schild 中 先行〈優先通行〉標識板. **≠stra·ße** 女 優先道路. **≠zei·chen** 中 先行〈優先通行〉標識.

Vor·fall[fó:rfal] 男 -[e]s/..fälle[..fɛlə] **1** (不意の) 出来事, 事件: ein seltsamer 〈unglaublicher〉 ~ 奇妙な〈信じがたい〉 出来事 ‖ Neulich hat sich dort ein rätselhafter ~ abgespielt 〈zugetragen〉. 最近そこでなぞめいた事件が起こった | Es gab auf der Reise allerhand *Vorfälle*. 旅行中さまざまな出来事があった. **2** (Prolaps) 〖医〗 (内臓器官などの正常な位置からの) 脱[症], 脱出[症]: ~ des Mastdarms 〈der Gebärmutter〉 直腸〈子宮〉脱.

vor|fal·len*[fó:rfalən] 《38》 自 (s) **1** (出来事・事件などが不意に) 起こる: Was ist *vorgefallen*? 何が起こったのか | Er tat, als ob nichts *vorgefallen* wäre. 彼は何ごともなかったようなふりをした. **2** 《話》 前方へ落ちる. **3** (prolabieren) 〖医〗 (内臓器官などが正常な位置から) 脱出する, 脱垂する.

vor|fa·seln[fó:rfa:zəln] 《06》《話》 =vorerzählen

Vor·fei·er[fó:rfaıər] 女 -/-n 前祝い, 前夜祭.

Vor·feld[fó:rfɛlt]¹ 中 -[e]s/-er **1** 〖軍〗 前地: im ~ *et.*²/im ~ von *et.*³ 《比》 …の前段階で, …を前にして, …に先立って. **2** 〖言〗 (文の) 前域 (平叙文で定動詞より前の部分: →Mittelfeld, Nachfeld).

vor·fern[fó:rfɛrn] 副 《スイス》 (vorletztes Jahr) おととし, 一昨年. 【<fern I 3】

vor|fer·ti·gen[fó:rfɛrtıgən]² =vorfabrizieren

Vor·film[fó:rfılm] 男 -[e]s/-e (主要作品の前に上映される) [短編] 映画.

vor|fi·nan·zie·ren[fó:rfinantsi:rən] 他 (h) 〖経〗 (本

融資の前に)事前に短期の信用貸しをする.

Vọr·fi·nan·zie·rung[..rʊŋ] 女 -/-en 〘経〙(短期の外部資金による)事前金融.

vọr|fin·den*[fó:rfɪndən]¹ ⟨42⟩ 他 (h) ⟪*jn.*/*et.*⁴⟫ 目の前に(…があるのを)見いだす, 目のあたりに見る: Zu Hause *fand* ich ein Telegramm ⟨meinen Freund⟩ *vor*. 私が帰宅すると電報⟨友人⟩が来ていた | einen guten ⟨günstigen⟩ Boden für *et.*⁴ ～ (→Boden 1 a) ‖ 再帰 *sich*⁴ ～ 見いだされる, 存在する.

vọr|flun·kern[fó:rflʊŋkərn] ⟨05⟩ ⟪話⟫ =vorlügen

Vọr·flu·ter[fó:rflu:tər] 男 -s/- 〘土木〙(廃水などの)流路, 導水路(川・暗渠などを含む). [<fluten]

Vọr·form[fó:rfɔrm] 女 -/-en 前代⟨前段階⟩の形, 原形.

vọr|for·men[fó:rfɔrmən] 他 (h) あらかじめ形成する.

Vọr·fra·ge[fó:rfra:gə] 女 -/-n (本来の問題に先行する)基礎的問題.

Vọr·freu·de[fó:rfrɔydə] 女 -/ (楽しいことへの期待に満ちた)事前の喜び, 楽しみに待つ気持: die ～ auf Weihnachten クリスマスの到来を待ち望むうれしさ | Die ～ ist die schönste Freude. ⟪諺⟫ 待つ喜びが最良の喜び.

Vọr·frie·de[fó:rfri:də] 男 2格 -ns, 3格 -n, 4格 -n, 複数 -n 仮講和.

vọr·fri·stig[fó:rfrɪstɪç]² 形 期限前の: *et.*⁴ ～ liefern …を納期前に納入する. [<Frist]

Vọr·frucht[fó:rfrʊxt] 女 -/..früchte[..frʏçtə] (↔Nachfrucht) 〘農〙(輪作での)前作〔作物〕.

Vọr·frü̲h·ling[fó:rfry:lɪŋ] 男 -s/-e 早春.

vọr|fü̲h·len[fó:rfy:lən] 自 (h) ⟪〔wegen *et.*²〕 bei *jm.*⟫ (〔…のことで〕…の)感触を求める, 気持⟨意向⟩をさぐる; ⟪nach *et.*³⟫ (…の可能性について)さぐりを入れる.

Vọr·führ·da̲·me[fó:rfy:r..] 女 (Mannequin) ファッションモデル.

vọr|fü̲h·ren[fó:rfy:rən] 他 (h) **1** ⟪*jn.* *jm.* ⟨*et.*³⟩⟫ (…を…の)前に連れてゆく⟨引き出す⟩: *jn.* dem Arzt ⟨dem Richter⟩ ～ …を医者⟨判事⟩のところへ連れてゆく | Die Gefangenen wurden *vorgeführt*. 捕虜たちが連れて来られた. **2** ⟪*et.*⁴⟫ (展示品などを)見せる, 観覧に供する, 実演する, 披露する: einen Film ～ 映画を上映する | einen neuen Wagen ⟨die neue Mode⟩ ～ 新車⟨新しいファッション⟩を披露する | ein Zauberkunststück ～ 奇術を実演して見せる ‖ 再帰 *sich*⁴ ～ wollen ⟪軽蔑的に⟫ 目立ちたがる.

Vọr·fü̲h·rer[..rər] 男 -s/- (vorführen する人. 例えば:) 映写技師; (展示品などの)説明係.

Vọr·führ≠ge·rä̲t[fó:rfy:r..] 中 **1** 〘映・写〙プロジェクター. **2** 〘商〙展示器具. **≠raum** 男 **1** 映写室. **2** (新製品などの)展示室.

Vọr·fü̲h·rung[fó:rfy:rʊŋ] 女 -/-en (vorführen すること. 例えば:) 展示, 実演, 披露; 映写, 上映; 〘法〙勾引(こういん).

Vọr·fü̲h·rungs≠be·fe̲hl 男 〘法〙勾引(こういん)状. **≠raum** =Vorführraum

Vọr·führ·wa̲·gen[fó:rfy:r..] 男 展示⟨試乗⟩用自動車.

Vọr·ga̲·be[fó:rga:bə] 女 -/-n **1** 〘スポ〙(力の劣った相手に対してあらかじめ与える)有利な条件, ハンディキャップ: sieben Minuten ～ (=Odds) haben 7分のハンデをもらっている | *jm.* eine ～ geben …にハンデをつける ‖ ein Wettkampf ohne ～ ハンディキャップなしの試合. **2** 〘坑〙有効範囲(発破孔で破砕を期待する岩石または石炭); 最小抵抗線. **3** あらかじめ基準として与えられたもの; (設定された)基準値⟨量⟩, コードナンバー, 準則. **4** =Vorgabezeit

Vọr·ga̲·be·zeit 女 〘経〙予定納期.

Vọr·gang[fó:rgaŋ] 男 -〔e〕s/..gänge[..gɛŋə] **1** 出来事, 事件; (自然界などの)出来事, 事象; (出来事の)なりゆき, 経過: biologische ⟨physikalische⟩ *Vorgänge* 生物学⟨物理学⟩的な事象 | Wie ist es zu dem Unfall gekommen? Schildern Sie genau den ～! どのようにして事故が起こったのですか. 経過を詳しく述べてください. **2** ⟪集合的に⟫ (ある件についての)関係書類. ᵛ**3** 先行; ⟪比⟫ 優先. ᵛ**4** 先例, 模範: nach *js.* ～ …の例にならって. [*mhd.*; ◇vorgehen]

Vọr·gän·ger[fó:rgɛŋər] 男 -s/- (⊛ **Vọr·gän·ge·rin** [..gɛŋərɪn]-/-nen) (↔Nachfolger) 前任者, 先任者.

vọr·gän·gig[..ŋɪç] 副 ⟪スイ⟫ (zuvor) (時間的に)その前に; 前もって.

Vọr·gangs≠pas·si̲v[fó:rgaŋs..] 中 (Handlungspassiv) 〘言〙行為⟨動作⟩受動(過去分詞と werden を組み合わせてつくられる. 例 Die Tür wird geschlossen. ドアが閉められる: → Zustandspassiv). **≠satz** 男 〘言〙事象文. **≠verb** 中 〘言〙事象⟨現象⟩動詞 (例 sterben, wachsen).

Vọr·gar·ten[fó:rgartən] 男 -s/..gärten[..gɛrtən] **1** (家屋の)前庭. **2** ⟪戯⟫ (女性の)乳房.

vọr|gau·keln[fó:rgaʊkəln] ⟨06⟩ 他 (h) ⟪*jm.* *et.*⁴⟫ (…に…を)言葉巧みに⟨まやかしを使って⟩信じさせる.

vọr|ge̲·ben*[fó:rge:bən]¹ ⟨52⟩ 他 (h) **1** ⟪*et.*⁴⟫ (…を)口実にする; (…であると)偽りの申し立てをする, (…と)称する: dringende Geschäfte ～ 緊急の用事を口実にする | Er *gab vor*, krank gewesen zu sein. 彼は病気だったと偽った. **2** ⟪話⟫ ⟪*et.*⁴⟫ 前方へ渡す: ein Heft 〔zum Lehrer〕 ～ (生徒が)ノートを前の〔先生の〕方へ送る. **3** ⟪*jm.* *et.*⁴⟫ 〘スポ〙(劣った相手に有利な条件・ハンディキャップを)前もって与える(→Vorgabe 1): Ich *gebe* dir 30 Meter *vor*. 君に30メートルのハンデをやるよ. **4** あらかじめ基準として与える; (基準値・規定などを)定める, 設定する; 〘電算〙プリセットする: von dem *vorgegebenen* Kurs abkommen 規定のコースから外れる.

Vọr·ge·bir·ge[fó:rgəbɪrgə] 中 -s/- **1** 山脈前部, 前山(まえやま)(山脈のふもとを形成する山地). **2** (Kap) 岬: um ein ～ herumfahren (船で)岬をまわる. **3** ⟪戯⟫ (女性の)乳房.

vọr·ge̲b·lich[fó:rge:plɪç] 形 ⟪述語的用法なし⟫ 自称の; 名義上の, 表向きの: eine ～*e* Krankheit 仮病 ‖ Sie ging ～ spazieren. 彼女は散歩と称して出かけた. [<vorgeben 1]

vọr·ge·bu̲rt·lich[fó:rgəbu:rtlɪç] 形 ⟪ふつう付加語的⟫ (pränatal) 〘医〙産前の, 出生前の.

ᵛ**vọr·ge·dacht**[fó:rgədaxt] =vorgenannt

vọr·ge·faßt[fó:rgəfast] 形 あらかじめ抱かれた(考え・判断など): eine ～*e* Meinung 先入観, 偏見.

Vọr·ge·fecht[fó:rgəfɛçt] 中 -〔e〕s/-e 前哨(ぜんしょう)戦.

vọr·ge·fer·tigt[fó:rgəfɛrtɪçt] 形 ⟪付加語的⟫ (建築部品などが)前もって製造された, プレハブの.

Vọr·ge·fü̲hl[fó:rgəfy:l] 中 -s/-e ⟪ふつう単数で⟫ 予感, 虫の知らせ: im ～ von etwas Bösem ⟨Unangenehmem⟩ いやな予感がして.

vọr|ge̲·hen*[fó:rge:ən] ⟨53⟩ **I** 自 (s) **1** 前へ〔進み〕出る, 前進する: an die Tafel ～ (生徒が)黒板のところへ出てゆく | gegen *jn.* ～ (軍隊・警察などが)…にむかって攻撃を始める | in Schützenlinie ～ (攻撃のために)散兵線に進出する | zum Altar ～ 祭壇に進み出る. **2 a)** (他の人よりも)先に行く, 先行する: Du kannst schon ～. 君は先に行ってもいいよ. **b)** ⟪比⟫ ⟪*jm.* / *et.*³⟫ (…よりも)優先する: Die Gesundheit *geht* allem anderen *vor*. 健康がすべてに優先する ‖ 〘3格なしで〙 Das Alter *geht vor*. 老人に優先権がある. **3** (↔nachgehen) (時計が正しい時刻よりも)進む: Die Uhr *geht* drei Minuten *vor*. この時計は3分進んでいる. **4** (ある状況下で)進行しつつある, 行われる, 起こる, 生起する, 生じる: Was *geht* hier *vor*? ここで何が起こっているのか | Es ist eine Veränderung mit ihm *vorgegangen*. 彼に変化が生じた | Man muß wissen, was in der Welt *vorgeht*. この世の中の出来事を知らねばならぬ. **5** ⟪様態を示す語句と⟫ (…の)やり方をする, (…の)行動に出る, (…の)措置をとる; (…の)態度をとる, (…に)振舞う(→II): entschieden ⟨mit Geschick⟩ ～ 断固たる⟨賢明な⟩措置をとる | gegen *jn.* gerichtlich ～ …に対して問題を裁判ざたにする, …を告訴する.

II Vọr·ge̲·hen 中 -s/ (vorgehen すること. 特に:) やり方, 行動, 措置, 振舞い: ein unerhörtes ～ 前代未聞の⟨けしからぬ⟩やり方.

[◇Vorgang]

Vọr·ge·län·de[fó:rgəlɛndə] 中 -s/ (地域・敷地などの)前方⟨周辺⟩地区.

Vọr·ge·le̲·ge[fó:rgəle:gə] 中 -s/- 〘工〙中間軸; 中間歯車.

vọr·ge·nannt[fó:rgənant] 形 ⟪官⟫ 前述の, 上記の.

vor·ge·ord·net[fóːrɡəǀɔrdnət] **I** vorordnen の過去分詞. **II** 形 上位の; 上司(上役)の.

Vor·ge·plän·kel[fóːrɡəplɛŋkəl] 中 前哨(ぜんしょう)戦〔の小ぜり合い〕.

Vor·ge·richt[fóːrɡərɪçt] 中 -〔e〕s/-e = Vorspeise

vor·ger·ma·nisch[fóːrɡɛrmaːnɪʃ] 形 ゲルマン以前の.

Vor·ge·schich·te[fóːrɡəʃɪçtə] 女 -/-n **1** 《単数で》(Prähistorie) **a**) 有史以前の時代, 先史時代. **b**) 先史時代史, 史前史, 先史学. **2** (ある段階に達するまでの)いきさつ, それまでの事情, 前史. **3** 〘医〙既往歴.

Vor·ge·schicht·ler[..lər] 男 -s/- 先史学者.

vor·ge·schicht·lich[..lɪç] 形 (prähistorisch) 有史以前の, 先史時代の.

Vor·ge·schmack[fóːrɡəʃmak] 男 -〔e〕s/ (将来のことの)先触れ, 前もっての感触: *jm.* einen ~ von *et.*[3] geben …に…をあらかじめ味わわせる.

vor·ge·setzt[fóːrɡəzɛtst] **I** vorsetzen の過去分詞. **II** 形 上司の, 上役の. **III** **Vor·ge·setz·te** 男 女 《形容詞変化》(職場などでの)上司, 上役: das Verhältnis zwischen ~*m* und Untergebenem 上司と部下の関係.

Vor·ge·spräch[fóːrɡəʃprɛːç] 中 -〔e〕s/-e 事前の話し合い, 予備会談.

vor·ge·stern[fóːrɡɛstərn] 副 おととい, 一昨日: ~ abend おとといの晩 | Ich habe ihn ~ getroffen. 私は彼におととい出会った | Anschauungen von ~ 《比》古くさい見解.

vor·gest·rig[..ɡɛstrɪç][2] 形 **1** 《付加語的》おとといの, 一昨日の: die ~*e* Zeitung おとといの新聞. **2** 《比》古くさい, 時代遅れの.

Vor·ge·wen·de[fóːrɡəvɛndə] 中 -s/- (Angewende) 〘農〙すき返し(耕地の縁に沿った部分で, 鋤(すき)・農作機械などの向きを変える場所).

vor|grei·fen*[fóːrɡraɪfən] 《63》 自 (h) **1** つかもうとして(手・腕などを)前へ差し出す: mit dem rechten Arm ~ 右腕を前へ差しのべる. **2** 《*jm.* / *et.*[3]》(…に)先んじる, 先回りする, (…を)出し抜く, (…の)機先を制する; (しかるべき時機を待たずに…を)先取りする: *js.* Entscheidung 〈Worten〉 ~ …の決定〈言葉〉を先取りする | *jm.* in *seinem* Recht ~ …の権利を侵害する.

▽**vor·greif·lich**[..ɡraɪflɪç] 形 他人の判断を先取りする.

Vor·griff[fóːrɡrɪf] 男 -〔e〕s/-e (vorgreifen すること. 例えば:) 先回り; 先取り: ein ~ auf die spätere Entwicklung 将来の発展への先取り | im 〈in / unter〉 ~ 〔auf *et.*[4]〕〔…に〕先回りして.

vor|gucken[fóːrɡʊkən] 自 (h) 《話》**1** (カーテンなどの陰から)前方をのぞく. **2** (下着などが服のすそから)のぞいて見える.

vor|ha·ben*[fóːrhaːbən][1] 《64》 **I** 他 (h) **1** 意図する, もくろむ, 企てる: eine Reise ~ 旅行を計画している, 旅行をするつもりである | *Haben* Sie morgen abend schon etwas *vor*? 明晩はすでに何かご予定がおありですか | Was *hast* du *vor*? 君は何をするつもりなのか | Was *hast* du mit mir 〈mit dem Stoff〉 *vor*? 君は私をどうする〈この布地で何を作る〉つもりなのか | Eigentlich *hatte* ich *vor*, mit ihr ins Kino zu gehen. はじめの予定では私は彼女と映画を見に行くつもりだった ‖ die *vorhabende* 〈*vorgehabte*〉 Reise 計画中の〈計画していた〉旅行. **2** **a**) (体の)前につけている: eine Schürze ~ エプロンを掛けている. **b**) 目の前にもって〈ひろげて〉いる, (仕事に)従事している: ein Buch ~ 本を目の前にひろげている, 読書している. **3** 《話》《*jn.*》(…に)うるさく言う, なじる.

II **Vor·ha·ben** 中 -s/- 意図, 企図, もくろみ, 計画: ein böses ~ 悪いたくらみ ‖ ein ~ ausführen 計画を遂行する | das ~ des Gegners durchschauen 敵の企図を見破る.

Vor·ha·fen[fóːrhaːfən] 男 -s/..häfen[..hɛːfən] (Reede) 〘海〙(沖合いの)停泊地, (港外の)投錨(とうびょう)地.

Vor·hal·le[fóːrhalə] 女 -/-n (古代ギリシア神殿の)入口の間; (一般に)玄関のホール, (劇場・ホテルなどの)ロビー, ラウンジ.

Vor·halt[fóːrhalt] 男 -〔e〕s/-e **1** 〘楽〙掛留(けいりゅう); 掛留音: die Auflösung des ~*es* 掛留の解決. **2** 〘軍〙(移動目標に命中させるために必要な銃身などの)前方への偏差〈調整〉幅. **3** 《スイ》= Vorhaltung

vor|hal·ten*[fóːrhaltən] 《65》 **I** 他 (h) **1** 前へさし出す〈突き出す・掲げる〉; 前に当てる: Man *hält* sich[3] die Hand *vor*, wenn man gähnt. あくびをするときは手を口の前に当てるものだ | *jm.* den Spiegel ~ (→Spiegel 1 a) ‖ hinter *vorgehaltener* Hand (→Hand 1) | mit *vorgehaltenem* Gewehr 銃を前方に構えて.

2 《*jm.* *et.*[4]》(…に対して…を)咎(とが)める, 責める, 非難する: *jm.* *seine* Fehler ~ …に対してその過ちを咎める | Er *hielt* ihr *vor*, daß sie zuviel Geld ausgebe. 彼は金づかいが荒すぎると言って彼女を責めた.

II 自 (h) **1** 長持ちする, 持ちこたえる: Die Vorräte werden noch vier Wochen ~. 蓄えはまだ 4 週間もつだろう | Wie lange wird der Entschluß bei ihm ~? 彼の決心はどのくらい続くことやら. **2** 〘軍〙(移動する目標の速度を計算に入れて)目標より前方をねらう.

Vor·halts·ton 男 -〔e〕s/..töne 〘楽〙掛留(けいりゅう)音.

Vor·hal·tung[..tʊŋ] 女 -/-en 《ふつう複数で》咎(とが)め立て, 非難: *jm.* ~*en* machen …を咎める〈非難する〉.

Vor·hand[fóːrhant] 女 -/ **1** (↔Rückhand) (テニス・卓球などの)フォアハンド〔ストローク〕. **2** (馬・犬などの)前脚部(前脚を含めた体の前の部分). **3** 〘トランプ〙最初にカードを出す〈打ち出しの〉人(カードの配り手の左隣の人); 最初にカードを出す順番, リード, 打ち出し(→Mittelhand 3, Hinterhand 2). **4** **a**) (Vorkaufsrecht) 〘法〙先買(さきがい)権. **b**) 《スイ》(Vorrecht) 特権.

vor·han·den[foːrhándən] 形 《副詞的用法なし》手もとにある, 持ち合わせの; 現存する, 存在する: das ~*e* Geld 手持ちの金 ‖ Hier sind reiche Bodenschätze ~. ここには豊かな地下資源がある | Er benahm sich so, als sei ich gar nicht ~. 彼は私などそこにいないかのように振舞った.

[< vor Handen „vor den Händen" (◇Hand)]

Vor·han·den·sein[–zaɪn] 中 -s/ 現存, 存在.

Vor·hand≠griff[fóːrhant..] 男 (テニス・卓球などの)フォアハンド=グリップ. **≠schlag** 男 フォアハンド=ストローク.

Vor·hang[fóːrhaŋ] 男 -〔e〕s/..hänge[..hɛŋə] **1** **a**) 窓掛け, (厚地の)カーテン; 緞帳(どんちょう); (舞台の)幕(→ 図 Bühne): der eiserne ~ (舞台・客席間の)防火シャッター | **der Eiserne ~** 〘史〙(東西両陣営間の)鉄のカーテン ‖ den ~ aufziehen 〈zuziehen〉 カーテンを(引いて)開ける〈閉める〉 | **über *et.*[4] den ~ fallen lassen** 《比》…に幕を下ろす, …が終了した〈片がついた〉ものと見なす ‖ vor den ~ treten (幕が下りてから俳優たちが観客の拍手を受けるため)幕の前に出てくる ‖ Der ~ fällt 〈hebt sich〉. (舞台の)幕が下りる〈上がる〉 | Der ~ teilt sich. (舞台の)幕が(中央から割れて左右に)開く. **b**) 《方》(Gardine) (薄地の)カーテン.

2 《ふつう複数で》(芝居・音楽会などでの)カーテンコール: Der Schauspieler 〈Der Pianist〉 hatte zehn *Vorhänge*. その俳優〈ピアニスト〉は10回もカーテンコールを受けた.

vor|hän·gen[(*)][fóːrhɛŋən] 《66》 **I** 自 (h) 《不規則変化》《方》= vorgucken 2 **II** 他 (h) 《規則変化》前に掛ける: ein Schloß ~ (ドアの前に)錠を掛ける.

Vor·hän·ge·schloß 中 南京(なんきん)錠, えび錠(→ 図 Schloß B).

Vor·hang≠stan·ge[fóːrhaŋ..] 女 カーテン=レール. **≠stoff** 男 カーテン地.

Vor·haus[fóːrhaʊs][1] 中 -es/..häuser[..hɔʏzər] 《南部・オーストリア》玄関〔の間〕, (入口の)ホール.

Vor·haut[fóːrhaʊt] 女 -/..häute[..hɔʏtə] 〘解〙(陰茎の)包皮: die ~ zurückziehen 包皮をめくる | **Das kannst du dir unter die ~ klemmen.** 《卑》そんなものおれには興味がないさ(おまえの好きなようにしろよ). [*lat.* praepūtium (◇Präputium) の翻訳借用]

Vor·haut≠bänd·chen 中 〘解〙包皮小帯. **≠ent·zün·dung** 女 〘医〙包皮炎. **≠ver·en·gung** 女 (Phimose) 〘医〙包茎.

Vor·he·ben[fóːrheːbən] 中 -s/ 〘体操〙腕前挙げ.

Vor·hemd[fóːrhɛmt][1] 中 -〔e〕s/-en 〘服飾〙シャツフロント, 飾り胸当て, ディッキー.

vor·her[foːrhéːr, ⌐–] 副 (↔nachher, hinterher) その前に, それより先〈以前〉に; (im voraus) 前もって, あらかじめ:

V

am Tag〔e〕〈Abend〉 ~ その前日〈前の晩〉に | kurz 〈lange〉 ~ 少し〈ずっと〉前に | drei Seiten ~ 3ページ前に ‖ ~ bezahlen 前払いする | Ich muß ihm ~ schon einmal begegnet sein. 私は前に彼と会ったことがあるはずだ | Warum hast du mir das nicht ~ gesagt? なぜ君は私にそれを前もって言ってくれなかったのか | *Vorher* sah alles anders aus. 前には何もかも違ったふうに見えた.

★ 動詞と用いる場合は分離の前つづりともみなされる.

vor·her|be·stim·men[fo:rhé:r..] 《過分 vorherbestimmt》他 (h) (神意などによって) 予定する, 運命づける(ただし: vorher bestimmen 前もって決める): Die Menschheit ist zum Untergang *vorherbestimmt*. 人類は滅亡すべく運命づけられている.

Vor·her·be·stim·mung 女 **1** 予定. **2** =Prädestination 2

Vor·herbst[fó:rhɛrpst] 男 -〔e〕s/-e 初秋.

vor·her|ge·hen*[fo:rhé:r..] 《53》 **I** 自 (s) (vorangehen) (特に時間的に) 先行する(ただし: vorher gehen 早めに行く). **II vor·her·ge·hend** 現分 形 《付加語的》先行の, 先の, 前の; 事前の; 前述〈上述〉の: am ~*en* Tag その前日に(=am Tag vorher) | in den ~*en* Gesprächen 先の会談で ‖ im ~*en* 前述の個所で | Aus dem *Vorhergehenden* ergibt sich, daß ... 上述のことから…であることが明らかとなる | Der *Vorhergehende* stolperte. 前の人がつまずいた.

vor·he·rig[fo:rhé:rıç, ⌐−⌣]² 形 《付加語的》事前の, あらかじめの; 以前の, その前の: ohne ~*e* Ankündigung 事前に通告することなしに, 予告なしに.

Vor·herr·schaft[fó:rhɛrʃaft] 女 -/ 《über *et.*⁴》 (…に対する) 優勢, 優越, 優位; (Hegemonie) 覇権.

vor|herr·schen[fó:rhɛrʃən] 《04》 **I** 自 (h) 支配的である, 優勢〈有力〉である: Diese Meinung *herrscht* allgemein *vor*. この意見は一般に広く行われている〈いちばん有力だ〉 | In diesem Gemälde *herrschen* blaue Farbtöne *vor*. この絵は青の色調が勝っている.

II vor·herr·schend 現分 形 優勢な, 有力な, 支配的な, 広く行われている: Die ~*e* Meinung ist 〔die〕, daß ... 支配的な意見は…である | die damals ~*e* Mode 当時の流行.

Vor·her·sa·ge[fo:rhé:r..] 女 -/-n (Voraussage) 予言; 予想; 〔天気〕予報: Wetter*vorhersage* 天気予報 | die ~ bis morgen abend 明晩までの天気予報 | die ~*n* über die wirtschaftliche Entwicklung 経済成長の予想.

vor·her≠|sa·gen 他 (h) (voraussagen) 予言する; (天気などを) 予報する(ただし: vorher sagen →vorher).

≠|**se·hen*** 《164》他 (h) (voraussehen) 予見する, あらかじめ見抜く, 予知する; 予期〈予測〉する; (ahnen) 予感する(ただし: vorher sehen 前もって見ておく): Daß sich die Sache so entwickeln würde, war nicht *vorherzusehen*. その件がそのように展開していこうとは予測できなかった.

≠|**wis·sen*** 《215》他 (h) あらかじめ知っている.

vor|heu·cheln[fó:rhɔʏçəln] 《06》他 (h) 《話》《*jm. et.*⁴》(…に〔対して〕…を) 見せかける, 装う, (…に…の) ふりをする; (…に…と) うそをつく: Er *heuchelte* ihr *vor*, krank zu sein. 彼は彼女に仮病を使った.

vor|heu·len[fó:rhɔʏlən] 他 (h) 《話》《*jm. et.*⁴》(…に…を) わめき立てる, 泣きわめきながら訴える.

vor·hin[fo:rhín, ⌐⌣] 副 **1** さっき, さきほど, 先刻: Er ist ~ angekommen. 彼はつい今しがた到着した. ᵛ**2** (früher) 以前, むかし, かつて. ᵛ**3** 《空間的》(voran) 前に, 前方へ.

vor·hin·ein[fó:rhınaın] 副 《南部・オーストリア・スイス》《ふつう次の形で》im ~ 前もって, あらかじめ | Er hat alles bereits im ~ erledigt. 彼は前もってもう何もかも片づけてしまった.

Vor·hof[fó:rho:f] 男 -〔e〕s/..höfe[..hø:fə] **1** (↔Hinterhof) 前庭. **2** 〔解〕 **a)** (心臓の) 心房. **b)** (内耳の) 前庭.

Vor·hof≠flat·tern 中 -s/ 〔医〕心房粗動(そどう)

≠**flim·mern** 中 -s/ 〔医〕心房細動(さいどう).

Vor·höl·le[fó:rhœlə] 女 -/ =Limbus 1

Vor·hut[fó:rhu:t] 女 -/-en (↔Nachhut) 〔軍〕前衛〔部隊〕.

vo·rig[fó:rıç]² 形 **1** 《付加語的》以前の; すぐ前の: ~*es* Jahr⁴ (略 v. J.) 昨年に | ~*en* Jahres (略 v. J.) 昨年に〈の〉 | im ~*en* Jahrhundert 前世紀に | das ~*e* Mal 前〈先〉回〔に〕 | ~*en* Monats (略 v. M.) 先月に〈の〉 | ~*e* Woche⁴ (略 v. W.) 先週に | ~*er* Woche (略 v. W.) 先週に〈の〉 ‖ die *Vorigen* 〔劇〕前場の人々 ‖ Im ~*en* wurde gesagt, daß ... 上記の個所〈前章〉で…ということが述べられた.

☆ 現在以外のある時点を起点とする「その前の…」は, 例えば das Jahr *davor* 「その前年」のように表す.

2 《ふつう述語的》《スイス》余った, 残りの: Das Geld ist ~. 金は余っている | Ich bin ~ hier. 私はここでは必要のない人間だ | Er hat es ~ gelassen. 彼はそれを残した. [<vor]

Vor·jahr[fó:rja:r] 中 -〔e〕s/ 昨年, 去年; 前年.

vor·jäh·rig[..jɛ:rıç]² 形 《ふつう付加語的》昨年〈去年〉の; 前年の.

vor|jam·mern[fó:rjamərn] 《05》他 (h) 《話》《*jm. et.*⁴》(…の) 前で(…を) 嘆く, (…に…を) 嘆いて話して聞かせる〈訴える〉.

Vor·kal·ku·la·tion[fó:rkalkulatsio:n] 女 -/-en (所要経費などの) 予備計算, 事前の見積もり.

Vor·kam·mer[fó:rkamər] 女 -/-n **1** (主室に通じる) 控えの間, 次の間. **2** (Vorhof) 〔解〕(心臓の) 心房. **3** 〔工〕(ディーゼル機関の) 副室, 予熱室; (炉の) 前炉.

Vor·kam·mer·mo·tor 男 〔工〕副室式ディーゼル機関〈エンジン〉.

Vor·kämp·fer[fó:rkɛmpfər] 男 -s/- (女 **Vor·kämp·fe·rin**[..kɛmpfərın]-/-nen) 先頭を切って〈時代に先立って〉戦う人, 先駆者, 先達, 開拓者: ein ~ der Demokratie 〈für Demokratie〉 民主主義の先駆者.

Vor·kas·se[fó:rkasə] 女 -/-n 〔商〕(Vorauszahlung) 前払い, 前納: gegen ~ 前払いで.

vor|kau·en[fó:rkaʊən] 他 (h) 《*jm. et.*⁴》 **1** (子供などに食物を) 嚙(か)みくだいて与える. **2** 《話》(…に…を) 嚙んで含めるように教える〈説明する〉.

Vor·kauf[fó:rkaʊf] 男 -〔e〕s/..käufe[..kɔʏfə] 先買い.

Vor·kaufs·recht 中 〔法〕先買(さきがい)権.

Vor·kehr[fó:rke:r] 女 -/-en 《スイス》=Vorkehrung

vor|keh·ren[fó:rke:rən] **I** 他 (h) =hervorkehren 1 **II** 自 (h) 《スイス》安全対策〈予防措置〉を講じる.

Vor·keh·rung[..ruŋ] 女 -/-en 安全措置, 予防措置, 準備対策: ~*en* treffen 安全対策〈予防措置〉を講じる.

Vor·keim[fó:rkaım] 男 -〔e〕s/-e 〔植〕 **1** (Prothallium) (シダ類の) 前葉体. **2** (車軸藻類の) 前胚(ぜんはい), 原芽体.

vor|kei·men[fó:rkaımən] 他 (h) 《*et.*⁴》〔農〕(水などに漬けて…の) 発芽を早める.

Vor·kennt·nis[fó:rkɛntnıs] 女 -/-se 《ふつう複数で》予備知識: ohne besondere ~*se* 特別の予備知識なしに.

Vor·klas·sik[fó:rklasık] 女 -/ 前古典期(ドイツ文学・音楽の古典期に先行する, およそ18世紀の前半を指す).

Vor·klas·si·ker[..klasikər] 男 -s/- 前古典期の作家〈作曲家〉.

vor·klas·sisch[..klasıʃ] 形 前古典期の.

vor·kli·nisch[fó:rkli:nıʃ] 形 **1** (医学教育で) 臨床課程以前の. **2** (病気が) 症状の出る前の.

vor|knöp·fen[fó:rknœpfən] 他 (h) 《話》 *sich*³ *jn.* ~ …を呼びつけてとっちめる〈油をしぼる〉.

vor|ko·chen[fó:rkɔxən] 他 (h) **1** (食品を) あらかじめ調理する, (食事を) つくり置きする(あとは温めるだけの状態にしておく). **2** (ankochen) さっと煮る, 一度煮ておく.

vor|koh·len[fó:rko:lən] 《話》=vorlügen

vor|kom·men*[fó:rkɔmən] 《80》 **I** 自 (s) **1** 前方へ出てくる, 前へ進み出る; (外へ) 出てくる, 現れ出る: Fritz, *komm* an die Tafel *vor*! フリッツ 黒板のところまで出てきなさい.

2 (いやなことなどが) 起こる, 生じる; 《*jm.*》(…の身に) 起こる: Das *kommt* oft 〈nur selten〉 *vor*. それはしばしば起こる〈めったに起こらない〉 | Ein solcher Unfall darf nicht wieder ~. こんな事故は二度と起こってはならない ‖ So etwas ist mir noch nicht *vorgekommen*. 私はまだそんなことに出会ったことはない.

3《場所を示す語句と》(…に)見られる, 見いだされる, 存在する; 現れる, 登場する: Diese Pflanzen 〈Diese Tiere〉 *kommen* nur in den Tropen *vor*. これらの植物〈動物〉は熱帯地方にしか見られない | In diesem Land *kommen* wertvolle Bodenschätze *vor*. この国には貴重な地下資源がある | Dieses Wort *kommt* erst im 18. Jahrhundert *vor*. この語は18世紀になってはじめて使われ始める | In dem Theaterstück *kommt* ein Ire *vor*. この劇にはアイルランド人がひとり登場する.

4《*jm.*》《様態を示す語句と》(…にとって…のように)思われる: *jm.* böhmisch ~ (→böhmisch) | *jm.* spanisch ~ (→spanisch 2) | Das Bild *kommt* mir bekannt *vor*. この絵はどこかで見たことがあるような気がする | Sein Verhalten *kommt* mir komisch 〈verdächtig〉 *vor*. 彼の態度はどうもおかしい〈あやしい〉| Das *kommt* dir nur so *vor*. それは君の目にそう見えるだけのことだ | Es *kam* mir *vor*, als ob ... 私はあたかも…であるかのような気がした | **Wie *kommst* du mir eigentlich *vor*?**《話》君はなんて厚かましいやつなんだ | Neben ihm *komme* ich mir klein und häßlich *vor*. 彼と比べると私は自分が情けなく思える | Hier *komme* ich mir überflüssig *vor*. ここにいると自分が余計者のように感じられる | Du *kommst* dir wohl sehr schlau *vor*. 君は自分がよほど頭がいいと思っているんだろうね.

II Vor·kom·men 中 -s/- **1**《単数で》vorkommen すること. **2**《ふつう複数で》(地下資源などの)存在, 産出; 鉱脈: reiche ~ von Erdöl 石油の豊富な産出.

vor·kom·men·den·falls[fóːrkɔməndənfáls] 副《官》事が起こった場合には, 事態発生の場合には.

Vor·komm·nis[fóːrkɔmnɪs] 中 -ses/-se **1** (異常・不愉快な)出来事, 事件. $^{\nabla}$**2** =Vorkommen 2

Vor·kost[fóːrkɔst] 女 -/ =Vorspeise

vor|kra·gen[fóːrkraːgən]^1 **I** 自 (h)〘建〙突出する, 出っ張る. **II** 他 (h)〘建〙突出させる, 出っ張らせる.

vor|krie·gen[fóːrkriːgən]^1《俗》=vorknöpfen

Vor·kriegs≈er·schei·nung[fóːrkriːks..] 女 戦前の現象. **≈ge·ne·ra·tion** 女 戦前の世代, 戦前派. **≈zeit** 女 戦前の時代(特に第二次世界大戦前).

vor·kriegs·zeit·lich 形 戦前の.

Vor·kurs[fóːrkʊrs]^1 男 -es/-e (講習会などの)予備課程, 準備コース.

vor|la·den*[fóːrlaːdən]^1《87》他 (h)《*jm.*》(法廷・警察などへ)出頭を命じる, 呼び出す, 召喚〈喚問〉する: *jn.* als Zeugen ~ …を証人として召喚〈喚問〉する.

Vor·la·dung[..dʊŋ] 女 -/-en 出頭命令, 呼び出し, 召喚, 喚問.

Vor·la·ge[fóːrlaːgə] 女 -/-n **1**《単数で》(vorlegen すること. 特に:) 呈示, 提示; 提出: *et.*^{4} gegen ~ des Personalausweises aushändigen …を身分証明書を呈示した者に交付する. **2** 原本, 原型; 見本, 手本, 模範: *et.*^{4} nach einer ~ malen 〈zeichnen〉 …を手本に従って描く. **3** 議案; (Gesetzesvorlage) 法案: eine ~ einbringen 議案〈法案〉を提出する. **4**〘サッカー〙シュートのできる位置へのパス, アシストパス: eine ~ verwandeln パスを受けてシュートに成功する. **5** (↔Rücklage)〘スキー〙前傾姿勢. **6**〘化〙(蒸留のさい留出液を集めるための)受け器. **7** 前貸し, 前払い, 立て替え: *et.*^{4} in ~ bringen …を前貸しする〈立て替える〉. **8**〘建〙エプロン. **9**《スイ》=Vorleger

vor|la·gern[fóːrlaːgərn]《05》他 (h)《*et.*^{4} *et.*^{3}》(…を…の)前に横たえる; (…を…の)前にたむろさせる〈宿営させる・陣取らせる〉: ein der Insel *vorgelagerter* Felsen 島の前方にある岩.

Vor·land[fóːrlant]^1 中 -[e]s/ **1 a)** (山脈などの)前方にある土地;〘地〙前山(ぜんざん). **b)** (堤防などの)前方地, 前面地(→ 図 Deich). **2** =Vorgewende

$^{\nabla}$**vor·längst**[fóːrlɛŋst] 副 **1** かつて, 以前に. **2** 久しい以前に, とうの昔に.

vor|las·sen*[fóːrlasən]《88》他 (h) **1**《*jn.*》先に行かせる; (…に)順番をゆずる: einen Wagen ~ 車を先に行かせる〈追い抜かせる〉. **2**《*jn.*》前に来させる; (目下の者などに)目通りを許す, 謁見〈面会〉を許可する: Er wurde beim Minister nicht *vorgelassen*. 彼は大臣への面会を許されなかった.

vor·la·stig[fóːrlastɪç]^2 =vorderlastig

Vor·lauf[fóːrlaʊf] 男 -[e]s/..läufe[..lɔʏfə] **1**〘スポ〙(競走・競泳などの)予選レース. **2** (↔Nachlauf)〘化〙(蒸留の際の)前留出物. **3** (↔Nachlauf)〘工〙(方向転換用車輪の)前まわり構造(舵(だ)とり軸の延長線と地面の接点が車輪と地面の接点よりも後方にある).

vor|lau·fen*[fóːrlaʊfən]《89》自 (s)《話》**1 a)** 前方に向かって走る. **b)**《*jm.*》(…を)追い抜く. **2** (vorauslaufen) 先に走って〈歩いて〉行く.

Vor·läu·fer[..lɔʏfər] 男 -s/- **1 a)** (女 **Vor·läu·fe·rin**[..fərɪn]-/-nen) 先駆者; 先駆け, 前身: ein ~ des Expressionismus 表現主義の先駆者 | Die Camera obscura ist die *Vorläuferin* des Fotoapparates. カメラ=オブスキュラは写真機の前身である. **b)**〘医〙前駆症状. **c)**〘地〙(地震の)初期微動. **2**《スイ》=Vorzug^1

vor·läu·fig[..lɔʏfɪç]^2 形 さしあたりの, ここ当分の, 一時的な, 暫定的な, 仮の: eine ~*e* Diagnose〘医〙仮診断 | eine ~*e* Unterkunft 当面の〈取りあえずの〉宿 ‖ Diese Maßnahmen sind nur ~. これらの措置は暫定的なものにすぎない ‖ Ich gebe dir ~ zehn Mark. 君にさしあたり10マルク渡しておく | *Vorläufig* wohne ich bei meiner Tante. さしあたり私は伯母のところに仮住まいしている.

vor·laut[fóːrlaʊt] 形 $^{\nabla}$**1**〘狩〙(猟犬が)ほえるのが早すぎる. **2**《比》出すぎた, 出しゃばりの, 生意気な: ein ~*er* Junge 生意気な小僧 | Sei nicht so ~! そんなに出しゃばるな.

vor|le·ben[fóːrleːbən]^1 自 (h) **1**《*jm.*》(…に)生き方の範を示す, (…の)手本となる生活をする. **2** 以前〈前の時代〉に生きる: die *Vorlebenden* 先人たち.

Vor·le·ben[fóːrleːbən] 中 -s/ これまで〈過去〉の生活, 前歴: *sich*^{4} nach *js.* ~ erkundigen …の経歴を調査する.

Vor·le·ge≈be·steck[fóːrleːgə..] 中〘料理〙カービングセット(食卓に出された大皿に盛った料理を切り分けて, 銘々皿によそうための, カービングナイフ・カービングフォーク・カービングスプーンのセット). **≈ga·bel** 女 カービングフォーク(→ 図 Gabel). **≈löf·fel** 男 カービングスプーン. **≈mes·ser** 中 カービングナイフ.

vor|le·gen[fóːrleːgən]^1 **I** 他 (h) **1 a)**《*jm. et.*^{4}》(…の)前に(…を)置く; (…のために食物などを)皿にのせてやる: den Tieren Futter ~ 動物にえさを与える | *jm.* Fleisch 〈Gemüse〉 ~ …の皿に肉〈野菜〉をのせてやる(大皿から取り分けて) | Darf ich Ihnen noch etwas ~? もう少しお取りいたしましょうか(料理を皿の上へ) ‖ Er *legte* dem Mittelstürmer den Ball *vor*. (サッカーで)彼はセンターフォワードの前へボールを送った〈パスした〉. **b)**《[*jm.*] *et.*^{4}》([…に]…を)呈示〈提示〉する, 閲覧に供する; (書類・計画・法案などを)提出する; (成果などを)発表する, 世に問う: *seinen* Ausweis ~ müssen 身分証明書を呈示しなければならない | *jm.* einen Brief zur Unterschrift ~ …に手紙を提示して署名を求める | *jm.* eine Frage ~ …に質問を[呈]する | einem Käufer Waren ~ 買い手に品物を見せる | einen Gesetzentwurf ~ 法案を提出する | einen Wunsch ~ 希望〈願い〉を持ち出す. **c)**《*et.*^{4}》(能力・成績・能率などを)示す; (成果を)あげる: eine gute Leistung ~ よい成果をあげる | eine gute Zeit ~ (スポーツで)好タイムを出す | ein schnelles Tempo ~ (のっけから)速いスピードを出す. **2**《*et.*^{4}》前へ置く: einen Hemmschuh 〈einen Klotz〉 ~ 輪止め〈丸太〉を置く(車輪の前に) | einen Riegel 〈ein Schloß〉 ~ 閂(かんぬき)〈錠前〉を掛ける(戸の前に). **3** 再帰 *sich*^{4} ~ 体を前方へかがめる, 身を乗り出す: *sich*^{4} über den Tisch ~ テーブルの上に身を乗り出す | Ich *legte* mich auf meinem Rad ganz *vor*. 私は自転車の上で上体をぐんと前方へ倒した. **4**《話》《*et.*^{4}》(酒を飲む前に食物を)前もって食べて〈腹に入れて〉おく: Vor dem Trinken muß man etwas Ordentliches ~. 飲む前に何かちゃんとしたものを食べておかなければいけない. $^{\nabla}$**5** (auslegen)《[*jm.*] *et.*^{4}》([…のために]金を)立て替える: Kannst du mir fünf Mark ~? 私のために5マルク立て替えておいてくれるかい.

II 自 (h) **1**《*jm.*》(食物などを…の)皿にのせてやる: Der

Kellner *legte* ihm *vor*. 給仕は彼の皿に料理をよそってくれた. **2** 《話》(酒を飲む前に)食物を前もって食べて(腹に入れて)おく: Vor dem Trinken muß man ordentlich ~. 飲む前にちゃんと食べておかなければいけない.

Vor·le·ger[fó:rle:gər] 男 -s/- (ベッド・浴槽などの前に置く)マット(→ ⊠ Bett): Bade*vorleger* バスマット.

Vor·le·ge·schloß[fó:rle:gə..] 中 (Vorhängeschloß) 南京(なんきん)錠, えび錠.

Vor·le·gung[..gʊŋ] 女 -/ 〔sich〕 vorlegen すること.

Vor·le·gungs·frist 女 〖商〗(手形・小切手などの)提出期間.

vor|leh·nen[fó:rle:nən] 他 (h) 再帰 *sich*[4] ~ 前の方へもたれかかる; 前方に身を乗り出す.

Vor·lei·stung[fó:rlaɪstʊŋ] 女 -/-en (将来の利益を見越しての)あらかじめの給付〈支払い・譲歩〉.

Vor·le·se[fó:rle:zə] 女 -/ (ぶどうの)一番摘み(本来の収穫の前に行われ, 早熟の実や不良の実を摘み取る).

vor|le·sen*[fó:rle:zən][1] 《92》 他 (h) 《*jm. et.*[4]》(…に…を)読んで聞かせる, 朗読する: den Kindern Märchen ~ 子供たちに童話を読んで聞かせる ‖〖4格の目的語なしで〗*jm.* aus der Zeitung ~ …に新聞を読んで聞かせる ‖ *vorgelesen*, genehmigt, unterschrieben (略 v., g., u.) 《官》決裁済み.

Vor·le·se·pult 中 講義用教卓.

Vor·le·ser[..le:zər] 男 -s/- (vorlesen する人. 例えば:) 朗読者; 〖劇〗ナレーター.

Vor·le·se·wett·be·werb 男 (生徒の)朗読コンテスト.

Vor·le·sung[..zʊŋ] 女 -/-en **1** (大学などでの)講義: eine ~ besuchen 講義を聴講する | eine ~ halten 講義をする | Er hält eine ~ über Römisches Recht. 彼はローマ法について講義をする | eine ~ hören 〈versäumen〉 講義を聴く〈さぼる〉. **2** 朗読.

Vor·le·sungs≠boy·kott 男 (大学生の)講義ボイコット, 授業放棄. **≠ge·bühr** 女 (講義の)聴講料. **≠ver·zeich·nis** 中 (大学の)講義題目一覧表, 講義要綱.

vor·letzt[fó:rlɛtst] 形 **1 a)** 最後から2番目の: der ~*e* Wagen der Kolonne 列の最後から2番目の車 | der 〈die〉 *Vorletzte* (席次が)最後から2番目の人. **b)** (同種のものについて)最後のものを除くと残るただ一つの: Das ist mein ~*er* Zwanzigmarkschein. これで私の持っている20マルク紙幣はあと1枚残っているだけだ.

2 前の前の: ~*es* Jahr 一昨年 | ~*e* Woche 先々週.

Vor·lie·be[fó:rli:bə] 女 -/-n **1** 特に好むこと, とりわけ愛好すること; 偏愛, ひいき: Ich habe eine 〔besondere〕 ~ für Bach. 私はバッハが特に好きだ | Seine ~ gilt der alten Musik. 彼は古い音楽を特に愛好している ‖ *et.*[4] mit ~ tun 特に好んで…をする. **2** 《卑》婚前交渉.

vor·lieb|neh·men*[fo:rlí:p..] 《104》 自 (h) 《mit *et.*[3] 〈*jm.*〉》(…で)満足する, 我慢する, (…に)甘んじる: mit einer Scheibe Brot ~ パン一切れで我慢する | Er *nahm* mit einem Strohlager *vorlieb*. 彼は寝わらで我慢した(ちゃんとした寝床の代わりに). [<fürlieb nehmen]

vor|lie·gen*[fó:rli:gən][1] 《93》 自 (h) **1** 《話》前に置かれて〈取りつけられて〉いる; (錠・閂(かんぬき)などが)掛かっている(→vormachen 1): An der Tür *liegt* der Riegel *vor*. ドアには閂が掛かっている.

2 《*jm.*》(…の目の前・手もとなどに)ある, (…のところに)提出されている: Die Beschwerde *liegt* uns bereits *vor*. 苦情はすでに我々のところに来ている | Die Sache hat dem Gericht *vorgelegen*. この件は法廷に回されていた ‖〖3格なしで〗Es *liegen* noch nicht alle Unterlagen *vor*. 必要書類はまだ全部そろっていない ‖〖現在分詞で〗der *vorliegende* Fall (いまここで問題になっている)当面のケース | im *vorliegenden* ここで.

3 ある, 存在する: Es *liegt* offenbar ein Mißverständnis *vor*. あきらかに誤解があると思われる | Dafür *liegt* kein Bedürfnis *vor*. その必要はない | Es *liegt* keine Veranlassung zur Besorgnis *vor*. 心配すべき理由は何もない | Ein Verschulden des Fahrers scheint *vorzuliegen*. どうやら運転者に(事故の)責任があるらしい | Der dritte Band des Romans *liegt* jetzt *vor*. この小説の第3巻が今度でた(出版されて).

vor·lings[fó:rlɪŋs] 副 (↔rücklings) 〖体操〗体操器具を前にして. [rücklings の反対語としての造語]

Vor·li·zenz[fó:rlitsɛnts] 女 -/-en 仮免許〔状〕, 仮認可〔書〕.

vor|lü·gen*[fó:rly:gən][1] 《97》 他 (h) 《*jm. et.*[4]》(…にうその話を)もっともらしく話して聞かせる.

vorm[fo:rm] <vor dem

vorm. 略 **1 a)** =**vormalig** 以前の. **b)** =**vormals** 以前に. **2** =**vormittags** 午前〔中〕に.

vor|ma·chen[fó:rmaxən] 他 (h) **1** 《話》《*et.*[4]》前に置く, 前に取りつける; (錠・閂(かんぬき)などを)掛ける(→vorliegen 1): ein Brett ~ 板を前にあてがう〈打ちつける〉 | die Fensterläden ~ (窓の前に)ウィンドーシャッターを取りつける | die Sicherheitskette ~ ドアチェーンを掛ける.

2 《*jm. et.*[4]》(…に…を)して見せる, (…に…の)やり方を教える: *jm.* Tanzschritte ~ …にダンスのステップを踊って見せる | Kannst du mir das noch einmal ~? それをもう一度やって見せてくれないか | Darin *macht* ihr niemand etwas *vor*. この点では彼女にかなうものはいない〈彼女は第一人者だ〉.

3 《*jm. et.*[4]》(…に…を)ごまかして信じさせようとする, 欺いて本当と思わせる: *jm.* Qualm 〈blauen Dunst〉 ~ (→Qualm 1 c, →Dunst 1) | *jm.* ein Theater ~ (→Theater 4) | Mir kannst du so leicht nichts ~. 私はそうやすやすと君にだまされない | Wir wollen uns doch nichts ~. お互いに腹を割って話そうではないか ‖ *jm.* ein X für ein U ~ (→u, U[1]) | *sich*[3] kein X für ein U ~ lassen (→u, U[1]).

Vor·macht[fó:rmaxt] 女 -/ (政治的・軍事的などの)優勢, 優位; (Hegemonie) 覇権.

Vor·macht·stel·lung 女 優位, 主導的立場.

Vor·ma·gen[fó:rma:gən] 男 -s/- 〖動〗前胃(ぜんい).

Vor·mahd[fó:rma:t][1] 女 -/-en 一番刈り〔の牧草〕.

vor·ma·lig[fó:rma:lɪç][2] 形 《付加語的》(略 vorm.) 以前の, かつての: der ~*e* Besitzer des Hauses この家の前の〈かつての〉所有者.

vor·mals[..ma:ls] 副 (略 vorm.) 以前に, かつて.

Vor·mann[fó:rman] 男 -〔e〕s/..männer[..mɛnər] **1** (Vordermann) (自分の)前にいる人; 〖軍〗前列兵; 〖商〗(手形の)前の裏書人. **2** (Vorgänger) 前任者, 先任者. **3** 先順位者; (グループの)長, 頭(かしら); 職長, 人夫頭. **4** 《オーストリア》〖法〗以前の所有者.

Vor·mars[fó:rmars][1] 男 -/-e 〖海〗前檣(ぜんしょう)楼.

Vor·marsch[fó:rmarʃ] 男 -es/..märsche[..mɛrʃə] (軍隊などの)前進, 進撃: auf dem ~ 〈im ~〉 sein 前進中である, 進撃中である; 《比》(流行・習慣などが)広まりつつある.

Vor·mars·se·gel 中 〖海〗フォア=トップスル(→ ⊠ Segel A).

Vor·märz[fó:rmɛrts] 男 -/ 〖史〗三月前期, 三月革命以前の時代(1815頃-48頃).

vor·märz·lich[-lɪç] 形 三月革命以前の.

Vor·mast[fó:rmast] 男 -〔e〕s/-en, -e 〖海〗前檣(ぜんしょう), フォアマスト(→ ⊠ Schiff A).

Vor·mau·er[fó:rmauər] 女 -/-n 外壁, 防御壁.

Vor·mensch[fó:rmɛnʃ] 男 -en/-en 〖人類〗原人.

Vor·merk·buch[fó:rmɛrk..] 中 予約〈注文〉受付簿; 備忘録.

vor|mer·ken[fó:rmɛrkən] 他 (h) **1** (予約・注文などを受け付けて)あらかじめ記入して〈書き留めて〉おく: *js.* Besuch für 10 Uhr ~ …が10時に来訪することをメモしておく | Ich werde diesen Platz 〈dieses Zimmer〉 für Sie ~. (予約を受け付けて)この席〈部屋〉をあなたのためにお取りして置きます ‖ *sich*[4] für *et.*[4] ~ lassen …(講習会など)に予約申し込みをする. **2** 〖法〗仮登記する.

Vor·merk≠ka·len·der 男 メモ用カレンダー. **≠li·ste** 女 予約リスト.

Vor·mer·kung[..kʊŋ] 女 -/-en (vormerken すること. 例えば:) 予約〈注文〉の受け付け; 〖法〗仮登記.

Vor·milch[fó:rmɪlç] 女 -/ (出産後の)初乳.

vor·mi·li·tä·risch[fó:rmilitɛ:rɪʃ] 形 軍隊に入る以前の:

eine ～*e* Ausbildung (入隊以前の)軍事教練.

Vor·mit·tag[fó:rmɪta:k][1] **I** 男 -[e]s/-e (ふつう朝食後から正午までを指して)午前, 昼前, 朝[の間]: ein sonniger ～ 太陽の輝く(よく晴れた)午前 ‖ des ～*s*《雅》午前中に | jeden ～ 毎日午前に | den ganzen ～ über 午前中ずっと ‖ am ～ 午前に. **II vor·mit·tag** 副《特定の日を示す語の後につけて: →vormittags》(…の日の)午前に: heute ～ きょうの午前[中] | am Dienstag ～ 火曜の午前に.

vor·mit·tä·gig[..tɛ:gɪç][2] 形《付加語的》(ふつう特定の日の)午前[中]の, 朝のうちの: die ～*en* Ereignisse 午前中に起こった出来事.

vor·mit·täg·lich[..tɛ:klɪç] 形《述語的用法なし》(一般的に)午前[中]の.

vor·mit·tags[..ta:ks] 副 (略 vm., vorm.)《特定の日とは関係なく: →vormittag》午前[中]に, 朝のうちに: Dienstag ～ / dienstags ～ 火曜日の午前[ごと]に | ～ um 11 Uhr / um 11 Uhr ～ 午前11時に.

Vor·mit·tags≈schicht 女 (交代勤務制の)午前直. **≈un·ter·richt** 男 午前中の授業. **≈wa·che** 女《海》午前直(8-12時の当直).

Vor·mo·nat[fó:rmo:nat] 男 -[e]s/-e 先月, 前月.

Vor·mund[fó:rmʊnt][1] 男 -[e]s/-e, ..münder [..mʏndər]《法》後見人. [*ahd.* „Beschützer"; < *ahd.* munt „Hand" (◇Munt)]

Vor·mund·schaft[..mʊnt-ʃaft] 女 -/-en《法》後見: die ～ für ⟨über⟩ *jn.* übernehmen …の後見を引き受ける | unter *js.* ～ stehen …の後見を受けている.

vor·mund·schaft·lich[..lɪç] 形 後見[人]の.

Vor·mund·schafts·ge·richt 中 後見裁判所.

vorn[1][fɔrn] (**vor·ne**) 副 (↔hinten) 前に, 前方に; 先頭に; 表[側]に; 手前に: gleich da ⟨weiter⟩ ～ すぐその前の(少し行った)所に | dort ～ 前方のあそこに | ～ am Eingang 表の入口で | ～ im Buch stehen 本の前の方に出ている | ～ in der zweiten Reihe 前から2列目に | ～ im Wagen sitzen 車の前部座席に座っている ‖ Bitte ～ einsteigen! 前のドアからご乗車ください | *seine* Augen ～ und hinten haben (→Auge 1) | die Nase ～ haben (→Nase 1 a) | ～ marschieren 先頭に立って行進する | Die Anfahrt ist ～. 車寄せは(建物の)表の方にある | immer mit der Nase ～ sein (→Nase 1 a) ‖ **nach ～** [hin] 前方へ | die Flucht nach ～ (→Flucht[2] 1 a) | Der Saal liegt nach ～. その広間は表に面している | **von ～** 前方から; 冒頭から; 最初からあらためて(もう一度) | ein Schlag von ～ 前方からの一撃 | von ～ anfangen 最初(第一歩)からやり直す ‖《hinten と対比的に》hinten und vorn (→hinten) | **von ～ bis hinten** 初めから終わりまで;《比》徹頭徹尾.
[*ahd.*; ◇vor]

vorn[2][fo:rn] < vor den

vor·nächt[fó:rnɛçt] 副《ｽｲｽ》(vorgestern) おととい, 一昨日. [< Nacht]

Vor·nah·me[fó:rna:mə] 女 -/-n (vornehmen すること. 特に:) **1** 行う(する)こと, 実施, 実行: die ～ einer Änderung 変更を加えること. **2**《心》心組み, 企画.

Vor·nah·me·kla·ge 女《法》(行政官庁に対して)行政行為の実行を求める訴え.

Vor·na·me[fó:rna:mə] 男 2格 -ns, 3格 -n, 4格 -n, 複数 -n (略 Vn.) (家族名の前に付く個々人の)名, 洗礼名 (→Zuname 1): *jn.* beim ～*n* nennen …を洗礼名で呼ぶ(ふつう親しい間柄の場合に限られる).

vorn·an[fɔrn|án, ◡́◡] 副 **1** 前面に, 手前に. **2** 先頭に.

vor·ne[fɔ́rnə] ＝vorn[1]

vor·ne·an[fɔrnə|án, ◡́◡◡] ＝vornan

vor·ne≈her·ein[fɔ́rnəhɛraɪn, ◡◡◡◡́] ＝vornherein **≈hin**[..hɪn, ◡◡◡́] ＝vornhin

vor·nehm[fó:rne:m] 形 **1 a)** 身分の高い, 高貴な; 上品な, 気品のある, 洗練された, みやびやかな, 高尚な: **～ und gering** / ***Vornehme*** **und Geringe** 貴賤(きせん)いずれも, だれもかれも ‖ eine ～*e* Dame 貴婦人 | eine ～*e* Familie 上流家庭 | ein ～*es* Hotel 高級(一流)ホテル | eine ～*e* Kleidung 上品な服装 | die ～*e* Welt 上流社会(階級) ‖ Er ist sich[3] wohl zu ～, um mit uns zu verkehren. 彼はお高くとまって我々風情とは付きあえないというのだろう ‖ ～ tun 上品ぶる | eine ～ eingerichtete Wohnung 洗練された(エレガントな)設備調度をもった住居. **b)** (精神・性格・考えなどが)高潔な, 気高い: ein ～*es* Wesen haben 高潔な精神の持ち主である | Er denkt und handelt sehr ～. 彼は思想行動ともにきわめて高潔だ.
2《付加語的; ふつう最上級の形で》《雅》主要な, 重要な: die ～*ste* Aufgabe もっともたいせつな(緊急な)課題 | Das ist das ～*ste*. それがいちばん重要なことだ.
[„hervorzunehmen"; *mhd.*, ◇nehmen, genehm]

vor|neh·men*[fó:rne:mən]《104》他 (h) **1**《*et.*[4]》**a)** 前へ出す, 前方へ動かす: das linke Bein ～ 左足を前へ出す. **b)** (布・衣類などを体の)前に当てる(つける・結ぶ): eine Schürze ～ エプロンを掛ける | ein Taschentuch ～ ハンカチを口に当てる.
2《*sich*[3] *et.*[4]》**a)** (…をしようと)決心する; 企てる, もくろむ: *sich*[3] eine Reise ～ 旅行をしようと考える | Hast du dir für morgen schon etwas *vorgenommen*? 君はあすはもう何か予定があるのか | *Nimm* dir nicht zuviel *vor*! あまりいろいろなことをやりすぎるな | Ich habe mir *vorgenommen*, nie wieder dorthin zu gehen. 私は二度とそこに行くまいと決心した. **b)** (…に)従事する, (…と)取り組む: *sich*[3] ein Buch ～ 本を読む | Hast du dir die Hausaufgaben *vorgenommen*? 君は宿題をやったか | *Nimm* dir die unregelmäßigen Verben noch einmal *vor*! 不規則動詞をもう一度勉強しなさい.
3《話》《*sich*[3] *jn.*》(…を)自分の前に引きすえる; (呼びつけて)叱(しか)る, 叱責(しっせき)(説教)する, (…に)訓戒を与える.
4《vornehmen 自体の意味が希薄化し, 機能動詞として[動作]名詞とともに用いられて》行う, する: eine Prüfung ～ 試験(検査)をする | eine Untersuchung ～ 調査をする | An der Sache sollen noch einige Änderungen *vorgenommen* werden. この件はなお若干の変更を加えなければならない.
5《話》《*jn.*》(…を)優先させる, 優先的に扱う.

Vor·nehm·heit[fó:rne:mhaɪt] 女 -/ vornehm なこと.

vor·nehm·lich[..lɪç] **I** 副 主として, とりわけ, 特に: In diesem Hotel wohnen ～ reiche Leute. このホテルにはおもに金持ちたちが泊まっている.
II 形《付加語的; ふつう最上級の形で》＝vornehm 2

Vor·nehm·tu·er[..tu:ər] 男 -s/- (女 **..tue·rin** [..tu:ərɪn] -/-nen) 上品ぶる人.

Vor·nehm·tue·rei[fo:rne:mtu:əráɪ, ◡́◡◡◡◡] 女 -/ 上品ぶること.

vor|nei·gen[fó:rnaɪgən][1] 他 (h) 再帰 *sich*[4] ～ 前方へ傾く; 身をかがめる, おじぎをする.

vor·ne·über[fɔrnə|ý:bər] ＝vornüber

Vor·ne·ver·tei·di·gung[fɔ́rnə..] 女《軍》前方防衛(武力攻撃に対して国境線近くで防衛する方式).

vor·ne·weg[..vɛk, ◡◡◡́] ＝vornweg

vorn≈her·ein[fɔ́rnhɛraɪn, ◡◡◡́] 副《ふつう次の形で》**von ～** はじめから, 最初から | *et.*[4] von ～ ablehnen …を頭から拒絶する. **≈hin**[..hɪn, ◡◡́] 副 前方へ.

vorn·über[fɔrn|ý:bər] 副 前かがみに, 前のめりに: ～ ins Wasser fallen 頭から水の中に落ちる.

vorn·weg[fɔ́rnvɛk, ◡◡́] (**vor·ne·weg**) 副 先頭に; 最初に; 前もって: mit dem Kopf ～ ins Wasser springen 頭から先に水の中に飛びこむ | mit dem Mund *vorneweg* sein (→Mund 1) | immer mit der Nase *vorneweg* sein (→Nase 1 a).

Vor·ober·bram·se·gel[fó:r..] 中《海》アッパー＝フォア＝トガーンスル(→ 図 Segel A).

vor|ord·nen[fó:r|ɔrdnən]《01》**I** 他 (h) (書類などを)暫定的に整理する. **II vor·ge·ord·net** → 別出

Vor·ord·ner[..nər] 男 -s/- (書類整理用の)ファイル, 書類ばさみ.

Vor·ort[fó:r|ɔrt] 男 -[e]s/-e **1** (都市の)周辺部, 郊外(近郊)[の町], 町はずれ: Ich wohne in einem ～ von Hamburg. 私はハンブルクの郊外に住んでいる. **2**《史》(ハンザ

同盟の)盟主都市 (Lübeck, Köln など).

Vor·ort〔s〕≈bahn 女 郊外鉄道, 郊外線. **≈ver·kehr** 男 近郊交通〈輸送〉. **≈zug** 男 近郊列車.

Vor·piek[fó:ɐpi:k] 女 -/-en 〘海〙船首倉(→ 図 Schiff B).

vor|pla·nen[fó:ɐpla:nən] 他 (h) あらかじめ〈前もって〉計画する.

Vor·pla·nung[..nʊŋ] 女 -/-en (vorplanen すること. 例えば:) 準備計画.

Vor·platz[fó:ɐplats] 男 -es/..plätze[..plɛtsə] **1** 前広場, 前庭. **2** 《西部》(Diele) 玄関の間, 入口のホール.

Vor·po·sten[fó:ɐpɔstən] 男 -s/- 〘軍〙前哨(ぜんしょう): auf ～ stehen 前哨に勤務する.

Vor·po·sten≈ge·fecht 中 前哨(ぜんしょう)戦. **≈ket·te** 女 〘軍〙前哨線.

vor|prel·len[fó:ɐprɛlən] 自 (s) 《方》突き進む, 突進する.

vor|pre·schen[fó:ɐprɛʃən] 《04》 自 (s) 《話》突き進む, 突進する, 疾走する, (急速に)前進〈進撃〉する; 《比》(質問・交渉などで)先を急ぎすぎる.

Vor·pro·gramm[fó:ɐprogram] 中 -s/-e (本来の番組に先行する)前番組, プログラム第1部.

vor|pro·gram·mie·ren[..programi:rən] 他 (h) 《ふつう不定詞・過去分詞で》前もってプログラムに組み込む; あらかじめプログラム化する: *vorprogrammiert* sein 《比》(…の成り行きになることは)避けられない, 必至〈確実〉である.

Vor·prü·fung[fó:ɐpry:fʊŋ] 女 -/-en 予備〈第一次〉試験.

Vor·pu·ber·tät[fó:ɐpubɛrtɛ:t] 女 -/ 思春期前期.

vor|quel·len(*)[fó:ɐkvɛlən] 《111》 **I** 自 (s) 《不規則変化》＝hervorquellen

II 他 (h) 《規則変化》＝vorkeimen

vor|ra·gen[fó:ɐra:gən][1] 自 (h) (hervorragen) 突き出る.

Vor·rang[fó:ɐraŋ] 男 -〔e〕s/ **1** 上位, 上席; 優位; 優先〔権〕: *jm.* 〈*et.*³〉 den ～ geben …を優先させる | den ～ vor *jm.* 〈*et.*³〉 haben …の上位を占める, …より優位にある, …よりも重要である | Dieser Fall hat den ～ vor allen anderen. このケースは他のすべてのケースに優先する | *jm.* 〈*et.*³〉 den ～ streitig machen …と優先権を争う.

2 《オーストリア》(Vorfahrt) (車両の)先行〔権〕, 優先通行〔権〕.

vor·ran·gig[..raŋɪç][2] 形 上位〈優位〉の; 優先する, 優先的な: *et.*⁴ ～ erledigen …を優先的に処理する.

Vor·ran·gig·keit[..kaɪt] 女 -/ vorrangig なこと.

Vor·rang≈stel·lung 女 -/ 上位, 優位: eine ～ einnehmen 優位を占める. **≈stra·ße** 女 《オーストリア》(↔ Nachrangstraße) (Vorfahrtstraße) 優先道路.

Vor·rat[fó:ɐra:t] 男 -〔e〕s/..räte[..rɛ:tə] 貯蔵, 蓄え, 備蓄; 在庫品, 在荷, ストック; 〘坑〙埋蔵〔量〕: ein ～ an Lebensmitteln 食料品の蓄え | ein großer ～ von Medikamenten 医薬品の大量のストック | Gold*vorrat* 〘経〙正貨準備〔高〕‖ **auf ～** arbeiten あらかじめ働きだめしておく | *et.*⁴ auf ～ kaufen 〈anschaffen〉 …を大量に仕入れる, …を買いだめする | *et.*⁴ **in ～** haben 〈halten〉 …を蓄えてある; …を仕入れてある(在庫している) | Diesen Artikel haben wir leider nicht mehr in ～. この商品は残念ながら品切れです ‖ Die *Vorräte* sind aufgebraucht 〈erschöpft〉. 蓄えが尽きた. [*mhd.*; ◇Rat 6]

vor·rä·tig[fó:ɐrɛ:tɪç][2] 形 貯蔵して〈蓄えて〉ある; (商品などが)在庫の: ～*e* Waren 在庫品 ‖ *et.*⁴ ～ haben 〈halten〉 …を蓄えてある, …を仕入れてある(在庫している) | Davon ist nichts mehr ～. それはもう品切れです.

Vor·rats≈haus[fó:ɐra:ts..] 中 倉庫(の建物), 貯蔵所. **≈kam·mer** 女 (個人の住宅などの)貯蔵室. **≈kel·ler** 男 地下貯蔵室. **≈raum** 男 倉庫(としての部屋), 貯蔵室. **≈schrank** 男 貯蔵戸棚.

Vor·raum[fó:ɐraʊm] 男 -〔e〕s/..räume[..rɔʏmə] (主室に通じる)次の間, 控えの間.

vor|rech·nen[fó:ɐrɛçnən] 《01》 他 (h) 《*jm. et.*⁴》(…の)前で(…を)計算して見せる; 《比》(…の前でその人の欠点・過ちなどを)並べ立てる, 非難する.

Vor·recht[fó:ɐrɛçt] 中 -〔e〕s/-e 特権; 優先権, 特典: ein ～ genießen 〈verlieren〉 特権を享受する〈失う〉| *jn.* ein ～ zubilligen 〈zugestehen〉 …に特権を与える ‖ von *seinem* ～ Gebrauch machen 特権を行使する.

vor|recken[fó:ɐrɛkən] 他 (h) 前へ突き出す: den Hals ～ 首を伸ばす.

Vor·re·de[fó:ɐre:də] 女 -/-n **1** 前口上, 前置き: Spar dir deine langen ～*n*! くどくどしい前口上はやめろ. **2** (著述などの)序言, 緒言, 前書き, はしがき.

vor|re·den[fó:ɐre:dən][1] 《01》 他 (h) 《話》《*jm. et.*⁴》(…に…を)もっともらしく話して聞かせる, (口先でごまかして…に…を)信じさせようとする: Ich lasse mir von dir nichts ～. 私は君の口先なんかで絶対にだまされはしないぞ.

Vor·red·ner[..re:dnɐr] 男 -s/- **1** 前口上を述べる人. **2** (…に)先立って演説〈スピーチ〉をする〈した〉人.

Vor·rei·ber[fó:ɐraɪbɐr] 男 -s/- **1** (窓の)掛けがね(→ 図 Fenster B). **2** 引き締めねじ, ターンバックル.

vor|rei·ten*[fó:ɐraɪtən] 《116》 **I** 自 (s) 《*jm.*》 **1** (…の前方を)馬で行く, 先頭を騎行する. **2** (…に)乗馬の手本を示す.

II 他 (h) *jm.* ein Pferd ～ …の前で馬を観覧に供する(馬に乗って見せて).

Vor·rei·ter[..tɐr] 男 -s/- **1 a)** vorreiten する人. **b)** 《話》他人に率先して行動する人: den ～ machen 率先躬行(きゅうこう)する.

2 《話》(ビールを飲む前にひっかける) 1杯の火酒.

vor|ren·nen*[fó:ɐrɛnən] 《117》 自 (s) 前方へ向かって走る; 前〈先頭〉を走る.

vor·re·vo·lu·tio·när[fó:ɐrevolutsionɛ:r] 形 革命前の, 革命に先行する.

vor|rich·ten[fó:ɐrɪçtən] 《01》 他 (h) (特定の目的のためにあらかじめ)整える, 手入れする, 整備する; 準備する, 支度する: alles für den Besuch ～ 客を迎えるためのいっさいの用意を整える | ein Zimmer ～ lassen (新しい目的・用途などのために)部屋を整備させる〈整えてもらう〉.

Vor·rich·tung[..tʊŋ] 女 -/-en **1** (特定の目的のための)仕掛け, 装置; 設備, 器具: eine einfache ～ 簡単な仕掛け〈装置〉| eine selbsttätige ～ 自動装置 | eine ～ zum Wasserschöpfen 水くみの装置 | Brems*vorrichtung* 制動装置 | Lüftungs*vorrichtung* 換気〈通風〉装置 ‖ eine ～ anbringen 装置を取り付ける.

2 《単数で》(vorrichten すること. 例えば:) 整備, 手入れ, 準備, 支度; 〘坑〙採掘準備.

Vor·roy·al·se·gel[fó:ɐroaja:l..] 中 〘海〙フォアロイヤル〔スル〕(→ 図 Segel A).

vor|rücken[fó:ɐrʏkən] **I** 他 (h) **1** 《*et.*⁴》前方へ押しやる, 前へ動かす〈ずらす〉; (時計の針を)進ませる: einen Stein ～ (チェッカーなど盤上ゲームで)石〈駒(こま)〉を進ませる | die Uhr 〈den Zeiger〉 einige Minuten ～ 時計〈時計の針〉を数分進ませる. ▽**2** 《*jm. et.*⁴》＝vorhalten I 2

II 自 (s) **1** 前へ出る, 前へ進む, 前進する; (部隊が)進出する; (時計の針が)進む; 昇進〈昇格〉する. **2** (時間が)経過する, 推移する: Die Nacht *rückt vor*. 夜がふける | ein Mann in *vorgerücktem* Alter 〈in *vorgerückten* Jahren〉 かなりの年輩の男 | zu *vorgerückter* Stunde 夜ふけに, 真夜中に.

Vor·ru·he·stand[fó:ɐru:əʃtant][1] 男 定年前退職〈退官〉〔の身分〕: in den ～ gehen 定年前に退職する.

Vor·ru·he·stand·re·ge·lung 女 定年前退職〈退官〉規定.

Vor·run·de[fó:ɐrʊndə] 女 -/-n 《スポーツ》(球技などの)〔一次〕予選〔試合〕.

vors[fo:ɐs] ＜vor das

Vors. 略 **1** ＝**Vorsitzende** **2** ＝**Vorsitzer**

Vor·saal[fó:ɐza:l] 男 -〔e〕s/..säle[..zɛ:lə] 《中部》玄関の間; 廊下.

vor|sa·gen[fó:ɐza:gən][1] 他 (h) **1** 《*jm. et.*⁴》(…に…を)手本として言って聞かせる; 〘劇〙台詞(せりふ)をつけてやる: *sich*³ *et.*⁴ ～ …を口の中で言ってみる(暗記するためなどに); 自分に…と言って聞かせる, …と自分で思いこむ. **2** 《*jm.* 〔*et.*⁴〕》(答えなどを)こっそり教える.

V

Vor·sa·ger[..gər] 男 -s/- (vorsagen する人. 例えば:) 〘劇〙プロンプター.

Vor·sai·son[fó:rzɛzõ:, ..sɛzõ:] 女 -/-s (ｵｰｽﾄﾘｱ: -en [..zɛzo:nən]) シーズンの始まる前の時期.

Vor·sä·le Vorsaal の複数.

Vor·sän·ger[fó:rzɛŋər] 男 -s/- (合唱隊や教会で)前唱をつとめる人, 先唱者.

Vor·satz[fó:rzats] 男 -es/..sätze[..zɛtsə] **1** 意図, 企図; 〘法〙故意: mittelbarer ⟨unmittelbarer⟩ ~〘法〙間接的⟨直接的⟩故意 ‖ einen ~ aufgeben ⟨fallen lassen⟩ 意図を放棄する | einen ~ fassen 意図をいだく, (…しようと)決心する ‖ bei *seinem* ~ bleiben 決心を変えない | Der Weg zur Hölle ist mit guten *Vorsätzen* gepflastert. (→Weg 1) | von *seinem* ~ nicht abgehen 決心を変えない. **2** 〘製本〙見返し(→ 図 Buch). **3** 〘工〙アタッチメント, 付属装置. [*mhd.*; ◇vorsetzen]

Vor·satz·blatt 中 =Vorsatz 2

vor·sätz·lich[fó:rzɛtslıç] 形 意図的な, 故意の: ein ~*er* Mord 故意の殺人; 〘法〙故殺(こさつ) | eine ~*e* Tat 意図的な行為 ‖ *jn.* ~ beleidigen …を故意に侮辱する.

Vor·sätz·lich·keit[–kaıt] 女 -/ vorsätzlich なこと.

Vor·satz≠lin·se[fó:rzats..] 女 〘写〙補助⟨アダプター⟩レンズ, アタッチメント. **≠pa·pier** 中 =Vorsatz 2

Vor·schä·ler[fó:rʃɛ:lər] 男 -s/- 〘農〙鋤(すき)先, 前鋤(土地を垂直に掘るために鋤刃の前方に取り付ける鋭利な刃).

Vor·schalt·wi·der·stand[fó:rʃalt..] 男 〘電〙直列抵抗. [<schalten]

Vor·schau[fó:rʃaʊ] 女 -/-en **1** 将来の見通し, 予見, 予測. **2** (映画・テレビなどの)予告編.

vor·schau·end[..ʃaʊənt][1] 形 先を見越す, 将来を見通す; 先見の明のある.

Vor·schein[fó:rʃaın] 男 《もっぱら次の形で》**zum ~ kommen** 出現する, 現れる | Als man die Farbe an den Wänden entfernte, kamen alte Gemälde zum ~. 壁の塗料をはがしてみると 古い絵が姿を現した ‖ ***et.***[4] **zum ~ bringen** …を出現させる | Er griff in die Tasche und brachte einen Apfel zum ~. 彼はポケットに手を入れてリンゴを一つ取り出した.
[<*mhd.* vor-schīnen „hervor-scheinen" (◇scheinen)]

vor|schicken[fó:rʃıkən] 他 (h) **1** 前方へ送る⟨派遣する⟩. **2** 前もって送る⟨派遣する⟩, 先発させる.

vor|schie·ben*[fó:rʃi:bən][1] 《134》他 (h) **1 a)** 《*et.*[4]》前へ押しやる; 前方へ押し出す: einen Riegel ~ 閂(かんぬき)をさす | *jm.* ⟨*et.*[3]⟩ einen Riegel ~ (→Riegel 1 a) ‖ den Tisch ⟨den Wagen⟩ ein Stück ~ テーブル⟨車⟩を少し前に押し出す | den Kopf ⟨die Unterlippe⟩ ~ 首⟨下唇⟩を前に突き出す | Truppen ~ 部隊を前進⟨前方へ移動⟩させる ‖ ein *vorgeschobener* Posten 〘軍〙前哨(ぜんしょう) | eine *vorgeschobene* Stellung 〘軍〙前進陣地. **b)** 再帰 *sich*[4] ~ (人々を押しわけて)前へ進み出る.
2 a) 《比》《*jn.*》(…を隠れみの・傀儡(かいらい)・ロボットなどとして)前面に押し立てる: Wenn es um höhere Gehälter geht, wird er immer von seinen Kollegen *vorgeschoben*. 昇給を要求する段になると同僚たちに担がれていつでも彼が交渉役を引き受けさせられる ‖ eine *vorgeschobene* Person (他人に利用される)表向きの代表者, 傀儡(かいらい). **b)** 《比》《*et.*[4]》(口実として)前面に押し出す, 口実にする: eine Krankheit ~ 病気を口実にする.

vor|schie·ßen*[fó:rʃi:sən] 《135》 **I** 自 (s) (さっと)前方へ飛び出す, おどり出る. **II** 他 (h) 《*jm. et.*[4]》(…にいずれは支払うべき金を)前貸し⟨前払い⟩する; 立て替える: *jm.* 100 Mark ~ …に100マルク前貸し⟨立て替え払い⟩する. [◇Vorschuß]

Vor·schiff[fó:rʃıf] =Vorderschiff

Vor·schlag[fó:rʃla:k][1] 男 -(e)s/..schläge[..ʃlɛ:gə] **1** 提案, 提言, 提議, 提唱, 申し出; 発議, 動議; 〘商〙言い値: ein kluger ⟨vernünftiger⟩ ~ 賢明な⟨筋の通った⟩提案 | ein ~ zur Lösung des Problems 問題解決のための提案 | Gegen*vorschlag* 反対提案 | Verbesserungs*vorschlag* 改良⟨改善⟩の提案 ‖ (*jm.*) einen ~ machen (…に対して)提案をする | einen ~ zur Güte machen 《戯》和解⟨穏便な解決⟩への提案をする | einen ~ annehmen ⟨akzeptieren⟩ 提案を受け入れる | einen ~ ablehnen ⟨zurückweisen⟩ 提案を拒否する⟨退ける⟩ ‖ auf ~ von Herrn Schmidt シュミット氏の提案にもとづいて | *et.*[4] in ~ bringen 《官》…を提案⟨提議⟩する | *jn.* in ~ bringen 《官》…を推薦する ‖ Na, ist das ein ~? 《話》どうだい なかなかいい考えだろう | Das ist doch wenigstens ein ~! これは少なくとも一考に値する提案だ. **2** 〘楽〙(装飾音としての)前打音(→ 図 Note). **3** 〘印〙(書物の各章冒頭の)余白. **4** 《ｽｲｽ》(↔Rückschlag) 剰余金, 繰越金, 黒字.

vor|schla·gen*[fó:rʃla:gən][1] 《138》他 (h) **1** (英: *propose*) 《(*jm.*) *et.*[4]》((…に)…を考慮の対象として)持ち出す, 提案する, 提言⟨提議・提唱⟩する; 《*jn.*》(地位・役目などに…を)推薦する: *jm.* eine andere Lösung ~ …に別な解決策を提案する | *jn.* als Vorsitzenden ⟨zum Vorsitzenden⟩ ~ …を議長に推薦する | Er *schlug* Herrn Meyer für diese Stellung *vor.* 彼はマイヤー氏をこのポストに推薦した | Ich *schlage* jetzt einen Spaziergang *vor.* これから散歩に行かないか | Er *schlug vor*, mit ihnen einen Vertrag einzugehen. 彼は彼らと契約を結ぶことを提案した | Ich *schlage vor*, wir gehen allmählich ⟨daß wir allmählich gehen⟩. ぼつぼつ出かけるとしよう.
2 den Takt ~ (他の人たちの前で)拍子をとる.

Vor·schlag·ham·mer 男 (鍛造用の)大ハンマー.

Vor·schlags≠li·ste 女 提案のリスト; 候補者名簿. **≠recht** 中 -(e)s/ 〘法〙(候補者などの)推薦権; 提案⟨発案⟩権. **≠we·sen** 中 -s/ 提案制度: betriebliches ~ (従業員の考案・工夫などを吸い上げる)企業内の提案制度.

Vor·schluß·run·de[fó:rʃlʊs..] 女 《ｽﾎﾟｰﾂ》(球技などの)準決勝(戦).

▽**Vor·schmack**[fó:rʃmak] 男 -(e)s/ =Vorgeschmack

vor|schmecken[fó:rʃmɛkən] 自 (h) (…の)味が勝っている⟨強すぎる⟩(同じ料理に含まれている他の味に比べて): Der Knoblauch *schmeckt* zu stark *vor.* ニンニクの味が強すぎる.

vor|schnei·den*[fó:rʃnaıdən][1] 《148》他 (h) **1** (食物をそのまま食べられるように)あらかじめ切る. **2** 荒びき(削り)する.

vor·schnell[fó:rʃnɛl] 形 (voreilig) 早すぎる, 早まった, 性急な, 早計の, 軽率な: eine ~*e* Antwort 早まった返事 ‖ ~ urteilen 性急に判断する.

vor|schnel·len[fó:rʃnɛlən] 自 (s) 前方へさっとはねる⟨飛び出す⟩.

vor|schrei·ben*[fó:rʃraıbən][1] 《152》他 (h) **1** 《*jm. et.*[4]》(…に…を手本として)書いて見せる: den Schülern die Buchstaben deutlich ~ 生徒たちに文字を明瞭(めいりょう)に書いて見せる.
2 《*jm. et.*[4]》(…に…を)指図する, 指示する, 命じる; 《*et.*[4]》(規則・方針などを)定める, 規定する: *jm.* die Arbeit ⟨die Bedingungen⟩ ~ …に仕事のやりかたを指図する⟨条件を指示する⟩ | Der Arzt hat ihm strenge Diät *vorgeschrieben.* 医者は彼に厳密な食養生を命じた | Ich lasse mir von dir nichts ~. 私は君の指図は一切受けない | Das Gesetz *schreibt* folgendes *vor.* 法律には次のことが定められている ‖ die *vorgeschriebene* Dosis (薬などの)定められた量 | den *vorgeschriebenen* Weg einhalten 命ぜられた道を守る | Es ist *vorgeschrieben*, daß ... …が⟨…と⟩定められている.
[◇Vorschrift]

vor|schrei·ten*[fó:rʃraıtən] 《154》自 (s) (時が)進む, 経過する; 進歩する; (仕事などが)進行する, 進捗(しんちょく)する: Die Bauarbeiten *schritten* zügig *vor.* 建設工事は着々とはかどった | Die Stunde war schon *vorgeschritten*, als ... …したときはすでに時刻もだいぶたっていた ‖ Trotz seines *vorgeschrittenen* Alters wandert er viel. かなり年を取っているにもかかわらず 彼はよくあちこち歩いてまわる | zu *vorgeschrittener* Stunde 《雅》遅い時刻に ‖ ein Kurs für *Vorgeschrittene* 上級コース.

Vor·schrift[fó:rʃrıft] 女 -/-en 指図, 指示, 命令; 定め, 規定, 規則; 〘医〙処方; (使用上などの)注意(書): Dienst*vorschrift* 服務規程 | Gebrauchs*vorschrift* 使

用上の注意〔書〕‖ eine ~ beachten 〈befolgen / einhalten〉 規定を守る | eine ~ übertreten 〈verletzen〉 / gegen die ~ verstoßen 規定に違反する | Er macht mir dauernd ~*en*. 彼は私に絶えず指図ばかりする ‖ nach ~ des Arztes 医者の指示に従って | Dienst nach ~《話》遵法闘争 ‖ Es ist ~, nach 18 Uhr niemanden mehr einzulassen. 18時以後はだれも中に入れない規則になっている. [<vorschreiben 2]

vor·schrifts≠ge·mäß 形, **≠mä·ßig** 形 指図〈指示〉に従った; 規定〈規則〉どおりの: in ~*er* Kleidung 指示〈規定〉どおりの服装で. **≠wid·rig** 形 指図〈指示〉にそむいた; 規定〈規則〉に反する.

Vor·schrift·zei·chen 中〘交通〙規則〈規制〉標識.

Vor·schub[fó:rʃu:p][1] 男 -[e]s/..schübe[..ʃy:bə] **1**《単数で》促進, 助成, 援助: ***jm.* ~ leisten** …の手助けをする, …に助勢する | ***et.***[3] **~ leisten** …を助成する; …(芳しくないことなど)を助長する | der Kriminalität ~ leisten 犯罪を助長する. **2**〘工〙送り. [<vorschieben]

Vor·schub≠ach·se 女〘工〙送り軸. **≠lei·stung** 女 促進, 助成, 助長; 援助, 助勢.

Vor·schul·al·ter[fó:rʃu:l..] 中 学齢前の年齢.

Vor·schu·le[fó:rʃu:lə] 女 -/-n **1** 学齢前の教育施設(幼稚園・保育園など). **2** (Volksschule) 小学校. **3** (上級学校のための)準備教育施設, 予備校;《比》入門書.

Vor·schü·ler[..ʃy:lər] 男 -s/- Vorschule の生徒.

Vor·schul·er·zie·hung[fó:rʃu:l..] 女 学齢前の教育, 幼稚園〈保育園〉教育.

vor·schu·lisch[..ʃu:lɪʃ] 形 就学前の, 未就学児のための.

Vor·schuß[fó:rʃʊs] 男 ..schusses/..schüsse[..ʃʏsə] (いずれは支払うべき金の)前貸し, 前払い, 前渡し; 立て替え〔金〕: zehntausend Mark ~ 1万マルクの前渡し | ein ~ auf das Gehalt 俸給の前払い ‖ einen ~ an Vertrauen beanspruchen《比》あらかじめ信頼を求める(自分のことをよく知らない相手から) | *sich*[3] einen ~ geben 〈auszahlen〉 lassen 前貸し〈前払い〉をしてもらう | um 〔einen〕 ~ bitten 前貸し〈前払い〉を求める. [<vorschießen]

Vor·schuß≠lor·bee·ren 複《話》(製品・作品が出る前の)高い前評判, 事前の賛辞. **≠pflicht** 女 前払いの義務.

vor·schuß·wei·se 副 (→..weise ★)前貸しで, 前払いで.

Vor·schuß·zah·lung 女 前払い, 前貸し.

vor|schüt·zen[fó:rʃʏtsən]《02》他 (h)《*et.*[4]》(…を)口実にする, 盾にとる, (…に)かこつける: Er *schützte* 〔als Grund〕 für sein Fehlen eine Krankheit 〈eine dringende Arbeit〉 *vor*. 彼は欠席の理由として病気〈緊急の仕事〉を口実にした | nur keine Müdigkeit ~! (→Müdigkeit).

Vor·schüt·zung[..tsʊŋ] 女 -/ vorschützen すること: unter ~ einer Krankheit 病気を口実にして.

vor|schwär·men[fó:rʃvɛrmən] **I** 自 (h)《*jm.* von *et.*[3]》(…に…について)熱狂して〈夢中になって〉話す: Er *schwärmte* mir von seiner Reise *vor*. 彼は私に夢中になって旅の話をした. **II** 他 (h)《*jm. et.*[4]》(…に…を)熱狂して〈夢中になって〉話す: Er *schwärmte* mir *vor*, wie herrlich die Reise gewesen sei. 彼は私に旅がいかにすばらしかったかを夢中になって話した.

vor|schwat·zen[fó:rʃvatsən]《02》他 (h)《話》《*jm. et.*[4]》(…の前で…を)しゃべり立てる.

vor|schwe·ben[fó:rʃve:bən][1] 自 (h)《*jm.*》(…の)念頭に浮かんでいる: Mir *schwebt* eine andere Maßnahme *vor*. 私の頭には別の方策が浮かんでいる.

vor|schwin·deln[fó:rʃvɪndəln]《06》他 (h)《*jm. et.*[4]》(…を)欺いて〈ぺてんにかけて〉(…を)本当と思わせる.

Vor·se·gel[fó:rze:gəl] 中 -s/-〘海〙前帆(ぜん), フォアスル.

vor|se·hen*[fó:rze:ən]《164》**I** 他 (h) **1 a)**《*et.*[4]》前もって〈あらかじめ〉考慮に入れる; 計画する, 意図〈企図〉する, 予定する: Das Gesetz hat einen solchen Fall nicht *vorgesehen*. 法律にはこのようなケースは見込まれていなかった | Für solche Fälle *sieht* das Gesetz keine Unterstützung *vor*. このようなケースに対しては法律には援助規定はない | Die Neuauflage ist für nächstes Jahr *vorgesehen*. 新版は来年出る予定である ‖ Das *vorgesehene* Gastspiel fiel aus. 予定されていた客演は取りやめになった. **b)**《*et.*[4] für *et.*[4] 〈als *et.*[4]〉》(…を…用に)予定する, (…を…用として)あらかじめ計画に組み入れる: Den größten Raum hatte er für seine Bibliothek *vorgesehen*. いちばん大きな部屋を彼は書庫に使う予定だった | *jn.* für einen Posten ~ …をあるポストに予定する | Er ist als Nachfolger des Präsidenten *vorgesehen*. 彼は議長〈会長〉の後継者に予定されている.

2 再帰 *sich*[4] ~ 用心する, 注意〈警戒〉する: *sich*[4] beim Überqueren der Straße ~ 道路の横断に気をつける | *Sieh* dich *vor*, daß 〈damit〉 du nicht fällst! 転ばぬように注意しなさい | Bei 〈Vor〉 ihm muß man sich sehr ~. 彼には大いに警戒しなければならない ‖ *Vorgesehen!* 用心しろ. ▽**3** 再帰 *sich*[4] mit *et.*[3] ~ あらかじめ…を用意する〈備える〉| *sich*[4] für den Winter ausreichend mit Kohlen ~ 冬に備えて石炭をたっぷり買い込んでおく.

II 自 (h) (…の下・後ろから)のぞく, 顔を出す: Die Katze *sah* hinter dem Ofen *vor*. 猫がストーブの後ろからのぞいていた | Bei dir *sieht* der Unterrock 〔unter dem Kleid〕 *vor*. 君のペチコートが〔ドレスの下から〕はみ出しているよ.

Vor·se·hung[fó:rze:ʊŋ] 女 -/〘宗〙(神の)摂理, 神意, 天意: **~ spielen**《戯》(事のなりゆきに)力を貸す, (ひそかに)一役買う ‖ Die ~ hat es so gewollt. / Die ~ hat es so bestimmt. これは神の思(おぼ)し召しだ.

vor|set·zen[fó:rzɛtsən]《02》**I** 他 (h) **1** 前に置く, 前につける: eine Blende ~ 遮光装置を前につける | einer Note[3] ein Kreuz ~ 音符の前にシャープ記号をつける. **2** さらに前へ置く, 前〔の席〕に出す: den linken Fuß ~ 左足を前へ踏み出す ‖ 再帰 *sich*[4] ~ より前方の席に座る. **3**《*jm. et.*[4]》(食物などを…の)食膳(しょくぜん)に供する; (…に…を)提供する: *jm.* einen kleinen Imbiß ~ …に軽い食べ物を出す | etwas Gutes *vorgesetzt* bekommen おいしいごちそうを出される | Da hat er uns ja ein schönes Märchen *vorgesetzt*.《話》あいつにはまんまと一杯食わされたよ. ▽**4**《*jn. et.*[3]》(…を…の)上位に置く, 長に任じる. ▽**5** (vornehmen)《*sich*[3] *et.*[4]》(…をしようと)決心する; (…を)企てる, もくろむ.

II vor·ge·setzt → 別出

▽**Vor·set·zer**[fó:rzɛtsər] 男 -s/- (前に置くもの. 例えば:)ついたて; ストーブ囲い.

Vor·sicht[fó:rzɪçt] 女 -/ **1** 用心〔深さ〕, 慎重さ, 注意, 油断のなさ: unnötige ~ 無用の用心 ‖ **aus ~** 用心のため, 念のために | **mit ~** 用心して, 注意深く, 慎重に | mit äußerster 〈der nötigen〉 ~ zu Werke gehen 細心の〈必要な〉注意を払って仕事に取りかかる | **zur ~** 用心のために ‖ bei *et.*[3] ~ walten lassen …の際に慎重に行動する | Die Verhandlung erfordert 〈gebietet / verlangt〉 viel ~. 交渉に当たっては細心の注意を払う必要がある ‖ *Vorsicht!* 注意しろ; 危ないですよ | *Vorsicht*, Stufe! 段差あり注意 | *Vorsicht*, bissiger Hund! 猛犬に注意 ‖ ***Vorsicht* ist die Mutter der Weisheit** 〈**話: der Porzellankiste**〉.《諺》用心に越すものはなし(用心は賢明の母) | ***Vorsicht* ist besser als Nachsicht**.《諺》転ばぬ先の杖(つえ). ▽**2** =Voraussicht ▽**3** =Vorsehung

vor·sich·tig[fó:rzɪçtɪç][2] 形 用心深い, 慎重な, 油断のない: ein ~*er* Mensch 用心深い人間 | mit ~*en* Händen 慎重な手つきで ‖ Sei ~, sonst fällst du! 気をつけろよ さもないと転ぶから ‖ *sich*[4] ~ ausdrücken 言葉づかいに注意する, 用心深い表現を使う | ~ fahren 慎重な運転をする.

Vor·sich·tig·keit[–kaɪt] 女 -/ vorsichtig なこと.

vor·sichts·hal·ber 副 用心のため, 念のために.

Vor·sichts≠maß·nah·me 女, **≠maß·re·gel** 女 予防措置.

Vor·si·gnal[fó:rzɪgna:l] 中 -s/-e〘鉄道〙遠方信号機.

Vor·sil·be[fó:rzɪlbə] 女 -/-n (Präfix)〘言〙前つづり, 接頭辞; 語頭音節.

vor|sin·gen*[fó:rzɪŋən]《168》**I** 他 (h)《*jm. et.*[4]》(…に…を)歌って聞かせる; 先に歌う(歌い方を教えるために・音頭を

V

取るためになど); (合唱隊や教会で) 前唱(先唱)をつとめる.
II 自 (h) 《*jm.*》(オーディションなどで…の) 前で歌う.

vor·sint·flut·lich[fó:rzɪntflu:tlɪç] 形 ノアの洪水以前の; 《比》太古の, 大昔の; 《話》古めかしい, 時代遅れの.
[＜Sintflut; *nlat.* ante-dīluviānicus (◇antediluvianisch) の翻訳借用]

Vor·sitz[fó:rzɪts] 男 -es/ 議長(座長)の職務(地位), 司会役: den ～ führen 議長(座長)を務める, 司会をする | den ～ haben 議長(座長)の地位を占める | den ～ übernehmen 議長(座長)を引き受ける ‖ unter dem ～ von *jm.* …の司会のもとに, …を議長(座長)として.

vor|sit·zen*[fó:rzɪtsən] 《171》 **I** 自 (h) 《*et.*[3]》(…の) 議長(座長)を務める, (…の) 司会をする.
II Vor·sit·zen·de 男 女 《形容詞変化》(略 Vors.) 議長, 座長, 委員長; (団体などの) 総裁, 会長, 理事長: der ～ des Parlaments 国会議長 | der Gerichts*vorsitzende* 裁判長 | der Staatsrats*vorsitzende* (旧東ドイツの) 国家評議会議長.
Vor·sit·zer[..tsər] 男 -s/- (女 **Vor·sit·ze·rin**[..tsərɪn]-/-nen) (略 Vors.) ＝Vorsitzende

Vor·so·kra·ti·ker[fó:rzokra:tikər] 複 《哲》ソクラテス以前の哲学者たち.
Vor·so·kra·tisch[..tɪʃ] 形 《哲》ソクラテス前の; ソクラテス学説以前の.

Vor·som·mer[fó:rzɔmər] 男 -s/- 初夏.

Vor·sor·ge[fó:rzɔrgə] 女 -/ あらかじめの配慮, 用心, 将来への準備, 万一の備え: für *et.*[4] ～ tragen 〈treffen〉《官》…のためにあらかじめ配慮する, …のために準備をする, …に備える | Sie hat für das Alter die nötige ～ getroffen. 彼女は老後に備えて必要な準備〔措置〕をした ‖ zur ～ 用心のために ‖ *Vorsorge* ist besser als Nachsorge. / *Vorsorge* verhütet Nachsorge. 《諺》転ばぬ先の杖(え).
Vor·sor·ge·imp·fung 女 《医》予防接種.
vor|sor·gen[fó:rzɔrgən][1] 自 (h) 《für *et.*[4]》(…のために) あらかじめ配慮する, 将来のために〈万一の場合を考えて〉備え〈準備〉をする: fürs Alter 〈für Krankheitsfälle〉 ～ 老後〈病気になった場合〉の準備をする.
Vor·sor·ge·un·ter·su·chung 女 《医》予防検診.
vor·sorg·lich[..zɔrklɪç] 形 あらかじめ配慮しての, 用心のための, 万一をおもんぱかっての: Sie hat ～ auch wärmere Kleider mitgenommen. 彼女は用心のためにより暖かい衣服も持っていった.

Vor·spann[fó:rʃpan] 男 -[e]s/-e **1** (助勢用の) 補助馬; 《鉄道》補助機関車; 《比》助力, 助勢: ein Zug mit ～ 《鉄道》重連牽引(けん)列車 | *jm.* ～ leisten 《比》…に助勢する.
2 (↔Abspann, Nachspann) 《映・テレビ》冒頭の字幕〈タイトル〉(作品の題名・製作者・配役などを文字で写し出す冒頭の部分).
3 リード(新聞や雑誌の記事が比較的長い場合, その冒頭・表題のすぐ下に出す内容の要約部分).
vor|span·nen[fó:rʃpanən] 他 (h) **1** (馬・牛などを) 車の前につなぐ; (機関車を) 列車の前につなぐ; 《比》《*jn.*》(…に) 引っ張って〈加勢して〉もらう. **2** 《電》バイアス〔電圧〕を加える.
Vor·spann≠lo·ko·mo·ti·ve 女 《鉄道》(機関車の前にさらに追加してつなぐ) 補助機関車. **≠pferd** 中 (馬車を引く馬の前にさらに追加してつなぐ) 補助馬.
Vor·span·nung[fó:rʃpanʊŋ] 女 -/-en **1** vorspannen すること. **2** 《電》バイアス〔電圧〕.

Vor·spei·se[fó:rʃpaɪzə] 女 -/-n (↔ Nachspeise) (Horsd'œuvre) 《料理》前菜, オードブル.

vor|spie·geln[fó:rʃpi:gəln] 《06》 他 (h) 《*jm. et.*[4]》(…に…を) 見せかける, まことしやかに見せる, 本当と思わせる: *jm.* eine Krankheit ～ …に対して仮病を使う | *jm.* eitle Hoffnungen ～ …にありもしない希望を与える.
Vor·spie·ge·lung[..gəlʊŋ] (**Vor·spieg·lung**[..glʊŋ]) 女 -/-en **1** 《単数で》vorspiegeln すること: **unter ～ falscher Tatsachen** うそを本当らしく見せかけて | Unter der ～, er sei von der Presse, verschaffte er sich Zutritt. 報道関係者であると偽って彼は中に入った.
2 見せかけ, 虚構: Die Gründe, die er dafür angab, waren nur ～*en*. 彼の挙げた理由は作りごとにすぎなかった.

Vor·spiel[fó:rʃpi:l] 中 -[e]s/-e **1 a)** (↔Nachspiel) 《楽》序曲; 前奏曲: Nach dem ～ öffnete sich der Vorhang. 序曲の演奏が終わると幕が開いた. **b)** 《劇》序幕, 前戯. **c)** 《比》序の口, 序幕: Das war nur ein ～. いまのはほんの序の口だったのだ. **2** (スポーツの試合でメーンイベントが始まる前の) 前座試合. **3** (↔Nachspiel) (性交前の) 前戯.

vor|spie·len[fó:rʃpi:lən] **I** 他 (h) **1** 《*jm. et.*[4]》(…に…を手本として) 演奏〈演技〉して見せる; 演奏〈演技〉を披露する: *jm.* ein Stück von Mozart 〔auf dem Klavier〕 ～ …にモーツァルトの曲を〔ピアノで〕弾いて聞かせる. **2** 《*jm. et.*[4]》(…に…を) 演技して見せかける, 演技によって本当と思わせる: *Spiel* mir doch nichts *vor*! いいかげんにお芝居はやめにしろよ.
II 自 (h) 《*jm.*》(音楽家・俳優などがオーディションの際などに…の前で) 演奏して聞かせる, 演技をして見せる.

vor|spin·nen*[fó:rʃpɪnən] 《175》 自 (h) 粗糸を紡ぐ.
Vor·spinn·ma·schi·ne 女 《織》粗紡機.

Vor·spra·che[fó:rʃpra:xə] 女 -/-n (用件をたずさえての短時間の) 訪問, 面談.
vor|spre·chen*[fó:rʃprɛçən] 《177》 **I** 他 (h) **1** 《*jm. et.*[4]》(手本に) 発音して〈言って〉見せる. **2** 《*et.*[4]》朗読〈朗誦(ろうしょう)〉する: einen Monolog ～ 独白〈モノローグ〉のせりふを朗誦する.
II 自 (h) **1** (俳優・声優などがオーディションなどで) 朗読〈朗誦〉して聞かせる. **2** 《bei *jm.*》(…を所用で) 訪れる, (…のもとに) 立ち寄る, 面会に行く: Wann darf ich bei Ihnen ～? いつお伺いしたらよいでしょうか.

Vor·sprei·zen[fó:rʃpraɪtsən] 中 -s/ 《体操》脚前方振り上げ.

vor|sprin·gen*[fó:rʃprɪŋən] 《179》 自 (s) **1** 前方へ飛び出す, 飛び出すように前進する〈動く〉: aus *seinem* Versteck 〈hinter einem Baum〉 ～ 隠れていた場所から〈木の後ろから〉飛び出す. **2** 突出している, 張り出している: Der Balken *springt* an der Fassade *vor*. 梁(はり)が建物の正面に突き出ている ‖ ein *vorspringendes* Fenster 出窓 | ein *vorspringender* Winkel 凸角 | Er hat stark *vorspringende* Backenknochen. 彼は頬骨(ほおぼね)がひどく張り出している.

Vor·spruch[fó:rʃprʊx] 男 -[e]s/..sprüche[..ʃprʏçə] **1** (Prolog) (文芸作品などの) 序詞, プロローグ. **2** (法律・条約などの) 前文.

Vor·sprung[fó:rʃprʊŋ] 男 -[e]s/..sprünge[..ʃprʏŋə] **1** 突き出した〈張り出した〉場所, 突出部, 張り出し: Felsen*vorsprung* / Fels*vorsprung* 岩の突出部, 岩棚 | Die Küstenlinie bildet hier einen ～. 海岸線はここで海に突き出ている.
2 (競走などで) 相手よりも先に飛び出して得た距離差, 先進〔距離〕; 《比》優位, リード: mit großem ～ durchs Ziel gehen 相手を大きく引き離してゴールインする | Der erste der Läufer hatte einen ～ von drei Metern. 先頭の走者は他の走者に 3 メートルの差をつけていた | Unser Land hat in seiner technischen Entwicklung einen beträchtlichen ～ vor anderen Ländern. わが国はその技術発達の面で他の国々をはるかにリードしている.

Vor·spur[fó:rʃpu:r] 女 -/ 《自動車》トーイン(前輪の内向き調整).

Vor·sta·dium[fó:rʃta:diʊm] 中 -s/..dien[..diən] (発展の) 前段階; 《医》前駆期.

Vor·stadt[fó:rʃtat] 女 -/..städte[..ʃtɛ(:)tə] 郊外, 町はずれ, (〔旧〕市街の) 周辺部 (昔は都市が城壁で囲まれていたので, 元来は城壁の外側を指した): in der ～ wohnen 郊外〈町はずれ〉に住む.
Vor·städ·ter[..ʃtɛ(:)tər] 男 -s/- 郊外居住者.
vor·städ·tisch[..ʃtɛ(:)tɪʃ] 形 郊外の.
Vor·stadt≠ki·no[..ʃtat..] 中 場末の映画館. **≠knei·pe** 女 場末の酒場〈飲み屋〉.

Vor·stand[fó:rʃtant][1] 男 -[e]s/..stände[..ʃtɛndə] **1** 《集合的に》(団体・企業・法人などの) 指導部, 首脳部, 役員〔会〕, 幹部〔会〕, 理事〔会〕, (会社の) 経営陣, 取締役: dem ～ angehören / im ～ sitzen 役員会〈理事会〉の一員である | in den ～ gewählt werden 役員〈理事〉に選ばれる.

2 《ｵｰｽﾄﾘｱ･ｽｲｽ》 **a**) ＝Vorsteher **b**) ＝Vorsitzende [＜vorstehen 2]

Vor·stands≠eta·ge[..|eta:ʒə] 女 (社屋などの)役員室のある階, マネージメントフロア. **≠mit·glied** 中 (Vorstand の一員. 例えば:) 役員, 幹部, 理事; 取締役. **≠sit·zung** 女 役員会議, 幹部会, 理事会. **≠wahl** 女 役員〈理事〉選挙.

Vor·steck·är·mel[fó:rʃtɛk..] 男 (デスクワークの際に上着のそでを保護するために着用する)そでカバー.

vor|stecken[fó:rʃtɛkən] 他 (h) **1** 《*sich*³ *et.*⁴》 前部〈前方〉に差す; (衣服の胸部などに)留める: *sich*³ eine Brosche 〈ein Schürzchen〉 ～ ブローチを胸につける〈エプロンを掛ける〉| *sich*³ ein Ziel ～《比》目標を設定する ‖ das *vorgesteckte* Ziel erreichen 所期の目標を達成する. **2** (頭などを)前方へ突き出す, 前へ差し伸べる.

Vor·stecker[..kər] 男 -s/- ＝Vorsteckkeil

Vor·steck≠keil 男 〖工〗 コッタ, くさび栓. **≠na·del** 女 (衣服の胸部に留める)飾りピン(ブローチ・ネクタイピンなど).

vor|ste·hen*[fó:rʃte:ən] 《182》 **I** 自 (h) **1** 突き出る, 張り出す; (中から)はみ出る: Der Zaun *steht* zu weit *vor.* 垣根が道路に出っぱりすぎている | Ihr *stand* der Unterrock etwas *vor.* 彼女のスカートの下からペチコートが少しのぞいていた ‖ *vorstehende* Backen 突き出た頬骨(ほお) | *vorstehende* Zähne haben 出っ歯である.

2 《*jm.* / *et.*³》 (…の)長〈責任者〉である, (…を)統轄する, (…を)取りしきる: dem Haushalt ～ 家事を切り盛りする | Er hat drei Jahre lang unserer Abteilung *vorgestanden.* 彼は3年間我々の部局の長だった.

3 〖狩〗 (猟犬が野獣の前に)立ちどま〔ってその存在を知らせ〕る.

II vor·ste·hend 現分 形 《官》 前記の, 上述の: wie ～ erwähnt 上に述べたように ‖ das *Vorstehende* 前記のこと, 上に述べたこと | im ～*en* 前記において, 上の記述のなかで.

Vor·ste·her[fó:rʃte:ər] 男 -s/- (⊛ **Vor·ste·he·rin** [..ʃte:ərɪn]-/-nen) (vorstehen する人. 例えば:) 部局長, 責任者, 統轄者, 管理責任者, 主任; (スイスの)大臣.

Vor·ste·her·drü·se 女 (Prostata) 〖解〗 前立腺(せん).

Vor·steh·hund[fó:rʃte:..] 男 〖狩〗 立ちどまって猟獣の所在を知らせる猟犬(ポインター・セッターなど).

vor·stell·bar[fó:rʃtɛlba:r] 形 (vorstellen できる. 特に:) 想像できる, 考えられる: Das ist doch einfach nicht ～! そんなことはおよそ考えられもしない.

vor|stel·len[fó:rʃtɛlən] 他 (h) **1** (他の物の)前へ置く; (さらに)前へ出す, 前方へ置く: eine spanische Wand ～ ついたてを前に置く.

2 (↔nachstellen) (時計の針を)進ませる: die Uhr 〈den Zeiger〉 〔um 5 Minuten〕 ～ 時計を〔5分だけ〕進ませる.

3 a) 《*jm. jn.* 〈*et.*⁴〉》 (…に…を)紹介する, 引き合わせる: Darf ich Ihnen meine Braut ～? 私の婚約者を紹介させていただきたいのですが | Die Firma *stellt* in Kürze der Öffentlichkeit ihre neuen Modelle *vor.* この会社は近くその新型製品を発表する. **b**) 再帰 *sich*⁴ 〔*jm.*〕 ～ 〔…に〕自己紹介をする, 名を名乗る; (面接・就職・転任の際などに)はじめて出頭する, お目見えする; 〔医者などに〕みてもらう | Wir haben uns gegenseitig *vorgestellt.* 我々は互いに名乗りあった | Er *stellte* sich als Arzt 〈mit Meyer〉 *vor.* 彼は医者であると〈マイヤーだと〉名乗った.

4 (darstellen) 表す, 表現する; (役などを)演じる, (芝居を)上演する: Das Bild *stellt* die Muttergottes *vor.* この絵は聖母マリアを表している | Er *stellt* etwas 〈nicht viel〉 *vor.* 《俗》 彼は重要な人物だ〈たいした人物ではない〉| Er will immer etwas Besonderes ～. 彼はいつでも自分だけ特別な存在でありたがる.

5 a) 《*jm. et.*⁴》 (…に…を)思い描かせる, (まざまざと)想像させる: Ich *stellte* ihm die Folgen seines Leichtsinns *vor.* 私は彼に向かって彼の軽率な行為がどのような結果を生むかを具体的に説明してやった. **b**) 再帰 *sich*³ *jn.* 〈*et.*⁴〉 ～ …を心に思い描く〈思い浮かべる〉, …を想像する; 〖哲〗 …を表象する | Ich habe ihn mir immer als schlanken Menschen *vorgestellt.* 私は彼をすらりとした人とばかり思っていた | Ich hatte mir das anders 〈einfacher〉 *vorgestellt.* 私はそれを違ったふうに想像していた〈もっと簡単なことだと考えていた〉| Ich kann mir gar nicht ～, daß er zugesagt hätte. 彼が承諾したなんてとても考えられない | *Stell* dir *vor,* sie haben geheiratet! 考えてもごらんよ(びっくりするじゃないか)彼らは結婚したんだぜ | Darunter konnten wir uns gar nichts ～. それはなんのことだか我々には全く見当がつかなかった.

vor·stel·lig[fó:rʃtɛlɪç]² 形 《官》 《もっぱら次の形で》 **bei** *jm.* **～ werden** (質問・依頼・抗議その他の用件で)…のところに出向く; …に書面で訴える | bei *jm.* mit einer Frage ～ werden …に問い合わせる.

Vor·stel·lung[..lʊŋ] 女 -/-en **1** 紹介する〈引き合わせる〉こと; (面接の際の応募者などの)出頭, 面接: die ～ der neuen Mitglieder 新入会員の紹介 | persönliche ～ 個人面接. **2** (Aufführung) 上演, 公演, 興行: Benefiz*vorstellung* 慈善公演〈興行〉| Nachmittags*vorstellung* 午後の公演, マチネー ‖ eine ～ besuchen 公演を見に行く | Die ～ beginnt 〈endet〉 um 20 Uhr. 上演開始〈終了〉は20時だ | Der Zirkus gibt täglich zwei ～*en.* そのサーカスは1日に2回興行をする ‖ eine starke 〈schwache〉 ～ geben 〖ｽﾎﾟｰﾂ〗 いい〈まずい〉プレーを披露する. **3** (具象的な)考え, イメージ, 想像; 観念, 概念; 〖哲・心〗 表象: feste 〈nur ungefähre〉 ～*en* von *et.*³ haben …について明確なイメージをもっている〈漠然としたイメージしかもっていない〉| Er hat keine klare 〈richtige〉 ～ von unserer Tätigkeit. 彼は我々の活動についてはっきりと〈正しく〉は理解していない | Du machst dir keine ～*en,* wie es hier zugeht. ここでどんなことが行われているか君には想像もつかないだろう | Seine ～*en* darüber sind mir nicht bekannt. 彼がそれについてどんなことを考えているか私は知らない | Das geht über alle ～ hinaus. それは想像を絶する ‖ 《Die Welt als Wille und ～》『意志と表象としての世界』(Schopenhauer の著書). **4** 《複数で》《雅》 異議, 苦情, 抗議, 文句: ～*en* erheben 異議を唱える, 苦情を申し立てる | *jm.* ～*en* machen …に苦情を言う〈抗議する〉| Alle meine ～*en* nutzten nichts. 私がどんなに文句を言っても何のききめもなかった.

Vor·stel·lungs≠ge·spräch 中 (就職先などでの)面接. **≠kraft** 女 -/ ＝Vorstellungsvermögen **≠ver·mö·gen** 中 -s/ 表象力, 想像力: Das übersteigt mein ～. それは私の想像を絶する〈私には想像もつかない〉. **≠welt** 女 〖哲〗 表象世界.

Vor·ste·ven[fó:rʃte:vən] ＝Vordersteven

Vor·stop·per[fó:rʃtɔpər] 男 -s/- 〖ｻｯｶｰ〗 センターハーフ〔バック〕.

Vor·stoß[fó:rʃto:s] 男 -es/..stöße[..ʃtø:sə] **1** 攻撃, 進撃, 進出; 軍事攻勢; (新しい可能性を開拓しようとする大胆・果敢な)努力, 試み; (自分の意志を通そうとする力ずくの)押し: ein kühner ～ in den Weltraum 宇宙へ進出しようとする大胆な試み | immer neue *Vorstöße* machen 次々に攻撃をしかける; 押しの一手でがんばり通す. **2** (衣服, 特に制服の)へり飾り, ひも飾り, 笹(ささ)べり. **3** 〖化〗 (蒸留装置などの)受接管. **4** 〖建〗 重ね.

vor|sto·ßen*[fó:rʃto:sən] 《188》 **I** 他 (h) 前方へ押す, 前へ突き出す: *jn.* ～ …を前へ突きとばす | die Faust ～ こぶしを突き出す. **II** 自 (s) 突き〈押し〉進む, 攻撃する, 進撃する, 進出する: gegen die feindlichen Stellungen ～ 敵陣に向かって進撃する.

Vor·stra·fe[fó:rʃtra:fə] 女 -/-n 〖法〗 (前科簿に記録されている)前科: keine ～*n* haben 前科をもたない.

Vor·stra·fen·re·gi·ster 中 〖法〗 前科簿.

vor|strecken[fó:rʃtrɛkən] 他 (h) **1** 前方へ伸ばす, 前へ突き出す: die Arme ～ 両腕を前へ伸ばす | den Kopf ～ 頭を前へ突き出す ‖ 再帰 *sich*⁴ ～ 前方へ身を乗り出す〈身をかがめる〉. **2** 《話》 ＝vorschießen II

vor|strei·chen*[fó:rʃtraɪçən] 《189》 他 (h) (ペンキなどを)下塗り〈地塗り〉する.

Vor·stu·die[fó:rʃtu:diə] 女 -/-n **1** 予備研究, 予備調査. **2** 〖美〗 習作.

Vor·stu·fe[fó:rʃtu:fə] 女 -/-n **1** 前段階, 予備〈準備〉段階: die ～ zu einer großen Laufbahn 輝かしい出世への第一段階. **2** 初級段階, 初歩.

vor|stül·pen[fóːrʃtʏlpən] 他 (h) 前へ折り返す; (唇などを)突き出す.

vor|stür·men[fóːrʃtʏrmən] 自 (s) 前方へ突進する, 突撃する.

Vor·sub·jekt[fóːrzʊpjɛkt] 中《言》前主語 (grammatisches Subjekt の別名: →grammatisch).

Vor·tag[fóːrtaːk][1] 男 -[e]s/-e 前日: am ～ des Ereignisses この事件の起こる前日に.

vor|tan·zen[fóːrtantsən] 《02》 **I** 他 (h) 《*jm. et.*⁴》(…に…を手本に)踊って見せる; 踊り〈ダンス〉を披露する: *jm.* einen Walzer ～ …にワルツを踊って見せる.

II 自 (h) **1** (バレエダンサーなどがオーディションなどで)踊って見せる. **2** (群舞などで)先に立って踊る, ダンスをリードする.

Vor·tän·zer[..tɛntsər] 男 -s/- (⊛ **Vor·tän·ze·rin**[..tɛntsərɪn]-/-nen) (群舞などで)先に立って踊る〈ダンスをリードする〉人; ソロダンサー.

vor|ta·sten[fóːrtastən] 《01》 他 (h) 再帰 *sich*⁴ ～ 手探りで進む.

vor|täu·schen[fóːrtɔʏʃən] 《04》 他 (h) 《*et.*⁴》(欺いて…を)本当と思わせる, (…を)装う, (…の)ふりをする: eine Krankheit ～ 仮病を使う | den Schlaf ～ 眠っているふりをする | Er *täuschte* ihr *vor*, daß er sie liebe. 彼は彼女に自分が彼女を愛していると思わせようとした ‖ *vorgetäuschte* Tränen 空涙.

Vor·täu·schung[..ʃʊŋ] 女 -/-en **1** 《単数で》vortäuschen すること: unter ～ falscher Tatsachen うそを本当らしく見せかけて. **2** 見せかけ, 虚構. **3** 《心》逆転(言い間違いの一種で, 前後の言葉を交換すること).

Vor·teig[fóːrtaɪk][1] 男 -[e]s/-e パン種, イースト.

Vor·teil[fɔ́rtaɪl; ｽｲｽ: –, fóːr..] 男 -s(-es)/-e **1** (↔Nachteil) 利益, 有利, 得(ﾄｸ), 好都合; 長所, 利点: ein großer ～ 多大の利益 | der ～ des eigenen Platzes (スポーツで)ホームグラウンドの有利さ | ein ～ für *jn.* …にとっての得 | *Vor-* und Nach*teile*[fóːr ʊnt náːx..] 利害得失 ‖ *jm.* ～*e* bringen …に利益をもたらす | ～ aus *et.*³ ziehen …から利益を引き出す | Ich habe keinen ～ davon 〈dabei〉. 私はそれによって〈その際〉何ら得をするわけではない | Diese Lösung hat viele ～*e*. この解決策には多くの利点がある ‖ **auf** *seinen* ～ bedacht sein 自分の利益を考えている | *jm.* gegenüber **im ～** sein …と比べて有利な立場にある | ᵛ*et.*⁴ **mit ～** verkaufen …を売って得をする〈もうける〉| [für *jn.*] **von ～** sein [(…にとって)得〈有利〉である | Das gereicht ihm **zum ～.** それは彼の得〈利益〉になる | Er hat sich zu seinem ～ verändert. 彼は良い方向に人間が変わった, 彼は人が変わって良くなった.

2 《ﾃﾆｽ》アドバンテージ(ジュースのあとの最初の得点).

[*mhd.* vor-teil „was (jemand vor anderen) im voraus bekommt"]

vor·teil·haft[fɔ́rtaɪlhaft] (ᵛ**vor·tei·lig**[..lɪç][2]) 形 《*jm.* / für *jn.*》(…にとって)有利な, 得になる, プラスになる, 好都合な: ein ～*es* Geschäft 有利な取引 | Sie hat ein ～*es* Äußeres. 彼女は容姿がすぐれている ‖ Die Farbe 〈Das Kleid〉 ist ～ für dich. この色〈ドレス〉は君によく似合う ‖ *et.*⁴ ～ verkaufen …を有利に売る(もうけが多い) | In diesem Kleid sieht sie sehr ～ aus. このドレスを着ると彼女はとても引き立つ.

Vor·teils·an·nah·me 女 -/ (地位・役職などを利用した)不当利得.

Vor·trab[fóːrtraːp][1] 男 -[e]s/-e (↔Nachtrab) 《軍》(騎兵隊の)前衛.

Vor·trag[fóːrtraːk][1] 男 -[e]s/..träge[..trɛːgə] **1** 講演: ein öffentlicher ～ 公開講演 | ein ～ mit Lichtbildern 〈über Karl den Großen〉 スライド付き〈カール大帝について〉の講演 | Fest*vortrag* 記念講演 ‖ einen ～ halten 講演をする | den ～ ablesen 〈frei halten〉 原稿を読んで〈原稿なしで〉講演する ‖ in einen ～ 〈zu einem ～〉 gehen 講演を聴きにゆく.

2 《単数で》(vortragen すること. 特に:) **a)** (詩・散文などの)朗読; 演奏〈演技〉ぶり: die Technik des musikalischen ～*es* 音楽演奏の技術 | ein Gedicht zum ～ bringen 詩を朗読する(＝ein Gedicht vortragen). ᵛ**b)** (上司への)報告; 上申, 上奏: *jm.* 〈bei *jm.*〉 ～ halten …に報告する.

3 (Übertrag) 《商》繰り越し; 繰越高.

vor|tra·gen*[fóːrtraːgən][1] 《191》 他 (h) **1 a)** 《*et.*⁴》前へ運ぶ, 前方へ持ってゆく: Stühle ～ いすを前へ運ぶ | die Hefte einsammeln und zum Lehrer ～ (教室で生徒が)ノートを集めて先生のところへ持ってゆく | Munition ～ 《軍》弾薬を前線に運ぶ ‖ eine Attacke 〈einen Angriff〉 ～ 《軍》攻撃をしかける, 攻撃する. **b)** 《*jm. et.*⁴》(…の)先頭に立って(…を)運ぶ: *jm.* die Fahne ～ …の先頭に立って旗をかかげて進む.

2 《*et.*⁴》(人々の前で詩・散文などを)朗読する; (演技・演奏などを)披露する, 演じる, 演奏する: ein Gedicht ～ 詩を朗読する | Er *trug* einige Lieder von Schubert *vor*. 彼はシューベルトのリートを数曲歌った ‖ eine ausgezeichnet *vorgetragene* Kür すばらしい自由演技(体操など).

3 《*jm. et.*⁴》 **a)** (…に…を)申し述べる, 伝える: *jm. seine* Meinung 〈*seine* Beschwerde / *seinen* Wunsch〉 ～ …に意見〈苦情・希望〉を述べる | Ich *trug* ihm die Gründe für meinen Entschluß *vor*. 私は彼に私の決心の理由を説明した | *Tragen* Sie Ihre Angelegenheit schriftlich *vor*! あなたのご用件は書面にてお伝えください. **b)** (上司に所轄事項などを)報告する.

4 (übertragen) 《*et.*⁴ auf *et.*⁴》《商》繰り越す: Der Verlust wird auf neue Rechnung *vorgetragen*. 損失額は新勘定に繰り越される.

Vor·trags≈abend[fóːrtraːks..] 男 講演の夕べ, 晩の講演会. ≈**be·zeich·nung** 女《楽》発想〈演奏〉記号. ≈**fol·ge** 女 ＝Vortragsreihe ≈**kunst** 女 -/ 朗読術; 《楽》演奏法〈技術〉. ≈**künst·ler** 男 朗読家. ≈**rei·he** 女 講演シリーズ, 連続講演. ≈**rei·se** 女 講演旅行. ≈**zei·chen** 中 ＝Vortragsbezeichnung

vor·treff·lich[foːrtrɛ́flɪç] 形 すぐれた, 卓越した, 優秀な, すばらしい: eine ～*e* Arbeit りっぱな仕事 | ein ～*er* Mensch 優秀な人間 ‖ Die Nachspeise war ～. このデザートはとてもおいしかった ‖ Sie kocht ～. 彼女は料理がとても上手だ | Der Kuchen schmeckt ～. このケーキはすばらしくおいしい. [＜*ahd.* furi-treffan „über-treffen" (◇vor, treffen)]

Vor·treff·lich·keit[–kaɪt] 女 -/ vortrefflich なこと.

vor|trei·ben*[fóːrtraɪbən][1] 《193》 他 (h) **1** 前方へ駆り立てる; 前進させる, 推進する. **2** 《坑》(坑道などを)掘進する: den Stollen ～ 横坑を掘進する.

vor|tre·ten*[fóːrtreːtən] 《194》 自 (s) **1** 前方へ歩み出る〈進み出る〉: Wer aufgerufen wird, soll ～. 名前を呼ばれた者は前へ出なさい. **2** 突出している, 張り出している: *vortretende* Backenknochen 張り出した頬骨(ほおぼね).

Vor·trieb[fóːrtriːp][1] 男 -[e]s/ (vortreiben すること. 例えば:) 推進; 《坑》掘進.

Vor·triebs·ma·schi·ne 女 [坑道]掘進機械.

Vor·tritt[fóːrtrɪt] 男 -[e]s/ **1** 先に行く〈行う〉権利, 優先〔権〕: ***jm.* den ～ lassen** …を先に行かせる; …に優先権をゆずる | Sie haben den ～. / Ihnen gebührt der ～. どうぞお先にいらっしゃって〈なさって〉ください.

2 《ｽｲｽ》＝Vorfahrt 1

Vor·trupp[fóːrtrʊp] 男 -s/-s 先遣隊.

Vor·tuch[fóːrtuːx] 中 -[e]s/..tücher[..tyːçər] 《南部》(Schürze) 前掛け, 前垂れ, エプロン.

vor|tur·nen[fóːrtʊrnən] **I** 自 (h) 《*jm.*》(…に)体操の演技をして見せる, 体操を実地に指導する.

II 他 (h) 《*jm. et.*⁴》(…に体操を)演技して見せる.

Vor·tur·ner[..nər] 男 -s/- (vorturnen する人. 例えば:) 体操の実地指導者〈インストラクター〉.

vor·über[forýːbər] 副 **1** (かたわらを)通り過ぎて: Der Wagen ist ～. 車が通り過ぎた. **2** (時間的に)過ぎ去って: Der Winter ist ～. 冬が終わった | Es ist schon Mitternacht ～. もう真夜中過ぎだ.

★ 動詞と用いる場合は分離の前つづりともみなされる.

vor·über|ge·hen*[forýːbər..] 《53》 **I** 自 (s) **1** 《an

jm. 〈*et.*[3]〉》(…のかたわらを)通り過ぎる;《比》…を見すごす, …を無視する: An dieser Tatsache kann man nicht mehr ～. この事実はもはや見すごすわけにはいかない | Die Krankheit ist nicht spurlos an ihm *vorübergegangen.* 病気は彼に影響を与えずにはおかなかった | der Kelch ist an *jm.* *vorübergegangen* (→Kelch 1 a) ‖ **im *Vorübergehen*** 通りすがりに;《比》ついでに.
2 (時間的に)過ぎ去る: eine Chance ungenutzt ～ lassen 空しくチャンスをのがす | Der Urlaub ist viel zu schnell *vorübergegangen.* 休暇はあっけなく終わってしまった.

II vor·über·ge·hend 現分 形 通りすがりの; 一時的な: eine ～*e* Erscheinung 一時的な現象 | ～*e* Launen 一時の気まぐれ | Seine Freude war nur ～. 彼の喜びはほんのつかの間だった ‖ ～ geschlossen sein 一時閉店(閉館)中である ‖ die *Vorübergehenden* 通行人たち.

vor·über|zie·hen*[forý:bər..]《219》自 (s) (vorbeiziehen)《an *jm.* 〈*et.*[3]〉》(…のかたわらを)列をなして通り過ぎる.

Vor·übung[fó:r|y:bʊŋ] 女 -/-en 下準備, 予行演習.

Vor·un·ter·su·chung[fó:r|ʊntərzu:xʊŋ] 女 -/-en〘法〙予審.

Vor·ur·teil[fó:r|ʊrtaɪl] 中 -[e]s/-e 予断, 偏見; 先入観, 先入主: ein hartnäckiges 〈unbegründetes〉 ～ 根強い〈いわれのない〉偏見 | ～*e* gegen Ausländer 外国人に対する先入観 ‖ ein ～ bekämpfen 偏見と闘う | ein ～ gegen *jn.* 〈*et.*[4]〉 haben 〈hegen〉 …に対して偏見を抱いている ‖ in ～*en* befangen 〈verhaftet〉 sein 偏見にとらわれている.
[*mhd.*; *lat.* praeiūdicium (◇Präjudiz) の翻訳借用]

vor·ur·teils≠frei 形, **≠los**[..lo:s][1] 形 偏見のない, 偏見にとらわれない.

Vor·ur·teils·lo·sig·keit[..lo:zɪçkaɪt] 女 -/ vorurteilslos なこと.

vor·ur·teils·voll 形 偏見に満ちた.

Vor·va·ter[fó:rfa:tər] 男 -s/..väter[..fɛ:tər]《ふつう複数で》先祖.

Vor·ver·dich·ter[fó:rfɛrdɪçtər] 男 -s/-〘工〙(内燃機関の)過給機.

Vor·ver·fah·ren[fó:rfɛrfa:rən] 中 -s/-〘法〙(刑事訴訟の)予審手続き; 事前手続き.

vor·ver·gan·gen[fó:rfɛrgaŋən] 形 (vorletzt) 前の前の: in der ～*en* Woche 先々週に.

Vor·ver·gan·gen·heit[-haɪt] 女 -/ (Plusquamperfekt)〘言〙過去完了.

Vor·ver·hand·lung[fó:rfɛrhandlʊŋ] 女 -/-en《ふつう複数で》予備交渉, 予備折衝.

Vor·ver·kauf[fó:rfɛrkaʊf] 男 -[e]s/ (切符などの)前売り: *et.*[4] im ～ kaufen …を前売りで買う.

Vor·ver·kaufs≠kas·se 女, **≠stel·le** 女 前売券売り場.

vor|ver·le·gen[fó:rfɛrle:gən][1] 他 (h) **1**《*et.*[4]》(…の時期などを)前にずらす, 早める: einen Termin ～ 期限を早める. **2** (空間的に)手前に移す;〘軍〙(弾着距離を)縮める.

Vor·ver·stär·ker[fó:rfɛrʃtɛrkər] 男 -s/-〘電〙前置増幅器, プリアンプ.

Vor·ver·such[fó:rfɛrzu:x] 男 -[e]s/-e 予備実験〈テスト〉.

Vor·ver·trag[fó:rfɛrtra:k][1] 男 -[e]s/..träge[..trɛ:gə] 仮契約.

vor|ver·ur·tei·len[fó:rfɛr|ʊrtaɪlən] 他 (h) (審理の行われる以前に)前もって断罪(弾劾・非難)する.

Vor·ver·ur·tei·lung[..lʊŋ] 女 -/-en vorverurteilen すること.

vor·vor·ge·stern[fó:rfo:rgɛstərn] 副《話》さきおととい, 一昨昨日.

vor·vo·rig[fó:rfo:rɪç][2] 形《話》前の前の: die ～*e* Woche 先々週.

vor·vor·letzt[..fo:rlɛtst] 形《付加語的》最後から3番目の.

vor|wa·gen[fó:rva:gən][1] 他 (h) 再帰 *sich*[4] ～ あえて前へ出る, 思いきって前進する.

Vor·wahl[fó:rva:l] 女 -/-en **1** 予備選挙(本選挙の候補者を選ぶための). **2 a)** (電話で)市外局番を回すこと. **b)** =Vorwählnummer

vor|wäh·len[fó:rvɛ:lən] 他 (h) **1** あらかじめ選ぶ. **2** (電話で)市外局番を回す.

Vor·wäh·ler[..vɛ:lər] 男 -s/-〘電〙(自動交換機の)プレセレクタ, ラインスイッチ.

Vor·wähl·num·mer 女 (電話の)市外局番.

vor|wal·ten[fó:rvaltən]《01》自 (h) 支配する, 支配的である, 優勢〈有力〉である; (根強く)存在する: Darüber *walten* mancherlei Mißverständnisse *vor.* これに関してはさまざまな誤解が存在する | die Gnade ～ lassen 慈悲を垂れる, 寛大な処置を取る.

Vor·wand[fó:rvant][1] 男 -[e]s/..wände[..vɛndə] 口実, 言いわけ, 逃げ口上: ein fadenscheiniger 〈glaubhafter〉 ～ 見えすいた〈もっともらしい〉口実 ‖ einen ～ suchen 〈finden〉 口実をさがす〈見つける〉 ‖ *et.*[4] als ～ benutzen …を口実として利用する | *et.*[4] zum ～ nehmen …を口実にする, …にかこつける | Das dient ihm nur als ～ 〈zum ～〉. 彼はそれを口実に使っているにすぎない | Unter dem ～, keine Zeit zu haben, sagte er ab. 暇がないという口実のもとに彼は[出席を]断った.
[＜vor-wenden „vor-bringen" (◇wenden)]

vor|wär·men[fó:rvɛrmən] 他 (h) あらかじめ温めておく, 予熱する.

Vor·wär·mer[..mər] 男 -s/-〘工〙予熱器〈装置〉.

vor|war·nen[fó:rvarnən] 他 (h)《*jn.*》(…に)あらかじめ警告する, 前もって注意を喚起する.

Vor·war·nung[fó:rvarnʊŋ] 女 -/-en あらかじめの警告; (Voralarm) 警戒警報.

vor·wärts[fó:rvɛrts, fɔ́r..] 副 (↔rückwärts) 前へ向かって, 前方へ: einen Schritt ～ machen 〈tun〉 1歩前へ進む | *sich*[4] ～ beugen 体を前にかがめる | weder ～ noch rückwärts können にっちもさっちもいかない, 進退きわまっている | ***et.***[4] **～ und rückwärts aufsagen können**《比》…をすらすらと暗唱できる ‖ *Vorwärts* marsch! 前へ進め(号令) | Mach mal ～!《話》さっさとしろよ, 急げよ | Das ist ein großer Schritt ～.《比》それは大きな進歩である.
★ 動詞と用いる場合は分離の前つづりともみなされる.

vor·wärts|brin·gen*[fó:rvɛrts.., fɔ́r..]《26》他 (h) **1**《*et.*[4]》推進〈促進〉する, 進捗(しんちょく)させる; 発展させる(ただし: vorwärts bringen 前へもっていく): Er hat das Unternehmen *vorwärtsgebracht.* 彼は事業を発展させた. **2**《*jn.*》栄進〈出世〉させる.

Vor·wärts≠drall 男〘テニス〙フォワードスピン, 順回転. **≠gang** 男 (自動車などの)前進ギア.

vor·wärts≠|ge·hen*《53》自 (s) (事柄・状態などが)進行する, 進歩〈進捗(しんちょく)〉する(ただし: vorwärts gehen 前へ進む, 前進する): Die Sache will nicht recht ～. この件はなかなか進捗しそうもない ‖ 非人称 Mit seiner Gesundheit *geht* es allmählich *vorwärts.* 彼の健康はしだいに快方に向かっている. **≠|kom·men***《80》自 (s) (人が)成果をあげる, 成功をおさめる; 栄進〈出世〉する(ただし: vorwärts kommen 前へ進む, 前進する): Ich bin heute mit meiner Arbeit gut *vorwärtsgekommen.* 私はきょうは仕事がだいぶはかどった | Er wird im Leben ～. 彼は出世するだろう. **≠|schrei·ten***《154》=vorwärtsgehen

Vor·wärts≠sprung 男〘泳〙前飛び込み. **≠ver·tei·di·gung** 女〘軍〙前進防衛(武力攻撃に際して, 相手の領土内に前進して戦う方式).

Vor·wä·sche[fó:rvɛʃə] 女 -/-en, **Vor·wasch·gang**[fó:rvaʃ..] 男 (洗濯機の)予洗の段階.

vor·weg[fo:rvɛ́k] 副 **1 a)** はじめから, 最初から. **b)** 前もって, あらかじめ. **2** 前方に, 先頭に: mit dem Mund 〈der Zunge〉 ～ sein《比》口達者である. **3** (vor allem) とりわけ, 特に, 何よりも.

Vor·weg·lei·stung =Vorleistung

Vor·weg·nah·me[..na:mə] 女 -/ (vorwegnehmen すること. 例えば:) 先取り, 先取.

vor·weg≈neh·men* 《104》 他 (h) (時間的に先行して)先取りする; あらかじめ見越す, 前もって行う〈言う〉: Nietzsche hat manche Einsichten Sigmund Freuds schon *vorweggenommen.* ニーチェはジークムント フロイトのいくつかの洞察を先取りした | Um es gleich *vorwegzunehmen*, ich kann das Angebot nicht annehmen. いますぐ結論を先に言ってしまうと私はその申し出を受けることはできない. ≈**sa·gen** 他 (h) 前もって〈まずもって〉言う.

Vor·weg·wei·ser[fó:rve:kvaɪzər] 男 -s/- (高速道路などでの)予告標識(→ 図 Schild).

Vor·we·he[fó:rve:ə] 女 -/-n 《ふつう複数で》〘医〙前陣痛.

vor·weih·nacht·lich[fó:rvaɪnaxtlɪç] 形 クリスマス前の.

Vor·weih·nachts·zeit 女 クリスマス前の〔待降節の〕時期(→Advent 1 a).

vor|wei·nen[fó:rvaɪnən] 他 (h) 《話》《*jm. et.*[4]》(…に…を)泣きながら訴える, (…に身の上話などを)涙ながらに話す.

Vor·weis[fó:rvaɪs][1] 男 -es/-e 《ふつう単数で》《スイス》 vorweisen すること.

vor|wei·sen*[fó:rvaɪzən][1] 《205》 他 (h) **1** (vorzeigen) (証明書などを)出して見せる, 呈示〈提示〉する: den Paß ~ 旅券を呈示する. **2** (自分の知識・能力などを)示す, 披露する: Er kann schon etwas ~. 彼はすでになかなかのものだ.

Vor·wei·sung[..zʊŋ] 女 -/ vorweisen すること.

Vor·welt[fó:rvɛlt] 女 -/ 太古〈有史以前〉の世界.

vor·welt·lich[-lɪç] 形 太古の, 有史以前の, 大昔の.

vor|wer·fen*[fó:rvɛrfən] 《209》 他 (h) **1 a)** 《*et.*[4]》 前方へ投げる; (軍隊を)前線へ投入する. **b)** 《*jm. et.*[4]》(…の)前に(…を)投げてやる: den Affen Futter ~ 猿にえさを投げ与える.

2 《*jm. et.*[4]》(…に対して…を)非難する, 咎(とが)める, 責める: *jm.* Feigheit 〈Nachlässigkeit〉 ~ …のおく病〈不注意〉を責める | Man kann mir nichts ~. 私は何ひとつとして非難されるおぼえはない | Sie *warf* ihm *vor*, daß er zu viel Geld ausgebe. 彼女は金遣いが荒すぎるといって彼を非難した | Ich habe mir nichts *vorzuwerfen.* 私には何もやましいところはない ‖ *sich*[3] 〔gegenseitig〕 nichts *vorzuwerfen* haben お互いに非難できる立場にない, どっちもどっちである.

Vor·werk[fó:rvɛrk] 中 -〔e〕s/-e **1** 〘農〙(〔領主の館(やかた)を中心とする〕大農場から離れた場所にある)分農場.
2 〘史〙(中世の城の前面に設けられた)突出堡(ほ), 外塁(→ 図 Burg).

vor|wie·gen*[fó:rvi:gən][1] 《210》 **I** 自 (h) 重さにおいてまさる; 《比》優位を占める, 優勢である: Bei diesem Volk *wiegt* der rundköpfige Typus *vor.* この民族には円頭型が多い.

II 他 (h) 《*jm. et.*[4]》(…の)目の前で(…の)重さを量る: Der Kaufmann hat mir die Kartoffeln *vorgewogen.* 商人は私にじゃがいもの目方を量って見せた.

III vor·wie·gend 現分 形 優位な, 主な, 主要な, 大部分の: der ~*e* Gebrauch eines Wortes 語の主な用法 ‖ Hier wohnen ~ Gastarbeiter. ここには主として外国からの出稼ぎ労働者が住んでいる | Er schrieb ~ Kurzgeschichten. 彼は主に短編小説を書いた.

Vor·win·ter[fó:rvɪntər] 男 -s/- 初冬.

Vor·wis·sen[fó:rvɪsən] 中 -s/ **1** 前もって知っていること, あらかじめ承知していること: mit ~ meines Vaters 父も承知の上で | Das ist ohne mein ~ geschehen. それは私に無断で行われた. **2** 前もっての知識, 予備知識.

Vor·witz[fó:rvɪts] 男 -es/ おせっかい, 出しゃばり, 知ったかぶり.
[*westgerm.* „übliches Wissen Hinausgehendes"]

vor·wit·zig[..tsɪç][2] 形 おせっかいな, 出しゃばりな, 知ったかぶりの: ein ~*es* Mädchen おしゃまな女の子.
[*ahd.* firiwizi „neugierig"; ◇ver..]

Vor·wo·che[fó:rvɔxə] 女 -/-n 前の週.

vor·wö·chig[..vœçɪç][2] 形 《付加語的》前の週の.

vor|wöl·ben[fó:rvœlbən][1] 他 (h) 前方に湾曲させる, 前の方に反らせる〈ふくらませる〉: *seinen* Bauch ~ 腹を前へ突き出す ‖ 再帰 *sich*[4] ~ 前方に湾曲する, 前の方に反りかえる〈ふくらむ〉 ‖ die *vorgewölbte* Brust はと胸.

Vor·wöl·bung[..bʊŋ] 女 -/-en 前方への湾曲.

Vor·wort[fó:rvɔrt] 中 **1** -〔e〕s/-e (↔Nachwort) (著述などの)序言, 緒言, 前書き, はしがき. **2** -〔e〕s/..wörter [..vœrtər] 《オーストリア》 (Präposition) 〘言〙前置詞.

Vor·wort≈fall 男 《オーストリア》 (Präpositionalkasus) 〘言〙前置詞格. ≈**ob·jekt** 中 《オーストリア》 (Präpositionalobjekt) 〘言〙前置詞格目的語.

Vor·wuchs[fó:rvu:ks] 男 -es/..wüchse[..vy:ksə] 〘林〙(落ちこぼれの種から自然に生えた)ひこばえ.

Vor·wurf[fó:rvʊrf] 男 -〔e〕s/..würfe[..vʏrfə] **1** 非難, 咎(とが)め立て: ein offener 〈ungerechtfertigter〉 ~ あからさまな〈いわれのない〉非難 ‖ *jm.* einen ~ 〈heftige *Vorwürfe*〉 machen …を非難する〈はげしく非難する〉 | *sich*[3] *Vorwürfe* machen 自分を責める(やましいところがあって) | Den ~ lasse ich nicht auf mir sitzen. / Ich verwahre mich gegen den ~. 私はそのような非難をされるおぼえはない ‖ *jn.* mit *Vorwürfen* überhäufen …にしきりに非難を浴びせる | *jm. et.*[4] zum ~ machen …を…のことで非難する.
▽**2** (小説・絵画などの)題材, 主題, テーマ: Der Vorfall war ein guter ~ für seinen Roman 〈zu seinem Roman〉. この出来事は彼の小説にとっての格好のテーマだった.
[<vorwerfen; 2: *mhd.*; *mlat.* obiectum (◇Objekt) の翻訳借用]

vor·wurfs≈frei 形 非難の余地のない, 申しぶんのない. ≈**voll** 形 非難に満ちた, 非難をこめた, 咎(とが)めるような: ein ~*er* Blick 非難をこめたまなざし | in ~*em* Ton 咎めるような語調で ‖ *jn.* ~ ansehen …を非難をこめて見る.

vor|zäh·len[fó:rtsɛ:lən] 他 (h) 《*jm. et.*[4]》(…の目の前で…を)数えて見せる, 計算して見せる.

vor|zau·bern[fó:rtsaʊbərn] 《05》 他 (h) 《*jm. et.*[4]》(…に…を)魔術を使って見せる; 《比》(すばらしいもの・信じがたい光景などを)現出して見せる.

Vor·zei·chen[fó:rtsaɪçən] 中 -s/- **1** (Omen) 前兆, 前ぶれ, 徴候: ein gutes 〈glückliches〉 ~ 吉兆 | ein böses 〈schlechtes〉 ~ 凶兆 ‖ Diese ~ deuten auf einen strengen Winter. これらの徴候は今年の冬がきびしいことを示している.
2 a) 〘楽〙(楽譜の五線各行の冒頭につける)調〔記〕号(嬰(えい)記号♯と変記号♭): das ~ auflösen (本位記号♮によって)調号を取り消す, 幹音に戻す. **b)** 〘数〙(数字の前につける正や負の)符号: ein positives 〈negatives〉 ~ 正〈負〉符号.

vor|zeich·nen[fó:rtsaɪçnən] 《01》 他 (h) 《*jm. et.*[4]》前もって〈手本として〉描いて見せる; 《比》あらかじめ指示する, 指図〈指定〉する: *jm.* den Grundriß ~ …に見取り図を描いて見せる | *jm.* *seinen* Weg ~ …に対してその行くべき道を示してやる.

Vor·zeich·nung[..nʊŋ] 女 -/-en **1** 《単数で》 vorzeichnen すること. **2** 下絵, 見本, 手本. **3** =Vorzeichen 2 a

vor·zeig·bar[fó:rtsaɪkba:r] 形 《話》(安心して)呈示することのできる, 人に見せても恥ずかしくない, 表看板的な.

Vor·zei·ge·frau[fó:rtsaɪgə..] 女 表看板的な女性.

vor|zei·gen[fó:rtsaɪgən][1] 他 (h) (手・切符・証明書などを)出して見せる, 呈示〈提示〉する: *seinen* Ausweis ~ 〔身分〕証明書を見せる | Bitte die Fahrkarte ~! 乗車券を拝見いたします.

Vor·zei·ger[..gər] 男 -s/- vorzeigen する人: der ~ des Wechsels 手形の持参人.

Vor·zei·gung[..gʊŋ] 女 -/ vorzeigen すること.

Vor·zeit[fó:rtsaɪt] 女 -/ (有史以前の)原始時代, 太古: in grauer ~ 大昔に.

vor·zei·ten[fo:rtsáɪtən] 副 《雅》昔, かつて.

vor·zei·tig[fó:rtsaɪtɪç][2] 形 《述語的用法なし》予定〈期待〉された時点より以前の, 定刻〈期限〉前の, 早すぎた: ~*e* Abreise 予定より早い旅立ち ‖ den Urlaub ~ abbrechen 休暇を早めに打ち切る | Er ist ~ gealtert 〈geboren〉. 彼は早く老い込んだ〈予定よりも早く生まれた〉.

Vor·zei·tig·keit[-kaɪt] 女 -/ **1** vorzeitig なこと.

2 (↔Nachzeitigkeit)〘言〙時間的先行性(例えば nachdem などの接続詞によって導入される副文の内容が主文の内容に時間的に先行していること).

vor·zeit·lich[fó:rtsaɪtlɪç] 形 原始時代の, 太古の, 大昔の.

Vor·zeit·mensch 男 原始人, 太古の人.

Vor·zen·sur[fó:rtsɛnzu:r] 女 -/-en **1** (生徒個人の)平均点, 平常点(これを予備点として試験の成績と合算して修了の決定点とする). **2**《単数で》事前検閲: *et.*⁴ einer ~ unterwerfen …を事前に検閲する.

vor|zie·hen*[fó:rtsi:ən]《219》**I** 他 (h) **1**《*jn.* / *et.*⁴》前方へ引き出す,(引いて)前へ出す;〘軍〙(部隊などを)前線へ移動させる, 進出させる: den Schemel unter dem Tisch ~ 腰掛けをテーブルの下から引き出す.

2《*et.*⁴》(覆いかくすために幕・カーテンなどを)前へ引く.

3 a)《*et.*³ *et.*⁴》(…よりも…のほうを)いっそう好む,(…よりもむしろ…を)選ぶ;(…よりも…を)優先させる: Ich *ziehe* Tee 〔dem〕 Kaffee *vor.* 私はコーヒーよりは紅茶のほうがいい | Das Lesen *ziehe* ich allem anderen *vor.* 読書を私は他の何よりも好む ‖〘3格の目的語なしで〙*Ziehen* Sie Wein oder Bier *vor*? ワインとビールとどちらがいいですか | Er *zog* 〔es〕 *vor*, zu Hause zu bleiben. 彼は家にとどまるほうを選んだ | Wir müssen diese Arbeiten ~. 我々はこの仕事のほうを優先させねばならない.

b)《*jm.* 〔gegenüber〕 *jn.*》(…よりも…のほうを)優先させる; 優遇する, ひいきする: Der Lehrer *zieht* diesen Schüler den anderen *vor.* 教師はこの生徒を他の生徒たちよりもひいきにしている | Das jüngste Kind wurde gegenüber seinen Geschwistern häufig *vorgezogen.* 末っ子はきょうだいたちに比べてしばしば甘やかされた ‖〘3格の目的語なしで〙Der Arzt hat mich *vorgezogen.* 医者は私を優先的に診察してくれた.

4《話》《*et.*⁴》(時間的に)前へ出す,(…の)時期を早める.

II 自 (s) 前方へ出る, 進出する;(競技などで)上位にあがる.

Vor·zim·mer[fó:rtsɪmər] 中 -s/- **1** (主室に通じる)次の間, 控えの間(オフィスならばふつう秘書などの執務室).

2《オースト》(Hausflur)(家の戸口を入ったところの)ホール, 玄関の間.

Vor·zim·mer·wand 女《オースト》(玄関の)クローク.

Vor·zin·sen[fó:rtsɪnzən] 複〘商〙先払い利子, 割引利子.

Vor·zug¹[fó:rtsu:k]¹ 男 -〔e〕s/..züge[..tsy:gə] (↔Nachzug)〘鉄道〙(定期列車の前に増発される)先行臨時列車, 先行不定期列車.

Vor·zug²[−] 男 -〔e〕s/..züge **1** 長所, 利点;《ふつう単数で》(他の人の持ち得ない)有利な点, 特典: eine Wohnung mit vielen *Vorzügen* 多くの利点をもつ住居 | ein Mensch ohne besondere *Vorzüge* これといった長所〈取柄〉のない人間 ‖ den ~ haben, daß ... …という長所がある ‖ Der ~ liegt darin, daß ... …という点に利点がある | Das ist ein besonderer ~ an ihm 〈von ihm〉. これが彼の特にいい点だ | Sie genießt den ~, Ausländerin zu sein. 彼女は外国人であるという特典がある. **2**《単数で》他よりも好むこと, 好み; 優位, 優先: ***jm.* 〈*et.*³〉 den ~ geben** …を優先させる, …のほうをよしとする | Ich gebe 〔dem〕 Kaffee den ~. 私はコーヒーのほうがいい. **3**《オースト》(成績優秀の生徒に与えられる)表彰: mit ~ maturieren 抜群の成績で高校卒業試験に合格する. [<vorziehen]

vor·züg·lich[fo:rtsý:klɪç, ⏤⏑⏑; オースト: ⏤⏑] 形 **1** すぐれた, 卓越した, 卓抜な, 優秀な; りっぱな, すばらしい: ein ~*er* Redner すぐれた演説家 | über ~*e* Kenntnisse verfügen すぐれた知識の持ち主である ‖ ~ schmecken すばらしい味である | Die Arbeit ist ~ gelungen. 仕事はすばらしい出来ばえだ. ▽**2 a)**《副詞的》(hauptsächlich, vor allem) 主として, 特に, とりわけ. ▽**b)**《付加語的》格別の: mit ~*er* Hochachtung (手紙の末尾で)敬具.

Vor·züg·lich·keit[..kaɪt, ⏤⏑⏑] 女 -/ vorzüglich なこと.

Vor·zugs≠ak·tie[fó:rtsu:ks|aktsiə] 女 (↔Stammaktie)〘商〙優先株. **≠be·hand·lung** 女 優遇, 特別扱い. **≠milch** 女 (特に品質のすぐれた)特別〔優良〕牛乳. **≠preis** 男〘商〙特価. **≠schü·ler** 男《オースト》優等生. **≠stel·lung** 女 特別待遇されている地位〈ポスト〉. **≠ta·rif** 男 特恵関税率.

vor·zugs·wei·se 副 優先的に, 好んで; 主として, 特に.

Vor·zugs·zoll 男 特恵関税.

Vor·zu·kunft[fó:rtsu:kʊnft] 女 -/ (Futurum exaktum)〘言〙未来完了.

Vor·zün·dung[fó:rtsʏndʊŋ] 女 -/-en〘工〙早め点火.

Vo·ta Votum の複数.

▽**Vo·tant**[votánt] 男 -en/-en **1** 投票者; 選挙人.

2《オースト》(Schöffe) 参審員.

▽**Vo·ta·tion**[votatsió:n] 女 -/-en 投票.

Vo·ten Votum の複数.

vo·tie·ren[votí:rən] 自 (h)《雅》(stimmen) 投票する: für 〈gegen〉 *et.*⁴ ~ …に賛成〈反対〉の票を入れる; …に賛成〈反対〉の意思表示をする. [*engl.* vote－*fr.* voter]

Vo·tiv[votí:f]¹ 中 -s/-e ＝Votivgabe

Vo·tiv≠bild 中 奉納画. **≠ga·be** 女 (誓願などに基づく神への)献納品, 奉納物. **≠ka·pel·le** 女 (誓願に基づいて建立された)奉納礼拝堂. **≠kir·che** 女 奉納教会堂. **≠mes·se** 女〘カトリック〙随意ミサ. **≠ta·fel** 女 (日本の絵馬に似た)奉納額. [<*lat.* vōtīvus „versprochen"]

Vo·tum[vó:tʊm] 中 -s/..ten[..tən], ..ta[..ta·] **1**《雅》(Stimme)(賛否の)意思表示, 投票: *sein* ~ 〔für *et.*⁴〕 abgeben 〔…に賛成の〕投票〈意思表示〉をする | Die Abstimmung war ein eindeutiges ~ für 〈gegen〉 die Politik der Regierung. 投票の結果は政府の政策に対するはっきりした賛成〈反対〉の意思表示であった. **2** 判定, 所見. ▽**3** 誓い, 誓約. [*lat.* vōtum „Gelübde"－*mlat.*; <*lat.* vovēre „geloben"; ◇*engl.* vote]

Vot·ze[fɔ́tsə] 女 -/-n《卑》(Fotze) 膣(ちつ), ワギナ.

Vou·te[vú:tə] 女 -/-n **1** 円(まる)天井, ドーム. **2**〘建〙迫石(せりいし). [*lat.* volūtus (→Volute)－*fr.* voûte]

Vox ni·hi·li[vɔ́ks ní:hili·, vó:ks níhili·] 女 --/Voces -[vó:tse:s −] ＝Ghostword
[*lat.*; <*lat.* vōx „Stimme"＋nihil „nichts"]

vox po·pu·li vox Dei[vɔ́ks pó:puli· vɔ́ks dé:i·, vó:ks pópuli· vó:ks déi·]《ラテン語》(Volkes Stimme 〔ist〕 Gottes Stimme) 民衆の声は神の声.
[<*lat.* deus „Gott"; ◇Pöbel]

▽**Voya·geur**[voajaʒǿ:r] 男 -s/-s, -e **1** (Reisende) 旅行者. **2** ＝Commis voyageur
[*fr.*; <*fr.* voyager „reisen"; ◇Viatikum]

Voy·eur[voajǿ:r] 男 -s/-e (◎ **Voy·eu·se**[..jǿ:zə]-/-n)(他人の性行為をのぞいて性的満足を得る)観淫(かんいん)者, のぞき見嗜好(しこう)者. [*fr.*; <*fr.* voir „sehen" (◇vide)]

Voy·eu·ris·mus[voajørísmʊs] 男 -/ 観淫(かんいん)症; のぞき見趣味. [*fr.* voyeurisme]

voy·eu·ri·stisch[voajørístɪʃ] 形 観淫(かんいん)症の; のぞき見的な.

▽**vo·zie·ren**[votsí:rən] 他 (h)《*jn.*》**1** (berufen) 招聘(しょうへい)する. **2** (vorladen)(法廷などに)召喚〈喚問〉する.
[*lat.* vocāre „rufen"; <*lat.* vōx (→vokal)]

VP 略 **1** ＝Versuchsperson **2** [faʊpé:]＝Verbalphrase **3** [faʊpé:]＝Volkspolizei

Vp. 略 ＝Versuchsperson

VR 略 **1** ＝Volksrepublik **2** ＝virtuelle Realität 仮想現実〔感〕.

v. R. w. 略 ＝von Rechts wegen 法によって〈従って〉;《比》当然, 本来.

VS[faʊ|ɛ́s] 略 ＝Volkssolidarität

vs. 略 ＝versus

v. s. 略 ＝verte subito

V. S. O. P.[faʊ|ɛs|o:pé:] 略 ＝very superior 〈special〉 old pale (ブランデーの)特上(酒齢20-25年のものを示す).
[*engl.* „ganz besonders alt und hell"]

v. s. pl. 略 ＝verte, si placet

v. T. (vT) 略 ＝vom Tausend 1000分の(…),(…)パーミル.

V

VTOL-Flug·zeug[faʊte:|o:|ɛl..] 中 (Senkrechtstarter) 垂直離着陸機.
[< *engl.* *v*ertical *t*ake *o*ff and *l*anding]

v. u. 略 = von unten 下から(何行目).

vul·gär[vʊlgɛ́:r] 形 **1** 卑俗な, 野卑な, 下品な: ein ~*er* Ausdruck 卑俗な(品の悪い)表現 | ein ~*es* Benehmen 下品な態度. **2** 通俗な.
[*lat.*–*fr.*; < *lat.* vulgus (→vulgo)]

vul·gär·grie·chisch 形 平俗ギリシア語の: →deutsch

vul·ga·ri·sie·ren[vʊlgarizí:rən] 他 (h) 通俗化する.

Vul·ga·ri·tät[vʊlgaritɛ́:t] 女 -/-en **1** 《単数で》 vulgär なこと. **2** vulgär な言動. [*spätlat.*]

Vul·gär·la·tein[vʊlgɛ́:r..] 中 平俗ラテン語(特にロマン諸語の前身である話し言葉).

vul·gär·la·tei·nisch 形 平俗ラテン語の: →deutsch

Vul·gär≈mar·xis·mus 男 通俗マルキシズム. **≈spra·che** 女 卑語.

vul·gär·sprach·lich 形 卑語の.

Vul·ga·ta[vʊlgá:ta·] 女 -/ **1** ウルガタ聖書(ラテン語訳聖書. 聖 Hieronymus が 4 世紀末に翻訳し, ローマカトリック教会によって公認されている). **2** (一般に古典作品の)一般に通用しているテキスト, 定本. [*mlat.* vulgāta (ēditiō) „populäre (Ausgabe)"; < *lat.* vulgāre „verbreiten"; ◇ *engl.* Vulgate]

vul·go[vʊ́lgo·] 副 普通, 一般に, 通例; (人名の前に冠して)通称. [*lat.* vulgus „gemeines Volk"]

Vul·kan[vʊlká:n; ｽｲｽ: –, fʊl..] **I** 人名 《ロ神》 ウルカヌス(火と鍛冶(ｶﾞ)の神, ギリシア神話の Hephäst に当たる).
II 男 -s/-e 火山(→ 図 Berg B): ein erloschener ~ 死火山 | ein tätiger 〈ruhender〉 ~ 活〈休〉火山 | Unterwasser*vulkan* 海底火山 ‖ Der ~ ist wieder ausgebrochen. 火山が再び爆発した ‖ ein Tanz auf dem ~ (→ Tanz 1 a).
[*lat.*]

Vul·kan≈asche 女 火山灰. **≈aus·bruch** 男 (Eruption) 火山の爆発. **≈fi·ber** 女 -/ バルカンファイバー(木綿またはパルプの繊維を酸または塩化亜鉛溶液で処理し, 硬化させたもの. パッキング・絶縁体などに使われる). **≈in·sel** 女 火山島.

Vul·ka·ni·sa·tion[vʊlkanizatsió:n] 女 -/-en = Vulkanisierung [*engl.* vulcanization]

vul·ka·nisch[vʊlká:nɪʃ] 形 火山の; 火山性の; 火山活動による; 火山のある(多い): ~*e* Asche 火山灰 | ~*er* Boden 火山土 | ~*es* Gestein 火山岩 | eine ~*e* Insel 火山島.

vul·ka·ni·sie·ren[..kanizí:rən] 他 (h) 《化》 (生ゴムなどに)加硫する. [*engl.* vulcanize]

Vul·ka·ni·sie·rung[..rʊŋ] 女 -/-en 《化》 加硫.

Vul·ka·nis·mus[vʊlkanísmʊs] 男 -/ 火山活動〈現象〉.

Vul·ka·nit[..ní:t, ..nít] 男 -(e)s/-e 《地》 火山岩, 噴出岩. [< ..it[2]]

Vul·ka·no·lo·ge[vʊlkanoló:gə] 男 -n/-n (→..loge) 火山学者.

Vul·ka·no·lo·gie[..logí:] 女 -/ 火山学.

vul·ka·no·lo·gisch[..ló:gɪʃ] 形 火山学〔上〕の.

Vul·kan·zo·ne[vʊlká:n..] 女 《地》 火山帯.

vul·ne·ra·bel[vʊlnerá:bəl] (..ra·bl..) 形 (verwundbar) 《医》 傷つきやすい, 損傷を受けやすい, 易損(ｲｿﾝ)性の.
[*spätlat.*; < *lat.* vulnerāre „verwunden" (◇ Wal[2])]

Vul·ne·ra·bi·li·tät[..rabilitɛ́:t] 女 -/ vulnerabel なこと.

Vul·va[vʊ́lva·] 女 -/..ven[..vən] 《解》 (女性の)外陰〔部〕, 陰門. [*lat.* volva „Gebärmutter"]

Vul·vi·tis[vʊlví:tɪs] 女 -/..tiden[..vití:dən] 《医》 陰門炎, 外陰炎. [< ..itis]

v. u. Z. 略 = vor unserer Zeitrechnung 西暦紀元前(…年).

v. v. 略 = vice versa 逆に, 反対に.

VVB[faʊfaʊbé:] 略 = Vereinigung Volkseigener Betriebe (旧東ドイツの)人民経営〈国営企業〉連合(→VEB).

v. W. 略 **1** = voriger 〈vergangener〉 Woche 先週に, 先週の. **2** = vorige 〈vergangene〉 Woche[4] 先週に.

VW[faʊvé:, ⌐ –] 男 -(s)/-s 商標 (< Volkswagen) フォルクスワーゲン (Volkswagenwerk 製の自動車).

V-Waf·fe[fáʊvafə] 女 -/-n 《ふつう複数で》 (< Vergeltungswaffe) 報復兵器(特に第二次大戦末期にドイツ軍の使用した V1, V2などの無人ロケット弾).

VWD[faʊve:dé:] 略 複 = **V**ereinigte **W**irtschafts**d**ienste 合同経済サービス(1949年に創立されたドイツ最大の経済通信サービス会社).

Vy·lan[vylá:n] 中 -s/ 商標 ビラーン(旧東ドイツのポリ塩化ビニール繊維).

VZ[faʊtsɛ́t] 略 = Verseifungszahl

w[ve:], **W**[1][−] 中 -/- (→a[1], A[1] ★)ドイツ語のアルファベットの第23字(子音字; 中世において V を重ねて作られた): →a[1], A[1] 1 | *W* wie Wilhelm (通話略語) Wilhelm の W〔の字〕(国際通話では *W* wie Washington).

w. 略 **1** =westlich 1 **2** =weiblich 女性の. **3** =wenden 裏面を見よ.

W[2] **I** 記号 **1** [ve:, vɔ́lfram](Wolfram)〘化〙タングステン. **2** [vat](Watt)〘電〙ワット(単位). **3** [vɛrst](Werst) ベルスタ. **II** 略 =West〔en〕西.

▽**wa**[va:] =wie

WAA[ve:|a:|á:] 略 女 -/ =Wiederaufbereitungsanlage

die **Waadt**[vat, va:t] 地名 女 -/ (das **Waadt·land**[vá(:)tlant][1] 中 -〔e〕s/)ヴァート, ボー(スイス南西部の州. 州都は Lausanne). [◇*engl.* Vaud]

Waadt·län·der[vá(:)tlɛndər] **I** 男 -s/- ボーの人. **II** 形《無変化》ボーの.

waadt·län·disch[vá(:)tlɛndɪʃ] 形 ボーの.

die **Waag**[va:k] 地名 女 -/ ヴァーク (Donau 川の支流. スロヴァキア語形 Váh[va:x]). [*germ.*; ◇Woge; *illyr.* Cūsus の翻訳借用]

Waa̱·ge[vá:gə] 女 -/-n (小 **Wä̱·gel·chen**[vɛ́:gəlçən], **Wäg·lein**[vɛ́:klaɪn] 中 -s/-) **1** はかり, 計量器(→ 図); (Wasserwaage) レベル, 水準器;《比》価値を評価〈決定〉するもの; 考量; (運命の)裁定; (Gleichgewicht) 平衡, 均衡, つり合い: die ~ der Gerechtigkeit《比》正義の天秤(てんびん), 公正 ‖ die ~ anlegen 水準器をあてる | *et.*[3] die ~ halten《比》…と均衡〈つり合い〉を保つ, …とどんとん〈帳消し〉になる, …と相殺する | ***jm.*** **〈*et.*[3]〉 die ~ halten** …に伯仲〈匹敵〉する | ***sich***[3] **〈einander〉 die ~ halten** 互いに均衡を保つ; 互いに相殺する; 互いに伯仲〈匹敵〉する | Einnahmen und Ausgaben halten sich[3] die ~. 収入と支出がつり合いを保っている | die ~ verlieren 均衡〈平衡〉を失う ‖ das Zünglein an der ~ (→Zünglein) | *et.*[4] auf 〈mit〉 der ~ wiegen / *et.*[4] auf die ~ legen …を計量する;《比》…について考量する(→Waagschale) | jedes Wort auf die ~ legen《比》一言一句慎重に吟味する ‖ Die ~ steigt 〈schlägt aus〉. はかりが上がる〈一方に傾く〉| Die ~ wiegt 〈geht〉 genau. そのはかりは正確だ.

2 〘体操・スキー〙水平(→Waageknien, Waageliegen).

3 die ~〘天〙天秤座;〘占星〙天秤宮(黄道十二宮の一つ): →Fisch 1 b

[*germ.* „Schwingendes"; ◇Wagen, wagen, wägen]

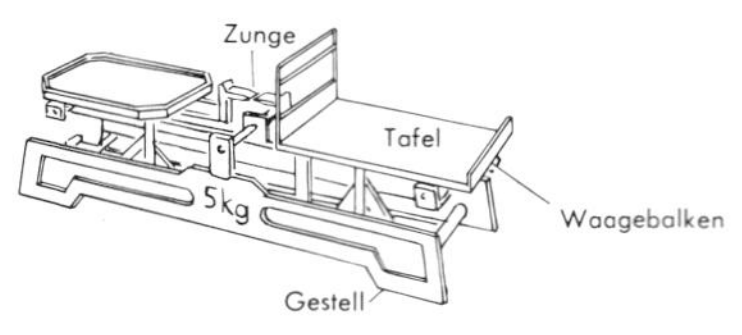

Waage
(Tafelwaage)

Waa̱·ge≠bal·ken[vá:gə..] 男 天秤(てんびん)のさお(→ 図 Waage). **≠geld** 中 検量〈計量〉負担金(穀物・石炭などの重量の公式検査に必要な費用の負担金). **≠haus** 中 貨物計量所. **≠knien**[..kni:(ə)n] 中 -s/ 〘体操〙片ひざ立て水平(→ 図). **≠lie·gen** 中 -s/ 〘体操〙(平行棒での)上向き水平(→ 図). ▽**≠mei·ster** 男 国立〈公立〉計量所所長.

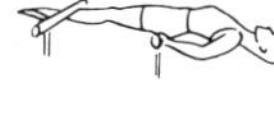

Waa̱·gen·bau·er 男 -s/- 計量器製造業者.

waa̱·ge·recht[vá:gərɛçt] **I** 形 (↔senkrecht) (horizontal) 水平の, 平らな: eine ~*e* Fläche 水平面 ‖ eine Schnur ~ spannen 一本のひもを水平に張る.

II Waa̱·ge·rech·te 女《形容詞変化》(また: -/-n) 水平の線; 水平状態.

Waa̱·ge·recht·sto̱ß·ma·schi̱·ne 女〘工〙型削り盤, シェーパー. [<stoßen]

Wa̱a̱g·geld[vá:k..] =Waagegeld

wa̱a̱g·recht I =waagerecht **II Wa̱a̱g·rech·te** =Waagerechte

Wa̱a̱g·scha̱·le[vá:k..] 女 はかりの皿; はかり: ***et.***[4] **auf die ~ legen** …の重さをはかる;《比》…を慎重に吟味〈考量〉する | Du brauchst seine Worte nicht so sehr auf die ~ zu legen. 君は彼の言葉を文字どおり〈本気〉に取る必要はないよ |〔**schwer**〕**in die ~ fallen**《比》与(あず)って〔大いに〕力がある,〔非常に〕効力がある〈有利に働く〉,〔大いに〕ものを言う | ***et.***[4] **in die ~ werfen**《比》(ある目的を達成するために)…を利用〈活用〉する | *js.* Ansehen in die ~ werfen …の名声にものを言わせる | *sein* ganzes Gewicht in die ~ werfen (→Gewicht 2) ‖ Die ~ sinkt. はかりが沈む | Die ~*n* stehen gleich. はかり(の両方の皿)がつり合いを保っている.

die **Waal**[va:l] 地名 女 -/ ヴァール(オランダを流れる Rhein 川の河口支流). [*kelt.*−*lat.* Vacalus, Vahalis; ◇*lat.* vacillāre „wanken"]

Wa̱b·be[vábə] 女 -/-n《北部》=Kropf 1

Wa̱b·bel[vábəl] 男 -s/-《話》(プディングなど)ぶよぶよしたもの; (気色の悪い)ぐにゃぐにゃしたもの.

wa̱b·be·lig[vábəlɪç][2] (**wa̱bb·lig**[..blɪç][2]) 形《話》**1** ぶよぶよ〈ぐにゃぐにゃ〉の; ゆらゆらする; ぐらぐら〈よろよろ〉する. **2** (胃が)むかむかする, 吐き気のする.

wa̱b·beln[vábəln]《06》自 (h)《話》ぶよぶよ〈ぐにゃぐにゃ〉する; ゆらゆらする; ぐらぐら〈よろよろ〉する.

[<*mhd.* wabelen „in Bewegung sein"; ◇wabern, wobbeln; *engl.* wabble]

wa̱bb·lig =wabbelig

Wa̱·be[vá:bə] 女 -/-n **1** はちの巣, 蜂房(ほうぼう). **2** はちの巣状のもの. [„Gewebe"; *ahd.*; ◇weben, Waffel]

wa̱·ben≠a̱r·tig 形, **≠för·mig** 形 はちの巣状の; 穴〈気泡〉だらけの.

Wa̱·ben≠ho̱·nig 男 はちの巣の中のみつ; (精製する前の)天然〈なま〉はちみつ. **≠krö̱·te** 女〘動〙スリナムガエル, ピパピパ. **≠kü̱h·ler** 男〘工〙はちの巣〔形〕放熱器.

Wa̱·berl[vá:bərl] 中 -s/-〔n〕《オーストリア》ばかな女.

Wa̱·ber·lo·he[vá:bərlo:ə] 女〘北欧神〙(Brunhild の寝所を守って)燃えさかる火炎;《雅》ゆらぐ炎.

wa̱·bern[vá:bərn]《05》自 (h) (flackern) (炎などが)ゆらぐ, 揺れ動く, 震える. [*germ.* „sich hin und her bewegen"; ◇weben; *engl.* wayer]

wach[vax] 形 **1** 目がさめている, 眠っていない, 意識のある: ein ~*er* Traum 白昼夢, 夢想 | ein ~*er* Zustand 目のさめた〈意識のある〉状態 ‖ *sich*[4] mühsam 〈durch Kaffee〉 ~

halten どうにか〈コーヒーの力で〉眠らずにいる(ただし: →wachhalten) | *jn.* ~ küssen キスをして…を起こす | *jn.* ~ machen …(眠っている人)を起こす | *jn.* ~ rufen 〈rütteln〉 …を呼び〈揺り〉起こす(ただし: →wachrufen, wachrütteln) | die Nacht über ~ sein 〈bleiben〉 一晩じゅう目ざめている | ~ werden 目がさめる ‖ Kaffee hält ~. コーヒーは眠気を払う | Ich war zwar schon ~, wollte aber noch nicht aufstehen. 私はもう目をさましてはいたが まだ起きたくはなかった | Die Stadt war noch nicht ~. 町はまだ目をさましていなかった. **2** 生き生きした, 活発な, 活気のある; 機敏〈明敏〉な, 注意深い: ~ und munter 生き生きと元気な ‖ ein ~*er* Geist 聡明(ｿｳﾒｲ)な精神〈人物〉 | mit ~*em* Interesse 強い興味をもって | mit ~*en* Sinnen 気を張りつめて, 油断なく ‖ den Vorgang sehr ~ verfolgen 事の成り行きを非常に注意深く追跡する. [<〔in〕 Wache]

Wach·ab·lö·sung[váx..] 女 歩哨(ﾎｼｮｳ)〈見張り〉の交代: eine politische ~《比》政権交代. [<Wache]

die **Wach·au**[vaxáu] 地名 女 -/ ヴァハウ(オーストリア Niederösterreich 州にある Donau 川の渓谷).

Wach·au·er[-ər] **I** 男 -s/- ヴァハウの人. **II** 形《無変化》ヴァハウの: das ~ Laibchen ヴァハウ=パン(ライ麦のロールパン).

Wach≠ba·tail·lon[váxbataljo:n] 中〘軍〙(基地などの監視・治安維持に当たる)保安大隊. ≠**boot** 中 巡視船, 哨戒(ｼｮｳｶｲ)艇. ≠**buch** 中〘軍〙歩哨(ﾎｼｮｳ)報告簿, 衛兵当直日誌. ≠**dienst** 男 -〔e〕s/ **1**《単数で》警備〔勤務〕;〘軍〙歩哨勤務. **2**《集合的に》警備員, 衛兵.

Wa·che[váxə] 女 -/-n **1**《しばしば集合的に》番人, 守衛, 監視〈警備〉員; 看守, 夜警; 当直者;〘軍〙番兵, 歩哨(ﾎｼｮｳ), 〔護〕衛兵: Die ~ besteht aus drei Mann. 番人〈番兵〉は 3 名から成る | Die ~ zog auf. 〔交代の〕歩哨が現れた〈到着し〔て勤務につい〕た〉.

2《単数で》見張り, 監視, 警戒; 保護, 警護;〘軍〙歩哨勤務〔時間〕, 当直;〘医〙看護: die erste ~〘海〙初夜直(20-24時の当直) | die zweite ~ 夜半直(0-4時の当直) ‖ die ~ beziehen 見張り〈当直〉に出る | **~ gehen** パトロールする | ~ haben 見張り〈当直〉をする | bei *jm.* ~ halten …を見守る | Sie mußte bei ihrem kranken Mann die ganze Nacht über ~ halten. 彼女は夜どおし病気の夫を看病せねばならなかった | **~ schieben**《話》歩哨〈見張り〉に立つ | **~ stehen** 見張りに立っている | Er stand draußen ~, während die anderen in die Bank einbrachen. 彼は他の連中が銀行に押し入っているあいだ外で見張っていた | *jm.* 〈an *jn.*〉 die ~ übergeben …に見張り番を引き継ぐ | von *jm.* die ~ übernehmen …から見張り番を引き継ぐ ‖ **auf ~ sein** 見張り〈当直〉をしている | **auf ~ stehen** 見張りに立っている | auf ~ ziehen 見張りにつく.

3 (Wachlokal) 番小屋, 監視所, 守衛〈警備〉室, 夜警〈歩哨〉詰め所; (Polizeiwache) 交番, 派出所;〘軍〙哨舎(ｼｮｳｼｬ): *jn.* mit auf die ~ nehmen …を詰め所〈交番〉へ連行する | Der Betrunkene wurde auf die ~ mitgenommen 〈gebracht〉. 酔っぱらいは交番へ連れて行かれた.

[*ahd.*; ◇wachen, Wacht; *engl.* wake]

Wa·che·be·am·te[váxə..] 男《ｵｰｽﾄﾘｱ》(Polizist) 警官.

wa·chen[váxən] **I** 自 (h) **1** (↔schlafen) 目をさましている, 眠らずに〈起きて〉いる: Sie *wachte*, bis ihr Mann nach Hause kam. 彼女は夫が帰宅するまで眠らずにいた | halb *wachend*, halb träumend 夢うつつ〔のうち〕に.

2 見張りをする, 監視する, 不寝番をする; (病人の)看護をする;〘軍〙歩哨(ﾎｼｮｳ)に立つ: **an** den Grenzen des Landes ~ 国境の警備をしている | Sie hat die ganze Nacht an seinem Bett 〈**bei** ihrem kranken Mann〉 *gewacht*. 彼女は夜どおし彼の病床に付き添って〈病気の夫のそばで〉看護をした | **über** *jn.* 〈*et.*[4]〉 ~ …を見張る, …を監視する | Die Mutter *wacht* über die Kinder, wenn sie draußen spielen. 母親は子供たちが外で遊ぶときには見張っている | Die Mutter *wacht* darüber, daß die Kinder nichts anstellen. 母親は子供たちがいたずらをしないよう見守っている | Die Polizei *wacht* über den Verkehr. 警察が交通〈車の流れ〉を監視している.

II Wa·chen 中 -s/ (wachen すること. 例えば:) 目をさまして〈眠らずに〉いること; 見張り, 監視: im ~ und im Schlafen 寝てもさめても.

[*germ.* „munter sein"; ◇vigil, wacker, wecken[1], Wache, Wacht; *engl.* wake, watch]

wa·che·ste·hend 形 歩哨(ﾎｼｮｳ)〈見張り〉に立っている.

Wach·feu·er[váx..] 中 (警備員などのたく)かがり火.

wach·ha·bend I 形 見張り番の, 不寝番の, 当直の: ein ~*er* Offizier 当直士官. **II Wach·ha·ben·de** 男 女《形容詞変化》見張り員, 当直員. [<Wache haben]

wach|hal·ten* 《65》他 (h) 活発なままにしておく, 生き生きした状態に保つ(ただし: wach halten →wach 1): eine Erinnerung ~ 記憶を褪(ｱ)せさせない | *seinen* Haß ~ 恨みを抱きつづける | Es ist schwierig, das Interesse der Studenten *wachzuhalten*. 学生に生き生きとした興味をもちつづけさせることはむずかしい.

Wach·heit[váxhaɪt] 女 -/ **1** 目ざめていること, 覚醒(ｶｸｾｲ)状態. **2** 敏活, 機敏; 注意深いこと.

Wach≠hund 男 番犬;《ﾄﾗﾝﾌﾟ》(いざというときのために隠し持っている)切り札. ≠**kom·pa·nie** 女〘軍〙保安中隊(→Wachbataillon). ≠**lo·kal** 中〘軍〙番兵詰め所, 衛兵室, 哨舎(ｼｮｳｼｬ). ≠**mann** 男 -s/..leute, ..männer **1** 番人, 守衛; 警備員;〘軍〙歩哨. **2**《ｵｰｽﾄﾘｱ》(Polizist) 警官. ≠**mann·schaft** 女〘軍〙衛兵,〔当直〕警備〈歩哨〉班. [<Wache]

Wa·chol·der[vaxɔ́ldər] 男 -s/- **1**〘植〙ビャクシン(柏槙)属(イブキ・ネズなど: → 図 Gewürz): Gemeiner ~ トショウ(杜松)(実をジンの香料にする). **2** ジン, としょう酒.

[*ahd.*; ◇wickeln, Teer]

Wa·chol·der≠baum 男 =Wacholder 1 ≠**bee·re** 女〘植〙ビャクシン属の実. ≠**brannt·wein** 男 ジン, 杜松(ﾄｼｮｳ)酒. ≠**dros·sel** 女〘鳥〙ノハラツグミ(野原鶫)(Wacholder の実を好む). ≠**geist** 男 -〔e〕s/, ≠**schnaps** 男 =Wacholderbranntwein ≠**strauch** 男 =Wacholder 1

Wach·po·sten[váx..] 男〘軍〙歩哨(ﾎｼｮｳ), 哨兵,〔護〕衛兵. [<Wache]

wach≠|ru·fen* 《121》他 (h) (記憶などを)呼びさます, 喚起する(ただし: wach rufen →wach 1): Erinnerungen ~ 記憶をよみがえらせる | Seine Worte *riefen* in mir längst vergessene Erlebnisse *wach*. 彼の言葉はもうとっくに忘れていた体験を私の胸のうちに思い起こさせた. ≠|**rüt·teln** 《06》他 (h) (自失・忘我などの状態から)揺り起こす; (注意を)喚起する, ふるい立たせる(ただし: wach rütteln →wach 1): *js.* Gewissen ~ …の良心を呼びさます | *jn.* aus *seinen* Träumen ~ …を迷夢から覚醒(ｶｸｾｲ)させる.

Wachs[vaks] 中 -es/-e 蠟(ﾛｳ), 蠟状のもの; ワックス; (Bienenwachs) 蜜蠟(ﾐﾂﾛｳ): echtes ~ 蜜蠟 | Chinesisches ~ イボタ蠟(イボタノキ・トウネズミモチなどの樹皮に寄生するイボタカイガラムシの分泌する蠟を集めたもの: →Wachsschildlaus) | Japanisches ~ 木蠟(ハゼノキの果実から採る蠟) ‖ ~ gießen (ある形にするために)蠟を溶かして流す | *et.*[4] mit ~ bestreichen 〈einreiben〉 …に蠟を塗る〈塗りこむ〉 | *et.*[4] mit ~ polieren …を蠟で磨く ‖ weiß 〈bleich〉 wie ~ 蠟のように白い〈青白い〉 | **weich wie ~ werden** ぐにゃぐにゃになる;《比》(他人の)言いなりになる | **~ in *js.* Hand 〈Händen〉 sein**《比》…の思いのままである.

[*germ.* „Gewebe"; ◇Velum, Wickel; *engl.* wax]

Wachs≠ab·druck[váks..] 男 -〔e〕s/..drücke, ≠**ab·guß** 男 蠟(ﾛｳ)型.

wach·sam[váxza:m] 形 (危険に対して)気を配っている, 油断なく警戒している; 用心〈注意〉深い, 機敏な: ein ~*er* Hund よく見張りをする犬(番犬など) | ein ~*es* Auge auf *et.*[4] haben …を警戒怠りなく監視する ‖ *et.*[4] ~ verfolgen …の動きを油断なく見守る ‖ Bei diesem Kerl muß man ~ sein. こいつを相手にするときには用心していなくてはならない | Holzauge, sei ~ (→Holzauge). [<Wache]

Wach·sam·keit[-kaɪt] 女 -/ (wachsam なこと. 例えば:) 警戒心, 注意〈用心〉深さ.

Wachs≠bild[váks..] 中 蠟(ﾛｳ)で作った像, 蠟細工, 蠟人

形. ≈**bild·ne·rei**[また: ◡◡◡⊥] 女 -/ 蠟細工術.

wạchs·bleich 形 蠟(ろう)のように青白い, 青ざめた.

Wạchs·blu·me 女 **1** 蠟製の造花. **2** 〘植〙 サクララン.

Wạch·schiff[váx..] 中 巡視船. [＜Wache]

wạch·seln[váksəln] ⦅06⦆ 他 (h) ⦅南部・オーストリア⦆ ⦅*et.*[4]⦆ (…に) 蠟(ろう)〈ワックス〉を塗る: den Boden 〈die Skier〉 ～ 床〈スキー〉にワックスを塗る. [＜Wachs]

wạch·sen[1]*[váksən] ⦅199⦆ **wuchs**[vu:ks] / **ge·wạch·sen**; 現 *du* wächst[vɛkst] (wächsest), *er* wächst; 接II wüchse[vý:ksə]

I 自 (s) **1** (人間・動植物の全体や部分が) 育つ, 大きくなる, 伸びる, 生長する, 発育する; (植物が) 生える, 生育する, 茂る; ⦅比⦆ (知恵・能力などが) 伸びる, 成長する: *sich*[3] einen Bart ～ lassen ひげを生やす | über *et.*[4] Gras ～ lassen (→Gras 2) | das Gras ～ hören (→Gras 2) | *sich*[3] die Haare 〔lang〕 ～ lassen 髪を〔長く〕伸ばす | *sich*[3] 〔über *et.*[4]〕 keine grauen Haare ～ lassen (→Haar 1) | reden, wie *jm.* der Schnabel *gewachsen* ist (→Schnabel 1) | Man kann das Unkraut ～ sehen. 草が目に見えて伸びる | Der Künstler *wächst*. ⦅比⦆ その芸術家は成長株だ | hingehen 〈bleiben〉, wo der Pfeffer *wächst* (→Pfeffer 1 b) | gegen *jn.* 〈*et.*[4]〉 ist kein Kraut *gewachsen* (→Kraut 2) ‖ *jm.* ans Herz *gewachsen* sein (→Herz 2) | auf *js.* Mist *gewachsen* sein (→Mist[2] 1 a) | wie **aus** dem Boden *gewachsen* (地から湧(わ)いて出たように) 全く不意に (現れる) | aus *seinen* Sachen ～ (成長して) 服が小さく〈着られなく〉なる | **in** die Breite ～ 横に茂〔り広が〕る | in die Höhe ～ 上へ〈高く〉伸びる | Es ist dafür gesorgt, daß die Bäume nicht in den Himmel *wachsen*. (→sorgen I 1) | *jm.* 〔tief〕 in die Stirn ～ …の(髪が)額に垂れるまで伸びる | *jm.* über den Kopf ～ (→Kopf 1).

2 ⦅比⦆ **a)** かさを増す, ふくらむ, 広がる; 増大する, ふえる, 発展する: Es *wächst* der Ballon 〈der Kuchen〉. 気球〈ケーキ〉がふくらむ | Der Bau 〈Der Kristall〉 *wächst*. 建物〈結晶〉が大きくなる | Das Wasser *wächst*. 水かさが増す, 水位があがる | Die Einwohnerzahl 〈Die Bevölkerung〉 *wächst*. 人口がふえる | Die Stadt 〈Die Familie〉 *wächst*. 町〈家族構成〉が大きくなる | Sein Vermögen *wächst*. 彼の財産がふえる | Die Anforderungen sind 〔stark〕 *gewachsen*. 要求が〔ぐんと〕ふえた ‖ **an** Zahl 〈Kraft〉 ～ 数〈力〉を増す | an Umfang ～ 範囲が広がる ‖ *wachsende* Ausgaben 〈Einnahmen〉 増大する支出〈収入〉. **b)** 強度を増す, つのる, 激しくなる: Die Erregung 〈Die Spannung〉 *wächst* 〔immer mehr〕. 興奮〈緊張〉がつのる〔一方である〕 | Der Lärm 〈Der Schmerz〉 *wuchs* ins Unerträgliche. 騒音〈痛み〉は耐えがたいまでに強まった | Der Sturm *wächst* zum Taifun. 風雨が強まって台風になる ‖ bei *wachsendem* Tempo テンポが速まるにつれて | mit *wachsender* Schnelligkeit しだいに速度を増して | mit *wachsendem* Interesse (しだいに) 興味〈関心〉をつのらせて (聞き入る).

II ge·wạch·sen → 別出

[*germ.*; ◇auch; *gr.* auxánein „mehren"; *engl.* wax]

wạch·sen[2][váksən] ⦅02⦆ **I** 他 (h) ⦅*et.*[4]⦆ (…に) ワックスをかける〈引く・塗る〉: den Fußboden ～ 床にワックスを引く | die Skier ～ スキーにワックスをかける.

II ge·wạchst → 別出

[*ahd.*; ◇Wachs, wichsen; *engl.* wax]

wạ̈ch·sern[vɛ́ksərn] 形 ⦅付加語的⦆ 蠟(ろう)製の, 蠟で作った〈できた〉; 蠟のような〔白さの〕: eine ～*e* Figur 蠟細工; 蠟人形 | ein ～*es* Gesicht 蠟のように白い〈青ざめた〉顔.

wạ̈ch·sest[vɛ́ksəst] wächst (wachsen[1]の現在 2 人称単数) の別形.

Wạchs·far·be[váks..] 女 **1** 蠟(ろう)絵の具. **2** 蜜蠟(みつろう)用の着色剤.

wạchs·far·ben 形 蠟(ろう)色の, 蠟のように黄白色の.

Wạchs·fi·gur 女 蠟(ろう)細工品; 蠟人形.

Wạchs·fi·gu·ren·ka·bi·nett 中 蠟(ろう)人形陳列場, 蠟人形館 (→ 図 Rummelplatz).

wạchs·gelb 形 蠟(ろう)のように黄白色の.

Wạchs≈haut 女 〘鳥〙 蠟膜(ろうまく) (ある種の鳥の上くちばしの根元を覆う肉質の膜). ≈**ker·ze** 女 (獣脂などではなく蜜蠟(みつろう)でできた) ろうそく. ≈**kür·bis** 男 〘植〙 トウガン(冬瓜). ≈**lein·wand** 女 ⦅オーストリア⦆ ＝ Wachstuch ≈**licht** 中 -〔e〕s/-er ろうそく〔の明かり〕. ≈**ma·le·rei**[また: ◡◡◡⊥] 女 (Enkaustik) 〘美〙 蠟画〔法〕; (蠟による大理石像などの) つや出し. ≈**mal·krei·de** 女 クレヨン. ≈**ma·tri·ze** 女 原紙, ステンシル. ≈**mot·te** 女 〘虫〙 ハチミツガ(蜂蜜蛾), ツヅリガ(綴蛾). ≈**pal·me** 女 〘植〙 カルナウバヤシ(ブラジル原産で, 葉の裏に蠟を分泌する). ≈**pa·pier** 中 蠟紙, パラフィン紙. ≈**per·le** 女 (ガラス製の) 模造真珠. ≈**pup·pe** 女 蠟人形. ≈**ro·se** 女 〘動〙 ウメボシイソギンチャク(梅干磯巾着)の一種. ≈**sal·be** 女 〘薬〙 蠟軟膏(なんこう). ≈**schild·laus** 女 〘虫〙 イボタロウ〔カイガラ〕ムシ(水蠟樹〔貝殻〕虫). ≈**stock** 男 -〔es〕/..stöcke (細長く巻いた) 螺旋(らせん)ろうそく, ワックス=ジャック. ≈**streich·holz** 中 蠟製マッチ.

wạ̈chst[vɛkst] wachsen[1]の現在 2・3 人称単数.

Wạchs·ta·fel[váks..] 女 (古代の書字用) 蠟板(ろうばん).

Wạch·stu·be[váx..] 女 ＝Wachlokal

Wạchs·tuch[váks..] 中 蠟(ろう)引き布〔のテーブルクロス〕.

Wạchs·tum[vákstu:m] 中 -s/ **1** 生長, 発育; 繁殖; 成長, 発達, 増大, 増加: das ～ der Stadt 都市の発展 | das geistige 〈körperliche〉 ～ 精神〈身体〉の成長 | ein rasches ～ 急速な成長 | das üppige ～ der Pflanzen 植物の豊かな繁茂 | das wirtschaftliche ～ (国の) 経済成長 ‖ das ～ beschleunigen 〈fördern〉 成長を促す | das ～ hindern 〈stören〉 成長を妨げる | im ～ zurückgeblieben sein 成長がおくれている. **2** 農産物, (特に:) ワイン: eigenes ～ 自家製のワイン〈野菜〉. [*mhd.*; ◇wachsen[1]]

Wạchs·tums≈bran·che 女 (将来性のある) 成長〔産業〕部門. ≈**fak·tor** 男 〘生〙 発育因子.

wạchs·tums≈för·dernd 形 成長〈生長〉を促進する. ≈**hem·mend** 形 成長〈生長〉をおさえる.

Wạchs·tums≈hor·mon 中 〘生〙 成長ホルモン. ≈**in·du·strie** 女 (将来性のある) 成長産業. ≈**markt** 男 (将来性のある) 成長市場. ≈**po·li·tik** 女 〔経済〕成長政策. ≈**ra·te** 女 増加率; 〔経済〕成長率: hohe 〈niedrige〉 ～ 高〈低〉成長率. ≈**ring** ＝Jahresring ≈**stö·rung** 女 〘医〙 成長〈発育〉障害.

wạchs·tums·träch·tig 形 (企業・産業部門・市場などが) 成長する可能性を孕(はら)んだ, 将来有望な.

wạchs·weich[váksvaiç] 形 蠟(ろう)のように柔らかい, ぐにゃぐにゃの; ⦅比⦆ 御しやすい, 骨のない: ein ～*es* Ei 柔らかくゆでた〈半熟の〉卵 | ein ～*er* Mensch 他人の言いなりになる人 | gleich ～ werden すぐ弱腰〈弱気〉になる, すぐへこたれてしまう.

Wạchs≈zel·le 女 蜂房(ほうぼう), 蜜房(みつぼう). ≈**zie·her** 男 (Kerzengießer) ろうそく製造業者. ≈**zün·sler** 男 ＝Wachsmotte

Wacht[vaxt] 女 -/-en ⦅ふつう単数で⦆ ⦅雅⦆ (Wache) 監視, 見張り, 警備, 守護: ⦅Die ～ am Rhein⦆ 『ラインの守り』(シュネッケンブルガー Max Schneckenburger が1840年に作詩した愛国歌) | ～ halten 監視〈警戒〉する.

[*ahd.*; ◇wachen, Wache, Wächter; *engl.* 〔a〕wait]

Wạcht≈boot[váxt..] ＝Wachboot ≈**dienst** ＝Wachdienst

Wạ̈ch·te[vɛ́çtə] 女 -/-n 雪庇(せっぴ) (→ 図). [„Angewehtes"; ＜wehen]

Wạch·tel[váxtəl] 女 -/-n **1** 〘鳥〙 ウズラ(鶉): Die ～ schlägt. ウズラが鳴いている. **2** ＝Wachtelhund

[*westgerm.*; 擬音]

Wạch·tel≈hund 男 (猟犬として使われる小型の) スパニエル犬 (→ 図). ≈**kö·nig** 男 〘鳥〙 ウズラクイナ(鶉水鶏). ≈**schlag** 男 ウズラの鳴き声. ≈**wei·zen** 男 〘植〙 ママコナ

(飯子菜)属.

Wachtelhund

Wä̩ch·ter[vέçtər] 男 -s/- 見張り, 番人, 監視人; 警備員, ガードマン; 看守, 守衛; 管理人: Nacht*wächter* 夜間警備員〈ガードマン〉| Park*wächter* 公園管理人 ‖ Der Hund ist ein guter ～. この犬はよい見張り役だ. [*ahd.*; ◇Wacht]

Wä̩ch·ter·lied 中 (Tagelied)(一夜を共にすごした後の)朝の別れの歌, 後朝(きぬぎぬ)の歌.

Wạcht·feu·er[váxt..] =Wachfeuer

wạcht·ha̲·bend I =wachhabend

II Wạcht·ha̲·ben·de =Wachhabende

Wạcht≠hund =Wachhund **≠mann·schaft** =Wachmannschaft **≠mei·ster** 男 **1**〔巡回〕警官, パトロール巡査, おまわり: Herr ～! おまわりさん(警官に対する呼びかけ). **2**《オーストリア・スイス》〔軍〕軍曹. ▽**3** 騎兵〈砲兵〉曹長. ▽**4** (夜警の責任もあった昔の)職人組合の親方. **5**《話》火酒の大グラス. **≠pa·ra̲·de** 女〔軍〕衛兵上番〔式〕, 衛兵交代パレード. **≠po·sten** =Wachposten

Wạch·traum[váxtraum] 男 白昼夢, 夢想. [<wach]

wạch·traum·haft[–haft] 形 白昼〈白日〉夢のような.

Wạch·trup·pe[váx..] 女〔軍〕(基地などの監視・治安維持に当たる)保安部隊. [<Wache]

▽**Wạcht≠schiff**[váxt..] = Wachschiff **≠stu̲·be** =Wachstube **≠turm** 男 見張り塔(→ 図 Burg).

Wạch·turm[váx..] =Wachtturm [<Wache]

Wạch- und Schli̲e̲ß·ge·sell·schaft[váx|ʊntʃlí:s..] 女 警備会社.

Wạch·ver·ge̲·hen[váx..] 中 監視員〈当直員・歩哨(ほしょう)〉の職務怠慢の罪.

Wạch·zen·trum =Schlafzentrum

Wạch·zim·mer 中《オーストリア》警官詰め所, 交番, 派出所. [<Wache]

Wạch·zu̲·stand 男 覚醒(かくせい)状態: im ～ 意識して, 正気で. [<wach]

Wạcke[vákə] 女 -/-n **1**〔地〕硬砂(こうさ)岩,〔グレイ〕ワッケ. **2** 石塊. [*ahd.*; ◇wackeln]

wạcke·lig[vákəlɪç]^2 (**wạck·lig**[váklɪç]^2) 形 ぐらぐら〈がたがた〉する, 揺れる; がたのきた, 倒れそうな; 虚弱な, 病身の;《比》不安定な, 不確実な, 弱点のある, 危なっかしい: ein ～*er* Stuhl ぐらぐら〈がたがた〉のいす | ein ～*es* Unternehmen つぶれそうな企業〈企て〉| auf ～*en* Füßen stehen (→Fuß 1 a) ‖ Seine Gesundheit ist ～. 彼の健康〈体〉はがたがきている | Der alte Mann ist schon recht ～. あの老人はもうずいぶんよぼよぼだ | Er ist nach der langen Krankheit noch etwas ～ auf den Beinen 〈in den Knien〉. 彼は長い病気のあとで足〈ひざ〉がまだ少し弱っている | Er steht ～. / Es steht mit ihm ～.《比》彼の地位〈商売・財政〉は危ない; 彼は落第しそうだ.

Wạckel·kon·takt[vákəl..] 男〔電〕不完全〈ゆるみ〉接触: 〔einen〕～ haben 接触が悪い;《話》頭のねじがゆるんでいる.

wạckeln[vákəln]《06》自 **1** (s)(病人・子供などが)ふらふら〈よろよろ〉歩く, よろめき歩く: Der Kranke *wackelt* durch die Räume. 病人が部屋から部屋へとよろよろと通りぬけて行く. **2** (h) 揺れる, ぐらぐら〈がたがた〉する;《比》不安定〈不確実〉である, 危ない状態にある: Das Haus *wackelt*. この家はがたがた震動する | Der Tisch 〈Der Schrank〉 *wackelt*. このテーブル〈戸棚〉はぐらぐらだ | Der Zahn *wackelt*. 歯がぐらぐらする ‖ Seine Stellung *wackelt*.《比》彼の地位は危うい ‖ Da *wackelt* die Wand! (→Wand 1) | ... daß die Wände *wackeln* (→Wand 1). **3** (h)《mit *et.*^{3} / an *et.*^{3}》(…を)振り動かす, (…を)揺さぶる: mit den Hüften ～ 腰を振る | mit den Ohren ～ 耳をぴくぴく動かす ‖ am Pfahl ～ (抜こうとして)杭(くい)を揺する.
[*mhd.*; <*ahd.* wagōn „schwanken" (◇Wagen); ◇watscheln; *engl.* wag〔gle〕]

Wạckel≠pe̲·ter[vákəl..] 男《戯》, **≠pud·ding** 男《話》ゆらゆら〔揺れる〕プリン.

Wạcken[vákən] 男 -s/- =Wacke

Wạcken·ro̲·der[vákənro:dər] 人名 Wilhelm Heinrich ～ ヴィルヘルム ハインリヒ ヴァッケンローダー(1773-98; ドイツ=ロマン派の作家).

wạcker[vákər] **I** 形 **1** (tapfer) 勇敢な, けなげな; (tüchtig) 有能な, りっぱな: ein ～*er* Krieger 勇ましい戦士 ‖ *sich*^{4} ～ durchs Leben schlagen りっぱに生き抜いていく | *sich*^{4} ～ halten あっぱれな働きをする〈態度をと〔り続け〕る〉‖ *Wacker!* でかした, よくやった | Er ist ein ～*er* Esser.《戯》あいつは健啖(けんたん)家だ. ▽**2** (bieder) 実直な, 正直な, 誠実な: ein ～*er* Bauer 実直な農夫.

II 副 **1** →I **2** 大いに, 十分に, したたか: *jn.* ～ verprügeln 〈verhauen〉 …をさんざんに殴る | ～ zechen (酒を)したたか飲む, 痛飲する.
[*germ.* „kräftig"; ◇wachen]

Wạcker·stein[vákər..] 男《西部・南部》石塊. [<Wacke]

wạck·lig =wackelig

Wạd[va:t, vad] 中 -s/ 〔鉱〕マンガン土. [*engl.*]

Wa̲·de^1[vá:də] 女 -/-n《北部》〔漁〕巾着(きんちゃく)網. [*mndd.*; ◇Wat〔e〕]

Wa̲·de^2[–] 女 -/-n〔解〕腓腹(ひふく), 腓(こむら), ふくらはぎ(→ 図 Mensch B): stramme ～*n* haben 足がしっかりしている | *jm.* die ～*n* massieren …のふくらはぎをマッサージする | einen Krampf in der ～ haben 〈bekommen〉 こむら返りを起こす, 足がつる. [*germ.* „Krümmung"; ◇*lat.* vatius „krumm〔beinig〕"]

Wa̲·den≠bein[vá:dən..] 中〔解〕腓骨(ひこつ)(→ 図 Mensch C). **≠bei·ßer** 男《話》ずけずけ物を言う人. **≠klem·mer** 複, **≠knei·fer** 複《話》(足にぴったりとくっついた)スリムなズボン. **≠krampf** 男〔医〕腓腹(ひふく)筋痙攣(けいれん), こむら返り. **≠mus·kel** 男〔解〕腓腹(ひふく)筋. **≠ste·cher** 男 (Stechfliege)〔虫〕サシバエ(刺蠅). **≠strumpf** 男〔服飾〕(ひざ下までの)靴下, ハーフホーズ, ショートホーズ, ハイソックス. **≠wickel** 男〔医〕腓腹巻包法(罨法(あんぽう)の一種).

Wa̲·di[vá:di·] 中 -s/-s ワジ(特に北アフリカ・近東で, 豪雨のあと以外は水のない川). [*arab.*]

Wa̲d·schin·ken[vá:t..] 男《オーストリア》(牛の)足肉, もも肉. [<Wade^2]

Wạf·fe[váfə] 女 -/-n **1** 武器, 兵器; 武具;《比》武力, 兵力; (一般に)闘争手段;《比》論拠: herkömmliche 〈konventionelle〉 ～*n* 通常兵器 | nukleare ～*n* 核兵器 | starre 〈bewegliche〉 ～*n* 固定〈可動〉兵器 | Feuer*waffe* 火器 ‖ atomare ～*n* einsetzen 原子兵器を投入する | *jm.* die ～ entwinden 〈aus der Hand schlagen〉 …を武装解除する | eine ～ 〔bei *sich*^{3}〕 führen 〈tragen〉 武器を携帯する | **die ～n aus der Hand geben**《比》戦略〈手の内〉を見せてしまう | dem Gegner selbst die ～*n* in die Hand geben 当の相手に武器〈論拠〉を与えてしまう | einem Land ～*n* liefern ある国に武器を供給する | **die ～n strecken**《雅》降伏する; 屈伏する ‖ Seine ～ ist die Feder.《比》彼は文筆を武器としている ‖〖前置詞と〗**in ～n** stehen 武装している | **mit** blanker ～ 〈geistigen ～*n*〉 kämpfen 白刃(はくじん)をかざして〈知力で〉戦う | ***jn.* mit seinen eigenen ～n schlagen**《比》…をその人の武器〈論法〉で破る, …の論拠を逆手に取ってやっつける | **unter** 〔**den**〕 **～n stehen** 〈**sein**〉《雅》戦闘準備ができている; 兵役に服している | **zur** ～ greifen 武器を取る, 武力に訴える | ***jn.* zu den ～n rufen**《雅》…を召集〈徴募・動員〉する.

2〔軍〕軍隊; 兵科: feindliche ～*n* 敵軍 ‖ Bei welcher ～ haben Sie gedient? あなたは軍隊では何科でしたか.

3〔狩〕**a**) (Klaue)(ヤマネコ・猛禽(もうきん)類などの)鉤爪(かぎづめ). **b**) (Eckzahn)(イノシシなどの)犬歯(けんし), 牙(きば).
[*germ.*; ◇Wappen; *engl.* weapon]

Wạf·fel[váfəl] 女 -/-n〔料理〕ワッフル(ケーキの一種): gefüllte ～ (ジャム・クリームなど)詰め物入りのワッフル | ～*n* backen ワッフルを焼く ‖ **einen an der ～ haben**《話》頭がおかしい. [*germ.*-*mndl.* wāfel; ◇Wabe; *engl.* waffle, wafer]

Wạf·fel⸗ei·sen 中 ワッフルの焼き型(→ 図 Küche). **⸗stoff** 男〖織〗はちの巣織り, ハニコーム, ワッフル=クロース.

Wạf·fen⸗amt[váfən..] 中〖軍〗兵器局. **⸗ap·pell** 男〖軍〗兵器査閲. **⸗aus·bil·dung** 女 武器(兵器)取り扱い訓練. **⸗be·sitz** 男 武器(銃砲)の所持: unerlaubter ⟨verbotener⟩ ～ 銃砲不法所持. **⸗be·sitz·kar·te** 女 銃砲所持許可書. **⸗brụ·der** 男 戦友. **⸗brụ̈·der·schaft** 女《ふつう単数で》戦友の間柄(よしみ). **⸗dienst** 男 -[e]s/ 兵役, 軍務. **⸗er·werbs·schein** 男 銃砲取得許可証. **⸗fa·brik** 女 兵器(軍需)工場, 造兵廠(しょう). **⸗fa·bri·kant** 男 兵器製造業者.

wạf·fen·fä·hig 形 兵役に耐え得る, 武器をとって戦える.

Wạf·fen⸗far·be 女〖軍〗(軍服の)兵科別を示す襟章の色. **⸗flie·ge** 女〖虫〗ミズアブ(水虻)科の昆虫. **⸗gang** 男 **1** 戦闘[経過]. **2** 武器を取って戦うこと. **⸗gat·tung** 女〖軍〗兵科. **⸗ge·schäft** 中 銃砲店. **⸗ge·walt** 女 -/ 武力: einen Putsch mit ～ niederschlagen 武力を行使して暴動を鎮圧する. **⸗hil·fe** 女 武器援助. **⸗in·du·strie** 女 兵器産業. **⸗kam·mer** 女〖軍〗武器庫, 兵器室, 兵器貯蔵所. **⸗kun·de** 女 -/ 兵器学. **⸗la·den** 男 ＝Waffengeschäft **⸗la·ger** 中〖軍〗兵器庫, 兵器集積所. **⸗lie·fe·rung** 女 武器の供給(供与).

wạf·fen·los[váfənlo:s][1] 形 武器を持たない, 武装していない, 素手の, 無防備の.

Wạf·fen⸗mei·ster 男 **1**〖軍〗兵器(火器)係下士官. **2** 兵器製造業者; 武具師, 具足師. ▽**3** 剣道指南[番]; 兵法の達人, 武芸者. **⸗platz** 男《スイ》(Garnison)〖軍〗駐屯地. **⸗recht** 中 -[e]s/〖法〗銃砲取締法規. **⸗rock** 男 -[e]s/..röcke 軍服の上着; (一般に)軍服: als ich noch den ～ trug 私が軍務についていたとき. **⸗ru·he** 女〖軍〗戦闘中止, 休戦. **⸗schein** 男 武器(銃砲)携帯許可証;《戯》自動車運転免許証. **⸗schmied** 男 武具師, 刀鍛冶(かじ), 兵器製造工. **⸗schmie·de** 女《雅》兵器製造所. **⸗schmug·gel** 男 武器密輸. **⸗se·gen** 男〖史〗(騎士叙任の際の教皇・司教による)刀の聖別. **⸗-SS**[..|ɛs|ɛs] 女 -/〖史〗(ナチの)武装親衛隊(→Schutzstaffel).

wạf·fen·star·rend 形 武器で身を固めた; 軍備強大の.

Wạf·fen·still·stand 男〖軍〗休戦, 停戦: einen ～ schließen 休戦協定を結ぶ | Der ～ wurde gebrochen. 休戦協定が破られた.

Wạf·fen·still·stands⸗ab·kom·men 中 停戦協定. **⸗li·nie** 女 停戦ライン.

Wạf·fen⸗stu·dent 男 (1934年までの)撃剣組合の学生. **⸗sy·stem** 中〖軍〗(本体と付属装備からなる)武器(兵器)システム. **⸗tech·nik** 女, **⸗tech·no·lo·gie** 女 兵器(軍事)技術. **⸗trä·ger** 男 **1** 武器輸送車. **2**《雅》兵士, つわもの. **⸗trans·port** 男 武器(兵器)輸送. **⸗übung** 女 兵器訓練. **⸗ver·ge·hen** 中 銃砲取締法違反.

▽**wạff·nen**[váfnən]《01》他 (h) 武装させる, 武器(軍備)を持たせる: mit *gewaffneter* Hand 武器を手にして, 武力で ‖ 再帰 *sich*^{4} ～ 武装する, (防御の)備えをする | *sich*^{4} gegen *et.*^{4} ～ …に対し武装(身構え)をする | *sich*^{4} mit Geduld ～ 忍耐する. [*ahd.*; ◇Waffe, wappnen]

wä̱g·ba̱r[vɛ́:kba:*r*] 形 計算できる;《比》考量(吟味)するだけの価値のある, 一考に値する. [＜wägen]

Wä̱g·ba̱r·keit[−kaɪt] 女 -/ 計量できること;《比》考量(吟味)するだけの価値のあること.

Wạ·ge·hals[vá:gəhals][1] 男 -es/..hälse 無鉄砲(がむしゃら)な人, 向こう見ず, 命知らず: Dem ～ traue ich alles zu. あの向こう見ずなら何をやらかすか分からないよ. [*mndd.*; ◇wagen]

wạ·ge·hal·sig[..halzɪç][2] ＝waghalsig

Wạ·ge·hal·sig·keit[..kaɪt] 女 -/ ＝Waghalsigkeit

Wä̱·gel·chen Wagen, Waage の縮小形.

Wä̱·ge·lein Wagen の縮小形.

Wạ·ge·mu̱t[vá:gəmu:t] 男 冒険心, 大胆さ, 豪勇.

wạ·ge·mu̱·tig[..mu:tɪç][2] 形 大胆[不敵]な, 勇敢な, 冒険心のある, 向こう見ずの, 思いきった: eine ～*e* Tat 大胆な行動.

wa̱·gen[vá:gən][1] **I** 他 (h) **1 a**) 危険にさらす, 賭(か)ける: *seine* Stellung ～ 自分の地位を賭(と)する | *sein* Vermögen an ein Unternehmen ～ 事業に全財産を投げだす | *sein* Leben ⟨*seinen* Kopf⟩ für *et.*^{4} ～ …に命を賭ける | Kopf und Kragen ⟨Leib und Leben⟩ ～ (→Kopf 1, →Leib 1). **b**) 再帰 *sich*^{4} ～《方向を示す語句と》(…に)身を賭す | *sich*^{4} an eine schwierige Aufgabe ～ あえてある困難な課題にぶつかっていく | *sich*^{4} an *jn.* ～ 思いきって…に話しかける(頼みに行く・攻撃をしかける) | *sich*^{4} auf die Straße ⟨ins Freie⟩ ～《話》思いきって通り(戸外)へ出る | *sich*^{4} nicht aus dem Hause ⟨unter die Leute⟩ ～《話》家から外へ(人中へ)出ていく勇気がない | *sich*^{4} nicht in *js.* Nähe ～ (勇気がなくて)…のそばへ近寄ることもできない | *sich*^{4} in die Höhle des Löwen ～ (→Höhle 1).

2《*et.*^{4}》(…を)敢行する, 思いきって(…を)する, (…)する勇気がある: ein Wort ～ あえて発言する | eine Wette ～ 賭(か)をする | eine Bitte ⟨eine Frage⟩ ～ 勇を鼓して頼む(質問する) | die ersten Schritte ～ 思いきって最初の一歩を踏み出す | keinen Widerspruch ～ あえて一言も反論しない | den Sprung ins Ungewisse ～《比》運を天に任せて行動に出る | [*sich*^{3}] dreiste Bemerkungen ～ 大胆な発言をあえてする | Darf ich's ～? かまわないでしょうか ‖〖es を目的語として〗es^4 mit *jm.* ⟨*et.*^{3}⟩ ～ (思いきって)…と張り合って(…をやって)みる ‖〖zu 不定詞[句]と〗Er *wagt* sich nicht zu mucken. 彼はまるで借りてきた猫みたいにおとなしい | Sie *wagte* kaum aufzublicken. 彼女は目も上げられないくらいだった | Ich *wage* [es] nicht, ihn zu fragen. 私は彼に尋ねる勇気がない ‖〖目的語なしで〗Wer *wagt*, gewinnt. / **Wer nicht *wagt*, der nicht gewinnt.**《諺》虎穴に入らずんば虎児を得ず | **Frisch *gewagt* [,] ist halb gewonnen.**《諺》思いきって始めれば(出だしが良ければ)半分はできたも同然 | Erst wägen, dann ～! /Erst wäg's, dann *wag*'s!《諺》熟慮断行.

II ge·wa̱gt → 別出

[*mhd.* wāgen „auf die Waage legen"; ◇Waage]

Wa̱·gen[vá:gən] 男 -s/- (南部: -s/Wägen[vɛ́:gən]) (小 **Wä̱·gel·chen**[vɛ́:gəlçən], **Wä̱·ge·lein**[vɛ́:gəlaɪn], **Wäg·lein**[vɛ́:glaɪn] 中 -s/-) **1** (車輪つき貨客運搬用の車) **a**) 荷車; (Pferdewagen) 馬車: ein zweirädriger ⟨vierrädriger⟩ ～ 二輪(四輪)車 | Hand*wagen* 手押し車 | Kinder*wagen* 乳母車 ‖ einen ～ schieben ⟨ziehen⟩ 車を押す(引っ張る) | den ～ bespannen 馬車に馬をつける | den ～ lenken ⟨fahren⟩ 馬車を駆る ‖ **im** ⟨**auf** dem⟩ ～ sitzen 馬車に乗っている(→b) | in ⟨auf⟩ den ～ steigen [馬]車に乗りこむ | **mit** dem ～ kommen [馬]車で来る | **vom** ～ steigen [馬]車から降りる ‖ Der ～ rollt ⟨läuft⟩. 馬車が走る.

‖〖成句的に〗***jm.* den hinteren ～ schmieren**《比》…を[おどかして]追い立てる(出す) ‖ das fünfte Rad **am** ～ sein (→Rad 1 a) | **am ～ schieben**《比》加勢(協力)する | ***jm.* an den ～ fahren** ⟨**pinkeln** / **pissen**⟩《話》…にけちをつける, …を非難(攻撃)する | ***sich*^{3} nicht an den ～ pinkeln lassen**《比》人から後ろ指をさされるようなことはしない; 人から後ろ指をさされて黙ってはいない | **aus** dem Karren **in** den ～ gespannt werden (→Karren[1] 1) | **vom ～ auf die Karre** ⟨**auf den Karren**⟩ **kommen**《比》落ちぶれる | ***sich*^{4} nicht vor *js.* ～ spannen lassen**《比》…のために犬馬の労はとらない | **den ～ vor die Rinder spannen**《話》物事の手順を誤る, あべこべなことをする | die Pferde hinter den ～ spannen (→Pferd 1) ‖ **sehen, wie der ～ läuft**《比》[物事の]成り行きを見守る | Die knarrigen ～ gehen am längsten.《諺》がたぴしする車がいちばん長もちする.

b) (Kraftwagen) 自動車, 車: ein sportlicher ～ スポーツカー | ein gebrauchter ～ 中古車 | ein grüner ～ 緑色の車;《話》(警察の)犯人護送車 | Last[kraft]*wagen* 貨物自動車, トラック | Renn*wagen* 競走用自動車, レーシング=カー ‖ den ～ fahren ⟨lenken / steuern⟩ 車を運転する | den ～ parken 駐車する | *seinen* ～ waschen ⟨reparieren⟩ lassen (自分の)車を洗車(修理)に出す ‖ **aus** dem ～ steigen 車を降りる | **im ～** sitzen 車に乗っている(→a) |

im offenen ～ fahren オープンカーに乗っている | in den ～ steigen 車に乗る | **mit** dem ～ verunglücken 自動車事故にあう ‖ Der ～ fährt 180 km pro Stunde. この車は時速180キロ出る | Der ～ liegt gut auf der Straße. この車はロード=ホールディングがいい.

c) (鉄道の)車両: ein gedeckter 〈offener〉 ～ 有蓋(ゆうがい)〈無蓋〉車 | ein ～ der Linie 3 3番〈3系統〉の電車〔車両〕| der ～ 2. 〈zweiter〉 Klasse 2等車 | Güter*wagen* 貨車 | Personen*wagen* 客車 ‖ einen ～ ankuppeln 〈abkuppeln〉 車両を1両連結する〈切り離す〉‖ ein Zug mit 〈aus〉 12 ～ 12両編成の列車.

2 (Schlitten) (タイプライターの)キャリッジ(用紙巻き付け部: → ⊠ Schreibmaschine); (一般に機械の)運び台.

3 der Große 〈der Kleine〉 ～ 〘天〙 大熊(おおぐま)〈小熊〉座.

[*germ.*; ◇wegen[1], Vehikel, Waage, Waggon; *engl.* wain]

wä·gen(*)[vɛ́:gən][1] 《200》 **wog**[vo:k][1] (まれ: wägte) / **ge·wo·gen**[gəvó:gən] (まれ: gewägt); 接II wöge[vǿ:gə] (まれ: wägte) 他 (h) **1** 《雅》《*et.*[4]》(…の)意味をじっくり考える〈吟味する〉: *js.* Worte ～ …の言葉をよく考えて〈玩味(がんみ)して〉みる | Erst ～, dann wagen! / Erst *wäg*'s, dann wag's! 《諺》熟慮断行.

▽**2** (wiegen) 《*et.*[4]》(…の)目方〈重さ〉を量る.

[*germ.*; ◇Waage, wiegen[2]; *engl.* weigh]

Wä·gen 《南部》Wagen の複数.

Wa·gen≠bau·er[vá:gən..] 男 -s/- 車大工, 馬車製造業者. **≠büh·ne** 女 〘劇〙 **1** 中世の山車(だし)舞台(一台で一場ずつ演じて移動して行く). **2** =Schiebebühne 2 **≠burg** 女 車陣(輪状に並べた車両を防壁がわりにした陣地). **≠fäh·re** 女 (車両運搬船. 例えば:) 馬車の渡し; カーフェリー. **≠fe·de·rung** 女 (車両の)懸架装置. **≠füh·rer** 男 (電車の)運転手. **≠hal·le** 女 車庫, ガレージ. **≠he·ber** 男 (車両用)ジャッキ. **≠hei·zung** 女 **1** 自動車の暖房. **2** 自動車のヒーター. **≠ka·sten** 男 車体. **≠ki·lo·me·ter** 男 (中) (車両の)走行キロ数. **≠ko·lon·ne** 女 車の長い列. **≠kup·pe·lung** 女, **≠kupp·lung** 女 〘鉄道〙 車両連結. **≠la·dung** 女 馬車〈トラック〉1台分の積み荷; 〘鉄道〙(貨車1両の)積載貨物; (貨物の)車扱い. **≠lö·ser**[..lø:zər] 男 -s/- (タイプライターの)キャリッジ=リリースレバー. **≠ma·cher** 男 =Wagenbauer **≠mei·ster** 男 〘鉄道〙 車両検査係. **≠pa·ge**[..pa:ʒə] 男 列車ボーイ. **≠pa·pie·re** 複 (車検証・登録証など)車に必要な書類. **≠park** 男 -〔e〕s/ 《集合的に》(会社などの)車両保有総数; 〘鉄道〙 車両現在数. **≠pferd** 中 馬車うま, 輓馬(ばんば)(→Reitpferd, Zugpferd). **≠pfle·ge** 女 車〈自動車〉の整備. **≠pfle·ger** 男 車の整備〈機械〉工. **≠pla·ne** 女 (ｵｰｽﾄﾘｱ: **≠pla·che** 女) (車の)天蓋(てんがい), 幌(ほろ); (トラックなどの)防水シート. **≠rad** 中 **1** 〔走行〕車輪(→ ⊠ Rad). **2** 《話》20世紀初頭に流行した広ぶちの婦人帽. **≠ren·nen** 中 〘史〙 (古代ローマの)戦車競走. **≠schlag** 男 〔馬〕車の扉〈ドア〉. **≠schlüs·sel** 男 車のキー. **≠schmie·re** 女 車軸油〈グリース〉. **≠schup·pen** 男 〈バス・電車などの〉車庫, ガレージ; 〘鉄道〙 貨車上屋(うわや); 馬車置き場.

Wa·gen·stand≠an·zei·ger 男 〘鉄道〙 (駅のホームなどにある)列車編成案内板. **≠geld** 中 〘鉄道〙 (時間を超過した場合に払う)貨車留置料.

Wa·gen≠tritt 男 馬車の昇降口の踏み板. **≠tür** 女 自動車〈車両〉のドア. **≠typ** 男 自動車〈馬車〉の型. **≠über·gang** 男 〘鉄道〙 車両の交換. **≠wä·sche** 女 (自動車などの)洗車.

Wä·ge·schein[vɛ́:gə..] 男 計量証明書. [＜wägen]

Wa·ge·stück[vá:gə..] 中 (Wagnis) 大胆な行為, 冒険. [＜wagen]

Wag·gon[vagɔ̃:, ..gɔ́ŋ; ｵｰｽﾄﾘｱ:..gó:n] 男 -s/-s (ｵｰｽﾄﾘｱ: -e) 〘鉄道〙 (特に貨車の)車両; 《単数で》貨車1両分の荷: ein Güterzug mit 20 ～*s* 20両編成の貨物列車 | 5 ～*s* Steinkohle 貨車5両分の石炭.

[*ndl.* wagen—*engl.* wa〔g〕gon; ◇Wagen]

wag·gon·wei·se[vagɔ̃:..] 副 (→..weise ★) 車両〔単位〕で; (車両が)一両また一両と.

wag·hal·sig[vá:khalzɪç][2] 形 **1** (人が)無鉄砲な, 向こう見ずな, 命知らずの: ein ～*er* Fahrer 乱暴な運転をする人 ‖ Er ist 〈fährt〉 ～. 彼は無鉄砲な男だ〈運転が乱暴だ〉.

2 失敗の可能性の高い: ein ～*es* Unternehmen 危険な企て〈企業〉.

Wag·hal·sig·keit[–kaɪt] 女 -/ (waghalsig なこと. 例えば:) 無鉄砲, 向こう見ず.

Wäg·lein **1** Wagen の縮小形. **2** Waage の縮小形.

Wag·ner[1][vá:gnər] 男 -s/- 《南部》=Wagenbauer

Wag·ner[2][–] 人名 **1** Julius ～ von Jauregg ユーリウス ヴァーグナー フォン ヤウレック(1857-1940; オーストリアの精神医学者. マラリア接種による新しい治療法を発明し,1927年ノーベル生理・医学賞を受賞). **2** Richard ～ リヒャルト ヴァーグナー(1813-83; ドイツの作曲家, 楽劇の創設者. 作品『ニーベルンゲンの指輪』など).

Wag·ne·ria·ner[va:gnəriá:nər] 男 -s/- Wagner[2] 2の崇拝者〈ファン・亜流〉.

Wag·nis[vá:knɪs] 中 -ses/-se 大胆な行為, 冒険, リスク: ein unerhörtes ～ 前代未聞の冒険 | kein ～ eingehen wollen リスクをおかそうとしない | *sich*[4] auf ein ～ einlassen 一か八かやってみる. [＜wagen]

Wag·nis·zu·schlag 男 危険手当〈割増金〉.

Wa·gon[vagɔ̃:, ..gɔ́ŋ; ｵｰｽﾄﾘｱ:..gó:n] =Waggon

Wag·ram[vá:gram] 地名 ヴァーグラム, ワグラム(オーストリア Niederösterreich 州の村. 1809年7月, いわゆるワグラムの戦いでナポレオンがオーストリア軍に大勝した).

Wag·stück[vá:k..] =Wagestück

Wä·gung[vɛ́:gʊŋ] 女 -/-en (wägen すること. 例えば:) 吟味, 考量.

Wahl[va:l] 女 -/-en **1** 《単数で》選ぶこと,(選択という)決断, 選択〔の余地〕, 選択〔されたもの〕: eine einfache 〈schwierige〉 ～ 楽な〈難しい〉選択 | das Mädchen *seiner* ～ (結婚相手として)自分が選んだ女の子 ‖ *seine* ～ treffen どちらかに決断する | eine gute ～ treffen うまく選択する | eine schlechte ～ treffen 選択を誤る | zwischen *et.*[3] und *et.*[3] die ～ haben …と…のうちのどちらかを〔自由に〕選択できる | **Wer die ～ hat, hat die Qual.** 《諺》選択の自由には苦労がつきもの | *jm.* die ～ lassen …の選択にゆだねる ‖ nach freier 〈eigener〉 ～ 自分で自由に選んで | vor der ～ stehen 選択を迫られている | *jn.* vor die ～ stellen …に選択を迫る | zur ～ stehen 選択の余地がある(→2) | *et.*[4] zur ～ haben …のうちからどれでも選択できる ‖ Die ～ ist berechtigt. その選択は正しい | Die ～ steht ihr frei. どれを選ぶかは彼女の自由である | Es bleibt mir keine andere ～, als mich für eine von zwei Möglichkeiten zu entscheiden. 私としては これら二つの可能性のうちのどちらかを選ぶほかない | ***Wahl*** **macht Qual.** 《諺》選択の自由には苦労がつきもの.

2 選挙, 選出; 選ばれること: eine geheime ～ (無記名投票による)秘密選挙 | eine ～ durch Handaufheben 〈Stimmzettel〉 挙手〈投票〉による選出 | die ～ des Präsidenten 総裁〈大統領〉選挙 | die ～*en* zur Volkskammer (旧東ドイツの)人民議会〔議員〕選挙 ‖ eine ～ vornehmen 〔lassen〕 選挙を行う | ～*en* ausschreiben 選挙を公示する | die 〈*seine*〉 ～ zum Bürgermeister annehmen 市長選出を受諾する ‖ bei der ～ durchkommen 〈durchfallen〉 当選〈落選〉する | in direkter 〈indirekter〉 ～ 直接〈間接〉選挙で | in die engere ～ kommen 当選有望〈当確〉圏内に入る | zur ～ berechtigt sein 選挙権がある | zur ～ gehen 投票に行く | zur ～ stehen 投票で決めることになっている(→1) | *jn.* zur ～ aufstellen …を候補に立てる | *sich*[4] zur ～ aufstellen lassen 立候補する ‖ Die ～ ist auf ihn gefallen. 彼が選出された, 選挙では彼が当選した.

3 〘商〙 (商品の)品質, 等級: Artikel erster 〈zweiter〉 ～ 一級〈二級〉品.

[*ahd.*; ◇wählen]

Wahl≠akt[vá:l..] 男 選挙〔行為〕; 投票. **≠al·ter** 中 選挙〈被選挙〉資格年齢: das aktive 〈passive〉 ～ 選挙〈被選挙〉資格年齢.

Wähl·amt[vɛ́:l..] 中 (電話の)自動交換局.

Wahl⸗ana·ly·se[vá:l..] 女 選挙結果の分析. **⸗an·zei·ge** 女 (政党・立候補者などに関する)選挙広告. **⸗aus·schuß** 男 (投票所の)選挙立会人〔の全体〕.

wähl·bar[vɛ́:lba:r] 形 **1** 被選挙権のある. **2** 選択可能な. [<wählen]

Wähl·bar·keit[−kaıt] 女 -/ 被選挙権.

Wahl⸗be·am·te[vá:l..] 男 選挙によって選ばれる公務員(市長・郡長など). **⸗be·ein·flus·sung** 女 選挙干渉. **⸗be·hin·de·rung** 女 選挙妨害. **⸗be·hör·de** 女 (公的な)選挙管理委員会.

wahl·be·rech·tigt 形 選挙権のある: die *Wahlberechtigten* 有権者たち.

Wahl⸗be·rech·ti·gung 女 選挙権. **⸗be·tei·li·gung** 女 選挙への参加; 投票〔率〕. **⸗be·trug** 男 (政府の)選挙公約違反. **⸗be·we·gung** 女 選挙運動. **⸗be·zirk** 男 (投票所ごとの)投票区. **⸗bü·ro** 中 **1** 選挙事務所. **2** 選挙管理事務所. **⸗de·likt** 中 選挙犯罪. **⸗el·tern** 複《ｵｰｽﾄﾘｱ》(Adoptiveltern) 養父母.

wäh·len[vɛ́:lən] **I** 他 (h) **1 a)**《*et.*⁴ / *jn.*》(一般に)選ぶ, 選択する, 選び取る, 選んで決める: ein Buch ~ ある本を選ぶ | einen falschen Beruf ~ 職業の選択を誤る | ein Gericht 〔auf der Speisekarte〕 ~ 〔メニューの中から〕一品を選ぶ | den richtigen Augenblick ~ 好機を選ぶ | den kürzeren Weg ~ 近道をする | das kleinere Übel ~ (→übel II 1) | *seine* Worte mit Bedacht ~ 慎重に言葉を選ぶ | ein Geschenk für *jn.* ~ …への贈り物を選定する | 〔*sich*³〕 *jn.* zum Freund ~ …を友人に選ぶ ‖〖目的語なしで〗Haben Sie schon *gewählt*? もうお決めになりましたか(商店・レストランなどで店員が客にいう言葉). **b)** (電話機のダイヤルを回して・プッシュボタンを押して特定の番号)を選ぶ: eine Nummer ~ ある番号のダイヤルを回す〈プッシュボタンを押す〉| die Zentrale ~ 交換局に電話する ‖〖目的語なしで〗falsch ~ 間違った番号に電話する | Bitte, *wählen* Sie! 〔料金の投入が確認されましたので〕どうぞダイヤルを回してください(電話交換手の言葉).

2《*jn.*》(…を)選出する, (…に)投票する: ein neues Parlament ~ 新しい議会〈国会〉を選ぶ | *jn.* zum Abgeordneten 〈ins Parlament〉 ~ …を国会議員に選ぶ | eine Partei ~ ある政党に投票する | zum Präsidenten 〈in den Ausschuß〉 *gewählt* werden 大統領〈委員〉に選ばれる.

II 自 (h) **1** (一般に)選択する, 選ぶ: zwischen *et.*³ und *et.*³ ~ …と…のうちのどちらかを選ぶ. **2** 選挙権を行使する, 投票する: ~ gehen 投票に行く | Er darf noch nicht ~. 彼にはまだ選挙権がない.

III ge·wählt → 別出

[*germ.*; ◇wollen², Wahl]

Wahl·ent·hal·tung[vá:l..] 女 選挙への不参加, 棄権.

Wäh·ler[vɛ́:lər] 男 -s/- **1** (選挙の)有権者; 選挙人, 投票者. **2** (選択する機械・道具. 例えば:) セレクター;《話》(Wählscheibe) (電話などの)ダイヤル, 文字盤.

Wäh·ler⸗auf·trag 男 (選挙結果にあらわれた党に対する)選挙民の委任; (Mandat) (旧東ドイツで, 立候補者・議員に対する)選挙民の委託. **⸗be·ste·chung** 女 選挙人買収.

Wahl⸗er·folg[vá:l..] 男 選挙の成功. **⸗er·geb·nis** 中 選挙〈投票〉結果.

wäh·le·risch[vɛ́:lərıʃ] 形 えり好みをする, 好みのうるさい: im Essen ~ sein 食べものにやかましい, 口がおごっている | in *seinem* Umgang nicht sehr ~ sein だれとでも わりに気やすく付き合う ‖ ein ~*er* Geschmack ぜいたくな好み.

Wäh·ler⸗kar·te[vɛ́:lər..] 女 投票用紙引換券, 選挙人カード. **⸗kar·tei** 女 (カード式の)選挙人名簿. **⸗li·ste** 女 選挙人名簿.

Wäh·ler·schaft[vɛ́:lərʃaft] 女 -/-en《ふつう単数で》《集合的に》有権者, 選挙区民.

Wäh·ler⸗schei·be =Wählscheibe **⸗stim·me** 女 投票. **⸗täu·schung** 女 選挙人に対する欺罔(ぎもう). **⸗ver·tre·ter** 男 (旧東ドイツの)選挙民代表者. **⸗ver·zeich·nis** 中 選挙人名簿.

Wahl⸗fach[vá:l..] 中 (↔Pflichtfach) 選択科目〈教科〉. **⸗fäl·schung** 女 選挙結果の歪曲(わいきょく). **⸗feld·zug** 男 選挙戦, 選挙運動. **⸗fra·ge** =Alternativfrage

wahl·frei[vá:lfraı] 形 自由に選べる, 選択のきく: ein ~*es* Fach 随意〈選択〉科目.

Wahl⸗frei·heit[vá:lfraıhaıt] 女 -/ 選択の自由: Bei Griechisch besteht in unserer Schule ~. ギリシア語は我々の学校では自由選択である. **⸗fürst** =Kurfürst **⸗gang** 男 (選挙手続きとしての一回一回の)投票: im zweiten ~ gewählt werden 2回目の投票で選ばれる. **⸗ge·heim·nis** 中 選挙の秘密: das ~ verletzen 投票の秘密を侵害する. **⸗ge·schenk** 中 (選挙民をつる)選挙公約. **⸗ge·setz** 中 選挙法. **⸗hand·lung** 女 =Wahlakt **⸗hei·mat** 女 (生まれ故郷ではなく)自分で選んで住みついた土地, 第二の故郷. **⸗hel·fer** 男 〔選挙〕投票所の係員.

ᵛ**wäh·lig**¹[vɛ́:lıç]² =wählerisch

wäh·lig²[−] 形 **1** こころよい, 快適な. **2**《北部》(若気のいたりで)はしゃぎすぎの, 陽気な, 傍若無人の. [*mndd.*; <*angelsächs.* welo „Wohlbefinden" (◇wohl)]

Wahl⸗jahr[vá:l..] 中 (重大な)選挙の年. **⸗ka·bi·ne** 女 =Wahlzelle **⸗kai·ser** 男 (世襲ではなく)選挙によって選ばれた皇帝. **⸗kai·ser·tum** 中 選挙によって選ばれた皇帝の位〈版図〉. **⸗kam·pa·gne**[..kampanjə] 女 選挙活動〈キャンペーン〉. **⸗kampf** 男 選挙戦.

Wahl·kampf⸗geld 中 選挙資金. **⸗re·de** 女 選挙演説. **⸗stab** 男《集合的に》選挙参謀. **⸗ver·hei·ßung** 女 選挙公約.

Wahl⸗kan·di·dat 男 〔選挙〕候補, 立候補者. **⸗kar·tei** =Wählerkartei **⸗kind** 中《ｵｰｽﾄﾘｱ》(Adoptivkind) 養子, 養女. **⸗kö·nig** 男 (世襲ではなく)選挙によって選ばれた王. **⸗kö·nig·tum** 中 =Wahlmonarchie **⸗kon·sul** 男 (接受国の国民から選出された)名誉領事. **⸗kreis** 男 選挙区. **⸗lei·ter** 男 選挙管理委員長. **⸗li·ste** 女 (比例代表制選挙投票用の各党の)〔公認〕候補者名簿(→Listenwahl). **⸗lo·kal** 中 (選挙の)投票所. **⸗lo·ko·mo·ti·ve** 女《話》選挙戦の牽引(けんいん)役〈立役者〉, 看板候補.

wahl·los[vá:llo:s]¹ 形 (選択について)無差別の, 見さかいのない, やみくもの. 手当りしだいの.

Wahl⸗mann 男 -〔e〕s/..männer《ふつう複数で》(間接選挙での)最終選挙人. **⸗ma·schi·ne** 女 投票機械. **⸗mon·ar·chie** 女 (↔Erbmonarchie) 選挙君主国〈制〉. **⸗nie·der·la·ge** 女 選挙での敗北. **⸗ord·nung** 女 選挙規則〈規程〉. **⸗pa·ro·le** 女 選挙スローガン. **⸗pe·ri·ode** 女 (選出された個人・委員会などの)任期, 被選期間. **⸗pflicht** 女 選挙義務. **⸗pflicht·fach** 中 選択必修科目〈教科〉. **⸗pla·kat** 中 選挙用ポスター. **⸗pro·gramm** 中 (政党などの)選挙公約〈綱領〉. **⸗pro·pa·gan·da** 女 (各政党の)選挙用宣伝. **⸗prü·fung** 女 選挙の審査(選挙の有効性などを調べる). **⸗raum** 男 =Wahllokal **⸗recht** 中 -〔e〕s/ **1** 選挙〈被選挙〉権: das aktive 〈passive〉 ~ 選挙〈被選挙〉権 | von *seinem* ~ Gebrauch machen 選挙権を行使する. **2** 選挙法. **3** 選択権. **⸗re·de** 女 選挙演説: eine ~ halten 選挙演説をする. **⸗red·ner** 男 選挙演説の弁士. **⸗re·form** 女 選挙改革, 選挙法改正. **⸗re·sul·tat** 中 =Wahlergebnis

Wähl·schei·be[vɛ́:l..] 女 (Wähler) (電話の)ダイヤル, 文字盤.

Wahl⸗schein[vá:l..] 中 (不在投票者のための)選挙資格証明書. **⸗schild** 中 選挙用立て看板. **⸗schlacht** 女 〔激しい〕選挙戦. **⸗schuld** 女〖商〗選択債務. **⸗schu·le** 女 (↔Pflichtschule) (義務教育以外の)自由選択学校 (Gymnasium, Realschule, Fachschule など). **⸗sieg** 男 選挙での勝利.

Wähl·ska·la[vɛ́:l..] 女 選択スケール〈ダイヤル〉: die ~ für die Zierstichautomatik (ミシンの)飾りステッチ自動選択ダイヤル(→ ⊗ Nähmaschine). [<wählen]

Wahl⸗spren·gel[vá:l..] 男《ｵｰｽﾄﾘｱ》= Wahlbezirk **⸗spruch** 男 標語, モットー, スローガン. **⸗sta·ti·stik** 女 選挙〔結果に関する〕統計. **⸗stra·te·ge** 男 選挙参謀. **⸗stra·te·gie** 女 選挙戦略. **⸗sy·stem** 中 選挙制度. **⸗tag** 男 投票日. **⸗tak·tik** 女 選挙戦術. **⸗ur·ne** 女

投票箱(→ 図 Urne): zur ~ gehen 投票をしに行く. **≈ver·an·stal·tung** 女 = Wahlversammlung **≈ver·fah·ren** 中 選挙手続き, 選挙制度. **≈ver·ge·hen** 中 選挙違反. **≈ver·samm·lung** 女 選挙〈立会〉演説会. **≈ver·spre·chen** 中 選挙公約. **≈ver·tei·di·ger** 男《法》私選弁護人.

wahl·ver·wandt 形 性質の似かよった, 相性の;《化》親和性のある: *sich*[4] ~ fühlen (互いに)気が合う; 相性がいい.

Wahl≈ver·wandt·schaft 女 同質性, 相性;《化》親和力:《Die ~*en*》『親和力』(Goethe の小説). **≈volk** 中《集合的に》選挙民. **≈vor·schlag** 男 候補者の推薦; 公認候補者名簿. **≈vor·ste·her** 男 投票監督者.

wahl·wei·se[vá:lvaɪzə] 副 自分の選択〈裁量〉で: Es gibt ~ Fisch oder Fleisch. 魚でも肉でもどちらでも選べます.

Wahl≈wer·ber 男《オーストリア》= Wahlkandidat **≈zel·le** 女 (選挙の投票所の仕切られた)投票用紙記入ボックス. **≈zet·tel** 男 投票用紙. **≈zuckerl** 中 -s/-[n]《オーストリア》《話》(選挙民をつる)選挙公約: ~*n* geben (人気とりの)公約をする.

Wahn[va:n] 男 -[e]s/ **1** 根拠のない希望〈期待〉, 思い込み, 錯覚, 空想, 幻想: ein eit[e]ler ~ はかない幻想 ‖ *js.* ~ zerstören …が抱いている幻想を打ち砕く ‖ in einem ~ befangen 〈von einem ~ besessen〉 sein 錯覚にとりつかれている | in dem ~ leben 〈sein〉, daß … (事実はそうでないのに)…だと思い込んでいる ‖ **Der ~ ist kurz, die Reu** (=Reue) **ist lang.** 迷いは短く 後悔は長い (Schiller).
2 妄想, 狂気;《心》妄想: Größen*wahn* 誇大妄想 | Rassen*wahn* 人種的優越妄想 | Verfolgungs*wahn* 追跡〈迫害〉妄想.
[*germ.* „Erwartung"; ◇Wonne, wähnen]

Wahn·bild[vá:n..] 中 = Wahngebilde

wahn·bür·tig 形《北部》(子供について)庶出の. [< *ahd.* wan „leer" (◇wüst)]

wäh·nen[vέ:nən] 他 (h)《雅》(誤って…と)推測〈想像〉する, 信じこむ, 錯覚する: Ich *wähnte*, er sei schon tot. / Ich *wähnte* ihn schon tot. 私は彼はもう死んだものと思いこんでいた | Sie *wähnte* ihn noch zu Hause. 彼女は彼がまだ家に居るものとばかり思っていた ‖ 再帰 Er *wähnte* sich[4] verlassen. 彼は自分は見捨てられたのだと思い込んだ.
[*germ.*; ◇Wahn; *engl.* ween]

Wahn≈ge·bil·de[vá:n..] 中 妄想の産物, 幻影, [夢]まぼろし, 幻像, 錯覚. **≈glau·be[n]** 男 間違った考え, 迷妄, 迷信. **≈idee** 女 妄想; 突飛な考え〈思いつき〉.

Wahn·kan·te = Waldkante [< *ahd.* wan „leer" (◇wüst)]

wahn·kan·tig = waldkantig

Wahn·korn 中 -[e]s/..körner 実の入っていない穀粒, 空穂(しいな).

wahn·schaf·fen 形《北部》奇形の; 醜い.

Wahn·sinn[vá:nzɪn] 男 -[e]s/ **1** 精神障害〈錯乱〉, 狂気: in ~ verfallen / von ~ befallen werden 発狂する | des ~*s* fette 〈kesse〉 Beute sein (→Beute 1 a).
2《話》常軌を逸した〈突飛な〉行為: Das 〈Es〉 ist doch heller ~, daß … …をするなんて全く狂気の沙汰(さた)だ.

wahn·sin·nig[vá:nzɪnɪç][2] 形 **1** 精神異常〈錯乱〉の, 気が狂った: eine ~*e* Frau 精神に異常をきたした女 | ~ werden 精神錯乱に陥る | wie [ein] *Wahnsinniger* schreien 気が狂ったように叫ぶ | Bist du ~?《比》君は気でも触れたのかい | Ich werde ~! これは驚いた〈あきれた〉(頭がおかしくなるくらいだ).
2《話》常軌を逸した, 途方もない, べらぼうな: ein ~*er* Plan ばかげた計画 | ~*e* Schmerzen ものすごい痛み | ~*en* Durst haben 猛烈にのどが渇いている ‖ ~ teuer sein (値段が)めちゃくちゃに高い | ~ schnell fahren (乗り物を)むちゃくちゃに飛ばす | *jn.* ~ lieben / in *jn.* ~ verliebt sein …に首ったけである | ~ viel zu tun haben べらぼうに忙しい.
[◇wahnwitzig]

Wahn·sin·nig·wer·den = Verrücktwerden

Wahn·sinns≈hit·ze 女《話》ものすごい暑さ. **≈idee** 女《話》とてつもない考え. **≈tat** 女 精神錯乱[による]行為;《比》狂気の沙汰(さた).

Wahn≈stim·mung 女《心》妄想気分. **≈vor·stel·lung** 女《心》妄想[表象].

Wahn·witz[vá:nvɪts] 男 -es/ 狂気の沙汰(さた), 全くのナンセンス; 狂気, 物狂い. [< *ahd.* wana-wizzi „leer an Verstand"]

wahn·wit·zig[vá:nvɪtsɪç][2] 形 ばかばかしい, 気違いじみた, 途方もない; 気の狂った.

wahr[va:r] 形 **1** (↔falsch) **a)** (架空のことではない)本当の, 真[実]の, 事実どおりの, 実際にあった, 正しい;《劇》(演技などに)真実味のある: eine ~*e* Begebenheit 実際の出来事 | eine ~*e* Behauptung 正しい〈事実に合った〉主張 | eine ~*e* Geschichte 実話 | *sein* ~*es* Gesicht zeigen (→Gesicht 1 a) | den ~*en* Sachverhalt kennen 事態の真相を知っている | Das ist ein ~*es* Wort. まさにそのとおりだ | Da hast du ein ~*es* Wort gesprochen. まさに君の言うとおりだ | Daran ist kein ~*es* Wort 〈kein Wort ~〉. それはうそっぱちだ | Es ist etwas *Wahres* daran. それには当たっているところもある ‖ *et.*[4] für ~ halten …を本当だと思う | *et.*[4] ~ machen …(意図・言明など)を実行する | ~ werden (願望・推測などが)実現する, 事実となる | ~ sprechen 〈berichten〉《雅》本当のことを話す〈知らせる〉‖ Sehr ~! / Wie ~! 全くそのとおり | Das ist [leider] nur zu ~! [残念だが]それは全くの事実だ | **schon [gar] nicht mehr ~ sein**《比》今ではもう[全く]当たらない〈昔の話である〉| Das kann doch nicht ~ sein!《話》そんなことはありえないよ, まさか | *Wahr* oder nicht ~, es wird geglaubt. 真偽はともあれ(一般には)そう思われている | …, **nicht ~?** / Nicht ~, …? (念を入れて)…ね(だろう), …じゃないかな | *Wahr* und wahrhaftig, es ist so! うそ偽りじゃなしに そうなんだよ | So ~ mir Gott helfe! / So ~ ich lebe 〈hier stehe〉! / So ~ zweimal zwei vier ist! [天地神明に]誓って.
b) (aufrichtig) 率直な, 誠実な, 正直な: [treu und] ~ gegen *jn.* sein …に対して誠をつくす.
2《付加語的》(echt) (にせものではない) 本物の, 真の, 本当の意味での, まことの;《比》文字どおりの, 全くの: ein ~*er* Beifallssturm まさにあらしのような喝采(かっさい) | eine ~*e* Flut von Zuschriften まさしく投書の洪水 | ein ~*er* Freund 真の友 | eine ~*e* Freundschaft 真の友情 | ein ~*es* Glück 真の幸福〈幸運〉| Das ist der ~*e* Jakob. (→Jakob II 1) | Er ist eine ~*e* Plage 〈ein ~*er* Teufel〉. 彼は全くもって疫病神〈悪魔〉だ | Es ist ein ~*er* Segen für mich. それは私にとってまさに天の恵みだ | Es war [mir] ein ~*es* Vergnügen 〈eine ~*e* Lust / eine ~*e* Wonne〉. [私には]それは全く楽しいことだった | Es ist ein ~*es* Wunder, daß ihm nichts passiert ist. 彼が無事だったのはまさに奇跡だ.
[*westgerm.*; ◇ *lat.* vērus „wahr"]

wahr..[1]《分離・非分離動詞の前つづり.「真実・事実」を意味する. つねにアクセントをもつ》: *wahr*haben 認める | *wahr*sagen 予言する.

wahr..[2]《「注意・注目」を意味する. つねにアクセントをもつ》**1**《分離・非分離動詞の前つづり》: *wahr*nehmen 知覚する | *wahr*schauen《海》警告する. **2**《名詞につけて》: *Wahr*zeichen 目印; シンボル.
[*ahd.* wara „Aufmerksamkeit"]

wah·ren[vá:rən] 他 (h) **1** (aufrechterhalten) 保つ, 保持〈維持〉する, 乱さずに保つ, 変え〈崩さ〉ない: den Anstand ~ (きちんとした)態度を崩さない, 礼儀作法〈エチケット〉を守る | *seine* Ehre 〈Würde〉 ~ 自分の名誉を守る〈品位を保つ〉| die Form ~ (社交上の)作法〈しきたり〉を守る | das Geheimnis ~ 秘密を守る | das 〈*sein*〉 Gesicht ~ (→Gesicht 1 b, c) | *seinen* Ruf ~ 名声を保つ | Ruhe und Ordnung ~ 平安と秩序を維持する | den Schein ~ (→Schein 2) ‖ Er ist stets darauf bedacht, Abstand 〈Distanz〉 zu ~. 彼は距離を保つことを決して忘れない. **2** (verteidigen) (攻撃に抵抗して)守る: *seine* Interessen 〈Rechte〉 ~ 自分の利益〈権利〉を守る. **3**《北部》(aufbewahren) 保存〈保管〉する.
[*germ.* „beachten"; ◇warnen, Warte, Ware; *engl.*

〔a〕ware; *gr.* horān „sehen"〕

wäh·ren[vɛ́:rən] **I** 自 (h)《雅》(dauern)《期間を示す語句と》(…だけ)続く, 持続する, 時間がかかる: Das Fest *währte* fünf Tage 〈bis tief in die Nacht〉. 祭典は5日間〈深夜まで〉続いた | Das *währte* nur einen Augenblick. それはほんの一瞬のことだった ‖ 非人称 Es *währte* nicht lange, so wurde er wieder gesund. ほどなく彼は健康を回復した | Es kann noch lange ~, bis er kommt. 彼が来るまでにはまだ大分時間がかかるかも知れない ‖ Was lange *währt*, wird 〔endlich〕 gut.《諺》ローマは一日にして成らず, せいては事を仕損ずる(長い時間をかけたものは最後に良くなる) | Ehrlich *währt* am längsten. (→ehrlich).

II wäh·rend[1] 現分 形 続く, 継続する: stundenlang ~*e* Gespräche 数時間にわたる交渉 | die ewig ~*e* Gerechtigkeit Gottes 神の永遠の正義.

[*ahd.* werēn; ◇wesen]

wäh·rend[2][vɛ́:rənt] **I** 前《2格, まれに3格支配: →laut II ☆》《出来事・状態または期間を表す語と用いられて時間の同時的継続・進行を示す》**1** (英: *during*)《特定期間中の一時点》…のあいだ〔のある時点〕に, …が進行中のある時点に: ~ der Nacht abreisen 夜のあいだに旅立つ | Er sagte es ~ meiner Abwesenheit. 彼は私が欠席している〈座を外している〉ときにそれを言った | *Während* des Frühstücks las er den Wetterbericht. 彼は朝食中に天気予報に目を通した ‖〖3格支配で〗~ meines Vaters kurzem Aufenthalt 父の短い滞在のあいだに(=~ des kurzen Aufenthalts meines Vaters).

2《特定期間の始めから終わりまで》…のあいだつねに, …のあいだずっと, …じゅう: ~ drei Tagen 〈dreier Tage〉 3日間ずっと | ~ des ganzen Jahres 1年じゅうずっと | ~ einiger Stunden dauern《ｽｲ》数時間続く(=einige Stunden 〔lang〕 dauern) | Die Ausstellung ist ~ eines Monats täglich geöffnet. 展覧会は1か月のあいだ毎日開かれる | Das Jahr, ~ dessen 〈welchem〉 ich in Bonn war, werde ich nie vergessen. ボンにいた1年間のことを私は決して忘れないだろう | Es hat ~ des ganzen Urlaubs geregnet. 休暇中ずっと雨が降り続いた ‖〖3格支配で〗*Während* fünf Jahren war er abwesend. 彼は5年間ずっと留守〈欠席〉だった.

II 接《従属》**1** (英: *while*)《時間的》《副文の動詞は継続相》**a)** …しているあいだ〔のある時点〕に, …しているうちに: *Während* wir verreist waren, hat man bei uns eingebrochen. 私たちの旅行中に泥棒が入った | *Während* 〈▽*Während* daß〉 er so lag, ging die Sonne unter. 彼がそうやって横になっているうちに太陽が沈んだ. **b)** …しているあいだずっと, …しているあいだじゅう: *Während* er arbeitete, spielte das Radio. 彼が仕事をしているあいだじゅうラジオが鳴っていた.

2《対照・対比》…なのに対して, …であるのにひきかえ, …である一方では: *Während* es gestern schön war, ist das Wetter heute schlecht. きのうは良い天気だったのに きょうは天気が悪い | Du gehst spazieren, ~ ich arbeiten muß. 私は仕事をしなければならないのに 君は散歩に出かけるんだね.

wäh·rend≈dem[vɛ:rəntdé:m] 副, **≈des**[..dɛ́s] 副, **≈des·sen**[..dɛ́sən] 副 (inzwischen) そのあいだ〔に〕; (…しているとき)他方で〔は〕: Ich habe noch zu arbeiten, du kannst ~ etwas lesen. 私はまだ仕事があるから 君はそのあいだ本でも読んでいてくれ | Ich bin in der Stadt gewesen, und ~ hat er mehrmals angerufen. 私は町へ行っていてそのあいだに彼は何度も電話してきた.

W

wahr|ha·ben*[vá:rha:bən][1]《64》他 (h)《ふつう次の成句で》*et.*[4] **nicht ~ wollen** …を認めようとしない | Sie will ihre Fehler nie ~. 彼女は自分のミスを決して認めようとはしない | Er wollte nicht ~, daß er das getan hatte. 彼はそれをやったことを認めようとはしなかった.

wahr·haft[vá:rhaft] 形《雅》本当の, まことの, 純粋な: ~*e* Bescheidenheit 本物の謙虚さ ‖ ein ~ gebildeter Mensch 本当の意味のインテリ〈教養人〉 | ein ~ großer Künstler 真に偉大な芸術家 ‖ Es hat mich ~ gefreut. 私はそれを本当にうれしく思った.

wahr·haf·tig[va:rháftɪç, ⌐◡◡][2] **I** 形《雅》誠実〈正直〉な, うそをつかぬ; 真実の(神): ~*en* Gott〔e〕s nicht ... 神に誓って〔絶対に〕…でない | *Wahrhaftiger* Gott! 神に誓って〔真実だ〕; (驚いて)おやまあ, 南無三宝, さあ大変だ.

II 副 本当に, 全く: wahr 〈wirklich〉 und ~ 実際本当に, 全く本当の話〔が〕 | 〔wirklich und〕 ~ nicht ... 本当に〈全く〉…でない, 決して〈断じて〉…でない | Ich weiß es ~ nicht. 私はそれを本当に知らないんだ | Er ist ~ kein Dummkopf. 本当の話〈決して〉彼はばかじゃない | *Wahrhaftig*, so ist es! 本当の話がそうなんだ.

Wahr·haf·tig·keit[..kaɪt, ⌐◡◡⌐] 女 -/ 誠実〈正直〉さ, うそ〈偽り〉のないこと;〖劇〗(演技などの)真実味: die ~ seiner Aussage bezweifeln 彼の陳述の真実性を疑う.

Wahr·heit[vá:rhaɪt] 女 -/-en 真〔理〕;《ふつう単数で》真相, 本当〔のこと〕, 真実〔性〕, 事実: absolute 〈allgemeingültige〉 ~*en* 絶対的〈普遍的〉真理 | eine alte ~ わかりきった〈ありふれた〉こと | innere 〈wissenschaftliche〉 ~*en* 内面的〈科学的〉真理 | die ganze 〈volle〉 ~ 完全な真相 | die nackte 〈ungeschminkte〉 ~ ありのままの真実 | die reine 〈lautere〉 ~ 全くの〈ありのままの〉真実 | eine traurige 〈bittere〉 ~ 悲しい〈認めるのがつらい〉事実 ‖ die ~ über *et.*[4] …についての真実 ‖《Dichtung und ~》『詩と真実』(Goethe の自伝) ‖ die Stunde der ~ (→Stunde 3) ‖ **der ~ ins Gesicht schlagen**《比》真実と真っ向から食い違う | der ~ die Ehre geben (→Ehre) ‖ die ~ einer Aussage anzweifeln 〈nachprüfen〉 陳述の真偽を疑う〈検証する〉 | die ~ herausfinden 〈erfahren〉 真相を探りだす〈知らされる〉 | ***jm.* die ~ geigen 〈ins Gesicht schleudern〉**《俗》…にずけずけと注意する | *jm.* die ~ sagen …に事実を言う | **um die ~ zu sagen** 本当を言えば | die ~ verschleiern 〈verschweigen〉 真相を隠す〈明かさない〉 ‖ auf ~ beruhen 事実に基づいている | bei der ~ bleiben 事実を曲げない | hinter die ~ kommen 真相を見抜く〈察知する〉 | **in *Wahrheit*** 事実〔は〕, 実際に〔は〕(=in Wirklichkeit) | in Tat und ~ (→Tat) | es[4] mit der ~ nicht so genau nehmen 事実にあまりこだわらない, うそもつきかねない ‖ Mit der ~ kommt man am weitesten.《諺》誠実が最良の策(誠実によって人はもっとも遠くまで到達する) | Kinder und Narren reden die ~.《諺》子供と愚か者は本当のことを言う〈正直だ〉 | Er ist die ~ selbst 〈in Person〉. 彼は正真正銘の正直者だ | Die ~ liegt in der Mitte.《諺》真実は中庸にあり | Im Wein ist 〈liegt〉 die ~. (→Wein 1 a) | Ein Körnchen ~ steckt darin. それにはいささかの真実が含まれている.

Wahr·heits≈be·din·gung[vá:rhaɪts..] 女〖論〗真理条件. **≈be·weis** 男〖法〗(中傷などに対する)真実の証明: den ~ antreten 〈erbringen / führen〉(証言などの)真実を立証する. **≈fin·dung** 女 真実の発見, 真相解明. **≈ge·halt** 男 -〔e〕s/ (発言内容などの)真実度, 信頼性.

wahr·heits≈ge·mäß 形, **≈ge·treu** 形 真実〈事実〉どおりの, ありのままの: *et.*[4] ~ berichten …をありのままに報告する.

Wahr·heits·lie·be 女 -/ 真理への愛, 真実を愛する心: mit unbestechlicher ~ 何があろうと真実は曲げないという態度で.

wahr·heits·lie·bend 形 真理〈真実〉を愛する.

Wahr·heits≈pflicht 女〖法〗真実を述べる義務. **≈sinn** 男 -〔e〕s/ 真実〈真理〉を見きわめる感覚. **≈su·cher** 男 真実を追求する人, 真理探求者. **≈wert** 男〖論〗真偽値, 真理値.

wahr·heits·wid·rig 形 事実〈真実〉に反する.

wahr·lich[vá:rlɪç] 副 **1** 本当に, 確かに, 絶対に: Das ist ~ eine gute Tat. それは本当にいい行いだ | Das passiert mir ~ nicht wieder. そんなこと私はもう絶対に二度とごめんだ. **2**《雅》まことに, げに〔も〕: *Wahrlich*, ich sage euch ...〖聖〗まことに我なんじらに告ぐ….

wahr·nehm·bar[vá:rne:mba:r] 形 知覚されうる(見える・聞こえる・感じられるなど): eine ~*e* Temperatur 可測温度 | Das ist mit dem bloßen Auge nicht ~. それは肉

眼では見えない.

wahr|neh·men*[vá:rne:mən] 《104》 他 (h) **1** 知覚する(見る・聞く・嗅(か)ぐ・感じるなど); (bemerken) 認める, 気づく: ein Geräusch ～ 物音に気づく | in der Ferne einen Lichtschein ～ 遠方に一条の光を認める | den geringsten Fehler ～ ちょっとした間違いにも気づく ‖ Mit den Sinnen können wir die Umwelt ～. 五感でもって我々はまわりの世界を知覚する | Von den Unruhen in der Stadt haben wir nichts 〈nur wenig〉 *wahrgenommen*. 市内での騒ぎについては我々は何も〈ほとんど〉気がつかなかった. **2** (機会などを)とらえる, 利用する: jede Gelegenheit ～, das zu sagen それを言うためにはいかなる機会も逃さない. **3** (利益などを)守る, 代表する, 擁護する; (期限などを)守る: das Recht ～ 権利を主張する | *seinen* Vorteil ～ 自分の利益を守る | *js.* Interessen ～ …の利益を代表する | die Frist ～ 期限の約束を守る | den Termin ～ 〘法〙期日どおり出頭〈出廷〉する. **4** (義務などを)引き受ける: eine Professur ～ 教授職につく.

Wahr·neh·mung[vá:rne:mʊŋ] 女 -/-en **1** 知覚, 感知; 気づく〈認める〉こと, 発見, 体験: eine sinnliche ～ 感覚知覚 | eine ～ machen 知覚する ‖ Es ist eine häufige ～. それはしばしば認められる〈よくある〉ことだ. **2** 遂行, 実現, 目標の達成: die ～ der Geschäfte 仕事の実行. **3** (機会などの)利用. **4** (利益などの)擁護, 代表, 主張: die ～ des Rechtes 権利の主張 | in ～ unserer Interessen 我々の利益を代表して.

Wahr·neh·mungs·ver·mö·gen 中 -s/ 知覚〈感知〉能力.

Wahr·sa·ge·kunst[vá:rza:gə..] 女 -/ 占い術, 予言術, 陰陽道(おんみょうどう).

wahr|sa·gen[vá:rza:gən][1] **I** 自 (h) 占う, 予言する: aus der Hand ～ / aus den Handlinien ～ 手相を見る | aus 〔den〕 Karten ～ トランプで占う | aus dem Flug der Vögel ～ 鳥の飛び方で占う ‖ *sich*[3] ～ lassen 占ってもらう. **II** 他 (h) 占う, 予言する: Schlimmes ～ 凶事を予言する | Die Zigeunerin hat ihm die Zukunft *wahrgesagt*. そのジプシー女は彼の将来を占った | Sie *sagte* ihm *wahr*, daß er eine reiche Frau heiraten werde. 彼女は彼に金持ちの女と結婚するだろうと予言した.

★ 非分離動詞として用いることもある(過 wahrsagte; 過分 gewahrsagt).

[„Wahres sagen"]

Wahr·sa·ger[..gər] 男 -s/- (女 **Wahr·sa·ge·rin**[..gərɪn]-/-nen) 占い師, 易者, 手相見; 予言者, 陰陽師(おんみょうじ).

Wahr·sa·ge·rei[va:rza:gəráɪ] 女 -/-en 占い, 易, 手相見; 予言〔術〕.

Wahr·sa·ge·rin Wahrsager の女性形.

Wahr·sa·gung[vá:rza:gʊŋ] 女 -/-en 占い, 易, 手相見; 予言.

währ·schaft[vɛ́:rʃaft] **I** 形 《ｽｲｽ》 **1** 頼みになる, 有能な, 〔手〕腕がある: ein ～*er* Mann 有能な男. **2** しっかりした, 丈夫な, 長持ちのする; 良質の, 実質のある: ein ～*es* Essen たっぷりとした食事 | ein ～*er* Stoff 丈夫な反物.

II Währ·schaft 女 -/-en 《ｽｲｽ》 (Bürgschaft) 保証, 担保.

[◇Gewähr, Währung]

Wahr·schau[vá:rʃaʊ] 女 -/ 〘海〙 **1** 目印. **2** 警戒, 見張り: *Wahrschau!* 警戒せよ.

wahr·schau·en[vá:rʃaʊən] 《過 wahrschaute; 過分 gewahrschaut》 他 (h) (warnen) 〘海〙(危険を)警告する.

[*mndd.*; ◇wahr..[2]]

wahr·schein·lich[va:rʃáɪnlɪç, ⌐⌐⌣] **I** 形 あり〈起こり〉そうな, 本当〈それ〉らしい, 推定される, 蓋然(がいぜん)性のある; 〘数〙確率〔上〕の: der ～*e* Täter 犯人と考えられる男 | die ～*e* Folge des Ereignisses 事件の予想される結果 ‖ Die Geschichte ist nicht sehr ～. その話はあまり本当らしくない | Es ist sehr ～, daß er gewinnt. 彼が勝つ公算がきわめて大きい | Ich halte es für ～, daß er gewinnt. 彼が勝つ公算が大きいと私は思う.

II 副 《陳述内容の現実度に対する話者の判断・評価を示して》 たぶん〔…らしい〕, たいてい, 十中八九, おそらく, 思うに(→vielleicht 1): *Wahrscheinlich* regnet es heute. たぶんきょうは雨だろう(＝Es ist ～, daß es heute regnet.) | Er wird ～ nicht gewinnen. 彼はたぶん勝てないだろう | Ist er krank?— *Wahrscheinlich*. 彼は病気かい — そうらしいね.

[*lat.* vērī-similis (◇wahr, Simili) の翻訳借用]

Wahr·schein·lich·keit[..kaɪt] 女 -/-en そうありそうなこと〈可能性〉, 確かであると思われること, 推定的事実, 蓋然(がいぜん)性, 公算; 〘数〙確率: mit großer 〈größter〉 ～ / aller ～ nach たぶん, 十中八九は | eine hohe 〈geringe〉 ～ haben 公算が大きい〈わずかである〉.

Wahr·schein·lich·keits·rech·nung 女 〘数〙確率論〈計算〉.

Wahr·spruch[vá:r..] 男 (Verdikt) 〘法〙(陪審員による)評決. [*mlat.* vērē-dictum (→Verdikt) の翻訳借用]

Wah·rung[vá:rʊŋ] 女 -/ (Aufrechterhaltung) 保持, 維持; 確保, 固守; 擁護: die ～ des Anstandes 〈der Form〉 礼儀作法を守ること | die ～ *seiner* Rechte 自分の権利の擁護 ‖ unter ～ der Grundsätze 原則は守りながら | zur ～ *seiner* Selbständigkeit 自分の独立性を守るために ‖ Ihm obliegt die ～ der Interessen seiner Firma. 会社の利益の擁護は彼の手にゆだねられている.

Wäh·rung[vɛ́:rʊŋ] 女 -/-en **1** 〘経〙(ある国の)通貨, 貨幣, 本位〔貨幣〕; 貨幣制度: eine einfache 〈doppelte〉 ～ 単〈複〉本位〔制〕 | eine freie ～ 自由通貨 | eine gebundene ～ 束縛通貨 | eine harte ～ 安定した通貨, 硬貨(金または他の通貨と交換のできる通貨) | eine hinkende ～ 跛行(はこう)本位 | eine manipulierte ～ 管理通貨 | eine weiche ～ 不安定な通貨, 軟貨(金または他の通貨と自由に交換できない通貨) ‖ Dollar*währung* ドル貨 | Gold*währung* 金本位〔制〕 | Papier*währung* 紙幣本位〔制〕 | Parallel*währung* 並行本位〔制〕 | Silber*währung* 銀本位〔制〕 ‖ die ～ stabilisieren 通貨を安定させる | in ausländischer ～ zahlen 外貨で支払う | Er hatte nur Schweizer ～. 彼はスイスフランしか持っていなかった. **2** 〘経〙為替相場, 価値, 価格. **3** 財産目録. [*mhd.* „Gewährleistung"; ◇gewähren, Währschaft]

Wäh·rungs≠ab·kom·men[vɛ́:rʊŋs..] 中 〘経〙通貨協定. **≠ab·wer·tung** 女 〘経〙平価の切り下げ. **≠an·glei·chung** 女 〘経〙為替相場の調整. **≠auf·wer·tung** 女 〘経〙平価の切り上げ. **≠aus·gleichs·fonds**[..fɔ̃:] 男 〘経〙為替安定基金. **≠block** 男 -〔e〕s/..blöcke (-s) 〘経〙通貨ブロック. **≠ein·heit** 女 (略 WE) 〘経〙貨幣単位. **≠fonds**[..fɔ̃:] 男 〘経〙通貨基金: der Internationale ～ (略 IWF) 国際通貨基金. **≠ge·biet** 中 通貨流通地域, 同一通貨圏. **≠kri·se** 女 〘経〙通貨危機. **≠pa·ri·tät** 女 〘経〙為替平価. **≠po·li·tik** 女 〘経〙通貨政策. **≠re·form** 女 〘経〙通貨改革. **≠schlan·ge** 女 〘経〙スネーク(欧州共同通貨変動制の通称. 変動幅が固定されているので世界各国為替相場制のなかで EC 通貨だけが蛇状の動きを示すことによる). **≠schnitt** 男 〘経〙デノミネーション(通貨の呼称単位の切り下げ). **≠sta·bi·li·sie·rung** 女 〘経〙通貨の安定化. **≠sta·bi·li·tät** 女 〘経〙通貨安定. **≠sy·stem** 中 〘経〙通貨制度, 通貨体系. **≠union** 女 **1** (国家間の)通貨統合. **2** (国家間の)通貨同盟.

Wahr·zei·chen[vá:rtsaɪçən] 中 -s/- 目印, 標章; (町などの)象徴〈特徴〉となる建物, 記念物: Der Stephansdom ist das ～ Wiens. シュテファン大聖堂はウィーンの象徴である. [*mhd.*; ◇wahr..[2]]

Waib·lin·gen[váɪblɪŋən] 地名 ヴァイブリンゲン(ドイツ Baden-Württemberg 州の都市). [◇Gibelline]

Waib·lin·ger[..ŋər] **I** 男 -s/- **1** ヴァイブリンゲンの人. **2** ＝Gibelline **II** 形 《無変化》ヴァイブリンゲンの.

Waid[vaɪt][1] 男 -〔e〕s/-e **1** 〘植〙タイセイ(大青). **2** (タイセイの葉から採る)青色染料. [*westgerm.*; ◇*engl.* woad]

Waid·fär·ber 男 タイセイ染物師, 紺屋.

Waid·mann[váɪtman] ＝Weidmann

Wa̤id·manns·spra·che ＝Weidmannssprache
Wa̤id·spruch ＝Weidspruch
Wa̤i·se[váɪzə] 女 -/-n **1** みなしご, 孤児(まれに片親だけいない子供を指すこともある: →Halbwaise). **2** 〖詩〗押韻詩の中の無韻の詩行.
[*ahd.*; ＜*ahd.* wīsan „meiden" (◇Witwe)]
Wa̤i·sen≠für·sor·ge[váɪzən..] 女 孤児のための福祉〈生活保護〉. **≠geld** 中 (公務員の)遺児扶助料, 孤児手当. **≠haus** 中 孤児院. **≠kind** 中 ＝Waise 1 **≠kna̤·be** 男《雅》男の孤児;《比》青二才, 未熟者: **gegen** *jn.* 〈*jm.* **gegenüber**〉 **ein reiner** 〈**der reine** / **der reinste**〉 ～ **sein** …の足もとにも及ばない | **in** *et.*[3] **ein reiner** 〈**der reine** / **der reinste**〉 ～ **sein** …の点ではまるで無能である. **≠ren·te** 女 遺児定期金, 孤児年金.
Wa̤·jang[vá:jaŋ] 中 -/ ワヤン(インドネシアの〔影絵〕演劇). [*javan.* „Schatten"]
Wa̤·ke[vá:kə] 女 -/-n《北部》(川・湖の氷結面の)凍らない個所. [„feuchte Stelle"; *mndd.*; ◇Hygrom]
Wa̲l[1][va:l] 男 -〔e〕s/-e (Walfisch)〖動〗クジラ(鯨). [*germ.*; ◇Wels; *engl.* whale]
Wa̲l[2][−] 中 -〔e〕s/ ; 女 -/ 《雅》(Schlachtfeld) 戦場. [*germ.* „tot"; ◇wühlen; *lat.* vellere „rupfen"]
Wa·la̤·che[valáxə] 男 -n/-n ワラキアの人; (広義で)ルーマニア人. [*ahd.* Walh „Romane"－*slaw.*; ◇welsch, Wallone; *lat.* Volcae (ケルトの種族名); *engl.* Vlach]
Wa·la·che̤i[valaxáɪ] 女 -/ **1** die ～ 地名 ワラキア(ルーマニア南部の地方. ルーマニア語形 Tara Românească). **2**《比》(文明から遠く離れた無名の)寒村, 僻地(へき ち).
[◇Wallach[1]; *engl.* Wallachia]
wa·la̤·chisch[valáxɪʃ] 形 ワラキア〔人・語〕の; (広義で)ルーマニア〔人・語〕の: →deutsch
Wa̤l·burg[válbʊrk] 女名 ヴァルブルク. [＜*ahd.* waltan „walten"]
Wal·bṳr·ga[valbʊ́rga·] 女名 ヴァルブルガ.
Wald[valt][1] 男 -es(-s)/Wälder[vέldər] (⊕ **Wäld·chen**[vέltçən], **Wäld·lein**[..laɪn] 中 -s/-) **1** 森, 森林〔地帯〕, 山林, 林; 森林の多い山地;《比》密集して立つもの, 林立するもの, おびただしい数, 無数: der Bayrische ～ バイエルンの森 | ein dunkler 〈dichter〉 ～ 暗い〈うっそうとした〉森 | ein lichter ～ 木のまばらな森 | Nadel*wald* 針葉樹林 ‖ **ein ～ von** Haaren《比》豊かな髪 | ein ～ von Fahnen 〈Antennen〉《比》林立する旗〈アンテナ〉 | ein schwarzer ～ von Menschen 黒山のような人だかり ‖ **einen ganzen ～ absägen**《話》大いびきをかく | **den ～ vor lauter Bäumen nicht sehen**《比》木を見て森を見ない(小事にこだわって全体・肝心なことを見失う); 目の前にあるもの〈わかりきったこと・当然のこと〉に気がつかない ‖ durch ～ und Feld streifen 山野を歩き回る | **nicht für einen ～ von** 〈**voll**〉 **Affen**《話》決して…ない, 断じて…せぬ | tief im ～ 森の奥深く | **im ～ aufgewachsen sein**《比》粗野〈愚か〉である, 礼儀をわきまえない | Holz in den ～ tragen (→Holz 1 a) ‖ **Sind wir im ～?**《話》我々が森の中にいるとでも思っているのか(礼儀をわきまえなさい) | Es ist 〈herrscht〉 Schweigen im ～*e*. (→schweigen III) | wie eine 〈die〉 Axt im ～*e* (→Axt) | Wie man in den ～ hineinruft, so schallt es 〔wieder〕 heraus.《諺》我 人に辛ければ人また我に辛し, 因果応報(森の中へ叫んだそのままに こだまは返ってくる).
▽**2**《複数で》(文学作品などの)文集, 著作集, 詞華集.
[*westgerm.*; ◇Wal[2], wild; *engl.* wold, weald]

Wa̤ld·amei·se[vált..] 女〖虫〗ヤマアリ(山蟻)の一種.
wa̤ld·arm 形 森林〈樹林〉に乏しい.
wald·a̲u̲s[valt|áʊs] 副 (↔waldein) 森の外へ.
Wa̤ld≠bau[vált..] 男 -〔e〕s/ 森林栽培, 造林; 林学. **≠baum** 男 森の木.
wa̤ld·be·deckt 形 森林におおわれた.
Wa̤ld≠bee·re 女 森の中に生える漿果(しょう か)(コケモモなど). **≠be·stand** 男 森林量; 森林地面積. **≠blö̤·ße** 女 ＝Waldlichtung **≠blu̲·me** 女 森に咲く草花. **≠bock** 男〖動〗アフリカの森林にすむカモシカ(ブッシュバック・クーズーなど). **≠brand** 男 森林火災, 山火事.

Wä̤ld·chen Wald の縮小形.
Wa̤l·deck[váldɛk] 地名 ヴァルデック(ドイツ Hessen 州内の, かつて同名の侯国のあった地方). [◇Wald, Ecke]
wald·e̲i̲n[valt|áɪn] 副 (↔waldaus) 森の中へ.
Wa̤ld·ein·sam·keit[vált..] 女《雅》森の〔中の〕静寂.
Wa̤l·de·mar[váldəmar] 男名 ヴァルデマル. [＜*ahd.* waltan „walten"＋māren „rühmen"]
Wal·de̤n·ser[valdέnzər] 男 -s/- ヴァルド派(12世紀に創始され, ローマ教会制度を否定した)の信者. [*mlat.*; ＜P. Valdo (フランスの商人で聖書翻訳者; ◇Waadt); ◇*engl.* Waldensian]
Wä̲l·der Wald の複数.
Wa̤ld≠erb·se[vált..] 女〖植〗(森に生える)レンリソウ(連理草)属の一種. **≠e̲rd·bee·re** 女〖植〗エゾヘビイチゴ(蝦夷蛇苺). **≠er·ho̲·lungs·heim** 中 林間保養所〈サナトリウム〉.
Wa̤l·des·dun·kel[váldəs..] 中 森のやみ〈暗がり〉.
Wa̤ld·e̲sel[vált..] 男 (Wildesel) 野性のロバ;《話》とんま, まぬけ: **wie ein ～ scheißen**《卑》無作法に放屁(ほう ひ)する.
Wa̤l·des·rau·schen[váldəs..] 中 -s/《雅》森のさやぎ〈ざわめき〉.
Wa̤ld≠eu·le[vált..] 女 ＝Waldkauz **≠farn** 男〖植〗ウラボシ(裏星)科の一種. **≠feld·bau** 男 -〔e〕s/ **1**〖農〗(特に熱帯地方の)森林農業. **2**〖農・林〗造林に先立ってその土地を何年間か農業に使用すること. **≠flä·che** 女 森林地域. **≠flat·ter·gras** 中〖植〗イブキヌカボ(伊吹糠穂). **≠fre̲·vel** 男 森林法違反; 盗伐. **≠ge·biet** 中 森林地域. **≠ge·bir·ge** 中 森林山脈. **≠ge̲·gend** 女 森林地帯. **≠geiß·ba̲rt** 男〖植〗ヤマブキショウマ(山吹升麻). **≠geiß·blatt** 中〖植〗ニオイニンドウ(匂忍冬). **≠geist** 男 -〔e〕s/-er 森の精 (Elf, Satyr など). **≠ge·län·de** 中 森林地帯〈地区〉. **≠gold·stern** 男〖植〗キバナノアマナ(黄花甘菜). **≠gott** 男 森の神. **≠göt·tin** 女 森の女神. **≠gren·ze** 女〖地・林〗(気候・土壌などの関係でその線を越えては森林が広がらない)森林限界〔線〕. **≠hain·sim·se** 女〖植〗スズメノヤリ(雀槍)属の一種. **≠hei·ni** 男《話》田舎者, 野育ち; 不器用者, ぐず, 変なやつ. **≠horn** 中 -〔e〕s/..hörner〖楽〗フレンチホルン, ヴァルトホルン(→ 図 Blasinstrument). **≠hu̲·fen·dorf** 中 (農地・草原を背後にもつ家屋が並んだ, 特にドイツ中・東部の)山地街村〈鏈村(れん そん)〉. **≠hu̲hn** 中〖狩〗ライチョウ(雷鳥). **≠hund** 男〖動〗(南アフリカ産の)ヤブイヌ(藪犬). **≠hü̲·ter** 男 森林監督官, 森番, 山番. **≠hüt·te** 女 山小屋; 森の中の小屋. **≠hya·zin·the** 女〖植〗ツレサギソウ(連鷺草)〔属〕.
wa̤l·dig[váldɪç][2] 形 森のある, 森林におおわれた, 木のたくさんはえた: eine ～*e* Gegend 森〈樹木〉の多い地域.
Wa̤ld≠kampf[vált..] 男〖軍〗森林戦. **≠kan·te** 女〖林〗(樹皮の残っている)荒削り角材の角.
wa̤ld·kan·tig 形〖林〗荒削りの.
Wa̤ld≠kauz 男 (Waldeule)〖鳥〗モリフクロウ(森梟). **≠kie·fer** 女〖植〗オウシュウアカマツ(欧州赤松). **≠land** 中 森林地; 森林の多い地方. **≠lauf** 男 (Geländelauf)〖スポ〗クロスカントリー; 林間ランニング: beim Training einen ～ machen トレーニングに林間ランニングをする.
Wä̤ld·lein Wald の縮小形.
Wa̤ld≠lich·tung 女 森林の中の伐採地, 林間の空き地. **≠maus** 女〖動〗モリネズミ(森鼠). **≠mei·ster** 男 **1** 森林監督官, 森番. **2**《単数で》〖植〗クルマバソウ(車葉草). **≠mensch** 男 **1** 森に住む人間, 山男, 野蛮〈粗野〉な人; 森の怪人. **2** ＝Satyr 1 **3**〖動〗オランウータン. **≠nym·phe** 女〖ギ神〗森のニンフ〈妖精(よう せい)〉, 樹木の精. **≠o̲hr·eu·le** 女〖鳥〗トラフズク(虎斑木菟)の一種.
Wa̤l·dorf·sa·la̲t[váldɔrf..] 男〖料理〗ウォールドーフサラダ(さいの目に切ったセロリ・リンゴ・クルミにマヨネーズをかけたサラダ).
[＜Waldorf-Astoria (ニューヨーク市のホテル名)]
Wa̤l·dorf·schu̲·le 女 ヴァルドルフ学園(人知学者 R. Steiner の教育論に基づいて幼稚園から高等学校まで一貫教育をする自由主義的私立学校で工芸面の学科に重点を置く. 第1校は1919年 Stuttgart に創立, 今日ではドイツに約170

校, 国外に約670校があり, Rudolf-Steiner-Schule と呼ばれるものも多い). ［＜Waldorf（創設主のタバコ会社名）］

Wald≠pflan·ze[vált..] 女 森林植物. **≠pfört·ner** 男〘虫〙(森にすむ)ジャノメチョウ(蛇の目蝶)科のチョウ. **≠por·tier** 男〘虫〙ジャノメチョウ(蛇の目蝶)科のチョウ: Blauäugiger ～ ジャノメチョウ｜Weißer ～ オオイチモンジヒカゲ(大一文字日蔭蝶). **≠rand** 男 森の縁(ふち)〈はずれ〉. **≠rapp** 男〘鳥〙ホオアカトキ(頬赤朱鷺). **≠rat·te** 女〘動〙モリネズミ(森鼠). **≠re·be** 女〘植〙センニンソウ(仙人草)属, クレマチス.

wald·reich 形 森林の多い, 樹木の豊かな.

Wald≠sau·er·klee 男〘植〙コミヤマカタバミ(小深山酢漿草). **≠saum** 男 森の縁(ふち). **≠schnei·se** 女 林道, 森の小径(こみち). **≠schnep·fe** 女〘鳥〙ヤマシギ(山鷸). **≠schrat** 男, **≠schratt** 男 (特に巨人や獣の姿をした)森の妖怪(ようかい)〈怪物〉. **≠schu·le** 女 林間学校. **≠schutz** 男 森林保護. **≠schwein** 中〘動〙モリイノシシ(森猪). **≠sim·se** 女〘植〙クロアブラガヤ. **≠spa·zier·gang** 男 森の散歩(散策). **≠stadt** 女 森の町(特に Rhein 川上流沿いの Rheinfelden, Säckingen, Laufenburg, Waldshut の 4 都市を指す).

Wald·statt[vált-ʃtat] 地名 女 -/..stätte[..ʃtɛtə]《ふつう複数で》ヴァルトシュタット(スイスのいわゆる原初三州 Uri, Schwyz, Unterwalden の各州および Luzern を指す: → Vierwaldstätter See). ［„Wald-stadt"］

Wald≠step·pe[vált..] 女 森林の木がまばらになり 草原に変わる辺り. **≠ster·ben** 中 -s/ (環境汚染などによる)森林の枯死〈死滅〉. **≠streu** 女 (家畜の敷きわらに使う)落ち葉. **≠tau·be** 女〘鳥〙モリバト(森鳩). **≠tod** 男 ＝Waldsterben

Wal·dung[vált̮dʊŋ] 女 -/-en 森林, 森林地帯〈地方〉.

Wald≠ver·giß·mein·nicht[vált..] 中〘植〙エゾムラサキ(蝦夷紫). **≠vo·gel** 男 **1** 森の鳥. **2** ＝Waldpförtner **≠vö·ge·lein** 中 **1** Waldvogel の縮小形. **2**〘植〙キンラン(金蘭)属. **≠weg** 男 森の(小)道, 山道. **≠wei·de** 女 森林の中の牧草地. **≠wie·se** 女 森林の中の草地.

Wald·wie·sen·vö·gel·chen 中〘虫〙シロオビヒメヒカゲ(白帯姫日蔭蝶)(チョウの一種).

Wald≠wirt·schaft 女 **1** 森林管理, 営林; 林業. **2**《俗》森の中のレストラン. **≠wol·le** 女〘織〙松葉綿, 針葉から採った繊維. **≠wurz** 女〘植〙シャクジョウソウ(錫杖草).

Wales[we:ls, weɪlz] 地名 ウェールズ(イギリス南西部の行政地域: →Waliser, walisisch). ［◇welsch, Wallone］

Wal≠fang[vá:l..] 男 -[e]s/ 捕鯨. **≠fän·ger** 男 **1** 捕鯨船. **2** 捕鯨業者.

Wal·fang≠flot·te 女 捕鯨船団. **≠kom·mis·sion** 女 捕鯨委員会: die Internationale ～ 国際捕鯨委員会. **≠schiff** 男 捕鯨船.

Wal·fisch[válfɪʃ; オーストリア: vá:l..] 男 -es/-e **1** (Wal)〘動〙クジラ(鯨). **2** der ～〘天〙鯨座.

Wal·fisch≠aas 中 ＝ Walfischspeise **≠fang** ＝Walfang **≠fän·ger** ＝Walfänger **≠laus** 女〘虫〙クジラノシラミ(鯨の皮膚に寄生する). **≠spei·se** 女〘貝〙ハダカカメガイ(裸亀貝).

Wäl·ger·holz[vέlgər..] 中 (Nudelholz) 麺棒(めんぼう), のし棒.

wäl·gern[vέlgərn]《05》他 (h)《方》(ausrollen) こねてのばす: den Teig ～ こね粉をのばす. ［＜*ahd.* wal[ag]ōn (→Walm¹)］

Wälg·holz[vέlk..] ＝Wälgerholz

Walg·vo·gel[válk..] 男〘鳥〙ドードー, グバト(17世紀に絶滅). ［＜walgen „Ekel erregen" (◇wälgern)］

Wal·hall[válhal, ◡́] 中 -s/《ふつう無冠詞で》〘北欧神〙ヴァルハラ (Odin が戦死者たちを迎える天堂). ［*anord.*; ◇Wal², Halle¹］

Wal·hal·la[valhála·] **I** 女 -/ ヴァルハラ(ドイツの偉人たちを顕彰する目的で,19世紀の中ごろに Regensburg の近くに建てられた記念堂). **II** 中 -[s]/; 女 -/ ＝Walhall

Wa·li·ser[valí:zər] 男 -s/- ウェールズの人(→Wales).

wa·li·sisch[..zɪʃ] 形 ウェールズ[人・語]の: →deutsch

Wal·ke[válkə] 女 -/-n〘織〙(毛織物の)縮絨(しゅくじゅう)〔機〕.

wal·ken[válkən] 他 (h) **1**〘織〙(布を製造過程で)洗って密にする, 縮絨(しゅくじゅう)する, フェルト〔状〕にする. **2** (皮革をしなやかにするために)打つ, 搗(つ)く, たたく; (粉を)こねる; (洗濯物を汚れが落ちるように)こする;《話》殴る: Sie hat ihn tüchtig *gewalkt*.《話》彼女は彼をさんざん殴った. **3** (特にブリキなどを柔軟にするために)ローラーにかける.

［*idg.* „drehen"; ◇volta, wallen²; *engl.* walk］

Wal·ker[..kər] 男 -s/- **1**〘織〙縮絨(しゅくじゅう)工. **2**〘虫〙ヒゲコガネの一種. **3**《南部》麺棒(めんぼう).

Walk·er·de[válk..] 女 -/〘化〙漂布土.

Wal·ke·rei[valkəráɪ] 女 -/-en **1** (毛織物の)縮絨(しゅくじゅう). **2** 縮絨業(工場).

Wal·kie-loo·kie[vó:ki· lú:ki·, wɔ́:kɪlʊ́ki·] 中 -[s]/-s ウォーキー＝ルッキー(携帯・移動用〔小型〕テレビカメラ). ［*engl.*; ＜*engl.* walk „gehen"＋look „sehen"］

Wal·kie-tal·kie[vó:ki· tó:ki·, wɔ́:kɪtɔ́:ki·] 中 -[s]/-s ウォーキー＝トーキー, トランシーバー.

［*engl.*; ＜*engl.* talk „sprechen" (◇zählen)］

Walk·man[wɔ́:kmən] 男 -s/..men[..mən] 商標 ウォークマン(小型のステレオ＝ヘッドホーンつきカセットプレーヤー).

［*engl.*］

Walk≠müh·le[válk..] 女〘織〙縮絨(しゅくじゅう)機; 縮絨工場. **≠mül·ler** 男〘織〙縮絨工. ［＜walken］

Wal·kü·re[valký:rə, ◡́◡, vá:l..] 女 -/-n **1**〘北欧神〙ヴァルキュリヤ (Odin の命で, 戦場にたおれた者の中から勇士を選び出し, Walhall の広間へ運ぶ戦いの乙女):《Die ～》『ヴァルキューレ』(Wagner の楽劇『ニーベルンゲンの指輪』4 部作のうち第 2 番目の作品). **2**《戯》〔ブロンドの〕大女.

［*anord.* val-kyrja; ◇Wal², Kür］

Wall¹[val] 男 -[e]s/Wälle[vέlə] (城・都市のまわりの)塁壁, 土塁, 掩体(えんたい) (→図 Burg); 土手, 堤, 堤防, 防壁;《比》守り: einen ～ aufschütten 〈errichten〉 土塁を積み上げる〈築く〉｜einen hohen ～ erklettern 高い堤防によじのぼる｜die Burg mit ～ und Graben umgeben 城のまわりに塁壁と堀をめぐらす ‖ Das Bündnis bildete einen ～ gegen die drohende Gefahr.《比》この同盟は迫り来る危険に対する防波堤であった.

［*lat.* vāllum „Verschanzung"－*mhd.*; ＜*lat.* vāllus „Pfahl" (◇*gr.* hēlos „Nagel")］

Wall²[val] 男 -[e]s/-e (単位: -/-) ヴァル(魚の数量〔単位〕: 80尾): 2 ～ Heringe ニシン 2 ヴァル(160尾).

［*aschwed.* val „Stock"－*ndd.*］

Wall³[－] 男 -[e]s/-e (Aufkochen) 沸騰, 泡立ち;《比》激動. ［＜wallen²］

Wal·lach¹[válax] 男 -[e]s/-e (オーストリア: -en/-en) (去勢された)雄馬(→Pferd 1). ［＜Walachei］

Wal·lach²[－] 人名 Otto ～ オットー ヴァラハ(1847-1931; ドイツの化学者. テルペンとカンフルの研究で1910年ノーベル化学賞を受賞).

Wäl·le Wall¹の複数.

wal·len¹[válən] 自 (s) ▽**1** (pilgern) 行脚する, 巡礼する: in das Heilige Land ～ 聖地に詣(もう)でる. **2**《雅》しずしずと歩く.

［*westgerm.* „umherziehen"; ◇wehen, Wedel］

wal·len²[válən] 自 (h, s) **1 a)** 煮え〈沸き〉立つ, 沸騰する: Das Wasser im Topf *wallt*. なべの湯がぐらぐら沸いている｜die Suppe zum *Wallen* bringen スープを煮立たせる. **b)**《雅》(湖・海・川などが)波〈泡〉立つ, 荒れ狂う; (雲・霧・煙などが)もくもくと湧(わ)く〈動いて行く〉, 湧き立つ; (血・感情が)激する, たぎる, たかぶる: Die Flut *wallte* und brauste. 水流〈潮〉は泡立ち荒れ狂った｜Das Blut in seinen Adern *wallte*. 彼の血はたぎった.

2《雅》(波状に)起伏する, うねる; (髪・衣服などが)なびく, ゆらぐ; (旗などが)ひるがえる: Die Locken *wallten* ihr über die Schultern. 巻き毛が波打って彼女の肩に垂れていた ‖ sein *wallender* Mantel 彼の(着ている)すらりと垂れたコート｜mit *wallendem* Haar (風に)髪をなびかせて.

★ h, s について: →schwimmen I 1 ☆

［*westgerm.*; ◇walken, walzen², wühlen, Walm¹,

Wulst, Welle]

wäl·len[vέlən] 他 (h) 《方》(wallen lassen) 煮え立たせる, 沸騰させる.

Wal·len·stein[válənʃtaın] 人名 Albrecht von ～ アルブレヒト フォン ヴァレンシュタイン(1583-1634; 三十年戦争で活躍したドイツの将軍. Schiller の戯曲『ヴァレンシュタイン』三部作の主人公).

▽**Wal·ler**[válər] 男 -s/- (Wallfahrer) 巡礼者; 《雅》「旅人.」

wall·fah·ren[válfa:rən] 《過 wallfahrte; 過分 gewallfahrt》自 (s) 巡礼する, 聖地に参詣(さんけい)する, 霊場回りをする: Die Pilger sind nach Jerusalem *gewallfahrt.* その巡礼たちはエルサレムへ詣(もう)でた.

Wall·fah·rer[..fa:rər] 男 -s/- (女 **Wall·fah·re·rin**[..rərın]-/-nen)〔聖地〕巡礼者.

Wall·fahrt 女 -/-en 巡礼, 霊場参詣〔の旅〕; 《比》(著名人・名所・旧跡などを訪ねて)我も我もと押しかけること: auf ～ gehen 巡礼する ‖ die ～ des Lebens《比》人生の遍歴.

▽**wall·fahr·ten**[válfa:rtən] 《01》 =wallfahren

Wall·fahrts≠kir·che 女 (巡礼者がお参りする)霊場教会, 巡礼参詣(さんけい)聖堂. **≠ort** 男 -[e]s/-e, **≠stät·te** 女 巡礼地, 霊場.

Wall≠gang[vál..] 男 **1** 土手〈塁壁〉の上の歩道, 塁道. **2** 土手〈土塁〉の上を歩くこと. **3** 〖海〗(軍艦の)ブリスター, 歩廊. **≠gra·ben** 男 (城・都市のまわりの)堀, 濠(ごう).

das **Wal·lis**[válıs] 地名 中 -/ ヴァリス(スイスの州. 州都はズィッテン Sitten). [＜*lat.* vallis „Tal"; ◇*engl.* Valais]

Wal·li·ser[válizər] **I** 男 -s/- ヴァリスの人.
II 形《無変化》ヴァリスの: die ～ Alpen ヴァリス=アルプス(西アルプスの一部).

Wall·ni·ster[válnıstər] 男 -s/- (Großfußhuhn)〖鳥〗ツカツクリ(塚造)(キジ類). [＜Wall[1]+nisten]

Wal·lo·ne[való:nə] 男 -n/-n ヴァロン人(ベルギー南東部のケルト系住民. その言語はフランス語の一方言であるが, ゲルマン語の影響を多く示している). [*germ.*－*mlat.*－*fr.*; ◇Walache, Wales; *engl.* Walloon]

wal·lo·nisch[..nıʃ] 形 ヴァロン〔人・語〕の: →deutsch

Wall·street[wɔ́:lstrí:t, ⌐－] 地名 女 -/ ウォール街(ニューヨークの株式取引所所在地); 《比》米国金融市場〈業界〉. [*engl.*; ◇Wall[1], Straße]

Wal·lung[válυŋ] 女 -/-en (wallen[2]すること. 例えば:) **1** **a)** 煮え立ち, 沸騰: Das Wasser im Topf ist schon lange in ～. なべの湯はもう長いこと煮え立っている. **b)** 《雅》波〈泡〉立ち, 激動; (血の)うずき, たぎり, 興奮, 激昂(げっこう): Das Meer ist in ～. 海が波立ち騒いでいる | Sein Blut kam 〈geriet〉 in ～. 彼の血はたぎった | ***jn.* in ～ bringen** …を激昂させる, …をかっとさせる | Meine Worte brachten 〈versetzten〉 ihn in ～. 私の言葉は彼を激昂させた.
2 〖医〗のぼせ, 逆上; (Kongestion) 鬱血(うっけつ), 充血.

Wall·wurz 女 -/ =Beinwell

Walm[1][valm] 男 -[e]s/ 《ｴﾙｻﾞｽ》(水の)泡立ち, 波立ち, うず. [*ahd.*; ＜*ahd.* walōn „wälzen" (◇wallen[2], wälgern)]

Walm[2][－] 男 -[e]s/-e **1** 〖建〗(屋根の)隅棟(すみむね). **2** 納屋の干し草置き場. **3** 干し草の堆積(たいせき).
[*ahd.* walbo „Gewölbe"; ◇wölben]

Walm·dach 中 〖建〗寄棟(よせむね)屋根(→ 図 Dach B).

Wal·nuß[válnυs] 女 -/..nüsse 〖植〗 **1** クルミ(胡桃)属: ein Tisch aus ～ クルミ材のテーブル. **2** クルミの実(→ 図 Steinfrucht): *Walnüsse* ernten クルミの実を収穫する.
[*mndd.* wal-nut; ◇welsch; *engl.* walnut]

Wal·nuß·baum 男 クルミの木.

Wal·öl[vá:l..] 中 -[e]s/ 鯨油.

Wa·lo·ne[való:nə] 女 -/-n 〖植〗バロニアガシ(タンニンを含有するカシワの殻斗(かくと)). 皮なめし・染料製造に用いる). [*it.* vallonea; ＜*gr.* bálanos „Eichel"; ◇*engl.* valonia]

Wal·pur·ga[valpύrga·] 女名 (＜Walburg) ヴァルプルガ.

Wal·pur·gis[valpύrgıs] 女名 ヴァルプルギス: die heilige ～ 聖ヴァルプルギス(8世紀のイングランドの修道女, のちにドイツで女子修道院長となる. 祝日は2月25日および5月1日: →Walpurgisnacht).

Wal·pur·gis·nacht 女 -/ ヴァルプルギス夜祭(聖 Walpurgis の祝日の前夜, 4月30日の夜. 民間伝承ではこの夜に魔女たちが Brocken 山に集まって酒宴を催し踊ると言われる).

Wal·rat[válra:t] 男 中 -[e]s/ 〖化〗鯨蠟(げいろう).
[*mndd.*; ＜*norw.* hval-rav „Wal-Amber"]

Wal·rat·öl 中 -[e]s/ 〖化〗鯨蠟(げいろう)油.

Wal·roß[válrɔs; ｵｰｽﾄﾘｱ: vá:l..] 中 〖動〗セイウチ(海象), カイバ(海馬).
[◇*anord.* hross-hvalr „Roß-wal"; *engl.* walrus]

Wal·ser[válzər] 人名 **1** Martin ～ マルティン ヴァルザー(1927- ; ドイツの作家). **2** Robert ～ ローベルト ヴァルザー(1878-1956; スイスの作家).

Wal·speck 男 〖化〗鯨脂.

Wal·statt[vá:lʃtat, vál..] 女 -/..stätten[..ʃtεtən] 《雅》(Kampfplatz) 戦場, いくさの庭: **auf der ～ bleiben** 戦死する. [*mhd.*; ◇Wal[2]]

wal·ten[váltən] 《01》 **I** 自 (h) 《雅》管理〈支配〉する, 統治〈統轄〉する, (意のままに)処置する, 切りまわす; (力・精神などが)はたらいて〈作用して〉いる, 幅をきかせている: *seines* Amtes ～ (→Amt 1 b) | im Hause ～ 家事を管理する ‖ In der neuen Schule *waltet* ein guter Geist. 新しい学校には健全な精神が支配している | Ein Unstern *waltet* über dem Unternehmen. その事業には不運がつきまとっている | Der Werkleiter *waltet* über alle Aufgaben. 工場長はあらゆる任務を統轄する ‖ Hier *walten* rohe Kräfte. ここでは暴力が支配している | Wenn ein wenig Vernunft *gewaltet* hätte, wäre das nicht geschehen. 多少とも分別がはたらいていたら そんなことは起こらなかったろう | schalten und ～ (→schalten II 3) ‖ *jn.* schalten und ～ **lassen**, wie er will …に思いのままにやらせる〈存分に腕をふるわせる〉| Gnade 〈Milde〉 ～ lassen 情けをかける, 寛大に扱う | Vorsicht ～ lassen 注意深く〈慎重に〉する ‖ das *Walten* des Geschicks 〈der Natur〉 運命〈自然〉のはたらき | das *Walten* der Naturgesetze 自然法則の支配.
▽**II** 他 (h) 意のままに処理する: Das *walte* Gott! (確言の際に)そのとおりです, 神も御照覧あれ(神よみ心のままに).
[*germ.* „Gewalt haben"; ◇valieren; *engl.* wield]

Wal·ter[1][váltər] 男名 (＜Walther) ヴァルター.

Wal·ter[2][－] 人名 Bruno ～ ブルーノ ヴァルター(1876-1962; ドイツ生まれの指揮者).

Wal·tha·ri·lied[váltarili:t, valtá:ri..][1] 中 -[e]s/ 〖文芸〗ヴァルターの歌(9世紀末にラテン語で書かれた英雄叙事詩).

Wal·ther[váltər] 男名 ヴァルター(別形: Walter).
[＜*ahd.* waltan „walten"+heri „Heer"]

Wal·ther von der Vo·gel·wei·de[－ fɔn der fó:gəlvaıdə] 人名 ヴァルター フォン デァ フォーゲルヴァイデ(1170頃 -1230頃; 中世ドイツ最大の叙事詩人).

Wal·tran[vá:l..] 男 =Walratöl

Wal·traud[váltraυt] 女名 ヴァルトラウト.
[＜*ahd.* waltan „walten"+trud „Stärke"]

Wal·traut[－] =Waltraud (後半を traut „vertraut" にかけて d を t とつづった形).

Wal·trud[..tru:t] 女名 ヴァルトルート.

Walz≠bahn[válts..] 女 〖工〗接点〈中心〉軌跡. **≠blech** 中 〖工〗圧延鋼板. **≠bru·der** 男《話》遍歴職人. **≠draht** 男 〖工〗圧延針金.

Wal·ze[váltsə] 女 -/-n **1** 円筒, ローラー; 円筒状のもの; 〖数〗円柱; 〖工〗気筒, シリンダー, 機械の円筒部(ポンプの筒など); 〖楽〗(手回しオルガン・音楽時計などの)ぜんまい筒; 〖工〗ローラー状の工〈機〉具; ころ; つや出し機; 圧延機; 絞り機〔のローラー〕; 〖農・土木〗地ならし機, ローラー; 〖印〗インクローラー; (タイプライターの)プラテン; 〖製本〗(バッキングの)ローラー: mit einer ～ den Boden einebnen ローラーで地面をならす ‖ ***et.***[4] **auf der ～ haben** 《比》…を意図している, …の用意がある.
2 《話》いつもの経過, 常套(じょうとう)手段; きまり文句: eine neue 〈andere〉 ～ 変わった話題, 新趣向, 新機軸 | immer wieder dieselbe ～ auflegen いつも同じことを持ち出す.

▽3 職人の遍歴, 放浪の旅: **auf der ～ sein**《話》(職人が)旅に出ている | **auf die ～ gehen**《話》(職人が修業のために)旅に出る.

Wạlz·ei·sen[válts..] 中《工》圧延鉄.

wạl·zen[1][váltsən]《02》他(h)(ローラーで)圧延する, 平たくのばす, ならす, 押しつぶす〈砕く〉, 圧し絞る: das Eisen〔dünn〕～ 鉄を〔薄く〕圧延する | die Straße ～ 道路を地ならしする | den Teig ～ こね粉を麺棒(めんぼう)でのばす ‖ *gewalztes* Blech 圧延鋼板.

wạl·zen[2][–]《02》自 **1** (h, s) ワルツを踊る,(一般に)踊る(h, s について: →schwimmen I 1 ☆): Die beiden haben lange *gewalzt.* 二人は長いこと〔ワルツを〕踊った | Sie sind durch den Saal *gewalzt.* 彼らは広間を踊り抜けた.
2 (s)《話》(職人などが)遍歴する, 旅をする, 放浪する; 移動する: Er ist durch ganz Europa *gewalzt.* 彼はヨーロッパじゅう(歩いて)旅した.
3 (s)《話》(rollen) 転がる.
[*ahd.* „rollen"; ◇wallen[2], Walzer]

wạ̈l·zen[vέltsən]《02》**I** 他(h) **1 a)** (重い物を)転がす; (水が)押し流す〈動かす〉; (転がして)押しのける;《比》(責任などを)押しつける, 転嫁する: das Faß 〈den Stein〉 ～ たる〈石〉を転がす | Klößchen in Mehl ～ (粉をまぶすために)だんごを粉の中で転がす ‖ *sich*[3] den Kummer vom Herzen ～《比》心の憂いを払う ‖ die Schuld auf einen anderen ～《比》罪を他人に転嫁する | die Verantwortung von *sich*[3] ～《比》責任を回避する. **b)**《比》あれこれと検討する: Bücher ～ 書物をあちこち引っくり返す, 本を読みあさる | Pläne ～ 計画を練る | Probleme ～ (→Problem 1).
2 再帰 *sich*[4] ～ 転がる, 転げ回る; (水が)どっと流れ出る,(波などが)打ち寄せる, 押し寄せる: *sich*[4] auf dem Boden 〈im Gras〉 ～ 地面の上〈草の中〉を転げ回る | *sich*[4] schlaflos im Bett ～ 眠れないで寝床の中で展転反側する | *sich*[4] in *seinem* Blute ～ 自分の血の海の中でのたうち回る | *sich*[4] im Gelde ～ (→Geld 1) | *sich*[4] vor Lachen ～ (→lachen II) | *sich*[4] vor Schmerzen ～ 痛みのあまり転げ回る ‖ Die Massen *wälzten* sich zum Rathaus. 群衆は雪崩をうって市庁舎へ殺到した.
II Wạ̈l·zen 中 -s/ wälzen すること: Das ist ja zum ～!《俗》こいつは大笑いだ.

Wạl·zen·dreh·knopf[váltsən..] 男 (タイプライターの)プラテンノブ(→ 図 Schreibmaschine).

wạl·zen·för·mig[..fœrmıç][2] 形 円筒形の, シリンダー〈ローラー〉状の. [<Walze]

Wạl·zen≈kes·sel 男《工》円 罐(まるがま), 丸〔型〕ボイラー. **≈müh·le** 女《工》ローラー破砕〈挽割(ひきわり)〉機, ロールジョークラッシャー, 練条機. **≈schnecke** 女《貝》タケノコガイ(筍貝). **≈spin·ne** 女《動》ヒヨケムシ(日避虫). **≈stra·ße** 女《工》(圧延機の)圧延路. **≈stuhl** 男 =Walzenmühle

Wạl·zer[váltsər] 男 -s/- 《ダンス》ワルツ(3 拍子の舞踏);《楽》ワルツ曲, 円舞曲: ein langsamer ～ スローワルツ | ein Wiener ～ ウィンナ=ワルツ ‖〔einen〕～ tanzen ワルツを〔1曲〕踊る. [<walzen[2]; ◇*engl.* waltz]

Wạ̈l·zer[vέltsər] 男 -s/- **1** 転がす人. **2**《話》分厚い本, 大著, 大冊. [2: „nur durch Wälzen Fortbewegbares"; *lat.* volūmen (→Volumen) の翻訳借用]

Wạlz·hüt·te[válts..] 女 =Walzwerk

Wạ̈lz·la·ger[vέlts..] 中《工》ころ軸受け, 玉軸受け. [<wälzen]

Wạlz≈stahl[válts..] 男《工》圧延鋼. **≈stra·ße** = Walzenstraße **≈werk** 中《工》圧延機〈工場〉. [<walzen[1]]

Wạm·me[vámə] 女 -/-n **1** のど袋, 露払い(牛・犬などのあごと胸の間のたるんだ皮). **2**《服飾》(動物の)腹部の毛皮. **3**《中部・南部》腹〔の肉〕, 太鼓腹.
[*germ.*; ◇*engl.* womb]

Wạm·mer[vámər] 女 -/-n 節〔穴〕. [< *ahd.* wamm „Schaden"; ◇Wimmer[2]]

Wạm·merl[vámərl] 中 -s/-〔n〕《オーストリア》子牛の腹肉.

Wạm·pe[vámpə] 女 -/-n =Wamme

wạm·pert[vámpərt] 形《南部・オーストリア》ほてい腹の; でぶの.

Wạm·pum[vámpum, vampúːm] 男 -s/-e (北米インディアンが通貨や装飾に用いた)ひもに通した貝がら玉, ウォンパム.
[*indian.* „weiße Schnur"; ◇*engl.* wampum〔peag〕]

Wams[vams][1] 中 -es/Wämser[vέmzər](Wämse[vέmzə])(小 **Wạ̈ms·chen**[vέmsçən], **Wạ̈ms·lein**[..laın] 中 -s/-)(14–17世紀の)男子用胴着, ダブリット(→ 図 Schaube): *jm.* **das ～ ausklopfen**《話》…をさんざん殴る. [*mlat.* wambasium–*afr.* wambais–*mhd.* wam〔bei〕s; <*mgr.* bámbax (→Bombast); ◇*engl.* wa〔m〕mus]

Wạm·se[vámzə] 複《話》(Prügel) 殴打.

Wạ̈m·se[vέmzə] **I** Wams の複数. **II** 複 =Wamse

wạm·sen[vámzən][1]《02》他(h)《話》(prügeln) 殴る, 打ちのめす.

Wạ̈m·ser Wams の複数.

Wạ̈ms·lein Wams の縮小形.

wand[vant][1] winden[1]の過去.

Wand[vant][1] 女 -/Wände[vέndə] **1** 壁; 隔壁, 間仕切り, (容器などの)中仕切り; 側壁, 内壁: eine dünne 〈dicke〉 ～ 薄い〈厚い〉壁 | **eine spanische ～** (折りたたみ式の)屏風(びょうぶ)(→ 図 Setzwand) | Außen*wand* 外壁 | Glas*wand* ガラス張りの壁 | Kasten*wand* (馬車などの)側面板 | Lein*wand* スクリーン | Magen*wand*《解》胃壁 | Trenn*wand* 仕切り壁 | **die eigenen vier *Wände***《話》自分の家 ‖〖1格で〗weiß 〈blaß〉 wie eine〔gekalkte〕～ werden 真っ青になる, 顔色を失う | **Die *Wände* haben Ohren.** 壁に耳あり | Wenn die *Wände* reden könnten! (もし壁に口があったらいろいろ話してくれるところなのだが)ここでは実にいろんな〈重大な〉ことがあったんだよ | **Da wackelt die ～!**《話》大変な騒ぎだ | **... daß die Wände wackeln**《話》ものすごい勢いで, 手ひどく | Sie schrie, daß die *Wände* wackelten.《話》彼女は(壁がぐらぐらするほどの)ものすごい叫び声をあげた ‖〖4格で〗Scheiß die ～ an! (→anscheißen I 3) | eine ～ errichten 〈niederreißen〉 壁を造る〈取り壊す〉 | die *Wände* tünchen 〈tapezieren〉 壁に漆喰(しっくい)を塗る〈壁紙を張る〉 | **die ～ mitnehmen**《戯》壁にもたれて〈壁をこすって〉服(の背・袖(そで)など)をよごす | die *Wände* begießen《話》新居への移転を盛大に祝う | **Mit dem kann man *Wände* einrennen.**《話》あいつときたら全くの石頭だ | **Das ist, um die *Wände* 〈an den *Wänden*〉 hinaufzulaufen 〈hochzugehen / hochzuklettern〉. / Da kann man die *Wände* 〈an den *Wänden*〉 hinauflaufen 〈hochgehen / hochklettern〉.**《話》(苦痛・怒り・絶望などで)こいつは全く我慢がならない, こんなことってあるか, 気が狂いそうだ | **die *Wände* hochspringen**《俗》おどりあがって喜ぶ ‖〖前置詞と〗mit *jm.* **～ an ～** wohnen …と壁ひとつ隔てた隣室同士である | ein Bild an die ～ hängen 〈von der ～ nehmen〉 絵を壁にかける〈壁から外す〉 | Dias an die ～ werfen 壁面を使って〈スクリーンに〉スライドを映す | mit dem Rücken an die ～ kommen (→Rücken 1) | mit dem Rücken an der ～ (→Rücken 1) | **an der ～ kleben bleiben**《話》われ関せずの態度をとる | *sich*[4] über die Fliege 〈die Mücke〉 an der ～ ärgern (→Fliege 1, →Mücke 1 a) | alles an die ～ werfen《話》怒り狂う | den Teufel an die ～ malen (→Teufel 1) | *jn.* **an die ～ drücken** …を壁に押しつける;《話》(競争の場から)…を押しのける〈追い落とす・締め出す・棚上げにする〉 | *jn.* **an die ～ spielen**《話》i) 演技で…を圧倒する; ii) (策を弄(ろう)して)…を押しのける | *jn.* **an die ～ stellen**《話》…を銃殺する | **nicht von hier bis an die ～ denken**《話》無分別である, 目先が利かない | mit dem Kopf 〈mit dem Schädel〉 durch die ～〔laufen / rennen〕wollen (→Kopf 1, →Schädel) | **für 〈gegen〉 die *Wände* reden 〈sprechen〉**《話》むだな説法をする | **wie gegen eine ～ reden**《話》壁に向かって説教するようなものである, のれんに腕押しである | einen Nagel **in die ～** schlagen くぎを壁に打つ | Löcher 〈ein Loch〉 in die ～ stieren (→Loch 1) | **in den eigenen 〈in *seinen*〉 vier *Wänden***《話》自分の家で | **von der ～ in den Mund leben**《話》絵を売って食いつなぐ

(von der Hand in den Mund leben のもじり: →Mund[1] 1) | *sich*[4] **zur ~ kehren** ⟨**drehen**⟩《話》がっかりする; しょんぼりする; 恥じ入る | mit dem Rücken zur ~ (→Rücken 1) | 〔**zu**〕 **leeren** ***Wänden*** **predigen** ⟨**lehren**⟩《話》むだな説教をする, 馬の耳に念仏を唱える.

2 (壁状のもの. 例えば:) **a**) 《比》へだて, 障害, 障壁, 壁: eine ~ zwischen *sich*[3] und den anderen errichten 他人との間に壁を設ける, 自分だけの殻に閉じこもる | die *Wände* zwischen den Rassen niederreißen 人種間の壁を打ち破る ‖ gegen eine ~ von Vorurteilen ankämpfen 偏見の壁に挑戦する. **b**) 《雅》(雲・霧などの)壁: in einer ~ verschwinden (飛行機などが)雲間に消える | Am Himmel zog eine schwarze ~ herauf. 空に黒い雲の壁がわきあがった. **c**) 岩〔の〕壁, 絶壁(→ 図 Berg A): eine steile ⟨überhängende⟩ ~ 険しい⟨オーバーハングしている⟩岩の壁 | eine ~ erklettern ⟨bezwingen⟩ 岩壁を登りきる⟨征服する⟩. **d**) 〘鉱〙大塊鉱. **e**) 〘狩〙かすみ網. **f**) 〘海〙マストを支えているロープの全体.

[„Geflecht"; *ahd.*; ◇winden[1]]

Wạn·da[vánda·] 女名 ヴァンダ. [*slaw.*]

Wan·dạ·le[vandá:lə] 男 -n/-n (⊛ **Wan·dạ·lin**[..lɪn] -/-nen) **1** ヴァンダル族(東ゲルマン民族の一部族で, 5 世紀にアフリカにヴァンダル王国を建設したが, 6 世紀前半東ローマ帝国に滅ぼされた)の人: wie die ~*n* hausen (ヴァンダル族のように)やたらに破壊をこととする, 乱暴狼藉(ろうぜき)を働く. **2** 《比》(ヴァンダル族のような)狂暴な〔文化の〕破壊者, 野蛮人.

[*germ.*; ◇wandeln; *engl.* Vandal]

wan·dạ·lisch[..lɪʃ] 形 **1** ヴァンダル族(人)の. **2** 《比》ヴァンダル族のような, 野蛮な; 狂暴な破壊欲にかられた.

Wan·da·lịs·mus[vandalísmʊs] 男 -/ (芸術・文化などに対する)破壊行為, 蛮行(ヴァンダル族が455年にローマを占領・略奪したことから). [*fr.* vandalisme (1794年)]

wan·da·lị·stisch[..lístɪʃ] 形 破壊行為の, 蛮行の.

Wạnd≠an·schluß·do·se[vánt..] 女 〘電〙壁ソケット. **≠arm** 男 (壁から出ている腕状のもの. 例えば:) (照明具などの)腕支持, 壁ブラケット(→ 図); (歯科医の診療室の壁などについている)回転式テーブル. **≠bank** 女 -/..bänke 壁にそってしつらえてあるベンチ. **≠be·hang** 男 = Wandteppich **≠be·klei·dung** 女, **≠be·span·nung** 女 = Wandverkleidung **≠be·wurf** 男 壁の上塗り, (壁に塗った)漆喰(しっくい): einen neuen ~ erhalten (壁が)新しく漆喰を塗られる. **≠bild** 中 = Wandgemälde **≠brau·se** 女 壁に取り付けたシャワー. **≠brett** 中 (特に書架用の)壁棚. **≠brun·nen** 男 (公園などにある)壁泉.

Wandarm

wän·de[vɛ́ndə] winden[1]の接続法II.

Wän·de Wand の複数.

Wạn·del[vándəl] 男 -s/ **1** 変化, 変遷, 推移: Laut*wandel* 〘言〙音韻変化 | Stimmungs*wandel* 気分のうつりかわり | ein langsamer ⟨plötzlicher⟩ ~ ゆっくりとした⟨急激な⟩変化 | ~ schaffen / einen ~ herbeiführen 変える, (事態打開のための)手を打つ | einen durchgreifenden ~ erfahren すっかり変わってしまう | dem ~ unterliegen 変化⟨変遷⟩を免れない | *sich*[4] dem ~ der Zeit anpassen 時代の変化に順応する.

2 《雅》(Lebenswandel) 生活態度, 行状: Erden*wandel* (彼岸での生活に対する意味での)この世での生活〔態度〕| einen untadeligen ~ führen 一点非の打ちどころのない生活を送る.

3 《雅》通商, 交易: 〘もっぱら次の成句で〙Handel und ~ (→Handel 1 a, →wandeln II 3).

4 《雅》逍遙(しょうよう), 遊歩: Schlaf*wandel* 夢遊〔状態〕.

5 〘狩〙大物野獣が決まって通る道(→Hochwild).

ᵛ**6** 欠点, 欠陥: ohne ~ 欠点のない.

Wạn·del·an·lei·he 女 〘経〙転換〔社〕債.

wạn·del·bar[vándəlba:r] 形 **1** 変わりやすい, 不安定な: ein Mensch mit ~*er* Gesinnung 無定見な人間 | Das Glück ist ~. 幸運はあてにならぬ. ᵛ**2** 〔道徳的に〕欠陥のある; (機械などについて)傷んだ. ᵛ**3** (道について)遊歩に適する.

Wạn·del·bar·keit[–kaɪt] 女 -/ (wandelbar なこと. 例えば:) 無常; 無節操.

ᵛ**wạn·del·frei** 形 〔道徳的に〕欠点のない, 非の打ちどころのない.

Wạn·del≠gang 男 **1** (劇場・ホテルなどの)ロビー, 遊歩廊. **2** 逍遙(しょうよう), 遊歩. **≠hal·le** 女 **1** (保養地などにある)遊歩場. **2** = Wandelgang 1 ᵛ**≠mo·nat** (ᵛ**≠mond**) 男 (April) (気候の不順な月としての) 4 月.

wạn·deln[vándəln] 《06》 **I** 他 (h) **1** 《*et.*[4] zu *et.*[3] ⟨in *et.*[4]⟩》 (verwandeln, umwandeln) (…を…へと)変化させる, (…を…に)変える: *seine* Gesinnung ~ 考えを変える, 自説を改める | Das Ereignis hat ihn völlig *gewandelt.* その事件がすっかり彼の人柄を変えてしまった ‖ 再帰 *sich*[4] zu *et.*[3] ⟨in *et.*[4]⟩ ~ …へと変化する, …に変わる | Alles *wandelt* sich. 万物は流転する | Ihre Liebe hat sich in Haß *gewandelt.* 彼女の愛は憎しみに変わった.

2 〘カトリック〙(ミサの際にパンを体に, ぶどう酒を血に)聖変化させる.

II 自 (s) 《雅》 **1** (それほど長くない道のりを, 特に目あてもなく, ゆっくりと重々しく)歩く, 逍遙(しょうよう)⟨遊歩⟩する: lust*wandeln* 散歩⟨遊歩⟩する | im Wald 〔auf und ab〕 ~ 森の中を〔あちこち〕ぶらつく | in den Wolken ~ 《比》空想の世界に遊ぶ | Die Sonne *wandelt* ihre Bahn. 太陽がその軌道をめぐる ‖ ein *wandelndes* Lexikon (→Lexikon 1 a) | wie eine *wandelnde* Leiche ⟨ein *wandelnder* Leichnam / ein *wandelndes* Gerippe⟩ aussehen (→Leiche 1 a, →Leichnam 1, →Gerippe 1) | Er ist die *wandelnde* Güte. 彼は親切を絵にかいたみたいな男だ.

2 人生行路を歩む, 生きてゆく: in der Hoffnung ~ 希望をいだいて生きる | in der Furcht Gottes ~ 神を恐れながら生きる, 敬虔(けいけん)な生活を送る.

3 通商⟨交易⟩する: handeln und ~ (→handeln I 3, →Wandel 3).

4 変化する, 変わる.

[*ahd.*; < *ahd.* wantōn „wenden" (◇winden[1], wandern)]

Wạn·del≠ob·li·ga·tion[vándəl..] 女 = Wandelanleihe **≠rös·chen** 中 (Lantana) 〘植〙コウオウカ(紅黄花)属, ランタナ, シチヘンゲ(七変化) (熱帯アメリカ原産クマツヅラ科の低木). **≠schuld·ver·schrei·bung** 女 = Wandelanleihe ᵛ**≠stern** 男 = Planet

ᵛ**Wạn·de·lung**[vándəlʊŋ] 女 -/-en = Wandlung

Wạn·der≠amei·se[vándər..] 女 〘虫〙サスライアリ(流離蟻). **≠ar·bei·ter** 男 季節⟨出稼ぎ⟩労働者. **≠aus·stel·lung** 女 移動展覧⟨展示⟩会. **≠bi·blio·thek** 女 移動⟨巡回⟩図書館. **≠blind·darm** 男 〘医〙移動盲腸. **≠block** 男 -〔e〕s/..blöcke 〘地〙迷子石. **≠bü·che·rei** 女 移動図書館, 巡回文庫. **≠büh·ne** 女 移動⟨巡回⟩劇団, 旅回りの一座. **≠bur·sche** 男 (昔の)旅⟨遍歴⟩職人. **≠dü·ne** 女 〘地〙移動砂丘.

Wạn·de·rer[vándərər] (**Wạnd·rer**[vándrər]) 男 -s/- (⊛ **Wạn·de·rin**[..dərɪn], **Wạnd·re·rin**[..drərɪn] -/-nen) (wandern する人. 例えば:) 徒歩旅行者, ハイカー; 放浪者.

Wạn·der≠fah·ne[vándər..] 女 (旧東ドイツで, 最高の作業能率を達成した工場や作業班に一時的に与えられる)持ち回りの表彰旗. **≠fahrt** 女 (乗り物併用の数日間にわたる)遠足, 見学旅行. **≠fal·ke** 男 〘鳥〙ハヤブサ(隼). **≠fisch** 男 回遊魚(ウナギ・ニシンなど). **≠gelb·ling** 男 (Postillon) 〘虫〙ダイダイモンキチョウ(橙紋黄蝶). **≠ge·sel·le** 男 = Wanderbursche **≠ge·wer·be** 中 行商; 〘法〙移動営業.

Wạn·der·ge·wer·be·schein 男 行商の鑑札.

Wạn·der≠herz 中 〘医〙遊走心. **≠heu·schrecke** 女 〘虫〙(群集相の)トノサマ(殿様)バッタ(いわゆる飛蝗(ひこう)).

Wạn·de·rin Wanderer の女性形.

Wạn·der≠jahr[vándər..] 中 -〔e〕s/-e 《ふつう複数で》(昔の職人の)遍歴期間⟨時代⟩(→Lehrjahr): 《Wilhelm Meisters ~*e*》『ヴィルヘルム マイスターの遍歴時代』(Goethe の小説). **≠kar·te** 女 ハイキング用地図. **≠klei·dung** 女 ハイキング用の服装. **≠kluft** 女 《話》= Wanderklei-

dung ⸗**le·ben** 中 -s/ 放浪生活, バガボンド人生. ⸗**le·ber** 中《医》遊走肝. ⸗**leh·rer** 男 (旧東ドイツの)巡回教師. ⸗**lied** 中 さすらいの歌, ハイキング用唱歌. ⸗**lust** 女 -/ 放浪〈徒歩旅行〉をしたい気持, 旅心.

wạn·der·lu·stig 形 放浪〈徒歩旅行〉の好きな.

Wạn·der·milz 女《医》遊走脾(ひ).

wạn·dern[vándərn]《05》**I** 自 (s, h) **1** (商人・巡礼などが)歩き回る, 放浪する; (一般に)旅行する, 遍歴する; (車や馬を使っての移動に対し)歩く, 徒歩で行く; 徒歩旅行〈ハイキング〉をする; (一定の場所内を)あちこち歩く;《方》(幽霊が)出る: allein 〈ziellos〉 ～ たった一人で〈あてどなく〉歩き回る ‖ durch die Stadt ～ 町を歩き回る〈さまよう〉| durch die Zimmer ～ 部屋から部屋をうろつく | mit *jm.* durchs Leben ～《雅》…と人生の苦楽をともにする, …の伴侶(はんりょ)として一生を暮らす | in die Berge ～ 山へハイキングする ‖ Ich bin früher gern *gewandert.* 私はかつては徒歩旅行が好きだった ‖〘結果を示す語句と〙*sich*³ die Füße wund ～ 歩き回って足を痛める | 再帰 *sich*⁴ müde ～ 歩き疲れる.

2《比》移動する, 移る, 動く; (生物が)移動する: am Himmel ～ (雲などが)空をゆく | den Weg alles Fleisches 〈alles Irdischen〉 ～《雅》死ぬ ‖ den Becher ～ lassen 杯を順々に回す | die Blicke über *et.*⁴ ～ lassen …をじろじろ〈とくと〉眺める ‖ Die Dünen *wandern* landeinwärts. 砂丘が陸の方へ向かって移動する | Seine Gedanken *wanderten* in die Zukunft. 彼は思いを将来にはせた | Die Lachse *wandern* zum Laichen die Flüsse hinauf. サケが産卵のため川をのぼる | Dieses Motiv ist durch viele Völker *gewandert.* この題材は多くの民族のあいだに広まっている | Ein Zettel ist von Hand zu Hand *gewandert.* 1枚の紙片が次から次へと回されていった.

3《話》《方向を示す語句と》(…へ)運ばれる, (…)行き〈送り〉になる: auf den Speicher ～ 物置に入れられる | in den Papierkorb ～ 紙くずかご入りになる | ins Gefängnis ～ 投獄される | ins Leihhaus ～ 質に入る ‖ Alte Sachen *wandern* zum Trödler. 古い品物は古道具屋行きだ | Der Brief ist gleich ins Feuer *gewandert.* 手紙はすぐ火中に投じられてしまった.

II wạn·dernd 現分 形 (wandern するところの. 例えば:) **1** 遍歴〈放浪〉の; 巡回〈移動〉する; 移動性の: eine ～*e* Antizyklone 移動性高気圧 | ～*e* Dünen《地》移動砂丘 | ～*e* Händler 行商人 | eine ～*e* Schauspielertruppe 旅まわりの一座 | ～*e* Vögel 渡り鳥.

2《医》遊走〔性〕の.

[*westgerm.* „verändern"; ◇winden¹, wandeln]

Wạn·der⸗nie·re[vándər..] 女 **1**《医》遊走腎(じん). **2**《話》ハイカー用の金属製食糧入れ. ⸗**po·kal** 男 持ち回り優勝カップ(→Wanderpreis). ⸗**pre·di·ger** 男 巡回説教師. ⸗**preis** 男 (前優勝者からいったん返還され次の優勝者に贈られる)持ち回りの賞(盾・カップなど). ⸗**rat·te** 女《動》ドブネズミ. ⸗**rost** 男《工》移床ストーカー. ⸗**rou·te** [..ru:tə] 女 徒歩旅行のルート, ハイキングのコース.

Wạn·der·schaft[vándərʃaft] 女 -/-en《ふつう単数で》(wandern すること. 例えば:) 旅; (昔の職人の)遍歴〔の時期〕: auf 〔der〕 ～ sein 旅行〈遍歴〉中である | auf die ～ gehen / *sich*⁴ auf 〔die〕 ～ begeben 〔遍歴の〕旅に出る.

Wạn·der·schmie·re 女《話》＝Wanderbühne

Wạn·ders·mann[vándərs..] 男 -〔e〕s/..leute ＝Wanderer

Wạn·der⸗sport 男 スポーツとしての徒歩旅行〈ハイキング〉. ⸗**stab** 男 (特に遍歴職人の)旅の杖(つえ): **zum ～ greifen** 遍歴〔の旅〕に出る. ⸗**tag** 男 (学校の)遠足日. ⸗**ta·sche** 女 (ハイカー用)雑嚢(ざつのう). ⸗**tau·be** 女《鳥》リョコウバト(旅行鳩)(北米産, 乱獲のため1914年ごろ絶滅した). ᵛ⸗**thea·ter** 中 ＝Wanderbühne ⸗**trieb** 男 -〔e〕s/ **1 a)** 放浪欲, 旅への衝動. **b)**《医》徘徊(はいかい)欲. **2**《動》(魚や鳥の)移動本能, 渡りの本能. ⸗**trup·pe** 女 ＝Wanderbühne

Wạn·de·rung[vándərʊŋ] 女 -/-en **1** (wandern すること. 例えば:) **a)** 旅, 徒歩旅行; 遍歴; 放浪, 徘徊(はいかい); 遠足, ハイキング;《社》人口移動;《生》(生物の)移動; (水中生物の)回遊: die ～ der Lachse flußaufwärts サケの〔産卵のための〕川のぼり | die ～ durchs Zimmer 部屋の中を行ったり来たり歩き回ること | Völker*wanderung* 民族〔大〕移動 ‖ eine ～ machen 徒歩旅行〈ハイキング〉をする. **b)**《医》遊走. **2** 歩いた距離, 道程.

Wạn·der⸗ver·si·che·rung[vándər..] 女 (各種の社会保険用の)移動保険(保険期日は通算される). ⸗**vo·gel** 男 **1** (Zugvogel) 渡り鳥;《比》放浪生活者, 無宿者. **2 a)** ワンダーフォーゲル〔運動〕(1896年カール フィッシャーがベルリンで組織した青少年のための徒歩旅行グループから始まり, 1901年ヴォルフ マイエンによってこの名が与えられた). **b)** ワンダーフォーゲルの会員. ⸗**weg** 男 ハイキング用の小道, 散歩道. ⸗**wort** 中 -〔e〕s/..wörter《言》遍歴語(多くの言語に次々に借用されていく語. 例 Sputnik). ⸗**zel·le** 女《生》遊走細胞(リンパ球など). ⸗**zir·kus** 男 巡業サーカス; 旅回り曲馬団.

Wạnd⸗flä·che[vánt..] 女 壁面. ⸗**flech·te** 女 (Schüsselflechte)《植》ウメノキゴケ属. ⸗**flie·se** 女 壁タイル. ⸗**ge·mäl·de** 中 壁画. ⸗**ha·ken** 男 壁用の〈壁に取りつけられた〉掛け釘(くぎ). ⸗**hei·zung** 女 壁面暖房. ⸗**ka·len·der** 男 壁掛けカレンダー. ⸗**kar·te** 女 (壁に掛けたりはったりする)掛け地図. ⸗**lam·pe** 女 ＝Wandleuchte ⸗**laus** 女 (Bettwanze)《虫》ナンキンムシ(南京虫).

Wạnd·ler[vándlər] 男 -s/- (wandeln する人・物. 例えば:) **1 a)** 逍遙(しょうよう)する人. **b)**《雅》(Planet) 惑星, 遊星. **2**《理》変換器;《電》変成器.

Wạnd⸗leuch·te[vánt..] 女, ⸗**leuch·ter** 男 (壁に取りつけた)壁灯, ウォール=ライト. ⸗**lüf·ter** 男 壁に取りつけた換気装置, 壁つけ換気扇.

Wạnd·lung[vándlʊŋ] 女 -/-en **1** 変化: in der ～ begriffen sein 変わりつつある. **2**《カトリック》聖変化(→wandeln I 2). **3**《法》(売買契約の)解除: auf ～ klagen 契約解除〈無効〉の訴訟を起こす. [*ahd.*; ◇wandeln]

wạnd·lungs·fä·hig 形 変えることのできる; 変わりやすい.

Wạnd·lungs·kla·ge 女《法》契約解除〈無効〉の訴え.

Wand·ma·le·rei[vantma:lərái, ⌣–⌣–] 女 壁画〔技法〕.

Wạnd⸗ni·sche[vánt..] 女《建》壁のくぼみ, 壁龕(へきがん). ⸗**pfei·ler** 男 (Pilaster)《建》柱形(はしらがた), 片蓋(かたぶた)〔柱〕, 付柱(つけばしら).

Wạnd·rer ＝Wanderer

Wạnd·re·rin Wandrer の女性形.

Wạnd⸗schirm[vánt..] 男 屏風(びょうぶ), ついたて(→ 図 Setzwand). ⸗**schmuck** 男 壁飾り, 壁の装飾. ⸗**schrank** 男 造りつけの戸棚. ⸗**spie·gel** 男 壁掛け用の〈壁にかかっている〉鏡. ⸗**ta·fel** 女 (学校の教室などの)黒板: ein Wort an die ～ schreiben ある単語を黒板に書く.

wạnd·te[vántə] wenden の過去.

Wạnd⸗tel·ler[vánt..] 男 壁掛け用絵皿. ⸗**tep·pich** 男 (織物などの)飾り壁掛け, 壁じゅうたん. ⸗**uhr** 女 掛け時計, 柱時計;《話》止まった〈よく止まる〉時計.

Wạn·dung[vándʊŋ] 女 -/-en (容器・内臓などの)内壁.

Wạnd⸗va·se[vánt..] 女 壁掛け用の花瓶. ⸗**ven·ti·la·tor** 男 ＝Wandlüfter ⸗**ver·klei·dung** 女 (板・壁布などによる)壁の化粧仕上げ, 壁張り. ⸗**zei·tung** 女 壁新聞.

Wang An-shi[vaŋ|anʃí:, ŭáŋānʃì] 人名 王安石(1021–86; 中国, 北宋の政治家).

Wạn·ge[váŋə] 女 -/-n **1**《雅》(Backe) 頰(ほお)(ふつう骨・内部を含まない外側: → 図 Mensch A): hohle 〈runde〉 ～*n* こけた〈丸い〉頰 ‖ *jm.* die ～*n* 〈*js.* ～*n*〉 streicheln (愛情・慰めなどの表現で)…の頰をなでる | die ～ in 〈auf〉 die Hand stützen (片手で)頰づえをつく | Salz und Brot macht 〔die〕 ～*n* rot. (→Salz 1 a) ‖ **～ an ～** tanzen 互いに頰をくっつけ合って踊る, チークダンスをする | *jm.* **auf** die ～*n* klopfen (目下の者への好意を示して)…の頰を指ではじく | *jn.* auf beide ～*n* küssen …の両頰にキスする | *jn.* **in** die ～*n* kneifen (ふざけて)…の頰をつねる | Die Röte stieg ihm in die ～*n*. 彼の頰に赤味がさした.

2 (ものの側面. 例えば:) **a)**《建》(階段の)側桁(がわけた), 簓桁(ささらげた)(→ 図 Treppe). **b)** (教会の合唱団席の)側面仕切り(→ 図 Chorstuhl). **c)**《工》(かんなの)側面(→ 図 Hobel).

d) 〘建〙(ヴォールトの)中腹部(→ 図 Gewölbe B). **e**) (Ulm) 〘坑〙(坑内の)側壁.
[*germ.* „Krümmung"]

Wan·gen≠ab·szeß 男 〘医〙 頬部(きょうぶ)膿瘍(のうよう). **≠bein** 中 (Jochbein) 〘解〙頬骨(きょうこつ). **≠kno·chen** 男 頬骨(ほおぼね). **≠kuß** 男 頬(ほお)へのキス. **≠mus·kel** 男 頬(ほお)の筋肉. **≠schmalz** 中《話》(顔に塗った)化粧, おしろい. **≠ses·sel** 男 (Backensessel) 頬もたせ付き安楽いす.

Wan·ger·oo·ge[vaŋər|ó:gə, ◡́◡–◡] (ᐁ**Wan·ger·oog**[..|ó:k, ◡́◡–]) 地名 ヴァンゲローゲ(東フリース諸島東端の島. ドイツ領 Friesland に属する). [„Feld-insel"; < *aengl.* wang „Feld"+*ndd.* oog „Aue" (◇Aue[2])]

Wang Hsi-chi[vaŋsitʃí:] 人名 王羲之(307-365; 中国, 東晋(とうしん)の政治家・書家).

Wang Schou-jěn[vaŋʃaʊʒén] (**Wang Shou·ren**[ŭáŋʃŏʊ̌rə́n]) 人名 王守仁(1472-1528; 中国, 明(みん)中期の哲学者・政治家. 号は陽明).

Wang Wei[vaŋvé:] (**Wang Wei**[ŭáŋŭɛ̌ĭ]) 人名 王維(701-761; 中国, 唐中期の詩人・画家).

Wang Xi·zhi[ŭáŋɕīdʒɪ̌] = Wang Hsi-chi

Wang Yang-ming[vaŋjaŋmíŋ, ŭáŋĭáŋmíŋ] 人名 王陽明(→Wang Schou-jěn).

wank[vaŋk] 形《北西部》ぐらぐらしている, 定まらない.

ᐁ**Wank**[vaŋk] 男 -[e]s/ 動揺: 〘ふつう次の成句で〙**ohne** 〈**sonder**〉 **～** ぐらつかずに, しっかりと | **keinen ～ tun**《スイ》身じろぎひとつしない, 指一本動かさない; 何もしようとしない.
[*ahd.*; ◇winken, wanken]

Wan·kel·mo·tor[váŋkəl..] 男 (Drehkolbenmotor) 〘工〙ロータリー=エンジン. [< F. Wankel (ドイツの技術者; 1902-)]

Wan·kel·mut[váŋkəlmu:t] 男 **1** 移り気, 気まぐれ. **2** ためらい, 不決断. [< *ahd.* wanchal „unbeständig"]

wan·kel·mü·tig[..my:tɪç][2] 形 **1** 移り気の, 気まぐれな. **2** 不決断の; 決心がぐらぐらしている.

Wan·kel·mü·tig·keit[..kaɪt] 女 -/-en《ふつう単数で》wankelmütig なこと.

wan·ken[váŋkən] 自 **1** (h) (schwanken) 揺れる; ゆらぐ; ぐらつく: Die Knie *wankten* mir. 私は膝(ひざ)ががくがくした | Die Wände haben *gewankt.* 壁がぐらぐらした ‖ **nicht ～ und** [**nicht**] **weichen** 一歩も退かない, てこでも動かない | Der Boden *wankt* unter seinen Füßen.《比》彼の足もと〈地位〉がゆらいでいる ‖ ins *Wanken* geraten よろめく; 揺れだす(→2) | *et.*[4] ins *Wanken* bringen …をぐらつかせる, …にゆさぶりをかける. **2** (h) (心が)定まらない, ゆらぐ, ぐらつく: Sein Mut begann zu ～. 彼の勇気はぐらついてきた ‖ in *seinem* Glauben *wankend* werden 信仰がゆらぎはじめる | *jn.* in *seinem* Entschluß *wankend* machen …の決心をぐらつかせる ‖ **ins *Wanken* geraten** (信念・決心などが)ぐらつく(→1) | ***jn.*** [***et.***[4]] **ins *Wanken* bringen** …(信念・決心など)をぐらつかせる | *jn.* Selbstvertrauen ins *Wanken* bringen …の自信をぐらつかせる. **3** (s) よろよろしながら歩く, ふらふら歩く: Der Betrunkene ist durch die Straßen *gewankt.* その酔っ払いは街中(まちなか)をふらふら歩いていった.
[*ahd.*; ◇Wank]

wann[van] **I** 副 **1 a**)《時の疑問副詞》いつ: *Wann* kommst du? 君はいつ来るのか | *Wann* war die Schlacht bei Salamis? サラミスの戦いはいつだったか | Bis ～ kannst du bleiben? 君はいつまでいられるのか | Für ～ bist du eingeladen? 君はいつ招待されているのか | Seit ～ wohnst du hier? 君はいつからここに住んでいるのか | Seit ～ bin ich dein Laufbursche? 私は君の走り使いなんかじゃないよ | Von ～ bis ～ ist Sprechstunde? 診察〈面会〉時間は何時から何時までですか ‖〘口語ではまれに文頭に置かずに〙Du kommst ～ morgen? 君が来るのは明日の何時かね(= *Wann* kommst du morgen?) ‖〘間接疑問文を導いて〙Frage ihn, ～ er zu uns kommt! いつうちへ来るか彼に尋ねろ | Er kommt, aber ich weiß nicht, ～ [er kommt]. 彼は来るけれどいつ[来るの]かは知らない ‖〘譲歩文で〙Du kannst ausgehen, **～** [**immer**] du willst. いつでも好きなときに外出してよろしい | *Wann* er **auch** kommt, ich bin 〈bin ich〉 nicht zu sprechen. たとえ彼がいつやって来ようと私は会わない | es sei, ～ es wolle / ～ [auch] immer たとえどんな時間であれいつでも ‖〘感嘆文で〙*Wann* dir so was immer einfällt! まあ よくもそんなことを思いついて(私はごめんだよ) ‖〘中性名詞化して〙Das Wie, *Wann* und Wo ist bereits festgelegt. (催し物の)方法・時間・場所はもう決まっている. **b**)《条件の疑問副詞》どういう[条件の]場合に, どうすれば, どうであれば: *Wann* ist ein Wagen vorschriftsmäßig geparkt? どう駐車すれば法規にふれないのですか. ᐁ**c**)《関係副詞として》zur Zeit, ～ (= wo) … …するときに.
2《次の成句で》**dann und ～** ときどき, ときおり(→dann 3 b).
ᐁ**II** 接 **1**《従属接続詞》**a**) (wenn) …のときに; …ならば: Ich pflege im Bette zu lesen, ～ mich der Schlaf meidet. 私は眠れぬときにはベッドのなかで本を読むことにしている (C. F. Meyer). **b**) (als) …したときに. **c**) (weil) …という理由で. **d**) (als) …よりも; …以外に.
2《並列接続詞》(denn) というのは, なぜなら.
[*germ.*; ◇wer, wenn; *engl.* when]

Wan·ne[vánə] 女 -/-n (小 **Wänn·chen**[vɛ́nçən], **Wänn·lein**[..laɪn] 中 -s/-) (水や飼料などを入れる, 円形ないし楕円(だえん)形の, やや大きめの)桶(おけ), 槽(そう), たらい, 水槽; (特に:) (Badewanne) 浴槽, 湯船, バスタブ; (Waschwanne) 洗濯おけ, たらい: das Futter aus der ～ nehmen えさをおけから取り出す | Wasser in die ～ laufen lassen たらい〈湯船〉に水を張る | in die ～ steigen《話》入浴する ‖ ein Ding wie eine ～ (→Ding 2 b).
[*lat.* vannus „Getreideschwinge"–*ahd.*; < *lat.* ventus (→Wind); ◇*engl.* fan]

ᐁ**wan·nen**[vánən] 副《もっぱら次の形で》von ～《疑問文を導いて》どこから(= woher); 《関係文を導いて》そこから.
[*westgerm.*; ◇wann]

Wan·nen·bad[vánən..] 中 (↔Brausebad) **1** 浴槽を備えた[公共]浴場〈浴室〉. **2** 浴槽を用いた入浴.

Wänn·lein Wanne の縮小形.

Wanst[vanst] **I** 男 -es(-s)/Wänste[vɛ́nstə] (小 **Wänst·chen**[vɛ́nstçən], **Wänst·lein**[..laɪn] 中 -s/-) **1** 《軽蔑的に》**a**) 太鼓腹: ***sich***[3] **den ～ vollschlagen** 〈vollfressen〉 たらふく食う | *sich*[4] wie ein fetter ～ brüsten 威張りくさる(聖書: ヨブ15,27から) | Erst wenn gefüllt der ～, wird getanzt.《諺》踊りはまず腹につめこんでから | Auf einen dicken ～ steht selten ein feiner Kopf.《諺》でぶで頭の切れるやつは少ない. **b**) 太鼓腹の人. **2** 〘医〙鼓腹(ぱんぱんにふくらんだおなか). **3** = Pansen 1
II 中 男 -es/Wänster[vɛ́nstər]《方》(Balg) (しつけの悪い)子供, 悪童, がき.
[*germ.* „Tierbauch"; ◇Vesica]

Want[vant] 女 -/-en (中 -s/-en)《ふつう複数で》〘海〙シュラウド, 横静索. [„Gewundenes"; *ndd.*; ◇winden[1]]

Want·schlag 男〘海〙(索の)シュラウドより(→ 図 Seil).

Wan·ze[vántsə] 女 -/-n **1**《ふつう複数で》〘虫〙異翅(いし)目(カメムシ・タガメ・ナンキンムシなど): frech 〈platt〉 wie eine ～ ナンキンムシ(南京虫)のようにずうずうしい〈平たい〉. **2**《軽蔑的に》不快な(むかつくような)やつ, いやなやつ. **3**《話》(Abhörwanze) 小型盗聴器. **4**《戯》(Chausseewanze) 小型自動車. [*mhd.* „Wand-laus"]

wan·zen[vántsən] (02) **I** 他 (h)《話》(entwanzen) (*et.*[4]) (…から)ナンキンムシを駆除する.
ᐁ**II** 自 (h)《話》(学生が大学を)やたらに替える: von einer zu andern ～ 大学を次から次へと渡り歩く.

Wan·zen≠biß 男 ナンキンムシにかまれた跡. **≠bu·de** 女《話》(ナンキンムシの巣のような)汚らしい〈みすぼらしい〉住居. **≠burg** 女《話》虫の巣窟(そうくつ)[になっている家]; 廃屋. **≠fal·le** 女《話》(Bett) 寝台, ベッド. **≠nest** 中《話》= Wanzenfalle **≠stich** 男 ナンキンムシに刺された跡. **≠ver·til·gungs·mit·tel** 中 ナンキンムシ駆除薬.

Wa·pi·ti[vapí:ti·] 男 -[s]/-s 〘動〙ワピチ(北アメリカにいるシカの一種). [*indian.*–*engl.*]

Wap·pen[vápən] 中 -s/- 紋章(盾に種々の図形を描いたものが多い: → 図): ein großes ～ (盾を囲む種々のアクセサリー

Wappen

a) Schildtopographie

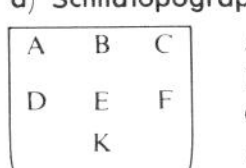

ABC = Schildhaupt
DEF = Balkenstelle
GHI = Schildfuß
ADG = rechte Flanke
CFI = linke Flanke
BEKH = Pfahlstelle
B = Hauptstelle
E = Herzstelle
K = Nabelstelle

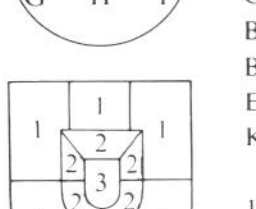

1 = Hauptschild
2 = Mittelschild
3 = Herzschild

c) großes Wappen

Bügelhelm
Helmzier
Wulst
Helmdecke
Wappenmantel
Helmdecke
Schildhalter
Schildhalter
Band
Wappenschild

b) Pelzwerk

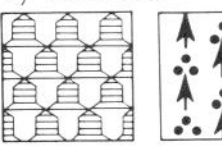

Feh Hermelin Kürsch Wolkenfeh

d) Heroldsstück

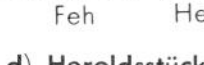

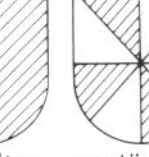

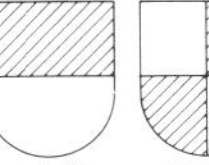

Deichselschnitt geschacht gespalten geständert geteilt geviert geweckt Göpelschnitt schräggeteilt schräggeweckt

e) Heroldsbild

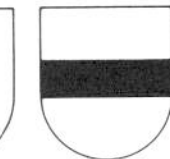

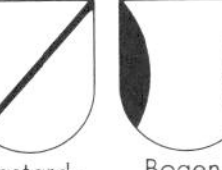
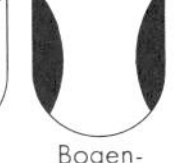

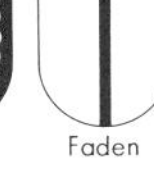

Astpfahl Balken Bastardfaden Bogenflanke Deichsel Deichselstück Dornenbord Faden Fensterraute Flanke

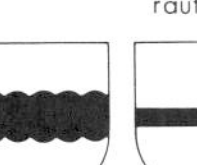

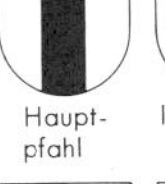

Flechtwerk Freiviertel Göpel Hakenkreuz Hauptpfahl Innenbord Kalvarienkreuz Lappenbalken Leiste Lilienkreuz

Münze Obereck Ort Pfahl Querfaden Querschindel Raute Saum Schildrand Schindel

Schrägbalken Schrägleiste Sparren Spitze Stab Ständer Tatzenkreuz Turnierkragen Wellenbalken Würfel

f) gemeine Figur

Adler Ärmel Dreiberg Einhorn Greif Lilie Lilienhaspel Löwe Seeblatt Wassersack

資料提供／森　護

を描いた)大紋章 | ein mittleres ~ (アクセサリーの一部を省略した)中紋章 | ein kleines ~ (盾だけの)小紋章 | ein redendes ~ 姓〈地名〉にちなむ図形の紋章 | das ~ der Stadt München ミュンヒェン市の紋章 | einen Löwen im ~ führen ライオンを描いた紋章を持っている.

[*mndl.*–*mhd.* wāpen „〔Zeichen auf der〕 Waffe"; ◇Waffe]

Wap·pen≠bild 中 紋章の意匠. **≠brief** 男 〘史〙 (皇帝からの)紋章授与証書. **≠buch** 中 紋章鑑〈集〉. **≠decke** 女 紋章図を描いた馬飾り. **≠de·vi·se** 女 =Wappenspruch **≠dif·fe·ren·zie·rung** 女 (分家記号などによる)紋章の同族弁別(→Beizeichen 1). **≠feld** 中 〘紋〙 (分割された)盾の区画. **≠hal·ter** = Schildhalter **≠kö·nig** 男 〘史〙 紋章官の長(→Herold 2). **≠kun·de** 女 -/ (Heraldik) 紋章学. **≠man·tel** 男 紋章ローブ(保有者の位階を示すマント状の縁飾り: → 図 Wappen c). **≠ma·tri·kel** 女 紋章台帳. **≠min·de·rung** 女 =Wappendifferenzierung **≠ring** 男 紋章つきの指輪. **≠rock** 男 -〔e〕s/..röcke 〘史〙 紋章つき陣羽織. **≠rol·le** 女 紋章鑑〈集〉. **≠schild I** 男 -〔e〕s/-e 紋章つきの盾. **II** 中 -〔e〕s/-er 盾形紋章(→ 図 Wappen c). **≠spruch** 男 紋章に刻まれた句〈モットー〉. **≠tier** 中 紋章動物. **≠we·sen** 中 -s/ 紋章制度. **≠zelt** 中 紋章用パビリオン(保有者の位階を示す王侯用天幕状の縁飾り).

Wap·perl[vápərl] 中 -s/-〔n〕《南部・オーストリア》(Etikett) レッテル, ラベル; ワッペン, 記章.

wapp·nen[vápnən] 《01》 他 (h) 《雅》 (bewaffnen) 《*jn.*》 (…に)武器を持たせる, 武装させる: 再帰 *sich*[4] gegen *et.*[4] ~ …に対して備える, …を覚悟する | *sich*[4] mit *et.*[3] ~ 《比》…で武装する, …を身につける ‖ 〘過去分詞で〙 〔gegen *et.*[4]〕 *gewappnet* sein 〔…に対して〕用意〈備え〉ができている | Dagegen war ich nicht *gewappnet.* そのことは私の予期していなかったことだ | Durch deinen Wink waren wir *gewappnet.* 君が合図してくれたおかげで私たちには心の用意ができていた.

[*mhd.*; ◇Wappen, waffnen]

war[va:r] sein[1]の過去.

WaR[ve:|a:|ɛ́r] 略 =**Wassermannsche Reaktion** 〘医〙 ワッセルマン反応.

Wa·rä·ger[varɛ́:gər] 男 -s/- ヴァラング人(9世紀にロシアに入ってルーリック Rurik 朝を建てたノルマン人). [*anord.* „Eidgenossen"–*russ.*; ◇*engl.* Varangian]

Wa·ran[vará:n] 男 -s/-e 〘動〙 オオトカゲ(大蜥蜴)(→ 図 Echse): Komodo-~ コモドオオトカゲ. [*arab.*]

warb[varp][1] werben の過去.

War·burg[vá:rburk] 人名 Otto Heinrich ~ オットー ハインリヒ ヴァールブルク(1883-1970; ドイツの生理学者. 呼吸酵素の研究で1931年ノーベル生理・医学賞を受賞).

ward[vart] wurde (werden の過去)の雅語形(単数のみ).

▽**War·dein**[vardáin] 男 -〔e〕s/-e 検査官: Berg*wardein* (鉱石の)純度監督官 | Münz*wardein* (鋳造貨幣の)純度検査官.

[*mlat.* guardiānus (→Guardian)–*mndl.* wa〔e〕rdijn; ◇*engl.* warden]

war·die·ren[vardí:rən] **I** 自 (h) (貨幣の)純度を検査する. **II** 他 (h) 《北西部》 検査〈査定〉する.

Wa·re[vá:rə] 女 -/-n (売買の対象になる)品物, 物品; 《しばしば複数で》商品, 売り物; (特定の性質をもった)製品: baumwollene ~*n* 綿製品 | eine erstklassige ~ 一級品 | eine preiswerte ~ 買い得品 | steuerfreie ~*n* 免税品 | grüne ~*n* / Grün*waren* 青物, 野菜類 | Kurz*waren* 裁縫用品 | Saison*waren* 季節商品, シーズン物 ‖ **faule ~*n*** 《話》 いかがわしい品物(特に倒産会社の株・引き受けを拒絶された手形など) | **heiße ~*n*** 《話》 (盗品・密輸品・横流し品などの)禁制品 | nasse ~*n* 酒類 | eine leichte ~ 尻軽(しりがる)娘 | eine schwarze ~ 黒人奴隷 ‖ eine ~ führen (店などが)ある商品を扱っている | ~*n* auslegen 商品を陳列する | ~*n* liefern 品物を届ける | die ~*n* 〔mit dem Preisschild〕 auszeichnen 商品に値札をつける | viele ~*n* auf Lager haben 豊富なストックを持っている ‖ auf einer ~ sitzen bleiben ある商品を売りさばけないでいる | Die Liebe ist zur ~ geworden. 恋も金(かね)で買えるようになった ‖ Gute ~ hält sich. 《諺》 よい品物は長持ちする | Gute ~ lobt sich selbst. 《諺》 よい品物に宣伝はいらない | Jeder Krämer lobt seine ~. (→Krämer 1) | Das ist teure ~. そいつは金(かね)がかかる.

[*germ.* „Gewahrsam"; ◇wahren; *engl.* ware]

wä·re[vɛ́:rə] sein[1]の接続法II.

Wa·ren≠ab·satz[vá:rən..] 男 商品の売れ行き. **≠an·ge·bot** 中 商品の供給. **≠auf·zug** 男 荷物〈商品〉用エレベーター. **≠aus·ga·be** 女 (デパートなどの)買い上げ品引き渡し所; (自動販売機の)取り出し口. **≠aus·wahl** 女 (各種とりそろえた)商品の品数. **≠au·to·mat** 男 自動販売機. **≠baum** 男 〘織〙 (織機の)クロス=ローラー. **≠be·gleit·schein** 男 商品送り状. **≠be·reit·stel·lung** 女 (特に旧東ドイツで)商品供給準備. **≠be·stand** 男 (商品の)在庫; 在庫〈現在〉高.

Wa·ren·be·stand·auf·nah·me 女 (商品の)在庫調べ, 棚卸し.

Wa·ren≠bör·se 女 商品取引所. **≠cha·rak·ter** 男 (あるものの)商品としての性格. **≠emp·fän·ger** 男 荷受人, (商品の)配達先. **≠fonds**[..fɔ̃:] 男 (旧東ドイツの)商品準備高(住民に供給できる商品総量). **≠ge·stell** 中 商品棚. **≠haus** 中 **1** (Kaufhaus) 百貨店, デパート. ▽**2** 〔商品〕倉庫. **≠ka·pi·tal** 中 〘経〙 商品資本. **≠ka·ta·log** 男 商品目録〈カタログ〉. **≠kennt·nis** 女 商品知識: gute ~*se* haben 商品に詳しい. **≠kon·to** 中 商品〔の取引〕勘定. **≠kon·trol·le** 女 商品の品質検査〈管理〉. **≠korb** 男 〘統計〙 マーケットバスケット. **≠kre·dit** 男 商品信用. **≠kun·de** 女 -/ 商品学. **≠la·ger** 中 商品倉庫. **≠lie·fe·rant**[..lifərant] 男 商品供給者, 納入業者. **≠mu·ster** 中 =Warenprobe 1 **≠preis** 男 商品の価格〈相場〉. **≠pro·be** 女 **1** 商品見本. **2** 〘郵〙 商品見本. **≠pro·duk·tion** 女 商品生産. **≠rech·nung** 女 (商品の)送り〈仕切り〉状. **≠re·gal** 中 = Warengestell **≠sen·dung** 女 **1** 商品の配送〈送付〉. **2** 〘郵〙 商品見本〔の送達〕. **≠steu·er** 女 物品税. **≠streu·ung** 女 (旧東ドイツで, 住民への)商品分配. **≠test** 男 商品の品質検査, 商品テスト. **≠um·satz** 男 商品売り上げ. **≠um·satz·steu·er** 女 (略 Wust, WUSt) 《スイス》 商品売上税. **≠ver·kaufs·buch** 中 商品売上帳. **≠ver·kehr** 男 商品の流通, 荷動き. **≠ver·zeich·nis** 中 **1** 商品目録. **2** 送り状. **≠vor·rat** 男 = Warenbestand **≠zei·chen** 中 商標, トレードマーク: ein eingetragenes ~ 登録商標.

Wa·ren·zei·chen≠recht 中 〘法〙 **1** 商標権. **2** 商標法. **≠schutz** 男 商標保護.

Wa·ren·zoll 男 商品関税.

warf[varf] werfen の過去.

Warf[1][–] 男 中 -〔e〕s/-e (Längsfaden) 〘織〙 経糸.

[*germ.*; ◇werfen]

Warf[2][–] 女 -/-en 《北部》 **1** =Werft[2] **2** =Wurt

[*mndd.*]

wär·fe[vɛ́rfə] würfe (werfen の接続法II)の古形.

Warft[varft] 女 -/-en 《北部》 **1** =Werft[2] **2** =Wurt

[<Warf[2]]

warm[varm] **wär·mer**[vɛ́rmər]/ **wärmst I** 形 **1** (英: *warm*) (↔kalt) **a)** 暖かい, 温暖な(場合によっては日本語の「暑い」に対応することがある); (感触が)暖かい; (からだが)常温の; ほてっている, 熱い: eine ~*e* 〈*wärmere*〉 Gegend 気候の温暖な〈比較的温暖な〉地方 | in der ~*en* Jahreszeit 暖かい〈暑い〉季節に | eine ~*e* Quelle 温泉 | ein ~*er* Regen 暖かい雨(摂氏零度以上の雲から降る雨); 《比》 干天の慈雨, 思いがけない幸運 | ein ~*er* Sommerabend 暑い夏の晩 | ein ~*er* Winter 暖冬 | ein ~*es* Bad nehmen 温浴をする | ~*e* Hände 〈Füße〉 haben 温かい手〈足〉をしている | ~*e* Umschläge machen 温湿布をする | ein Zimmer mit fließendem kaltem und ~*em* Wasser 水とお湯の両方が出る設備のある部屋 ‖ *jm.* den Kopf ~ machen …〔の頭〕をかっかとさせる | Ein steifer Grog macht ~. 強いグロ

ッグ酒を1杯飲めばからだが温まる | noch von *et.*[3] ～ sein《比》…の興奮がまださめやらないでいる | Heute ist es sehr ～. きょうはとても暖かだ〈暑い〉| Es wird langsam *wärmer.* (気温などについて)だんだん暖かくなる | Mir ist ～./《ズイ》Ich habe ～.(生理的に)私は暖かだ〈暑い〉| Mir ist ～ vom Schneeschippen. 除雪作業をしたので私はからだがぽかぽかだ ‖ 〔*sich*[4]〕～ duschen 温水シャワーを浴びる | *sich*[4] ～ laufen 走ってからだがぽかぽかしてくる | *sich*[4] ～ reden 熱っぽく〈興奮して〉語る | Die Sonne scheint ～. 太陽がぽかぽか照っている.

b) (飲み物・料理などについて)温かい, 熱い, 温めた: ～*es* Bier (冷えていない)なまぬるいビール; 温めたビール | ein ～*es* Essen 温かい食べ物 | ～*e* Getränke 熱い飲み物 | wie ～*e* Semmeln weggehen (→Semmel) | ～*e* Speisen 温かい料理〈食物〉| ～*e* Würstchen ホットソーセージ | Das Restaurant hat ～*e* und kalte Küche. このレストランでは温かい料理も冷たい料理も食べられる ‖ die Suppe ～ halten〈stellen〉スープをさめないようにしておく(ただし: →warmhalten) | das Essen ～ machen 料理を温める〈温め直す〉| Die Nachricht ist noch ～.《話》そのニュースはまだほかほかのホットニュースだ ‖ *et.*[4] ～ essen …を温かくして〈温かいうちに〉食べる | Heute abend essen wir ～./ Heute abend gibt es ～. 今晩は温かい食事をとります ‖ etwas *Warmes* essen 〈trinken〉温かい物を食べる〈飲む〉.

c) 暖房のある〈きいた〉, 暖かい; (熱・暖気を発散して)暖かい: ～*e* Miete 暖房費こみの家賃〈間代〉(㊥ kalte Miete 暖房費ぬきの家賃〈間代〉) | ein ～*er* Ofen 燃えているストーブ | eine ～*e* Wohnung 暖房のきいた住まい ‖ im *Warmen* sitzen 暖房のよくきいた部屋にいる; ひなたぼっこをする;《話》ぬくぬくと暮らす ‖ die Heizung auf „～" stellen 暖房のスイッチを入れる(「暖」にする) ‖ ein Haus ～ abbrechen〈abreißen〉《話》(保険金めあてに)ぼろ家に放火する | ～ schlafen 暖房した部屋で眠る | ～ sitzen《話》何不自由ない生活をする | Das Zimmer kostet ～ 550 Mark. この部屋代は暖房費こみで550マルクだ.

2 (衣服などが)暖かい, 保温の: ～*e* Kleidung〈Kleider〉暖かい衣服 | *sich*[3] etwas *Warmes* anziehen 暖かいものを着る ‖ *sich*[4] ～ anziehen 暖かい服装をする;《話》ピストルを〔いつでも発射できるようにして〕ポケットに忍ばせる | *jn.* ～ zudecken …を暖かく覆う(毛布などで).

3 a) (↔kalt) 心のこもった, 親切な, 温かい; 心のなごむ, 快い: ～*e* Anteilnahme〈Begrüßung〉温かい同情〈歓迎の言葉〉| ～*e* Freunde ごく親しい友人たち | ～*e* Worte 思いやりのある言葉 | ein ～*es* Herz haben 温かい心の持ち主である | im ～*en* Nest sitzen《話》ぬくぬくと暮らす | *sich*[4] ins ～*e* Nest setzen (→Nest 1 b) ‖ **～ werden**《話》(互いに)慣れる, 打ちとける, なじむ | **mit *jm.*〈*et.*[3]〉～ werden**《話》…と親しくなる, …になじむ | Mit dieser Stadt kann ich nicht so recht ～ werden. 私はこの町はどうもあまり好きになれない | Beim Anblick wurde es ihm ～ ums Herz. それを見て彼はほのぼのとした気持になった ‖ *jm.* ～ die Hand drücken〈schütteln〉心をこめて…と握手する.

b) 熱心な, 熱烈な: ein ～*er* Förderer 熱心な推進役 | für *et.*[4] ～*es* Interesse hegen …に強い関心を抱く | *Wärmsten* Dank! ほんとうにどうもありがとう ‖ **weder ～ noch kalt sein** / **nicht ～ und nicht kalt sein**《話》無関心〈冷淡〉である ‖ *jm. jn.*〈*et.*[4]〉～ empfehlen …に…を心から推薦する.

c)《話》(schwul) (男性について)同性愛の, ホモの: **ein ～*er* Bruder** / ein *Warmer* (→II) ホモ〈同性愛〉の男.

4 (↔kalt) (色・音などについて)感じのいい, 暖かい〈明るい・快い〉感じの: ein ～*es* Braun 暖かい感じの褐色 | ～*e* Farben 暖色(赤・だいだい色など) | einen ～*en* Klang haben 音色〈ひびき〉がやわらかい ‖ ～ wirken 明るい感じである, 暖かい印象を与える.

5 (↔kalt)〘工〙熱い, 灼熱(しゃくねつ)の.

6 (↔kalt)〘狩〙(動物の遺臭の)まだ新しい, 生々しい: eine ～*e* Fährte 真新しい臭跡.

II War·me 男《形容詞変化》《軽蔑的に》ホモ〈同性愛〉の男(→I 3 c).

[*germ.*; ◇thermo..; *engl.* warm]

Warm≈bad[várm..] 中 温浴. **≈be·ar·bei·tung** 女〘工〙熱間〈高温〉加工. **≈beet** 中〘園〙温床, 促成栽培床. **≈bier** 中 -[e]s/ ホット=ビール(温めたビールに砂糖・卵・香料などを入れたもの). **≈blut** 中 -[e]s/ (↔Kaltblut) 軽種(比較的小柄で品位に富んだ乗用馬の総称). **≈blü·ter**[..bly:tər] 男 -s/- (↔Kaltblüter)〘動〙温血動物, 恒温〈定温〉動物.

warm·blü·tig[..bly:tɪç][2] 形 **1**〘動〙温血の: ～*e* Tiere 温血動物. **2**《比》元気〈威勢〉のいい; 興奮しやすい, 熱血の. **3** Warmblut に属する(馬).

Warm·blü·tig·keit[..kaɪt] 女 -/ warmblütig なこと.

Warm·blüt·ler[..bly:tlər] 男 -s/- **1** = Warmblüter **2** = Warmblut

War·me →warm II

Wär·me[vέrmə] 女 -/-n《ふつう単数で》**1**〘理〙熱; 熱エネルギー: latente ～ 潜熱 | spezifische ～ 比熱 ‖ Bei diesem Vorgang entsteht〈entwickelt sich〉～. この過程で熱が発生する. **2** (↔Kälte) **a**) 暖かいこと; 暖かさ; 温度: 〔eine〕angenehme〈feuchte〉～ 快適な〈湿りけを含んだ〉暖かさ | Körper*wärme* 体の暖かみ; 体温 ‖ ～ ausstrahlen (ストーブ・電球などが)暖気〈熱〉を発散する | 22 Grad ～ haben〔摂氏〕22度の暖かさである ‖ in die ～ kommen《話》暖かい部屋に入る. **b**)《比》(感じ・態度・雰囲気などの)温かさ; 親切さ; 熱意: die innere ～ 心の温かさ | Gefühls*wärme* 気持の温かさ ‖ *jn.* mit ～ empfangen …を温かく迎える | mit ～ von *et.*[3] sprechen …のことを熱をこめて話す ‖ Seinen Worten fehlte die ～. 彼の言葉には熱意というものが感じられなかった.

[*ahd.*; ◇warm; *engl.* warmth]

Wär·me≈ab·ga·be 女, **≈ab·strah·lung** 女〘理〙放熱. **≈äqua·tor** 男〘地〙熱赤道. **≈äqui·va·lent** 中〘理〙熱当量. **≈aus·deh·nung** 女〘理〙熱膨脹. **≈aus·tausch** 男〘理〙熱交換. **≈aus·tau·scher** 男〘理〙熱交換器. **≈be·hand·lung** 女 **1** (Thermotherapie)〘医〙温熱療法. **2**〘工〙熱処理.

wär·me·be·stän·dig 形〘理〙耐熱性の: ～*es* Glas 耐熱ガラス | ～*er* Stahl 耐熱鋼.

Wär·me·bi·lanz 女〘理〙熱収支, 熱平衡: ～ der Atmosphäre 大気の熱経済.

wär·me·däm·mend 形 断熱〈保温〉性の.

Wär·me≈däm·mung 女 断熱, 保温. **≈deh·nung** = Wärmeausdehnung

wär·me·durch·läs·sig 形 透熱性の.

Wär·me≈ein·heit 女 (略 WE)〘理〙熱量の単位(カロリー). **≈emp·fin·dung** 女〘生理〙温〔感〕覚. **≈ener·gie** 女〘理〙熱エネルギー. **≈fla·sche** = Warmflasche **≈front** = Warmfront **≈ge·wit·ter** 中〘気象〙熱雷(らい). **≈grad** 男《話》(↔Kältegrad) 摂氏零度以上の温度. **≈haus·halt** 男 = Wärmebilanz **≈iso·la·tion** 女 = Wärmeisolierung **≈iso·lier·stoff** 男 断熱材. **≈iso·lie·rung** 女 断熱;〘理〙熱絶縁. **≈ka·pa·zi·tät** 女〘理〙熱容量. **≈kraft·ma·schi·ne** 女〘工〙熱機関. **≈kraft·werk** 中 熱機関利用発電所(いわゆる火力発電所の総称). **≈leh·re** 女 -/〘理〙熱学. **≈lei·ter** 男〘理〙熱導体: ein guter〈schlechter〉～ 熱の良導体〈不良導体〉. **≈leit·fä·hig·keit** 女〘理〙熱伝導度. **≈lei·tung** 女〘理〙熱伝導. **≈leit·zahl** 女〘理〙熱伝導率. **≈mau·er** 女〘理〙熱の障害. **≈men·ge** 女 熱量: die Einheit der ～ 熱量の単位(カロリー). **≈mes·ser** 男 熱量計. **≈mes·sung** 女 測熱, 熱測定.

wär·men[vέrmən] 他 (h) 暖かくする, 温める: den Kaffee〈die Suppe〉～ コーヒー〈スープ〉を温める | *jm.*〈für *jn.*〉das Essen ～ …のために食事を〔もう一度〕温める | *sich*[3] die Hände am Feuer ～ 手を火にかざしてあぶる | das Zimmer ～ 室内を暖める ‖ 再帰 *sich*[4] in der Sonne ～ 日なたぼっこをする | *sich*[4] mit einem Schnaps ～ 体を温めるためにブランデーを1杯ひっかける | Komm herein und *wärm*〔*e*〕dich! こちらへ入ってきて温まりなさいよ ‖〘目的語なしで〙Kaffee〈Alkohol〉*wärmt.* コーヒー〈酒〉を飲むと体が温まる | Wolle *wärmt*〔gut〕. ウールの服は暖かい ‖ *Gewärmtes*

mögen die meisten Menschen nicht gern. 温め返した食事はたいていの人が好まない. [*ahd.*; ◇warm]

Wär·me≈pol[vέrmə..] 男〘地〙熱極. ≈**pum·pe** 女〘工〙熱ポンプ. ≈**punkt** 男 (↔Kältepunkt)〘生理〙(皮膚の)温〔覚〕点. ≈**quel·le** 女〘理〙熱源.

wär·mer warm の比較級.

Wär·mer[vέrmər] 男 -s/- (暖める道具. 例えば:) 保温器; 湯たんぽ: Fuß*wärmer* (保温用の)足おおい; 足温器 | Puls*wärmer* (保温用の)手首おおい.

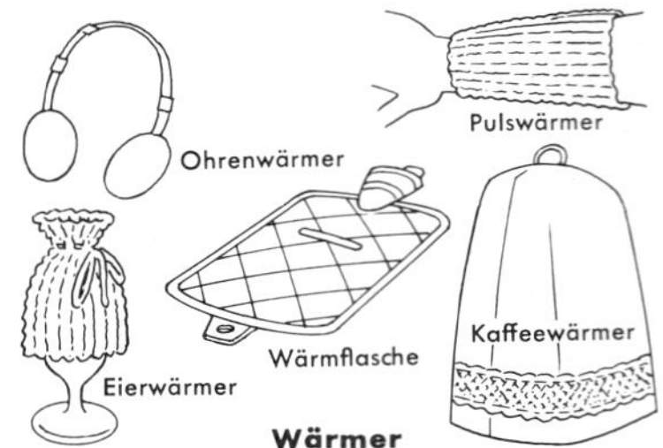

Wärmer

Wär·me≈reg·ler[vέrmə..] 男 恒温〈調温〉装置, サーモスタット. ≈**re·gu·la·tion** 女 温度調節;〘生理〙体温調節. ≈**schlag** 男〘医〙熱射病. ≈**schutz** 男 断熱, 耐熱.

Wär·me·schutz≈klei·dung 女 耐熱服. ≈**mit·tel** 中 断熱〈保温〉材; 熱絶縁物〈材〉.

Wär·me≈se·geln 中〘空〙(グライダーの)熱上昇滑空. ≈**sinn** 男 -[e]s/ 〘生理〙温〈感〉覚. ≈**spei·cher** 男〘工〙蓄熱器, 蓄熱室. ≈**star·re** 女〘動〙(変温動物に見られる)熱硬直. ≈**stau·ung** 女 **1**〘医〙鬱熱(うつ). **2** (機械などの)過熱. ≈**stich** 男〘医〙熱穿刺(せん). ≈**strahl** 男 -[e]s/-en《ふつう複数で》〘理〙熱線. ≈**strah·lung** 女〘理〙熱放射. ≈**tau·scher** 男 -s/-〘工〙熱交換機. ≈**tech·nik** 女 -/ 熱工学. ≈**tel·ler** 男 (食べ物などの)保温皿. ≈**tod** 男 熱死(全エネルギーが熱に転換された宇宙の終末状態). ≈**tö·nung** 女〘理〙実熱量,〔定積〕反応熱(→ Reaktionswärme). ≈**trä·ger** 男〘理〙熱媒体. ≈**über·gang** 男〘理〙熱伝達. ≈**ver·lust** 男 熱の喪失;〘生理〙放熱. ≈**wirt·schaft** 女 熱管理〈経済〉. ≈**zäh·ler** 男 熱量計.

Warm·fe·stig·keit[várm..] 女〘工〙熱抵抗.

Wärm·fla·sche[vέrm..] 女 (ふつうゴム製の)湯たんぽ(→ 図 Wärmer): *et.*[4] mit einer ～ wärmen 湯たんぽで…をあたためる ‖ die ～ mit Ohren《戯》女房; 情婦 | eine ～ mit drei Sternen《戯》コニャックの瓶. [＜wärmen]

Warm≈form·ge·bung[várm..] 女 ＝Warmbearbeitung ≈**front** 女 (↔Kaltfront)〘気象〙温暖前線.

Warm·hal·te≈fla·sche 女 魔法瓶. ≈**kan·ne** 女 ポット型魔法瓶.

warm|hal·ten* 《65》他 (h)《話》*sich*[3] *jn.* ～ …の好意を失わないよう努める(ただし: warm halten →warm 1 b).

Warm·hal·te·plat·te 女, **Warm·hal·ter** 男 (食物などの)保温器.

Warm·haus 中 (Treibhaus) 温室.

warm·her·zig 形 心の温かい, 同情心に富んだ, 人情味のある.

Warm·her·zig·keit 女 -/ warmherzig なこと.

warm|lau·fen* 《89》**I** 自 (s) (エンジンが)回転して暖まる: den Motor ～ lassen エンジンを暖気運転する.

II Warm·lau·fen 中 -s/ (エンジンの)暖気運転.

Warm·luft 女 -/ 暖かい空気, 温風;〘気象〙暖気団.

Warm·luft≈ge·rät 中 温風器. ≈**hei·zung** 女 温風暖房. ≈**vor·hang** 男 保温エアカーテン.

Warm≈mie·te 女《話》暖房費こみの家賃〈間代〉(→ warm 1 c). ≈**nie·tung** 女〘工〙加熱鋲(びょう)止め. ≈**sprö·dig·keit** 女〘金属〙熱脆性(ぜい).

wärmst warm の最上級.

wärm·stens[vέrmstəns] 副 心から, 衷心から: *jm. jn.* ～ empfehlen …に…を心から推薦〈推挙〉する.

Wär·mung[vέrmʊŋ] 女 -/ wärmen する〈される〉こと.

Warm·was·ser[varmvásər, ⏑⏑⏑] 中 -s/ 温かい水, 熱い湯, 温水.

Warm·was·ser≈be·rei·ter[varmvásər.., várm-vasər..] 男 湯沸かし器, ボイラー. ≈**hei·zung** 女 温水暖房: eine ～ einbauen 温水暖房装置を取り付ける. ≈**lei·tung** 女 給湯〔装置〕; 温水パイプ. ≈**spei·cher** 男 貯湯式湯沸かし器〈ボイラー〉. ≈**ver·sor·gung** 女 給湯.

Warm·zeit[várm..] 女 (↔Kaltzeit)〘地〙間氷期.

Warn≈ab·stand[várn..] 男〘鉄道〙(遠方信号機の)予告距離. ≈**an·la·ge** 女 警報装置, 警報器. ≈**blink·an·la·ge** 女 (俗: ≈**blin·ker** 男)(自動車・踏切などの)警告〈警戒〉点滅装置. ≈**blink·lam·pe** 女, ≈**blink·leuch·te** 女 警告〈警戒〉点滅灯(→ 図). ≈**drei·eck** 中 (故障車などが路上に置く)三角形警告表示器(→ 図).

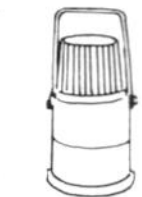
Warnblinklampe

Warndreieck

war·nen[várnən] **I** 他 (h) **1** 《*jn.*》(危険・災害などについて…に)警告する, 注意を喚起する, 用心させる: *jn.* 〔rechtzeitig / heimlich〕 vor *et.*[3] ～ …に…のことを〔時機を失せず・内密に〕警告する ‖〘目的語なしで〙*jn.* zu spät ～ …への警告が遅きに失する | Die Polizei *warnt* vor Glatteis. 警察は路面凍結への注意を呼びかける | Vor Taschendieben wird *gewarnt.* 掏摸(すり)にご用心ください(駅・百貨店などの掲示) | Der Wächter 〈Der Hund〉 *warnt.* 監視人が危急〈犬がほえて危険〉を知らせる | 《非人称》Es *warnt.* / Die Uhr *warnt.* 時計が〔時を打つ前に〕ジーッと鳴る. **2** 《*jn.* vor *et.*[3]》(…に…をしないよう)警告する, 切にすすめる, おどす: *jn.* vor unbesonnenem Handeln ～ …に軽率なことはしないようにと諭す ‖ *jn.* 〔davor〕 ～, Schulden (㊥ nicht Schulden) zu machen …に借金などはするものではないよという | Sie *warnte* ihn 〔davor〕, zu schnell zu fahren. 彼女は彼にあまり車のスピードを出さないよう駄目を押した ‖ Ich *warne* dich! Komm nie wieder zu spät! いいか二度と遅刻するなよ | Du bist *gewarnt* 〔zum letzten Mal〕. 〔もう一ぺんだけ警告しておくが〕いいかするんじゃないぞ ‖ *sich*[4] nicht ～ lassen 他人の忠告に耳を傾けない. **3** 《南部》《再帰》*sich*[4] ～ 用心する: Was hast di'net besse *gewarnt*? なぜ君はもっと用心しなかったんだ(＝Was hast du dich nicht besser vorgesehen?).

II war·nend 現分 形 警告的な, 戒めの: die ～*e* Stimme des Gewissens 良心の警告の声 | ～*es* Symptom〘医〙前駆症状 ‖ *jm.* ein ～*es* Beispiel geben 〈sein〉(あるもの・あることが)…にとって他山の石である | in ～*em* Ton mit 〈zu〉 *jm.* sprechen 警告的な口調で…と〈…に向かって〉話す ‖ ～ mit dem Finger drohen / den Finger ～ 〔er〕heben 人さし指を立てて〔前後に動かしながら〕おどす.

[*germ.* „vorsehen"; ◇wahren, garnieren]

War·ner[várnər] 男 -s/- (warnen するもの. 例えば:) 警告者; (病気などの)予兆: Der Schmerz ist der ～ bei Krankheiten. 痛みはいろいろな病気の警戒信号である.

Warn≈far·be 女 **1** (人の目につきやすい)刺激的な色. **2** ＝Warnfärbung ≈**fär·bung** 女〘動〙警告〈警戒〉色: Schein-*Warnfärbung* にせの警告色, 標識的擬態. ≈**ge·rät** 中 (ガス漏れなどの)警報器. ≈**glocke** 女 警報ベル. ≈**klei·dung** 女 人目につきやすい色彩の衣服(道路工事のさい事故防止用に着る服など). ≈**kreuz** 中〘鉄道〙(X 形の)踏切警標. ≈**lam·pe** 女 警告〈警報〉ランプ. ≈**licht** 中 -[e]s/-er 警告〈警報〉灯,(警報用)明滅ランプ. ≈**ruf** 男 警戒の叫び〔声〕, 警告. ≈**schild** 中 -[e]s/-er **1** (「窓から手を出さぬこと」式の)警告板. **2**〘交通〙警戒標識板. ≈**schuß** 男 警告のための発砲: ein ～ vor den Bug《話》本気のおどし〈警告〉. ≈**si·gnal** 中 警戒〈警告〉信号; 警告

W

信号機, 警報機: ein akustisches 〈optisches〉 ～〖鉄道〗音響式〈視覚式〉警報機. ⸗**si·re·ne** 女 警報サイレン. ⸗**streik** 男 (示威的な)警告〔時限〕ストライキ. ⸗**sy·stem** 中 警報〔発令〕システム. ⸗**ta·fel** 女 警告板(→ 図 Strand).

Wạr·nung[várnʊŋ] 女 -/-en (warnen すること. 例えば:) 警告, 忠告, 訓戒, おどし; 警報; 〖法〗訓告: eine nachdrückliche 〈ernste〉 ～ 厳重な〈重大な〉警告 | eine ～ vor Lawinengefahr 〈Hochwasser〉 雪崩〈洪水〉警報 ‖ eine Tafel mit einer ～ 警告板 | ohne ～ 無警告で, 予告なしに | *sich*[3] *et.*[4] zur ～ dienen lassen …を警告として受け取る, …を将来へのいましめとする ‖ eine ～ geben 〈erhalten〉 訓戒をたれる〈受ける〉 | eine ～ beachten 〈mißachten〉 忠告に耳を傾ける〈忠告を無視する〉 | alle ～*en* in den Wind schlagen《話》あらゆる忠告を聞き流す ‖ Das ist meine letzte ～. これが私の最後の警告だ | Das soll mir eine ～ sein. 私はこのことを将来へのいましめとするつもりです | Laß dir das eine ～ sein! それをいましめとしなさい | *Warnung!* Baden 〔geschieht〕 auf eigene Gefahr. 注意! 水泳中の事故については当方は責任を持ちません(遊泳禁止海岸などでの立て札の文句).

Wạr·nungs⸗si·gnal ＝Warnsignal ⸗**ta·fel** 女 警報〈警告〉板, 制札(せいさつ). ⸗**zei·chen** 中〖医〗警告徴候.

Wạrn·zei·chen[várn..] 中 **1** 警戒信号; 〖鉄道〗注意信号; 〖交通〗警戒標識. **2** 警告のシグナル; (不吉な)前兆, 不幸の前ぶれ.

Warp[1][varp] 女 -/-en ＝Werft[2] [*ndd.*]

Warp[2][–] 男 中 -s/-e ＝Warpgarn [*engl.*; ◇Warf[1]]

Warp[3][–] 男 -[e]s/-e〖海〗**1** (港内での船の移動に用いる)引き綱. **2** ＝Warpanker [*mndd.*; ◇werfen]

Wạrp·an·ker[várp..] 男〖海〗(船の移動に用いる引き綱つきの)小錨(こいかり).

wạr·pen[várpən] **I** 他 (h)〖海〗(船を) Warpanker を用いて移動させる. **II** 自 (s)〖海〗(船が) Warpanker を用いて移動する.

Wạrp·garn[várp..] 中〖織〗(丈夫な)経糸.

Wạrp·lei·ne 女〖海〗Warpanker を結びつけた引き綱.

War·rạnt[varánt, vɔ́rənt, wɔ́..] 男 -s/-s (Lagerschein)〖商〗倉荷証券. [*afr.*–*engl.*; ◇Garant]

Wạr·schau[várʃaʊ] 地名 ワルシャワ(ポーランドの首都. ポーランド語形 Warszawa[varʃáva·]). [部族名に由来; ◇*engl.* Warsaw]

Wạr·schau·er[–ər] **I** 男 -s/- ワルシャワの人. **II** 形《無変化》ワルシャワの: der ～ Pakt ワルシャワ条約(1955年, NATO に対抗して東ヨーロッパの社会主義 8 か国の間に結ばれた軍事同盟).

wạr·schau·isch[..ɪʃ] 形 ワルシャワの.

▽**Wạrt**[vart] 男 -[e]s/-e 監視人, 見張り(今日ではもっぱら複合名詞の形で用いられる): Haus*wart* 家屋管理人 | Tank*wart* ガソリンスタンドの〔給油〕係員 | Tor*wart* ゴールキーパー. [*ahd.*; ◇warten]

die **Wạrt·burg**[1][vártbʊrk]《城名》女 -/ ヴァルトブルク(ドイツ中部, Thüringen にある古城. 歌合戦の伝説の舞台で, Luther が1521-22年に新約聖書の翻訳をした所でもある): auf der ～ sitzen《戯》待たされている; (女性が求婚者・ダンスの相手などを)待っている. [◇Warte]

Wạrt·burg[2][–] 男 -s/- 商標 ヴァルトブルク(旧東ドイツの5人乗り乗用車).

Wạrt·burg·krieg 男 (中世の Minnesänger たちの)ヴァルトブルク城における歌合戦(→Sängerkrieg).

Wạr·te[vártə] 女 -/-n **1**《雅》周囲を見晴らせる場所; 観測所, 監視所; 《比》立場, 見地: Stern*warte* 天文台 | Wetter*warte* 測候所 ‖ auf einer höheren ～ stehen als ... …よりも一段と高い立場に立つ | *et.*[4] von hoher ～ aus betrachten 〈kritisieren〉 …を高い見地から考察〈批判〉する | von *js.* ～ 〔betrachtet〕 …の立場から見れば.

2 ＝Wartturm

[*germ.*; ◇wahren, warten, Garde; *engl.* ward]

Wạr·te⸗frau 女 ▽**1** (中年の)子守女, 看護婦. **2** (女性の)番人, 管理人(ビルの清掃人・便所の清掃人兼番人など). ⸗**geld** 中 **1** (Wartestand 中の)休職給. **2**〖海〗滞船〈停泊〉料. ⸗**gleis** 中〖鉄道〗収容線. ⸗**hal·le** 女 (駅・空港などの)待合室. ⸗**häus·chen** 中 (バス・市電などの)待合所. ⸗**li·ste** 女 順番待ちのリスト.

wạr·ten[vártən]《01》**I** 自 (h) **1** 待つ, 待ちうける, 待ちかまえる: lange 〈geduldig〉 ～ 長いこと〈辛抱づよく〉待つ | sehnsüchtig 〈mit Schmerzen〉 ～ 待ちこがれる | vergeblich 〈umsonst〉 ～ 無駄に待つ, 待ちぼうけをくう ‖〖前置詞と〗**auf** *jn.* 〈*et.*[4]〉 ～ …を待つ | auf Antwort 〈Post〉 ～ 返事〈郵便物〉を待つ | auf eine günstige Gelegenheit ～ 好機の到来を待つ | auf den Tod ～ 死を覚悟している | auf besseres Wetter ～ 天候の回復を待つ | auf ein Zeichen 〈den Zug〉 ～ 合図〈列車〉を待つ | **auf *sich*[4] ～ lassen** ひとを待たせる, なかなか現れない; なかなか実現しない | nicht lange auf *sich*[4] ～ lassen (結果・反響などが)じきに現れる | Auf wen *wartet* ihr? 君たちはだれを待っているのか | Worauf *wartest* du noch? 君はまだ何を待っているのだ; 君はなぜ行動を起こさないのだ | Überraschungen *warten* auf dich. 君 いろいろびっくりすることがあるよ | Kann ich gleich darauf ～?《話》すぐやっていただけますか, じきにすむでしょうか | Auf den habe ich gerade 〔noch〕 *gewartet*!《反語》あいつときたら全くいやな時にやって来たものだ | **mit** *et.*[3] ～ …するのを待つ, …を先へのばす | mit dem Essen auf *jn.* ～ …が来るまで食事をしないでいる | Wir wollen mit dem Essen ～, bis alle da sind. 我々は皆がそろうまで食事を待とう ‖ *Warte* 〔nur〕! 待っていろよ(ここにいるんだぞ); まあまあ待っていろ(何もするんじゃないぞ); いまに見ているがいい(軽い脅迫) | Ich *warte*, bis du zurückkommst. 君が戻って来るまで待っているよ | Der Tod *wartet* heute an jeder Straßenecke. 当節はどこの街角にも死の危険が待ちかまえている ‖ Kannst du bis morgen ～? 君はあすまで待てるかい | Ich kann ～.《話》私はそれほど急いではいません(待ってもかまいません) | Das kann ～.《話》その件はそれほど急がない | **～ können, bis man schwarz wird**《話》いつまでもむだに待つ, 待ちぼうけをくらう | Der kann ～ 〔, bis er schwarz wird〕! やつなんか〔くたばるまで〕待たせておいていい | Da kannst du lange ～!《話》君いくら待ったって無駄だよ ‖〖結果を示す語句と〗再帰 *sich*[4] müde ～ 待ちくたびれる ‖ nach langem *Warten* 長いこと待ったあげく.

▽**2**《auf *jn.*》 **a)** (…に)奉仕する, (…の)面倒を見る: Diese *warteten* alle auf den König. これらの人たちは皆この王に仕えていた(聖書: II代17,19). **b)** (…に)期待を寄せる: Aller Augen *warten* auf dich, und du gibst ihnen ihre Speise zur rechten Zeit. すべての人々の目は期待を持ってあなたに注がれています. そしてあなたは時に従って彼らに彼らの食物をお与えになります(聖書: 詩145,15).

▽**3**《*et.*[2]》 **a)** (…を)待つ, 待望する: Wir *warten* aber eines neuen Himmels und einer neuen Erde nach seiner Verheißung. しかし我々は彼(神)の約束によって新しい天と新しい地とを待っている(聖書: IIペテ 3,13). **b)** (職務などを)つかさどる, とり行う: Hat jemand ein Amt, so *warte* er des Amtes. 何かの務めを持っている人間はその務めを果たすがよい(聖書: ロマ12, 7).

II 他 (h) **1**《雅》《*jn.*》(…の)世話をする, 面倒を見る; 《*et.*[4]》(…の)手入れをする: Kranke 〈Kinder〉 ～ 病人〈子供〉の面倒を見る | Blumen ～ 花の世話をする.

2《*et.*[4]》(器具・機械などの)手入れ〈整備〉をする: eine Maschine regelmäßig ～ 定期的に機械の手入れをする.

[*germ.* „Ausschau halten"; ◇Wart〔e〕]

Wär·ter[vɛ́rtər] 男 -s/- (女 **Wär·te·rin** → 別出) 世話をする人, 世話係; 看視する人, 監視員; (刑務所の)看守: Bahn*wärter* 踏切警手 | Kranken*wärter* 看護人 | Park*wärter* 駐車場の管理人 | Tier*wärter* (動物園などの)飼育係 ‖ den ～ bestechen 看守にそでの下を使う.

Wạr·te·raum[vártə..] 男 **1** (駅などの)待合室. **2**〖空〗(着陸許可が出るまで滞空する際の)待機ゾーン.

War·te·rei[vartəráɪ] 女 -/-en ながながと待つこと.

Wär·ter·haus[vɛ́rtər..] 中〖鉄道〗踏切保安係詰め所.

Wär·te·rin[vɛ́rtərɪn] 女 -/-nen (Wärter の女性形. 例えば:) 看護婦; 付添婦; 女性看守.

Wạr·te≠saal[vártə..] 男 (駅などの)待合室. **≠schlei·fe** 女 〘空〙(着陸許可を待ちながらの航空機の)待機旋回. **≠stand** 男 -〔e〕s/ (公務員の)休職(今日では einstweiliger Ruhestand という). **≠zeit** 女 **1** 待ち時間. **2 a)** (Karenzzeit)(保険などの)待機期間. **b)** (Liegezeit)〘海〙(港での荷積みのあいだの)停泊(係留)期間. **c)** 〘法〙(離婚した女性に, 次の結婚が許されるまでの)待婚期間(ドイツでは10ケ月間). **≠zim·mer** 中 (医院などの)待合室.

die **Wạr·the**[vártə] 地名 女 -/ ヴァルテ (Oder 川の支流. ポーランド語形 Warta[várta]). [*slaw.* „die Rasche“]

..wärts[..vɛrts]《名詞・形容詞・副詞などにつけて「…の方へ, …で」を意味する副詞をつくる》: land*wärts* 陸へ向かって | himmel*wärts* 空へ向かって | nord*wärts* 北へ | süd*wärts* 南へ | ander*wärts* 他の場所へ; 他の場所で | aller*wärts* いたるところで | ab*wärts* 下方へ | auf*wärts* 上方へ | vor*wärts* 前方へ | rück*wärts* 後方へ | stromab*wärts* 流れを下って | bergauf*wärts* 山を登って | waldein*wärts* 森の中へ | stadtaus*wärts* 町の外へ. [*ahd.* ..wert „gewendet“; ◇werden; *engl.* ..ward〔s〕]

Wạrt≠saal[várt..]《ｽｲｽ》= Wartesaal **≠turm** 男 (中世の城の)物見やぐら, 望楼(→ 図 Burg).

Wạr·tung[vártʊŋ] 女 -/-en (warten IIする・されること. 特に:) (器具・機械などの)手入れ, 整備: die ~ des Aufzugs エレベーターの整備.

wạr·tungs·frei 形 (器具・機械などが)手入れ(整備)不要の.

Wạr·tungs·frei·heit 女 -/ wartungsfrei なこと.

wạr·tungs·freund·lich 形 (器具・機械などが)手入れ(整備)の楽な.

war·ụm[varʊ́m; 強調: vá:rʊm] **I** 副 **1**《疑問副詞; 理由・原因・目的》(英: *why*) (weshalb) なぜ, どうして, なんのために: ~ in aller welt いったいどうして(→Welt 1 b) | *Warum* hast du das getan? なぜ君はそれをしたのか | *Warum* gehst du nicht aus?—Weil es fortwährend regnet. なぜ君は出かけないのか — ずっと雨が降り続いているからです | *Warum* bin ich nicht 20 Jahre alt! 私が20歳だったらいいのになあ | *Warum* nicht? なぜいけないのか, かまわないじゃないか; 無論のことだ, 言うまでもない | Ich werde meine Abreise verschieben.— *Warum* 〔das denn〕? 私は出発を延ばします —〔いったい〕どうしてですか ‖〘口語ではまれに文頭に置かずに〙Sie kam ~ noch einmal zurück? 彼女はなぜもう一度戻ってきたのか | Du weinst ~? 君はなぜ泣くんだ ‖〘間接疑問文を導いて〙*Warum* er das getan hat, ist bis heute noch nicht klar. なぜ彼がそんなことをしたのかは きょうまでのところまだ分からない | Ich fühle mich nicht wohl und weiß nicht, ~. 私は気分がすぐれないのだがなぜだか分からない ‖〘関係副詞的に〙Das ist der Grund, ~ sie abgesagt hat. これが彼女が断った理由だ.

▽**2**《関係副詞》= worum 2 a: alles, ~ ich ihn bat 私が彼に頼んだすべてのこと.

II War·ụm 中 -s/ なぜということ; 理由, 原因: nach dem ~ fragen わけをたずねる.

[*mhd.*; ◇wo, um]

Wạ·ru·na[vá:runa·] 人名 〘ｲﾝﾄﾞ神〙ヴァルナ(はじめ天空の神, のち水の神). [*sanskr.*]

Wạr·ze[vártsə] 女 -/-n (小 **Wärz·chen**[vɛ́rtsçən] 中 -s/-) **1 a)** 〘医〙いぼ(疣), 疣贅(ゆうぜい): eine ~ am Finger ⟨auf der Nase / im Gesicht⟩ 指⟨鼻・顔⟩のいぼ | eine ~ wegätzen ⟨abbinden⟩ いぼを腐食させて⟨ひもでしばって⟩除去する. **b)** (Brustwarze)〘解〙乳頭, 乳首. **c)** (Papille)〘植〙乳頭状突起(→ 図 Pilz).

2 (道具や機械などに見られる各種の)いぼ状突起.

[*germ.* „Erhöhung“; *lat.* verrūca „Warze“; *engl.* wart]

Wạr·zen≠fort·satz 男 〘解〙乳様突起(→ 図 Schädel). **≠ge·schwulst** 女 〘医〙いぼ状腫瘍(しゅよう). **≠hof** 男 〘解〙乳輪. **≠kraut** 中 除疣(じょゆう)剤の原料になる各種の草. **≠mit·tel** 中 〘薬〙いぼ腐食⟨除去⟩剤, 除疣(じょゆう)剤. **≠schwein** 中 〘動〙イボイノシシ(疣猪). **≠schwei·ßung** 女 〘工〙突起溶接.

wạr·zig[vártsıç][2] 形 **1** いぼのある, いぼだらけの. **2** いぼ状の; 乳頭状の.

was[vas]《事物を指すのに用い, 形態は中性単数であるが意味上は複数にも用いる》(英: *what*)

I《疑問代名詞》2 格 **wẹs·sen**[vɛ́sən](▽**wes**[vɛs]), 4 格 **was** (3 格はふつう用いない: →1 a ☆) **1 a)**《名詞的に》何, どれ, どのこと(もの):〘主語として〙*Was* steht auf dem Tisch?—Eine Vase 〔und zwei Gläser〕. テーブルの上に何がありますか — 花瓶が一つ〔とコップ二つ〕です | *Was* ist los? 何が起こったのか | Komm schnell!— *Was* ist? 急いで来てくれ — 何だい | *Was* ist ⟨macht⟩ dir? 君は(体のぐあいが)どうかしたのか | *Was* führt Sie her? 何の用件でおいでですか ‖〘4 格目的語として〙*Was* machst du?—Ich schreibe einen Aufsatz. 君は何をしているのか — 作文を書いているんだ | *Was* kann ich für Sie tun? 何かお役に立てましょうか | *Was* weiß ich? 私は知らないよ, 私の知ったことか | Er brachte uns Butter, Käse und ~ weiß ich noch alles. 彼はバターやチーズやその他いろんなものを持って来てくれた ‖ *Was* glauben Sie, daß sie da gekauft hat? / *Was*, glauben Sie, hat sie da gekauft? 彼女がそこで何を買ったと思いますか ‖〘2 格で〙Hier sind Schreibwaren zu kaufen; *wessen* bedarfst du? ここは文房具を売っているが君は何が必要なのか | *Wessen* Einwohner haben den höchsten Lebensstandard? どこの住民がいちばん生活水準が高いか ‖〘述語の 1 格として〙*Was* ist ⟨sind⟩ das? これ⟨これら⟩は何ですか | *Was* sind die Herren dort? あの紳士たち〔の職業・身分〕は何ですか | *Was* ist dein Vater 〔von Beruf〕? 君のお父さんは何をしている人ですか | *Was* ist die Uhr?《方》いま何時ですか(= Wie spät ist es?) | *Was* willst du werden? 君は何になるつもりなのか | *Was* ist es, das ich tun soll? 私にしてもらいたいのは何ですか | *Was* sind es, die du da hast? 君がそこに持っているのは何なのか ‖〘alles と同格で複数的・普遍的意味で: →all[2] I 2 a〙*Was* gibt's hier alles zu besichtigen? ここでいろいろと見物すべきは何ですか | *Was* hast du alles gesagt? 君はどんなことをいろいろしゃべったのか.

‖〘口語ではまれに文頭に置かずに〙Er hat ~ gesagt? 彼は何を言ったのか(= *Was* hat er gesagt?) | Dich stört ~? 君は何が気に入らないのか.

‖〘間接疑問文を導いて〙Wir wollen sehen,~ aus ihm werden soll! 彼がどんな人になっていくか見ていよう | Weißt du,~ du bist? Du bist einfach dumm. 君は自分がどういう人間か分かっているのか. 要するにばかなのさ | Ich weiß nicht,~ sie da gekauft hat. 彼女がそこで何を買ったのか私は知りません ‖〘感嘆文で. しばしば nicht を伴って〙*Was* Sie nicht sagen! 何をおっしゃる, まさかそんなこと | *Was* er nicht alles weiß! 彼はなんでもよく知っているなあ | *Was* es alles gibt! ずいぶんいろいろなものがあるなあ ‖〘譲歩文で〙*Was* **auch** 〔immer〕 geschehen mag, wir halten zusammen. 何が起ころうと我らは一致団結しているぞ.

☆ i) was は 3・4 格を支配する前置詞とは通例 wo〔r〕.. の融合形をつくるが, 口語では 3・4 格とも was のまま用いることがある: *Worauf* ⟨Auf ~[4]⟩ wartest du? 君は何を待っているのか | Er fragte, *womit* ⟨mit ~[3]⟩ sie schreibe. 彼は彼女が何を使って書くかを尋ねた.

ii) was の 3 格にはまれに wem[ve:m] の形を用いることがある: *Wem* fließt der Rhein zu? ライン川はどこへ注ぐのか.

iii) was は 2 格支配の前置詞 halber, wegen とは weshalb, weswegen の形で融合するが, 口語では was のまま用いることがある: *Weswegen* ⟨Wegen ~⟩ hast du dich verspätet? 何のせいで君は遅刻したのか.

b) (wieviel) どれほど, どのくらい: *Was* kostet das Buch? この本はいくらですか | *Was* bekommen Sie 〔von mir〕? いかほどお支払いしたらいいでしょうか.

2 a)《**was für** 〔ein〕の形で: ただし was だけが für 以下と離れて文頭に置かれることがある》どんな種類の, どのような: *Was* für eine Blume ist das? / *Was* ist das für eine Blume? それはどんな花なのか | Mit ~ für einem Wagen fahren Sie ins Gebirge? どういう車で山へいらっし

ゃるのですか ‖ *Was* für Bäume hast du gepflanzt? 君はどんな木々を植えたのか | *Was* für Wein trinken Sie gern? どういうワインがお好きですか.

‖〘間接疑問文を導いて〙Ich weiß nicht, in ～ für einem Hotel er wohnen wolle. 私は彼がどんなホテルに泊まるつもりか知らない ‖〘譲歩文で〙*Was* für Freunde er **auch** haben mag, er ist schon verloren. 彼にどんな友人たちがいようと 彼はもうおしまいだ ‖〘感嘆文で〙*Was* für ein dummer Kerl〔er ist〕!〔彼は〕なんたるばかものか.

☆ i）日常語では was für ein「どんな種類の」と welcher「どの」とが混用されることがある: Mit *was* für einem (＝Mit welchem) Zug kommt er?—Mit dem Nachmittagszug. 彼はどの列車で来るのか — 午後の列車だよ | Mit welchem (＝Mit was für einem) Zug kommt er?—Mit einem Schnellzug. 彼はどんな列車で来るのか — 急行だよ.

ii）感嘆文では was für ein と welch〔ein〕が同じように用いられる: Welch〔ein〕dummer Kerl! なんというばかなやつだ.

iii）名詞的用法では ein が強変化する(→ein[1] II). 特に北部では was für einer, was für＋複数名詞の代わりにしばしば was für welcher, was für welche が用いられる: Er hat sich ein Auto gekauft.—*Was* für ein〔e〕s? 彼は自動車を買ったよ — どんなのをかね | Da waren viele Kinder versammelt.—*Was* für welche (＝Kinder)? そこには子供らがいっぱい集まっていた — どんな子供らかね | Wir haben Wein getrunken.—*Was* für welchen (＝einen)? 私たちはワインを飲んだんだ — どういうのをかね | *Was* sind denn das für welche (＝Leute)? それはいったいどんな人たちなのか.

b)《名詞的用法の形容詞や an を伴った名詞とともに用いられて: →etwas I 1》どんな: *Was* gibt's Neues? どんなニュースがあるかね | *Was* gibt es Schöneres als ...? …よりすばらしいものがあろうか | *Was* hast du ihm Böses getan? 君は彼にどんな悪いことをしたのか ‖ *Was* **an** Maßnahmen steht mir zur Verfügung? 私にどういう策がとれるというんだ | *Was* hast du an Geld? 君はお金をどのくらい持っているかね ‖ ▽〘2格と〙*Was* Wunder〔s〕, wenn er unzufrieden ist? 彼が不満だとてなんの不思議があろうか ‖ *Was* hast du hier Geschäfte? ここで君はどんな用事があるのか.

3《無変化で副詞的に》(warum) なぜ; (wozu) なんのために; (wie) どのように; どれほどまでに: *Was* weinst du so bitterlich? どうして君はそう激しく泣くのか | *Was* braucht er auch so ein teures Auto? なんでまた彼はそんなに高い自動車が必要なのかしら ‖〘間接疑問文を導いて〙Sage mir,～ er sich so sehr freut! なぜ彼があんなに喜んでいるのか教えてくれ ‖〘感嘆文で〙*Was* hat er sich verändert! なんと彼は変わってしまったことか | *Was* habe ich gelacht! 私は笑ったのなんのって.

4《無変化で間投詞的に》なんだって: *Was*, hast du ihn noch nicht gesehen? えっ(なんだって)君はまだ彼に会ってないのか ‖ **ach ～!** (否定的に)へえ; 冗談じゃない, そんなばかな | Herzlichen Dank für die Mühe! —Ach ～. お骨折りどうもありがとう — とんでもない ‖ Ach ～, morgen fahre ich. ああそうだ あした行くんだ; ええい いいや あした行っちゃおう ‖〘nicht wahr? の意味で〙Schöne Berge, ～? 美しい山々ですよね.

II《関係代名詞; 変化は Iに同じ. ただし: →★》**1**《先行詞なしで》**a**)〔およそ〕…するもの(こと): *Was*[1] mich trieb, 〔das〕war vor allem Wanderlust. 私をかりたてたのは 何よりも旅心だった | *Was*[4] er sagt, 〔das〕stimmt immer. 彼の言うことはいつも当たっている | *Was*[4] du nicht willst, daß man dir tu', das füg' auch keinem andern zu!《諺》されたくないことは人にもするな | *Wessen* ich bedarf, das will ich niemandem verkaufen. 私の必要なものはだれにも売る気はない ‖ Ich tue, ～[1] mir richtig scheint. 私は自分が正しいと思うことをする | Du kannst machen, ～[4] du willst. 君はしたいことをしていいんだ | Er erlitt Schläge und ～[4] es sonst an Strafen gab. 彼は殴られたり その他あらゆる罰を受けた(→I 2 b) | Es koste, ～ es wolle, ich werde meine Pflicht erfüllen. どんな犠牲を払っても私は自分の義務を果たすのだ ‖〘同格的・注釈的に: →3〙*Was* ihn betrifft, er ist zufrieden. 彼はといえば〔彼は〕満足しているんだ | *Was* mich angeht, ich bin mit deinem Vorschlag einverstanden. 私に関して言えば君の提案に賛成だ ‖ Er kam, ～ bei diesem Verkehrschaos unvermeidlich war, zwei Stunden zu spät. このような交通の混乱状態では不可避なことだったが 彼は2時間遅刻した | Ich fand, ～ noch besser war, ihn zu Hause. もっと良かったことに 彼は私が行くと在宅していた ‖〘2格〙*Was* (＝Wovon) das Herz voll ist, des (＝davon) geht der Mund über.《諺》おおよそ心からあふれることを口が語るものである(聖書: マタ12,34; →wer II, 1).

☆ 関係文が前置される場合は, 主文ではこれを受ける指示代名詞が格を明示するが, was と das とが1・4格のときは das が省略できる. ただし譲歩文の場合は主文の独立性が強く, das の省略は起こらない: *Was* mir auch〔immer〕geschehe, *das* lasse ich über mich ergehen. わが身に何が起ころうと 私はそれを耐え忍ぶ.

b)《接続詞的に》(soviel) …するだけ: Laufe, ～ du〔nur〕kannst! 力の限り(懸命に)走れ | Er rief um Hilfe,～ nur aus seiner Kehle wollte. 彼はのども張り裂けんばかりに(声を限りと)助けを呼んだ | Er schuftet, ～ das Zeug (das Leder) hält. 彼は精いっぱいあくせく働く.

▽**c**) (wer)(集合的・不特定な)〔およそ〕…する人〔のだれもかれも〕: *Was* da neugierig war, kam hinterher. 物見高い連中がぞろぞろついて来た.

2《中性単数形の das, alles, etwas, nichts などを先行詞として》〘中性単数形の指示代名詞を受けて〙Ich stieß auf das,～ im Dunkeln stand. 私は暗やみにあったものにぶつかった | Wir besprachen dies und jenes, ～ die Schule betraf. 私たちは学校についてのあれこれを話し合った | Das ist dasselbe,～ ich schon gesagt habe. それは私がすでに言ったことと同じことだ ‖〘中性単数形の不定代名詞・数詞を受けて〙Ich erzählte ihm alles, ～ ich gesehen hatte. 私は自分の見たすべてのことを彼に話した | Ist das alles, ～ Sie an Gepäck haben? あなたの荷物はこれで全部ですか | das einzige, ～ ich nicht verstehe 私の理解できないただ一つのこと | An seinem Benehmen ist etwas, ～ mich abstößt. 彼の振舞いには私に反発を感じさせる何ものかがある | Ich habe nichts gesagt, ～ du mir anvertraut hast. 私は君が打ち明けてくれたことは何一つ他言しなかった | Vieles, ～ hier gesagt worden ist, stimmt nicht. ここで言われたことの多くは事実でない ‖〘中性単数形の名詞的用法の形容詞を受けて〙Das ist das Beste, ～ ich kann. これが私にできる最善のことだ | All das Schöne, ～ ich da erlebte, war zerstört. 私がそこで体験したすばらしいことのすべてが駄目になってしまった ‖ ▽〘集合名詞・物質名詞を受けて〙Biete dem Vieh, ～ (＝das) hier weidet, die Nahrung! ここに草をはむ家畜どもにえさを与えよ ‖ ▽〘es による紹介文を受けて〙Es war nicht Reue, ～ (＝die) er empfand. 彼の感じたのは後悔ではなかった.

☆ i）特に etwas を先行詞とする場合には, was の代わりに das が用いられることがある: Der Mensch ist etwas, *das* überwunden werden muß. 人間は克服されねばならぬ何ものかである (Nietzsche).

ii）先行詞 das が, 前置詞を伴う場合に da〔r〕.. の形をとることは今日では誤りとされる: Er denkt nimmer daran (＝an das), *was* er einmal verübt hat. 彼はかつて犯したことは決して考えない (Hebel).

3《前文の内容を受けて》Er spielt Geige,～ ich nicht kann. 彼はヴァイオリンをひくが 私はひけない | Er bat mich, einen Apfel zu holen, ～ ich tat. 彼がリンゴを一つ持って来てくれと頼んだので 私はそうした | Dein Vater ist reich, ～ ich nicht bin. 君の父親は金持ちだが 私はそうではない.

★ was は3・4格を支配する前置詞とは通例 wo〔r〕.. の融合形をつくり, 2格支配の前置詞 halber, wegen とは weshalb, weswegen となる: Das meiste, *wovon* die Rede war, war längst bekannt. 話題となったたいていのことは 前々から周知のことだった | Sie sagte, sie wolle ihn besuchen, *womit* ich gar nicht gerechnet hatte. 彼女は彼を訪ねるつもりだと言ったが 私はそれを全く予期していなかった.

III《不定代名詞》《話》(etwas)〔何か〕あるもの〈こと〉: Lerne ~, so kannst du 〔irgend〕~. 習えば何かはできるものだ | Ich will dir ~ sagen, wir gehen morgen ins Theater. ねえ君 私たちはあした芝居を見に行くんだよ | Man darf nicht so ~ sagen. そんなことを言ってはいけないんだ | Na, das ist doch immerhin ~! ほら やっぱりそれだけのことはあるんだ(無視はできない) | So ~ kommt selten vor. そんなことはめったに起こらない | Die Luft riecht nach ~. 空気は何かしら においがする ‖〖副詞的に〗Du solltest dich ~ schämen.《話》君は少しは恥ずかしいと思わなくちゃ ‖〖名詞的用法の形容詞と〗〔Gibt es〕~ Neues? 何かニュースがあるかい | Hat er Ihnen ~ Schlimmes gesagt? 彼があなたに何か失礼なことを言いましたか | Wir haben uns ja ~ Schönes eingebrockt.《反語》いやはや へまをやったわい ‖ Das ist doch ~ anderes. それは別のことじゃないか | anstatt ~ Kostbaren 何か高価なものの代わりに.

IV Was 中 -/ 何が(を)ということ; 〔ある〕事物, (方法に対する)ことがら, 事実: Nicht das ~, sondern das Wie ist entscheidend. 「何」ではなくて「どのように」が決め手なのだ.

[*idg.*; ◇wer; *engl.* what; *lat.* quod „was“]

Wa·sa-Lauf (**Wa·sa·lauf**)[vá:za..] 男〖スキー〗ヴァーサ=レース(スウェーデンで毎年催される長距離レース).
[＜Vasa (スウェーデン王の家名)]

wasch·ak·tiv[váʃ..] 形 洗浄作用のある.

Wasch≠an·la·ge 女 **1** (ガソリンスタンドなどの)洗車装置. **2** = Wäsche 3 ≠**an·lei·tung** 女 = Waschanweisung ≠**an·stalt** 女 = Wäscherei ≠**an·wei·sung** 女 (繊維製品の)洗濯法表示. ≠**au·to·mat** 男 自動洗濯機. ≠**bal·ge** 女《北部》= Waschbottich

wasch·bar[váʃba:r] 形 洗濯のきく. [＜waschen]

Wasch≠bär 男〖動〗アライグマ(洗熊). ≠**becken** 中 **1** 洗面器; 手洗い(手水(ちょうず))鉢. **2** 洗面台(→ 図 Becken, Bad A). ≠**ben·zin** 中 (汚れを落とすために使う)ベンジン. ≠**ber·ge** 複〖坑〗選炭ぼた(廃石). ≠**be·ton**[..betɔŋ] 男〖建〗洗い出し人造石. ≠**blatt** 中《話》ローカル新聞; (ゴシップ中心の)三流紙. ≠**blau** = Wäscheblau ≠**bot·tich** 男 洗い桶. ≠**brett** 中 **1** 洗濯板; 《話》しわを寄せた額. **2**〖楽〗ウォッシュボード, スキッフルボード(リズム楽器として用いられる金属製の洗濯板).

Wasch·brett·bauch 男《話》腹筋が洗濯板のように段状に引き締った腹部.

Wasch≠bür·ste 女 洗濯ブラシ. ≠**but·te** 女, ≠**büt·te** 女 = Waschbottich

Wä·sche[vɛ́ʃə] 女 -/-n **1 a)** (洗濯物を)洗うこと, 洗濯: *et.*^{4} in die ~ 〈zur ~〉 geben …を洗濯に出す | 〔gerade〕 in der ~ sein 〔ちょうど今〕洗濯中で〈クリーニングに出して〉ある | Heute haben wir ~. きょうは うちは洗濯日だ | Bei uns ist heute große ~. きょうは うちは洗濯物がたくさんある〈(シーツ・テーブルクロスなど)大物の洗濯日である〉(→2) | Die kleine ~ erledige ich selbst. 小物の洗濯は私が自分でする(→2) ‖ große ~《話》査問, 粛清; 大掃除(→2).

b) (一般に)洗うこと: die tägliche ~ von Kopf bis Fuß 頭のてっぺんから足の先まで全身を毎日洗うこと | Wagen*wäsche* (自動車などの)洗車.

2《ふつう単数で》洗濯物; (シーツ・ベッドカバー・テーブルクロス・肌着・下着など)ひんぱんに洗濯する必要のある布製品類: große ~ (シーツ・テーブルクロスなど)大物の洗濯物(→1) | kleine ~ (肌着・下着など)小物の洗濯物(→1) | schmutzige ~ 汚れた下着; 《話》道徳的汚点; 汚い策略, 陰謀 | seidene ~ 絹物の肌着 | weiße 〈bunte〉 ~ 白い〈カラフルな〉下着 | Tisch*wäsche* 食卓用布類 | Unter*wäsche* 下着〈肌着〉類 ‖ die ~ aufhängen 〈abnehmen〉 洗濯物を干す〈取りこむ〉 | frische 〈saubere〉 ~ anziehen 洗いたての肌着を着る | die ~ bügeln 〈einsprengen〉 洗濯物にアイロンをかける〈霧吹きをする〉 | die ~ kochen 洗濯物を煮沸する | die ~ legen 洗濯物を(アイロンの前に)霧吹きをしてたたむ | die ~ spülen 〈trocknen〉 洗濯物をすすぐ〈乾かす〉 | die ~ wechseln 下着を取りかえる ‖ *seine* eigene ~ waschen 自分の汚れ物を自分で洗濯する; 《話》自分のことを自分で処理する | *seine* schmutzige ~ im Haus waschen《話》自分の恥を内密に処理する | **schmutzige ~ waschen**《話》恥ずかしい内情を公けに〔論議〕する | 〔**vor anderen Leuten**〕 ***seine* schmutzige ~ waschen**《話》〔無関係な第三者の前で〕私的な不快事をぶちまける, 〔人前で〕内輪の恥をさらけ出す ‖ ***jm.* an die ~ gehen** 〈**wollen**〉《話》…につかみかかる〈つかみかかろうとする〉 | **dumm** 〈**dämlich**〉 **aus der ~ gucken**《話》(事柄がのみ込めずに)ぽかんとしている, 間抜けづらをしている | ***jn.* aus der ~ hauen**《話》…を殴る.

☆ 個々の洗濯物を表すには Wäschestück を用いる.

3〖坑〗選炭〈選鉱〉工場, 洗炭〈洗鉱〉場.

[*ahd.*; ◇waschen]

Wä·sche≠ab·teil[vɛ́ʃə..] 中 (洋服だんすの)肌着〈下着〉類入れ〔の部分〕(→Kleiderabteil). ≠**berg** 男《話》洗濯物の山. ≠**beu·tel** 男 (汚れた)洗濯物〔を入れておく大きな〕袋. ≠**blau** 中 (洗剤に配合される)蛍白剤. ≠**bo·den** 男 (Trockenboden)(屋根裏の)乾燥室, 物干し場.

wasch·echt[váʃ|ɛçt] 形 **1** (布地などについて)洗っても色のさめない, 洗濯のきく. **2**《話》本物の, 生粋の: eine ~*e* Gräfin 由緒正しい伯爵夫人〈令嬢〉 | ein ~*er* Münchner 生粋のミュンヒェン子 ‖ 〔ein〕 ~*es* Berlinisch sprechen 生粋のベルリン弁を話す. [＜waschen]

Wä·sche≠fa·brik[vɛ́ʃə..] 女 肌着〈下着〉類製造工場. ≠**fach** 中 (洋服だんすの)下着棚. ≠**ge·schäft** 中 肌着〈下着〉類専門店. ≠**ha·ken** 男 洗濯ひも〈物干しロープ〉用フック. ≠**ka·sten** 男《オーストリア》(Wäscheschrank) 下着類用の戸棚(たんす). ≠**klam·mer** 女 洗濯ばさみ(→ 図 Klammer). ≠**kom·mo·de** 女 = Wäscheschrank ≠**korb** 男 洗濯かご. ≠**lei·ne** 女 物干し用ロープ.

ᵛ**wa·scheln**[váʃəln] (ᵛ**wä·scheln**[vɛ́ʃəln]) 《06》 自 (h)《南部・オーストリア》**1** 水遊びをする, 水をぴちゃぴちゃさせる. **2** たえず飲み食いする. **3** 強い雨が降る. **4** ぺちゃくちゃしゃべる. **5** だらしない歩き方をする; だぶだぶの服を着て歩く. [＜waschen]

Wä·sche·man·gel[vɛ́ʃə..] 女 洗濯物の仕上げローラー.

wa·schen*[váʃən] 《201》 **wusch**[vu:ʃ] / **ge·wa·schen**; 現 *du* wäschst[vɛʃst] (wäschest), *er* wäscht; 接II wüsche[vý:ʃə]

I 他 (h) **1** (英: *wash*) **a)** (水・せっけん・洗剤などで)洗う, 洗濯する: *et.*^{4} mit Seife ~ …をせっけんで洗う | ein Auto ~ 自動車〔の車体〕を洗う, 洗車する | 〔*sich*^{3}〕 die Haare ~ 〈~ lassen〉 髪を洗う〈洗ってもらう〉 | 〔*sich*^{3}〕 die Hände 〈das Gesicht〉 ~ 手〈顔〉を洗う | Wo kann ich mir die Hände ~? お手洗いはどちらでしょうか | Eine Hand *wäscht* die andere.《諺》世の中は持ちつ持たれつ(一方の手がもう一方の手を洗う) | die Wäsche in 〈mit〉 der Waschmaschine ~ 下着を洗濯機で洗う ‖ *seine* Hände in Unschuld ~ (→Hand 1) | *jm.* die Füße ~ (→Fuß) | *jm.* 〔gehörig / tüchtig〕 den Kopf ~ (→Kopf 1) | einen Mohren weiß ~ wollen (→Mohr 1) ‖ 再帰 *sich*^{4} ~ 体を洗う, (ぬれタオルなどで)体を清める | *sich*^{4} kalt 〈warm〉 ~ 水〈お湯〉で体を洗う | *sich*^{4} von Kopf bis Fuß 〈von oben bis unten〉 ~ 体をすみずみまで洗う ‖ *sich*^{4} ***gewaschen* haben**《話》すごい〈すさまじい〉ものである | eine Ohrfeige 〈eine Prüfung〉, die sich *gewaschen* hat《話》したたかな横びんた〈ものすごく難しい試験〉 ‖〖結果を示す語句と〗*et.*^{4} sauber 〈weiß〉 ~ …を洗ってきれいに〈白く〉する | einen Mohren weiß ~ wollen (→Mohr 1) | 再帰 *sich*^{4} rein 〈weiß〉 ~ wollen《話》責任を免れようとする ‖〖目的語なしで〗einmal in der Woche ~ 週に1回洗濯する ‖ die Wäsche zum *Waschen* geben 下着を洗濯〔屋〕に出す ‖ mit allen Wassern *gewaschen* sein (→Wasser 2).

b) (abwaschen) (汚れなどを)洗い落とす: 〔*sich*^{3}〕 den Dreck vom Knie ~ ひざの汚れを洗い落とす.

★ 同じ「洗う」でも, ドライクリーニングには reinigen を, 食器を「洗う」には spülen, abwaschen を用いるのが普通.

2〖医〗洗浄する; 〖工〗(液体の中を通すことによって気体を)浄化する; 〖坑〗(土や鉱石を選別のため)水で洗う, 洗鉱する.

3 (spülen) 洗い流す; (波などが)押し流す: über Bord *ge-*

waschen werden（船上から）波にさらわれる｜Der Regen hat den Staub von den Straßen *gewaschen*. 雨が街路のほこりを洗い流した.
4《方》しゃべる: viel Wort ～ 多弁を弄(ろう)する.
II 自 **1** (s)（波などが）打ち寄せる: übers Deck ～ 甲板を洗う. **2** (h)《方》《von *et.*³》(…について)べらべらしゃべる.
［*germ.*; ◇Wasser, Wäsche; *engl.* wash］

Wä·sche≠pfahl[vɛ́ʃə..] 男, **≠pfo·sten** 男 物干し柱. **≠puff** 男 =Puff 2 b

Wa·scher[váʃər] 男 -s/- 洗浄器; 洗浄装置.

Wä·scher[vɛ́ʃər] 男 -s/-（⊛**Wä·sche·rin**[vɛ́ʃərɪn]-/-nen）(waschen する人. 例えば:) 洗濯夫: Teller*wäscher*（ホテル・飲食店などの）皿洗い(人).

Wa·sche·rei[vaʃəráɪ] 女 -/-en《ふつう単数で》《軽蔑的に》絶えず洗濯〈洗いもの〉をすること.

Wä·sche·rei[vɛʃəráɪ] 女 -/-en 洗濯屋, クリーニング店, ランドリー: eine ～ aufmachen クリーニング屋を開業する｜*et.*⁴ in die ～ geben …を洗濯屋に出す.

Wä·sche·rin Wäscher の女性形.

Wä·sche≠rol·le[vɛ́ʃə..] 女《オーストリア》= Wäschemangel **≠schleu·der** 女（洗濯機の）回転式〔遠心〕脱水装置. **≠schrank** 男 下着類用の戸棚〈たんす〉. **≠spin·ne** 女（腕がクモの足のように放射状に張り出した）物干し台架.

wä·schest[vɛ́ʃəst] wäschst（waschen の現在 2 人称単数）の別形.

Wä·sche≠stär·ke 女 洗濯のり. **≠stoff** 男 肌着〈下着〉類用布地. **≠stück** 中（個々の）洗濯物. **≠stüt·ze** 女 物干し用ロープの支柱〈支持器具〉. **≠tin·te** 女（洗濯物の識別に用いる）不変色〈記標〉インキ. **≠trock·ner** 男 洗濯物の乾燥機. **≠trom·mel** 女（回転式洗濯機の）洗濯槽. **≠tru·he** 女 肌着〈下着〉類用のチェスト; 洗濯物入れ兼用スツール. **≠wa·schen** 中 -s/ 洗濯: Sie ist gerade beim ～. 彼女はいま洗濯をしているところだ. **≠wech·sel** 男 下着を取り替えること.

Wasch·faß[váʃ..] 中 洗濯おけ.

wasch·fest =waschecht 1

Wasch≠fest 中《話》（学校での）成績〈及落〉会議. **≠fla·sche** 女〘化〙〔ガス〕洗浄びん(→ 図 Chemie). **≠fleck** 男《南部》= Waschlappen 1 **≠frau** 女 洗濯女. **≠gang** 男（洗濯機の）洗濯の段階(→Schleudergang).

Wasch·gang-Schal·ter 男（洗濯機の）洗濯ダイヤル.

Wasch≠ge·le·gen·heit 女 洗面設備(洗面器・洗面台など). **≠gold** 中 砂金. **≠gut** 中（クリーニング店が預かった）洗濯物.

wasch·haft[váʃhaft] 形 おしゃべりの, 口の軽い.

Wasch≠hal·le 女（ガソリンスタンドの）洗車施設〈コーナー〉. **≠hand·schuh** 男 **1** 手袋形の小型浴用タオル. **2**（洗濯のきく）セーム革製の手袋. **≠haus** 中 =Waschküche 1 **≠kaue** 女〘坑〙坑口浴場. **≠kes·sel** 男（煮沸用の）洗濯がま. **≠kleid** 中 洗濯のきくドレス. **≠kom·mo·de** 女 =Waschtisch **≠korb** 男 =Wäschekorb **≠kraft** 女（洗剤の）洗浄力. **≠kü·che** 女 **1** 洗濯場(→ 図 Haus B). **2**《戯》霧がもうもうと立ちこめて何も見えない状態, 濃い霧. **3**《話》=Waschküchenbetrieb

Wasch·kü·chen·be·trieb 男《話》怪しげな零細企業〈工場〉.

Wasch·lap·pen 男 **1** 小型浴用タオル. **2**《軽蔑的に》意気地なし, 弱虫.

wasch·lap·pig 形《軽蔑的に》意気地のない, 無気力な, 頼りない.

Wasch≠lau·ge 女 洗濯用灰汁(あく)〈せっけん水〉. **≠la·voir**[..lavoa:r] 中《オーストリア》= Waschbecken **≠le·der** 中 洗いのきくなめし革, セーム革.

wasch·le·dern 形 洗いのきくなめし革〈セーム革〉製の.

Wasch≠ma·schi·ne 女 **1**〔自動〕洗濯機: eine vollautomatische ～ 全自動洗濯機‖die ～ einschalten 〈ausschalten〉洗濯機のスイッチを入れる〈切る〉｜*et.*⁴ in 〈mit〉 der ～ waschen …を洗濯機で洗う. **2**〘坑〙浮遊選鉱機.

wasch·ma·schi·nen·fest 形 洗濯機で洗濯のきく.

Wasch≠maul 中《話》饒舌(じょうぜつ)家, おしゃべり. **≠mit·tel** 中 **1** 洗剤: ein neutrales ～ 中性洗剤. **2**〘医〙洗浄剤. **≠ni·sche** 女（壁ぎわのくぼみを利用した）洗面〈化粧〉コーナー. **≠pul·ver** 中 粉末洗剤. **≠raum** 男（公共施設の）洗面所, 化粧室. **≠rum·pel** 女 -/-n《南部・オーストリア》= Waschbrett **≠sa·chen** 複 = Waschzeug **≠sa·lon**[..zalɔ̃:] 男 コインランドリー. **≠samt** 男 洗濯のきくビロード地. **≠schaff** 中《南部・オーストリア》= Waschbottich **≠schüs·sel** 女 洗面器; 洗いおけ(→ 図 Schüssel). **≠schwamm** 男 浴用スポンジ. **≠sei·de** 女 洗濯のきく絹. **≠sei·fe** 女（↔Badeseife）洗濯せっけん. **≠so·da** 女 中〘化〙洗濯ソーダ. **≠spren·ger** 男（アイロンかけに用いる）霧吹き.

wäschst[vɛʃst] waschen の現在 2 人称単数.

Wasch≠stoff[váʃ..] 男 洗濯のきく〔木綿の〕布地. **≠stra·ße** 女（ガソリンスタンドなどの）自動洗車装置.

wäscht[vɛʃt] waschen の現在 3 人称単数.

Wasch≠tag[váʃ..] 男 洗濯日. **≠tisch** 男 洗面〈化粧〉台. **≠toi·let·te**[..toalɛtə] 女 洗面〈化粧〉室. **≠topf** 男 煮沸洗濯がま(→ 図 Topf). **≠trog** 男 **1** 洗濯槽(おけ). **2**〘坑〙洗鉱槽. **≠trom·mel** 女 **1** =Wäschetrommel **2**〘坑〙洗鉱用円筒槽.

Wa·schung[váʃʊŋ] 女 -/-en（waschen すること. 特に:）**1** 体を洗うこと;〘宗〙沐浴(もくよく), みそぎ. **2**〘医〙洗浄.

Wasch≠voll·au·to·mat[váʃ..] 男 全自動洗濯機. **≠wan·ne** 女 洗濯おけ, たらい. **≠was·ser** 中 -s/ (waschen するための水. 例えば:) 洗濯水: das ～ zurechtmachen 〈weggießen〉洗濯水を用意する〈捨てる〉. **≠weib** 中 ᵛ**1** =Waschfrau **2**《話》おしゃべり女〈男〉. **≠zet·tel** 男（本の内容紹介文のついた）ジャケットの折り返し, 本のしおり〈投げ込み〉〔広告〕;《話》（書籍・映画の）広告用ちらし. **≠zeug** 中 -s/ 入浴用品(せっけん・タオルなど). **≠zinn** 中 砂錫(さしゃく). **≠zu·ber** 男 =Waschwanne **≠zwang** 男 -〔e〕s/〘心・医〙洗浄強迫.

Wa·sen[vá:zən] 男 -s/- ᵛ**1**《南部》**a**）(Rasen) 芝; 芝生. **b**）(Schindanger) 皮はぎ場. **2**《北部》《ふつう複数で》柴(しば)〈粗朶(そだ)〉束. **3**《北部》(Wrasen) 水蒸気, 湯気, もや.
［*ahd.* waso „〔feuchter〕 Rasen"; ◇Wrasen; *engl.* ooze］

Wa·sen·mei·ster 男《オーストリア》(Abdecker) 皮はぎ人.

der **Was·gau**[vásgaʊ] 地名 男 -〔e〕s/ ヴァスガウ(=Wasgenwald).

der **Was·gen·wald**[vásgənvalt]¹ 地名 男 -〔e〕s/ ヴァスゲンヴァルト (Vogesen の旧名).

Wa·shing·ton[wɔ́ʃɪŋtən, vɔ́ʃɪŋtən, váʃɪŋtən] **I** 人名 George ～ ジョージ ワシントン(1732-99; アメリカ合衆国初代大統領). **II** 地名 ワシントン(アメリカ合衆国の首都・州).

Was·ser[vásər] 中 -s/-,（種類: Wässer[vɛ́sər]）(⊕ **Wäs·ser·chen** → 別出, **Wäs·ser·lein**[vɛ́sərlaɪn] 中 -s/-) **1**《ふつう単数で》(英: *water*)（さまざまな種類・状態・用途の）水;〘化〙水: frisches 〈reines〉 ～ 新鮮な〈きれいな〉水｜faules 〈schmutziges〉 ～ 腐敗した〈よごれた〉水｜klares 〈trübes〉 ～ 澄んだ〈にごった〉水｜heißes ～ 熱湯｜kaltes ～ 冷たい水, 冷水｜warmes ～ 湯水, 湯｜hartes 〈weiches〉 ～〘化〙硬水〈軟水〉｜gebranntes ～《スイス》火酒｜schweres ～〘化〙重水｜Kölnisch〔es〕 ～ オーデコロン(香水の一種)｜Eis*wasser* アイスウォーター｜Haar*wasser* ヘアローション｜Regen*wasser* 雨水｜Salz*wasser* 塩水｜Trink*wasser* / ～ zum Trinken 飲み水, 飲用水‖ein Glas 〈drei Eimer〉 ～ コップ 1 杯〈バケツ 3 杯〉の水｜eine Flasche ～ 一瓶の水〈ミネラルウォーター〉｜ein Tropfen ～ 一滴の水‖ein ～ mit Geschmack《話》レモネード(=Limonade)｜ein Gegensatz wie Feuer und ～ (→Feuer 1). ‖〚2 格で〛ein Idealist reinsten ～*s* 根っからの理想主義者. ‖〚4 格で〛～ holen 水を汲(く)んでくる, 水汲みにゆく｜～ schlucken（泳いでいて・おぼれかけて）水を飲み込む｜～ schöpfen 水を汲む〈すくう〉｜**～ in ein Sieb 〈mit einem Sieb〉 schöpfen**《比》（ふるいで水を汲むような）むだな骨折りをする｜～ trinken 水を飲む｜～ für den Kaffee aufsetzen コーヒーを沸かすために水を入れたやかんを火にかける｜warmes ～ in die Wanne einlassen 浴槽に湯を入れる｜***jm.***

Wasser

〜 in den Wein gießen ⟨schütten⟩《雅》〔…の〕興奮に水をさす,〔…の〕頭を冷やさせる ‖ ***jm.* nicht das 〜 reichen können**《比》(才能・能力などの面で)…の足もとにも及ばない | auf beiden Schultern 〜 tragen (→Schulter 1) | 〜 im Vergaser haben《話》頭が少々おかしい | **Hast du 〜 in den Ohren?**《話》(聞こえぬふりをする人に)君は耳に水でも入っているのか | **〜 ins Meer ⟨in die Elbe / in den Rhein⟩ tragen**《比》むだなことをする | auf beiden Schultern 〜 tragen (→Schulter 1) | Die Sonne zieht 〜.《話》どうやら雨になりそうだ | Die Strümpfe ziehen 〜.《話》靴下がずり落ちる.

‖〖前置詞と〗**bei 〜 und Brot sitzen** ⟨eingesperrt sein⟩《比》牢獄につながれている | ein Zimmer **mit** fließendem 〜 水道設備のある部屋 | *seinen* Durst mit 〜 löschen のどの渇きを水でいやす | **wie mit kaltem 〜 begossen ⟨übergossen⟩** まるで冷水をかけられたかのように | Es wird überall mit 〜 gekocht.《諺》どこへ行っても人間のすることに変わりはない | **Hier wird auch nur mit 〜 gekocht.**《比》人情はどこでも変らない(ここでもやはり水で煮たきする) | ein Berliner **von** reinstem 〜 生粋のベルリン子 | ein Egoist von reinstem 〜 根っからのエゴイスト | eine Perle von reinstem 〜 (格別光沢のある)極上の真珠 | ***jm. et.*[4] zu 〜 machen**《比》…の…(希望・計画など)をおじゃんにする | ***jn.* zu 〜 und Brot verurteilen**《比》…に禁固(懲役)の判決を下す, …を投獄する | **zu 〜 werden**《比》(希望・計画などが)水泡に帰する, おじゃんになる ‖〖主語として〗Das 〜 fließt ⟨tropft⟩ aus dem Hahn. 水道の栓から水が流れる〈したたる〉| *Wasser* gefriert ⟨verdunstet⟩. 水が凍る〈蒸発する〉| Das 〜 kocht ⟨siedet⟩. 水が煮立つ〈沸騰する〉.

2 (集合体としての)水(たまり水・流れ・河川・池・湖沼・海など): ein flaches ⟨tiefes⟩ 〜 浅い〈深い〉水 | ein fließendes 〜 流水 | ein stehendes 〜 たまり水 | das große 〜《話》大洋, 海 ‖ ablaufendes ⟨auflaufendes⟩ 〜〖海〗引き〈満ち〉潮, 下げ〈上げ〉潮 | ein offenes 〜〖海〗(結氷していない)開水域 | **ein stilles 〜**《比》もの静かな〈感情や意見を外に出さない〉人; 腹の内のわからぬ人 | **Stille 〜 sind ⟨gründen⟩ tief.**《諺》静かな川は底が深い(寡黙な人は意外に深い知識をもっているものだ; 物言わぬ人は腹の中で何を考えているかわからない) ‖〖1格で〗**〜 auf *js.* Mühle sein**《話》…にとってもっけの幸いである, …の思うつぼである ‖〖4格で〗***jm.* das 〜 abgraben**《比》…の水路を断つ, …を窮地に陥れる | 〜 treten 立ち泳ぎする; (はだしで)水の中を歩く(医療法の一種).

‖〖前置詞と〗**am 〜** 水辺で | Sie hat nahe am 〜 ⟨nahe aus 〜⟩ gebaut.《話》彼女は涙もろい | **auf dem 〜 schwimmen** ⟨treiben⟩ 水面を漂う | Das Boot liegt gut auf dem 〜. このボートは水上での安定がいい | **aus dem 〜** ⟨über 〜⟩ sein《比》危機を脱して〈困難を克服して〉いる | wie aus dem 〜 gezogen sein《話》ずぶぬれ〈ぬれねずみ〉である; 汗びっしょりである | für *jn.* **durch** Feuer und 〜 gehen (→Feuer 1) | **im 〜** 水中で | gesund ⟨munter⟩ wie ein Fisch im 〜 (→Fisch 1 a) | **ins 〜 fallen** 水中に落ちる;《比》(計画などが)おじゃんになる | **ins 〜 gehen**《婉曲に》入水自殺をする | ins 〜 springen 水に飛び込む | ein Schlag ins 〜 (→Schlag I 1 a) | ein Sprung ins kalte 〜 (→Sprung 1 a) | **mit allen 〜*n* gewaschen sein**《比》海千山千である, すれっからしである | ***sich*[4] über 〜 halten**(おぼれないように)水上に身を保つ;《比》(かろうじて)生計を立てる | **unter 〜** schwimmen 水中を潜って泳ぐ | Die Wiesen stehen unter 〜. (洪水のために)草原は水中に没している | **zu 〜** 〔oder zu Lande〕水路〔または陸路〕で | zu 〜 gehen (水上機が)着水する | ein Boot zu 〜 lassen ボートを水面に下ろす. ‖〖主語として〗Das 〜 ist hier seicht ⟨sehr tief⟩. ここは水は浅い〈とても深い〉| Das 〜 läuft ab ⟨auf⟩. 潮が引く〈満ちる〉| Das 〜 tritt über die Ufer. (高潮・洪水などで)水が岸にあふれ出る ‖ **das 〜 geht *jm.* bis an den Hals / das 〜 steht *jm.* bis zum Hals**〔**e**〕《話》…は借金で首が回らない, …はせっぱ詰まった状況にある | **Bis dahin fließt noch viel 〜 den Berg ⟨die Elbe / den Rhein⟩ hinunter.**《比》それまでにはまだまだ前途遼遠だ | Das 〜 läuft nicht den Berg hinauf.《諺》水は高きに流れず | ***Wasser* hat keine Balken.**《諺》君子は危うきに近寄らず.

3《単数で》体液(涙・汗・尿・唾液など): Frucht*wasser* 羊水, 羊膜液 ‖ 〜 in den Beinen haben 脚部に水がたまっている(水腫) | **〜 lassen**《婉曲に》(男が)放尿する | ***sein* 〜 ⟨*sich*[3] das 〜⟩ abschlagen**《話》(男が)放尿する | das 〜 ⟨*sein* 〜⟩ nicht halten können《婉曲に》放尿を我慢できない; (病人が)失禁状態である | Blut und 〜 schwitzen (→Blut 2) | Rotz und 〜 heulen (→Rotz 1 a) ‖ Das 〜 stand ihm auf der Stirn. 彼の額には汗が浮かんでいた | ***jm.* läuft das 〜 im Mund**〔**e**〕**zusammen**《話》…の口につばがたまる(食欲がわいて) ‖ Seine Augen standen voll 〜. 彼は目にいっぱい涙を浮かべていた.

[*germ.*; ◇hydro.., waschen, Otter[1], Wodka]

Wä̱s·ser Wasser の複数.

Wa̱s·ser≈ab·laß[vásər..] 男〖工〗水抜き〈排水〉装置. **≈ab·lauf** 男 排水口〈管〉. **≈ab·schei·der** 男〖工〗水(分)分離器.

wa̱s·ser·ab·sto̱·ßend 形 (繊維などが)水分を吸収しない.

Wa̱s·ser≈a̱der 女 (地下の)水脈. **≈am·sel** 女〖鳥〗カワガラス(川鴉).

wa̱s·ser·arm[vásər..] 形 水の乏しい.

Wa̱s·ser≈ar·mu̱t 女 水の乏しいこと. **≈as·sel** 女〖動〗ミズムシ(水虫)(淡水産の甲殻類). **≈auf·be·rei·tung** 女 (飲用などのための)水の浄化.

Wa̱s·ser·auf·be·rei·tungs·an·la̱·ge 女 浄水装置, 浄水場.

Wa̱s·ser≈bad 中 ▽**1** 水浴, 水浴び. **2**〖理〗水浴, 湯浴, ウォーターバス(加熱すべき物体を所定の温度の水で囲んで作る温度環境, またその器具). **3**〖料理〗湯煎〔用のなべ〕. **4**〖写〗(現像用の)水洗い用水盤. **≈ball** 男 **1**《単数で》水球, ウォーターポロ: 〜 spielen 水球をする. **2** 水球用のボール; (ゴム製・プラスチック製などの)水遊び用ボール.

Was·ser·bal·ler[..balər] 男 -s/- 水球の選手.

Was·ser·ball·spiel 中 水球〔の試合〕.

Was·ser≠bau 男 -〔e〕s/ 水利〈河川・港湾〉工事. **≠be·cher** 男 水飲みコップ(→ 図 Glas). **≠be·hand·lung** 女 (Hydrotherapie)〘医〙水治(すいち)療法. **≠bett** 中 水床(みずどこ), ウォーターベッド(温水を入れたゴムやビニールの袋をマットレスとして用いる長期の病臥(びょうが)用ベッド). **≠bi·lanz** 女〘生〙(生物体内の)水分収支. **≠bla·se** 女〘医〙(皮膚の表面にできる)水ぶくれ, 水泡(すいほう). **≠blat·tern** 複 = Wasserpocken

was·ser·blau **I** 形 水色の, 淡青色の: ～*e* Augen 青味を帯びた目. **II Was·ser·blau** 中 -s/ 水色, 淡青色;〘化〙ウォーターブルー(アニリン青の一種).

Was·ser≠blü·te 女 -/〘植〙水の華(はな), 青粉(あおこ)(淡水の池・水槽などに繁殖する微小藻類). **≠bom·be** 女〘軍〙爆雷: eine ～ abwerfen 爆雷を投下する. **≠bruch** 男〘医〙水瘤(すいりゅう), 陰嚢(いんのう)水腫(すいしゅ). **≠büf·fel** 男〘動〙スイギュウ(水牛): nachtragend wie ein ～ sein (→nachtragen II). **≠burg** 女 (周囲に堀をめぐらし水で囲まれた)水城(みずじろ).

Wäs·ser·chen[vέsərçən] 中 -s/- Wasser の縮小形: ein wohlriechendes ～ 香水 ‖ kein ～ trüben können《話》虫も殺せない, 気が弱くて悪いことは何もできない(イソップ寓話(ぐうわ)『小羊と狼(おおかみ)』による. 川の水を濁したと難癖をつけて狼は小羊を食べてしまった) | Er sieht aus, als ob er kein ～ trüben könnte. 彼は虫も殺さぬ顔をしている.

Was·ser≠dampf[vásər..] 男 水蒸気; 湯気. **≠darm** 男〘植〙ウシハコベ(牛繁縷).

was·ser·dicht 形 **1** 水を通さない, 水密の; 防水の, 耐水性の: eine ～*e* Tür 防水扉 | Der Mantel ist ～. このコートは防水してある. **2**《話》洩れるおそれのない: ein ～*es* Alibi 完全なアリバイ.

Was·ser≠dost 男〘植〙ヒヨドリバナ(鵯花)属. **≠druck** 男 -〔e〕s/..drücke (-e) 水の圧力, 水圧.

Was·ser·druck·pro·be 女 水圧試験.

Was·ser·dunst 男 もや(靄); 水蒸気.

was·ser·durch·läs·sig 形 水を通す, 透水〈浸透〉性の.

Was·ser≠ei·mer 男 水おけ, バケツ. **≠ein·bruch** 男 浸水;〘坑〙坑内出水. **≠fahrt** 女 航行, 航海; 舟遊び. **≠fahr·zeug** 中 水上を走る乗り物, 舟艇, 船舶. **≠fall** 男 滝, 瀑布(ばくふ): wie ein ～ reden 立て板に水を流すように話す. **≠fal·le** 女〘植〙ムジナモ(狢藻). **≠far·be** 女 **1** (Aquarell, Guasch, Tempera など)水彩画用の絵の具: ein Gemälde in ～*n* 水彩画 | mit ～*n* malen 水彩絵の具で描く. **2** 水性ペイント.

Was·ser·far·ben·ma·le·rei 女 **1** 水彩〔画〕法. **2** 水彩画, 水絵.

Was·ser≠farn 男〘植〙水生シダ類(デンジソウ・アカウキクサなど). **≠fa·san** 男〘鳥〙レンカク(蓮角). **≠fe·der** 女〘植〙ホットニア(サクラソウ科の水生植物).

was·ser·fest 形 耐水性の, 水に溶けない; 水を通さない.

Was·ser≠fich·te 女〘植〙スイショウ(水松)(中国南部原産の針葉樹). **≠flä·che** 女 水面. **≠fla·sche** 女 水筒. **≠flie·ge** 女〘虫〙ミズアブ(水虻). **≠floh** 男〘動〙ミジンコ(微塵子). **≠flor·flie·ge** 女〘虫〙センブリ(千振)科の昆虫. **≠flug·ha·fen** 男 水上機用空港. **≠flug·zeug** 中〘空〙水上機(→ 図 Flugzeug). **≠frosch** 男 (池・沼などに生息する)黒い斑点のあるカエル. **≠gang** 男 **1**〘海〙(船の甲板の縁の)排水溝. **2**〘坑〙水脈. **≠gar·be** 女 (砲弾が水面に落下する際などに生じる束状の)水煙. **≠gas** 中〘化〙水性ガス. **≠ge·halt** 男 含水量, 水分. **≠geist** 男 -〔e〕s/-er (神話・童話などの)水の精.

was·ser·ge·kühlt 形〘工〙水冷式の: ein ～*er* Motor 水冷式エンジン.

Was·ser≠glas 中 -es/..gläser **1** (水飲み用)コップ(→ 図 Eßtisch): ein Sturm im ～ (→Sturm 1). **2**《単数で》〘化〙水ガラス(珪酸(けいさん)アルカリ塩の濃厚水溶液). **≠gra·ben** 男 堀, 濠(ごう); 掘割; 排水溝, みぞ, どぶ. **≠hahn** 男 給水栓; (水道の)蛇口. **≠hah·nen·fuß** 男〘植〙バイカモ(梅花藻)属.

was·ser·hal·tig[vásərhaltɪç]² 形 水を含んだ, 含水の.

Was·ser·hal·tung 女〘坑〙排水.

Was·ser·hal·tungs·ma·schi·ne 女〘坑〙排水機械.

Was·ser≠harn·ruhr 女〘医〙尿崩症. **≠haus·halt** 男 -〔e〕s/〘生〙水分代謝, 水分平衡;〘地〙(土壌中の)水分状況. **≠he·be·werk** 中 揚水装置, 揚水ポンプ.

Was·ser·heil·ver·fah·ren 中〘医〙水治療法.

Was·ser·hei·zung 女 温水暖房.

was·ser·hell[vásərhɛl] 形 水のように明るい(宝石・目など).

Was·ser≠ho·se 女〘気象〙(水を巻き上げる)竜巻. **≠huhn** 中 (Bläßhuhn)〘鳥〙オオバン(大鷭). **≠hya·zin·the** 女〘植〙ホテイアオイ(布袋葵).

wäs·se·rig[vέsərɪç]² (**wäß·rig**[vέsrɪç]²) 形 **1** 水気の多い〈多すぎる〉; 水っぽい;《比》気の抜けた, 味気のない: ～*er* Wein 水っぽいワイン | ***jm.* den Mund 〈das Maul〉 *wäßrig* machen**《話》…に食欲〈欲望〉を起こさせる(よだれの出そうな気持にさせる). **2** 水を含む, 水性の: eine ～*e* Lösung 水溶液. **3** (色・外観などが)水に似た, 水のような, 水色の. [*ahd.*; ◇Wasser]

Wäs·se·rig·keit (**Wäß·rig·keit**)[..kaɪt] 女 -/ wässerig なこと.

Was·ser≠jung·fer[vásər..] 女〘虫〙トンボ(蜻蛉目の昆虫); トンボの幼虫(ヤゴ). **≠kä·fer** 男〘虫〙アメンボ(飴坊)科の昆虫. **≠kalk** 男 水硬性石灰. **≠kan·te** 女 -/ = Waterkant **≠kes·sel** 男 **1** 湯沸かし, やかん. **2**〘工〙ボイラー, 汽缶. **≠kis·sen** 中 (病人用の)水枕(みずまくら), ウォータークッション(温水を入れたゴムやビニールの袋). **≠kitt** 男 水硬セメント. **≠klee** 男 (Fieberklee)〘植〙ミツガシワ(三柏)属. **≠klo·sett** 中 水洗便所(→ 図 Klosett). **≠kopf** 男〘医〙水頭〔症〕. **≠kraft** 女 水力.

Was·ser·kraft·ma·schi·ne 女 水力原動機, 水力機関.

Was·ser≠kraft·werk 中 水力発電所. **≠kran** 男〘鉄道〙給水柱(→ 図 Bahnhof B). **≠krebs** 男 (Noma)〘医〙水癌(すいがん). **≠kreis·lauf** 男 -〔e〕s/ (地球上の)水の循環, 水分循環. **≠krug** 男 水がめ, 水差し. **≠küh·lung** 女 -/ (↔Luftkühlung)〘工〙(エンジンなどの)水冷. **≠kul·tur** 女〘農〙水耕栽培, 水栽培法. **≠kunst** 女 **1** (機械仕掛けの大規模な)人工噴水(→ 図). **2**〘坑〙揚水装置. **≠kunst·sprin·gen** 中〘泳〙飛び込み. **≠kur** 女〘医〙水治療法. **≠la·che** 女 水たまり.

Wasserkunst

Was·ser-Land≠-Fahr·zeug[vásərlánt..] 中 水陸両用車. **≠-Flug·zeug** 中〘空〙水陸両用機.

Was·ser≠lan·dung[vásər..] 女 (Wasserung)(飛行機の)着水. **≠last** 女〘海〙(船内の)貯水庫. **≠lauf** 男 水の流れ, 水流; 水路; 小川, 河川. **≠läu·fer** 男 **1**〘虫〙アメンボ(飴坊). **2**〘鳥〙クサシギ(草鷸). **≠lei·che** 女 水死体: **wie eine ～ aussehen** (まるで水死体のように)血の気が失せている.

Wäs·ser·lein Wasser の縮小形(→Wässerchen).

Was·ser·lei·tung[vásər..] 女 給水管, 水道管; 水道〔設備〕: die ～ aufdrehen 水道の栓をひねって開ける;《話》

W

泣き出す; 小便をする.

Was·ser·lei·tungs·rohr 中 給水〈水道〉管.

Was·ser≠liesch 男 中 《植》ハナイ(花藺). **≠li·lie** [..liə] 女 《植》キショウブ(黄菖蒲). **≠li·nie**[..niə] 女 《海》(船舶の) 水線, 喫水線. **≠lin·se** 女 《植》アオウキクサ(青浮草)属. **≠lin·sen·farn** 男 《植》アカウキクサ(赤浮草)属. **≠loch** 中 水たまり; (野生動物の) 水飲み場.

was·ser·lös·lich 形 水に溶ける, 水溶性の.

Was·ser≠man·gel 男 水不足. **≠mann**[1] 男 -[e]s/ ..männer[..mɛnər] **1** 《伝説》(男の) 水の精. **2** der ～ 《天》水瓶(みずがめ)座; 《占星》宝瓶(ほうへい)宮(黄道十二宮の一つ): →Fisch 1 b

Was·ser·mann[2][vásərman] 人名 **1** August von ～ アウグスト フォン ヴァッサーマン(1866-1925; ドイツの細菌学者): ～*sche* Reaktion (略 WaR) 《医》ワッセルマン反応(梅毒の診断に用いる血清反応). **2** Jakob ～ ヤーコプ ヴァッサーマン(1873-1934; ドイツの小説家).

Was·ser≠mas·sa·ge[vásərmasa:ʒə] 女 《医》水中マッサージ. **≠me·lo·ne** 女 《植》スイカ(西瓜). **≠men·ge** 女 水量. **≠mes·ser** 男 **1** 水量計, 流量計. **2** (水道の) 量水器, メーター(→ 図 Wasser). **≠mil·be** 女 《動》ミズダニ. **≠mör·tel** 男 水硬モルタル. **≠mot·te** 女 《虫》毛翅目のガ. **≠müh·le** 女 水車; 水車小屋.

was·sern[vásərn] 《05》自 (h, s) (飛行機・宇宙船などが) 着水する: im vorgegebenen Raum ～ 予定水域に着水する.

wäs·sern[1][vɛ́sərn] 《05》 **I** 他 (h) **1 a)** 水に漬ける, 水にひたす: Salzheringe ～ 塩漬けニシンを水に漬ける(塩抜きのために). **b)** 《写》水洗いする. **2** (植物などに) 十分に水を与える, 灌水(かんすい)する: die Bäume ～ 樹木にたっぷり水をやる | den Garten ～ 庭に水をまく ‖ 《目的語なしで》 Wir *wässerten* oft. 我々はたびたび灌水した. ▽**3** (verwässern) 水で薄める.

II 自 (h) **1** 《雅》(水分が出て) ぬれる: Ihm *wässern* die Augen. 彼の目に涙が浮かぶ | Mir *wässert* der Mund danach. 《比》私はそれが欲しくてよだれが出る. ▽**2** (harnen) 排尿する, 放尿〈小便〉する. ▽**3** 非人称 《es wässert》(天気が) じとじとしている, 雨模様である.

[*mhd.*; ◇Wasser]

▽**wäs·sern**[2][−] 形 水の, 水からなる.

Was·ser≠na·bel[vásər..] 男 (Nabelkraut) 《植》チドメグサ(血止草)属. **≠na·del** 女 (Stabwanze) 《虫》ミズカマキリ(水螳螂). **≠na·se** 女 《建》(窓台・ひさしなどの) 水切り(→ 図 Gesims). **≠nat·ter** 女 《動》ユウダ(遊蛇). **≠netz** 中 《植》アミミドロ(淡水生の緑藻). **≠ni·xe** 女 《伝説》(乙女の姿をした) 水の精. ▽**≠not** 女 -/ 水ききん, 水不足(ただし: →Wassersnot). **≠nuß** 女 《植》ヒシ(菱)属. **≠nym·phe** 女 《ギ神》ニンフ(乙女の姿をした水の精). **≠ober·flä·che** 女 水の表面, 水面. **≠or·gel** 女 《楽》水圧オルガン, ヒュドラウリス(水圧を利用した古代ギリシア・ローマのパイプオルガン). **≠per·le** 女 (表面に付着した) 水滴, 水玉. **≠pest** 女 -/ 《植》カナダモ. **≠pfei·fe** 女 水ぎせる(タバコの煙が水を通って冷却されるように工夫された喫煙具). **≠pflan·ze** 女 水生植物. **≠pi·sto·le** 女 (玩具(がんぐ)の) 水鉄砲. **≠pocken** 複 《医》水痘, 水ぼうそう. **≠po·li·zei** 女 水上警察. **≠po·lo** 中 = Wasserball 1 **≠pro·be** 女 **1** (水質試験用の) 水の試料〈サンプル〉. **2** (古代・中世の) 水による神明裁判(容疑者の手足を縛って水中に投げ入れ, 沈まなければ有罪とされる: →Ordal). **≠pum·pe** 女 水ポンプ. **≠qua·li·tät** 女 水質. **≠quel·le** 女 泉; わき水; 水源. **≠rad** 中 水車(→ 図): ein oberschlächtiges 〈unterschlächtiges〉 ～ 上掛け〈下掛け〉水車. **≠rat·te** 女 **1** 《動》ミズハタネズミ(水畑鼠). **2** 《話》泳ぎの好きな〈上手な〉人; 老練な船員. **≠re·chen** 男 (水路の) ごみよけ格子(→ 図 Rechen). **≠recht** 中 -[e]s/ 《法》水利権.

was·ser·recht·lich 形 水利権[上]の.

Was·ser·reh 中 《動》キバノロ(牙獐)(トナカイの一種).

was·ser·reich 形 水の豊富な.

Was·ser≠reich·tum 男 水の豊富なこと. **≠rei·ni·gungs·an·la·ge** 女 浄水装置, 浄水場. **≠reis** 男 《植》

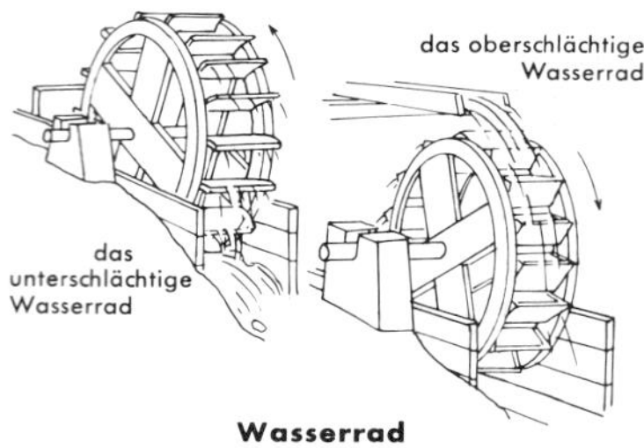

Wasserrad

マコモ(真菰)属. **≠re·ser·voir**[..rezɛrvoa:r] 中 **1** 貯水槽. **2** 水のたくわえ, 貯水量. **≠rin·ne** 女 《土木》水路, 水みぞ(→ 図 Aquädukt). **≠rohr** 中 水管, 送水管.

Was·ser·rohr≠bruch 男 送水管破裂. **≠kes·sel** 男 《工》水管ボイラー.

Was·ser≠ro·se 女 《植》スイレン(睡蓮)属. **≠rü·be** 女 《植》カブ, カブラ. **≠rutsch·bahn** 女 水中への滑降路〈すべり台〉(プールなどの遊戯施設); ウォーター=シュート. **≠sack** 男 **1 a)** ズック製バケツ. **b)** 《紋》水袋図形(→ 図 Wappen f). **2 a)** (ガス配管の) 水抜き管(→ 図 Gas). **b)** (圧気管の湾曲部の) 水たまり.

Was·ser·sack·nie·re 女 《医》水腎(すいじん)[症].

Was·ser≠sa·lat 男 《植》ボタンウキクサ(牡丹浮草)(サトイモ科の浮水植物). **≠säu·le** 女 **1** 水柱(みずばしら). **2** (略 WS) 《理》水柱(すいちゅう)(圧力の単位). **≠scha·den** 男 水害. **≠schei·de** 女 《地》分水界, 分水嶺(れい).

was·ser·scheu 形 水を恐れる, 水をこわがる.

Was·ser≠scheu 女 **1** 水に対する恐怖. **2** (Hydrophobie) 《医》恐水〈狂犬〉病. **≠schi** 男 = Wasserski **≠schier·ling** 男 《植》ドクゼリ(毒芹). **≠schlan·ge** 女 **1 a)** 水ヘビ(水辺にすむヘビの総称). **b)** 《動》アナコンダ. **2** 《天》die Nördliche ～ 海蛇座 | die Südliche ～ 水蛇座. **≠schlauch** 男 **1** 注水〈水道用〉ホース. **2** 《植》タヌキモ(狸藻)属. **≠schloß** 中 水の館(やかた)(濠(ごう)をめぐらした城・宮殿・邸宅など). **≠schnecke** 女 《工》螺旋(らせん)ポンプ. **≠schnei·der** 男 = Wasserläufer 1 **≠schoß** 男 《園》徒長枝, ひこばえ. **≠schrä·ge** 女 《建》(コーニスの) 水落とし(→ 図 Gesims). **≠schrau·be** 女 《海》(船の) スクリュー. **≠schutz·po·li·zei** = Wasserpolizei **≠schwamm** 男 (水を含ませた) スポンジ. **≠schwät·zer** 男 = Wasseramsel **≠schwein** 中 《動》カピバラ(南米河川にすむ最大の齧歯(げっし)類). **≠schwer·tel** 男, **≠schwert·li·lie**[..liə] 女 《植》キショウブ(黄菖蒲). **≠sie·de·punkt** 男 《理》水の沸点, 蒸気点. **≠ski**[..ʃi:] **I** 男 (用具としての) 水上スキー: ～ laufen 〈fahren〉 水上スキーをする. **II** 中 -s/ (スポーツとしての) 水上スキー.

Was·ser·ski≠lauf[vásərʃi:..] 男, **≠lau·fen** 中 -s/ = Wasserski II

Was·ser·skor·pi·on 男 《虫》タイコウチ(太鼓打)科の昆虫.

▽**Was·sers·not** 女 水の氾濫(はんらん), 大水, 洪水(ただし: →Wassernot).

Was·ser≠spei·cher 男 貯水タンク. **≠spei·er** 男 《建》樋嘴(ひはし), ガーゴイル(屋根の雨水を落とすための怪獣の形をした吐水口で, ゴシック建築などに多い: → 図 Kirche C). **≠spie·gel** 男 **1** 水面(海面・湖面など). **2** = Wasserstand **≠speil** 中 -[e]s/-e 《ふつう複数で》(ふき上げる水の姿がさまざまに変わる) 噴水演奏(→Wasserkunst). **≠spin·ne** 女 《動》ミズグモ(水蜘蛛). **≠spitz·maus** 女 《動》ミズトガリネズミ. **≠sport** 男 水中〈水上〉スポーツ(水泳・水球・水上スキー・ヨットなど). **≠sport·ler** 男 水中〈水上〉スポーツをする人. **≠sprin·gen** 中 -s/ 《泳》飛び込み. **≠sprin·ger** 男 《虫》ミズトビムシ(水跳虫)科の昆虫. **≠spü·lung** 女 水洗, 洗い流し: eine Toilette mit ～ 水洗便所. **≠stand**

男 水位: den ～ messen 水位を測定する | Der ～ ist gesunken 〈gestiegen〉. 水位が下がった〈上がった〉.

Wạs·ser·stands≈an·zei·ger 男 水位計. **≈mar·ke** 女 量水標. **≈mel·dung** 女 -/-en《ふつう複数で》水位通報.

Wạs·ser≈steig·rohr 中 (水道の)伸頂管(→ 図 Wasser). **≈stein** 男 (Kesselstein)(やかん・ボイラーなどの)湯あか. **≈stel·le** 女 水のわいている場所, 水場. **≈stern** 男〘植〙アワゴケ(泡苔)属(ミズハコベなど). **≈stie·fel** 男 (腰まで達する)防水長靴.

Wạs·ser·stoff[vásərʃtɔf] 男 -[e]s/ 〘化〙水素(記号 H). [*fr.* hydro-gène (→Hydrogenium) の翻訳借用]

wạs·ser·stoff·blond 形《話》(過酸化水素などを用いて漂白した髪が)プラチナブロンド色の.

Wạs·ser·stoff≈blon·di·ne 女《話》プラチナブロンド色の髪の女. **≈bom·be** 女 水素爆弾. **≈elek·tro·de** 女〘電〙水素電極. **≈ex·po·nent** 男〘化〙水素指数. **≈gas** 中 水素ガス. **≈io·nen·kon·zen·tra·tion** 女〘化〙水素イオン濃度. **≈kern** 男〘天〙(彗星(すいせい)の)水素コマ. **≈ko·me·ten·kopf** 男〘天〙彗星の水素コマ.

Was·ser·stoff·per·oxyd[vasərʃtɔfpér|ɔksy:t][1] 中 -[e]s/ 〘化〙過酸化水素.

Wạs·ser·stoff·säu·re[vásərʃtɔf..] 女〘化〙水素酸.

Was·ser·stoff·su·per·oxyd[vasərʃtɔfzú:pər|ɔksy:t][1] 中 -[e]s/ =Wasserstoffperoxyd

Wạs·ser·stoff·ver·bin·dung[vásərʃtɔf..] 女〘化〙水素化合物.

Wạs·ser·strahl 男 水の噴流, 噴[射]水.

Wạs·ser·strahl·pum·pe 女〘理・工〙水流ポンプ.

Wạs·ser≈stra·ße 女 水路. **≈sucht** 女 -/ 〘医〙水症, 水腫(すいしゅ).

wạs·ser·süch·tig 形 水症〈水腫(すいしゅ)〉にかかった.

Wạs·ser≈sup·pe 女 水っぽいスープ. **≈tank** 男 水タンク, 水槽. **≈tem·pe·ra·tur** 女 水温. **≈tie·fe** 女 水深. **≈tier** 中 (↔Landtier)〘動〙水生動物. **≈tre·ten** 中 -s/ 立ち泳ぎ. **≈tre·ter** 男 -s/- 〘虫〙コガシラミズムシ(小頭水虫)科の昆虫. **≈trop·fen** 男 水滴. **≈tur·bi·ne** 女〘工〙水タービン, 水車. **≈turm** 男 給水塔, 貯水塔. **≈uhr** 女 **1** 水時計(水の流量による計時装置). **2** =Wassermesser 2

wạs·ser·un·durch·läs·sig 形 水を通さない, 不透水〈不浸透〉性の.

Wạs·se·rung[vásərʊŋ] 女 -/-en (飛行機などの)着水.

Wạ̈s·se·rung[vɛ́sərʊŋ] 女 -/-en《ふつう単数で》wässern[1]すること.

wạs·ser·un·lös·lich[vásər..] 形 水に溶けない, 非水溶性の.

Wạs·ser≈ver·brauch 男 水の消費. **≈ver·drän·gung** 女 (船舶の)排水; 排水量: ein Schiff von 1 000 Tonnen ～ 排水量1000トンの船. **≈ver·schmut·zung** 女 水の汚染. **≈ver·sor·gung** 女 水の供給〈補給〉, 給水. **≈vo·gel** 男 水鳥, 水禽(すいきん). **≈vor·rat** 男 -[e]s/..räte《ふつう複数で》水のたくわえ, 貯水量. **≈waa·ge** 女〘工〙(水平測定用の)水準器, レベル(→ 図). **≈wan·zen** 複〘虫〙水生椿象亜目. **≈weg** 男 (陸路に対して)水路: *et.*[4] auf dem ～ befördern …を水路輸送する. **≈we·ge·rich** 男 (Froschlöffel)〘植〙サジオモダカ(匙面高)属. **≈wel·le** 女 **1**〘理〙水の波, 水面波. **2**〘美容〙ウォーター=ウェーブ(水でぬらして髪につける波形). **≈wer·fer** 男 **1** (警備車などに備えつけた)放水器, 水射機. **2** (警察の)放水車. **≈werk** 中 給水施設〈設備〉, 上水道. **≈wir·bel** 男 渦, 渦巻き. **≈wirt·schaft** 女 -/ 水利経済. **≈wü·ste** 女 (見渡すかぎり島も船も見えぬ)荒涼たる大海原. **≈zäh·ler** 男 =Wassermesser 2 **≈zei·chen** 中 (紙の)透かし[模様], 漉(す)き入れ模様. **≈ze·ment** 男 水硬セメント. **≈zi·ka·de** 女〘虫〙ミズムシ(水虫)科の昆虫. **≈zu·lei·tung** 女 給水装置〈管〉.

Libelle

Wasserwaage

wäß·rig =wässerig

Wäß·rig·keit =Wässerigkeit

Wa·stel[vástəl] 中 -s/-《南部》(上等の)白パン. [*mlat.*–*mhd.*]

▽**Wat**[va:t] 女 -/-en (Gewand) 衣服, ころも. [*germ.* „Gewebe"; ◇ *engl.* weed]

Wa·te[vá:tə] 女 -/-n《北部》〘漁〙(大型の)引き網. [*germ.* „Geflochtenes"; ◇ Wade[1]]

wa·ten[vá:tən]《01》自 (s, h)(浅い水の中を)歩いて渡る, 徒渉(としょう)する; (砂・雪・泥など歩きにくいものの中を)歩いて行く: im Wasser 〈durchs Wasser〉 ～ 水の中を歩く | durch den Bach ～ 小川を歩いて渡る | durch den Schnee ～ 雪をこいで〈かき分けて〉進む ‖ im Blut ～ (→Blut 2) | [bis zu den Knien] im Kot 〈im Schmutz〉 ～ (→Kot 2, → Schmutz 1). [*germ.* „schreiten"; ◇ Watt[2]; *lat.* vādere „gehen"; *engl.* wade]

Wa·ter·kant[vá:tərkant] 女 -/ **1**《北部》(Wasserkante) 沿岸;《戯》北ドイツ(特に北海)の海岸.

Wa·ter·loo[vá:tərlo·] 地名 ワーテルロー(ベルギーの首都 Brüssel の南東にあり,1815年英将ウェリントンの率いる同盟軍がナポレオン軍を撃破した地). [*ndl.*]

wa·ter·proof[wɔ́:təpru:f] **I** 形《述語的》(wasserdicht) 防水の, 耐水性の.

II Wa·ter·proof 男 -s/-s 防水布; 防水レインコート. [*engl.*; ◇ Wasser, probieren]

Wat·sche[vá:tʃə, vátʃə] 女 -/-n《南部・オーストリア》《話》(Ohrfeige) (横つらの)平手打ち, びんた. [擬音]

Wat·schel·gang[vá:tʃəl.., vátʃ..] 男 -[e]s/ よたよた〈よちよち〉歩き.

wat·sche·lig[vá:tʃəlɪç, vátʃ..][2] (**watsch·lig** [..tʃlɪç][2]) 形 (足どりが)よたよた〈よちよち〉した.

wat·scheln[vá:tʃəln, vátʃəln]《06》自 (s, h)(アヒルなどが)よたよた〈よちよち〉歩く; (人がアヒルのように)よたよた歩く. [<*mhd.* wacken „wackeln"; ◇ wackeln]

wat·schen[vá:tʃən, vátʃən]《04》他 (h)《南部・オーストリア》《話》(ohrfeigen)《*jn.*》(…の)横つらを張る, (…に)平手打ちをくらわす.

Wat·schen[–] 女 -/-《南部・オーストリア》=Watsche

Wat·schen≈ge·sicht 中《話》(思わず平手打ちをくらわせたくなるような)生意気な顔. **≈mann** 男 -[e]s/..männer《話》非難攻撃の的になる男.

watsch·lig =watschelig

Watt[1][vat, wɔt] **I** 人名 James ～ ジェームズ ワット(1736–1819; 英国, スコットランドの発明家で, 蒸気機関の完成者).

II[vat] 中 -s/- (単位: -/-)〘電〙ワット(仕事率・電力などの単位; 記号 W): eine Birne von 60 ～ 60ワットの電球.

Watt[2][vat] 中 -[e]s/-en (特に北海沿岸の)干潟(ひがた), 砂州, 潮汐(ちょうせき)平底(大陸の海岸と前面に連なる小島との中間地帯: → 図 Küste).

[„Furt"; *mndd.*; ◇ waten, vados]

Wat·te[vátə] 女 -/ (種類: -n) 綿; 詰め綿; 脱脂綿: sterilisierte ～ 殺菌処理をした脱脂綿 ‖ *sich*[3] gegen den Lärm ～ in die Ohren stopfen 騒がしいので耳に綿を詰める | **Du hast wohl ～ in den Ohren!**《話》(のみ込みの悪い相手にむかって)君はおおかた耳に綿でも詰めているんだろう ‖ *et.*[4] in ～ packen 〈verpacken〉 …を綿にくるむ | ***jn.* in ～ packen** 〈wickeln〉《比》…を(綿にくるむようにして)用心深く取り扱う | ***sich*[4] in ～ packen lassen können**《話》あまりに敏感すぎる | eine Wunde [vorsichtig] mit ～ abtupfen 傷口を[用心深く]脱脂綿でふく(軽くたたきながら) | *et.*[4] mit ～ polstern …(衣服など)に綿を詰める.

[*mlat.*–*ndl.*; ◇ *engl.* wad]

Wat·teau[vató] 人名 Antoine ～ アントワーヌ ワトー(1684–1721; フランスの画家).

Wat·te≈bausch[vátə..] 男 **1** (衣服などの)綿の詰め物〈パッド〉. **2**〘医〙綿球, タンポン. **≈fut·ter** 中 (衣服などの)綿の詰め物〈裏地・芯(しん)地〉.

Wat·ten≈kü·ste[vátən..] 女 干潟の多い海岸(→ 図 Küste

ste). ⸗**meer** 中 =Watt²

wat·tie·ren[vatí:rən] 他 (h) 《*et.*⁴》(…に)綿を詰める, 綿を入れる: die Schultern der Jacke ~ 上着の肩の部分に綿を詰める〈綿のパッドを入れる〉 | *jm.* die Backen ~《話》…の横つらを張る ‖ ein *wattierter* Umschlag 詰め物をした封筒.

Wat·tie·rung[..rʊŋ] 女 -/-en **1**《単数で》wattieren すること. **2** (衣服などの)綿の詰め物(パッド). [<Watte]

wat·tig[vátɪç]² 形 綿のような, 綿状の: ~*er* Schnee 綿雪.

Watt⸗me·ter[vát..] 中 (男) -s/- 〔電〕電力計, ワットメーター. ⸗**se·kun·de** 女 ワット秒(エネルギーの単位; 記号 Ws). ⸗**stun·de** 女 ワット時(エネルギーの倍量単位; 記号 Wh, ᵛWst).

Wat·vo·gel[vá:t..] 男〔鳥〕渉禽(しょうきん)(ツル・サギ・コウノトリなど). [<waten]

wau[vaʊ] 間《ふつう wau, wau とくり返して》(犬の鳴き声)ワンワン: ~, ~ machen ワンワンと鳴く.

Wau[vaʊ] 男 -(e)s/-e〔植〕モクセイソウ(木犀草)属. [*mndl.* woude; ◇ *lat.* lūtum „Wau“; *engl.* weld]

Wau·wau[váʊvaʊ, –⌐] 男 -s/-s《幼児語》(Hund) わんわん, 犬.

WBK[ve:be:ká:] 略 中 -s/ =**W**ohnungs**b**au**k**ombinat

WC[ve:tsé:] 中 -(s)/-(s) (Toilette)〔水洗〕便所. [*engl.*; <*engl.* water closet]

WDR[ve:de|ɛ́r] 略 男 -/ =**W**est**d**eutscher **R**undfunk 西部ドイツ放送.

WE 略 **1** =**W**ährungs**e**inheit〔経〕貨幣単位. **2** =**W**ärme**e**inheit〔理〕熱量の単位.

Web⸗ar·beit[vé:p..] 女 **1** 機織(きしょく), 機織り仕事. **2** 織物. ⸗**art** 女 織り方;《話》(人それぞれの)個性: Das ist von meiner ~.《話》これは私の好みにかなっている. ⸗**au·to·mat** 男 自動織機.

We·be[vé:bə] 女 -/-n **1**《オーストリア》(Gewebe) 織物,(特に寝具類用の)布地. **2** (Spinnwebe) クモの巣.

We·be·blatt 中〔織〕(織機の)筬(おさ).

We·be·lei·ne 女〔海〕ラットライン, 段索. [<weben „knüpfen“]

we·ben⁽*⁾[vé:bən]¹ 《202》**web·te** (雅: wob[vo:p]¹) / **ge·webt** (雅: gewoben); 接II webte (雅: wöbe[vǿ:bə]) **I** 自 (h) **1** (英: *weave*) 機(はた)を織る, 織物に従事する: An diesem Teppich habe ich lange *gewebt*. 私はこのじゅうたんを織るには長い時間がかかった. **2**《しばしば **leben und ~** の形で》《雅》動く, 活動する: Im Gras lebten und *webten* unzählige Käfer. 草むらには無数の甲虫が生息していた | Um diesen Wald *webt* (sich⁴) manche Sage. この森にはいろいろな言い伝えが息づいている ‖ 非人称 Auf den Wiesen und im Wald lebt und *webt* es schon. 野原や森にはもう春の営みが始まっている. **3** (馬が落ち着かないときに前足を交互に踏み替えながら)首を左右に振る.

II 他 (h) (織物・図柄などを)織る, 編む: Seide ~ 絹を織る | Spitzen ~ レースを編む | *et.*⁴ mit der Hand 〈mit der Maschine〉 ~ …を手〈機械〉で織る ‖ Die Spinne *webt* ihr Netz.《比》クモが巣を張る | Das Mondlicht *wob* einen silbernen Schleier zwischen die Bäume.《雅》月の光が木(こ)の間(ま)にさし込んで銀色のベールを織りなした.

[*idg.* „sich hin und her bewegen“; ◇ Wespe, wabern, Wiebel]

We·ber¹[vé:bər] 人名 **1** Carl Maria von ~ カール マリーア フォン ヴェーバー(1786-1826; ドイツの作曲家. 作品は歌劇『魔弾の射手』など). **2** Max ~ マックス ヴェーバー(1864-1920; ドイツの社会学者・経済学者. 著作は『プロテスタンティズムの倫理と資本主義の精神』など). **3** Wilhelm Eduard ~ ヴィルヘルム エードゥアルト ヴェーバー(1804-91; ドイツの物理学者で電磁気学の開拓者).

We·ber²[–] 中 -/- 〔理〕ウェーバー(磁束の単位: → Weber¹ 3).

We·ber³[–] 男 -s/- (女 **We·be·rin**[..bərɪn]-/-nen) 織工(しょっこう), 織匠(しょくしょう), 織屋(おりや), 織物師. [*ahd.*]

We·ber⸗baum[vé:bər..] 男 (Kettbaum)〔織〕(織機の)ワープビーム, 男巻き. ⸗**di·stel** 女〔植〕オニナベナ(鬼山芹菜), ラシャカキグサ(羅紗掻草).

We·be·rei[ve:bəráɪ] 女 -/-en **1**《単数で》機織(きしょく), 機織り; 機業. **2** 織物. **3** 機織〈織物〉工場.

We·be·rin Weber³の女性形.

We·ber⸗kamm[vé:bər..] 男 =Webeblatt ⸗**kar·de** 女 =Weberdistel ⸗**knecht** 男 (Kanker)〔動〕メクラグモ. ⸗**kno·ten** 男 織工(しょっこう)結び(経糸の特殊な結び方).

We·bern[vé:bərn] 人名 Anton von ~ アントン フォン ヴェーベルン(1883-1945; オーストリアの作曲家).

We·ber⸗schiff·chen[vé:bər..] 中, ⸗**schüt·zen** 男 (織機の)杼(ひ), シャットル. ⸗**vo·gel** 男〔鳥〕ハタオリドリ(機織鳥).

Web⸗feh·ler[vé:p..] 男 **1** 織り傷. **2**《話》(性格・経歴・家系などの先天的な)欠陥: **einen ~ haben** 頭がおかしい. ⸗**kan·te** 女 織物の耳〈へり〉. ⸗**la·de** 女 (織機の)筬框(おさがまち).

Web·lein·stek[vé:plaɪnʃte:k] 男 -s/-s〔海〕(ロープの)船頭〈段索〉結び. [<Webeleine+*ndd.* stek (◇Stich)]

Web⸗ma·schi·ne[vé:p..] 女〔動力〕織機. ⸗**schiff·chen** 中, ⸗**schüt·zen** 男 =Weberschiffchen

Web⸗sei·te 女 (インターネットの)ウェブページ. ⸗**site** 女 -/-s (インターネットの)ウェブサイト.

Web⸗stuhl 男〔織〕機(はた), 織機(→ 図): Hand*webstuhl* 手織機(ておりばた). ⸗**wa·ren** 複 織物. [<weben]

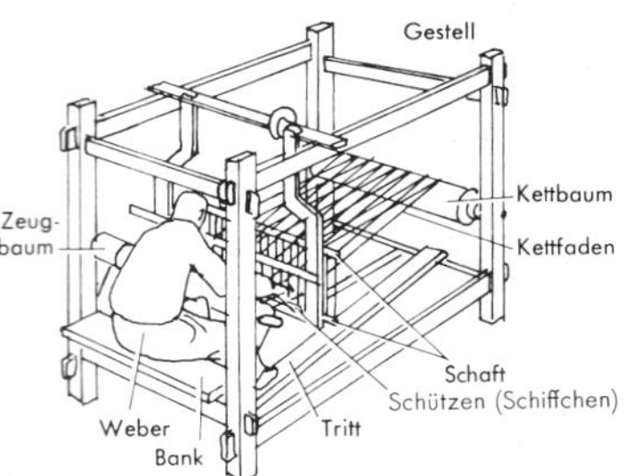

Webstuhl

Wech·sel[vɛ́ksəl] **I** 男 -s/- **1**《ふつう単数で》**a)** 交代, 交替, 入れ代わり; 交換, 取り替え; 移り変わり, 変転; 転換; 変化, 変動: ein entscheidender ~ 決定的な転換 | fliegender ~ (アイスホッケーなどで)試合続行中の選手交代 | ein grundsätzlicher 〈oberflächlicher〉 ~ 根本的〈表面的〉な変化 | ein jäher 〈rascher〉 ~ 急激な変化 | der ~ der Jahreszeiten 季節の移り変わり | der ~ der Wachen 見張りの交代 | der ~ in der Leitung 指導部の人事交代 | der ~ von Hitze und Kälte 暑さ寒さの入れ代わり | der ~ zwischen Arbeit und Ruhe 仕事と休息の入れ代わり | Brief*wechsel* 手紙の交換, 文通 | Geld*wechsel* 両替 | Öl*wechsel* (自動車の)オイル交換 | Stimm*wechsel* 声変わり | Stoff*wechsel* 新陳代謝 ‖ in buntem ~ 多彩に変化して, 目まぐるしく変わって | in schnellem ~ 急速な変わり方で ‖ den ~ lieben 変化を好む | Alles ist dem ~ unterworfen. 何事も変わらずにはいない, 万物は流転する | In der Politik des Landes trat ein entscheidender ~ ein. この国の政策には決定的な転換が行われた. **b)**〔スポーツ〕チェンジコート〈サイド〉; (リレーの)バトンタッチ.

2 a)〔商〕手形, 為替手形: ~ auf kurze 〈lange〉 Sicht 短期〈長期〉手形 | eigener 〈trockener〉 ~ 約束手形 | gezogener ~ 為替手形 | Dato*wechsel* 定期払い手形 | Sicht*wechsel* 一覧払い手形 ‖ einen ~ ausstellen 〈akzeptieren〉 手形を振り出す〈引き受ける〉 | einen ~ begeben 〈diskontieren〉 手形を売り渡す〈割り引く〉 | einen ~ einlösen 〈präsentieren〉 手形を現金化する〈呈示する〉 | einen ~ girieren 〈in dossieren〉 手形に裏書きする | einen ~

protestieren 手形の支払い〈引き受け〉を拒絶する | einen ~ auf *jn.* ziehen 手形を…あてに振り出す ‖ *et.*[4] auf ~ kaufen …を手形支払いで買う | *et.*[4] mit 〔einem〕 ~ bezahlen …の支払いを手形でする ‖ Der ~ verfällt 〈ist fällig〉. 手形は満期になる〈なっている〉 | Der ~ ist geplatzt. 《話》手形は不渡りになった. **b**) 《話》(生活費などの)送金, 仕送り: der monatliche ~ von *seinen* Eltern 両親からの月々の送金. **c**) 《話》分割払い, 月賦: auf ~*n* fahren 賦(ぶ)払いの車を乗り回す.

3 (Wildwechsel) 〖狩〗野獣の通路, けもの道: Hier haben die Hirsche ihren ~. ここはシカの通り道だ.

4 《ｵｰｽﾄﾘｱ》(Weiche) 〖鉄道〗転轍(てつ)器, ポイント.

II 中 -s/ 《話》着替えの服〈下着〉.

[*westgerm.* „Platzmachen"; ◇weichen[2], vize.., Woche]

Wẹch·sel≠ab·rech·nung[vέksəl..] 女 手形交換. **≠ab·schrift** 女 手形謄本. **≠agent** 男 = Wechselmakler **≠agio**[..a:(d)ʒo·] 中 = Wechseldiskont **≠bad** 中 冷温交互浴. **≠balg** 男 〖民間信仰〗取り替え子(産褥(じょく)中にこびと・妖精(せい)などによって取り替えられ, 実子の代わりに残されたと信じられた醜い子). **≠bank** 女 -/-en 割引銀行. **≠be·zie·hung** 女 相互関係, 相関関係: Der Mensch hat starke ~*en* mit seiner Umwelt. 人間は環境と密接な相互関係をもっている | miteinander 〈zueinander〉 in ~ stehen 相互に関係し合っている.

wẹch·sel·be·zụ̈g·lich 形 相互に関係し合う, 相関〔関係〕の: ein ~*es* Fürwort 〖言〗相互代名詞.

Wẹch·sel≠brief 男 手形証書. **≠bür·ge** 男 手形保証人. **≠bürg·schaft** 女 手形保証. **≠dis·kont** 男 手形割引. **≠ein·re·de** 女 〖法〗手形抗弁. **≠fä·hig·keit** 女 〖商〗手形能力. **≠fäl·le** 複 (人生・運命などの)転変, 移り変わり, 浮き沈み, 栄枯盛衰: die ~ des Lebens 人生の浮沈. **≠fäl·schung** 女 手形の偽造〈変造〉. **≠feu·er** 中 〖海〗(灯台・航路標識などの)互光(こう)灯. **≠fie·ber** 中 -s/ 〖医〗(マラリアなどの)間欠熱. **≠frist** 女 〖商〗手形支払期限. **≠geld** 中 《ふつう単数で》**1** (両替・つり銭用の)小額紙幣〈硬貨〉, 小銭(ぜに). **2** 《話》つり銭, おつり. **≠ge·sang** 男 交互歌唱. **≠ge·schäft** 中 両替業; 手形取引. **≠ge·setz** 中 -es/ (略 WG) 手形法. **≠ge·spräch** 中 会話のやりとり, 対話. **≠ge·trie·be** 中 〖工〗変速機, 変速装置. **≠gläu·bi·ger** 男 手形債権者.

wẹch·sel·haft[vέksəlhaft] 形 変わりやすい, 一定しない: ~*es* Wetter 変わりやすい天気, 不順な天候 | Sein Verhalten ist ~. 彼の態度には一貫性がない.

Wẹch·sel≠jah·re 複 (女性の)更年期: in die ~ kommen (女性が)更年期に入る. **≠klau·sel** 女 〖商〗手形約款. **≠ko·pie** 女 = Wechselabschrift **≠kre·dit** 男 手形信用. **≠kul·tur** 女 = Wechselwirtschaft **≠kurs** 男 **1** (Devisenkurs) 〔外国〕為替相場〈レート〉: feste 〈flexible〉 ~*e* 固定〈変動〉為替相場 | freie ~ 自由為替相場. **2** *sich*[4] im ~ befinden 針路が変化〈変動〉する. **≠mak·ler** 男 手形仲買業者, ビルブローカー.

wẹch·seln[vέksəln] 《06》 **I** 他 (h) **1** 《*et.*[4]》 **a**) (他の同等のものと)取り替える, 交換する: den Beruf 〈die Schule〉 ~ 転職〈転校〉する | den Besitzer ~ (→Besitzer) | das Öl 〈den Reifen〉 ~ (自動車などの)オイル〈タイヤ〉を交換する | den Partner ~ 相手を替える | den Platz 〈die Wohnung〉 ~ 場所〈住居〉を替える | die Schuhe 〈die Wäsche〉 ~ 靴〈下着〉を取り替える | *et.*[4] wie das Hemd 〈wie *seine* Hemden〉 ~ (→Hemd) | die Tapeten ~ (→Tapete) ‖ Wäsche zum *Wechseln* 着替え用の下着類. **b**) 変える, 変更する: die Farbe ~ (→Farbe 2, 5 b) | *seine* Meinung ~ 意見を変える | das Thema ~ 話題を変える | 〔plötzlich〕 den Ton ~ 〔突然〕口調を変える ‖〖目的語なしで〗Ich muß jetzt mal ~. (トランクなどを運んでいて)私はそろそろ手を持ちかえねばならぬ.

2 《mit *jm.* *et.*[4]》(…と…を)交換する, 交わす: mit *jm.* einen Blick ~ …と視線を交わす | mit *jm.* Briefe 〈die Ringe〉 ~ …と手紙をやりとりする〈指輪を交換する〉 | mit *jm.* Worte ~ …と言葉を交わす.

3 a) 《*et.*[4]》(金を)小銭に替える, くずす, 細かくする; 《〔bei *jm.*〕 *et.*[4]》(〔…に〕金を)小銭に替えてもらう: *jm.* einen Hundertmarkschein 〔in zwei Fünfzigmarkscheine〕 ~ …の100マルク紙幣を〔50マルク紙幣 2 枚に〕くずしてやる | Können Sie 〔mir〕 10 Mark ~? 10マルクをくずしてくれますか ‖〖目的語なしで〗Ich muß erst ~ lassen. まずお金をくずしてもらわねばならない. **b**) (外貨を)両替する: Deutsche Mark in 〈gegen〉 Lire ~ ドイツマルクをリラと替える.

II 自 **1** (h) 交代〈交替〉する, 入れ代わる; 移り変わる, 変転する; 変化〈変動〉する: Das Wetter 〈Der Wind〉 *wechselt*. 天候〈風向き〉が変わる | Tag und Nacht 〈Regen und Sonne〉 *wechseln*. 昼と夜〈雨天と晴天〉が交替する | Glück und Unglück *wechseln* 〔miteinander〕. 幸運と不運とが交互に来る | Seine Stimmung *wechselt* dauernd. 彼の気分はしょっちゅう変わる | Wollen wir ~? 交代しようか ‖〖現在分詞で〗der *wechselnde* Mond 満ち欠けする月 | mit *wechselndem* Erfolg kämpfen 勝ったり負けたりする | Das Wetter ist *wechselnd*. 天候は不定である〈変わりやすい〉 | Der Himmel ist *wechselnd* bewölkt. 空は晴れたり曇ったりだ.

2 (h) 《mit *et.*[3]》(…を)取り替える: mit den Kleidern ~ 着替えをする | mit der Wohnung ~ 転居する.

3 (s) 《方向を示す語句と》 **a**) (…へ)場所を替える: von einem Ort zum andern ~ ある場所から他の場所へ移る | auf eine andere Schule ~ 別の学校へ移る | über die Grenze ~ (ひそかに)越境する. **b**) 〖狩〗(野獣が…へ)すみかを変える; (道路を)横切る: Der Hirsch ist über die Straße *gewechselt*. シカが道路を横切った.

Wẹch·sel≠neh·mer[vέksəl..] 男 手形受取人. **≠no·te** 女 〖楽〗補助音, 転過音(装飾音の一種). **≠ob·jek·tiv** 中 〖写〗交換レンズ. **≠pro·test** 男 〖法〗手形拒絶証書. **≠pro·zeß** 男 〖法〗手形訴訟. **≠rad** 中 〖工〗換え歯車, 送り変換歯車. **≠rah·men** 男 取り換え式簡易額縁. **≠recht** 中 -〔e〕s/ 〖法〗手形法. **≠re·de** 女 話〈言葉〉のやりとり, 対話. **≠re·greß** 男 〖法〗(手形所持人による)遡及(そきゅう), 償還請求. **≠reim** = Kreuzreim **≠rei·ter** 男 手形騎乗者, 空(から)手形使用者.

Wech·sel·rei·te·rei[vεksəlraɪtəráɪ, ◡◡—◡—] 女 〖法〗手形騎乗, 空手形使用.

Wẹch·sel≠rich·ter[vέksəl..] 男 〖電〗(直流を交流に変える)インバーター. **≠rück·griff** 男 = Wechselregreß **≠schal·ter** 男 〖電〗切り替え〈双投〉スイッチ. **≠schluß** 男 〖法〗手形予約(手形行為の準備的契約). **≠schuld** 女 手形債務. **≠schuld·ner** 男 手形債務者.

wẹch·sel·sei·tig[..zaɪtɪç][2] 形 互いの, 相互の; 交互の, かわるがわるの: ~*e* Beziehungen 相互関係 | ~*es* Lob ほめ合い(互いに相手をほめること) ‖ *sich*[3] ~ widersprechen 互いに矛盾する.

Wẹch·sel·sei·tig·keit[..kaɪt] 女 -/ (wechselseitig なこと. 例えば:) 相互性, 相互関係, 相互依存.

Wẹch·sel≠span·nung 女 〖電〗交流電圧. **≠spiel** 中 交代, 交替, 入れ代わり, 移り変わり; 相互作用〈影響〉.

Wẹch·sel·sprech·an·la·ge 女 インターホン装置, トークバック拡声器.

wẹch·sel·stän·dig[..ʃtεndɪç][2] 形 〖植〗互生(ごせい)の: eine ~*e* Blattstellung 互生葉序. [<stehen]

Wẹch·sel≠steu·er 女 手形税. **≠strom** 男 (↔ Gleichstrom) 〖電〗交流.

Wẹch·sel·strom≠ge·ne·ra·tor 男 交流発電機. **≠ma·schi·ne** 女 〖電〗交流機. **≠te·le·gra·phie** 女 〖電〗音声周波電信.

Wẹch·sel≠stu·be 女 (駅・空港などの)通貨両替所. **≠sum·me** 女 手形金額. **≠tier·chen** 中 (Amöbe) 〖動〗アメーバ.

Wẹch·se·lung[vέksəlʊŋ] (**Wẹchs·lung**[..kslʊŋ]) 女 -/-en (wechseln すること. 例えば:) 取り替え, 交換; 変更; 交代, 交替, 入れ代わり; 変化, 変転, 変動; 〖商〗両替.

Wẹch·sel≠ver·hält·nis[vέksəl..] 中 **1** 相互関係. **2** 〖商〗手形関係(手形上の法律関係). **≠ver·kehr** 男 **1** 手形流通, 手形取引. **2** 相互通信. **3** 〖鉄道〗交換輸送.

⸗ver·trag 男 手形契約.

wẹch·sel·voll 形 変化に富んだ, 変わりやすい: eine ~*e* Landschaft 変化に富む景色 | ein ~*e* Leben 波乱万丈の生涯 | ~*es* Wetter 変りやすい天気.

Wẹch·sel·wäh·ler 男 (選挙の)浮動投票者. [*engl.* floating voter (◇votieren) の翻訳借用]

wẹch·sel·warm 形〘動〙変温〈冷血〉の: ~*e* Tiere 変温〈冷血〉動物.

Wẹch·sel·warm·blü̱·ter 男 -s/- 〘動〙変温〈冷血〉動物.

wẹch·sel·wei·se 副 (→..weise ★) **1** 交互に, 交代で, かわるがわる. **2** 互いに, 相互に.

Wẹch·sel⸗wild 中 (↔Standwild)〘狩〙(生息地を変える)移動獣. **⸗win·kel** 男 -s/- 《ふつう複数で》〘数〙錯角. **⸗wir·kung** 女 相互作用: ~*en* zwischen Wirtschaft und Politik 経済と政治の相互作用 | in ~ mit *et.*³ 〈zu *et.*³〉 stehen …と相互に作用し合っている. **⸗wirt·schaft** 女《ふつう単数で》〘農〙輪作.

Wẹchs·ler[vɛ́kslər] 男 -s/- 両替商, 両替業者. [*ahd.*]

Wẹchs·lung[..lʊŋ] =Wechselung

Wẹch·te[vɛ́çtə] =Wächte

Weck[vɛk] 男 -[e]s/-e =Wecken² 1

Wẹck·amin[vɛ́k|ami:n] 中 -s/-e〘薬〙覚醒(かくせい)アミン. [<wecken]

Wẹck·ap·pa·ra̱t 男 (肉・野菜・果物などの)ヴェック式殺菌貯蔵装置. [◇Weckglas]

Wẹck⸗auf·tra̱g 男 モーニングコールの依頼. **⸗dienst** 男 モーニングコール=サービス.

Wẹcke[vɛ́kə] 女 -/-n =Wecken² 1

wẹcken¹[vɛ́kən] **I** 他 (h) **1** (英: *waken*)《*jn.*》(眠っている人を)目をさまさせる, 起こす: *jn.* aus dem Schlaf ~ …の眠りをさます | *jn.* rechtzeitig 〈zu spät〉 ~ …を遅くならぬうちに〈間に合わなくなってから〉起こす | *Wecke* mich um 6 Uhr! 6時に起こしてくれ | *sich*⁴ telefonisch ~ lassen 電話〈モーニングコール〉で起こしてもらう | durch den Lärm *geweckt* werden 騒音で眠りをさまさせられる | Wann möchtest du *geweckt* werden? 君は何時に起こしてもらいたいのか | schlafende Hunde ~ (→Hund 1 a) | Gefährlich ist's, den Leu zu ~. (→Leu²).

2 《比》《*et.*⁴》目ざめさせる, 活気づかせる; (本能・記憶・関心・さまざまの感情などを)呼びさます, 呼び起こす: in *jm.* alte Erinnerungen 〈niedrige Triebe〉 ~ …の古い記憶〈卑しい本能〉を呼び起こす | Das *weckt* mein Interesse 〈meine Neugier〉. そのことが私の興味〈好奇心〉を呼び起こす | Der Kaffee hat seine Lebensgeister *geweckt*. コーヒーは彼を元気づけた | Ihr Verhalten hat seinen Trotz *geweckt*. 彼女の態度は彼の反抗心をそそった ‖ Dadurch wurde in ihm die Liebe zur Arbeit *geweckt*. そのことによって彼の心に労働の喜びが呼びさまされた.

II Wẹcken¹ 中 -s/ (wecken すること. 特に:)〘軍〙起床〔らっぱ〕.

III ge·wẹckt¹ → 別出

[*germ.*; ◇wachen, vegetieren; *engl.* waken]

wẹcken²[vɛ́kən] **I** 他 (h)〘紋〙(盾を)菱形(ひしがた)に分割する. **II ge·wẹckt**² → 別出

Wẹcken²[−] 男 -s/- **1** 《南部・オーストリア》(小麦粉製の)小型の細長い白パン(→ 図 Brot). **2** 〘紋〙菱形図形.

[*germ.* „Keil"; ◇*engl.* wedge]

Wẹcker[vɛ́kər] 男 -s/- **1 a)** 目ざまし時計: Reise*wecker* 旅行〈携帯〉用目ざまし時計 ‖ den ~ auf 6 Uhr stellen 目ざましを6時にセットする ‖ ***jm.* auf den ~ fallen 〈gehen〉** 《話》…の神経にさわる, …をいらいらさせる | **nicht alle auf dem ~ haben** 《話》ちょっと頭がおかしい ‖ Der ~ rasselt. 目ざまし時計が鳴る | **Da bleibt der ~ stehen!** 《話》こいつは驚いたな. **b)** 《話》(ばかでかい)腕〈懐中〉時計. **2** (眠っている人を)起こす人.

Wẹckerl[vɛ́kərl] 中 -s/-n =Wecken² 1

Wẹcker·u̱hr[vɛ́kər..] 女 (Wecker) 目ざまし時計.

Wẹck·gla̱s[vɛ́k..] 中 -es/..gläser (肉・野菜・果物などの)ヴェック式殺菌貯蔵瓶. [<J. Weck (ドイツ人発案者, †1914); ◇einwecken, Weckapparat]

Wẹck⸗mit·tel 中 覚醒(かくせい)剤. **⸗ru̱f** 男 起床の合図, 起床らっぱ; (ホテルなどでの)モーニングコール. **⸗u̱hr** =Weckeruhr **⸗zei·ger** 男 (目ざまし時計の時刻をセットする)指針. [<wecken¹]

We̱·da[vé:da·] 男 -[s]/..den[..dən], -s ヴェーダ(吠陀)(古代インドのバラモン教の聖典の総称).

[*sanskr.* „Wissen"; ◇wissen; *engl.* Veda]

We·da̱n·ta[vedánta·] 男 -/ (古代インドの)ヴェダンタ哲学. [*sanskr.*; <*sanskr.* anta „Ende"]

We̱·de·kind[vé:dəkɪnt] 人名 Frank ~ フランク ヴェーデキント(1864-1918; ドイツの劇作家. 作品『春の目ざめ』など).

..we̱del[..ve:dəl] 《本来は「浅瀬」を意味し, 地名に見られる》: Salz*wedel* [◇waten]

We̱·del[vé:dəl] 男 -s/- **1** (あおいだり, 払ったりする目的で, 枝・わら・毛・羽根などを束ねたもの. 例えば:) 払子(ほっす), 扇(おうぎ); (Staubwedel) ちり払い, はたき: mit einem ~ Staub entfernen はたきで塵(ちり)を払う. **2** (シダ・ヤシ・シュロなどの)羽状または掌状の複葉: Palm*wedel* ソテツの羽状複葉. **3** 〘狩〙(イノシシ以外のひづめをもつ野獣の)尾(→ 図 Hirsch). **4** =Weihwedel

[„Schwankendes"; *ahd.*; ◇wehen, wallen¹]

we̱·deln[vé:dəln] 《06》 **I** 他 (h) (ごみ・パンくずなどを)あおいで〈払って・掃いて〉取り除く; (ハエ・アブなどを扇やはたきで)追い払う: Er *wedelte* mit einer Zeitung die Krümel vom Tisch. 彼は新聞紙でパンくずをテーブルから払い落とした.

II 自 (h) **1** 《mit *et.*³》(…で)あおぐ; (しっぽなどを)振る: mit dem Fächer ~ 扇子〈うちわ〉であおぐ | mit dem Schwanz ~ (犬などが)しっぽを振る. **2** 〘スキー〙ウェーデルン(連続小回転の滑降技法)をする.

We̱·den Weda の複数.

we̱·der[vé:dər] 接 (英: *neither*) 《ふつう **weder ... noch ...** の形で》…でもなく(…でもない): **1** 《並列: 語句と語句を結んで》Er ist ~ klug noch reich. 彼は利口でも金持ちでもない | Ich habe ~ Zeit noch Geld 〔, noch Lust〕. 私は暇も金も〔興味も〕ない | Niemand, ~ er noch ich, hatte es gehört. 彼も私もどちらもそれを聞いてはいなかった | Er hat ~ geschrieben noch angerufen. 彼は手紙もよこさず電話もかけて来なかった(=Er hat ~ geschrieben, noch hat er angerufen.: →2) | Ich kann dir ~ zu- noch abraten. 私は君にそれをしろともするなとも言えない | Ich konnte von diesen Dingen ~ wissen, was wahr sei, noch was nicht wahr sei. 私はこれらのことについて 何が本当で何が本当でないかを知ることはできなかった | ~ aus noch ein 〈~ ein noch aus〉 wissen (→aus II 2) | ~ gicks noch gacks sagen 〈wissen〉 (→gicks) ‖ Bin ~ Fräulein, ~ schön. 私はお嬢さんでもなく美しくもありません (Goethe: *Faust* I).

☆ weder ... noch ... で結ばれた単数主語に対する動詞の人称形は単複両形がありうるが, 主語が先行する場合には複数形のほうがよく用いられる: Weder Müller noch er *wußten* 〈*wußte*〉 davon. ミュラーも彼もそれについては何も知らない | Weder du noch ich *können* ihm helfen. 君も私も彼を援助することはできない.

2 《副詞的: 主語を同じくする文と文を結んで》*Weder* habe ich davon gewußt 〈Ich habe ~ davon gewußt〉, noch habe ich es geahnt. 私はそのことについては聞き及んでいないし予感もしなかった.

[*mhd.* 〔ne〕weder; <*ahd.* 〔h〕wedar „welches von beiden" (◇wer); ◇*engl.* whether]

Wedg·wood[wɛ́dʒwʊd, vɛ́tʃvʊt] 中 -[s]/ **, Wedg·wood·wa̱·re**[wɛ́dʒwʊd.., vɛ́tʃvʊt..] 女 ウェッジウッド焼の陶器.

[<J. Wedgwood (英国人陶業家, †1795)]

we̱·disch[vé:dɪʃ] 形 ヴェーダ (Weda) の.

Week·end[ví:k|ɛnt, wí:kɛ́nd] 中 -[s]/-s 週末, ウィークエンド. [*engl.*; ◇Wochenende]

Week·end·haus[ví:k|ɛnt..] 中 週末用別荘.

Weft[vɛft] 中 -[e]s/-e〘織〙(Cheviot 毛糸の)緯糸.

[*engl.* „Gewebe"; ◇weben]

weg[vɛk] 副 **1** (英: *away*)《話》(ある場所から)去って, 離れて, へだたって, わきへ; (視野から)消えて: **in einem ～**《話》絶えず, ひっきりなしに, たてつづけに ‖〖要求・命令に用いて〗*Weg* da! そこをどけ | *Weg* damit! そいつをどけろ | Hände ～! / *Weg* mit den Händen! その手をどけろ | *Weg* 〔mit dir〕! とっとと失(う)せろ | *Weg* von mir! 私に近づくな ‖〖前置詞 von, über と呼応して〗weit ～ von *et.*[3] …から遠く離れて | Das Haus liegt weit, 300m ～ 〔von der Straße〕. その建物はずっと遠く〔道路から〕300メートル離れている | ～ vom Fenster sein (→Fenster 1 a) | von zu Hause ～ sein 家郷を離れている | frisch 〈frei〉 von der Leber ～ reden 〈sprechen〉 (→Leber 1) | über *js.* Kopf[4] ～ …の頭ごしに(交渉する) | **über** ***et.***[4] **～ sein**《話》…を超越〈克服〉している | über *et.*[4] ～ fliegen …の上空〈頭上〉を飛び去る.

2《述語形容詞的に》《話》去って, 消えて, なくなって;《比》我を忘れて, 夢中になって; 眠りこけて, 意識不明で; 疲労困憊(こんぱい)して; 酔っぱらって: Er war sofort ～. 彼はたちまち姿を消した; 彼はたちまち寝入った〈意識を失った〉| Die Schlüssel sind ～. かぎが見つからない | Der Zug ist schon ～. 列車はすでに発車した | Die Ware war schnell ～. その品物はあっというまに売り切れた | Der Reiz der Sache ist für mich ～. この件に感じていた魅力は私にはもうなくなってしまった | Meine gute Laune war ～. 私は不機嫌になった | Ein leises Geräusch, und ～ war die Maus. ちょっと音をさせたとたんたちまちネズミは姿を消した | Als ich aus dem Haus kam, war mein Fahrrad ～. 家の外に出て見ると 私の自転車がなくなって〈盗まれて〉いた | Ich möchte die Vase hier ～ haben. ここのこの花瓶はどけてもらいたいね ‖〔**von** ***jm.*** 〈***et.***[3]〉〕 **～ sein**《話》〔…に〕夢中である, 熱狂している | Er war sofort in sie ～.《話》彼はたちまち彼女に熱をあげた ‖〖話法の助動詞と〗Das muß 〔hier〕 ～! そいつをどけろ | Ich muß bald ～. 私はもうすぐ出かけなければならない.

[*mhd.* 〔en〕wec; ＜*ahd.* in weg „auf den Weg" (◇Weg)]

weg..《分離動詞の前つづり.「離脱・除去・奪取」などを意味する. つねにアクセントをもつ》: *weg*gehen 立ち去る | *weg*werfen 投げ捨てる | *weg*nehmen 取り去る, 奪い取る.

Weg[ve:k][1] 男 -es(-s)/-e **1** (英: *way*)道, 道路; 通路; 道順, 経路, (発展などの)過程; 道のり, 旅路; (歴史などの)歩み, 人生行路, (天体の)軌道;《話》(買い物のための)外出, 用足し: ein breiter 〈schmaler〉 ～ 広い〈狭い〉道 | ein dorniger ～《比》いばらの道 | ein holpriger 〈schlechter〉 ～ でこぼこ道〈悪路〉| der kürzeste ～ いちばんの近道 | ein langer 〈weiter〉 ～ 長い〈遠い〉道のり | der letzte ～ (死者がたどる)墓地への道; (死刑囚がたどる)処刑場までの道中 | ein privater ～ 私道 | ein stiller ～ (人通りの少ない)静かな道 | Verbotener ～! 通り抜けお断り ‖ der ～ der Geschichte 〈der Menschheit〉 歴史〈人類〉の歩み | der ～ der Tugend 〈des Lasters〉 善〈悪〉の道 | die ～*e* der Vorsehung 摂理がたどる〔さまざまの〕道 | der ～ der Sonne 太陽の軌道 | ein ～ von zwanzig Minuten 〈Kilometer〉 20分〈キロメートル〉の道のり | der ～ zur Stadt 〈ins Dorf〉 町〈村〉へ通じる道 | der ～ zum Glück 幸福への道 ‖ Heim*weg* 家路 | Lebens*weg* 人生行路 | Luft*weg* 空路 | Wald*weg* 森の〔小〕道 | Verkehrs*weg* 交通路 ‖ **～ und Steg** あたり一帯, いたるところ | jeden ～ und Steg kennen どこもかしこも隅々までよく知っている;《比》すっかり勝手を心得ている | **auf ～ und Steg** いたるところで | In den Wald gibt es **weder ～ noch Steg.** この森には道がまったくない.

‖〖2格で〗halben ～*s* 途中まで〔で〕, 半分だけ〔で〕| geraden 〈gerades〉 ～*s* まっすぐに(＝geradenwegs) | in der Mitte des ～〔*e*〕*s* 途中で, 半途にして | ein gutes Stück ～〔*s*〕かなりの道のり | ***seines*** **～*s*** 〈***seiner*** **～*e***〉 **gehen** 道を歩く;《比》(他人のことには構わず)自分の道を歩み続ける | *seines* 〈des〉 ～〔*e*〕*s* 〔daher〕 kommen (ちょうどそこへぶらぶら)通りかかる | *sich*[3] des rechten ～*s* bewußt sein 正しい道をよくわきまえている | **Wohin 〈Woher〉 des ～〔*e*〕*s*?**《雅》どちらへ〈どちらから〉おいでですか.

‖〖4格で〗**alle ～*e***《比》どの点から見ても; どんな場合にも (→allerwegen) ‖ den ～ abkürzen 〈abschneiden〉 近道をする | ***jm.*** **den ～ abschneiden** (近道をして)…より先回りする | einen ～ bauen 〈pflastern〉 道を建設〈舗装〉する | *jm.* guten Tag und guten ～ bieten …に通りすがりのあいさつをする | den ～ zu *js.* Herzen finden《比》うまく…の心をつかむ | ausgetretene ～*e* gehen《比》旧来のやり方に従う | neue ～*e* gehen《比》新機軸を出す | **den ～ allen 〈alles〉 Fleisches gehen**《雅》すべての人間のたどる道をたどる, 死ぬ(聖書: 創 6, 12-13から) | **den ～ alles Irdischen gehen**《戯》使い物にならなくなる, こわれる | **den ～ des geringsten Widerstandes gehen** 抵抗の最も少ない〈最も安易な〉道を行く | einen schweren ～ vor *sich*[3] haben 気のすすまぬところへ行く用件をかかえている | noch einen ～ 〔vor〕haben《話》まだ買い物が一つ残っている | 〔mit *jm.*〕 denselben 〈den gleichen〉 ～ haben 〔…と〕行き先が同じである | Das hat gute ～*e*.《話》それはきっとうまくいく, その件については心配無用だ | Das hat 〈Damit hat es〉 noch gute ～*e*.《話》それは急ぐことではない;《皮肉》それはまだ先のことだ, それは簡単には片づかないよ | den ～ kennen 〈wissen〉 その道を前に通ったことがある〈道順を心得ている〉| ～*e* machen《話》買い物〈用足し〉をする | einen ～ nehmen 〈einschlagen〉(目的地へ行くのに)ある道をとる;《比》ある方策を選ぶ(→2) | **den ～ unter die Füße 〈zwischen die Beine〉 nehmen**《話》立ち去る; 足を速める | den 〔weiten〕 ～ nicht scheuen 遠路をいとわない | einen ～ sperren ある道路を閉鎖する | ～*e* treten (畑・花壇などに)踏んで道をつける ‖ den ～ verfehlen 道を誤る | den ～ verlieren 道に迷う | einen viele Stunden langen ～ zurücklegen 何時間もかかる道のりを踏破する ‖ *seinen* ～ 〈*seine* ～*e*〉 gehen《雅》(他人のことには構わず)自分の道を歩み続ける | Geh deine ～*e*! とっとと失(う)せろ | ***seinen*** **eigenen ～** 〈***seine*** **eigenen ～*e***〉 **gehen**《比》わが道を行く, 独自の行動をする | dunkle 〈krumme〉 ～*e* gehen《比》不正な手段を用いる; 怪しげな商売をする | den unteren ～ gehen《俗》下手(しもて)〈譲歩的な態度〉に出る | den bequemsten ～ zur Hölle gehen《話》安逸な生活を送る | ***seinen*** **～ 〔im Leben〕 machen**《比》出世する, 成功する | *seinen* ～ nehmen (物事が)進行する, 動きはじめる ‖ *jm.* einen ～ abnehmen 〈erledigen〉《話》…に代わって買い物に行ってやる, …の用足しをしてやる | *jm.* einen ～ durch die Menge bahnen …を助けて人ごみを突破させる | *jm.* 〈*et.*[3]〉 den ～ bereiten《比》…のために道を開く | *jm.* den ～ zu *et.*[3] beschreiben …に…への道順を説明する | ***jm.*** 〈***et.***[3]〉 **den ～ 〈die ～*e*〉 ebnen**《比》〈障害を取り除いて〉…のために仕事をしやすくしてやる | *sich*[3] einen ～ offenhalten (自分のために)最後の抜け道を残しておく | *jm.* den ～ verlegen《比》…の邪魔をする; …を窮地に陥れる | *jm.* den ～ vertreten …の行く手を遮る | *jm.* den ～ weisen …に道を教える | *jm.* die ～*e* weisen …を追い払う, …に出て行けという.

‖〖主語として〗Wohin führt dieser ～? この道はどこへ通じていますか;《比》こんなことをしていて いったいどうなることだろう | Der ～ führt durch den Wald. この道は森を抜けて通じている | Mein erster ～ führte mich zu ihm. 私が最初に訪ねたのは彼だった | **Alle ～*e* führen nach Rom.**《諺》すべての道はローマに通じている | **Es führen viele ～*e* in die Hölle, aber keiner heraus.**《諺》地獄に通ずる道は多いけれども 地獄から出る道は一つもない | Da führt kein ～ dran vorbei.《話》そいつは避けられない | **Der ～ zur Hölle ist mit guten Vorsätzen gepflastert.**《諺》よき意図も実行を伴わぬときは破滅に通じる(地獄への道はよき意図で敷きつめられている) | Der ～ geht steil aufwärts. この道は急な上りになっている | Der ～ kreuzt eine Straße. この道は大通りと交差している | ***jm.*** **stehen alle ～*e* offen** …には洋々たる未来が開けている | **Hier trennen sich unsere ～*e*.**《比》この点で私たちの意見は食い違っている, もうこれで君といっしょにはやってゆけない.

‖〖前置詞と〗**am ～〔*e*〕** 道ばた〈通り道〉に | **auf dem ～〔*e*〕** von Bonn nach Hamburg ボンからハンブルクへの途次 | **auf kürzestem ～〔*e*〕**《比》可及的すみやかに | **auf ～ und Steg**

いたるところに | ***jn.* auf *seinem* letzten ～〔*e*〕 begleiten** 《雅》…の葬儀に参列する | auf gutem ～〔*e*〕 sein (物事が)順調である | auf dem ～〔*e*〕 der Besserung sein (病人が)快方に向かっている; (悪人が)行状を改めつつある | **auf dem besten ～〔*e*〕 sein** 《zu 不定詞〔句〕と》(しばしば皮肉をこめて)まさに(…)しかかっている, まっしぐらに(…へ向かって)突き進んでいる | Wenn er diese Trinkerei nicht läßt, ist er auf dem besten ～, Alkoholiker zu werden. こんなに酒ばかり飲んでいては 彼は確実にアルコール中毒になる | *et.*⁴ auf den ～ bringen …を発送する | *jn.* auf den ～ bringen …に道を教える; 《比》…にその気を起こさせる | ***jn.* auf den rechten ～ führen** 《比》…を正道にみちびく | auf schlimme ～*e* geraten 《比》横道にそれる, 軌道をはずれる | ***jm.* auf den ～ helfen** 《話》…を妊娠させる | *jm. et.*⁴ mit auf den ～ geben …に…を(旅の費用・食糧などとして)持たせてやる; 《比》…に…を(今後の生活についての忠告・教訓などとして)与える | *sich*⁴ auf den ～ machen 出かける, 出発する | *jn.* auf den eigenen ～ ziehen …を自分の道へ引きずりこむ | ***jm.* auf halbem ～〔*e*〕 entgegenkommen** …を途中まで出迎える; 《比》…に対してある程度の譲歩をする | **auf halbem ～〔*e*〕 stehenbleiben 〈umkehren〉** 途中で立ちどまる〈途中で引き返す〉; 《比》中途半端でとどまる〈仕事半ばにしてあきらめる〉 | ***sich*⁴ auf halbem ～〔*e*〕 treffen** 《比》互いに譲歩しあう | auf kaltem ～*e* (→kalt 1 a) | *et.*⁴ auf kaltem ～〔*e*〕 tun 《比》…を苦労せずに裏から手を回して達成しようとする | *et.*³ **aus** dem ～〔*e*〕 gehen …を回避する | ***et.*⁴ aus dem ～〔*e*〕 räumen** 《比》(邪魔な)…を取り除く | Wir haben alles getan, um diese Schwierigkeiten aus dem ～*e* zu räumen. これらの障害を取り除くために我々はあらゆる手を尽くした | ***jn.* aus dem ～〔*e*〕 räumen** 《話》(邪魔な)…を殺す〈始末する〉 | *jm.* 〔die〕 Steine aus dem ～ räumen (→Stein 1 b) | aus *seinem* ～〔*e*〕 geraten 道からはずれる, わき道へそれる | noch gut **bei** 〈zu〉 ～*e* sein 《話》まだ元気である | nicht gut bei ～*e* sein (物事が)うまくいっていない; (人について)健康がすぐれない | ***jm.* im ～〔*e*〕 stehen 〈sein〉** …にとって邪魔になっている | ***sich*³ selbst im ～〔*e*〕 stehen** (性格などがわざわいして)自分で事を難しくしている | ***jm.* in den ～ laufen** …に偶然行きあう | ***et.*⁴ in die ～*e* leiten** 《比》…を軌道に乗せる, …を準備する | ***sich*⁴ *jm.* in den ～ stellen / *jm.* in den ～ treten** …の進路をさえぎる; 《比》…の邪魔をする | *jm.* Steine 〈nichts〉 in den ～ legen 《比》…の邪魔だてをする〈しない〉 | *et.*⁴ in die ～*e* 〈in den ～〉 leiten 《比》…を準備する, …を企てる, …を開始する, …を軌道にのせる | ***jm.* über den ～ laufen** …に偶然行きあう | ***jm.* nicht über den ～ trauen** 《話》…を全然信用しない | ein Schritt **vom ～〔*e*〕** 《比》失敗, 失策 | ***jn.* vom rechten ～ abbringen** …を(誘惑して)正道を踏みはずさせる | *sich*⁴ nicht von *seinem* ～〔*e*〕 abbringen lassen わき目もふらずに目的に向かって邁進(まいしん)する | **vom rechten ～ abkommen** 《比》正道を踏みはずす | von einem ～ abweichen ある道からそれる | ***et.*⁴ zu ～*e* bringen** 《比》…を達成する; …を手に入れる.

2 手段, 方法, 道: der trockne 〈nasse〉 ～ 〖化〗乾〈湿〉式法 ‖ neue ～*e* einschlagen 新しい方法を採択する | Mittel und ～*e* suchen 〈finden〉 (→Mittel 1) ‖ **auf diesem ～〔*e*〕** この方法〈手段〉で | **auf kaltem ～*e*** 人目につかぬように, 暴力を用いずに | auf schriftlichem 〈legalem〉 ～〔*e*〕文書〈合法的手段〉で | Diese Zeitschrift ist nur auf dem ～*e* des Buchaustausches erhältlich. 本誌は(非売品につき)交換寄贈の方法によってしか入手できない | *jn.* auf künstlichem ～〔*e*〕 ernähren 〖医〗…に人工栄養を与える ‖ Wo ein Wille ist, 〔da〕 ist 〔auch〕 ein ～. (→Wille) | Es bleibt mir kein anderer ～ 〔offen〕. 私にはこれ以外に方法はない.

[*germ.*; ◇wegen¹]

die **Wẹ·ga**[vé:ga·] 女 -/ 〖天〗ヴェガ(琴座の首星. 七夕伝説の織女星). [*arab.–mlat.*; ◇*engl.* Vega]

wẹg|ar·bei·ten[vɛ́k|arbaɪtən] 《01》 他 (h) **1** (苦労して)取り除く, 運び去る. **2** 仕上げる, 完成する. **3** 《*jn.*》(仕事・業績の面で…を)凌駕(りょうが)する. **4** 再帰 *sich*⁴ ～ 苦心して抜け出そうとする.

wẹg|ät·zen[vɛ́k|ɛtsən] 《02》 他 (h) 腐食させて除去する: Warzen ～ (薬で)いぼを取る.

wẹg|be·ge·ben*[vɛ́kbəge:bən]¹ 《52》 他 (h) 《雅》 再帰 *sich*⁴ ～ 立ち去る.

wẹg|bei·ßen*[vɛ́kbaɪsən] 《13》 他 (h) 《話》 《*jn.*》 追い払う, 追放する, いびり出す.

wẹg|be·kom·men*[vɛ́kbəkɔmən] 《80》 = wegkriegen

Wẹg·be·rei·ter[vé:k..] 男 道を切りひらく人; 《比》先駆者, 開拓者, パイオニア, 草分け.

wẹg|bla·sen*[vɛ́kbla:zən]¹ 《20》 他 (h) (息を吹きかけることによって)吹き飛ばす: Zigarettenasche ～ タバコの灰を吹き払う | **wie weggeblasen sein** 《話》(疲労・苦痛などが)〔突然〕かき消されたように跡形もなくなっている.

wẹg|blei·ben*[vɛ́kblaɪbən]¹ 《21》 自 (s) 《話》(来ると予期されているものが)やって来ない, 現れない; (機械などが)突然作動しなくなる: von *et.*³ ～ …に欠席する | ～, ohne *sich*⁴ zu entschuldigen (会合などを)断りもしないですっぽかす | Der Motor *bleibt weg.* エンジンがかからない | Der Strom *bleibt weg.* 電流が通じない | Beim Hustenanfall wäre sie beinahe *weggeblieben.* せきの発作で彼女はほとんど気が遠くなりそうだった | *jm. bleibt* die Luft 〈die Sprache / die Spucke〉 *weg* (→Luft 2, →Sprache 2 a, →Spucke 1).

wẹg|blicken[vɛ́kblɪkən] 自 (h) **1** 《von *et.*³》(…から)目をそらす. **2** 《über *et.*⁴》(…を)無視する.

wẹg|bren·nen*[vɛ́kbrɛnən] 《25》 **I** 他 (h) 焼き払う. **II** 自 (s) 焼失する.

wẹg|brin·gen*[vɛ́kbrɪŋən] 《26》 他 (h) **1** (fortbringen) (物を)持ち〈運び〉去る; (人を)連れ去る. **2** 《話》(しみなどを)取り除く, 取り去る.

wẹg|den·ken*[vɛ́kdɛŋkən] 《28》 他 (h) (頭の中で)存在しないものと見なす, 無視する: 〔*sich*³〕 *et.*⁴ ～ …は無いものと考える | *jn.* 〈*et.*⁴〉 nicht ～ können …抜きには考えられない〈語れない〉 | Wenn man sich die Fabriken *wegdenkt*, ist das Stadtbild recht hübsch. 工場をのけて考えれば この都市はなかなか美しい | Er ist aus unserer Mannschaft nicht *wegzudenken.* 彼は我々のチームにはなくてはならぬ人だ.

wẹg|dis·ku·tie·ren[vɛ́kdɪskuti:rən] 他 (h) 《*et.*⁴》議論によって葬り去る〈片づける〉.

wẹg|drän·gen[vɛ́kdrɛŋən] **I** 他 (h) 押しのける〈出す〉. **II** 自 (h) 《von *jm.* 〈*et.*³〉》(…から)しゃにむに離れよう〈去ろう〉とする.

wẹg|dre·hen[vɛ́kdre:ən] 他 (h) 回してそむける: das Gesicht ～ 顔をそむける ‖ 再帰 *sich*⁴ von *jm.* 〈*et.*³〉 ～ …から顔をそむける, …にそっぽを向く.

wẹg|dür·fen*[vɛ́kdʏrfən] 《35》 自 (h) 立ち去ってもよい: Du *darfst* noch nicht *weg* (＝weggehen). 君はまだ行ってしまってはいけない.

Wẹ·ge·bau[vé:gə..] 男 -〔e〕s/ 道路工事, 道普請(みちぶしん). **⸗gab·lung** ＝Weggablung **⸗geld** 中 **1** (通勤・出張などのための)交通費. ᵛ**2** (Straßenzoll) (道路の)通行税.

wẹg|ei·len[vɛ́k|aɪlən] 自 (s) 急いで立ち去る.

Wẹ·ge·kar·te[vé:gə..] 女 (特にハイキング用の)道路地図.

wẹg|ekeln[vɛ́k|e:kəln] 《06》 他 (h) 《話》 《*jn.*》(意地悪をして…を)追い払う, (居たたまれなくして…を)退散させる.

Wẹ·ge⸗kreu·zung[vé:gə..] 女 交差点. **⸗la·ge·rer** 男 辻(つじ)強盗(人), 追いはぎ(人).

We·ge·la·ge·rẹi[ve:gəla:gəráɪ] 女 -/ (wegelagern すること. 例えば:) 辻(つじ)強盗(行為), 追剝(おいはぎ)(行為).

wẹ·ge·la·gern[vé:gəla:gərn] 《05》 《過分 gewegelagert》 自 (h) (金品の強奪を目的として)路上で待ち伏せする, 辻(つじ)強盗を働く.

Wẹ·ge⸗mar·kie·rung 女 (ハイキングコースなどの)道路標示. **⸗mes·ser** ＝Wegmesser

ᵛ**wẹ·gen**¹[vé:gən]¹ 他 (h) (bewegen) 再帰 *sich*⁴ regen und ～ 動く; 活動する.

[*idg.*; ◇Wagen, Weg, Woog; *lat.* vehī „fahren"]

wẹ·gen²[vé:gən] 前 《2 格, まれに 3 格支配: →laut II ☆》

1《広く一般に動機を示す》…のために: **a**)《すでに起こった事柄に関して》…であるという理由で, …となったために, …の結果, …があるため; …であるために: ~ Motorschadens モーターが故障したために | ~ Mangel〔s〕 an Beweisen〘法〙証拠不十分により | *Wegen* der Krankheit meines Vaters blieb ich zu Hause. 私は父が病気であるため出かけなかった | *jn.* ~ Betrugs anklagen …を詐欺のかどで告訴する ‖ ~ des gestrigen Vorfalls 昨日事件が起こったため | ~〔des〕 schlechten Wetters ⟨dem schlechten Wetter⟩ 天気が悪いために | ~ Umbau〔s〕 geschlossen 改築のため休業中 | ~ Geschäften verhindert sein 商用のため手が離せない. **b**) …のことを顧慮して, …のことがあるために: ~ der Nachbarn 近所の人の目をはばかって | Sie sind ~ ihrer Kinder nicht gekommen. 彼らは子供のことがあるため来られなかった ‖ *Wegen* des Hundes ⟨dem Hund⟩ fuhren sie nicht in Urlaub. 犬のことを考えて彼らは休暇旅行に行かなかった | *Wegen* mir ⟨∇meiner⟩ brauchen Sie nicht zu bleiben. 私のことを考えて残ってくれるには及びませんよ. **c**)《これから起こることに関して》…を求めて, …を目ざして: ~ der Freundschaft 友情を求めて | ~ der Kürze 手短に言うために | Er fährt dorthin ~ seiner Gesundheit. 彼は健康のためにそこへ行く. **d**) (zugunsten) …の利益をはかって, …のためを思って: Er hat es ~ seiner Kinder getan. 彼は子供のためを思ってそうしたのだ | Er errichtete ein Krankenhaus ~ der Armen. 彼は貧しい人たちのために病院を建てた.
e) …に関して: *Wegen* mir (=Meinetwegen) kann er das tun. 私としては彼がそれをしても別に異存はありません(→meinetwegen 2 a).
2《von とともに》 **a**) von Amts ~ (→Amt 1 b) | *et.*[4] von Berufs ~ tun 職業上…をする | von Rechts ~ (→recht II 3) | von Staats ~ 国の立場から⟨定めるところとして⟩ | Von ~ seiner Pünktlichkeit ist er sehr beliebt. 時間を守るので彼は人からとても好かれている. **b**) Von ~! (相手の要求・期待・主張を拒絶して)とんでもない.

★ i) 人称代名詞と結びつく場合は今日では複合語 (meinetwegen, unsertwegen など)の形がふつうであり, wegen meiner などは古めかしい表現, wegen mir などは口語的表現とされている.
ii) 文語では wegen を後置することがあるが, この場合はつねに2格支配: des schlechten Wetters ~ 悪天候のために | des Geldes ~ 金のために.

..wegen[..ve:gən]《代名詞の古形につけて「…のために, …のせいで」などを意味する副詞をつくる. 発音の都合上 t を挿入することがある》: meinet*wegen* 私のために; 私については | dessent*wegen* そのために | wes*wegen* なぜ, どうして.
[*mhd.* von ... wegen „von seiten"; ◇Weg]

We̱·ge·netz[vé:gə..] 中 道路網. **≈recht** 中 ∇**1** 通行権. **2**《単数で》《集合的に》道路法.

We̱·ge·rich[vé:gərıç] 男 -s/-e〘植〙オオバコ(大葉子)属. [*ahd.*; ◇Weg, ..erich]

we̱·gern[vé:gərn]《05》他 (h)〘海〙(船に)内張りをする, 羽目板を張る. [*ndl.*; < *asächs.* wēg „Wand"]

We̱·ge·rung[..gərʊŋ] 女 -/-en〘海〙(船の)板内張り, 羽目板.

weg|es·sen*[vɛ́k|ɛsən]《36》他 (h) **1** (他人の分まで)食べてしまう; すっかり食べる, 平らげる: *jm.* alles ~ …の分をすっかり平らげる. **2**《*jn.*》(…のために)送別の宴を張る.

weg|fah·ren*[vɛ́kfa:rən]《37》 **I** 自 (s) (乗り物が・乗り物で)走り去る, 出発する; (車や船が)発車する, 出帆する: *jm.* vor der Nase ~ (→Nase 1 a).
II 他 (h) (乗り物で)運び⟨連れ⟩去る.

Weg·fall[vɛ́kfal] 男 -〔e〕s/ 中止, 廃止; 脱落, 省略: in ~ kommen《官》廃止される.

weg|fal·len*[vɛ́kfalən]《38》自 (s) 中止⟨廃止⟩になる; (語句などが)脱落する, 省略される: Dieser Grund *fällt* jetzt *weg*. この理由はもはや存在しなくなった | ~ können 無くても差し支えない | ~ lassen 省略する.

weg|fan·gen*[vɛ́kfaŋən]《39》他 (h)《話》ひっつかまえる, 捕らえて取り除く.

weg|fe̱·gen[vɛ́kfe:gən][1] 他 (h) 掃いて取り除く; 一掃する, (風が落ち葉などを)吹き払う.

weg|fei·len[vɛ́kfaılən] 他 (h) やすりで取り除く;《比》(文章の欠点を)取り除く.

weg|fin·den*[vɛ́kfındən][1]《42》《話》 **I** 他 (h) 盗む, くすねる. **II** 自 (h) nicht ~ 長居する, 退散の時機を失する.

weg|fi·schen[vɛ́kfıʃən]《04》他 (h)《話》《*jm. et.*[4]》奸計(かんけい)を用いて(…から…を)奪い取る, (…の)鼻先から(…を)かっさらう.

weg|flie·gen*[vɛ́kfli:gən][1]《45》自 (s) 飛び去る; 吹き飛ばされる: wie ein Traum ~ (時が)夢のように過ぎ去る | *jm. fliegt* das Blech *weg* (→Blech 1).

weg|fres·sen*[vɛ́kfrɛsən]《49》他 (h) **1** (auffressen) (動物が)食いつくす; (火が建物を)なめつくす; (酸が金属を)腐食する. **2** (動物がほかの動物の分まで)食べてしまう(→wegessen 1).

weg|füh·ren[vɛ́kfy:rən] **I** 他 (h) **1** 運び⟨連れ⟩去る. **2**《南部》(wegfahren) (乗り物で)運び⟨連れ⟩去る.
II 自 (h)《von *et.*[3]》(道が…から)遠ざかる;《比》(本題から)離れる.

We̱g·ga̱b·lung[vé:k..] 女 道の分岐〔点〕; 分かれ道, 三叉(さんさ)路.

We̱g·gang[vɛ́kgaŋ] 男 -〔e〕s/ 立ち去ること, 出発, 辞去, 退職. [<weggehen]

weg|ge̱·ben*[vɛ́kge:bən][1]《52》他 (h) 人手に渡す, 手放す, 売り払う: die Wäsche ~ 洗濯物をクリーニングに出す | *et.*[4] zu Reparatur ~ …を修理に出す | ein Kind ~ 子供を里子に出す | eine Tochter ~ 娘を嫁にやる.

We̱g·ge·fä̱hr·te[vé:k..] 男 =Weggenosse

weg|ge̱·hen*[vɛ́kge:ən]《53》自 (s) **1** 立ち去る, 辞去する, 出発する: heimlich ~ そっと席を外す | ohne Abschied ~ 別れのあいさつをしないで立ち去る ‖ *Geh* mir damit *weg*!《話》その件〔で私を煩わすの〕はやめてくれ. **2**《話》出かける, 外出する. **3**《話》(あったものがなくなる. 例えば:) (しみが)取れる; (商品が)売れる; (時間が)すぎ去る; (雪が)消える: leicht ~ (しみが)取れやすい; (商品が)はけやすい | schnell ~ (しみが)すぐ取れる; (商品が)すぐはける | wie warme Semmeln ~ (→Semmel) | unter den Händen ~ (時が)知らぬまに経過する.
4《話》《über *et.*[4]》(…を)避けて通る, 無視する.

∇**We̱g·geld**[vé:k..] =Wegegeld

We̱g·ge·nos·se 男 道連れ, 同行者.

weg·ge·tre̱·ten[vɛ́kgətre:tən] **I** wegtreten の過去分詞.
II 形《話》**geistig ~ sein** 放心状態である, 意識を失っている | 〔**geistig**〕**völlig ~ sein** 頭がすっかりおかしくなっている.

weg|gie·ßen*[vɛ́kgi:sən]《56》他 (h) **1** (液体を)そそいで⟨ぶちまけて⟩捨てる. **2**《*jn.*》液体をかけて⟨放射して⟩追い払う.

weg|gucken[vɛ́kgʊkən]《話》=wegsehen

weg|ha̱·ben*[vɛ́kha:bən][1]《64》他 (h)《話》**1** (すでに)除去し⟨遠ざけ⟩てしまっている: Es dauerte lange Zeit, bis sie ihn *weghatte*. 彼を追い払うのに⟨彼と手を切るのに⟩彼女は長いことかかった. **2** (あまりありがたくないものを)すでにもらってしまっている; (不愉快な目に)すでにあってしまっている: ein Herzleiden ~ 心臓病にかかっている | *seine* Strafe ~ ちゃんとすでに罰を受けている | *sein* Fett ~ (→Fett 1) | *sein*〔*en*〕 Teil ~ (→Teil IV) ‖ **einen ~** ほろ酔い気分である; お小言をちょうだいしている; ちょっと頭がおかしくなっている. **3** 理解している, のみ込んでいる: die Ruhe ~ (→Ruhe 4) | die Arbeit fein ~ 仕事のこつがすっかり分かっている | Sie *hatte* gleich *weg*, wie es gemacht werden muß. 彼女はすぐに要領をのみ込んでしまった.

weg|hal·ten*[vɛ́khaltən]《65》他 (h)《話》離しておく, 遠ざけておく: *et.*[4] von *et.*[3] ~ …を…から引き離しておく ‖ 再帰 *sich*[4] von *et.*[3] ~ …に近づかないようにする.

weg|hän·gen[vɛ́khɛŋən] 他 (h) **1** よそへ移して掛ける: Kleider ~ 衣服をよそへ掛ける. ∇**2**《*jn.*》絞首刑に処する.

weg|har·nen[vɛ́kharnən] 他 (h) 尿として排泄(はいせつ)する: viel Blut ~ 多量に血尿を出す.

weg|hau·en*[vɛ́khaʊən]《67》他 (h) 切り離す, 切り落とす.

weg|he·ben(*)[vɛ́khe:bən][1] 《68》 他 (h) **1** (持ち上げることによって)取り除く, 片づける: den Schleier ～ (顔から)ベールを持ち上げる.
▽**2** 再帰 *sich*[4] ～ 立ち去る: *Hebe* dich *weg* von mir, Satan! サタンよ 私の前から姿を消せ(聖書: マタ 4,10).

weg|hel·fen*[vɛ́khɛlfən] 《71》 自 (h) **1** 《*jm.*》(…を)助けて立ち去らせる; (…の)逃亡に手を貸す. **2** 《話》(hinweghelfen) 《*jm.* über *et.*[4]》(…を助けて…を)乗り切らせる: *sich*[3] über ein Hindernis ～ なんとか障害を切りぬける.

weg|ho·len[vɛ́kho:lən] 他 (h) **1** 《*jn.* / *et.*[4]》〔再び〕連れ〈運び〉去る.
2 《話》(holen) 《*sich*[3] *et.*[4]》(いやなこと・不快なことを)身に招く, 招来する; 被る, 受ける: *sich*[3] eine Krankheit ～ 病気をしょいこむ〈うつされる〉.

weg|hö·ren[vɛ́khø:rən] 自 (h) (↔hinhören) (意図的に)聞かない〈耳に入らない〉ようにする; (馬耳東風(ばじとうふう)と)聞き流す.

weg|ja·gen[vɛ́kja:gən][1] 他 (h) (乱暴に)追い払う, 追い出す; さっさと暇を出す.

Weg·kar·te[vé:k..] ＝Wegekarte

weg|keh·ren[1][vɛ́kke:rən] 他 (h) (顔・目などを)そらす, そむける: die Augen von *et.*[3] ～ …から目をそらす ‖ 再帰 *sich*[4] ～ わきを向く, 顔をそむける.

weg|keh·ren[2][－] 他 (h) 掃いて片づける, 掃き出す; 一掃する, 追い払う.

weg|kom·men*[vɛ́kkɔmən] 《80》 自 (s) 《話》 **1** 離れる, 去る; 離郷する; 逃げる, ずらかる: Machen Sie, daß Sie *wegkommen*! さっさと出て行ってください | Wir müssen versuchen, hier *wegzukommen*. なんとかしてここから逃げなければならない. **2** きりぬける, なし終える: gut ～ うまくやりとげる | schlecht ～ 失敗する | ungerupft ～ なんとか難を逃れる | Bei diesem Prüfer wärest du besser *weggekommen*. この試験官〈審査員〉だったら 君ももっといい成績が取れただろうに. **3** 《über *et.*[4]》(…を)〔うまく〕乗りこえる, 克服する: Ich *komme* darüber nicht *weg*, daß ... 私は…のことが〔どうしても〕忘れられない. **4** 除去される, 取り去られる; なくなる, 紛失する, 盗まれる: Mir ist meine Uhr *weggekommen*. 私は時計を紛失した | Hier *kommt* nichts *weg*. ここなら何を置いておいたって大丈夫だ(盗まれたりしない).

weg|kom·pli·men·tie·ren[vɛ́kkɔmplimɛnti:rən] 他 (h) 《*jn.*》お世辞を言ってうまく連れ出す〈やっかい払いをする〉.

weg|kra·nen[vɛ́kkra:nən] 他 (h) (…を)クレーンで除去する〈取りのける〉.

weg|krat·zen[vɛ́kkratsən] 《02》 他 (h) ひっかいて取る.

Weg≈kreuz[vé:k..] 中 道端にある十字架像. **≈kreu·zung** ＝Wegekreuzung

weg|krie·gen[vɛ́kkri:gən][1] 他 (h) 《話》 **1** 《*et.*[4]》 **a)** (ある場所から)ほかへ移す, どける. **b)** (しみなどを)取り去る, 消す; (いぼなどを)取り去る, 除去する. **2** 《*jn.* von *et.*[3]》(…を…から)連れ〈拉(らっ)し〉去る. **3** (いやなこと・不快なことを)身に招く, 被る, 受ける; (病気などを)もらう, しょいこむ. **4** 理解する, のみ込む.

weg·kun·dig[vé:k..] 形 道に精通した, 道に明るい.

weg|las·sen*[vɛ́klasən] 《88》 他 (h) **1** 省略する, カットする; (うっかり)抜かす, 落とす: Diese Szene *lassen* wir *weg*. このシーンはカットしよう. **2** 《話》《*jn.*》行かせる, 立ち去らせる: Die Kinder wollten ihn nicht ～. 子供たちは彼を離そうとしなかった.

Weg·laß·pro·be[vɛ́klas..] 女 《言》 取り除き操作, 除去テスト.

weg|lau·fen*[vɛ́klaufən] 《89》 自 (s) 走り去る; そそくさと立ち去る; 逃走する; (液体が)流れ去る: vor dem Hund ～ 犬に出あって逃げる | von der Arbeit ～ 仕事を放りだして逃げる | Ihm ist seine Frau *weggelaufen*. あいつは女房に逃げられた | 〔*jm.*〕 **nicht ～** 《話》〔…にとって〕いますぐに片づけなければならぬ仕事ではない(ほっておいても逃げはしない) | Der Abwasch *läuft* mir nicht *weg*. 《話》皿洗いは後まわしにしても大丈夫だ.

weg|le·gen[vɛ́kle:gən][1] 他 (h) 《*et.*[4]》手から放す; わきへ置く〈片づける〉.

Weg·lei·tung[vé:k..] 女 《オースト・スイ》 (Anleitung) 指導, 手ほどき; 指図, 助言.

weg|leug·nen[vɛ́klɔygnən] 《01》 他 (h)〔頭から〕否定〈否認〉してしまう.

weg|lo·ben[vɛ́klo:bən][1] 他 (h) 《話》《*jn.*》(邪魔な人を)褒めあげて(ほかの職場などへ)やっかい払いする.

weg·los[vé:klo:s][1] 形 道のついていない; (やぶなどが)通り抜けられない: ein ～*er* Wald 道のない森.

weg|ma·chen[vɛ́kmaxən] 他 (h) **1** 《話》(しみなどを)取る, 除去する. **2** 《話》 再帰 *sich*[4] ～ 立ち去る, ずらかる. **3** 《卑》 **a)** 《*jn.*》(性行為によって…を)満足させる, オルガスムに達しさせる. **b)** einen ～ 性交する.

Weg≈mal·ve[vé:k..] 女 《植》 ゼニバアオイ(銭葉葵). **≈mar·ke** 女 道路標識, 道標. **≈mar·kie·rung** ＝Wegemarkierung

weg|mau·sen[vɛ́kmauzən][1] 《02》 他 (h) 《話》《*jm. et.*[4]》(…から…を)そっと盗む.

Weg·mes·ser[vé:k..] 男 (Hodometer) 測歩計, 路程計.

weg·mü·de 形 長途〈長旅〉に疲れた.

weg|müs·sen*[vɛ́kmʏsən] 《103》 自 (h) **1** 立ち去らなければならない. **2** (物が)持ち〈運び〉去らなければならない; 取り除かれなければならない: Der Brief *muß weg*. この手紙を出しに行かなくてはならない | Das Plakat *muß weg*. このポスターは取りはずさなくてはいけない.

Weg·nah·me[vɛ́kna:mə] 女 -/-n (wegnehmen すること. 例えば:) 除去; 没収.

weg|neh·men*[vɛ́kne:mən] 《104》 他 (h) **1** 《*et.*[4]》取り去る, 持ってゆく, 片づける: *Nimm* doch bitte die Sachen hier *weg*! 頼むからここの荷物を持っていって〈どけて〉くれ. **2** 《*jn.*》連れ去る, 連れ出す: ein Kind von der Schule ～ 子供に学校をやめさせる. **3** 《*jm. et.*[4]》(…から…を)取りあげる, 奪う, 没収する, 持っていってしまう: heimlich ～ そっと盗み出す | *jm.* den Platz ～ …の場所〈座席〉を占領する. **4** (場所を)取る, (時間が)かかる, (エネルギー・費用などを)必要とする: viel Platz 〈Zeit〉 ～ 場所を取る〈時間がかかる〉.

weg|packen[vɛ́kpakən] 他 (h) **1** 包装してわきへ置く; しまい込む. **2** 《話》 再帰 *sich*[4] ～ 立ち去る, ずらかる.

weg|prak·ti·zie·ren[vɛ́kpraktitsi:rən] 他 (h) 《話》《*jm. et.*[4]》(…から…を)巧みな方法で奪う, うまく召し〈まき〉あげる.

weg|put·zen[vɛ́kputsən] 《02》 他 (h) **1** (汚れなどを)ぬぐい去る, 消す.
2 《話》 **a)** (食物を)すっかり平らげる. **b)** だまし取る. **c)** 〔発砲して〕追い払う. **d)** 射殺する, 殺害する. **e)** (トランプ遊びで)いい札を切って圧倒する. **f)** (スポーツで相手を)やっつける, 打倒する.

weg|ra·die·ren[vɛ́kradi:rən] 他 (h) 削り〈こすり〉消す, 消しゴムで消す; 削り〈こすり〉落とす.

weg|raf·fen[vɛ́krafən] 他 (h) **1** ひったくる, 奪う. **2** (死神などが人々を)拉(らっ)し〈奪い〉去る.

Weg·rand[vé:k..] 男 道路のへり, 道ばた, 路傍: am ～ 道ばたに〈で〉.

weg|ra·sie·ren[vɛ́krazi:rən] 他 (h) **1** (ひげを)そり落とす. **2** 《話》完全に破壊する.

weg|ra·tio·na·li·sie·ren[vɛ́kratsionalizi:rən] 他 (h) (職場・人員などを)合理化によって除く〈整理する〉.

weg|räu·men[vɛ́krɔymən] 他 (h) **1** 《*et.*[4]》取りのける〈除く〉; 片づける, しまう, よそへ持っていく. **2** 《話》《*jn.*》(邪魔者を)殺す, 始末する.

Weg·recht[vé:k..] ＝Wegerecht

weg|rei·sen[vɛ́kraizən][1] 《02》 自 (s) 旅立つ, 出立する; (渡り鳥が)飛び去る.

weg|rei·ßen*[vɛ́kraisən] 《115》 他 (h) **1** 《*jm. et.*[4]》(…から…を)むりやり奪う, ひったくる: *jm.* das Buch ～ …の手から本をひったくる. **2** むりやり連れ〈取り〉去る, 拉(らっ)し去る; (あらし・洪水などが屋根や橋を)引きちぎって行く: Ihm wurde das linke Bein *weggerissen*. 彼は(弾丸に)左脚を吹き飛ばされた. **3** (建物などを)取り壊す. **4** 再帰 *sich*[4] 〔von *et.*[3] 〈*jm.*〉〕 ～〔…から〕むりやり身をもぎ離す,〔…から〕やっとのことで自由にな

る.

weg|rü·cken[vɛ́krʏkən] =fortrücken

weg|ru·fen*[vɛ́kruːfən] ⟪121⟫ 他 (h) ⟪*jn.*⟫ (…を)呼んで立ち去らせる; 召還する: *jn.* von *et.*[3] ～ …を…をしているところから呼び戻す.

weg|sa·cken[vɛ́kzakən] 自 (s) **1** 沈む, 沈下する, (船が) 沈没する. **2** (飛行機が)高度を下げる, 降下する. **3 a)** (足が)しびれる: Mir sind die Beine *weggesackt.* 私は足がしびれ〔て転倒し〕た. **b)** 卒倒する; ⟪俗⟫眠り込む: Plötzlich ist er *weggesackt.* 突然彼は気を失っ〔て倒れ〕た.

[▽]**weg·sam**[véːkzaːm] 形 道がついている; (道が)通行可能な.

weg|schaf·fen[vɛ́kʃafən] 他 (h) **1** よそへ運ぶ, 取り除く, 片づける. **2** (仕事を)片づける, 終える. **3** 〖数〗消去する.

weg|schau·en[vɛ́kʃauən] 自 (h) ⟪方⟫ =wegsehen

Weg≈scheid[véːkʃaɪt][1] 男 -[e]s/-e (ｵｰｽﾄﾘｱ: 女 -/-en), **≈schei·de**[..ʃaɪdə] 女 -/-n 道の分岐点, 分かれ道.
[*ahd.*; ◇scheiden]

weg|schen·ken[vɛ́kʃɛŋkən] 他 (h) **1** くれてやる, やってしまう. **2** 再帰 *sich*[4] ～ わが身をささげる, 犠牲になる.

weg|sche·ren[1]*[vɛ́kʃeːrən] ⟪133⟫ 他 (h) (はさみやナイフで)切り落とす, 刈り取る.

weg|sche·ren[2][–] 他 (h) ⟪話⟫ 再帰 *sich*[4] ～ 立ち去る: *Scher* dich *weg*! とっとと失(う)せろ.

weg|schi·cken[vɛ́kʃɪkən] 他 (h) **1** ⟪*et.*[4]⟫ (手紙・荷物などを)送る, 発送する. **2** ⟪*jn.*⟫ 使いに出す, 派遣する; 立ち去らせる, 追い払う; 解雇する.

weg|schie·ben*[vɛ́kʃiːbən][1] ⟪134⟫ 他 (h) 押しのける.

weg|schlei·chen*[vɛ́kʃlaɪçən] ⟪139⟫ **I** 自 (s) 忍び足で去る, こっそり立ち去る. **II** 他 (h) 再帰 *sich*[4] ～= I

weg|schlep·pen[vɛ́kʃlɛpən] 他 (h) **1** ⟪*jn.*⟫ むりやり連れ去る, 引きずるようにして連れてゆく, 拉致(らち)する. **2** ⟪*et.*[4]⟫ (特に重いもの・大きいものを)運び出す, 運び去る.

weg|schleu·dern[vɛ́kʃlɔydərn] ⟪05⟫ 他 (h) **1** ほうり投げる, 投げ捨てる. **2** 捨て値で売る, 投げ売りする.

weg|schlie·ßen*[vɛ́kʃliːsən] ⟪143⟫ 他 (h) 鍵(かぎ)のある場所にしまう, しまって鍵をかける.

weg|schmei·ßen*[vɛ́kʃmaɪsən] ⟪145⟫ 他 (h) ⟪話⟫ **1** 投げ捨てる; 粗末に扱う, 浪費する: den Löffel ～ (→Löffel 1 a). **2** 再帰 *sich*[4] ～ 自分の品位を傷つける; 自分より身分の低い相手と結婚する.

weg|schnap·pen[vɛ́kʃnapən] 他 (h) ⟪*jm. et.*[4]⟫ (…から…を)ぱくりとひっさらう; ひったくる, かっさらう, 横取りする: *jm. et.*[4] vor der Nase ～ (→Nase 1 a).

Weg·schnecke[véːk..] 女 〖動〗コウラクロナメクジ(甲羅黒蛞蝓).

weg|schnei·den*[vɛ́kʃnaɪdən][1] ⟪148⟫ 他 (h) 切り取る, 切り離す.

weg|schup·sen[vɛ́kʃʊpsən] ⟪02⟫ ⟪話⟫ =wegstoßen 1

weg|schüt·ten[vɛ́kʃʏtən] ⟪01⟫ 他 (h) (液体などを)ぶちまけて捨てる, ぶちまける, まき散らす.

weg|schwem·men[vɛ́kʃvɛmən] 他 (h) 洗い〈押し〉流す.

weg|schwim·men*[vɛ́kʃvɪmən] ⟪160⟫ 自 (s) 泳ぎ去る; 漂い去る: *jm.* sind alle Felle *weggeschwommen* (→Fell 1 b).

weg|se·hen*[vɛ́kzeːən] ⟪164⟫ 自 (h) **1** ⟪von *jm.* ⟨*et.*[3]⟩⟫ (…から)目をそらす, (…を)見ないふりをする: angewidert ⟨verlegen⟩ ～ 不快感を抱いて〈間が悪そうに〉目をそむける ‖ ***jn.* nur vom *Wegsehen* kennen** ⟪話⟫ (快く思っていないので)…と知り合いになることを避ける.
2 ⟪話⟫ (hinwegsehen) **a)** ⟪über *et.*[4]⟫ (…を)見はるかす, 展望する. **b)** ⟪über *et.*[4]⟫ (…を)見ないふりをする, 見逃す, 大目に見る; 無視する.

weg|seh·nen[vɛ́kzeːnən] 他 (h) 再帰 *sich*[4] ～ よそ〔の土地〕へ行きたいと切望する.

weg|set·zen[vɛ́kzɛtsən] ⟪02⟫ **I** 他 (h) **1** (ある場所から)引き離す, よそ〈わき〉へ置く, 片づける: eine Vase ～ 花瓶を仕舞う ‖ 再帰 *sich*[4] 〔von *et.*[3]〕 ～ 〔…から〕別の座席へ移る. **2** ⟪話⟫ (hinwegsetzen) 再帰 *sich*[4] über *et.*[4] ～ …を無視する, …を(故意に)看過する. **II** 自 (s, h) ⟪話⟫ (hinwegsetzen) ⟪über *et.*[4]⟫ 飛び越える; 超越する.

weg|spü·len[vɛ́kʃpyːlən] **I** 他 (h) **1** (液体, 特に水で)洗い流す: den Ufersand ～ (川の流れや打ちよせる波などが)岸の砂を洗い流す. **2** ⟪話⟫ (食器を)ゆすいで片づける.
II 自 (h, s) ⟪über *et.*[4]⟫ (水が…の上を)洗いながら流れ去る.

weg|ste·cken[vɛ́kʃtɛkən] 他 (h) **1** (ある場所から)引き離してよそ〈わき〉へ突っこむ; (ポケットなどに)隠す; 投獄する. **2** (処罰・非難・精神的打撃などを)甘受する.

weg|steh·len*[vɛ́kʃteːlən] ⟪183⟫ 他 (h) **1** ⟪*jm. et.*[4]⟫ (…から…を)盗み取る: *et.*[4] den Augen ～ ⟪比⟫ …を見えないようにする〈見せない〉. **2** 再帰 *sich*[4] ～ こっそり立ち去る.

weg|ster·ben*[vɛ́kʃtɛrbən][1] ⟪185⟫ 自 (s) ⟪話⟫ ⟪*jm.*⟫ (…にとって)あっという間に〔次々と〕死んでしまう: Drei Kinder sind uns *weggestorben.* 私たちはたて続けに子供 3 人に死なれた.

weg|sti·bit·zen[vɛ́kʃtibɪtsən] ⟪02⟫ ⟪過分 wegstibitzt⟫ 他 (h) ⟪話⟫ ⟪*jm. et.*[4]⟫ (…から…を)だまし取る.

weg|sto·ßen*[vɛ́kʃtoːsən] ⟪188⟫ 他 (h) **1** 押し〈突き〉のける; 押し〈突い〉て取り除く〈片づける〉: *jn.* mit dem Ellenbogen ～ …をひじで押しのける.
2 ⟪比⟫ ⟪*jn.*⟫ 突き離す, 相手にしない.

weg|stre·ben[vɛ́kʃtreːbən][1] 自 (s, h) ⟪von *et.*[3]⟫ (…から)離れようと努める.

Weg·strecke[véːk..] 女 道の区間, 〔一定の〕道のり: die letzte ～ 最後の道程.

weg|strei·chen*[vɛ́kʃtraɪçən] ⟪189⟫ 他 (h) **1** なでて〈さすって〉取り除く: die Tränen ～ 涙をふく. **2** (お金を)かっさらう, 着服する. **3** (字・数字などを)削る, 削除する.

Weg·stun·de[véːk..] 女 1 時間の行程〈道のり〉: Das Dorf liegt eine reichliche ～ entfernt. その村まではたっぷり 1 時間の行程だ.

weg|tan·zen[vɛ́ktantsən] ⟪02⟫ 他 (h) **1** 踊ることによって取り除く: einen trüben Gedanken ～ 憂鬱(ゆううつ)な考えを踊って吹き飛ばす | die Sohlen von den Schuhen ～ 踊っていて靴の底が取れる. **2** (曲を)最後まで踊る.

weg|tra·gen*[vɛ́ktraːgən] ⟪191⟫ 他 (h) 運び(持ち)去る: Das *trägt* die Katze auf dem Schwanz *weg.* (→Schwanz 1).

weg|trei·ben*[vɛ́ktraɪbən][1] ⟪193⟫ **I** 他 (h) 追い払う; 追放する, 駆逐する; (その場所から去るよう)駆り立てる.
II 自 (s) (水や水中のものが)流れ〈ただよい〉去る.

weg|tre·ten*[vɛ́ktreːtən] ⟪194⟫ **I** 自 (s) **1 a)** わきへ寄る〈退く〉. **b)** 退場する, 去る: die Kompanie ～ lassen 中隊(の隊列)を解散させる. **2** ⟪über *et.*[4]⟫ (…を)無視する; 超越する.
II 他 (h) 蹴(け)ることによって取り除く; (靴などを)はきつぶす; ⟪比⟫ (感情などを)踏みつけにする, 無視する.
III weg·ge·tre·ten → 別出

weg|tun*[vɛ́ktuːn] ⟪198⟫ 他 (h) **1** わきへやる, 移す, 取り除く, 片づける, 仕舞う. **2** (ごみ・かすなどを)捨てる, 廃棄する. **3** (お金を)取りのけておく, 貯金する. **4** 隠す, (かぎのかかる場所などに)仕舞う.

Weg≈über·füh·rung[véːk..] 女 オーバーパス, 跨道(こどう)橋, 陸橋; 跨線(こせん)橋. **≈un·ter·füh·rung** 女 アンダーパス, 地下道, ガード下の道路.

Weg·war·te 女 -/-n (Zichorie) 〖植〗キクニガナ(菊苦菜), チコリ(葉をサラダに用い, また根から代用コーヒーがとれる).
[„nach dem Weg (der Sonne am Himmel) Ausschauende"; *mhd.*]

weg·wärts[véːkvɛrts] 副 道〈道路〉の方へ〔向かって〕.

weg|wa·schen*[vɛ́kvaʃən] ⟪201⟫ 他 (h) (水で)洗い落とす; (水・雨などが)洗い流す; ⟪比⟫ (洗い流すように)一掃する.

weg·wei·send[véːk..] 形 指針〈指標〉となる: ～ wirken 指標としての役割をはたす.

Weg·wei·ser 男 **1 a)** 道標, 道しるべ, 案内標識〔板〕(→図 Schild). **b)** 入門〈案内〉書; 旅行案内書, ガイドブック.
2 道案内人.

Weg·wei·sung[1][véːkvaɪzʊŋ] 女 -/-en 道を指し示すこと, 指針となること.

Weg·wei·sung[2][véːkvaɪzʊŋ] 女 -/-en ⟪ｽｲｽ⟫ (Ausweisung) 追放, 放逐.

weg|wen·den(*)[vɛ́kvɛndən][1] 《206》 他 (h) よそ〈わき〉へ向ける: die Augen ～ 目をそらす | von *jm.* die Pistole ～ …に突きつけていたピストルをわきへそらす ‖ 再帰 *sich*[4] ～ 身を転じる.

weg|wer·fen*[vɛ́kvɛrfən] 《209》 **I** 他 (h) ぽいと投げる, 投げ出す; 投げ捨てる, (廃物として)投棄する: den Löffel ～ (→Löffel 1 a) | Zigarettenstummel ～ タバコの吸い殻をぽいと投げ〔捨て〕る | *sein* Leben ～ 命をそまつにする; 自殺する ‖ *weggeworfenes* Geld《比》無駄〔に遣われた〕金, 死金(しにがね) ‖ 再帰 *sich*[4] ～ わが身をそまつに扱う, (つまらないこと・人のために)わが身を犠牲にする | Wie konnte sie sich nur an einen solchen Menschen ～! なんだって彼女はあんな男と一緒になったんだろう.

II weg·wer·fend 現分 形 軽蔑〈侮辱〉的な: eine ～*e* Bemerkung über *et.*[4] machen …について軽蔑的に酷評する | in ～*em* Ton von *et.*[3] sprechen さも軽蔑したような口調で…のことを話す ‖ *jn.* ～ behandeln …に対して無視するような態度をとる.

Weg·werf≈ar·ti·kel[vɛ́kvɛrf..] 女 使い捨て商品. **≈fla·sche** 女 使い捨ての瓶. **≈ge·schirr** 中《集合的に》使い捨て食器. **≈ge·sell·schaft** 女 使い捨て社会. **≈kul·tur** 女 使い捨て文化. **≈men·ta·li·tät** 女 使い捨て的な物の考え方. **≈pro·dukt** 中 使い捨て製品. **≈wa·re** 女 使い捨て商品. **≈win·del** 女 使い捨ておむつ.

Weg·we·spe[vé:k..] 女〘虫〙ベッコウバチ(鼈甲蜂)科の昆虫.

weg|wi·schen[vɛ́kvɪʃən] 《04》 **I** 他 (h) ぬぐい取る〈消す〉: einen Satz an der Tafel〔mit dem Schwamm〕～ 黒板に書かれた文を〔スポンジで〕消す | *sich*[3] die Tränen ～ 涙をぬぐう ‖ Unsere Angst war wie *weggewischt.* 私たちの心配はたちまち(ぬぐったように)消えた. **II** 自 (s) すばやく立ち去る: über *et.*[4] ～《比》…をうっかり見のがす〈無視する〉.

weg|wün·schen[vɛ́kvʏnʃən] 《04》 他 (h) (不愉快な事柄を)頭の中から追い払おうとする, 存在しないものと見なそうとする.

weg|zäh·len[vɛ́ktsɛ:lən] 他 (h) 《オースト》 (abziehen) (数を)引く, 差し引く.

weg|zau·bern[vɛ́ktsaʊbərn] 《05》 他 (h) 魔法で取り除く〈消失させる〉: wie *weggezaubert* verschwinden 〈sein〉《比》かき消されたようにいなくなる〈なくなってしまっている〉.

Weg≈zeh·rung[vé:k..] 女 旅行に携帯する食糧〈お金〉: die letzte 〈heilige〉 ～〘カトリック〙臨終者に授ける秘跡〈聖体拝領〉. **≈zei·chen** 中 道路標識, 道しるべ.

weg|zie·hen*[vɛ́ktsi:ən] 《219》 **I** 他 (h) 引く〈引っぱる〉ことによって取り除く〈取り払う〉: den Vorhang ～ カーテンをあける | *jm.* den Stuhl ～ いすを引いて…をひっくり返らせる | *jm.* den Boden unter den Füßen ～ (→Boden 2). **II** 自 (s) 去る, 引っ越す, 転居する; (渡り鳥が渡りに)出発する.

Weg·zug[..tsu:k][1] 男 -[e]s/ (wegziehen IIすること. 例えば:) 転居, 移転; (渡り鳥の)出発.

weh[1][ve:] 形 **1 a)**《述語的用法なし》傷ついた, 痛めた; 痛む: einen ～*en* Finger 〈Fuß〉 haben 指〈足〉を痛めている, 指〈足〉が痛い. **b)**《雅》悲しい, 悲痛な, 悲哀に沈んだ: ein ～*es* Gefühl 悲しい気持 | *jn.* mit einem ～*en* Blick ansehen …を悲しそうな目つきで見る ‖ Ihm war ～ zumute 〈ums Herz〉. 彼は物悲しい気持だった. **2 a)**〔*jm.*〕～ tun (体の一部などが)〔…にとって〕痛む〈痛い〉| Der Kopf tut mir ～. / Mein Kopf tut〔mir〕～. 私は頭痛がする ‖〚es を主語として〛Mir tut es im Halse ～. 私はのどが痛い | Wo tut es〔dir〕denn ～?〔君は〕いったいどこが痛いのか. **b)** *jm.* ～ tun …を痛い目にあわせる, …を痛がらせる;《雅》…の気持を傷つける, …を悲しませる | Habe ich dir ～ getan? 痛かったかい | Sein Verhalten tat ihr ～. 彼の態度は彼女の心を傷つけた ‖ Ich habe mir an der scharfen Kante ～ getan. 私はとがった角に体〈手・指・足〉をぶつけて痛い思いをした.

weh[2][ve:] (**we·he**[vé:ə]) **I** 間 (英: *woe*) **1** (苦痛・悲しみなどの気持を表して)おお, ああ; 痛い, 悲しや: O *weh*! おお痛い〈悲しい・つらい〉| *Weh*〔*e*〕mir! おお悲しや ‖ ach und *weh*〔über *et.*[4]〕schreien (→ach I 1) | wind und ～ (→wind). **2** (のろい・おどしなどを表して)災いあれ, ただではすまぬぞ: *Weh*〔*e*〕dir 〈über dich〉, wenn du zu spät kommst! 君が遅刻しようものなら大変だぞ | *Weh*〔*e*〕dem, der das tut! そんなことをする者はただではすまないぞ.

II Weh 中 -[e]s/-e **1**《ふつう単数で》(**We·he**[1][vé:ə] 中 -s/)《雅》悲しみ, 苦しみ, 悩み: Ach und *Weh* / *Weh* und Ach (→ach II) | Wohl und *Wehe* (→wohl II) | Ein tiefes 〈bitteres〉 *Weh* erfüllte ihn. 深い〈激しい〉悲しみが彼の心を満たした. **2**《単数で》《もっぱら複合名詞の形で》(肉体的な)痛み, 苦痛: Bauch*weh* 腹痛 | Kopf*weh* 頭痛.
[*idg.*; 擬音; ◇weinen; *lat.* vae „weh"]

We·he[2][vé:ə] 女 -/-n《ふつう複数で》陣痛: starke 〈schwache〉 ～*n* haben 陣痛が強い〈弱い〉‖ Die ～*n* setzen ein 〈aus〉. 陣痛が始まる〈とだえる〉| Die ～*n* lassen nach. 陣痛がおさまる | Sie lag in den ～*n.* 彼女は陣痛の床にあった.

We·he[3][–] 女 -/-n (風に吹き寄せられた雪・砂などの)吹きだまり: Der Wind trieb den Schnee in ～*n* zusammen. 風が雪の吹きだまりを作った.

we·hen[vé:ən] **I** 自 (h) **1** (風が)吹く, (空気が)動く: Der Wind *weht* kalt 〈aus Norden〉. 風が冷たく〈北から〉吹く | Es *weht* eine Brise 〈ein heftiger Wind〉. そよ風〈はげしい風〉が吹く | Kein Lüftchen *wehte.* / Es *wehte* kein Lüftchen. 空気は微動だにしなかった〈そよとも動かなかった〉‖ Hier *weht* ein scharfer Wind. (→Wind 1 a) | Dort *weht* ein anderer 〈schärferer〉 Wind. (→Wind 1 a) | Hier *weht* ein neuer Wind 〈Geist〉.《比》ここには新しい精神が脈打っている | Jetzt merke 〈weiß〉 ich, woher der Wind *weht.* / Aha, daher *weht* der Wind! (→Wind 1 a) | *sich*[3] den Wind um die Nase 〈Ohren〉 ～ lassen (→Wind 1 a) ‖ 非人称 Es *weht* kühl von den Bergen her. 山から冷たい風が吹いてくる | Draußen *weht* es tüchtig. 戸外では風が吹きすさんでいる. **2 a)**《方向を示す語句と》(風に吹かれて)流れてくる〈ゆく〉: Der Duft von Rosen *wehte* ins Zimmer. バラのかおりが部屋の中にただよってきた | Ein Ruf *wehte* übers Wasser zu uns. 呼び声が水面を渡って私たちのところまで聞こえてきた. **b)** (風に吹かれて)ひるがえる, なびく: Die Fahne 〈Ihr Haar〉 *wehte* im Wind. 旗〈彼女の髪〉が風になびいていた ‖ mit *wehenden* Haaren 髪を風になびかせて.

II 他 (h)《*et.*[4]》《方向を示す語句と》(風が…を)吹いて運ぶ, 吹き飛ばす, 吹き流す, 吹き寄せる, 吹きつける: Der Wind *wehte* die Papiere vom Tisch 〈welke Blätter auf die Terrasse〉. 風が書類を机から吹き飛ばした〈枯れ葉をテラスに吹き寄せた〉| Der Wind *wehte* ihm den Rauch ins Gesicht. 風が煙を彼の顔に吹きつけた.
[*idg.*; ◇Wind, Wetter[2], wallen[1]]

We·hen·an·fall 男〘医〙陣痛発作.
we·hen·för·dernd 形 陣痛を促進する(薬・注射など).
We·hen≈mit·tel 中〘薬〙陣痛促進薬. **≈schwä·che** 女〘医〙陣痛微弱.

▽**Weh·frau**[vé:..] 女 =Wehmutter

Weh≈ge·fühl 中 悲哀感, 悲愁, 哀愁. **≈ge·schrei** 中 悲しみ〈悲嘆〉の叫び声. **≈kla·ge** 女 (声に出して)嘆き悲しむこと, 悲嘆, 愁嘆.

weh·kla·gen[vé:kla:gən][1] (《過分》 gewehklagt) 自 (h) (声に出して)嘆き悲しむ, 悲嘆〈愁嘆〉の叫びをあげる: in lautes *Wehklagen* ausbrechen 大声で嘆き悲しむ.

Wehl[ve:l] 中 -[e]s/-e, **Weh·le**[vé:lə] 女 -/-n《北部》 **1** (海岸の堤防の内側にある)入江, 水たまり. **2** (Kolk) 甌穴(おうけつ), ポットホール.
[„Wasserwirbel"; *mndd.*; ◇wallen[2]]

weh·lei·dig[vé:laɪdɪç][2] 形 すぐに嘆き悲しむ, ぐちっぽい, 哀れっぽい; 大げさに痛がる.

Weh·lei·dig·keit[–kaɪt] 女 -/ wehleidig なこと.

Weh·mut[vé:mu:t] 女 -/ 物悲しい気持, 悲哀, 哀愁, 憂い, 憂愁: namenlose ～ 名状しがたい悲哀 | Eine leise 〈tiefe〉 ～ erfaßte mich. かすかな〈深い〉悲哀が私の心をとらえた.

weh·mü·tig[..my:tɪç][2] 形 物悲しい, 悲しげな, 憂鬱(ゆううつ)そうな: ein ～*er* Blick 悲しげなまなざし ‖ ～ lächeln 憂鬱そ

うにほほえむ. [*mndd.* wē-mōdich; ◇Mut]

Weh·mü·tig·keit[..kaɪt] 女 -/ wehmütig なこと.

weh·muts·voll[véːmuːts..] 形 悲哀(哀愁)に満ちた, 憂いに満ちた.

ᵛ**Weh·mut·ter** 女 -/..mütter (Hebamme) 助産婦, 産婆. [◇Wehe²]

Weh·ne[véːnə] 女 -/-n《北部》(Beule) こぶ, 腫脹(しゅちょう); (Geschwulst) 腫瘍(しゅよう). [*mndd.* wene; ◇wund; *engl.* wen]

Wehr¹[veːr] 女 -/-en **1**《単数で》身を守ること, 防御, 抵抗: Not*wehr* 正当防衛 ‖ ***sich***⁴ 〔**gegen** ***jn.*** 〈***et.***⁴〉〕 **zur ~ setzen**〔…に対して〕身を守る〈防戦する・抵抗する〉| *sich*⁴ mit Hörnern und Klauen zur ~ setzen (→Horn 1 a). **2** 防衛軍, 防御部隊: Bundes*wehr* (ドイツの)連邦国防軍 | Feuer*wehr* 消防隊. ᵛ**3** (防御用の)武具, 武器, 防具; 防御施設, 防塁: Brust*wehr* (城などの)胸壁 | ~ und Waffen (防御用と攻撃用の)武器. **4** 防壁, 防護柵(さく).

Wehr²[−] 中 -[e]s/-e (水をせき止めたり, 流量を調節したりするために川の中に設けられた)堰(せき): ein bewegliches 〈festes〉 ~ 可動〈固定〉堰 | Stau*wehr* 堰堤(えんてい), ダム. [*mndd.*－*mhd.* wer; ◇Werder, Wuhr; *engl.* weir]

ᵛ**wehr·bar**[véːrbaːr] =wehrfähig

Wehr≠be·auf·trag·te 男 (ドイツの連邦議会が任命する)国防委員. ≠**be·reich** 男 (ドイツの)国防区域. ≠**be·zirk** 男 軍管区. ≠**dienst** 男 -[e]s/ 兵役(→Zivildienst): zum ~ eingezogen werden 兵役に召集される, 徴兵される.

Wehr·dienst·ge·richt 中 兵役裁判〔所〕.

wehr·dienst≠pflich·tig =wehrpflichtig ≠**taug·lich** 形 兵役に適格の, 徴兵検査に合格した.

Wehr·dienst≠ver·wei·ge·rer 男 兵役拒否者. ≠**ver·wei·ge·rung** 女 兵役拒否.

weh·ren[véːrən] **I** 他 (h) **1** 再帰 *sich*⁴ 〔gegen *et.*⁴〕 ~ 〔…に対して〕身を守る〈防戦する〉; 〔…に〕逆らう〈抵抗する〉| *sich*⁴ gegen eine Krankheit ~ 病魔と戦う | *sich*⁴ gegen die Vorwürfe ~ 非難に対して抗弁する | *sich*⁴ aus Leibeskräften 〈mit allen Kräften / mit Händen und Füßen〉 gegen *et.*⁴ ~ …に対して全力をあげて抵抗する ‖ *sich*⁴ *seiner* Haut² ~ (→Haut 1 a) ‖ Er hat sich lange *gewehrt*, diese Arbeit zu übernehmen. 彼はこの仕事を引き受けることを長い間承知しようとしなかった.

2《雅》《*jm. et.*⁴》(…に対して…を)妨げる, 阻止する, 禁止する: *jm.* den Durchgang ~ …に通行を禁じる | Ich kann es dir nicht ~. 私は君がそうするのを止めることはできない.

II 自 (h)《雅》《*et.*³》(…を)妨げる, 阻止する, 防ぎ止める: dem Feuer ~ 火を消し止める | einem Unheil ~ 災いを阻止する | Sie *wehrte* seinem Dank. 彼女は彼の感謝の言葉を押しとどめた | *Wehret* den Anfängen! (→Anfang). [*germ.* „hemmen"; ◇wahren]

Wehr·er·satz≠be·hör·de[véːr..] 女 兵員補充局. ≠**dienst** =Ersatzdienst ≠**we·sen** 中 -s/ (徴兵による)兵員補充制度〈組織〉.

Wehr≠er·zie·hung 女 (特に旧東ドイツの)兵役準備教育. ≠**etat**[..|etaː] 男 防衛費, 国防予算.

wehr·fä·hig 形 兵役能力のある; 戦う能力のある.

Wehr≠fä·hig·keit 女 -/ 兵役適格性; 戦闘能力. ≠**gang** 男 (中世の城・都市の)城壁内側の通路, 防御回廊 (→ 図 Burg). ≠**ge·hän·ge** 中 **1** 剣帯. **2**〖狩〗猟刀用の帯革. ≠**ge·henk** 中 剣帯. ≠**ge·setz** 中〖法〗国防法.

wehr·haft[véːrhaft] 形 **1** (人や動物が)闘争能力にすぐれた, 争いに強い. **2** (中世の城・都市が)防備を固めた, 堅固な.

Wehr·haf·tig·keit[..tɪçkaɪt] 女 -/ wehrhaft なこと.

Wehr≠ho·heit 女 -/ (国家の)国防権, 自衛権. ≠**kir·che** 女〖史〗(中世の)防衛教会, 城砦(じょうさい)教会(危急のさい教区民の避難所となった).

Wehr·kraft·zer·set·zung 女 国防力破壊工作.

wehr·los[véːrloːs]¹ 形 身を守る〈抵抗する〉力のない, 無防備の, 無力な: Gegen diesen Vorwurf waren wir völlig ~. この非難に対して我々は抗弁するすべが全くなかった.

Wehr·lo·sig·keit[..loːzɪçkaɪt] 女 -/ wehrlos なこと.

Wehr≠macht 女 -/ **1** (一国の)防衛力, 国防力;《集合的に》軍, 軍隊. **2**〖史〗国防軍(1935-45年のドイツ陸海空三軍の総称: →Reichswehr). ≠**mann** 男 -[e]s/..männer《スイ》(Soldat) 兵士, 軍人. ≠**paß** 男 兵役手帳. ≠**pflicht** 女 -/ 兵役の義務: die allgemeine ~ (健康なすべての男子に課せられる)一般兵役義務, 国民皆兵の義務.

wehr·pflich·tig 形 兵役義務のある: die *Wehrpflichtigen* 兵役義務のある人々.

Wehr≠recht 中〖法〗国防法. ≠**schna·bel** 男〖魚〗トゲウナギ. ≠**sold** 男 兵隊給与金. ≠**spar·ta·kia·de** 女 (旧東ドイツの)国防〔スポーツ〕スパルタキアード. ≠**sport** 男 国防〔強化〕スポーツ. ᵛ≠**stand** 男 -[e]s/ 軍人階級 (Lehrstand, Nährstand に対するもの). ≠**straf·ge·richt** 中 軍刑事裁判〔所〕. ≠**übung** 女 (Grundwehrdienst を終えた兵役義務者に対する)軍事訓練. ≠**vo·gel** 男〖鳥〗サケビドリ(叫鳥)(南アメリカ産).

Weh·weh[véːveː, veːvéː] 中 -s/-s《幼児語》いたいいたい(けが・傷・痛みなどを指す).

Weh·weh·chen[veːvéːçən] 中 -s/-《戯》いたいた(痛み, 特に思い込みの大げさな痛みを指す): Sie geht mit jedem ~ zum Arzt. 彼女はどこかがちょっとでも痛いとすぐに医者に行く.

Weib[vaɪp]¹ 中 -es(-s)/-er (小 **Weib·chen, Weib·lein** → 別出) **1** (Frau)《雅》(成人の)女性, 女子, 女;《しばしば軽蔑的に》女: ein altes ~ 老婆 | ein junges ~ 若い女 | ein hysterisches ~ ヒステリー女 | ein tolles ~ すごく魅力的な女 | Mann*weib* 男みたいな〈男まさりの〉女 ‖ Mann und ~ 男と女, 男女(→2) | Wein, ~ und Gesang 酒 女 そして歌 ‖ So ein dummes ~! ばかな女め | Diese klatschsüchtigen ~*er*! おしゃべり女どもめ | Sei kein ~! / Sei nicht so ein altes ~! (男に向かって)そんなに女々しいまねはやめろ | Ein ~ verschweigt nur, was es 〈sie〉 nicht weiß.《諺》女は口が軽い(女は自分の知らないことしか黙っていられない) | Schwachheit, dein Nam' ist ~. (→Schwachheit 1) ‖ Er ist hinter allen ~*ern* her. 彼は女と見ればすぐにその尻(しり)を追いかける.

ᵛ**2** (Ehefrau) 妻: mein ~ うちの女房 | Mann und ~ 夫と妻, 夫婦(→1) | **~ und Kind** 妻子, 家族 ‖ *sich*³ ein ~ nehmen 妻をめとる | *sich*³ *jn.* zum ~ nehmen / *jn.* zu *seinem* ~ machen …を妻に迎える.
[*germ.*; ◇*engl.* wife]

Weib·chen[váɪpçən] 中 **1** -s/-, Weiberchen[váɪbərçən] (Weib の縮小形. 例えば:) 体格の小さい女; (かわいい)女; かみさん, ばあさん: ᵛmein ~ (妻に向かって)おまえ. **2** -s/- **a)** (↔Männchen) (動物, 特に小動物・鳥・魚などの)雌: die ~ der Mücken 蚊の雌 | Fisch*weibchen* 魚の雌 ‖ Bei den Vögeln ist das Männchen meist prächtiger gefärbt als das ~. 鳥の場合たいてい雄のほうが雌よりも鮮やかな色彩をもっている | nicht mehr wissen, ob man Männchen oder ~ ist (→Männchen 2). **b)**《比》雌そのもののような女(精神的なものへの興味がなく, 性的なことや家事・育児などにのみ関心をもつ女).

Wei·bel[váɪbəl] 男 -s/- **1**《スイ》(官公庁の)用務員; (裁判所の)廷丁. ᵛ**2** (Feldwebel) 軍曹, 中級下士官. [*ahd.*; <*ahd.* weibōn „sich hin und her bewegen" (◇weifen)]

wei·beln[váɪbəln]《06》自 (s)《スイ》あちこち運動し〈働きかけ〉てまわる, 頼んでまわる.

Wei·ber·chen Weibchen 1の複数.

Wei·ber≠feind[váɪbər..] 男 女ぎらいの男. ≠**freund** 男 女好きの男. ≠**ge·schich·te** 女 -/-n《ふつう複数で》《話》女との色恋沙汰(ざた). ≠**ge·schwätz** 中, ≠**ge·tratsch** 中《話》(くだらぬ)女のおしゃべり〈うわさ話〉. ≠**held** 男《軽蔑的に》色男, 女たらし. ≠**klatsch** 男 =Weibergeschwätz

Wei·berl[váɪbərl] 中 -s/-[n]《オーストリア》《話》妻.

Wei·ber·lein Weiblein の複数.

Wei·ber≠müh·le[váɪbər..] 女 (童話で, 老婆を若返らせる力を持つとされる)魔法の水車小屋: auf die ~ gehen, wo man alte Weiber jung macht《比》全く成功の見込みのな

いことを企てる. ≈re·gi·ment 中 女性支配, かかあ天下: *Weiberregiment* nimmt selten ein gut End.《諺》女が出しゃばってよい結果に終わることはまずない. ≈rock 男《話》女のスカート: Er läuft jedem ～ nach. 彼は女と見ればすぐにその尻(しり)を追いかける.

wei·ber·toll 形 女好き〈女狂い〉の.

Wei·ber·volk 中 -〔e〕s/《軽蔑的に》《集合的に》女ども, 女連中.

..weibig[..vaɪbɪç]² 〘植〙《数詞などにつけて「…〔本〕のめしべをもつ」を意味する形容詞をつくる》: drei*weibig* 3本のめしべをもつ.

wei·bisch[váɪbɪʃ] 形《軽蔑的に》(男が)女性的な, 女みたいな, 女々しい, 柔弱な.

Weib·lein[váɪplaɪn] 中 -s/-, Weiberlein[váɪbərlaɪn]（Weib の縮小形. 例えば:）体格の小さい女(老婆);《戯》女; かみさん: ein verhutzeltes ～ 梅干しばばあ | Männlein und ～《話》男も女も.

weib·lich[váɪplɪç] 形 (↔männlich) **1 a**) 女性の, 雌の(記号 ♀): eine ～*e* Angestellte 女性従業員 | eine ～*e* Blüte〘植〙雌花 | ein Kind ～*en* Geschlechts 女児 | die ～*e* Linie 女系(家系の) | eine ～*e* Stimme 女性の声. **b**) 女性的な, 女らしい, 女っぽい: ～*e* Anmut 女らしい優雅さ | ein ～*es* Benehmen 女らしい立居振舞い ‖ Sie ist sehr ～. 彼女はとても女らしい人だ | Sie hat nichts *Weibliches* an sich. 彼女には女らしいところが全くない.

2 a) (feminin)〘言〙女性の(→männlich, sächlich): ein ～*es* Hauptwort / ein Substantiv mit ～*em* Geschlecht 女性名詞. **b**)〘詩・楽〙女性の: ～*e* Endung〘楽〙女性終止 | ein ～*er* Reim〘詩〙女性韻(→Reim 1).

Weib·lich·keit[–kaɪt] 女 -/-en **1**《単数で》(weiblich なこと. 例えば:) 女性的なこと, 女らしさ;〘生〙雌性.

2 a)《集合的に》(その場に居合わせる)女性たち. **b**) (Frau) 女性, 女.

Weibs·bild[váɪps..] 中 **1**《南部・オーストリア》《話》(Frau) 女性, 女. **2**《軽蔑的に》女, あま.

Weib·sen[váɪpsən] 中 -s/-《話》(↔Mannsen) 女性, 女. [<*mhd.* wībes name „weibliches Geschlecht" (◇Name)]

Weibs≈leu·te[váɪps..] 複《軽蔑的に》女たち. ≈**per·son** 女 **1**《話》女性, 女. **2**《軽蔑的に》女, あま. ≈**stück** 中《軽蔑的に》女, あま.

weibs·toll =weibertoll

Weibs·volk =Weibervolk

weich[vaɪç] 形 (↔hart) **1 a**) やわらかい, しなやかな: ein ～*es* Bett やわらかいベッド | ein ～*er* Bleistift (芯(しん)の)やわらかい鉛筆 | eine ～*e* Bürste (毛の)やわらかいブラシ | ein ～*es* Ei 半熟卵 | der ～*e* Gaumen〘解〙軟口蓋(ぶた) | eine ～*e* Haut 柔肌(はだ) | ～*es* Holz やわらかい木材 | ～*er* Käse ソフトチーズ | eine ～*e* Landung (宇宙船などの)軟着陸 ‖ die Eier ～ kochen 卵を半熟にする | das Fleisch ～ klopfen 肉をたたいて柔らかくする | *jn.* ～ klopfen 〈kneten〉《話》…をおどかしておとなしくさせる | ～ landen (宇宙船などが)軟着陸する | ～ sitzen (安楽いすなどに)ゆったりと座る | Er hat sich ～ gebettet.《比》彼は裕福な相手と結婚した.

b) (水について)軟質の, 鉱物塩類をわずかしか含まない: ～*es* Wasser 軟水 | Wasser ～ machen 水を軟化させる(煮沸して軟水にする).

2 (感じ・印象・手ごたえなどが)やわらかい, 柔軟な; 柔和な, 心のやさしい; 涙もろい; おだやかな, 弱腰の: eine ～*e* Beleuchtung 光のやわらかな照明 | ～*e* Drogen 弱い麻薬(マリファナなど) | ～*e* Gesichtszüge おだやかな〈きつくない〉顔立ち | ein ～*es* Klima 温和な気候 | ～*e* Konsonanten〘言〙軟子音 | ～*es* Licht やわらかな光 | ～*es* Negativ〘写〙軟調のネガ | ein ～*er* Ton やわらかい音色 ‖ eine ～*e* Birne haben (→Birne 1 e) | ein ～*es* Herz haben 心がやさしい, 涙もろい | eine Politik der ～*en* Welle《話》宥和(ゆうわ)政策, 弱腰外交 ‖ **～ werden** ほろりとなる; 軟化する, 弱腰になる;《話》(犯人が)口を割る | ～ wie Wachs werden (→Wachs) | Es wurde ihm ～ ums Herz. 彼はほろりとなった | *jn.* werden die Knie ～ / in den Knien ～ werden (→Knie 1 a) | *jn.* **～ machen**《話》…を軟化させる | *jn.* ～ stimmen 〈話: kriegen〉…をほろりとさせる.

3 不安定な, 変動する: ～*e* Preise 変動価格 | ein ～*er* Wähler (選挙で)だれに投票するかはっきりしない浮動有権者 | eine ～*e* Währung 不安定な通貨, 軟貨.

[*germ.* „nachgebend"; ◇weichen²; *engl.* weak]

Weich·bild[váɪç..] 中 **1** 市域(行政上都市に所属する周辺地域). **2**〘史〙**a**) (Stadtrecht) 都市権. **b**) 都市権の及ぶ地域. [*mhd.* wīch-bilde „Orts-recht"; < *lat.* vīcus „Gehöft" (◇Villa); ◇Bild]

Weich·blei 中〘化〙軟鉛, 純鉛.

Wei·che¹[váɪçə] 女 -/-n **1**《単数で》=Weichheit

2 (Flanke) 横腹, わき腹(→ 図 Hund): dem Pferd die Sporen in die ～*n* drücken 馬に拍車を当てる | *jm.* ein Messer in die ～ stoßen …のわき腹に短刀を突きさす | *jm.* in die ～*n* treten《話》…にはっぱをかける; …の痛いところを突く.

Wei·che²[–] 女 -/-n〘鉄道〙転轍(てつ)器, ポイント(→図): eine elektrische 〈handbediente〉 ～ 電動〈手動〉転轍器 ‖ eine ～ stellen 転轍器〈ポイント〉を入れる | Die ～*n* waren falsch gestellt. 転轍器〈ポイント〉が間違った位置に入っていた | **die ～*n* für *et.*⁴ stellen**《比》あらかじめ…の路線を定める | eine ～ umstellen 転轍器〈ポイント〉を切り替える | *jm.* die ～ verstellen《比》…の進路を誤らせる; …を危険〈失敗〉に誘い込む. [„Ausweichstelle"; ◇weichen²]

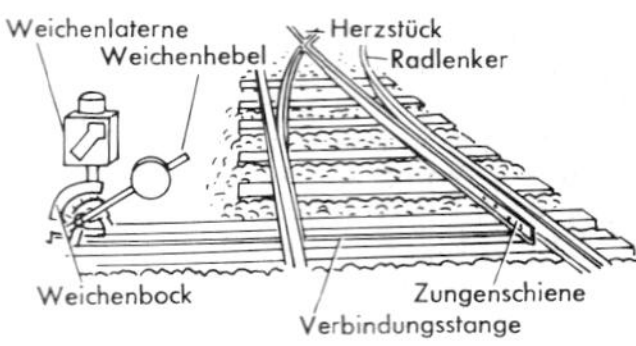

Weiche

wei·chen¹[váɪçən] **I** 他 (h) (einweichen) (液体にひたして)柔らかくする, ふやかす: Brot in Milch ～ パンをミルクにひたして柔らかくする | Wäsche über Nacht ～ 洗濯物を一晩〔せっけん〕水につけておく.

II 自 (s) (液体にひたされて)柔らかくなる, ふやける: Die Erbsen müssen einige Stunden ～. エンドウマメは数時間水にひたしておかねばならない.

[*ahd.*; ◇weich]

wei·chen²*[váɪçən] 《204》 **wich**[vɪç] / **ge·wi·chen**; 接II wiche 自 (s) **1** 消え去る, 消滅する, なくなる; 離れ去る: Die Spannung *wich* nach und nach. 緊張はしだいに解けた | Der Schmerz ist über Nacht *gewichen.* 苦痛は一夜にして消え去った | Der Boden *wich* unter meinen Füßen. 私の足もとが崩れ落ち〔る思いがし〕た ‖ Alles Blut 〈Alle Farbe〉 *wich* aus seinem Gesicht. 彼の顔から血の気がすっかり失(う)せた | Die Unruhe ist von ihm *gewichen.* 不安が彼の心から消えた | *jm.* nicht von der Seite ～ (→Seite 1 a) | Sie ist die ganze Nacht nicht von dem Kranken *gewichen.* 彼女は一晩じゅう病人のそばを離れなかった.

2 退く, よける, 後退する: vor dem Feind ～ 敵に後ろを見せる | nicht von der Stelle ～ その場から離れ〈退か〉ない | keinen Schritt vom Wege ～《比》一歩もゆずらない | zur Seite ～ わきへ退く〈よける〉 | nicht wanken und 〔nicht〕 ～ (→wanken 1) ‖ *jn.* zum *Weichen* bringen …に後退〈退却〉を余儀なくさせる.

3《*jm.* / *et.*³》(…に)屈〔服〕する, (…に)負けて引きさがる, (…に)席をゆずる: der Gewalt ～ 暴力に屈する | Der Deich *wich* dem Druck des Wassers. 堤防は水圧に抗しえなかった | Die alten Häuser mußten modernen Neubauten ～. 古い家屋は現代風の新建築にその席をゆずらねばならなかった.

[*germ.* „nachgeben"; ◇Weide[1], Wechsel, weich]

Wei·chen≠bock 男〘鉄道〙転轍(てん)器操作装置(→ 図 Weiche). ≠**he·bel** 男〘鉄道〙転轍てこ(→ 図 Weiche). ≠**la·ter·ne** 女〘鉄道〙転轍器標識灯(→ 図 Weiche). ≠**si·gnal** 中〘鉄道〙転轍器標識(→ 図 Bahnhof B). ≠**stel·ler** 男, ≠**wär·ter** 男〘鉄道〙転轍係. ≠**zun·ge** 女〘鉄道〙尖端(せん)軌条. [◇Weiche[2]]

weich≠ge·klopft[váiç..] 形《付加語的》(肉などが)たたいて柔らかくされた. ≠**ge·kocht**(オーストリア: ≠**ge·sot·ten**) 形《付加語的》**1** 柔らかく煮た.
2 (↔hartgekocht)(卵が)半熟の.

Weich·heit[váiçhait] 女 -/ weich なこと.

weich·her·zig[..hɛrtsıç][2] 形 心のやさしい, 感じやすい, 情にもろい, 涙もろい.

Weich·her·zig·keit[..kait] 女 -/-en《ふつう単数で》weichherzig なこと.

Weich≠holz 中 (↔Hartholz) 軟材(ふつう針葉樹). ≠**kä·fer** 男〘虫〙**1** ジョウカイボン(浄海坊). **2** ジョウカイボン科の昆虫. ≠**kä·se** 男 (↔ Hartkäse) 軟質チーズ (Blauschimmelkäse など).

weich·lich[váiçlıç] 形 柔弱な, 軟弱な, 女々しい, いくじのない, 無気力な: eine ~*e* Haltung einnehmen 女々しい態度をとる.

Weich·lich·keit[–kait] 女 -/ weichlich なこと.

Weich·ling[váiçlıŋ] 男 -s/-e 柔弱(軟弱)な人, 女々しい男, おく病者, いくじなし.

Weich≠lot 中 はんだ, 軟鑞(なんろう)(低融点の鑞付け用合金の総称). ≠**lö·ten** 中 -s/ はんだ付け, 低温鑞付け. ≠**ma·cher** 男 **1**〘化〙(プラスチックなどの)可塑(かそ)剤. **2** (水などの)軟化剤.

weich·mäu·lig[váiçmɔʏlıç][2] 形 (↔hartmäulig)(馬が)手綱さばきに敏感な, 御しやすい.

Weich·mäu·lig·keit[–kait] 女 -/ weichmäulig なこと.

weich·mü·tig[váiçmy:tıç][2] =weichherzig

Weich·mü·tig·keit[–kait] 女 -/ weichmütig なこと.

die **Weich·sel**[1][váiksəl] 地名 女 -/ ビスワ(ポーランドを北流してバルト海に注ぐ川. ポーランド語形 Wisła).
[*germ.–slaw.*; ◇ *engl.* Vistula]

Weich·sel[2][–] 女 -/-n, **Weich·sel·kir·sche** 女〘植〙マハレブ(ヨーロッパ産サクラ属の一種で, 木材に芳香があり, パイプの原料になる. また Sauerkirsche の台木にも用いられる). [*ahd.*; ◇viskos]

Weich·sel·rohr 中 (パイプ用の)マハレブ材.

Weich·sel·zopf 男〘医〙糾髪(きゅうはつ)症(シラミや病気のために髪の毛が汚くもつれる状態). [*poln.* wieszczyce; <*poln.* wieszczyca „Nachtgespenster"]

Weich≠spü·ler[váiç..] 男《話》, ≠**spül·mit·tel** 中 (洗濯物の)柔軟〈ソフト〉仕上げ剤. ≠**tei·le** 複〘解〙軟部(骨格以外の体の部分). ≠**tier** 中〘動〙軟体動物. ≠**wan·ze** 女〘虫〙メクラカメムシ(盲亀虫)科の昆虫. ≠**zeich·ner** 男〘写〙軟焦点レンズ.

▽**Weid**[vait] 女 -/ (Jagd) 狩り, 狩猟. [*germ.* „Nahrungssuch"; ◇Weih, weiden; *lat.* vēnārī „jagen"]

Wei·de[1][váidə] 女 -/-n **1**〘植〙ヤナギ(柳)属: Trauer*weide* シダレヤナギ(枝垂柳). **2** 柳材; 柳の枝: Körbe aus ~ flechten 柳の枝でかごを編む.
[*germ.*; ◇weichen[2], Wiede; *gr.* ītéā „Weide"; *engl.* withe, withy]

Wei·de[2][–] 女 -/-n **1** (放牧に適した)牧草地, 放牧場, 牧場; (魚・鳥などの)餌場(えば): eine gute 〈fette〉 ~ 良質の〈肥えた〉牧草地 | Fisch*weide* 魚の餌場 ‖ Vieh auf die ~ 〈zur ~〉 treiben 家畜を放牧場へ連れてゆく.
▽**2**《比》喜ばせるもの, 楽しみ: Augen*weide* 目を楽しませてくれるもの, 目の保養.

Wei·de≠gang 男 (↔Stallfütterung)(家畜の)放牧. ≠**land** 中 -[e]s/..länder=Weide[2] 1

Wei·del·gras[váidəlgra:s][1] 中〘植〙ドクムギ(毒麦)属: Deutsches ~ ホソムギ(細麦) | Welsches ~ ネズミムギ(鼠麦).

▽**Wei·de≠mo·nat**[váidə..] (≠**mond**) 男 (Mai) 5月(まれに6月).

wei·den[váidən][1] 《01》 **I** 自 (h) (家畜が)牧草地で草をはむ〈食べる〉; (家畜が夏のあいだ)放牧場に出ている: Schafe *weiden* am Hang. 羊が山腹で草をはんでいる.
II 他 (h) **1** (家畜を)放牧〈牧養〉する, 牧草地で(…の)番をする: Ich habe den ganzen Tag 〔das Vieh〕 *geweidet.* 私は一日じゅう家畜の番をした.
2 *seine* Augen an *et.*[3] ~ …を見て楽しむ〈目の保養をする〉‖ 再帰 *sich*[4] an *et.*[3] ~ …を楽しむ; …を見て喜ぶ〈おもしろがる〉| Sie *weideten* sich an dem herrlichen Anblick. 彼らはそのすばらしい光景を楽しんだ | Er *weidete* sich an ihrer Angst. 彼は彼女がこわがるのを見て喜んだ. [*ahd.* weid〔an〕ōn „jagen"; ◇Weid]

Wei·den≠baum[váidən..] 男 柳の木. ≠**busch** 男 柳の林〈茂み〉. ≠**ger·te** 女 柳の枝. ≠**kar·min** 中〘虫〙ベニシタバ(紅下翅蛾)(蛾の一種). ≠**kätz·chen** 中〘植〙ヤナギ(柳)属の尾状花序. ≠**klee** 男 (Weißklee)〘植〙シロツメクサ(白詰草). ≠**rös·chen** 中〘植〙アカバナ(赤花)属(ヤナギランなど). ≠**ru·te** 女 =Weidengerte

Wei·de≠platz[váidə..] 男 =Weide[2] 1 ≠**recht** 中 放牧権.

Wei·de·rich[váidərıç] 男 -s/〘植〙ミソハギ(禊萩)属.
[<Weide[1]+..erich]

Weid·ge·nos·se[váit..] 男《雅》猟師〈狩猟家〉仲間.

weid·ge·recht 形 狩り〈狩猟〉の作法にかなった; 狩り〈狩猟〉の心得のある; 猟師〈狩猟家〉にふさわしい.

▽**Wei·dicht**[váidıçt] 中 -[e]s/-e =Weidenbusch
[<Weide[1]+..icht]

weid·lich[váitlıç] 副 **1** 大いに, たっぷりと, したたか, ひどく: Man hat ihn ~ ausgelacht. 彼はさんざん笑いものにされた | Wir haben uns ~ amüsiert. 我々は大いに楽しんだ.
2 《スイス》迅速に, すばやく.
[„jagdgemäß"; *mhd.*; ◇weiden]

Weid·ling[1][váitlıŋ] 男 -s/-e《南部・スイス》小舟.
[*mhd.* „Fischfang"]

Weid·ling[2][–] 男 -s/-e《南部・オーストリア》=Weitling

Weid·loch 中〘狩〙(獵獣や猟犬の)肛門(こうもん).
[*mhd.*; <*mhd.* weiden (→ausweiden)]

Weid·mann[váitman] 男 -[e]s/..männer[..mɛnər]《雅》(Jäger) 猟師, 猟場番人; 狩猟家, ハンター.

weid·män·nisch[..mɛnıʃ] 形《雅》猟師の, 猟師にふさわしい; 狩り〈狩猟〉のしきたりにそった.

Weid·manns≠dank[vaitmansdáŋk] 男 猟師の感謝 (→Weidmannsheil). ≠**heil** 中 猟師の幸運(猟師仲間でのあいさつで, 狩猟の成功を祈って Weidmannsheil! と呼びかけると, 相手は Weidmannsdank! と答えて礼を言う).

Weid·manns·spra·che 女 猟師語(猟師仲間の慣用語).

Weid·mes·ser 中 猟刀.

Weid·ner[váidnər] 男 -s/- **1** =Weidmesser
▽**2** =Weidmann

Weid≠sack[váit..] 男 **1**〘狩〙野獣の胃袋. ▽**2** (Jagdtasche)(猟師が肩に掛ける)獲物袋. ≠**spruch** 男 狩猟〔術〕に関する諺(ことわざ)〈格言詩〉(14-18世紀によく用いられた). ≠**werk** 中《雅》(職業としての)狩猟, 猟師の仕事.

weid·wund 形〘狩〙(野獣が)内臓を射抜かれた.
[<*mhd.* weiden (→ausweiden)]

Wei·fe[váifə] 女 -/-n (Garnhaspel)〘織〙糸車, 糸繰り車.

wei·fen[váifən] 他 (h) (糸を)糸車〈糸繰り車〉に巻く.
[*mhd.*; <*ahd.* wīfan „schwingen" (◇vibrieren, Weibel, wippen); ◇*engl.* wipe]

▽**Wei·gand**[váigant][1] 男 -[e]s/-e (Held) 英雄, 勇士; (Kämpfer) 戦士. [*ahd.*; <*ahd.* wīgan „kämpfen" (◇Vinzenz, weigern)]

Wei·ge·lie[vaigé:liə] 女 -/-n〘植〙タニウツギ(谷空木)属.
[<Ch. E. von Weigel (ドイツの自然科学者, †1831)]

wei·ger·lich[váigərlıç] 形 拒否〈拒絶〉的な; いやいや〈しぶしぶ〉の.

wei·gern[váɪgərn]《05》他 (h) **1** 再帰 *sich*⁴ ～ 拒む, 拒否〈拒絶〉する, 断る: *sich*⁴ entschieden 〈hartnäckig〉 ～ きっぱり〈頑強に〉断る ‖〚zu 不定詞〔句〕と〛Er *weigerte* sich, den Befehl auszuführen. 彼は命令を実行することを拒んだ. **2**《雅》(verweigern)《*jm. et.*⁴》(…に…を)拒む, 拒否〈拒絶〉する, 断る: dem Vorgesetzten den Gehorsam ～ 上司に対して服従を拒む. [*ahd.*; ＜*ahd.* weigar „widerstrebend" (◇Weigand)]

Wei·ge·rung[..gərʊŋ] 女 -/-en 拒否, 拒絶: auf *seiner* ～ beharren / bei *seiner* ～ bleiben あくまで断り続ける.

Wei·ge·rungs·fall 男 im ～〔*e*〕拒否〈拒絶〉した場合には.

Weih[vaɪ] 男 -〔e〕s/-e〘鳥〙チュウヒ(猛禽(もうきん)の一種). [„Jäger"; *ahd.*; ◇Weid]

Weih≈becken[váɪ..] = Weihwasserbecken **≈bi·schof** 男〘カトリック〙補佐司教(司教を補佐・代理する). **≈brunn** 男 -s/《南部・オーストリア》= Weihwasser

Weih·brunn·kes·sel《南部・オーストリア》= Weihwasserkessel

Wei·he¹[váɪə] 女 -/-n **1** 神聖にすること, はらい清めること;〘カトリック〙聖別〔式〕, 奉献〔式〕: die ～ der Kirche vornehmen 教会の聖別〈献堂〉式をとり行う. **2** (聖職の)任命〔式〕;〘カトリック〙叙階〔式〕, 聖別〔式〕: Jugend*weihe* (旧東ドイツの)成年式 | Priester*weihe* 司祭叙階〔式〕‖ die ～ erhalten 〈empfangen〉 叙階を受ける | *jm.* die ～ erteilen …に聖職位を授与する. **3**《雅》荘厳さ, 厳粛さ: eine erhabene ～ 崇高な厳粛さ | *et.*³ ～ verleihen …に厳粛さを付与する. [*ahd.*; ＜*ahd.* wīh „heilig"; ◇*lat.* victimā „Opfer"]

Wei·he²[−] 女 -/-n = Weih

Wei·he³[weixʌ] = Weiho

Wei·hel[váɪəl] 男 -s/- (修道女の用いる)ベール(→ 図 Nonne). [*lat.* vēlum (→Velum)−*mhd.* wīl〔e〕]

wei·hen[váɪən] 他 (h) **1 a)**《*jn.* / *et.*⁴》神聖にする, はらい清める;〘カトリック〙聖別する(神聖な使用に供するために, はらい清めて世俗的使用から区別する): Kerzen 〈den Altar〉 ～ ろうそく〈祭壇〉を聖別する | *geweihtes* Wasser 聖水. **b)**《*jn.* zu *et.*³》(…を聖職位に)任命する;〘カトリック〙叙階する: *jn.* zum Priester 〈zum Bischof〉 ～ …を司祭〈司教〉に任命する. **2**《*jm. et.*⁴》**a)** (神に…を)奉献する; (一般に)(…に…を)ささげる: *et.*³ *sein* Leben 〈*seine* ganze Kraft〉 ～ …に一生をささげる〈全力をつくす〉| Das Denkmal ist den Gefallenen *geweiht.* この記念碑は戦没者たちにささげられている ‖ 再帰 *sich*⁴ *et.*³ ～ …に身をささげる | *sich*⁴ der Forschung 〈der Wissenschaft〉 ～ 研究〈学問〉に一身をささげる. **b)**《雅》(…を死神・破滅などに)ゆだねる: Sie waren schon dem Tode *geweiht.* 彼らはすでに死神の手中にあった. [*ahd.*; ◇Weihe¹]

weihen

Wei·her[váɪər] 男 -s/- 池, 沼, 湖沼. [*lat.* vīvārium −*ahd.* wī〔w〕āri; ◇Vivarium]

Wei·he·stun·de[váɪə..] 女 厳粛な時間, おごそかなひととき.

wei·he·voll 形 荘厳な, 厳粛な, おごそかな.

Weih≈ga·be[váɪ..] 女, **≈ge·schenk** 中 ささげ物, 供物;〘カトリック〙奉納物. **≈kes·sel** = Weihwasserkessel

Weih·nacht[váɪnaxt] 女 -/ = Weihnachten 1

weih·nach·ten[váɪnaxtən]《01》自 (h) 非人称《es weihnachtet》クリスマスが近づく, クリスマスらしい気分が漂う.

Weih·nach·ten[−] 中 -/- **1**《ふつう無冠詞. 成句では複数扱いのことがあり, 南部では複数扱いで定冠詞を伴うことがある》クリスマス, キリスト降誕祭: **grüne ～** 雪のないクリスマス | **weiße ～** (雪のある)ホワイトクリスマス | stille ～ 〈ein stilles ～〉 verbringen 静かなクリスマスを過ごす ‖ zu 〈南部: an〉 ～ クリスマスの日に | *jm. et.*⁴ zu ～ schenken …に…をクリスマスプレゼントとして贈る | nach ～ クリスマスの後で ‖〚4 格で副詞的に〛nächste〔s〕〈letzte〔s〕〉 ～ この次〈この間〉のクリスマスに | Komm doch ～ zu uns! クリスマスにはうちへ来たまえ | Was habt ihr ～ vor? 君たちはクリスマスにはどうするつもりか ‖ *Weihnachten* steht vor der Tür. クリスマスがすぐそこまで来ている | Es ist bald ～. もうすぐクリスマスだ | Frohe 〈Fröhliche〉 ～! クリスマスおめでとう. **2**《話》《集合的に》クリスマスプレゼント: ein reichliches ～ bekommen クリスマスプレゼントをどっさりもらう. [*mhd.*; ＜*mhd.* (ze den) wīhen nahten „(in den) heiligen Nächten" (◇Weihe¹)]

weih·nacht·lich[..lɪç] 形 クリスマスの; クリスマスらしい: eine ～*e* Stimmung クリスマスらしい気分 | Das Zimmer war ～ geschmückt. 部屋はクリスマスの飾りつけがしてあった.

Weih·nachts≈abend[váɪnaxts..] 男 クリスマスの前夜, クリスマスイブ(12 月 24 日). **≈bäcke·rei** 女《オーストリア》= Weihnachtsgebäck **≈baum** 男 クリスマスツリー: den ～ 〔mit *et.*³〕 schmücken クリスマスツリーを〔…で〕飾りつける. **≈be·sche·rung** 女 (子供たちへの)クリスマスプレゼントの分配. **≈ein·kauf** 男 -〔e〕s/-e《ふつう複数で》クリスマスの買い物. **≈fei·er** 女 クリスマスを祝う催し. **≈fei·er·ta·ge** 複 クリスマスの休日(12月25,26日). **≈fe·ri·en** 複 クリスマス休暇, 冬休み. **≈fest** 中 クリスマス, キリスト降誕祭. **≈gans** 女 クリスマスの鵞鳥(がちょう)〔料理〕: ***jn.* wie eine ～ ausnehmen**《話》…を徹底的に利用し尽くす. **≈ge·bäck** 中 クリスマス用クッキー. **≈geld** 中 **1** = Weihnachtsgratifikation **2** (郵便配達人・アパート管理人などへの)クリスマスの心付け. **≈ge·schenk** 中 クリスマスプレゼント. **≈gra·ti·fi·ka·tion** 女 クリスマスのボーナス.

die **Weih·nachts·in·sel**[váɪnaxts|ɪnzəl] 地名 女 **1** クリスマス島 (Java 南方, インド洋上にあるオーストラリア領の島). **2** クリスマス島(中部太平洋, イギリス領ライン諸島中の島で,1962年に核実験が行われた).

Weih·nachts≈kak·tus 男〘植〙シャコサボテン(蝦蛄仙人掌). **≈kar·te** 女 クリスマスカード. **≈krip·pe** = Krippe 2 **≈lied** 中 クリスマスの歌. **≈mann** 男 -〔e〕s/..männer《特に北部》サンタクロース(→Nikolaus, Ruprecht). **≈markt** 男 クリスマスの市(クリスマスの 1 か月ほど前から町の広場で開かれ, クリスマス用品などが売られる). **≈ora·to·rium** 中〘楽〙クリスマス=オラトリオ. **≈re·mu·ne·ra·tion** 女《オーストリア》= Weihnachtsgratifikation **≈ro·se** 女 (Christrose)〘植〙クリスマス=ローズ(キンポウゲ科の植物). **≈spiel** 中 キリスト降誕劇. **≈stern** 男 (Poinsettie)〘植〙ポインセチア, ショウジョウボク(猩々木). **≈stol·le** 女, **≈stol·len** 男 クリスマス用のシュトレン(→Stolle). **≈tag** 男 クリスマス〈キリスト降誕祭〉の日(12月25日). **≈tisch** 男 クリスマスプレゼントを置くテーブル: *jm. et.*⁴ auf den ～ legen …に…をクリスマスにプレゼントする. **≈ur·laub** 男 クリスマス休暇. **≈zeit** 女 -/ クリスマスの時期〈季節〉(Advent の第 1 日曜日からクリスマスまでの約 4 週間). **≈zu·wen·dung** 女 = Weihnachtsgratifikation

Wei·ho[váɪho·] 地名 淮河, ホワイホー(中国, 華北地区南部から東流し, 分流して黄海・揚子江に入る川).

Weih·rauch[váɪraʊx] 男 -〔e〕s/ **1** 乳香(にゅうこう)(ニュウコウジュから採れる芳香性の樹脂で, 香(こう)として用いる); (広義で)香, 香料: ～ brennen〔乳〕香をたく | *jm.* ～ streuen《比》…をほめそやす, …にこびへつらう. **2** (乳香をたいた)香煙: Von dem Altar stieg ～ auf. 祭壇から香煙が立ちのぼっていた.

［*ahd.* wīh-rouch „heiliger Rauch" (◇Weihe[1])］

Weih·rauch·baum 男〘植〙ボスウェリア, ニュウコウジュ(乳香樹)(アフリカ産カンラン科の木).

weih·räu·chern[váirɔʏçərn]《05》自 (h)《*jm.*》(…を)ほめそやす,(…に)こびへつらう.

Weih·rauch≠faß[váiraux..] 中 香炉. **≠kes·sel** 男 吊(つ)り香炉(→ ⊠ weihen). **≠schiff·chen** 中 船形(ふながた)香炉(→ ⊠ weihen).

Wei·hung[váiʊŋ] 女 -/-en 〔sich〕 weihen すること.

Weih·was·ser 中 -s/ 〘カトリック〙聖水(司祭によって祝別された水).

Weih·was·ser≠becken 中, **≠kes·sel** 男〘カトリック〙聖水盤(教会の入口に置かれていて, 信者が教会に入る際, 聖水に指をひたしたのち十字を切る: → ⊠ weihen).

Weih·we·del 男〘カトリック〙(聖水振りかけ用の)撒水(さんすい)(灌水(かんすい))器(→ ⊠ weihen).

weil[vaɪl] 接《従属》**1** (英: *because*)《原因・理由》…であるから, …という理由で, …であるがゆえに: Er ist krank, ~ er zuviel gegessen hat. 彼の病気は食べすぎのせいだ | Ich mußte noch einmal umkehren, ~ ich meine Schlüssel vergessen hatte. 私はかぎを忘れていたので もう一度引き返さなくてはならなかった | Er hat 〔darum〕 protestiert, ~ er die Entscheidung nicht für richtig hielt. 彼はその決定を正しいものとは考えなかったから抗議したのである | Wir empfinden die plötzliche Wärme deswegen so angenehm, ~ es gestern noch so kalt war. きのうはまだあれほど寒かったからこそ我々はこの突然の暖かさをこれほど気持のよいものと感じるのだ | Das kommt daher, ~ (=daß) du nicht gehört hast. それは君がよく聞いていなかったからだ ‖ Nicht 〔deshalb〕, ~ er keine Zeit, sondern 〔deshalb〕, ~ er keine Lust hatte, kam er nicht. 彼がやって来なかったのは 暇がなかったからではなく 来たくなかったからである ‖ ~ (=da) wir nun einmal davon sprechen そのことが話題になってしまっているのだから〈いる以上〉| *Weil* (=Da) das Wetter schlecht ist, bleiben wir lieber zu Hause. 天気が悪いから我々はむしろ家にいることにしよう | Warum gehst du nicht aus? − *Weil* es fortwährend regnet. 君はなぜ外出しないんだいーずっと雨が降っているからさ ‖ Das ist hier die verbreiteste, ~ billigste Speise. これは当地で最も安いがゆえに 最も広く普及している料理である.

☆ i) weil と da の違い: da がどちらかというと聞き手も知っているあまり重要でない事柄・事実を理由・原因として, 正面からというより付随的に述べるのに対して, weil は „Warum?" という問いに対して答える場合にも用いることで分かるように, 直接の論理的な理由・原因である重要な新しい事実を述べるのに用いられることが多い. したがって主文に対して, da 副文は先行することが多く, weil 副文は後続することが多い. 呼応する deshalb, deswegen, darum, daher などが前文にある場合は, weil を da で代置できず, 呼応する so が後続の主文の先頭に置かれた文では, da を weil で置き代えられない.

ii) 話し言葉では, weil に導かれる副文が主文のあとに置かれる場合にかぎって, 定動詞を文末に置かずに, 主文と同じように２番目の位置に置くことがある: Er kann nicht kommen, *weil* er hat keine Zeit (← weil er keine Zeit hat). 彼は時間がないので来られない.

iii) weil と denn の違い: →denn I 1 ☆

▽**2** (英: *while*) **a**)《時間的》(solange) …している〈…である〉あいだは, …しているかぎり, …の期間は: Sie legte die Trauerkleider nicht wieder ab, ~ sie lebte. 彼女は存命中ふたたび喪服を脱ぐことはなかった | Man muß das Eisen schmieden, ~ es warm ist.《諺》鉄は熱いうちに打たねばならぬ. **b**)《対照・対比》(während) …なのに対して, …であるのにひきかえ, …である一方では.

［*mhd.* 〔die〕 wīle „solange"; < *ahd.* dia wīla sō (dō) „in der Zeitspanne (als)" (◇Weile)］

weil. 略 =**weiland**

wei·land[váilant] 副 (略 weil.) (einst) かつて, 昔, 以前: ~ und nun 昔も今も | Sie war ~ jung und schön. 彼女はかつては若く美しかった | Conrad, ~ Bischof zu Xanten かつてクサンテンの司祭なりしコンラート ‖〘形容詞的に〙die ~ Königin 前女王.

［*mhd.* wīlen〔t〕; ◇Weile; *engl.* whilom］

Weil·chen[váilçən] 中 -s/- Weile の縮小形: Warten Sie noch ein ~! もうしばらくお待ちください.

Wei·le[váilə] 女 -/ (⊘ **Weil·chen** → 別出)〔少しの〕時間,〔しばらくの〕間(ま), 時の間(ま):〘4 格で副詞的に〙eine kurze〈lange〉~ 短い〈長い〉時間 | eine ganze ~ かなりの時間 | eine ~ rasten〈warten〉しばらく休息する〈待つ〉| Es dauerte eine 〔geraume〕 ~, bis die Tür geöffnet wurde. ドアが開かれるまでに〔長い〕時間がかかった ‖〘前置詞と〙**bei** nächtlicher ~ 夜分に(→nächtlicherweile) | **für** eine ~ しばらくのあいだ, 暫時 | **mit** der ~ 時とともに, だんだんに | Eile mit ~! (→eilen I 1) | **nach** einer ~ しばらくたったあとで | **seit** einer ~ しばらく前から | **über** eine ~ (今後)しばらくたったときに | **vor** einer ~ しばらく前に ‖ Ihm währte die ~ lang. 彼には時のたつのが遅く感じられた | Damit hat es noch 〔gute〕 ~. それはまだ急には起こらない; それはまだ急ぐことではない | Gut Ding will ~ haben. (→Ding 2 a).

［*germ.* „Ruhe"; ◇quitt; *lat.* quiēs „Ruhe"; *engl.* while］

wei·len[váilən] 自 (h)《雅》《場所を示す語句と》〔しばらく〕とどまる; 滞在する, 逗留(とうりゅう)する: Viele Ausländer *weilen* in unserer Stadt. 大勢の外国人が我々の町に滞在している | Er *weilt* nicht mehr unter uns〈unter den Lebenden〉. 彼はもはやこの世にはいない | Seine Gedanken *weilten* schon zu Hause. / In Gedanken *weilte* er schon zu Hause. 彼の思いはすでに我が家〈故郷〉にあった.

..weiler[..vaɪlər]《本来は「分農場」を意味し, 主に西部ドイツの地名に見られる》: Ahr*weiler* | Esch*weiler*

Wei·ler[váilər] 男 -s/- **1** 小集落, 村落. **2** (他の集落から孤立した)農家. ［*mlat.* vīllāre „Gehöft" − *ahd.*; < *lat.* vīlla (◇Villa)］

Weil·sche Krank·heit[váilʃə kráŋkhaɪt] 女〘医〙ワイル病(黄疸(おうだん)出血性レプトスピラ症の別名).

［< A. Weil (ドイツの医師, †1916)］

Wei·mar[váimar] 地名 ヴァイマル, ワイマル(ドイツ中部の文化都市. 19世紀初頭には Goethe, Schiller などを擁して, 古典主義文学の中心地であった).

［„am heiligen See"; ◇Weihe[1], Meer］

Wei·ma·rer[..rər] **I** 男 -s/- ワイマルの人.

II 形《無変化》ワイマルの: die ~ Nationalversammlung〘史〙ワイマル国民議会(1919年にワイマル憲法を制定) | die ~ Republik〘史〙ワイマル共和国(正式にはドイツ共和国. 第一次大戦後, ドイツ革命によって1919年に成立し, 1934年 Hindenburg の死と Hitler の総統就任によって消滅した) | die ~ Verfassung ワイマル憲法(1919年, ワイマルに移っていた国民議会によって制定されたドイツ共和国憲法. 当時世界で最も進歩的な憲法といわれた).

wei·ma·risch[..rɪʃ] 形 ワイマルの.

Wei·muts·kie·fer[váimuːts..] =Weymouthskiefer

Wein[vaɪn] 男 -〔e〕s/ (種類: -e) **1 a**) (英: *wine*) ぶどう酒, ワイン: roter〈weißer〉~ 赤〈白〉ワイン | alter〈junger〉~ (年度の)古い〈新しい〉ワイン | süßer〈herber〉~ 甘口〈辛口〉のワイン | offener ~ (瓶詰でなく)グラス〈はかり売り〉で客に供するワイン | Rot*wein* 赤ワイン | Schaum*wein* 発泡ワイン; シャンペン ‖ eine Flasche〈ein Faß〉~ ワイン一瓶〈一樽(たる)〉| ~ vom Faß 樽〔からの〕ワイン | ~, Weib und Gesang 酒 女 そして歌 ‖ ~ trinken ワインを飲む | ~ kalt〈kühl〉stellen ワインを(適温にするために飲む前に瓶のまま)冷やす | ~ panschen ワインを水で割る, ワインに混ぜ物をして品質を落とす | ***jm.* reinen〈klaren〉~ einschenken**《比》…にずけずけ物を言う〈ずばり本当のことを言う〉| **neuen ~ in alte Schläuche füllen** 新しい酒を古い革袋に盛る(中途半端な改革しかしない. 聖書: マタ 9,17より) ‖ beim ~ sitzen (座って)ワインを飲んでいる〈ちびりちびりやる〉| **Im ~ ist〈liegt〉Wahrheit.**《諺》酒中に真あり |〔*jm.*〕Wasser in den ~ gießen〈schütten〉(→Wasser 1) | Ohne ~ und Brot leidet Liebe Not. (→Liebe 1 a) ‖ **voll des süßen**

～*es* sein《戯》酩酊(めいてい)している(聖書 3,13から) ‖ **Jeder ～ hat seine Hefen.**《諺》だれにでも〈何事にも〉欠点はあるものだ | ***Wein* auf Bier, das rat' ich dir, Bier auf ～, das laß sein.** ビールの後でワインを飲むのはよいが ワインの後のビールはやめたほうがよい.

b) 果実〈穀物・薬草〉酒: Apfel*wein* りんご酒 | Palmen*wein* ヤシ酒 | Reis*wein* 酒(さけ), 日本酒.

2 a) (Weinrebe)〘植〙ブドウ(葡萄): ～ bauen ブドウを栽培する | Wilder ～ アメリカヅタ(秋の紅葉が美しく家の壁にはわせる).

b) (Weintraube) ブドウの房: den ～ lesen 〈keltern〉 ブドウを摘む〈搾る〉 | Der ～ reift. ブドウの実が熟する.

[*lat.* vīnum－*germ.*; ◇Vinyl; *engl.* wine]

Wein·an·bau[váɪn..] 男 -(e)s/ , **·bau** 男 -(e)s/ ブドウ栽培: ～ treiben ブドウの栽培をする. **·bau·er** 男 -s, -n/-n ブドウ栽培兼ぶどう酒醸造業者, ブドウ園の経営者. **·be·cher** 男 ぶどう酒の杯, ワイングラス. **·bee·re** 女《南部・オーストリア・スイス》(Rosine) 干しぶどう. **·bei·ßer** 男《オーストリア》**1** ＝Weinkenner **2** ワインバイサー(ケーキの一種). **·berg** 男 (丘陵状の)ブドウ畑, ブドウ山.

Wein·berg·schnecke 女 エスカルゴ(食用カタツムリ).

Wein·blatt 中 ブドウの葉. **·brand** 男 -s/..brände ブランデー, コニャック(ワインからの蒸留酒: →Cognac).

wei·nen[váɪnən] **I** 自 (h) (英: *weep*) (悲しくて・うれしくて)泣く, 涙を流す: laut 〈lautlos〉 ～ 声をあげて〈声をたてずに〉泣く | bitterlich ～ (悲痛な心持で)激しく泣く | aus Angst 〈Mitleid〉 ～ 不安で〈同情して〉泣く | vor Freude 〈Schmerz〉 ～ うれしくて〈痛みのために〉泣く | wie ein Kind 〈zum Steinerweichen〉 ～ まるで子供みたいに〈石も溶けよとばかり激しく〉泣く | um *jn.* ～ …の死を悲しんで泣く ‖ *Weine* nicht (mehr)! (もう)泣くな | Man könnte ～! まったく泣きたくなるよ(立腹・落胆で) ‖〘同族目的語と〙dicke Tränen ～ 大粒の涙を流す | blutige 〈heiße〉 Tränen ～ 血涙〈熱い涙〉を流す | Freudentränen ～ うれし泣きする ‖〘結果を示す語句と〙再帰 *sich*[4] müde ～ 泣き疲れる | *sich*[4] in den Schlaf ～ 泣き疲れて寝入る ‖ *sich*[3] die Augen rot 〈aus dem Kopf〉 ～ 目がまっかになるほど〈目がとび出すほど〉激しく泣く ‖〘現在分詞で〙mit einem lachenden und einem *weinenden* Auge (→Auge 1) | *jm. weinend* in die Arme fallen 泣きながら…の腕に倒れ込む | leise *weinend*《話》しょんぼりと, 気おくれして.

II Wei·nen 中 -s/ 泣くこと: dem ～ nahe sein いまにも泣きそうである | Er war dem ～ näher als dem Lachen. 彼は笑うどころかむしろ泣きたい気分だった | **zum ～ sein**《話》泣きたいほどの気持である | Das ist doch zum ～! まったく泣きたくなるよ(立腹・落胆などで) | Bei Kindern steckt Lachen und ～ in einem Sack. (→lachen[2] II).

[*germ.* „weh rufen"; ◇weh[2], wenig]

wei·ner·lich[váɪnərlɪç] 形 **1** いまにも泣きそうな; 涙もろい, すぐに泣く, 泣き虫の; 泣いているような: ein ～*es* Gesicht machen 泣きべそをかく | mit ～*er* Stimme 涙声〈泣きそうな声〉で ‖ Das Kind ist heute so ～. この子はきょうはすぐに泣く | Mir ist ～ zumute. 私は泣きたい気持だ.

▽**2** 涙を誘う, あわれっぽい; (芝居などが)お涙ちょうだい的な.

Wein·ern·te[váɪn..] 女 ブドウの取り入れ〈収穫〉. **·es·sig** 男 ブドウ酢, ワインビネガー. **·faß** 中 **1** ワインのたる. **2**《話》大酒飲み. **·fla·sche** 女 ワインの瓶. **·gar·ten**[1] 男 ブドウ園, ブドウ畑.

Wein·gar·ten[2][váɪngartən] 地名 ヴァインガルテン(ドイツ Baden-Württemberg 州の都市).

Wein·gart·ner[1][..tnər] **I** 男 -s/- ヴァインガルテンの人. **II** 形《無変化》ヴァインガルテンの: die ～ Liederhandschrift ヴァインガルテン歌謡写本(14世紀の Minnesang の絵入り写本).

Wein·gart·ner[2][－] 人名 Felix von ～ フェーリックス フォン ヴァインガルトナー(1863-1942; オーストリアの指揮者・作曲家).

Wein·gärt·ner[váɪn..] 男 ブドウ園経営者. **·ge·gend** 女 ブドウの栽培地; ワインの産地. **·geist** 男 -(e)s/ (種類: -e)〘化〙酒精, エチルアルコール. **·glas** 中 -es/..gläser ワイングラス(→ 図 Glas). **·gott** 男 酒神(ギリシア神話では Dionysos, ローマ神話では Bacchus). **·gut** 中 (比較的大規模の)ブドウ園. **·händ·ler** 男 ワイン販売業者. **·hand·lung** 女 ワイン販売(業); ワイン販売店. **·hau·er** 男《オーストリア》＝Winzer **·haus** 中 ワイン販売店; (大きな)ワイン専門酒場. **·he·fe** 女 (ワインの発酵を促す)ぶどう酒イースト; ワインのおり.

wei·nig[váɪnɪç][2] 形 **1** ワインのような; (料理が)ワイン入りの. **2** (ワインが)味〈かおり〉が良い.

Wei·nin·ger[váɪnɪŋər] 人名 Otto ～ オットー ヴァイニンガー(1880-1903; オーストリアの著述家. 主著『性と性格』).

Wein·jahr 中 ein gutes 〈schlechtes〉 ～ ワインの当たり〈はずれ〉年. **·kar·te** 女 (ワイン専門酒場や料理店の)ワインリスト, 在庫ワイン銘柄(定価)表. **·kel·ler** 男 **1** (地下の)ワイン貯蔵室. **2** (地下の)ワイン専門酒場. **·kell·ner** 男 (レストランなどの)ワイン係の給仕, ソムリエ. **·kel·ter** 女 ブドウ搾り器. **·ken·ner** 男 ワインの通(つう)(人). **·kö·ni·gin** 女 (ブドウ栽培地で選ばれる)ワインの女王.

Wein·krampf[váɪn..] 男 発作〈けいれん〉的に泣くこと, 泣きじゃくり. [＜weinen]

Wein·kü·fer 男 ワインの酒蔵管理職人. **·küh·ler** 男 ワイン冷却用アイスペール, ワインクーラー. **·land** 中 -(e)s/..länder ブドウの栽培地; ワインの産地. **·laub** 中《集合的に》ブドウの葉(→ 図 Weinstock). **·lau·be** 女 ブドウの木に覆われた園亭〈あずまや〉. **·lau·ne** 女 (ワインを飲んでの)一杯〈ほろ酔い〉機嫌. **·le·se** 女 ブドウ摘み, ブドウの取り入れ〈収穫〉. **·le·ser** 男 ブドウ摘みをする人, ブドウ収穫の労働者. **·lied** 中 酒宴の歌. **·lo·kal** 中 ワイン専門酒場. ▽**·mo·nat** (▽**·mond**) 男 (Oktober) 10月(ブドウ収穫の月). **·most** 男 ブドウのモスト(→Most 1). **·pan·scher** 男 (混ぜ物をして)ワインの品質を落とす人, 粗悪なワインを造る人. **·pan·sche·rei** 女 (混ぜ物などによる)粗悪ワイン造り. **·pres·se** 女 ＝Weinkelter **·pro·be** 女 **1** ワインの試飲〈きき酒〉. **2** ワインの見本. **·prü·fer** 男 ワインのきき酒をする人. **·ran·ke** 女 ブドウの蔓(つる). **·rau·te** 女〘植〙ヘンルーダ. **·re·be** 女〘植〙ブドウ(の木).

wein·rot 形 ワインレッドの, ワインカラーの, 深紅色の. **·sau·er** 形 酒石酸の, 酒石酸を含んだ.

Wein·säu·re 女〘化〙酒石酸. **·schen·ke** 女 (小さな)ワイン専門酒場. **·schlauch** 男 **1** ワイン用の革袋(昔の容器). **2**《話》大酒飲み.

wein·se·lig 形 ワインで陶然となった, ほろ酔い機嫌の.

Wein·stein 男 -(e)s/〘化〙酒石.

Wein·stein·säu·re ＝Weinsäure

Wein·steu·er 女 ワイン税, 酒税. **·stock** 男 -(e)s/..stöcke (Weinrebe) ブドウ(の木)(→ 図). **·stu·be** 女 (小さな)ワイン専門酒場. **·trau·be** 女 ブドウの房(→ 図 Weinstock).

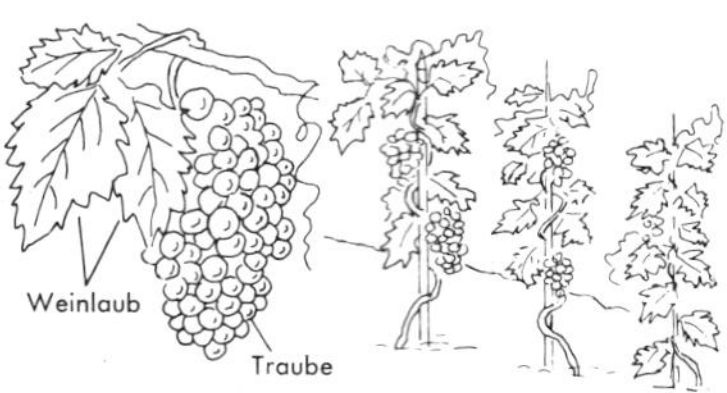

Weinstock

Wein·zierl[..tsi:rl] 男 -s/-(n)《南部・オーストリア》＝Winzer [*ahd.* wīnzuril (→Winzer)]

Wein·zwang 男 (料理店で食事をする際の)ワイン注文の義務: In diesem Lokal herrscht ～. この店では食事の際かならずワインを注文しなければならない.

weis →weismachen

..weis[..vaɪs][1]《オーストリア》＝..weise

wei̱·se[váɪzə] **I** 形 (英: *wise*) **1** 賢い, 賢明な, 聡明(ｿｳﾒｲ)な, 知恵〈判断力〉のある, 思慮深い, 分別のある: ein ～*r* Mann 思慮深い男 | ein ～*s* Urteil fällen 賢明な判断を下す ‖ klug und ～ sein 頭がよくて分別がある ‖ ～ handeln 〈entscheiden〉 賢明な行動をとる〈決定を下す〉. ▽**2** 特別な知識〈能力〉のある: die ～ Frau (→Frau I 1).

II Wei̱·se¹ 男 女 《形容詞変化》(weise な人. 例えば:) 賢人, 賢者, 知者, 哲人: die drei ～*n* aus dem Morgenlande 東方の三賢人(聖: マタ 2,1-12) | die sieben ～*n* Griechenlands (古代)ギリシアの七賢人(紀元前7-6世紀の政治家や哲学者であった Bias, Chilon, Kleobulos, Periander, Pittakos, Solon および Thales) ‖ **der Stein der ～*n*** 賢者の石(錬金術で卑金属を金や銀に変えると信じられて, 中世の錬金術師たちが探し求めた物質. 転じて奇跡的な能力をもつ物質を意味する) ‖ Dem ～*n* genügt ein Wort. 《諺》賢者は一を聞いて十を知る.

[*germ.* „wissend"; ◇wissen, Witz]

..weise[..vaɪzə] 《名詞・形容詞・数詞などにつけて副詞をつくる. 形容詞の後では..erweise の形になる. オーストリアではしばしば..weis[..vaɪs]¹ となる》: ausnahms*weise* 例外的に | beispiels*weise* 例えば | monats*weise* 月ごとに | teil*weise* 部分的に | leih*weise* 貸借によって ‖ glücklich*erweise* 運よく | lächerlich*erweise* こっけいにも | bezeichnend*erweise* 特徴的なことだが, いかにもそれらしいことだが ‖ hundert*weise*〔数〕百ずつ; 何百となく.

★ 名詞からつくったものは形容詞として付加語的にも使われることがある: eine ausnahms*weise* Zustimmung (ひとりだけの)例外的賛成 | ein etappen*weiser* Abbau 段階的解体.

Wei̱·se²[váɪzə] 女 -/-n **1** (英: *wise*)やり方, 仕方, 方法, 流儀, …ふう: Ausdrucks*weise* 表現の仕方 | Denk*weise* 考え方, 思考方法 | Sprech*weise* 話し方 | die Art und ～ (→Art 1 a) ‖ Er hat seine eigene ～. 彼には彼なりのやり方〈彼独自の流儀〉がある | Jedes Land hat seine ～. 《諺》所変われば品変わる ‖〖前置詞と〗**auf** diese ～ この方法で, このようにして | auf eine andere ～ 別のやり方で | auf jede ～ いずれにせよ | auf keine ～〔どのようにしても〕決して…ない | Er ist auf geheimnisvolle ～ verschwunden. 彼は不可解な方法〈事情〉で姿を消してしまった | auf Schmuggler*weise* 密輸業者のようなやり方で | **aus** der ～ 〈*Weis'*〉 sein《ｵｰｽﾄﾘｱ》普通でない, 法外である | **in** gewohnter ～ いつものやり方で, いつものように, 例のごとく | in welcher ～ どんなふうに | In gewisser ～ hat er recht. ある意味では彼の言い分は正しい | **in keiner ～** / 《戯》in keinster ～ 全然…でない | Sein Benehmen ist in keiner ～ gerechtfertigt. 彼の態度はどう見てもおかしい | Jeder〔handelt〕**nach** seiner ～. 各人各様.

2 (音楽の)調べ, 旋律, メロディー; (Lied) 歌: eine einfache 〈schlichte〉 ～ 素朴な旋律 | Volks*weise* 民謡 |《Zigeuner*weisen*》『チゴイネルワイゼン』(ジプシーの旋律を主題とするサラサーテのヴァイオリン曲) ‖ Wort und ～ 歌詞と旋律.

[*germ.* „Aussehen"; ◇wissen]

Wei̱·sel[váɪzəl] 男 -s/-(女 -/-n) **1** (Bienenkönigin) (ミツバチの) 女王バチ. **2** 《ｵｰｽﾄﾘｱ》《話》*jm.* den ～ geben …を追い返す; …を追い出す, …を解雇〈解任〉する.

[*mhd.*; < *ahd.* wīso „Führer" (◇weisen)]

wei̱·sen*[váɪzən]¹ 《205》 **wies**[vi:s]¹ / **ge·wie̱·sen**; 接II wiese **I** 他 (h) **1** (*jm. et.*⁴) (…に…を)指し示す, 示す, 見せる; 《比》指示する, 教示する: *jm.* den Weg 〈die Richtung〉 ～ …に道〈方向〉を指し示す | *jm.* die Tür ～ (→Tür) | *jm.* die Zähne ～ …に向かって歯をむき出す; 《比》…に対して激しく抵抗する | *jm.* die Zunge ～ …に向かって舌を出す ‖ einem Schüler die Anfangsgründe im Rechnen ～ 生徒に算数の初歩を教える. **2** (*jn.* / *et.*⁴) 《方向を示す語句と》(…に対して…へ)行けと指示する〈命じる〉, (…を…へ)行かせる: *jn.* wieder auf den rechten Weg ～《雅》…を正しい道にひき戻す | *jn.* aus dem Haus〔e〕 ～ …に家から出て行けと命じる | *jn.* aus dem Land 〈von der Schule〉 ～ …を国外に追放する〈放校処分にする〉 | *jn.* in die Schranken 〈in *seine* Schranken〉 ～ (→Schranke 3) | *et.*⁴〔weit〕 **von *sich*³ ～**《比》…をはねつける, …を拒絶する | einen Gedanken 〈einen Verdacht〉〔weit〕 von *sich*³ ～ 考え〈疑念〉を振りはらう | *et.*⁴ von der Hand ～ (→Hand 1) | nicht von der Hand zu ～ sein / sich nicht von der Hand ～ lassen (→Hand 1) | *jn.* zur Ruhe ～ …に静粛にするようさとす〈注意する〉.

II 自 (h) 《方向を示す語句と》(…を)指し示す, 指す: Der Zeiger *weist* auf zwölf. 時計の針が12時を指している | mit dem Finger auf *jn.* ～ (→Finger 1) | nach oben 〈unten〉 ～ 上方〈下方〉を指す | Die Magnetnadel *weist* nach Norden. 磁針は北を指す | mit der Hand zur Tür ～ 手でドアを指し示す.

[*germ.* „wissend machen"; ◇weise]

Wei̱·ser[váɪzər] 男 -s/- **1** (weisen するもの. 例えば:) (Wegweiser) 道標, 道しるべ; (Uhrzeiger) (時計の)針. ▽**2** ＝Weisel 1

Wei̱s·heit[váɪshaɪt] 女 -/-en **1** 《単数で》賢いこと, 賢明, 聡明(ｿｳﾒｲ); 知恵, 英知, 明察, 分別, 思慮; 学識, 見識: die ～ des Alters 老年の分別, 年の功 | die ～ Salomos ソロモンの知恵(旧約聖書外典の一書) ‖ salomonische ～ besitzen ソロモン(古代のヘブライ王)のような英知〈賢明な判断力〉をもっている | ***seine* ～ für *sich*⁴ behalten**《話》他人のことに口出しをしない | **die ～ mit Löffeln gegessen 〈gefressen〉 haben**《皮肉》たいへんお利口である | Er glaubt die ～ mit Löffeln gegessen 〈gefressen〉 zu haben. / Er glaubt die ～〔alleine〕gepachtet zu haben.《話》彼は自分がよほど頭のいい人間だと思っている ‖ mit *seiner* ～ am Ende sein (→Ende 1 a) ‖ der ～ letzter Schluß (→Schluß 2). **2** 賢明な教え〈教訓〉; 金言, 格言: Das Buch enthält viele ～*en*. この本には賢明な教訓が数多く含まれている | Die alte ～ besagt, daß ... 古言に曰(ｲﾜ)く….

[*ahd.*; ◇weise]

Wei̱s·heits·krä·mer[váɪshaɪts..] 男 物知り顔〈知ったかぶり〉をする人, 利口ぶる人.

wei̱s·heits·voll 形 知恵〈思慮分別〉に富んだ, 英知に満ちた; 含蓄に富んだ.

Wei̱s·heits·zahn 男 **1** 智歯(ﾁｼ), 知恵歯, 親知らず(第三大臼歯(ｷｭｳｼ)): → ⊠ Gebiß). **2**《話》頭のいい〈勉強のよくできる〉女生徒. [*lat.* dēns sapientiae の翻訳借用]

wei̱s·lich[váɪslɪç] 副 賢く, 賢明に, 思慮深く: Er würde das ～ unterlassen. 彼だったら賢明にもそんなことはやめておくだろう〈やらないだろう〉. [*ahd.*; ◇weise]

wei̱s|ma·chen[váɪsmaxən] 他 (h) (*jm. et.*⁴) (欺いて) 真実〈ほんとう〉と思わせる, 信じこませる: Er wollte mir ～, er habe mich nicht gesehen. 彼は私がいることに気づかなかったといって それを私に信じさせようとした | Laß dir〔von ihm〕nichts ～!〔彼に〕だまされるな | *Mach* das einem anderen *weis*! 私はその手は食わないよ. [*mhd.* „belehren"]

weiß¹[vaɪs] wissen の現在 1・3 人称単数.

weiß²[vaɪs] **I** 形 (英: *white*) (↔schwarz) 白い, 白色の(しばしば純潔・潔白などの象徴として用いられる); 白髪の, 蒼白(ｿｳﾊｸ)な, 白人の, 白衣の; 何も書いてない(紙), 白紙の〔ままの〕: blendend 〈strahlend〉 ～ まぶしいほど〈輝くように〉白い, 真っ白の | schnee*weiß* 雪のように白い ‖ ～*e* Ameise〖虫〗シロアリ | ein ～*es* Blatt sein《比》白紙(未定)である | ～*es* Blutkörperchen〖解〗白血球 | die ～*e* Fahne hissen《比》白旗を掲げる | ～*e* Farbe 白色 | ～*es* Feld (チェス盤などの)白ます | ein ～*er* Fleck auf der Landkarte (→Fleck 1 b) | ～*er* Fluß〖医〗こしけ(白帯下) | die *Weiße* Frau (死の予兆となる)白衣の女 | ～*es* Haar 白髪 | ～*e* Hände 〈Zähne〉 白い手〈歯〉 | ～*e* Haut 白い肌 | das *Weiße* Haus ホワイトハウス(アメリカ合衆国大統領官邸) | ein ～*es* Kleid 〈Hemd〉 白い服〈シャツ〉 | die ～*e* Kohle《比》(動力源としての)水〔力〕, 電力 | *Weiße* Magie (→Magie 1 a) | eine ～*e* Maus〖動〗シロネズミ; 《比》白バイ警官 | ～*e* Mäuse sehen (→Maus 1) | das *Weiße* Meer〖地〗白海(ロシア連邦北西部にある北極海の入江) | ～*es* Mehl 小麦粉 | der *Weiße* Nil 白ナイル川(ヴィクトリア湖に発し, 青ナイル川と合流してナイル本流となる) | ～*es* Papier 白紙 | ein ～*er* Rabe (→Rabe 1) | die ～*e* Rasse 白色人種 | die

Weiße Rose〖史〗(ナチ時代における学生の)白バラ抵抗運動 | ~*e* Schuhe 白靴 | der *Weiße* Sonntag (→Sonntag) | der ~*e* Sport《比》テニス(その他白いユニフォームを着るスポーツ); スキー(その他白雪の中でのウィンタースポーツ) | ~*er* Stein (チェスなどの)白駒 | ~*e* Substanz〖解〗白質 | der ~*e* 〈*Weiße*〉 Tod (雪や氷の中での)凍死 | ~*e* Weihnachten (雪のある)ホワイトクリスマス | ~*er* Wein 白ワイン | eine ~*e* Weste haben (→Weste 1) | die ~*e* Woche〖商〗(シーツ・下着など) 白物特売週間 ‖ ~ wie Kreide sein 蒼白〈真っ青〉である | ~ wie Schnee sein 雪のように白い | ~ wie eine Wand werden 蒼白〈真っ青〉になる ‖ ~ gekleidet sein 白い服を着ている | rot und ~ gestreift sein 赤白のしま模様である | *sich*⁴ 〔an der Wand〕 ~ machen 〔壁にもたれて〕背中を白くよごす | ***jn.*** **~ waschen**《比》…の嫌疑を晴らす(→weißwaschen) | einen Mohren ~ waschen wollen (→Mohr 1) ‖〖名詞的に〗schwarz auf ~ (→schwarz I 1) | aus schwarz ~ 〈~ schwarz〉 machen 〔wollen〕 (→schwarz I 1).

II Weiß 中 -〔es〕/- **1** 白〔色〕, 白さ;《無冠詞で》白服: ein strahlendes ~ 輝く白色 | die Farbe ~ 白色 ‖ in ~ gekleidet sein 白い服を着ている | in ~ gehalten sein (部屋などが)白い色調に統一されている ‖ ~ tragen 白い服を着ている. **2** おしろい: ~ auflegen おしろいを塗り立てる. **3**〖遊戯〗白の駒〈札〉: *Weiß* ist am Zug. (チェスなどで)今度は白の番だ. **4**〖狩〗脂肪.

III Wei·ße[1]《形容詞変化》**1** 男 女 **a)** 白色人種, 白人. **b)** 白髪の人. **c)** 白衣の人. **2** 中 白〔色〕; (白いもの. 例えば:) (卵の)白身: das ~ im Auge 白目 | ***jm.*** **nicht das ~ im Auge gönnen**《話》…に悪意をもっている, …をねたんでいる. **3** 女 (Weißbier) 白ビール: Berliner ~ ベルリン名物白ビール(ふつうエゾイチゴジュースをまぜ, ストローで飲む).

[*germ.* „leuchtend"; ◇Weizen]

Weiss[vaɪs] 人名 Peter ~ ペーター ヴァイス(1916-1982; ドイツの作家).

Weiß·afri·ka 地名 (↔Schwarzafrika) 白アフリカ (Sahara 以北のアフリカ).

weis·sa·gen[váɪsza:gən][1]《過分 geweissagt》他 (h) 予言する; 予示する: Kassandra *weissagte* den Untergang Trojas. カッサンドラはトロイアの没落を予言した | Seine Miene *weissagt* mir nichts Gutes. 彼の顔つきから判断するとろくなことはなさそうだ.

[*ahd.*; < *ahd.* wī〔z〕zago „Prophet" (◇wissen)]

Weis⸗sa·ger[..za:gər] 男 -s/- (女 **⸗sa·ge·rin** [..gərɪn]-/-nen) 予言者, 占い師. **⸗sa·gung**[..za:gʊŋ] 女 -/-en 予言, 占い.

Weiß·bart[váɪs..] 男《話》白ひげの男.

weiß·bär·tig 形 白髯(はくぜん)をたくわえた, 白ひげの.

Weiß·bier 中 白ビール(小麦と大麦を原料とした表面発酵のビールで, 炭酸分が多い).

Weiß·bier·glas 中 -es/..gläser 白ビール用グラス(→ 図 Glas).

Weiß⸗bin·der 男《方》**1** (Böttcher) おけ屋; おけ〈たる〉作り職人. **2** (Tüncher) しっくい職人, 左官屋. **3** (Anstreicher) ペンキ屋, 塗装工. **⸗blech** 中 ブリキ. **⸗blei·erz** 中〖鉱〗白鉛鉱.

weiß·blond 形 ごく淡い〈明るい〉ブロンド色の, プラチナブロンドの.

weiß|blu·ten[váɪsblu:tən]《01》自 (h)《ふつう不定詞で》《話》再帰 *sich*⁴ ~ 〔müssen〕 金を遣いはたす ‖〖名詞として〗**bis zum *Weißbluten*** とことんまで, 徹底的に | *jn.* zum *Weißbluten* bringen …を激怒させる〈かんかんに怒らせる〉; …をとことんまで搾取する.

weiß·blü·tig[..bly:tɪç][2] 形 (leukämisch)〖医〗白血病〔性〕の.

Weiß·blü·tig·keit[..kaɪt] 女 -/ (Leukämie)〖医〗白血病.

Weiß⸗brot 中 白パン. **⸗buch** 中 白書(外交に関するドイツ政府発行の報告書). **⸗bu·che** 女 (Hagebuche)〖植〗クマシデ(熊四手)属. **⸗dorn** 男 -〔e〕s/-e〖植〗サンザシ(山査子)属.

Wei·ße[1] →weiß[2] III

Wei·ße[2][váɪsə] 女 -/ 白いこと, 白さ, 白色.

wei·ßen[váɪsən]《02》(南部・スイ: **wei·ßeln**[váɪsəln]《06》) 他 (h) 白くする; (特に:) のろ〈水しっくい〉で白く塗る.

Weiß⸗fisch[váɪs..] 男〖魚〗コイ(鯉)科の魚. **⸗fluß** 男〖医〗こしけ(白帯下). **⸗fuchs** 男〖動〗シロギツネ(白狐)(北極ギツネの一種).

Weiß·fuß·maus 女〖動〗シロアシネズミ(白足鼠).

weiß⸗ge·klei·det 形 白い服を着た, 白衣を身にまとった. **⸗gelb** 形 淡黄色の.

Weiß·ger·ber[váɪsgɛrbər] 男 白なめし職人.

Weiß·ger·be·rei[vaɪsgɛrbəráɪ] 女 **1** (皮革の)白なめし, 白鞣(はくじゅう)法. **2** 白なめし工場.

Weiß·glü·hen[váɪs..] 中 -s/ 白熱状態: *jn.* zum ~ bringen《話》…をかんかんに怒らせる.

weiß·glü·hend 形 (金属が)白熱した, 白熱状態の.

Weiß⸗glut 女 -/ 白熱: ***jn.*** 〔**bis**〕 **zur ~ bringen** 〈**reizen / treiben**〉《話》…をかんかんに怒らせる. **⸗gold** 中 ホワイトゴールド, 白金(はっきん).

weiß⸗grau 形 灰白色の. **⸗grun·dig**[..grʊndɪç][2] 形 白地の. **⸗haa·rig** 形 白髪の. [< weißes Haar]

Weiß·herbst 男 -s/ ヴァイスヘルプスト(南ドイツ産のロゼワイン: →Roséwein).

wei·ßi·gen[váɪsɪgən][2]《スイ》=weißen

Weiß⸗kalk[váɪs..] 男〖建〗水しっくい, のろ(白色塗料). **⸗kä·se** 男《方》(Quark) 凝乳, カード. **⸗kit·tel** 男 (医者・実験作業員などの着る)白衣. **⸗klee** 男〖植〗シロツメクサ(白詰草). **⸗kohl** 男 -〔e〕s/ , **⸗kraut** 中 -〔e〕s/〖植〗シロキャベツ, タマナ(玉菜)(→ 図 Kohl). **⸗lack** 男 白色ラッカー(塗料).

weiß·lich[váɪslɪç] 形 やや白い, 白っぽい, 白みがかった.

Weiß·ling[..lɪŋ] 男 -s/-e **1**〖虫〗シロチョウ(白蝶)科に属するチョウの総称: Kohl*weißling* モンシロチョウ(紋白蝶). **2** (Wittling)〖魚〗(西ヨーロッパ産の)タラの一種. **3** (Albino) 白子(しろこ).

Weiß⸗me·tall 中 ホワイトメタル(錫(すず)基または鉛基の軸受け合金). **⸗moos** 中〖植〗シラガゴケ. **⸗nä·he·rin** 女 -/-nen Weißwaren の縫製女子工員. **⸗pap·pel** 女 (Silberpappel)〖植〗ハクヨウ(白楊), ウラジロハコヤナギ, ギンドロ. **⸗rus·se** 男 ベロルシア人, 白(はく)ロシア人. **⸗rüs·sel·bär** 男 -en/-en〖動〗〔ハナジロ〕ハナグマ(〔鼻白〕鼻熊).

weiß·rus·sisch 形 ベロルシア(白(はく)ロシア)の.

Weiß·ruß·land 地名 ベラルーシ, ベロルシア, 白(はく)ロシア(ヨーロッパ東部の共和国. 1991年ソ連邦解体に伴い独立. 首都は Minsk).

Weiß⸗sticke·rei 女 白生地の刺しゅう(特にテーブルクロス・ブラウス・ハンカチなどの). **⸗storch** 男〖鳥〗コウノトリ(鸛). **⸗sucht** 女 -/ (Albinismus)〖医〗白色〈白皮〉症, 先天性色素欠亡症.

weißt[vaɪst] wissen の現在 2 人称単数.

Weiß·tan·ne[váɪs..] 女 (Edeltanne)〖植〗オウシュウモミ(欧州樅).

Wei·ßung[váɪsʊŋ] 女 -/ weißen すること.

Weiß⸗wal 男 (Beluga)〖動〗シロイルカ(白海豚). **⸗wa·ren** 複 (さらした)白生地の織物(キャラコ・リンネルなど); (元来はもっぱら白生地の)布製品(敷布・テーブルクロス・肌着類など).

weiß|wa·schen*[váɪsvaʃən]《201》他 (h)《ふつう不定詞・過去分詞で》《*jn.*》(…の)潔白を証明する, 嫌疑を晴らす: 再帰 *sich*⁴ ~ 身のあかしを立てる.

Weiß·wein 男 白ワイン.

Weiß·wein·glas 中 -es/..gläser 白ワイン用グラス(→ 図 Glas).

Weiß·wurst 女 (子牛の肉でつくった)白ソーセージ.

Weiß·wurst⸗äqua·tor 男, **⸗gren·ze** 女《話》白ソーセージ赤道(白ソーセージを好む南部地域とその他の地域との境界線のこと. ほぼ Main 川と一致する).

Weiß⸗wurz 女 -/〖植〗アマドコロ(甘野老)属. **⸗ze·der** 女〖植〗ヒノキ(檜)属. **⸗zeug** 中 -〔e〕s/ =Weißwaren

Weis·tum[váɪstu:m] 中 -s/..tümer[..ty:mər] ▽1

＝Weisheit **2 a**）(中世における慣習法的な)法の裁き, 裁定, 判決. **b**）《ふつう複数で》古判例集. [*germ.*; ◇weise; *engl.* wisdom]

Wei·sung[váɪzʊŋ] 女 -/-en 指示, 指図, 教示; 指令, 訓令, 命令: *jm.* eine ～ erteilen …に指示を与える | *js.* ～*en*[3] folgen 〈nachkommen〉 …の指示に従う ‖ auf 〈nach〉 ～ des Ministers handeln 大臣の指示に基づいて〈従って〉行動する.

Wei·sungs·be·fug·nis 女 指示〈指令〉権限.

wei·sungs·ge·bun·den 形 指示〈指令〉に縛られた.

Wei·sungs·recht 中 指示〈指令〉権, 命令権.

weit[vaɪt] **I** 形 **1 a**）(↔eng) 広い, 広大な; 広々とした, 窮屈でない: ein ～*er* Begriff 〈Bereich〉 広い概念〈領域〉 | Das ist ein ～*es* Feld. 《比》それは(対象が大きすぎて)容易には論じ〈述べ〉尽くせない | einen ～*en* Gesichtskreis 〈Horizont〉 haben《比》視野が広い | ein ～*es* Herz haben《比》度量が大きい | ～*e* Kreise der Bevölkerung 住民の大半〈大多数〉 | ein ～*er* Mantel 〈Ärmel〉 ゆったりしたコート〈そで〉 | das ～*e* Meer 大海 | eine ～*e* Öffnung 大きな穴 | die ～*e* Welt《雅》(家庭・故郷などに対する)広い世間 ‖ im ～*eren* Sinne 広義で ‖ Die Hose 〈Der Kragen〉 ist mir zu ～. このズボン〈カラー〉は私にはゆるすぎる | Es wurde mir ～ ums Herz.(うれしくて)私は心が晴れ晴れした ‖ Er ist ～ in der Welt herumgekommen. 彼は広く世の中を見聞してきている | Der Irrtum ist ～ verbreitet. この誤りは広く行き渡っている | Die Tür steht ～ offen. ドアが大きく開いている ‖ **～ und breit** いたるところ, 見渡すかぎり | Er war der beste Arzt weit und breit. 彼はこのあたり一帯で一番の医者だった | *Weit* und breit ist niemand zu sehen. 見渡すかぎり人っ子ひとり見えない | des ～*en* und breiten reden 長々と〈冗漫に〉話す.

b）(…の)広さがある: Der Bund an diesem Rock ist 57 cm ～. このスカートのウエストサイズは57センチある | die Hosen um 2 cm ～*er* machen ズボンを2センチ太くする.

☆ 面積については **groß** を用いることが多い: ein großes Grundstück 広大な地所 | Der Obstgarten ist 3 ha groß. この果樹園は3ヘクタールある.

2 a）遠い, 距離の長い; (空間的・時間的・度合い的に)へだたりのある, 遠くへだたった, ずっと離れた; はるか先〈前〉の: in ～*en* Abständen 間隔を大きくあけて | Von hier hat man einen ～*en* Blick. ここからは遠くまで見晴らしがきく | eine ～*e* Entfernung 長い距離 | ein ～*er* Weg 長い道のり | in ～*er* Ferne ずっと遠方に〈で〉 | aus der ～*en* Ferne 遠方から | Das liegt noch in ～*er* Ferne 〈～*em* Feld〉. 《比》それはまだまだ先のことだ | eine ～*e* Reise 長途の〈遠方への〉旅 | auf ～*e* Sicht planen 長期の計画を立てる ‖ Der Weg 〈Die Entfernung〉 ist ～. 道〈距離〉は遠い | Bis Weihnachten ist es nicht mehr ～. クリスマスはもうすぐだ | nicht ～ her sein《話》たいしたことはない(→weither ★) ‖ Das Dorf ist 〈liegt〉 ～ **von** hier. その村はここからは遠い | Der Apfel fällt nicht ～ vom Stamm. (→Apfel 1 b) | Er war nicht ～ vom Heulen. 彼はいまにもわっと泣きだしそうだった | ～ vom Schuß sein (→Schuß 1 a) | Das ist ～ davon, vollständig zu sein. それは完全と言うにはほど遠い ‖ ～ in den Wald 森の奥深くへと | bis ～ in die Nacht 夜のふけるまで | ～ in den Tag hinein 日の高くなるまで | Er wohnt nicht ～ 〔entfernt〕 〈話: nicht ～ weg〉. 彼が住んでいるところはそう遠くない | ～ davon entfernt sein (→entfernen II 1 a) | *jm.* ～ voraus sein …よりはるかに先行している | Die Zeit ist ～ vorgerückt. 時間はずっと進んでしまった, ずいぶん遅くなった | Er war ～ weg mit seinen Gedanken. 彼はすっかり放心していた | ～ zurück sein ずっと後方に〈遅れて〉いる | hinter *jm.* ～ zurückbleiben …よりはるかにとり残されている | Der Vorfall liegt nun so ～ zurück. その事件はもうずっと昔のことだ ‖ ～ auseinandergehen (意見などが)大きく分かれる | **es ～ bringen**《比》出世する, 偉くなる; たいしたことをやりとげる | Du hast es ～ gebracht.《反語》君はずいぶん落ちぶれたもんだね | ～ denken 先々のことまで考える | zu ～ fahren 乗り越しをする | Es würde zu ～ führen, jede Einzelheit zu berichten 〈wenn man jede Einzelheit berichten wollte〉. 細かいことまで一々報告するには及ばないだろう | ～ gehen 遠くまで行く(ただし: →weitgehend) | 〔mit 〈in〉 *et.*[3]〕 **zu ～ gehen** 〔…を〕やりすぎる,〔…に関して〕極端なことをする | Das geht 〔mir〕 zu ～! それはひどすぎる, そんなむちゃな | ～ hergeholt. (→herholen) | ～ kommen《比》出世する, 偉くなる | Mit ihm ist es ～ gekommen.《皮肉》彼は落ちぶれ果てた | Mit seiner Liebe ist es ～ gekommen.《皮肉》彼の愛は消え去った | **es zu ～ treiben**《比》度をすごす, 行きすぎた〈出すぎた〉ことをする | einen Ball ～ werfen ボールを遠くまで投げる | Mit Höflichkeit kommt man am ～*esten*. 礼儀正しく〔交渉〕するのがいちばんうまくいくやり方だ ‖ 〖名詞的に: →III〗 **von ～*em*** / **von ～ her** 遠方から(→weither ★).

b）(…の)距離のある,(…だけ)遠くの,(…ほど)進んだ: Wie ～ ist es bis zum Bahnhof? 駅までどれくらいの距離ですか | Wie ～ bist du mit deiner Arbeit? 君の仕事はどこまで進んでいるか | So ～, so gut! そこまではそれでいい | wenn alles so ～ ist 万事が片づいたら | Es ist so ～, wir müssen aufbrechen. さあそろそろ私たちは出かけねばならない | Die Technik ist jetzt so ～, daß ... 技術はいまや…するまでになっている | Er ist so ～ mit ihr. 彼は彼女との関係がそこまで深まっている | Er geht so ～, zu behaupten, daß ... 彼は…と主張するまでに至っている | es so ～ kommen lassen 事態をひどくなるまで放置する ‖ 〖数量を示す4格と〗 Das nächste Hotel ist 5 km 〈2 Stunden〉 ～ von hier. もよりのホテルはここから5キロ〈2時間〉のところにある | Er sprang 3 m ～. 彼は3メートル跳んだ.

3《程度の高さを表す副詞として》ずっと, はるかに: ～ älter ずっと年長の | ～ besser 〈lieber〉 sein はるかに優れている〈好ましい〉 | die ～ größte Fabrik 抜きんでて大きな工場 ‖ ～ 〔an 〈in〉 *et.*[3]〕 über *jm.* stehen 〔…に関して〕はるかに…よりまさっている | Er ist ～ über 〔die〕 Sechzig 〈über sechzig Jahre〉. 彼は60歳をとうに越している | Es ist ～ über zehn Jahre her. それは10年をはるかに越える昔のことだ | Es ist ～ über die Zeit hinaus. もう刻限はとっくに過ぎている | ～ unter *jm.* stehen はるかに…より劣っている | *jm.* an *et.*[3] ～ überlegen sein / *jn.* in *et.*[3] ～ übertreffen …よりも…の点ではるかにまさっている ‖ 〔Das ist〕 ～ gefehlt! 大違いだ, とんでもない ‖ 〖**bei weitem** の形で〗 bei ～*em* besser sein はるかに良い | bei ～*em* der beste Schüler sein ずば抜けてトップの生徒である | **bei weitem nicht ...** …にはほど遠い | bei ～*em* nicht vollständig sein およそ完全でない | Ich erzählte ihm bei ～*em* nicht alles. 私は彼に何もかも話して聞かせるなど決してなかった.

4《比較級 weiter の形で》→ 別出

★ 分詞と複合して形容詞をつくる場合の比較変化は, ⓐ weitgereist の場合のように複合を解いて weiter gereist / am weitesten gereist となるのが原則であるが, ⓑ weitgehend のように意味の上で一語化が進んだものは weiter gehend (ｵｰｽﾄﾘｱ: weitergehend), weitgehender / weitestgehend, weitgehendst という変化をする場合がある.

II Weit 中 -〔e〕s/-e〖海〗(船の)最大幅員.

III Wei·te[1] 中《形容詞変化》遠方: **das ～ gewinnen**《雅》うまく逃げおおせる | **das ～ suchen**《雅》逃げる, 逃亡する ‖ ins ～ gehen / *sich*[4] ins ～ verlieren《雅》果てしなく広がる.

[*idg.* „auseinandergegangen"; ◇Ion, Witwe, wider; *engl.* wide]

weit≠ab[váɪt|áp] 副 遠く離れて, はるかかなたに: Sie war in meinen Gedanken stets ～. 彼女は私にとって常にはるかな存在であった | ～ vom Schuß sein (→Schuß 1 a) | Ich bin ～ davon, so was zu machen. 私はそんなことをする気は毛頭ない. **≠aus**[..áʊs] 副《形容詞の比較級・最上級と》はるかに, ずっと: Er sang ～ besser als die anderen. 彼の歌は他の人たちよりもはるかに上手だった | Sein Spiel war ～ am besten. 彼の演奏は断然一番であった.

Weit·blick 男 -〔e〕s/ 先を見る目, 将来を見通す能力, 先見の明; 深謀遠慮.

weit·blickend 形 (→weit I ★ ⓑ) 先を見る目のある, 先見の明のある; 深謀遠慮の.

Wei·te[1] →weit III

Wei·te[2][váitə] 女 -/-n《ふつう単数で》**1 a)** 広いこと, 広大さ; ゆったりとした大きさ; 広がり, 広々とした空間: die ～ des Meeres 海の広大さ | die unendliche ～ des Weltraums 宇宙の無限の広がり | Die ～ seines Horizontes ist erstaunlich. 彼の視野の広さには驚くべきものがある ‖ Die Prärie lag in unendlicher ～ vor uns. 大草原は果てしなく広々と我々の眼前に横たわっていた. **b)** 広さ, 大きさ; サイズ; (衣服などの)幅, 横幅; 直径, 口径: die ～ des Raumes 部屋の広さ | die ～ des Kragens 〈der Taille〉 カラー〈ウエスト〉のサイズ | die lichte ～ der Öffnung 開口部の内径〈内法(うちのり)〉 | Brust*weite* 胸囲 ‖ Die Hose muß in der ～ geändert werden. このズボンは太さを変えなければならない.

2 a) 遠いこと; 遠いところ, 遠方: in die ～ blicken 遠くを見る | mit den Gedanken in die ～ schweifen はるかかなたに思いをはせる. **b)** 遠さ; 距離(特に陸上競技のジャンプ・投擲(とうてき)などの): Reich*weite* 到達距離 | Schuß*weite* 射程〔距離〕‖ Beim ersten Sprung erreichte er eine ～ von 7,50 m. 1回目のジャンプで彼は7メートル50の距離を跳んだ.

wei·ten[váitən]《01》他 (h) 広げる, 広くする, 拡大する: die Augen ～ (驚いたりして)目を大きく見開く ‖ 再帰 *sich*[4] ～ 広がる, 広くなる | Auf Reisen *weitet* sich der Blick. 旅をすると視野が広くなる.

Wei·ten·jä·ger 男《話》(スキーのジャンプ競技で飛型よりも)ひたすら飛距離を伸ばすことを追求する人(→Weite[2] 2 b).

wei·ter[váitər]《weit の比較級》**I** 形《述語的用法なし》ひき続いての, なおこれ以上の; これ以外の; また別の, 新たな: Haben Sie noch ～*e* Fragen? まだほかに質問がありますか | bei ～*er* Überlegung さらによく考えてみると | ohne ～*e* Umstände それ以上形式ばらずに ‖ eine ～*e* Arbeit 〈Sorge〉 もう一つ別の仕事〈心配〉 | nach ～*en* zwei Jahren さらに2年たったのちに | Wir warten auf ～*e* Nachrichten. 私たちは次の〈新しい〉知らせを待っています.

II 副 **1** より広く, より遠く; さらに先へ, さらに続けて, 引き続き: Die Sonne ist von der Erde ～ entfernt als der Mond. 太陽は月よりも地球から遠く離れている ‖ ～ hinten 〈vorn〔e〕〉 もっと後ろ〈前〉に | ～ links 〈rechts〉 もっと左〈右〉に | ～ nach oben 〈unten〉 もっと上〈下〉の方へ | Er wohnt ein paar Häuser ～. 彼はもう二三軒先に住んでいる | *sich*[4] mit *et.*[3] ～ beschäftigen …に引き続き携わる | Bitte,～! もっと先へどうぞ, もっとお続け下さい; お次をどうぞ. **2** (sonst, außerdem) それ以外に, それ以上に, ほかに: Hier gibt es ～ einen Zoo. ここにはさらに動物園がある | Er sagte ～ nichts. 彼はそれ以上は何も言わなかった | Es war ～ niemand 〈niemand ～〉. ほかには誰もいなかった | Was ist 〔denn〕 da ～? それがどうした〈どうなる〉というのか | Wer ～ als du kann es gewesen sein? 君以外の誰だったというのか | Das ist nichts ～ als eine Ausrede. それは言い逃れ以外の何ものでもない | Das ist nicht ～ schlimm. それは大したことじゃないよ ‖ **und so ～** (略 u. s. w., usw.) (英: *and so on*) …等々, …などなど ‖〖名詞的に: →III〗**des ～*en*** さらに〔続いて〕, そのほかになお | **bis auf ～*es*** 当分の間, (次の指示があるまで)差しあたり | **im ～*en*** さらに続いて, 以下に | **ohne ～*es*** 簡単に, あっさり, 何の問題もなく | Dieses Buch bekommt man ohne ～*es* in jeder Buchhandlung. この本は簡単にどこの本屋でも手に入る.

☆ 動詞と用いる場合は分離の前つづりとみもなされる.

III Wei·te·re 中《形容詞変化》〔なお〕これ以上のこと: Alles ～ berichte ich mündlich. あとの詳しいことは口頭でお伝えします | Das ～ folgt nach. その他の点はいずれあとにします | *Weiteres* ist im Anhang nachzulesen. 以下詳細は付録参照のこと.

Wei·ter·ar·beit[váitər..] 女 -/ 仕事の継続〈続行〉.

wei·ter|ar·bei·ten《01》自 (h) 働き続ける, さらに仕事を続ける.

wei·ter|be·för·dern《05》他 (h) さらに先へ運送〈輸送〉する; 転送する.

Wei·ter·be·för·de·rung 女 -/ weiterbefördern すること.

wei·ter|bil·den《01》他 (h)《*jn.*》(…の)教育〈人間形成〉をさらに続ける: 再帰 *sich*[4] ～ さらに勉強を続ける.

Wei·ter·bil·dung 女 -/ 〔sich〕 weiterbilden すること.

wei·ter|brin·gen*《26》他 (h) さらに先へ進める, 前進〈進歩〉させる, 促進する: Das *bringt* mich nicht *weiter*. それは私にとってプラスにならない | Er hat es *weitergebracht*. 彼はさらにいっそう出世した.

Wei·te·re →weiter II

wei·ter|emp·feh·len*《41》他 (h) (推薦・紹介されたものを)さらに知人にも推薦〈紹介〉する.

wei·ter|ent·wickeln《06》他 (h) さらに発達〈発展〉させる: Die Automation wird ständig *weiterentwickelt*. オートメーション化は進む一方だ ‖ 再帰 *sich*[4] ～ さらに発達〈発展〉する, 発達〈発展〉を続ける.

Wei·ter·ent·wick·lung 女 -/-en さらに発展する〈させる〉こと, 発達〈発展〉の継続.

wei·ter|er·zäh·len 他 (h) **1** 話し〈語り〉続ける, 話を続ける. **2** (人から聞いたことを)さらに語り伝える, 語り継ぐ; さらに他の人に話す, 言いふらす: Du darfst es niemandem ～. このことはだれにも言ってはいけないよ.

wei·ter|fah·ren*《37》**I** 自 (h) **1** (乗り物が・乗り物で)さらに先へ行く〈進む〉, さらに走り続ける: Ich *fahre* gleich *weiter*. (乗り物で)私はこのまま〈すぐまた〉先へ行く. **2**《in *et.*[3]》(…を)継続〈続行〉する, (…)し続ける: Er *fuhr* in seiner Rede *weiter*. 彼はさらに話を続けた.

II 他 (h) **1**《*et.*[4]》(車などに)さらに乗り続ける: Ich habe vor, diesen Wagen mindestens noch ein Jahr *weiterzufahren*. 私はこの車に少なくともあと1年は乗るつもりだ. **2**《*jn.*》(車で)さらに先へ乗せて行く.

Wei·ter·fahrt 女 -/ weiterfahren すること.

wei·ter|flie·gen*《45》自 (s) (飛行機が・飛行機で)さらに飛び続ける, 飛行を継続する.

Wei·ter·flug 男 -〔e〕s/ 飛行の継続〈続行〉.

wei·ter|füh·ren I 他 (h) **1** (路線などを)さらに先へ延長する. **2 a)**《*et.*[4]》さらに先へ続ける: ein Gespräch 〈eine Verhandlung〉 ～ 対話〈交渉〉をさらに続ける | eine Firma 〈eine Tradition〉 ～ 会社〈伝統〉を受け継ぐ. **b)**《*jn.*》(…を)さらに前進させる: Das *führt* uns nicht *weiter*. それでは我々は先へ進めない(事態は進捗しない).

II 自 (h) (道路などが)さらに先へ延びている.

III wei·ter·füh·rend 形 さらに先へ導く, さらに前進させる: ein ～*er* Nebensatz〖言〗継続的〈非制限的〉関係文(例 Sie machte einen Versuch, der aber restlos scheiterte. 彼女はある試みを行ったが それは完全に失敗した) | ～*e* Schulen 上級学校(義務教育課程よりさらに先に進ませる学校. Realschule, Gymnasium など).

Wei·ter·ga·be 女 -/ weitergeben すること.

Wei·ter·gang 男 -〔e〕s/ 続行, 継続; 進行, 進展, 発展.

wei·ter|ge·ben*《52》他 (h) (受け取ったものを)さらに先へ〈次の人に〉渡す; (次々に)順送りする; (書類などを)しかるべき部局へ回す, 転送する: Er empfängt Befehle und *gibt* sie an die Untergebenen *weiter*. 彼は命令を受け取り さらにこれを部下に伝える.

wei·ter|ge·hen*《53》**I** 自 (s) さらに先へ行く〈進む〉, 前進を続ける; (事柄が)進行する; (ある状態が)そのままさらに続く: Hier *geht* es nicht *weiter*. ここで行き止まりだ | Wie *geht* die Geschichte *weiter*? 話はそれから先はどうなるのか | Bitte ～! (立ち止まらないで)どんどん前へ進んでください | So kann es nicht ～. このままではだめだ.

II wei·ter·ge·hend 1 weitergehen の現在分詞. **2**《(オーストリア)》weitgehend の比較級.

wei·ter|hel·fen*《71》自 (h) **1**《*jn.*》(…を)助けて先に進ませる. **2**《*jn.*》(…への)援助を続ける.

wei·ter·hin[váitərhín, ⌐◡◡] 副 **1** さらに引き続き, (これまでと同様)今後も: Sie leben ～ getrennt. 彼らは今後も引き続き別々に暮らす | Laß es dir auch ～ gut gehen! 今後ともおしあわせに. **2** さらに, そのうえ: Sie verlangen mehr Urlaub,～ fordern sie eine bessere Besoldung. 彼ら

は休暇増加を望み そのうえさらに給与の改善を要求する.

wei·ter|kom·men* 《80》 自 (s) **1** 先へ進む, 前進する: **machen 〈zusehen〉, daß man *weiterkommt*** 《話》いそいでその場を立ち去ろう〈逃げよう〉とする | Mach 〈Siehe 〔zu〕〉, daß du *weiterkommst*! 《話》とっとと失せろ. **2** (人が) 仕事がはかどる〈進捗(しんちょく)する〉, 地位があがる: im Beruf ～ 仕事の上で出世する | So *kommen* wir nicht *weiter*. こんなやり方ではどうにもならない | Wir sind mit der Arbeit 〈in unserer Arbeit〉 gut *weitergekommen*. 我々は仕事がうまくはかどった.

wei·ter|kön·nen* 《81》 自 (h) 《ふつう否定詞と》《話》さらに先へ進むことができる; 続行することができる: Ich *kann* nicht *weiter*. 私はもうこれ以上先へは進めない; 私はもうだめだ.

wei·ter|lei·ten 《01》 他 (h) さらに先へ回す〈送付する〉, 転送する: *et.*[4] an den Vorgesetzten ～ …を上司に取り次ぐ.

wei·ter|ma·chen 他 (h) (これまでどおり)さらに続けてやる, 継続して行う, 続行する: *seinen* alten Stiefel ～ (→Stiefel 1) | *Weitermachen!* 作業続行(号令).

Wei·ter·marsch 男 -es/ 行進〈行軍〉の継続.

wei·ter|mar·schie·ren 自 (s) さらに行進〈行軍〉を続ける.

ᵛ**wei·tern**[váitərn] 《05》 =erweitern [*mhd.*; ◇weit]

Wei·ter·rei·se 女 -/ 旅の継続〈続行〉: Gute ～! お元気で旅行を続けてください.

wei·ter|rei·sen 《02》 自 (s) さらに旅を続ける.

wei·ters[váitərs] 《オーストリア》 =weiterhin

wei·ter|sa·gen[váitər..] 他 (h) (人から聞いたことを)さらに他の人に言う〈伝える〉, 言いふらす: Bitte, *sage* es nicht *weiter*! このことは人に話さないでくれ.

wei·ter|schicken 他 (h) **1** =weitersenden **2** 《*jn.*》 (…を)さらに先へ〈別な場所へ〉派遣する.

wei·ter|sen·den(*) 《166》 他 (h) さらに先へ送る; 転送する.

wei·ter|tö·nen 自 (s) さらに鳴り〈響き〉続ける.

Wei·te·rung[váitəruŋ] 女 -/-en 《ふつう複数で》《官》不祥事, 厄介〈面倒〉な結果: Diese Maßnahme wird unangenehme ～*en* zur Folge haben. この措置は面倒な事態を招来することになろう. [*mhd.* „Erweiterung"]

wei·ter|ver·brei·ten[váitər..] 《01》 他 (h) さらに広める〈流布させる〉: ein Gerücht ～ うわさを言いふらす ‖ 再帰 *sich*[4] ～ さらに広まる.

Wei·ter·ver·brei·tung 女 -/-en 〔sich〕 weiterverbreiten すること.

Wei·ter·ver·kauf 男 -〔e〕s/ 転売.

wei·ter|ver·kau·fen 他 (h) 転売する.

wei·ter|ver·mie·ten 《01》 他 (h) また貸し〈転貸〉する.

Wei·ter·ver·si·che·rung 女 -/-en (任意の)保険継続.

wei·ter|wis·sen* 《215》 自 (h) (苦境を切り抜けるために)さらに何をなすべきかを知っている: 〖ふつう否定詞と〗 nicht mehr ～ もはやなすすべを知らない, もはや施す策がない.

wei·ter|wol·len* 《216》 自 (h) さらに先へ進もうとする; さらに続けようとする: Komm, wir *wollen weiter*! さあ先へ進もう.

wei·ter|zah·len 他 (h) さらに支払い続ける.

weit≠ge·hend[váitge:ənt][1] 形 (→weit I ★ ⓑ) 広範囲な; 十分な: ～*es* Verständnis 一般の理解 | ～*e* Vollmachten 〈Zugeständnisse〉 大幅な権限〈譲歩〉 | Wir wollen Ihnen ～ behilflich sein. 私たちは十分にあなたのお役に立ちたいと思っています | Der Vorschlag ist ～ angenommen worden. その提案は皆に受け入れられた. **≠ge·reist** 形 (→weit I ★ ⓐ) 広く旅をした, 見聞の広い. **≠grei·fend** 形 (影響・効果などが)遠くまで及ぶ; 包括的〈徹底的〉な: ～*e* Pläne 遠大な計画.

weit·her[vaithé:r] 副 遠くから, 遠方から: ein ～ Gereister 遠くから旅して来た人.

★ しばしば von を伴うが, その場合は von weit her のように分けて書くほうがよい: Die Stimme klang wie von *weit her*. その声は遠くからしているようだった. また「たいしたことはない」を意味する俗語的表現の nicht weit her も同様: Mit ihm 〈seinen Kenntnissen〉 ist es nicht *weit her*. 《話》彼〈彼の知識〉はたいしたことはない.

weit·her·ge·holt[vaithé:r..] 形 遠くから持って来た; 《比》(表現・論拠などが)持って回った, こじつけの, 不自然な.

weit·her·zig[váithɛrtsɪç][2] 形 心の広い, 寛大な.

Weit·her·zig·keit[–kait] 女 -/ weitherzig なこと.

weit≠hin[váithín] 副 **1** 遠くへ, 遠方へ; 遠方まで: Der Lärm war ～ zu hören. その騒ぎは遠くの方まで聞こえた. **2** 広く, 一般に; しばしば: Dieser Maler ist noch ～ unbekannt. この画家はまだ一般に知られていない. **≠hin·aus** [..hináus] 副 (…を越えて)遠方まで; ずっと離れて, 遠くに: ～ wohnen ずっと遠くに住んでいる | auf ～ 長い間.

weit·läu·fig[váitlɔyfɪç][2] (ᵛ**weit·läuf·tig** [..lɔyftɪç][2]) 形 **1** (建物・庭園などが)広い, 広大な. **2** 遠い, 遠く離れた: mit *jm.* ～ verwandt sein …と遠縁関係にある. **3** =weitschweifig **4** (銃などが)大口径の.

Weit·läu·fig·keit (ᵛ**Weit·läuf·tig·keit**)[..kait] 女 -/ weitläufig なこと. [<weit]

Weit·ling[váitlɪŋ] 男 -s/-e 《南部・オーストリア》大皿.

weit·ma·schig[váitmaʃɪç][2] 形 (網・編物などの)目のあらい〈大きい〉.

Weit·maul·flie·ge[váitmaul..] 女 〖虫〗ミギワバエ(水岸蠅)科の昆虫.

weit≠räu·mig 形 広い, 広大な. **≠rei·chend** 形 (→weit I ★ ⓑ) (影響・効果などが)遠くまで及ぶ: ein ～*es* Geschütz 遠距離砲 | ein ～*er* Einfluß 広範囲に及ぶ影響.

Weit·schuß[váit-ʃʊs] 男 ..schusses/..schüsse 〖球技〗ロングシュート: unerlaubter ～ 〖アイスホッケー〗アイシング〔ザ パック〕.

weit·schwei·fig[váit-ʃvaifɪç][2] 形 非常に詳しい, 委曲を尽くした; 回りくどい, 冗長〈冗漫〉な: *et.*[4] ～ erzählen …をくどくどしく話す. [*mhd.*; ◇schweifen]

Weit·schwei·fig·keit[–kait] 女 -/ weitschweifig なこと.

Weit·sicht[váitzɪçt] 女 -/ (Fernsicht) 遠方への眺望, 遠望; 《比》(将来への)展望, 見通し.

weit·sich·tig[..tɪç][2] 形 (↔kurzsichtig) 〖医〗遠視の; 遠目の利く, 遠くの見える; 《比》先の見通しの利く, 先見の明のある: ～ handeln 将来のことを考えて行動する.

Weit·sich·tig·keit[..kait] 女 -/ 遠視; 遠目の利くこと; 《比》先見の明.

weit|sprin·gen*[váit-ʃprɪŋən] 《179》 **I** 自 (s) 〖陸上〗〔走り〕幅跳びをする. **II Weit·sprin·gen** 中 -s/ =Weitsprung 1

Weit≠sprin·ger[..ʃprɪŋər] 男 -s/- 〔走り〕幅跳びの選手. **≠sprung** 男 〖陸上〗 **1** 〔走り〕幅跳び. **2** (〔走り〕幅跳びの)跳び幅.

weit·spu·rig[váit-ʃpu:rɪç][2] 形 〖鉄道〗広軌の.

Weit·strah·ler 男 〖自動車〗遠距離前照灯, ハイビームヘッドライト.

weit·tra·gend 形 (→weit I ★ ⓑ) (銃砲などが)射程の長い, 遠くまで届く; 《比》(影響・効果などが)遠くまで及ぶ: ～*e* Kraft 〖理〗遠達力 | von ～*er* Bedeutung sein 広範囲にわたる意義をもつ.

Wei·tung[váituŋ] 女 -/ 〔sich〕 weiten すること.

weit≠ver·brei·tet[váit..] 形 (→weit I ★ ⓑ) (意見などが)広く普及〈流布〉した, (動物などが)分布範囲の広い. **≠ver·zweigt** 形 (→weit I ★ ⓑ) (樹木が)枝のひろがった; 《比》分岐の多い, 多岐にわたる.

Weit·win·kel·ob·jek·tiv 中 〖写〗広角レンズ(→ 図 Kamera).

Wei·zen[váitsən] 男 -s/ **1** 〖植〗コムギ(小麦)属(→ 図): **Türkischer ～** トウモロコシ(玉蜀黍) ‖ ～ anbauen 小麦を栽培する | ***js.* ～ blüht** 《話》…は調子が上乗である〈仕事がうまくいっている〉. **2** (Weizenkorn) (穀粒としての)小麦: ～ mah-

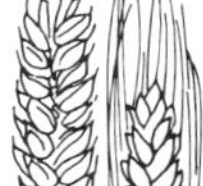

Weizen

len 小麦をひく | die Spreu vom ~ scheiden 〈sondern / trennen〉 (→Spreu). [*germ.* „Weißer"; ◇weiß², *engl.* wheat]

Wei·zen≈bier = Weißbier **≈brand** 男 -[e]s/ 〘農〙黒穂病.

Wei·zen·brand·pilz 男〘農〙黒穂病菌.

Wei·zen≈brot 中 小麦パン, 白パン. **≈feld** 中 麦畑. **≈hir·se** 女〘植〙ヒエ(稗). **≈korn** 中 -[e]s/..körner 小麦の殻粒. **≈mehl** 中〘料理〙全粒粉(小麦粉の種類).

Weiz·säcker[váitszɛkər] 人名 **1** Carl Friedrich von ~ カール フリードリヒ フォン ヴァイツゼッカー(1912-2007; ドイツの核物理学者・哲学者). **2** Richard von ~ リヒャルト フォン ヴァイツゼッカー(1920- ; ドイツの政治家. ドイツ連邦共和国大統領[1984-94]).

welch[vɛlç]《変化はふつう dieser に準じる》**I**《疑問代名詞; solch と同様無語尾の用法もある: →2》**1**《疑問文を導いて》**a)**《付加語的; 2格で名詞自身が -[e]s で終わるときはふつう welches の代わりに welchen を用いる》(一定の数の中の)どの, どちらの; (一般的に)どのような, どういう, どんな: *Welchen* Mann meinst du? 君の言うのはど[ち]の男のことか | Die Arbeit ~*en* 〈~*es*〉 Schülers ist die beste? どの生徒の答案が最高の出来か | Mit ~*em* Zug kommt er? 彼はどの列車で来るのか | An ~*em* Tag 〈In ~*em* Jahr〉 ist er geboren? 彼は何日〈何年〉に生まれたのか | Um ~*e* Zeit kommst du? 君は何時に来ますか ‖ *Welche* Mutter würde das tun? どういう母親がそんなことをするだろうか | *Welche* Wünsche hast du sonst noch? まだほかに君はどんな望みを持っているのか | Aus ~*em* Grund hat er das getan? 彼はどういうわけでそうしたのか ‖〖間接疑問文を導いて〗Er fragte mich, ~*es* Auto mir besser gefalle. 彼は私にどちらの自動車のほうがよいかと尋ねた | Man sieht, ~*en* Eindruck seine Rede hinterlassen hat. 彼の演説がどのような印象を残したかは明らかだ〈これでわかる〉‖〖譲歩文で〗~*en* Entschluß er auch fassen mag 彼がどのように決心しようとも.

☆ welch と was für ein との混用: →was I 2 a ☆

b)《単独で名詞的に; was や das と同様に welches の形が性・数に関係なく用いられることもある》(そこにあるもの・いる人の中の)どれ, どの人, どちら[の人]; (一般に)どんなもの, どんな人: *Welcher* von euch beiden kommt heute? 君たち二人のうちのどちらがきょう来るのか | *Welches* der Bücher 〈von den Büchern〉 gehört dir? どの本が君のか | Es gibt zwei Möglichkeiten, für ~*e* entscheidest du dich? 選択の可能性は二つあるが君はどちらにしますか | *Welches* 〈*Welcher*〉 ist der treffendste Ausdruck? (これらのうち)どれが最も適切な表現か ‖ *Welches* sind die beliebtesten Reiseziele? いちばん人気のある観光地はどこですか ‖〖間接疑問文を導いて〗Sie fragte mich, ~*er* das gesagt habe. そこにいた人の中のだれがそう言ったのかと彼女は私に尋ねた.

☆ 複数に用いられる welche と welches の違い: 特定のいくつかの物を指して尋ねるときは welche を, 一般的にどんな種類の物かを尋ねるときは welches を用いることが多い: *Welche* sind die schönsten Rosen? これらのバラの中で最も美しいのはどれどれですか | *Welches* sind die schönsten Rosen? もっとも美しい部類に入るのはどんなバラですか.

2《感嘆文を導いて; しばしば無語尾で用いられて》なんという, どれほどの(→was I 2 a ☆ ii): *Welch*[*es*] Wunder! なんたる不思議 | *Welches* 〈*Welch* ein〉 Glück! なんと幸運なことか | *Welch* [ein] schöner 〈*Welcher* schöne〉 Tag! なんてすばらしい日だろう | Mit ~*em* 〈~ einem〉 Eifer arbeitet er! なんという熱心さで彼は働くことか.

II《不定代名詞; 物質名詞・複数名詞など不定代名詞 einer で受けられない場合に用いて》Hast du Zigaretten?—Ja, ich habe ~*e*. タバコあるかい — うん あるよ(参考 Hast du ein Feuerzeug?—Ja, ich habe ein[e]s. ライターを持っているかい — うん 持っているよ) | Hast du Geld?—Ja, ich habe ~*es*. 金はあるかい — うん[いくらか]あるよ | Ich möchte gern Zucker. Haben Sie ~*en*? 砂糖が欲しいのですがありますか | Hier soll es Hirsche geben. Hast du ~*e* gesehen? ここはシカがいるそうだが 見かけたことがあるかい ‖ Hier sind ~*e*, die ich nicht kenne. ここには私の知らない人が幾人かいる | *Welche* [von uns] wollen es nicht glauben. [私たちのうちの]何人かはそれを信じようとしない ‖〖**was für welche** の形で: →was I 2 a ☆ iii〗Ich habe Bücher gelesen.—Was für ~*e*? 私は本を幾冊か読みました — どんなのをですか(参考 Ich habe ein Buch gelesen.—Was für ein[e]s?) | Sie trinkt gern Wein.—Was für ~*en*? 彼女はワインが好きです — どんな[種類]のをですか.

III《関係代名詞》(英: *which*) **1**《der と同じ用法で; 同一語形の重なるのを避ける場合や, やや古めかしい文体などで用いて》die Leute, ~*e* (=die) die Ausstellung besuchten 展示会場を訪れた人びと | das Kind, ~*es* (=das) das Bild darstellt この絵に描かれている子供 | in der Zeit, während ~*er* sie verreist war 彼女が旅行に出て不在の時に ‖ der Bauer und der Jäger, ~ letzterer eine Flinte besitzt 農夫および猟銃を持つ猟師 | Da sprach der Richter, als ~*er* er jetzt erschien. 今や裁判官として登場した彼は そのとき口を開いた.

2《付加語的に関係文を導いて》Man spricht von einer friedlichen Einigung, an ~*e* Möglichkeit man eigentlich nicht mehr glaubt. その可能性を実のところもう信じていないのに 和解ということを口にしている.

3《前文の内容または中性単数形の不定代名詞などを受けて: →was II 2, 3》Er zeigt sich plötzlich, ~*es* (=was) uns überraschte. 彼が突然に姿を現して 私たちをびっくりさせた | Er läßt alles ändern, ~*es* (=was) ihm nicht bequem scheint. 彼は自分に具合の悪そうなことはすべて変更させる.

[*germ.* „wie beschaffen?"; ◇wer, ..lich; *engl.* which]

wel·cher≈art[vɛ́lçər|á:rt, ⌣⌣⌣—] 形《無変化》どのような, どんなふうな: ~ Gründe er auch haben mag たとえ彼にどのような理由があるにせよ. ▽**≈ge·stalt**[..gəʃtált, ⌣⌣⌣⌣] 副 どのように, どんなふうに.

wel·cher·lei[vɛ́lçərlái, ⌣⌣—] 形《無変化》どんな[種類の]: in ~ Form es auch sei たとえどのような形であれ.

wel·cher·wei·se 副 どのように, どんなふうに: Ich weiß nicht, ~ er sein Ziel erreicht hat. 私は彼がどのようにして彼の目標を達成したのか知らない.

Welf[vɛlf] 男 -[e]s/-e; 中 -[e]s/-er = Welpe [*germ.*]

Wel·fe[vɛ́lfə] 男 -n/-n ヴェルフ家の人(8世紀以来のドイツの古い王族で,11世紀に男系は絶えたが, のちになお Braunschweig と Hannover で王家として存続した).

wel·fisch[..fɪʃ] 形 ヴェルフ[家]の.

welk[vɛlk] 形 **1** (植物が)枯れた, しおれた, しぼんだ;《比》生気のない, しなびた: ~*e* Blätter 枯れ葉 | ~*e* Haut しなびた皮膚 ‖ Die Rosen sind ~ geworden. バラの花がしおれてしまった. ▽**2** 干した, 乾物にした: ~*es* Obst 乾燥果物. [*ahd.* „feucht"; ◇Wolke]

Wel·ke·krank·heit[vɛ́lkə..] 女〘農・園〙萎凋(いちょう)病.

wel·ken[vɛ́lkən] **I** 自 (s) (植物が)枯れる, しおれる, しぼむ; 生気を失う, しなびる; 老いる, 老化する: Ruhm *welkt* schnell.《諺》名声はうつろいやすい.

▽**II** 他 (h) 枯らす, しぼませる; 干す, 乾物にする.

Welk·heit[vɛ́lkhaɪt] 女 -/ welk なこと.

Well·blech[vɛ́l..] 中 波形[トタン]板, なまこ板: ein Dach mit ~ decken なまこ板で屋根をふく.

Well·blech·ho·se 女《話》コール天のズボン;《戯》横じわのたくさんできた長ズボン.

Wel·le[vɛ́lə] 女 -/-n **1 a)** 波, 波浪, うねり: große 〈hohe〉 ~*n* 大波〈高波〉| schäumende ~*n* 泡立つ波 | Sturz*wellen* 激浪 ‖ auf den ~*n* treiben 波間に漂う | in den ~*n* ertrinken 〈umkommen〉 波間におぼれて死ぬ | *sein* Grab in den ~*n* finden《雅》溺死(できし)する | von den ~*n* fortgerissen 〈verschlungen〉 werden 波にさらわれる〈のまれる〉‖ Die ~*n* rollen 〈schlagen〉 ans Ufer. 波が岸に打ち寄せる | Die ~*n* brechen sich an den Klippen. 波が岩に砕ける | Die ~*n* gingen ziemlich hoch. 波

はかなり高かった. **b)**《比》波上に去来〈移動〉するもの; 波状に上下〈変動〉するもの; (流行などの) 波: Angriffs*welle* 波状攻撃 | Kälte*welle* 寒波 | Streik*welle* 波状ストライキ | **die grüne ~** (設定速度で進行する車が交差点を無停車で通れる) 系統式交通信号 | Neue ~〖映〗ヌーベルバーグ, 新しい波 (1960年代初期にフランスやイタリアに見られた映画製作の新しい運動や傾向,1960年代後半のドイツ映画についても言う) | **weiche ~**《話》弱腰, 柔軟路線 ‖ Die ~*n* der Empörung 〈der Erregung〉 haben sich wieder geglättet. 怒り〈興奮〉の波は再び静まった | 〔**hohe**〕 **~*n* schlagen**《比》〔大きな〕波紋を投じる | Der Vorfall hat damals hohe ~*n* geschlagen. 事件は当時大波瀾(はらん)を巻き起こした.

2 (波状のもの. 例えば:) (土地の) 起伏; (髪の) ウェーブ: Dauer*welle* パーマネントウェーブ | *sich*³ das Haar in ~*n* legen lassen (美容院などで) 髪にウェーブをつけてもらう.

3〖理〗波 (音波・電磁波など), 波動; 波長, 周波数: die ~*n* des Lichtes 〈Schalls〉 光〈音〉波 | elastische 〈elektromagnetische〉 ~*n* 弾性〈電磁〉波 | kurze 〈lange〉 ~*n* 短〈長〉波 | Mittel*welle* 中波 | Ultrakurz*welle* 超短波 | Deutsche ~ ドイチェ=ヴェレ (ドイツの国外向け放送〔局〕) ‖ Auf welcher ~ sendet diese Station? この局はどの波長〈周波数〉で放送しているのか.

4〖工〗回転軸, シャフト (→ 図): Kurbel*welle* クランク軸 | Nocken*welle* カム軸.

5〖体操〗回転.

6《南部》(柴(しば)・薪(まき)などの) 束.

[*ahd.*; ◇wallen²]

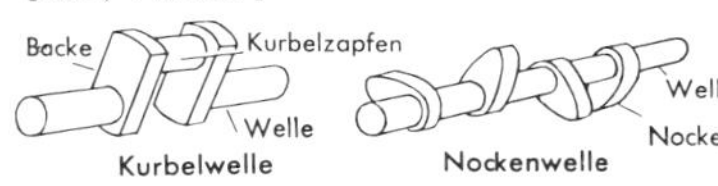

Welle

wel·len[vɛ́lən] **I** 他 (h) **1** 波形にする, 波打たせる: *jm.* das Haar ~ …の髪にウェーブをつける ‖ 再帰 *sich*⁴ ~ 波形になる, 波打つ; (平らであるべきものが) ゆがんで起伏ができる | Der Teppich hat sich *gewellt*. 絨緞(じゅうたん)にしわが寄った.
2《南部》=wällen

II ge·wellt → 別出

wel·len·ar·tig 形 波状の, 波のような.

Wel·len≠bad 中 人工波設備のあるプール. **≠bal·ken** 男〖紋〗波形横帯 (→ 図 Wappen e). **≠band** 中 -[e]s/ ..bänder **1** (古代ゲルマンなどの) 波状紋様 (→ 図). **2** =Frequenzband **≠be·reich** = Frequenzbereich **≠berg** 男 **1** (↔Wellental) 波の山 (盛り上がった部分). **2** 山のような波. **≠be·we·gung** 女 波状運動, 波動. **≠bre·cher** 男 -s/- **1** 防波堤. **2** (船の甲板上の) 波よけ (→ 図 Schiff B).

Wellenband

wel·len·för·mig 形 波形の, 起伏のある.

Wel·len≠funk·tion 女〖数〗波動関数. **≠fur·che** 女 -/-n《ふつう複数で》=Rippelmarken **≠gang** 男 -[e]s/ (海上・湖上などの) 波の動き, うねり.

wel·len·ge·teilt 形〖紋〗(盾を) 波線で横〔二〕分割した.

Wel·len≠glei·chung[vɛ́lən..] 女〖数〗波動方程式. **≠kamm** 男 波がしら, 波頭(とう) (砕け落ちる直前の波の最上部分). **≠kupp·lung** 女〖工〗軸継ぎ手. **≠län·ge** 女〖理〗波長: **dieselbe 〈gleiche〉 ~ haben**《比》同じ気質〈考え方〉の持ち主である | *sich*⁴ auf *js.* ~ einstellen《話》…に調子を合わせる. **≠li·nie**[..niə] 女 波線 (〜〜〜). **≠me·cha·nik** 女 -/ 波動力学. **≠mes·ser** 男〖電〗波長計. **≠plan** 男 電波割り当て計画. **≠rei·ten** 中 -s/ (Surfing) 波乗り, サーフィン; (Wasserskilaufen) 水上スキー. **≠rei·ter** 男 Wellenreiten をする人. **≠ring** 男 (円形の) 波紋. **≠schlag** 男 -[e]s/ 波の打ち寄せること; 打ち寄せる波. **≠schliff** 男 (刀・ナイフなどの) 刃文 (→ 図 Messer). **≠schnitt** 男〖紋〗波形分割〔線〕. **≠schräg·bal·ken** 男〖紋〗波形斜め帯. **≠sit·tich** 男〖鳥〗セキセイインコ (背黄青鸚哥). **≠ska·la** 女 (ラジオなどの) 選局目盛り. **≠tal** 中 (↔Wellenberg) 波の谷間. **≠theo·rie** 女 -/〖理〗波動説;〖言〗(言語変化の伝播(でんぱ)に関する) 波動説. **≠tun·nel** 男 (船の機関室からスクリューに通じる) 軸路 (→ 図 Schiff B). **≠ver·tei·lung** 女 電波の配分〈割り当て〉. **≠zahl** 女〖理〗波数.

Wel·ler[vɛ́lər] 男 -s/ (種類: -) (Fachwerk の壁面を塗りこめるのに用いられる) 壁土 (ロームや粘土にわらを混ぜたもの).

wel·lern[vɛ́lərn] 《05》 **I** 自 (h) (ロームや粘土にわらを混ぜて) 壁土を作る.
II 他 (h) (Fachwerk の壁面を) 壁土で塗りこめる.
[<wellen]

Wel·ler·wand 女 Weller を塗りこめた壁.

Well·fleisch[vɛ́l..] 中〖料理〗ボイルにした豚肉.
[<wellen „wallen“ (◇wallen²)]

Well·horn·schnecke[vɛ́lhɔrn..] 女〖貝〗エゾバイ (蝦夷蜆).

wel·lig[vɛ́lɪç]² 形 波形の, 起伏のある; (髪などが) 波打つ, ウェーブした (→ 図 Haar B). [<Welle]

Wel·lig·keit[-kaɪt] 女 -/ wellig なこと.

Well≠pap·pe[vɛ́l..] 女 (包装用の) 段ボール紙. **≠rad** 中〖工〗(小型の) 巻き上げ機, ウィンチ.

Wel·lung[vɛ́lʊŋ] 女 -/-en《ふつう単数で》波形, 起伏.

Wel·pe[vɛ́lpə] 男 -n/-n (オオカミ・キツネ・イヌなどの) 子.
[„Heulendes“; *mndd.*; 擬音; *engl.* whelp]

Wels[vɛls]¹ 男 -es/-e〖魚〗ナマズ (鯰). [◇Wal¹]

welsch[vɛlʃ] **I** 形 **1** ロマン〔ス〕語地域 (特にフランス・イタリア・スペインなど) の: die ~*e* Schweiz スイスのフランス語地域 ‖ ~*er* Hahn シチメンチョウ (七面鳥) | ~*e* Haube (バロック風教会堂の) 二重円屋根 | ~*e* Nuß クルミ (胡桃).
2《比》わけのわからぬ, ちんぷんかんぷんの (→Kauderwelsch, Rotwelsch).
II Wel·sche 男 女《形容詞変化》ロマン〔ス〕語地域の人.
[*ahd.*; < *ahd.* Walh (→Walache); ◇Wallone, Wales; *engl.* Welsh]

ᵛ**wel·schen**[vɛ́lʃən] 《04》 自 (h) わけのわからぬ〈ちんぷんかんぷんな〉ことを言う; やたらに外国語をまぜて話す.

Welsch≠kohl 男 -[e]s/ (Wirsing)〖植〗チリメンタマナ (縮緬玉菜). **≠korn** 中 -[e]s/ (Mais)〖植〗トウモロコシ (玉蜀黍). **≠kraut** 中 -[e]s/ =Wirsing **≠land** 中 -[e]s/ **1** ロマン〔ス〕語系の国〈地域〉(特にフランス・イタリア・スペインなど). **2**《スイ》スイスのフランス語地域. **≠schwei·zer** 男 フランス語地域のスイス人.

welsch·schwei·ze·risch 形 スイスのフランス語地域の.

Welt[vɛlt] 女 -/-en **1 a)**《単数で》宇宙, 天地; 万有, 森羅万象: die Erschaffung der ~ 天地創造 | außergalaktische ~*en* 銀河系の外にある世界.
b) (英: *world*)《単数で》(地球全体の意味で, または広く一般に) 世界: die ganze ~ 全世界 | Die ~ ディー ヴェルト (ドイツの日刊新聞. 日曜版は Die ~ am Sonntag) ‖〖2格で〗der höchste Berg der ~ 世界最高の山 | die stärkste Militärmacht der ~ 世界最強の軍事力 | am Ende der ~ liegen 〈wohnen〉《話》世界の果て (ひどくへんぴな場所) にある〈住んでいる〉 | bis ans Ende der ~ 地の果てまで | um keinen Preis der ~ どんなことがあっても決して…ない | Er hält sich für den Nabel der ~.《話》彼は自分が世界の中心〈たいそうな人間〉と思っている ‖〖前置詞と〗Wieviel Menschen leben **auf** der ~? 地球上にはどれくらいの人間が住んでいるのか | Sie hat keinen Menschen auf der ~. 彼女はたったひとりぼっちだ | Nachrichten **aus** der ganzen ~ 全世界からのニュース | **Das ist doch nicht aus der ~.**《話》それはいくら遠いといっても 世界の外にあるわけじゃないさ | Er ist überall **in** der ~ bekannt. 彼は世界じゅうどこでも名前を知られている | Er ist viel in der ~ herumgekommen. 彼は世界をあちこちまわっている (見聞が広い) | **in alle ~** どこへでも | **in aller ~**《疑問詞の直後に置いてこれを強調して》《話》いったいぜんたい | Wer in aller ~ hat denn so etwas gesagt? いったいだれがそんなことを言ったのか | Wie in aller ~ war das nur möglich? いったいどうしてそんなことが可能だったのか | **um alles in der ~**《話》

なんとかして, ぜひとも | **um nichts ⟨nicht um alles⟩ in der ~**《話》どんなことがあっても決して…ない | eine Reise **um** die ~ 世界一周の旅 | Die Nachricht lief um die ganze ~. このニュースは全世界をかけめぐった ‖〚1格で〛**Das ist nicht die ~.**《話》それは大したことではない ‖〚主語として〛Hier ist die ~ mit Brettern vernagelt.《比》もうここで行き止まりだ; ここでは何ひとつ起こりはしない | **Nobel geht die ~ zugrunde.**《皮肉》この世は豪勢に滅びるものだ(金が乱費されるときなどに言う) ‖〚4格で〛**Das kostet nicht die ~.**《話》それは払えぬほどの値段ではない.

c) (人間を取り巻く特定の生活圏としての, または特定の人たちによって構成される)世界, 界: **die Alte ~** (アメリカ大陸に対してヨーロッパを中心とする)旧世界 | **die Neue ~** 新世界(アメリカ大陸) | **die dritte ~** 第三世界(発展途上諸国) | **die vierte ~** 第四世界(最も貧困な発展途上諸国) | die christliche ~ キリスト教世界 | die große ⟨elegante / vornehme⟩ ~ 上流社会 | die geistige ⟨sinnliche⟩ ~ 精神⟨感覚⟩界 | die künstlerische ⟨literarische⟩ ~ 芸術⟨文学⟩界 | die gefiederte ~ 鳥類〔の世界〕 | Film*welt* 映画界 | Geister*welt* 霊界 | Pflanzen*welt* 植物界 | Sport*welt* スポーツ界 | Tier*welt* 動物界 | die ~ der Kinder ⟨der Erwachsenen⟩ 子供⟨大人⟩の世界 | die ~ der Märchen ⟨der Phantasie⟩ 童話⟨空想⟩の世界 | die ~ der Technik ⟨des Sozialismus⟩ 技術⟨社会主義⟩の世界 | die ~ der Hellenen 古代ギリシアの世界 | die ~ von morgen 明日の世界 | die uns umgebende ~ 我々を取り巻く世界 ‖〚前置詞と〛in einer anderen ~ leben《比》別世界に生きている(夢想家など) | gegen eine ~ von Vorurteilen kämpfen 偏見の世界と闘う ‖〚1格で〛Die Bücher sind seine ganze ~. 書物が彼の全世界だ | Das war für ihn eine neue ⟨fremde⟩ ~. それは彼にとって新しい⟨異質の⟩世界であった ‖〚主語として〛Mit der Enttäuschung brach für ihn eine 〔ganze〕 ~ zusammen. この幻滅によって彼にとってひとつの世界が崩れ落ちた | Uns trennen ~*en*. / Zwischen uns liegen ~*en*. 我々の間には大きな隔たりがある.

2《単数で》この世, 現世, 世俗, 世の中; 世間〔の人々〕, 世人: **alle ~** すべての人たち | Gott und die ~ (→Gott) ‖〚前置詞と〛**auf die ~ kommen** この世に生まれる | ***et.***[4] **mit auf die ~ bringen** …(素質・才能など)をもって生まれる | **auf der ~ sein** (すでに)生まれている; 存命中である | **aus** der ~ gehen ⟨scheiden⟩《雅》この世を去る | ***et.***[4] **aus der ~ schaffen** …(障害・不都合なことなど)を取り除く⟨片づける⟩ | *sich*[4] **durch** die ~ schlagen (苦労して)なんとか世を渡る | So geht es **in** der ~. 世の中とはそうしたものだ | Er guckt fröhlich ⟨finster⟩ in die ~. 彼は明るい⟨陰鬱(いんうつ)な⟩目つきをしている | ***et.***[4] **in die ~ setzen**《話》…を世間に広める | Kinder in die ~ setzen《軽蔑的に》(やたらに)子供を作る | **mit** *sich*[3] und der ~ zerfallen sein (→zerfallen 2) | mit *sich*[3] und der ~ zufrieden sein (→zufrieden 2) | *sich*[4] **von** der ~ zurückziehen 世間を逃れて隠遁(いんとん)する | **nicht von dieser ~ sein**《雅》この世のものとも思われない | ein Mann ⟨eine Frau⟩ von ~ 世慣れた男⟨女⟩ | **vor** aller ~ みんなの見ている前で | **zur ~ kommen** この世に生まれる | ein Kind zur ~ bringen《雅》子供を産む ‖〚主語として〛Die ~ blickt ⟨schaut⟩ auf ihn. 世間は彼に注目している ‖〚4格で〛Geld regiert die ~. (→Geld 1) | Ich verstehe die ~ nicht mehr! 私にはもう世の中がわからなくなった ‖〚3格で〛**der ~ entsagen**《雅》世を捨てる ‖〚2格で〛die Gleichgültigkeit der ~ 世間の無関心 | das Urteil der ~ 世間⟨世人⟩の判断 | die Versuchungen der ~ 俗世の誘惑 | das Licht der ~ erblicken《雅》この世に生まれる | Das ist der Lauf der ~. それが世の習いだ | Undank ist der ~ Lohn. (→Undank).

[*westgerm.* „Menschenalter"; *ahd.* weralt (*ahd.* wer „Mann"; ◇Wergeld); ◇viril, alt; *engl.* world]

welt≈ab·ge·schie·den[vɛ́lt..] 形 世の中から隔絶した: ein ~*es* Dorf へんぴな村. **≈ab·ge·wandt** 形 世間と没交渉の, 現実の生活からのがれた.

Welt≈all[vɛ́lt|al] 中 -s/ (Kosmos) 宇宙, 万有. **≈al·ter** 中 **1** (Zeitalter) (歴史区分としての)時代, 年代. **2** 世界⟨地球・宇宙⟩の年齢.

welt·an·schau·lich[vɛ́lt|anʃaυlɪç] 形 世界観〔上〕の, 世界観的な.

Welt≈an·schau·ung[vɛ́lt|anʃaυυŋ] 女 世界観: eine christliche ~ キリスト教的世界観. **≈aus·stel·lung** 女 万国博覧会, 万博(ばんぱく). ᵛ**≈ball** 男 -〔e〕s/ (Erdball) 地球. **≈bank** 女 -/ 世界銀行(世界復興開発銀行の略称. 1945年に設立された国際銀行組織). **≈baum** 男 -〔e〕s/〚北欧神〛宇宙樹 (Yggdrasil の別名).

welt≈be·kannt 形 世界じゅうに知られている, 全世界周知の. **≈be·rühmt** 形 世界的に有名な, 天下に名高い: Er war als Sänger ~. 彼は歌手として世界的に有名であった.

Welt≈be·rühmt·heit 女 **1**《単数で》weltberühmt なこと. **2** weltberühmt な人. **≈best·lei·stung** 女 世界最高記録. **≈be·völ·ke·rung** 女 -/ 世界人口.

welt·be·we·gend =welterschütternd

Welt≈bild 中 世界像(個人ないし同時代の人々が世界についてもっている知識の総体, また世界について抱いている観念像): das mittelalterliche ⟨unser heutiges⟩ ~ 中世的⟨我々が今日もっている⟩世界像. **≈brand** 男 世界を焼く劫火(ごうか) (ふつう比喩的に世界大戦のことを指す). **≈büh·ne** 女〚文芸〛世界劇場(この世界を大勢の役者がそれぞれの役を演じる舞台と見なす考え方): von der ~ abtreten《雅》この世を去る. **≈bumm·ler** =Weltenbummler **≈bund** 男 世界同盟. **≈bür·ger** 男 (Kosmopolit) 世界市民, 世界主義者, コスモポリタン.

welt·bür·ger·lich 形 世界主義⟨四海同胞主義⟩の, コスモポリタンの.

Welt·bür·ger·tum 中 -s/ (Kosmopolitismus) 世界〔市民〕主義, 四海同胞主義, コスモポリタン的な考え方.

Welt≈chro·nik 女 世界年代記(中世に好まれた史書の形式で, ふつう天地創造から世界の終末までを扱う). **≈cup** 男 =Weltpokal **≈da·me** 女 **1** 社交界の婦人; 社交的⟨交際上手⟩な女性. **2** =Salondame **≈eis·leh·re** 女 -/〚地〛(宇宙の) 氷塊原生説.

Wel·ten≈all[vɛ́ltən..]《雅》=Weltall **≈bumm·ler** 男 世界漫遊者, 世界をまたにかけて旅する人.

Welt·en·de[vɛ́lt..] 中 **1**〚宗〛この世の終わり. **2** 世界の果て: am ~ wohnen《戯》ひどくへんぴなところに住んでいる.

Wel·ten·raum[vɛ́ltən..]《雅》=Weltraum

welt·ent·rückt[vɛ́lt..] 形 世俗を離れた, 浮世を超越した, 夢想的な.

wel·ten·um·span·nend[vɛ́ltən..] =weltumspannend

Wel·ter[vɛ́ltər] 中 -s/- =Weltergewicht

Welt·er·eig·nis[vɛ́lt..] 中 世界的重大事件.

welt·er·fah·ren 形 世の中の経験を積んだ, 人生経験の豊かな, 世故にたけた.

Welt·er·fah·ren·heit 女 -/ welterfahren なこと.

Welt·er·folg[vɛ́lt..] 男 世界的大成果⟨大成功⟩.

Wel·ter·ge·wicht[vɛ́ltər..] 中 **1**《単数で》(ボクシング・レスリングなどの)ウェルター級. **2** =Weltergewichtler [*engl.* welter〔weight〕の翻訳借用]

Wel·ter·ge·wicht·ler[..lər] 男 -s/- ウェルター級選手.

Welt·er·näh·rungs≈kon·fe·renz 女 -/ 世界食糧会議(1974年食糧危機打開のために開かれた). **≈pro·blem** 中 世界食糧問題.

welt·er·schüt·ternd 形 世界をゆるがす⟨震駭(しんがい)させる⟩〔ほど重要な〕, 世界の耳目を聳動(しょうどう)する, 驚天動地の.

Welt·esche 女 -/ =Weltbaum

welt·fern 形 俗世を遠く離れた.

Welt≈fi·nanz·markt 男 世界金融市場. **≈flucht** 女 -/ 隠遁(いんとん), 遁世(とんせい). **≈for·mel** 女 宇宙成立の公式.

welt·fremd[vɛ́ltfrɛmt][1] 形 世事にうとい, 世間知らずの, 世間離れした: ein ~*er* Gelehrter 世間知らずの学者.

Welt·fremd·heit[–haɪt] 女 -/ weltfremd なこと.

Welt·frie·de〔n〕 男 世界平和.

Welt·frie·dens·be·we·gung 女 世界平和運動.

Welt≈geist 男 -〔e〕s/〚哲〛世界精神 (Hegel の歴史哲

学の概念で, 世界史のうちに働き, 絶えず発展しつつ世界史のさまざまな時代に顕現する超越的な精神). ≈**geist·li·che** 男 =Weltpriester ≈**gel·tung** 女 世界じゅうで認められていること, 世界的な重要性, 国際的評価: Sein Name hat ~. 彼の名は全世界で通用する | Englisch ist eine Sprache von ~. 英語は世界的に通用する言語だ. ≈**gen·darm** 男 世界の憲兵〔の役割を演じる国〕. ≈**ge·richt** 中 -〔e〕s/ (das Jüngste Gericht)〘宗〙最後の審判, 公審判. ≈**ge·richts·hof**[また: ◡◡◡́—] 男 -〔e〕s/ 国際司法裁判所(オランダの Den Haag にある). ≈**ge·schich·te** 女 -/ 世界の歴史, 世界史: **in der ~ herumfahren 〈herumreisen〉**《戯》あちこち旅してまわる | **Da hört 〔sich〕 doch die ~ auf!**《話》そうなってはこの世も終わりだ.

welt·ge·schicht·lich 形 世界史〔上〕の; 世界史的な, 世界史に名を残すほど重要な: ein Ereignis von ~*er* Bedeutung 世界史的意義をもつ出来事.

Welt·ge·sund·heits·or·ga·ni·sa·tion 女 -/ 世界保健機構(国際連合の専門機関: →WHO).

welt·ge·wandt 形 世才のある, 世故にたけた.

Welt≈ge·werk·schafts·bund[また: ◡◡◡́◡◡] 男 -〔e〕s/ (略 WGB) 世界労働組合連盟, 世界労連(1945年に結成された国際的な労働組合組織). ≈**han·del** 男 -s/ 世界貿易, 国際取引;《ｵｰｽﾄﾘｱ》貿易大学.

Welt·han·dels≈krieg 男〔世界〕貿易戦争. ≈**platz** 男 世界貿易上重要な場所(商業地).

Welt≈herr·schaft 女 -/ 世界支配〈制覇〉. ≈**hilfs·spra·che**[また: ◡◡́—◡] 女 国際補助言語(エスペラントなど).

welt·hi·sto·risch =weltgeschichtlich

Welt≈kar·te 女 世界地図. ≈**kennt·nis** 女 世間的知識, 世間知, 世故; 世界に関する知識. ≈**kind** 中 現世主義者〈享受者〉; 俗世の人. ≈**kir·chen·kon·fe·renz** 女 世界教会会議(1948年に結成された世界教会協議会の定期的な会議).

welt·klug 形 世才のある, 世故にたけた, 世渡りのうまい.

Welt≈kon·greß 男 世界会議, 世界大会. ≈**kör·per** 男 (Himmelskörper) 天体. ≈**krieg** 男 世界的規模の戦争, 世界大戦: der erste 〈zweite〉 ~ 第一次〈第二次〉世界大戦. ≈**ku·gel** 女 **1**《単数で》(Erdkugel) 地球. **2** (Globus) 地球儀. ≈**kul·tur·er·be** 中 世界文化遺産. ≈**kul·tur·gut** 中 世界文化財. ≈**lauf** 男 世のなりゆき.

welt·läu·fig[vɛ́ltlɔʏfɪç][2] 形《雅》=weltgewandt

welt·lich[vɛ́ltlɪç] 形 **1** この世の, 現世の, 俗世の, 浮世の; 世俗的な, 俗っぽい(→Welt 2): ~*e* Freuden 〈Genüsse〉 現世のよろこび〈快楽〉| ~*e* Nichtigkeit この世のはかなさ ‖ ~ eingestellt sein 世俗的な考えをもっている. **2** (↔geistlich) 宗教〈聖職〉とは無関係の, 世俗の: ~*e* Fürsten〘史〙(聖職にある諸侯に対して) 世俗の諸侯 | eine ~*e* Schule 非教会系学校. ▽**3** 世界の; 宇宙〈森羅万象〉の.

Welt·lich·keit[−kaɪt] 女 -/-en **1**《単数で》weltlich なこと. ▽**2** 世俗的権力〈支配者〉; 世俗的権利.

▽**Welt·ling**[vɛ́ltlɪŋ] 男 -s/-e 現世主義者.

Welt≈li·te·ra·tur[vɛ́lt..] 女 **1**《単数で》(各国文学の集成としての) 世界文学. **2** 世界的にすぐれた〈著名な〉文学作品. ≈**macht** 女 世界的強国; (世界的影響力をもつ) 強力な組織. ≈**mann** 男 -〔e〕s/..männer **1** 社交界の紳士; 社交的な〈交際上手な・世慣れた〉男性. **2** (僧籍にある者に対して) 俗人, 在家〈在俗〉の人; 現世主義者.

welt·män·nisch[..mɛnɪʃ] 形 社交的な, 交際上手な, 世慣れた: ein ~*es* Auftreten 世慣れた物腰.

Welt≈mar·ke 女 世界的に知られた商標〈トレードマーク〉; 世界的に知られた製品. ≈**markt** 男 -〔e〕s/ 世界市場.

Welt·markt·preis 男 世界市場価格.

Welt≈meer 中 (Ozean) 大洋. ≈**mei·nung** 女 国際世論. ≈**mei·ster** 男 (女 ≈**mei·ste·rin**) (略 WM) 世界選手権保持者, 世界チャンピオン. ≈**mei·ster·schaft** 女 **1**《単数で》(略 WM) 世界選手権. **2** 世界選手権試合〈大会〉. ≈**mensch** 男 =Weltkind ≈**ni·veau** 中 世界的な水準.

welt·of·fen 形 **1** 世間〈世の中〉に対して開かれた: ein ~*er* Mensch (自分の殻の中に閉じこもらずに) 広く外界の事象に心を開いた人間. **2** (国などが) 世界に門戸を開放した.

Welt·of·fen·heit 女 -/ weltoffen なこと.

Welt≈öf·fent·lich·keit 女 全世界; 世界の世論. ≈**ord·nung** 女 世界秩序, 天地自然の大法. ≈**po·kal** 男 **1** 世界選手権大会の優勝杯, ワールドカップ. **2** ワールドカップ争奪国際試合. ≈**po·li·tik** 女 世界政策.

welt·po·li·tisch 形 世界政策上の〈的な〉.

Welt≈po·li·zist 男 世界の警察官〔の役割を演じる国〕. ≈**post·ver·ein**[また: ◡◡́◡—] 男 -s/ 万国郵便連合(1875年設立,1947年以来国際連合の専門機関). ≈**prie·ster** 男 (↔Ordenspriester)〘ｶﾄﾘｯｸ〙教区司祭. ≈**punkt** 男〘理〙世界点(四次元空間の点). ≈**rang** 男 世界的に一流の地位: ein Wissenschaftler von ~ 世界一流の学者. ≈**rang·li·ste** 女〘ｽﾎﾟｰﾂ〙世界ランキングリスト. ≈**rät·sel** 中 世界の謎(なぞ).

Welt·raum 男 -〔e〕s/ 宇宙〔空間〕: aus dem ~ zurückkehren 宇宙から帰還する(宇宙飛行士などが).

★ Weltraum の複合語には短縮形としての Raum が多く用いられる: *Raum*schiff 宇宙船 | *Raum*station 宇宙ステーション.

Welt·raum≈fahrt 女 宇宙飛行〈旅行〉. ≈**in·du·strie** 女 宇宙産業. ≈**krieg** 男 宇宙戦争. ≈**plas·ma** 中〘理〙宇宙プラズマ. ≈**schiff** 中 宇宙船. ≈**son·de** 女 宇宙ゾンデ. ≈**sta·tion** 女 宇宙ステーション. ≈**tech·nik** 女, ≈**tech·no·lo·gie** 女 宇宙技術〈工学〉. ≈**waf·fe** 女 宇宙兵器. ≈**werk·statt** 女〘天〙宇宙工場. ≈**wis·sen·schaft** 女 -/ 宇宙科学. ≈**zen·trum** 中 宇宙センター.

Welt≈reich 中 (広範囲の領土をもつ) 世界帝国(かつてのローマ帝国など). ≈**rei·se** 女 世界〔一周〕旅行: *sich*[4] auf eine ~ begeben 世界一周の旅に出る. ≈**re·kord** 男 世界〔最高〕記録: einen ~ aufstellen 世界新記録を樹立する | einen ~ brechen 世界記録を破る.

Welt·re·kord≈hal·ter 男, ≈**in·ha·ber** 男 世界記録保持者: der ~ im Gewichtheben 重量挙げの世界新記録保持者.

Welt·re·kord·ler 男 -s/- =Weltrekordinhaber

Welt≈re·li·gion 女 (超民族的な) 世界宗教. ≈**re·vo·lu·tion** 女 世界革命. ≈**ruf** 男 -〔e〕s/ 世界的な評判〈名声〉: ~ genießen 世界的に有名である | ein Wissenschaftler von ~ 世界的に著名な学者. ≈**ruhm** 男 世界的な栄誉〈名声〉. ≈**schmerz** 男 -es/ 世界苦(感傷的な厭世(えんせい)感). ≈**see·le** 女 -/〘哲〙(世界統御の根本原理としての) 世界霊魂, 宇宙霊. ≈**si·cher·heits·rat** 男 -〔e〕s/ (国連の) 安全保障理事会. ≈**spar·tag** 男 世界貯蓄デー. ≈**spit·ze** 女 世界のトップレベル. ≈**spra·che** 女 世界語, 国際語(英語・フランス語・スペイン語などのように世界的に重要性をもつ言語). ≈**stadt** 女 世界的大都市, コスモポリス(ふつう人口100万以上の都市).

welt·städ·tisch[..ʃtɛ(ː)tɪʃ] 形 世界的大都市らしい.

Welt≈star 男 世界的なスター. ≈**teil** 男 (Erdteil) 大陸, 州: die sieben ~*e* 七大陸(→Erdteil). ≈**thea·ter** 中〘文芸〙世界劇場(この世界は人間が神の意志に操られてそれぞれの役割を演じる一つの劇場にすぎないとする考えかた. 特にバロック時代にはこの考え方にもとづく多くの戯曲が書かれた). ≈**um·se·ge·lung** 女〘海〙世界周航. ≈**um·seg·ler** 男 世界周航者.

welt·um·span·nend 形 世界を包括する; 全世界にまたがる, 世界的な: ein ~*er* Geist 世界を包括する精神.

Welt·un·ter·gang 男 世界の没落〈滅亡〉, この世の終わり.

Welt·un·ter·gangs·stim·mung 女 この世の終りのような暗い気分.

Welt≈ur·he·ber·rechts·ab·kom·men 中 -s/ 世界著作権協定(1952年9月成立). ≈**ver·bes·se·rer** 男《軽蔑的に》(自分の意見・力で) 世界改良〈世直し・世の中の改革〉ができると思っている人. ≈**wäh·rungs·fonds**[..fɔ̃ː] 男 -/ (Internationaler Währungsfonds) 国際通貨基金. ≈**wei·se** 男 女 哲人. ≈**weis·heit** 女 哲理, 哲学.

wẹlt·weit 形 世界じゅうに及ぶ, 全世界に広がる〈またがる〉, 世界的な: ein Ereignis mit ~*em* Echo 全世界に反響を呼んだ事件 | ~*en* Einfluß haben 世界的な影響力をもつ.

Wẹlt·wirt·schaft 女 -/ 世界経済.

Wẹlt·wirt·schafts≠gip·fel = Wirtschaftsgipfel **≠kri̱·se** 女 世界的経済恐慌, 世界的不況.

Wẹlt≠wun·der 中 世界における不思議な〈驚くべき〉もの: die Sieben ~ 世界の七不思議(元来は西洋古代で, エジプトのピラミッド・バビロンの空中庭園・アレキサンドリアの灯台・ロードス島の巨像など, 七つの驚異的な建造物を指した). **≠zeit** 女 -/ 世界時(グリニッジ〔標準〕時).

we̱m[ve:m] wer の 3 格.

Wẹm·fall[vé:m..] 男 -〔e〕s/..fälle (Dativ)〘言〙与格, 3 格.

we̱n[ve:n] wer の 4 格.

Wẹn·de[1][vɛ́ndə] 男 -n/-n ウェンド人(→Sorbe).
［*ahd.*; ◇ *lat.* Venedī; *engl.* Wend］

Wẹn·de[2][−] 女 -/-n **1**《ふつう単数で》転回,〔方向〕転換: eine geschichtliche 〈historische〉 ~ 歴史的な転換 | die ~ des Jahres 1989 in der DDR (東西ドイツ再統一を目前に控えた) 1989年ドイツ民主共和国での政治的方向転換(単に die Wende と呼ばれることも多い) ‖ eine ~ ausführen 向きを変える, 方向転換をする | In seinem Schicksal trat eine unerwartete ~ ein. 彼の運命に思いがけない大きな変化が起こった. **2** 転機, 転回点, 転換期, 変わり目, 曲がり角: Jahrhundert*wende* 世紀の変わり目 ‖ an der ~ 〈um die ~〉 des 19. Jahrhunderts 19世紀の初頭に; 19世紀の終わりに. **3 a**)〘泳〙折り返し, ターン: Salto*wende* クイック=ターン | die ~ trainieren ターンを練習する. **b**)〘体操〙(平行棒などでの) 下向き横とびこし(→ 図). **4** (道路などの) 曲がり角, カーブ.
［*ahd.*; ◇wenden］

Wende[2]

Wẹn·de≠ge·trie·be 中 (歯車などの) 逆転装置. **≠hals** 男 **1**〘鳥〙アリスイ(蟻吸)(キツツキ科の鳥で首を左右に曲げる習性がある). **2**《軽蔑的に》変わり身の早い人, 風見鶏, 日和見主義者, オポチュニスト. **≠jacke** 女 リバーシブル=ジャケット.

Wẹn·de·kreis 男 **1** (自動車などの)〔最小〕回転半径. **2**〘地〙回帰線: ~ des Krebses 〈des Steinbocks〉 北〈南〉回帰線. ［2: *gr.* tropikòs kýklos (◇Tropus, Zyklus) の翻訳借用］

Wẹn·del[1][vɛ́ndəl] 女 -/-n 螺旋(らせん)形〔のもの〕, うずまき〈つるまき〉線. ［<wenden］

Wẹn·del[2][−] 男名 ヴェンデル (Wendel.. に始まる男名の短縮形). ［<Wandale］

Wẹn·del·bert[..bɛrt] 男名 ヴェンデルベルト.

Wẹn·del·dra̱ht[vɛ́ndəl..] 男 (電球の) フィラメント(→ 図 Glühlampe).

Wẹn·de·li̱n[vɛ́ndəli:n] 男名 ヴェンデリーン: der heilige ~ 聖ヴェンデリーン(牧人・家畜の保護聖人). ［<Wendel[2]］

Wẹn·del≠or·chis[vɛ́ndəl..] 女〘植〙ネジバナ(捩花)属. **≠rut·sche** 女〘坑〙(石炭・鉱石運搬用の) スパイラルシュート(→ 図 Rutsche). **≠trep·pe** 女 螺旋(らせん)階段(→ 図 Treppe).

Wẹn·de≠man·tel 男 リバーシブル=コート. **≠mar·ke** 女〘スポ〙折り返し標識; (ヨットレースの) ターニング=ブイ.

wẹn·den(*)[vɛ́ndən][1]《206》**wa̱nd·te**[vántə], **wẹn·de·te** / **ge·wa̱ndt, ge·wẹn·det I** 他 (h) **1**《規則変化》《01》**a**) 裏返す, ひっくり返す;〘服飾〙(仕立て直しのために服などを) 裏返す: den Braten 〈die Pfannkuchen〉 ~ 焼き肉〈パンケーキ〉を裏返す | Heu ~ 干し草をひっくり返す(まんべんなく乾かすために) | das Blatt ~ (→Blatt 2) | Bitte ~! (略 b. w.) 裏面をごらんください | wie man es auch dreht und *wendet* / man kann es 〈die Sache〉 drehen und ~, wie man will (→drehen 2) ‖ 再帰 *sich*[4] ~ 裏返しになる, ひっくり返る | Das Blatt 〈Das Blättchen〉 hat sich *gewendet*. (→Blatt 2). **b**)《*et.*[4]》(…の) 向きを逆にする, 正反対の方向に変える; 回れ右をさせる, U ターンさせる: einen Wagen ~ 車を U ターンさせる | *sein* Pferd ~ 駒(こま)を返す ‖ 再帰 *sich*[4] ~ 向きが逆になる;《比》正反対の状況になる | Der Wind *wendet* sich. 風向きが変わる | Das Wetter hat sich plötzlich *gewendet*. 天候が急変した | Der Tag hat sich *gewendet*.《雅》日が暮れた. **c**)《*et.*[4] in *et.*[3]》〘料理〙(…を…の中で何度か裏返して) まぶす: den Fisch in Mehl ~ 魚に小麦粉をまぶす.

2 a)《*et.*[4]》(…の) 向きを変える;《方向を示す語句と》(…を…の方へ) 向ける: den Kopf 〔nach rechts〕 ~ 首を〔右に〕回す | *sein* Gesicht nach *jm.* 〈*et.*[3]〉 ~ …の方へ顔を向ける | *jm.* 〈*et.*[3]〉 den Rücken ~ (→Rücken 1) | *seine* Schritte zum Ausgang ~ 出口に向かって歩く | den Kahn zum Ufer ~ 舟を岸へ向ける ‖ *seine* Aufmerksamkeit auf *et.*[4] ~ …に注意を向ける ‖ 再帰 *sich*[4] ~ 向きを変える;《方向を示す語句と》(…の方を) 向く | Er *wandte* 〈*wendete*〉 sich und ging davon. 彼はくるりと向きを変えて立ち去った | *sich*[4] nach links 〈zur Seite〉 ~ 左〈わき〉を向く | *sich*[4] zur Tür ~ 戸口の方を向く. **b**) 再帰 *sich*[4] an *jn.* ~ (依頼・質問・その他の用件で) …に相談〈依頼〉する, …に問い合わせる, …を頼る | *sich*[4] mündlich 〈schriftlich〉 an *jn.* ~ 口頭〈文書〉で…に依頼する | *sich*[4] um Rat an *jn.* ~ …に助言を求める | Dieses Buch *wendet* sich an Fachleute. この本は専門家を相手として書かれている. **c**) 再帰 *sich*[4] gegen *jn.* 〈*et.*[4]〉 ~ …を相手どる, …と対抗する, …を攻撃する, …に反論する | *sich*[4] gegen *js.* Behauptung ~ …の主張に対して反駁(はんばく)する. **d**)《*et.*[4] von *jm.* 〈*et.*[3]〉》(…を…から) わきへ転じる, そらす, そむける: *sein* Herz von *jm.* ~ …への愛情を失う | kein Auge von *jm.* 〈*et.*[3]〉 ~ (→Auge 1) ‖ 再帰 *sich*[4] von *jm.* ~ …に背を向ける;《比》…を見限る, …にそむく | Gott hat sich von uns *gewendet*. 神は我々を見放した. **e**)《*et.*[4] in *et.*[4] 〈zu *et.*[3]〉》(…を…へ) 転じる, 変える, 変化させる: *et.*[4] ins Lächerliche ~ …を滑稽(こっけい)化する〈茶化す〉 ‖ 再帰 *sich*[4] in *et.*[4] 〈zu *et.*[3]〉 ~ …へ転じる, …に変わる | *sich*[4] ins Gegenteil ~ 正反対に転じる | *sich*[4] zum Besseren ~ (病状などが) 快方に向かう | *sich*[4] zum Guten 〈zum Bösen / zum Schlechten〉 ~ 好転〈悪化〉する. **f**) 再帰 *sich*[4] zu *et.*[3] ~ …の行動に移る, …に着手する | *sich*[4] zur Flucht ~ 逃げようとする | *sich*[4] zum Gehen ~ 行きかける, 出かけようとする.

3《*et.*[4] an *et.*[4] 〈auf *et.*[4]〉》(金・時間・精力などを…に) ついやす, つぎ込む: viel Mühe an *et.*[4] 〈auf *et.*[4]〉 ~ …に多大の労力をつぎ込む | Sie haben alles an die Erziehung ihrer Kinder *gewandt* 〈*gewendet*〉. 彼らは子供たちの教育にすべてを注いだ.

II 自 (h)《規則変化》《01》(もと来た方向へ) 折り返す, 回れ右をする, ターンする: mit dem Wagen ~ 車を U ターンさせる | Der Wagen *wendete*. 車は U ターンした | Der Schwimmer *wendete* als erster. その泳者はトップで折り返した | Hier darf nicht *gewendet* werden. ここは U ターンが禁止されている ‖ mit *wendender* Post / post*wendend*〘郵〙折り返し〔の便で〕(返事をする) ‖ beim *Wenden* 折り返し〈U ターン〉の際に.

III ge·wa̱ndt → 別出
［*germ.* „winden machen"; ◇winden[1]］

Wẹn·de≠platz[vɛ́ndə..] 男 (バス・市街電車などの) 転車場. **≠punkt** 男 転回点;〘天〙(夏至・冬至の) 至点;〘数〙変曲点;《比》転換期, 転機, 変わり目, 分岐点: Er war an einem ~ in seinem Leben angelangt. 彼は生涯のひとつの転機にさしかかっていた.

Wẹn·der[vɛ́ndər] 男 -s/- (wenden するための器具. 例えば:) (Bratenwender) ロースト用回転器; (Heuwender) 干し草攪拌(かくはん)機; (Stromwender)〘電〙転換器, 整流器.

wẹn·dig[vɛ́ndɪç][2] 形 **1** 動かしやすい; (乗り物が) 操縦しやすい: (馬などが) 扱いやすい, 御しやすい: ein ~*es* Auto 〈Boot〉 操縦しやすい自動車〈ボート〉. **2** 敏捷(びんしょう)な, すばやい; 機敏な, 機転のきく: ein ~*er* Verkäufer 機転のきく店員.

Wẹn·dig·keit[‒kaɪt] 女 -/ wendig なこと.

wẹn·disch[vɛ́ndɪʃ] 形 ウェンド〔人・語〕の: → deutsch [<Wende[1]]

Wẹn·dung[vɛ́ndʊŋ] 女 -/-en **1** 向きを変えること, 転回, 方向転換: eine ~ nach links 〈rechts〉 左〈右〉に方向を変えること | eine ~ um hundertachtzig Grad 180度の方向転換 ‖ eine 〔scharfe〕 ~ machen 〔急角度に〕向きを変える.
2 《比》転換, 変転, 変化: eine ~ zum Guten 好転 | eine ~ zum Bösen 〈zum Schlechten〉 悪化 ‖ Das Gespräch nahm eine nicht vorhergesehene ~. 会話は思いがけぬ方向に進んでいった | In seinem Leben trat eine ~ ein. 彼の生涯に転機がおとずれた.
3 (Redewendung) 言いまわし, 語法, 表現法: eine feste 〈stehende〉 ~ 慣用句, 成句 | eine veraltete ~ 古めかしい言いまわし.

Wen·fall[véːn..] 男 -〔e〕s/..fälle (Akkusativ) 〘言〙 対格, 4 格.

wẹ·nig[véːnɪç][2] **wẹ·ni·ger** (**mịn·der**) → 別出 / **wẹ·nigst** (**mịn·dest**) → 別出 **I** 形 《不定数詞・不定代名詞として用いられ, 付加語的用法では 2 格を除いて無語尾のことも多い》 **1** (英: *few, little*) (↔viel) わずかの, 少数の, 少量の, 少ない: **a**) 《付加語的》〘物質名詞・集合名詞・抽象名詞につけて〙 sehr ~ Geld 〈Zeit〉 ごくわずかのお金〈時間〉 | das ~*e* Geld そのわずかの金 | mit ~〔*em*〕 Gepäck わずかばかりの手荷物を携えて | ~ Aussicht 〈~〔*e*〕 Aussichten〉 auf Erfolg 成功のわずかの見込み | ~ Hoffnung 〈Mut〉 わずかの希望〈勇気〉 | mit ~〔*er*〕 Mühe 少ししか骨を折らずに | Es gibt ~ Neues 〈Änderung〉. 昔と少ししか変わっていない ‖ Er freute sich nur ~*en* Beifalls. 彼はわずかな喝采(かっさい)しか得られなかった ‖〘数えられる概念を表す語につけて〙 *Wenig*〔*e*〕 Menschen wissen das. それを知っている人はあまりいない | in ~*en* Tagen ほんの数日後に | nur mit ~*en* Worten あまり言葉を費やさずに, 言葉少なに ‖ Das war das Werk ~*er* Augenblicke. それはほんの数瞬間のできごとであった ‖〘付加語形容詞の直前で; wenig が変化語尾を持つ場合, 形容詞はふつう男・中性 3 格だけが弱変化〙 ~〔*er*〕 schöner Schmuck わずかの美しい装飾 | ~〔*es*〕 gutes Essen 少量の上等な料理 | ~〔*e*〕 treue Freunde 少数の誠実な友人 | ~*e* Verwandte わずかばかりの親戚(しんせき)の人 | in Anwesenheit nur ~*er* hoher Minister ほんの少数の高位の大臣が臨席するところで | das Schicksal nicht ~*er* Begabter 〈Begabt*en*〉 才能に恵まれた少なからぬ人々の運命 | mit ~*er* geballter Energie わずかに残る力を振りしぼって ‖ mit ~*em* klein*en* Gepäck わずかな小型の手荷物を携えただけで | mit ~*em* gut*en* Wein わずかの上等なワインで ‖〘無変化で **ein wenig** の形で: →3 b〙 ein ~ Freude 〈Zucker〉 いささかの喜び〈砂糖少々〉 | ein ~ Wahrheit いくばくかの真実 | Hast du nicht ein 〔ganz〕 klein ~ Zeit für mich? ほんの少しでよいから時間をさいてくれないかい | Mit ein ~ gutem Willen wird es schon gehen. ちょっと善意がありさえすればうまくいくだろう.

☆「wenig＋形容詞＋名詞」の場合, wenig が変化語尾を持つときは, それが「形容詞＋名詞」全体にかかって数量を表すことを示すが, wenig が無語尾のときは, それが形容詞だけにかかるのか「形容詞＋名詞」全体にかかるのか区別できないことがある: ~ gute Birnen i) あまり上等でないナシ; ii) 少数の上等なナシ.

b) 《述語的》 Das ist sehr ~. それはとても数〈量〉が少ない | Das ist gar nicht ~. それはなかなかの数〈量〉だ | und wenn es auch noch so ~ ist たとえどれほどわずかであるにせよ | Er ist so ~, daß ich mir Sorgen mache. 彼ではあまりにも小者なので案じられる.

2 《名詞的》 **a**) 《複数で》 少数の人々; 少数の物〈こと〉: ~*e* dieser Bücher これらの本のうちの少数 ‖ Das wissen nur ~*e*. そのことを知っている人は少ししかいない | Es waren ~*e*. わずかの人しかいなかった | Es sind unser nur ~*e*. それは私たちのうちのごくわずかの者だけだ | Solche wie ihn gibt es ~*e*. 彼のような人は少ししかいない | Er ist ein Freund, wie es nur ~*e* gibt. 彼はめったにいないような貴重な友人だ | Das ist nur ~*en* bekannt. それはわずかの人にしか知られていない | in Gegenwart ~*er* 〈von ~*en*〉 わずかの人しか居合わさないところで | Das ist ein Geheimnis ~*er*. それは少数の人々の間の秘密である | Er ist einer von den ~*en*, die das wirklich verstehen. 彼はそのことが本当に分かっている少数の者のひとりだ | Einige ~*e* blieben bis Mitternacht. 少数の者は真夜中まで居残っていた ‖ *Wenig* 〔Menschen〕 waren dort versammelt. わずかの人しかそこに集まっていなかった.

b) 《単数で》 少数の物, 少数のこと: das ~*e*, was ich habe 私の持っているわずかのもの | Einiges ~*e* ist noch zu tun. 用事がまだ少し残っている ‖ *sich*[4] nur in ~*em* unterscheiden わずかな点で異なっている | mit ~〔*em*〕 auskommen わずかのもので間にあわせる | um ein ~*es* älter sein ちょっとだけ年長である ‖〘無語尾で, ときに副詞的とも解される用法で: →3〙 *Wenig* ist besser als gar nichts. 少しでも全く無いよりはまし | Es fehlte ~, und ich hätte den Zug verpaßt. すんでのところで列車に乗りそこねるところだった ‖ nur ~ besitzen わずかしか所有していない | Ich habe dafür ~ übrig. 私にはそのための余力はあまりない | Das hat ~ zu bedeuten. それは大した意味がない | Das kostet nicht ~. それはかなり費用がかかる | Sie weiß ~. 彼女はあまり物を知らない.

3 《副詞的》 **a**) 《準否定詞として》 少し〈わずか〉しか…でない, あまり〈ほとんど〉…でない: nicht ~ 少なからず | Ich bin ~ ausgegangen. 私はあまり出歩かなかった | *et.*[4] ~ beachten …にあまり注意を払わない | *jn.* ~ kennen …をあまり知らない | Danach frage ich ~. そんなことは私にはあまり問題ではない | *Wenig* gerechnet, sind das sechs Kilogramm. 少なく見積もってもそれは 6 キログラムはある | Es sind fünf Mark zu ~. 5 マルクだけ不足である | Ich bin dafür zu ~ Kenner. 私はそのことについては知識が乏しすぎる ‖〘形容詞を修飾して: →1 a ☆〙 ~ gute Birnen あまり上等でないナシ(参考 ~*e* gute Birnen 少数の上等なナシ) | mit ~ gutem Benehmen あまり立派とは言えない振舞いをして | ein ~ glücklicher Ausdruck あまり適切とは言えない表現 ‖ Das ist ~ bekannt 〈beliebt〉. それはあまり知られていない〈あまり人気がない〉 | Er ist eben so ~ reich wie ich. 彼は私同様に貧乏だ | Er ist ~ mehr als 〈~ über〉 dreißig. 彼は30歳そこそこだ.

b) **ein wenig** 少しだけ, 少しは(＝etwas) (→1 a) | ein klein ~ ほんの少々は | ein ganz klein ~ nach rechts ほんのわずかだけ右側へ | ein ~ schneller 少しだけ速度を増して | Ich habe ein ~ geschlafen. 私は少し眠った.

II Wẹ·nig 中 -s/- わずかのもの: **Viele ~ geben** 〈**machen**〉 **ein Viel.** 《諺》 ちりも積もれば山となる.

[*ahd.* wēnag „beklagenswert"; ◇ weinen, winzig]

Wẹ·nig·bor·ster[véːnɪçbɔrstər] 複 〘動〙 貧毛類(ミミズなど). [<Borste]

wẹ·ni·ger[véːnɪgər] 形 《wenig の比較級; 格変化なし》 **1** より少ない, よりわずかな: 〘付加語的に〙〔viel〕 ~ Unfälle als früher 以前より〔ずっと〕減少した事故 | Er hat ~ Geld als wir. 彼は私たちより貧しい | mit ~ Geld もっと少ない金で | mit mehr oder ~ Erfolg 多少とも成功して, まあまあうまい具合に | ~ Personen als zehn / ~ als zehn Personen 10人以下の人数 | nicht ~ als zehn Personen 10名をくだらない〈少なくとも10名の〉人員 ‖〘述語的に〙 Das ist ~ als nichts. 《比》 それはまさに最低だ〈てんで問題にならない〉 | Die Arbeit wird nicht ~. 仕事はまだ当分片づかない | Du wirst ja immer ~! 《話》 君はますますやせてきたね.

2 《名詞的》 より少ないもの〈お金〉: Je ~ teilnehmen, umso günstiger ist es. 参加者が少なければ少ないほど都合がよい | *Weniger* wäre hier mehr. この場合には数を減らしたほうがかえって良い結果となるだろう | mit ~ auskommen もっと少ない金で間に合わせる | Ich kann Ihnen das Stück nicht für ~ geben. この品はこれ以上おまけはできません ‖〘副詞的とも解される用法で: →3〙 Ich bekomme etwas ~ als er. 私は彼よりももらい分がやや少ない | Er besitzt ~ als du. 彼は君よりも財産が少ない | Dafür braucht man acht Eier, nicht mehr und nicht ~. それには卵がちょうど 8 個必要だ ‖ Der Schauspieler hat zu sehr übertrieben. *Weniger* wäre mehr gewesen. その俳優の演技は誇張されすぎていた.

もう少し控え目にしたほうがよかったろうに.

3《副詞的》より少なく, もっと低い程度に: Es kommt ～ auf die Form als〔viel mehr〕auf den Inhalt an. 形式よりは内容のほうが大事だ | Er will darüber nicht reden, viel ～ schreiben. 彼はそのことについて話そうとしないましてや書く気はない | Ich glaube ihm um so ～, als ich seinen Charakter kenne. 私は彼の性格を知っているだけにそれだけ彼の言うことを信用しない ‖〚形容詞を修飾して〛Er ist ～ reich als du. 彼は君より財産が少ない | Er ist jetzt ～ eifrig〔als früher〕. 彼はいまでは以前ほどには熱心でない | Er ist ～ unbegabt als faul. 彼は才能がないというよりは怠け者なのだ | Das ist ～ angenehm. それは気持が良いとは言えない | Das war ～ nett von dir. 君のやり方はあまり親切ではなかった.

‖ **nichts weniger als ...** i) 全然…ではない; ii)(まれに) まさに…である | Er ist nichts ～ als klug. 彼は全然賢くなんかない | Das war nichts ～ als eine Kriegserklärung. それはおよそ宣戦布告などではなかった; それはまさに宣戦布告にほかならなかった | **mehr oder weniger** 多かれ少なかれ, 多少とも, かなり, まずまず | Das ist mir mehr oder ～ gleichgültig. それは私にとってはまあどっちでもよいことだ.

We̩·nig·füß·ler[vé:nıç..] 複《動》少脚類.

We̩·nig·keit[vé:nıçkaıt] 女 -/ わずか〔なもの〕, 取るに足らないもの: Es kostet mich nur eine ～. 私の負担はほんのわずかだ | **meine ～** 小生, 私(本来は謙譲表現であるが今日では戯語的に響く).

we̩·nigst[vé:nıçst] 形《wenig の最上級; 定冠詞を伴い付加語的に》最も少ない, きわめてわずかの: von allen das ～*e* Geld haben みんなのうちで金の持ち合わせがいちばん少ない | Das trifft nur in den ～*en* Fällen zu. それが当てはまるのはきわめてまれな場合しかない ‖ nur den ～*en* bekannt sein ほんのわずかの人々にしか知られていない | Das ist das ～*e*! それこそ取るに足らぬことだ | Das ～*e*, was er hätte tun sollen, wäre gewesen, sich zu bedanken. 彼としてはせめてお礼ぐらいは言うべきだった ‖ Er besitzt **am ～*en*** von uns. 私たちのうちで彼がいちばん財産が少ない | Das hätte ich am ～*en* erwartet. それは私がこれっぽっちも予期しないことだった | **zum ～*en*** 少なくとも, せめて, 最小限 | Er sollte sich zum ～*en* entschuldigen. 彼はせめてわびぐらい言うべきだ.

we̩·nig·stens[vé:nıçstəns] 副 **1** (↔höchstens)(ふつう事柄について)少なくとも, せめて〔…ぐらいは〕: Er sollte ～ eine Postkarte schicken. 彼はせめて葉書ぐらい出すべきだろう | Du bist ～ ehrlich, wenn auch nicht höflich. 君は礼儀正しいとは言えないが少なくとも正直だ. **2** (mindestens)(ふつう数量・程度について)最小限, 最低に見積もって: Die Sitzung dauerte ～ eine Stunde. 会議は少なくとも1時間はかかった.

[＜(zum) wenigsten＋..s¹]

wenn[vɛn]

> **I** 接《従属》
> **1**《同時》(英: *when*)
> **a)**《一回的事実に関して》
> ①《現在・未来の可能性としての出来事; 多くの場合条件の意味を帯びて》…するとき〈ころ〉に
> ②《まれに過去の事実の場合にも用いられて》…したときに
> **b)**《現在・過去にかかわりなく反復的事実を示して》…すると, …するときにはいつでも, …するたびに
> **2**《条件》
> **a)**《wenn 副文が先行する場合は主文の先頭に呼応的な dann や so が置かれることが多い》(英: *if*) もし…なら, …の場合には, …とすれば
> **b)**《前提となる事実を示して》事実…であるのだがそれは, …したわけであるがそれは〈それでも〉
> **c)**《非現実の願望文を導く; doch, nur などを伴うことが多い》もし…であればよいのに, …であったらなあ
> **d)**《als wenn, wie wenn の形で非現実の比較の副文を導く》(als ob) あたかも…であるかのように
> **e)**《譲歩・認容の副文を導く; auch などを伴うことが多い》
> **II** 副
> **1**《関係副詞》…するときの(…)
> ▽**2**《疑問副詞》(wann) いつ
> **III Wenn** 中 -〔s〕/-

I 接《従属》**1**《同時》(英: *when*) **a)**《一回的事実に関して》①《現在・未来の可能性としての出来事; 多くの場合条件の意味を帯びて: →2 a)》…するとき〈ころ〉に: *Wenn* Du dieses liest, bin ich aus dem Leben gegangen. 君がこの手紙を読むころには 私はこの世を去っているだろう | *Wenn* morgen die Delegierten ankommen, dann werden sie vom Oberbürgermeister begrüßt. 派遣団はあす到着すると市長のあいさつを受ける | *Wenn* du erst einmal dort bist, wird es dir bestimmt gefallen. 一度そこに行ってみれば 君はそこがきっと気にいるよ | *Wenn* die Sonne am höchsten steht, ist es Mittag. 太陽がいちばん高い位置に来ると〈来れば〉正午だ.

②《まれに過去の事実の場合にも用いられて: →2 b)》…したときに: Er sprach hastig und gedämpft, ～ er den Ruderer anwies, der Gondel unauffällig zu folgen. 彼は船頭にそのゴンドラのあとを気づかれないようにつけることを命じたが それはあわただしく声をひそめてだった.

☆ wenn と als の違い: このような一回的既成事実の場合はふつうは als を用いる(→als¹ I 3). これに反し反復的事実の場合は wenn を用いる(→b).

b)《現在・過去にかかわりなく反復的事実を示して》…すると, …するときにはいつでも, …するたびに:〔Immer〕～ er dieses Lied hört, muß er an seine Kinderzeit denken. この歌を耳にすると彼はいつも子供時代のことを思わずにはいられない | Wir mußten, ～ wir aus der Schule kamen, ins Feld. 私たちは学校から帰ると 今度は野良に行かなければならないのであった | *Wenn* ich zur Schule ging, traf ich〔immer〕den Briefträger. 学校に行くときいつも私は郵便配達人に出あった.

2《条件》**a)**《wenn 副文が先行する場合は主文の先頭に呼応的な dann や so が置かれることが多い》(英: *if*) もし…なら, …の場合には, …とすれば: ～ das der Fall ist もしそうならば | *Wenn* das wahr ist (＝Ist das wahr), **dann** trete ich sofort zurück. もしそれが本当ならば 私はすぐに手を引きます | *Wenn* man auf den Knopf drückt, öffnet sich die Tür von selbst. ボタンを押すとドアが自動的に開く | *Wenn* du brav bist, darfst du mitkommen. おとなしくするなら君も一緒に来ていいよ ‖〚ある種の副詞を伴う副文を導いて〛▽**～ anders ...** もし…ならば(→anders 2 c) | **～ etwa ...** 万一…という場合は | ～ du **nur** ein klein wenig aufpaßt 君がほんの少し注意しさえすれば | ～ ich nur 〈**bloß**〉 daran denke そのことを考えただけでも | *Wenn* es **schon** sein muß, dann lieber gleich. どうしてもしなければならないのならむしろ今すぐのほうがよい ‖〚ある種の副詞を伴って〛Ich werde an dem Ausflug teilnehmen, **ausgenommen**, ～ es regnet. 私は雨が降らない限りは 遠足に参加する | **außer ～ ...** …でない限りは | **besonders ～ ...** …の場合は特に | **Erst** ～ sie die Kinder verlieren, merken sie, daß sie ein Kleinod besessen haben. 彼らはその子供たちを失ってはじめて大変な宝物を授かっていたことに気づくのだ | **nur ～ ...** …する場合にだけ | **schon ～** man daran denkt そのことを思い浮かべただけでももう.

‖〚接続法IIとともに非現実の仮定を表して〛*Wenn* ich an deiner Stelle wäre, würde ich nein sagen. もし私があなただったら断るだろうに | *Wenn* er nicht gewesen wäre, wäre sie längst tot. もし彼が(あのとき)いなかったなら彼女はとっくに死んでいるだろう | *Wenn* du angerufen hättest, hätten wir uns treffen können. もし君が電話をかけてくれていたら 会うことができるところだったのに | ～ er noch kommen sollte もし万一彼がこれからまだ来ることがあったら | Ich würde gern kommen, ～ ich Zeit hätte. 暇があったら喜んで行きたいのですが ‖〚接続法IIとともに控え目な言いまわしとして〛Wir würden uns freuen, ～ Sie uns besuchen wollten. 私どもをお訪ねくださるならば幸いです.

‖〘発言そのものの前提条件を示す文を導いて〙*Wenn* Sie mich fragen, ich bin ganz dagegen. 言わせていただけるなら〔言いますが〕私は全くそれに反対です | *Wenn* ich dir die Wahrheit sagen soll, ich habe das Geld verloren. 本当のことを聞きたいなら〔言うけれど〕私はあの金をなくしてしまった ‖ Wenn ich mich richtig erinnere, ist er in Hamburg geboren. 私の記憶が正しいとすれば 彼は〔たしか〕ハンブルク生まれだ.

‖〘wenn 副文の内容を指す es, das とともに〙**Es** ist nicht gut, ～ man zuviel ißt. 食べすぎはよくない | Es würde mich freuen, ～ du kämest. もし来てくれるならうれしいのだけど | Finden Sie es besser, ～ die Kinder auch nachmittags in der Schule sind? 子供たちが午後も学校に行っているほうがよいとお考えですか.

‖〘定動詞その他が省略された文を導いて〙*Wenn* möglich〔,〕komme ich heute abend. できたら今晩まいります | Ich werde〔,〕～ nötig〔,〕eingreifen. 必要とあれば私が口を出します | Er kommt heute, ～ nicht, ruft er an. 彼はきょう来るが もし来ない場合は電話をよこす | *Wenn* nicht, dann 〈denn〉 nicht!《話》いやならいいさ | *Wenn* schon, denn schon! (→wennschon 2).

‖〘中性名詞化して〙→III

b)《前提となる事実を示して》事実…であるのだがそれは, …したわけであるがそれは〈それでも〉: *Wenn* die ferneren Gegenstände kleiner aussehen als die näheren, so entspricht das keineswegs der objektiven Natur. 遠くにある物は近くにある物より小さく見えるが それは決して客観的な自然の事実と合致してはいない | *Wenn* ich schon verloren habe, so möchte ich doch wenigstens meinen Spaß daran gehabt haben. どうせ負けたのなら私はせめて楽しむくらい楽しんでおかなくては | ～ ich schon mitmache 私が参加している以上は | *Wenn* du es sagst, wird es wohl stimmen. 君が言っているのだから本当だろうさ ‖〘対照の意味を帯びて〙*Wenn* ich in Tokio fast nie ins Theater gehe, gehe ich beinahe jede Woche in Berlin. 私は東京ではほとんど全く芝居に行かないのに ベルリンではほとんど毎週出かける.

c)《非現実の願望文を導く; doch, nur などを伴うことが多い》もし…であればよいのに, …であったらなあ: *Wenn* **doch** schon Feierabend wäre! もう終業時間だったらなあ(＝Wäre doch schon Feierabend!) | *Wenn* ich nur nicht so müde wäre! こんなに眠くさえなかったらなあ | *Wenn* ich **nur** wüßte, wo sie wohnt! 彼女の住所さえわかればなあ | *Wenn* ich nur geschwiegen hätte! (あのとき)よけいなことさえ言わなかったらなあ.

d)《**als wenn, wie wenn** の形で非現実の比較の副文を導く》(als ob) あたかも…であるかのように: Er tut〔so〕, als wenn nichts gewesen wäre. 彼はまるで何事もなかったかのように振舞っている | Es war so, wie wenn jemand gerufen hätte. だれか呼んでいるような声がした ‖ Nicht als wenn das selten vorkäme. それがまれだというわけではない.

e)《譲歩・認容の副文を導く; auch などを伴うことが多く, wenn 副文のほうが先行するときは, 主文の先頭に so が呼応的に置かれることがある》**wenn auch ...** i) 事実…ではあるが; ii) 仮に…であるとしても | **auch wenn ...** 仮に…ではあっても | *Wenn* es auch spät war, so wollte doch niemand nach Hause gehen. 時刻は遅かったのにだれひとりとして家路につこうとはしなかった | *Wenn* auch einige nicht dabei waren (＝Waren auch einige nicht dabei),〔so〕war es doch ein unterhaltsamer Abend. 幾人か居合わせない人がいたが それでもやはり楽しい一晩であった | Auch ～ er 〈*Wenn* er auch〉 krank werden sollte, wird er seine Arbeiten weiterführen. 彼はたとえ病気になろうとも 自分の仕事を続けるだろう | **Wenn** ich **gleich** Fehler gemacht habe, so habe ich mich doch redlich bemüht. 私は間違いはしたが ちゃんと努力はしたのだ(→wenngleich) | **wenn** das **schon** wahr ist それが事実であるにせよ | Ich werde es schaffen, **und wenn** ich Tag und Nacht arbeiten muß. たとえ日に夜をついで働かなければならないとしても 私はそれをやりとげるだろう | Ich tue es nicht, und ～ er sich auf den Kopf stellt. 彼が逆立ちしたって 私はそれをしないぞ | 〔Und〕～ auch!《話》それでもだ, そうだとしても言いわけにはならないぞ.

‖〘動詞その他が省略された副文を導いて〙**wenn**〔**auch**〕**nicht ...** …とは言わないまでも | Das ist ein sehr gutes Restaurant, ～ auch nicht ganz billig. それは非常に安いとは言えないが たいへんよいレストランです | ein ～ auch nicht ganz billiges aber sehr gutes Restaurant それほど安くはないが たいへんよいレストラン | Ein ～ auch nicht wissentlich begangenes Unrecht muß man wiedergutmachen. たとえ知らずに行った不正行為でも 償いはしなければならない ‖ ～ nicht heute, so doch morgen きょうとは言わないまでもあすには | sein ruppiges, ～ nicht aggressives Verhalten 彼の攻撃的とまでは言わないが不作法な態度 ‖ Na, ～ schon! (→wennschon 2).

‖〘先行する wenn 副文が主文の語順に影響を与えない形で〙*Wenn* es auch spät war, niemand wollte nach Hause gehen. 時刻は遅かったのに だれひとりとして家路につこうとはしなかった | *Wenn* er auch mein Vorgesetzter ist, das hätte er nicht sagen dürfen. いくら私の上司であるとはいえ 彼はそんなことを言うべきではなかった | Selbst ～ ich es wüßte, ich würde es dir nicht sagen. たとえ私がそれを知っていたとしても 君には教えないだろう.

II 副 **1**《関係副詞》…するときの(…): an seinem Geburtstag, ～ (＝wo) er volljährig wird 彼が成年に達する誕生日に | Er sorgt für den Fall, ～ (＝wo) er unversehens von der Erde genommen wird. 彼は自分が不慮の死をとげた場合の配慮をしている.

▽**2**《疑問副詞》(wann) いつ.

III Wenn 中 -〔s〕/- (「もしも」という)前提条件, 条件づけ: ein großes ～ 大事な前提条件 | Die Sache hat ein 〈ihr〉 ～. この件にはひとつ前提条件がある ‖ **～ und Aber**「もしも」とか「しかし」とかいう異議(ためらい) | nach vielen ～ und Aber (すんなりとは引き受けず)さんざん条件やら何やら並べてからやっと | ohne ～ und Aber なんの条件もつけずに, すんなりと | Hier gibt es kein ～ und Aber. ここでは黙って言うとおりにすればいいのだ.

［*ahd.*; ◇wann; *engl.* when］

wenn·gleich[vɛnɡláɪç] 接《従属》(obgleich) …ではあるが, …だからといって: ～ es wahr ist それが事実でも.

wenn·schon[vɛ́nʃoːn] 接《従属》**1** ＝wenngleich **2**《間投詞的に: →schon 1 c》: **na ～!** なにまあいいさ, それだってかまうものか | ***Wennschon, dennschon!*** こうなってはしかたがない; どうせなら徹底的にやろう, 乗りかかった船だ, 毒をくらわば皿までだ.

Wen Tiän-hsiang[vɛntǐɛnsǐáŋ] (**Wen Tian·xiang**[ǔə́ntǐǽnçǐáŋ]) 人名 文天祥, ウェン ティエンシアン (1236–82; 中国, 南宋の政治家. 獄中作の詩『正気歌』が有名).

Wen·zel[vɛ́ntsəl] **I** 男名 ヴェンツェル. **II** 男 -s/-(Bube)《トランプ》(ドイツ式トランプの)ジャック.

Wen·zes·laus[vɛ́ntsəslaʊs] 男名 ヴェンツェスラウス: der heilige ～ 聖ヴェンツェスラウス(10世紀 Böhmen の民族的聖人). ［*atschech.* Venceslas; ◇*aruss.* vjače „mehr", *russ.* sláva „Ruhm"］

wer[veːr] 2 格 **wes·sen**[vɛ́sən] (▽**wes**[vɛs]), 3 格 **wem**[veːm], 4 格 **wen**[veːn]《形態は男性単数であるが, 男女の別なく, また複数の人にも用いる》

I《疑問代名詞》**1**《名詞的》(英: *who*) だれ, どなた, 何者: *Wer* wohnt hier?―Frau Müller〔und ihre Kinder〕. ここにはだれが住んでいますか―ミュラー夫人〔とその子供たち〕です | *Wer* ist da? (そこにいるのは)だれですか | 〔Halt!〕*Wer* da! 〔止まれ〕だれだ(歩哨(ほしょう)・番人などの誰何(すいか): →Werda) | *Wer* von euch hat es getan? 君たちのうちのだれがこれをしたのか | *Wessen* Platz ist das? ここはどなたの席ですか | *Wem*〔von uns〕ist er ähnlich? 〔私たちのうちの〕だれに彼は似ているか | Von *wem* ist der Brief? この手紙はだれから来たものですか | An *wen* ist der Brief? この手紙はだれあてですか ‖ *Wer* anders〔als du〕kann es gesagt haben! 〔君の〕ほかのだれがそう言ったはずがあろうか ‖〘述語の 1 格として〙

Wer bist du denn? 君はいったいだれだ | *Wer* sind die Damen dort? あそこにいるご婦人がたはどなたですか | *Wer* sind es, die da kommen? そこにやって来る人たちはだれだれですか ‖〖複数の意味を強める alles を伴って〗*Wer* alles war da? / *Wer* war alles da? そこにはだれだれが居合わせたのか | *Wen* hat er alles 〈alles hat er〉 eingeladen? だれだれを彼は招待したのですか ‖〖**wer weiß** の形で成句として〗*Wer* weiß, ob er noch lebt! 彼がまだ生きているかどうかなんて 全然わからないよ | Das wird ～ weiß was kosten. それはえらく金がかかるだろう | Sie erzählte ～ weiß was〔für Geschichten〕. 彼女はいろんなことを話してくれた | ～ weiß **wie** oft 何回となく, しょっちゅう | Das ist ～ weiß wie lange her. それ以来ずいぶん月日がたっている | Er treibt sich wieder ～ weiß **wo** herum. 彼はまたどこかうろついている ‖〖口語ではまれに文頭に置かずに〗Das Geld hast du *wem* gegeben? その金をだれにやったんだって ‖〖間接疑問文を導いて〗Er fragte, ～ den Wagen gestohlen habe 〈mit *wem* sie ausgegangen sei〉. 彼はだれがその車を盗んだのか〈彼女がだれと出かけたのか〉と尋ねた ‖〖譲歩文で〗*Wer* es auch〔noch〕gesagt hat, er wird dafür büßen. だれがそんなことを言ったにせよ その人はそのため報いを受けることだろう.

▽**2**《男性名詞に同格的にそえられて形容詞的に》(was für ein) どのような: *Wen* Schatz haben sie gefunden? 彼らはどんな宝を見つけたのか | *Wes* Namens bist du? 君はなんという名なのか ‖ Ich weiß, *wes* Geistes Kind er ist. 私は彼がどういう人物かを知っている.

II《関係代名詞; 先行詞なしで》**1**〔およそ〕…する人: *Wer* mitkommen will, den führe ich zu ihm. 一緒に来たい人がいるなら 彼のところへつれて行ってやる | *Wer* etwas zu sagen hat,〔der〕kann's auch ausdrücken. 言うべきことのある人は またそれを表現することもできるものだ | Wer zuletzt lacht, lacht am besten. (→lachen² I 1) | *Wessen* Worte ihn begeistern, dem folgt er immer. 彼はだれかの言葉に感激すると いつでもその人につき従う | *Wem* das Herz voll ist, dem geht der Mund über. (Wes das Herz voll ist, des geht der Mund über の変異.→was II, 1; →Herz 2) | Vor *wem* er sich fürchtet, mit dem will er nicht umgehen. 彼は自分の恐れている人とは交際しようとしない | *Wen* ich einmal gesehen habe,〔den〕behalte ich im Gedächtnis. 私は一度会った人は記憶している ‖〖譲歩文で〗*Wer* **auch**〔**immer**〕kommen mag, der 〈er〉 soll hier Hilfe finden. だれが来てもここでは援助にあずかれるのだ | *Wem* ich es auch erzählte, der war empört. だれに私がそれを話しても聞いた人はかんかんになった | Laß keinen herein, ～ es auch〔noch〕sei! だれであろうと中へ入れてはならぬ.

☆ wer は先行詞を要しないので関係文がふつう先置され, 主文ではこれを受ける指示代名詞 der が格を明示するが, それが wer と同じ格のとき(前置詞を伴うとき, 2 格のとき以外)は省略できる. ただし譲歩文の場合は主文の独立性が強いのでこのようなことにはならない.

▽**2**《接続詞的》(wenn man) もし…ならば: Fragen ist keine Schande, ～ ein Ding nicht weiß. わからないことがあれば質問するのは恥ではない ‖〖願望文で〗*Wer* doch das könnte! それができればいいのだが.

III《不定代名詞; 文頭に置かれることはなく, また 2 格は用いない》《口語的》(jemand) だれか, ある人;《話》然(しか)るべき〈りっぱな〉人: Hat mich ～ (=irgendwer) angerufen? だれか私に電話して来たか | Ich habe es von *wem* (=irgendwem) gehört, der Name ist mir aber entfallen. それを私はだれかに聞いたんだが 名前は忘れた ‖ In der Schule war er faul, jetzt ist er aber ～. 彼は学校時代は怠け者だったが 今では大したものだ.

[*idg.*; ◇wann, wo, wie; *engl.* who; *lat.* quis „wer"]

Wẹ·ra[vé:ra·] 女名 (＜Vera) ヴェーラ.

Wẹr·be≠ab·tei·lung[vɛ́rbə..] 女 (会社などの)宣伝部. **≠agen·tur** 女 広告代理〈取次〉店. **≠ak·tion** 女 広告〈宣伝〉活動. **≠an·zei·ge** 女 広告. **≠be·ra·ter** 男 広告コンサルタント. **≠blatt** 中 広告〈宣伝〉ビラ. **≠brief** 男 広告〈宣伝〉の手紙, 郵送広告, ダイレクトメール. **≠bü·ro** 中 = Werbeagentur **≠chef**[..ʃɛf] 男 = Werbeleiter **≠er·folg** 男 広告〈宣伝〉効果. **≠etat**[..|eta:] 男 広告予算. **≠fach·mann** 男 広告専門家. **≠feld·zug** 男 広告〈宣伝〉キャンペーン. **≠fern·se·hen** 中 テレビのコマーシャル〔フィルム〕. **≠film** 男 広告〈宣伝〉用映画, コマーシャルフィルム. **≠fo·to** 中 広告〈宣伝〉写真. **≠fo·to·graf** 男 広告〈宣伝〉写真家. **≠funk** 男 ラジオの広告〈宣伝〉放送. **≠ge·schenk** 中 広告用景品. **≠in·du·strie** 女 広告〈コマーシャル〉産業. **≠kam·pa·gne**[..kampanjə] 女 =Werbefeldzug **≠ko·sten** 複 広告〈宣伝〉費.

wẹr·be·kräf·tig 形 宣伝効果のある, 一般に〈広く〉アピールする.

Wẹr·be≠lei·ter 男 広告〈宣伝〉主任〈部長〉. **≠mit·tel** 中 広告〈宣伝〉の手段, 広告〈宣伝〉媒体. **≠mu·sik** 女 コマーシャル音楽.

wẹr·ben*[vɛ́rbən]¹《207》**warb**[varp]¹ / **ge·wọr·ben**[gəvɔ́rbən]; 現 *du* wirbst[vɪrpst], *er* wirbt; 命 wirb; 接II würbe[vʏ́rbə]

I 他 (h) **1**《*jn.*》(…を)募る, 募集する, 勧誘〔して獲得〕する;〖軍〗募兵する: neue Mitglieder ～ 新しい会員を募集〈獲得〉する | Anhänger für eine Partei ～ 党のために支持者を募る〈獲得する〉. ▽**2**《*jn.*》(…に)求愛〈求婚〉する(→II 2). ▽**3**《*et.*⁴》(仕事・義務などを)なしとげる, 果たす.

II 自 (h) **1**《für *et.*⁴》(…に対して)興味を喚起しようと務める, (…のために)広告〈宣伝〉をする, 売り込みをする: für eine Partei ～ 党のために運動する | für *seine* Firma ～ 自分の会社の宣伝をする |〔im Fernsehen〕für ein neues Waschmittel ～〔テレビで〕新しい洗剤の広告をする.

2《um *jn.* 〈*et.*⁴〉》(…を)得ようと務める, (…を)求める, (…に)求愛〈求婚〉する:〔bei *jm.*〕um Freundschaft ～〔…の〕友情を求める | um ein Mädchen ～ 女の子にプロポーズする | um Stimmen ～ (選挙の際に)票集めの努力をする.

▽**3**《nach *et.*³》(…を求めて)努力する, (…を)得ようと務める: nach Lob ～ ほめられようと努力する.

III wẹr·bend 現分 形 人の心をとらえる〈人の心に訴えかける〉ような: ～*e* Kraft haben 宣伝効果がある.

[*germ.* „sich drehen"; ◇Wirbel, Werft²; *gr.* karpós „Handwurzel"]

Wẹr·be≠of·fi·zier[vɛ́rbə..] 男〖軍〗募兵将校, 徴募官. **≠pla·kat** 中 広告〈宣伝〉用ポスター. **≠preis** 男 宣伝用割引値段. **≠pro·spekt** 男 広告〈宣伝〉用パンフレット. **≠psy·cho·lo·gie** 女 広告〈宣伝〉心理学.

wẹr·be·psy·cho·lo·gisch 形 広告〈宣伝〉心理学〔上〕の.

Wẹr·ber[vɛ́rbər] 男 -s/- (werben する人. 例えば:) ▽**1** 勧誘者; 徴兵〈募兵〉官; 求婚〈求愛〉者.
2《話》=Werbefachmann

wẹr·be·risch[vɛ́rbərɪʃ] 形 **1** 勧誘的な; 広告〈宣伝〉的な; 広告〈宣伝〉に関する. **2** 求めるような; 求愛〈求婚〉的な.

Wẹr·be≠schrift 女 **1** 広告〈宣伝〉用パンフレット. **2** 懸賞応募論文. **≠sen·dung** 女 (ラジオ・テレビの)広告〈宣伝〉放送, コマーシャル. **≠slo·gan**[..slo:gən] 男 広告〈宣伝〉用スローガン. **≠spot** 男 -s/-s (ラジオ・テレビの)スポット〔コマーシャル〕. **≠spra·che** 女 -/ 広告〈宣伝〉に用いられる言葉, コマーシャル言語. **≠spruch** 男 広告〈宣伝〉用スローガン. **≠ta·fel** 女 (ポスターなどを貼るための)広告板. **≠text** 男 広告〈宣伝〉文. **≠tex·ter** 男 コピーライター. **≠trä·ger** 男 広告〈宣伝〉手段(ポスター・パンフレット・スポット放送など). **≠trom·mel** 女 募兵用太鼓;《比》宣伝太鼓: **die ～ rühren 〈schlagen〉**《話》(鳴り物入りで)大いに宣伝する.

wẹr·be·wirk·sam 形 宣伝効果のある.

Wẹr·be·wirk·sam·keit 女 -/ werbewirksam なこと.

Wẹr·be·zet·tel 男 広告〈宣伝〉用ちらし.

wẹrb·lich[vɛ́rplɪç] 形 広告〈宣伝〉に関する.

Wẹr·bung[vɛ́rbʊŋ] 女 -/-en **1**《単数で》werben すること: die ～ neuer Mitglieder 新しい会員の募集〈獲得〉| Sie wies seine ～ ab. 彼女は彼のプロポーズを退けた.
2 a) 広告, 宣伝, コマーシャル(→Reklame): eine kommerzielle 〈geschickte〉 ～ 商業〈巧みな〉宣伝 ‖ eine ～ für

et.[4] betreiben …のための広告〈宣伝〉をする | Unsere ～ kommt bei den Leuten an. うちの広告は評判がいい. **b)** ＝Werbeabteilung

Wẹr·bungs·ko·sten 複 **1** (所得から控除される)必要経費. **2** 広告〈宣伝〉費.

Wẹr·da[vé:rda·, ve:rdá:] 中 -〔s〕/-s (＜Wer 〔ist〕 da?) 〘軍〙誰何(ｽｲｶ)〔の声〕.

Wẹr·dan·di[vέrdandi·] 人名 〘北欧神〙ヴェルダンディ(現在をつかさどる運命の女神: →Norne). 〔*anord.*〕

Wẹr·da·ruf[vé:rda..] 男 (歩哨(ﾎｼｮｳ)・番兵などの)誰何(ｽｲｶ)の叫び声.

Wẹr·de·gang[vé:rdə..] 男《ふつう単数で》(これまでの)発展の過程; 成長の歩み, 経歴; (製品の)生産過程, 工程.

wẹr·den*[vé:rdən][1] ⦅208⦆ **wụr·de**[vʊ́rdə](雅: ward [vart]《複数なし》) / **ge·wọr·den**[gəvɔ́rdən](受動の助動詞の場合は worden); 現 *du* wirst[vɪrst], *er* wird; 命 werd〔e〕; 接II würde[vʏ́rdə]

I 自 (s) (英: *become*) **1**《述語名詞・述語形容詞とともに: →sein[1] I 2, bleiben I 2》(…に)なる: **a)**《1格の名詞と》〘職業・身分を表す名詞はふつうは無冠詞〙Musiker 〈Student〉 ～ 音楽家〈大学生〉になる | Was willst du später ～?－Ich *werde* Arzt. 将来何になるつもりだい－医者になります | Er ist Lehrer *geworden.* 彼は教師になった | Er läßt seinen Sohn Lehrer ～. 彼は息子に教師になる教育を受けさせる | Er *wird* nächstes Jahr Vater. 彼は来年には父親になる ‖〘一般の名詞と〙eine gute Hausfrau ～ よき主婦となる | Er ist ein Mann (＝zum Mann) *geworden.* 彼は一人前の男となった | Sie *wird* meine Frau. 彼女は私の妻になる | Er *wurde* Erster. 彼がトップをしめた | Der Junge ist 〔ganz〕 wie sein Vater *geworden.* 少年は成長して父親そっくりになった | Das *wurde* Anlaß zu neuen Streitigkeiten. このことが新たな争いの種となった ‖ 非人称 Es *wird* Nacht 〈Abend〉. 夜〈夕方〉になる | Es *wird* allmählich Tag 〈Winter〉. しだいに夜が明ける〈冬になる〉| Es *wurde* 10 Uhr, bis er kam. 彼が現れた時には10時になっていた | Es *wird* Zeit aufzubrechen 〈, daß man aufbricht〉. 出発する時刻が来る | Morgen *wird* es ein Jahr 〔her〕, daß wir hier wohnen. 私たちがここに住むようになってから明日で1年になる.

b)《形容詞と》blind ～ 失明する | katholisch ～ カトリック教徒になる | verrückt ～ 気がおかしくなる | wütend ～ 立腹する | Wie *wird* die Ernte?－Die Ernte *wird* gut ～. (今年の)収穫はどうなりそうですか－出来はよさそうです | Wie sind die Fotos *geworden*? 写真はうまく撮れましたか | Er bleibt gesund. Er *wird* nie krank. 彼は相変わらず健康だ. 彼は決して病気にならない | Wir können uns nicht einig ～. 私たちは意見が一致しない | Daraus kann ich nicht klug ～. 私にはそれがさっぱり分からない | Er *wurde* rot. 彼は赤面した | *et.*[2] überdrüssig ～ …にうんざりする ‖ Die Zeit *wird* mir lange. 私は退屈する | Das Herz *wurde* ihm schwer. 彼は心が重くなった | Es ist bekannt *geworden*, daß … …であるということが知らされた ‖ 非人称 Es *wird* dunkel 〈hell〉. あたりが暗く〈明るく〉なる | Es *wird* kalt 〈warm〉. 寒く〈暖かく〉なる | Es ist spät *geworden.* 遅い時刻になってしまった | Es *wird* mir schlecht 〔zumute〕. / Mir *wird* schlecht 〔zumute〕. 私は気分が悪くなる | Mir *wird* angst und bange. 私は心配になる | Es *wird* mir schwer ums Herz. 私は心が重くなる ‖〘比較級と〙Die Tage *werden* länger. 日がしだいに長くなる | Mir *wurde* wohler. 私は気分が前よりよくなった | Es *wird* immer dunkler. 刻一刻とあたりが暗くなっていく.

c)《副詞または2格の名詞と》anders ～ 変わる ‖ anderen Sinnes ～ 考えを変える | frohen Mutes ～《雅》楽しい気持になる.

2《前置詞と》**a)**《zu *et.*[3] 〈*jm.*〉》(…に)なる: 〔wieder〕 zu Staub ～ (→Staub 1) | zu Wasser ～ (→Wasser 1) | zum Verräter ～ 裏切り者になる | zur fixen Idee ～ 固定観念となる | Der Wein *wird* zu Essig. ワインが変質して酢になる(＝Aus dem Wein *wird* Essig.) | Er ist zum Mann (＝ein Mann) *geworden.* 彼は一人前の男になった | Die Ausnahme darf nicht zur Regel ～. 例外が通例となっては困る | Dein Besuch *wird* mir zur Last. 君が来てくれると ぼくにはかえって重荷になる | zunichte ～ (→zunichte).

b)《aus *et.*[3] 〈*jm.*〉》(…から)生じる, (…から)変じてできる: Was wird daraus (＝damit) ～? このことから将来何が生じるだろうか, これはこれからどうなるだろうか | Aus ihm *wird* einmal auch etwas Tüchtiges. 彼もいつかは物になる | Was *wird* aus mir ～? 私の身はこれからどうなることだろう | Aus der Heirat *wurde* nichts. 結婚は実現しなかった | Aus nichts *wird* nichts. 無から有は生じない | Aus dem Wein *wird* Essig.＝Der Wein *wird* zu Essig. (→a).

c)《mit *et.*[3]》(…に関して)起こる, 生じる: Wie *wird* es mit deiner Reise? 君の旅行は実現しますか | Was wird damit ～?＝Was wird daraus ～? (→b) | Was *wird* mit dieser Sache? この件はどうなるのか | Was ist mit dem Wagen *geworden*? あの車はその後どうなったんだい | Mit den beiden scheint es etwas zu ～. あの二人は夫婦〈恋人同士〉になりそうだ.

3 生じる, 成る, 成長する;《話》ものになる, でき上がる, うまくいく, よくなる: Es *werde* Licht! 光あれ(聖書: 創1, 3) | Wann *wird* Friede? いつ平和が到来するのか | Was mag nur ～? これから何が起こるのだろうか | Alles, was *geworden* ist, muß wieder vergehen. 生者必滅(できたものはすべて将来いつかまた消えて行かねばならない) | Was nicht ist, kann ja noch ～. まだ起こっていないからと言って安心はできない, 何が起こるか分かったものではない ‖ **Stirb und *werde*!** 死して成れ (Goethe) | das ewige Stirb und *Werde* 永遠に循環する〔自然の〕盛衰流転 ‖ Das *wird* schon noch. それは何とかなりそうだ | Der Kranke *wird* wieder. 病人が回復する | Das Haus *wird* allmählich. 家がそろそろでき上がる | Sind die Fotos *geworden*? 写真はうまくとれましたか | Die Pflanze *wird* nicht wieder. この植物は枯れてしまう ‖ 非人称 Es will nicht ～. うまく行きそうにない, 終わりそうにない | ***Wird's* bald?** (いらいらした気持をこめて)まだか, 早くしろ | Es *wird* schon wieder. 事態が回復する.

▽**4** (zuteil werden)《*jm.*》(…に)与えられる: Was *wird* mir dafür? その代償に何か私に得るところがあるのだろうか | Was *wird* ihm zum Lohn? 報酬として彼に何が与えられるのか | Sein Lohn soll ihm ～. 彼に報酬を与えよ | Ihm *wurde* Befehl, die Stadt zu verlassen. 町を立ち去れという命令が彼に発せられた | Ihm ist ein großes Glück *geworden.* 彼に大きな幸運が与えられた.

II《助動詞として》**1**《不定詞とともに未来・推量の助動詞として; ふつう現在形および接続法の形でしか用いられない. 過去形が必要な場合には接続法IIの形 würde がその役割を果たす》…するだろう, …するでしょう, …するようになる: **a)**《現在形で》Wir *werden* morgen abreisen. 私たちは明日旅立ちます | Du *wirst* es ja sehen. 君はきっとそれを目にすることだろう | Er *wird* bald gehen. 彼はほどなく出かけるだろう | Sie *wird* abwesend sein. 彼女は欠席する〈している〉だろう | Ihr *werdet* überrascht sein. 君たちはさぞ驚くことでしょう ‖〘1人称で強い意志, 2人称で命令のニュアンスをおびて〙Ich *werde* es tun, mag kommen, was da will! たとえ何が起ころうと私はそれをするぞ | Das *werde* ich auf keinen Fall tun! そんなことは私は絶対しません | Er hat uns versprochen, er *werde* das auf keinen Fall tun. 彼はそんなことは絶対にしないと私たちに確約した ‖ Du *wirst* mit uns gehen! 君は我々と同行するのだ | *Wirst* du sofort zu uns kommen? 君は私たちのところへすぐ来るだろうな | Sie *werden* ergebenst entschuldigen. どうかお許しください ‖〘他の助動詞と重ねて用いられて〙Ich *werde* gelobt **werden.** 私はほめられることだろう | Sie *wird* ihn gehen **lassen.** 彼女は彼を行かせるだろう | Er *wird* es schon lesen **können.** 彼はもうそれが読めることだろう.

‖〘未来完了: 過去の出来事についての推量を表すことが多く, 未来の時点での完了を示す場合は単純な完了形で済ますことも多い〙Morgen *wird* er die Arbeit beendet haben. 彼はあすにはこの仕事を終えてしまっているだろう(＝Morgen hat er die Arbeit beendet.) ‖ Er *wird* 〔sicher〕 nicht ohne Absicht gekommen sein. 彼がやって来たのは考えがあっての上のことだろう | Wir *werden* es wohl übersehen haben. 私たちはおそらくそれを見逃してしまったのだろう.

b) 《接続法で》〘間接引用で〙Er sagte, er *werde* 〈*würde*〉 kommen. 来ますと彼は言った | Ich glaubte, daß niemals etwas aus ihm werden *würde.* 彼は決してものにならないだろうと私は考えていた ‖〘**würde** の形で接続法IIの言い換えとして; 条件文・間接引用文などで〙Ich *würde* helfen (= ^{v}hülfe), wenn ich Gelegenheit dazu hätte! 私は機会があれば援助の手を差しのべるところなんですが | Ich *würde* es getan haben, wenn ich Zeit gehabt hätte. 私は〔あのとき〕暇があったらそうしたでしょうに ‖ Ich *würde* sagen, daß ... 私は…と申し上げたいと思います | *Würden* Sie so freundlich sein, mir zu helfen? すみませんが手伝っていただけましょうか ‖ Wenn dies doch jetzt noch gelten *würde* (= ^{v}gälte)! このことが今でも通用しているのだったらなあ | Er sagte, in dieser Stadt *würden* viele Ausländer leben. この町には外国人がたくさん住んでいますと彼は言った (=Er sagte, in dieser Stadt lebten viele Ausländer.).

2 (s) 《過去分詞とともに受動の助動詞として; 過分 worden: →sein^1 I 5》…される, …が行われる: gelobt 〈bestraft〉 ~ ほめ〈罰せ〉られる | Die Stadt *wurde* **von** drei Flugzeugen **durch** 〈**mit**〉 Bomben zerstört. 町は飛行機 3 機による爆撃で破壊された(参考 Drei Flugzeuge zerstörten die Stadt durch 〈mit〉 Bomben.) (→durch I 4 ☆) | Das Kind wird von allen Lehrern geliebt ~. この子は先生のだれからもかわいがられることだろう | Die Arbeit muß unbedingt gemacht ~. この仕事はどうしても片づけられねばならない | Er ist betrogen *worden.* 彼はだまされた | Es ist uns gesagt *worden*, daß ... 私たちは…と聞かされている | Wenn ich geschlagen *würde*, wüßte ich nicht, was ich täte. もし打ち負かされでもしたら どうしたらよいか私にはわからないだろう.

‖〘ある種の自動詞の受動形として非人称的に〙Es *wird* hier getanzt. / Hier *wird* getanzt. ここではダンスが行われる(参考 Man tanzt hier.) | Ich wußte nicht, daß heute nicht gearbeitet *wird.* きょうは仕事が休みだとは知らなかった | Es *wurde* von den Zuschauern geklatscht. 観客が拍手した(参考 Die Zuschauer klatschten.) | Für Ordnung *wird* 〔vom Lehrer〕 gut gesorgt. 秩序が保たれるよう〔教師によって〕十分に配慮されている | Es *wurde* dem Schüler 〔vom Lehrer〕 geholfen. この生徒には〔教師によって〕援助の手が差しのべられた | Heute *wird* vom Gastgeber bezahlt. きょうの払いは招待主がいたします ‖〘強い命令の口調で〙Es *wird* hiergeblieben! ここを動くな | Jetzt *wird* aber geschlafen! さあ眠る時間だ | Jetzt wird sich^4 hingelegt! さあ横になれ.

III Wẹr·den 中 -s/ 生成, 発生; 発達, 成長: im ~ sein 発生〈萌芽(ほうが)〉の段階にある, できつつある | das ~ und Wachsen der Natur 自然の生育〈発生と成長〉.

IV wẹr·dend 現分 形 でき上がりつつある, 発生中の, 発育中の; 萌芽的な, 初期段階の: ein ~*er* Arzt 医学修業中の男 | eine ~*e* Mutter 妊娠中の女 | die ~*e* Republik いま成立しかけている共和国 | mit dem ~*en* Tag 夜明けとともに.

[*germ.*; ◇vertieren^2, werfen, Wurm, ..wärts; *engl.* worth]

Wẹr·der[vɛ́rdər] 男 (中) -s/- (川・湖などの)中州(なかす), 川中島; 岸辺の低地(特に川の現在の流れと旧水路のよどみ水にはさまれた場所); 干拓地. [*mndd.*; ◇Wehr^2]

Wẹr·fall[vé:r..] 男 -[e]s/..fälle (Nominativ) 〘言〙 主格, 1 格.

Wẹr·fel[vɛ́rfəl] 人名 Franz ~ フランツ ヴェルフェル(1890–1945; オーストリアの詩人・劇作家. 作品は小説『ヴェルディ』, 長編『ベルナデットの歌』など).

wẹr·fen[vɛ́rfən]* 《209》 **warf**[varf] / **ge·wọr·fen**[gəvɔ́rfən]; 現 *du* wirfst[vɪrfst], *er* wirft; 命 wirf; 接II würfe[vʏ́rfə] (^{v}wärfe[vɛ́rfə])

I 他 (h) **1** (英: *throw*) **a**) 《*et.*^{4}》(…を)投げる, ほうる; 《*jn.*》(…を)投げ倒す: einen Stein 〈einen Ball〉 weit ~ 石〈ボール〉を遠くまで投げる | Bomben ~ 爆弾を投下する | Handgranaten ~ 手榴弾(しゅりゅうだん)を投げる ‖ Anker ~ (→Anker 1) | das Handtuch ~ 〘ボクシング〙(敗北の印として)タオルを投入する | den Gegner ~ 相手を投げ倒す, (レスリングなどで)相手をフォールする | Licht ~ (ともしび・灯火などが)光を投げる | Schatten ~ 影を投げる, 投影する | Die Bäume *warfen* lange Schatten. 木々は長い影を落としていた ‖〘目的語なしで〙Er *wirft* sehr gut 〈weit〉. 彼はたいへん投擲(とうてき)力がある.

b) 《*jn.* / *et.*^{4}》《方向を示す語句と》(…を…に向かって)投げる, ほうる, 投げつける, ほうり投げる: Bilder **an** die Wand ~ 《話》写真〈スライド〉を壁面に映写する | *jm. et.*^{4} an den Kopf ~ (→Kopf 1) | *jn.* **auf** den Boden ~ …を地面に投げる; …を投げ倒す | *jn.* aufs Krankenlager ~ (心労などが)…を病の床につかせる | *et.*^{4} auf den Markt ~ …を市場に出回らせる | *et.*^{4} auf den Mist ~ (→Mist 1 a) | *et.*^{4} aufs Papier ~ (→Papier 1) | *jn.* auf die Straße ~ (→Straße 1 a) | ein Auge auf *jn.* 〈*et.*^{4}〉 ~ (→Auge 1) | einen Blick auf *jn.* 〈*et.*^{4}〉 ~ …の方に視線を投げる, …をちらっと見る | auf *jn.* 〈*et.*^{4}〉 ein bezeichnendes Licht ~ (→Licht 1) | auf *jn.* 〈*et.*^{4}〉 kein gutes Licht ~ (→Licht 1) | *jn.* **aus** der Bahn ~ (→Bahn 1 a) | *jn.* aus dem Haus ~ 《話》…を家の外へ追い出す | *et.*^{4} **hinter** *sich*^{4} ~ …(心配・懸念など)をふり捨てる〈かなぐり捨てる〉 | *jn.* **ins** Gefängnis ~ …を投獄する | den Ball in die Höhe ~ ボールを投げ上げる | den Kopf in den Nacken ~ (昂然(こうぜん)と)頭を上げる | *jm. et.*^{4} in den Rachen ~ (→Rachen 2) | alles in einen Topf ~ (→Topf 1 a) | *et.*^{4} in die Waagschale ~ (→Waagschale) | *jn.* ins Wasser ~ …を水中にほうり込む | *et.*^{4} über Bord ~ (→Bord I) | *et.*^{4} über den Haufen ~ (→Haufen 1 a) | eine Decke über *jn.* ~ 毛布〈掛け布〉を…の上にかぶせる | *jm. et.*^{4} **um** die Schultern ~ …の肩に…(ショールなど)を羽織らせる | die Kleider **von** *sich*^{3} ~ 衣服を脱ぎ捨てる | alle Bedenken 〈Sorgen〉 von *sich*^{3} ~ あらゆる懸念〈心配〉をふり捨てる | *jm. et.*^{4} **vor** die Füße ~ …の足もとに…をたたきつける(辞職・縁切りなど) | Perlen vor die Säue ~ (→Perle 1) | *jn.* **zu** Boden ~ …を地面に投げる; …を投げ倒す | *jn.* 〈*et.*^{4}〉 zum alten Eisen ~ (→Eisen 1) | *jm.* einen Knüppel zwischen die Beine ~ (→Knüppel 1 a).

c) 再帰 *sich*^{4} ~ 《方向を示す語句と》(…に向かって)身を投げる; (…に向かって)とびつく, とびかかる | *sich*^{4} *jm.* **an** die Brust ~ …の胸にとびこむ, …に抱きつく | *sich*^{4} *jm.* an den Hals ~ (→Hals 1 a) | *sich*^{4} **auf** das Bett ~ ベッドの上に身を投げる | *sich*^{4} auf einen Stuhl ~ いすにどしんと腰を下ろす | *sich*^{4} aufs Pferd ~ ひらりと馬にまたがる | *sich*^{4} auf *jn.* ~ …に覆いかぶさる; …に躍りかかる | *sich*^{4} 〔vor *jm.*〕 auf die Knie ~ 〔…の前に〕ひざまずく〈平身低頭する〉 | *sich*^{4} auf *et.*^{4} ~ …(課題・研究・趣味など)に身を投じる, …に専念〈熱中〉する | *sich*^{4} auf eine neue Aufgabe ~ 新しい任務に没頭する | *sich*^{4} *jm.* **in** die Arme ~ …の腕にとびこむ, (ぱっと)…と抱き合う | *sich*^{4} in einen Sessel ~ 安楽いすにどんと腰を下ろす | *sich*^{4} in die Kleider ~ 手早く服を着る | *sich*^{4} in Gala 〈in Schale〉 ~ (→Gala 1, →Schale 2) | *sich*^{4} in Positur ~ (→Positur 1) | *sich*^{4} in die Brust ~ (→Brust 1 a) | *sich*^{4} **über** *jn.* ~ …に覆いかぶさる; …に躍りかかる | *sich*^{4} **vor** den Zug ~ (自殺しようとして)列車にとびこむ | *sich*^{4} *jm.* **zu** Füßen ~ (→Fuß 1 a) ‖ ***sich*^{4} hin und her ~** (ベッドの上などで)何度も寝返りをうつ, 展転反側する; (苦痛に)身をよじる.

2 《結果を示す語句などと》*jm.* ein Loch in den Kopf ~ (石などをぶつけて…の頭に穴をあける | sechs Augen 〈eine Sechs〉 ~ (さいころを振って) 6 の目を出す | alle neune ~ (九柱戯で)柱〈ピン〉を全部倒す | ein Tor ~ (ハンドボールなどで)シュートして得点をあげる | Er hat Weltrekord *geworfen.* 彼は投擲(とうてき)で世界記録を出した ‖ die Scheibe in Scherben ~ (石などをぶつけて)ガラス板を粉々にする.

3 a) 《*et.*^{4}》(…を)作り出す, 生み出す: Blasen ~ (→Blase 1) | Falten ~ (布製品が)ひだを作る, しわになる | Wel-

len ~ (海などが)波立つ. **b**) (家畜などが子を)産む: Die Katze hat drei Junge *geworfen.* 猫が3匹子供を産んだ.
4 再帰 *sich*[4] ~ (板・木材などが)そる, ゆがむ.
II 自 (h) **1** 《mit *et.*[3]》(…を)投げる, ほうる: mit Steinen ~ 石を投げる, 投石する | Wer 〔selbst〕 im Glashaus sitzt, soll nicht mit Steinen ~. (→Glashaus) | nach *jm.* mit faulen Eiern ~ …に向かって腐った卵を投げつける | mit der Wurst nach dem Schinken 〈nach der Speckseite〉 ~ (→Wurst 1) ‖ **mit** ***et.***[3] **um** ***sich***[4] **~** 《話》…をまき散らす | mit 〔dem〕 Geld 〔nur so〕 um *sich*[4] ~ 金(かね)をやたらとまき散らす(浪費する) | mit *seinen* Kenntnissen um *sich*[4] ~ 知識をむやみにひけらかす | mit Fremdwörtern um *sich*[4] ~ やたらに外来語をふりまわす.
2 (家畜などが)子を産む: Die Katze hat *geworfen.* 猫が子供を産んだ.
[*germ.* „drehen"; ◇werden, Warf[1], Wurf; *engl.* warp]

Wẹr·fer[vɛ́rfər] 男 -s/- **1** (werfen する人. 例えば:) (ハンドボール・バスケットボール・水球などで)シュートする人; (円盤投げ・砲丸投げなどの)投擲(とうてき)者; 〖野球〗投手; 〖クリケット〗ボウラー. **2** werfen するための器具(装置): Flammen*werfer* 火炎放射器 | Schein*werfer* 投光器具; ヘッドライト. **3** 《話》(飲むとすぐに酔いつぶれるような)強い酒, おにころし.

Werft[1][vɛrft] 男 -〔e〕s/-e ＝Warf[1]

Werft[2][−] 女 -/-en 造船所, ドック; 飛行機整備〈修理〉工場: Das Schiff kommt zur Reparatur auf 〈in〉 die ~. その船は修理のためドック入りする. [„Arbeitsplatz"; *ndl.* werf−*ndd.*; ◇werben; *engl.* wharf]

Wẹrft≈ar·bei·ter[vɛ́rft..] 男 造船所の工員. **≈in·du·strie** 女 造船業. **≈kä·fer** 男 〖虫〗ツツシンクイ(筒芯食虫)科の昆虫.

Werg[vɛrk][1] 中 -〔e〕s/ 麻くず, トウ(麻・亜麻・大麻などの繊維くずで, 紡績・詰め物などに用いられる); 〖海〗まいはだ, オーカム. [„Arbeitsstoff"; *ahd.*; ◇Werk]

Wẹr·geld[véːr..] 中 〖史〗人命金(ゲルマン法での慣習で, 殺害者またはその氏族の者から被殺害者の氏族に対して支払われた). [*ahd.* wera-gelt „Mann-Geld" (◇viril, Welt); ◇*engl.* wer〔e〕gild]

wẹr·gen[vɛ́rgən] 形 《付加語的》麻〈亜麻・大麻〉〔くず〕の.

..werk[..vɛrk] 《名詞につけて Werk のいろいろな意味を表すほか中性の集合名詞(-〔e〕s/)をつくる》: Ast*werk* 枝 | Blatt*werk* / Blätter*werk* 葉 | Schuh*werk* 靴 | Pelz*werk* 毛皮 | Wurzel*werk* 根 | Balken*werk* 梁(はり)組み | Gitter*werk* 格子(全体) | Mauer*werk* 塀(全体).

Werk[vɛrk] 中 -es(-s)/-e (⑪ **Wẹrk·chen**[vɛ́rkçən] 中 -s/-) (英: *work*) **1** 《単数で》仕事, 作業, 労働, 活動: ein mühevolles 〈schwieriges〉 ~ 骨の折れる〈困難な〉仕事 | ein undankbares ~ 割に合わない仕事 | Hand*werk* 手仕事, 手作業 ‖ ein ~ beginnen 〈beenden〉 仕事を始める〈終える〉 | ein begonnenes ~ zu Ende führen やりかけた仕事を終わりまでやりとげる | viel ~〔s〕 von *et.*[3] machen 《比》…のことで大騒ぎをする ‖ **ans ~ gehen** / ***sich***[4] **ans ~ machen** / Hand ans ~ legen 仕事に取りかかる | Ans ~! さあ仕事にかかろう | Wir sind bereits am ~. 我々はすでに仕事にかかっている | Wer war hier am ~? だれがここで仕事をしていたのか | **im ~*e* sein** 《雅》行われつつある, 進行中である | Es ist etwas im ~*e.* 何かが起こりつつある | ***et.***[4] **ins ~ setzen** 《雅》…を実行に移す, …に着手する | behutsam 〈geschickt〉 **zu ~*e* gehen** 《雅》用心深く〈巧みに〉ことを進める ‖ Das ~ kommt gut voran. 仕事は順調にはかどっている | Das ~ bleibt liegen. 仕事は放置されたままである.
2 行い, 行為, 所業; (神の)みわざ: ~*e* der Nächstenliebe 隣人愛の行為 ‖ gute ~*e* tun 善行をなす | Du tätest ein gutes ~, wenn du ... 君に…してもらえればありがたいのだが.
3 a) (仕事・行為などの)産物, 所産, 成果; しわざ: ein ~ jahrelanger Arbeit 多年にわたる労働の産物 | ein ~ der Phantasie 空想の産物 | die ~*e* Gottes 神のみわざ(被造物) ‖ Das ist das ~ seines Fleißes. これは彼の努力の所産である | Das war das ~ weniger Augenblicke. それはほんの数瞬のできごとであった | Das ist dein ~. これは君のしでかしたことだ.
b) (芸術・手工業などの)作品, 製作物; 著作: ein kostbares 〈hervorragendes / unsterbliches〉 ~ 貴重な〈すぐれた・不滅の〉作品 | ein literarisches ~ 文学作品 | Goethes sämtliche ~*e* ゲーテの全著作, ゲーテ全集 | Bühnen*werk* 舞台作品 | Flecht*werk* 編み細工 | Kunst*werk* 芸術作品 | Schnitz*werk* 彫りもの ‖ ein ~ schaffen 〈vollenden〉 作品を創造〈完成〉する | Das ~ lobt den Meister. 《諺》名人は仕事によってわかる(仕事が名人をほめる).
4 (大規模な)〔工業〕施設; 製作所, 工場: ein chemisches ~ 化学工場 | ein ~ der Elektroindustrie 電機産業の工場 | Berg*werk* 鉱山 | Kraft*werk* 発電所 ‖ ein ~ errichten 〈stillegen〉 工場を建設〈閉鎖〉する ‖ ab ~ (製品を)工場渡しで | im ~ arbeiten 工場で働く.
5 (機械などの)装置, 仕掛け, 機構, メカニズム: Räder*werk* 歯車装置 | Trieb*werk* 動力装置 | Uhr*werk* 時計仕掛け ‖ das ~ der Uhr auseinandernehmen 〈reinigen〉 時計の内部装置を分解〈掃除〉する.
6 (Festungswerk) 〖軍〗堡塁(ほうるい), 要塞〔施設〕, 防備施設.
[*germ.*; ◇wirken, Ergon]

Wẹrk≈an·ge·hö·ri·ge[vɛ́rk..] 男 女 (工場の)従業員. **≈an·la·ge** 女 -/-n **1** 工場配置〔計画〕. **2** 《複数で》工場施設(→ ⑧ Tagebau). **≈ar·beit** 女 手仕事, 工作; 手仕事の作品, 工作品. **≈arzt** 男 工場専属〈嘱託〉医, 職場付き医師. **≈bahn** 女 工場専用鉄道. **≈bank** 女 -/..bänke (工場などの)作業台, 工作台. **≈bü·che·rei** 女 工場〔付属〕図書室.

Wẹrk·chen Werk の縮小形.

Wẹrk·druck 男 -〔e〕s/-e 〖印〗(新聞印刷・端物(はもの)印刷などに対して)書籍印刷.

wẹrk·ei·gen 形 工場に所属する, 工場付属〈所有〉の.

Wẹr·kel[vɛ́rkəl] 中 -s/-〔n〕 《オーストリア》＝Werkelkasten

Wẹr·kel≈ka·sten 男 《南部・オーストリア》(Leierkasten) 手回しオルガン. **≈mann** 男 -〔e〕s/..männer 《南部・オーストリア》手回しオルガン弾き.

wẹr·keln[vɛ́rkəln] 《06》 自 (h) **1** (仕事で)せかせか動きまわる, 忙しそうに働く. **2** (趣味に)手仕事をする.
[＜werken]

▽**Wẹr·kel·tag** ＝Werktag

wẹr·ken[vɛ́rkən] 自 (h) **1** 働く, 仕事をする, 作業をする(特に手工業など). **2** (学校の授業などで)工作をする. [*ahd.*; ◇Werk; *engl.* work]

▽**Wẹr·ker**[vɛ́rkər] 男 -s/- (Arbeiter) 労働者(今日ではふつう複合語をつくって): Chemie*werker* 化学工場の労働者 | Feuer*werker* 花火製造者.

Wẹrk≈fah·rer[vɛ́rk..] 男 (自動車工場専属の)テストドライバー. **≈füh·rer** 男 ＝Werkmeister **≈für·sor·ge** 女 (従業員に対する)福祉厚生サービス.

wẹrk≈ge·recht 形 **1** (手工業などで)製作技法にかなった, きちんと製作の手順をふんだ. **2** (解釈などが)作品に即した. **≈ge·treu** 形 作品〈原作〉に忠実な: ein Musikstück ~ spielen 楽曲を作品に忠実に演奏する.

Wẹrk·hal·le 女 (大型の)屋内工場〈作業場〉.

wẹrk·im·ma·nent 形 〖文芸〗作品内在的な(解釈).

Wẹrk≈kan·ti·ne 女 (工場の)従業員食堂. **≈kin·der·gar·ten** 男 工場付属幼稚園. **≈kü·che** 女 (工場の)従業員食堂〔付属調理場〕. **≈lei·ter** 男 工場長, 製作所長. ▽**≈leu·te** 複 (工場の)従業員たち, 工員たち. **≈mei·ster** 男 職場主任, 職工長, 技工長.

Wẹrks≈arzt[vɛ́rks..] ＝Werkarzt **≈bü·che·rei** ＝Werkbücherei

Wẹrk≈schu·le 女 工場付属〔職業〕学校. **≈schutz** 男 工場の安全に従事する人たち.

Wẹrks·lei·ter 男 工場長.

Wẹrk≈spio·na·ge[..ʃpionaːʒə] 女 工場〈産業〉スパイ行為. **≈statt** 女 (**≈stät·te** 女) 仕事場, 作業場; 〔修理〕工場: Auto*werkstatt* 自動車修理〈整備〉工場 | Schneider*werkstatt* 仕立屋の仕事場.

Wẹrk·statt≈staf·fe·lei 女 〖美〗アトリエ用イーゼル, 室

W

内画架. ≈**wa·gen** 男〘鉄道〙工作車.

Wẹrk≈stein 男〘建・土木〙切り石, 石材(→ 📖 Baustoff). ≈**stoff** 男 (加工製品などの)材料(木材・石材・金属・皮革など).

Wẹrk≈stofforschung (≈**stoff·for·schung**) 女〘工〙材料研究.

Wẹrk·stoff·prü·fung 女〘工〙材料試験.

Wẹrk≈stück 中 (製造・組み立て中の)未完成製作品, 加工品〈材料〉. ≈**stu·dent** 男 勤労学生, アルバイト学生.

Wẹrks≈wo̲h·nung[vɛ́rks..] = Werkwohnung ≈**zeit·schrift** =Werkzeitschrift

Wẹrk·tag[vɛ́rk..] 男 (休日・祝日などに対して)仕事日, 就業日, 平日, ウィークデー.

wẹrk·täg·lich[..tɛ:klɪç] 形《述語的用法なし》仕事日〈就業日〉の, 平日〈ウィークデー〉の: eine ~*e* Kleidung ふだん着, 平服.

wẹrk·tags 副 仕事日〈就業日〉に〔は〕, 平日〈ウィークデー〉に〔は〕.

wẹrk·tä·tig[vɛ́rktɛ:tɪç][2] 形 **1** 仕事をもっている, 職業についている, 就業〈就労〉の: die ~*e* Bevölkerung 就労〈労働〉人口 ‖ die *Werktätigen* 就労者〈勤労者〉たち, 働いている人人. **2** 実行を伴った, 骨身を惜しまぬ, 活動的な.

Wẹrk≈tisch 男 仕事台, 作業台. ≈**treue** 女 (楽曲を演奏する際の)原作に忠実な再現〈解釈〉. ≈**un·ter·richt** 男 (小・中・高校などでの)工作の授業. ≈**ver·trag** 男 請負契約, 工事契約. ≈**ver·zeich·nis** 中 作品〈著作〉目録. ≈**wo̲h·nung** 女 (工場などの)社宅. ≈**zeit·schrift** 女 工場機関誌, 社内報.

Wẹrk·zeug[vɛ́rktsɔʏk][1] 中 -〔e〕s/-e **1 a)** 道具, 工具, 器具;《比》手段;《軽蔑的に》(ある目的のための)道具に使われる人, 手先: Folter*werkzeug* 責め道具 ‖ Er ist ein gefügiges ~ in der Hand dieser Gauner. 彼はこのならず者たちの言いなりになって〈道具に使われて〉いる. **b)**《単数で》《集合的に》(特定の手工業に用いられる)道具: das ~ des Tischlers 指物師〈家具職人〉の道具. **c)** =Werkzeugmaschine

2 (Organ) (動物の)器官: Sinnes*werkzeug* 感覚器〔官〕.

Wẹrk·zeug≈au·to·mat 男 自動工作機械. ≈**heft** 中 工具の握り〈柄〉. ≈**ka·sten** 男, ≈**ki·ste** 女 道具〈工具〉箱. ≈**ma·schi·ne** 女 工作機械. ≈**rah·men** 男 (戸のない)道具〈工具〉棚. ≈**schrank** 男 道具〈工具〉戸棚. ≈**stahl** 男〘金属〙工具鋼. ≈**ta·sche** 女 道具〈工具〉袋.

Wẹr·mut[vé:rmu:t] 男 -〔e〕s/ **1**〘植〙ニガヨモギ(苦艾)(ヨモギ属の草で, 苦みと芳香がある. 駆虫剤や胃薬に用いられるほか, 現在は主としてアブサン酒やベルモット酒の材料として使われる);《比》苦いもの, 苦汁: Das war ein Tropfen ~ in dem Becher seiner Freude. それは彼の喜びにまじる一滴の苦汁であった. **2** =Wermutwein

[*westgerm.*; ◇ *engl.* wormwood]

Wẹr·mut·bru·der 男《話》(都会の)浮浪者(安物の Wermutwein などを飲むところから).

Wẹr·mut〔s〕·trop·fen 男《雅》(喜びをそこなう)一滴の苦汁(→Wermut 1).

Wẹr·mut·wein 男 (英: *verm〔o〕uth*)ベルモット〔酒〕.

Wẹr·ner[1][vɛ́rnər] 男名 ヴェルナー.

Wẹr·ner[2][–] 人名 Alfred ~ アルフレート ヴェルナー(1866-1919; スイスの化学者, 錯化合物の研究者. 1913年ノーベル化学賞を受賞).

Wẹrn·her[vɛ́rnhɛr] 男名 ヴェルンヘル.

[< *ahd.* warnōn „warnen“+heri „Heer“]

die **Wẹr·ra**[vɛ́ra·] 地名 女 -/ ヴェラ (Weser 川の源流).

[*ahd.* Wisura (→Weser)]

Wẹr·re[vɛ́rə] 女 -/-n《南部・オーストリア・スイス》**1** (Maulwurfsgrille)〘虫〙ケラ(螻蛄). **2** (Gerstenkorn)〘医〙麦粒(ばくりゅう)腫(しゅ), ものもらい. [1: 擬音]

Werst[vɛrst] 女 -/-en (単位: -/-) ベルスタ, 露里(ろり)(ロシアの昔の距離単位: 約1. 06km; 記号 W).

[*russ.* versta]

wert[ve:rt] 形 **1**《述語的》(英: *worth*)《*et.*[4] /雅: *et.*[2]》(…の)価値〈値うち〉のある,(…に)値する: **etwas** 〈**viel**〉 **~ sein** いくらか〈たいへん〉価値がある | kaum etwas ~ sein ほとんど価値がない | wenig 〈〔gar〕 nichts〉 ~ sein あまり〈全然〉価値がない | Heute 〈Für heute〉 bin ich nichts mehr ~.《話》きょうのところは私はもう(疲れて)くたくただ | Mehr bin ich dir nicht ~? 君にとって私はそれくらいの値うちしかないのか | Sie ist seiner nicht ~. 彼女は彼にはふさわしくない女だ | Was 〈Wieviel〉 ist der Ring ~? この指輪はどれほどの値うちのものか | Das ist ja Gold ~! それは貴重〈重要〉だ | Eigener Herd ist Goldes ~.(→Herd 1 b) | Das Kleid ist 200 Mark ~. このドレスは200マルクの値うちがある | Es ist nicht die Mühe 〈der Mühe〉 ~. それは骨折りがいがない | keinen Pfefferling 〈keinen Schuß Pulver〉 ~ sein (→Pfifferling, →Schuß 1 a) | Es ist nicht der Rede ~. それは言う〈取る〉に足らない; (相手のおわびやお礼に対して)どういたしまして, おっしゃるほどのことではありません | Berlin ist eine Reise ~. ベルリンは見物に行くだけの値うちがある | Das wäre eine nähere Untersuchung 〈einer näheren Untersuchung〉 ~. それはもっと詳しく調べてみるだけの価値があろう | Ich fand ihn meines Vertrauens nicht 〔für〕 ~. 私は彼は信頼するに足らない男だと思った ‖〘zu 不定詞〔句〕・daß 副文などと〙Er wäre 〔es〕 ~, geohrfeigt zu werden 〈daß man ihn ohrfeigte〉. 彼なんか本当はひっぱたいてやればいいのだが | Offenbar hat er es gar nicht für ~ gehalten, mich anzurufen. あきらかに彼は私に電話などかける必要はないと考えたのだ.

2《雅》価値の多い, 貴重〈大切〉な; 値が高い; 親愛な, 敬愛する: ein mir sehr ~*er* Freund 私にとってきわめて大切な友人 | Wie ist Ihr ~*er* Name? お名前は何とおっしゃいますか | Ihr ~*es* Schreiben vom 7. August〘商〙8 月 7 日付の貴簡 ‖ Das Buch ist mir lieb und ~. この本は私にはとても大事なものだ | Sie ist mir lieb und ~. 彼女は私にとってかけがえのない人だ.

[*germ.* „gewendet“; ◇werden, Würde]

Wert[ve:rt] 男 -es(-s)/-e **1** (金銭的・物質的な)価値, 価格, 値段; 対価: laufender ~ 流通価格, 特価 | Markt*wert* 市場価格 | Tausch*wert* 交換価値 ‖ ~ in bar (手形の文面で)代価は現金で ‖ an ~ gewinnen 〈verlieren〉 価値が増す〈減る〉 | im ~ steigen 〈fallen / sinken〉 値が上がる〈下がる〉 | eine Uhr im ~〔*e*〕 von 300 Mark 300マルクの値うちのある〈価格の〉時計 | ᵛMuster ohne ~〘郵〙商品見本(=Warenprobe 2) | *et.*[4] über 〈unter〉 〔*seinem* wirklichen〕 ~ verkaufen …を〔その実際の〕価格よりも高い〈低い〉値で売る ‖ Das Grundstück hat einen ~ von 10 000 Mark. この地所は 1 万マルクの価値がある.

2 (重要性・有用性・優秀性などから見た)価値, 値うち: ein künstlerischer 〈praktischer〉 ~ 芸術的〈実用的〉価値 | der psychologische ~ einer Maßnahme ある措置の心理的効果 | der wahre ~ eines Menschen ある人間の本当の値うち | Gebrauchs*wert* 使用価値 | Seltenheits*wert* 希少価値 | Stellen*wert*〘数〙位置価値 | ~ und 〈oder〉 Unwert (→unwert II) ‖ *et.*[3] ~ beilegen 〈beimessen〉 …に重きを置く | einen hohen 〈großen〉 ~ haben 高い〈大きい〉価値をもっている, 大いに値うちがある | Der Ring hat nur persönlichen ~ 〔für seinen Besitzer〕. この指輪には〔持ち主にとっての〕個人的な価値しかない | Das hat wenig 〈fast keinen〉 ~ für mich. それは私にとってあまり〈ほとんど〉価値がない | Es hat keinen ~, ihn zu fragen. 彼に聞いてみてもなんの役にも立たない | **~ auf** *et.*[4] **legen** …に重きを置く, …を重要視する | Er legt großen ~ auf Sauberkeit. 彼は清潔ということを大いに重んじ〔てい〕る | Sie legt wenig ~ auf modische Kleidung. 彼女は流行の服装などあまり意に介さない ‖ ohne 〔jeden〕 ~ sein 〔全く〕無価値である | von großem 〈geringem〉 ~ sein 非常に価値がある〈わずかの価値しかない〉 | eine Person von großem inneren 〈innerem〉 ~ 偉大な内面的価値をもつ人物.

3 a) (Zahlenwert)〘数・理〙(量・大きさなどの)値(あたい), 数値: Durchschnitts*wert* 平均値 | Meß*wert* 測定値 ‖ einen ~ an 〈von〉 einer Skala ablesen 数値を目盛りで読む | Die Gleichung hat den ~ Null. この方程式の値はゼロだ. **b)**〘スポ〙評点, 点数.

4《複数で》a) 価値をもったもの, 有価物, 貴重なもの, 財〔産〕: kulturelle ~*e* 文化財 | ~*e* schaffen 〈vernichten〉 価値を創造〈破壊〉する | Der Krieg hat viele ~*e* zerstört. 戦争は多数の貴重なものを破壊した. b) (Wertpapiere) 有価証券.
5 郵便切手: ein ~ zu 50 Pf. 50ペニヒの切手.
..wert[..ve:rt]《動詞の不定詞につけて「…する〈される〉に値する, …の価値のある」などを意味する形容詞をつくる》: beneidens*wert* うらやむべき | hassens*wert* 憎むに値する | nachahmens*wert* 模倣する価値のある.
▽**wert|ach·ten**[vé:rt|axtən]《01》他 (h) (hochachten) 大いに尊敬〈尊重〉する.
▽**Wert·ach·tung**[..tʊŋ] 女 -/ wertachten すること.
Wert≠an·ga·be 女〘郵〙価格表記. **≠ar·beit** 女 -/ (きわめて精巧で利用価値の高い)第一級の仕事. **≠be·rich·ti·gung** 女 -/-en《ふつう複数で》〘商〙資産再評価〔の各項目〕: die Rückstellung für ~*en* 再評価積立金.
wert·be·stän·dig 形 価値の安定した, 価値不変の; 〘経〙通貨の安定した; 価格の固定した, 定額の.
Wert·be·stän·dig·keit 女 -/ wertbeständig なこと.
Wert·brief 男〘郵〙(損害補償つきの)価格表記(した書留の)書状.
Wer·te·men·ge[vé:rtə..] 女〘数〙値域.
wer·ten[vé:rtən]《01》他 (h) 評価する, 査定する; 〘スポ〙採点する: *et.*⁴ richtig 〈zu hoch〉 ~ …を正しく評価する〈高く評価しすぎる〉| *et.*⁴ als gute Leistung ~ …をりっぱな出来ばえであると評価する ‖〘目的語なしで〙Die Punktrichter haben sehr unterschiedlich *gewertet.* 審判員たちの採点はひどくまちまちだった. [*ahd.*; ◇wert]
Wert·er·mitt·lung 女 価値査定, 評価.
Wer·te·ska·la =Wertskala
Wert≠ethik 女 -/ 価値倫理学. **≠fracht** 女 保険つき運送貨物.
wert·frei 形 価値観を伴わない, 没価値的な: eine ~*e* Erziehung 特定の価値観にとらわれない教育.
Wert·frei·heit 女 -/ wertfrei なこと.
Wert·ge·gen·stand 男 有価物件, 値うちのある品物; 貴重品.
wert·ge·min·dert 形 価値の減少した; 使用価値の低下した.
wert|hal·ten* 《65》他 (h)《雅》(hochachten) 尊重する.
Wer·ther[vé:rtər] 男名 ヴェールター, ウェルテル:《Die Leiden des jungen ~*s*》『若きウェルテルの悩み』(Goethe が1774年に発表した書簡体の恋愛小説).
..wertig[..ve:rtɪç]²《数詞・形容詞などにつけて「…の価をもつ」, 〘化・言〙「結合価が…価の」, 〘数〙「…価の」を意味する形容詞をつくる》: gleich*wertig* 等価の | minder*wertig* 劣等の | unter*wertig* (標準より)価値の低い | drei*wertig* 〘化〙3価の; 〘言〙(動詞などの結合価が) 3 価の | mehr*wertig* 〘化〙多価の. [<Wert]
Wer·tig·keit[vé:rtɪçkaɪt] 女 -/-en 1 (Valenz) 〘化〙原子価; 〘電〙イオン価; 〘言〙(動詞などの)結合価.
2 価値, 重要性: von hoher 〈geringer〉 ~ sein 非常に重要である〈あまり重要でない〉.
Wert≠käst·chen[vé:rt..] 中〘郵〙(宝飾品などを郵送するための)価格表記小箱. **≠leh·re** 女 1 (Axiologie) 〘哲〙価値論. 2 =Werttheorie
wert·los[vé:rtlo:s]¹ 形 価値〈値うち〉のない, 無価値な: ~*es* Gerümpel つまらぬがらくた | Diese Information ist für uns völlig ~. この情報は我々にとってはなんの値うちもない.
Wert·lo·sig·keit[..lo:zɪçkaɪt] 女 -/ wertlos なこと.
Wert·maß 中 =Wertmesser
wert·mä·ßig 形 価値〈価格〉に関する.
Wert≠maß·stab 男, **≠mes·ser** 男 価値尺度, 価値規準. **≠min·de·rung** 女 価値の減少, 減価.
wert·neu·tral 形 価値に関して中立な, 没価値の.
Wert≠neu·tra·li·tät 女 wertneutral なこと. **≠ob·jekt** 中 =Wertgegenstand **≠pa·ket** 中〘郵〙(損害補償つきの)価格表記小包. **≠pa·pier** 中 -s/-e《ふつう複数で》有価証券.
Wert·pa·pier≠bör·se 女〔有価〕証券取引所. **≠ge·schäft** 中, **≠han·del** 男 証券売買〈取引〉. **≠markt** 男 証券市場. **≠ver·kehr** 男 証券流通.
Wert≠phi·lo·so·phie 女 価値哲学. **≠sa·che** 女 -/-n《ふつう複数で》貴重品〔類〕, (特に:) 宝飾品.
wert|schät·zen《02》他 (h)《雅》《*jn.* / *et.*⁴》高く評価する, 大いに尊敬〈尊重〉する.
Wert·schät·zung 女 -/《雅》wertschätzen すること: *sich*⁴ bei *jm.* großer ~² erfreuen …に高く評価されている.
Wert≠schrift 女《スイ》=Wertpapier **≠sen·dung** 女 1〘郵〙(損害補償つきの)価格表記郵便物. 2〘鉄道〙貴重品扱い小荷物. **≠ska·la** 女 価値の序列. **≠stel·lung** 女〘商〙利子起算日の決定. **≠stück** 中 =Wertgegenstand **≠theo·rie** 女〘経〙価値論, 価値学説.
Wer·tung[vé:rtʊŋ] 女 -/-en 評価, 査定; 〘スポ〙採点, 評点: ~*en* über 20 erreichen 20点以上の評点をとる.
Wer·tungs·lauf 男 (評点で優勝を決める自動車の)ラリー.
Wert≠ur·teil 中 価値判断. **≠ver·lust** 男 価値の損失.
wert·voll[vé:rtfɔl] 形 価値の高い, 貴重な; 高価な; 大いに役に立つ: ein ~*es* Kunststück 貴重な芸術品 | ein ~*er* Mensch 立派な人物 | ~*e* Ratschläge 有益〈貴重〉な助言 | ~*er* Schmuck 高価な装身具 ‖ Deine Hilfe ist mir sehr ~. 君の助力は私にとって実にありがたい.
Wert≠vor·stel·lung 女 価値観〔念〕. **≠zei·chen** 中 (有価証紙・証券類. 例えば:) 郵便切手; 収入印紙; 紙幣; 株券; 手形. **≠zoll** 男 (↔ Gewichtszoll) 従価関税. **≠zu·wachs** 男 価値の増大, 増価.
Wert·zu·wachs·steu·er 女 (土地などの)増価税.
wer·wei·ßen[vé:rvaɪsən]《02》《過分 gewerweißt》自 (h)《スイ》あれこれ思いめぐらす, 憶測〈推測〉する. [<wer weiß?]
Wer·wolf[vé:rvɔlf] 男 -[e]s/..wölfe 1〘伝説〙人狼(じんろう), おおかみ男(時としてオオカミに姿を変える人間): wie ein ~ essen 〈fressen〉 大食漢である. 2〘史〙人狼部隊(第二次大戦末期に計画されたナチのパルチザン組織). [*mhd.* „Mann-Wolf"; ◇viril, Welt; *engl.* wer〔e〕wolf]
▽**wes**[vɛs] =wessen
we·sen[vé:zən]¹ **war**[va:r] (weste) / **ge·we·sen** (gewest); 現 *ich* wese, *du* wes〔es〕t, *er* west
▽**I** 自 (s) =sein¹
II We·sen 中 -s/- 1《単数で》a) 本質, 本性, 実体: das ~ Gottes 神の本質 ‖ das ~ der Dinge ergründen 事物の本質を究明する ‖ tief in das ~ einer Sache eindringen 深く事柄の核心に迫る | Das liegt im ~ der Sache. / Das gehört zum ~ der Sache. それはこの件の本質に根ざすものだ | Es gehört zum ~ der Pflanze, stets nach dem Licht zu drängen. 向日性は植物の本性である.
b) (個々の人間の)本性, 本然の姿; 性格, 人となり, 人柄; 態度, 物腰: Sie ist ein stilles 〈bescheidenes〉 ~. 彼女はもの静か〈控え目〉な性格だ | Er hat ein kindliches 〈mürrisches〉 ~. 彼は無邪気な〈気難しい〉男だ | ein einnehmendes ~ haben (→einnehmen II) ‖ Er ist mit jeder Faser seines ~*s* ein Künstler. 彼は骨の髄まで芸術家だ | Sie ist ihrem innersten ~ nach gutmütig. 彼女は根っからのお人よしだ ‖ ein Mensch von heftigem 〈liebenswürdigem〉 ~ 激しい気性〈愛すべき性格〉の人.
2 存在するもの, 存在者, 存在〔物〕; 生き物; 人間: das höchste ~ 至高の存在(神) | ein kleines ~ 子供 | ein menschliches 〈übernatürliches〉 ~ 人間〈超自然的な存在〉| ein männliches 〈weibliches〉 ~ 男性〈女性〉| Lebe*wesen* 生物 | Zwitter*wesen* どっちつかずのもの, 中間的存在 ‖ Der Mensch ist ein geselliges ~. 人間は社交的存在である | Sie ist das einzige ~, das er liebt. 彼女は彼の愛の唯一の対象である | Das arme ~ wußte nicht aus noch ein. そのあわれなやつは〔せっぱつまって〕どうしたらよいか分からなくなっていた.
3《単数で》いとなみ, 活動; 騒ぎ: ***sein* ~ treiben** (さかんに)

活動する; (存分に)暴れ回る | Die Kinder treiben im Garten ihr ~. 子供たちが庭で遊び回っている | Dort treibt eine Räuberbande ihr ~. そこでは盗賊団が横行している ‖ **viel ~*s* aus** ***et.***[3] ⟨**von** ***et.***[3] / **um** ***et.***[4]⟩ **machen**《話》…のことで大騒ぎをする | Mach nicht so viel ~*s* daraus ⟨davon / darum⟩! そのことでそんなに大げさに騒ぎたてるな.

▽**4**《単数で》組織, 制度 (今日ではもっぱら複合名詞の形で用いられる: →..wesen): das gemeine ~ 公的団体; 公共団体 (=Gemeinwesen).

▽**5** (Grundstück) (一定面積の) 土地, 地所.

[*idg.* „verweilen"; ◇währen]

..wesen[..ve:zən]《名詞, まれに動詞につけて,「…活動, …事業, …組織, …制度」などを意味する中性名詞 (-s/)をつくる》: Bibliotheks*wesen* 図書館制度 | Eisenbahn*wesen* 鉄道業務; 鉄道制度 | Justiz*wesen* 司法制度 | Kriegs*wesen* 軍事 | Münz*wesen* 貨幣制度 | Nachrichten*wesen* 報道〈情報〉組織 | Post*wesen* 郵便業務; 郵便制度 | Versicherungs*wesen* 保険制度.

we̩·sen·haft[vé:zənhaft] 形 **1** 本質をなす, 本質的な, 本然〈本来〉の; 基本〈根本〉的な: ein ~*er* Unterschied 本質的な違い ‖ *et.*[4] ~ verändern …を根本的に変える | Geist und Seele gehören ~ zum Menschen. 精神と魂とはそもそも〈本来〉人間に備わったものである.

2 実体〈実質〉をもった, リアルな.

We̩·sen·heit[vé:zənhaɪt] 女 -/-en **1**《単数で》本質, 実体; 本質的〈性格的〉な特徴, 特性. **2**《ふつう複数で》実体のあるもの, 実在するもの.

we̩·sen·lo̩s[vé:zənlo:s][1] 形 **1** 実体〈実質〉のない, 無内容の, 空虚な. **2** 形のない, 茫漠(ぼう)とした.

We̩·sen·lo̩·sig·keit[..lo:zɪçkaɪt] 女 -/ wesenlos なこと.

We̩·sens·a̩rt 女 存在のあり方, 本質的特性〈性質〉; 性格的特徴: Er ist von ruhiger ~. 彼は穏やかな性格の持ち主だ.

we̩·sens≠ei·gen 形 本質に固有の, 本然的に備わった: Die Großzügigkeit ist ihm ~. 彼の太っ腹は生まれつきだ. **≠fremd** 形 本質的に無関係の, およそ無縁な, 異質の. **≠gleich** 形 本質を同じくする, 同質の; 同じ性格〈人柄〉の.

We̩·sens≠kern 男 中核, 核心〔部〕: der ~ der Probleme 問題の核心. **≠merk·ma̩l** 中 =Wesenszug

we̩·sens·ver·wandt 形 本質〔的特性〕のよく似た.

We̩·sens·zu̩g 男 本質的な特徴〈特性〉.

we̩·sent·lich[vé:zəntlɪç] **I** 形 本質をなす, 本質的な; 核心をなす, 基本〈根本〉的な; 固有の; 主要な, 主な, 重要な; 不可欠の, ぜひとも必要な: ein ~*er* Bestandteil 主要な成分 | ~*e* Merkmale 本質的な特徴 | Das ist kein ~*er* Unterschied. それは本質的な違いではない ‖ das *Wesentliche* erfassen 本質を把握する | das *Wesentliche* vom Unwesentlichen unterscheiden 本質的なものとそうでないものとを区別する〈見分ける〉 ‖ **im ~*en*** 本質的〈根本的〉に〔は〕, 大体のところ〔は〕; 主として, 〔まず〕第一に | Das ist im ~*en* dasselbe. それは本質的には同じことだ | Die Bauten dieser Stadt stammen im ~*en* aus dem 17. Jahrhundert. この町の建物は基本的には〈大体〉17世紀に建てられたものだ | **um ein ~*es*** はるかに, ずっと(→II 2).

II 副 **1** →I

2《形容詞の比較級や状態の変化を示す動詞と》はるかに, ずっと: Es geht mir ~ besser. 私は体の調子はずっとよくなった | Die Produktion hat sich ~ gesteigert. 生産ははるかに向上した.

die **We̩·ser**[vé:zər] 地名 女 -/ ヴェーザー(中部ドイツを北流して北海に注ぐ川. ラテン語形 Visurgis).

[*ahd.* Wisura (◇*ahd.* wisa „Wiese"); ◇Werra]

We̩·ser-Rhe̩in-Ger·ma̩·nen 複 ヴェーザー=ライン=ゲルマン族.

We̩s·fall[vés..] 男 -〔e〕s/..fälle (Genitiv)《言》属格, 2格, 所有格.

wes·ha̩lb[vɛshálp, ⌣́⌣] 副 **1**《理由・原因・目的などを問う疑問副詞として》なぜ, どうして, なんのために: *Weshalb* lachst du? なぜ君は笑うのか | *Weshalb* hast du das getan? なぜ君はそれをしたのか | Kommst du mit?—Ja, ~ nicht. 一緒に来るかい—無論行くとも ‖ Sag mir, ~ du gelacht hast! 君が笑った理由を言いたまえ. **2**《関係副詞》そのために, その理由で: Sagen Sie mir den Grund, ~ er entlassen wurde! 彼が解雇された理由を言ってください ‖〖理由・原因などを述べる文を受けてその結果を示す副文を導いて〗Ich war plötzlich erkrankt, ~ ich nicht kommen konnte. 私は急に病気になりそのために来られなかったのだ.

We·si̩r[vezí:r] 男 -s/-e (イスラム教国の)高官, 大臣.

[*arab.* wazēr „Träger"—*türk.*; ◇*engl.* visi〔e〕r]

We·si·ra̩t[vezirá:t] 中 -〔e〕s/-e Wesir の職〈身分〉.

Wes·leya·ner[vɛsliá:nər, ..lejá:..] 男 -s/- (⊛ **Wes·leya·ne·rin**[..á:nərɪn]-/-nen) (Methodist)〖宗〗メソジスト〈ウェスレー〉派の人. [<J. Wesley (英国の神学者でメソジスト教会の創始者, †1791)]

We̩s·pe[véspə] 女 -/-n **1**〖虫〗スズメバチ(雀蜂)科の昆虫. **2**《俗》=Wespentaille [*idg.* „Webende"; ◇weben; *lat.* vespe „Wespe"; *engl.* wasp]

We̩s·pen≠bie·ne[véspən..] 女〖虫〗キマダラハナバチ(黄斑花蜂)の一種(ミツバチ科). **≠nest** 中 スズメバチの巣: **in ein ~ greifen** ⟨**stechen**⟩《話》蜂(はち)の巣をつつく(うっかりデリケートな問題に触れて大変な騒ぎを引き起こす) | ***et.***[4] **in ein ~ setzen**《話》蜂の巣に座る(自分の態度が思いもかけず多くの人々の憤激を買う). **≠stich** 男 スズメバチが刺すこと; スズメバチによる刺し傷. **≠tail·le**[..taljə] 女《話》(特にコルセットなどで無理に締めつけた女性の)細腰, 蜂腰(ほうよう), 柳腰.

wes·sen[vésən] wer, was の2格.

We̩s·sen·fall =Wesfall

▽**wes·sent≠ha̩l·ben**[vɛsənthálbən], **≠we̩·gen**[..vé:gən]《雅》=weshalb

wes·sent·wi̩l·len[..vílən]《もっぱら次の形で》um ~ だれのために.

We̩s·si[vési·] 男 -s/-s《話》(旧西ドイツの市民を指して)西のやつ, 西の連中(→Ossi).

Wes·so·bru̩n·ner[vɛsobrúnər] **I** 男 -s/- ヴェッソブルン (Oberbayern の村)の人. **II** 形《無変化》ヴェッソブルンの: das ~ Gebet ヴェッソブルンの祈禱(きとう)文(ヴェッソブルン修道院の写本の中に記されていたもので, 古高ドイツ語最古の文献の一つ). [◇wessen, Brunn]

West[vɛst] 男 -〔e〕s/-e **1**《無変化; 無冠詞単数で》**a)** (⊛ W) (↔Ost) (都市名の後につけて) 西部: Würzburg-~ ヴュルツブルク西部 | Berlin-~ ベルリン西部(→West-Berlin). **b)**《Ost と対に用いられて》西〔の人〕; 西欧諸国, 自由主義陣営: in Ost und ~ 東西〈いたるところ〉に | Teilnehmer von Ost und ~ 東西両陣営〈諸方〉からの参加者. **c)** (⊛ W) (Westen)〖海・気象〗(方位の名として)西: → Nord 1 c **2**《ふつう単数で》(Westwind) (雅語および海事用語で)西風: ein milder ~ 穏やかな西風. [<Westen]

We̩st·af·fen[vést..] 複 (Breitnasen)〖動〗広鼻類, オマキザル(尾巻猿)類.

die **We̩st·al·pen** 地名 複 西部アルプス.

We̩st·au·stra̩·li·en[vést|austrá:liən] 地名 ウェスタンオーストラリア(オーストラリア西部の州. 英語形 Western Australia).

We̩st-Ber·li̩n[véstbɛrli:n] 地名 旧西ベルリン (Berlin の西部地区で, 旧西ドイツの一州を構成した).

We̩st·ber·li̩·ner[..nər] **I** 男 旧西ベルリンの人.

II 形《無変化》旧西ベルリンの.

we̩st·deutsch[véstdɔʏtʃ] 形 (↔ostdeutsch) **1** ドイツ西部の: der *Westdeutsche* Rundfunk (⊛ WDR) 西部ドイツ放送 (Köln に本拠を置くドイツの放送会社) | der ⟨die⟩ *Westdeutsche* 西部ドイツの人. **2**《話》旧西ドイツの.

We̩st·deutsch·land 地名 (↔Ostdeutschland) **1** ドイツ西部〔地域〕, 西部ドイツ. **2** 旧西ドイツ(再統一前はドイツ連邦共和国の通称であった: →BRD).

We̩·ste[véstə] 女 -/-n **1**〖服飾〗ベスト, チョッキ(→ ⊠ Anzug): eine seidene ⟨gestrickte⟩ ~ 絹〈ニット〉のベスト | eine weiße ⟨blütenweiße⟩ ~ まっ白なチョッキ(潔白の象徴) | eine kugelsichere ~ 防弾チョッキ ‖ ein Anzug mit ~ 三つぞろいの背広 ‖ **eine weiße** ⟨**reine** / **saubere** /

blütenweiße〉 **~ haben**《話》潔白である, やましいところがない ‖ einen Fleck auf *seiner* weißen ~ haben (→Fleck 1 a) | ***jm. et.***[4] **unter die ~ drücken** 〈**jubeln** / **schieben**〉《話》…の知らないうちにそっと…を押しつける, …に…の罪を着せる ‖ Das ist eine alte ~. そいつは陳腐な話〈こと〉だ. **2** =Strickweste **3** (Schwimmweste) 浮き〈救命〉胴衣.
[*lat.* vestis „Kleid"−*it.*−*fr.* veste; ◇investieren; *engl.* vest]

Wẹ·sten[vέstən] 男 -s/ **1**《ふつう無冠詞で》(略 W) (英: *west*) (↔Osten) (West) (方位の名として) 西: →Norden 1 | Die Sonne geht im ~ unter. 太陽は西に沈む. **2** (場所・地域をさして) **a**) 西; 西部; 西洋; 西欧〔諸国〕; 自由主義陣営; 旧西ドイツ: der kapitalistische ~ 欧米資本主義陣営 | **der Wilde ~** (開拓時代の米国の) 西部辺境地帯 (英語の Wild West の翻訳) | nach dem ~ 〈in den ~〉 gehen 西国へ行く;《話》(旧東ドイツから) 旧西ドイツへ移住する;《話》(社会主義国から) 自由主義国へ移住する. **b**) (ある地域のうちの) 西部: der ~ Japans 〈von Japan〉 日本西部. **3**《集合的に》西国人; 西欧の人; 西洋人; 西部の人.
[*ahd.*; ◇Vesper, Hesperus]

Wẹst·end[vέst|ɛnt, wέstɛnd] 中 -s/-s **1**《単数で》**a**) ウェスト=エンド (London の中心部の西側にある高級住宅・商業地区. 英語形 West End). **b**) ヴェスト=エント (West-Berlin の Charlottenburg 区の一部). **2**《比》(大都市の) 高級住宅〈商業〉地区. [*engl.*; ◇Ende]

Wẹ·sten≠fut·ter[vέstən..] 中 チョッキの裏地. **≠ta·sche** 女 チョッキのポケット (→図 Anzug; 俗語的表現ではしばしば「小型」の象徴として用いる): ***jn.*** 〈***et.***[4]〉 **wie** ***seine*** **~ kennen**《話》…をよく知っている, …を熟知している ‖ ***et.***[4] **aus der** 〔**linken**〕 **~ bezahlen**《話》…(大金) をいともたやすく支払う | eine Kamera für die ~《話》ポケットカメラ.
[<Weste]

westentaschen..《名詞につけて「チョッキのポケットに入るくらいに小型の, スケールの小さい」などを意味するが, その名詞の意味するものには遠く及ばないという軽蔑ないし皮肉をこめて用いられることが多い》: *Westentaschen*machiavelli 小型マキアベリ | *Westentaschen*playboy えせプレイボーイ.

Wẹ·sten·ta·schen·for·mat 中《話》(チョッキのポケットに入るくらいの)〔超〕小型, ミニサイズ: eine Kamera im ~ ポケットカメラ, ミニカメラ | ein Schriftsteller 〈ein Politiker〉 im ~ へぼ作家〈小物政治家〉.

Wẹ·stern[vέstərn] 男 -〔s〕/- (Wildwestfilm) 西部劇映画, ウェスタン: ein italienischer ~ イタリア製西部劇映画, マカロニウェスタン. [*engl.* „westlich"−*amerik.*]

der **Wẹ·ster·wald**[vέstərvalt][1] 地名 男 -〔e〕s/ ヴェスターヴァルト (ドイツ中西部, Schiefergebirge の東の一部を形成する山地).
[< *ahd.* westar „westlich" (◇Westen)]

Wẹst·eu·rọ·pa[vέst|ɔyró:pa·] 中 西ヨーロッパ, 西欧.

Wẹst·eu·ro·pä·er[vέst|ɔyropέ:ər] 男 西ヨーロッパの人.

wẹst·eu·ro·pä·isch[vέst|ɔyropέ:ɪʃ] 形 西ヨーロッパの, 西欧の: ~*e* Länder 西欧諸国 | die *Westeuropäische* Union (略 WEU) 西欧同盟 (1954年に成立したイギリス・フランス・ベルギー・オランダ・ルクセンブルク・旧西ドイツ・イタリア 7 国間の, 相互援助条約に基づいた集団防衛のための同盟組織) | die ~*e* Zeit (略 WEZ) 西部ヨーロッパ標準時 (グリニッジ標準時と同じで, 英国・アイスランドなどで用いられる).

West·fa̤·le[vɛstfá:lə] 男 -n/-n (女 **West·fä̤·lin** [..fέ:lɪn] -/-nen) ヴェストファーレンの人.

West·fa̤·len[..fá:lən] 地名 ヴェストファーレン, ウェストファリア (ドイツ北西部の地方で,1946年まで Preußen の県であったが, 以後 Nordrhein-Westfalen 州の一部となった).
[◇*engl.* Westphalia]

West·fä̤·lin Westfale の女性形.

west·fä̤·lisch[..fέ:lɪʃ] 形 ヴェストファーレンの: ~*er* Schinken ヴェストファーレン=ハム | der *Westfälische* Friede《史》ウェストファリア条約 (三十年戦争の講和条約,1648).

Wẹst≠fern·se·hen 中 (旧東ドイツで) 旧西ドイツのテレビ. **≠flan·ke** 女《気象》(特に高気圧などの) 西側. **≠front** 女《軍》(第一次・第二次大戦のときの) 西部戦線. **≠geld** 中 =Westmark **≠ger·ma̲·nen** 複《史》西ゲルマン族 (ドイツ人はこれに属する).

wẹst·ger·ma̤·nisch 形 西ゲルマン〔族・語〕の: →deutsch

Wẹst·go̤·te 男 西ゴート人 (ゴート人の一派; 418年に南フランスに, 次いでスペインに王国を建設した).

wẹst·go̤·tisch 形 西ゴート〔人〕の.

Wẹst·gren·ze 女 西部国境.

Wẹst·ị̈n·di·en[vέst|ɪ́ndiən] 地名 **1** 西インド (南北両アメリカ大陸の間にあり, 大小両アンティル諸島・バハマ諸島を含む). **2** インド西部〔地域〕.

wẹst·ị̈n·disch[..dɪʃ] 形 **1** 西インドの: die *Westindischen* Inseln 西インド諸島. **2** インド西部の.

Wẹ·sting·house·brem·se[vέstɪŋhaʊs..] 女 商標 ウェスティングハウス=ブレーキ (鉄道車両用空気ブレーキ).
[<G. Westinghouse (米国人発明者, †1914)]

wẹ·stisch[vέstɪʃ] 形 地中海沿岸地域の: die ~*e* Rasse 地中海人種.

Wẹst·kü·ste[vέst..] 女 西部海岸, 西(にし)海岸.

westl. 略 =westlich

Wẹst·ler[vέstlər] 男 -s/- **1**《話》(↔Ostler) 旧西ドイツの人, **2**《史》(19世紀ロシアにおける) 西欧主義者.

wẹst·le·risch[..lərɪʃ] 形 西欧〈欧米〉主義の, 西欧〈西洋〉文明謳歌(おうか)の (→Westen 2 a).

wẹst·lich[vέstlɪç] 形 (↔östlich) **1** (略 w., westl.) 西の, 西方の; 西欧の, 欧米の, 西欧資本主義側の; (ある地域のうちの) 西部の: der ~*e* Himmel 西の空 | ~*e* Länge (略 westl. L.; w. L.) 西経 (…度) | die ~*en* Länder 西方〈西欧〉諸国 | die ~*en* Staatsformen 西欧〔自由主義〕的国家形態 | das ~*e* Spanien スペイン西部 ‖《2 格または von *et.*[3] の前に置いて》Der Fluß fließt ~ der Stadt 〈von der Stadt〉. 川は市の西を流れている.
2 西からの, 西から来る; 西向きの, 西をめざす: der ~*e* Wind 西の風 | ~ steuern かじを西にとる.

westl. L. 略 =**west**liche〔r〕 **L**änge 西経 (…度).

Wẹst≠mäch·te[vέst..] 複 (ドイツから見た) 西方の列強 (第一次大戦ころまではイギリス・フランスを指し, その後は米国などをも指すようになった). **≠mark** 女《話》旧西ドイツマルク (貨幣単位).

Wẹst·min·ster·ab·tei[vέstmɪnstər..] 女 -/ ウェストミンスター寺院 (London にあるゴシック建築の教会堂. 英語形 Westminster Abbey). [◇Westen, Münster[1]]

wẹst·mit·tel·deutsch[vέst..] 形 西部中央ドイツ〔語〕の: →deutsch

West·nord≠wẹst[vɛstnɔrtvέst] 男 -〔e〕s/-e **1**《無変化; 無冠詞単数で》(略 WNW)《海・気象》(方位の名として) 西北西. **2**《ふつう単数で》《海》西北西の風. **≠wẹ·sten**[..vέstən] 男 -s/ **1**《ふつう無冠詞で》(略 WNW) (方位の名として) 西北西. **2** (場所・地域をさして) 西北西〔部〕.

wẹst·öst·lich[vέst|œstlɪç] 形 西と東の, 西洋と東洋の: 《*Westöstlicher* Diwan》『西東詩集』(Goethe がペルシアの詩人 Hafis の影響の下に1819年に発表した詩集).

West·ọ̈ver[vɛst|ó:vər] 男 -s/-《服飾》そでなしのプルオーバー. [<*engl.* vest (→Weste)+over „über" (◇Pullover)]

der **Wẹst·pa·zị̈·fik**[vέstpatsí:fɪk, ⌣⌣−⌣] 地名 男 西太平洋.

wẹst·pa·zị̈·fisch[vέstpatsí:fɪʃ, ⌣⌣−⌣] 形 西太平洋の: der *Westpazifische* Rücken《地》西太平洋海嶺(かいれい).

Wẹst·preu·ßen[vέst..] 地名 西プロイセン (かつてのプロイセンの一州. 第二次大戦後ポーランド領).

Wẹst·punkt 男 (Abendpunkt)《天》西点, 正西.

Wẹst·ro̲m[vέstro:m] 地名《史》西ローマ〔帝国〕.

wẹst·rö·misch[..rø:mɪʃ] 形 西ローマの: das *Weströmische* Reich《史》西ローマ帝国 (395年に分裂したローマ帝国の西半分. 476年に滅亡).

Wẹst·sa·ha̤·ra[vέstzaha:ra·] 地名 西サハラ (もとスペイン領西アフリカの一部. Marokko が領有を主張している).

West·sa·moa[vέstzamó:a·] 地名 西サモア(南太平洋の島国で1962年英連邦内で独立. 首都アピア Apia).

West·sei·te 女 西側.

West·süd≠west[vɛstzy:tvέst] 男 -[e]s/-e **1**《無変化; 無冠詞単数で》(略 WSW)〖海・気象〗(方位の名として)西南西. **2**《ふつう単数で》〖海〗西南西の風. **≠we·sten**[..vέstən] 男 -s/ **1**《ふつう無冠詞で》(略 WSW)(方位の名として)西南西. **2** (場所・地域をさして)西南西〔部〕.

West·wall[vέst..] 男 -[e]s/〖史〗西部要塞(ようさい)線(1938年ドイツの西部国境に構築されたいわゆる Siegfriedlinie).

west·wärts[vέstvɛrts] 副 西へ, 西方へ.

West≠werk 中〖建〗ウェストウェルク, 西正面(中世初期の教会堂の西側に付設された, 塔をもつ豪壮な建造物: → 図 Kirche C). **≠wind** 男 西風. **≠zo·ne** 女 -/-n《ふつう複数で》西部地区(特に第二次大戦後の英米仏三国占領下の西部ドイツ).

wes·we·gen[vɛsvé:gən] =weshalb

wett[vɛt] 形《述語的》(quitt) 貸し借りのない, 清算された; (欠点・損失などが)償われた, 埋め合わせのついた(→wettmachen 1):〖ふつう次の成句で〗**mit** *jm.* **~ sein** i) …とのあいだの〔金銭上の〕片がついている; ii) …を相手にしない.
[*mhd.*; ◇Wette]

Wett≠an·nah·me[vέt..] 女 =Wettbüro **≠be·werb** 男 **1** 競争, 競合, 張り合い; 競業: freier ~ (特に経済上の)自由競争 | sozialistischer ~ (旧東ドイツで生産性向上のための)社会主義的競争 | unlauterer ~ (営業上の)不正競争 ‖ Unter den Firmen herrscht ein harter ~. これらの会社間では激しい競争が行われている ‖ einen ~ gewinnen 〈verlieren〉 競争に勝つ〈負ける〉‖ außer ~ an einer Ausstellung teilnehmen (無審査・番外で)展覧会に特別参加する | mit *jm.* im ~ stehen …と競争〈競合〉している, …と張り合っている | in ~ mit *jm.* treten …と競争する, …と張り合う. **2** 競技会, コンテスト, コンクール: Aufsatz*wettbewerb* 作文〈論文〉コンクール | Schönheits*wettbewerb* 美人コンテスト ‖ einen ~ veranstalten コンテスト〈コンクール〉を催す | an einem ~ teilnehmen コンテスト〈コンクール〉に参加する. **≠be·wer·ber** 男 競争者; コンテスト〈コンクール〉参加者.

Wett·be·werbs·be·schrän·kung 女〖法〗(企業間の)競争制限.

wett·be·werbs·fä·hig 形 (企業・商品などが)競争力のある.

Wett·be·werbs≠fä·hig·keit 女 競争力. **≠ver·bot** 中〖法〗(ドイツ・オーストリア・スイスで)競業禁止(使用人は使用人たるあいだは主人と同種の業種を営んではならない). **≠wirt·schaft** 女 -/〔自由〕競争経済.

Wett·bü·ro[vέt..] 中 (賭(か)スポーツの)投票券売り場, (特に)馬券売り場.

Wet·te[vέtə] 女 -/-n 賭(か), 賭事: eine alberne 〈gewagte〉 ~ 愚かな〈大胆な〉賭 ‖ mit *jm.* 〔über *et.*⁴〕 eine ~ abschließen 〈eingehen〉 …と〔…のことで〕賭をする | eine ~ gewinnen 〈verlieren〉 賭に勝つ〈負ける〉| Ich mache jede ~, daß er kommt. 賭けたっていい 彼はかならず来るよ ‖ Was gilt die ~? 何を〈いくら〉賭けようか ‖ **um die ~** 競って, 互いに負けまいと張り合って, われがちに | 〔mit *jm.*〕 um die ~ laufen 〈schwimmen〉 〔…と〕競走〈競泳〉をする, 〔…と〕駆けっこ〈泳ぎっこ〉をする | Sie schwitzten 〈lachten〉 um die ~.《戯》(彼らは)だれもかれも大汗をかいた〈大笑いをした〉.
[*germ.* „Pfand"; ◇Vadium, Gage; *lat.* vas „Bürge"; *engl.* wed]

Wett·ei·fer[vέt|aɪfər] 男 -s/ 競争〈抗争〉心, 対抗心, 相手に負けまいとする気持.

wett·ei·fern[vέt|aɪfərn] 《05》《過分 gewetteifert》自 (h)《mit *jm.* 〔um *et.*⁴〕》(〔…を手に入れようとして〕…と)争う, 競争する, 張り合う: Sie haben miteinander um den Sieg *gewetteifert*. 彼らは勝利をめざして互いに争った.

wet·ten[vέtən] 《01》 **I** 自 (h) **1 a)**《mit *jm.* 〔um *et.*⁴〕》(…と〔…を賭金(かけきん)・賭物として〕) 賭をする: Er *wettete* um einen Kasten Bier, daß diese Mannschaft gewinnen werde. 彼はこのチームが絶対に勝つと言ってビールを一箱賭けた | Sie *wetteten*, wer zuerst fertig sein würde. 彼らはだれが先に仕上げるか賭をした | Worum *wetten* wir? 何を賭けようか | 〔Wollen wir〕 ~? (断言したあとで)賭けようか, 賭けてもいいんだぜ | So haben wir nicht *gewettet*.《話》そんな約束じゃなかったはずだ. **b)**《比》誓って言う, 請け合う, 断言する: Ich *wette* 〔zehn gegen eins〕, er kommt heute nicht. 彼は絶対にきょうは来ないよ.
2《auf *jn.* 〈*et.*⁴〉》(…のほうに)賭ける, (…の勝ちに)金を賭ける: auf ein Pferd ~ (競馬で)ある馬に賭ける | Er hat hoch *gewettet*. 彼は大金を賭けた.
II 他 (h)《*et.*⁴》(金・品物などを)賭ける: hundert Mark 〈eine Flasche Whisky〉 ~ 100マルク〈ウイスキー 1 本〉を賭ける | *seinen* Kopf ~ 自分の首を賭ける.

Wet·ter¹[vέtər] 男 -s/- wetten する人.

Wet·ter²[−] 中 -s/- **1** (英: *weather*)《単数で》天気, 天候, 空模様, 気象: abscheuliches 〈gräßliches / scheußliches〉 ~ いやな天気 | frühlingshaftes 〈herbstliches〉 ~ 春めいた〈秋らしい〉天気 | gutes 〈schlechtes〉 ~ よい〈悪い〉天気 | schönes 〈klares〉 ~ 晴天 | regnerisches ~ 雨天 | stürmisches ~ 荒天 | veränderliches ~ 変わりやすい天気 | **ein ~ zum Eierlegen 〈Heldenzeugen〉**《話》すばらしい上天気 | **ein ~ zum Jungehundekriegen**《話》ひどい悪天候 | Ausflugs*wetter* 遠足日和 | Regen*wetter* 雨天 ‖ das ~ voraussagen 天気を予報する | **bei** *jm.* **gut ~ machen**《話》…のご機嫌をとる ‖ Das ~ wird besser 〈schlechter〉. / Das ~ bessert 〈verschlechtert〉 sich. 天気がよく〈悪く〉なる | Es ist herrliches ~ draußen 〈heute〉. 外〈きょう〉はすばらしい天気だ | Es herrscht windiges ~. 風が強い | Er ist 〈Seine Launen sind〉 〔veränderlich〕 wie das ~. 彼はお天気屋だ ‖ bei jedem ~ どんな天気でも, 晴雨にかかわらず | Bei klarem ~ kann man von hier aus die Alpen sehen. 晴天の際にはここからアルプスが見える | Was werden wir morgen für ~ haben? あすの天気はどうだろうか | Alles hängt vom ~ ab. すべては天候次第だ | **um gut**〔**es**〕 〈**schön**〔**es**〕〉 **~ bitten** 〈**anhalten**〉《話》容赦を請う, 大目に見てくれと頼む.
2 a) (Unwetter) 悪天候, 荒天, 〔暴〕風雨, あらし; (Gewitter) 雷雨: bei 〈in〉 Wind und ~ (→Wind 1 a) | Ein ~ zieht herauf 〈zieht ab〉. 雷雲が近づいてくる〈遠ざかる〉| Ein ~ bricht los 〈entlädt sich〉. 雷雨が始まる.
b)《話》**Alle ~!** (間投詞的に驚嘆・感嘆の気持を示して)これはこれは, これは驚いた〈すばらしい〉(→Donnerwetter) | potz ~ (→potz).
3《ふつう複数で》〖坑〗坑内空気: frische ~ 新鮮な坑内空気, 入気 | giftige ~ 有毒性坑内空気 | **schlagende 〈böse / matte〉 ~** 坑内爆発性ガス | schwere ~ 酸素の欠乏した坑内空気.
[*germ.*; ◇wehen]

Wet·ter≠amt[vέtər..] 中 管区気象台(気象観測・研究にあたる地方の公的機関). **≠an·sa·ge** 女 (ラジオ・テレビなどの)気象通報, 天気予報.

die **Wet·ter·au**[vέtəraʊ] 地名 女 -/ ヴェッテラウ(ドイツ Hessen 州, Taunus の東に南北に伸びる低地).
[<Wetter (川の名)+Aue²]

Wet·ter≠aus·sicht[vέtər..] 女 -/-en《ふつう複数で》= Wetterbericht **≠aus·tausch** 男 坑内換気. **≠aus·zieh·schacht** 男〖坑〗排気立坑. **≠be·ob·ach·tung** 女 気象観測.

Wet·ter·be·ob·ach·tungs·sa·tel·lit 男 気象観測衛星.

Wet·ter·be·richt 男 気象通報, 天気予報.

wet·ter·be·stän·dig =wetterfest

Wet·ter·chen[vέtərçən] 中《話》飛び切りの上天気: Das ist ein ~ heute! きょうはなんてすばらしい天気だ.

Wet·ter≠dach 中〖建〗(雨よけの)差し掛け屋根, ひさし. **≠dienst** 男 **1** 気象通報〔業務〕. **2** 気象庁: Deutscher ~ (略 DWD) ドイツ気象庁(所在地: Offenbach am Main). **≠di·stel** 女 (Eberwurz)〖植〗カルリナ, カーリンソウ, チャボアザミ. **≠ecke** 女《話》天候の悪い地域. **≠fah·ne** 女 風

向計, 風信器, 風見(かざ)(→ 図); 《比》無定見〈無節操〉な人: ***sich***^{4} **wie eine ~ drehen** 風見(かざ)鶏のように考え〈意見〉がくるくる変わる.

Wetterfahne

wẹt·ter·fest 形 風雨に耐える, 耐候性の, 風化しない; 防水の.
Wẹt·ter⸗fleck 男 《ｵｰｽﾄﾘｱ》(そでなしの)雨着, 雨がっぱ. **⸗front** 女 気象前線. **⸗frosch** 男 **1** (小さなはしごを入れたガラス瓶にとじこめた)アマガエル(雨蛙)(はしごを登ると晴れになるという). **2** 《戯》天気予報係.
wẹt·ter·füh·lig[..fy:lɪç]^2 形 天候〔の変化〕に敏感な. [＜fühlen]
Wẹt·ter·füh·lig·keit[..kaɪt] 女 -/ wetterfühlig なこと.
Wẹt·ter·füh·rung 女 〘坑〙 坑内通気, 通風: abfallende 〈aufsteigende〉 ~ 下向き〈上向き〉通気.
wẹt·ter·ge·bräunt 形 日焼けした.
ᐁ**Wẹt·ter·glas** 中 -es/..gläser (Barometer) 気圧計, 晴雨計.
Wẹt·ter⸗gott 男 天候の神: wenn der ~ mitspielt 天気に恵まれれば. **⸗hahn** 男 (おんどりの形をした)風向計, 風見鶏(かざみどり).
ᐁ**wẹt·ter·hart** 形 多年風雨にさらされてきた; 《比》場数を踏んだ, ベテランの.
Wẹt·ter⸗häus·chen 中 晴雨自動表示器(温度の変化に応じて人形が現れる仕掛けになった家の形をしたおもちゃ). **⸗kar·te** 女 天気図, 気象図: eine ~ lesen 天気図を読む. **⸗ken·ner** 男 気象〔学〕に通じた人, お天気博士. **⸗kun·de** 女 -/ (Meteorologie) 気象学.
wẹt·ter·kun·dig 形 気象学に通じた.
wẹt·ter·kund·lich[..kʊntlɪç] 形 気象学〔上〕の.
Wẹt·ter⸗la·ge 女 天候〔状態〕, 気象状況. **⸗lam·pe** 女 〘坑〙 安全灯(→ 図).
wẹt·ter·leuch·ten[vɛ́tərlɔʏçtən] 《01》 《過分 gewetterleuchtet》 **I** 自 (h) 非人称 《es wetterleuchtet》 稲光がする, 稲妻が走る. **II Wẹt·ter·leuch·ten** 中 -s/ 稲光, 稲妻, 雷光; 《比》ただならぬ雲行き, 危険な徴候. [＜*mhd.* wetter-leich „Wetterspiel" (◇Leich)]

Wetterlampe

Wẹt·ter⸗loch 中 《話》天候の悪い地域. **⸗man·tel** 男 (Regenmantel) レインコート.
wẹt·tern[vɛ́tərn] 《05》 自 (h) **1** 非人称 《es wettert》 雷雨である, 雷鳴がする: Es *wettert* furchtbar. ひどい雷雨である. **2** 《話》がみがみ〈むきになって〉ののしる, どなる: Er *wetterte* auf die Regierung 〈über die schlechten Straßen〉. 彼は政府を〈道のひどさを〉ののしった.
Wẹt·ter⸗pro·gno̲·se[vɛ́tər..] 女 《ｵｰｽﾄﾘｱ》 天気予報. **⸗pro·phe̲t** 男 天気を予言する人. **⸗re̲·gel** 女 気象金言〈俚諺(りげん)〉(経験や迷信に基づく天気予知の規則): Je länger der Morgentau in den Blüten und Blumen hängen bleibt, desto schöner wird nach den ~*n* der Tag. 気象俗信によれば 木の花 草の花に宿る朝露が長く消えないでいるほど その日の天気はよくなる. **⸗sa·tel·li̲t** 男 気象衛星. **⸗schacht** 男 〘坑〙 排気〈通気〉立坑. **⸗scha̲·den** 男 風雨による被害, 風水害. **⸗schei·de** 女 天気界, 天気境界(天気状態の相異なる両地域間の境界線). **⸗schutz** 男 防水〈防雪・防風〉設備. **⸗sei·te** 女 **1** (山・建物などの)風雨の影響を最も多く受ける側. **2** 悪天候(あらしなど)がやって来る方向. **3** 〘海〙 風上舷(げん). **⸗sta·tio̲n** 女 ＝Wetterwarte ᐁ**⸗strahl** 男 ＝Wetterleuchten **⸗sturz** 男 天候の急激な悪化. **⸗um·schlag** 男 天候の急変. **⸗ver·schlech·te·rung** 女 天候悪化. **⸗vor·aus·sa·ge** 女, **⸗vo̲r·her·sa·ge** 女 天気予報. **⸗wart** 男 気象観測員, 測候所員. **⸗war·te** 女 気象観測所, 測候所.
wẹt·ter·wen·disch[vɛ́tərvɛndɪʃ] 形 意見〈考え〉のくるくる変わる, 無定見な; 気分の変わりやすい, 気まぐれな, むら気な. [＜sich wie das Wetter wenden]

Wẹt·ter⸗wol·ke 女 雷雲; 《比》暗雲. **⸗zei·chen** 中 (特定の天気を予示する)気象徴候; 《比》(一般的に)前兆.
Wẹtt⸗fah·rer[vɛ́t..] 男 乗り物による競走の選手, レーサー. **⸗fahrt** 女 (乗り物による競走. 例えば:) オートレース, 自転車競走. **⸗fi·schen** 中 -s/ 魚釣り競争〈競技〉. **⸗kampf** 男 **1** 《ｽﾎﾟｰﾂ》 競技, 試合, コンペ: an einem ~ teilnehmen 競技に参加する | einen ~ veranstalten 競技会を開催する. **2** 《比》競争, 競合, コンクール, 張り合い: mit *jm.* im ~ liegen …と競争状態にある, …と張り合っている. **⸗kämp·fer** 男 競技〈試合〉参加者.
Wẹtt·kampf·gym·na·stik 女 (moderne Gymnastik) 《ｽﾎﾟｰﾂ》 新体操.
Wẹtt·lauf 男 競走, かけっこ, 徒競走: einen ~ gewinnen 競走に勝つ.
wẹtt·lau·fen **I** 自 《もっぱら不定詞で》 競走する, かけくらべ〈かけっこ〉をする. **II Wẹtt·lau·fen** 中 -s/ 競走, かけっこ, 徒競走. [＜um die Wette laufen]
Wẹtt·läu·fer 男 競走〔参加・出場〕者, ランナー.
wẹtt|ma·chen[vɛ́t..] 他 (h) **1** (欠点・損失などを)償う, 埋め合わせる, 取り返す〈戻す〉: eine geringere Begabung durch Fleiß ~ 才能の乏しさを勤勉によって補う | den Boden ~ (→Boden 1 b). **2** (援助などに)感謝する. [＜wett]
wẹtt·ren·nen **I** 自 《もっぱら不定詞で》 (特に車・馬などで)競走する. **II Wẹtt·ren·nen** 中 -s/ (特に車・馬などによる)競走, レース. [◇wettlaufen]
wẹtt·ru̲·dern **I** 自 《もっぱら不定詞で》 競漕(きょうそう)する. **II Wẹtt·ru̲·dern** 中 -s/ 競漕, ボートレース. [◇wettlaufen]
Wẹtt⸗rü·sten 中 -s/ 軍備競争. **⸗schie·ßen** 中 -s/ 射撃競技. **⸗schwim·men** 中 -s/ 競泳. **⸗se̲·geln** 中 -s/ 帆走競走, ヨットレース. **⸗spiel** 中 競技, (特に子供たちが勝敗を競う娯楽的な)遊技. **⸗stern** 男 〘植〙 ツチグリ(土栗), ツチガキ(土柿)(キノコの一種). **⸗streit** 男 -〔e〕s/ -e 競争, 競い合い, 抗争: mit *jm.* in den ~ treten …と競争〈抗争〉する.
wẹtt·strei·ten 自 《もっぱら不定詞で》 競争〈抗争〉する, 競い合う, 張り合う.
wẹttur·nen (**wẹtt|tur·nen**)[vɛ́ttʊrnən] **I** 自 《もっぱら不定詞で》 体操競技をする.
II Wẹttur·nen (**Wẹtt·tur·nen**) 中 -s/ 体操競技.
wẹt·zen[vɛ́tsən] 《02》 **I** 他 (h) (刃物・くちばしなどを)研ぐ, 研磨する: ein Messer 〈eine Sense〉 ~ ナイフ〈大鎌(おおがま)〉を研ぐ | Der Vogel *wetzt* seinen Schnabel an einem Zweig. 鳥が小枝でくちばしを研ぐ | *seinen* Schnabel an *jm.* ~ (→Schnabel 1) | *seine* Zunge an *et.*^{3} ~ (→Zunge 1 a).
II 自 (s) 《話》急ぐ, 走る, かける: Der kann aber ~! あいつはなんて足が速いんだろう.
[*germ.*; ◇*engl.* whet]
Wẹtz·lar[vɛ́tslar] 地名 ヴェツラル(ドイツ中部, Hessen 州の都市). [＜Wetsa (川の名, 今日の Wetzbach)]
Wẹtz⸗stahl[vɛ́ts..] 男 研磨用のはがね. **⸗stein** 男 砥石(といし). [＜wetzen]
WEU[ve:|e:|ú:] 略 女 -/ ＝**Westeuropäische Union** 西欧同盟(→westeuropäisch).
We̲y·mouths·kie·fer[váɪmu:ts..] 女 〘植〙 ウェーマスマツ(北米産のマツの一種). [＜Weymouth (米国の地名)]
WEZ[ve:|e:tsɛ́t] 略 女 -/ ＝**westeuropäische Zeit** グリニッジ標準時, 西部ヨーロッパ標準時(英国・アイスランドなどで用いられ, 日本より 9 時間遅い).
WG[ve:gé:] **I** 略 ＝**Wechselgesetz** **II** 略 女 -/ 《話》 ＝**Wohngemeinschaft**
WGB[ve:ge:bé:] 略 男 -/ ＝**Weltgewerkschaftsbund**
Wh[vát-ʃtʊndə] 記号 (Wattstunde) 〘電〙 ワット時.
Whig[vɪk, wɪg] 男 -s/-s 〘史〙 ホイッグ党(17世紀以降のイギリスの民権主義政党で, 自由党の前身)の党員. [*engl.*; ＜*engl.* whiggamore (スコットランドの反乱者のあだ名)]
Whip·cord[vípkɔrt, wípkɔ:d] 男 -s/-s 〘織〙 ホイップコード(斜文織りの服地).

［*engl.* „Peitschen-strick"; ◇wippen, Kord］

Whis·ky［víski·, wíski·］ 男 -s/-s ウイスキー: schottischer ～ スコッチウイスキー | ～ mit Soda ハイボール ‖ einen ⟨zwei⟩ ～ pur trinken ウイスキーを１杯⟨２杯⟩ストレートで飲む.

［*engl.*; ＜*ir.* uisge beatha „Wasser des Lebens"; ◇Aquavit］

Whis·ky≈be·cher［víski..］ 男 ウイスキーグラス(→ 図 Glas). ≈**fla·sche** 女 ウイスキー瓶. ≈**glas** 中 -es/..gläser ウイスキーグラス.

Whist［vɪst, wɪst］ 中 -[e]s/ 〘トランプ〙 ホイスト(二人ずつ組んで４人で行うトランプ遊び). ［*engl.*; ＜*engl.* whisk off „weg-wischen" (◇wischen)］

Whist·tur·nier［víst.., wíst..］ 中 (英: *whist drive*) ホイスト競技会.

WHO［ve:ha:|ó:］ 女 世界保健機構(＝Weltgesundheitsorganisation). ［*engl.*; ＜*engl.* *W*orld *H*ealth *O*rganization］

Who's who［hú:z hú:］ 中 --/--s 人名辞典, 人名⟨紳士⟩録. ［*engl.* „wer ist wer"; ◇wer］

wich［vɪç］ weichen²の過去.

wị·che［víçə］ weichen²の接続法 II.

Wichs［vɪks］ **I** 男 -es/-e (学生組合の)礼装; (一般に)正装; 《話》盛装: in vollem ⟨im vollen⟩ ～ 正装して; 美しく着飾って | ***sich***⁴ **in ～ werfen** ⟨**schmeißen**⟩《話》盛装をする.

II 女 -/-en《南部・オーストリア》 **1** ＝ I **2** (短い)革ズボン.

Wịchs·bür·ste［víks..］ 女 靴みがき用のブラシ: einen Hau ⟨Schlag⟩ mit der ～ [weg]haben (→Hau 1, →Schlag 1 a).

Wịch·se［víksə］ 女 -/-n《話》 **1** つや出し剤; (特に:) 靴墨: **Das ist alles eine ～.** それはみんな同じことだ. **2**《単数で》殴打: ～ bekommen ⟨kriegen⟩ 殴られる.

wịch·sen［víksən］《02》《話》 **I** 他 (h) **1** (*et.*⁴) (…に)つや出しをかける, (つや出し・ワックス・靴墨などで)磨く. **2**《方》 **a)** 《*jn.*》散々に殴る, ぶちのめす. **b)** *jm.* eine ～ …に一発くらわす | eine *gewichst* kriegen 一発殴られる.

II 自 (h) 《卑》(onanieren) オナニーをする, せんずりを掻(か)く.

III ge·wịchst → 別出

［＜wachsen²］

Wịch·ser［víksər］ 男 -s/- **1**《卑》オナニーをする⟨せんずりを掻(か)く⟩人. **2**《話》《軽蔑的に》あいつ, あの野郎.

Wịchs≈lein·wand［víks..］ 女《オーストリア》(Wachstuch) 蠟(ろう)引き布[のテーブルクロス]. ≈**vor·la·ge** 女《卑》春本, 春画.

Wicht［vɪçt］ 男 -[e]s/-e **1** こびと, 小妖精(ようせい); 《話》ちび, 小僧, 坊や, 坊主. **2**《軽蔑的に》やつ; ならず者, 悪党: ein armer ～ かわいそうなやつ | Böse*wicht* いたずら小僧; ▽悪人.

［*germ.* „Ding"; ◇nicht; *engl.* wight］

Wịch·te［víçtə］ 女 -/-n (spezifisches Gewicht) 〘理〙 比重.

［*mndd.* wicht[e] „Gewicht"; ◇wägen, wichtig; *engl.* weight ］

Wịch·tel［víçtəl］ 男 -s/-, **Wịch·tel·männ·chen**［-mɛnçən］ 中〘民間信仰〙(人家に出没し, 家事の手伝いなどもするいたずら好きの)小鬼, 小妖精(ようせい), 家の精.

［*mhd.*; ◇Wicht］

wịch·tig［víçtɪç］² 形 **1** 重要な, 重大な, 大切な; 有意義な, 意味深い; 影響力の大きい, 有力な; 《皮肉》えらそうな, もったいぶった, しかつめらしい: eine ～*e* Arbeit ⟨Mitteilung⟩ 大切な仕事⟨知らせ⟩ | eine ～*e* Entscheidung 重大な決定 | eine ～*e* Persönlichkeit 重要人物, 要人 | ein ～*er* Posten 重要なポスト, 要職 | eine ～*e* Miene machen ⟨annehmen⟩ 深刻ぶった顔つきをする ‖ ***sich***⁴ **～ machen** ⟨**haben**⟩ もったいぶる, 偉そうにする | *et.*⁴ ～ nehmen / es⁴ mit *et.*³ ～ nehmen …を重要⟨重大⟩視する, …を深刻に受けとめる | ***sich***⁴ **～ nehmen** 自分を重要視する⟨えらいと思う⟩ | **～ tun** もったいぶる | ***sich***⁴ **mit** ***et.***³ **～ tun** …でえらがる⟨得意になる⟩, …を自慢する⟨ひけらかす⟩ ‖ Es ist mir ～ zu wissen, wo er ist. 私は彼の居場所をぜひ知りたいのだ | Ich halte es für ～, daß du sofort hingehst. 君はすぐそこへ行くべきだと思う | Du kommst dir wohl sehr ～ vor. 君は自分で自分がひどくえらいと思っているようだね ‖ Ich habe noch etwas *Wichtiges* vor. 私にはまだ大事な用件がある | Das ist das *Wichtigste*. それこそがいちばん重要だ. ▽**2** ＝gewichtig

［*mndd.* wichtich[t] „gewichtig"; ◇Wichte; *engl.* weighty］

Wịch·tig·keit［-kaɪt］ 女 -/-en **1**《単数で》(wichtig なこと. 例えば:) 重要⟨重大⟩さ, 重要⟨重大⟩性: die ～ seiner Gesten 彼のもったいぶったしぐさ⟨そぶり⟩ ‖ *et.*³ besondere ～ beilegen ⟨beimessen⟩ …を特に重要視する ‖ von großer ～ sein 非常に重要⟨大切⟩である | Das ist nicht von ～. それは重要ではない. **2** wichtig な事物.

Wịch·tig≈ma·cher 男 -s/-《南部・オーストリア》, ≈**tu·er**［..tu:ər］ 男 -s/- もったいぶる⟨偉そうにする⟩人, 尊大な⟨威張る⟩人.

Wich·tig·tue·rei［vɪçtɪçtu:ərái］ 女 -/-en **1**《単数で》もったいぶる⟨偉そうにする⟩こと, 尊大さ.

2 もったいぶった⟨尊大な⟩言動.

wịch·tig·tue·risch［víçtɪçtu:ərɪʃ］ 形 もったいぶった, えらぶった, 威張った, 尊大な.

Wịcke［víkə］ 女 -/-n **1**〘植〙ソラマメ(空豆)属(スズメノエンドウ・クサフジなど): **in die ～*n* gehen**《話》失敗する, 不成功に終る; 見えなくなる, 失われる; だめになる, こわれる; [おぼれて] 死ぬ. **2** (Gartenwicke)〘植〙スイートピー.

［*lat.* vicia－*ahd.*; ◇Weide¹; *engl.* vetch］

Wịckel［víkəl］ 男 -s/- **1 a)** (巻いたもの. 例えば:) (Knäuel) 糸玉; (Bündel) 包み[紙], 包装; 葉巻の中味. **b)** (Umschlag)〘医〙湿布, 罨法(あんぽう): *jm.* einen kalten ⟨heißen⟩ ～ machen …に冷⟨温⟩湿布をする. **c)** (Windel) おむつ, おしめ.

2 (巻きつけるもの. 例えば:) 糸巻き, リール; (Lockenwickel) (頭髪をカールするための)ヘアカーラー; カールペーパー.

3 巻き毛: ***jn.*** **am** ⟨**beim**⟩ **～ kriegen** ⟨**haben** / **packen** / **nehmen**⟩《話》…をひっとらえる; …を詰問する | Er hat wieder das Thema beim ～. 彼はまたそのテーマに取り組んでいる.

4〘植〙互散花序.

［*ahd.*; ◇Wachs; *engl.* wick］

Wịckel≈bär 男 -en/-en〘動〙キンカジュー(中南米産アライグマの一種で, 長い尾を木の枝に巻きつける). ≈**ga·ma·sche** 女 -/-n《ふつう複数で》巻き脚絆(きゃはん), ゲートル. ≈**kind** 中 (おむつにくるまっているような)幼児, 赤ん坊. ≈**kom·mo·de** 女 おむつ⟨ベビー⟩だんす. ≈**kon·den·sa·tor** 男〘電〙チューブラ＝コンデンサー. ≈**ma·schi·ne** 女〘電〙巻き取り装置, 巻き線機.

wịckeln［víkəln］《06》 他 (h) **1 a)** 《*et.*⁴》巻く, 巻いて玉にする; (毛髪を)巻き毛にする, カールする: *sein* Haar ～ 自分の髪をカールする | Draht zu einer Rolle ～ 針金を巻いて巻き束にする | Wolle zu einem Knäuel ～ 毛糸を巻いて糸玉にする. **b)** 《*et.*⁴ um ⟨auf⟩ *et.*⁴》(…を…のまわりに)巻く, 巻きつける: den Faden um ⟨auf⟩ eine Rolle ～ 糸を糸巻きに巻きつける | eine Binde um den Arm ～ 腕に腕章を巻く | einen Bindfaden um ein Paket ～ 小包にひもをかける | Ich habe mir ein Tuch um die verletzte Hand *gewickelt*. 私はけがをした手に布(きれ)を巻きつけた | *sich*³ einen Schal um den Hals ～ 首(えり)にマフラーを巻く | *jn.* um den [kleinen] Finger ～ [können] (→Finger 1) | Du läßt dich ja von ihr um den Finger ～. 《話》君ときたらまるで彼女の言いなりじゃないか ‖ **schief** ⟨**falsch**⟩ ***gewickelt*** **sein**《話》思い⟨考え⟩ちがいをしている ‖ 再帰 *sich*⁴ um *et.*⁴ ～ …のまわりに巻きつく | Die Schlange hatte sich um den Ast *gewickelt*. 蛇は大枝に巻きついていた.

2 《*et.*⁴》巻いて(…を)作る: eine Spule ～ コイルを巻く | Zigarren ～ 葉巻を作る(タバコの葉を巻いて).

3 a) 《*jn.* ⟨*et.*⁴⟩ in *et.*⁴》(…を…に)巻き込む, 巻いて包む, くるむ: *et.*⁴ in Papier ～ …を紙にくるむ | ein Kind [in Windeln] ～ 子供におむつをあてる ‖ 再帰 *sich*⁴ in *et.*⁴ ～ …に身を包む, …にくるまる | *sich*⁴ in eine Decke ～ 毛布

にくるまる. **b)** 《*et.*[4]》包帯する: *jm.* die verletzte Hand ~ …のけがをした手に包帯をしてやる.

4 a) 《*et.*[4] von *et.*[3]》(…から…を)巻きもどす: Wolle von einem Knäuel ~ 糸玉から毛糸を巻きもどす. **b)** 《*et.*[4] aus *et.*[3]》(包みを開いて…を…から)取り出す: das Geschenk aus dem Papier ~ 包み紙を開けてプレゼントを取り出す.

Wịckel≠raum 男 (休憩所などの)ベビールーム. **≠rock** 男〘服飾〙ラップアラウンド=スカート, 巻きスカート. **≠tisch** 男 (赤ん坊の)着せ替え台, おむつ交換台. **≠tuch** 中 -〔e〕s/ ..tücher **1** (三角形の)肩掛け, ショール. **2** 《方》おむつ, おしめ.

Wịck·ler[víklər] 男 -s/- **1** (wickeln するもの. 例えば:) (Lockenwickler) (頭髪をカールするための)ヘアカーラー; カールペーパー. **2** 〘虫〙ハマキガ(葉巻蛾)科のガ.

Wịck·lin·se[víklınzə] 女〘植〙ソラマメ(空豆)属の一種の牧草.

Wịck·lung[víklʊŋ] 女 -/-en **1** 《単数で》〔sich〕 wickeln すること. **2** 巻いたもの; (特に:) 〘電〙コイル, 巻き線.

Wịd·der[vídər] 男 -s/- **1** 雄の羊, 雄羊(おひつじ). **2** der ~ 〘天〙牡羊(おひつじ)座; 〘占星〙白羊宮(黄道十二宮の一つ): → Fisch 1 b **3** (Sturmbock) 〘史〙破城槌(つち), 破壁器. **4** hydraulischer ~ 水撃ポンプ, 水圧ラム. [*germ.* „Jährling"; ◇Veteran, Etesien; *engl.* wether]

Wịd·der·bär[..bɛ:r] 男〘虫〙カノコガ(鹿子蛾)科のガ.

Wịd·der·chen[−çən] 中 -s/- **1** Widder の縮小形. **2** (Blutströpfchen, Zigäne) 〘虫〙マダラガ(斑蛾)科のガ.

Wịd·der≠horn 中 -〔e〕s/..hörner 雄羊(おひつじ)の角. **≠punkt** 男〘天〙春分点.

wi̥·der[ví:dər] **I** 前《4格支配》**1** 《雅》《対抗・反逆・反対》(〔ent〕gegen) …に対抗して, …に逆らって, …に反〔対〕して: ~ Erwarten 予期に反して | ~ das Gesetz 法律に違反して | ~ jedes Menschenrecht あらゆる人権を無視して | Mittel ~ das Fieber 解熱剤 | ~ den Stachel löcken (→Stachel 1 a) | *jm.* ~ den Strich gehen (→Strich 3) | *et.*[4] ~ Willen tun müssen 心ならずも…をせざるをえない | Er hat ~ besseres Wissen die Unwahrheit gesagt. 彼は承知の上で〈悪いと知りながら〉うそを言ってしまった | Es ist ~ meinen ausdrücklichen Wunsch geschehen. それは全く私の意に反して起こったことだ | Wer nicht mit mir ist, der ist ~ mich. 私の味方でない者は私の敵である(聖書: マタ12,30; ルカ11,23). ▽**2** 《方向・対向; 位置を示すときはまれに3格支配》(gegen) …に向かって: ~ den Altar rufen 祭壇に向かって叫ぶ.

▽**II** 副 戻って, 帰って; 反対の方向に: 〘もっぱら次の形で〙**hin und ~** ▽i) 行って帰って, 往復して; ii) あちこち(参考 hin und wieder 時おり: →hin 1 d).

III Wi̥·der 中 -/ 反対; 短所, 欠点: 〘ふつう次の形で〙das Für und 〔das〕 ~ (→für IV).

[*germ.* „weiter weg"; ◇weit; *engl.* with]

wider.. **1** 《動詞につけて》**a)** 《非分離の前つづり.「反対・対抗」などを意味する》: *wider*stehen 反抗する | *wider*sprechen 反論する. **b)** 《分離の前つづり.「反射」を意味する》: *wider*hallen 反響する | *wider*spiegeln 反映する. **2** 《名詞・形容詞などにつけて「反対・逆」などを意味する》: *Wider*sacher 敵; 相手方 | *Wider*wille 嫌悪, 反感 | *Wider*haken 逆鉤(さかかぎ) ‖ *wider*natürlich 自然にそむいた, 自然に反する.

Wi̥·der·bart 男〘植〙トラキチラン(虎吉蘭)属(ラン科の腐生植物).

wi̥·der·bor·stig[ví:dərbɔrstıç][2] 《話》= widerspenstig [<*mndd.* wedder-borstich „struppig"]

Wi̥·der·bor·stig·keit[−kaıt] 女 -/ widerborstig なこと.

Wi̥·der·christ[ví:dərkrıst] 男 (Antichrist) **1** -〔s〕/ 反キリスト; (Teufel) 悪魔.

2 -en/-en キリスト教の反対者, 異端者.

Wi̥·der·druck[ví:dərdrʊk] 男 -〔e〕s/-e **1** (↔Schöndruck) 〘印〙裏刷(うら). **2** 《単数で》(Gegendruck) 〘工〙逆圧, 反対圧力.

wi̥·der·ein·ạn·der[vi:dər|aınándər] =gegeneinander

wi̥·der·fa̱h·ren*[vi:dərfá:rən] 《37》自 (s) 《*jm.*》(…の身に)起こる, 生じる; (…に)与えられる: Mir ist etwas Merkwürdiges *widerfahren*. 私の身の上に奇妙なことが起こった, 私はおかしな体験をした | Es ist ihm viel Ehre *widerfahren*. 彼は多くの栄誉を受けた | *jm.* Gerechtigkeit ~ lassen …を公平〈正当〉に取り扱う.

wi̥·der·ge·setz·lich[ví:dərgəzɛtslıç] 形 法律に反した, 違法の, 不法な.

wi̥·der·haa·rig[ví:dərha:rıç][2] 形《話》(頭髪が)剛毛の, (櫛(くし)を入れても)うまくなでつけられない.

Wi̥·der·ha̱·ken[ví:dərha:kən] 男 -s/- 逆鉤(さかかぎ) (→ 図 Harpune); (釣り針・矢じりなどの)あご, もどし, かかり; (いかりの)錨爪(いかりづめ).

Wi̥·der·hall[ví:dərhal] 男 -〔e〕s/-e (Echo) 反響, こだま; 《比》(意見・提案などに対する)反響, 共鳴: der ~ auf seine Schriften 彼の著作〔へ〕の反響 | Seine Vorschläge fanden keinen ~. 彼の提案に対しては何の反響もなかった.

wi̥·der|hal·len[1][ví:dərhalən] **I** 自 (h) 反響する, こだまする: Seine Schritte *hallten* auf dem Pflaster *wider*. / Das Pflaster *hallte* von seinen Schritten *wider*. 彼の足音は舗道にこだました.

II 他 (h) 《雅》(叫び声などを)こだまとして返す, 反響させる.

wi·der·ha̱l·len[2][−◡́◡] =widerhallen[1]

▽**Wi̥·der·halt**[ví:dərhalt] 男 -〔e〕s/ **1** 抵抗; 妨害. **2** 突っ張り, 支柱.

Wi̥·der·hand·lung[ví:dərhandlʊŋ] 女 -/-en 《スイス》(Zuwiderhandlung) 違反〈違背〉行為.

Wi̥·der·kla̱·ge[ví:dərkla:gə] 女 -/-n 〘法〙反訴.

Wi̥·der·klä̱·ger[..klɛ:gər] 男 -s/- 〘法〙反訴者.

Wi̥·der·klang[ví:dərklaŋ] 男 -〔e〕s/..klänge 反響, こだま.

wi̥·der|klin·gen*[..klıŋən] 《77》自 (h) 反響する, こだまする.

Wi̥·der·la̱·ger[ví:dərla:gər] 中 -s/- **1** 〘建〙迫台(せりだい) (迫持(せりもち)・アーチの押圧力を受けて支える台石: → 図 Bogen); 橋台. **2** 〘建〙合口(あいくち), 合端(あいば) (石材と石材の接合面).

wi̥·der·lẹg·bar[vi:dərlé:kba:r] 形 (主張などが)否定〈論破〉できる, 論駁(ろんばく)〈反論〉可能な.

wi̥·der·lẹ·gen[..lé:gən][1] 他 (h) 《*et.*[4]》(他人の主張などを証拠を挙げて)否定〈論駁(ろんばく)・反駁〉する, (…の)誤りを論証する: *js.* Ansicht ~ …の見解を論破する.

▽**wi̥·der·lẹg·lich**[..lé:klıç] =widerlegbar

Wi̥·der·lẹ·gung[..lé:gʊŋ] 女 -/-en 否定, 反駁(はんばく), 論破, 論駁.

wi̥·der·lich[ví:dərlıç] 形 **1** 嫌悪を催させる, 不快な, いやらしい, へどの出そうな, むかつくような: ein ~*er* Geruch いやなにおい | ein ~*er* Mensch 鼻もちならぬ人 ‖ Sein Benehmen ist mir ~. 彼の態度は私には我慢がならない.

2 《副詞的》いやに, ひどく: ~ süß いやに甘ったるい | ~ feucht ひどく湿った〈じめじめした〉.

Wi̥·der·lich·keit[−kaıt] 女 -/ widerlich なこと.

Wi̥·der·ling[ví:dərlıŋ] 男 -s/-e 《軽蔑的に》いやらしい〈鼻もちならぬ〉やつ.

wi̥·der·mensch·lich[ví:dərmɛnʃlıç] 形 人間性に反する, 非人間的な.

wi̥·dern[ví:dərn] 《05》他 (h) 《雅》(anwidern) 《*jn.*》(…に)嫌悪を催させる, 不快感を起こさせる: Der Anblick *widerte* mich. それは胸のむかつくような光景だった. [*ahd.*; ◇wider]

wi̥·der·na·tü̱r·lich[ví:dərnaty:rlıç] 形 **1** (特に性的な面で)自然にそむいた, 自然に反する, 異常な, 倒錯した, 変態の. ▽**2** (unnatürlich) 不自然な.

Wi̥·der·na·tü̱r·lich·keit[−kaıt] 女 -/ widernatürlich なこと.

Wi̥·der·part[ví:dərpart] 男 -〔e〕s/-e 《雅》**1** (Gegner) 敵対者, 対抗〈反対〉者, 敵手, 競争相手, ライバル.

2 《単数で》敵対, 反対, 抵抗: ***jm.* ~ bieten 〈geben / halten〉** …に反対する, …に抵抗する.

wi·der·ra·ten*[vi:dərrá:tən]《113》他 (h)《雅》《*jm. et.*[4]》(…に…を)思いとどまるように助言〈忠告〉する, いさめる: Ich *widerrate* Ihnen, das zu tun (⊜..., das nicht zu tun). そんなことはなさらないようご忠告いたします.

wi·der·recht·lich[ví:dərrɛçtlɪç] 形 法に違反した, 違法の, 不法な: ∼*er* Gebrauch 不正使用 | *sich*[3] *et.*[4] ∼ aneignen …を横領する.

Wi·der·recht·lich·keit[–kaɪt] 女 -/-en 1《単数で》違法〈不法〉性. 2 違法〈不法〉行為.

Wi·der·re·de[ví:dərre:də] 女 -/-n 異議〔申し立て〕, 反論, 抗弁: keine ∼ dulden 反論を許さない | ohne ∼ gehorchen 異論を唱えずに〈おとなしく〉服従する.

wi·der·re·den[vi:dərré:dən][1]《01》= widersprechen 1

Wi·der·rist[ví:dərrɪst] 男 -〔e〕s/-e 背峰(せみね)(馬・牛・羊など有蹄(ゆうてい)類の動物の首のつけ根・両肩の間の背の隆起: → ⊠ Pferd A).

Wi·der·ruf[ví:dərru:f] 男 -〔e〕s/-e 1 (主張・命令・指示などの)取り消し, 撤回, 破棄, 無効宣告: ∼ leisten 取り消す, 撤回する | bis auf ∼ 現行の規定が撤回されるまで〈撤回されないかぎり〉(→widerruflich). 2《スイ》=Widerhall

wi·der·ru·fen*[vi:dərrú:fən]《121》他 (h) (主張・命令・指示などを)取り消す, 撤回〈破棄〉する: einen Befehl〈eine Erlaubnis〉∼ 命令〈許可〉を取り消す | Der Angeklagte hat sein Geständnis *widerrufen*. 被告は彼の自白を取り消した.

wi·der·ruf·lich[ví:dərru:flɪç, –⌣⌣́⌣] 形 取り消すことのできる, 撤回可能な, 撤回されることもありうる: Das Betreten des Geländes ist ∼ verboten. この土地への立ち入りは当分のあいだ(現行の規定が撤回されるまで)禁止である.

Wi·der·rufs·be·am·te[ví:dərru:fs..] 男 (任命を取り消すことのできる)臨時公務員.

Wi·der·ru·fung[vi:dərrú:fʊŋ] 女 -/-en =Widerruf 1

Wi·der·sa·cher[ví:dərzaxər] 男 -s/- 1 敵, 敵手, 敵対〈反対〉者; 相手側: ein politischer ∼ 政敵. ∇2 悪魔, サタン. [<*mhd.* wider-sachen „wider-streben" (◇suchen)]

wi·der·sa·che·risch[..xərɪʃ] 形 敵対的な, 敵意を抱いた.

Wi·der·schall[ví:dərʃal] 男 -〔e〕s/-e (..schälle[..ʃɛlə]) 反響, こだま.

wi·der|schal·len[..ʃalən] 自 (h) 反響する, こだまする.

Wi·der·schein[ví:dərʃaɪn] 男 -〔e〕s/-e 反射, 反映, 反照, 照り返し: der ∼ der Abendsonne 夕映え, 残照.

wi·der|schei·nen*[..ʃaɪnən]《130》自 (h) (光が)反射する, 反映する, 照り映える〈返す〉.

Wi·der·see[ví:dərze:] 女 -/-n[..ze:ən]《ふつう単数で》〘海〙(寄せ波に対する)返す波.

wi·der·set·zen[vi:dərzɛ́tsən]《02》他 (h) 再帰 *sich*[4] *jm.*〈*et.*[3]〉∼ …に逆らう, …に反抗する, …に抵抗する | *sich*[4] einer Aufforderung ∼ 要求に逆らう ‖ Sie *widersetzte* sich, ihren Ausweis vorzuzeigen. 彼女は身分証明書を見せることを拒んだ.

wi·der·setz·lich[..lɪç, ⌣́⌣⌣⌣] 形 言うことを聞かない, 反抗的な, いこじな.

Wi·der·setz·lich·keit[..kaɪt, ⌣́⌣⌣⌣–] 女 -/ widersetzlich なこと.

Wi·der·sinn[ví:dərzɪn] 男 -〔e〕s/ 不合理, 不条理; ばからしさ, 無意味さ: Welch ein ∼! ばかばかしいったらない.

wi·der·sin·nig[..nɪç][2] 形 不合理〈不条理〉な, ばかげた, たわけた, 非常識な.

Wi·der·sin·nig·keit[..kaɪt] 女 -/ widersinnig なこと.

wi·der·spen·stig[ví:dərʃpɛnstɪç][2] 形 1 言うことを聞かない, 反抗的な; 御しがたい, 手に負えない; 強情な, がんこな: ein ∼*es* Kind 反抗的な〈手に負えない〉子供. 2 (頭髪が)言うことを聞かない, (櫛(くし)を入れても)うまくなでつけられない, 剛毛の. [<*mhd.* 〔wider〕spān „Streit" (◇spannen); ◇abspenstig]

Wi·der·spen·stig·keit[–kaɪt] 女 -/ widerspenstig なこと.

wi·der|spie·geln[1][ví:dərʃpi:gəln]《06》他 (h) (像を)映す, 反映する: Das Wasser *spiegelt* die Bäume *wider*. 水は木々の姿を映している | Sein Gesicht *spiegelte* seinen Zorn *wider*.《比》彼の顔には内心の怒りが表れていた ‖ 再帰 *sich*[4] ∼ (像が)映る, 反映する | In dem Roman *spiegeln* sich die Sitten der Zeit *wider*.《比》この小説には時代の風俗が映し出されている.

wi·der·spie·geln[2][–⌣⌣́⌣]《06》=widerspiegeln[1]

Wi·der·spie·ge·lung[ví:dərʃpi:gəlʊŋ] (**Wi·der·spieg·lung**[..glʊŋ]) 女 -/-en 1《単数で》widerspiegeln すること. 2 反映, 映像, 影.

Wi·der·spiel[ví:dərʃpi:l] 中 -〔e〕s/ 1《雅》敵対関係〈作用〉, 抗争, 角逐(かくちく). ∇2 (Gegensatz) 反対, 逆: im ∼ mit *et.*[3] …とは反対〈逆〉に.

wi·der·spre·chen*[vi:dərʃprɛ́çən]《177》自 (h) 1《*jm.* / *et.*[3]》(…に対して)異議〈異論〉を唱える, 反論〈抗弁〉する: *jm.* heftig〈energisch〉∼ …に激しく〈強い語調で〉反論する | Keiner *widersprach* ihm. だれも彼に反対しなかった | Du *widersprichst* dir selbst. 君の言っていることは君自身のこれまでの主張と矛盾している(→2).
2《*et.*[3]》(…と)矛盾する, (…と)相いれない: Diese Handlungsweise *widerspricht* seinem sonstigen Verhalten. このやりかたは彼の日ごろの態度と矛盾する | Nachzugeben *widersprach* seinen Grundsätzen. 譲歩することは彼の主義に反した | Ihre Aussagen *widersprechen* sich. 彼らの申し立ては互いに矛盾して〈食い違って〉いる ‖ sich[3] *widersprechende* Zeugenaussagen 相互に矛盾した〈ちぐはぐな〉証人たちの供述 | Die *widersprechendsten* Nachrichten trafen ein. 互いに矛盾するニュースがいろいろ入ってきた.

Wi·der·spruch[ví:dərʃprʊx] 男 -〔e〕s/..sprüche[..ʃprʏçə] 1 異議〔申し立て〕, 反論, 抗弁: keinen ∼ dulden 反論を許さない | gegen *et.*[4] ∼ erheben …に対して異議〈異論〉を唱える ‖ Seine Gedanken stießen überall auf heftigen〈scharfen〉∼. 彼の考えは至るところで激しい反対にぶつかった | ohne ∼ 異議〈異論〉なく; 文句を言わずに, (だまって)おとなしく. 2 矛盾, 撞着(どうちゃく): ein innerer ∼ 内的矛盾, 自己矛盾, 自家撞着 | die *Widersprüche* im System des Kapitalismus 資本主義体制内のもろもろの矛盾 ‖ der Satz des ∼*s*〘論〙矛盾律, 矛盾原理 ‖ einen ∼ aufklären 矛盾を解く〈解明する〉| mit *et.*[3]〈zu *et.*[3]〉in ∼ stehen …と矛盾している, …と相いれない | Seine Taten stehen mit seinen Reden in krassem ∼. 彼の行動は彼の言説と極端に食い違っている | mit *sich*[3] selbst in ∼ stehen 自己矛盾〈自家撞着〉に陥っている | mit *et.*[3]〈zu *et.*[3]〉in ∼ geraten …との矛盾に陥る | *sich*[4] in *Widersprüche* verwickeln 矛盾に巻きこまれる〈陥る〉, 話の辻褄(つじつま)が合わなくなる ‖ Es besteht ein ∼ zwischen seinem Reden und Handeln. 彼は言うこととすることが矛盾している.

wi·der·sprüch·lich[ví:dərʃprʏçlɪç] 形 矛盾した, 辻褄(つじつま)の合わない, ちぐはぐな: Die Aussagen der Zeugen waren ∼. 証人たちの申し立ては互いに矛盾していた.

Wi·der·sprüch·lich·keit[–kaɪt] 女 -/-en widersprüchlich なこと.

wi·der·spruchs·frei[ví:dərʃprʊxs..] 形 矛盾のない, 辻褄(つじつま)の合った.

Wi·der·spruchs≠geist 男 -〔e〕s/-er 1《単数で》反抗心, 反抗精神. 2 好んで反対ばかりする人, あまのじゃく. **≠kla·ge** 女〘法〙〔第三者による〕異議〈訴訟参加〉の訴え.

wi·der·spruchs≠los[..lo:s][1] 形 1 (自分が)異議〈異論〉を唱えない, 文句を言わない: ∼ gehorchen おとなしく服従する. 2 (他から)反駁(はんばく)〈反対〉を受けない. **≠voll** 形 矛盾に満ちた, 矛盾〈ちぐはぐ〉だらけの.

Wi·der·stand[ví:dərʃtant][1] 男 -〔e〕s/..stände[..ʃtɛndə] 1 (圧力・暴力などに対する)抵抗, レジスタンス, 反抗; (気持の上での)抵抗感; (物的な)障害: ein hartnäckiger〈zäher〉∼ 頑強な〈執拗(しつよう)な〉抵抗 | bewaffneter〈organisierter〉∼ 武力による〈組織的な〉抵抗 | ∼ gegen die Staatsgewalt〘法〙公務執行妨害 ‖ den ∼ aufgeben

抵抗をあきらめる〈やめる〉 | *jm.* 〈gegen *et.*⁴〉 ~ leisten …に対して抵抗する | den Weg des geringsten ~*es* gehen (→Weg 1) ‖ auf 〔erbitterten〕 ~ stoßen 〔激しい〕抵抗にあう | ohne ~ 抵抗せずに | zum ~ aufrufen 抵抗を呼びかける ‖ Der ~ läßt nach 〈verstärkt sich〉. 抵抗が弱まる〈強まる〉.

2 〖理〗抵抗; (流体の)抗力; 〖電〗抵抗器: der elektrische 〈magnetische〉 ~ 電気〈磁気〉抵抗 | Luft*widerstand* 空気抵抗 | Reibungs*widerstand* 摩擦抵抗 ‖ ein ~ von 2 000 Ohm 2000オームの抵抗器 | Der ~ ist durchgebrannt. 抵抗器が焼き切れた.

wi·der·stan·den[vi:dɐʃtándən] widerstehen の過去分詞; 過去 1・3 人称複数.

Wi·der·ständ·ler[ví:dɐʃtɛntlɐ] 男 -s/- =Widerstandskämpfer

Wi·der·stands·be·we·gung[ví:dɐʃtants..] 女 抵抗運動, (特に第二次世界大戦中の対ナチスの)レジスタンス.

wi·der·stands·fä·hig 形 抵抗力のある: gegen Ansteckung ~ sein 感染に対して抵抗力がある.

Wi·der·stands≠fä·hig·keit[..kaɪt] 女 -/ 抵抗〔能〕力. ≠**kämp·fer** 男 抵抗運動〈レジスタンス〉の闘士. ≠**kraft** 女 抵抗力, 耐久力: die ~ gegen eine Krankheit 病気に対する抵抗力.

wi·der·stands·los[..lo:s][1] 形 **1** (こちらが)無抵抗な; 抵抗力のない. **2** (他から)抵抗を受けない.

Wi·der·stands·lo·sig·keit[..lo:zɪçkaɪt] 女 -/ widerstandslos なこと.

Wi·der·stands≠mes·ser 男 〖電〗オーム計, 電気抵抗計. ≠**nest** 中 〖軍〗抵抗の拠点〔となっている小さな遮蔽(しゃへい)陣地〕. ≠**or·ga·ni·sa·tion** 女 抵抗組織. ≠**recht** 中 -〔e〕s/ 〖法〗抵抗権. ≠**ther·mo·me·ter** 中 (男) 〖理〗抵抗温度計.

wi·der·ste·hen*[vi:dɐʃté:ən] 《182》 自 (h) **1** 《*jm.* / *et.*³》 (…に)逆らう, 反抗〈抵抗〉する; (…に)耐える, 負けない: einem feindlichen Angriff ~ 敵の攻撃に抵抗する | einer Versuchung nicht ~ können 誘惑に勝てない | Das Haus *widerstand* dem Hochwasser. その建物は大水に耐えた(流されなかった).

2 《*jm.*》 (…に)嫌悪を催させる, 不快感を抱かせる: Dieses Getränke *widersteht* mir. この飲み物はどうも好きになれない.

Wi·der·stoß[ví:dɐʃto:s] 男 -es/..stöße[..ʃtø:sə] (Strandnelke) 〖植〗イソマツ(磯松)属. 〔打撲傷に対する薬効が信じられたことから〕

wi·der|strah·len[1][ví:dɐʃtra:lən] **I** 他 (h) 《*et.*⁴》 (光などを)反射する: Der See *strahlt* das Sonnenlicht *wider*. 湖が太陽の光を反射している.

II 自 (h) (光などが)反射する: Die Freude *strahlt* aus seinen Augen *wider*. 《比》彼の目は喜びに輝いている.

wi·der·strah·len[2][−◡⁓◡] =widerstrahlen[1]

wi·der·stre·ben[vi:dɐʃtré:bən][1] **I** 自 (h) **1** 《*jm.* / *et.*³》 (人が…に)逆らう, 抵抗〈反抗〉する: *js.* Absichten 〈Willen〉 ~ …の意図〈意志〉に逆らう ‖ Sie ging nur *widerstrebend* mit. 彼女はいやいや〈しぶしぶ〉同行した.

2 《*jm.* / *et.*³》 (事物が…にとって) 抵抗感がある, 気が進まない, 意にそわない: Dieser Ausdruck *widerstrebt* meinem Sprachgefühl. この表現は私の言語感覚にぴったりしない | Es *widerstrebt* mir, so etwas zu tun. そのようなことをするのはいやだ.

II Wi·der·stre·ben 中 -s/ widerstreben すること: mit ~ いやいや, しぶしぶ, 不承不承 | nach einigem ~ 少し渋ったのちに | ohne ~ 快く, おとなしく | Trotz seines ~*s* nahm ich ihn mit. いやがるのもかまわず私は彼をつれていった.

Wi·der·streit[ví:dɐʃtraɪt] 男 -〔e〕s/-e 《ふつう単数で》抗争, 葛藤(かっとう); 衝突, 矛盾: der ~ der Meinungen 意見の対立 ‖ im ~ zwischen Pflicht und Neigung 義務と愛情の板ばさみになって | mit *et.*³ im ~ stehen …と対立〈衝突〉している, …と矛盾する.

wi·der·strei·ten*[vi:dɐʃtráɪtən] 《190》 自 (h) **1** 《*et.*³》 (…と)対立する, 衝突する: einander *widerstreitende* Gefühle 互いに矛盾する感情(愛と憎しみなど).

▽**2** 《*jm.* / *et.*³》 (人が…に)逆らう, 反抗〈抵抗〉する.

Wi·der·ton[ví:dɐto:n] 男 -〔e〕s/ , **Wi·der·ton·moos** 中 〖植〗スギゴケ(杉苔)属. 〔*mhd.* wider-tān „dagegen getan"; まじない破りに用いられたことから〕

wi·der·wär·tig[ví:dɐrvɛrtɪç][2] 形 嫌悪を催させる, 不快な, いやな; 忌むべき; やっかいな, 面倒な: eine ~*e* Arbeit いやな仕事 | in eine ~*e* Lage geraten やっかいな状況に追い込まれる.

〔*ahd.*; < *ahd.* widar-wert „entgegen-gerichtet" (◇..wärts)〕

Wi·der·wär·tig·keit[−kaɪt] 女 -/-en **1** 《単数で》 widerwärtig なこと. **2** widerwärtig な言動〈事柄〉.

Wi·der·wil·le[ví:dɐrvɪlə] 男 2 格 -ns, 3 格 -n, 4 格 -n 《複数なし》嫌悪, 反感, いやけ, けぎらい: einen starken ~*n* gegen *et.*⁴ empfinden …に対して強い嫌悪をおぼえる | Dieser Geruch erweckt meinen ~*n*. / Dieser Geruch weckt ~*n* in mir. この臭気は私に嫌悪を催させる | Er hat einen ~*n*, darüber zu sprechen. 彼はそのことについて話すのをいやがっている ‖ mit ~*n* いやいや, 不承不承 | *et.*⁴ 〔nur〕 mit ~*n* tun しぶしぶ…をする.

wi·der·wil·lig[..vɪlɪç][2] 形 《述語的用法なし》いやいやながらの, 不承不承の: eine ~*e* Antwort 不承不承の返事 | mit ~*er* Zustimmung しぶしぶ賛成して ‖ *et.*⁴ ~ essen …をいやいや食べる.

Wi·der·wil·lig·keit[..kaɪt] 女 -/ widerwillig なこと.

Wi·der·wort[ví:dɐrvɔrt] 中 -〔e〕s/..worte 《ふつう複数で》反論, 異論, 異議: *jm.* ~*e* geben …に反論する | Er wagte kaum ein ~. (気おくれして)彼はほとんど一言も抗弁できなかった.

wid·men[vítmən] 《01》 他 (h) **1 a)** 《*jm. et.*⁴》 (…に…を)献じる, 献呈する, デディケートする, 贈呈〈寄贈〉する, 奉献する: *jm.* ein Buch 〈ein Gedicht〉 ~ …に著書〈自作の詩〉を献呈する. **b)** 《*et.*³ *et.*⁴》 (…に…を)ささげる, (…のために時間・精力などを)費やす, 割く: *sein* Leben der Forschung ~ 生涯を研究にささげる | Die Presse *widmete* dem Ereignis begeisterte Leitartikel. 新聞はこの出来事について熱狂的な論説を書いた ‖ 再帰 *sich*⁴ *et.*³ ~ …に献身〈尽瘁(じんすい)〉する, …に専念〈没頭〉する, …に打ち込む | *sich*⁴ *seiner* Aufgabe ~ 任務に専念する | *sich*⁴ der Erziehung *seiner* Kinder ~ 自分の子供の教育に打ち込む | *sich*⁴ *jm.* ~ …のために献身〈専念〉する | Heute kann ich mich dir ganz ~. きょうは一日じゅう君のお相手ができるよ.

2 《官》 (↔entwidmen) 《*et.*⁴》 (…を)公〔用〕物に指定する(法律によって特定の物件, 例えば道路などを公物とし公共の用に供するようにすること).

〔*ahd.* widimen „ausstatten"; < *ahd.* widimo „Brautgabe" (◇Wittum)〕

Wid·mung[vítmʊŋ] 女 -/-en **1 a)** 《単数で》 (〔sich〕 widmen すること. 例えば:) 奉納, 献呈; 献身, 専念. **b)** (著書・楽譜などの)献呈の辞, 献詞: *jm.* eine ~ in ein Buch schreiben …のために本に献呈の言葉を書き込む.

2 《官》 (↔Entwidmung) 公共物指定.

Wid·mungs·ex·em·plar 中 献呈本.

wid·rig[ví:drɪç][2] 形 **1** 反対の, 逆の: ein ~*er* Wind 逆風 | im ~*en* Fall これと反対の場合には(=widrigenfalls).

2 障害になる, 不都合な, 不利な, 好ましくない; 不快な, いやな: ein ~*es* Geschick 不運 | ein ~*er* Kerl いやなやつ ‖ Die Umstände waren überaus ~. 状況はきわめて好ましからざるものであった. 〔<wider〕

..widrig[..vi:drɪç][2] 《名詞につけて「…に反する」を意味する形容詞をつくる》: befehls*widrig* 命令に違反した | verfassungs*widrig* 憲法違反の | verkehrs*widrig* 交通違反の.

wid·ri·gen·falls[ví:drɪgənfáls] 副 これと反対の場合には, もしそうでないときには: Er soll sich sofort anmelden, ~ wird er vorgeführt 〈官: ~ er vorgeführt wird〉. 彼は即刻出頭を命じられている, 出頭しないと召喚される.

Wid·rig·keit[ví:drɪçkaɪt] 女 -/-en **1** 《単数で》 widrig なこと. **2** 逆境, 不運な出来事, 災難. **3** 《官》=Widmung 2

wie[viː]

> **I** 副
> **1**(英: *how*)《方法・様態の副詞として》
> **a**)《疑問》
> ①《様子・状態・方法・手順・理由・意図》どんなふうに, どんな有様で, どうやって, どういう意味で
> ②《形容詞・副詞を修飾して程度・度合いを示して》どれほど, どのくらい, いかに
> **b**)《譲歩・認容の副文を導いて; しばしば **auch** や **immer** を伴って》どれほど…であろうと, たとえいかに…であるにせよ
> **c**)《感嘆文で, または感嘆の副文を導いて》なんと〔まあ〕, どんなに, いかに
> **2**《関係副詞》《やり方や程度を表す名詞を先行詞として》…するその…
> **II** 接《従属; ただし文成分を導くことも多い》
> **1**(英: *as*)《同等・類似》…と同じぐらいに, …ほど; …のごとく, …のように; …にしたがって
> **2**《形容詞+**wie ... ist** などの形で》
> **a**)《理由》…であるので
> **b**)《譲歩・認容》…であるのに, …であるにせよ
> **3**《変動する基準》…につれて, …に応じて, …であるままに
> **4**《挿入句を導いて》
> **5**《時》(als) …するとすぐに, …したとき; …していると
> **6**《人称代名詞などを含んだ一種の関係文をつくって》
> **a**)《類似》
> **b**)《様子・同時》
> **7**《不等の比較》(als) …より〔も〕, …とは違って
> **III** **Wie** 中 -s/

I 副 **1** (英: *how*)《方法・様態の副詞として》**a**)《疑問》①《様子・状態・方法・手順・理由・意図》どんなふうに, どんな有様で, どうやって, どうして, どういう意味で: *Wie* arbeiten die Bienen?—Sie arbeiten fleißig. ミツバチの働きぶりはどんなですか — ミツバチは勤勉に働きます | *Wie* geht es Ihnen? ご機嫌いかがですか | *Wie* gefällt Ihnen das Buch?—Es gefällt mir gut. この本いかがでしたか — 気にいりました | *Wie* komme ich zum Bahnhof? 駅にはどうやって(どの道を通って・どの交通手段で)行くのですか | *Wie* macht man das? どうやってそれをするのですか | *Wie* sonst kann man das verstehen? これはほかに理解のしようがないではないか | *Wie* denn sonst? これ以外考えようがない, そうにきまっている ‖〖理由・意図〗*Wie* kommt es, daß ...? どうして…ということになったのか | *Wie* meinen Sie das? どういう意味でそう言うのですか.

‖〖**sein** などとともに述語的に〗*Wie* ist der Elefant?—Er ist groß. 象はどんなですか — 象は大きい | *Wie* ist Ihr Name? / *Wie* heißen Sie? お名前はなんといわれますか | *Wie* war es gestern im Theater? 昨日の芝居はどうでしたか | *Wie* wäre es, wenn wir ins Kino gingen? 映画に行くというのはどうかね, 映画に行こうじゃないか | *Wie* ist es mit *et.*[3]? …はどんな具合ですか, …はどうしますか | *Wie* wird das Wetter? 天気はどうなるだろうか ‖ *Wie* finden Sie dieses Bild?—Ich finde es langweilig. この絵をどう思いますか — つまらないと思います.

‖〖文成分を省略した形で〗*Wie* bitte? なんとおっしゃいましたか | Das war doch schön, ~? (=nicht wahr?)《話》どうだ すばらしかったろう | Fertig werden wir, aber ~?《話》それはできることはできるだろうが 問題はどんなふうにやるかだ | *Wie*? Sind Sie noch da? おや まだいらしたんですか | *Wie* aber, wenn er krank wäre? しかし彼が病気だったらどうするんだ.

‖〖副文を導いて〗Er fragte uns, ~ man zum Bahnhof komme? 駅へはどう行けばよいのかと彼は私たちに尋ねた | Sagen Sie uns bitte, ~ es Ihnen in München gefällt! ミュンヒェンをどう思われるか言ってください | die Frage, ~ das überhaupt möglich ist どうすればそれがそもそも可能であるのかという問題 ‖〖しばしば sehen, hören などの知覚動詞とともに; 疑問というよりむしろ様態を示す副文を導いて〗Ich will zusehen, ~ er das macht. 私は彼がそれをするやり方を見ていたい | Ich fühlte, ~ ihr Herz klopfte. 私は彼女の心臓が鼓動するのを感じた | Ich sah, ~ (=daß) er um die Ecke lief. 彼が角をまがって走って行くのが見えた(=Ich sah ihn um die Ecke laufen.) | Ich hörte, ~ (=daß) er es sagte. 彼がそう言っているのが聞こえた ‖ *Wie* die Demokratie in diesem Land funktionierte, mißfiel ihnen. この国での民主主義の機能の仕方が彼らの気にいらなかった | Sie erzählte, ~ sie von zu Hause weggelaufen sei. 彼女は家出をしたときのことを物語った.

‖〖中性名詞化して〗→III

☆ 副文を導き知覚動詞と用いられる wie は daß に似た機能を持つが, daß が事象の生起の事実を表すのに対して, wie の場合は事象の起こる過程に重点がある. したがって持続的意味を欠く動詞 finden などに導かれる文では用いられない.

②《形容詞・副詞を修飾して程度・度合いを示して》どれほど, どのくらい, いかに: *Wie* alt bist du? 年はいくつですか | *Wie* oft kommt er? 彼はどのくらい度々(どのくらいの間隔で)やって来るのですか | *Wie* lange bleibst du hier? どのくらいここにいますか ‖ *Wie* viele Stühle brauchst du? いすはどれくらいたくさん〈何個〉いるのか(→wieviel ★) | Eine ~ große Rolle hat er gespielt? 彼はどれほどの役割を果たしたのか ‖〖口語ではまれに文頭に置かずに〗Dein Sohn war damals ~ alt? 息子さんは当時何歳だったんですか ‖〖副文を導いて〗Er fragte mich, ~ alt ich eigentlich sei. 彼は私にいったい年はいくつかと尋ねた | Nachträglich ist schwer festzustellen, ~ weit das stimmte. それがどのくらい正しかったかは後からは確かめがたい ‖ Das dauerte noch Gott weiß ~ lange. それは果てしなく続いた | Ich habe ihn wer weiß ~ oft gefragt. 彼に何度尋ねたか分からない ‖ die Erkenntnis, ~ verschieden diese Anschauungen sein können これらの見解がときとしていかに千差万別であるかという認識.

b)《譲歩・認容の副文を導いて; しばしば **auch** や **immer** を伴って》どれほど…であろうと, たとえいかに…であるにせよ: *Wie* er auch fluchte und um sich stieß, ließen sie ihn nicht los. どれほど悪態をつき暴れても 彼らは彼をつかまえて放さなかった | Ich halte zu dir, ~ immer es gehen mag. どんな事態になっても私は君の味方だ | *Wie* dem auch sei! / Dem sei, ~ ihm wolle! それがどうであれ, それはそれとして ‖ *Wie* reich er auch sein mochte, er konnte doch nicht helfen. いかに金持ちであったとはいえ 彼にも助けるすべはなかった | ~ sehr man ihm auch zurät, das zu tun どれほど彼にそれをするようにすすめても | Aus ~ adligem oder unadligem Blut sie auch sein mag, das laß dich nicht kümmern! 彼女がどれほどの貴族の出であれ またはどれほど下賤(げせん)の出であれ君はそんなことは気にかけるな.

c)《感嘆文で, または感嘆の副文を導いて》なんと〔まあ〕, どんなに, いかに: *Wie* 〔sehr〕 habe ich mich darüber gefreut! 私がどんなにそれを喜んだことか | *Wie* doch manchmal der Zufall spielt! 偶然がときとして なんというたずらをすることか ‖ *Wie* schön ist das Wetter! / *Wie* schön das Wetter ist! なんとすばらしい天気だろうか, 天気のすばらしさといったら | *Wie* dumm 〈schade〉, daß du keine Zeit hast! 君がいま暇がないなんて全く残念だ | *Wie* schnell er läuft! 彼はなんとまあ早く走ることか | *Wie* du aussiehst! 君の様子ときたらなんという有様だ ‖〖**und wie!** の形で相手の問いを強く肯定し, その程度の高さを示して〗Er ist hingefallen, und 〈aber〉 ~! 彼は転んだのだがその転び方のすごかったことといったら | Freut er sich auf unser Wiedersehen?—〔Na,〕 und ~! 彼は我々の再会を楽しみにしているかい — そりゃもう大変なものだよ.

2 《関係副詞》《やり方や程度を表す名詞を先行詞として》…するその…: die Art und Weise, ~ er spricht 彼の話し方 | in dem Maße, ~ die Entwicklung weitergeht 事の進展の具合に応じて | Er schildert es in der Weise, ~ es sich zugetragen hat. 彼は事の顛末(てんまつ)をありのままに描写する.

II 接《従属; ただし副文でなく文成分を導くことも多い》**1** (英: *as*)《同等・類似》…と同じくらいに, …ほど; …のごとく, …のように; …にしたがって: 〖文成分を導いて〗weiß ~ Schnee 雪の

W

ように白い｜L ～ Ludwig ルートヴィヒの L｜～ gehabt これまでと同じように, 従来どおり｜～ immer いつものように｜nach ～ vor / ▽vor ～ nach 依然として, 相変わらず｜Ich fühlte mich ～ zerschlagen. 私は打ちのめされたように感じた‖Mir war, ～ wenn (＝als ob) ich etwas gehört hätte. 私は何かが聞こえたような気がした‖〖前置詞に近い用法で同格の名詞句を導いて: →als¹ I 1 a〗～ ein Fachmann sprechen 専門家のような話し方をする(参考 als Fachmann sprechen 専門家として話す)｜Wir behandeln ihn ～ einen Vorgesetzten. 私たちは彼を上司のように遇する｜～ ein Vorgesetzter behandelt werden 上司のように遇される‖〖**so**＋形容詞と呼応して〗Er ist so groß ～ du. 彼は君と同じくらいの背丈だ｜Sie ist jetzt so alt, ～ du damals warst. 彼女は当時の君と同じ年齢だ｜Die Ernte ist doppelt so groß ～ im vorigen Jahr. 収穫高は前年の 2 倍になる‖so bald ～ (＝als) möglich できるだけ早く｜so gut ～ ほとんど, ほぼ; …も同然(→gut I 7 a)‖Der Schrank ist so breit ～ hoch. この戸棚は高さと幅が同じだ｜Sie kamen mir ebenso überraschend ～ ungelegen. 彼らの訪問は私にとっては思いがけない喜びであったが少し迷惑でもあった‖〖具体例の提示〗ein Mann ～ er 彼のような男｜in einer Zeit ～ der unsrigen 〈～ die unsrige〉 我々の置かれているような時代に｜zwischen zwei Männern ～ dir und mir 君と僕のような男同士の間では｜Haustiere ～ Pferd, Schwein, Rind 馬・豚・牛のような家畜‖〖〔**sowohl**〕**... wie**〔**auch**〕**...** の形で〗Sowohl Männer und Frauen ～ (＝als) auch Kinder nehmen teil. 男も女もそしてまた子供も参加する｜Das Haus ist außen ～ innen renoviert. 家は内外ともに改装ずみである.

II〖副文を導いて; so, solch, derselbe, gleich などと呼応することが多い〗Alles bleibt〔so〕, ～ es war. いっさいが昔のままだ｜Er benahm sich〔so〕, ～ es sich gehört. 彼はふさわしい立居振舞いをした｜Er lebt, ～ ihm der Arzt vorschreibt. 彼は医者の指示どおりの生活をしている｜Ich lief und lief, ～ man nur laufen kann. 私は走れるかぎり走りに走った｜Die Japaner stehen nicht geduldig Schlange, ～ es die Engländer tun. 日本人は英国人のように忍耐強く列を作って待つことはしない｜Es ist so, ～ ich es gesagt habe. 私がお話ししたとおりです｜Das Auto fährt so schnell, ～ ich erwartet habe. この自動車は期待していたとおりのスピードが出る｜*Wie* man's treibt, so geht's. 自業自得である(行いに相応した成り行きとなる)｜*Wie* du mir, so ich dir. お互いさまだ(君が私にしたように私は君にする)‖solche Gewänder, ～ du sie trägst 君の着ているような衣服(→6 a)｜Er wiederholte alle Umstände in denselben Worten, ～ er es im ersten Verhör getan hatte. 彼はすべての事情を最初の取り調べのときと同じ言葉で繰り返した｜im selben Augenblick, ～ der Vogel zu singen begann その鳥が鳴き始めた瞬間に｜ein Mädchen mit gleichen Haaren, ～ sie meine Frau besitzt 私の妻と同じような〔色の〕髪をした少女(→6 a).

☆ wie と als の用い方:
次のような言いまわしではいずれも正しい用法とされる: sowohl Männer wie (＝als) auch Frauen 男も女も｜so ... wie (＝als) möglich できるだけ….

2《形容詞＋**wie ... ist** などの形で》**a**)《理由》…であるので: Klug ～ sie war, fand sie sich bald zurecht. 利口な彼女のことなので間もなくうまく適応できた｜Feige ～ er ist, hat er sich aus dem Staub gemacht. 臆病(おくびょう)者の彼はそっと逃げ出した｜So, ～ er nun einmal war, konnte man nicht mit ihm rechnen. 彼がこのありさまなので彼をあてにすることはできなかった.

b)《譲歩・認容》…であるのに, …であるにせよ: Fleißig ～ er ist, wird er doch schwerlich die Prüfung bestehen können. 彼は勤勉ではあるが 試験に及第するのは難しいだろう｜Alt ～ du sein magst, ein Tor bist du. 君は年をとっているが愚か者だ.

3《変動する基準》…につれて, …に応じて, …であるままに: ～ es sich trifft 都合しだいで, 成り行きに応じて｜*Wie* er altert, wird er noch geiziger werden. 彼は年をとるにつれてますますけちになるだろう.

4《挿入句を導いて》Das war, ～ gesagt, im vorigen Monat. すでに言ったことですが それは前月のことでした｜*Wie* du siehst, ist er noch da. ごらんのとおり彼はまだそこにいます｜*Wie* Sie wissen, war ich verreist. ご承知のことと思いますが私は旅行に出ていました｜*Wie* mir scheint, ist kein Erfolg zu erhoffen. どうやら成功は期待できそうにない｜～ nicht anders zu erwarten war これ以外のことを期待できなかったのであるが‖〖**wie denn**〔**überhaupt**〕の形で〗Das war schon am nächsten Tag in der ganzen Stadt bekannt, ～ denn〔überhaupt〕das Gerücht Beine hat. 一般にうわさは脚が速いものであるが ご多分にもれずこのことは翌日にはもう町じゅうに知れわたっていた.

5《時》(als) …するとすぐに, …したとき; …していると: *Wie* er das erfuhr, ging er gleich fort. それを聞くと彼はすぐに立ち去った｜*Wie* ich eben auf die Straße trat, stießen zwei Autos aufeinander. ちょうど道路に出たとき 2 台の自動車が衝突した｜*Wie* ich so stand, klopfte mir jemand auf die Schulter. そんなふうに立っていると だれかに肩をたたかれた｜Und nachts, ～ die Kinder schlafen, da sagt er ... そして夜になって子供たちが眠りにつくと 彼は口を開き…‖Erinnerst du dich an den Sommer, ～ wir miteinander auf dem Land waren? 連れだって田舎に行ったあの夏のことを覚えているかい.

6《主文中の語を受ける人称代名詞などを含んだ一種の関係文をつくって》**a**)《類似》Sie trug einen Kittel, ～ ihn ein Apotheker trägt. 彼女は薬剤師の着るような上っ張りを着ていた｜Es war ein nebeliger Abend, ～ er im Spätsommer zuweilen vorkommen. 晩夏によくある霧のかかった晩であった｜Wo sind solche Uhren zu haben, ～ Sie eine haben? あなたがお持ちのと同じような時計はどこで入手できますか.

b)《様子・同時》Ich blickte dem Wagen nach, ～ er durch den staubenden Sand dahinzog. 私は砂ぼこりの中を走り去る車を見送った｜Sie war sehr schön, ～ sie mit ihren Zähnen in den Apfel biß. りんごに歯をあててかむ彼女の姿はとても美しかった｜Ich gehe gleich, ～ ich bin. 私はこのまま〔着替えもせずに〕すぐ出かけます｜Das Wetter muß man nehmen, ～ es kommt. (雨が降ろうと風が吹こうと)天気はそのまま受け入れるほかはない.

7《不等の比較》(als) …より〔も〕; …とは違って(ただしこの意味では今日ふつう als を用いる: →als¹ I 2): Da blühten die Blumen schöner ～ (＝als) an jedem anderen Ort. そこでは他のいかなる場所よりも美しく花が咲いていた｜Die Sache verhält sich gerade umgekehrt, ～ (＝als) Sie denken. 事態はあなたがお考えになっているのと全く逆なのです.

III Wie 中 -s/ どんなふうにということ, やり方, 方法, 様子: Das ～ und Warum bleibt unklar. どのようにして またなぜそうなったかは依然として分からない｜Es kommt nicht nur auf das Was an, sondern auch auf das ～. 何がなされるかだけではなく どのようなやり方でなされるかも重要だ.

[*ahd.*; ◇wer]

Wie·bel[víːbəl] 男 -s/- (Kornwurm)(貯蔵中の)穀物につく虫(コクゾウムシ・コクガなど).

[*westgerm.*; ◇weben; *engl.* weevil]

wie·beln[víːbəln]《06》他 (h)《中部》《*et.*⁴》(…に)つぎを当てる, (…を)つくろう.

[*mhd.* wifelen; <*mhd.* wevel „Einschlag" (◇weben)]

Wie·chert[víːçərt, ..çɛrt] 人名 Ernst ～ エルンスト ヴィーヒェルト(1887-1950; ドイツの詩人・小説家. 作品は小説『単純な生活』など).

Wie·de[víːdə] 女 -/-n《南部・オーストリア》(結んだり縛ったり編んだりするのに用いる)ヤナギの細枝, 柳条(りゅうじょう).

[*ahd.*; ◇Weide¹]

Wie·de·hopf[víːdəhɔpf] 男 -〔e〕s/-e〖鳥〗ヤツガシラ(戴勝)(ブッポウソウの類): win ein ～ stinken (→stinken 1 a). [*ahd.*; 擬音; ◇*lat.* upupa „Wiedehopf"; *engl.* hoopoe]

wie·der[víːdər] 副 **1** (英: *again*)《反復》再び, もう一度, また: Kommen Sie bitte ～! またどうぞおいでください | *Wieder* ist ein Jahr vergangen. 再び1年が経過した | Die Preise steigen schon ～. 物価がもうまた値上がりする | Das darfst du nie ～ tun. 君は二度とそんなことをしてはいけない ‖ 〖「再び」の意味が薄れて〗Wo ist er ～ verschwunden? 彼はまたどこに消えちまったんだ | Wie heißt er ～? 彼の名前はなんといったっけ ‖ **immer ～ / ～ und ～ / ～ und immer ～ / immer und immer ～** 再三再四, くり返し | Er versuchte es immer ～. 彼はそれを何度も何度も試みた | Der Rhein ist immer ～ schön. ライン川はいつ見ても美しい ‖ für nichts und ～ nichts (→nichts I) | um 〈wegen〉 nichts und ～ nichts (→nichts I).

2 《復原》もとに戻って, もとどおり, 再びまた: ～ gesund werden 健康を回復する | *sich*⁴ ～ erholen また元気になる | ～ werden《話》元気を回復する, 生き返る | Ich bin gleich ～ da. 私はすぐに戻ってくる.

3 他方また, これに反して: Er spricht zu viel und seine Frau ～ zu wenig. 彼はしゃべりすぎるが 彼の妻のほうはしゃべらなすぎる | Ich möchte hingehen, möchte es aber auch ～ nicht. 私は行きたい気もするし 他方また行きたくない気もする.

4 hin und ～ ときおり, ときたま(→hin 1 d).

★ 動詞と用いる場合はときに分離の前つづりとみなされる.

[<wider]

wieder.. 《分離動詞の前つづり, ただし: →★》**1 a)** 《「復原」を意味する》: *wieder*aufbauen 復興する | *wieder*aufheben 撤回する | *wieder*bekommen 返してもらう | *wieder*erstatten 払い戻す | *wieder*gutmachen 償う | *wieder*kaufen 買い戻す. **b)** 《「返報」を意味する》: *wieder*grüßen 答礼する | *wieder*lieben 愛にこたえる | *wieder*schlagen 殴り返す | *wieder*vergelten 報復する. **2** 《「反復」を意味する》: *wieder*abdrucken 再版する | *wieder*sehen 再会する | *wieder*einfallen 記憶によみがえる | *wieder*verkaufen 転売する.

★ i) wieder.. が分離動詞についた場合, 例えば *wieder*aufbauen は, 過去で baute *wieder* auf, 過去分詞で *wieder*aufgebaut, zu 不定詞で *wieder*aufzubauen のようになる. また非分離動詞についたときは, 過去分詞で wieder.. と基礎語の非分離動詞の過去分詞形の間に ge.. を入れない. ii) *wieder*holen が「くり返す」を意味する場合には wieder.. は非分離の前つづりである (ich *wieder*hole).

Wie·der·ab·druck[viːdər|ápdrʊk] 男 -[e]s/-e 〖印〗再版, 重版.

wie·der|ab|drucken 他 (h) (→wieder.. ★ i) 再版〈重版〉する.

wie·der|an|knüp·fen[viːdər|ánknʏpfən] 他 (h) (→wieder.. ★ i)《比》再び結びつける: Beziehungen ～ 再び関係をつける | ein Gespräch ～ 再び話の糸口をつなぐ.

Wie·der·an·pfiff[viːdər|ánpfɪf] 男 -[e]s/ 〖ス゚ポ〗試合再開のホイッスル〈合図の笛〉.

Wie·der·an·schaf·fung[viːdər|ánʃafʊŋ] 女 -/-en 再購入, 新規購入.

wie·der|auf|ar·bei·ten[viːdər|áuf|arbaɪtən] 《01》=wiederaufbereiten

Wie·der·auf·ar·bei·tung[..tʊŋ] = Wiederaufbereitung

Wie·der·auf·bau[viːdər|áufbau] 男 -[e]s/ 再建, 復興, 再興: der ～ nach dem Krieg 戦後の復興.

wie·der|auf|bau·en[..bauən] 他 (h) (→wieder.. ★ i) (破壊された・崩壊したものを)再建する, 復興〈再興〉する.

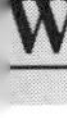

wie·der|auf|be·rei·ten[viːdər|áufbəraɪtən] 《01》他 (h) (→wieder.. ★ i) (使用ずみの核燃料などを)再処理する.

Wie·der·auf·be·rei·tung[..tʊŋ] 女 -/-en (使用ずみ核燃料などの)再処理.

Wie·der·auf·be·rei·tungs·an·la·ge 女 (略 WAA) (使用ずみ核燃料などの)再処理施設〈工場〉.

Wie·der·auf·for·stung[viːdər|áuffɔrstʊŋ] 女 -/-en 再植林, 再造林.

wie·der|auf|füh·ren[viːdər|áuffyːrən] 他 (h) (→wieder.. ★ i) (芝居などを)再演する; (映画を)再上映する.

Wie·der·auf·füh·rung[..rʊŋ] 女 -/-en (芝居などの)再演; (映画の)再上映.

wie·der|auf|he·ben*[viːdər|áufheːbən][1] 《68》他 (h) (→wieder.. ★ i) 《*et.*⁴》(慣習・法令などを)廃止〈破棄〉する; (命令などを)取り消す, 撤回する.

Wie·der·auf·la·ge[viːdər|áuflaːgə] 女 -/-n **1** 《単数で》(書物などの)再出版, 再刊行. **2** 再版.

wie·der|auf|le·ben[viːdər|áufleːbən][1] 自 (s) (→wieder.. ★ i) 《比》再び息を吹き返す, 元気を取り戻す; 復活〈復興〉する: Der Handel *lebte wieder auf*. 取引は再び活気を取り戻した.

wie·der|auf|le·gen[viːdər|áufleːgən][1] 他 (h) (→wieder.. ★ i) 《*et.*⁴》(書物などを)再び出版〈刊行〉する, 再版する.

Wie·der·auf·nah·me[viːdər|áufnaːmə] 女 -/ (wiederaufnehmen すること. 例えば:) (中断後の)再開, 続行; 〖法〗再審; 再度の受け入れ: die ～ des Verfahrens 〖法〗再審手続き | die ～ der Verhandlungen 交渉の再開.

Wie·der·auf·nah·me≠kla·ge 女 〖法〗再審の訴え. **≠ver·fah·ren** 中 〖法〗再審手続き.

wie·der|auf|neh·men*[..neːmən] 《104》他 (h) (→wieder.. ★ i) 《*et.*⁴》**1** (中断の後に)再び取り上げる, 再び始める, 再開する, 再び続ける, 続行する: die Arbeit ～ 仕事を再開する | abgebrochene diplomatische Beziehungen ～ 断絶されていた外交関係を再び樹立する | ein unterbrochenes Gespräch ～ 中断されていた会話〈会談〉を再び続ける. **2** 《*jn.* / *et.*⁴》(排除・排斥されていたものを)再び受け入れる, 再び復帰させる.

wie·der|auf|rich·ten[viːdər|áufrɪçtən] 《01》他 (h) (→wieder.. ★ i) 《*jn.*》(失意の人を)立ち直らせる, 励ます, 元気づける, 鼓舞する.

Wie·der·auf·rich·tung[..tʊŋ] 女 -/ wiederaufrichten すること.

Wie·der·auf·rü·stung[viːdər|áufrʏstʊŋ] 女 -/-en 再武装, 再軍備.

wie·der|auf|su·chen[viːdər|áufzuːxən] 他 (h) (→wieder.. ★ i) 《*jn.*》(…に)再び会いに行く, (…を)再び訪問する.

wie·der|auf|tau·chen[viːdər|áuftauxən] 自 (s) (→wieder.. ★ i) 再び姿を現す; カムバックする, 返り咲く.

Wie·der·be·ginn[víːdərbəgɪn] 男 -[e]s/ 再開: ～ des Unterrichts 授業の再開.

wie·der|be·gin·nen*[..bəgɪnən] 《57》他 (h) 再び始める〈開始する〉, 再開する.

wie·der|be·kom·men*[víːdərbəkɔmən] 《80》他 (h) (失った・〔貸し〕与えたものなどを)再び手に入れる, 返してもらう.

wie·der|be·le·ben[víːdərbəleːbən][1] 他 (h) 《*jn.*》(仮死状態にあるものを人工呼吸・酸素吸入などによって)蘇生(そせい)させる; 《比》《*et.*⁴》よみがえらせる, 復活〈復興〉させる: alte Bräuche ～ 古い風習を復活させる.

Wie·der·be·le·bung[..bʊŋ] 女 -/ (wiederbeleben すること. 例えば:) 蘇生(そせい); 《比》復活, 復興.

Wie·der·be·le·bungs·ver·such 男 蘇生(そせい)の試み, 蘇生術(人工呼吸・酸素吸入など).

wie·der|be·schaf·fen[víːdərbəʃafən] 他 (h) 再び手に入れる, 再調達する.

Wie·der·be·schaf·fung[..fʊŋ] 女 -/-en wiederbeschaffen すること.

wie·der|be·set·zen[víːdərbəzɛtsən] 《02》他 (h) (空席のポストなどを)再び補充する; 〖軍〗再び占領する.

Wie·der·be·set·zung[..tsʊŋ] 女 -/-en wiederbesetzen すること.

wie·der|brin·gen*[víːdərbrɪŋən] 《26》他 (h) (持ち去ったものを)再び持ってくる; (借りたものを)返却する: ein geliehenes Buch ～ 借りた本を返す.

Wie·der·druck[víːdərdrʊk] 男 -[e]s/-e 〖印〗再版, 重版.

wie·der|ein|brin·gen*[viːdər|áinbrɪŋən] 《26》他 (h) (→wieder.. ★ i) (損失などを)再び取り戻す, 取り返す; (損害などを)回復する, 埋め合わせる: den Zeitverlust ～ 時間のロスを取り戻す.

wie·der|ein|fal·len*[vi:dər|áinfalən]《38》自 (s) (→wieder.. ★ i) 再び念頭に浮かぶ, 記憶によみがえる.

wie·der|ein|füh·ren[vi:dər|áinfy:rən] 他 (h) (→wieder.. ★ i) (一度廃止した風習・制度などを)再び取り入れる, 再採用する.

Wie·der·ein·füh·rung[..ruŋ] 女 -/ wiedereinführen すること.

Wie·der·ein·pflan·zung[vi:dər|áinpflantsuŋ] 女 -/-en (Reimplantation)〖医〗再移植〔術〕.

wie·der|ein|rich·ten[vi:dər|áinrıçtən]《01》他 (h) (→wieder.. ★ i) 整え直す, 調整し直す;〖医〗(脱臼(だっきゅう)・骨折などを)整復する.

Wie·der·ein·rich·tung[..tuŋ] 女 -/ (wiedereinrichten すること. 例えば:)〖医〗整復.

wie·der|ein|set·zen[vi:dər|áinzεtsən]《02》他 (h) (→wieder.. ★ i)《*jn.*》(…を元の職・地位・身分などに)再び就ける, 復位〈復職〉させる, 復権させる: einen König ~ 王を復位させる | *jn.* in *seinen* Besitz ~ …の所有権を回復させる.

Wie·der·ein·set·zung[..tsuŋ] 女 -/ (wiedereinsetzen すること. 例えば:) 復位, 復職, 復権: die ~ in den vorigen Stand〖法〗原状回復.

wie·der|ein|stel·len[vi:dər|áinʃtεlən] 他 (h) (→wieder.. ★ i) **1** 再雇用する. **2** 再帰 *sich*[4] ~ (痛みなどが)ぶり返す.

Wie·der·ein·stel·lung[..luŋ] 女 -/-en 〔sich〕 wiedereinstellen すること.

wie·der|ein|tre·ten*[vi:dər|áintre:tən]《194》自 (s) (→wieder.. ★ i) **1** 再び入る(再入隊・再入社など); (宇宙船が大気圏内に)再突入する. **2** (事件・事態などが)再び起こる〈生じる〉, 再発する.

Wie·der·ein·tritt[..trıt] 男 -[e]s/-e (wiedereintreten すること. 例えば:) **1** 再入隊; 再入社; (宇宙船の大気圏内への)再突入. **2** (事件・事態などの)再発.

wie·der|ent·decken[ví:dər|εntdεkən] 他 (h) (見失ったものを)再発見する.

Wie·der·ent·deckung[..kuŋ] 女 -/-en 再発見.

wie·der|er·grei·fen*[ví:dər|εrgraıfən]《63》他 (h) (逃がしたものなどを)再び捕らえる.

wie·der|er·hal·ten*[ví:dər|εrhaltən]《65》他 (h) (失ったもの・〔貸し〕与えたものなどを)再び手に入れる, 返してもらう: *seine* Auslagen ~ 立て替えた金を返してもらう.

wie·der|er·in·nern[ví:dər|εr|ınərn]《05》他 (h) 再帰 *sich*[4] an *et.*[4] ~ …を再び思い出す.

wie·der|er·ken·nen*[ví:dər|εrkεnən]《73》他 (h) (前から知っているものを)再びそれと見分ける, (…に)見覚えがある, (…を)再認識〈再認知〉する;〖心〗再認する: Ich *erkenne* dich kaum *wieder.* 君はすっかり(君だとは分からないくらい)変わってしまった.

Wie·der·er·ken·nung[..nuŋ] 女 -/ それと見分ける〈見覚えのある〉こと, 再認識, 再認知;〖心〗再認.

wie·der|er·lan·gen[ví:dər|εrlaŋən] 他 (h) (失ったものを)再び手に入れる, 取り戻す: *sein* früheres Gewicht ~ 以前の体重を取り戻す.

wie·der|er·obern[ví:dər|εr|o:bərn]《05》他 (h) (一度失ったものを)再び征服〈占領〉する, 奪還する.

Wie·der·er·obe·rung[..bəruŋ] 女 -/-en 再征服, 再占領, 奪還.

wie·der|er·öff·nen[ví:dər|εr|œfnən]《01》他 (h) (一時閉じていた店・劇場などを)再び開く; (会議・論議などを)再開する.

Wie·der·er·öff·nung[..nuŋ] 女 -/-en wiedereröffnen すること.

wie·der|er·schei·nen*[ví:dər|εrʃaınən]《130》自 (s) 再び姿を現す, 再度出現する.

wie·der|er·set·zen[ví:dər|εrzεtsən]《02》他 (h) (自分の与えた損害などを)償う, 埋め合わせる, 補償〈弁償・賠償〉する.

wie·der|er·stat·ten[ví:dər|εrʃtatən]《01》他 (h) (費用などを)払い戻す, 返済する; 補償〈弁償・賠償〉する.

Wie·der·er·stat·tung[..tuŋ] 女 -/-en 払い戻し, 返済; 補償, 弁償, 賠償.

wie·der|er·ste·hen*[ví:dər|εrʃte:ən]《182》自 (s)《雅》よみがえる, 復活〈復興〉する: Die Stadt ist aus den Trümmern *wiedererstanden.* 町は廃墟からよみがえった.

wie·der|er·wa·chen[ví:dər|εrvaxən] 自 (h) (眠りから)再び目をさます;《比》(愛情・興味などが)再び目ざめる.

wie·der|er·zäh·len[ví:dər|εrtsε:lən] 他 (h) **1**《*et.*[4]》(人から聞いたことなどを自分の口で)もう一度語る, 自分の言葉で再現する. **2**《*jm. et.*[4]》(人から聞いたことを別の人に)さらに語り伝える, 言いふらす.

wie·der|fin·den*[ví:dərfındən][1]《42》他 (h) **1** (失ったものを)再び見つけ出す: Hast du den Autoschlüssel *wiedergefunden*? 車のキーは見つかったかい | *sein* altes Selbstvertrauen ~ 以前の自信を取り戻す ‖ 再帰 Die beiden haben sich[4] 〈einander〉 *wiedergefunden.* 二人はもとどおり愛し合うようになった. **2** 再帰 *sich*[4] ~ 心の落ち着きをとり戻す, ふたたび立ち直る.

wie·der|for·dern[ví:dərfɔrdərn]《05》他 (h)《*et.*[4]》(…の)返却を求める, (…の)返還を要求〈請求〉する.

Wie·der·ga·be[ví:dərga:bə] 女 -/-n **1**《単数で》wiedergeben すること. **2** (wiedergeben されたもの. 例えば:) 再現; 描写; 複写, 複製; 再生〔音〕: eine gute ~ eines Gemäldes von Picasso ピカソの絵のすぐれた複製 | eine vollendete ~ einer Kantate von Bach バッハのカンタータの完璧(かんぺき)な再現〈演奏〉| Der Lautsprecher hat eine gute 〈schlechte〉 ~. このスピーカーは再生音が良い〈悪い〉.

Wie·der·gän·ger[ví:dərgεŋər] 男 -s/-〖民間信仰〗〈魂の安息を得られずに真夜中にさまよい歩く〉死者の亡霊.

wie·der|ge·ben*[ví:dərge:bən][1]《52》他 (h) **1**《*jm. et.*[4]》(…に借りたもの・奪ったものなどを)返す, 返却〈返還〉する: *jm.* ein 〔geliehenes〕 Buch ~ …に〔借りていた〕本を返す | *jm.* die Freiheit 〈die Gesundheit〉 ~《雅》…を再び自由の身にしてやる〈元どおり健康にする〉. **2** (情景・他人の言葉などを)再現する, 描写〈描出〉する, 模写する; 複写〈複製〉する; (芸術作品を)再現する(朗読・演奏・上演など); (スピーカーなどが音を)再生する: *js.* Äußerung genau 〈wörtlich〉 ~ …の発言を正確に〈言葉どおりに〉伝える | *seine* Erlebnisse lebendig ~ 自分の体験を生き生きと描写する | Dieser Ausdruck läßt sich im Deutschen nur schwer ~. この表現はドイツ語にはうまく翻訳できない | Er hat das Gedicht ausgezeichnet *wiedergegeben.* 彼はその詩を見事に再現した(朗読によって) | Seine Worte sind nicht *wiederzugeben.* 彼の言葉をそのままここでくり返すことははばかられる(表現があまりにも野卑で). [◇Wiedergabe]

wie·der·ge·bo·ren[ví:dərgəbo:rən] 形 生まれ変わった, 再生した;《比》よみがえった, 復活した: Ich fühle mich wie ~. 私は自分が生まれ変わったような気がする.

Wie·der·ge·burt[..gəbu:rt] 女 -/ (霊魂の)生まれ変わり, 再生;《比》よみがえり, 復活, 復興: die ~ der Antike in der Renaissance ルネサンス期における古代の復活.

wie·der|ge·win·nen*[ví:dərgəvınən]《213》他 (h) (失ったものを)再び取り返す, 取り戻す, 奪回〈奪還〉する: Er hat seine gute Laune *wiedergewonnen.* 彼は再び元の上機嫌に戻っている.

Wie·der·ge·win·nung[..nuŋ] 女 -/-en wiedergewinnen すること.

wie·der|grü·ßen[ví:dərgry:sən]《02》他 (h)《*jn.*》(…に)あいさつを返す, 答礼する: Meine Frau läßt Sie vielmals grüßen.—Danke, *grüßen* Sie sie bitte *wieder*! 家内があなたにくれぐれもよろしくと言っていました—ありがとう私からもどうぞよろしくお伝えください.

wie·der|gut|ma·chen[vi:dərgú:tmaxən] 他 (h) (→wieder.. ★ i)《*et.*[4]》(損失・損害などを)弁償〈補償・賠償〉する, (…の)埋め合わせをする; (罪を)償う: ein nie *wiedergutzumachender* Fehler 決して償えない過失.

Wie·der·gut·ma·chung[..xuŋ] 女 -/-en (損害などの)弁償, 補償, 賠償, 埋め合わせ; (罪の)償い, 罪滅ぼし.

wie·der|ha·ben*[ví:dərha:bən][1]《64》他 (h)《話》再び自分のものとして持つ〈所有する〉: Ich möchte mein Buch ~. 私の本を再び手に入れたい〈返してもらいたい〉.

Wie·der·hei·rat[víːdərhaɪraːt] 女 -/-en 再婚.

wie·der|her|rich·ten[viːdərhéːrrɪçtən] 《01》 他 (h) (→wieder.. ★ i) 整え直す, 修復〈修理〉する.

wie·der|her|stel·len[viːdərhéːrʃtɛlən] 他 (h) (→wieder.. ★ i) **1** 《*et.*[4]》 元の状態に戻す, 原状に復する, 復旧〈復元・修復〉する: ein Gebäude ~ 建物を修復する.
2 《*jn.*》 (…の健康・体力を)回復させる: Er ist von seiner Krankheit noch nicht ganz *wiederhergestellt.* 彼は病気からまだ完全には回復していない.

Wie·der·her·stel·lung[..lʊŋ] 女 -/-en (wiederherstellen すること. 例えば:) 原状の回復, 復旧, 復元, 修復; (健康・体力の)回復, 本復(ほんぷく); 〘法〙 原状回復.

Wie·der·her·stel·lungs≠chir·ur·gie 女 〘医〙 再建〈形成〉外科. **≠ko·sten** 複 復旧費, 修復費.

wie·der·hol·bar[viːdərhóːlbaːr] 形 (wiederholen[2]できる. 例えば:) くり返しのできる, 反復可能な.

wie·der|ho·len[1][víːdərhoːlən] 他 (h) (元の場所へ)再び取り戻す, (失ったもの・貸したものなどを)取り返す, 取り戻す: *sich*[3] den Titel ~ タイトルを奪還する | Ich habe mir das Buch *wiedergeholt.* 私はその本を返してもらった.

wie·der·ho·len[2][–⏑⏑́⏑] **I** 他 (h) **1** くり返す, 反復する: eine Klasse ~ 同じクラスを2度くり返す(原級にとどまって) | eine Sendung ~ 放送をくり返す(再放送) ‖ 再帰 *sich*[4] ~ くり返される, くり返し起こる | Solche Fälle *wiederholen* sich häufig. このようなケースはひんぱんに起こる. **2 a)** くり返して言う; (人の言った言葉を)〔まねて〕くり返す, 復唱する: *js.* Befehl ~ …の命令を復唱する | eine Frage ~ 質問をくり返す | *seine* Forderungen ~ 要求をくり返す | *et.*[4] Wort für Wort ~ …を一語一語くり返す. **b)** 再帰 *sich*[4] ~ 発言をくり返す, 同じことを何度も言う.
II wie·der·holt 過分 形 再度〈再三再四〉の, たびたびの: ~*e* Beschwerden 〈Proteste〉 度重なる苦情〈抗議〉 | zu ~*en* Malen くり返し, 何度も ‖ Ich habe ~ versucht, ihn zu erreichen. 私は何度も彼と連絡を取ろうと試みた.

wie·der·ho·lent·lich[viːdərhóːləntlɪç] =wiederholt

Wie·der·ho·lung[1][víːdərhoːlʊŋ] 女 -/ wiederholen[1]すること.

Wie·der·ho·lung[2][–⏑⏑́⏑] 女 -/-en (wiederholen[2]すること. 例えば:) くり返し, 反復; 復唱: die ~ einer Sendung 再放送 | Es gibt für diese Prüfung keine Möglichkeit der ~. この試験はやり直しがきかない.

Wie·der·ho·lungs≠fall 男 《官》 《もっぱら次の形で》 im ~〔*e*〕(このことが)くり返された〈再び起こった〉場合には. **≠imp·fung** =Wiederimpfung **≠kurs** 男 **1** 再履修コース. **2** (略 WK) 《スイ》 (民兵組織で毎年一回行われる)軍事再訓練. **≠prü·fung** 女 再試験. **≠sen·dung** 女 再放送. **≠spiel** 中 〘スポ〙 再試合. **≠tä·ter** 男 〘法〙 再犯者. **≠verb** 中 (Iterativum) 〘言〙 反復動詞. **≠wahl** 女 再選挙. **≠zahl·wort** 中 -〔e〕s/..wörter 〘言〙 回数, 反復数(例 zweimal 2回, zweimalig 2回にわたる). **≠zei·chen** 中 〘楽〙 反復記号.

Wie·der·hö·ren[víːdərhøːrən] 中 -s/ 《次の形で》 Auf ~! さようなら(電話・ラジオ放送などでのあいさつ: →Wiedersehen).

wie·der|imp·fen[víːdər|ɪmpfən] 他 (h) 《*jn.*》 (…に)再度の予防接種をする.

Wie·der·imp·fung[..fʊŋ] 女 -/-en 〘医〙 再接種, 反復接種.

Wie·der·in·be·sitz·nah·me[viːdər|ɪnbəzítsnaːmə] 女 -/ 再びわがものとする〈所有権を取り戻す〉こと, 再占有; 〘軍〙 再占拠, 奪還.

wie·der|in·stand|set·zen[viːdər|ɪnʃtántzɛtsən] 《02》 他 (h) (→wieder.. ★ i) 修復する, 修理する.

Wie·der·in·stand·set·zung[..tsʊŋ] 女 -/-en 修復, 修理.

wie·der|käu·en[víːdərkɔʏən] 他 (h) 反芻(はんすう)する; 《俗》 何度もくり返す.

Wie·der·käu·er[..kɔʏər] 男 -s/- 反芻(はんすう)動物.

Wie·der·käu·er·ma·gen 男 〘動〙 反芻(はんすう)胃(→ 図 Magen B).

Wie·der·kauf[víːdərkaʊf] 男 -〔e〕s/ 買い戻し; 請け戻し〈出し〉.

wie·der|kau·fen[..kaʊfən] 他 (h) (一度売ったものを)買い戻す; (質草などを)請け戻す〈出す〉.

Wie·der·käu·fer[..kɔʏfər] 男 -s/- 買い戻し人.

Wie·der·kaufs·recht[..kaʊfs..] 中 買い戻し権.

Wie·der·kehr[víːdərkeːr] 女 -/ 《雅》 **1** 帰来, 帰還: die ~ Christi キリストの再来(→Wiederkunft).
2 くり返し, 反復: die häufige ~ des gleichen Wortes 同一語の度重なる反復.

wie·der|keh·ren[..keːrən] 自 (s) 《雅》 **1** 帰ってくる, 戻ってくる: aus dem Krieg ~ 戦争から帰還する | Diese Gelegenheit *kehrt* nie *wieder.* このような機会は二度と戻ってはこない ‖ bei *wiederkehrendem* Bewußtsein 意識が戻ったとき. **2** くり返される, 反復される: Diese Melodie *kehrt* im ersten Satz dreimal *wieder.* この旋律は第1楽章で3度出てくる.

wie·der|ken·nen*[víːdərkɛnən] 《73》 《北部》 =wiedererkennen

wie·der|kom·men*[víːdərkɔmən] 《80》 自 (s) **1** 再び来る: *Kommen* Sie bitte *wieder*! またどうぞ来てください.
2 再び帰って来る; 《比》 (一度去ったものが)また戻って来る(病気の再発など). [◇Wiederkunft]

Wie·der·kreuz[víːdərkrɔʏts] 中 -es/-e 〘紋〙 二重十字, 花クルス.

Wie·der·kunft[víːdərkʊnft] 女 -/ 《雅》 帰って〈戻って〉くること, 帰還: die ~ Christi (最後の審判の日における)キリストの再臨(→Wiederkehr). [◇wiederkommen]

Wie·der·ler·nen[víːdərlɛrnən] 中 -s/ 〘心〙 再学習.

wie·der|lie·ben[víːdərliːbən][1] 他 (h) 《*jn.*》 (…の)愛にこたえる, (愛してくれる人を)自分でも愛する: Sie liebt und wird *wiedergeliebt.* 彼女は好きな人がおり相手にも好かれている.

wie·der|sa·gen[víːdərzaːgən][1] 他 (h) **1** (人から聞いたことなどを自分の口で)もう一度語る, 自分の言葉で再現する.
2 《話》 =wiedererzählen 2

Wie·der·schau·en[víːdərʃaʊən] 中 -s/ 《南部・オーストリア》 (Wiedersehen) 再会: Auf ~! またお目にかかりましょう, さようなら.

wie·der|se·hen*[víːdərzeːən] 《164》 **I** 他 (h) 《*jn./et.*[4]》 再び見る, (…と)再会する: Sie *sah* ihn nie *wieder.* 彼女は二度と再び彼に会わなかった | Wann *sehen* wir uns *wieder*? 今度会うのはいつにしようか | Bei Philippi sehen wir uns wieder! (→Philippi).
II Wie·der·se·hen 中 -s/ 再会: ein frohes 〈trauriges〉 ~ 楽しい〈悲しい〉再会 | Wir hoffen auf ein baldiges ~. 近くまたお目にかかりたいものです | **Auf ~!** またお目にかかりましょう, さようなら(別れる際の最もふつうのあいさつの言葉: →Wiederhören).

Wie·der·se·hens·freu·de 女 再会の喜び.

Wie·der·tau·fe[víːdərtaʊfə] 女 -/-n (幼児洗礼を無効とする再洗〔礼〕派の人が内的回心後に受ける)再洗礼.

Wie·der·täu·fer[..tɔʏfər] 男 -s/- (Anabaptist) 再洗〔礼〕派の人.

wie·der|tun*[víːdərtuːn] 《198》 他 (h) (同じ行為を)再びする, くり返す.

wie·der·um[víːdərʊm] 副 **1** 再び, もう一度, またもや: Er hat sich ~ verspätet. 彼はまたもや遅刻した.
2 他方また, これに反して; これまた同様に, それはそれで: Ich habe ihm geraten, es zu tun, er ~ ist der Meinung, es sei besser, es nicht zu tun. 私は彼にそれをするように勧めたが 彼は彼でそれをしないほうがよいと考えている | Ich wußte es von meinem Mann, und er ~ wußte es von seinem Freund. 私はそれを夫から聞いたのだが夫は夫で友人から聞いたのだった.

wie·der|ver·ei·ni·gen[víːdərfɛr|aɪnɪgən][2] 他 (h) 再び一つにまとめる, 再び統合する: Deutschland ist *wiedervereinigt* worden. ドイツは再統一された.

Wie·der·ver·ei·ni·gung[..gʊŋ] 女 -/-en 再統合, 再統一, 再合同: die ~ Deutschlands ドイツの再統一.

wie·der|ver·gel·ten*[víːdərfɛrgɛltən]《54》他 (h)《et.⁴》(…を)やり返す,(…の)報復(仕返し)をする.

wie·der|ver·hei·ra·ten[víːdərfɛrhaɪraːtən]《01》他 (h) 再帰 sich⁴ ～ 再婚する.

Wie·der·ver·hei·ra·tung[..tʊŋ] 女 -/-en 再婚.

Wie·der·ver·kauf[víːdərfɛrkaʊf] 男 -(e)s/ 転売; 小売り.

wie·der|ver·kau·fen[..kaʊfən] 他 (h)(買ったものを)再び売る, 転売する;(卸商から仕入れた商品を)小売りする.

Wie·der·ver·käu·fer[..kɔʏfər] 男 -s/- 転売人; 小売商人: Verkauf nur an ～! 小売りはいたしません(卸商などのはり紙).

Wie·der·ver·mie·tung[víːdərfɛrmiːtʊŋ] 女 -/-en また貸し.

wie·der·ver·wend·bar[víːdərfɛrvɛntbaːr] 形 再利用可能な.

wie·der|ver·wen·den⁽*⁾[víːdərfɛrvɛndən]¹《206》他 (h) 再利用する, 再度活用する: Altpapier ～ 使い古しの紙を再利用する.

Wie·der·ver·wen·dung[..dʊŋ] 女 **1** 再利用. **2** (退職者の)現役復帰, 再雇用.

wie·der·ver·wert·bar[víːdərfɛrveːrtbaːr] 形 (廃棄物などが)再利用可能な.

wie·der|ver·wer·ten[víːdərfɛrveːrtən] 他 (h)《et.⁴》(廃棄物などを)再利用する.

Wie·der·ver·wer·tung[..tʊŋ] 女 (廃棄物などの)再利用.

Wie·der·vor·la·ge[víːdərfoːrlaːgə] 女 -/《官》再呈示; 再提出.

Wie·der·wahl[víːdərvaːl] 女 -/-en (任期終了後の)再選: *sich⁴* um *seine* ～ bemühen 自分が再び選ばれるように努力する.

wie·der|wäh·len[..vɛːlən] 他 (h)《jn.》(任期終了後)重ねて選出する, 再選する.

wie·feln[víːfəln]《06》《南部・ｽｲｽ》＝wiebeln

▽**wie·fern**[vi(ː)fέrn] **I** 副 ＝inwiefern **II** 接 ＝sofern

Wie·ge[víːgə] 女 -/-n **1** (幼児用の)ゆりかご;《比》揺籃(ようらん)の地, 発祥地: **von der ～ an** 幼いころから | **von der ～ bis zur Bahre** ゆりかごから棺おけまで, 一生のあいだ ‖ die ～ schaukeln ゆりかごを揺らす | ein Kind in die ～ legen 子供をゆりかごに寝かせる ‖ Er lag damals noch in der ～.《比》彼は当時まだ幼かった | Seine ～ stand in Berlin.《比》彼はベルリンに生まれた | Frankreich war im 18. Jahrhundert die ～ der bürgerlichen Revolution. フランスは18世紀には市民革命揺籃の地であった | ***jm.* (auch) nicht an der ～ gesungen worden sein**《話》…にとってまったく意外な(思いもよらぬ)ことである | ***jm.* in die ～ gelegt worden sein**《話》…にとって生まれついたものである.
2 (ゆりかご状のもの. 例えば:) **a**) (大砲の)揺架(ようか);(弧状に湾曲した)卓上インク吸い取り器. **b**) ＝Wiegemesser 2
3 ＝Wiegeeisen
[„Schwingendes"; *mhd.*; ◇wegen¹, wiegeln]

Wie·ge≠bra·ten[víːgə..]《方》＝Hackbraten **≠brett** 中《料理》みじん切り用まな板. **≠ei·sen** 中 (エッチング用の)ロッカー(→ 図 gravieren). [<wiegen¹]

Wie·ge·kar·te 女 (自動体重計に硬貨を入れると出てくる)体重測定値カード. [<wiegen²]

wie·geln[víːgəln]《06》他 (h) **1** (aufwiegeln)《jn.》そそのかす, けしかける. **2**《方》軽く揺り動かす.
[*mhd.*; ◇wegen¹, Wiege]

Wie·gel-Wa·gel[víːgəlváːgəl] 男 -s/《ｵｰｽﾄﾘｱ》《話》(あてでもないこうでもないと)決断のつかないこと, 不決断, 狐疑(こぎ)逡巡(しゅんじゅん).

Wie·ge·mes·ser[víːgə..] 中 **1**《料理》(湾曲して両端にそれぞれ取っ手のついた)みじん切り用の包丁(→ 図 Messer). **2**《体操》つり舟(→ 図).

Wiegemesser

wie·gen¹[víːgən]¹ **I** 他 (h) **1 a**) 《jn. / et.⁴》(前後・左右に)揺り動かす, ゆする: ein Kind in den Armen ⟨auf den Armen⟩ ～ 子供を腕に抱いてゆする | sorgenvoll den Kopf ～ 気づかわしげに頭を左右にふる | Die Wellen *wiegten* den Kahn. 波が小舟を揺り動かした ‖〖結果を示す語句と〗ein Kind in den Schlaf ～ 子供をゆすって寝かしつける. **b**) 再帰 *sich⁴* ～ (前後・左右に)体を揺り動かす, 体をゆする;(前後・左右に)揺れ動く: *sich⁴* nach den Klängen der Musik ～ 音楽の響きに合わせて体を揺り動かす | *sich⁴* in den Hüften ～ 腰を振る | Das Boot *wiegt* sich auf den Wellen. ボートが波にゆられている ‖ *sich⁴* in *et.³* ～《比》…(幻想・期待など)に身をゆだねる(安住する) | *sich⁴* in Sicherheit ～ (→Sicherheit 1) | *sich⁴* in schönen Hoffnungen ～《比》甘い期待にひたっている.
2 (zerkleinern)《et.⁴》細かく切る, みじん切りにする: Fleisch ⟨Petersilie⟩ (fein) ～ 肉(パセリ)を刻む ‖ *gewiegte* Zwiebeln タマネギのみじん切り | Bitte 200 g *Gewiegtes*! ひき肉を200グラムください.
3《et.⁴》(エッチング用ロッカーで…の)表面をざらざらにする.
II 自 (h) (前後・左右に)揺れ動く, 揺れる: Die Zweige *wiegen* im Wind. 木の枝が風に揺れる | mit *wiegenden* Schritten gehen (ばねのきいた)軽快な足どりで歩く.
III ge·wiegt → 別出
[<Wiege]

wie·gen²*[víːgən]¹《210》**wog**[voːk]¹/ **ge·wo·gen**; 接II wöge[vǿːgə] **I** 他 (h)《jn. / et.⁴》(…の)重さ(目方)を量る: Butter ⟨Kartoffeln⟩ ～ バター(ジャガイモ)の目方を量る ‖ 再帰 *sich⁴* ～ (自分の)体重を量る ‖〖目的語なしで〗Die Verkäuferin hat knapp ⟨reichlich⟩ *gewogen.* 売り子が目方ぎりぎりに(目方より多めに)品物をはかりにかけた.
II 自 (h)《量を示す語句と》(…の)重さ(目方)がある: Er *wiegt* 70 kg. 彼は体重が70キロある | Sie *wiegt* zuviel. 彼女は太りすぎている | Wieviel *wiegst* du? 君の体重はどれだけあるのか | Der Sack *wog* schwer ⟨leicht⟩. その袋は重かった(軽かった) | Seine Worte *wiegen* schwer.《比》彼の言葉は重味をもっている(影響力が大きい) | Diese Einwände *wiegen* nicht schwer.《比》この異論は重大なものではない.
[<wägen]

Wie·gen≠druck[víːgən..] 男 -(e)s/-e (Inkunabel) 揺籃(ようらん)期本, インキュナブラ(ヨーロッパで1500年以前に活版印刷された初期印刷本). **≠fest** 中《戯》誕生日(の祝い). **≠kind** 中 (ゆりかごの)幼児, 赤ん坊. **≠lied** 中 ゆりかごの歌, 子守歌: ein ～ summen 子守歌を口ずさむ.
[<Wiege]

Wie·ge·stahl 男 ＝Wiegeeisen

wie·hern[víːərn]《05》自 (h) (馬が)いななく;《話》(馬がいななくように ばかでかい声で)高笑いする, 哄笑(こうしょう)する: der Amtsschimmel *wiehert* (→Amtsschimmel) | ein *wieherndes* Lachen いななくようなばか笑い.
[*mhd.* wihen; 擬音]

Wiek[viːk] 女 -/-en《北部》(バルト海沿岸の)浅い入江.
[*mndd.*; ◇weichen²]

Wie·land[víːlant] 人名 **1**〖伝説〗ヴィーラント(妖精(ようせい)の王. 捕らえられて地底で鍛冶(かじ)仕事をさせられたが, 自分で鍛えた翼を使って脱出した). **2** Christoph Martin ～ クリストフ マルティーン ヴィーラント(1733-1813; ドイツの詩人・小説家. 作品は叙事詩『オーベロン』, 長編小説『アーガトン』など).

Wie·ling[víːlɪŋ] 女 -/-e (Fender)〖海〗(船の)防舷(ぼうげん)材, 防舷物;(桟橋・岸壁などの)防護材. [<*mndd.* wēl „Rad" (◇Zyklus); ◇*engl.* wheel]

Wie·men[víːmən] 男 -s/-《北部》**1** (鶏の)止まり木. **2** 燻製(くんせい)室;(燻製用の)すのこ床(とこ). [*lat.* vīmen „Weide, Rute"−*roman.*−*mndl.*−*mndd.*]

W

Wien[viːn] 地名 ヴィーン, ウィーン(オーストリア共和国の首都).
[*lat.* Vindobona−*ahd.* Wēnia; ◇*engl.* Vienna]

Wie·ner[víːnər] **I** 男 -s/- ウィーンの人.
II 女 -/- (Wiener Würstchen) ウィンナ=ソーセージ.
III 形《無変化》ウィーンの: die ～ Klassiker〖楽〗ウィーン古典派(18世紀後半から19世紀前半ウィーンを中心に活躍した作曲家 Haydn, Mozart, Beethoven, Schubert など) | der ～ Kongreß〖史〗ウィーン会議(1814-15; ナポレオン戦争後の国際問題処理のために開かれた列国会議) | ～ Schnit-

zel〘料理〙ウィンナ=シュニッツェル(子牛肉のカツレツ) | die ~ Schule i) =die Wiener Klassiker; ii)〔新〕ウィーン楽派(20世紀初頭ウィーンで活躍した Schönberg と彼の弟子たち) | ~ Walzer ウィンナ=ワルツ | ~ Würstchen ウィンナ=ソーセージ.

wie·ne·risch[..nərɪʃ] 形 ウィーン〔ふう〕の.

Wie·ner·le[víːnərlə]《方》(ｽｲｽ: **Wie·ner·li**[..liˑ]) 中 -s/- (Wiener) ウィンナ=ソーセージ.

wie·nern[víːnərn]《05》他 (h)《話》ぴかぴかに磨く: *jm.* **eine ~** …に平手打ちを一発くらわす | eine *gewienert* bekommen 〈kriegen〉 平手打ちを一発くらう.
[„mit Wiener Putzkalk bearbeiten"]

Wie·ner·stadt[víːnər..] 女 -/ ウィーンの町 (Wien の俗称).

der **Wie·ner·wald**[..valt][1] 地名 男 -〔e〕s/ ヴィーナーヴァルト(アルプスの北東端に位置する丘. 標高890m).

Wie·niaw·ski[vjɛnjáfskiˑ] 人名 Henryk ~ ヘンリック ヴィエニャフスキー(1835-80; ポーランドのヴァイオリン奏者・作曲家).

Wie·pe[víːpə] 女 -/-n《北部》(Strohwisch) わらぼうき, わらぞうきん. [„Gewundenes"; *mndd.*; ◇weifen]

wie·rig[víːrɪç][2] 形《ｽｲｽ》長時間〈長期間〉の, 長くかかる; 長もちする. [*ahd.*; ◇währen]

wies[viːs][1] weisen の過去.

Wies·ba·den[víːsbaːdən] 地名 ヴィースバーデン(ドイツ, Hessen 州の州都で, Rhein 川に沿う保養地).
[◇Wiese[1], Bad]

Wies·ba·de·ner[..dənər] (**Wies·bad·ner** [..baːdnər]) **I** 男 -s/- ヴィースバーデンの人. **II** 形《無変化》ヴィースバーデンの.

wies·ba·densch[..dənʃ] 形, **wies·ba·disch**[..dɪʃ] 形 ヴィースバーデン〔ふう〕の.

Wies·bad·ner =Wiesbadener

Wies·baum[víːs..] 男 干し草固定用支柱.
[*mhd.* wis〔e〕boum; ◇Wiese[1]]

wie·se[víːzə] weisen の接続法 II.

Wie·se[1][−] 女 -/-n 草原, 草地; (干し草収穫用の) 牧草地: Sumpf*wiese* 湿原 | auf der grünen ~ 郊外の空地で. [*ahd.* wisa]

die **Wie·se**[2][−] 地名 女 -/ ヴィーゼ (Rhein 川の支流).
[*kelt.* veis „fließen"]

Wie·se·baum[víːzə..] =Wiesbaum

wie·sehr[vi(ː)zéːr] 接《従属》《譲歩・認容の副文を導いて》《ｵｰｽﾄﾘｱ》(sosehr) どれほど…であろうと, たとえいかに…であるにせよ: ~ man ihm auch zurät, das zu tun どれほど彼にそれをするようにすすめても.

★ オーストリア以外では wie sehr と2語に書く(→wie I 1 b).

Wie·sel[víːzəl] 中 -s/-〘動〙イタチ(鼬): flink wie ein ~ (→flink). [*germ.*; ◇*engl.* weasel]

wie·sel·flink 形 イタチのようにすばしこい.

wie·seln[víːzəln]《06》自 (s) (イタチのように) すばしこく〈せかせか〉動き回る.

wie·sel·schnell 形 イタチのようにすばやい.

Wie·sen≠blu·me[víːzən..] 女 草原の草花. **≠cham·pi·gnon**[..ʃampɪnjɔŋ] 男〘植〙ツクリタケ(作茸), マッシュルーム. **≠erz** 中〘鉱〙沼鉄鉱. **≠fuchs·schwanz·gras** 中〘植〙オオスズメノテッポウ(大雀鉄砲). **≠gras** 中 **1**〘植〙オオカニツリ(大蟹釣). **2** (一般に) 牧草. **≠grund** 男《雅》谷間〈川沿い〉の草原. **≠ha·fer** 男〘植〙オオカニツリ(大蟹釣). **≠ker·bel** 男〘植〙シャク(杓). **≠klee** 男〘植〙シロツメクサ(白詰草)属. **≠knar·rer**[..knarər] 男 -s/- (Wachtelkönig)〘鳥〙ウズラクイナ(鶉水鶏). **≠knopf** 男〘植〙ワレモコウ(吾木香)属. **≠läu·fer** 男 =Wiesenknarrer **≠liesch·gras** 中〘植〙オオアワガエリ(大粟反). **≠pflan·ze** 女 草原の植物. **≠ral·le** 女 =Wiesenknarrer **≠rau·te** 女〘植〙カラマツソウ(唐松草)属. **≠schaum·kraut** 中〘植〙タネツケバナ(種付花)属の一種. **≠schnar·cher** 男 = Wiesenknarrer **≠vö·gel·chen** 中〘虫〙ヒメヒカゲ(姫日蔭蝶)属のチョウ.

▽**Wie·sen·wachs** 男 -es/ (牧草地からの) 牧草〈干し草〉の収穫高. [*mhd.*; ◇wachsen[1]]

Wies·land[víːslant][1] 中 -〔e〕s/《ｽｲｽ》=Wiese[1]

wie·so[vi(ː)zóː] 副《理由・原因などを問う疑問副詞としてしばしば納得のゆかぬ気持を示す》どうして, なんで, なぜ: *Wieso* kommt er nicht? なぜ彼は来ないんだ | Das hättest du ihm nicht sagen sollen. − *Wieso* denn 〔nicht〕? 君はそれを彼に言うべきではなかったのだ−どうしてさ.

▽**Wies·wachs**[víːsvaks] =Wiesenwachs

wie·ten[víːtən]《01》**I** 他 (h)《北部》(jäten) (雑草などを) 〔根こそぎに〕とる, むしる, 除草する. **II** 自 (h) 雑草をとる, 除草作業をする. [*mndd.* wēden; ◇*engl.* weed]

wie·viel[vi(ː)fíːl, ⌐−]《疑問基数; 無変化》どれだけ〔の数の〕; いかに多く〔の〕: *Wieviel* (=Wie viele) Kinder haben Sie? お子さんは何人おありですか | *Wieviel* Uhr ist es? いま何時ですか | Wissen Sie, ~ tropisches Obst eingeführt wird? どれほどの量の熱帯産の果物が輸入されるかご存じですか | *Wieviel* Schönes habe ich auf der Reise gesehen! この旅ではなんと沢山のすばらしいものを目にしたことか ‖ *Wieviel* schöner wäre es, wenn ... …だとしたらそのほうがどんなにかすばらしいだろうに ‖〘名詞的に〙*Wieviel* kostet das? これの値段はいかほどですか | *Wieviel* ist drei mal vier? 3掛ける4はいくつですか | Um ~ ist sie jünger als er? 彼女は彼よりいくつ年下なのか | Mit ~ von euch soll ich mich darüber besprechen? 君たちのうちの何人と私はそれを話し合えばいいのか.

★ wieviel と wie viel の違い:
wieviel が客観的な数を尋ねるのに対して, 数の多さが強調されるときは wie viel と書かれ, ふつう変化語尾を持つとされているが, 実際にはこの区別は必ずしも行われていない: *Wie viele* Kinder hat sie? i) 彼女にはどれくらい沢山の子供があるというのですか; ii) 彼女は子供が何人ありますか | Wenn du wüßtest, *wie viel* ich durchgemacht habe! 私がどんなに沢山の経験をしたかを君が知ってくれたらよいのだが | *Wieviel*〔*e*〕 Einwohner hat Köln? ケルンの人口はどれくらいですか.

wie·vie·ler·lei[vi(ː)fíːlərlái, ⌐−⌣⌐] 形《無変化》幾種類の.

wie·viel·mal[vi(ː)fíːlmaːl, ⌐−−] 副 何回, 何度; 何倍: *Wievielmal* bist du in Deutschland gewesen? 君はドイツには何度行ったことがあるのか.

wie·vielt[vi(ː)fíːlt, ⌐−] (**wie·vielst**[..lst])《疑問序数》〔第〕何番目の: Das ~*e* Kapitel ist das wichtigste? 第何章がいちばん重要なのか | Das ~*e* Mal 〈Zum ~*en* Mal〉 ist sie in diesem Jahr schon krank? 彼女は今年もう何度めの病気なのだ | In dem ~*en* Stock wohnen Sie? あなたは何階にお住まいですか ‖〘名詞的に〙Als ~*er* ist er durchs Ziel gegangen? 彼は何番めにゴールインしたのか ‖ Am ~*en* 〔Tag〕 August 〈Am *Wievielten* dieses Monats〉 hat er Geburtstag? 8月何日〈今月の何日〉が彼の誕生日なのか | Der *Wievielte* ist heute? / Den *Wievielten* haben wir heute? きょうは何日ですか.

wie·weit[vi(ː)váɪt] 副 (inwieweit) どの程度に, どの範囲まで, どれだけ: Ich weiß nicht, ~ seine Angaben stimmen. 彼の言っていることがどの程度まで本当なのか知らない.

★ 距離を尋ねる場合には, wie weit と2語に書く: *Wie weit* ist es von hier bis zum Bahnhof? ここから駅まではどのぐらいありますか.

wie·wohl[vi(ː)vóːl]《雅》=obwohl

Wie·wort[víːvɔrt] 中 -〔e〕s/..wörter wie (どんな)を示すことば(小学校低学年のドイツ語教育での形容詞の呼称).

Wig·wam[víkvam] 男 -s/-s (アメリカインディアンの) テント小屋, ティピー. [*indian.* „Haus"−*engl.*]

Wi·king[víːkɪŋ, vík..] 男 -s/-er, **Wi·kin·ger**[..ŋər] 男 -s/-〘史〙バイキング(8世紀末から11世紀にかけてヨーロッパの北部・西部の海岸を荒らし回った Skandinavien のノルマン族). [*anord.* vīkingr; ◇*engl.* Viking]

wi·kin·gisch[víːkɪŋɪʃ] 形 バイキングの.

wild[vɪlt][1] **I** 形 **1 a)** (↔zahm) (動植物が) 野生の: ein ~*es* Tier 野生の動物, 野獣 | eine ~*e* Ente 〈Taube〉 野

生のカモ〈ハト〉| ein ～es Kaninchen 野うさぎ | eine ～e Rose 野ばら | ～er Wein 野ぶどう ‖ ～ leben (動物が)野生する | ～ wachsen (植物が)野生〈自生〉する; 野放しに育つ〈はびこる〉. **b**) (自然が)原生のままの, 人工の加わっていない, 未開墾の; 荒れた, 不毛の; 人の住まない: ～er Boden 荒地 | ein ～er Wald 原生林 | der *Wilde* Westen (→Westen 2 a). **c**) 未開の, 野蛮な; 野性的な: ～e Bräuche 野蛮な風習 | ein ～es Volk 未開民族, 蛮族.

2 無秩序の, 乱雑な, 乱れた; 規律に従わない, 乱暴な; 無法な, 不法な; 放埒(ほうらつ)な, だらしのない, 自堕落な; 〘園〙(枝などが)むだな: ein ～er Bart 無精ひげ | ein ～es Durcheinander むちゃくちゃな混乱, てんやわんや | ein ～er Handel もぐりの商売; 密貿易 | ein ～es Leben 放埒〈自堕落〉な生活 | ～es Parken 不法駐車 | ein ～er Streik 山猫〈非公認〉スト ‖ mit *jm.* in ～er Ehe leben (→Ehe) | in ～er Flucht davonrennen あわてふためいて〈算を乱して〉逃げ去る | die ～en Triebe abschneiden 〘園〙むだ枝を刈る ‖ ～ durcheinander liegen ひどく乱雑に散らばっている | Die Haare hingen ihm ～ ins Gesicht. 髪がばさばさに彼の顔に垂れ下がっていた.

3 抑制されない, 自由奔放な; 荒々しい, 荒れ狂う, 激しい, 猛烈な; 粗暴な, 乱暴な; 激情にかられた, 〔怒り〕狂った: ein ～es Geschrei 荒々しい叫び | eine ～e Hummel (→Hummel 1) | ein ～er Junge 乱暴な〈手に負えない〉少年 | ein ～er Kampf 激闘 | eine ～e Leidenschaft 激情 | eine ～e Phantasie 奔放な空想 | ein ～er Strom 激流 | ein ～er Sturm 荒れ狂うあらし | ein ～er Zorn 激怒 ‖ das *Wilde* Heer / die *Wilde* Jagd 〘ゲルマン神〙(あらしの夜に魔王に率いられて狩りをするといわれる)死霊の群れ | der *Wilde* Jäger (→Jäger 1) ‖ mit ～en Blicken 怒りに燃えたまなざしで | ～e Drohungen 〈Flüche〉 ausstoßen ひどいおどし〈ののしり〉の言葉を吐く | den ～en Mann spielen 〈machen〉 粗暴に振舞う; 怒り狂う ‖ ～ werden (動物などが)暴れ出す; 《話》かっとなる, 激怒する | *jn.* ～ machen …を激怒させる | Hab keine Angst! Das ist **halb 〈nicht〉 so ～.** 《話》心配するな. それほど大したことじゃないさ ‖ ～ um *sich*[4] blicken こわい目で辺りを見回す | **wie ～** 狂った〈憑(つ)かれた〉ように, 無我夢中に, 猛烈に | wie ～ arbeiten がむしゃらに仕事をする.

4 《話》 **auf *jn.* 〈*et.*[4]〉 ～ sein** …に夢中である; …がほしくてうずうずしている, …を手に入れたいと熱望している | Sie ist ～ aufs Lernen. 彼女は勉強に夢中だ | Er ist ganz ～ auf dich. やつは君にすっかりご執心だぜ.

5 a) ～es Fleisch 〘医〙(治りかけの傷口などにできる)肉芽組織. **b**) ～es Gestein 〘坑〙有用鉱物を含まない岩石.

6 《南部・スイス》(岩壁などが)切り立った, 垂直に近い: ～ gehen (切り立った岩壁を)よじのぼる.

II Wil·de[1] 男 女 《形容詞変化》 **1** 未開人, 野蛮人: *sich*[4] wie ein ～r aufführen 野蛮人のように振舞う | **wie zehn nackte ～ im Schnee toben** 《話》荒れ狂う, ひどくののしる. **2** 《スイス》無所属〈小会派〉の議員; 非学生組合員.
[*germ.*; ◇Wald]

Wild[vɪlt][1] 中 -es (-s)/ **1 a**) 《集合的に》狩猟鳥獣, 猟獣, 猟鳥: das ～ füttern 猟獣にえさをやる(冬場などに).
b) (個々の)猟獣, 猟鳥; 《比》獲物: ein 〈drei〉 Stück ～ 猟獣 1 頭〈3 頭〉| wie ein gehetztes ～ laufen (狩り立てられた猟獣のように)必死の勢いで走る ‖ einem ～ den Fang geben (→Fang 4).
2 ＝Wildbret

Wild≀bach[vílt..] 男 (山間の)急流, 渓流. **≀bad** 中 天然鉱泉. [＜wild]

Wild·bahn 女 狩猟区, 猟場, 狩場.
[*mhd.* wilt-ban „Bahn vom Wild"]

Wild·bann 男 (昔の領主専用の)御猟場. [*ahd.* wilt-pan „Jagd-berechtigung"; ◇Wild]

Wild≀be·stand 男 狩猟鳥獣の総生息数. **≀bra·ten** 男 猟獣〈猟鳥〉の焼き肉.

Wild·bret[víltbrɛt] 中 -s/ 猟獣〈猟鳥〉の肉: das ～ zubereiten 猟獣〈猟鳥〉の肉を調理する. [*ahd.* wilt-brāt; ◇wild, Braten]

Wild·dieb[víltdi:p][1] 男 密猟者.

wild·die·ben[víltdi:bən][1] 《過分 gewilddiebt》 自 (h) 密猟をする.

Wild·die·be·rei[vɪltdi:bəráɪ] 女 -/-en 密猟.

Wil·de[1] →wild II

Wilde[2][waɪld] 人名 Oscar ～ オスカー ワイルド(1854-1900; イギリスの詩人・劇作家・小説家. 作品は戯曲『サロメ』, 小説『ドリアン グレーの肖像』など).

Wild·eber[vílt..] 男 (雄の)イノシシ(猪)(→Wildschwein).

wil·deln[1][víldəln] 《06》 他 (h) (肉が)猟獣〈猟鳥〉肉の味がする; (腐りかけて)刺激性の強い〈つんとくる〉味がする(→Hautgout). [＜Wild]

wil·deln[2][–] 《06》 自 (h) 《オーストリア》《話》粗暴に振舞う, はしゃぎまわる. [＜wild]

Wild·en·te[vílt..] 女 野生のカモ(鴨); (Stockente) 〘鳥〙マガモ(真鴨).

▽**wil·den·zen**[víldɛntsən] 《02》 ＝wildeln[1]

Wil·de·rei[vɪldəráɪ] 女 -/-en 密猟.

Wil·de·rer[víldərər] 男 -s/- 密猟者.

wil·dern[1][víldərn] 《05》 **I** 自 (h) 密猟をする. **II** 他 (h) (猟獣・猟鳥を)密猟で殺す. [＜Wild]

▽**wil·dern**[2][–] 《05》 自 (h) **1** (動植物が)野生する; 野性化する. **2** 放埒(ほうらつ)な生活をする. [＜wild]

Wild·esel[vílt..] 男 野生のロバ(驢馬).

Wild≀fang 男 **1** いたずらっ子, 腕白小僧, おてんば: Du bist ein richtiger ～. 君はほんとにやんちゃだ. **2 a**) 捕獲された猟鳥. **b**) 猟獣捕獲用のわな. **≀fleisch** 中 猟獣〈猟鳥〉の肉.

wild·fremd[víltfrɛ́mt][1] 形 《話》まったく見知らぬ, 赤の他人の: ein ～er Mensch 赤の他人. [＜wild]

Wild≀frucht[vílt..] 女 野生の果実. **≀gans** 女 野生のガチョウ(鵞鳥); (Graugans) 〘鳥〙ハイイロガン(灰色雁).

Wild≀gar·ten 男 (小規模の)猟獣園. **≀gat·ter** 中 狩猟区の柵(さく). **≀ge·he·ge** 中 (柵で囲んだ)猟獣生息区域.

Wild·ha·fer 男 (野生の)カラスムギ(烏麦). [＜wild]

Wild≀he·ge 女 (狩猟区での)猟獣〈猟鳥〉の保護. **≀he·ger** 男 狩猟区の管理人, 猟場の番人(猟獣・猟鳥の保護・育成, 密猟の防止などを職とする).

Wild·heit[vílthaɪt] 女 -/ wild なこと.

Wild≀heu 中 (高山などの危険な斜面にある)野草から作った干し草. **≀heu·er** 男 Wildheu を刈り入れる人. **≀hund** 男 **1** 〘動〙アカオオカミ(赤狼). **2** 野犬.

Wild·hü·ter 男 ＝Wildheger

Wild≀kat·ze 女 〘動〙ヨーロッパ＝ヤマネコ(山猫). **≀kraut** 中 **1** (Unkraut) 雑草. **2** 〘民俗〙(野生の)薬草; (香辛料・染料・顔料などに用いる)野草.

wild·le·bend 形 (動物が)野生の; (人が)生活のすさんだ〈ふしだらな〉.

Wild·le·der 中 シカ〈カモシカ〉のなめし革, バックスキン.

wild·le·dern 形 《付加語的》シカ〈カモシカ〉革の, バックスキンの.

Wild·ling[víltlɪŋ] 男 -s/-e **1** 野生の動物, 野獣, 野鳥. **2** 〘園〙 **a**) (接ぎ木用の)台木. **b**) (接ぎ木の台木から出る不用の)新芽. **3** 野生児, 乱暴者, いたずらっ子. ▽**4** 私生児.

Wild·nis[víltnɪs] 女 -/-se **1** 荒地, 荒野, 砂漠; (自然のままの)原野, 原生林, 密林; (手入れを怠って)荒れ果てた畑〈庭園〉: *jn.* in die ～ jagen 〈schicken〉 《比》…を追放する. ▽**2** ＝Wildheit [*mhd.*; ◇wild]

Wild≀park[vílt..] 男 猟獣園. **≀pfad** 男 ＝Wildwechsel 1

Wild≀pferd 中 野生の馬. **≀pflan·ze** 女 野生植物.

Wild·pfle·ge 女 ＝Wildhege

wild·reich 形 (土地などが)猟獣〈猟鳥〉に富む.

Wild≀reich·tum 男 -s/ wildreich なこと. **≀re·ser·vat** 中 野生動物の保護区.

Wild·rind 中 (↔Hausrind) 野生の牛, 野牛.

wild·ro·man·tisch[víltromántɪʃ] 形 (風景などが)野趣に富んでロマンチックな; 《話》ひどくロマンチックな.

Wild·sau 女 (雌の)イノシシ(猪)(→Wildschwein).

Wild·scha·den 男 -s/..schäden 《ふつう複数で》(森

林・田畑などの)猟獣〈猟鳥〉による被害.

Wild·schaf 中 野生のヒツジ(ムフロンなど).

Wil·dschur[vɪ́ltʃu:r] 女 -/-en (昔の旅行用の)紳士用毛皮マント. [*poln.* wilczura „Wolfspelz"; <*poln.* wilk „Wolf"]

Wild≠schütz[vɪ́lt-ʃʏts] 男, **≠schüt·ze** 男 **1** =Wilddieb ▽**2** (Jäger) 猟師.

Wild≠schwein 中《動》イノシシ(猪). **≠spur** 女 猟獣の臭跡. **≠tier** 中 野生動物. **≠typ** 男《生》(動植物の)野生型.

wild·wach·send 形 (植物が)野生の.

Wild·was·ser 中 -s/- =Wildbach

Wild·wech·sel 男 **1** 猟獣の通路, けもの道. **2**《単数で》(道路での)猟獣の横断.

Wild·west[vɪltvɛ́st] 男 -s/《無冠詞で》(開拓時代の米国の)西部辺境地帯. [*amerik.* (the) Wild West]

Wild·west≠film[vɪltvɛ́st..] 男 西部劇映画. **≠ro·man** 男《文芸》西部物小説(19世紀後半の開拓期の米国の西部辺境地帯を舞台とする小説).

Wild≠wie·se 女 野生動物用牧草地. **≠wuchs** 男 **1** (植物の)自然のままの繁茂, 伸びほうだいの生長. **2** 繁茂しほうだいの植物.

wild·wüch·sig[vɪ́ltvy:ksɪç][2] =wildwachsend

Wild·zaun 男 =Wildgatter

Wild·zie·ge 女 野生のヤギ(山羊)(アイベックスなど).

Wil·fried[vɪ́lfri:t] 男名 ヴィルフリート. [<*ahd.* willio „Wille"+fridu „Friede, Schutz"; ◇*engl.* Wilfred]

Wil·helm[vɪ́lhɛlm] **I** 男名 ヴィルヘルム(短縮形: Willi). **II** 人名 **1** ~ I. 〈der Erste〉 ヴィルヘルム一世(1797-1888; プロイセン国王でドイツ帝国初代の皇帝. Bismarck を首相に登用して北ドイツ連邦を組織し, 普仏戦争に大勝を収めてドイツ帝国の基礎を築いた). **2** ~ II. 〈der Zweite〉 ヴィルヘルム二世(1859-1941; プロイセン王でドイツ帝国三代目の皇帝. 積極的に海外に進出する世界政策をとったが, 第一次世界大戦に敗れて退位, ドイツ帝国は崩壊した): **den dicken ~ spielen**《話》偉そうにする, いばる.

III 男 -s/-〔s〕《話》**der falsche ~** つけお下げ(→Zopf 1). [„williger Schützer"; <*ahd.* willio „Wille"+helm „Helm"; ◇*engl.* William]

Wil·hel·mi·ne[vɪlhɛlmí:nə] 女名 ヴィルヘルミーネ.

Wil·hel·mi·nisch[..nɪʃ] 形 ヴィルヘルム二世〔治下〕の: das ~*e* Zeitalter ヴィルヘルム二世治下の時代.

Wil·helm·stra·ße[vɪ́lhɛlm..] 地名 女 -/ ヴィルヘルム街(旧ベルリン市の中心部にあり,1945年までドイツ帝国外務省の所在地);《比》(旧ドイツ帝国の)外務省.

will[vɪl] wollen[2]の現在 1・3 人称単数.

Wil·le[vɪ́lə] 男 2 格 -ns, 3 格 -n, 4 格 -n, 複数 -n《ふつう単数で》(英: *will*) 意志, 意思, 意欲, 意向, 意図, 決意: ein fester ~ 固い決意 | ein starker 〈schwacher〉 ~ 強い〈弱い〉意志 | ein eiserner 〈stählerner〉 ~ 鉄〈鋼鉄〉のような意志 | Arbeits*wille* 労働意欲 | Kampf*wille* 闘争意欲 | der ~ des Verstorbenen 故人の遺志 | **der Letzte ~** 遺言, 遺志 | der ~ zum Leben 〈zum Frieden〉 生きようとする〈平和を守ろうとする〉意志 ‖ Der gute ~ allein reicht nicht aus. 善意だけではだめだ | Es ist kein böser ~ von mir, wenn ... …なのは私に悪意があってのことではない | **Wo ein ~ ist, ist auch ein Weg.**《諺》為(な)せば成る(やる気があれば道はおのずから開ける) | **Des Menschen ~ ist sein Himmelreich.**《諺》自分の思いどおりにできることが人間にとっての極楽だ.

‖〖目的語として〗Er hat keinen eigenen ~*n*. 彼には自分の意志というものがない | Er hat den festen ~*n*, sich zu ändern. 彼は心を入れかえようと固く決心している | Du sollst deinen ~*n* haben. 君の思いどおりにするがいい ‖ *jm. seinen* ~*n* aufzwingen …に自分の意志を押しつける | *js.* ~*n* ausführen 〈erfüllen〉 …の意志を実行する, …の望みをかなえる | *seinen* ~*n* durchsetzen 自分の意志を押し通す | *jm. seinen* ~*n* lassen …のやりたいようにさせる | **den guten ~*n* für die Tat nehmen** (具体的な結果に現れなくても)善意だけでも十分に評価する ‖ einem fremden ~*n* gehorchen 他人の意志に従う | *sich*[4] dem ~*n* der Eltern beugen 両親の意志に屈する.

‖〖前置詞と〗**aus** freiem ~*n* 自由意志で, 自ら進んで | **beim** besten ~*n* / trotz besten ~*ns* いくら努力しても | Das könnte ich beim besten ~*n* nicht. それはどんなに努力しても私にはできそうもない | Bei 〈Mit〉 einigem guten ~*n* geht es schon. 少しでもやる気さえあればなんとかなるさ | **gegen** *js.* ~*n* …の意に反して | **mit** 〔Wissen und〕 **~*n*** (→wissen III 1 a) | **nach** Wunsch und ~*n* 思いどおりに | **ohne** 〔Wissen und〕 ~*n* それとは知らずに | **wider ~*n*** 意に反して, 心ならずも | *et.*[4] wider ~*n* tun …をいやいや〈やむをえず〉する | ***jm.* zu ~*n* sein**《雅》…の意に従う, …の言いなりになる; ▽(女性が)…に肌を許す.

[*germ.*; ◇wollen[2]]

wil·len[vɪ́lən]《つねに前置詞 um を伴い, um+2 格+willen の形で》→um I 4 b

..willen[..vɪlən]《um とともに代名詞の 2 格の古形につけて「…のために」を意味する副詞をつくる. 発音の都合上 t または et を挿入することがある》: um meinet*willen* 私のために | um dessent*willen* そのために.

▽**Wil·len**[vɪ́lən] 男 -s/-《ふつう単数で》=Wille

wil·len·los[vɪ́lənlo:s][1] 形 (自分の)意志のない, ひとの言いなりになる: Er ist ein ~*es* Werkzeug von ihr. 彼は彼女の言いなりである.

Wil·len·lo·sig·keit[..lo:zɪçkaɪt] 女 -/ willenlos なこと.

wil·lens[vɪ́ləns] 形《述語的》《もっぱら zu 不定詞〔句〕と》**~ sein** (…する)意欲〈心構え・用意〉がある, (…する)つもりである | Ich bin nicht ~, darauf zu verzichten. 私はそれをあきらめるつもりはない | Er war ~, den Vorschlag anzunehmen. 彼はその提案を受諾する気になっていた.

[<des Willens]

Wil·lens≠akt 男 自分の意志に基づく行為, 意志行為. **≠an·span·nung** 女 意志力〈精神力〉の集中. **≠äu·ße·rung** 女 意志〈意向〉の表明, 意思表示. **≠be·kun·dung** 女《雅》= Willensäußerung **≠bil·dung** 女 (個人・団体・国民などの)意志〈意思〉の形成. **≠er·klä·rung** 女《法》意思表示. **≠fä·hig·keit** 女《法》意思能力. **≠fra·ge** 女 意志〔の強弱〕の問題. **≠frei·heit** 女 -/ 意志の自由. **≠kraft** 女 -/ 意志力. **≠mit·tei·lung** 女《法》意思通知(準法律行為の一種). **≠sa·che** 女 意志の問題.

wil·lens·schwach 形 意志の弱い, 意志薄弱の: ein ~*er* Mensch 意志薄弱な人間.

Wil·lens·schwä·che 女 -/ 意志の弱さ, 意志薄弱.

wil·lens·stark 形 意志の強い, 意志強固な: ein ~*er* Mensch 意志強固な人間.

Wil·lens·stär·ke 女 -/ 意志の強さ; 意志力.

wil·lent·lich[vɪ́ləntlɪç] 形《雅》意志をもっての, 故意の: *jn.* ~ beleidigen …を故意に侮辱する.

will·fah·ren[vɪlfá:rən, ⏑–⏑]《過分 willfahrt[⏑⏑́], gewillfahrt[⏑⏑–]》自 (h)《雅》《*jm.*》(…の)意に従う, 意向にそう, 言うことをきく;《*et.*[3]》(他人の命令・希望などに)従う: *seinen* Eltern 〈dem Wunsch *seiner* Eltern〉 ~ 両親の意に従う. [*mhd.* (eines) willen vāren „(auf jemandes) Willen achten"; <*ahd.* fārēn „nachstellen" (◇Fahr)]

will·fäh·rig[vɪ́lfɛ:rɪç, ⏑–⏑][2] 形 他人の言いつけ〈願い〉をよく聞く, 従順な;《軽蔑的に》他人の言いなりになる, 唯々諾々の: ein ~*er* Diener 従順な召使い | *jm.* ~ sein …の言うことをよく聞く; …の言いなりである.

Will·fäh·rig·keit[..kaɪt, ⏑–⏑⏑] 女 -/-en《ふつう単数で》willfährig なこと.

Wil·li[vɪ́li·] 男名 (<Wilhelm) ヴィリー. [◇Willy]

Wil·li·bald[vɪ́libalt] 男名 ヴィリバルト. [<*ahd.* willio „Wille"+bald „kühn"]

wil·lig[vɪ́lɪç][2] 形 いそいそとした, 従順な, 快く〈喜んで〉する, 進んで〈積極的に・自発的に〉する, 気のある: ein ~*er* Zuhörer 進んで耳を傾ける人 | bei *jm.* ein ~*es* Ohr finden (→Ohr 1) | ein ~*es* Ohr für *et.*[4] haben …に喜んで耳を傾

ける‖Der Geist ist ~, aber das Fleisch ist schwach. (→Geist 1 a) ‖ ~ arbeiten 気持よく働く | *et.*⁴ ~ tun …を喜んで〈進んで〉する.
［*ahd.*; ◇Wille; *engl.* willing］

..willig[..vɪlɪç]² 《名詞・動詞につけて「進んで〈積極的に〉…をする〈される〉用意のある」を意味する形容詞をつくる》: arbeits*willig* 労働意欲のある | heirats*willig* 結婚する気のある | therapie*willig* 治療を受ける用意のある ‖ impf*willig* 予防接種を受ける用意のある | spar*willig* 節約意欲のある.

wịl·li·gen[vílɪgən]² **I** 自 (h) 《雅》 (einwilligen) 《in *et.*⁴》 (…に) 同意する, (…を) 承諾する: in die Heirat ~ 結婚に同意する.
ᵛ**II** 他 (h) 《*et.*⁴》 許可〈承認〉する; (譲歩して) 認める.

Wịl·lig·keit[vílɪçkaɪt] 女 -/ willig なこと.

Wịll·komm[vílkɔm] 男 -s/-e **1** 《ふつう単数で》 =Willkommen **2** =Willkommbecher

Wịll·komm·be·cher 男 (昔の) 歓迎の乾杯用の杯.

will·kọm·men[vɪlkɔ́mən] **I** 形 歓迎される, 喜んで迎えられる; 歓迎すべき, 好ましい, 好都合の: ein ~*er* Gast 歓迎される〈歓迎すべき〉客 | eine ~*e* Gelegenheit 好機 | eine ~*e* Nachricht うれしい知らせ ‖ ***jn.* ~ heißen** …にようこそとあいさつする〈歓迎の意を表する〉 | Sie sind mir jederzeit ~. いつでもご遠慮なくおいでください | Seien Sie herzlich ~〔bei uns〕! これはようこそ | *Willkommen* in der Heimat! お帰りなさい (郷里へようこそ).

II Will·kọm·men 中 (男) -s/- 《ふつう単数で》 ようこそとのあいさつ, 歓迎〔の意〕: *jm.* ein herzliches ~ bieten 〈bereiten〉 …に心から歓迎の意を表する | *jm.* ein kühles 〈frostiges〉 ~ entbieten …を冷たく迎える | Ein freundliches ~! これはようこそ.
［*mhd.* „nach Willen gekommen"; *engl.* welcome］

Will·kọm·mens≈gruß 男 歓迎のあいさつ. **≈trunk** 男 歓迎の乾杯.

Wịll·kụ̈r[vílky:r] 女 -/-en **1** 《単数で》 任意, 随意; 恣意(しい), 気まま, 好き勝手; 専横, 横暴: aus reiner ~ 全くの好き勝手から | nach *seiner* ~ 随意に, 自分の好き勝手に ‖ *js.* ~³ ausgeliefert 〈ausgesetzt / preisgegeben〉 sein …の恣意にさらされている, …のなすがままである.
2 〖史〗 (領主から独立した中世諸都市の) 任意市条令.
［*mhd.* „Willens-wahl"］

Wịll·kụ̈r≈akt 男 恣意(しい)的な行為, 好き勝手な振舞い. **≈herr·schaft** 女 専制〔政治〕, 暴政, 圧制.

wịll·kụ̈r·lich[vílky:rlɪç] 形 **1** (↔unwillkürlich) 自らの意志による, 任意の; 〖生〗 随意の; 〖心〗 有意的な: eine ~*e* Bewegung 〖生理〗 随意運動, 意志運動 | ~*e* Muskeln 〖解〗 随意筋.
2 恣意(しい)的な, 気ままな, 好き勝手な, 専断的な; 専横〈横暴〉な; 任意〈無作為〉の (抽出など): eine ~*e* Annahme 勝手な想定〈推測〉 ‖ ~ handeln 気ままな〈勝手な〉行動をする.

Wịll·kụ̈r·lich·keit[–kaɪt] 女 -/-en **1** 《単数で》 willkürlich なこと. **2** willkürlich な言動.

Wịll·kụ̈r·maß·nah·me 女 -/-n 《ふつう複数で》 身勝手な〈専断的な〉処置.

willst[vɪlst] wollen²の現在2人称単数.

Wịll·stät·ter[vílʃtɛtər] 人名 Richard ~ リヒャルト ヴィルシュテッター (1872–1942; ドイツの化学者. クロロフィルの研究で1915年ノーベル化学賞を受賞).

Wịl·ly[vílì·, wílì·] 男名 (<Wilhelm) ヴィリー. ［*engl.*］

wịm·meln¹[víməln] 《06》 自 (h) **1** 《von *jm.* 〈*et.*³〉》 (…で) 充満している, いっぱいである, (…が) 群がっている, うようよしている: Die Straße *wimmelte* von Menschen. 通りは人でいっぱいだった | Das Buch *wimmelt* von Druckfehlern. この本はミスプリントだらけだ ‖ 〔非人称〕 es *wimmelt* von *jm.* 〈*et.*³〉 …で充満している, …でいっぱいである, …が群がっている, …がうようよしている | Im Schwimmbad *wimmelte* es von Kindern. プールは子供たちでいっぱいだった | Hier *wimmelt* es von Ameisen. ここにはアリがうようよいる.
2 群がっている, うようよしている: Ameisen *wimmelten* auf dem Weg. アリが道にうようよしていた.
［*mhd.*; < *mhd.* wimmen „sich regen"］

wịm·meln²[–] 《06》 自 (h) 《南部》 ブドウ摘み〈ブドウの取り入れ〉をする.

wịm·men[vímən] 《スイス》 **I** 自 (h) =wimmeln² **II** 他 (h) (ブドウを) 摘む, 取り入れる, 収穫する. ［*ahd.* windemōn; < *lat.* vīndēmia (→Vendemiaire)］

Wịm·mer¹[vímər] **I** 男 -s/- 《スイス》 (Weinleser) ブドウ摘みをする人, ブドウ収穫の労働者. **II** 女 -/-n 《スイス》 (Weinlese) ブドウ摘み, ブドウの取り入れ.

Wịm·mer²[–] 男 -s/- **1** (木の) 節(ふし), 交走木理(もくり).
2 《南部》 水疱(すいほう), 吹き出物; (手足などの) たこ.
［*mhd.*; ◇Wammer］

Wịm·me·rer[vímərər] 男 -s/- (wimmern する人. 例えば:) (しょっちゅう) めそめそ〈しくしく〉泣く人, 泣き虫.

Wịm·mer·holz[vímər..] 中 《軽蔑的に》 ヴァイオリン; ギター; マンドリン.

wịm·me·rig[vímərɪç]² 形 (しょっちゅう) めそめそ〈しくしく〉泣く, 泣き虫の.

Wịm·mer≈ka·sten[vímər..] 男 《軽蔑的に》 ピアノ. **≈kür·bis** 男 《軽蔑的に》 マンドリン.

Wịm·merl[vímərl] 中 -s/-n 《南部・オーストリア》 **1** (Pickel) にきび, 吹き出物; (Pustel) 膿疱(のうほう) 疹(しん). **2** (スキーヤーが腰のベルトに結びつける) 小物入れ.
［<Wimmer²］

wịm·mern[vímərn] 《05》 自 (h) めそめそ〈しくしく〉泣く; (犬などが) クンクン鳴く: vor Schmerzen 〔vor *sich*⁴ hin〕 ~ 痛くてしくしく泣く | **zum Wimmern sein** 《話》 泣きたいほどの気持である. ［< *mhd.* wimmer „Gewinsel"; 擬音; ◇*engl.* whimper］

Wịm·met[vímət] 男 -s/ 《スイス》 (Weinlese) ブドウ摘み, ブドウの取り入れ〈収穫〉. ［*mhd.*; ◇wimmen］

Wịm·pel[vímpəl] 男 -s/- **1** (細長い) 三角旗, ペナント (→ 図); 〖海〗 長旗, 三角旗, 燕尾(えんび) 旗. **2** (修道女ののどから胸にかけて覆う) 襟当て布 (→ 図 Nonne). ［*ahd.* wimpal „Schleier"; ◇*engl.* wimple］

Wimpel

Wịm·per[vímpər] 女 -/-n **1** まつげ (睫毛): falsche 〈künstliche〉 ~*n* 付けまつげ | lange ~*n* 長いまつげ ‖ ***sich*³ nicht an den ~*n* klimpern lassen** 《話》 他人に文句をつけさせない, 毅然としている | **ohne mit der ~ zu zucken** 《比》 眉(まゆ) ひとつ動かさずに, 平然と.
2 〖生〗 **a)** (Flimmer) (原生動物の) 繊毛. **b)** (葉の縁の) 細毛.
［*ahd.* wint-brāwa; ◇Braue］

Wịm·per·be·we·gung 女 〖生〗 繊毛運動.

Wịm·perg[vímpɛrk]¹ 男 -[e]s/-e, **Wịm·per·ge** [..pɛrgə] 女 -/-n (Ziergiebel) 〖建〗 (ゴシック建築の戸口・窓などの上に設けられた) 飾り切妻(きりづま) (→ 図 Kirche C).
［*ahd.* wint-berga „Wind-schutz"; ◇Wind, bergen］

Wịm·per≈haar[vímpər..] 中 (一本一本の) まつげ. **≈in·fu·so·ri·en** 複 =Wimpertierchen

wịm·per·lo̲s[vímpərlo:s]¹ 形 まつげのない.

Wịm·pern·tu·sche[vímpərn..] 女 〖美容〗 マスカラ (まつげに塗る墨).

Wịm·per≈spitz·maus 女 〖動〗 コビトジャコウネズミ (小人麝香鼠). **≈tier·chen** 中 〖動〗 繊毛虫.

Wịn·ckel·mann[vɪ́ŋkəlman] 人名 Johann Joachim ~ ヨハン ヨーアヒム ヴィンケルマン (1717–68; ドイツの美術史学者. 主著『古代美術史』など).

wind[vɪnt] 形 《南部・スイス》 《もっぱら次の形で》 **~ und weh** ひどくみじめな. ［*mhd.* „Schmerz"］

Wind[vɪnt]¹ 男 -es (-s)/-e **1 a)** 風: ein heftiger 〈sanfter〉 ~ 激しい〈穏やかな〉風 | ein kalter 〈kühler〉 ~ 冷たい〈涼しい〉風 | ein warmer 〈lauer〉 ~ 暖かい〈なま暖かい〉風 | ein starker 〈schwacher〉 ~ 強い〈弱い〉風 | ein schneidender ~ 身を切るような風 | See*wind* 海風 | Stoß*wind* 突風 | Sturm*wind* 暴風 ‖ **〔schnell〕 wie der ~** 風のように〔迅速に〕 ‖〖主語として〗Der ~ weht 〈bläst〉. 風が吹く | Der ~ heult 〈pfeift〉. 風がうなる〈ヒューヒュー鳴る〉 | **Der**

~ dreht sich. 風の向きが変わる; 《比》情勢が変わる | Der Wind legt sich. 風がおさまる | Der ~ läßt nach 〈nimmt zu〉. 風が弱まる〈強まる〉 | Der ~ hat sich aufgehört. 風がやんだ | Der ~ kommt von Osten 〈Süden〉. 風が東〈南〉から吹く | Der ~ bringt Regen. 風が雨をもたらす | Ein leichter ~ kommt auf. そよ風が吹きはじめる | ~ auf *js.* Mühle sein (→Mühle 1 a) ‖ **Hier 〈Dort〉 weht ein scharfer ~.** 《話》ここ〈あそこ〉の空気はなかなか厳しい(仕事・規律などの点で) | **Dort weht ein anderer 〈schärferer〉 ~.** 《話》あそこの空気はここととは違うぞ〈もっと厳しいぞ〉 | **Jetzt merke 〈weiß〉 ich, woher der ~ weht.** / **Aha, daher weht 〈pfeift〉 der ~!** 《話》ああこれで事情がわかった, なるほどそういうわけ〈魂胆〉だったのか | Jetzt pfeift der ~ aus einem anderen Loch. (→pfeifen I 3) ‖ **~ in *js.* Segel sein** 《比》…の思うつぼである, …にとって願ったりかなったりである ‖ 〘4格目的語として〙 ***jm.* den ~ aus den Segeln nehmen** 《比》(機先を制し, 相手の口実を奪うなどして)…の気勢をそぐ, …の気合いを抜く, …を拍子抜けさせる | frischen ~ in *et.*[4] bringen 《比》…に新風を吹き込む | ***sich*[3] den ~ um die Nase 〈Ohren〉 wehen lassen** 《話》世間の風に当たって経験を積む | von *jm.* 〈*et.*[3]〉 ~ nehmen 〘狩〙(猟獣が)…を嗅(か)ぎつける | **von *et.*[3] ~ bekommen** 〈kriegen〉《話》…を嗅ぎつける, …に感づく | Wer ~ sät, wird Sturm ernten. (→säen I) ‖ 〘前置詞と〙〔hart〕 **am** ~*e* segeln (ヨットなどが)詰め開きで帆走する | **auf** günstigen ~ warten 順風を待つ | **bei ~ und Wetter** 荒天〈悪天候〉をついて | **gegen den ~ segeln** 風に逆らって帆走する; 《比》大勢に逆らう | eine Meile 〈drei Meilen / sieben Meilen〉 gegen den ~ (→Meile) | **in ~ und Wetter** 荒天〈悪天候〉の中で | **in alle** 〔**vier**〕 **~*e*** 四方八方に, あらゆる方角へ | *jn.* 〈*et.*[4]〉 im ~ haben 〘狩〙(猟獣が)…を嗅ぎつける | **in den ~ reden** 《比》(反応のない相手に向かって)むなしく説く | ***et.*[4] in den ~ schlagen** 《話》…(他人の意見・助言など)を馬耳東風と聞き流す〈無視する〉 | ***et.*[4] in den ~ schreiben** 《話》…を無いものとしてあきらめる | **mit** halbem 〈vollem〉 ~*e* segeln (ヨットなどが)半速〈全速〉で帆走する | **mit dem ~ segeln** 《比》大勢に順応する, 時流に乗る | die Fahne **nach** dem ~*e* drehen 〈hängen〉 (→Fahne 1 a) | den Mantel 〈das Mäntelchen〉 nach dem ~〔*e*〕 hängen 〈kehren / drehen〉 (→Mantel 1) | **vor** dem ~*e* segeln (ヨットなどが)追い風を受けて帆走する.

b) 《比》空虚な〈むなしい〉もの, そらごと: **~ machen** 《話》誇張する; からいばりする, ほらを吹く | *jm.* ~ vormachen …をけむに巻く, …をだます | **viel ~ um *et.*[4] machen** 《話》(つまらないことで)大騒ぎをする.

2 (Darmwind) (腸内の)ガス, 屁(へ), おなら: einen ~ fahren 〈streichen〉 lassen 《話》放屁(ほうひ)する, おならをする ‖ Ihm ging ein ~ ab. 彼はおならをした | Seine Worte sind für mich ~. 彼の言うことなんか私にとっては屁みたいなものさ.
[*idg.*; ◇wehen, Wanne; *lat.* ventus „Wind"]

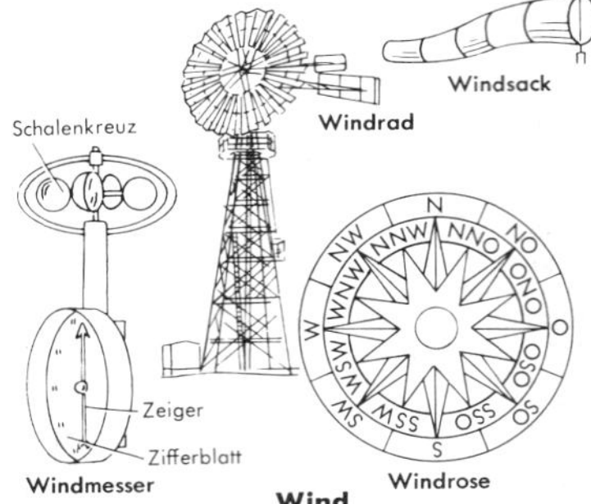

Wind

Wịn·daus[víndaʊs] 人名 Adolf ~ アードルフ ヴィンダウス(1876-1959; ドイツの化学者. ステリン類の研究で1928年ノーベル化学賞を受賞).

Wịnd·beu·tel[vínt..] 男 **1** 〘料理〙シュークリーム(→ 図 Kuchen). **2** 《話》軽はずみな〈軽薄な〉やつ, 生活のだらしない〈ふしだらな〉やつ, ほら吹き.
[„(nur) mit Wind gefüllter Beutel"; ◇*engl.* windbag]

Wind·beu·te·lẹi[vıntbɔʏtəlái] 女 -/-en 《話》大言壮語, ひけらかし; だらしない〈ふしだらな〉生活.

Wind⸗blu̲·se[vínt..] 女 〘服飾〙ブルゾン風ウインドブレーカー. ⸗**blü̲t·ler** (⸗**blü̲·ter**) 男 -s/- 〘植〙風媒花. ⸗**bö̲** 女, ⸗**bö̲e**[..bø:ə] 女 突風. ⸗**bruch** 男 (山林・樹木などの)風害. ⸗**büch·se** 女 (Luftgewehr) 空気銃. ⸗**dorn** 男 〘医〙風棘(ふうきょく)(骨結核の一種). ⸗**drift** 女 〘地〙吹送(すいそう)流(海面に働く風の応力によって生じる海流). ⸗**druck** 男 -[e]s/..drücke 風圧.

Wịn·de[1][víndə] 女 -/-n **1** 〘工〙ウィンチ, 巻き上げ機(→ 図 Laufkatze); ジャッキ: Anker*winde* 〘海〙揚錨(ようびょう)機, ウィンドラス | Schrauben*winde* ねじジャッキ ‖ *et.*[4] mit einer ~ haben …をウィンチ〈ジャッキ〉で持ち上げる. **2** 〘植〙セイヨウヒルガオ(西洋昼顔)属. **3** (Bohrwinde) クランク〈曲がり柄〉ドリル. **4** 《ᵃʸ》(Dachboden) 屋根裏部屋.
[*ahd.*; ◇winden[1]]

ᵛ**Wịn·de**[2][−] 男 -n/-n (Slowene) スロヴェニア人.
[◇windisch]

Wịnd·ei[vínt|aı] 中 **1 a)** (Fließei) (鳥の)無殻〈軟殻〉卵. **b)** 無精卵; 《比》実体のない〈使いものにならぬ〉もの. **2** (Mole) 〘医〙奇胎(きたい).

Wịn·del[víndəl] 女 -/-n 《ふつう複数で》(赤ん坊の)おむつ, おしめ: frische 〈saubere〉 ~*n* 新しい〈清潔な〉おむつ ‖ ~*n* waschen 〈trocknen〉 おむつを洗う〈乾かす〉 ‖ einen Säugling in ~*n* legen 〈wickeln〉 赤ん坊におむつを当てる | **noch in ~*n* liegen** 〈**stecken**〉 (赤ん坊が)まだおむつをあてている; 《比》まだ赤ん坊である; (事柄が)まだごく初期の段階にある.
[*ahd.*; ◇winden[1]; *engl.* windle]

wịn·deln[víndəln] 《06》 他 (h) 《*jn.*》(…に)おむつをはかせる.

wịn·del·wẹich 形 《話》**1** おむつのようにやわらかい; きわめて軟弱な〈弱腰の〉; きわめて涙もろい. **2** 《もっぱら次の形で》***jn.* ~ schlagen** 〈**hauen / prügeln**〉 …を散々に打ちのめす.

wịn·den[1]*[víndən][1] 《211》 **wand**[vant][1]/ **ge·wụn·den**[gəvʊ́ndən]; 接II wände[véndə] **I** 他 (h) **1** 巻く, 巻きつける, からませる; (花輪などを)編む: Garn 〈Draht〉〔um eine Spule〕 ~ 糸〈針金〉を〔巻き枠に〕巻く | *sich*[3] ein Tuch um den Hals ~ 首に布(きれ)〈ネッカチーフ〉を巻く | die Arme um *jn.* ~ …を両腕で抱く | Zweige und Blumen zu einem Kranz ~ / aus Zweigen und Blumen einen Kranz ~ 小枝と花を編み合わせて花輪を作る ‖ 再帰 *sich*[4] um *et.*[4] ~ …のまわりに巻きつく〈からみつく〉 | Efeu *wand* sich um die Säule. キヅタが円柱にからみついていた.
2 a) 《*jm. et.*[4]》(…の手や腕から…を)奪い取る, もぎ取る: Ich habe ihm das Messer mit Gewalt **aus** der Hand *gewunden.* 私は彼の手からナイフを力ずくで奪い取った. ᵛ**b)** die Hände ~ (悲嘆・絶望のあまり)両手を絞るようにもむ.
3 (重いものをウィンチなどで)巻き上げる: Wasser 〈einen Eimer Wasser〉 aus dem Brunnen ~ 水〈バケツ1杯の水〉をウィンチで井戸からくみ上げる.
4 a) 再帰 *sich*[4] ~ 体をくねらせる, 身をよじる, のたうつ; 《比》(ごまかそう・言い抜けようとして)あがく: *sich*[4] wie ein Aal 〈wie eine Schlange〉 ~ (→Aal, →Schlange 1 a) | *sich*[4] drehen und ~ (→drehen 2) | *sich*[4] krümmen und ~ (→krümmen) | *sich*[4] vor Schmerzen ~ 苦痛のあまりのたうちまわる. **b)** 再帰 *sich*[4] ~ 《方向を示す語句と》(…を)曲がりくねる, 蛇行する, うねって進む | *sich*[4] durch eine Menschenmenge ~ 人ごみのなかをくぐり抜ける | Ein Pfad *windet* sich in die Höhe. 一本の小道がくねくねと上へ向かって伸びている ‖ ein *gewundener* Flußlauf 蛇行する川の流れ.

II ge·wụn·den → 別出

[*germ.*; ◇wenden, wandern; *engl.* wind; I 3: <Winde¹]

win·den²[víndən]¹ ⦅01⦆ 自 (h) **1** 非人称 ⦅es windet⦆ 風が吹く: Draußen *windet* es tüchtig. 戸外では強い風が吹いている. **2** 〖狩〗(野獣が)危険をかぎつける; (猟犬が)獲物をかぎつける.

Wind·ener·gie[vínt..] 女 風力エネルギー.

Win·den≈ge·wäch·se[víndən..] 複 ヒルガオ(昼顔)科植物. **≈knö·te·rich** 男 〖植〗ソバカズラ. **≈schwär·mer** 男 〖虫〗エビガラスズメ(蝦殻天蛾)(スズメガ科の一種).

Win·de·pflan·ze[víndə..] 女 〖植〗つる植物. [<Winde¹]

Wind≈er·hit·zer[vínt..] 男 〖金属〗熱風炉(高炉用の熱風を作る加熱装置). **≈ero·sion** 女 〖地〗風食〔作用〕.

Win·des·ei·le[víndəs|áɪlə, ◡–◡–◡] 女 ⦅もっぱら次の形で⦆ in ⟨mit⟩ ～ 風のように迅速に, あっという間に, たちまち | Das Gerücht verbreitete sich mit ～. そのうわさはたちまち広まった.

Win·des·flü·gel[víndəs..] 複 ⦅比⦆ ⦅もっぱら次の形で⦆ auf ～*n* 風の翼に乗って, 風のように速く.

Win·de·trom·mel 女 ウィンチの巻き胴.

Wind≈fah·ne[vínt..] 女 風向計, 風信器, 風見(かざみ); ⦅話⦆ 無定見⟨無節操⟩な人. **≈fall** 男 風害による倒木. **≈fang** 男 **1 a)** 〖建〗風よけ(戸外の風が直接建物の内部に入らないように, 入口のドアの内側に設けられた小区画で, 建物の内部とはふつう厚地のカーテンや自在ドアで区切られる: → 図 Haus B). **b)** 〖工〗通気孔. **2** 〖狩〗(シカ・イノシシなどの)鼻孔(→ 図 Reh).

Wind·fang·tür 女 〖建〗(入口のドアの内側にある)風よけ用自在ドア(→ 図 Haus B).

wind≈fest 形 風に対して抵抗力のある(塀・垣根など). **≈ge·schützt** 形 風に対して保護された, 風の当たらない.

Wind≈ge·schwin·dig·keit 女 風速. **≈gott** 男 **1** 風神. **2** 〖紋〗風神図形. **≈ha·fer** 男 〖植〗(野生の)カラスムギ(烏麦). **≈har·fe** = Äolsharfe **≈hauch** 男 風の息吹, そよ風, 微風. **≈ho·se** 女 (Trombe) 〖気象〗(水・砂塵(さじん)などを巻き上げる)竜巻.

Wind·huk[vínthʊk, ..hu:k] 地名 ヴィントフク(ナミビアの首都. 正式には Windhoek). [*afrikaans*]

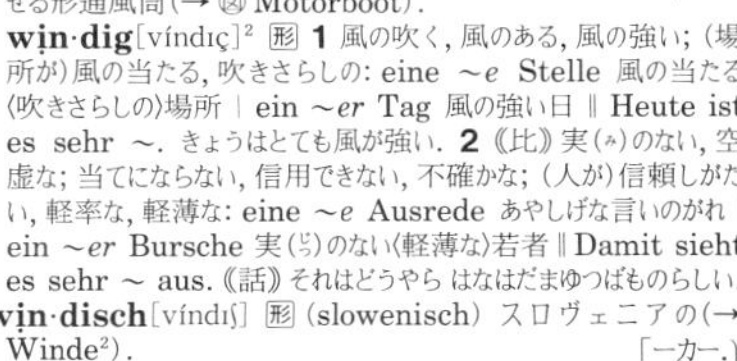
Windhund (Windspiel)

Wind·hund[vínt..] 男 グレーハウンド(狩猟犬の一種: → 図); ⦅話⦆ その日暮らしの楽天家, 能天気: Afghanischer ～ アフガン=ハウンド. [*ahd.* wint „wendischer Hund"; ◇Wende¹]

Wind·hut·ze[..hʊtsə] 女 -/-n 〖海〗きせる形通風筒(→ 図 Motorboot).

win·dig[víndɪç]² 形 **1** 風の吹く, 風のある, 風の強い; (場所が)風の当たる, 吹きさらしの: eine ～*e* Stelle 風の当たる⟨吹きさらしの⟩場所 | ein ～*er* Tag 風の強い日 ‖ Heute ist es sehr ～. きょうはとても風が強い. **2** ⦅比⦆ 実(み)のない, 空虚な; 当てにならない, 信用できない, 不確かな; (人が)信頼しがたい, 軽率な, 軽薄な: eine ～*e* Ausrede あやしげな言いのがれ | ein ～*er* Bursche 実(じつ)のない⟨軽薄な⟩若者 ‖ Damit sieht es sehr ～ aus. ⦅話⦆ それはどうやら はなはだまゆつばものらしい.

▽**win·disch**[víndɪʃ] 形 (slowenisch) スロヴェニアの(→ Winde²).

Wind·jacke[vínt..] 女 〖服飾〗ウインドヤッケ, ウインドブレーカー.

Wind·jam·mer 男 -s/- 〖海〗大型帆船. [*engl.*; <*engl.* jam „kräftig pressen"]

Wind·ka·nal 男 **1** 〖空〗風洞(ふうどう). **2** 〖楽〗(オルガンの)送風管.

Wind·ka·nal≈test 男, **≈un·ter·su·chung** 女, **≈ver·such** 男 風洞(ふうどう)試験⟨実験⟩.

Wind≈ka·sten 男 〖楽〗(オルガンの)送風箱 (Windlade の一部分: → 図 Orgel). **≈kes·sel** 男 〖工〗送風タンク. **≈kor·ro·sion** 女 〖地〗風食. **≈la·de** 女 〖楽〗(オルガンのパイプの下に取り付けられた)風函(ふうかん), 風箱(かざばこ)(→ 図 Orgel). **≈licht** 中 -〔e〕s/-er 風よけの火屋(ほや)をかぶせた灯火; カンテラ. **≈ma·cher** 男 -s/- ⦅話⦆ ほら吹き(人).

Wind·ma·che·rei[vɪntmaxəráɪ] 女 -/-en ほらを吹くこと.

Wind≈ma·schi·ne[vínt..] 女 〖劇・映〗風の効果音発生装置. **≈mes·ser** 男 (Anemometer) 風速⟨風力⟩計(→ 図 Wind). **≈mes·sung** 女 風速⟨風力⟩測定.

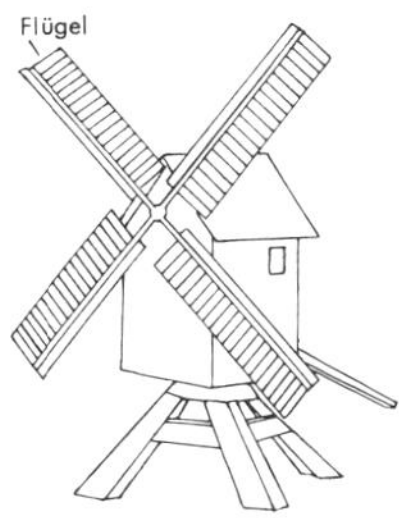

Windmühle (Bockmühle)

▽**Wind·mo·nat** 男 11月(ときに10月). [*ahd.* windume mānōt „Weinlesemonat"; ◇wimmen]

Wind≈mo·tor[vínt..] 男 〖工〗風力発動機(タービン). **≈müh·le** 女 風車(→ 図): gegen ～*n* ⟨mit ～*n*⟩ kämpfen ⦅比⦆ 勝つ望みのない戦いをする, むだな⟨無意味な⟩ことをする (Don Quichotte が単身槍(やり)をもって風車と戦ったことから).

Wind·müh·len≈flü·gel 男 風車の翼⟨羽根⟩: gegen ～ ⟨mit ～*n*⟩ kämpfen = gegen Windmühlen ⟨mit Windmühlen⟩ kämpfen (→Windmühle). ▽**≈flug·zeug** 中 = Hubschrauber

Wind≈pocken 複 〖医〗水痘, 水疱瘡(ほうそう). **≈rad** 中 〖工〗風力〔動力〕機(→ 図 Wind). **≈räd·chen** 中 (おもちゃの)風車(かざぐるま). **≈rich·tung** 女 風の方向, 風向き. **≈rös·chen** 中 (Anemone) 〖植〗イチリンソウ(一輪草)属, アネモネ. **≈ro·se** 女 (羅針盤の)羅牌(らはい), コンパスカード(→ 図 Wind). **≈sack** 男 **1** 吹き流し(飛行場などで風向や風力を示すために掲げられる: → 図 Wind). **2** 〖楽〗(バッグパイプの)空気袋(→ 図 Dudelsack).

Winds·braut[víntsbraʊt] 女 -/ ⦅雅⦆ つむじ風, 旋風.

Wind≈scha·den[vínt..] 男 -s/..schäden ⦅ふつう複数で⦆ 風害. **≈schat·ten** 男 -s/ 風の当たらない物陰(ものかげ), 風陰(かざかげ), 風隠(かざかく)れ: im ～ eines Lastwagens fahren (トラックに後続する車が)トラックを風よけにして走る.

wind·schief 形 ⦅話⦆ ゆがんだ, 曲がった, ひずんだ, 反(そ)った; (家屋などが)かしいだ. [„gewunden schief"; ◇winden¹]

Wind·schirm 男 風よけのついたて⟨スクリーン⟩; 防風壁; 防風林.

wind·schlüp·fig[..ʃlʏpfɪç]² = windschnittig

wind·schnell 形 風のように速い⟨迅速な⟩.

wind·schnit·tig 形 (流体力学的に見て)風に対する抵抗の少ない形をした, 流線形〔型〕の.

Wind·schutz[vínt-ʃʊts] 男 風よけ, 防風, 風防.

Wind·schutz·schei·be 女 風防ガラス, (自動車の)フロントガラス(→ 図 Kraftwagen).

Wind≈sei·te[vínt..] 女 風の吹いてくる側, 風上(かざかみ)〔の側〕. **≈sich·tung** 女 風篩(ふうし), 空気分級(気流を利用して細かい鉱物を粒径や比重に従って分ける操作). **≈ska·la** = Windstärkeskala

Wind·sor[víntsɔr, wínzə] 地名 ウィンザー(英国, イングランド南部の古都で, 征服王ウィリアム以来歴代の王宮の所在地): Herzog von ～ ウィンザー公.

Wind·spiel[vínt-ʃpi:l] 中 = Windhund [*mhd.*]

Wind·stär·ke[vínt..] 女 風の強さ, 風力.

Wind·stär·ke≈mes·ser = Windmesser **≈ska·la** 女 〖気象〗風力階級.

wind·still 形 風のない, 無風の.

Wind≈stil·le 女 無風〔状態〕, 凪(なぎ). **≈stoß** 男 突風. **≈streich·holz** 中 耐風マッチ. **≈sucht** 女 -/ 〖畜〗(動物の)鼓腸.

wind·sur·fen[víntzø:rfən, ..zœr.., ..sə:..] 自 (h, s) ⦅ふつう不定詞で⦆ ウインドサーフィンをする.

Wind≈sur·fer[..zø:rfər] 男 ウインドサーフィンをする人. **≈surf·ing**[..fɪŋ] 中 ウインドサーフィン. **≈tur·bi·ne** 女

W

＝Windmotor

Wịn·dung[vɪ́ndʊŋ] 女 -/-en **1**《単数で》〔sich〕winden[1] すること. **2** 曲がりくねり, うねり, 蛇行, つづら折り: *sich*[4] in ～*en* fortbewegen うねりながら進む | Der Bach fließt in vielen ～*en* durch das Tal. 小川は蛇行しつつ谷を流れる. **3** ねじれ;〖植〗(植物の茎の)回旋;〖理〗捩率(れいりつ).

Wịnd·war·ber[vɪ́ntvarbər] 男 -s/-《スイ》(Maulwurf) モグラ(土竜). [*ndd.*; ◇winden[1], Warp[3]]

wịnd·wärts[vɪ́ntvɛrts] 副 風上(かざかみ)へ, 風上に向かって, 風に逆らって.

Wịnd·werk[vɪ́nt..] 中〖工〗ウィンチ(巻き上げ)装置. [＜Winde[1]]

Wịnd·zug 男 -[e]s/ 空気の流れ(気流・すきま風・一陣の風など).

Wịn·fried[vɪ́nfri:t] 男名 ヴィンフリート. [＜*ahd.* wini „Freund"＋fridu „Friede, Schutz"; ◇*engl.* Winfred]

Wịn·gert[vɪ́ŋərt] 男 -s/-e《南部・スイ》(Weinberg) 丘陵状のぶどう畑, ぶどう山; (Weingarten) ぶどう園. [*germ.*; ◇Weingarten[1]; *engl.* vineyard]

Wink[vɪŋk] 男 -[e]s/-e **1** (手・頭・顔の表情などによる)合図; (行為を促す)暗示, ほのめかし, 示唆, 指示: ein ～ mit den Augen 目くばせ, ウインク | ein ～ mit dem Laternenpfahl 〈mit dem Scheunentor / mit dem Zaunpfahl〉 (→Laternenpfahl, →Scheunentor, →Zaunpfahl) ‖ *jm.* einen ～ geben …に合図をする | Sie gab ihm einen leisen ～, das Zimmer zu verlassen. 彼女は彼に部屋から出てゆくようにと そっと合図した | Man hatte ihm den ～ gegeben, die Stadt zu verlassen. 彼は町を立ち去るように促されていた ‖ auf *js.* ～ [hin] …の合図で. **2** (具体的な)助言, ヒント: praktische ～*e* für die Küche 料理法の秘訣(ひけつ).
▽**3** 瞬間: in einem ～ 一瞬にして, たちまち.
▽**4** 痕跡(こんせき); ほんのわずかのもの: es gibt keinen ～ von *et.*[3] …のあとかたもない, …はこれっぽっちもない.
[*westgerm.*; ◇winken, Wank]

Wịn·kel[vɪ́ŋkəl] 男 -s/- **1** (英: *angle*)〖数〗角, 角度: ein rechter ～ 直角 | ein spitzer 〈stumpfer〉 ～ 鋭角〈鈍角〉| **ein toter ～** (弾丸を発射しても命中しない)死角 | Blick*winkel* 視角 | Ergänzungs*winkel* 補角 ‖ die Schenkel eines ～*s* 角の両辺 | einen ～ messen 角度を測定する | Zwei Geraden bilden einen ～ von 45° (読み方: fünfundvierzig Grad). 2 直線は45度の角度をなして交わっている | Die Straße biegt hier in scharfem ～ nach links ab. 道路はここで鋭角をなして左に折れている.
2 (部屋・建物・町などの)隅(すみ), 片隅;《比》(人目につかぬ・平穏な)片隅; 片田舎, 僻地(へきち): Mund*winkel* 口もと, 口角(こうかく)| Schlupf*winkel* 隠れ家, 潜伏場所 ‖ in einem ～ des Zimmers 部屋の片隅に | das Glück im ～ 静かな片隅の幸福 | im tiefsten 〈verborgensten〉 ～ des Herzens 心の奥底で | *jn.* 〈*et.*[4]〉 in allen Ecken und ～*n* suchen …をあらゆる隅々まで探し求める | Die Ortschaft liegt in einem abgelegenen ～. この村はへんぴな片田舎にある.
3 〔三角〕定規; 曲尺(きょくじゃく), 差し金.
4 《北部》(Kramladen) 露店; 雑貨店.
[*westgerm.* „Krümmung"; ◇winken]

Wịn·kel⸗ad·vo·kat[vɪ́ŋkəl..] 男《軽蔑的に》もぐり〈いんちき〉弁護士, 三百代言. **⸗an·schlag** 男 (Anschlagwinkel) 直角定規, T 形定規. **⸗band** 中 -[e]s/..bänder **1** ＝Winkeleisen **2** L 型蝶番(ちょうつがい). **⸗be·schleu·ni·gung** 女〖理〗角加速度. **⸗blatt** 中《軽蔑的に》(つまらぬ)田舎新聞. **⸗ehe** 女 人目を忍んでの結婚〔生活〕. **⸗ei·sen** 中〖工〗山形鉄.

wịn·kel·för·mig[..fœrmɪç][2] 形 角状の, 角(かど)張った.

Wịn·kel⸗frä·ser 男〖工〗山形フライス(→ ⑳ Fräser). **⸗funk·tion** 女〖数〗三角関数. **⸗gas·se** 女 町の片隅の〈人目につかぬ〉路地, 裏町. **⸗ge·schwin·dig·keit** 女〖理〗角速度.

▽**wịn·kel·haft** ＝winkelig 1

Wịn·kel⸗ha·ken 男〖印〗(植字作業用の)ステッキ. **⸗hal·bie·ren·de** 女《形容詞変化》〖数〗角の二等分線.

wịn·ke·lig[vɪ́ŋkəlɪç][2] (**wịnk·lig**[..klɪç][2]) 形 **1** (町・建物などが)隅〈片隅〉の多い. ▽**2** (rechtwinkelig) 直角の.

..winkelig[..vɪŋkəlɪç][2] (**..winklig**[..vɪŋklɪç][2])《数詞・形容詞などにつけて「…個の角がある・角が…の」を意味する形容詞をつくる》: fünf*winkelig* 五角形の | gleich*winkelig* 同角の | spitz*winkelig* 鋭角の | stumpf*winkelig* 鈍角の.

Wịn·kel⸗mak·ler[vɪ́ŋkəl..] 男《軽蔑的に》もぐり〈いんちき〉ブローカー. **⸗maß** 中 直角定規, 曲尺(きょくじゃく), 折り尺, 差し金: das ～〖天〗定規座.

Wịn·kel·maß·kreuz 中〖紋〗折り尺十字, まんじ.

Wịn·kel⸗mes·ser 男 **1**〖数〗分度器. **2** (Goniometer) 測角器, ゴニオメーター. **⸗mes·sung** 女 測角〔法〕.

wịn·keln[vɪ́ŋkəln]《06》他 (h) (腕などを)曲げる: mit stark *gewinkeltem* Handgelenk 手首をぐっと曲げて. [＜Winkel]

Wịn·kel·pris·ma 中〖理〗測角プリズム.

▽**wịn·kel·recht** 形 (rechtwinkelig) 直角の.

Wịn·kel⸗riß 男《方》(服などの三角形の)かぎ裂き. **⸗schrei·ber** 男《軽蔑的に》へっぽこ作家, 三文文士. ▽**⸗schu·le** 女 私塾, 寺子屋. **⸗spin·ne** 女 (Hausspinne)〖動〗タナグモ(棚蜘蛛). **⸗stahl** 男〖工〗山形鋼. **⸗stütz** 男 -es/ (Schwebestütz)〖体操〗腕支持脚前挙.

wịn·kel·treu 形〖数〗(写像が)等角の;〖測量〗正角の: eine ～*e* Abbildung 等角写像 | ein ～*er* Entwurf 正角図法.

Wịn·kel·zug 男 -[e]s/..züge **1**《ふつう複数で》言い抜け, 言いのがれ; 逃げ口上, 口実: *Winkelzüge* machen 言いのがれをする | Keine *Winkelzüge*! 言い抜けはやめろ.
2 巧妙な手口〈方策〉, ごまかし: durch einen schlauen ～ 巧みな術策を用いて.

wịn·ken[(*)] [vɪ́ŋkən]《212》**wịnk·te** / **ge·wịnkt** (方・戯: gewunken[gəvʊ́ŋkən]) **I** 自 (h) **1** (手・頭・顔の表情などで)合図する; (手・旗などを振って)合図する, (合図のために)手〈旗〉を振る; (手旗などで)信号を送る: mit den Augen ～ 目で合図する, 目くばせ〈ウインク〉する | mit dem Taschentuch ～ ハンカチを振って合図する | mit dem Laternenpfahl 〈Scheunentor / Zaunpfahl〉 ～ (→Laternenpfahl, →Scheunentor, →Zaunpfahl) | zum Abschied ～ 別れのさいに手〈旗・ハンカチ〉を振る | *winke winke* machen《幼児語》バイバイする ‖ dem Kellner ～ (飲食店などで)給仕に合図する, 手で合図して給仕を呼ぶ | einem Taxi ～ 手をあげてタクシーを呼ぶ | *jm.* mit beiden Armen ～ …に向かって両腕を振って合図をする〈呼びかける〉.
2《比》(*jm.*) (期待の対象, 勝利・成功・利益などが…に向かって)手招きする, (…を)待ち受けている: Dem Sieger *winkt* ein verlockender Preis. 勝者には魅力的な賞品が与えられる | Dort *winkt* ihm höheres Einkommen. そこに行けばこれまでよりも多額の収入が彼を待っている | Wenn er nach Hause kommt, *winkt* ihm eine Tracht Prügel. 彼が帰宅すれば散々に殴られることは必定だ.
II 他 (h) **1** (*jm. et.*[4]) (…に…を)合図で示す; 合図して指示する: [*jm.*] Ruhe 〈Stillschweigen〉 ～ 〔…に〕合図して静粛〈沈黙〉を命じる | [*jm.*] mit dem Kopf Beifall ～ 〔…に〕うなずいて賛意を表する | Er *winkte* ihr mit den Augen, sie solle schweigen. 彼は彼女に黙るようにと目くばせした | Abseits ～〖球技〗(線審が旗を振って)オフサイドを宣する.
2 (*jn.*)《方向を示す語句と》(…に)合図して(…へ行けと)指示する: *jn.* zu *sich*[3] ～ …に合図して自分のところへ来させる, …を招きよせる | Sie *winkte* den Kellner an den Tisch. 彼女は給仕に合図して自分のテーブルに来させた.
3《話》*jm.* eine ～ …に一発びんたをくらわせる.
[*idg.* „sich seitwärts bewegen"; ◇Wink〔el〕]

Wịn·ker[vɪ́ŋkər] 男 -s/- **1** (winken する人. 例えば:) 手旗信号手. **2** (winken する装置. 例えば:) (自動車の旧型の) 方向指示器.

Wịn·ker⸗flag·ge 女 (手旗信号用の)手旗. **⸗si·gnal** 中 手旗信号.

wịnk·lig ＝winkelig

..winklig ＝..winkelig

Winn·worp[vínvɔrp] 男 -s/-e《スイ》＝Windwarber
Winsch[vɪnʃ] 女 -/-en〘海〙ウインチ, 巻き上げ機.
[*engl.* winch; ◇winken]
Win·se·lei[vɪnzəláɪ] 女 -/ (犬が)クンクン鳴くこと; (人が)めそめそ〈しくしく〉泣くこと, 哀泣;《比》哀願, 哀訴.
win·seln[vínzəln]《06》自 (h) (犬などが)クンクン泣く; (人が)めそめそ〈しくしく〉泣く;《比》《um *et.*[4]》(卑屈に…を)哀願する, 哀訴する.
[*mhd.*; ＜*ahd.* win〔i〕sōn „jammern"; 擬音]
Win·ter[víntər] 男 -s/- 冬(→ Frühling, Sommer, Herbst): ein harter 〈strenger〉 ～ 厳しい冬, 厳冬 | ein milder ～ 穏やかな冬, 暖冬 ‖ im ～ 冬に | während des ～*s* 冬の間 | den ～ über 冬の間ずっと | Sommer wie ～ / Sommer und ～ (→Sommer) ‖ Es wird ～[1]. 冬になる | Der ～ kommt. 冬がやってくる ‖ [▽]fünf ～ lang 5年間 ‖ *jm.* keinen Sommer und keinen ～ machen (→Sommer).
[*germ.* „nasse Jahreszeit"; ◇*engl.* winter]
Win·ter⸗abend 男 冬の晩〈夕べ〉. ⸗**an·fang** 男 冬の始まり(一般に冬至を指す). ⸗**an·zug** 男 冬服(→Anzug 1). ⸗**fahr·plan** 男〘鉄道〙冬季列車時刻表. ⸗**fe·der** 女 (鳥類の)冬羽(ふゆば). ⸗**fei·ern** 複 冬季休暇, 冬休み. ⸗**fell** 中 (動物の)冬毛. ⸗**fri·sche** 女 -/-n **1** 冬の保養: in die ～ gehen 〈fahren〉 冬の保養に行く. **2** 冬の保養地. ⸗**frisch·ler** 男 -s/- 冬の保養客. ⸗**frucht** 女 ＝Wintergetreide ⸗**gar·ten** 男 冬園(熱帯植物などを植えたガラス張りの室内庭園). ⸗**ger·ste** 女 秋まきオオムギ(大麦). ⸗**ge·trei·de** 中 (秋まきの)冬作物(穀物). ⸗**grün** 中〘植〙イチヤクソウ(一薬草)属. ⸗**haar** 中 (動物の)冬毛. ⸗**ha·fen** 男 不凍港. ⸗**halb·jahr** 中 冬を含む半年間; (大学の)冬学期. ⸗**hemd** 中 冬シャツ, 冬用の肌着. ⸗**hil·fe** 女, ⸗**hilfs·werk** 中〘史〙(ナチ時代の)冬期貧民救済事業. ⸗**him·mel** 男 冬空. ⸗**jas·min** 男〘植〙オウバイ(黄梅). ⸗**käl·te** 女 冬の寒さ. ⸗**kleid** 中 **1** 冬服(→Kleid 1). **2** (動物の)冬毛; (鳥類の)冬羽(ふゆば). ⸗**klei·dung** 女 冬の服装, 冬服, 冬着. ⸗**kres·se** 女〘植〙ハルザキヤマガラシ(春咲山芥子). ⸗**kur·ort** 男 -〔e〕s/-e (スポーツなどもできる)冬の保養地. ⸗**land·schaft** 女 冬景色. ⸗**lauch** 男〘植〙ネギ(葱), リーキ.
win·ter·lich[víntərlɪç] 形 冬の〔ような〕, 冬らしい: ～*es* Wetter 冬のような〈冬らしい〉天気 | ～ angezogen sein 冬向きの服装をしている.
Win·ter·lieb 中〘植〙ウメガサソウ(梅笠草)属.
Win·ter·ling[..lɪŋ] 男 -s/-e〘植〙セツブンソウ(節分草)属の一種.
Win·ter⸗man·tel 男 冬のコート. ⸗**mo·de** 女〘服飾〙冬のモード. ⸗**mo·nat** 男 -〔e〕s/-e **1**《複数で》冬の月(12月・1月・2月). **2**《単数で》《雅》(Dezember) 12月. ⸗**mond** 男 **1** 冬の月(天体). [▽]**2** 12月;《スイ》11月. ⸗**mor·gen** 男 冬の朝. ⸗**mücke** 女〘虫〙ガガンボダマシ(偽大蚊)科の昆虫.
win·tern[víntərn]《05》**I** 自 (h) 非人称《es wintert》冬になる, 冬らしくなる.
II 他 (h) **1** 冬のあいだ保護〈飼育〉する. **2** 冬のために蓄えておく.
Win·ter⸗nacht[víntər..] 女 冬の夜. ⸗**obst** 中 (冬のあいだ保存のきく)冬の果物. ⸗**olym·pia·de** 女 冬季オリンピック. ⸗**pau·se** 女 (催し物などの)冬季の〔開催〕休止期間. ⸗**quar·tier** 中 **1** (軍隊の)冬営地. **2** (ある種の動物が)冬のあいだ過ごす場所. ⸗**rei·fen** 男 (自動車の)スノータイヤ(→ 図 Reifen). ⸗**rei·se** 女 冬の旅行: der Zyklus《～》歌曲集『冬の旅』(W. Müller 作詩, Schubert 作曲). ⸗**rog·gen** 男 秋まきライムギ.
win·ters[víntərs] 副 冬に; 毎冬: Ich gehe ～ nur selten aus. 私は冬にはあまり外出しない.
Win·ter⸗saat 女 冬作物の種子〈苗〉. ⸗**sa·chen** 複 冬物, 冬の衣類.
Win·ters·an·fang ＝Winteranfang
Win·ter⸗schach·tel·halm 男〘植〙トクサ(木賊). ⸗**schlaf** 男〘動〙冬眠;《比》休止〈不活動〉状態: künstlicher ～〘医〙人工冬眠, 冬眠療法 | ～ halten 冬眠する;《比》休止している. ⸗**schluß·ver·kauf** 男 冬物一掃大売り出し, 冬物棚ざらえバーゲンセール. ⸗**sei·te** 女 北側. ⸗**se·me·ster** 中 (大学の)冬学期(秋から冬の終わりまで): das ～ 1984 auf 1985 1984年から1985年にかけての冬学期. ⸗**son·ne** 女 冬の太陽. ⸗**son·nen·wen·de** 女 冬至(とうじ)(12月22日ごろ). ⸗**spie·le** 複 冬季競技: Olympische ～ 冬季オリンピック競技. ⸗**sport** 男 冬のスポーツ, ウインタースポーツ(スキー・スケート・アイスホッケーなど). ⸗**sport·ler** 男 ウインタースポーツの選手. ⸗**star·re** 女〘動〙(変温動物の)冬のあいだの非活動状態. ⸗**stern** 男〘植〙エランティス＝ヒエマリス(セツブンソウ属の一種). ⸗**stoff** 男〘服飾〙冬物生地.
win·ters·über[víntərs|y:bər] 副 冬じゅう.
Win·ters·zeit 女 冬季, 冬期: zur ～ 冬に.
Win·ter·tag 男 冬の日.
Win·ter·thur[víntərtu:r] 地名 ヴィンタートゥーア(スイス Zürich 州の都市).
[*lat.* Vitodurum; ＜*kelt.* durum „Burg"]
Win·te·rung[víntərʊŋ] 女 -/-en ＝Wintergetreide
Win·ter⸗vo·gel[víntər..] 男 冬鳥. ⸗**vor·rat** 男 冬用の蓄え. ⸗**wei·de** 女 (家畜の)冬の放牧地. ⸗**wei·zen** 男 秋まき用のコムギ(小麦). ⸗**zeit** ＝Winterszeit ⸗**zeug** 中 ＝Wintersachen ⸗**zwie·bel** 女〘植〙ネギ(葱).
Win·zer[víntsər] 男 -s/- **1** (Weinhauer) ブドウ栽培兼ワイン醸造業者. **2** ぶどう園労働者; (Weinleser) ブドウ摘みをする人. [*lat.* vīnitor－*ahd.* wīnzuril; ◇Wein]
Win·zer⸗fest 中 ぶどう収穫祭. ⸗**ge·nos·sen·schaft** 女 ワイン醸造協同組合. ⸗**mes·ser** 中 ブドウ摘み用ナイフ(→Hippe[1] 1).
win·zig[víntsɪç][2] 形 ごく小さい, ちっぽけな; ごくわずかな, ちょっぴりの; ごく些細(ささい)な, 取るに足らない: ein ～*es* Häuschen ちっぽけな家 | ein ～*es* Kerlchen ちび | ein ～*er* Bruchteil der Bevölkerung 住民のごく一部 | eine ～*e* Menge ごく微量 | ein ～*es* bißchen《話》ほんのちょっぴり ‖ ein ～ kleines Fenster ちっぽけな窓 | Aus der Ferne sieht die Kirche ～ 〈～ klein〉 aus. 遠くからだと教会はごく小さく見える. [*mhd.*; ◇wenig]
Win·zig·keit[－kaɪt] 女 -/-en **1**《単数で》winzig なこと. **2** (Kleinigkeit) 些細(ささい)な〈ちっぽけな〉こと.
Winz·ling[víntslɪŋ] 男 -s/-e《話》ちび.
Wip·fel[vípfəl] 男 -s/- (樹木の)頂き, こずえ(→ 図 Baum A): in den ～ eines Baumes klettern 木のてっぺんによじのぼる | In den ～*n* der Bäume rauscht der Wind. 木々のこずえに風が鳴っている | In allen ～*n* spürest du kaum einen Hauch. なべてのこずえには風のそよぎも感ぜられず (Goethe). [„Wippendes"; *ahd.*; ◇weifen, wippen]
Wipp·brücke[víp..] 女〘土木〙跳開橋, 跳ね橋.
Wipp·chen[vípçən] 中 -s/- **1** Wippe の縮小形. **2**《方》**a**) ごまかし, 言いのがれ, 逃げ口上: *jm.* ～ vormachen …に些細(ささい)なうそをつく, …にごまかしを言う. **b**) 冗談, ふざけ; いたずら: Mach mir keine ～! ごまかすな, ばかなことを言うな. **3**《話》ペチコート(女性用下着).
Wipp·dreh·kran 男〘工〙引き込みクレーン.
Wip·pe[vípə] 女 -/-n (⊘ Wipp·chen → 別出) **1** (子供の遊戯用の)シーソー〔台〕(→ 図 A): auf einer ～ schaukeln シーソーに乗って遊ぶ. **2**〘工〙二元槓杆(こうかん)(2本腕のてこ). **3**〘体操〙(徒手体操の)肩入れ(→ 図 B). **4** ＝Wippgalgen [▽]**5** (Peitsche) むち. [*ndd.*]

Wippe A

Wippe B

wip·pen[vípən] **I** 自 (h) **1** シーソーをする, シーソー台で

遊ぶ. **2** (はずみがついて)上下動をする, 上下〈左右〉に揺れる. **3** 《mit *et.*³》(…を)上下に動かす〈ゆさぶる〉: mit der Fußspitze ～ 足の爪先(つまさき)を上下にゆさぶる(貧乏ゆすりのように) | mit dem Schwanz ～ (小鳥などが)尾を上下に振る.

II 他 (h) **1** 《*et.*⁴》(…を)上下に動かす〈ゆさぶる〉. **2** 《話》《*jn.*》追放〈放逐〉する, 放校処分にする. ▽**3** Münzen kippen und ～ 貨幣を変造する.

[*mndd.*; ◇weifen, Wipfel; *engl.* whip]

Wịp·pen≈schal·ter 男 〖電〗ロッカスイッチ(→ 図 Schalter). **≈sterz** ＝Wippsterz

Wip·per[vípər] 男 -s/- (Kipper) 〖坑〗チップラ(トロッコなどの車体を傾けて積み荷を降ろす装置).

Wịpp≈gal·gen[víp..] 男 つるし刑台(中世の拷問台で, 罪人をつるして水中に沈めるための刑台). **≈kran** 男 〖工〗水平引き寄せ起重機, 引き込みクレーン. **≈mot·te** 女 〖虫〗ハマキモドキガ(擬葉巻蛾)科のガ. **≈rock** 男 -[e]s/..röcke《話》ペチコート. **≈schau·kel** 女 ＝Wippe 1 **≈sterz** 男 **1** 《方》(Bachstelze) 〖鳥〗セキレイ. **2** 《話》落ち着きのない〈神経質に絶えず体を動かす〉人.

wir[vi:r] 《人称代名詞, 1 人称複数 1 格: 2 格 **ụn·ser**[ʊ́nzər], 3・4 格 **uns**[ʊns]; 所有代名詞 unser》

1 (英: *we*) 《ich の複数》(性の区別なく)私たち, 我々: **a)** 《1 格で》*Wir* sind Franzosen 〈㊛ Französinnen〉. 私たちはフランス人です | *Wir* alle 〈beide〉 lernen Deutsch. 我々は皆〈二人とも〉ドイツ語を習っている | Gehen ～ langsam! そろそろ出かけよう ‖ Wer ist da?－*Wir* sind es.(そこにいるのは)どなたですか－私たちです(アクセントは wir にある) | Du bist begabt, ～ sind es 〈das sind ～〉 aber nicht. 君には才能があるが私たちはそうでない(アクセントは sind にある) ‖〖他の人称の主語と〗*Wir* und du 〈er〉〔, ～〕 fahren mit der Bahn. 私たちと君〈彼〉とは鉄道で行く | Entweder ～ oder ihr müßt 〈ihr oder ～ müssen〉 zu Fuß gehen. 私たちか君たちかどちらかが歩いて行かねばならない.

b) 《2 格で; 主として動詞・形容詞・前置詞の支配を受けて》Die Kleinen bedürfen noch *unser.* 子供たちはまだ私たちを必要としている | Sie erschrak, als sie *unser* ansichtig wurde. 彼女は私たちを見てびっくりした | Wer hilft ihm statt *unser*? 私たちに代わってだれが彼に助力してやるだろうか ‖〖付加語として数詞とともに〗in *unser* beider Namen われら両名の名において | Wir 〈Es〉 waren *unser* drei. / ▽*Unser* waren drei. 私たちは 3 人連れだった ‖〖再帰代名詞として〗Wir sind *unser* 〔selbst〕 nicht mehr sicher. 我々はもう自信をなくしている.

☆ halben, wegen, um ... willen とは unsert.. の形で融合する: →unserthalben, unsertwegen, unsertwillen

c) 《3 格で》Das nützt *uns* nichts. それは私たちに役立たない | Das Zimmer ist *uns* zu klein. この部屋は私たちには小さすぎる | *Uns* kann keiner!《話》私たちにかなうものはいない ‖〖前置詞と〗bei *uns* in Deutschland わがドイツにおいては | Bei *uns* ist das üblich. 私たちのところ〈わが家・わが国〉ではそれが普通のやり方だ | Unter *uns* gesagt: er ist ein Faulpelz. ここだけの話だが彼は怠け者だ | Das bleibt unter *uns*! それは内輪のこと〈我々だけの秘密〉にしておこう ‖〖所有の 3 格〗Er steht *uns* zur Seite. 彼は我々の味方だ ‖〖再帰代名詞として〗Wir waren außer *uns.* 私たちは我を忘れていた | Wir fühlten ihn zu *uns* treten. 我々は彼がこちらへ歩いて来るのを感じた ‖〖相互的に〗Wir Arbeiter müssen *uns* 〔gegenseitig〕 helfen. 我々労働者は助け合わねばならない.

d) 《4 格で》Niemand hat *uns* gesehen. 我々はだれにも見られなかった | Er fragte *uns*, ob ... 彼は私たちに…かどうか尋ねた ‖〖前置詞と〗Sein Tod war ein schwerer Verlust für *uns.* 彼の死は我々にとって大きな損失だった | Um *uns* her war lauter Schnee. 私たちの周りは一面の雪だった ‖〖再帰代名詞として〗Wir setzten *uns* auf die Bank. 私たちはベンチに腰をおろした ‖〖相互的に〗Wir lieben *uns.* 私たちは愛しあっている | Wir sahen *uns* lange an. 私たちは長いこと顔を見合わせていた.

2 a) (読者・聴衆などを抱きこんだ著者・講演者の自称として) 私〔たち〕: Jetzt kommen *wir* langsam zum Schluß. さあそろそろ結論に入ります.

b) 《子供に対して》(自身を含みつつ相手に重点を置いて)君〔も〕: Ei, Hans, was haben *wir*? おやハンスどうしたんだ | *Wir* werden so etwas nicht wieder tun, hörst du? いいかい こんなことは二度としないようにしようね(してはいけないよ).

c) **Wịr** (王侯の自称として)わし, 余: Hiermit befehlen ～, Friedrich Wilhelm, König von Preußen, daß ... ここにプロイセン国王たる余フリードリヒ ヴィルヘルムは…を命ずるものなり.

★ i) 同格名詞の付加語形容詞は原則として強変化であるが, 1 格では弱変化のことが多い: *wir* junge〔n〕 Studenten 我々若き学生たちは | *wir* Deutsche〔n〕 我々ドイツ人は.

ii) wir を受ける関係代名詞が主語のときは, 関係文において wir を再提示することが多い(→ich I ★ ii): *wir*, die 〔*wir*〕 Deutsch sprechen ドイツ語を話す我々.

[*germ.*; ◇*engl.* we]

wirb[vɪrp] werben の命令法単数.

Wịr·bel[vírbəl] 男 -s/- **1 a)** (液体・気体など, 流体の)回転運動, 渦, 渦巻き: in ～*n* 渦を巻いて, 渦状に | in einen ～ geraten 渦に巻き込まれる ‖ Der Strom hat gefährliche ～. この流れには危険な渦がある. **b)** 《比》(情熱・激情などの)渦; (旋風のような)大騒ぎ, 混乱: einen großen ～ verursachen (発言・事件などが)大旋風を巻き起こす | um *jn.* 〈*et.*⁴〉〔einen〕 ～ machen …のために大騒ぎをする ‖ Der ～ der Gefühle riß ihn mit sich fort. 激情の渦が彼に我を忘れさせた. **c)** (ダンス・スケートなどでの)旋回: *sich*⁴ im ～ drehen ぐるぐる回る.

2 (Haarwirbel) (頭髪の)つむじ, 毛渦(けうず) (→ 図 Mensch B): einen ～ bilden (髪の毛が)つむじになっている | **vom ～ bis zur Zehe** 《比》頭のてっぺんから足の先まで.

3 〖解〗椎(つい), 椎骨: Lenden*wirbel* 腰椎(ようつい).

4 (Trommelwirbel) **a)** (太鼓の)連打, すり打ち: einen ～ schlagen 太鼓を連打する | *jn.* mit einem ～ empfangen …を太鼓連打で迎える. **b)** 《比》(ヒバリの)絶え間ないさえずり.

5 a) 〖楽〗(弦楽器の)糸巻き(→ 図 Geige). **b)** (Fensterwirbel) (窓の)回転ノブ.

[*germ.*; ◇werben; *engl.* whirl, whorl]

Wịr·bel≈bein[vírbəl..] 中 〖解〗脊椎(せきつい)骨, 椎骨. **≈bo·gen** 男 〖解〗椎弓. **≈bruch** 男 〖医〗脊椎骨折. **≈dost** 男 〖植〗トウバナ(塔花)属. **≈ent·zün·dung** 女 〖医〗脊椎炎. **≈frak·tur** 女 ＝Wirbelbruch **≈ge·lenk** 中 **1** 〖解〗脊椎(せきつい)関節. **2** 〖工〗回り継ぎ手.

wịr·be·lig[vírbəlɪç]² (**wịrb·lig**[..blɪç]²) 形 回転〈旋回〉するような, 渦を巻くような; 《比》(子供などが)めまぐるしく動き回る; 目の回るような: Mir wurde ganz ～ 〔im Kopf〕. 私は頭がくらくらした.

Wịr·bel≈ka·nal[vírbəl..] 男 〖解〗脊柱(せきちゅう)管. **≈ka·sten** 男 〖楽〗(弦楽器の)糸倉(いとぐら)(→ 図 Geige). **≈kno·chen** 男 ＝Wirbelbein **≈kör·per** 男 〖解〗椎体(ついたい). **≈li·nie**[..niə] 女 〖理〗渦(うず)線. **≈loch** 中 〖解〗椎孔.

wịr·bel·los[vírbəllo:s]¹ **I** 形 脊椎(せきつい)のない, 無脊椎の: ～*e* Tiere 〖動〗無脊椎動物.

II **Wịr·bel·lo·se** 複 《形容詞変化》〖動〗無脊椎動物.

wịr·beln[vírbəln] 《06》 **I** 自 **1** (h, s) **a)** (液体・気体など, 流体が)渦を巻く, 渦を巻いて動く〈流れる〉: Das Wasser *wirbelt.* 水が渦を巻く | Staub *wirbelte* in die Luft. ほこりが渦を巻いて舞い上がった | Der Rauch ist über die Dächer *gewirbelt.* 煙が渦を巻いて屋根の上を流れた ‖ Mir *wirbelt* der Kopf. 《比》私は頭がくらくらする. **b)** 旋回する, くるくる回る, 旋回しながら動く: Sie ist aus dem Zimmer *gewirbelt.* 彼女はくるくる回りながら部屋から出て行った.

★ h, s について: →schwimmen I 1 ☆

2 (h) **a)** (鼓手が)太鼓を連打する; (太鼓が)連打される, たてつづけに鳴り響く. **b)** 《比》(ヒバリが)絶え間なくさえずる.

II 他 (h) 《*et.*⁴》(…に)渦を巻かせる; 回転〈旋回〉させる: die

trockenen Blätter in die Luft ～ 枯れ葉を空へ巻き上げる.

Wir·bel·säu·le 女 (Rückgrat)〘解〙脊柱(せきちゅう); 背骨.

Wir·bel·säu·len≠ent·zün·dung 女〘医〙脊椎炎. **≠er·kran·kung** 女, **≠lei·den** 中〘医〙脊椎症. **≠ver·krüm·mung** 女〘医〙脊柱変形(湾曲)〔症〕.

Wir·bel≠stär·ke 女〘理〙渦(うず)度. **≠strom** 男〘電〙渦(うず)電流.

Wir·bel·strom·brem·se 女 渦(うず)電流ブレーキ.

Wir·bel≠sturm 男 あらしを伴う大旋風(台風・ハリケーンなど). **≠tier** 中〘動〙脊椎(せきつい)動物. **≠ver·schie·bung** 女〘医〙椎骨(ついこつ)〈脊椎(せきつい)〉すべり症. **≠ver·stei·fung** 女〘医〙脊椎(せきつい)強直. **≠wind** 男 **1** 旋風, つむじ風: **wie ein ～** つむじ風のように〔すばやく〕. **2**〘戯〙活発な若者, 元気な子供.

Wir·be·wußt·sein[víːr..] 中 我々〈集団〉意識, グループの連帯感.

wirb·lig ＝wirbelig

wirbst[vɪrpst] werben の現在 2 人称単数.

wirbt[vɪrpt] werben の現在 3 人称単数.

wird[vɪrt] werden の現在 3 人称単数.

wirf[vɪrf] werfen の命令法単数.

wirfst[..st] werfen の現在 2 人称単数.

wirft[..t] werfen の現在 3 人称単数.

wir·ken[vírkən] **I** 自 (h) **1** 働く, 仕事をする, 活動する: an einer Schule als Lehrer ～ 学校で教師として働く | Der Missionar hat lange in diesem Land *gewirkt*. その宣教師は長年この国で伝道に従事した ‖ politisches *Wirken* 政治活動 | das *Wirken* Gottes in der Natur 自然における神の御業(みわざ) | während seines *Wirkens* als Arzt 彼が医者として働いていた間に.

2《しばしば様態を示す語句と》作用する, 影響を与える; 効き目がある, 効果をもつ: gut ～ よく効く | schlecht ～ あまり効かない | schnell 〈stark〉 ～ 迅速〈強力〉に作用する | abführend ～ 下剤の働きをする | beruhigend ～ 鎮静させる効果をもつ ‖ Die Arznei *wirkt* sofort. この薬はすぐに効く〈即効がある〉| Das Mittel *wirkt* gut gegen Kreislaufstörungen. この薬は循環障害によく効く | Seine Rede hat auf die Masse sehr *gewirkt*. 彼の演説は大衆に大きな感銘を与えた | wie eine kalte Dusche 〈wie ein rotes Tuch〉 auf *jn*. ～ (→Dusche, →Tuch 2) | Das Stück *wirkt* stark auf die Lachmuskeln 〈die Tränendrüsen〉.《話》この作品は大いに笑わせる〈泣かせる〉| Der Sturm hat verheerend *gewirkt*. あらしは壊滅的な損害を与えた | Ich ließ die Landschaft auf mich ～. 私はこの風景が私に与える感銘を楽しんだ.

3《様態を示す語句と》(…の)印象を与える: komisch 〈lächerlich〉 ～ こっけいな印象を与える | Auf dem Foto *wirkt* er jugendlicher. この写真では彼はいっそう若々しく見える ‖ ein sympathisch *wirkender* Mensch 好感のもてる人間.

4 (色彩・模様・作品などが)ひき立つ, 映(は)える: Das Muster *wirkt* nur aus der Nähe. この模様は近くから見ないとひき立たない.

II 他 (h) **1**〘織〙メリヤス編み〈織り〉にする: ein Strickkleid ～ ニットウェアを編む | einen Teppich ～ じゅうたんを織る ‖ mit der Hand *gewirkte* Stoffe 手織りの生地.

2《雅》行う, なしとげる: Gutes ～ 善を行う | Wunder ～ (→Wunder 1).

3《南部》(durchkneten) (パン種などを)十分にこねる.

[*westgerm.*; ◇Werk, wirklich; *engl.* work]

Wir·ker[vírkər] 男 -s/- (⊛ **Wir·ke·rin**[..kərɪn]-/-nen) (wirken する人. 特に:) メリヤス編み〈織り〉職人: Strumpf*wirker* 靴下製造工 | Teppich*wirker* じゅうたん織り工.

Wir·ke·rei[vɪrkəráɪ] 女 -/-en **1**《単数で》メリヤス編物〈織物〉製造. **2** メリヤス編物〈織物〉製造工場.

Wir·ke·rin Wirker の女性形.

Wirk≠kraft[vírk..] ＝Wirkungskraft **≠lei·stung** 女〘電〙有効電力.

Wirkl. Geh. Rat 略 ＝**Wirk**licher **Geh**eimer **Rat** (→wirklich I 2).

wirk·lich[vírklɪç] **I** 形 **1** 現実の, 実際の, 実在している: das ～*e* Leben 実生活 | ein ～*er* Vorfall 実際の出来事 | Kennst du den ～*en* Namen des Künstlers? 君はこの芸術家の本名を知っているか | Der ～*e* Vorrat ist viel geringer, als er glaubt. 実際の貯蔵量は彼が考えているよりもはるかに少ない ‖ *et.*[4] ～ machen …を現実のものとする, …を実現する.

2《述語的用法なし》本当の, 真の, まことの, 本物の: ein ～*er* Freund まことの友人 | Das war für mich eine ～*e* Hilfe. おかげで本当に助かった | Du bist ja ein ～*er* Tausendsassa! 君も全く抜け目のないやつだ ‖ *Wirklicher* Geheimer Rat (略 Wirkl. Geh. Rat) 正枢密顧問官(昔の称号).

II 副 **1** 実際に, 現実に, 事実, 本当に; (in Wirklichkeit) 実際は, 本当は: Ich weiß es ～ nicht. 私は本当にそれを知らない | Kommt er ～? 彼は本当に来るのか | Es ist ～ wahr. 本当にそうなんだ | Das hat sie selber gesagt.— *Wirklich*? これは彼女が自分で言ったことなんだ — 本当かい ‖ Ich möchte wissen, wie es ～ war. 私は事実がどうであったかを知りたい.

2 (発言の内容を強調して)まことに, 全く: Er ist ～ ein netter Kerl. あいつは本当にいいやつだ | Der Film war ～ ausgezeichnet. その映画は本当にすばらしかった.

[*mhd.*; „tätig"; ◇wirken]

Wirk·lich·keit[–kaɪt] 女 -/-en《ふつう単数で》現実, 実際; 現実の世界, 実際の姿, 実情, 実生活: die harte 〈rauhe〉 ～ 厳しい現実 | die gesellschaftliche 〈politische〉 ～ 社会〈政治〉の現実 | Ideal und ～ 理想と現実 ‖ ～[1] werden (夢・希望などが)現実となる, 実現する | der ～[3] ins Auge sehen 現実を直視する | *sich*[4] auf den Boden der ～ stellen 現実に立脚する ‖ in ～ 実際は, 本当は, 実のところは | In ～ liegt die Sache ganz anders. 実際は事情は全く別なのだ | *et.*[4] in die ～ umsetzen …を実現する | von der ～ weit entfernt sein 現実とはほど遠い | Seine Erwartungen wurden von der ～ weit übertroffen. 現実は彼の期待をはるかに上回るものだった.

wirk·lich·keits·fern 形 現実から遠い, 現実ばなれした.

Wirk·lich·keits≠flucht 女 現実逃避. **≠form** 女 (Indikativ)〘言〙直説法, 叙実法.

wirk·lich·keits≠fremd 形 非現実的な, 現実ばなれした; (人が)世事にうとい, 現実を知らない. **≠ge·treu** 形 (描写などが)事実〈現実〉に忠実な.

Wirk·lich·keits·mensch 男 現実的な人間, 現実主義者.

wirk·lich·keits·nah 形 現実に近い, 現実的な; 写実的な: eine ～*e* Darstellung 写実的な〈真に迫った〉描写.

Wirk·lich·keits·sinn 男 -〔e〕s/ 現実感覚.

Wirk·ma·schi·ne[vírk..] 女 メリヤス織機.

wirk·sam[vírkzaːm] 形 **1** 有効な, 効果的な, 効力〈ききめ〉のある, 実効のある: ein ～*es* Medikament よく効く薬 | ein ～*es* Mittel für die Schädlingsbekämpfung 害虫駆除の効果的な手段 | ein ～*es* Mittel gegen Husten 咳(せき)によく効く薬 ‖ Diese Methode war sehr ～. この方法は非常にききめがあった. **2** (法律などが)効力を生じた: ～ werden 効力を生じる, 発効する | Die neuen Bestimmungen werden mit 1. Juli ～. 新しい規定は 7 月 1 日付をもって発効する. [＜wirken]

..wirksam[..vɪrkzaːm]《名詞・動詞につけて「…に効果のある, …に関して効果的な」などを意味する形容詞をつくる》: bühnen*wirksam* 舞台効果のある | publikums*wirksam* 聴衆〈観客・読者〉に受ける ‖ werbe*wirksam* 宣伝効果のある.

Wirk·sam·keit[–kaɪt] 女 -/ (wirksam なこと. 例えば:) **1** 有効〈実効〉性, 効果, ききめ, 効能: die ～ einer Arznei 薬の効能〈ききめ〉| die ～ einer Strafe 罰の効果.

2 (法律などの)効力を生じた状態: in ～ treten (法律などが)効力を生じる, 発効する | *et.*[4] außer ～ setzen …(法律など)の効力を停止する.

Wirk≠stoff[vírk..] 男〘生〙作用物質(ビタミン・ホルモン・生長促進〈抑制〉物質など, 有機体内に存在する微量ながら重要な物質の総称). **≠stuhl** 男 メリヤス編み機〈織機〉.

Wịr·kung[vírkʊŋ] 女 -/-en **1** 作用, 働き, 影響力; (原因・作用によって生じる)結果, 成果, 影響, 効果; ききめ, 効力; (人に与える)印象, 感銘: eine nachhaltige ⟨unerwartete⟩ ～ 永続的⟨予期せぬ⟩効果 | eine schnelle ～ すみやかな効きめ, 即効 | die ～ einer Bombe 爆弾の威力 | Gegen*wirkung* 反作用 | Neben*wirkung* 副作用 | Ursache und ～ 原因と結果 ‖ *seine* ～ tun 作用する, 効果を発揮する | *seine* ～ verfehlen 効果を発揮しない, ききめがない | die ～ noch erhöhen 効果をさらに高める | Der Boxer zeigte keine ～. そのボクサーは(パンチをくらっても)平然としていた ‖ ohne ～ bleiben 効果⟨ききめ⟩なしに終わる | zur ～ kommen 効果をあらわす ‖ Die erhoffte ～ blieb aus. 所期の成果⟨期待された効果⟩は得られなかった | Kleine Ursache, große ～. (→Ursache).

2 (法律などの)効力の発生, 発効; 実施, 実行: in ～ treten (法律などが)効力を生じる, 発効する | Die neue Regelung tritt mit ～ vom 15. Juni 1997 in Kraft. この新しい規定は1997年6月15日に発効する.

Wịr·kungs≠be·reich[vírkʊŋs..] 男 作用範囲; 活動⟨勢力⟩範囲; 有効範囲, 有効距離. **≠dau·er** 女 有効時間⟨期間⟩. **≠grad** 男 (Nutzeffekt)〘理〙効率: thermischer ～ 熱効率. **≠kraft** 女 作用⟨影響⟩力; 効力. **≠kreis** 男 作用範囲, 活動⟨勢力⟩範囲.

wịr·kungs·los[vírkʊŋslo:s][1] 形 効果のない, 効力⟨ききめ⟩のない: Bei ihm blieben meine Worte ～. 彼には私の言葉もききめがなかった.

Wịr·kungs·lo·sig·keit[..lo:zɪçkaɪt] 女 -/ wirkungslos なこと.

Wịr·kungs≠quer·schnitt 男〘理〙断面積. **≠ra·dius** 男 = Wirkungskreis **≠stät·te** 女 活動場所. **≠tref·fer** 男〘ボクシング〙(相手にダメージを与える)有効打.

wịr·kungs·voll 形 効果の著しい, 効果的な; 効力⟨ききめ⟩の大きい; 印象的な, 感銘深い: Das Schaufenster war ～ dekoriert. ショーウインドーは効果的に飾られていた.

Wịr·kungs·wei·se 女 作用の仕方; 作動方式.

Wịrk≠ur·sa·che[vírk..] 女〘哲〙(Aristoteles の)作用因. **≠wa·ren** 複 メリヤス編物⟨織物⟩類, ニット衣類.

wirr[vɪr] 形 混乱した; 乱れた, 乱雑な, ごたごたの; もつれた, こんがらかった; 粉糾した, こみ入った; 支離滅裂な: mit ～*en* Blicken ろうばい⟨困惑⟩のまなざしで | ～*es* Durcheinander 混乱 | ～*es* Haar もじゃもじゃの髪 ‖ Ich bin ⟨Mir ist⟩ von all dem Lärm ganz ～ im Kopf. 私はこの騒ぎで頭がすっかり混乱している ‖ ～ daherreden とりとめもなく話す.

Wịr·re[vírə] 女 -/-n **1**《ふつう複数で》騒動, 紛争, もめ事, ごたごた: häusliche ～*n* 家庭のいざこざ | in den ～*n* der Nachkriegszeit 戦後のどさくさに. **2**《単数で》《雅》混乱, 乱れ, 乱雑. [◇Guerilla; *engl.* war]

wịr·ren[vírən] 自 (h)《雅》(ごたごたと)入り乱れる, 錯綜(さくそう)する. [„drehen"; *ahd.*; ◇*engl.* worse]

Wịrr·heit[vírhaɪt] 女 -/ wirr なこと.

Wịrr·kopf[vírkɔpf] 男 **1** 混乱した頭〔の持ち主〕; (たえず考えのふらふらする)無定見な人. **2** もじゃもじゃ頭〔の人〕.

wịrr·köp·fig[..kœpfɪç][2] 形 頭の混乱した; 無定見な.

Wịrr·nis[vírnɪs] 女 -/-se, **Wịrr·sal**[vírza:l] 中 -〔e〕s/-e (女 -/-e) 混乱, 混雑, 乱雑.

Wịr·rung[vírʊŋ] 女 -/-en もつれ, 紛糾; 葛藤, いざこざ.

Wịrr·warr[vírvar] 男 -s/ 混乱, ごたごた; 大騒ぎ, 喧噪(けんそう).

wirsch[vɪrʃ] 形《南部・スイス》無愛想な, 不機嫌な, つっけんどんな, ぶっきらぼうな; (怒って)興奮した, 憤慨した, いきり立った. [＜wirrisch (◇wirr)]

Wịr·sing[vírzɪŋ] 男 -s/, **Wịr·sing·kohl** 男 -〔e〕s/〘植〙チリメンタマナ(縮緬玉菜)(→ 図 Kohl).
[*lat.* viridia „Grünzeug"－*it.* verza; ＜*lat.* viridis „grün"]

wirst[vɪrst] werden の現在2人称単数.

Wirt[vɪrt] 男 -〔e〕s/-e (女 **Wịr·tin**[vírtɪn]-/-nen) **1** (Gastwirt) (旅館・飲食店などの)主人, 亭主: die Rechnung ohne den ～ machen (→Rechnung 1 a).

2 a) (下宿屋の)主人, (アパートの)経営者; 家主, 大家(おおや). **b**)〘生〙(寄生動物・寄生植物の)宿主(しゅくしゅ), 寄主(きしゅ).

3 (Gastgeber) (客を招いた側の)主人, ホスト: den ～ machen ⟨spielen⟩ 主人役をつとめる.

▽**4** 家長, 一家のあるじ.
[*germ.* „Bewirtung"]

Wịr·tel[vírtəl] 男 -s/- **1** (Quirl)〘植〙輪生体(葉の輪生している節). **2** (Spinnwirtel) (紡ぎ車の)はずみ車(→ 図 Spinnrad). [＜werden]

wịr·ten[vírtən]《01》自 (h)《スイス》飲食店⟨旅館⟩を経営する.

Wịr·tin Wirt の女性形.

wịrt·lich[vírtlɪç] 形 **1** (客に対する)もてなしのよい, 客を厚遇する, 愛想のよい. ▽**2** (土地・気候などが)魅力のある, 快適な(今日ではもっぱら否定形で: →unwirtlich 2). ▽**3** (人が)家計の切り盛りの上手な, つましい.

Wịrt·lich·keit[–kaɪt] 女 -/ wirtlich なこと.

Wịrt·schaft[vírt-ʃaft] 女 -/-en **1**《単数で》(社会・国家などの)経済, 経済活動; 経済界: die freie ～ 自由経済 | die kapitalistische ⟨sozialistische⟩ ～ 資本主義(社会主義)経済 | Plan*wirtschaft* 計画経済 | Volks*wirtschaft* 国民経済 | Welt*wirtschaft* 世界経済 ‖ der Wiederaufbau der ～ 経済の再建 | die ～ ankurbeln《話》経済を活気づける | die ～ stabilisieren 経済を安定させる ‖ *sich*[4] in der ～ betätigen 経済界で活動する.

2《単数で》(Hauswirtschaft) 家内経済, 家政, 家計の切り盛り: *jm.* die ～ führen …の家政〔の面倒〕をみる | getrennte ～ führen 所帯を別にしている | eine eigene ～ gründen 独立した所帯をもつ | Sie ist sehr tüchtig in der ～. 彼女は家事の切り盛りがとてもうまい.

3《単数で》(Landwirtschaft) 農業〔経営〕; 農場, 農園: Dreifelder*wirtschaft* (中世以来の)三圃(さんぽ)農法 ‖ eine kleine ～ führen 小さい農園を経営する | in der väterlichen ～ arbeiten 父の農場で働く ‖ eine polnische ～ (→polnisch) | **reine ～ machen**《話》(ごたごたなどに)片をつける, 清算する.

4《単数で》《話》ひどい(めちゃめちゃな)状態, 混乱, 無秩序, てんやわんや; 面倒, ごたごた, やっかい; (ひどい)やりかた, 所業: *jm.* viel ～ machen …にやっかい⟨面倒⟩をかける | Was ist das denn für eine ～! なんという無秩序さだ.

5 a) (Gastwirtschaft) 飲食店, 食堂; 旅館: Bahnhofs*wirtschaft* (駅の)構内食堂 ‖ Wir aßen in einer kleinen ～ zu Mittag. 我々はある小さな料理店で昼飯を食べた. ▽**b**)《単数で》《集合的に》(飲食店などの)給仕人.
[*ahd.* „Bewirtung"; ◇Wirt]

wịrt·schaf·ten[vírt-ʃaftən]《01》**I** 自 (h) **1** (会社・農場などの)経営⟨管理⟩をする; 家事⟨家政⟩を切り盛りする, やりくりする;《話》忙しく働く: gut ⟨schlecht⟩ ～ (経営・家政などの)やりくりがうまい⟨まずい⟩: aus dem vollen ～ (→voll 1 f) | in die eigene Tasche ～ (→Tasche 1). **2** 飲食店⟨食堂・旅館⟩を営む. **3**《話》ひっかき回す, 混乱をひき起こす.
▽**II** 他 (h) 経営⟨管理⟩する.

Wịrt·schaf·ter[..tər] 男 -s/- (女 **Wịrt·schaf·te·rin** → 別出) **1** 管理人, 支配人, 執事; 農場管理人. **2** 経済人(経済界の指導的人物). **3**《オーストリア・スイス》=Wirtschaftler 1

Wịrt·schaf·te·rin[..tərɪn] 女 -/-nen **1** Wirtschafter の女性形. **2** 家政婦, ハウスキーパー; 家計の切り盛りをする人: eine gute ～ よい家政婦; 家計のやりくりの上手な主婦.

Wịrt·schaft·ler[vírt-ʃaftlər] 男 -s/- (女 **Wịrt·schaft·le·rin**[..lərɪn]-/-nen) **1** 経済学者; 経済学専攻学生. **2** =Wirtschafter 2

wịrt·schaft·lich[vírt-ʃaftlɪç] 形 **1** 経済〔上〕の, 経済に関する: die ～*e* Lage ⟨Entwicklung⟩ eines Landes 一国の経済状態⟨経済的発展⟩ | ～*es* Wachstum (国の)経済成長 ‖ Diese Maßnahmen sind in erster Linie ～. これらの措置はとりわけ経済上のものだ ‖ Es geht ihm ～ nicht gut. 彼は経済的にうまくいっていない.

2 (ökonomisch) 経済的な, 効率のよい, 費用の節約になる; (人が)つましい, 倹約な, やりくり上手な: ein ～*es* Auto 経済的な自動車 | eine ～*e* Hausfrau 家計のやりくりのうまい主婦 | Das habe ich aus ～*en* Erwägungen getan. これは

経済的配慮から(節約を考えて)やったことだ ‖ Das ist nicht ~ gehandelt. このやりかたは不経済だ(むだが多い).

Wirt·schaft·lich·keit[–kaɪt] 女 -/ (wirtschaftlich なこと. 例えば:) 経済性.

Wirt·schafts⸗ab·kom·men[vírt-ʃafts..] 中 (国家間の)経済協定. **⸗aus·schuß** 男 経済委員会. **⸗be·ra·ter** 男 経済顧問. **⸗be·zie·hun·gen** 複 (国家間の)経済関係. **⸗blatt** 中 経済新聞. **⸗block** 男 -〔e〕s/ ..blöcke (-s) 経済ブロック. **⸗blocka·de** 女 経済封鎖. **⸗boom** 男 経済ブーム. **⸗boy·kott** 男 経済ボイコット. **⸗buch** 中 家計簿. **⸗de·le·ga·tion** 女 経済使節団. **⸗de·likt** 中 経済事犯(犯罪). **⸗deutsch** 中 (経済の分野で用いられる)経済ドイツ語. **⸗em·bar·go** 中 (男) (特定の国に対する)経済封鎖(通商の制限・停止など). **⸗ex·per·te** 男, **⸗fach·mann** 男 経済専門家. **⸗form** 女 **1** 経済形態. **2** 経営形態. **⸗fra·gen** 複 経済問題. **⸗füh·rer** 男 経済界の指導者. **⸗füh·rung** 女 家政の取りしきり. **⸗für·sor·ge** 女 (生活困窮者に対する)経済〈生活〉保護. **⸗ge·bäu·de** 中 **1** 農舎(穀倉・畜舎・納屋など, 農場の運営に必要な設備のある建物). **2** (企業・工場などの)管理棟. **3** (中世の城の)食糧庫(→ 図 Burg). **⸗ge·biet** 中 経済領域. **⸗geld** 中 家計費, 生計費. **⸗ge·mein·schaft** 女 経済共同体: die Europäische ~ (略 EWG) ヨーロッパ経済共同体. **⸗geo·gra·phie** 女 経済地理〔学〕. **⸗ge·schich·te** 女 -/ 経済史. **⸗gip·fel** 男 (先進国の元首や首相による)経済首脳会議, 経済サミット. **⸗groß·macht** 女 経済大国. **⸗hil·fe** 女 経済援助〈協力〉. **⸗hoch·schu·le** 女 経済大学. **⸗in·ge·nieur** 男 生産〈経営〉工学技術者, インダストリアル=エンジニアリングの専門家. **⸗jahr** 中 (Geschäftsjahr) 業務〈営業〉年度. **⸗ka·bi·nett** 中 経済閣僚〔会議〕. **⸗ka·pi·tän** 男 経済界の指導者〈大立者〉. **⸗kon·fe·renz** 女 経済会議. **⸗kreis·lauf** 男 (生産・消費などの)経済循環. **⸗krieg** 男 経済戦〔争〕. **⸗kri·mi·na·li·tät** 女 経済犯罪. **⸗kri·se** 女 経済危機. **⸗la·ge** 女 経済状態〈情勢〉. **⸗le·ben** 中 -s/ 経済生活. **⸗leh·re** 女 経済学. **⸗len·kung** 女 経済統制. **⸗macht** 女 **1** 経済力. **2** 経済大国. **⸗mi·ni·ster** 男 経済相〈大臣〉. **⸗mi·ni·ste·rium** 中 経済省. **⸗ober·schu·le** 女 経済専門学校. **⸗ord·nung** 女 経済秩序. **⸗or·ga·ni·sa·tion** 女 経済機構. **⸗plan** 男 経済計画. **⸗po·li·tik** 女 経済政策.

wirt·schafts·po·li·tisch 形 経済政策〔上〕の.

Wirt·schafts⸗po·ten·tial 中 潜在的な経済力. **⸗prü·fer** 男 公認会計士. **⸗prü·fung** 女 (会社などの)経済〈会計〉監査. **⸗psy·cho·lo·gie** 女 経済心理学. **⸗raum** 男 -〔e〕s/..räume **1** (都市・国家などの)経済圏. **2** 《ふつう複数で》(ビルなどの)営繕関係設備室(ボイラー室・変電室・倉庫など). **⸗recht** 中 経済法. **⸗spio·na·ge** [..ʃpiona:ʒə] 女 経済〈産業〉スパイ活動. **⸗sta·ti·stik** 女 経済統計. **⸗struk·tur** 女 経済構造. **⸗stu·fen** 複 経済発展の諸段階(経済学で説かれるさまざまの経済発展段階). **⸗sub·jekt** 中 経済主体. **⸗sy·stem** 中 経済体制. **⸗tä·tig·keit** 女 経済活動. **⸗teil** 男 (新聞などの)経済欄. **⸗theo·rie** 女 経済理論, 経済学説. **⸗trei·ben·de** 男 女 《形容詞変化》《オーストリア》(Gewerbetreibende) 生業〈商売〉を営む人, 自営業者. **⸗union** 女 経済同盟(ヨーロッパ共同市場など). **⸗ver·bre·chen** 中, **⸗ver·ge·hen** 中 経済犯罪, 経済事犯. **⸗wachs·tum** 中 経済成長.

Wirt·schafts·wachs·tums·ra·te 女 経済成長率.

Wirt·schafts⸗wis·sen·schaft 女 -/-en《ふつう複数で》経済学. **⸗wis·sen·schaft·ler** 男 経済学者. **⸗wun·der** 中 経済復興〈興隆〉の奇跡, 奇跡的な経済復興〈興隆〉(特に第二次世界大戦後の旧西ドイツの). **⸗zei·tung** 女 経済新聞. **⸗zen·trum** 中 経済の中心地. **⸗zweig** 男 産業部門.

Wirts·haus[vírts..] 中 (料理店兼用の小規模な)宿屋, 旅館; 飲食店, 食堂; 飲み屋, 居酒屋: ständig im ~ sitzen 飲み屋に入りびたる.

Wirts·haus·schild 中 (軒先につるす)飲食店の図形意匠看板(→ 図 Schild).

Wirts⸗leu·te 複 (飲食店・旅館などの)主人夫妻, 亭主とおかみ; (下宿屋の)主人夫婦, 家主夫婦. **⸗pflan·ze** 女 (↔Gastpflanze) 〘植〙 寄主〈宿主(しゅくしゅ)〉植物(寄生植物が寄生している植物). **⸗stu·be** 女 (旅館の)食堂, レストラン. **⸗tier** 中 (↔Gasttier) 〘動〙 寄主〈宿主〉動物(寄生動物が寄生している動物). **⸗wech·sel** 男 〘生〙 宿主の変更〈取り替え〉. **⸗zel·le** 女 〘生〙 寄主〈宿主〉細胞.

Wirz[vɪrts] 男 -es/-e《スイ》= Wirsing

Wisch[vɪʃ] 男 -es(-s)/-e **1** (〔よごれなどをふきとるための〕わら・ぼろきれ・羽毛などの)束(たば); (束状の)ほうき, はたき, ぞうきん: Feder*wisch* 羽根ぼうき, 羽根のはたき. **2** 紙くず, 反古(ほご); 《話》つまらぬ書き物, くだらぬ文書〈書類〉. ᵛ**3** (Irrwisch) 鬼火. [*germ.* „gedrehtes Bündel"; ◇ Viszera; *engl.* whisk]

wi·schen[víʃən] 《04》 **I** 他 (h) **1** (ほこりなどを)〔布・手で〕ぬぐいとる, ふきとる: Staub ~ ほこりをふきとる | Schmutz an ein Tuch 〈mit einem Tuch〉 ~ よごれを布に〈布で〉ぬぐいとる | die Krümel vom Tisch ~ パンくずをテーブルからふきとる | *et.*⁴ vom Tisch ~ (→Tisch 1) | *sich*³ den Schweiß von der Stirn ~ 額から汗をぬぐう | Er *wischte* ihre Bedenken einfach vom Tisch. 《比》彼は彼女の危惧(きぐ)をあっさり無視した.

2 (床などを)ふいてきれいにする: den Boden ~ (ぬれぞうきんなどで)床をふく | *sich*³ die Augen ~ 目頭をぬぐう | *sich*³ mit *et.*³ den Hintern ~ können (→Hintern) | *sich*³ den Mund 〔trocken〕 ~ (ナプキンなどで)口もとをぬぐう | *sich*³ den Mund 〈das Maul〉 ~ können (→Mund 1, →Maul 2).

3 《話》***jm.* eine 〈ein paar〉 ~** …に平手打ちを一発〈数発〉くらわす | **eine 〈ein paar〉 *gewischt* bekommen 〈kriegen〉** 《話》平手打ちを一発〈数発〉くらう.

II 自 **1** (h) 《über *et.*⁴》(…の上を)さっとなでる, ぬぐう: *sich*³ mit dem Ärmel über die Stirn ~ そでで額をぬぐう. **2** (s) さっと〈すばやく〉動く: aus dem Zimmer 〈ins Zimmer〉 ~ さっと部屋からとび出す〈部屋の中へとび込む〉.

Wi·scher[víʃər] 男 -s/- **1** (wischen するための布・器具など. 例えば:) ぞうきん; モップ; (Scheibenwischer) (自動車の)ワイパー; (Tintenwischer) インクぬぐい; (銃砲類の)洗桿(せんかん); (木炭画などのぼかしに用いる)擦筆(さっぴつ). **2** (Streifschuß) 〘軍〙 擦過弾〔による傷〕. **3** 《話》叱責(しっせき), 小言.

Wi·scher·blatt 中 (自動車の)ワイパーのブレード.

wisch·fest 形 (色・文字などが)ぬぐっても消えない.

Wi·schi·wa·schi[vɪʃiváʃi·, ..ʃi:] 中 -s/ 《話》(もったいぶってはいるが無内容な)たわ言, くだらぬ話. [< waschen; ◇ *engl.* wish-wash]

Wisch·lap·pen[víʃ..] 男 = Wischtuch

Wisch·nu[víʃnu·] 人名 〘インド神〙 ヴィシュヌ(三主神の一つで維持の神). [*sanskr.*]

Wisch·tuch[víʃ..] 中 -〔e〕s/..tücher ふきん; ぞうきん.

Wisch·wasch[víʃvaʃ] 男 -es/ = Wischiwaschi

Wi·sent[ví:zɛnt] 男 -s/-e 〘動〙 ヨーロッパバイソン, ヨーロッパヤギュウ(野牛)(→ 図). [*westgerm.*; ◇ Bison]

Wisent

die **Wis·ła**[vísŭa·] 地名 女 -/ ビスワ(→ Weichsel¹).

Wis·mut[vísmu:t] 中 -〔e〕s/ 〘化〙 蒼鉛(そうえん), ビスマス(金属元素名; 記号 Bi). [◇ *engl.* bismuth]

wis·mu·ten[vísmu:tən] 形 《付加語的》蒼鉛(そうえん)〈ビスマス〉の.

Wis·mut·oxid[..|ɔksi:t]¹ 中 〘化〙 酸化ビスマス.

wis·pern[víspərn] 《05》 (方: **wis·peln**[víspəln] 《06》) **I** 自 (h) ささやく, 小声で〈ひそひそ〉話す; 《比》(木の葉・水の流れなどが)ささやくような音をたてる: untereinander ~ ひそひそ話し合う. **II** 他 (h) ささやく: *jm. et.*⁴ ins Ohr ~ …の耳

に…をささやく, …に…をそっと耳打ちする.
［*mhd.*; 擬音; ◇*engl.* whisper］

Wiß≠be·gier[vísbəgiːr]（≠**be·gier·de**[−də]）囡 -/ 知識欲; 好奇心.

wiß·be·gie·rig[..bəgiːrɪç][2] 形 知識欲の旺盛(おうせい)な; 好奇心にあふれた.

wis·sen*[vísən]《215》**wuß·te**[vʊ́stə] / **ge·wußt**; 現 *ich* weiß[vaɪs], *du* weißt, *er* weiß; 命 wisse; 接II wüßte[vʏ́stə]

I 他（h）《*et.*[4]》(抽象的知識・情報として)知っている,(…のことが)わかっている: **1**《〔von *et.*[3]〕*et.*[4]》**a**)《副文または副文に相当する das, es, was などを目的語として》(〔…について〕…が, …ということが)わかっている,(…を, …ということを)承知している, 心得ている, 聞いて知っている:〖副文と〗Sie *wissen* doch wohl, **daß** das verboten ist. それが禁止されていることはあなたは恐らくご存じでしょう | Ich *weiß*, daß ich nichts weiß. 私は自分が何も知らない〈無知である〉ことを知っている | Man *weiß* von ihm nur, daß er früher schon hier gearbeitet hat. 彼については以前すでにここで働いていたことしか分かっていない | ein Mann, von dem man *weiß*, daß er verheiratet ist 結婚していることがはっきりしている男 | Sie müssen ～, daß wir zur Zeit sehr viel zu tun haben. 私たちが今非常に忙しいことを分かっていただきたいのです | Man muß ～, daß das Geld damals viel mehr wert war. 当時はお金の価値が今よりはるかに高かったことを忘れてはいけない | Man will ～, daß er sein ganzes Geld verspielt hat. 彼は全財産をギャンブルで失ったという話だ | *jn.* ～ lassen, daß ... …に…ということを知らせる | Er ließ uns ～, daß er vorbeikommen würde. 彼は我々のところへ立ち寄ると知らせてきた ‖ nicht *wissend*, daß ... …とは知らずに(→IV) | Er tat es, *wissend*, daß er sie damit kränken würde. そんなことをしたら彼女が気を悪くすることを承知の上で彼はそうしたのだった ‖ Wenn ich nur *wüßte*, **ob** sie kommt. 彼女が来るかどうかが分かったらなあ | Ich hätte gerne *gewußt*, ob ...《話》…かどうかを知りたかったのだが ‖ Er wollte von mir ～, **warum** ich das getan habe. なぜ私がそんなことをしたのか彼は私から聞きたがった ‖ Sie *weiß* nicht, **was** sie tun soll. 彼女はなすすべを知らない〈どうしていいか分からない〉| Er *weiß* nicht, was er sagt.（取り乱したりして）彼は自分の言っていることが分かってない | Sie *weiß*, was sie will. 彼女は明確な目的意識をもっている, 彼女は意志堅固だ | Ich *weiß*, was ich weiß. 私の知っていることに間違いはない | Du mußt ～, was du dir erlauben〈zumuten〉darfst. やっていいことと悪いこと〈自分の能力でできることとできないこと〉を君はわきまえていなければならない ‖ Sie *weiß*, **wer** der Täter ist. 彼女は犯人がだれかを知っている ‖ Er *weiß*, **wie** er sich betragen muß. 彼はどんなふうに振舞えばいいか分かっている | *Weißt* du noch, wie **es** damals gegossen hat? あのときの土砂降りを君はまだ覚えているかい | Ich möchte ～, wie er sich das vorstellt. 彼がその点をどう考えているのか〈どういうつもりなのか〉知りたいものだ | Wer *weiß*, wie lange das noch dauern wird. それがまだどのくらいかかるのか分かったものではない ‖ Ich möchte nicht ～, **wieviel** das alles gekostet hat.《話》それはさぞかし高くついたろうね ‖ Ich *weiß*, **wo** ihn der Schuh drückt.（→Schuh 1）‖ Man *weiß* nie, **wozu** das gut ist. それはどんなことに役立たないとも限らない.

‖〖**wer weiß wie** などの成句で〗Er hält sich für wer *weiß* wie gescheit. 彼は自分をとてつもなく賢い人間だと思っている | Sie ist wieder wer *weiß* wo. 彼女はまた雲隠れしてしまった | Er lebte wer *weiß* wo（＝irgendwo）an der See. 彼はどこかの海岸で暮らしていた | Sie sucht wer *weiß* wen. 彼女はだれかを捜している | Das ist *weiß* Gott keine Kleinigkeit! これはつまらないものどころではない, これは大変な代物だ | Er hat dies und was *weiß* ich noch alles erzählt. 彼はこの他にもあれやこれや実にいろいろなことを語った.

‖〖das, es, was, nichts などを目的語として〗**Das** *weiß* ich schon lange. 私はそんなことはとっくに知っている | Das *weiß* ich ganz genau. それは絶対間違いない | Das *weiß* doch alle Welt. それはだれでも知っていること〈世間周知の事実〉じゃないか | Das *weiß* Gott〈der Himmel〉.《話》そんなことは(私は)知らないよ | Das kann ich doch nicht ～. そんなこと私に分かろうはずがないだろう | Wie kann er das ～? 彼はどうやってそれを知るのか, 彼にはどうやってそれを知らせるのか; 彼がどうしてそんなことを知るはずがあろうか | Woher *weiß* er das? 彼はそれをどこから聞いたのか; 彼がそんなことを知っているはずがない | Ich will das gar nicht ～. そんなことは聞き〈知り〉たくない | Als ob ich das *wüßte*! 私がそれを知っているみたいではないか, 私がそんなこと知っているわけがない | Das hättest du ～ müssen. 君はそれを承知しているべきだった, 君もうかつだったねえ ‖ Das *weiß* ich nicht mehr. それはもう覚えていないよ | *Weißt* du das noch? 君はそれをまだ覚えているかい | Das habe ich *gewußt*, aber es ist mir entfallen. それはこの前まで覚えていたけれども もう忘れてしまった | Er hat das zu ～ bekommen. 彼はそのことに聞き及んだ(＝Er hat das erfahren.) | Nicht, daß ich das *wüßte*. 私はそんなことは全く知らない ‖ Wir *wissen* **es** aus zuverlässiger Quelle〈aus eigener Erfahrung〉. 私たちはそのことを信頼すべき筋から聞いて〈自らの経験で〉知っている | Ich *weiß* es durch ihn〈von ihm〉. 私はそのことを彼を通して〈彼から聞いて〉知っている | *Wissen* Sie es sicher? それは確かですか | ohne es zu ～ それとは知らずに | Er *weiß* es gar nicht anders. 彼はほかにやり方を知らないのだ | Ich *weiß* es nicht anders, als daß er nächste Woche verreisen wollte. 来週彼が旅に出かけるつもりであったことしか私は知らない | Daß du es nur〔gleich〕*weißt*, ... 君が知らないといけないから教えといてあげるが… | Sie taten es ihm kund und zu ～. 彼らはそのことを彼に通知した ‖ **Was** *weißt* du denn davon? それについて君は何を知っているのか; それについて〔君は〕何も知らないくせに | Was man für diesen Beruf〈in diesem Beruf〉alles ～ muß! この職業のためにはなんといろいろ知っていなければならないことか | **Was** *weiß* **ich**! 知るものか, 私の知ったことか | ***Weißt* du**〈***Wissen* Sie**〉**was, ...**（提案などの冒頭に）あのね…, いい考えがあるんだけど… | Was ich nicht *weiß*, macht mich nicht heiß.（→heiß[2] 2 a）‖ Du willst **alles** besser ～. 君はいつでも自分の考えのほうが正しいと思っている ‖ **nichts**〈viel〉von dem Vorfall ～ その事件について何も知らない〈多くを知っている〉| nichts mehr von *sich*[3] selbst ～ 気を失う | **von *jm.*〈*et.*[3]〉nichts〔mehr〕～ wollen** …について〔もう〕一切聞きたくない, …とは〔もう〕一切かかわりを持ちたくない | Seit er mal fast ertrunken wäre, will er vom Schwimmen nichts mehr ～. 一度危うく溺(おぼ)れかけてからというもの 彼は水泳のすの字も聞きたがらない.

‖〖目的語なしで〗Ich *weiß*〔es〕. 私は知っている | Ich *weiß* nicht recht. よくは知らないよ | **Nicht, daß ich *wüßte*.** 私はそんなことはまったく知らない, 私には思いがけないことだ | ***Weißt* du**〈***Wissen* Sie**〉**, ...**（話や提案の冒頭に）あのね…, つまりねえ…, 実はねえ… | Du darfst nicht auf der Fahrbahn spielen, *weißt* du? 君は車道で遊んではいけない, 分かったね | wie man *weiß* 周知のとおり, 知ってのとおり | wie Sie *wissen* ご存じのとおり | soviel ich *weiß* 私の知る限りでは | Man kann nie ～.〔何が起こるか〕分からないよ.

b)《名詞を目的語として》(…について)情報をもっている: ①《ふつう定冠詞・所有代名詞を伴った〔抽象〕名詞を目的語として》(…について)わかっている,(…が)どんなかを心得ている: *Wissen* Sie seine Adresse〈seine Telefonnummer〉? 彼の住所〈電話番号〉が分かっていますか | Ich *weiß* von ihm nur Alter und Beruf. 彼については年齢と職業しか分かっていない | Er will mich seine Entscheidung bald ～ lassen. 彼は決定〔の内容〕をすぐに私に知らせると言っている | Ich kenne ihn, aber ich *weiß* seinen Namen nicht. 私は彼とは面識があるが名前〔がなんというのか〕は分からない | *Wissen* Sie den Verfasser dieses Buches? この本の著者がだれかご存じですか | einige Verse auswendig ～ 二三の詩行を暗記している | die Wahrheit ～ 真相がどうであるかを知っている | *Wissen* Sie den Weg? 道は分かっていますか ‖ Bescheid ～ 事情が分かっている;（ある分野に）精通している | *Wissen* Sie schon das Neueste? 最新のニュース〔の内容〕をもうご存じですか | Das Schlimmste *weiß* er noch gar

nicht. いちばん悪い知らせ〔の内容〕を彼はまだ知らない.
②《ふつう不定冠詞を伴った名詞を目的語として》(…について)心当たりがある,(…の)ありかを知っている: *Wissen* Sie hier einen〔guten〕Arzt〈Schneider〉? 当地でどこか〔良い〕医者〈仕立屋〉をご存じですか | Ich *weiß* keinen Ausweg mehr. 私はもうどこにも逃げ道が見つからない, 私はほとほと途方にくれている | *Wissen* Sie ein Beispiel? 何か具体例をご存じですか | ein gutes Lokal ～ いい酒場〔がどこにあるか〕を知っている | *Weißt* du vielleicht eine bessere Lösung? ひょっとして何かもっといい解決策の心当たりがあるかい | ein gutes Mittel gegen Kopfschmerzen ～ 頭痛の良薬を知っている | *Wißt* ihr jemand, der uns helfen könnte? 私たちを援助してくれそうな人の心当たりが君たちにありますか ‖ Er *wußte* sich[3] keine Hilfe mehr. 彼は全く途方にくれてしまった | Ich *weiß*〔mir〕keinen anderen Rat, als ... 私には…する以外にもう手はない | Ich *weiß* mir kein größeres Vergnügen. これ以上楽しいことは思いつきません.
2《雅》《*jn.* / *et.*[4]》《様態を示す語句と》(…が…の状態にあることを)知っている,(…が…であることが)わかっている,(…を…であると)思う: Wir *wissen* ihn in Sicherheit〈zu Hause〉. 彼が安全である〈家にいる〉ことが分かっている | Ich *weiß* ihn glücklich〈krank〉. 彼が幸せ〈病気〉であることを私は知っている | Du *weißt* ihn dort wenigstens gut aufgehoben. あそこなら彼も少なくとも大事にはされる〔と君は考えていい〕よ | eine Angelegenheit endlich erledigt ～ ようやく一件片がついてほっとする ‖ Ich will meine Arbeit anerkannt ～. 私は自分の仕事をそれなりに認めてもらいたいと思う | Ich will diese Äußerung nur so verstanden ～, daß ... この発言の真意はただ…であると解していただきたい ‖〖zu のない不定詞と〗▽Ich *weiß* einen Lindenbaum stehen. 私は菩提(ぼだい)樹のあるところを知っている.
3《zu 不定詞〔句〕などと助動詞的に》(…する)すべを心得ている: *sich*[4] zu betragen ～ 作法を心得ている | Ich werde ihn schon zu finden ～. 大丈夫 なんとか彼を見つけるよ | Ich *wußte* mir nicht mehr anders zu helfen, als daß ... 私には…するしかもう手がなかった | Sie hatte sich[3] nicht zu raten noch zu helfen *gewußt*. 彼女はすっかり途方にくれていた | Vor Freude〈Heimweh〉*wußten* sie sich nicht zu lassen. 彼らは喜び〈ホームシック〉のためすっかりとり乱していた | Sie *weiß* seine Beziehungen zu schätzen. 彼女は彼の顔の広いのを大いにありがたく思っている | zu schweigen ～ 口が堅い | Davon *weiß* ich ein Lied zu singen. (→Lied 1) | an allem etwas zu tadeln ～ 何にでもけちをつけたがる | Sie *weiß* gut mit Kindern umzugehen. 彼女は子供の扱いがうまい | Du *weißt* dir deinen Vorteil zu schaffen. 君も〔自分の利益をはかる点では〕ぬけ目がないね ‖ Ich *wüßte* nicht〔zu sagen〕, daß ich jemals meine Pflicht versäumt hätte. 私はこれまで義務を怠った覚えはないが ‖ weder ein noch aus ～ 進退に窮する(→aus II 2 a) |〔es〕*jm.* Dank ～《雅》…に恩義を感じている (es は古い2格形で dessen の意).
II 自 (h)《von *et.*[3] / um *et.*[4]》(…について)承知〈自覚〉している,(…の内情などに)通じている: Sie *wußte*〔mit〕darum. 彼女はそのことを内々明かされていた | Ich *weiß* von seiner schwierigen Situation〈um seine schwierige Situation〉. 私は彼の苦しい内情を知っている | von keiner Sorge ～ なんの心配もない | um *js.* geheimste Wünsche ～ …の最もひそかな願望を知っている.
III Wịs·sen 中 -s/ **1 a**) 知〔ってい〕ること, 了解; 判断:〖ふつう次の成句で〗**meines ～s** (略 m. W.) 私の知るところでは | unseres ～s (略 u. W.) 我々の知るところでは ‖ mit ～ それと知りつつ | **mit ～〔und Willen〕** 故意に, 意識的に, わざと | Das geschah mit meinem ～〈ohne mein ～〉. それは私の了解を得て〈得ないで〉行われたことだ | **nach bestem ～ und Gewissen** 誠心誠意; 何一つ包み隠さずに | **wider besseres〈gegen〔*sein*〕besseres〉～** 間違っていると分かっていながら. **b**)《von *et.*[3] / um *et.*[4]》(内情などに)通じていること,(内情などについての)情報,(事態などについての)自覚: sein ～ von dem Mord 殺人事件について彼が知っていること | das ～ um die Gefährlichkeit der Angelegenheit その事件のもつ危険性についての自覚 | sein ～ um Gott 神について彼が知っていること.
2 (包括的にみた)知識, 学識, 造詣(ぞうけい)(個々の知識については Kenntnisse を用いる: →Kenntnis 1); 実際的知識, ノウハウ; (新たな)知見: sicheres ～ 確かな知識 | tiefes ～ 深い造詣 | unverdautes ～ 生半可な知識 | Fach*wissen* 専門知識 ‖ Sein ～ auf dem Gebiet des Dramas ist unerschöpflich. 演劇の分野における彼の学識はまことに該博だ | Sein ～ reicht dazu nicht aus. 彼の知識はそれには不十分だ | *Wissen* ist Macht.《諺》知は力なり ‖ Er kann aus dem Reichtum〈aus dem Schatz〉seines ～*s* schöpfen. 彼はその該博な知識に頼ることができる ‖ Mit seinem ～ ist es nicht weit her. 彼の知識もたかが知れている ‖ Er hat ein ungeheures ～. 彼は驚くほど博識だ.
IV wịs·send 現分 形 **1** 事情に通じた, 心得た: ～*e* Augen 心得顔 | mit einem ～*en* Lächeln 共犯者の笑み〈知っているぞというような微笑〉を浮かべて ‖ von *et.*[3]〈um *et.*[4]〉～ sein …を承知している, …に通じている ‖ ein *Wissender* 内情に通じている人, 消息通.
▽**2** (bekannt) 知られている: so viel mir ～ ist 私に分かっている限りでは.
★ kennen と wissen の違い: →kennen ★
[*idg.* „gesehen haben"; ◇Vidi, Idee, Witz]

Wịs·sens·be·rei·che·rung 女 知識を豊富にすること, 知識の増加.

Wịs·sen·schaft[vísənʃaft] 女 -/-en **1 a**) (英: *science*) 学問, 科学〔の一分野〕: angewandte〈exakte〉～ 応用〈精密〉科学 | eine junge ～ 新しい〈成立して日の浅い〉学問 | die mathematische〈medizinische / theologische〉～ 数学〈医学・神学〉| ▽die schönen ～*en* 芸術についての学問 | die ～ der Chemie 化学 | die ～ von den Fischen 魚類学 | Bibliotheks*wissenschaft* 図書館学 | Geistes*wissenschaft* 精神〈人文〉科学 | Natur*wissenschaft* 自然科学 | Rechts*wissenschaft* 法学 ‖ Kunst und ～ 芸術と学問 | ～ und Praxis 学問と実地 | ～ und Technik 科学と技術 | Bundesministerium für Bildung und ～ (ドイツの)連邦教育学術省 | Akademie der ～*en* 学士院, 科学アカデミー | die Ergebnisse〈die Fortschritte〉der ～ 学問の成果〈進歩〉‖ die ～ fördern 学問〈科学〉を振興する | *sich*[4]〈*sein* Leben〉der ～ widmen 学問に身〈生涯〉をささげる | in der ～ tätig sein 学問の分野で仕事をしている | **eine ～ für sich sein**《話》それ自体ひとつの学問である(専門的知識の必要なむずかしい事柄である). **b**)《単数で》《集合的に》学者, 学界: Prominenz aus ～ 学界の名士たち.
2《単数で》《話》(Wissen) 知っていること; 知識, 学識: Mit seiner ～ ist es nicht weit her. 彼の知識もたいしたことはない | Woher hast du diese ～? どこから君はそのことを知ったのか.

Wịs·sen·schaf·ter[vísənʃaftər] 男 -s/- (女 **Wịs·sen·schaf·te·rin**[..tərın]-/-nen)《オーストリア・スイス》＝Wissenschaftler

Wịs·sen·schaft·ler[..ʃaftlər] 男 -s/- (女 **Wịs·sen·schaft·le·rin**[..lərın]-/-nen) 学者, 科学者, 研究者: ein bekannter〈namhafter〉～ 著名な学者 | Natur*wissenschaftler* 自然科学者.

wịs·sen·schaft·lich[vísənʃaftlıç] 形 学問〈科学〉〔上〕の, 学問〈科学〉に関する; 学問〈学術〉的な, 科学的な: ～*es* Denken 科学的思考 | ～*e* Forschungen 学術研究 | ein ～*er* Garten 植物園 | eine ～*e* Methode 科学的方法 | ～*er* Rat (教授任用資格を有する)大学中級教員(称号としては大文字を用いて *Wissenschaftlicher* Rat と書く) | ein ～*er* Vortrag 学術講演 | eine ～*e* Zeitschrift 学術雑誌 ‖ Wir müssen für ～*en* Nachwuchs sorgen. 我々は次代をになう科学者たちを養成しなければならない | Vom ～*en* Standpunkt aus ist das unverantwortlich. 学問的な立場からはそのことには責任が負えない ‖ ～ gebildet〈geschult〉sein 学問的な素養がある〈学問的訓練を積んでいる〉| Diese Theorie ist ～ nicht haltbar. この理論には科学的根拠が欠けている.

Wịs·sen·schaft·lich·keit[-kaıt] 女 -/ (wissen-

schaftlich なこと. 例えば:) 科学性.

Wis·sen·schafts≠ge·schich·te[vísənʃafts..] 女 -/ 学問の歴史, 科学史. **≠glau·be** 男 学問〈科学〉への信仰; 学問〈科学〉への盲目的信頼. **≠leh·re** 女 科学〈学問〉論, 知識学: analytische ~ 科学哲学. **≠mi·ni·ster** 男 科学大臣, 科学相. **≠mi·ni·ste·rium** 中 科学省. **≠rat** 男 -[e]s/..räte 学術審議会. **≠spra·che** 女 学術言語. **≠theo·rie** 女 -/ 科学哲学. **≠ver·wal·tung** 女 科学行政. **≠wis·sen·schaft** 女 -/ 科学論. **≠zweig** 男 (個々の)学問分野, 科学部門.

Wis·sens≠drang[vísəns..] 男 -[e]s/ (抑えがたい)知識欲. **≠dün·kel** 男 物知り顔, 知ったかぶり. **≠durst** 男 知識への渇望〈欲求〉.

wis·sens·dur·stig 形 知識に飢えた, 知識欲の旺盛(おうせい)な.

Wis·sens≠ge·biet 中 知識〈学問〉の分野, 専門. **≠lücke** 女 知識の欠如〈欠落部分〉. **≠schatz** 男 知識の宝: einen großen ~ haben 豊富な知識をもっている. **≠so·zio·lo·gie** 女 -/ 知識社会学. **≠stand** 男《ふつう単数で》**1** (特定の事柄についてのある時点での)知っている度合い. **2** (一般に)知識の度合い, 知識水準. **≠trieb** 男 =Wissensdurst

wis·sens·wert 形 知る価値のある; 知っているべき.

Wis·sens·zweig 男 知識〈学問〉の[各]部門, 専門.

wis·sent·lich[vísəntlıç] 形 それと知りながらの, 故意の: eine ~*e* Entstellung der Wahrheit 真実を故意に歪曲(わいきょく)すること ‖ ~ eine falsche Aussage machen 故意に偽りの供述をする | Er hat es nicht ~ getan. 彼はそれを故意にやったのではない.

wist[vıst] (**wi·ste**[vístə]) 間 (hüst) (牛馬に対する掛け声)左へ. [*ahd.* wi[ni]star]

Wi·sta·ria[vıstá:ria·] 女 -/..rien[..riən], **Wi·sta·rie**[..riə] 女 -/-n (Glyzinie)〔植〕フジ(藤)属.

[<C. Wistar (米国の解剖学者, †1818)]

Wit·frau[vítfraʊ] 女《スイス》, ▽**Wi·tib**[ví:tıp][1] 女 -/-e =Witwe

▽**Wi·ti·ber**[ví:tıbər] 男 -s/-, **Wit·mann**[vítman] 男 -[e]s/..männer[..mɛnər]《方》=Witwer

wit·schen[vítʃən]《04》自 (s)《話》さっと動く, すばやくすり抜ける〈すべり込む〉. [擬音; ◇wutsch[en]]

Wit·tels·bach[vítəlsbax] 地名 ヴィッテルスバッハ (Oberbayern 地方にある城): Haus ~〔史〕ヴィッテルスバッハ家(南ドイツの王家で, 皇帝を二人出し,1806年から1918年までのあいだ Bayern の王位にあった). [<Wittel (人名)]

Wit·tels·ba·cher[..xər] **I** 男 -s/- ヴィッテルスバッハ家の人. **II** 形《無変化》ヴィッテルスバッハ[家]の.

Wit·ten·berg[vítənbɛrk] 地名 ヴィッテンベルク(ドイツ東部, Elbe 川右岸の都市. Luther の宗教改革運動の中心地. 1502年に設立された大学は1817年 Halle 大学に合併された). [<*mndd.* wit „weiß"+..berg „Burg"]

Wit·ten·ber·ger[..bɛrgər] **I** 男 -s/- ヴィッテンベルクの人. **II** 形《無変化》ヴィッテンベルクの.

wit·ten·ber·gisch[..gıʃ] 形 ヴィッテンベルクの: die *Wittenbergische* Nachtigall ヴィッテンベルクの鶯(うぐいす) (Luther のこと; Hans Sachs が同題の詩の中で Luther を賛美した).

wit·tern[vítərn]《05》**I** 他 (h)《*jn.* / *et.*[4]》〔狩〕(猟犬・猟獣などが…の存在を)嗅(か)ぎつける, 嗅ぎ出す;《比》(…の)けはいを感じとる,(…に)感づく,(…を)察知する: Der Hund *wittert* Wild. 犬が猟獣の存在を嗅ぎつける ‖ eine Falle ~ わなに感づく | Gefahr 〈Unheil〉 ~ 危険〈災い〉を察知する | Morgenluft ~ (→Morgenluft) | den Stall ~ (→Stall 1) | Unrat ~ (→Unrat). **II** 自 (h) **1**〔狩〕(猟犬・猟獣などが)においを嗅ぐ; 嗅ぎつける, 嗅ぎ出す. **2** 非人称《es wittert》雷が鳴る, 雷鳴がとどろく; 雷雨が襲う〈降る〉.

[*mhd.*; ◇Wetter[2], Gewitter]

Wit·te·rung[vítərʊŋ] 女 -/-en **1** (ある期間の)天気, 天候[状態], 気象[状況]: eine milde 〈häufig wechselnde〉 ~ 穏やかな〈変わりやすい〉天気 | bei günstiger ~ 天気がよければ | bei jeder ~ どんな天気でも.

2 a) (動物や人の)におい, におい跡: die ~ aufnehmen (猟犬・警察犬などが)におい跡を嗅(か)ぎつける | **von** *et.*[3] **~ bekommen** …のにおいを嗅ぎつける;《比》…に感づく, …を察知する | dem Hund ~ geben 犬に(追い求めるべき獲物の)においを嗅がせる. **b)** (猟犬・猟獣などの)嗅覚(きゅうかく);《比》感知〈察知〉する能力, 勘: eine feine ~ für *et.*[4] haben …に対する鋭い勘をもっている. **c)** (強いにおいで猟獣をおびきよせる)誘いえさ.

Wit·te·rungs≠ein·fluß 男 -es/..flüsse《ふつう複数で》天候の影響. **≠kun·de** 女 -/ 気象学. **≠um·schlag** 男 天候の急変(特に悪化). **≠ver·hält·nis·se** 複 天候状態, 気象状況.

Witt·gen·stein[vítgənʃtaın] 人名 Ludwig ~ ルートヴィヒ ヴィットゲンシュタイン(1889-1951; オーストリア生まれのイギリスの哲学者).

▽**Wit·tib**[vítıp][1] 女 -/-e《オーストリア》=Witwe

▽**Wit·ti·ber**[vítıbər] 男 -s/-《オーストリア》=Witwer

Witt·ling[vítlıŋ] 男 -s/-e (Merlan)〔魚〕(西ヨーロッパ産の)タラ(鱈)の一種.

[*ndd.* „Weißling"; <*ndd.* witt (◇weiß[2])]

Witt·rung[vítrʊŋ] 女 -/-en =Witterung 2

Wit·tum[ví(t)tu:m] 中 -s/..tümer[..ty:mər] **1**〔法〕(古代ゲルマンの売買婚における)花嫁の代金; 結婚前に新郎が新婦の父親に贈る贈り物. **2**〔法〕(中世の)寡婦産(亡夫遺産のうち寡婦が受ける部分); 寡婦扶助料. **3**〔カトリック〕聖職禄(ろく)(不動産); (特に:) 司祭館.

[*germ.* „Brautgabe"; ◇widmen]

Wit·we[vítvə] 女 -/-n (略 Ww., Wwe.) (↔Witwer) 未亡人, やもめ, 後家(ごけ), 寡婦: eine grüne ~ (→grün I 1) | Kriegs*witwe* 戦争未亡人 | Stroh*witwe* 一時やもめ(夫不在中の妻) |《Die lustige ~》『メリーウィドー』(Lehár 作曲の喜歌劇) ‖ ~ werden 未亡人〈やもめ〉になる.

[*idg.* „Beraubte"; ◇weit, dividieren, Waise; *engl.* widow; *lat.* viduus „beraubt"]

Wit·wen≠blu·me 女 (Knautie)〔植〕クナウチア(マツムシソウ科の一属). **≠geld** 中 寡婦扶助料. **≠kas·se** 女 寡婦扶助基金. **≠ren·te** 女 寡婦年金.

Wit·wen·schaft[vítvənʃaft] 女 -/ 未亡人〈やもめ〉であること; 未亡人〈やもめ〉の境遇, やもめ暮らし.

Wit·wen≠schlei·er 男 未亡人〈やもめ〉が頭にかぶるベール. **≠stand** 男 -[e]s/ 未亡人〈やもめ〉の身分. **≠trö·ster** 男《戯》未亡人の情夫.

Wit·wen·tum[vítvəntu:m] 中 -s/ =Witwenschaft

Wit·wen·ver·bren·nung 女 寡婦の焼身殉死(昔インドで寡婦が死んだ夫の遺体とともに生きながら焼かれた風習).

Wit·wer[vítvər] 男 -s/- (略 Wwr.) (↔Witwe) 男やもめ, やもお.

Wit·wer·schaft[-ʃaft] 女 -/ 男やもめであること; 男やもめの境遇〈暮らし〉.

Wit·wer·stand 男 -[e]s/ 男やもめの身分.

Wit·wer·tum[vítvərtu:m] 中 -s/ =Witwerschaft

Witz[vıts] 男 -es/-e **1**《単数で》(英: *wit*) 機知, ウイット, とんち, 機転: ein scharfer 〈sprühender〉 ~ 鋭い〈ほとばしる〉機知 | Geist und ~ 才気と機知 ‖ viel ~ haben 機知に富んでいる | von raschem ~ sein 機転がきく, とんちがある.

2 a) (機知に富んだ)冗談, しゃれ, ジョーク; 冗談ばなし, 小ばなし; おかしい〈こっけいな・腹立たしい〉こと; 不合理な〈当を得ない〉こと; 噴飯物, こっけいな点: ein guter 〈schlechter〉 ~ うまい〈へたな〉しゃれ | ein fauler ~ 駄じゃれ | ein unanständiger ~ 卑猥(ひわい)な冗談 ‖ einen ~ erzählen 小ばなしを披露する | mit *jm.* ~*e* 〈einen ~〉 machen …をからかう | Mach keine ~*e*! 冗談はよせ; 冗談を言うな(まさかそんなことがあるものか) | **~*e* reißen**《話》冗談を飛ばす ‖ Was 〈Wo〉 ist der ~ dabei? その話の落ちはどこにあるんだ(→b) | Ist das nicht ein ~? こっけいな話だと思わないか | Das ist doch wohl nur ein [schlechter] ~? / Das soll wohl ein ~ sein. まさか本当〈本気〉じゃないんだろう.

b)《比》肝心な点, 眼目: Was 〈Wo〉 ist der ~ dabei? その眼目はどこにあるのか(→a) | Das ist gerade der ~. それ

がまさに肝心なところだ | Das ist der〔ganze〕～. 肝心な点はまさにそこさ | Der ～ ist nämlich der, daß … 要するに事の核心は…ということである.

▽**3**《単数で》知恵, 才知, 才覚, 狡猾(ｺｳｶﾂ)さ.

[*westgerm.* „Wissen“; ◇wissen; *engl.* wit]

Witz·blatt[víts..] 中 滑稽(ｺｯｹｲ)新聞, 漫画〈風刺〉雑誌.

Witz·bold[..bɔlt][1] 男 -〔e〕s/-e 冗談の好きな〈しゃれを飛ばす〉人, いたずら〈ひょうきん〉者.

Wit·ze·lei[vɪtsəlái] 女 -/-en **1**《単数で》witzeln すること. **2**《ふつう複数で》茶化したあてこすり.

wit·zeln[vítsəln]《06》自 (h)《über *jn.*〈*et.*[4]〉》(…について)冗談を言う, しゃれを飛ばす; (…を)茶化す, からかう, ひやかす.

wit·zen[vítsən]《02》▽**I** ＝witzigen

II ge·witzt → 別出

Witz·fi·gur[víts..] 女 **1** 冗談ばなし〈小ばなし〉などに登場する人物. **2**《軽蔑的に》こっけい〈漫画的〉な人物, 冗談の種になる人.

wit·zig[vítsɪç][2] 形 **1** 機知〈ウイット〉に富んだ,(考え・表現などが)気のきいた; おもしろい, おかしい, こっけいな: eine ～*e* Entgegnung 当意即妙の受け答え | ein ～*er* Kerl 機知のある〈おもしろい〉やつ ‖ Sehr ～!《反語》ばかばかしい. **2**《話》奇妙な, 変な. ▽**3** 賢い, 利口な.

wit·zi·gen[vítsɪgən][2] ▽**I** 他 (h)《*jn.*》賢く〈利口に〉する. **II ge·wit·zigt** → 別出

Wit·zig·keit[vítsɪçkaɪt] 女 -/ witzig なこと.

Witz·ling[vítslɪŋ] 男 -s/-e《話》＝Witzbold

witz≠los[vítslo:s][1] 形 **1** 機知〈ウイット〉のない, 陳腐な, おもしろくない, つまらない. **2**《話》無意味な, むだな, 見込みのない.

≠sprü·hend 形 機知のほとばしる(表現・言葉など).

Witz·wort 中 -〔e〕s/-e 機知〈ウイット〉に富む言葉.

WK[ve:ká:] 略 ＝**W**ieder**h**olungs**k**urs 2

w. L. 略 ＝westliche〔r〕Länge 西経(…度).

Wla·di·mir[vladí:mi:r, vlá:dimi:r, ..mɪr] 男名 ヴラディーミル. [*russ.*; ＜*kirchenslaw.* vladi „Herrschaft“; ◇*ahd.* mari „berühmt“]

Wla·dis·laus[vlá:dɪslaʊs] 男名 ヴラーディスラウス(→Ladislaus). [＜*kirchenslaw.* slava „Ruhm“]

Wla·dis·law[vlá:dɪslaf] 男名 ヴラーディスラフ. [*poln.*]

Wla·di·wo·stok[vladivɔstɔ́k, ..vɔ́stɔk] 地名 ウラディボストク, ウラジオストック(ロシア連邦, 沿海州の港湾都市. ロシア語形 Vladivostok).

[*russ.* „beherrsche den Osten!“]

WM[ve:|ɛ́m] 略 **1** ＝**W**elt**m**eisterschaft 1

2 ＝**W**elt**m**eister

WNW 略 ＝**W**est**n**ord**w**est〔en〕西北西.

wo[vo:] **I** 副 **1 a)**《場所の疑問詞として》どこで〈に〉: *Wo* bist du? どこに君はいるのか | *Wo* gehst du hin? どこへ君は行くのか(＝Wohin gehst du?) | Von ～ kommst du? / *Wo* kommst du her? どこから君は来たのか(＝Woher kommst du?) | *Wo* denkst du〈denken Sie〉hin? (→denken 1 a) ‖ ～ anders als hier ここでなくて〈ここ以外の〉どこで ‖〖口語ではまれに文頭に置かずに〗Und das Dorf lag ～? ところでその村があったのはどこだっけ(＝Wo nun lag das Dorf?) ‖〖間接疑問文を導いて〗Keiner weiß, ～ er jetzt wohnt. だれも彼が今どこに住んでいるのか知らない ‖〖譲歩文で〗*Wo*〔**auch**〕**immer** ich bin, denke ich an dich. たとえどこにいようと私は君のことを思っているよ | *Wo*〔immer〕er auch sein mag, er vergißt dich nicht. 彼はどこにいても君のことは忘れない ‖ Er ist wer weiß ～.《話》彼はどこかにいるよ(＝Er ist irgendwo.) ‖〖中性名詞化して〗Das *Wo* ist Nebensache. 場所のことは二の次だ.

b)《話》(irgendwo) どこかに: Das muß doch〔hier〕～ liegen. それはどこか〔ここいら〕にあるはずだ | Er wohnt nicht hier, sondern ～ anders. 彼はここではなくてどこかよそに住んでいる.

c)《間投詞的に》**ach ～!** / **i ～!**《話》とんでもない, なんてばかな | Heute ist es scheußlich kalt.—Ach ～, diese Temperatur ist doch angenehm! きょうはえらく寒いね ― そんなことないさ 気持のいい温度じゃないか | ***wo* werd' ich denn!**《話》(相手の危惧を打ち消して)まさか, 心配するな.

2《関係副詞》〖場所や時点を示す名詞・副詞を先行詞として〗die Stadt, ～ (＝in der) ich lebe 私の暮らしている町 | Bonn, ～ er lebt 彼の住んでいるボン | überall, ～ Menschen wohnen 人間の住む至るところで ‖ der Tag, ～ (＝an dem) ich ihn zuerst sah 私が彼とはじめて会った日 | in dem Augenblick, ～ (＝in dem) die Tür aufging ドアがあいた瞬間に ‖ in〔den〕Fällen, ～ das nicht zutrifft これが事実でない場合は ‖〖先行詞なしで〗Ich fand das Buch〔dort〕, ～ ich es nicht vermutet hatte. 私はその本を思いがけないところで見つけた | Bleib stehen, ～ du bist! 君のいるところに立ったままでいなさい ‖ Ich war acht Jahre, ～ (＝als) meine Mutter starb. 母が死んだとき私は 8 歳だった.

II 接《従属》**1** (wenn) もしも:〖wo möglich の形で〗Ich werde, ～ möglich, schon morgen kommen. 私は できればあすにも参ります ‖〖wo nicht の形で〗Er soll kommen, ～ nicht, wenigstens schreiben. 彼は来るべきだし 来ないならせめて手紙をよこすべきだ | ～ nicht für immer, so doch einige Jahre lang 永久にとは言わぬまでも数年間は.

2 (weil) …だから: Ich will dich gern unterstützen, ～ du mir doch auch so geholfen hast. 私は喜んで君を援助しよう. ずいぶん君には助けてもらったからね.

3 (obwohl) …であるのに:〖wo … doch の形で〗Wie soll sie heimgekommen sein, ～ sie doch erst vorgestern weggefahren ist. 彼女はつい一昨日出かけたばかりなのにどうして帰って来たのだろう.

III《関係代名詞; 無変化》《南部》der Hund, ～ (＝der) mich gebissen hat 私にかみついた犬 | der, ～ (＝der) das sagt そんなことを言う人は〔だれでも〕| der Mann, ～ (＝den) ich gut kenne 私のよく知っている男.

[*westgerm.*; ◇wer; *engl.* where]

wo.. **I**《da.. と同じように前置詞 bei, durch, für, gegen, hinter, mit, nach, neben, von, vor, wider, zu, zwischen と結合して副詞をつくる; an, auf, aus, in (4 格支配では ein の形で), über, um, unter のように母音で始まる前置詞の場合は wor.. となる》**1**《疑問文を導いて; was に相当する》何…, どれ…: *Wo*von (＝Von was) sprechen Sie? 何について話しておられるのですか | *Wo*durch (＝Durch was) soll ich die Schnur führen? ひもをどこに通せばよいのか ‖ Ich weiß nicht, *wo*mit (＝mit was) er das verdient hat. 彼が何でそういう目にあうのか私には分からない.

☆ was をそのままの形で前置詞とともに用いるのは口語的で, 書き言葉ではふつう wo.. の形が用いられる.

2《関係文を導いて》**a)**《〔先行の〕文の意味を受ける関係代名詞 was に相当する》Der Mann brachte Wein und Brot, *wo*bei sein Sohn ihn begleitete. その男はワインとパンを運んで来たが そのとき彼の息子がついて来た | Er hat mir sehr geholfen, *wo*für ich ihm immer dankbar sein werde. 彼は私を非常に援助してくれた. これに対して私はいつまでも感謝するであろう ‖ Man hat mich, *wo*mit ich gar nicht gerechnet hatte, zum Präsidenten gewählt. 私が全く予期していなかったことだが 私は会長に選ばれた.

b)《das, etwas, alles などを受ける関係代名詞 was に相当する》etwas, *wo*vor sie Angst hat 彼女の不安の対象 | alles, *wo*durch das Unternehmen gefährdet werden kann この企てをだめにしてしまうかもしれない一切のこと | Das ist es, *wo*gegen ich protestiere. 私が抗議しているのはこのことなのだ.

▽**c)**《関係代名詞 der に相当する》Diese Worte widerlegen die Meinung, *wo*nach (＝nach der) die Religion Opium sei. この言葉は宗教は阿片(ｱﾍﾝ)であるという考え方に反駁(ﾊﾝﾊﾞｸ)するものである | Dies ist der Dolch, *wo*mit (＝mit dem) er sich erstach. これが 彼が自害するのに用いた短刀だ.

☆ 関係代名詞 der に相当する用法は今では聖書などの古めかしい文体に限られる. 先行詞が人間である場合にも用いるのはふつう誤りとされる: Da standen ihre beiden Kinder, *wo*von (＝von denen) das größere ein Bub war. そこに彼女の二人の子供が立っていたが 年上のほうは男の子だった.

II 《副詞 her, hin, hinaus などと結び付いて副詞をつくる》 **1** 《疑問副詞》 *Wo*her kommt er? 彼はどこから来たのか.

2 《関係副詞》 der Ort, *wo*hin er ging 彼が赴いた土地.

w. o. 略 =wie oben 上記のように.

wo·an·ders[vo(:)|ándərs] 副 〔どこか〕別の場所で: Er war mit seinen Gedanken ~. 彼は心ここにあらずというふうだった.

wo·an·ders·hin[vo(:)|ándərshín] 副 〔どこか〕別の場所へ: ~ gehen どこか別のところへ行く.

wob[vo:p][1] webte (weben の過去)の雅語形.

wob·beln[vɔ́bəln] 《06》 自 (h) (無線の周波数などが)不安定に揺れ動く. [*engl.* wobble; ◇wabbeln]

Wobb·ler[vɔ́blər] 男 -s/- 〘漁〙擬似鉤(ぎじ), プラグ(形を小魚などに似せて作ったもので, いかり鉤がついている: → 図 Angel). [*engl.*]

wö·be[vǿ:bə] webte (weben の接続法 II)の雅語形.

wo·bei[vo(:)bái] 副 **1** 《疑問文を導いて; wo.. が疑問代名詞 was に相当する》何の際〈最中〉に, 何のときに; 何のそばに, どのへんに: *Wobei* bist du gerade? 君はいま何をしているのか | *Wobei* hast du ihn erwischt? 君は彼が何をしているところを捕まえたのか.

2 《関係文を導いて》その際に, そのときに; そのそばに, その近くに: **a**) 《wo.. が関係代名詞 was に相当する》 Alles, ~ ihm Zweifel kamen, überging er. 彼は疑問の個所は全部無視した | ..., ~ noch zu bemerken wäre, daß ... …ここでなお言っておくべきことは…ということである. ▽**b**) 《wo.. が関係代名詞 der に相当する》 der Unfall, ~ (=bei dem) er schwer verletzt wurde 彼が大けがをした事故.

Wo·che[vɔ́xə] 女 -/-n **1** (英: *week*) **a**) (月曜日から日曜日までの)週; (期間としての) 1 週間: ~*n* und Monaten 幾週間幾か月間もの期間 ‖ die ~ des Buches 図書週間 | die Stille ~ 聖週間(復活祭の前週) | die Weiße ~ (デパートなどの)下着特売週間 | Verkehrserziehungs*woche* 交通安全〔教育〕週間 ‖ 〔am〕 Anfang 〈zu Beginn〉 der ~ 週のはじめに | 〔in der〕 Mitte der ~ 週の半ばに | 〔gegen〕 Ende der ~ 週の終わりに ‖〘4 格で副詞的に〙 Diese 〈Nächste〉 ~ habe ich keine Zeit. 今週〈来週〉は私は暇がない | letzte 〈vorige〉 ~ 先週 | die ~ danach 〈davor〉 その翌週〈前の週〉 | drei ~*n* später その 3 週間後に | drei ~*n* früher 〈vorher〉 その 3 週間前に | jede ~ 毎週 | alle drei ~*n* / jede dritte ~ 3 週間ごとに | zweimal die ~ 〈in der ~〉 週に 2 度 ‖ die ganze ~ 1 週間ずっと | drei ~*n* 〔lang〕 3 週間 | ein drei ~*n* altes Kind 生後 3 週間の子 ‖〘前置詞と〙 **auf** 〈für〉 eine ~ verreisen 1 週間の予定で旅に出る | auf ~*n* hinaus 向こう数週間にわたって | **in** dieser ~ 今週〔中に〕; その週〔のうち〕に (=diese ~) | in der kommenden 〈folgenden〉 ~ 来週〈翌週〉に | 〔heute〕 in 〈vor〉 drei ~*n* 3 週間後〈前〉〔のきょう〕 | **in die andere ~ gucken** 《話》ぼんやり〈放心状態で〉あらぬ方を眺めている | **nach** drei ~*n* それから 3 週間後に | **vor** drei ~*n* 今から 3 週間前に ‖ ~ um ~ / ~ für ~ 毎週毎週.

b) (Arbeitswoche) (日曜日を除いた)労働週日, 週日, 平日: Fünftage*woche* 週五日労働制, 週休二日制 ‖ in der ~ / während der ~ / die ~ über 週日〈平日〉に | Die ~ über bin ich selten zu Hause. 週日には私はめったに在宅しない.

2 《複数で》産床, 産褥(さんじょく): **in den ~*n* sein** 〈**liegen**〉 産褥についている | **in die ~*n* kommen** 産褥につく, お産をする. [*germ.* „Wechsel"; ◇Wechsel; *engl.* week]

Wo·chen·bett 中 -〔e〕s/ 産床, 産褥(さんじょく): im ~ liegen 産褥についている. [◇Wöchnerin]

Wo·chen·bett·fie·ber 中 -s/ 〘医〙産褥(さんじょく)熱.

Wo·chen·blatt 中 =Wochenzeitung

Wo·chen·end·bei·la·ge[vɔ́xən|ɛnt..] 女 (新聞の)週末増刊号付録〔の娯楽欄〕.

Wo·chen·en·de[vɔ́xən|ɛndə] 中 週末, ウィークエンド: das ~ in den Bergen verbringen 週末を山で過ごす | 〔Ein〕 schönes ~! 楽しい週末をお過ごしください.

Wo·chen·end·haus[..|ɛnthaus] 中 週末用別荘.

Wo·chen·end·ler[..|ɛntlər] 男 -s/- 週末を楽しむ人, 週末旅行者.

Wo·chen≈fie·ber 中 -s/ 〘医〙産褥(さんじょく)熱. **≈fluß** 男 ..sses/ 〘医〙悪露(おろ) (産褥期に子宮と膣(ちつ)から排泄(はいせつ)される分泌物). ▽**≈hil·fe** 女 (産婦に支払われる)出産手当. **≈kar·te** 女 (月曜日から土曜日までのみ通用する, 鉄道・バスなどの)平日用〔通勤・通学〕定期券.

wo·chen·lang[vɔ́xənlaŋ] 形 《述語的用法なし》数週間の, 何週間もの: nach ~*em* Warten 何週間も待ったのちに | Es hat ~ gedauert, bis ... …するまでに何週間もかかった.

Wo·chen≈lohn 男 週給. **≈löh·ner** 男 週給労働者. **≈markt** 男 (週に 1 度または数度開かれる)市(いち), 市場(いちば). **≈schau** 女 週間ニュース映画. **≈schrift** =Wochenzeitschrift **≈spiel·plan** 男 (演劇・映画などの)週間上演〈上映〉プログラム. **≈tag** 男 **1** (日曜日・祭日以外の)平日, 週日, ウィークデー. **2** (週のそれぞれの)曜日: Welchen ~ haben wir heute? きょうは何曜日ですか.

wo·chen·tags[..ta:ks] 副 平日に, 週日〈ウィークデー〉に.

wö·chent·lich[vœ́çəntlɪç] 形 《述語的用法なし》毎週の, 1 週間ごとの: das ~*e* Erscheinen der Zeitung 新聞が週に 1 度発行されること ‖ ~ zweimal / zweimal ~ 週に 2 度 | Er verdient ~ 500 Mark. 彼は週に500マルク稼ぐ.

..wöchentlich[..vœçəntlɪç] 《数詞などにつけて「…週間ごとの」を意味する形容詞をつくる》: drei*wöchentlich* 3 週間ごとの | all*wöchentlich* 毎週の.

wo·chen·wei·se[vɔ́xən..] 副 (→..weise ★)週単位で, 1 週間ずつ.

Wo·chen≈zeit·schrift 女 週刊誌. **≈zei·tung** 女 週刊新聞, 週刊紙.

..wöchig[..vœçɪç][2] 《数詞などにつけて「…週間にわたる」を意味する形容詞をつくる》: drei*wöchig* 3 週間の.

Wöch·ne·rin[vœ́çnərɪn] 女 -/-nen 産床〈産褥(さんじょく)〉婦(出産後の産婦も含む). [＜(sechs) Wochen]

Wöch·ne·rin·nen≈heim 中 産院. **≈sta·tion** 女 (病院の)産科〔病棟〕.

Wocken[vɔ́kən] 男 -s/- 《北部》(Rocken) (紡ぎ車の)糸巻き棒. [*mndd.*; ◇Wachs, Wickel]

Wo·dan[vó:dan] (**Wo·tan**[..tan]) 人名 〘北欧神〙ヴォーダン, ヴォータン (Odin のドイツ語形). [*germ.*; ◇Wut]

Wod·ka[vɔ́tka·] 男 -s/-s ウォツカ(ロシア原産の蒸留酒). [*russ.* vod-ka „Wässer-chen"; ◇Wasser]

wo·durch[vo(:)dʊ́rç] 副 **1** 《疑問文を導いて; wo.. が疑問代名詞 was に相当する》何によって, どうして, どんな方法で; どこを通って: *Wodurch* ist er so arm geworden? なんで彼はそんなに貧乏になったのか ‖ Wir wissen nicht, ~ wir gerade gefahren sind. 今しがた通過した町がどこだか我々には分からない.

2 《関係文を導いて》それによって: **a**) 《wo.. が関係代名詞 was に相当する》 alles, ~ das Unternehmen gefährdet werden kann, aus dem Weg räumen 企てがそのために危うくされるかもしれない一切のことを排除する | Es ist ihm alles gelungen, ~ er allmählich leichtsinnig wurde. 彼は何をやっても成功し そのためしだいに慎重さを欠くようになった.

▽**b**) 《wo.. が関係代名詞 der に相当する》 der Unfall, ~ (=durch den) er leicht verletzt wurde 彼が軽傷を負った事故.

▽**wo·fern**[vo(:)fɛ́rn] 接 《従属》 (sofern) …である限り, …の範囲内で; …ならば: *Wofern* du über diese Frage anders denkst, sprich dich bitte aus! この問題について別の考えを持っているなら 言ってくれたまえ.

wo·für[vo(:)fý:r] 副 **1** 《疑問文を導いて; wo.. が疑問代名詞 was に相当する. 日常語では für was という形も使われることがある》何のために: *Wofür* sparst du eigentlich? 君はそもそも何のために節約するのか | *Wofür* ist das gut? それは何の役に立つのか | *Wofür* halten Sie mich? あなたは私をどういう人間だと思っているのですか.

2 《関係文を導いて》そのために: **a**) 《wo.. が関係代名詞 was に相当する》 etwas, ~ wir keine Zeit haben 私たちにその暇がなくてやれないこと | Er ist nicht das, ~ er sich ausgibt. 彼は自分で言っているような人間ではない ‖ Er hat mir

viel geholfen, ～ ich ihm sehr dankbar bin. 彼は私を大いに助けてくれた. 私はそのことを彼にとても感謝している.
▽**b**)《wo.. が関係代名詞 der に相当する》die Reise, ～ (＝für die) er soviel ausgegeben hat 彼が多額の費用をかけた旅行.

wog[vo:k][1] **I** wägen の過去. **II** wiegen[2]の過去.

Wo·ge[vó:gə] 女 -/-n《雅》(Welle) 大波, 波浪;《比》(感激・興奮の)波, 渦, 高まり: brausende 〈wilde〉 ～*n* 荒れ狂う大波 | haushohe 〈mannshohe〉 ～*n* 家〈人〉の高さほどもある大波 | Wind und ～*n* 風波 ‖ **die ～*n* glätten**《比》(争いなどを仲裁して)双方の興奮を静める ‖ Öl auf die ～*n* gießen (→Öl) ‖ **Die ～*n* glätten sich.** 波が静まる;《比》興奮〈激情〉の波がおさまる | Die ～*n* der Begeisterung 〈Erregung〉 gingen hoch. 感激〈興奮〉の波が高まった | Die ～*n* schlugen über das Boot. 大波がボートに覆いかぶさった.
[„Bewegtes"; *mndd.* wage; ◇Woog]

wö·ge[vǿ:gə] **I** wägen の接続法 II.
II wiegen[2]の接続法 II.

wo·ge·gen[vo(:)gé:gən] 副 **1**《疑問文を導いて; wo.. が疑問代名詞 was に相当する》何に向かって, 何に対して, 何に逆らって, 何に反対して; 何と交換に: *Wogegen* kämpfst du? 君は何と戦っているのか | *Wogegen* hilft dieses Mittel? この薬は何にきくのか.
2《関係文を導いて》それに対して, それに逆らって; その代わりに: **a**)《wo.. が関係代名詞 was に相当する》alles, ～ er protestierte 彼が抗議したことのすべて | Sie gab mir das Buch, ～ ich ihr die Schallplatte überließ. 彼女がその本をくれたので その代わりに私は彼女にレコードを提供した. ▽**b**)《wo.. が関係代名詞 der に相当する》die Feindseligkeiten, ～ (＝gegen die) er gekämpft hat 彼が阻止しようと戦った敵対行為. **c**) ＝wohingegen

wo·gen[1][vó:gən] →wog

wo·gen[2][vó:gən][1] 自 (h) 大波が立つ, (大きく)波打つ, 波がうねる;《比》(大波のように)揺れる, うねる: Das Meer 〈Das Wasser〉 *wogt* mächtig. 海〈水〉が激しく波立っている | Die Ähren 〈Die Felder〉 *wogen* im Wind. 穂〈草原〉が風に波打っている | Der Platz *wogt* von Menschen. 広場は人でひしめいている | Ein wilder Kampf *wogte* hin und her. 激しい戦闘が押しては引き 引いては押してくり広げられた ‖ 非人称 Es *wogte* in ihr vor Empörung und Scham. 彼女は怒りと恥ずかしさで胸が張り裂けんばかりだった ‖ *wogende* Wellen うねる波 | eine *wogende* Menschenmenge 波打つ群衆 | mit *wogender* Brust 胸を波打たせて.
[＜Woge]

Wo·gen≈berg 男 大波の山. **≈kamm** 男 波がしら, 波頭.

wo·her[vo(:)hé:r] 副 **1**《疑問副詞》どこから: *Woher* kommst du? どこから君は来たのか | *Woher* kommt das? どうしてこういうことになったのか | *Woher* hast du das? だれ〈どこ〉から君はそれを手に入れたのか; どこ〈だれ〉から君はそれを聞いたのか ‖ Ich weiß nicht, ～ er stammt. 私は彼がどこの生まれか知らない ‖ *Woher* des Weg〔e〕s? (→Weg 1) | 〔**aber**〕 **～ denn!** / **ach ～**〔**denn**〕**!** / **ja ～!** / **i ～!**《話》とんでもない, そんなばかな | *Woher* nehmen und nicht stehlen!《話》さてどうやって手に入れたものか ‖〖名詞的に〗*jn.* nach dem *Woher*〔und Wohin〕fragen …に身の上〔と将来の計画〕を尋ねる.
☆ wo と her が分離した形もよく見られる(→wo I 1 a): *Wo* kommst du *her*? = *Woher* kommst du?
2《関係副詞》そこから: Tu das wieder dahin, ～ du es genommen hast! それをもとの所へ返しておけ | Er geht wieder hin, ～ er gekommen ist (＝*wo* er *her*gekommen ist). 彼はここへ来る前にいた所へまた戻って行く.

wo·her·um[vo(:)hεrúm] 副《疑問副詞》どのあたりに; (だいたい)どの方向に: *Woherum* muß man gehen, um zur Post zu kommen? 郵便局へはどちらの方へ行くのですか.

wo·hin[vo(:)hín] 副 **1**《疑問副詞》どこへ: *Wohin* geht er? 彼はどこへ行くのか | *Wohin* gehört das Buch? この本はどこへ置きましょうか | *Wohin* sollten wir kommen, wenn wir nur unseren Launen nachgäben? まったく気ままな生き方をしたら 私たちはどんなありさまになるだろうか ‖ *Wohin* er sich auch wandte, er stieß überall auf Ablehnung. 彼はどこに頼みに行っても至るところで拒絶に出あった | *Wohin* des Weg〔e〕s? (→Weg 1) ‖ *Wohin* damit?《話》それをどう処理したら〈どこへ置いたら〉よいものか | Ich muß mal ～.《話》私はトイレへ行きたい | Er muß noch ～.《話》彼はこれから何か用事がある〈トイレに行くところだ〉.
☆ wo と hin が分離した形もよく見られる(→wo I 1 a): *Wo* gehst du *hin*? = *Wohin* gehst du?
2《関係副詞》そこへ: Der Ort, ～ er ging (＝*wo* er *hin*ging), lag etliche Kilometer entfernt. 彼のめざす村は二三キロ先にあった.
3 (irgendwohin) どこかその辺へ: Ich muß ～. 私はどこかその辺に行かねばならない;《話》私は用便に行ってくる.

wo·hin·aus[vo(:)hináus] 副 **1**《疑問副詞》どこへ, どの方向へ: *Wohinaus* geht der Weg? この道はどこへ通じるのですか | Ich weiß nicht, ～ du willst (＝*wo* du *hinaus*willst). 君がどこを目ざしているのか〈君の意図がどこにあるのか〉私には分からない.
2《関係副詞》そこへ, そちらの方へ.

wo·hin·ge·gen[vo(:)hıngé:gən] 副《先行の文の意味を受ける関係副詞》それに反して, ところが, 他方: Er ist sehr hilfsbereit, ～ seine Frau sich oft recht abweisend verhält. 彼はとても親切なのだが これに反して彼の奥さんはとても無愛想な態度をすることがよくある.

wo·hin·ter[vo(:)híntər] 副 **1**《疑問文を導いて; wo.. が疑問代名詞 was に相当する》何の後ろ〈背後〉に, 何の裏手に, 何の陰に: *Wohinter* hast du dich versteckt? 君は何の後ろに身を隠していたのか.
2《関係文を導いて》その後ろ〈背後〉に, その陰に: **a**)《wo.. が関係代名詞 was に相当する》Er verabscheut alles, ～ er Heuchelei vermutet. 彼は偽善が隠されていると考えられることはすべて嫌う.
▽**b**)《wo.. が関係代名詞 der に相当する》der Schrank, ～ (＝hinter dem) er sich versteckt hatte 彼がその後ろに隠れていた戸棚.

wohl[vo:l] **I** 副 **1**《述語的形容詞としても用いられて》**a**) (英: *well*) (↔übel) (gesund, wohlauf) 健康に, 気分よく: ～ aussehen 元気そうに見える | *sich*[4] ～ befinden 健康である | Ich habe mich nie ～*er* gefühlt〔als jetzt〕. 私はこんなに体の調子のよかったことはない ‖ Ich bin ～. 私は健康だ | Mir ist 〈Es ist mir〉 ～〔zumute〕. 私は気分がよい | Ist dir nicht ～? 君は気分が悪いのか | Ist Ihnen jetzt ～*er*? もう(前より)健康に〈気分がよく〉なりましたか.
b) (angenehm) 快適に, 楽しく, 具合よく: **wohl oder übel** よかれあしかれ, 好むと好まざるとにかかわらず, いやおうなしに | *Wohl* oder übel mußte er es tun. 彼はいやおうなしにそうしなければならなかった | Ich lasse mir's 〈es mir〉 ～ sein.〔飲み食いして〕愉快にやる | Mir ist nicht ～ bei dem Gedanken, daß ... …と思うと私はあまりいい気分がしない | Am ～*sten* ist mir zu Hause, wenn ich wieder bei dir bin. 家に帰って君のそばにいるのがいちばんいい ‖〖あいさつの表現として〗*Wohl* bekomm's! (→bekommen II) | Laß dir's weiterhin ～〔er〕gehen! これからも引き続き順調でありますように | Gehab dich ～! (→gehaben I 2) | Leben Sie ～! (別離の際に)お元気で, さようなら | Schlafen Sie ～! ゆっくりお休みください |〔Ich〕wünsche ～ gespeist zu haben.(食事が終わったとき)楽しく召し上がっていただけましたでしょうか.
2 a) **bes·ser** (→ 別出) / **am be·sten** (→ 別出 best) (gut) よく; 十分に: *jn.* ～ (＝gut) leiden mögen …を憎からず思う | Das gefällt mir ～. それは私の気に入っている | Du wirst ～ daran tun, dich warm anzuziehen. 厚着をするほうがよいだろう ‖ *et.*[4] ～ bedenken 〈überlegen〉 …をじっくり考える | Ich habe ～ bemerkt, daß da etwas nicht stimmt. 何かがおかしいということは十分気づいています | Er ist sich dessen ～ bewußt. 彼はそのことをよく承知している | Ich erinnere mich ～ an diesen Vorfall. この出来事はよく記憶しています | Merke dir das ～! このことをよく

覚えておけ｜Ich sehe sehr ～, daß ... …ということはよく分かっています｜Ich verstehe dich ～. 私には君の気持はよく分かる｜Er weiß sehr ～, daß ... 彼は…ということを十分に心得ている.

★ i) 動詞と用いる場合はときに分離の前つづりとみなされる. ii) wohl が〔分詞に由来する〕形容詞を修飾する場合はふつう1語に書かれる: *wohl*überlegt 熟慮の上での.

b)《本来の意味を失って》Nun ～, wir wollen es versuchen. よかろう やってみよう｜ᵛSehr ～〔, mein Herr〕! (給仕・召使いなどの返事として) かしこまりました｜*Wohl!*《南部》そうだとも.

3《陳述内容の現実度に対する話し手の判断・評価を示して: →vielleicht 1, wahrscheinlich II》**a**)《ふつう文中でのアクセントなしで》おそらく, たぶん, きっと, たしかに: Heute kommt er ～ nicht. 彼はきょうはおそらく来ないだろう｜Das ist ～ möglich. それはたぶんありうることだ｜Es ist ～ wahr, daß ... …はたぶん本当だろう｜Das ist ～ das beste, daß wir gehen. 我々が出かけるのが いちばんよかろう‖〖接続法 II または werden, können, müssen などの助動詞と〗Das wäre ～ das klügste gewesen. そうするのが最も得策だったろうに｜Er wird ～ noch kommen. 彼はきっとこれからでも来るであろう｜Es wird ～ besser sein, wenn ... …するほうがたぶんよいだろう｜Man wird doch ～ noch fragen dürfen. おそらくまだ質問をしてもよいだろう｜Es kann 〈mag〉 ～ sein. そういうこともありうるだろう｜Das kann man ～ sagen. おそらくこう言ってもよいだろう｜Es kann ja ～ nicht anders gewesen sein. そのとおりであったに違いない｜Er könnte 〈dürfte〉 ～ nicht kommen. 彼はおそらく来ないだろう｜Es muß ～ sehr schwierig sein. それはきっと大変むずかしいに違いない‖〖平叙文の形の疑問文にそえて, 念を押す感じで〗Du hörst ～ schwer? 君はまさか耳が遠いのではないだろうね｜Ich habe ～ nicht recht gehört? 私の聞き違いだろうね(まさか本当じゃあるまいね)｜Dazu willst du ～ keine Lust haben, oder doch? 君はそんな気はないだろうね それともあるのかね｜Ob er ～〔noch〕kommt? 彼ははたして来るのかしら‖〖命令・脅迫の口調の疑問文で〗Hörst du ～, ich verbiete dir das! いいか そんなことはしてはいけないぞ｜Siehst du ～, habe ich dir gleich gesagt! それみろ 言わんこっちゃない｜Willst du ～ damit aufhören! もうやめるだろうな｜Willst du ～ machen, daß du fortkommst! とっとと消えろ.

b)《数詞と; 文中でのアクセントなしで》ほぼ, おおよそ: Es wird ～ zwei Jahre her sein. あれから2年ほどになるだろう｜Ich habe es ihm ～ schon zwanzigmal gesagt. 私は彼にそれをもう20回ほど言った.

4《後続の aber, allein, doch などと呼応して》(zwar) なるほど, たしかに(…ではあるがしかし): Er ist ～ jung, aber begabt. 彼はたしかに若いが才能はある｜So etwas kann ～ einmal vorkommen, aber es darf nicht zur Regel werden. そういうことは一度くらいはあってもよいが通例となってはならない｜Das mag ～ gut gemeint sein, aber es ist doch falsch. それは善意から言っていることであろうが やはり間違っている｜*Wohl* habe ich ihm versprochen, mit ihm ins Kino zu gehen, aber ich habe nicht gesagt, wann. たしかに一緒に映画に行くと彼に約束したが いつということは言っていない‖～ aber そうではあるがしかし｜Man liebt ihn nicht, ～ aber achtet man ihn. 彼は好かれてはいないものの尊敬はされている.

5《間投詞的に》《雅》《*jm.*》(…は)幸いだ,(…は)幸運だ: *Wohl* dem, der barmherzig ist! 恵みを施す人は幸いである(聖書: 詩112, 5)｜*Wohl* ihm, daß er bei diesem Wetter zu Hause bleiben kann. 彼はこんな天気のときに家にいられて本当によかった.

6《民謡などでほとんど意味のない口調のためだけの言葉として》Es ging ein Knäblein ～ über das Land. 少年がひとり旅をしていた.

II Wohl 中 -〔e〕s/ しあわせ; 福祉; 健康; 繁栄: das allgemeine 〈öffentliche〉 ～ 公益, 公共の福祉‖Ihm lag das ～ seiner Familie am Herzen. 彼には家族のしあわせが心にかかっていた‖**Wohl und Wehe** 幸不幸, 禍福｜Das ～ und Wehe des Staates hängt davon ab. 国家の興廃はここにかかっている｜Sein ～ und Wehe liegt bei dir 〈in deinen Händen〉. 彼の運命は君の手中にある‖**auf** *js.* ～⁴ trinken …のために乾杯する｜Auf dein 〈Ihr〉 ～! きみ〈あなた〉のご健康〈ご多幸〉を祈って(乾杯の辞)｜Sie war nur auf ihr eigenes ～ bedacht. 彼女は自分のしあわせだけを考えていた｜Das geschah nur zu deinem ～. これは君のためと思えばこそやったことだ｜Zum ～! / Sehr zum ～〔*e*〕! ご健康〈ご多幸〉を祈って(乾杯の辞).

[*germ.* „gewollt"; ◇wollen²; *engl.* well]

wohl..《名詞・形容詞などにつけて》**1**《「よい」を意味する》: *Wohl*befinden 元気, 健在｜*Wohl*gefühl 快い気持‖*wohl*riechend においのよい. **2**《形容詞の意味を強めて》: *wohl*anständig たいへん礼儀正しい｜*wohl*weise 非常に賢明な.

★ 分詞と複合して形容詞をつくる場合, 比較変化には次の三つの型がある: ⓐ wohlbekannt / besser bekannt / best bekannt, am besten bekannt の型. ⓑ wohlerhalten / besser erhalten / am besten erhalten の型. ⓒ wohlgesetzt / wohlgesetzter / wohlgesetztest の型.

wohl·acht·bar[vó:l|axtba:r] 形 尊敬すべき, りっぱな: eine ～*e* Firma りっぱな会社.

wohl·an[vo(:)lán, vo:l|án] 副《間投詞的に》《雅》よし, さあ: *Wohlan*, so wollen wir's versuchen! よし それじゃあやってみよう.

wohl≠an·ge·bracht[vó:l..] 形 時宜を得た, 適切な, 具合のよい, ぴったりの. **≠an·stän·dig** 形 たいへん礼儀正しい, とても上品〈りっぱ〉な, 非常にきちんとした.

wohl·auf[vo:l|áuf, vo(:)láuf] 副 **1** 元気に, 健康で: Ich bin wieder ～. 私はまた元気になった. **2**《間投詞的に》《雅》さあ, いざ: *Wohlauf*, Kameraden, aufs Pferd, aufs Pferd! さあみんな 馬に乗れ 馬に乗れ (Schiller).

wohl·be·dacht[vó:l..] **I** 形《比較変化なし》熟慮された, 十分に考えた上での, 考えのゆき届いた, 慎重な: eine ～*e* Handlung 慎重な行動｜ein ～*er* Plan 入念に練られた計画. **II Wohl·be·dacht** 男 慎重な配慮, 熟慮:〖ふつう次の形で〗mit ～ 慎重に, 熟慮して.

Wohl≠be·fin·den 中 -s/ 健康, 元気, 健在, 息災: für *js.* ～⁴ sorgen …が息災でいるよう世話をする〈気をくばる〉｜*sich*⁴ nach *js.* ～³ erkundigen …の体の具合を尋ねる. **≠be·ha·gen** 中 気楽, 安楽: mit ～ die Pfeife rauchen うまそうに〈悠然と〉パイプをふかす｜voller ～ 気持よさそうに, 満足して.

wohl≠be·hal·ten 形《比較変化なし; 述語的》**1** 無事な, 息災の, つつがない: Wir sind ～ zu Hause angekommen. 私たちは無事に家に着いた. **2** (物が)よく保存された, 無傷の: Das Paket ist ～ angekommen. 小包は無事届いた. **≠be·kannt** 形 (→wohl.. ★ ⓐ)よく知られた; 有名な: Er ist mir ～. 彼のことなら私はよく知っている. **≠be·leibt** 形《比較変化なし》《雅》肥満した, 太った, でっぷりとした. **≠be·ra·ten** 形 (→wohl.. ★ ⓑ)《雅》(正しく助言されて)よき分別のある: Du warst ～, als du es ablehntest. 君がそれをことわったのはなかなか賢明なことだった. **≠be·schaf·fen** 形 (→wohl.. ★ ⓐ) (状態の)良好な, よく出来ている. **≠be·stallt** 形《比較変化なし》《雅》正式に就任した, 常雇いの, 安定した〈りっぱな〉地位の: Er ist ～*er* Lehrer an einem Gymnasium. 彼はギムナジウムの正教員である. **≠be·stellt** 形 **1** (→wohl.. ★ ⓑ)よく整備〈耕作〉されている. **2** ＝wohlbestallt **≠be·wan·dert** 形 (→wohl.. ★ ⓐ) よく熟慮〈熟達・通暁〉した. **≠do·siert** 形 (薬などが)適量の. **≠durch·dacht** 形 (→wohl.. ★ ⓑ)十分に考え抜かれた. **≠er·fah·ren** 形《比較変化なし》経験豊かな, 老練の, 熟練した.

wohl|er·ge·hen*[vó:l|ɛrge:ən]〈53〉**I** 自 (s) 非人称《es ergeht *jm.* wohl》(…は)うまくいっている, 成功している; 健康〈達者〉である. **II Wohl·er·ge·hen** 中 -s/ 健康, 無事, 息災; 幸福, 安寧, 繁栄: um *js.* ～⁴ besorgt sein …が健康〈幸福〉にやってゆくようにと心配している.

wohl≠er·hal·ten 形 (→wohl.. ★ ⓑ)よく保存された, 無

傷の: ein ～*er* Schrank よく保存された たんす. **≈er·wo·gen** 形《比較変化なし》よく考慮された, 熟慮の上での: ein ～*er* Plan 慎重に練られた計画. **≈er·wor·ben** 形《比較変化なし》正当に得られた: ～*e* Rechte〘法〙既得権. **≈er·zo·gen** 形《雅》(行儀・礼儀などを)よくしつけられた, 育ちのいい: ein ～*es* Kind しつけのいい子供.

Wohl·fahrt[vó:lfa:rt] 女 -/ **1**《雅》福祉, 福利, 厚生; 繁栄, 安寧, 幸福: die ～ aller Bürger 全市民の福祉〈繁栄〉. ▽**2 a)** 社会福祉事業; 生活保護: die öffentliche 〈soziale〉 ～ 公共〈社会〉福祉 ‖ ～ beziehen 〈erhalten〉 / von der ～ betreut 〈unterstützt〉 werden 社会福祉の保護を受ける. **b)**《話》＝Wohlfahrtsamt

[＜*mhd.* wol varn „glücklich leben" (◇fahren); ◇*engl.* welfare]

Wohl·fahrts≈amt 中 (昔の)福祉事務所; 民生〈厚生〉局. **≈aus·schuß** 男 公安委員会(特にフランス革命の後1793年にロベスピエールによって設立されたものをさすことが多い). **≈emp·fän·ger** 男 (◎ **≈emp·fän·ge·rin**) (昔の)社会福祉の保護を受けている人. **≈mar·ke** 女〘郵〙慈善郵便切手. **≈or·ga·ni·sa·tion** 女 社会福祉団体. **≈pfle·ge** 女 -/〔社会〕福祉事業,〔福利〕厚生事業. **≈pfle·ger** 男 (◎ **≈pfle·ge·rin**)〔社会〕福祉事業家; 民生委員. **≈ren·te** 女 福祉年金. **≈schlaf** 男《話》(社会福祉の上にあぐらをかいた)惰眠, 無気力. **≈staat** 男 福祉国家.

wohl·fahrts·staat·lich 形 福祉国家の, 福祉国家的な.

wohl·feil[vó:lfaɪl] 形 **1** (値段が)安い, 安価な, 廉価の: eine ～*e* Ausgabe〔des Buches〕〔本の〕廉価版 | ein ～*er* Ruhm《比》(たやすく得られる)安っぽい名声 ‖ Waren ～ erhalten 商品を安く手に入れる ‖ *Wohlfeil* ist nicht billig.《諺》安物買いの銭失い(廉価必ずしも安からず).

2 (abgedroschen) (表現などが)使い古された, 月並みな: ～*e* Worte 紋切り型の言葉.

Wohl·feil·heit[–haɪt] 女 -/ wohlfeil なこと.

wohl≈ge·ar·tet[vó:l..] 形 性質〈気だて〉のよい, よくしつけられた. **≈ge·baut** 形 りっぱな造りの; がっしりした(体格); スタイルのいい(女性).

▽**wohl·ge·bo·ren**[vó:lgəbo:rən, ⏑⏑⏑⏑] 形《比較変化なし》(いかめしい呼びかけ・手紙の上書きに尊称として)高貴の生まれの, 家柄〈生まれ〉の秀でた, 由緒ある: Euer (略 Ew.) *Wohlgeboren* 閣下, 貴台, 尊台 |〔Seiner (略 Sr.)〕*Wohlgeboren* Herrn Wilhelm Braun ヴィルヘルム ブラウン殿.

Wohl·ge·fal·len[vó:lgəfalən] 中 -s/ 気に入ること, 意にかなうこと, 満足, 喜び, 好印象; 賛意: *sein* ～ an *et.*[3] haben 〈finden〉 …が気に入る | *js.* ～ finden …に気に入られる, …の意にかなう ‖ ein Gemälde mit ～ betrachten 絵画をいいなあと思いながら見る ‖ ***sich***[4] ***in*** ～ ***auflösen*** i) (争いなどが)首尾よく〈めでたく〉終わる, ハッピーエンドになる; ii)《戯》(計画などが)失敗に終わる; iii) (同盟などが)解散する;《戯》(物が)壊れる, 裂ける; 紛失する, 消えうせる | Das Buch hat sich in ～ aufgelöst.《戯》その本はばらばらに分解してしまった; その本はどこかへ行ってしまった.

wohl·ge·fäl·lig[..gəfɛlɪç][2] 形 **1** 気に入る, 意にかなう, 快い, 気持のよい, 満足させる: ein Gott[3] ～*es* Leben 神の御心(みこころ)にかなう生活. **2** 満足そうな, 楽しそうな: *et.*[4] ～ betrachten …を満足げに眺める.

wohl·ge·formt[..gəfɔrmt] 形 (→wohl.. ★ ⓒ)形のよい, 見事な形をした.

Wohl·ge·fühl 中 -〔e〕s/ 快い〈心地よい〉気持, 快感: ein herrliches ～ すばらしく心地よい気持.

wohl≈ge·kurvt 形《話》曲線美の(肉体など). **≈ge·launt** 形 (→wohl.. ★ ⓑ)《雅》機嫌のよい, 上機嫌な. **≈ge·lit·ten** 形 (→wohl.. ★ ⓒ)《雅》人々に好かれている, 人気のある. **≈ge·meint**[また: ⏑⏑⏑] 形《比較変化なし》善意〈好意〉から出た: ein ～*er* Ratschlag 善意の助言. **≈ge·merkt**[また: ⏑⏑⏑] 副 (相手の注意を喚起して)強調しておきたいが, 忘れないでくれよ, いいかね:〘間投詞的に〙Ich hatte ihn, ～, vorher ausdrücklich gewarnt. いいかい私は前もって彼にはっきり警告しておいたんだよ. **≈ge·mut** [..gəmu:t] 形 (→wohl.. ★ ⓒ)《雅》機嫌のいい, 朗らかな, 快活な; 気楽な, 楽天的な. **≈ge·nährt** 形《比較変化なし》栄養のよい, 太った. ▽**≈ge·neigt** 形 好意〈愛着〉のある: *jm.* ～ sein …を好いている | Ihr Ihnen ～*er* X 友情をこめてあなたの X より(手紙の結句). **≈ge·ord·net** 形《比較変化なし》《雅》きちんと整えられた, よく整理〈整頓(せいとん)〉された. **≈ge·ra·ten** 形 (→wohl.. ★ ⓑ)《雅》**1** できばえのよい: ein ～*er* Braten おいしく焼けた焼き肉 | ein ～*es* Werk 成功作. **2** 育ち〈しつけ〉のよい, すくすく育った: Er hat drei ～*e* Kinder. 彼はよい子を 3 人持っている.

Wohl≈ge·ruch 男《雅》快い香り, 芳香: köstlicher ～ なんとも言えぬいい香り | **alle *Wohlgerüche* Arabiens**《戯》ありとあらゆる芳香. **≈ge·schmack** 男 -〔e〕s/ 美味, いい味; 好趣味.

wohl≈ge·setzt 形 (→wohl.. ★ ⓒ)《ふつう付加語的》《雅》(言葉遣いなどが)適切な, 的を射た: *jm.* in ～*en* Worten danken …に要領を得た言葉で礼を述べる. **≈ge·sinnt** 形 (→wohl.. ★ ⓒ)好意のある, 好意的な: *jm.* ～ sein …に好意を持っている. **≈ge·son·nen** ＝wohlgesinnt

wohl·ge·stalt I 形《付加語的》《雅》姿〈形〉のいい; よく発育した. **II Wohl·ge·stalt** 女 -/《雅》美しい姿〈形〉.

wohl≈ge·stal·tet 形 (→wohl.. ★ ⓒ)《雅》姿〈形〉のいい, 美しい姿の; みごとに構成された; よく発育した: ein ～*er* Körper (均整のとれた)美しいからだ. **≈ge·tan I** wohltun の過去分詞. **II** 形《述語的》正しく行われた〈扱われた〉; うまく出来た: Die Arbeit ist ～. 仕事は上出来だ. **≈ge·trof·fen** 形 実物そっくりに描かれた, 生き写しの(肖像など).

wohl·ha·bend 形 (→wohl.. ★ ⓒ)裕福な, 金持ちの: eine ～*e* Familie 裕福な家族 | Er stammt aus ～*en* Verhältnissen. 彼は富裕な環境の出である ‖ Er ist sehr ～. 彼はとても裕福である.

Wohl·ha·ben·heit 女 -/ 裕福, 富裕.

woh·lig[vó:lɪç][2] 形《述語的用法まれ》気持〈心地〉よい, 快適な, 楽しい, 気楽な: ein ～*es* Gefühl 快感; 幸福〈満足〉感 | ～*e* Wärme 快い暖かさ ‖ *sich*[4] ～ dehnen 〈strecken〉 のびのびと手足を伸ばす | Ich bin ～ müde. 私は快い疲労を覚えている ‖ Mir war richtig ～. 私は本当に気分がよかった.

Wohl·klang[vó:l..] 男《雅》快い響き; 美しい音調〈旋律〉: der ～ des Instruments 〈der Musik〉 楽器〈音楽〉の美しい音 | ein Klavier von herrlichem ～ すばらしい音色のピアノ.

wohl·klin·gend 形 (→wohl.. ★ ⓒ)《雅》美しい音調の, 音色のいい, いい〈快い〉響きの, 調子のいい: ein ～*es* Gedicht 響きのよい詩 | ein ～*es* Instrument 音色のいい楽器 | ein ～*es* Musikstück 調べの美しい音楽作品 | Italienisch ist eine ～*e* Sprache. イタリア語は響きのいい言葉だ.

Wohl·laut[vó:llaʊt] 男 ＝Wohlklang

wohl·lau·tend 形 (→wohl.. ★ ⓒ)響きの美しい, 快い響きの: ein ～*es* Organ haben 声がいい | eine ～*e* Stimme 美声.

Wohl·le·ben[vó:lle:bən] 中 -s/《戯》気楽〈快適〉な生活; 富裕〈ぜいたく〉な生活: ein ～ führen 安楽〈豪華〉な暮らしをする.

wohl≈löb·lich[vó:llø:plɪç, ⏑⏑⏑] 形《戯》称賛〈尊敬〉すべき, 結構きわまる. **≈mei·nend** 形 **1** ＝wohlgemeint **2** (→wohl.. ★ ⓒ)《雅》善意の, 好意的な, 親切な: ein ～*er* Mensch 善意の人. **≈pro·por·tio·niert** 形《雅》均整〈バランス〉のとれた. **≈rie·chend** 形《雅》においのよい, 芳香の: eine ～*e* Blume 香りのいい花 | ～*es* Wasser 香水. **≈schmeckend** 形 (→wohl.. ★ ⓒ)《雅》味のよい, うまい: *Wohlschmeckende* Speisen standen auf dem Tisch. おいしいごちそうがテーブルに並んでいた.

Wohl·sein[vó:lzaɪn] 中 -s/ 健康, 息災, 達者; 幸せ:〔Auf〕Ihr ～! あなたのご健康〈ご多幸〉を祈って(乾杯の辞) |〔Zum〕～! i) ご健康〈ご多幸〉を祈って(乾杯の辞); ii) (くしゃみをした人に)お大事に(また〔Zur〕Gesundheit! とも言う).

wohl≈sin·nig《スイ》＝wohlgesinnt **≈si·tu·iert** 形 恵まれた地位〈境遇・生活環境〉に置かれた.

Wohl·stand[vó:lʃtant][1] 男 -〔e〕s/ ゆたかさ, 裕福; 幸福, 安楽: im ～ leben 裕福に暮らす.

Wọhl·stands≠bür·ger 男 (物質的に満ち足りた)裕福な市民. **≠ge·sell·schaft** 女 (高度経済成長などによる)裕福な社会, 繁栄社会. **≠hü·gel** 男《話》(飽食による)太鼓腹. **≠kri·mi·na·li·tät** 女 裕福な社会の生み出す犯罪. **≠müll** 男 裕福な社会の生み出すごみ(廃棄物).

Wọhl·tat[vó:lta:t] 女 **1** 慈善〔行為〕, 善行, 親切な振舞い; 恩恵: eine ～ annehmen 親切を受け入れる | *jm.* eine ～ erweisen …に親切にする, …に恩恵を施す | *Wohltaten* schreibt man nicht in den Kalender.《諺》忘恩は世の習い(人の親切はカレンダーに書きとどめておかない).

2《単数で》ありがたいもの, 恵み, 救い, 慰め: *et.*⁴ als eine ～ empfinden …を救いと感じる ‖ Der heiße Kaffee ist eine wahre ～. この熱いコーヒーは本当にありがたい | Bei der Hitze wäre der Regen eine wahre ～. この暑さでは雨が降ってくれればまことに天の恵みなのだが.

[*ahd.*; *lat.* bene-ficium (→Benefizium) の翻訳借用]

Wọhl·tä·ter[..tɛ:tər] 男 -s/- (⇨ **Wọhl·tä·te·rin**[..tɛ:tərın] -/-nen) 慈善家, 善行者; 恩人.

wọhl·tä·tig[..tɛ:tıç]² 形 **1** (karitativ) 慈善〔行為〕の; 慈善心に富む, 慈悲深い: ein ～*er* Mann 慈善家 | eine ～*e* Veranstaltung 慈善の催し | Spenden für ～*e* Zwecke 慈善のための献金 ‖ Er ist ～. 彼は慈善家である(慈悲深い) ‖ ～ wirken 慈善活動をする(→2).

2 ためになる, 有益な: ein ～*er* Schlaf 快い眠り | einen ～*en* Einfluß auf *jn.* ausüben …に良い感化を及ぼす ‖ auf *et.*⁴ ～ wirken …に良い影響を与える(→1).

Wọhl·tä·tig·keit[..kaıt] 女 -/ 慈悲〔深いこと〕; 慈善〔行為〕, 善行, 施し, お恵み: die ～ eines befruchtenden Regens 恵みの雨〔が降ること〕| Der ～³ sind keine Schranken gesetzt. 慈善に制限はない(どしどしお恵みください).

Wọhl·tä·tig·keits≠ba·sar 男 慈善バザー. **≠kon·zert** 中 慈善音楽会〈コンサート〉. **≠ver·an·stal·tung** 女 慈善の催し物, 慈善興行. ᵛ**≠ver·ein** 男 慈善協会. **≠vor·stel·lung** 女 (演劇などの)慈善興行.

wọhl≠tem·pe·riert 形 **1** (→wohl.. ★ ⓑ) 適度の温度に調節された, 適温の;《比》調和のとれた, ほどよい. **2**〘楽〙正しく調律された, 平均律の:《Das ～*e* Klavier》『平均律クラヴィーア曲集』(Bach). **≠tö·nend** ＝wohlklingend

wọhl|tun*[vó:ltu:n]《198》**I** 自 (h) **1**《*jm.*》(…にとって)気持がよい, 快い, (…を)元気にする; (…の)慰め〈喜び〉となる: Das Bad 〈Die heiße Suppe〉 hat 〔mir〕 richtig *wohlgetan.* 入浴をして〈熱いスープで〉〔私は〕本当に元気がでた | Seine guten Worte *taten* ihr *wohl.* 彼の親切な言葉が彼女にはうれしかった.

2 善行〈親切〉を行う, 慈善を施す: *Wohlzutun* und mitzuteilen vergesset nicht. 善を行うことと施しをすることを忘れてはいけない(聖書: ヘブ13,16) | Er hat vielen *wohlgetan.* 彼は多くの人たちに良いことをしてあげた(ただし: Er hat es *wohl getan.* 彼はそれを多分したのだろう: →wohl I 3 a).

II Wọhl·tun 中 -s/ wohltun すること: *Wohltun* trägt 〈bringt〉 Zinsen.《諺》情けは他人(ひと)のためならず(善行は利子を生む).

III wọhl·tu·end[..tu:ənt]¹ 現分 形 (→wohl.. ★ ⓒ) 気持のよい, 快い, 快適な; (痛みなどを)和らげる, 鎮める: ～*e* Wärme 心地よい暖かさ | die ～*e* Wirkung der Salbe 軟膏(なんこう)の効き目 ‖ *et.*⁴ 〔als〕 ～ empfinden …を快適だ〈具合が良い〉と感じる ‖ Hier ist es ～ kühl. ここは涼しくて気持が良い.

IV wọhl·ge·tan → 別出

wọhl≠über·legt[vó:l..] 形 (→wohl.. ★ ⓐ)《雅》熟慮の上での, 熟考した, 慎重に考えた: ein ～*er* Plan 練りに練った計画. **≠un·ter·rich·tet** 形 (→wohl.. ★ ⓐ)《雅》確かな知識を持った, 精通した, 熟知した: Aus ～*er* Quelle verlautet, daß ... 確かな筋の情報によれば…ということである | Ich weiß von ～*er* Seite, daß ... 私は確かな筋から…ということを聞いている. **≠ver·dient** 形 きわめて正当に得られた, 功績〈手柄〉のある, 当然の報いとして与えられた; 自業自得の: *seinen* ～*en* Lohn 〈*seine* ～*e* Strafe〉 bekommen 当然の報いとして報酬をもらう〈罰せられる〉.

Wọhl≠ver·hal·ten 中 良い態度, りっぱな振舞い: bei ～ 態度よろしき場合には. **≠ver·leih** 男 -〔e〕s/-〔e〕(Arnika)〘植〙ウサギギク(兎菊)属, アルニカ(薬用キク科植物).

wọhl≠ver·packt[vó:l..] 形《雅》よく包装された, しっかり梱包(こんぽう)された. **≠ver·sorgt** 形 (→wohl.. ★ ⓐ)《雅》よく配慮された; 十分に供給された; 蓄えのある, 生活の心配のない. **≠ver·stan·den**[また: ⏑⏑⏑⏑] 形《雅》十分に〈正しく〉理解した: *Wohlverstanden!* よくわかったよ | *Wohlverstanden?* よくわかったか, いいかね. **≠ver·wahrt** 形 (→wohl.. ★ ⓐ)《雅》良く保存〈保護〉された, 大切にしまいこまれた: Das Foto liegt ～ in meinem Schreibtisch. その写真は私の書き物机の中に大切にしまってある.

ᵛ**wọhl·wei·se**[vó:lvaızə, ⏑⏑⏑] 形 非常に賢明な; きわめて慎重な.

wọhl·weis·lich[..vaıslıç, ⏑⏑⏑] 副 賢明にも; もっともな理由で, 十分考えた上で; 意識的〈意図的〉に, わざと: *et.*⁴ ～ verschweigen …を念のために言わずにおく | Ich habe ～ meinen Schirm mitgenommen. 私が傘をもって出かけたのは賢明だった.

wọhl|wol·len*[vó:lvɔlən]《216》**I** 自 (h)《*jm.*》(…に)好意をもっている, 好意的である: Er hat dir stets *wohlgewollt.* 彼は君に対していつも好意的であった(ただし: Er hat es *wohl gewollt.* 彼はそれをたぶん望んだのだ: →wohl I 3 a).

II Wọhl·wol·len 中 -s/ 好意, 厚情, 親切, ひいき: *js.* ～ erwerben 〈verlieren〉 …に気に入られる〈見放される〉| *jn.* mit ～ behandeln …を好意的に扱う, …を優遇する.

III wọhl·wol·lend 現分 形 (→wohl.. ★ ⓒ) 好意的な, 親切な: ～*e* Menschen 好意的な〈親切な〉人たち ‖ eine Bitte ～ aufnehmen 頼みを好意をもって聞き入れる | *et.*⁴ ～ beurteilen …を好意的に判断する.

[II: *lat.* bene-volentia の翻訳借用]

Wọhn≠an·hän·ger[vó:n..] 男 被牽引(けんいん)式キャンピングカー. **≠an·la·ge** 女 (緑地・公共施設などに囲まれた)住居群, 住宅団地. **≠ba·racke** 女 バラック住宅. **≠bau** 男 -〔e〕s/-ten 住宅用建築物.

wọhn·be·rech·tigt 形《官》《場所を示す語句と》(…に)居住権のある.

Wọhn≠be·rech·ti·gung 女《官》居住権. **≠be·völ·ke·rung** 女 居住者人口, 現住人口. **≠be·zirk** 男 ＝Wohngebiet 2 **≠block** 男 -〔e〕s/-s, ..blöcke (街路で囲まれた)住宅家屋群, 街区. **≠ein·heit** 女〘建〙住居〔単位〕: ein Haus mit 30 ～*en* 30戸分の住居を収容する建物.

wọh·nen[vó:nən] 自 (h)《場所を示す語句と》(…に)住んで〈居住して〉いる; (…に)滞在〈宿泊〉している: Wo *wohnen* Sie? どこにお住まい〈お泊まり〉ですか ‖ auf dem Land〔e〕 ～ 田舎に住んでいる | bei *jm.* ～ …の家に同居〈寄宿〉している | bei *jm.* in 〈zur〉 Miete ～ …のところに間借りしている | im Dorf 〈in der Stadt〉 ～ 村〈町〉に住んでいる | in einem Hotel ～ ホテルに泊まっている | Die ersten drei Tage habe ich in München *gewohnt.* 最初の3日間は私はミュンヒェンに滞在した | Eine große Liebe 〈Hoffnung〉 *wohnt* in seinem Herzen.《比》大きな愛情〈希望〉が彼の心に宿っている | So wahr ein Gott im Himmel *wohnt*! 誓って, 神かけて | unter 〈über〉 *jm.* ～ …の下〈上〉の階に住んでいる | 〔mit *jm.*〕 unter einem Dach ～ (→Dach 1) ‖ dürftig 〈möbliert〉 ～ 質素な〈家具付きの〉住まいに住んでいる | Hier *wohnt* man gut. ここは住み心地が良い | Tür an Tür ～ 隣り合わせに住んでいる ‖ 再帰・非人称 Hier *wohnt* sich's billig. ここは安い家賃で住める.

[*germ.* „verlangen"; ◇Wunsch, Wonne]

Wọhn≠fa·brik[vó:n..] 女《軽蔑的に》(殺風景な)高層アパート. **≠flä·che** 女 (建物・住居などの)居住面積. **≠form** 女 居住形式. **≠ge·bäu·de** 中 ＝Wohnhaus **≠ge·biet** 中 **1** 住宅〈居住〉地域. **2** (旧東ドイツで, 都市における政治組織単位としての)居住地区.

Wọhn·ge·biets·grup·pe 女 (旧東ドイツの)居住地区党組織.

Wọhn≠ge·fühl 中 住み心地. **≠ge·gend** 女 住宅〈居

住〉地域. ≠**geld** 中《官》(国から支給される)住宅補助金, 住宅手当. ≠**ge·le·gen·heit** 女 宿泊設備. ≠**ge·mein·schaft** 女 (略 WG) (数人ないし数家族が一つの住居を共有して共同生活を営む)住居共同体. ≠**grup·pe** 女 **1** 住居共同体をつくっている集団. **2** = Wohngebietsgruppe **3**〘建〙(旧東ドイツで, 都市計画の最小単位としての)住宅集団.

wohn·haft[vó:nhaft] 形《場所を示す語句と》(…に)住んでいる, 居住している: die in dieser Gemeinde ~*en* Personen この地域に居住している人々 ‖ Wo sind Sie ~? あなたのお住まいはどちらですか | Franz Benn, ~ in Freiburg, Gartenstraße 2 フランツ ベン フライブルク ガルテン街 2 番地在住.

Wohn≠haus[vó:n..] 中 (↔Geschäftshaus) (工場・商店などに対して)居住用の建物, 住宅建造物. ≠**heim** 中 (学生・従業員などの)寮, 寄宿舎. ≠**ki·ste** 女《軽蔑的に》(殺風景な)アパート. ≠**ko·lo·nie** 女 (都市周辺部などの)住宅団地. ≠**kü·che** 女 リビングキッチン. ≠**kul·tur** 女 -/ 住まいの文化, 洗練された文化的住生活. ≠**lau·be** 女 (週末や夏のための)宿泊できる園亭, ガーデンハウス.

wohn·lich[vó:nlıç] 形 住みやすい, 住み心地のよい, 住むのに快適な: ein ~*er* Raum 住み心地のいい部屋 ‖ das Haus 〈das Zimmer〉 ~ einrichten 家〈部屋〉を快適にしつらえる ‖ *et.*⁴ ~ machen …を住みやすくする | Das Zimmer ist ~. この部屋は住み心地がいい.

Wohn·lich·keit[−kaıt] 女 -/ 住みやすさ, 住み心地のよさ.

Wohn≠ma·schi·ne[vó:n..] 女《軽蔑的に》(殺風景な)アパート. ≠**mo·bil** 中 (大型の)キャンピングカー, 移動住宅. ≠**ob·jekt** 中《ｵｰｽﾄﾘｱ》《官》住宅用建物. ≠**ort** 男 -〔e〕s/ -e 居所, 居住地. ≠**par·tei** 女 借家人, 間借り人. ≠**raum** 男 **1** 居住空間; 住まい, 住居. **2** 居間, 居室. ≠**schiff** 中 居住船. ≠**schlaf·zim·mer** 中 居間兼寝室, リビングベッドルーム. ≠**sied·lung** 女 (都市周辺部などの)住宅団地. ≠**si·lo** 男 (中)《軽蔑的に》(殺風景な)コンクリート住宅. ≠**sitz** 男〔定〕住所, 居住地: ein fester ~ 定住の地, 定住所 | *js.* zweiter ~ …の第二の住所, …の別宅 ‖ *seinen* ~ in München aufschlagen 〈begründen〉 ミュンヒェンに居を定める | Er hat seinen ständigen ~ in Hamburg. 彼の定住所はハンブルクだ | *seinen* ~ verlegen 〈wechseln〉 住所を移す ‖ ohne festen ~ sein 住所不定である. ≠**stät·te** 女 住所, 居所, 住居地; 住居, 住まい. ≠**stu·be** 女 居間, 居室, リビングルーム.

Woh·nung[vó:nʊŋ] 女 -/-en **1** 住まい, 住居, 住宅: eine moderne 〈gemütliche〉 ~ 近代的〈快適〉な住まい | eine möblierte ~ 家具つき住宅 | eine ~ mit drei Zimmern 三部屋の住居 | Arbeiter*wohnung* 労働者用住宅 | Dienst*wohnung* 官舎, 社宅 | Miet*wohnung* 貸家 | Zweizimmer*wohnung* 2 室からなる住居 ‖ eine ~ mieten 〈vermieten〉 住まいを借りる〈貸す〉 | eine ~ beziehen ある住居に入居する | 〔*sich*³〕 eine ~ einrichten (家具などを入れて)住居をととのえる | *sich*³ eine ~ suchen 住居を探す | die ~ wechseln 転居する, 引っ越す ‖ **aus** einer ~ ausziehen ある住居を出る | *jn.* **in** *seiner* ~ aufsuchen …をその自宅に訪ねる | in eine ~ 〔ein〕ziehen ある住居に入居する ‖ Die ~ liegt im dritten Stock 〈in der Innenstadt〉. 住まいは 4 階〈町なか〉にある.

2 (Unterkunft) 宿泊: *jm.* Kost und ~ geben …を賄い付きで下宿させる | bei *jm.* freie ~ 〔und Verpflegung〕 haben …の家に居候している | in einem Hotel ~ nehmen ホテルに宿泊する.

Woh·nungs≠amt 中 (公営住宅の管理・割り当てなどを担当する)住宅官署, 住宅局. ≠**bau** 男 -〔e〕s/ 住宅建設.

Woh·nungs·bau≠ge·nos·sen·schaft 女 住宅建設協同組合. ≠**ge·sell·schaft** 女 住宅建設会社. ≠**kom·bi·nat** 中 (略 WBK) (旧東ドイツの)住宅建設コンビナート. ≠**mi·ni·ste·rium** 中 住宅建設省. ≠**pro·gramm** 中 住宅建設計画.

Woh·nungs≠brief·ka·sten 男 (個々の住居用の)郵便受け. ≠**ei·gen·tum** 中〘法〙(家屋の一部に対する)住居所有権. ≠**ein·bruch** 男 家宅侵入, 空巣ねらい. ≠**ein·heit** = Wohneinheit ≠**fra·ge** 女 住宅問題. ≠**geld** 中 (公務員に対する)住宅手当. ≠**in·ha·ber** 男 (住宅の)借り主, 居住者.

woh·nungs·los[vó:nʊŋslo:s]¹ 形 住宅のない; 住所不定の.

Woh·nungs≠mak·ler 男 住宅斡旋(あっせん)業者, 住宅ブローカー. ≠**man·gel** 男 住宅不足. ≠**markt** 男 住宅市場. ≠**mie·te** 女 家賃, 部屋代. ≠**nach·weis** 男 住宅斡旋〔所〕. ≠**not** 女 -/ 住宅難. ≠**po·li·tik** 女 住宅政策. ≠**pro·blem** 中 = Wohnungsfrage ≠**schlüs·sel** 男 住居〈玄関〉の鍵. ≠**su·che** 女 住居探し, 貸家〈貸間〉探し: auf ~ sein 貸家〈貸間〉を探している. ≠**su·chen·de**[..zu:xəndə] 男 女《形容詞変化》住居探しをしている人. ≠**tausch** 男 (間借り人同士の)貸家〈貸間〉交換. ≠**tür** 女 (建物の中の)住まいに入るドア(→ 図 Haus B). ≠**ver·än·de·rung** 女 = Wohnungswechsel ≠**ver·mitt·lung** 女 住宅斡旋〔所〕. ≠**ver·wal·tung** 女 (旧東ドイツの)公営住宅の管理: VEB kommunale ~ 公営住宅管理公社. ≠**wech·sel** 男 転居, 転宅. ≠**zins** 男《ｵｰｽﾄﾘｱ》= Wohnungsmiete ≠**zu·schuß** 男 住宅手当.

Wohn≠ver·hält·nis·se[vó:n..] 複 住宅事情. ≠**vier·tel**[..fırtəl] 中 住宅地域. ≠**wa·gen** 男 **1** キャンピングカー. **2** 居住車; (サーカス団・ジプシーなどの)箱馬車. **3**〘鉄道〙工事人夫宿泊用車両. ≠**zim·mer** 中 **1** 居間, 居室, リビングルーム. **2** 居間用の家具調度.

Wöhr·de[vø:rdə] 女 -/-n《北部》住宅周辺の耕地.
[<Wurt]

Woi·lach[vɔ́ʏlax] 男 -s/-e 鞍(くら)敷き(馬の鞍下に敷く毛布). [*turkotatar.* oilyk „Decke"−*russ.*]

Woi·wod[vɔʏvó:t]¹ 男 -en/-en, **Woi·wo·de** [..vó:də] 男 -n/-n **1** (ポーランドの)州知事. **2** (昔のポーランドの)君侯, 選帝侯.
[*poln.*; <*poln.* wojna „Krieg"+wodzić „führen"]

Woi·wod·schaft[vɔʏvó:t-ʃaft] 女 -/-en **1** (ポーランドの)州. **2** 州知事の職.

wöl·ben[vœlbən]¹ **I** 他 (h) **1** アーチ形にする, 丸天井にする; (上向きに)反りをつける, 湾曲させる, (道路などを)かまぼこ形にする: die Decke ~ 天井にまるみをつける, 丸天井にする.
2 再帰 *sich*⁴ ~ アーチ形になる, 反る; 丸天井のようにかかる: *sich*⁴ nach oben ~ 上向きに体をそらす | Eine Brücke *wölbt* sich über den Fluß. アーチ形の橋が川にかかっている | Ein tiefblauer Himmel *wölbte* sich über uns 〈über der Stadt〉. ぬけるような青空が我々の頭上に〈町の上に〉丸天井のように広がっていた.
II ge·wölbt → 別出
[*germ.*; ◇Golf², Walm², Gewölbe]

Wöl·bung[vœlbʊŋ] 女 -/-en **1** アーチ, 丸天井, 丸屋根, 円蓋(えんがい); ドーム. **2** 湾曲, 反り, 弓形. **3 a)**〘数〙曲率. **b)**〘工〙キャンバー.

Wol·de·mar[vɔ́ldəmar] 男名 ヴォルデマル.
[*ndd.*; ◇Waldemar]

Wolf¹[vɔlf] 男名 (<Wolfgang, Wolfram) ヴォルフ.

Wolf²[−] 人名 Hugo ~ フーゴー ヴォルフ(1860−1903; オーストリアの作曲家. 歌曲の作曲家として著名).

Wolf³[−] 男 -〔e〕s/Wölfe[vœlfə] **1** (英: *wolf*) **a)** (♀ **Wöl·fin**[vœlfın] -/-nen; 小 **Wölf·chen**[vœlfçən], **Wölf·lein**[..laın] 中 -s/-)〘動〙オオカミ(狼): hungrig wie ein ~ sein (→hungrig 1) ‖ der ~ in der Fabel《比》うわさをしているところへやって来る人 | **ein ~ im Schafspelz 〈Schafsfell / Schafskleid〉** 羊の皮をかぶった狼, 善良を装った危険人物(聖書: マタ 7,15から) ‖ **mit den *Wölfen* heulen** 日和見して多数意見に従う, 付和雷同する | **Mit den *Wölfen* muß man heulen.**《諺》郷に入っては郷に従え(狼と一緒になったら一緒にほえねばならぬ) | **unter die *Wölfe* geraten**《比》残酷な扱いを受ける, 搾取される ‖ Wenn man den ~ nennt, kommt er gerennt 〈gerannt〉.《諺》うわさをすれば影がさす(狼のことを話すとすぐに走ってくる).
b) der ~〘天〙狼座.
2 a) (Fleischwolf) 肉ひき器: Fleisch durch den ~

drehen 肉を肉ひき器でひく | ***jn.* durch den ~ drehen** 《話》…をひどい目にあわす〈めちゃくちゃに痛めつける〉| Ich bin wie durch den ~ gedreht. 《戯》私はくたくたに疲れた〈体のふしぶしが痛くてたまらない〉. **b)** (Reißwolf) (紙・布などを細かく切り刻む)細断機, 破砕機, シュレッダー. **c)** 〘織〙ウィロー, 開繊機.

3 《単数で》〘医〙狼疹(ろうしん), 股(また)ずれ: *sich*³ einen ~ laufen 〈reiten〉 走って〈馬にのって〉股ずれができる.

4 a) 〘解〙門歯, 切歯. **b)** 〘建〙はり, けた.

5 =Wolfsfisch

[*germ.* „Reißer"; ◇Lupus, Lyzeum; *engl.* wolf; *gr.* lýkos „Wolf"]

wọl·fen[vɔ́lfən] 他 (h) 〘織〙(綿などを)ウィロー(開繊機)にかける.

wọ̈l·fen[vœ́lfən] 自 (h) (オオカミや犬が)子を産む. [*mhd.*; ◇Welpe; *engl.* whelp]

Wọl·fen·büt·tel[vɔ́lfənbʏtəl, ◡◡⏑◡] 地名 ヴォルフェンビュッテル(ドイツ北部, Niedersachsen 州東部の都市. Lessing が司書をつとめたアウグスト公図書館がある).

[< Wulfher (人名; ◇Wolf³, Heer); ◇*asächs.* butl „Wohnsitz"]

Wọlf·gang[vɔ́lfgaŋ] 男名 ヴォルフガング. [< *ahd.* wolf (◇Wolf³)+gang „Waffengang, Streit"]

Wọ̈l·fin Wolf³ 1 a の女性形.

wọ̈l·fisch[vœ́lfɪʃ] 形 オオカミのような, 残忍な, 貪欲(どんよく)な.

Wọ̈lf·lein Wolf³ 1 a の縮小形.

Wọlf·ram¹[vɔ́lfram] **I** 男名 ヴォルフラム

II →Wolfram von Eschenbach

[< *ahd.* wolf (◇Wolf³)+hraban (Rabe)]

Wọlf·ram²[−] 中 -s/ 〘化〙タングステン, ウォルフラム(希金属元素名; 記号 W).

[„Wolfs-dreck"; < *ahd.* rām „Ruß"]

Wolf·ra·mịt[vɔlframí:t, ..mɪ́t] 中 -s/ 〘鉱〙鉄マンガン重石. [< ..it²]

Wọlf·ram≈kar·bịd[vɔ́lfram..] 中〘化〙炭化タングステン. **≈lam·pe** 女 タングステン電球. **≈stahl** 男〘金属〙タングステン鋼.

Wọlf·ram von Ẹschen·bach[vɔ́lfram fɔn ɛ́ʃənbax] 人名 ヴォルフラム フォン エッシェンバッハ(1170頃-1220頃; 中世ドイツの宮廷叙事詩人. 作品『パルツィファル』など).

Wọlfs≈an·gel[vɔ́lfs..] 女, **≈ei·sen** 中〘狩〙オオカミ用のわな. **≈fal·le** 女〘狩〙オオカミを捕らえるわな〈落とし穴〉. **≈fisch** 男 (Seewolf)〘魚〙オオカミウオ(狼魚). **≈ge·sell·schaft** 女 (弱肉強食の)狼社会. **≈ge·setz** 中 (弱肉強食の)狼の掟(おきて). **≈gru·be** 女 **1** 〘狩〙オオカミを捕らえる落とし穴. **2** 〘軍〙対戦車壕(ごう). **≈hund** 男 ドイツシェパード犬.

Wọlfs·hụn·ger[vɔ́lfshʊŋər] 男 **1** 《話》はげしい〈猛烈な〉空腹; 病的飢餓. **2** 〘医〙間食病, 飢餓病.

Wọlfs≈mensch 男 = Werwolf 1 **≈milch** 女 -/ 〘植〙トウダイグサ(燈台草)属. **≈ra·chen** 男 **1** オオカミの咽喉(いんこう). **2** 〘医〙口蓋(こうがい)裂, 狼咽(ろういん). **≈ru·del** 中 (獲物を追いかける)オオカミの群れ. **≈schlucht** 女 オオカミのすむ谷, 奥深い谷. **≈spin·ne** 女〘動〙コモリグモ(子守蜘蛛). **≈trapp** 男〘植〙シロネ(白根)属.

die **Wọl·ga**[vɔ́lga·] 地名 女 -/ ヴォルガ(ロシア連邦西部を南流して Kaspisee に注ぐ大河. ロシア語形 Volga).

wọl·ga·deutsch[vɔ́lga..] **I** 形 ヴォルガ川流域に定住するドイツ人の, ヴォルガ=ドイツの: die *Wolgadeutsche* Republik 〘史〙ヴォルガ=ドイツ共和国(1924年に旧ソ連邦の自治共和国として設立されたが,1945年, 第二次世界大戦終結後に解体され, ドイツ系住民はシベリアに強制移住させられた).

II Wọl·ga·deut·sche 男 女 《形容詞変化》(18世紀以来)ヴォルガ川流域に定住するドイツ人.

Wọl·go·grad[vɔ́lgogra:t] 地名 ヴォルゴグラード(ロシア連邦, ヴォルガ下流の商工業都市. 旧名 Stalingrad で, 第二次大戦の激戦地. ロシア語形 Volgograd).

[*russ.* „Stadt an der Wolga"]

Wo·lhy·ni·en[volý:niən] =Wolynien

Wọ̈lk·chen[vœ́lkçən] 中 -s/- Wolke の縮小形: Die Stimmung war von keinem ~ getrübt. 〔明るい〕雰囲気には一点のかげりもなかった.

Wọl·ke[vɔ́lkə] 女 -/-n (小 **Wọ̈lk·chen** → 別出, **Wọ̈lk·lein**[vœ́lklaın] 中 -s/-) **1** 雲; 《比》暗雲, かげ: dunkle ~*n* 暗雲 | schwarze ~*n* 黒雲; 《比》暗雲 | weiße ~*n* 白雲 | Gewitter*wolke* 雷雲 | Regen*wolke* 雨雲 ‖ Graue ~*n* stehen am Himmel. 黒い雲が空にかかっている | Keine ~ war am Himmel 〔zu sehen〕. 空には雲一つ見えなかった | Die ~*n* ziehen 〈jagen〉 über den Himmel. 雲が空を流れている | Die ~*n* bringen Regen. 雲が雨を運んでくる | Die ~*n* hängen tief. 雲が低くたれこめている | Düstere ~*n* standen am politischen Horizont. 政界に暗雲が立ちこめていた | Eine ~ des Unmuts lag auf seiner Stirn. 彼のひたいに不満の影がさしていた | Die Gefahr schwebte wie eine drohende ~ über ihnen. 危険が暗雲のように彼らに迫っていた ‖ 〘前置詞と〙 ***jn.* an die ~*n* erheben** 《話》…を褒めちぎる | **aus allen ~*n* fallen** 《話》(あてがはずれて)がっくりする; びっくり仰天する | ***jn.* aus allen ~*n* reißen** 《話》…をがっくり〈びっくり仰天〉させる | **in den ~*n* 〈über den ~*n* / auf ~*n*〉 schweben** 《雅》ぼんやり〔夢想〕している, 現実ばなれしている | Der Himmel war von 〈mit〉 ~*n* bedeckt. 空は雲に覆われていた ‖ **'ne** (=eine) **~ sein** 《ベルリン》すばらしい | Die neue Disko ist 'ne ~! あの新しいディスコはすてきだぞ.

2 雲のようなかたまり(煙・ほこり・ちり・虫の群れなど): eine ~ von Staub もうもうたるほこり | eine ~ von Heuschrecken イナゴの大群 | Rauch*wolke* もうもうたる煙 | Stern*wolken* 〘天〙星雲 ‖ Er blies 〈stieß〉 den Rauch in dichten ~*n* von sich. 彼はもくもくとタバコをふかした.

3 雲形模様の(雲形にふくらんだ)布地(カーテン生地など).

4 a) 〘化〙(液体中の)綿毛状のかたまり, にごり. **b)** 〘鉱〙(宝石などの)曇り, きず.

[*westgerm.* „Feuchte"; ◇welk; *engl.* welkin]

wọ̈l·ken[vœ́lkən] **I** 他 (h) (bewölken) **1** 雲で覆う, 曇らせる. **2** 再帰 *sich*⁴ ~ (空が)曇る, 雲で覆われる.

II 自 (s) 雲のように流れる〈漂う・たなびく〉.

Wọl·ken·bank[vɔ́lkən..] 女 -/..bänke (わき上がった)厚い雲の層.

wọl·ken·be·deckt 形 雲に覆われた.

Wọl·ken≈bil·dung 女 雲の形成. **≈bruch** 男 突然の〈激しい〉大雨, 〔集中〕豪雨, どしゃ降り〔の雨〕: **Es klärt sich auf zum ~.** 《戯》すごい雨が降り出したぞ.

wọl·ken·bruch·ar·tig 形 どしゃ降りの, 集中豪雨的な, 車軸を流すような.

Wọl·ken≈decke 女 -/ 空を覆う〔厚い〕雲の層. **≈feh** 中〘紋〙雲形毛皮模様(→ 図 Wappen b). **≈fet·zen** 複 ちぎれ雲.

wọl·ken·frei 形 雲のない, よく晴れた.

Wọl·ken≈him·mel 男 雲に覆われた空, 曇天(どんてん), 曇り空. **≈hö·he** 女 雲高, 雲底高度.

Wọl·ken·hö·hen·mes·ser 男 雲高計.

Wọl·ken·krat·zer 男 摩天楼, 超高層ビル. [*engl.* sky-scraper (◇schrappen) の翻訳借用]

Wol·ken·kụckucks·heim[vɔlkənkʊ́kʊks..] 中 -〔e〕s/ 夢の国, 夢想郷, 幻想〈幻影〉の世界 (Aristophanes の喜劇『鳥』の中の町の名から). [*gr.* nephelokokkȳgía (◇Nebel, Kuckuck) の翻訳借用; ◇*engl.* cloud-cuckoo-land]

Wọl·ken·land·schaft[vɔ́lkən..] 女 雲のある風景〔画〕.

wọl·ken·los[vɔ́lkənlo:s]¹ 形 雲のない, よく晴れた; 《比》かげりのない: der ~*e* Himmel 雲一つない空 | eine ~*e* Zukunft 洋々たる未来.

Wọl·ken≈meer 中 雲海. **≈quirl** 男 《話》(Hubschrauber) ヘリコプター.

wọl·ken·reich 形 雲の多い.

Wọl·ken≈schicht 女 雲層. **≈schlei·er** 男 うす雲; かすみ, もや. **≈schnitt** 男〘紋〙雲形分割線. **≈store** [..ʃto:r, ..st..] 男 (ひだを寄せた)チリチリカーテン(→ 図 Gardine). ≈strei·fen 男 一すじの雲, 旗雲. ≈wand 女 雲の壁, 厚い雲の層. ≈zug 男 雲の流れ; 流れる雲.

wol·kig[vɔ́lkɪç][2] 形 **1** 雲で覆われた, 雲の多い, 曇った: Morgen wird es heiter bis ~ sein. あすは晴れまたは曇りだろう. **2** 雲のような, ふわふわ(ふかふか)した. **3** 〘鉱〙曇りのはいった. **4** 《比》(色などが)ぼやけた, 不明瞭な, もうろうとした.

Wölk·lein Wolke の縮小形(→Wölkchen).

Woll≈ab·fall[vɔ́l..] 男 羊毛くず. ≈**af·fe** 男 〘動〙ウーリーモンキー, ヨウモウザル(羊毛猿).

Wollappen[vɔ́llapən] 男 -s/- ウールの小さな布切れ.

Woll≈ar·bei·ter[vɔ́l..] 男 羊毛刈り人夫; 羊毛加工作業員. ≈**at·las** 男 -〔ses〕/-se 〘織〙ウーステッドサテン.

Wollaus[vɔ́llaʊs][1] 女 -/Wolläuse[..lɔʏzə] 〘虫〙ワタアブラムシ(綿蚜虫)科の昆虫.

Woll≈baum[vɔ́l..] 男 (Kapokbaum) 〘植〙パンヤノキ, カポックノキ. ≈**blu·me** 女 〘植〙モウズイカ属. ≈**decke** 女 **1** 羊毛〈ウール〉の毛布. **2** 《ｽｲｽ》(Teppich) じゅうたん, カーペット.

Wol·le[vɔ́lə] 女 -/(種類: -n) **1 a)** (英: *wool*) 羊毛, ウール; (ヤギ・ラクダなどの羊毛に似た)毛; 毛糸; 毛織物: reine ~ 純毛 | Angora*wolle* アンゴラヤギの毛 | Strick*wolle* 編物用毛糸 ‖ ~ färben 羊毛を染める ‖ ein Mantel aus ~ ウールのコート | in der ~ färben (織物にする前に)毛〈糸〉の段階で染める, 糸染めする | **in der ~ gefärbt** 《話》正真正銘の, 本物の, きっすいの | Er ist ein in der ~ gefärbter Kommunist. 《比》彼は徹底した〈骨の髄まで〉共産主義者だ | nicht bis in die ~ gefärbt 《比》徹底していない |〔**warm**〕**in der ~ sitzen** 《比》安楽に暮らす.

b) 《話》(人間の)長いもじゃもじゃの髪: Du mußt dir mal deine ~ abschneiden lassen. 君はそのもじゃもじゃの髪をとにかく刈ってもらって来いよ ‖ ***jn.* in die ~ bringen** 《話》…を激怒させる | **in die ~ geraten 〈kommen〉** 《話》怒りだす, 激怒する | ***sich***[4] **mit *jm.* in der ~ haben 〈in die ~ kriegen〉** 《話》…といがみ合う, …と争う | Sie geraten sich ständig in die ~. 彼らはいつもけんかしている ‖ ~ lassen müssen ひどい目にあう(つかみ合いでもぎとられた髪の毛を相手の手の中に残すことになる) ‖ Viel Geschrei und wenig ~ (→Geschrei 1).

2 a) (人間の)うぶ毛. **b)** 〘狩〙(ウサギ・イノシシなどの)むく毛, 綿毛; (水鳥のひなの)綿毛. **c)** (植物の)綿毛.

3 〘工〙鋼綿.

[*idg.*; ◇Velours, Flanell; *engl.* wool; *lat.* lāna „Wolle"]

wol·len[1][vɔ́lən] 形 《付加語的》羊毛の, ウールの, 毛織りの: ~*e* Strümpfe ウールの靴下 | ~*e* Strümpfe anhaben (→Strumpf).

wol·len[2*][vɔ́lən] 《216》**woll·te** / **ge·wollt**; 現 *ich* will [vɪl], *du* willst, *er* will; 接II wollte; 命 wolle

I 《話法の助動詞として, 他の動詞の不定詞とともに用いられ, その場合過去分詞には不定詞の形が用いられる. 文意が明らかな場合には本動詞を省略することがあり, その結果 4 格の目的語だけが残って, 他動詞的用法に近くなることがある》(h)

1 a) ① (英: *will*) 《主語の意志・意図・期待・願望などを示して》…するつもりである, …しようと思う; …したい, …したがる, …〔すること〕を願う, …を欲する: Ich *will* das Buch kaufen. 私はこの本を買うつもりだ | Ich *will* hier warten, bis er kommt. 彼が来るまでここで待っていよう | *Willst* du noch eine Tasse Kaffee〔haben〕? コーヒーをもう 1 杯飲むかい (→②) | Was *wollen* Sie damit sagen? あなたはそれによって何を言いたいのですか, あなたのおっしゃる意図は何なのですか | Sie *will* nicht arbeiten. 彼女は働こうとしない | Er *will* alles allein machen. 彼は何でもひとりでやりたがる | Er *will* bis morgen Antwort haben. 彼はあすまでに返事を欲しがっている〈返事が欲しいと言っている〉‖ Ich *wollte* dich anrufen, aber ich hatte keine Zeit. 私は君に電話をかけようと思ったのだがその暇がなかった(→b) ‖ was ich〔noch〕sagen *wollte* 私が言おうと思っていたのは, それはそうと, ところで | Das *will* ich meinen! そのとおりですとも, 間違いありません | Das *will* ich dir gern glauben. 君の言うとおりだとも | Sagen *will* ich es ihm schon, aber … 確かに彼にそのことを言うつもりではいるんだが しかし… | Ich *wollte* es ihm glauben machen. 私は彼にそれを信じさせようとした ‖ Borgst du mir deinen Koffer?－Nun gut, ich *will* mal nicht so sein. 《戯》君のトランクを貸してくれるかい－まあいいや いいとしよう | Er *will* mich nicht mehr kennen. 私は彼に愛想を尽かされてしまった ‖ Er *wollte* nicht daran erinnert werden. 彼はそのことを指摘されるのをいやがった | Solche Frauen *wollen* verwöhnt werden. このような女たちは甘やかされるのを好む ‖〘接続法IIで条件文で〙Ich würde mich freuen, wenn du mich am Sonntag besuchen *wolltest.* 君が日曜日に私の所へ来てくれるとうれしいのだが ‖〘不定詞で〙Du wirst doch nicht im Ernst behaupten ~, daß … 君はまさか本気で…と主張する気ではあるまいね | Er versprach, sie abholen zu ~. 彼は彼女を迎えに行くと約束した ‖〘不定詞の形が過去分詞の機能で用いられて〙Ich habe dich nicht beleidigen ~. 私は君の心を傷つけるつもりはなかったのだ | Er sagte, daß er schon längst habe kommen ~. もうずっと前から来ようと思っていた と彼は言った | Man hat später wissen ~, daß … 後になって…と言いだした ‖〘完了の不定詞と〙Ich *will* nichts gesagt haben. 私は何も言わなかったことにする(発言を撤回する) | Damit *will* ich nicht gesagt haben, daß … こう述べたからといって私は何も…ということを言ったわけではない(＝Damit soll nicht gesagt sein, daß …) | Das *wollte* er nicht gehört haben. 彼はそれを聞かなかったことにした〔いと言った〕| Das *will* ich dir geraten haben! このことを君にぜひ忠告しておきたい ‖〘完了の不定詞に似た構造を伴って〙Ich *wollte* meine Gedanken von Ihnen geprüft, nicht gelobt haben. 私は私の考えをあなたに吟味してもらいたかったのであって あなたに褒めてもらいたかったのではない (Lessing) | Ich *will* das erklärt haben. 私はそれを説明してもらいたいのだ.

‖〘前後関係から自明の本動詞を省略し, あるいは本動詞に代わる **es** とともに〙Ich habe ihn gekränkt, ohne es zu ~. 私はそのつもりではないのに彼の気持を傷つけてしまった | Laß ihn durchreden, was er *will.* 彼の言いたいことを終わりまで言わせろ | Das habe ich nicht *gewollt.* それは私の望んだことではなかった(→②) | Wenn Sie *wollen,* können Sie mitkommen. お望みなら一緒に来てもいいですよ | Du mußt das tun, ob du *willst* oder nicht. / Du magst ~ oder nicht, du mußt. 君は望むと望まないとにかかわらず それをしなければならない | Man muß nur ~, dann geht es auch. 望みさえすれば何とかなるものだ | Wie Sie *wollen.* お好きなように, どうぞご勝手に | Er war redselig oder, wie du *willst* 〈wenn du so *willst*〉, geschwätzig. 彼は話し好きあるいはおしゃべりと言ってもよかった ‖〘方向を示す語句と〙Wohin 〈Zu wem〉 *willst* du〔gehen〕? 君はどこ〈だれの所〉へ行きたいのか | Ich *will* nach Hause. 私は家へ帰りたい | Sie *wollte* zum Film 〈zum Theater〉. 彼女は映画界〈演劇界〉へ入ろうとしていた | Er *will* ins Ausland. 彼は外国へ行きたがっている | Es *will* mir nicht in den Kopf, daß … 私は…ということがどうしても理解できない(→c ②).

② 《不定詞を伴わずに直接に 4 格の目的語と》(…が)欲しい, (…を)望む, 手に入れたがる, 好む: Ich habe doch nur dein Bestes 〈dein Glück〉 *gewollt.* 私は君のため〈君の幸せ〉を望んだだけなのだ | Wir *wollen* Freundschaft mit allen Völkern. 私たちはすべての民族と友好関係を持ちたいのだ | Wir *wollen* keine Kinder. 私たちは子供は欲しくない | *Willst* du noch eine Tasse Kaffee〔haben〕? (→①) | Diese Blume *will* viel Licht. この花には日光をたっぷり当てる必要がある | Er *will* sie zur Frau. 彼は彼女を妻に望んでいる | Was *willst* du von mir? 君は私にどうしろと言うのだ | Er *wollte* etwas von ihr. 《話》彼は彼女と関係を持ちたがった | Du hast es selbst so *gewollt.* それは君が自分から望んだことだ ‖ Man darf nicht alles auf einmal ~. 一度にすべてのことを望んではならない | Du hast hier gar nichts zu ~. 君はここでは事を決める〈指図する〉資格はない | **Da ist nichts〔mehr〕zu ~!** 《話》もうどうしようもないぞ, 今さら何を言ったってだめだ | Dagegen ist nichts zu ~. それに対しては何一つとして打つ手がない ‖ ***jm.* etwas ~** 《話》…に危害を加える | Er kann uns gar nichts ~! 彼は私たちに

何も手出しはできないさ | Warte, ich *will* dir ⟨dir *will* ich⟩ ... 《話》いまに見ていろ きさま… ‖〚副文と〛Ich *will*, daß du hier bleibst. 私は君にここに残っていてもらいたい | Sein Vater *will* unbedingt, daß er Arzt wird. 彼の父は彼が医者になることを是が非でもと望んでいる | Der Zufall *wollte*, daß ... 偶然…というめぐり合わせとなった | Wo *willst* du, daß dein Kind bleibt? 君は子供をどこに残しておくつもりなのか | Er *will*, sie soll bei ihm bleiben. 彼は彼女が彼のもとにとどまることを望んでいる ‖〚接続法第II式で; 副文と〛Ich *wollte* ⟨*Wollte* Gott⟩, es wäre schon alles vorüber! すべてがもう終わっていればなあ | Ich *wollte*, ich hätte mehr Zeit! もっと時間があればなあ.

b) 《時間的; しばしば過去形で》今にも…しそうである; まさに…しようとしているところであった, すんでのところで…するところであった: Das Haus *will* einstürzen. 家屋は今にも倒れそうである | Es *wollte* regnen. 今にも雨が降りそうであった ‖ Ich *wollte* gerade sagen, daß ... 私はちょうど…と言おうとしていたところだ | Er *wollte* gerade gehen, als sie hereinkam. 彼女が入って来たとき 彼はまさに出かけようとしているところだった | Ich *wollte* dich deshalb schon anrufen, da fiel mir ein, daß ... そのことで君に電話をかけようとしていたちょうどそのとき 私は急に…ということが頭に浮かんだ | Ich habe es doch noch erreicht, selbst wenn ich oft versagen *wollte*. 私はすんでのところで駄目になりそうになりながらも なんとかそれをやりとげた.

c) 《意志のない事物を主語として》 ① 《必要; 多くの場合受動形で用いられ, müssen で置き換えられることが多い》(…される)必要がある, 我々はぜひ(…を)…する必要がある: Gut Ding *will* (=muß) Weile haben. 《諺》よい仕事には時間がかかる ‖ Das *will* getan werden ⟨sein⟩. それは是非する必要がある | Die Bücher *wollen* gelesen sein. これらの本はぜひ読んでおかねばならない | Die Pflanze *will* täglich gegossen werden. この植物は毎日水をやることが必要だ | So eine Sache *will* vorsichtig behandelt werden. こういうことは慎重に扱われねばならない | Diese Entscheidung *will* gut überlegt sein. この決定は十分に考えた上でなければならない | Das Autofahren *will* gelernt sein. 自動車の運転は習うことが必要だ.

② 《強い傾向》《しばしば *jm.* と》…しそうである, どうしても…になって困る: Es *will* mir scheinen, daß ⟨als ob⟩ ... 私には〔どうしても〕…と思われてくる | Ihr *wollten* wieder Tränen kommen. 彼女はまた涙が出そうになって困った | Ihr *wollte* die Serviette entfallen. 彼女はナプキンが今にも落ちそうになって困った | da nun eine Einigung nicht zustande kommen *wollte* どうしても意見の一致に到達しなかったので | Es scheint ein schöner Tag werden zu ～. 天気の良い⟨すばらしい⟩一日になりそうである | Die Knie *wollten* mir versagen. 私はひざが がくがくして立っていられなかった ‖〚否定詞と〛nicht enden *wollender* Beifall なかなか終わりそうにない拍手 | Die Tür *will* sich nicht öffnen. 戸がどうしても開かない | Die Wunden *wollen* nicht heilen. 傷がなかなか治らない | Der Zug *wollte* kein Ende nehmen. 行列は終わりそうもなかった | Das *will* mir nicht gefallen. それは〔どうしても〕私の気に入らない | Du *willst* mir gar nicht gefallen. 《話》君はどこか具合が悪いのではないか | Die Arbeit *will* mir heute nicht schmecken. 《話》私はきょうはどうしても仕事に興がわかない | Es *will* mir nicht aus dem Kopf. そのことがどうしても私の念頭を去らない(→a ①) | Meine Beine *wollen* nicht mehr. 私は足がもう言うことをきかない ‖ Es *will* und *will* nicht regnen. 雨がいつまで待っても降らない, 雨の降る気配が全くない.

W

③ 《意図》(…をした)意図は…することにある(→a ①, sollen 1 c): Die Abhandlung *will* einen kurzen Überblick geben. この論文の意図は簡単な概観を与えることにある | Was *will* dieses Gerede eigentlich? このおしゃべりはいったい何が言いたいのだ | Was *will* (=soll) das heißen? それはどういう意味だ.

d) 《要求; ふつう接続法Iで》 ① 《誘いかけ; wir を主語として》…しようではないか: Wir *wollen* es noch einmal versuchen. もう一度やってみようではありませんか | *Wollen* wir uns nicht setzen? 腰をかけませんか(座って話をしましょう) | Wir *wollen* doch sehen, wer hier zu bestimmen hat! (やや脅迫的に)だれの言い分が通るか様子を見ようではないか, 今に見るがいい.

② 《強い要請・丁重な命令》…してくださるでしょうね, …するだろうね: Sie *wollen* sich bitte morgen bei mir einfinden. あす私の所へおいでくださいますね ‖ Bitte *wollen* Sie Platz nehmen! どうぞお座りください | *Wollen* Sie bitte einen Augenblick warten? ちょっとお待ちいただけますか ‖ Man *wolle* bitte darauf achten, daß ... …ということに注意されたい | Alle Kandidaten *wollen* sich im Büro melden. 応募者は事務所においでください | Er *wolle* sofort zu mir kommen. 彼にすぐ来てもらいたい | Das *wolle* Gott verhüten! どうかそんなことがありませんように ‖〚疑問文の形で直説法で〛*Willst* du wohl 〔endlich〕 still sein! 君〔いいかげんに〕静かにするだろうな | *Wollt* ihr wohl ⟨endlich⟩! 君たち言うことを聞くでしょうね⟨いいかげんにしなさい⟩.

e) 《譲歩・認容の副文で; しばしば接続法Iで》Mag kommen, was 〔da〕 *will*, ich bleibe. 何が来よう⟨起ころう⟩と私は動かないぞ | Es mag sein, wie es *will*. 事情がどうであれ | Ich werde es versuchen, koste es, was es *wolle*. どんな犠牲を払っても私はそれをしてみるぞ | Dem sei, wie ihm *wolle*, ich gehe. 事情がどうであれ私は行くぞ.

2 《定形としてのみ用い, 分詞や不定詞の形では用いない》《話し手のあまり信用していない主語の主張・言い分を示す; しばしば本動詞が完了形で》…と主張する, …と言い張る, …と称する: Er *will* Architekt sein. 彼はみずから建築家と称している | der junge Mann, der da Maler sein *will* 画家と称する若い男 ‖ Sie *will* ihn gestern 〔nicht〕 gesehen haben. 彼女は昨日彼に会〔わなか〕ったと主張している | Mehr als einer *wollte* es gesehen haben. それを見たと言う人は一人にとどまらなかった | Niemand *wollte* es gewesen sein. だれ一人としてそれは自分だった⟨自分がそれをした⟩と認めようとはしなかった.

II Wọl·len 中 -s/ 意志, 意欲, 願望; 欲望, 野心: mein künstlerisches ～ 私の芸術家としての野心⟨意欲⟩ ‖ gegen mein ～ 私の意に反して | Zwischen ～ und Können ist bei ihm ein großer Unterschied. 彼の場合 意欲と能力⟨意図と実際⟩には大きなずれがある.

III ge·wọllt → 別出

[*germ.*; ◇Wille; *engl.* will; *lat.* velle „wollen"]

ᐁ**wọ̈l·len**[vœlən] 自 (h) 〚狩〛(猛禽(もうきん)が羽毛・骨などの)不消化物を吐き出す. [*mhd.* willen; ◇Gewölle]

Wọll≠fa·ser[vɔl..] 女 羊毛繊維. **≠fett** 中 羊毛脂, ラノリン. **≠garn** 中 毛糸. **≠gras** 中 〚植〛ワタスゲ〔属〕. **≠haar** 中 **1** 長いもじゃもじゃの髪; ちぢれ毛. ᐁ**2** 羊毛. **3** (Lanugo) 〚解〛(特に胎児の)うぶ毛. [<Wolle]

Wọll·haar·gem·se 女 〚動〛カモシカ.

Wọll·han·del 男 -s/ 羊毛の取引.

Wọll·hand·krab·be =Wollkrabbe

Wọll≠händ·ler 男 羊毛商人. **≠hand·schuh** 男 -〔e〕s/-e 《ふつう複数で》ウールの手袋.

wọl·lig[vɔlɪç][2] 形 **1** 羊毛の, ウールの; 綿毛⟨うぶ毛⟩の. **2** 羊毛のような, むくむくした. **3** (毛皮・頭髪などが)羊毛⟨ウール⟩のような, 羊毛⟨ウール⟩のような手ざわりの.

Wol·lịn[vɔlíːn] 地名 ヴォーリン(バルト海にあるポーランド領の島. ポーランド語形 Wolin).

Wọll≠in·du·strie[vɔl..] 女 羊毛工業⟨産業⟩, 毛織物業. **≠jacke** 女 ウールのカーディガン. **≠kä·fer** 男 〚虫〛ハムシダマシ(偽葉虫)科の昆虫. **≠kamm** 男 羊毛梳(す)き櫛(くし). **≠käm·mer** 男 羊毛梳き工.

Woll·käm·me·rei[vɔlkɛmərái, ⌣⌣⌣–] 女 -/-en 梳毛(そもう)工場, 羊毛梳(す)き工場. [<Wolle]

Wọll≠kleid[vɔl..] 中 -〔e〕s/-er ウールのワンピース; 《複数で》ウールの衣服. **≠knäu·el** 中 毛糸玉. **≠krab·be** 女 〚動〛シナモクズガニ(支那藻屑蟹)(モクズガニのなかま). **≠krat·ze** 女 =Wollkamm **≠kraut** 中 〚植〛モウズイカ〔属〕. **≠lap·pen** =Wollappen **≠laus** =Wollaus **≠man·tel** 男 ウールのコート. **≠markt** 男 羊毛市場.

⸗maus 女〘動〙チンチラ(南米産のリスに似た小獣).
⸗mis·pel 女〘植〙ビワ(琵琶)属: Japanische ～ ビワ.
⸗pull·o̲ver 男 ウールのセーター.

Wọll·rau·pen·spin·ner[vɔ́lraʊpən..] 男〘虫〙カレハガ(枯葉蛾)科のガ.

Wọll·rücken·spin·ner[vɔ́lrʏkən..](Eulenspinner)〘虫〙トガリバガ(尖翅蛾)科のガ.

Wọll⸗sa·chen 複 ウールの衣料品. **⸗sack** 男 **1** 羊毛袋. **2** (英: *woolsack*)(イギリスの)最高裁判所裁判官席(特に大法官席); (イギリスの)上院議長席; 大法官〈上院議長〉(の職)(羊毛を詰めた座席の意). **⸗sam·met** 男, **⸗samt** 男 ウールのビロード. **⸗scha̲f** 中〘動〙メンヨウ(緬羊). **⸗scha̲l** 男 ウールのマフラー〈ショール〉. **⸗schu̲r** 女 羊毛の刈り込み〈剪毛(せんもう)〉. **⸗schwe̲·ber** 男 (Hummelfliege)〘虫〙ツリアブ(長吻虻)科の昆虫(→ Schwebfliege). **⸗schweiß** 男 (Wollfett) 羊毛脂. **⸗socke** 女 ウールのソックス. **⸗spin·ner** 男 **1** 羊毛(羊糸)紡績工. **2**〘虫〙ドクガ(毒蛾)科のガ.

Woll·spin·ne·rei[vɔlʃpɪnəráɪ, ⏑⏑⏑–] 女 羊毛〈毛糸〉紡績〔工場〕.

Wọll⸗stoff[vɔ́l..] 男 毛織物, ウール生地. **⸗strumpf** 男 ウールの靴下. **⸗tu̲ch** 中 **1** -〔e〕s/-e =Wollstoff **2** -〔e〕s/..tücher ウールのスカーフ.

Wọl·lust[vɔ́lʊst] 女 -/Wollüste[..lʏstə]《ふつう単数で》**1**《雅》性的快楽, 官能のよろこび; 肉欲, 好色, 淫蕩(いんとう): von Wein und ～ berauscht sein 酒と肉欲に酔いしれている.
2 歓喜, 恍惚(こうこつ), 狂喜: *sich*[4] *et.*[3] mit ～ hingeben 狂喜して…に熱中する | *et.*[4] mit〔wahrer〕～ tun 有頂天になって…する.
[*mhd.*; ◇wohl]

wọl·lü·stig[vɔ́lʏstɪç][2] 形《雅》性的快楽に満ちた, 性的快感を与える; 官能的な, 肉感的な; 好色な, 淫蕩(いんとう)な, みだらな: ～*es* Verlangen 肉欲 | ein ～*es* Weib 好色〈肉感的〉な女.

Wọl·lüst·ling[..lɪŋ] 男 -s/-e《雅》肉欲にふける人, 好色漢, 色魔.

Wọll·wa̲·re[vɔ́l..] 女 -/-n《ふつう複数で》羊毛〈ウール〉製品, 毛織物. [<Wolle]

Wọll·wa̲·ren·händ·ler 男 毛織物商人.

Wọll·we̲·ber 男 毛織工.

Wol·pry̲·la[vɔlprý:la·, ⏑–⏑] 中 -s/ 商標 ヴォルプリューラ(旧東ドイツのアクリル繊維).

Wo·ly̲·ni·en[volý:niən] 地名 ボリン(また Wolhynien ともつづる. ウクライナ共和国北西部の地方で, 古代スラブ系諸族の原住地とされる. ロシア語形 Volyn).

wo·ly̲·nisch[..nɪʃ] 形 ボリンの: ～*es* Fieber〘医〙ヴォーリン熱, 五日熱.

Wọm·bat[vɔ́mbat] 男 -s/-s〘動〙ウォンバット(オーストラリア産の有袋類). [*austr.*－*engl.*]

wo·mịt[vo(:)mít] 副 **1**《疑問文を導いて; wo.. が疑問代名詞 was に相当する. 日常語では mit was という形も使われることがある》何とともに, 何でもって, 何によって, どうして: *Womit* soll ich die Fenster putzen? 何を使って窓を磨けばよいのか | *Womit* kann ich Ihnen dienen? ご用件は何でしょうか | *Womit* beschäftigt er sich? 彼は今どんな仕事に携わっているのか ‖ Ich weiß nicht, ～ ich anfangen soll. 私は何から始めたらよいのか分からない.
2《関係文を導いて》それとともに, それでもって, それによって: **a)**《wo.. が関係代名詞 was に相当する》alles, ～ er nicht zufrieden ist 彼が不満に思っているすべてのこと | ..., ～ ich nicht sagen will, daß ... …と言ったからといって…と言おうとするわけではない. ▽**b)**《wo.. が関係代名詞 der に相当する》das Seil, ～ (=mit dem) er gefesselt war 彼が縛られていた縄.

wo·mö̲g·lich[vo(:)mø̃:klɪç] 副 **1**《陳述内容の現実度に対する話し手の判断・評価を示して》もしかすると, 場合によっては, あるいは〔…かもしれない〕: Er wird sie ～ heiraten. 彼はもしかすると彼女と結婚するかもしれない | *Womöglich* kommt sie erst morgen. ひょっとすると彼女はあすにならなければ来ないのかもしれない. **2** もし可能な場合には, もしできるなら: Komm ～ schon etwas eher! できれば少し早目に来てくれ.
★ 2 の場合には 2 語に書くほうがよい: *Wo möglich*, kommt er heute. もし可能であれば彼はきょう来る.

wo·na̲ch[vo(:)ná:x] 副 **1**《疑問文を導いて; wo.. が疑問代名詞 was に相当する》何のあとに; 何の方へ; 何にしたがって, 何によって: *Wonach* hat er dich gefragt? 彼は君に何を尋ねたのか | Ich weiß nicht, ～ ich mich richten sollte. 私は何を規準にしたらよいのか分からない.
2《関係文を導いて》そのあとに; その方へ, それを目ざして; それにしたがって, それによって: **a)**《wo.. が関係代名詞 was に相当する》etwas, ～ ich immer fragen wollte 私がいつも尋ねたいと思っていたこと | *Wonach* 〈Das, ～〉 ich mich sehne, ist ... 私があこがれているものは…だ. ▽**b)**《wo.. が関係代名詞 der に相当する》die Vorschrift, ～ (=nach der) man sich richten sollte 人々の規準となすべき手本 | Die Meldung, ～ (=nach der) er verunglückt ist, trifft nicht zu. 知らせでは彼は事故にあったことになっているがその知らせは間違っている.

wo·ne̲·ben[vo(:)né:bən] 副 **1**《疑問文を導いて; wo.. が疑問代名詞 was に相当する》何のそば〈隣〉で, 何のそば〈隣〉へ; 何と並んで: *Woneben* hängt das Bild? その絵は何と並んで掛けられているか.
2《関係文を導いて》そのそば〈隣〉で, そのそば〈隣〉へ; それと並んで, そのかたわら: **a)**《wo.. が関係代名詞 was に相当する》Jetzt lernt er Französisch sehr fleißig, ～ er auch an Italienisch stark interessiert ist. いま彼は一生懸命フランス語を勉強しているが かたわらイタリア語にもひどく興味をもっている.
▽**b)**《wo.. が関係代名詞 der に相当する》das Fenster, ～ (=neben dem) an der Wand ein Spiegel schwebt 横の壁に鏡がぶらさがっている窓.

Wọn·ne[vɔ́nə] 女 -/-n《雅》歓喜, 恍惚(こうこつ), 至福〔のよろこび〕,(深い)満足〔感〕; よろこびを与えるもの, よろこばしいもの: die ～*n* der Liebe genießen 愛のよろこびを享受する | ～ in Dosen 〈Scheiben / Tüten〉《話》すばらしい出来事 ‖ in〔eitel〕～ schwimmen 有頂天になる | mit wahrer ～《話》大いによろこんで, ひどく面白がって |〔Aber〕mit ～!《話》(ものを頼まれたときにふざけて)はい よろこんで | voller ～ sein 狂喜している ‖ Das ist eine ～! これはすばらしい | Es war eine ～, sie singen zu hören. 彼女が歌うのを聞くのはすばらしい喜びだった.
[*westgerm.*; ◇Wahn, Venus, wohnen, gewinnen]

Wọn·ne⸗ge·fü̲hl 中 歓喜の感情, 至福感, 深い満足感. **⸗klo̲ß** 男 =Wonnepfropfen **⸗le̲·ben** 中 至福の生活.

▽**Wọn·ne⸗mo̲·nat** (**⸗mo̲nd**) 男《ふつう単数で》(Mai) 5月(もと Weidemonat「家畜を牧場に放つ月」の意であったが,16世紀以後「歓(よろこ)びの月」の意で用いられる).

Wọn·ne⸗pfrop·fen 男 -s/-, **⸗prop·pen**[..prɔpən] 男 -s/-《話》ふくよかな〈ほっぺたのふくらんだ〉かわいい子.

wọn·ne·sa̲m[vɔ́nəza:m] 形《雅》喜びに満ちあふれた; たのしい, 愉快な; 有頂天にさせる.

Wọn·ne·schau·er 男《雅》歓喜のおののき.

wọn·ne⸗trun·ken 形《雅》歓喜に酔った, 無上の喜びにひたった. **⸗voll** 形《雅》喜びに満ちあふれた, 喜色満面の, 有頂天の.

wọn·nig[vɔ́nɪç][2] 形 **1**《雅》喜ばしい, 幸せな, 楽しい, 気持よい. **2**《話》魅惑的な, みごとな, 愛すべき, かわいい: ein ～*es* Baby 愛くるしい赤ちゃん.

▽**wọn·nig·lich**[vɔ́nɪklɪç] =wonnig 1

Won·sa̲n[vɔnzán] 地名 元山, ウォンサン(北朝鮮南東部, 江原北道の都市, Weonsan ともつづる).

Wood[wʊd] 男 -s/-s〘ゴルフ〙ウッド(頭部が木製のクラブ). [*engl.* „Holz"]

Woog[vo:k][1] 男 -〔e〕s/-e《方》**1** (Teich) 池. **2** (川の)深み. [*ahd.* wāg; ◇wegen[1], Woge]

wor.. →wo.. I

wor·ạn[vo(:)rán] 副 **1**《疑問文を導いて; wor.. が疑問代名詞 was に相当する. 日常語では an was という形も使われることがある》何において, 何について, 何によって; 何のかたわらに,

何に接して: *Woran* denken Sie? 何をお考えですか | *Woran* liegt es? 原因は何であるか | *Woran* liegt es, daß sie keiner leiden kann? だれもが彼女を嫌うのはなぜだろうか | Ich weiß nicht, ~ er interessiert ist. 彼が何に興味をもっているのか私には分からない | Man weiß nie, ~ man bei ihm ist. 彼の考えていることはさっぱり分からない.

2 《関係文を導いて》それについて, それによって; そのかたわらに, それに接して: **a**) 《wor.. が関係代名詞 was に相当する》Das ist alles, ~ ich mich erinnern kann. これが私が記憶しているすべてです | *Woran* 〈Das, ~〉 ich gedacht hatte, war ... 私が考えていたことは…であった | Er hat mich zum Abendessen eingeladen, ~ mir gar nichts liegt. 彼は私を夕食に招待してくれたが そんなことは私にはどうでもよいことだ. ▽**b**) 《wo.. が関係代名詞 der に相当する》das Bild, ~ (=an dem) er arbeitet 彼が制作中の絵.

wor·auf[vo(ː)ráuf] 副 **1** 《疑問文を導いて; wor.. が疑問代名詞 was に相当する. 日常語では auf was という形も使われることがある》何の上で, 何に基づいて, 何に対して, 何に向かって: *Worauf* wartest du noch? 君はこれ以上何を待っているのか | *Worauf* freuen Sie sich am meisten? あなたは何にいちばん期待していますか | *Worauf* gründet sich diese Theorie? この理論は何に基づいているのか | Ich weiß nicht, ~ er noch hofft. 彼がこれ以上何を望んでいるのか私は知らない.

2 《関係文を導いて》それの上で, それに基づいて, それに対して, それに向かって: **a**) 《wor.. が関係代名詞 was に相当する》Das ist das einzige, ~ ich mich freue. これが私が楽しみにしている唯一のことです | Sie fragte ihn 〔das〕, ~ er nicht gefaßt war. 彼女は彼に彼の予期していなかったことを尋ねた | Er erteilte ihr die gewünschte Auskunft, ~ sie sich verabschiedete. 彼が求められた情報を与えると 彼女は別れを告げて立ち去った. ▽**b**) 《wor.. が関係代名詞 der に相当する》das Bett, ~ (=auf dem) er schlief 彼の寝たベッド.

wor·auf·hin[vo(ː)raufhín] 副 **1** 《疑問文を導いて; wor.. が疑問代名詞 was に相当する》何に基づいて, 何に対して. **2** 《関係文を導いて; wor.. が関係代名詞 was に相当する》それに基づいて, それに対して.

wor·aus[vo(ː)ráus] 副 **1** 《疑問文を導いて; wor.. が疑問代名詞 was に相当する. 日常語では aus was という形も使われることがある》何から, 何の中から, どこから: *Woraus* besteht Wasser? 水は何からできているか | *Woraus* schließt du das? 君はどこからその結論を引き出すのか | Wir wissen nicht, ~ diese Verbindung zusammengesetzt ist. この化合物は何からできているか我々は知らない.

2 《関係文を導いて》それから, それの中から: **a**) 《wor.. が関係代名詞 was に相当する》etwas, ~ man lernen kann 何かを学びとることができること(役に立つこと) | *Woraus* 〈Das, ~〉 ich am meisten gelernt habe, war ... 私になによりも勉強になったことは…ということだ | *Woraus* zu entnehmen war ... このことから読みとれることは…ということであった. ▽**b**) 《wor.. が関係代名詞 der に相当する》der Stoff, ~ (=aus dem) diese Kleidung gemacht wird この服の〔材料の〕生地.

Worb[vɔrp][1] 男 -〔e〕s/Wörbe[vœ́rbə]; 女 -/-en 大鎌の柄(え). [„Krümmung"; *ahd.* worp]

Wor·be[vɔ́rbə] 女 -/-n =Worb

Wör·be Worb の複数.

Worce·ster·so·ße[vústərzoːsə] 女 〖料理〗ウースターソース. [<Worcester (英国の原産地)]

wor·den[vɔ́rdən] 受動の助動詞としての werden の過去分詞.

wor·ein[vo(ː)ráin] 副 **1** 《疑問文を導いて; wor.. が疑問代名詞 was の 4 格に相当する》何の中へ: *Worein* soll ich diese Sache packen? これは何へ入れたら〈しまえば〉よいか | *Worein* mischen Sie sich? あなたは何にかかわり合っているのですか | Er fragte mich, ~ er das tun sollte. 彼はそれを何に入れたらよいかと私に尋ねた.

2 《関係文を導いて》その中へ: **a**) 《wor.. が関係代名詞 was に相当する》Das, ~ er sich nie finden zu können glaubte, wurde nun Wirklichkeit. 彼は自分がそうなろうとは思いもしなかったが今やそれが現実となった. ▽**b**) 《wor.. が関係代名詞 der に相当する》Das sind Sachen, ~ (=in die) ich mich niemals mische. これらは私が決して手出しをしないことにしている事柄です.

Wor·fel[vɔ́rfəl] 女 -/-n 〖農〗箕(み), 唐箕(とうみ).

wor·feln[vɔ́rfəln] 《06》 他 (h) (穀物を)箕(み)でふるい分ける. [*mhd.* worfen; ◇Wurf]

Worf·schau·fel[vɔ́rf..] 女 =Worfel

wor·in[vo(ː)rín] 副 **1** 《疑問文を導いて; wor.. が疑問代名詞 was の 3 格に相当する. 日常語では in was という形も使われることがある》何の中で, 何の中に, 何において: *Worin* besteht der Unterschied zwischen diesen Sachen? これらのものの間の違いはどこにあるのか | Ich weiß nicht, ~ sie sich einig sind. 彼らがどの点で意見の一致をみたのか私は知らない.

2 《関係文を導いて》その中で, その点で: **a**) 《wor.. が関係代名詞 was に相当する》etwas, ~ wir verschiedener Meinung sind 我々の意見が分かれる事柄. ▽**b**) 《wor.. が関係代名詞 der に相当する》Er las den Brief, ~ (=in dem) die Mitteilung stand. 彼はその知らせが書かれている手紙を読んだ.

Work·aho·lic[wəːkəhɔ́lɪk] 男 -s/-s 仕事中毒〈働きすぎ〉の人.

Work·shop[wə́ːkʃɔp] 男 -s/-s ワークショップ, 研究集会. [*engl.*]

Worms[vɔrms] 地名 ヴォルムス(ドイツ中西部, Rheinland-Pfalz 州にあり, Nibelungen 伝説に関係の深い古い都市). [*mlat.* Wormatia—*ahd.* Wormiza; <Bormita (川の名) + *kelt.* magos „Feld"]

Worm·ser[vɔ́rmzər] **I** 男 -s/- ヴォルムスの人.
II 形 《無変化》ヴォルムスの: das ~ Konkordat 〖史〗ヴォルムス協約(1122年, ローマ教皇と神聖ローマ皇帝との間に結ばれた聖職叙任権に関する協約).

worm·sisch[..zɪʃ] 形 ヴォルムス〔ふう〕の.

Worps·we·de[vɔrpsvéːdə] 地名 ヴォルプスヴェーデ(ドイツ北西部 Niedersachsen 州, Bremen に近いところにあり, 1889年ここに芸術家村ができた).

Wort[vɔrt] 中 (小 **Wört·chen** → 別出, **Wört·lein**[vœ́rtlaɪn] 中 -s/-) **1** -es(-s)/Wörter[vœ́rtər] (英: *word*) (個々の)語, 単語; 〖言〗語: ein altes ~ 古くからある語; 古語 | ein einfaches 〈zusammengesetztes〉 ~ 〖言〗単一〈複合〉語 | ein einsilbiges 〈mehrsilbiges〉 ~ 一音節〈数音節〉からなる語 | ein kurzes 〈langes〉 ~ (つづりの)短い〈長い〉語 | ein neues ~ 新語 | ein unanständiges ~ 卑語 | ein unübersetzbares ~ 翻訳の不可能な語 | ein veraltetes ~ 廃語 | Fach*wort* 専門語 | Fremd*wort* 外来語 | Für*wort* 〖言〗代名詞 | Zeit*wort* 〖言〗動詞 ‖ ein ~ aus dem Englischen 英語の単語 | ein ~ mit fünf Buchstaben 5 文字からなる語 | das ~ Liebe Liebe という単語 ‖ ein ~ richtig 〈falsch〉 aussprechen 単語を正しく〈誤って〉発音する | ein ~ buchstabieren 単語のつづりを言う | ein ~ richtig gebrauchen 〈schreiben〉 単語を正しく用いる〈書く〉 | ein ~ groß schreiben 単語〔の頭文字〕を大文字で書く | ein neues ~ prägen 新語を造り出す ‖ die Bedeutung 〈der Sinn〉 eines ~*es* 語の意味 | die Beugungsformen eines ~*es* 語の変化形 | im eigentlichen Sinne des ~*es* / in des ~*es* eigenster Bedeutung 語の本来の意味で ‖ **~ für ~** 一語一語 | einen Text ~ für ~ prüfen 〈übersetzen〉 テキストを一語一語厳密に検討する〈逐語訳する〉 ‖ Das ~ kostet 15 Pfennig. (電報料は)一語につき15ペニヒだ | Das ~ steht groß an der Tafel. その語は黒板に大文字〈キャピタル〉で書かれている | Dieses Wörterbuch enthält mehr als 150 000 *Wörter.* この辞書には15万語以上が収録されている.

2 -es (-s)/-e **a**) 言葉, 言辞, 文句, 表現; 話, 談話: aufmunternde ~*e* 励ましの言葉 | freundliche 〈harte〉 ~*e* 親切な〈きつい〉言葉 | **ein geflügeltes ~** (人口に膾炙(かいしゃ)した)成句, 成語; (人に知られ, よく引用される)名言 | goldene ~*e* (心に留めるべき)りっぱな言葉, 金言 | grobe 〈höfliche〉 ~*e* 乱暴な〈ていねいな〉言葉 | hohle 〈leere〉 ~*e* 空疎な言葉 |

ein passendes ～ 適切な言葉 | unbedachte ⟨unvorsichtige⟩ ～*e* 不用意な言葉 | das ～ Gottes 神の言葉 | das gedruckte ⟨geschriebene / gesprochene⟩ ～ 印刷された⟨書かれた・話された⟩言葉 | Abschieds*worte* 別れの言葉 | Dankes*worte* 感謝の言葉 | Trost*worte* 慰めの言葉 ‖ Das war ein ～. それはまさに至言だった | Er war keines ～*es* mächtig. 彼はひとことも口がきけなかった.

‖〘4格の目的語として〙*sich*³ jedes ～ abkaufen《比》ひどく口が重い | *jm.* das ～ abschneiden …の言葉をさえぎる, …の話の腰を折る | **das letzte ～ behalten ⟨haben⟩** 最後の決定権をもつ | **ein gutes ～ für *jn.* einlegen** …のためにとりなす | kein ～ fallenlassen ひとこともしゃべらない⟨もらさない⟩ | keine ～*e* für *et.*⁴ finden ⟨haben⟩ …を表現すべき言葉を知らない⟨もたない⟩ | **das ～ führen** 発言の主導権をにぎる; 代表発言を行う(→3 a) | **das große ～ führen ⟨haben⟩** 大口をたたく, 大ぼらを吹く | 〔vor Angst〕kein ～ herausbringen ⟨über die Lippen bringen⟩〔恐ろしくて〕ひとことも口がきけない | *jm.* ein böses ～ ⟨böse ～*e*⟩ geben …にひどいことを言う, …をののしる | *jm.* ein gutes ～ ⟨gute ～*e*⟩ geben …に優しい言葉をかける; (言葉をつくして)…をなだめすかす, …を説得する | **jedes ～ auf die Goldwaage legen** (→Goldwaage) | schöne ～*e* machen (口先で)うまいことを言う, 美辞を弄(ろう)する | 〔**auch**〕**ein ～ mitzureden haben** 〔自分にも〕ひとこと口をさしはさむ権利がある(→Wörtchen) | ***jm.* das ～ aus dem Mund ⟨von der Zunge⟩ nehmen** …の言おうとすることを先回りして言う | ein offenes ～ reden ⟨sprechen⟩ 率直な口をきく | mit *jm.* ein ernstes ⟨deutliches⟩ ～ sprechen …と真剣に⟨ずけずけと⟩話をする | ***jm.* ⟨*et.*³⟩ das ～ reden**《比》…を弁護する, …の肩をもつ | mit *jm.* ein paar ～*e* sprechen ⟨wechseln⟩ …と二言三言話す⟨言葉をかわす⟩ | kein ～ Deutsch sprechen ⟨verstehen⟩ ドイツ語をひとこともしゃべれない⟨理解できない⟩ | ***jm.* das ～ im Munde umdrehen ⟨herumdrehen⟩** …の言葉を故意にねじ曲げる⟨わざと曲解する⟩ | **über *et.*⁴ kein ～ verlieren** …についてひとこともしゃべらない⟨もらさない⟩ | Darüber möchte ich kein ～ mehr verlieren. それについては私はもう何も言いたくない | *seine* ～*e* genau wählen (発言などの際に)言葉をよく選ぶ ‖ Er hat mir davon kein ～ gesagt. 彼はそれについて私にひとことも言わなかった | Ich habe kein ～ davon gewußt. 私はそれについては何も知らなかった | Rede doch ein ～! (黙っていないで)何か言えよ | Hast du 〔da noch〕～*e*? (驚きを表して)こんなことってあると思うかい | Spare dir deine ～*e* / Deine ～*e* kannst du dir sparen. (→sparen I 2).

‖〘前置詞と〙*sich*⁴ **an** *seinen* eigenen ～*en* berauschen 自分の言葉に陶酔する | *sich*⁴ an jedes ～ klammern 一字一句に拘泥する | *jm.* **aufs ～** gehorchen …の命令に忠実に従う | *jm.* aufs ～ glauben …の言葉を文字どおり信じる⟨そのままうのみにする⟩ | auf *js.* ～ ⟨～*e*⟩ hören …の忠告を聞き入れる | viel auf *js.* ～ ⟨～*e*⟩ geben …の意見を尊重する | Auf ein ～! ちょっと私の言うことを聞いてくれ | ***jn.* beim ～ nehmen** …の言うことを言葉どおりにとる⟨真(ま)に受ける⟩ | nicht **für** Geld und gute ～*e* (→Geld 1) | **in ～ und Schrift** 口頭および筆記で | eine Sprache in ～ und Schrift beherrschen ある言語を話すことも読み書きすることも共にマスターする | *et.*⁴ in ～*e* fassen ⟨kleiden⟩ …を言葉に表す | **mit** ander〔e〕n ～*en* (略 m. a. W.) これを言いかえれば, 換言すれば | mit einem ～ ひとことで | Mit einem ～: nein! ひとことで言えば答えはノーだ | mit wenig〔en〕～*en* 二言三言で, 手短に, かいつまんで | Davon war mit keinem ～ die Rede. そのことについてはひとことも述べられなかった | Mit diesen ～*en* verließ er das Zimmer. こう言って彼は部屋を出ていった | *jn.* mit leeren ～*en* abspeisen おざなりを言って…を追い払う | *jn.* mit schönen ～*en* betören うまいことを言って…をだます | Das läßt sich nicht mit zwei ～*en* sagen. それは手短には言えない | **ohne** viel ～*e* あれこれ言わずに | ein Mann **von** wenig ～*en* 口数の少ない男.

‖〘主語として〙Ein ～ gab das andere. 売り言葉に買い言葉で口論になった | Zwischen uns ist kein böses ～ gefallen. 我々は口論ひとつしなかった | Ihm ist ein unbedachtes ～ entschlüpft ⟨entfahren⟩. 彼はつい口をすべらせて不用意な言葉を吐いた | Mir fehlen die ～*e*. 私は言うべき言葉を知らない(驚きのあまり) | Ihm liegt das ～ auf der Zunge. 彼はその言葉が舌の先まで出かかっている(もうすぐ思い出せそうである) | Ihm blieb vor Überraschung das ～ im Hals ⟨in der Kehle⟩ stecken. 彼は驚きのあまり言葉がのどにつかえてしまった ‖ Daran ⟨Davon⟩ ist kein ～ wahr. それは全くのうそっぱちだ | Dein zweites ⟨drittes⟩ ～ ist „sparen". / Bei dir ist jedes zweite ⟨dritte⟩ ～ „sparen". 君は二言めには「節約」と言う | Darüber ist das letzte ～ noch nicht gefallen ⟨gesprochen⟩. それについてはまだ最終的に結着がついたわけではない.

b) テキスト, 語句, 文言(もん); (曲に対して)歌詞: in ～ und Bild テキストと挿し絵で | nach den ～*en* des Evangeliums 福音書の章句によれば | Lieder ohne ～*e* 歌詞のない歌, 無言歌.

c) (数字に対して)文字: 200 Mark, in ～*en*: zweihundert 200マルク 文字で示せば zweihundert (小切手などで).

3 -es(-s)/ **a**) 発言, 発言権: das ～ ergreifen ⟨nehmen⟩(集会・会議などで)発言する | das ～ haben 発言権をもつ | Sie haben das ～. あなたの発言の番です | ***jm.* das ～ erteilen ⟨geben⟩** …に発言を許す, …に発言権を与える | ***jm.* das ～ entziehen** (座長などが)…の発言を打ち切る⟨封じる⟩ | für *et.*⁴ das ～ führen …の代弁をする, …のために代表発言を行う(→2 a) | *jm.* das ～ verbieten ⟨verweigern⟩ …の発言を禁じる⟨拒む⟩ ‖ am ～ sein 発言する番である | ***jm.* ins ～ fallen** …の発言に口をさしはさむ, …の話をさえぎる | **ums ～ bitten** 発言〔の許可〕を求める | **zu ～ kommen** 発言を許される | *jn.* nicht zu ～〔e〕kommen lassen …に発言をさせない | ***sich*⁴ zu ～ melden** 発言したいと申し出る, 発言を求める.

b) 請け合い, 言質, 約束: *sein* ～ brechen ⟨zurücknehmen / zurückziehen⟩ 約束を破る⟨取り消す⟩ | *sein* ～ geben 請け合う, 約束する | *sein* ～ halten ⟨einlösen⟩ 約束を守る⟨果たす⟩ ‖ auf *js.* ～ hin …の約束を当てにして | Auf mein ～! 私の名誉にかけて | bei *jm.* im ～ sein 約束によって…にしばられている | ein Mann von ～ (→Mann² 1) ‖ Ich habe sein ～. 私は彼の保証⟨約束⟩をとりつけてある | Ein Mann, ein ～. (→Mann² 1).

[*germ.*; ◇Verb〔um〕; *engl.* word]

Wort·ak·zent[vɔ́rt..] 男 語のアクセント.

wort·arm 形 言葉の貧困な, 語彙(ごい)の乏しい; ことば数の少ない, 寡黙な.

Wort≠ar·mut 女 wortarm なこと. **≠art** 女 語の種類;〘言〙品詞. **≠at·las** 男 -, -ses/..lanten(-se)〘言〙(語の分布状況を示す)語彙(ごい)地図. **≠auf·wand** 男 言葉の浪費, 多言を弄(ろう)すること, 多弁, 饒舌(じょうぜつ). **≠aus·wahl** 女 語⟨言葉⟩の選択. **≠be·deu·tung** 女 語の意味, 語義.

Wort·be·deu·tungs·leh·re 女 -/〘言〙語義論.

Wort≠be·to·nung 女 =Wortakzent **≠bil·dung** 女〘言〙語構成; 造語.

Wort·bil·dungs≠leh·re 女 -/〘言〙語構成論, 造語論. **≠mit·tel** 中〘言〙語構成手段.

Wort≠blind·heit 女 (Alexie)〘医〙失読〔症〕, 読字不能〔症〕. **≠bruch** 男《ふつう単数で》違約, 食言.

wort·brü·chig 形 違約の, 食言の, 約束を守らない: an *jm.* ～ werden …に対して約束を破る.

Wört·chen[vœ́rtçən] 中 -s/- Wort の縮小形: kein ⟨nicht ein⟩ ～ sagen ひとことも口をきかない | 〔auch〕**ein ～ mitzureden haben** 〔自分にも〕ひとこと口をさしはさむ権利がある | Mit dir habe ich noch ein ～ zu reden! 君にはひとこと言っておきたいことがある | Davon ist kein ～ wahr. そこには真実はひとことも含まれていない, それは全くのうそっぱちだ.

Wort·de·vi·se[vɔ́rt..] 女 (紋章のリボンなどに記す)モットー.

wör·teln[vœ́rtəln]《06》自 (h)《オーストリア》言い争う, 口論⟨口げんか⟩をする.

Wor·te·ma·cher[vɔ́rtəmaxər] 男 -s/-《軽蔑的に》大

言壮語する人; 饒舌(じょうぜつ)家.

Wor·te·ma·che·rei[vɔrtəmaxəráɪ] 女 -/《軽蔑的に》大言壮語; 饒舌(じょうぜつ).

wor·ten[vɔ́rtən]《01》他 (h)〘言・哲〙言語〔に移して意識〕化する, 言葉にする, 言語化する.

Wör·ter Wort 1の複数.

Wör·ter·buch[vœ́rtərbu:x] 中 辞書, 辞典, 字引: ein deutsches 〈deutsch-japanisches〉 ~ ドイツ語〈独和〉辞典 | ein medizinisches 〈philosophisches〉 ~ 医学〈哲学〉辞典 | ein zweisprachiges ~ 2言語による辞典(独英辞典など) | ein lebendes ~ 生き字引, 物知り | Bild*wörterbuch* 図解辞典 | Taschen*wörterbuch* (携帯用の)ポケット辞典 ‖ im ~ nachschlagen 辞書を引く.

Wör·terl[vœ́rtərl] 中 -s/-〔n〕《南部・オーストリア》= Wörtchen

Wör·ter·ver·zeich·nis 中 (学術書などの)語彙(ごい)表, 索引.

Wort⸗fa·mi·lie[vɔ́rtfami:liə] 女〘言〙語親族(同一語幹に基づく派生語の総体. ㊀ Fahrt, Fahrer, befahrbar, Einfuhr などは fahren と同じ語親族に属する). ⸗**feld** 中〘言〙語場(主要な意味素性を共有する語の集合. 例えば色彩を表すドイツ語の語の総体が一つの語場を形成する: →Sinnbezirk). ⸗**fet·zen** 複 とぎれとぎれの言葉. ⸗**fol·ge** 女 = Wortstellung ⸗**form** 女〘言〙語形. ⸗**for·schung** 女 -/ 語に関する研究. ⸗**fra·ge** = Ergänzungsfrage 2 ⸗**fü·gung** 女 語の組み合わせ; (Syntax) 統語〈統辞〉論. ⸗**füh·rer** 男 首唱者, 唱導者; 代弁者, スポークスマン. ⸗**ge·fecht** 中 言い争い, 口論, 口げんか; 論争, 議論. ⸗**geo·gra·phie** 女〘言〙語彙(ごい)〈言語〉地理学. ⸗**ge·schich·te** 女 語〔彙〕の歴史〈変遷〉(発音・綴字(ていじ)・語義などの). ⸗**ge·stalt** 女 = Wortform

wort⸗ge·treu 形 語に忠実な, 文字どおりの: eine ~*e* Übersetzung 逐語訳. ⸗**ge·wandt** 形 口達者〈能弁〉な.

Wort⸗ge·wandt·heit 女 -/ wortgewandt なこと. ⸗**grup·pe** 女〘言〙語群, 句. ⸗**gut** 中 -〔e〕s/ 語彙(ごい). ⸗**hül·se** 女《軽蔑的に》内容空疎な言葉. ⸗**in·dex** 男 = Wörterverzeichnis ⸗**in·halt** 男〘言〙語の〔意味〕内容.

wort·karg 形 **1** 口数〈言葉数〉の少ない; 無口〈寡黙〉な: ein ~*er* Mensch 無口な人. **2** (表現などが)簡略な, そっけない.

Wort⸗karg·heit 女 -/ wortkarg なこと. ⸗**klas·se** 女〘言〙**1** 語の〔下位〕クラス, 語類. **2** (Wortart) 品詞. ⸗**klau·ber** 男《軽蔑的に》字句にこだわる〈字義にやかましい〉人.

Wort·klau·be·rei[vɔrtklaʊbəráɪ] 女《軽蔑的に》字句にこだわる〈字義にやかましい〉こと.

Wort⸗kör·per[vɔ́rt..] 男〘言〙(語義を担う音声表現としての)語体. ⸗**krä·mer** 男 美辞麗句を並べたてる人. ⸗**kreu·zung** 女 (Kontamination)〘言〙(二つの語句の)混成, 混交. ⸗**kunst** 女 言語芸術(文芸・修辞学など). ⸗**laut** 男 -〔e〕s/ (正確な)字句内容, 文面, テキスト: der genaue ~ des Briefes 〈des Vertrages〉 手紙〈契約〉の正確な文面. ⸗**leh·re** 女〘言〙語論, 詞論.

Wört·lein Wort の縮小形(→Wörtchen).

wört·lich[vœ́rtlɪç] 形 **1 a)**《述語的用法まれ》言葉〈文字・字義〉どおりの; 原文の語句に忠実な, 逐語的な: die ~*e* Rede〘言〙直接説話 | eine ~*e* Übersetzung 逐語訳 ‖ *et.*[4] ~ nehmen …を言葉どおりに受けとる | *et.*[4] ~ zitieren …を原文のまま引用する | einen Befehl ~ ausführen 命令をそのまま忠実に実行する. **b)**《ふつう副詞的》まさに文字どおり: Die Nachricht traf ihn ~ wie ein Blitz aus heiterem Himmel. その知らせは彼にとって文字どおり青天の霹靂(へきれき)だった. **2** (↔tätlich) (verbal) 言葉による, 口頭の: eine ~*e* Beleidigung 言葉による侮辱, 口頭侮辱〔罪〕(= Verbalinjurie).

wort·los[vɔ́rtlo:s][1] 形 無言の, 黙ったままの: ein ~*es* Einverständnis 暗黙の了解 | Er kehrte mir ~ den Rücken. 彼は口もきかずに私に背を向けた.

Wort⸗mel·dung 女 (会議・討論会などでの)発言の申し出, 発言要求. ⸗**mi·schung** 女 = Wortkreuzung ⸗**ni·sche** 女〘言〙語龕(がん)(同じ接頭辞あるいは接尾辞をもち意味傾向を同じくする語集団). ⸗**paar** 中 = Zwillingsformel ⸗**pa·ra·ta·xe** 女 = Polyptoton ⸗**re·gi·ster** 中 = Wörterverzeichnis

wort·reich[vɔ́rtraɪç] 形 言葉〈語彙(ごい)〉の豊富な; 口数の多い, 多弁〈饒舌(じょうぜつ)〉な; (文章などが)冗漫な.

Wort⸗reich·tum 男 -s/ (wortreich なこと. 例えば:) 言葉〈語彙(ごい)〉の豊富さ; 多弁, 饒舌(じょうぜつ); 冗漫. ⸗**rei·he** 女〘言〙語〔句〕並列, 重語, 畳語: syndetische ~ 有辞並列(㊀ Ehre und Macht 名誉と権力) | asyndetische ~ 無辞並列(㊀ Der Zug hält in Köln, Bonn, Frankfurt. 列車はケルン・ボン・フランクフルトに停車する). ⸗**sa·lat** 男 **1**〘医〙言葉のサラダ(精神障害により支離滅裂な単語の羅列が起こる状態). **2**《軽蔑的に》支離滅裂な言葉. ⸗**schatz** 男 -es/ (民族・階級・個人・専門分野などの)語彙(ごい), 使用語数, 用語範囲, ボキャブラリー: aktiver ~ 能動〈使用〉語彙 | passiver ~ 受動〈理解〉語彙 | Grund*wortschatz* 基本語彙 ‖ Er hat einen reichen ~. 彼は語彙が豊富だ. ⸗**schöp·fung** 女〘言〙語創造(既存の形態素によらない新語の創造); 語創造による語. ⸗**schwall** 男 -〔e〕s/《軽蔑的に》滔々(とうとう)たる弁舌, 多弁, 長談義: *jn.* mit einem ~ überschütten 〈übergießen〉 …に対して滔々とまくしたてる. ⸗**sinn** 男 = Wortbedeutung ⸗**sip·pe** 女 = Wortfamilie ⸗**spiel** 中 言葉遊び, 語呂(ごろ)合わせ, 地口, 言葉のしゃれ. ⸗**stamm** 男〘言〙語幹. ⸗**stel·lung** 女〘言〙(文の内部での)語順, 配語法: die gerade 〈ungerade〉 ~ (定動詞の)正置〈倒置〉〔法〕. ⸗**streit** 男 **1** = Wortgefecht **2** 言葉をめぐる言い争い.

Wor·tung[vɔ́rtʊŋ] 女 -/ worten すること.

Wort⸗un·ge·heu·er 中, ⸗**un·ge·tüm** 中 (極端に長い)化け物のような単語〈複合語〉. ⸗**ver·bin·dung** 女〘言〙(慣用的に用いられる)語結合. ⸗**ver·dre·her** 男 言葉を曲解する〈こじつける〉人, 牽強(けんきょう)付会する人. ⸗**ver·dre·hung** 女 曲解, こじつけ, 牽強付会. ⸗**ver·nei·nung** 女〘言〙〔単〕語否定(㊀ unschön 美しくない). ⸗**ver·zeich·nis** = Wörterverzeichnis ⸗**wahl** 女 (書いたり話したりするとき)語をよく選ぶこと, 語の選択. ⸗**wech·sel** 男 言い争い, 口論, 口げんか: Es kam zu einem heftigen ~. 激しい口論になった. ⸗**witz** 男 言葉のしゃれ, 駄じゃれ.

wort·wört·lich[vɔ́rtvœ́rtlɪç] 形 **1** 全く言葉〈文字〉どおりの, 全く字義どおりの; 原文の語句にきわめて忠実な, 完全に逐語的な: die ~*e* Übereinstimmung beider Texte 両テキストの語句の一語一句違わぬ一致 ‖ *et.*[4] ~ abschreiben …を一語一語書き写す | *et.*[4] ~ nehmen …を言葉どおりにとる〈解する〉. **2**《ふつう副詞的》まさに文字どおり: Er ist ~ auf den Hintern gefallen. 彼は文字どおりしりもちをついてしまった.

Wort⸗zei·chen 中 **1** 語標, 略符(㊀ Dollar に対する $, und に対する & など). **2** 文字〔の組み合わせ〕による商標. ⸗**zu·sam·men·set·zung** 女〘言〙**1**《単数で》(語構成上の)複合, 合成. **2** (単一語に対して)複合語, 合成語.

wor·über[vo(:)rý:bər] 副 **1**《疑問文を導いて; wor.. が疑問代名詞 was に相当する. 日常語では über was という形も使われることがある》何について; 何の上に, 何を越えて: *Worüber* hast du gesprochen? 君は何について話したのか | Ich weiß nicht, ~ er sich beschwert hat. 私は彼が何について苦情を申し立てたのか知らない. **2**《関係文を導いて》それについて, それに関して, そのために; それの上に, それを越えて: **a)**《wor.. が関係代名詞 was に相当する》Ich habe nichts, ~ ich mich beklagen kann. 苦情が言えるようなことは私には何もない | Er blieb auf einmal weg, ~ ich recht erstaunt bin. 彼は急にぱったり姿を見せなくなったが私はそのことにひどく驚いている. ᵛ**b)**《wor.. が関係代名詞 der に相当する》Es gibt gewisse Dinge, ~ (= über die) man besser nicht spricht. 話さないほうが良い事柄があるものだ.

wor·um[vo(:)rʊ́m] 副 **1**《疑問文を導いて; wor.. が疑問代名詞 was に相当する. 日常語では um was という形も使われることがある》何のまわりに; 何をめぐって, 何に関して, 何を求

めて, 何のために: *Worum* soll ich die Schnur binden? 何にひもを巻きつければよいのか ‖ *Worum* geht es? / *Worum* handelt es sich? 何が問題なのか, 何の話か | Ich weiß nicht, ～ sie sich streiten. 彼らが何をめぐって争っているのか私は知らない.

2 《関係文を導いて》それのまわりに; それをめぐって, それに関して, それを求めて, それのために: **a**) 《wor.. が関係代名詞 was に相当する》Das ist alles, ～ ich dich bitten möchte. これが私が君にお願いしたいことのすべてだ | Er bot ihr an, sie im Notfall dorthin zu fahren, ～ sie ihn auch später bat. 彼は彼女にいよいよの場合には車で送ってもよいと申し出ていたが 彼女は後になって実際またそうしてくれるよう彼に頼んだのだった. ▽**b**) 《wor.. が関係代名詞 der に相当する》die Stelle, ～ (＝um die) er sich bemüht hat 彼が手に入れようとしていたポスト.

wor·un·ter[vo(:)rʊ́ntər] 副 **1** 《疑問文を導いて; wor.. が疑問代名詞 was に相当する. 日常語では unter was という形も使われることがある》何の下に; 何のもとに, 何のうちに; 何のために: *Worunter* hat er sich versteckt? 彼は何の下に隠れているのか | *Worunter* hast du im Krieg am meisten gelitten? 君は戦時中何にいちばん苦しんだか ‖ Niemand ahnt, ～ sie leidet. 彼女が何を悩んでいるのかだれにも見当がつかない.

2 《関係文を導いて》それの下に, それのもとに, それのうちに; そのために: **a**) 《wor.. が関係代名詞 was に相当する》Er erzählte mir von verschiedenes, ～ ich mir wenig vorstellen kann. 彼は私には少ししか分からないようなことをあれこれ話してくれた | *Worunter* 〈Das, ～〉 sie besonders leidet, ist die Hitze. 彼女が特に苦しんでいるのは暑さだ. ▽**b**) 《wor.. が関係代名詞 der に相当する》die Tyrannei, ～ (＝unter der) das Volk litt 民衆が苦しい目にあわされた暴政.

wo·selbst[vo(:)zɛ́lpst] 副 《関係副詞》(wo)〔まさに〕そこで: das elterliche Haus, ～ sie ab und zu mehrere Tage verweilte 彼女が時おり数日間里帰りした実家.

Wo·tan[vó:tan] ＝Wodan

wo·von[vo(:)fɔ́n] 副 **1** 《疑問文を導いて; wo.. が疑問代名詞 was に相当する. 日常語では von was という形も使われることがある》何から, 何によって, 何について: *Wovon* hängt es ab? それは何に依存しているか | Ich weiß nicht, ～ er sprechen will. 彼が何について話そうとしているのか私には分からない.

2 《関係文を導いて》それから, それによって, それについて: **a**) 《wo.. が関係代名詞 was に相当する》Er fragte mich nach etwas, ～ ich keine Ahnung hatte. 彼は私が全く知らないことを私に尋ねた | Das meiste, ～ die Rede war, ist längst bekannt. 話題になった多くのことは前から分かっていたことである ‖ Er wollte Arzt werden, ～ er auch nicht abzubringen war. 彼は医者になりたがり その考えを捨てさせることはできなかった. ▽**b**) 《wo.. が関係代名詞 der に相当する》das Lied, ～ (＝von dem) die Rede gewesen ist 話題になった歌.

wo·vor[vo(:)fó:r] 副 **1** 《疑問文を導いて; wo.. が疑問代名詞 was に相当する. 日常語では vor was という形も使われることがある》何の前に〈前で〉, 何に対して: *Wovor* fürchtest du dich? 君は何を恐れているのか | Er fragte sie, ～ sie sich scheut. 彼は彼女が何に遠慮しているのかと尋ねた.

2 《関係文を導いて》それの前に〈前で〉, それに対して: **a**) 《wo.. が関係代名詞 was に相当する》etwas, ～ er am meisten Angst hat 彼が最も恐れていること | Jetzt ist er in der Klemme, ～ ich ihn immer gewarnt hatte. こんなことにならないように絶えず警告しておいたのに 彼はいま窮地に陥っている. ▽**b**) 《wo.. が関係代名詞 der に相当する》das Fenster, ～ (＝vor dem) der Schreibtisch steht デスクが前に置かれている窓.

wo·wi·der[vo(:)ví:dər] 副 (wogegen) **1** 《疑問文を導いて; wo.. が疑問代名詞 was に相当する》何に反対して, 何に逆らって, 何に向かって: *Wowider* streiten sie? 彼らは何に反対して戦っているのか | Ich weiß nicht, ～ er schilt. 私は彼が何に対して非難しているのか知らない.

2 《関係文を導いて》それに反対して, それに逆らって, それに向かって: **a**) 《wo.. が関係代名詞 was に相当する》Er bat, daß sie sofort zu ihm kommen möchte, ～ sie nichts einzuwenden hatte. 彼は彼女にすぐ来てほしいと頼んだのだが彼女はそれに対して異存はなかった. ▽**b**) 《wo.. が関係代名詞 der に相当する》der Baum, ～ (＝wider den) er mit dem Kopf rannte 彼が頭をぶつけた木.

wo·zu[vo(:)tsú:] 副 **1** 《疑問文を導いて; wo.. が疑問代名詞 was に相当する. 日常語では zu was という形も使われることがある》何のために, 何を目ざして; 何〔の方向〕に向かって: *Wozu* brauchst du so viel Geld? 何のために君はそんな大金が必要なのか | *Wozu* führt das alles? これらすべてはどのような結果になるだろうか | Ich weiß nicht, ～ sie sich nun entschlossen hat. 彼女が今どんな決心をしたのか私には分からない | Weißt du, ～ du eigentlich hier bist? そもそも何のために君がここにやってきたか知っているのか.

2 《関係文を導いて》それのために, それを目ざして; それに加えて; それ〔の方向〕に向かって: **a**) 《wo.. が関係代名詞 was に相当する》Alles, ～ du keine Lust hast, fällt dir schwer. 君には気の向かないことはすべて面倒に感じられるのだ ‖ Wir wollten noch einen Besuch machen, ～ es aber zu spät war. 私たちはもう一か所寄ろうと思ったが それには時間が遅すぎた | Er ist äußerst unzuverlässig, ～ noch kommt, daß er auch trinkt. 彼は全く頼りにならない男だが それに加えて酒飲みでもある. ▽**b**) 《wo.. が関係代名詞 der に相当する》die Party, ～ (＝zu der) sie mich einlud 彼女が招待してくれたパーティー.

3 何かに, 何とか: Es wird noch 〔irgend〕 ～ taugen. それは何らかの役に立つだろう.

wo·zwi·schen[vo(:)tsvíʃən] 副 **1** 《疑問文を導いて; wo.. が疑問代名詞 was に相当する》何の間に〈間で〉: Ich weiß nicht, ～ es lag. それが何と何の間にあったのか私は知らない.

▽**2** 《関係文を導いて》それの間に〈間で〉; それの間へ: die Bücher, ～ (＝zwischen denen) der Brief lag その手紙が紛れこんでいた書物 | Die Hügel sind mit Buschen bedeckt, ～ (＝zwischen die) sich Weideplätze hinziehen. それらの丘は茂みで覆われ その間に牧草地が広がっている.

wrack[vrak] **I** 形 **1 a**) (船・飛行機・自動車などが)大破して使用不可能な; 修理〈修繕〉のきかない, おんぼろの, ぽんこつの: ein ～*es* Schiff 難破船 | ein ～*er* Lastwagen 大破したトラック. **b**) 《話》おいぼれた, 敗残の, 廃人の, (体に)がたのきた.

2 〖商〗(商品が)粗悪な, 品質の悪い: ～ werden (商品などが破損・欠陥のために)売りものにならなくなる.

II Wrack 中 -〔e〕s/-s (-e) **1** 難破船, 老朽船, 廃船, (船の)残骸(ざんがい); (飛行機・自動車などの)おんぼろ, ぽんこつ; がらくた, くず: ein treibendes 〈verlassenes〉 ～ 漂流している〈放棄された〉難破船 | ein menschliches ～ 廃人〔同然の人〕 ‖ ein ～ heben 難破船を引き揚げる | das ～ verschrotten 〈sprengen〉 廃船をスクラップにする〈爆破する〉 ‖ Ein ～ liegt am Strand. 難破船が浜に横たわっている | Das ausgebrannte Schiff treibt als ～ auf dem Meer. 全焼した船が残骸になって海上を漂流している.

2 《話》おいぼれ, おちぶれた老人, 敗残の人, 体にがたのきた人, 廃人: Er ist nur noch ein ～. 彼はもう全くのぽんこつ〈廃人〉だ.

[„Herumtreibendes“; *mndd.*; ◇rächen]

Wrack·gut[vrák..] 中 〖海〗難破貨物, 浮き荷; (難破船の)漂流物.

wrang[vraŋ] wringen の過去.

wrän·ge[vrɛ́ŋə] wringen の接続法 II.

Wra·sen[vrá:zən] 男 -s/- 《北部》(Brodem) 湯気, 蒸気; もや. [*mndd.*; ◇Rasen, Wasen]

wri·cken[vríkən] (**wrig·gen**[vrígən][1]) 他 (h) 〖海〗櫓(ろ)で漕(こ)ぐ: ein Boot ～ ボートを櫓で漕ぐ.

[„drehen“; ◇Rist; *engl.* wry, wriggle]

wrin·gen*[vríŋən] 《217》 **wrang**[vraŋ]/ **ge·wrun·gen**[gəvrʊ́ŋən]; 接II **wränge**[vrɛ́ŋə] 他 (h) **1** (洗濯物などを)絞る: die Wäsche ～ 洗濯物を絞る | die Hände ～ 《比》(悲しみのあまり)両手をねじるようにもみ合わせる ‖ das *gewrun-*

gene Tuch 絞った布, おしぼり. **2** (水分を)絞り出す: das Wasser aus Kleidern ～ 衣服の水を絞る.
[*mndd.*; ◇würgen, renken; *engl.* wring]

Wring·ma·schi·ne[vríŋ..] 女 (電気洗濯機などの)絞り機, 脱水装置.

WRK[ve:|ɛrká:] 略 ＝**W**estdeutsche **R**ektoren**k**onferenz (旧西ドイツの)西ドイツ学長会議.

Wro·claw[vrɔ́tsŭaf] 地名 ヴロツワフ(→Breslau).

Wrucke[vrʊ́kə] 女 -/-n, **Wru·ke**[vrʊ́kə, vrú:kə] 女 -/-n《北東部》(Kohlrübe)〘植〙カブカンラン(蕪甘藍)(飼料用根菜).

Ws[vátzekʊndə] 記号 (Wattsekunde)〘電〙ワット秒.

WS 略 ＝**W**asser**s**äule〘理〙水柱(すいちゅう)(圧力の単位).

▽**Wst**[vát-ʃtʊndə] 記号 (Wattstunde)〘電〙ワット時.

WSW 略 ＝**W**est**s**üd**w**est〔en〕西南西.

w. u. 略 ＝**w**ie **u**nten 下記のように.

Wu·cher[vú:xər; オーストリア・スイス: –, vʊ́xər] 男 -s/ **1** 不当利得, 暴利; 高利; むちゃくちゃな高値: ～ treiben 暴利〈高利〉をむさぼる | *jn.* durch ～ aussaugen 高利で…を搾取する ‖ Das ist ja, ～! それは(高くて)むちゃな値段だ.
▽**2** (Gewinn) 利得, もうけ; (Ertrag) 収益.
[*germ.* „Zunahme"; ◇wachsen[1]]

Wu·cher·blu·me 女 Weiße ～〘植〙フランスギク(仏蘭西菊)(＝Margerite).

Wu·che·rei[vu:xəráɪ] 女 -/-en 暴利をむさぼること, 不当利得行為; 高利貸し〔業〕.

Wu·che·rer[vú:xərər; オーストリア・スイス: –, vʊ́x..] 男 -s/- (女 **Wu·che·rin**[..xərɪn] -/-nen) 暴利をむさぼる人; 高利貸し.

Wu·cher≈ge·setz[vú:xər..] 中 暴利〈不当高利〉取締法. **≈ge·winn** 男 不当利得, 暴利; 不当高利.

wu·cher·haft[..haft] ＝wucherisch

Wu·cher·han·del 男 -s/ 暴利〈不当高利〉取引; 高利貸し業.

Wu·che·rin Wucherer の女性形.

wu·che·risch[vú:xərɪʃ] 形 暴利の, 暴利をむさぼる, やみ値の; 高利を取る, 高利貸しのような: ～*e* Zinsen 不当高利.

Wu·cher·mie·te[vú:xər..] 女 (貸家などの)法外に高い賃貸料.

wu·chern[vú:xərn]《05》自 **1** (h, s) (植物が)繁茂する, はびこる;〘生·医〙(組織が)増殖〈増生〉する;《比》(病気など悪いものが)蔓延(まんえん)〈流行〉する, はびこる; (空想などが)ふくらむ: Das Unkraut *wuchert* im Garten 〈über den Weg〉. 雑草が庭〈道〉にはびこる | Damals *wucherten* Schwarzmarkt und Korruption. 当時は闇市(やみいち)と汚職が横行していた | Der Haß *wuchert* im verborgenen. 憎しみが目に見えぬところで広がっている ‖ eine *wuchernde* Geschwulst 増殖する腫瘍(しゅよう) | eine üppig *wuchernde* Phantasie 豊かにふくらんでゆく空想.
2 (h)《mit *et.*[3]》**a**) (…で)暴利をむさぼる, 大きな利益を得る; 高利を取る, 高利貸しをする: Die Kaufleute *wucherten* mit ihrem Geld. 商人たちは彼らの金で巨利をおさめた. **b**)《雅》(…を)利用〈活用〉する: mit *seinem* Pfunde 〈*seinen* Pfunden〉 ～ (→Pfund 2 c).

Wu·cher·preis 男 不当に高い価格, 暴利価格.

Wu·che·rung[vú:xərʊŋ] 女 -/-en **1** 暴利をむさぼること; 高利をとること, 高利貸し. **2**〘植〙はびこること, 繁茂. **3**〘生·医〙(組織の)増殖, 増生, 異常成長〈増加〉. **4** 盛り上がり, ふくらみ;〘医〙肉瘤(にくりゅう), 肉芽形成.

Wu·cher·zins[vú:xər..] 男 -es/-en《ふつう複数で》高利, 高すぎる利息; 暴利: Geld zu ～*en* ausleihen 金を高利で貸す.

wuchs[vu:ks] wachsen[1]の過去.

Wuchs[vu:ks; オーストリア・スイス: –, vʊks] 男 -es/Wüchse [vý:ksə] **1**《単数で》生長, 発育, 伸びること: Haar*wuchs* 毛〔髪〕の生長 | eine Pflanze mit 〈von〉 schnellem ～ 生長のはやい植物.
2《単数で》体格, 体つき, 容姿; 身長, 背丈: eine Frau von schlankem 〈zierlichem〉 ～ スマート〈きゃしゃ〉な体つきの女性 | von hohem ～ sein《雅》背が高い.
3 幼樹, 若木, 若芽.

wüch·se[vý:ksə] wachsen の接続法 II.

Wüch·se Wuchs の複数.

wüch·sig[vý:ksɪç][2] 形 (動植物について)よく生長した, すらりと伸びた; 強い, 活力のある.

Wuchs·stoff[vú:ks..] 男〘生〙生長促進物質; (特に植物の)生長素, 生長物質.

Wucht[vʊxt] 女 -/-en **1**《ふつう単数で》**a**) 重さ, 重み, 重量〔感〕, ずっしりした感じ; 力, 圧力, 重圧, 重荷, 負担; 勢い, 激しさ, はずみ, 弾力: mit aller ～ zuschlagen 全力をこめて〈力いっぱい〉打つ | Der Stein 〈Der Hieb〉 traf ihn mit voller ～ an den Kopf. 石〈一撃〉はすごい勢いで彼の頭にあたった | unter der ～ des gegnerischen Angriffs 敵の猛攻撃のもとで | unter der ～ der Beweise 有力な証拠を前にして | ein Werk von großer ～ 非常に重みのある作品. **b**)《話》(Prügel) 殴ること, 殴打: eine ～ bekommen 殴られる | Du brauchst wohl wieder eine ～? 君はまた一発ぶたれたいのかね.
2《方》大量, しこたま, 多数: Er kann schon eine ～ vertragen. 彼はもうしたたか飲んでも〈食っても〉大丈夫だよ | Ich habe gleich eine ～ gekauft. 私はすぐにしこたま買った.
3《話》**eine ～ sein / eine ～ in Dosen 〈Tüten〉 sein** すばらしい, 大したものである | Der Urlaub war einfach ～ in Dosen! 休暇は文句なしにすてきだったよ | Der Film ist wirklich eine ～! この映画は実にすばらしい | Es ist eine ～, daß du gekommen bist! 君が来てくれてとてもうれしいよ.
[*ndd.* wicht „Gewicht"; ◇Wichte]

Wucht≈baum[vʊ́xt..] 男《方》(Hebebaum) てこ棒, かなてこ. **≈brum·me** 女《話》いかす〈チャーミングな〉女の子.

wuch·ten[vʊ́xtən]《01》 **I** 自《話》**1** (h) **a**) 重みがある, 重くのしかかっている; 重荷〈負担〉となっている. **b**) どっしりと腰をすえている. **2** (h) (schuften) 重労働〈つらい仕事〉をする, あくせく〈苦労して〉働く. **3 a**) (h)《an *et.*[3]》(…を)苦労して動かす. **b**) (s) 激しく〈勢いよく〉動く.
II 他 (h)《話》**1** (重いものを力を入れて)持ち上げる, 苦労して動かす: einen Schrank auf den Speicher ～ 戸棚を物置に運び上げる ‖ 再帰 *sich*[4] ～ (重いものが)持ち上がる, 動く | *sich*[4] in einen Sessel ～ どっかと安楽いすに腰をおろす.
2 (ボールなどを)力いっぱい打つ〈ける〉.

wuch·tig[vʊ́xtɪç][2] 形 重い, どっしり〈ずっしり〉した, 重量〔感〕のある; 力の強い, 力いっぱいの, 力のこもった; 激しい, 勢いのある, はずみのついた: eine ～*e* Gestalt 〈Persönlichkeit〉 どっしりした姿〈人物〉 | ein ～*er* Turm 重々しい塔 | ein ～*er* Schlag 激しい一撃 ‖ ～ zuschlagen 力いっぱい打つ | Das Gebäude wirkt ～. その建物は重々しい感じを与える.

Wuch·tig·keit[–kaɪt] 女 -/ wuchtig なこと〈状態〉.

Wu·di[ŭdì] ＝Wu-ti

Wu·han[vú:han, ŭxàn] 地名 武漢, ウーハン(中国, 湖北 Hupeh 省の省都. 武昌, 漢口, 漢陽の3地区からなる).

Wühl≈ar·beit[vý:l..] 女 **1** (土などを)掘り返す仕事; 土木工事. **2**《単数で》《比》陰で煽動(せんどう)すること, 攪乱(かくらん)工作. **≈ech·se** 女 (Skink)〘動〙トカゲ科の動物.

wüh·len[vý:lən] **I** 自 (h) **1** (手足・道具などで泥・土などに)穴を掘る, 掘り返す〈起こす〉, ほじくる; (かばんの中などを)ひっかき回す; (大勢の中で何かを求めて)うごめく, うようよする;《比》あれこれと思いをこらす, 考えにふける: in *et.*[3] 〔nach *et.*[3]〕 ～ …の中を〔…を探して〕掘り〈かき〉回す | in der Erde nach vergrabenen Schätzen ～ 隠された宝を探して地面を掘る | *sich*[3] in den Haaren ～ 髪をかきむしる | im Bett ～ ベッドの中でのたうち回る ‖ Das Schwein *wühlt* im Schlamm. 豚が泥を掘る | Der Vogel *wühlt* nach Würmern. 鳥が虫を探して(地面や木を)ほじくる | Wer hat denn in Schubladen 〈in meinem Koffer〉 *gewühlt*? 引き出し〈私のトランク〉の中をひっかき回したのはだれか | Er *wühlte* in 〈unter〉 seinen alten Papieren. 彼は古い書類の中をごそごそと探した | Der Hunger *wühlte* ihm im Leib.《比》彼は激しい飢えに苦しんだ | Der Schmerz *wühlt* mir in den Eingeweiden.《比》私は断腸の〈はらわたがかきむしられる〉思いである | Das Fieber *wühlte* in ihm.《比》彼は激しい熱に体じゅうが燃えるようだった | in einer alten Wunde ～ (→

Wunde) | Er *wühlt* immer im Schmutz. 《比》彼はいつもいやらしいことを面白そうに話す.

2 《話》あくせく働く, 精いっぱい働く: Er hat für zwei geschuftet und *gewühlt*. 彼はあくせくと2人前も働いた.

3 煽動(せんどう)〈人心攪乱(かくらん)〉活動をする, アジテーションをする, 秘密活動をする: Als Mitglied einer Untergrundbewegung hat er gegen das bestehende System *gewühlt*. 地下運動の一員として彼は現体制に反抗してひそかな活動をした.

II 他 (h) **1** 掘ってつくる, 掘りあける〈通す〉: *et.*[4] in *et.*[3] ～ …を…の中を掘ってつくる | *et.*[4] in *et.*[4] ～ …を…の中へうがつ〈掘ってつくる〉| ein Loch in die Erde ～ 地面に穴を掘る ‖ Die Maulwürfe haben in der Erde Gänge *gewühlt*. モグラが地下で穴を掘った | Die Mäuse haben 〔*sich*[3]〕 Gänge in die Erde *gewühlt*. ネズミが穴を掘って地下にもぐった | Das Wasser *wühlt* sich[3] ein neues Bett. 水が新しい川床をつくって流れる.

2 掘って埋める〈入れる〉: *et.*[4] in *et.*[4] 〈*et.*[3]〉 ～ …を…に埋める | *seinen* Kopf in die Kissen ～ 頭をまくらに埋める ‖ 再帰 *sich*[4] in *et.*[4] ～ …の中に身を埋める〈掘って入る・もぐり込む〉| Ich habe mich in den Sand *gewühlt*. 私は砂に身を埋めた | *sich*[4] durch *et.*[4] ～ …の中を掘り進む, …を切り抜ける | Wir *wühlten* uns durch die Menge. 私たちは人ごみの中を通り抜けた.

3 掘り返して取り出す〈探し出す〉: Sie hat den Schlüssel aus der Einkaufstasche *gewühlt*. 彼女は買い物袋の中をかき回してかぎを探し出した. [*ahd.*; ◇wallen[2]]

Wüh·ler[vý:lər] 男 -s/- **1** 煽動(せんどう)家, 人心攪乱(かくらん)者, アジテーター, 地下運動家. **2** 地中に穴を掘る動物(モグラ・ハムスターなど). **3** あくせく働く人; あれこれと考えこむ人. ▽**4** 穴を掘る人.

Wüh·le·rei[vy:lərái] 女 -/-en **1** 煽動(せんどう), 人心攪乱(かくらん), アジ〔演説〕. **2** あくせく働くこと; あれやこれやと思いめぐらすこと. **3** 絶えず掘り続ける〈掘り返す〉こと; (バーゲンセールなどで客が)品物の山をひっかき回して探すこと.

wüh·le·risch[vý:lərɪʃ] 形 煽動(せんどう)的な, 人心を乱す.

Wühl≈maus[vý:l..] 女 **1** 〖動〗ハタネズミ. **2** 《戯》煽動(せんどう)家, アジテーター. **≈tisch** 男《話》(客が自由に品物を手にとって探す)掘り出し物売り場.

Wuh·ne[vú:nə] 女 -/-n ＝Wune

Wu-hou →Tse-tien Wu-hou

Wuhr[vu:r] 中 -〔e〕s/-e, **Wuh·re**[vú:rə] 女 -/-n《南部・スイ》(Wehr) 堰(せき); (Buhne)(護岸用の)突堤.
[*ahd.* wori; ◇Wehr[2]]

Wul·fe·nit[vʊlfəní:t, ..nít] 中 -s/ 〖鉱〗水鉛鉛鉱, モリブデン鉛鉱. [<F. X. v. Wulfen (オーストリアの鉱物学者, †1805)＋..it[2]]

Wul·fi·la[vúlfila·] 人名 ヴルフィラ(311頃-383頃; 西ゴート人の司教. 聖書をゴート語に翻訳した. ギリシア語形 Ulfilas. また Ulfila ともいう). [*got.* „Wölflein"]

Wulst[vʊlst] 男 -es (-s)/Wülste[výlstə], -e; 女 -/Wülste (⊘ **Wülst·chen**[výlstçən] 中 -s/-) **1 a)** (特に筒形・輪形の)ふくらみ; クッション, パッド; (束髪の)まげ; パッキング; (タイヤの)ビード. **b)** 〖建〗饅頭(まんじゅう)刳形(くりかた), 大玉縁(→ 図 Basis).

2 〖医〗隆起, 結節: An der Schnittwunde bildeten sich zwei eitrige *Wülste*. 切り傷には二つの化膿(かのう)したふくらみができた. **3** 〖紋〗リース, 花冠(ヘルメットとクレストの間に置かれる: → 図 Wappen c).
[„Gewundenes"; *ahd.*; ◇wallen[2]]

Wulst≈bug[vúlst..] 男〖海〗球状船首. **≈fel·ge** 女 (タイヤの)クリンチャリム.

wul·stig[vúlstɪç][2] 形 (長く)ふくらんだ, ふくらみのある; (輪形に)ふくれた, 饅頭(まんじゅう)形の; 隆起した: ～*e* Lippen 厚ぼったい〈ふっくらした〉唇.

Wulst·ling[vúlstlɪŋ] 男 -s/-e 〖植〗テングタケ(天狗茸)属.

Wulst≈lip·pe 女 -/-n《ふつう複数で》厚ぼったい〈ふっくらした〉唇. **≈nacken** 男《話》脂肪でもりあがった首筋(くびすじ), 猪首(いくび). **≈nar·be** 女 肉の隆起した傷あと〈瘢痕(はんこん)〉, ケロイド. **≈rei·fen** 男 (自動車の)ビードタイヤ, クリンチャタイヤ, 凸縁タイヤ.

Wu·lu·mu·qi[ūlǔmùtçí] ＝Urumtschi

wumm[vʊm] 間 ドンドン, ダンダン(エンジンなどの鈍くとどろく音).

Wum·me[vúmə] 女 -/-n《話》ピストル, 拳銃, はじき.

wum·mern[vúmərn]《05》自 (h) 鈍く響く, 鈍い音を立ててたたく: an die Tür ～ ドアをドンドンたたく ‖ 非人称 Es *wummert* dann und wann. ときどきズシンと響く音がする.

wund[vʊnt][1] 形《副詞的用法なし》**1** (外皮・粘膜などの)すりむけた, 赤肌になった, ただれてひりひり痛む; (一般に)傷ついた, 負傷した: ～*e* Füße 傷ついた足 | Balsam für ein ～*es* Herz 傷ついた心をいやすもの | ein ～*er* Krieger 戦いに傷ついた戦士 | ein ～*er* Punkt (→Punkt 2 a) | *jn.* an einer ～*en* Stelle treffen《比》…の痛いところをつく ‖ Das Baby ist ganz ～. 赤ん坊は肌がひどくただれている(おむつかぶれができている) ‖〖結果を示す語として〗*sich*[4] ～ laufen / *sich*[3] die Füße ～ laufen 歩いて靴ずれができる | *sich*[3] die Füße nach *et.*[3] ～ laufen (→Fuß 1 a) | *sich*[3] den Mund ～ reden《話》しゃべりまくる | *sich*[4] zwischen den Beinen ～ reiben 股(また)ずれができる | *sich*[4] ～ reiten 鞍(くら)ずれができる | *sich*[3] die Finger ～ schreiben (→Finger 1) | *sich*[3] die Finger ～ telefonieren《話》電話をかけまくる ‖ eine ～ geriebene Stelle すりむけて痛む個所.

2 (krank) 〖狩〗(猟獣が)手負いの.
[*germ.* „geschlagen"; ◇Wunde; *engl.* wen]

▽**Wund·arzt**[vúnt..] 男 (Chirurg) 外科医.

▽**wund·ärzt·lich** 形 外科〔医〕の.

Wund≈be·hand·lung 女 傷の手当て〈治療〉. **≈blu·me** 女 ＝Wundklee **≈brand** 男 -〔e〕s/ 〖医〗創傷(そうしょう)壊疽(えそ).

Wun·de[vúndə] 女 -/-n (英: *wound*)(外皮・粘膜などの組織の破損・破壊による)傷, 外傷, けが, すり傷, 切り傷; 〖医〗創傷; 《比》損害, 痛手: eine leichte 〈schwere〉 ～ 軽い〈重い〉傷 | eine tiefe ～ 深い傷, 深手 | eine tödliche ～ 致命傷 | Brand*wunde* やけど, 火傷 | Riß*wunde* 裂傷 | Schnitt*wunde* 切り傷, 創傷 ‖ eine ～ bekommen 〈erhalten〉 傷を受ける | *sich*[3] eine ～ zuziehen けがをする, 負傷する | *jm.* eine ～ beibringen …に傷を負わせる | eine ～ behandeln 傷〔口〕を処置〈手当て〉する | eine ～ am Kopf 〈an der Stirn〉 haben 頭〈額〉に傷がある | eine ～ nähen 〈verbinden〉 傷口を縫う〈傷に包帯をする〉| **alte ～*n*** 〔**wieder**〕 **aufreißen**《比》古傷をあばく ‖ **an** den ～*n* sterben 傷がもとで死ぬ | **an eine alte ～ rühren**《比》古傷にふれる | ein Pflaster **auf** eine ～ legen 傷口に膏薬(こうやく)を塗る〈はる〉| den Finger auf die 〔brennende〕 ～ legen (→Finger 1) | Öl 〈Balsam〉 auf *js.* ～ träufeln《比》…の苦痛を和らげる | Salz auf die ～ 〈in die ～〉 streuen (→Salz 1 a) | Er blutete **aus** vielen ～*n*. 彼はたくさんの傷口から出血した | **in einer alten ～ wühlen**《比》古傷をほじくる, いやな思い出をいつまでもくよくよと反芻(はんすう)する | Er 〈Sein Körper〉 war **mit** vielen ～*n* bedeckt. 彼〈彼の体〉は傷だらけだった ‖ Die ～ blutet 〈eitert〉. 傷から出血する〈傷が化膿(かのう)する〉| Die ～ heilt 〈schließt sich〉. 傷が治る〈傷口がふさがる〉| Die ～ schmerzt 〈tut weh〉. 傷が痛む | Die ～*n*, die der Krieg geschlagen hat, sind noch heute nicht verheilt. 戦争のもたらした痛手は今日もなおお癒(い)えていない.
[*germ.* „Schlag"; ◇wund; *engl.* wound]

Wun·der[vúndər] **I** 中 -s/- **1** (英: *wonder*)不思議な〈超自然的な・ありうべからざる〉こと, 驚くべきこと, 驚異; 奇跡, 奇跡的な事物〈行為〉: die ～ der Natur 自然の驚異 | die Sieben ～ der Welt 世界の七不思議(→Weltwunder) | Wirtschafts*wunder* 奇跡的な経済復興(特に第二次世界大戦後の旧西ドイツの) ‖ ***sein* blaues ～ erleben**《話》思いもかけぬ失望を味わう, とんだ番狂わせを経験する, びっくり仰天する | **～ tun** 〈**wirken**〉 奇跡を行う, 奇跡的な力を発揮する ‖ **an** ein ～ glauben 奇跡を信じる | an ein ～ grenzen 奇跡に類する | **auf** ein ～ hoffen 〈warten〉 奇跡を待つ | Du kannst nicht auf Zeichen und ～ hoffen. 君はありえない

ようなことを期待してはいけない | wie **durch** ein ~ 奇跡によるかのように, 奇跡的に ‖ Diese Maschine ist ein ~ an Präzision. この機械はおそろしく精密にできている | Er ist ein ~ von Gelehrsamkeit. 彼は驚くべき学識の持ち主だ | **kein ~ sein** 《話》少しも不思議なことではない | Es ist kein ~, wenn 〈daß〉 ... …であっても何の不思議はない | Es ist das reinste ~, daß ... …であることは全く驚くほかはない | **was ~**, wenn 〈daß〉 ... …であっても何の驚くことがあろうか(べつに怪しむに足りない: この Wunder は複数2格) | wenn nicht ein ~ geschieht 奇跡でも起こらないかぎり | Es geschehen noch Zeichen und ~! (→Zeichen 2) | O ~! / *Wunder* über ~! いやはやこれは驚いた | Nur ein ~ kann ihn retten. 彼を救うことはほとんど絶望に近い ‖ ▽Es nimmt mich ~. (→wundernehmen 1).

2 《小文字で **wunder** または部分をあらわす2格に由来する **wunders** の形で疑問詞の直前におかれて》《しばしば軽蔑的に》なんだか知らないが: Er glaubt, *wunder*〔s〕 was getan zu haben. 彼は自分がなんだか大したことをしたと思っている | Er meint, *wunder*〔s〕 welche 〈was für eine〉 Idee er hat. 彼は自分がすばらしい考えをもっているとうぬぼれている | Sie ist *wunder*〔s〕 wie stolz auf ihre blonden Haare. 彼女は自分の金髪をとても誇りに思っている.

II wụn·der 1 →Wunder I 2 **2** →wundernehmen
[*westgerm.*; ◇wundern; *engl.* wonder]

wụn·der·ba̲r[vúndərba:r] 形 **1** 驚嘆すべき, すばらしい, すてきな, みごとな, 絶妙な: ein ~*er* Mensch すばらしい人間 | Sie hat eine ~*e* Stimme. 彼女はすばらしい声をもっている | ~*es* Wetter すばらしい上天気 ‖ Die Reise war wirklich ~. 旅行は本当にすばらしかった ‖ Er tanzt ~. 彼はみごとな踊り手だ | Es hat ~ geklappt. それはまことにうまくいった | Der Sessel ist ~ bequem. この安楽いすはとても座り心地がいい. **2** 奇跡的な, 不可思議な, 驚くべき: Sie wurden ~ errettet. 彼らは奇跡的に救い出された ‖ Das grenzte fast ans *Wunderbare*. それはまさに奇跡に類することだった.
▽**3** =wunderlich 1

wụn·der·ba̲·rer·we̲i·se 副 奇跡的に, 不思議にも.

Wụn·der≠baum[vúndər..] 男 《植》トウゴマ(唐胡麻). **≠bee·re** 女 《植》シンセパルム(西アフリカ産アカテツ科の果物). **≠blu̲·me** 女 **1** 驚くべき〈すばらしく美しい〉花. **2** 《植》オシロイバナ(白粉花). **≠ding** 中 -〔e〕s/-e 《ふつう複数で》不可思議なもの, 驚くべき事物. **≠dok·tor** 男 奇跡をおこなう治療師. **≠fritz** 男 -〔en〕/-en 《スイ》好奇心の強い人. **≠glau·be** 男 奇跡を信じること, 奇跡への信仰.

wụn·der·gläu·big 形 奇跡を信じる.

Wụn·der≠hei·ler 男 -s/- 奇跡をおこなう治療師. **≠hei·lung** 女 奇跡によっておこなう治療.

wụn·der·ho̲ld[vúndərhɔ́lt][1] 形 《雅》驚くばかりに愛らしい; 非常にやさしい.

Wụn·der·horn[vúndər..] 中 -〔e〕s/ (望むものが次々に中から出てくる)魔法の角笛: „Des Knaben ~"『少年の魔法の角笛』(Arnim と Brentano 共編の民謡集).

wụn·der·hü̲bsch[vúndərhʏ́pʃ] 形 すばらしく美しい.

Wụn·der≠ker·ze[vúndər..] 女 (点火するとパチパチと火花を発する)不思議なろうそく(針金を硝酸バリウム・アルミニウム・鉄・デキストリンなどで被覆したもの). **≠kind** 中 神童, 天才児童. **≠kna̲·be** 男 天才少年. **≠kraft** 女 奇跡を行う力, 神通力. **≠ku̲r** 女 (霊験のあらたかな)奇跡の療法. **≠lam·pe** 女 (童話に出てくる)不思議なランプ. **≠land** 中 -〔e〕s/..länder **1** 不思議の国(不可思議なことが次々に起こるおとぎの国). **2** すばらしい国〈土地〉.

wụn·der·lich[vúndərlɪç] 形 **1** 奇妙な, 奇異な, おかしな, へんな, 風変わりな: ein ~*er* Mensch 風変わりな人間 | ein ~*er* Heiliger (→heilig II 1) | ~*e* Erlebnisse haben 奇妙な体験をする ‖ *sich*[4] ~ benehmen おかしな振舞いをする. ▽**2** =wunderbar 1, 2

Wụn·der·lich·keit[–kaɪt] 女 -/-en **1** 《単数で》wunderlich なこと. **2** wunderlich な言動.

Wụn·der·mann 男 -〔e〕s/..männer =Wundertäter

wụn·der·mi̲ld[vúndərmɪ́lt][1] 形 《雅》ゆうにやさしい; きわめて温和な〈穏やかな〉.

Wụn·der·mit·tel[vúndər..] 中 奇跡的〈驚異的〉によく効く薬〈手段〉: ein ~ gegen Kopfschmerzen 頭痛の妙薬〈特効薬〉.

wụn·dern[vúndərn] 《05》 **I** 他 (h) **1** 《*jn.*》(…に)奇異の念を抱かせる, いぶかしがらせる, 不思議がらせる, 驚かせる: Sein Verhalten hat mich 〔sehr〕 *gewundert*. 彼の態度を私は〔非常に〕いぶかしく思った | Es *wundert* mich, daß sie nicht kommt. 彼女が来ないのは不思議だ | Es sollte mich ~, wenn das wahr wäre. もしそれが本当だとしたら驚くべきことだ(まさか本当ではあるまい).

2 a) 再帰 *sich*[4] über *jn.* 〈*et.*[4]〉 ~ …のことについて奇異の念を抱く, …のことをいぶかしく思う | Ich habe mich über sein Benehmen sehr *gewundert*. 私は彼の態度を非常にいぶかしく思った | Ich *wundere* mich über gar nichts mehr. 私はもうどんなことが起こっても驚かない. **b)** 再帰 *sich*[4] ~ (事の意外さに)驚く, びっくりする: Du wirst dich ~, wenn du ihn siehst. 君は彼を見たらきっとびっくりするだろう.

3 《スイ》《*jn.*》 **a)** (…の)好奇心をそそる: Es *wundert* mich, woher er das weiß. 私は彼がどうしてそれを知ったのか知りたい. **b)** 再帰 *sich*[4] ~ 不思議がって〈あやしんで〉たずねる.

II 自 (h) 《スイ》不思議に思う, 驚く.
[*westgerm.*; ◇Wunder]

Wụn·der·na̲·se 女 《スイ》=Wunderfritz

wụn·der|ne̲h·men*[vúndərne:mən] 《104》 他 (h) **1** 《*jn.*》(…に)奇異〈怪訝(けん)〉の念を抱かせる, いぶかしがらせる, 不思議がらせる, 驚かせる: Das *nimmt* mich *wunder*. 私はそれを不思議に思う | Das braucht dich gar nicht *wunderzunehmen*. 君はそのことを少しも怪しむにはおよばない ‖ ▽Es *nimmt* mich *wunder* (=Wunder). 私はそれが知りたい (es は古い2格). **2** 《スイ》=wundern I 3 a

wụn·ders[vúndərs] 《話》→Wunder 2

wụn·der·sa̲m[vúndərza:m] 形 《雅》不可思議な, 驚くべき; 奇妙な, おかしな: eine ~*e* Musik 妙(たえ)なる音楽.

wụn·der·schö̲n[vúndərʃø:n] 形 すばらしく美しい: ein ~*es* Mädchen たぐいまれなる美少女 | ein ~*er* Tag すばらしくよく晴れた日 | im ~*en* Monat Mai いとうるわしき五月に (Heine) ‖ Die Blume ist ~. この花はすばらしく美しい.

wụn·ders·hal·ber[vúndərs..] 副 《スイ》好奇心から.

Wụn·der≠ta̲t 女 奇跡; 驚くべき〈驚異的な〉行い: eine ~ vollbringen 奇跡〔とも呼ぶべき行為〕をやってのける. **≠tä̲·ter** 男 (女 **≠tä̲·te·rin**) 奇跡を行う人.

wụn·der·tä̲·tig 形 奇跡を行う.

Wụn·der·tä̲·tig·keit 女 -/ 奇跡を行うこと.

Wụn·der·tier 中 **1** 不思議な動物, 怪獣: *jn.* wie ein ~ anstarren …をまるで怪獣ででもあるかのようにじろじろ見る. **2** 《話》驚異の人, 並はずれた人.

wụn·der·voll[vúndərfɔl] 形 すばらしい, すてきな, みごとな.

Wụn·der≠waf·fe 女 (戦局を一転させて勝利をもたらす)奇跡の兵器. **≠welt** 女 **1** 不可思議な世界. **2** すばらしい世界. **≠werk** 中 奇跡的な行い, 驚異的な仕事〈作品〉: ein ~ der Technik 驚嘆すべき技術の成果.

Wụnd≠fie·ber[vúnt..] 中 《医》創傷(そうしょう)熱. **≠ha·ken** 男 《医》開創器, 〔開〕創鉤(こう). **≠hei·lung** 女 傷の治癒; 《医》創傷治癒. [<Wunde]

Wụnd·heit[vúnthaɪt] 女 -/ wund なこと.

Wụnd≠in·fek·tio̲n[vúnt..] 女 《医》創傷(そうしょう)感染. **≠klam·mer** 女 《医》創面挟子(きょうし). **≠klee** 男 《植》アンチリス(ヨーロッパ産マメ科の一属で, 牧草になる). [<Wunde]

wụnd|lie·gen*[vúntli:gən][1] 《93》 **I** 他 (h) 再帰 *sich*[4] ~ (病人が長期臥床(がしょう)のため)床(とこ)ずれができる.

II Wụnd·lie·gen 中 -s/ 床ずれ.

Wụnd≠ma̲l 中 -〔e〕s/-e (Stigma) 傷跡, 傷痕(しょうこん): die ~*e* Christi キリストの傷痕, 聖痕. **≠na̲ht** 女 傷口の縫合. **≠pfla·ster** 中 (傷口保護用の)絆創膏(ばんそうこう). **≠ro̲·se** 女 《医》創傷(そうしょう)丹毒. **≠sal·be** 女 創傷軟膏. **≠schmerz** 男 傷の痛み; 《医》外傷痛. **≠starr·krampf** 男 -〔e〕s/ (Tetanus) 《医》創傷性破傷風.
[<Wunde]

Wundt[vʊnt] 人名 Wilhelm ～ ヴィルヘルム ヴント(1832–1920; ドイツの哲学者・心理学者. 著作『民族心理学』など).

Wund·wat·te[vʊ́nt..] 女《医》創傷(そうしょう)用消毒綿. [＜Wunde]

Wu·ne[vú:nə] 女 -/-n (魚釣りなどのために氷結した水面の)氷にあけた穴.

Wunsch[vʊnʃ] 男 -es(-s)/Wünsche[vʏ́nʃə] **1** (英: *wish*)(心中に抱く)願い, 望み, 願望, 希望: ein dringender ～ 切なる願い | **ein frommer ～** (殊勝な, しかし実現の見込の少ない)むなしい願い, はかない望み | ein heißer ～ 熱望 | der ～ nach Freiheit 自由への願望 | Herzens*wunsch* 心からの願い | Sonder*wunsch* 特別な要望〈希望〉‖ einen ～ äußern〈aussprechen〉願いを述べる | *jm.* einen ～ erfüllen〈versagen〉…の願いをかなえてやる〈拒絶する〉| *js. Wünsche* erhören …の願いを聞きとどける | einen〔stillen〕～ hegen〔ひそかな〕望みを抱く | Er hat den ～, Arzt zu werden. 彼は医者になりたいと希望している | Haben Sie sonst noch *Wünsche*〈einen ～〉? ほかに何かお望みはございませんか(店員が客に対してなど) ‖ *js. Wünschen* entgegenkommen〈nachkommen〉…の願いに応じる ‖ **auf** *js.* **～** …の願いに基づいて | Er wurde auf eignen ～ versetzt. 彼は自分から希望して転勤になった | je **nach** ～ それぞれ希望に応じて | nach ～ und Willen 思いどおりに | Es ging alles nach ～. すべてが希望どおりにうまくいった ‖ Sein ～ ist endlich in Erfüllung gegangen. 彼の望みはやっとかなえられた | Sein sehnlichster ～ war eine Reise in seine Heimat. 彼の切なる願いは故郷への旅であった | Der ～ ist der Vater des Gedankens.《諺》望みは考えの父(こうあってほしいと願う心が強ければやがてそうなると思うようになる) | **Ihr ～ ist〈sei〉mir Befehl.** あなたのご希望は私にとってご命令と同じです;《戯》何でもあなたの言うとおりにしますよ | Es ist sein ～ und Wille, daß ... 彼はただ…と望むばかりだ.

2 相手の健康・成功・幸せなどを願う気持; (Glückwunsch) 祝意, 祝福: *jm.* die besten *Wünsche* zum neuen Jahr übermitteln …に年賀の言葉を送る | mit allen guten *Wünschen* für Sie ご多幸を祈ります(手紙の末尾などの慣用的表現).

[*germ.*; ◇wohnen, wünschen; *engl.* wish]

wunsch..《名詞につけて「望ましい…, 願わしい…」を意味する》: *Wunsch*gegner 望ましい対戦相手 | *Wunsch*kandidat 望ましい候補者.

wünsch·bar[vʏ́nʃba:r]《スイ》= wünschenswert

Wunsch≠bild[vʊ́nʃ..] 中 理想像, 最高の目標. **≠den·ken** 中 -s/ (現実を無視した)願望的な思考, 希望的観測.

Wün·sche Wunsch の複数.

Wün·schel·ru·te[vʏ́nʃəl..] 女《民俗》占い棒(先端が二またに分かれたヤナギ・ハシバミなどの枝で, 地下の水脈や鉱脈を探し当てる力があると信じられた). [*mhd.*; ◇wünschen]

Wün·schel·ru·ten·gän·ger 男 占い棒をもって水脈〈鉱脈〉を探る人.

wün·schen[vʏ́nʃən]《04》他 (h) **1** (英: *wish*)《〔*sich*³〕*et.*⁴》願う, 望む, 欲する, 欲しいと思う: *et.*⁴ sehnlich〈von Herzen〉～ …を熱望する〈心から願う〉| Ich *wünsche* mir ein Baby〈eine neue Puppe〉. 私は赤ん坊〈新しい人形〉が欲しい | Er *wünscht* sich den Tod. 彼は死を望んでいる | Was *wünschen* Sie bitte? 何をさしあげましょうか(店員が客に対してなど) | Wann *wünschen* Sie, daß er zu Ihnen kommt? 彼にいつ来てほしいのですか | Er *wünscht* eine Antwort. / Er *wünscht*, daß man ihm antwortet. 彼は返事を望んでいる | Ich *wünschte*, ich hätte das nicht gesagt. 私はそれを言わなければよかった ‖《*et.*⁴ **zu ～ übriglassen** の形で》Seine Arbeit läßt nichts zu ～ übrig. 彼の仕事は非の打ちどころがない(これ以上望むべきものを残していない) | Dein Benehmen läßt viel zu ～ übrig. 君の態度には改めるべき点がたくさんある | Seine Gesundheit läßt zu ～ übrig. 彼の健康は思わしくない ‖《zu 不定詞〔句〕と》Was *wünschen* Sie zu trinken? 何をお飲みになりますか | Es *wünscht* Sie jemand zu sprechen. あなたにご面会の方が来ておられます ‖《目的語なしで》ganz wie Sie *wünschen* あなたのお望みどおりに | Sie *wünschen* bitte? ご用件は何でしょうか; (店員が客に対して)いらっしゃいませ, 何をさしあげましょうか ‖《過去分詞で》Das Medikament hatte die *gewünschte* Wirkung. 薬は期待どおりの効き目があった | Bitte die *gewünschte* Nummer hier einsetzen. ご希望の番号をここにご記入ください.

2《*jm. et.*⁴》(…に…を)願う, 望む, (…に…)あれかしと祈る: *jm.* Erfolg〈Gesundheit〉～ …に対して成功〈健康〉を祈る | *jm.*〔einen〕guten Morgen ～ …におはようのあいさつをする | *jm.* die Pest an den Hals ～ (→Pest) ‖ Ich *wünsche* dir guten Appetit. おいしく召し上がれ | Ich *wünsche* dir gute Besserung. (病気・けがなどが)早くよくなるように祈っているよ | Wir *wünschen* dem Unternehmen gutes Gelingen. 我々はこの企ての成功を願っている | Sie *wünschte* ihrem Sohne eine gute Frau. 彼女は息子によい嫁が来てくれることを望んだ | Das *wünsche* ich meinem ärgsten Feind nicht. こんなにひどいことはたとえ最悪の敵に対しても望みたくないほどだ ‖《3格の目的語なしで》Ich *wünsche* eine gute Reise. 道中のご無事を祈ります | Ich *wünsche* wohl zu speisen. おいしく召し上がれ.

3 a)《*sich*³ *jn.* als *jn.*〈zu *jm.*〉》(…が自分の…であることを)願う, 望む: Ich *wünsche* mir ihn als Freund〈zum Freund〉. 私は彼が友人になってくれればと思っている. **b)**《*jn.*》《方向を示す語句と》(…が…へ行くことを)願う, 望む: Ich *wünschte* mich an einen entfernten Ort. できれば私はどこか遠いところへ行きたい | *jn.* unter die Erde ～ (→Erde 2) | *jn.* zur Hölle ～ (→Hölle 1) | *jn.* zum Kuckuck ～ (→Kuckuck 2) | *jn.* zum Teufel〈zu allen Teufeln〉～ (→Teufel 1) | *jn.* dahin ～, wo der Pfeffer wächst (→Pfeffer 1 a) | Diese kreischenden Kinder habe ich schon oft zum Teufel *gewünscht*. 私はこんなぎゃあぎゃあわめく子供たちなんか居なくなればいいと思ったこともしばしばだった.

[*germ.*; ◇Wunsch; *engl.* wish]

wün·schens·wert[vʏ́nʃəns..] 形 願わしい, 好ましい: eine ～*e* Reform 望ましい改革 | Es wäre ～, wenn Sie mitkämen. あなたに一緒に来ていただけるとよいのですが.

Wunsch·form[vʊ́nʃ..] 女 (Optativ)《言》希求〈願望〉法〔の形〕.

wunsch·ge·mäß 形《述語的用法なし》願いに応じた, 希望どおりの: Anbei senden wir Ihnen ～ die Bücherliste zu. 同封にてご希望の書籍リストをお送りいたします.

Wunsch≠kan·di·dat 男 希望の〈望ましい〉候補者. **≠kind** 中 両親の願いがかなって生まれた子供, 申し子. **≠kon·zert** 中 希望〈リクエスト〉音楽会. **≠li·ste** 女 願い〈希望〉を列挙したリスト.

wunsch·los[vʊ́nʃlo:s]¹ 形 (満ち足りていて)別にこれといって望むことのない, 何の不足もない: Ich bin ～ glücklich. 私は全く幸せだ.

Wunsch≠part·ner 男 希望の相手, 願わしいパートナー. **≠satz** 男《言》願望文. **≠traum** 男 (ぜひこうあってほしいと思う)あこがれの夢. **≠vor·stel·lung** 女 (現実に即さない)願望的な考え, 希望的観測, 空頼み. **≠zet·tel** 男 (子供がクリスマス・誕生日などの贈り物として欲しい物を記した)希望カード.

wupp[vʊp] = wuppdich I

wupp·dich[vʊ́pdɪç] **I** 間 (一瞬のすばやい動きを表して)さっ, しゅっ, ぱっ: *Wuppdich*, sprang er ins Wasser. さっと彼は水にとびこんだ | *Wuppdich!* さあ早く.

II Wupp·dich 男 -s/-s《話》**1** すばやい動き: **im ～** / **mit einem ～**《話》すばやく, さっと | mit einem ～ über den Zaun springen さっと垣根をとびこえる. **2**《北部》一口のブランデー.

Wupp·di·zi·tät[vʊpditsitɛ́:t] 女 -/-en《戯》= Wuppdich 1 [＜Wuppdich＋Elektrizität]

die **Wup·per**[vʊ́pər] 地名 女 -/ ヴッパー (Rhein 川の支流): **über die ～ gehen**《俗》i) 死ぬ; ii) 破滅する, だめになる; こわれる.

Wup·per·tal[vʊ́pərta:l] 地名 ヴッパータール(ドイツ Nordrhein-Westfalen 州のヴッパー川に沿う 6 市町村が合

併してできた工業都市).
[< *mndd.* wippen (◇wippen)]
wupps[vʊps] =wuppdich I
wụ̈r·be[vʏ́rbə] werben の接続法 II.
wụr·de[vʊ́rdə] werden の過去.
wụ̈r·de[vʏ́rdə] werden の接続法 II.
Wụ̈r·de[vʏ́rdə] 女 -/-n **1** 《ふつう単数で》(態度・言動などに備わる)威厳, 品位, 気品, 品格; (精神・人格などの)高潔さ, 気高さ; (人間やその行為の)尊さ, 尊厳: eine natürliche ~ 自然に備わる威厳〈品位〉| die ~ des Alters 老年の威厳 | die ~ des Menschen / Menschen*würde* 人間の尊厳〈品位〉‖ *js.* ~ antasten 〈verletzen〉 …の品位を傷つける | eine feierliche ~ zur Schau tragen もったいぶった〈しかつめらしい〉様子をする | die ~ wahren 品位〈体面〉を保つ ‖ *et.*⁴ mit ~ ertragen …に威厳をもって〈従容(しょうよう)として〉耐える | **ohne alle ~ sein / unter aller ~ sein** およそ品位がない | Ich halte es für unter meiner ~, so etwas zu tun. そのようなことをするのは私の沽券(こけん)にかかわる.
2 位(くらい), 位階(爵位・学位など); 高位, 顕職: die ~ eines Doktors / Doktor*würde* 博士〈ドクター〉の学位 ‖ *jm.* die ~ eines Ehrendoktors verleihen …に名誉博士の称号を授与する | *jn.* *seiner* ~*n* entkleiden …の位を剝奪(はくだつ)する ‖ in Amt und ~*n* sein (→Amt 1 a) | *jn.* in die ~ eines Bischofs einsetzen …を司教の位に任じる | zu Rang und ~*n* kommen (→Rang 1 a) | zu höchsten ~*n* aufsteigen 〈emporsteigen〉 最高の位階にのぼりつめる, 位人臣をきわめる ‖ *Würde* bringt Bürde. / Keine ~ ohne Bürde. 《諺》高位は重荷をもたらす.
[*ahd.*; ◇wert, würdig]
wụ̈r·de·lo̱s[vʏ́rdəlo:s]¹ 形 威厳〈品位〉のない; (自分の)品格をおとす(振舞いなど), 沽券(こけん)にかかわる.
Wụ̈r·de·lo̱·sig·keit[..lo:zɪçkaɪt] 女 -/ würdelos なこと.
Wụ̈r·den·trä·ger 男 高位高官の人, 顕職にある人.
ᵛ**wụ̈r·dern**[vʏ́rdərn] 《05》 =würdigen
wụ̈r·de·voll[vʏ́rdəfɔl] 形 威厳に満ちた, 品位のある, 堂々とした: *sich*⁴ ~ benehmen 堂々と振舞う.
wụ̈r·dig[vʏ́rdɪç]² 形 **1** 威厳のある, 品位〈品格〉のある, 気品の備わった, 堂々とした, 貫禄(かんろく)のある; 重々しい, 荘重な: eine ~*e* Feier 荘厳な式典 | ein ~*er* alter Herr 威厳のある老紳士 ‖ ~ einherschreiten 重々しい足どりで悠然と歩を運ぶ. **2** 《*et.*² 〈ᵛ*et.*⁴〉/*js.* 〈ᵛ*jn.*〉》(…に)値する, ふさわしい: des Lobes ~ sein 賞讃に値する | Er erwies sich deines Vertrauens ~. 彼は君の信頼に値する人間であることがわかった | Ich fühlte mich ihrer nicht ~. 私は自分が彼女にふさわしくないと感じた | Er ist es 〈dessen〉 nicht ~, so bevorzugt zu werden. 彼にはそのように優遇される値打ちはない ‖〔2 格なしで〕ein ~*er* Gegner 相手にとって不足のない敵 | einen ~*en* Nachfolger suchen 前任者にふさわしい後継者を探す | Wir halten ihn für ~, dieses Amt zu versehen. 彼はこの職務を行うのに適していると我々は思う.
[*ahd.*; ◇Würde]
..würdig[..vʏrdɪç]² 《名詞につけて「…する価値のある, …される値打ちのある」を意味する形容詞をつくる》: anerkennungs*würdig* 賞讃に値する | kritik*würdig* 批評するだけの値打ちのある | nobelpreis*würdig* ノーベル賞に値する | vertrauens*würdig* 信頼するに足る.
wụ̈r·di·gen[vʏ́rdɪgən]² 他 (h) **1** 《*et.*⁴》(…の)価値を認める, (…を正当に)評価する: *js.* Verdienst gebührend 〈richtig〉 ~ …の功績を正当に評価する | Ich weiß seine Hilfe zu ~. 私は彼の助力をありがたいと思っている | Ich bedaure deine Absage, *würdige* aber deine Gründe. 君に断られたのは残念だが それに対する君の理由は尊重する.
2 《*jn.* 〈*et.*⁴〉 *et.*²》(…を…に)値すると評価する, (…に…の)価値があると認める: *jn.* *seiner* Freundschaft 〈*seines* Umgangs〉 ~ …を友情を結ぶ〈交際する〉に足る人間と見なす | *jn.* keiner Antwort ~ …に対して返事をする必要を認めない | Er hat mich keiner Antwort *gewürdigt*. 彼は私に返事ひとつくれなかった | *jn.* keines Blickes ~ (→Blick 1).
Wụ̈r·dig·keit[vʏ́rdɪçkaɪt] 女 -/-en **1** 《単数で》würdig なこと. **2** würdig な言動.

Wụ̈r·di·gung[vʏ́rdɪgʊŋ] 女 -/-en würdigen すること: Die Zeitung hat eine ~ seiner Verdienste gebracht. 新聞は彼の功績を評価〔する記事を発表〕した | Ihm wurden viele ~*en* zuteil. 彼は多くの栄誉を与えられた ‖ in ~ seiner Mühe 彼の努力を評価して.
Wụrf[vʊrf] 男 -〔e〕s/Würfe[vʏ́rfə] **1** (werfen すること. 例えば:) 投げ, 投擲(とうてき), 投下; 投球, スロー; 投射; 〔テニス〕トスアップ; 〔柔道〕投げ〔技(わざ)〕: ein ~ mit einem Stein 石を投げること, 投石 | Hammer*wurf* 〔陸上〕ハンマー投げ | Netz*wurf* 網打ち | Speer*wurf* 〔陸上〕槍(やり)投げ ‖ ein ~ Erde (埋葬の際などに墓穴に投げ入れる)一すくいの土 ‖ **ein großer ~** 大成功 | einen großen ~ tun 《比》ヒットする, 大成功を収める | einen guten ~ tun 上手に投げる; 《比》(経済的に)効果的な〈うまい〉手を打つ ‖ **alles auf einen 〔einzigen〕 ~ setzen** 《比》すべてを一挙に賭(か)ける, 一か八かでやる | *jm.* in den ~ kommen 〈laufen〉 《方》…とばったり出会う | zu einem ~ ausholen 投げようとして身がまえる(腕をふり上げるなどして). **2** (石などを)投げて届く距離. **3** 成功した〈よくできた〉仕事: ein großer ~ ヒット〈成功〉作, すばらしい仕事 | Ihm ist mit diesem Gemälde der große ~ gelungen. 彼のこの絵はみごとな傑作となった. **4** (Faltenwurf) (衣服・カーテンなどの) ひだ取り〔のぐあい〕. **5** (家畜などの)一腹の子: ein ~ Katzen 一腹の猫の子 | Die Sau brachte in zwei Jahren fünf *Würfe*. その雌豚は2年間に5回子を産んだ. **6** (芸術作品などの) 躍動する生気.
Wụrf≈ba̱hn[vʊ́rf..] 女 (投擲(とうてき)物・投射物の描く)曲線, 弾道. **≈bu̱·de** 女 (遊園地などで球などを投げて当てる)投球遊技小屋(→ 図 Rummelplatz). **≈dis·zi·pli̱n** 〔スポーツ〕投擲(とうてき)種目.
wụ̈r·fe[vʏ́rfə] werfen の接続法 II.
Wụ̈r·fe Wurf の複数.
Wụ̈r·fel[vʏ́rfəl] 男 -s/- (小 **Wụ̈r·fel·chen**[−çən] 中 -s/-) **1** 賽(さい), さいころ, ダイス(→ 図): ein Satz ~ 一組のさいころ〈ダイス〉| ~ spielen / mit ~*n* spielen さいころ遊び〈ダイスゲーム〉をする; さいころ賭博(とばく)をする ‖ Der ~ rollt. / Die ~ rollen. さいころが転がる | Der ~ zeigt eine Sechs. さいの目は6が出ている | Der ~ ist 〈**Die ~ sind**〉 **gefallen.** 《比》賽は投げられた(もうあとには引けない: →alea iacta est).

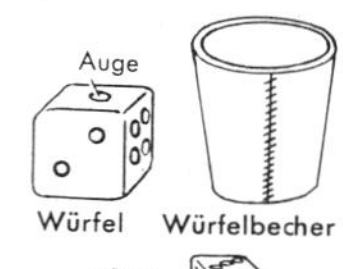

2 a) さいころ形: Suppen*würfel* (さいころ形の)固形スープ | zwei ~ Zucker 角砂糖2個 ‖ *et.*⁴ in ~ schneiden …をさいの目に切る. **b)** 〔数〕立方体. **c)** 〔紋〕方形図形(→ 図 Wappen e).
[*ahd.*; ◇werfen]
Wụ̈r·fel≈be·cher 男 (さいころを振るための)ダイスカップ, さい筒(づつ)(→ 図 Würfel). **≈bein** 中 〔解〕(足首の)立方骨. **≈brett** 中 (ダイスゲーム用の)ダイス盤.
Wụ̈r·fel·chen Würfel の縮小形.
Wụ̈r·fel·fal·ter 男 (Puzzlefalter) 〔虫〕チャマダラセセリ(茶斑挵蝶)属のチョウ.
wụ̈r·fel·för·mig 形 さいころ〈さいの目〉形の, 立方体の.
wụ̈r·fe·lig[vʏ́rfəlɪç]² (**wụ̈rf·lig**[..flɪç]²) 形 さいころ〈さいの目〉形の, 立方体の; 市松模様の, 格子〈碁盤〉縞(じま)の: *et.*⁴ ~ schneiden …をさいの目に切る.
Wụ̈r·fel≈ka·pi·tell 中 〔建〕(ロマネスク建築などの)方円柱頭(→ 図 Kapitell). **≈ko̱h·le** 女 塊炭(かいたん); 〔坑〕特選塊炭, 特塊(こぶし大の石炭). **≈mu·ster** 中 市松模様, 格子〈碁盤〉縞(じま).
wụ̈r·feln[vʏ́rfəln] 《06》 **I** 自 (h) さいころ〈ダイス〉を振る; さいころ遊び〈ダイスゲーム〉をする; さいころ賭博(とばく)をする: 〔mit *jm.*〕 um Geld ~ 〔…と〕金を賭(か)けてダイスゲームをする.
II 他 (h) **1** 《*et.*⁴》さい〈ダイス〉を振って(…の目・数を)出す: eine Sechs 〈die höchste Zahl〉 ~ さいを振って6の目〈最高の数〉を出す. **2** さいの目に切る: Fleisch 〈Tomaten〉 ~ 肉〈トマト〉をさいの目に切る ‖ *gewürfelte* Kartoffeln さいの目

に切ったジャガイモ.

III ge·wür·felt → 別出

Wür·fel≈qual·len 複〘動〙アンドンクラゲ類, 立方水母(くらげ)類. **≈spiel** 中 ダイスゲーム; さいころ賭博(とばく); 双六(すごろく)(さいころの目数で駒(こま)を進めるゲーム). **≈spie·ler** 男 ダイスゲーム〈さいころ賭博〉をする人. **≈zucker** 男 -s/ 角砂糖.

Wurf≈ge·schoß[vúrf..] 中 投擲(とうてき)弾(石・手榴弾(りゅうだん)など). **≈ham·mer** 男〘陸上〙(投擲(とうてき)用の)ハンマー.

würf·lig =würfelig

Wurf≈mal[vúrf..] 中 -[e]s/-e〘野球〙ピッチャーズプレート. **≈ma·schi·ne** 女 (昔の)投擲(とうてき)器(→図); 投射〈発射・射出〉装置. **≈netz** 中〘漁〙投げ網, 投網(とあみ). **≈pfeil** 男 投げ矢. **≈schau·fel** 女 箕(み)(農具). **≈schei·be** 女 (Diskus)〘陸上〙(投擲用の)円盤. **≈schleu·der** 女 投擲器. **≈sen·dung** 女 (郵便によらない)投げ込み〈直接投函〉印刷物(宣伝用印刷物など). **≈speer** 男, **≈spieß** 男 投げ槍(やり). **≈stern** 男 (忍者などの用いる)星型手裏剣. **≈tau·be** 女 クレー=ピジョン(射撃競技用の素焼きの標的).

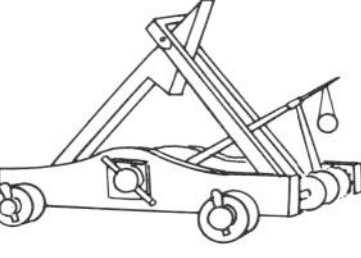
Wurfmaschine

Wurf·tau·ben·schie·ßen 中 -s/ 〘スポ〙クレー射撃.

Wurf≈waf·fe 女 投擲(とうてき)用武器(投げ槍(やり)・手榴弾(りゅうだん)など). **≈wei·te** 女 投擲目標距離.

Wür·ge·griff[výrgə..] 男 首〈のど〉を絞めること;〘柔道〙絞めわざ.

Wür·gel[výrgəl] 男 中 -s/-《中部》(行儀の悪い)いたずらっ子,(うるさい)がき.

wür·gen[výrgən][1] **I** 他 (h) **1**《*jn.*》**a)** (…の)首〈のど〉を絞める: Er hat mich *gewürgt*. 彼は私ののどを絞めた | *jn.* zu Tode ～ …を絞め殺す | Der Kragen *würgt* mich [am Hals]. このカラーは私の首をしめつける(窮屈だ) | Die Angst *würgte* ihn. 彼は不安で息が詰まりそうだった. ▽**b)** (erwürgen)(…の)首を絞めて殺す, 絞殺〈扼殺(やくさつ)〉する;《比》圧殺する.

2《*jn.*》(食物などがのどにつかえて…の)息を詰まらせる, 吐き気を催させる: Ein großer Brocken Fleisch *würgte* mich [in der Kehle]. 大きな肉の塊が私ののどにつかえた | Der Magen *würgte* ihn. 彼は胃がむかついて吐き気を催した ‖ 非人称 es *würgt jn.* im Hals 〈in der Kehle〉 …はのどにものが詰まって吐き気を覚える.

3《話》むりやりにはめ〈押し〉込む: einen Knopf in ein enges Loch ～ ボタンを窮屈なボタンホールにやっとはめる.

II 自 (h) **1 a)**《an *et.*[3]》(…を)のみ込むのに苦労する,(…を)やっとの思いで〈目を白黒させて〉のみ込む;《比》(…に)難儀〈難渋〉する: an einem Stück Fleisch ～ 肉切れをのみ込むのに苦労する | an einer Antwort ～《比》返事に四苦八苦する. **b)**《話》あくせく働く, さんざん苦労する: den ganzen Tag ～ 一日じゅうあくせく働く〈悪戦苦闘する〉| Er hat lange *gewürgt*, bis der Baumstumpf heraus war. 彼は長いあいだ悪戦苦闘してやっとその切り株を掘り起こした.

2 吐き気に苦しむ; 吐く, 嘔吐(おうと)する: Er mußte heftig ～. 彼は激しく嘔吐(おうと)せずにはいられなかった.

III Wür·gen 中 -s/ würgen すること: mit Hängen und ～ (→hängen III).

[*ahd.*; ◇Wurm, wringen]

Würg·en·gel[výrk..] 男〘宗〙死をもたらす天使.

Wür·ger[výrgər] 男 -s/- **1** (würgen する人. 例えば:) **a)** 絞殺〈扼殺(やくさつ)〉者, 殺人者; 絞刑吏. **b)**《雅》死神. **2**〘鳥〙モズ(百舌)属[の鳥]. **3** 寄生植物(ハマウツボなど).

Würg·schrau·be[výrk..] 女 =Garrotte

Wurm[vʊrm](小 **Würm·chen** → 別出, **Würm·lein**[výrmlaın] 中 -s/-) **I** 男 **1** -[e]s/Würmer[výrmər](英: *worm*)(一般に[足や]羽のない)虫(蛆(うじ)・青虫・ミミズなど), 虫けら; (狭義には腸内に寄生する)蠕虫(ぜんちゅう)(回虫・サナダムシなど): ein schmarotzender ～ 寄生虫 | Band*wurm* サナダムシ(真田虫) | Seiden*wurm* カイコ(蚕) | Regen*wurm* ミミズ(蚯蚓) | der nagende ～ des Gewissens / der Gewissens*wurm*《比》良心のうずき〈呵責(かしゃく)〉‖ *Würmer* abtreiben 虫をくだす〈駆除する〉| *jm.* die *Würmchen* abtreiben (→Würmchen 1) | **den ～ baden**《戯》釣りをする | Du hast [wohl] *Würmer* gefrühstückt?《話》気でも狂ったのか | *Würmer* haben (人間・動物などが)腸に虫〈蠕虫〉がいる | einen [nagenden] ～ in *sich*[3] haben 〈tragen〉《比》恨みを抱いている | ***Würmer* 〈einen ～〉 im Kopf haben**《話》気まぐれだ; 気が変だ | *jm.* den ～ schneiden《話》…の妄想を捨てさせる〈愚行をやめさせる〉(むかし狂犬病の予防として子犬の舌の靭帯(じんたい)を切除したことから) | *jm.* den ～ segnen《話》…をきびしくたしなめる, …に徹底的に意見〈直言〉する(むかし病魔を体内から駆除するため虫祓(ばら)いをしたことから) | ***jm.* die *Würmer* [einzeln] aus der Nase ziehen**《話》…から根掘り葉掘り事情〈秘密〉を聞きだす(前の句と同じく虫祓いに由来する) ‖ an *Würmern* leiden 寄生虫病にかかっている | von *Würmern* befallen sein 虫に食われている, 虫が巣くっている ‖ In dem Apfel war ein ～. このリンゴには虫がいた | **Da ist 〈sitzt〉 der ～ drin!**《話》それはどこかおかしい(まともでない・いかがわしい) | Er kroch vor mir wie ein ～. 彼は私の前で虫けらのようにはいつくばった(卑屈な態度をとった) | **Der getretene ～ krümmt sich. / Auch der ～ krümmt sich, wenn er getreten wird.**《諺》一寸の虫にも五分の魂(虫も踏まれれば身をよじる). ▽**2** -[e]s/Würme[výrmə](Lindwurm)(伝説の)竜, 怪物の大蛇.

II 中 -[e]s/Würmer[výrmər] **1** (虫けらのような)弱いあわれな人間. **2**《話》(Kind) 子供, 赤ん坊.

[*germ.*; ◇werden, Rist, würgen, vermeil; *engl.* worm]

wurm·ab·trei·bend[vúrm..] 形〘薬〙駆虫力〈作用〉のある.

Würm·chen[výrmçən] 中 -s/- (Wurm の縮小形. 例えば:) **1** 小さな虫, 虫けら: *jm.* die ～ abtreiben《話》…に絶えず用を言いつける, …を絶えず悩ます.

2 a) (虫けらのような)ちっぽけな弱い人間. **b)**《話》子供, 赤ん坊.

Wür·me Wurm I 2の複数.

wur·men[vúrmən]《話》**I** 他 (h)《*jn.*》(…の心を)[絶えず]ちくちく苦しめる,(…に)[いつまでも]いやな思いをさせる, むしゃくしゃさせる: Die Zurücksetzung *wurmte* ihn heftig. 冷遇されたことが彼の心をひどく苦しめた | Es *wurmt* mich, daß ich nicht eingeladen wurde. 招待されなかったことが私にはしゃくの種だ.

▽**II** 自 (h) **1**《*jm.* / in *jm.*》= I **2** (人が)思いわずらう, くよくよ考える.

Wür·mer Wurm I 1, IIの複数.

Wurm≈farn[vúrm..] 男〘植〙オシダ(雄羊歯)属(ベニシダなど. むかし駆虫剤の材料に使われた): Gemeiner ～ メンマ(綿馬). **≈fort·satz** 男〘解〙(盲腸の)虫垂(ちゅうすい), 虫様(ちゅうよう)突起(→図 Mensch D).

Wurm·fort·satz·ent·zün·dung 女〘医〙虫垂炎(いわゆる盲腸炎).

Wurm·fraß 男 虫食い[の跡],(虫による)食害.

wur·mig[vúrmıç][2] 形 **1** =wurmstichig

2 蛆(うじ)のわいた, 蛆のたかった.

Wurm≈krank·heit 女〘医〙寄生虫病. **≈krebs** 男〘動〙口脚類(シャコなど). **≈kun·de** 女 -/ 寄生虫学, 蠕虫(ぜんちゅう)学. **≈kur** 女 寄生虫駆除治療.

Würm·lein Wurm の縮小形(→Würmchen).

Wurm≈loch 中 虫食いの穴. **≈mit·tel** 中〘薬〙駆虫薬, 虫下し. **≈mol·lus·ke** 女〘貝〙ヒザラガイ(石鼈貝). **≈sa·men** 男〘植〙ケアリタソウ(毛有田草)の果実(駆虫剤にする). **≈schlan·ge** 女〘動〙メクラヘビ(盲蛇)[の類]. **≈schnecke** 女〘貝〙ムカデガイ.

der **Würm·see**[výrmze:] 地名 男 -s/ ヴュルム湖 (der Starnberger See の旧名). [<die Würm (Starnberger See から流れ出る川の名)]

Wurm·stich[vúrm..] 男 虫食いの跡〈穴〉.

wụrm·sti·chig[..ʃtıçıç]² 形 虫のついた, 虫の食った, 虫食いの跡のある: ～*e* Äpfel 虫食いりんご.

Wụrm·züng·ler[..tsʏŋlər] 複《動》カメレオン科〔の動物〕. [＜züngeln]

wurscht[vʊrʃt] ＝wurstig

Wurscht[–] 女 -/ ＝Wurst 2

Wursch·te·lei[vʊrʃtəlái] 女 -/-en ＝Wurstelei

wụrsch·teln[vʊ́rʃtəln]《06》＝wursteln

wụrsch·tig[..tıç]² ＝wurstig

Wụrsch·tig·keit[..kaıt] 女 -/ ＝Wurstigkeit

wurst[vʊrst] ＝wurstig

Wurst[vʊrst] 女 -/Würste[vʏ́rstə]《小 **Wụ̈rst·chen** → 別出, **Wụ̈rst·lein**[vʏ́rstlaın] 中 -s/-》 **1** ソーセージ, 腸詰め: geräucherte ⟨hausgemachte⟩ ～ 燻製(くんせい)⟨自家製⟩ソーセージ | Blut*wurst* ブラッドソーセージ | Dauer*wurst* 保存用ソーセージ | Leber*wurst* レバーソーセージ | Salami*wurst* サラミソーセージ ‖ eine Scheibe ⟨ein Stück⟩ ～ 一片⟨一本⟩のソーセージ ‖ ～ machen ⟨herstellen⟩ ソーセージをつくる⟨製造する⟩ | die ～ stopfen ⟨füllen⟩ (ひき肉を)腸詰めにしてソーセージをつくる | die ～ braten ⟨in Scheiben schneiden⟩ ソーセージを焼く⟨輪切りにする⟩ | Er will immer eine besondere ～ gebraten haben.《話》彼はいつも特別扱いされたがる | ***jm.* die ～ auf dem Brot nicht gönnen**《話》…をねたむ⟨うらやむ⟩ ‖ ein Brot mit ～ belegen パンにソーセージをのせる | **mit der ～ nach dem Schinken ⟨nach der Speckseite⟩ werfen**《話》エビでタイを釣ろうとする | **mit dem Schinken nach der ～ werfen**《話》小さい利益のために大きい犠牲を払おうとする, 労力を費やす割に成果のあがらぬことをする | **Es geht jetzt um die ～.**《話》いまや大事の瀬戸際⟨決断のとき⟩だ | *Wurst* wider ～!《話》そっちがそうならこちらにも考えがある.

2《単数で》《話》〔もっぱら次の成句で〕*jm.* ～ sein …にとってどうでもよいことである | Das ist mir vollkommen ⟨ganz und gar⟩ ～ (＝Wurscht). そんなことは私には全くどうでもいいことだ.

3 a) (外形が)ソーセージに似たもの: *et.*⁴ zur ～ formen …をソーセージの形につくる. **b)**《話》(Kot) 糞便(ふんべん), くそ(→Würstchen 3). **c)**《卑》(Penis) 陰茎, 男根.

[*ahd.*]

Wụrst≈blatt[vʊ́rst..] 中, **≈blätt·chen** 中《話》つまらぬ⟨俗悪な⟩新聞. **≈brot** 中 ソーセージを塗った⟨のせた⟩パン. **≈brü·he** 女 ソーセージのゆで汁.

Wụ̈rst·chen[vʏ́rstçən] 中 -s/- (Wurst の縮小形) **1** 小型のソーセージ: heiße ～ mit Senf からし添えホットソーセージ | Frankfurter ⟨Wiener⟩ ～ フランクフルト⟨ウィンナ⟩ソーセージ. **2**《話》つまらない⟨とるに足らない⟩やつ; 気の毒⟨かわいそう⟩なやつ. **3**《幼児語》うんこ.

Wụ̈rst·chen≈bu·de 女, **≈stand** 男 (街頭などの)ソーセージの売店.

Wurst·darm[vʊ́rst..] 男 ソーセージ⟨腸詰め⟩用の腸皮.

Wụ̈r·ste Wurst の複数.

wụrst·egal[vʊ́rst|egá:l] 形《話》《*jm.*》(…にとって)全くどうでもよい, およそ興味のない(→Wurst 2).

Wụr·stel[vʊ́rstəl] 男 -s/-《南部・オーストリア》＝Hanswurst

Wụ̈r·stel[vʏ́rstəl] 中 -s/-《オーストリア》(Würstchen) 小型のソーセージ, (特に:) ウィンナソーセージ(→Wiener III): Da gibt es keine ～.《比》だれも特別扱いはしてもらえないよ.

Wur·ste·lei[vʊrstəlái] 女 -/-en《話》だらだら働くこと, のろのろ⟨漫然⟩と仕事をすること.

wụr·steln[vʊ́rstəln]《06》自 (h)《話》だらだらと働く, のろのろ⟨漫然⟩と仕事をする.

Wụ̈r·stel·stand[vʏ́rstəl..]《オーストリア》＝ Würstchenstand

wụr·sten[vʊ́rstən]《01》自 (h) ソーセージを作る⟨製造する⟩.

Wụr·ster[vʊ́rstər] 男 -s/-《南部》ソーセージ製造〔販売〕業者.

Wụrst≈fin·ger[vʊ́rst..] 男《話》(太くて短い)無骨な指. **≈fleisch** 中 ソーセージ用の肉. **≈fül·le** 女《中部・南部・オーストリア》ソーセージの詰め物. **≈haut** 女 ソーセージの皮⟨ケーシング⟩.

wụr·stig[vʊ́rstıç]² 形《話》(gleichgültig)《*jm.*》(…にとって)どうでもよい, 重要でない, 興味のない.

Wụr·stig·keit[–kaıt] 女 -/ wurstig なこと.

Wụrst≈kes·sel 男 **1** ソーセージ用煮鍋(なべ): noch in Abrahams ～ sein (→Abraham II). **2**《話》苦境, 窮境. **≈kraut** 中 (Majoran)〔植〕マヨラナ(ソーセージ製造の際の香辛料に用いることから). **≈kü·che** 女 ソーセージ製造室.

Wụ̈rst·lein Wurst の縮小形(→Würstchen).

Wụrst·ler¹[vʊ́rstlər] 男 -s/-《方》ソーセージ製造〔販売〕業者.

Wụrst·ler² 男 -s/- wursteln する人.

Wụrst≈pel·le 女《方》＝Wursthaut **≈schei·be** 女 輪切りにしたソーセージ. **≈stand·punkt** 男《話》無関心の立場: *sich*⁴ auf den ～ stellen 無関心をよそおう(→Wurst 2). **≈sup·pe** 女 ソーセージのゆで汁のスープ. **≈ver·gif·tung** 女 腸詰め⟨ソーセージ⟩中毒. **≈wa·ren** 複 腸詰め製品, ソーセージ類. **≈zip·fel** 男 ソーセージの耳(結んである両端).

Wurt[vʊrt] 女 -/-en, **Wụr·te**[vʊ́rtə] 女 -/-n《北部》(洪水の被害を避けるために)盛り土をした敷地.

[*mndd.*; ◇Werder]

Wụ̈rt·tem·berg[vʏ́rtəmbɛrk] 地名 ヴュルテンベルク(ドイツ南西部の地方. 1951年に Baden²と統合されて Baden-Württemberg 州となる). [＜..berg „Burg"]

Wụ̈rt·tem·ber·ger[..bɛrgər] **I** 男 -s/- ヴュルテンベルクの人. **II** 形《無変化》ヴュルテンベルクの.

wụ̈rt·tem·ber·gisch[..gıʃ] 形 ヴュルテンベルクの.

Wurt·zit[vʊrtsí:t, ..tsít] 男 -s/-e〔鉱〕ウルツ鉱, 繊維亜鉛鉱. [＜Ch. Wurtz (フランスの化学者, †1884)＋..it²]

▽**Wurz**[vʊrts] 女 -/-en **1** 植物, 草本(そうほん). **2** ＝Wurzel

[*germ.*; ◇Rettich, Würze; *engl.* wort, root]

Wụ̈rz·burg[vʏ́rtsbʊrk] 地名 ヴュルツブルク(ドイツ Bayern 州, Main 川に沿う古い都市. 大学の所在地).

Wụ̈rz·bur·ger[..bʊrgər] **I** 男 -s/- ヴュルツブルクの人. **II** 形《無変化》ヴュルツブルクの: die ～ Residenz ヴュルツブルク宮(18世紀の領主司教フランツ フォン シェーンボルンの城館).

wụ̈rz·bur·gisch[..gıʃ] 形 ヴュルツブルク〔ふう〕の.

Wụ̈r·ze[vʏ́rtsə] 女 -/-n **1** (Gewürz) 香辛料, スパイス, 薬味, 調味料;《比》ぴりっとした味, 風味⟨風趣・興趣・妙味⟩を添えるもの: Diese Suppe braucht noch etwas ～. このスープはもうひと味ほしいところだ ‖ In der Geschichte ist keine ～. この話にはぴりっとしたところがない, この話は退屈だ | In der Kürze liegt die ～.《諺》簡潔のなかにこそ味⟨おもむき⟩がある. **2**〔醸〕(ビール発酵まえの)麦芽汁.

[*mhd.*; ◇Wurz]

Wụr·zel[vʊ́rtsəl] 女 -/-n 《小 **Wụ̈r·zel·chen**[vʏ́rtsəlçən], **Wụ̈r·ze·lein**[..tsəlaın], **Wụ̈rz·lein**[..tsl..] 中 -s/-》 **1** (英: *root*) (植物の)根(→図 Baum A, B);《比》根底, 根本; 根源, 原因: dicke ⟨lange⟩ ～*n* 太い⟨長い⟩根 | eßbare ～*n* 食用根(ゴボウ・レンコンなど) | Luft*wurzel*〔植〕気根 ‖ **～*n* schlagen** (植物が)根づく, 根をおろす, 根を張る;《比》根をおろす, 定着する;《話》(長時間待たされて)足に根が生える | neue ～*n* treiben (植物が)新しい根を出す | Der Streit hat seine ～*n* in einem lange zurückliegenden Vorfall. この争いは久しい以前に起こったある事件にその原因がある | die ～ eines Übels ausrotten 悪を根絶する, 災いの根源を断つ ‖ das Übel **an** der ～ fassen ⟨packen⟩ (→übel II 1) | die Axt an die ～ legen《比》(悪などの)根元におのを当てる(災いの根を断ち切るために) | **in** der ～ verdorben sein《比》性根(しょうね)が腐っている, 根本から堕落している | eine Pflanze **mit** der ～ ausgraben 植物を根ごと掘り上げる | ein Übel mit der ～ ausrotten 悪を根絶する, 災いの根源を断つ ‖ Die ～*n* breiten sich aus. 根がひろがる | Die ～*n* verzweigen sich. 根が分かれる⟨枝分かれする⟩ | Geiz ist die ～ allen ⟨alles⟩ Übels. (→Geiz 1 a).

2 (毛髪・歯・つめなどの)根, 根部(こんぶ), 根元, 付け根:

Haar*wurzel* 毛根 | Hand*wurzel* 手根, 手首 | Zahn*wurzel* 歯根 ‖ die ~〔eines Zahnes〕behandeln〈ziehen〉歯根を治療する〈抜く〉.

3〖数〗根(こん), 乗根, 累乗根, 冪(べき)根: die zweite〈dritte〉~ 平方〈立方〉根 ‖ die ~ aus einer Zahl ziehen ある数の根を求める(開平・開立など) | Die zweite ~ von 9 ist 3. 9の平方根は3.

4〖言〗語根.

[*westgerm.* „Kraut-stock"; ◇Wurz, Wall²]

Wur·zel≈bal·len[vύrtsəl..] 男〖園〗ルートボール(土をつけたままの株ごとの根群). **≈be·hand·lung** 女〖医〗歯根の治療. **≈boh·rer** 男〖虫〗コウモリガ(蝙蝠蛾)科の幼虫. **≈brand** 男 -[e]s/〖植〗根腐れ病.

Wür·zel·chen Wurzel の縮小形.

Wur·zel≈de·ter·mi·na·tiv 中〖言〗語根決定要素(すでに退化して意味が不分明な接尾辞. 例えば印欧語の*pel に由来する Feld の..d). **≈dorn** 男〖植〗根針, 根刺. **≈druck** 男 -[e]s/..drücke〖植〗根圧(根の導管内の水圧).

wur·zel·echt 形 **1**〖園〗(植物が接ぎ木ではなく)自分の根をもった, 根ざし(根分け)の. **2**《比》純種の, 生粋の.

Wür·ze·lein Wurzel の縮小形.

Wur·zel≈ex·po·nent 男〖数〗根指数. **≈fa·ser** 女〖植〗根繊維, 繊維根. **≈fäu·le** 女〖植〗根腐れ(病). **≈fle·xion** 女〖言〗(Ablaut, Umlaut などによる)語根屈折. **≈fü·ßer** 男 -s/-, **≈füß·ler** 男 -s/-〖動〗根足虫類(アメーバなど). **≈ge·mü·se** 中 根菜類. **≈haar** 中〖植〗根毛. **≈hau·be** 女〖植〗根冠(根端の外側を覆う組織). **≈haut** 女〖解〗歯根膜(→ 図 Zahn).

Wur·zel·haut·ent·zün·dung 女〖医〗歯根膜炎, 歯周炎.

wur·ze·lig[vύrtsəlıç]² (**wurz·lig**[..tslıç]²) 形 根のついた; 根の多い; 根の張った(土).

Wur·zel≈kä·fer 男〖虫〗ネスイムシ(根吸虫). **≈ka·nal** 男〖解〗歯根管. **≈klet·te·rer** 男〖植〗(攀援(はんえん)根をもつ)攀援植物, つる植物(ノウゼンカズラ・キヅタなど). **≈knöll·chen** 中〖植〗(マメ科の)根瘤(こんりゅう). **≈knol·le** 女〖植〗塊根, 塊茎. **≈krebs** 男〖動〗根頭類(カニなどに寄生するフクロムシの類).

wur·zel·los[vύrtsəllo:s]¹ 形 **1** (植物が)根のない. **2**《比》根なし[草]の, 根底のない, 社会的な足場のない.

Wur·zel·lo·sig·keit[..lo:zıçkaıt] 女 -/ wurzellos なこと.

wur·zeln[vύrtsəln]《06》自 (h) **1**《場所を示す語句と》(植物が…に)根づいている, (…に)根をおろして〈根を張って〉いる;《比》(…に)根ざしている, (…に)根をおろしている, (…に)根源〈原因〉がある: tief im Boden〈in der Erde〉~ 地中に深く根をおろしている | Die Kiefer *wurzelt* auf einem Felsen. その松は岩の上に根を張っている ‖ Er *wurzelt* in der Heimat. 彼は生まれ故郷に根をおろしている | Seine Dichtung *wurzelt* in seinem Kriegserleben. 彼の詩作は彼の戦争体験に根ざしている ‖ das tief *wurzelnde* Mißtrauen 根の深い不信の念.

2《方》(忙しそうに)あちこち動き回る; あくせく働く.

Wur·zel≈no·men 中〖言〗(接辞なしに語根から直接につくられた)語根名詞(例 Grab＜graben). **≈schei·tel** 男〖植〗根端. **≈schim·mel** 男 = Wurzelfäule **≈schöß·ling** 男 (地下の根から出る)ひこばえ, 根生芽. **≈sel·le·rie**[..zɛləri·] 女 根用セロリ. **≈sil·be** 女〖言〗語根音節. **≈spit·ze** 女〖植〗根端. **≈stock** 男 -[e]s/..stöcke (Rhizom)〖植〗根茎, 地下茎. **≈trä·ger** 男〖植〗(イワヒバ類の)担根体. **≈trieb** 男〖植〗根生芽(→ 図 Baum A). **≈werk** 中 -[e]s/ **1** (植物の)根の部分. **2** (Suppengrün)〖料理〗ブーケガルニ, スープ用根菜(ニンジン・セロリ・パセリなど). **≈wort** 中 -[e]s/..wörter (Stammwort)〖言〗語根語. **≈zei·chen** 中〖数〗根号, ルート記号(√). **≈zie·hen** 中 -s/〖数〗開法(開平・開立など).

wür·zen[vʏrtsən]《02》他 (h)《*et.*⁴》(…に)香辛料〈スパイス〉で味をつける, (…に)薬味をきかす;《比》(…に)風味〈風趣・興趣・妙味〉を添える: *et.*⁴ mit Pfeffer〈Curry〉~ …にコショウ〈カレー粉〉で味つけする | Er *würzte* seine Rede mit Humor. 彼はユーモアをまじえて演説を面白くした.

[*ahd.*; ◇Wurz]

Würz·fleisch[vʏrts..] 中 = Ragout

wür·zig[vʏrtsıç]² 形 香辛料〈スパイス〉で味つけされた, 薬味のきいた; 風味のよい, 香ばしい;《比》ぴりっとした, 妙味のある, 気の利いた.

Wür·zig·keit[-kaıt] 女 -/ würzig なこと.

[＜Würze]

Würz·kraut[vʏrts..] 中 香辛料〈スパイス〉用野菜.

[＜würzen]

Würz·lein Wurzel の縮小形.

wurz·lig = wurzelig

Würz≈mit·tel[vʏrts..] 中, **≈stoff** 男 香辛料, スパイス, 薬味.

Wür·zung[vʏrtsυŋ] 女 -/-en würzen すること.

Würz·wein 男 香辛料などで味つけしたワイン; 薬草酒.

wusch¹[vu:ʃ] waschen の過去.

wusch²[vυʃ] 間《オーストリア》**1** (驚きの気持を表して)おや, あれっ. **2** (速いこと・またたく間に[通り]過ぎることを表して)ああっ: *Wusch*, vorbei! あっという間におしまいだ〈行っちゃった〉.

Wu·sche[vú:ʃə] 女 -/-n《東部》(Pantoffel) スリッパ, 上ばき.

wü·sche[vý:ʃə] waschen の接続法 II.

Wu·schel·haar[vύʃəlha:r] 中《話》ぼうぼう〈もじゃもじゃ〉の髪の毛, 乱れ髪.

wu·sche·lig[vύʃəlıç]² 形《話》(毛髪などが)ぼうぼうの, もじゃもじゃの. [＜wuscheln „zerzausen" (◇wischen)]

Wu·schel·kopf 男《話》髪の毛がぼうぼう〈もじゃもじゃ〉の頭[の人].

wu·schel·köp·fig 形《話》もじゃもじゃ頭の, 髪の毛がぼうぼうの.

wu·se·lig[vú:zəlıç]² 形《方》あちこち動き回る, 元気のよい, 活発な.

wu·seln[vú:zəln]《06》自《方》**1** (s) あちこち動き回る, 活発〈せわしげ〉に動き回る. **2** (h) せわしく働く. [擬音]

wuß·te[vύstə] wissen の過去.

wüß·te[vʏstə] wissen の接続法 II.

Wust¹[vu:st] 男 -es(-s)/ 混乱, 乱雑; 雑然と積み上げられたもの: ein ~ von Papieren 雑然たる紙〈書類〉の山.

[*mhd.* wuost „Verwüstung"; ◇wüst[en]]

WUSt (**Wust**²)[vυst] 略 = **Warenumsatzsteuer**《スイス》商品売上税.

wüst[vy:st] 形 **1** 荒れた, 荒涼とした; 荒廃した; (土地が)未開墾の: eine ~*e* Gegend 荒涼たる場所 ‖ einen Acker ~ liegen lassen 畑を荒れるがままに放置する | Die Erde war leer und ~. 地は形なくむなしかった(聖書: 創1, 2).

2 混乱した, 乱雑な, 雑然とした: ein ~*er* Zustand 雑然とした状態 ‖ Ihr Haar war ganz ~. 彼女の髪はすっかり乱れていた | Der Kopf ist mir ganz ~. 私は頭の中がすっかり混乱している.

3《話》**a)** すさんだ, 放埒(ほうらつ)な; 粗野な, 粗暴な: ein ~*er* Kerl 放埒者, 無頼漢 | ein ~*es* Leben führen すさんだ生活を送る. **b)** 野卑な, 下品な, 猥雑(わいざつ)な: ~*e* Lieder 卑猥(ひわい)な歌. **c)** (heftig) ひどい, 激しい: ~*e* Schmerzen 激しい苦痛 | ~ fluchen 口ぎたなくののしる, ひどく悪態をつく. **d)** (häßlich) 醜い; 汚い, 不潔な; いやな, 不快な: eine ~*e* Narbe 醜い傷あと.

[*westgerm.*; ◇*lat.* vāstus „leer"; *engl.* vast]

Wü·ste[vý:stə] 女 -/-n 砂漠; 乾草原, 荒野;《比》荒れ果てた〈荒涼とした〉土地, 不毛の土地: die ~ Gobi ゴビ砂漠 | die Arabische ~ アラビア砂漠 | die Libysche ~ リビア砂漠 | eine ~ von Eis und Schnee 荒涼と広がる氷と雪の原 ‖ der König der ~《雅》荒野の王者(ライオン) | das Schiff der ~《戯》砂漠の船(ラクダ) ‖ eine ~ bewässern〈in fruchtbares Land verwandeln〉砂漠を灌漑(かんがい)する〈肥沃(ひよく)な土地に変える〉| eine ~ überqueren 砂漠を横断する ‖ eine Oase in der ~ 砂漠の中のオアシス | ein Prediger〈ein Rufer〉in der ~ (→Prediger 1, →Rufer 1 a) | *jn.* **in die ~ schicken**《話》…を失脚させる, …を解職

〈解雇〉する | ein Land zur ～ machen 国土を荒廃させる.

wụ̈·sten[vý:stən] ⦅01⦆ 自 (h) ⦅mit *et.*³⦆ (…を)浪費する, むだに使う: mit *seiner* Gesundheit ～ 健康にまかせて不摂生な生活をする.

Wụ̈·sten≈be·wọh·ner 男 砂漠の住民. **≈bọ·den** 男 〘地〙 砂漠土.

Wụ̈·ste·neị[vy:stənáı] 女 -/-en **1** 荒れた〈荒涼とした〉土地, 不毛の土地. **2** ⦅話⦆ ひどい混乱状態.

Wụ̈·sten≈fuchs[vý:stən..] 男 **1** (Fennek) 〘動〙 フェネック(キツネの一種. サハラ・アラビア産). **2** 砂漠のキツネ(第二次大戦中北アフリカの砂漠を舞台にドイツの戦車軍団を率いてイギリス軍を苦しめた Rommel の異名). **≈klị·ma** 中 砂漠気候. **≈kö̤·nig** 男 ⦅雅⦆ 荒野の王者(ライオン). **≈luchs** 男 〘動〙 オオヤマネコ(大山猫). **≈maus** 女 〘動〙 スナネズミ(砂鼠). **≈prẹ·di·ger** 男 荒野の説教者(→Prediger 1). **≈sand** 男 砂漠の砂. **≈schiff** 中 ⦅戯⦆ 砂漠の船(ラクダ). **≈tier** 中 砂漠〈乾草原〉[にすむ]動物.

Wü̈st·heit[vý:sthaıt] 女 -/ wüst なこと.

Wü̈st·ling[vý:stlıŋ] 男 -s/-e ふしだらな〈身持ちの悪い〉人, 放埒(ほうらつ)〈放蕩(ほうとう)〉者.

Wụ̈·stung[vý:stʊŋ] 女 -/-en **1** ⦅単数で⦆ wüsten すること. **2** ＝Wüstenei **3** 〘坑〙 荒れ果てた鉱床, 廃坑.

Wụt[vu:t] 女 -/ **1** 憤激, 激怒, 憤怒(ふんぬ), 憤り: eine maßlose 〈unsägliche〉 ～ はてしない〈言い知れぬ〉怒り | eine ～ über *et.*⁴ …に関する怒り ‖ **[eine] ～ im Bauch 〈Balg〉 haben** ⦅話⦆ 憤激している, ひどく腹を立てている, はらわたが煮えくり返りそうである | *seine* ～ an *jm.* 〈*et.*³〉 auslassen …に対して怒りをぶちまける | *seine* ～ niederkämpfen 〈in *sich*⁴ hineinfressen〉 怒りをやっとの思いでこらえる | eine ～ auf *jn.* bekommen 〈kriegen〉 …に対して激怒する ‖ **in ～ geraten 〈kommen〉** 憤激する | *jn.* in ～ bringen 〈versetzen〉 …を憤激させる | *sich*⁴ in ～ reden 話しているうちにしだいに激昂(げっこう)する | in plötzlicher ～ 突然かっとなって | **vor ～ beben** 怒りに震える | vor ～ kochen 怒りにはらわたが煮えくりかえる | vor ～ schäumen 口から泡を吹くほど激怒する | *sich*⁴ vor ～ nicht mehr kennen 怒りのあまり我を忘れる ‖ *Wut* packte ihn. 怒りが彼をとらえた | *Wut* stieg in ihm auf. 彼は怒りがこみ上げてきた.

2 荒れ狂うこと, 大荒れ, 狂暴, 暴威: die ～ der Elemente 自然の猛威.

3 熱中, 熱狂(→..wut): mit ～ 非常に熱心に, 憑(つ)かれたように, 夢中になって | mit einer wahren ～ arbeiten 〈tanzen〉 仕事〈ダンス〉に熱中する.

4 (Tollwut) 〘医〙 狂犬病, 恐水病.

[*ahd.*; < *ahd.* wuot „rasend" (◇Wodan); ◇ *engl.* wood]

..wut[..vu:t] ⦅動詞・名詞につけて「…への熱中, …熱」などを意味する女性名詞をつくる⦆: Lese*wut* 読書熱 | Reform*wut* 改革熱 | Zerstörungs*wut* 破壊欲.

Wụt≈an·fall[vú:t..] 男 怒りの発作. **≈aus·bruch** 男 怒りの爆発, かんしゃく.

wụ̈·ten[vý:tən] ⦅01⦆ **I** 自 (h) **1** (人が)荒れ狂う, 暴れる; 怒り狂う, 憤激〈激怒〉する: wie ein Berserker ～ (→Berserker) | gegen *jn.* 〈über *et.*⁴〉 ～ …に対して〈…について〉激怒する | vor Zorn ～ 怒り狂う.

2 (自然・災厄などが)荒れ狂う, 暴威〈猛威〉をふるう: Der Sturm *wütet*. あらしが猛威をふるう | Das Meer *wütet*. 海が荒れる | Eine Seuche *wütete* in der Stadt. 疫病が町で猖獗(しょうけつ)をきわめた | In ihm *wütete* eine Leidenschaft. 彼の体じゅうに情熱が煮えたぎっていた.

II wụ̈·tend 現分 形 **1** 腹を立てた, 憤激〈激怒〉した: ein ～*er* Blick 怒りに燃えたまなざし | Der Hund sprang mit ～*em* Gebell auf mich zu. 犬は狂ったようにほえながら私にとびかかった | mit ～*er* Miene 怒った表情で ‖ Sie war ～ auf ihn 〈über ihn〉. 彼女は彼に対して〈彼のことを〉ひどく怒っていた | Er wurde richtig ～, als er davon hörte. 彼はそれを聞いて烈火のごとく憤った | *jn.* ～ machen …を憤激〈激怒〉させる ‖ *jn.* ～ anbellen (犬が)…に狂ったようにほえかかる.

2 ⦅述語的用法なし⦆ (感情・痛みなどが)激しい, 激烈な, 猛烈な: ein ～*er* Haß 激しい憎悪 | ein ～*er* Hunger ひどい空腹 | ～*e* Schmerzen 激痛 ‖ Er ging ～ ans Werk. 彼はものに憑(つ)かれたように仕事にとりかかった.

3 猛威をふるう: das *Wütende* Heer 〘北欧神〙 Wodan の軍勢.

wụt·ent·brannt[vú:t..] 形 怒り〈憤怒(ふんぬ)〉に燃えた.

ᵛ**Wụ̈·ter**[vý:tər] 男 -s/- wüten する人.

Wụ̈·te·rich[vý:tərıç] 男 -s/-e **1** かんしゃく持ち, 怒りっぽい人. **2** 狂暴な人; 暴君.

Wu-tị[vutí:] 人名 武帝(前159-87; 中国, 前漢第７代の皇帝).

ᵛ**wụ̈·tig**[vý:tıç]² 形 ＝wütend [*ahd.*; ◇Wut]

..wṳ̈tig[..vy:tıç]² ⦅主に動詞につけて「…に夢中の, …に熱中した」を意味する形容詞をつくる⦆: lese*wütig* 読書に夢中の | tanz*wütig* 踊りに夢中の.

Wụt≈kopf[vú:t..] 男 ⦅話⦆ かんしゃく持ち, 怒りっぽい人. **≈krank·heit** 女 (Tollwut) 〘医〙 狂犬病, 恐水病.

wutsch[vʊtʃ] 間 (一瞬のすばやい動きを表して)さっ, しゅっ, ぱっ: *Wutsch*, war er fort. さっと彼はいなくなった.

wụt·schäu·mend[vú:t-ʃɔʏmənt]¹ 形 怒り狂った, 激怒した.

wụt·schen[vʊ́tʃən] ⦅04⦆ 自 (s) ⦅話⦆ (huschen) (不意に)すばやく動く, さっとかすめ過ぎる: aus dem Zimmer ～ 部屋からさっと外へ出る. [擬音; ◇witschen]

wụt≈schnau·bend[vú:t..] ＝wutschäumend **≈ver·zerrt** 形 (顔の表情が)怒りにゆがんだ.

Wutz[vʊts] 女 -/-en; 男 -en/-en, **Wụtz·chen**[vʊ́tsçən] 中 -s/-, **Wụt·zel·chen**[vʊ́tsəlçən] 中 -s/- ⦅中部⦆ (Schwein) 豚; (Ferkel) 子豚.

wụt·zen[vʊ́tsən] ⦅02⦆ 自 (h) ⦅中部⦆ ⦅話⦆ 猥談(わいだん)をする, 卑猥な冗談を言う. [擬音]

Wwe. (**Ww.**) 略 ＝**Witwe**

Wwr. 略 ＝**Witwer**

Wyan·dot[váıəndɔt] 男 -/-s ワイアンドット族(北米インディアンの一種族). [*indian.*]

Wyan·dọt·te[vaıəndɔ́t(ə), wáıəndɔt] 中 -/-s; 女 -/-n[vaıəndɔ́tən] ワイアンドット種(アメリカ原産のニワトリの品種). [*engl.*]

Wyk auf Föhr[ví:k aʊf fø:r] 地名 ヴィーク アウフ フェール(北海上のドイツ領 Föhr 島にある小都市. 海水浴場). [< *ahd.* wīch „Wohnstätte" (◇Weichbild)]

x[ɪks], **X**[1][−] 中 −/− **1** ドイツ語のアルファベットの第24字(子音字): →a[1], A[1] 1 | *X* wie Xanthippe (通話略語) Xanthippe の X〔の字〕(国内・国際共通) | *X*-Beine X 脚 ‖ *jm.* ein *X* für ein U vormachen (→u, U[1]).
2 a) 《大文字で》(名前・正体がわからない・知らされていないものの呼称): Herr *X* 某氏 | die Stadt *X* 某市 | der Stunde *X* (→Stunde 3) | der Tag *X* (→Tag 5) | *X*-Strahlen X 線. **b)** 《小文字で》《話》(〔ziemlich〕 viel) 数多くの, たくさんの: seit *x* Jahren 長年この方, 何年も前から | Er hat *x* Bekannte. 彼には何人も知り合いがいる. **c)** 《小文字で》〘数〙〔第1〕未知数〈量〉; 〔第1〕変数: eine unbekannte Größe *x* 未知数 x | x^n(読み方: x hoch n) x の n 乗 | eine Gleichung nach *x* auflösen 方程式を x について解く.

X[2] 記号 **1** [tseːn](ローマ数字の) 10(→付録). **2** =Xe

x-Ach·se[íks|aksə] 女 〘数〙(座標軸の) x 軸, 横軸.

Xạn·ten[ksántən] 地名 クサンテン(ドイツ Nordrhein-Westfalen 州にある, 古代ローマ時代からの古都).
[*lat.* Ad Sanctōs „zu dem Heiligen"; ◇Sanktus]

Xạn·te·ner[..tənər] **I** 男 −s/− クサンテンの人.
II 形《無変化》クサンテンの.

xanth.. →xantho..

Xan·thẹn[ksantéːn] 中 −s/ 〘化〙キサンテン(無色の結晶で染料などの基剤). [<..en[2]]

Xan·thẹn·farb·stoff 男 キサンテン染料.

Xan·thịn[ksantíːn] 中 −s/ 〘生化学〙キサンチン(尿・血液・肝臓などに含まれる窒素化合物). [<..in[2]]

Xan·thịn·oxy·dạ·se 女 〘生化学〙キサンチンオキシダーゼ.

Xan·thịp·pe I [ksantípə, ..típeˑ] 人名 クサンティッペ(ギリシアの哲学者 Sokrates の妻. 悪妻の典型とされる).
II[ksantípə] 女 −/−n《話》がみがみいう気の強い女; じゃじゃうま, 悪妻. [*gr.*−*lat.*; ◇hippo..]

xantho.. 《名詞などにつけて「黄色」を意味する. 母音の前では xanth.. となる》[*gr.* xanthós „gelb"]

xan·tho·dẹrm[ksantodérm] 形 〘医〙皮膚が黄色の, 黄皮の. [<Derma]

Xan·tho·der·mịe[..dɛrmíː] 女 −/−n[..míːən] 〘医〙黄皮症.

Xan·thọm[ksantóːm] 中 −〔e〕s/−e 〘医〙黄色腫(しゅ). [<..om]

Xan·tho·phỵll[ksantofýl] 中 −s/ 〘化〙キサントフィル(黄葉に含まれる黄色色素).
[<*gr.* phýllon „Blatt" (◇Folium)]

Xạ·ver[ksáːvər] 男名 クサーヴァー: der heilige Franz ~ 聖フランシスコ デ シャヴィエル(→Xavier).

Xa·vi·ẹr[xaβiér, ʃavié̃r] 人名 Francisco de ~ フランシスコ デ シャヴィエル〈ザビエル〉(1506−52; スペインの宣教師. イエズス会の創立に参加し, 日本でも布教活動を行った).
[*span.*; <Xavier in Navarra (誕生地の城の名)]

X-Bei·ne[íksbaɪnə] 複 〘医〙X 脚, 〔両側性〕外反膝(がいはんしつ)(→Knickbein).

X-bei·nig[íksbaɪnɪç][2] 形 X 脚〈〔両側性〕外反膝(がいはんしつ)〉の.

x-be·lie·big[ɪksbəlíːbɪç, ◡◡⏊◡][2] 形《話》任意の: jeder ~*e* (だれでもよい)任意の人 | eine ~*e* Zahl 任意の数.

X-Chro·mo·sọm[ікskromozoːm] 中 〘生〙X 染色体.

Xe[ɪks|éː, kséːnɔn] 記号 (Xenon) 〘化〙キセノン.

X-Ein·heit[íks|aɪnhaɪt] 女 〘理〙X 単位(X 線分光学・X 線結晶学で用いられる長さの単位).

Xẹ·nia[kséːniaˑ] 女名 クセーニア.

Xẹ·nie[kséːniə] 女 −/−n 〘文芸〙クセーニエ (Goethe と Schiller が当時の文壇を批判する手段として用いた2行詩形式の風刺短詩. 元来は古代ギリシアで招かれた客が家の主人とかわす贈り物, 特に献詩).
[*gr.* xeníā „Gastfreundschaft"]

Xẹ·nion[ksé(ː)niɔn] 中 −s/..nien[..niən] =Xenie
[*gr.* xénios „gastlich"; ◇xeno..]

xeno.. 《名詞・形容詞などにつけて「異なる・異国〔人〕の」などを意味する》[*gr.* xénos „fremd"; ◇Gast]

Xe·no·ga·mịe[ksenogamíː] 女 −/−n[..míːən] 〘植〙他家受粉〈受精〉, 交雑受粉〈受精〉.

Xe·no·kra·tịe[..kratíː] 女 −/−n[..tíːən] (Fremdherrschaft) 外国〔人〕による支配.

xe·no·mọrph[..mɔ́rf] 形 〘鉱〙他形の(鉱物が特有の結晶形を示さないもの).

Xẹ·non[kséːnɔn] 中 −s/ 〘化〙キセノン(希ガス元素名; 記号 Xe). [*gr.* „Fremder"−*engl.*]

Xẹ·non·lam·pe 女 キセノンランプ(放電灯の一種).

xe·no·phịl[ksenofíːl] 形 外国〔人〕好きの; 外国人〈よそ者〉に親切な; 外国に対して友好的な.

Xe·no·phi·lịe[..filíː] 女 −/ 外国〔人〕好き.

xe·no·phọb[ksenofóːp][1] 形 (fremdenfeindlich) よそ者〈他国の人〉に敵意を抱いた, 外国〔人〕嫌いの; 排外的な.

Xe·no·pho·bịe[..fobíː] 女 −/ よそ者〈他国の人〉に対する敵意, 外国〔人〕嫌い.

Xẹ·no·phon[ksé(ː)nofɔn] 人名 クセノフォン(前430頃−354頃; ギリシアの軍人・歴史家. 著作『アナバシス』など).
[*gr.*−*lat.*]

Xe·no·trans·plan·ta·tiọn[ksenotransplantatsióːn] 女 〘医〙異種臓器移植.

Xe·res[çéːrɛs] 男 −/ =Jerez

Xe·res·wein[çéːrɛs..] =Jerezwein

xero.. 《名詞・形容詞・動詞などにつけて「乾いた」を意味する》
[*gr.* xērós „trocken"]

Xe·ro·der·mịe[kserodɛrmíː] 女 −/−n[..míːən] 〘医〙乾皮症. [<Derma]

Xe·ro·gra·phịe[kserografíː] 女 −/−n[..fíːən] 〘印〙ゼログラフィー(静電転写の一種で乾式複写にも応用される).

xe·ro·gra·phie·ren[..grafíːrən] 他 (h) ゼログラフィー方式で印刷〈コピー〉する.

xe·ro·grạ·phisch[..gráːfɪʃ] 形 ゼログラフィー〔方式〕の.

Xe·ro·ko·pịe[kserokopíː] 女 −/−n[..píːən] ゼログラフィー方式によるコピー.

xe·ro·ko·pie·ren[..kopíːrən] 他 (h) ゼログラフィー方式でコピーする.

xe·ro·phịl[kserofíːl] 形 (↔hygrophil) 〘生〙(動植物が)乾燥した環境を好む: ~*e* Tiere 〈Pflanzen〉 乾生動物〈植物〉.

Xe·ro·phi·lịe[..filíː] 女 −/ 〘生〙好乾性.

Xe·ro·phỵt[kserofýːt] 男 −en/−en (↔Hygrophyt) (Trockenpflanze) 〘植〙乾生植物.

Xe·rọ·se[kseróːzə] 女 −/−n 〘医〙(眼球・皮膚などの)乾燥症. [<..ose; ◇*engl.* xerosis]

Xẹr·xes[ksɛ́rksɛs] 人名 クセルクセス(前519頃−465; 古代ペルシアの王. 第3回ペルシア戦争でギリシアに敗退: →Ahasver II). [*pers.*−*gr.*]

x-fach[íksfax] **I** 形 **1** X 倍の, X 重の. **2** 《話》何倍もの, 幾重にもなった.
II X-fa·che 中《形容詞変化》**1** X 倍〈X 重〉〔のもの〕. **2** 《話》何倍もの〈幾重にもなった〉もの.

x-för·mig[íksfœrmɪç][2] 形 X 形の.

X-Ha·ken[íksha:kən] 男 (壁に額を掛けたりするための) X 字形掛けくぎ.

Xi[ksi:] 中 -[s]/-s クシー(ギリシア字母の第14字: Ξ, ξ).
[*gr.*]

Xia·men[çĭàmə́n] =Amoy

Xi'an[çī-ān] =Hsian

Xiang·gang[çĭāŋgǎŋ] =Hongkong

Xiang Yu[çĭàŋy̌] =Hsiang Yü

Xing'an·ling[çīŋ-ānlǐŋ] =Chinganling

Xi·ning[çīníŋ] =Sining

Xin·jiang Wei·wu'er[çīndʐĭāŋŭéĭú-ʌ̌r] =Sinkiang-Uighur

Xiong·nu[çĭōŋnú] =Hsiung-nu

Xi·tai·hou[çītàĭxɔ̀ŭ] =Hsi-tai-hou

Xi·yu[çīỳ] =Hsiyü

Xi·zang[çīdzàŋ] →Tibet I

x-mal[íksma:l] 副 **1** X 回; X 倍に.
2《話》何度も, たびたび: Ich habe ihn ~ gewarnt. 私は彼に何回となく警告した.

Xo·a·non[ksó:anɔn] 中 -s/..ana[..ana·] 〘美〙クソアノン(古代ギリシアの素朴な木彫).
[*gr.*; < *gr.* xeĩn „polieren"]

X-Strah·len[íksʃtra:lən] 複 X 線, レントゲン線.

x-t[ɪkst] 形 X 番目の: die ~*e* Potenz〘数〙X 乗 | zum ~*en* Male X 回目に(=zum x-tenmal);《話》(すでに度々くり返したあとで)何度目かに.

x-ten·mal[íkstənma:l] 副《話》《**zum x-tenmal** の形で》何度目か分からないくらいしばしば: Ich sage dir das zum ~. 君にはこのことはもう何度も言ったじゃないか.

Xuan Zang[çy̌ǽndzàŋ] =Hsüan Tsang

Xuan·zong[çy̌ǽndzūŋ] =Hsüan-tsung

Xun·zi[çýndzɨ̀] =Hsün-dsi

Xu·zhou[çýdʒɔ̄ŭ] =Sütschou

xyl.. →xylo..

Xy·lan[ksylá:n] 中 -s/ 〘化〙キシラン. [◇Xylose]

Xy·lem[ksylé:m] 中 -s/-e (↔Phloem)〘植〙木部.

xylo..《名詞などにつけて「木材・木質」などを意味する. 母音の前では xyl.. となる》[*gr.* xýlon „Holz"]

Xy·lo·graph[ksylográ:f] 男 -en/-en 木版師, 木版画家.

Xy·lo·gra·phie[..grafí:] 女 -/-n[..fí:ən] 木版印刷; 木版〔画〕.

xy·lo·gra·phisch[..grá:fɪʃ] 形 木版印刷〈木版〔画〕〉の.

Xy·lol[ksyló:l] 中 -s/ 〘化〙キシロール, キシレン(石油系芳香族炭化水素の一つ. 重要な溶媒). [<..ol]

Xy·lo·lith[ksylolí:t, ..lít] 男 -s/-e; -en/-en 商標 キシロリット(床材用合成化学製品).

Xy·lo·me·ter[..mé:tər] 中 (男) -s/- ザイロメーター(形の不規則な木片の体積を測る器具).

Xy·lo·phon[..fó:n] 中 -s/-e〘楽〙木琴, シロフォン.

Xy·lo·se[ksyló:zə] 女 -/ 〘化〙キシロース(木糖五炭糖の一種). [◇Xylan, Glucose]

Xy·stos[ksýstɔs] 男 -/..sten[..stən] クシストス(古代ギリシアの列柱式屋内競技場).
[*gr.* „der geglättete Boden"]

Y

y[ýpsilɔn; ｵｰｽﾄﾘｱ: –, ʏpsí:lɔn], **Y**[1][–] 中 -/- (→a[1], A[1] ★)
1 ドイツ語のアルファベットの第25字(子音字・母音字): →a[1], A[1] 1 | *Y* wie Ypsilon (通話略語) Ypsilon の Y〔の字〕(国際通話では *Y* wie Yokohama[jokohá:ma·]).
2 [ｵｰｽﾄﾘｱ: ʏpsí:lɔn]《小文字で》《数》〔第２〕未知数〈量〉; 〔第２〕変数.

y. 略 =Yard

Y[2] 記号 **1** [ýpsilɔn, ýtriʊm] (Yttrium)《化》イットリウム. **2** (自動車標識) (ドイツの) 国防軍. **3** (Yen) 円.

y-Ach·se[ýpsilɔn|aksə] 女《数》(座標軸の) y 軸, 縦軸.

Yacht[jaxt] 女 -/-en =Jacht [*ndl.–engl.*]

Ya̤·gi·an·ten·ne[já:gi|antɛnə] 女《電》八木アンテナ. [<八木秀次(日本の電気工学者, †1976)]

Yak[jak] 男 -s/-s =Jak

Ya·ma·shi̤·ta[jamaʃí:ta·] 男 -〔s〕/-s《体操》山下跳び. [<松田(旧姓山下)治広(日本の体操選手, 1938-)]

Ya̤ms≠bo̤h·ne[jáms..] 女《植》クズイモ(熱帯アフリカ原産マメ科). **≠wur·zel** 女《植》ヤマノイモ(山芋)属.

Yan'an[ǐǽn-ān] =Jenan

Yang[jaŋ] 中 -〔s〕/ (易学上の)陽. [*chines.*]

Yang·di[ǐáŋdì] =Yang-ti

Yang-kuei-fe̤i[jaŋkŭaɪfáɪ] (**Yang·gui·fei**[ǐáŋgŭèǐfēǐ]) 人名 楊貴妃, ヤンコイフェイ(719-756; 中国, 唐第６代皇帝玄宗の妃).

Yan·gon[jáŋgɔn] 地名 ヤンゴン (Myanmar の首都).

Yang·ti̤[jaŋtí:] 人名 煬帝(569-618; 中国, 隋第２代皇帝).

Yang·zi·jiang[ǐáŋdzɪdʑǐāŋ] =Jangtsekiang

Yan·kee[jɛ́ŋki·, jǽŋki·] 男 -s/-s ヤンキー(アメリカ人のニックネーム・蔑称). [*engl.*; ◇Jan]

Yan·kee-doodle[jɛ́ŋkidu:dəl, jǽŋkɪdu:dl] 男 -〔s〕/ ヤンキー＝ドゥードル(独立戦争当時アメリカ軍で人気のあった歌で, 米国の準国歌ともいうべきもの). [*amerik.*]

Yan·kee·tu̱m[jɛ́ŋkitu:m] 中 -s/ ヤンキー気質, ヤンキーふう.

Ya̱rd[ja:rt] 中 -s/-s (単位: -/-〔s〕)(略 y., yd., Yd.; 複数: yds., Yds.) ヤード(ヤード＝ポンド法の長さの単位: 0.9144m): 5 ～〔s〕5 ヤード. [„Meßrute"; *engl.*; ◇Gerte]

Yawl[jo:l, jɔ:l] 女 -/-e, -s《海》ヨール(２本マストの小型帆船). [*engl.*; ◇Jolle]

Yb[ʏpsilɔnbé:, ʏtɛ́rbiʊm] 記号 (Ytterbium)《化》イッテルビウム.

Y-Chro·mo·so̱m[ýpsilɔnkromozo:m] 中《生》Y 染色体.

yd. (**Yd.**) 略 =**Yard** (複数: yds., Yds.).

yds. (**Yds.**) 略 =**Yards** (→Yard).

Yen[jɛn] 男 -〔s〕/-〔s〕円(日本の貨幣〔単位〕: 100 Sen; 記号 ¥, Y). [*chines.–japan.*]

Ye̤r·ba[jɛ́rba·] 女 -/ (Mate)《植》マテチャ. [*lat.* herba (◇Herbarium)–*span.* yerba (mate)]

Ye̤·ti[jé:ti·] 男 -s/-s (ヒマラヤ山中にすむといわれる)雪男. [*tibet.*]

y-för·mig[ýpsilɔnfœrmɪç][2] 形 Y 字形の.

Y̤gg·dra·sil[ýkdrazɪl] 男 -s/《北欧神》ユグドラシル(宇宙を支えるトネリコの大木で, その３本の根はそれぞれ神の国, 人間界および死者の国を覆っているといわれる). [*anord.*; <*anord.* yggr „schrecklich"+drasil „Pferd"]

Yin[1][jɪn, īn] 女 -/ 殷(中国古代の王朝. 商と同じであるが, 殷は後代の命名; ?-前1100頃): die ～-Dynastie 殷朝.

Yin[2][jɪn] 中 -/ (易学上の)陰. [*chines.*]

Yi̤n·tschuan[jíntʃŭan] (**Yin·chuan**[íntʃǔān]) 地名 銀川, インチョワン(中国, 寧夏回 Ninghsia-Hui 族自治区の区都).

Yi̤p·pie[jípi·] 男 -s/-s イッピー(反体制派の過激な若者). [*amerik.*]

..y̱l[..y:l]《化》(「１価の基」を意味し, 中性名詞 (-s/) をつくる): Meth*yl* メチル | Phen*yl* フェニル | Benz*yl* ベンジル. [*gr.* hýlē „Holz"]

Ylang-Ylang[í:laŋ|í:laŋ] 中 -s/-s《植》イランイランノキ(フィリピン・ジャワ産のバンレイシ科の植物で, 花から香水用の油が採れる). [*malai.*]

Ylang-Ylang-Ö̱l[í:laŋ|í:laŋ..] 中 -〔e〕s/ イランイラン油 (Ylang-Ylang の花から得られる芳香ある油, 香水の原料となる).

YMCA[wáɪɛmsi:éɪ] 女 -/ (CVJM) キリスト教青年会. [*engl.*; <*engl.* *Y*oung *M*en's *C*hristian *A*ssociation]

Y̱mir[ý:mɪr] 人名《北欧神》ユミル(宇宙の祖とされる巨人). [*anord.*]

Yo̤·ga[jó:ga·] 男 中 -〔s〕/ =Joga

Yo̤·ghurt[jó:gʊrt] 男 中 -〔s〕/ =Joghurt

Yo̤·gi[jó:gi·] (**Yo̤·gin**[..gɪn]) 男 -s/-s =Jogi

Yo·him·bi̤n[johɪmbí:n] 中 -s/《薬》ヨヒンビン(西アフリカ産ヨヒンベの樹皮から採れるアルカロイドの一種で, 催淫(さいいん)剤として用いられる). [*Bantuspr.*]

Yo-Yo̤[jojó:, jó:jo:] 中 -s/-s =Jo-Jo

Y̤p·si·lon[ýpsilɔn; ｵｰｽﾄﾘｱ: –, ʏpsí:lɔn] 中 -〔s〕/-s **1** ウプシロン(ギリシア字母の第20字: Υ, υ). **2** イプシロン(ドイツ字母の第25字 Y, y の呼称). [*gr.* ỹ psīlón „nacktes y"]

Ysop[í:zɔp; ｵｰｽﾄﾘｱ: –, isó:p] 男 -s/-e《植》ヒソプス, ヤナギハッカ(南欧産シソ科の香料植物). [*semit.–gr.* hýssōpos–*lat.–ahd.*]

Yt·te̤r·bium[ʏtɛ́rbiʊm] 中 -s/《化》イッテルビウム(希土類元素名; 記号 Yb).

Y̤t·ter·e̤r·den[ýtər|e:rdən] 複《化》イッテルビア, イットリウム土類. [<Ytterby (スウェーデンの地名); ◇*engl.* yttria]

Y̤t·trium[ýtriʊm] 中 -s/《化》イットリウム(希土類元素名; 記号 Y).

Yu̱an[jú:an, ŷǽn] **I** 女 -/ 元(中国の王朝; 1271-1368): die ～-Dynastie 元朝. **II** 男 -〔s〕/-〔s〕元, ユアン(中国の貨幣〔単位〕: 10 Tsjao).

Yüan Schi·ka̤i[jỹanʃikáɪ] (**Yuan Shi·kai**[ŷǽnʂ̌kǎǐ]) 人名 袁世凱, ユアンシーカイ(1859-1916; 中国, 清末の軍閥の首領で中華民国初代大統領).

Yu̱c·ca[jóka·] 女 -/-s (Palmlilie)《植》イトラン(糸蘭)属, ユッカ(米国南部・中米産のユリ科の木本植物). [*indian.–span.* yuca]

Yu̱·ka·tan[jú:katan] 地名 ユカタン(メキシコ湾とカリブ海の間に突出する半島で, 大部分がメキシコ領. マヤ文明の発祥地. スペイン語形 Yucatán).

Yü̱n·kang[jýŋkaŋ] (**Yun·gang**[ǐýngǎŋ]) 地名 雲崗, ユンカン(中国, 山西 Schansi 省北部の都市. 石窟(せっくつ)寺院で知られる).

Yun·nan[ǐýnnán] =Jünnan

Yup·pie[jópi·] 男 -s/-s ヤッピー(大都会に住むホワイトカラーの若手エリート). [*amerik.*]

YWCA[wáɪdʌblju:si:éɪ] 女 -/ (CVJF) キリスト教女子青年会. [*engl.*; <*engl.* *Y*oung *W*omen's *C*hristian *A*ssociation]

Z

z[tsɛt], **Z**[1][–] 中 -/- **1** ドイツ語のアルファベットの第26字(子音字): →a[1], A[1] 1 | *Z* wie Zacharias (通話略語) Zacharias の Z〔の字〕(国際通話では *Z* wie Zürich) ‖ von A bis *Z* (→a[1], A[1] 2).
2 《小文字で》〘数〙〔第3〕未知数〈量〉;〔第3〕変数.

z. 略 =zu, zum, zur (→z. d. A.; z. B.; z. Z.)

Z[2] 記号《スイス》〘鉄道〙郵便車.

Z[3][tsɛt] 中 -/ 《婉曲に》(Zuchthausstrafe) 懲役〔刑〕.

Z. 略 **1** =Zahl **2** =Zeichen **3** =Zeile

▽**Za·bel**[tsá:bəl] 中 -s/- (Spielbrett) (チェス・将棋などの) 遊戯盤. [*lat.* tabula (→Tafel) − *mhd.*]

zach[tsax] 形 **1** 《北部》内気な; おく病な. **2** 《中部》けちんぼの. **3** 《南部》=zäh [*ahd.*; ◇zäh]

Zäch[tsɛç] 男 -s/-e〔n〕《南部》 **1** =Zecke **2** =Ochsenziemer

Za·cha·ri̩as[tsaxarí:as] **I** 男名 ツァハリーアス.
II 人名〘聖〙ザカリヤ, ザカリアス, ゼカリヤ(旧約では Israel の預言者; 新約では洗礼者 Johannes の父; Luther 訳聖書では Sacharja): der Prophet ~ 預言者ゼカリヤ; (旧約聖書の) ゼカリヤ書.
[*hebr.* „Jahwe hat sich (meiner) erinnert" − *gr.*]

z-Ach·se[tsɛ́t|aksə] 女〘数〙z 軸(空間座標の第3軸).

zack[tsak] **I** 間 (すばやい行為を表して)さっ, しゅっ, やっ, えいっ: *Zack*! Er schlug den Nagel in die gewünschte Stelle ein. トン 彼はくぎを正しい個所に打ちこんだ ‖ Das geht ~, ~. それはどんどん進む | *Zack*, ~ war alles fertig. さっさっとすべては完了した | ruck, ~ (→ruck).
II Zack 男《話》《もっぱら次の成句で》**~ haben** よくしつけができている ‖ **auf ~ sein** (人について)有能である, めはしが利く; (ものごとについて)好調である | ***et.***[4] **auf ~ bringen** …をちゃんと整理する〈始末をつける〉| ***jn.* auf ~ bringen** (仕事がうまくできるように) …を仕込む.

Za̩cke[tsákə] 女 -/-n (⑪ **Zäck·chen**[tsɛ́kçən], **Zäck·lein**[..laın] 中 -s/-) **1** (突き出ている先端. 例えば:) 岩角; (結晶などの) 角(かど); フォークの叉(また); (櫛(くし)・のこぎりなどの) 歯; (シカなどの) 角の先; (宝冠につけられ身分を表す) ぎざぎざの飾り; (葉・切手などの) ぎざぎざ; ひれ; 〘理〙(記録された波形から突出する) 棘(とげ), 棘波(きょくは): die ~*n* des Bergkamms 山のとがった尾根 | die ~*n* eines Sägeblatts のこぎりの歯. **2** 《北部》(Ast)〔大〕枝.
[*mhd.*; ◇*engl.* tack]

zäckeln[tsɛ́kəln] 《06》他 (h) 《*et.*[4]》(…に) 細かなぎざぎざをつける.

za̩cken[tsákən] **I** 他 (h) 《*et.*[4]》(…に) ぎざぎざをつける, (…の) 縁をぎざぎざにする〈切る〉: 再帰 *sich*[4] ~ ぎざぎざになる.
II ge·za̩ckt → 別出

Za̩cken[tsákən] 男 -s/- **1** 《南部》=Zacke **2** 《話》《次の形で》***sich***[3] **einen 〈keinen〉 ~ aus der Krone brechen** 自分の品位を傷つける〈傷つけない〉| ***jm.* bricht 〈fällt〉** deswegen **kein ~ aus der Krone** だからといって…の品位に傷がつくわけではない | Es wird dir kein ~ aus der Krone fallen, wenn du diese Arbeit machst. この仕事をしたからって いささかも君の沽券(こけん)にはかかわらないはずだ. **3** 《話》興奮〈陶酔〉状態: **einen ~〔in der Krone〕haben / einen ~ weghaben** 酩酊(めいてい)している | einen〔ganz schönen〕~ darauf haben ものすごいスピードで走る.

Za̩cken≠barsch 男〘魚〙ハタ(羽太)科の魚. **≠fal·ter** 男〘虫〙タテハチョウ(蛺蝶)(アカタテハ・クジャクチョウなど). **≠firn** 男 =Büßerschnee

za̩cken·för·mig[..fœrmıç][2] 形 ぎざぎざの, 鋸歯(きょし)状の.

Za̩cken≠hirsch 男〘動〙(インド産の) シカの一種. **≠li·nie**[..niə] 女 ぎざぎざ〈ジグザグ〉の線, 波〔状〕線. **≠lit·ze** 女〘服飾〙蛇腹, ウェーブブレード, サーペンティーンブレード.

zacker·me̩nt[tsakərmɛ́nt] =sackerlot

Zacker·me̩n·ter[..tər] 男 -s/- =Sackerloter

zacker·me̩ntsch[..mɛ́ntʃ] 形《話》(verflucht) のろわれた, いまいましい; とんでもない.

za̩ckern[tsákərn] 《05》自 (h) **1** 《中部・南部》畑仕事をする, すく, 耕す. **2** (子馬が) ぎこちなく〈ちょこちょこと〉速足で走る; (人が馬に) ぎこちない乗り方をする.
[1: < *mhd.* ze acker gān „zu Acker gehen"]

za̩ckig[tsákıç][2] (▽**za̩ckicht**[..kıçt]) 形 **1** ぎざぎざのある, 鋸歯(きょし)状の. **2** 《話》軍隊式にぎこちない, 肩ひじ張った, ごつい: ~ grüßen しゃちこばってあいさつする.

..zackig[..tsakıç][2] 《数詞などにつけて「角(かど)・ぎざぎざが…個ある」を意味する形容詞をつくる》: zwei*zackig* 二またの.

Za̩ckig·keit[tsákıçkaıt] 女 -/ zackig なこと.

Zä̩ck·lein Zacke の縮小形.

zag[tsa:k][1] (**za̩·ge**[tsá:gə]) 《雅》=zaghaft

Za̩·ge[1][tsá:gə] 男 -n/-n 《雅》弱虫, おく病者.

Za̩·ge[2][–] 女 -/ 《雅》=Zaghaftigkeit

Za̩·gel[tsá:gəl] 男 -s/- 《方》 **1** (Schwanz) 尻尾(しっぽ), 尾. **2** (Haarbüschel) もじゃもじゃな毛.
[*germ.* „Faser"; ◇*engl.* tail]

za̩·gen[tsá:gən][1] 自 (h) 《雅》臆(おく)する, 恐れためらう: Du brauchst nicht zu ~. 君 びくびくすることはないよ ‖ mit Zittern und *Zagen* (→zittern II) | *zagend* und zitternd *et.*[2] harren 恐れおののきながら…を待ち受ける.
[*mhd.*; ◇*ahd.* zago „Feigling"]

za̩g·haft[tsá:khaft] 形 おく病な, びくついている; 内気な, 気の弱い: ein ~*es* Mädchen 引っ込み思案な少女 ‖ Sei nicht so ~! そうびくびくするな ‖ ~ klopfen おずおずと〈おそるおそる〉ノックする | Es fing ~ an zu schneien. ためらうように雪が降りはじめた.

Za̩g·haf·tig·keit[..tıçkaıt] (雅 : **Za̩g·heit**[tsá:khaıt]) 女 -/ (zaghaft なこと. 例えば:) おく病; 内気, 引っ込み思案.

Za·greb[zá:grɛp] 地名 ザグレブ(クロアチア共和国の首都. ドイツ語形 Agram). [*slaw.* za-grebl „hinter dem Graben"]

zäh[tsɛ:] 形 **1 a)** (液体が) ねっとりした, 粘性の強い: ~*e* Flüssigkeit〘理〙粘性流体 | ~*er* Teig〘料理〙固練りのこね粉. **b)** (木・布などが) 割れ〈切れ〉にくい, 強靱(きょうじん)な; (肉などが) 歯ごたえのある, 堅い: ~ wie Leder (肉などが) 革みたいに堅い.
2 抵抗力〈耐久力〉のある, 粘り強い, しぶとい; (交渉などが) 進展しない, はかどらない; 石頭の, 融通のきかない: ein ~*es* Bemühen 不屈の努力 | ein ~*er* Diplomat したたかな外交官 | von ~*er* Gesundheit sein 頑健そのもの〈病気知らず〉である ‖ *et.*[4] ~ verteidigen …を粘り強く弁護〈防衛〉する | Die Verhandlung ging nur ~ voran. 交渉は難航した.
3 けちんぼな, 金に細かい.
[*westgerm.*; ◇Zange; *engl.* tough]

zä̩·he[tsɛ́:ə] =zäh

Zä̩·heit[tsɛ́:haıt] 女 -/ (物が zäh なこと. 例えば:) (皮の) 強靱(きょうじん)さ, (肉の) 堅さ.

zä̩h·flüs·sig[tsɛ́:flʏsıç][2] 形 (dickflüssig) (液体が) ねばねばした, どろどろの: ein ~*er* Brei ねばねばの〈かための〉かゆ | ~*er* Verkehr《話》渋滞した交通.

Zä̩h·flüs·sig·keit[–kaıt] 女 -/ zähflüssig なこと.

Z

Zäh·heit[tsέːhaɪt] ＝Zäheit

Zä·hig·keit[tsέːɪçkaɪt] 女 -/ **1**（人が zäh なこと. 例えば:）強い抵抗〈忍耐〉力, 粘り強さ: mit ～ gegen *et.*[4] kämpfen …に抵抗して頑強に戦う. **2**（Viskosität）〖理〗粘性;（液体の）粘度. **3** ＝Zäheit

Zahl[tsaːl] 女 -/-en（略 Z.）**1**（英: *number*）（抽象的な）数(す), かず: eine große〈kleine〉～ 大きな〈小さな〉かず｜eine dreistellige ～ 3けたの数｜eine gerade〈ungerade〉～ 偶〈奇〉数｜eine ganze ～ 整数｜eine gebrochene〈gemischte〉～ 分〈帯分〉数｜eine positive〈negative〉～ 正〈負〉数｜eine runde ～（10または100で）割り切れる数, 切りのいい数｜**rote〈schwarze〉～*en***（経営状態などの）赤字〈黒字〉額｜die ～*en* von 1 bis 10 1から10までの数｜Die ～ dreizehn gilt als Unglückszahl. 13という数は不吉な数とされている‖～*en* zusammenzählen〈addieren〉数を足す｜～*en*〔voneinander〕abziehen〈subtrahieren〉〔一方の数から他方の〕数を引く｜～*en*〔miteinander〕malnehmen〈multiplizieren〉〔互いに〕数を掛け合わせる｜～*en*〔durcheinander〕teilen〈dividieren〉〔一方の数で他方の〕数を割る｜eine ～ aufrunden ある数を切り上げる｜eine ～ nach oben〈nach unten〉abrunden ある数を切り上げる〈切り捨てる〉｜eine ～ auf Hunderter abrunden（切り上げまたは切り捨てて）ある数を100位以下端数のない数にする｜**rote〈schwarze〉～*en* schreiben** 赤字〈黒字〉を出す‖**aus den roten ～*en* herauskommen** 赤字を脱する｜ein gutes Gedächtnis für ～*en* haben 数を覚えるのが得意である｜**in den roten〈schwarzen〉～*en* sein** 赤字〈黒字〉である｜**in die rote ～*en* kommen〈geraten〉** 赤字に陥る.

2（具体的な）数量, 人数, 個数: die ～ der Mitglieder メンバーの数｜die ～ der Teilnehmer auf … beschränken 参加者数を…に制限する‖100 **an** der ～ sein（数にして）100である｜*et.*[4] an ～[3] übertreffen 数の点で…をしのぐ｜**in** großer ～ 数多く, 多数｜in voller ～ 全員で｜*et.*[4] in〈mit〉～*en* darstellen …を数量で表す｜**ohne** ～ 無数の.

3（Ziffer）数字: arabische〈römische〉～*en* アラビア〈ローマ〉数字.

4（Numerus）〖言〗〔文法上の〕数: Ein*zahl* 単数｜Mehr*zahl* 複数.

5（↔Kopf）（硬貨の）裏（数の刻印のある面）: Kopf oder ～? 表か裏か（硬貨を投げて表裏でことを決めるとき）.

[*germ.* „Einschnitt"; ◇Zoll[1], dollieren; *engl.* tale]

Zähl≈ap·pa·rat[tsέːl..] 男（Zähler）（電気・ガス・水道などの）メーター. **≈ap·pell** 男 点呼. [＜zählen]

zahl·bar[tsáːlbaːr] 形〖商〗支払われうる, 支払うべき, 支払期限のきた（金額）: ～ an den Überbringer 持参人払いの｜～ bei Lieferung 納品と引き換え払いの｜～ bis zum ersten Mai（請求書で）5月1日までに支払われたし｜auch in 6 Monatsraten ～ 6回の月賦払いも可｜～ nach Erhalt 後払いの｜～ 30 Tage nach Sicht 一覧30日後払いの‖～ werden（ある金額が）〔支払〕期限になる. [＜zahlen]

zähl·bar[tsέːlbaːr] 形 数えることが可能な（数字）;〖言〗可算の. [＜zählen]

Zahl·brett[tsáːl..] 中（レストランのレジなどにある）お金の受け皿. [＜zahlen]

Zähl·brett[tsέːl..] 中（盆にくぼみをつけただけの旧式の）硬貨計算器. [＜zählen]

zäh·le·big[tsέːleːbɪç][2] 形（植物・害虫などが）強靭(きょうじん)な生命力を持った, なかなか死なない, 抵抗力のある. [＜leben]

zah·len[tsáːlən] **I** 他（h）**1 a)**（ある額の金を）支払う: 20 Mark ～ 20マルク払う｜*jm.*〈an *jn.*〉Geld ～ …に金を払う｜*jm.*〈an *jn.*〉eine Summe ～ …に対してある金額を支払う｜Wieviel〈Was〉habe ich zu ～? おいくらですか｜Kinder *zahlen* die Hälfte. 子供は半額です‖〖目的語なしで〗auf einmal〈in Raten〉～ 一度に〈分割で〉払う｜〔in〕bar〈mit〔einem〕Scheck〉～ 現金〈小切手〉で払う｜in〈mit〉Mark ～ マルクで支払う. **b)**（家賃・税金・料金などを）〔支〕払う: Miete〈Schulden〉～ 家賃〈借金〉を払う｜Strafe〈Zoll〉～ 罰金〈関税〉を払う｜*jm. seinen* Lohn ～ …に労賃を支払う｜〔teures〕Lehrgeld ～（→Lehrgeld）｜für *et.*[4] einen hohen Preis ～《比》…が高いものにつく｜für *et.*[4] jeden Preis ～《比》…を手に入れるためにはどんな犠牲もいとわない.

2 a)《*et.*[4]》（…の代金・料金を）支払う,（…の）支払いをする: *sein* Bier ～ 自分が飲んだビール代を払う｜das Hotelzimmer ～ ホテル代を払う｜*seine* Rechnung ～ 勘定を払う｜das Taxi〈die Taxifahrt〉～ タクシーの料金を払う｜*jm.* die U-Bahn ～ …の地下鉄運賃を払ってやる｜die Zeche ～（→Zeche 1）. **b)**《*jn.*》（…に対する）報酬を払う: einen Elektriker ～ 電気工事人の報酬を払う.

★ zahlen と bezahlen の違い: 区別なしに用いることも多いが, bezahlen は主として代金や給料など相手側に請求権のあるものの支払いに用いられるのに対し, zahlen は他人のための自発的な支払いや反対給付のない支払いにも用いられる.

II 自（h）（金を）払う, 支払いをする: pünktlich ～ きちんきちんと支払いをする｜schlecht ～ 払いが悪い｜nicht mehr ～ können 破産状態である｜an *et.*[3] noch zu ～ haben …の勘定がまだ残っている｜für *et.*[4] in〈mit〉Mark ～ …の代金をマルクで支払う｜für *et.*[4] teuer ～〔müssen〕《比》…が高いものにつく｜Bitte ～! / Ich möchte ～!（レストランなどで客が）お勘定を願います｜Für seinen Leichtsinn mußte er mit einem gebrochenen Bein ～. 彼は軽率のせいで足を折るはめになった｜**Wer *zahlt*, schafft an.**《諺》金を払った者には命令する権利がある.

[*ahd.* zalōn „zählen"; ◇Zahl, zählen]

zäh·len[tsέːlən] **I** 他（h）**1** 数える, 勘定する: *et.*[4] richtig〈falsch〉～ …を正しく〈間違って〉数える｜*et.*[4] nach Dutzend ～ …をダース単位で数える（→II 3 c）｜*jm. et.*[4] auf〈in〉die Hand ～ …に…を一つ一つ数えながら手渡す｜die Tage〈die Stunden〉bis zu *et.*[3] ～ …までの日数〈時間〉を数える;《比》…の到来を指折り数えて待つ｜*jm.* die Bissen im Mund〈in den Mund〉～（→Bissen 1）｜〔leicht〕zu ～ sein（容易に数えられるほど）数少ない, 寥々(りょうりょう)〈微々〉たるものである‖bei *jm.* kann man alle〈die〉Rippen〔unter der Haut〕～（→Rippe 1）｜Genau *gezählt*〔sind es〕dreißig. 正確に勘定して30だ‖Meine Tage〈Stunden〉hier sind *gezählt.* 私は間もなくここを去らなければならない｜***js.* Jahre〈Stunden / Tage〉sind *gezählt*** …の余命はいくばくもない.

2《雅》《数量を示す語句と》（…だけ）保有する,（…の内容が数量的に…）である,（…に）達する:〔mehr als〕40 Jahre ～ 40歳〔以上〕である｜8 000 Einwohner ～ 人口8000を数える｜über 1 000 Häuser ～ 戸数1000をこえる｜Die Schule *zählt*〔über〕500 Schüler. その学校の在校生は500人〔以上〕である‖Man *zählte*〔das Jahr〕1648. 1648年のことであった.

3《*et.*[4] zu *et.*[3]》（…を…に）算入する,（…を…の）一部と見なす: *jn.* zu *seinen* Freunden ～ …を自分の友人の一人に数える｜Man *zählt* ihn zu den bedeutendsten Musikern der Gegenwart. 彼は当代屈指の音楽家の一人とされている｜Er *zählt* die Tage zu den glücklichsten in seinem Leben. 彼はこれらの日々を生涯における最も幸福な日々の中に数えている‖Er kann sich zu den reichsten Männern des Landes ～. 彼は国じゅうで最も金持ちの一人と言って差し支えない.

4《数量を示す語句と》（…だけの）値うちがある,（…に）相当する,（…だけの）得点になる: Die roten Spielmarken *zählen* fünf Punkte, die blauen zehn. ゲーム札は赤は5点 青は10点だ｜Ein Menschenleben *zählt* mehr als jedes materielle Gut. 人命はどんな物質的財産よりも尊い.

II 自（h）**1** 数を順々に言う, 数える: vorwärts〈rückwärts〉～ 順に〈逆に〉数える｜an den Fingern〈mit Hilfe der Finger〉～ 指で数える｜bis zehn ～ können 10までの数を言うことができる｜von 1 bis 100 ～ 1から100まで数える｜nicht bis drei ～ können（→drei）｜ohne zu ～ 数えもせずに;《比》金に糸目をつけず｜Es war vorbei, ehe man bis drei ～ konnte. それはあっという間に済んでしまった｜Ich *zähle* bis drei! 3まで数えるからな（早く何とか返事しろ）.

2（gelten）価値〈意味〉を持つ, 勘定に入る: voll ～ 十分値うちがある, 一人前である｜Das *zählt* hier nicht. 今の場合そんなことは問題〈重要〉じゃない｜Hier *zählt* nur die Leistung 〈das Können〉. ここでは実績〈能力〉だけが物をいう | Das Tor *zählt* nicht.(サッカーなどで)このゴールはカウントされない.

3 a) 《zu *et.*³ / unter *et.*⁴》(…に)属している,(…の)一部に数えられる: zum Alltag ~ 日常の事柄〈日常茶飯事〉である | zu *js.* Familie ~ …の家族の一員と見なされている | zu seinen Freunden ~ 彼の友人の一人に数えられている | zu den schönsten Städten Deutschlands ~ ドイツで最も美しい町の一つである | Der Walfisch *zählt* zu den Säugetieren. クジラは哺乳類である. **b)** 《auf *jn.* 〈*et.*⁴〉》(計画の遂行に当たって…を)当てにする: Auf mich 〈meine Hilfe〉 kannst du jederzeit ~. いつでも私の援助を当てにしてくれていいよ | Ein jeder *zählt* nur sicher auf sich selbst. だれでも 確実に頼りになるのは自分自身だけだ (Schiller). **c)** 《雅》《nach *et.*³》(…〔という単位〕で)数えられる〔ほど多い〕: nach Dutzenden 〈Tausenden〉 ~ 何ダース〈何千〉もの数にのぼる(→I 1) | Sein Vermögen *zählt* nach Millionen. 彼の財産は数百万に達する | Nach Eimern *zählt* das Unglück, nach Tropfen *zählt* das Glück. 不幸はつるべをもって計るべく幸福はしずくをもって計るべし.

[*germ.*; ◇Zahl, zahlen; *engl.* tell]

Zah·len∠an·ga·be[tsá:lən..] 女 数〔字〕をあげること; 示された数〔字〕, 数〔字〕によるデータ: keine genauen ~*n* machen können はっきりした数字をあげることができない. **∠bei·spiel** 中 数〔字〕による例. **∠be·reich** 男 数の範囲: im ~ von 100 bis 500 100から500までの範囲で. **∠fol·ge** 女 〘数〙 数列. **∠ge·dächt·nis** 中 数の〈数字に関する〉記憶〔力〕. **∠glei·chung** 女 〘数〙 数〔字〕方程式. **∠grö·ße** 女 数の大きさ. **∠lot·te·rie** 女, **∠lot·to** 中 =Lotto 1

zah·len·mä·ßig 形 数による, 数的な: die ~*e* Überlegenheit 数的優勢 | dem Feind ~ überlegen sein 数の点で敵〈相手〉を圧倒している. [<Zahl]

Zah·len∠ma·te·rial 中 数字資料〈データ〉. **∠rät·sel** 中 (Arithmogriph) 数のなぞ, 計算クイズ. **∠schloß** 中 数字合わせ〈ダイヤル〉錠. **∠sinn** 男 -〔e〕s/ 数感覚, 計算能力. **∠sym·bo·lik** 女 象徴的数解釈〈使用〉. **∠sy·stem** 中 〘理〙 位取り表記, 記数法(十進法など). **∠theo·rie** 女 〘数〙 整数論. **∠ver·hält·nis** 中 〘理〙 数比. **∠wert** 男 〘数·理〙 値(あたい), 数値.

Zah·ler[tsá:lər] 男 -s/- 〘商〙 支払人: ein pünktlicher 〈säumiger〉 ~ きちんきちんと支払う〈支払いが遅れる〉人.

Zäh·ler[tsɛ́:lər] 男 -s/- **1** (zählen する人・機械. 例えば:) 数える人; (電気・ガス・水道などの)メーター(→ ⊛ Elektrizität); 数とり器, カウンター: Elektro*zähler* 電気メーター | Schritt*zähler* 万歩計 | Wasser*zähler* 水量計 ‖ den ~ ablesen メーターの検針をする. **2** (↔Nenner) 〘数〙 分子.

[2: *mlat.* numerātor (◇numerieren) の翻訳借用]

Zahl·gren·ze[tsá:l..] 女 (市街電車・バスなどの)料金区間の境界になっている停留所. [<zahlen]

..zahlig[..tsa:lıç]² 《形容詞などにつけて「…数(すう)の」を意味する形容詞をつくる》: gerad*zahlig* 偶数の.

..zählig[..tsɛ:lıç]² 《数詞・形容詞などにつけて「…個の部分からなる」を意味する形容詞をつくる》: ein drei*zähliges* Blatt 三つ葉 | voll*zählig* 全数〈全員〉そろった | über*zählig* 過剰の | un*zählig* 無数の.

Zähl∠kam·mer[tsɛ́:l..] 女 〘医〙 計算板(血球計算器の井形の部分). **∠kan·di·dat** 男 (落選覚悟の)支持者数を知るためだけの候補者, テスト候補. [<zählen]

Zahl·kar·te[tsá:l..] 女 (郵便為替などの)払込用紙. [<zahlen]

Zähl·kar·te[tsɛ́:l..] 女 **1** 〘スポ〙 スコアカード. **2** (アンケートなどで, 本来の調査用紙とは別に作った)集計用カード. [<zählen]

Zahl·kell·ner[tsá:l..] 男 (レストランで料理のサービスだけではなく)金銭を扱う権利も持っている給仕人. [<zahlen]

zahl·los[tsá:llo:s]¹ 形 無数の,(数えきれないほど)非常にたくさんの.

▽**Zahl·mar·kör** 男 《オーストリア》 =Zahlkellner

Zähl·maß[tsɛ́:l..] 中 (商品の)個数売り単位 (Dutzend, Schock など). [<zählen]

Zahl·mei·ster[tsá:l..] 男 **1** 会計担当者, 会計係: Ich bin doch nicht dein ~. 《話》 どうして私ばかりが君におごらなければならないのか(君の会計係ではない). **2** 〘軍〙 主計将校〈士官〉, 主計長. [<zahlen]

Zahl·pfen·nig[tsá:l..] =Rechenpfennig

zahl·reich 形 **1** 多数の, たくさんの: ~*e* Teilnehmer 〈Geschenke〉 大勢の参加者〈たくさんのプレゼント〉 | Die Mitglieder erschienen ~. 多数のメンバーが姿を見せた.

2 多数から成る, 多人数の: eine ~*e* Familie 大家族.

Zähl∠reim[tsɛ́:l..] =Abzählreim **∠rohr** 中 計数管, カウンター: Geiger-Müller-~ ガイガー=ミュラー計数管. [<zählen]

Zahl∠schal·ter[tsá:l..] 男 (銀行などの)支払〈払込〉窓口. **∠stel·le** 女 **1** =Zahlschalter **2** (手形などの)支払地. **∠tag** 男 (給料その他の)支払日; (手形などの)満期日. **∠tel·ler** 男 (レストランなどで使う)勘定盆, 釣り銭皿. [<zahlen]

Zähl·uhr[tsɛ́:l..] 女 (目盛り盤のある)計量器, カウンター. [<zählen]

Zah·lung[tsá:lʊŋ] 女 -/-en **1** 支払い: eine ~ in Monatsraten 月賦払い | Raten*zahlung* 分割払い ‖ eine ~ erhalten 〈einstellen〉 支払いを受ける〈停止する〉 ‖ für eine ~ haften 〈bürgen〉 支払いを保証する | *et.*⁴ **in ~ geben** …を支払いの一部として差し出す〈下取りに出す〉 | *et.*⁴ **in ~ nehmen** …を支払いの一部として受け取る〈下取りする〉 ‖ **an ~s Statt** 〘商〙 支払いに代えて | *et.*⁴ an ~s Statt annehmen …を支払いの代わりに受け取る. **2** 支払われた金額: Die ~ ist noch nicht auf meinem Konto eingegangen. 支払金はまだ私の口座に入金されていない.

Zäh·lung[tsɛ́:lʊŋ] 女 -/-en 数えること: Verkehrs*zählung* (車両の)交通量調査 | Volks*zählung* 人口〈国勢〉調査.

Zah·lungs∠ab·kom·men[tsá:lʊŋs..] 中 〘経〙 (特に国際間の)支払協定. **∠an·wei·sung** 女 〘商〙 (為替・小切手などの)支払指図書. **∠art** 女 〘商〙 支払方法. **∠auf·for·de·rung** 女 〘商〙 支払要求〈請求〉. **∠auf·schub** 男 〘商〙 支払延期〈猶予〉. **∠be·din·gun·gen** 複 〘商〙 支払条件. **∠be·fehl** 男 (裁判所による)支払命令. **∠be·leg** 男 〘商〙 **1** (Quittung) 領収書. **2** (振替などの発行者が手元に残す)控え, 半券. **∠bi·lanz** 女 〘商〙 支払〈収支〉決算; 国際収支. **∠ein·gang** 男 〘商〙 支払金受領, 入金. **∠ein·stel·lung** 女 〘商〙 支払停止, 支払不能. **∠er·leich·te·rung** 女 〘商〙 支払条件の緩和(分割払いなど).

zah·lungs·fä·hig 形 (solvent) 〘商〙 支払能力のある.

Zah·lungs∠fä·hig·keit 女 -/ (Solvenz) 〘商〙 支払能力. **∠frist** 女 〘商〙 支払期限.

zah·lungs·kräf·tig 形 《話》 (高価な商品を平気で買うほど)支払能力の大きい, 金持ちの.

Zah·lungs∠mit·tel 中 〘商〙 支払手段, 通貨: gesetzliches ~ 法〔定通〕貨. **∠mo·ral** 女 (支払い期限をきちんと守る)支払いの倫理〈モラル〉: *jn.* zu besserer ~ ermahnen もっときちんと支払うよう…を戒める. **∠ort** 男 -〔e〕s/-e 〘商〙 支払地, 支払場所. **∠pflicht** 女 〘商〙 支払義務. **∠plan** 男 〘商〙 支払計画. **∠schwie·rig·kei·ten** 複 〘商〙 支払困難. **∠sper·re** 女 〘商〙 支払停止〈禁止〉. **∠ter·min** 男 〘商〙 支払期日.

zah·lungs·un·fä·hig 形 (insolvent) 〘商〙 支払能力のない, 破産した.

Zah·lungs∠un·fä·hig·keit 女 -/ (Insolvenz) 〘商〙 支払不能, 破産. **∠ver·bind·lich·keit** 女 〘商〙 支払義務, 債務. **∠ver·bot** 中 〘商〙 支払禁止〈停止〉. **∠ver·kehr** 男 -s/ 〘商〙 支払流通. **∠ver·pflich·tung** 女 〘商〙 支払義務, 債務. **∠ver·spre·chen** 中 〘商〙 支払約束. **∠ver·wei·ge·rung** 女 〘商〙 支払拒否, 債務不履行, (手形の)不渡り. **∠ver·zug** 男 〘商〙 支払延期, 延払い. **∠wei·se** 女 〘商〙 支払方法. **∠ziel** 中 〘商〙 支払期限.

Zähl·werk[tsɛ́:l..] 中 計数〈計量〉機構; カウンター, メーター (→ ⊛ Kamera). [<zählen]

Zahl·wort[tsá:l..] 中 -〔e〕s/..wörter (Numerale) 〘言〙数詞: ein bestimmtes 〈unbestimmtes〉 ~ 定〈不定〉数詞.
［*spätlat.* nōmen numerāle（◇Nomen）の翻訳借用］

Zahl·zei·chen 中 (Ziffer) 数字.

zahm[tsa:m] 形 **1** (↔wild) **a)** (動物について)人になれた, 野生でない, 飼育された: ein ~*es* Reh 人なつっこいノロジカ | das ~*e* Geflügel 家禽〔類〕. **b)** (植物について)栽培物の. **2** (人間ないし人間関係について)おとなしい, 従順な; 荒々しさを欠いた, 微温的な: eine ~*e* Kritik《話》控え目な批判 ‖ ~ werden おとなしくなる, 冷静さを取り戻す | *jn.* ~ machen …をおとなしくさせる; …の興奮を静める | mit *jm.* ~ verfahren …に対して穏便な処置をとる.
3《南部》耕作されている, 耕作可能な(土地).
［*germ.*; ◇zähmen; *engl.* tame］

zähm·bar[tsέ:mba:*r*] 形 (zähmen することの可能な. 例えば:) 飼いならすことのできる, 人間の手で制御可能な; (人について)手なずけることのできる.

Zähm·bar·keit[–kaɪt] 女 -/ zähmbar なこと.

zäh·men[tsέ:mən] 他 (h) **1** (動物を)飼いならす, 調教する; (人間を)手なずける, 押えつける, おとなしくさせる; (自然力などを)制御する: einen Löwen ~ ライオンを飼いならす | einen Feind ~ 敵を手なずける | den Sprengstoff ~ 爆薬を制御する ‖ *gezähmte* Raubtiere 調教ずみの猛獣. **2**《雅》＝bezähmen 1
［*germ.*; ◇ziemen, Dompteur, zahm］

Zahm·heit[tsá:mhaɪt] 女 -/ (zahm なこと. 例えば:) (動物について)人なつっこさ; (人間について)従順さ.

Zäh·mung[tsέ:mʊŋ] 女 -/ zähmen する〈される〉こと.

Zahn[tsa:n] 男 -es(-s)/ Zähne[tsέ:nə] (⊘ **Zähn·chen**[tsέ:nçən], **Zähn·lein**[..laɪn] 中 -s/-) **1** (人・動物の)歯, 歯牙(しが)(→ 図), (動物の) 牙(きば): ein abgebrochener 〈gesunder〉 ~ 折れた〈健康な〉歯 | dritte *Zähne*《戯》入れ歯 | ein falscher 〈künstlicher〉 ~ 義歯 | ein fauler ~ 虫歯 | ein hohler 〈lockerer〉 ~ 穴のあいた〈ぐらついている〉歯 | ein oberer 〈unterer〉 ~ 上〈下〉歯 | ein plombierter ~ 充塡(じゅうてん)した歯 | regelmäßige 〈unregelmäßige〉 *Zähne* 歯並びの良い〈悪い〉歯 | ein schiefstehender 〈vorstehender〉 ~ 斜めに生えた〈出っぱった〉歯 | Backen*zahn* 臼歯(きゅうし) | Eck*zahn* 犬歯 | Milch*zahn* 乳歯 ‖ **der ~ der Zeit**《話》(万物を破壊・侵食してゆく)時の力.
‖〘4 格で〙***sich*³ an *et.*³ die Zähne ausbeißen**《話》…に手こずる | An dieser Arbeit habe ich mir beinahe die *Zähne* ausgebissen.《話》この仕事で私はひどく骨を折った | **die *Zähne* nicht auseinanderkriegen**《話》おし黙っている | Sei ruhig, oder ich schlag' dir die *Zähne* ein!《話》静かにしろ でないと一発くらわすぞ | Ich muß mir einen ~ einsetzen 〈ziehen〉 lassen. 私は歯を入れて〈抜いて〉もらわねばならない | Der Hund fletschte die *Zähne* 〈mit den *Zähnen*〉. 犬は歯をむき出した | einen ~ füllen 〈plombieren〉 歯をつめる〈充塡する〉 | ▽**einen ~ auf *jn.* 〈*et.*⁴〉 haben** …について激怒している | zum drittenmal *Zähne* kriegen《戯》入れ歯をする | **lange *Zähne* machen**《話》いやいや〈まずそうに〉食べる | die *Zähne* pflegen 歯の手入れをする | *sich*³ die *Zähne* putzen 歯を磨く | ***jm.* die *Zähne* zeigen** …に歯を見せる;《話》…に対して牙をむく〈抵抗する〉| ***jm.* den ~ ziehen**《話》…の幻想をうち砕く, …の夢をさまさせる | **die *Zähne* zusammenbeißen** 歯を食いしばる;《話》歯を食いしばって我慢する〈がんばる〉.
‖〘1 格で〙Mir ist ein ~ abgebrochen. 私は歯が 1 本欠けた | Ihm fallen die *Zähne* aus. 彼は歯が抜ける | Die *Zähne* brechen 〈kommen〉 durch. 歯が生え出る | Die *Zähne* klapperten ihm vor Kälte 〈Angst〉. 彼は寒さ〈不安〉のあまり歯をガチガチいわせた | Der ~ schmerzt 〈wackelt〉. 歯が痛む〈ぐらつく〉 | Mir tut ein ~ weh. 私は歯が 1 本痛い | ***jm.* tut kein ~ mehr weh**《話》…はもう死んでいる | Au Backe, mein ~! (→au¹ 2).
‖〘前置詞と〙***jn.* auf dem ~ haben / auf *jn.* einen ~ haben**《話》…を嫌う, …が我慢ならない | Haare auf den *Zähnen* haben (→Haar 1) | ***jm.* auf den ~ fühlen**《話》…の人物〈能力〉をきびしく吟味する, …の腹をさぐる | ***jm. et.*⁴ aus den *Zähnen* reißen**《話》…から…を力ずくで奪う | **bis an die *Zähne* bewaffnet sein**《話》完全に武装している | ***jn.* durch die *Zähne* ziehen / *jn.* zwischen den *Zähnen* haben**《話》(その場にいない)…をこきおろす, …を欠席裁判でやっつける | **Das ist 〈reicht〉 ja nur für den hohlen ~.**《話》(飲食物が)ほんのちょっぴりしかない | **in** den *Zähnen* 〔herum〕 stochern つまようじで歯をほじくる | eine Lücke in 〈zwischen〉 den *Zähnen* haben 歯列にすき間があいている | Nüsse **mit** den *Zähnen* aufbeißen くるみを歯でかみ割る | Er klapperte vor Kälte 〈Angst〉 mit den *Zähnen*. 彼は寒さ〈不安〉のあまり歯をガチガチいわせた | vor Wut mit den *Zähnen* knirschen 怒りのあまり歯ぎしりする | ***et.*⁴ mit *Zähnen* und Klauen verteidigen**《話》…を死守する | **mit langen *Zähnen* essen**《話》いやいや〈まずそうに〉食べる | Auge um Auge, ~ um ~ (→Auge 1) | ***et.*⁴ zwischen die *Zähne* kriegen**《話》…(食物など)を口にする.
2 歯状のもの; (のこぎり・櫛(くし)・歯車・ファスナーなどの)歯(→ 図 Kamm); (切手の縁の)ぎざ, 目打ち.
3《話》猛スピード: **einen ~ zulegen**(車・仕事などの)スピードをあげる | einen 〔tollen〕 ~ darauf haben (仕事を)すごいスピードでやってのける, (車を)猛スピードで飛ばす.
4《話》若い女, 女の子: **ein steiler ~** チャーミング〈セクシー〉な少女 ‖ *jm.* einen ~ abschrauben …とその女友だちとの間を裂く | *sich*³ einen ~ aufreißen 女の子と知り合う.
［*idg.* „Essender"; ◇essen, odonto.., Zinken¹; *lat.* dēns „Zahn"; *engl.* tooth］

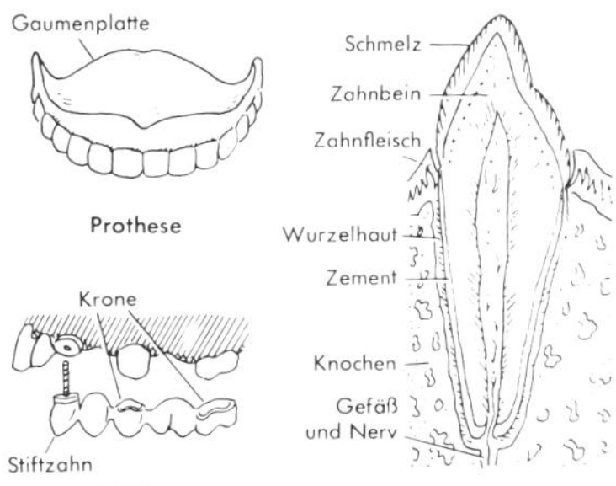

Zahn

Zahn·ar·me[tsá:n..] 複 《形容詞変化》〘動〙貧歯類(アリクイ・アルマジロ・ナマケモノなど).

Zahn·arzt 男 歯科医.

zahn·ärzt·lich 形 歯科医の: die ~*e* Behandlung 歯の治療 | eine ~*e* Praxis 歯科医院.

Zahn·arzt·stuhl 男 歯科医用治療いす.

Zahn≠aus·bruch 男〘医〙生歯(せいし), 歯牙(しが)萌出(ほうしゅつ). **≠aus·fall** 男〘医〙歯牙脱落. **≠aus·schlag** 男〘医〙(幼児期の)生歯発疹(ほっしん). **≠be·hand·lung** 女 歯の治療. **≠bein** 中 -〔e〕s/〘解〙(歯の)象牙(ぞうげ)質, 歯骨(→ 図 Zahn). **≠be·lag** 男〘医〙歯石; 歯垢(しこう). **≠bo·gen** 男〘解〙歯弓. **≠boh·rer** 男〘医〙歯科用バー. **≠brücke** 女〘医〙橋義歯, ブリッジ. **≠bür·ste** 女 **1** 歯ブラシ: eine ~ mit weichen 〈harten〉 Borsten 毛の柔らかい〈硬い〉歯ブラシ. **2**《話》ちょびひげ.

Zähn·chen Zahn の縮小形.

Zahn≠chir·ur·gie[tsá:n..] 女 -/ 口腔(こうこう)外科学. **≠creme**[..krɛ:m, ..kre:m] 女 ＝Zahnpaste

Zahn·damm·laut 男 ＝Alveolar

Zahn·durch·bruch 男 (Dentition)〘医〙歯牙(しが)発生〈萌出(ほうしゅつ)〉.

Zäh·ne Zahn の複数.

Z

zạ̈h·ne•flet·schend[tsɛ́:nə..] 形 歯をむきだした: *Zähnefletschend* näherte sich das Ungeheuer. 歯をむきだしながらその怪物は近づいてきた.

Zạ̈h·ne•klap·pern 中 -s/ (寒さ・恐ろしさで)歯をガチガチいわせること: Heulen und ～ (→heulen II).

zạ̈h·ne•klap·pernd 形 歯をガチガチいわせている: *Zähneklappernd* stand er vor Kälte und Angst. 彼は寒さと不安で歯をガタガタ震わせて立っていた.

Zạ̈h·ne•knir·schen 中 -s/ 歯ぎしり: Heulen und ～ (→heulen II) | mit ～ 歯ぎしりして〈しながら〉.

zạ̈h·ne•knir·schend 形 歯ぎしりをしている; 《比》腹立たしさを抑えた, 切歯扼腕(やくわん)の: *Zähneknirschend* sah er zu. 怒りを抑えながら〈歯ぎしりしながら〉彼はそばで見ていた.

zạ̈h·neln[tsɛ́:nəln] 《06》 **I** 他 (h) **1** ＝zähnen **2** 〘紋〙(盾を)鋸歯(きょし)状に分割する. **II ge•zạ̈h·nelt** → 別出

zạh·nen[tsá:nən] **I** 自 (h) 乳歯が生える, 歯牙(しが)が萌出(ほうしゅつ)する: Das Baby hat *gezahnt.* 赤ん坊は歯が生えた. **II ge•zạhnt** → 別出

zạ̈h·nen[tsɛ́:nən] **I** 他 (h) 《*et.*[4]》(…に)ぎざぎざをつける. **II ge•zạ̈hnt** → 別出 [＜Zahn]

Zạhn≠er•satz[tsá:n..] 男 《ふつう単数で》入れ歯, 義歯. **≠fach** 中 (Alveole) 〘解〙歯槽(しそう). **≠fäu·le** 女 虫歯; 〘医〙齲歯(うし). **≠fie·ber** 中 〘医〙歯生熱. **≠fi·stel** 女 〘医〙歯瘻(しろう). **≠fleisch** 中 歯ぐき; 〘解〙歯肉(→ 図 Zahn): auf dem ～ fahren 《話》つるつるにすり減ったタイヤで走る; (タイヤがパンクして)リムのまま走る | **auf dem ～ gehen 〈laufen〉** 《話》 i) くたくたに疲れている; ii) (財産を飲みつぶして)裸同然になっている | *et.*[4] bis aufs ～ auskosten 《比》…をとことんまでやる.

Zạhn•fleisch≠blu̲·ten 中 -s/ , **≠blu̲·tung** 女 歯ぐきからの出血; 〘医〙歯肉出血. **≠ent•zün·dung** 女 〘医〙歯肉炎.

Zạhn≠for·mel 女 〘動〙歯式〔表〕(歯の数を種類別に記した数式). **≠fül·lung** 女 〘医〙歯の充填(じゅうてん). **≠ge•schwü̲r** 中 〘医〙歯肉潰瘍(かいよう). **≠hals** 男 〘解〙歯頸(しけい)(歯冠のエナメル質と歯根のセメント質との接合部). **≠heil•kun·de** 女 -/ 歯科学. **≠ho̲·bel** 男 《戯》ハーモニカ. **≠hö̲h·le** 女 〘解〙歯髄腔(くう); 歯槽(しそう). **≠hy·gie̲·ne** 女 歯の衛生. **≠ka̲·ries**[..riɛs] 女 〘医〙齲食(うしょく), 虫歯. **≠karp·fen** 男 (Kärpfling) 〘魚〙メダカ(目高)科の〔亜〕熱帯淡水魚. **≠keim** 男 〘解〙歯胚(しはい). **≠ket·te** 女 (ファスナーの)務歯(むし)(嚙み合わせ部分). **≠klemp·ner** 男 《戯》歯医者. **≠kli̲·nik** 女 (大学付属の)歯科病院. **≠kranz** 男 〘工〙ギアの環; 歯車のリム. **≠kre̲m** 女 ＝ Zahnpaste **≠kro̲·ne** 女 〘解〙歯冠. **≠laut** 男 ＝Dental

Zạ̈hn•lein Zahn の縮小形.

Zạhn•li̲·lie[..liə] 女 〘植〙カタクリ(片栗)属の一種.

zạhn•lo̲s[tsá:nlo:s][1] 形 **1** 歯のない, 歯の抜けた: ein ～*er* Mund 歯のない口 | ein ～*es* altes Weib 歯抜けばあさん. **2** 〘動〙貧歯類の.

Zạhn•lücke 女 歯の抜けたすき間; (櫛(くし)などの)歯と歯のすき間; 〘工〙(歯車などの)歯と歯の間.

zạhn•lückig[..lʏkɪç][2] 形 歯が抜けてすき間のある; 歯と歯の間に間隔のある.

Zạhn•mark 中 〘解〙歯髄.

Zạhn·mark•ent·zün·dung 女 〘医〙歯髄炎.

Zạhn≠me·di·zi̲n 女 歯科学. **≠me·di·zi̲·ner** 男 歯科医. **≠nerv** 男 〘解〙歯の神経: den ～ abtöten (治療の目的などで)歯の神経を殺す. **≠pa·pil·le** 女 〘解〙歯(し)乳頭. **≠pa·sta** 女 , **≠pa·ste** 女 練り歯みがき: eine Tube ～ チューブ入り練り歯みがき1本. **≠pfle̲·ge** 女 歯の衛生〈手入れ〉. **≠plom·be** 女 〘医〙(歯の)充填(じゅうてん). **≠pra·xis** 女 歯科医院; 歯科医の実務. **≠pro•the̲·se** 女 〘医〙義歯. **≠pul·ver** 中 歯みがき粉. **≠ra̲d** 中 〘工〙歯車(→ 図).

Zạhn•ra̲d≠an•trieb 男 〘工〙歯車駆動. **≠ba̲hn** 女 アプト式〈歯軌条式〉鉄道. **≠ge•trie·be** 中 〘工〙歯車伝動〔装置〕. **≠pum·pe** 女 〘工〙歯車ポンプ(→ 図 Pumpe).

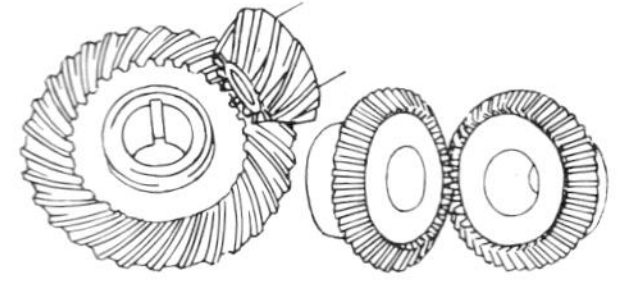

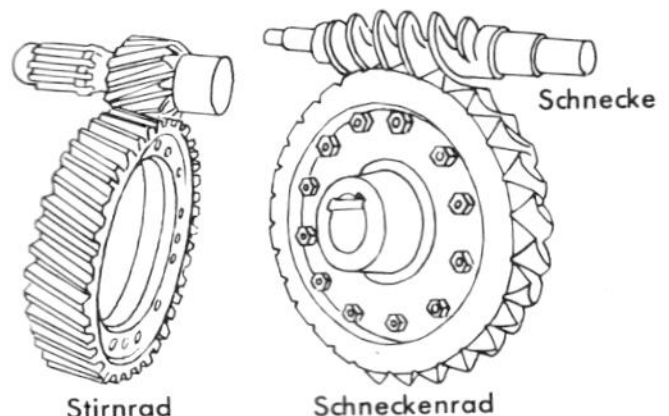

Zahnrad

≠ü̲ber•set·zung 女 〘工〙歯車伝動.

Zạhn≠rei·he 女 〘解〙歯列: die obere 〈untere〉 ～ 上〈下〉の歯列. **≠rei·ni·gungs•mit·tel** 中 歯みがき剤. **≠schmelz** 男 〘解〙(歯の)エナメル質. **≠schmerz** 男 -es/-en 《ふつう複数で》歯の痛み, 歯痛: 〔heftige〕 ～*en* haben 歯が〔激しく〕痛む. **≠schnecke** 女 (Kahnfüßer) 〘貝〙ゾウゲツノガイ(象牙角貝). **≠schnitt** 男 〘建〙歯状装飾(→ 図 Fries). **≠schutz** 男 〘ボクシング〙マウスピース. **≠span·ge** 女 〘医〙(歯並び矯正用の)ブラケット. **≠spin·ner** 男 〘虫〙シャチホコガ(鯱蛾)科のガ. **≠spreng•laut** 男 〘言〙歯音の硬裂音. **≠stan·ge** 女 〘工〙(歯車の)ラック. **≠stein** 男 〘医〙歯石: den ～ entfernen 歯石をとる. **≠sto·cher** 男 つまようじ(爪楊枝).

Zạhn·sto·cher•kraut 中 〘植〙アミ(地中海沿岸地方とアゾレス諸島に産するセリ科植物で, 散形花序の花柄をつまようじとして用いる).

Zạhn≠tech·nik 女 歯科技工. **≠tech·ni·ker** 男 歯科技工士.

zạhn•tech·ni̍sch 形 歯科技工〔上〕の.

Zạhn•tro̲st 男 -〔e〕s/ 〘植〙オドンチテス(ヨーロッパ産ゴマノハグサ科の一属で, むかし歯痛の薬として用いた).

Zạh·nung[tsá:nʊŋ] 女 -/-en **1** 歯が生えること; 〘医〙生歯, 歯牙(しが)萌出(ほうしゅつ). **2** (貨幣・切手などに)ぎざぎざを入れること. **3** (連続した)歯, ぎざぎざ(→ 図 Säge).

Zạ̈h·nung[tsɛ́:nʊŋ] 女 -/-en **1** (貨幣・切手などに)ぎざぎざを入れること. **2** (連続した)歯, ぎざぎざ(→ 図 Säge).

Zạhn≠wa̲·le[tsá:n..] 複 〘動〙歯鯨(はくじら)類. **≠wech·sel** 男 歯の生えかわり; 〘医〙歯牙(しが)交代. **≠we̲h** 中 -s/ 《話》歯の痛み, 歯痛: ～ haben 歯が痛む.

Zạhn·we̲h•mit·tel 中 歯痛薬.

Zạhn≠wurz 女 〘植〙タネツケバナ(種付花)属. **≠wur·zel** 女 〘解〙歯根.

Zạhn•wur·zel≠haut 女 〘解〙歯根膜. **≠ka·na̲l** 男 〘解〙歯根管.

Zạhn≠zan·ge 女 〘医〙抜歯鉗子(かんし). **≠zie·hen** 中 -s/ 抜歯.

Zạ̈h·re[tsá:rə] 女 -/-n 《雅》(Träne) 涙: ～*n* vergießen 〈trocknen〉 涙を流す〈ぬぐう〉.
[*idg.*; ◇Träne; *gr.* dákry „Träne“; *engl.* tear]

Zain[tsaɪn] 男 -〔e〕s/-e **1** 《方》柳の若枝. ▽**2** (貨幣の原料に使う)金属の細棒. **3** 〘狩〙 **a**) (シカなどの)陰茎. **b**) (アナグマの)尾. [*germ.* „Gerte“; ◇Zinn]

Zạ̲i·ne[tsáɪnə] 女 -/-n 《南部》(Korb) かご.

Zạ̲in•ei·sen 中 〘金属〙棒鉄.

zạ̲i·nen[tsáɪnən] 他 (h) 《南部》(かごを)編む.

Zai·ner[..nər] 男 -s/- **1**《南部》かごを編む人. ∇**2** 鍛冶(かじ)工.

Za·ire[zaí:r] **I** 地名 ザイール(アフリカ中央部の共和国. 1960年ベルギーから Kongo 民主共和国として独立. 首都はキンシャサ Kinshasa).
II der **Za·ire** 地名 男 -s/ ザイール (Kongo 川の別称).
III 男 -s/-s (単位: -/-) ザイール(ザイールの貨幣〔単位〕).
[II: *Bantuspr.* „Meer"]

Zai·rer[zaí:rər] **I** 男 -s/- ザイール人. **II** 形《無変化》ザイールの.

zai·risch[..rɪʃ] 形 ザイールの.

Zam·ba Zambo の女性形.

Zam·bia[zámbia·, zǽmbɪə] =Sambia

Zam·bo[sámbo·, tsám..] 男 -s/-s (女 **Zam·ba**[..ba·]-/-s) サンボ(ブラジルで黒人男子とアメリカインディアン女子との間の混血児). [*span.*]

Za·men·hof[zámɛnxɔf] 人名 Ludwig Lazarus ～ ルートヴィヒ ラザルス ザメンホフ(1859-1917; ポーランドの眼科医でエスペラント語の創案者).

Zan·der[tsándər] 男 -s/- 〖魚〗ホタルジャコ(蛍囃喉)(→ 図). [*slaw.*－*mndd.* sandāt]

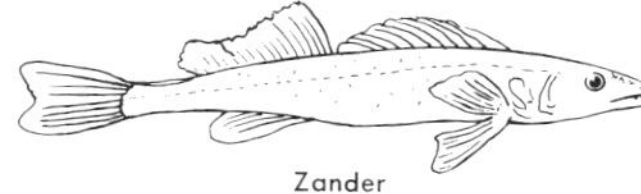

Zander

Za·nel·la[tsanέla·] 男 -s/(種類: -s)〖織〗ザネラクロース. [*it.*]

Zan·ge[tsáŋə] 女 -/-n (小 **Zän·gel·chen**[tsέŋəlçən], **Zäng·lein**[tsέŋlaɪn] 中 -s/-) **1 a)** (ものをはさむ長形の道具. 例えば:) ペンチ, やっとこ, 火ばさみ, 毛抜き, ピンセット, 鉗子(かんし)(→ 図); (Geburtszange)〖医〗分娩(ぶんべん)用鉗子: Zucker*zange* 角砂糖ばさみ ‖ mit der ～ den Draht durchknipsen ペンチで針金をプチンと切る | das Kind mit der ～ holen 赤ん坊を(胎内から)鉗子で取り出す ‖ ***jn.* in die ～ nehmen**《話》…をはさみ撃ちにする〈追いつめる〉; …を詰問する | ***jn.* in der ～ haben**《話》…を追いつめている〈詰問している〉| ***jn.* 〈*et.*⁴〉 nicht 〔einmal〕 mit der ～ anfassen mögen**《話》(けがらわしくて)…とはかかわり合いたくない, …は遠く避けて通りたい | Man kann es mit keiner ～ 〔von ihm〕 herauskriegen.《比》どうしても〔彼に〕口を割らせることができない. **b)**〖虫〗鉗子状器官.
2《比》がみがみいう女, 口やかましい女.

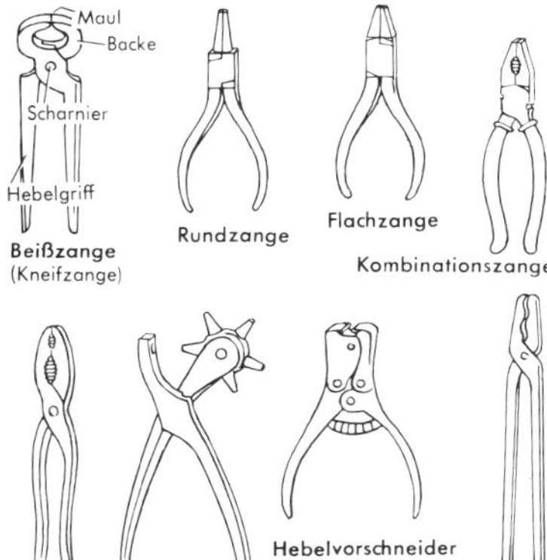

Zange

[*idg.* „Beißende"; ◇zäh; *gr.* dáknein „beißen"; *engl.* tongs]

zän·gen[tsέŋən] 他 (h)〖金属〗(赤熱した鉄を)鍛えて鉱滓(こうさい)を取り除く.

Zan·gen·be·we·gung[tsáŋən..] 女〖軍〗はさみ撃ち, 挟撃(きょうげき).

zan·gen·för·mig 形 鉗子(かんし)〈やっとこ〉形の.

Zan·gen·ge·burt 女〖医〗鉗子(かんし)分娩(ぶんべん).

Zäng·lein Zange の縮小形.

Zank[tsaŋk] 男 -〔e〕s/ 口論, 言い争い, 口げんか: ～ und Streit けんか口論 | ein gehässiger ～ とげとげしい口論 | ～ um den Platz 〈die Erbschaft〉 座席〈遺産〉争い ‖ mit *jm.* ～ anfangen 〈suchen〉 …を相手にけんかを始める〈吹っかける〉| **einen ～ vom Zaun brechen**《話》(いきなり)けんかを始める | einen ～ schlichten けんかを調停する ‖ mit *jm.* in ～ geraten …とけんかになる ‖ Bei euch gibt es dauernd ～ und Streit. 君たちのところでは始終けんかをしているね | Zwischen den beiden herrscht immer viel ～. 二人の間にはいつも口論が絶えない.

Zank·ap·fel[tsáŋk..] 男 (Erisapfel)〖ギ神〗不和のリンゴ(女神たちの間に争いを起こし Troja 戦争の因となったリンゴ);《比》不和の種: einen ～ werfen《比》争いのきっかけをつくる.

zan·ken[tsáŋkən] **I** 自 (h)《方》(schelten) がみがみ言う, 言葉を荒らげてしかる, ののしる: mit *jm.* ～ …にがみがみ言う | über *et.*⁴ ～ …のことでがみがみ言う ‖ Seine Mutter hat sehr 〈tüchtig〉 mit ihm *gezankt.* 彼の母親は彼をしたたかしかりつけた.
II 他 (h) 再帰 *sich*⁴ mit *jm.* ～ …と口げんか〈言い争い〉をする | *sich*⁴ mit *jm.* über *et.*⁴ 〈um *et.*⁴〉 ～ …と…のことで〈…の取り合いをして〉口論する ‖ *sich*⁴ untereinander ～ ののしり〈口論し〉合う | Die Kinder *zanken* sich schon wieder um das Spielzeug. 子供たちはまたおもちゃの取り合いをしている | *Zankt* euch nicht, prügelt euch lieber!《戯》口げんかをするくらいなら殴り合いをしなさい(口げんかをやめさせるときに).

Zän·ker[tsέŋkər] 男 -s/- **1** 口論〈口げんか〉する人, 口論〈口げんか〉好きの人. **2** がみがみ言う人, うるさ型.

Zan·ke·rei[tsaŋkəráɪ] 女 -/-en《話》(長い・絶え間ない・うるさい)口げんか, ののしり合い; 小言, 文句: Er regte sich über ihre ～ nicht mehr auf. 彼は彼女にがみがみ言われても もう平気だった.

Zän·ke·rei[tsɛŋkəráɪ] 女 -/-en《ふつう複数で》軽いいさかい〈口げんか〉.

zän·kisch[tsέŋkɪʃ] (**zank·haft**[tsáŋkhaft]) 形 口論〈口げんか〉好きの, けんか腰の; がみがみ言う, 口やかましい.

Zank·sucht[tsáŋk..] 女 -/《軽蔑的に》口論〈口げんか〉好き.

zank·süch·tig 形 口論〈口げんか〉好きの.

Zank·teu·fel 男《話》口論好きな人; がみがみ毒づく人, やかまし屋.

Zank·tip·pe[tsáŋktɪpə] 女 -/-n《戯》がみがみいう女, 口やかましい女. [<zanken+Xanthippe]

Zapf[tsapf] 男 -〔e〕s/Zäpfe[tsέpfə] **1** =Zapfen **2**《南部》(Ausschank) 居酒屋. **3**《オーストリア》口頭試問.

Zäpf·chen[tsέpfçən] 中 -s/- (Zapfen の縮小形. 例えば:) **1** 小さい栓. **2** (Gaumenzäpfchen)〖解〗口蓋(こうがい)〈懸壅(けんよう)〉垂, のどびこ. **3**〖医〗(円錐(えんすい)状の)座薬.

Zäpf·chen·laut 男 =Uvular

Zäpf·chen-R 中 -/ (↔Zungen-R)〖言〗口蓋(こうがい)垂〔振動音〕の R (厳密な発音表記は[R]).

Zäp·fe Zapf の複数.

zap·fen[tsápfən] 他 (h) **1** (液体を)栓を抜いて〈あけて〉注ぐ: Bier 〈Wein〉 in Flaschen ～ (樽(たる)などから)ビール〈ワイン〉を瓶にうつす, ビール〈ワイン〉を瓶詰にする. **2**〖工〗枘(ほぞ)で結合する: Balken ～ 梁(はり)材を枘でつなぐ. **3**《オーストリア》《話》口頭試問をする: Heute wird in Griechisch *gezapft.* きょうはギリシア語の口述試験がある.

Zap·fen[tsápfən] 男 -s/- (小 **Zäpf·chen** → 別出, **Zäpf·lein**[tsέpflaɪn] 中 -s/-) **1** (円錐(えんすい)形をした, 特に

穴に詰める道具. 例えば:) (樽(たる)などの) 栓, 詰め(→ 図 Faß); 〖工〗枘(ほぞ)(→ 図 Holz B); ピボット, タップ, 差し込み, ピントル: einen ~ in das Faß schlagen 樽に栓を打ちこむ. **2** 〖植〗(裸子植物の) 毬果(きゅうか), まつかさ(→ 図): im Wald ~ sammeln 森の中でまつかさを集める. **3** 〖医〗網膜錐〔状〕体. **4** (先のとがった長い物. 例えば:) つらら. **5** 《単数で》《オーストリア》《話》ひどい寒さ: Heute hat es aber einen ~! きょうはすごく寒いなあ. **6** 《方》《もっぱら次の成句で》 **einen ~ haben** 酔っている.

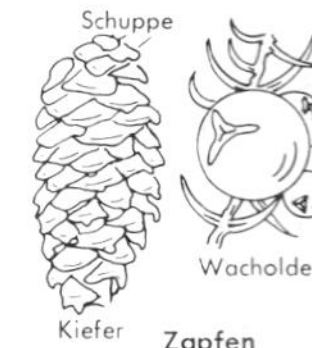

Zapfen

[*germ.* „Gezogenes“; ◇Zopf, Zipfel; *engl.* tap]

Zap·fen≈band 中 -〔e〕s/..bänder 〖建〗軸つり蝶番(ちょうつがい), ピボットヒンジ(→ 図 Band). **≈blü·te** 女 〖植〗毬果(きゅうか), まつかさ. **≈boh·rer** 男 (樽などの) 飲み口あけ, 栓錐(せんぎり).

zap·fen·för·mig 形 円錐(えんすい)形の; 栓状の.

Zap·fen≈la·ger 中 〖工〗ピボット軸受け. **≈loch** 中 **1** (樽(たる)の) 栓口, 飲み口. **2** 〖工〗枘穴(ほぞあな).

Zap·fen·streich 男 〖軍〗帰営ラッパ, 門限合図; 《単数で》帰営時刻, 門限: **der Große ~** i) (軍隊の特別な行事の際に行われる) 荘重な軍楽儀礼; 軍楽隊による演奏会; ii) 《話》(退職者などの) 追い出しパーティー | den ~ blasen 帰営ラッパを吹く ‖ Um 12 ist ~. 12時が門限だ.
[„Schlag auf den Zapfen“]

zap·fen·tra·gend 形 〖植〗毬果(きゅうか)をつける.

Zap·fen≈trä·ger 複 《集合的に》毬果(きゅうか)植物. **≈zie·her** 男 《南部・スイス》(Korkenzieher) 栓抜き.

Zap·fer[tsápfər] 男 -s/- **1** (レストランの) 酒樽(さかだる)係. **2** 《方》酒場〈レストラン〉の主人.

Zapf·hahn[tsápf..] 男 (樽(たる)などの) 活栓, 蛇口, 注ぎ口 (→ 図 Samowar).

Zäpf·lein Zapfen の縮小形(→Zäpfchen).

Zapf≈loch[tsápf..] 中 (ビア樽(だる)などの) 栓の口〈穴〉(→ 図 Faß). ▽**≈maß** 中 《南部・スイス》ツァプフマース(できたてのワインを量る昔の容量単位: 1.7 *l*). **≈pi·sto·le** 女 (ガソリンスタンドなどにあるピストル型の) 給油ノズル〈ガン〉. **≈säu·le** 女 (ガソリンスタンドの柱状の) 計量給油器(→ 図 Autobahn). **≈schlauch** 男 (ガソリンスタンドの) 給油ホース. **≈stel·le** 女 給油所, ガソリンスタンド; (街頭の) 消火〈給水〉栓〔設置場所〕.

za·po·nie·ren[tsaponí:rən] 他 (h) 《*et.*⁴》(…に) ザポンラックを塗る.

Za·pon·lack[tsapó:n..] 男 〖化〗ザポンラック(金属表面に塗る無色塗料).

Zap·pe·ler[tsápələr] (**Zapp·ler**[..plər]) 男 -s/- (女 **Zapp·le·rin**[..plərın]-/-nen) 落ちつかない〈そわそわした〉人.

zap·pe·lig[tsápəlıç]² (**zapp·lig**[..plıç]²) 形 (子供などが絶えず動き回って) 落ちつかない; (一般に) そわそわした, いらいらしている: ein ~*es* Kind 落ちつきのない子供 | ~ vor Aufregung sein 興奮のあまりそわそわしている.

Zap·pel·lie·se[tsápəlli:zə] 女 -/-n 《話》そわそわして落ちつかない女; じっとしていない女の子.

zap·peln[tsápəln] 《06》自 (h) **1** 手足をバタバタさせる, じたばたする, もがく: mit Händen und Füßen ~ 手足をバタバタさせる | Der Fisch *zappelte* an der Angel 〈im Netz〉. 魚が釣り糸の先でもがいた〈網の中ではねた〉. **2** せかせか〈そわそわ〉する, 落ちつかない: vor Ungeduld 〈Erwartung〉 ~ 待ちきれず〈期待のあまり〉落ちつかない | ***jn.* ~ lassen** 《話》(必要以上に長くわざと) …をじらす, …の気をもませる. [*ahd.* zabalōn]

Zap·pel·phil·ipp[..fi:lıp, ..fılıp] 男 -s/-e, -s 《話》そわそわして落ちつかない男; じっとしていない男の子.

zap·pen[zɛ́pən] 自 (h) 《話》(リモコン装置で) テレビのチャンネルを切り替える, ザッピングする. [*engl.*]

zap·pen·du·ster[tsápəndú:stər] 形 《話》真っ暗な, 暗闇(くらやみ)の. [＜Zapfen; ◇Zapfenstreich]

Zapp·ler ＝Zappeler

Zapp·le·rin Zappeler の女性形.

zapp·lig ＝zappelig

Zar[tsa:r] 男 -en/-en (女 **Za·rin** → 別出) (帝政時代のロシア・ブルガリア・セルビアの) 皇帝〈ツァー〉〔の称号〕. [*lat.* Caesar (→Kaiser)－*got.*－*russ.*; ◇ *engl.* czar]

Za·ra·thu·stra[tsaratʊ́stra·] 人名 ツァラトゥストラ (Zoroaster の古代イラン語形. 特に Nietzsche の『ツァラトゥストラはこう言った』によってこの形が知られるようになった). [*awest.*]

Za·ren·reich[tsá:rən..] 中 〖史〗ツァーの支配した帝国; (特に:) ロシア帝国, 帝政ロシア. [＜Zar]

Za·ren·tum[..tu:m] 中 -s/ **1** (ロシアなどの) 帝政. **2** ツァーの地位, 帝位.

Za·re·witsch[tsaré:vıtʃ] 男 -〔e〕s/-e (帝政ロシアの) 皇子; 皇太子. [*russ.*]

Za·rew·na[tsarɛ́vna·] 女 -/-s (帝政ロシアの) 皇女; 皇子の妻; 皇太子妃. [*russ.*]

Zar·ge[tsárgə] 女 -/-n **1** (ドア・窓・家具などの) 大枠, フレーム(→ 図 Stuhl). **2** (箱などの) 銅板; 〖楽〗(ヴァイオリンなどの) 横板(→ 図 Geige). [*germ.* „Schildrand“; ◇Tartsche]

Za·rin[tsá:rın] 女 -/-nen (Zar の女性形) 皇后; 女帝.

Za·ris·mus[tsarísmʊs] 男 -/ (ロシアなどの) 帝政, 皇帝専制政治, ツァーリズム.

za·ri·stisch[tsarístıʃ] 形 (ロシアなどの) 皇帝専制〔政治〕の, 専制的な, 独裁主義の.

Za·ri·za[tsarítsa·] 女 -/-s, ..zen[..tsən] (帝政ロシアの) 皇后; 皇太后. [*russ.*; ◇ *engl.* czaritza]

zart[tsa:rt] 形 **1 a)** きゃしゃな, ほっそりした, か弱い, ひ弱な, 蒲柳(ほりゅう)の質の; もろい, こわれやすい; 心の繊細な, 感じやすい: ~*e* Glieder きゃしゃな手足 | eine ~*e* Haut 柔肌 | ein ~*es* Kind か弱い子供 | eine ~*e* Porzellantasse 壊れやすい陶器の茶わん ‖ schon im ~*en* Alter von drei Jahren 3歳のか弱き年齢ですでに | ein ~*es* Gemüt 感じやすい心 | das ~*e* Geschlecht 《戯》か弱き性(女性) (→Geschlecht 1 a) | vom ~*esten* Kindesalter an いたいけな幼児のときから | Sie ist von ~*er* Gesundheit 〈Konstitution〉. 彼女は体〈体質〉がひ弱だ | nichts für ~*e* Ohren sein (→Ohr 1) ‖ Unser Sohn ist für sein Alter ~. 私たちの息子は年齢のわりにきゃしゃだ. **b)** (毛・布地などが) 柔らかな, しなやかな: ein ~*er* Flaum 柔らかな綿毛 | ~*e* Seide しなやかな絹 ‖ Dieses Leder fühlt sich ~ an. この革は手ざわりがしなやかだ.

2 (食物などが) 柔らかな, 堅くない: ~*es* Fleisch 〈Gemüse〉 柔らかな肉〈野菜〉.

3 (色調・音色などが) ほのかな, 淡い, どぎつくない: ein ~*er* Klang 柔らかな響き | eine ~*e* Melodie 妙(たえ)なる調べ | ~*es* Rot かすかな赤味.

4 a) (性質・態度などが) 穏やかな, 優しい, 思いやりのある: *jn.* ~ behandeln …を優しく扱う | *jm.* ~ die Hand auf den Arm legen 手を優しく…の腕に置く. **b)** 《雅》(zärtlich) 情愛のこもった: ~*e* Bande knüpfen (→Band²).

5 控えめな, かすかな: ~*e* Andeutung 控えめなほのめかし ‖ ~ lächeln かすかにほほえむ. [*ahd.*]

zart≈be·sai·tet[tsá:rt..] 形 感じやすい, 神経の細い; 気の小さな. **≈blau** 形 うすい青の, 淡青色の.

▽**Zär·te**[tsɛ́:rtə] 女 -/ ＝Zartheit 1

zär·teln[tsɛ́:rtəln] 《06》自 (h) 《mit *jm.*》(…と) いちゃいちゃする.

zart·füh·lend[tsá:rt..] 形 思いやりのある, 優しい, 感じやすい, 繊細な心ばえの.

Zart·ge·fühl 中 -〔e〕s/ 思いやり, 優しさ; 感じやすさ: mit sehr viel ~ vorgehen おおいに気を配りながら事を進める.

zart≈gelb 形 うすい黄の, 淡黄色の. **≈glied·rig** 形 体つきのきゃしゃな. **≈grün** 形 うす緑の, 淡緑色の.

Zart·heit[tsá:rthaıt] 女 -/-en **1** 《単数で》 **a)** (食物・布地・皮膚などの) 柔らかさ. **b)** (心の) 優しさ, 繊細さ, 思いやり〔のあること〕. **2** 優しい〈思いやりのある〉言動.

zärt·lich[tsɛ́:rtlıç] 形 優しい, 思いやりのある, 情愛のこもった; 愛撫(あいぶ)するような: ein ~*er* Brief ねんごろな手紙 | ein ~*er* Ehemann 情愛の深い夫 | ~*e* Gefühle 〈Worte〉 や

Z

さしい気持〈言葉〉 | eine ～*e* Natur 心の優しい人 ‖ *jn.* ～ ansehen 〈lieben〉 …を優しく見つめる〈愛する〉 | *jm.* ～ über das Haar streichen …の髪の毛をいとおしげになでる ‖ zu *jm.* ～ sein …に対して優しい | Sie ist ihm eine sehr ～*e* Mutter. 彼女は彼にとって非常に優しい母親である ‖ ～ werden《話》愛撫を始める, いちゃつき始める.

Zärt·lich·keit[−kaɪt] 女 -/-en **1**《単数で》(zärtlich なこと. 例えば:) 優しさ, 情のこまやかさ: *jn.* mit großer ～ umsorgen 非常に情こまやかに…の世話をする.
2《ふつう複数で》愛撫(あいぶ); 優しくなでるような行為〈言葉〉, いちゃつくこと: ～*en* austauschen 愛撫し合う | *jm.* ～*en* ins Ohr flüstern …の耳に優しい言葉をささやく | *jn.* mit ～*en* überhäufen …をなでさするように扱う ‖ Sie ist für ～*en* nicht empfänglich. 彼女は優しい愛撫などは受けつけない | Ich mag seine ～*en* nicht. 私は彼のべたべたしたやり方が嫌いだ.

zart·li·la[tsá:rt..] 形《無変化》うすい藤色〈ライラック色〉の, 淡紫色の.

Zärt·ling[tsɛ́:rtlɪŋ] 男 -s/-e 甘やかされた〈柔弱な〉人.

Zart·sinn[tsá:rt..] 男 -[e]s/ 思いやり, 優しい気持, 繊細な心.

zart·sin·nig 形 思いやりのある, 気持の優しい.

Za·sel[tsá:zəl] 女 -/-n《方》, **Za·ser**[tsá:zər] 女 -/-n《方》(Faser) 繊維. [＜*ndd.* tasen „pflücken"]

za·sern[tsá:zərn]《05》《方》＝fasern

Zä·sium[tsɛ́:zium] 中 -s/ ＝Cäsium

Zas·pel[tsáspəl] 女 -/-n ツァスペル(昔の糸の数量単位). [„so viel Garn auf einer Spindel"; ◇Zahl, Spindel]

zas·peln[tsáspəln]《06》他 (h) (糸を) かせにする.

Za·ster[tsástər] 男 -s/《話》(Geld) 金(かね): an den vielen ～ kommen 大金にありつく | Her mit dem ～! 金を出せ. [*aind.* „Wurfgeschoß"–*Zigeunerspr.* sáster „Eisen"]

Zä·sur[tsɛzú:r] 女 -/-en **1**《詩》中間休止, 句切り(詩の行の中間での, 特に意味の切れによる休止). **2**《楽》(楽節中の) 中間休止, (動機や主題の) 切れ目. **3**《比》切れ目, 区切り, 境目, エポック: eine deutliche ～ setzen《比》はっきりした区切り目をつくる. [*lat.*; ＜*lat.* caedere (→..zid); ◇Zement; *engl.* c[a]esura]

Zat·tel[tsátəl] 女 -/-n《服飾》ダッグ, ダッギング(衣服の縁の切り込み装飾: → 図 Zatteltracht). [＜Zottel]

Zatteltracht

Zat·tel·tracht 女《服飾》(14-15 世紀に流行した) ダッギングドレス(→ 図).

Zau·ber[tsáubər] 男 -s/- **1 a)** 魔法, 魔術, 妖術(ようじゅつ); まじない, 呪文(じゅもん); 人間を越えた力, 魔力[を持ったもの]; 奇跡, 不思議: **fauler ～**《話》いんちき, ぺてん ‖ einen ～ anwenden 魔法を使う | ～ treiben 魔法を行う ‖ *et.*[4] durch ～ bewirken …を魔法で呼び起こす〈生み出す〉| durch einen ～ die Krankheit heilen 魔術で病気を治す | wie durch ～ 魔法をかけた〈かけられた〉ように ‖ Den ～ kenne ich!《話》そんないんちきな手はくわないよ〈先刻ご承知さ〉. **b)** (魔法による) 呪縛: den ～ bannen 〈lösen〉 魔法を解く.
2《雅》(人並みはずれた・抗しがたい) 魅力, 魅惑: ～ des Geldes 〈der Jugend〉 金(かね)〈若さ〉の魅力 | ～ der Landschaft 〈des Sommerabends〉 風景〈夏の夕べ〉の魅惑的な美しさ ‖ Ein seltsamer ～ ging von ihr aus. 彼女には不思議な魅力があった | Alle waren von dem ～ ihrer Persönlichkeit 〈ihres Lächelns〉 gefangen. みんなは彼女の人柄〈微笑〉に魅了されていた.
3《話》**a)** (くだらぬ) こと, 話, 事柄, [物] 件: Was kostet der ganze ～? それ全部でいくらだい. **b)** (つまらぬことのための) 大騒ぎ: einen mächtigen ～ veranstalten ばか騒ぎを計画する.
[*germ.*]

Zau·ber≠bann[tsáubər..] 男 呪縛(じゅばく): unter einem ～ stehen 呪縛を受けて〈魔法にかかって〉いる | den ～ brechen 呪縛を破る. **≠buch** 中 魔法〈手品〉の本.

Zau·be·rei[tsaubərái] 女 -/-en 魔法, 魔術; 手品;《比》(人の心を呪縛(じゅばく)するような) 魅力, 魅惑: Das grenzt an ～. それは魔法に近い(世の常のものではない).

Zau·be·rer[tsáubərər] (**Zaub·rer**[..brər]) 男 -s/- (⊛ **Zau·be·rin**[..bərɪn], **Zaub·re·rin**[..brərɪn]-/-nen) 魔法使い, 魔術師; 手品師: Hexen und ～ 魔女たちと魔術師たち ‖ Der ～ vollführte erstaunliche Kunststücke. 手品師は驚くべき手品をやってみせた | Der Dirigent ist ein ～.《比》その指揮者の腕前はまさに超人的だ.

Zau·ber≠flö·te[tsáubər..] 女 魔法の笛:《Die ～》『魔笛』(Mozart の歌劇). **≠for·mel** 女 **1** 呪文(じゅもん). **2** (それさえ唱えれば万事が解決する) 魔法の言葉. **≠gar·ten** 男 魔法の園, 魔法をかけられた庭園; この世のものとも思えないほど美しい庭.

zau·ber·haft[tsáubərhaft] 形 魔法のような, 不思議な; 魅惑的な, 心を奪うような, すばらしい: eine ～*e* Frau 〈Landschaft〉 すばらしい女性〈景色〉.

Zau·ber·hand 女 魔法の手:《もっぱら次の形で》wie von ～ / wie durch ～ まるで魔法の手によるかのごとくに, 忽然(こつぜん)と.

Zau·be·rin Zauberer の女性形.

zau·be·risch[tsáubərɪʃ] 形 魔法の[ような]; 不思議な, 不可解な; 魅惑的な, すばらしく美しい.

Zau·ber≠ka·sten[tsáubər..] 男 手品の箱. **≠kraft** 女 魔力, 魔法の力: *et.*[4] mit ～ vollbringen …を魔法の力でやってのける.

zau·ber·kräf·tig 形 魔力のある.

Zau·ber≠kreis 男 魔力の及ぶ範囲. **≠kunst** 女 -/..künste **1**《単数で》魔法, 手品. **2**《ふつう複数で》魔術的な技術. **≠künst·ler** 男 魔術師, 魔法使い; 手品師, 奇術師. **≠kunst·stück** 中 奇術〈手品〉の技; 奇術〈手品〉の出し物. **≠land** 中 -[e]s/ 魔法〈妖精(ようせい)〉の国; 仙境. **▽≠la·ter·ne** 女 幻灯機, スライド映写機. **≠lehr·ling** 男 魔法使い〈魔術師〉の弟子. **≠macht** 女 ＝Zauberkraft **≠mär·chen** 中 魔法の物語, 妖精物語. **≠mit·tel** 中 魔法の手段, 魔法の薬; まじない, 呪文(じゅもん).

zau·bern[tsáubərn]《05》**I** 他 (h)《*et.*[4]》(…に) 魔法をかける〈使う〉; 魔法[など人の及ばぬ力]で作り〈呼び〉出す, 手品[など人並みならぬ技]で作り出す: *et.*[4] an einen anderen Ort ～ …を魔法でほかのところへ運ぶ ‖ Die Fee *zauberte* ein prunkvolles Schloß. 妖精(ようせい)は魔法ですばらしいお城をつくった | Apollo hat dem König Eselsohren an den Kopf *gezaubert*. アポロは魔術を使って王の頭にロバの耳を取りつけた | Er *zauberte* dem Publikum 〈fürs Publikum〉 eine Taube aus seinem Hut. 彼は観衆に帽子の中からハトを手品で取り出して見せた | Der Maler *zauberte* eine Landschaft an die Wand 〈auf das Papier〉.《比》画家は壁〈紙面〉にみごとな風景画を描きだした | Sie *zauberte* ein Lächeln auf sein betrübtes Gesicht.《比》彼女はその不思議な力によって彼の暗い顔に微笑を浮かびあがらせた.
II 自 (h) 魔法〈手品〉を使う: Ab und zu *zauberte* die Fee zum Zeitvertreib. 時々その妖精は暇つぶしに魔法を使った | Ich kann doch nicht ～.《比》私は魔法使いじゃないんだからね(そんな無理なことはできないよ) | Du bist so schnell wieder hier, du kannst wohl ～.《比》君はもう帰って来たのかい 驚いたね(きっと魔法が使えるんだね).

Zau·ber≠nuß[tsáubər..] 女《植》マンサク(満作)属. **≠pilz** 男《植》シビレタケ(痺茸)属(食べると神経が興奮して狂騒状態となる. 幻覚剤の原料として用いる). **≠pos·se** 女 魔法が出てくる軽喜劇. **≠reich** 中 魔法〈おとぎ〉の国;《比》夢の国. **≠schlag** 男《次の成句で》**wie durch einen ～** (まるで魔法にかかったみたいに) あっと言う間に, とつぜん. **≠schloß** 中 魔法の城. **≠spie·gel** 男 (遠くのものを映し出す) 魔法の鏡. **≠spruch** 男 呪文(じゅもん). **≠stab** 男 魔法のつえ. **≠stück** 中 魔法が登場する芝居. **≠trank** 男 魔法の飲み物(特に媚薬(びやく)・ほれ薬). **≠wald** 男 魔法の〈魔

Z

法使いの住む)森. ≈**welt** 女 ＝Zauberreich ≈**werk** 中 魔法(魔術)のしわざ. ≈**we·sen** 中 **1** 魔法, 妖術(ようじゅつ). **2** 魔法でつくられたもの. ≈**wort** 中 -[e]s/-e ＝Zauberspruch ≈**wur·zel** 女 ＝Alraune 2

Zaub·rer ＝Zauberer

Zaub·re·rin Zauberer の女性形.

▽**Zau·che**[tsáʊxə] 女 -/-n **1**《方》(Hündin) 雌犬. **2**《軽蔑的に》自堕落な女. [＜Zohe]

Zau·de·rei[tsaʊdəráɪ] 女 -/-en ためらい, 躊躇(ちゅうちょ); 決心のつかないこと, ぐずぐずすること.

Zau·de·rer[tsáʊdərər] (**Zaud·rer**[..drər]) 男 -s/- (⊛ **Zau·de·rin**[..rɪn], **Zaud·re·rin**[..drərɪn]-/-nen) ためらってばかりいる人, 躊躇(ちゅうちょ)〈ぐずぐず〉する人, 決断のつかない〈優柔不断な〉人.

zau·dern[tsáʊdərn]《05》自 (h) (zögern) ためらう, 躊躇(ちゅうちょ)する, 決断がつかないでいる: nur kurz 〈einen Augenblick〉 ～ 一瞬躊躇する | ohne zu ～ ためらわずに ‖ **mit** *et.*³ ～ …をためらう | Sie hat mit der Ausführung des Plans *gezaudert.* 彼女はその計画の実行をためらった ‖〚zu 不定詞〔句〕と〛Er *zauderte,* den Befehl auszuführen. 彼はその命令を実行することをためらった ‖ ein *zauderndes* Verhalten ぐずぐずした態度 ‖ Da hilft kein *Zaudern*! 今〈ここで〉ぐずぐずしていても仕方がないよ.

[＜*mhd.* zūwen „ziehen" (◇zauen)]

Zaud·rer ＝Zauderer

Zaud·re·rin Zauderer の女性形.

zau·en[tsáʊən] 他 (h)《方》再帰 *sich*⁴ ～ 立ち去る; 急ぐ. [*ahd.*; ◇Tau², Gezähe]

Zaum[tsaʊm] 男 -[e]s/Zäume[tsɔ́ʏmə] 馬勒(ばろく)(馬具の一部で, くつわ・おもがい・手綱などの総称: → ⊠ Harnisch): einem Pferd den ～ anlegen 馬に馬勒をつける ‖ Er hielt seinen Hengst fest im ～. 彼は彼の雄馬の手綱をしっかり引き締めた | *jn.* 〈*et.*⁴〉 **im ～[e] halten**《比》…を抑制する, …を暴走させない | *seine* Begierden im ～ halten 欲望をおさえる | *seine* Zunge im ～ halten (→Zunge 1 a) | *sich*⁴ **im ～[e] halten**《比》自制する.

[*germ.* „Mittel zum Ziehen"; ◇ziehen², Team]

zäu·men[tsɔ́ʏmən] 他 (h) (馬に)馬勒(ばろく)をつける;《比》《*et.*⁴》(…を)抑制〈制御〉する, おさえる, 暴走させない.

Zaum≈pfad[tsáʊm..] 男 (乗馬専用の)馬道. ≈**zeug** 中 ＝Zaum

Zaun[tsaʊn] 男 -[e]s/Zäune[tsɔ́ʏnə] (⊘ **Zäun·chen**[tsɔ́ʏnçən], **Zäun·lein**[..laɪn] 中 -s/-) 囲い, 垣, 垣根, 柵(さく): **ein lebender ～** 生け垣 | Bretter*zaun* 板塀 | Garten*zaun* 庭の垣 ‖ den ～ um den Garten errichten 〈ziehen〉 庭のまわりに垣を作る ‖ **mit** *et.*³ **nicht hinterm** 〈**hinter dem**〉 **～ halten**《比》…を卒直に〈遠慮せずに〉言う | *seine* Zunge **im** ～ halten (→Zunge 1 a) | *et.*⁴ **mit** einem ～ umgeben …を垣で囲む | *jm.* **über** den ～ helfen《比》…(障害にぶつかっている人)を助ける | einen Streit 〈Zank / Zwist〉 **vom** ～ brechen (→Streit 1, →Zank, →Zwist) ‖ Wo der ～ am niedrigsten ist, da steigt man hinüber.《諺》なるべく楽な方法で事を処する, 骨惜しみする(垣根の最も低いところを乗り越える).

[*germ.*; ◇*engl.* town]

Zaun·bil·lett[tsáʊnbɪljɛt] 中《話》(催し物の)場外立見券: ein ～ nehmen《比》外側から〈局外者として〉観察する.

Zäun·chen Zaun の縮小形.

zaun·dürr[tsáʊndʏ́r, ⌣́⌣] 形《オーストリア》(人が)やせ細った, ひょろひょろの.

Zäu·ne Zaun の複数.

Zaun·ei·dech·se[tsáʊn..] 女〚動〛(カナヘビ科の)〔カキネ〕トカゲ(蜥蜴).

zäu·nen[tsɔ́ʏnən] 他 (h) (einzäunen)《*et.*⁴》(…に)垣をめぐらす, (…を)柵(さく)で囲む.

Zaun·gast[tsáʊn..] 男 -[e]s/..gäste (会場の)柵(さく)の外からの見物人, 無料見物人;《比》傍観者, 局外者.

Zaun·kö·nig 男〚鳥〛ミソサザイ(鷦鷯).

[＜*ahd.* kuningilīn „Königlein"; *lat.* rēgulus (◇Rex) の翻訳借用]

Zäun·lein Zaun の縮小形.

Zaun≈pfahl[tsáʊn..] 男 垣根の杭(くい): einen ～ in den Boden treiben 垣根の杭を地面に打ち込む ‖ **ein Wink mit dem ～**《話》露骨な暗示, あけすけなほのめかし | **mit dem ～ winken**《話》露骨に暗示する, あけすけにほのめかす. ≈**re·be** 女 つる植物. ≈**rü·be** 女〚植〛ブリオニア(ヨーロッパ・西アジア産ウリ科の一属で, 塊根を峻(しゅん)下剤とする). ≈**schlüp·fer** 男《南部》＝Zaunkönig ≈**wicke** 女〚植〛イブキノエンドウ(伊吹野豌豆). ≈**win·de** 女〚植〛ヒロハヒルガオ(広葉昼顔).

▽**Zau·pe**[tsáʊpə] 女 -/-n ＝Zauche

zau·sen[tsáʊzən]¹《02》他 (h) (軽く)引っかきまわす, 引きむしる: *js.* Haare 〈*jm.* die Haare / *jn.* an den Haaren〉 liebevoll ～ …の髪をやさしくまさぐる | Der Sturm *zaust* die Baumkronen.《比》あらしがこずえを激しく揺さぶる ‖〚目的語なしで〛im Fell 〈an den Ohren〉 eines Hundes ～ 犬の毛〈両耳〉をくすぐる. [*westgerm.*; ◇zeiseln¹; *lat.* dūmus „Busch"; *engl.* touse]

zau·sig[tsáʊzɪç]² 形《オーストリア》(zerzaust) (髪などが)ぼさぼさ〈ぐしゃぐしゃ〉の.

z. B. 略 ＝zum Beispiel 例えば.

z. b. V. 略 ＝zur besonderen Verwendung〚軍〛特別の任務をもった, 特務の.

z. D.[tsɛtdé:] 略 ＝zur Disposition 待命〈休職〉中の.

z. d. A.[tsɛtde:|á:] 略 ＝zu den Akten (書類に関して)処理〈決裁〉済み.

ZDF[tsɛtde:|ɛ́f] 略 ＝Zweites Deutsches Fernsehen ドイツ第 2 テレビ〔放送〕(→ARD).

z. E.[tsɛt|é:] 略 ＝zum Exempel 例えば.

Ze·baot[h][tsé:baɔt] 複 (Heerscharen)〚聖〛万軍, 天の軍団: der Herr ～ 万軍の主なる神.

[*hebr.*; ◇*engl.* Sabaoth]

Ze·bra[tsé:bra·] 中 -s/-s〚動〛シマウマ(縞馬), ゼブラ.

[*afrikan.*]

Ze·bra-An·zug[tsé:bra..] 男《話》囚人服.

Ze·bra≈fisch 男〚魚〛ミノカサゴ(蓑笠子). ≈**holz** 中 -es/ 縞(しま)のある堅い木材(特に熱帯産のマメモドキ科の木の). ≈**hund** 男〚動〛フクロオオカミ(袋狼). ≈**man·gu·ste** 女〚動〛シママングース.

Ze·bra·no[tsebrá:no·] 中 -s/ ＝Zebraholz [*port.*]

Ze·bra·strei·fen[tsé:bra..] 男〚交通〛ゼブラゾーン(横断歩道など: → ⊠ Straße).

Ze·bro·id[tsebroí:t]¹ 中 -[e]s/-e〚動〛シマウマとウマ〈ロバ〉との雑種. [＜..oid]

Ze·bu[tsé:bu·] 男 中 -s/-s (Buckelrind)〚動〛コブウシ(瘤牛).

Ze·bu·stier[tsé:bu..] 男 ＝Zebu [*fr.* zébu]

Zech·bru·der[tsɛ́ç..] 男《話》**1** 大酒飲み. **2** 飲み仲間〈友達〉.

Ze·che[tsɛ́çə] 女 -/-n **1** 飲み屋の勘定, 飲食代: eine große ～ machen (レストランで)盛大に飲み食いする | **die ～ bezahlen** 〈**zahlen**〉 飲み屋の勘定を支払う;《話》しりぬぐいをする, 損害を引き受ける | **die ～ prellen**《話》飲み〈食い〉逃げする, 無銭飲食する. **2** 鉱山, 鉱坑: eine ～ stillegen (鉱山を)閉山する | auf der ～ arbeiten 鉱山で働く.

[*mhd.* „Anordnung"; ＜*ahd.* gizeh „geordnet"]

ze·chen[tsɛ́çən] 自 (h) 大いに飲む, 酒盛りをする.

Ze·chen·koks 男 (↔Hüttenkoks)〚坑〛炭鉱コークス.

Ze·cher[tsɛ́çər] 男 -s/- 〔大〕酒飲み, 飲んべえ.

Ze·che·rei[tsɛçəráɪ] 女 -/-en 大酒, 痛飲; 酒盛り.

zech·frei[tsɛ́ç..] 形 酒代〈会費〉不用の.

Zech≈ge·la·ge 中 酒盛り, 宴会. ≈**ge·nos·se** 男 飲み仲間〈友達〉.

Ze·chi·ne[tsɛçí:nə] 女 -/-n (13-17世紀の)ヴェネツィアの金貨;《話》金(かね). [*it.* zecchino; ＜*arab.* sikka „Prägestock"; ◇*engl.* sequin]

Zech≈kum·pan[tsɛ́ç..] 男《話》飲み仲間, 飲み友達. ≈**prel·ler** 男《話》無銭飲食者. [＜zechen]

Zech·stein 男 -[e]s/〚地〛苦灰(くかい)統. [＜zäh]

Zeck¹[tsɛk] 男 中 -[e]s/《方; 特に: ベルリン》鬼ごっこ: ～

spielen 鬼ごっこをする. [<zecken]

Zecke[tsɛ́kə] 女 -/-n (南部・オーストリア; 話: **Zeck**[2][tsɛk] 男 -[e]s/-e) 〘動〙ダニ. [*westgerm.*; ◇ *engl.* tick]

zecken[tsɛ́kən] 他 (h) 《方》 **1** 《特に: ベルリン》鬼ごっこをする. **2** 《話》からかう, 興奮させる, 怒らせる. **3** 再帰 *sich*[4] ～ けんかする. [*ahd.* zeckōn „einen leichten Schlag geben"; ◇ *engl.* tick[le]]

Zeck·spiel[tsɛ́k..] 中 -[e]s/ =Zeck[1]

Ze·dent[tsedɛ́nt] 男 -en/-en 〘法〙(債権の)譲渡人. [< *lat.* cēdere (→zedieren)]

Ze·der[tsé:dər] 女 -/-n 〘植〙ヒマラヤスギ属: Virginische ～ エンピツビャクシン(鉛筆柏槇)(=Bleistiftzeder). [*gr.* kédros－*lat.* cedrus－*ahd.*; ◇ *engl.* cedar]

ze·dern[tsé:dərn] 形 《付加語的》ヒマラヤスギ製の.

Ze·dern≠holz 中 -es/ ヒマラヤスギ属の木材: Rotes ～ エンピツビャクシンの木材. **≠öl** 中 -[e]s/ 〘化〙ツェーデル〈シダー〉油. **≠tan·ne** 女 〘植〙アブラスギ(油杉)属, ユサン(油杉)属(中国産の針葉樹).

ze·die·ren[tsedí:rən] 他 (h) 〘法〙(債権を)譲渡する. [*lat.* cēdere „weggehen, abtreten"; ◇ *engl.* cede]

Zee·se[tsé:zə] 女 -/-n 〘漁〙(バルト海で用いられる)引き網. [*mndd.* sē[s]se; ◇ Zeising]

Zeh[tse:] 男 -s/-en[tsé:ən](Zehe) 足指: ***et.***[4] **im kleinen ～ spüren** 《話》…を予感する.

Ze·he[tsé:ə] 女 -/-n **1** 足指(→ 図 Mensch A): die große 〈kleine〉 ～ 足の親〈小〉指 ‖ auf [den] ～*n* gehen 〈schleichen〉(音をたてないように)つま先立って歩く | *jm.* auf die ～*n* treten …の足指を踏む | ***jm.*** 〈***jn.***〉 **auf die ～*n* treten** 《話》…にずけずけ言う; …にはっぱをかける; …の感情を害する | *sich*[4] auf die ～*n* stellen つま先立つ | vom Wirbel bis zur ～ (→Wirbel 2) | Schmerzen in der kleinen 〈großen〉 ～ haben 《話》病気だと思いこんでいる | über die große ～ gehen 《話》内またに歩く ‖ Ihm drückt die ～. 《話》彼は心に悩みをかかえている.

2 〘植〙(ニンニクの)小鱗茎(りんけい): eine ～ Knoblauch ニンニクの小鱗茎一つ.

[*germ.* „Zeiger"; ◇ zeihen, digital, daktylo..; *engl.* toe]

Ze·hen≠bal·len 男 足指のつけ根のふくらみ, 〘解〙趾球(しきゅう). **≠gän·ger** 男 (↔Sohlengänger) 〘動〙(猫・犬などのように指だけを地につけて歩く)趾行(しこう)動物. **≠kno·chen** 男 〘解〙趾骨(しこつ)(→ 図 Mensch C). **≠na·gel** 男 足指のつめ. **≠ring** 男 足指用の指輪. **≠spit·ze** 女 足指の先, つま先.

..zehig[..tse:ɪç][2] 《数詞などにつけて「…[本]の足指をもつ」を意味する形容詞をつくる》: fünf*zehig* 足指が5本ある.

zehn[tse:n] **I** 《基数》10, 十[の]: →fünf ‖ Ich wette ～ gegen eins, daß ... 私は…だと確信している〈十中八九…だと思う〉| *sich*[3] die 〈alle ～〉 Finger nach *et.*[3] lecken (→Finger 1) | die *Zehn* Gebote (→Gebot).

II Zehn 女 -/-en 10という数; 10という数字; (トランプの)10の札; 10番コースの路面電車.

[*idg.*; ◇ deka.., dezi.., ..zig[1]; *engl.* ten]

..zehn[..tse:n] 《3から9までの基数詞につけて基数詞13-19をつくる. その際16, 17はそれぞれ sechzehn, siebzehn となる》: drei*zehn* 13 | vier*zehn* 14 | fünf*zehn* 15 | acht*zehn* 18 | neun*zehn* 19.

zehn·ein·halb[tsé:n|aɪnhálp] 《分数; 無変化》10と2分の1[の]: →fünfeinhalb

Zehn·en·der[tsé:n..] 男 -s/- 〘狩〙角(つの)またが10に分かれたシカ(→Ende 4).

Zeh·ner[tsé:nər] 男 -s/- **1** (10の記号をもつもの. 例えば:) 10番コースのバス; 10ペニヒ硬貨, 10マルク紙幣; 1910年産ワイン; 10連隊員; (トランプの) 10の札; 10人組〈会〉の一員; 〘数〙二けた〈10の位〉の数: →Fünfziger

2 (合計して10のもの. 例えば:) 10人用乗り物; 10行詩; 10項的中の富くじ; 10人組〈会〉; 〘狩〙=Zehnender: →Fünfziger

3 10歳台の人: →Fünfziger

[*mhd.*; ◇ zehn]

Zeh·ner≠bruch 男 (Dezimalbruch) 〘数〙小数. **≠kar·te** 女 (乗車券・入場券などの)十枚つづりの回数券.

zeh·ner·lei[tsé:nərláɪ] 《種類を表す数詞; 無変化》10種類の: →fünferlei [<zehn+..erlei]

Zeh·ner≠no·te[tsé:nər..] 女 《スイス》 10フラン紙幣. **≠packung** 女 10個入り包み. **≠stel·le** 女 〘数〙10の位. **≠sy·stem** 中 -s/ (Dezimalsystem) 〘数〙十進法.

zehn≠fach[tsé:nfax] (▽**≠fäl·tig**[..fɛltɪç][2]) 形 10倍〈十重〉の: →fünffach

Zehn·fin·ger-Blind·schreib·me·tho·de [tse:nfíŋər..] 女 -/ , **Zehn·fin·ger·sy·stem** 中 -s/ (タイプライターの)十指法.

Zehn·fuß·kreb·se[tsé:n..] 複 (Dekapoden) 〘動〙十脚類.

Zehn·herr·schaft 女 十頭政治.

Zehn·jah·res·fei·er[tse:njá:rəs..] 女 十周年記念祭.

Zehn·kampf[tsé:n..] 男 〘陸上〙十種競技.

zehn≠mal[..ma:l] 副 10回; 10倍: →fünfmal ‖ jede Mark 〈jeden Pfennig〉 ～ umdrehen (→umdrehen I 1). **≠ma·lig**[..lɪç][2] 形 《付加語的》10回の: →fünfmalig

Zehn·mark·schein[tse:nmárk..] 男 10マルク紙幣.

zehn≠mo·na·tig[tsé:n..] 形 10か月を経た, 生後10か月の; 10か月間の. **≠mo·nat·lich** 形 10か月ごとの.

Zehn·mo·nats·kind[tse:nmó:nats..] 中 妊娠10か月で生まれた子.

Zehn·pfen·nig·stück[tse:npfɛ́nɪç..] 中 10ペニヒ硬貨.

Zehn·punkt·schrift[tsé:npʊŋkt..] 女 〘印〙10ポイント活字.

Zehn·sil·ber[tsé:n..] 男 -s/- 10音節の語〈詩行〉.

zehn≠stün·dig 形 10時間の. **≠stünd·lich** 形 10時間ごとの.

zehnt[tse:nt] **I** 《序数》第10の, 10番目の: →fünft ‖ Das kann 〈weiß〉 der ～*e* nicht. 《比》それはごく少数の人しかできない〈知らない〉.

II Zehnt 男 -en/-en 〘史〙十分の一税.

zehn≠tä·gig[tsé:n..] 形 10日間の; 10日を経た, 生後10日の. **≠täg·lich** 形 10日ごとの.

zehn·tau·send[tsé:ntáʊzənt] 《基数》1万[の]: → tausend | **die oberen *Zehntausend*** 《話》[最]上流階級[の人々].

Zehn·te[tsé:ntə] 男 -n/-n =Zehnt

▽**zehn·te·halb** =zehnthalb

zehn·tei·lig 形 10[等]分された, 10の部分からなる.

zehn·tel[tsé:ntəl] **I** 《分数》10分の1[の]: →fünftel

II Zehn·tel 中 (スイス: 男) -s/- 10分の1: →Fünftel

zehn·teln[..təln] 《06》 他 (h) 10[等]分する.

Zehn·tel·se·kun·de 女 10分の1秒.

zehn·ten[tsé:ntən] 《01》 他 (h) 〘史〙 **1** 《*et.*[4]》(…の)十分の一税を取り立てる〈納める〉. **2** =dezimieren 1

zehn·tens 副 (列挙の際などに)第10に[は].

▽**zehnt·halb** 《分数; 無変化》(neuneinhalb) 9と2分の1[の].

Zehnt·recht 中 〘史〙十分の一税徴収権.

zehn·und·ein·halb[tsé:n|ʊnt|aɪnhálp] = zehneinhalb

Zehn·zei·ler[tsé:n..] 男 -s/- 10行詩; 10行詩節.

zehn·zei·lig 形 (詩・詩節などが) 10行の〈からなる〉.

zeh·ren[tsé:rən] 自 (h) **1** 《von *et.*[3]》(…を)食べて生きる, (…で)身を養う; 《比》(…に)活力を見いだす: von den Vorräten ～ 蓄えを食って生きて行く | von *seinen* Erinnerungen ～ 《比》追憶に生きる.

2 《an *et.*[3]》(…を)消耗させる, 弱める; (…を)食いつくす: an *js.* Gesundheit ～ …の健康をむしばむ | Fieber 〈Seeluft〉 *zehrt* [an ihm]. 熱〈海の空気〉が[彼の]身体を消耗させる | an den Vorräten ～ 蓄えを食いつぶす.

[*mhd.*; < *ahd.* zeran „zerreißen" (◇ zerren)]

▽**Zehr≠fie·ber**[tsé:r..] 中 -s/ 〘医〙消耗熱. **≠geld** 中, **≠pfen·nig** 男 旅の費用, 道中の経費.

▽**Zeh·rung**[tsé:rʊŋ] 女 -/-en =Zehrgeld

Zehr·wes·pe 女 〘虫〙シリボソクロバチ(細尾黒蜂)科の昆

Z

虫.

Zei·chen[tsáıçən] 中 -s/- **1** 合図; 身ぶり; しるし, 目じるし; 符号, 標識: ein deutliches ～ はっきりした合図〈しるし〉‖ das ～ zum Anfang 〈zur Abfahrt〉 geben 開始〈出発〉の合図をする | *jm.* ein ～ geben 〈machen〉 …に合図する | Geben Sie bei Rückfragen bitte unser ～ an! 再照会の際には当方所定の符号を付記願います | den Rindern das ～ des Besitzers einbrennen 牛に所有者の焼き印を押す | **ein ～ setzen** / ***Zeichen* setzen** (行動などによって)新しい方向への問題提起をする‖ein Geschenk **als** 〈**zum**〉 ～ der Freundschaft 友情のしるしの贈り物 | *sich*³ einen Zettel als ～ in das Buch legen 目じるしに本の間へ紙片をはさむ | *sich*⁴ **durch ～** miteinander verständigen 互いに身ぶり〔手ぶり〕で意志を伝える | Die Stadt steht **im ～** der bevorstehenden Olympischen Spiele. 町はきたるべきオリンピック一色に塗りつぶされている.

2 徴候, 前兆; あらわれ: ein gutes 〈böses〉 ～ よい〈悪い〉兆し | ein ～ für schlechtes Wetter 悪天候の前兆 | die ersten ～ der Krankheit 〈des Verfalls〉 病気〈没落〉の最初の徴候 | das ～ der Ungeduld いらだちの前ぶれ ‖ Das war ein ～ des Himmels. それは天にあらわれた前兆であった | **Es geschehen noch ～ und Wunder!**《話》(予期せぬこと・信じがたいことが起こったときの冗談まじりの表現として)しるしや奇跡は現在もなお起こるものだ | **Die ～ stehen auf Sturm.**《比》大きな波瀾(はらん)が予想される | Er hat die ～ der Zeit erkannt. 彼は時代の推移を見ぬい〔てい〕た.

3 象徴, シンボル; (略 Z., Zn.) 記号; 句読点: ein mathematisches 〈musikalisches〉 ～ 数学〈音楽〉記号 ‖ das ～ des Kreuzes machen 〈schlagen〉 十字を切る | die ～ setzen 句読点を打つ ‖ ein Lorbeerzweig als ～ des Sieges 勝利の象徴としての月桂樹の枝 | Die Sprache ist ein System von ～. 言語は記号の体系である.

4〖占星〗星座,(十二宮図の)宮;《比》星まわり, 運命, 時代: Die Sonne steht **im ～** des Widders. 太陽は白羊宮に入っている | Er ist im ～ des Steinbocks geboren. 彼は山羊(やぎ)座の生まれである | Die Reise stand **unter** einem glücklichen 〈günstigen〉 ～.《雅》旅は幸運に恵まれていた | Unser Jahrhundert steht im 〈unter dem〉 ～ der Technisierung. 我々の世紀は技術化の時代である.

5《雅》職業: Er ist **seines ～*s*** Bäcker 〈Bäcker seines ～*s*〉. 彼の職業はパン屋だ.

6〖電〗呼び出し符号, コールサイン.

[*germ.*; ◇zeihen, zeichnen, zeigen; *engl.* token]

Zei·chen≈block[tsáıçən..] 男 -〔e〕s/-s, ..blöcke スケッチブック, 画用紙つづり. **≈brett** 中 = Reißbrett **≈buch** 中 スケッチブック. **≈bü·ro** 中 製図室, 設計室〈事務所〉. **≈deu·ter** 男 易者, 占星家. **≈drei·eck** 中 三角定規. **≈er·klä·rung** 女 記号の説明, 記号解説. **≈fe·der** 女 製図用ペン〔先〕. **≈film** 男 動画, アニメーション映画. **≈ge·rät** 中 製図用具; 図画の道具. **≈heft** 中 スケッチブック. **≈koh·le** 女 デッサン用木炭. **≈kunst** 女 製図法; 図画. **≈leh·re** 女 記号学, 記号論. **≈leh·rer** 男 製図〈図画〉の教師. **≈li·neal** 中 製図用定規. **≈ma·schi·ne** 女 製図機(→ 図 Reißbrett). **≈ma·te·rial** 中 製図用器材; 図画の材料. **≈pa·pier** 中 製図用紙, トレーシング=ペーパー; 画用紙. **≈rol·le** 女 (特許庁の)商標原簿. **≈saal** 男 (学校の)図画〈製図〉室. **≈schrift** 女 象形文字,(表音文字に対して)表意文字. **≈schutz** 男 商標保護. **≈set·zung** 女〖言〗句読法. **≈spra·che** 女 (↔ Lautsprache)〖言〗(合図・身振りなどからなる)信号〈合図〉言語. **≈stift** 男 製図用鉛筆; クレヨン, クレパス. **≈stun·de** 女 (学校での)製図〈図画〉の時間. **≈theo·rie** 女 記号理論. **≈tisch** 男 製図机. **≈trick·film** 男 アニメーション映画. **≈un·ter·richt** 男 図画〈製図〉の授業. **≈win·kel** 男 製図用〔三角〕定規.

zeich·nen[tsáıçnən]《01》**I** 他 (h) **1**〔線で〕描く, 線描〈素描〉する, スケッチする; 図案〈設計図〉を描く;《比》(文学作品などで)描写する: ein Porträt 〈eine Skizze〉 ～ 肖像〈スケッチ〉を描く | einen Grundriß ～ 略図を描く | einen Plan ～ 図面を引く | eine Person nach dem Leben 〈nach einer Fotografie〉 ～ ある人物を実物をモデルにして〈写真を頼りに〉描く | eine Landschaft nach der Natur ～ 風景を写生する | *jn.* 〈*et.*⁴〉 nach dem Gedächtnis ～ …を記憶を頼りに描く | *jn.* 〈*et.*⁴〉 in Umrissen ～ …を簡略に描く, …を粗描する ‖〖しばしば目的語なしで〗mit Bleistift 〈Tusche〉 ～ 鉛筆〈墨〉で描く | Er *zeichnet* gern 〈gut〉. 彼は図画が好きだ〈上手だ〉‖ Die Figuren 〈Die Charaktere〉 des Romans sind sehr realistisch *gezeichnet.*《比》この小説の登場人物たちは実にリアルに描かれている | Der Autor hat seine Romanfiguren mit außerordentlicher Genauigkeit *gezeichnet.*《比》作者はその作中人物たちを並々ならぬ精密さで描いている.

2 a) (kennzeichnen)《*et.*⁴》(…に)しるしをつける, 目印をつける, 刻印を刻む: Bäume 〔zum Fällen〕 ～ 〔伐採のために〕木にしるしをつける | die Wäsche 〔mit dem Monogramm〕 ～ 下着に〔頭文字で〕しるしをつける | alle Tiere der Herde 〔mit einem glühenden Stempel〕 ～ その群に属する動物全部に〔焼き印で〕しるしをつける | Das Alter 〈Die Krankheit〉 hat ihn *gezeichnet.*《雅》老齢〈病気〉が彼の身にはっきり現れている ‖ **von *et.*³ *gezeichnet* sein**《雅》…の刻印がはっきりと見て取れる | vom Tode gezeichnet sein (→Tod 1) | Er ist vom Unglück *gezeichnet.* 彼の顔にははっきりと不幸の影が刻まれている | ein vom Unglück *Gezeichneter* 不幸の影を背負った男.

b)《*et.*⁴》(自然が動・植物に)模様をつける:〖ふつう過去分詞で〗Das Blatt 〈Das Fell〉 ist schön *gezeichnet.* その木の葉〈毛皮〉には美しい模様がある | eine schön *gezeichnete* Katze 〈Tulpe〉 美しいぶちのある猫〈文様のあるチューリップ〉.

3《*et.*⁴》(…に)署名する; (…の)支払い〈醵出(きょしゅつ)〉の署名をする: einen Vertrag ～ 契約にサインする | Aktien ～ 新株払い込みの署名をする | 〔bei einer Sammlung〕 50 Mark ～ 〔募金に際して〕50マルク出す署名をする.

II 自 (h) **1**〔線で〕描く, スケッチする(→I 1).

▽**2** (unterzeichnen) 署名する;《比》責任を負う: In der Hoffnung auf baldige Antwort *zeichne* ich hochachtungsvoll X. (商業文の終わりで)折り返しお返事を賜りたく敬具 X | *gezeichnet* (略 gez.) Hans Müller ハンス ミュラー署名(文書の写しなどでオリジナルの文書には Hans Müller の署名があることを示す) ‖ Für diese Veröffentlichung *zeichnet* 〔verantwortlich〕 Herr X.《比》この公示〈出版〉の責任者は X 氏である | Als Verfasser des Artikels *zeichnet* Dr. X. この論説の執筆者は X 博士である.

3〖狩〗(獣が血痕(けっこん)・足跡などで)手負いのしるしを示す: Der Hirsch *zeichnet* stark. そのシカは手負いの〈傷を負った〉しるしをはっきりと残している.

III Zeich·nen 中 -s/ (zeichnen すること. 例えば:) 図画〔の授業〕; スケッチ: das technische ～ 製図 ‖ Er ist im ～ sehr gut. 彼は図画が上手だ | In der zweiten Stunde haben wir ～. 2時間目は図画の時間〈授業〉だ.

[*germ.*; ◇Zeichen]

Zeich·ner[tsáıçnər] 男 -s/- 製図家〈工〉, 設計者; 線描画家, デッサン〈素描〉家; 図案家, デザイナー; (書類などの)署名者: ein technischer ～ 製図工, 設計者.

zeich·ne·risch[..nərıʃ] 形 製図の; 図画の: eine ～*e* Begabung 画才 | *et.*⁴ ～ darstellen …を図示する.

Zeich·nung[..nʊŋ] 女 -/-en **1** (特に鉛筆・クレヨンなどによる線を主とした)線描, スケッチ, 素描; 図画; 製図, 図面, 設計図; さし絵; 図案, デザイン. **2** (動物の皮・翅(はね)などの)模様, 紋様. **3** しるし, 目印. **4**《比》(小説・ドラマなどにおける)描写, 叙述: die ～ der Charaktere im Roman 小説中の諸人物の性格描写. **5** (株式・債券などの)引き受け: Die ～ dieser Aktien ist nicht mehr möglich. この株券を引き受けることは もはや不可能だ. **6** 署名.

zeich·nungs·be·rech·tigt 形 署名権限のある.

Zeich·nungs≈be·trag 男〖商〗(株式・債券などの)申込金額. **≈frist** 女 (株式・債券などの)申込期限. **≈li·ste** 女 申込者名簿. **≈voll·macht** 女 代理署名権.

Zei·del≈bär[tsáıdəl..] 男 -en/-en 蜂蜜(はちみつ)を食べているクマ. ▽**≈mei·ster** 男 = Zeidler

▽**zei·deln**[tsáıdəln]《06》他 (h) ミツバチの巣房を切り取る.

Z

ᵛ**Zei̱d·ler**[tsáɪdlər] 男 -s/- (Bienenzüchter) 養蜂(ようほう)家. [*ahd.*; ◇zeihen]

ᵛ**Zeid·le·rei̱**[tsaɪdləráɪ] 女 -/-en 養蜂(ようほう)〔業〕; 養蜂場.

Zei̱·ge·fin·ger[tsáɪgə..] 男 人さし指: das Kind mit erhobenem ~ ermahnen 人さし指をぴんと立てて子供をたしなめる | Rheumatismus zwischen Daumen und ~ haben (→Rheumatismus). ≈**für·wort** 中〖言〗指示代名詞.

zei̱·gen[tsáɪgən]¹ **I** 自 (h) (指・指針などで)指し示す, 示す, 指す: Er *zeigte* 〔mit dem Finger〕 auf das Haus. 彼は〔指で〕その家を指し示した | Die Uhr *zeigt* auf halb zehn. 時計の針は 9 時半を指している(→II 1 a) | Der Wegweiser 〈Die Magnetnadel〉 *zeigt* nach Norden. 道しるべ〈磁針〉は北を指している ‖ mit dem Finger auf *jn.* ~ (→Finger 1) | Rheumatismus zwischen Daumen und ~ haben (→Rheumatismus).

II 他 (h) **1 a)** (指針などが目盛りを)指す, 示す: Die Uhr *zeigt* halb zehn. 時計の針は 9 時半を指している(→I) | Das Thermometer *zeigt* 5 Grad über 〈unter〉 Null. 温度計はプラス〈マイナス〉5 度を示している.

b) (手ぶりなどで)指し示す,(指し示して)教える: *jm.* den Weg 〔zum Bahnhof〕 ~ …に〔駅への〕道を教える | Er hat uns *gezeigt*, wie man die Maschine bedient. 彼は私たちにこの機械の操作法を説明してくれた ‖ *jm.* den 〈einen〉 Vogel ~ (→Vogel 1 c).

2 a) 《*jm. et.*⁴》(…に…を)見せる, 示す, 提示する: *jm.* den Brief 〈das Buch〉 ~ …に手紙〈本〉を見せる | *jm.* die Stadt 〈die Wohnung〉 ~ …に町〈住居〉を〔案内して〕見せる | *jm.* den Reisepaß ~ …に旅券を呈示する ‖ Die Bäume *zeigen* schon Knospen. 木々はもうつぼみをつけている ‖ *jm.* 〈*et.*³〉 die kalte Schulter ~ (→Schulter 1) | *jm.* die Zähne ~ (→Zahn 1) ‖ **es *jm.* ~** 《話》 i) …に自分の意見をはっきり言う; …を徹底的にやっつける; ii) …に自分の実力を見せつける | Dem 〈Dir〉 werde ich's 〔aber / schon〕 ~! 《話》いまに彼〈君〉に思い知らせてやるぞ | Ich kann es dir schwarz auf weiß ~. 《比》私は君にそれをちゃんと文書で示すことができる | *jm.* ~, wo der Zimmermann das Loch gelassen hat (→Zimmermann).

b) 再帰 *sich*⁴ ~ 姿を見せる〈現す〉, 現れる: *sich*⁴ *jm.* ~ …の前に姿を現す | *sich*⁴ öffentlich 〈in der Öffentlichkeit / vor den Leuten〉 ~ (公然と)人前に出る | *sich*⁴ auf einem Fest 〈in einer Gesellschaft〉 ~ 祝典〈パーティー〉に姿を現す | *sich*⁴ am Fenster ~ 窓に姿を見せる | *sich*⁴ 〔*jm.* gegenüber〕 von *seiner* besten Seite ~ 《比》〔…に対して〕自分のいい面だけを見せる | Das Kind will sich ~. 《話》その子は人の注目を集めたがっている〈いいところを見せようとしている〉 ‖ Am Himmel *zeigten* sich die ersten Sterne. 空には最初の星々が見えはじめた | In der Beschränkung *zeigt sich* erst der Meister. (→Meister 2 a) | Trotz unserer vielen Arbeit *zeigt* sich noch kein Erfolg. 我々は一生懸命仕事しているのにまだ成果が現れない.

3 a) (振舞い・態度などで感情などを)示す, わからせる, 見せつける: *seinen* Ärger 〈*seine* Freude〉 ~ 立腹〈喜び〉を表す | kein Bedauern 〈keine Reue〉 ~ 遺憾の意〈改悛(かいしゅん)の情〉を示さない | kein Interesse 〈kein Verständnis〉 〔für *et.*⁴〕 ~ 〔…に〕興味〈理解〉を示さない | *jm. seine* Liebe 〈Verachtung〉 ~ …に愛情〈軽蔑〉を示す | viel Lust 〈Neigung〉 〔zu *et.*³〕 ~ 〔…に〕大いに乗り気である | *jm. seinen* Unwillen 〈*sein* Wohlwollen〉 ~ …に怒り〈好意〉を示す.

b) (能力・特性などを)示す, 証明する, 発揮する: viel Ausdauer 〈Fleiß〉 ~ 大いにねばり〈勤勉さ〉を発揮する | *seine* Geschicklichkeit 〈Zuverlässigkeit〉 ~ 自分の器用なところ〈信頼し得ること〉を証明する | *sein* Können ~ 自分の腕前のほど〈能力〉を示す | Der Betrieb *zeigte* eine gute Leistung. 企業はよい業績をあげた | Sein Verhalten *zeigt* einen Mangel an Erziehung. 彼の振舞いには教養のなさが現れている | Seine Antwort *zeigt* deutlich, daß er es nicht begriffen hat. 彼の答えは彼がそのことを全く理解していないことをはっきり示している | Die Arbeit *zeigt* Talent. 仕事を見れば才能がわかる.

4 a) 再帰 *sich*⁴ als *et.*¹ 〈ᵛ*et.*⁴〉 ~ 自分が…であることを実証する, …の態度をとる | *sich*⁴ als guter 〈ᵛguten〉 Freund ~ 良き友であることを示す | Die Hoffnung *zeigte* sich als Illusion. その希望は幻想であることが分かった | *sich*⁴ 〔als〕 klug 〈tapfer〉 ~ 賢明〈勇敢〉なところを見せる, 賢明〈勇敢〉に振舞う | *sich*⁴ erfreut 〈besorgt〉 ~ うれしそうな〈心配そうな〉様子をする | *sich*⁴ *jm.* 〈bei *jm.*〉 erkenntlich ~ (行動で)…に感謝の意を表明する | Du hast dich immer bereit 〈geneigt〉 *gezeigt*, mir zu helfen. 君はいつでも私に援助の手をさしのべようとしてくれた.

b) 再帰 *sich*⁴ ~ 明らかになる, 判明する: Die Folgen *zeigen* sich später. 結果はいずれ判明する | Erst jetzt *zeigte* sich die Größe des Schadens. 今になってはじめて被害の大きさが明らかになった | Das wird sich ~! 《話》(どっちが正しいか)今に分かるさ ‖〖副文と〗Es *zeigte* sich, daß er uns verraten hatte. 彼が我々を裏切っていたことが明らかになった | Es wird sich ja ~, ob ich recht habe. 私の言い分が正しいかどうかいずれ分かるよ | Es wird sich ~, wer der Stärkere ist. どっちがより強者であるかはいずれ分かるよ.

[*ahd.*; ◇zeihen, Zeichen; *engl.* teach]

Zei̱·ger[tsáɪgər] 男 -s/- (zeigen する人・物. 特に:) 指針, 時計の針, 指標, カウンター: der große 〈kleine〉 ~ 〔der Uhr〕 〔時計の〕長〈短〉針 | Minuten*zeiger* 分針, 長針 | Stunden*zeiger* 時針, 短針 | Uhr*zeiger* 時計の針 ‖ den ~ richtig stellen 〔時計の〕針を(正しい位置に)合わせる | den ~ vorstellen 〈zurückstellen〉 〔時計の〕針を進める〈戻す〉 ‖ Der ~ steht 〈zeigt〉 auf zwölf. 〔時計の〕針は12時を指している ‖ ***jm.* auf den ~ gehen** 《話》…の神経にさわる, …をいらいらさせる | Das haut auf den ~. 《話》それは注目すべきことだ〈決め手になる〉.

Zei̱·ger≈aus·schlag 男〖理〗指針の偏差. ≈**waa·ge** 女 自動秤(ばかり).

Zei̱·ge≈stab[tsáɪgə..] 男, ≈**stock** 男 -〔e〕s/..stöcke 指し示すための棒, 図突き棒.

zei·hen⁽*⁾[tsáɪən] 《218》 **zieh**[tsi:] (まれ: zeihte) / **ge·zi̱e·hen**; 接II ziehe 他 (h) 《雅》《*jn. et.*²》(…を…の罪で)責める, とがめる: *jn.* des Betrugs ~ …の欺瞞(ぎまん)を責める ‖ 再帰 Er hat sich des Vergehens *geziehen.* 彼は自分の犯した悪事のゆえにわが身を責めた. [*germ.* „zeigen"; ◇Deixis, Zehe, Zeichen, Diktion]

Zei̱·le[tsáɪlə] 女 -/-n **1 a)** (略 Z.) 行(ぎょう): Neue ~! (口述の時などに)改行せよ | eingerückte ~ (何字分か)頭を引っこめて書き(印刷し)始めた行 | dritte ~ von oben 〈unten〉 上〈下〉から 3 行目 | mit zwei ~*n* Abstand 2 行あけで ‖ noch nicht eine einzige ~ gelesen haben まだ一行も読んでいない | zwei ~*n* auslassen 2 行あける ‖ einen Text ~ für ~ durchgehen テキストに一行一行綿密に目を通す | *et.*⁴ mit 〈in〉 wenigen ~*n* schreiben …を手短に書く | *jn.* nach ~*n* bezahlen (稿料などを)…に行払いで(行数によって)支払う | **zwischen den ~*n* lesen** 《比》行間を読む(はっきりと書かれていない意図を読み取る) | **zwischen den ~*n* stehen** (はっきりと書かれてはいないが)行間ににじみ出ている, 暗黙裡に示されている. **b)** 《複数で》〔手短な〕手紙, 知らせ: *jm.* ein paar ~*n* schreiben …に〔手短に〕手紙を書く | Haben Sie besten Dank für Ihre ~*n*! お便りありがとうございました.

2 列, 連なった〈並んだ〉もの: eine ~ von Häusern 〈Bäumen〉 家並み〈並木〉.

3 (テレビの)走査線.

[„abgeteilte Reihe"; *ahd.*; ◇Zeit, Ziel]

Zei̱·len≈ab·stand[tsáɪlən..] 男 行の間隔, 行間のスペース. ≈**bau** 男 -〔e〕s/ (道路沿いに同じような型の住宅の列が伸びている)帯状住宅建築. ≈**bau·wei·se** 女 (道路沿いの)帯状住宅建築方式. ≈**dorf** 中 街村. ≈**durch·schuß** 男〖印〗行間余白, インテル. ≈**fre·quenz** 女〖テレビ〗線周波数. ≈**gieß·ma·schi̱·ne** 女〖印〗インテル鋳造機. ≈**schal·ter** 男 (タイプライターの)ラインスペース=レバー. ≈**schlan·ge** 女〖動〗ヒロオウミヘビ(広尾海蛇). ≈**setz·ma·schi̱·ne** 女〖印〗行鋳植機. ≈**sprung** 男

Z

(Enjambement)〘詩〙句またがり(詩の 1 行の意味・構文が次行にまたがって続くこと). ≈**sprung·ver·fah·ren** 中〘テレビ〙飛び越し走査(映像を線に分解し, まず偶数行を, 次いで奇数行を送る). ≈**stel·ler** 男 (タイプライターの)ラインスペース=ゲージ.

zei·len·wei·se 副 (→..weise ★)列をなして, 行列をつくって; 一行ずつ, 行に従って: die Anzeigen ~ berechnen 広告料金を行数で計算する.

Zei·len·zahl 女 行数;〘テレビ〙走査線数.

..zeiler[..tsaɪlər]《数詞につけて「…行詩〔節〕」を意味する男性名詞 (-s/-) をつくる》: Acht*zeiler* 8 行詩; 8 行詩節.

..zeilig[..tsaɪlɪç]²《数詞などにつけて「…行の」を意味する形容詞をつくる》: fünf*zeilig* 5 行からなる.

Zein[tseíːn] 中 -s/〘化〙ゼイン, ツェイン(とうもろこし中のたんぱく質). [< *gr.* zeiá „Spelt"+..in²]

Zeis·chen Zeisig の縮小形.

Zei·sel·bär[tsáɪzəl..] 男 -en/-en《南部》(Tanzbär)(サーカスなどの)踊りを仕込まれたクマ.

zei·seln¹[tsáɪzəln]《06》自 (h, s)《方》急いでいる, 急いで行く; 忙しくしている.
[< *ahd.* zeisan „zupfen" (◇zausen)]

zei·seln²[−]《06》《南部》他 (h) おびき寄せる. [< Zeisig]

Zei·sel·wa·gen[tsáɪzəl..] 男《南部》(Leiterwagen)(両側にはしご形の枠のある)干し草運搬用の馬車.
[< zeiseln¹]

Zei·sig[tsáɪzɪç]² 男 -s/-e (⑭ **Zeis·chen**[tsáɪsçən], **Zeis·lein**[..laɪn] 中 -s/-) **1**〘鳥〙マヒワ(真鶸). **2**《話》**ein lockerer ~** 軽率(軽薄)な人.
[*tschech.* čiž〔ek〕; 擬音; ◇ *engl.* siskin]

zei·sig·grün 形 黄緑色の.

Zei·sing[tsáɪzɪŋ] 男 -s/-e (Seising)〘海〙括帆索, ガスケット. [< *ndd.* seisen „verbinden" (◇Zeese)]

Zeis·lein Zeisig の縮小形.

Zeiss[tsaɪs] 人名 Carl ~ カール ツァイス(1816-88; ドイツの光学技術者. 光学器械工場を設立して顕微鏡を製作. この工場は彼の死後同名の著名な光学器械企業に発展した).

Zeiss·glas[tsáɪs..] 中 -es/..gläser ツァイス社製レンズ.

Zeit[tsaɪt] **I** 女 -/-en **1** (英: *time*)《単数で》(抽象的に, 経過時間の総体としての)時間, 時: ~ und Raum 時間と空間 | der Strom der ~ 時の流れ | der Zahn der ~ (→Zahn 1) | den Gang 〈das Rad〉 der ~ aufhalten 時の歩み〈歯車〉を止める | im Laufe der ~ 時〔の経過〕とともに, しだいに ‖ Die ~ vergeht 〈verstreicht〉. 時は過ぎ去る | Die ~ flieht 〈geht dahin〉. 時は過ぎ去っていく | Die ~ kehrt nicht zurück. 時は再び戻らない | Die ~ arbeitet für uns.《諺》時間は我々の味方だ(時間は我々に有利に働く) | Die ~ gleicht aus.《諺》時はあらゆる対立をならす | Die ~ heilt 〔alle Wunden〕.《諺》時は〔すべての傷を〕いやす | *Zeit* ist Geld.《諺》時は金(かね)なり.

2 (Epoche)(歴史の流れの中の)一時期, 時代: Die ~ ディーツァイト(ドイツの週刊新聞) | die gute alte ~ 古き良き時代 | die ~ des Barock 〈der Reformation〉 バロック時代〈宗教改革の時代〉| die ~ vor 〈nach〉 dem zweiten Weltkrieg 第二次大戦前〈後〉の時代 ‖ schlechte 〈finstere〉 ~*en* 悪い〈暗い〉時代 | vergangene 〈kommende〉 ~*en* 過ぎ去った〈きたるべき〉時代 | unsere 〈heutige〉 ~ 我らの時代, 現代 ‖ der Geist der ~ 時代精神 ‖ der Geschmack der ~ 〔その〕時代の趣味 | ein Kind der ~ 時代の子(ある時代の特色を典型的にそなえた人) | ein Zeichen 〈ein Zug〉 der ~ 時代の特色〈様相〉‖ **Andere ~*en*, andere Sitten.**《諺》時代が変われば風習も変わる | Das waren 〔noch〕 ~*en*! あのころは〔まだ〕いい時代だった | Die ~*en* ändern sich. 時代は変わる | Er ist seiner ~³ 〔weit〕 voraus. 彼は時代に〔大いに〕先んじている ‖〘前置詞と〙**aus** alter ~ / aus alten ~*en* 昔〔から〕の | aus der ~ meiner Großeltern 私の祖父母の時代〔から〕の | **hinter** *seiner* ~ zurückbleiben《比》時勢に遅れる | **in** 〔den〕 ~*en* der Not 苦難の時代に | **mit der ~ gehen** 時代と共に歩む, 時代の先端を行く(→3 a) | **seit** uralten ~*en* 大昔から(→3 a, 5 a) | seit Adams 〈Olims〉 ~*en* (→Adam II, →Olim) | **vor** 〔langen〕 ~*en* 〔遠い〕昔に(→3 a, 5 a) | **zu** allen ~*en* いつの時代にも | zu dieser 〈jener〉 ~ この〈その〉時代には | zu meiner ~ 私の活躍していた〈若い〉ころには | zu Olims ~*en* (→Olim).

3 (Zeitraum) **a)** (ある長さの漠然とした)時間〔の経過〕; 期間: eine lange 〈geraume〉 ~ 長時間, 長い間 | eine kurze ~ 短時間,〔ほんの〕しばらく | einige 〈längere〉 ~ しばらくの〈かなり長い〉間 | die ganze ~ 〔über / hindurch〕 その間じゅうずっと ‖ Die ~ wird mir lang. 私はいらいら〈退屈〉してくる | Das ist nur eine Frage der ~. それは時間の問題にすぎない, それは時がたてば必ず起こる〈解決する〉ことだ ‖〘前置詞と〙**auf** einige ~ verreist sein しばらく〔の予定で〕旅に出ている(→5 a, 7) | **für** alle ~〔*en*〕 永久に | **für ~ und Ewigkeit**《雅》永遠に | für längere ~ ins Krankenhaus müssen かなり長期間入院しなければならない | **in** letzter 〈jüngster〉 ~ / in der letzten ~ 最近(→5 b) | in nächster ~ / in der nächsten ~ まもなく, 近々 | in der ganzen ~ / in all der ~ その間じゅうずっと | **mit der ~** 時とともに, しだいしだいに(→2) | **nach** kurzer 〈langer〉 ~ 少し〈長らく〉して〔から〕| **seit** ewigen ~*en* もうずいぶん前から(→2, 5 a) | **vor** einiger 〈langer〉 ~ しばらく〈ずっと〉前に(→2, 5 a) | vor nicht langer ~ それほど前ではない時期に, 先日 ‖〘4 格で〙〔viel〕 ~ brauchen 〔大いに〕時間をくう, 〔ひどく〕時間がかかる | **~ gewinnen** 時間をかせぐ(→b) | ***sich***³ 〔**für *et.***⁴ / **zu *et.***³〕 **~ nehmen** 〈**lassen**〉〔…に〕たっぷり時間をかける | Nehmen 〈Lassen〉 Sie sich ~! どうぞゆっくりおやりください | viel ~ in Anspruch nehmen (用件などが)たいへん時間をとる | ~ sparen 時間を節約する | die ~ verlieren 時間を無駄にする | viel ~ 〔und Mühe〕 auf *et.*⁴ verwenden 〈an *et.*⁴ wenden〉 …にひどく時間〔と労力〕を費やす.

b)《単数で》(個人が自分の気持次第で何にでも使える)自由な時間, ひま, 余暇,(時間の)余裕: Ich habe keine ~ 〔dafür / dazu〕. 私には〔そんなことをする〕暇がない | Haben Sie ~, mit mir ins Kino zu gehen? 私と一緒に映画を見に行く暇がありますか | Dazu fehlt mir 〔leider〕 die ~. 〔残念ながら〕そうしている暇はありません | Es steht mir viel 〈wenig〉 ~ 〔dafür〕 zur Verfügung. 私には〔そうする〕時間がたっぷりあります〈ほとんどないのです〉‖ **~ gewinnen** 時をかせぐ(→a) | *jm.* die ~ rauben 〈stehlen〉 …の〔自由な〕時間を奪う | dem lieben Gott die ~ stehlen (→Gott) | **die ~ totschlagen** 時を無為にすごす, 暇をつぶす | *seine* ~ mit dem Lesen verbringen 余暇を読書をしてすごす | ***sich***³ 〔mit *et.*³〕 **die ~ vertreiben** 〔…をして〕時間〈ひま〉をつぶす | um *sich*³ die ~ zu vertreiben ひまつぶしに.

4 (Frist) **a)** (ある限定された)時間, 期限, 期間, 猶予: 〔für *et.*⁴ / zu *et.*³〕 noch eine Stunde 〈fünf Minuten〉 ~ haben 〔…をするために〕まだ 1 時間〈5 分〉時間がある | *jm.* 〔für *et.*⁴ / zu *et.*³〕 drei Wochen 〈etwas〉 ~ geben 〔…のために〕…に 3 週間〈いくらか〉の猶予を与える | *jn.* um zwei Tage ~ bitten 〈flehen〉 …に 2 日間の猶予を懇願する | Das hat bis morgen ~. それにはまだ明日まで余裕〈時間〉があるさ ‖ **auf ~** (⑱ a. Z.)〘商〙掛けで, 信用貸しで(→b) | eine Abmachung auf ~ 期限つき協定 | ein Lektor auf ~ 期限つきの委嘱講師 | 〔fünf Tage〕 **über** die ~ arbeiten 期限を〔5 日〕超えて働く.

b) (予定の)年期; 刑期: *seine* ~ absitzen 刑期をつとめ上げる | *seine* ~ noch abdienen müssen まだ年季〈兵役期間〉が残っている | Beamter auf ~ 期限つき任期の官吏〈公務員〉(→a) | Die ~ ist abgelaufen. / Die ~ ist um. (予定の)期限が切れた; 最後の時がきた.

c) シーズン, 時節: die ~ der Ernte 収穫期 | die stille ~ i) オフ=シーズン; ii) 待降節, 降臨節, アドヴェント(クリスマス前の 4 週間) | außer der ~ 時期はずれの(→5 a) | Um diese ~ gibt es noch keine Touristen. この時期にはまだ観光客は訪れない ‖ Es ist Schnee gefallen, obwohl es noch nicht die ~ dafür ist. まだその時機〈季節〉でないのに雪が降った.

5 (Zeitpunkt) **a)** (時点としての)時間, 時機, 好機: Ort und ~ der Zusammenkunft 落ち合う場所と時間 | die

Z

~ für das Einnehmen der Medikamente 服薬の時間 ‖ Jetzt ist es ~ aufzubrechen ⟨zum Schlafengehen⟩. 今や出発⟨就寝⟩の時間だ | **Es ist 〔aber〕 höchste ⟨allerhöchste⟩ ~!** もうぎりぎりの時刻だ, もはやこれ以上は待てない | Die ~ drängt. 時間が切迫している | Ihre ~ ist gekommen. 彼女の分娩(ぶんべん)の時が近づいた; 彼女の臨終の時が迫った | **Kommt ~, kommt Rat.**《諺》待てば海路の日和あり(時がくれば知恵も浮かぶ) ‖ die ~ der Versammlung bestimmen ⟨festsetzen⟩ 集会の時間をきめる | eine ~ mit *jm.* vereinbaren …と時間の約束をする | die ~ verschlafen 〔予定の起床時間を〕寝過ごす | die 〔rechte / richtige〕 ~ verpassen ⟨versäumen⟩ 時機をのがす ‖〖前置詞と〗Es ist **an** der ~, daß ... …すべき時がきた | *et.*[4] **auf** bestimmte ~ verschieben …をある時まで延期する(→3 a, 7) | **außer** der ~ 時間⟨定刻⟩外に, 変な時間に(→4 c) | **seit** dieser ~ この時以降(→2, 3 a) | **Um** diese ~ bin ich immer zu Haus. この時間には私はいつも在宅しています(→b) | **von** dieser ~ an この時から | **von ~ zu ~** ときどき, ときおり | **vor** der ~ 定刻前に, 早々と(→2, 3 a) | **zur ~**(略 z. Z.) 目下のところ, さしあたり | **zu jeder ~** いつでも | zur gleichen ⟨selben⟩ ~ 同時〔刻〕に | zur festgesetzten ⟨festgelegten⟩ ~ 定刻に | ▽**zu guter ~** 早めに | **zu ⟨bei⟩ nachtschlafender ~** 人々の寝静まるころに, 真夜中に | zu passender ⟨günstiger⟩ ~ 適当な⟨都合のいい⟩折に | zur rechten ~ ちょうどいい時刻⟨時機⟩に | Alles zu seiner ~! 万事潮時が大切だ.

b)《単数で》(一日の時間のうちの特定の)時刻, 時間: Welche ~ ist es? / Welche ~ haben wir 〔jetzt〕? いま何時ですか | Hast du 〔die〕 genaue ~? 正確な時間がわかる⟨を知っている⟩かい | Bitte, vergleichen Sie die ~. Es ist 〔beim Gongschlag〕 genau 22 Uhr. どうぞ時刻⟨時計⟩をお合わせください.〔次のゴングで〕ちょうど22時です(ラジオ・テレビなどの時報のアナウンス) ‖〖前置詞と〗Ich werde mich **in** der ~ nach Ihnen richten. 時刻⟨時間⟩の点はあなたのおっしゃるとおりにいたします(→3 a) | **Um** welche ~ wollen wir uns morgen treffen? あした何時にお会いしましょうか(→a).

c) 標準時: Es ist jetzt 〔genau〕 10 Uhr mitteleuropäischer ⟨osteuropäischer⟩ ~. ただいま中欧⟨東欧⟩標準時で〔正〕10時です.

d)《方》(朝・昼・晩の)あいさつ: *jm.* die ~ bieten …にあいさつする.

6《間投詞的に》**〔Ach,〕 du liebe ~!** / **〔Du〕 meine ~!** (驚き・嘆きなどを表して)おやおや, なんてこった, しまった, ちくしょう.

7〖スポーツ〗タイム, 所要時間: 〔die〕 offizielle ~ オフィシャル=タイム | die ~ nehmen ⟨stoppen⟩ タイムを計る ‖ **auf ~ spielen**(優勢なほうが)時間かせぎをする(→3 a, 5 a) | für die ~ zu Boden müssen (ボクシングで)ノックアウトされる, カウントアウトになる | *jn.* für die ~ auf die Bretter schicken (ボクシングで)…をノックアウトする ‖ Er ist eine gute ~ gelaufen ⟨geschwommen⟩. 彼は好タイムで走った⟨泳いだ⟩.

8 (Tempus)〖言〗時称, 時制: einfache ⟨zusammengesetzte⟩ ~*en* 単一⟨複合⟩時称 | In welcher ~ steht das Prädikat des Satzes? この文の述語の時称は何か.

9〖聖〗この世, 現世, 仮の世.

II zeit 前《2格支配》《もっぱら次の形で》~ *seines* Lebens (→leben III 2).

[*germ.* „Abgeteiltes"; ◇demo.., Tide, Zeile]

Zeit≈ab·lauf[tsáit..] 男 時の経過. **≈ab·schnitt** 男 時期, 時代. **≈ab·stand** 男 時の間隔: in regelmäßigen *Zeitabständen* 周期的に. **≈al·ter** 中 (歴史区分としての)時代, 年代;〖地〗代: das ~ der Technik ⟨der Kreuzzüge⟩ 技術⟨十字軍⟩の時代 | das Goldene ~ 黄金時代 | ein augusteisches (→augusteisch). **≈an·ga·be** 女 **1** 日付, 年月日. **2**〖言〗時の添加語⟨添加成分⟩. **≈an·sa·ge** 女 (ラジオ・電話などの)時報. **≈ar·beit** 女 -/ 〖経〗期限付き⟨時間ぎめ⟩労働. **≈auf·nah·me** 女 (↔Momentaufnahme)〖写〗タイム露出による撮影〔写真〕(ふつう20分の1秒以上の露出による). **≈auf·wand** 男 (ある目的のための)時間の消費, 時間⟨手間⟩のかかること.

zeit·auf·wen·dig 形 時間⟨手間⟩のかかる(仕事など).

Zeit·ball 男〖海〗報時球, タイム=ボール.

zeit·be·dingt 形 時代⟨時流⟩に制約された.

Zeit≈be·stim·mung 女 **1** (Zeit を決定すること. 例えば:) 日付⟨期限⟩の決定. **2**〖言〗時の副詞〔句〕⟨状況語⟩. **≈bom·be** 女 時限爆弾. **≈dau·er** 女 時の長さ, 時間; 期間. **≈deh·ner** 男 = Zeitlupe **≈dif·fe·renz** 女 時差. **≈di·la·ta·tion** 女〖理〗(相対性理論による)時間伸張(運動中の物質に対しては静止している物質に対してよりもゆるやかに時が進行すること). **≈do·ku·ment** 中 時代⟨現代⟩のドキュメント. **≈druck** 男 -[e]s/ 時間的圧迫: unter ~ arbeiten さし迫った期限にせきたてられながら働く. **≈ein·heit** 女 **1** 時の単位. **2**〖劇〗(三一致の法則のうちの)時の一致. **≈ein·tei·lung** 女 時間の配分.

Zei·ten≈fol·ge 女〖言〗時称の一致. **≈wan·del** 男, **≈wech·sel** 男〖言〗(描写に生彩などを加えるための)時称の切り替え. **≈wen·de** 女 **1** 西暦紀元の始まり, キリスト生誕の年: nach ⟨vor⟩ der ~ 西暦紀元後⟨前⟩. **2** 時代のかわり目.

Zeit≈er·eig·nis 中 -ses/-se《ふつう複数で》(重要な)時事, 事件. **≈er·gän·zung** 女〖言〗時の補足語⟨補足成分⟩. **≈er·spar·nis** 女 時間の節約. **≈fah·ren** 中〖スポーツ〗時隔レース(自動車レース・競輪などで, 一定の時間間隔をおいてスタートする). **≈fak·tor** 男 時間的要因. **≈feh·ler** 男〖馬術〗(障害飛越で)時間超過による減点. **≈fol·ge** 女 **1** 時間的継起; 時代の順序. **2** = Zeitenfolge **≈form** 女 (Tempus)〖言〗時称, 時制: die einfache ⟨zusammengesetzte⟩ ~ 単一⟨複合⟩時称. **≈fra·ge** 女 **1** 時事問題. **2**《単数で》時間の問題: Das ist nur eine ~. それは時間の問題にすぎない(いずれはそうなる). **≈funk** 男 (ラジオの)時事ニュース, ニュース解説.

zeit·ge·bun·den 形 時代⟨時流⟩に即応した, ある時代と結びついた.

Zeit≈ge·fühl 中 -[e]s/ 時間感覚. **≈geist** 男 -[e]s/ 時代精神, 時代思潮.

zeit·ge·mäß[tsáitgəmɛ:s] 形 時流にかなった, 流行の, 時宜を得た; 現代風の.

Zeit·ge·nos·se 男 (女 **Zeit·ge·nos·sin**) 同時代の人.

zeit·ge·nös·sisch[..gənœsɪʃ] 形 同時代の.

zeit·ge·recht 形 **1** 時宜に適した, 時代に合った. **2**《オーストリア》= rechtzeitig

Zeit≈ge·schäft = Termingeschäft **≈ge·sche·hen** 中 目下〔焦眉(しょうび)〕の出来事. **≈ge·schich·te** 女 -/ 現代史.

zeit·ge·schicht·lich 形《述語的用法なし》現代史〔上〕の.

Zeit≈ge·schmack 男 時代趣味(ある時代に特有の趣味・好み); 現代の趣味⟨好み⟩. **≈ge·setz** 中〖法〗限時法. **≈ge·winn** 男 時間の節約: Das bedeutet einen ~ von 2 Stunden. そうすれば2時間ほど時間をかせぐ⟨浮かす⟩ことができる.

zeit·gleich[tsáitglaiç] 形 (synchron) 同時の, 同時におこる;〖スポーツ〗同タイムの: ~ ins Ziel kommen 同時に⟨同タイムで⟩ゴールインする.

Zeit≈glei·chung 女〖天〗時差〔率〕(平均太陽時と真太陽時の差). **≈grün·de** 複《次の成句で》aus ~*n* 時間不足のために. **≈ha·fen** 男〖海〗(干潮時には使用できない)〔満〕潮港.

▽**zeit·her**[tsaithé:r] 副 (seither) そのとき以来; (bisher) これまで, 従来.

zei·tig[tsáitɪç][2] 形 **1** (比較的) 早い〔時期の〕, (やや)早目の. ▽**2** (reif) 熟した.

zei·ti·gen[tsáitɪgən][2] **I** 他 (h) **1**《雅》(結果・効果などを)もたらす. **2** 熟させる. **II** 自 (h)《オーストリア》(reif werden) 熟する.

Zeit·kar·te 女 定期乗車券.

Zeit·kar·ten·in·ha·ber 男 定期券所有者.

Zeit≈ki·no 中 (旧東ドイツの)ニュース映画館(→Aktualitätenkino). **≈ko·lo·rit** 中 時代色. **≈kon·stan·te** 女〖電〗時定数. **≈kon·trol·le** 女 時間の管理.

Z

Zeit·kon·troll·we·sen 中 -s/ 時間管理〔制度〕.

Zeit≠krank·heit 女 時代の病気, 時代病. **≠kri·tik** 女 時代批評〈批判〉.

zeit·kri·tisch 形 時代批評の, 時代批判的な.

eine **Zeit·lang**[1] (**Zeit lang**) しばらくの間; Er ist eine ~ im Ausland gewesen. 彼はしばらく外国に行っていた.

★ 参考 einige Zeit lang しばらくの間.

Zeit·lang[2] 中《南部》《話》《もっぱら次の成句で》nach *jm.* 〈*et.*[3]〉 ~ haben …を恋いこがれる.

Zeit·lauf 男 -〔e〕s/..läufte[..lɔʏftə]〈..läufe〉《ふつう複数で》時の経過, 時代の流れ; 時勢, 時局.

zeit·le·bens[tsaɪtlé:bəns] 副 一生涯〔ずっと〕.

zeit·lich[tsáɪtlɪç] **1** 時間の, 時間上の; 時代順の. **2** 世の, 世俗の; はかない: **das *Zeitliche* segnen**《雅》この世を去る, 死去する;《話》(物が) 壊れる, だめになる. **3**《オーストリア》=zeitig 1

Zeit·lich·keit[–kaɪt] 女 -/ **1**〔哲〕時間性. **2**《雅》現世〔のこと〕; 世俗〔のこと〕; はかないこと, 無常: die ~ verlassen この世を去る.

Zeit≠li·mit 中 時間制限, タイムリミット. **≠lohn** 男 時間給.

zeit·los[tsáɪtlo:s][1] 形 **1** 時流に制約されない. **2** 時間〈時代〉を超越した.

Zeit·lo·se 女 -/-n (Herbstzeitlose)〔植〕イヌサフラン属.

Zeit·lu·pe 女 -/ (↔Zeitraffer) 高速度撮影, スローモーション.

Zeit·lu·pen≠auf·nah·me 女 スローモーション撮影. **≠tem·po** 中 -s/ スローモーション: im ~ arbeiten《話》のろのろと〈のんびりしたテンポで〉働く.

Zeit≠man·gel 男 -s/ 時間の不足: aus ~ / wegen ~〔s〕 暇〈時間〉がないために. **≠ma·schi·ne** 女 **1**《話》(Uhr) 時計. **2** タイムマシン(思いのままに過去や未来に旅することができる空想上の機械. 英国の小説家 H. G. ウェルズの作品から). **≠maß** 中 (Tempo)〔楽〕テンポ, 速度. **≠mes·ser** 男 **1**〔理〕クロノメーター. **2**〔楽〕メトロノーム. **≠mes·sung** 女 時間測定, 計時.

zeit≠nah[tsáɪtna:] 形, **≠na·he**[..na:ə] 形 現代の, 現代的な; 現在重要な.

Zeit≠neh·mer 男〔スポ〕(競技の) 計時員, タイムキーパー;〔経〕(ストップウォッチ法による) 作業時間〔調査〕係. **≠not** 女 -/ 時間の不足: in ~ sein (何かをするのに) 時間がない〈足りない〉| in ~ geraten (何かをする) 時間がなくなる. **≠ord·nung** 女 年代順; 時間配分. **≠per·so·nal** 中《集合的に》一時雇いの職員〈従業員〉. **≠plan** 男 日程表, 予定表; 時間割り; 時刻表. **≠pro·blem** 中 **1** 現代の問題, 時事問題. **2** 時間の問題. **≠punkt** 男 時刻, 時点, 時機; 日時: den günstigen ~ verpassen 好機を逸する.

Zeit·raf·fer 男 -s/ (↔Zeitlupe) 低速度撮影, クイックモーション. [＜raffen]

Zeit·raf·fer·auf·nah·me 女 クイックモーション撮影.

zeit·rau·bend 形 時間をとる, 暇のかかる: eine ~*e* Arbeit 手間ひまのかかる仕事.

Zeit≠raum 男 時間, 時期, 時代, 期間; 間隔: in einem ~ von 4 Monaten 4 か月の間に | über riesige *Zeiträume* hin 長い期間にわたって. **≠rech·nung** 女 **1** 年代〔計算法〕. **2** 紀元, 年号:〔die〕 christliche ~ キリスト紀元, 西暦 | im Jahre 800 unserer ~ (略 u. Z.) 西暦紀元800年に | nach unserer ~ (略 n. u. Z.) 西暦紀元(…年) | vor unserer ~ (略 v. u. Z.) 西暦紀元前(…年). **≠rei·hen** 複〔心〕時系列.

Zeit·rei·hen·dia·gramm 中〔心〕時系列図表.

Zeit≠re·lais[tsáɪtrəlɛ:] 中〔電〕限界〈定時〉継電器. **≠ren·te** 女 (再就職が見込まれる失業者に対する) 時限年金. **≠schal·ter** 男, **≠schalt·uhr** 女 タイムスイッチ, タイマー (→ 図 Herd).

Zeit·schrift[tsáɪt-ʃrɪft] 女 (日刊以外の) 定期刊行物, 雑誌: eine medizinische ~ 医学雑誌 | eine ~ für Mode モード雑誌.

Zeit·schrif·ten·we·sen 中 -s/ 雑誌業界, 雑誌ジャーナリズム;《集合的に》(日刊以外の) 定期刊行物.

Zeit·sicht·wech·sel 男〔商〕一覧後定期払い手形.

Zeit≠sinn 男 -〔e〕s/ 時間の観念〈感覚〉: keinen ~ haben (平気で遅刻するなど) 時間の観念がない. **≠sol·dat** 男 短期志願兵. **≠span·ne** 女 時間, 時期, 期間: in dieser ~ この期間に | in einer ~ von 5 Tagen 5 日の間に.

zeit·spa·rend 形 時間の節約になる.

Zeit≠stem·pel 男 (手紙・文書などに日付・時刻を押す) タイム=スタンプ. **≠stil** 男 時代様式(ある時代に固有の様式): Möbel im ~ 現代ふう〈その時代の様式〉の家具. **≠stra·fe** 女〔スポ〕タイムペナルティ. **≠strö·mung** 女 時流. **≠stück** 中〔劇〕時事劇, 時事問題劇(1920年代に特に流行). **≠stu·die**[..diə] 女 タイムスタディ, 時間研究(生産性向上のための作業工程の分析・測定). **≠stu·fe** 女 =Tempus 1 **≠ta·fel** 女 年代表, 年表. **≠takt** 男〔電話〕(料金算定の基準となる) 一通話分の時間. **≠täu·schung** 女〔心〕時間錯誤, 時間誤差. **≠trend** 男 時代の動向〈趨勢(すうせい)〉. **≠uhr** 女 タイムスイッチ, タイマー. **≠um·stän·de** 複 時局, 時勢: bei den heutigen ~*n* 今日の時勢においては. **≠um·stel·lung** 女 (時差による) 時間の調節〈切りかえ〉.

Zei·tung[tsáɪtʊŋ] 女 -/-en **1 a)** 新聞: eine alte 〈neue〉 ~ 古い日付の〈届いたばかりの〉新聞 | die hiesige ~ / die ~ von hier 当地の新聞 | Tages*zeitung* 日刊新聞 | Wochen*zeitung* 週刊新聞 ‖ eine ~ abonnieren 〈abonniert haben〉 新聞を予約購読する | eine ~ abbestellen 新聞〔の予約購読〕を断る | ~*en* austragen 新聞を配達する | eine ~ halten 〈beziehen〉 新聞をとっている〈とる〉| eine ~ herausgeben 新聞を発行する | die ~ kassieren《話》新聞代金を集金する | die ~ lesen 新聞を読む ‖ Die ~ bringt die Meldung auf der ersten Seite. 新聞はその記事を第1面にのせている | Die ~ erscheint täglich 〈wöchentlich〉. その新聞は日刊〈週刊〉だ | Die ~ hat eine hohe Auflage. その新聞は発行部数が多い | Die ~ hat ihr Erscheinen eingestellt./《話》Die ~ ist eingegangen. その新聞は廃刊になった ‖〔前置詞と〕 *et.*[4] **aus** der ~ erfahren …のことを新聞記事で知る | Das habe ich aus der ~.《話》そのことは新聞で知りました | **bei** 〈**an**〉 einer ~ sein 〈arbeiten〉 新聞社に勤めている | **durch** alle ~*en* gehen あらゆる新聞で報道される | **in** der ~ stehen 新聞にのっている | eine Anzeige in die ~ setzen 広告を新聞にのせる | Er ist 〈kommt〉 **von** der ~.《話》彼は新聞記者である.

b)〔古〕新聞紙: *et.*[4] in eine ~ einwickeln …を〔古〕新聞紙に包む | eine ~ zusammenfalten 新聞を折りたたむ.

▽**2** (Botschaft, Nachricht) 知らせ: eine gute 〈schlechte〉 ~ bringen よい〈悪い〉知らせをもたらす.

[*mndd.* tīdinge–*mhd.* zīdunge; ＜*mndd.* tīden „vor sich gehen"; ◇Tide]

Zei·tungs≠abon·ne·ment[..abɔn(ə)mã:] 中 新聞購読の予約. **≠abon·nent** 男 新聞の予約購読者. **≠an·non·ce**[..anɔ̃:sə] 女, **≠an·zei·ge** 女 新聞広告. **≠ar·ti·kel** 男 新聞記事. **≠aus·schnitt** 男 新聞の切り抜き. **≠aus·schnitt·bü·ro** 中 新聞切り抜き請負会社(必要な記事を各紙から切り抜いて契約者に送る). **≠aus·trä·ger** 男 新聞配達人. **≠bei·la·ge** 女 新聞の付録. **≠be·richt** 男 新聞報道〔記事〕. **≠be·richt·er·stat·ter** 男 新聞通信員〈特派員〉. **≠deutsch** 中《しばしば軽蔑的に》新聞ドイツ語. **≠druck** 男 -〔e〕s/-e〔印〕(書籍印刷・端物印刷などに対して) 新聞印刷. **≠en·te** 女《話》新聞の誤報. **≠frau** 女 女性の新聞配達人, 新聞売りのおばさん. **≠hal·ter** 男 新聞ばさみ. **≠in·se·rat** 中 新聞広告. **≠jun·ge** 男 新聞売り〈配達〉の少年. **≠kiosk** 男 新聞スタンド. **≠kö·nig** 男 新聞王. **≠kopf** 男 新聞の題字欄(紙名・号数・日付などのある部分). **≠kor·re·spon·dent** 男 新聞通信員〈特派員〉. **≠kun·de** 女 -/ (Publizistik) 新聞学. **≠le·ser** 男 新聞の読者. **≠ma·gnat** 男 新聞界の大立者. **≠mann** 男 -〔e〕s/..männer **1** 新聞配達人. **2** 新聞の売り子. **3** -〔e〕s/..leute 新聞販売業者. **≠mel·dung** 女 新聞報道. **≠no·tiz** 女 新聞の小記事. **≠pa·pier** 中 新聞用紙;〔古〕新聞紙. **≠re·dak·teur**[..re-

Z

daktøːr] 男 新聞編集者. ≈**re·dak·tion** 女 新聞編集局. ≈**re·kla·me** 女 新聞広告. ≈**ro·man** 男 新聞小説. ≈**schrei·ber** 男《ふつう軽蔑的に》新聞記者; 新聞寄稿者. ≈**spal·te** 女 新聞の欄〈段〉. ≈**stand** 男 新聞スタンド; 新聞立て. ≈**stil** 男 新聞の文体. ≈**trä·ger** 男 新聞配達人. ≈**ver·käu·fer** 男 新聞の売り子. ≈**ver·lag** 男 新聞社. ≈**ver·le·ger** 男 新聞発行者. ≈**wer·bung** 女 新聞広告. ≈**we·sen** 中 -s/ 新聞業界, ジャーナリズム. ≈**wis·sen·schaft** 女 -/ 新聞学.

Zeit·un·ter·schied 男 時間差, 時差.

zeit·ver·geu·dend 形 時間を浪費する, 時間を食う.

Zeit≈ver·geu·dung 女 時間の浪費. ≈**ver·hält·nis·se** 複 =Zeitumstände ≈**ver·lust** 男 時間の損失: ohne ～ ただちに. ≈**ver·schwen·dung** 女 時間の浪費.

zeit·ver·setzt 形 時刻〈時間〉をずらした.

Zeit·ver·trag 男 (雇用などの)一時〈短期〉契約.

Zeit·ver·treib[..fɛrtraɪp][1] 男 -[e]s/-e 楽しみ, 気晴らし; 趣味: zum ～ 気晴らしに, 趣味として. [<vertreiben]

Zeit≈waa·ge 女 時計の検査器(時計の進みや遅れを瞬時に測定する器械). ≈**weg·schrei·ber** 男 (自動車の)自動回転速度計, タコグラフ.

zeit·wei·lig[tsáɪtvaɪlɪç][2] 形 **1** 一時的な, 暫定的な. **2** 時々の. [<Weile]

zeit·wei·se 副 (→..weise ★)時々, 一時的に; 当分, しばらくの間.

Zeit≈wen·de 女 = Zeitenwende ≈**wert** 男 **1** (↔Neuwert) (中古品などの)その時点での価値. **2** 〖楽〗(音符のあらわす)音の長さ. ≈**wort** 中 -s/..wörter (Verbum) 〖言〗動詞.

zeit·wört·lich 形〖言〗動詞の; 動詞的な.

Zeit≈zei·chen 中 (ラジオの)時報: Beim ～ ist es 8 Uhr. 時報が鳴ると 8 時です. ≈**zo·ne** 女 (同一標準時を用いる)時間帯. ≈**zün·der** 男 **1** 時限信管. **2**《話》血のめぐり〈ものわかり〉の悪い人.

Ze·le·brant[tselebránt] 男 -en/-en〖カトリック〗ミサ司式司祭.

Ze·le·bra·tion[..bratsió:n] 女 -/-en 儀式, 祭典; 〖カトリック〗ミサ司式. [*lat.*]

Ze·le·bret[tsé:lebrɛt] 中 -s/-s〖カトリック〗ミサ司式許可書. [*lat.* celebret „er möge zelebrieren"]

ze·le·brie·ren[tselebrí:rən] 他 (h) **1** (儀式・祭典などを)挙行する, とり行う; 〖カトリック〗(ミサを)司式する;《軽蔑的に》(会合・食事などを)儀式ばって大げさに行う, ものものしく〈もったいぶって〉する. **2** (*jn.*) (…を)祝う, 顕彰する. [*lat.*; < *lat.* celeber „vielbesucht"; ◇ *engl.* celebrate]

Ze·le·bri·tät[tselebritɛ́:t] 女 -/-en **1** 有名人, 著名人. ▽**2 a)** 荘重さ, 厳粛さ. **b)** 祭典, 儀式. [*lat.*]

Ze·len·ka[tselɛ́ŋka·, zɛ́lɛŋka·] 人名 Jan Dismas ～ ヤン ディスマス ゼレンカ(1679-1754; チェコの作曲家).

Zell≈at·mung[tsɛ́l..] 女〖生〗細胞呼吸. ≈**bau** 男 -[e]s/〖生〗細胞の構造. ≈**be·we·gung** 女〖生〗細胞運動. ≈**bil·dung** =Zellenbildung

Zel·le[tsɛ́lə] 女 -/-n **1 a)** (狭くて外界から隔絶した小部屋. 例えば:) (修道院の)独居房; (牢獄(ろうごく)・刑務所などの)囚人房: Bade*zelle* (水泳場・浴場などの)更衣室 | Einzel*zelle* 独[居]房 | Telefon*zelle* 電話ボックス. **b)** (ハチの巣の)単房, 蜜房(みつぼう). **2 a)** 〖生〗細胞: Nerven*zelle* 神経細胞 ‖ Die ～*n* teilen sich 〈sterben ab〉. 細胞が分裂〈死滅〉する | die [kleinen] grauen ～*n*《話》脳みそ; 思考力 | *seine* grauen ～*n* anstrengen《話》知恵をしぼる. **b)** (党などの)細胞: ～*n* bilden (地区・工場などに)細胞を作る. **3** 〖電〗電池. **4** (飛行機の)胴体.

[*lat.* cella (→ Cella) − *kirchenlat.* − *ahd.* cella „Mönchskammer"; ◇hehlen, Keller[2]; *engl.* cell]

Zelleib[tsɛ́llaɪp][1] 男 -[e]s/-er=Zellplasma

Zel·len·bil·dung[tsɛ́lən..] 女 **1**〖生〗細胞形成. **2** (党などの)細胞を作ること.

zel·len·för·mig 形 細胞状の.

Zel·len≈ge·we·be = Zellgewebe ≈**kol·li·ma·tor** 男〖天〗すだれコリメーター. ≈**leh·re** 女 -/ 細胞学. ≈**schmelz** 男 (Cloisonné) 七宝焼. ≈**struk·tur** 女〖生〗細胞の構造.

Zel·ler[tsɛ́lər] 男 -s/ 《オーストリア》(Sellerie)〖植〗セロリ, オランダミツバ(和蘭三葉).

Zell≈fu·sion[tsɛ́l..] 女〖生〗細胞融合. ≈**ge·we·be** 中〖生〗細胞組織.

Zell·ge·webs·ent·zün·dung 女〖医〗蜂巣(ほうそう)織炎.

Zell≈glas 中 -es/ , ≈**haut** 女 -/ (Cellophan) セロファン. ≈**horn** 中 -[e]s/ =Zelluloid 1

..zellig[..tsɛlɪç][2]《数詞などにつけて「…の細胞をもつ」を意味する形容詞をつくる》: ein*zellig* 単細胞の. [<Zelle 2 a]

Zell≈kern 男〖生〗細胞核. ≈**kon·stanz** 女〖生〗細胞定数性. ≈**leib** =Zelleib ≈**mem·bran** 女〖生〗細胞膜. ≈**mund** 男〖生〗(原生動物の)細胞口.

Zel·lo·phan[tsɛlofá:n] 中 -s/ =Cellophan

Zell≈or·ga·nel·le[tsɛ́l..] 女〖生〗細胞器官. ≈**plas·ma** 中〖生〗細胞質. ≈**saft** 男〖生〗細胞液. [<Zelle]

Zell·stoff 男〖化〗繊維素, セルロース. [<Zellulose]

Zell·stoff·wat·te 女 セルロース綿(脱脂綿に使われる).

Zell·tei·lung 女〖生〗細胞分裂. [<Zelle]

zel·lu·lar[tsɛlulá:r] (**zel·lu·lär**[..lɛ́:r]) 形 細胞から成る; 細胞に似た, 細胞状の; 細胞の, 細胞に関する. [< *lat.* cellula „Kämmerchen" (◇Zelle); ◇ *engl.* cellular]

Zel·lu·lar≈pa·tho·lo·gie 女 細胞病理学. ≈**the·ra·pie** 女〖医〗細胞注入療法.

Zel·lu·li·tis[tsɛlulí:tɪs] 女 -/..litiden[..lití:dən]〖医〗フレグモーネ, 蜂巣(ほうそう)炎. [◇..itis]

Zel·lu·loid[tsɛlulɔ́yt, ..loí:t][1] 中 -[e]s/ **1** セルロイド. **2** =Zelluloidstreifen

[*amerik.* celluloid; <Zellulose +..oid]

Zel·lu·loid·strei·fen 男《話》(写真の)フィルム.

Zel·lu·lo·se[tsɛluló:zə] 女 -/-n (Zellstoff)〖化〗セルロース, 繊維素. [< *lat.* cellula (→zellular)]

Zel·lu·lo·sen·fa·den 男〖織〗レーヨンフィラメント(再生繊維の一種).

Zell·wand[tsɛ́l..] 女〖植〗細胞壁. [<Zell]

Zell·wol·le 女〖織〗レーヨンステープル(再生繊維の一種). [<Zellulose]

Ze·lot[tseló:t] 男 -en/-en 熱狂者, 狂信者. [*gr.*; < *gr.* zēlos „Eifer[sucht]"; ◇ *engl.* zealot]

ze·lo·tisch[tseló:tɪʃ] 形 熱狂的な, 狂信的な.

Ze·lo·tis·mus[tselotísmʊs] 男 -/ 熱狂, 狂信.

Zelt[1][tsɛlt] 男 -es(-s)/ 〖馬術〗側対歩, アングル(片側の前足と後ろ足を同時に前に出す歩き方). [*mhd.*; ◇Zelter]

Zelt[2][−] 中 -es(-s)/-e (⊘ **Zelt·chen**[..çən], **Zelt·lein**[..laɪn] 中 -s/-) テント, 天幕, 幕屋(まくや) (→ 図): in einem ～ schlafen 〈leben〉 テントで眠る〈暮らす〉‖ ein ～ aufschlagen テントを張る | **die 〈*seine*〉 ～*e* aufschlagen**《比》(…に)居を定める, 住む | ein ～ abbrechen 〈abbauen〉 テントをたたむ | **die 〈*seine*〉 ～*e* abbrechen**《比》住んでいた場所を引き払う, 滞在地を離れる ‖ das ～ des Himmels《雅》大空, 蒼穹(そうきゅう) | Sternen*zelt*《雅》星空.

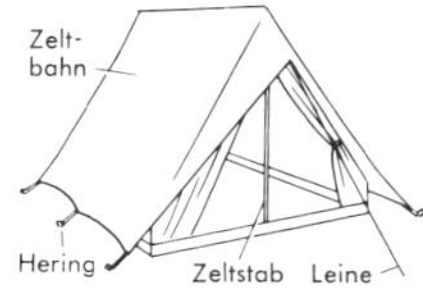

Zelt[2](Hauszelt)

[*germ.* „Bedeckung"; ◇ *engl.* tilt]

Zelt≈bahn[tsɛ́lt..] 女 **1** テント用布地の[一定幅の]反物〈裁ち布〉. **2** テントの防水布のおおい(→ 図 Zelt). ≈**bau** 男 -[e]s/ テントの設営. ≈**bla·che** 女《スイス》, ≈**blatt** 中《オーストリア》=Zeltbahn 2 ≈**bo·den** 男 テントの床(ゆか).

Zelt·chen Zelt[2]の縮小形.

Zelt·dach 中 **1** (サーカスなどの)テント張りの屋根(→ 図 Zirkus). **2** 〖建〗方形屋根(角錐形の屋根: → 図 Dach B).

Zel·te[tsɛ́ltə] 男 -n/-n =Zelten

zel·ten[tsɛ́ltən] 《01》自 (h) テントに泊まる, テントで暮らす

〈生活する〉, キャンプをする.

Zel·ten[‒] 男 -s/- 《南部・オーストリア》平たい円形の小型ケーキ(特に: Lebkuchen). [*ahd.* zelto; ◇Zelt²]

Zel·ter[tsɛ́ltər] 男 -s/- 〘馬術〙側対歩で歩く馬(特に婦人用の乗馬). [*ahd.*; ◇Zelt¹]

Zelt·gang 男 =Zelt¹

Zelt≈he·ring 男 (テントの張り綱などを留める)杭(くい), ペッグ. **≈la·ger** 中 テントキャンプ(野営地); 〘軍〙幕営地. **≈le·ben** 中 テント生活, キャンプ生活.

Zelt·lein Zelt²の縮小形.

Zelt·lein·wand 女 テント用麻布.

Zelt·ler[tsɛ́ltlər] 男 -s/- **1** zelten する人. **2** 《南部・オーストリア》Zelten をつくる菓子職人.

Zelt·li[tsɛ́ltli·] 中 -s/- 《スイス》(Bonbon) ボンボン(キャンディーの一種).

Zelt≈mast[tsɛ́lt..] 男 = Zeltstange **≈mis·sion** 女 (移動用テントの中で行われる新教の)天幕伝道. **≈pflock** 男 =Zelthering **≈pla·ne** 女 =Zeltbahn 2 **≈platz** 男 キャンプ場. **≈sack** 男 (登山者用の)袋状テント. **≈stab** 男 テントの支柱(ポール)(→ ⊠ Zelt). **≈stadt** 女 大キャンプ場. **≈stan·ge** 女, **≈stock** 男 -[e]s/..stöcke = Zeltstab **≈stoff** 男, **≈tuch** 中 -[e]s/..tücher =Zeltleinwand

Ze·ment[tsemɛ́nt] **I** 男 -[e]s/(種類: -e) (建築用・歯科用などの)セメント: Hochofen*zement* 高炉セメント | Portland*zement* ポートランド=セメント ‖ Sack ~! (→Sack 1, →sackzement). **II** 中 -[e]s/ 〘解〙(歯の)セメント質(→ ⊠ Zahn).

[*lat.* caementum „Bruchstein"–*spätlat.* cīmentum –*afr.*–*mhd.* zimente; <*lat.* caedere (→Zäsur)]

Ze·men·ta·tion[tsemɛntatsi̯óːn] 女 -/-en **1** =Zementierung **2** 〘金属〙浸炭法, セメンテーション.

Ze·ment·bo·den[tsemɛ́nt..] 男 セメントの床.

ze·men·ten[tsemɛ́ntən] 形 《付加語的》セメント〔製〕の; セメントのような.

Ze·ment≈fa·brik[tsemɛ́nt..] 女 セメント工場. **≈fül·lung** 女 (歯の)セメント充塡.

ze·men·tie·ren[tsemɛntíːrən] 他 (h) **1** 《*et.*⁴》(…に)セメントを塗る; (…を)セメントで固める(接合する); 《比》(状態・態度などを)固定化する. **2** 〘金属〙浸炭法で処理する.

Ze·men·tie·rung[..ruŋ] 女 -/ zementieren すること.

Ze·men·tit[tsemɛntíːt, ..tít] 男 -s/ (Eisenkarbid) 〘化〙セメンタイト, 炭化鉄. [<..it²]

Ze·ment≈mör·tel[tsemɛ́nt..] 男 セメントモルタル. **≈müh·le** 女 セメント〔材〕粉砕機. **≈platz** 男 コンクリートの〔テニス〕コート. **≈sack** 男 セメント袋. **≈spritz·ver·fah·ren** 中 (セメントガンなどによる)セメント吹きつけ〔処理〕法. **≈stahl** 男 〘金属〙浸炭鋼.

Zem·lin·sky[tsɛmlínski·] 人名 Alexander von ~ アレクサンダー フォン ツェムリンスキー(1871-1942; オーストリアの作曲家).

Zen[zɛn, tsɛn] 中 -[s]/ 〘仏教〙禅. [*sanskr.* dhyāna „Meditation"–*chines.*–*japan.*]

Ze·na·kel[tsenáːkəl] 中 -s/- =Zönakel

Ze·nit[tseníːt] 男 -[e]s/ **1** (↔Nadir) (Scheitelpunkt) 〘天〙天頂: Die Sonne steht im ~. 太陽は天頂に位置している. **2** 《比》頂点, 絶頂: den ~ des Lebens überschreiten 人生の盛りを過ぎる.

[*arab.* samt (ar-ra's) „Richtung (des Kopfes)"–*it.*; <*lat.* sēmita „Fußweg"; ◇ *engl.* zenith]

Ze·nit·di·stanz 女 〘天〙天頂距離.

Ze·no[tséːno·] **I** 男名 ツェーノ. **II** 人名 **1** ~ von Elea エレアのゼノン(前490頃-430頃; ギリシアの哲学者. いわゆる「ゼノンの逆説」で知られている). **2** ~ von Kition キュプロスのゼノン(前336頃-264頃; ギリシアの哲学者で, ストア派の祖).

[*gr.*–*lat.*]

Ze·non[tséːnɔn] **I** 男名 ツェーノン. **II** =Zeno II

Ze·no·taph[tsenotáːf] 中 -s/-e, **Ze·no·ta·phium** [..táːfiʊm] (**Ze·no·ta·phion**[..tá(ː)fiɔn]) 中 -s/ ..phien[..fiən] =Kenotaph

zen·sie·ren[tsɛnzíːrən] 他 (h) **1** 《*et.*⁴》(学校の教師などが…に)点をつける, 評価する: *et.*⁴ streng ~ …に厳しい点をつける. **2** (郵便物・出版物・映画・演劇・ラジオ・テレビなどを)検閲する: einen Brief ~ 手紙を検閲する.

[*lat.* cēnsēre „abschätzen"; ◇ *engl.* censor]

Zen·sie·rung[..ruŋ] 女 -/-en zensieren すること.

Zen·sor[tsɛ́nzɔr, ..zoːr] 男 -s/-en[tsɛnzóːrən] **1** 検閲係, 検閲官. **2** (古代ローマの)監察官. [*lat.*; ◇ *engl.* censor]

zen·so·risch[tsɛnzóːrɪʃ] 形 **1** 検閲の; 検閲官の. ▽**2** 風紀に関して口やかましい, 道学者的な.

Zen·sur[tsɛnzúːr] 女 -/-en **1** (学校などでの)成績評価, 評点: eine gute ~ bekommen 〈erhalten〉 よい点をもらう | Er hat schlechte ~*en.* 彼は成績が悪い | Heute gibt es ~*en.* きょうは学校で成績通知表をもらう日だ. **2** 《単数で》 **a)** 検閲: eine ~ ausüben 検閲を実施する | einer scharfen 〈strengen〉 ~ unterliegen 厳しく検閲される. **b)** 検閲の窓口(官庁): die ~ passieren 検閲をパスする. **c)** 〘心〙(潜在意識の)検閲. **3** 《単数で》(古代ローマの)監察官の職.

[*lat.*]

Zen·su·ren·buch[tsɛnzúːrən..] 中 成績簿.

zen·sur·frei[tsɛnzúːr..] 形 〔事前〕検閲のない.

zen·su·rie·ren[tsɛnzuríːrən] 《オーストリア》=zensieren

Zen·sur·stel·le[tsɛnzúːr..] 女 検閲所.

Zen·sus[tsɛ́nzʊs] 男 -/- **1** (Volkszählung) 人口〔国勢〕調査, センサス. **2** (古代ローマで 5 年ごとに行われた)市民の財産評価と登録. [*lat.* cēnsus; ◇Zins]

Zen·sus·wahl·recht 中 (昔の)財産評価に基づく〔被〕選挙権.

Zent[tsɛnt] 女 -/-en (Hundertschaft) 〘史〙**1** (古代ゲルマンの)百人組. **2** (フランク王国で)伯爵領の裁判(行政)区.

[*mlat.* cent[ēn]a–*mhd.*; <*lat.* centum (→zenti..)]

Zen·taur[tsɛntáʊər] 男 -en/-en **1** 〘ギ神〙ケンタウロス(人間の上半身と馬の下半身をもつ半人半馬の怪物). **2** der ~ 〘天〙ケンタウルス座.

[*gr.*–*lat.*; <*gr.* Kéntauroi (古代テッサリアの蛮族)]

Zen·te·nar[tsɛntenáːr] 男 -s/-e **1** 100歳の人. **2** Zent 1 の長. [*lat.* centēnārius „aus hundert bestehend"–*ahd.*; ◇Zent]

Zen·te·nar·fei·er 女, **Zen·te·na·rium**[..náːriʊm] 中 -s/..rien[..riən] 百年祭.

▽**Zen·ter·half**[tsɛ́ntərhaːf] 男 -s/-s 《オーストリア》= Mittelläufer [*engl.* center half[back]]

zen·tern[tsɛ́ntərn] 《05》自 (h) 《オーストリア》〘球技〙センタリングをする, センターに向かって送球する.

[*engl.* center; ◇Center]

▽**Zen·ter·stür·mer** 《オーストリア》=Mittelstürmer

zen·te·si·mal[tsɛntezimáːl] 形 〘数〙百分の; 百分法の, 百進法の. [<*lat.* centēsimus „hundertster" (◇zenti.., Centesimo)]

Zen·te·si·mal·waa·ge 女 百分度秤(ばかり)(測定物の100分の 1 のおもりで釣り合う).

Zent≈ge·richt[tsɛ́nt..] 中 〘史〙Zent 2 の法廷(裁判集会). **≈graf** 男 〘史〙Zent 2 の代官.

zenti.. 《単位名などにつけて「100分の 1 」を意味する》

[*fr.* centi..; <*lat.* centum „hundert" (◇Zent)]

Zen·ti·fo·lie[tsɛntifóːliə] 女 -/-n 〘植〙センティフォーリア(重弁のバラの一種).

Zen·ti≈grad[..gráːt, ⏑⏑−; オーストリア: ⏑⏑−]¹ 男 百分度. **≈gramm**[..grám, ⏑⏑⏑; オーストリア: ⏑⏑⏑] 中 センチグラム ($^1/_{100}$ g; 記号 cg). **≈li·ter**[..líːtər, ⏑⏑−⏑; オーストリア: ⏑⏑−⏑] 男 (中) センチリットル ($^1/_{100}$ *l*; 記号 *cl*). **≈me·ter**[..méːtər, ⏑⏑−⏑; オーストリア: ⏑⏑−⏑] 男 (中) センチメートル ($^1/_{100}$ m; 記号 cm).

Zen·ti·me·ter-Gramm-Se·kun·den-Sy·stem 中 (CGS-System) CGS 単位系.

Zen·ti·me·ter≈maß 中 センチメートル物さし(巻き尺). **≈wel·le** 女 〘理〙センチメートル波.

Zent·ner[tsɛ́ntnər] 男 -s/- **1** (略 Ztr.) ツァントナー(重量単位: 100 Pfund, 50kg): Er wiegt zwei ~. 彼は目方が

Z

100キロある. **2**《オーストリア・スイス》ツェントナー(重量単位: 100 kg; 記号 q: →Quintal).
[*mlat.*－*ahd.*; ◇Zentenar; *engl.* centner]

Zẹnt·ner≈ge·wicht 中 -[e]s/ 1〈数〉ツェントナーの重さ. **≈last** 女 1〈数〉ツェントナーの荷重: ***jm.* fällt eine ～ vom Herzen 〈von der Seele〉**《比》…は心の重荷がずっと軽くなる.

zẹnt·ner≈schwer 形 1〈数〉ツェントナーの重さの;《比》非常に重い: Diese Schuld lastete ～ auf seiner Seele. この罪が重苦しく彼の心にのしかかっていた. **≈wei·se** 副 (→..weise ★)ツェントナー単位で, ツェントナーずつ;《比》大量に.

Zẹn·to[tsέnto·] 男 -s/-s, -nen[tsεntó:nən] ＝Cento

zen·tra̱l[tsεntrá:l] 形 (↔peripher, dezentral) 中心の, 中央の; 中心部の, 中核の, 中枢の;《比》中心的な, 主要な, 重要な: eine ～*e* Figur 中心人物, 中心的存在 | eine ～*e* Frage 根本問題 | ein Geschäft in ～*er* Lage 町の中心部に位置する商店 | das ～*e* Nervensystem〘解〙中枢神経系 ‖ ein ～ regierter Staat 中央集権国家.
[*lat.*; ◇Zentrum; *engl.* central]

Zen·tra̱l≈a̱fri·ka 地名 中央アフリカ. **≈afri·ka̱·ner** 男 中央アフリカ[共和国]の人.

zen·tra̱l·afri·ka̱·nisch 形 中央アフリカの: die *Zentralafrikanische* Republik 中央アフリカ共和国(旧フランス領赤道アフリカで,1960年独立, 首都バンギ Bangui. 一時は帝国であった) | die *Zentralafrikanische* Federation 中央アフリカ連邦(イギリスが今日の Simbabwe, Malawi, Sambia の地域に創設した経済共同体. 1953-63).

die **Zen·tra̱l·al·pen** 地名 複 中央アルプス.

Zen·tra̱l·ame̱·ri·ka 地名 中央アメリカ.

zen·tra̱l≈ame·ri·ka̱·nisch 形 中央アメリカの. **≈asia̱·tisch** 形 中央アジアの.

Zen·tra̱l≈a̱si·en 地名 中央アジア. **≈aus·schuß** 男 中央委員会. **≈bank** 女 -/-en 中央銀行. **≈bau** 男 -[e]s/-ten〘建〙集中式建築, 有心建築(→ 図).

Zentralbau

zen·tra̱l·be·heizt 形 中央暖房[方式]の.

Zen·tra̱l≈be·hö̱r·de 女 中央官庁. **≈be·we̱·gung** 女〘理〙中心運動.

Zen·tra̱·le[tsεntrá:lə] 女 -/-n **1** 中心, 中心点; 中心部, 中枢. **2** 中央機関, 本部; 本局, 本社: Die Anordnungen werden von der ～ ausgegeben. 指令は中央(本部)から出される. **3 a)** 中央指令室. **b)** (Telefonzentrale)(会社・工場・役所などの)電話交換室. **c)** 中央発電所. **4**〘数〙中央線(→ 図 Kreis).

Zen·tra̱l·fi·gu̱r[tsεntrá:l..] 女 (事件・文学作品などの)中心人物, 中心的存在.

zen·tra̱l·ge·heizt 形 中央暖房[方式]の.

Zen·tra̱l≈ge·nos·sen·schaft 女 中央協同組合. **≈ge·stalt** 女 ＝Zentralfigur **≈ge·walt** 女 中央権力. **≈hei·zung** 女 中央暖房, セントラルヒーティング.

Zen·tra·li·sa·tio̱n[tsεntralizatsió:n] 女 -/-en (↔Dezentralisation) 集中, 集中化;〘政〙中央集権. [*fr.*]

zen·tra·li·si̱e·ren[..zí:rən] 他 (h) (↔dezentralisieren) 中心(中央)に集める, 集中する: die Verwaltung ～ 行政を中央集権化する. [*fr.* centraliser; ◇zentral]

Zen·tra·li·si̱e·rung[..rʊŋ] 女 -/-en ＝Zentralisation

Zen·tra·lịs·mus[tsεntralísmʊs] 男 -/ (↔Föderalismus)〘政〙中央集権主義, 中央集権制.

zen·tra·lị·stisch[..tɪʃ] 形 中央集権主義(中央集権制)の.

Zen·tra̱l≈kap·sel[tsεntrá:l..] 女〘動〙(放散虫類の)中心嚢(のう). **≈ko·mi·tee** 中 (略 ZK)(特に共産党などの)中央委員会. **≈kör·per** 男〘生〙中心体. **≈kör·per·chen** 中 ＝Zentriol **≈kraft** 女〘理〙中心力. **≈ner·ven·sy·ste̱m** 中 (略 ZNS)〘解〙中枢神経系. **≈or·ga̱n** 中 **1**〘解・生〙中枢器官. **2** (党などの)中央機関. **≈per·spek·ti̱·ve** 女〘美・数〙一点(中心)透視図法(→ 図 Perspektive). **≈pro·ble̱m** 中 中心問題. **≈pro·jek·tio̱n** 女〘数〙中心射影(投影)[法];〘地〙心射図法. **≈re·gie·rung** 女 中央政府. **≈schmie·rung** 女〘工〙集中注油, 中央集約潤滑. **≈stel·le** 女 中心部, 中心地; 中央機関, 本部; 本局, 本省, 本社, 本店. **≈the·ma** 中 中心テーマ. **≈ver·mitt·lungs·stel·le** 女 中央電話交換局. **≈ver·schluß** 男〘写〙レンズ=シャッター.

Zen·tra̱l·ver·wal·tungs·wirt·schaft 女 中央管理経済, 統制経済.

Zen·tra̱l≈wert 男 (Median)〘数・統計〙中央値, 中位数, メディアン. **≈zy·lin·der**[..tsilɪndər, ..tsyl..] 男〘植〙中心柱.

Zẹn·tren Zentrum の複数.

zen·tri̱e·ren[tsεntrí:rən] 他 (h) **1**《*et.*[4] um *et.*[4]》(…の)中心を(…に)置く,(…を)中心にして(…を)配置する. **2** (調節して)中心点(中心部)に合わせる.

..zentriert[..tsεntri:rt]《名詞・代名詞などにつけて「…を指向する, …中心の」などを意味する形容詞をつくる》: gewalt*zentriert* 暴力指向の | patienten*zentriert* 患者中心の(療法) | ich*zentriert* 自己中心的な.

zen·tri·fu·ga̱l[tsεntrifugá:l] 形 (↔ zentripetal) **1**〘理〙遠心的な, 遠心性の. **2**〘生・医〙遠心的な.

Zen·tri·fu·ga̱l≈guß 男 遠心鋳造. **≈kraft** 女〘理〙遠心力. **≈pum·pe** 女 遠心ポンプ.

Zen·tri·fu̱·ge[tsεntrifú:gə] 女 -/-n 遠心分離機, 遠心機. [*fr.* centrifuge]

zen·tri·fu·gi̱e·ren[..fugí:rən] 他 (h) 遠心分離機にかける, 遠心分離機で分離する.

Zen·trio̱l[tsεntrió:l] 中 -s/-e〘生〙中心小体, 中心粒.

zen·tri·pe·ta̱l[tsεntripetá:l] 形 (↔ zentrifugal) **1**〘理〙求心(向心)的な, 求心(向心)性の. **2**〘生・医〙求心的な.
[＜*lat.* petere (→Petition)]

Zen·tri·pe·ta̱l·kraft 女〘理〙求心力, 向心力.

zẹn·trisch[tsέntrɪʃ] 形 中央(中心)の; 中央(中心)にある.

Zẹn·tri·win·kel[tsέntri..] 男〘数〙中心角.

Zẹn·trum[tsέntrʊm] 中 -s/..tren[..trən] **1 a)** (Mittelpunkt) 中心, 中央; 中心部, 中核; 中枢; 焦点; (Stadtzentrum) 市の中心地区, 都心: das kulturelle ～ 文化的中心[地] | Nerven*zentrum* 神経中枢 ‖ im ～ wohnen 都心に住んでいる | im ～ des Platzes 広場の中央に | im ～ des Interesses stehen (人々の)興味(注目)の的である. **b)** (施設・機関としての)センター: Presse*zentrum* プレスセンター | Sport*zentrum* スポーツセンター | Sprach*zentrum* 語学センター.
2《単数で》= Zentrumspartei
[*gr.* kéntron „Stachel"－*lat.* centrum; ＜*gr.* kenteĩn „stechen"; ◇Center]

Zẹn·trum[s]·bo̱h·rer 男〘工〙センター錐(きり)(→ 図 Bohrer).

Zẹn·trums·par·tei 女 -/〘史〙中央党(1870年から1933年までのドイツのカトリック派政党で, 現在のキリスト教民主同盟 CDU の前身).

Zen·tu̱·rie[tsεntú:riə] 女 -/-n (古代ローマの)百人隊(約100人の歩兵から成る). [*lat.*; ◇Zent; *engl.* century]

Zen·tu̱·rio[..tú:rio·] 男 -s/-nen[..turió:nən](古代ローマの)百人隊長. [*lat.*]

Zeo·li̱th[tseolí:t, ..lít] 男 -s/-e; -en/-en〘鉱〙沸石(ふっせき), ゼオライト. [＜*gr.* zein (→gären)＋..lith]

zephalo.. (**zephal..**) →kephalo..

Ze·pha̱n·ja[tsefánja·] 人名 ゼパニヤ(紀元前 7 世紀ユダヤの預言者): der Prophet ～ 預言者ゼパニヤ; (旧約聖書の)ゼパニヤ書. [*hebr.* „Jahwe hat verborgen"; ◇*engl.* Zephaniah]

Zẹ·phir[tsé:fɪr] 男 -s/-e [..rə; オーストリア: tsefí:rə] **1**《単数で》《雅》そよ風, 微風, 軟風. **2**〘織〙ゼファー(軽い材料で作った木綿布地). [*gr.* zéphyros－*lat.*; ◇ *engl.* zephyr]

Zẹ·phir≈blu̱·me 女〘植〙タマスダレ属(サフランモドキなど). **≈garn** 中〘織〙ゼファー=ヤーン(柔らかい上質毛糸).

ze·phị·risch[tsefí:rɪʃ] 形《雅》(風について)やさしくそよぐ.

Zẹ·phyr[tsé:fyr] 男 -s/-e ＝Zephir

▽**ze·phy̠·risch**[tsefýːrɪʃ] ＝zephirisch

Ze̠p·pe·li̠n[tsɛ́pəliːn, ◡◡⊥] **I** 人名 Ferdinand〔Graf〕von ～ フェルディナント フォン ツェペリーン〔伯爵〕(1838-1917; ドイツの発明家. 特に飛行船の研究家・建造家として知られる). **II** 男 -s/-e ＝Zeppelinluftschiff

Ze̠p·pe·li̠n·luft·schiff 中 ツェペリーン飛行船.

Ze̠p·ter[tsɛ́ptər] 中(男) -s/- (王位・王権の象徴としての)笏(しゃく), 王笏(→ 図): das ～ in der Hand halten 笏を手にもつ | **das 〈den〉 ～ führen 〈schwingen〉**《比》支配する, 君臨する ‖ **mit eisernem ～ regieren**《比》きびしく〈容赦なく〉支配する. [*gr.* skē̆ptron „Stab"－*lat.*－*mhd.*; ＜*gr.* skḗptein „stützen"; ◇Schaft[1]; *engl.* scepter, sceptre]

Zepter

zer..《非分離動詞の前つづり.「散乱・分裂・破壊」などを意味する. つねにアクセントをもたない》: *zer*streuen まき散らす | *zer*teilen 分割する | *zer*reißen ひき裂く | *zer*stören 破壊する | *zer*fallen 崩壊する | *zer*trümmern 粉々にする | *zer*kleinern 小さく切る〈砕く〉.

[*westgerm.* „auseinander"; ◇zwei, dis.., dia.., zu]

Ze̠r[tseːr] 中 -s/ ＝Cer

zer·a̠r·bei·ten[tsɛr|árbaɪtən]《01》他 (h) **1** 労働によって変形させる: ein *zerarbeitetes* Gesicht 労働にやつれきった顔 | eine *zerarbeitete* Hand 労働で節くれだった手.

2 押しつぶす, 粉々にする;《比》苦しめる, 不安にさせる; (文筆によって)攻撃する, 筆誅(ひっちゅう)を加える: einen Hut ～ 帽子をぺしゃんこにする | *jn.* derb ～ …を散々に殴る.

3 再帰 *sich*[4] ～ 過労でくたくたになる.

Ze·ra̠t[tseráːt] 中 -〔e〕s/-e (Wachssalbe)〘薬〙蠟(ろう)軟膏(なんこう).

[＜*lat.* cēra „Wachs"; ◇Zeresin; *engl.* cerate]

Ze̠r·be[tsɛ́rbə] 女 -/-n ＝Zirbe

zer·be̠i·ßen*[tsɛrbáɪsən]《13》他 (h) **1** 嚙(か)んでずたずたにする, 嚙み砕く, 嚙み破る;《比》(感情などを)〔ひどく〕傷つける, (喜びなどを)台なしにする. **2** 嚙んで〔ひどく〕傷をつける, 嚙みちぎる; (ノミや蚊が人を)ひどく刺す: *sich*[3] die Lippen ～ (笑いを嚙み殺すために)唇を嚙みしめる | *sich*[3] die Nägel ～ つめを嚙む | *sich*[3] die Zähne an *et.*[3] ～ …を嚙んで歯を欠いてしまう. ▽**3** 再帰 *sich*[4] mit *jm.* ～ …といがみ合う.

zer·be̠r·sten*[tsɛrbɛ́rstən]《15》自 (s) (はじけたり爆発したりして)粉々になる, 飛び散る, 割れる, ひびが入る: vor Lachen ～ wollen《比》抑えても抑えても笑いが止まらないでいる | vor Neid ～《比》嫉妬(しっと)に体が張り裂けんばかりである.

Ze̠r·be·rus[tsɛ́rberʊs] 男 -/-se **1**《単数で》〘ギ神〙ケルベロス(冥府(めいふ)の門を守る頭の三つある犬). **2**《戯》厳格な〈恐ろしい〉門番. [*gr.* Kérberos－*lat.*; ◇*engl.* Cerberus]

zer·be̠u·len[tsɛrbɔ́ʏlən] 他 (h) (verbeulen)《*et.*[4]》(打撃・衝突などで…を)へこませる, でこぼこにする.

zer·blä̠t·tern[tsɛrblɛ́tərn]《05》自 (h) (花などが)散る.

zer·bo̠m·ben[tsɛrbɔ́mbən][1] 他 (h) 爆弾〈爆撃〉で破壊する: *zerbombte* Häuser 爆破された家々.

zer·bre̠·chen*[tsɛrbrɛ́çən]《24》**I** 他 (h) 壊す, 割る, 破る, 砕く, 折る: *seine* Brille ～ (自分の)めがねを壊す | ein Glas ～ コップを割る | *seine* Ketten 〈das Joch der Sklaverei〉 ～《比》鎖〈くびき〉を断ち切る, 自由を回復する | *sich*[3]〔über *et.*[4]〕den Kopf ～ (→Kopf 1) ‖《Der *zerbrochene* Krug》『こわれがめ』(Kleist の喜劇).

II 自 (h)(s) 壊れる, 割れる, 破れる, 砕ける, 折れる;《比》すっかり気落ちする, 心の張りをなくする: Glas *zerbricht* leicht. ガラスは割れやすい | Er ist am Leben *zerbrochen*. 彼は人生の落後者だ.

zer·bre̠ch·lich[tsɛrbrɛ́çlɪç] 形 **1** (物について)壊れ〈割れ〉やすい, 破れ〈折れ〉やすい, もろい: Vorsicht, ～! 割れもの注意(荷物の箱の注意書).

2 (人について)ぽきんと折れそうなほどほっそりした, 弱々しげな: ～ wirken いかにも弱々しげな様子をしている.

Zer·bre̠ch·lich·keit[–kaɪt] 女 -/ zerbrechlich なこと.

zer·bro̠·chen[tsɛrbrɔ́xən] zerbrechen の過去分詞.

zer·brö̠ckeln[tsɛrbrœ́kəln]《06》**I** 他 (h) 粉々にする, 細かく砕く: Brot ～ パンを小さく砕く. **II** 自 (s) 粉々になる, 細かく砕ける.

zer·de̠p·pern[tsɛrdɛ́pərn]《05》他 (h)《話》(zerschlagen) 砕く, 粉々にする.

zer·drü̠cken[tsɛrdrʏ́kən] (オーストリア: **zer·dru̠cken**[..drʊ́kən]) 他 (h) **1** 押しつぶす, 押し砕く; 圧死させる: eine Mücke ～ (指などで)蚊を押しつぶす | die Zigarette im Aschenbecher ～ タバコの火を灰皿に押しつけて消す. **2** (長期間おさえつけて衣服などを)しわくちゃにする, 醜く変形させる.

Ze·re̠a·li·en[tsereáːliən] 複 (Feldfrucht) 農産物; (Getreide) 穀物, 穀類.

[＜Cerealien; ◇*engl.* cereal]

ze·re·bel·la̠r[tserebɛláːr] 形〘解〙小脳の.

Ze·re·be̠l·lum[..bɛ́lʊm] 中 -s/..la [..la·] (Kleinhirn)〘解〙小脳. [*lat.*; ◇Savaladi, Zervelatwurst]

Ze̠·re·bra Zerebrum の複数.

ze·re·bra̠l[..bráːl] **I** 形〘解〙大脳の; 脳の;〘医〙脳性の: ～*e* Kinderlähmung〘医〙脳性小児麻痺(まひ).

II Ze·re·bra̠l 男 -s/-e ＝Retroflex [＜..al[1]]

Ze·re·bra̠l≈laut 男 ＝Retroflex **≈sy·ste̠m** 中〘解〙脳神経系.

Ze̠·re·brum[tséːrebrʊm] 中 -s/..bra[..bra·] (Großhirn)〘解〙大脳. [*lat.* cerebrum; ◇kranio.., Hirn]

Ze·re·mo·ni·a̠l[tseremoniáːl] 中 -s/-ien[..liən], **Ze·re·mo·ni·a̠·le**[..lə] 中 -s/-n, ..lien [..liən] 礼拝関係の慣例集, 諸儀式書;〘カトリック〙典礼儀式書. [◇zeremoniell]

Ze·re·mo·nia̠r[..niáːr] 男 -s/-e〘カトリック〙司式者, 式部長.

Ze·re·mo·ni̠e[tseremoníː, ..móːniə; オーストリア: ◡◡⊥◡◡] 女 -/-n[..moníːən, ..móːniən] 儀式, 式典, 礼式, セレモニー: eine feierliche 〈prunkvolle〉 ～ 厳粛な〈華麗な〉儀式 | die ～ der Taufe 洗礼の儀式 | Bestattungs*zeremonie* 埋葬の儀, 葬儀 | Tee*zeremonie* (日本の)茶の湯; 茶会.

[*lat.* caerimōnia „Ehrfurcht"－*mlat.* cēremōnia; ◇*engl.* ceremony]

ze·re·mo·ni·e̠ll[tseremoniɛ́l] **I** 形 儀式の, 礼式にかなった, 儀式ばった. **II Ze·re·mo·ni·e̠ll** 中 -s/-e 儀式〈礼式〉〔の全体〕, 定められた礼法.

[*spätlat.*－*fr.* cérémonial]

Ze·re·mo̠·ni·en≈mei·ster[tseremóːniən..] 男 式部官, 儀典長. **≈tracht** 女 礼服, 祭服.

ze·re·mo·niö̠s[tseremoniǿːs][1] 形 肩ひじ張った, 堅苦しい, 形式的な. [*fr.* cérémonieux]

Ze·re·si̠n[tserezíːn] 中 -s/〘化〙精製地蠟(じろう).

[＜*lat.* cēra (→Zerat)＋..in[2]]

▽**Ze·re·vi̠s**[tserevíːs] 中 -/- **1** (学生組合に所属する学生のかぶるひさしのない)組合帽(→Studentenverbindung). ▽**2**《話》(Bier) ビール. [*lat.* cerevīsia „Bier"]

zer·fa̠h·ren*[tsɛrfáːrən]《37》▽**I** 他 (h)《*et.*[4]》(車などで…を)破損させる, でこぼこにする; 踏みつぶす. ▽**II** 自 (s) 四散する, 雲散霧消する. **III** 過分 形《比》ぼんやり〈うっかり〉している, (精神状態が) 散漫な; 乱脈な, 支離滅裂の: ein ～*es* Gerede とりとめのないおしゃべり | einen ～*en* Eindruck machen 放心状態の印象を与える ‖ an Leib und Seele ～ sein 身も心もぼろぼろになっている.

Zer·fa̠h·ren·heit[–haɪt] 女 -/ (zerfahren III なこと. 例えば:) 散漫〈放心〉状態; 乱脈, 無秩序, 支離滅裂;〘心〙(思考の)滅裂.

Zer·fa̠ll[tsɛrfál] 男 -〔e〕s/ 崩壊, 瓦解(がかい); 分裂; 滅亡;〘理〙分解, 崩壊: der innere ～ 内部崩壊 | der radioaktive ～ eines Atomkerns〘理〙原子核の放射性崩壊 | der ～ des Römischen Reiches ローマ帝国の滅亡.

zer·fa̠l·len*[tsɛrfálən]《38》**I** 自 (s) **1 a)** 崩壊する, 崩れ落ちる; 滅亡する; 分解する; 溶解する;〘理〙(原子核が)崩壊する: Mit dem Tod *zerfällt* der Körper. 死とともに肉体はほろびる | in 〈zu〉 Asche ～ 灰燼(かいじん)に帰する | in nichts ～ きれいさっぱりなくなってしまう | Tabletten in Wasser ～ lassen 錠剤を水で溶かす ‖ ein *zerfallenes* Schloß くずれ落ちた城館 | in *sich*[3] *zerfallen* sein 自己〈内部〉崩壊

Z

を起こしている | *zerfallen* aussehen《比》すっかりやつれて見える. **b**)(いくつかの部分に)分かれる: Das Buch *zerfällt* in drei Teile. この本は三つの部分に分かれている.

2 (意見が)一致しない, 不和になる: miteinander 〈untereinander〉 ~ お互いに意見が一致しない | mit *jm.* ~ …と不仲になる ‖ mit *jm.* *zerfallen* sein …と不仲である | mit *sich*³ 〔selbst〕 *zerfallen* sein 自分で自分が分からなくなっている, 自我が分裂している | **mit *sich*³ und der Welt *zerfallen* sein** 世をすねている.

II 他 (h) 倒れて〈落ちて〉傷つける: *sich*³ den Kopf ~ 倒れて〈落ちて〉頭にけがをする.

Zer·falls≠elek·tron 中 〘理〙崩壊〈壊変〉電子. **≠ener·gie** 女 〘理〙崩壊〈壊変〉エネルギー. **≠er·schei·nung** 女 崩壊現象. **≠kon·stan·te** 女 〘理〙(原子核の)崩壊定数. **≠pro·dukt** 中 〘理〙(原子核の)崩壊〈壊変〉生成物. **≠rei·he** 女 〘理〙(放射性元素の)崩壊列.

zer·fa·sern[tsɛrfáːzərn] 《05》 **I** 他 (h) **1** 繊維に分解する;《比》ばらばらにする. **2** 再帰 *sich*⁴ ~ 分解されて繊維になる;《比》ばらばらになる.

II 自 (s) 繊維に分解する, ほつれる;《比》ばらばらになる.

zer·fet·zen[tsɛrfɛ́tsən] 《02》 他 (h) **1** ぼろぼろに引き裂く, ずたずたにする: einen Brief ~ 手紙をびりびりに破る | ein von Kugeln *zerfetztes* Gesicht 弾丸を打ち込まれてぐしゃぐしゃにつぶれた顔. **2** 《比》酷評する, こきおろす.

zer·flat·tern[tsɛrflátərn] 《05》 **I** 他 (h) 粉々に飛散させる; ずたずたに裂く; (風が雲を)吹き散らす. **II** 自 (s) ひらひらと飛び散る; 〔いつのまにか〕消えてしまう.

zer·fle·dern[tsɛrfléːdərn] 《05》 他 (h) (書籍・札入れなど〔の縁〕を)使い古して傷める〈壊す〉: 再帰 *sich*⁴ ~ (書籍・札入れなど〔の縁〕が)使い古されて傷む〈壊れる〉.

zer·flei·schen [tsɛrfláɪʃən] 《04》 他 (h) **1** (人間や動物の体を)ずたずたに引き裂く, かみ裂く. **2** 《比》再帰 *sich*⁴ ~ (精神的に)わが身をさいなむ, 自分自身を責める.

[*mhd.* vleischen; ◇Fleisch]

zer·flie·ßen*[tsɛrflíːsən] 《47》 自 (s) **1** 溶ける, 溶融する; 〘化〙潮解する; 溶けて流れ去る: in der Sonne ~ (雪・氷などが)日に当たって溶ける | in Tränen ~ (→Träne 1) | vor Mitleid ~《比》情にもろい | *jm.* unter den Händen ~ (→Hand 1).

2 (液体が)分かれて流れ出す, 流れ広がる: Die Tinte *zerfließt* auf dem schlechten Papier. 紙が悪いとインクがにじむ.

zer·fran·sen[tsɛrfránzən][1] 《02》 **I** 他 (h) **1** 縁を房になるほど〔すり切らして〕ぼろぼろにする. **2** 《俗》再帰 *sich*⁴ ~ (衣服がぼろぼろになるほど)精を出す, 一生懸命働く.

II 自 (s) ほつれて房になる, すり切れる: eine *zerfranste* Hose すり切れたズボン.

zer·fres·sen*[tsɛrfrɛ́sən] 《49》 他 (h) 食い破る, かみ砕く〈つぶす〉; 〘化〙腐食する: von Rost *zerfressenes* Eisen さびに侵された鉄.

zer·fur·chen[tsɛrfʊ́rçən] 他 (h) 《*et.*⁴》 **1** (畑や地面に)溝を掘る. **2** (額などに)しわを刻む: ein *zerfurchtes* Gesicht しわの刻まれた(しわだらけの)顔.

zer·ge·hen*[tsɛrgéːən] 《53》 自 (s) 溶け〔てなくな〕る, 融解する: bei Hitze ~ 熱で溶ける | in der Sonne ~ (雪・氷などが)日に当たって溶ける | Butter in der Pfanne ~ lassen バターをなべで溶かす | im Mund ~ (ボンボンなどが)口の中で溶ける | 〔*jm.*〕 auf der Zunge ~ (肉などが)〔…の〕舌の上でとろける(ほど柔らかい) | *et.*⁴ auf der Zunge ~ lassen (→Zunge 1 a).

zer·geln[tsɛ́rgəln] 《06》 (東部: **zer·gen**[tsɛ́rgən][1]) 他 (h) 《方》《*jn.*》からかう; 怒らせる; しきりに非難する.

[*mndd.* tergen „reizen"; ◇zerren]

zer·glie·dern[tsɛrglíːdərn] 《05》 他 (h) (あるものをばらばらにほぐしてその構成要素に分解する. 例えば:) **1** (文学作品・思想・計画などを)分析する, 解釈する; 徹底的に品評する: alle Teile des großen Plans ~ その壮大な計画をすべての部分にわたって分析検討する | ein *zergliedernder* Verstand und eine lebhafte Einbildungskraft 分析をことする悟性と生き生きした想像力. **2** ばらばらにする, 解体する; (sezieren) 解剖する: einen Leichnam ~ 死体を解剖する.

Zer·glie·de·rung[..dərʊŋ] 女 -/-en zergliedern すること.

zer·grü·beln[tsɛrgrýːbəln] 《06》 他 (h) 《ふつう次の形で》 *sich*³ 〔über *et.*⁴〕 den Kopf 〈das Gehirn / das Hirn / den Schädel〉 ~ 〔…について〕けんめいに脳みそを絞る.

zer·hacken[tsɛrhákən] 他 (h) (丸太・肉などを斧(おの)や包丁で)切り刻む, 細かく切る.

Zer·hacker[..kər] 男 -s/- 〘電〙チョッパー.

zer·hau·en(*)[tsɛrháʊən] 《67》 (過 zerhieb, zerhaute; 過分 zerhauen) 他 (h) 打ち砕く, たたき切る; 細かく砕く, 粉々にする, めちゃめちゃに壊す.

Ze·rium[tséːriʊm] 中 -s/ =Cer

zer·kau·en[tsɛrkáʊən] 他 (h) かみ砕く, かみつぶす.

zer·klei·nern[tsɛrkláɪnərn] 《05》 他 (h) (大きなものを)小さく切る, 細かく刻む, 小さく砕く.

Zer·klei·ne·rung[..nərʊŋ] 女 -/-en zerkleinern すること.

Zer·klei·ne·rungs·ma·schi·ne 女 (鉱石などの)破砕機, クラッシャー.

zer·klop·fen[tsɛrklɔ́pfən] 他 (h) たたいて砕く〈つぶす〉: *jm.* den Buckel 〈die Haut〉 ~《話》…をたたきのめす.

zer·klüf·ten[tsɛrklýftən] 《01》 **I** 他 (h) 《雅》〔広く〕裂く, 〔大きく〕割る; 割れ目〈刻み目〉をたくさん入れる: in Parteien ~ 党派に分裂させる | das Küstenland ~ (フィヨルドや谷などが)海岸地帯を寸断している | durch Buchten *zerklüftet* werden (海岸が)いくつもの入江によって寸断されている.

II zer·klüf·tet 過分 形 **1** 裂け〈割れ〉目がたくさん入った: ein ~*es* Gesicht しわの刻まれた顔 | eine ~*e* Steilküste フィヨルド状の海岸. **2** 《比》(党派などについて)分裂した, 統制のとれていない: ~*e* Mauerreste ぼろぼろにひび割れた〔城〕壁の残骸(ざんがい).

Zer·klüf·tung[..tʊŋ] 女 -/-en **1** 裂け目, 割れ目. **2** 《比》(党派内部などの)分裂〔状態〕, 亀裂(きれつ).

zer·knacken[tsɛrknákən] **I** 他 (h) (クルミの殻など堅いものを)たたいたり噛(か)んだりして〔パチンと〕割る〈つぶす〉. **II** 自 (s) パチンと折れる〈割れる・つぶれる〉.

zer·knal·len[tsɛrknálən] **I** 自 (s) パチンという音とともに破裂〈炸裂(さくれつ)〉する: Der Luftballon *zerknallte*. その風船はパチンと音をたてて割れた. **II** 他 (h) パチンという音をたてて破裂〈炸裂〉させる;《話》(皿・コップなどを)ガチャンと壊す: eine Tüte aufblasen und ~ 袋をふくらませておいてパンと割る.

zer·knaut·schen[tsɛrknáʊtʃən] 《04》《話》 **1** = zerdrücken **2** =zerknittern **3** =zerknüllen

zer·knicken[tsɛrkníkən] **I** 他 (h) ポキンと折る〈割る〉, パチンと押し〈踏み〉つぶす. **II** 自 (s) ポキンと折れて〈割れて〉だめになる.

▽**zer·knir·schen**[tsɛrknírʃən] 《04》 **I** 他 (h) ギシギシ音をたてて押し〈踏み〉つぶす; かみつぶす〈砕く〉.

II zer·knirscht 過分 形 ひどく罪を悔いている, 深く後悔している, 後悔に打ちひしがれている: ein ~*er* Sünder 深く罪を反省している罪人 ‖ von Scham und Selbstverachtung ~ sein 恥ずかしさと自己嫌悪に打ちひしがれている | reue*zerknirscht* sein 身も世もあらず後悔している.

Zer·knirscht·heit[..knírʃthaɪt] 女 -/ , **Zer·knir·schung**[..ʃʊŋ] 女 -/ 後悔〈悔恨〉に打ちひしがれている状態; 罪の意識〈自覚〉.

zer·kni·sten[tsɛrknístən] 《01》《スイ》 =zerknirschen

[◇knistern]

zer·knit·tern[tsɛrknítərn] 《05》 **I** 他 (h) (布地・紙などを)しわくちゃ〈くしゃくしゃ〉にする.

II zer·knit·tert 過分 形 **1** しわくちゃになった, しわだらけの. **2** 《話》意気消沈した; 心配顔の.

zer·knül·len[tsɛrknýlən] 他 (h) (布地・紙などをまるめて)しわくちゃ〈くしゃくしゃ〉にする.

zer·ko·chen[tsɛrkɔ́xən] **I** 自 (s) 煮えすぎてどろどろになる, 煮くずれる.

II 他 (h) 煮すぎてどろどろにする, 煮くずれるまで煮る.

zer·kör·nen[tsɛrkœ́rnən] 他 (h) 粒〈粒状〉に〔粉砕〕する.

Z

zer·kra·chen[tsɛrkráxən] 他 (h) 《話》 再帰 *sich*^{4} mit *jm.* ~ …と仲たがい〈けんか〉する.

zer·krat·zen[tsɛrkrátsən] 《02》 他 (h) ひっかき傷をつける; ひっかいてけがをさせる.

zer·krie·gen[tsɛrkríːgən]^1 他 (h) 《オーストリア》《話》 再帰 *sich*^{4} ~ 争って不和になる, けんか別れする.

zer·krü·meln[tsɛrkrýːməln] 《06》 **I** 他 (h) (パンなどを)細かく砕く, 粉々にする: 再帰 *sich*^{4} ~ 細かく砕ける, 粉々になる. **II** 自 (s) 細かく砕ける, 粉々になる.

zer·las·sen*[tsɛrlásən] 《88》 他 (h) 〘料理〙 (バター・ヘット・ラードなどを)溶かす.

zer·lau·fen*[tsɛrláufən] 《89》 自 (s) 溶ける, 溶融する: *et.*^{4} ~ lassen …を溶かす.

zer·leg·bar[tsɛrléːkbaːr] 形 解体〈分解〉できる; 分析可能な.

zer·le·gen[tsɛrléːgən]^1 他 (h) **1** (ある物をその[基本]構成要素に)解体〈分解〉する: eine Maschine in ihre Bestandteile ~ 機械をばらばらに分解する | das Licht durch ein Prisma ~ プリズムを使って光を分光する | einen Satz ~ ある文を分析する. **2** (食肉などを)切り分ける: ein Roastbeef ~ ローストビーフを切り分ける.

Zer·le·gung[..guŋ] 女 -/-en (zerlegen すること. 例えば:) 解体, 分解, 分析.

zer·le·sen*[tsɛrléːzən]^1 《92》 他 (h) (本などを)読んで傷める, 読んでぼろぼろにする: ein *zerlesener* Krimi (あまり何度も読まれたために)ぼろぼろに傷んだ推理小説の本.

zer·lö·chern[tsɛrlœçərn] 《05》 他 (h) 穴だらけにする: Die Mauer ist ganz *zerlöchert*. 囲壁はすっかり穴だらけになっている | die *zerlöcherten* Socken 穴だらけのソックス.

zer·lumpt[tsɛrlʊ́mpt] 形 **1** (衣服が)ぼろぼろの, みすぼらしい. **2** (人が)ぼろぼろの服装をした; 落ちぶれた: ~ aussehen 尾羽うち枯らした様子をしている. [＜Lumpen]

zer·mah·len(*)[tsɛrmáːlən] 《98》 他 (h) 挽(ひ)いて粉にする; 粉々にする, 細かく砕く: Getreide zu Mehl ~ 穀類を粉に挽く.

zer·mal·men[tsɛrmálmən] 他 (h) 押しつぶす, 粉砕する: durch einen einzigen Angriff *zermalmt* werden《比》たった一度の攻撃によって壊滅的打撃を被る.

zer·man·schen[tsɛrmánʃən] 《04》 他 (h) 《話》 押しつぶして粥(かゆ)状にする.

zer·mar·tern[tsɛrmártərn] 《05》 他 (h) ひどく苦しめる〈傷めつける〉: 〖ふつう次の形で〗 *sich*^{3} 〔über *et.*^{4}〕 den Kopf 〈das Hirn〉 ~ 〔…のことで〕非常に頭を悩ます.

zer·mat·schen[tsɛrmátʃən] 《04》 ＝zermanschen

Zer·matt[tsɛrmát] 地名 ツェルマット(スイス南部, Matterhorn 北麓(ほくろく)にある保養地で, その登山基地). [„zu der Matt (◇Matte^2)"]

zer·mür·ben[tsɛrmʏ́rbən]^1 他 (h) **1** 《*et.*^{4}》 ぼろぼろにする, もろくする, 風化させる. **2** 《*jn.*》 へとへとに疲れさせる, 無気力にする, (…の)抵抗力を奪う: *jn.* körperlich und seelisch ~ …を心身ともにぼろぼろにする | Die Sorgen um seine Kinder hatten ihn *zermürbt*. 子供たちへの心配のために彼は心身ともに疲れ果てていた ‖ 再帰 *sich*^{4} ~ 我とわが身を消耗させる ‖ Das lange Warten ist *zermürbend*. 長く待たされるのは神経を消耗させる.

Zer·mür·bung[..buŋ] 女 -/-en 〔sich〕 zermürben すること.

Zer·mür·bungs·krieg 男 〖軍〗 消耗戦.

zer·na·gen[tsɛrnáːgən]^1 他 (h) (リス・ネズミあるいは虫などが)かじって壊す〈傷つける〉; かみ破る〈ちぎる〉: *jm.* das Herz ~ 《比》 (嫉妬(しっと)などが)…の心を責めさいなむ.

zer·nich·ten[tsɛrníçtən] 《01》 《雅》 ＝vernichten

zer·nie·ren[tsɛrníːrən] 他 (h) 〖軍〗 (要塞(ようさい)などを)部隊を使って包囲〈封鎖〉する. [*lat.*－*fr.*; ＜*lat.* circinus (→Zirkel)]

Zer·nie·rung[..ruŋ] 女 -/ 〖軍〗 包囲, 封鎖.

Ze·ro[zéːroˑ] 女 -/-s; 中 -s/-s **1** 零, ゼロ. **2** (ルーレットのゲーム表の)ゼロ. **3** ＝Nullmorphem [*arab.* sifr (→Ziffer)－*it.*－*fr.* zero]

Ze·ro·pla·stik[tseroplástɪk] 女 **1** 《単数で》 (Wachsbildnerei) 蠟(ろう)細工, 蠟彫刻術. **2** 蠟細工品. [＜Keroplastik; ◇ *engl.* ceroplastics]

zer·pflü·cken[tsɛrpflʏ́kən] 他 (h) (花びらなどを)むしってばらばらにする, ちぎって細かくする; 《比》 (他人の文章などに)細かく反論する, いちいち けちをつける: *jm.* den Lorbeerkranz ~ 《比》 …の名声に意地悪な批評を加える.

zer·plat·zen[tsɛrplátsən] 《02》 自 (s) (音をたてて)破裂〈爆発〉する, パチンとはじける, パンと割れる: Eine Seifenblase *zerplatzt*. シャボン玉がパチンとはじける | vor Lachen ~ 《比》 腹をよじって笑う | vor Wut ~ 《比》 怒りに身を震わせる.

zer·pul·vern[tsɛrpʊ́lfərn, ..pʊ́lvərn] 《05》 他 (h) (踏みつけたり搗(つ)いたりして)粉(粉末)にする.

zer·quält[tsɛrkvɛ́ːlt] 形 (苦悩のために)やつれた, 憔悴(しょうすい)した(顔など). [◇quälen]

zer·quet·schen[tsɛrkvɛ́tʃən] 《04》 **I** 他 (h) (強い圧力で)押しつぶす. **II Zer·quetsch·te** 複 《形容詞変化》 《話》 (若干の)硬貨, 小額紙幣: tausend Mark und ein paar ~ 1000マルクとあと少しばかり.

zer·rau·fen[tsɛrráufən] 他 (h) (髪の毛を)かきむしる, めちゃめちゃにする: *sich*^{3} die Haare ~ (絶望のあまり)髪の毛をかきむしる.

Zerr·bild[tsɛ́rbɪlt]^1 中 (鏡の中の)ゆがんだ映像; (故意に)歪曲(わいきょく)された像〈描写〉; 戯画, カリカチュア. [＜zerren]

zer·re·den[tsɛrréːdən]^1 《01》 他 (h) 《*et.*^{4}》 あれこれ論じて(…を)だめにしてしまう, (…が)いやになるほど論じつくす.

zer·reib·bar[tsɛrráɪpbaːr] 形 すりつぶし得る, 粉末化が可能な.

zer·rei·ben*[tsɛrráɪbən]^1 《114》 他 (h) すりつぶす, すって粉末〔状〕にする: *et.*^{4} zwischen den Fingern ~ …を指のあいだですりつぶす | Er wurde von seinen Sorgen *zerrieben*. 《比》 彼は心配事で身をすり減らした ‖ 再帰 *sich*^{4} ~ 体力〈神経〉をすり減らす.

zer·reiß·bar[tsɛrráɪsbaːr] 形 引き裂き得る; すぐ破れる: ein leicht ~*es* Netz すぐ破れてしまう網.

zer·rei·ßen*[tsɛrráɪsən] 《115》 **I** 他 (h) **1** 引き裂く, 引きちぎる; ずたずたにする, 寸断する; (靴下などに)ほころび〈かぎ裂き〉を作る, 穴をあける: einen Brief ~ 手紙を引き破る | die Fesseln ~ 戒め(桎梏(しっこく))を断ち切る | die Bindung an *et.*^{4} ~ …との結びつきを断つ | *et.*^{4} in Stücke ~ …を細かく引きちぎる | ein Tuch in schmale Streifen ~ 布を裂いて細いひもにする | *et.*^{4} zu Fetzen ~ …をぼろぼろに引き裂く | *sich*^{3} an der Tischkante die Strümpfe ~ テーブルの角にぶつけて靴下に穴をあける ‖ *jm.* das Herz ~ (→Herz 1 a) | *js.* Schlaf ~ (大きな音などが)…の眠りを破る | die Dunkelheit ~ (閃光(せんこう)などが)暗やみをぱっと照らしだす | die Luft 〈die Stille〉 ~ (大きな音などが)空気を震動させる〈しじまをつんざく〉 | *sich*^{3} über *jn.* das Maul ~ (→Maul 2 a) ‖ Eine Granate *zerriß* zwei Mann. 一発の榴弾(りゅうだん)が二人の兵士をこっぱみじんにした | Der Tiger wird kein Wild ~, wenn er sich satt gefressen hat. トラだって満腹したときにはほかの野獣を引き裂くようなことはしないだろう | Niemand füllt jungen Wein in alte Schläuche; sonst *zerreißt* der junge Wein die Schläuche. 新しいぶどう酒を古い皮袋に満たす人はいない. そんなことをすればその新しいぶどう酒が皮袋をはり裂いてしまうだろうから(聖書: マコ2, 22) | Dieses Gebirge wird von einem Netz der Täler *zerrissen*. この山脈は網の目のような谷によってあちこちで分断されている | Ich könnte ihn ~. 《話》 彼には本当に頭にくる ‖ herz*zerreißende* Schreie 聞く人の心を引き裂くような叫び声 | ohren*zerreißend* 耳をつんざくばかりの | nerven*zerreißend* 神経をずたずたにしてしまいそうな.

2 《話》 再帰 *sich*^{4} ~ 二つのことを同時にしようとする; 粉骨砕身する: Er hat sich förmlich *zerrissen* 〔für uns〕. 彼は〔我々のために〕本当に骨を折ってくれた | Ich kann mich doch nicht ~. 私だって 一度には一つのことしかできないよ | Ich möchte mich 〔rein〕 ~. (こう忙しくては)われとわが身を引き裂きたいくらいだ | Er würde sich wohl für sie ~. 彼女のためなら彼はどんなことでもするだろう.

II 自 (s) (布・紙などが)裂ける, (ひもなどが)切れる, (靴下などが)破れる, 穴があく: Das Papier *zerreißt* leicht. この紙は

破けやすい | Der Nebel *zerreißt*. 霧が晴れる ‖ *et.*[4] bis zum Zerreißen spannen …を引きちぎれてしまうほど張る〈両方に引っぱる〉‖ *zerreißende* Wolken 引きちぎれてゆく雲.

III zer·ris·sen → 別出

zer·reiß·fest[tsɛrráɪs..] 形〘工〙引っ張りに対して強い.

Zer·reiß≠fe·stig·keit[tsɛrráɪs..] 女〘工〙引っ張り強さ. **≠ma·schi·ne** 女〘工〙引っ張り強さの試験装置. **≠pro·be** 女 **1**〘工〙張力試験, 引っ張り強さテスト. **2**《比》我慢テスト, (緊張をしいられる) 重大試練.

Zer·rei·ßung[tsɛrráɪsʊŋ] 女 -/-en (zerreißen すること. 例えば:)〘医〙断裂〔創〕.

Zer·reiß·ver·such 男 =Zerreißprobe 1

zer·ren[tsérən] **I** 他 (h) **1** 力ずくで〈乱暴に〉引っぱる, ぐいぐいと引く, 強引に引きずる; むりやりに連れ出す〈呼び出す〉: einen schweren Sack hinter *sich*[3] her ～ 重い袋を引きずってゆく | *jn.* in den Wagen 〈aus dem Wagen〉 ～ …をむりやり車に連れこむ〈車から引きずりおろす〉| Die Mutter *zerrte* den widerstrebenden Jungen durch das Zimmer 〈über den Hof〉. 母親はいやがる少年を引っぱって部屋〈中庭〉を通って行った | *jm.* die Kleider vom Leibe ～ …の服をむりやりぬがせる | *et.*[4] ans Licht ～ (→Licht 1) | *et.*[4] an die Öffentlichkeit ～《比》…をむりやり明るみに出す〈公衆の面前にさらす〉| *jn.* vor Gericht ～《比》…を法廷に引きずり出す | *jn.* in den Schmutz ～ (→Schmutz 1) | *jn.* in den 〈durch den〉 Staub ～ (→Staub 1 a). **2** *sich*[3] eine Sehne 〈einen Muskel〉 ～ 腱(けん)〈筋〉を違える | Ich habe mir eine Sehne *gezerrt*. 私は腱を違えた.

II 自 (h) 《an *et.*[3]》(…を) 力ずくで〈強引に〉引っぱる, ぐいぐい引く; 痛めつける: Der Hund *zerrt* an der Kette. 犬が鎖を引っぱる | Der starke Wind *zerrte* an der Fahne 〈an ihrem Kopftuch〉. 強風が旗〈彼女のスカーフ〉をひらひらさせた | Der Lärm *zerrt* an meinen Nerven. 騒音が私の神経にさわる.

[*westgerm.*; ◇zergeln; gr. dérein „schinden"; *engl.* tear]

zer·rin·nen*[tsɛrrɪ́nən] 《120》自 (s) 流れ去る, とけてしまう;《比》消えうせる, なくなる: Der Schnee 〈Die Butter〉 *zerrinnt*. 雪〈バター〉がとける | wie Butter an der Sonne ～ (→Butter) ‖ *jm.* unter den Händen 〈unter den Fingern / zwischen den Fingern〉 ～ (→Hand 1, →Finger 1) | Seine Träume 〈Pläne〉 sind in nichts *zerronnen*. 彼の夢〈計画〉はすべてお流れになってしまった | Wie gewonnen, so *zerronnen*. (→gewinnen 3 a).

zer·riß[tsɛrrɪ́s] zerreißen の過去.

zer·ris·sen[tsɛrrɪ́sən] **I** zerreißen の過去分詞; 過去1・3人称複数. **II** 形 裂けた, ちぎれた, ひび割れた, ぼろぼろの; 乱雑な(部屋): ein ～*er* Charakter 矛盾した〈首尾一貫しない〉性格〔の人〕| ～*e* Schuhe やぶれ靴 | ～*e* Wolken ちぎれ雲 ‖ in *sich*[3] ～ sein 支離滅裂の精神状態である | von Eifersucht 〈Zweifeln〉 ～ sein 嫉妬(しっと)〈疑惑〉に心がちぢに乱れている.

Zer·ris·sen·heit[–haɪt] 女 -/ (zerrissen なこと. 例えば:) 分裂〔状態〕; (内面的な) 矛盾: die innere ～ 内心の分裂.

Zerr·spie·gel[tsér..] =Vexierspiegel

Zer·rung[tsérʊŋ] 女 -/-en (zerren すること. 例えば:) 強引な引っぱり〈引きずり〉, 牽引(けんいん);〘医〙裂創; 腱(けん)〈筋肉〉の過度伸展;〘地〙曳裂(えいれつ);〘鉄道〙(車両の) 反動.

zer·rup·fen[tsɛrrʊ́pfən] 他 (h) **1** (花などを) むしり取る; (鶏などがくちばしで) つつく: eine Blume ～ 花をむしる | Die Hühner *zerrupfen* sich. 鶏がくちばしでつつきあう | Du siehst ja ganz *zerrupft* aus. 《話》君はばかにしょんぼりしているじゃないか. **2**《話》(発言・作品などを) 細かく分析する, つついてあら探しをする.

zer·rüt·ten[tsɛrrʏ́tən] 《01》他 (h) (健康を) ひどくそこねる, (精神を) 錯乱させる; (秩序・体制・家庭・財政などを) 破壊する, 混乱に陥れる, ひどく乱す, 台なしにする, めちゃめちゃにする: den Geist ～ 精神を錯乱させる | *seine* Gesundheit 〈*seine* Nerven〉 ～ 〔自分の〕健康〈神経〉をだめにしてしまう ‖ Der Schicksalsschlag *zerrüttete* ihn völlig. 運命の衝撃が彼を完全にたたきのめしてしまった | Der Krieg hat das Reich 〈unsere Ehe〉 *zerrüttet*. 戦争が国家〈我々の結婚生活〉をめちゃめちゃにしてしまった ‖ Er lebt in völlig *zerrütteten* Verhältnissen. 彼の暮らしはすっかりおちぶれた状況にある.

[*mhd.*; ◇reuten, rütteln]

Zer·rüt·tung[..tʊŋ] 女 -/ (zerrütten する・されること. 例えば:) 混乱, 錯乱; 破壊; 動揺.

Zerr·wanst[tsér..] 男《話》(Ziehharmonika) アコーデオン, 手風琴. [<zerren]

zer·sä·gen[tsɛrzɛ́:gən][1] 他 (h) のこぎりで細かくひく.

zer·schel·len[tsɛrʃɛ́lən] **I** 自 (s) 砕ける, 粉みじん〈粉々〉になる; (機体・船体が衝突などで) 完全に壊れる: an *et.*[3] ～ …にぶつかって砕ける | Das Schiff ist an den Klippen 〈einer Felswand〉 *zerschellt*. 船は岩礁〈岸壁〉に衝突してこっぱみじんになった | Die Vase ist am 〈auf dem〉 Boden *zerschellt*. 花瓶は床に落ちて粉々になった ‖ Am Widerstand der Verteidiger *zerschellten* alle Angriffe. 《比》守備側の抵抗にあって攻撃はことごとく失敗した.

II 他 (h) 粉砕する, 粉々にする.

[*mhd.*; < *ahd.* scellan (→Schall)]

zer·schie·ßen*[tsɛrʃí:sən] 《135》他 (h) 《*et.*[4]》(建物・窓などを) 砲撃で粉みじんにする, 弾丸で完全に破壊する; 撃って(…に) 傷を負わせる: einen *zerschossenen* Arm haben 一方の腕が弾に当たってくだけている.

zer·schla·gen*[tsɛrʃlá:gən][1] 《138》**I** 他 (h) **1** (打つ・落とす・投げつけることなどによって) 砕く, 粉々にする, 粉砕する; 細かく分割する;《比》たたきのめす, 散々にやっつける, ひどい損害を与える, 台なしにする: einen Teller ～ 皿を砕く | *et.*[4] in kleine Stücke ～ …を細かく壊す〈分割する〉| Ein Stein *zerschlug* die Fensterscheibe. 飛んできた石が窓ガラスを粉みじんにした | Der Hagel hat die Ernte *zerschlagen*. 雹(ひょう)が収穫を台なしにした | Ich *zerschlage* dir alle Knochen im Leib. 君の体じゅうの骨を粉々にしてやるぞ(脅しの言葉) | Porzellan ～ (→Porzellan 1) | den Feind ～ 敵を撃滅する.

2 再帰 *sich*[4] ～ (希望・計画などが) だめになる, 崩れる, 水泡に帰する; (契約などが) 解消になる: Sein Plan 〈Unsere Verlobung〉 hat sich *zerschlagen*. 彼の計画〈私たちの婚約〉はだめになってしまった.

II 過分 形 打ち砕かれた, 粉々になった;《比》打ちひしがれた, 疲れはてた, 意気消沈した: ein ～*es* Geschirr 粉々になった食器 ‖ Ich fühle mich wie ～. 私はくたくただ〈元気がまったく出ない〉.

Zer·schla·gen·heit[–haɪt] 女 -/ (zerschlagen されていること. 例えば:) 疲労困憊(こんぱい), 意気消沈.

Zer·schla·gung[..gʊŋ] 女 -/-en《ふつう単数で》(zerschlagen すること. 例えば:) 粉砕.

zer·schlei·ßen*[tsɛrʃláɪsən] 《141》=verschleißen I 1, II

zer·schlug[tsɛrʃlú:k][1] zerschlagen の過去.

zer·schmei·ßen*[tsɛrʃmáɪsən] 《145》他 (h) 《話》投げつけて〈落として〉粉々にする.

zer·schmel·zen*[tsɛrʃmɛ́ltsən] 《146》**I** 自 (s) (完全に) 溶ける, 溶解する: Die Butter ist in der Sonne *zerschmolzen*. バターは日が当たって溶けてしまった | Der Braten *zerschmolz* auf der Zunge. 焼き肉は舌の上で溶けてしまうほど柔らかかった ‖ Sie *zerschmilzt* ja vor Rührung. 《比》感動のあまり彼女は体がとろけてしまいそうだ.

II 他 (h) (完全に) 溶かす: das Metall in dem Tiegel ～ 金属をるつぼで溶かす.

zer·schmet·tern[tsɛrʃmɛ́tərn] 《05》他 (h) 粉々に壊す, 打ち砕く: eine Fensterscheibe ～ 窓ガラスをめちゃめちゃに壊す | den Feind ～《比》敵を粉砕する | Die Nachricht hat ihn völlig *zerschmettert*. その知らせは彼を完全に打ちのめした ‖ mit *zerschmetterten* Gliedern (事故などで) 体がぐちゃぐちゃにつぶれて.

zer·schnei·den*[tsɛrʃnáɪdən][1] 《148》他 (h) **1** 切断する, 切り離す; 細かく切る, 寸断する: *et.*[4] in zwei 〈kleine〉 Stücke ～ …を二つ〈小さな断片〉に切る | das Fleisch 〈ein Blatt Papier〉 ～ 肉〈1枚の紙〉を切る | *jm.* das Herz ～ (→Herz 1) | das Tischtuch zwischen *sich*[3] und *jm.*

Z

~ (→Tischtuch) ‖ Der Bug des Schiffes *zerschneidet* die Wellen. 船の舳先(へさき)が波を切る | Ein gellender Hilfeschrei *zerschnitt* die nächtliche Stille. 夜の静寂を破って助けを求める金切り声が響いた.

2 ((*et.*[4])) **a**) (…に)切り傷をつくる, 傷〈裂け目〉を入れる;((比)) 切るような痛みを与える: *sich*[3] beim Rasieren das Gesicht ~ ひげをそっていて顔に傷をつくる ‖ Ich habe mir die Hand an einer Glasscherbe *zerschnitten*. / Eine Glasscherbe hat mir die Hand *zerschnitten*. 私はガラスのかけらで手を切った | Die Kälte *zerschnitt* ihm das Gesicht. 寒さが切るように彼の顔面をさした.

b) 〘地〙 開析する: Die Cañons *zerschneiden* die Hochebene. 峡谷が台地を開析する.

3 切って失敗する, 切って台なしにする, 切りそこなう: Der Schneider hat aus Versehen den Stoff *zerschnitten*. 仕立屋は裁断を誤って布地をだめにしてしまった.

zer·schnip·peln[tsɛrʃnípəln] ((06)) 他 (h) ((話)) (紙などを)ずたずたに刻む.

zer·schos·sen[tsɛrʃɔ́sən] zerschießen の過去分詞; 過去1・3人称複数.

zer·schram·men[tsɛrʃrámən] 他 (h) かき傷だらけにする.

zer·schun·den[tsɛrʃúndən] 形 すり傷だらけの. [◇schinden]

zer·set·zen[tsɛrzɛ́tsən] ((02)) 他 (h) **1** 崩壊させる, 解体〈分解〉させる, 腐敗〈糜爛(びらん)〉させる; (秩序・統一・モラルなどを)崩す, 壊す; 堕落させる; 〘化〙 分解〈電解〉する; (放射能が)壊変する: Die Fäulnis *zersetzt* den Körper. 腐敗が肉体を崩してゆく | Die Säure *zersetzt* das Metall. 酸は金属を分解する | Die ständige Propaganda des Feindes *zersetzt* den Staat 〈die Gesinnung der Bürger〉. 敵の絶え間ない宣伝活動が国〈市民〉を精神的に崩壊させる ‖ *zersetzende* Äußerungen 不穏な表現〈意思表示〉| *zersetzende* Schriften 危険文書.

2 再帰 *sich*[4] ~ 崩壊〈分解〉する, 腐敗〈堕落〉する: Das Holz hat sich im Boden *zersetzt*. 木材が地中で腐敗した | Die Materie *zersetzt* sich unter der Strahleneinwirkung. 物質は放射線の作用のもとで分解する.

Zer·set·zung[..tsʊŋ] 女 -/ ([sich] zersetzen すること. 例えば:) 崩壊, 解体; 腐敗, 糜爛(びらん); 〘化〙 分解, 電解; (放射能による)壊変.

Zer·set·zungs≠er·schei·nung 女 -/-en ((ふつう複数で)) 崩壊〈解体〉現象; 〘化〙 分解現象. **≠pro·dukt** 中 〘化〙 分解生成物. **≠pro·zeß** 男 崩壊〈解体〉の過程; 〘化〙 分解過程. **≠wär·me** 女 〘化〙 分解熱, 解離熱.

zer·sie·deln[tsɛrzí:dəln] ((06)) 他 (h) *et.*[4] ~ …(土地の景観など)を無計画な住宅地造成によって破壊する.

Zer·sied·lung[..dlʊŋ] (**Zer·sie·de·lung**[..dəlʊŋ]) 女 -/ zersiedeln すること.

zer·sin·gen*[tsɛrzíŋən] ((168)) 他 (h) **1** (長時間くり返し歌ううちに)もとの歌を変えてしまう: Das Lied ist im Lauf der Zeit *zersungen* worden. その歌は時代のたつうちに変わってしまった. **2** (一定振動数の音で窓ガラスなどを)破壊する.

zer·sor·gen[tsɛrzɔ́rgən][1] **I** 他 (h) ((雅)) 再帰 *sich*[4] ~ 悩みのために体をこわす, 病気になるくらい深く悩む.

II zer·sorgt 過分 形 ((雅)) 深く悩んだ, 悩みのために体をこわした: Er sah ~ aus. 彼は深く苦悩している様子であった.

zer·spal·ten^(*)[tsɛrʃpáltən] ((173)) 他 (h) **1** ((*et.*[4])) (…に)深い裂け目を入れる; (…を二つに・細かく)裂く; ((比)) 分裂させる: Holz ~ まきを割る | *et.*[4] in *et.*[4] ~ …を…に分ける; ((比)) …を…に分裂させる | Der Blitzstrahl hat den Baumstamm *zerspaltet* 〈*zerspalten*〉. 稲妻が木の幹を引き裂いた | Die Sozialisten sind in zwei Parteien *zerspalten*. 社会主義者たちは二つの党派に分裂している ‖ das *zerspaltene* Deutschland (東西に)引き裂かれたドイツ | mit *zerspaltener* Stirn 額(ひたい)をざっくり割られて.

2 再帰 *sich*[4] ~ 裂ける; ((比)) 分裂する: Durch die Kälte hat sich das Gestein *zerspaltet* 〈*zerspalten*〉. 寒さのために岩に亀裂が入った | Die Bewohner haben sich in viele Gruppen *zerspalten*. ((比)) 住民は多くのグループに分裂した.

Z

zer·spa·nen[tsɛrʃpá:nən] 他 (h) **1** 鉋(かんな)くず〈木片〉に細断する. **2** 鉋をかけて加工する. [<Span]

▽**zer·spel·len**[tsɛrʃpɛ́lən] (**zer·spei·len**[..ʃpáɪlən]) 他 (h) 細かく裂く. [< *mhd.* zerspelten „zerspalten machen" (◇zerspalten)]

▽**zer·splei·ßen***[tsɛrʃpláɪsən] ((176)) = zerspellen

zer·split·tern[tsɛrʃplítərn] ((05)) **I** 他 (h) **1** 粉みじんにする, 粉々に割る, 細片に砕く〈裂く〉; ((比)) ばらばらに分散させる: das Holz mit dem Beil ~ まきを斧(おの)で細かく割る | das Reich ~ ((比)) 国をばらばらに分裂させる | *seine* Kraft 〈Zeit〉 ~ ((比)) 自分の精力〈時間〉をあまりに多くのことに分散させる ‖ *zersplitterte* Stimmen ((比)) 多くの党派に分かれてしまった票, 散票 ‖ Durch den Druck wurden die Gläser *zersplittert*. おしつぶされてグラスは粉みじんに壊れた | Ein Blitz hat den Baum *zersplittert*. 稲妻が立ち木を引き裂いた.

2 再帰 *sich*[4] ~ 粉々になる, ずたずたに裂ける; ((比)) (精力が)分散する: Wir müssen vorgehen, ohne uns zu ~. ((比)) 我々は力を分散させずに事に当たらねばならない.

II 自 (s) 粉みじんになる, 粉々に割れる; ((比)) 分散〈散乱〉する: Das Fenster *zersplitterte*. 窓ガラスは粉みじんになった.

Zer·split·te·rung[..tərʊŋ] 女 -/-en ([sich] zersplittern すること. 例えば:) 寸断, 粉砕; 分散; 四分五裂.

zer·spren·gen[tsɛrʃprɛ́ŋən] 他 (h) **1** ((*et.*[4])) 爆破する, 粉砕する: *et.*[4] mit Dynamit ~ …をダイナマイトで爆破する | Der Druck von innen *zersprengte* den Behälter. 内部からの圧力が容器を破裂させた | Der Schmerz *zersprengt* mir fast die Brust. ((比)) 悲しみで私の胸は張り裂けそうだ. **2** ((*jn.*)) (敵・群衆などを)追い散らす, 壊走させる: eine feindliche Truppe ~ 敵の一軍を壊滅させる.

Zer·spren·gung[..ŋʊŋ] 女 -/-en zersprengen する〈される〉こと.

zer·sprin·gen*[tsɛrʃpríŋən] ((179)) 自 (s) (ガラスなどが)破裂する, はじける, 細かく砕ける, 砕け散る, 飛散する; (弦などが)ぷっつり切れる: Die Vase fiel auf den Boden und *zersprang* 〔in tausend Stücke〕. 花瓶は床に落ちて〔粉々に〕砕けた | Das Herz wollte ihr vor Freude 〈Aufregung〉 fast ~. 彼女の胸は喜び〈興奮〉のあまり張り裂けそうだった.

zer·stamp·fen[tsɛrʃtámpfən] 他 (h) **1** 踏みつぶす〈砕く〉, 踏みにじる; 搗(つ)き砕く: Die Pferde *zerstampfen* den Rasen. 馬が芝生を踏みにじる.

2 *et.*[4] zu Brei 〈Pulver〉 ~ …をつぶしてかゆ状〈粉末〉にする.

zer·stäu·ben[tsɛrʃtɔ́ʏbən][1] **I** 他 (h) 塵(ちり)のように飛ばす, 飛散させる, 霧状にして飛ばす, スプレーする: Parfüm ~ 香水をスプレーする | ein Mittel gegen Motten im Zimmer ~ 部屋に殺虫剤を噴霧する. **II** = zerstieben

Zer·stäu·ber[..bər] 男 -s/- 噴霧器, 霧吹き, スプレー.

Zer·stäu·ber·dü·se 女 霧吹き〈噴霧器〉の筒先, スプレーノズル.

Zer·stäu·bung[..bʊŋ] 女 -/-en (zerstäuben すること. 例えば:) 飛散, 雲散; 噴霧.

Zer·stäu·bungs·ap·pa·rat 男 = Zerstäuber

zer·ste·chen*[tsɛrʃtɛ́çən] ((180)) 他 (h) **1** ((*et.*[4])) 刺して傷つける.

2 ((*jn.*)) (…に)さんざん刺し傷をつける: Ich bin von den Mücken ganz *zerstochen*. 私はあっちこっち蚊に刺された.

zer·stie·ben^(*)[tsɛrʃtí:bən][1] ((186)) 自 (s) **1** (塵(ちり)のように)飛び散る, 飛散する: Die Fontäne *zerstiebt* nach allen Seiten 〈in zarten Schleiern〉. 噴水の水が四方に〈薄いベールとなって〉飛び散る. **2** ((比)) (群衆などが)散り散りになる, 四散する: Die Feinde sind in alle Richtungen 〈Winde〉 *zerstoben*. 敵は散り散りになってしまった.

zer·stör·bar[tsɛrʃtǿ:rba:r] 形 破壊されうる〈されやすい〉.

zer·stö·ren[tsɛrʃtǿ:rən] 他 (h) 破壊する, 壊してしまう; だめにする, 台なしにする, 使用不能にする; (土地などを)荒廃させる: ein Haus ~ 家屋を破壊する | eine Fernsprechleitung ~ 電話線を切断する | *js.* Glück 〈Illusion〉 ~ …の幸福〈幻想〉を破壊する | *js.* Leben 〈Ehe〉 ~ …の人生〈結婚生活〉をめちゃめちゃにする ‖ Die Stadt ist durch Bomben 〈bei einem Erdbeben〉 vollständig *zerstört*. その都市は爆撃〈地震〉で完全に破壊された | Du hast uns alle Freude *zerstört*. 君は我々の喜びをすべて破壊した | Der Alkohol hat seine Gesundheit *zerstört*. 酒が彼の健康を台なしにした | Es ist leichter *zerstört* als aufgebaut. 《諺》破壊は建設よりやすし | am Boden *zerstört* sein (→Boden 2).

Zer·stö̤·rer[..rər] 男 -s/- **1** 破壊者: Er war der ~ meines Glücks. 彼は私の幸福を破壊した.
2 〖軍〗 **a**) 駆逐艦: Raketen*zerstörer* ミサイル駆逐艦. **b**) (第二次大戦で使われた)重戦闘機.

zer·stö̤·re·risch[tsɛrʃtǿːrərɪʃ] 形 破壊的な, 危害を加える: eine ~*e* Kraft 破壊力.

Zer·stö̤·rung[tsɛrʃtǿːrʊŋ] 女 -/-en (zerstören する・されること. 例えば:) 破壊; 滅亡, 破滅: die ~ Karthagos カルタゴの滅亡 | Selbst*zerstörung* 自己破壊 ‖ eine furchtbare ~ verursachen 恐ろしい破壊をひき起こす.

Zer·stö̤·rungs⸗kraft 女 破壊力. ⸗**lust** 女 -/ 破壊欲. ⸗**trieb** 男 -[e]s/ 〖心〗破壊欲〈衝動〉. ⸗**werk** 中 破壊活動〈工作〉; 破壊作業. ⸗**wu̲t** 女 (飽くなき)破壊欲.

zer·sto̤·ßen*[tsɛrʃtóːsən] ((188)) 他 (h) 突き〈けり〉破る, 搗(つ)き砕く〈つぶす〉: *et.*^{4} zu Pulver ~ …を搗いて粉にする | die Körner im Mörser ~ 穀粒を臼(うす)でつぶす | *sich*^{3} den Kopf ~《比》頭を強くぶつける.

zer·stra̲h·len[tsɛrʃtráːlən] 自 (h) 放射によって分解する.

Zer·stra̲h·lung[..lʊŋ] 女 -/-en 〖理〗消滅放射; 〔対〕消滅.

zer·stre̲i·ten*[tsɛrʃtráɪtən] ((190)) 他 (h) 再帰 *sich*^{4} ~ 争って不和になる, けんか別れする: über *et.*^{4} *zerstritten* sein …について争って〈意見が分かれて〉いる.

zer·stre̲u·en[tsɛrʃtrɔ́ʏən] **I** 他 (h) **1 a**) まき〈飛び〉散らす, 分散〈拡散〉させる; 散り散りにする, 追い散らす, 壊走させる: *js.* Furcht 〈Verdacht〉 ~ …の不安〈疑い〉を吹き飛ばす ‖ Der Wind *zerstreut* die Karten. 風がカードを吹き散らす | Das Licht wird durch Staubteilchen *zerstreut*. 光が塵(ちり)の微粒子に当たって拡散する | Die Polizei versuchte die Demonstranten zu ~. 警察はデモ隊を追い散らそうとした.
b) 再帰 *sich*^{4} ~ 散り散りになる, 分散する: Seine Kinder haben sich in alle Winde *zerstreut*. 彼の子供たちはそれぞれ遠方に行ってしまった.
2 a) 《比》(注意力などを)散らす, そらせる, まぎらせる; 放心させる, うさ晴らしをさせる, 気分転換させる: *jn.* ~ …の心をそらせる, …に退屈しのぎ〈気晴らし〉をさせる | Ich versuchte, ihn mit allerlei Scherzen zu ~. 私はいろいろな冗談を言って彼の気をそらそうとした.
b) 再帰 *sich*^{4} ~ 気晴らし〈うさ晴らし〉をする: *sich*^{4} durch ein Spiel 〈beim Fernsehen〉 ~ ゲームをして〈テレビを見て〉気晴らしをする | Um mich zu ~, ging ich ein wenig spazieren. 気晴らしに私は少しばかり散歩した.
II zer·stre̲ut 過分 形 **1** 散らばった, 分散した, 散り散りの; 〖理〗(光が)拡散した: ~*es* Licht 〖理〗拡散光 | ein ~ wohnendes Volk あちこちに散らばって暮らしている民族.
2 《比》散漫な, 気の散った, 心ここにあらずの, ぼんやりした: ein ~*er* Professor (→Professor 1) | ~ antworten 生(なま)返事をする.

Zer·stre̲ut·heit[tsɛrʃtrɔ́ʏthaɪt] 女 -/ (zerstreut なこと. 例えば:) 分散, 散乱; 放心, 注意散漫.

Zer·stre̲u·ung[..ʃtrɔ́ʏʊŋ] 女 -/-en (zerstreuen する・されること. 例えば:) **1** 《単数で》分散, 散乱; (光などの)拡散: die ~ *js.* Bedenkens 〈*js.* Furcht〉 …の懸念〈不安〉を除去すること ‖ Die ~ der aufgebrachten Menschenmenge bereitet der Polizei Schwierigkeiten. 憤激した群衆を散らすのに警察は手こずる.
2 気散じ, うさ晴らし, 楽しみ, 娯楽, 遊び: zur ~ der Gäste 客たちを楽しませるために | *jm.* allerlei ~*en* bieten …にいろいろな娯楽を提供する | Zu seinen ~*en* gehören auch Tennisspielen und Segeln. 彼の好む遊びのうちにはテニスとヨットも入っている.

Zer·stre̲u·ungs·lin·se 女 (↔ Sammellinse) 〖光〗発散〈散光〉レンズ, 凹レンズ.

zer·stü̲ckeln[tsɛrʃtʏ́kəln] ((06)) 他 (h) 切り刻む, 細かく切る〈割る〉; (土地などを)細かく分割する: das Fleisch ~ 肉を切り刻む ‖ 再帰 Ich kann mich doch nicht ~. 《俗》私は同時にそういろんなことはできないよ(体を分けることはできない).

Zer·stü̲cke·lung[..kəlʊŋ] (**Zer·stü̲ck·lung**[..klʊŋ]) 女 -/-en (zerstückeln すること. 例えば:) みじん切り; 細分: die ~ des Grundstücks 土地の細分〔化〕| die ~ der Frucht 〖医〗(母体の危険を避けるための)胎児縮小術.

zer·te̲i·len[tsɛrtáɪlən] 他 (h) **1** 分ける, 分割〈細分〉する, 分散させる; 〖理〗分析〈分解〉する: *et.*^{4} in zwei 〈mehrere〉 Stücke ~ …を二つ〈いくつか〉に分ける ‖ Der Wind *zerteilt* die Wolken. 風が雲を散らす | Der Bug *zerteilt* die Wellen. 船のへさきが波を切る ‖ 再帰 Ich habe so viel zu tun, ich könnte mich ~! 《話》私はひどく忙しい 体がいくつあっても足りないくらいだ(体を分割したいくらいだ) ‖ *zerteilende* Mittel 〖薬〗解凝剤.
2 再帰 *sich*^{4} ~ 分かれる, 分散する: Der Baumstamm *zerteilt* sich in viele Äste. 樹幹が多くの枝に分かれる.

Zer·te̲i·lung[..lʊŋ] 女 -/-en (zerteilen すること. 例えば:) 分割, 細分; 〖理〗分解, 分析.

zer·te̲p·pern[tsɛrtɛ́pərn] ((05)) 他 (h) 《話》(ふざけて・わざと)〔粉々に〕壊す. [<töpfern[1]]

$^\triangledown$**zer·ti̲e·ren**[tsɛrtíːrən] 自 (h) (試験・コンクールなどで)競争する. [*lat.*; <*lat.* certus „sicher" (◇zernieren)]

Zer·ti·fi·ka̲t[tsɛrtifikáːt] 中 -[e]s/-e **1** 証明書, 認可〈検定〉証, 修了証書: ein ~ ausstellen 〈vorlegen〉 証明書を発行〈呈示〉する | ein ~ erwerben 修了証書を取得する.
2 〖商〗投資〈持分〉証券.
[*mlat.*–*fr.*; ◇ *engl.* certificate]

zer·ti·fi·zi̲e·ren[..tsíːrən] 他 (h) 《*et.*^{4}》(…について)証明書〈検定証・修了証書〉を出す, 証明〈保証〉する.
[*spätlat.*; ◇ *engl.* certify]

zer·tra̲m·peln[tsɛrtrámpəln] ((06)) 他 (h) (激しく・無残に)踏みつぶす〈荒らす〉: den Rasen ~ 芝生を踏み荒らす.

zer·tre̲n·nen[tsɛrtrɛ́nən] 他 (h) ばらばらにする; (縫い合わせてあるものを)ほどく.

zer·tre̲·ten*[tsɛrtréːtən] ((194)) 他 (h) 踏みつぶす〈荒らす〉, 踏み殺す; 《比》蹂躙(じゅうりん)する, 踏みにじる: den Rasen 〈das Beet〉 ~ 芝生〈苗床〉を踏み荒らす | eine Ameise ~ アリを踏み殺す | die schwelende Glut ~ くすぶる火を踏み消す | Schuhe ~ 靴をはきつぶす | das Feuer des Aufruhrs ~ 《比》暴動の火の手を抑えつける ‖ Er wird dich 〔wie einen Wurm〕 ~. 《比》彼は君を〔虫けらみたいに〕踏みつぶす〈破滅させる〉だろう.

zer·trü̲m·mern[tsɛrtrʏ́mərn] ((05)) 他 (h) 粉々にする, 粉砕する, 打ち砕く, 崩壊させる: einen Spiegel ~ 鏡を砕く | eine Fensterscheibe mit einem Stein ~ 石を投げて窓ガラスを粉々に壊す | *jm.* mit einem Hieb den Schädel ~ 一撃で…の頭蓋(ずがい)を打ち砕く | Die Explosion hat die umliegenden Gebäude *zertrümmert*. 爆発が周囲の建物をめちゃめちゃに破壊した | Die bestehende Ordnung wurde durch die Revolution *zertrümmert*. 《比》既存秩序は革命によって破壊された | Alle meine Hoffnungen sind *zertrümmert* worden. 《比》私のすべての希望は打ち砕かれた ‖ ein *zertrümmertes* Gestein 破砕された岩.

Zer·trü̲m·me·rung[..mərʊŋ] 女 -/ (zertrümmern する・されること. 例えば:) 粉砕, 破壊; 崩壊, 瓦解(がかい), 滅亡.

Ze·ru̲·men[tserúːmən] 中 -s/ (Ohrenschmalz) 〖医〗耳垢(じこう), 耳あか. [*nlat.*; <*lat.* cera „Wachs"]

Zer·ve·la̲t·wurst[tsɛrveláːt.., tsɛrve.., zɛr..] 女 セルベラートソーセージ(香辛料をきかせ燻製(くんせい)にした, 豚肉と牛肉のソーセージ).
[<*it.* cervellata „Hirnwurst" (◇Zerebellum)]

zer·vi·ka̲l[tsɛrvikáːl] 形 〖解〗頸部(けいぶ)の, (特に:) 子宮頸部の.
[<*lat.* cervīx „Nacken" (◇Zerebrum, Vehikel)]

zer·we̲r·fen*[tsɛrvɛ́rfən] ((209)) 他 (h) **1** 投げて砕く: eine Vase in Scherben ~ 花瓶を投げて粉々に砕く.
2 再帰 *sich*^{4} mit *jm.* ~ …と仲たがいをする.

zer·wịch·sen[tsɛrvíksən] 《02》 他 (h) 《話》 粉々にする, 砕く, めちゃめちゃにする.

zer·wịr·ken[tsɛrvírkən] 他 (h) 〖狩〗 (シカ・イノシシなどを) 解体して皮をはぐ. [*mhd.* zer-würken „zerhauen"]

zer·wụ̈h·len[tsɛrvý:lən] 他 (h) 掘り返す; かき乱す: das Haar ~ 髪の毛をかきむしる | Maulwürfe *zerwühlen* die Erde ⟨den Garten⟩. モグラが土⟨庭⟩を掘り返す | Der Feldweg war von den Panzern *zerwühlt* worden. 野道は戦車で踏み荒らされていた ‖ ein *zerwühltes* Bett くしゃくしゃのベッド.

Zer·wụ̈rf·nis[tsɛrvÝrfnɪs] 中 -ses/-se 不和, 軋轢(あつれき), 争い, 衝突: Zwischen den Eheleuten kam es zu schweren *Zerwürfnissen*. 夫婦の間では激しい衝突が起こった. [<zerwerfen]

zer·zau·sen[tsɛrtsáuzən][1] 《02》 他 (h) (髪などを) かき⟨引き⟩むしる, ぐしゃぐしゃ⟨ぼさぼさ⟩にする; (たんすの中の衣服などを) かきまわす: Seine Haare sind vom Wind ganz *zerzaust*. 彼の髪の毛は風でぼさぼさになっている | Der Sturm hat die Bäume tüchtig *zerzaust*. あらしが木々を激しくいためつけた ‖ Du bist ja ganz *zerzaust*. 君の髪はずいぶんとぼさぼさだね.

zer·zụp·fen[tsɛrtsúpfən] 他 (h) むしり砕く⟨破る⟩, 引きむしる.

Zes·sạ·li·en[tsɛsá:liən] 複 =Zissalien

zes·sị·bel[tsɛsí:bəl] (..si·bl..) 形 〖法〗 (請求権などが) 譲渡⟨譲与⟩できる.

ᵛ**zes·sie̠·ren**[tsɛsí:rən] 自 (h) (aufhören) 中止になる, やむ. [*lat.* cēssāre „zögern"; < *lat.* cēdere (→zedieren)]

Zes·siọn[tsɛsió:n] 女 -/-en 〖法〗 (請求権・債権などの) 譲渡. [*lat.*]

Zes·sio·nạr[tsɛsioná:r] (**Zes·sio·nạ̈r**[..nɛ́:r]) 男 -s/-e (Zession による) 被譲渡人, 新たな債権者. [*mlat.*; ◇*engl.* cessionary]

Zet[tsɛt] 中 -s/ =Z[3]

Zẹ·ta[tsé:ta·] 中 -[s]/-s ゼータ (ギリシア文字の第 6 字: Z, ζ). [*semit.*−*gr.*]

Ze·ta·zee̠[tsetatsé:ə] 女 -/-n[..tsé:ən, ..tsé:n] (Wal) 〖動〗 クジラ(鯨). [<*gr.* kētos „Seeungeheuer"; ◇*engl.* Cetacea]

Zẹ·ter[tsé:tər] 中 -s/ 助けてという叫び, 悲鳴: 〖ふつう次の成句で〗 **~ und Mordio ⟨Mord⟩ schreien** 人殺し 助けてえと叫ぶ; 《俗》 (何でもないことで) 大騒ぎする. [*mhd.*]

Zẹ·ter·ge·schrei 中 《話》 (助けを求める) 悲鳴, 叫び: ein ~ anstimmen ⟨erheben⟩ 人殺し 助けてえと叫ぶ.

ze·ter·mọr·dio[tse:tərmɔ́rdio, ⏑⏑⏑⏑⏑] **I** 間 《ふつう次の成句で》 **~ schreien** =Zeter und Mordio schreien (→Zeter). **II Ze·ter·mọr·dio** 中 -s/ 《話》 zetermordio (人殺し 助けてえ) という叫び.

zẹ·tern[tsé:tərn] 《05》 自 (h) **1** 助けを求めて叫ぶ, 悲鳴をあげる. **2** わめく, がなりたてる.

Ze·tian Wu·hou[dzʌ́tĭǽnŭxɔ̌ŭ] =Tse-tien Wu-hau

Ze·tịn[tsetí:n] 中 -s/ セチン, 鯨蠟(げいろう). [◇Zetazee, ..in[2]]

Zett[tsɛt] 中 -s/ =Z[3]

Zẹt·tel[1][tsɛ́təl] 男 -s/- (Kette) 〖織〗 (織物の) 経糸. [<*ahd.* zetten (→verzetteln[2]); ◇Zotte[2]]

Zẹt·tel[2][tsɛ́təl] 男 -s/- (とじていない・ばらばらの) 小紙片, 紙きれ, カード, メモ用紙; (Handzettel) ビラ, ちらし; レッテル, ラベル, ステッカー; はり札, 正札, 荷札; 〖商〗 伝票; 〖劇〗 番付, 劇場ビラ (プログラムの前身): ein leerer ⟨weißer⟩ ~ 何も書いてない紙きれ | ein beschriebener ⟨bedruckter⟩ ~ 書いて⟨印刷して⟩ある紙片 | ein zerknitterter ~ くしゃくしゃになった紙片 | Ablaß*zettel* 〖カトリック〗 免償証 | Bestell*zettel* 注文伝票 | Wahl*zettel* 投票用紙 ‖ einen ~ auschlagen (黒板などに掲示のために) 紙片をとめる⟨はりつける⟩ | einen ~ ausfüllen (書類の) カードに書きこむ | ~ ordnen カードを整理する ‖ *et.*[4] auf einem ~ notieren …を紙片にメモしておく | *et.*[4] auf einen ~ schreiben …を紙片に書き付ける | *jm.* eine Nachricht auf einem ~ hinterlassen …に伝えたいことをメモに書き置く ‖ An der Tür hing ⟨klebte⟩ ein ~ mit seinem Namen. ドアには 彼の名前を書いた紙片がぶらさがっていた⟨はってあった⟩ | Auf dem Tisch lagen ein paar ~. テーブルの上には紙きれが二三枚あった | *Zettel* ankleben verboten! はり紙禁止.

[*spätlat.* schedula−*it.* cedola−*mhd.* zedel[e]; <*gr.* schídē „Splitter" (◇schizo..); ◇*engl.* schedule]

Zẹt·tel⸗an·kle̠·ben 中 -s/ ビラはり. **⸗an·kle·ber** 男 -s/- ビラはり人.

Zẹt·tel·baum 男 (Kettbaum) 〖織〗 (織機の) 経糸巻き, ワープビーム, 男巻き.

Zẹt·tel⸗kar·tei 女 カード式索引. **⸗ka·sten** 男 カードボックス, 整理⟨索引⟩カード箱. **⸗ka·ta·log** 男 カード式索引⟨カタログ⟩.

zẹt·teln[1][tsɛ́təln] 《06》 他 (h) **1** 〖織〗 経糸をはる. **2** 《比》 (悪事などを) たくらむ, 陰謀をめぐらす.

zẹt·teln[2][−] 《06》 他 (h) **1** カードに整理する. **2** 《南部》 まき散らす, 乱雑に仕事をする.

Zẹt·tel⸗ver·tei·ler 男 ビラ⟨ちらし⟩を配る人. **⸗wahl** 女 用紙を使う投票.

zeuch[tsɔʏç] zieh[e] (ziehen[2]の命令法単数) の雅語形.

zeuchst[tsɔʏçst] ziehst (ziehen[2]の現在 2 人称単数) の雅語形.

zeucht[tsɔʏçt] zieht (ziehen[2]の現在 3 人称単数) の雅語形.

..zeug[..tsɔʏk][1] 《中性名詞 (-[e]s/-e) をつくる. 単数形だけのものも多い》 **1** 《動詞・名詞などにつけて「…するための道具, …用品」を意味する》: Fahr*zeug* 乗り物 | Schreib*zeug* 筆記用具 | Spiel*zeug* 玩具(がんぐ) ‖ Flug*zeug* 飛行機 | Verband*zeug* 包帯材料 ‖ Bett*zeug* 寝具 | Schul*zeug* 学校用品. **2** 《名詞・形容詞につけて集合名詞をつくる》: Möbel*zeug* 家具 | Papier*zeug* 紙 | Schuh*zeug* 靴 ‖ Grün*zeug* 青物, 野菜類 | Grob*zeug* 粗野な連中 | Klein*zeug* 小物. **3** 《名詞につけて「…でできたもの」を意味する》: Blech*zeug* ブリキ製品 | Leder*zeug* 革製品.

Zeug[tsɔʏk][1] 中 -[e]s/-e 《ふつう単数で》 **1** 《しばしば軽蔑的に》 《集合的に》 **a)** もの, しろもの; がらくた, ひどいもの; 連中, やから: altes ~ がらくた | süßes ~ essen 甘いものを食べる | scharfes ~ trinken (ラムなど) きつい酒を飲む | Nun habe ich das ganze ~ am Hals[e] ⟨auf dem Hals⟩. とうとう私は (くだらんことを) 何もかもしょいこんでしまった | Nimm dein ~ da weg! そこの君のものをどけなさい | Weg mit dem ~! そんなもの捨ててしまえ ‖ Zigeuner und solches ⟨ähnliches⟩ ~ ジプシーとかそういったやつら.

b) 《比》 (Unsinn) くだらぬこと, たわごと: albernes ⟨sinnloses⟩ ~ reden くだらないことをしゃべる | **dummes ~** 《話》 くだらぬ⟨ばかげた⟩こと, たわごと | dummes ~ treiben ばかげたことをやる | Dummes ~! ばかな, くだらん.

2 a) ① (Stoff) 布地, 服地, 織物: das ~ für die Arbeitskleidung 労働着用の布地 | ein Mantel aus dickem ~ 厚手のコート. ② 《単数で》 衣服, (特に:) 下着類: Öl*zeug* (船員などの) 油布(ゆふ)[防水]服 ‖ dickes ~ tragen 厚手のものを着ている | *sein* ~ in Ordnung halten 自分の衣服をきちんと整理しておく ‖ ***jm.* etwas am ~[*e*] flicken** 《話》 …のすることになんだかんだとけちをつける, …を[陰で]けなす.

b) 《単数で》 〖海〗 帆⟨索具⟩類: alles ~ setzen すべての帆をあげる⟨掛ける⟩ | mit vollem ~ segeln 帆をいっぱいに張って進む. **c)** (Lappen) 〖狩〗 おどし布.

3 《単数で》 **a)** ᵛ① (Werkzeug) 道具, 用具, 器具 (今日ではもっぱら複合名詞の形で用いられる: →..zeug): Handwerk*zeug* 職人の道具, 手工具 | Schreib*zeug* 筆記用具. ② 《比》 素質, 才能: **das ~ zu *et.*[3] haben ⟨besitzen⟩** 《比》 …になる素質がある, …になる器(うつわ)である | Ihm fehlt das ~ zu einem Musiker. 彼には音楽家になる素質はない | In ihm steckt das ~ dazu, ein guter Maler zu werden. 彼はいい絵かきになる素質がある.

b) ᵛ① (Geschirr) (馬などの) 引き具, 馬具. ② 《比》 力, 精力, 馬力: **was das ~ hält** 《話》 力の続く限り, 精いっぱい (→was II 1 b) | Er schuftet, was das ~ hält. 彼は精いっぱいあくせく働く | Dem glaube ich kein Wort. Der lügt, was das ~ hält. 私は彼の言うことなんか一言も信じな

Z

いよ. 彼ときたら嘘(うそ)八百を並べたてるんだから ‖ **mächtig** ⟨**tüchtig**⟩ **ins ～ gehen** 大いに精を出す, 一生懸命努力する | **für *jn.* ⟨*et.*⁴⟩ ins ～ gehen** …のために尽力する, …に肩入れする | **mit *jm.* scharf ⟨mächtig⟩ ins ～ gehen** … に対して厳しい処置をとる | ***sich*⁴ mächtig ⟨tüchtig⟩ ins ～ legen** 大いに精を出す, 精いっぱい努力する | ***sich*⁴ für *jn.* ⟨*et.*⁴⟩ ins ～ legen** …のために尽力する⟨精力を傾注する⟩.

4 a) (Bierhefe)〘醸〙ビール酵母. **b)**〘建〙モルタル. **c)**〘印〙活字合金. **d)**〘坑〙原鉱.

▽**5**〘軍〙火器, 銃砲.

[*germ.* „Zug〔gerät〕"; ◇ziehen², zeugen, Zeuge]

Zeug≠amt[tsɔ́ʏk..] 中〘軍〙(昔の)兵器廠(しょう), 兵站(へいたん)部, 兵器局. **≠baum** 男〘織〙(織機の)クロスビーム, 千巻(ちまき)(→図 Webstuhl). **≠druck** 男 -〔e〕s/-e〘織〙**1**《単数で》捺染(なっせん), プリント. **2** プリント地.

Zeu·ge[tsɔ́ʏɡə] 男 -n/-n (女 **Zeu·gin**[..ɡɪn]-/-nen) 居合わせた人; (Augenzeuge) 目撃者; 立会人;〘法〙証人;〘キリスト教〙証人(あかしびと);《比》証(あかし), しるし: ein falscher ～ 偽証者 | ein glaubwürdiger ⟨vertrauenswürdiger⟩ ～ 信用できる証人 | ～ des Unfalls 事故の目撃者 | ～ des Gesprächs 対話の証人⟨立会人⟩ | ～*n* Jehovas〘キリスト教〙エホバの証者⟨証人⟩ | Trau*zeuge* 結婚立会人 ‖ ～ für *et.*⁴ …を証する証人 | ～ von *et.*³ …に関する証人 ‖ einen ～*n* stellen ⟨beibringen⟩ 証人を立てる⟨連れて来る⟩ | einen ～*n* vereidigen 証人に宣誓させる | einen ～*n* verhören ⟨vernehmen⟩ 証人を尋問する ‖ als ～ für *jn.* ⟨gegen *jn.*⟩ aussagen 証人として…に有利⟨不利⟩な陳述をする | Er sagte als ～ vor Gericht aus. 彼は証人として法廷で供述した | ***jn.* als ～*n* ⟨zum ～*n*⟩ anrufen** …を証人として喚問する;《比》…を証人として引き合いに出す | *jn.* als ～*n* vorladen …を証人として喚問する ‖ *jn.* zum ～*n* nehmen …を証人とする | *et.*⁴ vor ～*n* ⟨in Anwesenheit von ～*n*⟩ sagen …を証人のいるところで言う ‖ Es waren keine ～*n* dabei. そこには証人となる者⟨目撃者⟩はいなかった | *Zeugen* mögen sich melden. 証人⟨目撃者⟩は名乗り出られたい | Gott ist ⟨sei⟩ mein ～! 神かけて(誓いの言葉) | Ich war ～, wie das geschah. 私はその事件の現場に居合わせていたのだ | Du bist ～, daß ich bezahlt habe. 私が支払ったことの証人は君だよ | Die Ruinen sind ～*n* einer längst vergangenen Zeit. これらの遺跡廃墟(はいきょ)は遠く過ぎ去った時代の証(あかし)である | Ein ～, kein ～.《諺》証人は二人以上必要.

[„Ziehen vor Gericht"; *mhd.*; ◇Zeug, zeugen]

zeu·gen¹[tsɔ́ʏɡən]¹ 他 (h) **1** (男性が生殖行為によって子供を)つくる;《雅》創造する, 生み出す; もたらす, 引き起こす: Er *zeugte* 〔mit ihr〕 eine Tochter. 彼は〔彼女との間に〕娘を一人つくった | Die Eltern haben einen Sohn *gezeugt.* その両親には息子が一人できた ‖ Sein übertriebener Ehrgeiz hat die seltsamsten Auswüchse *gezeugt.* 彼の極端な名誉欲からはまことに奇妙なさまざまな行き違いが生じた.

▽**2** (gebären) (女性が子供を)産む.

zeu·gen²[tsɔ́ʏɡən]¹ 自 (h) **1**〘法〙証言する, 証人として発言⟨供述⟩をする, 証人になる: für ⟨gegen⟩ *jn.* ～ …に有利⟨不利⟩な証言をする | von *et.*³ ⟨über *et.*⁴⟩ ～ …に関して証言する ‖ Sie hat vor Gericht ⟨im Prozeß⟩ gegen ihren ehemaligen Mann *gezeugt.* 彼女は法廷⟨裁判⟩で彼女の以前の夫に不利な証言をした | Dafür kann ich ～.《比》そのことなら私は保証してもいいよ.

2《von *et.*³ / für *et.*⁴》(…を)証する, 明白に示す, 証拠立てる: Sein Verhalten *zeugt* von Großzügigkeit ⟨Tapferkeit⟩. 彼の態度は寛大さ⟨勇敢さ⟩を示している | Das *zeugt* für seine gute Erziehung. それは彼が良い教育を受けたことを物語っている.

[*ahd.* gi-ziugōn; ◇Zeug]

Zeu·gen≠auf·ruf[tsɔ́ʏɡən..] 男〘法〙証人呼び上げ. **≠aus·sa·ge** 女 証人の証言⟨供述⟩. **≠bank** 女 -/..bänke (法廷の)証人席. **≠be·ein·flus·sung** 女 (自分に好都合な証言をさせるための)証人への働きかけ. **≠be·weis** 男 証人の証言証拠, 人証(にんしょう). **≠eid** 男 証人宣誓. **≠ein·ver·nah·me** 女《オーストリア》= Zeugenvernehmung **≠ge·bühr** 女, **≠geld** 中 証人手当. **≠la·dung** 女 証人召喚⟨喚問⟩.

Zeu·gen·schaft[tsɔ́ʏɡənʃaft] (▽**Zeug·schaft** [tsɔ́ʏk..]) 女 -/-en **1**《ふつう単数で》《集合的に》証人. **2**《単数で》証人であること, 証人に立つこと: *js.* ～ fordern …が証人に立つことを要求する.

Zeu·gen≠stand 男 -〔e〕s/ (法廷の)証人席⟨台⟩. **≠ver·ei·di·gung** 女 証人に宣誓させること. **≠ver·hör** 中, **≠ver·neh·mung** 女 証人尋問⟨聴取⟩. **≠vor·la·dung** 女 証人召喚⟨喚問⟩.

Zeug·haus[tsɔ́ʏkhaʊs]¹ 中〘軍〙(昔の)兵器庫⟨室⟩, 武器貯蔵所, 軍需品倉庫.

Zeu·gin Zeuge の女性形.

Zeug·ma[tsɔ́ʏɡma·] 中 -s/-s, -ta[..ta·]〘修飾〙軛(くびき)語法, 連繋(れんけい)語法, 兼用法(一つの動詞・形容詞を異種の二つ以上の名詞に関して用いる語法で, 文法的にはその動詞・形容詞は元来その中の１語にしか適合しない. 例 Die Augen des Herrn *sehen* auf die Gerechten und seine Ohren auf ihr Schreien.).

[*gr.* zeũgma „Joch"－*lat.*; ◇Joch]

▽**Zeug·mei·ster**[tsɔ́ʏk..] 男 砲兵将校.

Zeug·nis[tsɔ́ʏknɪs] 中 -ses/-se **1 a)** (口頭または文書による)証明; (学業・勤務状況などについての)成績証明書; 人物証明書: ein ärztliches ～ 健康診断書 | ein falsches ～ うその証明書 | ein gutes ～ いい証明書⟨成績⟩ | das ～ der Reife /Reife*zeugnis* 高校卒業証書 | Impf*zeugnis* 予防接種証明書 ‖ ～ für *jn.* ⟨gegen *jn.*⟩ ablegen …に有利⟨不利⟩な証言をする | **von *et.*³ ～ ablegen ⟨geben⟩**《比》…を証明する | *jm.* ein ～ ausstellen ⟨schreiben⟩ …についての証明書を発行する⟨書く⟩ | Wir können ihm nur das beste ～ ausstellen.《比》彼については非の打ちどころがないとしか言いようがない⟨最高の賛辞を呈したいと思う⟩ | ein ～ von *jm.* fordern ⟨verlangen⟩ 証明書の交付を…に要求する | das ～ verweigern 証明書の交付を拒否する | dem Arbeitgeber *seine* ～*se* vorlegen ⟨vorweisen⟩ 雇用者に証明書を呈示する ‖ Hans hat gute Noten im ～. ハンスは良い成績表をもらっている | nach *js.* ～ …の証言によれば | zum ～ von *et.*³ …の証拠として ‖ Der Bewerbung ist ein ～ der vorangegangenen Arbeitsstelle beizufügen. 応募書類にはこれまでの職場による証明書の添付が必要です. **b)**《雅》(Aussage) (法廷での)証言: Er legte vor Gericht ein ～ ab. 彼は法廷で証言した.

2《雅》証拠になるもの, しるし, 証(あかし), 例証: ein literarisches ～ der Zeit その時代(の精神・流行・特徴など)を明白に表す文学作品 ‖ Der Essay ist ein glänzendes ～ seiner Intelligenz ⟨von seiner Intelligenz⟩. その随筆は彼の知性のすばらしい証明だ | Die Pyramiden sind ein ～ der altägyptischen Baukunst. ピラミッドは古代エジプト建築術の一証左である.

[*mhd.*; ◇Zeuge]

Zeug·nis≠ab·schrift[tsɔ́ʏknɪs..] 女 証明書の写し⟨控え⟩. **≠pflicht** 女〘法〙証言義務. **≠ver·wei·ge·rung** 女〘法〙証言拒否.

Zeug·nis·ver·wei·ge·rungs·recht 中〘法〙証言拒否権.

Zeug·rah·men[tsɔ́ʏk..] = Werkzeugrahmen

Zeugs[tsɔʏks] 中 -/《軽蔑的に》= Zeug 1

▽**Zeug·schaft** = Zeugenschaft

Zeu·gung[tsɔ́ʏɡʊŋ] 女 -/-en (zeugen¹すること. 例えば:) 生殖, 生み出すこと;《比》創造: die ～ von Kindern 子供をつくること ‖ Durch die ～ neuer Ideen wird die Entwicklung vorangetrieben. 新しいアイディアを生み出すことによって発展が推進される.

Zeu·gungs·akt 男 生殖行為, 性交, 交尾.

zeu·gungs·fä·hig[..fɛːɪç]² 形 生殖能力のある;《比》生産⟨創造⟩能力のある.

Zeu·gungs≠fä·hig·keit 女 -/ 生殖能力;《比》生産⟨創造⟩能力. **≠glied** 中〘解〙男根, 陰茎. **≠kraft** 女 生殖能力. **≠or·ga·ne** 複〘解〙生殖器官. **≠trieb** 男 生殖本能, 性欲.

zeu·gungs·un·fä·hig 形 生殖不能の.

Zeu·gungs·un·fä·hig·keit 女 -/ 生殖不能, インポテ

Z

ソツ.
Zeus[tsɔʏs] 人名 〘ギ神〙ゼウス(最高神で Kronos と Rhea の息子. ローマ神話の Jupiter に当たる).
[*gr.*; ◇Tyr, jovial]
Zeus·tem·pel[tsɔ́ʏs..] 男 ゼウスの神殿.
Zeu·te[tsɔ́ʏtə] 女 -/-n《方》(Schnabel)(やかん・水差しなどの)注ぎ口.
ZGB[tsɛtge:bé:] 略 =Zivilgesetzbuch
z. H.[tsɛthá:] 略 =**zu Händen, zuhanden**《手紙の上書きに z. H. *js.* 〈von *jm.*〉の形で》…の手もとに, …宛(あて), …渡し: Firma X, ～ des Herrn Y 〈von Herrn Y〉 X 社気付 Y 殿.
Zhang Xue·liang[dʒāŋçɥ̌ɛ́lǐáŋ] =Chang Hsüehliang
Zhang Zuo·lin[dʒāŋdzŭɔ̀lín] =Chang Tso-lin
Zhe·jiang[dʒʌ̀dzǐāŋ] =Tschekiang
Zheng·zhou[dʒəŋdʒɔ̄ŭ] =Tschengtschou
Zhou[dʒɔ̄ŭ] =Chou
Zhou En·lai[dʒɔ̄ŭənláǐ] =Tsch〔o〕u En-lai
Zhuang·zi[dʒŭāŋdzɿ̌] =Chuang-tzu
Zhu·ge Liang[dʒūgʌ́lǐàŋ] =Chu-ko Liang
Zhu Xi[dʒūçī] =Chu Hsi
Zib·be[tsíbə] 女 -/-n《北部・中部》**1** (動物, 特に犬・羊・ウサギなどの)雌. **2** =Ziege 2 [„Hündin"]
Zi·be·be[tsibé:bə] 女 -/-n《南部・オーストリア》(種のある)干しぶどう. [*arab.*－*it.* zibibbo]
Zi·be·li·ne[tsibəlí:nə] 女 -/ 〘織〙シベリン(黒テンの毛皮に似た毛織物). [*slaw.*－*it.*－*fr.*; ◇Zobel]
Zi·bet[tsí:bɛt] 男 -s/ シベット(ジャコウネコの生殖器近くの袋から得られる芳香の強い物質. ジャコウジカの雄の麝香嚢(じゃこうのう)から得られる麝香とは区別される: →Moschus). [*arab.*－*it.* zibetto; ＜*arab.* zabad „Schaum"; ◇*engl.* civet]
Zi·bet≠baum 男 (Durianbaum) ドリアンの木. **≠hyä·ne** 女 (Erdwolf)〘動〙チベットハイエナ(西蔵鬣犬). **≠kat·ze** 女 〘動〙オオジャコウネコ(大麝香猫). **≠rat·te** 女 (Bisamratte)〘動〙マスクラット.
Zi·bo·ri·en·al·tar[tsibó:riən..] 男 〘カトリック〙天蓋(てんがい)つき祭壇(→ 図 Altar B).
Zi·bo·rium[tsibó:riυm] 中 -s/..rien [..riən] **1** 〘カトリック〙チボリウム, 聖体容器(→ 図). **2** 〘建〙チボリウム, 祭壇天蓋(てんがい)(→ 図 Altar B). [*gr.* kibṓrion „Bohnenhülse"－*lat.* cibōrium „Trinkbecher"; ◇*engl.* ciborium]

Ziborium

Zi·cho·rie[tsiçó:riə; オーストリア: ..kó:..] 女 -/-n (Wegwarte) 〘植〙キクニガナ(菊苦菜), チコリ(葉をサラダに用いる).
[*gr.*－*mlat.* cichorēa－*it.* cicoria; ◇Chicorée; *engl.* chi〔c〕-cory]
Zi·cho·ri·en·kaf·fee 男 -s/ チコリコーヒー(チコリの根を原料とする代用コーヒー).
Zick[tsɪk] 男 -〔e〕s/-e《南部》(Milchsäurestich)〘農〙(ワインの)乳酸〔菌〕病.
Zicke[tsíkə] 女 -/-n (⊚ **Zickel**[tsíkəl] 中 -s/-〔n〕, **Zickel·chen**[-çən] 中 -s/-, **Zick·lein**[..klaın] 中 -s/-)《中部》**1** =Ziege 1 **2** =Ziege 2 **3**《複数で》=Zicken[2]
zickeln[tsíkəln]《06》自 (h) (ヤギが)子を産む.
Zicken[1][tsíkən] 男 -s/- =Zick
Zicken[2][–] 複《話》ばかげた行い; 突拍子もない思いつき; 常識はずれの衝動: **～ machen** ばかなことをする | Mach keine ～! ばかなことをするんじゃない. [＜Zicke]
zickig[tsíkıç][2] 形《軽蔑的に》**1** (女が男に対して)つんとすました, オールドミス的な. **2** 融通のきかない, 頭の固い; 旧弊な.
Zick·lein Zicke の縮小形.
zick·zack[tsíktsak] **I** 副 ジグザグに, 稲妻〈電光〉形に: ～ gehen ジグザグに歩く. **II Zick·zack** 男 -〔e〕s/-e ジグザグ〔模様〕, 稲妻〈電光〉形(→ 図 Muster): eine Ritze in der Form eines ～*s* 稲妻形の割れ目 | ～*e* machen《話》(酔っぱらいなどが)ジグザグに歩く ‖ im ～ laufen ジグザグに走る. [＜Zack; ◇*engl.* zigzag]
zick·zacken[tsíktsakən] 自 (h, s) ジグザグに走る, ジグザグコースをとる.
zick·zack·för·mig 形 ジグザグ状の, 稲妻形の.
Zick·zack≠fries 男 〘建〙ジグザグ模様フリーズ(→ 図 Fries). **≠kurs** 男 ジグザグコース, 稲妻〈電光〉形の進路;《比》腰の定まらない〈一貫しない〉政治路線. **≠li·nie**[..niə] 女 ジグザグ〈稲妻形〉の線. **≠sche·re** 女 (布地をジグザグに切る)ピンキング鋏(ばさみ).
..zid[..tsi:t][1]《「…を殺す〔もの〕」を意味する形容詞・名詞をつくる. ..cid とつづることもある》: bakteri*zid* 殺菌〔性〕の | Bakteri*zid* 殺菌性物質 | insekti*zid* 殺虫性の | Insekti*zid* 殺虫剤. [*lat.*; ＜*lat.* caedere „hauen"; ◇*engl.* ..cid]
Zi·der[tsí:dər] 男 -s/ 果実酒(特にりんご酒). [*hebr.* šekhār „Rauschtrank"－*gr.* síkera－*spätlat.*－*fr.* cidre; ◇*engl.* cider]
Zie·che[tsí:çə] 女 -/-n《南部・オーストリア》(ベッド・まくらなどの)カバー, シーツ: Polster*zieche* まくらカバー. [*gr.* thḗkē „Behälter"－*mlat.* thēca „Hülle"－*ahd.*; ◇Theke]
Ziech·ling[tsí:çlıŋ] 男 -s/-e =Ziehklinge
[＜ziehen „Späne abheben"]
Zie·fer[tsí:fər] 中 -s/-《南西部》(Federvieh) 家禽(かきん). [＜Ungeziefer]
zie·fern[tsí:fərn]《05》自 (h)《方》**1** 悲しそうにしている, めそめそする. **2** (寒さや苦痛のあまり)がたがた震える, 歯の根が合わないでいる. [擬音]
Zie·ge[tsí:gə] 女 -/-n **1** 〘動〙ヤギ(山羊)(特にその雌: → Geiß 1): Die ～ meckert 〈gibt Milch〉. ヤギがメエメエ鳴く〈乳を出す〉| mager 〈neugierig〉 wie eine ～ sein ものすごくやせている〈好奇心が強い〉‖ die ～ beim Schwanz halten 〈in den Garten lassen〉《比》(事業などに)失敗する. **2** 《話》ばかな〈不愉快な〉女: eine alte ～ くそばばあ | eine dumme 〈blöde〉 ～ ばか女. **3** 〘魚〙コイ科の一種.
[*ahd.*; ◇*engl.* tyke, tike]
Zie·gel[tsí:gəl] 男 -s/- **1** れんが(煉瓦)(→ 図 Baustoff): ein feuerfester ～ 耐火れんが | ～ brennen れんがを焼く. **2** (Dachziegel) かわら(瓦): das Dach 〈das Haus〉 mit roten ～*n* decken 屋根を赤いかわらでふく.
[*lat.* tēgula－*westgerm.*; ＜*lat.* tegere (→decken); ◇Dach; *engl.* tile]
Zie·gel≠bau 男 -〔e〕s/-ten **1**《単数で》れんが建築. **2** れんが造りの建物. **≠bren·ner** 男 れんが工; かわら製造業者.
Zie·gel·bren·ne·rei[tsi:gəlbrɛnərái, ⏊⏑⏑⏑–] 女 =Ziegelei
Zie·gel≠dach[tsí:gəl..] 中 かわら屋根. **≠decker** 男 かわら屋根ふき職人.
Zie·ge·lei[tsi:gəlái] 女 -/-en れんが〈かわら〉製造工場.
Zie·gel·er·de[tsí:gəl..] 女 -/ れんが〔製造用〕粘土.
zie·gel·far·ben 形 れんが色の.
Zie·gel≠ham·mer 男 かわら槌(づち). **≠mau·er** 女 れんが塀.
[▽]**zie·geln**[tsí:gəln]《06》自 (h) れんが〈かわら〉を製造する. [*ndd.*]
Zie·gel≠ofen 男 れんが〈かわら〉焼き窯, キルン. **≠pfla·ster** 中 れんが舗装.
zie·gel·rot 形 れんが色の.
Zie·gel≠sche·re 女 かわら切り用カッター, タイルカッター. **≠stein** 男 =Ziegel **≠werk** 中 =Ziegelei
Zie·gen≠bart[tsí:gən..] 男 **1 a)** ヤギのひげ. **b)** (人間のあごの下に生やす)やぎひげ. **2** 〘植〙ホウキタケ(箒茸)属. **≠bock** 男 〘動〙雄ヤギ: wie ein ～ stinken (→stinken I 1 a). **≠fell** 中 ヤギの皮.
Zie·gen·hai·ner[tsí:gənhaınər] 男 -s/- (ミズキ製の)節くれだった旅行づえ. [＜Ziegenhain (Jena 近郊の村)]
Zie·gen≠her·de[tsí:gən..] 女 ヤギの群れ. **≠hirt** 男 ヤギ飼い, ヤギ番. **≠kä·se** 男 ヤギ〔の乳から作った〕チーズ. **≠lamm** 中 ヤギの子. **≠le·der** 中 ヤギのなめし革; キッド. **≠lip·pe** 女 〘植〙アワタケ(粟茸)属の食用キノコの一種. **≠mel·ker** 男 **1** (ヤギの乳をしぼる)搾乳夫. **2** 〘鳥〙ヨタカ(夜鷹)(夜, ヤギの乳を吸うという迷信による). **≠milch** 女 ヤギの乳: mit ～ großgezogen sein《話》不平家である.
Zie·gen·pe·ter 男 -s/-《話》(Mumps) 流行性耳下腺

(せん)炎, おたふく風邪. [<Peter „Tölpel“; 患者の顔つきから]

Zie·ger[tsí:gər] 男 -s/-《南部》凝乳〔チーズ〕; 芳香チーズ. [*ahd.*]

Zieg·ler[tsí:glər] 男 -s/- =Ziegelbrenner

zieh[tsi:] **I** zeihen の過去. **II** ziehen^{2}の命令法単数.

Zieh≈bank[tsí:..] 女 -/..bänke〘工〙(飾り職などの)引き抜き台, 張金台, ダイス. **≈brücke** 女 はね〈つりあげ〉橋, 開閉〈可動〉橋. **≈brun·nen** 男 つるべ〈車〉井戸(→ 図 Brunnen).

zie·he[tsí:ə] **I** zeihen の接続法 II. **II** ziehen^{2}の命令法単数.

Zie·he[tsí:ə] 女 -/-n《方》**1** 養育: ein Kind auf die ~ geben 〈in die ~ tun〉ある子供を里子に出す | *jn.* in die ~ nehmen …の養育を引き受ける; …を厳しく監督する | *jn.* zur ~ haben …を養育する; …をなぶる〈からかう〉. **2** 引き出し.

Zieh≈ei·sen[tsí:..] 中 (針金製造用の)穴あき鋼板. **≈el·tern** 複 育ての親, 里親, 養父母.

zie·hen^1[tsí:ən] zeihen の過去 1・3 人称複数.

zie·hen^{2*}[tsí:ən]《219》**zog**[tso:k]^1 / **ge·zo·gen**; 現 *du* ziehst (雅: zeuchst[tsɔʏçst]), *er* zieht (雅: zeucht); 命 zieh〔e〕(雅: zeuch); 接II zöge[tsø:gə]

I 他 (h)
1《空間的移動; ふつう方向を示す語句と》手などを持続的に接触させて移動させる
a) 引っぱって進む, 牽引(けんいん)する
b) ①手前に引く; (商品を)取り寄せる
②《*et.*^{4} 〈*jn.*〉〔aus *et.*^{3}〕》引っぱり出す, 引き抜く
③《*et.*^{4}〔in *et.*^{4}〕》引っぱり込む, 引き入れる
c) ①《*et.*^{4}〔von *et.*^{3}〕》はずす, 脱ぐ, 引き離す
②引っかぶる, 引きまとう, 羽織る
d) ①張り渡す
②(力を加えて)形を変える, ゆがめる
e) ①(引っぱって)移動させる, (穴などに)通す; 移しかえる
②(チェスなどで駒(こま)を)進める
f)《動作名詞などとともに機能動詞的に》
2 (引っぱることによって)作動させる
3 引いて伸ばす; (時間的に)引き延ばす
4 (線・図形などを)引く, 描く; (溝などを)掘る, めぐらす; 《俗》(ある表情を)する
5 (引っぱって・伸ばして)製造する
6《*et.*^{4} aus *et.*^{3}》
a) 得る; 摂取する; (結果を)引き出す
b) (…を)抜き取る, (…を)失わせる
7 吸いこむ; 吸引〈吸収〉する; 吸い取る
8 (植物を)育てる, 栽培する; (動物を)飼い育てる; (人間を)教育する
9〘商〙**a**) (手形を)振り出す
b) (計算書などを)作成する
10 (銃砲に)溝を彫る
11 (殴打を)加える
12 再帰
a) *sich*^{4} ~ (ゆっくりと)移動する, おもむく
b) *sich*^{4} ~ (ある方向に向かって)長く広がって位置している
c) *sich*^{4} ~ 引きこもる
d) *sich*^{4} ~ (ゴム・布などが)伸びる; 伸縮性がある
e) *sich*^{4}〔zu Fäden〕~ (はちみつなどが)糸を引く
f) *sich*^{4} ~ (板などが)反る, 曲がる, ゆがむ
g) *sich*^{4} in *et.*^{4} ~ (におい・湿気などが)…に移る〈しみこむ〉; (色が)…がかっている
$^\nabla$**h**) *sich*^{4} auf *et.*^{4} ~ …を引用〈援用〉する
II 自
1a) (s)《多くは方向を示す語句とともに》(ある方向に向かってゆっくりと休みなく)動いていく; 行進する; さすらう; 《話》引っ越す; (使用人が)暇をとる; (時が)経過する; (におい・湿気などが)移る, (…色)がかっている
b) (h) (ある方向に向かって長く)伸びている
2 (h, s)《mit *et.*^{3}》(チェスなどで駒を)進める
3 (h)《an *et.*^{3}》(…を)引く; 引っぱって作動させる
4 (h) (ある表情を)する
5 (h)《an *et.*^{3}》(…を)吸う; 《話》(…を)しゃぶる
6 (h) (空気・風が)よく通る
7 (h) (紅茶・スープなどの)味や香りがよく出る
8 (h) (機械などが)動く
9 (h)《話》人気がある; 成功である; 効き目がある
10 (h)《話》非人称《es zieht *jm.*》走るような痛みがある
11 (h)《話》非人称《es zieht》すきま風が入る

I 他 (h) **1**《空間的移動; ふつう方向を示す語句と》手などを持続的に接触させて一定の方向に移動させる: **a**) 引っぱって〈引きずって〉進む, 牽引(けんいん)する: Das Pferd *zieht* den Wagen 〈den Pflug〉. 馬が車〈鋤(すき)〉を引っぱる | 10 Wagen ~ (機関車が) 10両の車両を牽引する ‖ **Laß** dich nicht so ~. (手を引いている子供に向かって)もっとさっさと歩きなさい ‖ *jn.* auf die Seite 〈*seine* Seite〉 ~ …をわきへ連れて行く〈味方につける〉 | *jn.* mit *sich*^{3} ~ …を自分と一緒に拉(らっ)し去る | Das wird schlimme Folgen nach sich ~. このことは悪い結果を招来するだろう ‖〘目的語なしで〙Das Pferd *zieht* gut 〈schlecht〉. この馬は牽引力が強い〈弱い〉 ‖ 再帰 Der Wagen *zieht* sich^4 leicht 〈schwer〉. この車は引きやすい〈引いてもなかなか動かない〉.

b) ① (自分は動かないで)手前に引く〈引き寄せる〉, 引きつける; (商品を)取り寄せる: *Ziehen*〔!〕引く(ドアなどの表示.「押す」は Drücken〔!〕) | *jn.* am Arm 〈bei den Haaren〉 ~ …の腕〈髪の毛〉をつかんで引っぱる | Das Los *zieht* einen Gewinn 〈eine Niete〉. そのくじは当たり〈空〉くじだ | Die Sonne *zieht* Wasser. 《話》どうやら雨が降りそうだ ‖〘前置詞句と〙ein Boot **ans** Ufer ~ ボートを岸へ引き寄せる | *jn.* an die Brust ~ …を胸に引き寄せる | *jn.* an *sich*^{4} ~ …を抱き寄せる; 《比》…を味方につける | *et.*^{4} an *sich*^{4} ~《比》…を自分の意のままにする | *sich*^{3} *et.*^{4} **auf** den Hals ~《比》…(厄介など)をしょいこむ | alle Blicke auf *sich*^{4} ~ 衆人環視のまとになる | die Aufmerksamkeit 〈den Haß〉 auf *sich*^{4} ~ 注目〈憎悪〉のまとになる | *et.*^{4} auf *sich*^{4} ~ …を自分のことに関連づけ〔て考え〕る | *jn.* **zu** Rate ~ …に相談する ‖ 非人称 Es *zieht* mich immer wieder dorthin. 私は絶えずそこへ行きたい気持にかられる | Es *zog* ihn sehr heimwärts 〈nach München〉. 彼は望郷の念〈ミュンヒェンに行きたい気持〉にかられた.

②《*et.*^{4} 〈*jn.*〉〔aus *et.*^{3}〕》引っぱり出す, 引き抜く: *jm.* nach der Operation die Fäden ~ 手術後に…の抜糸をする | die Hand ~ 手を引っぱって関節を元に戻す | *jm.* einen Zahn ~ …の歯を1本抜く | *jm.* den Zahn ~ (→Zahn 1) | Diesen Zahn laß dir ~! 《話》そんなばかな考えは捨てろ | die Geldbörse〔**aus** der Tasche〕~ 財布を〔ポケットから〕出す | *jm.* Geld aus der Tasche ~ (→Geld 1) | eine Karte aus der Kartei ~ カード箱からカードを1枚抜き出す | den Korken aus einer Flasche ~ 瓶のコルク栓を抜く | *sich*^{4} 〈den Hals / den Kopf〉 aus der Schlinge ~ (→Schlinge 2) | den Karren 〈die Karre〉 aus dem Dreck ~ (→Karren^1 1) | ein Los〔aus der Urne〕~〔くじ箱から〕くじを引く |〔bei *et.*^{3}〕den kürzeren ~ (→kurz I 1) | einen Nagel〔mit der Zange〕aus der Wand ~〔やっとこで〕壁からくぎを1本引き抜く | das Schwert〔aus der Scheide〕~ 刀を抜く | Zigaretten am Automaten 〈aus dem Automaten〉 ~ タバコを自動販売機で買う ‖ mit *gezogenem* Degen 抜刀して ‖ *jn.* aus dem Wasser ~ …を水中から引っぱり上げる | *et.*^{4} aus dem Verkehr ~ …を流通市場から引き上げる〈廃止・廃車処分にする〉 ‖ 再帰 *sich*^{4} aus der Sache ~ その件から身を引く | *sich*^{4} aus der Schlinge 〈der Klemme〉 ~ 窮地を脱する.

③《*et.*^{4}〔in *et.*^{4}〕》引っぱり込む, 引き入れる; 《比》《*jn.* in *et.*^{4}》(…に)巻き込む: das Boot ins Wasser ~ ボートを水中に引き入れる | die Mütze ins Gesicht ~ 帽子をまぶかにかぶる ‖ *jn.* in Mitleidenschaft 〈ein langes Gespräch〉

Z

～ …を巻きぞえにする〈長話に引きずり込む〉| *jn.* in den Strudel ～ …を〔事件の〕渦に巻き込む | *jn.* in einen Anschlag ～ …をよからぬ計画に引き入れる | *jn.* ins Geheimnis 〈Vertrauen〉 ～ …に内緒ごとを打ち明ける | *jn.* in *seinen* Bann ～ (→Bann 1) | *jn.* in den 〈durch den〉 Staub ～ (→Staub 1) | *et.*^{4} ins Lächerliche ～ …を茶化す.

c) ①《*et.*^{4} 〔von *et.*^{3}〕》はずす, 脱ぐ, 引き離す: den Hut 〔vom Kopf〕 ～ (あいさつのため)帽子をとる | den Hut vor *jm.* ～《比》…に脱帽する | die Maske vom Gesicht ～ 仮面をぬぐ | den Ring vom Finger ～ 指輪を指からはずす.

② 引っかぶる, 引きまとう, 羽織る: den Mantel **über** die Jacke ～ コートを上着の上に羽織る | *jm.* das Fell über die Ohren ～ (→Fell 2) | den Schal **um** die Schultern ～ ショールを肩のまわりに引き寄せる | ein Kleidungsstück **unter** ein anderes ～ 重ね着をする.

d) ① 張り渡す: Drähte 〈Leitungen〉 ～ 針金〈電線〉を張り渡す | die Saiten auf die Geige ～ ヴァイオリンに弦を張る ‖ Zur Absperrung wurde eine Leine *gezogen.* 立ち入りを禁止するために綱が張り渡された.

② (力を加えて)形を変える, ゆがめる: die Stirn kraus ～ / die Stirn in Falten 〈Runzeln〉 ～ 額にしわを寄せる | den Mundwinkel nach unten ～ 口をへの字に曲げる ‖ mund*ziehend* sprechen 口をゆがめながら〈ふくれっ面で〉話す.

e) ① (引っぱって)移動させる, (穴などに)通す, くぐらせる; 移しかえる, 移す: den Vorhang ～ カーテンを引く(開ける・閉じる) ‖ *et.*^{4} ans Licht ～ (→Licht 1) | Wein **auf** Flaschen ～ ワインを瓶に移す | Perlen auf eine Schnur ～ 真珠をひもに通す | den Faden **durch** das Öhr ～ 糸を針孔(めど)に通す | den Flachs durch die Hechel ～ 亜麻を麻こきでこく | das Netz durch Wasser 〈im Wasser〉 ～ (漁師が)網を引く | den Vorhang 〈die Schulter〉 **in** die Höhe ～ カーテンをあげる〈肩をそびやかす〉| den Schleier **vor** das Gesicht ～ ベールで顔をすっぽり覆う | *jn.* vor Gericht ～ …を告訴する | *et.*^{4} **zu** *et.*^{3} ～ …を…と結びつける〈一緒にする〉| *jn.* zu *sich*^{3} ～ …を自分の方へ引き寄せる | *jn.* zu Boden ～ …を地面〈床〉に引き倒す | *sich*^{3} *et.*^{4} zu Gemüte ～ (＝führen)《話》…を肝に銘じる;《比》…を賞味する.

② (チェスなどで駒(こま)を)進める: einen Stein 〈eine Figur〉 ～ (チェスなどの)駒を進める | Du mußt ～! (チェスなどで)君の番だよ.

f)《動作名詞などの抽象名詞とともに機能動詞的に用いられて》*et.*^{4} in Betracht 〈Erwägung〉 ～ …を考慮する | *et.*^{4} in Rechnung ～ …を計算にいれる | *et.*^{4} in die Öffentlichkeit ～ …を公にする | *et.*^{4} in Zweifel ～ …を疑う | *jn.* zur Rechenschaft ～ …の釈明を求める | *jn.* zur Strafe ～ …を処罰する | *jn.* zur Verantwortung ～ …の責任を問う ‖ Daraus kann man den Schluß ～, daß ... このことから…という結論が引きだせる.

2 (引っぱることによって)作動させる: eine Glocke ～ 鐘〔のひも〕を引いて鳴らす | die Notbremse 〈die Wasserspülung〉 ～ 非常ブレーキ〈水洗便所のひも〉を引く | die Register ～〘楽〙(オルガンなどの)音栓を引く | alle Register ～ (→Register 2 a) | den Teich ～ (水門を引っぱりあげて)池の水を抜く.

3 引いて伸ばす; (時間的に)引き延ばす: Garn 〔in die Länge〕 ～ 糸を長く伸ばす | den Teig in Fadennudeln ～ ねり粉をのばしてバーミセリを作る | die Wäschestücke in Form ～ (しわになっている)洗濯物を伸ばして形を整える ‖ die Worte beim Sprechen ～ ゆっくりとしゃべる | *et.*^{4} 〔künstlich〕 in die Länge ～ …を〔わざと〕引き延ばす〈長びかせる〉‖ 再帰 *sich*^{4} 〔in die Länge〕 ～ (予想外に)長びく(→12) | Es *zieht* sich drei Tage. それは3日続く〈かかる〉.

4 (線・図形などを)引く, 描く; (溝などを)掘る, めぐらす; (壁などを)築く; (やけど・水薬などが水ぶくれを)作る;《話》(ある表情を)する(→II 4): einen Kreis 〔mit dem Zirkel〕 ～ 〔コンパスで〕円を描く | mehrere Kreise ～ (鳥・飛行機などが)幾度も旋回する | Kreise ～ (→Kreis 1 a) | einen Strich ～ 線を引く | eine Acht ～〘スケート〙8の字形に滑る | *seine* Bahn ～ (天体が)軌道を描く | eine Grenze ～ 境界線を引く | *sich*^{3} einen Scheitel ～ (自分で)髪を分ける | zu einer Geraden die ～ ziehen 直線に平行線を一本引く | einen Schlußstrich unter *et.*^{4} ～《比》(不愉快な)…に終止符を打つ ‖ einen Graben ～ 壕(ごう)を掘る | mit dem Pflug tiefe Furchen ～ 〔畝の間に〕鋤(すき)で深い溝をつける ‖ eine Wand ～ 壁を築く | einen Wall um die Stadt ～ 町のまわりに塁壁をめぐらす | die Träger unter die Decke ～ 天井の下に梁(はり)を取りつける ‖ Blasen ～ 水疱(すいほう)を作る〈ができる〉;《話》不愉快な結果を招く ‖ ein verdrießliches Gesicht ～ むずかしい表情をする | ein saures Gesicht ～ 渋い顔をする | ein schiefes Maul ～ 口もとをゆがめる | Grimassen ～ しかめづらをする ‖ 再帰 Ein Wall *zieht* sich^4 um die Stadt. 町のまわりには塁壁がめぐらされている(→12).

5 (引っぱって・伸ばして)製造する: Drähte 〈Kerzen〉 ～ 針金〈ろうそく〉を作る(→1 d ①) | Gold ～ 金箔(きんぱく)を作る | Fäden ～ (クモが)糸を吐く;《話》(はちみつなどが)糸を引く(→12 e).

6《*et.*^{4} aus *et.*^{3}》**a**) 得る, 手に入れる, 採取する; 摂取する; (結果などを)引き出す: Öl aus Pflanzen 〈Saft aus Obst〉 ～ 植物から油〈果物からジュース〉をしぼる | Teer aus Kohle ～ 石炭からタールを抽出する | Pflanzen *ziehen* ihre Nahrung aus dem Boden. 植物は地中から養分を採る ‖ Zinsen 〈Einkünfte〉 ～ (事業などから)利潤〈収入〉を得る ‖ aus *et.*^{3} Bilanz ～ …の総決算をする | aus *et.*^{3} eine Folgerung 〈einen Schluß〉 auf *et.*^{4} ～ …から…を推論する〈結論づける〉| aus *et.*^{3} die Konsequenzen 〈die Folgen〉 ～ …から結論を出す, …の責任をとる | 〔*sich*^{3}〕 aus *et.*^{3} Nutzen 〈Lehre〔n〕〉 ～ …から利益〈教訓〉を引き出す | die Wurzel aus einer Zahl ～〘数〙ある数の平方根を出す, ある数を開平する.

b) (…を)抜き取る, (…を)失わせる: die Farbe aus dem Stoff ～ (日光などが)布地の色を褪(あ)せさせる.

7 吸いこむ; 吸引〈吸収〉する(→1 b ③); 吸い取る: die frische Luft durch die Nase in die Lungen ～ 新鮮な空気を鼻から肺の中へ吸いこむ | Wasser ～ (靴などが)水を吸う; (船などが)浸水する | $^▽$Atem ～ 息を吸う | den letzten Atem ～ 臨終である ‖ Was er verdiente, *zog* sie. 彼の稼ぎは彼女が〔みんな〕吸いあげた | Deine Strümpfe *ziehen* Wasser.《話》君の靴下はずり落ちそうだ ‖ 再帰 Wasser *zieht* sich^4 in den Schwamm. 水が海綿に吸いこまれる.

8 (植物を)育てる, 栽培する; (ひげなどを)生やす; (動物を)飼い育てる; (人間を)教育する, しつける: Gemüse 〈Blumen〉 ～ 野菜〈花〉を栽培する | *et.*^{4} aus Samen 〈Stecklingen〉 ～ …を種〈さし木〉から育てる | *gezogene* Bäume 栽培樹木 ‖ Geflügel ～ 家禽(かきん)を飼う | Schmetterlinge aus den Raupen ～ チョウ〈ガ〉を幼虫の段階から育てる ‖ Den Jungen werde ich mir noch ～. この少年はこれからまだ私が仕込んでやるぞ ‖ schwer zu ～ sein 栽培〈飼育〉しにくい; (反抗的で)教育しにくい | gut *gezogen* sein しつけがいい ‖ 再帰 *sich*^{4} leicht 〈schwer〉 ～ 育ちやすい〈にくい〉(→1 a, 12).

9〘商〙**a**) (手形を)振り出す: einen Wechsel auf *jn.* ～ …を支払人とする手形を振り出す(→Zieher 1 a).

b) (計算書などを)作成する: die Summe ～ 総計を出す(→6 a).

10 (銃砲に)溝〈腔綫(こうせん)〉を彫る: ein Geschütz ～ 大砲の砲身に腔綫を入れる | *gezogene* Kanonen 砲身に溝の彫ってある大砲.

11 (激しい手の動きによって殴打を)加える: *jm.* einen Hieb 〈eine Ohrfeige〉 ～ …をぶん殴る〈…に平手打ちを加える〉.

12 a) 再帰 *sich*^{4} ～ (ゆっくりと)移動する, 動いて行く, おもむく: *sich*^{4} nach Osten ～ (雲などが)東の方へ流れていく(→b) | Der Schmerz *zog* sich durch den ganzen Körper. 痛みは全身を走った.

b) 再帰 *sich*^{4} ～ (ある方向に向かって)長く広がって位置している: *sich*^{4} ostwärts ～ (山脈などが)東へ延びている(→a) | *sich*^{4} durch das Dorf ～ (道が)その村を通っている(→1 e ①) ‖ Die Narbe *zieht* sich über die Stirn. 傷あとは額を横に走っている | Dieses Motiv *zieht* sich als roter Faden durch den ganzen Roman. このモチーフがこの長編全体をつらぬいている.

c) 再帰 *sich*^{4} ～ 引きこもる: *sich*^{4} in die Einsamkeit ～

隠棲(いんせい)する.
d) 再帰 *sich*⁴ ～ (ゴム・布などが) 伸びる; 伸縮性がある; 伸びて変形する: Der Strumpf *zieht* sich nach dem Fuß. この靴下は足にぴったりだ.
e) 再帰 *sich*⁴ 〔zu Fäden〕 ～ (はちみつなどが) 糸を引く(→5).
f) 再帰 *sich*⁴ ～ (板などが) 反る, 曲がる, ゆがむ: *sich*⁴ wieder zurecht 〈gerade〉 ～《比》(事態が) 再び好転する.
g) 再帰 *sich*⁴ in *et.*⁴ ～ (におい・湿気などが) …に移る〈しみこむ〉; (ある色が) …がかっている(→II 1 a) | *sich*⁴ ins Gelbliche ～ 黄色味を帯びている.
ᵛ**h**) 再帰 *sich*⁴ auf *et.*⁴ ～ …を引用〈援用〉する.
II 自 **1 a**) (s)《多くは方向を示す語句とともに》(ある方向に向かってゆっくりと休みなく) 動いていく, 移動する, 去る(→I 12 a); 行進する; さすらう, 彷徨(ほうこう)する;《話》引っ越す; (使用人が) 暇をとる, 出てゆく; (時が) 経過する; (におい・湿気などが) 移る, しみこむ, (ある色が別の色に〔かすかに〕) 近づいている, (…色) がかっている(→I 12 g): **am** Himmel ～ (雲などが) 空をゆっくり流れていく | **aufs** Land 〈Dorf〉 ～ 田舎〈村〉へ移る | auf eine große Fahrt ～ 大旅行に出発する | auf die Universität ～ 大学に入る | auf Wache ～ 歩哨(ほしょう)に立つ | **durch** die Welt ～ 世界を漫遊する | durch den Körper ～ (痛みが) 全身を走る(→I 12 a) | 〔*jm.*〕 durch den Kopf ～ (考えなどが) 〔…の〕頭にひらめく | durch das Volk ～ (うわさなどが) 人々のあいだに広まる | **für** 〈**gegen**〉 *jn.* zu Felde ～ (→Feld 2) | **in** die Stadt ～ 町に移る | in die Fremde ～ 異郷へ旅立つ | ins Feld 〈in den Krieg〉 ～ 出征する | in Dienst ～ (使用人が) 住み込む | in eine Farbe ～ ある色に近づいている | ins Rötliche ～ 赤味を帯びている | ins Land ～ (→Land 3) | **nach** Berlin 〈einem anderen Dorf〉 ～ ベルリン〈別の村〉へ移る | **über** das Meer ～ (船などが) 海上をゆく | über Berge und Täler ～ 山を越え谷を越えてさすらう | **von** einem Orte **zum** andern ～ 次から次へと場所をかえる | zu *jm.* ～ …のところへ引っ越す; (住み込みの使用人が) …のところへ移る | zur Miete ～ 家〈部屋〉を借りて引っ越す ‖ *seinen* Weg 〈*seines* Weges〉 ～ 〔自分の〕道をたどる ‖ das *Ziehen* des Flusses 川の流れ〔の音〕 ‖ *gezogen* kommen やってくる ‖ Der Nebel *zieht.* 霧が流れてゆく | Der Rauch *zog* ins Zimmer. 煙が部屋に侵入した | Die Zugvögel *ziehen* nach dem Süden. 渡り鳥たちが南方へ去る | Laß ihn ～!《話》彼には好きなようにさせておけ.
b) (h) (ある方向に向かって長く) 伸びている(→I 12 b): die von Norden nach Süden *ziehende* Grenze 北から南へ向かって伸びている境界線.
2 (h, s) 《mit *et.*³》(チェスなどで駒を) 進める(→I 1 e ②): mit einem Stein ～ 駒を動かす.
3 (h) 《an *et.*³》(…を) 引く; 引っぱって作動させる: an einem Karren ～ 荷車を引っぱる | an einer Glocke 〈einem Glockenstrang〉 ～ 鐘〔のひも〕を引いて鳴らす(→I 2) | mit *jm.* am gleichen 〈selben〉 Strang ～《比》…と同じ目標を追う, …と運命をともにする.
4 (h) (ある表情を) する(→I 4): *Zieh* nicht so spöttisch mit dem Munde! そんなひとを小ばかにしたような顔をするな.
5 (h) 《an *et.*³》(…を) 吸う, 吸引する;《話》(…を) しゃぶる: an einer Zigarre ～ 葉巻を吸う | am Strohhalm 〈an der Mutterbrust〉 ～ ストロー〈母親の乳房〉を吸う.
6 (h) (空気・風が) よく通る: Die Pfeife 〈Der Kamin〉 *zieht* gut. このパイプ〈煙突〉は通りがいい.
7 (h) (紅茶・スープなどの) 味や香りがよく出る: ～ lassen (味や香りを) 十分に出させる | Der Tee muß noch ～. このお茶はまだ出が足りない.
8 (h) (機械などが) 動く: einwandfrei 〈zuverlässig〉 ～ 完璧(かんぺき)〈確実〉に作動する.
9 (h) 《話》人気がある, 好評である; 成功である; 効き目がある: Der Film 〈Das Buch〉 *zieht.* この映画〈本〉は評判だ | Das *zieht* nicht. そんなことじゃ駄目だ | Das hat *gezogen.* そいつ〈その作戦〉は成功だった(→10) | Solche Ausrede *zieht* bei mir nicht. そんな弁解は私には通用しないよ.
10 (h) 《話》非人称 《es zieht *jm.* / *jm.* zieht》走るような〈牽引性の〉痛みがある, 〔体の筋が〕痛む: Es *zieht* mir im Rücken 〈in allen Gliedern〉. 私は背中〈体じゅう〉が痛い | Das hat aber *gezogen.* いや実際そいつは痛かったよ(→9) ‖ *ziehende* Schmerzen im Kreuz 走るような腰痛 | ein leichtes *Ziehen* かすかな痛み.
11 (h) 《話》非人称 《es zieht》すきま風が入る, 風が通る: Hier *zieht* es. ここはすきま風が吹いている | Es *zieht* aus allen Ecken. ここはまるで吹きさらしだ | es *zieht* wie Hechtsuppe (→Hechtsuppe).
[*idg.*; ◇Duc, zucken, Zügel, Zug¹, Zucht]

Zie·her [tsíːər] 男 -s/- ᵛ**1** (ziehen²する人・動物. 例えば:) **a**) (Trassant)〘商〙手形振出人. **b**) (Drahtzieher) (操り人形の) 人形使い;《比》(政界などの) 黒幕. **c**) 接骨医. **d**) 《話》すり. **e**) 輓馬(ばんば).
2 (ziehen²する道具. 例えば:) (Korkenzieher) コルク栓抜き; (Schraubenzieher) ねじ回し.

Zieh≠fe·der [tsíː..] 女 (Reißfeder) 製図用ペン, 烏口(からすぐち). **≠hacke** 女 引鍬(ひきぐわ). **≠har·mo·ni·ka** 女 アコーデオン, 手風琴.

Zieh·har·mo·ni·ka·ho·sen 複《話》(アコーデオンの蛇腹のように横じわがたくさんある) だぶだぶズボン.

Zieh≠herd 男 (ガラス製造工場の) 引き延ばし炉. **≠kind** 中 他人から預かって育てている子供; 養子. **≠klin·ge** 女 (指物師などが使う仕上げ用の) きさげ, スクレーパー. **≠mes·ser** 中 (きこり・車大工・おけ職人などが使う左右に取っ手のついた) 削りナイフ. **≠mut·ter** 女 育ての母; 養母; 乳母; 女家庭教師, 女性養育係.

zieh|schlei·fen* [tsíːʃlaɪfən] 《140》他 (h) (金属面などを砥石(といし)で) とぐ.

Zieh≠sohn [tsíː..] 男 他人からあずかって育てた息子; 男の養子. **≠toch·ter** 女 他人からあずかって育てた娘; 養女.

Zie·hung [tsíːʊŋ] 女 -/-en (ziehen²すること. 特に:) くじ引き: Morgen ist ～. あす抽選がある.

Zie·hungs≠li·ste 女 当たりくじ番号表. **≠tag** 男 (富くじなどの) 抽選日.

Zieh·va·ter [tsíː..] 男 育ての父; 養父.

Ziel [tsiːl] 中 -[e]s/-e **1** (射撃・攻撃などの) まと, 標的, 目標: ein militärisches ～ 軍事目標 | das ～ *js.* Spottes 《比》…の嘲笑(ちょうしょう)の的 ‖ das ～ treffen 的を射当てる | ein gutes ～ bieten 好個の射撃目標である ‖ *et.*⁴ aufs ～ nehmen …を(砲撃などの) 目標に定める | *et.*⁴ ins ～ schießen 〈bringen〉 …を正確に標的にぶちこむ | 〔**weit**〕 **übers** 〈über das〉 **～ hinausschießen** 《話》〔はるかに〕度をすごす, 〔まるで〕見当外れのことをやらかす | Weit vom ～ ist gut vom Schuß. 《諺》君子危うきに近寄らず(標的から遠く離れていれば弾丸に当たる心配もない).
2 a) 目的地, 行き先; (努力・計画などの) 目標, 目的, 意図: das ～ einer Reise / Reise*ziel* 旅の目的地 | Klassen*ziel* (学年別の) 学習到達目標 | hohe 〈unerreichbare〉 ～*e* 高遠な〈手の届かない〉目標 ‖ einem ～ zustreben 目標に向かって努力する ‖ *sein* ～ erreichen (自分の) 目標を達成する | ein ～ verfolgen (あくまで) 目標を追求する | ein ～ im Auge haben 〈ins Auge fassen〉 しっかりした目標を持っている, しっかりと目標を見定める | das ～ im Auge behalten 目標から目を離さない | das ～ aus den Augen verlieren 目標を見失う | *sich*³ ein ～ setzen 〈stecken〉 目標を立てる | *jm.* das ～ verrücken …の計画を妨害する〈水泡に帰せしめる〉 | *jm. seine* ～*e* verheimlichen …に自分の計画を漏らさずにおく ‖ **am ～** sein 目的〔地〕に到達している | ans ～ kommen 〈gelangen〉 目的〔地〕に到達する | **auf** ein ～ losgehen ある目的に向かって突き進む | *seinen* Blick auf die hohen ～*e* richten 高遠な目標を目ざす | **mit** unbekanntem ～ 行き先を告げずに, あてもなく | mit dem ～ des Staatsexamens 国家試験を目ざして | mit dem ～, Arzt zu werden 医者になる目的で | ein Leben **ohne** Zweck und ～ 酔生夢死 | **kurz vor** dem ～ 目的達成寸前で, もう一息のところで | *sich*³ *et.*⁴ **zum ～** setzen …を自分の目標と定める | Beharrlichkeit führt zum ～. (→Beharrlichkeit).
b) 〘スポ〙決勝点〈線〉, ゴール: 〔als erster〕 durchs ～ ge-

hen ⟨das ～ erreichen / ins ～ kommen⟩〔1位で〕ゴールインする | *sich*[4] ins ～ werfen ゴールに飛び込む | kurz vor dem ～ ゴール寸前で.

3 限界, 限度: mit Maß und ～ (→Maß 4) | ohne Maß und ～ (→Maß 4) ‖ weder Maß noch ～ kennen (→Maß 4) | *et.*[3] ein ～ setzen …に限界を設ける; …にピリオドを打つ | Seinem Leben war frühzeitig ein ～ gesetzt. 彼は若死(ﾜｶｼﾞﾆ)した.

4〘商〙期限; 期日, 支払日: das ～ einhalten 期限を守る | *jm.* drei Monate ～ gewähren …に3か月の支払猶予を与える ‖ auf langes ⟨kurzes⟩ ～ 長期⟨短期⟩決済の | auf ～ kaufen 掛けで買う | gegen drei Monate ～ 3か月の期限で ‖ Das ～ der Zahlung ist 30 Tage. この支払期限は30日間である.

[„Abgemessenes"; *ahd.*; ◇ziehen[2], zielen]

Ziel≈an·steue·rung[tsíːl..] 女〘空〙目標への誘導. **≈bahn·hof** 男〘鉄道〙終点駅, 最終到着駅, 終着駅. **≈band** 中 -[e]s/..bänder〘ｽﾎﾟｰﾂ〙決勝線のテープ.

ziel·be·wußt 形 はっきりした目的を持った, 目的意識のはっきりした; 腰のすわった, 不退転の; 意図⟨計画⟩的な: ein ～*er* Mensch 目標に向かって邁進(ﾏｲｼﾝ)する人間 | ～ vorgehen はっきりした計画に基づいてことを進める.

Ziel·be·wußt·heit 女 -/ zielbewußt なこと.

Ziel≈bild 中 **1** ＝Zielscheibe **2** 理想像, 手本, 模範, 目標. **≈brett** 中〘ﾊﾞｽｹｯﾄ〙バックボード. **≈ein·rich·tung** 女 (火器などの)照準器, 標桿(ﾋｮｳｶﾝ).

zie·len[tsíːlən] **I** 自 (h) **1** (銃などで)ねらう, ねらいをつける: gut ⟨genau⟩ ～ うまく⟨正確に⟩ねらう ‖ **auf** *et.*[4] ⟨nach *et.*[3]⟩ ～ …をねらう, …に照準を当てる(→2) | **in** die Ecke ～ 隅をねらう ‖ ein gut *gezielter* Schuß ねらいすました一発.

2《比》目指す, 目標とする: **auf** *et.*[4] ⟨*jn.*⟩ ～ …がねらいである(→1) | Worauf *zielt* seine Bemerkung? 彼の発言のねらいは何か | Das ist auf mich *gezielt.* それは私へのあてこすりだ | Die Störversuche *zielten* alle **in** diese Richtung. 妨害工作のねらいはすべてこの方面に向けられていた.

II zie·lend 現分 形 (transitiv)〘言〙他動〔詞〕の: ein ～*es* Zeitwort 他動詞.

III ge·zielt → 別出

[*ahd.*; ◇Ziel; *engl.* till]

Ziel≈fahn·dung 女 (刑事の)容疑者追跡. **≈fern·rohr** 中 **1** (火器の)望遠照準器. **2** (土木測量用の)水準儀, レベル. **≈film** 男 **1** (電車・バスなどの正面の)行き先⟨路線⟩表示板(一巻きのフィルムに似ている). **2** ＝Zielfoto **≈fo·to** 中〘ｽﾎﾟｰﾂ〙ゴール判定写真.

ziel·ge·nau 形 目標へのねらいが正確な.

Ziel≈ge·ra·de 女 (↔Gegengerade)〘ｽﾎﾟｰﾂ〙ホームストレッチ(決勝線前の直線コース). **≈ge·rät** 中〔爆撃〕照準器. **≈grö·ße** 女〘言〙対格部. **≈grup·pe** 女 ターゲット=グループ(読者・視聴者・利用者・消費者など). **≈kauf** 男〘商〙掛け買い(→Ziel 4). **≈kur·ve** 女〘ｽﾎﾟｰﾂ〙ゴール前のコーナー⟨曲走路⟩. **≈lan·dung** 女〘空〙(特にパラシュートによる)定点着陸. **≈li·nie**[..niə] 女〘ｽﾎﾟｰﾂ〙決勝線, フィニッシュライン.

ziel·los[tsíːlloːs][1] 形 無目的の, あてどない: ～ umherwandern 目的地を定めずにあちこち放浪する.

Ziel·lo·sig·keit[..loːzɪçkaɪt] 女 -/ ziellos なこと.

Ziel≈ort ＝Bestimmungsort **≈pfo·sten** 男〘ｽﾎﾟｰﾂ〙ゴールポスト. **≈pho·to** 中 ＝Zielfoto **≈prä·mie**[..miə] 女 (旧東ドイツの)目標達成報奨金. **≈pro·jek·tion** 女〘政・経〙長期計画. **≈punkt** 男 標的; 目標;〘ｽﾎﾟｰﾂ〙決勝点, ゴール. **≈rich·ter** 男〘ｽﾎﾟｰﾂ〙競走競技⟨着順⟩審判員, 決勝審判員. **≈schei·be** 女 的(ﾏﾄ), 標的: als ～ des Spottes dienen《比》嘲笑(ﾁｮｳｼｮｳ)の種を提供する. **≈schiff** 中〘軍〙標的艦. **≈set·zung** 女 目標⟨目的⟩設定.

ziel·si·cher[tsíːlzɪçər] 形 **1** (射撃などが)うまくねらいの定まった, 正確な: ein ～*er* Abwurf (爆弾などの)ねらいすました投下. **2** 不動の目標を抱いた, 右顧左眄(ｳｺｻﾍﾞﾝ)しない: ～ auf *et.*[4] zugehen …に向かって邁進(ﾏｲｼﾝ)する.

Ziel≈si·cher·heit[－haɪt] 女 -/ zielsicher なこと.

≈spra·che 女〘言〙**1** (英: *target language*) (↔Ausgangssprache) 目標言語(翻訳における訳文の言語). **2** 目標言語(学習の対象となる言語, 特に外国語). **≈stel·lung** 女 (旧東ドイツで)＝Zielsetzung

ziel·stre·big[tsíːlʃtreːbɪç][2] 形 (ある目的に向かって)ひたむきに努力する. [＜streben]

Ziel·stre·big·keit[－kaɪt] 女 -/ zielstrebig なこと.

Ziel≈tag 男〘経〙支払日, 満期日; (節季の)支払勘定日. **≈übung** 女〘軍〙照準演習⟨訓練⟩.

ziel·voll ＝zielbewußt

Ziel≈vor·rich·tung 女 照準装置. **≈was·ser** 中 -s/..wässer《話》(ラム・ブランデーなど)アルコール飲料(酒を飲んでいたほうが射損じることが少ないという俗説から): **kein** ～ **getrunken haben**《話》射損じる, 的をはずれる.

▽**Ziem**[tsiːm] 男 -[e]s/-e (牛の)腿(ﾓﾓ)の背に近い部分. [＜Ziemer 1]

zie·men[tsíːmən] **I** 他 (h)《雅》再帰 *sich*[4] ～ ふさわしい, 似つかわしい; 当を得ている, 礼儀作法にかなっている: Das *ziemt* sich nicht für alle. そんなことは だれにとってもふさわしいというものではない | Sie weiß nicht, was sich *ziemt.* 彼女は作法を知らない | Es *ziemt* sich, daß wir höflich sind. 我々は礼儀正しくすべきである | Es *ziemt* sich nicht, deinem Vorgesetzten eine solche Antwort zu geben. 上役に向かってそんな返答をするのは無礼である.

II 自 (h)《雅》《*jm.*》(…に)ふさわしい, 似つかわしい: Wehklagen *ziemt* keinem Manne. 愁嘆は男子のすべきことではない.

III zie·mend 現分 形《雅》ふさわしい, しかるべき.

[*idg.* „〔zusammen〕fügen"; ◇zähmen, Zimmer, Zunft; *gr.* démein „bauen"]

Zie·mer[tsíːmər] 男 -s/- **1**〘狩〙(野獣の)背の臀部(ﾃﾞﾝﾌﾞ)に近い部分. **2** (Ochsenziemer) 牛革の鞭(ﾑﾁ). [1: *mhd.* zim〔b〕ere]

ziem·lich[tsíːmlɪç] **I** 副 **1** かなり, 相当〔に〕, 比較的, ずいぶん: ～ oft かなりひんぱんに | *jn.* ～ gut kennen …を比較的よく知っている | Es ist ～ kalt. 相当寒い. **2**《話》ほぼ, ほとんど, まずまず: mit der Arbeit ～ fertig sein 仕事をほぼ終えている ‖〘しばしば so を伴って〙so ～ alles まずは全部 | Er ist so ～ in meinem Alter. 彼は私とほぼ同年齢だ | Hat dir der Film gut gefallen?－Na ja, so ～. この映画気に入ったかい－うんまあまあだね. ▽**3** ふさわしく.

II 形 **1**〘付加語的〙《話》かなりの, 相当の: eine ～*e* Frechheit 相当の厚顔さ | von ～*er* Größe 相当の大きさの | Es ist noch eine ～*e* Strecke bis dorthin. そこまではまだ相当の距離だ | ein ～*es* Vermögen かなりの財産 | eine ～*e* Weile dauern かなりのあいだ継続する. ▽**2** ふさわしい, しかるべき.

[*ahd.* zimilīh „geziemend"; ◇ziemen]

Ziep·chen[tsíːpçən] (**Zie·pel·chen**[tsíːpəlçən]) 中 -s/- (特に鶏の)ひなどり, ひよこ.

zie·pen[tsíːpən]《北部・中部》**I** 自 (h) **1** (特にひなどりが)ピヨピヨ鳴く. **2**《話》(身体の部分が)ちくりと痛む: Die Galle *ziept.* 胆嚢(ﾀﾝﾉｳ)が痛む. **3** 非人称《es ziept〔*jm.*〕》〔…が〕ちくちく痛みを感じる: Es *ziept* ihr im Kreuz. 彼女はきゅっと腰が痛くなる | Es *ziept* beim Kämmen. 髪に櫛(ｸｼ)を入れるとちくちくする. **II** 他 (h)《*jn.* an *et.*[3]》(…の…を)軽く引っぱる: *jn.* am Ohr ⟨an den Haaren⟩ ～ …の耳⟨髪の毛⟩をちょっと引っぱる. [擬音]

▽**zier**[tsiːr] ＝zierlich 1

Zier[－] 女 -/《雅》＝Zierde

Zier≈af·fe[tsíːr..] 男《軽蔑的に》めかし屋, おしゃれ(男性にも女性にも用いられる). **≈ap·fel** 男〘植〙カイドウ(海棠).

Zie·rat[tsíːraːt] 男 -[e]s/-e《雅》飾り, 装飾: der ～ eines Altars 祭壇の装飾 ‖ ～ und Überfluß 余分な飾りもの | nur ～ sein 単なるお飾りにすぎない.

Zier≈baum[tsíːr..] 男 鑑賞⟨庭園⟩用樹木. **≈ben·gel** 男《話》(Geck) めかし屋, おしゃれ, 軟弱野郎.

Zier·de[tsíːrdə] 女 -/-n 飾り, 装飾〔品〕, 装身具;《比》誇り, 誉れ, 鑑(ｶｶﾞﾐ): *sich*[3] *et.*[4] als ～ anstecken …を飾りとして身につける | Blumen zur ～ auf den Tisch stellen テ

ーブルに花を飾りに置く | Sie ist eine ~ ihres ⟨des weiblichen⟩ Geschlechts. 彼女は女性の鑑だ. [*ahd.*; < *ahd.* ziari „herrlich" (◇Tyr)]

zie·ren[tsí:rən] **I** 他 (h)《雅》**1 a)**《人を主語として》飾〔りたて〕る, 装飾する: einen Tisch mit Blumen ~ テーブルを花で飾る | Ihre Hände waren mit Brillanten *geziert.* 彼女の両手はダイヤモンドで飾られていた ‖ 再帰 *sich*⁴ mit einem Orden ~ 勲章を佩用(はいよう)する. **b)**《物を主語として》(…の)飾りとなる: Eine Feder *zierte* seinen Hut. 彼の帽子には飾りに羽根が１本ついていた | Großmut *ziert* jeden Menschen.《比》どんな人でも雅量はその人格をいちだんと輝かしいものにする ‖〘目的語なしで〙Bescheidenheit *ziert* 〔den Menschen〕. 謙虚さは人柄をいちだんと奥ゆかしいものにする. **2** 再帰 *sich*⁴ ~ 気取る, 取りすます(→geziert II); 心にもなく遠慮〈辞退〉する: *sich*⁴ beim Essen ~ 食事のさい遠慮する | Ich kann wirklich nichts mehr essen, ich *ziere* mich nicht! 遠慮しているわけではありませんが 本当にもうこれ以上は食べられないのです.

II ge·ziert → 別出

Zie·re·rei[tsi:rəráı] 女 -/ 気取り; 極端な遠慮: Laß doch diese ~! そう気取るな〈遠慮するな〉よ.

Zier≈farn[tsí:r..] 男 鑑賞用シダ. **≈fisch** 男 鑑賞魚. **≈gar·ten** 男 (↔Nutzgarten) 鑑賞用庭園. **≈ge·hän·ge** 中 (Berlocke) (時計の鎖などにつけるちょっとした)飾り. **≈gie·bel** 男〘建〙飾り切妻(きりづま)(→ Wimperge). **≈glas** 中 -es/..gläser (飲むためでなく)装飾〈鑑賞〉用のグラス. **≈gras** 中 鑑賞用草本. **≈hocker** 男 化粧用腰かけ〈スツール〉. **≈kamm** 男 飾り櫛(くし). **≈kan·te** 女 (ハンカチーフなどの)飾り〈縁どり〉レース. **≈kis·sen** 中 装飾用クッション. **≈kra·gen** 男〘服飾〙飾り襟, ファンシー=カラー. **≈lei·ste** 女 (装飾用の縁. 例えば:)〘建〙飾り縁;〘印〙(豪華本の背の)飾り帯, 飾り枠; (自動車などの周囲に取りつけた)装飾用モール.

zier·lich[tsí:rlıç] 形 **1** 小さくて上品な, きゃしゃな; 愛くるしい, かわいい; 優美な: eine ~*e* Arbeit 小ぎれいな細工物 | eine ~*e* Figur haben 優美な体つきをしている | ~*e* Hände きゃしゃな手 | ein ~*es* Kind 愛くるしい子供 ‖ ~ schreiben きれいな字で書く.

ᵛ**2**〘法〙おごそかな; 規定にかなった(宣誓).

Zier·lich·keit[–kaıt] 女 -/ zierlich なこと.

Zier·ling[tsí:rlıŋ] 男 -s/-e =Zierbengel

Zier≈man·schet·te[tsí:r..] 女〘服飾〙装飾的なカフス, ファンシー=カフス. **≈mot·te** 女〘虫〙キヌバコガ(絹翅小蛾)科のガ. **≈na·del** 女 飾りピン, ブローチ. **≈na·gel** 男 飾り鋲(びょう). **≈pflan·ze** 女 鑑賞〔用〕植物. **≈pup·pe** 女 **1**《話》おしゃれな女; (男女を問わず)めかし屋, 気取り屋. **2** (自動車の中などにつるす)マスコット人形. **≈rat** 男 -〔e〕s/-e =Zierat **≈schrift** 女 飾り〈装飾〉文字. **≈schür·ze** 女〘服飾〙(実用を目的としない)装飾的なエプロン. **≈spit·ze** 女 = Zierkante **≈stich** 男〘服飾〙飾りステッチ. **≈strauch** 男 鑑賞用低木〈灌木(かんぼく)〉, 鑑賞用花木. **≈stück** 中 **1** (一般に)飾り, 装飾. **2**〘印〙(活字に付した)各種飾り; 装飾花文字. **≈〔ta·schen·〕tuch** 中 -〔e〕s/..tücher 装飾用ハンカチーフ. **≈werk** 中 飾り, 装飾一般.

Zie·sel[tsí:zəl] 男 (ｵｰｽﾄﾘｱ: 中) -s/-〘動〙ジリス(地栗鼠).
[*tschech.* sysel–*mhd.*]

Ziest[tsi:st] 男 -es(-s)/-e〘植〙イヌゴマ(犬胡麻)属.
[*slaw.*]

Zies·tag[tsí:sta:k]¹ 男 -〔e〕s/-e《南部》(Dienstag) 火曜日. [*ahd.*; < *ahd.* Ziō „Tyr"; *lat.* Martis diēs の翻訳借用; ◇*engl.* Tuesday]

Zie·ten[tsí:tən] 人名 ツィーテン:〘もっぱら次の成句で〙**wie ~ aus dem Busch**《話》いきなり, 突然, 藪から棒に (Fontane の物語詩 „Der alte Zieten" より).

Ziff.[tsıf] 略 =**Ziffer** 条項.

Zif·fe[tsífə] 女 -/-n =Zibbe 1

Zif·fer[tsífər] 女 -/-n **1 a)** 数字: arabische ⟨römische⟩ ~*n* アラビア〈ローマ〉数字 | eine Zahl mit 4 ~*n* 4 桁(けた)の数字. **b)**《ふつう複合名詞の形で》(Rate) 割合, 率: Geburten*ziffer* 出生率 | Sterblichkeits*ziffer* 死亡率. **2** (略 Z., Ziff.) (法令・契約などの数字で表示された)条項(例 § (=Paragraph) 5; Z. 2 第5条第2項). **3** (Zahl) 数, 数量: Umsatz*ziffer* 売上高. ᵛ**4** 暗号, 符牒(ふちょう): einen Brief in ~*n* schreiben 符牒を使って手紙を書く.
[*arab.* sifr „Null"–*mlat.* cīf〔e〕ra–*afr.* cifre; ◇Chiffre, Zero; *engl.* cipher, cypher]

Zif·fer·blatt 中 **1** (時計・計器などの)文字〈指針〉盤, ダイヤル(→ 図 Wind). **2**《話》(Gesicht) 顔.

..zifferig[..tsıfərıç]² =..ziffrig

Zif·fer≈ka·sten[tsífər..] =Ziffernkasten **≈laut** =Schwinglaut

Zif·fern≈ka·sten 男〘印〙数字ケース. **≈ko·lon·ne** 女 縦に並べられた数字, 数字の縦列.

zif·fern·mä·ßig 形 数〔字〕の, 数〔字〕で〔表した〕, 数〔字〕の上での.

Zif·fern≈schrift 女 (数字による)暗号〔文〕. **≈ta·ste** 女 (金銭登録器などの)ナンバー=キー, 金額ボタン.

..ziffrig[..tsıfrıç]²《数詞などにつけて「…個の数字をもつ」を意味する形容詞をつくる》: drei*ziffrig* / drei*zifferig* 3 個の数字からなる.

zig[tsıç] 形《無変化; 付加語的》《話》数十の,〔非常に〕多くの(→..zig¹): ~ mal 頻繁に, しじゅう(=zigmal) | ~ Gäste haben たくさん来客がある | für *et.*⁴ ~ Beispiele haben …についていくらでも例を持っている | Der Sachschaden ging in die ~ Millionen. 物的損害は数千万マルクにのぼった | mit ~ Sachen in die Kurve gehen すごいスピードでカーブに突入する.

..zig¹[..tsıç]²《3 を除く 2 から 9 までの基数詞につけて基数詞 20-90をつくる. その際20, 60, 70はそれぞれ zwan*zig*, sech*zig*, sieb*zig*, また30は drei*ßig* となる》: vier*zig* 40 | fünf*zig* 50 | acht*zig* 80 | neun*zig* 90.
[*westgerm.*; ◇zehn; *engl.* ..ty]

..zig²[–]《「場所」を意味するスラヴ語の後つづり. 地名に見られる》: Dan*zig* | Leip*zig*

Zi·gä·ne[tsigɛ́:nə] 女 -/-n =Zygäne.

Zi·ga·ret·te[tsigarɛ́tə] 女 -/-n (小 **Zi·ga·rett·chen** [..rɛ́tçən] 中 -s/-) 紙巻きタバコ, シガレット(→ 図 Tabak): eine leichte ⟨starke⟩ ~ 軽い〈強い〉タバコ | eine selbstgedrehte ~ 手巻き〈自家製〉のシガレット | eine ~ mit Filter ⟨ohne Mundstück⟩ フィルターつき〈両切り〉タバコ ‖ eine aktive ~《話》自家製〈手巻き〉でないシガレット | eine kastrierte ~《話》ニコチンを減らしたシガレット ‖ eine Schachtel ⟨eine Stange⟩ ~*n* １箱〈１カートン〉のシガレット ‖ *jm.* eine ~ anbieten …にシガレットを勧める | *sich*³ eine ~ anzünden ⟨drehen⟩ シガレットに火をつける〈シガレットを巻く〉| eine ~ ausdrücken シガレットの火をもみ消す | eine ~ rauchen シガレットを吸う ‖ an der ~ ziehen シガレットを〔くわえて〕吸う〈吸い込む〉. [*fr.*; ◇*engl.* cigaret〔te〕]

Zi·ga·ret·ten≈asche[tsigarɛ́tən..] 女〔紙巻き〕タバコの灰. **≈au·to·mat** 男〔紙巻き〕タバコ自動販売機. **≈blüm·chen** 中〘植〙クフェア, ネバリミソハギ(粘禊萩)属. **≈do·se** 女 (応接間などに置く)〔紙巻き〕タバコケース, タバコ入れ. **≈dre·her** 男 = Zigarettenwickler **≈etui**[..ɛtvi:] 中 シガレットケース. **≈fa·brik** 女 タバコ工場. **≈kä·fer** 男〘虫〙タバコシバンムシ(煙草死番虫). **≈län·ge** 女 **1**〔紙巻き〕タバコの長さ. **2**《話》紙巻きタバコを１本吸うのに必要な時間: eine ~ Pause machen 一服〈ひと休み〉する | auf eine ~《話》タバコ１本吸う時間で. **≈pa·pier** 中〔手巻き〕タバコ用紙. **≈pau·se** 女 タバコを一服する〔程度の〕短い休憩. **≈qualm** 男, **≈rauch** 男〔紙巻き〕タバコの煙. **≈rau·cher** 男 (ふだん)紙巻きタバコを吸う人. **≈schach·tel** 女〔紙巻き〕タバコの〔包装〕箱. **≈sor·te** 女 紙巻きタバコの種類. **≈spit·ze** 女 シガレットホルダー,〔紙巻きタバコ用〕パイプ. **≈stum·mel** 男〔紙巻き〕タバコの吸いさし〈吸いがら〉. **≈ta·bak** 男 紙巻き用タバコ. **≈tö·ter** [..tø:tər] 男 -s/- (灰皿についている)〔紙巻き〕タバコの火消し. **≈wäh·rung** 女《話》(第二次大戦中および戦後の物資不足時代)物々交換の際の価値基準としての〔紙巻き〕タバコ. **≈wick·ler** 男〔紙巻き〕タバコ巻き器.

Zi·ga·ril·lo[tsigarílo·; まれ: ..ljo·] 男 中 -s/-s (話: 女

-s/-) ツィガリロ, 小型の細い葉巻(→ 図 Tabak). [*span.*]

Zi·gar·re[tsigárə] 女 -/-n **1** (小 話: **Zi·gärr·chen**[tsigɛ́rçən] 中 -s/-) シガー, 葉巻(→ 図 Tabak): eine milde 〈starke〉 ~ マイルドな〈強い〉葉巻 | Havanna*zigarre* ハバナ産の葉巻 ‖ eine Kiste ~*n* 一箱のシガー | das Deckblatt einer ~ シガーの外巻き葉 ‖ eine ~ abschneiden 〈abbeißen〉 葉巻の口を切る〈かみ切る〉 | *sich*[3] eine ~ anstecken 葉巻に火をつける | *jm.* eine ~ anbieten …にシガーを勧める | eine ~ rauchen シガーを吸う.
2《話》小言, お目玉: eine dicke 〈starke〉 ~ bekommen こっぴどくしかられる | eine ~ einstecken (神妙に)お小言をうけたまわる | ***jm.* eine ~ verpassen** …をしかりとばす.
[*span.* cigarro; ◇ *engl.* cigar, segar]

Zi·gar·ren≈ab·schnei·der[tsigárən..] 男 葉巻の口切り具, シガーカッター(→ 図 Tabak). **≈asche** 女 葉巻の灰. **≈deck·blatt** 中 葉巻の外巻き葉. **≈etui**[..ɛtvi:] 中 シガーケース. **≈ge·schäft** 中 タバコ屋〈小売店〉. **≈ka·sten** 男 (応接間などに置く)葉巻ケース, シガー入れ. **≈ki·ste** 女 **1** 葉巻箱, シガーボックス. **2**《話》(狭い敷地に建っている)のっぽビル. **≈qualm** 男, **≈rauch** 男 葉巻の煙. **≈rau·cher** 男 (ふだん)葉巻を吸う人. **≈ru·he** 女 (灰皿の)葉巻受け. **≈sche·re** 女 = Zigarrenabschneider **≈sor·te** 女 葉巻の種類. **≈spit·ze** 女 シガーホルダー, 葉巻用パイプ. **≈stum·mel** 男 葉巻の吸いさし〈吸いがら〉. **≈ta·sche** 女 = Zigarrenetui

Zi·ger[tsí:gər] 男 -s/-《ｽｲｽ》= Zieger

Zi·geu·ner[tsigɔ́ʏnər] 男 -s/- (女 **Zi·geu·ne·rin**[..nərɪn]-/-nen) **1** ジプシー〔族〕(14-15世紀ごろインドからヨーロッパに流入した漂泊民族で, 今日もなお各地を転々としながら鋳かけ屋・音楽師・占い師などを生業としている). **2**《話》放浪癖のある人, ボヘミアン. **3** (Reifpilz)〘植〙ショウゲンジ(性賢寺)(食用キノコ). [◇ *engl.* zingaro]

Zi·geu·ner·ba·ron 男《Der ~》『ジプシー男爵』(Johann Strauß 作曲のオペレッタ).

zi·geu·ner·haft[..haft] 形 ジプシーのような; 放浪〈流浪〉の; だらしない, ふしだらな.

Zi·geu·ne·rin Zigeuner 1,2の女性形.

zi·geu·ne·risch[tsigɔ́ʏnərɪʃ] 形 ジプシー〔族〕の; ジプシーふうの; ボヘミアン的な.

Zi·geu·ner≈ka·pel·le 女 ジプシー楽団. **≈la·ger** 中 ジプシーの野営地. **≈le·ben** 中 -s/ ジプシーたちの放浪生活; (ジプシーのような)放浪生活, さすらい人生. **≈mu·sik** 女 ジプシー音楽(しばしばハンガリー民族音楽と同一視される).

zi·geu·nern[tsigɔ́ʏnərn]《05》自 **1** (h) ジプシーのような放浪生活を送る. **2** (s) さまよう, 放浪する.

Zi·geu·ner≈pri·mas 男 ジプシー楽団の指揮者〈リーダー〉. **≈spra·che** 女 (Romani) ジプシー語. **≈wa·gen** 男 ジプシーがその放浪生活に使う箱馬車〈キャンピングカー〉. **≈wei·sen** 複 チゴイネルワイゼン(→Weise[2] 2).

zig≈fach[tsíçfax] 形《話》(vielfach) 何倍もの. **≈hun·dert I** 《不定数詞》《話》何百もの: ~ Soldaten 何百人もの兵士たち. **II Zig·hun·der·te** 複 何百〔もの人〕. **≈mal**[..ma:l] 副《話》頻繁に, しじゅう, 何度も何度も, くり返し: ~ sagen 何度も念を押す. [<zig, ..zig[1]]

zigst[tsɪçst] 形《話》何十番目かの: der ~*e* Anruf 何十回目の〈ずいぶんたびたびの〉電話.

zig·tau·send[tsíçtauzənt][1] **I** 《不定数詞》《話》何千もの: ~ Jahre 幾千年. **II Zig·tau·sen·de** 複《話》何千〔もの人〕, 無数〔の人〕.

Zi·ka·de[tsiká:də] 女 -/-n〘虫〙**1 a**) セミ(蟬): Sing*zikade* (いい声で鳴く)セミ. **b**)《複数で》蟬亜目. ▽**2** コオロギ(蟋蟀); キリギリス. [*lat.* cicāda; 擬音]

Zik·ku·rat[tsíkura:t, ⌣⌣⌐] 女 -/-s ジッグラト, ジグラート(古代メソポタミア独特の高層宗教建築物. 旧約聖書のバベルの塔もその一種とされる). [*akkad.* „Spitze"; ◇ *engl.* ziggurat]

zi·liar[tsiliá:r] 形〘解〙まつげの, 毛様体の, 繊毛の.

Zi·liar·kör·per 男〘解〙毛様体.

Zi·lia·ten[tsiliá:tən] 複 (Wimpertierchen)〘動〙繊毛虫類. [◇ *engl.* Ciliata]

Zi·lie[tsí:liə] 女 -/-n **1** (Wimper) まつげ(睫毛). **2** (Flimmerhärchen)〘生〙繊毛.
[*lat.* cilium „Lid"; ◇hehlen; *engl.* cilia]

Zi·li·zi·en[1] Zilizium の複数.

Zi·li·zi·en[2][tsilí:tsiən] 地名 キリキア(古代に繁栄した小アジア南東部の海岸地方). [*gr.* Kilikíā−*lat.*; ◇ *engl.* Cilicia]

zi·li·zisch[..tsɪʃ] 形 キリキアの.

Zi·li·zium[..tsiʊm] 中 -s/..zien[..tsiən] **1** (キリキア産ヤギの毛で作った)ユダヤ人の贖罪(しょく)〈苦業〉服. **2** (中世以前の教会での)苦業用毛シャツ. [*lat.*; ◇ *engl.* cilice]

Zil·le[1][tsílə] 女 -/-n **1**《中部・ｵｰｽﾄﾘｱ》(Frachtkahn) 河川用の荷船, 引き舟; はしけ. **2**《ｵｰｽﾄﾘｱ》(救命用・警備用などの)平底の小舟. [*slaw.*−*ahd.* zulla]

Zil·le[2][−] 人名 Heinrich ~ ハインリヒ ツィレ(1858-1929; ドイツの庶民的な風俗版画家・写真家).

Zil·len·schlep·per 男 Zille[1]用の引き舟.

Zil·li[tsíli·] 女名 (<Cäcilie) ツィリー.

Zim·bal[tsímbal] 中 -s/-e, -s〘楽〙**1** ツィンバロン(梯形(ていけい)の打弦楽器). **2** (中世の)グロッケンシュピール, 鉄琴.
[*lat.* cymbalum; ◇ *engl.* cimbalom]

Zim·bel[tsímbəl] 女 -/-n〘楽〙(古代ローマの)小型シンバル. [*gr.* kýmbalon−*lat.*−*mhd.*; <*gr.* kýmbē „Becken"; ◇ *engl.* cymbal]

Zim·ber[tsímbər] 男 -s/-n キンベル人(ゲルマン人の一部族. また Kimber ともいう). [*germ.*−*lat.* Cimbrī]

zim·brisch[..brɪʃ] 形 キンベル人の.

Zi·me·lie[tsimé:liə] 女 -/-n, **Zi·me·lium**[..liʊm] 中 -s/..lien[..liən] **1** (特に教会の宝物中の)宝石, 貴重品.
2 (図書館の)貴重本, 貴重な手稿〈写本〉.
[*gr.* keimēlion−*mlat.*; <*gr.* keĩsthai „liegen" (◇Heim, Zömeterium); ◇ *engl.* cimelia]

Zi·ment[tsimɛ́nt] 中 -[e]s/-e《南部》(円筒形の)検定ずみ金属升. [*spätlat.* cīmentum (→Zement)−*it.* cimento „Probe"]

zi·men·tie·ren[tsimɛntí:rən] 他 (h)《南部》Ziment で量る.

Zi·mier[tsimí:r] 中 -s/-e 兜(かぶと)飾り. [*fr.* cimier−*mhd.*; <*gr.* kȳ̃ma (→Kyma)]

Zim·mer[tsímər] 中 -s/- (小 **Zim·mer·chen**[−çən] 中 -s/-) **1** 部屋, 室: ein großes 〈kleines〉 ~ 大きな〈小さな〉部屋 | ein hohes ~ 天井の高い部屋 | ein niedriges 〈南部: niederes〉 ~ 天井の低い部屋 | ein möbliertes 〈unmöbliertes〉 ~ 家具付き〈家具なし〉の部屋 | ein sonniges 〈freundliches〉 ~ 日のよく当たる〈感じのいい〉部屋 | ein gefangenes ~《話》他の部屋を通らないと出入りができない部屋 | ein ~ mit Balkon バルコニー付きの部屋 | ein ~ mit fließendem Wasser 水道設備のある部屋 | ein ~ nach vorn 〈hinten〉 表〈裏〉側の部屋 | Bade*zimmer* 浴室 | Doppel*zimmer* (ホテルなどの)二人部屋, ツインの部屋 | Einzel*zimmer* (ホテルなどの)一人部屋, シングルルーム | Mansarden*zimmer* 屋根裏部屋 | Wohn*zimmer* 居間 ‖ *Zimmer* frei! 空き部屋あり | *Zimmer* zu vermieten! 貸間あり ‖ ein ~ bestellen (ホテルなどに)部屋を予約する | ein ~ bewohnen ある部屋に住んでいる | das ~ einrichten 〈tapezieren〉 部屋の設備を調える〈壁紙を張る〉 | ein eigenes ~ haben 自分の部屋をもっている | **das ~ hüten müssen** (病気などで)部屋を離れられない | *jm.* das ~ kündigen …に部屋の明け渡しを要求する | ein leeres ~ mieten 〈vermieten〉 家具の付いていない部屋を借りる〈貸す〉 | 〔*sich*[3]〕 ein ~ nehmen (ホテルなどで)部屋をとる | ein ~ zur Miete suchen 貸間を探す ‖ Alle ~ sind belegt. 部屋は全部ふさがっている | Haben Sie ein ~ 〔frei〕? 空室はありますか | Die beiden ~ sind mit Schiebetüren verbunden. その二つの部屋は引き戸でつながっている | Das ~ geht auf den Hof. その部屋は中庭に面している | Die ~ gehen ineinander. その部屋は内部で互いに通じている | Die ~ liegen nebeneinander. 部屋は隣り合わせである ‖ **ans ~ gefesselt sein** (病気で)長期間部屋から出られない | **auf *seinem* ~ sein** (特にホテルで)部屋〈自室〉にいる | das Frühstück aufs

Z

～ bringen lassen（特にホテルなどで）朝食を部屋に運ばせる｜**in** einem ～ wohnen ある部屋に住んでいる｜ins ～ gehen 〈treten〉/ das ～ betreten 部屋に入る｜**zum ～** hinausstürzen あわてふためいて部屋からとび出してゆく.

2（Zimmereinrichtung）室内設備,（部屋の）家具一式, インテリア:〔*sich*³〕ein modernes ～ kaufen 現代的な家具一式を部屋に買いそろえる.

3 ツィンメル（毛皮の数量単位: 40ないし60枚）.

［*germ.* „Bauholz"; ◇ziemen, Dom¹; *engl.* timber］

Zịm·mer≈an·ten·ne[tsímər..] 女 室内用アンテナ. **≈ar·beit** 女 大工仕事. **≈ar·rest** 男《話》（罰としての）禁足, 外出禁止. **≈axt** 女 大工用おの. **≈be·leuch·tung** 女 室内照明. **≈be·stel·lung** 女（ホテルなどの）部屋の予約. **≈chef**[..ʃɛf] 男《ス1ス》（Stubenälteste）（兵営の共同個室の）室長.

Zịm·mer·chen Zimmer の縮小形.

Zịm·mer·decke 女 天井.

Zim·me·rẹi[tsɪmərái] 女 -/ **1** 大工の仕事場. **2** 大工仕事.

Zịm·mer·ein·rich·tung[tsímər..] 女 室内設備, インテリア, 家具調度.

Zịm·me·rer[tsímərər] 男 -s/- ＝Zimmermann

Zịm·mer≈flak[tsímər..] 女《話》拳銃（けんじゅう）, ピストル. **≈flucht** 女（部屋と部屋の間がドアで通行できる）一連の〈ひと続きの〉部屋: Er bewohnt im Hotel eine ～ aus drei Räumen. 彼はホテルで三部屋から成る一角を使っている. **≈frau** 女《オースト》下宿のおかみ〈おばさん〉. **≈ge·nos·se** 男 同室者, 相部屋の人;《比》相棒. **≈ge·sel·le** 男 大工職人. **≈gym·na·stik** 女 室内体操. **≈hand·werk** 中 大工職; 大工仕事. **≈herr** 男 部屋を借りている人, 間借り人, 下宿人; 宿泊者. **≈hof** 男 大工の仕事場; 木場. **≈holz** 中 建築〈木工〉用材;〖坑〗坑木, 仕繰り用材.

..zimmerig[..tsɪmərɪç]² （**..zimmrig**[..tsɪmrɪç]²）《数詞につけて「部屋が…ある」を意味する形容詞をつくる》: drei*zimmerig* 三部屋の.

Zịm·mer≈kell·ner[tsímər..] 男（ホテルの）部屋付きボーイ, ルームウェーター. **≈laut·stär·ke** 女（ラジオなどが近所の妨害にならない程度の）室内用の音の大きさ, 室内聴取用音声強度: das Radio auf ～ stellen ラジオの音を室内用にする. **≈lin·de** 女〖植〗スパルマニア（南アフリカ原産シナノキ科の低木で, ヨーロッパでは室内鑑賞用に栽培される）.

Zịm·mer·ling[tsímərlɪŋ] 男 -s/-e〖坑〗（坑道の支柱・板張りなどをつくる）木組み工.

Zịm·mer≈luft 女（外気に対する）室内の空気. **≈mäd·chen** 中 **1**（ホテルなどの）部屋係メイド. ᵛ**2** 小間使い. **≈mann**[tsímərman] 男 -〔e〕s/..leute 大工: ***jm.* zeigen, wo der ～ das Loch gelassen hat**《話》…を追い〈たたき〉出す.

Zịm·mer·manns≈〔**blei·**〕**stift** 男 大工用の芯（しん）の太い鉛筆: Das hast du wohl mit dem ～ gemacht?《話》君はずいぶん粗雑な仕事をしたね. **≈werk·zeug** 中 大工道具.

Zịm·mer·mei·ster 男 大工の親方, 棟梁（とうりょう）: マイスターの資格をもつ大工.

zịm·mern[tsímərn]《05》 **I** 他 (h)（木材で）作る, 建てる;《比》組み立てる, 築く: einen Tisch 〈ein Vogelhäuschen〉 ～ テーブル〈鳥の巣箱〉を作る｜den Dachstuhl ～ 小屋組みを組み立てる ‖ *sich*³ *sein* Leben ～《比》生活を自分でこつこつと築いてゆく. **II** 自 (h) 大工仕事をする; 木材加工をする, 細工仕事をする: an dem Regal ～ 棚に細工する｜an einer neuen Koalition ～《比》新しい連合を作ろうと努力する ‖ Er *zimmert* schlecht, aber sehr gern. 彼の大工仕事は下手の横好きだ. ［*ahd.*; ◇Zimmer］

Zịm·mer≈nach·bar[tsímər..] 男 隣室の人. **≈nach·weis** 男（駅などの）宿泊案内〔所〕, ホテル案内〔所〕. **≈num·mer** 女（ホテル・病院などの）部屋番号, ルームナンバー. **≈pal·me** 女《話》室内鑑賞用のヤシ（椰子）. **≈pflan·ze** 女 室内鑑賞植物, 盆栽, 鉢植え.

Zịm·mer·platz 男 大工の仕事場, 普請場; 木場, 材木置き場. ［＜zimmern］

zịm·mer·rein《オースト》＝stubenrein

Zịm·mer≈re·ser·vie·rung 女（ホテルなどの）部屋の予約. **≈schlüs·sel** 男 部屋のかぎ. **≈schmuck** 男 室内装飾品. **≈schwel·le** 女 部屋の戸口の敷居. **≈ser·vice**[..zøːrvɪs] 男 中（ホテルなどの）ルームサービス. **≈sport·platz** 男《話》（ダンスのできる）バー, 酒場. **≈su·che** 女 部屋〈貸間〉探し. **≈tan·ne** 女〖植〗コバノナンヨウスギ（南太平洋のノーフォーク島原産の70mに達する巨木. ヨーロッパではもっぱら鉢植えにして室内で栽培される）. **≈te·le·fon** 中 部屋の電話. **≈tem·pe·ra·tur** 女 **1** 部屋の温度. **2**（通常の）室温（20°C前後）: bei ～ 室温で. **≈thea·ter** 中（舞台に密接してわずかな客席が設けられている）小劇場, 室内劇場: Das ～ spielt meist avantgardistische Stücke. 小劇場はふつう前衛的な作品を上演する. **≈ther·mo·me·ter** 中 (男) 室内温度計. **≈tür** 女 部屋の戸〈ドア〉.

Zịm·me·rung[tsímərʊŋ] 女 -/-en **1** 大工仕事. **2**〖坑〗枠〔入れ〕, 支柱〔設置〕.

Zịm·mer≈ver·mie·ter[tsímər..] 男 部屋を貸す人,（下宿屋などの）主人. **≈ver·mie·tung** 女 部屋の賃貸. **≈wär·me** 女 部屋の暖かさ, 室温.

Zịm·mer·werk·statt 女 大工の仕事場. ［＜zimmern］

ᵛ**Zịm·met**[tsímət] 男 -s/-e ＝Zimt²

..zimmrig ＝..zimmerig

Zi·mo·lịt[tsimolíːt, ..lít] 男 -s/-e〖鉱〗キモロス石〈粘土〉. ［＜*gr.* Kímōlos（エーゲ海の島の名）＋..it²］

zịm·per·lich[tsímpərlɪç] 形《軽蔑的に》過度に潔癖な, 神経過敏な, ひどく神経質な; 形式ばった, 堅苦しい, 気むずかしい; 貞淑〈お上品〉ぶった, おつに気取った, 取り澄ました, お堅い; おく病な, 柔弱な, 弱虫の, 弱気な: eine ～*e* alte Jungfer 潔癖な〈お堅い・おく病な〉オールドミス ‖ Sei nicht so ～! そうお堅いことばかり言うな〈びくびくするな〉｜Sie ist sehr ～, wenn man einen Witz erzählt. 人がふざけた話をすると彼女はかまととぶって澄ましている｜Er ist nicht ～, wenn es um die Durchsetzung seiner Interessen geht. 自分の利益を守るためとなれば彼はがぜん強くなる ‖ Du behandelst ihn viel zu ～! 君は彼をこわごわ〈そうっと〉扱い過ぎるよ.

Zịm·per·lich·keit[–kaɪt] 女 -/ zimperlich なこと.

Zịm·per·lie·se 女 -/-n《軽蔑的に》気取り屋娘, すまし屋.

zịm·pern[tsímpərn]《05》 自 (h)《軽蔑的に》おつに澄ます, 気取る, 上品ぶる, もったいぶる.

Zimt¹[tsɪmt] 男 -〔e〕s/《話》**1** くだらないこと, ナンセンス: Du redest ja wieder einen fürchterlichen ～. またしても君は恐ろしくくだらないことを言うね｜Der ganze ～ kann mir gestohlen bleiben. そんなくだらぬことなど私にはどうでもよい. **2** 無価値なもの, がらくた: Wirf doch den ganzen ～ in den Papierkorb! そんながらくたはみんな紙くずかごに捨ててしまえ. ［*jidd.* simon „Zeichen"－*rotw.* zi〔m〕mt „Geld"］

Zimt²[–] 男 -es(-s)/（種類: -e）**1**〖植〗セイロンニッケイ（肉桂）（セイロン原産クスノキ属）. **2** セイロン桂皮, シナモン, 肉桂（にっけい）（セイロンニッケイの樹皮で, 香辛料・香水の原料などに用いる: → 図 Gewürz）: Milchreis mit Zucker und ～ 砂糖とシナモンをふりかけたミルクライス. ［*semit.*－*gr.* kínnamon －*lat.*－*ahd.* ci〔n〕namin; ◇Zinnamon; *engl.* cinnamon］

Zịmt≈ap·fel[tsímt..] 男〖植〗バンレイシ（蕃茘枝）〔の果実〕. **≈baum** 男 セイロンニッケイの木.

zịmt≈far·ben 形, **≈far·big** 形 肉桂（にっけい）色（赤味がかった淡褐色）の.

Zịmt≈kas·sie[..kasiə] 女〖植〗トンキンニッケイ（東京肉桂）. **≈öl** 中 -〔e〕s/ 桂皮油, 肉桂（にっけい）油. **≈rin·de** 女 セイロン桂皮, シナモン（→Zimt² 2）. **≈säu·re** 女 -/ 桂皮酸, 肉桂酸. **≈stan·ge** 女 棒状桂皮, 肉桂棒. **≈stern** 男 肉桂入りの星形のクッキー（クリスマス菓子の一つ）.

Zịn·der[tsíndər] 男 -s/-《ふつう複数で》石炭の燃え殻, 石炭殻. ［*engl.* cinder; ◇Sinter］

Zi·ne·rạ·ria[tsineráːria·] 女 -/..rien[..riən], **Zi·ne·rạ·rie**[..riə] 女 -/-n〖植〗シネラリア, サイネリア, フウキギク

(富貴菊). [＜*lat.* cinis „Asche"]

Zịn·gel[1][tsíŋəl] 男 -s/-〔n〕《魚》(Donau 川やその支流に産する)スズキの一種. [＜*ahd.* zint (→Zinken[1])]

▽**Zịn·gel**[2][−] 男 -s/- (都市や城の)囲壁, 城壁. [*lat.* „Gurt"−*afr.*−*mndd.*−*mhd.*]

▽**zịn·geln**[tsíŋəln]《06》他 (h) **1** (umgürten) (体のまわりに)〔帯のように〕巻きつける. **2** (umzingeln) 取り囲む, 包囲する.

Zịn·gu·lum[tsíŋgulum] 中 -s/-s, ..la[..la·]《カトリック》(聖職者の)腰ひも, 飾り帯(→ 図 Augustiner). [*lat.*; ＜*lat.* cingere „gürten"; ◇*engl.* cingulum]

Zink[1][tsıŋk] 男 -〔e〕s/-en, -e《楽》ツィンク(中世から18世紀にかけて用いられたトランペットに似た管楽器).
[＜Zinken[1]]

Zink[2][−] 中 -〔e〕s/《化》亜鉛(金属元素名; 記号 Zn);《金属》亜鉛鋳塊: chromsaures ～ クロム酸亜鉛 | schwefelsaures ～ 硫酸亜鉛 ‖ *et.*[4] mit ～ belegen …に亜鉛めっきをする. [＜Zinken[1]; ◇*engl.* zinc]

Zịnk≠ät·zung[tsíŋk..] 女《印》亜鉛版食刻術; 亜鉛版画. **≠blech** 中 亜鉛板. **≠blen·de** 女《鉱》閃(せん)亜鉛鉱. **≠blu·men** 複《化》亜鉛華, 亜鉛白, 酸化亜鉛. **≠chlo·rid** 中《化》塩化亜鉛. **≠druck** 男 -〔e〕s/-e《印》亜鉛版印刷(亜鉛版を版材とする印刷).

Zịn·ke[1][tsíŋkə] 女 -/-n **1** (フォーク・くし・くま手・まぐわなどの)歯(→ 図 Krümmer). **2** (高山の)頂上. **3** ＝Zinken[1] 1, 2, 4

Zịn·ke[2][−] 女 -/-n ＝Zinken[2]

zịn·ken[1][tsíŋkən] 他 (h) (いかさまをするためにカードに)目印をつける: mit *gezinkten* Karten spielen (→Karte 2).

zịn·ken[2][−] 他 (h)《工》(木に)ほぞをつける(→ 図 Holz B). [＜Zinken[1]]

zịn·ken[3][−] 形《付加語的》亜鉛の; 亜鉛製の.
[＜Zink[2]]

Zịn·ken[1][tsíŋkən] 男 -s/- **1**《工》ほぞ(→ 図 Holz B). **2**《話》大きな〈不格好な〉鼻. **3** ＝Zink[1] **4**《方》小村落.
[*ahd.* zinko; ＜*ahd.* zint „Zacke"; ◇Zahn, Zink; ◇*engl.* tine]

Zịn·ken[2][−] 男 -s/-《話》(泥棒・乞食(こじき)などの仲間が使う秘密の)しるし, 目印.
[＜Zinken[1] „Zweig"＋*lat.* signum „Zeichen"]

Zịn·ken·blä·ser[tsíŋkən..] 男, **Zịn·ke·nịst**[tsıŋkənı́st] 男 -en/-en ツィンク奏者. [＜Zink[1]]

Zịn·ker[tsíŋkər] 男 -s/- **1** (トランプなどで)いかさまをする人. **2** 裏切り者, 密告者, 回し者. [＜zinken[1]]

Zịnk≠erz[tsíŋk..] 中《鉱》亜鉛鉱. **≠fo·lie**[..liə] 女 亜鉛箔(はく).

zịnk·hal·tig[tsíŋkhaltıç][2] 形 亜鉛を含んだ.

zịn·kig[tsíŋkıç][2] 形 またに分かれた, またのある.

..zinkig[..tsıŋkıç][2]《数詞につけて「先が…に分かれた, 歯〈ぎざぎざ〉が…個ある」を意味する形容詞をつくる》: fünf*zinkig* 先が五つ〈五また〉に分かれた. [＜Zinken[1]]

Zịnk·le·gie·rung[tsíŋk..] 女 亜鉛合金.

Zịnk·leim·ver·band 男《医》チンクライム包帯.

Zin·ko·gra·phie[tsıŋkografí:] 女 -/-n[..fí:ən] (**Zịn·ko**[tsíŋko·] 中 -s/-s) ＝Zinkdruck

Zịnk≠oxyd[tsíŋk|ɔksy:t][1] 中《化》酸化亜鉛, 亜鉛華. **≠sal·be** 女《薬》亜鉛華軟膏(なんこう), 酸化亜鉛軟膏. **≠spat** 男《鉱》菱(りょう)亜鉛鉱. **≠sul·fat** 中《化》硫酸亜鉛. **≠ver·gif·tung** 女《医》亜鉛中毒. **≠vi·triol** 中《化》皓礬(こうばん)(硫酸亜鉛). **≠weiß** 中 ＝Zinkoxyd

Zinn[tsın] 中 -〔e〕s/ **1**《化》錫(すず)(金属元素名; 記号 Sn): Geschirr aus ～ 錫製の食器. **2** 錫製品; 錫製の食器.
[*germ.* „Stabförmiges"; ◇Zain; *engl.* tin]

Zin·na·mon[tsınamó:n] 中 -s/-e《ふつう単数で》**1** ＝Zimt[2] 1 ▽**2** ＝Zimt[2] 2

Zịnn≠be·cher[tsín..] 男 錫(すず)製の杯. **≠bei·ze** 女《化》錫(すず)媒染. **≠blech** 中 錫板, ブリキ. **≠chlo·rid** 中《化》塩化〔第二〕錫.

Zịn·ne[tsínə] 女 -/-n **1** (↔Scharte) (城壁上の)鋸壁(きょへき)の凸壁(とつへき)(→ 図 Scharte). **2**《ふつう複数で》鋸壁, ぎざぎざ壁: Sie schossen von den ～*n* der Burg mit Pfeilen auf die Feinde. 彼らは城の鋸壁の陰から敵に矢を射かけた. **3**《スイス》《建》鋸壁飾りで囲まれた平屋根. **4**《建》(屋上に突き出た)小尖塔(せんとう). **5**《登山》(巨大な岩壁をもつ)尖峰, ぎざぎざの峰, チンネ(→ 図 Berg B).
[*ahd.*; ＜*ahd.* zint (→Zinken[1])]

zịn·nern[tsínərn] (**zịn·nen**[..nən]) 形《付加語的》錫(すず)の; 錫製の: ～*es* Geschirr 錫製の食器.

Zịnn≠erz[tsín..] 中《鉱》**1** 錫(すず)鉱〔石〕. **2** 錫石(すずいし). **≠fi·gur** 女 錫製の像. **≠fo·lie**[..liə] 女 錫箔(すずはく). **≠ge·schirr** 中 錫製の食器. **≠ge·schrei** 中《化》錫声(しゃくせい)(錫棒を折るときに発生する結晶の摩擦音). **≠gie·ßer** 男 錫職人. **≠guß** 男 錫の鋳造; 錫の鋳物.

zịnn·hal·tig[tsínhaltıç][2] 形 錫(すず)を含んだ.

Zịn·nie[tsíniə] 女 -/-n《植》ヒャクニチソウ(百日草).
[＜J. G. Zinn (ドイツの植物学者, †1759); ◇*engl.* zinnia]

Zịnn≠kies[tsín..] 男《鉱》硫錫(りゅうしゃく)石, 黄錫(おうしゃく)鉱. **≠kraut** 中 -〔e〕s/ (Ackerschachtelhalm)《植》スギナ(むかし錫器をみがくのに用いられた). **≠krug** 男 錫(すず)製のジョッキ. **≠le·gie·rung** 女 錫合金. **≠löf·fel** 男 錫製のさじ〈スプーン〉.

Zin·no·ber[tsınó:bər] 男 -s/- **1**《鉱》辰砂(しんしゃ). **2** (オーストリア: 中)《単数で》明るい赤色, バーミリオン, 朱〔色〕. **3**《単数で》《話》**a**) 無価値なもの, がらくた; Was kostet der ganze ～? これ全部でいくらだい. **b**) ばかげた〈ナンセンスな〉こと: Mach keinen ～! くだらない騒ぎはよせ.
[1,2: *gr.* kinnábari〔s〕−*lat.* cinnabari〔s〕−*afr.*−*mhd.*; ◇*engl.* cinnabar]

zin·no·ber·rot **I** 形 明るい赤色の, 朱色の.
II Zin·no·ber·rot 中 朱〔色〕, バーミリオン.

Zịnn≠oxyd[tsín|ɔksy:t][1] 中《化》酸化錫(すず)(ふつう酸化第二錫). **≠oxy·dul**[..|ɔksydu:l] 中《化》酸化第一錫. **≠pest** 女《化》錫ペスト(錫が低温で粉末化すること). **≠säu·re** 女《化》錫(すず)酸. **≠scha·le** 女 錫製の深皿. **≠schrei** 男 ＝Zinngeschrei **≠sol·dat** 男 (おもちゃの)錫の兵隊: Er sitzt 〈steht〉 so stramm wie ein ～. 彼は錫の兵隊みたいにしゃちこばって座って〈立って〉いる. **≠stein** 男《鉱》錫石(すずいし). **≠tel·ler** 男 錫製の皿.

Zins[tsıns][1] 男 **1** -es/-en《ふつう複数で》利息, 利子, 金利; 利益: aufgelaufene ～*en* たまった利息 | fällige 〈rückständige〉 ～*en* 支払期限のきた〈未払いの〉利息 | hohe 〈niedrige〉 ～*en* 高〈低〉利 | vier Prozent ～*en* / ～*en* zum Satz von vier Prozent 4パーセントの利息 ‖ drei Prozent ～*en* bringen 〈tragen〉 3パーセントの利息を生む | ～*en* für das Darlehen zahlen ローンの利子を支払う | ～*en* zum Kapital schlagen 利子を元金に加える ‖ auf ～*en* 利子つきで | ***jm. et.***[4] **mit ～*en*** 〈**mit ～ und Zinseszins**〉 **zurückzahlen**《比》…に対し被った…を上回る仕返しをする | von den ～*en* leben 利子で生活する | zu hohen ～*en* 高利で.

2 -es/-e《南部・スイス・オーストリア》(Miete) 賃貸〈賃借〉料(家賃・部屋代・地代など): Der ～ für die Wohnung ist nicht hoch. その住宅の家賃は高くない.

3 -es/-e〔n〕(封建領主への)年貢, 租税: den Eroberern die verschiedenen ～*e* entrichten 征服者に様々な年貢を納める.
[*lat.* cēnsus (→Zensus)−*ahd.*]

Zịns·ab·schnitt[tsíns..] 男《商》(債券などの)利札 (Zinsbogen から1回ごとに切り取る券).

zịns·bar[tsínsba:r] 形 **1** 利子〈地代・家賃・租税〉を払うべき. **2** (verzinslich) 利子〈利息〉のつく.

Zịns·bau·er 男 -n(-s)/-n (中世の)貢租義務を負った農民, 小作農.

zịns·bil·lig 形 利息の安い〈低い〉.

Zịns·bo·gen 男《商》(債券などの)利札 (Zinsabschnitt の全体).

zịns·brin·gend 形 利子を生む: ～*e* Kapitalsanlage 利子を生む投資.

Zịns·ein·kom·men 中 利子収入.

ᐁ**zịn·sen**[tsínzən][1] 《02》 自 (h) **1** 利子〈地代・家賃・租税〉を払う. **2** 利子を生む. **3** 賃借料を回収する.

Zịn·sen·kon·to 中〘商〙利子〈借料〉計算〔書〕.

Zịns≠er·hö·hung[tsíns..] 女 金利引き上げ. **≠er·trag** 男 利子〈利息〉収入.

Zịn·ses·zins[tsínzəstsıns][1] 男 -es/-en《ふつう複数で》複利: mit Zins und ～ 複利つきで.

zịns·frei[tsínsfraı] 形 無利子の; 地代〈家賃〉のいらない; 無税の: ～*es* Kapital 無利息の資本金.

Zịns≠frei·heit 女 -/ zinsfrei なこと. **≠fuß** 男 ＝Zinssatz **≠ge·fäl·le** 中〘商〙(地域による)金利差. ᐁ**≠gro·schen** 男 **1** (小額の)年貢金. **2** ザクセンの古銀貨(1492-99).

zịns·gün·stig 形 利子〈利息〉の有利な(借入金の場合は低利率, 貯金の場合は高利率).

Zịns≠gut 中 借地, 小作地. **≠hahn** 男 (昔の)小作料として納める雄鶏(おんどり): **rot wie ein ～**《話》顔を真っ赤にして(怒っている). **≠haus** 中《南部・オーストリア・スイス》＝Mietshaus **≠herr** 男〘史〙(中世の年貢を取り立てる)領主; 地主. **≠knecht·schaft** 女〘史〙(中世の)貢租義務を負った身分〈階級〉. **≠ku·pon**[..kupɔ̃ː] 男 ＝Zinsabschnitt **≠lei·ste** 女 ＝Erneuerungsschein **≠leu·te** 複〘史〙(中世の)貢租義務を負った農民.

zịns·los[tsínsloːs][1] ＝zinsfrei

Zịns·pflicht 女〘史〙(中世の)年貢を納める義務, 納貢義務.

zịns·pflich·tig 形 Zinspflicht を負った.

Zịns≠po·li·tik 女 金利〈利子〉政策. **≠rech·nung** 女 **1** 利子〈借料〉計算; 利息額; 利息〈借料〉請求書. **2** 元利計算. **≠satz** 男〘商〙利率: gesetzlicher 〈üblicher〉 ～ 法定〈慣行〉利率 | Darlehen mit hohem 〈niedrigem〉 ～ 高利〈低利〉の貸付金 ‖ den ～ erhöhen 〈senken〉 利率を引き上げる〈下げる〉 ‖ Die Höhe des ～*es* ist 5 Prozent. 利率は5パーセントである. **≠schein** 男 ＝Zinsabschnitt **≠sen·kung** 女〘商〙金利引き下げ. **≠span·ne** 女〘商〙(貸付利息と預金利息の間の)利率の差〈開き〉, 利ざや. **≠ta·bel·le** 女 利息計算表. **≠tag** 男 利子〈地代・家賃〉支払日. **≠ter·min** 男 利子〈地代・家賃〉支払期限. **≠theo·rie** 女〘経〙利子理論〈学説〉.

zịns·tra·gend 形 利子を生む.

Zịns≠ver·bot 中〘史〙(教会による)利子徴収の禁止. **≠woh·nung** 女《オーストリア》(Mietwohnung) 賃貸住居, 貸家. **≠wu·cher** 男 (不当な)高利. **≠zahl** 女〘簿〙利子積算数. **≠zah·lung** 女 利子〈利息〉の支払い.

Zịn·zen·dorf[tsíntsəndɔrf] 人名 Nikolaus Ludwig 〔Graf〕 von ～ ニーコラウス ルートヴィヒ フォン ツィンツェンドルフ〔伯爵〕(1700-60; オーストリアの宗教家で「ヘルンフート同胞教会」の創立者: →Herrnhuter II).

der **Zịon**[tsíːɔn] 男 -〔s〕/ **1** 地名 シオン (Jerusalem にある丘で, David の居城があったといわれる地). **2**《無冠詞で》《比》**a)** エルサレム; 神の都: Töchter ～*s* シオンの娘たち(エルサレムの女たち). **b)**《集合的に》エルサレムの民, ユダヤ民族. [*hebr.*]

Zio·nịs·mus[tsionísmus] 男 -/ シオニズム, ユダヤ復興主義(ローマ人に追われて以来四散していたユダヤ人をパレスチナに復帰させて統一国家を建設しようとする現代のユダヤ民族運動).

Zio·nịst[tsioníst] 男 -en/-en シオニスト, ユダヤ復興主義者.

zio·nị·stisch[..tıʃ] 形 シオニズム〈ユダヤ復興〉主義の.

Zipf[1][tsıpf] 男 -〔e〕s/《方》＝Pips 1

Zipf[2][–] 男 -〔e〕s/-e **1**《南部・オーストリア》＝Zipfel **2**《オーストリア》面白くない〈退屈な〉人. [*mhd.*; ◇Zopf; *engl.* tip]

Zịp·fel[tsípfəl] 男 -s/- (⊘ **Zịp·fel·chen**[–çən] 中 -s/-) **1** (布などの)とがった先端, はしっこ〔の部分〕; (土地などの)細長く突き出た部分: Bett*zipfel* シーツの端 | Ohr*zipfel* 耳たぶ | Wurst*zipfel* ソーセージのしっぽ | der ～ eines Sees 湖の細長い突端 | der letzte ～ eines Zuges 行列のいちばん最後の部分 ‖ *et.*[4] **am 〈beim〉 richtigen ～ packen**《話》正しいやり方で…に取り組む | *et.*[4] **an 〈bei〉 allen vier ～*n* haben**《話》…をしっかり確保している | das Bett an 〈bei〉 fünf ～*n* 〔an〕packen wollen (→Bett 1 a) | ein Maul von fünf ～*n* machen《話》不機嫌な顔をする. **2** ほんのわずか, 少量: ein *Zipfelchen* Glück ほんのささやかな幸福. **3** ＝Bierzipfel **4**《卑》(Penis) 陰茎, 男根.

Zịp·fel·fal·ter 男〘虫〙後翅に尾状突起のあるシジミチョウ(蜆蝶)の総称.

zịp·fe·lig[tsípfəlıç][2] (**zịpf·lig**[..pflıç][2]) 形 先端がとがった〈ぎざぎざになった〉: lang*zipfelig* 長いとんがりのついた | zwei*zipfelig* ぎざぎざが二つついた.

Zịp·fel≠müt·ze[tsípfəl..] 女 (南部: **≠kap·pe** 女) 先のとがった帽子, 三角帽.

zịp·feln[tsípfəln] 《06》 自 (h) (衣服のすそなどが)三角形に垂れ下がっている.

zịp·fel·wei·se 形 (→..weise ★)《南部》わずかの, 少量の.

zịpf·lig ＝zipfelig

Zi·pọl·le[tsipɔ́lə] 女 -/-n《北部》(Zwiebel) タマネギ(玉葱). [*lat.* caepula–*spätlat.* cēpulla–*mlat.* cipo〔l〕la–*ahd.* cibolla; ＜*lat.* caepe „Zwiebel"; ◇Zwiebel, Cipollin〔o〕]

zịpp[tsıp] **I** 間 (ツグミの鳴き声)チチ: Er kann nicht ～ sagen.《話》彼は声も出ない(恐怖・衰弱のために); 彼はつんとすましている.

II 形《話》おつにすました, つんとした; 恥ずかしがりの.

Zịpp[–] 男 -s/-s《オーストリア》(Reißverschluß) ファスナー, ジッパー, チャック. [*engl.* zip]

Zịpp·dros·sel[tsíp..] 女《方》(Singdrossel)〘鳥〙ウタツグミ(歌鶫).

Zịp·pe[tsípə] 女 -/-n《方》**1** ＝Zippdrossel **2** 嫌な〈いけすかない〉女.

Zịp·pen Zippus の複数.

ᐁ**Zịp·per·lein**[tsípərlaın] 中 -s/《話》(Gicht) 痛風.

zịp·pern[tsípərn] 《05》 ＝trippeln [*mhd.* zipfen „trippeln"; ◇Zipf[2]]

Zịp·pus[tsípus] 男 -/..pi[..piˑ], ..pen[..pən] (古代の)道標; 境界石; 墓標.

[*lat.* cī〔p〕pus „Spitzpfahl"; ◇Zepter, Kipf]

Zịpp·ver·schluß[tsíp..] 男《オーストリア》(Reißverschluß) ファスナー, ジッパー, チャック.

die **Zips**[tsıps] 地名 女 -/ ツィプス(12-13世紀以来スロヴァキアにあったドイツ語孤立言語圏. 1944年から45年にかけて大部分のドイツ系住民が追放された).

Zịp·ser[tsípsər] **I** 男 -s/- ツィプスの人. **II** 形《無変化》ツィプスの.

Zịr·be[tsírbə] 女 -/-n, **Zịr·bel**[tsírbəl] 女 -/-n ＝Zirbelkiefer [*ahd.* zirbel „Fichtenzapfen"; ＜*ahd.* zerben „drehen" (◇Torf)]

Zịr·bel≠drü·se 女〘解〙松果腺〈体〉. **≠kie·fer** 女 (Arve)〘植〙(ヨーロッパの高山にはえる)マツ属の一種. **≠nuß** 女 Zirbelkiefer の種子(食用になる).

zịr·ka[tsírkaˑ] ＝circa

Zịr·ka·preis[tsírka..] 男 概算価格, おおよその値段.

Zir·kạs·si·er[tsırkásiər] 男 -s/- ＝Tscherkesse

zir·kạs·sisch[..sıʃ] ＝tscherkessisch

Zịr·kel[tsírkəl] 男 -s/- **1** コンパス, 両脚規, ぶんまわし: den ～ öffnen 〈schließen〉 コンパスを開く〈閉じる〉 | mit dem ～ einen Kreis ziehen 〈schlagen〉 コンパスで円を描く. **2** der ～〘天〙コンパス座. **3** (Kreis) **a)** 円, 円形; 輪: die Quadratur des ～*s* (→Quadratur 1) | in einem ～ 輪になって. **b)**《雅》(小人数の)サークル, クラブ; サークル〈クラブ〉の催し: ein literarischer ～ 文学同好会 | Lese*zirkel* 読書サークル ‖ einen ～ besuchen サークルの催しに出席する. **c)** (旧東ドイツで)研究会, 共同作業体. **4** 円形運動, 循環. **5** (特定の学生組合に所属していることを示す)組み合わせ文字, 花押(かおう). **6**〘馬術〙輪乗り: auf dem ～ reiten 輪乗りをする. [*lat.* circulus „Kreis"; ＜*lat.* circus (→Zirkus); ◇*engl.* circle; 1, 2: *gr.*–*lat.* circinus–*ahd.* circil]

Zịr·kel≠be·weis 男 ＝Zirkelschluß **≠de·fi·ni·tion** 女〘論〙循環定義. **≠ka·non** 男〘楽〙循環カノン, 無限〈永久〉カノン(いわゆる輪唱はその一種). **≠ka·sten** 男

(コンパス・からす口などを入れる)製図用具入れ.

zir·keln[tsírkəln]《06》 **I** 自 (h) **1** コンパスで測る〈測量する〉. **2** (血液などが)循環する.

II 他 (h) (コンパスで)きっちり測る〈測量する〉;《比》(物事を)細かい点まで考えぬく, きっちりと計画する.

zir·kel·rund[tsírkəlrʊnt][1] 形 円形の, まんまるの.

Zir·kel·schluß 男《論》循環論法〈論証〉.

Zir·kon[tsɪrkó:n] 男 -s/-e《鉱》ジルコン, 風信子鉱.

Zir·kon·er·de 女《鉱》ジルコニア.

Zir·ko·nium[tsɪrkó:niʊm] 中 -s/《化》ジルコニウム(金属元素名; 記号 Zr).

Zir·ko·nium≈di·oxyd 中《化》二酸化ジルコニウム. **≈si·li·kat** 中《化》珪酸(けい さん)ジルコニウム.

zir·ku·lar[tsɪrkulá:r] **I** ＝zirkulär ▽**II** **Zir·ku·lar** 中 -s/-e (Rundbrief) 回状, 回章.

zir·ku·lär[..lɛ́:r] 形 **1** 円形の; 環状〈輪状〉の. **2** 循環〈周期〉性の: ～*es* Irresein《医》循環精神病(躁鬱(そううつ)病).

[*spätlat.*]

Zir·ku·lar≈ge·schwin·dig·keit[tsɪrkulá:r..] ＝Kreisbahngeschwindigkeit **≈kre·dit·brief** 男《商》旅行〔者〕〈巡回〉信用状. **≈no·te** 女 (自国の立場を相手国に説明させるため政府が各在外公館に送る)同文の通達. **≈schrei·ben** 中 ＝Zirkular

Zir·ku·la·tion[tsɪrkulatsió:n] 女 -/-en (Kreislauf) 循環; (貨幣などの)流通;《医》(血液などの)循環.

[*spätlat.*]

Zir·ku·la·tions≈ka·pi·tal 中《経》流通資本(貨幣資本と商品資本). **≈mit·tel** 中 流通手段. **≈stö·rung** 女 (Kreislaufstörung)《医》循環障害.

zir·ku·la·to·risch[tsɪrkulató:rɪʃ] 形 循環の.

zir·ku·lie·ren[tsɪrkulí:rən] 自 (h, s) 循環する; (うわさなどが)流布される; (貨幣などが)流通する.

[*spätlat.*; ◇Zirkel]

zirkum..《名詞・形容詞・動詞などにつけて「周囲に・回りに」などを意味する》 [*lat.* [in] circum „im Kreise"; ＜*lat.* circus (→Zirkus)]

zir·kum·flek·tie·ren[tsɪrkʊmflɛktí:rən] 他 (h) 《*et.*[4]》《言》(…に) Zirkumflex をつける. [*lat.*]

Zir·kum·flex[..flɛ́ks] 男 -es/-e《言》アクサン＝シルコンフレックス(→Accent circonflexe). [*spätlat.*]

zir·kum·po·lar[..polá:r] 形《理》周極の.

Zir·kum·po·lar·stern 男《天》周極星.

zir·kum·skript[..skrípt] 形《医》限局〔性〕の.

Zir·kum·skrip·tion[..skrɪptsió:n] 女 -/-en **1** 輪郭〈周囲〉を描くこと; 境界の設定; 教区の境界の確定. **2** 制限; 境界〔線〕. [*lat.*; ＜*lat.* scrībere (→schreiben)]

▽**zir·kum·ve·nie·ren**[..vení:rən] 他 (h) **1** 包囲する, 取り囲む. **2**《*jn.*》欺く, だます. [*lat.*; ＜*lat.* venīre (→kommen); ◇*engl.* circumvent]

▽**Zir·kum·ven·tion**[..vɛntsió:n] 女 -/-en zirkumvenieren すること.

Zir·kum·zi·sion[..tsizió:n] 女 -/-en **1 a)**《医》(包皮の)輪切〔術〕. **b)**《宗》(包皮切開による)割礼. **2**《医》(腫瘍(しゅよう)などの)輪状切開.

[*spätlat.*; ＜*lat.* circum-cīdere „ringsum abschneiden" (◇..zid); ◇*engl.* circumcision]

Zir·kus[tsírkʊs] 男 -/-se **1** (古代ローマの)円形競技場. **2 a)** サーカス, 曲馬〈曲芸〉団: Der ～ kommt. サーカスがやってくる | zum ～ gehen サーカスの一員になる. **b)** サーカス小屋(→ 図). **c)**《単数で》サーカスの興行; サーカスの出し物: in den ～ gehen サーカスを見に行く. **d)**《単数で》サーカスの観衆. **3**《単数で》《話》大騒ぎ; 大混乱: Mach doch keinen solchen ～! そんなばか騒ぎはよせ.

[*lat.* circus; ◇Korona, Kurve, Ring; *gr.* kírkos „Ring"; *engl.* circus, cirque]

Zir·kus≈di·rek·tor 男 サーカスの団長. **≈le·ben** 中 サーカス生活. **≈lo·ge**[..lo:ʒə] 女 サーカスのボックス〈桟敷〉席. **≈num·mer** 女 サーカスの出し物〈演目〉. **≈pferd** 中 サーカスの馬. **≈rei·ter** 男 (サーカスの)曲馬師. **≈vor·stel·lung** 女 サーカスの興行. **≈zelt** 中 サーカスの〔大〕天幕〈テント〉.

Zirm[tsɪrm] (**Zirn**[tsɪrn]) 男 -〔e〕s/-e《南部》＝Zirbelkiefer

Zir·pe[tsírpə] 女 -/-n《方》**1** (Zikade) セミ(蟬). **2** (Grille) コオロギ(蟋蟀).

zir·pen[tsírpən] 自 (h) (コオロギ・セミ・小鳥などが)リンリン〈ピーピー〉鳴く. [擬音; ◇*engl.* chirp, chirk]

Zir·ren Zirrus の複数.

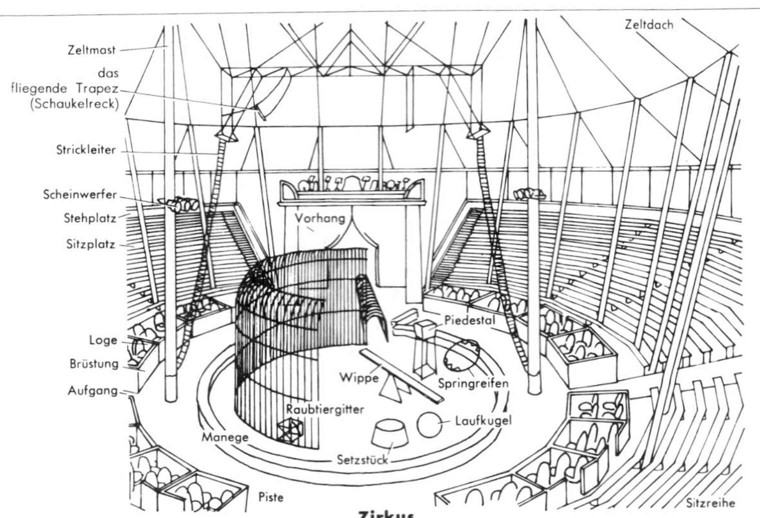

Zirkus

Z

Zir·rho̩·se[tsɪróːzə] 女 -/-n 《医》(臓器の)硬変〔症〕: Leber*zirrhose* 肝硬変. [*fr.* cirrhose; <*gr.* kirrhós „blaßgelb"+..ose]

zir·rho̩·tisch[..róːtɪʃ] 形 硬変〔症〕の.

Zir·ro·ku̩·mu·lus[tsɪrokúːmulʊs] 男 -/..li[..liˑ] (Schäfchenwolke) 《気象》絹積(けんせき)雲.

Zir·ro·stra̩·tus[tsɪrostráːtʊs, ..rɔs..] 男 -/..ti[..tiˑ] 《気象》絹層(けんそう)雲.

Zi̩r·rus[tsɪ́rʊs] 男 -/-, Zirren[..rən] **1** (Federwolke) 《気象》絹雲(けんうん). **2** 《動》(扁形(へんけい)動物の)生殖器; (各種水生動物の)触毛. **3** (Ranke) 《植》(つる性植物の)巻きひげ. [*lat.* cirrus „Haarlocke"]

Zi̩r·rus·wol·ke 女 =Zirrus 1

zir·ze̩n·sisch[tsɪrtsɛ́nzɪʃ] 形 **1** (古代ローマの)円形競技場の. **2** サーカスの. [*lat.* circēnsis; <*lat.* circus (→Zirkus)]

zis.. (↔trans..) 《特に地名に由来する形容詞などにつけて「…のこちら側の」を意味する》: *zis*padanisch [*lat.*; <*lat.* ce „an diesem Ort" (◇hier); ◇*engl.* cis..]

zis·al·pi̩n[tsɪs|alpíːn] 形, **zis·al·pi̩·nisch**[..nɪʃ] 形 (↔transalpin〔isch〕) (ローマから見て)アルプス山脈のこちら側の, アルプスの南側の. [*lat.*]

Zisch[tsɪʃ] 男 -es/-e シュッ〈シッ・シー〉という音〈声〉.

Zi·sche·le̩i[tsɪʃəláɪ] 女 -/-en シュッシュッと音をたてること; 耳ざわりなささやき, こそこそ話.

zi̩·scheln[tsɪ́ʃəln] 《06》 **I** 自 (h) **1** シュッシュッと音をたてる: Die gereizten Schlangen *zischeln.* 怒った蛇はシューシュー音をたてる. **2** 声をひそめて物を言う, こそこそささやく: *jm.* ins Ohr ~ …の耳もとでひそひそささやく. **II** 他 (h) 《*et.*[4] 〔über *jn.*〕》(〔…について〕よからぬことなどを)こそこそささやく, 耳打ちする: Sie *zischelte* eine boshafte Bemerkung. 彼女は意地の悪い言葉をささやいた.

zi̩·schen[tsɪ́ʃən] 《04》 **I** 自 **1** (h) シュッシュッ〈シューシュー〉と音をたてる; (芝居・講演などに対して)閉じた歯の間からシューと言ってやじる: Das Fett *zischt* in der Bratpfanne. 脂がフライパンの中でジュージューという | Das Bügeleisen *zischt* auf dem feuchten Stoff. アイロンが湿った布の上でシューと音をたてる ‖ Die Zuschauer gaben ihr Mißfallen durch *Zischen* und Buhrufe kund. 観客はシューシューブーブーと言って不満を表明した ‖ 〘非人称〙 Es *zischt* bei ihm. 《話》彼は頭がおかしい. **2** (s) シューと〔いう音をたてて〕通りすぎてゆく. **II** 他 (h) **1** (耳ざわりな音を)ささやく: böse Worte durch die Zähne ~ 意地悪な言葉を歯の間からささやく. **2** 《話》**einen 〈ein Bier〉 ~** ぐいっと一杯やる〈ビールを飲む〉.

Zi̩·scher[tsɪ́ʃər] 男 -s/- (芝居・講演などに対して)閉じた歯の間からシューと言ってやじる人.

Zi̩sch·laut[tsɪ́ʃ..] 男 =Sibilant

Zi·se·leur[tsizeløːr] 男 -s/-e 彫金師. [*fr.*]

Zi·se·li̩er·ar·beit[tsizelíːr..] 女 **1** 《単数で》彫金〔術〕. **2** 彫金の作品, 金属彫り物.

zi·se·li̩e·ren[tsizelíːrən] 他 (h) **1** (金属に)彫り物をする: *ziseliertes* Silber 彫り物入りの銀〔器〕. **2** 《比》(文章を)彫琢(ちょうたく)〈推敲(すいこう)〉する. [*fr.*; <*fr.* ciseau „Meißel" (◇..zid); ◇*engl.* chisel]

Zi·se·li̩e·rer[..rər] 男 -s/- =Ziseleur

Zi̩s·ka[tsɪ́skaˑ] 女名 (<Franziska) ツィスカ.

Zis·la·we̩ng[tsɪslavɛ́ŋ] 男 《話》策略, トリック, ごまかし: 〘もっぱら次の形で〙 mit einem ~ 勢いよく; 策略を使って, 巧妙に. [<*fr.* ainsi cela vint „so ging das zu"]

zis·pa·da̩·nisch[tsɪspadáːnɪʃ] 形 (↔transpadanisch) (ローマから見て) Po 川のこちら側の. [<zis..; ◇*lat.* Padus (→Po[3]); *engl.* cispadane]

Zis·sa̩·li·en[tsɪsáːliən] 複 (鋳そこないの)欠陥硬貨. [*fr.*; <*lat.* cēssāre (→zessieren)]

Zis·so·i̩·de[tsɪsoíːdə] 女 -/-n 《数》疾走線, シッソイド. [<*gr.* kissós „Efeu"+..oid; ◇*engl.* cissoid]

Zi̩·sta[tsɪ́staˑ] 女 -/..ten[..tən], **Zi̩ste**[tsɪ́stə] 女 -/-n **1** 《考古》シスト, キスト(円筒形装飾容器); (密儀の聖体や投票札を入れるのに使用された)古代ギリシアの円筒形のかご. **2** (一般に)箱, カプセル, 巻物入れ. [*gr.* kístē−*lat.* cista; ◇Kiste; *engl.* cist]

Zi·ste̩r·ne[tsɪstɛ́rnə] 女 -/-n **1** (雨量の乏しい地方に見られる)地中の天水だめ. **2** (大きな)貯水槽. [*lat.*−*mhd.*; ◇*engl.* cistern]

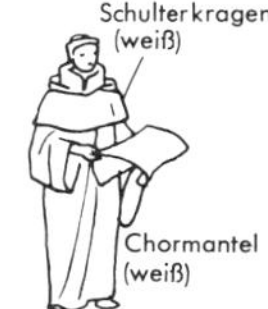

Zisterzienser

Zi·ster·zie̩n·ser[tsɪstɛrtsiɛ́nzər] 男 -s/- (◇ **Zi·ster·zie̩n·se·rin**[..zərɪn]-/-nen) 《カトリック》シトー会修道士(→ 図).

Zi·ster·zie̩n·ser·or·den 男 -s/ 《カトリック》シトー会(1098年にフランスで創立された, カトリック教会の修道会の一つ). [<*mlat.* Cistercium (修道院所在地, フランスの Cîteaux の古名); ◇*engl.* Cistercian 〔Order〕]

Zi̩st·ro·se[tsɪ́st..] 女 -/-n 《植》ゴジアオイ(午時葵)属(地中海地方産ハンニチバナ科の低木). [*gr.* kíst〔h〕os; ◇*engl.* cistus]

ZISW[tsɛt|iː|ɛsvéː] 略 = Zentralinstitut für Sprachwissenschaft (旧東ドイツの)言語学中央研究所.

Zi·ta·de̩l·le[tsitadɛ́lə] 女 -/-n (都市の中または周辺に設けられた小規模の)防御施設, 城塞(じょうさい). [*it.*−*fr.*; <*ait.* cittade „Stadt" (◇Civitas); ◇*engl.* citadel]

Zi·ta̩t[tsitáːt] 中 -〔e〕s/-e **1** 引用文, 引用句: alle ~*e* kennzeichnen すべての引用文を明示する. **2** 有名な言葉, 名言: ein bekanntes ~ von Shakespeare シェークスピアの名文句. [<*lat.* citātus „herbeigerufen"]

zi·ta̩·ten·fest[tsitáːtən..] 形 引用句〈名文句〉を正確に覚えている.

Zi·ta̩·ten≈le·xi·kon 中, **≈schatz** 男 引用句辞典, 出典つき名句集.

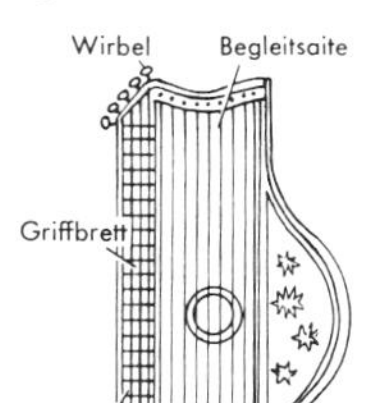

Zither

[V]**Zi·ta·tio̩n**[tsitatsióːn] 女 -/-en **1** (法廷などへの)召喚, 呼び出し. **2** = Zitat 1 [*spätlat.*; <*lat.* citāre (→zitieren)]

Zi̩·ther[tsɪ́tər] 女 -/-n 《楽》ツィター(撥弦(はつげん)楽器の一種: → 図). [*gr.* kithárā (→Kithara)−*lat.* cithara 〔−*ahd.*〕]

Zi̩·ther≈ring 男 ツィター用義甲(右手の親指にはめる). **≈spiel** 中 -〔e〕s/ ツィター演奏. **≈spie·ler** 男 ツィター奏者.

zi·ti̩e·ren[tsitíːrən] 他 (h) **1** 引用する: einen Dichter ~ ある詩人の言葉を引用する | eine Stelle aus einem Buch ~ ある本のある個所を引用する. **2** 呼び出す, 召喚する: *jn.* vor Gericht ~ …を法廷へ呼び出す | einen Geist ~ (呪文(じゅもん)を唱えて)精霊を呼び出す. [*lat.* citāre „herbeirufen"; <*lat.* ciēre (→heißen[1]); ◇*engl.* cite]

Zi·tra̩t[tsitráːt] 中 -〔e〕s/-e 《化》クエン酸塩. [<Zitronensäure+..at; ◇*engl.* citrate]

Zi·tri̩n[tsitríːn] **I** 男 -s/-e 《鉱》黄水晶. **II** 中 -s/ シトリン(ビタミン P). [*fr.*; ◇..in[2]; *engl.* citrine]

Zi·tro·na̩t[tsitronáːt] 中 -〔e〕s/-e シトロンの果皮の砂糖漬け. [*it.*−*fr.* citronnat]

Zi·tro·na̩t·zi·tro̩·ne 女 《植》シトロン(ミカン属の一種. 果肉は苦味が強く, 果皮を砂糖漬けにして食べる).

Zi·tro̩·ne[tsitróːnə] 女 -/-n **1** 《植》レモン. **2** レモンの実: Tee mit ~ レモン入り紅茶, レモンティー | heiße ~ 熱くしたレモンジュース ‖ eine ~ auspressen レモンをしぼる | ***jn.* auspressen 〈ausquetschen〉 wie eine ~** 《話》…を問いつめる; …の持ち金をまきあげる | sauer wie eine unreife ~ sein (→sauer 2) ‖ **mit ~*n* gehandelt haben** 《話》仕事〈事業〉に失敗する.
[*it.*; <*lat.* citrus „Zitronenbaum"; ◇*engl.* citron]

Zi·tro̩·nen≈baum[tsitróːnən..] 男 レモンの木. **≈bon·**

Z

bon[..bɔŋbɔŋ] 男 レモンドロップ. ⸗**fal·ter** 男〘虫〙ヤマキチョウ(山黄蝶).

zi·tro·nen⸗far·ben 形, ⸗**far·big** 形, ⸗**gelb** 形 レモン色の, 淡黄色の.

Zi·tro·nen⸗kraut 中 -[e]s/ = Zitronenmelisse ⸗**li·mo·na·de** 女 レモネード, ラムネ. ⸗**me·lis·se** 女〘植〙メリッサ, セイヨウヤマハッカ(西洋山薄荷)(中東原産シソ科. 香辛料・薬用などに用い, レモンの香りがある). ⸗**öl** 中 レモン油. ⸗**pres·se** 女 レモン搾り〔器〕. ⸗**saft** 男 レモンの果汁, レモンジュース.

zi·tro·nen·sau·er 形 クエン酸を含んだ.

Zi·tro·nen·säu·re 女 -/ 〘化〙クエン酸.

Zi·tro·nen·säu·re·zy·klus 男〘理〙クエン酸回路.

Zi·tro·nen⸗scha·le 女 レモンの皮. ⸗**schei·be** 女 レモンの薄切り. ⸗**was·ser** 中 -s/ レモン水, レモネード.

Zi·trul·le[tsitrʊ́lə] 女 -/-n＝Wassermelone [*it.*−*fr.* citrouille; ＜*lat.* citrus (→Zitrone)]

Zi·trus⸗frucht[tsí:trʊs.., tsít..] 女〘植〙柑橘(かんきつ)類〔の果物〕. ⸗**pres·se** 女 オレンジ〈レモン〉搾り〔器〕.

Zit·scher·ling[tsítʃərlɪŋ] 男 -s/-e ＝Birkenzeisig [擬音]

Zit·ter⸗aal[tsítər..] 男〘魚〙デンキウナギ(電気鰻). ⸗**braut** 女《話》オートバイに同乗している女性.

Zit·te·rer[tsítərər] 男 -s/-《オーストリア》(手足などの)震え; 萎(な)え.

Zit·ter⸗fisch[tsítər..] 男〘魚〙デンキウオ(電気魚)(シビレエイ・デンキナマズ・デンキウナギなど). ⸗**gras** 中〘植〙コバンソウ(小判草)属(→ 図).

Zittergras

zit·te·rig[tsítərɪç][2] (**zitt·rig** [..trɪç][2]) 形 (しきりに)ぶるぶる震えている; (老衰などのために)振戦症状を呈している: eine ～*e* Handschrift 震える手で書いた筆跡 | ～*e* Hände ぶるぶる震える手 ‖ Er ist schon etwas ～. 彼はもう〔手足に〕いくらか震えがきている.

Zit·ter·läh·mung[tsítər..] 女 (Schüttellähmung)〘医〙振戦麻痺(まひ)(パーキンソン病).

Zit·ter·ling[tsítərlɪŋ] 男 -s/-e〘植〙シロキクラゲ(白木耳)属.

zit·tern[tsítərn]《05》**I** 自 **1** (h) **a)** (小刻みに)震える; わななく; 震動する: am ganzen Körper ～ 体じゅうが震える | wie Espenlaub ～ (→Espenlaub) | wie nasse Hunde ～ 水をぶっかけられた犬みたいにぶるぶる震える | Die Blätter *zittern* in leichtem Wind. 木の葉がそよ風にゆらぐ | Mir *zittern* noch die Glieder. 私はまだ手足の震えがとまらない | **Ich kann** 〔**gar**〕 **nicht so schnell ～, wie ich friere.**《話》私はとっても寒い ‖ vor Kälte ～ 寒さに震える | vor Furcht ～ 恐怖におののく ‖ vor Freude *zitternd* 喜びに震えつつ | mit *zitternder* Stimme 震え声で. **b)**《話》《vor *et.*[3]》(…を)ひどく恐れる,(…に)恐れおののく: vor *jm.* ～ und beben …をひどくこわがる | In mancher Nacht *zitterte* die Mutter 〔davor〕, daß das matte Lämpchen seines Lebens verlöschen werde. 幾夜かを母は彼の命のかすかなともしびが消えてしまうのではないかと震えおののきながら過ごした | Wir *zitterten*, die Eltern möchten uns gewahr werden. 私たちは両親に気づかれはしないかと恐れた | Sie haben ganz schön *gezittert*, als der Kahn kenterte. ボートが転覆したとき 彼らはいいかげん肝を冷やした ‖ *zitternd* und bebend 恐れおののきながら. **c)**《für *et.*[4]》(…のために)心配〈憂慮〉する;《um *et.*[4]》(…のことを)心配〈憂慮〉する: für *seinen* Freund ～ 友人の身を気づかう | um *sein* Vermögen ～ 自分の財産のことを心配する.

2 (s)《方向を示す語句と》震えながら動いて行く〈移動する〉: um die Ecke ～《話》角を曲がってよろめき去る | Tränen *zitterten* seine Wangen herab. 涙がぽろぽろと彼の頰(ほお)をつたわって流れた.

II Zit·tern 中 -s/ 震え; わななき; 震動; (Tremor)〘医〙振戦, 振盪(とう): **mit ～ und Zagen** 恐れおののきながら, びくびくしながら | Ein leichtes ～ war in seiner Stimme. 彼の声はかすかに震えを帯びていた.

[*germ.*]

Zit·ter⸗pap·pel[tsítər..] 女 (Espe)〘植〙ポプラの一種(わずかの風で葉が揺れる). ⸗**pilz** 男〘植〙シロキクラゲ(白木耳)目のキノコ. ⸗**prä·mie** 女《戯》(Gefahrenzulage) 危険〔作業〕手当〈割増金〉. ⸗**ro·chen** 男〘魚〙シビレエイ(痺鱝). ⸗**wels** 男〘魚〙シビレナマズ(痺鯰), デンキナマズ(電気鯰).

zitt·rig ＝zitterig

Zit·wer[tsítvər] 男 -s/-〘植〙**1** ポンツクショウガ(生姜)(インド原産ショウガ属. 香辛料・薬用にする). **2** ＝Zitwerwurz

[*pers.*−*arab.*; ◇*engl.* zedoary]

Zit·wer⸗blü·ten 複, ⸗**sa·men** 複 セメンシナ(中央アジア原産ヨモギ属の植物の頭状花序を乾燥させたもので, 駆虫剤サントニンの原料となる). ⸗**wurz** 女 ガジュツ(莪述)(インド原産ウコン属. 根茎を香辛料・健胃剤などにする).

Zitz[tsɪts] 男 -es/-e〘服飾〙チンツ〔インド〕サラサ(更紗).

[*Hindi*−*ndl.* sits; ◇Chintz]

Zit·ze[tsítsə] 女 -/-n **1** (動物の)乳頭, 乳首; 乳房. **2**《卑》**a)** (Brustwarze)(人間の)乳首, 乳頭. **b)**《ふつう複数で》(Brüste)(女性の)乳房.

[*westgerm.*; ◇Titte; *engl.*, tit, teat]

Ziu[tsí:u·] ＝Tyr [*ahd.*]

Zi·vi[tsí:vi·] 男 -s/-s《話》＝Zivildienstler

zi·vil[tsiví:l;《オーストリア》: −, tsivíl] **I** 形 **1**《付加語的》**a)** (↔militärisch) 文民の: ～*e* Kleidung (制服に対する)平服 ‖ Im ～*en* Leben 〈Beruf〉 ist er Lehrer. 軍服を脱げば彼は教師である. **b)**〘法〙民事の, 私法の: die ～*e* Ehe＝Zivilehe **2** 礼儀正しい, 愛想のよい: *jn.* ～ behandeln …を丁重に扱う. **3** 手ごろ〈妥当〉な: ～*e* Preise 妥当な値段 | zu ～*er* Zeit (早すぎもせず遅すぎもしない常識的に通用する)まともな時刻に.

II Zi·vil 中 -s/ **1** (↔Militär) 文民, シビリアン. **2** (↔Uniform) 平服, 私服: ein Polizist in ～ 私服警官 | in ～ sein 平服〈私服〉を着ている. **3**《スイス》＝Familienstand

[*lat.*; ＜*lat.* cīvis „Bürger"]

Zi·vil⸗an·zug[tsiví:l..] 男 (男子用の)平服, 私服. ⸗**arzt** 男 (↔Militärarzt)(軍医に対する)民間医. ⸗**be·ruf** 男 軍務に服していないときの職業. ⸗**be·schäf·tig·te** 男 女〘軍〙軍属. ⸗**be·völ·ke·rung** 女《集合的に》(軍人以外の)一般市民〔の人口〕, 非戦闘員. ⸗**cou·ra·ge** [..kura:ʒə] 女 (理不尽な事柄に対して市民として)自己の信念を主張する勇気 (Bismarck の造語). ⸗**dienst** 男 (ドイツで兵役拒否者に課せられる)兵役代替社会奉仕勤務, 非軍事役務(→Wehrdienst). ⸗**dienst·lei·sten·de** 男《形容詞変化》(俗: ⸗**dienst·ler** 男 -s/-) Zivildienst に従事する人. ⸗**ehe** 女〘法〙市民〈民事〉婚(教会においてではなく市町村の戸籍役場に届けただけの婚姻: →Standesamt). ⸗**flug·zeug** 中 (↔Militärflugzeug)(軍用機に対する)民間航空機. ⸗**ge·richt** 中 (↔Strafgericht)〘法〙民事裁判所. ⸗**ge·setz·buch** 中 (略 ZGB)〘法〙(特にスイス・旧東ドイツの)民法〔典〕. ⸗**helm** 男《話》シルクハット.

Zi·vi·li·sa·tion[tsivilizatsió:n] 女 -/-en **1** 文明, 開花, シビリゼーション. **2** (未開地に対して)文明世界. **3**《単数で》(生活態度の)洗練, 優雅. [*fr.*; ◇*engl.* civilization]

Zi·vi·li·sa·tions⸗ge·sell·schaft 女 文明社会. ⸗**krank·heit** 女 -/-en《ふつう複数で》文明病. ⸗**kri·tik** 女 文明批評. ⸗**mö·bel** 中《話》テレビ〔受像機〕.

zi·vi·li·sa·tions·mü·de 形 文明に倦んだ, 文明生活に疲れた.

Zi·vi·li·sa·tions⸗mü·dig·keit 女 文明〔生活〕への倦怠(けんたい)〔感〕. ⸗**scha·den** 男 -s/..schäden《ふつう複数で》文明障害〈疾患〉.

zi·vi·li·sa·to·risch[tsivilizató:rɪʃ] 形 文明〈開花〉の; 文明に導く, 開花を促す.

zi·vi·li·sie·ren[tsivilizí:rən] **I** 他 (h) 文明に導く, 開花させる; 教化する, 洗練する. **II zi·vi·li·siert** 過分 形 文明化した, 開花した; 洗練された, 教養ある. [*fr.*; ◇zivil]

Z

Zi·vi·list[tsivilíst] 男 -en/-en (軍人に対する)一般市民, 文民; (軍服を着た人に対して)平服の人.

Zi·vi·li·tät[tsivilitɛ́:t] -/ 洗練; 慇懃(いんぎん). [*lat.*–*fr.*]

Zi·vil≈kam·mer[tsiví:l..] 女 (↔Strafkammer) (地方裁判所の)民事部. **≈kla·ge** 女 民事訴訟における訴え(訴状). **≈klei·dung** 女 =Zivil 2 **≈le·ben** 中 **1** 兵役に服していないときの生活. **2** (Privatleben) 私生活. **≈li·ste** 女 王室費, 内廷費. **≈luft·fahrt** 女 民間航空. **≈ma·schi·ne** 女 〚空〛民間機. **≈per·son** 女 (軍人以外の)一般市民, 民間人, 文民. **≈pro·zeß** 男 (↔Strafprozeß) 〚法〛民事訴訟.

Zi·vil·pro·zeß·ord·nung 女 (略 ZPO) 〚法〛民事訴訟法.

Zi·vil·recht 中 -〔e〕s/ 〚法〛民法.

zi·vil·recht·lich 形 〚法〛民法〔上〕の.

Zi·vil≈rich·ter 男 (↔Strafrichter) 〚法〛民事〔事件の〕裁判官. **≈sa·che** 女 **1** (↔Strafsache) 〚法〛民事事件. **2** =Zivil 2 **≈schutz** 男 **1** (災害・戦争に際しての)民間救護〈自衛〉活動. **2** =Zivilschutzkorps **≈schutz·korps**[..ko:r] 中 民間防護団. **≈se·nat** 男 (↔Strafsenat) 〚法〛(上級地方裁判所の)民事部. **≈stand** 男 《スイ》=Familienstand

Zi·vil·stands≈amt 《スイ》=Standesamt **≈re·gi·ster** 《スイ》=Standesregister

Zi·vil≈trau·ung 女 Zivilehe の成立. **≈ver·fah·ren** 中 〚法〛民事訴訟手続き. **≈ver·sor·gung** 女 退役軍人に対する民間就職の世話. **≈ver·tei·di·gung** 女 (略 ZV) (旧東ドイツの)民間防衛体制(戦時や災害時に国民や施設を守る体制). **≈ver·wal·tung** 女 民〔間行〕政.

zi·zerl·weis[tsítsərlvaɪs] 副 《南部》少しずつ; 分割払いで. [＜Zitzerl „Kleinigkeit“; ◇Zettel[1]]

ZK[tsɛtká:] 略 中 -〔s〕/-s(-) =**Z**entral**k**omitee (特に共産党などの)中央委員会.

Zlo·ty[zlɔ́ti·, slɔ́ti·] 男 -s/-s (単位: -/-) ズロティ(ポーランドの貨幣〔単位〕: 100 Groszy). [*poln.* „golden“]

Zn[tsɛt|ɛ́n, tsɪŋk] 記号 (Zink) 〚化〛亜鉛.

Zn. 略 **1** =**Z**eiche**n** 記号. **2** =**Z**u**n**ame 家族名.

ZNS 略 中 -s/ =**Z**entral**n**erven**s**ystem 中枢神経系.

Zo·bel[tsó:bəl] 男 -s/- **1 a)** 〚動〛クロテン(黒貂). **b)** 黒テンの毛皮. **2** (英: *bream*) 〚魚〛ブリーム(コイ科の一種). [1: *slaw.*–*ahd.*; ◇*engl.* sable]

Zo·bel·pelz 男 **1** 黒テンの毛皮. **2** 黒テンのコート〈ジャケット〉.

Zo·ber[tsó:bər] 男 -s/- 《南部》=Zuber

zockeln[tsɔ́kəln] 《06》 自 (s) 《話》(zuckeln) のろのろ歩く, ぶらぶら歩く. [＜*ahd.* zocchōn „zucken“ (◇ziehen[2])]

zocken[tsɔ́kən] 自 (h) 《俗》賭博(とばく)〈ギャンブル〉をする. [*jidd.*]

Zocker[..kər] 男 -s/- 《俗》(Glückspieler) 賭博(とばく)〈ギャンブル〉をする人, ばくち打ち, 勝負師.

Zo·dia·kal·licht[tsodiaká:l..] 中 -〔e〕s/ 〚天〛黄道光.

Zo·dia·kus[tsodí:akʊs] 男 -/ (Tierkreis) 〚占星〛黄道十二宮, 獣帯. [*gr.* zōidiakós (kýklos) „tierischer (Kreis)“–*lat.*; ＜*gr.* zṓidion „Tierchen“ (◇zoo..)]

Zoe[tsó:ə, tsó:e·] 女名 ツォーエ. [*gr.* zōḗ „Leben“]

Zo·fe[tsó:fə] 女 -/-n (小 **Zöf·chen**[tsø:fçən], **Zöf·lein**[..laɪn] 中 -s/-) 侍女, 腰元. [„Folgemagd“; ＜zoffen „hinterherzotteln“]

Zoff[tsɔf] 男 -s/ 《話》(Streit) 争い, けんか. [*hebr.*–*jidd.* „Ende“]

Zöf·lein Zofe の縮小形.

zog[tso:k][1] ziehen[2]の過去.

zö·ge[tsø:gə] ziehen[2]の接続法 II.

Zö·ge·rer[tsø:gərər] 男 -s/- (Zauderer) 躊躇(ちゅうちょ)する人, ぐずぐずする人.

zö·ger·lich[tsø:gərlɪç] 形 ためらいがちの.

zö·gern[tsø:gərn] 《05》 **I** 自 (h) 躊躇(ちゅうちょ)する, ためらう; ぐずぐずする, しぶる; しりごみする: mit der Antwort ～ 返事をためらう〈しぶる〉| Er hat *gezögert*, seinem Freund zu helfen. 彼は友人に手を貸すのをためらった ‖ *zögernd* gehorchen しぶしぶ従う | mit *zögernden* Schritten / *zögernden* Schrittes ぐずぐずした足どりで.

II Zö·gern 中 -s/ 躊躇, ためらい: ohne ～ antworten 〈handeln〉 ためらわずに答える〈行動する〉| nach anfänglichem ～ 最初ためらったのちに.

[＜*ahd.* zogōn „ziehen“ (◇ziehen[2])]

▽**Zö·ge·rung**[tsø:gərʊŋ] 女 -/-en 躊躇(ちゅうちょ), ためらい.

Zög·ling[tsø:klɪŋ] 男 -s/-e **1** (特に寄宿舎・全寮制学校などの)生徒, 学生. ▽**2** (教育者に対して)弟子, 教え子. [◇zog; *fr.* élève (→Eleve) の翻訳借用]

Zo·he[tsó:ə] 女 -/-n 《南部》(Hündin) 雌犬. [*germ.* „weibliches Zuchttier“; ◇ziehen[2], Zauche]

Zo·la[zolá, zɔlá] 人名 Emile ～ エミール ゾラ(1840-1902; フランスの自然主義作家. 作品『ルーゴンマッカール叢書』など).

Zö·len·te·rat[tsølɛntera:t] 男 -en/-en 《ふつう複数で》(Hohltier) 〚動〛腔腸(こうちょう)動物. [＜*gr.* koĩlos (→Zölom)＋entero..; ◇*engl.* coelenterate]

Zö·le·stin[tsølɛstí:n] 男 -s/-e 〚鉱〛天青石.

Zö·le·sti·ner[tsølɛstí:nər] 男 -s/- 〚カトリック〛ケレスティノ会修道士(18世紀に衰微したイタリアとフランスのベネディクト修道会の修道士). [＜Coelestinus (創始者の教皇. †1296)]

▽**zö·le·stisch**[tsølɛ́stɪʃ] =himmlisch [*lat.*; ＜*lat.* caelum „Himmel“; ◇Celesta; *engl.* celestial]

Zö·li·bat[tsølibá:t] 中 (男) -〔e〕s/-e (特にカトリック聖職者の)独身制, 貞潔: 独身, 独身生活: im ～ leben 独身で暮らす. [*spätlat.*; ＜*lat.* caelebs „ehelos“; ◇*engl.* celibacy]

zö·li·ba·tär[tsølibatɛ́:r] **I** 形 (宗教的理由などから)独身の, 独身を守っている. **II Zö·li·ba·tär** 男 -s/-e (宗教的理由などから)独身を守っている人.

Zoll[1][tsɔl] 男 -〔e〕s/ (単位: -/-) ツォル, インチ(古い長さの単位: $^1/_{12}$または$^1/_{10}$フィート. 地方により異なるが一般に2. 54 cm; 記号 ″): 2 ～ breit 〈lang〉 2 インチ幅〈の長さ〉〔の〕| ein Rohr von 4″ 〈4 ～〉 Durchmesser 直径 4 インチのパイプ ‖ **jeder ～ / ～ für ～ / in jedem ～** 《雅》完全に, すっかり | Er ist jeder ～ ein König. 彼はいかにも(頭のてっぺんから足のつま先まで)王様になりきっている.

[„abgeschnittenes Holz“; *mhd.*; ◇Zahl]

Zoll[2][tsɔl] 男 -〔e〕s/Zölle[tsœ́lə] **1** (英: *toll*) 関税, 通関料; (道路・橋などの)通行料〈税〉: für *et.*[4] ～〔be〕zahlen …に対する関税を払う | *Zölle* erhöhen 〈senken〉 関税を上げる〈下げる〉| auf *et.*[4] ～ erheben 〈legen〉 …に関税を課する | Diese Ware unterliegt einem ～. / Auf dieser Ware liegt ein ～. この品物には関税がかかっている. **2** 《単数で》税関; 通行料〈税〉徴収所: beim ～ sein 税関に勤めている | *et.*[4] durch den ～ schmuggeln …を〔関税を払わずに〕こっそり持ち込む〈密輸入する〉. **3** 《比》(当然払うべき)尊敬の気持, 敬意; 代償, 犠牲: den ～ der Dankbarkeit entrichten 《雅》感謝の意を表明する ‖ Jeder muß der Natur seinen ～ zahlen 〈entrichten〉. だれでも大自然の意には従わざるを得ない. [*gr.* telṓnion „Zollhaus“–*mlat.* tolōneum–*ahd.*; ＜*gr.* télos „Zoll“; ◇*engl.* toll]

Zoll·ab·fer·ti·gung[tsɔ́l..] 女 **1** 通関手続き〔の完了〕, 通関. **2** =Zollabfertigungsstelle

Zoll·ab·fer·ti·gungs·stel·le 女 関税徴収所.

Zoll·ab·kom·men 中 関税協定.

Zolla·ger[tsɔ́lla:gər] 中 保税倉庫.

Zoll·amt 中 税関; (道路・橋などの)通行料〈税〉徴収所.

zoll·amt·lich 形 税関〈通行料徴収所〉の: eine ～*e* Untersuchung 税関検査 | das Gepäck ～ abfertigen lassen 小荷物の通関手続きをする.

zollang[tsɔ́llaŋ] 形 1 ツォル〈インチ〉の長さの.

Zoll≈an·ga·be[tsɔ́l..] 女 = Zollerklärung **≈an·mel·dung** 女 関税申告. **≈an·schluß** 男 〚法〛**1** (国外地域の)関税境界内への編入. **2** 関税同一地域. **≈auf·schlag** 男 付加関税. **≈auf·se·her** 男 関税監視官. **≈aus·land** 中 〚法〛関税上の外国 (Zollgebiet にも Zollfreigebiet にも属さないすべての地域). **≈aus·schluß** 男 〚法〛**1** (国外地域の)関税境界外への除外. **2** 関税除外地域.

zoll·bar[tsɔ́lba:r] =zollpflichtig

Zoll≈bar·rie·re 女 関税障壁. **≈be·am·te** 男 税関吏〈職員〉. **≈be·gleit·schein** 男〘郵〙税関符票, 税関告知書. **≈be·hör·de** 女 税関.

zoll·breit[tsɔ́lbraɪt] **I** 形 1ツォル〈インチ〉の幅の. **II Zoll·breit** 男 -/- 1ツォル〈インチ〉幅: keinen ~ zurückweichen《比》一歩も退かない.

Zoll≈brücke[tsɔ́l..] 女〘史〙通行税取り立ての橋. **≈de·kla·ra·tion** 女 =Zollerklärung

zoll·dick 形 1ツォル〈インチ〉の厚さの.

Zöl·le Zoll²の複数.

Zoll≈ein·nah·men 複 関税収入. **≈ein·neh·mer** 男 税関吏; (特に中世までの)通行税取り立て役人.

zol·len[tsɔ́lən] 他 (h) **1**《雅》(*jm. et.*⁴)(…に当然示すべき敬意・感謝の念などを)示す, 表明する: *jm.* Achtung〈Dank〉~ …に敬意〈感謝の意〉を表する | *jm.* Beifall〈Lob〉~ …に喝采(かっさい)〈賞賛の言葉〉を送る ‖ *et.*³ Tribut ~ (→Tribut 2). ▽**2** 支払う.

Zoll≈er·klä·rung[tsɔ́l..] 女 (税関での)課税品申告〔書〕. **≈fahn·dungs·stel·le** 女 税関警察署.

zoll·frei 形 関税のかからない, 免税の: ~*e* Waren 免税品 ‖ Gedanken sind ~.《諺》考えるだけなら税金はかからない〈勝手しだいだ〉; 考えはどこへでも飛んで行く.

Zoll·frei·ge·biet 中〘法〙関税免除地域.

Zoll≈frei·heit 女 -/ 関税免除, 免税. **≈ge·biet** 中 関税地域〈領域〉. **≈ge·bühr** 女 通関手数料. **≈ge·setz** 中 関税法. **≈grenz·be·zirk** 男 関税境界〔沿いの〕地区(税関検査区域). **≈gren·ze** 女 関税境界〈国境〉. **≈gut** 中 関税のかかる物品, 課税品. **≈ha·fen** 男 通関港, 外国貿易港. **≈haus** 中 税関〔の建物〕. **≈hin·ter·zie·hung** 女 関税のごまかし, (関税についての)脱税.

zoll·hoch[tsɔ́lho:x, ∠∠] 形 1ツォル〈インチ〉の高さの.

Zoll·ho·heit 女 (国家の)関税徴収権, 関税自主権.

..zöllig[..tsœlɪç]² (**..zollig**[..tsɔlɪç]²)《数詞につけて「…インチの」を意味する形容詞をつくる》: ein*zöllig* 1インチの | drei*zöllig* 3インチの.

Zoll·in·halts·er·klä·rung[tsɔ́l..] 女 =Zollbegleitschein

Zollli·nie[tsɔ́lli:niə] 女 関税境界〔線〕.

Zoll≈in·spek·tor[tsɔ́l..] 男 =Zollbeamte **≈kon·trol·le** 女 税関検査, 通関〔手続き〕. **≈krieg** 男 関税戦争. **≈la·ger** =Zollager

zoll·lang =zollang

Zoll·li·nie[..li:niə] =Zollinie

Zoll·maß 中 ツォル〈インチ〉尺.

Zoll·mau·er 女 関税障壁.

Zöll·ner[tsœ́lnər] 男 -s/- ▽**1** 収税吏, 税金取り立て人. **2**《話》税関役人.
[*mlat.* tolōn〔e〕ārius–*ahd.*; ◇Zoll²]

Zoll≈nie·der·la·ge[tsɔ́l..] 女 保税倉庫. **≈ord·nung** 女 関税法規. **≈pa·pie·re** 複 通関〔手続き〕書類.

zoll·pflich·tig 形 関税のかかる, 関税義務のある.

Zoll≈plom·be 女 税関の封印. **≈po·li·tik** 女 関税政策. **≈recht** 中 -〔e〕s/ 関税法〔規〕. **≈re·vi·sion** 女 税関検査. **≈satz** 男 関税率. **≈schein** 男 通関証明書. **≈schiff** 中 税関監視船. **≈schran·ke** 女 -/-n **1**《複数で》関税障壁. **2** 税関の遮断機. **≈schutz** 男 関税による〔国内産業の〕保護, 保護関税. **≈spei·cher** 男 保税倉庫. **≈sta·tion** 女 税関.

Zoll·stock[tsɔ́l..] 男 -〔e〕s/..stöcke[..ʃtœkə](多くは折りたたみ式の)インチ尺(→ 図 Schmiege).

Zoll≈stra·ße 女 **1** 関税道路(課税物品の通過路; 鉄道・道路・水路など). **2** 有料道路. **≈ta·rif** 男 関税率表; 関税率. **≈union** 女 関税同盟. **≈ver·band** 男 関税同盟. **≈ver·ein** 男 (Zollunion) 関税同盟: Deutscher ~〘史〙ドイツ関税同盟(1834年成立). **≈ver·gün·sti·gun·gen** 複 関税上の特恵, 特恵関税. **≈ver·schluß** 男 保税入庫: Waren unter ~ 保税貨物. **≈ver·trag** 男 関税協定〈条約〉. **≈ver·wal·tung** 女 関税管理; 税関〔事務局〕. **≈wa·che** 女 税関; (国境での)関税検査. **≈we·sen** 中 -s/ 関税制度〈組織〉; 税関事務.

Zö·lom[tsøló:m] 中 -s/-e〘解〙(特に動物の)体腔(たいこう), 腹腔. [*gr.* koílōma „Höhlung"; < *gr.* koîlos „hohl" (◇hohl); ◇ *engl.* c〔o〕elom]

Zom·bie[tsɔ́mbi·] 男 -〔s〕/-s **1** ゾンビ(魔力によって生き返らされた死者で, 怪奇映画などに好んで用いられる). **2**《話》生気のない〈無気力な〉人.

Zö·me·te·rium[tsømeté:riʊm] 中 -s/..rien[..riən] (Friedhof) 墓地; (Katakombe)(古代ローマの)地下墓地, カタコンベ. [*gr.* koimētérion „Schlafplatz"–*kirchenlat.*; < *gr.* koimãn „zu Bett bringen" (◇Zimelie); ◇ *engl.* cemetery]

Zö·na·kel[tsøná:kəl] 中 -s/- (Refektorium)〘カトリック〙(修道院の)食堂. [*lat.* cēnāculum; < *lat.* cēna „Mahlzeit" (◇karne..); ◇ *engl.* cenacle]

zo·nal[tsoná:l] 形 地域の, 地帯の, 区域の. [*spätlat.*]

Zo·nal·pe·lar·go·nie[..niə] 女〘植〙モンテンジクアオイ(紋天竺葵).

zo·nar[tsoná:r] =zonal

Zo·ne[tsó:nə] 女 -/-n **1 a)** (特定の性質を持つ)地帯, 地域, 区域: in der blauen ~ parken 青区域(駐車制限区域)で駐車する. **b)** (交通機関・郵便・電話などの)料金区域: der Fahrpreis für die erste〈zweite〉~ 1〈2〉区間の運賃. **c)** (Besatzungszone) 占領地区;《話》(旧西ドイツで)ドイツのソビエト占領地区, 旧東ドイツ: die amerikanische〈sowjetische〉~ アメリカ〈ソビエト〉占領地区. **d)**〘地〙(気候・生物分布などで区分された)帯(たい), 地帯: die gemäßigte ~ 温帯 | die kalte ~ 寒帯 | die polare ~ 極地帯 | die tropische〈heiße〉~ 熱帯.
2 a)〘地〙構造帯, 帯(たい)(化石や鉱物による地層区分). **b)**〘鉱〙晶帯.
[*gr.* zṓnē „Gürtel"–*lat.*; ◇ *engl.* zone]

Zo·nen≈ein·tei·lung[tsó:nən..] 女 (地域・区域に分けること. 例えば:) 地区分割; 地域〈区間〉別料金区分. **≈ge·büh·ren** 複 (電話などの)区域料金. **≈gren·ze** 女《話》**1 a)** (第二次大戦後の各占領地区間の)地区境界線. **b)** (旧東西ドイツの)国境線. **2** =Zahlgrenze **≈rand·ge·biet** 中 (旧西ドイツで旧東ドイツとの)国境沿いの地域.

Zo·nen·schmelz·ver·fah·ren 中〘鉱〙帯域溶融法, ゾーンメルティング.

Zo·nen≈ta·rif 男 (交通機関・郵便・電話などの)区域〈区間〉別料金. **≈zeit** 女 地域〈地帯〉標準時.

Zö·no·bit[tsønobí:t] 男 -en/-en (↔Eremit)(修道院などで共同生活をする)共住修道士. [*kirchenlat.*]

Zö·no·bium[tsønó:biʊm] 中 -s/..bien[..biən] **1** 修道院, 共住修道院; 修道士共住生活. **2**〘生〙群体, 連生体, シノビウム. [*gr.*–*kirchenlat.*; < *gr.* koinós „gemeinsam" (◇Koine)+bio..; ◇ *engl.* c〔o〕enobium]

zoo..《名詞・形容詞などにつけて「動物」を意味する》[*gr.* zōion „Lebendes"; < *gr.* zẽn „leben"; ◇bio..; keck]

Zoo[tso:; まれ: tsó:o·] 男 -s/-s (<zoologischer Garten) 動物園: den ~ besuchen / in den ~ gehen 動物園へ行く | der Bahnhof ~ ツォー駅(市の中心部にあるベルリン唯一の長距離列車発着駅).

Zoo≈arzt[tsó:..] 男 動物園専属の獣医. **≈be·su·cher** 男 動物園の入園者〈見物人〉. **≈di·rek·tor** 男 動物園の園長.

zoo·gen[tsoogé:n] 形〘地〙(岩石が)動物原の, 動物の残骸(ざんがい)からできた.

Zoo·geo·gra·phie[..geografí:] 女 -/ 動物地理学.

Zoo·gra·phie[..grafí:] 女 -/-n[..fí:ən] 動物分類学.

Zoo·hand·lung[tsó:..] 女 (Tierhandlung)〔愛玩(あいがん)〕動物店, ペットショップ.

Zoo·la·trie[tsoolatrí:] 女 -/-n[..trí:ən] (Tierkult)〘宗〙動物崇拝. [<*gr.* latreíā „〔Gottes〕dienst"]

Zoo·lith[..lí:t, ..lɪ́t] 男 -s/-e; -en/-en〘地〙動物岩.

Zoo·lo·ge[tsooló:gə] 男 -n/-n (→..loge) 動物学者.

Zoo·lo·gie[..logí:] 女 -/ (Tierkunde) 動物学.

zoo·lo·gisch[..ló:gɪʃ] 形 **I** 動物学〔上〕の: ein ~*er* Garten 動物園(=Zoo). **II Zoo·lo·gi·sche** 男《形容

詞変化》《話》(Zoo) 動物園.

Zoom[zu:m] 中 -s/-s **1** =Zoomobjektiv **2** 〚写・映〛ズームレンズによる画像の拡大〈縮小〉. [*engl.*]

zoo·men[zú:mən] 自 (h) 〚写・映〛ズームレンズによって画像を拡大〈縮小〉する. [*engl.* zoom; 擬音]

Zoom·ob·jek·tiv[zú:m..] 中 〚写〛ズームレンズ.

zoo·mọrph[tsoomɔ́rf] 形 動物の形をした; 獣形神の.

Zoo·nọ·se[..nó:zə] 女 -/-n 〚医〛動物原性感染〔症〕, 寄生性動物病. [<noso..]

Zọ·on po·li·ti·kọn[tsó:ɔn politikɔ́n] 中 - -/ 社会的動物 (Aristoteles による人間の定義). [*gr.*; ◇politisch]

zoo·phạg[tsoofá:k][1] 形 〚動〛肉食の.

Zoo·phạ·ge[..fá:gə] 男 -n/-n (Fleischfresser) 〚動〛肉食動物.

Zoo·phi·lị̣e[..filí:] 女 -/ **1** 〚医・心〛動物性愛. **2** (Sodomie) 獣姦(じゅうかん).

Zoo·pho·bị̣e[..fobí:] 女 -/-n[..bí:ən] 〚医・心〛動物恐怖〔症〕.

▽**Zoo·phỵt**[..fý:t] 男 中 -en/-en 植虫類(形が植物に似た無脊椎(せきつい)動物の総称. サンゴ・イソギンチャクなど).

Zoo·plạnk·ton[..pláŋktɔn] 中 -s/ 〚生〛動物プランクトン(浮遊生物の一つ).

Zoo·spọ·re[tsoospó:rə, tsoɔs..] 女 -/-n 《ふつう複数で》〚植〛遊走子(藻類等の胞子で, 鞭毛(べんもう)で動き回る).

Zọo·tier[tsó:..] 男 《話》動物園で飼われている動物.

Zoo·to·mị̣e[tsootomí:] 女 -/ 動物解剖学.

Zoo·to·xị̣n[..tɔksí:n] 中 -s/-e 〚生〛動物毒素.

Zopf[tsɔpf] 男 -[e]s/Zöpfe[tsœpfə] (小 **Zöpf·chen**[tsœpfçən], **Zöpf·lein**[..laın] 中 -s/-) **1** (女性, 特に少女の)お下げ〔髪〕(→ 図 Haar A); (男性の)辮髪(べんぱつ): *Zöpfe* 〈einen ～〉 tragen お下げ髪をしている | einen ～ flechten / das Haar in *Zöpfe* 〈zu *Zöpfen*〉 flechten 髪をお下げに編む. **2** 《話》時代遅れ, 古くさい考え〈しきたり〉: **ein alter ～** 古くさいこと, 時代遅れ, 旧弊, 旧習 | **die alten *Zöpfe* 〈den alten ～〉 abschneiden** 古くさい伝統から脱却する. **3** 《ふつう縮小形で》(お下げ髪の形をした)巻きパン, ねじりパン(→ 図 Brot). **4** 〚林〛幹の細い先端, 樹頭. **5** 《南部》(Zipfel)(布などの)とがった先端. **6** 《方》ほろ酔い: *sich*[3] einen ～ antrinken 飲んでほろ酔い気分になる.
[*germ.* „Spitze"; ◇Zapfen, Zipf[2], Topp]

Zọpf·band[tsɔ́pf..] 中 -[e]s/..bänder お下げのリボン.

Zöpf·chen Zopf の縮小形.

Zöp·fe Zopf の複数.

zọp·fig[tsɔ́pfıç][2] 形 《軽蔑的に》時代遅れの, 古くさい.

Zöpf·lein Zopf の縮小形.

Zọpf≥pe·rü·cke[tsɔ́pf..] 女 辮髪(べんぱつ)かつら(→ 図 Haar A). **≥stị̣l** 男 -[e]s/ 〚美〛ツォップ様式(ロココと擬古典主義の両時代間の芸術様式). **≥zeit** 女 -/ 辮髪(べんぱつ)時代(男性が辮髪にしていた時代. 主として18世紀後半).

Zọ·res[tsó:rəs] 男 -/ 《方》**1** (Wirrwarr) 混乱, ごたごた; (Ärger) 腹の立つ〈不愉快な〉こと, わずらわしさ: Mach keinen ～! ごたごたを起こすな. **2** (Gesindel) ならず者, 無頼の徒. [*hebr.* zārōth „Nöte"–*jidd.*]

Zo·rịl·la[tsoríla·] 男 -s/-s (女 -/-s) 〚動〛ゾリラ(アフリカにすむイタチ科の動物). [*span.*; <*span.* zorra „Fuchs"]

Zorn[tsɔrn] 男 -[e]s/ 怒り, 立腹, 憤激: blinder ～ むかっ腹 | flammender 〈heller〉 ～ 燃えるような〈激しい〉怒り | ohnmächtiger ～ 無力感を伴う憤り, ごまめの歯ぎしり | heiliger ～ 《ときに反語的に》もっともな怒り ‖ der Tag des ～*s* 怒りの日(=Dies irae) ‖ *js.* ～ erregen 〈reizen〉 …を立腹させる | *seinen* ～ an *jm.* auslassen …にあたり散らす | [einen] mächtigen ～ auf *jn.* haben …に腹を立てる | ～ gegen *jn.* hegen …に(心ひそかに)立腹している ‖ **aus** 〈**im**〉 **～** 腹立ちまぎれに, かっとなって | in ～ geraten 怒る | *jn.* in ～ bringen …を怒らせる | *sich*[4] in maßlosen ～ hineinreden 怒りをぶちまける | im ～ auseinandergehen けんか別れをする | *jn.* hat Gott im ～ erschaffen (→Gott) | **vor ～** rot 〈blaß〉 sein 怒りのあまり顔がまっか〈まっさお〉である ‖ Der ～ ergiff 〈packte〉 ihn. 彼は(急に)腹が立ってきた | Der ～ stieg in mir auf. 私は怒りがこみあげてきた | Mein ～ hat sich gelegt. 私の怒りはおさまった | Sein ～ richtet sich gegen dich. 彼の怒りは君に向けられている | Ihn traf der ～ der Götter. 彼は神々の怒りを受けた.
[*westgerm.*; ◇zürnen]

Zọrn≥ạder[tsɔ́rn..] 女 額の静脈, 青筋: *jm.* **schwillt** die ～ [an]. …は青筋を立てて怒る. **≥aus·bruch** 男 怒りの爆発, 突発的な憤激.

zọrn≥be·bend 形 怒りに震える. **≥ent·brannt** 形 怒りに燃えた, 激怒した.

Zọr·nes≥ạder[tsɔ́rnəs..] =Zornader **≥mie·ne** 女 怒りの表情, 怒った顔つき. **≥rö·te** =Zornröte

zọrn·glü·hend 形 怒りに燃えた, 激怒した.

zọr·nig[tsɔ́rnıç][2] 形 怒った, 立腹した: ～*e* Blicke 〈Worte〉 怒りのまなざし〈言葉〉 | die ～*en* jungen Männer 怒れる若者たち(批判的反抗的な人たち) ‖ ～ schimpfen ののしる ‖ über *et.*[4] 〈*jn.*〉 ～ sein …のことで腹を立てている | Sie war ～ auf mich 〈über meine Worte〉. 彼女は私に食ってかかった〈私の言葉に腹を立てていた〉 | wegen einer Kleinigkeit ～ werden ささいなことで腹を立てる.

zọrn·mü·tig[tsɔ́rnmy:tıç][2] 形 **1** 怒りっぽい, 短気な. **2** =zornig [<Mut]

zọrn·rot 形 (顔が)怒りに紅潮した.

Zọrn·rö·te 女 怒りによる顔の紅潮: Diese Bemerkung trieb ihm die ～ ins Gesicht. 《雅》この言葉を聞いて 彼の顔は怒りのために赤くなった.

Zo·roạ·ster[tsoroástər] 人名 ゾロアスター(前7-6世紀ごろのペルシアの予言者で, ゾロアスター教の創始者.Zarathustra のギリシア語形). [*gr.*–*lat.* Zōroastrēs]

zo·roạ·strisch[..ástrıʃ] 形 ゾロアスター流の; 《大文字で》ゾロアスターの.

Zọs·se[tsɔ́sə] 男 -n/-n 《北部, 特に: ベルリン》《話》(Pferd) 馬; おいぼれ馬. [*hebr.* sūs–*jidd.*]

Zọ·te[tsó:tə] 女 -/-n 形 下品な〈卑猥(ひわい)な〉冗談, 猥談: **～*n* reißen** 卑猥なことを言う, 猥談をする. [<Zotte[2]]

zọ·ten[tsó:tən] 《01》自 (h) 下品な〈卑猥(ひわい)な〉ことを言う.

Zö̱·ten Zötus の複数.

zọ·ten·haft[tsó:tənhaft] =zotig

Zọ·ten·rei·ßer 男 猥談(わいだん)を[好んで]する人.

zọ·tig[tsó:tıç][2] 形 下品な, 卑猥(ひわい)な, 猥褻(わいせつ)な.

Zọ·tig·keit[–kaıt] 女 -/-en **1** 《単数で》zotig なこと. **2** zotig な言動; 猥談(わいだん).

Zọt·te[1][tsɔ́tə] 女 -/-n 《南部・中部》(Schnabel)(やかん・水差しなどの)注ぎ口. [◇Tüte]

Zọt·te[2][–] 女 -/-n 《ふつう複数で》**1** (特に動物の)もじゃもじゃと垂れた毛. **2** 〚解〛絨毛(じゅうもう). [*germ.* „ein Griff Heu"; ◇Zettel[1]; *engl.* tod]

Zọt·tel[tsɔ́təl] 女 -/-n **1** 《ふつう複数で》**a)** =Zotte[2] 1 **b)** 《軽蔑的に》(人間の)もじゃもじゃと垂れた毛. **2** (Quaste) ふさ. **3** 《方》だらしない女.

Zọt·tel·haar 中 =Zottel 1

zọt·te·lig[tsɔ́təlıç][2] =zottig

zọt·teln[tsɔ́təln] 《06》自 **1** (s) 《話》のろのろ〈ぼんやり〉歩く. **2** (h) (髪の毛などが)もじゃもじゃ垂れる.

Zọt·tel·wicke 女 〚植〛ビロードクサフジ(草藤).

Zọt·ten≥ge·schwulst[tsɔ́tən..] 女 〚医〛絨毛(じゅうもう)腫瘍(しゅよう). **≥haut** 女 〚解〛(胎盤の)絨毛膜. ▽**≥schwän·ze** 複 〚虫〛総尾目(シミ・イシノミ類)の昆虫.

zọt·tig[tsɔ́tıç][2] (**zọtt·lig**[..tlıç][2]) 形 (毛が)もじゃもじゃと垂れた, 毛むくじゃらの.

▽**Zö̱·tus**[tsǿ:tʊs] 男 -/..ten[..tən] **1** 《集合的に》(学年または学級の)全生徒. **2** 学年. [*lat.* coetus „Zusammenkommen"]

ZPO[tsɛtpe:|ó:] 略 女 -/ =Zivilprozeßordnung

Zr[tsɛt|ɛ́r, tsırkó:niʊm] 記号 (Zirkonium) 〚化〛ジルコニウム.

Zsig·mon·dy[ʃígmɔndi·] 人名 Richard ～ リヒャルト シグモンディ(1865–1929; オーストリアの化学者. 限外顕微鏡を開発

Z

し, コロイド分解の研究で1925年ノーベル化学賞を受賞).

Z-Sol·dat[tsέt..] 男《話》=Zeitsoldat

z. T. 略 =zum Teil 部分的に, 一部は.

Ztr. 略 =Zentner 1

zu[tsu:]

> **I** 前《3格支配》
> **1**《方向的》
> **a**)《空間的》
> ①(英: *to*)《到達・接近》(↔von) …〔のところ〕へ〈に〉, …の方に, …に向かって
> ②《指向・伝達方向》…に向けて, …に寄せて
> ③《追加・添加》…に加えて; …に合わせて
> ④《対象》…に関して, …に対して
> **b**)《時間的》(…から)…にかけて
> **c**)《目的・目標・意図》…のために, …をするために
> **d**)①《指定》…とする〈なる〉ために; …として
> ②《評価・判断》(für) …に〔である〕として
> **e**)《身分・状態の変化》…に(なる)
> **f**)《作用・成り行き・結果》…したことに; …するほど
> **g**)《対照・対比》…に対して, …に比すると, …と違って
> **h**)《比例》…対…
> **2**《非方向的》
> **a**)《所在・位置》(英: *at*)…で, …において
> **b**)《時点》…〔のとき〕に
> **c**)《手段・方法》…で
> **d**)《数量・代価》…だけ; …で
> **3a**)《動詞の不定詞にそえて zu 不定詞〔句〕をつくる》(英: *to*)…すること; …すべき; …するように
> ①《特定の動詞と結びついて一種の助動詞構文をつくる不定詞句で》
> ②《名詞的用法; es を仲立ちとすることもある》
> ③《付加語的用法》
> ④《副詞的用法》
> **b**)《現在分詞にそえて未来受動分詞を構成して》…されうる, されるべき
> **II** 副

I 前《3格支配》《定冠詞 dem と融合して zum, der と融合して zur となることがある》**1**《方向的》**a**)《空間的》①(英: *to*)《到達・接近》(↔von) …〔のところ〕へ〈に〉, …の方に, …に向かって:〖人間〗~ *jm.* kommen …のところへやって来る | *zum* Arzt gehen 医者に行く | ~ *sich*³ kommen《比》われに返る | Ich nehme das Kind ~ mir. 私はその子供を引き取る | Ich setzte mich ~ ihm. 私は(話をするため)彼のところへ行って座った(→neben I 1 ☆) ‖〖場所〗Der Omnibus fährt *zum* Marienplatz. このバスはマリーエン広場行きである | *zur* Stadt fahren (乗り物で)町へ出かける | ~ Berg〔e〕 fahren (乗り物で)山へ向かう | ~ Boden stürzen 地面にぶっ倒れる ‖〖建造物・道具〗der Weg *zum* Bahnhof 駅への道 | Wie weit ist es *zum* Bahnhof? 駅まではどのくらいですか | *zur* Kirche (=in die Kirche) gehen i) 教会のお祈りに出席する; ii) 教会〔の建物〕へ出かけて行く | *zum* Theater gehen i) 演劇界へ入る; ii) 劇場〔の建物〕へ出かけて行く | ~ Tisch gehen 食卓につく | *jn. zur* Tür begleiten …を戸口まで見送る ‖〖催し物・会など: →c〗*zum* Gottesdienst gehen ミサに出席する | ~ einer Hochzeit gehen 〈eingeladen werden〉 結婚式に出席する〈招かれる〉 | *jn. zum* Abendessen einladen …を夕食に招く | *zur* Zeitung gehen 新聞界に身を投ずる ‖〖身体の一部〗*jm.* ~ Herzen gehen …の心を打つ | Das Blut stieg ihm ~ Kopf〔e〕 (=in den Kopf). 彼は頭に血がのぼった ‖〖**bis zu** の形で〗bis *zur* nächsten Haltestelle gehen 次の停留所まで行く | Bis ~ dir ist es nicht weit. 君のところまでは遠くない ‖〖**von ... zu ...** の形で〗von Kopf ~ Fuß 頭のてっぺんから足の先まで | von Haus ~ Haus gehen (行商人などが)家から家へと回って歩く ‖〖後置された形で〗der Tür ~ ドアよりに(→II 2 a).

☆ i) zu と in+4格などとの違い: 場所の移動を移動後の状態をも意識して具体的に表現する場合には in などが用いられることが多い: Er ist *ins* Theater gegangen. Er sitzt jetzt *im* Theater. 彼は劇場の中へ入った. 彼はいま劇場に座っている.

ii) zu と nach の違い: 人間以外でも地名や方角などでなく特定の目標点の場合には zu を用いる. ただし俗語・方言では zu の代わりに nach を用いる例が見られる: →nach I 1 a ①

②《指向・伝達方向》…に向けて, …に寄せて: Freundschaft ~ *jm.* …に対する友情〈好意〉 | Lust ~ *et.*³ …に対する意欲 | Liebe ~ Gott 神に対する愛 ‖ *Zu* wem sprichst du? 君はだれに向かって話しているのか | die Augen ~ *jm.* aufschlagen …に向かって目〈顔〉を上げる | ~ *jm.* sagen …に向かって言う | Die Zweige neigten sich *zur* Erde. 枝は地面にたれていた | *sich*⁴ *zum* Guten wenden (状態・事態が)良くなる, 好転する.

③《追加・添加》…に加えて; …に合わせて:〖追加〗Leg das Buch ~ den anderen! その本を他の本と一緒のところに置きなさい | Pfennig ~ Pfennig legen 一銭を惜しむようにしてためる | *zum* Schaden noch den Spott haben 損をした上に笑い物になる | ~ allem Übel そのうえに悪いことに; かてて加えて | *Zu* alledem kam noch seine Krankheit. かてて加えて彼が病気ときた ‖〖添加〗der Text ~ einer Oper オペラの台本 | Sahne *zum* Kuchen nehmen ケーキに生クリームを添えて食べる.

④《対象》…に関して, …に対して: eine Meinung ~ diesem Vorschlag この提案に対する意見 | die Kapitel *zur* Semantik 意味論についての数章 | *zum* Begriff der Schönheit 美の概念について(論文の表題などで) ‖ *jm. zur* Vermählung gratulieren …に結婚の祝いを述べる | ~ *et.*³ schweigen …に対して何も意見を言わない.

b)《時間的》(…から)…にかけて, …へ: in der Nacht 〔vom Sonntag〕 *zum* (=auf den) Montag 日曜日から月曜日にかけての夜に ‖ **von** einem Tag **zum** anderen warten 来る日も来る日も待つ | *sich*⁴ von Tag ~ Tag verschlechtern 日に日に悪化する | von Zeit ~ Zeit ときどき, ときおり.

c)《目的・目標・意図》《主に動作名詞と》…のために, …をするために: *jm. et.*⁴ *zum* Andenken schenken …に…を記念に贈る | Es ist zu kalt *zum* Baden. 水浴をするには寒すぎる | *zum* Saubermachen angestellt sein 掃除〈清掃〉のために雇われている | Papier *zum* Schreiben 書き物用の紙 ‖ Maßnahmen *zur* Verbesserung der Wirtschaft 経済改善のための方策 | Zeichen *zum* Angriff 攻撃の合図 ‖ *jm. zum* Abschied die Hand reichen …に別れのあいさつの手を差し出す | *jm.* ~ Ehren das Glas erheben …に敬意を表して乾杯する | Er tut das mir *zum* Trotz. 彼は私に逆らうためにそんなことをするのだ | bei *jm.* ~ Besuch 〈~ Gast〉 sein …の家を訪問して〈に招かれて来て〉いる | *jn.* ~ einer Autofahrt einladen …をドライブに招待する | *jn. zum* Essen 〈*zum* Kaffee〉 einladen …を食事〈お茶〉に招く ‖ ~ *seiner* Vergnügung 自分が楽しむために, 自分からやりたくて | Ich sage es ~ Ihrer Beruhigung. あなたにご安心いただけるようにと思ってこのことを申し上げます | Ich stehe ~ Ihrer Verfügung. いつでもなんなりとご用命ください | Ich habe es ~ deinem Besten getan. 私はそれを君によかれと思ってしたんだ | Er verzichtet ~ meinen Gunsten darauf. 彼は事が私に有利に運ぶようにと考えてそれを断念してくれる | Lesen Sie das ~ Ihrer Information! ご参考までにお読みください.

d) ①《指定》…とする〈なる〉ために; …として: *zum* Dichter geboren sein 詩人に生まれついている | *jn. zur* Frau begehren …を妻に望む, …に求婚する | bei *jm.* ~ Gast sein (→c) ‖ *jm. zur* Last fallen …にとって重荷となる | *zum* Beispiel (→Beispiel 1) | *zur* Strafe 罰として, 罰するために(→c) ‖ *zum* letzten Mal これを最後として(→2 b) | *zum* ersten Mal 初めて, 最初に | *zum* zweiten 〈anderen〉 Mal 再度, 2度目に | *zum* ersten ..., *zum* zweiten ... 第一に… 次いで第二に… | ~ einem 〈*zum* einen〉 ..., *zum* anderen ... / einmal ..., *zum* anderen ... 一つには… もう一つには….

② 《評価・判断》(für) …〔である〕として: *jn. zum* Narren halten …をからかう, …を愚弄(ぐろう)する.

e) 《身分・状態の変化》…に(なる): *zum* Dieb werden 泥棒になりさがる | ～ Staub werden ちりあくたと化する | *jn. zum* Präsidenten wählen …を会長に選ぶ | *sich*³ viele Freunde ～ Feinden machen 多くの友人を敵に回す | Äpfel ～ Mus verarbeiten リンゴをジャムに加工する.

f) 《作用・成り行き・結果》…したことに; …するほど: *zum* Glück 幸いなことに | *Zu* meiner Überraschung besuchte er mich. 驚いたことに彼が訪ねて来た | *zum* Entsetzen der Zuschauer 観客を仰天させて | Das ist *zum* Lachen. それは全くお笑いぐさだ | *zum* Verwechseln ähnlich sein 取り違えるほど似ている | *sich*⁴ ～ Tode grämen 死ぬほど悲嘆にくれる.

g) 《対照・対比》…に対して, …に比すると, …と違って: im Gegensatz ～ *jm.* 〈*et.*³〉 …とは逆に | im Unterschied ～ *jm.* 〈*et.*³〉 …とは違って | Im Vergleich ～ seinem früheren Reichtum ist er jetzt ein Bettler. 以前の裕福さと比べると彼はいまや乞食(こじき)同然だ | Im Verhältnis ～ seinen Einkünften lebt er sehr sparsam. 収入に比べると彼は大変つましい生活をしている.

h) 《比例》…対…: Das Spiel endete drei ～ null 〈3:0〉. 試合は3対0の結果に終わった | Ich wette hundert ～ eins, daß es so ist. それが間違いないことは100対1でかけてもよいほどだ | eine Strecke im Verhältnis 〔von〕 drei ～ vier teilen 線分を3対4の比に分割する | Zwei verhält sich ～ drei wie vier ～ sechs. (数式2: 3＝4: 6) 2対3は4対6に等しい.

2 《非方向的》 **a**) 《所在・位置》(英: *at*) …で, …において; …にある, …における: ～ (＝im) Bett liegen 床についている | ～ Haus〔e〕 sein 家にいる, 在宅している | ～ (＝bei) Tisch sitzen 食卓についている | Der Hund sitzt ihm ～ Füßen. 犬は彼の足もとに座っている | *et.*⁴ *zur* Hand haben …を手もとに持っている | ～ Händen (略 z. H.) 〔von〕 Herrn X (手紙の表書きで) X様親展 | *jm. zur* Rechten 〈Linken〉 sitzen …の右〈左〉に座っている | ～ Seiten des Altars 祭壇の両側に | *jm. zur* Seite stehen 《比》…の力になる | ～seiten → 別出 ‖ ～ ebener Erde wohnen 1階に住んでいる | *zur* See 海路で | ～ Wasser oder ～ Lande 水路または陸路で | die Truppen ～ Lande, ～ Wasser und in der Luft 陸海空の諸部隊 ‖ der Dom ～ (＝in) Köln ケルンのドーム | die Universität ～ Köln ケルン大学 | ▽～ (＝in) Köln geboren ケルン生まれの ‖ 〘hinaus などとともに用いられて, 出入りの際の場所を示して〙 Er sieht *zum* Fenster hinaus. 彼は窓から外を見やる | Eine Dame trat *zur* Tür herein. 一人の婦人が戸口から入って来た | Sie erschrak und stürzte *zum* Zimmer hinaus. 彼女は仰天して部屋から走り出て行った | Man führte ihn *zur* Zelle hinaus. 彼は独房から連れ出された ‖ 〘貴族の姓・旅館名などで〙 Graf ～ Mansfeld 〔ツー〕マンスフェルト伯爵 | Freiherr vom und *zum* Stein フォム ウント ツム シュタイン男爵(→ von 3 b) | ein Herr von und ～ 《戯》やんごとなき殿方 | Familie ～ 〈*Zu*〉 Nieden 〔ツー〕ニーデン家 ‖ Gasthaus „*zum* Roten Ochsen“ 料理店「赤牛亭」.

b) 《時点》…〔のとき〕に: ～ Anfang des Jahres 年の始めに | ～ Beginn 最初に | *zum* Schluß 最後に | ～ Mittag 正午に | ～ derselben Stunde 同じ時刻に | *zur* Zeit (略 z. Z.) 目下のところ | noch *zur* Zeit kommen 遅れずに来る | ～ Zeiten Goethes ゲーテの生きていた時代に ‖ ～ Neujahr 正月に | ～ Ostern 〈Weihnachten〉 復活祭〈クリスマス〉に | *zum* Jahreswechsel 新年を迎えるに際して | Herzliche Glückwünsche *zum* Geburtstag! お誕生日おめでとう ‖ Er hat *zum* ersten Mai gekündigt. 彼は5月1日付の退職を申し出た ‖ 〘**bis zu** の形で〙 bis *zum* Abend 夕方まで | bis 〔*zum*〕 1. Mai 5月1日まで | bis *zum* Ende des Monats 月末までに | bis *zur* letzten Straßenbahn (市街電車の)終電車まで.

c) 《手段・方法》…で: ～ Fuß 徒歩で | ～ Pferde 〈Schiff〉 馬〈船〉に乗って ‖ ～ deutsch ドイツ語で | ～ Recht 正当に.

d) 《数量・代価》…だけ; …で: *zur* Hälfte 半分だけ | *zum* Teil (略 z. T.) 部分的に, 一部は | *zum* mindesten 少なくとも | ～ einem Drittel 3分の1だけ | ～ 2 % 2パーセントだけ ‖ *zum* halben Preis 半額で | 3 Kilo Äpfel ～ zwanzig Mark kaufen i) リンゴ3キロを20マルクで買う; ii) 1キロ20マルクでリンゴを3キロ買う | ～ 40 Pfennig das Kilo キロあたり40ペニヒで ‖ 〘序数または基数と〙 ～ zweit 二人で; 二人ずつ | ～ dritt 〈dreien〉 in einer Reihe 3人1列の並び方で | Sie kamen ～ Hunderten. 彼らは何百という人数でやって来た ‖ 〘**bis zu** の形で〙 Jugendlichen bis ～ 18 Jahren ist der Zutritt verboten. 18歳以下の青少年は入場が禁止されている | Städte bis ～ 10 000 Einwohnern 人口1万人までの都市.

3 a) 《動詞の不定詞にそえて zu 不定詞〔句〕をつくる》(英: *to*) …すること; …するという(…); …すべき; …するように: früh auf*zu*stehen 早起きすること | Deutsch sprechen ～ können ドイツ語を話せること.

① 《特定の動詞と結びついて一種の助動詞構文をつくる不定詞句で; この場合不定詞句の前にコンマを置かない》 〘**sein**＋**zu** 不定詞句の形で; 受動の可能・義務を表して〙 Am Eingang ist der Ausweis vor*zu*legen. 入口で身分証明書を呈示しなければならない | Dieses Buch ist leicht ～ lesen. この本は簡単に読むことができる | Ihm ist nicht ～ raten. 彼には忠告することができない | Es ist (＝steht) ～ hoffen, daß alles planmäßig läuft. 何もかもが計画どおりに運ぶものと期待される | Es ist (＝bleibt) ab*zu*warten, ob die Methode wirklich Erfolge zeigt. この方法が有効かどうかはもう少し後になってみないと分からない ‖ 〘**haben**＋**zu** 不定詞句の形で; 義務・可能などの意味を表して〙 Wir haben alte Möbel ～ verkaufen. i) 私たちは古い家具を売らねばならない; ii) 古い家具をお売りすることができます | Er hat noch ～ arbeiten. 彼はまだ仕事がある | Du hast ～ schweigen! 君は黙っていろ | Er hat hier nichts ～ befehlen. 彼はここで人に命令する資格はない ‖ 〘**wissen, scheinen, pflegen** などとともに〙 Er pflegt nach dem Essen ～ schlafen. 彼は食後に睡眠をとるのを常としている | Der Junge scheint 〈verspricht〉 ein tüchtiger Mann ～ werden. この少年は将来有能な男になりそうだ(参考 Der Junge versprach, ein tüchtiger Mann ～ werden. 少年は有能な男になりますと誓った: → ②) | Die Welt weiß 〈versteht〉 diesen Mann nicht ～ würdigen. 世間の人はこの人物の遇し方を心得ていない | Sie drohte bei dem Anfall ～ ersticken. 彼女は発作の際に今にも窒息しそうだった.

☆ i) 不定詞にそえられる zu の有無:
動詞の中には要不要が不安定なものがある(→brauchen I 1 b, heißen¹ II 2, helfen 1 a, lehren, lernen): Er braucht das ihr nicht gleich 〔*zu*〕 erzählen. 彼はそのことを彼女にすぐに話す必要はない | Er half ihr〔,〕 das Feuer an〔*zu*〕fachen. 彼は彼女が火をおこすのを手伝った.
ii) 動詞に支配される zu 不定詞句とコンマの有無:
上記の動詞のほかにも, hoffen, wünschen, bitten, verlangen, glauben, denken, gedenken, fürchten; versuchen, wagen; anfangen, beginnen, aufhören; verdienen などは助動詞構文に準じて, コンマをそえないこともある: Ich hoffe 〈wünsche〉〔,〕 morgen ～ kommen. 私はあす来たいと思う | Ich bitte 〔dringend,〕 die Türen ～ schließen. 私は〔ぜひ〕ドアを閉めていただきたい | Wir versuchen〔,〕 diesen Vorgang ～ erklären. 我々はこの出来事を解明してみようと思う | Es hat stark ～ regnen angefangen. / Es hat angefangen, stark ～ regnen. 雨が激しく降り始めた.
ただし zu 不定詞句が不定詞だけからなる場合は, つねにコンマを省く: Ich befahl ihm〔, sofort〕 ～ gehen. 私は彼に〔すぐ〕立ち去るよう命令した | Er entschloß sich ab*zu*reisen. 彼は旅立つ決心をした.

② 《名詞的用法; es を仲立ちとすることもある》 〘1格相当〙 Ihn ～ überzeugen ist schwer. / Es ist schwer, ihn ～ überzeugen. 彼を納得させるのは容易ではない | Sein Ziel war〔,〕 Politiker ～ werden. 彼の目標は政治家となることであった ‖ 〘4格相当〙 Er versprach, möglichst bald ～ kommen (＝daß er möglichst bald kommt). 彼はでき

るだけすぐに来ると約束した | Sie leugnet〔es〕, den Mann gesehen ～ haben (＝daß sie den Mann gesehen hat). その男を見たことを彼女は否定している | Er liebt es, konzentriert ～ arbeiten. 彼は集中的に仕事をすることを好んでいる ‖〖前置詞句相当〗Sie bittet ihn〔darum〕, bald wieder ～ kommen. 彼女は彼にすぐまた来てくれるよう頼む | Ich bin froh〔darüber〕, Sie wieder*zu*sehen. またお会いできて私はうれしく思います ‖〖2格相当〗Er ist〔es / dessen〕würdig, ausgezeichnet ～ werden. 彼は表彰されるに値する.

③《付加語的用法》die Absicht, Medizin ～ studieren 医学を学ぶという意図 | sein Geständnis, den Mann ermordet ～ haben (＝daß er den Mann ermordet hat) その男を殺害したという彼の自白 | Er war der Meinung, recht ～ haben. 彼は自分が正しいと思っていた | die Methode, diese Probleme ～ lösen この難問を解決する〔ための〕方法 | Es gibt nichts ～ essen. 食べる〔ための〕ものが何もない ‖ Er gab mir ～ verstehen, daß ich hier überflüssig sei. 彼は私がここでは余計者なのだということをほのめかした.

④《副詞的用法》Er kam, ～ helfen. 彼は援助にやって来た | Er war so klug, seine Fehler ein*zu*sehen. 彼は賢明だったので自分の誤りに気づいた ‖〖**um, ohne,**〔**an**〕**statt** とともに: →②〗Er fuhr in die Stadt, um ein Buch ～ kaufen. 彼は本を一冊買うために町に(乗り物で)出かけた | Er ist zu jung, um das ～ verstehen. 彼は若すぎてそのことが理解できない | Um die Wahrheit ～ sagen, ich schätze ihn nicht. 本当のことを言えば 私は彼を評価していない ‖ Er ging durch den Regen, ohne einen Mantel ～ tragen. 彼はコートを着ないで雨の中を歩いた | Du hast gefaulenzt, anstatt deine Schulaufgabe ～ machen. 君は宿題をやらないで怠けていたね.

b)《現在分詞にそえて未来受動分詞を構成し, sein＋zu 不定詞の形の述語形に対応する付加語形としての機能をもつ: →a ①》…されうる, …されるべき: der vor*zu*legende Ausweis 呈示すべき身分証明書 | ein leicht ～ lesendes Buch 簡単に読める本 | nicht ～ unterschätzende Schwierigkeiten 過小評価できない困難.

II 副 **1**《過剰》《形容詞を修飾して》(英: *too*) あまりにも…; …すぎる: ～ viel〈wenig〉あまりにも多〈少な〉すぎる(→**zuviel** ☆, **zuwenig** ☆) | Die Schuhe sind ～ groß. この靴は大きすぎる | Du bist nur ～ faul. 君は(遺憾ながら)あまりにも怠け者だ | Das ist mir viel ～ klein. それは私にはどうしようもなく小さすぎる | Ich hätte gar ～ gern teilgenommen. 私は参加したいのはやまやまであった ‖〖限定を示す語句と〗*jm.* ～ schwer sein …にとっては難しすぎる | Sie ist ～ gut für diesen Mann. 彼女はこの男にはもったいない | Er ist ～ jung dazu. 彼はそのことをするにはまだ若すぎる | Sie ist ～ krank, als daß sie das Bett verlassen könnte〈um das Bett zu verlassen〉. 彼女は容体が悪くてまだ床を離れることができない.

2《方向》**a**)《到達・接近の方向; 方向を示す語句にそえて》…の方に近づいていって, …を目ざしていって, …の方に近づくにつれて; …の方に面して: auf *et.*[4] ～ …を目ざして | Der Baum stürzte auf ihn ～. 木が彼の方にどっと倒れて来た | Die Truppen zogen sich nach Westen ～ zurück. 部隊は西へ西へと後退した | Zur Grenze ～ vermehrten sich die Kontrollen. 国境に近づくにつれて〔旅券〕検査が頻繁になった ‖ Das Zimmer liegt nach dem Hof ～. 部屋は中庭に面している | Neben ihm, der Tür ～, stand seine Frau. 彼の横のドアよりに彼の妻が立っていた ‖ **ab und ～** (→ ab[2] I 5).

b)《継続・進行》《ふつう命令形にそえて督促・督励を示す》さあどんどん〈さっさと〉〔やれ〕: Lauf ～! さっさと走れ | Mach ～! どんどんやれ | Schreie nur ～! 叫びたいだけ叫ぶがよい |〔**Nur**〕**immer ～!** さあどんどんやれ.

c)《上限》《**bis zu** の形で数詞にそえて》…〔の数〕まで, …に達するまで: bis ～ zehn 10まで〔の〕| Bis ～ drei Kinder schlafen in einem Zimmer. 子供は3人まで一つの部屋に寝る.

3《話》《閉鎖》(↔auf) (geschlossen) しまって, 閉じて: Das Fenster ist ～. 窓は閉まっている(→zusein) | Mund ～ beim Essen! ものを食べているときはおしゃべりをするな | Laß die Tür ～! ドアを閉めたままにしておけ ‖ Wir haben heute ～. 本日休業(→zuhaben).

☆ 動詞と用いる場合はふつう分離の前つづりとみなされる(ただし: →zusein). また zu が述語形容詞的に用いられる結果, 俗語では付加語的用法も見られる: ein *zues* Fenster 閉まっている窓.

[*westgerm.*; ◇zer..]

zu.. **1**《分離動詞の前つづり.「閉鎖・被覆・接近・合流・追加・継続」などの意味をそえる. つねにアクセントをもつ》: *zu*machen 閉じる | *zu*decken 覆う | *zu*fließen 流れこむ | *zu*laufen 走り寄る | *zu*stimmen 賛同する | *zu*fügen 付け加える | *zu*zahlen 払い足す | *zu*bringen (時を)すごす | *zu*hören 耳を傾ける | *zu*schauen (わきから)眺める. **2**《名詞につけて「添加」を意味する. つねにアクセントをもつ》: *Zu*buße 追加出資 | *Zu*name 家族名, 姓.

zu·al·ler·ẹrst[tsu|álər|é:rst] 副《zuerst の強調》真っ先に, 何よりもまず. **≈lẹtzt**[..lέtst] 副《zuletzt の強調》いちばん最後に, 最後の最後に.

Zụ·ar·beit[tsú:|arbaɪt] 女 仕事の手伝い, 手助け.

zụ|ar·bei·ten[tsú:|arbaɪtən]《01》自 (h)《*jm.*》(…の)手助けをする, (…の)仕事を手伝う.

Zụ·ar·bei·ter[..tər] 男 -s/- zuarbeiten する人.

zu·äu·ßerst[tsu|ɔ́ʏsərst] 副 **1** いちばん外側に〈で〉. **2** (äußerst) 極めて, 極度に.

Zuạ·ve[tsuá:və] 男 -n/-n ズワーブ兵(1830年ごろ仏領アルジェリアで編制された, 主として Berber 種族からなる歩兵部隊の隊員). [*arab.－fr.*; ◇*engl.* Zouave]

zụ|bal·lern[tsú:balərn]《05》他 (h)《話》(扉などを)バタンと閉める.

Zụ·bau[tsú:baʊ] 男 -[e]s/-ten[－tən]《ｵｰｽﾄﾘｱ》(Anbau) **1**《単数で》増築. **2** 増築部分.

zụ|bau·en[tsú:baʊən] 他 (h) **1** (空き地などを)建物で埋める; (展望を)建物で妨げる: Diese Baulücke wird bald *zugebaut* sein. この建物の間の空き地も間もなく家が建つだろう. **2**《話》(入口などを)物を置いてふさぐ.

Zụ·be·hör[tsú:bəhø:r] 中 (男) -〔e〕s/-e (ｽｲｽ: -den [－dən])《ふつう単数で》《集合的に》**1** (住居などの付属物)家具調度類; 諸設備: ein Haus mit allem ～ 家具調度一切を備えた家. **2** (機械・器具などの)付属〔部〕品: eine Kamera mit allem ～ 付属品一式つきカメラ. **3**〖法〗従物. [*ndd.*; ＜*mndd.*〔to〕behoren „〔zu〕gehören" (◇hören)]

Zụ·be·hör·teil 中 (機械などの)付属部品.

zụ|bei·ßen*[tsú:baɪsən]《13》自 (h) **1** かみつく, 食いつく. **2** 歯をかみ合わせる.

zụ|be·kom·men*[tsú:bəkɔmən]《80》《過分 zubekommen》他 (h)《話》**1** (すでにもらったものに加えて)さらにもらう〈買う〉, おまけにもらう: ein paar Kleinigkeiten ～ さらに二三のこまごましたものを買う〈受けとる〉| ein Stück Kuchen ～ ケーキを一切れ余分に〈おまけに〉もらう.

2 (↔aufbekommen) (閉まりにくいものを)苦心して〈やっとのことで〉閉める: Sie *bekam* den Koffer nicht *zu*. 彼女はどうしてもトランクを閉めることができなかった.

ᵛ**zụ·be·nannt**[tsú:bənant] (ᵛ**zụ·be·nạmt**[..na:mt]) 形《付加語として人名に後置して》…というあだ名の, (…)またの名…: Heinrich,～ der Löwe 獅子(しし)王の異名をとるハインリヒ.

Zụ·ber[tsú:bər] 男 -s/- (二つの取っ手のついた大型の)桶(おけ); たらい: Bade*zuber* 風呂(ふろ)桶. [„(Gefäß mit) zwei Henkeln"; *ahd.* zwi-par; ◇zwei, ..bar]

zụ|be·rei·ten[tsú:bəraɪtən]《01》《過分 zubereitet》他 (h) **1** (食事の)用意をする, 調理する: das Essen〈eine Suppe〉～ 食事〈スープ〉を作る | Die Speisen wurden mit großer Sorgfalt *zubereitet*. 料理は心をこめて調理された. **2** (薬を)調合する: eine Arznei ～ 薬を調合する. **3**《*et.*[4]》(生地などを)加工する; (…に)化学処理を加える.

Zu·be·rei·tung[..tʊŋ] 女 -/-en zubereiten すること.
Zu·bett·ge·hen[tsubέtgeːən] 中 -s/ 就寝: beim ~ 床につく時に | vor dem ~ 就寝前に.
zu|bil·li·gen[tsúːbɪlɪgən][2] 他 (h) 《*jm. et.*[4]》(…に…を)認めてやる, 承認する: einem Angeklagten mildernde Umstände ~ 被告の情状を酌量する.
Zu·bil·li·gung[..gʊŋ] 女 -/-en《ふつう単数で》承認: unter ~ mildernder Umstände 情状を酌量して.
zu|bin·den*[tsúːbɪndən][1] 《18》他 (h) 《*et.*[4]》(…をひも・帯などで)結んで締める: *jm.* die Augen ~ …に〔布で〕目隠しをする | den Sack mit einer Schnur ~ 袋の口をひもで結ぶ | den Sack ~ (→Sack 1) | *sich*[3] die Schuhe ~ 靴ひもを結ぶ.
Zu·biß[tsúːbɪs] 男 ..bisses/..bisse (激しく)かみつくこと.
zu|bla·sen*[tsúːblaːzən][1] 《20》他 (h) 《*jm. et.*[4]》(…に…を)吹き込む, ほのめかす, けしかける.
Zu·blä·ser[..blɛːzər] 男 -s/- 告げ口をする人, 煽動(せんどう)者, 中傷者.
zu|blei·ben*[tsúːblaɪbən][1] 《21》自 (s) (↔ aufbleiben) 閉じたままになっている: Die Tür *bleibt zu.* ドアは閉まったままだ.
zu|blin·zeln[tsúːblɪntsəln] 《06》自 (h) 《*jm.*》(…に)目くばせする: *jm.* freundlich ⟨aufmunternd⟩ ~ …ににこやかに⟨勇気づけるように⟩目くばせする.
zu|brin·gen*[tsúːbrɪŋən] 《26》他 (h) **1** 《*et.*[4]》《場所または様態を示す語句と》(〔やむを得ず〕時を…で)過ごす: vier Woche auf Reisen ⟨auf dem Lande⟩ ~ ひと月を旅⟨田舎⟩で過ごす | eine Nacht im Auto ⟨im Freien⟩ ~ 一晩車の中で明かす⟨野宿する⟩ | einige Monate im Krankenhaus ⟨im Gefängnis⟩ ~ 数か月病院⟨刑務所⟩で過ごす | die Zeit mit dem ⟨beim⟩ Lesen ~ 読書して時を過ごす ‖ Damit werde ich nicht lange ~. 私はそれに長くはかからないよ.
2 《*jm. et.*[4]》 **a)** (…に…を)届ける, 持って行く, 持参する: in die Ehe *zugebrachtes* Vermögen 結婚の持参金⟨財産⟩. **b)** (…に材料などを)供給する, 補給する. **c)** 《比》(…に…を)告げ口する, 吹き込む.
3 《話》(↔aufbringen) (閉まりにくいものを)苦心して⟨やっとのことで⟩閉める: Sie *brachte* den Koffer ⟨der Deckel⟩ nicht *zu.* 彼女はトランク⟨ふた⟩がなかなか閉められなかった | Er hat den Mund vor Staunen nicht *zugebracht.* 《戯》彼は驚きあきれてあいた口がふさがらなかった.
Zu·brin·ger[..ŋər] 男 -s/- **1** (zubringen する機械装置. 例えば:) 自動供給装置, 自動給水⟨給油⟩装置; コンベヤー. **2 a)** (主要交通路・高速道路などへの)連絡道路: Autobahn*zubringer* アウトバーンへの連絡道路. **b)** (ターミナル駅で幹線へ接続する)鉄道の支線. **c)** (空港や駅などへの)連絡⟨送迎⟩交通〔機関〕. **3** (zubringen する人. 例えば:) **a)** 持参人, 配達⟨運搬⟩人. **b)** 密告者, 中傷者.
Zu·brin·ger≈bus 男 (空港・駅などへの)連絡⟨送迎⟩バス. **≈dienst** 男 (空港・駅などへの)連絡交通⟨送迎⟩サービス. **≈för·der·band** 中 -〔e〕s/..bänder ベルト=コンベヤー. **≈li·nie**[..niə] 女 **1** (空港・駅などへの)送迎バス路線. **2** 〘空・鉄道〙(幹線に連絡する)支線. **≈stra·ße** 女 (主要交通路・高速道路などへの)連絡道路.
Zu·brot[tsúːbroːt] 中 -〔e〕s/ ▽**1** (Zukost) 〘料理〙つけ合わせ(野菜・サラダなど). **2** 《戯》副収入, 別途収入: *sich*[3] ein gutes ~ verdienen (アルバイトなどをして)副収入を得る.
zu|brül·len[tsúːbrʏlən] 他 (h) 《*jm. et.*[4]》(…に…を)大声で⟨わめくように⟩言う.
Zu·bu·ße[tsúːbuːsə] 女 -/-n 追加出資; 補助金, 特別手当(本来は鉱山開発のための追加投資〔金〕).
zu|but·tern[tsúːbʊtərn] 《05》他 (h) 《話》(援助のために金を)注ぎ込む, 資金を出す.
Zuc·chet·to[tsukέtoˑ] 男 -s/..tti[..tiˑ] 《ふつう複数で》《スイ》=Zucchini
Zuc·chi·ni[tsukíːniˑ] 女 -/- 〘植〙ズッキーニ(キュウリに似たイタリア産の野菜). [*it.*]
Zü·chen[tsýːçən] 男 -s/- 《方》=Zieche
Zucht[tsʊxt] 女 -/-en **1** 《単数で》(厳しい)しつけ; 規律, 秩序: eine eiserne ~ 鉄のような規律 | strenge ~ 厳しいしつけ⟨規律⟩ | Selbst*zucht* 自己に対する厳しいしつけ, 自己規律 ‖ *jn.* an ~ 〔und Ordnung〕 gewöhnen …を規律正しい生活⟨環境⟩になじませる | auf strenge ~ halten 厳しい規律を守る | *jn.* in ~ halten …に規律を守らせる | *jn.* in ~ nehmen …を厳しくしつける | unter der strengen ~ 厳しいしつけ⟨規律⟩の下で ‖ Hier herrscht ~ und Ordnung. ここはきちんと秩序⟨規律⟩が保たれている | Hier herrscht ja eine schöne ⟨saubere / tolle⟩ ~! 《反語》これはまた何というだらしなさだ. ▽**2** -/Züchte[tsʏ́çtə] 上品⟨端正⟩な振舞い, 良風美俗: in *Züchten* 礼儀正しく. **3** 《単数で》(植物の)栽培; (家畜・家禽(かきん)・魚などの)飼育, 養殖; (動植物の)育種, 品種改良; 培養: die ~ von Pferden 馬の飼育 | Fisch*zucht* 魚の養殖 | Saat*zucht* 種苗栽培 | Vieh*zucht* 畜産, 牧畜 ‖ Gute ~, gute Frucht. 《諺》丹精こめれば良い実がなる, しつけが良ければ立派な人物となる. **4 a)** 飼育⟨栽培⟩の成果, 生産〔物〕: die ~*en* dieses Jahres 今年の栽培⟨飼育⟩物. **b)** 品種: aus verschiedenen ~*en* stammen 数品種の交配から生まれる.
[*westgerm.*; ◇ziehen[2], züchtig]
Zucht≈buch[tsʊ́xt..] 中 (Herdbuch) (種畜の)血統証明書. **≈bul·le** 男 繁殖用雄牛, 種牛. **≈cham·pi·gnon**[..ʃampɪnjɔŋ] 男 〘植〙ツクリタケ(作茸), マッシュルーム.
Züch·te Zucht 2の複数.
Zucht·eber[tsʊ́xt..] 男 繁殖用雄豚, 種豚.
züch·ten[tsʏ́çtən] 《01》他 (h) **1** 飼育する; 栽培する; 育成する; 養殖する; 培養する; 品種改良する: Bienen ~ ミツバチを飼育する | Rosen ~ バラを栽培する | neue Arten ~ 新種を作り上げる ‖ künstlich *gezüchtete* Pflanzensorten 人為的に作られた植物の品種. **2** (感情などを)目覚めさせる, 増大させる: den Haß ~ 憎しみを育てる.
Züch·ter[..tər] 男 -s/- (動物の)飼育⟨養殖⟩〔業〕者; (植物の)育種家, 栽培者.
Züch·te·rei[tsʏçtəráɪ] 女 -/-en 動物飼育⟨養殖⟩業⟨場⟩; 植物栽培業⟨場⟩.
Zucht·er·folg[tsʊ́xt..] 男 栽培⟨飼育⟩の成功, 栽培⟨飼育⟩の成果.
züch·te·risch[tsʏ́çtərɪʃ] 形 動物飼育⟨養殖⟩〔上〕の; 植物栽培〔上〕の.
Zucht·ge·nos·sen·schaft[tsʊ́xt..] 女 動物飼育⟨養殖⟩業者組合; 植物栽培業者組合.
Zucht·haus[tsʊ́xthaʊs][1] 中 **1** (懲役刑などの受刑者のための)監獄, 刑務所: im ~ sitzen 刑務所に収容されている. **2** 《単数で》=Zuchthausstrafe: 8 Jahre ~ bekommen 懲役8年の刑に処せられる | *jn.* zu lebenslänglichem ~ verurteilen …に無期懲役の判決を下す.
[„Erziehungsanstalt"]
Zucht·haus·ar·beit 女 懲役〔労働〕.
Zucht·häus·ler[..hɔʏslər] 男 -s/- 懲役囚.
Zucht·haus·stra·fe 女 **1** 懲役刑. **2** 〘法〙(旧刑法で5年以上の)重懲役刑.
Zucht≈hengst 男 繁殖用雄馬, 種馬. **≈hen·ne** 女 繁殖用めんどり. **≈holz** 中 栽培樹木.
▽**züch·tig**[tsʏ́çtɪç][2] 形 (特に女性について)しとやかな, 慎み深い, 貞淑な; 内気な, はにかんだ: eine ~*e* Jungfrau 貞潔な処女 ‖ keusch und ~ sein 純潔でしとやかである | ~ zu Boden blicken はにかんで目を伏せる. [*ahd.*; ◇Zucht]
züch·ti·gen[tsʏ́çtɪgən][2] 他 (h) 《雅》(殴打によって)懲らしめる, 折檻(せっかん)する: Kinder mit einer Rute ~ 鞭(むち)で子供に体罰を加える | *sein* Fleisch ~ 苦行して肉欲を断つ | Wer seinen Sohn lieb hat, der *züchtigt* ihn beizeiten. 子を愛するものはつとめてこれを懲らしめる(聖書: 箴13,24).
Züch·tig·keit[tsʏ́çtɪçkaɪt] 女 -/ (züchtig なこと. 例えば:) しとやかさ, 慎み深さ; はにかみ.
Züch·ti·gung[..tɪgʊŋ] 女 -/-en 懲罰, 懲らしめ: körperliche ~ 体罰, 折檻(せっかん).
Züch·ti·gungs·recht 中 -〔e〕s/ (両親・後見者・教師などの)懲罰権.
▽**Zücht·ling**[tsʏ́çtlɪŋ] 男 -s/-e =Zuchthäusler
zucht·los[tsʊ́xtloːs][1] 形 不作法な, だらしのない; 従順でな

Z

い, 手に負えない; 無規律の.

Zucht·lo·sig·keit[..lo:zɪçkaɪt] 女 -/-en《ふつう単数で》zuchtlos なこと.

▽**Zucht·mei·ster**[tsúxt..] 男〔厳格な〕教師.

Zucht≠mit·tel 中 矯正方法〈手段〉;〘法〙(少年刑法での)懲戒手段. **≠per·le** 女 養殖真珠. **≠ras·se** 女 育成種, 改良種. **≠ru·te** 女 懲罰用の鞭(むち);《比》厳格な教育〈しつけ〉: unter *js.* ~ stehen …の厳しい教育を受けている. **≠schaf** 中 種羊. **≠schwein** 中 種豚. **≠stier** 男 繁殖用雄牛, 種牛. **≠stu·te** 女 繁殖用雌馬. **≠tier** 中 種畜(しゅちく).

Züch·tung[tsʏ́çtʊŋ] 女 -/-en **1**《単数で》飼育; 育種; 栽培; 養殖; 品種改良. **2** (育成された)品種.

Zucht≠ver·bes·se·rung[tsúxt..] 女 品種改良. **≠vieh** 中 種畜. **≠wahl** 女《ふつう単数で》〘生〙淘汰(とうた): natürliche ~ 自然淘汰.

zuck[tsʊk] **I** 間 (突然の速い動きを表して)さっ, ぱっ, しゅっ: ruck, ~ (→ruck). **II Zuck** 男 -〔e〕s/-e《ふつう単数で》敏速な動き, 瞬間的反応: in 〈mit〉 einem ~ 一瞬のうちに, すばやく | mit Ruck und ~ (→Ruck).

zu̱ckeln[tsúkəln]《06》自 (s)《話》(車などが)のろのろ進む, (ぎこちなく)ゆっくりと移動する.

Zu̱ckel·trab 男《話》のろのろ〈とぼとぼ〉した足どり.

zu̱cken[tsúkən] **I** 自 **1** (h) **a)** ぴくぴく〈ぴくっと〉動く, 痙攣(けいれん)する; うずうず〈むずむず〉する: Ein Fisch *zuckt* an der Angel. 魚が釣り針をぴくっと引く | Seine Lippen *zuckten.* 彼の唇はぶるぶる震えていた ‖ mit *et.*[3] ~ …をぴくぴく〈ぴくりと〉動かす | die Achsel〔n〕~ / mit den Achseln ~ 肩をすくめる(当惑・絶望・軽蔑などの身振り) | Er *zuckte* mit den Lippen. 彼は唇を震わせた | ohne mit der Wimper zu ~ (→Wimper 1) ‖ 非人称 Es *zuckt* mir in den Fingern 〈Händen〉. 私は手出しをしたくてむずむずしている | Es *zuckt* mir in den Beinen 〈Füßen〉. (踊りたくて)私は足がむずむずする | Es *zuckt* um ihren Mund. (今にも笑い・泣き出しそうな様子で)彼女の口が震える. **b)** ずきずき痛む, うずく: 非人称 Es *zuckt* mir in allen Gliedern. / Mir *zucken* alle Glieder. (リューマチなどで)体じゅうが〔ずきずき〕痛む.

2 a) (h) (稲妻・灯火などが)ぴかっと光る, またたく: Blitze *zuckten.* 稲妻がぴかっと光った. **b)** (s) (ある方向へ)すばやくさっと動く: Blitze sind durch die Nacht *gezuckt.* 稲妻が夜のやみを裂いて光った | Er ist unwillkürlich zur Seite *gezuckt.* 彼は思わずさっと身をかわした | Plötzlich ist ihm ein Gedanke durch den Kopf *gezuckt.* ある考えがふと彼の頭をよぎった.

II 他 (h)《*et.*[4]》(…を)ぴくぴく〈ぴくりと〉動かす: die Schultern 〈die Achseln〉 ~ 肩をすくめる.

［*westgerm.*; ◇ziehen[2]］

zü̱cken[tsʏ́kən] 他 (h) **1** (武器などを)さっと引き抜く, 引き出す: das Schwert 〈den Dolch〉 ~ 剣〈短刀〉をさっと抜く. **2**《戯》すばやく取り出す: das Portemonnaie 〈das Notizbuch〉 ~ 財布〈メモ帳〉をさっと取り出す.

Zu̱cker[tsúkər] 男 -s/ (種類: -) **1** (英: *sugar*) 砂糖;〘化〙糖: brauner 〈klarer〉 ~ 黒〈白〉砂糖 | gebrannter 〈gestoßener〉 ~ カラメル〈グラニュー糖〉 | Kandis*zucker* 氷砂糖 | Puder*zucker* 粉砂糖 | Trauben*zucker*〘化〙ぶどう糖 ‖ ein Löffel 〔voll〕 ~ 砂糖さじ 1 杯 | ein Stück ~ 角砂糖 1 個 ‖ süß wie ~ 砂糖のように甘い ‖ in *et.*[4] ~ tun …に砂糖を入れる | Nehmen Sie ~ zum Kaffee 〈Tee〉? コーヒー〈紅茶〉にお砂糖を入れますか ‖ ***seinem* Affen ~ geben**《話》浮かれる, うれしがる; とっぴな道楽にふける; お気に入りの話をくり返す | ***jm.* ~ in den Arsch 〈den Hintern〉 blasen**《卑》…を大いに甘やかす, …をおだてる ‖ **nicht aus ~ sein**《話》i) (雨に)ぬれても平気だ; ii) タフである | *et.*[4] in ~ einmachen …を砂糖漬けにする | den Kaffee mit ~ 〈ohne ~〉 trinken 砂糖を入れて〈砂糖なしで〉コーヒーを飲む ‖ **~ sein**《話》すばらしい, すてきだ | Das 〈Sie〉 ist 〔einfach〕 ~!《話》そいつはすばらしい〈彼女はすてきだ〉. **2**《話》(Zuckerkrankheit) 糖尿病: Er hat ~. 彼は糖尿病だ.

［*sanskr.* śarkarā „Kies"–*pers.*–*arab.* sukkar–*ait.* zucchero–*mhd.*; ◇Saccharin］

Zu̱cker≠ab·bau[tsúkər..] 男 -〔e〕s/〘生理〙糖の分解. **≠ahorn** 男〘植〙サトウカエデ(砂糖楓)(北アメリカ産で, 樹液から砂糖がとれる. カナダの国旗に葉の形が図案化されている).

zu̱cker·ar·tig 形 砂糖のような; 糖質の.

Zu̱cker≠bäcker 男《南部・オーストリア》(Konditor) ケーキ製造業者. **≠bäcke·rei** 女《南部・オーストリア》(Konditorei) ケーキ製造〔販売〕店; 菓子屋. **≠be·stim·mung** 女〘化〙糖定量法. **≠bil·dung** 女〘化〙糖化. **≠bre·zel** 女 砂糖入りブレーツェル(→Brezel). **≠brot** 中 ▽**1** 菓子パン: **mit ~ und Peitsche**《比》あめとむちを用いて(時に応じてほめたりしかったりして), 寛厳よろしきを得て. **2**《話》砂糖をまぶしたバターパン. **≠büch·se** 女 = Zuckerdose **≠cou·leur** [..kulø:r] 女 -/ カラメル(砂糖を煮つめてシロップ状にしたもの). **≠do·se** 女 砂糖入れ〈つぼ〉. **≠erb·se** 女〘植〙シュガーピー. **≠fa·brik** 女 製糖工場. **≠früch·te** 複 砂糖漬けの果物. **≠gä·rung** 女〘化〙糖の発酵. **≠gast** 男 -〔e〕s/..gäste (Silberfischchen)〘虫〙アリシミ(蟻衣魚)の一種. **≠ge·halt** 男〘化〙含糖量, 糖分. **≠ge·win·nung** 女 砂糖採取, 製糖. **≠gla·sur** 女 = Zuckerguß 1 **≠guß** 男 **1** (パン・菓子等にかける)砂糖ごろも, 糖衣. **2**《話》見えすいた賛辞; 虚飾.

zu̱cker·hal·tig[tsúkərhaltɪç][2] 形 砂糖の入った, 糖分のある.

Zu̱cker≠harn·ruhr 女 = Zuckerkrankheit **≠hut** 男 棒砂糖(円錐(えんすい)状に白砂糖を固めたもの).

zu̱cke·rig[tsúkərɪç][2] (**zuck·rig**[..krɪç][2]) 形 **1** 砂糖の入った, 糖分のある; 砂糖だらけの. **2** 砂糖状の, ざらめ状の, 白い粒状の. **3**《比》甘美な, 甘ったるい.

Zu̱cker≠kä·fer[tsúkər..] 男〘虫〙クロツヤムシ(黒艶虫)科の昆虫. **≠kand**[..kant][1] 男 -〔e〕s/ **, ≠kan·dis** 男 -/ (オーストリア: **≠kandl**[..kandəl] 中 -s/) 氷砂糖.

zu̱cker·krank I 形〘医〙糖尿病の.

II Zu̱cker·kran·ke 男 女《形容詞変化》〘医〙糖尿病患者.

Zu̱cker·krank·heit 女 (Diabetes)〘医〙糖尿病.

Zu̱ckerl[tsúkərl] 中 -s/-〔n〕《南部・オーストリア》**1** (Bonbon) ボンボン(キャンデーの一種). **2**《オーストリア》特典, おまけ, (特別な)サービス.

Zu̱cker≠lecken 中 (Honiglecken)《次の成句で》**Das ist kein ~.** それは楽なことではない. **≠lö·sung** 女 糖液.

Zu̱ckerl·stand[tsúkərl..] 男《オーストリア》(特に露店の)菓子売り場, 菓子スタンド.

Zu̱cker·man·gel[tsúkər..] 男 -s/ **1** 砂糖不足. **2**〘医〙低血糖〔症〕.

zu̱ckern[tsúkərn]《05》他 (h)《*et.*[4]》**1** 砂糖で甘くする; (…に)砂糖を入れる. **2** (…に)砂糖をまぶす.

Zu̱cker≠pal·me 女〘植〙サトウヤシ(砂糖椰子)(インド・マレーシア産で, 樹液から砂糖をとる). **≠pflan·zung** 女 サトウキビ栽培〔地・農園〕. **≠plätz·chen** 中 **1** 砂糖菓子, クッキー, ボンボン, ドロップ. **2**〘医〙糖丸子, 糖剤. **≠pup·pe** 女《話》かわいい女の子. **≠raf·fi·na·de** 女 精製糖, 精白糖. **≠raf·fi·ne·rie** 女 精糖所〈工場〉. **≠rohr** 中〘植〙サトウキビ(砂糖黍), カンショ(甘蔗). **≠rü·be** 女〘植〙テンサイ(甜菜), サトウダイコン(砂糖大根), ビート(→ 図 Rübe). **≠ruhr** 女 = Zuckerkrankheit **≠saft** 男 シロップ, 糖液. **≠säu·re** 女〘化〙糖酸. **≠scha·le** 女 (食卓用の)砂糖入れ. **≠schlecken** 中 -s/ = Zuckerlecken **≠sie·de·rei** 女 製糖業; 製糖所, 製糖工場. **≠si·rup** 男 シロップ, 糖シロップ. **≠spie·gel** 男 (Blutzuckerspiegel)〘医〙血糖レベル. **≠stan·ge** 女 棒キャンデー. **≠streu·er** 男 砂糖ふり出し器.

zu̱cker·süß[tsúkərzý:s] 形 **1** 砂糖のように甘い, 非常に甘い. **2**《比》(絵画・文学などが)甘ったるい, (うわべは)甘美〈優美〉だがあまり趣味のよくない. **3**《比》口先のうまい; うわべだけ親切そうな: ~*e* Worte 甘言.

Zu̱cker≠tü·te《方》= Schultüte **≠über·zug** 男 糖衣. **≠wa·ren** 複 砂糖製品; (砂糖菓子・キャンデー・ボンボンなど)〔甘い〕菓子類. **≠was·ser** 中 -s/ 砂糖水. **≠wat·te** 女 綿菓子. **≠werk** 中 -〔e〕s/ = Zuckerwaren

Z

∠zan·ge 女 角砂糖ばさみ. ∠zeug 中 ＝Zuckerwaren

Zuck·fuß[tsúk..] 男 -es/ (Hahnentritt)〖畜〗(馬の)跛行(はこう)症.

Zuck·mey·er[tsúkmaıər] 人名 Carl ～ カルル ツックマイヤー(1896-1977; ドイツの劇作家. 作品『ケーペニックの大尉』『悪魔の将軍』など).

Zuck·mücke 女〖虫〗ユスリカ(揺蚊)科の昆虫.

zuck·rig ＝zuckerig

Zuckung[tsúkʊŋ] 女 -/-en (zucken すること. 例えば:) 痙攣(けいれん); 震動, 顫動(せんどう);〖動・医〗単収縮, 攣縮(れんしゅく): letzte *～en* 断末魔のあがき.

zu|däm·men[tsú:dɛmən] 他 (h) (堤防で)せき止める.

Zu·deck[tsú:dɛk] 中 -[e]s/-e, **Zu·decke**[..dɛkə] 女 -/-n《方》掛けぶとん; ベッドカバー.

zu|decken[tsú:dɛkən] 他 (h) **1**《*et.*⁴ [mit *et.*³]》([…で]…の開口部に)ふたをする, ([…で]穴などを)ふさぐ: einen Topf [mit einem Deckel] ～ なべにふたをする | den Brunnen ～ 井戸にふたをする | den Brunnen [erst] ～, wenn das Kind hineingefallen ist (→Brunnen 1).

2 a)《*jn.* ⟨*et.*⁴⟩ [mit *et.*³]》(…を[…で])くるむ, 包む, (…に[…を])おおいかぶせる; (…に[…を])かぶせてやる: ein Beet mit Stroh ～ 苗床を麦わらでおおう | das Kind mit einer Decke ⟨einem Mantel⟩ ～ 子供に毛布を掛けてやる⟨コートを着せてやる⟩ | *et.*⁴ mit dem Mantel der Liebe ⟨der christlichen Nächstenliebe⟩ ～ (→Mantel 1) ‖ Er lag bis zum Hals *zugedeckt.* 彼は肩⟨くび⟩まですっぽりふとんをかぶって寝ていた | Bist du warm *zugedeckt*? ふとんを掛けて暖かくしているかい ‖ 再帰 *sich*⁴ ～ (毛布などに)身をくるむ, くるまる | *Deck* dich gut *zu*! ちゃんとふとんを掛けなさい. **b)**《*et.*⁴》(…の)全体をおおい⟨包み⟩隠す: Die Brecher haben das ganze Boot *zugedeckt.* 砕ける高波がボートをすっぽりと包み込んでしまった.

3 a)《*et.*⁴》(いやなことなどを)押し隠す, 外にもれないようにする, 取りつくろう: *seine* Befangenheit mit einem Lächeln ～ 困惑を微笑で紛らす | Der Minister versuchte, die wirtschaftlichen Mißstände *zuzudecken.* 大臣は苦しい経済状態をなんとかして取りつくろおうとした. **b)**《*jn.* / *et.*⁴》(…の声が)聞こえなくなるほどの音⟨声⟩を発する, (…の声を)かき消す: Der Redner wurde ⟨Seine Worte wurden⟩ vom Geschrei der Menge *zugedeckt.* 演説者の話⟨彼の言葉⟩は群衆のわめき声でかき消された.

4 a)《*et.*⁴ mit *et.*³》〖軍〗(…に…で)猛射を浴びせる: die feindlichen Stellungen mit Artilleriefeuer ～ 敵陣に集中砲火を浴びせる | eine Stadt mit Bomben ～ 都市をじゅうたん爆撃する. **b)**《話》《*jn.* mit *et.*³》(…に質問・悪口などを)浴びせる: *jn.* mit Fragen ⟨Vorwürfen⟩ ～ …を質問責めにする⟨…に非難を浴びせる⟩ | *jn.* mit Schlägen ～ …に鉄拳(てっけん)の雨を降らせる.

5《話》(verprügeln)《*jn.*》(…を)さんざんに殴る, ぶちのめす: *jn.* schön ⟨tüchtig⟩ ～ …をしたたかに打ちのめす, …を手ひどく痛めつける.

zu·dem[tsudé:m] 副 (außerdem, überdies) それに加えて, そのうえ, おまけに: Es war sehr kalt, ～ regnete es. ひどく寒かったし それに雨まで降っていた.

zu|den·ken*[tsú:dɛŋkən]《28》他 (h)《雅》《*jn.* *et.*⁴》(…に…を)与えようと思う⟨考える⟩; (…に…を)課する, 与える, 加える; ▽遺贈する: *jn.* eine Rolle ⟨eine Strafe⟩ ～ …にある役を割り当てる⟨ある罰を科する⟩ | Das schönste Geschenk *dachte* er seinem ältesten Sohn *zu.* いちばんいい贈り物を彼は長男にと考えていた | Das Schicksal hat manchen Menschen harte Prüfungen *zugedacht.* 運命は多くの人間に厳しい試練を課した | Ihm war der Platz neben ihr *zugedacht.* 彼には彼女の隣の席が割り当てられていた ‖ die mir *zugedachte* Ehre 私に分かち与えられた名誉.

zu|die·nen[tsú:di:nən] 自 (h)《ｽｲｽ》(zugehören)《*et.*³》(…に)付属する, (…の)一部である.

zu|dik·tie·ren[tsú:dıkti:rən] 他 (h)《*jn.* *et.*⁴》(…に…を)割り当てる, あてがう; (…に罰などを)科する: *jn.* eine Strafe ～ …に罰を科する.

▽**Zu·drang**[tsú:draŋ] 男 -[e]s/ **1** (Andrang) (群衆などが)押し寄せること, 押し合いへし合い: großer ～ an der Theaterkasse 劇場の入場券売り場の大混雑 | ～ zu der Bank 銀行の取り付け. **2** 押し寄せる⟨殺到する⟩群衆.

▽**zu|drän·gen**[tsú:drɛŋən] 他 (h) 再帰 *sich*⁴ ～ (群衆などが)押し寄せる, 押しかける, 殺到する;《比》でしゃばる: das *zudrängende* Volk 殺到する民衆.

zu|dre·hen[tsú:dre:ən] 他 (h) **1** (↔ aufdrehen) **a)** (栓・ふたなどを)回して⟨ねじって⟩しめる; (ねじなどを)回して⟨ねじって⟩きつくしめる: den Wasserhahn ～ 水道の栓をしめる. **b)**《話》《*et.*⁴》(…を)止めるため栓をひねる: das Gas ⟨das Wasser⟩ ～ 栓をひねってガス⟨水⟩を止める | *jm.* den Geldhahn ～ (→Geldhahn). **2**《*jm.* *et.*⁴》(…に…を)向ける: *jm.* den Rücken ⟨*sein* Gesicht⟩ ～ …に背⟨顔⟩を向ける ‖ 再帰 *sich*⁴ *jm.* ～ …の方を向く⟨振り向く⟩ | Er *drehte* sich mir *zu.* 彼は私の方に向き直った.

zu·dring·lich[tsú:drıŋlıç] 形 押しつけがましい, 厚かましい, しつこい, 押しの強い: eine *～e* Person 厚かましい⟨押しの強い⟩人 | mit *～en* Blicken 無遠慮な目つきで ‖ *jm.* ～ nachstellen …をしつこく追い回す. [＜*mhd.* zuo-dringen „hinzudrängen" (◇dringen)]

Zu·dring·lich·keit[-kaıt] 女 -/-en **1**《単数で》zudringlich なこと. **2** zudringlich な言動.

zu|drücken[tsú:drʏkən] 他 (h) 押してしめる, 閉じる: den Deckel ⟨die Tür⟩ ～ ふた⟨ドア⟩を押してしめる ‖ einem Toten die Augen ～ 死んだ人の目を閉じる | ein Auge ⟨beide Augen⟩ ～ (→Auge 1) | *jm.* die Gurgel ～ (→Gurgel).

zu|eig·nen[tsú:|aıgnən]《01》他 (h) **1**《*jm.* *et.*⁴》(…に…を)ささげる, 献呈する(特に自分の作品などを): meiner Frau *zugeeignet* わが妻にささぐ(献呈のことばとして書物などに). **2** 再帰 *sich*³ *et.*⁴ ～ …を[勝手に]わがものとする, …を横領⟨着服⟩する. [＜zu eigen geben]

Zu·eig·nung[..nʊŋ] 女 -/-en **1 a)** 献呈. **b)** 献呈の辞, 献詞. **2** 横領, 着服; 専有.

zu|ei·len[tsú:|aılən] 自 (s)《*jm.* ⟨*et.*³⟩ / auf *jn.* ⟨*et.*⁴⟩》(…のところへ)急いで行く: dem Ziel ～ / auf das Ziel ～ ゴール⟨目的地⟩に急ぐ.

zu·ein·an·der[tsuaınándər] 副《zu＋相互代名詞に相当: →sich 2 ★ ii》相対して, 向き合って; 一緒に: ～ sprechen 話し合う | Vertrauen ～ haben 互いに信頼し合っている | Das Brautpaar paßt gut ～. 花婿花嫁は似合いのカップルだ.

★ 動詞と用いる場合はふつう分離の前つづりとみなされる.

zu·ein·an·der∠fin·den*《42》自 (h) 互いに親しくなる, 懇意になる: Die beiden haben *zueinandergefunden.* 二人は親しい仲になった. ∠**hal·ten***《65》自 (h) 互いに協力し合う, 力を合わせる. ∠**kom·men***《80》自 (s) 互いに歩み寄る, 集まる. ∠**las·sen***《88》他 (h) (zueinanderkommen lassen)《*jn.*》(…を)互いに歩み寄らせる(互いに歩み寄るのを妨げない). ∠**stel·len** 他 (h) まとめる, 集める: 再帰 *sich*⁴ ～ まとまる, 集まる.

zu|er·ken·nen*[tsú:|ɛrkɛnən; まれ: ‒◡◡◡]《73》《現在・過去ではまれに非分離》他 (h) (↔aberkennen)《*jm.* *et.*⁴》(審査・裁判などによって…に…を)認める, 認定する, 承認する; 授与する; 科する: *jm.* die Doktorwürde ～ …に博士号を授与する | *jm.* die Palme ～ (→Palme 2) | *jm.* den ersten Preis ～ (審査の結果)…に1等賞を与える | *jm.* den Sieg ～ …の勝利を認定する | *jm.* eine Strafe ～ …に刑罰を科する | *jm.* ein Verdienst ～ …の功績を認める.

Zu·er·ken·nung[..nʊŋ] 女 -/-en (zuerkennen すること. 例えば:) 判決, 裁定, 認定; 承認; 授与.

zu·erst[tsu|é:rst] 副 **1** (↔zuletzt) **a)** まず第一に, いちばんはじめに, 真っ先に; 何よりもまず, なかんずく: Er kam ～ an. 彼がいちばん先に到着した | **Wer ～ kommt, mahlt ～.**《諺》先んずれば人を制す, 早いが勝ち(いちばん先に来たものがいちばん先に粉をひく) | Er ist mit dem Kopf ～ ins Wasser gesprungen. 彼は頭から先に水に飛び込んだ ‖ *Zuerst* sind wir Menschen, dann Staatsbürger. 私たちは何よりもまず人間であり しかる後に公民である | Man muß sich ～ daran gewöhnen. 何よりもまずそれに慣れなければならない.

b) (anfangs) 最初は〈に〉, はじめは〈に〉: *Zuerst* verstand ich gar nichts. 最初私は何もわからなかった | Der Lärm machte mich ～ ganz nervös, dann gewöhnte ich mich daran. 私ははじめ騒音にひどくいらいらしたが やがてそれに慣れた.

▽**2** (zum erstenmal) はじめて: Wo hast du ihn ～ getroffen? 君がはじめて彼と出会ったのはどこでですか.

zu|er·tei·len[tsúː|ɛrtaɪlən] 他 (h) 《雅》 **1** (zuteilen) 《*jm. et.*⁴》 (…に…を)分配する, 配当する; 配分する, 割り当てる. **2** (zuerkennen) 《*jm. et.*⁴》 (…に…を)認める, 認定する; (…に…を)授与する.

Zu·er·werb[tsúː|ɛrvɛrp][1] 男 -〔e〕s/-e (Nebenerwerb) 副業.

zu|fä·cheln[tsúːfɛçəln] 《06》 他 (h) 《*jm. et.*⁴》 (…に涼風などを)あおいで送る: *jm.* Kühlung ～ …に涼風を送る | *sich*³ Luft ～ 扇子を使う; 涼をとる.

zu|fah·ren*[tsúːfaːrən] 《37》 **I** 自 (s) **1** 《auf *et.*⁴ / *et.*³》 (…に向かって乗り物で)行く, 走る: auf das Dorf ～ / dem Dorf ～ 村に向かって走る. **2** 《auf *jn.*》 (…に)とびかかる, つかみかかる: Der Polizist *fuhr* auf den Dieb *zu.* 警官は泥棒におどりかかった. **3** 《話》 (止まらずにますます速く)走り続ける: 〖特に命令形で〗 *Fahr* doch *zu*! 止まらずにどんどん走り続けろ. **4** (ドアなどが)急に閉まる: Durch einen Windstoß *fuhr* die Tür *zu.* 突風でドアがバタンと閉まった.

II 他 (h) 《*jm.* 〈*et.*³〉 *et.*⁴》 (…に向かって…を乗り物で)送り込む, さし向ける; (…へ向けて乗り物を)走らせる: den Truppen die Verpflegung mit Lastwagen ～ 軍隊に食糧をトラックで送り込む.

Zu·fahrt[tsúːfaːrt] 女 -/-en **1** (ある場所に直接)通じる自動車道路: die ～ zu einem Haus ある家に通じる道; 車寄せ | die ～ zur Autobahn アウトバーンに通ずる道路. **2** 《単数で》 (ある場所への)乗り入れ: *Zufahrt* nicht gestattet! 乗り入れ禁止.

Zu·fahrts·stra·ße 女 (建物・幹線道路などへの)乗り入れ用道路, 進入路.

Zu·fall[tsúːfal] 男 -〔e〕s/..fälle[..fɛlə] **1** 偶然〔の出来事〕, 不意の出来事; 不慮の災難〈事故〉; 成り行き, 運命: ein bloßer 〈reiner〉 ～ 単なる〈全くの〉偶然 | ein glücklicher 〈unglücklicher〉 ～ 幸運〈不運〉なめぐり合わせ ‖ ein Spiel des ～*s* 運命の戯れ | ein Werk des ～*s* 偶然の仕業 ‖ durch ～ 偶然に, 思いがけなく ‖ *et.*⁴ dem ～ überlassen …を成り行きに任せる ‖ Es ist kein ～, daß ... …なのは偶然ではない | Das ist aber ein ～! 《話》 こいつは驚いた〈思いもかけないうれしいことだ〉 | Was für ein 〈Welch ein〉 ～! なんという偶然であろうか | Der ～ wollte 〈fügte〉 es, daß ... たまたま…ということになった | wie es der ～ will / wie es der ～ mit sich bringt 成り行きのおもむくままに, 偶然の成り行きで. ▽**2** 《ふつう複数で》 (Anfall) 〖医〗 発作.

[*mhd.*; *lat.* ac-cidēns (◇Akzidens) の翻訳借用]

zu|fal·len*[tsúːfalən] 《38》 自 (s) **1** (ひとりでに)急に閉まる, バタンと閉まる, ふさがる: Der Deckel 〈Die Tür〉 ist *zugefallen.* ふた〈ドア〉がバタンと閉まった | Ihm *fielen* 〔vor Müdigkeit〕 die Augen *zu.* 彼は〔疲労のあまり〕まぶたが閉じてしまった.

2 a) 《*jm.*》 (努力・期待しないのに…の)ものになる, (…の)手に入る, (…に)与えられる: Sein Reichtum ist ihm nicht einfach *zugefallen.* 彼の富は決して努力なしで手に入ったのではない | Die ganze Erbschaft *fiel* ihnen *zu.* 全遺産が彼らの手にころがりこんだ. **b**) 《*jm.*》 (仕事・役割などが…に)割り当てられる: Diese undankbare Aufgabe *fiel* ihm *zu.* このいやな任務は彼がすることになった | Die Verantwortung *fällt* dir *zu.* 責任は君が負わなければならない.

zu·fäl·lig[tsúːfɛlɪç][2] **I** 形 《比較変化なし》 偶然の, 不意の, 思いがけない; ふとした, ちょっとした: eine ～*e* Art 〖植〗 偶生種 | eine ～*e* Begegnung 偶然の出会い | eine ～*e* Entdeckung 偶然の〈思いがけぬ〉発見 | ein ～*er* Fehler 〖統計〗 偶然誤差 | ein ～*es* Zusammentreffen 偶然の一致 ‖ Das war rein ～. それは全くの偶然であった ‖ Ich habe dich gestern ～ gesehen. きのう偶然君を見かけたよ | Es geschah ganz ～. それは全く偶然に起こった.

II 副 **1** →I **2** 《話》 (vielleicht) 《丁重な問いかけ・依頼などにそえて》 もしや, ひょっとして: Kannst du mir ～ etwas Geld leihen? ひょっとして金を少し貸してもらえないだろうか.

zu·fäl·li·ger·wei·se[..lɪgər..] 副 偶然に, 思いがけず, たまたま, ふと.

Zu·fäl·lig·keit[..lɪçkaɪt] 女 -/-en **1** 《単数で》 偶然〔であること〕, 偶然性. **2** 偶然の出来事.

zu·falls·ab·hän·gig[tsúːfals..] 形 偶然に左右される.

Zu·falls≠aus·wahl 女 (サンプルなどの)任意〈無作為〉抽出. ≠**be·kannt·schaft** 女 **1** 《ふつう単数で》 偶然に知り合うこと, 行きずりの出会い. **2** 偶然に知り合った人, 行きずりの出会いの相手. ≠**ent·deckung** 女 偶然の発見. ≠**er·geb·nis** 中 偶然による成果, 偶然の結果. ≠**fund** 男 偶然の発見物〈掘り出し物〉. ≠**ge·setz** 中 確率の法則. ≠**grö·ße** 女 〖数〗 確率変数. ≠**haf·tung** 女 〖法〗 無過失責任. ≠**pro·zeß** 男 〖統計〗 確率過程. ≠**tref·fer** 男 (スポーツ・ゲームなどで)まぐれ当たり〔の得点〕, 偶然の命中〔弾〕. ≠**va·ria·ble** 女 〖数〗 確率変数. ≠**zah·len** 複 〖数〗 乱数.

zu|fas·sen[tsúːfasən] 《03》 自 (h) **1** (すばやく)つかむ, つかみとる, とらえる: mit den Fingern vorsichtig ～ 指で注意深くつかむ. **2** (mithelfen) 手を貸す, 手助けする, 助勢する: beim Tischdecken 〔mit〕 ～〔一緒に〕食卓の用意を手伝う | *Zugefaßt!* さあ仕事にかかれ, 手を貸せ.

zu|fei·len[tsúːfaɪlən] 他 (h) やすりで磨きあげる.

zu|fer·ti·gen[tsúːfɛrtɪgən][2] 他 (h) 《*jm. et.*⁴》 (…に…を)送付する, 発送する.

zu|feu·ern[tsúːfɔyərn] 《05》 他 (h) 《話》 =zuwerfen

zu·fleiß[tsufláɪs] 副 《南部・ｵｰｽﾄﾘｱ》 (absichtlich) わざと, 故意に, ことさらに: ***jm.* ～** …にあてつけに, …を怒らせるために. [<Fleiß]

zu|flie·gen*[tsúːfliːgən][1] 《45》 自 (s) **1** (ドア・窓などが)バタンと〔急に〕閉まる.

2 《auf *et.*⁴》 (…を目ざして)飛んで行く〈来る〉, (正確に…に)向かって飛ぶ: Der Ball kam auf ihn *zugeflogen.* ボールが彼をめがけて飛んで来た | Das Flugzeug *fliegt* auf die Stadt *zu.* 飛行機がその町を目ざして飛んで行く.

3 《*jm.*》 (…のところに)飛び込んで来てしまう; 《比》 労せずして(…の)ものになる: Ein Vogel ist ihm *zugeflogen.* 鳥が彼のところに飛び込んで来た ‖ *jm.* *fliegen* alle Herzen *zu* (→Herz 2) | Es *fliegt* ihm alles *zu.* 彼は何でもやすやすとやってのける | Dem Jungen *fliegt* in der Schule alles *zu.* その男の子は学校で習うことは何でもすぐのみ込んでしまう | Ihm *fliegen* die Gedanken nur so *zu.* 彼はいろんな考えを何の苦もなく次々と思いつく.

zu|flie·ßen*[tsúːfliːsən] 《47》 自 (s) **1** 《*et.*³》 (…の方向へ)流れて行く, 注ぐ: Der Fluß *fließt* dem Meer *zu.* 川が海に注ぐ. **2** 《*et.*³》 (…の中に)流れ込む, 注ぎ込む; 《比》 (…のふところに)はいる, 労せずして(…に)与えられる: Dem Bassin *fließt* frisches Wasser *zu.* 水盤の中には新鮮な水が流れ込み続けている ‖ Lob *floß* ihm von allen Seiten *zu.* 各方面から彼に賛辞が続々と寄せられた | Dem Kurort sind große Einnahmen 〔durch die Feriengäste〕 *zugeflossen.* 《比》〔休暇旅行の客のおかげで〕保養地に大きな収入がもたらされた | Die Gedanken *fließen* ihm *zu.* 彼はいろいろな意見を次々と思いつく.

Zu·flucht[tsúːflʊxt] 女 -/-en **1** 避難所, 逃避の場, 隠れ家; 庇護(ﾋｺﾞ)者, 保護者: im Ausland eine ～ finden 外国に避難地〈安住の地〉を見いだす | *jm.* 〔in *seinem* Haus〕 ～ gewähren〔自分の家に〕…をかくまってやる | bei *jm.* ～ finden 〈suchen〉 …を頼って庇護してもらう〈…に庇護を求める〉 ‖ Gott, du bist unsere ～. 神よ あなたは我々の庇護者です. **2** 《比》 (慰めとしての)逃避物, 慰め: bei der Musik 〈bei den Büchern〉 ～ finden 音楽〈書物〉に慰めを見いだす. **3** 逃げ道, 逃げる方策〈手段〉: ***〔seine〕* ～ zu *et.*³ nehmen** …を頼りとする, …を手段として難を避ける, …に逃避する | *seine* ～ zu den Waffen 〈zu Ausreden〉 nehmen 武器に頼る〈言い逃れをしようとする〉 | In seiner Verzweiflung nahm er zum Alkohol ～. 絶望のあまり彼は酒で気をまぎらわそうとした ‖ Das ist meine letzte ～. それが私の最後の手

Z

段〈頼みの綱〉だ.

Zu̱·flucht·na̱h·me 女 -/《zu *et.*³》(…を手段として)難を避けること,(…に)逃避すること. [<Zuflucht nehmen (→Zuflucht 3)]

Zu̱·fluchts≈ort 男 -〔e〕s/-e (雅: **≈stät·te** 女)避難所, 隠れ家.

Zu̱·fluß[tsú:flʊs] 男 ..flusses/..flüsse[..flʏsə] **1** 流れ込むこと,(川などの)流入; (資本・商品などの)流入, 供給;《比》(人・物などの)殺到, 到来: der ～ von ausländischem Kapital 外国資本の流入 | der ～ von Waren 商品の入荷〈供給〉. **2** (海・湖などに)流入する川; (Nebenfluß) 支流: die *Zuflüsse* des Rheins ライン川の支流.

Zu̱·fluß·rohr 中 供給管; 給水管.

zu̱|flü·stern[tsú:flʏstərn]《05》他 (h)《*jm.* *et.*⁴》(…に…を)ささやく, そっと伝える;《比》(…に…を)ほのめかす.

zu·fo̱l·ge[tsufɔ́lgə] 前《ふつう後置され 3 格支配; 前置されるときはふつう 2 格支配》**1** …の結果として, …のために, …に基づいて: *seinem* Verhalten ～ (自分の)行為の結果として | Ihrem Befehl ～ / ～ Ihres Befehls あなたの命令に基づいて. **2** (nach) …に従えば, …によれば, …のいうところでは: dem Gerücht ～ うわさによれば | ～ seines Berichtes 彼の報ずるところでは.

zu·fri̱e·den[tsufrí:dən] 形 **1** 満ち足りて幸福な, 充足した, 平和な, 穏やかな: ein ～*es* Leben 平和な暮らし | ein stiller und ～*er* Mensch 穏やかで満ち足りた人 | ein ～*es* Gesicht machen 満足そうな顔をする ‖ fröhlich und ～ sein 楽しく満ち足りている | Er ist nie ～. 彼はいつでも不満たらだ | Er ist mit sehr wenig ～. 彼は非常に欲のない人だ | Ich fühle mich ～. 私は満ち足りた気持である | Das machte ihn höchst ～. それが彼をこの上なく満足させた | Er sieht ～*er* als früher aus. 彼は以前より幸福そうだ ‖ ～ lächeln 満足そうにほほえむ.

2《mit *jm.* 〈*et.*³〉》(…に)満足している,(…に対して)不満を抱いていない,(…を)評価している: mit dem Ergebnis ganz 〈nicht ganz〉 ～ sein 結果に十分に満足している〈必ずしも満足していない〉| mit der neuen Stellung 〈Sekretärin〉 sehr ～ sein 新しい地位〈秘書〉に非常に満足している | **mit *sich*³ 〔und der Welt〕 ～ sein** 現状に満足している | mit allem ～ sein 何事にも不満を抱かない | mit nichts ～ sein 何事にも不満である〈飽くことを知らない〉| Ich bin damit ～. / ᵛIch bin es ～. 私はそれで満足だ〈異存はない〉.
[<Frieden 1]

zu·fri̱e·den|ge̱·ben* 《52》他 (h) 再帰 *sich*⁴ 〔mit *et.*³〕 ～ 〔…で〕満足する | Damit werde ich mich nie und nimmer ～. そんなことで私は断じて満足しない, そんなことに甘んじる私ではない | *Gib* dich endlich *zufrieden*! もういいかげんに満足しろ, もうねだるのはやめろ.

Zu·fri̱e·den·heit[..haɪt] 女 -/ zufrieden なこと: Er strahlte vor ～. 彼は満足感に喜びあふれていた | Das Problem wurde zur allgemeinen ～ gelöst. 問題はみんなの満足のいくように解決された ‖ *Zufriedenheit* geht über Reichtum.《諺》満足は〈足るを知ることは〉富に勝る.

zu·fri̱e·den≈|las·sen* 《88》他 (h)《*jn.*》かまわずにほうっておく, そっとしておく, 妨げない: *Laß* mich doch endlich *zufrieden*! もう私にかまわないでくれ | Warum *läßt* du mich nicht mit deinen Vorwürfen *zufrieden*? なぜ君は私を非難し続けるのか. **≈|stel·len** 他 (h)《*jn.* / *et.*⁴》(…を)満足させる: *js.* Wünsche ～ …の望みをかなえてやる | Man kann ihn mit nichts ～. 何をしても彼を満足させることはできない | Er ist schwer *zufriedenzustellen.* 彼は何にでもすぐ文句をつける ‖ Seine Leistungen sind *zufriedenstellend.* 彼の業績は満足すべきものだ.

Zu·fri̱e·den·stel·lung[..lʊŋ] 女 -/ zufriedenstellen すること.

zu̱|frie·ren*[tsú:fri:rən]《50》自 (s) (水・川・湖などが)氷結する: Der Fluß ist *zugefroren.* 川が氷結している.

zu̱|fü·gen[tsú:fy:gən][1] 他 (h) **1**《*et.*³ *et.*⁴》(…に…を)付加する, 添加する: der Mischung noch etwas Flüssigkeit ～ 混合物にさらに少量の液体を加える.
2《*jm.* *et.*⁴》(…に害・苦痛などを)与える, 加える: *jm.* eine Niederlage ～ …を打ち負かす | *jm.* einen Schmerz 〈einen Schaden〉 ～ …に苦痛〈損害〉を与える | *jm.* ein großes Unrecht ～ …に対して大いに不正をはたらく | Was du nicht willst, daß man dir tu', das *füg* auch keinem andern *zu.*《諺》されたくないことは人にもするな.

Zu̱·fu̱hr[tsú:fu:r] 女 -/-en **1**《単数で》(商品・食糧・貨物などの)輸送, 供給, 補給; 輸入, 導入; (空気などの)流入: die ～ von Lebensmitteln 食糧品の供給〈輸入〉| Luft*zufuhr* 空気供給; 通気, 換気 ‖ *jm.* die ～ abschneiden …の糧道を絶つ | die ～ sicherstellen 供給を確保する ‖ Durch die ～ kalter Luft wird das Wetter schlechter. 寒気の流入〈接近〉により天気が悪くなる.
2 輸送〈輸入〉貨物, 補給物資, 糧食.

zu̱|füh·ren[tsú:fy:rən] **I** 他 (h) **1**《*et.*³ *et.*⁴》(…に…を)供給する, 補給する, 輸送する; (ガス・水道・電気などを)通す, 引く, 引き込む: einem Schwimmbecken frisches Wasser ～ プールに水を入れる | dem Patienten künstliche Nahrung ～ 患者に人工栄養を与える | der Industrie neue Arbeitskräfte ～ 工業に新しい労働力を供給する | einer Truppe Versorgungsgüter ～ 部隊に給養物資を補給する | *et.*³ frisches Blut ～《比》…に新しい活力を与える | Dem Gerät wird aus einer Batterie Strom *zugeführt.* この器械にはバッテリーから電気が補給される.
2《*jm.* *jn.*》(…のところに…を)連れて行く, 紹介する, 会わせる; 引き渡す: einem Geschäft neue Kunden ～ 店に新しい客を紹介する | dem Freund die Braut ～ 友人にお嫁さんを世話する | dem Stier die Kuh ～ 雄牛と雌牛をかけ合わせる | Er wurde wegen Diebstahls dem Untersuchungsrichter *zugeführt.* 彼は盗みのかどで予審判事に引き渡された ‖ *jn.* *seiner* verdienten Strafe ～ …に相応の処罰を与える | eine Frage einer vernünftigen Lösung ～ ある問題にもっともな解決〔策〕を見つける.
II 自 (h)《auf *et.*⁴》(…の方へ)通じている: Der Weg *führt* genau auf das Tor *zu.* この道はちょうど市門のところに通じている | Die Entwicklung der Wirtschaft hat auf einen Krieg *zugeführt.* 経済の発展は戦争を引き起こした.

Zu̱·fu̱hr·gleis[tsú:fu:r..] 中〘鉄道〙引込〈合流〉線.

Zu̱·füh·rung[..fy:rʊŋ] 女 -/-en **1**《単数で》(zuführen する〈される〉こと:) **a)** 輸送, 供給, 補給; 導入, 輸入. **b)**〘工〙送り: ～ durch Druck 圧力送り. **2** (ガス・水道・電気などの)供給管〈線〉, 引込管〈線〉, 配管, 配線, 導管, 導線.

Zu̱·füh·rungs≈dra̱ht 男〘電〙導線, リード線. **≈ka·bel** 中〘電〙フィーダー〈引き込み〉ケーブル. **≈lei·tung** 女 配線, 配管, 導管. **≈ro̱hr** 中 (ガス・水道などの)流入管, 導管, 供給管.

zu̱|fül·len[tsú:fʏlən] 他 (h) **1** (穴などを)埋める: eine Kiesgrube mit Müll ～ 砂利穴をごみで埋め立てる. **2**《方》足して〈追加して〉満たす, 注ぎ足す.

Zug[1][tsu:k][1] 男 -es(-s)/Züge[tsý:gə] **1 a)** (鉄道の)列車: ein fahrplanmäßiger ～ 定時列車 | ein überfüllter ～ すし詰めの列車 | der ～ Hamburg-Rom ハンブルク・ローマ間の列車, ハンブルク発ローマ行き列車 | der ～ nach 〈von / aus〉 München ミュンヒェン行き〈発〉の列車 | ein ～ mit 〈ohne〉 Speisewagen 食堂車を連結した〈しない〉列車 | der ～ um 8^{15} 8時15分〔発・着〕の列車 ‖ Drei Uhr-～ 3時〔発・着〕の列車 | D-～〔普通〕急行列車 | Eil*zug* 準急〈快速〉列車 | Güter*zug* 貨物列車 | Nacht*zug* 夜行列車 | Personen*zug* (各駅停車の)普通列車; (貨物列車に対して)旅客列車 ‖〘4 格で〙den ～ 〔durch Ziehen an der Notbremse〕 anhalten 〈zum Stehen bringen〉〔非常ブレーキを引いて〕列車を止める | den ～ nicht mehr bekommen 〈erreichen〉 列車に乗り遅れる | den ～ benutzen 〈nehmen〉 列車を利用する | den ～ gerade noch erwischen 〈kriegen / schaffen〉《話》やっと列車に間に合う | den ～ verpassen 〈versäumen〉 列車に乗り遅れる | einen ～ zusammenstellen 列車を編成する ‖〘前置詞と〙*jn.* **an** den ～ bringen …を列車〈駅のホーム〉まで見送る | Mein Freund war am ～〔e〕, um mich abzuholen. 私の友人は私を出迎えるためにホームで待っていた | einen Wagen an einen ～ anhängen 〈ankoppeln〉 列車に車両を 1 両連結する | **aus**

dem ~ aussteigen 列車から下車する | **in** den ~ einsteigen 列車に乗り込む | **im falschen ~ sitzen** 間違った列車に乗っている;《話》方針を誤っている, 見当違いをしている | **mit** dem〔letzten〕~ fahren〔最終〕列車で行く | *jn.* **vom** ~ abholen …を列車〈駅のホーム〉まで出迎える | *jn.* **zum** ~ bringen 〈begleiten〉 …を列車〈駅のホーム〉まで見送る ‖ Der ~ fährt um 3 Uhr〔vom Bahnsteig 1〕ab. 列車は3時に〔1番線から〕発車する | Dieser ~ ist abgefahren. (→ abfahren I 1) | Der ~ kam pünktlich 〈mit Verspätung〉 an. 列車は定刻に〈遅れて〉到着した | Der ~ fährt an diesem Bahnhof 〈in Bonn〉 nur durch. 列車はこの駅〈ボン〉には停車しない | Der ~ fährt 〈läuft〉〔mit 10 Minuten Verspätung〕 ein. 列車は〔10分遅れて〕駅に入る | Der ~ endet hier 〈in Köln〉. 列車は当駅〈ケルン〉止まりだ | Der ~ ist entgleist. 列車が脱線した | Wann fährt 〈geht〉 der nächste ~ nach München? 次のミュンヒェン行き列車は何時に出ますか | Der ~ führt 〈hat〉 Wagen erster und zweiter Klasse. この列車は1等および2等の車両を連結している | Der ~ hatte 15 Minuten Verspätung. 列車は15分遅延した | Der ~ hat in Frankfurt 20 Minuten Aufenthalt. 列車はフランクフルトで20分間停車する | Der ~ hält〔auf freier Strecke〕. 列車が〔駅でないところで〕停車する | Der ~ hält nicht auf allen Stationen 〈Bahnhöfen〉. この列車は各駅停車ではない | Der ~ verkehrt nur werktags 〈sonntags〉. この列車は平日〈日曜〉だけ運行する.

b) (Lastzug) トレーラートラック(牽引(けんいん)車つきのトラック).

2 (集団である方向に移動するもの) **a**) 行列, 隊列;《話》一隊, 一団: ein langer ~ der Demonstranten 〈von Trauergästen〉 デモ隊〈会葬者〉の長い列 | ein ~ Wildgänse (空を行く)雁(がん)の群れ | Masken*zug* 仮装行列 | Trauer*zug* 葬列 ‖ einen ~ bilden〔隊〕列を作る ‖ in *Zügen* marschieren 列を組んで行進する | *sich*[4] zum ~ formieren 隊列を整える. **b**)〘軍〙小隊: ein ~ Infanterie 歩兵一小隊. **c**) (Gespann) 同じ車を引く牛馬の組: ein ~ Ochsen 一連の雄牛.

3 (集団を作ってある方向に移動すること) **a**) 行進, 進軍, 進行, 移動; (鳥の)渡り: der ~ der Wolken 雲の流れ | der ~ der Vögel 鳥の渡り | Hannibals ~ über die Alpen ハンニバルのアルプス越え進軍 ‖ **ein ~ durch die Gemeinde**《話》はしご酒. **b**)《比》趨勢(すうせい): Das ist der ~ der Zeit. それは時代の趨勢だ. **c**)《比》経過, 成り行き, 流れ: im ~ der Industrialisierung 工業化の流れに沿って | Im ~ des Aufbauprogramms werden 2 000 Wohnungen gebaut. 復興計画に従って2000戸の住宅が建てられる.

4 心の動き, 傾向, 動向, (内的な)衝動, 欲求, 願望: dem ~ *seines* Herzens nachgeben 〈folgen〉 欲求のままに行動する | einen ~ zum Theater 〈zur Verschwendung〉 haben 役者になりたがっている〈浪費癖がある〉 | Woher hat sie diesen ~ ins Gemeine? このように卑劣な行為に走ろうとする彼女の傾向はどこからきたのだろうか ‖ Der ~ des Herzens ist des Schicksals Stimme.《諺》心の動きは運命の声.

5 (空気の動き) **a**)《単数で》① (不快な)すきま風: Hier herrscht〔ein〕ständiger ~. この場所は絶えずすきま風が吹く | keinen ~ vertragen すきま風が耐えられない ‖ **Bei** dem starken ~ hat er sich erkältet. ひどいすきま風で彼は風邪をひいた | ein Fenster **gegen** ~〔mit *et.*[3]〕abdichten すきま風を防ぐため〔…で〕窓に目張りをする | **im ~** sitzen 〈stehen〉 すきま風の来る所に座って〈立って〉いる | in den ~ kommen すきま風に当たる | *sich*[4] **vor ~** schützen すきま風に当たらぬよう用心する. ② (望ましい)風通し; 空気の流通: Das Feuer muß erst ~ bekommen. (炉・パイプなどの)火〔を燃す〕にはまず空気の通りをよくしなくてはならない | keinen guten ~ haben (炉・パイプなどの)空気の通りが悪い ‖ Durch die neuen Ideen kam ein frischer ~ in die ganze Angelegenheit.《比》新しいアイディアによって この仕事に新風が吹き込まれた.

b) (暖炉などの)煙道, 通気管〈装置〉: den Ruß aus den *Zügen* des Ofens entfernen 炉の煙道からすすを取り除く. **c**) 突風.

6 a) (Atemzug) 呼吸, 吸い込み; (タバコの)一服: einen ~ an der Zigarette machen タバコを一服する | einen ~ aus der Pfeife tun 〈machen / nehmen〉 パイプを一服する | Gib mir mal einen ~! 私にも一服吸わせてくれ; ちょっと一息つかせてくれ ‖ **in** tiefen 〈vollen〉 *Zügen* einatmen 深呼吸する, 胸いっぱいに吸い込む | ***et.***[4] **in vollen *Zügen* genießen**《比》…をたっぷり楽しむ〈享受する〉 | **in den letzten *Zügen* liegen**《話》死に瀕(ひん)している, 虫の息である;《比》崩壊〈壊滅〉寸前である. **b**) 一飲み, 一口, 嚥下(えんか): einen guten ~〔am Leibe〕haben《比》大酒飲みである, 飲みっぷりがいい | einen kräftigen ~ aus dem Glas 〈aus der Flasche〉 tun グラスから〈酒瓶から〉ぐいと一飲みする ‖ auf einen ~ / **in** 〈**mit**〉 **einem ~** 一息に(飲む);《比》一気に, 途中手を休めずに(→7) | in langen 〈gierigen〉 *Zügen* trinken ぐいぐい飲む.

7 (Schwung) 活発な動き, 躍動: In der Sache ist kein ~. 事態はさっぱり進捗(しんちょく)しない, 不調である ‖ **in einem ~** 一気に(→6 b) | **im〔besten〕~〔*e*〕sein / gut im ~〔*e*〕sein** 今まさに佳境にある, 調子に乗っている | im schönsten ~*e* sein 快調である;《戯》窮地に陥っている | ***jn.* 〈*et.*[4]〉 gut im ~〔*e*〕haben** …をうまく掌握している | *et.*[4] in ~ bringen / ~ in *et.*[4] bringen …を調子よくはかどらせる | **zum ~〔*e*〕kommen** 活発になる, 活躍(偉力を発揮)できるようになる, 快調になる(→8).

8 (チェスなどの)指し手, 手番: ein schwacher 〈starker〉 ~ 効果の薄い〈強力な〉手 | ein genialer 〈falscher〉 ~ 妙手〈誤った手〉 | Gegen*zug* 対抗手 ‖ einen ~ tun 〈machen〉 一手指す ‖ am ~〔*e*〕sein 手番である;《比》出番である, 行動を起こすべき時である | in 〈nach〉 fünf *Zügen* matt sein 5手で詰んでしまう | **~ um ~** 一手一手〔遅滞なく〕;《比》一つ一つ, 順に, 一歩一歩, 次々と | Die Geschäfte werden ~ um ~ abgewickelt. 取引はその都度清算される | Er hat die Argumente seiner Gegner ~ um ~ widerlegt. 彼は反対者の論拠を一つ一つ反証した | zum ~〔*e*〕kommen 手番になる(→7).

9 (線を引く・描くこと. 例えば:) 筆使い, 筆致, 描き方, 筆跡; 輪郭: die kräftigen 〈schönen〉 *Züge* seiner Schrift 彼の書く字の力強い〈美しい〉筆致 ‖ eine Zeichnung in großen 〈feinen〉 *Zügen* 大まかな〈繊細な〉線で描かれた図 | in 〈mit〉 einem ~ unterschreiben〔中断なく〕一筆で署名する ‖ **in großen 〈groben〉 *Zügen*** (細部に立ち入らずに)大ざっぱに, 大まかに | den Inhalt des Romans in großen 〈groben〉 *Zügen* umreißen《比》長編小説の内容を大まかに略述する | die Begebenheit in kurzen 〈knappen〉 *Zügen* berichten《比》事件を簡潔に報告する.

10 a) 山脈, 山並み: die *Züge* des Schwarzwaldes シュヴァルツヴァルトの山並み. **b**) 家並み, 通り: die Brücke im ~ der Hauptstraße メーンストリートにある橋.

11 a)《ふつう複数で》(Gesichtszüge) 顔かたち, 顔だち, 顔つき, 容貌(ようぼう): regelmäßige 〈sympathische〉 *Züge* 整った〈好感の持てる〉顔だち ‖ ein Gesicht 〈eine Person〉 mit edlen *Zügen* 高貴な目鼻だちの顔〈人物〉 | Seine *Züge* haben sich völlig verändert. 彼の顔だちはすっかり変わってしまった(病気などで). **b**)《ふつう単数で》(顔・目などの)表情: ein ~ von Strenge 〈Verachtung〉 厳しい〈軽蔑の〉表情 ‖ einen schwermütigen ~ um den Mund 〈in den Augen〉 haben 沈鬱(ちんうつ)な表情を口もとに〈目に〉浮かべている | Ein ~ von Haß hatte sich in seine *Züge* eingegraben. 憎しみの表情が彼の顔つきに刻み込まれていた.

12 性格, 性向, 持ち味, 特徴: ein charakteristischer 〈eigenartiger〉 ~ an *jm.* …の人柄の特色 | ein typischer ~ eines Menschen 〈eines Volkes〉 ある人間〈民族〉の典型的な特性 | die charakteristischen *Züge* dieser Epoche この時代の特徴的傾向 ‖ *js.* *Züge* tragen (性質などが)…に似ている | Der Roman hat stark romantische *Züge*. この小説はロマン派的特徴を強くそなえている ‖ Seine Freigebigkeit ist der beste ~ an ihm. 気前がいいのが彼のいちばんの美点だ | Das ist ein schöner ~ von ihm. それが彼のいいところだ.

13 a) 引くこと, 引っぱ〔って作動させ〕ること, 引き: einen ~ an der Glocke 〈Notbremse〉 tun 鐘〈非常ブレーキ〉の綱を

引く. **b**) 〘漁〙網を引くこと; 漁獲; 《比》ねらい: einen guten ~ tun (網で)いい漁をする | Der erste ~ brachte den Fischern gleich eine reiche Beute. 最初の一網がすでに漁師たちに豊富な獲物をもたらした ‖ ***jn.*** 〈***et.***[4]〉 **auf dem ~ haben** 《比》…に敵意を抱く, …にねらいをつけている. **c**) 〘ボート〙 (オールを引くこと)一こぎ, ストローク; 〘泳〙 (腕で水をかくこと)ストローク: Mit ein paar kräftigen *Zügen* erreichten sie das Ufer. 数回の力強いストロークで彼らは岸に泳ぎ着いた〈ボートを岸につけた〉. **d**) 〘理〙引く力, 張力, テンション.

14 a) (引っぱるもの. 例えば:) (電灯・呼び鈴などの)引きひも; (アノラック・フードなどの)しめひも; 〘工〙引きレバー; 〘楽〙 (オルガンの)音栓, (トロンボーンやトランペットの)スライド: der ~ der Klingel 呼び鈴のひも | der ~ am Anorak アノラックのしめひも. **b**) (引き締めるもの. 例えば:) (靴下の上部の)ゴム編み部分; (服のウエスト部分の)ゴムバンド, ウエストバンド; (靴の)引き手革. **c**) (引き出すもの. 例えば:) (洋服ダンスなどの内部の)小引き出し.

15 (ねじの)溝; (銃身・砲身の)旋条, 腔綫(こうせん).

[*westgerm.*; ◇ziehen[2]]

Zug[2][tsu:k] 地名 ツーク(スイスの州およびその州都: →Zuger).
[◇Fischzug]

Zụ・ga・be[tsú:ga:bə] 女 -/-n **1** 《単数で》zugeben 1すること. **2 a**) おまけ, 景品, 付録, (サービスの)添え物; 賞金, 賞与, ボーナス: *et.*[4] als ~ bekommen …をおまけにもらう. **b**) (追加演奏・演目としての)アンコール: durch Applaus eine ~ erzwingen 拍手喝采(かっさい)をしてむりやりアンコールをさせる | Der Sänger gab nach seinem Konzert noch drei ~*n*. その歌手はコンサートが終わってからさらに 3 曲アンコールを歌った. [<zugeben]

Zụ・ga・be・stück 中 アンコール曲.

Zụg⸗ab・stand[tsú:k..] 男 〘鉄道〙列車〔運転〕間隔. **⸗ab・teil** 中 (列車内の仕切られた)車室, コンパートメント.

Zụ・gang[tsú:gaŋ] 男 -〔e〕s/..gänge[..gɛŋə] **1 a**) 《単数で》近づくこと, 接近, 到達; 出入り, 立ち入り; 出入りする権利; 《比》近づく術(すべ)〈機会〉, 交際〈理解〉する手がかり: Der ~ zum Garten ist verboten. 庭園への出入りは禁止されている ‖ zu *jm.* ~ finden 〈erhalten〉 …に面会できる; …に近づく, …と近づきになる | Das Land forderte einen freien ~ zum Meer. その国は海への自由な通行権を要求した | Zu diesen Leuten habe ich keinen ~. この連中には私は近づけない〈親しみが持てない・理解ができない〉 | Ich habe keinen ~ zur modernen Musik. 私には現代音楽がさっぱり分からない. **b**) 入口, 戸口, 門口, 通路, 廊下, 出入路: ein unterirdischer ~ zur Burg 城塞(じょうさい)への地下の通路 | Alle *Zugänge* zum Flughafen waren von Polizisten abgesperrt. 空港への出入口はすべて警官たちによって閉鎖されていた.

2 a) 《単数で》新入り; (人員・蔵書などの)増加, 増大; (商品の)入荷; 〘商〙入金: ein ~ von zehn Mann 10名の増加. **b**) 新入りの人; 新しく入荷した品: sämtliche *Zugänge* an Waren auf einer Liste vermerken すべての新入荷商品をリストアップする | Wir haben heute in der chirurgischen Klinik vier *Zugänge*. きょうは外科病棟に新入り患者が 4 名いる | Die Bibliothek hat in der letzten Zeit nur wenige *Zugänge*. 図書館にはこのところ新購入図書がほんのわずかしかない.

[*ahd.*; ◇zugehen]

zu・gạn・ge[tsugáŋə] 副 《話》《もっぱら次の形で》**mit** ***jm.*** 〈***et.***[3]〉 **~ sein** …とかかわり合っている. [<Gang[1]]

zụ・gän・gig[tsú:gɛŋɪç][2] =zugänglich

zụ・gäng・lich[..gɛŋlɪç] 形 **1** 《*jm.* / für *jn.*》 (…にとって)近づきやすい, 接近できる; 到達可能の; 通行できる, 出入りのできる; 手の届く, 入手可能な: die im Winter schwer ~*e* Berghütte 冬にはなかなか行けない山小屋 ‖ Dieses Gebiet ist erst vor kurzem ~ geworden. この地方は最近ようやく人が行けるようになった | Das Buch ist für jeden ~. その本はだれでも手に入る | Erst durch die Romantik wurden uns viele Volkslieder ~. ロマン派によって初めて多くの民謡が我々に身近なものとなった | Das Museum wurde der Öffentlichkeit ~ gemacht. 博物館は一般に開放された | *jm.* schwierige Worte ~ machen …のために難解な表現をやさしく説明する.

2 a) つき合いやすい, 親しみやすい, 愛想のいい: ein ~*er* Mensch つき合いやすい人 | ein schwer ~*er* Mensch とっつきにくい人 ‖ auf die Fragen ~ antworten 質問に対して愛想よく答える. **b**) 《*et.*[3] / für *et.*[4]》 (…を)受け入れやすい, 快く迎える, (…に対して)心の開いた: Er ist einem guten Rat 〈für einen guten Rat〉 stets ~. 彼は良い忠告にはいつも耳を貸す | Sie ist für alles Schöne ~. 彼女はきれいなものなら何でも受け入れる.

[<Zugang]

Zụ・gäng・lich・keit[..kaɪt] 女 -/ zugänglich なこと.

Zụ・gangs⸗stra・ße[tsú:gaŋs..] 女, **⸗weg** 男 (建物・主要道路などへ行くのに使う)連絡道路, 入路.

Zụg⸗an・schluß[tsú:k..] 男 列車の接続〈連絡〉: den ~ versäumen 列車の接続を逃がす, 接続列車に乗り遅れる. **⸗bal・ken** 男 〘建・土木〙タイビーム, 陸梁(りくりょう), 小屋梁(こやばり). **⸗band** 中 -〔e〕s/..bänder 〘建・土木〙タイロッド, 小屋梁, (アーチ型のものの水平反力に抵抗する)つなぎ材. **⸗be・ein・flus・sung** 女 〘鉄道〙自動列車制御. **⸗be・glei・ter** 男 〘鉄道〙列車乗務員. **⸗be・gleit・per・so・nal** =Zugpersonal **⸗brücke** 女 はね橋, つり上げ橋(→ 図 Brücke A). **⸗dich・te** 女 〘鉄道〙列車密度.

Zü・ge Zug[1]の複数.

zụ|ge・ben*[tsú:ge:bən][1] 《52》 他 (h) **1** 付け加える, おまけ〈景品〉としてつける: 〔*jm.*〕 einen Apfel ~ 〔…に〕りんごを 1 個おまけする | Der Sänger hat mehrere Lieder *zugegeben*. その歌手はアンコールで幾曲かを歌った. **2** (罪・失敗など不利なことをやむをえず)認める, 白状する: Der Angeklagte *gab* die Tat *zu*. 被告は犯行を認めた | *Gib zu*, daß du das Fenster zerbrochen hast! 君が窓ガラスを壊したことを認めろ ‖ dies *zugegeben*, ... このことは認めるとしても… | *Zugegeben*, daß du recht hast, aber ... 君の正しいことは認めよう しかし…. **3** 《否定文・否定の返事の予想される疑問文で》許しておく, 我慢する: Ich kann keineswegs ~, daß du dich daran beteiligst. 君がそれに参加するのは絶対に許すことができない | Kannst du solch ein Unrecht ~? こんな不正が君には我慢できるのか. **4** 〘トランプ〙 (親の出したカードに合わせてカードを)つける, 出して取っていかせる: Du mußt Rot 〈die Zehn〉 ~. (親に合わせて)君は赤札〈10〉を出さなくてはいけない.

[◇Zugabe]

zụ・ge・dacht[tsú:gədaxt] zudenken の過去分詞.

zụ・ge・ge・be・ner・mạ・ßen[tsú:gəge:bənərmá:sən] 副 《陳述内容に対する話し手の評価・判断を示して》**1** これは認めなければならないが: Er ist ja ~ dabeigewesen. 白状するが, 彼はそこに居合わせたのだ. **2** 皆の認めるとおり, 疑いなく, 明白に: Er ist ~ recht nett. 彼は皆の認めるとおりとても良い人だ. [<zugeben]

zu・gẹ・gen[tsugé:gən] 形 《述語的; もっぱら sein, bleiben とともに》 (anwesend) (その場に)居合わせる, 出席〈列席〉している: **bei** ***et.***[3] **~ sein** …の場に居合わせる | Ich war zufällig ~, als ... …したとき私はたまたまその場にいた | Noch einige Zeit blieb er ~. なおしばらく彼はそこにとどまっていた.

zụ|ge・hen*[tsú:ge:ən] 《53》 自 (s) **1 a**) 《auf *jn.* 〈*et.*[4]〉》 (…に)歩み寄る, 近づいて行く, 接近する, (…を)目ざす; (…に)突っかかる: Sie *geht* einige Schritte auf ihn 〈auf den Ausgang〉 *zu*. 彼女は数歩彼〈出口〉の方に歩み寄る | Wir *gingen* aufeinander *zu*. 《比》我々は互いに歩み寄っ〔て理解に努め〕た | In der Unterredung *ging* sie unbeirrt auf ihren Zweck *zu*. 話し合いのとき彼女は単刀直入に目的とすることに言及した | Er *geht* nun schon auf die Achtzig *zu*. 彼はもう80歳近い ‖ 非人称 Es *geht* auf Weihnachten 〈auf fünf Uhr〉 *zu*. クリスマスが近い〈そろそろ 5 時だ〉 | Es *geht* 〈Wir *gehen*〉 auf den Frühling *zu*. もうそろそろ春が近い.

b) 《*et.*[3]》 (…に)近づく: Das Fest 〈Die Arbeit〉 *geht* dem Ende *zu*. 祭りは終わりに近づく〈やがて仕事は終わる〉 ‖ 非人称 Es *geht* dem Frühling *zu*. もうそろそろ春が近い.

2 《*jm.*》 (…の手もとに)届く, 達する: *jm. et.*[4] ~ lassen …に…を送り届ける〈送付する〉 | Der Brief 〈Die Nachricht〉

wird ihm morgen ~. 手紙〈知らせ〉はあす彼に届くだろう.
3 (↔aufgehen) (戸・窓・容器のふたなどが)しまる, 閉じる: Der Koffer ist so voll, daß der Deckel nicht *zugeht.* トランクがいっぱいでふたがしまらない.
4 《話》前進する, どんどん進む: Wenn du den Zug noch erreichen willst, mußt du ordentlich ~. 列車に間に合いたければ君は先を急がなければならない | *Geh zu!* i) どんどん進め, 《比》もっとやれ; ii) 《南部》《比》これは驚いた.
5 (auslaufen) 《in *et.*⁴ 〈*et.*³〉》 (…の)形になる, (…の)形で終わる: spitz 〈in eine Spitze / in einer Spitze〉 ~ (先にゆくほど)とがっている | Der Kirchturm *geht* spitz *zu.* 教会の塔は先が細くなっている.
6 非人称 《es geht zu》《様態を示す語句と》(…のように)進行する, 成り行く, 生ずる, 起こる: Gestern *ging* es bei uns sehr fröhlich *zu.* (パーティーなどで)きのう私たちはとても楽しく騒いだ | So *geht* es nun einmal in der Welt *zu.* 世の中〈人生〉とはそうしたものだ | Bei uns *geht* es immer sehr sparsam *zu.* 私たちはいつも非常に質素な生活をしている | es müßte mit dem Teufel ~, wenn ... (→Teufel 1) | nicht mit rechten Dingen ~ (→Ding 2 a).

Zu·ge·he·rin[tsú:ge:ərɪn] 女 -/-nen (**Zu·geh·frau** 女) 《南部・オーストリア》 (Putzfrau) (通いの)家政婦, 家事手伝いの女, 掃除婦.

Zu·ge·hör[tsú:gəhø:r] 中 -[e]s/ (スイス: 女 -/) 《スイス・オーストリア》 =Zubehör

zu|ge·hö·ren[tsú:gəhø:rən] 自 (h) 《雅》 (gehören) **1** 《*jm.*》 (…の)所有である, (…に)属する. **2** 《zu *et.*³》 (…に)付属する, (…の)一部である.

zu·ge·hö·rig[..rɪç]² 形 **1** 《ふつう付加語的》《*et.*³》 (…に)属している, 付属する, (…の)一部をなしている: dem Kloster ~*e* Grundstücke 修道院に所属する地所 | der dem Schloß ~*e* Park 城に付属した庭園. ▽**2** *jm.* ~ sein …に属している, …のものである.

★ *et.*³ zugehörig は今日ではふつう zu *et.*³ gehörig の形で用いられる.

Zu·ge·hö·rig·keit[..kaɪt] 女 -/ 《zu *et.*³》 (…への)所属, 付属, 従属; (…の)構成員であること: *js.* ~ zur Partei X …が X 党に所属していること.

Zu·ge·hö·rig·keits≠da·tiv 男 《言》所有の 3 格. **≠ge·fühl** 中 自分も構成員の一人であるという感情, 連帯感.

zu·ge·knöpft[tsú:gəknœpft] **I** zuknöpfen の過去分詞. **II** 形 《話》 (↔aufgeknöpft) 打ち解けない, 胸を開かない, とっつきにくい, 無愛想な; 口数の少ない, 無口な: ein ~*es* Wesen 打ち解けない性格; とっつきにくい人物.

Zu·ge·knöpft·heit[−haɪt] 女 -/ zugeknöpft なこと.

Zü·gel[tsý:gəl] 男 -s/- **1** 手綱(たづな); 《比》抑制, 制御, 統御; 拘束, 束縛; 管理, 支配; 規律: dem Pferd die ~ anlegen 〈abnehmen〉 馬の手綱をつける〈はずす〉 | *jm.* 〈*et.*³〉 **~ anlegen** 《比》…を抑える | *seiner* Begierde ~ anlegen 《比》自分の欲望を抑える | **die ~ straffer 〈strammer〉 anziehen** 手綱を[さらに]引き締める; 《比》規律を厳格にする, 監視を厳しくする | die ~ aus der Hand geben 手綱をはなす; 《比》支配権〈指導権〉を放棄する | **die ~ in der Hand haben 〈halten〉** 手綱を握っている; 《比》主導権を握っている | Er hat die ~ des Betriebs fest in der Hand. 《比》彼はその企業の主導権をしっかりと握っている | die ~ in die Hand nehmen 手綱を握る; 《比》支配権をとる, 牛耳る | die ~ kurz 〈lang〉 lassen 手綱を引っぱって〈ゆるめて〉いる; 《比》厳しく監督する〈やりたいようにさせておく〉 | **die ~ lockern 〈locker lassen〉** 手綱をゆるめる; 《比》規律をゆるやかにする | ***jm.* 〈*et.*³〉 die ~ schießen lassen** 《比》…を自由に〈好きなように〉振舞わせる | ***et.*³ die ~ schießen lassen** 《比》…をその自然にまかせる, …を野放しにする | *seiner* Laune 〈*seiner* Leidenschaft〉 die ~ schießen lassen 気の向くままに行動する〈情熱のままにまかせる〉 | **die ~ schleifen lassen** 手綱をだらりと垂れさせる; 《比》寛大な態度をとる | die ~ verlieren 支配権〈主導権〉を失う ‖ **am ~** 手綱を持って〈使って〉 | ***jn.* am langen ~ führen** 《比》(活動の自由を妨げないよう)…を寛大にリードする | *jn.* an die ~ nehmen 《比》…を支配する〈牛耳る・操る〉 | **gegen** den ~ gehen (馬が)手綱さばきに従わない | einem Pferd **in** die ~ fallen 逃げてゆく馬の手綱をつかんで止める | ***jm.* in den ~ 〈in die ~〉 fallen** 《比》…を制御する | **mit** verhängtem ~ 〈verhängten ~*n*〉 手綱をゆるめて(馬が全速力で走るにまかせる).
2 〘鳥〙 目さき(目とくちばしのつけ根との間: → 図 Vogel A).
[*germ.* „Mittel zum Ziehen"; ◇ziehen²]

Zü·gel≠füh·rung 女 〘馬術〙 手綱さばき. **≠hand** 女 〘馬術〙 (騎手の)手綱を取る方の手(左手, 本来右手には武器などを持った). **≠hil·fe** 女 〘馬術〙 手綱による馬への指示.

zü·gel·los[tsý:gəllo:s]¹ 形 (馬に)手綱がない; 《比》制御されない, 抑制し難い, 自制のない; 奔放な, 勝手放題の, 手のつけようもない; 無統制〈無規律〉な; 放縦な, だらしない: ~*e* Leidenschaften 抑えよう〈手のつけよう〉もない情熱 | ein ~*er* Mensch 奔放〈無規律〉な人 ‖ *sich*⁴ ~ benehmen 奔放〈放縦〉に振舞う.

Zü·gel·lo·sig·keit[..lo:zɪçkaɪt] 女 -/-en **1** 《単数で》 zügellos なこと. **2** zügellos な言動.

zü·geln[tsý:gəln] 《06》 **I** 他 (h) **1** 《*et.*⁴》 (馬などの)手綱を引き締める; 《比》《*jn.*》 (…の)手綱を締める, (…を)暴走させない; 《*et.*⁴》 (感情・表現などを)抑制する, 制御する: das Pferd ~ 馬の手綱を引き締める | *seine* Leidenschaft 〈*seinen* Zorn〉 ~ 情熱〈怒り〉を抑える | *seine* Zunge ~ (→Zunge 1 a) ‖ Der wilde Junge ist nicht zu ~. その乱暴な少年は押えようがない ‖ 再帰 *sich*⁴ ~ (激情・怒りなどが爆発せぬよう)我慢する, 自制する | Ich konnte mich nicht mehr ~ und mußte meine Meinung sagen. 私はもう我慢ができず 意見を述べざるをえなかった. **2** 《スイス》 (引っ越し荷物を)運び込む, 運送〈運搬〉する.
II 自 (s) 《スイス》 (umziehen) 引っ越す, 転居する.
[I: <Zügel; II: <ziehen²]

Zü·ge·lung[tsý:gəlʊŋ] (**Züg·lung**[..glʊŋ]) 女 -/ (zügeln すること. 例えば:) 手綱さばき; 《比》抑制, 制御.

▽**Zu·ge·mü·se**[tsú:gəmy:zə] 中 -s/- (料理の)添えもの野菜, つけ合わせ野菜.

zu·ge·näht[tsú:gənɛ:t] **I** zunähen の過去分詞. **II** 形 《話》 **1** 口数の少ない, 無愛想な. **2** 〘次の成句で〙 verdammt und ~! (→verdammt II 1) | verflixt und ~! (→verflixt 1) | verflucht und ~! (→verfluchen II 1).

Zug·en·de[tsú:k..] 中 〘鉄道〙 列車の後部〈末尾〉.

zu·ge·neigt[tsú:gənaɪkt] **I** zuneigen の過去分詞. **II** 形 《*jm.* / *et.*³》 (…に)好意を抱いた, (…に)好感をもった: Er ist ihr sehr ~. 彼は彼女が大好きだ.

Zu·ge·neigt·heit[−haɪt] 女 -/ zugeneigt なこと.

Zü·gen·glocke[tsý:gən..] 女 《オーストリア》 (Sterbeglocke) 弔いの鐘, 弔鐘. [<in den letzten Zügen liegen (→Zug¹ 6 a)]

Zu·ger[tsú:gər] **I** 男 -s/- ツークの人(→Zug²). **II** 形 《無変化》 ツークの: der ~ See ツーク湖.

Zu·ge·rei·ste[tsú:gəraɪstə] 男 女 《形容詞変化》 他の土地からやって来た人, よそ者.

zu·ge·risch[tsú:gərɪʃ] 形 ツークの(→Zug²).

zu·ge·rit·ten[tsú:gərɪtən] zureiten の過去分詞.

zu|ge·sel·len[tsú:gəzɛlən] 他 (h) 《*jn. jm.* 〈*et.*³〉》 (…を…の)仲間にする, (…を…に)付き添わせる: 再帰 *sich*⁴ *jm.* 〈*et.*³〉 ~ …の仲間になる, …と提携する, …のもとにとどまる | Wir *gesellen* uns einer Gruppe *zu.* 我々はあるグループに加わる | Seinem Schnupfen *gesellte* sich noch ein Rachenkatarrh *zu.* 彼は鼻風邪に加えて咽頭(いんとう)カタルを併発した.

zu·ge·stan·den[tsú:gəʃtandən] **I** zustehen の過去分詞. **II** zugestehen の過去分詞.

zu·ge·stan·de·ner·ma·ßen 副 すでに認められているように, 確かに, 明らかに: Er ist ~ sehr tüchtig, aber nicht sympathisch. 彼は人も認めるように非常に有能だが 感じはよくない.

Zu·ge·ständ·nis[tsú:gəʃtɛntnɪs] 中 -ses/-se 容認, 認容, 譲歩[して認めること], 大目に見ること: *jm.* ~*se* 〈ein ~〉 machen …に譲歩する | Die Arbeitgeber machen den Arbeitern bei den Lohnverhandlungen erhebliche ~*se.* 雇用者は労働者に対し賃金交渉の際に大幅な譲歩

をする | Wir müssen seiner Jugend ~*se* machen. 我々は彼の若さに免じて大目に見てやらなければならぬ | Ich muß ihm das ~ machen, daß er viel Talent hat, aber ich kann ihn gar nicht leiden. 彼が多くの才を持っていることは私も認めざるをえないが 私には彼がどうにも我慢ならない ‖ Als ~ an die Mode kaufte sie sich einen Minirock. 流行を取り入れて彼女はミニスカートを買った.

zu|ge·ste·hen*[tsúːgəʃteːən] ⦅182⦆ 他 (h) ⦅*jm. et.*[4]⦆ (…に…を)承認〈容認〉する, 譲歩して認める; (…が…であることを)認める; 白状する: *jm.* ein Recht ~ …がある権利をもつことを認める | dem Käufer Rabatt ~〘商〙買い手に対して割引をする ‖ Ich muß ihm ~, daß er Geschmack hat. 彼の趣味がいいことを私は認めざるをえない | Wir *gestehen* ihm *zu*, keine andere Wahl gehabt zu haben. 彼がほかにはどうしようもなかったことを私たちは認める | Ich muß ~, etwas in Verzug geraten zu sein. 私は自分が少し後れをとったことを白状せざるをえない ‖〘過去分詞で〙*zugestanden* ..., aber ... …であることは認めるとしても しかし… | *Zugestanden*, daß er nicht freundlich war, aber das berechtigt dich nicht zu so einer Gewalttat. 彼が親切でなかったことは本当としても だからといって君がそんな暴力をふるってもいいわけじゃない.

zu·ge·tan[tsúːgətaːn] **I** zutun の過去分詞. **II** 形 ⦅ふつう述語的⦆ **1** ⦅*jm.*⦆ (…に)好意〈愛情〉を抱いている, (…に)愛着している: *jm.* schwesterlich ~ sein …に姉〈妹〉のような愛情を抱いている | *jm.* von Herzen ~ sein …を心から好いている. **2** ⦅*et.*[3]⦆ (…を)愛好している: Er war allem Neuen ~. 彼はなんでも新しいものが好きだった ‖〘付加語的に〙ein dem Alkohol ~*er* Mensch 酒の好きな人.

zu·ge·wandt[tsúːgəvant] **I** zuwenden の過去分詞. **II** 形 **1** ⦅*jm.* / *et.*[3]⦆ (…の)方を向いた: die ihm ~*e* Person 彼と向かい合わせの人物 | das der Straße ~*e* Zimmer 通りに面した部屋. **2** ⦅比⦆ ⦅*jm.* / *et.*[3]⦆ (…に)好意的な, 理解〈興味〉を持った. **3** (…)所属の, (…に)属する: ~*e* Orte〘史〙(1798年までの)スイス連邦所属の州.

Zu·ge·winn[tsúːgəvɪn] 男 -[e]s/-e〘法〙(夫婦財産剰余共同制の)剰余.

Zu·ge·winn·ge·mein·schaft 女〘法〙(夫婦財産の)剰余共同制.

Zug≠fe·der[tsúːk..] 女 (↔Druckfeder)〘工〙牽引(けんいん)ばね. **≠fe·stig·keit** 女 -/〘理〙(材料を引っぱって切断するときの極限の)引っぱり強さ. **≠fisch** 男 (Wanderfisch)〘魚〙回遊魚. **≠fol·ge** 女〘鉄道〙**1** 列車密度. **2** (Zugabstand) 列車〔運転〕間隔. **≠füh·rer** 男 **1**〘鉄道〙車掌. **2**〘軍〙小隊長. **≠funk** 男〘鉄道〙列車無線〈電信電話〉. **≠griff** 男 (引き出しなどの)取っ手, 引き手. **≠gurt** 男 **1** (カーテンなどの)引き綱(→ 図 Rolladen). **2** (馬具の)引き革(→ 図 Geschirr). **≠ha·ken** 男 (列車・馬具・機械などの)引っぱり〈牽引〉かぎ, 連結かぎ. **≠hand** 女 (↔Bogenhand)〘洋弓〙(射るときに)つるを引く手(右手).

zu|gie·ßen*[tsúːgiːsən] ⦅56⦆ 他 (h) **1** 注ぎ足す, あとから注いでいっぱいにする: Darf ich Ihnen noch 〔Kaffee〕 ~? (あなたのカップに)もっと〔コーヒーを〕注ぎ足しましょうか.
2 ⦅*et.*[4] mit *et.*[3]⦆ (…に…を)注いでふさぐ: das Loch mit Blei ~ 鉛を注いで穴をふさぐ | die Ritze mit Zement ~ すき間にセメントを流しこむ.

zu·gig[tsúːgɪç][2] 形 (冷え冷えとした・強い・不快な)風のあたる, すきま風の入る: ein ~*er* Korridor 風の吹きぬける廊下 | Hier ist es mir zu ~. ここだと私に風が当たりすぎる. [<Zug[1] 5]

zü·gig[tsýːgɪç][2] 形 **1** 迅速な, すばやい, きびきびした; 着実な, 遅滞のない, スムーズな: ein ~*es* Tempo きびきびした〈快適な〉テンポ | ein ~*er* Verkehr 渋滞のない交通, スムーズな車の流れ | Sie hat eine ~*e* Schrift. 彼女は流れるような達筆である ‖ Die Arbeiten gehen ~ voran. 仕事は遅滞なくはかどっている | Er fährt ~. 彼はきびきびした〈スマートな〉運転をする.
☆ schnell がもっぱら速度の大きさを言うのに対し, zügig は遅滞のないスムーズで適当な速さを言う.
2 ⦅ス⦆ (zugkräftig) 引く力の強い; ⦅比⦆ 人の心をひきつける: ein ~*er* Ochse 牽引(けんいん)力の強い雄牛.

Zü·gig·keit[–kaɪt] 女 -/ zügig なこと.

zu|gip·sen[tsúːgɪpsən] ⦅02⦆ 他 (h) ⦅*et.*[4]⦆ (穴・割れ目などを)石膏(せっこう)〈しっくい〉でふさぐ.

Zug≠ket·te[tsúːk..] 女 引き鎖(→ 図 Klosett). **≠klap·pe** 女 (かまど・ストーブなどの)通風弁, ダンパー. **≠kraft** 女 **1** 引っぱる力, 牽引(けんいん)力, 張力; ⦅比⦆ 吸引力, 魅力: Kinos haben viel an ~ eingebüßt. 映画館は人を引き寄せる力をずいぶん失った | Der Titel des Buches hat nicht genügend ~. その本の題名には魅力が足りない. **2** 通気力, 通風力.

zug·kräf·tig 形 引く力の強い; ⦅比⦆ 魅力〈吸引力〉の強い, 人の心をひきつける: ein ~*es* Theaterstück 人気のある芝居 | Ein Werbespot muß ~ sein. コマーシャルには人をひきつける力がなくてはならない.

Zug·län·ge[tsúːk..] 女 列車の長さ.

zu·gleich[tsuglάɪç] 副 **1** (gleichzeitig) 同時に, 同じときに; そしてまた〔同時に〕, それに加えて〔さらに〕: Die Gäste kamen alle fast ~ an. 客たちは皆ほとんど同時に着いた | Er kam ~ mit mir. 彼は私と同時に来た ‖ Er ist Dichter und Architekt ~. 彼は詩人であり同時に建築家でもある | Wir suchten uns einen Platz, der schattig und ~ trocken war. 私たちは陰になっていてまた乾いてもいる場所を探した. ▽**2** (zusammen) 一緒に, 連れだって.

Zug≠lei·ne[tsúːk..] 女 (牽引(けんいん)車・荷車・水上スキーなどの)引き綱. **≠lei·stung** 女〘工〙牽引力; (換気扇などの)吸引力. **≠loch** 中 通風〈換気〉孔, 空気穴. **≠luft** 女 -/ すきま風; 通風: In diesem Zimmer herrscht ~. この部屋は風が通る.

Züg·lung =Zügelung

Zug≠ma·schi·ne[tsúːk..] 女 牽引(けんいん)車; トラクター. **≠mit·tel** 中 **1** 吸引〈誘引〉手段;〘商〙客寄せ手段〈商品〉. **2** 発泡薬〈剤〉. **≠netz** 中〘漁〙引き網. **≠num·mer** 女 **1**〘鉄道〙列車番号. **2** (寄席・サーカスなどの)人気のある出し物, 呼び物. **≠ochs** 男, **≠och·se** 男 (牛車・荷車を引く)引き牛. **≠per·so·nal** 中 ⦅集合的に⦆〘鉄道〙列車乗務員. **≠pferd** 中 (馬車・荷車を引く)引き馬, 輓馬(ばんば) (→Reitpferd, Wagenpferd). **≠pfla·ster** 中〘医〙発泡硬膏(こうこう). **≠räu·ber** 男 列車強盗. **≠recht** 中 (Vorkaufsrecht)〘法〙先買(さきがい)権.

zu|grei·fen*[tsúːgraɪfən] ⦅63⦆ 自 (h) **1 a)** (すばやく・さっと)つかむ, ひっつかむ, ひったくる; 手をのばして取る; ⦅比⦆ とびつく, 急いで買い取る;〘海〙(錨(いかり)が海底に)しっかり食いこむ: derb 〈fest〉 ~ 乱暴に〈しっかりと〉つかむ | Die Vase war am Umfallen, aber ich konnte noch rasch ~. 花瓶が倒れそうになったが私は手をのばして危うく支えることができた | Bitte *greifen* Sie nur *zu*! (食卓で)どうぞご自由にお取りください | *Greif* tüchtig *zu*! たんとおあがり | Hier heißt es ~! さあ自分で取りなさい, セルフサービスです | mit beiden Händen ~ (→Hand 1) ‖ Wo es Arbeit gab, *griff* er *zu*. 仕事がありさえすれば彼はとびついた | Bei diesen Preisen sollte man sofort ~. この値段ならすぐにも買うべきでしょう | Das Angebot war so verlockend, daß ich sofort *zugegriffen* habe. その申し出〈売り出し〉はとても魅力があったので私はすぐにとびついた. **b)** ⦅比⦆ 手出しをする, 干渉する: Die Polizei hat rasch *zugegriffen*. 警察はただちに手を下した〈犯人を逮捕した〉.
2 ⦅比⦆ 手を貸す; (協力して)ばりばり仕事をする: Wenn viele Hände mit *zugreifen*, ist die Arbeit bald geschafft. 大勢の人が一緒にかかればすぐに仕事は片づいてしまう | Er *griff* überall *zu*, wo es notwendig war. 彼は必要とあらばどこへでも手を貸した.
[◇Zugriff]

Zug≠re·stau·rant[tsúːk..] 中 列車食堂. **≠rie·men** 男 (馬具・道具などの)引き革.

Zu·griff[tsúːgrɪf] 男 -[e]s/-e つかむこと, つかみ取ること; ⦅比⦆ とびつくこと, すばやく買い取ること; 手出し, 干渉, 介入; 差し押え, 押収; (警察の)手入れ, 追跡, 逮捕: ein fester ~ しっかりとつかむこと ‖ *sich*[4] dem ~ der Polizei entziehen ⦅比⦆ 警察の手を逃れる | Er hat sich das billige Grundstück durch raschen ~ gesichert. ⦅比⦆ 彼はすばやく手を

Z

出してその安い地所を買い取った. ［＜zugreifen］

zụ·grif·fig[tsú:grɪfɪç]² 形《スイ》(進んで)手を貸す, 行動力のある, 活動的な.

Zụ·griffs·zeit 女〘電算〙データ処理時間.

Zụg·rol·le[tsú:k..] 女〘工〙滑車.

zu·grụn·de[tsugrʊ́ndə] 副 **1** 底まで, 沈めて, 沈んで; 破滅させて〈して〉, 没落させて〈して〉, 破壊して〈されて〉:〘ふつう gehen, richten と〙**～ gehen** 沈没する; 破滅〈没落〉する | Das Schiff ging im Sturm ～. 船はあらしにあって沈没した | Er ist an dieser Krankheit elend ～ gegangen. 彼はこの病気でみじめに死んでいった | Ihre Ehe ist an seiner Treulosigkeit ～ gegangen. 彼らの結婚生活は彼の浮気のためにこわれた | Das Haus ist bei den Kampfhandlungen ～ gegangen. その建物は戦闘で破壊された | Nobel geht die Welt ～. (→Welt 1 b) | ***jn.*** 〈***et.***⁴〉 **～ richten** …を滅ぼす, だめにする | Das viele Trinken hat ihn ～ gerichtet. 飲みすぎで彼は身を滅ぼした | Er hat seine Firma ～ gewirtschaftet. 彼は会社を倒産させた.

2 基礎〈根底〉に:〘ふつう legen, liegen と〙eine Hypothese ～ legen ある仮説を基礎に置く | der Predigt ein Bibelwort ～ legen 聖書のある言葉に基づいて説教をする | Dieser Abhandlung liegt die Auffassung ～, daß ... この論文の根底には…という考え方がある.

★ zu Grunde とも書く.

Zu·grụn·de≈ge·hen[tsugrʊ́ndə..] 中 -s/ 破滅, 没落, 零落; 沈没. **≈le·gung**[..le:gʊŋ] 女 -/ 基礎として用いること, 利用: mit 〈unter〉 ～ von *et.*³ …を根拠として | unter ～ dieser Theorie 〈von seiner Erfahrung〉 この理論〈彼の経験〉をふまえて.

Zụgs·ab·teil[tsú:ks..]《オース・スイ》＝Zugabteil

Zụg≈sal·be[tsú:k..] 女〘医〙(血行刺激用の)発泡軟膏(なんこう). **≈schaff·ner** 男 (列車の)車掌. **≈schal·ter** 男 (電灯などの)プルスイッチ(→ ◎ Schalter). **≈scheit** 中 -〔e〕s/-e (Ortscheit)(馬の引き革を結ぶ)馬車の横木. **≈schrau·be** 女〘空〙(機体前部の)牽引(けんいん)プロペラ. **≈seil** 中〘工〙(リフトなどの)牽引ロープ, 引き綱.

Zụgs·füh·rer《オース・トリア・スイ》＝Zugführer 1

Zụg≈si·che·rung 女〘鉄道〙(信号・警報器・制動装置などによる)列車防護. **≈si·gnal** 中 鉄道信号. **≈spannung** 女〘理〙引っ張り応力〈内力〉. **≈spit·ze**¹ 女 列〈列車〉の先頭.

die **Zụg·spit·ze**²[tsú:kʃpɪtsə] 地名 女 -/ ツークシュピッツェ(ドイツ Bayern 州の南端にあるドイツ最高の山で, 標高2963m).

Zụg≈stan·ge 女 **1** 引き棒. **2**〘鉄道〙(車両間の)連結棒; (機関車の)引っ張り棒. **≈stär·ke** 女〘鉄道〙(列車の)連結車両数. **≈stie·fel** 男 (側面にゴムの入った)深ゴム靴. **≈stück** 中〘劇〙**1** 当たり狂言, 人気芝居. **2** 吊(つ)り道具.

Zụgs≈un·glück[tsú:ks..]《オース・トリア・スイ》＝Zugunglück **≈ver·bin·dung**《オース・トリア・スイ》＝Zugverbindung **≈ver·kehr**《オース・トリア・スイ》＝Zugverkehr **≈ver·spä·tung**《オース・トリア・スイ》＝Zugverspätung

Zụg≈te·le·fon 中 列車電話. **≈te·le·gramm** 中 列車電報. **≈tier** 中 車などを引く動物(輓馬(ばんば)など). **≈trom·pe·te** 女〘楽〙(15-18世紀に用いられた)スライドトランペット.

zụ|gucken[tsú:gʊkən] 自 (h)《話》(zusehen)《*jm.* / *et.*³》(…の様子をわきから)眺める, 見物する; 傍観する.

Zụg·un·glück[tsú:k..] 中 列車事故.

zu·gụn·sten[tsugʊ́nstən] 前《2格支配, ときに後置されて3格支配; また zugunsten von *jm.* 〈*et.*³〉の形で》…にとって有利な結果になるように: Er hat ～ seines Bruders auf das Erbe verzichtet. 彼は兄〈弟〉のことを考えて遺産の相続を断念した | Die Mundarten traten ～ der Hochsprache zurück. 方言は標準語に席を譲って後退した ‖ dem Freund ～ その友人に有利になるように | Ihm ～ hättest du dich anders entscheiden müssen. 彼のために君は違った結論を出すべきだったのに.

★ zu Gunsten とも書く.

zu·gụt[tsugú:t] 副《南部・スイ》bei *jm.* **～ haben** …に貸しがある.

zu·gụ·te[tsugú:tə] 副 利益〈ため〉になるように: ***jm.*** 〈***et.***³〉 **～ kommen** …の利益になる, …の役に立つ, …の助けとなる | Die Kur ist seiner Gesundheit sehr ～ gekommen. 療養は大いに彼の体にプラスになった | Es kam ihm ～, daß er Deutsch sprach. ドイツ語を話すことが彼には役立った | Er ließ das Geld den Waisenkindern ～ kommen. 彼はその金を孤児のために役立てた ‖ ***jm. et.***⁴ **～ halten** …を…ゆえに〈…に免じて〉許してやる, …の…を酌量〈斟酌(しんしゃく)〉してやる | Wir wollen ihm seine Jugend ～ halten. 彼の若さに免じて彼については大目〈寛大〉に見よう | Man muß ihm ～ halten, daß er noch nicht lange auf diesem Gebiet arbeitet. 彼がこの分野で働いてまだ日が浅いということを斟酌してやらなければならない ‖ ***jm. et.***⁴ **～ tun** …に…を補償〈賠償〉する; …に…をおごる〈ごちそうする〉| ***sich***³ ***et.***⁴ **～ tun** …を欲しいままにする; …をして楽しむ | Du darfst nicht immer arbeiten, du mußt dir auch einmal etwas ～ tun. 君はいつも働いてばかりいてはいけないよ. ときには自分のためになることもしなければ ‖ ***sich***³ **viel auf *et.***⁴ **～ halten** 〈**tun**〉 …を大いに自慢にする | Du hältst 〈tust〉 dir viel auf deine Schönheit ～. 君は美人だとひどくうぬぼれている | Darauf brauchst du dir nichts ～ zu halten 〈tun〉 そんなことは君は自慢するにはあたらない. ［*ahd.*; ◇gut］

zu·gu·ter·lẹtzt[tsugu:tərlɛ́tst, ⌣⌣⌣⌣] 副 最後に〔は〕, 結局〔は〕, とどのつまりは: Es wird immer schlimmer mit ihr. *Zuguterletzt* wird sie auch ihre Kinder verlassen. 彼女の行状はひどくなる一方だ. 最後には彼女は子供たちをも捨ててしまうだろう.

★ ふつう zu guter Letzt と書かれる (→letzt II).

Zụg≈ver·band[tsú:k..] 男〘医〙牽引(けんいん)包帯. **≈ver·bin·dung** 女 列車による連絡; (Anschluß)(乗り換えの際の)列車の接続: Nach X gibt es von hier keine gute 〈günstige〉 ～. X へはここからでは鉄道の乗り継ぎが不便だ. **≈ver·kehr** 男 列車交通〈運行〉. **≈ver·spä·tung** 女 列車遅延. **≈ver·such** 男 引っ張り試験. **≈vieh** 中《集合的に》役畜(荷車を引くなど, 労役に使用される家畜). **≈vo·gel** 男 **1** 渡り鳥(→Vogelzug). **2**《比》浮浪人, しょっちゅう勤め先を変える人. **≈vor·hang** 男 引き幕. **≈vor·rich·tung** 女 牽引装置; (カーテン・引き幕などの)開閉装置.

zụg·wei·se 副 (→..weise ★)列をつくって;〘軍〙小隊ごとに.

Zụg≈wind 男 (Zugluft) すきま風. **≈win·de** 女 (Göpel)(牛・馬などの牽引(けんいん)力を利用して作動させる)巻き上げ装置. **≈zeit** 女 渡り鳥の〔飛来する・飛び去る〕季節. **≈zwang** 男 (なんらかの行動をとる・決断を下すほかはない)せっぱ詰まった状況(→Zug¹ 8): in ～ geraten 特定の手を打たざるを得なくなる, せっぱ詰まった状況に追い込まれる | *jn.* in ～ bringen …をぎりぎりの立場に追い込む.

zụ|ha·ben*[tsú:ha:bən]¹《64》**I** 他 (h)《話》(↔aufhaben) **1** 閉めて〈閉じて〉いる, 閉まった状態にしておく: die Augen ～ 目を閉じている | Dieses Fenster *habe* ich immer *zu*. この窓は私はいつも閉めておく. **2** (商店・役所の窓口などを)閉めたままにしておく: Wir *haben* unser Geschäft sonntags *zu*. うちの店は日曜日は閉まっている ‖〘しばしば目的語なしで〙Um diese Zeit *hat* die Post schon *zu*. この時刻には郵便局はもう閉まっている. **3** (苦労の末やっと)閉め終えている: Ich *habe* die Schublade endlich *zu*. 引き出しがやっと閉まった.

II 自 (h)(商店・役所の窓口などが)閉まっている(→I 2).

zụ|ha·ken[tsú:ha:kən] 他 (h)(鉤(かぎ)・留め金・ホックなどで)留める, 閉める, 引っ掛ける: den Rock ～ スカートをホックで留める | die Gartentür ～ 庭木戸に掛け金をかける.

zụ|hal·ten*[tsú:haltən]《65》**I** 他 (h) **1** (↔aufhalten) ふさいでいる, 閉じておく: die Faust ～ こぶしを握りしめている | *jm.* 〔mit der Hand〕 die Augen 〈den Mund〉 ～ …の目〈口〉を〔手で〕ふさいでいる | *sich*³ die Augen 〈die Ohren〉 ～ (見まい・聞くまいと)目〈耳〉をふさぐ | *sich*³ die Nase ～ (臭くて)鼻をつまむ | eine Öffnung 〈ein Rohr〉 ～ 穴〈管〉をふさぐ ‖ Er hat die Tür von innen 〈außen〉 *zugehalten*. 彼はドアを内〈外〉からおさえた(開けられないように).

Z

2《ｽｲｽ》(zuteilen)《*jm. et.*⁴》(…に…を)配分する; 割り当てる, 割りふる.

II 自 (h)《auf *et.*⁴》(…に)向かって進む: Das Schiff *hielt* auf die Insel *zu*. 船はその島を目ざして進んだ.

Zu·häl·ter[tsú:hɛltər] 男 -s/- (売春婦の)ひも.

Zu·häl·te·rei[tsu:hɛltəráı] 女 -/ (売春婦の)ひもであること, 売春仲介業.

zu·häl·te·risch[tsú:hɛltərıʃ] 形 売春婦のひもの, 売春仲介の.

Zu·hal·tung[tsú:haltuŋ] 女 -/-en (錠の)横杆(こうかん),「タンブラー.」

Zu·hal·tungs·fe·der 女 (錠の)タンブラーばね(→ 図 Schloß B).

zu·han·den[tsuhándən] 副 ▽1 手もとに: *jm. et.*⁴ ～ bringen …のもとへ…を持ってゆく | *jm.* ～ kommen たまたま…の手に入る | *jm.* ～ sein …の手もとにある | Das ist mir jetzt nicht ～. それはいま私の手もとにはない, 私はいまそれを持ち合わせていない. 2 (略 z. H.)《ｽｲｽ》(zu Händen)《手紙の上書きに zuhanden *js.* ⟨von *jm.*⟩の形で》…あて, …の手もとに, …渡し: Firma X, ～ des Herrn Y ⟨von Herrn Y⟩ X社御中 Y 殿行き. [„zu den Händen"; ◇Hand]

zu|hän·gen[tsú:hɛŋən] 他 (h)《*et.*⁴》(…を)布⟨幕⟩で隠す, カーテンでふさぐ: das Fenster mit einem schwarzen Tuch ～ 窓に暗幕をかけて覆う | ein Vogelbauer 〔mit einem Tuch〕 ～ 鳥かごに布を掛ける⟨かぶせる⟩.

zu|hau·en(*)[tsú:hauən]《67》《過 haute zu; 過分 zugehauen》I 自 (h) 1 打ち⟨殴り⟩かかる: kräftig ⟨wütend⟩ mit der Axt ～ 激しく⟨狂ったように⟩斧(おの)で打ちかかる | auf *jn.* ⟨*et.*⁴⟩ ～ …めがけて殴りかかる | *Hau* doch auf ihn *zu*! 彼を殴ってしまえ.

2《話》(ドアなどが)大きな音をたてて閉まる: Bei einem Windstoß *haute* die Tür *zu*. 突風でドアがバタンと閉まった.

II 他 (h) 1 しかるべき形⟨大きさ⟩に切る, 切って整える⟨そろえる⟩, 打って形作る: das Holz ⟨den Stein⟩ ～ 木⟨石⟩を切り整える.

2 (くぎなどを打ちつけて)封じる: eine Kiste mit Nägeln ～ 箱をくぎづけにする.

3《話》(ドアなどを)バタンと閉める: Er *haute* das Fenster so kräftig *zu*, daß die Scheibe herausfiel. 彼は窓を力いっぱい閉めたのでガラスがはずれてしまった.

zu·hauf[tsuháuf] 副《雅》かたまって, 一団となって, 群れをなして, うず高く: Schaulustige strömten ～ herbei. 野次馬が群れをなしてやって来た | Bücher stapelten sich ～ auf dem Tisch. 本がテーブルの上に山積みになっていた. [<Haufen]

zu·hau·se[tsuháuzə] (**zu·haus**[..háus]) I (<zu Haus〔e〕) 副 1 家で, 在宅して; 故郷⟨祖国⟩で(→nachhause): bei uns ～ 我々の家⟨故郷⟩では. 2 精通して: Er ist in der modernen Kunst ～. 彼は現代芸術に通じている.

★ ふつう zu Hause とかかれる(→Haus 2 a).

II **Zu·hau·se** 中 -〔s〕/ わが家, マイホーム, 故郷; 家庭的幸福: ein gemütliches ～ くつろげる家庭⟨故郷⟩ ‖ Ich habe ein schönes ～. 私には楽しきわが家⟨愛する故郷⟩がある | Sie hat kein ～ mehr. 彼はもう落ち着くべき家庭を持っていない; 彼女はすでに天涯孤独の身である ‖ Er ist ohne richtiges ～. 彼には本当に家庭といえるものがない(参考 Ich bin hier *zu Hause*. 私はここに住んでいる; 私はこの地元の者である).

zu|hef·ten[tsú:hɛftən]《01》他 (h) 仮綴(かりとじ)⟨仮縫い⟩でとめる, とじ⟨縫い⟩付ける, とじ⟨縫い⟩合わせる: einen Riß ⟨eine Wunde⟩ ～ かぎ裂き⟨傷口⟩を縫い合わせる.

zu|hei·len[tsú:haılən] 自 (s) (傷が)癒合する, ふさがる.

Zu·hil·fe·nah·me[tsuhílfəna:mə] 女 -/ 助けを借りること, 利用すること: unter ～ (=mit Hilfe) von *et.*³ …の力を借りて. [<zu Hilfe nehmen (→Hilfe 1 a)]

zu·hin·terst[tsuhíntərst] 副 (↔zuvorderst) いちばん後ろに, 最も奥に; 最後尾に, 最後列に.

zu·höchst[tsuhø:çst] 副 1 いちばん上⟨高いところ⟩に, てっぺんに. 2 大いに, きわめて, 非常に: Sie war ～ erfreut. 彼女は大喜びしていた.

zu|hor·chen[tsú:hɔrçən]《方》=zuhören

zu|hö·ren[tsú:hø:rən] 自 (h) 耳を傾ける, 傾聴する, 注意深く聞く: schweigend ⟨aufmerksam⟩ ～ 黙って⟨注意を払って⟩聞く | mit halbem Ohr ～ (→Ohr 1) | *Hör* mal *zu*! いいかい よく聞けよ⟨聞いてくれよ⟩ | Er *hört* nie *zu*. 彼は人の話をついぞじっくりとは聞かない ‖〘3格と〙einem Gespräch ⟨einer Radiosendung⟩ ～ 会話⟨ラジオ放送⟩に耳を傾ける | Alle *hörten* ihm ⟨seinen Worten⟩ mit Teilnahme *zu*. みんなが関心をもって彼の言うことに耳を傾けた.

Zu·hö·rer[..hø:rər] 男 -s/- 聞いて⟨耳を傾けて⟩いる人; (講演会・音楽会などの)聞き手, 聴衆; (ラジオの)聴取者: ein geduldiger ⟨stiller⟩ ～ 我慢強い⟨静かな⟩聞き手.

Zu·hö·rer·raum 男 (講演会・音楽会などの)聴衆席.

Zu·hö·rer·schaft[..ʃaft] 女 -/《集合的に》(講演会・音楽会などの)聴衆; (ラジオの)聴取者.

zu·in·nerst[tsu|ínərst] 副 最も内部に, いちばん奥に; 心の奥深く, 心底から: *sich*⁴ ～ schämen 心から恥じる | Das hat mich ～ betroffen. それは私の心の奥底にひどくこたえた.

zu|jauch·zen[tsú:jauxtsən]《02》=zujubeln

zu|ju·beln[tsú:ju:bəln]《06》自 (h)《*jm.*》(…に向かって)歓声をあげる: Die Menge *jubelte* dem Präsidenten begeistert *zu*. 群衆は熱狂的に大統領に歓呼の声をあげた.

Zu·kauf[tsú:kauf] 男 -〔e〕s/..käufe[..kɔyfə] 買い足し, 追加購入.

zu|kau·fen[tsú:kaufən] 他 (h) 買い足す, 追加購入する.

zu|keh·ren[tsú:ke:rən] I 他 (h)《*jm. et.*⁴》(…に…を)向ける: *jm.* das Gesicht ⟨den Rücken⟩ ～ …の方に顔⟨背⟩を向ける | Die Fenster liegen auf der dem Meer *zugekehrten* Seite des Hauses. 窓は建物の海に面した側にある ‖ 再帰 *sich*⁴ *et.*³ ～ …の方に向く, …に向けられる | Er *kehrte* sich wieder der Forschung *zu*.《比》彼は再び研究に打ちこんだ | Die Bewunderung der Zuschauer hatte sich ihm *zugekehrt*. 観衆の驚嘆の声は彼に向けられた.

II 自 (s)《ｵｰｽﾄﾘｱ》(einkehren) 立ち寄る, 訪れる; 宿泊する: bei *jm.* ～ …のところに立ち寄る, …をちょっと訪問する | in einem Gasthaus ～ 宿屋に泊まる.

zu|kit·ten[tsú:kıtən]《01》他 (h) (穴・割れ目などを)パテでふさぐ.

zu|klap·pen[tsú:klapən] I 他 (h) (↔aufklappen) (ふた・本などを)パタンと閉める⟨閉じる⟩: den Schirm ～ (→Schirm 1 a).

II 自 (s) (ふた・ドアなどが)パタンと音をたてて閉まる.

zu|klat·schen[tsú:klatʃən]《04》自 (h)《*jm.*》(…に)拍手を送る, 拍手喝采(かっさい)して声援を送る.

zu|kle·ben[tsú:kle:bən][1] 他 (h) はってふさぐ: einen Brief ⟨einen Umschlag⟩ ～ 手紙の封をする | Das Blut *klebte* ihm die Augen *zu*. 流れる血が彼の両眼をふさいだ.

zu|klei·stern[tsú:klaıstərn]《05》他 (h) のりづけしてふさぐ, のりで封をする.

zu|klem·men[tsú:klɛmən] 他 (h) (締め具などで)はさん「で締める.」

zu|klin·ken[tsú:klıŋkən] 他 (h) (↔aufklinken) (ドア・窓などを)取っ手を回して閉める.

zu|knal·len[tsú:knalən] I 他 (h) (ドア・窓などを)ガチャン⟨バタン⟩と閉める.

II 自 (s, h) (ドア・窓などが)ガチャン⟨バタン⟩と閉まる: Die Tür ist von selbst *zugeknallt*. ドアはひとりでにバタンと閉まった.

zu|knei·fen*[tsú:knaıfən]《78》他 (h) (特に目や唇を)閉じる: ein Auge ～ 片目をつぶる;《比》見て見ないふりをする, 寛大な態度をとる | Er *kniff* listig ⟨spitzbübisch⟩ ein Auge *zu*. 彼はずるそうに⟨いたずらっぽく⟩片目をつぶって見せた | den Arsch ～ (→Arsch 1) ‖ verdrießlich *zugekniffene* Lippen 不機嫌に結ばれた唇.

zu|knöp·fen[tsú:knœpfən] I 他 (h) (↔aufknöpfen) (服などの)ボタンを掛ける: *sich*³ den Mantel ～ コートのボタンを掛ける ‖ ein Mann mit *zugeknöpften* Taschen《話》けちな⟨しまり屋の⟩男 | 再帰 *sich*⁴ ～ 自分の着ているもののボタンを掛ける.

II **zu·ge·knöpft** → 別出

zu|kno·ten[tsú:kno:tən]《01》他 (h) (↔aufknoten) (ひも・布などを)結ぶ, 束ねる: das Kopftuch unter dem Kinn ～ スカーフをあごの下で結ぶ.

zu|knüp·fen[tsú:knypfən] 他 (h) (ひもなどを)結んでしめる.

Z

zu|kom·men*[tsú:kɔmən]《80》 **I** 自 (s) **1**《auf *jn.* 〈*et.*⁴〉》**a**)（…に）歩み寄る, 近づいて来る, 接近する;（運命などが…に）ふりかかる,（…を）襲う: Sie *kam* geradewegs 〈mit schnellen Schritten〉 auf mich *zu*. 彼女はまっすぐに〈足早に〉私の方へやって来た | Das Gewitter *kommt* auf uns *zu*. 雷雨が我々の方へ近づいて来る | Du weißt noch nicht, was noch auf dich *zukommt*. これから何が襲って来るか君はまだ知らない | Auf ihn *kommen* schwere Probleme 〈Entscheidungen〉 *zu*. 難しい問題〈決断〉が彼を待っている. **b**)《比》（…に）従う, 頼る: Sie *kommt* wohl noch einmal auf dich *zu*. 彼女は多分もう一度君を頼って来るだろう | Wir werden doch auf deinen Plan ～. 我々はやはり君の計画に従うだろう ‖ die Dinge auf *sich*⁴ ～ lassen (→ Ding 2 a) | Ich lasse das auf mich ～.（成り行きにまかせて）私はそれがわが身にふりかかって来るのを待っている;（安心・期待して）私はそれを傍観している.
2《*jm.*》（…のもとに）届く, 達する,（…の）手に入る: Ihr Brief ist mir gestern *zugekommen*. あなたのお手紙昨日落手いたしました ‖ ***jm. et.***⁴ **～ lassen** …に…を届ける〈送る〉; …に…（金など）を贈る〈進呈する・与える〉| *jm.* eine Nachricht ～ lassen 報告を送る | *jm.* Fürsorge 〈eine Vergünstigung〉 ～ lassen …に保護〈特典〉を与える | Er hat uns immer noch keinen Bescheid ～ lassen. あいかわらず我々には彼から何の知らせもなかった | Sie hat ihrer Mutter monatlich Geld ～ lassen. 彼女は毎月母親に送金した.
3 a)《*jm.*》（…に）当然与えられる, 帰属するのが当然である,（…が）当然受けるべきである;（…に）ふさわしい, 似つかわしい: Die Nachzahlung *kommt* Ihnen *zu*. あなたは当然追加支払いしてもらうべきです | Dieser Ruhm 〈Titel〉 *kommt* ihm nicht *zu*. この名声〈称号〉は彼にふさわしいものではない | Ein solches Verhalten *kommt* einem Kind nicht *zu*. そんな態度は子供らしくない | Es *kommt* mir nicht *zu*, so etwas zu sagen. そんなことを言う資格は私にはありません. **b**)《*et.*³》（…に重要性などが）〔属性として〕ある, 付随する: Dieser Entdeckung *kommt* eine große Bedeutung *zu*. この発見には大きな意義がある.
ᵛ**4**《mit *et.*³》（…で）間に合わせる, 済ませる.
5《方》（豚などが）子をはらむ.
II zu·kom·mend 現分 形 **1** しかるべき, 本来の. ᵛ**2** (zukünftig) 未来〈将来〉の, きたるべき.

zu|kor·ken[tsú:kɔrkən] 他 (h) (↔aufkorken)《*et.*⁴》（…に）コルクで栓をする.

Zu·kost[tsú:kɔst] 女 -/ 〘料理〙付け合わせ（肉料理に添えられる野菜・サラダなど）: Salat als ～ für Fleischgerichte 肉料理の付け合わせとしてのサラダ.

zu|krie·gen[tsú:kri:gən]¹《話》＝zubekommen

zu|kucken[tsú:kʊkən]《北部》＝zugucken

Zu·kunft[tsú:kʊnft] 女 -/..künfte[..kʏnftə]《ふつう単数で》**1** きたるべき時代, 後世, 後代; 将来, 未来, 前途, 行く末: eine glänzende 〈unsichere〉 ～ 輝かしい〈不確かな〉未来 | Vergangenheit, Gegenwart und ～ 過去 現在そして未来 ‖ ein Mann der ～ 将来性のある男 ‖ **～ haben** 将来性〈先の見込み〉がある | eine große ～ 〔vor *sich*³〕 haben 前途有望である | **keine ～ haben** 将来性〈先の見込み〉がない | die ～ deuten 〈voraussagen〉 未来を占う〈予言する〉| *seine* ganze ～ aufs Spiel setzen 自分の前途のすべてを賭(か)ける | Wie stellst du dir deine ～ vor? 君は自分の将来についてどう考えているのかね ‖ **an** der ～ verzweifeln 将来に絶望する | an die ～ denken 将来に思いをはせる | **für** alle ～ 未来永劫(ごう)に, いついつまでも | für die ～ sorgen 将来について配慮する | **in ～** 今後, 将来 | In ～ werde ich vorsichtiger sein. これから私はもっと慎重になろう | in naher 〈nächster〉 ～ 近い〈ごく近い〉将来 | in ferner ～ 遠い将来 | in der ～ leben 未来に生きる | pessimistisch in die ～ blicken 前途を悲観視する | ein Beruf **mit** 〈**ohne**〉 **～** 将来性のある〈ない〉職業 | ohne ～ sein 先の見込みがない | viel **von der ～** erwarten 将来に大きな期待をかける ‖ ***et.***³ **gehört die ～** …は将来大いに発展する見込みがある | Die ～ gehört der Jugend. 未来は若者のものである | Aus der Vergangenheit entwickelt sich die ～. 未来は過去から生まれ出るものだ.
2 (Futur)〘言〙未来〔時称〕, 未来形: die vollendete ～ 未来完了 | von einem Verb die ～ bilden ある動詞の未来形をつくる.
［*ahd.* zuo-chumft „Heran-kommen“; ◇zukommen］

zu·künf·tig[..kʏnftɪç]² **I** 形《付加語的》未来〈将来〉の, きたるべき, 今後の: die ～*e* Entwicklung des Landes この国のこれからの発展 | Sie ist meine *Zukünftige*.《話》彼女は私の将来の妻だ. **II** 副 今後〔は〕, 将来〔は〕: Ich verlange von dir, ～ meinen Anweisungen nachzukommen. 今後は私の指図どおりにしてくれないと困るよ.

Zu·kunfts≠angst[tsú:kʊnfts..] 女 将来に対する不安. **≠aus·sich·ten** 複 未来の展望, 将来の見通し. **≠bild** 中 未来〈将来〉像. **≠er·war·tung** 女 未来〈将来〉への期待. **≠for·scher** 男 (Futurologe) 未来学者. **≠for·schung** 女 -/ (Futurologie) 未来研究, 未来学. **≠ge·sell·schaft** 女 -/ 未来社会. **≠hirsch** 男〘狩〙将来大きな角が生えそうな若シカ. **≠in·du·strie** 女（将来性の大きい）未来産業.

zu·kunfts·los[..lo:s]¹ 形 先の見込み〈将来性〉のない, お「先真っ暗な.」

Zu·kunfts≠markt 男（将来有望な）未来市場. **≠mu·sik** 女 -/ **1** 未来の音楽（Richard Wagner とその一派の音楽の蔑称. Wagner の《Das Kunstwerk der Zukunft》にちなむ). **2**《比》夢想, 将来の夢: Das ist ～. そんなことまだまだ先の話だ.

zu·kunfts·orien·tiert 形 未来を指向した: eine ～*e* Politik 将来への展望をもつ政治.

Zu·kunfts≠per·spek·ti·ve 女 -/-n《ふつう複数で》将来の展望〈見通し〉. **≠plan** 男 -〔e〕s/..pläne《ふつう複数で》将来計画, 未来の構想: *Zukunftspläne* fassen 将来の計画を立案する. **≠pro·gno·se** 女 将来の予測〈予想〉. **≠rausch** 男 未来の夢に酔うこと.

zu·kunfts·reich 形 未来に富んだ, 前途有望な, 将来性〈見込み〉のある.

Zu·kunfts≠ro·man 男 未来小説（空想科学小説, SF). **≠schloß** 中 壮大な〈夢みたいな〉計画: ***Zukunftsschlösser* bauen** 未来のバラ色の計画を立てる(→Luftschloß). **≠staat** 男 未来国家. **≠tech·no·lo·gie** 女 未来技術.

zu·kunfts·träch·tig 形 未来を孕(はら)んだ, 将来性のある, 前途有望な.

Zu·kunfts≠traum 男 未来の夢, 実現不可能な願望. **≠vi·sion** 女 未来の理想像〈ビジョン〉.

zu·kunfts·voll ＝zukunftsreich

zu·kunft〔s〕·wei·send[tsú:kʊnft(s)..] 形 未来を指し示す.

zu|lä·cheln[tsú:lɛçəln]《06》 **I** 自 (h)《*jm.*》（…に）ほほえみかける: *sich*³ ～ ほほえみ合う.
II 他 (h)《*jm. et.*⁴》（…に）ほほえみかけて（…を）表す: *jm.* Dank 〈Beifall〉 ～ …にほほえんで感謝〈賛意〉を表す.

zu|la·chen[..laxən] 自 (h)《*jm.*》（…に）笑いかける.

zu|la·den*[tsú:la:dən]¹《86》他 (h)（荷物などを）追加して積み込む, 積み荷として追加する.

Zu·la·dung[..dʊŋ] 女 -/-en **1** zuladen すること. **2** 追加された積み荷.

Zu·la·ge[tsú:la:gə] 女 -/-n **1**（給与中の各種の）手当, 加給金; 昇給〈増俸〉〔額〕: Familien*zulage* 家族手当 | Wohnungs*zulage* 住居手当 ‖ eine ～ von monatlich 100 Mark bekommen 月々100マルクの特別手当をもらう; 月給を100マルク上げてもらう. **2 a**) 付録, おまけ. **b**)《方》（肉屋で肉を買う際おまけにつけてくれる）骨. ［＜zulegen］

zu·lan·de (**zu Lan·de**)[tsulándə] 副（それぞれの）土地〈国〉で: **bei *jm.* ～** …の国では（参考 zu Lande 陸路で).

zu|lan·gen[tsú:laŋən] **I** 自 (h) **1 a**)《話》（何かをつかもうとして）手をのばす: schnell ～ さっと手をのばす | tüchtig 〈kräftig〉 ～（食事の際）どんどん手をのばして食べる(→b) | Bitte, *langen* Sie *zu*! / Bitte *zuzulangen*! さあ どんどん召し上がれ. **b**) 手を貸す,（協力して）ばりばり仕事をする: tüchtig 〈kräftig〉 ～ ばりばり仕事をする(→a). **c**) 殴りかかる: *jm.* eine ～ …に一発ぶちかます.

Z

2 (ausreichen) 足りる, 十分である: Das Geld hat nicht *zugelangt*. お金はそれでは足りなかった | Dieses Stück Stoff *langt* für ein Kinderkleid *zu*. この生地は子供服を１着つくるのに十分だ.

▽**II** 他 (h) (zureichen) 《*jm. et.*⁴》(…に…を)手渡す, 差し出す.

zu̱·läng·lich[..lɛŋlɪç] 形《雅》(ausreichend) 十分な: eine einigermaßen ~*e* Besoldung ある程度満足できる給料 | ohne ~*en* Grund 十分な理由もなしに.

Zu̱·läng·lich·keit[..kaɪt] 女 -/-en **1** 《単 数 で》 zulänglich なこと. **2** zulänglich なもの.

zu̱|las·sen*[tsú:lasən] 《88》他 (h) **1** 《*et.*⁴》(…を)許す, 許容する, 認める; (…を)妨げない, (…の)余地を残す: keine Ausnahmen ~ 例外を認めない | mehrere Interpretationen ~ 幾通りもの解釈が可能である | Das *ließ* meine Gewissenhaftigkeit nicht *zu*. 私の良心がそれを許さなかった | Kannst du diesen Unfug ~? この乱暴を君は許せるのか | Seine Worte *ließen* keinen Zweifel *zu*. 彼の言葉には疑念をはさむ余地がなかった.

2 《*jn.* zu *et.*³》(…に…へ)入ることを許す, (…を…へ)入場させる, 入れる; 《*et.*⁴ zu *et.*³》(…が…することを)許可する, 認める: *jn.* zur Prüfung ~ …の受験を許可する | ein Tier zur Zucht ~ ある動物の飼育を認める | Der Pförtner *läßt* niemanden zur Garderobe der Schauspielerin *zu*. 守衛はだれもその女優の楽屋へ立ち入らせない | Der Abiturient wurde zum Studium 〈für das Studium〉 *zugelassen*. その高校卒業試験合格者は大学への進学が許可された | Der Film ist für Jugendliche nicht *zugelassen*. この映画は未成年者は入場できません | Die Polizei hat das Kraftfahrzeug 〔zum Verkehr〕 *zugelassen*. 警察はその自動車〔の運転〕を許可した ‖ *jn.* als Mitglied 〈Anwalt〉 ~ …をメンバーとして認める〈弁護士として認可する〉 | Er ist im Jahr 1980 als Arzt *zugelassen* worden. 彼は1980年に医師の資格を与えられた.

3 《話》(↔auflassen) 閉じた〈閉めた〉ままにしておく: einen Brief ~ 手紙を封をしたままにしておく | Wir haben den Laden *zugelassen*. 私たちは店を閉めたままにしておいた | *Laß* das Fenster *zu*! 窓は閉め〔切っ〕たままにしておきなさい.

zu̱·läs·sig[tsú:lɛsɪç]² 形 許された, 許容しうる, 受け入れうる: die ~*e* Höchstgeschwindigkeit 最高制限速度 ‖ gesetzlich ~ sein 法律的に認められている | Es ist nicht ~, bei der Prüfung den Bleistift zu benutzen. 試験の際の鉛筆の使用は認められない.

Zu̱·läs·sig·keit[–kaɪt] 女 -/ zulässig なこと.

Zu̱·las·sung[tsú:lasʊŋ] 女 -/-en **1** (zulassen すること. 例えば:) 入場〈通行〉許可; 許可, 認可; (自動車・航空機の)使用許可, 運行許可: ~ der Revision〘法〙上告の許可. **2** 《話》(Kraftfahrzeugschein) 自動車登録証.

Zu̱·las·sungs≠be·schrän·kung 女 (入会・入学などの)許可制限. **≠ge·su̱ch** 中 (各種の)許可〈認可〉願い; 入会〈入学〉願い. **≠num·mer** 女 許可番号; (自動車の)登録番号. **≠pa·pie·re** 複 (官公庁の)許可〈認可〉証; (特に:) 自動車登録〈車検〉証. **≠prü̱·fung** 女 入会〈入学〉試験. **≠schein** 男 (各種の)許可証; 入場〈運行〉許可証. **≠stel·le** 女 (各種の)許可〈認可〉機関; 自動車運行許可所(行政官庁); (有価証券の)上場(じょうじょう)取引所.

Zu̱·lauf[tsú:laʊf] 男 -〔e〕s/ (顧客・観客などの)入り; (応募者が)殺到すること: großen ~ haben (店が)大繁盛である; (劇場が)大入りである; 応募者が殺到する | Der Arzt 〈Der Anwalt〉 hat großen ~. その医者〈弁護士〉はずいぶんはやっている.

zu̱|lau·fen*[tsú:laʊfən] 《89》自 (s) **1 a)** 《auf *jn.* 〈*et.*⁴〉》(…を目ざして)走っていく, 走り寄る, 突進する: Die Kinder *liefen* weinend auf ihre Mutter *zu*. 子供たちは泣きながら母親のところへ走っていった | Er kam gerade〔s〕wegs auf mich *zugelaufen*. 彼はまっしぐらに私目がけて走って来た. **b)** 《auf *et.*⁴》(道が…に)通じている: Der Weg *läuft* auf den Wald *zu*. この道は森へ通じている.

2 a) 《*jm.*》(顧客・患者などが…のところへ)大勢集まる, 押し寄せる, 殺到する. **b)** 《*jm.*》(犬などが…のところに)迷いこんで居つく: Dieser Hund ist uns *zugelaufen*. この犬は私たちのところへ迷いこんで居ついてしまった ‖ ein *zugelaufener* Hund 迷い犬 | ein *zugelaufenes* Gesindel 流れこんできた連中. **c)** (液体が)流れて加わる: Dieser Fluß *läuft* der Donau *zu*. この川はドナウ川に合流する | Laß noch kaltes Wasser ~! 冷たい水をもっと入れなさい.

3 《結果を示す語句と》(…で)終わっている: spitz 〈in eine Spitze / in einer Spitze〉 ~ 先がとがっている | eng *zulaufende* Hosen / Hosen mit schmal *zulaufenden* Beinen 先が細くなったズボン.

4 《話》速く走る, (走って)急ぐ: *Lauf zu*, sonst kommst du zu spät! 急ぎなさい. さもないと遅刻するよ.

Zu̱·lauf·ha̱hn 男 (ボイラーなどの)給湯蛇口(→ 図 Bad A).

zu̱|le̱·gen[tsú:le:gən]¹ **I** 他 (h) **1** つけ足す, つけ加える, ふやす, 付加する; (不足分などを)追加して支払う: beim Wiegen 20 g ~ 20グラム計り足す | *jm.* 50 Mark an Gehalt ~ …の俸給を50マルク上げてやる | 〔Geld〕 ~ (事業などで)損をする ‖ einen Gang ~ (→Gang 4 c) | einen Schritt ~ (走者が)スパートする | einen Zahn ~ (→Zahn 3). **2** 《話》《*sich*³ *et.*⁴》(…を)入手する, 調達する, 買い入れる: *sich*³ ein neues Auto ~ 新車を手に入れる | *sich*³ einen Bauch 〈einen Bart〉 ~《戯》腹が出てくる〈ひげを生やす〉 | *sich*³ eine Freundin ~ ガールフレンドをこしらえる | *sich*³ einen Künstlernamen ~ 芸名〈筆名〉を名のる. **3** 《*et.*⁴ mit *et.*³》(…を…で)ふさぐ: ein Loch mit Brettern ~ 板で穴をふさぐ.

II 自 (h) 《話》 **1** スピードを速める: im Endspurt tüchtig ~ ラストスパートでぐんとスピードを上げる. **2** 太る, 肉がつく: ganz schön ~ ずいぶんと肉がつく | Unsere Partei konnte bei den letzten Wahlen ~. わが党は前回の選挙で票をのばすことができた.

zu·le̱i·de[tsuláɪdə] (**zu·le̱id**[tsuláɪt]) 副 (↔zuliebe) 《ふつう次の形で》 ***jm.* etwas ~ tun** …に損害〈危害・苦痛〉を与える | Ich habe dir nie etwas ~ getan. 私はこれまで君に何か悪いことをしたことは一度もない | Was habe ich ihm ~ getan? 私が彼に何をしたというのか | keiner Fliege etwas ~ tun können (→Fliege 1 a) ‖ niemandem ~ und niemandem zuliebe だれをも敵とせず だれにも味方せず.

★ zu Leid〔e〕とも書く.

zu̱|lei·men[tsú:laɪmən] 他 (h) 《*et.*⁴》(…を)にかわでとじる〈ふさぐ〉; 《比》(穴・ほころびなどを)ふさぐ, 補綴(ほてい)する.

zu̱|lei·ten[tsú:laɪtən] 《01》他 (h) **1** 《*et.*⁴ *et.*³》(…を…へと)導く: einem Fischteich 〈dem Kraftwerk〉 Wasser ~ 養魚池に水を引き込む〈発電所に水を引く〉 | *et.*⁴ *seiner* eigentlichen Bestimmung ~ …をその本来の目的に従って利用〈使用〉されるようにする. **2** 《*jm. et.*⁴》(…に…を)〔公式手続きによって〕引き渡す, 送付〈送達〉する, 伝達する: dem Adressaten eine unzustellbare Sendung wieder ~ (郵便局が)受取人に配達不能であった郵便物を再配達する.

Zu̱·lei·tung[..tʊŋ] 女 -/-en **1** zuleiten すること. **2** (zuleiten するための器具・施設. 例えば:) 導管; 〘電〙導線, フィーダー線; リード線: Wasser*zuleitung* 給水管.

Zu̱·lei·tungs≠dra̱ht 男〘電〙導入線. **≠ro̱hr** 中〘工〙吸い込み管.

zu̱|ler·nen[tsú:lɛrnən] 他 (h) 《話》(既知の事柄に加えて)さらに〈新たに〉習い覚える; さらに経験を積む.

zu·le̱tzt[tsulɛ́tst] 副 **1** (↔zuerst) いちばん後で, 最後に: Sie erschien ~. 彼女はいちばん遅れてやってきた | Der brave Mann denkt an sich⁴ selbst ~. (→Mann 1) | Wer ~ lacht, lacht am besten. (→lachen² I 1) ‖ bis ~ 最後の最後まで, 死ぬまで ‖ **nicht ~** 特に〈とりわけ〉〔また〕 | Alle Leute und nicht ~ die kleinen Kinder hatten sie gern. 彼女はすべての人々に 特に小さい子供たちに好かれていた.

2 (schließlich) ついに, とうとう, 結局: *Zuletzt* verlor ich die Geduld. ついに私は我慢できなくなった | Sie wurde immer matter, bis sie ~ zusammenbrach. 彼女はますます体力が衰えたあげく とうとう力尽きてしまった. **3** 《話》(das letztemal) 前回〔に〕, この前, 最後に: Wann habe ich Sie ~ gesehen? この前お会いしたのはいつでしたっけ.

zu·lie·be[tsulíːbə]（ｵｰｽﾄﾘｱ: **zu·lieb**[tsulíːp]）副 **1**（↔zuleide）《*jm.* / *et.*³》…のために, …のためを思って, …への好意から: der Wahrheit ～ 真理のために｜Das hat er seinem Vater ～ getan. 彼がそれをやったのは父親のためだ｜Tu es mir ～! 私のためと思ってそれをしてくれ‖niemandem zuleide und niemandem ～（→zuleide）.

2 …のあまり, …が原因で: einer Tagesfrage ～ die große Lebensfrage vernachlässigen 日常の問題にかまけて重要な死活問題をなおざりにする.

Zu·lie·fe·rant[tsúːliførant] 男 -en/-en ＝Zulieferer

Zu·lie·fer·be·trieb[tsúːliːfər..] 男 下請け企業〈工場〉.

Zu·lie·fe·rer[..liːfərər] 男 -s/-（部品・部材などの）供給〈納入〉者, 下請け業者〈会社・工場〉.

Zu·lie·fe·rer·in·du·strie ＝Zulieferindustrie

Zu·lie·fer≠fir·ma[tsúːliːfər..] 女（部品・部材などを納入する）下請け会社. **≠in·du·strie** 女（部品・部材などを供給する）下請け産業.

zu|lie·fern[..liːfərn]《05》他（h）**1**《*et.*⁴》（下請け機関が製造・組み立ての企業に部品・部材などを）供給〈納入〉する. **2**（ausliefern）《*jn.*》〘法〙（犯人などを）引き渡す.

Zu·lie·fe·rung[..fəruŋ] 女 -/-en **1**（zuliefern すること. 例えば:）**a**）（部品・部材の）供給, 納入. **b**）（犯人などの）引き渡し. **2** 納入された部品〈部材〉.

Zulk[tsʊlk] 男 -〔e〕s/-e ＝Zulp

zul·len[tsʊ́lən] 自（h）《中部》（乳首を）しゃぶる.

Zul·ler[..lər] 男 -s/-《中部》＝Zulp ［＜zulpen］

zu|lö·ten[tsúːløːtən]《01》他（h）はんだ付け〈鑞(ろう)付け〉〔して密封〕する.

Zulp[tsʊlp] 男 -〔e〕s/-e《中部》(Sauger)（哺乳(ほにゅう)瓶などの）乳首;（乳児用の）おしゃぶり.

［＜Zulpen „Flachsabfall"］

zul·pen[tsʊ́lpən] 自（h）《中部》（乳首を）吸う, しゃぶる.

Zul·per[..pər] 男 -s/- ＝Zulp

Zu·lu[tsúːluˑ] **I** 男 -〔s〕/-〔s〕ズールー人（アフリカ南東部の海岸地方に住む Bantu 系の種族）. **II** 中 -〔s〕/ ズールー語（Bantu 語に属する）: auf ～ ズールー語で. ［*afrikan.*］

zum[tsʊm] ＜zu dem

zu|ma·chen[tsúːmaxən] **I** 他（h）《話》（↔ aufmachen）(schließen) 閉める, 閉じる; ふさぐ, 閉ざす;（…に）ふたをする: die Augen ～ 目を閉じる;《比》死ぬ｜die ganze Nacht kein Auge ～（→Auge 1）｜das Fenster〈die Tür〉～ 窓〈ドア〉を閉める｜Er *machte* schweigend die Tür hinter sich³ *zu*. 彼は黙って背後のドアをしめた｜die Tür von außen〈draußen〉～（→Tür）｜das Haus ～ 家〔の戸〕を閉める｜einen Brief ～ 手紙に封をする｜eine Flasche ～ 瓶に栓をする｜den Mantel ～ コートのボタンをかける｜den Schirm ～ 傘をすぼめる｜ein Loch im Ärmel ～ そでの穴をつくろう｜das Geschäft ～ 店じまいする‖〘目的語なしで〙Er hat *zugemacht*. 彼は店〈事業〉をたたんだ‖ein *zugemachter* Wagen 有蓋(ゆうがい)馬車.

II 自（h）《話》(sich beeilen) 急ぐ: *Mach zu!* 急げ; どんどん〈しっかり〉やれ.

zu·mal[tsumáːl] **I** 副 **1**（besonders, vor allem）特に, とりわけ, なかでも: Er hat immer, ～ im Sommer, viel zu tun. 彼はいつもそうだが とりわけ夏が多忙だ｜Wir sind alle schuld daran, ～ er. それについては我々皆に責任があるが なかでも彼に責任がある‖〘副文にそえて: →II〙Im Ausland gerät man leicht in Schwierigkeiten, ～ wer die Landessprache nicht kennt. 外国では困ることが多いが 特にその国の言葉を知らない人の場合にはそれがはなはだしい｜Wir müssen uns sehr anstrengen, ～ wenn wir heute fertig werden wollen. 私たちはきょうじゅうに片づけようと思うなら なおさらのこと一生懸命に働かねばならない｜Er hätte diesen Fehler vermeiden können, ～〔da〕ich ihn gewarnt hatte. 私があらかじめ注意しておいたのだからなおさらのこと 彼はその間違いを避けえたはずだ.

ᵛ**2 a**）同時に, いちどきに, いっせいに: Da kamen sie alle ～ herbeigelaufen. その時彼らがいっせいにこちらへ走って来た. **b**）いま, 現在.

II 接《従属》特に…だから, …だからなおさら: Ich möchte nicht darüber sprechen, ～ ich es nicht ganz sicher weiß. 確実に知っているわけではないのだからなおさらのこと このことについては話したくない.

［*mhd.* ze māle „in dem Zeitpunkt"; ◇Mal²］

zu|mau·ern[tsúːmauərn]《05》他（h）壁〈塀〉で囲む, 壁〈塀〉をつくってふさぐ.

zu·meist[tsumáɪst] 副 **1**（meistens）たいていの場合, ふつう: Er kommt ～ mit ihr. 彼は彼女と一緒にやってくることが多い. **2**（am meisten）最も多く: *jm.* ～ vertrauen …をいちばん信頼している｜zu *et.*³ ～ beitragen …についていちばん功績がある. **3**《話》(zum größten Teil) 大部分: Seine Freunde sind ～ Studenten. 彼の友人は大部分が学生だ.

zu|mes·sen*[tsúːmɛsən]《101》他（h）**1**《*jm. et.*⁴》（…に…を）量って割り当てる, 配分〈分与〉する: den Kindern das Essen ～ 子供たちに食事を取り分けてやる｜*jm.* eine hohe Strafe ～ …に重刑を科する‖die mir *zugemessene* Zeit〔神から〕私に割り当てられた時間〈猶予期間〉.

2（beimessen）《*et.*³ *et.*⁴》（…に意味・価値などを）付与する, 認める: *et.*³〔eine〕große Bedeutung ～ …に重大な意義を認める｜*et.*³ keine Bedeutung ～ …に何ら重要性を認めない.

zu·min·dest[tsumíndəst] 副 **1**（wenigstens）少なくとも, せめて〔…ぐらいは〕: Er hätte mich ～ grüßen sollen. 彼はせめて私にあいさつぐらいすべきだったろう. **2**（mindestens）最小限, 最低に見積もって.

zu·mut[tsumúːt]《話》＝zumute

zu·mut·bar[tsúːmuːtbaːr] 形（zumuten できる. 例えば:）要求し得る, 過大でない: ～*e* Steuern 住民の負担限度内の租税‖Das ist für ihn nicht ～. そんなことを彼に期待〈要求〉するのは無理だ｜Diese Arbeit ist ihr körperlich nicht ～. この仕事は彼女には体力的に無理だ.

Zu·mut·bar·keit[–kaɪt] 女 -/-en **1**《単数で》zumutbar なこと. **2** zumutbar なもの.

Zu·mut·bar·keits·gren·ze 女 要求し得る限度.

zu·mu·te[tsumúːtə] 副 ***jm.* ～ sein**《様態を示す語句と》…は（…の）気分〈気持〉である｜Mir ist sonderbar ～. 私は妙な気分だ｜Es ist ihm nicht mehr so zuversichtlich ～ wie früher. 彼はもはや以前のように自信満々ではない｜Es war ihr gar nicht nach Tanzen〈zum Lachen〉～. 彼女はダンス〈笑う〉どころではなかった｜Mir war ～, als sei ich aus der Hölle in den Himmel übergegangen. 私はまるで地獄から天国へ移ったような気分だった｜Mir ist bei dieser Sache nicht wohl ～.《比》この件については私はどうも悪い予感がする｜Wie ist dir ～? 君はどんな気分かね‖***jm.* ～ werden**《様態を示す語句と》…は（…の）気分〈気持〉になる｜Ihm wurde feierlich ～. 彼は晴れがましい気持になった.

★ zu Mute とも書く.

［*mhd.* ze muote］

zu|mu·ten[tsúːmuːtən]《01》他（h）**1**《*jm. et.*⁴》（…に要求しにくいものを）要求する,（…に期待すべきでないものを）期待する: *jm.* zu große Anstrengungen ～ …に過大な努力を期待する｜Du kannst mir nicht ～, daß ich immer bei dir bleibe. いつも君のところにいろなんてそりゃ無茶だよ｜Mehr darf ihr nicht *zugemutet* werden. 彼女にこれ以上のことを要求するのは無理だ‖再帰 *sich*³ zuviel ～ 自分の力以上のことをしようとする, 自分を酷使する.

2《南部・ｽｲｽ》＝zutrauen

Zu·mu·tung[..tuŋ] 女 -/-en（不当な）要求,（無理な）期待: an *jn.* eine ～ stellen …に無理な要求をする｜eine ～ zurückweisen 不当な要求をはねつける‖*js.* ～*en* kein Gehör geben …の不当な要求に耳を貸さない‖Das ist eine starke ～. それは言語道断の要求だ｜So eine ～! ずうずうしいにも程がある.

zu·nächst[tsunɛ́ːçst] **I** 副 **1**（vorerst）さしあたり, 当分: Daran denke ich ～ noch gar nicht. いまのところ私はまだそのことは全然考えていない｜*Zunächst* ist keine Vorstellung geplant. さしあたり興行の予定はない. **2**（zuerst）まず第一に, いちばんはじめに, 真っ先に: Sie denkt stets ～ an sich selbst. 彼女ときたらいつも何よりもまず自分自身のこ

とを考える | *Zunächst* 〔einmal〕 wollen wir unsere Gäste begrüßen. 我々はまずもって我らの客人たちに歓迎のあいさつを申し述べたい | Ich ging ～ nach Hause, dann ins Kino. 私はまず帰宅してそれから映画に行った. **3** いちばん近くに: ～ bei ihm 彼のすぐそばに | Das liegt mir ～ am Herzen. いちばん私の心にかかっているのはそのことだ. ▽**4** やがて, 間もなく. ▽**5** このあいだ, 最近.

II 前《3格支配; しばしば後置》《雅》…のいちばん近くに, …のすぐそばに, …と並んで: das Gebäude ～ dem Schloß 宮殿の隣の建物 | Das Haus ist dem Meer ～ 〈～ dem Meer〉 gelegen. その家は海のすぐ近くにある | Er steht mir ～. 彼は私のすぐ近くに立っている;《比》彼は私にとっていちばん近しい人間だ.

Zu·nächst·lie·gen·de 中《形容詞変化》いちばん近くにあるもの: Du hast das ～ übersehen. 君はいちばん手近のことを見逃してしまった.

zu|na·geln[tsú:na:gəln]《06》他 (h) くぎで打ちつけて閉じる, くぎ付けにする: eine Kiste 〈einen Deckel〉 ～ 箱〈ふた〉を〔開かないように〕くぎ付けにする | eine Tür mit Brettern ～ ドアに板をくぎで打ちつけ〔て開かないようにす〕る.

zu|nä·hen[tsú:nɛ:ən] **I** 他 (h) 縫い合わせる, 縫って閉じる: einen Riß ～ かぎ裂きを縫いつくろう | eine Wunde ～ 傷を縫合する | *jm.* das Maul ～《比》…の口をふさぐ. **II** 自 (h) 休まず〈一生懸命〉縫い続ける. **III zu·ge·näht** → 別出

Zu·nah·me[tsú:na:mə] 女 -/-n (↔Abnahme) 増加, 増大, 膨張: eine ～ des Gewichts um 〈von〉 10 Pfund 体重の10ポンドの増加 | die ～ des Mondes 月が満ちること | Bevölkerungs*zunahme* 人口増加 ‖ Es ist eine ～ der Autounfälle 〈an Autounfällen〉 festzustellen. 自動車事故の増加が認められる. [＜zunehmen]

Zu·na·me[tsú:na:mə] 男 2格 -ns, 3格 -n, 4格 -n, 複数 -n **1** (略 Zn.) (Familienname) (特に書類などで) 家族名, 名字, 姓 (→Vorname): mit Vor- und *Zunamen* unterschreiben 名と姓を署名する | Wie heißt er mit ～*n*? 彼の姓は何といいますか.
▽**2** (Beiname) 添え名, 別名, 異名; あだ名.

zünd·bar[tsʏ́ntba:r] 形 引火しやすい, 燃えやすい, 可燃「性の.」

Zünd·blätt·chen 中 (おもちゃのピストルなどの) 紙火薬.

▽**Zun·del**[tsʊ́ndəl] 男 -s/ ＝Zunder 1

zün·deln[tsʏ́ndəln]《06》自 (h)《南部・オーストリア》(gokeln) 火をもてあそぶ, 火遊びをする.

zün·den[tsʏ́ndən][1]《01》**I** 自 (h) **1** 発火する, 点火する, 燃え始める, 火を発する: Das Streichholz *zündet* nicht. このマッチはつかない | Der Motor *zündete* nicht. エンジンはかからなかった | Der Blitz hat *gezündet*. 落雷で火災が起こった | Du *zündest* aber spät.《話》君ときたらのみこみが遅いね ‖ 非人称 Jetzt hat es bei mir *gezündet*.《話》やっと私にものみこめた | **bei *jm.* hat es *gezündet*** 《話》…はそれが〔やっと〕分かった ‖ nicht ～《話》冷淡〈拒否的〉な態度をとる.

2 《比》賛同〈興奮〉を喚起する: Sein Vorschlag hat bei ihnen *gezündet*. 彼の提案は彼らの熱狂的な賛同を得た | Die Julirevolution *zündete* auch in der Schweiz. 七月革命はスイスにおいても一大反響を巻きおこした.

3 《南部》照らす: *jm.* ～ …の道を照らしてやる | *jm.* ins Gesicht ～ …の顔を明かりで照らす | Der Mond *zündete* ihm ins Gesicht. 月の光が彼の顔を照らしていた.

▽**II** 他 (h) (anzünden) 《*et.*[4]》(…に) 火をつける, 点火する; 爆発させる: eine Kerze ～ ろうそくに火をともす | *jm.* eine ～《話》…に一発くらわせる ‖ 再帰 *sich*[4] ～ 発火〈点火〉する.

★ zünden は今日では雅語に近く, 特に他動詞としては, 一部の方言を除き, anzünden, entzünden が用いられる.

III zün·dend 現分 形 火を吐くような, 感動的な, 人を奮い立たせるような: eine ～*e* Rede halten 聴衆の共感を呼ぶような演説をする | ～ sprechen 人を感動させるような話し方をする.
[*ahd.*; ◇Zunder]

Zun·der[tsʊ́ndər] 男 -s/- **1** (むかし点火用に使われた) 火口 (ほくち): Der ～ entzündet sich. 火口に火がつく | **wie ～ brennen** (火口のように) 非常によく燃える, 簡単に発火する ‖ **～ bekommen 〈kriegen〉**《話》i) さんざん殴られる; ii) きびしく叱責される; iii)〖軍〗砲撃を浴びる | ***jm.* ～ geben**《話》i) …をさかんにせきたてる; ii) …を殴る; iii) …をののしる〈罵倒(ばとう)する〉| **es gibt ～** i)《話》げんこつの雨が降る; ii)〖軍〗砲撃が行われる. **2**〖金属〗スケール (熱した金属の表面に形成される酸化物皮膜).
[*germ.*; ◇zünseln; *engl.* tinder]

Zün·der[tsʏ́ndər] 男 -s/- **1** 起爆〈点火〉装置; 雷管; (弾丸・爆弾などの) 信管 (→ 図 Geschoß): Zeit*zünder* 時限信管. **2** 《ふつう複数で》《オーストリア》(Zündholz) マッチ〔棒〕.

Zun·der≠pilz[tsʊ́ndər..] 男, **≠schwamm** 男 (Feuerschwamm)〖植〗ツリガネタケ (釣鐘茸) (むかし笠の肉を乾燥させたものを火口(ほくち)として用いた).

Zünd≠flam·me[tsʏ́nt..] 女 (ガスコンロ・湯わかし器などの) 口火, 点火用補助バーナー. **≠fol·ge** 女 (発破などの) 点火順序.

Zünd·holz 中 (小 **Zünd·hölz·chen** 中) (Streichholz) マッチ〔棒〕(業界および南部・オーストリアでの用語).

Zünd·holz·schach·tel 女 マッチ箱.

Zünd≠hüt·chen 中 **1** 〔弾底〕信管 (→ 図 Geschoß). **2** 《戯》ひどく小さい帽子. **≠ka·bel** 中 点火ケーブル. **≠ker·ze** 女 (自動車などの) 点火プラグ, 点火栓. **≠kopf·mas·se** ＝Zündmasse **≠la·dung** 女 伝火薬, 伝爆薬; 信管; 導火線; ヒューズ. **≠mas·se** 女 (マッチの) 薬頭, 軸頭. **≠mit·tel** 中 点火〈起爆〉薬類, 火工品. **≠na·del** 女 (銃の) 撃針.

Zünd·na·del·ge·wehr 中 針打ち式銃 (初期の後装銃).

Zünd≠pa·ste 女 点火ペースト. **≠pfan·ne** 女 (昔の鉄砲の) 火薬皿. **≠punkt** 男 発火〈着火〉温度, 発火〈着火〉点. **≠satz** 男 点火薬, 爆粉. **≠schal·ter** 男 点火〈イグニッション〉スイッチ. **≠schloß** 中 (エンジンの) 点火〈イグニッション〉キー挿入口. **≠schlüs·sel** 男 (エンジンの) 点火〈イグニッション〉キー. **≠schnur** 女 -/..schnüre 導火線, 火縄. **≠span·nung** 女 (放電管などの) 点弧電圧; (エンジンの) 点火電圧. **≠spu·le** 女 (エンジンの) 点火〈イグニッション〉コイル. **≠stein** 男 火打ち石; ライターの石. **≠stoff** 男 **1** 点火〈点爆〉薬; 燃料; 可燃物. **2** 《比》(争いなどの) きっかけ, 誘因, 火種. **≠tem·pe·ra·tur** 女 発火〈着火〉温度.

Zün·dung[tsʏ́ndʊŋ] 女 -/-en **1** (zünden すること. 例えば:) 発火, 引火, 着火; 燃料; 点火. **2** (zünden するための装置. 例えば:) 起爆〈発火〉装置; 点火栓.

Zün·dungs·sy·stem 中 点火系統.

Zünd≠ver·zug[tsʏ́nt..] 男 点火〈着火〉遅れ. **≠vor·rich·tung** 女 点火〈発火〉装置. **≠wa·ren** 複 マッチ; ライター. **≠wil·lig·keit** 女〖工〗(ディーゼル=エンジンの燃料などに要求される) 着火性.

zu|neh·men*[tsú:ne:mən]《104》**I** 自 (h) (↔abnehmen) 増大〈増加〉する; 重く〈長く・太く〉なる; 強まる; 進歩〈上昇〉する: Mit der Zeit *nimmt* die Helligkeit *zu*. 時間がたつにつれて明るさが増してくる | Sie darf jetzt nicht mehr ～. 彼女はいまやもうこれ以上体重がふえてはいけない | Bei dem Essen können Sie nicht ～. こんなものを食べていたのではあなたはお太りになれませんよ | Ich habe schon 〔um〕 3 Kilo *zugenommen*. 私はすでに体重が3キロふえた | Der Mond *nimmt zu*. 月が満ちてくる | Nach der Wintersonnenwende *nehmen* die Tage wieder *zu*. 冬至の後は日がまた長くなる ‖ **an** *et.*[3] ～ …が増す〈強まる〉| an Alter 〈Jahren〉 ～ 年をとる | an Gewicht ～ 体重がふえる | an Kräften ～ 力がつく | Der Wind *nimmt* 〔an Stärke〕 *zu*. 風が強まる.

II 他 (h) **1** 《話》(hinzunehmen) さらに取る, つけ加える. **2** 〖編物〗Maschen ～ 目数をふやす.

III Zu·neh·men 中 -s/ (zunehmen すること. 例えば:) 増大, 増加: im ～ 〔begriffen〕 sein 増大〈増加〉しつつある | Der Mond ist im ～. 月は満ちつつある (→IV).

IV zu·neh·mend 現分 形 増大〈増加〉する: Wir haben ～*en* Mond. / Es ist ～*er* Mond. いまは上弦の月である (→III) ‖ Es wird ～ kälter. ますます寒くなる | ～ an Einfluß gewinnen いちだんと勢力を増す. [◇Zunahme]

zu|nei·gen[tsú:naɪgən][1] **I** 他 (h) **1** 再帰 *sich*[4] *jm.* ～ …に心を傾ける, …に好意〈好感〉を抱く | Er begann, sich

Z

ihr *zuzuneigen*. 彼は彼女に好意を抱き始めた | Das Glück *neigte* sich ihr *zu*. 幸運の女神が彼女に好意を寄せた, 彼女は幸運にめぐりあった.
2 《雅》 **a)** 再帰 *sich*⁴ *jm.* 〈*et.*³〉 ～ …の方へ体を傾ける, …の方へ傾く; 《比》…に近づく | Er *neigte* sich mir *zu*. 彼は私の方へ体を傾けた | Die Zweige *neigen* sich dem Wasser *zu*. 枝が水面の方へ傾いている | Das Fest *neigte* sich seinem Ende *zu*. 祭りは終わりに近づいた. **b)** 《*jm. et.*⁴》(…の方へ…を)傾ける: Er hatte seinen Kopf ihr *zugeneigt*. 彼は頭を彼女の方に傾けていた.
II 自 (h) 《*et.*³》(気持が…の方へ)傾く: Ich *neige* der Meinung *zu*, daß ... 私は…という意見に傾いている.
III zu·ge·neigt → 別出
Zu·nei·gung[..naɪgʊŋ] 女 -/-en《ふつう単数で》(↔ Abneigung) 好意, 好感; 愛情, 愛: eine zärtliche 〈aufrichtige〉 ～ こまやかな〈心からの〉愛情 ‖ für *jn.* 〈zu *jm.*〉 ～ empfinden …に対して愛情を抱く, …に好意をもつ | bei *jm.* ～ erwecken …の心に〔自分に対する〕愛情を呼びさます | *js.* ～ erwidern …の愛にこたえる | zu *jm.* ～ fassen …に対して好意を抱くようになる | *js.* ～ gewinnen …の好意〈愛情〉を得る.
Zunft[tsʊnft] 女 -/Zünfte[tsʏnftə] **1** 《史》 ツンフト, クラフト=ギルド, 同職組合(中世ヨーロッパの手工業者の同業組合: →Gilde 1): die ～ der Schneider 仕立屋同業組合 | **von der ～ sein** 《比》 専門家である. **2** 《戯》 同業者仲間, 一味, 派閥, 身内, 連中: die ～ der Gelehrten 学者仲間, 学界 | eine saubere ～《皮肉》ごりっぱな皆さん〈連中〉.
[*ahd.*; ◇ziemen]
Zunft≈brauch[tsʊ́nft..] 男 -[e]s/..bräuche《ふつう複数で》ツンフトのしきたり〈慣行〉. **≈brief** 男 ツンフト規約文書. **≈bru·der** 男 =Zunftgenosse
Zünf·te Zunft の複数.
Zunft≈fah·ne 女 ツンフトの組合旗. **≈geist** 男 -[e]s/ **1** ツンフト魂〈精神〉. **2** 派閥根性, 党派心, セクショナリズム.
zunft·ge·mäß =zunftgerecht
Zunft·ge·nos·se 男 ツンフトの組合員; 同業者, 仲間.
zunft·ge·recht 形 組合〈ツンフト〉の規約にのっとった.
zünf·tig[tsʏnftɪç]² 形 **1** ツンフトの; ツンフトに所属している: die *Zünftigen* ツンフトのメンバー〔たち〕. **2 a)** 専門〈本職〉の; 正規の, 本格的な: ein ～*er* Skifahrer 一人前のスキーヤー | ～ reiten 板についた乗馬ぶりである. **b)** 《話》 したたかな, はなはだしい: eine ～*e* Ohrfeige 猛烈な平手打ち | Es ging bei der Party ～ zu. パーティーは愉快〈陽気〉な気分で進められた.
Zünft·ler[tʏnftlər] 男 -s/- ツンフトの組合員〈メンバー〉.
zunft·mä·ßig[tsʊ́nft..] =zunftgerecht
Zunft≈mei·ster 男 **1** ツンフトの組合長. **2** ツンフト所属の親方. **≈rol·le** 女 **1** =Zunftbrief **2** ツンフトの組合員名簿. **≈spra·che** 女 ツンフトの組合員が使う独特の言葉づかい. **≈we·sen** 中 -s/ ツンフト制度. **≈zwang** 男 -[e]s/ 《法》 ツンフト強制〔加入制度〕.
Zun·ge[tsʊ́ŋə] 女 -/-n (小 **Züng·lein** → 別出, **Zün·gel·chen**[tsʏ́ŋəlçən] 中 -s/-) **1 a)** (英: *tongue*) 舌; 《比》 話し方, 話し振り: eine belegte 〈entzündete〉 ～ 舌苔(ぜったい)のできた〈炎症を起こしている〉舌 ‖ *seiner* ～ freien Lauf lassen 〔無思慮にも〕思ったままをしゃべる ‖ 《4格で》 **eine böse 〈scharfe / spitze〉 ～ haben** 口が悪い, 舌鋒(ぜっぽう)が鋭い, 毒舌家である | eine elektrische ～ haben 《話》 機関銃のようにしゃべりまくる | eine falsche ～ haben 《雅》 うそつきである | eine feine ～ haben 口が肥えている | eine glatte ～ haben 口がうまい, 上手にうそをつく | eine lose ～ haben 口が軽い | eine schwere ～ haben 口が重い; (特にほろ酔いの状態で)舌がもつれる | zwei ～*n* haben 《比》 二枚舌の持ち主である ‖ ***sich*³ eher 〈lieber〉 die ～ abbeißen** (あることを口にするくらいなら)〔むしろ〕自分の舌をかみ切るほうがましである | *sich*³ 〔beinahe〕 die ～ abbrechen (むずかしい言葉で)舌をかみそうになる | *sich*³ die ～ ausrenken = eine elektrische ～ haben | ***seine* ～ hüten 〈im Zaun halten / zügeln〉** 口を慎む | Hüte deine ～! 口のきき方に気をつけろ | die ～ nicht mehr haben können (泥酔して)ろれつが回らない | 〔*jm.*〕 die ～ herausstecken 〈herausstrecken〉(相手を軽蔑して)〔…に〕舌をぺろりと出す | *jm.* die ～ lähmen 〈binden〉 (脅かすなどして)…に絶句させる | ***jm.* die ～ lösen 〈lockern〉** (酒などが)…の口を軽くする, …を話をしやすい気分にしてやる; 〔強制して〕…の口を割らせる; 《医》 …(幼児など)の舌小帯を切断して舌が動きやすくしてやる | ***sich*³ die ～ aus dem Hals reden 〈rennen〉** 《話》 やっきになってしゃべり立てる〈息せき切って走る〉 | ***sich*³ die ～ verbrennen** 舌をやけどする; 《比》 舌禍を招く | ***seine* ～ an *et.*³ wetzen** 《話》 …のことを口汚くののしる | 〔*jm.*〕 die ～ zeigen (医者などに)舌を出して見せる ‖ 《主語として》 ***jm.* hängt die ～ zum Hals heraus.** 《話》 …はのどがからからである; 彼は〔息を切らして〕はあはあいっている | ***jm.* klebt die ～ am Gaumen** …はひりつくほどのどが渇いている | Ihr ist die ～ geschwollen. 彼女は酔っぱらってろれつが回らなくなっている ‖ 《前置詞と》 *sich*⁴ nicht **an** der ～ ziehen lassen だまされない | ***jm.* auf der ～ brennen** …はしゃべりたくて舌がうずうずする | ***et.*⁴ auf der ～ haben** …がのどまで出かかっている | *et.*⁴ nur auf der ～ haben …は口先だけである | das Herz auf der ～ haben 〈tragen〉 (→Herz 1 a) | Haare auf der ～ haben (→Haar 1) | ***jm.* auf der ～ liegen** 〈雅: **schweben**〉 …にとって口先まで出かかっている(思い切って言えない; もう少しのところで思い出せない) | auf der ～ zergehen (肉などが)舌の上でとろけそうなほど柔らかい | ***et.*⁴ auf der ～ zergehen lassen** …(おいしいもの)をゆっくりと舌の上で味わう; …(自分が言った言葉)の余韻を楽しむ | ***sich*³ auf die ～ beißen** (口をすべらせそうになって思わず)口をつぐむ | *jm. et.*⁴ auf die ～ legen …に…(言ってもらいたいこと)を示唆する | *jm.* auf die ～ kommen (言葉が)…の口に出てくる | **mit gespaltener ～** 〈mit zwei ～*n*〉 **reden** 《比》 二枚舌を使う | **mit tausend ～*n* predigen** 〈reden〉 弁舌さわやかに述べる, 大いに雄弁をふるう | mit der ～ anstoßen (発音の際)舌がもつれる | mit der ～ ausrutschen 口をすべらせる, 舌禍を招く | mit der ～ schnalzen 舌を鳴らす, 舌打ちする | mit der 〈*seiner*〉 ～ über *et.*⁴ fahren 舌で…をぺろぺろなめる | **über** die ～ scheißen 《話》 吐く | *et.*⁴ über die ～ bekommen …(食物)を手に入れる〈口にする〉 | *et.*⁴ über die ～ bringen …を口に出す | *et.*⁴ nicht über die ～ bringen …(うそ・悪い知らせなど)を口にする勇気がない | ***jm.* glatt von der ～ gehen** すらすらと…の口をついて出る | *jm.* das Wort von der ～ nehmen (→Wort 2 a).
b) (話をする存在としての)人間: **böse ～*n*** 口の悪い連中 | nachbarliche ～*n* うわさ好きな隣近所の人たち.
2 《動》 中舌(ちゅうぜつ)(特定の昆虫の口器の下唇の内縁を形成する管状物).
3 《ふつう無冠詞で》《料理》 (牛・豚などの)舌, タン.
4 《雅》 言語; (ある言語を使用している)人々, 民族: Länder deutscher ～ ドイツ語圏の国々 | die germanische ～ ゲルマン人たち | in fremder ～ sprechen 外国語で話す.
5 (舌状のもの. 例えば:) **a)** (Seezunge) 《魚》 ササウシノシタ(笹牛舌)科の魚. **b)** 《楽》 (吹奏楽器などの)舌, リード. **c)** (Zungenblüte) 《植》 (キク科の)舌状花(→ 図 Blütenform). **d)** (靴の)舌革. **e)** (Landzunge) 岬. **f)** (氷河などの)張り出し部分. **g)** (Feuerzunge) (炎の)舌. **h)** 《工》 つまみ, タング. **i)** (はかりの)指針(→ 図 Waage). **j)** (計算尺の)骨尺(→ 図 Rechenschieber).
[*germ.*; ◇lingual; *engl.* tongue]
Zün·gel·chen Zunge の縮小形(→Zünglein).
zün·geln[tsʏ́ŋəln] 《06》 自 (h) (蛇などが)舌をちょろちょろ出す; 《比》 (炎が)めらめらと燃え上がる.
Zun·gen≈akro·ba·tik[tsʊ́ŋən..] 女 《話》 舌の曲芸(舌をかみそうな言葉を巧みに発音すること). **≈band** 中 -[e]s/ ..bänder, **≈bänd·chen** 中 《解》 舌小帯. **≈bein** 中 《解》 舌骨(→ 図 Mensch D). **≈be·lag** 男 《医》 舌苔(ぜったい). **≈blü·te** 女 《植》 (キク科の)舌状花. **≈bre·cher** 男 《話》 (発音しにくい)舌をかみそうな言葉〈単語〉; 早口言葉.
zun·gen·bre·che·risch 形 発音しにくい, 舌をかみそうな(語句・名前など).
Zun·gen≈burg 女 半島城(半島状に突出した陸地・山地の先端に建てられた城郭). **≈dre·scher** 男 詭弁(きべん)家,

Z

三百代言; 饒舌(じょうぜつ)家, おしゃべり. ≈**dre·sche·rei** 女 -/-en 詭弁を弄(ろう)すること, 三百代言: 饒舌, おしゃべり: mit *et.*³ ~ treiben …について詭弁を弄する. ≈**farn** 男〘植〙グロッソプテリス(二畳紀の化石植物). ≈**feh·ler** 男 **1** 舌の欠陥, 言語障害. **2** 失言, 舌禍.

zun·gen·fer·tig 形 口の達者な, おしゃべりな, 弁のたつ.

Zun·gen·fer·tig·keit 女 -/ 口達者, おしゃべり, 能弁.

zun·gen≈för·mig[tsúŋənfœrmɪç]² 形 舌の形をした: der ~*e* Lappen〘解〙舌状葉. ≈**ge·läu·fig** 形 弁舌のさわやかな, 能弁な.

Zun·gen·ge·läu·fig·keit 女 -/ 弁舌のさわやかさ, 能弁.

zun·gen·ge·wandt =zungenfertig

Zun·gen≈gym·na·stik 女《話》能弁, さわやかな弁舌. ≈**häut·chen** 中 = Zungenbändchen ≈**keu·le** 女〘植〙コスリコギタケ(小擂粉木茸). ≈**krebs** 男〘医〙舌癌(ぜつがん). ≈**kuß** 男 (舌をからませ合う)ディープキス. ≈**laut** 男〘言〙舌音(調音に舌が参加する子音の総称). ≈**man·del** 女〘解〙舌(ぜつ)扁桃(へんとう). ≈**pa·pil·le** 女〘解〙舌(ぜつ)乳頭. ≈**pfei·fe** 女 -/-n (↔Lippenpfeife)〘楽〙(オルガンの)リード=パイプ; (バッグパイプの)ドローン(→ 図 Dudelsack). ≈**pilz** 男〘植〙カンゾウタケ(肝臓茸). ≈**-R** 中 (↔Zäpfchen-R)〘言〙舌先〔振動音〕の R (発音記号は[r]. ただし本書における[r] の使用については発音解説を参照). ≈**re·den** 中 -s/〘宗・心〙(Glossolalie) 異言. ≈**re·gi·ster** 中〘楽〙(オルガンの)リード音栓. ≈**rücken** 男〘解〙舌背(ぜつはい).

Zun·gen·rücken·laut 男 =Dorsal

Zun·gen≈sa·lat 男《話》~ machen せきこんで話す; 言い間違える; 支離滅裂なことを言う. ≈**schie·ne** 女〘鉄道〙タングレール(→ 図 Weiche). ≈**schlag** 男 **1** (舌がうまく回らないことからくる軽い)言語障害: **ein falscher ~** 言い間違い, 舌足らず ‖ einen ~ haben どもる | einen guten ~ haben 口達者である. **2** 舌打ち. **3**〘楽〙タンギング. **4** 訛(なま)り; 口ぐせ. ≈**schmerz** 男〘医〙舌痛(ぜつつう). ≈**spa·tel** 男〘医〙舌圧子. ≈**spit·ze** 女 舌尖(ぜっせん), 舌端, 舌先.

Zun·gen·spit·zen≈laut 男 (Apikal)〘言〙舌先音(例 [t][s][r]). ≈**-R** =Zungen-R

Zun·gen≈ver·dickung[tsúŋən..] 女〘医〙舌(ぜつ)肥厚. ≈**wurm** 男〘動〙シタムシ(舌虫)(舌形動物舌虫類). ≈**wurst** 女〘料理〙タン=ソーセージ. ≈**wur·zel** 女〘解〙舌根.

..züngig[..tsʏŋɪç]²《数詞・形容詞などにつけて「舌が…の」を意味する形容詞をつくる》: doppel*züngig* 二枚舌の.

Züng·lein[tsʏ́ŋlaɪn] 中 -s/-《雅》Zunge の縮小形: **das ~ an der Waage**《比》キャスティング=ボートを握っている〈自分の態度いかんで大勢を決することができる〉存在: Die dritte Partei bildet das ~ an der Waage. 第三の政党がキャスティング=ボートを握っている.

zu·nich·te[tsuníçtə] 副《雅》《もっぱら次の成句で》*et.*⁴ **~ machen** …(計画・希望・努力など)を打ち砕く〈水泡に帰せしめる・粉砕する〉| **~ werden**(計画・希望・努力などが)打ち砕かれる, 水泡に帰する | **~ sein**(計画・希望・努力などが)打ち砕かれている, 水泡に帰している. [*mhd.* ze nihte „zu nichts"]

zu|nicken[tsú:nɪkən] **I** 自 (h)《*jm.*》(…に)軽く頭を下げる, うなずいて合図する: *jm.* freundlich ~ …に愛想よくうなずく | *sich*³ ~ お互いにうなずき合う.

II 他 (h)《*jm. et.*⁴》(…に…を)会釈によって示す: *jm.* den Gruß ~ …に会釈する | *jm.* Beifall 〈Dank〉 ~ …にうなずいて賛意〈謝意〉を示す.

zu·nie·derst[tsuní:dərst]《南部》=zuunterst

zu|nie·ten[tsú:ni:tən]《01》他 (h)(リベットで)鋲接(びょうせつ)して閉じる.

zün·seln[tsʏ́nzəln]《06》自 (h)《南部》**1** (明かりが)きらきら光る; (火が)ちらちら燃える. **2** 明かりや火で遊ぶ. **3** 放火する. [< *ahd.* zinsilo „Zunder" (◇Zunder)]

Züns·ler[tsʏ́nslər] 男 -s/- **1**〘虫〙メイガ(螟蛾)科のガ. **2**《南部》幽霊.

zu·nut·ze (**zu Nut·ze**)[tsunútsə] 副《もっぱら次の成句で》*sich*³ *et.*⁴ **~ machen** …を自分の利益のために利用する | Er macht sich meine Unwissenheit ~. 彼は私の無知につけこむ.

zu·o·berst[tsu|ó:bərst] 副 (↔zuunterst) いちばん上〈上部・上位〉に〈へ〉: Das Hemd liegt ~ im Koffer. シャツはトランクのいちばん上に入れてある | das Unterste ~ kehren (→kehren¹ I 1) | *Zuoberst* an der Tafel sitzt der Vater. テーブルの上座には父が座っている.

zu|ord·nen[tsú:|ɔrdnən]《01》他 (h) **1**《*jn.* 〈*et.*⁴〉 *jm.* 〈*et.*³〉》(…を…に)組みこむ, 帰属させる, 分類する; (…を…に)配分する, 割り当てる: Die Affen sind den Herrentieren *zuzuordnen.* 猿は霊長類に分類される | Er läßt sich keiner politischen Richtung eindeutig ~. 彼の政治的な方向は はっきりとは分類しにくい ‖ ein *zuordnendes* Pronomen〘言〙帰属(所有)代名詞(=Possessivpronomen).

2《*jm. jn.*》(助手・監視役などとして…に…を)つけてやる: *jm.* einen Begleiter ~ …に同伴者を一人つける.

Zu·ord·nung[..nʊŋ] 女 -/-en zuordnen すること.

zu|packen[tsú:pakən] **I** 自 (h)《話》**1** (猛然とすばやく)つかみかかる, 手を出す. **2** (かいがいしく)手を貸す, 手伝う; 精力的に働く. **II** 他 (h)《話》(einpacken)《*jn.* / *et.*⁴》包む; (毛布などで)くるむ.

zu|par·ken[tsú:parkən] 他 (h)(道路などを)駐車してふさぐ: eine Ausfahrt ~ 駐車して(車の)出入口をふさぐ.

zu·paß[tsupás] (**zu·pas·se**[..sə]) 副《もっぱら次の成句で》**1** *jm.* **~ kommen** 〈**sein**〉…にとって まさにおあつらえむきである | Dein Vorschlag kommt mir sehr 〈gut〉 ~. 君の提案は私にとっては願ったりかなったりだ. ᵛ**2**《人を主語にして》~ sein 健康である | Heute bin ich nicht gut ~. きょうは私はどうも体の具合が悪い. [*mndd.* to passe; ◇Paß]

Züp·fe[tsʏ́pfə] 女 -/-n《スイ》=Zopf 3

zup·fen[tsúpfən] **I** 他 (h) **1** (親指と人さし指で軽くかつ短時間, 繰り返し)つまむ, つまんで引っぱる: *jn.* am Ärmel 〈an den Ohren〉 ~ …のそで〈両耳〉を引っぱる ‖ 再帰 *sich*⁴ am Bart ~ 自分のひげを引っぱる | *sich*⁴ an der Nase ~ (自分が正気かどうか確かめるため)鼻をつまんでみる | *sich*⁴ an *seiner* eigenen Nase ~ (→Nase 1 a) | *sich*⁴ zurecht ~ 身づくろいする. **2** (指先で)ひっこぬく, むしる, ばらす: Fäden ~ (織物の)糸をほどく | Unkraut ~ 雑草を抜く. **3** (撥弦(はつげん)楽器を)つまびく: die Gitarre ~ ギターをつまびく. **4**《話》《*jn.*》(…から)盗む; (…に)せびる, 無心する; (…を)逮捕する, 捕まえる.

II 自 (h) **1**《an *et.*³》つまむ, 引っぱる: an *seinem* Bart ~ 自分のひげを引っぱる. **2**《auf *et.*³》つまびく: auf der Gitarre ~ ギターをつまびく.

[<Zopf]

ᵛ**Zupf·gei·ge**[tsúpf..] 女 (Gitarre) ギター.

Zupf·gei·gen·hansl[..hanzəl] 男 -s/- ツップフガイゲンハンゼル(ハンス ブロイヤー Hans Breuer が1909年に発行した Wandervogel 用の歌集). [<Hans〔el〕]

Zupf·in·stru·ment 中〘楽〙撥弦(はつげん)楽器(ギター・ハープなど).

zu|pfla·stern[tsú:pflastərn]《05》他 (h)(地面などを)舗装で覆う.

Zupf·lein·wand 女 リント〔布〕, 綿撒糸(めんさんし)(ガーゼ・包帯などに用いる).

zu|pfrop·fen[tsú:pfrɔpfən] 他 (h)《*et.*⁴》(…に)栓をする, (…を)栓で閉じる.

zu|pres·sen[tsú:prɛsən]《03》他 (h) **1** 圧縮する, しめつける: *jm.* die Gurgel ~ …ののどをしめつける | Die Angst *preßte* ihm die Kehle *zu.* 不安のあまり彼は息が詰まる思いだった. **2** 押して閉じる: die Augen ~ 目を閉じる.

zu|pro·sten[tsú:pro:stən]《01》自 (h)《話》《*jm.*》(…のために) pros〔i〕t と言って乾杯する. [<prosit]

zur[tsu:r, tsʊr, tsur] <zu der

zu|ra·ten*[tsú:ra:tən]《113》自 (h) (↔abraten)《*jm.*》(…にあることをするよう)助言〈勧告・忠告〉する, 勧める: Ich kann dir weder *zu-* noch ab*raten.* 私には君にそれをしろともするなとも言えない | Ich kann Ihnen nur ~, das Haus zu kaufen. その家をぜひお買いになるようお勧めいたします.

zu|rau·nen[tsú:raʊnən] 他 (h)《雅》《*jm. et.*⁴》(…の耳に…を)ささやく, 耳うちする.

Zür·cher[tsʏ́rçər]《スイ》(Züricher) **I** 男 -s/- チューリヒの人. **II** 形《無変化》チューリヒの: Neue ~ Zeitung (略

NZZ) 新チューリヒ新聞(スイスの代表的な日刊新聞).

zür·che·risch[tsýrçərɪʃ]《スイス》=züricherisch

zu̯·re·chen·ba̱r[tsú:rɛçənba:r] 形 zurechnen できる.

zu̯|rech·nen[tsú:rɛçnən]《01》他(h) **1**《*et.*⁴ zu *et.*³》(…を…に)加える, 算入〈加算〉する. **2** (zuordnen)《*et.*⁴ *et.*³ / *jn. jm.*》(…を…に)組みこむ, 分類する: Er ist den Impressionisten *zuzurechnen.* 彼は印象派の一人に数えられる. **3**《*jm. et.*⁴》(…に…の)責任を負わせる,(…に…の)責任ありとする.

Zu̯·rech·nung[..nʊŋ] 女 -/-en (zurechnen すること. 例えば:) 加算, 合算; 分類;〘法〙帰責.

zu̯·rech·nungs·fä̱·hig 形〘法〙(自分の行動に対して)帰責〈責任〉能力のある: Er war zur Zeit der Tat nicht ~. 彼は犯行の時点では責任能力がなかった(心神耗弱(こうじゃく)・心神喪失などで).

Zu̯·rech·nungs·fä̱·hig·keit 女 -/ 〘法〙帰責能力, 責任能力: verminderte ~ 限定帰責能力.

zu̯·rech·nungs·un·fä̱·hig 形〘法〙帰責〈責任〉能力のない.

Zu̯·rech·nungs·un·fä̱·hig·keit 女 -/ 〘法〙帰責無能力, 責任無能力.

zurecht..《分離動詞の前つづり.「正しく・適切に・しかるべく」などを意味する. つねにアクセントをもつ》[*ahd.* zi rehte; ◇Recht 2 a]

zu·re̦cht≥|ba·steln[tsurɛ́çt..]《06》他(h) うまく組み立てる〈工作する〉;《比》(計画などを)仕組む: *sich*³ eine Ausrede ~ 口実をでっちあげる. **≥|bie·gen***《16》他(h) 適当な形に曲げる, 曲げて調整する;《比》適切な状態にする: eine verfahrene Angelegenheit wieder ~《話》行き詰まった事柄を再び軌道にのせる〈うまく調整する〉. **≥|brin·gen***《26》他(h) きちんと整える, 調整〈整備〉する; 整理〈整頓(せいとん)〉する. **≥|bü̱·geln**《06》他(h)《話》《*jn.*》厳しくしかる〈たしなめる〉. **≥|fin·den***《42》他(h) 再帰 *sich*⁴ ~ (場所・方角・仕事・全体の状況などに関して)見当がつく, 勝手がわかる: *sich*⁴ mit der Zeit in der neuen Umgebung ~ 時がたつにつれて新しい環境の勝手がわかってくる | Danke, ich *finde* mich schon allein *zurecht.* (道案内の申し出に対して)ありがとう ひとりでも道はわかりますから. **≥|kom·men***《80》自(s) **1** ちょうどよい時に来る, 間に合う: Ich *kam* [zum Zug] gerade noch *zurecht.* 私はやっと[列車に]間に合った | Das *kommt* immer noch *zurecht.* それは今からでもまだ間に合う. **2 a)**《mit *jm.*》(…と)うまく折り合ってやっていく. **b)**《mit *et.*³》(…を)うまく扱う, 上手に処理する,(…の)見当がつく: Ich *komme* mit der Maschine nicht *zurecht.* 私はこの機械がうまく使いこなせない. **≥|le̱·gen** 他(h) 正しい位置〈状態〉に置く, きちんと整える; しかるべく準備する: für die Reise alles ~ 旅行のために万端の準備を整える | *sich*³ eine Ausrede ~ 適当な口実を考え出す. **≥|ma·chen** 他(h) きちんと整える, 整備〈整理〉する; しかるべく準備する〈作り上げる〉: das Bett ~ ベッドをしつらえる | den Salat ~ サラダを調理する(ドレッシングをかけるなどして) | *sich*³ eine Ausrede ~ うまい口実を考え出す ‖ 再帰 *sich*⁴ ~ 身づくろいをする(化粧・服装など) | Sie ist zu sehr *zurechtgemacht.* 彼女は化粧〈服装〉が派手すぎる. **≥|rü̈·cken** 他(h)(動かして)正しい位置〈状態〉に戻す: die Krawatte ~ ネクタイをきちんと直す | *jm.* den Kopf ~ (→Kopf 1). **≥|schnei·den***《148》他(h)《*et.*⁴》(…を)適当な形に切り整える; 切り整えて(…を)作る. **≥|schnei·dern**《05》他(h)《*et.*⁴》(…を)仕立て直す;(…に)仕立て変える;《話》(プログラムなどを)組み直す〈変える〉. **≥|schu̱·stern**《05》他(h) 素人仕事で〈いい加減に〉作り上げる;《比》(詩などを)こねあげる. **≥|set·zen**《02》他(h) 正しい位置〈状態〉に据える, きちんと整える: *sich*³ den Hut ~ 帽子をきちんとかぶり直す | *jm.* den Kopf ~ (→Kopf 1) ‖ 再帰 *sich*⁴ ~ きちんと座り直す. **≥|stau·chen** 他(h)《話》《*jn.*》厳しくしかる〈たしなめる〉. **≥|stel·len** 他(h) 正しい位置〈場所〉に置く, きちんと整える. **≥|stut·zen**《02》他(h)(枝・髪などを)刈り込んで整える;《比》(カットして)調整する. **≥|wei·sen***《205》他(h)《*jn.*》(…に)訓戒を与える,(…を)たしなめる, 叱責(しっせき)する: *jn.* scharf ~ …を厳しくしかりつける.

Zu·re̦cht·wei·sung 女 -/-en 訓戒, 叱責(しっせき)[の言葉]: eine ~ einstecken しかられる, 小言をくう.

zu·re̦cht|zim·mern《05》他(h) 素人大工で組み立てる: *sich*³ eine Theorie ~《比》[器用に]理論をでっち上げる.

zu̯|re̱·den[tsú:re:dən]¹《01》自(h)《*jm.*》(…に)説いて聞かせる, 説いて勧める〈忠告する・励ます・慰める〉,(…を)説得する: *jm.* gut 〈eindringlich〉 ~ …によく〈強く〉言って聞かせる | *jm.* wie einem kranken 〈lahmen〉 Gaul 〈Roß / Schimmel〉 ~ (→Gaul 2, →Roß 2, →Schimmel 2) ‖ trotz allen *Zuredens* / trotz allem *Zureden* いくら説得しようとしても.

zu̯|rei·chen[tsú:raɪçən] **I** 他(h)《*jm. et.*⁴》(…に…を)手渡す, 差し出す.

II 自(h)《話》(ausreichen) 足りる, 十分である: Bei ihm *reicht* das Geld nie *zu.* 彼はいつも金にぴいぴいしている.

III zu̯·rei·chend 現分 形《雅》(hinreichend) 十分な: ohne ~*en* Grund 十分な理由もなく | der Satz vom ~*en* Grunde〘哲〙(ライプニッツの)充足理由律 ‖ *et.*⁴ ~ erklären …を十分に説明する.

Zu̯·rei·cher[..çər] 男 -s/-《オーストリア》(建築現場などの)手伝い, 臨時雇いの作業員.

zu̯|rei·ten*[tsú:raɪtən]《116》**I** 他(h)(馬を)乗り慣らす, 調教する: ein schlecht *zugerittenes* Pferd よく調教されていない馬.

II 自(s)《auf *jn.* 〈*et.*⁴〉》(…に向かって)馬で行く, 馬を走らせる.

Zu̯·rei·ter[..tər] 男 -s/- (馬の)調教師.

Zü̱·rich[tsý:rɪç; スイス: –, tsýrɪç] 地名 チューリヒ(スイス北部の州およびその州都. 市はスイス最大で, ドイツ系住民が多い). [*kelt.*－*lat.* Turicum; < *kelt.* dur „Wasser"]

Zü̱·ri·cher[..çər](スイス: **Zür·cher**[tsýrçər]) **I** 男 -s/- チューリヒの人. **II** 形《無変化》チューリヒの.

zü̱·ri·che·risch[..çərɪʃ](スイス: **zür·che·risch** [tsýrçərɪʃ]) 形 チューリヒの.

der **Zü̱·rich·see** 地名 男 -s/ チューリヒ湖(スイス北東部, Sankt Gallen, Schwyz, Zürich 諸州の間にある湖).

zu̯|rich·ten[tsú:rɪçtən]《01》他(h) **1**《*et.*⁴》**a)** (特定の目的・用途のために)整える, しつらえる, 仕上げる, 調製する; 加工〈精製〉する: die Druckform ~ 製版する | ein Gewebe ~ 織物に平滑〈光沢〉仕上げをする | Holz ~ 製材する | Leder ~ (皮をなめしたのち)仕上げ加工する. **b)**《方》(…の)支度〈用意〉をする: Speisen ~ 食物を調理する | den Tisch ~ 食卓を整える | den Hasen zum Braten ~ ウサギを焼き肉料理用に下ごしらえする | Man hatte für ihn ein Zimmer *zugerichtet.* 彼のために部屋の用意がなされていた.

2 a)《*jn.*》ひどい目にあわせる, 負傷させる: Wer hat dich denn so schlimm 〈übel〉 *zugerichtet*? だれが君をそんなに手ひどく痛めつけたのか. **b)**《*et.*⁴》ひどくそこなう, 台なしにする: Die Kinder haben die Möbel schlimm *zugerichtet.* 子供たちが家具を台なしにしてしまった.

Zu̯·rich·ter[tsú:rɪçtər] 男 -s/- (zurichten する人. 例えば:) 仕上げ工; なめし職人; 調理人; 製版工.

Zu̯·rich·tung[..tʊŋ] 女 -/-en zurichten すること.

zu̯|rie·geln[tsú:ri:gəln]《06》他(h) (↔ aufriegeln)《*et.*⁴》(…に)かんぬきをおろす, かんぬきで閉める.

zür·nen[tsýrnən] 自(h)《[mit] *jm.*》《雅》(…に対して)怒る, 腹をたてる,(…を)恨む: Er *zürnt* seinem Vater 〈Mißgeschick〉. 彼は自分の父親〈不運〉を恨んでいる. [*ahd.*; ◇Zorn]

zu̯|rol·len[tsú:rɔlən] **I** 自(s)《auf *et.*⁴》(…に向かって)転がる, 転がってくる. **II** 他(h)《*et.*⁴ auf *et.*⁴》(…を…に向かって)転がしていく.

zur·ren[tsúrən] 他(h) **1**〘海〙(いかり・ボートなどを船の甲板上に)結び〈縛り〉留める, 固定する. **2**《方》(zerren) 力ずくで引っぱる, 引きずる. [*ndl.* sjorren; 擬音]

Zur·ring[tsúrɪŋ] 男 -s/-s, -e 係索.

Zurr·ket·te[tsúr..] 女〘海〙係留用鎖.

Zur·ru̱·he·set·zung[tsurrú:əzɛtsʊŋ] 女 -/ (sich zur Ruhe setzen すること. 例えば:) 引退, 隠居(→Ruhe 1).

Zur·schau·stel·lung[tsʊrʃáʊʃtɛlʊŋ] 女 -/-en (zur Schau stellen すること. 例えば:) 展示, 陳列; 誇示(→Schau 1 a).

zu·rück[tsurʏ́k] **I** 副 **1 a)** 後ろへ, 後方へ: einen Schritt ～ machen 1歩後退する | Bitte zwei Schritte ～! 2歩あとへさがってください. **b)** 《話》後ろに, 後方に.
2 (元の場所へ)戻って, 引き返して: In fünf Minuten bin ich ～. 5分したら戻ってきます(→zurücksein 1) | Die Fahrt hin und ～ kostet 10 Mark. 往復の料金は10マルクだ | *Zurück* zur Natur! 自然に帰れ (Rousseau) | mit allem Komfort und ～ (→Komfort).
3 《話》(あとに)取り残されて, 置き去りにされて; 《比》(成長や発育が)遅れて: Er ist in Mathematik ～. 彼は数学が遅れている | Die Ernte ist in diesem Jahr noch weit ～. 今年は収穫がまだだいぶ遅れている(→zurücksein 2).
4 《方》(時間的に)さかのぼって: Einige Monate ～ war die Situation noch ganz anders. 数か月前までは情勢はまだ全く違っていた.
★ 動詞と用いる場合はふつう分離の前つづりとみなされる. ただし: →zurücksein
II Zu·rück 中 -〔s〕/ 後もどり: Es gibt〔für uns〕kein ～ mehr.〔私たちは〕もはや引き返すことはできない(前進あるのみ).
[*ahd.* ze rucke „auf dem Rücken"; ◇Rücken]

zurück.. 《分離動詞の前つづり. つねにアクセントをもつ》**1** 《「元の方向へ」を意味する》: *zurück*geben 返却する | *zurück*kommen 戻ってくる. **2** 《「時間的にさかのぼって」を意味する》: *zurück*denken 回想する | *zurück*datieren 日付をさかのぼらせる. **3** 《「後ろへ」を意味する》: *zurück*fallen 後ろへ倒れる | *zurück*treten 後ろへさがる. **4** 《「元のまま」を意味する》: *zurück*halten 引きとめる | *zurück*lassen 置き去りにする.
★ zurück＋動詞から名詞をつくる場合 zurück.. は多くの場合 Rück.. になる: Rückkehr＜zurückkehren, Rücktritt＜zurücktreten

zu·rück≠|be·ben[tsurʏ́k..] 自 (s) 震えて〈恐れおののいて〉あとずさりする: vor *et.*³ ～ …を前にして恐ろしさにひるむ〈あとにさがる〉. **≠|be·för·dern** 他 (h) 《*et.*⁴ / *jn.*》(…を元の場所へ)運び戻す. **≠|be·ge·ben*** 《52》他 (h) 再帰 *sich*⁴ ～《方向を示す語句と》(…へ)戻る, 帰還する | Ich *begab* mich wieder nach Paris *zurück*. 私は再びパリに帰った. **≠|be·glei·ten** 《01》他 (h) 《*jn.*》伴って〈連れて〉帰る: *jn.* nach Hause ～ …を家まで送り届ける. **≠|be·hal·ten*** 《65》他 (h) (返さずに・他人に与えずに)手もとに留めて〈残して〉おく; 〘法〙留置する.

Zu·rück·be·hal·tungs·recht 中 -〔e〕s/ (Retentionsrecht) 〘法〙留置権.

zu·rück≠|be·kom·men*[tsurʏ́k..] 《80》他 (h) (失ったもの・〔貸し〕与えたものなどを)返してもらう, 取り戻す, 再び手に入れる. **≠|be·or·dern** 《05》(≠|**be·ru·fen*** 《121》) 他 (h) 《*jn.*》呼び戻す, 召還する. **≠|beu·gen** ＝zurückbiegen **≠|be·zah·len** 他 (h) 払い戻す, 返済する, 償還する. **≠|bie·gen*** 《16》他 (h) 後ろへ曲げる, 反らす; 曲げ戻す: *jm.* den Kopf ～ …の頭をあおむけに反らさせる ‖ 再帰 *sich*⁴ ～ 反り返る. **≠|bil·den** 《01》他 (h) **1** 再帰 *sich*⁴ ～ (大きさなどが元の状態に)戻る, 復原する. **2** 再帰 *sich*⁴ ～ 退化する; 退行する.

zu·rück|blei·ben*[tsurʏ́k..] 《21》自 (s) **1 a)** あとに残る, 居残る; あとに残される, 置き去りにされる; (痕跡(こんせき)などが)あとに残る: Er ist allein *zurückgeblieben*. 彼はひとりあとに残った〈残された〉| Nach der Verbrennung *bleibt* Asche *zurück*. 燃えたあとには灰が残る | Nach seiner Krankheit *blieb* ein Herzfehler *zurück*. 彼は病後に心臓障害が後遺症として残った. **b)** (前に出ないで)後ろにとどまっている: Bitte, ～! どうか前に出ないでください(駅のホームでのアナウンスなど). **2** (他の人たちについてゆけずに)置き去りにされる, とり残される; ひけをとる, 劣る; (進み具合が標準よりも)遅い, (発達・発育などが)遅れる: hinter den anderen ～ 他の人たちにひけをとる, 他人の後塵(こうじん)を拝する | hinter der Zeit ～ 時勢に遅れる | Seine Leistungen *blieben* weit hinter meinen Erwartungen *zurück*. 彼の仕事は私の期待を大きく下回った | Er *bleibt* in Latein *zurück*. 彼はラテン語の学力が劣っている | Meine Uhr *bleibt zurück*. 私の時計は遅れている ‖ ein geistig *zurückgebliebenes* Kind 知恵遅れの子供 | ein industriell *zurückgebliebenes* Land 工業の発達の遅れた国.
[◇Rückbleibsel]

zu·rück|blen·den[tsurʏ́k..] 《01》自 (h) 〘映〙カットバック〈フラッシュバック〉する. [◇Rückblende]

zu·rück≠|blicken 自 (h) **1** 後ろを振り返〔って見〕る. **2** 《auf *et.*⁴》(…を)回顧する: auf *seine* Kindheit ～ 幼年時代を回顧する | **auf *et.*⁴ ～ können** 誇りをもって(過去の)…を振り返ることができる | Unsere Firma kann auf eine lange Tradition ～. うちの会社には長い伝統がある. **≠|brin·gen*** 《26》他 (h) **1** 《*et.*⁴》(元の場所へ)運び戻す; (元の状態に)戻す; 《*jn.*》(元の場所に)連れ戻す: *jn.* ins Leben 〈in die Wirklichkeit〉 ～ …を蘇生(そせい)させる〈現実に引き戻す〉. **2** (進歩・発展などを)阻害する, 遅らせる: Die Krankheit hat ihn in der Schule *zurückgebracht*. 病気のために彼は学校での進度が遅れた. **≠|däm·men** 他 (h) (水の流れなどを)堰(せ)きとめる; 《比》(…の広がるのを)阻止する, (欲望などを)抑える, 抑制する: die Inflation ～ インフレを抑制する. **≠|da·tie·ren I** 他 (h) (↔vorausdatieren) 《*et.*⁴》(手紙・書類などに実際の作成日よりも)前の日付を記入する, (…の)日付をさかのぼらせる. **II** 自 (h) 《auf *et.*⁴》(…まで)時日がさかのぼる, (…)以来続いている: Seine nervösen Störungen *datieren* auf jene Kriegszeit *zurück*. 彼の神経障害はあの戦争のとき以来のものである. **≠|den·ken*** 《28》自 (h)〔過去に〕さかのぼって考える, 回想する: an die Zeit vor dem Krieg ～ 戦前の時代を想起する | soweit ich ～ kann 私の覚えているかぎりでは. **≠|drän·gen** 他 (h) **1** 《*jn.*》押し戻す; 撃退する. **2** 《*et.*⁴》(力の暴発などを)おさえこむ, 抑止する, 抑圧する; (感情の発露などを)抑制する: das Lachen ～ 笑いをこらえる. **≠|dre·hen** 他 (h) 捩(ね)じ〈ひねり〉戻す, 巻き戻す, 逆回転させる: das Rad der Geschichte ～ (→Rad 2 a) ‖ 再帰 *sich*⁴ ～ 巻き戻る, 逆回転する. **≠|dür·fen*** 《35》自 (h) 《話》戻る〈引き返す〉ことが許されている: Du *darfst* noch nicht *zurück*. 君はまだ帰ってはいけない.

ᵛ**zu·rü·cke**[tsurʏ́kə] ＝zurück 1

zu·rück|ei·len[tsurʏ́k|aɪlən] 自 (s) 急ぎ帰る, 急いで戻る.

zu|rücken[tsú:rʏkən] 自 (s) **1** (余地を作るために)席を詰める. **2** 《an *jn.* 〈*et.*⁴〉》(…のそばに)近寄る.

zu·rück≠|er·bit·ten*[tsurʏ́k..] 《19》他 (h) 《*et.*⁴》《雅》(…を)返すように頼む, (…の)返還〈返却〉を請い求める. **≠|er·hal·ten*** 《65》＝zurückbekommen 1 **≠|er·in·nern** 《05》他 (h) 再帰 *sich*⁴ an *et.*⁴ 〈*jn.*〉 ～ …を思い返す, …を回想する. **≠|er·lan·gen** 《雅》＝zurückbekommen 1 **≠|er·obern** 《05》他 (h) (占領された場所を)奪い返す, 奪回〈奪還〉する.

Zu·rück·er·obe·rung 女 -/-en 奪還, 奪回.

zu·rück|er·stat·ten 《01》他 (h) 払い戻す, 返済する; 償還〈還付〉する.

Zu·rück·er·stat·tung 女 -/-en 払い戻し, 返済; 償還, 還付.

zu·rück|er·war·ten[tsurʏ́k..] 《01》他 (h) 《*jn.*》(…が)帰って〈戻って〉くるのを期待する, 帰って〈戻って〉くると思う.

zu·rück|fah·ren*[tsurʏ́k..] 《37》**I** 自 (s) **1 a)** (乗り物で)帰る, 戻る, 引き返す: Ich *fahre* mit dem Auto 〈der Bahn〉 *zurück*. 私は自動車〈鉄道〉で帰る. **b)** (乗り物, 特に自動車で)後退する, バックする. **2** (驚いて・びくっとして)跳びすさる: vor Schreck ～ ぎょっとして後ろに跳びのく.
II 他 (h) **1 a)** (人・荷物などを)乗り物で運び戻す〈送り返す〉: Er hat uns mit dem Wagen *zurückgefahren*. 帰路は彼が我々を車で送ってくれた. **b)** (乗り物を)運転して元の場所に戻す. **2** 《話》《*et.*⁴》(工場などの)生産高を意図的に落とす, (…で)操業短縮する.
[◇Rückfahrt]

zu·rụ̈ck|fal·len* [tsurýk..] 《38》 自 (s) **1** (元の場所に)再び落ち込む〈倒れ込む〉; 後ろ〈後方〉へ倒れる aufs Bett ~ ベッドにばたんとあおむけに倒れる | Ich ließ mich in den Sessel ~. 私は安楽いすにどしんと腰を下ろした. **2** 〔ｽﾎﾟｰﾂ〕 **a)** 順位が落ちる, 下位に転落する: Unsere Mannschaft ist vom vierten auf den sechsten Platz *zurückgefallen.* うちのチームは4位から6位に転落した. **b)** (走者などが)他の走者よりも後れる. **c)** 〔軍〕 退却する. **3** 《in *et.*⁴》 (元の悪い状態に)再び落ち込む〈陥る〉, 逆戻りする: in *seine* frühere Lebensweise ~ 以前の(程度の低い・だらしのない)生活〔ぶり〕に逆戻りする | Er ist in seinen alten Fehler *zurückgefallen.* 彼は再び昔の過ちを犯した. **4** 《an *jn.*》 再び(…の)所有に帰する, 再び(…に)帰属する: Die Riukiuinseln *fielen* im Jahre 1972 wieder an Japan *zurück.* 琉球列島は1972年に日本に復帰した. **5** 《auf *jn.*》 (因果の報いなどが…の身の上に)はね返る: Der Vorwurf *fällt* auf ihn selbst *zurück.* その非難は彼自身にはね返ってくる. [◇Rückfall]

zu·rụ̈ck|fin·den* [tsurýk..] 《42》 **I** 自 (h) **1** 帰路を見つける, 帰り道がわかる(→II 1): Ich *finde* schon allein *zurück.* だいじょうぶ ひとりで帰れます. **2** 《方向を示す語句と》 (…へ)帰る, 戻る: in die Heimat ~ 郷里に帰る | nach Hause ~ 家に戻る | zu *seiner* Frau ~ 妻のもとへ帰る | zur alten Freundschaft ~ 昔の友情をとり戻す | zu *sich*³ selbst ~ 落ち着きをとり戻す.

II 他 (h) **1** 再帰 *sich*⁴ ~ 帰路を見つける, 帰り道がわかる(→I 1): Ich *finde* mich schon allein *zurück.* だいじょうぶ ひとりで帰れます. **2** (帰路を)再び見つける: Ich *fand* den Weg nicht mehr *zurück.* 私はもはや帰り道がわからなかった.

zu·rụ̈ck|flie·gen* [tsurýk..] 《45》 **I** 自 (s) **1** 飛び帰る, 飛んで戻る; 飛行機で帰る. **2** (ボールなどがぶつかって)はねかえる. **II** 他 (h) 《*jn.* / *et.*⁴》 (…を飛行機で)元の場所に連れ帰る〈運び戻す〉. [◇Rückflug]

zu·rụ̈ck≠|flie·ßen* 《47》 自 (s) (元の場所へ)流れ戻る, 逆流する, 還流する; 《比》 (金などが)戻ってくる: Die Wohltat *fließt* auf den Wohltäter *zurück.* 《諺》 情けは人のためならず. ≠|**flu·ten** 《01》 自 (s) (潮流・人の群れなどが元の場所に)流れ戻る, 逆流する. ≠|**for·dern** 《05》 他 (h) 《*et.*⁴》 (…を)返すように要求する, (…の)返還〈返却〉を請求する. ≠|**fra·gen** 自 (h) **1** 問い返す. **2** = rückfragen

zu·rụ̈ck|füh·ren [tsurýk..] **I** 他 (h) **1** (元の場所へ)導き戻す, 連れ〈運び〉戻す, 返送〈送還〉する: Ich *führte* ihn denselben Weg *zurück,* den wir gekommen waren. 来たときと同じ道を通って私は彼を連れ帰った | *jn.* auf den rechten Weg ~ …を正道に立ち返らせる. **2** 《*et.*⁴ auf *et.*⁴》 (…を…に)戻す, 還元する; (…〔の起源・原因〕を…に)帰する: Der Name der Stadt läßt sich auf ein lateinisches Wort ~. この町の名前はあるラテン語の単語に由来する | Er *führte* den Unfall auf einen Reifendefekt *zurück.* 彼は事故をタイヤの欠陥のせいにした. **II** 自 (h) (道が)元の場所へ戻れるようになっている: Aus dieser Hölle *führt* kein Weg *zurück.* この地獄から引き返す道はない.

Zu·rụ̈ck≠füh·rung 女 -/-en (zurückführen すること. 例えば:) 〔論〕 還元法: ~ auf das Unmögliche 帰謬(きびゅう)法. ≠**ga·be** 女 -/ (Rückgabe) 返却, 返還.

zu·rụ̈ck|ge·ben* 《52》 他 (h) **1** 《*jm. et.*⁴》 (…に…を)返す, 返却する, 返還する; 《*et.*⁴》 (不要になったものを)返す; (気に入らない品物などを)返品する: *jm.* das geliehene Geld mit Zinsen ~ …に借りた金を利子をつけて返済する | *jm.* die Freiheit ~ …を自由の身に戻してやる | Laß dir dein Lehrgeld 〈Schulgeld〉 ~! (→Lehrgeld, →Schulgeld) ‖ das Parteibuch ~ 党員手帳を返す(脱党する) | das Licht ~ 光を反射する. **2** 《*et.*⁴ an *jn.*》 〔球技〕 (ボールを…に)バックパス(後方へのパス)する. **3** (antworten) 《回答の内容を目的語として》 (…と)答える: „Das weiß ich nicht", *gab* er *zurück.* 「それは知らないよ」と彼は答えた.

zu·rụ̈ck|ge·hen* [tsurýk..] 《53》 自 (s) **1 a)** (元の場所へ)帰る, 戻る, あと戻りする, 引き返す; 《話》 帰郷〈帰国〉する; (元の職務に)復帰する: auf *seinen* Platz ~ 自分の席〈場所〉に戻る | Er *ging* denselben Weg *zurück.* 彼は来たのと同じ道を戻って行った | Der Brief *geht* als unbestellbar *zurück.* この手紙は配達不能として差出人に返送される | eine Ware ~ lassen 商品を送り返す. **b)** (zurücktreten) 後ろへさがる, 後退する; 退却する. **2** (勢いが)衰える, 衰退する, 減退する, 不振になる; (量が)減少する; (価格などの点で)下落する: Das Fieber 〈Die Flut〉 *geht zurück.* 熱が下がる〈潮が引く〉 | Die Geschwulst *geht zurück.* 腫瘍(しゅよう)のはれが引く | Die Ausfuhr 〈Der Umsatz〉 ist rasch *zurückgegangen.* 輸出〈売上〉高が急激に減少した | Lederwaren sind im Preis *zurückgegangen.* 皮革製品は値が下がった. **3 a)** 《方向を示す語句と》 (時間的に…に〔まで〕)さかのぼる, 遡及(そきゅう)する: auf den Ursprung ~ 起源にさかのぼる | bis in die Frühzeit ~ 初期にまでさかのぼる. **b)** 《auf *et.*⁴》 (…に)源を発する, (…に)起因する: Die Verordnung *geht* noch auf Napoleon *zurück.* この条令はナポレオン〔時代〕に由来するものだ. **4** 《話》 元の状態に戻る, 取り消し〈ご破算〉になる, 解消される: Die Verlobung ist *zurückgegangen.* 婚約は解消された. [◇Rückgang]

zu·rụ̈ck≠|ge·lan·gen [tsurýk..] 自 (s) (元の場所へ)戻ってくる, 帰り着く. ≠|**ge·lei·ten** 《01》 = zurückbegleiten ≠|**ge·win·nen*** 《213》 他 (h) 取り戻す, 回復する; 奪い返す, 奪還する: *sein* Selbstvertrauen ~ 自信を取り戻す.

zu·rụ̈ck·ge·zo·gen [tsurýk..] **I** zurückziehen の過去分詞. **II** 形 (世間を離れて)引きこもった, 隠遁(いんとん)〈隠棲(いんせい)〉した: ein ~*es* Leben führen / ~ leben 隠遁生活を送る.

Zu·rụ̈ck·ge·zo·gen·heit 女 -/ zurückgezogen なこと: in großer ~ leben 世間を離れてひっそりと暮らす.

zu·rụ̈ck≠|grei·fen* [tsurýk..] 《63》 自 (h) **1** 《auf *jn.* 〈*et.*⁴〉》 (必要に迫られて…に)手を出す, (…を)引っぱり出す: auf *seine* Ersparnisse ~ 蓄えに手をつける | Als die Stelle besetzt werden mußte, *griff* man auf ihn *zurück.* このポストを埋める必要に迫られて彼が起用された. **2** (話をする際などに説明の必要上)以前〈過去〉にさかのぼる. ≠|**grü·ßen** 《02》 他 (h) (wiedergrüßen) 《*jn.*》 (…に)あいさつを返す, 答礼する. ≠|**ha·ben*** 《64》 他 (h) 《話》 (返してもらって)再び自分のものとしてもつ〈所有する〉: Ich möchte mein Buch ~. 私の本を返してもらいたい. ≠|**hal·len** 自 (s) 反響する, こだまする.

zu·rụ̈ck|hal·ten* [tsurýk..] 《65》 **I** 他 (h) **1 a)** 《*jn.*》 引きとめる, 押しとどめる; 無理に引きとめる, 抑留する: *jn.* am Arm ~ …を腕をつかんで引きとめる | *jn.* an der Tür ~ …を戸口のところで引きとめる ‖ Wenn Sie in Eile sind, so will ich Sie nicht länger ~. もしもお急ぎならばこれ以上お引きとめしません | Eine dringende Angelegenheit *hielt* mich dort *zurück.* 私は緊急の用件のためにそこから離れられなかった. **b)** 《*jn.* von *et.*³》 (…が…することを)引きとめる, 抑止する: *jn.* von einem unüberlegten Schritt ~ …の軽率な行動を思いとどまらせる | Der Gedanke an ihn *hielt* mich 〔davon〕 *zurück,* dies zu sagen. 彼のことを考えると私はこのことを口にできなかった.

2 《*et.*⁴》 おさえる, 抑止する; 差し控える; (感情などを)抑制する: den Atem ~ 息を殺す | *seine* Kenntnisse ~ 知識をひけらかさない | das Lachen ~ 笑いをこらえる | die Sendung ~ 放送を差し止める | die Tränen ~ 涙をこらえる | *sein* Urteil ~ 判断を差し控える | *seinen* Zorn ~ 怒りを抑える ‖ Das Paket wurde vom Zoll *zurückgehalten.* 小包は税関で差し押さえられた.

3 a) 再帰 *sich*⁴ ~ (表面に出ないで)陰に引っこんでいる, 引きこもっている. **b)** 再帰 *sich*⁴ ~ 自己を抑制する, 自制する: *sich*⁴ beim Trinken ~ 酒を飲みすぎないようにする | Sie konnte sich nicht mehr ~, sie sagte ihm deutlich ihre Meinung. 彼女はもう我慢できなくなって彼に自分の意見をはっきり言った.

II 自 (h) 《mit *et.*³》 (…を)差し控える; (感情などを)抑制する: mit *seiner* Kritik 〈*seinem* Urteil〉 ~ 批判〈判断〉を控える | mit *seinem* Unwillen ~ 憤りを抑える | Er *hielt* mit der Bestellung noch *zurück.* 彼は注文をまだ差し控えていた.

III **zu·rụ̈ck·hal·tend** 現分 形 **1** 控え目な, 遠慮がちな;

Z

打ち解けない; 用心深い, 慎重な: Er hat ein ～*es* Wesen. 彼は控え目な性格だ ‖ Der Beifall des Publikums war recht ～. 観衆(聴衆)の喝采(かっさい)はわずかだった | Sie verhält sich uns gegenüber sehr ～. 彼女は我々に対してきわめて用心深い態度をとっている. **2** (色彩や模様が)控え目な, 地味な: ein ～ gemustertes Kleid 地味な柄のドレス.

Zu·rụ̈ck·hal·tung 女 -/ ((sich) zurückhalten すること. 例えば:) 自制, 自粛; 遠慮, 控え目〔な態度〕; 用心深さ, 慎重さ: *sich*³ ～ auferlegen 自己を抑制する, 自分を抑える | ～ üben 自制〈自粛〉する, 控え目な態度をとる ‖ Das Publikum nahm das Theaterstück mit größter ～ auf. 観客はこの芝居に対してきわめて控え目な反応を示した.

zu·rụ̈ck≈|ho·len[tsurʏ́k..] 他 (h) 《*et.*⁴》取り戻す; 《*jn.*》連れ戻す. ≈|**ja·gen I** 他 (h) 《*jn.*》追い払う, 追い返す. **II** 自 (s) 疾駆して戻る. ≈|**käm·men** 他 (h) (髪などを)後方にくしけずる,(くしで)後ろになでつける. ≈|**kau·fen** 他 (h) 買い戻す.

zu·rụ̈ck|keh·ren[tsurʏ́k..] 自 (s) 《雅》帰る, 戻る, 帰還する: zur Natur ～ 自然に帰る | zum Thema ～ 本題に戻る | Wir sind jetzt von der Reise *zurückgekehrt.* 我々はいま旅から帰ってきたところだ. [◇Rückkehr]

zu·rụ̈ck|klap·pen[tsurʏ́k..] 他 (h) (背もたれ・ふたなどを)パタンと折り返す.

zu·rụ̈ck|kom·men*[tsurʏ́k..] 《80》自 (s) **1 a)** 帰ってくる, 戻ってくる: aus dem Urlaub 〈von der Reise〉 ～ 休暇〈旅行〉から戻ってくる | Der Brief ist als unbestellbar *zurückgekommen.* その手紙は配達不能ということで戻ってきた. **b)** (記憶などが)戻る, よみがえる; (痛みなどが)ぶり返す. **2** 《auf *jn.* 〈*et.*⁴〉》(テーマ・問題・要件などに)再び立ち返る, 立ち戻る: Auf diese Frage werde ich später noch ～. この問題はあとでまた取り上げることにします.
▽**3** 《von *et.*³》(…から)離れる, それる: von *seiner* Meinung ～ 意見を変える | von einem Irrtum ～ 迷誤から覚める.
▽**4** (勢いが)衰える, 衰退する, 不振になる: an Gesundheit 〈in der Leistung〉 ～ 健康〈能力〉が衰える | mit *seiner* Arbeit ～ 仕事がうまくゆかない.

zu·rụ̈ck≈|kön·nen*[tsurʏ́k..] 《81》自 (h) 《話》戻る〈引き返す〉ことができる; 《比》(自分の下した決定などを)取り消すことができる: Ich *kann* nicht mehr *zurück.* 私はもう帰ることができない; 《比》私はいまさらあとには引けない | Das Buch *kann* in das Regal *zurück.* その本は本棚へ戻してもいい. ≈|**krie·gen** 《話》＝zurückbekommen

▽**Zu·rụ̈ck·kunft**[tsurʏ́k..] 女 -/ (zurückkommen すること. 例えば:) 帰着, 帰還.

zu·rụ̈ck|lä·cheln 《06》自 (h) ほほえみ返す.

zu·rụ̈ck|las·sen*[tsurʏ́k..] 《88》他 (h) **1 a)** (立ち去る際などに)あとに残す, 置き去りにする: Ich habe mein Gepäck auf dem Bahnhof *zurückgelassen.* 私は荷物を駅に置いてきた | Hat er keine Nachricht *zurückgelassen*? 彼は伝言を何も残していかなかったか | Er *ließ* seine Frau und vier unmündige Kinder *zurück.* 彼は妻と 4 人の未成年の子供たちをあとに残して死んだ. **b)** (痕跡(こんせき)などを)あとにとどめる: Die Wunde hat eine häßliche Narbe *zurückgelassen.* その傷は醜い瘢痕(はんこん)を残した.
2 《*jn.*》(競争などで相手を)置き去りにする, 引き離す: *seine* Konkurrenten weit ～ 競争相手たちをはるかに引き離す.
3 《*jn.*》帰らせる, 戻らせる.

Zu·rụ̈ck·las·sung 女 -/ zurücklassen すること: unter ～ hoher Schulden 多額の借財をあとに残して.

zu·rụ̈ck|lau·fen*[tsurʏ́k..] 《89》自 (s) **1 a)** (元の場所へ)走って戻る; 徒歩で引き返す. **b)** 走って後ろ〈後方〉へさがる. **2** (水などが)逆流する. **3** (銃身・砲身が発射の際に)後座する. **4** (テープなどが)巻き戻る: das Tonband ～ lassen テープを巻き戻す. [◇Rücklauf]

zu·rụ̈ck|le̲·gen[tsurʏ́k..] 他 (h) **1 a)** (元の場所に)戻す: den Hammer in den Kasten ～ 金づち〈ハンマー〉を箱へ戻す. **b)** 後ろへ置く, 後方へ横たえる: den Kopf ～ 頭を後方に寝かせる(まくらの上などに) ‖ 再帰 *sich*⁴ im Bett ～ ベッドで体をあおむけに横たえる | *sich*⁴ in die Polster ～ 体を後方に倒してクッションに身を沈める. **2** 《*jm.* 〈für *jn.*〉 *et.*⁴》(…のために切符・商品などを)売らずに残して置く, 取っておく; 《話》(金を)残しておく, 貯金する: Können Sie mir 〈für mich〉 das Buch bis morgen ～? この本を私のために明日まで取っておいていただけますか | Geld für eine Reise ～ 旅行のために貯金をする. **3** (道のりを)あとにする, 進む: Er *legte* den Weg zu Fuß *zurück.* 彼はその道を徒歩で踏破した | Wir haben täglich 25 Kilometer *zurückgelegt.* 我々は毎日25キロ進んだ. **4** 《オーストリア》(niederlegen) (仕事・官職などを)やめる, 放棄する: *sein* Amt ～ 辞任する.

zu·rụ̈ck≈|le̲h·nen[tsurʏ́k..] 他 (h) 後ろにもたせかける: den Kopf ～ 頭を後ろにもたせかける ‖ 再帰 *sich*⁴ ～ 後ろに寄りかかる〈もたれる〉. ≈|**lei·ten** 《01》他 (h) **1** (元の場所へ)導き戻す; (郵便物などを)返送する. **2** 〖工〗フィードバックする. ≈|**len·ken** 他 (h) **1** (車などを操縦して)元の場所に戻す; 後ろ〈後方〉へさげる. **2** (注意などを)過去に向けさせる. **3** 《auf *et.*⁴》(話題などを…に)戻す. ≈|**lie·gen*** 《93》自 (h) **1 a)** 後ろ〈背後〉にある. **b)** 以前〈過去〉のことである: Das Ereignis *liegt* schon einige Jahre *zurück.* この出来事はもう数年前のことである. **2** (スポーツで)遅れている, 負けている: Unsere Mannschaft *liegt* 0 : 2(読み方: null zu zwei) *zurück.* うちのチームは 0 対 2 で負けている. ≈|**mar·schie·ren** 自 (s) 行進して戻る〈引き返す〉; (軍隊が)退却する. ≈|**mel·den** 《01》他 (h) **1** 再帰 *sich*⁴ ～ 帰って来たことを届け出る. **2** 《*jn.* / *et.*⁴》(…が)戻ってきたことを届け出る. ≈|**müs·sen*** 《103》自 (h) 《話》戻らなければ〈引き返さなければ〉ならない; 後退しなければならない: Es ist schon spät, wir *müssen zurück.* もう遅い. 帰らなければならない | Das Buch *muß* in das Regal *zurück.* その本は本棚に戻さなければならない.

Zu·rụ̈ck·na̲h·me[tsurʏ́kna:mə] 女 -/ zurücknehmen すること: die ～ einer Aussage 発言の取り消し.

zu·rụ̈ck|ne̲h·men* 《104》他 (h) **1** (一度渡したり与えたりしたものを)再び取り戻す; (売った品を)再び引き取る: Können Sie diese Schuhe wieder ～? この靴を返品してもかまいませんか. **2** (配置された人員などを)引き揚げる; (軍隊などを)撤収する; (サッカーなどで守備を固めるために)バック〈後衛〉に下げる: Truppen 〈eine Stellung〉 ～ 部隊〈陣地〉を撤収する. **3** (発言・約束・申し出などを)撤回する, 取り消す: eine Äußerung ～ 発言を取り消す | eine Klage ～ 訴えを取り下げる | *sein* Versprechen ～ 約束を撤回する. **4** (チェスなどで打った手を)待ったをしてやり直す: den Zug ～ 差し手を取り消す. **5** (音量・炎などを)小さくする, 絞る, 弱める. **6** (体の一部を)後ろへ反らす; 元の位置に戻す.

zu·rụ̈ck≈|pas·sen[tsurʏ́k..] 《03》他 (h) 〖球技〗(ボールを)後方へパスする, バックパスする. ≈|**pfei·fen** 他 (h) **1** 《*jn.*》〔口〕笛を吹いて呼び戻す; 《話》(…に)中止を命じる. **2** 《話》《*et.*⁴》(約束などを)取り消す. ≈|**pral·len** 自 (s) はね返る; 《比》(驚いて・びくっとして)跳びすさる: Der Ball *prallte* von der Mauer *zurück.* ボールは壁に当たってはね返った. ≈|**rei·chen I** 他 (h) 《*jm. et.*⁴》(…に…を)返す, 返却する. **II** 自 (h) (過去に)さかのぼる: 〔bis〕 ins Mittelalter ～ 中世までさかのぼる. ≈|**rei·sen** 《02》自 (s) 帰郷〈帰国〉の旅をする, 旅から戻る. ≈|**rei·ten*** 《116》自 (s) 馬で帰る〈引き返す〉. ≈|**rol·len I** 自 (s) **1** (元の場所へ)転がり戻る. **2** 後ろ〈後方〉へ転がる. **II** 他 (h) (元の場所へ)転がして戻す.

zu·rụ̈ck|ru̲·fen*[tsurʏ́k..] 《121》 **I** 他 (h) **1** 《*jn.*》呼び戻す, 呼び返す: *jn.* von der Reise ～ …を旅先から呼び戻す | einen Botschafter ～ 大使を召還する | *jn.* ins Leben ～ …(死者)をよみがえらせる. **2** 《*jm. et.*⁴》(…の念頭に…を)呼び起こす, 想起させる: *sich*³ *et.*⁴ ～ …を記憶に呼び起こす〈想起する〉| Ich *rief* mir die vergangenen Jahre 〔ins Gedächtnis〕 *zurück.* 私は過ぎ去った年月のことを記憶によみがえらせた. **3** 《オーストリア》《*jn.*》(電話をくれた相手に)今度はこちらから電話をかける(→II 2). **4** 《*et.*⁴》(メーカーが欠陥商品などを)回収する; リコールする. **5** 《*et.*⁴》(返事などを)大声で答える(→II 1).
II 自 (h) **1** 《返事の内容などを表す語句と》大声で答える, 叫んで返事をする: Er *rief zurück*: „Ich werde auf dich warten." / Er *rief zurück,* daß er auf mich warten

würde. 彼は大声で｢君を待ってるよ｣と答えた. **2** (電話をくれた相手に)今度はこちらから電話をかける(→I 3): Sobald ich in dieser Angelegenheit etwas erfahre, werde ich ～. この件で何かわかり次第こちらからお電話します.
[◇Rückruf]

zu·rück≠|schaf·fen[tsurʏ́k..] 他 (h) 《*et.*[4]》(…を元の場所へ)運び戻す. **≠|schal·len**[(*)] 《126》自 (h, s) 反響する, こだまする. **≠|schal·ten** 《01》 **I** 他 (h) (ギアなどを)シフトダウンする;《比》(仕事などの)テンポをゆるめる: einen Gang ～ (→Gang 4 c). **II** 自 (h) ギアをシフトダウンする; (元の放送局などに)チャンネルを戻す: vom dritten in 〈auf〉 den zweiten Gang ～ ギアをサードからセカンドに落とす | aufs zweite Programm ～ チャンネルを第 2 放送に戻す. **≠|schau·dern** 《05》自 (s) 身震いして(恐れおののいて)後ずさりする: vor *et.*[3] ～ …を前にして恐ろしさにひるむ〈後ずさりする〉. **≠|schau·en** 自 (h) 《南部・オーストリア・スイス》(zurückblicken) **1** 後ろを振り返〔って見〕る. **2** 《auf *et.*[4]》(…を)回顧する. **≠|scheu·chen** 他 (h) 《*jn.*》脅かして追い払う〈追い返す〉. **≠|scheu·en** 自 (s) 《vor *et.*[3]》(…を恐れて)後ずさりする, しりごみする, ひるむ. **≠|schicken** 他 (h) **1** 《*et.*[4]》送り返す, 返送する: die Sendung an den Absender ～ 送付物を発送人に返送する. **2** 《*jn.*》(…を)元の場所に戻らせる, 送還する: *jn.* in die Haft ～ …を再拘留する. **≠|schie·ben*** 《134》他 (h) **1** (元の場所へ)押し戻す. **2** 後ろ〈後方〉へ押しやる〈ずらす〉; (カーテンなどを)あける. **≠|schie·ßen*** 《135》自 (h) (相手からの射撃に対して)撃ち返す.

zu·rück|schla·gen*[tsurʏ́k..] 《138》 **I** 他 (h) **1 a)** 打ち返す: den Ball ～ (飛んできた)ボールを打ち〈蹴り〉返す. **b)** (…に)反撃を加える, 撃退する: den Feind ～ 敵の攻撃をはね返す. **2** (覆いなどを後方・側方などへ)はねのける; (カラー・カフスなどを)折り返す: die Bettdecke ～ 掛けぶとんをはねのける | den Deckel des Koffers ～ トランクのふたをパタンとあける | den Vorhang ～ カーテンをさっと開ける. **II** 自 **1** (h) (相手に打たれて)打ち返す, 殴り返す; (攻撃に対して)反撃に出る. **2** (s) (波が)うち返す; (振り子が)振れ戻る. **3** (h) 《auf *et.*[4]》(…に)悪影響を与える. [◇Rückschlag]

zu·rück≠|schnei·den*[tsurʏ́k..] 《148》他 (h) 《園》刈り込む, 剪定(せんてい)する. **≠|schnel·len** **I** 自 (s) はね返る. **II** 他 (h) (反発力を使って)はね返す. **≠|schrau·ben** 他 (h) (ねじなどを)ねじ戻す;《比》減少させる, 減らす, (…の)程度を弱める: den Energieverbrauch ～ エネルギーの消費量を減らす | *seine* Forderungen ～ 要求の度合いをゆるめる. **≠|schrecken**[(*)] 《151》 **I** 自 (s) 《不規則変化》《vor *et.*[3]》(…にびっくりして)後ずさりする, しりごみする, ひるむ: Er *schreckt* 〈*schrickt*〉 auch vor einem Mord nicht *zurück.* 彼は殺人をも恐れない. **II** 他 (h) 《規則変化》《*jn.*》驚かして後ずさりさせる〈退かせる〉: Seine Drohung *schreckte* mich nicht *zurück.* 彼の脅しに対しても私はひるまなかった. **≠|schrei·ben*** 《152》 **I** 他 (h) 返事として書く. **II** 自 (h) 《*jm.*》(…に)返事の手紙を書く, 文書で回答する. **≠|schrei·ten*** 《154》自 (s) 後ろ〈後方〉に向かって歩く, 後退する. **≠|se·hen*** 《164》＝zurückblicken **≠|seh·nen** 他 (h) **1** 再帰 *sich*[4] nach *et.*[3] ～ …に戻りたいと願う, …をなつかしく思う | Ich *sehne* mich nach der alten Zeit *zurück.* 私は昔がなつかしい | *sich*[4] zu *jm.* 〈nach *jm.*〉 ～ …を恋い慕う | *sich*[4] nach den Fleischtöpfen Ägyptens ～ (→Fleischtopf). **2** 《雅》《*jn.* / *et.*[4]》(…に)戻ってきてもらいたいと切望する.

zu·rück|sein*[tsurʏ́k..] 《165》自 (s) **1** (元の場所に)戻ってきている: Er *ist* wieder aus Deutschland *zurück.* 彼は再びドイツから帰ってきた | Ich werde um 8 Uhr 〈zum Mittagessen〉 ～. 私は 8 時〈昼食〉には戻ってくるつもりだ. **2** 《話》(あとに)取り残されて〈置き去りにされて〉いる;《比》(成長や発育が)遅れている: Er *ist* geistig etwas *zurück.* 彼は精神的発達がいくらか遅れている.

★ 不定詞・分詞以外は 2 語に書く.

zu·rück|sen·den[(*)][tsurʏ́k..] 《166》《雅》＝zurückschicken [◇Rücksendung]

zu·rück|set·zen[tsurʏ́k..] 《02》 **I** 他 (h) **1** (元の場所に)再び置く, 戻す: die Vase an ihren Platz 〈auf den Tisch〉 ～ 花瓶を所定の位置〈テーブルの上〉に戻す ‖ 再帰 *sich*[4] ～ (元の場所に)再び腰を下ろす. **2** 後ろへ置く, 後方へ下げる: den Stuhl 〈den Grenzstein / den Wagen〉 〔ein Stück〕 ～ いす〈境界石・車〉を〔少し〕後ろに下げる | Der Schüler wurde in der Klasse *zurückgesetzt.* その生徒は教室の席をこれまでより後ろへ移された ‖ 再帰 *sich*[4] ～ 後方に腰を下ろす | Ich *setzte* mich eine Reihe *zurück.* 私は 1 列後ろの席に座った. **3** 《方》(価格を)下げる, 値下げする: die Preise ～ 値下げする | Die Schuhe waren im Preise *zurückgesetzt.* その靴は値引きされていた. **4** 《*jn.*》(他人よりも)不利に扱う, 冷遇する: Ich kann ihn nicht vor dir 〈dir gegenüber〉 so ～. 彼を君と比べてあまり冷遇するわけにはゆかない | *sich*[4] *zurückgesetzt* fühlen 自分が冷遇〈軽視〉されていると感じる.
II 自 (h) **1** (車が・車で)バックする. **2** 〘狩〙(シカなどが前年よりも)角の成長が悪くなる.

Zu·rück·set·zung 女 -/-en (〔sich〕 zurücksetzen すること. 例えば:) 冷遇, 差別待遇〔されること〕.

zu·rück≠|sin·ken*[tsurʏ́k..] 《169》自 (s) **1** (元の場所へ)再び沈む, (立ち上がった元の席に)沈むように再び腰を下ろす; 後方へくずおれる: Sie *sank* auf das Bett *zurück.* 彼女はベッドに再び倒れこんだ. **2** 《比》(元の状態に)逆戻りする: in Bewußtlosigkeit ～ 再び意識を失う. **≠|sol·len*** 《172》自 (h) 《話》戻らなければ〈引き返さなければ〉ならない: Bis wann *soll* ich *zurück?* いつまでに戻ってきたらよいでしょうか. **≠|spie·len** 他 (h) 〘球技〙(ボールを)後方へパスする, バックパスする. **≠|sprin·gen*** 《179》自 (s) **1 a)** 後ろ〈後方〉へ跳びさがる, 跳びすさる. **b)** (ボールなどが元の場所に)はね戻る. **2** (線・平面などが凹型をなして)ひっこんでいる, へこんでいる: Das Haus *springt* einige Meter *zurück.* この建物は(他の建物よりも)数メートルひっこんで建っている. **≠|stecken** **I** 他 (h) **1** (元の場所へ)再び突っ込む, 差し戻す: Er *steckte* das Geld in das Portemonnaie *zurück.* 彼はその金を再び財布に戻した. **2** (杭(くい)などを)後ろ〈後方〉へ後退させて差す: ein Loch ～ (→Loch 1) | einen Pflock 〈einige Pflöcke / ein paar Pflöcke〉 ～ (→Pflock 1). **II** 自 (h) 《話》要求を引き下げる〈控え目にしておく〉. **≠|ste·hen*** 《182》自 (h) **1** 後方に立って〈退いて〉いる. **2** 《比》《hinter *jm.* 〈*et.*[3]〉》(…よりも)劣っている, (…に)負けている; (…よりも)不利な立場にある: Als Dichter *steht* Lessing hinter Goethe *zurück.* 詩人としてはレッシングはゲーテより劣る | Hinter der Frage müssen alle anderen Probleme ～. その問題は他の何よりも優先されなければならない.

zu·rück|stel·len[tsurʏ́k..] 他 (h) **1 a)** 元の場所へ立てる〈置く〉: ein Buch in den Schrank ～ 本を本箱に戻す. **b)** 《オーストリア》送り返す, 返却する. **2** 後退させる; (時計の針を)戻す, 遅らせる; (暖房を)弱くセットする. **3** (品物などをある時点まで売らずに)取りのけておく, 別にして取っておく. **4** 《*jn.* von *et.*[3]》(…の…を)一時的に免除する: *jn.* 〔vom Wehrdienst〕 ～ 〘軍〙 …の徴兵を猶予する. **5** (計画・希望・意見などを)〔一時〕取り下げる, ひっこめる, 見合わせる: ein Projekt ～ プロジェクトを〔一時〕中止する.

Zu·rück·stel·lung 女 -/-en zurückstellen すること.

zu·rück≠|sto·ßen*[tsurʏ́k..] 《188》 **I** 他 (h) 突き戻す, 突き返す; 後方へ突く〈けとばす〉;《比》《*jn.*》(…に)反発〈嫌悪〉の念を抱かせる: Sein Verhalten *stößt* mich *zurück.* 彼の態度に私は反発の念を覚える. **II** 自 (s) (車が)バックする, (人が車で)バックする. **≠|strah·len** **I** 他 (h) (光・熱などを)反射する. **II** 自 (h) (光・熱などが)反射する.

Zu·rück·strah·lung 女 -/-en 反射.

zu·rück≠|strei·chen*[tsurʏ́k..] 《189》他 (h) (髪の毛などを)後ろになで上げる: *sich*[3] die Haare ～ (自分の)髪をなで上げる. **≠|strei·fen** 他 (h) (そで口などを)まくり上げる. **≠|strö·men** 自 (s) (流れ・人の群れなどが元の場所へ)流れ戻る, 逆流する. **≠|stu·fen** 他 (h) 《*jn.*》下位の給料レベルへ移す; (生徒などを) 1 級下の段階に戻す.

Zu·rück·stu·fung 女 -/ zurückstufen すること.

zu·rück≠|stür·zen 《02》自 (s) (元の場所へ)走り戻る, 大急ぎで引き返す; 走って〈大急ぎで・さっと〉後ろへさがる.

≠|**tau·meln**《06》自(s) 後方へよろめく; よろめき戻る. ≠|**te·le·fo·nie·ren** **I** 自(h) 電話で返事する. **II** 他(h)《*jm. et.*⁴》(…に…を)電話で返事する. ≠|**te·le·gra·fie·ren** 他(h)《*jm. et.*⁴》(…に…を)電報で返事する, 返電する. ≠|**tra·gen***《191》他(h) 元の場所に運ぶ〈戻す〉. ≠|**trei·ben***《193》他(h) **1** 追い返す, 追い払う, 撃退〈駆逐〉する; (家畜などを)追って小屋に戻す. **2** (薬などを用いて熱を)下げる.

zu·rück|tre·ten*[tsurʏ́k..]《194》自(s) **1 a)** 後ろへさがる, 後方へ退く, 後退する, あとずさりする: einen Schritt ～ 1歩あとに下がる | Bitte, ～! 後ろにおさがりください(駅のホームでのアナウンスなど) | Das Hochwasser *tritt* nach und nach *zurück.* 大水がしだいに引いてゆく | Sein Einfluß *trat* immer mehr *zurück.* 彼の影響力は弱まる一方だった. **b)**《hinter 〈gegenüber〉 *et.*³》(…の)背後に隠れる, (…の前に)影が薄れる: Dieser Vorfall *trat* hinter den wichtigeren Ereignissen *zurück.* この事件はより重要な出来事のかげに隠れてしまった.
2 辞職する, 辞任する: Er *trat* von seinem Amt *zurück.* 彼は辞職した | Die Regierung ist gestern *zurückgetreten.* 内閣はきのう退陣〈総辞職〉した.
3《von *et.*³》(…から)手を引く, (…を)見合わせる, (…を)取り消す, (…を)断念する: von *seiner* Forderung ～ 要求を撤回する | von einem Plan ～ 計画を取りやめる.
[◇Rücktritt]

zu·rück|tun*[tsurʏ́k..]《198》他(h) **1**《話》元〔の場所〕に戻す: *et.*⁴ in den Schrank ～ …を戸棚に戻す. **2** 後方に置く: einen Schritt ～ 1歩あとずさる.

zu·rück|über·set·zen《02》他(h) (翻訳を)元の言語に訳し戻す. [◇Rückübersetzung]

zu·rück≠|ver·fol·gen 他(h)《*et.*⁴》(…の系譜・発展過程などを過去にさかのぼって)逆にたどる. ≠|**ver·lan·gen** **I** 他(h)《*et.*⁴》(…の)返還〈返却〉を要求する. **II** 自(h)《nach *jm.* 〈*et.*³〉》(…を)とり戻したいと願う, (…に)戻って〈帰って〉ほしいと思う. ≠|**ver·le·gen** 他(h) **1**《*et.*⁴》(…を)以前の場所へ戻す: die Zentrale nach Bonn ～ 本部をもとあったボンへ移す. **2** (…の時期などを)あとにずらす, 延期する. **3** (空間的に)遠くに移す;《軍》(弾着距離を)伸ばす. ≠|**ver·set·zen**《02》他(h)《*jn.*》**1** 元の場所〈職場・配置・地位〉に戻す: Er wurde wieder auf seinen alten Posten *zurückversetzt.* 彼は再び元のポストに戻された ‖ 再帰 *sich*⁴ in die alte Zeit ～ 昔に帰って回想する. **2** (生徒を)1級下のクラスにおろす. ≠**ver·wei·sen***《205》他(h)《*jn.*/*et.*⁴》《方向を示す語句と》(…を…へ)戻れと指示する; (書類などを…へ)差し戻す. ≠|**wei·chen***《204》自(s)《vor *et.*³ 〈*jm.*〉》(…を避けて)後ろ〈後方〉へさがる, 後退する; 退却する;《比》(…に対して)しりごみする, (…を)避ける: vor einer Auseinandersetzung ～ 対決〈論争〉を回避する.

zu·rück|wei·sen*[tsurʏ́k..]《205》他(h) **1**《*jn.*》(…に)戻る〈引きさがる〉よう命じる; 追い返す;《比》(不作法者などを)たしなめる: *jn.* an *seinen* Platz ～ …に席に戻るように命じる | *jn.* in *seine* Grenzen 〈Schranken〉 ～ …の出すぎた振舞いをたしなめる(分を守るように).
2《*et.*⁴》(きっぱりと)退ける, はねつける, 拒否する; (願い・訴えなどを)却下する; (主張・非難などを)退ける;《法》(申し立てを)却下する: *js.* Bitte 〈Forderung〉 ～ …の頼み〈要求〉をはねつける | ein Geschenk ～ 贈り物を突き返す | Sie *wies* jede Einmischung 〈jeden Gedanken an eine Heirat〉 *zurück.* 彼女は他からの一切の干渉を退けた〈結婚するなどということは一切考えようとしなかった〉.

Zu·rück·wei·sung 女 -/-en (zurückweisen すること. 例えば:)《法》却下.

zu·rück|wen·den⁽*⁾[tsurʏ́k..]《206》他(h) (元の方向へ)再び向ける: Sie *wandte* 〈*wendete*〉 den Kopf noch einmal nach ihm *zurück.* 彼女はもう一度彼の方に顔を向けた ‖ 再帰 *sich*⁴ ～ (元の方向を)再び向く. [◇Rückwendung]

zu·rück|wer·fen*[tsurʏ́k..]《209》他(h) **1 a)** 投げ返す; (光線・音響などを)はね返す: den Ball ～ ボールを投げ返す | die Lichtstrahlen ～ 光線を反射する. **b)** (敵を)はね返す, 押し戻す, 撃退する. **c)** (以前の状態に)押し戻す, 逆戻りさせる: Durch das Mißlingen des Experimentes wurde das Projekt um Jahre *zurückgeworfen.* 実験の失敗によってプロジェクトの進行は数年あと戻りした | Der Herzanfall hat den Patienten *zurückgeworfen.* この心臓発作のため患者の回復は遅れた.
2 後ろ〈後方〉へ投げる: den Kopf ～ 頭をぐっと後ろにそらす ‖ 再帰 *sich*⁴ aufs Bett ～ ベッドの上にあおむけに身を投げる | *sich*⁴ in den Sessel ～ 安楽いすにドシンと腰を下ろす.

zu·rück|wir·ken[tsurʏ́k..] 自(h)《auf *et.*⁴ 〈*jn.*〉》(…に)逆に作用する, 反作用を及ぼす;《法》遡及(そきゅう)効をもつ. [◇Rückwirkung]

zu·rück≠|wol·len*《216》《話》**I** 自(h) 戻る〈引き返す〉つもりである: Wir *wollen* noch heute *zurück.* 我々はきょうのうちに帰るつもりだ. **II** 他(h)《*et.*⁴》(…が)戻ってくることを望む: Ich *will* das Geld unbedingt *zurück.* 私はその金はどうしても返してもらいたいと思っている. ≠|**wün·schen**《04》他(h)《*et.*⁴》取り戻したいと願う;《*jn.*》(…に)帰って来てほしいと思う: Sie *wünschte* ihre Unabhängigkeit *zurück.* 彼女は以前の自由の身が恋しかった ‖ 再帰 *sich*⁴ zu *jm.* ～ …のところへ帰りたいと思う. ≠|**zah·len** 他(h) **1**《*jm. et.*⁴》(…に…を)払い戻す, 返済する, 償還する: *seine* Schulden 〔an *jn.*〕 ～ 〔…に〕借金〈負債〉を返済する. **2**《話》(heimzahlen)《*jm. et.*⁴》(…に…の)報復〈仕返し〉をする.

Zu·rück·zah·lung[..lʊŋ] =Rückzahlung

zu·rück|zie·hen*[tsurʏ́k..]《219》**I** 他(h) **1** 後ろ〈後方〉へ引く, 引き戻す, ひっこめる: die Hand ～ 手をひっこめる | den Stuhl ～ いすを後ろに引く | den Vorhang ～ (閉めてある)カーテンを引き戻す(開ける) ‖ 非人称 Es *zieht* mich dorthin *zurück.* 私はあそこに戻りたい.
2 (配置された人員などを)引き揚げる; (軍隊などを)撤収する; (貸金などを)回収する.
3 (発言・約束・申し出などを)撤回する, 取り消す: eine Aussage 〈eine Bestellung / eine Zusage〉 ～ 発言〈注文・承諾〉を取り消す | *sein* Versprechen ～ 約束を撤回する.
4 再帰 *sich*⁴ ～ 後ろ〈後方・元の場所〉へ引きさがる; (奥の方へ)引っ込む; (部屋などに)引きこもる; (軍隊などが)撤退〈退却〉する;《比》(第一線から)退く; 隠遁(いんとん)する(→zurückgezogen II): *sich*⁴ aufs 〈ins〉 Altenteil ～ (→Altenteil) | *sich*⁴ auf *sein* Zimmer ～ 自室に引きこもる | *sich*⁴ aus der Politik 〈von der Bühne〉 ～ 政界から身を引く〈舞台生活から引退する〉 | *sich*⁴ in *sich*⁴ selbst ～ 自分自身の殻に引きこもる | *sich*⁴ in *seine* Gemächer ～ (→Gemach) | *sich*⁴ ins Privatleben ～ (公職を退いて)私生活に戻る | *sich*⁴ in den Schmollwinkel ～ (→Schmollwinkel) | *sich*⁴ von *jm.* ～ …との交際を避ける〈断つ〉.
II 自(s) (元の場所へ)戻る, 引き返す: Die Schwäne *ziehen* wieder nach dem Norden *zurück.* 白鳥は再び北のふるさとへ渡っていく.
III zu·rück·ge·zo·gen → 別出

Zu·rück·zie·hung 女 -/-en 〔sich〕 zurückziehen すること.

zu·rück|zucken[tsurʏ́k..] 自(s) (はっとして・びくっとして)さっと身をひく, 跳びすさる.

Zu·ruf[tsú:ru:f] 男 -〔e〕s/-e **1**《単数で》zurufen すること. **2** 呼びかけの言葉, 呼び声: aufmunternde 〈höhnische〉 ～*e* 激励〈あざけり〉の呼び声 | Die Wahl erfolgte durch ～. 選挙は(投票によらずに)賛成の叫び〈発声採決〉で決まった.

zu|ru·fen*[tsú:ru:fən]《121》他(h)《*jm. et.*⁴》(…に向かって…を)大声で言う〈伝える〉, 呼びかける: *jm.* einen Befehl ～ …に向かって大声で命令を伝える.

ᵛ**zu|rü·sten**[tsú:rʏstən]《01》他(h) 準備する, 用意する, 調達しておく; 装備する.

ᵛ**Zu·rü·stung**[..tʊŋ] 女 -/-en 準備, 用意; 装備.

Zur·ver·fü·gung·stel·lung[tsʊrfɛrfý:gʊŋ..] 女 -/ (zur Verfügung stellen すること)《官》任意に処理させること, 自由に使わせること(→Verfügung 2).

zur·zeit (**zur Zeit**)[tsʊrtsáɪt] 副 目下, いまのところ: Er ist ～ krank. 彼はいま病気だ.

Zu·sa·ge[tsú:za:gə] 女 -/-n **1** (↔Absage) (勧誘・招待

Z

などに対する)応諾, 受諾, 承諾. **2** (Versprechen) 約束: *jm.* eine ～ machen 〈geben〉 …に対して約束をする | eine ～ brechen 〈einhalten〉 約束を破る〈守る〉.

zu̲|sa·gen[tsú:za:gən][1] **I** 他 (h) **1 a)** (versprechen) 《*jm. et.*[4]》(…に…を)約束する: *jm. seine* Hilfe ～ …に助力を約束する. **b)** 《*et.*[4]》承諾する: Er hat sein Kommen *zugesagt.* / Er hat *zugesagt* zu kommen. 彼は来ることを承諾した.

2 《話》*jm. et.*[4] auf den Kopf ～ (→Kopf 1) | Ich habe ihm auf den Kopf *zugesagt,* daß er ein Lügner sei. 私は彼に対してずばりおまえはうそつきだと言ってやった.

II 自 (h) **1** (勧誘・招待などに対して)応諾〈受諾〉する, 承諾する: Ich habe ihm auf seine Einladung *zugesagt.* 私は彼の招待に応じた ‖ eine *zusagende* Antwort 〈einen *zusagenden* Bescheid〉 erhalten 承諾の返事をもらう. **2** (gefallen) 《*jm.*》(…の)気に入る: Das Kleid *sagt* mir sehr *zu.* このドレスは非常に私の気に入っている ‖ Das ist ein mir sehr *zusagender* Vorschlag. これは私にたいへん好都合な提案だ.

zu·sạm·men[tsuzámən] 副 **1** 一緒に, 共同で: Wir sind ～ angekommen. 我々は一緒に到着した | Ich weiß nicht, was sie da ～ treiben. 彼らがぐるになって何をやっているか私は知らない | Er hat mit seiner Frau ～ gearbeitet. 彼は奥さんと共同で仕事をした. **2** 集まって, 同席して: Sie waren oft ～. 彼らはよく一緒にいた. **3** 《話》全部で, ひっくるめて, 総計で: Das kostet ～ 12,80 Mark. それは全部で12マルク80〔ペニヒ〕かかります | *Zusammen* oder getrennt?〔会計は〕ご一緒になさいますかそれとも別々〈割り勘〉になさいますか.

[*westgerm.* „nach demselben Ort hin"; ◇samt]

zusammen.. 《主として分離動詞の前つづり. つねにアクセントをもつ》**1** 《「一緒に・共に」を意味する》: *zusammen*arbeiten 共同作業をする | *zusammen*leben 一緒に暮らす | *zusammen*sitzen 一緒に座っている; 同席している. **2** 《「集めて・合わせて・一つに」を意味する》: *zusammen*kommen 集まる | *zusammen*fassen 要約する | *zusammen*fahren 衝突する | *zusammen*drängen ぎっしり詰める. **3** 《「一致して」を意味する》: *zusammen*passen 適合している | *zusammen*stimmen 合致する. **4** 《「かき集めて・でっちあげて」を意味する》: *zusammen*schreiben 寄せ集めて書きあげる | *zusammen*lügen うそで塗り固める. **5** 《「縮み上がって」を意味する》: *zusammen*fahren / *zusammen*schrecken (びっくりして)縮み上がる. **6** 《「崩れ落ちて」を意味する》: *zusammen*fallen 崩壊する | *zusammen*reißen (建造物を)取り壊す.

zu·sạm·men|ad·die·ren[tsuzámən..] 他 (h) 《*et.*[4]》(…の)全部を足す, 合算する, (…の)総計を出す.

Zu·sạm·men·ar·beit 女 -/ 共同作業; 協力: eine enge ～ 緊密な協力 | in ～ mit *jm.* …と共同〈協力〉して.

zu·sạm·men≠|ar·bei·ten 《01》 **I** 自 (h) 共同作業をする, 協力して働く. **II** 他 (h) **1** (仕事・作業によって)まとめる, 一つにする, 統合する. **2** 《*sich*[3] *et.*[4]》(お金などを)仕事をすることによってかき集める. ≠|**backen** 自 (h) 《話》固くこびりついて一かたまりになる.

zu·sạm·men|bal·len[tsuzámən..] 他 (h) **1** (集めて)丸める, 一かたまりにする: Papier ～ 紙を丸める | die Fäuste 〈die Hände〉 ～ 両こぶしを固める ‖ die *zusammengeballte* Macht des Kapitals 資本の集中権力. **2** 再帰 *sich*[4] ～ (集まって)一かたまりになる, 密集する: Auf dem Platz *ballten* sich Menschenmassen *zusammen.* 広場には群衆がぎっしり集まっていた.

Zu·sạm·men·bal·lung 女 -/-en 固まること; (権力などの)集中, 集結: die ～ der Macht in nur einer Hand ただ一人の手への権力の集中.

zu·sạm·men|ba·steln[tsuzámən..] 《06》 他 (h) (しろうと細工で)組み立てる.

Zu·sạm·men·bau[tsuzámənbaʊ] 男 -[e]s/-e (Montage) (機械・橋梁(きょうりょう)などの)組み立て; (映画の)編集, モンタージュ.

zu·sạm·men|bau·en 他 (h) (montieren) (機械などを)組み立てる; (映画で)モンタージュする.

zu·sạm·men≠|bei·ßen*[tsuzámən..] 《13》 他 (h) **1** かみ合わせる: die Zähne ～ (→Zahn 1) | vor Zorn die Lippen ～ 唇をかみしめて怒りに耐える ‖ *et.*[4] mit *zusammengebissenen* Zähnen ertragen …を歯を食いしばってこらえる. **2** 《話》再帰《相互的》*sich*[4] ～ (争ったあと)互いに折りあう, 合意に達する. ≠|**be·kom·men*** 《80》 他 (h) **1** (お金などを)苦心して集める, 調達する. **2** 苦心してつなぎ合わせる〈組み立てる〉. ≠|**bet·teln** 《06》 他 (h) 《*sich*[3] *et.*[4]》(…を)物ごいをして集める.

Zu·sạm·men·bil·dung 女 -/-en 〘言〙 **1** 《単数で》(語構成上の)共成. **2** 共成語(例 Gesetzgebung <Gesetz geben, Zuhilfenahme <zu Hilfe nehmen).

zu·sạm·men≠|bin·den*[tsuzámən..] 《18》 他 (h) 結び〈縛り・くくり〉合わせる, 束ねる: die Blumen zu einem Strauß ～ 花を束ねて花束を作る. ≠|**blei·ben*** 《21》 自 (s) ずっと一緒にいる, 離れない. ≠|**bor·gen** 他 (h) 《*sich*[3] *et.*[4]》(…を)借り集める.

zu·sạm·men|brau·en[tsuzámən..] 他 (h) **1** 《話》(種々の酒を)混ぜ合わせる; 《比》(変なものを)つくり出す: einen Cocktail ～ カクテルをつくる | Da hast du dir ja eine schöne Geschichte *zusammengebraut.* 《皮肉》君はまた結構な状況に陥ったものだ.

2 《比》再帰 *sich*[4] ～ (雷雨・災難などが)発生する; (不和・敵意などが)醸し出される: Ein Gewitter 〈Ein Unheil〉 *braut* sich *zusammen.* 雷雨〈不幸なこと〉が発生する | Zwischen den beiden *braut* sich etwas *zusammen.* 二人の間には(面白くない)何かが生まれている.

zu·sạm·men|bre·chen*[tsuzámən..] 《24》 自 (s) **1** 崩れ落ちる, 倒壊〈崩壊〉する; (計画などが)挫折(ざせつ)する; (会社が)倒産する; (機能が)麻痺(まひ)する: Das Haus ist *zusammengebrochen.* その家は倒壊した | Die Firma ist *zusammengebrochen.* その商社は倒産した | Die Brücke *brach* unter der schweren Last *zusammen.* 橋はひどい重みに耐えかねて崩れ落ちた | Der Verkehr *brach zusammen.* 交通が麻痺した.

2 (疲労・精神的衝撃などで)くずおれる, 倒れる, 卒倒する; 虚脱状態に陥る: Er *brach* bewußtlos 〈ohnmächtig〉 *zusammen.* 彼は意識を失ってくずおれた | Nach dem Tod seiner Frau ist er völlig *zusammengebrochen.* 妻の死後彼はすっかり気落ちしてしまった.

zu·sạm·men|brin·gen*[tsuzámən..] 《26》 他 (h) **1** (特にお金を)〔かき〕集める, 調達する, 工面する; ためる, ためこむ: die Mittel für ein Auto ～ 自動車を買う金をこしらえる | 〔mit *et.*[3]〕 ein schönes Vermögen ～ 〔…で〕一財産つくる. **2** 《*jn.* mit *jm.*》(…を…に)引き合わせる; (…を…と)一緒にする; (…を…と)和解させる. **3** 《話》つなぎ合わせる, 組み立てる; (記憶力によって言葉を)つづる: ein zerlegtes Uhrwerk wieder ～ 分解した時計〔の機械〕をまた組み立てる | keine drei Sätze 〈Worte〉 ～ (興奮などのあまり)まるで口が利けない. **4** 《*et.*[4] 〔mit *et.*[3]〕》(…を〔…と〕)関係づける.

Zu·sạm·men·bruch[tsuzámən..] 男 -[e]s/..brüche **1** 破壊, 倒壊, 崩壊; 破滅, 挫折(ざせつ), 失脚; (会社の)倒産, 破産; (機能の)麻痺(まひ): der wirtschaftliche 〈militärische〉 ～ 経済的〈軍事的〉破滅 | der ～ des Angriffs 攻撃の挫折 | der ～ des Faschismus ファシズムの崩壊 ‖ den ～ der Bank aufhalten 銀行の倒産を食い止める.

2 (疲労・精神的衝撃などで)くずおれること, 卒倒; 気力の喪失, 虚脱〔状態〕: einen ～ erleiden 虚脱状態に陥る | Sie war einem ～ nahe. 彼女は今にも倒れそうだった.

[<zusammenbrechen]

zu·sạm·men|drän·gen[tsuzámən..] 他 (h) **1** 押し集める, ぎっしり詰める: Wir waren in einem engen Raum *zusammengedrängt.* 我々はひどく狭い部屋に押し込められていた ‖ Im Hafen lagen die Schiffe *zusammengedrängt.* 港には船がぎっしり浮かんでいた ‖ 再帰 *sich*[4] ～ 密集する, 押し集まる; (事柄が)殺到する | Die Studenten *drängten* sich im Hörsaal *zusammen.* 学生たちは教室にぎっしりと集まった | Alles *drängte* sich in der letzten Woche *zusammen.* (出来事が)何から何まで先週に重なった. **2** 《比》要約する, 要領よく取りまとめる: *et.*[4] in wenige Sätze ～ …をごく短く要約する | ein Thema in 〈auf〉 *zusam-*

mengedrängter Form darstellen あるテーマについてごく簡明に述べる.

zu·sam·men|dre·hen[tsuzámən..] 他 (h) (束ねて)より合わせる.

Zu·sam·men·druck[tsuzámən..] 男 -[e]s/-e《印》(幾つかの原版を)一つに印刷すること; 一つに印刷したもの.

zu·sam·men≠|drucken[tsuzámən..] 他 (h)《印》(幾つかの原版を)一つに印刷する. ≠|**drücken** 他 (h) 押しつぶす; 圧縮する: einen Hut ～ 帽子をぺしゃんこにしてしまう | *zusammengedrückt* sitzen 縮こまって座っている.

zu·sam·men|fah·ren*[tsuzámən..]《37》 **I** 自 (s) **1** (乗り物が)衝突する: mit einem Bus ～ バスと衝突する | Die zwei Züge sind *zusammengefahren.* その二つの列車は衝突した. **2** つかみ合う, 取っ組み合いのけんかになる. **3** (びっくりして)縮み上がる, 身をすくめる: Bei diesem Geräusch ist er erschrocken *zusammengefahren.* この物音を聞いて彼はぎょっとして体をすくめた. **4** (牛乳などが)凝固(凝縮)する. **II** 他 (h) **1** (乗り物で)運び集める. **2**《話》(車を)乗りつぶす, 壊す.

Zu·sam·men·fall[tsuzámənfal] 男 -[e]s/ **1** (複数の事件の)同時発生. **2** (川などの)合流; (境界線などの)一致.

zu·sam·men|fal·len*《38》 自 (s) **1** (ビル・橋梁(きょうりょう)などの建造物が)崩れ落ちる, 崩壊する;《比》(論拠などが)崩れる,(うそなどが)根拠を失う: Die Ruine ist *zusammengefallen.* その廃墟(はいきょ)は崩れ落ちた | Seine Lügen sind [in sich] *zusammengefallen.* 彼のうそはうそだとばれてしまった | wie ein Kartenhaus [in *sich*[4]] ～ (→Kartenhaus). **2** (風船などが)しぼむ, 縮む, 小さくなる; (火勢などが)衰える. **3** やせる, 体が弱る: zum Gerippe ～ 骸骨(がいこつ)みたいにやせさらばえる | ganz *zusammengefallen* aussehen すっかり消耗した様子である. **4**《mit *et.*[3]》(…と時間的・空間的に)一致する, ダブる, 重なる, かち合う;《数》(図形・線などが)一致する, 合同である: Ihre Geburtstage *fallen zusammen.* 彼らの誕生日は同じ日である | wenn Ostern und Pfingsten *zusammenfallen* (→Ostern 1 a) ‖ in eins ～ 一致する, 同じものである. **5** 一か所に集合する; (川などが)合流する: Die Lichtstrahlen *fallen zusammen.* 光線が集まって一つになる. **6**《オーストリア》(hinfallen) 倒れる, 転倒する. ▽**7** 連合する, 団結する.

★ ただし: zusammen fallen 一緒に倒れる.

zu·sam·men|fal·ten[tsuzámən..]《01》 他 (h) 折りたたむ: ein Stück Papier ～ 1枚の紙を折りたたむ | die Hände ～ 両手を組み合わせる | die Serviette ～ ナプキンをたたむ ‖ die Hände auf der Brust *zusammengefaltet* 両手を胸の上で組んだ姿勢で.

zu·sam·men|fas·sen[tsuzámən..]《03》 他 (h) **1** 統合(統一)する, まとめる: die einzelnen Verbände in einer Dachorganisation ～ 個々の団体をある上部機関に統合する. **2** 手短に述べる, 要約する: *seine* Gedanken in wenigen Sätzen ～ 自分の考えをわずかな文章にまとめる | *Zusammenfassend* läßt sich sagen, daß ... 要約すれば…と言うことができる.

Zu·sam·men·fas·sung 女 -/-en (zusammenfassen すること. 例えば:) **1** 統合. **2** 要約, レジュメ; 総括.

zu·sam·men≠|fe·gen[tsuzámən..] 他 (h)《北部》**1** (zusammenkehren) 掃き集める. **2**《話》《*jn.*》さんざん(めちゃくちゃに)ぶん殴る: **Sonst kannst du dich ～ lassen!** さもないと痛い目にあうぜ. ≠|**fin·den***《42》 他 (h) **1** 探し集める. **2** 再帰 *sich*[4] ～ 集まる: *sich*[4] zu einer Gruppe ～ 集まってグループを作る | Sie haben sich am Nachmittag zum Tee *zusammengefunden.* 彼らは午後お茶を飲むために集まった. ≠|**flech·ten***《43》 他 (h) (花などを)編んで一つにまとめる,(花冠などを)作る. ≠|**flicken** 他 (h)《話》(不手際に)つづり合わす; (どうにか)修理(補修)する; (文章などを)どうにかつづる, でっちあげる: *zusammengeflickt* wirken (文章などが統一を欠き)ばらばらの印象を与える. ≠|**flie·ßen***《47》 自 (s) (川などが)合流する: *zusammenfließende* Farben《比》溶け合って境界が定かでない色.

Zu·sam·men·fluß 男 ..flusses/..flüsse **1** (zusammenfließen すること. 例えば:) 合流. **2** (川の)合流点.

zu·sam·men|frie·ren*[tsuzámən..]《50》 自 (s) **1** 凍って縮む(固まる). **2** (二つ以上の物が)凍ってくっつく.

zu·sam·men|fü·gen[tsuzámən..] 他 (h) **1** つなぎ合わせる, 組み合わせる: Teile [zu *et.*[3]] ～ 部品を[…に]組み立てる | Was Gott *zusammengefügt* hat, das soll der Mensch nicht scheiden. 神が結び合わせたもうたものを人が引き離してはならない(聖書: マタ19, 6).

2 再帰 *sich*[4] ～ うまくつながる, 組み合わさる; 互いに調和する: *sich*[4] zu *et.*[3] ～ うまくくっつき合って…を作る.

Zu·sam·men·fü·gung 女 -/-en [sich] zusammenfügen すること.

zu·sam·men|füh·ren[tsuzámən..] 他 (h) (複数の人間を)一緒にする, 集める: *jn.* mit *jm.* ～ …を…と一緒にする; …を…に引き合わせる | Das Schicksal *führte* uns beide *zusammen.* 運命に導かれて私たち二人はめぐり会った.

Zu·sam·men·füh·rung 女 -/-en zusammenführen すること.

zu·sam·men≠|ge·ben*[tsuzámən..]《52》 他 (h)《雅》**1** (複数の人間, 特に男女を)一緒にする, 結婚させる: ein Paar fürs Leben ～ 二人の男女を結婚させる. **2** 再帰 *sich*[4] ～ (傷などが)うまくふさがる. ≠|**ge·hen***《53》 自 (s) **1** (線などが)一緒になる, 交わる. **2**《方》**a)** (生地が洗濯などで)縮む; やせる, 老ける. **b)** (蓄えなどが)減る. **3** 互いに力を合わせる, 協力する, 手を組む. **4** 適合する. ≠**ge·hö·ren** 自 (h) (人が)互いに緊密な関係にある; (物が)互いに補完して一つの全体を形づくっている: Diese vier Personen *gehören zusammen.* この4人は仲間である | Freude und Leid *gehören zusammen.* 喜びと悲しみは表裏一体である.

zu·sam·men·ge·hö·rig[tsuzámən..] 形 互いに緊密な関係にある(人); (互いに補完して)全体を形づくっている, ペア(組)になっている: ～*e* Teile 組になっている部品 | *sich*[4] ～ fühlen 互いに連帯を意識している.

Zu·sam·men·ge·hö·rig·keit 女 -/ (zusammengehörig なこと. 例えば:) 同属, 連帯, 団結.

Zu·sam·men·ge·hö·rig·keits·ge·fühl 中 -[e]s/ 仲間意識, 連帯感.

zu·sam·men≠|ge·ra·ten*[tsuzámən..]《113》 自 (s) **1** 互いにぶつかる, 衝突する. **2**《話》つかみ合いのけんかになる. ≠|**ha·ben***《64》 他 (h)《話》集めて持っている: das Geld für *et.*[4] ～ …のためのお金をすでに集めて(ためて)いる.

Zu·sam·men·halt[tsuzámənhalt] 男 -[e]s/ (zusammenhalten する・されること. 例えば:) **1** (内的な)まとまり, 結びつき, 団結: ein fester ～ der Familie 家族の強固なまとまり ‖ einen guten ～ haben (チームなどが)よくまとまっている, 統一がとれている | den ～ pflegen ⟨zerstören⟩ 団結を大事に育てる(破壊する). **2** (束ねたり組み立てたりしたものの)結合[の固さ]. **3** (Kohäsion)《理》凝集力.

zu·sam·men|hal·ten*《65》 **I** 自 (h) **1** (束ねたり組み立てたりしたものがばらばらにならずに)保たれている, くっついたままである, 壊れていない: Das Bündel *hält zusammen.* その束(包み)はまだばらばらにならないでいる | Die Freundschaft *hält zusammen.* その友情はまだ続いている. **2** 団結する, 助け合う: auch in Notzeiten ～ 苦難に際しても団結をくずさない | auf Gedeih und Verderb ～《雅》苦楽を共にする | wie Pech und Schwefel ～ (→Pech 1).

II 他 (h) **1** ばらばらにならないようにする, まとめる, 結び合わせる, 束ねる: die Jacke mit einem Gürtel ～ 上着をバンドでしめる | *sein* Geld ～《話》財布の紐を締める, 金の遣い方がしぶい | was die Welt im Innersten *zusammenhält* 世界をそのいちばん奥で統括しているもの (Goethe: *Faust* I). **2** (集団を)まとめる, 統率する, 掌握する: Der Schäferhund *hielt* die Herde *zusammen.* 牧羊犬が[羊の]群れを散らさないようにした | *seine* Gedanken nicht mehr ～ 頭が混乱してしまっている | *seine* fünf Sinne ～《話》冷静さを失わない. **3** 並べて比較する, つき合わせる, 対照する.

Zu·sam·men·hang[tsuzámənhaŋ] 男 -[e]s/..hänge[..hɛŋə] (個々の部分の間の)つながり, 脈絡, 意味連関; (相互の)関係, 関連, 連関: ein direkter ⟨innerer⟩ ～ 直接の(内的な)連関 | ein kausaler ⟨ursächlicher⟩ ～ 因果関係 | der ～ zwischen *et.*[3] und *et.*[3] …と…の間の関連 ‖ die historischen *Zusammenhänge* durchschauen 〈erklären〉 歴史的関連を見抜く〈説明する〉| den ～ von *et.*[3] verstehen …の脈絡〈意味連関〉を理解する ‖ *et.*[4] **aus** dem ～ reißen 〈herauslösen〉 …を全体のコンテクストから切り離す | **in** diesem ～ この関連において | im 〈in〉 ～ mit *et.*[3] …との関連で | in 〈im〉 ～ mit *et.*[3] stehen …と関連している | in keinem ～ mit *et.*[3] stehen …と全く関連がない | *et.*[4] mit *et.*[3] 〈miteinander〉 in ～ bringen …を…と〈相互に〉関連づける | *et.*[4] in *seinen* richtigen ～ stellen …をその正しい関連の中に置く, …を正しい観点から評価〈考察〉する.

▽**zu·sam·men|han·gen*** 《66》＝zusammenhängen I

zu·sam·men|hän·gen(*) 《66》 **I** 自 (h) 《不規則変化》 **1** 《mit *et.*[3]》 (…と) 結びついて〈くっついて〉いる, つながっている: Diese Inseln *hingen* früher mit dem Festland *zusammen.* これらの島はむかし大陸とつながっていた | wie die Kletten ～ (→Klette 2)

2 《mit *et.*[3]》 (…と) 関連がある, 関連している, (…に) 起因している: Seine Krankheit *hängt* mit dem Unfall *zusammen.* 彼の病気はこの事故と関係がある〈この事故のせいだ〉| Wie *hängt* das *zusammen*? それはどういう関連があるのか, どうしてそういうことが起こったのか.

II 他 (h) 《規則変化》 並べて〈一緒に〉掛ける.

III zu·sam·men·hän·gend 現分 形 **1** 《mit *et.*[3]》 (…と) 関連した, 関係のある: eine damit ～*e* Frage それと関連した質問〈問題〉. **2** まとまりのある, 筋の通った: ～ reden 理路整然と話す.

zu·sam·men·hang〔s〕·los[..lo:s][1] 形 つながり〈脈絡〉のない, 支離滅裂な: ～ sprechen 支離滅裂なことをしゃべる, あらぬことを口走る.

Zu·sam·men·hang〔s〕·lo·sig·keit[..lo:zıçkaıt] 女 -/ zusammenhang〔s〕los なこと, 支離滅裂.

zu·sam·men⸗|hau·en(*)[tsuzámən..] 《67》 (過 haute zusammen) 他 (h) 《話》 **1** 《*et.*[4]》 たたき壊す; 《*jn.*》 こてんぱんに打ちのめす, 殴り倒す. **2** (細工物などを) いいかげんにでっち上げる: ein Regal ～ 書架をやっつけ仕事で組み立てる | Er *haute* seine Schulaufgabe in einer halben Stunde *zusammen.* 彼は学校の宿題を30分でそそくさと仕上げた ‖ ein *zusammengehauener* Aufsatz やっつけ仕事の作文. ⸗|**häu·fen** 他 (h) 寄せ集めて積み上げる; (財宝などを) かき集める, ためこむ. ⸗|**hef·ten** 《01》 他 (h) とじ〈縫い〉合わせる. ⸗|**hei·len** 自 (s) (傷口が) 癒合する. ⸗|**hocken** 自 (h) 一か所に固まってうずくまっている; 《話》 一緒にいる, たむろしている. ⸗|**ho·len** 他 (h) (あちこちから) 集めてくる: die Helfer ～ 助力者を呼び集める. ⸗|**kau·ern** 《05》 他 (h) 再帰 *sich*[4] ～ うずくまる, ちぢこまる. ⸗|**kau·fen** 他 (h) (あちこちから) 買い集める. ⸗|**keh·ren** 他 (h) 掃き集める. ⸗|**ket·ten** 《01》 他 (h) 鎖でつなぎ合わせる; 《比》 つなぎ〈結び〉合わす. ⸗|**kit·ten** 《01》 他 (h) (パテなどの接着剤で) 接合する; 《話》 (壊れたものを) くっつけて元どおりにする: Unsere Freundschaft läßt sich nicht wieder ～. 我々の友情はもはや元にはもどらない. ⸗|**klam·mern** 《05》 他 (h) (クリップ・洗濯ばさみなどで) 一緒に留める, (かすがいなどで) つなぐ.

Zu·sam·men·klang[tsuzámən..] 男 -〔e〕s/..klänge **1** 〔楽〕 (複数の音の) 調和した響き, 和音. **2** 《ふつう単数で》 《比》 (色彩などの) 調和; (心と心の) 共鳴, 一致.

［＜zusammenklingen］

zu·sam·men·klapp·bar 形 折りたためる, (傘・いす・ナイフなどが) 折りたたみ式の: ein ～*er* Stuhl 折りたたみいす.

zu·sam·men⸗|klap·pen I 他 (h) **1** (傘・扇子・いす・ナイフなどを) 折りたたむ: den Schirm ～ (折りたたみ式の) 傘をたたむ. **2** 《話》 ＝zusammenschlagen I 1 **3** 《話》 再帰 *sich*[4] ～ (体を折り曲げんばかりに) 深々とおじぎする. **II** 自 (s) 力尽きて倒れる; 失神する; 病の床に伏す: wie ein Taschenmesser ～ (→Taschenmesser) | mit den Nerven ～ 神経がすっかりやられてしまう. ⸗|**kle·ben I** 他 (h) (接着剤などで) はり合わせる: die Seiten eines Heftes ～ ノートのページをはり合わせる. **II** 自 **1** (s) (物が) くっつき合う: Die Briefmarken sind *zusammengeklebt.* 切手が〔互いに〕くっついてしまった. **2** (h) 《話》 (のりでくっつけたように) 離れない, いつも一緒にいる: wie die Kletten ～ (→Klette 2). ⸗|**klei·stern** 《05》 他 (h) 《話》 (のりで) はり合わせる; (壊れたものを) くっつけて元どおりにする. ⸗|**klin·gen*** 《77》 自 (h) **1** 〔楽〕 (複数の音が調和して) 一つの音になって響く, 和音を発する. **2** 《比》 (色彩などが) 調和する; (心と心が) 共鳴し合う, 一致する. ⸗|**knal·len I** 他 (h) 《話》 ＝zusammenschlagen I 1 **II** 自 (s) 《話》 《mit *jm.*》 (…と) けんかになる, 意見が衝突する. ⸗|**knei·fen*** 《78》 他 (h) (物を互いに) ぴったり押しつける; 押しつぶす: den Arsch ～ (→Arsch 1) | die Augen ～ 目を細める | die Lippen ～ 唇をきゅっと結ぶ | den Mund ～ 口をへの字に結ぶ | ein Stück Draht mit der Zange ～ (一片の) 針金をやっとこで押しつぶす. ⸗|**knül·len** 他 (h) (紙・布などを) くしゃくしゃに丸める. ⸗|**knüp·fen** 他 (h) 結び合わせる.

zu·sam·men|kom·men*[tsuzámən..] 《80》 自 (s) **1** (人が) 集まる, 集合する; 集会する, 会議を開く: regelmäßig 〈einmal im Monat〉 ～ 定期的に〈月に1回〉会合する | im Rathaus ～ 市役所に集まる | zur Beratung ～ 相談のために集まる. **2** 《mit *jm.*》 (…と) 一緒になる, 出会う; (…と) 知り合う: Wir *kommen* nur selten 〔miteinander〕 *zusammen.* 私たちはまれにしか顔を合わせない. **3** 《比》 (複数の人間が互いに) 心が通う, 理解し合う: nicht ～ können 互いに理解し合えない, どうにも気が合わない. **4** (複数の事件が偶然) 同時に起こる〈発生する〉: Verschiedene unglückliche Umstände *kamen zusammen.* さまざまの不幸な事情が重なった. **5** (寄付金などが) 集まる.

［◇Zusammenkunft］

zu·sam·men⸗|kop·peln[tsuzámən..] 《06》 他 (h) **1** つなぐ, 結びあわせる; 連結する. **2** 関連づける. ⸗|**kra·chen** 自 (s) 《話》 (ガタン・メリメリ・ミシミシなどという音とともに) 崩壊する, 崩れ落ちる; (車などが大きな音をたてて) 衝突する. ⸗|**kramp·fen** 他 (h) **1** 痙攣(けいれん)によって縮める: *jm.* die Brust ～ (悲惨な光景などが) …の胸をぎゅっと締めつける. **2** 再帰 *sich*[4] ～ 痙攣によって縮まる: Ihr Herz *krampfte* sich vor Schreck *zusammen.* 彼女の心臓は恐怖で縮み上がった. ⸗|**krat·zen** 《02》 他 (h) 《話》 (お金などを) かき集める. ⸗|**krie·gen** 《話》 ＝zusammenbekommen

Zu·sam·men·kunft[tsuzámənkʊnft] 女 -/..künfte [..kʏnftə] 集会, 会議; 会うこと: eine ～ haben 集会をもつ | eine ～ verabreden 会議の日取りを取り決める | *jm.* eine ～ gewähren …に会う約束をする.

［＜zusammenkommen］

zu·sam·men⸗|kup·peln[tsuzámən..] 《06》 ＝ zusammenkoppeln ⸗|**läp·pern** 《05》 他 (h) 《話》 再帰 *sich*[4] ～ (端ぎれも集まると大きな布になるように, 小さなものが) 集まって大きくなる. ⸗|**las·sen*** 《88》 他 (h) 一緒にしておく, 分けないでおく.

Zu·sam·men·lauf[tsuzámən..] 男 -〔e〕s/..läufe (zusammenlaufen すること) **1** 人だかり, 混雑. **2** (Zusammenfluß) (川の) 合流.

zu·sam·men|lau·fen* 《89》 自 (s) **1** (人が) 群れ集まる: Die Menge *lief* auf dem Platz *zusammen.* 群衆が広場に集まった | das *zusammengelaufene* Volk 群れ集まった人々; 烏合(うごう)の衆. **2** (水が) 合流する, 集まる; (道や線が) 集まる, 交わる: alle Fäden *laufen* in *js.* Hand *zusammen* (→Faden 1 a) | *jm. läuft* das Wasser im Mund〔e〕 *zusammen* (→Wasser 3) ‖ die *zusammenlaufenden* Linien 交わる〈交差する〉線. **3** 《話》 (生地が洗濯などで) 縮む. **4** 《話》 (色が) 互いにとけ〈まじり〉合う. **5** 《方》 (牛乳が) 固まる, 凝固する.

zu·sam·men|le·ben[tsuzámən..] **I** 自 (h) **1** 一緒に暮らす, 同居〈同棲(どうせい)〉する: Sie *leben* schon 25 Jahre *zusammen.* 彼らはもう25年も一緒に暮らしている | wie Hund und Katze ～ 《話》 犬猿の仲で一緒に暮らす. **2** 再帰 *sich*[4] 〔mit *jm.*〕 gut ～ (一緒に暮らしているうちに) 〔…と〕 仲よくなる, 〔…と〕 うまく折り合いがつく.

II Zu·sam·men·le·ben 中 -s/ 同居, 同棲; 共同生活: das außereheliche ～ 婚姻によらない同棲生活 | Ein ～ mit ihr erschien ihm unmöglich. 彼女と一緒に暮らすなどということは彼には不可能に思えた.

zu·sạm·men·lẹg·ba̲r[tsuzámənle:kba:r] 形 〔折り〕たためる, 折りたたみ式の.

zu·sạm·men|lẹ·gen[..le:gən][1] 他 (h) **1** 〔折り〕たたむ: die Zeitung 〈die Wäsche〉 ~ 新聞〈洗濯物〉をたたむ | ein Zelt 〈einen Klapptisch〉 ~ テント〈折りたたみ式テーブル〉をたたむ. **2 a)** (いくつかの物を一か所に)ひとまとめにする; 積み上げる. **b)** 一つにまとめる, 統合する: zwei Schulklassen ~ 二つのクラスを合併する | zwei Veranstaltungen ~ 二つの催し物を同時に開催する. **3** (金を)出し合う, 共同出資する: für eine Spende 〔Geld〕 ~ 寄付金を出し合う. **4** (自分の手・腕を)組む: die Hände vor dem Bauch ~ 腹の上で両手を組む.

Zu·sạm·men·lẹ·gung 女 -/-en (zusammenlegen すること. 例えば:) 統合, 合併; (資金の)調達, 醵金(きょきん).

zu·sạm·men|lei·men[tsuzámən..] 他 (h) にかわ〈接着剤〉ではり合わせる.

zu·sạm·men|lẹ·sen* 《92》 他 (h) 拾い集める: Kartoffeln auf dem Feld ~ 畑でじゃがいもを拾い集める.

★ ただし: ein Buch zusammen lesen ある本を一緒に読む.

zu·sạm·men⸗|lie·gen* 《93》 自 (h; 南部・オーストリア・スイス: s) **1** (土地・部屋などが)隣り合っている, 並んでいる. **2** (同じ場所・部屋に)いっしょに収容されている. ⸗|**lö·ten** 《01》 他 (h) はんだ付けして接合する. ⸗|**lü·gen*** 《97》 他 (h) 《話》 うそで固める, でっちあげる: Unerhört, was sie alles *zusammenlügt*! 彼女のうそっぱちときたらあきれて物が言えない. ⸗|**mi·schen** 《04》 他 (h) 混ぜ合わせる. ⸗|**na̲·geln** 《06》 他 (h) くぎで留め合わせる. ⸗|**nä̲·hen** 他 (h) 縫い合わせる.

zu·sạm·men|ne̲h·men*[tsuzámən..] 《104》 他 (h) **1 a)** 一緒にする, 集める, ひとまとめにする; 総合する, 総括する; (考えなどを)集中する; (勇気などを)奮い起こす: alle Ergebnisse ~ あらゆる結果を総合する | 〔alle〕 *seine* Gedanken 〈Kräfte〉 ~ ありったけの考え〈力〉を絞る | allen Mut ~ 持っているだけの勇気を奮い起こす | *seine* fünf Sinne ~ (→Sinn 1 a) ‖ 〖過去分詞で〗 alles *zusammengenommen* 全部〈総計〉で; 総合的〈全体的〉に判断すれば | Alles *zusammengenommen*〔,〕 hat es 4 Tage gedauert. 全部ひっくるめて 4 日かかった | Alles *zusammengenommen* macht es 100 Mark. 全部で100マルクです | Alles *zusammengenommen*〔,〕 können wir zufrieden sein. 結果的には我々は満足していい. **b)** (衣服のすそなどを)からげる: den Rock ~ スカート〔のすそ〕をつまむ.

2 再帰 *sich*[4] ~ 注意を集中する; 努力する, がんばる; 気を取り直す; 自制する: *Nimm* dich *zusammen*! しっかり〈用心〉しろよ | *sich*[4] ~, um vor Schmerz nicht aufzuschreien 苦痛のあまり叫び声をあげないようにこらえる.

zu·sạm·men⸗|nie·ten[tsuzámən..] 《01》 他 (h) 鋲(びょう)〈リベット〉で接合する. ⸗|**packen** 他 (h) 《*et.*[4]》 (…を)一つに〈一緒にして〉包む; (荷物などを)一緒に詰め込む〈積み込む〉; 《目的語なしで》 荷物をまとめる, 道具を片づける. ⸗|**pas·sen** 《03》 **I** 自 (h) **1** (互いに)調和〈適合〉している: mit *et.*[3] gut ~ …とうまく合っている | Der Teppich *paßt* überhaupt nicht mit den Möbelstücken *zusammen*. じゅうたんが家具と全然調和していない. **2** (互いに)気が〈うまが〉合う: wie zwei 〈ein Paar〉 alte Latschen ~ (→Latschen) | wie Topf und Deckel ~ (→Topf 1 a). **II** 他 (h) ぴったりはめ込む, きちんと組み合わせる. ⸗|**pfer·chen** 他 (h) (家畜を)同じ囲いの中に入れる; 《比》 (人を狭い場所に)ぎゅうぎゅう押し込む, すし詰めにする.

Zu·sạm·men·prall[tsuzámənpral] 男 -〔e〕s/-e (人・乗り物などの)衝突; (意見などの)衝突.

zu·sạm·men|pral·len 自 (s) 《mit *jm.* 〈*et.*[3]〉》 (人・乗り物などが…と)衝突する; (意見などが・意見の違いで…と)衝突する: mit einem Bus ~ バスと衝突する | an der Tür mit *jm.* ~ (部屋の出入りの際に)ドアのところで…にぶつかる.

zu·sạm·men⸗|pres·sen[tsuzámən..] 《03》 他 (h) (二つの物を互いに)ぴったり押しつける; 押しつぶす: die Lippen ~ 唇をきゅっと結ぶ | Es *preßt* ihr das Herz *zusammen*. そのことが彼女の心臓を締めつける ‖ wie Heringe eng *zusammengepreßt* stehen 《比》 ぎゅうぎゅう詰めになっている. ⸗|**qual·men** 他 (h) 《話》 *sich*[3] viel ~ 手当たり次第にやたらとタバコを吸う. ⸗|**quas·seln** 《06》 他 (h) 《話》 *sich*[3] viel ~ ばかげたことを次から次へとしゃべる. ⸗|**raf·fen** 他 (h) **1** (衣類などを)からげる; (髪などを)束ねる. **2** (持ち物などを)ひとまとめにする, かき集める. **3** (勇気などを)〔無理に〕奮い起こす: alle *seine* Kräfte ~ あらん限りの力を振り絞る ‖ 再帰 *sich*[4] ~ 気を取り直す, 勇を鼓する. **4** 《話》 (金・財産などを)貪欲(どんよく)に〈がつがつ〉貯め込む. ⸗|**rau·fen** 他 (h) 《話》 再帰 《相互的》 *sich*[4] ~ (争ったあと)互いに折り合う, 合意に達する. ⸗|**rech·nen** 《01》 他 (h) 合算〈合計〉する. ⸗|**rei·men** 他 (h) **1** *sich*[3] *et.*[4] ~ …のつじつまを合わせる, …を納得する | Das kann ich mir nicht ~. どうも私にはそのところがよく分からない. **2** 再帰 *sich*[4] 〔mit *et.*[3]〕 ~ 〔…と〕つじつまが合う,〔…と〕符合する | Wie *reimt* sich das *zusammen*? どうしてそうなるのか | Wie *reimt* sich das mit seinen Worten *zusammen*? それは彼の言葉とどうつじつまが合うのか. ⸗|**rei·ßen*** 《115》 他 (h) **1** 《話》 再帰 *sich*[4] ~ 〔無理に〕気を取り直す, 勇を鼓する. **2** (建造物を)取り壊す. **3** =zusammenraffen 4 ⸗|**rin·geln** 《06》 他 (h) 再帰 *sich*[4] ~ 螺旋(らせん)状になる; 丸くちぢこまる: eine *zusammengeringelte* Schlange とぐろを巻いた蛇. ⸗|**rol·len** 他 (h) **1** (敷物・紙などを)巻く: eine Fahne ~ 旗を巻く. **2** 再帰 *sich*[4] ~ (猫などが)体を丸める, 丸くちぢこまる. **3** 〖狩〗 (獲物を)倒す, しとめる. ⸗|**rot·ten** 《01》 他 (h) 再帰 *sich*[4] ~ (特に謀反・暴動などの目的で)〔大勢〕集まる.

zu·sạm·men|rücken[tsuzámən..] **I** 他 (h) (二つ以上のものを)互いに近づける, 間隔をつめる: Möbel ~ 家具の間隔をつめる.

II 自 (s) (人が)互いに席をつめ合う; 《比》 緊密の度を加える, 親しさを増す: Sie sind auf der Bank *zusammengerückt*. 彼らはベンチで互いに席をつめた.

Zu·sạm·men·rückung 女 -/-en **1** (zusammenrücken すること. 例えば:) (一か所に)寄せること; 〖言〗 (統語体をそのまま一語につづる)合接.

2 〖言〗 合接語(例 Herrgott <Herr Gott, zufrieden <zu Frieden, Hohepriester <(der) hohe Priester).

zu·sạm·men⸗|ru̲·fen*[tsuzámən..] 《121》 他 (h) (会議・集会のために)呼び集める, 召集する: die Schüler ~ 生徒たちを集合させる | die ganze Abteilung zu einer Besprechung ~ 全部局員を会議に召集する | das Parlament ~ 議会を召集する ‖ alle *seine* Kräfte ~ 〔自分に〕ありったけの力を振り絞る. ⸗|**sacken** 自 (s) 《話》 (建物などが)倒壊〈崩壊〉する; (人がへなへなと)くずおれる, どうとばかりに倒れる: bewußtlos ~ 意識を失ってばったり倒れる | Das baufällige Haus ist 〔in sich[4]〕 *zusammengesackt*. 老朽家屋は崩れ落ちた. ⸗|**scha̲·ren** 他 (h) 再帰 *sich*[4] 〔um *et.*[4]〕 ~ 〔…のまわりに〕群がる〈大勢集まる〉. ⸗|**schar·ren** 他 (h) 《話》 (お金・財産などを貪欲(どんよく)に)かき集める.

Zu·sạm·men·schau[tsuzámən..] 女 -/ (Synopsis) 概観, 概要, 要約.

zu·sạm·men⸗|schau·feln[tsuzámən..] 《06》 他 (h) (シャベルで)すくって寄せ集める. ⸗|**schei·ßen*** 《131》 他 (h) 《卑》 《*jn.*》 (…を)ぼろくそに〈口汚く〉罵倒する. ⸗|**schie·ben*** 《134》 他 (h) (押して)寄せ集める; (折りたたみ式の机・アコーディオン=ドアなどを)たたむ. ⸗|**schie·ßen*** 《135》 **I** 他 (h) **1 a)** (陣地・建物・村落などを)砲撃によって壊滅させる. **b)** 《話》 (niederschießen) 《*jn.*》 (情け容赦なく)撃ち倒す, 射殺する. **2** (費用を)出し合う, 醵出(きょしゅつ)する. **II** 自 (s) **1** (水が)激しい勢いで流れて合流する. **2** 〖理〗 (結晶が)析出する.

zu·sạm·men|schla̲·gen*[tsuzámən..] 《138》 **I** 他 (h) **1** (二つのものを互いに強く)打ち合わせる: die Absätze 〈die Hacken〉 ~ 〖軍〗 かかとを打ち合わせて直立不動の姿勢をとる | die Becken ~ 〖楽〗 シンバルを打ち鳴らす | die Hände über dem Kopf ~ (→Hand 1). **2** (紙・布などを)折りたたむ: die Zeitung ~ 新聞をたたむ. **3** (板などを)組み合わせる: Bretter zu einem Regal 〈ein Regal aus Brettern〉 ~ 板を組み立てて書架を作る. **4** (ばらばらのものを一つに)まとめる, 統合する. **5** 《話》 **a)** 《*et.*[4]》 たたき壊す. **b)** 《*jn.*》

こてんぱんに打ちのめす, 殴り倒す.
II 自 (s) **1** 崩壊する, 崩れ落ちる: wie ein Kartenhaus ~ (国家・企業などが)空中楼閣のように崩壊する. **2** 勢いよくぶつかって一緒になる〈合流する〉: Die Fensterflügel *schlugen zusammen.* 観音開きの窓がバタンと閉まった. **3** 《über *et.*^{3} 〈*et.*^{4}〉》(…の上で)勢いよくぶつかる; 《比》(…に)覆いかぶさるように襲いかかる: Die Wellen *schlugen* über dem Schiff *zusammen.* 船は波にのみ込まれんばかりだった | Das Unglück *schlägt* über mir *zusammen.* 不幸がまさに私を破滅させんばかりである.

zu·sạm·men|schlie·ßen* [tsuzámən..] 《143》 他 (h) **1** 《*jn.* / *et.*^{4}》(錠・鎖などで)つなぐ: die Gefangenen mit Handschellen ~ 捕虜たちを手錠でつなぎ合わせる. **2** 統合する, 合体させる: 再帰 *sich*^{4} 〔mit *et.*^{3}〕 ~ 〔…と〕合体〈提携〉する, 手を組む | Die beiden Firmen haben sich *zusammengeschlossen.* その二つの会社は合併した | Ich *schließe* mich mit ihr *zusammen,* um uns an ihm zu rächen. 私は彼に復讐(ふくしゅう)するために彼女と手を組む | Sie wollen sich zu einem Verein ~. 彼らは共同して協会を設立しようとしている.

Zu·sạm·men·schluß 男 ..schlusses / ..schlüsse 連結, 結合; 連合, 合体, 合併, 提携.

zu·sạm·men|schmei·ßen* [tsuzámən..] 《145》 他 (h) 《話》 **1** ＝zusammenwerfen **2** 《*jn.*》ぶん殴る, やっつける.

zu·sạm·men|schmel·zen$^{(*)}$ [tsuzámən..] 《146》 **I** 自 (s) 《不規則変化》 **1** (熱で)溶けて消える〈少なくなる〉; 《比》減少する, しぼむ: Der Schnee ist an 〈in〉 der Sonne *zusammengeschmolzen.* 雪は日に当たって溶けてしまった | Unser Kreis ist sehr *zusammengeschmolzen.* 私たちの仲間はずいぶん数が減ってしまった | bis auf einen kleinen Rest ~ (貯金などが)残りわずかになる. **2** (金属が)溶けて一つになる: Kupfer und Zinn *schmelzen* zu Bronze *zusammen.* 銅と錫(すず)が融合して青銅になる. **II** 他 (h) 《まれに規則変化》(金属を)融合させる: verschiedene Metalle zu einer Legierung ~ さまざまの金属を溶かして合金を作る.

zu·sạm·men≠|schmie·den [tsuzámən..] 《01》 他 (h) **1** 《工》鍛接(たんせつ)(溶接)する. **2** (一般に)つなぎ〈結び〉合わせる; 《比》(一組の男女を)結婚させる. **3** 《比》(詩などを)ものする; (うわさなどを)捏造(ねつぞう)する, でっちあげる. ≠|**schmie·ren** 他 (h) 《話》(文章・絵などを)どうにかかきあげる, 下手くそ〈ぞんざい〉にかく. ≠|**schnei·den*** 《148》 他 (h) (cutten) (フィルム・テープなどを)編集する. ≠|**schnụ̈·ren** 他 (h) **1** (一つにまとめて)ひもでからげる〈くくる〉: *et.*^{4} zu einem Bündel ~ …をくくって一包みにする. **2** 締め上げる: mit dem Korsett die Taille ~ コルセットで胴を締める | *jm.* die Kehle ~ (→Kehle 1) | Die Angst *schnürte* ihm die Kehle *zusammen.* 不安のために彼は胸を締めつけられる思いだった. ≠|**schrap·pen** 《話》 = zusammenscharren ≠|**schrau·ben** 他 (h) 《*et.*^{4}》ねじ〈ボルト〉で留め合わせる. ≠|**schrecken**$^{(*)}$ 《151》 (《過分》 zusammengeschreckt) 自 (s) (びっくりして)縮みあがる, ぎょっとなる.

zu·sạm·men|schrei·ben* [tsuzámən..] 《152》 他 (h) **1** 《言》一語にして書く, 続け〈つなぎ〉書きする: „zugute" wird *zusammengeschrieben.* zugute という単語は切らずに書く(zu gute ではなく). **2** (いろいろな本・材料から)寄せ集めて書き上げる: Bei der Arbeit ist das meiste aus anderen Büchern *zusammengeschrieben.* この論文はほとんどがほかの本からの寄せ集めだ. **3** 《話》乱暴に〈そそくさと〉書き上げる: einen Bericht in Eile ~ 報告書を急いで何とかまとめ上げる ‖ ein schnell *zusammengeschriebener* Brief そそくさと書き上げた手紙. **4** 《話》(〔*sich*^{3}〕 *et.*^{4})文筆によって手に入れる〈稼ぐ〉: Er hat sich mit seinen Kriminalromanen ein Vermögen *zusammengeschrieben.* 彼は何編もミステリー小説を書いて一財産築いた.

Zu·sạm·men·schrei·bung 女 -/-en (↔Getrenntschreibung) 《言》続け書き, つなぎ書き(例 anstelle < an Stelle, sodaß < so daß).

zu·sạm·men≠|schrump·fen [tsuzámən..] 自 (s) (果実などが)しなびて縮む, (肌などが)しわになる; 《比》少なくなる, 減少する: Die Bevölkerung dieses Dorfes ist stark *zusammengeschrumpft.* この村の人口はひどく減った. ≠|**schụ·stern** 《05》 他 (h) 《話》不細工に組み立てる; (不手際に)どうにか仕上げる. ≠|**schüt·ten** 《01》 他 (h) (注ぎ込んで)一緒にまぜる; いっしょくたにする. ≠|**schwei·ßen** 《02》 他 (h) 《工》溶接によってつなぎ合わせる; 《比》(人と人との関係を)つなぎ合わせる, 緊密化〈一体化〉する. ≠|**se̱·hen*** 《164》 **I** 他 (h) **1** 《*et.*^{4} mit *et.*^{3}》(…を…と)同一視する. **2** 《*sich*^{3} *et.*^{4}》(…を)概観する. **II** 自 (h) (互いにうまく)適合する.

zu·sạm·men|sein* [tsuzámən..] 《165》 **I** 自 (s) 席を同じくする, 集まっている: Die beiden sind gestern *zusammengewesen.* 二人はきのう一緒だった.
☆ ふつう 2 語に書く.
II Zu·sạm·men·sein 中 -s/ 一緒にいること; (社交的な)集会: ein gemütliches ~ くつろいだ集まり.

zu·sạm·men|set·zen [tsuzámən..] 《02》 他 (h) **1 a)** 組み立て〔て作り上げ〕る, 構成する; (語などを)合成する; (混合液などを)調合する: eine Maschine 〔**aus** einzelnen Teilen〕 ~ 機械を〔部品から〕組み立てる | eine Wand aus Platten ~ 板壁を張る | Steine **zu** einem Mosaik ~ 石でモザイクを作り上げる | Gewehre 〔zu einer Pyramide〕 ~ 《軍》銃を組む, 叉銃(さじゅう)する ‖ ein *zusammengesetztes* Wort 《言》(単一語に対して)合成〈複合〉語. **b)** 再帰 *sich*^{4} aus *et.*^{3} ~ …から構成される | Die Uhr *setzt* sich aus vielen Teilen *zusammen.* 時計は多数の部品から成る | Das Team *setzt* sich aus mehreren Wissenschaftlern *zusammen.* そのチームは数名の学者で構成される.
2 a) 一緒に〔並べて〕置く〈座らせる〉: Der Lehrer *setzte* je zwei Schüler *zusammen.* 先生は生徒たちを二人ずつ隣り合わせに座らせた ‖ 再帰 *sich*^{4} 〔mit *jm.*〕 ~ 〔…と〕並んで座る; 〔…と〕同席〈会合〉する | *sich*^{4} zur Beratung ~ 相談のために集まる | Wir wollen uns einmal ~ und ein Glas trinken. いつか一緒に一杯飲もうじゃないか. **b)** (それぞれ)まとめる, 区分けする: die kleinen und die großen Flaschen ~ 瓶を大小によってまとめる.

Zu·sạm·men·setz·spiel 中 (Puzzle) 切り抜きはめ絵, ジグソーパズル.

Zu·sạm·men·set·zung 女 -/-en **1** 《単数で》(Komposition) (〔sich〕 zusammensetzen すること. 例えば:) **a)** 組み立て, 構成, 合成, 複合, 調合; 組成: Die ~ der Arznei ist mir nicht bekannt. この薬の成分が何であるか私は知らない. **b)** 《言》(語構成上の)複合, 合成.
2 a) 構成物, 複合体, 化合物. **b)** (Kompositum) 《言》(単一語に対して)複合語, 合成語(例 Wörterbuch, himmelblau, vorgestern).

zu·sạm·men≠|sin·ken* [tsuzámən..] 《169》 自 (s) (建物などが)倒壊〈崩壊〉する; (火勢などが)衰える; (人がへなへなと)くずおれる, 力なくうずくまる: ohnmächtig ~ 気を失って倒れる | in *sich*^{4} ~ 崩壊する; くずおれる. ≠|**sit·zen*** 《171》 自 (h; 南部・ｵｰｽﾄﾘｱ・ｽｲｽ: s) 一緒に座っている; 同席〈会合〉している: im Kino ~ 映画館で隣同士の席にいる | Sie *saßen* bei einem Glas Wein gemütlich *zusammen.* 彼らはワイングラスを傾けながら談笑していた. ≠|**span·nen** 他 (h) (複数の馬を同じ車に)一緒につなぐ; 《比》(複数の人を同じ仕事のために)協力させる, 糾合する. ≠|**spa̱·ren** 他 (h) (〔*sich*^{3}〕 *et.*^{4}) **1** (金などを)ためこむ: Geld für eine Reise ~ 旅行の費用をためる. **2** (…を)買うために金をためる: Er hat sich ein Auto *zusammengespart.* 彼は金をためて自動車を手に入れた. ≠|**sper·ren** 他 (h) (人間・動物などを)一緒に閉じこめる.

Zu·sạm·men·spiel [tsuzámən..] 中 -〔e〕s/ 共演; 協力: das vorzügliche ~ der Hauptdarsteller 〈der Mannschaft〉 主演者たち〈選手一同〉の見事なチームワーク | das ~ von Farben 〈Klängen〉 《比》色〈音〉の調和.

zu·sạm·men≠|spie·len [tsuzámən..] 自 (h) **1** 共演する, 一緒にプレーする. **2** 協力する; 共に作用する. ≠|**stau·chen** 他 (h) **1** 《*et.*^{4}》押しつぶす. **2** 《話》《*jn.*》しかりとばす. ≠|**stecken I** 他 (h) **1** (ピン・針などで)留める, つなぐ: Stoffteile mit Nadeln ~ (仮縫いのさい裁断した)布地をピ

ンで留める | die Haare zu einem Knoten ～ 髪を束ねて髷(まげ)にする. **2** 差し込んで一つにする, 一緒につっこむ: die Köpfe ～ (→Kopf 1). **II** 自 (h) 《話》(しょっちゅう)集まって〔よからぬことをたくらんで〕いる. ≈|**ste·hen*** 《182》 自 (h; 南部・ｵｰｽﾄﾘｱ・ｽｲｽ: s) **1** 〔一緒に〕並んで立っている. **2** 結束〈団結〉している,(同志として)協力し合う: in Freud und Leid ～《雅》苦楽を共にする | in Not und Tod ～ いかなる苦境にあっても互いに助け合う.

zu·sạm·men|stel·len[tsuzámən..] 他 (h) **1** 一緒に〈並べて〉置く: Stühle ～ いすを並べる ‖ 再帰 *sich*⁴ ～〔一緒に〕並んで〈かたまって〉立つ | *Stellt* euch näher *zusammen*! もっとかたまって〈間隔をつめて〉くれ.

2 a) 組み立てる: die Baracke aus Fertigteilen ～ 既製部品を組み立ててバラックを作る. **b)** 《比》(うまく)組み合わせる; 編成〈構成〉する, 作成する; まとめ上げる: eine Ausstellung ～ 展覧会の構成をまとめる | ein Menü ～ 食事〈定食〉の献立を作る | ein Programm ～ プログラムを編成する | eine Übersicht ～ 一覧表を作成する.

Zu·sạm·men·stel·lung 女 -/-en **1** (zusammenstellen すること. 例えば:) 組み立て; 構成; 編成. **2** (zusammenstellen されたもの. 例えば:) 編成〔企画〕表.

zu·sạm·men|stim·men[tsuzámən..] **I** 自 (h) (harmonieren) (楽器が)〔互いに〕諧和(かいわ)する; (色彩などが)〔互いに〕調和する; 《比》《mit *et.*³》(…と)合致する: Die Aussagen der beiden Zeugen *stimmen* nicht *zusammen*. 両証人の証言は食い違っている | Die Behauptung *stimmt* nicht recht mit den Tatsachen *zusammen*. その主張は必ずしも事実と一致しない.

II 他 (h) 諧和〈調和〉させる; 《比》合致させる.

Zu·sạm·men·stim·mung 女 -/-en (zusammenstimmen すること. 例えば:) (楽器の)諧和(かいわ); (色彩の)調和.

zu·sạm·men|stop·peln[tsuzámən..] 《06》 他 (h) 《話》(間に合わせに)寄せ集めて作り上げる: Seine Jacke ist aus Resten *zusammengestoppelt*. 彼の上着は端ぎれで作り上げたしろものだ.

Zu·sạm·men·stoß[tsuzámən..] 男 -es/..stöße (乗り物などの)衝突; 《話》(意見の)衝突, 対立; 小ぜりあい, けんか, 言い争い: ein ～ von mehreren Fahrzeugen auf der Straßenkreuzung 交差点での何台もの乗り物の衝突 ‖ einen ～ mit *jm.* haben …と意見が衝突する, …とけんかをする〈やり合う〉| Es kam zu *Zusammenstößen* zwischen Polizei und Demonstranten. 警察とデモ隊の間であちこちに小ぜりあいが起こった.

zu·sạm·men|sto·ßen* 《188》 **I** 自 (s) **1** 《mit *et.*³》(…と)激しくぶつかる, 衝突する; 《話》《mit *jm.*》(…と意見が)衝突する; (…と)けんかする, やり合う: mit dem Bus ～ バスと衝突する | frontal ～ 正面衝突する | mit *jm.* heftig ～ …と激しく口論する. **2** (線などが)交わる; (地所などが)境を接している: *zusammenstoßende* Grundstücke 隣り合っている地所. **II** 他 (h) (すり鉢などで)つき砕く.

zu·sạm·men≈|strei·chen*[tsuzámən..] 《189》 他 (h) (不要の個所を削除して)切り詰める. ≈|**strö·men** 自 (s) (大量に)集まってくる, 押し寄せる: Die Bürger *strömten* auf dem Markt *zusammen*. 市民たちがどんどん市(いち)に集まってきた. ≈|**stückeln** 《06》 他 (h), ≈|**stücken** 他 (h) 《話》(寄せ集めて)つぎ合わせる: eine Arbeit aus verschiedenen Quellen ～ いろんな典拠からの寄せ集めで論文をでっちあげる.

Zu·sạm·men·sturz[tsuzámən..] 男 -es/..stürze 倒壊, 崩壊.

zu·sạm·men≈|stür·zen 《02》 自 (s) (建物などが)倒壊〈崩壊〉する; (人が)くずおれる. ≈|**su·chen** 他 (h) (あちこちから)探し〈かき〉集める. ≈|**tra·gen*** 《191》 他 (h) (あちこちから)運び集める; 《比》(資料などを)蒐集する: Material für *et.*⁴ ～ …のための材料〈資料〉をそろえる.

zu·sạm·men|tref·fen*[tsuzámən..] 《192》 **I** 自 (s) **1** 《mit *jm.*》(…と)出会う, 行きあう, 遭遇する: Er ist im Kino oft mit ihr *zusammengetroffen*. 彼はよく映画館で彼女と出会った | Zwei Wege *treffen* hier *zusammen*. 道が2本ここで合流する.

2 《比》(時間的に)ぶつかる, 重なり合う; (内容的に)一致〈合致〉する: In diesem Jahr *treffen* ihr Geburtstag und das Osterfest *zusammen*. 今年は彼女の誕生日と復活祭がかちあっている | In einem Punkt *treffen* wir *zusammen*. 一つの点で我々の意見は一致している.

II Zu·sạm·men·tref·fen 中 -s/ (zusammentreffen すること) **1** 出会い, 遭遇; 会合, 会談: ein ～ verabreden 会談の約束をする. **2** 重なり〈ぶつかり〉合い: ein unglückliches ～ verschiedener Umstände いろいろな事情が不幸にも同時に発生したこと.

zu·sạm·men|trei·ben*[tsuzámən..] 《193》 他 (h) **1** (家畜などを)追い立てて集める. **2** 《比》(あちこちから)集め〔て来〕る, 調達する; (借金などを)取り立てる.

zu·sạm·men|tre·ten*[tsuzámən..] 《194》 **I** 自 (s) **1** (人が)集ま〔って来〕る, 会合する; (議会などが)開会〈召集〉される: zu einem Ausschuß ～ (委員が集まって)委員会を開く | Das Parlament *tritt zusammen*. 議会が開かれる. **2** 一緒になる: gegen *et.*⁴ ～ 団結して…に当たる | mit *jm.* ～ …と連合する | mit *et.*³ ～〘化〙…と化合する | ohne Liebe ～ 愛なくして結婚する. **II** 他 (h) 《話》《*jn.*》踏んだりけったりして痛めつける; 《*et.*⁴》踏みつぶす, 踏みにじる, 蹂躙(じゅうりん)する.

Zu·sạm·men·tritt 男 -〔e〕s/ 集合, 会合: der ～ der Gläubiger 債権者会議.

zu·sạm·men≈|trock·nen[tsuzámən..] 《01》 自 (s) 乾燥して縮む, 干からびる. ≈|**trom·meln** 《06》 他 (h) **1** 《話》《*jn.*》呼び集める, 召集する; 《*et.*⁴》大わらわでかき集める. ᵛ**2** (火事・新兵徴募などに際し)太鼓を鳴らして召集する. ≈|**tun*** 《198》 他 (h) 《話》 **1 a)** (いくつかのものを一か所に)ひとまとめにする: Äpfel in einem Korb ～ リンゴをいっしょくたにかごにつめる. **b)** 一つにまとめる, 統合する: zwei Klassen ～ 二つのクラスを合併する. **2** 再帰 *sich*⁴ ～ 互いに協力〈連合〉する: *sich*⁴ mit *jm.* ～ …と協力〈連合〉する | *sich*⁴ zu *et.*³ ～ …のために力を合わせる | *sich*⁴ zu einem Klub ～ (集まって)クラブを結成する. ≈|**wach·sen*** 《199》 自 (s) 〘生〙合生する; (傷口などが)癒合する; 《比》合体する, 一体となる: Die Zwillinge sind an den Hüften *zusammengewachsen*. その双生児は腰のところでつながっている | Die beiden sind in ihrer langen Freundschaft *zusammengewachsen*. 二人は長年の交友を通じて一体となっている. ≈|**we·hen** 他 (h) (風が)吹き集める, 吹き寄せる. ≈|**wer·fen*** 《209》 他 (h) **1** 投げて一か所に集める〈積み上げる〉; 《比》いっしょくた〈ごちゃまぜ〉にする. **2** 投げつけて壊す〈めちゃめちゃにする〉. **3** (動物を)つがわせる. **4** 再帰 *sich*⁴ ～ 互いに連合する. **5** 《話》=zusammenlegen 3 ≈|**wickeln** 《06》 他 (h) **1** (じゅうたんなどを)巻きたたむ. **2** 一緒にくるむ〈包みこむ〉: 再帰 *sich*⁴ in *et.*⁴ ～ …で体をすっぽりくるむ, …の中へ潜りこむ. ≈|**wir·ken** 自 (h) **1** 《雅》力を合わせる, 共同で作業をする: bei einem neuen Projekt ～ 新しいプロジェクトに協力する. **2** (さまざまの要因が)一緒に作用する: *zusammenwirkende* Faktoren ともに作用しているさまざまの因子. ≈|**wür·feln** 《06》 他 (h) (雑然と)寄せ集める, ごったまぜにする: ein *zusammengewürfelter* Haufen 雑多な群衆. ≈|**zäh·len** 他 (h) (addieren) 合計する, 合算する: Äpfel und Birnen ～ (→Apfel 1 b).

zu·sạm·men|zie·hen*[tsuzámən..] 《219》 **I** 他 (h) **1 a)** (引っぱって)縮める, せばめる, 小さくする, 収縮させる: einen Gürtel ～ 帯をしめつける | die Stirn ～ ひたいにしわを寄せる | die Augenbrauen ～ 眉(まゆ)をひそめる | ein Loch im Strumpf ～ 靴下の穴をかがる ‖ Die Säure *zieht* den Mund *zusammen*. 酸っぱくて口がすぼむ | *zusammenziehendes* Mittel〘薬〙収斂(しゅうれん)剤(=Adstringens). **b)** 再帰 *sich*⁴ ～ 収縮する, 縮む, しわになる; (傷口などが)閉じる, ふさがる; (心臓などが)きゅっとなる: Ihr Gesicht *zog* sich *zusammen*. 彼女の顔はくしゃくしゃになった | Die Wunde hat sich *zusammengezogen*. 傷口はふさがった ‖ ein sich *zusammenziehender* Muskel〘解〙収縮〈括約〉筋.

2 a) (一か所に)集める: Truppen ～ 部隊を集結する | Der Anblick der Speisen *zog* ihm das Wasser im Munde *zusammen*. それらの食物を見ただけで彼の口の中にはつばが

わいてきた. **b)** 再帰 *sich*[4] ～ (一か所に)集まる,(集まって)一かたまりになる: In der Ferne *zog* sich ein Gewitter *zusammen.* 遠方に雷雲が発生した | Ein Unheil *zieht* sich über seinem Kopf *zusammen.* 不幸が彼を襲おうとしている | Kriegswolken *ziehen* sich über dem Land *zusammen.* 《雅》戦雲がその国に垂れこめている.
3 (addieren) 合計する, 合算する.
II 自 (s) **1** 《mit *jm.*》(…と)一緒の住居へ移る.
2 《mit *jm.*》(…と)一緒に〈同じ方向に〉行進〈進軍〉する.

Zu·sam·men·zie·her 男 -s/- 〖解〗収縮〈括約〉筋.

Zu·sam·men·zie·hung 女 -/-en (sich zusammenziehen すること) **1** 収縮, 収斂(しゅうれん). **2** 集結. **3** 合算, 集計. **4** 〖言〗縮約, 縮合, 融合(例 am <an dem, ist's <ist es, ew'ge <ewige).

zu·sam·men≠zim·mern[tsuzámən..] 《05》他 (h) **1** (家具などを)〔不手際・不細工に〕組み立てる. **2** 《話》＝zusammenstoppeln ≠**zucken** 自 (s) (びっくりして)ぎくりとする, 身をすくませる.

zu·samt[tsuzámt] **I** 前《3格支配》(samt) …と一緒に, …ともども. **II** 副 ともに, 一緒に: ～ mit *et.*[3] …もろとも, …ともども.

Zu·satz[tsú:zats] 男 -es/..sätze[..zɛtsə] **1** 《単数で》(zusetzen すること. 特に:) 付加, 添加; 加味; 追加, 補足: der ～ eines Monats zur Frist 期限の1か月延長 | die Mayonnaise unter ～ von Öl rühren マヨネーズに油を加えながらかきまぜる. **2** (zusetzen されたもの. 例えば:) 添加物; 補助物; 付録; 補遺, 補足部分; 追記, 付記, 付注: *Zusätze* zu Lebensmitteln 食品添加物 | die *Zusätze* zum Vertrag 契約の付帯条項. [*mhd.*; ◇zusetzen]

Zu·satz≠ab·kom·men 中 追加取り決め, 付属協定. ≠**an·trag** 男〖政〗追加修正案. ≠**ar·ti·kel** 男〖法〗追加〈補足・付帯〉条項. ≠**bad** 中 (薬草のエキスなどを加えた)薬浴. ≠**bat·te·rie** 女 補助バッテリー, 昇圧電池. ≠**be·stim·mung** 女〖法〗追加規定, 付則. ≠**ein·heit** 女 (国際単位系の)補助単位. ≠**ge·rät** 中 付属〈補助〉器具. ≠**kar·te** 女〖鉄道〗補充乗車券(座席券・急行券など).

zu·sätz·lich[tsú:zɛtslɪç] 形 さらに付け加える, 追加の, おまけの: ～*e* Kosten (所定の費用にさらに追加される)余分の費用; 割増料 | Durch diese Arbeit verdient er ～ 200 Mark. この仕事によって彼には200マルクの追加収入がある.

Zu·satz≠re·gel[tsú:zats..] 女 追加規則, 補則. ≠**steu·er** 女 付加税. ≠**stoff** 男 **1** 食品添加物. **2** 添加剤, 混和剤. ≠**ver·si·che·rung** 女 (強制保険額を越える任意の)追加保険. ≠**wa·gen** 男〖鉄道〗増結車両. ≠**zah·lung** 女 追加支払い.

zu·schan·den[tsuʃándən] 副 壊れて, だめになって: ～ **werden** (希望・計画などが)だめになる, つぶれる ‖ *sich*[4] ～ arbeiten 働きすぎて体をこわす | *et.*[4] ～ fahren …(乗り物など)を乗りつぶす, …を無謀〈不注意〉な運転で壊す | *et.*[4] ～ **machen** …(希望・計画など)をだめにする〈つぶす〉| ein Pferd ～ reiten 馬を乗りつぶす.
★ zu Schanden とも書く.

zu|schan·zen[tsú:ʃantsən] 《02》他 (h) 《話》《*jm. et.*[4]》(地位などを利用して…に…を)世話(斡旋(あっせん))する: *jm.* eine Stellung ～ …にポストを世話する. [<Schanze[1]]

zu|schar·ren[tsú:ʃarən] 他 (h) (↔aufscharren)《*et.*[4]》土砂などをかき集めて(…を)ふさぐ〈埋める・覆う〉.

zu|schau·en[tsú:ʃaʊən] 自 (h) 《特に南部・オーストリア・スイス》(zusehen)《*jm.* / *et.*[3]》(…の様子をわきから)眺める, 見物する; 傍観する: *jm.* bei der Arbeit ～ …の仕事ぶりを眺める | Ich *schaue zu,* ob es eintrifft. 私はそれが事実となるかどうか様子を見ていよう.

Zu·schau·er[tsú:ʃaʊər] 男 -s/- (女 **Zu·schaue·rin**[..ʃaʊərɪn]-/-nen) 見物人; (特に演劇・競技などの)観客, 観衆; (テレビの)視聴者; 傍観者; (Augenzeuge)(事件の)目撃者.

Zu·schau·er≠quo·te 女 (テレビの)視聴率. ≠**raum** 男 **1** (劇場・映画館などの)観客席, 見物席. **2** 《集合的に》観客, 観衆. ≠**tri·bü·ne** 女 (見物人のための)桟敷; (競技場などの)観覧席, スタンド.

zu|schau·feln[tsú:ʃaʊfəln] 《06》他 (h) (↔ aufschaufeln) (穴などを)シャベルを使って埋める.

zu|schei·ßen*[tsú:ʃaɪsən] 《131》他 (h) 《卑》《*jn.* / *et.*[4]》(…を)糞便(ふん)でおおいつくす: Laß dich 〔bloß〕 ～! きさまなんかくそくらえだ.

zu|schen·ken[tsú:ʃɛŋkən] 他 (h) 《雅》(zugießen) 注ぎ足す, あとから注いでいっぱいにする.

zu|schicken[tsú:ʃɪkən] 他 (h) 《*jm. et.*[4]》(…に…を)送付する, 送り届ける: *jm.* die bestellten Bücher per Nachnahme ～ …に注文の書籍を着払いで送る.

zu|schie·ben*[tsú:ʃi:bən][1] 《134》他 (h) **1** (引き戸・引き出しなどを)押して閉める〈閉じる〉. **2** 《*jm. et.*[4]》(…の方へ…を)押しやる; 《比》(…に責任などを)押しつける: *jm.* die besten Bissen ～ (→Bissen 1) | *jm.* die Schuld ～ …に罪をかぶせる | *jm.* den Schwarzen Peter ～ (→Peter II).

zu|schie·ßen*[tsú:ʃi:sən] 《135》 **I** 他 (h) **1** 《*et.*[4]》《方向を示す語句と》(…を…に向かって)勢いよく射出する〈投げる・シュートする〉: den Ball auf das Tor ～ ボールをゴールに向けてシュートする | *jm.* einen warnenden Blick ～ …に警告の視線を送る. **2** 《話》《*et.*[4] zu *et.*[3]》(…を…に)寄付する, 醵出(きょしゅつ)する: zu *et.*[3] viel Geld ～ …に多額の金を出す.
II 自 (s) 《話》《auf *jn.* 〈*et.*[4]〉》(…に向かって)突進する, 走り寄る.
[◇Zuschuß]

zu|schip·pen[tsú:ʃɪpən] 《北部・中部》＝zuschaufeln

Zu·schlag[tsú:ʃla:k][1] 男 -[e]s/..schläge[..ʃlɛ:gə] **1 a)** (価格・給与・料金などの)割り増し; 特別手当: der ～ für die erste Klasse 一等割増料金 | Bedienungs*zuschlag* (レストラン・ホテルなどの)サービス料 | Kinder*zuschlag* 児童〈育児〉手当 ‖ *et.*[4] mit einem ～ von zehn Prozent verkaufen …を1割増しの価格で売る. **b)** 〖鉄道〗(急行・特急の)割増料金〈乗車券〉: D-Züge kosten ～. / Für D-Züge muß man ～ zahlen. 急行列車には割増料金が必要だ ‖ Der ～ kann im Zug gelöst werden. 割増乗車券は車内で買える. **2** (zuschlagen すること. 特に:) 獲得権を認定すること; (競売・請負入札などでの)落札: den ～ erhalten 落札する; 受注する | Der ～ erfolgte an ihn. (競売・入札の結果)彼が落札した. **3 a)** 〖建・土木〗混和剤, 骨材(モルタル・コンクリートなどに入れる砂・砂利など). **b)** 〖金属〗媒溶剤, 融剤.

zu|schla·gen*[tsú:ʃla:gən][1] 《138》 **I** 他 (h) **1** (↔aufschlagen) (戸・窓などを)勢いよくバタンと閉める; (本などを)パタンと閉じる: den Deckel eines Kastens ～ 箱のふたをパタンと閉める | *jm.* die Tür vor der Nase ～ …の鼻先でドアをバタンと閉める. **2 a)** 打って〈たたいて〉ふさぐ,(木箱などを)くぎで打ちつけて閉じる: ein Faß ～ 栓をたたいて樽(たる)をしめる. **b)** (石などを)ハンマーでたたいて造形する. **3** 《*jm. et.*[4]》(…に向かって…を)打ちつける: *jm.* den Ball ～ (テニス・卓球などで)…に向かってボールを打ち込む. **4** 《*jm. et.*[4]》(…に…の)獲得権を認定する; (競売・請負入札などで…に…を)落札させる: *jm.* den Auftrag ～ …に請け負わせる | Das Madonnenbild ist ihm *zugeschlagen* worden. その聖母像は彼の手に落ちた(競売で). **5** 《*et.*[4] *et.*[3] 〈auf *et.*[4] / zu *et.*[3]〉》(割り増しなどを…に)上積みする, 加算する: Dem Preis werden noch zehn Prozent 〈20 Mark für den Transport〉 *zugeschlagen.* 価格になお1割〈運送代20マルク〉が加算される. **6** (モルタル・コンクリートなどに骨材を)混和する.
II 自 **1** (s) (↔aufschlagen) (戸・窓などが)勢いよくバタンと閉まる: Bei dem Wind *schlug* die Tür *zu.* 風でドアがバタンと閉まった. **2** (h) **a)** 殴りかかる, 打ってかかる; 《比》攻撃〈痛打〉を加える: mit geballter Faust ～ こぶしを固めて殴りかかる | ～, was das Leder hält (→Leder 1). **b)** 《話》思いきった行動に出る. **3** (h) 《雅》《*jm.*》 **a)** (療法などが…の健康に)効果をあらわす. **b)** (胸が…に向かって)高鳴る.

Zu·schlag·fahr·kar·te[tsú:ʃla:k..] ＝Zuschlagkarte

zu·schlag·frei 形 割増料金の不要な.

Zu·schlag≠ge·bühr 女 割増〈追徴〉料金; 〖鉄道〗(急行・特急の)割増料金. ≠**kal·ku·la·tion** ＝Zuschlagskalkulation ≠**kar·te** 女〖鉄道〗(急行・特急の)割増乗車券: eine ～ für Schnellzüge 急行券.

zu·schlag·pflich·tig 形 割増料金の必要な.

Zu·schlag·por·to 中〔郵〕割増郵便料金, 郵税割増分.

Zu·schlags·kal·ku·la·tion[tsú:ʃla:ks..] 女 割増料計算.

Zu·schlag≠steu·er[tsú:ʃla:k..] 女 付加税. **≠stoff** 男〔建・土木〕混和剤, 骨材(→Zuschlag 3 a).

zu|schlie·ßen*[tsú:ʃli:sən]《143》他 (h) (↔aufschließen)《*et.*⁴》(錠前に鍵(かぎ)を掛けて…を)閉める, 閉鎖する,(…に)鍵を掛ける,(…に)錠をおろす: die Tür ⟨den Koffer⟩ ~ ドア⟨トランク⟩に鍵を掛ける | das Zimmer ~ 部屋に鍵を掛ける ‖ Die Schublade war *zugeschlossen.* 引き出しには鍵が掛かっていた.

zu|schlin·gen*[tsú:ʃlɪŋən]《144》他 (h) (↔aufschlingen) (結び目などを)〔きつく〕締める.

zu|schmei·ßen*[tsú:ʃmaɪsən]《145》他 (h)《話》(zuwerfen) (戸などを)勢いよく⟨力まかせに⟩閉める, バタン⟨ピシャッ⟩と閉める.

zu|schmet·tern[tsú:ʃmɛtərn]《05》他 (h)《話》(戸などを)バタン⟨ピシャッ⟩と閉める.

zu|schmie·ren[tsú:ʃmi:rən] 他 (h)《*et.*⁴ mit *et.*³》(穴・割れ目などを…で)塗りつぶす.

zu|schnal·len[tsú:ʃnalən] 他 (h) (↔aufschnallen) 留め金⟨バックル⟩で締める, きゅっと締め上げる.

zu|schnap·pen[tsú:ʃnapən] 自 **1** (s) (戸・錠などが)パタン⟨カチリ⟩と閉まる. **2** (h) (犬などが)ぱくりと食いつく.

Zu·schnei·de≠brett[tsú:ʃnaɪdə..] 中 裁断用の板, 裁ち台. **≠ma·schi·ne** 女 裁断機.

zu|schnei·den*[tsú:ʃnaɪdən]¹《148》他 (h) (生地・服などを)裁断する; (細工用に板などを)切る;《比》(特定の目的に合わせて)手を加える, 調整⟨編集⟩する: einen Anzug ~ 洋服⟨背広⟩を裁断する | den Stoff für ein Kostüm ⟨zu einem Kostüm⟩ ~ 生地をスーツ用に裁断する ‖ Der Lehrgang ist auf die Prüfung *zugeschnitten.* この課程は受験用に組まれている. [◇Zuschnitt]

Zu·schnei·der[..ʃnaɪdər] 男 -s/- (女 **Zu·schnei·de·rin**[..dərɪn]-/-nen) 裁断師, 裁断工.

zu|schnei·dern[tsú:ʃnaɪdərn]《05》他 (h)《*et.*⁴ auf *jn.* ⟨*et.*⁴⟩》(…を…に合わせて)裁断する, 仕立てる.

Zu·schnei·de≠sche·re 女 裁ちばさみ. **≠tisch** 男 裁断台, 裁ち台.

zu|schnei·en[tsú:ʃnaɪən] **I** 自 (s) 雪に覆われる⟨うずまる⟩: Der Weg war völlig *zugeschneit.* 道はすっかり雪に覆われていた. **II** 他 (h) (雪が)覆いかくす: Der Schnee hat alles *zugeschneit.* 雪がすべてを覆いかくしてしまった.

Zu·schnitt[tsú:ʃnɪt] 男 -[e]s/-e **1**《単数で》zuschneiden すること. **2** 裁断〔の仕方〕;《比》型, 様式, タイプ: der ~ seines Lebens 彼の生き方⟨生活様式⟩ | ein Mann von diesem ~ このタイプの男.

zu|schnü·ren[tsú:ʃny:rən] 他 (h) (↔aufschnüren) ひもで締める, 締め上げる; からげる, くくる; (荷物などをひもで)縛る: das Paket ~ 包みをひもでくくる | *sich*³ die Schuhe ~ 靴ひもを〔きつく〕締める | *jm.* die Gurgel ⟨die Kehle⟩ ~ (→Gurgel, →Kehle 1) ‖ Sein Magen war wie *zugeschnürt.*《比》彼の胃は食物を受けつけなかった.

zu|schrau·ben[tsú:ʃraʊbən]¹ 他 (h) **1** (↔aufschrauben)《*et.*⁴》(…を)ねじで閉じる; (…のふたを)ねじって閉める. **2** ねじで締める⟨固定する⟩.

zu|schrei·ben*[tsú:ʃraɪbən]¹《152》**I** 他 (h) **1** (hinzuschreiben) 書き加える, 書き添える. **2** (überschreiben) **a)**《*jm. et.*⁴》(…の名義に…を)書き換える,(…に…を)譲渡する: *jm.* ein Grundstück ~ …に土地を譲渡する. **b)**《*et.*³ *et.*⁴》(金額などを…に)繰り入れる: Dieser Betrag wird dem Kapital *zugeschrieben.* この金額は資本金に組み入れられる. **3**《*jm.* ⟨*et.*³⟩ *et.*⁴》(…を…に)帰する,(…に…の)責任を負わせる: *jm.* den Fehlschlag ~ 失敗を…のせいにする | Dieses Werk hat man irrtümlicherweise Mozart *zugeschrieben.* この作品は誤ってモーツァルトの書いたものとされてきた | Die Folgen hast du dir selbst *zuzuschreiben.* この結果は君自身が招いたものと言わなければならない. **4** (beimessen)《*et.*³ *et.*⁴》(…に意味・価値などを)付与する: *et.*³ große Bedeutung ~ …を重視する.

ᐁ**II** 自 (h) (↔abschreiben)《*jm.*》(…に)書面で承諾の返事をする.

[◇Zuschrift]

zu|schrei·en*[tsú:ʃraɪən]《153》他 (h)《雅》《*jm. et.*⁴》(…に向かって…を)叫ぶ: *jm.* Schimpfworte ~ …にののしりの言葉を浴びせる.

zu|schrei·ten*[tsú:ʃraɪtən]《154》自 (s)《auf *jn.* ⟨*et.*⁴⟩》(…に向かって)ゆっくりとした足取りで歩み寄る.

Zu·schrift[tsú:ʃrɪft] 女 -/-en **1** 書状,(特に:) 投書: eine anonyme ~ 匿名の投書 | ablehnende ⟨zustimmende⟩ ~*en* aus den Leserkreisen 読者からの反対⟨賛成⟩の投書. ᐁ**2** (Widmung) 献辞. [＜zuschreiben]

zu|schub·sen[tsú:ʃʊpsən]《02》《話》＝zuschieben

zu·schul·den[tsuʃʊ́ldən] 副《もっぱら次の成句で》***sich*³ *et.*⁴ ~ kommen lassen** …の罪を犯す | Ich ließ mir nichts ~ kommen. 私は何一つ悪いことはしなかった.

★ zu Schulden とも書く.

zu|schup·sen[tsú:ʃʊpsən]《02》《話》＝zuschieben

Zu·schuß[tsú:ʃʊs] 男 ..schusses /..schüsse[..ʃʏsə] **1** 補助金, 助成金; 手当: ein ~ zu den Baukosten ⟨für die Baukosten⟩ / Baukosten*zuschuß* 建築補助金 | Reisekosten*zuschuß* 旅費補助, 出張手当 ‖ einen beträchtlichen ~ leisten (国などが)多額の補助金を給付する. **2**〔印〕(刷り損じなどを見越して準備した)印刷全紙⟨枚葉紙⟩. [＜zuschießen]

Zu·schuß≠be·trieb 男 (経営不振で)補助金を受けている企業体. **≠bo·gen** 男 ＝Zuschuß 2 **≠un·ter·neh·men** 中 ＝Zuschußbetrieb [＜zuschießen]

zu|schu·stern[tsú:ʃu:stərn]《05》他 (h)《話》**1**《*jm. et.*⁴》(…に…を)こっそり与える, 世話⟨斡旋(あっせん)⟩する. **2**《*et.*⁴》(金などを)注ぎ込む.

zu|schüt·ten[tsú:ʃʏtən]《01》他 (h) **1** (穴などを)土砂で埋める⟨ふさぐ⟩. **2** (液状または粉末状のものを)注ぎ足す.

zu|schwin·gen*[tsú:ʃvɪŋən]《162》自 (s) (↔aufschwingen) (戸などが)勢いよく閉まる.

zu|se·hen*[tsú:ze:ən]《164》自 (h) **1**《*jm.* / *et.*³》(…の様子をわきから)眺める, 見物する; 傍観する: *jm.* bei der Arbeit ~ …の仕事ぶりを眺める | *et.*³ untätig ~ …を手をこまねいて傍観する | Ich kann nicht ruhig ~, wenn man so ungerecht verfährt. このような不正を黙って見てはいられない | Ich werde noch eine Weile ~. もうしばらく様子を見ていよう ‖ bei näherem *Zusehen* よくよく見ると | *et.*⁴ vom bloßen *Zusehen* lernen はたで見ているだけで…を習い覚える. **2**《daß 副文と》(…となるように)努力する, 心がける: Ich will ~, daß ich pünktlich bin. 時間を厳守するよう心がけます | *Sieh zu,* daß du nicht fällst! 落ちない⟨転ばない⟩ように注意しろ | *Sieh zu,* daß du Land gewinnst!《話》とっとと失せろ.

zu·se·hends[tsú:ze:ənts] 副 目に見えて, 見る見るうちに: Es wurde ~ dunkler. 辺りは目立って暗くなってきた.

Zu·se·her[tsú:ze:ər] 男 -s/-《オーストリア》＝Zuschauer

zu|sein*[tsú:zaɪn]《165》自 (s) **1** (↔aufsein) 閉じている, 閉まっている(→zu II 3): Die Tür *ist zu.* ドアは閉まっている | Ich wollte etwas kaufen, aber die Geschäfte sind leider schon *zugewesen.* 私は買物をしようと思ったが残念なことに店はもう閉まっていた. **2**《話》酔っぱらっている.

★ ふつう 2 語に書く.

zu·sei·ten (**zu Sei·ten**)[tsuzáɪtən, tsu: záɪtən] 前《2格支配》…のかたわらに, …のわきに, …のそばに: ~ des Altars 祭壇のわきに.

zu|sen·den^(*)[tsú:zɛndən]¹《166》他 (h) (zuschicken)《*jm. et.*⁴》(…に…を)送付する, 送り届ける.

Zu·sen·der[tsú:zɛndər] 男 -s/- 送り主.

Zu·sen·dung[..zɛndʊŋ] 女 -/-en **1** zusenden すること. **2** 送付された⟨送り届けられた⟩もの.

zu|set·zen[tsú:zɛtsən]《02》**I** 他 (h) **1**《*et.*³ *et.*⁴》(…に…を)付け加える, 添加する, 加味する: der Suppe Salz ~ スープに塩を入れる | dem Kühlwasser Frostschutzmittel ~ 冷却水に不凍液を入れる. **2**《*et.*⁴》(金・体力・エネルギーな

Z

どを)注ぎ込む; (金銭を)消費する; (体力・精力などを)消耗する: bei *et.*[3] viel Geld ～ …(事業など)に大金を注ぎ込む | Er hat nichts *zuzusetzen*. 《話》彼は体力に全然余裕がない‖〖目的語なしで〗Bei dem Geschäft mußte er bisher nur ～. この仕事に彼はこれまで金を注ぎこむばかりだった. **3** 《*et.*[4] 〔mit *et.*[3]〕》(…を〔…で〕)ふさぐ: eine Höhle mit Steinen ～ 石を積み上げてほら穴をふさぐ ‖ 再帰 *sich*[4] ～ (穴・すき間などが)ふさがる.

II 自 (h) **1** 《*jm.*》(…を)激しく〈執拗(しつよう)に〉責め立てる, 苦しめる: *jm.* mit Bitten ～ …にしつこくせがむ | *jm.* mit Fragen ～ …を激しく問いつめる | dem Gegner hart 〈scharf〉 ～ 相手を厳しく〈鋭く〉攻め立てる | Ich *setzte* ihm so lange *zu*, bis er nachgab. 私は彼に執拗に食い下がったので 結局彼は折れた. **2** 《*jm.*》(病気・心痛・損害などが…を)弱らせる, (…の)身にこたえる: Die Krankheit hat ihr sehr *zugesetzt*. 病気は彼女をひどく衰弱させた.

[◇Zusatz]

zu|si·chern[tsú:zɪçərn] 《05》他 (h) 《*jm. et.*[4]》(…に…を)確約〈保証〉する: *jm. seine* Hilfe ～ …に助力を約束する | Er *sicherte* mir *zu*, meine Wünsche zu berücksichtigen. 彼は私に私の希望を考慮することを確約した.

Zu·si·che·rung[..çərʊŋ] 女 -/-en 確約, 保証: die ～ *seines* Beistandes geben 援助を確約する.

zu|sie·geln[tsú:zi:gəln] 《06》他 (h) 《*et.*[4]》(…に)封印する.

Zu·spät·kom·men·de[tsuʃpέ:t..] 男 女 《形容詞変化》遅刻者. [＜zu spät kommen]

Zu·spei·se[tsú:ʃpaɪzə] 女 -/-n 《方》(Beilage)〖料理〗付け合わせ, 添え物(肉料理に添える野菜など).

zu|sper·ren[tsú:ʃpɛrən] 《南部・オーストリア》＝zuschließen

Zu·spiel 中 -〔e〕s/ (Paß)〖球技〗送球, パス.

zu|spie·len[tsú:ʃpi:lən] 他 (h) 《*jm. et.*[4]》**1**〖球技〗(ボールを)パスする, 送球する: *jm.* die Bälle ～ (→Ball[1] 1 a) | einander 〈*sich*[3] 〔gegenseitig〕〉 die Bälle ～ (→Ball[1] 1 a). **2** 《比》(…に…を)ひそかに手渡す, (…に…を)入手できるように工作する〈してやる〉: *jm.* den Schwarzen Peter ～ (→Peter II).

zu|spit·zen[tsú:ʃpɪtsən] 《02》他 (h) **1** 《*et.*[4]》(…の先端を)とがらせる; 《比》鋭く〈きつく〉する: einen Pfahl 〔an einem Ende〕 ～ くい〔の一方の先端〕をとがらせる | die Worte ～ 語気を鋭くする, きつい言い方をする ‖ 再帰 *sich*[4] ～ (先端が)とがる; 《比》鋭く〈きつく〉なる.

2 (事態を)切迫〈先鋭化〉させる: die Lage ～ 状勢を切迫させる ‖ 再帰 *sich*[4] ～ (事態が)切迫〈先鋭化〉する: Die Situation hat sich *zugespitzt*. 状況は切迫した.

Zu·spit·zung[..tsʊŋ] 女 -/-en (〔sich〕 zuspitzen すること. 特に:) 先鋭化: eine ～ erfahren (事態が)切迫〈先鋭化〉する.

zu|spre·chen*[tsú:ʃprɛçən] 《177》 **I** 他 (h) **1** 《*jm. et.*[4]》(話しかけることによって…に…を)与える: *jm.* Mut 〈Trost〉 ～ …に励まし〈慰め〉の言葉をかける. **2** (↔absprechen) 《*jm. et.*[4]》(審査・裁定などによって…に…を)認める, (…に…の)所有〈帰属〉権を認定する, (…に…を)与えることを決定する: *jm.* einen Preis ～ …に授賞を決定する | *jm.* ein Recht ～ …に権利を認定する | Bei der Scheidung wurde das Kind der Mutter *zugesprochen*. 離婚に際して子供は母親に引き取られるべきものと認定された. **3** ein *zugesprochenes* Telegramm 電話で申し込んだ電報.

II 自 (h) **1** 《*jm.*》《様態を示す語句と》(慰安・激励・説得などの目的で…に)話しかける: *jm.* beruhigend 〈besänftigend〉 ～ …をなだめる | *jm.* ermutigend 〈tröstend〉 ～ …を勇気づける〈慰める〉. **2** 《雅》《*et.*[3]》(飲み物・食べ物などを)享受する, 〔大いに〕味わい楽しむ: dem Alkohol 〈dem Essen〉 tüchtig ～ 酒〈食事〉をたっぷり楽しむ.

[◇Zuspruch]

Zu·spre·chung[..çʊŋ] 女 -/ (zusprechen すること. 特に:)〔帰属の〕認定: die ～ des Preises 授賞〔決定〕.

zu|sprin·gen*[tsú:ʃprɪŋən] 《179》自 (s) **1** (zuschnappen) (戸・錠などが)パタン〈カチリ〉と閉まる. **2** 《auf *jn.* 〈*et.*[4]〉》(…に向かって)とびかかる, かけ寄る.

Zu·spruch[tsú:ʃprʊx] 男 -〔e〕s/ **1** (慰安・激励・説得などの)話しかけ〔の言葉〕: ermutigender 〈tröstender〉 ～ はげまし〈慰め〉の言葉. **2** 人気, 好評; (Zulauf)(顧客・観客などの)入り: *sich*[4] eines großen ～*s* erfreuen 評判がいい; 客が大勢来る | Die Veranstaltung fand guten ～. その催しには大勢人が集まった. [*mhd.*; ◇zusprechen]

Zu·stand[tsú:ʃtant][1] 男 -〔e〕s/..stände[..ʃtɛndə] **1 a)** 状態, ありさま, 様子; (病人などの)容体: *js.* gesundheitlicher 〈körperlicher〉 ～ …の健康〈体の〉状態 | *js.* geistiger 〈seelischer〉 ～ …の精神〈心理〉状態 | ein krankhafter 〈unnatürlicher〉 ～ 病的〈不自然〉な状態 | Kriegs*zustand* 戦争状態 | Natur*zustand* 自然状態 ‖ *sich*[4] in gutem 〈bestem〉 ～ befinden 良好な〈最善の〉状態にある | Das Haus befindet sich in einem ausgezeichneten 〈sehr verwahrlosten〉 ～. その建物は申しぶんのない〈ひどく荒れ果てた〉状態にある | Die Erfindung befindet sich noch im ～ der Entwicklung. この発明はまだ開発中の段階である | Ich traf ihn in verzweifeltem ～ 〈im ～ der Verzweiflung〉 an. 彼に会ったとき 彼は絶望状態にあった | *jn.* in einen ～ der Erregung versetzen …を興奮させる. **b)** 《ふつう複数で》状況, 情勢: die politischen 〈wirtschaftlichen〉 *Zustände* eines Landes 一国の政治〈経済〉情勢 | *Zustände* wie im alten Rom (→Rom) ‖ Hier herrschen unmögliche *Zustände*. ここの状況はお話にならない | **Das ist doch kein ～! / Das sind *Zustände*!** 《話》これはお話にならないひどい状態だ, これではあまりにひどすぎる.

2 《複数で》《話》(肉体的・神経症的な)発作, けいれん; 錯乱〈憂鬱(ゆううつ)〉状態, いらいら: ***Zustände* bekommen 〈kriegen〉** 《話》興奮する, 激怒〈激高〉する, いきり立つ | Davon kann man ja *Zustände* kriegen 〈bekommen〉! これじゃあ頭がおかしくなるよ, これではとてもやりきれない | Sie hat wieder ihre *Zustände*. 彼女はまたおかしくなっている.

[＜zustehen]

zu·stan·de (**zu Stan·de**)[tsuʃtándə] 副 《もっぱら次の成句で》**～ kommen** 成立する, 実現〈成就〉する | wenn ein vernünftiger Kompromiß ～ kommen soll まともな妥協を成立させるつもりならば | ***et.*[4] ～ bringen** i) …(困難な事柄など)を成立〈実現・成就〉させる; …を仕上げる; ii) 《オーストリア》《官》…を(元の場所へ)運び戻す(＝zurückbringen).

Zu·stan·de≈brin·gen 中 -s/ 成就, 完成. **≈kom·men** 中 -s/ 成立, 実現.

zu·stän·dig[tsú:ʃtɛndɪç][2] 形 《副詞的用法なし》**1** (kompetent) 《für *et.*[4]》(…の)権限を持つ, (…の)資格のある; 所轄の, 担当の: die ～*e* Behörde 所轄の役所, 管轄〈主務〉官庁 | der ～*e* Richter 担当判事 ‖ Dafür bin ich nicht ～. それは私の権限外のことだ. **2** 《オーストリア》(heimatberechtigt) 《nach *et.*[3]》(…に)居住権のある: Sie ist nach Graz ～. 彼女はグラーツの市民である. ▽**3** *jm.* ～ sein …に所属〈帰属〉する, …の所有物である. [＜zustehen]

zu·stän·di·gen·orts[tsú:ʃtɛndɪgən|ɔ́rts] 副 《官》所轄の役所で, 管轄〈主務〉官庁で.

Zu·stän·dig·keit[tsú:ʃtɛndɪçkaɪt] 女 -/-en (Kompetenz) 権限, 資格, 管轄; 管轄領域, 所轄事項: außerhalb der ～ liegen 管轄外である.

Zu·stän·dig·keits≈be·reich 男 管轄〈権限〉領域. **≈streit** 男 (官庁などの)権限〈縄張り〉争い.

zu·ständ·lich[tsú:ʃtɛntlɪç] 形 状態〈現状〉の, 状態〈現状〉に即した, (変化ではなく)状態を考慮に入れた; 静態的な, 現状維持的な. [＜Zustand]

Zu·stands≈ana·ly·se[tsú:ʃtants..] 女〖化〗状態分析. **≈än·de·rung** 女 **1** 状態の変化. **2**〖理〗(気体・液体・固体などへの)状態変化. **≈dia·gramm** 中〖理〗状態図. **≈glei·chung** 女〖理〗状態式, 状態方程式. **≈grö·ße** 女〖理〗状態量. **≈pas·siv** 中〖言〗状態受動(行為の結果として生じた状態を表す形式で, 過去分詞と sein を組み合わせてつくられる. 例 Die Tür ist geschlossen. ドアは閉まっている: →Vorgangspassiv). **≈satz** 男〖言〗状態文. **≈schau·bild** 中 ＝Zustandsdiagramm **≈verb** 中〖言〗状態動詞(例 schlafen, stehen).

zu·stat·ten[tsuʃtátən] 副 《もっぱら次の成句で》*jm.* 〈*et.*[3]〉

Z

〜 kommen …にとって役立つ | Seine Sprachkenntnisse kamen ihm in diesem Beruf sehr *zustatten*. 彼の外国語の知識がこの職業に就いて大いに彼の役に立った.

[*ahd.* zi statu „zu gelegener Zeit"; ◇statthaft]

zu|stecken[tsú:ʃtɛkən] 他 (h) **1** (ピンなどで)留め合わせる: die Bluse mit einer Brosche 〜 ブラウスの胸元をブローチで留める. **2** 《*jm.* *et.*⁴》(…に…を)こっそり手渡す〈与える〉, (…にチップなどを)握らせる; (…に情報などを)こっそり知らせる: *jm.* die besten Bissen 〜 (→Bissen 1).

zu|ste·hen*[tsú:ʃte:ən] 《182》 **I** 自 (h) 《*jm.*》(…に)当然与えられるべき〈帰属すべき〉ものである, (…の)権利である; (…の)権限に属する; 《比》(…に)ふさわしい: Ihm *stehen* im Jahr 21 Urlaubstage *zu*. 彼は1年に21日間の有給休暇がもらえる | Es *steht* mir *zu*, euch so zu fragen. 私には 君たちにこのような質問をする権利がある.

▽**II** 他 (h) =zugestehen

zu|stei·gen*[tsú:ʃtaɪgən]¹ 《184》 自 (s) (乗客が電車・バスなどに)新たに乗り込む, あとから乗車する: 〔Ist hier〕 noch jemand *zugestiegen*? ほかに新しくご乗車になった方はありませんか(検札の際の車掌の言葉).

Zu·stell≈be·zirk[tsú:ʃtɛl..] 男 〘郵〙 配達区域. **≈dienst** 男 〘郵〙 配達業務.

zu|stel·len[tsú:ʃtɛlən] 他 (h) **1** 《*et.*⁴》(家具類を置いて戸口などを)ふさぐ: die Tür mit einem Schrank 〜 ドアを戸棚でふさぐ. **2** 《〔*jm.*〕 *et.*⁴》(〔…に〕…を)送り届ける; (郵便・新聞などを)配達する; 〘法〙(書類を)送達する: *et.*⁴ durch die Post 〈durch einen Boten〉 〜 …を郵便で〈使いの者をやって〉送り届ける.

Zu·stel·ler[..lər] 男 -s/- **1** 郵便配達〈集配〉人. **2** 〘法〙 送達吏.

Zu·stell·ge·bühr =Zustellungsgebühr

Zu·stel·lung[tsú:ʃtɛlʊŋ] 女 -/-en (zustellen すること. 特に:) **1** 配達: die 〜 der Post 郵便の配達. **2** 〘法〙(書類の)送達.

Zu·stel·lungs≈ge·bühr 女 (受取人の支払うべき)配達〈送達〉料. **≈ur·kun·de** 女 〘法〙 送達証書.

zu|steu·ern¹[tsú:ʃtɔʏərn] 《05》 他 (h) 《話》《*et.*⁴ zu *et.*³》(金などを…のために)醵出(きょしゅつ)する, 寄付する: Meine Eltern haben zu unserer Reise 300 Mark *zugesteuert*. 両親は私たちの旅行のために300マルク出してくれた.

zu|steu·ern²[−] 《05》 **I** 自 (s) 《*et.*³ / auf *et.*⁴》(…に)舵(かじ)を向ける, (…の方向に)進路を定める, (…に向かって)進航する; 《比》(…を)目ざして進む; (…に向かって)進展する: auf den Hafen 〜 針路を港に向ける.

II 他 (h) 《*et.*⁴ *et.*³ 〈auf *et.*⁴〉》(…の)舵を(…に)向ける; 《比》(…を…に向かって)進ませる.

zu|stim·men[tsú:ʃtɪmən] 自 (h) 《*jm.* / *et.*³》(…に)同意する, 賛意を表する, 賛成〈賛同〉する: einem Vorschlag 〔bedingungslos〕 〜 提案に〔無条件で〕賛成する | In diesem Punkt kann ich Ihnen nicht 〜. この点ではあなたの意見に賛成できません ‖ eine *zustimmende* Antwort 同意の返事 | Er nickte mir *zustimmend* zu. 彼は私に向かってうなずいて賛意を表した.

Zu·stim·mung[..mʊŋ] 女 -/ 同意, 賛成, 賛同: stillschweigende 〜 暗黙の同意 ‖ zu *et.*³ *seine* 〜 geben …に同意〈賛成〉する | *et.*³ *seine* 〜 verweigern 〈versagen〉 …に対して同意を拒む, …に賛成しない | Der Plan fand allgemeine 〜. その計画は大方の賛同を得た.

zu|stop·fen[tsú:ʃtɔpfən] 他 (h) (穴などを)詰めてふさぐ; (靴下の穴などを)かがる.

zu|stöp·seln[tsú:ʃtœpsəln] 《06》 他 (h) 《*et.*⁴》(…に)栓をする: eine Flasche 〜 瓶に栓をする.

zu|sto·ßen*[tsú:ʃto:sən] 《188》 **I** 他 (h) (戸・窓などを)勢いよく押して〈乱暴に突いて〉閉める: die Tür mit dem Fuß 〜 ドアを足先でけってバタンと閉める.

II 自 **1 a)** (h) 突きかかる, 突きをくれる; (蛇などがさっと体を伸ばして)襲いかかる: mit dem Messer 〜 ナイフで突いてかかる. **b)** (s) 《auf *jn.* 〈*et.*⁴〉》(猛禽(もうきん)などが空から急降下して…に向かって)襲いかかる.

2 (s) 《*jm.*》(不幸・災難などが…の身に)ふりかかる, 起こる: Ihm ist ein Unglück *zugestoßen*. 彼は不幸に見舞われた | *jm.* ist etwas Menschliches zugestoßen (→menschlich 1) | Hoffentlich ist ihr nichts *zugestoßen*. 彼女の身に何事も起こっていなければよいが.

zu|stre·ben[tsú:ʃtre:bən]¹ 自 (s) 《*et.*³ / auf *et.*⁴》(…に)向かって努力する, (…を)目ざして進む, (…を)追求する: dem Ziel 〈auf das Ziel〉 〜 目標に向かって努力する.

zu|strei·fen[tsú:ʃtraɪfən] 《ｵｰｽﾄﾘｱ》 =zustellen 2

Zu·strom[tsú:ʃtro:m] 男 -〔e〕s/ zuströmen すること.

zu|strö·men[tsú:ʃtrø:mən] 自 (s) 《*et.*³ / auf *et.*⁴》(…に向かって)流れる, 流れ込む; 《比》(…に向かって大量に)殺到する, (大勢が)押し寄せる: Die Menge *strömte* dem Fußballstadion *zu*. 群衆の波がサッカー競技場に向かって流れ込んだ.

zu|stür·men[tsú:ʃtʏrmən] 自 (s), **zu|stür·zen** [tsú:ʃtʏrtsən] 《02》 自 (s) 《auf *jn.* 〈*et.*⁴〉》(…を目がけて)突進する, (…に向かって)走り寄る.

zu|stut·zen[tsú:ʃtʊtsən] 《02》 他 (h) **1** 《*et.*⁴》(樹木などを)刈りこむ, 切り整える: die Hecken 〜 生け垣を刈り込む.

2 a) 《*et.*⁴ auf *jn.* 〈*et.*⁴〉》(…に)手を加えて(…に向くように)改変する: Das Programm ist auf Kinder *zugestutzt*. このプログラムは子供向きに手を加えてある. **b)** 《*jn.* zu *et.*³》(…を…に)仕立て上げる.

zu·ta·ge[tsutá:gə] 副 明るみに, 白日のもとに, あらわに: 〘ふつう次の成句で〙 ***et.*⁴ 〜 bringen 〈fördern〉** …(鉱石など)を地表に掘り出す; 《比》…を明るみに出す, …を暴露する | **〜 kommen 〈treten〉** (鉱石などが)地表に現れる; 《比》あらわになる, 露見する, 暴露される | **〔klar / offen〕 〜 liegen** 明白である | Seine Schuld liegt offen 〜. 彼の罪は明らかである.

★ zu Tage とも書く.

Zu·tat[tsú:ta:t] 女 -/-en 《ふつう複数で》 **1** 《für *et.*⁴ / zu *et.*³》 **a)** 〘服飾〙(…の〔仕立てに必要な〕)付属品(糸・裏地・ボタン・アプリケなど). **b)** 〘料理〙(…の〔仕上げに必要な〕)添加物(調味料・香辛料・油脂・飾り物など). **2** (芸術品などの)補足〈追加〉部分. [＜zutun]

zu·teil[tsutáɪl] 副 《雅》《もっぱら次の成句で》 ***jm.* 〜 werden** …に与えられる | Ihm ist ein schweres Los 〜 geworden. 彼には困難な運命が課せられた ‖ ***jm.* *et.*⁴ 〜 werden lassen** …に…を与える | Wir möchten unseren Kindern eine gute Erziehung 〜 werden lassen. 我々は子供たちによい教育を受けさせてやりたい.

[*ahd.* ze teile; ◇Teil]

zu|tei·len[tsú:taɪlən] 他 (h) **1** 《*jm.* *et.*⁴》(…に…を)分配する, 配当する; 配分する, 割り当てる, 割りふる: *jm.* *seinen* Anteil 〜 …にその分け前を与える | *jm.* eine Arbeit 〈eine Rolle〉 〜 …に仕事〈役割〉を割り当てる | der Bevölkerung die Lebensmittel 〜 住民に食料を配給する ‖ *et.*⁴ *zugeteilt* bekommen …の分配〈割り当て〉を受ける.

2 《*jn.* *et.*³》(…を…に)配属する, 配置する: Er ist unserer Abteilung *zugeteilt* worden. 彼は我々の部局に配属された.

Zu·tei·lung[tsú:taɪlʊŋ] 女 -/-en **1** (zuteilen すること. 例えば:) 分配, 配当; 配分, 割り当て, 割りふり; 配給; 配属, 配置: die 〜 der Unterkünfte 宿舎の割り当て | Wurst gab es damals nur auf 〜. ソーセージはあのころは配給でしか手に入らなかった. **2** (zuteilen されたもの. 例えば:) 分け前, もらい分; 割当量〈額〉: Die 〜*en* an Lebensmitteln wurden im Laufe des Krieges immer kleiner. 食料品の配給は戦争の進行とともにますます少なくなった.

zu·tiefst[tsutí:fst] 副 **1** いちばん深い〈奥深い〉ところに. **2** きわめて深く, 非常に: Er war 〜 gekränkt. 彼は大いに感情を害していた.

zu|tra·ben[tsú:tra:bən]¹ 自 (s) 《auf *jn.* 〈*et.*⁴〉》(馬が…に向かって)速歩(はやあし)〈だく足〉で走る; (人が…に向かって)速歩〈だく足〉で馬を走らせる; 《比》(人が…に向かって)急ぎ足で〈小走りに〉行く.

zu|tra·gen*[tsú:tra:gən]¹ 《191》 他 (h) **1** 《*jm.* *et.*⁴》運んで行く, 運びこむ; 《比》(聞きこんだことなどを)こっそり知らせる, 注進する, 告げ口する: Sie *trägt* ihm alles sofort *zu*. 彼女は何でもすぐに彼に告げ口する.

2 再帰 *sich*⁴ 〜 (事件などが)起こる, 発生する: Was hat sich

denn hier *zugetragen*? ここでいったい何が起こったのか.

Zu·trä·ger[..trɛːgər] 男 -s/- 《軽蔑的に》うわさなどを言いふらす人; 告げ口をする人.

Zu·trä·ge·rei[tsuːtrɛːgəráɪ] 女 -/-en 《軽蔑的に》 **1** 《単数で》(うわさなどを)言いふらすこと; 注進, 告げ口, 密告. **2** (密告された)情報, うわさ話.

zu·träg·lich[tsúːtrɛːklɪç] 形 (↔abträglich) 《*jm.* / *et.*³》(…にとって)役に立つ, ためになる; 《*jm.*》(…の)健康〈体〉によい: der Gesundheit ～ sein 健康によい | Das hiesige Klima ist ihr nicht ～. 当地の気候は彼女の体によくない. [＜Zutrag „Nutzen"]

Zu·träg·lich·keit[–kaɪt] 女 -/ zuträglich なこと.

zu|trau·en[tsúːtraʊən] **I** 他 (h) 《*jm. et.*⁴》(…に…の)能力〈性質・傾向〉があると信じる: *jm.* viel Talent ～ …に大いに才能があると思う | *jm.* einen guten Geschmack ～ …が良い趣味をもっていると思う | *jm.* einen Mord ～ …が殺人を犯しかねないと思う | Ich *traue* ihm nicht *zu*, daß er lügt. 私は彼にうそがつけるとは思えない | Einen solchen Mißerfolg hätte ich ihm nie *zugetraut*! まさか彼がそんな失敗をするとは 考えもしなかった ‖ Ich *traue* es mir nicht *zu*. 私は自分にそれができるとは思わない | Er *traut* sich zuviel 〈zuwenig〉 *zu*. 彼は自信があり〈なさ〉すぎる.

II Zu·trau·en 中 -s/ 《(zu *jm.*)》(…に対する)信頼: *jm. sein* ～ schenken …に信頼を寄せる | das ～ zu *jm.* verlieren …への信頼を失う | Ich habe kein ～ zu ihm. 私は彼を信頼していない.

zu·trau·lich[tsúːtraʊlɪç] 形 (人を)信頼した, 信じ切った, 人なつっこい: *jn.* ～ anblicken …を信頼のまなざしで見る.

Zu·trau·lich·keit[–kaɪt] 女 -/-en **1** 《単数で》zutraulich なこと. **2** zutraulich な言動.

zu|tref·fen*[tsúːtrɛfən] 《192》 **I** 自 **1** (h) 事実に合致する, 正しい, 合っている: Diese Behauptung *trifft* völlig *zu*. この主張は全く正しい | Es *trifft* nicht *zu*, daß er sich geirrt hat. 彼が思い違いをしていたというのは事実に反する.

2 (h) 《auf *jn.* 〈*et.*⁴〉 / für *jn.* 〈*et.*⁴〉》(…に)該当する, (…に)あてはまる: Diese Verordnung *trifft* auf 〈für〉 meinen Fall nicht *zu*. この規定は私のケースには該当しない.

ᵛ**3** (s) 起こる, 生じる.

II zu·tref·fend 現分 形 **1** 正しい, 適切な, 的確な: eine ～*e* Bemerkung 的を射た発言 ‖ ～ antworten 的確な返事をする | ～ urteilen 的確に判断する.

2 該当する: *Zutreffendes* bitte unterstreichen! (調査用紙などで)該当する個所に下線を引いてください.

zu·tref·fen·den·falls[tsúːtrɛfəndənfáls] 副 《官》事実に合致する場合には; 該当する場合には.

zu|trei·ben*[tsúːtraɪbən]¹ 《193》 **I** 他 (h) 《*et.*⁴ *et.*³ 〈auf *et.*⁴〉》(…を…の方へ)追い立てる, 駆り立てる: das Wild dem Jäger 〈auf den Jäger〉 ～ 野獣を猟師の方へ狩り立てる | *et.*⁴ der Entscheidung ～ 《比》…の決定〈決着〉を迫る.

II 自 (s) 《*et.*³ / auf *et.*⁴》(…の方へ)流されてゆく, 漂ってゆく; 《比》《*et.*³》(…に向かって)近づいてゆく: Das Boot *trieb* dem anderen Ufer 〈auf uns⁴〉 *zu*. ボートは対岸に向かって流されていった〈我々の方に流されてきた〉 | Die Krise *trieb* dem Gipfelpunkt *zu*. 危機は頂点に近づきつつあった.

zu|tre·ten*[tsúːtreːtən] 《194》 自 **1** (s) 《auf *jn.* 〈*et.*⁴〉》(…に向かって)歩み寄る. **2** (h) (ねらいをつけて)ける.

zu|trin·ken*[tsúːtrɪŋkən] 《196》 自 (h) 《*jm.*》(…の)健康を祝して飲む, (…のために)乾杯する.

Zu·tritt[tsúːtrɪt] 男 -[e]s/ **1** (特定の場所に)入ること, 立ち入り, 入場: freien ～ zu *et.*³ haben …に自由に立ち入りを許されている, …へ木戸御免である | *jm.* den ～ zu *et.*³ verweigern 〈verwehren〉 …に対して…への立ち入りを拒否する | *sich*³ ～ erzwingen むりやりに入場する | *sich*³ ～ verschaffen 立ち入り許可を取りつける ‖ *Zutritt* verboten! / Kein ～! 立ち入り禁止 | Kinder haben ～. (映画館などで)お子様もごらんになれます | *Zutritt* nur mit Betriebsausweis 〈für Betriebsangehörige〉! 従業員以外立ち入り禁止 | Ich habe bei ihm jederzeit ～. 私は彼のところへはいつでも出入りできる. **2** (気体・液体などの)流入, 侵入: den ～ der Luft regulieren 空気の流通を調節する.

Zu·trunk[tsúːtrʊŋk] 男 -[e]s/ 《雅》(…のための)乾杯. [＜zutrinken]

zut·schen[tsúːtʃən] 《04》 自 (h) 《東部》(チュッチュッと)吸う, なめながら吸う, しゃぶる. [擬音]

zu·tu·lich[tsúːtuːlɪç] ＝zutunlich

zu|tun*[tsúːtuːn] 《198》 **I** 他 (h) **1** (schließen) 閉める, 閉じる: die Augen ～ 目を閉じる | die Augen für immer ～ 《雅》永眠する | Ich konnte die ganze Nacht kein Auge ～. 私は一晩じゅう一睡もできなかった | *Tu* den Mund *zu*! 黙れ, ほざくな ‖ 再帰 *sich*⁴ ～ 閉まる, 閉ざされる | Die Spalte hat sich bald *zugetan*. 割れ目はやがてふさがった. **2** (hinzufügen) 《*et.*³ 〈zu *et.*³〉 *et.*⁴》(…に…を)付け足す, 付け加える: der Suppe etwas Salz ～ スープに塩を少々加える | Wasser ～ 水を割る. **3** 《南西部》《*sich*³ *et.*⁴》(…を)手に入れる, 買う. ᵛ**4** 再帰 *sich*⁴ *jm.* 〈zu *jm.*〉 ～ …と親しくなる, …に取り入る(→zugetan II).

II Zu·tun 中 -s/ 力を貸すこと, 助力, 援助, 協力; 関与: **ohne** *js.* **～** …の助けを借りずに〈借りなければ〉, …の助力なしに〈がなければ〉; …と無関係に | Das ist ohne mein ～ geschehen. それは私の知らないところで〈私と無関係に〉起こったことだ | Er hat die Stellung nicht ohne mein ～ bekommen. 彼がその地位を得たについては私も一役買っている.

III zu·ge·tan → 別出

[◇Zutat]

zu·tun·lich[tsúːtuːnlɪç] 形 (zutraulich) 打ちとけた, 人なつっこい, 人当たりのよい, 如才ない; (動物が人に)馴(な)れた, なついた; なれなれしい(→zutun 4): ein ～*es* Wesen haben 素直な〈人なつっこい〉人柄である.

Zu·tun·lich·keit[–kaɪt] 女 -/ zutunlich なこと.

zu|tu·scheln[tsúːtʊʃəln] 《06》 他 (h) 《*jm. et.*⁴》(…に…を)ささやく, 耳打ちする.

zu·un·gun·sten[tsu|ʊ́ngʊnstən] 前 《2格支配, 古くはまた後置されて3格支配》…にとって不利な結果になるように: Die Sache ist ～ meines Freundes ausgegangen. その件は私の友人に不利な結果に終わった | Er hat dem Angeklagten ～ neues Beweismaterial beigebracht. 彼は被告に不利な新しい証拠を持ち出した.

★ zu Ungunsten とも書く.

zu·un·terst[tsu|ʊ́ntərst] 副 (↔zuoberst) いちばん下に〈へ〉: Das Buch liegt im Stapel ganz ～. その本は積み重ねた本のいちばん下にある ‖ das Oberste ～ kehren (→kehren¹ I 1).

zu|ver·die·nen[tsúːfɛrdiːnən] 他 (h) 《話》(本来の収入のほかに)さらに〈追加して〉金を稼ぐ.

Zu·ver·dienst[..diːnst] 男 -[e]s/-e 追加の稼ぎ, 副収入.

zu·ver·läs·sig[tsúːfɛrlɛsɪç]² 形 信頼できる, 信用できる; 信ずべき, 確かな: ein ～*er* Freund 頼りになる友人 | ein ～*er* Mitarbeiter 安心のできる協力者 | eine ～*e* Nachricht 確実な情報 | *et.*⁴ aus ～*er* Quelle 〈von ～*er* Seite〉 erfahren …を確かな筋から聞き知る ‖ Die Wettervorhersage ist nicht ～. 天気予報は当てにならない ‖ Die Maschine arbeitet sehr ～. この機械はたいへん信頼性が高い. [＜verlassen I 2]

Zu·ver·läs·sig·keit[–kaɪt] 女 -/ (zuverlässig なこと. 例えば:) 信頼性, 確実度.

Zu·ver·läs·sig·keits∠fahrt 女 (車両の信頼性をテストするための)試運転; (レーシングカーの)信頼度テスト競走. ∠**grad** 男 信頼度. ∠**prü·fung** 女, ∠**test** 男 〘工〙信頼度テスト. ∠**über·prü·fung** 女 (人物の)適格審査.

Zu·ver·sicht[tsúːfɛrzɪçt] 女 -/ (ことがうまく運ぶであろうという)確実な期待, 確信, 自信: in 〈mit〉 der ～, daß ... …であるとの確信を抱いて | voll 〈voller〉 ～ sein 確信に満ちている, 確信しきっている ‖ Ich habe die feste ～ 〈Ich bin der festen ～〉, daß wir eine Lösung finden werden. 私は解決策が見つかることを固く信じている | Ich habe meine ganze ～ auf dich gesetzt. 私は君に全幅の信頼を置いてきた. [*ahd.*; ◇versehen I 5]

zu·ver·sicht·lich[–lɪç] 形 確信に満ちた, 自信たっぷりの: in ～*er* Erwartung 確実な期待を抱いて | mit ～*er*

Z

Miene 自信に満ちた顔つきで ‖ Ich bin sehr ～. 私は十分な確信を持っている ‖ ～ sprechen 確信に満ちた口ぶりで話す | ～ hoffen, daß ... …と確信している.

Zụ·ver·sicht·lich·keit[..kaɪt] 女 -/ zuversichtlich なこと.

zu·vi̲e̲l[tsufíːl] **I** 《不定数詞・不定代名詞; 無変化》(↔ zuwenig) 多すぎる, 過多の, 余計な, 不適当な〈我慢できない〉くらい多くの: ～ Bücher haben 本をたくさん持ちすぎている | ～ Zucker in den Kaffee tun コーヒーに砂糖を入れすぎる ‖ *jm.* ～ berechnen …に対して不当な高額を請求する | viel ～ wissen 〈sagen〉 あまりに多くを知り〈言い〉すぎる | **～ kriegen** 《話》うんざりする; 腹が立つ, しゃくにさわる | Ich kriege ～. 《話》それはあまりといえばあまりだ, 腹が立つったらない ‖ Er hat einen 〈ein Glas〉 ～ getrunken. 《話》彼は一杯〈ほろ酔い〉機嫌だ | einen ～ haben 《話》頭がおかしい, 気がふれている; 酔っぱらっている | ein Rädchen ～ haben (→Rädchen 2) | einen Sparren ～ 〔im Kopf〕 haben (→Sparren 3) | Das wäre ～ verlangt. それは過大な要求だろう, それは厚かましすぎるだろう ‖ In dieser Gruppe ist einer ～. このグループは一人多すぎる〈余っている〉 | Die Arbeit wird mir ～. 私には仕事が面倒くさく〈わずらわしく〉なってきた | Heute ist mir alles ～. きょうは私にはすべてがわずらわしい, きょうは私は何もする気がしない | Er ist sich[3] selbst ～. 彼は自分自身にいや気がさしている | Das ist ～ des Guten 〈des Guten ～〉. (→gut II 2) | **Was ～ ist, ist ～.** これはひどすぎる, もう我慢ができない ‖ **Lieber 〈Besser〉 ～ als zuwenig.** 少なすぎるよりは多すぎるほうがよい(→II).

II Zu·vi̲e̲l 中 -s/ 過多, 余計, 過剰〔額〕: ein ～ an Verpflichtungen 責務の過剰 | Ein ～ ist besser als ein Zuwenig. 《諺》大は小を兼ねる.

zu·vọr[tsufóːr] 副 **1** (vorher) (時間的に) その前に, 先に, 以前に; 前もって, あらかじめ: kurz 〈zwei Tage〉 ～ その少し〈2 日〉前に | mehr als ～ 以前にも増して, これまで以上に | im Jahr ～ 前年に ‖ Ich habe ihn nie ～ gesehen. 私は彼にこれまで一度も会ったことがない | wie nie ～ これまで〈それまで〉にないほど, いまだかつてないほど | *Zuvor* meinen besten Dank! / Meinen besten Dank ～! まずもって厚く御礼申し上げます ‖ das *Zuvor* und Hernach あとさき.

2 《*jm.* / *et.*[3]》(…よりも) 先んじて, まさって: allem ～ すべてに先んじて, すべてに優先して.

★ 動詞と用いる場合は分離の前つづりともみなされる.

zu·vọr·derst[tsufɔ́rdərst] 副 **1** (ganz vorne) (↔zuhinterst) いちばん前〈手前〉に, 先頭に, 最前列に. **2** (vor allem) まず第一に.

▽**zu·vọ̈r·derst**[..fœrdərst] 副 (vor allem) なかんずく, とりわけ: *Zuvörderst* möchte ich meinen Dank abstatten. なによりもまず私はお礼を述べたい.

zu·vọr|kom·men*[tsufóːrkɔmən] 《80》 **I** 自 (s) **1** 《*jm.*》(…に) 先んずる, 先駆けする, (…の) 機先を制する, (…を) 出し抜く: *jm.* bei einem Kauf ～ …に先んじて買う | Die Konkurrenz ist uns *zuvorgekommen*. 我々は競争相手にしてやられた. **2** 《*et.*[3]》(…を見越して) 先手を打つ; (…を) 未然に防ぐ: einem Angriff ～ 攻撃の先手を打つ | *js.* Frage ～ …の質問を封じる | einer Gefahr ～ 危険を予防する | Er *kam* meinem Wunsche *zuvor*. 彼は何も言わないうちから私の希望を汲(く)んでくれた.

II zu·vọr·kom·mend 現分 形 察しのよい; 愛想のよい, 親切な, 懇篤な, 丁重な: ein ～*es* Wesen haben 愛想のよい人柄である | gegen *jn.* ～ sein …に対していんぎんである.

Zu·vọr·kom·men·heit[..haɪt] 女 -/ zuvorkommend なこと.

zu·vọr|tu̲n*[tsufóːrtuːn] 《198》 他 (h) 《もっぱら es を目的語とする成句で》es *jm.* an *et.*[3] 〈in *et.*[3]〉 ～ 《雅》…よりも…においてまさる, …を…の点で凌駕(りょうが)する | Er *tut* es mir an Mut 〈in Freigebigkeit〉 *zuvor*. 彼は私よりも勇気がある〈気前がいい〉 | es *jm.* *zuvorzutun* suchen …を凌駕しようと努める.

★ ただし: Du sollst diese Arbeit *zuvor tun*. 君はこの仕事を先にすべきだ.

Zụ·waa·ge[tsúːvaːgə] 女 -/-n 《南部・オーストリア》(肉屋で肉を買った客に) おまけとしてくれる骨; 《比》おまけ, 追加物, 付随現象. [＜Waage]

Zụ·wachs[tsúːvaks] 男 -es/..wächse[..vɛksə] 《ふつう単数で》成長; 増大, 増加, アップ: ein ～ an Besitz 〈Einnahmen〉 財産〈収入〉の増大 | ein ～ an Mitgliedern 会員の増加 | Bevölkerungs*zuwachs* 人口増加 ‖ einem Kind den Anzug **auf ～** kaufen 子供に(体の成長を見込んで) 大きめの服を買ってやる ‖ **～ bekommen** 《話》子供が生まれる | Wir haben ～ bekommen. 《話》うちに赤ん坊が生まれた | **～ erwarten** 子供が生まれる予定である.

zụ|wach·sen*[tsúːvaksən] 《199》 自 (s) **1** 成長してふさがる; (傷口などが) ふさがる, 癒合する; (草木が生い茂って道・眺望などが) おおわれる, 遮られる: eine *zugewachsene* Wunde 癒合した傷口.

2 《*jm.* / *et.*[3]》(利益・収穫などが〔労せずして〕…の) 手に入る, (…の) 所有に帰する; (力・課題などが) ついて〈生じて〉くる: Alles *wächst* ihm *zu*. すべてが彼のふところに入る.

3 自然に大きくなる, 成長する; 増大する; 増える, 増加する: Es ist immer mehr Vermögen *zugewachsen*. 財産は殖える一方だった.

Zụ·wachs≠ra̲·te 女 増加率; (経済・生産などの) 伸び率, 成長率. **≠steu·er** 女 増収税, 自然増加税.

Zụ·wa̲hl[tsúːvaːl] 女 -/ (Kooptation) (会員・委員による) 新会員〈委員〉の補充選挙.

Zụ·wan·de·rer[tsúːvandərər] 男 -s/- (他国からの) 移〔住〕民.

zụ|wan·dern[tsúːvandərn] 《05》 自 (s) (ある場所へ) さすらって〈渡って〉行く; (他国から) 移住する.

Zụ·wan·de·rung[..dərʊŋ] 女 -/-en (zuwandern すること. 例えば:) 移住.

zụ|wan·ken[tsúːvaŋkən] 自 (s) 《auf *jn.*》(…の方へ) よろめきながら近寄る.

zụ|war·ten[tsúːvartən] 《01》 自 (h) じっと待っている, 手をこまねいて待つ, (機会を待って) 静観する, 待機する: Ich kann nicht länger ～. 私はこれ以上長くは待てない | *sich*[4] *zuwartend* verhalten 拱手(きょうしゅ)傍観する, 静観する, 待機の姿勢をとる.

Zu·wạs·ser·las·sen[tsuvásərlasən] 中 -s/ (救命艇などを) 水面に降ろすこと; (船の) 進水.

zu·we̲·ge (**zu We̲·ge**)[tsuvéːgə] 副 《もっぱら次の成句で》*et.*[4] **～ bringen** …を遂行する, …を成就する | **mit *et.*[3] ～ kommen** …を完成する, …を終了する ‖ 〔**noch**〕 **gut ～ sein** 《話》〔まだ〕達者〈壮健・元気〉である | Wie bist du heute ～? きょうはご気分いかがですか.

[*ahd.* zi wege „auf (dem rechten) Weg"]

zụ|we̲·hen[tsúːveːən] **I** 他 (h) **1** 吹き送る: *jm.* Luft ～ (扇などで) …をあおぐ. **2** 吹いてふさぐ: Der Wind hat die Wege mit Schnee *zugeweht*. 風が雪を吹き寄せて道をふさいだ.

II 自 **1** (h, s) 《auf *jn.* 〈*et.*[4]〉》(…に) 向かって吹く, 吹きつける: Der Wind *weht* auf uns *zu*. 風が我々に向かって吹きつける. **2** (s) 《*jm.*》(においなどが…の方に) 漂って〈伝わって〉くる.

zu·we̲i·len[tsuváɪlən] 副 (manchmal) 《雅》ときおり, ときたま: *Zuweilen* ging er in die Stadt. ときには彼は町にでかけることもあった. [＜Weile]

zụ|wei·sen*[tsúːvaɪzən][1] 《205》 他 (h) **1** 《*jm.* 〈*jn.*〉 *et.*[4]》(…に…を) 指定して与える, 配分する, 割り当てる, 割りふる, あてがう; (…に…を) 斡旋(あっせん)する, 世話する: *jm.* eine Arbeit ～ …に仕事を与える | *jm.* Kunden ～ …に顧客を紹介する | *jm.* ein Quartier ～ …に宿舎を割り当てる | *jm.* Schuld 〔an *et.*[3]〕 ～ …に〔…の〕責任を負わせる. **2** 《*jn.* *et.*[3]》(…を…に) 配属する, 配置する: *jn.* der Planungsabteilung ～ …を企画部に配属する.

Zụ·wei·sung[tsúːvaɪzʊŋ] 女 -/-en **1** (zuweisen すること. 例えば:) 指定, 配分, 割り当て; 斡旋(あっせん); 配属, 配置. **2** (zuweisen されるもの. 例えば:) 交付金.

zụ|wen·den(*)[tsúːvɛndən][1] 《206》 **I** 他 (h) **1** 《*jm.* 〈*et.*[3]〉 *et.*[4]》(…の方へ…を) 向ける; 《比》(…に…を) ふりむける, そそぐ: *jm.* das Gesicht 〈den Rücken〉 ～ …に顔〈背〉を向

Z

ける | *seine* Schritte dem Garten 〈auf das nächste Dorf〉 ~ 庭〈隣村〉へ歩を向ける | *et.*³ *seine* Aufmerksamkeit ~ …に注意を向ける | *et.*³ *seine* ganzen Bemühungen 〈*sein* Vertrauen〉 ~ …に全力を傾注する〈信頼を寄せる〉| Er hat ihr seine Liebe *zugewandt* 〈*zugewendet*〉. 彼は彼女に愛情を寄せた ‖ *sich*³ alle Herzen ~ 皆の心をひきつける.

2 再帰 *sich*⁴ *et.*³ ~ …の方を向く, …の方に向かう; 《比》(新たに)…に従事する, …に手をつける, …と取り組む | *sich*⁴ der Sonne ~ 太陽の方を向く | Das Glück hat sich ihm *zugewandt* 〈*zugewendet*〉. 運が彼に向いてきた ‖ *sich*⁴ einer neuen Aufgabe ~ 新しい課題と取り組む | *sich*⁴ der Politik ~ 政治に手を染める, 政界に入る | Die Mode hat sich der schlichten Form *zugewandt* 〈*zugewendet*〉. 流行は地味な型に移った.

3 《ふつう規則変化》(…に金銭を)与える, 贈与〈寄付〉する: *jm.* Geld ~ …に金を与える | Er hat der Institution eine große Summe *zugewendet*. 彼はその財団に多額の金を寄付した.

II zu·ge·wandt → 別出

Zu·wend·grö·ße[tsúːvɛnt..] 女 〘言〙与格部.

Zu·wen·dung[..dʊŋ] 女 -/-en **1** 《単数で》(zuwenden すること. 特に:)(他人への)配慮, 思いやり, 温かい気持ち: Kinder brauchen sehr viel ~. 子供たちには温かい愛情が必要だ. **2** 財政的な援助, 補助金, 寄付金; (給与以外の)手当, ボーナス: *jm.* ~*en* machen …に金銭上の援助をする〈補助金を出す〉.

zu·we·nig[tsuvéːnɪç] **I** 《不定数詞・不定代名詞; 無変化》(↔zuviel) 少なすぎる, 不足の: ~ Erfahrung haben 経験不足である | Ich habe für diese Arbeit ~ Geld bekommen. 私はこの仕事の報酬としてはあまりにも少額しか受け取らなかった | In der Suppe ist ~ Salz. このスープは塩が足りない | ~ leisten 成果〈業績〉不足である | einen Sparren ~ 〔im Kopf〕 haben (→Sparren 3) ‖ Er weiß viel ~. 彼はあまりに知らなすぎる | Ich habe mich ~ um ihn kümmern können. 私はあまり彼をかまってやれなかった ‖ Lieber 〈Besser〉 zuviel als ~. (→zuviel I).

II Zu·we·nig 中 -s/ 過少, 不足; (Fehlbetrag) 不足額, 欠損: eine Dame mit einem ~ an Bekleidung 露出過剰の服を着た女性 | Ein Zuviel ist besser als ein ~. (→Zuviel).

zu·we·nigst[-st] =zumindest

zu|wer·fen*[tsúːvɛrfən] 《209》他 (h) **1** 《*jm.* *et.*⁴》(…に…を)投げてやる, 投げ渡す: *jm.* den Ball ~ …にボールをほうってやる | *jm.* die Bälle ~ (→Ball 1 a) | *jm.* einen liebevollen Blick ~ …を優しい目つきで見る | *jm.* eine Kußhand ~ …に投げキスをする. **2** (ドアなどを)勢いよく〈力まかせに〉閉める, バタンと〈ピシャッと〉閉める: den Deckel ~ ふたをパタンと閉める. **3** (土などを)投げ入れてふさぐ: eine Grube 〔mit Erde〕 ~ 穴に土を投げ入れてふさぐ.

zu·wi·der[tsuvíːdər] **I** 前 《3格支配; つねに後置》…に反して, …に逆らって: Das ist dem Abkommen 〈dem Gesetz〉 ~. それは協定〈法律〉違反である | Meinem Befehl ~ hat er es getan. 私の命令にそむいて彼はそれをやった.

II 形 《述語的》《*jm.* / *et.*³》 **1** (…にとって)不利の, 都合の悪い: Das Schicksal war ihm ~. 運命は彼につれなかった | Das Wetter war seinem Vorhaben ~. 天候は彼の計画に幸いしなかった.

2 a) (…にとって)不快な, いやな, いとわしい: Dieser Mann ist mir 〔auf den Tod〕 ~. あの男は〔実に〕いやだ | Es ist mir sehr ~, das Geld von dir zurückzuverlangen, aber … 君に金を返せなどと言うのは気が進まないのだが しかし…. **b)** 《付加語的》《方》不快な, いやな: ein ~*er* Kerl いやなやつ.

zu·wi·der|han·deln[tsuvíːdər..] 《06》 **I** 自 (h) 《*et.*³》(…に)違反〈違背〉する, (…に)そむく: dem Verbot ~ 禁を犯す(ただし: dem Verbot zuwider handeln 禁を犯して行う: →zuwider I) | dem Vertrag ~ 契約にそむく ‖ *Zuwiderhandelnde* Personen werden bestraft. 違反者は罰せられる. **II Zu·wi·der·han·deln·de** 男 女 《形容詞変化》違反者.

Zu·wi·der·hand·lung 女 -/-en 違反〈違背〉行為.

zu·wi·der|lau·fen*[tsuvíːdər..] 《89》自 (s) 《*et.*³》(…に)逆らう, (…に)反する, (…と)矛盾する, 相いれない: *js.* Absichten ~ …の意図に反する | Dieses Verfahren *läuft* meinen Grundsätzen *zuwider* . このやり口は私の主義に合わない.

zu|win·ken[tsúːvɪŋkən] 自 他 (h) 《*jm.*》(目くばせ・身ぶりなどで…に)合図を送る, (特に:) 手を振ってあいさつする: *jm.* Lebewohl 〈zum Abschied〉 ~ …に手を振って別れのあいさつをする ‖ *sich*³ 〔gegenseitig〕 ~ お互いに手を振ってあいさつする.

zu|wu·chern[tsúːvuːxərn] 《05》自 (s) (生い茂る植物で)おおわれる.

ᐁ**Zu·wuchs**[tsúːvuːks] 男 -es/..wüchse[..vyːksə] =Zuwachs

zuz. 略 =zuzüglich

zu|zah·len[tsúːtsaːlən] 他 (h) 追加払いをする, 払い足す; 特別料金を払う; 《比》割を食う, 損をする: Ich mußte noch fünf Mark ~. 私はさらに5マルク払わなければならなかった.

zu|zäh·len[tsúːtsɛːlən] 他 (h) **1** 《*et.*³ *et.*⁴》(…に…を)加算する: Dieser Zahl *zählen* Sie 15 *zu*! この数に15を足しなさい. **2** 《*et.*⁴ 〈*jn.*〉 *et.*³》(…を…の)数に入れる, (…を…に)含める: *jn.* den großen Künstlern ~ …を大芸術家〔の一人〕に数える | Dieses Bauwerk ist der Klassik³ *zuzuzählen*. この建造物は古典期の作品の一つに数えるべきものである. **3** 《*jm.* *et.*⁴》(…に…を)数えて渡す: *jm.* die Bissen ~ 《比》…に与える食物をけちけちする; …に対して物惜しみする.

Zu·zah·lung[tsúːtsaːlʊŋ] 女 -/-en 追加払い, 払い足し.

Zu·zäh·lung[tsúːtsɛːlʊŋ] 女 -/-en zuzählen すること.

zu·zei·ten[tsutsáɪtən] 副 (von Zeit zu Zeit) ときおり, ときどき. [<Zeit]

zu·zeln[tsúːtsəln] 《06》自 (h) 《南部・オーストリア》《話》 **1** (lutschen) しゃぶる, なめながら吸う. **2** (lispeln) ささやく. [擬音]

zu|zie·hen*[tsúːtsiːən] 《219》 **I** 他 (h) **1 a)** (カーテン・ドアなどを)引いて閉める: den Vorhang 〈die Gardine〉 ~ 幕〈カーテン〉を閉める. **b)** (festziehen) (輪・結び目などを)引っぱって締める: einen Knoten ~ 結び目を締める | 〔bei *jm.*〕 die Schlinge ~ (→Schlinge 1 a) ‖ 再帰 *sich*⁴ ~ (輪・結び目などが)締まる.

2 (hinzuziehen) 《*jn.*》(補足的に意見を徴するために専門家などを)呼ぶ, 招く; 引き入れる, (…の)参加を求める: einen Facharzt ~ 専門医の診断〈立ち会い〉を求める.

3 《*sich*³ *et.*⁴》(いやなこと・不快なことを)身に招く, 招来する, 被る, 受ける; (病気などに)かかる: *sich*³ eine Erkältung ~ 風邪を引く | *sich*³ eine Verletzung ~ けがをする | *sich*³ *js.* Zorn ~ …の怒りを買う | *sich*³ Händel ~ もめごとに巻き込まれる.

II 自 (s) **1** (よその土地から)引っ越してくる, 移住する(→Zuzug): Er ist erst kürzlich 〔aus Norddeutschland / in München〕 *zugezogen*. 彼は最近〔北ドイツから・ミュンヒェンに〕越してきたばかりだ ‖ Hier wohnen fast nur *Zugezogene*. ここに住んでいるのはほとんど移住者ばかりだ.

2 《*et.*³ / auf *et.*⁴》(…に向かって)動いて〈流れて〉いく.

Zu·zie·hung[..tsiːʊŋ] 女 -/ zuziehen すること: unter ~ von Fachleuten 専門家たちと相談しながら〈して〉.

Zu·zug[tsúːtsuːk][1] 男 -〔e〕s/..züge[..tsyːɡə] 《ふつう単数で》 **1** (よその土地からの)移住, (人口の)流入; (Zuzugsgenehmigung) 移住許可〔書〕; 移住〈流入〉による人口増加: ~ bekommen i) 移住を認められる; ii) (会員などが)増加する. **2** 《集合的に》 **a)** 移住者, 流入人口. **b)** 〘軍〙援軍, 増援.

Zu·zü·ger[..tsyːɡər] 男 -s/- 《スイス》 =Zuzügler

Zu·züg·ler[tsúːtsyːklər] 男 -s/- **1** (よその土地から)引っ越してきた者, 移住者, 移民. **2** 《複数で》増援部隊, 援軍. **3** 〘劇〙仕出し役者.

zu·züg·lich[tsúːtsyːklɪç] 前 《2格支配》(略 zuz., zzgl.) (↔abzüglich) 〘商〙…を加えて, …加算して: ~ des Portos 別途郵送料がかかる | ~ der Nebenkosten 雑費別途加算 | ~ der Zinsen 利息を加算して.

Z

★ 名詞が冠詞や形容詞を伴わない場合には, 2 格語尾 -〔e〕s が略されることがあり, また複数ではときに 3 格支配も見られる: der Preis ～ *Porto* 郵送料別途負担の価格 | ～ *Beträgen* für Transport 運送費別途加算.

Zu·zugs·ge·neh·mi·gung[tsú:tsu:ks..] 女 (官公庁による)移住許可〔書〕.

zu|zwin·kern[tsú:tsvɪŋkərn] 《05》 自 (h) 《*jm.*》 (…に)まばたきして〈目をぱちぱちさせて〉合図を送る, (…に)目くばせする.

ZV[tsɛtfáʊ] 略 =Zivilverteidigung

Zvie·ri[tsfí:ɛri·, ..əri·] 男 中 -s/ 《スイ》(午後の)間食, おやつ. [<zu vier (Uhr)]

ZVS[tsɛtfaʊ|ɛ́s] 略 女 -/ =**Z**entralstelle für die **V**ergabe von **S**tudienplätzen (ドイツ Dortmund にある大学進学者のための)学籍振り分けセンター.

zwa̜cken[tsvákən] 他 (h) **1** 《話》《*jn.*》つねる, つまむ, はさむ. **2** 《比》《*jn.*》(…に)苦痛を与える, 苦しめる: von Eifersucht *gezwackt* werden 嫉妬(しっと)心にさいなまれる ‖ 非人称 *jn.* zwickt und *zwackt* es (→zwicken 2).
[*mhd.*; ◇zwicken]

zwang[tsvaŋ] zwingen の過去.

Zwang[tsvaŋ] 男 -es(-s)/Zwänge[tsvɛ́ŋə] **1** 《ふつう単数で》 **a)** 強制, 強迫, 無理強い, 強要; 抑圧, 強圧, 圧迫, 重圧; 拘束〔力〕, 束縛, 必然性, 義務: freiwilliger ～ やむにやまれぬこと | ein innerer ～ 内的強制, やむにやまれぬ気持 | ein moralischer ～ 道徳的強制(義務・義理など) | der ～ der Naturgesetze 自然法則の必然性〈拘束力〉| der ～ seiner Persönlichkeit 彼という人間の抗し難い魔力 | Frack*zwang* (夜会などでの)燕尾(えんび)服着用の義務 | Schul*zwang* 就学の義務 ‖ allen ～ ablegen 抑制をかなぐり捨てる, 気ままに振舞う | auf *jn.* 〔einen〕 ～ ausüben …に圧力を加える | *jm.* 〈*et.*^{3}〉 ～ antun 〈auflegen〉 …に強制を加える, …を抑圧する; …に暴力を加える, …(女性)に暴行する | *seinen* Gefühlen ～ antun 自分の感情を抑える | einem Gesetz ～ antun 法律を曲解する | ***sich***^{3} **～ antun** 自制する; 遠慮する | Tu dir keinen ～ an! / Lege dir keinen ～ auf! 遠慮をするな, くつろいでくれ; かまわずに言ってくれ ‖ **aus** ～ 無理に強いられて, やむを得ずに | **ohne** ～ 自由に, 好き勝手に | **unter** ～ 強制されて | unter dem ～ der Verhältnisse 事情やむを得ず ‖ Es besteht kein ～, diese Vorlesung zu besuchen. この講義には出席の義務はない. **b)** 〘心〙強迫: ein psychischer ～ 精神的圧迫〈強迫〉. **2** 〘狩〙(シカの)足跡. ▽**3** (Bezirk) 区域; 管区. ▽**4** (Gilde) 同業組合, ギルド.
[*ahd.*; ◇zwingen; *engl.* thong]

..zwang[..tsvaŋ] 《名詞につけて「…による強制, …しなければならないという心理的強迫〈やむを得ぬ事情〉」などを意味する》: Glaubens*zwang* 信仰の強制 | Erfolgs*zwang* 是が非でも成功させねばならぬという心理的強迫 | Handlungs*zwang* 何らかの行動に出ざるを得ない切羽詰まった状況.

Zwa̜n·ge[tsváŋə] 女 -/-n 《南部》=Zwinge

zwä̜n·ge[1][tsvɛ́ŋə] zwingen の接続法 II.

zwä̜n·ge[2][–] zwängen の現在 1 人称単数および命令法単数.
Zwä̜n·ge Zwang の複数.

zwä̜n·gen[tsvɛ́ŋən] **I** 他 (h) **1** 《*jn.* / *et.*^{4}》《方向を示す語句と》(…を…に)むりやり押しつける, 力ずくで押し込む: die Wäsche in den Koffer ～ 肌着類をトランクにぎゅうぎゅう詰め込む | *seinen* Fuß in den zu kleinen Schuh ～ 足を小さすぎる靴にむりに押し込む | *seinen* Finger durch den Spalt ～ 指を割れ目にむりにねじ込む ‖ *et.*^{4} in ein Schema ～ …を型にはめ込む | *jn.* in den Waffenrock ～ …を強制的に兵役につかせる ‖ 再帰 *sich*^{4} ～ 《方向を示す語句と》(…に)むりやり体を押しつける〈押し込む〉, 力ずくで入り込む | *sich*^{4} durch die Menge ～ 人ごみの中を押しわけて進む | *sich*^{4} in einen überfüllten Bus ～ 満員のバスにむりに乗り込む ‖ *zwängende* Kleider 窮屈な衣服. **2** 《スイ》(特に子供が)せがむ, だだをこねる, せき立てる. **II** 自 (h) 〘狩〙(シカなどが足で)地面を掘る. [*ahd.*; ◇zwingen]

Zwä̜n·ger[tsvɛ́ŋər] 男 -s/- わがままな要求を強引に通そうとする人; 聞き分けのないだだっ子.

Zwän·ge·re̜i[tsvɛŋəráɪ] 女 -/-en 《スイ》身勝手な催促, 目的を達するための強引な要求.

zwa̜ng·haft[tsváŋhaft] 形 **1** 《述語的用法なし》強制的な, むりやりの; 不可抗力的な, 必然的な: Verbrecher kehren ～ an den Ort ihrer Tat zurück. 犯罪者はかならず彼らの犯行の現場に戻ってくる. **2** ぎごちない, わざとらしい, 作為的な.

zwa̜ng·läu·fig =zwangsläufig 2

zwa̜ng·lo̱s[tsváŋlo:s][1] 形 **1** 強制されない, 拘束〈束縛〉のない, 自由な; 形式〈儀式〉張らない, 非公式の, くだけた; なれなれしい: ein ～*es* Beisammensein 自由な〈肩のこらない〉集い ‖ *sich*^{4} ～ benehmen ありのままに振舞う | Hier geht es ganz ～ zu. ここは全く遠慮がいらない. **2** (unregelmäßig) 不規則の, 不定期の: in ～*er* Folge erscheinen (雑誌などが)不定期に刊行される.

Zwa̜ng·lo̱·sig·keit[..lo:zɪçkaɪt] 女 -/ zwanglos なこと.

zwangs.. 《名詞などにつけて「強制的な・法律によって決められた・病気から必然的に起こる」などを意味する》: *Zwangs*arbeit 強制労働 | *Zwangs*vorstellung 〘心〙強迫観念.

Zwa̜ngs·an·lei·he[tsváŋs..] 女 〘経〙強制国債.

zwa̜ngs·an|sie·deln 《過分 zwangsangesiedelt》 他 (h) 《もっぱら不定詞・分詞で》《*jn.*》強制的に入植〈移住〉させる.

Zwa̜ngs≠ar·beit 女 -/ 強制労働; (刑務所内での)重労働. **≠ar·bei·ter** 男 強制労働を課せられた人. **≠auf·ent·halt** 男 強制滞在. **≠aus·gleich** 男 《スイ》=Zwangsvergleich **≠bei·trei·bung** 女 強制徴収〈取り立て〉. **≠be·we̱·gung** 女 -/-en 《ふつう複数で》〘医〙(中枢神経などの破損による)強制〈強迫〉運動. **≠be·wirt·schaf·tung** 女 =Zwangswirtschaft **≠de·por·ta·tio̱n** 女 強制〔国外〕追放.

zwa̜ngs|de·por·tie·ren 他 (h) 《もっぱら不定詞・分詞で》《*jn.*》強制的に〔国外へ〕追放する.

Zwa̜ngs≠ein·stel·lung 女 強制雇用〈採用〉. **≠ein·wei·sung** 女 (病院・刑務所などへの)強制的な入居〈入院・入所〉命令; 強制収容. **≠ein·zie·hung** 女 〘商〙(株式の)強制消却. **≠ent·eig·nung** 女 (財産などの)強制収用, 没収. **≠ent·lüf·tung** 女 (自動車の)強制換気〈排気〉. **≠er·näh·rung** 女 〘医〙強制栄養. **≠er·schei·nung** 女 -/-en 《ふつう複数で》〘心〙強迫現象. **≠er·zie·hung** 女 (問題児・非行少年などに対する)矯正教育, 補導.

zwa̜ngs|eva·ku·ieren 他 (h) 《*jn.*》強制的に立ち退かせる, 強制疎開させる.

Zwa̜ngs≠eva·ku·ierung 女 強制疎開〈立ち退き〉. **≠geld** 中 〘法〙強制賦課金. **≠haft** 女 強制拘禁. **≠hand·lung** 女 〘心〙強迫行為. **≠herr·schaft** 女 専制〔政治〕, 独裁支配. **≠hy·po·the̱k** 女 〘法〙強制抵当. **≠idee** 女 =Zwangsvorstellung **≠iso·lie·rung** 女 強制隔離. **≠jacke** 女 (狂人などの粗暴な行為を妨げるための)拘束服, 緊衣: *jn.* in eine ～ stecken …に拘束服を着せる. **≠ka·stra·tio̱n** 女 強制去勢. **≠kauf** 男 強制売買〈買い上げ〉. **≠kraft** 女 **1** 強制力. **2** 〘理〙(力学的な)束縛力. **≠krank·heit** 女 〘医〙強迫〔神経〕症. **≠kurs** 男 〘経〙強制〔公定・為替〕相場. **≠la̱·ge** 女 **1** 強制された状態; せっぱ詰まった状況, 苦境, ジレンマ: *sich*^{4} in einer ～ befinden 窮地に陥っている. **2** 〘医〙強制体位.

zwa̜ngs·läu·fig[tsváŋslɔʏfɪç][2] 形 **1** 強制による; やむを得ない, 不可避の, 自然の勢いの, 必然の: eine ～*e* Folge 必然の結果 ‖ Das führt ～ zur Katastrophe. それが破局に至るのは必定である. **2** 〘工〙強制〈拘束〉の, 確実な: ～*er* Antrieb 確実伝動.

Zwa̜ngs·läu·fig·keit[–kaɪt] 女 -/ zwangsläufig なこと.

Zwa̜ngs≠li·qui·da·tio̱n 女 (会社などの)強制解散〈清算〉. **≠li·zenz** 女 〘法〙(特許権の)強制実施権.

▽**zwa̜ngs·mä̱·ßig** 形 **1** 強制的な, むりやりの. **2** =zwangsläufig 1

Zwa̜ngs≠maß·nah·me 女 (≠**ma̱ß·re̱·gel** 女) **1** 強制措置: zu ～*n* greifen 強制措置をとる. **2** (国際法違

Z

反などに対する)制裁. ≈**mit·tel** 中 強制手段. ≈**neu·ro·se** 女《心・医》強迫神経症. ≈**neu·ro·ti·ker** 男 強迫神経症患者. ≈**preis** 男 統制〈公定〉価格. ≈**psy·cho·se** 女《医》強迫精神病. ≈**räu·mung** 女 強制立ち退き〈明け渡し〉.

zwangs|re·pa·tri·ieren 他 (h)《もっぱら不定詞・分詞で》《*jn.*》本国へ強制送還する.

Zwangs·schlaf 男 -[e]s/ (Hypnose)(人為的な)催眠状態. ≈**ste·ri·li·sa·tion** 女 強制断種.

zwangs|ste·ri·li·sie·ren 他 (h)《もっぱら不定詞・分詞で》《*jn.*》(…に)強制断種を施す.

Zwangs≈stra·fe 女《法》強制罰. ≈**the·ra·pie** 女 強制治療〈療法〉. ≈**trieb** 男《心》強迫欲動.

zwangs·um|sie·deln《過分 zwangsumgesiedelt》他 (h)《もっぱら不定詞・分詞で》《*jn.*》強制的に移住させる.

Zwangs≈um·sied·lung 女 強制移住〈移転〉. ≈**um·tausch** 男 (Pflichtumtausch)《法》(入国者に対する通貨の)強制交換制. ≈**ver·äu·ße·rung** 女《法》強制譲渡. ≈**ver·fah·ren** 中《法》強制手続き. ≈**ver·gleich** 男《法》強制和議.

zwangs|ver·schicken 他 (h)《もっぱら不定詞・分詞で》《*jn.*》強制的に移送する,〔国外〕追放〈流刑〉に処する.

Zwangs·ver·schickung 女 (Deportation) 強制移送,〔国外〕追放, 流刑.

zwangs|ver·schlep·pen 他 (h)《もっぱら不定詞・分詞で》《*jn.*》むりやりに連れ去る, 強制的に拉致(らち)する.

Zwangs·ver·si·che·rung 女《法》強制保険.

zwangs|ver·stei·gern 他 (h)《もっぱら不定詞・分詞で》《法》強制競売に付する.

Zwangs≈ver·stei·ge·rung 女《法》強制競売〔処分〕. ≈**ver·tei·di·ger** 男《話》(Pflichtverteidiger) 国選弁護人. ≈**ver·wal·ter** 男《法》強制管理人. ≈**ver·wal·tung** 女《法》強制管理.

zwangs|voll·strecken 自 (h)《もっぱら不定詞・分詞で》《法》強制執行する.

Zwangs·voll·streckung 女 **1**《法》強制執行: eine ~ vornehmen 強制執行をする. **2**《スイ》(負債の)取り立て.

zwangs·vor|füh·ren《過分 zwangsvorgeführt》他 (h)《もっぱら不定詞・分詞で》《*jm. jn.*》《法》(…の前に…を)強制的に引致する.

Zwangs≈vor·füh·rung 女《法》強制引致. ≈**vor·stel·lung** 女《心》強迫観念: an 〈unter〉 ~*en* leiden 強迫観念にとりつかれている.

zwangs·wei·se[tsváŋsvaɪzə] 副 (→..weise ★)強制的に, むりやりに; やむにやまれず, 不可避的に: Die Bewohner wurden ~ umgesiedelt. 住民は強制的に移住させられた ‖《付加語形容詞として》eine ~ Emigration 強制亡命.

Zwangs·wirt·schaft 女 -/《経》統制経済.

zwan·zig[tsvántsɪç]《基数》20〔の〕: →fünfzig

★ 数量の多いことを誇張していうことがある(→zwanzigerlei, zwanzigmal): In drei Wochen ist er ~ Jahre älter geworden. 3週間で彼は20歳も年をとってしまった.

[*westgerm.* „zwei Zehner"; ◇zwei, ..zig[1]; *engl.* twenty]

zwan·zi·ger[tsvántsɪgər] **I** 形《無変化》20年代〈20歳台〉の: →fünfziger **II Zwan·zi·ger** 男 -s/- 20歳台の人; 20という数をもつもの: →Fünfziger

Zwan·zi·ger·jah·re[tsvántsɪgərja:rə, ◡◡◡◡◡] 複 **1** 20歳台: →Fünfzigerjahre ▽**2** 20年代.

zwan·zi·ger·lei[tsvántsɪgərlái]《種類を表す数詞; 無変化》20種類の(→fünferlei);《話》(vielerlei) いろいろ(さまざま)な(→zwanzig ★):《名詞的に》~ tun《話》いろんなことをする.

Zwan·zi·ger≈no·te 女《スイ》(スイスの) 20フラン紙幣. ≈**packung** 女 20個入り包み.

zwan·zig·fach[tsvántsɪç..] 形 20倍の.

Zwan·zig≈flach 中, ≈**fläch·ner** 男《数》(Ikosaeder) 正二十面体.

zwan·zig≈jäh·rig[tsvántsɪç..] 形 20年を経た,20歳の; 20年間の. ≈**jähr·lich** 形 20年ごとの. ≈**mal** 副 20回〈度〉; 20倍;《話》(誇張して)なん度となく(→zwanzig ★): Das habe ich dir doch schon ~ gesagt! そのことはもうなんべんも君に言ったじゃないか.

Zwan·zig·mark·schein[tsvantsɪçmárk..] 男 20マルク紙幣.

zwan·zigst[tsvántsɪçst]《序数》第20の,20番目の: →fünft | *Zwanzigster* Juli 1944《史》1944年7月20日事件(Hitler 暗殺未遂事件).

zwan·zig·stel[tsvántsɪçstəl]《分数; 無変化》20分の1〔の〕: →fünftel

zwan·zig·stens[..stəns] 副 (列挙の際などに)第20に〔は〕.

zwar[tsva:r] 副 **1**《aber, doch, allein などと呼応して》確かに(…ではあるが): Er hat ~ graue Haare, fühlt sich aber noch jung. 彼は髪こそ白いが 気はまだ若い | *Zwar* war er dabei, aber er hat nichts gesehen. 彼はそこに居合わせはしたものの 何も見ていない | *Zwar* ist er klein, doch hat er große Kräfte. 彼は小男ではあるが 力は強い ‖ Sie hat seine Frage endlich, ~ sehr zögernd beantwortet. 彼女はひどくためらいながらもとうとう彼の質問に答えた.

2 und zwar (略 u. zw.) (先行する発言内容をさらに限定または精密化して)くわしく〈厳密に〉言うとつまり; それも, しかも, ただし, もっとも | Ich habe mir den Arm gebrochen, und ~ den rechten. 私は腕を それも右腕を折った | Er hat mich kürzlich besucht, und ~ vor vier Tagen. 彼は最近 つまり4日前に私を訪ねて来た | Wasch dir die Hände, und ~ gründlich! 手を洗え. それも徹底的にだぞ.

[*ahd.* zi wāre „in Wahrheit"; ◇zu, wahr]

zwat·schern[tsvátʃərn]《05》自 (h) (zwitschern)(小鳥などが)さえずる: zwitschern und ~ ピーチクパークチさえずる. [＜zwitschern]

zwat·ze·lig[tsvátsəlɪç][2] 形《西部・南部》そわそわした, 落ち着かない.

zwat·zeln[tsvátsəln]《06》自 (h)《西部・南部》もがく, じたばたする, そわそわする.

..zweck →..zwecken

Zweck[tsvɛk] 男 -[e]s/-e **1** 目的, 目標; 意図, ねらい: ein doppelter ~ 二重の目的 | ein erzieherischer 〈politischer〉 ~ 教育上の〈政治的な〉目的 | End*zweck* 最終目的 | Selbst*zweck* 自己目的 ‖ einen ~ erreichen 〈verfolgen〉 目的を達成〈追求〉する | *seinen* ~ erfüllen 〈verfehlen〉 自分の目的を果たす〈果たしそこねる〉 ‖ *et.*[4] **für** private 〈militärische〉 ~*e* benutzen …を私事〈軍事目的〉に利用する | für Propaganda*zwecke* 宣伝のために(→..zwecke) | **ohne** Ziel und ~ arbeiten あてもなく漫然と働く | ein Mittel **zum** ~ 目的のための手段 | zu diesem ~ この目的のために | zu welchem ~ 何の目的で, 何のために | eine Geldsammlung zu wohltätigen ~*en* 慈善のための募金 | zum ~ der Erholung / zum Erholungs*zweck* 休養〈気晴らし〉のために | zu Miet*zwecken* 賃貸しするために(→..zwecken) | ***et.***[4] **zu hinterlistigen ~*en* verwenden**《戯》(用便後)…をしりをぬぐうのに使用する ‖ Welchem ~ soll das dienen? これは何の役にたつのか | dem ~ entsprechende Kleidung 目的にかなった衣服 | **Der ~ heiligt die Mittel.**《諺》目的は手段を正当化する〈選ばず〉| **der ~ der Übung**《戯》達成しようとする目標, 真のねらい.

2 (Sinn)(あることを行う)意味: Das hat keinen ~. そんなことをしても無意味だ〈役にたたない〉| Es hat wenig ~, ihn jetzt anzurufen. 彼にいま電話をかけてみてもあまり意味がない.

▽**3** (標的の中心部の)黒点, 標的の中心部.

[„zugeschnitzter Pflock"; *ahd.*; ◇Zweig[1]]

Zweck·bau[tsvɛ́k..] 男 -[e]s/-ten 実用本位の建築物; (住宅に対して)業務〔営業〕用建造物.

zweck·be·stimmt 形 目的〈用途〉のきまった; 実用〈機能〉本位の.

Zweck≈bünd·nis 中 実用的目的のために結ばれた同盟. ≈**den·ken** 中 実用〔本位〕の思考, プラグマティズム.

zweck·dien·lich[..di:nlɪç] 形 目的に役だつ, 目的にかな

Z

った.

..zwecke[..tsvɛkə]《für ..zwecke の形で: →Zweck 1》(…の)目的で,(…の)ために: für Forschungs*zwecke* 研究のために | Material für Lehr*zwecke* 教材.

Zwẹcke[tsvɛ́kə] 女 -/-n **1** (ふつう頭部の大きく平たい)鋲(びょう), 留め鋲, 鋲くぎ; 画鋲: Heft*zwecke* 画鋲 | Schuh*zwecke* 靴くぎ ‖ Stiefelsohlen mit ~*n* beschlagen 長靴の底に鋲を打つ. **2** =Zweckgras [<Zweck]

zwẹcken[tsvɛ́kən] 他 (h) 《*et.*⁴》(…を)鋲(びょう)で留める: ein Plakat an die Wand ~ ポスターを壁に鋲で留める.

..zwecken[..tsvɛkən] (**..zweck**[..tsvɛk])《zu[m] ..zweck[en]の形で: →Zweck 1》(…の)目的で,(…の)ために,(…を)ねらって: zum Erholungs*zweck* 休養のために | zu Heil*zwecken* 治療の目的で | zu Miet*zwecken* 賃貸するために.

zwẹck·ent·frem·den[tsvɛ́k..]《01》他 (h) 《ふつう不定詞・過去分詞で》本来の目的から外れて使用する: *zweckentfremdete* Steuergelder 流用された税金.

Zwẹck·ent·frem·dung 女 -/ zweckentfremden すること.

zwẹck·ent·spre·chend 形 目的にかなった, 適切な.

Zwẹck·for·schung 女 (基礎研究に対して)具体的な目的のための研究.

zwẹck≠frei 形 実用を目指さない, 目的にとらわれない. **≠fremd** 形 本来の目的にかなわない. **≠ge·bun·den** 形 (あらかじめ)用途〈使途〉のきめられた. **≠ge·mä̱ß** =zweckmäßig

Zwẹck·gras 中〘植〙シバムギ(芝麦).

zwẹck·haft[tsvɛ́khaft] 形 **1** =zweckmäßig ᵛ**2** 目的をもった, 意図を伴った.

zwẹck·lo̱s[tsvɛ́klo:s]¹ 形 **1** 目的のない, あてのない(→Zweck 1): ~ durch die Straßen schlendern あてもなく街中をぶらつく. **2** (sinnlos) 無意味な, 役にたたない(→Zweck 2): ~*e* Anstrengungen むなしい努力 | eine ~*e* Frage くだらぬ質問 ‖ Es ist ~, länger zu warten. これ以上待っても無意味だ.

Zwẹck·lo̱·sig·keit[..lo:zıçkaıt] 女 -/ zwecklos なこと.

Zwẹck·lü̱·ge 女 (ためにせんとする)意図的虚言.

zwẹck·mä̱·ßig[tsvɛ́kmɛ:sıç]² **1** 形 目的にかなった, 合目的の; 役にたつ, 実用的な; 当を得た, 得策の; 有効な, 機能的な: eine ~*e* Einrichtung (目的にかなった)機能的な設備 ‖ Sie ist immer ~ gekleidet. 彼女はいつも実用的な服装をしている. **2** (sinnvoll) 有意義な, 理にかなった; 当を得た, 得策の: *et.*⁴ für ~ halten …を当を得たことと思う ‖ Es ist nicht ~, gleich anzufangen. すぐに始めるのは得策でない.

Zwẹck·mä̱·ßig·keit[–kaıt] 女 -/ zweckmäßig なこと.

Zwẹck·op·ti·mis·mus 男 (特定の目的のための)意図的楽天主義〈オプティミズム〉.

zwẹcks·op·ti·mi·stisch 形 意図的楽天主義〈オプティミズム〉の.

Zwẹcks·pes·si·mis·mus 男 (特定の目的のための)意図的悲観主義〈ペシミズム〉.

zwẹcks·pes·si·mi·stisch 形 意図的悲観主義〈ペシミズム〉の.

Zwẹcks·pro·pa·gan·da 女 下心のある宣伝.

zwecks[tsvɛks] 前《2格支配》《官》…の目的で, …のために: ~ gründlicher Untersuchung 徹底的調査のために.

Zwẹck≠satz 男 (Finalsatz)〘言〙目的文. **≠spa̱·ren** 中 -s/ 目的貯蓄. **≠steu·er** 女 目的税. **≠sti̱l** 男 (建築の)機能主義様式. **≠stra̱·fe** 女〘法〙目的刑. **≠u̱r·sa·che** 女〘哲〙(アリストテレスの)目的因. **≠ver·band** 男 (水道敷設・道路建設など共同事業に際しての地方自治体の)目的連合. **≠ver·mö̱·gen** 中〘法〙目的財産.

zwẹck≠voll 形 目的に役だつ, 有効な; (sinnvoll) 意味のある. **≠wi̱d·rig** 形 目的に反する, 役にたたない; 当を得ない, 不得策の.

ᵛ**zween**[tsve:n] →zwei ★

Zwe̱h·le[tsvé:lə] 女 -/-n《西部》**1** (Handtuch) タオル, 手ぬぐい. **2** (Tischtuch) テーブル掛け.
[*westgerm.* „Badetuch"; ◇ *engl.* towel]

zwei[tsvaı] **I** 《基数》(英: *two*) 2, 二つ[の]: →fünf ‖〘無変化で〙Er hat ~ Gesichter.《比》彼には裏表〈かげひなた〉がある, 彼は信用できない ‖ in ~, drei Tagen 二三日で〈したら〉| eins, ~, drei《比》一二の三で, たちまち, あっさり | **für ~ arbeiten**〈**essen**〉ひと一倍働く〈食べる〉| **Wenn ~ sich streiten, freut sich der Dritte.**《諺》漁夫の利(二人が争えば第三者が喜ぶ) | **Dazu gehören ~!**《話》それには一人じゃだめだ〈足りない〉, やっぱり私が手を貸さなきゃ; それには二人目の同意が必要だ | Das ist so sicher, wie ~ mal ~ vier ist. それは(二二が四ぐらいに)絶対確実だ ‖〘独立的用法の1・4格でときに zweie〙Und ~*e* kehrten zurück. そして二人は帰ってきた ‖〘無冠詞で格を示すために2格 zweier, 3格 zweien の形で〙die Gestalten ~*er* Polizisten 二人の警官の姿 | Was ~*en* zu weit ist, ist dreien zu eng.《諺》二人には広すぎるものも三人には狭すぎる.

II Zwei 1 女 -/-en 2という数; 2という数字; (トランプの) 2の札; (さいころの) 2の目; 評点2 (中の上: →Note 2); 2番コースの路面電車: →Fünf ᵛ**2** 中 -/ (Paar) 対(つい), つがい.

★ 口語, 特に電話などでは drei と聞き誤るのを避けるために zwo ということがある. また古くは男性名詞の前で zween, 女性名詞の前で zwo という形を用いた.

[*idg.*; ◇zwie.., Duo, zer..; *engl.* two, twain]

Zwe̱i·ach·ser[tsvaı|aksər] 男 -s/- 2車軸の車両, 四輪車.

zwe̱i·ach·sig[..|aksıç]² 形 **1** 2軸の. **2** 〘鉱〙(結晶が)双軸の.

Zwei·ạch·tel·takt[tsvaı|áxtəl..] 男 -[e]s/〘楽〙8分の2拍子.

Zwe̱i·ak·ter[tsvái|aktər] 男 -s/-〘劇〙2幕物.

zwe̱i≠ak·tig[..|aktıç]² 形〘劇〙2幕の. **≠ar·mig** 形 2本腕の. **≠ato̱·mig**[..|ato:mıç]² 形〘理〙2原子の. **≠äu·gig** 形 双眼の, 両眼の, 2眼の. **≠ba̱h·nig** [..ba:nıç]² 形 **1** 2車線の. **2** (織物などが) 2幅の. **≠bän·dig** 形 2巻[本]の. **≠ba̱·sisch** (**≠ba̱·sig**[..ba:zıç]²) 形《付加語的》〘化〙2塩基の.

Zwe̱i≠bein 中 (写真機・銃などの)二脚台, 二脚架(→ 図 Maschinengewehr). **≠bei·ner** 男 -s/-《戯》二本足のもの(人間).

zwe̱i≠bei·nig 形 2脚の: ein ~*es* Tier 2本足の動物; 人間. **≠bet·tig** 形 (寝室などが)ベッドが二つの, ツインの.

Zwe̱i·bett·zim·mer 中 (ホテルなどの)二人部屋, ツインの部屋.

Zwe̱i·blatt 中〘植〙フタバラン(二葉蘭)属.

Zwe̱i·brücken[tsváıbrʏkən] 地名 ツヴァイブリュッケン(ドイツ Rheinland-Pfalz 州の都市).
[„(zu) zwei Brücken"]

Zwe̱i·brücker[..brʏkər] (**Zwe̱i·brücke·ner**[..kənər]) **I** 男 -s/- ツヴァイブリュッケンの人.
II 形《無変化》ツヴァイブリュッケンの.

Zwe̱i·bund 男 二国同盟(特に1879-1918のドイツ・オーストリア同盟,1891-94の露仏同盟をさす).

Zwe̱i·decker[tsváıdɛkər] 男 -s/- **1**〘空〙複葉機. ᵛ**2**〘海〙二層甲板の帆走戦艦. [<Deck]

Zwe̱i·deck·schiff 中 =Zweidecker 2

zwe̱i·deu·tig[tsváıdɔʏtıç]² 形 **1** 両義的な, 二通りに解釈できる, あいまいな(→eindeutig). **2** (冗談などが)きわどい, 卑猥(ひわい)な[意味にとれる], 品の悪い, いやらしい, いかがわしい.
[*spätlat.* aequivocus (→äquivok) の翻訳借用]

Zwe̱i·deu·tig·keit[–kaıt] 女 -/-en **1**《単数で》両義性, あいまいさ; (表現などの)きわどさ, 品の悪さ. **2** あいまいな〈きわどい〉表現.

zwe̱i≠di·men·sio·na̱l 形 二次元の; 平面的な. ᵛ**≠dop·pelt** =zweifach **≠drä̱h·tig**[..drɛ:tıç]² 形 2本より合わせた; 2本ケーブルの.

Zwei·drịt·tel·me̱hr·heit[tsvaıdrítəl..] 女 (票決などで) 3分の2の多数.

zwe̱i·e zwei の 1・4 格.

zwe̱i·ei·ig[tsváɪ|aɪɪç][2] 形 《生》 二卵性の: ～*e* Zwillinge 二卵性双生児.

zwe̱i·ein·ha̱lb[tsváɪ|aɪnhálp]《分数; 無変化》 2 と 2 分の 1〔の〕: →fünfeinhalb

zwe̱i·en[1][tsváɪən] 他 (h) 《スイ》 (pfropfen) 接ぎ木する.
[*mhd.*; ＜*ahd.* zwī „Zweig" (◇zwie..)]

zwe̱i·en[2] zwei の 3 格.

Zwe̱i·en·der[tsváɪ|ɛndər] 男 -s/- 《狩》 角(つの)またが二つに分かれたシカ(→Ende 4).

zwe̱i·er zwei の 2 格.

Zwe̱i·er[tsváɪər] 男 -s/- **1** (2 の記号をもつもの. 例えば:) 2 番コースのバス; 2 ペニヒ硬貨; 1902年産ワイン; 第 2 連隊員; (トランプの) 2 の札; 評点 2 (中の上: →Note 2); 二人組の一員: →Fünfer

2 (合計して 2 のもの. 例えば:) 二人乗りボート〈車〉; 二人組: →Fünfer | ein ～ mit 〈ohne〉 Steuermann 《ボート》 蛇手(だしゅ)付き〈無し〉ペア(→ ⊛ Boot B).

3 アラビア数字の 2; 2 字形.

Zwe̱i·er·bob 男 《スポ》 二人乗りボブスレー.

zwe̱i·er·le̱i[tsváɪərláɪ, ⌐◡⌐]《種類を表す数詞; 無変化》 2 種類の; 別々の, 異なった: →fünferlei | ～ Reden führen 二枚舌を使う | ～ Strümpfe anhaben 左右別々の靴下をはいている | mit ～ Maß messen (→Maß I 1 a) | ～ Stiefel sein (→Stiefel 1) ‖ Versprechen und Halten sind ～. 約束することとそれを守ることとは別だ | Es ist ～, ob er sein Versprechen hält. 彼が約束を守るかどうかは分からない.

Zwe̱i·er≈rei·he[tsváɪər..] 女 2 列: *sich*[4] in ～*n* aufstellen 2 列に整列する〈並ぶ〉. **≈takt** 男 《楽》 二拍子. **≈zim·mer** 中 《スイ》 二人部屋, (ホテルの) ツインルーム.

zwe̱i≈fach (ᵛ**≈fäl·tig**)[tsváɪ..] 形 2 倍〈二重〉の: →fünffach

Zwei·fa·mị·li·en·haus[tsvaɪfamí:liən..] 中 2 世帯用住宅.

Zwei·fa̱r·ben·druck[tsvaɪfárbən..] 男 -〔e〕s/-e 《印》 2 色刷り.

zwe̱i≈far·big[tsváɪfarbɪç][2] 形 2 色の. **≈fär·big** [..fɛrbɪç][2] 《オーストリア》 =zweifarbig

Zwe̱i·fel[tsváɪfəl] 男 -s/- (英: *doubt*) (あり得ないのではないかという) 疑い, 疑念, 疑惑; 不信の念, 懐疑; 逡巡(しゅんじゅん) (→Verdacht): heftiger 〈berechtigter〉 ～ 強い〈もっともな〉疑惑の念 | Gewissens*zweifel* 良心の迷い ‖ *js.* ～ beseitigen 〈verscheuchen〉 …の疑念を除く〈吹き払う〉 | ～ 〔an *et.*[3]〕 bekommen 〈hegen〉 〔…に対して〕疑念を抱く | jeden ～ ausschließen / keinen ～ zulassen 少しの疑いも許さない, いささかの疑念を抱く余地もない | Ich habe ～ an der Existenz Gottes. 私は神の存在を疑っている ‖ **außer** 〔**allem**〕 **～ sein** 〈**stehen**〉 〔いささかも〕疑念を抱く余地がない, 〔きわめて〕明白である | **über** ***et.***[4] **im** 〈**in**〉 **～ sein** / *sich*[4] über *et.*[4] im 〈in〉 ～ befinden …を疑っている; …について迷っている, …を決めかねている | Ich bin im ～ 〔darüber〕, ob ich den Vertrag unterschreiben soll. 私は契約に署名すべきかどうか迷っている | *jn.* über *seine* Meinung 〈*seine* Wünsche〉 nicht im ～ lassen …に自分の考え〈希望〉をはっきりと伝える | Im ～ für den Angeklagten. 《法》 疑わしきは罰せず (疑わしい場合には被告に有利に) | ***et.***[4] **in ～ stellen** 〈**ziehen**〉 …を疑う, …に疑念を持つ | **ohne ～** (略 o. Zw.) 疑いもなく, 明らかに, 確かに | Er hat ohne jeden ～ recht. 彼の言い分は明らかに正しい | **über** allen 〈jeden〉 ～ erhaben sein なんら疑う余地もない ‖ Mir sind ～ gekommen, ob … 私は…かどうか疑念がわいてきた | Es ist 〈besteht〉 kein ～ an seinem guten Willen. 彼の善意には疑う余地がない | Darüber kann kein 〈nicht der geringste〉 ～ bestehen. / Daran kann kein ～ sein. それについてはいささかも疑問の余地がない | Sie ließ keinen ～ daran, daß sie es ernst meinte. 彼女が本気であることは疑う余地がなかった.
[*germ.* „zwei-fältig"; ◇zwie.., falten, diplo..]

Zwei·fe̱l·der·wirt·schaft[tsvaɪféldər..] 女 -/ 《農》 (中世以来の) 二圃(ほ)農法, 二圃式輪作 (農地を二つに分けて, 一方を休閑地とし, 収穫効率を高める農法). [＜Feld]

zwe̱i·fel·haft[tsváɪfəlhaft] 形 **1** 疑わしい, 疑問の, はっきりしない, 不確かな, あいまいな: ein Werk von ～*em* Wert 価値の疑わしい作品 ‖ Es ist noch ～, ob er unser Angebot annimmt. 彼が我々の申し出を受け入れるかどうかはまだはっきりしない.

2 不審な, 怪しい; いかがわしい, うさん臭い: eine ～*e* Person いかがわしい〈うさん臭い〉人物 | ein Mensch von ～*em* Ruf 評判のかんばしくない人間 ‖ Seine Geschäfte erscheinen mir etwas ～. 彼の商売はいささかいかがわしく思われる.

Zwe̱i·fel·haf·tig·keit[..tɪçkaɪt] 女 -/ zweifelhaft なこと.

zwe̱i·fel·lo̱s[tsváɪfəlo:s, ⌐◡⌐][1] 副 《陳述内容に対する話し手の判断・評価を示して》 疑いもなく, 明らかに, 確かに: Er hat ～ recht. 明らかに彼の言い分が正しい | *Zweifellos* ist sie die tüchtigste Lehrerin in dieser Schule. 間違いなく彼女がこの学校でいちばん有能な教師だ.

zwe̱i·feln[tsváɪfəln] 《06》 自 (h) 《an *jm.* 〈*et.*[3]〉》 (…を) 疑う, (…に) 疑念を持つ, (…を) 信じない, おぼつかなく思う: am Gelingen des Planes ～ 計画の成功を疑う | Ich *zweifle* nicht an dir 〈an deinem guten Willen〉. 私は君のことを〈君の善意を〉疑ってはいない | Ich *zweifle* 〔daran〕, daß er kommt (⊜ daß er nicht kommt). 私は彼が来ないのではないかと思う | Er *zweifelte* 〔daran〕, ob meine Behauptung stimmte. 彼は私の主張がはたして正しいのかどうか疑っていた.

Zwe̱i·fels·fall 男 疑わしい場合: im ～ 疑わしい場合には.

zwe̱i·fels·frei **I** 形 疑う余地のない, 明白な: ein ～*er* Beweis 疑う余地のない証拠. **II** =zweifellos

zwei·fels·o̱h·ne[tsvaɪfəls|ó:nə] =zweifellos

Zwe̱i·fel·sucht[tsváɪfəl..] 女 -/ 懐疑癖.

zwe̱i·fel·süch·tig 形 疑い深い, 懐疑癖の.

zwe̱i·flam·mig[tsváɪ..] 形 (ガスレンジなどの) 火口が二口の.

Zwe̱if·ler[tsváɪflər] 男 -s/- (⊛ **Zwe̱if·le·rin**[..lərɪn] -/-nen) 疑い深い人, 懐疑家.

zwe̱if·le·risch[tsváɪflərɪʃ] 形 懐疑的な, 疑いをもった, 疑い深い.

zwe̱i≈flü̱·ge·lig[tsváɪfly:gəlɪç][2] (**≈flü̱g·lig**[..glɪç][2]) 形 **1** 2 翼の, 2 枚羽の. **2** (扉などが) 2 枚扉の.

Zwe̱i·flü̱g·ler[..fly:glər] 男 -s/- (Dipteren) 《虫》 双翅(そうし)目 (ハエ・アブ・カなど).

Zwei·fro̱n·ten·krieg[tsvaɪfrɔ́ntən..] 男 二正面戦争〈作戦〉.

Zwe̱i·fü̱·ßer[tsváɪ..] 男 -s/- 二足動物 (人間・類人猿など).

zwe̱i·fü̱·ßig 形 2 本足の; 《詩》 2 詩脚の.

Zwe̱i·fü̱ß·ler 男 -s/- **1** =Zweifüßer **2** 《詩》 2 詩脚詩句.

Zweig[1][tsvaɪk][1] 男 -es(-s)/-e **1** (大枝から分かれた)〔小〕枝, 細枝 (→ ⊛ Baum A) (→Ast 1): ein dünner 〈abgebrochener〉 ～ 細い〈折り取られた〉枝 | ein dürrer ～ 枯れ枝 | kahle ～*e* (葉の落ちたあとの) 裸の枝 ‖ Die ～*e* knospen. 枝が芽吹く〈つぼみをつける〉 | Die Vögel singen in den ～*en*. 小鳥が木の枝で鳴いている | von ～ zu ～ hüpfen (小鳥などが) 枝から枝へ飛び移る ‖ **auf einen grünen ～ kommen** 《話》 成功する | **auf keinen grünen ～ kommen** 《話》 (努力しても) うまくゆかない, 成功しない.

2 《比》 (枝分かれしたもの. 例えば:) 分枝; 枝道; (川の) 支流; (山の) 支脈; (鉄道の) 支線; 分科, 部門; 分店, 支店, 支部, 支局; 分家; 分派: ein ～ der Naturwissenschaft 自然科学の一部門 | ein ～ des Hauses Habsburg ハープスブルク家の一分家 | Industrie*zweig* 工業〈産業〉部門 | Produktions*zweig* 生産部門.
[*westgerm.* „Gabelung"; ◇zwie.., Zwiesel; *engl.* twig]

Zweig[2][tsvaɪk] 人名 Stefan ～ シュテファン ツヴァイク (1881–1942; オーストリアの作家. 作品『マリー=アントワネット』など).

zwe̱i≈ga·be·lig[tsváɪga:bəlɪç][2] (**≈ga̱b·lig**[..blɪç][2]) 形 二またの. **≈gän·gig** 形 **1** 《工》 (ギアが) 2 段式の. **2** (ね

じ山が) 二重の.

Zweig≈bahn[tsváɪk..] 女 支線〔鉄道〕. **≈bank** 女 銀行支店. **≈be·trieb** 男 分工場, 子会社, 支社.

zwei≈ge·lei·sig[tsváɪgəlaɪzɪç]² =zweigleisig **≈ge·schlech·tig** 形〘植〙(雌雄)両性の〔特徴をあわせ持つ〕. **≈ge·schlecht·lich** 形 男女両性にかかわる. **≈ge·schos·sig** 形 2階建ての(→ ..geschossig). **≈ge·sich·tig** 形 二つの顔をもつ;《比》表裏のある, 下心のある.

Zwei≈ge·spann 中 2頭立ての馬車. ᵛ**≈ge·spräch** =Zwiegespräch

zwei≈ge·stal·tig[..gəʃtaltɪç]² 形 二種の形をした, 二様の. **≈ge·stri·chen** 形〘楽〙2点音の: →fünfgestrichen **≈ge·teilt** zweiteilen の過去分詞.

Zweig≈ge·schäft[tsváɪk..] 中 支店, 支社. **≈ge·sell·schaft** 女 支社; (協会などの)支部. **≈gleis** 中〘鉄道〙分岐線.

zwei≈glei·sig[tsváɪglaɪzɪç]² 形 **1**〘鉄道〙複線の. **2** (教育制度などが)複線的な. **3**《比》両てんびんをかけた. **≈glie·de·rig**[..gli:dərɪç]² 形, **≈glied·rig**[..drɪç]² 形 二つの部分からなる;〘数〙2項の;〘軍〙2列の.

Zweig≈li·nie[tsváɪkli:niə] 女 (鉄道の)支線. **≈nie·der·las·sung** 女 支店, 支社. **≈post·amt** 中 (郵便局の)支局. **≈stel·le** 女 支局, 支社; (官庁などの)分室. **≈ver·ein** 男 (協会の)支部. **≈werk** 中 分工場.

Zwei·hal·be·takt[tsvaɪhálbə..] 男 -[e]s/ 〘楽〙2分の2拍子.

Zwei·hän·der[tsváɪhɛndər] 男 -s/- **1** (Beidhänder) 両手で使う剣, 大太刀. **2**〘動〙(サルと区別して)ヒト.

zwei·hän·dig[..hɛndɪç]² 形 両手の(を使う).

zwei·häu·sig[..hɔʏzɪç]² 形 (↔ einhäusig) (diözisch)〘植〙雌雄異株(異体)の, 二家花の.

Zwei·häu·sig·keit[..kaɪt] 女 -/ (↔Einhäusigkeit) (Diözie)〘植〙雌雄異株(異体), 二家花.

Zwei·he·ber 男 -s/-〘詩〙2詩脚詩句.

Zwei·heit[tsváɪhaɪt] 女 -/ 二重性; 二元性.

zwei≈henk·lig[tsváɪhɛŋklɪç]² (**≈hen·ke·lig**[..kəlɪç]²) 形 取っ手(にぎり)が2個の, 両柄の: eine ~*e* Vase 取っ手が二つあるつぼ.

Zwei·herr·schaft 女 二頭政治.

zwei≈höcke·rig[tsváɪhœkərɪç]² 形, **≈höck·rig**[..hœkrɪç]² 形 (ラクダなどが)二こぶの. [<Höcker]

Zwei·hu·fer[tsváɪhu:fər] 男 -s/- (Paarhufer)〘動〙偶蹄(ぐうてい)類〔の動物〕.

zwei·hu·fig[..hu:fɪç]² 形 (paarhufig) 偶蹄(ぐうてい)〔類〕の.

zwei·hun·dert[tsváɪhúndərt]《基数》200〔の〕: →hundert

Zwei·hun·dert·jahr·fei·er[tsvaɪhʊndərtjá:r..] 女 200周年記念祭.

zwei·hun·dert·jäh·rig[tsváɪhúndərtjɛ:rɪç]² 形 200年〔間〕の.

zwei·jäh·rig[tsváɪjɛ:rɪç]² 形 **1** 2年を経た, 2歳の: ein ~*es* Kind 2歳の子供. **2** 2年間の. **3**〘植〙二年生の, 越年生の(秋に発芽し, 翌春に開花・結実して枯れること): ~*e* Pflanzen 二年生植物.

Zwei·kam·mer·sy·stem[tsvaɪkámər..] 中 -s/ 〘政〙(議会の)二院制.

Zwei·kampf[tsváɪ..] 男 (Duell) 決闘, 果たし合い;《比》(一般に二者の間の)対決, 一騎打ち: *jn.* zum ~ herausfordern …に決闘を挑む. [*lat.* duellum (→Duell) の翻訳借用]

zwei≈keim·blät·te·rig 形, **≈keim·blätt·rig** 形〘植〙双子葉の. **≈klap·pig**[..klapɪç]² 形 **1** 二枚弁の. **2** 二枚貝の. **≈köp·fig**[..kœpfɪç]² 形 **1** (怪物などが)二つの頭を持つ: ein ~*er* Adler (紋章の)双頭の鷲(わし). **2** (家族などが)二人からなる(→Kopf 2).

Zwei·korn 中 -[e]s/ =Emmer¹

Zwei·kreis·brem·se 女〘工〙2サーキットブレーキ(車などで油圧を伝えるパイプが前輪と後輪で別系統のもの).

Zwei·lei·ter·sy·stem 中〘電〙二線式.

Zwei·lei·tungs·brem·se =Zweikreisbremse

zwei·mäh·dig[tsváɪmɛ:dɪç]² 形 (羊毛や牧草地などが) 1年2回刈りの.

zwei≈mal[tsváɪma:l] 副 2回; 2倍: →fünfmal ‖ *sich*³ *et.*⁴ nicht ~ sagen lassen (→sagen 1 a ②) | jede Mark ⟨jeden Pfennig⟩ ~ umdrehen (→umdrehen I 1). **≈ma·lig**[..lɪç]² 形《付加語的》2回の, 再度の; 反復した: →fünfmalig

Zwei·mark·stück[tsvaɪmárk..] 中 2マルク硬貨(→Mark¹).

Zwei·ma·ster[tsváɪmastər] 男 -s/- 2本マストの帆船.

zwei≈ma·stig 形 2本マストの. **≈mo·na·tig** 形 2か月を経た, 生後2か月の; 2か月間の. **≈mo·nat·lich** 形 2か月ごとの. **≈mo·to·rig** 形〘空〙双発の.

Zwei·par·tei·en·sy·stem[tsvaɪpartáɪən..] 中〘政〙二大政党制.

Zwei·pfen·nig·stück[tsvaɪpfɛ́nɪç..] 中 2ペニヒ硬貨(→Pfennig).

Zwei·pha·sen·strom[tsvaɪfá:zən..] 男〘電〙2相交流.

zwei·pha·sig[tsváɪfa:zɪç]² 形〘電〙2相の.

Zwei·pol 男〘電〙2端子網.

zwei·po·lig 形〘理〙(磁極・電池が)双極の.

Zwei·pol·röh·re 女 (Diode)〘電〙2極〔真空〕管, ダイオード.

Zwei·rad 中 二輪車.

zwei≈räd·rig[..rɛ:drɪç]² (**≈rä·de·rig**[..dərɪç]²) 形 2輪の.

Zwei·rei·her 男 -s/- (↔Einreiher) (Doppelreiher)〘服飾〙ダブルの上着(コート), ダブルブレステッドスーツ.

zwei·rei·hig[..raɪɪç]² 形 **1** 2列の. **2**〘服飾〙ダブルの, 両前の, ダブルブレステッドの.

Zwei·reim =Paarreim

Zwei·röh·ren·emp·fän·ger[tsváɪrø:rən.., −⏊⏑⏑⏑⏑] 男〘通信〙2球受信機.

Zwei≈ru·de·rer (**≈rud·rer**)[tsváɪ..] 男 -s/- (Bireme) 二橈(にとう)列船(古代ギリシア・ローマの2段こぎ座のガレー船).

zwei≈ru·de·rig 形, **≈rud·rig** 形 2本オールの(ボート); 2段オールの. **≈sai·tig** 形 2弦の(楽器など).

zwei·sam[tsváɪza:m] 形 二人だけの, 二人だけで水入らずの.

Zwei·sam·keit[−kaɪt] 女 -/-en 二人だけの水入らずの生活(状態).

zwei≈säu·rig[..zɔʏrɪç]² 形〘化〙酸度2の: eine ~*e* Base 2酸塩基. **≈schlä·fig**[..ʃlɛ:fɪç]² 形, **≈schläf·rig** (**≈schlä·fe·rig**) 形 (ベッド・寝室などが)二人用(ダブル)の.

Zwei·schlitz 男 =Diglyph

zwei≈schnei·dig 形 両刃の, もろ刃の: ein ~*es* Schwert (→Schwert 1). **≈schü·rig** 形 (羊毛や牧草地などが) 1年2回刈りの.

Zwei·schwer·ter·leh·re[tsvaɪʃvé:rtər..] 女 -/〘史・神〙両剣論.

zwei≈sei·tig[tsváɪ..] 形 **1** (bilateral) 両側(両面)の; (布地などが)裏返しのできる: ein ~*er* Vertrag〘法〙双務契約 ‖ ~ symmetrische Blüte 左右相称花(→zygomorph). **2** 2ページの: ~*e* Anzeige (新聞などの) 2ページにわたる見開き広告. **≈sil·big** 形〘言〙2音節の: ein ~*er* Reim〘詩〙女性韻(→Reim 1).

Zwei·sit·zer 男 -s/- 二人乗りの乗り物.

zwei≈sit·zig[..zɪtsɪç]² 形 二人乗りの, 座席が二つの. **≈spal·tig**[..ʃpaltɪç]² 形〘印〙2段組みの.

Zwei·spän·ner[..ʃpɛnər] 男 -s/- 2頭立ての馬車.

zwei·spän·nig[..ʃpɛnɪç]² 形 2頭立ての.

Zwei·spitz 男 **1**〘服飾〙ビコーン, 二角帽(両端のとがった帽子: → ⊠ Jabot). **2** (両端のとがった)つるはし.

zwei·spit·zig 形 両端のとがった, とがった先が二つある.

zwei·spra·chig[tsváɪʃpra:xɪç]² 形 **1** (bilinguisch)

二言語による, 二言語で書かれた: ein ~*es* Straßenschild 二か国語で書かれた町名標識 | ein ~*es* Wörterbuch 二言語による辞典(独和辞典・独英辞典など). **2** (bilingual) 二言語を話す, 二言語併用の, バイリンガルの: ein ~*es* Gebiet 二言語併用地域 | Das Kind ist ~ aufgewachsen. その子供は二か国語を使いながら成長した.

Zwei·spra·chig·keit[–kaɪt] 女 -/ 〘言〙二言語併用.

zwei·spu·rig[..ʃpuːrɪç]² 形 **1 a)** (zweigleisig)〘鉄道〙複線の. **b)** (道路が) 2 車線の. **2** (自動車などのように) 2 本の走跡を残す. **3** 《比》両てんびんをかけた.

Zwei·stär·ken·glas[tsvaɪʃtɛ́rkən..] =Bifokalglas

zwei≠stel·lig[tsváɪʃtɛlɪç]² 形 **1** 〘数〙二けたの. **2** (zweiwertig)〘言〙2 価の, 結合価 2 の. **≠stim·mig** 形〘楽〙2 声〔部〕の, 2 声部からなる. **≠stöckig**[..ʃtœkɪç]² 形 3 階建ての; 2 階建ての(→..stöckig).

das **Zwei·strom·land**[tsvaɪʃtróːm..] 地名 中 -〔e〕s/ 二つの川の間の土地 (Mesopotamien の別称).

Zwei·stu·fen·ra·ke·te[tsvaɪʃtúːfən..] 女 2 段式ロケット.

zwei≠stu·fig[tsváɪ..] 形 2 段〔式〕の: eine ~*e* Rakete 2 段式ロケット. **≠stün·dig**[..ʃtʏndɪç]² 形 2 時間の. **≠stünd·lich** 形 2 時間ごとの.

zweit[tsvaɪt]《序数》第 2 の, 2 番目の: →fünft ‖ auf den ~*en* Blick (→Blick 1) | die ~*e* Geige spielen (→Geige 1) | das *Zweite* Gesicht haben (→Gesicht 2) | aus ~*er* Hand (→Hand 1) | das ~*e* Ich 第 2 の自我 | mein ~*es* Ich 私の分身(ごく親しい人) | in ~*er* Linie (→Linie 3) | der ~*e* 〈*Zweite*〉 Weltkrieg 第二次世界大戦 ‖ *jm.* zur ~*en* Natur werden (→Natur 2) | Er ist ein ~*er* Schubert. 彼は第 2 のシューベルト〈シューベルトの生まれ変わりのような人〉だ ‖ Er hat Ideen **wie kein ~*er***. 彼は並外れたアイディアマンだ ‖ Bitte zweimal *Zweiter* nach Bonn! ボンまで 2 等〔切符〕を 2 枚ください ‖〘無変化で〙zu ~ 二人で | zu ~ leben 二人で暮らす | Wir waren zu ~. 私たちは二人でした.

★ 口語, 特に電話などでは zweit の代わりに zwot が使われることがある: →zwei ★

zwei≠tä·gig[tsváɪtɛːgɪç]² 形 2 日間の; 2 日を経た, 生後 2 日の. **≠täg·lich** 形 2 日ごとの.

Zwei≠takt 男 =Zweitaktmotor **≠tak·ter** 男 -s/- **1** 2 サイクル=エンジン〔車〕. **2** 〘詩〙2 詩脚詩句.

Zwei·takt≠mo·tor 男 2 サイクル=エンジン. **≠ver·fah·ren** 中〘工〙2 サイクル工程〈方式〉.

zweit·äl·test[tsváɪt|ɛltəst] 形 2 番目の年長の: der ~*e* Sohn 次男.

zwei·tau·send[tsváɪtáʊzənt]《基 数》2000〔の〕: →tausend

Zwei·tau·sen·der[..zəndər] 男 -s/- 2000メートル級の山.

Zweit≠aus·fer·ti·gung[tsváɪt..] 女 (Duplikat) 副本, 控え, 写し. **≠au·to** 中 =Zweitwagen

zweit·best[tsváɪtbɛ́st] 形 2 番目に良い, 次席〈次善〉の.

Zweit·druck[tsváɪt..] 男 -〔e〕s/-e **1** 〘印〙再版. **2** 転載.

ᵛ**zwei·te·halb**[tsváɪtəhálp] =zweithalb

zwei|tei·len[tsváɪtaɪlən] 他 (h)《不定詞・過去分詞で》2 分する: ein *zweigeteilter* Staat 2 分割された国家.

zwei·tei·lig[..taɪlɪç]² 形 2〔等〕分された, 二つの部分からなる.

Zwei·tei·lung 女 2 分割, 2〔等〕分; 分岐.

zwei·tel[tsváɪtəl]《分数; 無変化》(halb)〘数〙2 分の 1 〔の〕: →fünftel

zwei·te·mal[tsváɪtəmaːl] 副《次の形で》das ~ 二度目に(=das zweite Mal) | Es ist das ~, daß ich dir das sage. 君にこれを言うのは二度目だ | beim *zweitenmal* 二度目のときに〔は〕 | zum *zweitenmal* 二度目に.

zwei·tens[tsváɪtəns] 副 (列挙の際などに) 第 2 に〔は〕.

Zweit≠fri·sur[tsváɪt..] 女《戯》(Perücke) かつら. **≠ge·rät** 中 (一つの家庭などでの) 2 台目の器具〈用具〉(特にラジオ・テレビなど).

zweit·größt[tsváɪtgrøːst] 形 2 番目に大きい〈背の高い〉.

ᵛ**zweit·halb**[tsváɪthálp]《分数; 無変化》(anderthalb, eineinhalb) 1 と 2 分の 1〔の〕.

zweit·höchst[tsváɪthøːçst] 形 2 番目に高い.

zweit·klas·sig[tsváɪtklasɪç]² 形 二流の, 中級の: ein ~*es* Restaurant 二流のレストラン.

zweit·letzt[tsváɪtlɛ́tst, ⌐◡] 形 最後から 2 番目の.

Zwei·tou·ren·ma·schi·ne[tsvaɪtúːrən..] 女〘印〙2 回転印刷機.

Zweit≠pla·cier·te (**≠pla·zier·te**)[tsváɪtplatsiːrtə] 男 女《形容詞変化》〘スポ〙二位入賞者.

zweit·ran·gig[..raŋɪç]² 形 **1** (価値・意義などの等級や序列が) 第二級の, 中位の: Das ist für uns nur von ~*er* Bedeutung. そのことは我々にとってさして重要ではない. **2** =zweitklassig

Zweit≠schrift[tsváɪt..] 女 副本, 複写, 写し, コピー. **≠stim·me** 女 (ドイツの連邦議会の選挙で個人候補でなく, 支持する政党に投じられる) 第二票(→Erststimme 1).

zwei·tü·rig[tsváɪtyːrɪç]² 形 2〈ツー〉ドアの (自動車など).

Zweit≠wa·gen[tsváɪt..] 男 セカンドカー. **≠woh·nung** 女 セカンドハウス, 別宅, 別荘.

Zwei·und·drei·ßig·stel 中 -s/- 32分の 1; (特に:)〘楽〙32分音符.

Zwei·und·drei·ßig·stel≠no·te 女〘楽〙32分音符. **≠pau·se** 女〘楽〙32分休〔止〕符.

zwei·und·ein·halb[tsváɪ|ʊnt|aɪnhálp] =zweieinhalb

Zwei·vier·tel·takt[tsvaɪfɪ́rtəl..] 男 -〔e〕s/〘楽〙4 分の 2 拍子.

Zwei·wę·ge·hahn[tsvaɪvéːgə.., ⌐–◡–] 男〘工〙二方コック.

Zwei·weg·gleich·rich·ter[tsváɪveːk..] 男〘電〙全波整流器.

Zwei·wei·be·rei[tsvaɪvaɪbəráɪ] 女 -/ 一夫二妻. [<Weib]

zwei≠wer·tig[tsváɪ..] 形〘化・数・言〙2 価の. **≠wö·chent·lich** 形 2 週間ごとの. **≠wö·chig**[..vœçɪç]² 形 2 週間の; 2 週間を経た, 生後 2 週間の.

Zwei·zack 男 -〔e〕s/-e 二また; 二またの槍(ﾔﾘ)〈フォーク〉.

zwei·zackig 形 (先端のとがった) 二またの.

Zwei·zahn 男 -〔e〕s/-e〘植〙センダングサ(栴檀草)〔属〕(タウコギなど).

Zwei·ze·hen·faul·tier[tsváɪtseːən..] 中〘動〙フタユビナマケモノ(二指樹懶).

Zwei·zei·ler[..tsaɪlər] 男 -s/- 2 行詩; 2 行連句.

zwei·zei·lig[..tsaɪlɪç]² 形 **1** (詩・詩節などが) 2 行の〈からなる〉. **2** (タイプライターなどで) 2 行分〈幅〉の, ダブルスペースの.

Zwei·zim·mer·woh·nung[tsvaɪtsɪ́mər..] 女 2 室からなる住居.

zwei≠zin·kig[tsváɪtsɪŋkɪç]² 形 二またに分かれた, とがった先が二つある. **≠zöl·lig**[..tsœlɪç]² 形 2 インチの.

Zwei·zü·ger[tsváɪtsyːgər] 男 -s/-〘チェス〙2 手詰めの〈で解ける〉問題.

zwei·zün·gig[..tsʏŋɪç]² 形 二枚舌の, 不誠実な.

Zwei·zy·lin·der·mo·tor[tsvaɪtsilɪ́ndər..] 男 (俗: **Zwei·zy·lin·der**[tsváɪtsilɪndər] 男) 2 気筒エンジン〔を備えた自動車〕.

zwei·zy·lin·drig[..tsilɪndrɪç]² 形 2 気筒〔エンジン〕を備えた.

ᵛ**zwerch**[tsvɛrç] 副 (quer) (まっすぐに・斜めに) 横切って, 横断して. [*germ.*; ◇quer]

Zwerch·fell[tsvɛ́rç..] 中〘解〙横隔膜(→ 図 Mensch D): *js.* **~ massieren**《話》…を大笑いさせる.

Zwerch·fell≠at·mung 女 横隔膜呼吸. **≠be·we·gung** 女 横隔膜運動. **≠ent·zün·dung** 女〘医〙横隔膜炎.

zwerch·fell·er·schüt·ternd 形 腹の皮のよじれるような, 哄笑(こうしょう)を誘う: ~*es* Lachen 抱腹絶倒.

Z

Zwerch·fell≈krampf 男 〘医〙 横隔膜痙攣(けいれん) **≈re·flex** 男 〘生理〙 横隔膜反射.

Zwerch·haus 中 (中世の城の)屋根裏部屋(→ ⊛ Burg).

Zwerg[tsvɛrk][1] 男 -es(-s)/-e (⊛ **Zwer·gin**[tsvɛ́rgɪn] -/-nen) **1 a)** (伝説・神話などの)小びと, 侏儒(しゅじゅ), 一寸法師: 《Schneewittchen und die sieben ~*e*》『白雪姫と7人の小びとたち』(Grimm の童話). **b)** 《比》(生まれつき体軀(たいく)の矮小(わいしょう)な)小びと, ちび. **c)** 〘生〙 (動物・植物の)矮小形. **2** =Zwergstern
[*germ.*; *engl.* dwarf]

Zwerg≈amei·sen·fres·ser[tsvɛ́rk..] 男 〘動〙 ヒメアリクイ(姫蟻食). **≈ap·fel** 男 〘植〙 ワリンゴ(和林檎).

zwerg·ar·tig =zwerghaft

Zwerg≈baum 男 **1** 矮性(わいせい)の樹木. **2** 盆栽(の木). **≈beu·tel·rat·te** 女 〘動〙 コモリネズミ(子守鼠). **≈böck·chen** 中 =Zwergmoschustier **≈buch** 中 豆本.

Zwer·gen·auf·stand[tsvɛ́rgən..] 男 《話》 むだな反乱: Mach hier doch keinen ~! この際無駄な抵抗はやめろ.

zwer·gen·haft[tsvɛ́rgən..] =zwerghaft

Zwer·gen·kö·nig 男 小びとの王様.

Zwerg≈fle·der·maus[tsvɛ́rk..] 女 〘動〙 アブラコウモリ(油蝙蝠), イエコウモリ(家蝙蝠). **≈flug·beut·ler** 男 〘動〙 チビフクロモモンガ. **≈fluß·pferd** 中 〘動〙 コビトカバ(小人河馬). **≈fü·ßer** (**≈füß·ler**) 男 -s/- 〘動〙 コムカデ(小百足).

zwerg·haft[tsvɛ́rkhaft] 形 小びと〈侏儒(しゅじゅ)〉のような, ちびの; 矮小(わいしょう)な, ちっぽけな.

Zwerg·haf·tig·keit[..haftɪçkaɪt] 女 -/ zwerghaftなこと.

Zwerg≈hirsch 男 =Zwergmoschustier **≈huhn** 中 〘鳥〙 チャボ(矮鶏).

zwer·gig[tsvɛ́rgɪç][2] =zwerghaft

Zwer·gin Zwerg の女性形.

Zwerg≈kie·fer[tsvɛ́rk..] 男 **1** 矮小(わいしょう)性のマツ(高山マツなど). **2** 〘植〙 (米国北部・カナダなどに生える)マツ属の一種. **≈laus** 女 〘虫〙 ネアブラムシ(根蚜虫)科の昆虫. **≈männ·chen** 中 〘動〙 矮雄(わいゆう), 侏儒(しゅじゅ)雄(雌と比べて著しく小型の雄). **≈maus** 女 〘動〙 カヤネズミ(萱鼠). **≈meer·kat·ze** 女 〘動〙 タラポイン(サルの一種). **≈mis·pel** 女 〘植〙 シャリントウ属, コトネアスター. **≈mo·schus·tier** 中 〘動〙 マメジカ(豆鹿). **≈mot·te** 女 〘虫〙 モグリチビガ(潜矮蛾)科のガ. **≈obst** 中 小果樹. **≈ohr·eu·le** 女 〘鳥〙 コノハズク(木葉木菟). **≈pal·me** 女 〘植〙 チャボトウジュロ(矮鶏唐棕櫚)属. **≈pott·wal** 男 〘動〙 コマッコウ(マッコウクジラの一種). **≈rohr·dom·mel** 女 〘鳥〙 ヨシゴイ(葦五位)(サギの一種). **≈sä·ger** 男 〘鳥〙 ミコアイサ(巫女秋沙)(カモの一種). **≈schlan·ge** 女 〘動〙 ヒメヘビ(姫蛇). **≈schnep·fe** 女 〘鳥〙 コシギ(小鷸). **≈schwalm** 男 〘鳥〙 ズク(木菟)(旧名フクロウヨタカ). **≈see·schwal·be** 女 〘鳥〙 コアジサシ(小鯵刺). **≈sei·den·äff·chen** 中 〘動〙 ピグミーマーモセット(キヌザルの一種). **≈se·pia** 女 〘動〙 ダンゴイカ(団子烏賊)(共生細菌により発光する). **≈spin·ne** 女 〘動〙 コサラグモ(小皿蜘蛛). **≈spitz·maus** 女 〘動〙 ヒメトガリネズミ(姫尖鼠). **≈staat** 男 (ごく小さい)小国. **≈stern** 男 〘天〙 矮星(わいせい). **≈ti·ger·kat·ze** 女 〘動〙 ヤマネコ(山猫). **≈trap·pe** 男 女 〘鳥〙 ヒメノガン(姫野雁). **≈volk** 中 小びと種族(例えば Pygmäe). **≈wal** 男 〘動〙 ミンククジラ. **≈we·spe** 女 〘虫〙 ホソバネヤドリコバチ(細翅寄生小蜂)科の昆虫. **≈wuchs** 男 **1** 発育不全, 成長萎縮(いしゅく). **2** (Nanismus) **a)** 〘医〙 小人(こびと)症, 矮小発育症. **b)** 〘生〙 矮性, 矮化.

zwerg·wüch·sig[..vy:ksɪç][2] 形 発育不全〈成長萎縮(いしゅく)〉の; 〘医〙 小人(こびと)症の, 矮小(わいしょう)発育症の; 〘生〙 矮性の.

Zwerg·zi·ka·de 女 〘虫〙 ヨコバイ(横這)科の昆虫.

Zwet·sche[tsvɛ́tʃə] 女 -/-n **1 a)** (Pflaume) 〘植〙 セイヨウスモモ(西洋李), プラム: *seine* sieben ~*n* 《話》 自分の全財産, 持ち物全部; (兵隊の)七つ道具, 武器全部 | sieben ~*n* つまらないもの; わずかな金. **b)** =Zwetschenbaum **2** 《卑》 (Vagina) 膣(ちつ), ワギナ.
[*roman.*; < *lat.* Damascēnus „damaszenisch" (◇Damaskus)]

Zwet·schen≈baum[tsvɛ́tʃən..] 男 セイヨウスモモの木. **≈kern** 男 **1** スモモ〈プラム〉の核〈種〉. **2** 《卑》 (Klitoris) 陰核, クリトリス. **≈ku·chen** 男 スモモ〈プラム〉入りケーキ. **≈mus** 中 〘料理〙 スモモ〈プラム〉ソース. **≈schnaps** 男 スモモ〈プラム〉酒(蒸留酒). **≈was·ser** 中 -s/ =Zwetschenschnaps

Zwetsch·ge[tsvɛ́tʃgə] 《南部・スイス》 (オーストリア: **Zwetsch·ke**[tsvɛ́tʃkə]) 女 -/-n (Zwetsche) 〘植〙 セイヨウスモモ(西洋李), プラム: *seine* **sieben ~n packen** 《話》 所持品をまとめて出てゆく.

Zwetsch·ken≈knö·del 男 《オーストリア》 〘料理〙 スモモ入りだんご(→Knödel 1). **≈rö·ster** 男 《オーストリア》 〘料理〙 スモモのコンポート〈砂糖煮〉.

Zwickau[tsvíkaʊ] 地名 ツヴィカウ(ドイツ中東部 Sachsen 州の工業都市). [Zwick.. „Gabelung (von Fernstraße)"; ◇Aue[2]]

Zwickau·er[−ər] **I** 男 -s/- ツヴィッカウの人. **II** 形 《無変化》 ツヴィッカウの.

Zwicke[tsvíkə] 女 -/-n **1** (zwicken するための道具. 例えば:) やっとこ, ペンチ. **2** 〘動〙 フリーマーチン(雌雄の二卵性双生児で繁殖力を欠いた雌牛). ▽**3** =Zwecke 1

Zwickel[tsvíkəl] 男 -s/- **1** 〘服飾〙 まち, ゴア(くさび形あるいは三角形の当て布): einen ~ in die Jacke einsetzen 上着にまちを入れる. **2** 〘工〙 ガセット〔プレート〕, 隅板(すみいた), 繋板(けいはん)(→ ⊛ Gewölbe A). **3** 《話》 変人, 奇人: ein komischer ~ おかしなやつ. **4** 《話》 (Zweimarkstück) 2マルク硬貨. [*mhd.* „Keil"; ◇zwicken; 3: ◇verzwickt]

zwicken[tsvíkən] **I** 他 (h) **1** (kneifen) 《*jn.* in *et.*[4]》 (…の…を)つねる, つまむ; (道具などで)はさむ: *jn.* in den Arm 〈in die Backe〉 ~ …の腕〈ほっぺた〉をつねる.
2 《*jn.*》 《しばしば目的語なしで》 (窮屈な衣類などが)締めつける; 《比》 (…に)苦痛を与える, 苦しめる: Der Kragen 〈Die Hose〉 *zwickt* 〔mich〕. 〔私は〕カラー〈ズボン〉が窮屈だ | Sein Rheuma *zwickte* ihn. 彼はリューマチに苦しめられた ‖ 《非人称》 Es *zwickt* mich im Bauch. 私は腹が痛い | ***jn.* zwickt und zwackt es** …は体があちこち痛い | Als er älter wurde, *zwickte* und zwackte es 〔ihn〕 bald hier, bald dort. 彼は年をとるにつれて体のあちらこちらが痛んだ.
3 《オーストリア》 **a)** (切符に)はさみを入れる. **b)** (クリップ・洗濯ばさみなどで)留める, 固定する.
4 (靴を)靴型にはめる.
II 自 (h) **1** 《*jm.* in *et.*[4]》 (…の…を)つねる, つまむ: *jm.* in den Arm 〈in die Backe〉 ~ …の腕〈ほっぺた〉をつねる. **2** (窮屈な衣類などが)締めつける; 《比》 苦痛を与える, 苦しめる.
III Zwicken 中 -s/ zwicken すること: Bauch*zwicken* 《話》 腹痛. [*westgerm.*; ◇Zweig[1]]

Zwicker[..kər] 男 -s/- **1** zwicken するための器具〈道具〉. **2** 《南部・オーストリア》 (Kneifer) 鼻めがね.

Zwick·müh·le 女 (西洋連珠で, 相手がどう動いてもこちらが勝つ)必勝の珠の並べ方(→ ⊛ Mühle); 《比》 板ばさみ, 窮地: in eine ~ geraten 窮地に陥る | *jn.* in die ~ nehmen …を窮地に追い込む | in einer ~ sitzen / *sich*[4] in einer ~ befinden 窮地〈せっぱ詰まった状態〉に立たされている.
[< zwie..]

Zwick·zan·ge 女 やっとこ, ペンチ. [< zwicken]

zwie.. 《名詞・形容詞などにつけて「2」を意味する》: *Zwie*spalt 内部分裂 | *Zwie*gespräch 対話 | *zwie*fach / *zwie*fältig 2倍の, 二重の | *zwie*brachen (畑を秋に)再度耕す. [*idg.*; ◇di..[1], bi.., zwei, Zweig[1]; *engl.* twi..]

Zwie·back[tsví:bak] 男 -[e]s/..bäcke[..bɛkə], -e 両面を焼いた小麦粉菓子; ビスケット, ラスク.
[*it.* bis-cotto (◇Biskotte) の翻訳借用]

Zwie·bel[tsví:bəl] 女 -/-n (⊛ **Zwie·bel·chen**[−çən], **Zwie·be·lein**[..bəlaɪn] 中 -s/-) **1** 〘植〙 タマネギ(玉葱): Winter*zwiebel* ネギ. **2** タマネギの鱗茎(りんけい); 〘植〙 (一般に)鱗茎, 球根(チューリップ・ヒヤシンス・ユリ・スイセンなどの): Tulpen*zwiebel* チューリップの鱗茎〈球根〉. **3** =Zwiebel-

kuppel **4** (タマネギ状のもの. 例えば:)《話》懐中時計; (後ろに結い上げた)まげ; (靴下の)かかとの破れ穴.
[*ahd.* zwi-bolla; *ahd.* cibolla (→Zipolle) を zwie..+Bolle と解した別形]

zwie·bel·ar·tig 形 タマネギ状の.

Zwie·bel·chen Zwiebel の縮小形.

Zwie·bel·dach 中 =Zwiebelkuppel

Zwie·be·lein Zwiebel の縮小形.

Zwie·bel·fisch 男 -[e]s/-e《ふつう複数で》〘印〙ごっちゃ活字(タマネギと一緒に料理する雑魚の意味から).

zwie·bel·för·mig 形 タマネギの形をした.

Zwie·bel≈ge·wächs 中〘植〙鱗茎(りんけい)〈球根〉植物. **≈hau·be** 女 = Zwiebelkuppel **≈knol·len** 男 (南部・オーストリア: **≈häup·tel** 中)タマネギの鱗茎〈球根〉. **≈ku·chen** 男〘料理〙(Schwaben 地方の)オニオンケーキ〈パイ〉. **≈kup·pel** 女〘建〙タマネギ状の丸屋根, 葱花(そうか)ドーム(→ 図). **≈lauch** 男〘植〙タマネギ(玉葱). **≈mu·ster** 中 -s/ (マイセン陶器の)葱花模様.

Zwiebelkuppel

zwie·beln[tsví:bəln]《06》他 (h) **1**《話》《*jn.*》しつこくいやがらせをする, 苦しめる, いじめる, 痛めつける; 厳しく鍛える, しごく. ▽**2**《*et.*[4]》(…に)タマネギで味をつける.

Zwie·bel≈ring 男〘料理〙輪切りのタマネギ. **≈scha·le** 女 タマネギの皮. **≈sup·pe** 女〘料理〙オニオンスープ. **≈turm** 男 (教会の)タマネギ状丸屋根〈葱花(そうか)ドーム〉をもつ尖塔(せんとう)(→Zwiebelkuppel).

▽**Zwie·bra·che**[tsví:..] 女 -/-n〘農〙(秋における畑の)再「度の耕作.」

▽**zwie·bra·chen**《過分 gezwiebracht》他 (h)〘農〙(畑を秋に)再度耕す〈すく〉.

zwie≈fach[tsví:fax] 形 **1**《雅》=zweifach **2**《スイス》ひどくねじれた. **≈fäl·tig**[..fɛltɪç][2]《雅》=zweifach **≈ge·näht** 形 二重に縫い合わせた.

Zwie≈ge·sang 男 (Duett) 二重唱. **≈ge·spräch** 中《雅》(Dialog) 対話, 問答, 対談; 話し合い, 意見の交換. **≈griff** 男〘体操〙片逆手(さかて)〔握り〕(→ 図 Turngriff). **≈laut** 男 (Diphthong)〘言〙二重母音.

Zwie·licht 中 -[e]s/ **1** 薄明, 薄明かり, 微光(特に夜明け・夕暮れなどの): **ins ~ geraten**《比》(立場などが)怪しく〈危うく〉なる | Durch den Skandal ist seine Glaubwürdigkeit ins ~ geraten. このスキャンダルによって彼の信用性がゆらいだ | ***jn.* 〈*et.*[4]〉 ins ~ bringen**《比》…(の立場など)を危うくする. **2** 二種の光による照明(例えば夕暮れの自然光と人工光線の照明).
[*mndd.* twē-licht; ◇ *engl.* twilight]

zwie·lich·tig[..lɪçtɪç][2] 形《比》正体のはっきりしない, 怪しげな: eine ~*e* Person 怪しい人物 ‖ *sich*[4] ~ benehmen 怪しげな振舞いをする.

Zwie·me·tall[tsví:..] 中 (Bimetall)〘理〙バイメタル.

Zwie·sel[tsví:zəl] 女 -/-n; 男 -s/-《方》**1** 二またに分かれた枝〈樹木〉; 分岐; 叉具. **2**〘馬術〙鞍橋(あんきょう)(馬のくらの前後のそり返った部分). [*ahd.*; ◇ Zweig[1], Zwille]

zwie·se·lig[tsví:zəlɪç][2] (**zwies·lig**[..zlɪç][2]) 形 二またに分かれた〈裂けた〉, また状の.

zwie·seln[tsví:zəln]《06》他 (h) 再帰 *sich*[4] ~ 二またに分かれる, 分岐する.

Zwie·spalt[tsví:ʃpalt] 男 -[e]s/-e, ..spälte[..ʃpɛltə]《ふつう単数で》内部分裂, 相克, 葛藤(かっとう); (内的な)不一致, 矛盾: der ~ zwischen Gefühl und Verstand 感情と理性の相克 | der ~ zwischen Wollen und Können 意欲と能力の乖離(かいり)〈不一致〉‖ in einen ~ geraten 内部で分裂する; 内的矛盾〈心的葛藤〉に陥る.

zwie·späl·tig[..ʃpɛltɪç][2] 形 (内部で)分裂した; 矛盾を内蔵した, 内的矛盾〈心的葛藤(かっとう)〉に苦しんでいる, 相反する気持に揺れ動いている. [*ahd.* zwi-spaltig; ◇ ..spaltig]

Zwie·späl·tig·keit[..kaɪt] 女 -/ zwiespältig なこと.

Zwie·spra·che[tsví:ʃpra:xə] 女 -/-n《ふつう単数で》《雅》(Dialog) 対話, 問答, 対談: **mit *jm.* ~ halten 〈führen〉** …と対話〈対談〉をする.

Zwie·tracht[tsví:traxt] 女 -/ (↔Eintracht) 不一致, 不和, 争い, いさかい: ~ säen 〈stiften〉 不和の種をまく.
[*mndd.*–*mhd.*; <*mndd.* twē-drāgen „sich entzweien" (◇tragen)]

zwie·träch·tig[..trɛçtɪç][2] 形 不一致の, 不和の, いがみ合った.

Zwilch[tsvɪlç] 男 -[e]s/-e =Zwillich

zwil·chen[tsvílçən] 形《付加語的》〘織〙ドリル織りの.

Zwilch≈ho·se 女 ドリル織りのズボン. **≈jacke** 女 ドリル織りの上着.

Zwil·le[tsvílə] 女 -/-n《北部》**1** (Astgabel) 枝の分かれ目, 木のまた. **2** (小石などを飛ばす)ぱちんこ.
[*mndd.* twil „Gabelzweig"; ◇Zwiesel]

Zwil·lich[tsvílɪç] 男 -s/ (種類: -e) (Drillich)〘織〙ドリル織り(じょうぶな綾(あや)織りの綿布または亜麻(あま)布).
[*mhd.* zwilich „zwei-fädig"; *lat.* bi-līx (◇bi.., Litze) の部分翻訳借用; ◇Twill]

Zwil·ling[tsvílɪŋ] 男 -s/-e **1** ふたご〈双生児〉(の片方);《複数で》ふたご, 双生児: eineiige 〈zweieiige〉 ~*e* 一卵性〈二卵性〉双生児 | **siamesische ~*e*** シャム双生児 ‖ Die beiden sind ~*e*. この二人はふたごだ. **2** die ~*e*〘天〙双子座;〘占星〙双子宮: →Fisch 1 b **3**〘鉱〙双晶. **4** 双身銃; 双身砲. [*ahd.* zwinil-ing; <*ahd.* zwinal „doppelt" (◇zwie..); ◇ *engl.* twin]

Zwil·lings≈bru·der 男 -s/..brüder ふたごの兄〈弟〉;《複数で》ふたごの兄弟. **≈for·mel** 女〘言〙慣用対語(ついご)〈対句(ついく)〉(例 Kind und Kegel 一家そろって). **≈for·schung** 女 双生児研究. **≈ge·burt** 女〘医〙双胎分娩(ぶんべん). **≈ge·schütz** 中 双身砲. **≈ge·schwi·ster** 複 ふたごのきょうだい(兄と妹・姉と弟). **≈kri·stall** 男〘鉱〙双晶. **≈me·tho·de** 女〘心〙双生児法(遺伝と環境の関係を明らかにするために双生児を観察資料に用いる方法). **≈paar** 中 (一対としての)ふたご. **≈rei·fen** 複 (大型トラック用などの)並列〈ツイン〉タイヤ. **≈schwe·ster** 女 -/-n ふたごの姉〈妹〉;《複数で》ふたごの姉妹.

Zwing·burg[tsvíŋ..] 女 (周囲一帯を威圧するような)堅城, 牙城(がじょう).

Zwin·ge[tsvíŋə] 女 -/-n **1** (ねじで間隔を調節できる)締め具, 締めつけ金具(→ 図). **2 a)** (つえ・こうもり傘・スキーのストックなどの)石突き(→ 図 Ski). **b)** (きり・ナイフその他の道具類の柄に取り付けられた)締め輪, はばき金(がね)(→ 図 Messer). **c)**〘工〙(管を固定するための)フェルール, 口輪.

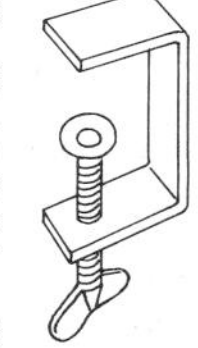
Zwinge

zwin·gen*[tsvíŋən]《220》**zwang**[tsvaŋ]/ **ge·zwun·gen**[gətsvúŋən]; 接II zwänge[tsvɛ́ŋə]

I 他 (h) **1 a)**《*jn.* zu *et.*[3]》(…に…を)強制〈強要〉する, (…に…〔すること〕を)強いる: *jn.* zu einem Geständnis 〈zum Sprechen〉 ~ …にむりやり白状させる〈しゃべらせる〉| *jn.* zum Rücktritt ~ …に辞職〈退陣〉を強いる | Unsere Truppen wurden zum Rückzug *gezwungen.* 味方の部隊は退却を余儀なくされた | Die Umstände *zwangen* ihn zu diesem Mittel. 彼は事情やむなくこの手段に訴えざるをえなかった | Sein Mut *zwingt* 〔mich〕 zur Bewunderung. 彼の勇気には感嘆せざるをえない | Man muß ihn zu seinem Glück ~.(なかなか行動に踏み切れないでいる人に関して)彼に少々はっぱをかけてやらなければいけない ‖ Man *zwang* ihn 〔dazu〕, das Mädchen zu heiraten. 彼はむりやりその娘と結婚させられた | Es hat dich niemand *gezwungen*, dorthin zu gehen. だれも君にむりにそこへ行けとは言わなかったよ | Ich war *gezwungen* 〈Ich sah mich *gezwungen*〉, ihn einzuladen. 私は彼を招待せざるを得なかった | Die Polizei sah sich zu schärferen Maßnahmen *gezwungen.* 警察はさらにいっそう厳しい措置を取らざるを得なくなった ‖ Ich lasse mich nicht ~. 私は他人から強制されたりはしない ‖ 再帰 *sich*[4] zu *et.*[3] ~ 自分に強制を加えて…する, 自制して〈むりに我慢して〉…する | *sich*[4] zu einem Lächeln ~ (心ならずも)むりにほほえむ | *sich*[4] zur Ruhe ~ 強いて心を落ち着ける | Ich habe mich ~ müssen, ihn zu grüßen. 私はいやいや彼に会釈せざるを

得なかった.
b)《*jn.* / *et.*⁴》《方向を示す語句と》(…を…へ)強制(強要)する: *jn.* auf den Stuhl ～ …をむりやりいすに座らせる | *jm.* die Mütze auf den Kopf ～ …にむりやり帽子をかぶせる | *jn.* auf 〈in〉 die Knie ～ (→Knie 1 a) | Er wurde in die Emigration *gezwungen.* 彼は亡命を余儀なくされた | *jn.* unter *seinen* Willen ～《比》…をむりやり自分の意志に従わせる.
2《方》(bewältigen)《*et.*⁴》(課題・仕事などを)片づける, やってのける; (食物を)平らげる: Er *zwang* die Arbeit ganz allein. 彼はその仕事をたったひとりでやりとげた | Ich konnte den Kuchen beim besten Willen nicht ～. 私はそのケーキをどうしても食べきれなかった.

II zwịn·gend 現分 形 強制的な; 逃れることのできない, やむを得ない; 説得力のある, なるほどと思わせる: eine ～*e* Notwendigkeit 逃れえぬ必然性 | das ～*e* Recht〘法〙強行法 | ohne ～*en* Grund なるほどと思える理由もなしに ‖ Dieser Schluß ist nicht ～. この結論には説得性がない ‖ Seine Argumente haben etwas *Zwingendes.* 彼の論証にはなるほどと思わせるものがある.

III ge·zwụn·gen → 別出

[*germ.* „drücken"; ◇Zwang; *engl.* twinge]

Zwịn·ger[tsvíŋər] 男 -s/- **1 a)** (Käfig) (猛獣用の)おり(檻). **b**) (犬・猛獣などを飼育したり, 互いに戦わせたりするための)囲い地. **2**〘史〙(中世の城郭の外壁と内壁の間の)空濠(からぼり), 空き地(循環通路・闘技場・練兵場・猛獣飼育場など, 多目的に使用された: → 図 Burg). ▽**3** 牢獄(ろうごく).

Zwịng≈herr[tsvíŋ..] 男 (特に中世の)専制的な領主, 暴君. **≈herr·schaft** 女 -/ 専制政治, 圧制, 暴政.

Zwịng·li[tsvíŋli·] 人名 Ulrich ～ ウルリヒ ツヴィングリ(1484-1531; スイスの宗教改革者).

Zwing·li·a̱·ner[tsvɪŋliá:nər] 男 -s/- ツヴィングリ派の人.

zwịn·kern[tsvíŋkərn]《05》 (▽**zwịn·ken**[..kən]) 自 (h) (しばしば特定の意図をもって)(目・まぶたを)しばたたく, まばたきする; 目で合図する, 目くばせする: mit den Augen ～ 目をぱちぱちさせる, まばたく. [*mhd.*; ◇*engl.* twinkle]

Zwịr·bel·bart[tsvírbəl..] 男 先端をひねったひげ(→ 図 Bart).

zwị̣r·be·lig[tsvírbəlɪç]² (**zwịrb·lig**[..blɪç]²) 形《スイ》(schwindelig) めまいのする, めまいを覚えた.

zwị̣r·beln[tsvírbəln]《06》 他 (h) (指先で糸・口ひげなどを)ひねる, ひねくり回す. [*mhd.*]

zwịrb·lig =zwirbelig

Zwịrn[tsvɪrn] 男 -[e]s/-e **1** (綿・亜麻・絹などの2本以上の糸をより合わせて作った)より糸, 撚糸(ねんし): *et.*⁴ mit starkem ～ nähen …をじょうぶなより糸で縫う | Himmel, Arsch und ～! (→Himmel 3). **2**《南部》《話》(Geld) 金(かね). **3**《オーストリア》《話》(軍隊などでの)厳しい訓練, しごき. **4**《話》(Schnaps) 火酒(かしゅ). [„Doppelfaden"; *mhd.*; ◇zwie.., binär, Zwist; *engl.* twine]

zwị̣r·nen¹[tsvírnən] 他 (h) **1** (糸を)より合わせる, より糸にする: ein *gezwirnter* Faden より糸. **2**《話》(*jn.*) (軍隊などで)厳しく訓練する, しごく.

zwị̣r·nen²[tsvírnən] 形《付加語的》より糸製の.

Zwị̣r·ner[..nər] 男 -s/- より糸製造職人.

Zwir·ne·re̱i[tsvɪrnəráɪ] 女 -/-en **1** より糸作り, より糸製造. **2** より糸製造工場.

Zwịrn≈fa̱·den[tsvírn..] =Zwirnsfaden **≈hand·schu̱h** 男 より糸で編んだ(薄手の)手袋. **≈ma·schi̱·ne** 女 より糸製造機, 撚糸(ねんし)機. **≈sei·de** 女 スローンシルク, 絹より糸.

Zwịrns·fa̱·den 男 より糸: Sein Leben hing an einem ～.《比》彼の生命は風前のともし火であった | **über einen ～ 〈über *Zwirnsfäden*〉 stolpern**《比》些事(さじ)〈つまらぬこと〉につまずく.

Zwịrn·spit·ze 女 より糸で編んだレース.

zwị·schen[tsvíʃən] **I** 前《位置を示すときなどは3格支配, 方向を示すときなどは4格支配》**1**《und で結ばれた二つの語, または二つのものを指す複数形の名詞・代名詞1個と》**a**) (英: *between*)《空間的》① …と…のあいだに, …と…にはさまれた(空間の)ある位置に, …と…を結ぶ線上(の一点)に, 二つの…のあいだに:〘3格と〙Der Stuhl steht ～ der Tür und dem Sofa. いすはドアとソファーのあいだにある | Das Haus liegt ungefähr ～ Bahnhof und Postamt. その建物はだいたい駅から郵便局に行くあいだに位置している | ～ Tür und Angel (→Tür) | Er marschierte ～ meinem Freund und mir. 彼は私の友人と私のあいだに並んで行進した ‖〘複数形の名詞・代名詞1個と〙Ich saß ～ zwei Gästen. 私は二人の客にはさまれて座っていた | *Zwischen* beiden Häusern ist ein schmaler Durchgang. 二つの建物のあいだには狭い路地がある | Das kann man ～ den Zeilen lesen. それは行間から読みとれる ‖〘4格と〙Ich stelle den Stuhl ～ die Tür und das Sofa. 私はいすをドアとソファーのあいだに置く ‖ Ich setze mich ～ zwei Gäste. 私は二人の客のあいだに腰をおろす | *sich*⁴ ～ zwei Stühle setzen (→Stuhl 1 a) | die Garage ～ die beiden Häuser bauen 車庫を二つの建物のあいだに建てる.
② …から…に至る: die Entfernung ～ den Punkten A und B 点 A と点 B のあいだの距離 | Auf der Autobahn ～ München und Salzburg passieren wenig Autounfälle. ミュンヒェンとザルツブルクのあいだのアウトバーンでは自動車事故が少ない ‖ der Abstand ～ den Häusern 建物の間隔.
b)《中間的存在》《3格と》(状態・性質の点で)…と…の中間に: ein Mittelding ～ Kind und Jüngling 子供とも言えずだからと言って青年とも言えない存在 | eine Farbe ～ Gelb und Braun 黄色と褐色の中間の色 | ～ Tod und Leben schweben 生死のあいだをさまよう ‖ ～ den Parteien stehen 党派のいずれにも属していない.
c)《時間的》…と…のあいだのある時点に; …と…のあいだずっと: ～ heute und morgen きょうあすじゅう(のある時点)に ‖〘3格と〙Ich komme ～ 9 und 10 Uhr. 私は9時から10時までのあいだにまいります | Sein Geburtstag liegt ～ Weihnachten und Neujahr (=fällt ～ das Weihnachtsfest und Neujahr). 彼の誕生日はクリスマスから正月までのどの日かである | *Zwischen* Weihnachten und Neujahr arbeiten wir nicht. クリスマスから正月にかけて我々は仕事をしない | ～ den Jahren (→Jahr 1) | *Zwischen* dem Vorfall und dem heutigen Tag liegen 2 Wochen. 事件からきょうまでには2週間が過ぎ去った ‖〘4格と〙Wir legen die Konferenz ～ den fünften und zehnten Juni. 我々は会議を6月5日から10日まで(のあいだに)開く | Mein Urlaub fällt ～ die Feiertage. 私の休暇は祭日と祭日とのあいだにはさまる.
☆ 基数詞とともに用いられる用法(例 *zwischen* 50 und 60 Jahre alt 50歳ないし60歳の)では副詞とみなされる(→II).
d)《相互関係》…と…の相互間に, …の二者相互間に:〘3格と〙eine enge Beziehung ～ Mutter und Tochter 母と娘のあいだの親しい関係 ‖ der Unterschied ～ A und B A と B のあいだの違い | der Krieg ～ Deutschland und Frankreich 独仏両国間の戦争 | *Zwischen* Stoff und Stoff ist ein großer Unterschied. 生地と言っても(ぴんからきりまで)いろいろある | die Gegensätze ～ den Arbeitgebern und den Arbeitnehmern 使用者側と労働者側とのあいだの対立 ‖〘複数形の名詞・代名詞1個と〙eine enge Beziehung ～ den Geschwistern 兄弟のあいだの親しい関係 | eine Beziehung ～ zwei Geschehnissen 二つの出来事のあいだの関連 | das Verhältnis ～ den beiden 両者間の関係 | die Freundschaft ～ ihnen 彼ら二人のあいだの友情 | ～ den Ehepartnern vermitteln 夫婦間を調停する ‖ Es bestehen große Unterschiede ～ den verschiedenen Entwürfen. 各案のあいだには相互に大きな隔たりがある | Es ist zum Bruch ～ ihnen gekommen. / Es ist aus ～ ihnen. 彼ら二人の仲はこわれた ‖〘三者以上のものの集合の中の(二者間ずつの)関係を示して: →2, ★〙ein Streit ～ den Teilnehmern 参加者間の争い | die Gegensätze ～ den Arbeitgebern und ～ den Arbeitnehmern 使用者側内部の対立と労働者側内部の対立 ‖〘4格と〙Er trat vermittelnd ～ die sich streitenden

Parteien. 彼は相争う党派のあいだに割って入って仲裁を試みた.

e)《二つのもののあいだの選択》《3格と》…と…のいずれか一方, …か…かのいずれか: die Wahl ~ A und B AかBかの選択 | ~ A und B ⟨~ zwei Möglichkeiten⟩ wählen AかBかの⟨二つの可能性のうちの⟩いずれかを選ぶ | Er muß sich ~ dir und mir entscheiden. 彼は君を取るか私を取るかどちらかに決めなければならない.

2《介在・混在; しばしば単数の〔集合〕名詞とともに》(英: *among*)…を分けてそのあいだに; …に取り囲まれて:〘3格と〙 ~ der Menge 群衆の真ん中に | ~ den Kindern sitzen 子供たちに取り囲まれて座っている | Das Haus liegt ~ dem Gebüsch. 家はやぶの真ん中にある | Es wächst viel Unkraut ~ dem Weizen. 小麦のあいだにたくさんの雑草が生えている | Der Brief lag ~ alten Papieren. その手紙は古い書類のあいだにまぎれこんでいた ‖〘4格と〙 *sich*⁴ ~ die Kinder setzen 子供たちのあいだに座る | ~ das Mehl Backpulver mischen 小麦粉の中にベーキングパウダーを混ぜこむ | die Matte ~ die Tür legen, damit sie nicht zuschlägt 戸がバタンと閉まらないように戸のあいだにマットをはさみこむ | Salat ~ die Tomaten ⟨den Tomaten⟩ pflanzen トマトのあいだにレタスを植える.

★ zwischen と unter の違い: 二者間の場合に zwischen を用いるのに対し, 三者以上の場合にはふつう unter が用いられる(ただし: →1 d, 2): die Liebe *zwischen* Mann und Frau 男女間の愛 | die Liebe *unter* den Menschen 人類愛 | der Streit *zwischen* den beiden Brüdern 兄と弟のあいだの争い | der Streit *unter* den Erben 相続人のあいだの争い.

II 副《次の形で基数にそえて数値の幅を示す: →über II 2, an II 5》**zwischen ... und ...** …ないし…の, …と…の範囲内の数の | Er ist wohl ~ 50 und 60 〔Jahre alt〕. 彼は50から60のあいだの年齢であろう | Die Einzelsprachen enthalten ~ ca. 25 und 60 Phoneme. 言語はそれぞれ約25ないし60の音素をもつ.

[*ahd.* in zwiskēn „in der Mitte von beiden"; < *ahd.* zwisk〔i〕 „zweifach" (◇zwie..); ◇*engl.* twixt]

zwischen.. **1**《名詞・動詞などにつけて「(時間的・空間的に)中間の」を意味する》: *Zwischen*pause 中休み | *Zwischen*händler 仲買人 | *zwischen*landen 途中で着陸する. **2**《名詞+..lich の形で「…間の」を意味する形容詞をつくる》: *zwischen*staatlich 国家間の | *zwischen*menschlich 人と人とのあいだの.

Zwị·schen·akt[tsvíʃən..] 男〘劇〙幕間(まくあい); 幕間狂言, 幕間劇.

Zwị·schen·akt·mu·si̲k 女 幕間(まくあい)音楽, 間奏曲.

Zwị·schen≈ap·plaus 男 (演技・演奏・スピーチなどの最中に行われる)途中での拍手喝采(かっさい). **≈auf·ent·halt** 男 (目的地に着く前の)途中での滞在;〘鉄道〙途中停車.

Zwị·schen·aus·lands·ver·ke̲hr 男 (Transitverkehr)(旅客・商品などの)通過往来.

Zwị·schen≈ba̲hn·hof 男 (鉄道の)中間駅. **≈bau** 男 -〔e〕s/-ten (タイヤの)ブレーカー(路面接触部と骨格層の中間のコード層). **≈be·mer·kung** 女 (相手の発言の最中に行われる)途中での発言. **≈be·richt** 男 中間報告; 中間決済. **≈be·scheid** 男〘法〙中間判決.

zwị·schen·be·trieb·lich 形《述語的用法なし》企業間の⟨にまたがる⟩, 各企業共同の: *Zwischenbetriebliche* Einrichtung (旧東ドイツの)共同営農施設.

Zwị·schen≈bi·lanz 女〘商〙中間決算; 中間貸借対照表. **≈blatt** 中 **1**〘印〙間紙(あいし)(印刷・製本の際に裏移りや汚れを防止するための紙間に差し込む白紙). **2** (Mesenchym)〘動〙間葉, 間充織. **≈bo̲·den** 男 **1**〘建〙(床板と梁(はり)の)中間部;〘工〙仮底. **2** 間仕切りの板. **≈bu̲ch·han·del** 男 (出版社と小売店とを仲介する)書籍取次販売〔業・店〕. **≈deck** 中〘海〙**1** 中甲板. **2** (昔の客船のいちばん料金の安い)普通⟨三等⟩船室.

Zwị·schen·decks·pas·sa·gier[..pasaʒi:r] 男 普通⟨三等⟩船客.

zwị·schen·deutsch 形 旧東西両ドイツ間の.

Zwị·schen·ding 中 (Mittelding)(二つのものの)中間物: ein ~ zwischen Wohnzimmer und Küche 居間と台所を兼ねた部屋.

zwi·schen≈dre̲in[tsvɪʃəndráɪn] 副 **1** (dazwischen) そのあいだへ, その中間へ. **2** =zwischendurch 2 **≈dri̲n** [..drín] 副 **1** その中間に; あいだにまじって, ところどころに, 点在して. **2** =zwischendurch 2 **≈du̲rch**[..dʊ́rç] 副 **1** あいだを通って⟨通り抜けて⟩; あいだにまじって, 点在して. **2** そのあいだに, その合間に; (合間を縫って)ときおり. **≈e̲in**[..|áɪn] =zwischenhinein

Zwị·schen≈eis·zeit[tsvíʃən..] 女〘地〙間氷(かんぴょう)期. **≈er·ge̲b·nis** 中 (最終結果に対する)中間結果, 途中での成果. **≈ex·a̲·men** 中 = Zwischenprüfung **≈fall** 男 -〔e〕s/..fälle **1** 突発的な出来事, 予期せぬ⟨思いがけない⟩事件. **2**《複数で》(Unruhen) 騒動, 騒乱: blutige *Zwischenfälle* 流血事件. **≈far·be** 女 中間色. **≈fi·nan·zie·rung** 女 (短期信用による)中間金融, つなぎ融資. **≈fra̲·ge** 女 (相手の発言の最中に行われる)途中での質問. **≈fre·quenz** 女〘電〙中間周波. **≈frucht** 女〘農〙間作〔用〕作物.

Zwị·schen·frucht·bau 男 -〔e〕s/〘農〙間作.

Zwị·schen≈gas 中 -es/ ~ geben (自動車の変速操作の際に)ダブルクラッチを踏む. **≈ge·richt** 中 (Entree)〘料理〙メーンコースの中間に出される料理. **≈ge·schoß** 中〘建〙中階(中二階・中三階など). **≈glied** 中 **1**〘工〙中間⟨複式⟩リンク. **2**〘論〙中間項. **≈halt** 男《スイ》=Zwischenaufenthalt **≈han·del** 男 -s/ **1** 卸売業, 問屋業, 配給⟨取次⟩業. **2** (Transithandel) 通過貿易. **≈händ·ler** 男 仲買人, ブローカー, 卸売商, 問屋, 配給⟨取次⟩業者.

zwi·schen≈he̲r[tsvɪʃənhé:r] = zwischendurch 2 **≈hin·e̲in**[..hɪnáɪn] 副 **1** そのあいだへ, その中間へ. **2** =zwischendurch 2

Zwị·schen≈hirn[tsvíʃən..] 中〘解〙間脳(→図 Gehirn). **≈ho̲ch** 中〘気象〙気圧の峰.

zwi·schen·ịn·ne[tsvɪʃən|ínə] 副 **1** その中間に. **2** =zwischendurch 2

Zwị·schen≈kern[tsvíʃən..] 男〘理〙(核反応の過程でできる)複合核. **≈kie·fer** 男, **≈kie·fer·kno·chen** 男〘解〙顎間(がっかん)骨. **≈kre·di̲t** 男 (本融資の前の)短期信用貸し, つなぎ融資. **≈la̲·ger** 中〘商〙中継倉庫.

zwị·schen≈|la·gern 他 (h)《もっぱら不定詞・分詞で》(一時的に)中継保管する. **≈|lan·den** 《01》自 (s, h)《ふつう不定詞・過去分詞で》〘空〙途中で着陸する.

Zwị·schen≈lan·dung 女 途中⟨中間⟩着陸. **≈lauf** 男《スポ》(競走の)準決勝. **≈lö̲·sung** 女 当座の⟨一時的な⟩解決. **≈ma̲hl·zeit** 女 中間の軽い食事, 間食.

zwị·schen·mensch·lich 形 人と人とのあいだの, 人間相互間の.

zwị·schen|ne̲h·men* 《104》他 (h)《話》《*jn.*》ひどくしかりつける, しぼる.

Zwị·schen≈pau·se 女 中休み; (一時的な)休止期: ohne ~*n* 途中で休憩せずに. **≈per·so̲n** 女 仲介者. **≈pro·dukt** 中 (半加工の)中間製品, 中間生産物; (染料製造過程での)中間物. **≈prü̲·fung** 女 (卒業試験に対する)中間試験, (大学の期末の)中間試験.

Zwị·schen·raum 男 **1** (二つの物体の間の)中間の空間⟨スペース⟩, あき, 間隙(かんげき), すき間; 間隔;〘印〙スペース(字間・語間・行間のあき);〘楽〙(五線の線と線の)間(かん): der ~ zwischen zwei Häusern 二つの家屋の間の空間 | der ~ zwischen den Zeilen 行間の余白 ‖ etwas ~ lassen いくらか余地を残す. **2** (二つの時点の間の)中間の時間, 合間: in *Zwischenräumen* stattfinden (継続的にでなく)間をおいて行われる.

Zwị·schen·raum·ta·ste 女 (Leertaste)(タイプライターの)スペースバー.

Zwị·schen≈rech·nung 女 **1** 暫定的計算. **2** 仮請求書. **≈reich** 中 **1** (生死・天地などの間の)中間世界. ▽**2** =Interregnum **≈reim** =Schweifreim

Zwị·schen·rip·pen≈mus·kel 男〘解〙肋間(ろっかん)筋.

Z

≠**nerv** 男〘解〙肋間神経. ≠**neur·al·gie** 女〘医〙肋間神経痛.

Zwị·schen≠ruf 男 (他人の発言中に発せられる)やじ, かけ声. ≠**ru·fer** 男 やじを飛ばす人. ≠**run·de** 女〘スポ〙**1** (球技などの)準決勝〔戦〕. **2** (ボクシングなどの)中間ラウンド. ≠**satz** 男 **1**〘言〙挿入文. **2**〘楽〙挿句, 間奏, エピソード. ≠**schein** 男 (Interimsschein)(株式発行前の)仮株券, 仮証券. ≠**schicht** 女 中間の層. ≠**sen·der** 男〘電〙自動中継送信機. ≠**spei·cher** 男〘電算〙緩衝記憶装置. ≠**spiel** 中 **1 a)**〘劇〙幕間狂言, 幕間劇, インテルメッツォ. **b)**〘楽〙間奏〔曲〕. **2**《比》中間の(挿話的な)出来事. ≠**spurt** 男〘スポ〙途中でのスパート.

zwị·schen·staat·lich 形 **1** 国と国のあいだの, 国家間の: ～*e* Einrichtungen 国際機関. **2** (アメリカ合衆国などで)州と州のあいだの, 各州間の.

Zwị·schen≠sta·dium 中 (発展などの)中間段階. ≠**sta·tion** 女 **1** (目的地に至る前の)途中下車(着陸), 途中での滞在. **2** 途中下車(着陸)地, 途中での滞在地.

Zwị·schen·sta·tions·zu·brin·ger 男〘宇宙〙軌道間輸送機.

Zwị·schen≠stecker 男〘電〙仲介プラグ, アダプター. ≠**stock** 男 -〔e〕s/-(-werke), ≠**stock·werk** 中 =Zwischengeschoß ≠**stoff·wech·sel** 男〘生〙中間代謝. ≠**streit** 男〘法〙中間の争い.

Zwị·schen·strom·land 中 -〔e〕s/..länder **1**〘地〙河間地帯. **2** das ～ =Zweistromland

Zwị·schen≠stück 中 **1** (二つのものを仲介・接合する)中間物, 中間部分;〘電〙仲介プラグ, アダプター;〘工〙中間リンク. **2** =Zwischenspiel ≠**stu·fe** 女 中間段階. ≠**stun·de** 女 (二つの授業時間のあいだの授業のない)あき時間. ≠**text** 男〘映〙(二つのシーンをつなぐ)中間字幕. ≠**trä·ger** 男 **1** 告げ口をする(中傷して回る)人, 鉄棒引き, 情報屋. **2** 媒介者.

Zwị·schen·trä·ge·rei[tsvɪʃəntrɛ:gərái] 女 -/-en 告げ口, 中傷して回ること.

Zwị·schen≠tür[tsvíʃən..] 女 (部屋と部屋をつなぐ)中間ドア. ≠**ur·teil** 中〘法〙中間判決. ≠**ver·fah·ren** 中〘法〙中間手続き. ≠**ver·pfle·gung** 女《スイ》(Vesper)(特に午後の)間食. ≠**ver·stär·ker** 男〘電〙中間中継〔増幅〕器. ≠**wand** 女 間仕切り壁, 隔壁.

Zwị·schen·wir·bel·schei·be 女 (Bandscheibe)〘解〙椎間〔円〕板.

Zwị·schen·wirt 男〘生・医〙中間宿主.

Zwị·schen·zahn·laut 男 (Interdental)〘言〙歯間音(例 [θ][ð]).

zwị·schen·zei·lig[..tsaılıç][2] 形 行間の.

Zwị·schen·zeit 女 **1** (二つの時点のあいだの)中間の時間, 合間: in der ～ そのあいだに, その間に; そうこうするうちに. **2**〘スポ〙(競走・競泳などの)途中時間, ラップタイム.

zwị·schen·zeit·lich 副《官》そのあいだに, その間に.

Zwị·schen·zel·le 女〘生〙間細胞, 間質細胞.

Zwị·schen·zell·raum 男〘生〙細胞間隙.

Zwist[tsvɪst] 男 -es(-s)/-e 不和, 仲たがい, 反目, あつれき, 確執: **einen ～ vom Zaun brechen**《話》(いきなり)仲たがいする ‖ mit *jm.* in ～ geraten …と不和に陥る | mit *jm.* in ～ leben …といがみ合って暮らす.
[*mndd.*; ◇Zwirn, Twist]

[▽]**zwị·stig**[tsvístıç][2] 形 **1** 不和の, 仲たがいした, 反目し合っている: mit *jm.* ～ werden …と不和に陥る. **2** (事柄が)争われている, 係争中の.

Zwị·stig·keit[–kaıt] 女 -/-en [▽]**1**《単数で》zwistig なこと. **2** 不和, 争い, いさかい, あつれき, 確執.

zwịt·schern[tsvítʃərn]《05》**I** 自 (h) (小鳥などが)さえずる;《比》ぺちゃくちゃしゃべる, おしゃべりする: Wie die Alten sungen, so *zwitschern* auch die Jungen. (→alt II 1 a) ‖ 非人称 Bei ihm *zwitschert* es.《話》彼は頭がおかしい.
II 他 (h) **1** (小鳥などが…を)さえずり歌う. **2**《話》**einen ～** (酒を)一杯ひっかける.
[*ahd.*; 擬音; ◇*engl.* twitter]

Zwịt·ter[tsvítər] 男 -s/- **1** (Hermaphrodit) 半陰陽者, 両性具有者, ふたなり;〘動〙雌雄同体; 両性動物. **2**《比》どっちつかずのもの, 中間的存在. [*ahd.*; ◇zwie..]

Zwịt·ter≠bil·dung 女〘動〙雌雄同体現象. ≠**blü·te** 女〘植〙両性花. ≠**ding** 中 -〔e〕s/-er どっちつかずのもの, 中間的存在. ≠**drü·se** 女〘生〙(腹足類・斧足類などの)両性腺, 両性巣. ≠**form** 女 中間形態.

zwịt·ter·haft[tsvítərhaft] 形 半陰陽の, 両性具有の, ふたなりの;〘動〙雌雄同体の;《比》どっちつかずの, 中間的な.

Zwịt·ter·haf·tig·keit[..tıçkaıt] 女 -/ zwitterhaft なこと.

zwịt·te·rig[tsvítərıç][2] (**zwịtt·rig**[..trıç][2]) 形 **1** =zwitterhaft **2**〘植〙(花が)両性の.

Zwịt·ter≠ion[tsvítər..] 中〘理〙両性イオン. ≠**stel·lung** 女 どっちつかずの(中間的)地位.

Zwịt·ter·tum[tsvítərtu:m] 中 -s/ 半陰陽, 両性具有;〘動〙雌雄同体現象.

Zwịt·ter·we·sen 中 -s/- =Zwitter 2

zwịtt·rig =zwitterig

Zwịtt·rig·keit[..kaıt] 女 -/ zwittrig なこと.

zwo[tsvo:] →zwei ★

zwölf[tsvœlf] **I**《基数》12〔の〕: →fünf ‖〔ein〕Stücker ～《話》1 ダースほど〔の〕| Nun hat es aber ～ geschlagen!《比》これはひどい(たいへんだ) | Davon gehen ～ aufs (auf ein) Dutzend. (→Dutzend 1 a) ‖ **nicht von ～ bis Mittag** ほんのわずかの時間すらも…ない | Es ist fünf Minuten vor ～. (→Minute 1) ‖ die ～ Apostel〘キリスト教〙十二使徒 | **die *Zwölf* Nächte** (民間信仰で,12月25日から1月6日までの)十二夜 | die *Zwölf* Tafeln 十二表法(→Zwölftafelgesetze). **II Zwölf** 女 -/-en 12という数; (トランプの) 12の札; 12番コースの路面電車: →Fünf
[*germ.* „zwei darüber"; ◇zwei, bleiben; *engl.* twelve]

Zwölf·en·der[tsvœlf|ɛndər] 男 -s/-〘狩〙角(つの)またが12に分かれたシカ(→Ende 4).

Zwọ̈l·fer[tsvœlfər] 男 -s/- **1** (12の記号をもつもの. 例えば:) 12番コースのバス; (昔の) 12クロイツァー貨幣; 1912年産ワイン; 第12連隊員; 12人組(会)の一員: →Fünfer
2 (合計して12のもの. 例えば:) 12人用乗り物; 12項的中の富くじ; 12人組(会);〘狩〙=Zwölfender: →Fünfer

Zwọ̈l·fer·sy·stem 中 -s/ (Duodezimalsystem)〘数〙十二進法.

Zwölf·fin·ger·darm[tsvœlffíŋər..] 男〘医〙十二指腸(→ 図 Magen A). [*gr.* dōdeka-dáktylon (◇dodekadisch, daktylo..) の翻訳借用; ◇Duodenum]

Zwölf·fin·ger·darm·ge·schwür 中〘医〙十二指腸潰瘍.

Zwölf·kampf[tsvœlf..] 男 (規定・自由演技を含めて12種目からなる正規の)男子体操競技.

Zwölf·mei·len·zo·ne[tsvœlfmáılən..] 女〘法〙12海里領海.

Zwọ̈lf·näch·te[tsvœlf..] 複 die ～〘民俗〙十二夜(→Rauchnächte).

Zwọ̈lf·punkt·schrift 女〘印〙12ポイント活字.

zwọ̈lf≠stün·dig[..ʃtyndıç][2] 形 12時間の. ≠**stünd·lich** 形 12時間ごとの.

zwölft[tsvœlft]《序数》第12の, 12番目の: →fünft ‖ in ～*er* Stunde (→Stunde 3)

Zwölf·ta·fel·ge·set·ze[tsvœlftá:fəl..] 複〘史〙十二表法, 十二銅板法(紀元前5世紀のローマの成文法典).

zwölf·tau·send[tsvœlftáuzənt]《基数》1万 2000〔の〕.

zwölf·tel[tsvœlftəl]《分数; 無変化》12分の1〔の〕: →fünftel

Zwölf·ten[tsvœlftən] 複 =Zwölfnächte

zwölf·tens[tsvœlftəns] 副 (列挙の際などに) 第12に〔は〕.

Zwọ̈lf·ton≠mu·sik 女 (Dodekaphonie)〘楽〙12音音楽. ≠**sy·stem** 中 -s/〘楽〙12音〔音〕組織.

zwot[tsvo:t] →zweit ★

zyan.. →zyano..

Z

Zyạn[tsyá:n] 中 -s/ 〘化〙シアン〔ガス〕. [◇*engl.* cyan]

Zya·nạt[tsyaná:t] 中 -〔e〕s/-e 〘化〙シアン酸塩. [<..at]

Zyạ·ne[tsyá:nə] 女 -/-n《雅》(Kornblume)〘植〙ヤグルマギク(矢車菊). [*gr.*; ◇zyano..]

zyạ·nen·blau[tsyá:nən..] 形《雅》ヤグルマギクのように青い.

Zya·nịd[tsyaní:t][1] 中 -s/-e〘化〙シアン化物, 青化物.

Zya·nịn[tsyaní:n] 中 -s/〘化〙シアニン(感光色素).

Zyan≠kạ·li[tsya:nká:li·] (≠**kạ·lium**[..liʊm]) 中 -s/〘化〙シアン化カリウム, 青酸カリ.

zyano..《名詞などにつけて「青」を意味する. 母音の前では zyan.. となる》: *Zyano*meter 青度計 | *Zyano*se〘医〙チアノーゼ, 青色症 | *Zyano*psie〘医〙青視症. [*gr.* kýanos „schwarzblau"; ◇*engl.* cyano..]

Zya·no·mẹ·ter[tsyanomé:tər] 中 (男) -s/-〘気象〙(空の青さなどを計る)青度計.

Zya·no·phy·zẹe[..fytsé:ə] 女 -/-n《ふつう複数で》(Blaualge)〘植〙藍藻(らんそう)植物. [<*gr.* phȳkos „Tang"]

Zyan·op·sịe[tsyanɔpsí:] 女 -/-n[..sí:ən]〘医〙青視症. [<*gr.* ópsis „Sehen"]

Zya·nọ·se[tsyanó:zə] 女 -/-n (Blausucht)〘医〙チアノーゼ, 青色症(血液中の酸素不足により皮膚が暗紫色を呈する状態). [<..ose]

zya·nọ·tisch[..nó:tɪʃ] 形 チアノーゼ(青色症)の.

Zya·no·ty·pịe[tsyanotypí:] 女 -/-n[..pí:ən] 青写真法. [<*gr.* týpos (→Typus)]

Zyạn≠säu·re[tsyá:n..] 女〘化〙シアン酸. ≠**was·ser·stoff** 男〘化〙シアン化水素. ≠**was·ser·stoff·säu·re** 女〘化〙シアン化水素酸, 青酸.

Zy·gạ̈·ne[tsygɛ́:nə] 女 -/-n **1** (Blutströpfchen)〘虫〙ベニモンマダラ(紅紋斑蛾)属のガ. **2**〘魚〙サメ(鮫)の一種. [*gr.*]

Zy·gọ·ma[tsygó:ma·, tsý(:)goma·] 中 -s/-ta[tsygó:mata·](Jochbein)〘解〙頬骨(きょうこつ). [*gr.*]

zy·go·mạ·tisch[tsygomá:tɪʃ] 形 頬骨(きょうこつ)の.

zy·go·mọrph[tsygomɔ́rf] 形〘植〙左右相称の: ~*e* Blüte 左右相称花. [<*gr.* zygón „Joch" (◇Joch)]

Zy·go·spọ·re[tsygoʃpó:rə] 女 -/-n〘生〙接合胞子.

Zy·gọ·te[tsygó:tə] 女 -/-n〘生〙接合子, 受精卵. [<*gr.* zygōtós „zusammengejocht"]

Zy·ka·da·zẹe[tsykadatsé:ə] 女 -/-n[..tsé:ən], **Zy·ka·dẹe**[tsykadé:ə] 女 -/-n[..dé:ən]《ふつう複数で》(Palmfarn)〘植〙ソテツ(蘇鉄)類.

Zy̠·kas[tsý:kas] 女 -/-〘植〙ソテツ(蘇鉄)属. [*gr.* kóïx; ◇*engl.* cycas]

zykl.. →zyklo..

die **Zy·klạ·den**[tsyklá:dən] 複 =Kykladen

zy·klạm[tsyklá:m] 形 暗紅色の, えんじ色の.

Zy·klạ·men[tsyklá:mən] 中 -s/- (オーストリア: **Zy·klạ·me**[..mə] 女 -/-n) (Alpenveilchen)〘植〙シクラメン, カガリビバナ(篝火花). [*gr.* kyklámīnos－*lat.*; ◇*engl.* cyclamen]

zy·klạm≠far·ben, ≠**rot** =zyklam

Zy̠·klen Zyklus の複数.

Zy·klị·de[tsyklí:də] 女 -/-n〘数〙サイクライド. [<..id[1]]

Zy̠·kli·ker[tsý:klikər, tsýk.., tsýk..] 男 -s/-〘文芸〙叙事圏〈キクロス〉詩人(古代ギリシアで Homer に続いて英雄神話伝説を歌った叙事詩人たち).

zy̠·klisch[tsý:klɪʃ, tsýk.., tsýk..] 形 **1** (定期的に)循環する, 周期的な. **2**〘数〙巡回的な: eine ~*e* Gruppe 巡回群. **3**〘化〙環状の: eine ~*e* Verbindung 環状〈環式〉化合物. **4**〘植〙(花が)輪生状の: ~*e* Blüte 輪生花. **5** (全体として一つのまとまりをなす)作品群の, 作品群を構成する;〘文芸〙叙事圏〈キクロス〉に属する. [*gr.*－*lat.*; ◇*engl.* cyclic]

zyklo..《名詞・形容詞などにつけて「円」を意味する. 母音の前では zykl.. となることもある》: *Zyklo*meter (車輪の回転によって計る)走行距離計 | *Zyklo*tron〘理〙サイクロトロン ‖ *zykl*isch 周期的な. [*gr.* kýklos (→Zyklus); ◇*engl.* cyclo..]

zy·klo·ịd[tsykloí:t][1] 形 **1** 円形の, 環状の. **2 a)** 循環性の. **b)**〘心〙循環病質の, 躁鬱(そううつ)循環型の. [*gr.*; ◇..id[1]]

Zy·klo·ị·de[tsykloí:də] 女 -/-n〘数〙サイクロイド, 擺(はい)線.

Zy·klo·ịd·schup·pe[tsykloí:t..] 女 円鱗(えんりん)(魚のうろこの一種).

Zy·klo·mẹ·ter[tsyklomé:tər] 中 (男) -s/- **1** (車輪の回転によって計る)走行距離計, 路程計. **2** 円弧測定器.

Zy·klo·me·trịe[..metrí:] 女 -/-n[..trí:ən] **1** 輪転測程〔法〕. **2** 測円〔法〕.

zy·klo·mẹ·trisch[..mé:trɪʃ] 形 **1** 輪転測程〔法〕の, 輪転測程による. **2** 円弧の: ~*e* Funktion〘数〙逆三角関数.

Zy·klọn[tsykló:n] 男 -s/-e **1** 大旋風, サイクロン: ein tropischer ~ 熱帯性低気圧. **2** 商標 サイクロン(遠心力を利用した除塵(じょじん)装置). [*engl.* cyclone; <*gr.* zykloūn „umkreisen"]

Zy·klọ·ne[tsykló:nə] 女 -/-n〘気象〙(移動性の)低「圧域.」

Zy·klọp[tsykló:p] 男 -en/-en〘ギ神〙キュクロプス(一つ目の巨人). [*gr.* Kýkl-ōps－*lat.*; ◇zyklo.., ..opie; *engl.* Cyclops]

Zy·klọ·pen≠au·ge[tsykló:pən..] 中〘医〙(先天的な)一つ目(単眼症の目). ≠**mau·er** 女 キュクロプス式石壁(古代ギリシアの遺跡などで, 巨石を接合材なしに積み上げた石壁).

zy·klọ·pisch[..pɪʃ] 形 キュクロプスのような; 巨大な.

zy·klo·thym[tsykloty:m] **I** 形〘心〙循環気質の, 躁鬱(そううつ)病の.

II Zy·klo·thy̠·me 男 女《形容詞変化》循環気質患者, 躁鬱病患者. [<*gr.* thȳmós (→Thy·mus)]

Zy·klo·thy·mịe[..tymí:] 女 -/〘心〙循環気質, 躁鬱(そううつ)病.

Zy̠·klo·trọn[tsý(:)klotro:n, tsýk.., tsyklotró:n] 中 -s/-e[tsyklotró:nə], -s〘理〙サイクロトロン. [*engl.* cyclotron]

zy·klo·trọ·nisch[tsyklotró:nɪʃ] 形 サイクロトロンの; サイクロトロンで加速された.

Zy̠·klus[tsý:klʊs, tsýk.., tsýk..] 男 -/..klen[..klən] **1 a)** (Kreislauf) サイクル, 循環〔過程〕; (一定の間隔をおいて繰り返される)定期的反復. **b)**〘数〙巡回置換. **c)**〘生理〙(女性の)月経〔周期〕.
2 a)〘文芸〙(古代ギリシアの)叙事圏, キクロス. **b)** (全体として一つのまとまりをなす)作品群, 一連の作品: ein ~ von Liedern / Lieder*zyklus* 歌曲集. **c)** (一定の間隔をおいて行われる)継続的な催し, チクルス(講演会・音楽会など): Beethoven-~ ベートーベン連続演奏会. [*gr.* kýklos－*spätlat.*; ◇Hals, zyklo.. ; *engl.* cycle]

Zy·lịn·der[tsilíndər, tsyl..] 男 -s/- **1** 円柱, 円筒: ein gerader 〈schiefer〉 ~〘数〙直〈斜〉円柱. **2** (円筒状のもの. 例えば:) **a)** 気筒, シリンダー: Der Motor 〈Dieser Wagen〉 hat sechs ~. このエンジン〈この車〉は6気筒だ. **b)** (Lampenzylinder) ランプのほや. **3** (Zylinderhut) シルクハット(→図 Hut). [*gr.*－*lat.*; <*gr.* kylíndein „wälzen"; ◇*engl.* cylinder]

Zy·lịn·der·flä·che[tsilíndər.., tsyl..] 女〘数〙円柱面.

zy·lịn·der·för·mig[tsilíndər.., tsyl..] 形 円柱状の, 円筒形の.

Zy·lịn·der≠glas[tsilíndər.., tsyl..] 中 -es/..gläser =Zylinderlinse ≠**hut** 男 =Zylinder 3 ≠**kopf** 男〘工〙シリンダーヘッド. ≠**lin·se** 女〘光〙円柱レンズ. ≠**pro·jek·tiọn** 女 (地図作成の)円筒図法. ≠**put·zer** 男〘植〙ブラッシノキ属, カリステモン. ≠**schloß** 中 シリンダー錠. ≠**uhr** 女 シリンダー脱進機つき時計.

..zylindrig[..tsilɪndrɪç, ..tsyl..][2]《数詞などにつけて「…気筒〔エンジン〕を備えた」を意味する形容詞をつくる》: sechs*zylindrig* 6気筒〔エンジン〕を備えた.

Z

zy·lin·drisch[tsilíndrɪʃ, tsyl..] 形 円筒形の, 円柱状の.
Zy·lin·drom[tsylɪndró:m] 中 -s/-e 〘医〙 円柱腫(しゅ). [<..om; ◇ *engl.* cylindroma]
Zy·ma·se[tsymá:zə] 女 -/ 〘生化学〙 チマーゼ(解糖・アルコール発酵などにあずかる酵素の総称). [*fr.*; ◇zymisch]
Zym·bal[tsýmbal] 中 -s/-e, -s **1** =Zimbal **2** =Zimbel
zy·misch[tsý:mɪʃ] 形 発酵に関する; 発酵による, 発酵に基づく. [<*gr.* zýmē „Sauerteig"]
Zy·mo·gen[tsymogé:n] 中 -s/-e 〘生化学〙 チモーゲン, 酵素前駆体.
Zy·mo·lo·ge[..ló:gə] 男 -n/-n (→..loge) 発酵学者.
Zy·mo·lo·gie[..logí:] 女 -/ 発酵学.
zy·mös[tsymǿ:s][1] 形 〘植〙 (花序が)集散状の [*gr.*-*lat.*]
Zy·mo·tech·nik[tsymotɛ́çnɪk] 女 -/ 発酵法, 醸造法.
zy·mo·tisch[tsymó:tɪʃ] 形 発酵性の, 発酵を促進する.
Zyn·ege·tik[tsynegé:tɪk] 女 -/ =Kynegetik
Zy·ni·ker[tsý:nikər] 男 -s/- **1** =Kyniker 1 **2** 《比》冷笑家, 皮肉家, シニカルな人; ひねくれ者, つむじ曲がり.
zy·nisch[tsý:nɪʃ] 形 **1** =kynisch 1 **2** 《比》冷笑的な, 皮肉な見方をする, シニカルな; ひねくれた, つむじ曲がりの: ～ lachen シニカルに笑う. [*gr.* kynikós (→kynisch)-*lat.*]
Zy·nis·mus[tsynísmʊs] 男 -/..men[..mən] **1** 《単数で》=Kynismus 1 **2 a**) 《単数で》シニシズム, 冷笑主義(世俗の道徳上の通念や人の誠実さなどを冷笑・蔑視する態度). **b**) 《しばしば複数で》シニカルな言動. [*gr.*-*spätlat.*]
Zy·per·gras[tsý:pər..] 中 〘植〙 カヤツリグサ(蚊帳吊草)属. [*gr.* kýpeiros-*lat.* cypērus; ◇ *engl.* cyperaceae]
Zy·pern[tsý:pərn] 地名 キプロス(東地中海にある島および共和国. 1960年イギリスから独立. 首都は Nikosia). [*gr.* Kýpros-*lat.*; ◇ *engl.* Cyprus]
Zy·per·wein 男 キプロス産のワイン.
Zy·prer[tsý:prər] 男 -s/- キプロス〔島〕人.
Zy·pres·se[tsyprésə] 女 -/-n 〘植〙 イトスギ(糸杉)属(しばしば悲しみの象徴として用いられる). [*gr.* kypárissos-*ahd.*; ◇ *engl.* cypress]
zy·pres·sen[tsyprɛ́sən] 形 《付加語的》イトスギ材の.
Zy·pres·sen≠fich·te 女 (Lebensbaum) 〘植〙 クロベ(黒檜)属. **≠kraut** 中 (Heiligenblume) 〘植〙 ワタスギギク属, サントリナ. **≠wolfs·milch** 女 〘植〙 マツバトウダイ(松葉灯台).
Zy·pri·er[tsý:priər] 男 -s/-, **Zy·priot**[tsyprió:t] 男 -en/-en =Zyprer
zy·prisch[tsý:prɪʃ] (**zy·prio·tisch**[tsyprió:tɪʃ]) 形 キプロス〔島〕の.
zy·ril·lisch[tsyrílɪʃ] =kyrillisch
zyst.. →zysto..
Zyst·al·gie[tsʏstalgí:] 女 -/-n[..gí:ən] (Blasenschmerz) 〘医〙 膀胱(ぼうこう)痛.
Zy·ste[tsʏ́stə] 女 -/-n **1** 〘生〙 嚢子(のうし), 包子. **2** 〘医〙 嚢胞(のうほう). [*gr.* kýstis „〔Harn〕blase"; ◇zyto..; *engl.* cyst]
Zy·stein[tsʏsteí:n] 中 -s/ 〘生化学〙 システイン(アミノ酸の一種). [<Zystin]
Zyst·ek·to·mie[tsʏstɛktomí:] 女 -/-n[..mí:ən] 〘医〙 膀胱(ぼうこう)切除〔術〕.
Zy·sten·äl·chen[tsʏ́stən..] 中 〘動〙 シストセンチュウ(線虫).
Zy·stin[tsʏstí:n] 中 -s/ 〘生化学〙 シスチン(アミノ酸の一種). [<..in[2]]
zy·stisch[tsʏ́stɪʃ] 形 《付加語的》〘医〙 **1** 嚢胞(のうほう)性の. **2** 膀胱(ぼうこう)の.
Zy·sti·tis[tsʏstí:tɪs] 女 -/..tiden[..tití:dən] (Blasenentzündung) 〘医〙 膀胱(ぼうこう)炎. [<..itis]
zysto.. 《名詞などにつけて「嚢(のう)・膀胱(ぼうこう)・胆嚢(たんのう)」などを意味する. 母音の前では zyst.. となることが多い: →*Zyst*algie》 [<*gr.* kýstis (→Zyste); ◇ *engl.* cysto..]
zy·sto·id[tsʏstoí:t][1] 形 嚢(のう)状の. [<..id[1]]
Zy·sto·kar·zi·nom[tsʏstokartsinó:m] 中 〘医〙 膀胱(ぼうこう)癌(がん).
Zy·sto·lith[tsʏstolí:t, ..lít] 男 -s/-e (-en/-en) (Blasenstein) 〘医〙 膀胱(ぼうこう)結石.
Zy·sto·skop[tsʏstoskó:p, ..tɔs..] 中 -s/-e (Blasenspiegel) 〘医〙 膀胱(ぼうこう)鏡.
Zy·sto·sko·pie[tsʏstoskopí:, ..tɔs..] 女 -/-n[..pí:ən] 〘医〙 膀胱(ぼうこう)鏡検査〔法〕.
Zy·sto·spas·mus[tsʏstospásmʊs, ..stɔs..] 男 -/..men[..mən] (Blasenkrampf) 〘医〙 膀胱(ぼうこう)痙攣(けいれん).
..zyt[..tsy:t] 《形容詞・動詞などにつけて「細胞」を意味する男性名詞 (-en/-en) をつくる》: Leuko*zyt* 〘医〙 白血球 | Phago*zyt* 〘医〙 食細胞. [◇ *engl.* ..cyte]
zyto.. 《名詞などにつけて「細胞」を意味する》 [*gr.* kýtos „Höhlung"; ◇zysto.. ; *engl.* cyto..]
Zy·to·ar·chi·tek·to·nik[tsyto|arçitɛktó:nɪk] 女 -/ (大脳皮質の細胞構造を調べる)細胞構築学.
Zy·to·che·mie[tsytoçemí:] 女 -/ 細胞化学.
Zy·to·de[tsytó:də] 女 -/-n 〘生〙 チトーデ(想像上の無核の細胞質塊, または核が消失したように見える細胞).
Zy·to·dia·gno·stik[tsytodiagnɔ́stɪk] 女 -/-en 細胞診断学.
zy·to·gen[tsytogé:n] 形 細胞によって形成された.
Zy·to·ge·ne·tik[..gené:tɪk] 女 -/ 細胞遺伝学.
Zy·to·lo·ge[tsytoló:gə] 男 -n/-n (→..loge) 細胞学者.
Zy·to·lo·gie[..logí:] 女 -/ (Zellenlehre) 細胞学.
zy·to·lo·gisch[..ló:gɪʃ] 形 細胞学〔上〕の.
Zy·to·ly·se[tsytolý:zə] 女 -/-n 〘医〙 細胞崩壊〈溶解〉.
Zy·to·plas·ma[tsytoplásma·] 中 -s/..men[..mən] 〘生〙 細胞〔形〕質.
Zy·to·som[tsytozó:m] 中 -s/-e, **Zy·to·so·ma**[..ma·] 中 -s/-ta[..ta·] 〘生〙 細胞質体.
Zy·to·sta·ti·kum[tsytostá:tikʊm, ..tɔs..] 中 -s/..ka[..ka·] 〘薬〙 細胞増殖抑制剤. [<*gr.* statikós (→statisch)]
zy·to·sta·tisch[tsytostá:tɪʃ] 形 〘医〙 (薬剤などが)細胞増殖抑制性の.
Zy·to·stom[tsytostó:m, ..tɔs..] 中 -s/-e, **Zy·to·sto·ma**[..ma·] 中 -s/-ta[..ta·] (Zellmund) 〘生〙 (原生動物の)細胞口. [<*gr.* stóma „Mund"]
Zy·to·to·xin[tsytotɔksí:n] 中 -s/-e 〘医・生〙 細胞毒〔素〕.
zy·to·to·xisch[..tɔ́ksɪʃ] 形 〘医・生〙 細胞毒〔素〕の; 細胞に有毒な.
z. Z. 略 =zur Zeit いまのところ, 目下.
zzgl. 略 〘商〙 =zuzüglich
z. Zt. 略 =zur Zeit いまのところ, 目下.

付　　録

字　母　一　覧

①	②	③	④	⑤	⑥	⑦	⑧
A a	A a	A a	A a	A a	A a	A a	A a
B b	B b	B b	B b	B b	B b	B b	B b
C c	C c	C c	C c	C ch	C c	C c	C c
D d	D d	D d	D d	D d	D d	D d	D d
E e	E e	E e	E e	E e	E e	E e	E e
F f	F f	F f	F f	F f	F f	F f	F f
G g	G g	G g	G g	G g	G g	G g	G g
H h	H h	H h	H h	H h	H h	H h	H h
I i	I i	I i	I i	I i	I i	I i	I i
J j	J j	J j	J j	J j	J j	J j	J j
K k	K k	K k	K k	K k	K k	K k	K k
L l	L l	L l	L l	L l	L l	L l	L l
M m	M m	M m	M m	M m	M m	M m	M m
N n	N n	N n	N n	N n	N n	N n	N n
O o	O o	O o	O o	O o	O o	O o	O o
P p	P p	P p	P p	P p	P p	P p	P p
Q q	Q q	Q q	Q q	Q q	Q q	Q q	Q q
R r	R r	R r	R r	R r	R r	R r	R r
S s	S s	S s	S ſ s	S s	S ſ s	S ſ s	S ſ s
T t	T t	T t	T t	T t	T t	T t	T t
U u	U u	U u	U u	U u	U u	U u	U u
V v	V v	V v	V v	V v	V v	V v	V v
W w	W w	W w	W w	W w	W w	W w	W w
X x	X x	X x	X x	X x	X x	X x	X x
Y y	Y y	Y y	Y y	Y y	Y y	Y y	Y y
Z z	Z z	Z z	Z z	Z z	Z z	Z z	Z z

文字の書体（①②③はラテン字体，④～⑧はドイツ字体）

①ラテン活字体：種々のデザインがある.
②ラテン筆記体：今日の標準的なもの.
③ラテン筆記体：旧東ドイツの標準的なもの.
④ドイツ活字体：Fraktur と呼ばれる標準的なもの.
⑤ドイツ活字体：1930年代の折衷体.
⑥ドイツ活字体：Gotik と呼ばれるもの.
⑦ドイツ筆記体：標準的なもの.
⑧ドイツ筆記体：Sütterlinschrift と呼ばれるもの.

合　字

1）ドイツ語特有のもの：
ß（ドイツ活字体 ß，筆記体 ß）[ɛstsɛ́t; オーストリア: ʃárfəs|ɛs] s と z の合字であるが，音価は [s] であり，書き換えには今日では ss が用いられる. sz による代用は誤解を避けるなど特殊な場合に限られる：
in Maßen ⟨Maszen⟩ 適度に | in Massen 大量に.

2）ドイツ活字体の小文字にはまた **ch**, **ck**, **st**, **tz** の合字がある：
ch, ck, ſt, tz

ギ リ シ ア 字 母

ギリシア文字		名　称
Α	α	**Ạl·pha** [álfa·] 中 -〔s〕/-s アルファ.
Β	β	**Bẹ·ta** [béːta·] 中 -〔s〕/-s ベータ.
Γ	γ	**Gạm·ma** [gáma·] 中 -〔s〕/-s ガンマ.
Δ	δ	**Dẹl·ta** [dɛ́lta·] 中 -〔s〕/-s デルタ.
Ε	ε	**Ẹp·si·lon** [ɛ́psilɔn] 中 -〔s〕/-s エプシロン.
Ζ	ζ	**Zẹ·ta** [tséːta·] 中 -〔s〕/-s ゼータ，ジータ.
Η	η	**Ẹta** [éːta·] 中 -〔s〕/-s エータ，イータ.
Θ	θ	**Thẹ·ta** [téːta·] 中 -〔s〕/-s テータ，シータ.
Ι	ι	**Jọ·ta** [jóːta·] 中 -〔s〕/-s イオタ，アイオタ.
Κ	κ	**Kạp·pa** [kápa·] 中 -〔s〕/-s カッパ.
Λ	λ	**Lạmb·da** [lámpda·] 中 -〔s〕/-s ラムダ.
Μ	μ	**My̲** [myː] 中 -〔s〕/-s ミュー，ムー.
Ν	ν	**Ny̲** [nyː] 中 -〔s〕/-s ニュー，ヌー.
Ξ	ξ	**Xi̲** [ksiː] 中 -〔s〕/-s クシー，グザイ.
Ο	ο	**Ọmi·kron** [óːmikrɔn] 中 -〔s〕/-s オミクロン.
Π	π	**Pi̲** [piː] 中 -〔s〕/-s ピー，パイ.
Ρ	ρ	**Rho̲** [roː] 中 -〔s〕/-s ロー.
Σ	σ ς	**Sịg·ma** [zígma·] 中 -〔s〕/-s シグマ.
Τ	τ	**Tau** [taʊ] 中 -〔s〕/-s タウ，トー.
Υ	υ	**Ỵp·si·lon** [ýpsilɔn] 中 -〔s〕/-s ユプシロン.
Φ	φ	**Phi̲** [fiː] 中 -〔s〕/-s フィー，ファイ.
Χ	χ	**Chi̲** [çiː] 中 -〔s〕/-s キー，カイ.
Ψ	ψ	**Psi̲** [psiː] 中 -〔s〕/-s プシー，プサイ.
Ω	ω	**Ọme·ga** [óːmega·] 中 -〔s〕/-s オメガ.

ギリシア字母を用いた語・記号の例

α [álfa·] 記号〔天〕アルファ星： α Leier こと座アルファ星.

α-Stra̲h·len [álfaʃtraːlən] 複〔理〕アルファ線.

β-Teil·chen [béːtataɪlçən] 中 -〔s〕/-〔理〕ベータ粒子.

γ [gáma·] 記号 (Gamma) ガンマ，マイクログラム (＝μg).

γ-Ei·sen [gáma | aɪzən] 中 -〔s〕/〔金属〕ガンマ鉄.

ε [ɛ́psilɔn] 記号 (Dielektrizitätskonstante)〔理〕誘電率.

η-Mẹ·son [éːtameːzɔn] 中 -〔s〕/-en [..mezoːnən]〔理〕エータ中性子.

μ **I** [míːkrɔn] 記号 (Mikron) ミクロン (＝μm).
II [mikro..]《単位記号につけて100万分の1を表す》マイクロ：μbar マイクロバール | μg マイクログラム | μF マイクロファラッド | μm ミクロン.

μ-Neu·tri̲·no [mýːnɔʏtriːno·] 中 -s/-s〔理〕ミュー中性子.

π [piː] 記号 (Pi)〔数〕円周率.

Σ [zígma·] 記号 (Summe)〔数〕総和.

Ω [oːm] 記号 (Ohm)〔電〕オーム：MΩ メガオーム.

記号の読み方

1 数 学

●数 式	●読み方
1-1 代数学	
$a + b = c$	a plus b ist〔gleich〕c; a und b ist c
$a - b = c$	a minus b ist〔gleich〕c; a weniger b ist c
$a \times b = c$ $a \cdot b = c$	a mal b ist〔gleich〕c
$a : b = c$ $a / b = c$	a〔geteilt〕durch b ist〔gleich〕c
$a \equiv b$	a ist identisch〔gleich〕b
$a \neq b$ $a \not\equiv b$	a ist nicht gleich b
$a \approx b$	a ist ungefähr〔gleich〕b
$a > b$	a ist größer als b
$a < b$	a ist kleiner als b
$a \gg b$	a ist sehr groß gegen b
$a \ll b$	a ist sehr klein gegen b
$a \geqq b$	a ist größer oder gleich b
$a \leqq b$	a ist kleiner〔oder〕gleich b
$(a + b)^n$	Klammer auf, a plus b, Klammer zu, hoch n
a^n	a hoch n; n-te Potenz von a
$\sqrt{a}$	Wurzel aus a; Quadratwurzel aus a; zweite Wurzel aus a
$\sqrt[3]{a}$	Kubikwurzel aus a; dritte Wurzel aus a
$\sqrt[n]{a}$	n-te Wurzel aus a
$n!$	n Fakultät
$f(x)$	Funktion von x
$\int_b^a f(x)\,dx$	Integral von $f(x)$ von a bis b
1-2 幾何学	
$AB \parallel CD$	Gerade AB ist parallel zur Geraden CD
$AB \perp CD$	Gerade AB ist senkrecht auf Gerade CD
$\triangle ABC \cong \triangle DEF$	Dreieck ABC ist kongruent 〈deckungsgleich〉 Dreieck DEF
$\triangle ABC \sim \triangle DEF$	Dreieck ABC ist ähnlich Dreieck DEF
1-3 集合論	
$a \in A$	a ist ein Element von A
$A \subset B$	A〔ist〕enthalten in B; A〔ist〕Teilmenge von B
$A \supset B$	A umfaßt B
$A \cup B$	A vereinigt mit B; Vereinigungsmenge von A und B
$A \cap B$	A geschnitten mit B; Schnittmenge von A und B
$\{x \mid A(x)\}$	Menge 〈Klasse〉 aller x mit der Eigenschaft A von x; Menge 〈Klasse〉 aller x, für die gilt A von x
xRy	x steht zu y in der Relation R

2 論理学

●論理式	●読み方
$A \wedge B$	A und B
$A \vee B$	A oder B
$A \mid B$	nicht beide A und B
$A \succ\!\prec B$	entweder A oder B
$A \rightarrow B$	wenn A dann B
$A \leftrightarrow B$	A genau dann, wenn B
$\neg A$ $\sim A$	nicht A
$\bigvee_x A(x)$	für manche x A von x
$\bigwedge_x A(x)$	für alle x A von x

3 数 詞

3-1 ローマ数字

I(1), V(5), X(10), L(50), C(100), D(500), M(1000), A(5000)を組み合わせて表す．すなわち，同じ数，あるいは小さい数を大きい数の右隣に置いた場合にはそれらを加え合わせ，小さい数を大きい数の左隣に置いた場合には，小さい数を大きい数から引く．ただし，小さい数は大きい数の左隣に一つしか置くことができない．

I,	II,	III,	IV,	V,	VI,	VII,	VIII,	IX,	X,	XI,	XII,
(1)	(2)	(3)	(4)	(5)	(6)	(7)	(8)	(9)	(10)	(11)	(12)

...	XIV,	XV,	XVI,	...	XIX,	XX,	XXI,	...	XXX,	XL,
	(14)	(15)	(16)		(19)	(20)	(21)		(30)	(40)

VL,	L,	LX,	LXX,	...	XC,	C,	CC,	...	CD,	VD,
(45)	(50)	(60)	(70)		(90)	(100)	(200)		(400)	(495)

D,	DC,	...	CM,	IM,	M,	A,	MCMLXXXV
(500)	(600)		(900)	(999)	(1000)	(5000)	(1985)

3-2 数詞の具体的使用例とその読み方

3-2-1 小数：小数点はコンマで表す．小数点以下の数はふつう一つずつ読む．

18,21	achtzehn Komma zwei eins(日常的には achtzehn Komma einundzwanzig と読むこともある．以下の例も同様)
21,18	einundzwanzig Komma eins acht
0,8 p. m.	null Komma acht pro mille
12,34 s	zwölf Komma drei vier Sekunden

3-2-2 序数：数字の後にピリオドをつけて表す．

Ludwig I.
　Ludwig der Erste（1 格）

Elisabeth II.
　Elisabeth die Zweite（1・4 格）

Heute ist der 1. Mai.
　Heute ist der erste Mai.

Ich bin am 5. April geboren.
　Ich bin am fünften April geboren.

vom 10.-16. dieses Monats
　vom zehnten bis sechzehnten dieses Monats

3-2-3 年月日：西暦年は，1100 年から 1999 年までは百位で二つに分けて読む．その他はふつうに読む．

962	neunhundertzweiundsechzig
1984	neunzehn〔hundert〕vierundachtzig
im Jahre 2001	im Jahre zweitausendeins

日は(ときには月も)序数で表す．

(手紙で) Tokyo, den 6. Juli〈7.〉1984

Tokyo, den sechsten Juli〈siebten〉neunzehnhundertvierundachtzig

(日記で) Dienstag, 24. 3.〈III.〉

Dienstag, vierundzwanzigster, dritter

3-2-4 時刻

Es ist 1.00 Uhr.	Es ist ein Uhr; Es ist eins.
3.05 Uhr	drei Uhr fünf〔Minuten〕; fünf〔Minuten〕nach drei
5.15 Uhr	fünf Uhr fünfzehn〔Minuten〕; fünfzehn〔Minuten〕nach fünf; 〔ein〕Viertel nach fünf; 〔ein〕Viertel sechs
7.25 Uhr	sieben Uhr fünfundzwanzig〔Minuten〕; fünf vor halb acht
8.30 Uhr	acht Uhr dreißig〔Minuten〕; halb neun
10.35 Uhr	zehn Uhr fünfunddreißig〔Minuten〕; fünf nach halb elf
12.45 Uhr	zwölf Uhr fünfundvierzig〔Minuten〕; 〔ein〕Viertel vor eins; drei Viertel eins

3-2-5 電話番号：ふつう一つずつ読むが，ときには二つずつ読むこともある．

(06 21) 4 40 11	Vorwahl null sechs zwei eins〈null sechs einundzwanzig〉, Nummer vier vier null eins eins〈vier vierzig elf〉

zwei は drei と聞き違えられることを避けるために，zwo という形を用いることがある．

22 13	zwo zwo eins drei ; zwoundzwanzig dreizehn

3-2-6 価格

DM 1,00	eine Mark
6,25 DM	sechs Mark fünfundzwanzig〔Pfennig〕

3-2-7 速度

130 km/h	hundertdreißig Kilometer pro Stunde; hundertdreißig Stundenkilometer

3-2-8 角度・緯度・経度

∢ABC＝18°15′	Winkel ABC ist gleich achtzehn Grad fünfzehn Minuten
134°25′30″ö. L.	hundertvierunddreißig Grad fünfundzwanzig Minuten dreißig Sekunden östlicher Länge

3-2-9 温度

18°C	achtzehn Grad Celsius
65°F	fünfundsechzig Grad Fahrenheit

4 年 譜

●記号	●読み方	●記号	●読み方
*	geboren	⚮	geschieden
†	gestorben	⚔	gefallen
⚭	verheiratet	▭	begraben
∞	ledig		

Heine, Heinrich, Dichter, *Düsseldorf 13. 12. 1797, †Paris 17. 2. 1856　●読み方 Heine, Heinrich, Dichter, geboren in Düsseldorf am dreizehnten, zwölften, siebzehnhundertsiebenundneunzig, gestorben in Paris am siebzehnten, zweiten, achtzehnhundertsechsundfünfzig

5 その他

5-1 文字の補助記号

●記号	●名称	●記号	●名称
´	Akut	˚	Ringelchen, Kringel
`	Gravis	˜	Tilde
ˆ	Zirkumflex	ˇ	Haken, Häkchen
¸	Cedille	¯	Querstrich, Balken
¨	Trema		

5-2 文章の補助記号

●記号	●名称
.	Punkt
,	Beistrich, Komma
;	Strichpunkt, Semikolon
:	Doppelpunkt, Kolon
?	Fragezeichen
!	Ausrufezeichen
—	Gedankenstrich
…	Pünktchen, Auslassungspunkte, drei Punkte
-	Bindestrich
’	Auslassungszeichen, Apostroph
„ “	Anführungsstriche, Gänsefüßchen, Anführungszeichen
» «	Anführungszeichen
‚ ‘ / › ‹	halbe Anführungszeichen
( )	runde Klammern
[ ]	eckige Klammern
{ }	geschwungene Klammern
§	Paragraph

5-3 印 刷

	●読み方
Grammatik (下線)	Grammatik unterstrichen
G r a m m a t i k	Grammatik gesperrt gedruckt
Grammatik	Grammatik kursiv gedruckt
Grammatik	Grammatik〔halb〕fett gedruckt
GRAMMATIK	Grammatik groß geschrieben〈gedruckt〉

参考資料: Satz- und Korrekturanweisungen. Mannheim [4]1980 (＝Duden-Taschenbücher Bd. 5).

ドイツ語の歴史と現況

1　言語は変遷する

言語は動くものである．しかも，不断に動く．ドイツ語も，「ドイツ語」という呼称が登場してからのこの1200年ほどのあいだ，絶えず動いてきたし，現にいまも動きつつある．確かに，こんにちのドイツ語をみれば，一応の文法体系が，一種の規範として存在してはいる．しかし，もとよりこれも，始めからいまの形で存在していたのではなく，歴史の経過のうちに次第に成立してきたのであり，いまなお流動の過程にある．例えば，冠詞の用法ひとつを取っても，そもそも冠詞というものが存在しなかった時代から，指示代名詞と数詞の一部が，名詞を規定する定冠詞もしくは不定冠詞という新たな品詞として次第に定着してきたわけであるが，この定着の過程は，いまなお完結したとは言いがたい．語彙にいたっては，それこそめまぐるしい消長と交替を繰り返してきた．多くの単語が消える一方で，多くの単語が新たに登場するばかりではなく，形の上では残っていても，意味が大きく変わってしまった単語も少なくない．例えば **Weib** は――形からも容易に察せられるとおり，この単語は英語の **wife** と同起源である――古くは現在の **Frau** の意味の単語で，「(成人)女性一般」ないしは「妻」をさしていたが，現在では，女性の蔑称になりさがってしまった．そして **Frau** も，もとは「上流婦人」「支配階級の女性」「君主夫人あるいは女君主」などを意味していたのが，いまや昔の **Weib** と同じ女性一般の呼称になりさがっており，**Ehefrau**(妻)，**Garderobenfrau**(クローク係の女性)，**Putzfrau**(掃除婦ないし家政婦)から，さらには **Toilettenfrau**(公衆便所の掃除婦)のような造語さえ生まれるに至っている．しかも，ここが言語というものの面白さであると同時に奥深いところでもあるのだが，このような経過にもかかわらず，この単語から派生した形容詞の一つである **weiblich** は，いまなおいわば「高級な意味」を保っており，ことにゲーテの『ファウスト』の末尾の二行 **„Das Ewig-Weibliche/Zieht uns hinan.“**(森鷗外訳では「永遠に女性なるもの，/我等を引き立て往かしむ」)などは，ほとんど不滅の輝きをとどめている．**Großschreibung** という，名詞の頭(かしら)文字を大文字で書く――われわれになじみの深い――習慣も，たかだか400年の歴史を持つにすぎない．

2　ドイツ語の由来

言語学の輝かしい世紀である19世紀の教えるところによれば，ドイツ語は，インド＝ヨーロッパ語(**Indoeuropäisch**)ないしはインド＝ゲルマン語(**Indogermanisch**)と呼ばれる語族に属している．

古代インドのサンスクリットもこの語族の一員であるが，ヨーロッパでは，この語族の言語としては，ギリシア語・イタリック語・スラブ語など，いくつかの語派があり，ゲルマン語派もその一つで，ドイツ語は，それがさらに分かれた，東ゲルマン語・北ゲルマン語および西ゲルマン語という三つの語系の最後のもの，すなわち，西ゲルマン語系に入る(ただし，このゲルマン語三分説は必ずしもこんにちの定説ではない．分類法は，学者によって微妙に――ときにはかなり――違うほか，言語学・考古学・民俗学その他の研究の進展に伴い，新しい説が生まれる可能性も大きい)．

ギリシア語派は近代ギリシア語の中に生きており，イタリック語派のラテン語からは，フランス語・イタリア語・スペイン語・ポルトガル語・ルーマニア語など，いわゆるロマンス語が生まれ，スラブ語系には，ロシア語・ポーランド語・チェコ語・スロバキア語・ブルガリア語などがあることは周知のとおりである．なお，ヨーロッパの各種近代語のうち，インド＝ヨーロッパ語族に含まれないのは，フィンランド語・ハンガリー語など，ごく少数にすぎない．ゲルマン語系のうち，民族大移動期に消滅した東ゲルマン語の代表がゴート語で，西ゴート人の司教 **Wulfila**(「小さい狼」の意)の聖書翻訳(4世紀)は残存するそのほとんど唯一の文献である(500年ごろ，北イタリアで作られたこの「ヴルフィラ聖書」の豪華写本は，**Codex argenteus**「銀文字写本」と呼ばれるが，現在ではスウェーデンのウプサラ大学図書館に収蔵されている)．北ゲルマン語は，いわゆるスカンジナビア語であり，こんにちのデンマーク語・スウェーデン語・ノルウェー語・アイスランド語などがこれに入る．そして，西ゲルマン語のおもなものがドイツ語と英語である．

ゲルマン語をインド＝ヨーロッパ語族の他の言語から区別するもっとも著しい特色は，「第一次子音推移(「ゲルマン語子音推移」ということもある)」と呼ばれている子音体系の変化である(なお，ここに「子音推移」と訳した原語 **Lautverschiebung** は，直訳すれば「音韻推移」であるが，子音のみにかかわる変化であるため，「子音推移」と呼ばれることが多い)．これは，例えば，インド＝ヨーロッパ語における有声閉鎖音 **b, d, g** がゲルマン語では無声化して **p, t, k** になったというような，一定の子音が一定の条件のもとで他の一定の子音に推移する現象であり，その原因も始期も明らかではないが，紀元前2‐3世紀にはほぼ完結したものと考えられている．

3　deutsch(ドイツ語)という単語とドイツ語の歴史

deutsch という単語は，786年，さるラテン語文献のなかに **theodiscus** という形であらわれているのがこんにち知られる最初の例であるが，これは，当時のドイツ語(下記の **Althochdeutsch**「古高ドイツ語」)で「民衆」を意味した **diot** から派生した形容詞 **diutisc** のラテン語形であって，そのころの知識階級の公用語であったラテン語に対する「民衆の言語」の意味であった(いまでもよく見られる人名 **Dietrich** の **Diet..** もここからきており，したがってこの人名は「民衆の支配者」を意味する)．

ただし，「ドイツ語」という言語が統一的な言語として始めから存在したわけではなく，ゲルマン諸部族の各種方言が，長期にわたる複雑な同化の過程をへて，18世紀の終わりごろにようやく「標準ドイツ語」として一応の成立を見たのであって，昔も今もドイツが中央集権の国ではなく地方分権の国であることともあいまって，各種の方言はこんにちなお健在である．

ドイツ語に Hochdeutsch という単語があり，これは，「高地ドイツ語」という意味のほか，「標準ドイツ語」をも意味するが，それは，標準ドイツ語が高地ドイツ——つまり南部ドイツ——の方言を基盤にして成立したことからきており，ひいては Hochlautung「標準発音」という単語も生まれた．

ドイツ語の歴史区分については，あらゆる時代区分の例に洩れずさまざまの議論があるが，こんにち比較的多くの学者によって支持されているのは，Althochdeutsch「古高ドイツ語」，Mittelhochdeutsch「中高ドイツ語」，Frühneuhochdeutsch「初期新高ドイツ語」および Neuhochdeutsch「新高ドイツ語」という四つの時期への区分であり，それぞれ，ほぼ750−1050年，1050−1350年，1350−1650年，1650−現代とされるが，この時代区分も大ざっぱなものであることは免れず，また，「古高ドイツ語」も「中高ドイツ語」も，ともに，こんにちわれわれが理解するような意味での「標準ドイツ語」ではない．

かつて「第一次子音推移」によってゲルマン語がインド＝ヨーロッパ語族の他の言語と区別される形態的特徴をもつに至ったと同様，この南部ドイツのドイツ語も，「第二次子音推移」（または「高地ドイツ語子音推移」）という現象を経ることによって，他のゲルマン語，したがって北部ドイツの「低地ドイツ語」（Niederdeutsch ないし Plattdeutsch）とも異なる様相を呈することになった．上述のとおり，このようにして生まれたいわゆる「高地ドイツ語」が「標準ドイツ語」の基盤となったが，これに反して「低地ドイツ語」は，Fritz Reuter（1810−1874）のような低地ドイツ語作家の存在にもかかわらず，文章語としては確立されないままこんにちに至っている．なお，「標準ドイツ語」の成立にあたっては，Martin Luther（1483−1546）の聖書翻訳や，印刷術の発達と普及，Johann Wolfgang von Goethe（1749−1832）をはじめとする幾多の文人・作家，さらには文法学者などの努力が大いに貢献した．また，つづり字の統一については，「正書法辞典」以下，その名を冠した辞書・事典がたくさん出ている Konrad Duden（1829−1911）の功績を忘れるわけにはいかない．じじつ，各種の方言が文章語として確立されない原因の一つは，いまだにつづり字が統一されていないことにある．

ほぼ1200年にわたるドイツ語の変遷史のなかで特に目立つのは，母音の単純化と衰微であり，例えば，古高ドイツ語と現代ドイツ語とを比べると，geb*a*n が geb*e*n へ，lob*ō*n が lob*e*n へ，g*i*birg*i* が G*e*birg*e* へと変化している．名詞の格変化や動詞の活用においても，古高ドイツ語は現代ドイツ語よりはるかに多彩な母音を誇っていた．強変化動詞が弱変化動詞に転ずることはあってもその逆はまれであること，時代がくだるにつれて接続法の使用範囲が狭まりつつあることなども，この傾向に拍車をかけている．

また，言語使用者の当該言語に対する関係がますます意識化し，かつ，印刷物の普及によって，話す言語・聞く言語に対する書く言語・読む言語の比重が増すにつれ，言語の「体系化」がますます進行する．中高ドイツ語では過去分詞で ge.. をとらなかった finden, kommen, werden などが，他の動詞にならってすべて ge.. をとるようになったこと，中高ドイツ語では——いわば発音に忠実に——blin*t*, star*p* などと表記されていたものが，視覚上の統一を考えて blin*d*, star*b* と書かれるようになったこと，かつてはそれなりの理由があって生じた「文法的交替」（Grammatischer Wechsel. 発見者の名前にちなんで「ヴェルナーの法則」（das Vernersche Gesetz）とも呼ばれる）が，その起源についての記憶が薄れるにつれ，verlie*s*en が verlie*r*en に，sla*h*en が schla*g*en に移るなどしてその痕跡を留めなくなってしまいつつあること——これらはすべて，この「体系化」の一過程にほかならない．

4　ドイツ語の方言

文章語としての現代ドイツ語は，文法・発音・つづり字のそれぞれについて，ドイツ語地域全体に通用する標準がほぼ出来上がっているけれども，日常生活で使用される口語においては，方言が幅をきかせているばかりではなく，発音にしても，上述のように「標準発音」なるものが存在するとはいえ，多くの場合，当人のおよその出身地がすぐさま聞きわけられる程度には，訛（なま）りのかかった発音が大手を振ってまかり通っているのが現状である．

日本語の場合でも，同じ関東といっても，東京・川崎・横浜ではそれぞれ方言に違いがあり，同じ関西弁でも，京都弁・大阪弁・神戸弁では，微妙な差どころか，ときには非常な違いがあるように，ドイツ語の方言も，細分すればそれこそきりがなく，極端な場合には，隣村同士でも違うことさえある．しかし，大別すると，ドイツの方言は，北部の低地ドイツ語と南部の高地ドイツ語とに分かれる（オランダ語は，こんにちでは独立した独自の国語ということになっているが，系列からいえば低地ドイツ語の一分派である）．次ページにかかげたのは，やや詳しい方言分布図である．

いわゆる「学校文法」（Schulgrammatik）を通じて標準ドイツ語を学んだだけの人には，ドイツ語の各種方言間の差異は想像しにくいが，「上部バイエルンの人と低地ザクセンの人がそれぞれの方言で話をしたら，通訳なしではお互いに何を言っているか分からないだろう」というのは決して誇張ではない．しかし，同じことは日本語の方言同士のあいだでも十分起こり得ることで，あえて異とするに足りないばかりか，そうであってこそドイツ語は生きた言語でありつづけ，われわれ外国人を楽しませもすれば戸惑わせもするのである．

なお，方言というよりはむしろ特殊語と称すべきであるが，元来は中部および東部ヨーロッパのユダヤ人の日常語だった Jiddisch（「イディッシュ語」．「ユダヤ人ドイツ語」とも呼ばれる）のことにも触れておこう．これは，ドイツ語をベースにした一種の混合言語で，ヘブライ文字で表記される．中世初期，ユダヤ人がドイツに移住して来た時代にはじまるといわれ，第二次世界大戦までは1200万人ものユダヤ人が使用していたが，アメリカ在住ユダヤ人の英語への急速な同化，イスラエル国家の建設によってヘブライ語がその公用語になったことなどが原因で，現在は衰微しつつある．

5 日常語の地域差

上記の方言差のほか，ドイツ語では，日常語で用いられる単語に，地域によって相違の見られることがある．

いま，《Wie sagt man anderswo? Fleischer oder Metzger? fegen oder kehren? Landschaftliche Unterschiede im deutschen Sprachgebrauch》(Duden-Taschenbücher 15，第 2 版，1983)をおもな手がかりに，いくつかの例を拾ってみよう．

▶まず，この小冊子のタイトルの一部にもなっている「肉屋」という単語であるが，これは，北部では Schlachter，中東部では Fleischer，南部では Metzger，オーストリアでは Fleischhacker ないし Fleischhauer という．

▶「カーニバル」は，Rheinland の Köln や Mainz では Karneval であるが，Bayern の München をはじめ，南部では Fasching が定着している．

▶「ネクタイ」はふつう Krawatte というが，北部および中部の口語では Schlips を用いることが多い．

▶「馬」を意味する標準ドイツ語は Pferd であるが，中部では Gaul，オーストリアを含めた南部では Roß という(ただし，標準ドイツ語では，Roß は一種の雅語であって「騎乗用の馬」を，Gaul は「駄馬」を意味する)．

▶「土曜日」は，標準語では Sonnabend 又は Samstag が用いられるが，日常語としては，前者は Düsseldorf 以北の地域で，後者は主として南部で用いられる．したがって，ドイツの北端に近い Lübeck 生まれではあるが München にも長く住んだ Thomas Mann(1875-1955)は，その日記でもこの両単語を自在に用いている．

▶「煙突」は，Schornstein(北ドイツの東部・中部)，Kamin(西部・南部・スイス・オーストリア・チロル)，Rauchfang(オーストリア)；「掃除する」は fegen もしくは kehren で，そこから，この二つの組み合わせである「煙突掃除人」は，Schornsteinfeger(標準語)，Kaminkehrer(南部)，Kaminfeger(中西部)，Rauchfangkehrer(オーストリア)という，いささかややこしいことになっている．

▶「少年」を意味する Knabe は，Wiener Sängerknaben (ヴィーン少年合唱団)のような少数の合成語の場合を除き，こんにちではすでに雅語になっており，ふつうは Junge(北部・中部)または Bub(南部)という．

▶ロールパンのような小型のパンには，そのものずばりの Brötchen が用いられることが多いが，南部やオーストリアでは Semmel というのがふつうである．

▶標準ドイツ語では，「道路」の大小を Straße と Gasse によって区別するが，オーストリアでは，「室内」に対する「戸外」の意味の場合には Gasse を用い，「路上では」は auf der Straße ではなく auf der Gasse というし，また，例えば Wien の Herrengasse や Operngasse は，決してわれわれのいわゆる「小路」や「横町」ではない．

これまでに述べたことからも分かるとおり，ドイツ人がしゃべるドイツ語を聞いていると，そのお国訛(なま)りの発音からばかりではなく，用語の片鱗からも出身地をある程度まで察知できることが多いのは，日本人の日本語の場合と変わらない．

6　ドイツ語の造語能力

ドイツ語は造語能力の豊かな言語だといわれている．例を一，二あげよう．

周知のように，ドイツ語の不定詞はすべて，頭(かしら)文字を大書することによって中性名詞化され得るから(そして，そうして出来た中性名詞のなかには，Essen, Leben, Wesen など，すでにすっかり名詞として意識されている重要語も多い)，少なくとも理論的には，不定詞と同じ数だけの同つづりの中性名詞が存在し得る．いや，場合によっては，目的語はむろんのこと，状況語を伴った不定詞句さえ，一語として中性名詞になることができるから，その数はまだまだ増える．

形容詞などに..heit あるいは..keit をつけてつくられる女性名詞の数は，各単語のつづりを逆順アルファベットで並べた Erich Mater の逆配列辞典《Rückläufiges Wörterbuch der deutschen Gegenwartssprache》(第5版, 1987)によると，それぞれ約1000および2000であるが，これまた，理論的に造成可能な数はこれをはるかに上回る．

形容詞の名詞化という現象もある．すべての形容詞は(しかもこれには，形容詞として使用可能な現在分詞および過去分詞も含まれる)頭(かしら)文字を大書して名詞化することができるから，こうしてつくられ得る名詞も膨大な数にのぼる．

また，分離にせよ非分離にせよ，前つづりのついたいわゆる複合動詞でふつうの辞書に収録されているものはごく限られているが，これまた，理論上可能な組み合わせの数はその何倍にも達するだろう．

このように見てくると，われわれのこの辞書をも含め，辞書に収録されている単語は，造成可能な単語のほんの一部にすぎないことが分かる．とすれば，聞く場合にせよ，読む場合にせよ，辞書に載っていない単語に出会う可能性は非常に大きいわけで，そういうとき，いちいち意気沮喪したりお手上げになっていては，長くドイツ語と付き合うことは到底できない．そういう事例にぶつかったら，その新語を既知の要素に分解し，それぞれの意味を自分で再結合するほかないし，またそれで十分である．ひとつだけ例をあげよう．Thomas Mann の《Der Zauberberg》(『魔の山』1924)のなかに次のような箇所がある：Man könnte ... sagen: wie unverdaute Speise ihren Mann nicht stärker mache, so mache *verwartete* Zeit nicht älter. ここに使われている verwarten という動詞は，あまり使用頻度の高い単語ではない．幸いわれわれのこの辞書には収録されているが，もし仮にこの語が辞書になかったとして，こういう文章を前にした場合，いったいどうすればいいだろう．まず，この単語を ver.. と warten という二つの部分に分解する．warten が「待つ」の意味であることは，多少ともドイツ語をかじった人なら誰でも知っていよう．そこで，この辞書の ver.. のところを開いてみる．いろいろの意味が出ているが，それらをいちいち「待つ」という動詞にプラスした上で，先の Thomas Mann の原文に当てはめていく．すると，この場合の ver.. は「使用」ないしは「浪費」の意味に解すべきであり，したがってこの verwarten が，mit Warten zubringen(待つことで時間をつぶす)という，Duden の《Das große Wörterbuch der deutschen Sprache》(改訂第2版，8巻本)(1993-95)や Klappenbach/Steinitz 編の《Wörterbuch der deutschen Gegenwartssprache》(1964－77)にも出ている意味，さらには，「待つことによって時間を空費する」「待つだけのために待つ」の意味であることを探り出すのに，それほど時間はかからないだろう．そうなると，さきの文章は，「消化されなかった食物がそれを食べた人にとって栄養にならないのと同様，待つことだけに費やされた時間は年をとるという現象とは無関係であると言っていいかもしれぬ」というほどの意味であることが判明するわけだ．

なお，このように旺盛な造語能力を持つドイツ語は，長い長い単語をつくることもできる．夏目漱石の『吾輩は猫である』には，「世界で一番長い字」として，アリストファネスの作品中の，長く書こうとすれば六寸三分(20センチあまり)くらいにも書けるという単語が紹介されているが，これとて30字にすぎないのに対し，ドイツ語では，例えば，この辞書の見出し語にある Schlepp-netz-fischer-boot(底引き網漁船)に Mannschaft(乗組員)を加えて Schlepp-netz-fischer-boots-mannschaft とするだけですでに33字になるし，この種の例としてよく引用される Donau-dampf-schlepp-schiffahrt-gesellschafts-kapitän (ドナウ川蒸気曳航会社船長，47字)とて，ドイツ語で最多つづりの単語というわけでは決してない．

7　ドイツ語人口の現状

ドイツ語を母語とする人間の数は，現在およそ1億である．その大体のうちわけは，ドイツ連邦共和国(Bundesrepublik Deutschland)が7400万，オーストリア(Österreich)が750万，スイス(die Schweiz)のドイツ語地域が400万(スイスはほかにフランス語，イタリア語およびロマンシュ語を母語とするもの合計200万)がおもなところで，ルクセンブルク(Luxemburg)およびリヒテンシュタイン(Liechtenstein)においてもドイツ語は公用語であるが，その総人口は両国あわせて約40万である．

以上のほか，国境の変更や移民の関係から，ベルギー・フランス・イタリア・チェコ・スロバキアなど隣接諸国，あるいは，ロシア・ルーマニア・ハンガリー・アメリカ合衆国・カナダ・ブラジル・アルゼンチン・パラグアイ・南アフリカ・ナミビア・オーストラリアなどにもドイツ語を話すグループが存在する．

かつては，これら広義のドイツ語圏のうち，東西両ドイツがその中核をなしていたところから，この両国で使用されるドイツ語をBinnendeutsch「ドイツ本国のドイツ語」と称し，特にオーストリアおよびスイスのドイツ語と対置することがあり，じじつ，この両国では，公的な文書においても，意識的にBinnendeutschとは異なった単語や表現形式が用いられることが珍しくない．他方，北イタリアのトレントやヴェローナの周辺には，それぞれ小規模ながら，ドイツ語のSprachinsel「孤立言語圏」が多数あり，古い古い時代の移民の子孫であるこれら地域の住民は，中高ドイツ語やさらにはゴート語までさかのぼる，非常に古めかしい言語習慣をいまだに温存しているという．

ところで，二大ドイツ語圏だった東西両ドイツのいわゆるBinnendeutschは，両国の社会・政治体制の相違から互いにかなり違ったものになりつつあった．そして，そのまま推移すれば，ドイツ語はWestdeutsch「西ドイツのドイツ語」とOstdeutsch「東ドイツのドイツ語」に分裂してしまうのではないかという危惧が表明されることさえあった．例えば，このBinnendeutschという単語にしても，少なくとも当時は，西ドイツの語彙であって，東ドイツの辞書には収録されていなかった．つまり，東ドイツは，「ドイツ」という概念で一括して西ドイツと一体視されることを忌避していたのであって，東西両ドイツの関係は，われわれ日本人の想像を超えるほど微妙かつ錯綜したものだった．政治や経済の領域の語彙が両ドイツでかなり違っていただけでなく，同じ単語でもまるで意味を異にする場合もしばしばあったほか，そのままでは他方のドイツでは通用しない新語も次々に登場していた．しかし，当時からすでに，「Binnendeutschの基本語彙や文法の根幹は，東西両ドイツにおいて依然として同一であり，文章語という形で幾重(いく)にも固定されてもいるから，この言語の共通性が強力な鎹(かすがい)となって，両ドイツ国民は将来とも互いに繋ぎとめられたままの状態をつづけるだろう．したがって，東西両ドイツのドイツ語が本当の意味でまったく別の二つの道を歩むというような事態は起こらないのではなかろうか」という意見が強かった．

しかるに，周知のごとく，1990年10月3日，おそらくは世界中のすべての人々の予想を裏切って，ドイツの再統一——実質的には西ドイツによる東ドイツの吸収——があっさり実現した．そして，このような世紀の政治事件が言語の世界にも影響を及ぼさないはずはない．たしかに，Abwicklung, Seilschaft, Wendeなどの単語が新しい意味を担って横行したり，Ossi「東ドイツ人」，Wessi「西ドイツ人」などという下品な単語が「時の言葉」になったり，Mauerspecht(キツツキもどきにベルリンの壁をこわして売り払う連中)のような，泡沫現象としか言いようのない新語の誕生といった混乱は随所に見られる．しかし，これらは，ドイツ語という大河の表面に立つさざ波とも言えぬほどの微細な動きにすぎず，ドイツ語の母体そのものは，悠然たるその歩みをつづけてゆくものと思われる．

なお，政治や経済の領域における国際通用語としては英語・フランス語・ロシア語・スペイン語の後塵を拝しているドイツ語も，こと文化の各領域ではいまなお大きな役割を担っており，例えば，世界中で出版される書籍のうち10冊に1冊はドイツ語で書かれ，ドイツ書からの翻訳は，英語およびフランス語書籍からの翻訳についで世界第三位を占めているし，第二次世界大戦をはさんで低下していた外国人のドイツ語熱も，ドイツ政府による意識的努力も加わって，ここ数十年のあいだにとみに回復し，現在では，60以上の外国で1700万以上の人々がドイツ語を学習している．

おわりに，最近のドイツ語事情に関連して，「英(米)語の浸透」と「新正書法」について簡単に触れておきたい．

1998年8月1日に発効，7年の猶予期間をへて2005年8月1日から完全実施される予定の新正書法については，前付け22ページ以下の「ドイツ語の新正書法について」および「分綴法」に詳細な解説がある．しかし，この新正書法がドイツをはじめとするドイツ語圏諸国のあいだで正式調印を見るまでの経緯は決して平坦なものではなかったし，その後も，識者有志のあいだから反対や不満，あるいは改正案の撤回ないしはボイコットを求める声があがり，この種の動きはいまなお収まっているとは言えず，改正案の完全実施は必ずしも予断を許さない状況にある．

また，周知のように，「英(米)語の浸透」はこんにちドイツ語圏以外でもひろく見られる現象であるが，ドイツ語の領域においても，その拡がりは年を追っていっそう顕著である．Rock〔and Roll〕, Beat, Punkなど英(米)直輸入文物の名称はむろんのこと，この現象の拡がりは近年ますます著しい．男性名詞Single(シングル)はすでに定着したし，AutoやWagenがあるため馴染みの薄かったcarにもMini*car*が登場している．chartern(チャーターする)が市民権を得て*Charter*flugzeugや*Charter*maschineが一般化した以上，Charter*flug*がCharter*flight*に転化するのもあと一歩であろう．cardの意味はいまなおKarteが担っているが，これも日常語の段階ではすでにBahn Card(JRのビューカードに似たもの)が登場しているし，英語風に[sə́ːvɪs]と発音するServiceもGepäckträger-Service(〔駅での〕赤帽サービス)などに進出している．以上は任意にピック・アップしたほんの数例にすぎないが，EUの成立に伴う国境の漸次的撤廃，国際交流の一層の進展とともに，この傾向はますます強まるものと予想される．

ドイツ語圏年表

年代	ドイツ語圏	その他の地域
紀元後	**09** トイトブルクの戦い．ゲルマン人ケルスキー族の首長アルミニウス（ヘルマン），ローマの将軍ウァルスの軍団を壊滅させる **83** ライン・ドナウ川間にリーメス（辺境防壁）の建設始まる	**30**頃 イエスの磔刑 **57** 倭奴国王，漢に入貢して金印を授けられる **98**頃 タキトゥス『ゲルマニア』
100	**62** カッティー族，ローマ領上ゲルマニアとラエティアに侵入 **66** マルコマン二戦争（—180）．マルコマン二・クァディ族，ノーリクム・パンノニア（現オーストリア地方）に侵入	**84** 中国で黄巾の乱起こる
200	**13** アレマン族，カラカラ帝と戦って敗れる **53** フランク族，ガリアに侵入 **59** アレマン族，リーメスを破って南ドイツに進出	**20** 中国，後漢滅亡して三国時代に入る **39** 邪馬台国女王卑弥呼，使者を魏に送る
300	**75** ゲルマン民族大移動開始	**13** コンスタンティヌス帝，キリスト教を公認 **95** ローマ帝国東西に分裂
400	**82** サリ族の王クロートヴィヒ，フランク国王となる．メロヴィング朝 **96**頃 クロートヴィヒ，アレマン族を破る．戦後キリスト教に改宗	**39** 中国で南北朝の対立始まる **76** 西ローマ帝国滅亡
500	**31** フランク，ザクセン族の援助を得てテューリンゲンを征服 **34** フランク，ブルグントを征服 **39** バイエルン，フランク王国に服属	**29** ユスティニアヌス法典（第1部）成る **38** 日本に仏教伝来 **62** 新羅，任那の日本府を滅ぼす
600	**87** テルトリーの戦い．フランクの分国アウストラシアの宮宰ピピン（中），他分国の宮宰を破ってフランクの全権掌握	**10**頃 マホメット，イスラム教を創始 **18** 中国に唐建国 **45** 大化改新
700	**19** ボニファティウスのドイツ伝道始まる **51** ピピン（小），フランク王となる．カロリング朝のはじめ **68** カール大帝即位（—814） **72** ザクセン戦争（—804）．カール大帝，ザクセンを平定	**10** 平城京遷都 **32** トゥール・ポワティエ間の戦い．イスラム教徒のガリア侵入阻止される **94** 平安京遷都
800	**00** カール大帝，ローマの帝冠を受ける **42** シュトラースブルクの宣誓．古ドイツ語と古フランス語の使い分け **43** ヴェルダン条約．フランク帝国の東西フランクおよびイタリア・ロタリンギアへの三分割．東フランクはルートヴィヒ=ドイツ人王に **70** メルセン条約．ロタリンギア，東西フランクに分割 **80** リブモン条約．ロタリンギア西半も東フランクに帰属	**38** 日本，最後の遣唐使派遣 **67** キリスト教会，東西に分裂 **75** 中国に黄巣の乱起こる **93** マジャール，ヨーロッパに侵入
900	**11** 東フランクのカロリング家断絶．コンラート1世国王に選出される．このころドイツ各地に諸部族公領形成 **19** ハインリヒ1世即位．ザクセン朝（—1024） **36** オットー1世即位（—73） **55** オットー1世，レッヒフェルトの戦いでマジャール軍を破る **62** オットー1世，ローマ皇帝として戴冠．神聖ローマ帝国のはじめ **76** オットー2世，東部辺境にオストマルク設定．バーベンベルク家を辺境伯に封ずる	**07** 唐滅ぶ **39** 平将門の乱 **60** 中国で宋建国 **87** 西フランクのカロリング家断絶．カペー朝起こる
1000	**24** コンラート2世即位．ザリエル（フランケン）朝（—1125） **76** 聖職叙任をめぐる教皇グレゴリウス7世と皇帝ハインリヒ4世の争い（叙任権闘争）の始まり **77** カノッサの屈辱．皇帝，教皇に屈服 **84** ハインリヒ4世，ローマ占領．教皇逃亡	**37** セルジュク=トルコ建国 **66** ノルマンのイギリス征服 **69** 中国，王安石の新法 **86** 白河上皇，院政開始 **96** 第1回十字軍
1100	**22** ヴォルムスの協約．叙任権闘争終結 **38** コンラート3世即位．ホーエンシュタウフェン朝（—1208，1215—54）．ヴェルフ家との対立激化 **52** フリードリヒ1世バルバロッサ即位（—90） **56** オストマルク，オーストリア公領に昇格．首都ウィーン **80** ハインリヒ獅子公追放	**50**頃 中国で火薬発明 **69** エジプトでサラディン即位 **85** 平氏壇の浦で滅亡 **92** 源頼朝，征夷大将軍に任ぜられる
1200	**15** フリードリヒ2世即位（—50） **26** ドイツ騎士団，プロイセン領有権を認められる（31年征服に着手） **41** リューベックとハンブルクの同盟．ハンザ同盟のはじめ **54** 大空位時代（—73）始まる **78** マルヒフェルトの戦い．ハプスブルク家の皇帝ルードルフ1世，ベーメン王オットカルを破る **82** ハプスブルク家のオーストリア支配始まる **91** スイス，原初三州の「永久同盟」	**15** イギリス，マグナカルタ制定 **19** チンギス カーン，西方遠征（—25）開始／実朝殺されて源氏滅亡 **71** マルコ ポーロ東方旅行に出発／元朝起こる **74** 元寇（文永の役） **81** 元寇（弘安の役） **99** オスマン=トルコ起こる

年代		ドイツ語圏		その他の地域
1300	**15**	モルガルテンの戦い．スイス農民軍，オーストリア軍を破る	**09**	教皇庁アビニョンに移る
	47	カール4世即位（—78）．ルクセンブルク朝（—1437）	**38**	室町幕府成立
	48	プラハ大学創立	**39**	英仏百年戦争起こる
	56	金印勅書発布	**48**	ヨーロッパに黒死病大流行（—52）
	65	ウィーン大学創立	**68**	朱元璋，明朝を起こす
	86	ハイデルベルク大学創立／ゼンパハの戦い．スイス軍，オーストリア軍を破る	**78**	ローマ教会の大分裂（シスマ;—1417）
1400	**14**	コンスタンツ公会議（—18）		
	15	プラハ大学教授フス異端として処刑／ホーエンツォレルン家のフリードリヒ，ブランデンブルク辺境伯に封ぜられる		
	19	フス戦争（—36）	**29**	ジャンヌ ダルク，オルレアンを解放
	38	ハプスブルク家のアルブレヒト2世皇帝即位．ハプスブルク家の帝位独占始まる	**53**	東ローマ帝国，オスマン=トルコに滅ぼされる／百年戦争終わる
	40頃	グーテンベルク，活版印刷術発明		
	92	マクシミリアン1世即位（—1519）	**67**	応仁の乱
	95	ヴォルムスの帝国議会，永久平和令を決議．帝国改造の試み	**92**	コロンブス，アメリカ大陸を発見
	99	シュヴァーベン戦争．スイス，神聖ローマ帝国から分離		
1500	**17**	ルター，「95か条」の意見書発表	**09**	エラスムス『愚神礼讃』
	19	スペインのカルロス1世，カール5世として皇帝即位	**19**	マジェラン，世界周航に出帆
	21	ヴォルムスの帝国議会，ルターに対し帝国追放刑を宣告／カール5世，ドイツの家領を弟フェルディナントに譲る．ハプスブルク家，スペインとオーストリアの2系統に分離	**34**	イエズス会設立／イギリス国教会成立
			49	ザビエル，日本にキリスト教を伝える
	22	騎士戦争（—23）／ルター訳『新約聖書』（新旧約完訳34）	**58**	イギリス，エリザベス1世即位（—1603）
	23	ツヴィングリ，チューリヒで宗教改革に着手		
	24	農民戦争（—25）	**62**	ユグノー戦争（—98）
	41	カルヴァン，ジュネーブで宗教改革	**68**	オランダ独立戦争（—1648）
	46	シュマルカルデン戦争（—47）	**73**	室町幕府滅亡
	55	アウクスブルクの宗教和議．ルター派諸侯，同権を認められる	**90**	豊臣秀吉，日本全国を統一
	56	カール5世退位．フェルディナント1世即位	**98**	フランス，ナントの勅令発布
1600	**18**	三十年戦争始まる（—48）／ブランデンブルクのホーエンツォレルン家，相続によりプロイセン公国を獲得	**00**	関ヶ原の戦い
	20	ヴァイセルベルクの戦い．ベーメン貴族軍，皇帝軍に敗れて壊滅	**03**	徳川家康，征夷大将軍に任ぜられて江戸幕府を開く／『日葡辞書』
	32	リュッツェンの戦い．グスタフ アドルフ戦死	**37**	デカルト『方法叙説』
	40	ブランデンブルク「大選帝侯」フリードリヒ ヴィルヘルム即位	**39**	江戸幕府，鎖国令を発す
	48	ヴェストファーレン条約．三十年戦争終結．ドイツ諸邦の領邦主権・スイス独立の承認	**40**	イギリス清教徒革命始まる（—60）
	64	サン=ゴタールの戦い．オーストリア軍，トルコ軍を破る	**43**	ルイ14世即位（—1715）．マザラン執政
	83	トルコ軍，ウィーン包囲	**61**	ルイ14世親政
	88	プファルツ戦争．ルイ14世，プファルツに侵攻	**85**	ナントの勅令廃止
	97	ライスワイク条約．プファルツ戦争終結	**88**	イギリス名誉革命
	99	カルロヴィッツ条約．トルコ退き，オーストリア，東欧に勢力拡大		
1700	**01**	プロイセン公国，王国に昇格．初代国王フリードリヒ1世	**01**	スペイン継承戦争（—14）
	13	プロイセン国王フリードリヒ ヴィルヘルム1世即位／皇帝カール6世，国事詔書発布		
	14	ラシュタット条約．オーストリア，スペイン領ネーデルラント獲得	**16**	徳川吉宗，将軍となる．享保の改革／中国，『康熙字典』
	40	プロイセン，フリードリヒ2世即位／オーストリア，男系絶えてマリア テレジア，ハプスブルク家領を継ぐ／オーストリア継承戦争（—48）／第1次シュレージエン戦争（—42）		
	42	バイエルンのカール アルブレヒト皇帝選出（カール7世;—45）／ブレスラウの和約．プロイセン，シュレージエンを獲得		
	44	第2次シュレージエン戦争（—45）		
	45	ドレスデンの和約．フリードリヒ，シュレージエンの領有と引き替えにマリア テレジアの夫フランツ（1世;—65）の皇帝即位を承認		
	48	アーヘンの和約．オーストリア継承戦争終結	**48**	モンテスキュー『法の精神』
	56	七年戦争始まる（—63）	**51**	『百科全書』刊行開始
	57	ロスバハの戦い．フリードリヒ，フランス軍を破る		
	59	クーネルスドルフの戦い．フリードリヒ，オーストリア・ロシア連合軍に惨敗	**62**	ルソー『社会契約論』
	62	ロシア女帝エリザヴェータ没し，ロシア・プロイセン講和	**65**	ワット，蒸気機関を発明
	63	フベルトゥスブルクの和約．ドイツの七年戦争終結	**74**	杉田玄白『解体新書』
	65	ヨーゼフ2世即位	**75**	アメリカ独立戦争（—83）
	78	バイエルン継承戦争	**76**	合衆国独立宣言／アダム スミス『国富論』
	81	ヨーゼフ2世，寛容令発布，農奴制廃止／カント『純粋理性批判』		
	85	諸侯同盟結成．プロイセンの指導でドイツ諸侯オーストリアに対抗	**87**	寛政の改革
	86	フリードリヒ2世没．フリードリヒ ヴィルヘルム2世即位	**89**	フランス革命始まる

年代		ドイツ語圏		その他の地域
1700	90	ヨーゼフ2世没. レオポルト2世即位／プロイセン・オーストリア, ライヒェンバハ協定で和解		
	91	ピルニッツ宣言. 皇帝とプロイセン国王, フランスに警告　即位		
	92	プロイセン・オーストリア, フランスと開戦／レオポルト2世没, フランツ2世	92	フランス, 王制廃止
	95	バーゼルの和約. プロイセン, 戦線離脱	95	ポーランド分割（第3回）. ポーランド滅亡
	97	カンポ=フォルミオの和約. オーストリア, フランスと和平／プロイセン, フリードリヒ ヴィルヘルム3世即位	97	ナポレオン, イタリア遠征
			98	ナポレオン, エジプト遠征　「デター
	98	フランス軍, スイスに侵入. ヘルヴェチア共和国成立	99	ナポレオン, ブリュメール18日のクー
1800	00	マレンゴの戦い. ナポレオン, オーストリア軍を破る		
	01	リューネヴィルの和約. ライン左岸のフランスへの割譲公式に確認	02	ナポレオン, 終身第一統領
	03	帝国代表者会議主要決議. ドイツ諸邦領域の再編成	04	ナポレオン, 皇帝即位
	05	アウステルリッツの戦い（三帝会戦）	05	トラファルガー沖海戦
	06	7. ライン連邦結成. 8. 神聖ローマ帝国解消. 10. イェーナとアウエルシュテットの戦い. プロイセン軍壊滅	06	ナポレオン, 大陸封鎖令布告
	07	7. ティルジット条約. 10. シュタイン主席大臣就任.「10月勅令」. プロイセン改革始まる		
	08	11. シュタイン解任／ゲーテ『ファウスト（第1部）』;フィヒテ『ドイツ国民に告ぐ』		
	09	4. オーストリア, フランスに宣戦. ティロールの蜂起. 7. ヴァーグラムの戦い. 10. メッテルニヒ, 外相就任		
	10	ベルリン大学創立		
	13	3. ロシア・プロイセン, 対仏宣戦. 解放戦争始まる. 10. ライプツィヒの戦い. 諸国同盟軍, ナポレオンを破る	12	ナポレオン, ロシア遠征. 10. 退却
	14	9. ウィーン会議（―15 6.）／ナッサウでドイツ最初の憲法発布	14	ナポレオン退位
	15	ドイツ連邦発足／スイス, 新連邦発足.「永世中立」列国の承認を得る／イェーナ大学にブルシェンシャフト結成	15	ナポレオンの百日天下（3.―6.）／杉田玄白『蘭学事始』
	17	10. ブルシェンシャフトのヴァルトブルク祝祭		
	18	バイエルンとバーデン, 憲法発布	23	シーボルト来日／アメリカ, モンロー宣言
	19	3. コツェブー暗殺事件. 8. カールスバートの決議／ヴュルテンベルク, 憲法発布	25	日本, 異国船打払令
	30	ハノーファー, クールヘッセン等で立憲運動	28	シーボルト事件／アメリカ,『ウェブスター英語辞典』
	32	ハンバハ集会／ゲーテ『ファウスト（第2部）』		
	34	ドイツ関税同盟発足	30	フランス, 7月革命
	35	ニュルンベルク・フュルト間にドイツ最初の鉄道開通	32	イギリス, 第1次選挙法改正／日本, 天保大飢饉
	37	ゲッティンゲン七教授事件／ケルン大司教逮捕事件		
	40	プロイセン国王フリードリヒ ヴィルヘルム4世即位	37	ビクトリア女王即位（―1901）
	44	シュレージエン織工一揆	40	アヘン戦争（―42）
	45	スイスのカトリック諸州, 分離同盟結成	41	日本, 天保の改革
	47	プロイセン連合州議会召集／スイス, 分離同盟戦争. 同盟解散	46	イギリス, 穀物法廃止
	48	3月革命. オーストリアでメッテルニヒ失脚. 5. フランクフルト国民議会. 7. スイス, 新憲法制定. 11. ウィーンとベルリンの反革命. 12. オーストリア, フランツ ヨーゼフ1世即位／マルクス・エンゲルス『共産党宣言』	48	フランス, 2月革命. 12. ルイ ナポレオン大統領選出
	49	3. 国民議会, ドイツ帝国憲法採択. プロイセン国王を皇帝に選挙. 4. 国王, 皇帝即位を拒否. 5. ―7. 帝国憲法闘争. 8. ハンガリー独立戦争鎮圧	49	3. ノヴァーラの戦い. サルディニア, オーストリアに敗れる
			52	ナポレオン3世, 皇帝即位
	50	1. プロイセン修正憲法発布. 11. オルミュッツの協約	53	クリミア戦争（―56）／ペリー, 浦賀に来航
	51	ドイツ連邦復活		
	54	グリム兄弟『ドイツ語辞典』発刊（―1960）	54	日米和親条約
	58	プロイセン王弟ヴィルヘルム, 摂政就任（「新時代」）	58	日米修好通商条約
	59	オーストリア, フランス・サルディニア連合軍に敗れてロンバルディアを失う	59	安政の大獄／ダーウィン『種の起源』
	60	プロイセン, 日本と修好通商条約締結	60	リンカーン, 大統領就任
	61	ヴィルヘルム1世即位／ドイツ進歩党結党	61	イタリア王国成立／ロシア, 農奴解放令／アメリカ, 南北戦争（―65）
	62	ビスマルク首相就任. プロイセン憲法紛争始まる		
	63	ラサール, 全ドイツ労働者協会結成	63	リンカーン, 奴隷解放宣言／薩英戦争
	64	1. プロイセン・オーストリア両国, デンマークに宣戦. 10. ウィーン条約. シュレースヴィヒ=ホルシュタインをプロイセン・オーストリアに譲渡	64	第1インターナショナル／国際赤十字同盟／幕府, 第1回長州征伐
	65	ガシュタイン協定	65	リンカーン暗殺
	66	普墺戦争. 6. 開戦. 7. ケーニヒグレーツの戦い. 8. プラハ平和条約. ドイツ連邦解散. 9.「事後承諾法」. プロイセン憲法紛争終結	66	薩長同盟成立／福沢諭吉『西洋事情』
	67	北ドイツ連邦発足／「アウスグライヒ」によりオーストリア=ハンガリー二重帝国成立／マルクス『資本論』第1巻	67	徳川慶喜, 大政奉還
			68	明治維新

年代		ドイツ語圏		その他の地域
1800	69	ベーベルら社会民主労働者党結成．アイゼナハ綱領採択	69	スエズ運河開通
	70	普仏戦争．7．開戦．9．ナポレオン3世降伏．プロイセン・ドイツ軍，戦争続行／プロイセンに中央党結成される	70	イタリア王国，ローマ併合／バチカン公会議，教皇無謬論決議
	71	1．ドイツ帝国発足．ヴィルヘルム1世皇帝即位．5．フランクフルト平和条約．ドイツ，アルザス・ロレーヌ獲得／文化闘争始まる	71	3．—5．パリ＝コミューン／岩倉遣外使節団出発（—73）
	72	イエズス会取締法	72	『字和袖珍字書』
	73	プロイセン，「5月諸法」／独墺露三帝協定	73	征韓論争．西郷隆盛・板垣退助ら下野
	74	ビスマルク狙撃事件／スイス，憲法改正．軍制の中央集権化	74	民選議院設立の建白
	75	社会主義労働者党（ドイツ社会民主党）結党．ゴータ綱領採択	77	露土戦争（—78）／日本，西南戦争
	78	皇帝狙撃事件／6．—7．ベルリン会議／社会主義者鎮圧法	79	エジソン，電灯を発明
	79	文化闘争集結／保護関税法．経済政策の転換／独墺同盟／オーストリア，ターフェ内閣成立（—93）	81	日本，国会開設の詔
	81	独墺露三帝条約	82	伊藤博文，独墺に憲法調査（—83）
	82	独墺伊三国同盟／オーストリア，ドイツ民族主義者のリンツ綱領	84	『オックスフォード英語辞書』（—1928）
	83	労働者医療保険法．ビスマルクの社会政策立法のはじめ	85	日本，内閣制度施行．初代総理大臣伊藤博文
	84	トーゴ・カメルーン，ドイツ保護領となる．ドイツのアフリカ植民開始	89	大日本帝国憲法発布
	87	独露再保障秘密条約	91	露仏同盟／大槻文彦『言海』
	88	3．ヴィルヘルム1世没，フリードリヒ3世即位．6．フリードリヒ3世没，ヴィルヘルム2世即位	94	ドレフュス事件／日清戦争（—95）
	90	新社会主義者鎮圧法，帝国議会で否決／ビスマルク宰相辞任，後任カプリヴィ	95	日本に対する三国干渉
	91	ドイツ社会民主党，エルフルト綱領採択	96	第1回オリンピック大会
	94	宰相カプリヴィ辞任，後任ホーエンローエ	98	ファショダ事件／義和団の乱（—1901）
	95	ドイツ，フランス・ロシアとともに日本の遼東領有に干渉	99	ハーグ平和会議，国際仲裁裁判所設置
	97	ティルピッツ，海相就任／ドイツ軍，膠州湾占領		
	98	清と膠州湾租借条約締結／第1次艦隊法		
	99	オーストリア社会民主党，ブリュン綱領で諸民族連邦制を要求／ベルンシュタイン『社会主義の諸前提と社会民主党の任務』		
1900	00	第2次艦隊法／ドイツ，列国と共同で対清出兵／宰相ホーエンローエ辞任，後任ビューロー	02	日英同盟締結
	05	第1次モロッコ事件／ドイツ・ロシア両帝，ビョルケ密約	04	日露戦争（—05）／英仏協商
	08	オーストリア，ボスニア・ヘルツェゴビナを併合／デイリー＝テレグラフ事件	05	ポーツマス条約
	09	宰相ビューロー辞任，後任ベートマン ホルヴェーク	07	英露協商
	11	第2次モロッコ事件	08	青年トルコ党の革命
	13	ツァーベルン事件	10	日本，韓国を併合
	14	第一次世界大戦．6．フランツ フェルディナント大公夫妻，サライェヴォで暗殺．7．オーストリア，セルビアに宣戦．8．ドイツ参戦．ベルギー侵攻．タンネンベルクの戦い．9．マルヌの戦い	11	中国，辛亥革命
	15	イタリア，三国同盟を破棄してオーストリアに宣戦	12	中華民国成立
	16	2．ヴェルダンの戦い．5．ユトラント沖海戦．11．オーストリア皇帝フランツ ヨーゼフ1世没，カール即位	14	日本軍，山東でドイツ軍を破る／パナマ運河完成
	17	1．無制限潜水艦作戦実施宣言．4．アメリカ，対独宣戦．7．帝国議会「平和決議」．宰相ベートマン ホルヴェーク辞任，後任ミヒャエリス．10．宰相ヘルトリング	15	日本，中国に21か条の要求
	18	1．米大統領ウィルソンの「14か条」．3．ドイツ・オーストリア，ソヴィエトとブレスト＝リトフスクで講和．10．バーデン公マックス宰相就任．11．反乱水兵キールを制圧．ドイツ革命始まる．エーベルト政権成立．ドイツ皇帝ヴィルヘルム2世退位・亡命．オーストリア皇帝カール退位	17	3．ロシア革命，皇帝退位．11．ボルシェビキ，ソヴィエト政権樹立
	19	1．スパルタクス団蜂起．2．エーベルト，大統領就任．6．ヴェルサイユ条約調印．7．ヴァイマル憲法制定．9．サン ジェルマン条約．オーストリア，ドイツとの合邦を禁止される	18	日本，シベリア出兵
	20	カップ一揆／オーストリア，国際連盟に加盟	19	コミンテルン結成される／中国に五・四運動起こる
	21	ナチ党結党／ドイツの賠償総額1320億金マルクと定められる	20	国際連盟成立
	23	1．フランス軍ルールを占領．破局的インフレ進行．8．シュトレーゼマン内閣．11．ヒトラーのミュンヒェン一揆／レンテンマルク券発行	21	日英同盟廃棄／中国共産党結党
	24	賠償支払いに関するドーズ案施行決定	22	ムッソリーニ，ローマ進軍
	25	エーベルト死去．ヒンデンブルク大統領選出／ロカルノ条約調印	23	関東大震災
	26	ドイツ，国際連盟加盟	25	スターリン，トロツキーを退けて権力確立に向かう
	28	ケロッグ・ブリアン協定（不戦条約），ドイツも参加して調印	29	ニューヨークで株式大暴落．世界大恐慌．
	30	賠償支払いにヤング案採用／総選挙でナチ党急増，第2党となる	31	満州事変
	32	ヒンデンブルク大統領再選／総選挙でナチ党第1党となる	32	五・一五事件／フランス，『アカデミー＝フランセーズ辞書』
	33	1．ヒトラー首相就任．3．全権委任法．10．国際連盟脱退	33	日本，国際連盟脱退
	34	6．レーム事件．8．ヒンデンブルク没．ヒトラー「総統」を兼任		

年代		ドイツ語圏		その他の地域
1900	35	1. ザールの人民投票,ドイツへの復帰決定. 3. 再軍備宣言	35	イタリア,エチオピアに侵入
	36	3. ロカルノ条約破棄. ラインラント進駐. 8. ベルリン=オリンピック大会. 11. 日独防共協定	36	スペインの内乱(—39)
	38	3. ドイツ軍,オーストリア進駐. ドイツ・オーストリア合邦. 9. ミュンヒェン会談		
	39	3. ドイツ軍,チェコ占領. 8. 独ソ不可侵条約. 9. ドイツ軍,ポーランド侵入. 第二次世界大戦始まる	39	5. ノモンハン事件. 日ソ両軍衝突
	40	4. ドイツ軍,デンマーク・ノルウェー制圧. 5. ベルギー・オランダに侵入. マジノ線突破. 6. パリ入城. 9. 日独伊三国同盟	40	5. イギリス,チャーチル内閣. 6. フランス,ペタン内閣
	41	4. ドイツ軍,ユーゴ,ギリシアに侵入. 6. ドイツ・イタリア,ソ連に宣戦. 12. ドイツ・イタリア・ハンガリー,対米宣戦	41	12. 日本軍,真珠湾攻撃. 太平洋戦争起こる
	42	5. ドイツ軍,東部戦線で大攻勢. 9. スターリングラード攻防戦	42	6. ミッドウェー海戦
	43	2. ドイツ軍,スターリングラードで壊滅. 5. 北アフリカで敗北. 8. シチリア島撤退	43	11. 米英中,カイロ会談. 米英ソ,テヘラン会談
	44	1. ドイツ軍,東部戦線で全面的後退. 6. 連合軍ノルマンディー上陸. 7. ヒトラー暗殺未遂事件. 8. 連合軍パリ入城	44	6. 米軍,サイパン島上陸. 10. レイテ島上陸
	45	3. 米軍ライン川を渡る. 4. ソ連軍,ウィーン・ベルリンに突入. ヒトラー自殺. オーストリア,レンナーの仮政府の下で独立宣言. 5. ドイツ,無条件降伏. 6. 連合国ドイツ管理理事会設置. ドイツは4占領地区に分けられて軍政下に入る. 7.—8. ポツダム会談	45	2. 米英ソ,ヤルタ会談. 8. 日本,無条件降伏. 10. 国際連合成立
	46	4. ソ連占領地区でドイツ社会主義統一党結成. 10. ニュルンベルク国際軍事裁判最終判決. 12. 米英占領地区の経済統合協定	46	中国,国共内戦始まる
	47	1. 米英統合地区発足. 6. 同地区に経済協議会設置	47	5. 日本,新憲法施行
	48	3. ソ連,管理理事会ボイコット. 6. 西側地区で通貨改革. ソ連,ベルリン封鎖(—49 5.). 12. ベルリン市行政,東西に分裂	48	11. 極東国際軍事裁判判決
	49	4. 仏占領地区と米英統合地区の統合. 5. 西ドイツ憲法制定会議,ドイツ連邦共和国憲法採択・発効/東ドイツ人民会議,ドイツ民主共和国憲法採択(10. 発効). 9. 西ドイツ,ホイス大統領・アーデナウアー首相. 10. 東ドイツ,ピーク大統領・グローテヴォール首相	49	4. 北大西洋条約機構成立. 10. 中華人民共和国成立. 12. 国民政府,台湾に移る/下山事件・三鷹事件・松川事件. 湯川秀樹ノーベル賞受賞
	50	7. 東ドイツ,ポーランドとゲルリッツ協定. オーデル=ナイセ=ライン画定	50	6. 朝鮮戦争起こる
	51	7. 西側3国,対独戦争状態の終結宣言	51	9. サンフランシスコ平和条約調印. 日米安全保障条約締結
	52	5. 西ドイツ,西側3国とドイツ条約調印(発効せずに終わる)		
	53	6. 東ベルリンで民衆蜂起	53	3. スターリン没. 7. 朝鮮休戦協定
	54	10. 西ドイツ,パリ諸条約調印. 西ドイツの主権回復協定される	54	4.—7. ジュネーブ極東平和会議
	55	1. ソ連,対独戦争状態の終結宣言. 5. パリ諸条約発効. 西ドイツ,主権を回復して北大西洋条約機構に参加/東ドイツ,ワルシャワ条約機構結成に参加/オーストリア,国家条約で主権回復. 永世中立. 9. 西ドイツ,ソ連と国交樹立/東ドイツ,ソ連との関係に関する条約調印	55	4. バンドンでアジア・アフリカ会議
	56	1. 東ドイツ,国家人民軍創設法. 7. 西ドイツ,一般兵役義務法	56	2. スターリン批判. 10. 日ソ,国交に関する共同宣言調印/ハンガリー事件. ソ連軍,反ソ暴動を鎮圧. 12. 日本,国連加盟
	57	1. ザール地方,西ドイツに編入	57	10. ソ連,人工衛星打ち上げ成功
			58	1. ヨーロッパ経済共同体発足
	59	11. 西ドイツ社会民主党,バート ゴーデスベルク綱領採択		
	60	9. 東ドイツ,大統領制に代えて国家評議会設置. 議長ウルブリヒト	60	1. 日米安全保障条約改定調印
	61	8. 東ドイツ,東西ベルリン間の交通を遮断,境界に「壁」構築	61	9. 経済開発協力機構発足
	62	1. 東ドイツ,一般兵役義務法	62	10. キューバ危機
	63	1. 西ドイツ,フランスと友好条約調印. 10. エアハルト内閣成立	63	11. ケネディ大統領暗殺
	64	6. 東ドイツ・ソ連友好協力条約. 11. シュトーフ,閣僚評議会議長	64	10. 東京オリンピック
	65	3. 西ドイツ,ナチ犯罪の時効を無期延期する法律. 5. 西ドイツ,イスラエルと国交樹立	65	ベトナム戦争激化. 2. 米軍,北爆開始
	66	12. 西ドイツ,キージンガー首相・ブラント副首相の大連立内閣成立	66	中国,プロレタリア文化大革命
	67	5.—9. 両ドイツ首相,両ドイツ国家の関係正常化をめぐり書簡交換	67	7. ヨーロッパ共同体(EC)発足
	68	4. 東ドイツ,新社会主義憲法制定. 5. 西ドイツ,非常事態法. 6. 同法発効. 旧占領3国の最後の権限留保解消. 西ドイツ,完全な主権確立	68	8. チェコ事件. ソ連・東欧軍,チェコに武力介入/核拡散防止条約締結
	69	10. 西ドイツ,ブラント内閣成立	69	7. アポロ11号月面着陸
	70	3. エルフルトでブラント・シュトーフ両ドイツ首相会談. 5. カッセルで再度会談. 8. 西ドイツ・ソ連,武力不行使協定(モスクワ条約)調印. 12. 西ドイツ,ポーランドとの国交正常化に関する条約調印		
	71	9. ベルリンに関する四か国協定. 西ドイツ・西ベルリン間の交通を保障. 10. ブラント西ドイツ首相,ノーベル平和賞受賞	71	10. 中国の国連代表権承認
	72	5. 両ドイツ政府,通過交通協定調印(10. 発効). 9. ミュンヒェン=オリンピック. 12. 東西両ドイツ関係基本条約調印	72	5. 沖縄,日本に復帰. 9. 日中国交回復
	73	5. 東ドイツ,日本と国交樹立. 6. 基本条約発効. 東西両ドイツ,共存関係に入る. 9. 東西両ドイツ,同時に国連加盟. 10. 東ドイツ,シュトーフ国家評議会議長,ジンダーマン首相就任	73	1. ベトナム和平協定調印. 6.—12. 石油原油価格大幅値上げ. オイルショック

年代		ドイツ語圏		その他の地域
1900	74	5. 西ドイツ,ブラント首相,秘書ギヨームのスパイ事件で引責辞任. 後任シュミット. 10. 東ドイツ,憲法改正.「全ドイツ国民」,「ドイツ人民」等,東西両ドイツの民族的一体性を示す語句削除される	74	2. ソ連,作家ソルジェニーツィンを国外追放
	75	10. 東ドイツ,ソ連と新友好協力相互援助条約調印	75	11. 第1回先進国首脳会議（サミット）開催
	76	10. 東ドイツ,ホーネカー党書記長,国会評議会議長兼任. 首相シュトーフ	76	7. 田中前首相,ロッキード事件で逮捕. 10. 中国で江青ら「四人組」逮捕
	77	4. 西ドイツ,検事総長ブバック殺害事件. 9. 工業連盟会長シュライヤー誘拐殺害事件. 10. 赤軍ハイジャック機モガジシオで武力解放		
	79	7. 西ドイツ,刑法改正により殺人（ナチ犯罪）の時効廃止		
			80	7. モスクワ=オリンピック. 日・米・西ドイツ等不参加
			81	12. ポーランド,戒厳令. 自主労組「連帯」弾圧される
	82	10. 西ドイツ,シュミット首相辞任. 後任コール		
	83	3. 西ドイツ,総選挙で社会民主党後退.「緑の党」連邦議会に進出		
	84	5. 西ドイツ,ヴァイツゼッカー大統領選出. 6. 出国を求める東ドイツ市民の籠城のため,東ベルリンの西ドイツ代表部一時閉鎖. 11. 東ドイツ,東西ドイツ国境の自動発射装置撤去		
	85	5. 西ドイツ,ヴァイツゼッカー大統領の終戦40周年記念演説,世界に感動を呼ぶ. 11. 東ドイツ,東西ドイツ国境の地雷撤去	85	3. ソ連,ゴルバチョフ共産党書記長就任
	86	5. 東西ドイツ文化協定調印. 10. ザールルイス（西ドイツ）とアイゼンヒュッテンシュタット（東ドイツ）,最初の東西ドイツ間姉妹都市となる	86	2. ＥＣ加盟国政府,単一ヨーロッパ議定書に調印. 4. ソ連,チェルノブイリ原発事故
	87	9. 東ドイツ,ホーネカー議長,国家元首として初の西ドイツ公式訪問. この年東西両ベルリンで市制750年祭	87	1. ソ連,党中央委員会総会,改革（ペレストロイカ）推進を決定
	88	1. 東ドイツ,カール・リープクネヒトとローザ・ルクセンブルク殺害記念デモに際し,平和・人権運動グループ120名逮捕. 3. 東ドイツ福音主義教会会議,東ドイツの現状を批判／オーストリア,ドイツによる併合50周年に際し,ワルトハイム大統領のナチス的過去をめぐる論議高まる	88	3. ソ連とユーゴ,新ベオグラード宣言. 6. ＥＣとコメコン相互承認. 7. ハンガリー,カダール書記長死去. 後任グロース
	89	1. 東ドイツ,リープクネヒト・ルクセンブルク殺害デモで再び逮捕者多数. 5. 東ドイツの地方選挙. 市民グループ,不正選挙と反発. 6. 東ドイツ政府,天安門事件での中国政府の対応を擁護／ゴルバチョフ,西ドイツ訪問. 7. 東ドイツ市民の西ドイツへの脱出はじまる. 8. 出国を求める東ドイツ市民が殺到して西ドイツ政府は東ベルリン駐在代表部,ブダペスト,プラハの各大使館を閉鎖. 9. 東ドイツ,新フォーラム結成. 9.—10. 大量の東ドイツ市民,ハンガリー経由で,またプラハ,ワルシャワから特別列車等で西ドイツに脱出. 10. ゴルバチョフ,東ドイツ訪問／ライプツィヒで30万人規模の民主化・自由化要求デモ. Wir sind das Volk のスローガン. 10.18. ホーネカー書記長・国家評議会議長辞任. 後任クレンツ. 11.4. 東ベルリンで100万人デモ. 11.7. シュトーフ内閣総辞職. 後任モドロウ. 11.9. ベルリンの壁開放. この後ライプツィヒのデモにドイツ統一要求現れる. 11.28. 西ドイツ,コール首相,ドイツ再統一の長期構想発表. 12.1. 東ドイツ,憲法改正. 社会主義統一党の指導性規定削除. 12.6. クレンツ議長辞任. 12.19. コール・モドロウ両ドイツ首相ドレスデンで会談. 12.22. ブランデンブルク門開通	89	1. 日本,昭和天皇死去／ハンガリー,56年動乱を正当化. 5. ハンガリー・オーストリア国境の鉄条網撤去. 6. 中国,天安門事件. 7. フランス,大革命200周年記念祭. 8. バルト三国,独ソ不可侵条約50周年に「人間の鎖」. 9. ハンガリー,東ドイツ市民に国境を開放／ポーランド,「連帯」主導の連立内閣. 10. チェコ,バツラフ広場で民主化デモ. 11. チェコ,共産党指導部総辞職／ブルガリア,ジフコフ書記長辞任. 12. 米ソ首脳,マルタ会談／ソ連,ワルシャワ条約機構,68年チェコへの軍事介入を自己批判／ルーマニア,ティミショアラ虐殺事件. チャウシェスク政権崩壊
	90	1. 東ドイツ,各地のデモで統一要求高まる. 2. 東ドイツ,モドロウ首相の4段階統一構想. 3. 西ドイツ,コール首相,西ドイツ憲法第23条による東ドイツの西ドイツへの合邦を提案／東ドイツ,人民議会の自由選挙で保守連合大勝. 4. 東ドイツ,デメジエール連立内閣発足. 5. 東西両ドイツ,通貨・経済・社会同盟調印(7.1. 発効). 8. 東ドイツ,西ドイツとの合邦を決定. 8.31. 東西ドイツ政府,ドイツ統一条約調印. 9.12. 戦勝4国と東西両ドイツの外相会議,ドイツ問題の最終的解決に関する条約に調印. 10.3. 統一ドイツ発足,首都ベルリン. 11.14. ドイツ・ポーランドの国境確定条約調印	90	1. ソ連,ゴルバチョフ,ドイツ統一の原則的容認表明. 3. ソ連,大統領制導入. 初代大統領ゴルバチョフ. 8. イラク,クウェート侵攻. ペルシャ湾岸危機. 11. 北大西洋条約機構・ワルシャワ条約機構諸国,不戦宣言調印／全欧安保協力会議首脳会議,パリ憲章調印. ヨーロッパの東西分断時代の終結
	91	年頭から難民の流入急増する. 6. 連邦議会,政府と議会のベルリンへの移転を決議	91	6. ロシア,エリツィン大統領就任. 12. ソヴィエト連邦解体
	92	2. チェコと善隣友好条約. 5. ゲンシャー外相辞任. 夏以降,難民やトルコ人居住民に対する襲撃事件が相次ぐ. 11.—12. 政府,極右団体を非合法化. 12. 連邦議会,マーストリヒト条約を批准	92	2. マーストリヒト条約調印. 3. ボスニア独立宣言. 内戦泥沼化. 4. ユーゴ連邦解体. 新ユーゴ発足
	93	5. 連邦議会,難民の流入規制のための基本法改正を可決. 10. EMI（欧州通貨機関）,フランクフルトに設置決定	93	1. EC統合市場発足. 11. EU発足
	94	7. ヘルツォーク大統領就任. 8. 旧東独駐留ロシア軍撤退完了. 9. ベルリン駐留米・英・仏軍撤収. 11. 統一に伴って改正された基本法発効.	94	1. 欧州経済領域(EEA)発足. 5. ユーロトンネル開通
	95	1. オーストリア,EU加盟. 6. 連邦議会,妊娠中絶の条件付き合法化法案を可決. 東西ドイツの法的統一化完了. 6. 連邦軍のボスニア派遣決定(NATO域外への初派遣)	95	1. 日本,阪神・淡路大震災. 3. オウム真理教・地下鉄サリン事件
	96	12. チェコとズデーテン問題での和解宣言に仮調印(97.1. 正式調印)		

主 要 参 考 文 献

本独和辞典を編纂するにあたって主として参考にした文献を以下に掲げる．*印を付した現代ドイツ語の諸辞典にはとりわけ多くの恩恵をこうむった．深甚なる謝意を表する．

1 独独辞典

正書法辞典

Duden. Rechtschreibung der deutschen Sprache und der Fremdwörter. Mannheim [15]1960; [16]1967; [17]1973 (=Der Große Duden Bd. 1); Mannheim / Wien / Zürich[18]1980; [19]1986 (=Duden Bd. 1).

*Duden. Rechtschreibung der deutschen Sprache.*Mannheim / Leipzig / Wien / Zürich [20]1991; [21]1996 [Auf der Grundlage der neuen amtlichen Rechtschreibregeln] (=Duden Bd. 1).

Der Große Duden. Wörterbuch und Leitfaden der deutschen Rechtschreibung. Leipzig [15]1960; [16]1967; [16]1970; [17]1976; [18]1977.

Knaurs Rechtschreibung. München 1973.

L. Mackensen: *Deutsche Rechtschreibung nach den für die Schule verbindlichen Regeln.* München / Gütersloh 1974.

一般語義辞典

**Brockhaus-Wahrig. Deutsches Wörterbuch.* 6 Bde. Wiesbaden / Stuttgart 1980-84.

Der Sprach-Brockhaus. Deutsches Bildwörterbuch. Wiesbaden [7]1966; [8]1972; [9]1984.

**Duden. Bedeutungswörterbuch.* Mannheim 1970 (=Der Große Duden Bd. 10); Mannheim / Wien / Zürich [2]1985 (=Duden Bd. 10).

**Duden. Das große Wörterbuch der deutschen Sprache.* 6 Bde. Mannheim / Wien / Zürich 1976-81; Ausg.in 8 Bänden. Mannheim / Leipzig / Wien / Zürich [2]1993-95.

**Duden. Deutsches Universalwörterbuch.* Mannheim 1983.

G. Hellwig: *Kennen Sie die neuesten Wörter?* München / Wien /Zürich 1972, 1983, 1989.

Herders Sprachbuch. Freiburg / Basel / Wien [4]1965.

G. Kempcke: *Handwörterbuch der deutschen Gegenwartssprache.* 2 Bde. Berlin 1984.

*R. Klappenbach / W. Steinitz: *Wörterbuch der deutschen Gegenwartssprache.* 6 Bde. Berlin 1964-77.

Knaurs Großes Wörterbuch der deutschen Sprache. München 1985.

**Langenscheidts Großwörterbuch. Deutsch als Fremdsprache.* Berlin ／ München 1993.

L. Mackensen: *Deutsches Wörterbuch.* München 1965.

R. Pekrun: *Das deutsche Wort.* München [10]1966.

**Ullstein. Lexikon der deutschen Sprache.* Frankfurt / Berlin 1969.

*G. Wahrig: *Deutsches Wörterbuch.* Gütersloh 1966, 1975, 1980, 1986.

G. Wahrig: *dtv-Wörterbuch der deutschen Sprache.* München 1978.

J.Grimm / W. Grimm: *Deutsches Wörterbuch.* 16 (=recte 32) Bde. Leipzig 1854-1960 (Nachdruck Tokyo 1971).

M. Heyne: *Deutsches Wörterbuch.* 3 Bde. Leipzig [7]1905-06.

M. Lexer: *Mittelhochdeutsches Handwörterbuch.* 3 Bde. Leipzig 1872-78.

M. Lexer: *Mittelhochdeutsches Taschenwörterbuch.* Leipzig [32]1966; Stuttgart [31]1976.

*H. Paul: *Deutsches Wörterbuch.* Halle 1961 (Bearb. von A. Schirmer); Tübingen [5]1966; [7]1976 (Bearb. von W. Betz); [9]1992 (Bearb. von H. Henne u. G. Objartel).

D. Sanders: *Wörterbuch der deutschen Sprache*. 3 Bde. Berlin 1876.

D. Sanders: *Ergänzungswörterbuch der deutschen Sprache.* Berlin 1885.

D. Sanders / J.E. Wülfing: *Handwörterbuch der deutschen Sprache.* Leipzig / Wien [8]1909.

O. Schade: *Altdeutsches Wörterbuch.* 2 Bde. Halle [2]1872-1882.

R. Schützeichel: *Althochdeutsches Wörterbuch.* Tübingen [3]1981.

Trübners Deutsches Wörterbuch. Begr. von A. Götze, hg. von W. Mitzka. 8 Bde. Berlin 1939-57.

Fr. L. K. Weigand / H. Hirt: *Deutsches Wörterbuch.* 2 Bde. Gießen [5]1909.

M. Kinne / B. Strube-Edelmann: *Kleines Wörterbuch des DDR-Wortschatzes.* Düsseldorf 1980.

Österreichisches Wörterbuch. Mittlere Ausgabe. Österreichischer Bundesverlag. Wien [35]1979.

J. Ebner: *Wie sagt man in Österreich?* Mannheim / Wien / Zürich 1969; [2]1980 (=Duden-Taschenbücher Bd. 8).

K. Meyer: *Wie sagt man in der Schweiz?* Mannheim / Wien / Zürich 1989(=Duden-Taschenbücher Bd. 22).

W. Seibicke: *Wie sagt man anderswo?* Mannheim / Wien / Zürich 1972; [2]1983 (=Duden-Taschenbücher Bd. 15).

外来語辞典

K.-H. Ahlheim: *Wie gebraucht man Fremdwörter richtig?* Mannheim / Wien / Zürich 1970 (=Duden-Taschenbücher Bd. 9/9a).

Duden. Fremdwörterbuch. Mannheim [2]1966; [3]1974 (=Der Große Duden Bd. 5); [4]1982 (=Duden Bd. 5).

Duden. Das Große Fremdwörterbuch. Mannheim / Leipzig / Wien / Zürich 1994.

Großes Fremdwörterbuch. Bearb. von der Dudenredaktion des VEB Bibliographisches Institut. Leipzig 1977.

J. Chr. A. Heyse: *Allgemeines verdeutschendes und erklärendes Fremdwörterbuch.* Hannover [21]1922.

R. v. Kienle: *Fremdwörterlexikon.* München o. J.

W. Liebknecht: *Volksfremdwörterbuch.* Berlin [70]1929.

F. u. I. Neske: *dtv-Wörterbuch englischer und amerikanischer Ausdrücke in der deutschen Sprache.* München 1971.
H. Schulz / O. Basler: *Deutsches Fremdwörterbuch.* 6 Bde. Straßburg, später Berlin 1913-83.

用例・語法辞典など

*E. Agricola: *Wörter und Wendungen. Wörterbuch zum deutschen Sprachgebrauch.* Leipzig ^{2}1965; ^{3}1968; ^{5}1972.
E. Becker: *Stilwörterbuch.* 2 Bde. Leipzig 1964-66.
**Duden. Stilwörterbuch der deutschen Sprache. Die Verwendung der Wörter im Satz.* Mannheim / Wien / Zürich ^{7}1988 (=Duden Bd. 2).
U. Engel / H. Schumacher: *Kleines Valenzlexikon deutscher Verben.* Tübingen 1976.
G. Helbig / W. Schenkel: *Wörterbuch zur Valenz und Distribution deutscher Verben.* Leipzig 1969;^{2}1973;^{6}1982.
K.-E. Sommerfeldt / H. Schreiber: *Wörterbuch zur Valenz und Distribution deutscher Adjektive.* Leipzig 1974.
K.-E. Sommerfeldt / H. Schreiber: *Wörterbuch zur Valenz und Distribution der Substantive.* Leipzig 1977.

Duden. Richtiges und gutes Deutsch. Wörterbuch der sprachlichen Zweifelsfälle. Mannheim / Wien / Zürich ^{3}1985 (=Duden Bd. 9).

慣用句・引用句・ことわざ辞典など

Borchardt / Wustmann / Schoppe: *Die sprichwörtlichen Redensarten im deutschen Volksmund.* Leipzig ^{7}1954.
G. Büchmann: *Geflügelte Worte.* Berlin ^{31}1964; Frankfurt a.M. / Berlin ^{39}1993.
**Duden. Redewendungen und sprichwörtliche Redensarten.* Mannheim / Leipzig / Wien / Zürich 1992 (=Duden Bd. 11).
Duden. Zitate und Aussprüche. Mannheim / Leipzig / Wien / Zürich 1993 (=Duden Bd. 12).
*W. Friederich: *Moderne deutsche Idiomatik.* München ^{2}1976.
H. Görner: *Redensarten. Kleine Idiomatik der deutschen Sprache.* Leipzig 1979.
F. Frhr. v. Lipperheide: *Spruchwörterbuch.* Berlin ^{3}1934.
L. Röhrich: *Das große Lexikon der sprichwörtlichen Redensarten.* 3 Bde. Freiburg / Basel / Wien 1993.
D. Schulz / H. Griesbach: *1000 idiomatische Redensarten.* Berlin ^{8}1975.

俗語・卑語辞典など

E. Borneman: *Sex im Volksmunde.* Reinbeck b. Hamburg 1974.
H. Küpper: *Handliches Wörterbuch der deutschen Alltagssprache.* Hamburg 1968.
H. Küpper: *Pons-Wörterbuch der deutschen Umgangssprache.* Stuttgart 1987.
H. Küpper: *Illustriertes Lexikon der deutschen Umgangssprache.* 8 Bde. Stuttgart 1982-84.
M. u. H. Küpper: *Schülerdeutsch.* Hamburg 1972.
S. A. Wolf: *Wörterbuch des Rotwelschen.* Mannheim 1956.

発音辞典

Duden. Aussprachewörterbuch. Mannheim 1962 (=Der Große Duden Bd. 6);^{2}1974;^{3}1990 (Duden Bd. 6).
Wörterbuch der deutschen Aussprache. Hg. von dem Kollektiv H. Krech u. a. Leipzig 1964;^{2}1967;^{2}1969.
Großes Wörterbuch der deutschen Aussprache. Hg.von dem Kollektiv U. Stötzer u. a. Leipzig 1982.
F. Schäuffele: *Deutsch, dütsch und andere schwere Sprachen.* Bern 1970.
Th. Siebs: *Deutsche Hochsprache. Bühnenaussprache.* Berlin ^{18}1961.
Th. Siebs: *Deutsche Aussprache.* Berlin ^{19}1969.
W. Viëtor: *Deutsches Aussprachewörterbuch.* Leipzig ^{5}1931.

語源辞典

Duden. Etymologie. Herkunftswörterbuch der deutschen Sprache. Mannheim / Wien / Zürich 1989 (=Duden Bd. 7).
Fr. Kluge: *Etymologisches Wörterbuch der deutschen Sprache.* Berlin ^{19}1963;^{21}1975 (Bearb. von W. Mitzka);^{22}1989(Bearb. von E. Seebold).
L. Mackensen: *Reclams etymologisches Wörterbuch der deutschen Sprache.* Stuttgart 1966.
E. Wasserzieher / W. Betz: *Woher? Ableitendes Wörterbuch der deutschen Sprache.* Bonn ^{19}1966.

類義語・対義語辞典など

Chr. u. E. Agricola: *Wörter und Gegenwörter.* Mannheim ^{2}1992 (=Duden-Taschenbücher Bd. 23).
Duden. Das richtige Wort. Synonymisches Wörterbuch. Mannheim 1957 (=Schülerduden Bd. 10).
Duden. Vergleichendes Synonymenwörterbuch. Mannheim 1964 (=Der Große Duden Bd.8).
Duden. Sinn- und sachverwandte Wörter. Mannheim 1972 (=Der Große Duden Bd. 8).
J. A. Eberhard: *Synonymisches Handwörterbuch der deutschen Sprache.* Leipzig ^{17}1910.
H. Görner / G. Kempcke: *Synonymwörterbuch.* Leipzig 1973.
W. Müller: *Leicht verwechselbare Wörter.* Mannheim 1973 (=Duden-Taschenbücher Bd. 17).

F. Dornseiff: *Der deutsche Wortschatz nach Sachgruppen.* Berlin ^{7}1970.
Wehrle / Eggers: *Deutscher Wortschatz.* 2 Bde. Frankfurt a. M. 1972 (=Fischer Handbücher 6211-12).

図解辞典

Brockhaus Enzyklopädie. Bd. 24: *Bildwörterbuch der deutschen Sprache.* Wiesbaden 1976.
Der Sprach-Brockhaus. Deutsches Bildwörterbuch. Wiesbaden^{8}1972.
Duden. Bildwörterbuch. Mannheim ^{2}1958 (=Der Große Duden Bd. 3);^{3}1977 (=Duden Bd. 3).
Bildwörterbuch Deutsch. Erarb. von H. Meyer u. S. Ehrich. Leipzig 1973.

略語辞典

H. Koblischke: *Großes Abkürzungsbuch.* Leipzig 1978.

J. Werlin: *Wörterbuch der Abkürzungen.* Mannheim / Wien / Zürich [3]1987 (=Duden-Taschenbücher Bd. 11).

逆配列・頻度辞典

E. Mater: *Rückläufiges Wörterbuch der deutschen Gegenwartssprache.* Leipzig [3]1970.

A. Ruoff: *Häufigkeitswörterbuch gesprochener Sprache.* Tübingen 1981.

固有名詞(人名・地名)辞典など

A. Bach: *Deutsche Namenkunde.* Bd. I. *Die deutschen Personennamen.* Heidelberg [2]1952-53. Bd. II. *Die deutschen Ortsnamen.* Heidelberg 1952-54. Bd. III. *Registerband.* Bearb. von D. Berger. Heidelberg [2]1974.

E. Förstemann: *Altdeutsches Namenbuch.* Bd. I. *Personennamen.* Bonn [2]1901 (Nachdruck Hildesheim 1966). Bd. II. *Orts- und sonstige geographische Namen.* Bonn [3]1913-16 (Nachdruck Hildesheim 1967).

G. Drosdowski: *Lexikon der Vornamen.* Mannheim 1974 (=Duden-Taschenbücher Bd.4).

W. Fleischer: *Die deutschen Personennamen.* Berlin [2]1968 (=Wissenschaftliche Taschenbücher Bd.20).

M. Gottschald: *Deutsche Namenkunde.* Berlin [4]1971.

K. Linnartz: *Unsere Familiennamen.* 2 Bde. Bonn [3]1958.

L. Mackensen: *Das große Buch der Vornamen.* München 1978.

W. Seibicke: *Die Personennamen im Deutschen.* Berlin 1982 (=Sammlung Göschen 2218).

E. Wasserzieher: *Hans und Grete.* Bonn [18]1972 (=Dümmlerbuch 8306).

F. W. Weitershaus: *Das neue Vornamenbuch.* München 1978.

D. Berger: *Geographische Namen in Deutschland.* Mannheim / Leipzig / Wien / Zürich 1993 (=Duden-Taschenbücher 25).

Duden. Wörterbuch geographischer Namen. Europa (ohne Sowjetunion). Mannheim 1966.

J. J. Egli: *Etymologisch-geographisches Lexikon.* Wiesbaden 1880 (Neudruck1970).

R. Fischer / E. Eichler / H. Naumann / H. Walther: *Namen deutscher Städte.* Berlin 1963 (=Wissenschaftliche Taschenbücher Bd. 10).

A. Meister: *Biblische Namen.* Konstanz [2]1978.

H. Schumacher: *Die Namen der Bibel und ihre Bedeutung im Deutschen.* Heilbronn [6]1976.

2 ドイツ語を見出し語とする対訳辞典

独英・独仏辞典など

M. L. Barker / H.Homeyer: *The Pocket Oxford German Dictionary.* Oxford [2]1962.

H. T. Betteridge: *Cassell's German-English, English-German Dictionary.* London / New York 1978.

H. F. Eggerling: *A Dictionary of Modern German Prose Usage.* Oxford 1961.

R. B. Farrell: *A Dictionary of German Synonyms.* Cambridge 1966.

T. Jones: *Harrap's Standard German and English Dictionary.* Part I: *German-English.* 3 vols. (A-R). London 1963-74.

H. Mensinger: *Langenscheidt's New College German Dictionary. German-English.* Berlin 1973.

H. Mensinger: *Langenscheidts Handwörterbuch Englisch.* Teil II: *Deutsch-Englisch.* Berlin [5]1965.

H. Mensinger: *Langenscheidts Großwörterbuch der englischen und deutschen Sprache. „Der Kleine Muret-Sanders." Deutsch-Englisch.* Berlin 1982.

H. Motekat / J. Bourke: *Brockhaus-Bildwörterbuch. Deutsch-Englisch.* Wiesbaden 1960.

Muret-Sanders. Enzyklopädisches englisch-deutsches und deutsch-englisches Wörterbuch. Große Ausgabe. Teil II: *Deutsch-Englisch.* 2 Bde. Berlin 1899.

Muret-Sanders. Enzyklopädisches englisch-deutsches und deutsch-englisches Wörterbuch. Hand- und Schulausgabe. Teil II: *Deutsch-Englisch.* Berlin 1900.

K. Spalding / K. Brooke: *An Historical Dictionary of German Figurative Usage.* Oxford 1952-(未完).

O.Springer: *Langenscheidts Enzyklopädisches Wörterbuch der englischen und deutschen Sprache.* Begr. von E. Muret und D. Sanders. Teil II: *Deutsch-Englisch.* 2 Bde. Berlin 1974-75.

R. Taylor / W. Gottschalk: *A German English Dictionary of Idioms.* München [2]1966.

Wildhagen / Héraucourt: *Englisch-deutsches und deutsch-englisches Wörterbuch.* 2 Bde. Bd. II: Deutsch-Englisch. Wiesbaden 1972.

J. Denis / M. Eckel / H. Hofer: *Grand dictionnaire allemand-français et français-allemand.* Paris [5]1970.

Sachs-Villatte. Langenscheidts Großwörterbuch der französischen und deutschen Sprache. Teil II: *Deutsch-Französisch.* Berlin [38]1966.

独和辞典など(括弧内は初版刊行年)

相良守峯『ポケット独和辞典』研究社 1961(旧版 1947)

P. A. ブライトン『ローマ字独和辞典』エンデルレ書店 1967(1935)

小牧健夫・奥津彦重・佐藤通次『岩波独和辞典』(増補版)岩波書店 1971(1953)

篠田英雄・国松孝二『独和新辞典』三省堂 1970(1954)

相良守峯『大独和辞典』博友社 1968(1958)

佐藤通次『独和言林』白水社 1968(1961;旧版 1936)

倉石五郎・国松孝二『コンサイス独和辞典』三省堂 1978(1961;旧版 1937)

相良守峯『木村・相良独和辞典』(新訂版)博友社 1979(1963;旧版 1940)

岩崎英二郎他『ドイツ基本語辞典』白水社 1971

矢儀万喜多他『新修ドイツ語辞典』同学社 1983(1972)

R. シンチンゲル・山本明・南原実『新現代独和辞典』三修社 1992(1972)

妹尾泰然・野田健一『新独和辞典』大学書林 1977

早川東三『デイリーコンサイス独和辞典』三省堂 1982

冨山芳正『郁文堂独和辞典』郁文堂 1993(1987)

濱川祥枝『クラウン独和辞典』三省堂 1997(1991)

『新アルファ　独和辞典』三修社 1993(1989)
戸川敬一他『マイスター独和辞典』大修館書店 1992
小野寺和夫他『プログレッシブ独和辞典』小学館 1994
根本道也他『アポロン独和辞典』同学社 1994
在間進『キャンパス独和辞典』1995 郁文堂
菊池慎吾・鐵野善資『独和中辞典』研究社 1996
岩﨑英二郎・小野寺和夫『ドイツ語不変化詞辞典』白水社 1975(1969)
久保田肇『ドイツ文章接合詞の研究』1968
岩﨑英二郎他『ドイツ基本熟語辞典』白水社 1984
山川丈平『ドイツ語慣用句』郁文堂 1963
野本祥治『ドイツの諺』郁文堂 1967
山川丈平『ドイツ語ことわざ辞典』白水社 1978(1975)
中條宗助『ドイツ語類語辞典』三修社 1983
根本道也『東ドイツの新語』同学社 1981
谷口幸男他『ドイツ民俗学小辞典』同学社 1985
山田晟『ドイツ法律用語辞典』大学書林 1993(1981)
田沢五郎『ドイツ政治経済法制辞典』郁文堂 1990
川口洋『キリスト教用語独和小辞典』同学社 1996
池内紀他『ドイツ名句事典』大修館書店 1996

3　ドイツ語以外の外国語辞典(英・仏・伊・古典語)

E. Klein: *A Comprehensive Etymological Dictionary of English Language.* 2 vols. Amsterdam / New York 1966-67.
J. A. Murray / H. Bradley / W. A. Craigie / C. T. Onions: *The Oxford English Dictionary.* 12 vols. Oxford 1933.
A. Dauzat / J. Dubois / H. Mitterand: *Nouveau dictionnaire étyntologique et historique.* Paris [3]1964.
A. Horae: *An Italian Dictionary.* Cambridge [2]1925.
B. Reynolds: *The Concise Cambridge Italian Dictionary.* Cambridge 1975.

H. Fisk: *Griechisches etymologisches Wörterbuch.* 2 Bde. Heidelberg [2]1973.
H. G. Liddell / R. Scott: *A Greek-English Lexicon.* Oxford 1940 (Reprinted 1978).
H. Menge: *Langenscheidts Großwörterbuch. Griechisch-Deutsch, unter Berücksichtigung der Etymologie.* Berlin 1973.
P. G. W. Glare: *Oxford Latin Dictionary.* Oxford 1982.
H. Menge: *Langenscheidts Großwörterbuch. Lateinisch-Deutsch, unter Berücksichtigung der Etymologie.* Berlin 1977.
A. Walde / J. B. Hofmann: *Lateinisches etymologisches Wörterbuch.* 2 Bde. Heidelberg [4]1965.

『小学館ランダムハウス英和辞典』小学館 1973,1994
『小学館英和中辞典』小学館 1980
『研究社英和大辞典』研究社 1974, 1980
『岩波英和大辞典』岩波書店 1970, 1982
『ドゥーデン図解英和辞典』三省堂 1971
『小学館ロベール仏和大辞典』小学館 1988
『白水社仏和大辞典』白水社 1981
『小学館伊和中辞典』小学館 1983
田中秀央『羅和辞典』研究社 1967
田中秀央・落合太郎『ギリシア・ラテン語引用語辞典』岩波書店 1966

4　言語学辞典など

H. P. Althaus / H. Henne / H. E. Wiegand: *Lexikon der Germanistischen Linguistik.* Tübingen 1973, [2]1980.
H. Bußmann: *Lexikon der Sprachwissenschaft.* Stuttgart 1983, [2]1990.
J. B. Hofmann / H. Rubenbauer: *Wörterbuch der grammatischen und metrischen Terminologie.* Heidelberg [2]1972.
Th. Lewandowski: *Linguistisches Wörterbuch.* 3 Bde. Heidelberg 1976 [5]1990.
安井稔『新言語学辞典』改訂増補版　研究社 1975
石橋幸太郎『現代英語学辞典』成美堂 1963
大塚高信・中島文雄『新英語学辞典』研究社 1982
日本音聲學會『音聲學大辭典』三修社 1976
川島淳夫他『ドイツ言語学辞典』紀伊国屋 1994
下宮忠雄・川島淳夫・日置孝次郎『言語学小辞典』同学社 1985
田中春美『現代言語学辞典』成美堂 1988

5　百科事典・各種事典・術語辞典など

Der Große Brockhaus. 12 Bde. Wiesbaden [6]1952-57;Ergänzungsband Ⅰ 1958, Ⅱ 1967;Atlas 1967.
Der Neue Brockhaus. 5 Bde. Wiesbaden 1973-75;Atlas 1980.
Ich sag Dir alles. Hg. von Lexikon Institut Bertelsmann. Gütersloh / Berlin / München 1977.
Meyers Großes Taschenlexikon. 24 Bde. Mannheim 1983.
Meyers Großes Universallexikon. 15 Bde. Mannheim / Wien / Zürich 1981-86.
Meyers Jahreslexikon. Mannheim 1972-83.
Meyers Neues Handlexikon. 2 Bde. Leipzig 1971.
『大日本百科事典ジャポニカ』(全 28 巻)小学館 1967-72
『ジャポニカ時事百科』小学館 1972-1984
『大百科事典』(全 16 巻)平凡社 1984-85

Brockhaus der Naturwissenschaften und der Technik. Wiesbaden [7]1972.
Der Sport-Brockhaus. Wiesbaden 1971.
Duden. Wörterbuch medizinischer Fachausdrücke. Mannheim 1968.
C. A. Gunston / C. M. Corner: *Deutsch-Englisches Glossarium finanzieller und wirtschaftlicher Fachausdrücke.* Frankfurt a. M. [5]1967.
Meyers Großer Rechenduden. Mannheim 1964.
C. A. v. Volborth: *Heraldik aus aller Welt in Farben.* Kopenhagen 1972.
L. de Vries / Th. M. Herrmann: *German-English Technical and Engineering Dictionary.* New York / London / Sydney / Toronto [2]1966.
R. Wehlen: *Wortschatz und Regeln des Sports. Ballspiele.* Mannheim 1972 (=Duden-Taschenbücher Bd. 16a).
W. Weitershaus: *Satz- und Korrekturanweisungen.* Mannheim [4]1980 (=Duden-Taschenbücher Bd. 5).

以上のほか参考にした各種専門分野の辞典・事典は多数にのぼるが，紙幅の都合で割愛した.

動詞変化番号表 (凡例6－2－1，6－2－2を参照)

(下線つきのßは新正書法ではssとつづられる)

番号			(なし)	《01》	《02》	《03》	《04》	《05》	《06》
不定詞			**lieben**	**baden**	**tanzen**	**küssen**	**mischen**	**ändern**	**wandeln**
直説法	現在	*ich*	liebe	bade	tanze	küsse	mische	ändere (ändre)	wandle (wandele)
		du	liebst	badest	tanzt (tanzest)	küßt (küssest)	mischst (mischest)	änderst	wandelst
		er	liebt	badet	tanzt	küßt	mischt	ändert	wandelt
		wir	lieben	baden	tanzen	küssen	mischen	ändern	wandeln
		ihr	liebt	badet	tanzt	küßt	mischt	ändert	wandelt
		sie	lieben	baden	tanzen	küssen	mischen	ändern	wandeln
	過去		liebte	badete	tanzte	küßte	mischte	änderte	wandelte
過去分詞			geliebt	gebadet	getanzt	geküßt	gemischt	geändert	gewandelt
命令法			liebe! (lieb!)	bade! (bad!)	tanze! (tanz!)	küsse! (küß!)	mische! (misch!)	ändere! (ändre!)	wandle! (wandele!)

《01》 語幹が-d, -tなどに終わるもの：reden, arbeiten, atmen, öffnen など．ただし-men, -nen形の命令法は-me, -neのみ．
《02》 語幹が-s, -zなどに終わるもの：reisen, grüßen, boxen, setzen など．ただしhassenなどは《03》
《03》 語幹が-ss に終わるもの：hassen, pressen など．
《04》 語幹が-sch, -tschに終わるもの：peitschen, wünschen など．
《05》 -ern形の動詞：mustern, sichern など．
《06》 -eln形の動詞：segeln, tadeln など．

不規則変化動詞(不定詞の右肩に°印のついているものは欄外の注を参照のこと)

不定詞	直説法		接続法 II	過去分詞	命令法
	現在	過去			
《11》 **backen°**	*du* bäckst (backst) *er* bäckt (backt)	**backte** (▽buk)	backte (▽büke)	**gebacken**	back[e]!
《12》 ***ge*bären**	*du* gebärst (雅：gebierst) *sie* gebärt (雅：gebiert)	**gebar**	gebäre	**geboren**	gebär[e]! (雅：gebier!)
《13》 **beißen**	*du* beißt (beißest) *er* beißt	**biß**	bisse	**gebissen**	beiß[e]!
《14》 **bergen**	*du* birgst *er* birgt	**barg**	bärge (▽bürge)	**geborgen**	birg!
《15》 **bersten**	*du* birst (▽berstest) *er* birst (▽berstet)	**barst** (▽borst, ▽berstete)	bärste (▽börste, ▽berstete)	**geborsten**	birst!
《16》 **biegen**	*du* biegst *er* biegt	**bog**	böge	**gebogen**	bieg[e]!
《17》 **bieten**	*du* bietest (bietst, 雅：beutst) *er* bietet (雅：beut)	**bot**	böte	**geboten**	biet[e]! (雅：beut!)
《18》 **binden**	*du* bindest *er* bindet	**band**	bände	**gebunden**	bind[e]!
《19》 **bitten**	*du* bittest *er* bittet	**bat**	bäte	**gebeten**	bitt[e]!
《20》 **blasen**	*du* bläst (bläsest) *er* bläst	**blies**	bliese	**geblasen**	blas[e]!
《21》 **bleiben**	*du* bleibst *er* bleibt	**blieb**	bliebe	**geblieben**	bleib[e]!

《11》 **backen:** 「くっつく」を意味する場合には規則変化 (→backen²)．「天火で焼く」の意味でも，今日では過去形にbackteを用いることが多い．

不　定　詞	直　説　法		接続法 II	過去分詞	命　令　法
	現　在	過　去			
⑵22⑵ **bleichen**°	*du* bleichst *er* bleicht	**bleichte** (▽blich)	bleichte (▽bliche)	**gebleicht** (▽geblichen)	bleich〔e〕!
⑵23⑵ **braten**	*du* brätst *er* brät	**briet**	briete	**gebraten**	brat〔e〕!
⑵24⑵ **brechen**°	*du* brichst *er* bricht	**brach**	bräche	**gebrochen**	brich!
⑵25⑵ **brennen**	*du* brennst *er* brennt	**brannte**	brennte	**gebrannt**	brenn〔e〕!
⑵26⑵ **bringen**	*du* bringst *er* bringt	**brachte**	brächte	**gebracht**	bring〔e〕!
⑵27⑵ ***ge*deihen**	*du* gedeihst *er* gedeiht	**gedieh**	gediehe	**gediehen**	gedeih〔e〕!
⑵28⑵ **denken**	*du* denkst *er* denkt	**dachte**	dächte	**gedacht**	denk〔e〕!
⑵29⑵ ***ver*derben**°	*du* verdirbst *er* verdirbt	**verdarb**	verdürbe	**verdorben** (▽verderbt)	verdirb!
⑵30⑵ **dingen**	*du* dingst *er* dingt	**dingte** (▽dang)	dingte (▽dänge)	**gedungen** （まれ：gedingt)	ding〔e〕!
⑵31⑵ **dreschen**	*du* drischst (drischest) *er* drischt	**drosch** (▽drasch)	drösche (▽dräsche)	**gedroschen**	drisch!
⑵32⑵ ***ver*drießen**	*du* verdrießt (verdrießest) *er* verdrießt	**verdroß**	verdrösse	**verdrossen**	verdrieß〔e〕!
⑵33⑵ **dringen**	*du* dringst *er* dringt	**drang**	dränge	**gedrungen**	dring〔e〕!
⑵34⑵ **dünken**	*du* dünkst (▽deuchst) *er* dünkt (▽deucht)	**dünkte** (▽deuchte)	dünkte (▽deuchte)	**gedünkt** (▽gedeucht)	dünk〔e〕!
⑵35⑵ **dürfen**	*ich* darf *du* darfst *er* darf	**durfte**	dürfte	**gedurft**	
⑵36⑵ **essen**	*du* ißt (issest) *er* ißt	**aß**	äße	**gegessen**	iß!
⑵37⑵ **fahren**	*du* fährst *er* fährt	**fuhr**	führe	**gefahren**	fahr〔e〕!
⑵38⑵ **fallen**	*du* fällst *er* fällt	**fiel**	fiele	**gefallen**	fall〔e〕!
⑵39⑵ **fangen**	*du* fängst *er* fängt	**fing**	finge	**gefangen**	fang〔e〕!
⑵40⑵ **fechten**	*du* fichtst *er* ficht	**focht**	föchte	**gefochten**	ficht!
⑵41⑵ ***be*fehlen**	*du* befiehlst *er* befiehlt	**befahl**	beföhle (befähle)	**befohlen**	befiehl!
⑵42⑵ **finden**	*du* findest *er* findet	**fand**	fände	**gefunden**	find〔e〕!
⑵43⑵ **flechten**	*du* flichtst *er* flicht	**flocht**	flöchte	**geflochten**	flicht!
⑵44⑵ ***be*fleißen**	*du* befleißt (befleißest) *er* befleißt	**befliß**	beflisse	**beflissen**	befleiß〔e〕!
⑵45⑵ **fliegen**	*du* fliegst (▽fleugst) *er* fliegt (▽fleugt)	**flog**	flöge	**geflogen**	flieg〔e〕! (▽fleug!)

⑵22⑵ **bleichen:** 他動詞はかならず規則変化，自動詞も多く規則変化.
⑵24⑵ **brechen:** radebrechenは規則変化.
⑵29⑵ **verderben:**「堕落させる」を意味する他動詞の場合には規則変化をすることもあったが，今日では(過去分詞形容詞verderbtを除き)不規則変化.

不　定　詞	直　説　法		接続法 II	過去分詞	命　令　法
	現　在	過　去			
《46》 **fliehen**	*du* fliehst (▽fleuchst) *er* flieht (▽fleucht)	**floh**	flöhe	**geflohen**	flieh〔e〕! (▽fleuch!)
《47》 **fließen**	*du* fließt (fließest, ▽fleußt) *er* fließt (▽fleußt)	**floß**	flösse	**geflossen**	fließ〔e〕! (▽fleuß!)
《48》 **fragen**	*du* fragst (方：frägst) *er* fragt (方：frägt)	**fragte** (方：frug)	fragte (方：früge)	**gefragt**	frag〔e〕!
《49》 **fressen**	*du* frißt (frissest) *er* frißt	**fraß**	fräße	**gefressen**	friß!
《50》 **frieren**	*du* frierst *er* friert	**fror**	fröre	**gefroren**	frier〔e〕!
《51》 **gären**°	*du* gärst *er* gärt	**gor** (まれ：gärte)	göre (まれ：gärte)	**gegoren** (まれ：gegärt)	gär〔e〕!
《52》 **geben**	*du* gibst (▽gieb〔e〕st) *er* gibt (▽gieb〔e〕t)	**gab**	gäbe	**gegeben**	gib! (▽gieb!)
《53》 **gehen**	*du* gehst *er* geht	**ging**	ginge	**gegangen**	geh〔e〕!
《54》 **gelten**	*du* giltst *er* gilt	**galt**	gälte (gölte)	**gegolten**	gilt!
《55》 ***ver*gessen**	*du* vergißt (vergissest) *er* vergißt	**vergaß**	vergäße	**vergessen**	vergiß!
《56》 **gießen**	*du* gießt (gießest) *er* gießt	**goß**	gösse	**gegossen**	gieß〔e〕!
《57》 ***be*ginnen**	*du* beginnst *er* beginnt	**begann**	begänne (まれ：begönne)	**begonnen**	beginn〔e〕!
《58》 **gleichen**°	*du* gleichst *er* gleicht	**glich**	gliche	**geglichen**	gleich〔e〕!
《59》 **gleißen**	*du* gleißt (gleißest) *er* gleißt	**gleißte** (▽gliß)	gleißte (▽glisse)	**gegleißt** (▽geglissen)	gleiß〔e〕!
《60》 **gleiten**	*du* gleitest *er* gleitet	**glitt** (▽gleitete)	glitte (▽gleitete)	**geglitten** (▽gegleitet)	gleit〔e〕!
《61》 **glimmen**	*du* glimmst *er* glimmt	**glomm** (glimmte)	glömme (glimmte)	**geglommen** (geglimmt)	glimm〔e〕!
《62》 **graben**	*du* gräbst *er* gräbt	**grub**	grübe	**gegraben**	grab〔e〕!
《63》 **greifen**	*du* greifst *er* greift	**griff**	griffe	**gegriffen**	greif〔e〕!
《64》 **haben**	*du* hast *er* hat	**hatte**	hätte	**gehabt**	hab〔e〕!
《65》 **halten**	*du* hältst *er* hält	**hielt**	hielte	**gehalten**	halt〔e〕!
《66》 **hängen**° (hangen)	*du* hängst *er* hängt	**hing**	hinge	**gehangen**	häng〔e〕! (hang〔e〕!)

《51》 **gären:** ふつう不規則変化であるが，「激昂(げっこう)する」といった比喩的な意味では規則変化が多い．

《58》 **gleichen:**「適合させる」「一様にする」を意味する他動詞の場合にはまれに規則変化．

《66》 **hängen**(hangen)**:** 自動詞の不定詞は本来hangenであったが，今日ではhängenがふつうで，不規則変化．他動詞hängenは規則変化をするが，方言では不規則変化をすることもある．

不定詞	直説法		接続法 II	過去分詞	命令法
	現在	過去			
《67》 **hauen**°	*du* haust *er* haut	**haute,** **hieb**	haute, hiebe	**gehauen** (方：gehaut)	hau〔e〕!
《68》 **heben**	*du* hebst *er* hebt	**hob** (▽hub)	höbe (▽hübe)	**gehoben**	heb〔e〕!
《69》 ***ver*hehlen**	*du* verhehlst *er* verhehlt	**verhehlte**	verhehlte	**verhehlt,** **verhohlen**	verhehl〔e〕!
《70》 **heißen**	*du* heißt (heißest) *er* heißt	**hieß**	hieße	**geheißen**	heiß〔e〕!
《71》 **helfen**	*du* hilfst *er* hilft	**half**	hülfe (まれ：hälfe)	**geholfen**	hilf!
《72》 **keifen**	*du* keifst *er* keift	**keifte** (▽kiff)	keifte (▽kiffe)	**gekeift** (▽gekiffen)	keif〔e〕!
《73》 **kennen**	*du* kennst *er* kennt	**kannte**	kennte	**gekannt**	kenn〔e〕!
《74》 **kiesen**°	*du* kiest (kiesest) *er* kiest	**kor**	köre	**gekoren**	kies〔e〕!
《75》 **klieben**	*du* kliebst *er* kliebt	**klob,** **kliebte**	klöbe, kliebte	**gekloben,** **gekliebt**	klieb〔e〕!
《76》 **klimmen**	*du* klimmst *er* klimmt	**klomm** (klimmte)	klömme (klimmte)	**geklommen** (geklimmt)	klimm〔e〕!
《77》 **klingen**	*du* klingst *er* klingt	**klang**	klänge	**geklungen**	kling〔e〕!
《78》 **kneifen**	*du* kneifst *er* kneift	**kniff**	kniffe	**gekniffen**	kneif〔e〕!
《79》 **kneipen**°	*du* kneipst *er* kneipt	**kneipte** (knipp)	kneipte (knippe)	**gekneipt** (geknippen)	kneip〔e〕!
《80》 **kommen**	*du* kommst (▽kömmst) *er* kommt (▽kömmt)	**kam**	käme	**gekommen**	komm〔e〕!
《81》 **können**	*ich* kann *du* kannst *er* kann	**konnte**	könnte	**gekonnt**	
《82》 **kreischen**	*du* kreischst (kreischest) *er* kreischt	**kreischte** (方：krisch)	kreischte (方：krische)	**gekreischt** (方：gekrischen)	kreisch〔e〕!
《83》 **kriechen**	*du* kriechst (▽kreuchst) *er* kriecht (▽kreucht)	**kroch**	kröche	**gekrochen**	kriech〔e〕! (▽kreuch!)
《84》 **krimpen**	*du* krimpst *er* krimpt	**krimpte**	krimpte	**gekrimpt,** **gekrumpen**	krimp〔e〕!
《85》 **küren**	*du* kürst *er* kürt	**kürte** (まれ：kor)	kürte (まれ：köre)	**gekürt** (まれ：gekoren)	kür〔e〕!
《86》 **laden**[1]°	*du* lädst *er* lädt	**lud**	lüde	**geladen**	lad〔e〕!
《87》 **laden**[2]°	*du* lädst (方：ladest) *er* lädt (方：ladet)	**lud** (方：ladete)	lüde (方：ladete)	**geladen**	lad〔e〕!

《67》 **hauen:** 規則変化の広まる傾向が強いが，「切りつける」「打つ」を意味する自動詞や「(…を…に)突き立てる」などを意味する他動詞の過去形にはhiebを用いることが多い.

《74》 **kiesen:** 「(…に)砂利を敷く」を意味する場合には規則変化(→kiesen[1]).

《79》 **kneipen:** 「(飲み屋などで)酒を飲む」を意味する場合には規則変化(→kneipen[1]).

《86》 **laden**[1]**:** 「積む」「装塡する」の意味で.

《87》 **laden**[2]**:** 「招く」「召喚する」の意味で.

不定詞	直説法		接続法 II	過去分詞	命令法
	現在	過去			
《88》 **lassen**°	*du* läßt (▽lässest) *er* läßt	**ließ**	ließe	**gelassen**	laß! (lasse!)
《89》 **laufen**	*du* läufst *er* läuft	**lief**	liefe	**gelaufen**	lauf〔e〕!
《90》 **leiden**°	*du* leidest *er* leidet	**litt**	litte	**gelitten**	leid〔e〕!
《91》 **leihen**	*du* leihst *er* leiht	**lieh**	liehe	**geliehen**	leih〔e〕!
《92》 **lesen**	*du* liest (liesest) *er* liest	**las**	läse	**gelesen**	lies!
《93》 **liegen**	*du* liegst *er* liegt	**lag**	läge	**gelegen**	lieg〔e〕!
《94》 ***ver*lieren**	*du* verlierst *er* verliert	**verlor**	verlöre	**verloren**	verlier〔e〕!
《95》 ***ge*lingen**	*es* gelingt	**gelang**	gelänge	**gelungen**	geling〔e〕!
《96》 **löschen**°	*du* lischst (lischest) *er* lischt	**losch**	lösche	**geloschen**	lisch!
《97》 **lügen**	*du* lügst *er* lügt	**log**	löge	**gelogen**	lüg〔e〕!
《98》 **mahlen**	*du* mahlst *er* mahlt	**mahlte**	mahlte	**gemahlen**	mahl〔e〕!
《99》 **meiden**	*du* meidest *er* meidet	**mied**	miede	**gemieden**	meid〔e〕!
《100》 **melken**	*du* melkst (▽milkst) *er* melkt (▽milkt)	**melkte** (まれ：molk)	melkte (まれ：mölke)	**gemolken** (まれ：gemelkt)	melk〔e〕! (▽milk!)
《101》 **messen**	*du* mißt (missest) *er* mißt	**maß**	mäße	**gemessen**	miß!
《102》 **mögen**	*ich* mag *du* magst *er* mag	**mochte**	möchte	**gemocht**	
《103》 **müssen**	*ich* muß *du* mußt *er* muß	**mußte**	müßte	**gemußt**	müsse!
《104》 **nehmen**	*du* nimmst *er* nimmt	**nahm**	nähme	**genommen**	nimm!
《105》 **nennen**	*du* nennst *er* nennt	**nannte**	nennte	**genannt**	nenn〔e〕!
《106》 ***ge*nesen**	*du* genest (genesest) *er* genest	**genas**	genäse	**genesen**	genes〔e〕!
《107》 ***ge*nießen**	*du* genießt (genießest) *er* genießt	**genoß**	genösse	**genossen**	genieß〔e〕!
《108》 **pfeifen**	*du* pfeifst *er* pfeift	**pfiff**	pfiffe	**gepfiffen**	pfeif〔e〕!
《109》 **pflegen**°	*du* pflegst *er* pflegt	**pflegte** (まれ：pflog, ▽pflag)	pflegte (まれ：pflöge)	**gepflegt** (まれ：gepflogen)	pfleg〔e〕!

《88》 **lassen:** veranlassen は規則変化.

《90》 **leiden:** verleiden は規則変化.

《96》 **löschen:** 「消える」を意味する自動詞(多くは前つづり er.., ver.., aus.. をつけて)の場合には不規則変化. 「消す」「陸揚げする」を意味する他動詞の場合には規則変化(→löschen[1] II; löschen[2]).

《109》 **pflegen:** 他動詞が「(…の)世話をする」を意味する場合, またzu不定詞句を伴って「(…するのを)常としている」を意味する場合にはかならず規則変化. その他の場合も今日ではふつう規則変化.

不定詞	直説法		接続法 II	過去分詞	命令法
	現在	過去			
《110》 **preisen**°	*du* preist (preisest) *er* preist	**pries**	priese	**gepriesen**	preis〔e〕!
《111》 **quellen**°	*du* quillst *er* quillt	**quoll**	quölle	**gequollen**	quill!
《112》 **rächen**	*du* rächst *er* rächt	**rächte**	rächte	**gerächt** (戯：gerochen)	räche!
《113》 **raten**	*du* rätst *er* rät	**riet**	riete	**geraten**	rat〔e〕!
《114》 **reiben**	*du* reibst *er* reibt	**rieb**	riebe	**gerieben**	reib〔e〕!
《115》 **reißen**	*du* reißt (reißest) *er* reißt	**riß**	risse	**gerissen**	reiß〔e〕!
《116》 **reiten**	*du* reitest *er* reitet	**ritt**	ritte	**geritten**	reit〔e〕!
《117》 **rennen**	*du* rennst *er* rennt	**rannte** (まれ：rennte)	rennte	**gerannt** (▽gerennt)	renn〔e〕!
《118》 **riechen**	*du* riechst (▽reuchst) *er* riecht (▽reucht)	**roch**	röche	**gerochen**	riech〔e〕! (▽reuch!)
《119》 **ringen**°	*du* ringst *er* ringt	**rang**	ränge	**gerungen**	ring〔e〕!
《120》 **rinnen**	*du* rinnst *er* rinnt	**rann**	ränne (まれ：rönne)	**geronnen**	rinn〔e〕!
《121》 **rufen**	*du* rufst *er* ruft	**rief** (▽rufte)	riefe (▽rufte)	**gerufen** (▽geruft)	ruf〔e〕!
《122》 **salzen**°	*du* salzt (salzest) *er* salzt	**salzte**	salzte	**gesalzen** (まれ：gesalzt)	salz〔e〕!
《123》 **saufen**	*du* säufst *er* säuft	**soff**	söffe	**gesoffen**	sauf〔e〕!
《124》 **saugen**	*du* saugst *er* saugt	**sog** (まれ：saugte)	söge (まれ：saugte)	**gesogen** (まれ：gesaugt)	saug〔e〕!
《125》 **schaffen**°	*du* schaffst *er* schafft	**schuf**	schüfe	**geschaffen**	schaff〔e〕!
《126》 **schallen**	*du* schallst *er* schallt	**schallte** (まれ：scholl)	schallte (まれ：schölle)	**geschallt** (▽geschollen)	schall〔e〕!
《127》 ***geschehen***	*es* geschieht	**geschah**	geschähe	**geschehen**	
《128》 **scheiben**	*du* scheibst *er* scheibt	**schob,** **scheibte**	schöbe, scheibte	**geschoben,** **gescheibt**	scheib〔e〕!
《129》 **scheiden**	*du* scheidest *er* scheidet	**schied**	schiede	**geschieden**	scheid〔e〕!
《130》 **scheinen**	*du* scheinst *er* scheint	**schien** (方：scheinte)	schiene (方：scheinte)	**geschienen** (方：gescheint)	schein〔e〕!
《131》 **scheißen**	*du* scheißt (scheißest) *er* scheißt	**schiß**	schisse	**geschissen**	scheiß〔e〕!
《132》 **schelten**	*du* schiltst *er* schilt	**schalt** (▽scholt)	schölte (▽schälte)	**gescholten**	schilt! (▽schelte!)

《110》 **preisen:** lobpreisen は規則変化もする.
《111》 **quellen:** 自動詞は不規則変化, 他動詞は規則変化.
《119》 **ringen:**「輪にする」を意味する場合には規則変化(→ringen[1]).
《122》 **salzen:**「痛烈な」といった比喩的な意味の過去分詞形容詞はgesalzenのみ.
《125》 **schaffen:**「造り出す」「生ぜしめる」などを意味する場合には不規則変化.「成しとげる」「運ぶ」「働く」などを意味する場合には規則変化(→schaffen[2]).

不定詞	直説法		接続法 II	過去分詞	命令法
	現在	過去			
《133》 **scheren**°	*du* scherst (▽schierst) *er* schert (▽schiert)	**schor** (まれ：scherte)	schöre (まれ：scherte)	**geschoren** (まれ：geschert)	scher〔e〕! (▽schier!)
《134》 **schieben**	*du* schiebst *er* schiebt	**schob**	schöbe	**geschoben**	schieb〔e〕!
《135》 **schießen**	*du* schießt (schießest) *er* schießt	**schoß**	schösse	**geschossen**	schieß〔e〕!
《136》 **schinden**	*du* schindest *er* schindet	**schindete** (まれ：schund)	schindete (まれ：schünde)	**geschunden**	schind〔e〕!
《137》 **schlafen**	*du* schläfst *er* schläft	**schlief**	schliefe	**geschlafen**	schlaf〔e〕!
《138》 **schlagen**°	*du* schlägst *er* schlägt	**schlug**	schlüge	**geschlagen**	schlag〔e〕!
《139》 **schleichen**	*du* schleichst *er* schleicht	**schlich**	schliche	**geschlichen**	schleich〔e〕!
《140》 **schleifen**°	*du* schleifst *er* schleift	**schliff**	schliffe	**geschliffen**	schleif〔e〕!
《141》 **schleißen**°	*du* schleißt (schleißest) *er* schleißt	**schliß,** **schleißte**	schlisse, schleißte	**geschlissen,** **geschleißt**	schleiß〔e〕!
《142》 **schliefen**	*du* schliefst *er* schlieft	**schloff**	schlöffe	**geschloffen**	schlief〔e〕!
《143》 **schließen**	*du* schließt, (schließest, ▽schleuß〔es〕t) *er* schließt (▽schleußt)	**schloß**	schlösse	**geschlossen**	schließ〔e〕! (▽schleuß!)
《144》 **schlingen**	*du* schlingst *er* schlingt	**schlang**	schlänge	**geschlungen**	schling〔e〕!
《145》 **schmeißen**°	*du* schmeißt (schmeißest) *er* schmeißt	**schmiß**	schmisse	**geschmissen**	schmeiß〔e〕!
《146》 **schmelzen**°	*du* schmilzt (schmilzest, ▽schmelz〔es〕t) *er* schmilzt (▽schmelzt)	**schmolz** (▽schmelzte)	schmölze (▽schmelzte)	**geschmolzen** (▽geschmelzt)	schmilz! (▽schmelze!)
《147》 **schnauben**	*du* schnaubst *er* schnaubt	**schnaubte** (▽schnob)	schnaubte (▽schnöbe)	**geschnaubt** (▽geschnoben)	schnaub〔e〕!
《148》 **schneiden**	*du* schneidest *er* schneidet	**schnitt**	schnitte	**geschnitten**	schneid〔e〕!
《149》 **schnieben**	*du* schniebst *er* schniebt	**schniebte** (schnob)	schniebte (schnöbe)	**geschniebt** (geschnoben)	schnieb〔e〕!
《150》 **schrauben**	*du* schraubst *er* schraubt	**schraubte** (▽schrob)	schraubte (▽schröbe)	**geschraubt** (▽geschroben)	schraub〔e〕!
《151》 **schrecken**°	*du* schreckst *er* schreckt *du* schrickst *er* schrickt	**schreckte** **schrak**	schreckte schräke	**geschreckt** **geschrocken**	schreck〔e〕! schrick!

《133》 **scheren:**「(はさみで短く)切りそろえる」を意味する場合にはふつう不規則変化．他の場合には規則変化(→scheren[1] I 4，5；scheren[2]，scheren[3])．

《138》 **schlagen:** ratschlagen, veranschlagenは規則変化．

《140》 **schleifen:**「引きずる」を意味する場合には規則変化(→schleifen[2])．

《141》 **schleißen:** 自動詞は不規則変化，他動詞は不規則変化あるいは規則変化．

《145》 **schmeißen:**「(ワシなどが)糞(ふん)をする」を意味する場合には規則変化(→schmeißen[2])．

《146》 **schmelzen:** 他動詞は本来規則変化であったが，今日ではこれも多く不規則変化をする．

《151》 **schrecken:** 他動詞，および特殊な意味の自動詞(→schrecken I 2)は規則変化．その他の場合も規則変化が多い．

不 定 詞	直 説 法		接続法 II	過去分詞	命 令 法
	現 在	過 去			
《152》 **schreiben**	*du* schreibst *er* schreibt	**schrieb**	schriebe	**geschrieben**	schreib〔e〕!
《153》 **schreien**	*du* schreist *er* schreit	**schrie**	schriee	**geschrie〔e〕n**	schrei〔e〕!
《154》 **schreiten**	*du* schreitest *er* schreitet	**schritt**	schritte	**geschritten**	schreit〔e〕!
《155》 **schrinden**	*du* schrindest *er* schrindet	**schrund** (schrand)	schründe	**geschrunden**	schrind〔e〕!
《156》 **schroten**	*du* schrotest *er* schrotet	**schrotete**	schrotete	**geschrotet** (▽geschroten)	schrot〔e〕!
《157》 **schwären**	*es* schwärt (▽schwiert)	**schwärte** (▽schwor)	schwärte (▽schwöre)	**geschwärt** (▽geschworen)	schwär〔e〕! (▽schwier!)
《158》 **schweigen**°	*du* schweigst *er* schweigt	**schwieg**	schwiege	**geschwiegen**	schweig〔e〕!
《159》 **schwellen**°	*du* schwillst *er* schwillt	**schwoll**	schwölle	**geschwollen**	schwill!
《160》 **schwimmen**	*du* schwimmst *er* schwimmt	**schwamm**	schwömme (schwämme)	**geschwommen**	schwimm〔e〕!
《161》 **schwinden**	*du* schwindest *er* schwindet	**schwand**	schwände	**geschwunden**	schwind〔e〕!
《162》 **schwingen**	*du* schwingst *er* schwingt	**schwang** (▽schwung)	schwänge (▽schwünge)	**geschwungen**	schwing〔e〕!
《163》 **schwören**	*du* schwörst *er* schwört	**schwor** (▽schwur)	schwüre	**geschworen**	schwör〔e〕!
《164》 **sehen**	*du* siehst *er* sieht	**sah**	sähe	**gesehen**	sieh〔e〕!
《165》 **sein**	*ich* bin *wir* sind *du* bist *ihr* seid *er* ist *sie* sind	**war**	wäre	**gewesen**	sei!
《166》 **senden**°	*du* sendest *er* sendet	**sandte,** **sendete**	sendete	**gesandt,** **gesendet**	send〔e〕!
《167》 **sieden**	*du* siedest *er* siedet	**sott,** **siedete**	sötte, siedete	**gesotten,** **gesiedet**	sied〔e〕!
《168》 **singen**	*du* singst *er* singt	**sang**	sänge	**gesungen**	sing〔e〕!
《169》 **sinken**	*du* sinkst *er* sinkt	**sank**	sänke	**gesunken**	sink〔e〕!
《170》 **sinnen**	*du* sinnst *er* sinnt	**sann**	sänne (▽sönne)	**gesonnen**	sinn〔e〕!
《171》 **sitzen**	*du* sitzt (sitzest) *er* sitzt	**saß**	säße	**gesessen**	sitz〔e〕!
《172》 **sollen**	*ich* soll *du* sollst *er* soll	**sollte**	sollte	**gesollt**	
《173》 **spalten**°	*du* spaltest *er* spaltet	**spaltete**	spaltete	**gespalten,** **gespaltet**	spalt〔e〕!
《174》 **speien**	*du* speist *er* speit	**spie**	spiee	**gespie〔e〕n**	spei〔e〕!
オーストリア: **speiben**	*du* speibst *er* speibt	**spieb**	spiebe	**gespieben**	speib〔e〕!
《175》 **spinnen**	*du* spinnst *er* spinnt	**spann**	spönne (spänne)	**gesponnen**	spinn〔e〕!

《158》 **schweigen:** 他動詞は規則変化(→schweigen II).
《159》 **schwellen:** 他動詞は規則変化(→schwellen II).
《166》 **senden:** 「(電波で)送信する」「放送する」を意味する場合には規則変化. 他の場合はふつう不規則変化.
《173》 **spalten:** 過去分詞形容詞はふつうgespalten.

不定詞	直説法		接続法 II	過去分詞	命令法
	現在	過去			
《176》 **spleißen**	*du* spleißt (spleißest) *er* spleißt	**spliß** (spleißte)	splisse (spleißte)	**gesplissen** (gespleißt)	spleiß〔e〕!
《177》 **sprechen**	*du* sprichst *er* spricht	**sprach**	spräche	**gesprochen**	sprich!
《178》 **sprießen**°	*du* sprießt (sprießest) *er* sprießt	**sproß**	sprösse	**gesprossen**	sprieß〔e〕!
《179》 **springen**	*du* springst *er* springt	**sprang**	spränge	**gesprungen**	spring〔e〕!
《180》 **stechen**	*du* stichst *er* sticht	**stach**	stäche	**gestochen**	stich!
《181》 **stecken**°	*du* steckst (▽stickst) *er* steckt (▽stickt)	**steckte** (雅：stak)	steckte (雅：stäke)	**gesteckt**	steck〔e〕! (▽stick!)
《182》 **stehen**	*du* stehst *er* steht	**stand** (▽stund)	stünde (stände)	**gestanden**	steh〔e〕!
《183》 **stehlen**	*du* stiehlst *er* stiehlt	**stahl**	stähle (まれ：stöhle)	**gestohlen**	stiehl!
《184》 **steigen**	*du* steigst *er* steigt	**stieg**	stiege	**gestiegen**	steig〔e〕!
《185》 **sterben**	*du* stirbst *er* stirbt	**starb**	stürbe	**gestorben**	stirb!
《186》 **stieben**	*du* stiebst *er* stiebt	**stob** (stiebte)	stöbe (stiebte)	**gestoben** (gestiebt)	stieb〔e〕!
《187》 **stinken**	*du* stinkst *er* stinkt	**stank**	stänke	**gestunken**	stink〔e〕!
《188》 **stoßen**	*du* stößt (stößest) *er* stößt	**stieß**	stieße	**gestoßen**	stoß〔e〕!
《189》 **streichen**	*du* streichst *er* streicht	**strich**	striche	**gestrichen**	streich〔e〕!
《190》 **streiten**	*du* streitest *er* streitet	**stritt**	stritte	**gestritten**	streit〔e〕!
《191》 **tragen**°	*du* trägst *er* trägt	**trug**	trüge	**getragen**	trag〔e〕!
《192》 **treffen**	*du* triffst *er* trifft	**traf**	träfe	**getroffen**	triff!
《193》 **treiben**	*du* treibst *er* treibt	**trieb**	triebe	**getrieben**	treib〔e〕!
《194》 **treten**	*du* trittst *er* tritt	**trat**	träte	**getreten**	tritt!
《195》 **triefen**	*du* triefst *er* trieft	**triefte** (雅：troff)	triefte (雅：tröffe)	**getrieft** (まれ：getroffen)	trief〔e〕!
《196》 **trinken**	*du* trinkst *er* trinkt	**trank**	tränke	**getrunken**	trink〔e〕!
《197》 **trügen**	*du* trügst *er* trügt	**trog**	tröge	**getrogen**	trüg〔e〕!
《198》 **tun**	*ich* tue *wir* tun *du* tust *ihr* tut *er* tut *sie* tun	**tat**	täte	**getan**	tu〔e〕!
《199》 **wachsen**°	*du* wächst (wächsest) *er* wächst	**wuchs**	wüchse	**gewachsen**	wachs〔e〕!

《178》 **sprießen:**「支える」を意味する場合には規則変化(→sprießen[1]).
《181》 **stecken:** 他動詞はかならず規則変化，自動詞もふつうは規則変化.
《191》 **tragen:** beantragen, beauftragen は規則変化.
《199》 **wachsen:**「(…に)ワックスをかける」を意味する場合には規則変化(→wachsen[2]).

不 定 詞	直 説 法		接続法 II	過去分詞	命 令 法
	現 在	過 去			
《200》 **wägen**	*du* wägst *er* wägt	**wog** (まれ：wägte)	wöge (まれ：wägte)	**gewogen** (まれ：gewägt)	wäg[e]!
《201》 **waschen**	*du* wäschst (wäschest) *er* wäscht	**wusch**	wüsche	**gewaschen**	wasch[e]!
《202》 **weben**°	*du* webst *er* webt	**webte** (雅：wob)	webte (雅：wöbe)	**gewebt** (雅：gewoben)	web[e]!
《203》 ***be*wegen**°	*du* bewegst *er* bewegt	**bewog**	bewöge	**bewogen**	beweg[e]!
《204》 **weichen**°	*du* weichst *er* weicht	**wich**	wiche	**gewichen**	weich[e]!
《205》 **weisen**	*du* weist (weisest) *er* weist	**wies**	wiese	**gewiesen**	weis[e]!
《206》 **wenden**°	*du* wendest *er* wendet	**wandte,** **wendete**	wendete	**gewandt,** **gewendet**	wend[e]!
《207》 **werben**	*du* wirbst *er* wirbt	**warb**	würbe	**geworben**	wirb!
《208》 **werden**	*du* wirst *er* wird	**wurde** (雅：ward 単数でのみ)	würde	**geworden** (worden)	werd[e]!
《209》 **werfen**	*du* wirfst *er* wirft	**warf**	würfe (▽wärfe)	**geworfen**	wirf!
《210》 **wiegen**°	*du* wiegst *er* wiegt	**wog**	wöge	**gewogen**	wieg[e]!
《211》 **winden**°	*du* windest *er* windet	**wand**	wände	**gewunden**	wind[e]!
《212》 **winken**	*du* winkst *er* winkt	**winkte**	winkte	**gewinkt** (方・戯：gewunken)	wink[e]!
《213》 ***ge*winnen**	*du* gewinnst *er* gewinnt	**gewann**	gewönne, gewänne	**gewonnen**	gewinn[e]!
《214》 ***ver*wirren**	*du* verwirrst *er* verwirrt	**verwirrte**	verwirrte	**verwirrt** (verworren)	verwirr[e]!
《215》 **wissen**	*ich* weiß *du* weißt *er* weiß	**wußte**	wüßte	**gewußt**	wisse!
《216》 **wollen**	*ich* will *du* willst *er* will	**wollte**	wollte	**gewollt**	wolle!
《217》 **wringen**	*du* wringst *er* wringt	**wrang**	wränge	**gewrungen**	wring[e]!
《218》 **zeihen**	*du* zeihst *er* zeiht	**zieh** (まれ：zeihte)	ziehe	**geziehen**	zeih[e]!
《219》 **ziehen**	*du* ziehst (雅：zeuchst) *er* zieht (雅：zeucht)	**zog**	zöge	**gezogen**	zieh[e]! (雅：zeuch!)
《220》 **zwingen**	*du* zwingst *er* zwingt	**zwang**	zwänge	**gezwungen**	zwing[e]!

《202》 **weben:**「動く」「活動する」を意味する場合には規則変化．その他の意味でも今日では規則変化が多い．
《203》 **bewegen:**「動かす」を意味する場合には規則変化(→bewegen[2])．
《204》 **weichen:**「柔らかくする」「柔らかくなる」を意味する場合には規則変化(→weichen[1])．
《206》 **wenden:**「裏返す」「向きを逆にする」を意味する他動詞の場合には規則変化．「(もと来た方向へ)折り返す」を意味する自動詞の場合には規則変化．その他の場合は不規則変化あるいは規則変化．
《210》 **wiegen:**「揺り動かす」「揺れ動く」などを意味する場合には規則変化(→wiegen[1])．
《211》 **winden:**「風が吹く」を意味する場合には規則変化(→winden[2])．

小学館 独和大辞典〔第２版〕
コンパクト版

1985年１月18日 小学館 独和大辞典 初版発行
1990年１月１日 〔コンパクト版〕 初版発行
2000年１月１日 〔コンパクト版〕 ２版１刷発行
2020年１月15日 ２版９刷発行

編者代表 国 松 孝 二
発 行 者 金 川 浩
発 行 所 〔郵便番号101-8001〕
東京都千代田区一ツ橋2-3-1
株式会社 小学館
電話 編集 東京 (03)3230-5170
販売 東京 (03)5281-3555

印 刷 所 共同印刷株式会社
製 本 所 株式会社若林製本工場

Printed in Japan ISBN4-09-515032-7